山東方志人物傳記資料索引

下

王恒柱 主編

國家圖書館出版社

4433₁ 赫

17 **赫胥氏**(上古)
[萬曆]章丘 22/79
23 **赫俊彥**(字德美)
(金・牟平人)
[嘉靖]寧海州下/28
[民國]牟平 7/5
34 **赫達色**(字素菴)
(清・滿洲鑲藍旗人)
[宣統]山東 75/41
[咸豐]武定府 19/13
[光緒]惠民 18/15
惠民縣鄉土志/政績錄 8
35 **赫連達**(字朔周)
(後周・成樂人)
[康熙]萊陽 5/3
92 **赫恬然**(見赫大通)

燕

00 **燕度**(字唐卿)
(宋・青州益都人)
[嘉靖]山東 30/49
[康熙]山東 40/47
[雍正]山東 28/人物二 32
[宣統]山東 157/12
[萬曆元年]兗州 40/政績 11
[康熙]曹州志 15/50
[光緒]益都縣圖志 32/5
[康熙]曹縣 12/20
[康熙]兗州府曹縣 12/20
[光緒]曹縣 12/18
[光緒]菏澤 15/47
03 **燕賓**(字存美)
(明・莘縣人)
[正德]莘縣 6/7
10 **燕可立**(清・博山人)
[民國]續修博山 12/50
燕丕遠(字猷臣)
(廣饒人)
[民國]續修廣饒 19/79
12 **燕廷賢**(清・牟平人)
[民國]牟平 7/111
14 **燕瑛**(字仁叔)
(宋・青州益都人)
[嘉靖]山東 33/32
[雍正]山東 28/人物二 46
[宣統]山東 157/12
[康熙]曹州志 15/50
[光緒]益都縣圖志 32/5
[康熙]曹縣 12/21
[康熙]兗州府曹縣 12/21
[光緒]曹縣 12/19
[光緒]菏澤 15/47
23 **燕峻**(宋・益都人)
[嘉靖]山東 34/5
[萬曆元年]兗州 42/13
[康熙]曹州志 16/12
[乾隆]曹州府 16/15
[光緒]菏澤 16/20
27 **燕伋**(字子思,一作思)
(春秋・魯人,一作秦人)
[嘉靖]山東 24/9
[康熙]山東 29/8
[雍正]山東 11/闕里二 18
[宣統]山東 153/9
[萬曆元年]兗州 7/54
[萬曆二十四年]兗州 7/21
[康熙]兗州 8/22
[乾隆]兗州 7/30
[乾隆]曲阜 59/7
30 **燕寧**(金)
[嘉靖]山東 25/8
[康熙]山東 31/9
[雍正]山東 27/8
[宣統]山東 69/3
[嘉靖]青州 13/30
[萬曆]青州 12/21
[康熙十五年]青州 12/22
[康熙四十八年]青州 12/22
[康熙六十年]青州 12/13
[乾隆]沂州府 20/4
[康熙]莒州下/4
[民國]重修莒志 57/6
[康熙六十年]博興 7/8
32 **燕澄**(字清之,一作憲清)
(明・真定人)
[嘉靖]寧海州下/18
[同治]重修寧海州 12/10
[嘉靖]章丘 3/6
燕兆祥(字考亭)
(清・樂安人)
[民國]樂安 10/30
[民國]續修廣饒 19/53
37 **燕祖召**(明・平溪衛人)
[萬曆]青州 12/44
[康熙十五年]青州 12/44
[康熙四十八年]青州 12/44
[咸豐]青州 36/29
[光緒]益都縣圖志 18/14
40 **燕塘**(清・樂安人)
[民國]樂安 10/31
41 **燕帖木而**(元・畏吾兒人)
[道光]重修膠州 21/4
[民國]增修膠志 16/4
44 **燕林**(清・臨清人)
[民國]臨清縣/人物 29
燕華雲(字望如)
(清・樂安人)
[民國]樂安 10/24
[民國]續修廣饒 19/68
燕孝禮(字受卑)
(隋・遼東人)
[光緒]益都縣圖志 26/32
燕桂森(字竹泉,號悔齋)
(清・博山人)
[民國]續修博山 12/8
48 **燕增元**(清・河南陝州人)
[宣統]山東 77/6
[咸豐]青州 37/23
[道光]博興 10/7
[民國]重修博興 12/7
50 **燕肅**(字穆之)
(宋・青州益都人)
[至元]齊乘 6/26
[嘉靖]山東 30/47
[康熙]山東 40/45
[雍正]山東 28/人物二 25
[宣統]山東 157/12
[嘉靖]青州 14/17
[萬曆]青州 13/37
[康熙十五年]青州 13/37
[康熙四十八年]青州 13/事功 20
[康熙六十年]青州 16/10
[咸豐]青州 41/7
[萬曆元年]兗州 40/忠直 13

[萬曆二十四年]兗州 35/12
[康熙]兗州 27/10
[康熙]曹州志 15/49
[乾隆]曹州府 14/20
[萬曆]益都 6/又 89
[康熙]益都 7/3
[光緒]益都縣圖志 32/3
[康熙]曹縣 12/20
[康熙]兗州府曹縣 12/20
[光緒]曹縣 12/18
[光緒]菏澤 15/46

77 **燕殿傑**(清・樂安人)
[民國]續修廣饒 19/62
燕鳳津(清・肥城人)
[光緒]肥城 9/11
肥城縣鄉土志 5/18

99 **燕榮**(字貴公)
(隋・華陰弘農人)
[宣統]山東 67/31
[咸豐]青州 55/13
[光緒]益都縣圖志 15/20

4433_3 慕

20 **慕信**(字成之)
(元・棲霞人)
[光緒]增修登州 38/12, 65/58
[乾隆]棲霞 6/27
慕維德(字淇瞻,號如山)
(清・蓬萊人)
[宣統]山東 176/10
[光緒]增修登州 39/7
[光緒]蓬萊縣續志 9/仕績 1,13/傳 8
[民國]蓬萊縣志合編人物志/仕績

30 **慕容彥超**(五代・吐谷渾部人)
[萬曆二十四年]兗州 29/17
[康熙]兗州 22/41
[嘉靖]濮州 7/9
[萬曆]濮州 3/名宦 11
[康熙]濮州 3/11
[乾隆]濮州 3/11
[宣統]濮州 4/11
慕容德(字元明)
(前燕・鮮卑人)
[光緒]益都縣圖志 50/3
慕容白曜(北魏・昌黎棘城人,一作鮮卑人)
[嘉靖]山東 27/3
[康熙]山東 35/3
[雍正]山東 27/53
[宣統]山東 67/15
[嘉靖]青州 13/19
[萬曆]青州 12/11
[康熙十五年]青州 12/11
[康熙四十八年]青州 12/11
[康熙六十年]青州 12/7
[咸豐]青州 34/13
[萬曆元年]兗州 38/武功 9
[崇禎]歷城 3/7
[光緒]益都縣圖志 15/7
慕容紹宗(字紹宗)
(南北朝)
[光緒]益都縣圖志 15/12
慕容超(字祖明)
(南燕・鮮卑人)
[光緒]益都縣圖志 50/11
慕宗益(宋・棲霞人)
[光緒]增修登州 38/7
慕容鍾(字道明)
(南燕)
[咸豐]青州 64/10

50 **慕青餘民**(見樂均用)

53 **慕成文**(清・蓬萊人)
[道光]重修蓬萊 11/6

60 **慕昌治**(字平甫)
(清・蓬萊人)
[民國]蓬萊縣志合編人物志/仕績
慕思越(清・棲霞人)
[光緒]增修登州 43/22
[光緒]棲霞縣續志 7/孝友 2
慕景孝(明・萊陽人)
[民國]萊陽 3/1 中 13
慕曰鐔(字心樵)
(清・蓬萊人)
[光緒]增修登州 43/3
[光緒]蓬萊縣續志 9/行誼 6
[民國]蓬萊縣志合編人物志/行誼

99 **慕榮榦**(清・蓬萊人)
[光緒]增修登州 39/8
[光緒]蓬萊縣續志 8/文宦 6

4439_4 蘇

00 **蘇袞**(字雪堂)
(清・日照人)
[光緒]日照 8/16
蘇京(號臨臯)
(明・安東衛人)
[康熙十五年]青州 13/92
[康熙四十八年]青州 13/事功 76
[康熙六十年]青州 16/38
蘇亮(字原普)
(明・濮州人)
[萬曆]濮州 4/隱德 1
[康熙]濮州 4/48
[乾隆]濮州 4/85
[宣統]濮州 6/1
蘇庭(明・益都人)
[萬曆]青州 14/56
[康熙十五年]青州 14/56
[康熙四十八年]青州 14/儒行 13
[咸豐]青州 44/51
[康熙]益都 7/25
[光緒]益都縣圖志 36/1
蘇文(明・恩縣人)
[嘉靖]恩縣 6/4
蘇文(字宗質)
(明・高唐人)
[康熙]山東 46/5
[乾隆]東昌 44/4
[康熙十二年]高唐州 9/14
[康熙五十一年]高唐州 9/24
[道光]高唐州 5/1－22
[光緒]高唐州 5/1－22
[民國]高唐縣 12/81
蘇彥(明・日照人)
[光緒]日照 8/11
蘇章(字游卿)

（漢・北海人）
［至元］齊乘 6/12
［嘉靖］青州 15/50
［萬曆］青州 14/34
［康熙十五年］青州 14/34
［康熙四十八年］青州 14/隱逸 8
［嘉慶］昌樂 27/1
蘇襄雲（字龍起，號木齋）
（清・武城人）
［道光］武城續編 10/1，14/38
［民國］增訂武城續編 10/1，14/51
武城縣鄉土志略/耆舊錄
蘇慶祥（字瑞村）
（清・金鄉人）
［民國］金鄉 13/續增 2
蘇文蔚（明・交阯清潭人）
［雍正］山東 31/16
［萬曆］青州 12 又/又 12，15/63
［康熙十五年］青州 12 又/又 12，15/63
［康熙四十八年］青州 12 又/又 12，15/僑寓 10
［康熙六十年］青州 12/39，20/17
［咸豐］青州 53/12
［萬曆］諸城 4/27，7/48
蘇應期（字汝昌）
（明・膠州人）
［乾隆］膠州 5/21
［道光］重修膠州 25/30
［民國］增修膠志 40/27
蘇庚隆（清・濮州人）
［乾隆］濮州 4/19
［宣統］濮州 5/19
蘇唐卿（宋）
［萬曆］沂州志 6/8
［光緒］費縣 3/52
03 **蘇斌**（元・蒙陰人）
［康熙十一年］蒙陰 2/42
05 **蘇靖**（元・臨清人）
［康熙］臨清州 3/人物 6
［乾隆］臨清州 9/20
［乾隆］臨清直隸州 8/上 4
［民國］臨清縣/人物 2
07 **蘇調元**（字貞生）
（清・山西汾陽人）
［乾隆］東昌 34/16
［嘉慶］東昌 22/6
［康熙五十六年］莘縣 5/13
［光緒］莘縣 5/11
［民國］莘縣 3/6
08 **蘇謙**（明・青城人）
［萬曆］青城 1/56
蘇於令（清・定陶人）
［順治］定陶 6/10
［乾隆］定陶 6/15
［民國］定陶 6/17
10 **蘇二**（清・諸城人）
［道光］諸城縣續志 19/15
蘇霖（明・蒙陰人）
［萬曆］青州 13/53
［康熙十五年］青州 13/53
［康熙四十八年］青州 13/事功 36
［康熙六十年］青州 16/18
［康熙二十四年］蒙陰 4/2
［宣統］蒙陰 4/名獻
蘇霖（字虞臣）
（清・霑化人）
［乾隆］武定府 25/59
［咸豐］武定府 25/文苑 19
［光緒］霑化 9/7
［民國］霑化 2/60
蘇丕（宋・益都人，一作密州人）
［至元］齊乘 6/25
［嘉靖］山東 32/17
［康熙］山東 42/17
［雍正］山東 28/人物二 45
［宣統］山東 167/12
［嘉靖］青州 15/55
［萬曆］青州 14/38
［康熙十五年］青州 14/38
［康熙四十八年］青州 14/隱逸 12
［萬曆］益都 6/90
［康熙］益都 9/43
［光緒］益都縣圖志 48/16
蘇玹（明・河南懷慶人）
［乾隆］嶧縣 7/31
蘇霆（字時君）
（明・衛輝人）
［正德］博平 5/88
蘇雨望（明・日照人）
［光緒］日照 10/36
蘇雲旋（清・寧陽人）
寧陽縣鄉土志/19
蘇再武（字又卿）
（清・靈山衛人）
［道光］重修膠州 29/13
［民國］增修膠志 44/11
膠州直隸州鄉土志 4/孝友
蘇元行（字貞下）
（清・淄川人）
［康熙］淄川 5/18
［乾隆］淄川 5/18
蘇三樂（明・陝西延長人）
［宣統］山東 71/24
［康熙］濟南 25/57
［道光］濟南 36/46
［順治］臨邑 11/4
［康熙］重修臨邑 8/3
［道光］臨邑 7/24
［同治］臨邑 7/28
蘇玉嶺（字秀庭）
（莘縣人）
［民國］臨清縣/人物 78
［民國］莘縣 7/25
蘇雲山（清・商河人）
［民國］重修商河 9/20
商河縣鄉土志 2/耆舊－事業
蘇霖和（字雨亭，號漁帆）
（清・新城人）
［宣統］新城縣後志 2/宦績
蘇王遇（舊志作宏遇，號雲渠）
（清・江蘇長洲人）
［宣統］山東 75/61
蘇可大（字裕所）
（明・滋陽人）
［乾隆］兗州 23/56
［光緒］滋陽 9/26
滋陽縣鄉土志 1/耆舊－忠節

蘇云奎(字聚軒)
(清・寧陽人)
[咸豐]寧陽 15/21
[光緒]寧陽 15/28
蘇一圻(字晝東)
(清・壽光人)
[宣統]山東 175/25
[咸豐]青州 48/5
[嘉慶]壽光 12/25
[民國]壽光 12/人物志一 33
蘇平世(字弼堂)
(清・日照人)
[光緒]日照 8/37
蘇正萊(字日賓)
(清・益都人)
[光緒]益都縣圖志 46/11
[光緒]文登 12/8
蘇元甫(字冠三)
(清・壽光人)
[乾隆]續壽光 25/5
[嘉慶]壽光 14/8
[民國]壽光 12/人物志二 8
蘇云昇(字霽軒)
(清・寧陽人)
[咸豐]寧陽 13/12
[光緒]寧陽 13/12
蘇雷鳴(清・臨淄人)
[民國]臨淄 22/66
11 **蘇顯**(清・武城人)
[道光]武城續編 12/貤封坊表 1
蘇珏(字夢占)
(清・武城人)
[道光]武城續編 10/5
12 **蘇弘**(明・蒙陰人)
[康熙十一年]蒙陰 4/45
蘇瑞雲(字英佩)
(清・單縣人)
[民國]單縣 12/鄉賢 23
蘇廷瑞(字班侯,號梅嵓)
(清・寧津人)
[光緒]寧津 8/9
寧津縣志料 3/人物-循良
寧津縣鄉土志/耆舊
蘇瑞禾(明・河南滎陽人)
[萬曆]青州 12 又/又 12
[康熙十五年]青州 12 又/又 12
[康熙四十八年]青州 12 又/又 12
[萬曆]諸城 4/28
蘇廷禮(字采臣)
(清・武城人)
[道光]武城續編 12/1,14/41
[民國]增訂武城續編 14/54
蘇瑞木(見蘇瑞禾)
14 **蘇璜**(字公獻)
(明・堂邑人)
[乾隆]東昌 38/16
[嘉慶]東昌 28/16
[順治]堂邑 2/人物 10
[康熙十一年]堂邑 2/人物 5
[康熙]堂邑 16/3
堂邑縣鄉土志/耆舊錄
蘇璜(字公佩)
(清・定陶人)
[乾隆]定陶 6/16
[民國]定陶 6/18
蘇琳(明・蒙陰人)
[宣統]山東 161/35
蘇琦(字佩玉,一作珮玉)
(明・鄆城人)
[嘉靖]鄆城志下/14
[崇禎]鄆城 6/14
[康熙]鄆城 6/15
[光緒]鄆城 8/4
15 **蘇建**(漢・杜陵人)
[崇禎]歷城 3/7
蘇建乾(清・牟平人)
[乾隆]續登州 10/4
[光緒]增修登州 43/35
[同治]重修寧海州 21/6
[民國]牟平 7/88
蘇建軾(清・寧海人)
[民國]牟平 7/40
17 **蘇瓊**(字珍之)
(北齊・武強人)
[嘉靖]山東 26/22
[康熙]山東 34/2
[雍正]山東 27/42
[宣統]山東 67/23
[萬曆元年]兗州 38/循吏 20
[萬曆]東昌 18/12
[乾隆]東昌 33/12
[嘉慶]東昌 20/20
[嘉靖]高唐州 5/1
[康熙十二年]高唐州 7/3
[康熙五十一年]高唐州 7/3
[道光]高唐州 7/1-2
[光緒]高唐州 7/1-2
[民國]高唐縣 9/5-1
高唐州鄉土志/4
[嘉靖]恩縣 7/2
[萬曆]恩縣 4/2
蘇羣黎(字沾百)
(清・壽光人)
[嘉慶]壽光 12/25
[民國]壽光 12/人物志一 32
壽光縣鄉土志/耆舊
蘇君寵(字明宇)
(明・武城人)
[乾隆]東昌 42/32
[順治]武城 2/19
[乾隆]武城 10/22
武城縣鄉土志略/耆舊錄
18 **蘇珍**(明・安定人)
[康熙]重修清平下/2
20 **蘇信**(明・萊蕪人)
[康熙]新修萊蕪 6/43
[民國]萊蕪 20/7
[民國]續修萊蕪 27/10
蘇禹珪(字元錫)
(五代・武功人,後家密州)
[宣統]山東 156/21
[萬曆]青州 13/34
[康熙十五年]青州 13/34
[康熙四十八年]青州 13/事功 17
[康熙六十年]青州 16/8
[咸豐]青州 54/13
[萬曆]諸城 7/11
[康熙]諸城 7/9
[乾隆]諸城 29/5
諸城縣鄉土志/上 24
蘇重熙(字曜生,原名蘭階,字金坡)
(清・淄川人)

［宣統］三續淄川 9/62
淄川縣鄉土志/鄉宦耆舊
21 **蘇綎**(字其度,號杏村)
(清・武城人)
［宣統］山東 174/30
［乾隆］臨清直隸州 8/下 9
［道光］武城續編 10/1,14/42,14/46
［民國］增訂武城續編 10/1,14/55,14/62
武城縣鄉土志略/耆舊錄
蘇行祜(字承臣)
(清・霑化人)
［光緒］霑化 9/7
［民國］霑化 2/60
蘇行禮(字藍輝)
(清・霑化人)
［光緒］霑化 9/7
［民國］霑化 2/59
蘇貞太(字雲輔)
(清・濟寧人)
［乾隆］濟寧直隸州 25/19
［道光］濟寧直隸州 8/3－10
22 **蘇繼**(字子志,號曉峯)
(明・壽光人)
［民國］壽光 3/92,12/人物志一 22
蘇繼武(字忠卿)
(明・堂邑人)
［乾隆］東昌 38/17
［嘉慶］東昌 28/17
［順治］堂邑 2/人物 17
［康熙十一年］堂邑 2/選舉 16
［康熙］堂邑 16/4
堂邑縣鄉土志/耆舊錄
蘇繼先(明・諸城人)
［萬曆］諸城 6/23
蘇繼澤(清・霑化人)
［民國］霑化 3/17
23 **蘇俊**(字茂章,一字用章,號鈍夫)
(清・武城人)
［雍正］山東 28/人物四 42
［宣統］山東 174/25
［乾隆］東昌 40/40
［乾隆］武城 10/26
［道光］武城續編 14/35
［民國］增訂武城續編 14/48
武城縣鄉土志略/耆舊錄
蘇峻(字子高)
(晉・長廣掖人)
［嘉靖］山東 33/21
［萬曆］萊州 6/85
［乾隆］掖縣 5/61
蘇獻琛(字於淮)
(清・金鄉人)
［民國］金鄉 13/續增 8
蘇允重(字子厚)
(清・寧陽人)
［光緒］寧陽 13/69
蘇允哲(字濬齋)
(清・東阿人)
［民國］續修東阿 11/21
蘇伏念(唐・樂陵人)
［乾隆］武定府 25/1
［咸豐］武定府 25/孝友 1
［乾隆］樂陵 6/21
樂陵縣鄉土志 3/21
24 **蘇偉**(字濟夫,一字茂宏)
(清・武城人)
［乾隆］東昌 19/40
［乾隆］武城 14/53
蘇俁(字茂先,號愚谷)
(清・武城人)
［乾隆］東昌 43/44
［乾隆］武城 10/25
［道光］武城續編 14/33
［民國］增訂武城續編 14/46
武城縣鄉土志略/耆舊錄
蘇壯(字洹水,號陽長)
(明・濮州人)
［宣統］濮州 4/108
蘇化龍(清・陽穀人)
［康熙］陽穀 4/3
［光緒］陽穀 7/2
［民國］增修陽穀人物/善行 36
蘇德祥(宋・武功人,後家密州)
［咸豐］青州 41/27
［乾隆］諸城 29/5
25 **蘇肄**(字習之)
(明・東阿人)
［乾隆］泰安府 17/5
［康熙五十四年］東阿 7/13
［道光］東阿 14/人物下 13
［光緒］東阿縣鄉土志 4/5
蘇俸嚴(字徙南)
(清・濮州人)
［宣統］濮州 5/21
26 **蘇得福**(字九五)
(清・寧津人)
［光緒］寧津 8/27
寧津縣志料 3/人物－孝行
寧津縣鄉土志/耆舊
27 **蘇約**(字子守,號對峯)
(明・壽光人)
［民國］壽光 12/人物志一 52
蘇名山(字華東)
(清・日照人)
［光緒］日照 8/37
蘇名傑(字漢三,號慎庵)
(清・河南陳州人)
［雍正］山東 27/114
［宣統］山東 75/67
［康熙］兗州續編 14/27
［乾隆］兗州 22/37
［康熙］陽穀 3/2,7/22
［光緒］陽穀 5/1,12/24
［民國］增修陽穀名宦/3,藝文/序傳 10
蘇名世(字翊皇)
(清・壽光人)
［康熙］壽光 26/6
［嘉慶］壽光 13/22
蘇紹惠(萊陽人)
［民國］萊陽 3/1 中 55
蘇名顯(字炳臣)
(清・直隸交河進士)
［光緒］嶧縣 19/職官下 27
［光緒］三續掖縣 1/47
［民國］重修泰安縣 6/64
［民國］齊東 3/64
齊東縣鄉土志/政績錄 2
蘇紀明(字金朗)
(清・商河人)
［道光］商河 7/46

［民國］重修商河 8/73
蘇叔曾（字省齋）
（明・壽光人）
［民國］壽光 12/人物志一 50
30 **蘇寀**（字公佐）
（宋・磁州滏陽人）
［嘉靖］山東 26/11
［康熙］山東 33/14
［雍正］山東 27/35
［宣統］山東 68/39
［萬曆元年］兗州 38/循吏 30
［萬曆二十四年］兗州 28/6
［康熙］兗州 22/6
［乾隆］兗州 22/12
［隆慶］單縣上/31
［康熙］單縣 6/7
［乾隆］單縣 4/53
［民國］單縣 6/宦蹟 11
蘇濟（字道援）
（清・武城人）
［民國］增訂武城續編 10/5
蘇濂（字子川）
（明・濮州人）
［萬曆］濮州 3/鄉賢 52
［康熙］濮州 3/76
［乾隆］濮州 3/77
［宣統］濮州 4/83
蘇永讓（清・萊陽人）
［民國］萊陽 3/1 中 84
蘇守貞（字子幹）
（清・日照人）
［光緒］日照 8/37
蘇永德（清・歷城人）
［乾隆］歷城 42/8
蘇宏祖（清）
［光緒］菏澤 7/名宦 8
蘇宗洵（字蔭泉，原名澄秋，字影涵）
（清・金鄉人）
［民國］金鄉 13/續增 13
蘇官懋（字德驥，號蕉孫）
（清・霑化人）
［民國］霑化 2/67
蘇進忠（明・堂邑人）
［順治］堂邑 2/人物又 6
［康熙］堂邑 12/6
蘇之中（字黄中）
（清・武城人）
［雍正］山東 28/人物四 20
［宣統］山東 174/34
［乾隆］東昌 43/43
［乾隆］武城 10/23
［道光］武城續編 14/27
［民國］增訂武城續編 14/40
武城縣鄉土志略/耆舊錄
蘇定國（字咸平）
（清・鄆城人）
［光緒］鄆城 8/28
31 **蘇灝**（字練浦）
（清・濮州人）
［宣統］濮州 4/109
蘇濬（字東浦）
（明・膠州人）
［道光］重修膠州 25/30
［民國］增修膠志 40/28
蘇沾（明・金鄉人）
［民國］金鄉 14/3
蘇潛修（清・膠州人）
［道光］重修膠州 28/5
［民國］增修膠志 42/5
蘇源明（初名預，字弱夫）
（唐・京兆武功人）
［嘉靖］山東 26/7
［康熙］山東 33/8
［雍正］山東 31/13
［宣統］山東 68/9
［康熙］濟南 50/3
［乾隆］泰安府 14/9，18/69
［萬曆元年］兗州 38/循吏 23
［萬曆二十四年］兗州 27/10，37/31
［康熙］兗州 21/24，28/72
［康熙］東平州 4/30
［乾隆］東平州 12/4
［道光］東平州 12/4
［光緒］東平州 14/4
［民國］東平縣 9/3
東平州鄉土志上/政績錄 9
［乾隆四十七年］泰安縣 10/上 35
［道光］泰安縣 9/上 91
［民國］重修泰安縣 8/53
［康熙］新修萊蕪 6/57
［民國］萊蕪 20/11
［民國］續修萊蕪 28/3
32 **蘇叢**（字茂元）
（明・膠州人）
［萬曆］萊州 5/105
［康熙］萊州 10/31
［乾隆］萊州 10/19
［乾隆］膠州 4/69
［道光］重修膠州 25/27
［民國］增修膠志 40/24
膠州直隸州鄉土志 4/事功
蘇洲（號雪簑道人）
（明・杞縣人）
［康熙］山東 48/2
［康熙］濟南 50/7
［道光］濟南 62/5
［康熙六十年］青州 20/11
［乾隆］泰安府 18/72
［乾隆］曹州府 16/16
［萬曆］濮州 4/游寓 3
［康熙］濮州 4/27
［乾隆］濮州 4/41
［宣統］濮州 6/69
［萬曆］章丘 30/69
［康熙］章丘 6/46
［乾隆］章邱 9/50
［道光］章邱 11/89
［康熙］益都 10/3
蘇兆登（字晏林，號樸園）
（清・霑化人）
［宣統］山東 171/37
［咸豐］武定府 35/誌銘 44
［光緒］霑化 7/4
［民國］霑化 2/8，8/62
蘇兆珠（清・博山人）
［民國］續修博山 12/34
蘇兆純（字天錫）
（清・淄川人）
［宣統］三續淄川 9/80
蘇兆斗（明・萊蕪人）
［康熙］濟南 38/18
［乾隆］泰安府 18/28
［康熙］新修萊蕪 6/42
［民國］萊蕪 19/2
［民國］續修萊蕪 25/2

萊蕪縣鄉土志/10
蘇淵明(唐・京兆武功人)
[乾隆]兗州 23/90
33 蘇治清(清・商河人)
[民國]重修商河 8/49
34 蘇潢(明・東郡人)
[崇禎]歷乘 16/65
蘇祐(字允吉,號舜澤,一號穀原)
(明・濮州人)
[康熙]山東 41/26
[萬曆]東昌 19/61
[乾隆]曹州府 15/14,21/21
[嘉靖]濮州 7/27
[萬曆]濮州 3/鄉賢 50,6/55
[康熙]濮州 3/74,4/24
[乾隆]濮州 3/75,4/38,6/43
[宣統]濮州 4/81,6/66
蘇汝諧(清・濮州人)
[宣統]濮州 5/24
蘇凌雲(字彥冲)
(清・武城人)
[道光]武城續編 10/1
[民國]增訂武城續編 10/1
武城縣鄉土志略/耆舊錄
蘇浡然(明・北直貢生)
[康熙]沂水 4/26
[道光]沂水 5/26
蘇汝凝(字防履)
(清・濮州人)
[宣統]濮州 3/94
蘇法簡(清・濮州人)
[乾隆]濮州 4/17
[宣統]濮州 5/18
35 蘇津(元・滕縣人)
[萬曆二十四年]兗州 35/36
[康熙]兗州 27/32
[乾隆]兗州 23/32
[萬曆]滕志 8/48
[康熙]滕志 8/人物 5
[康熙]滕縣志 8/武功 4
[道光]滕縣志 8/武功 4
滕縣鄉土志/16
蘇清(字澄宇)
(清・武城人)
[民國]增訂武城續編 10/6
蘇沛恩(清・邱縣人)
[乾隆]臨清直隸州 8/下 18
36 蘇迴(清・武城人)
[雍正]山東 28/人物四 36
[宣統]山東 174/27
37 蘇澮(字子沖)
(明・濮州人)
[萬曆]濮州 3/鄉賢 53
[康熙]濮州 3/77
[乾隆]濮州 3/78
[宣統]濮州 4/84
蘇迥(字斌甫,號卓菴)
(清・武城人)
[乾隆]東昌 40/40
[乾隆]武城 10/26
武城縣鄉土志略/耆舊錄
蘇潤(金・滕縣人)
[萬曆二十四年]兗州 35/27
[康熙]兗州 27/24
[乾隆]兗州 23/32
[萬曆]滕志 8/48
[康熙]滕志 8/人物 4
[康熙]滕縣志 8/武功 4
[道光]滕縣志 8/武功 4,14/藝文補 18
滕縣鄉土志/15
蘇潤(字栗軒)
(明・膠州人)
[乾隆]膠州 4/69
[道光]重修膠州 25/27
[民國]增修膠志 40/25
蘇淑(字仲和)
(北魏・武邑人)
[嘉靖]山東 25/17
[康熙]山東 32/4
[雍正]山東 27/73
[宣統]山東 67/7
[康熙]濟南 25/5
[嘉靖]武定州下/46
[萬曆]武定州 12/1
[崇禎]武定州 15/3
[乾隆]武定府 16/2
[咸豐]武定府 19/2
[順治]樂陵 4/2
[乾隆]樂陵 4/45
樂陵縣鄉土志 2/6
[乾隆]惠民 5/9
[光緒]惠民 18/3
惠民縣鄉土志/政績錄 2
蘇涵淳(字侗初)
(明・淄川人)
[康熙]淄川 5/14
[乾隆]淄川 5/14
40 蘇杰(清・寧海人)
[民國]長清 4/23
蘇檀(字俊甫)
(清・金鄉人)
[咸豐]濟寧直隸州續志 3/9
[民國]濟寧直隸州續志 14/29
[咸豐]金鄉縣志略 9/中忠義傳 3
[民國]金鄉 14/19
蘇墉(字崇如)
(清・武城人)
[道光]武城續編 10/6
蘇士傑(字仲秀)
(明・堂邑人)
[順治]堂邑 2/人物 24
[康熙十一年]堂邑 2/選舉 31
[康熙]堂邑 14/4
蘇士仰(明・泗水人)
[光緒]泗水 11/2
[光緒]泗水縣鄉土志/14
蘇士儀(字恂宰)
(清・堂邑人)
[康熙]堂邑 13/12
蘇杰昶(字俊卿)
(清・濮州人)
[宣統]濮州 5/39
蘇士潤(字惟德)
(明・晉江人)
[道光]濟南 35/21
蘇大有(清・定陶人)
[乾隆]定陶 5/5
蘇希轍(明・安邑舉人)
[康熙]鄒平 4/13
[嘉慶]鄒平 14/10
[道光]鄒平 14/10

[民國]鄒平 14/10
42 蘇埒(清・濮州人)
[康熙]濮州續志下/23
[乾隆]濮州 4/89
[宣統]濮州 6/5
44 蘇林(明・靈山衛人)
[乾隆]膠州 5/32
蘇茜(字梔園)
(清・滋陽人)
[宣統]山東 172/11
[光緒]滋陽 8/46
滋陽縣鄉土志 1/耆舊－鄉賢
蘇囊(字棟遴)
(清・寧陽人)
[咸豐]寧陽 15/8
[光緒]寧陽 15/8
蘇莊(字敬臨)
(清・寧陽人)
[光緒]寧陽 15/45
蘇夢龍(字雨石)
(明・霑化人)
[乾隆]武定府 23/26
[咸豐]武定府 23/名臣 26
[光緒]霑化 7/3
[民國]霑化 2/3
蘇萬強(明・寧津人)
[光緒]寧津 8/20
寧津縣志料 3/人物－義烈
寧津縣鄉土志/耆舊
蘇蕃生(清・安東衛人)
[乾隆]嶧縣 7/38
蘇萬室(字陶我)
(明・靈山衛人)
[乾隆]膠州 5/12
[道光]重修膠州 26/2
[民國]增修膠志 40/29
膠州直隸州鄉土志 4/忠烈
[民國]重修莒志 57/13
蘇世福(字錫五)
(清・金鄉人)
[民國]濟寧直隸州續志 14/11
[民國]金鄉 14/12
蘇樹李(字耀星)
(清・武城人)
[民國]增訂武城續編 10/6
蘇枝茂(字桂發)
(清・定陶人)
[乾隆]定陶 6/19
[民國]定陶 6/25
蘇萬春(字同我)
(明・膠州人)
[道光]重修膠州 25/27
[民國]增修膠志 40/25
蘇若思(元・濟州人,一作嘉祥人)
[乾隆]濟寧直隸州 23/37
[道光]濟寧直隸州 6/6－22,8/2－19
[順治]嘉祥 4/35
[乾隆]嘉祥 3/29
[光緒]嘉祥 3/37
蘇萬民(字明吾)
(明・滋陽人)
[乾隆]兗州 31/15
45 蘇坤(明・考城人)
[乾隆]東昌 35/34
[順治]武城 2/9
[乾隆]武城 9/3
武城縣鄉土志略/政績錄
47 蘇起(明・安平人)
[嘉靖]山東 25/25
[宣統]山東 71/40
[康熙]濟南 25/26
[乾隆]武定府 16/17
[咸豐]武定府 19/陽信 1
[康熙]陽信 7/26
[乾隆]陽信 5/28
信邑志稿 5/宦蹟
[民國]陽信 2/54
陽信縣鄉土志上/政績－聽訟,耆舊－名宦祠
蘇郁(元)
[萬曆]福山 4/2
蘇翹楚(明・北直景州人)
[宣統]山東 71/21
[道光]濟南 36/60
[康熙]德平 3/4
[乾隆]德平 2/27
[嘉慶]德平 5/11
[光緒]德平 5/11
德平縣鄉土志/政績錄
48 蘇幹(唐・雍州武功人)
[雍正]山東 27/43
[宣統]山東 68/15
蘇翰(明・直隸隆慶衛人)
[康熙]德平 3/2
[嘉慶]德平 5/8
[光緒]德平 5/8
蘇松(字帶湖)
(清・章邱人)
[道光]濟南 61/8
[道光]章邱 11/76
蘇敬衡(號蕉林)
(清・霑化人)
[光緒]霑化 7/4
[民國]霑化 2/8
蘇敬生(字子雍)
(清・日照人)
[光緒]日照 8/18
50 蘇春(明)
[乾隆]東昌 42/22
蘇秦(戰國・雒陽人)
[嘉靖]青州 15/59
[萬曆]青州 15/56
[康熙十五年]青州 15/又 57
[康熙四十八年]青州 15/僑寓 3
[康熙六十年]青州 20/15
[民國]臨淄 29/27
蘇本眉(字道生,一字劍浦)
(清・霑化人)
[康熙]濟南 41/42
[乾隆]武定府 24/10
[咸豐]武定府 24/清介 10
[光緒]霑化 7/24,13/7
[民國]霑化 2/26,8/24
51 蘇振生(清・日照人)
[光緒]日照 8/24
蘇耘史(字丹臣)
(清・霑化人)
[光緒]霑化 10/12
[民國]霑化 2/85
52 蘇靜驗(字睿涵)
(清・鉅野人)
[道光]鉅野 13/50
53 蘇成(字公展)

(清・滋陽人)
[乾隆]兗州 23/81
[光緒]滋陽 9/4
蘇輔(字星垣,號台望)
(清・武城人)
[道光]武城續编 10/3
[民國]增訂武城續編 10/3
武城縣鄉土志略/耆舊錄
蘇軾(字子瞻)
(宋・眉州眉山人)
[嘉靖]山東 27/6,27/11,27/16
[康熙]山東 35/7,36/2,37/4
[雍正]山東 27/63
[宣統]山東 68/49
[康熙]濟南 50/5
[道光]濟南 62/3
[嘉靖]青州 12/60
[萬曆]青州 12/18
[康熙十五年]青州 12/18
[康熙四十八年]青州 12/18
[康熙六十年]青州 12/12
[咸豐]青州 35/8
[萬曆]萊州 5/63
[康熙]萊州 8/24
[乾隆]萊州 9/8
[泰昌]登州 9/15
[順治]登州 11/10
[光緒]增修登州 24/8
[康熙]膠州 5/3
[乾隆]膠州 4/5
[天啟]新城 8/寓賢
[崇禎]新城 8/寓賢
[崇禎]鄆城 5/25
[康熙]鄆城 5/37
[光緒]鄆城 5/41
[萬曆]諸城 5/7,10/56
[康熙]諸城 5/7
[乾隆]諸城 27/6
諸城縣鄉土志/上 5
蘇威(字無畏)
(隋・京兆武功人)
[嘉靖]山東 26/6
[康熙]山東 33/7
[雍正]山東 27/33
[宣統]山東 67/29
[萬曆元年]兗州 38/循吏 22
[萬曆二十四年]兗州 27/6
[康熙]兗州 21/21
[乾隆]兗州 22/9
[道光]濟寧直隸州 6/6-5
[崇禎]曲阜 4/94
[康熙]曲阜 4/94
[康熙]滋陽 3/80
蘇成宗(一名成功)
(清・濟寧人)
[乾隆]濟寧直隸州 27/15
[道光]濟寧直隸州 8/2-48
蘇成性(字念伊)
(明・堂邑人)
[康熙]山東 41/29
[雍正]山東 28/人物三 76
[宣統]山東 164/54
[乾隆]東昌 38/19
[嘉慶]東昌 28/19
[順治]堂邑 2/人物 17
[康熙十一年]堂邑 2/人物 6
[康熙]堂邑 16/4
堂邑縣鄉土志/耆舊錄
54 **蘇持銓**(清・博山人)
[乾隆]利津縣志補 3/17
57 **蘇轍**(字子由)
(宋・眉州眉山人)
[嘉靖]山東 25/21
[康熙]山東 32/8
[雍正]山東 27/22
[宣統]山東 68/29
[康熙]濟南 25/11
[道光]濟南 34/4
[崇禎]歷乘 16/26,16/61
[崇禎]歷城 6/9
58 **蘇敷生**(清・日照人)
[乾隆]沂州府 26/21
[光緒]日照 8/14
60 **蘇昌**(字世亨,一作世享)
(明・濮州人)
[萬曆]濮州 4/隱德 2
[康熙]濮州 4/49
[乾隆]濮州 4/86
[宣統]濮州 6/2
蘇田(明・日照人)
[康熙六十年]青州 16/47
[乾隆]沂州府 26/3
[光緒]日照 8/7
蘇景升(清・定陶人)
[民國]定陶 6/63
蘇呈祥(字長發)
(清・定陶人)
[乾隆]定陶 6/19
[民國]定陶 6/25
蘇國翰(字墨林)
(清・金鄉人)
[道光]濟寧直隸州 8/4-41
[咸豐]金鄉縣志略 9/中列傳二 14
[民國]金鄉 14/6
金鄉縣鄉土志/耆舊錄上
蘇日增(字五如,晚號耐翁)
(清・東阿人)
[道光]東阿 14/人物下 7
蘇昌臣(清・奉天人)
[康熙]濮州續志上/23
[光緒]菏澤 7/名宦 8
62 **蘇則曾**(字宗魯)
(明・東阿人)
[乾隆]泰安府 17/7
[萬曆二十四年]兗州 36/25
[康熙]兗州 28/24
[康熙五十四年]東阿 7/21
[道光]東阿 14/人物下 1
65 **蘇映辰**(字星橋)
(清・樂陵人)
樂陵縣鄉土志 3/64
67 **蘇明**(明・隆慶人)
[光緒]增修登州 27/1
[康熙]黄縣 5/2
[同治]黄縣 6/4
[民國]黄縣志稿 11/宦績
71 **蘇長齡**(清・寧晉人)
信邑志稿 5/宦蹟
蘇長安(清・陽穀人)
[民國]增修陽穀人物/孝義 8
蘇雁題(字秋第)
(清・樂陵人)
樂陵縣鄉土志 3/64

72 **蘇質民**(字靜觀,號迂仙)
(清・濟寧人)
[民國]濟寧直隸州續志 12/51
77 **蘇民**(字嗣先)
(明・陝西咸陽人)
[康熙]德平 3/2
[嘉慶]德平 5/6
[光緒]德平 5/6
蘇興(明)
[宣統]山東 71/8
[道光]濟南 36/18
[嘉靖]淄川 6/77
[萬曆]淄川 27/7
[乾隆]淄川 4/9
淄川縣鄉土志/政績錄
蘇民望(字達夫,一字逵夫,號羅浮)
(明・博羅人)
[康熙]濟南 25/43
[萬曆]武定州 12/12
[崇禎]武定州 15/15
[乾隆]武定府 16/8
[咸豐]武定府 19/8
[乾隆]惠民 5/16
[光緒]惠民 18/9
惠民縣鄉土志/政績錄 5
蘇鵬雲(清・武城人)
[道光]武城續編 12/貤封坊表 1
蘇開基(清・樂陵人)
[乾隆]樂陵 6/37
樂陵縣鄉土志 3/28
蘇朋林(字集益)
(清・濮州人)
[宣統]濮州 6/94
蘇鳳鳴(字桐岡)
(清・臨淄人)
[宣統]山東 175/48
蘇民瞻(字君惠,號岱柱)
(明・武定人)
[康熙]濟南 37/13
[崇禎]武定州 17/6
[乾隆]武定府 23/25
[咸豐]武定府 23/名臣 25
[乾隆]惠民 5/32
[光緒]惠民 19/9
惠民縣鄉土志/耆舊錄 28
蘇鵬翔(清・臨沂人)
[民國]臨沂 10/60
蘇民懷(明・南充選貢)
[光緒]文登 7/上 5
[民國]文登 7/上 5
79 **蘇騰鳳**(字爰止)
(清・寧津人)
[康熙]寧津縣志稿 6/2
[光緒]寧津 8/41
寧津縣志料 3/人物－道學
80 **蘇鏞**(字時齋)
(清・濟寧人)
[道光]濟寧直隸州 8/4－40
蘇毓訓(字憲伊)
(清・寧陽人)
[光緒]寧陽 14/49
蘇會召(清・單縣人)
[民國]單縣 12/鄉賢 11
蘇毓瑂(清・單縣人)
[乾隆]昌邑 5/121
蘇毓嵩(字華鄰)
(清・寧陽人)
[光緒]寧陽 14/50
蘇毓嶧(字桐巖)
(清・寧陽人)
[光緒]寧陽 15/19
寧陽縣鄉土志/17
蘇介福(清・滋陽人)
滋陽縣鄉土志 1/耆舊－文學
蘇念祖(字陟庭)
(清・膠州人)
[道光]重修膠州 27/21
[民國]增修膠志 41/16
蘇毓藻(字泮英)
(清・寧陽人)
[光緒]寧陽 15/35
蘇毓眉(字遵由,號竹浦)
(清・霑化人)
[康熙]濟南 42/28
[乾隆]武定府 25/52
[咸豐]武定府 25/文苑 12
[光緒]霑化 9/2
[民國]霑化 2/54
蘇金鉉(字耳鼎)
(清・濮州人)
[雍正]山東 28/人物四 30
[宣統]山東 173/26
[乾隆]曹州府 15/24
[康熙]濮州續志上/26
[乾隆]濮州 3/94
[宣統]濮州 4/100
蘇公常(字敬典)
(清・濟寧人)
[道光]濟寧直隸州 8/4－23
85 **蘇鉢緒**(明・濮州人)
[康熙]濮州續志下/3
[乾隆]濮州 4/13
[宣統]濮州 5/13
86 **蘇錫**(明・濱州人)
[萬曆]濱州 3/26
87 **蘇翾**(字九子)
(清・霑化人)
[光緒]霑化 9/6
[民國]霑化 2/59
蘇欲初(清・牟平人)
[乾隆]續登州 10/4
[光緒]增修登州 43/34
[同治]重修寧海州 21/6
[民國]牟平 7/88
蘇銘顯(見蘇名顯)
88 **蘇策**(清・日照人)
[光緒]日照 8/32
蘇篤行(字敬庵)
(清・壽光人)
[民國]壽光 12/人物志一 72
90 **蘇常吉**(字東五)
(清・博山人)
[民國]續修博山 12/33
蘇光奎(字聚之)
(清・武城人)
[乾隆]東昌 43/44
[乾隆]武城 10/24
武城縣鄉土志略/耆舊錄
蘇光泰(字交宇,號來卿)
(明・濮州人)
[宣統]濮州 4/106
蘇光顒(明・濮州人)
[康熙]山東 41/29
蘇光曙(字生明,別號醉墨山

人）
（明・濮州人）
［康熙］濮州續志下/1
［乾隆］濮州 4/11
［宣統］濮州 5/11
蘇光頤（字正宇）
（明・濮州人）
［乾隆］曹州府 16/5
［康熙］濮州 4/5
［乾隆］濮州 4/5
［宣統］濮州 5/5
91 蘇炳（字顯卿）
（元・長安人）
［乾隆］泰安府 14/33
［康熙］東平州 4/50
［乾隆］東平州 12/32
［道光］東平州 12/32
［光緒］東平州 14/32
［民國］東平縣 9/17
東平州鄉土志上/政績錄 13

4440_0 艾

00 艾方彥（字越千，號美士）
（清・濟陽人）
［道光］濟南 56/25
艾慶琛（字獻廷）
（清・濟陽人）
［民國］濟陽 11/60
艾慶璥（字琅齋）
（清・長清人）
［民國］長清 11/6，13/23
艾慶璇（字星垣）
（清・濟陽人）
［民國］濟陽 11/60
艾方顯（字暉東）
（清・濟陽人）
［道光］濟南 56/25
［民國］濟陽 11/40
艾慶鏞（字韻笙）
（長清人）
［民國］長清 11/7，12/7
03 艾試（明・濟陽人）
［康熙］山東 45/5
［雍正］山東 28/人物三 73
［宣統］山東 166/11
［康熙］濟南 47/10
［道光］濟南 51/52
［乾隆］濟陽 8/4
［民國］濟陽 11/3
07 艾詔（字南田）
（明・濟陽人）
［道光］濟南 51/51
［乾隆］濟陽 8/17
［民國］濟陽 11/12
08 艾於鄂（字靖侯）
（清・濟陽人）
［民國］濟陽 11/18
10 艾元烈（清・濟陽人）
［道光］濟南 56/25
［乾隆］濟陽 8/35
艾元衡（字平子，自號白雲居士）
（清・濟陽人）
［道光］濟南 56/23
［乾隆］濟陽 8/27，12/13
［民國］濟陽 11/36，18/28
艾元彩（清・濟陽人）
［道光］濟南 56/24
［乾隆］濟陽 8/20
［民國］濟陽 11/25
艾元徵（字允治，一作允滄，號長人）
（清・濟陽人）
［康熙］山東 39/33
［雍正］山東 28/人物四 10
［宣統］山東 169/2
［康熙］濟南 34/12
［道光］濟南 56/23
［乾隆］濟陽 8/14，12/51
［民國］濟陽 11/12，17/29
艾元熹（清・濟陽人）
［道光］濟南 56/23
［乾隆］濟陽 8/20
［民國］濟陽 11/25
艾元彭（清・濟陽人）
［道光］濟南 56/24
［乾隆］濟陽 8/36
［民國］濟陽 11/51
17 艾承芳（字蝶村）
（清・濟陽人）
［道光］濟南 56/24
［乾隆］濟陽 8/44
［民國］濟陽 11/57
20 艾維祺（字介眉）
（清・濟陽人）
［民國］濟陽 11/32
艾依塘（清・濟陽人）
［民國］濟陽 11/71
21 艾紫東（字佑宸，原名猶龍）
（清・濟陽人）
［民國］濟陽 11/6
22 艾繼仁（清・濟陽人）
［道光］濟南 56/33
［乾隆］濟陽 8/41
［民國］濟陽 11/54
艾崇僑（清・濟陽人）
［民國］濟陽 11/41
艾繼侃（清・濟陽人）
［道光］濟南 56/33
［乾隆］濟陽 8/39
［民國］濟陽 11/53
艾豐祺（清・濟陽人）
［民國］濟陽 11/32
23 艾馩（清・濟陽人）
［道光］濟南 56/23
［乾隆］濟陽 8/26
艾允業（字世守）
（清・濟陽人）
［民國］濟陽 11/62
艾允迪（字吉亭）
（清・濟陽人）
［民國］濟陽 11/64
26 艾保民（清・奉天人）
［咸豐］青州 37/18
［乾隆］續壽光 18/3
［嘉慶］壽光 10/33
［民國］壽光 6/27
壽光縣鄉土志/政績
27 艾垈（清・泰安人）
［乾隆四十七年］泰安縣 10/上 31
［道光］泰安縣 9/上 83
［民國］重修泰安縣 8/38
泰安縣鄉土志/耆舊 17
艾象豫（字建侯）
（清・長清人）
［民國］長清 13/12
艾象豐（字譽章）

（清・長清人）
［民國］長清 11/7
艾紹濂（字清漪）
（清・濟陽人）
［民國］濟陽 11/17
艾紹洵（字問泉）
（清・濟陽人）
［民國］濟陽 11/41
［民國］重修泰安縣 6/64
艾象恆（號冀山）
（清・長清人）
［民國］長清 13/12
28 艾馥（字蘭如）
（清・濟陽人）
［康熙］山東 39/32
［康熙］濟南 41/40
［道光］濟南 56/23
［乾隆］濟陽 8/5
［民國］濟陽 11/5,11/36
艾綸（字有典）
（清・濟陽人）
［道光］濟南 56/35
29 艾倓（清・濟陽人）
［乾隆］濟陽 8/40
［民國］濟陽 11/54
31 艾汪（字濬源，號洋若）
（清・泰安人）
［民國］重修泰安縣 8/51
34 艾洪（字德裕）
（明・濱州人）
［宣統］山東 159/16
［乾隆］武定府 23/13
［咸豐］武定府 23/名臣 13
［萬曆］濱州 3/26
［康熙］濱州 7/4
［咸豐］濱州 10/4
濱州鄉土志/耆舊錄
艾汝霖（清・濟陽人）
［道光］濟南 56/24
艾汝楠（清・濟陽人）
［道光］濟南 56/24
［乾隆］濟陽 8/38
［民國］濟陽 11/52
38 艾啟源（字崑華，一作崑峯）
（清・濟陽人）
［道光］濟南 56/33
［乾隆］濟陽 8/39,12/61
［民國］濟陽 11/53,17/36
艾肇坤（字鏡芳）
（長清人）
［民國］長清 12/10
艾肇銓（字中衡）
（清・濟陽人）
［民國］濟陽 11/64
40 艾九熊（字安宇）
（明・濟陽人）
［道光］濟南 51/51
艾九俊（字華宇）
（明・濟陽人）
［道光］濟南 51/51
艾壽泉（字起元）
（清・長清人）
［民國］長清 13/13
艾南枝（清・臨清人）
［乾隆］東昌 43/20
［乾隆］臨清州 9/56
［乾隆］臨清直隸州 8/上 44
［民國］臨清縣/人物 58
44 艾世資（字時恩）
（明・陽穀人）
［康熙］山東 46/4
［康熙十二年］陽穀 4/13
［康熙］陽穀 4/16
［光緒］陽穀 9/1
［民國］增修陽穀人物/善行 34
艾樹滋（字甫村）
（清・濟陽人）
［道光］濟南 56/25
艾世泰（清・濟陽人）
［道光］濟南 56/33
［乾隆］濟陽 8/38
［民國］濟陽 11/52
46 艾如蘭（清・臨清人）
［民國］臨清縣/人物 70
47 艾朝錦（清・濟陽人）
［道光］濟南 56/32
［乾隆］濟陽 8/37
［民國］濟陽 11/52
48 艾梅（明・江西臨川人）
［宣統］山東 71/45
［乾隆］武定府 16/35
［咸豐］武定府 19/濱州 4
［康熙］濱州 5/20
［咸豐］濱州 8/5
濱州鄉土志/政績錄
60 艾國泗（字儒宗）
（清・泰安人）
［乾隆二十五年］泰安縣 12/43
［乾隆四十七年］泰安縣 10/上 38
［道光］泰安縣 9/上 94
［民國］重修泰安縣 8/51
艾景賢（字以道）
（明・壽張人）
［康熙六年］壽張 7/13
［康熙五十六年］壽張 7/13
［光緒］壽張 6/47
壽張縣鄉土志/耆舊－事業
66 艾賜瓚（清・濟陽人）
［乾隆］濟陽 8/43
［民國］濟陽 11/56
77 艾鳳翔（清・濟陽人）
［道光］濟南 56/29
［民國］濟陽 11/16
艾鳳翺（字桐岡）
（清・濟陽人）
［道光］濟南 56/29
［民國］濟陽 11/16
79 艾騰霖（明・泰安人）
［乾隆］泰安府 18/37
［乾隆二十五年］泰安縣 12/29
［乾隆四十七年］泰安縣 10/上 26
［道光］泰安縣 9/上 78
［民國］重修泰安縣 8/33
80 艾鑲（字儀武）
（清・濟陽人）
［道光］濟南 56/32
［乾隆］濟陽 8/37
［民國］濟陽 11/51
艾善立（字卓焉）
（清・濟陽人）
［道光］濟南 56/35
艾愈烺（字炳也）
（清・濟陽人）

［道光］濟南 56/25

90 艾光縉（字中夫）
（清・濟陽人）
［乾隆］濟陽 14/5
［民國］濟陽 20/5

艾光紱（字兆麟，號丹亭）
（清・濟陽人）
［宣統］山東 169/27
［道光］濟南 56/24
［乾隆］濟陽 8/16，12/57
［民國］濟陽 11/14，17/33

94 艾愼（字公肅）
（清・濟陽人）
［道光］濟南 56/32
［乾隆］濟陽 8/24
［民國］濟陽 11/27

97 艾恂（號瑟菴）
（清・濟陽人）
［道光］濟南 56/24
［乾隆］濟陽 8/15
［民國］濟陽 11/13

99 艾榮祺（清・濟陽人）
［民國］濟陽 11/32

4440_7 孝

00 孝方春（字瀛青）
（清・濱州人）
［咸豐］濱州 10/25
濱州鄉土志/耆舊錄

22 孝戭（字仞千）
（清・濱州人）
濱州鄉土志/耆舊錄

27 孝名傳（字念川）
（明・濱州人）
［乾隆］武定府 23/47
［咸豐］武定府 23/忠節 17
［康熙］濱州 7/20
［咸豐］濱州 10/18
濱州鄉土志/耆舊錄

44 孝楏（字經畬）
（清・濱州人）
［咸豐］濱州 10/又 32
濱州鄉土志/學問

4442_7 勃

40 勃古思（元）
［道光］濟南 34/23

4443_0 樊

00 樊廣（明・江南句容監生）
［天啟］新城 6/教諭
［崇禎］新城 6/教諭
［康熙］新城 5/9
［民國］重修新城 10/16

樊文言（字樸齋）
（清・臨朐人）
臨朐縣鄉土志 1/耆舊

樊六雙（字一同）
（清・曹縣人）
［康熙］兗州府曹縣 14/3
［光緒］曹縣 14/人物 2

樊應科（明・歷城人）
［道光］濟南 49/41
［崇禎］歷城 10/18
［乾隆］歷城 41/8

01 樊龍昇（清・鉅野人）
［道光］鉅野 13/80

12 樊瑞昌（字禹言）
（清・鄒縣人）
［民國］續修鄒縣志稿/人物－耆舊

15 樊建中（字林一）
（清・鄒縣人）
［民國］續修鄒縣志稿/人物－耆舊

17 樊子鵠（北魏・代郡平城人）
［嘉靖］山東 27/21
［萬曆元年］兗州 39/外傳 2
［萬曆二十四年］兗州 29/15
［康熙］兗州 22/39

樊子蓋（字華宗）
（隋・廬江人）
［宣統］山東 67/25
［道光］濟南 33/20

20 樊重容（清・鄆城人）
［光緒］鄆城 10/12

樊重鵬（清・建賢人）
［康熙十一年］莘縣 5/8

21 樊須（字子遲）
（春秋・魯人，一作齊人）
［至元］齊乘 6/3
［嘉靖］山東 24/7
［康熙］山東 29/7
［雍正］山東 11/闕里二 16
［宣統］山東 153/6
［嘉靖］青州 12/5
［萬曆］青州 13/3
［康熙十五年］青州 13/3
［康熙四十八年］青州 13/3
［康熙六十年］青州 15/1
［萬曆元年］兗州 7/45
［萬曆二十四年］兗州 7/19
［康熙］兗州 8/20
［乾隆］兗州 7/27
［康熙］濟寧州 5/12
［道光］濟寧直隸州 8/1－33
［乾隆］曲阜 59/5

22 樊崇（漢・琅邪人）
［嘉靖］山東 33/17
［嘉靖］青州 16/60
［萬曆］青州 20/外傳 4
［康熙十五年］青州 20/外傳 4
［康熙四十八年］青州 20/外傳 4
［萬曆元年］兗州 41/10
［萬曆］諸城 9/21

樊崇業（明・濟寧人）
濟寧州鄉土志 2/賢裔

樊繼祖（字孝甫）
（明・鄆城人）
［雍正］山東 28/人物三 25
［宣統］山東 160/23
［萬曆二十四年］兗州 36/13
［康熙］兗州 28/12
［乾隆］曹州府 15/11
［嘉靖］鄆城志下/10
［康熙］鄆城 5/5
［光緒］鄆城 5/6

24 樊化雨（明・單縣人）
［順治］單縣 2/42

樊化南（清・曹縣人）
［光緒］曹縣 14/行誼 31

25 樊生珠（清・魚臺人）
［康熙］魚臺 17/又 76

27 樊紹祚（清・文安人）
［康熙］兗州續編 14/25
［乾隆］兗州 22/37

[康熙]續修汶上 4/宦績 2
30 樊宏(字靡卿)
(漢・南陽湖陽人)
[康熙五十六年]壽張 4/1
[光緒]壽張 5/1
樊進(字用之)
(元・昌樂人)
[民國]濰縣志稿 40/17
樊守(明・浙江縉雲人)
[道光]濟南 36/53
[光緒]陵縣 18/15
[康熙]高密 6/25
[乾隆]高密 6/18
[光緒]高密 6/22
[民國]高密 12/24
高密縣鄉土志/上 8
樊永修(清・高苑人)
高苑縣鄉土志/耆舊
樊家肇(字浚明)
(清・鄆城人)
[光緒]鄆城 8/17
樊永賢(字裕德)
(清・高苑人)
高苑縣鄉土志/耆舊
31 樊祉臻(明・魚臺人)
[康熙]魚臺 17/23
[乾隆]魚臺 11/32
[光緒]魚臺 3/20
35 樊清安(清・汶上人)
[宣統]四續汶上稿/人物－施濟傳
37 樊咨岳(字詢四)
(清・曹縣人)
[光緒]曹縣 14/忠義 1
40 樊士秀(明・鄆城人)
[崇禎]鄆城 6/21
[康熙]鄆城 6/29
樊志道(明・曲河人)
[乾隆]樂陵 4/52
樊吉士(字抑忱)
(明・滋陽人)
[康熙]滋陽 4/上 25
[光緒]滋陽 9/1
樊大暘(宋)
[光緒]嶧縣 19/89
樊吉人(明・元城人)
[康熙]兖州 22/36
[康熙]兖州續編 14/4
[乾隆]兖州 22/22
[康熙]滋陽 3/85
[光緒]滋陽 7/5
滋陽縣鄉土志 1/政績
樊克篤(清・長清人)
[民國]長清 13/6
44 樊懋(明・盂縣人)
[天啟]新泰 5/27
[順治]新泰 4/22
[乾隆]新泰 11/9
樊世寧(字子泰)
(明・長山人)
[道光]濟南 50/48
[康熙四十三年]長山 5/武功
[康熙五十五年]長山 6/21
[嘉慶]長山 8/1
樊執敬(字時中,號獨航)
(元・濟寧鄆城人)
[嘉靖]山東 30/57
[雍正]山東 28/人物二 60
[宣統]山東 164/24
[萬曆元年]兖州 40/節義 20
[萬曆二十四年]兖州 35/34
[康熙]兖州 27/31
[乾隆]曹州府 14/32
[道光]東平州 14/21
[光緒]東平州 15/中 30
[民國]東平縣 11/中 3
東平州鄉土志上/耆舊錄 30
[嘉靖]鄆城志下/8
[崇禎]鄆城 5/8
[康熙]鄆城 5/2,5/14
[光緒]鄆城 5/2
樊若輝(字霽初)
(清・鄆城人)
[光緒]鄆城 8/20
46 樊楫(元・冠州人)
[嘉靖]山東 31/26
[雍正]山東 28/人物二 60
[宣統]山東 164/21
[萬曆]東昌 19/44
[乾隆]東昌 41/26
[嘉慶]東昌 31/5
[嘉靖]冠縣 4/10
[萬曆]冠縣 4/31
[道光]冠縣 8/上 14
[光緒]冠縣 8/忠勤
[民國]冠縣 8/人物志 16
樊如(清・嶧縣人)
[乾隆]兖州 23/85
樊恕(明・單縣人)
[順治]單縣 2/40
樊旭(字孔昭)
(明・單縣人)
[順治]單縣 3/36
47 樊好禮(字士和)
(元・東平人)
[嘉靖]山東 25/24
[康熙]山東 32/12
[宣統]山東 161/22
[康熙]濟南 25/21
[乾隆]泰安府 16/73
[乾隆]武定府 16/29
[咸豐]武定府 19/商河 1
[康熙]東平州 4/16
[乾隆]東平州 13/34
[道光]東平州 13/34
[光緒]東平州 15/上 34
[民國]東平縣 11/上 12
東平州鄉土志上/耆舊錄 29
[萬曆]商河 5/21
[道光]商河 5/23
[民國]重修商河 6/62
商河縣鄉土志 1/政績
樊朝鳳(字阿閣)
(清・鄒縣人)
[民國]續修鄒縣志稿/人物－耆舊
48 樊敬(明・直隸新城人)
[乾隆]東昌 35/35
樊敬(字守一)
(明・鄆城人)
[嘉靖]山東 30/59
[萬曆元年]兖州 40/武功 20
[萬曆二十四年]兖州 36/3
[康熙]兖州 28/3
[乾隆]曹州府 15/1
[康熙]濟寧州 4/55
[乾隆]濟寧直隸州 22/6
[道光]濟寧直隸州 6/6－41

［嘉靖］鄆城志下/8
［崇禎］鄆城 5/10
［康熙］鄆城 5/2
［光緒］鄆城 5/3
50 **樊中**（明・山西人）
［乾隆］東昌 44/23
［康熙］臨清州 3/人物 28
［乾隆］臨清州 12/8
［乾隆］臨清直隸州 8/上 82
［民國］臨清縣/人物 89
樊書儀（清・鄒縣人）
［民國］續修鄒縣志稿/人物－耆舊附方技
樊東啟（明・博興人）
［萬曆］青州 14/56
［康熙十五年］青州 14/56
［康熙四十八年］青州 14/儒行 13
［咸豐］青州 45/1
［康熙六十年］博興 7/19
［道光］博興 11/17
［民國］重修博興 13/14
樊春林（字杏橋）（清・長清人）
［民國］長清 11/1
樊中柟（字榮之）（清・長山人）
［康熙五十五年］長山 6/53
［嘉慶］長山 10/31
51 **樊振裔**（字仁公）（清・惠民人）
［咸豐］武定府 26/義行 26
［乾隆］惠民 5/63
［光緒］惠民 22/5
惠民縣鄉土志/耆舊錄 15
52 **樊哲**（明・山西榮河人）
［嘉靖］夏津 3/37
［乾隆］夏津 6/13
60 **樊圃**（字學孔）（明・魚臺人）
［康熙］魚臺 17/19
［乾隆］魚臺 11/40
［光緒］魚臺 3/25
樊國森（字枝宜）（信陽人）
［民國］重修博興 10/2
64 **樊時英**（明・浙江仁和人）
［宣統］山東 71/2
［康熙］濟南 25/73
［道光］濟南 36/3
［崇禎］歷乘 16/41
［崇禎］歷城 6/15，13/77
67 **樊昭禎**（清・陵縣人）
［民國］陵縣續志 4/22
68 **樊噲**（漢・沛人，一作沂州人）
［康熙］沂州志 5/7
［乾隆］沂州府 25/3
［萬曆］濮州 4/雜記 1
［康熙］濮州 4/89
［乾隆］濮州 4/129
［宣統］濮州 6/87
77 **樊鵬飛**（字程九）（清・曹縣人）
［光緒］曹縣 14/行誼 22
樊民贍（明・魚臺人）
［康熙］魚臺 17/25
［乾隆］魚臺 11/33
［光緒］魚臺 3/20
樊學曾（字孟魯）（明・鄆城人）
［崇禎］鄆城 6/24
［光緒］鄆城 5/11
80 **樊毓敦**（號滄波）（明・魚臺人）
［康熙］魚臺 17/44
樊毓琦（字瑋堂）（清・陽信人）
［民國］陽信 5/文學 25
樊毓珍（字伯璞，一字獻臣）（清・陽信人）
［民國］陽信 5/文學 25
88 **樊銳**（字先聲）（清・曹縣人）
［光緒］曹縣 14/行誼 13
91 **樊炳**（明・單縣人）
［隆慶］單縣下/17
［順治］單縣 3/9
［康熙］單縣 8/2
［民國］單縣 9/16
92 **樊愷**（明・進賢人）
［乾隆］泰安府 15/13
［康熙］肥城書下/11
［嘉慶］肥城 15/32
［光緒］肥城 7/48
97 **樊輝**（明・單縣人）
［順治］單縣 2/40

莫

10 **莫三元**（字明寰）（清・夏津人）
［乾隆］東昌 40/39
［乾隆］夏津 8/17
24 **莫儔**（清・廣西馬平人）
［康熙］山東 33/24
［宣統］山東 75/60
［乾隆］兖州 22/34
［康熙］兖州 22/38
［康熙］兖州續編 14/6
［康熙十二年］鄒縣志 3/17
［康熙五十五年］鄒縣志 2/47
［民國］續修鄒縣志稿/名宦
鄒縣鄉土志政績錄/5
莫德寬（清・夏津人）
［民國］夏津續編 8/5
莫魁軒（清・金鄉人）
［民國］濟寧直隸州續志 14/32
［咸豐］金鄉縣志略 9/中忠義傳 6
［民國］金鄉 14/21
26 **莫儼皐**（明・長洲人）
［崇禎］歷乘 16/39，16/66
30 **莫宗魯**（明・廣西馬平舉人）
高密縣鄉土志/上 8
31 **莫福全**（字壽軒）（清・恩縣人）
［宣統］重修恩縣 7/48
38 **莫祥麟**（字徵瑞）（清・夏津人）
［民國］夏津續編 8/83
44 **莫世榮**（元・燕人）
［嘉靖］山東 26/28
［雍正］山東 27/92
［宣統］山東 69/32
［萬曆］濮州 3/名宦 16
46 **莫如善**（明・順天宛平人）
［宣統］山東 72/1

［萬曆二十四年］兗州 29/1
［康熙］兗州 22/22
［乾隆］兗州 22/19

51 莫振魯(清・清平人)
［宣統］增輯清平 12/60
［民國］清平/人物 54

76 莫聰(字伯良)
(明・無錫人)
［道光］濟寧直隸州 6/6－51
濟寧州鄉土志 1/政績

87 莫欽(明・侯官舉人)
［乾隆］東昌 35/35

93 莫熾(字以南,原名毓崗,字岳臣,號醉經居士)
(清・廣西荔浦人)
［宣統］山東 75/57
［光緒］滋陽 7/14,11/49
滋陽縣鄉土志 1/政績

4444_3 莽

27 莽鵠立(字卓然)
(清・滿洲鑲黃旗人)
［宣統］山東 74/38
［道光］濟南 37/54

37 莽通(漢)
［乾隆］武定府 15/2
［咸豐］武定府 15/2
［乾隆］樂陵 2/25

4445_6 韓

00 韓齊(明・青城人)
［康熙］濟南 41/15
［萬曆］青城 1/61
［乾隆］青城 8/2
［民國］青城續修 4/人物 17

韓慶(元・壽張人)
［康熙六年］壽張 7/8
［康熙五十六年］壽張 7/8
［光緒］壽張 6/44

韓文(明・德平人)
［康熙］濱州 5/22
［咸豐］濱州 8/7
［乾隆］德平 3/7
［嘉慶］德平 7/10
［光緒］德平 7/10
德平縣鄉土志/耆舊錄

韓文(明・無錫進士)
［康熙］博平 3/5
［道光］博平 3/5

韓襄(字南園)
(明・魚臺人)
［康熙］魚臺 17/42
［乾隆］魚臺 11/8
［光緒］魚臺 3/4

韓膺(明・平度人)
［萬曆］萊州 5/99
［康熙］萊州 10/26
［乾隆］萊州 10/14
［道光］重修平度州 18/16

韓立文(清・無棣人)
［民國］無棣 13/21
海豐縣鄉土志/耆舊－事業五

韓方正(字仲衡)
(長清人)
［民國］長清 12/9

韓應元(字雲卿)
(明・歷城人)
［康熙］濟南 40/10
［道光］濟南 49/39
［崇禎］歷城 10/14
［乾隆］歷城 37/34

韓康武(清・鉅野人)
［民國］續修鉅野 5/上 32

韓文瑚(字宗夏)
(清・萊蕪人)
［民國］續修萊蕪 34/20

韓文珍(明・山西祈縣人)
［康熙十二年］陽穀 2/32
［康熙］陽穀 2/26
［光緒］陽穀 4/18

韓競秀(字千岩)
(清・淄川人)
［康熙］濟南 40/19
［道光］濟南 72/43
［康熙］淄川 5/26
［乾隆］淄川 5/26

韓充德(字謙亭,號荊坡)
(清・淄川人)
［宣統］三續淄川 10/10

韓應魁(字洛田)
(清・博山人)
［康熙］顏神鎮志 4/下 14
［乾隆］博山 7/下 17
［民國］續修博山 12/68

韓文和(字仁山)
(清・元和舉人)
［民國］鄒平 14/32

韓文瀛(字步東)
(清・壽光人)
［民國］壽光 12/人物志二 33

韓文朗(字敘臣)
(清・順天宛平人)
［民國］單縣 6/宦蹟 28
［光緒］鄆城 6/14
鄆城縣鄉土志/政績錄－聽訟

韓廣洋(元)
［乾隆］博山 7/下 20
［民國］續修博山 12/72

韓應祥(字吉甫)
(清・魚臺人)
［乾隆］魚臺 11/44
［光緒］魚臺 3/28

韓廣志(清・金鄉人)
［民國］濟寧直隸州續志 14/7
金鄉縣鄉土志/耆舊錄上

韓立志(字學古)
(清・武城人)
［道光］武城續編 10/6

韓文友(字會輔)
(清・夏津人)
［民國］夏津續編 8/32

韓應奎(字孟聚)
(明・安丘人)
［康熙六十年］青州 18/15
［咸豐］青州 45/40
［道光］安邱新志 22/2
安丘縣鄉土志 5/耆舊錄 2

韓應奎(明・益都人)
［康熙］山東 49/4
［雍正］山東 31/9

韓文彬(字均雅)
(清・金鄉人)
［民國］夏津續編 8/3

韓庭芑(字燕翼)
(清・青城人)

[宣統]山東 171/31
[道光]濟南 54/61
[乾隆]武定府 23/33
[咸豐]武定府 23/名臣 33
[乾隆]青城 8/5,12/2
[民國]青城續修 4/人物 18,4/藝文下 1
[乾隆]淄川 6/上 55
淄川縣鄉土志/耆舊錄－歷代名臣
韓育英(字仰淮)
(清・淮安人,遷德州)
[康熙]濟南 50/10
[道光]濟南 56/83,62/7
[康熙]德州 8/36
[乾隆]德州 9/62
德州鄉土志/耆舊 24
[民國]德縣 11/6
韓立乾(字健行)
(清・無棣人)
[民國]無棣 13/14
韓應春(明・茌平人)
[乾隆]東昌 38/23
[嘉慶]東昌 28/23
[康熙二年]茌平 2/42
[康熙四十九年]茌平 2/42
[宣統]茌平 11/2
[民國]茌平 3/49
[道光]博平 4/21
博平縣鄉土志/耆舊－循史
韓文成(字子一,號清選)
(清・陽信人)
[民國]陽信 5/宦蹟 21
韓廣田(清・金鄉人)
[民國]金鄉 14/8
韓立晨(清・齊河人)
[民國]齊河 27/24
韓亦昌(字少黎)
(清・齊河人)
[民國]齊河 23/15
韓庚長(字仲白)
(清・淄川人)
[道光]濟南 54/66
[宣統]三續淄川 9/55
韓文義(清・費縣人)
[光緒]費縣 11/42
韓亦錫(字覲侯)
(清・齊河人)
[民國]齊河 23/16
韓文焞(明・陝西涇陽人)
[宣統]山東 71/7
[道光]濟南 36/16
[康熙]鄒平 4/14
[嘉慶]鄒平 14/11
[道光]鄒平 14/11
[民國]鄒平 14/11
韓應恆(字子久)
(明・安丘人)
[道光]安邱新志 18/2
安丘縣鄉土志 6/耆舊錄 3
韓文煊(清・奉天鑲藍旗人)
[宣統]山東 75/3
[道光]濟南 38/6
[崇禎]歷城 6/又 5
[乾隆]歷城 34/9
韓齊鄰(字朋桓)
(清・安丘人)
[咸豐]青州 64/35
[道光]安邱新志 21/2
安丘縣鄉土志 8/耆舊錄 5
02 **韓新運**(字旭東)
(清・安丘人)
安丘縣鄉土志 6/耆舊錄 3
03 **韓斌**(明・萊陽人)
[民國]萊陽 3/1 中 8
04 **韓詰**(清・博平人)
[光緒]博平縣續志 10/53
韓訥(明・鄆縣人)
[乾隆]東昌 34/3
[嘉慶]東昌 21/20
[康熙二年]茌平 2/37
[康熙四十九年]茌平 2/37
[宣統]茌平 8/5
[民國]茌平 8/62
韓麒麟(北魏・昌黎棘城人)
[嘉靖]山東 25/17
[康熙]山東 32/4
[雍正]山東 27/19
[宣統]山東 67/5
[康熙]濟南 24/7
[道光]濟南 33/16
[崇禎]歷乘 16/24
[崇禎]歷城 6/8
韓謹修(字敬亭)
(清・淄川人)
[道光]濟南 54/77
[宣統]三續淄川 9/98
05 **韓靖**(唐・莘縣人)
[光緒]莘縣 7/4
[民國]莘縣 7/3
07 **韓韶**(字仲黃)
(漢・潁川舞陽人)
[嘉靖]山東 25/16
[康熙]山東 32/3
[雍正]山東 27/80
[宣統]山東 66/16
[康熙]濟南 25/3
[弘治]泰安州 3/7
[康熙]泰安州 2/43
[乾隆]泰安府 14/6
[乾隆二十五年]泰安縣 10/28
[乾隆四十七年]泰安縣 8/25
[道光]泰安縣 10/2
[民國]重修泰安縣 6/56
泰安縣鄉土志/政績 4
[嘉靖]萊蕪 5/9
[康熙]新修萊蕪 5/20
[民國]萊蕪 9/1
[民國]續修萊蕪 15/3
萊蕪縣鄉土志/4
08 **韓謙**(明・南皮人)
[乾隆]掖縣 3/37
韓說(漢)
[嘉慶]禹城 7/2
禹城縣鄉土志/4
09 **韓麟應**(字瑞昌)
(清・博興人)
[民國]重修博興 13/40
韓麟閣(字瀛仙)
(清・利津人)
[咸豐]武定府 26/義行 34
韓麟第(字玉書)
(清・章邱人)
[道光]濟南 54/20
[道光]章邱 11/68
10 **韓五**(明・齊東人)

［嘉靖］山東 35/2
［康熙］山東 45/3
［康熙］濟南 44/5
［道光］濟南 51/47
［康熙］新修齊東 6/3
韓璽（字獻之，號虎三）
（明・掖縣人）
［嘉慶］續掖縣 3/17
韓雲（字岱雯）
（清・泰安人）
［乾隆二十五年］泰安縣 12/23
［乾隆四十七年］泰安縣 10/上 28
［道光］泰安縣 9/上 80
［民國］重修泰安縣 8/35
泰安縣鄉土志/耆舊 15
韓一龍（明・茌平人）
［康熙二年］茌平 2/50
［康熙四十九年］茌平 2/50
［宣統］茌平 14/1
［民國］茌平 3/67
韓一龍（清・魚臺人）
［康熙］魚臺 17/26
韓元平（清・禹城人）
［道光］濟南 56/36
［嘉慶］禹城 9/10
［民國］禹城 6/9
禹城縣鄉土志/14
韓靈珍（北魏，一作南朝宋・魯郡人，一作東海郯人）
［康熙］山東 45/7
［雍正］山東 28/人物一 54
［萬曆二十四年］兗州 37/1
［康熙］兗州 28/30
［乾隆］兗州 23/23
［萬曆］沂州志 7/36
［乾隆］沂州府 26/7
［康熙］郯城 7/15
［乾隆］郯城 9/13
［乾隆］曲阜 80/3
曲阜縣鄉土志/耆舊－事業
［光緒］滋陽 9/46
滋陽縣鄉土志 1/耆舊－實行
韓正辭（清・大興人）
［乾隆］淄川 4/又 28－3
韓亞熊（字介侯）
（清・澄城人）
［光緒］增修登州 34/2
［道光］榮成 6/28
韓一動（明・青城人）
［萬曆］青城 1/71
［乾隆］青城 8/10
［民國］青城續修 4/人物 21
韓元升（字紹虞）
（清・陽信人）
［民國］陽信 5/孝友 56
陽信縣鄉土志上/耆舊－事業
韓元仕（字廷臣）
（明・滋陽人）
［雍正］山東 28/人物三 34
［宣統］山東 165/20
［萬曆二十四年］兗州 37/3
［康熙］兗州 28/32
［乾隆］兗州 23/43
［康熙］滋陽 4/上 30
韓雲濤（清・錢塘人）
［宣統］重修恩縣 6/51
［民國］重修恩縣 10/66
韓天祚（清・霑化人）
［乾隆］武定府 25/14
［咸豐］武定府 25/孝友 14
［光緒］霑化 8/5
［民國］霑化 2/33
韓一右（明・青城人）
［康熙］濟南 37/9
［乾隆］武定府 23/19
［咸豐］武定府 23/名臣 19
［萬曆］青城 1/57
［乾隆］青城 8/3，11/25
［民國］青城續修 3/44，4/人物 17，4/藝文上 36
韓雲奇（字象山）
（清・東平人）
［民國］東平縣 11/下 27
韓玉權（字元森）
（安徽含山人）
［民國］德縣 10/80
韓正基（清・昌邑人）
［光緒］昌邑縣續志 6/15
韓玉增（清・無棣人）
［民國］無棣 13/32
韓三接（明・河南懷慶衛人）
［萬曆］青州 12/38
［康熙十五年］青州 12/38
［康熙四十八年］青州 12/38
［康熙六十年］青州 12/34
［乾隆］沂州府 20/11
［康熙二十四年］蒙陰 3/10
［宣統］蒙陰 3/宦績
韓三泰（字符階，號雲溪）
（清・江蘇長洲人）
［宣統］茌平 8/9
［民國］茌平 8/66
韓天申（清・無棣人）
［民國］無棣 13/30
韓西昌（字芑堂）
（清・商河人）
［民國］重修商河 9/22
韓天驥（字逢伯）
（清・霑化人）
［光緒］霑化 7/19
［民國］霑化 2/14
韓晉卿（字伯修）
（宋・密州安丘人）
［嘉靖］山東 32/16
［康熙］山東 42/16
［雍正］山東 28/人物二 41
［宣統］山東 161/16
［嘉靖］青州 14/20
［萬曆］青州 13/35
［康熙十五年］青州 13/35
［康熙四十八年］青州 13/事功 18
［康熙六十年］青州 16/8
［萬曆］安丘 19/16
安丘縣鄉土志 4/耆舊錄 1
韓云朋（清・章邱人）
［道光］章邱 11/92
韓雲朋（清・章丘人）
［道光］濟南 60/17
韓丕人（字价藩）
（清・蓬萊人）
［民國］蓬萊縣志合編人物志/行誼
韓天命（字畏三）

（清・淄川人）
［乾隆］淄川 6/上 20
［宣統］三續淄川 9/98
韓雯煥（號天章）
（清・博山人）
［康熙］顏神鎮志 4/下 5
11 **韓珏**（字合璧，號訓菴，一作訒菴）
（清・萊蕪人）
［宣統］山東 171/8
［乾隆］泰安府 17/55
［民國］萊蕪 17/9
［民國］續修萊蕪 22/10
萊蕪縣鄉土志/15
韓裴（清・烏程人）
［乾隆］東明 4/24
12 **韓彲**（字兆文，號良眉）
（清・魚臺人）
［乾隆］魚臺 11/18
［光緒］魚臺 3/10
韓登（清・淄川人）
［道光］濟南 72/44
［乾隆］淄川 6/上 18
淄川縣鄉土志/耆舊錄－孝友
韓璠（明・鄒縣人）
［嘉靖］鄒縣地理誌 1/27
韓弘（晉）
［雍正］山東 27/86
［宣統］山東 66/38
韓弘度（字維實，號廓完）
（清・河南靈寶人）
［宣統］山東 76/15
［乾隆］沂州府 20/15
［康熙］莒州下/11
［嘉慶］莒州 7/8
［民國］重修莒志 58/2
韓瑞亭（字輯五）
（清・壽光人）
［民國］壽光 12/人物志一 90
韓砥修（字中柱，號介石）
（清・淄川人）
［道光］濟南 54/75
［宣統］三續淄川 10/26
韓登瀛
［民國］朝城縣續志 1/27
韓延之（字顯宗）
（南唐・南陽人）
［民國］濰縣志稿 42/7
韓廷九（清・商河人）
［民國］重修商河 8/81
韓廷柱（字仁軒）
（清・遼東人）
［宣統］山東 75/65
［康熙］嶧縣 3/38
［乾隆］嶧縣 7/18
［光緒］嶧縣 19/職官下 13
韓延壽（字長公）
（漢・燕人）
［嘉靖］山東 26/20
［康熙］山東 34/1
［雍正］山東 27/85
［宣統］山東 66/8
［萬曆元年］兗州 38/循吏 1
［萬曆］東昌 18/4
［乾隆］東昌 33/1
［嘉慶］東昌 20/1
［乾隆］曹州府 12/1
［萬曆］濮州 3/名宦 1
［康熙］濮州 3/1
［乾隆］濮州 3/1
［宣統］濮州 4/1
韓廷桂（明・山西人）
［康熙］聊城 2/2
韓廷芑（見韓庭芑）
韓登蓬（字一峯）
（清・鄒縣人）
［民國］續修鄒縣志稿/人物－耆舊
韓廷揚（明・淄川人）
［萬曆］淄川 28/3
［康熙］淄川 5/34
［乾隆］淄川 5/34
韓登鏊（字維金，號巨山，又號過亭）
（清）
［民國］單縣 12/隱逸 2
13 **韓瑄**（清・萊蕪人）
［乾隆］泰安府 18/53
［民國］萊蕪 20/3
［民國］續修萊蕪 27/8
韓瑄（字良璧）
（明・冠縣人）
［嘉靖］冠縣 4/2
14 **韓珪**（字文器）
（元・汶上人）
［宣統］山東 69/28
［萬曆二十四年］兗州 28/21
［康熙］兗州 22/20
［乾隆］兗州 22/17
［萬曆］汶上 6/7
［康熙四十一年］寧陽 3/15
［乾隆］寧陽 3/2
［咸豐］寧陽 11/5
［光緒］寧陽 11/5
寧陽縣鄉土志/7
韓琳（字景圭，一字管泠）
（明・陝西涇陽人）
［宣統］山東 72/37
［乾隆］東昌 33/35
［嘉慶］東昌 21/2
［康熙］淄川 4/13
［乾隆］淄川 4/13
［康熙］聊城 2/4
［宣統］聊城 6/2－3
聊城縣鄉土志/18
韓琦（字稚圭）
（宋・相州安陽人）
［嘉靖］山東 25/20，26/10
［康熙］山東 32/8，33/12
［雍正］山東 27/22，27/89
［宣統］山東 68/31
［康熙］濟南 25/10
［道光］濟南 34/7
［乾隆］泰安府 14/16
［萬曆元年］兗州 39/名宦 11
［萬曆二十四年］兗州 28/3
［康熙］兗州 22/3
［康熙］東平州 4/35
［乾隆］東平州 12/14
［道光］東平州 12/14
［光緒］東平州 14/14
東平州鄉土志上/政績錄 11
［民國］東平縣 9/8
［嘉靖］淄川 6/76
［萬曆］淄川 27/5
［康熙］淄川 4/5
［乾隆］淄川 4/5

淄川縣鄉土志/政績錄
韓琦量(字亦公,又字裕夫)
(清·青城人)
[乾隆]武定府 25/19
[咸豐]武定府 25/孝友 19
[乾隆]青城 8/9,12/18
[民國]青城續修 4/人物 21,4/藝文上 31
15 韓建(字佐時)
(唐·許州長社人)
[光緒]益都縣圖志 16/12,16/15
韓建功(字鴻烈)
(清·陽信人)
[民國]陽信 5/任恤 33
16 韓理(清·夏津人)
[乾隆]東昌 43/40
[乾隆]夏津 8/22
韓理(字長公)
(清·淄川人)
[雍正]山東 28/人物四 20
[宣統]山東 169/20
[康熙]濟南 35/30
[道光]濟南 72/43
[康熙]淄川 5/7
[乾隆]淄川 5/7
韓理經(字維常)
(清·鉅野人)
[民國]續修鉅野 5/上 32
17 韓弼(明·淄川人)
[萬曆]淄川 28/2
[康熙]淄川 5/33
[乾隆]淄川 5/33
韓瑚(字玉華)
(清·濰縣人)
[民國]濰縣志稿 31/5
韓玘(明·觀城人)
[康熙]觀城 4/19
[道光]觀城 8/6
觀城縣鄉土志/耆舊
韓珝(字廷獻)
(明·博興人)
[嘉靖]青州 14/30
[萬曆]青州 13/45
[康熙十五年]青州 13/45
[康熙四十八年]青州 13/事功 28
[康熙六十年]青州 16/14
[咸豐]青州 44/18
[康熙十二年]博興 6/6
[康熙六十年]博興 7/20
[道光]博興 11/16
[民國]重修博興 13/13
韓翼(元)
[乾隆]東昌 33/40
[嘉慶]東昌 21/8
[順治]堂邑 2/職官 2
[康熙十一年]堂邑 2/名宦 2
[康熙]堂邑 11/5
韓豫(清·丹徒人)
[康熙五十六年]壽張 4/8
韓孟章(清·聊城人)
[乾隆]東昌 40/2
[嘉慶]東昌 30/2
[宣統]聊城 8/26
韓子廉(字蘭墅)
(明·涇陽人)
[康熙]聊城 2/3
[宣統]聊城 6/2-2
聊城縣鄉土志/6
韓子元(字鼇峯,一字雙資)
(清·新城人)
[宣統]新城縣後志 3/孝友
新城縣鄉土志/耆舊-清
[民國]桓臺志略 3/20
[民國]桓臺 3/23
韓承紀(清·鄒平人)
[民國]鄒平 15/146
韓子齡(字伯年)
(清·利津人)
[民國]利津縣續志 7/文苑 2
韓承宣(字康侯,一字長卿)
(明·山西蒲州人)
[雍正]山東 27/28
[宣統]山東 71/4
[康熙]濟南 25/77
[道光]濟南 36/7,36/22
[崇禎]歷城 6/19
[乾隆]歷城 34/7
[康熙]淄川 4/13
[乾隆]淄川 4/13
淄川縣鄉土志/政績錄
韓君雄(賜名允中)
(唐·莘縣人)
[嘉慶]東昌 45/22
[正德]莘縣 6/1,9/6
[康熙十一年]莘縣 7/2
[康熙五十六年]莘縣 7/2,8/67
[光緒]莘縣 7/4,8/中 21
[民國]莘縣 7/3,9/5
莘縣鄉土志/鄉宦 15
韓孟春(字樹堂)
(清·鄆城人)
[光緒]鄆城 6/22
韓子奉(商河人)
[民國]重修商河 14/50,14/52,14/53
韓子熙(北魏·昌黎人)
[崇禎]歷城 3/8
韓取善(號惺菴)
(明·淄川人)
[康熙]濟南 35/18
[道光]濟南 72/35
[萬曆]淄川 29/2
[康熙]淄川 5/4
[乾隆]淄川 5/4
18 韓琋(字佩甫)
(清·淄川人)
[乾隆]淄川 6/下 13
韓瑜(字玉采)
(清·濰縣人)
[乾隆]濰縣 4/37,5/56
[民國]濰縣志稿 31/6
濰縣鄉土志/22
19 韓琰(明·蒲臺人)
[乾隆]武定府 26/9
[咸豐]武定府 26/義行 9
[康熙]重修蒲臺 7/11
[乾隆]蒲臺 3/48
蒲臺縣鄉土志/11
韓琰(明·鄒縣人)
[嘉靖]鄒縣地理誌 1/27
20 韓信(漢·淮陰人)
[嘉靖]青州 12/19,15/44
[康熙十五年]青州 8/9

［康熙四十八年］青州 8/9
［康熙六十年］青州 10/5
［康熙］臨淄 9/4
［民國］臨淄 21/37
韓秀（字白武，一字白虎）
（北魏·昌黎人）
［雍正］山東 27/53
［宣統］山東 67/15
［光緒］益都縣圖志 15/8
韓億（字宗魏）
（宋·雍丘人）
［嘉靖］山東 27/5
［康熙］山東 35/6
［雍正］山東 27/56
［嘉靖］青州 12/54
［萬曆］青州 12/15
［康熙十五年］青州 12/15
［康熙四十八年］青州 12/15
［康熙六十年］青州 12/10
［康熙六十年］博興 7/5
［光緒］益都縣圖志 16/26
韓住（清·嶧縣人）
［光緒］嶧縣 21/忠義 8
韓集雲（字祥千）
（清·鉅野人）
［民國］續修鉅野 5/上 11
韓秀岐（字西周，又字息舟）
（清·濰縣人）
［民國］濰縣志稿 29/12
韓千秋（漢·京兆人）
［嘉靖］山東 25/14
［康熙］山東 32/1
［雍正］山東 27/18
［宣統］山東 66/4
［道光］濟南 33/3
［崇禎］歷城 6/7
韓維祈（字子敬）
（清·淄川人）
［乾隆］淄川 6/上又 83－1
韓維垣（字子宣）
（清·淄川人）
［乾隆］淄川 5/又 31－3
韓維塏（字西仲，號荊農）
（清·淄川人）
［乾隆］淄川 5/又 31－3
韓維基（字貞子）
（清·淄川人）
［康熙］淄川 5/10
［乾隆］淄川 5/10，5/17
韓維翰（清·淄川人）
［康熙］淄川 5/10
［乾隆］淄川 5/10
韓維愈（字超遠）
（清·淄川人）
［乾隆］淄川 5/又 31－4
韓秉智（號怡園）
（清·章邱人）
［道光］濟南 54/14
［道光］章邱 11/68
21 **韓術**（字慎齋，一字崇四）
（清·陽信人）
［民國］陽信 5/文學 12
韓頹（南北朝）
［光緒］益都縣圖志 15/8
韓仁行（字由軒）
（恩縣人）
［民國］重修恩縣 11/鄉賢 55
韓仁泰（唐）
［光緒］新修菏澤 8/5
韓步鼇（字冠靈，又字嶠六，別號若仙）
（清·濰縣人）
［民國］濰縣志稿 30/31
濰縣鄉土志/48
韓經畬（清·樂安人）
［民國］樂安 10/37
［民國］續修廣饒 19/90
韓師曾（明·淄川人）
［康熙］淄川 5/35
［乾隆］淄川 5/35
22 **韓彪**（字蔚文）
（清·魚臺人）
［康熙］魚臺 17/78
［乾隆］魚臺 11/36
［光緒］魚臺 3/22
韓川（字元伯）
（宋·陝人）
［光緒］益都縣圖志 16/34
韓鼎（明·慶陽人）
［康熙］張秋志 5/22
韓山（清·諸城人）
［道光］諸城縣續志 19/15
韓巢嶼（字觀濤）
（清·泰安人）
［乾隆二十五年］泰安縣 12/43
［乾隆四十七年］泰安縣 10/上 38
［道光］泰安縣 9/上 94
［民國］重修泰安縣 8/51
韓繼心（明·即墨人）
［同治］即墨 9/25
韓繼祖（清·滋陽人）
［乾隆］兗州 23/86
［光緒］滋陽 9/48
韓繼乾（字健行）
（清·鉅野人）
［民國］續修鉅野 5/上 18
韓繼思（清·無棣人）
［民國］無棣 13/32
韓繼愈（明·昌邑人）
［康熙］昌邑 6/35
［乾隆］昌邑 6/165
23 **韓俊**（明·壽光人）
［萬曆］青州 15/22
［康熙十五年］青州 15/21
［康熙四十八年］青州 15/武功 8
［康熙六十年］青州 16/46
［咸豐］青州 43/8
［康熙］壽光 30/1
［嘉慶］壽光 14/21
［民國］壽光 12/人物志一 16
韓允亮（清·淄川人）
［乾隆］淄川 5/48
韓岱雲（字鄰海）
（清·安丘人）
［道光］安邱新志 22/6
安丘縣鄉土志 9/耆舊錄 6
韓允琦（字宋卿）
（恩縣人）
［民國］重修恩縣 11/鄉賢 44
韓允祥（字履公）
（清·淄川人）
［乾隆］淄川 6/下又 13
韓允大（字孚徵）
（清·淄川人）
［康熙］濟南 47/25

［道光］濟南 72/38
［乾隆］淄川 6/上 79
韓允嘉（字媧石）
（清・淄川人）
［道光］濟南 54/65
［康熙］淄川 5/9
［乾隆］淄川 5/9，6/上 93
韓允中（見韓允忠）
韓允忠（唐・魏州人）
［乾隆］東昌 36/43
［嘉慶］東昌 26/38
［康熙十一年］莘縣 8/67
［光緒］莘縣 8/藝文中 21
24 **韓佑**（元・無棣人）
［乾隆］武定府 25/67
［咸豐］武定府 25/武功 3
［康熙］海豐 10/5
［民國］無棣 11/1
海豐縣鄉土志/政績
韓德立（清・淄川人）
［宣統］三續淄川 9/62
韓升元（字紹虞）
（清・陽信人）
［民國］陽信 5/任恤 33
韓升元（字殿甲）
（東平人）
［民國］東平縣 11/上 24
韓德峯（字蓬萊）
（清・恩縣人）
［民國］重修恩縣 11/鄉賢 25
韓德躬（清・鄒平人）
［民國］鄒平 15/138
韓化南（清・鄒平人）
［民國］鄒平 15/145
韓德華（金・壽張人）
［康熙六年］壽張 7/8
［康熙五十六年］壽張 7/8
［光緒］壽張 6/43
韓德超（字景文）
（清・陽穀人）
［光緒］陽穀 6/28
［民國］增修陽穀人物/武功 15
韓德成（清・陽穀人）
［民國］增修陽穀人物/武功 14
韓先黨（字蔚村）
（清・汶上人）
［宣統］四續汶上稿/人物－耆德傳
25 **韓傑**（明・揚州人）
［光緒］文登 5/35
韓甡（清・濰縣人）
［民國］濰縣志稿 29/20
韓仲荊（字二州）
（清・安丘人）
［民國］續安邱新志 17/11
安丘縣鄉土志 9/耆舊錄 6
韓仲暉（元）
［嘉靖］山東 26/15
［康熙］山東 33/18
［雍正］山東 27/36
［宣統］山東 69/28
［萬曆元年］兗州 38/循吏 38
［萬曆二十四年］兗州 28/20
［康熙］兗州 22/20
［乾隆］兗州 22/16
［道光］濟寧直隸州 6/6－18
［光緒］壽張 5/3
壽張縣鄉土志/政績－興利
26 **韓得文**（清・嶧縣人）
［乾隆］兗州 23/64
［乾隆］嶧縣 8/34
［光緒］嶧縣 21/忠義 5
韓伯瑞（字公度）
（清・泰安人）
［乾隆］泰安府 18/61
韓伯貞（字子正，號松山）
（清・鄒縣人）
［民國］續修鄒縣志稿/人物－耆舊
韓綿禧（字昌伯）
（清・萊蕪人）
［康熙］新修萊蕪 6/3
［民國］續修萊蕪 34/3
韓得鍔（字廉鋒）
（清・陽信人）
［宣統］山東 171/48
［民國］陽信 5/忠義 47
27 **韓壑**（清・臨沂人）
［民國］續修臨沂 17/33
韓偓（字致光）
（唐・京兆萬年人）
［嘉靖］山東 26/24
［康熙］山東 34/4
［嘉靖］濮州 7/7
［萬曆］濮州 3/名宦 10
［康熙］濮州 3/10
［乾隆］濮州 3/10
［宣統］濮州 4/10
韓約（字博文）
（明・東阿人）
［乾隆］泰安府 17/1
［康熙五十四年］東阿 7/13
［道光］東阿 14/人物下 13
［光緒］東阿縣鄉土志 4/5
韓稞（字以茂，一作淑茂）
（明・冠縣人）
［嘉靖］冠縣 4/2
［萬曆］冠縣 4/7
韓佩珩（字南珍）
（清・禹城人）
［民國］禹城 6/31
韓紹武（清・恩縣人）
［宣統］重修恩縣 8/45
［民國］重修恩縣 11/鄉賢 52
韓繩武（字紹坡）
（明・山西絳州人）
［宣統］山東 71/22
［道光］濟南 36/42
［嘉慶］禹城 7/30
［民國］禹城 3/47
禹城縣鄉土志/7
韓象鼎（清・章邱人）
章邱縣鄉土志/上 36
韓多峰（字秀岩）
（東平人）
［民國］東平縣 11/上 21
韓名漢（字素翁）
（清・昌邑人）
萊州府鄉土志/下 27
［康熙］昌邑 6/20
［乾隆］昌邑 6/181
韓繩其（清・鉅野人）
［民國］續修鉅野 5/上 15
韓峰起（字伯伏）
（清・直隸鹽山人）
［宣統］山東 75/60

[康熙五十五年]鄒縣志 2/57
[光緒]鄒縣續志 7/8
[民國]續修鄒縣志稿/名宦
鄒縣鄉土志政績錄/7
韓象起(清·洪洞監生)
[乾隆]福山 7/18
韓俟振(字坦軒)
(清·茌平人)
[宣統]茌平 11/4
[民國]茌平 3/51
28 **韓復**(明·新城人)
[道光]濟南 51/29
韓儀(字羽光)
(唐·萬年人)
[嘉靖]武定州下/47
[萬曆]武定州 10/3
韓作霖(清·汶上人)
[宣統]四續汶上稿/人物 - 孝弟傳
韓作賓(字光亭)
(清·汶上人)
[宣統]四續汶上稿/人物 - 文學傳
韓牧吉(清·淄川人)
[乾隆]淄川 5/48
韓從樸(字季方)
(清·寧陽人)
[咸豐]寧陽 13/38
[光緒]寧陽 13/39
韓作楫(清·安邱人)
[民國]續安邱新志 20/9
韓作肅(字伯嚴)
(清·陽信人)
[咸豐]武定府 25/孝友 36
[乾隆]陽信 7/29
[民國]陽信 5/孝友 69
信邑志稿 7/孝友
30 **韓寧**(明·北直鹽山人)
[嘉靖]山東 26/19
[康熙]山東 33/22
[雍正]山東 27/38
[宣統]山東 72/6
[萬曆元年]兖州 38/循吏 44
[萬曆二十四年]兖州 29/2
[康熙]兖州 22/23
[康熙]兖州續編 14/6
[乾隆]兖州 22/24
[萬曆]泗水 4/9
[順治]泗水 4/9
[光緒]泗水 4/2
[光緒]泗水縣鄉土志/3
韓容(字可受,別號岱野)
(明·青城人)
[康熙]濟南 40/9
[乾隆]武定府 24/6
[咸豐]武定府 24/清介 6
[萬曆]青城 1/59
[乾隆]青城 8/4,11/27
[民國]青城續修 3/48,4/人物 18,4/藝文下 8
韓汶(字襄宇)
(明·淄川人)
[康熙]濟南 40/14
[道光]濟南 72/36
[康熙]淄川 5/24
[乾隆]淄川 5/24
韓宣(字景然)
(魏·渤海人)
[雍正]山東 27/41
[宣統]山東 66/34
[萬曆]濮州 3/名宦 7
[康熙]濮州 3/7
[乾隆]濮州 3/7
[宣統]濮州 4/7
韓準(唐·魯人)
[乾隆]曲阜 82/2
韓準(元·嶧州蘭陵人)
[康熙]嶧縣 4/70
[乾隆]嶧縣 8/17
[光緒]嶧縣 21/鄉賢 63
韓準(明·淄川人)
[康熙]濟南 47/24
[道光]濟南 72/38
[乾隆]淄川 5/44
韓宗彥(字欽聖)
(宋·雍丘人)
[光緒]益都縣圖志 16/40
韓良弼(清·膠州人)
膠州直隸州鄉土志 4/事功
韓宣子(名起)
(春秋)
[萬曆元年]兖州 42/3
韓寅秀(字羲賓)
(清·慶雲人)
[民國三年]慶雲 2/101
韓之俊(明·章邱人)
[道光]濟南 54/1
[道光]章邱 10/21
章邱縣鄉土志/上 46
韓永和(字美斯)
(清·濰縣人)
[民國]濰縣志稿 31/9
韓之良(明·禹城人)
[康熙]濟南 44/28
[道光]濟南 52/7
[康熙]禹城 5/20
[嘉慶]禹城 9/13
[民國]禹城 6/10
禹城縣鄉土志/15
韓永清(清·壽光人)
[咸豐]青州 49/43
[乾隆]續壽光 23/10
[嘉慶]壽光 13/11
[民國]壽光 12/人物志一 81
壽光縣鄉土志/耆舊
韓寶鴻(清·福山人)
[民國]福山縣志稿 7/5 - 8
韓永祿(清·歷城人)
[民國]續修歷城 44/4
韓良士(清·章邱人)
[道光]濟南 54/16
[乾隆]章邱 9/又 33
韓永存(字葆齋)
(清·昌邑人)
[光緒]昌邑縣續志 5/62
韓之柱(清·清平人)
[乾隆]東昌 43/15
[嘉慶]東昌 32/41
韓宜樸(字文齋)
(清·陽信人)
[民國]陽信 5/忠義 49
韓家樹(清·臨沂人)
[民國]續修臨沂 16/10
韓之桂(清·清平人)
[康熙]重修清平下/42
[嘉慶]清平 14/42
[宣統]增輯清平 12/55

[民國]清平/人物 51
韓良棟(字松巖)
(清・壽張人)
[光緒]壽張 10/1
韓守恕(字強齋,號錦堂)
(清・章邱人)
[道光]章邱 10/52
韓家相(清・鄒縣人)
[民國]續修鄒縣志稿/人物－耆舊
韓寶乾(字健元)
(清・濟寧人)
[民國]濟寧直隸州續志 12/55
韓守中(明・遷安人)
[乾隆]陽信 5/19
[民國]陽信 2/46
韓守忠(字丹扆)
(清・章邱人)
[道光]章邱 11/71
韓良輔(清・膠州人)
膠州直隸州鄉土志 4/事功
韓永昌(明・禹城人)
[康熙]濟南 44/27
[道光]濟南 52/6
韓永昌(字壽亭)
(清・無棣人)
[民國]無棣 11/10
韓之璧(清・歷城人)
[乾隆]歷城 42/6
韓良臣(清・膠州人)
膠州直隸州鄉土志 4/事功
韓良卿(清・膠州人)
膠州直隸州鄉土志 4/事功
韓守余(明・樂陵人)
[乾隆]武定府 26/7
[咸豐]武定府 26/義行 7
[順治]樂陵 6/8
[乾隆]樂陵 6/35
樂陵縣鄉土志 3/26
韓寶鍔(字久山)
(清・霑化人)
[光緒]霑化 7/20
[民國]霑化 2/15
韓守恆(清・新泰人)
新泰縣鄉土志/27

31 **韓福**(字以德)
(明・膠州人)
[萬曆]萊州 5/99
[康熙]萊州 10/27
[乾隆]萊州 10/13
[康熙]膠州 5/23
[乾隆]膠州 4/29
[道光]重修膠州 25/4
[民國]增修膠志 40/4
膠州直隸州鄉土志 4/事功
韓福(字德夫)
(明・陝西人)
[宣統]山東 71/5
[道光]濟南 36/10
[嘉靖]章丘 3/5
[萬曆]章丘 21/73
[康熙]章丘 4/25
[乾隆]章邱 7/3
[道光]章邱 9/5
章邱縣鄉土志/上 4
韓源(字逢之,號乾宇)
(清・淄川人)
[康熙]濟南 35/28
[道光]濟南 54/54
[康熙]淄川 5/6,5/14,6/37
[乾隆]淄川 5/6,5/14,6/上 37
韓禎(明・章丘人)
[嘉靖]山東 29/23
[康熙]山東 39/22
[康熙]濟南 39/2
[道光]濟南 49/45
[萬曆]章丘 24/21
[康熙]章丘 6/20
[乾隆]章邱 9/15
[道光]章邱 11/25
32 **韓兆龍**(字箴軒)
(清・濰縣人)
[民國]濰縣志稿 31/10
韓兆麗(字華堂)
(清・寧陽人)
[光緒]寧陽 15/33
33 **韓浚**(明・淄川人)
[康熙]淄川 5/5
[乾隆]淄川 5/5
韓浐(明・淄川人)

[乾隆]淄川 5/54
韓溥(明・淄川人)
[乾隆]淄川 5/44
韓泳(字文潛)
(明・安丘人)
[民國]續安邱新志 18/1
安丘縣鄉土志 6/耆舊錄 3
韓述祖(字文一)
(清・夏津人)
[乾隆]臨清直隸州 8/下 17
[民國]夏津續編 8/12
韓必顯(字用晦)
(明・安丘人)
[萬曆]青州 13/71
[康熙十五年]青州 13/71
[康熙四十八年]青州 13/事功 55
[康熙六十年]青州 16/29
[咸豐]青州 44/54
[康熙]續安丘 18/9
安丘縣鄉土志 5/耆舊錄 2
韓必光(字用韜)
(明・安丘人)
[萬曆]青州 14/57
[康熙十五年]青州 14/57
[康熙四十八年]青州 14/儒行 14
[康熙六十年]青州 15/12
[咸豐]青州 44/42
[康熙]續安丘 22/28
安丘縣鄉土志 5/耆舊錄 2
34 **韓池**(字仁圃)
(清・寧陽人)
[咸豐]寧陽 14/11
[光緒]寧陽 14/11
韓浩(宋・相州人)
[嘉靖]山東 27/16
[雍正]山東 27/69
[宣統]山東 68/54
[萬曆]萊州 6/3
[康熙]萊州 8/24
[乾隆]萊州 9/8
[萬曆]濰縣 7/3
[康熙]濰縣 5/名宦 3
[乾隆]濰縣 3/40
[民國]濰縣志稿 20/9

濰縣鄉土志/50
韓浹(元・無棣人)
海豐縣鄉土志/政績
韓湋(清・定陶人)
[宣統]山東 173/34
韓法顔(膠州人)
[民國]增修膠志 46/9
韓淩雲(字仰層)
(清・鄒縣人)
[光緒]鄒縣續志 12/上 10
[民國]續修鄒縣志稿/人物-耆舊
鄒縣鄉土志耆舊錄/21
韓汝沂(清・汶上人)
[宣統]四續汶上稿/人物-孝弟傳
韓汝孝(字起敬,號鳳林)
(明・恩縣人)
[乾隆]東昌 41/21
[嘉慶]東昌 33/16
[宣統]重修恩縣 8/31
[民國]重修恩縣 11/鄉賢 33
[康熙]重修清平下/39
[嘉慶]清平 14/28
[宣統]增輯清平 12/29
[民國]清平/人物 16
清平縣鄉土志/耆舊
韓汝藻(字玉文)
(清・定陶人)
[民國]定陶 6/38
韓汝梅(字雪白)
(清・平度人)
萊州府鄉土志/下 22
[道光]重修平度州 19/32
平度鄉土志 4 上/鄉賢
韓汝成(明・蓬萊人)
[順治]登州 17/21
[光緒]增修登州 43/1
[康熙]蓬萊 5/22
[道光]重修蓬萊 9/25
[民國]蓬萊縣志合編人物志/孝友
韓法愈(明・河南鄢陵人)
[咸豐]青州 36/40
[順治]堂邑 2/職官 6
[康熙]益都 5/22
[光緒]益都縣圖志 18/37
韓洪愈(字起唐)
(明・濟寧人)
[康熙]濟寧州 7/36
35 韓冲(清・淄川人)
[康熙]淄川 5/7
[乾隆]淄川 5/7
韓禮(明・益都人)
[萬曆]青州 15/23
[康熙十五年]青州 15/22
[康熙四十八年]青州 15/武功 9
[咸豐]青州 44/58
[萬曆]益都 6/102
[康熙]益都 9/39
韓潛(明・淄川人)
[乾隆]淄川 5/41
韓濾(明・淄川人)
[康熙]濟南 47/8
[道光]濟南 72/37
[乾隆]淄川 5/44
韓沛覃(字丕之)
(清・曹縣人)
[光緒]曹縣 14/行誼 23
韓連發(字振東)
(清・無棣人)
[民國]無棣 13/14
韓清順(清・肥鄉人)
[民國]臨沂 10/68
36 韓溫(元・平陰人)
[乾隆]泰安府 18/32
[順治]平陰 7/13
韓溫(明・魚臺人)
[康熙]魚臺 17/11
[乾隆]魚臺 11/6
[光緒]魚臺 3/3
韓澤(宋・長山人)
[道光]濟南 47/30
[康熙五十五年]長山 3/1
韓遇安(字履道)
(清・陽信人)
[民國]陽信 5/文學 18
韓遇春(清・聊城人)
[乾隆]東昌 43/3
[嘉慶]東昌 32/29
[宣統]聊城 8/82
聊城縣鄉土志/27
韓遇春(清・清水人)
[乾隆]淄川 4/25
韓遇時(明・濟寧人)
[乾隆]濟寧直隸州 27/11
[道光]濟寧直隸州 8/4-33
37 韓澮(字生白)
(明・淄川人)
[宣統]山東 164/48
[道光]濟南 50/37
[康熙]淄川 6/9
[乾隆]淄川 6/上 9
淄川縣鄉土志/耆舊錄-忠節
韓冠(明・南陽人)
[康熙]兗州府曹縣 9/26
韓潔(字維清)
(清・汶上人)
[宣統]四續汶上稿/人物-施濟傳
韓瀾(字澤宇)
(明・淄川人)
[康熙]淄川 5/38
[乾隆]淄川 5/38
韓逢庥(字樾依,號四勿)
(清・青城人)
[道光]濟南 54/62
[乾隆]武定府 24/40
[咸豐]武定府 24/循良 30
[乾隆]淄川 5/48,6/上 68
淄川縣鄉土志/耆舊錄-循良
[乾隆]青城 8/6,12/6
[民國]青城續修 4/人物 19,4/藝文下 13
韓冠五(字菱塘)
(清・博興人)
[民國]重修博興 13/44
韓逢聖(字錫三)
(清・青城人)
[乾隆]青城 8/6
[民國]青城續修 4/人物 19
韓通儒(字致經)
(清・濰縣人)
[民國]濰縣志稿 30/24
韓祖法(字子裕)

（清・淄川人）
［乾隆］淄川 5/又 53－1
韓冠時（字超彥）
（清・定陶人）
［民國］定陶 6/38
韓逢隆（字棟臣）
（清・濰縣人）
［民國］濰縣志稿 31/15
濰縣鄉土志/40
韓初命（字康侯）
（明・掖縣人）
［康熙］萊州 10/38
［乾隆］萊州 10/23
［乾隆］掖縣 4/26
38 韓道（宋）
［雍正］山東 27/77
［宣統］山東 68/40
［乾隆］沂州府 20/3
［民國］臨沂 7/68
［道光］沂水 5/23
韓浴（清・平度人）
［道光］重修平度州 19/16
韓肇（明・代州人）
［萬曆］諸城 4/23
韓道發（字筱同）
（清・樂安人）
［民國］樂安 10/35
［民國］續修廣饒 19/55
韓遵道（清・壽張人）
［光緒］壽張 7/14
韓道揚（字伯名，號迪菴，一作迪安）
（明・淄川人）
［雍正］山東 28/人物三 7
［宣統］山東 165/14
［康熙］濟南 44/20
［道光］濟南 50/35
［康熙］淄川 6/74
［乾隆］淄川 6/上 74
39 韓泮（字自游）
（清・歷城人）
［民國］續修歷城 44/18
40 韓奎（明・山西蒲州人）
［康熙十二年］陽穀 2/19
［康熙］陽穀 2/14
［光緒］陽穀 4/4
韓塘（明）
［嘉靖］萊蕪 5/10
韓友（清・諸城人）
［光緒］增修諸城縣續志 17/10
韓希文（宋）
［民國］牟平 6/66
韓希龍（字允菴）
（明・河南安陽人）
［宣統］山東 71/12
［道光］濟南 36/26
［康熙四十三年］長山 3/宦績
［康熙五十五年］長山 3/36
［嘉慶］長山 5/44
韓士麟（字瑞呈）
（清平人）
［民國］清平/人物 83
韓培正（字履中）
（清・嶧縣人）
［光緒］嶧縣 21/忠義 6
［民國］續滕縣志 1/28
韓九瑞（清・博平人）
［光緒］博平縣續志 10/55
韓九功（清・齊河人）
［民國］齊河 23/72
韓希琦（字錦堂，號半耕）
（清・武城人）
［道光］武城續編 10/3
［民國］增訂武城續編 10/3
武城縣鄉土志略/耆舊錄
韓志琦（字淑韓）
（清・東平人）
［民國］東平縣 11/上 20
韓士聰（字呆齋）
（明・山西洪洞人）
［道光］高唐州 7/1－9
［光緒］高唐州 7/1－9
［民國］高唐縣 9/5－5
韓志璟（字少平）
（東平人）
［民國］東平縣 11/上 23
韓大勇（字希智）
（清・夏津人）
［民國］夏津續編 8/8
韓希孟（清・歷城人）
［民國］續修歷城 46/4
韓大峘（字華巖）
（清・章邱人）
［乾隆］章邱 9/32
［道光］章邱 10/31
韓士能（字傑才）
（明・金鄉人）
［民國］夏津續編 8/2
韓希仁（明・涇陽人）
［康熙］高密 6/25
［乾隆］高密 6/19
［光緒］高密 6/23
［民國］高密 12/24
高密縣鄉土志/上 12
韓希貞（字介人）
（清・汶上人）
［宣統］四續汶上稿/人物－文學傳
韓嘉樂（清・萊蕪人）
［民國］續修萊蕪 27/13
韓南嵩（清・壽張人）
［光緒］壽張 7/17
韓士佳（字麗南）
（清・壽光人）
［咸豐］青州 49/42
［乾隆］續壽光 23/8
［嘉慶］壽光 13/10
［民國］壽光 12/人物志一 80
韓士升（清・博興人）
［咸豐］青州 46/43
［康熙六十年］博興 7/23
［道光］博興 11/26
［民國］重修博興 13/25
韓希仲（學名翼亭）
（清・商河人）
［民國］重修商河 8/85
韓志傑（字健偉，號秋舫）
（清・曹縣人）
［光緒］曹縣 14/仕蹟 10
韓克解（明・北直贊皇人）
［宣統］山東 71/50
［康熙］濟南 25/54
［乾隆］武定府 16/14
［咸豐］武定府 19/青城 1
［萬曆］青城 1/39
［乾隆］青城 7/2

[民國]青城續修4/名宦13
韓士名(明・利津人)
[康熙]濟南47/19
[乾隆]武定府26/3
[咸豐]武定府26/義行3
[康熙]利津縣新志8/22
[光緒]利津8/義行1
韓九寅(清・平陰人)
[光緒]平陰5/30
韓存道(明)
[萬曆]青州12又/又22
[康熙十五年]青州12又/又22
韓有臺(清・陽信人)
[光緒]陵縣18/20
韓有志(明・禹城人)
[康熙]濟南44/17
[道光]濟南52/4
[康熙]禹城5/19
[嘉慶]禹城9/12
[民國]禹城6/9
禹城縣鄉土志/15
韓嘉桂(字紫岩,一作子岩)(清・棲霞人)
[康熙]棲霞6/17
[乾隆]棲霞7/8
韓吉泰(清・濟南人)
[民國]樂安8/22
[民國]續修廣饒17/8
韓克忠(字守信)(明・城武人)
[嘉靖]山東30/59
[康熙]山東40/57
[雍正]山東28/人物三4
[宣統]山東160/15
[萬曆元年]兗州40/文苑17
[萬曆二十四年]兗州36/1
[康熙]兗州28/1
[乾隆]曹州府15/1
[康熙九年]城武3/5,3/43
[康熙四十一年]城武4/下11
[道光]城武9/上12
韓九思(字君可)(清・夏津人)
[民國]夏津續編8/30
韓培甲(字仁甫)(清・膠州人)
[民國]增修膠志45/30
韓在甲(清・淄川人)
[宣統]三續淄川9/69
韓大鵬(清・鄒縣人)
[民國]續修鄒縣志稿/人物-耆舊
韓大用(南朝宋・寧陽人)
[康熙十一年]寧陽7/5
[康熙四十一年]寧陽7/5
韓來學(字子佩)(清・鉅野人)
[道光]鉅野13/80
韓志鵬(字搏九)(清・博興人)
[民國]重修博興13/50
韓培義(字禮臣)(陽穀人)
[民國]增修陽穀人物/仕宦26
韓奎光(明・即墨人)
[同治]即墨9/25
即墨縣鄉土志/耆舊-事業三
韓大愷(清・章邱人)
[道光]章邱11/67
41 韓楷(字聖培,號易園)(清・掖縣人)
[嘉慶]續掖縣3/10
韓楨(明,見韓禎)
韓楨(清・長清人)
[民國]長清11/32
42 韓彬(字文雅)(清・博平人)
[光緒]博平縣續志10/51
韓彬(字均適)(清・壽光人)
[民國]壽光12/人物志一68
韓荊(字建芳,一作廷芳)(明・陽信人)
[康熙]濟南36/9
[乾隆]武定府24/4
[咸豐]武定府24/清介4
[康熙]陽信9/5
[乾隆]陽信7/4
[民國]陽信5/宦蹟7
信邑志稿7/清介
陽信縣鄉土志上/耆舊-事業,耆舊-鄉賢祠
43 韓城(清・新泰人)
[乾隆]新泰14/4
韓式庚(長清人)
[民國]長清12/14
44 韓楚(唐・莘縣人)
[光緒]莘縣7/4
[民國]莘縣7/3
韓苓(字榛仿,號拙齋)(清・博興人)
[民國]重修博興13/38
韓茂(字元興)(北魏・武安人)
[萬曆元年]兗州38/武功9
韓模(字範子)(清・無棣人)
[民國]無棣13/4
海豐縣鄉土志/耆舊-事業六
韓芹(字青坊,號恒齋)(清・魚臺人)
[道光]濟南38/19
[康熙]淄川4/23
[乾隆]淄川4/又28-4
[乾隆]魚臺11/20
[光緒]魚臺3/11
韓權(字公衡)(元・莘縣人)
[嘉靖]山東31/27
[康熙]山東41/22,45/11
[雍正]山東28/人物二59
[宣統]山東165/12
[萬曆]東昌19/45
[乾隆]東昌42/4
[嘉慶]東昌32/4
[正德]莘縣6/5,6/29
[康熙十一年]莘縣7/4,7/9
[康熙五十六年]莘縣7/4,7/9
[光緒]莘縣7/37,8/中35
[民國]莘縣7/28
莘縣鄉土志/鄉宦16

韓藝(字湫六)
(清・濰縣人)
[民國]濰縣志稿 29/30
濰縣鄉土志/40
韓贄(字獻臣)
(宋・齊州長山人)
[嘉靖]山東 29/16
[康熙]山東 39/14
[宣統]山東 157/20
[康熙]濟南 35/4
[道光]濟南 47/29
[康熙四十三年]長山 5/仕業
[康熙五十五年]長山 6/2
[嘉慶]長山 7/3
長山縣鄉土志/耆舊錄
韓慕膺(字卓甫)
(清・曹縣人)
[光緒]曹縣 14/行誼 5
韓夢龍(清・昌邑捐貢)
[乾隆]嶧縣 7/34
[光緒]嶧縣 19/丞倅 15
韓世璣(清・武進人)
[光緒]菏澤 7/名宦 8
韓其緡(字康侯)
(清・淄川人)
[宣統]三續淄川 9/91
韓鬱鬯(清・鉅野人)
[民國]續修鉅野 5/上 25
韓夢魁(清・昌邑人)
[乾隆]昌邑 5/150
韓世德(清・蒙陰人)
[宣統]蒙陰 4/孝義
韓世魁(清・長清人)
[民國]長清 11/30
韓萬象(清・聊城人)
[康熙]聊城 3/49
韓世安(元・壽張人)
[康熙六年]壽張 7/8
[康熙五十六年]壽張 7/8
[光緒]壽張 6/44
韓世安(元・陽信人)
[萬曆]武定州 10/7
[崇禎]武定州 7/18
[乾隆]武定府 25/69
[咸豐]武定府 25/武功 5
[乾隆]陽信 7/3
[民國]陽信 5/宦蹟 5
信邑志稿 7/武功
陽信縣鄉土志上/耆舊－事業
韓世官(字俊千)
(清・平度人)
[民國]平度縣續志 8/4
韓世良(元・壽張人)
[康熙六年]壽張 7/8
[康熙五十六年]壽張 7/8
[光緒]壽張 6/44
韓世選(字伯舉)
(清・壽光人)
[民國]壽光 12/人物志二 57
韓藏梧(清・蒲臺人)
蒲臺縣鄉土志/17
韓茂柯(字大千)
(清・淄川人)
[乾隆]淄川 5/41
韓茂棕(字塵風)
(明・淄川人)
[康熙]淄川 5/38
[乾隆]淄川 5/38
韓茂材(字銘鼎)
(明・淄川人)
[康熙]濟南 47/24
[道光]濟南 72/38
[乾隆]淄川 5/45
韓茂桂(字秋華)
(明・淄川人)
[康熙]濟南 47/23
[道光]濟南 72/37
[康熙]淄川 5/38
[乾隆]淄川 5/38
韓其蘭(清・濰縣人)
[民國]濰縣志稿 31/37
韓世林(字蔚瞻)
(清・曹縣人)
[光緒]曹縣 14/行誼 5
韓蘊櫝(明・安丘人)
[咸豐]青州 45/39
[康熙]續安丘 23/36
安丘縣鄉土志 5/耆舊錄 2
韓芝芳(字友蘭)
(清・寧陽人)
[乾隆]寧陽 7/義士 2
[咸豐]寧陽 13/45
[光緒]寧陽 13/56
寧陽縣鄉土志/20
韓茂椿(字大千)
(清・淄川人)
[康熙]濟南 45/10
[道光]濟南 54/75
[乾隆]淄川 5/41
韓茂枎(字蔭蕃)
(清・淄川人)
[康熙]淄川 6 下/3
[乾隆]淄川 6/下 3
韓樹柏(字肯嶽)
(清・淄川人)
[宣統]三續淄川 9/60
韓若松(明・壽光人)
[康熙]壽光 26/3
[嘉慶]壽光 13/17
韓世忠(字良臣)
(宋・延安人)
[嘉靖]山東 26/13
[雍正]山東 27/35
[宣統]山東 68/27
[咸豐]青州 64/23
[萬曆元年]兖州 39/名宦 14
[萬曆二十四年]兖州 28/10
[康熙]兖州 22/10
[乾隆]兖州 22/13
[乾隆]曹州府 12/11
[隆慶]單縣上/31
[康熙]單縣 6/8
[乾隆]單縣 4/54
[民國]單縣 6/宦蹟 13
[康熙]鉅野 13/5
[道光]鉅野 24/5
韓萬春(字和庭)
(清・茌平人)
[民國]茌平 3/101
韓芳晨(清・齊河人)
[民國]齊河 27/23
韓夢昌(字希伯)
(元・東平人)
[宣統]山東 161/23
[光緒]增修登州 24/16
[康熙]萊陽 4/5

［民國］萊陽 3/1 上 4
韓世昌（字景文）
（清・平度人）
［民國］平度縣續志 8/4
韓夢周（字公復,號理堂）
（清・濰人）
［宣統］山東 177/17
［民國］濰縣志稿 29/4
濰縣鄉土志/44
韓萃善（明・淄川人）
［萬曆］淄川 29/2
［康熙］淄川 5/4
［乾隆］淄川 5/4
46 **韓觀**（明）
［乾隆］德州 8/4
［民國］德縣 9/6
韓相（明・青城人）
［康熙］濟南 41/13
［乾隆］武定府 24/17
［咸豐］武定府 24/循良 7
［萬曆］青城 1/60
［乾隆］青城 8/2
［民國］青城續修 4/人物 17
韓觀芹（清・觀城人）
［道光］觀城 8/8
觀城縣鄉土志/耆舊
47 **韓墀**（清・新泰人）
［乾隆］新泰 16/7
韓翃（字君平）
（唐・南陽人）
［康熙］新修萊蕪 6/57
韓均（字天德）
（北魏・安定武安人）
［嘉靖］山東 27/3
［康熙］山東 35/3
［雍正］山東 27/53
［宣統］山東 67/16
［嘉靖］青州 13/19
［萬曆］青州 12/11
［康熙十五年］青州 12/11
［康熙四十八年］青州 12/11
［康熙六十年］青州 12/7
［光緒］益都縣圖志 15/14
韓柳（明・泗水人）
［光緒］泗水 11/24
［光緒］泗水縣鄉土志/11
韓郁文（清・汶上人）
［宣統］四續汶上稿/人物－文學傳
韓超然（明・臨淄人）
［萬曆］青州 14/53
［康熙十五年］青州 14/53
［康熙四十八年］青州 14/儒行 10
［咸豐］青州 44/46
［康熙］臨淄 9/13
［民國］臨淄 23/11
臨淄縣鄉土志/耆舊錄
韓鶴臨（字壽昌）
（清・昌邑人）
［光緒］昌邑縣續志 6/32
韓慤錫（字致堂）
（清・淄川人）
［道光］濟南 54/72
［乾隆］淄川 5/又 53－1
［宣統］三續淄川 9/98
韓超範（字圍臣）
（清・商河人）
［民國］重修商河 8/25
48 **韓松**（元・霑化人）
［康熙］濟南 43/14
［乾隆］武定府 25/69
［咸豐］武定府 25/武功 6
［光緒］霑化 9/14
［民國］霑化 2/71
韓松（清・博興人）
［道光］博興 11/31
［民國］重修博興 13/29
韓敬止（字德淵,一字建侯）
（明・淄川人）
［乾隆］淄川 5/54
韓敬所（字公肅）
（清・鄒平人）
［道光］濟南 54/41
［道光］鄒平 15/75
［民國］鄒平 15/75
韓敬曾（字欽椵）
（清・鄒平人）
［民國］鄒平 15/109
50 **韓春**（清・長清人）
［民國］長清 11/31
韓惠（字濟民）
（明・滋陽人）
［光緒］滋陽 11/40
韓青（明・全椒人）
［乾隆］歷城 17/29
韓肅（明・平原人）
［康熙］濟南 41/11
［道光］濟南 52/55
［乾隆］平原 8/22
平原縣鄉土志輯稿/循吏
韓忠彥（字師朴）
（宋・相州人）
［嘉靖］山東 34/5
［康熙］山東 48/4
［萬曆元年］兖州 42/13
［萬曆］鉅野 6/5
［康熙］鉅野 10/5
［道光］鉅野 10/8
韓奉龍（清・新城人）
［康熙］新城 7/51
［民國］重修新城 16/3
新城縣鄉土志/耆舊－清
韓忠一（明・登州衛人）
［乾隆］黄縣 8/42
［同治］黄縣 9/31
［民國］黄縣志稿 13/人物－寓賢
韓東作（字西成）
（清・高唐人）
［光緒］高唐州 5/2－34
［民國］高唐縣 12/18
韓惠兆（清・曹縣人）
［光緒］曹縣 17/藝文傳 4
韓本桂（清・章邱人）
［道光］章邱 11/86
韓春田（原名厥揆）
（清・淄川人）
［宣統］三續淄川 9/87
韓青田（清平人）
［民國］清平/人物 84
韓惠疇（字揆百）
（清・壽光人）
［民國］壽光 12/人物志二 14
韓東岳（清・陽穀人）
［民國］增修陽穀人物/仕宦 18
韓書常（清・海豐人）

海豐縣鄉土志/耆舊－事
業四
韓中焱(字文亭)
(無棣人)
[民國]無棣 13/23
51 韓振緒(清・鄒平人)
[民國]鄒平 15/138
韓振綱(字靜揮)
(清・章邱人)
[道光]濟南 54/14
[同治]重修寧海州 14/9
[道光]章邱 16/79
[民國]牟平 6/82
韓振成(字美亭)
(清・寧陽人)
[咸豐]寧陽 15/21
[光緒]寧陽 15/28
韓振甲(字介春)
(清・膠州人)
[民國]增修膠志 45/22
53 韓搏(元・益都人)
[宣統]山東補遺/63
韓成(元・文登人)
[光緒]文登 8/上 6
韓成(元・霑化人)
[宣統]山東 161/22
[乾隆]武定府 16/41
[咸豐]武定府 19/霑化 1
[萬曆]新修霑化 6/107
[光緒]霑化 5/16
[民國]霑化 4/職官 34
韓成(明・臨朐人)
臨朐縣鄉土志 1/耆舊
韓成(清・長清人)
[民國]長清 11/31
韓成(清・膠州人)
[道光]重修膠州 31/7
[民國]增修膠志 48/12
膠州直隸州鄉土志 4/事功
韓成志(清・濱州人)
[咸豐]濱州 10/厚德 6
濱州鄉土志/耆舊錄
韓成基(清・漢軍鑲藍旗人)
[乾隆]夏津 6/18
韓輔世(清・淄川人)
[乾隆]淄川 6/上又 20－5
淄川縣鄉土志/耆舊錄－
孝友
韓成甫(清・商河人)
[道光]商河 7/53
[民國]重修商河 9/19
商河縣鄉土志 3/耆舊－
學問
55 韓典(字廷玉)
(清・濰縣人)
[宣統]山東補遺/3
[乾隆]濰縣 4/29
[民國]濰縣志稿 30/53
濰縣鄉土志/21
57 韓契(清・滿洲人)
[嘉慶]慶雲 7/30
[咸豐]慶雲 2/28
[民國三年]慶雲 1/87
韓邦孚(字鶴亭)
(清・蓬萊人)
[民國]蓬萊縣志合編人物
志/仕績
韓邦寧(字宗堯)
(明・平度人)
[光緒]平度志要/人物
[民國]平度縣續志 7/6
韓邦奇(字汝節)
(明・朝邑人)
[康熙]濟寧州 4/6
韓邦用(明・汶上人)
[萬曆]汶上 6/14
58 韓擒虎(隋・东垣人)
[嘉慶]壽光 10/5
韓鰲修(號雲峰)
(清・淄川人)
[宣統]三續淄川 9/91
60 韓昂(字文高)
(明・臨淄人)
[萬曆]青州 14/21
[康熙十五年]青州 14/21
[康熙四十八年]青州 14/
孝友 11
[康熙六十年]青州 17/14
[咸豐]青州 44/15
[康熙]臨淄 9/22
[民國]臨淄 25/33
臨淄縣鄉土志/耆舊錄
韓景(明)
[康熙]膠州 5/11
[乾隆]膠州 4/7
[道光]重修膠州 22/1
[民國]增修膠志 17/1
韓旻(字五雲)
(清・茌平人)
[宣統]茌平 11/6
[民國]茌平 3/53
韓昇(字景暉)
(明・單縣人)
[萬曆二十四年]兗州 37/5
[康熙]兗州 28/34
[順治]單縣 3/36
[康熙]單縣 8/17
[乾隆]單縣 7/11
[民國]單縣 9/24
韓勗(字勉齋)
(清・濰縣人)
[民國]濰縣志稿 29/18
韓思文(明・淄川人)
[乾隆]淄川 5/34
韓國璽(字啓蘭,號晴嵐)
(清・茌平人)
[雍正]山東 28/人物三 68,
28/人物四 3
[宣統]山東 174/16
[乾隆]東昌 40/20
[嘉慶]東昌 30/21
[康熙二年]茌平 2/45,3/
50,4/29
[康熙四十九年]茌平 2/
45,3/50,4/39,5/3
[宣統]茌平 12/5,23/35
[民國]茌平 12/39
韓景元(字希皋)
(清・鉅野人)
[道光]鉅野 13/60
韓景元(字春元)
(清・鄒平人)
[民國]鄒平 15/140
韓星五(清・鄒縣人)
[民國]續修鄒縣志稿/人
物－耆舊
韓思武(字守正)
(明・淄川人)

［康熙］濟南 47/5
［道光］濟南 50/35
［萬曆］淄川 28/2，30/14
［康熙］淄川 5/33，6/71
［乾隆］淄川 5/32，6/上 71
韓思聖（字及超）
（清・邱縣人）
［乾隆］臨清直隸州 8/下 11
韓國翼（明・東昌人）
［康熙］山東 41/29
韓景喬（字五雲）
（清・陽信人）
［乾隆］武定府 25/57
［咸豐］武定府 25/文苑 17
［乾隆］陽信 7/21
［民國］陽信 5/文學 7
信邑志稿 7/文苑
陽信縣鄉土志上/耆舊－學問
韓國位（明・內丘人）
［雍正］恩縣續志 3/7
韓景山（清・鄒平人）
［民國］鄒平 15/140
韓昌緒（字隆基）
（清・青城人）
［乾隆］青城 8/12
［民國］青城續修 4/人物 22
韓景魁（字殿元）
（清・夏津人）
［民國］夏津續編 8/27
韓思復（字紹出）
（唐・京兆長安人）
［宣統］山東 68/8
［康熙］濟南 24/10
［道光］濟南 33/26
［康熙］德州 7/23
［民國］德縣 9/4
［光緒］陵縣 18/2
陵縣鄉土志/5
韓昌祉（清・禹城人）
禹城縣鄉土志/12
韓呈祥（清・無棣人）
［民國］無棣 13/32
韓國祥（字聖符，一作子五）
（清・陽信人）
［乾隆］武定府 24/37
［咸豐］武定府 24/循良 27
［乾隆］陽信 7/11
［民國］陽信 5/宦蹟 18，5/宦蹟 21
信邑志稿 7/循良
陽信縣鄉土志上/耆舊－事業
韓景域（字岸堂）
（清・壽光人）
［民國］壽光 12/人物志二 63
韓國枝（字君愛）
（清・宣化人）
［乾隆］濟寧直隸州 22/40
［道光］濟寧直隸州 6/7－81
韓思恭（清・清平人）
［嘉慶］清平 14/47
［宣統］增輯清平 12/62
［民國］清平/人物 56
清平縣鄉土志/耆舊
韓昌穀（清・禹城人）
［康熙］禹城 5/22
［嘉慶］禹城 9/18
［民國］禹城 6/15
禹城縣鄉土志/12
韓昌泰（清・費縣人）
［光緒］費縣 11/52
韓昌邦（清・禹城人）
［道光］濟南 56/36
［嘉慶］禹城 9/8
［民國］禹城 6/6
韓國昌（唐・莘縣人）
［雍正］山東 35/墓碑 23
［正德］莘縣 6/27，9/1
［康熙十一年］莘縣 8/62
［康熙五十六年］莘縣 8/62
［光緒］莘縣 7/4，8/中 16
［民國］莘縣 7/2，9/2
莘縣鄉土志/鄉宦 15
韓景星（明・北直長垣人）
［宣統］山東 71/46
［乾隆］武定府 16/40
［咸豐］武定府 19/利津 4
［康熙］利津縣新志 7/5
［光緒］利津附利津文徵 2/碑記 13
韓景暨（號堯川）
（明・洪洞人）
［萬曆］諸城 4/25
韓思同（明・淄川人）
［康熙］淄川 5/35
［乾隆］淄川 5/35
韓國籓（明・河南儀封人）
［乾隆］嶧縣 7/31
62 **韓則滄**（字竹庭）
（清・濰縣人）
［民國］濰縣志稿 32/8
韓則游（字子言）
（清・濰縣人）
［民國］濰縣志稿 31/21
63 **韓暄**（明・鄒縣人）
［嘉靖］鄒縣地理誌 1/又 25
65 **韓映臺**（字列三）
（清・萊蕪人）
［民國］續修萊蕪 34/18
韓映坤（字介貞，號念坡）
（清・淄川人）
［宣統］三續淄川 10/10
67 **韓煦**（字彥熙）
（元・壽張人）
［康熙六年］壽張 7/8
［康熙五十六年］壽張 7/8
［光緒］壽張 6/44
韓鵑修（號曲村）
（清・淄川人）
［宣統］三續淄川 9/91
韓昭宣（清・山西蒲州人）
［光緒］益都縣圖志 18/46
韓曜階（字星平）
（清・安丘人）
［民國］續安邱新志 20/4
安丘縣鄉土志 7/耆舊錄 4
韓躍階（清）
［民國］平度縣續志 7/3
韓明善（字太初）
（清・掖縣人）
［道光］再續掖縣上/53
韓昭鏞（字振卿）
（清・齊東人）
［民國］齊東 5/49
71 **韓暨**（字公至）
（魏・南陽人）
［宣統］山東 66/32

[嘉靖]武定州下/45
[萬曆]武定州 10/1
[崇禎]武定州 15/2
[乾隆]武定府 16/2
[咸豐]武定府 19/2
[乾隆]樂陵 4/44
樂陵縣鄉土志 2/5
[乾隆]惠民 5/8
[光緒]惠民 18/2
惠民縣鄉土志/政績錄 2
韓厥立(清・淄川人)
[宣統]三續淄川 10/24
韓長元(字象乾)
(清・陽信人)
[民國]陽信 5/孝友 67
韓階平(清・萊蕪人)
[民國]續修萊蕪 34/17
韓長瀛(字仙洲)
(平原人)
[民國]續修平原 8/27
[民國]高唐縣卷首
韓厥初(字乾一)
(清・商河人)
[民國]重修商河 9/15
韓厥湄(字清兮)
(清・淄川人)
[宣統]三續淄川 9/80
韓厥田(字禹甸,號望垣)
(清・淄川人)
[宣統]山東 169/31
[道光]濟南 54/66
[宣統]三續淄川 10/2
淄川縣鄉土志/鄉宦耆舊
韓厥燃(字炳南)
(清・商河人)
[民國]重修商河 8/86
72 **韓剛**(字克柔)
(明・歷城人)
[道光]濟南 49/39
[乾隆]歷城 43/3
韓彤(字欽眾)
(清・魚臺人)
[乾隆]魚臺 11/45
[光緒]魚臺 3/28
韓質(宋)
[道光]商河 5/26
[民國]重修商河 6/65
商河縣鄉土志 1/政績
韓岳揚(明・淄川人)
[乾隆]淄川 5/35
76 **韓颺臣**(清・濰縣人)
[民國]濰縣志稿 32/3
77 **韓鵬**(字伯翔)
(元・莘縣人)
[乾隆]東昌 19/18
[嘉慶]東昌 45/28
[萬曆]冠縣 2/2
[正德]莘縣 6/27,9/12
[康熙十一年]莘縣 8/77
[康熙五十六年]莘縣 8/77
[光緒]莘縣 8/中 35
[民國]莘縣 9/14
韓屏(號憲川)
(明・北直藁城人)
[宣統]山東 72/47
[萬曆]青州 12 又/又 10
[萬曆]東昌 18/40
[乾隆]東昌 35/23
[嘉慶]東昌 22/28
[萬曆]恩縣 6/27
[宣統]重修恩縣 6/49,9/33
[民國]重修恩縣 10/65,12/上 26
恩縣鄉土志/10
韓熙(明・蘇州人)
[嘉靖]山東 25/27
[康熙]山東 32/15
[雍正]山東 27/27
[康熙]濟南 25/35
[道光]濟南 36/55
[萬曆]德州 8/29
[康熙]德州 7/27
[乾隆]德州 8/5
[民國]德縣 9/7
韓鳳龍(清・新城人)
[康熙]新城縣續志/義民
韓開誠(鄒縣人)
[民國]續修鄒縣志稿/人物-耆舊附忠烈
韓學謙(清・膠州人)
[民國]增修膠志 43/9
韓殿元(字捷三)
(清・陽穀人)
[光緒]陽穀 9/4
[民國]增修陽穀人物/仕宦 21
韓履平(字夢丹)
(清・曹縣人)
[光緒]曹縣 11/選舉 13,14/仕蹟 5
韓同雲(字雪齋)
(清・安邱人)
[道光]安邱新志 23/5
[民國]續安邱新志 10/7
安丘縣鄉土志 7/耆舊錄 4
韓履貞(清・汶上人)
[宣統]四續汶上稿/人物-孝弟傳
韓鳳彩(字九苞)
(清・新泰人)
新泰縣鄉土志/21
韓興魁(字善元)
(清・東阿人)
[民國]續修東阿 11/25
韓鳳浦(字合亭)
(明・即墨人)
[乾隆]即墨 9/32
[同治]即墨 9/47
即墨縣鄉土志/耆舊-事業三
韓居禮(明・廣平歲貢)
[道光]觀城 6/18
韓與祿(字公錫)
(清・章邱人)
[道光]濟南 54/23
[道光]章邱 10/46
韓熙載(字叔言)
(五代・北海人)
[至元]齊乘 6/22
[嘉靖]山東 33/6
[康熙]山東 44/6
[宣統]山東 156/23
[萬曆]萊州 6/12
[康熙]萊州 10/76
[乾隆]萊州 11/文學 1
萊州府鄉土志/下 24
[萬曆]濰縣 9/5
[康熙]濰縣 5/人物 10

[乾隆]濰縣 4/26
[民國]濰縣志稿 30/3
濰縣鄉土志/42
[萬曆]益都 6/又 89
[康熙]益都 7/2
[光緒]益都縣圖志 31/10
[民國]昌樂縣續志 29/3
韓學書(明・淄川人)
[康熙]淄川 5/35
[乾隆]淄川 5/35
韓卿揚(字振庵)
(明・淄川人)
[康熙]濟南 45/7
[道光]濟南 50/36
[康熙]淄川 5/24
[乾隆]淄川 5/24
韓殿甲(清・蒲臺人)
[光緒]重修蒲臺 3/5
韓鳳鳴(字瑞清,號海曲)
(清・日照人)
[道光]招遠縣續志 3/17
韓鳳舉(字小塘)
(清・安邱人)
[民國]續安邱新志 18/7
韓履矩(清・汶上人)
[宣統]四續汶上稿/人物－孝弟傳
79 **韓勝**(明・蒲臺人)
[萬曆]蒲臺志 9/9
韓隣佐(號良輔)
(清・即墨人)
[乾隆]即墨 9/30
[同治]即墨 9/43
即墨縣鄉土志/耆舊－學問
韓騰甲(字方川)
(清・德平人)
[光緒]德平 7/21
80 **韓鎬**(清)
[光緒]菏澤 7/名宦 8
韓鎬(字西京)
(清・濰縣人)
[民國]濰縣志稿 30/23
韓介(明・臨淄人)
[雍正]山東 28/人物三 51
[宣統]山東 161/50
[萬曆]青州 13/72
[康熙十五年]青州 13/72
[康熙四十八年]青州 13/事功 56
[康熙六十年]青州 16/29
[咸豐]青州 45/6
[康熙]臨淄 9/13
[民國]臨淄 23/12
臨淄縣鄉土志/耆舊錄
韓普(明・魚臺人)
[乾隆]魚臺 10/26
韓敘(字上珍)
(清・泰安人)
[乾隆二十五年]泰安縣 12/25
[乾隆四十七年]泰安縣 10/上 30
[道光]泰安縣 9/上 82
[民國]重修泰安縣 8/37
韓鈹(清・禹城拔貢)
[光緒]嶧縣 19/丞倅 15
韓鏞(字伯高)
(元・濟南人,一作濱州人)
[嘉靖]山東 29/20
[康熙]山東 39/18
[雍正]山東 28/人物二 65
[宣統]山東 158/18
[康熙]濟南 41/9
[道光]濟南 48/44
[乾隆]武定府 24/15
[咸豐]武定府 24/循良 5
[萬曆]濱州 3/25
[康熙]濱州 7/3
[咸豐]濱州 10/3
濱州鄉土志/耆舊錄
[崇禎]歷乘 16/13
[崇禎]歷城 10/9
[乾隆]歷城 36/31
韓鏞(字簾公)
(清・陽信人)
[乾隆]陽信 7/16
[民國]陽信 5/篤行 29
信邑志稿 7/耆碩
韓愈(字退之)
(唐・南陽人)
[雍正]山東 11/闕里二 26
[乾隆]兗州 7/38
[光緒]鄆城 5/41
韓金諾(字允軒)
(廣饒人)
[民國]續修廣饒 19/85
韓美玉(字璞堂)
(清・陽信人)
[民國]陽信 5/耆碩 59
韓養醇(明・禹城人)
禹城縣鄉土志/12
韓毓秀(清・鄒平人)
[道光]濟南 54/47
[康熙]鄒平 6/5
[嘉慶]鄒平 15/12
[道光]鄒平 15/74
[民國]鄒平 15/74
韓金魁(清・臨沂人)
[民國]臨沂 10/59
韓養宏(清・夏津人)
[乾隆]東昌 43/40
[乾隆]夏津 8/23
韓養浩(明・鄒人)
[萬曆]鄒志 2/28
[康熙十二年]鄒縣志 2/46
[康熙五十五年]鄒縣志 2/68
鄒縣鄉土志耆舊錄/14
韓會溫(清・壽光人)
[民國]壽光 12/人物志一 93
韓養志(字闇修)
(清・禹城人)
[民國]禹城 6/71
韓令坤(宋・武安人)
[康熙]東平州 3/5
[乾隆]東平州 10/8
[道光]東平州 10/上 8
韓愈起(清・聊城人)
[康熙]聊城 3/49
韓毓桐(字元卿)
(清・歷城人)
[乾隆]歷城 40/22
韓公揚(字桓庵)
(明・淄川人)
[康熙]濟南 47/7
[道光]濟南 72/37
[康熙]淄川 5/37

［乾隆］淄川 5/37
韓金甲（清・禹城人）
禹城縣鄉土志/14
韓介臣（字容齋）
（清・陽穀人）
［民國］增修陽穀人物/孝義 11
韓毓質（字生采，號彬實）
（清・鄒平人）
［道光］濟南 54/38
［嘉慶］鄒平 15/48
［道光］鄒平 15/74
［民國］鄒平 15/74
韓午錫（清・淄川人）
［道光］濟南 54/75
［宣統］三續淄川 9/98
韓善堂（清・長清人）
［民國］長清 13/20
82 韓釗（明・淄川人）
［康熙］淄川 5/38
［乾隆］淄川 5/38
淄川縣鄉土志/政績錄
韓釗（字貞一）
（清・直隸樂亭人）
［宣統］三續淄川 9/45
［民國］陽信 2/68
惠民縣鄉土志/政績錄 9
83 韓鉽（字九野，號少秦）
（清・掖縣人）
［嘉慶］續掖縣 3/14
韓鍹（清・章邱人）
［道光］濟南 54/15
［乾隆］章邱 9/32
［道光］章邱 10/30
84 韓鑄（字象九）
（清・濰縣人）
［民國］濰縣志稿 31/9
86 韓鐸（清・陽穀人）
［光緒］陽穀 9/6
韓智（字愚甫，一字愚夫，又字敬之）
（明・滋陽人）
［雍正］山東 28/人物三 18
［宣統］山東 160/20
［萬曆二十四年］兗州 36/8
［康熙］兗州 28/8
［康熙］兗州續編 15/1
［乾隆］兗州 23/39
［康熙］滋陽 4/上 19
［光緒］滋陽 8/37，11/41
滋陽縣鄉土志 1/耆舊－鄉賢
韓錫詔（字命三）
（長清人）
［民國］長清 12/20
韓錫祉（字介繁）
（清・霑化人）
［光緒］霑化 7/25
［民國］霑化 2/27
韓錦城（霑化人）
［民國］霑化 4/登進 48
韓錫胙（字湘岩）
（清・浙江青田人）
［宣統］山東 75/25
［道光］濟南 38/32
［嘉慶］禹城 7/33
［民國］禹城 3/50
禹城縣鄉土志/8
87 韓銘（明・茌平人）
［乾隆］東昌 42/13
［嘉慶］東昌 32/13
［康熙二年］茌平 2/49
［宣統］茌平 15/1
［民國］茌平 3/68
韓銘劑（字協榘）
（清・曹縣人）
［光緒］曹縣 14/行誼 18
88 韓第（清・鄜州籍，鑲藍旗人）
［康熙］單縣 6/28
［民國］單縣 6/宦蹟 19
韓篤（字勵中）
（清・曹縣人）
［光緒］曹縣 14/行誼 4
韓鑑（明・濰縣人）
［民國］濰縣志稿 29/15
韓敏（明・南直山陽人）
［宣統］山東 73/20
［光緒］增修登州 25/9
韓銓（字新永，一作新水）
（清・萊蕪監生）
［宣統］山東 171/11
［乾隆］泰安府 18/30
［民國］萊蕪 19/2
［民國］續修萊蕪 25/2
萊蕪縣鄉土志/10
韓鋭（蕪湖人）
［民國］重修博興 10/3
韓竹淇（明・章邱人）
［道光］章邱 10/29
90 韓尚（明・魚臺人）
［康熙］魚臺 17/47
［乾隆］魚臺 11/32
［光緒］魚臺 3/20
韓炎（見韓琰）
韓懷方（字立正）
（清・壽光人）
［民國］壽光 12/人物志二 33
韓尚夏（字縉雲）
（清・章邱人）
［道光］濟南 54/10
［道光］章邱 10/49
韓光鼎（清・錢塘監生）
［光緒］冠縣 6/宦績
［民國］冠縣 6/47
冠縣鄉土志/政績－興利
韓光德（清・浙江海鹽人）
［民國］濰縣志稿 20/21
濰縣鄉土志/8
韓惟倫（明・浙江蕭山人）
［宣統］山東 72/11
［康熙］兗州續編 14/24
［乾隆］兗州 22/30
［萬曆］汶上 5/3
韓光宸（字奠清）
（清・濰縣人）
［民國］濰縣志稿 31/11
韓光裕（字問齋）
（長清人）
［民國］長清 12/8，12/12
韓光賜（清・陽穀人）
［民國］增修陽穀人物/武功 15
韓光嗣（五代・北海人）
［光緒］益都縣圖志 16/18
韓尚學（明・魚臺人）
［乾隆］魚臺 10/27
韓光節（字子符）

(清・夏津人)
[民國]夏津續編 8/86
91 **韓炳文**(字景垣)
(清・高唐人)
[民國]高唐縣 12/27
韓炳衡(明・保定人)
[宣統]山東 71/40
[康熙]濟南 25/73
[崇禎]武定州 15/22
[乾隆]武定府 16/11
[咸豐]武定府 19/11
[乾隆]惠民 5/19
[光緒]惠民 18/12
惠民縣鄉土志/政績錄 6
韓恆愷(字瞿卿)
(清・滋陽人)
[光緒]滋陽 9/9
92 **韓炘**(字丙然)
(清・陽信人)
信邑志稿 7/耆碩
93 **韓煊**(字曉生,號韞斯)
(清・淄川人)
[乾隆]泰安府 15/34
[乾隆]東平州 12/40
[道光]東平州 12/40
[光緒]東平州 14/40
[康熙]淄川 5/18
[乾隆]淄川 5/18
韓怡(清)
[光緒]壽張 5/17
韓忭(字魯人)
(清・歷城人)
[道光]濟南 53/54
[民國]續修歷城 41/13
94 **韓恢**(明・應天府人)
[順治]堂邑 2/職官 4
[康熙十一年]堂邑 2/名宦 3
[康熙]堂邑 11/8
韓煒(字彤輝)
(清・魚臺人)
[乾隆]魚臺 11/19
[光緒]魚臺 3/11
97 **韓烱**(清・魚臺人)
[乾隆]魚臺 11/43
[光緒]魚臺 3/27
韓焮(字文明)
(清・城武人)
[道光]城武 9/下 37
98 **韓燧**(字允文)
(清・濰縣人)
[民國]濰縣志稿 31/5
韓悅路(字由之)
(清・濮州人)
[宣統]濮州 6/95
99 **韓榮**(元・陽信人)
[康熙]濟南 43/13
[乾隆]武定府 25/69
[咸豐]武定府 25/武功 5
[康熙]陽信 9/4
[乾隆]陽信 7/3
[民國]陽信 5/宦蹟 5
信邑志稿 7/武功
陽信縣鄉土志上/耆舊－事業

4446_0 茹

35 **茹沛灃**(字秦川)
(清・蓬萊人)
[民國]蓬萊縣志合編人物志/仕績,人物志/孝友
茹沛棠(清・蓬萊人)
[民國]蓬萊縣志合編人物志/孝友
60 **茹恩彬**(字子文)
(清・蓬萊人)
[民國]蓬萊縣志合編人物志/行誼
64 **茹時芳**(明・澠池人)
平陰縣鄉土志/6
86 **茹智達**(唐・武城人)
[乾隆]東昌 42/2
[乾隆]武城 10/19
武城縣鄉土志略/耆舊錄
[民國]重修恩縣 11/鄉賢 47
88 **茹銓**(字少選)
(清・蓬萊人)
[宣統]山東 176/49
[民國]蓬萊縣志合編人物志/行誼

4450_4 華

00 **華廣**(字長駿)
(晉・平原高唐人)
[嘉靖]山東 31/3
[道光]濟南 45/38
[萬曆]東昌 19/8
[乾隆]東昌 36/6
[嘉慶]東昌 26/7
[嘉靖]高唐州 5/16
[康熙十二年]高唐州 8/5
[康熙五十一年]高唐州 8/5
[道光]高唐州 5/1－2
[光緒]高唐州 5/1－2
[民國]高唐縣 12/60
高唐州鄉土志/14
華賡革(清・高唐人)
[民國]高唐縣 12/54
01 **華譚**(字令思)
(晉・廣陵人)
[宣統]山東 66/38
[嘉靖]濮州 7/4
07 **華歆**(字子魚)
(漢・高唐人)
[嘉靖]山東 33/18
[萬曆]東昌 19/88
[乾隆]東昌 36/5
[嘉靖]高唐州 5/12
[康熙十二年]高唐州 9/16
[康熙五十一年]高唐州 9/28
[民國]高唐縣 12/59
[萬曆]濰縣 9/7
[萬曆]安丘 25/45
安丘縣鄉土志 9/耆舊錄 6
10 **華要**(漢)
[乾隆]章邱 7/1
華震三(字東臣)
(清・齊河人)
[民國]齊河 27/30,33/57
華雲峯(清・高唐人)
[民國]高唐縣 12/52
華玉書(字素文)
(清・高唐人)
[道光]高唐州 5/2－22,5/2－25
[光緒]高唐州 5/2－25,5/2－41

[民國]高唐縣 12/39,12/87
華可瞻(字還童)
(明・濰縣人)
[乾隆]濰縣 4/11
[民國]濰縣志稿 27/44
濰縣鄉土志/17
11 **華珩**(字鳴朝)
(明・章丘人)
[康熙]濟南 41/15
[道光]濟南 49/61
[萬曆]章丘 24/24
[康熙]章丘 6/21
[乾隆]章邱 9/15
[道光]章邱 10/13
章邱縣鄉土志/上 40
12 **華廷榜**(清・高唐人)
[民國]高唐縣 12/25
華廷揚(清・高唐人)
[民國]高唐縣 12/27
15 **華建蕁**(字漢生)
(清・高唐人)
[光緒]高唐州 5/2-39
[民國]高唐縣 12/18
17 **華承恩**(號仁齊)
(清・潘陽人)
[康熙]曹州志 13/5
[光緒]新修菏澤 9/13
華承學(明・蒙陰人)
[嘉靖]山東 35/6
[康熙]山東 45/17
[雍正]山東 28/人物三 28
[宣統]山東 165/18
[嘉靖]青州 15/11
[萬曆]青州 14/9
[康熙十五年]青州 14/9
[康熙四十八年]青州 14/忠義 9
[康熙六十年]青州 17/5
[乾隆]沂州府 26/3
[康熙十一年]蒙陰 2/31
[康熙二十四年]蒙陰 4/12
[宣統]蒙陰 4/隱德
20 **華秀先**(清・高唐人)
[光緒]高唐州 5/2-36
[民國]高唐縣 12/45
華秉中(明・上海人)
[雍正]山東 27/49
21 **華穎川**(字宗泗)
(清・齊河人)
[民國]齊河 26/25
22 **華嶠**(字叔駿)
(晉・高唐人)
[嘉靖]山東 31/3
[康熙]山東 41/2
[雍正]山東 28/人物一 35
[道光]濟南 45/39
[乾隆]東昌 41/11
[嘉慶]東昌 33/10
[康熙十二年]高唐州 8/5
[康熙五十一年]高唐州 8/5
[道光]高唐州 5/1-2
[光緒]高唐州 5/1-2
[民國]高唐縣 12/61,12/80
高唐州鄉土志/14
23 **華岱**(明・江都人)
[泰昌]登州 9/41
[順治]登州 11/19
[光緒]增修登州 28/2
[萬曆]福山 4/5
[康熙]福山 7/10
[乾隆]福山 7/12
華峻立(字伯高)
(清・齊河人)
[民國]齊河 23/75
30 **華寄**(漢)
[乾隆]章邱 7/1
華永學(明・蒙陰人)
[宣統]蒙陰 4/孝義
34 **華汝梅**(字石門)
(明・南直無錫人)
[宣統]山東 72/39
[乾隆]東昌 33/47
[嘉慶]東昌 21/15
[康熙]博平 3/45
[道光]博平 4/5
博平縣鄉土志/政績
36 **華還**(周・齊人)
[萬曆]青州 14/2
[康熙十五年]青州 14/2
[康熙四十八年]青州 14/忠義 2
華混(字敬倫)
(晉・平原高唐人)
[嘉靖]山東 31/3
[道光]濟南 45/38
[萬曆]東昌 19/8
[乾隆]東昌 36/6
[嘉慶]東昌 26/8
[康熙十二年]高唐州 8/5
[康熙五十一年]高唐州 8/5
[道光]高唐州 5/1-2
[光緒]高唐州 5/1-2
[民國]高唐縣 12/61
高唐州鄉土志/14
華溫琪(字德潤)
(五代梁・宋州下邑人)
[嘉靖]山東 25/19
[康熙]山東 32/7
[雍正]山東 27/73
[宣統]山東 68/20,200/3
[康熙]濟南 24/11
[嘉靖]武定州下/47
[萬曆]武定州 12/4
[崇禎]武定州 15/5
[乾隆]武定府 16/4
[咸豐]武定府 19/4
[乾隆]惠民 5/11
[光緒]惠民 18/4,卷末/2
惠民縣鄉土志/政績錄 3
40 **華克昌**(字經遠)
(清・高唐人)
[光緒]高唐州 5/2-35
[民國]高唐縣 12/47
44 **華薈**(字敬叔)
(晉・平原高唐人)
[道光]濟南 45/38
[民國]高唐縣 12/61
華蓋真人(姓劉)
(元・蜀人)
[康熙]山東 47/11
[雍正]山東 30/11
[萬曆]萊州 6/70
[康熙]萊州 10/97
[乾隆]萊州 12/仙釋 3
[萬曆]即墨志 9/3
[康熙]纂修即墨/下 32

華萬吉(號明山)
(明・蒙陰人)
[乾隆]沂州府 25/26
[康熙十一年]蒙陰 2/45
[康熙二十四年]蒙陰 4/18
45 **華樓宮道士**(明)
[宣統]山東 200/33
[同治]即墨 12/10
50 **華表**(字偉容)
(晉・高唐人)
[嘉靖]山東 31/3
[宣統]山東 155/7
[道光]濟南 45/37
[萬曆]東昌 19/8
[乾隆]東昌 36/5
[嘉慶]東昌 26/7
[康熙十二年]高唐州 8/4
[康熙五十一年]高唐州 8/4
[道光]高唐州 5/1 - 2
[光緒]高唐州 5/1 - 2
[民國]高唐縣 12/60
高唐州鄉土志/14
[康熙]萊陽 5/2
55 **華軼**(字彥夏)
(晉・平原人)
[嘉靖]山東 29/6
[康熙]山東 39/5
[宣統]山東 155/9
[康熙]濟南 40/1
[道光]濟南 45/40
[康熙]德州 8/2
[萬曆]平原上/58
[乾隆]平原 8/17
平原縣鄉土志輯稿/循吏
[康熙]陵縣 5/2
[光緒]嶧縣 19/60
56 **華暢**(晉・高唐人)
[民國]高唐縣 12/80
58 **華鰲**(見華鼇)
華鼇(明・章邱人)
[雍正]山東 31/8
[康熙]濟南 49/4
[道光]濟南 61/3
[萬曆]章丘 28/59
[康熙]章丘 6/40
[乾隆]章邱 9/39
[道光]章邱 10/44
77 **華周**(春秋)
[嘉靖]青州 15/2
[康熙六十年]青州 17/2
[康熙]臨淄 10/1
[康熙]杞紀 18/27
華殿卿(字輔廷)
(清・齊河人)
[民國]齊河 27/38
80 **華金嶺**(字子峻)
(清・高唐人)
[民國]高唐縣 12/56
華金坡(字景翰)
(清・高唐人)
[光緒]高唐州 5/2 - 32
[民國]高唐縣 12/13
91 **華恒**(字敬則,一作敬訓)
(晉・高唐人)
[嘉靖]山東 31/3
[雍正]山東 28/人物一 38
[道光]濟南 45/38
[萬曆]東昌 19/8
[乾隆]東昌 36/6
[嘉慶]東昌 26/8
[康熙十二年]高唐州 8/6
[康熙五十一年]高唐州 8/6
[道光]高唐州 5/1 - 2
[光緒]高唐州 5/1 - 2
[民國]高唐縣 12/61
高唐州鄉土志/14

4452$_7$ 勒

40 **勒士敏**(明・陝西狄道人)
[雍正]山東 31/16
[康熙]曹州志 16/14
[康熙]兗州府曹縣 9/14,14/75
[光緒]曹縣 14/游寓 3
[光緒]菏澤 16/22
80 **勒善**(清・黃旗人)
[同治]重修寧海州 12/14

4453$_0$ 英

00 **英文**(清・滿洲正黃旗人)
[宣統]山東 77/21
[光緒]增修登州 25/14

芙

44 **芙蓉道楷禪師**(崔姓)
(宋・沂州人)
[雍正]山東 30/13
[康熙]濟南 51/8
[道光]濟南 60/8
[康熙]淄川 6 下/62
[乾隆]淄川 6/下 62

4460$_0$ 苗

00 **苗廉**(明・曹縣人)
[康熙]曹縣 11/43
[康熙]兗州府曹縣 11/52
[光緒]曹縣 11/耆老 1
苗序濂(字溪塘)
(清・長山人)
[道光]濟南 55/16
[嘉慶]長山 7/44
苗序洙(字源魯)
(清・長山人)
[嘉慶]長山 8/15
10 **苗云**(明・博平人)
[正德]博平 4/65
苗玉珂(字韻軒)
(清・臨朐人)
[民國]臨朐續志 20/48
苗晉卿(字元輔)
(唐・潞州壺關人)
[雍正]山東 27/43
[宣統]山東 68/15
苗可學(明・城武人)
[道光]城武 13/12
11 **苗珩**(字奇玉)
(清・滋陽人)
[光緒]滋陽 9/11
苗碩(明・諸城人)
[萬曆]諸城 6/26
20 **苗重好**(號相庵)
(明・蒙陰人)
[康熙十一年]蒙陰 2/14
苗重成(號汶南)
(明・蒙陰人)
[康熙十一年]蒙陰 2/14

苗重時(明・蒙陰人)
[康熙十一年]蒙陰 4/45
21 **苗順**(明・沂水人)
[萬曆]福山 4/17
[康熙]福山 7/30
[乾隆]福山 7/24
苗貞坤(字厚菴)
(清・滋陽人)
[光緒]滋陽 9/32
23 **苗稢**(明・臨朐人)
[嘉靖]臨朐 3/14
24 **苗化生**(明・蒙陰人)
[康熙十一年]蒙陰 2/41
26 **苗自謙**(一名自年)
(清・萊蕪人)
[民國]萊蕪 19/3
[民國]續修萊蕪 25/3
30 **苗進忠**(明・魏縣人)
[康熙]壽光 20/5
[嘉慶]壽光 10/26
34 **苗浡然**(見苗勃然)
38 **苗裕城**(字邦憲,號魯邨)
(清・曹縣人)
[光緒]曹縣 14/行誼 7
苗啟英(清・新城人)
[宣統]新城縣後志 3/耆壽
40 **苗培**(字篤侯)
(清・慶雲人)
[民國三年]慶雲 2/54
苗士奇(清・城武人)
[康熙九年]城武 5/8
[康熙四十一年]城武 5/下義烈 5
[道光]城武 9/下 47
苗在田(清・黄縣人)
[民國]黄縣志稿 13/人物－死難
44 **苗蓁發**(字含芳)
(清・慶雲人)
[民國三年]慶雲 2/35
苗勃然(明・北直曲周人)
[宣統]山東 73/14
[萬曆]青州 12 又/又 19
[康熙十五年]青州 12 又/19
[康熙四十八年]青州 12 又/19
[康熙六十年]青州 12/29
[咸豐]青州 36/24
光緒臨朐 13/8
苗莅實(字有三)
(清・長山人)
[道光]濟南 55/16
[嘉慶]長山 9/24
苗世澤(字晉錫,號愚齋)
(清・曹縣人)
[光緒]曹縣 14/仕蹟 3
苗世厚(清・桓臺人)
[民國]桓臺志略 3/23
[民國]桓臺 3/30
47 **苗好謙**(元・單父人,一作城武人)
[嘉靖]山東 30/56
[康熙]山東 40/55
[萬曆元年]兗州 40/政績 14
[萬曆二十四年]兗州 35/35
[乾隆]曹州府 14/33
[乾隆]單縣 6/9
[民國]單縣 9/13
[康熙九年]城武 3/5
[康熙四十一年]城武 4/下 10
[道光]城武 9/上 11
50 **苗春**(清・黄縣人)
[民國]黄縣志稿 13/清文學
58 **苗綸實**(字東禾)
(清・長山人)
[嘉慶]長山 8/13
64 **苗時信**(清・漢軍鑲白旗人)
[宣統]山東 75/19
[道光]濟南 38/31
[民國]濟陽 9/39
77 **苗賢**(明・蒙陰人)
[康熙十一年]蒙陰 2/4,2/40
苗居巖(元・城武人)
[宣統]山東 161/25
[道光]濟南 34/37
[康熙四十三年]長山 3/宦績
[康熙五十五年]長山 3/29
[嘉慶]長山 5/38
苗殿清(清・新城人)
[宣統]新城縣後志 2/宦績
86 **苗錦堂**(字晉卿)
(清・滋陽人)
[光緒]滋陽 9/49
滋陽縣鄉土志 1/耆舊－實行
90 **苗光**(漢)
[道光]東阿 9/2
苗懷新
[民國]朝城縣續志 1/27

4460_2 菑

72 **菑丘訢**(周)
[萬曆]青州 15/15
[康熙十五年]青州 15/15
[康熙四十八年]青州 15/武功 2

4460_4 若

60 **若愚**(明・安邱人)
[道光]安邱新志 25/1

著

77 **著邱公**(姓己,名去疾)
(周・莒人)
[民國]重修莒志 56/4

4460_6 莒

40 **莒太子僕**(戰國・莒人)
[嘉靖]山東 33/14
[嘉靖]青州 16/60
[萬曆]青州 20/外傳 4
[康熙十五年]青州 20/外傳 4
[康熙四十八年]青州 20/外傳 4

4460_9 蕃

27 **蕃嚮**(字嘉景)
(漢・魯國人)
[雍正]山東 28/人物一 22
[萬曆二十四年]兗州 31/26
[康熙]兗州 24/25
[乾隆]兗州 23/16
[崇禎]曲阜 4/114
[康熙]曲阜 4/114

4462_7 苟

00 **苟慶珍**(北魏)
[乾隆]德平 2/20
[嘉慶]德平 5/2
[光緒]德平 5/2
苟立朝(字黼堂)
(清·陽信人)
[民國]陽信 5/耆碩 62
22 **苟變**(戰國·城武人)
[康熙九年]城武 3/61
[康熙四十一年]城武 5/下武將 1
[道光]城武 9/上 36
30 **苟宗貴**(清·陽信人)
[民國]陽信 5/忠義 45
40 **苟士義**(清·陽信人)
信邑志稿 7/義行
47 **苟好善**(明·陝西醴泉人)
[雍正]山東 27/28
[宣統]山東 71/2
[康熙]濟南 25/77
[道光]濟南 36/3
[崇禎]歷城 6/18
64 **苟晞**(字道將)
(晉·河內山陽人)
[嘉靖]山東 27/20
[宣統]山東 66/36
[咸豐]青州 55/6
[萬曆元年]兗州 39/外傳 5
[萬曆二十四年]兗州 29/15
[康熙]兗州 22/39
[康熙]東平州 6/40
[乾隆]東平州 10/52
[光緒]東平州 12/10
[康熙十二年]金鄉 5/25
80 **苟金龍**(南北朝·平原人)
[至元]齊乘 6/18
苟入升(字前式)
(清·陽信人)
[乾隆]陽信 7/55
[民國]陽信 5/耆碩 54
信邑志稿 7/耆碩
91 **苟恒達**(字聖基)
(清·陽信人)
[乾隆]陽信 7/21
[民國]陽信 5/文學 6
信邑志稿 7/文苑
陽信縣鄉土志上/耆舊－學問

荀

17 **荀瑤**(春秋·晉人)
[萬曆]濮州 4/游寓 1
[康熙]濮州 4/25
[乾隆]濮州 4/39
[宣統]濮州 6/67
18 **荀珍**(明·萊陽人)
[民國]萊陽 3/1 中 17
21 **荀虞龍**(明·新安人)
[康熙五十五年]鄒縣志 2/47
[民國]續修鄒縣志稿/名宦
鄒縣鄉土志政績錄/5
34 **荀凌霄**(明·萊陽人)
[民國]萊陽 3/1 中 20
36 **荀况**(見荀卿)
37 **荀通**(明·萊陽人)
[光緒]增修登州 50/1
[康熙]萊陽 8/20
[民國]萊陽 3/1 中 57
40 **荀爽**(字慈明)
(漢·潁陰人)
[嘉慶]東昌 20/13
荀希(字道將)
(晉·河內山陽人)
[嘉靖]山東 33/22
46 **荀如桂**(明·萊陽人)
[民國]萊陽 3/1 中 23
53 **荀彧**(字文若)
(漢·潁川潁陰人)
[嘉靖]山東 26/21
[宣統]山東 66/21
[萬曆元年]兗州 38/循吏 12
[萬曆二十四年]兗州 26/12
[康熙]兗州 21/12
[萬曆]東昌 18/8
[乾隆]曹州府 12/5
[嘉靖]濮州 7/3
[萬曆]濮州 3/名宦 7
[康熙]濮州 3/7
[乾隆]濮州 3/7
[宣統]濮州 4/7
[乾隆]濟寧直隸州 21/3
[道光]濟寧直隸州 6/6－2
60 **荀勗**(晉·潁川人)
[乾隆]泰安府 5/8
77 **荀卿**(戰國·趙人)
[至元]齊乘 6/6
[嘉靖]山東 26/1,34/3
[康熙]山東 33/1,48/3
[雍正]山東 31/11
[宣統]山東 200/1
[嘉靖]青州 15/58
[萬曆]青州 15/55
[康熙十五年]青州 15/57
[康熙四十八年]青州 15/僑寓 2
[康熙六十年]青州 20/15
[萬曆元年]兗州 38/循吏 1
[萬曆二十四年]兗州 26/2,37/30
[康熙]兗州 21/2,28/71
[乾隆]兗州 23/89
[萬曆]沂州志 6/2,7/70
[康熙]沂州志 3/38
[乾隆]沂州府 20/1,27/14
[康熙]臨淄 10/10
[民國]臨淄 29/20
[康熙]嶧縣 3/1
[乾隆]嶧縣 7/4
[光緒]嶧縣 19/2
[民國]臨沂 10/67
80 **荀羨**(字令則)
(晉·潁川臨潁人)
[嘉靖]山東 25/4
[康熙]山東 31/4
[雍正]山東 27/31
[宣統]山東 66/36
[萬曆元年]兗州 38/武功 3
[萬曆二十四年]兗州 27/1
[康熙]兗州 21/16
[乾隆]兗州 22/6

4470_0 斟

17 **斟鄩氏**(夏)
[嘉靖]青州 12/9
[康熙十五年]青州 8/2

［康熙四十八年］青州 8/2
［萬曆］萊州 1/52
34 斟灌氏(夏)
［嘉靖］青州 12/9
［康熙十五年］青州 8/1
［康熙四十八年］青州 8/1
［康熙六十年］青州 10/1

4471_1 老

44 老萊子(周・楚人)
［雍正］山東 31/11
［萬曆元年］兗州 42/1
［萬曆］沂州志 7/69
［乾隆］沂州府 27/14
［康熙］費縣 7/33
［光緒］費縣 11/69
［康熙十一年］蒙陰 2/33
［康熙二十四年］蒙陰 4/19
［宣統］蒙陰 4/流寓
76 老陽子(見卜得熊)

4471_2 也

12 也孫台(元)
［咸豐］金鄉縣志略 7/5
24 也先不花(元・哈喇乞台氏)
［道光］濟寧直隸州 6/6－20
35 也速(元・蒙古人)
［宣統］山東 69/18
［道光］濟南 34/45
［乾隆］德州 8/4
也速迭兒(元)
［康熙］兗州府曹縣 8/10
［光緒］曹縣 8/9
也速貴(元)
［道光］濟南 57/3
47 也柳干(元)
［康熙］兗州府曹縣 8/10
［光緒］曹縣 8/9

4472_2 鬱

10 鬱醲(字致遠)
(明・寧陽人)
［康熙十一年］寧陽 7/12
［康熙四十一年］寧陽 7/12
［乾隆］寧陽 7/師範 1
［咸豐］寧陽 14/1
［光緒］寧陽 14/1

4472_7 葛

00 葛亮(字武侯)
(清・單縣人)
［乾隆］單縣 6/42
［民國］單縣 9/75
葛讓(字敬甫)
(元)
［宣統］山東 69/35
［嘉靖］青州 13/36
［萬曆］青州 12/26
［咸豐］青州 35/21
［康熙］高苑 3/15
［乾隆］高苑 3/20
葛雍(字文度)
(周・博興人)
［康熙六十年］博興 7/16
葛齋師(明・臨沂人)
［民國］續修臨沂 16/12
葛應斗(字季衡)
(明・鉅野人)
［乾隆］曹州府 15/18
［萬曆］鉅野 7/25
［康熙］鉅野 11/24
［道光］鉅野 12/14
葛廣學(清・陽穀人)
［民國］增修陽穀人物/孝義 8
葛文錦(明・觀城人)
［康熙］觀城 4/10
04 葛護(字韻朗)
(清・曹縣人)
［光緒］曹縣 14/行誼 27
08 葛旗(漢)
［嘉靖］寧海州下/4
［康熙］寧海州 7/1
［同治］重修寧海州 11/3
10 葛二(清・莒縣人)
［乾隆］沂州府 26/15
［雍正］莒州 9/35
［民國］重修莒志 62/7
葛元衡(字殷臣)
(清・濮州人)
［乾隆］濮州 4/18
［宣統］濮州 5/19
葛元祉(字受之)
(清・德平人)
［道光］濟南 56/又 85
［乾隆］德平 3/13
［嘉慶］德平 7/14
［光緒］德平 7/13
德平縣鄉土志/耆舊錄
葛覃楚(字西林)
(清・蓬萊人)
［宣統］山東 176/46
［光緒］增修登州 40/4
［道光］重修膠州 23/15
［民國］增修膠志 18/14
［道光］重修蓬萊 9/28
［民國］蓬萊縣志合編人物志/孝友
葛正堅(字子貞)
(清・濮州人)
［宣統］濮州 3/92
12 葛琇(清・臨淄人)
［民國］臨淄 22/68
葛引生(字長伯,號東山)
(明・德平人)
［康熙］濟南 42/17
［道光］濟南 52/49
［康熙］德平 3/31
［乾隆］德平 3/10
［嘉慶］德平 7/12
［光緒］德平 7/12
德平縣鄉土志/耆舊錄
13 葛琮(元)
［康熙］嶧縣 3/18
［光緒］嶧縣 19/93
葛瑄(字玉菴)
(清・蓬萊人)
［乾隆］泰安府 15/34
［康熙］東平州續志 4/4
［乾隆］東平州 12/40
［道光］東平州 12/40
［光緒］東平州 14/40
［民國］東平縣 9/22
［道光］重修蓬萊 13/傳 22
15 葛建桐(字雲桐,號介圃)
(清・濮州人)
［宣統］山東 173/38
［宣統］濮州 8/115

16 葛環(字佩玉)
(明・德平人)
[道光]濟南 52/47
[康熙]德平 3/33
[乾隆]德平 3/8
[嘉慶]德平 7/11
[光緒]德平 7/11
17 葛習之(字少仲)
(清・蓬萊人)
[民國]蓬萊縣志合編人物志/行誼
葛承嗣(明・定平人)
[乾隆]寧陽 3/教諭 2
葛孟銘(清・臨清人)
[民國]臨清縣/人物 70
葛予敏(字時軒,號二銘)
(清・濮州人)
[宣統]濮州 4/113
20 葛采芹(字綑泉)
(清・濮州人)
[宣統]濮州 5/40
21 葛縉(明・昌邑人)
[康熙]昌邑 6/7
[乾隆]昌邑 5/133
葛經(明・昌邑人)
[康熙]昌邑 6/6
[乾隆]昌邑 5/129
葛盧(周)
[康熙]萊州 10/87
[道光]重修膠州 21/1
[民國]增修膠志 16/1
葛上延(字鳳苞)
(清・曹縣人)
[乾隆]泰安府 15/39
[乾隆]新泰 11/12
22 葛豐玉(字康年)
(清・壽張人)
[光緒]壽張 6/54
葛繼孔(清・惠民人)
[光緒]惠民 24/5
葛鼎熙(字虞紘)
(清・濮州人)
[宣統]濮州 5/21
23 葛峻道(清・崑山人)
[民國]萊陽末/補遺 1
24 葛德溥(清・安邑人)
[乾隆]東平州 10/32
[乾隆]利津縣志補 3/16
25 葛仲英(明・寧國人)
[康熙九年]城武 2/48
葛傳鍪(字景溪)
(清・德平人)
[光緒]德平 7/22
葛傳昭(清・德平人)
[光緒]德平 7/25
26 葛泉(字本源)
(明・徐州人)
[順治]單縣 2/9
[康熙]單縣 6/11
[民國]單縣 6/宦蹟 17
27 葛名儒(清・莒縣人)
[乾隆]沂州府 26/28
[雍正]莒州 9/40
[民國]重修莒志 65/4
葛紹宗(清・諸城人)
[光緒]增修諸城縣續志 17/11
28 葛繪(自號濟上閒人)
(明・濟寧人)
[康熙]濟寧州 7/34
[乾隆]濟寧直隸州 28/2
[道光]濟寧直隸州 8/4-43
葛從周(字通美)
(五代・鄄城人)
[嘉靖]山東 31/16
[康熙]山東 41/13
[雍正]山東 28/人物二 17
[宣統]山東 156/14
[萬曆二十四年]兗州 27/11
[康熙]兗州 21/26
[萬曆]東昌 19/27
[乾隆]曹州府 14/16
[嘉靖]濮州 5/15
[萬曆]濮州 4/武烈 2
[康熙]濮州 4/17
[乾隆]濮州 4/29
[宣統]濮州 6/23
30 葛之覃(清・崇明人)
[康熙]德州 6/5
葛守禮(字與立,一字與川)
(明・德平人)
[康熙]山東 39/26
[雍正]山東 28/人物三 36
[宣統]山東 159/19
[康熙]濟南 34/7
[道光]濟南 52/47
[康熙]德平 3/16
[乾隆]德平 3/9,4/30
[嘉慶]德平 7/6,10/35
[光緒]德平 7/7,11/35
[民國]德平縣續志 12/碑記 2
德平縣鄉土志/耆舊錄
葛永礽(字備五,號梧園)
(清・昌樂人)
[民國]昌樂縣續志 31/7
葛永恩(字嵩祝)
(清・蓬萊人)
[光緒]蓬萊縣續志 9/行誼 5
[民國]蓬萊縣志合編人物志/行誼
34 葛洪(晉)
[乾隆]曹州府 16/18
[萬曆]鉅野 8/仙釋
[康熙]鉅野 11/42
[道光]鉅野 24/11
[康熙二年]茌平 2/61
[康熙四十九年]茌平 2/61
[宣統]茌平 20/1
[民國]茌平 3/僑寓 106
葛汝禮(字會夫)
(明・德州人)
[康熙]濟南 45/5
[道光]濟南 52/46
[康熙]德州 8/29
[乾隆]德州 9/24
德州鄉土志/耆舊 13
[民國]德縣 10/16
葛斗南(字梁公,號敬甫)
(清・單縣人)
[宣統]山東 74/46,173/19
[道光]濟南 37/67
[康熙]單縣 7/26
[乾隆]單縣 6/42
[民國]單縣 9/76,22/6
葛汝屏(字玉堂)
(清・齊河人)
[民國]齊河 23/81

36 **葛泗山**(字秀石)
(清・惠民人)
[光緒]惠民 24/4
葛遇朝(明・南直巢縣人)
[宣統]山東 72/22
[康熙十五年]青州 12/26
[乾隆]沂州府 20/9
[康熙]莒州下/10
[嘉慶]莒州 7/7
[民國]重修莒志 57/13
37 **葛鴻儀**(清・朝城人)
[民國]朝城縣續志 1/34
葛逢時(字蓋名)
(清・大興人)
[康熙]滋陽 4/上又 57
[光緒]滋陽 7/13
38 **葛海**(明・鄒縣人)
[嘉靖]鄒縣地理誌 1/又 25
葛洽(字化行,自號顛叟)
(清・聊城人)
[宣統]聊城 8/90
40 **葛希璠**(明・南直崑山人)
[宣統]山東 72/2
葛克俊(明・鉅野人)
[萬曆]鉅野 8/孝子
[康熙]鉅野 11/33
[道光]鉅野 13/43
葛克宅(明・鉅野人)
[道光]鉅野 13/64
葛大選(號擇泉)
(明・濮州人)
[康熙]濮州 6/85
[乾隆]濮州 6/85
[宣統]濮州 8/85
43 **葛式瀚**(字芸生)
(清・蓬萊人)
[民國]蓬萊縣志合編人物志/行誼
44 **葛茂**(字本深)
(明・岳州人)
[正德]博平 5/86
葛林(字中谷)
(清・平原人)
[道光]濟南 56/106
[乾隆]平原 8/45
平原縣鄉土志輯稿/隱逸
葛若唐(清・濮州人)
[宣統]濮州 5/25
葛著存(字明齋)
(清・高密人)
[民國]高密 14/上 86
葛茂栽(字鐵林)
(清・德平人)
[光緒]德平 7/19
葛枝挺(字筠鄰,號雪龕)
(清・德州人)
[道光]濟南 56/80
[乾隆]德州 9/41
[民國]德縣 10/21
德州鄉土志/耆舊 33
葛世則(清・濮州人)
[宣統]濮州 6/16
葛若耀(字郎軒)
(清・濮州人)
[宣統]濮州 4/110
46 **葛如麟**(字子仁)
(明・德平人)
[道光]濟南 52/50
[乾隆]德平 3/11
[嘉慶]德平 7/8
[光緒]德平 7/8
德平縣鄉土志/耆舊錄
50 **葛惠**(明・永年人)
[康熙]海豐 9/9
葛本樞(清・德平人)
[光緒]德平 7/25
53 **葛盛**(明・滄州人)
[正德]博平 5/81
60 **葛昇平**(字世臣)
(高密人)
[民國]高密 14/上 34
葛恩榮(字仙峰)
(清・紹興人)
[宣統]濮州 4/36
62 **葛昕**(字幼明,號龍池)
(明・德平人)
[道光]濟南 52/50
[康熙]德平 3/28
[乾隆]德平 3/10
[嘉慶]德平 7/7
[光緒]德平 7/7
德平縣鄉土志/耆舊錄
66 **葛嬰**(漢・符離人)
[嘉靖]青州 15/44
68 **葛曦**(字仲明,號鳳池)
(明・德平人)
[道光]濟南 52/50
[康熙]德平 3/17
[乾隆]德平 3/11
[嘉慶]德平 7/12
[光緒]德平 7/12
德平縣鄉土志/耆舊錄
71 **葛臣**(字子良)
(明・河南固始人)
[宣統]山東 73/8
[萬曆]青州 12/39
[康熙十五年]青州 12/39
[康熙四十八年]青州 12/39
[康熙六十年]青州 12/25
[咸豐]青州 36/16
[康熙]高苑 3/15
[康熙]高苑縣續志 8/21
[乾隆]高苑 3/20,8/30
[康熙]臨淄 10/10
[民國]臨淄 29/20
77 **葛同**(唐)
[嘉靖]山東 26/24
[康熙]山東 34/4
[雍正]山東 27/43
[宣統]山東 68/16
[萬曆]東昌 18/17
[康熙]堂邑 8/2,11/4
堂邑縣鄉土志/政績錄
葛興(字應禎)
(明・南直績溪人)
[雍正]山東 27/39
[宣統]山東 72/14
[乾隆]兖州 22/29
[乾隆]濟寧直隸州 22/17
[道光]濟寧直隸州 6/6-27
葛周玉(字溪璜,號般水漁人)
(清・德平人)
[光緒]德平 7/17
德平縣鄉土志/耆舊錄
葛周玉(字漢瑾)
(清・鄒平人)
[光緒]壽張 5/27
葛學習(清・濟陽人)

[民國]濟陽 11/30
80 葛全(見葛仝)
葛仝(唐)
[乾隆]東昌 33/39
[嘉慶]東昌 21/7
[順治]堂邑 2/職官 2
[康熙十一年]堂邑 2/名宦 2
葛含馨(字薦之,號德孚)(明・濮州人)
[康熙]濮州 3/87
[乾隆]濮州 3/88
[宣統]濮州 4/94
84 葛銑(字南金)(清・濮州人)
[乾隆]濮州 6/108
[宣統]濮州 8/108
葛鎮東(字捷亭)(清・高密人)
[民國]高密 14/上 86
85 葛鈇(明・華亭人)
[康熙]濟南 25/34
[弘治]泰安州 3/9
[康熙]泰安州 2/46
[乾隆]泰安府 15/6
[乾隆二十五年]泰安縣 10/30
[乾隆四十七年]泰安縣 8/27
[道光]泰安縣 10/4
[民國]重修泰安縣 6/58
86 葛鐸(明・昌樂人)
[嘉靖]昌樂 3/41
葛智(字公達)(明・德平人)
[道光]濟南 52/47
[康熙]德平 3/20
[乾隆]德平 3/7
[嘉慶]德平 7/10
[光緒]德平 7/10
葛智(字公達)(明・掖縣人)
[乾隆]掖縣 3/50
葛錫璠(明・江南崑山人)
[乾隆]兗州 22/20
88 葛敏懷(宋・真定人)
[康熙]萊州 8/23
[乾隆]萊州 9/7
90 葛尚烈(明・新建人)
[道光]濟寧直隸州 6/6-25
葛懷敏(宋・真定人)
[嘉靖]山東 27/16
[康熙]山東 37/4
[雍正]山東 27/69
[萬曆]萊州 6/13
萊州府鄉土志/上 10
91 葛炳煒(字升午)(清・蓬萊人)
[道光]重修蓬萊 9/38
[民國]蓬萊縣志合編人物志/行誼
97 葛煥(字含光,號逸叟)(明・鉅野人)
[乾隆]曹州府 15/17
[康熙]鉅野 11/24
[道光]鉅野 12/12
99 葛縈(明)
[宣統]山東 71/48
[康熙]濟南 25/24
[乾隆]武定府 16/47
[咸豐]武定府 19/蒲臺 1
[萬曆]蒲臺志 8/4
[康熙]重修蒲臺 5/6
[乾隆]蒲臺 2/56

茆

44 茆世亨(字希泰,號鳳泉)(明・南直溧水人)
[宣統]山東 71/21
[道光]濟南 36/41
[康熙]禹城 5/5
[嘉慶]禹城 7/25
[民國]禹城 3/43
禹城縣鄉土志/6

4473_2 茲

10 茲平公(姓己,名期)(周・莒人)
[民國]重修莒志 56/1
26 茲穆卿
[民國]朝城縣續志 1/26,1/27

4474_1 薛

00 薛方(字子容)(漢・齊人)
[至元]齊乘 6/12
[嘉靖]山東 32/2
[康熙]山東 42/2,46/5
[宣統]山東 167/1
[嘉靖]青州 15/51
[萬曆]青州 14/34
[康熙十五年]青州 14/34
[康熙四十八年]青州 14/隱逸 8
[康熙六十年]青州 20/2
[咸豐]青州 38/6
[民國]臨淄 29/16
薛方(明・北直寧晉人)
[宣統]山東 71/11
[道光]濟南 36/23
[康熙四十三年]長山 3/宦績
[康熙五十五年]長山 3/31
[嘉慶]長山 5/40
薛慶崧(濟寧人)
[民國]濟寧縣 3/4
薛玄微(金・濱州人)
[雍正]山東 30/14
[康熙]濟南 51/6
[乾隆]武定府 26/38
[咸豐]武定府 26/仙釋 3
[萬曆]濱州 3/56
[康熙]濱州 7/38
[咸豐]濱州 10/仙釋 11
[乾隆]蒲臺 4/6
薛文安(清・東平人)
[光緒]東平州 15/下 13
[民國]東平縣 11/中 30
薛應春(清・莘縣人)
莘縣鄉土志/事業 28
薛裔昌(字鴻緒)(清・金鄉人)
[乾隆]兗州 23/77
[乾隆]濟寧直隸州 25/45
[道光]濟寧直隸州 8/3-31
[乾隆]金鄉 18/74
[咸豐]金鄉縣志略 9/中

列傳二 2
[民國]金鄉 13/15
薛應騄(字星言)
(清・膠州人)
[道光]重修膠州 29/8
[民國]增修膠志 44/6
膠州直隸州鄉土志 4/孝友
薛文周(字晴嵐)
(明・安定人)
[康熙]山東 37/4
[雍正]山東 27/72
[宣統]山東 73/33
[康熙]萊州 8/45
[乾隆]萊州 9/16
[乾隆]掖縣 3/33
[乾隆]濰縣 3/43
[民國]濰縣志稿 20/17
濰縣鄉土志/51
薛文熾(字覲光)
(清・壽光人)
[民國]壽光 12/人物志二 22
01 薛諝(字公謀)
(晉)
[民國]金鄉 17/4
02 薛端(字以莊)
(明・南京留守左衛舉人)
[乾隆]東昌 34/13
[嘉慶]東昌 22/4
[正德]莘縣 5/7
[康熙十一年]莘縣 5/14
莘縣鄉土志/政績 7
07 薛諮(字公謀)
(漢・汝南人)
[咸豐]金鄉縣志略 7/3
08 薛謙(字益之)
(明・臨清人)
[乾隆]東昌 39/2
[康熙]臨清州 3/人物 6
[乾隆]臨清州 9/21
[乾隆]臨清直隸州 8/上 6
[民國]臨清縣/人物 3
10 薛醇(字羲菴)
(清・樂陵人)
樂陵縣鄉土志 3/44
薛哥(元)
[同治]黃縣 6/2
薛平(字坦途)
(唐・絳州龍門人)
[嘉靖]山東 25/5
[康熙]山東 31/5
[雍正]山東 27/3
[宣統]山東 68/3
[咸豐]青州 34/20
[光緒]增修登州 24/4
[光緒]益都縣圖志 16/8
薛平(明・咸寧人)
[萬曆]東昌 18/40
[乾隆]東昌 35/27
[嘉靖]夏津 4/2
[康熙]夏津 5/2
[乾隆]夏津 6/34
薛正(字子貞)
(明・南直華亭人,一作陝西華亭舉人)
[嘉靖]山東 26/30
[宣統]山東 72/51
[萬曆]東昌 18/40
[乾隆]東昌 35/27
[嘉靖]夏津 4/2,5/32,5/36
[康熙]夏津 5/2,6/7
[乾隆]夏津 6/34,10/上 56
薛雲龍(清・膠州人)
[民國]增修膠志 45/33
薛天璘(清・遼東人)
[康熙]臨清州 3/人物 29
[乾隆]臨清州 12/9
薛天順(清・諸城人)
[光緒]增修諸城縣續志 17/14
薛元微(見薛玄微)
薛爾賓(清・韓城人)
[乾隆]東平州 10/33
[道光]東平州 10/上 33
薛雨宸(陽穀人)
[民國]增修陽穀人物/仕宦 26
薛丕沾(字蔭堂)
(海陽人)
[民國]重修博興 10/2
薛天植(明・宜川人)
[康熙]濟南 25/61
[道光]濟南 36/38
[康熙]新修齊東 4/19
[民國]齊東 3/60
薛丕顯(字文謨)
(清・昌樂人)
[嘉慶]昌樂 25/9
薛一堂(見薛一棠)
薛一棠(字滄州)
(清・膠州人)
[乾隆]武定府 16/31
[咸豐]武定府 19/商河 3
[康熙]濱州 5/23
[咸豐]濱州 8/7
[道光]重修膠州 27/19
[民國]增修膠志 41/15
[道光]商河 5/31
[民國]重修商河 6/69
薛玉堂(字藍田)
(清・莘縣人)
[民國]莘縣 7/22
11 薛璟(字山輝)
(清・高密人)
[道光]重修膠州 31/7
[民國]增修膠志 48/13
[乾隆]高密 8/上 19
[光緒]高密 8/上 24
[民國]高密 14/上 25
高密縣鄉土志/上 25
12 薛瑞(明・南直長洲人)
[宣統]山東 71/7
[康熙]濟南 25/42
[道光]濟南 36/15
[康熙]鄒平 4/11
[嘉慶]鄒平 14/7
[道光]鄒平 14/7
[民國]鄒平 14/7
薛瑞(明・南京留守左衛人)
[康熙五十六年]莘縣 5/14
[光緒]莘縣 5/31
[民國]莘縣 3/24
薛瑞(字苞符)
(清・高唐人)
[康熙五十一年]高唐州 9/25
[道光]高唐州 5/1－42
[光緒]高唐州 5/1－44
[民國]高唐縣 12/86

薛延齡（清・黄縣人）
［同治］黄縣 9/4
［民國］黄縣志稿 13/人物－死難
薛登蓬（字少泉）
（商河人）
［民國］重修商河 7/33
薛廷棟（字崧圃，一作嵩圃）
（清・江蘇金匱人）
［宣統］山東 75/11
［道光］濟南 38/17
［乾隆］淄川 4/又 28－2
淄川縣鄉土志/政績錄
13 薛瑄（字德温，號敬軒）
（明・山西河津人）
［嘉靖］山東 25/12
［康熙］山東 31/14
［雍正］山東 11/闕里二 33，27/12
［宣統］山東 70/29
［康熙］濟南 24/20
［道光］濟南 35/39
［乾隆］兗州 7/46
［崇禎］歷城 6/12
14 薛琦（明・新野人）
［同治］黄縣 6/4
16 薛聰（字延智）
（北魏・河東汾陰人）
［嘉靖］山東 25/17
［康熙］山東 32/4
［雍正］山東 27/19
［宣統］山東 67/6
［康熙］濟南 24/7
［道光］濟南 33/17
［崇禎］歷乘 16/24
［崇禎］歷城 6/8
薛理（明・歷城人）
［嘉靖］山東 29/24
［康熙］山東 39/22
［雍正］山東 28/人物三 7
［宣統］山東 160/16
［康熙］濟南 37/5
［道光］濟南 49/2
［崇禎］歷乘 16/17
［崇禎］歷城 10/11
［乾隆］歷城 37/4
17 薛聚（元・北海人）
［民國］昌樂縣續志 17/43
薛孟（明・嘉善人）
［萬曆］東昌 18/45
薛孟琪（字元珍）
（明・寧陽人）
［咸豐］寧陽 15/2
［光緒］寧陽 15/2
薛君淇（字衛泉）
（清・寧陽人）
［光緒］寧陽 15/54
薛承洙（字魯川）
（明・濱州人）
［康熙］濱州 7/6
［咸豐］濱州 10/8
濱州鄉土志/耆舊錄
19 薛璘（明・河津人）
［嘉靖］山東 27/18
［雍正］山東 27/71
［萬曆］萊州 5/68
［康熙］萊州 8/28
［乾隆］萊州 9/12
萊州府鄉土志/上 15
［嘉慶］續掖縣 2/18
20 薛爲恁（字仁卿）
（清・濱州人）
［康熙］濱州 7/25
［咸豐］濱州 10/厚德 5
濱州鄉土志/耆舊錄
薛爲勳（明・濱州人）
［乾隆］武定府 23/50
［咸豐］武定府 23/忠節 20
［康熙］濱州 7/20
［咸豐］濱州 10/18
濱州鄉土志/耆舊錄
薛爲惠（字僑卿）
（清・濱州人）
［乾隆］武定府 26/35
［咸豐］武定府 26/藝術 3
［康熙］濱州 7/26
［咸豐］濱州 10/厚德 5
濱州鄉土志/耆舊錄
薛受益（字謙若）
（清・樂陵人）
［乾隆］武定府 25/74
［咸豐］武定府 25/武功 12
［乾隆］萊州 11/武功 3
［道光］重修膠州 31/7
［民國］增修膠志 48/12
［乾隆］樂陵 6/33
樂陵縣鄉土志 3/26
［乾隆］高密 8/上 19
［光緒］高密 8/上 23
［民國］高密 14/上 25
高密縣鄉土志/上 24
薛維敘（字伯功）
（清・淄川人）
［宣統］三續淄川 9/79
21 薛虎子（北魏）
［宣統］山東 67/13
［萬曆元年］兗州 38/循吏 16
薛仁山（字子靜）
（商河人）
［民國］重修商河 7/33
薛仁溥（字惠泉）
（商河人）
［民國］重修商河 7/33
薛儒鏞（字毅齋）
（清・陽穀人）
［民國］增修陽穀人物/文苑 4
22 薛崇（唐）
［嘉靖］山東 25/5
［康熙］山東 31/6
［雍正］山東 27/4
［宣統］山東 68/5
［乾隆］泰安府 14/12
［萬曆元年］兗州 38/節義 3
［萬曆二十四年］兗州 27/9
［康熙］兗州 21/23
［康熙］曹州志 7/46
［乾隆］曹州府 12/7
［乾隆］東平州 12/8
［道光］東平州 12/8
［光緒］東平州 14/8
［民國］東平縣 9/5
［光緒］菏澤 7/宦蹟 14
薛崗（見薛岡）
薛鑾（明・渭南人）
［乾隆］樂陵 4/52
薛繼功（清・臨清人）
［民國］臨清縣/人物 79

25 薛傳泗(東阿人)
[民國]東阿 15/10
薛生春(字蕙堂)
(清・茌平人)
[宣統]茌平 13/6
[民國]茌平 3/16
26 薛侃(字秉直,號南川)
(明・滎河人)
[宣統]山東 72/27
[萬曆二十四年]兗州 29/9
[康熙]兗州 22/30
[康熙]兗州續編 14/19
[乾隆]曹州府 12/20
[康熙]兗州府曹縣 9/9,10/12
[光緒]曹縣 10/11
曹縣鄉土志/政績錄
薛韞(字叔芳,號尺庵)
(清・洛南人,謫居樂陵)
[乾隆]樂陵 6/43
樂陵縣鄉土志 3/42
27 薛翺(字雲程)
(明・直隸山陽人)
[嘉靖]朝城志 5/17
[康熙]朝城 7/19
薛嵋(清・濱州人)
[咸豐]武定府 26/隱逸 5
[咸豐]濱州 10/隱逸 8
薛彝(明・蒲州人)
[嘉靖]濮州 7/20
薛名振(清・魚臺人)
[乾隆]魚臺 11/17
[光緒]魚臺 3/10
28 薛從(字順之)
(唐・龍門人)
[嘉靖]山東 26/23
[康熙]山東 34/3
[雍正]山東 27/87
[宣統]山東 68/13
[萬曆]東昌 18/15
[乾隆]曹州府 12/7
[嘉靖]濮州 7/6
[萬曆]濮州 3/名宦 10
[康熙]濮州 3/10
[乾隆]濮州 3/10
[宣統]濮州 4/10
薛倫(明・山西河東人)
[宣統]山東 71/12
[康熙]濟南 25/65
[道光]濟南 36/26
[康熙四十三年]長山 3/宦績
[康熙五十五年]長山 3/37
[嘉慶]長山 5/45
薛徵泰(清・廣寧人)
[乾隆]東昌 44/25
[乾隆]臨清州 12/9
[乾隆]臨清直隸州 8/上 83
薛以呐(清・鉅野人)
[乾隆]海陽 5/11
30 薛濂(字仲涵)
(明・膠州人)
[乾隆]萊州 11/忠節 9
[乾隆]膠州 5/2
[道光]重修膠州 26/2
[民國]增修膠志 40/29
膠州直隸州鄉土志 4/忠烈
薛宣(字贛君)
(漢・東海郯人)
[嘉靖]山東 27/14,30/7
[康熙]山東 37/1,40/7
[雍正]山東 28/人物一 10
[宣統]山東 154/9
[萬曆元年]兗州 40/相業 11
[萬曆二十四年]兗州 31/14
[康熙]兗州 24/13
[萬曆]沂州志 6/33
[乾隆]沂州府 25/4
[萬曆]萊州 5/55
[康熙]萊州 8/6
[乾隆]萊州 9/2
[民國]重修莒志 5/4
[萬曆]即墨志 6/10
[康熙]纂修即墨/下 6
[乾隆]即墨 8/2
[同治]即墨 8/2
即墨縣鄉土志/政績錄
[康熙]郯城 7/2
[乾隆]郯城 9/1
薛之瑄(清・東平人)
[康熙]兗州續編 16/28
[乾隆]泰安府 18/55
[康熙]東平州續志 6/7
[乾隆]東平州 15/5
[道光]東平州 15/5
[光緒]東平州 15/下 5
[民國]東平縣 11/中 24
薛之佐(清・四川蒼溪人)
[乾隆]東昌 34/14
[嘉慶]東昌 22/5
[康熙十一年]莘縣 5/8
[康熙五十六年]莘縣 5/8
[光緒]莘縣 5/9
[民國]莘縣 3/5
莘縣鄉土志/政績 8
薛之彬(清・山西人)
[宣統]山東 75/19
[道光]濟南 38/30
[乾隆]濟陽 6/32
[民國]濟陽 9/38
32 薛灤(字濟源)
(清・濱州人)
[咸豐]武定府 25/儒林 15
[咸豐]濱州 10/31
薛近齊(字太區)
(明・益都人)
[康熙]山東 45/18
[咸豐]青州 45/29
[康熙]益都 9/22
[光緒]益都縣圖志 41/6
薛近齊(清・魚臺人)
[康熙]魚臺 17/28
[乾隆]魚臺 11/35
[光緒]魚臺 3/21
薛祇先(字演疇,號鑑齋)
(清・單縣人)
[民國]單縣 11/36
薛近洙(字道傳,號孔泉)
(明・益都人)
[康熙]山東 42/29
[雍正]山東 28/人物三 64
[宣統]山東 162/38
[康熙十五年]青州 13/74
[康熙四十八年]青州 13/事功 58
[康熙六十年]青州 15/12
[咸豐]青州 45/29

[康熙]益都 9/21
[光緒]益都縣圖志 38/15
薛兆萬(字季盈,號墨軒)
(清・單縣人)
[民國]單縣 11/37
薛近思(明・濱州人)
[康熙]濱州 6/5
33 薛心佑(清・青州人)
[民國]重修泰安縣 10/74
薛治安(明・永和人)
[康熙]嶧縣 3/36
[乾隆]嶧縣 7/17
[光緒]嶧縣 19/職官下 11
34 薛漢(字公子)
(漢・淮陽人)
[嘉靖]山東 27/1
[康熙]山東 35/2
[雍正]山東 27/51
[宣統]山東 66/27
[嘉靖]青州 13/9
[萬曆]青州 12/7
[康熙十五年]青州 12/7
[康熙四十八年]青州 12/7
[康熙六十年]青州 12/3
[咸豐]青州 34/6
[康熙六十年]博興 7/2
薛法文(字穆亭)
(清・費縣人)
[光緒]費縣 11/55
薛法仲(字敬賢)
(清・鉅野人)
[民國]續修鉅野 5/上 20,7/下 64
37 薛潮(明・雲貴晉定衛人)
[嘉靖]濮州 7/17
薛祿(明・膠人)
[嘉靖]山東 33/11
[雍正]山東 28/人物三 8
[宣統]山東 160/8
[萬曆]萊州 5/98
[康熙]萊州 10/81
[乾隆]萊州 11/武功 2
[康熙]膠州 5/23,6/12
[雍正](膠州)州志別本/人物 - 戰功
[乾隆]膠州 4/29,7/24
[民國]增修膠志 40/1
[道光]重修膠州 25/1,36/4
膠州直隸州鄉土志 4/事功
薛逸(字佰踰)
(漢・營陵人)
[康熙]杞紀 18/11
薛運(字吉所)
(明・樂陵人)
樂陵縣鄉土志 3/26
薛鴻漸(號南窻)
(清・鉅野人)
[道光]鉅野 13/39
38 薛棨(字孟弢)
(明・膠州人)
[道光]重修膠州 26/2
[民國]增修膠志 40/29
薛道見(字殿颺)
(清・嘉祥人)
[咸豐]濟寧直隸州續志 3/11
[光緒]嘉祥 3/29
薛道隆(字興庵)
(清・博興人)
[民國]重修博興 13/40
40 薛李(漢・河東人)
[萬曆]鉅野 6/3
[康熙]鉅野 10/3
[道光]鉅野 10/3
薛樟(字子喬)
(明・歷城人)
[康熙]濟南 37/9
[道光]濟南 49/21
[崇禎]歷城 10/14
[乾隆]歷城 37/31
薛培元(字梅峯)
(清・海陽人)
[乾隆]續登州 10/9
[光緒]增修登州 43/47
[光緒]海陽縣續志 5/15
薛希瑄(字拱璧)
(清・膠州人)
[道光]重修膠州 27/20
[民國]增修膠志 41/15
膠州直隸州鄉土志 4/事功
[乾隆]夏津 6/26
薛大鼎(字重臣)
(唐・蒲州汾陰人)
[雍正]山東 27/73
[宣統]山東 68/10
[嘉慶]慶雲 7/24
[咸豐]慶雲 2/22
[民國三年]慶雲 1/82
薛士魁(清・莒縣人)
[民國]重修莒志 65/22
薛士傑(清・滕縣人)
[道光]滕縣志 8/武功 8
滕縣鄉土志/20
薛希包(字汝南)
(清・膠州人)
[道光]重修膠州 29/7
[民國]增修膠志 44/6
膠州直隸州鄉土志 4/孝友
薛九河(清・茌平人)
[宣統]茌平 16/2
[民國]茌平 3/17
薛柱斗(清・陝西延長人)
[嘉慶]慶雲 7/24
[咸豐]慶雲 2/26
[民國三年]慶雲 1/82
薛九如(字惟歌)
(清・滕人)
[康熙]滕縣志 8/孝行 12
[道光]滕縣志 9/孝義 5
薛來朝(字應侯)
(明・鉅野人)
[康熙]兗州續編 15/16
[萬曆]鉅野 7/24
[康熙]鉅野 11/23
[道光]鉅野 12/12
薛大中(明・三原人)
[民國]黃縣志稿 11/宦績
薛志義(明・濱州人)
[萬曆]濱州 3/27
[康熙]濱州 6/5
41 薛桓(明・膠州人)
[道光]重修膠州 31/6
[民國]增修膠志 48/11
膠州直隸州鄉土志 4/事功
42 薛壋(清・濱州人)
[乾隆]武定府 24/41
[咸豐]武定府 24/循良 31
[咸豐]濱州 10/11

44 薛芳(明・寧晉人)
[嘉靖]山東 25/26
[康熙]山東 32/15
[康熙]濟南 25/34
薛棻(字崑西)
(清・黃縣人)
[同治]黃縣 8/15
薛蘭(明・河南光山人)
[嘉靖]濮州 7/21
[嘉靖]朝城志 5/6
[康熙]朝城 7/5
薛塽(字晉明)
(清・萊陽人)
[光緒]增修登州 43/31
[民國]萊陽 3/1 中 81,3/3 上傳志上 41
薛世瑞(字執公)
(清・范縣人)
[宣統]山東 173/31
[乾隆]曹州府 15/24
薛懋修(字道一)
(清・益都人)
[咸豐]青州 49/38
[光緒]益都縣圖志 39/14
薛懋脩(見薛懋修)
薛桂齡(字步月)
(清・商河人)
[民國]重修商河 8/27
薛世業(字何修)
(清・膠州人)
[道光]重修膠州 28/11
[民國]增修膠志 42/10
膠州直隸州鄉土志 4/文學
薛世道(字何思)
(清・膠州人)
[乾隆]膠州 4/66
[道光]重修膠州 28/11
[民國]增修膠志 42/10
膠州直隸州鄉土志 4/文學
薛茂軒(字蔭亭)
(清平人)
[民國]清平/人物 75
薛藍田(字蘊樸)
(清・高唐人)
[民國]高唐縣 12/25
薛樹棠(字憩南)
(清・博平人)
[光緒]博平縣續志 10/61
46 薛如玉(清・博平人)
[道光]博平 4/19
薛觀政
[民國]朝城縣續志 1/26
47 薛桐(字長琴)
(清・膠州人)
[道光]重修膠州 28/12
[民國]增修膠志 42/11
膠州直隸州鄉土志 4/文學
薛朝瑞(清・范縣人)
[宣統]山東 173/35
48 薛敬恕(字強齋)
(清・淄川人)
[宣統]三續淄川 9/79
50 薛忠(明・莒縣人)
[萬曆]青州 15/52
[康熙十五年]青州 15/52
[康熙四十八年]青州 15/義民 21
[康熙六十年]青州 18/16
[康熙]莒州下/45
[雍正]莒州 9/38
薛胄(字紹玄)
(隋・河東汾陰人)
[嘉靖]山東 26/6
[康熙]山東 33/7
[雍正]山東 27/33
[宣統]山東 67/28
[萬曆元年]兗州 38/循吏 21
[萬曆二十四年]兗州 27/6
[康熙]兗州 21/20
[乾隆]兗州 22/9
薛春航(字漁村)
(清・陽穀人)
[光緒]陽穀 6/31
53 薛輔世(字德甫,號萊峯)
(清・壽光人)
[咸豐]青州 49/28
[民國]壽光 12/人物志二 52
56 薛揚清(明・北直元城人)
[康熙]昌邑 5/9
[乾隆]昌邑 5/110
57 薛邦(字子徒)
(周・魯人)
[萬曆元年]兗州 7/54
[萬曆二十四年]兗州 7/22
[康熙]兗州 8/23
60 薛昂(明・南直蘇州人)
[宣統]山東 71/44
薛晨(明・鄞縣人)
[萬曆]青州 15/63
[康熙十五年]青州 15/63
[康熙四十八年]青州 15/僑寓 10
[康熙]益都 10/3
薛景文(明・绛州人)
[嘉靖]山東 26/28
[萬曆]東昌 18/42
[乾隆]曹州府 12/14
[嘉靖]濮州 7/20
[萬曆]濮州 3/名宦 29
薛國政(清・博山人)
[乾隆]博山 7/上 14
[民國]續修博山 11/26
薛景崙(字峴峰)
(博山人)
[民國]續修博山 12/34
薛景灝(字效梁)
(清・博山人)
[民國]續修博山 9/12
薛國觀(字家相)
(明・韓城人)
[康熙]萊州 8/34
[嘉慶]續掖縣 2/24
薛昌朝(唐)
[光緒]陵縣 22/8
65 薛映奎(字會婁,別號晚悔子)
(清・滋陽人)
[光緒]滋陽 9/50
滋陽縣鄉土志 1/耆舊-實行
67 薛曜(字光溥)
(明・膠州人)
[道光]重修膠州 25/14
[民國]增修膠志 40/13
71 薛長元(字揆一)
(清・東阿人)
[民國]續修東阿 11/24
薛長和(陽穀人)
[民國]增修陽穀人物/忠

烈 29
薛原義(字叔原,一作叔源)
(明・應天人)
[嘉靖]山東 26/18
[康熙]山東 33/21
[雍正]山東 27/38
[宣統]山東 72/7
[萬曆元年]兗州 38/循吏 41
[萬曆二十四年]兗州 29/3
[康熙]兗州 22/24
[乾隆]兗州 22/24
[道光]滕縣志 6/宦績 21
滕縣鄉土志/5
77 薛岡(字岐峰)
(明・益都人)
[康熙]山東 46/6
[萬曆]青州 14/58
[康熙十五年]青州 14/58
[康熙四十八年]青州 14/儒行 15
[咸豐]青州 45/1
[康熙]益都 9/16
[光緒]益都縣圖志 45/4
薛駒(字昂千)
(清・鉅野人)
[道光]鉅野 13/40
薛同術(明・韓城人)
[萬曆二十四年]兗州 29/7
[康熙]兗州 22/28
[乾隆]東昌 35/29
[萬曆]鉅野 6/9
[康熙]鉅野 10/9
[道光]鉅野 10/24
[乾隆]夏津 6/36
薛鵬升(字友三)
(明・菏澤人)
[光緒]菏澤 12/20
薛鳳祚(字儀甫)
(清・益都人)
[宣統]山東 175/34
[康熙四十八年]青州 15/文學 17
[康熙六十年]青州 18/8
[咸豐]青州 46/1
[光緒]益都縣圖志 39/1
薛鳳藻(清・博平人)
[光緒]博平縣續志 10/55
博平縣鄉土志/耆舊-忠節
薛鳳翔(字對龍)
(明・濱州人)
[乾隆]武定府 25/10
[咸豐]武定府 25/孝友又 10
[康熙]濱州 6/17
[咸豐]濱州 10/21
濱州鄉土志/耆舊錄
80 薛兼(字令長)
(晉・丹陽人)
[光緒]嶧縣 19/52
薛尊賢(清・鉅野人)
[民國]續修鉅野 7/下 58
88 薛鎰(字重衡)
(明・蒲州人)
[萬曆]東昌 18/42
[萬曆]濮州 3/名宦 28
89 薛鑅(號樹珊)
(清・直隸萬全人)
[宣統]山東 75/44
90 薛惟和(字鹽梅)
(清・壽光人)
[民國]壽光 12/人物志一 84
薛光斗(字映吉,一作暎吉)
(清・山西蒲州人)
[宣統]山東 75/3
[道光]濟南 38/5
[崇禎]歷城 6/又 5
[乾隆]歷城 34/9
薛尚禮(明・絳州人)
[康熙十一年]莘縣 5/5
91 薛焯(明・萊陽人)
[民國]萊陽 3/1 中 21
94 薛慎(明・山陽人,一作淮安人)
[嘉靖]山東 25/25
[雍正]山東 27/26
[宣統]山東 71/28
[道光]濟南 36/48
[康熙]長清 8/45
[道光]長清 3/8
96 薛憬(字希宋)
(清・海陽人)
[光緒]海陽縣續志 5/27
薛燭(春秋・薛人)
[雍正]山東 31/2
[萬曆二十四年]兗州 52/29
[乾隆]兗州 31/13
[萬曆]滕志 8/53
[康熙]滕志 8/人物 12
[康熙]滕縣志 8/方技 1
[道光]滕縣志 9/方術傳 1
97 薛炤(明・歷城人)
[崇禎]歷乘 16/53
[崇禎]歷城 10/27
98 薛悌(字孝威)
(三國・東郡人)
[宣統]山東 161/5
[乾隆]泰安府 14/7
[萬曆元年]兗州 38/循吏 14
[乾隆二十五年]泰安縣 10/28

4477_0 甘

10 甘霖(字時若)
(清・滋陽人)
[光緒]滋陽 9/2
滋陽縣鄉土志 1/耆舊-忠義
甘元雋(明・南直嘉定人)
[宣統]山東 71/27
[康熙]濟南 25/46
[道光]濟南 36/51
[康熙]陵縣 4/5
[光緒]陵縣 18/11
陵縣鄉土志/7
甘一驥(字德夫)
(明・江西南昌人)
[宣統]山東 70/28
[道光]濟南 35/42
12 甘延宗(字壽民)
(清・滋陽人)
[光緒]滋陽 9/14
21 甘仁(號眉山)
(明・滕縣人)
[康熙]滕志 7/77
[康熙]滕縣志 7/61
[道光]滕縣志 8/儒林 2
滕縣鄉土志/22
甘卓(字季思)
(晉・丹陽人)

[光緒]嶧縣 19/53
甘能始(漢・甘陵人)
[嘉慶]東昌 34/11
22 甘崇敬(字寄山)
(清・滋陽人)
[光緒]滋陽 9/31
31 甘福盛(清・威寧州人)
[光緒]高密 6/25
[民國]高密 12/26
高密縣鄉土志/上 10
40 甘士調(清)
[道光]濟南 38/45
[乾隆]德州 8/13
[民國]德縣 9/11
州乘餘聞/21
44 甘華(明・豐城人)
[嘉靖]山東 26/30
[雍正]山東 27/48
[宣統]山東 72/44
[萬曆]東昌 18/38
[乾隆]東昌 34/19
[嘉慶]東昌 22/10
[嘉靖]冠縣 2/7
[萬曆]冠縣 2/20
[道光]冠縣 6/24
[光緒]冠縣 6/宦績
[民國]冠縣 6/34
甘茂(秦・下蔡人)
[宣統]山東 200/1
甘茹(字征甫)
(明・富順人)
[萬曆]濮州 4/游寓 3
[康熙]濮州 4/27
[乾隆]濮州 4/41
[宣統]濮州 6/69
60 甘羅(秦・下蔡人)
[乾隆]東昌 44/18
[嘉慶]東昌 34/6
[康熙二年]茌平 2/61
[康熙四十九年]茌平 2/61
[宣統]茌平 20/1
[民國]茌平 3/僑寓 106
甘國垓(字靜山,號佩侯)
(清・奉天人)
[康熙]鄆城 4/11
[光緒]鄆城 6/10
80 甘父(一作堂邑氏)
(漢・匈奴人)
[乾隆]東昌 44/18
甘公(漢・齊人)
[宣統]山東 168/1
甘鉉(清・江寧人)
[乾隆]夏津 6/20
甘鏞(唐)
[民國]牟平 6/66
88 甘節(字位中,別號素齋)
(清・滕縣人)
[道光]滕縣志 8/儒林 18
滕縣鄉土志/24

4477_7 菅

44 菅其善(字寶齋)
(清・陽信人)
[民國]陽信 5/忠義 45
71 菅長城(字漢卿)
(陽信人)
[民國]陽信 5/忠義 50
90 菅懷理(號復齋)
(明・臨邑人)
[康熙]濟南 39/4
[道光]濟南 52/14
[順治]臨邑 12/8
[康熙]重修臨邑 10/8
[道光]臨邑 9/3
[同治]臨邑 9/循異 3

4480_1 楚

12 楚孔生(字夢徵)
(明・曹州人)
[康熙]曹州志 12/10
[光緒]菏澤 12/8
楚登鼇(字筆峰)
(清・歷城人)
[民國]續修歷城 40/32
15 楚建中(字正叔)
(宋・洛陽人)
[光緒]益都縣圖志 16/41
20 楚秉泰(清・汶上人)
[宣統]四續汶上稿/人物－藝術傳
26 楚儼(明・杞縣人)
[崇禎]鄆城 4/17
[康熙]鄆城 4/16
[光緒]鄆城 6/23
30 楚寧(清・商河人)
[民國]重修商河 9/21
34 楚浩(字效梁)
(清・歷城人)
[民國]續修歷城 44/30
40 楚樟(明・朝城人)
[嘉靖]山東 31/27
[康熙]山東 41/22
[嘉靖]濮州 6/10
[萬曆]濮州 3/鄉賢 35
[嘉靖]朝城志 7/5
[康熙]朝城 8/58
朝城縣鄉土志/9
44 楚材(字晉卿)
(清・灤平人)
[民國]無棣 9/6
50 楚春齡(字夢九)
(高密人)
[民國]高密 14/上 34
57 楚邦舉(清・菏澤人)
[光緒]菏澤 16/12
[光緒]新修菏澤 11/70
72 楚丘先生(春秋・齊人)
[萬曆]青州 15/27
[康熙十五年]青州 15/27
[康熙四十八年]青州 15/說士 3
77 楚鳳苞(字儀侯)
(明・曹州人)
[康熙]曹州志 16/4
[乾隆]曹州府 16/6
[光緒]菏澤 16/3
[光緒]新修菏澤 10/32
菏澤縣鄉土志/26
90 楚裳(字弈繡,號百泉)
(清・鐵嶺人)
[宣統]山東 200/18
[道光]濟寧直隸州 8/4－49
楚惟善(元・朝城人)
[康熙]朝城 8/4
91 楚煙(字非煙,號方壺)
(明・菏澤人)
[康熙]兗州 28/27
[康熙]兗州續編 15/19

[康熙]曹州志 15/70
[乾隆]曹州府 15/21
[光緒]菏澤 15/29
[光緒]新修菏澤 10/32
菏澤縣鄉土志/20
97 **楚煥文**(清·汶上人)
[宣統]四續汶上稿/人物－文學傳

共

80 **共公**(姓己,名賡輿)(周·莒人)
[民國]重修莒志 56/4
共姜(周·齊人)
[嘉靖]山東 23/4
[康熙]山東 28/3
[嘉靖]青州 16/11
[萬曆]青州 16/1
[康熙十五年]青州 16/1
[康熙四十八年]青州 16/1
[康熙六十年]青州 19/1
[萬曆元年]兖州 1/后妃 6

4480_6 黄

00 **黄帝**(姓公孫,諱軒轅)
[嘉靖]山東 23/1
[康熙]山東 28/1
[萬曆元年]兖州 1/帝王 3
[萬曆二十四年]兖州 5/2
[康熙]兖州 6/1
[乾隆]兖州 6/1
[崇禎]曲阜 4/2
黄袞(字補之)(明·光州人)
[崇禎]歷城 6/3
黄庶(字亞夫)(宋·江西分寧人)
[萬曆]青州 15/61
[康熙四十八年]青州 12 又/9
[康熙六十年]青州 12/13
[民國]臨淄 29/20
黄庶(字亞夫)(明·分寧人)
[萬曆]青州 12 又/9
[康熙十五年]青州 12 又/9,15/61
[康熙四十八年]青州 15/僑寓 8
黄文(清·東昌府人)
[乾隆]東昌 40/15
[嘉慶]東昌 30/16
黄章(清·浙江錢塘人)
[宣統]山東 77/40
[康熙]利津縣新志 8/30
[乾隆]膠州 4/20
[道光]重修膠州 23/6
[民國]增修膠志 18/5
膠州直隸州鄉土志 3/政績－聽訟
黄立言(字誠一,號丹溪)(清·昌樂人)
[民國]昌樂縣續志 30/13
黄立誠(字居業)(清·曹縣人)
[宣統]山東 173/31
[康熙]兖州 28/39
[康熙]兖州續編 16/25
[乾隆]曹州府 16/8
[康熙]兖州府曹縣 14/6
[光緒]曹縣 14/人物 5
曹縣鄉土志/耆舊錄
黄文元(清·寧津人)
[光緒]寧津 8/24
寧津縣志料 3/人物－義烈
黄應登(清·通州人)
[乾隆]嶧縣 7/42
黄應魁(明·靈川人)
[萬曆]濟陽 6/5
黄辨之(字懋德)(明·嘉祥人)
[乾隆]嘉祥 2/35
黄方遠(字樂朋,號南村)(清·昌樂人)
[民國]昌樂縣續志 31/4
黄六鴻(號思湖)(清·江西新昌人)
[宣統]山東 76/13
[乾隆]沂州府 20/14
[康熙]郯城 6/8
[乾隆]郯城 7/26
黄應祥(明·南直滁州人)
[宣統]山東 72/6
[康熙]兖州續編 14/6
[乾隆]兖州 22/24
[康熙十二年]鄒縣志 3/16
[康熙五十五年]鄒縣志 2/47
[民國]續修鄒縣志稿/名宦
鄒縣鄉土志政績錄/5
黄文志(明·濮州人)
[康熙]濮州續志下/8
[乾隆]濮州 4/33
[宣統]濮州 6/27
黄立世(字卓峰,號柱山)(清·即墨人)
[同治]即墨 9/22
即墨縣鄉土志/耆舊－事業二
黄應蒙(明·安邱人)
[咸豐]青州 45/40
安丘縣鄉土志 5/耆舊錄 2
黄文明(字昌運)(清·嘉祥人)
[光緒]嘉祥 3/30
黄庭堅(字魯直,號山谷道人)(宋·洪州分寧人)
[宣統]山東 68/31
[道光]濟南 34/10
[萬曆二十四年]兖州 28/10
[康熙]兖州 22/10
[乾隆]兖州 22/13
[萬曆]鄒志 2/9
[康熙十二年]鄒縣志 3/11
[康熙五十五年]鄒縣志 2/42
鄒縣鄉土志政績錄/6
[乾隆]德平 2/23
[嘉慶]德平 5/4
[光緒]德平 5/4
德平縣鄉土志/政績錄
黄文鵬(字一峰)(清·歷城人)
[民國]續修歷城 41/12
黄文年(字建周)(清·堂邑人)
[雍正]山東 28/人物四 41

[宣統]山東 174/10
[康熙]堂邑 14/2
黃立猷(沔陽人)
[民國]萊陽 3/1 上 38
黃文光(明・昌邑人)
[萬曆]沂州志 4/50
黃文煥(明・蓬萊人)
[光緒]增修登州 44/1
黃文煥(字紫綸)
(清・鉅野人)
[道光]鉅野 13/35
01 **黃龍**(明・遼東人,一作南昌人)
[順治]登州 17/11
[光緒]增修登州 36/5
[道光]重修蓬萊 6/28
黃龍岡(字茂台)
(清・鉅野人)
[道光]鉅野 13/66
03 **黃誠吾**(字明我)
(清・昌邑人)
[光緒]昌邑縣續志 6/13
05 **黃諫卿**(明・莆田人)
[雍正]恩縣續志 3/7
07 **黃詡**(明・陳州人)
[乾隆]夏津 6/19
08 **黃敦善**(字體仁)
(清・鄒縣人)
[民國]續修鄒縣志稿/人物－耆舊
09 **黃麟徵**(清・茌平人)
[宣統]茌平 28/9
[民國]茌平 3/88
10 **黃丙**(字丁隣,號竹坡,別號紅葉主人)
(清・平原人)
[民國]續修平原 10/上 26
黃霆(明・龍溪人)
[乾隆]武定府 16/34
[咸豐]武定府 19/濱州 3
[萬曆]濱州 3/22
[康熙]濱州 5/21
[咸豐]濱州 8/4
黃璽(字國寶)
(清・城武人)
[道光]城武 9/下 28
黃玉(明・長安人)
[康熙]堂邑 10/2
黃玉(字君佩)
(明・益都人)
[嘉靖]青州 15/57
[萬曆]青州 15/47
[康熙十五年]青州 15/47
[康熙四十八年]青州 15/卓行 7
[康熙六十年]青州 18/16
[咸豐]青州 44/14
[萬曆]益都 6/92
[康熙]益都 9/48
[光緒]益都縣圖志 41/4
黃正(字用中)
(明・即墨人)
[乾隆]萊州 11/善行 2
[乾隆]即墨 9/20
[同治]即墨 9/26
即墨縣鄉土志/耆舊－事業四
黃元龍(清・寧陽人)
[光緒]寧陽 13/73
黃元調(字泰鴻)
(清・寧陽人)
[光緒]寧陽 15/38
黃元型(清・新城人)
[民國]重修新城 18/26
黃元功(字天造)
(清・壽光人)
[民國]壽光 16/32
黃玉衡(字音素)
(清・即墨人)
[同治]即墨 9/50
即墨縣鄉土志/耆舊－事業四
黃一峯(明)
[宣統]山東 200/32
[康熙]纂修即墨/下 36
[同治]即墨 12/6
黃元俊(清)
[嘉慶]鄒平 14/20
[道光]鄒平 14/20
[民國]鄒平 14/20
黃元和(字節之)
(明・莆田人)
[康熙十二年]陽穀 3/2
[康熙]陽穀 3/1
[光緒]陽穀 5/1
[民國]增修陽穀名宦/2
黃元御(字坤載,號研農,別號玉楸)
(清・昌邑人)
[宣統]山東 177/29
[光緒]昌邑縣續志 6/27
黃丙南(字旭東)
(清・定陶人)
[民國]定陶 6/32
黃貢林(明・英山人)
[嘉靖]朝城志 5/15
黃霱芝(清・蓬萊人)
[光緒]增修登州 41/9
黃元春(明・金谿人)
[順治]堂邑 2/職官 6
黃元忠(字資穆,號整庵)
(明・鄞縣人)
[康熙]新修萊蕪 8/19
[民國]續修萊蕪 35/44
黃雯旦(清・福建人)
[康熙]昌邑 5/11
[乾隆]昌邑 5/112
黃雲鳳(清・蓬萊人)
[光緒]增修登州 43/7
[道光]重修蓬萊 9/39
[民國]蓬萊縣志合編人物志/行誼
黃石公(漢)
[雍正]山東 30/2
[萬曆二十四年]兗州 52/20
[道光]東阿 24/2
11 **黃斐**(明・諸城人)
[萬曆]諸城 6/24
黃甄(明・壽光人)
[萬曆]青州 13/45
[康熙十五年]青州 13/45
[康熙四十八年]青州 13/事功 28
[康熙六十年]青州 16/14
[咸豐]青州 43/12
[康熙]壽光 21/7
[嘉慶]壽光 12/11
[民國]壽光 12/人物志一 19

壽光縣鄉土志/耆舊
黃麗中(字錦江)
(清・如皋人)
[民國]重修商河 6/72
[民國]續修平原 5/17
黃碩卿(字石坡)
(清・滕縣人)
[民國]續滕縣志 2/10
黃璿光(清・登州人)
[光緒]增修登州 43/2
12 黃登(明・華陰人)
[康熙]堂邑 9/6
黃珽(清・膠州人)
[民國]增修膠志 43/8
膠州直隸州鄉土志 4/忠烈
黃瑀(明・湖廣麻城人)
[宣統]山東 71/38
[康熙]濟南 25/32
[乾隆]泰安府 15/6
[康熙]肥城書下/9
[嘉慶]肥城 15/30
[光緒]肥城 7/45
黃瑗(明・晉江人)
[道光]濟南 36/24
[康熙四十三年]長山 3/宦績
[康熙五十五年]長山 3/33
[嘉慶]長山 5/41
黃廷亮(字見灼)
(清・金鄉人)
[咸豐]金鄉縣志略 9/中列傳二 14
[民國]金鄉 13/23
金鄉縣鄉土志/耆舊錄上
黃廷言(明)
[光緒]增修登州 27/2
[同治]黃縣 6/4
黃廷珎(明・直隸容城人)
[嘉靖]寧海州下/19
黃登僑(字虞門)
(明・順天人)
[宣統]山東 200/10
[乾隆]東昌 39/41
[嘉慶]東昌 29/19
[康熙]堂邑 17/7
黃廷獻(字靖抒)
(明・濮州人)
[乾隆]濮州 4/34
[宣統]濮州 6/28
黃廷獻(字懋徵)
(清・遼東人)
[宣統]山東 74/56
[康熙]曹州志 7/58
[光緒]增修登州 32/4
[康熙]寧海州 7/5
[同治]重修寧海州 12/13
[光緒]菏澤 7/宦蹟 26
[光緒]新修菏澤 9/2
[民國]牟平 6/77
黃廷柱(字砥中)
(清・昌樂人)
[民國]昌樂縣續志 30/4
黃廷柱(字棟臣)
(清・歷城人)
[道光]濟南 53/51
[民國]續修歷城 44/10
黃孫懋(字訓昭,號忝齋)
(清・濟寧州人)
[宣統]山東 172/1
[乾隆]濟寧直隸州 25/37
[道光]濟寧直隸州 8/3－18
濟寧州鄉土志 2/耆舊
[乾隆]曲阜 89/5
黃登穀(號穫村)
(清・順天宛平人)
[宣統]山東 75/21
[道光]濟南 38/42
[乾隆]德州 8/16
[民國]德縣 9/13
黃廷翰(字躍如)
(明・沂州人)
[康熙]沂州志 6/49
黃登閣(字瀛洲)
(清・湖廣巴東監生)
[嘉慶]德平 5/21
[光緒]德平 5/13
黃廷介(明・宣城人)
[民國]無棣 9/2
13 黃琮(明)
[萬曆]蒲臺志 8/5
[康熙]重修蒲臺 5/6
黃琬(字子炎,一作子琰)
(漢・江夏安陸人)
[嘉靖]山東 25/3
[康熙]山東 31/3
[雍正]山東 27/52
[宣統]山東 66/27
[嘉靖]青州 13/7
[萬曆]青州 12/8
[康熙十五年]青州 12/8
[康熙四十八年]青州 12/8
[康熙六十年]青州 12/4
[咸豐]青州 34/8
[萬曆元年]兗州 39/名宦 4
[民國]臨淄 18/4
14 黃瑛(清・內江人)
[乾隆]淄川 4/25
黃瓚(明・南直儀真人)
[嘉靖]山東 25/14
[康熙]山東 31/16
[雍正]山東 27/15
[宣統]山東 70/8
[康熙]濟南 24/23
[道光]濟南 35/5
[崇禎]歷乘 16/33
[崇禎]歷城 6/13
15 黃玞(明・曹縣人)
[康熙]曹縣 11/43
[康熙]兗州府曹縣 11/52
[光緒]曹縣 11/耆老 1
黃璉(字汝器)
(明・濟陽人)
[宣統]山東補遺/64
黃建業(字懋中,號南池)
(清・單縣人)
[民國]單縣 11/38
黃建極(明・陝西武功人)
[雍正]山東 27/49
[宣統]山東 72/41
[乾隆]東昌 34/4
[嘉慶]東昌 21/22
[宣統]茌平 8/6
[民國]茌平 8/63
黃建極(字位中)
(清・利津人)
[乾隆]利津縣志續編 8/47
[光緒]利津 8/義行 2
16 黃聖訓(字敬之)

（清・膠州人）
[民國]增修膠志 42/30
黃理中（字仲通）
（清・即墨人）
[同治]即墨 9/33
即墨縣鄉土志/耆舊－事業四
17 **黃瑚**（明・廣東揭陽人）
[民國]濰縣志稿 20/16
黃瓊（字世英）
（漢・安陸人）
[雍正]山東 27/41
[宣統]山東 66/26
[嘉慶]東昌 20/11
黃承玄（字履常）
（明・浙江秀水人）
[康熙]張秋志 5/22
黃承先（清・昌邑人）
[乾隆]昌邑 5/151
黃承宗（字孝孺）
（明・威海衛人）
[康熙]山東 45/21
[宣統]山東 164/54
[順治]登州 17/12
[光緒]增修登州 41/67
[康熙]寧海州 9/5
[乾隆]威海衛志 8/1
[道光]文登 5/6
[光緒]文登 8/下 20
黃子淳（明・曲阜人）
[康熙]山東 45/11
黃承道（清・江西安義人）
平陰縣鄉土志/7
黃子花（清・壽光人）
[咸豐]青州 45/59
[康熙]壽光 25/3
[嘉慶]壽光 13/3
[民國]壽光 12/人物志一 62
黃子幹（東阿人）
[民國]東阿 15/7
黃子屏（東阿人）
[民國]東阿 15/18
黃子美（字尚含，號萬溪）
（明・曲阜人）
[康熙]山東 40/61
[雍正]山東 28/人物三 59
[宣統]山東 161/54
[乾隆]兗州 23/49
[康熙]濟寧州 6/38
[乾隆]濟寧直隸州 24/22
[道光]濟寧直隸州 8/2－34
[乾隆]曲阜 85/6
黃子粹（字尚白）
（明・濟寧人）
[康熙]濟寧州 6/42
[乾隆]濟寧直隸州 24/31
[道光]濟寧直隸州 8/2－39
18 **黃珍**（魏）
[康熙]萊陽 5/4
黃珍（字席玉）
（清・即墨人）
[乾隆]即墨 9/32
[同治]即墨 9/49
即墨縣鄉土志/耆舊－事業四
19 **黃璘**（明・昌邑人）
[康熙]昌邑 6/4
黃琰（字子琬）
（清・單縣人）
[民國]單縣 10/5，19/51
20 **黃采**（字宗素）
（明・和州人）
[雍正]山東 27/38
[宣統]山東 72/1
[乾隆]兗州 22/18
黃香（字文彊）
（漢・江夏安陸人）
[宣統]山東 66/25
[嘉慶]東昌 20/10
黃信（字允之）
（明・益都人）
[雍正]山東 28/人物三 29
[宣統]山東 165/18
[嘉靖]青州 15/20
[萬曆]青州 14/20
[康熙十五年]青州 14/20
[康熙四十八年]青州 14/孝友 10
[康熙六十年]青州 17/14
[咸豐]青州 44/4
[萬曆]益都 6/93
[康熙]益都 9/5
[光緒]益都縣圖志 41/4
黃維垩（字存素）
（清・利津人）
[咸豐]武定府 25/孝友 41
黃維準（字次平）
（清・鉅野人）
[民國]續修鉅野 5/上 6
黃維祺（字五先，號洸洲）
（清・濟寧人）
[宣統]山東 172/38
[乾隆]濟寧直隸州 25/14
[道光]濟寧直隸州 8/3－8
黃秉乾（清・濮州人）
[乾隆]濮州 4/91
[宣統]濮州 6/7
黃維翰（字西園，號梅村）
（清・章邱人）
章邱縣鄉土志/上 38
黃秉中（字惟一）
（清・奉天海城人）
[雍正]山東 27/111
[宣統]山東 76/25
[乾隆]曹州府 12/25
黃維壂（字次颺）
（清・利津人）
[咸豐]武定府 25/文苑 28
[光緒]利津 7/儒林 1
黃重賢（字魯楷）
（清・昌樂人）
[嘉慶]昌樂 22/10
21 **黃順**（明・鄒縣人）
[嘉靖]鄒縣地理誌 1/又 25
黃綖（字元幹，號筠圃）
（清・滕縣人）
[道光]滕縣志 8/儒林又 10
滕縣鄉土志/23
黃貞麟（字方振，號振侯）
（清・即墨人）
[雍正]山東 28/人物四 25
[宣統]山東 177/40
[康熙]萊州 10/47
[乾隆]萊州 10/32
[乾隆]即墨 9/16
[同治]即墨 9/18
即墨縣鄉土志/耆舊－事業二

黃占元(清・廣東香山人)
[光緒]壽張 5/41
黃貞晉(字伯鑑)
(清・萊州人)
[乾隆]萊州 11/孝義 8
[乾隆]即墨 9/24
[同治]即墨 9/30
即墨縣鄉土志/耆舊－事業四
黃經藻(字沚蘭)
(清・永定人)
[宣統]四續汶上稿/宦續志
黃占獲(字後純)
(清・博山人)
[民國]續修博山 12/33
黃貞觀(字堯年)
(清・即墨人)
[乾隆]即墨 9/25
[同治]即墨 9/31
即墨縣鄉土志/耆舊－事業四
黃貞泰(字叔同,號澹園)
(清・即墨人)
[道光]濟南 38/37
[乾隆]萊州 10/34
[乾隆]即墨 9/17
[同治]即墨 9/19
即墨縣鄉土志/耆舊－事業二
[道光]臨邑 7/29
[同治]臨邑 7/33
黃虎臣(明)
[萬曆]蒲臺志 8/6
[康熙]重修蒲臺 5/8
黃師閶(號筱琴)
(清)
[宣統]山東 172/4
黃貞巽(字申伯)
(清・即墨人)
[乾隆]即墨 9/27
[同治]即墨 9/34
即墨縣鄉土志/耆舊－事業四
22 **黃巢**(唐・曹州冤句人)
[萬曆元年]兗州 41/18
[萬曆二十四年]兗州 37/36
[康熙]兗州 28/77
[康熙]曹州志 20/17
[乾隆]曹州府 22/11
[康熙]東明 7/21
[乾隆]東明 7/21
[光緒]菏澤 20/18
黃繼(字經麓)
(清・鄆城人)
[康熙]鄆城 6/22
[光緒]鄆城 7/17
黃嶠(見黃熵)
黃巖(清・蓬萊人)
[光緒]增修登州 39/6
黃嶽(明)
[順治]樂陵 4/2
[乾隆]樂陵 4/49
黃崇玉(譜名崇運)
(清・滕縣人)
[民國]續滕縣志 2/15
黃繼祖(字繩先,號魯齋)
(清・嘉祥人)
[雍正]山東 28/人物四 40
[宣統]山東 172/39
[康熙]兗州續編 15/17
[乾隆]兗州 23/70
[乾隆]濟寧直隸州 25/47
[道光]濟寧直隸州 8/3－34
[順治]嘉祥 4/33
[乾隆]嘉祥 3/25
[光緒]嘉祥 3/25
黃胤茂(明・安邱人)
[道光]安邱新志 22/3
黃胤恩(明・登州人)
[順治]登州 17/11
[康熙]蓬萊 5/20
23 **黃俊**(清・定陶人)
[民國]定陶 6/58
黃允(字子艾)
(漢・濟陰人)
[嘉靖]山東 33/17
[萬曆二十四年]兗州 37/34
[康熙]兗州 28/75
[康熙]曹州志 20/16
[乾隆]曹州府 22/6
[光緒]菏澤 20/17
黃代元(字繼亨)
(清・河南光州人)
[宣統]山東 75/29
[光緒]陵縣 18/19
陵縣鄉土志/10
黃峻峰(字秀千)
(清・昌樂人)
[民國]昌樂縣續志 34/6
黃岱清(字南渠)
(清・泰安人)
[民國]重修泰安縣 8/20
黃允恭(字敬亭,號慎夫)
(清・金鄉人)
[民國]金鄉 13/續增 11
黃允中(清・臨清人)
[民國]臨清縣/人物 90
黃允恩(明・蓬萊人)
[光緒]增修登州 46/1
24 **黃仕**(明)
[乾隆]沂州府 20/12
[康熙]日照 8/10
黃緯(明・甘肅固原人)
[宣統]東明續縣志 2/7
[民國]東明縣新誌 11/4
黃縝(明・鄒縣人)
[嘉靖]鄒縣地理誌 1/25
黃纘(字景武,號鹿軒)
(清・滕縣人)
[道光]滕縣志 8/吏治 10
滕縣鄉土志/20
黃德立(清・昌邑人)
[乾隆]昌邑 5/150
黃德聚(字敬齋)
(清・嘉祥人)
[光緒]嘉祥 3/31
黃勉行(清・壽張人)
[光緒]壽張 7/18
黃德彝(字敘九)
(清・昌邑人)
[乾隆]昌邑 6/181
黃德沖(字益和,號松圃)
(清・單縣人)
[民國]單縣 12/鄉賢 13
黃德靜(清・昌邑人)
[光緒]昌邑縣續志 6/30
黃化成(字貞一)
(清・江西人)

[民國]重修恩縣 11/鄉賢 90
黃侍顒(明・福建莆田人)
[萬曆]東昌 18/43
[嘉靖]朝城志 5/14
[康熙]朝城 7/23
黃侍顒(明・莆田人)
[嘉靖]濮州 7/22
黃德巽(字修九)
(清・昌邑人)
[乾隆]萊州 10/38
[乾隆]昌邑 5/149,6/180
黃納善(字子光)
(明・即墨人)
[宣統]山東 200/34
[同治]即墨 12/11
黃魁光(字大華)
(明・陵縣人)
陵縣鄉土志/15
25 黃紳(字朝榮)
(明・濮州人)
[萬曆]濮州 3/鄉賢 47
[康熙]濮州 3/72
[乾隆]濮州 3/73
[宣統]濮州 4/79
黃秩(清・莆田人)
[嘉靖]夏津 3/42
[乾隆]夏津 6/23
黃傳瀛(東阿人)
[民國]東阿 15/8
黃仲義(宋・曹南人)
[萬曆]沂州志 6/9
[光緒]費縣 3/52
費縣鄉土志/政績錄
26 黃和(號慰川)
(明・兗州人)
[宣統]山東 161/57
[康熙]兗州續編 15/28
[康熙]沂州志 5/69
[乾隆]沂州府 25/23
[光緒]嶧縣 21/鄉賢 77
[民國]臨沂 9/48
黃自省(清・鉅野人)
[民國]續修鉅野 5/上 32
黃得焻(字中孚)
(清・直隸河間人,一作南皮人)
[康熙五十五年]鄒縣志 2/56
鄒縣鄉土志政績錄/6
27 黃彝訓(字雨蒼)
(清・膠州人)
[民國]增修膠志 42/30
黃叔琳(字宏猷,號崑圃)
(清・順天大興人)
[宣統]山東 74/34
[道光]濟南 37/51
黃久約(字彌大)
(金・東平須城人)
[嘉靖]山東 26/13,30/53
[康熙]山東 33/16,40/51
[雍正]山東 28/人物二 51
[宣統]山東 158/6
[乾隆]泰安府 16/60
[萬曆元年]兗州 38/循吏 34,40/諫議 17
[萬曆二十四年]兗州 28/12,35/24
[康熙]兗州 22/12,27/22
[康熙]東平州 4/15
[乾隆]東平州 13/32
[道光]東平州 13/32
[光緒]東平州 15/上 32
東平州鄉土志上/耆舊錄 29
[民國]東平縣 11/上 12
[康熙]濟寧州 7/43
[乾隆]濟寧直隸州 28/12
[道光]濟寧直隸州 8/4-44
[崇禎]鄆城 4/2
[光緒]鄆城 6/2
[光緒]新修菏澤 8/7
菏澤縣鄉土志/9
黃紀賢(明・榮縣人)
[宣統]山東 73/38
[康熙]萊州 8/56
[乾隆]萊州 9/25
[康熙]高密 6/25
[乾隆]高密 6/18
[光緒]高密 6/22
[民國]高密 12/24,15/下補编 48
高密縣鄉土志/上 8
28 黃徵(字德兆)
(明・安丘人)
[雍正]山東 28/人物三 34
[宣統]山東 163/31
黃復亨(明・元城人)
[崇禎]歷乘 16/66
黃作孚(字汝從,號訒齋)
(明・即墨人)
[乾隆]即墨 9/10
[同治]即墨 9/10
即墨縣鄉土志/耆舊-事業二
黃復本(清・長山人)
[嘉慶]長山 9/34
黃以鑫(清)
莘縣鄉土志/政績 9
30 黃濟(字汝舟)
(元・河南祥符人)
[嘉靖]山東 27/8
[宣統]山東 69/34
[嘉靖]青州 13/35
[萬曆]青州 12/25
[康熙十五年]青州 12/25
[康熙四十八年]青州 12/25
[康熙六十年]青州 12/15
[咸豐]青州 35/23
[萬曆]諸城 5/11
[康熙]諸城 5/11
[乾隆]諸城 27/11
諸城縣鄉土志/上 7
黃流(明・内黃人)
[順治]堂邑 2/職官 12
[康熙]堂邑 10/8
黃良臣(清・遼東人)
[同治]重修寧海州 21/10
[民國]牟平 7/118
黃宗文(清・膠州人)
[民國]增修膠志 43/8
黃宗庠(字我周,號儀庭)
(明・即墨人)
[乾隆]即墨 9/21
[同治]即墨 9/27
即墨縣鄉土志/耆舊-事業四
黃宗訓(清・膠州人)
[民國]增修膠志 43/4
黃寶晉(字錫藩)

（清・滕縣人）
［民國］續滕縣志 2/10
黃守平（字星階）
（清・即墨人）
即墨縣鄉土志/耆舊－學問
黃宏烈（字純嘏）
（清・鄆城人）
［光緒］鄆城 5/29
黃家瑞（字禎臻，一作正禎，號如千）
（明・滕縣人）
［康熙］兖州 28/26
［乾隆］兖州 23/54
［康熙］滕志 7/73
［康熙］滕縣志 7/68
［道光］滕縣志 7/55
滕縣鄉土志/19
黃之瑞（清・淮安人）
［道光］濟寧直隸州 6/7－89
［乾隆］魚臺 9/48
［光緒］魚臺 2/55
黃家珣（明・滕縣人）
［道光］滕縣志 9/忠節 6
黃永秀（清・海陽人）
［光緒］海陽縣續志 5/24
黃之綬（字綰卿）
（清・樂陵人）
樂陵縣鄉土志 3/46
黃宗崇（字岳宗）
（清・即墨人）
［同治］即墨 9/42
即墨縣鄉土志/耆舊－學問
黃扉佶（字仞山）
（明・威海衛人）
［光緒］增修登州 41/67
［乾隆］威海衛志 7/5
黃宗皋（字翹元）
（清・寧陽人）
［光緒］寧陽 14/35
黃宗魯（字秀東）
（清・無棣人）
［民國］無棣 13/16
黃宗憲（字又度）
（清・嶧縣人）
［乾隆］兖州 23/86
黃永禎（字康安，號西平）
（清・新城人）
［民國］重修新城 16/21
黃安瀾（字砥臣）
（清・昌邑人）
［光緒］昌邑縣續志 6/4
黃守志（明・鄆城人）
［乾隆］曹州府 16/7
［崇禎］鄆城 5/17
［康熙］鄆城 5/20
［光緒］鄆城 5/34
鄆城縣鄉土志/耆舊錄－事業
黃良楷（字品芳，號立山）
（清・清江人）
［宣統］山東補遺/50
［民國］濟寧直隸州續志 10/43
［光緒］嶧縣 19/職官下 24
［民國］續滕縣志 1/26
［宣統］茌平 8/10
［民國］茌平 8/66
［民國］樂安 8/21
［民國］續修廣饒 17/7
黃宏世（字坤咸）
（清・即墨人）
［同治］即墨 9/35
即墨縣鄉土志/耆舊－事業四
黃之芬（字清澤）
（清・鄆城人）
［康熙］鄆城 6/19
黃之蔚（字郁巖）
（清・鄆城人）
［康熙］鄆城 6/18
［光緒］鄆城 7/20
黃宗楫（字巨川）
（明・即墨人）
［同治］即墨 9/47
即墨縣鄉土志/耆舊－事業四
黃宗敬（清・蓬萊人）
［光緒］蓬萊縣續志 8/文宦 3
黃寶書（字東倩）
（清・寧陽人）
［光緒］寧陽 13/46
黃進肅（字靜菴）
（清・茌平人）
［宣統］茌平 17/5
［民國］茌平 3/34
黃宗揚（字顯倩）
（清・萊州人）
［乾隆］萊州 11/孝義 6
［乾隆］即墨 9/22
［同治］即墨 9/29
即墨縣鄉土志/耆舊－事業四
黃永圖（字惟儉）
（明・滕縣人）
［道光］滕縣志 9/忠節 6
黃宗昌（字長倩，號鶴嶺）
（明・即墨人）
［康熙］山東 44/11
［雍正］山東 28/人物三 66
［宣統］山東 160/5
［康熙］萊州 10/43
［乾隆］萊州 10/26
［乾隆］即墨 9/6
［同治］即墨 9/6
即墨縣鄉土志/耆舊－事業一
黃宗臣（字我臣，號鄰庭）
（清・即墨人）
［乾隆］即墨 9/23
［同治］即墨 9/29
即墨縣鄉土志/耆舊－事業四
黃宗鳳（字儀廷）
（清・寧陽人）
［光緒］寧陽 15/29
黃守鎮（清・膠州人）
［民國］增修膠志 43/8
31 黃福（字汝錫）
（明・昌邑人）
［嘉靖］山東 33/10
［康熙］山東 44/9
［雍正］山東 28/人物三 3
［宣統］山東 159/1
［萬曆］萊州 5/82
［康熙］萊州 10/6
［乾隆］萊州 10/10，14/70
萊州府鄉土志/下 10
［康熙］昌邑 6/3，8/16

［乾隆］昌邑 5/127,6/178,
8/232
黃濬（明・樂安人）
［乾隆］武定府 16/39
黃源（明・福建清流舉人）
［乾隆］嶧縣 7/31
黃禎（字德兆,一作海野）
（明・安丘人）
［康熙］山東 42/24
［嘉靖］青州 15/39
［萬曆］青州 15/8
［康熙十五年］青州 15/8
［康熙四十八年］青州 15/
文學 8
［康熙六十年］青州 18/4
［咸豐］青州 44/18
［萬曆］安丘 20/25
安丘縣鄉土志 8/耆舊錄 5
黃河崑（字西園）
（清・江西湖口人）
［宣統］山東 75/40
［乾隆］泰安府 15/39
［嘉慶］肥城 15/34
［光緒］肥城 7/49
黃河清（明・直隸壽州人）
［崇禎］鄆城 4/8
［康熙］鄆城 4/6
［光緒］鄆城 6/6
黃源沛（清・濮州人）
［乾隆］濮州 4/19
32 黃浮（字隱公）
（漢・陽安人）
［宣統］山東 66/24
［光緒］嶧縣 19/27
黃泓（字始長）
（晉・斥丘人）
［嘉靖］山東 33/21
［康熙］山東 49/2
［雍正］山東 31/4
［萬曆］東昌 22/11
［乾隆］東昌 36/7
黃業（明・當塗人）
［萬曆］沂州志 4/56
黃兆（字朋三）
（清・堂邑人）
［康熙］堂邑 14/2
黃兆昇（字宗華）
（清・善化人）
［民國］德縣 9/22
黃業炘（字明徵）
（清・濟寧人）
［乾隆］濟寧直隸州 26/27
［道光］濟寧直隸州 8/3－30
33 黃逌（清・濮州人）
［乾隆］濮州 4/16
［宣統］濮州 5/17
黃溶（字涪遠）
（清・鄆城人）
［光緒］鄆城 5/24
34 黃波（明・歙縣人,一作江都
人）
［道光］濟南 36/27
［康熙五十五年］長山 3/37
［嘉慶］長山 5/45
黃達（明・德平人）
［康熙］濟南 44/10
［道光］濟南 52/54
［康熙］德平 3/33
［乾隆］德平 3/9
［嘉慶］德平 7/11
［光緒］德平 7/11
德平縣鄉土志/耆舊錄
黃汝忠（明・寧海人）
［康熙］寧海州 8/5
黃洪圖（明・昌邑人）
［康熙］昌邑 6/35
［乾隆］昌邑 6/166
黃法常（字從五）
（清・夏津人）
［民國］夏津續編 8/85
35 黃禮（明・山西陽曲人）
［嘉靖］山東 25/25
［雍正］山東 27/26
［宣統］山東 71/14
［道光］濟南 36/32
［天啟］新城 6/縣丞
［崇禎］新城 6/縣丞
［康熙］新城 5/5
［道光］新城/名宦
［民國］重修新城 10/12
新城縣鄉土志/政績－縣丞
黃溱（見黃榛）
黃清濯（清・清平人）
［宣統］增輯清平 12/61
36 黃澤沛（字雲從）
（清・貴州荔波拔貢）
［民國］青城續修 4/名宦 15
37 黃潤（字玉英）
（清・昌樂人）
［嘉慶］昌樂 25/8
黃冠道人（宋）
［雍正］山東 30/12
［康熙］曹州志 20/3
［乾隆］曹州府 16/19
［康熙］兗州府曹縣 14/77
［光緒］曹縣 14/仙釋 7
黃運啟（字鏡湖）
（清・昌邑人）
［雍正］山東 28/人物四 28
［康熙］萊州 10/47
［乾隆］萊州 10/32
［康熙］昌邑 6/9
［乾隆］昌邑 5/134
黃鴻中（字仲宣,號海羣）
（清・即墨人）
［乾隆］萊州 10/38
［乾隆］即墨 9/18
［同治］即墨 9/20
即墨縣鄉土志/耆舊－事
業二
黃運開（明・昌邑人）
［康熙］昌邑 6/35
［乾隆］昌邑 6/165
38 黃激（字三川）
（明・壽光人）
［康熙］壽光 28/3
［嘉慶］壽光 15/5
［民國］壽光 12/人物志二 42
黃肇新（字亦周）
（清・河南洛陽人）
［宣統］山東 75/67
［康熙］兗州續編 14/27
［乾隆］兗州 22/37
［康熙五十六年］壽張 4/8
［光緒］壽張 5/7
壽張縣鄉土志/政績－興利
黃道珪（字子時,號韞菴）
（清・廣東海豐人）

［雍正］山東 27/113
［宣統］山東 76/54
［乾隆］東昌 35/6
黃道濟（字爾智）
（明・濟寧人）
［康熙］濟寧州 6/46
黃道寧（字爾靜）
（清・曲阜人）
［康熙］山東 40/64
［康熙］兗州續編 16/19
［乾隆］兗州 23/61
［康熙］濟寧州 6/55
［乾隆］濟寧直隸州 25/6
［道光］濟寧直隸州 8/3－3
黃肇業（字雪鴻）
（清・新城人）
［宣統］新城縣後志 3/文苑
黃啟運（字鏡湖）
（清・昌邑人）
［宣統］山東 177/10
黃道吉（明・雲南貢生）
［萬曆］濮州 3/名宦 33
［康熙］觀城 3/12
［道光］觀城 6/18
黃道曌（字冶齋）
（清・鄆城人）
［光緒］鄆城 5/16，16/11
40 **黃垓**（字十經）
（清・單縣人）
［康熙］單縣 8/39
［乾隆］單縣 7/23
［民國］單縣 9/47
黃囊（明・建昌人）
［萬曆］萊州 6/24
［康熙］萊州 10/94
［乾隆］萊州 9/15
［乾隆］掖縣 4/77
黃培（清・即墨人）
［同治］即墨 9/18
即墨縣鄉土志/耆舊－事業二
黃柱（明・南昌人）
［光緒］增修登州 37/11
［嘉靖］寧海州下/38
［康熙］寧海州 9/4
［同治］重修寧海州 15/7，21/2
［民國］牟平 7/85
黃大文（字煥章，號樸菴，一號東溪）
（清・萊陽人）
［民國］萊陽 3/1 中 88
黃大文（清・滋陽人）
［道光］滕縣志 6/宦績 44
滕縣鄉土志/11
黃克言（字述聖）
（清・文登人）
［光緒］文登 10/上 20
黃來麟（字公振，號冶山）
（清・滕縣人）
［宣統］滕縣續志稿 3/26
［民國］續滕縣志 2/7
滕縣鄉土志/28
長山縣鄉土志/政績錄
黃培元（清・泗水人）
［光緒］泗水 11/10
黃嘉瑞（字國鳳）
（明・嘉祥人）
［乾隆］嘉祥 2/35
黃奎登（清・商河人）
［民國］重修商河 8/41
黃克纘（字紹夫）
（明・福建晉江人）
［康熙］山東 31/17
［雍正］山東 27/16
［宣統］山東 70/10
［康熙］濟南 24/26
［道光］濟南 35/8
［崇禎］歷乘 16/36，16/64
［崇禎］歷城 6/14
［乾隆］德州 8/7
［民國］德縣 9/8
黃嘉賓（字國賢）
（明・嘉祥人）
［康熙］山東 40/59
［康熙］兗州續編 15/17
［乾隆］兗州 23/41
［乾隆］濟寧直隸州 24/42
［道光］濟寧直隸州 8/2－54
［順治］嘉祥 4/31
［乾隆］嘉祥 3/21
［光緒］嘉祥 3/21
黃克家（字明菴）
（明・即墨人）
［同治］即墨 9/47
即墨縣鄉土志/耆舊－事業四
黃克述（字憲宗）
（清・利津人）
［乾隆］利津縣志補 4/27
［光緒］利津 8/義行 3
黃士道（清・莘縣人）
［光緒］莘縣 7/45
［民國］莘縣 7/34
黃存基（清・諸城人）
［光緒］增修諸城縣續志 17/13
諸城縣鄉土志/上 47
黃奎林（字郁星，號筤坡）
（清・滕縣人）
［道光］滕縣志 9/孝義 25
黃大鶴（字芝山）
（清・大荔人）
［宣統］山東補遺/48
黃士穀（字稼生，號蘭溪）
（清・聊城人）
［宣統］聊城 8/52
黃大中（字元徽，號勞村）
（清・即墨人）
［乾隆］萊州 10/34
［乾隆］即墨 9/17
［同治］即墨 9/19
即墨縣鄉土志/耆舊－事業二
黃克中（字述令）
（清・即墨人）
［乾隆］利津縣志續編 7/34
［同治］即墨 9/43
即墨縣鄉土志/耆舊－學問
黃在中（清・昌邑人）
［乾隆］昌邑 5/149
黃在中（字贊玉）
（清・福建莆田人）
［宣統］山東 76/53
［乾隆］東昌 35/5
黃來晨（字鑄海）
（清・滕縣人）
［宣統］滕縣續志稿 3/27

［民國］續滕縣志 2/7
滕縣鄉土志/21
黃在厚（字敦甫，號松溪）
（清・單縣人）
［民國］單縣 11/27
黃士凰（字桐止）
（清・單縣人）
［康熙］單縣 8/55
［民國］單縣 9/65
黃希周（字宗魯，號玉淙）
（明・滕縣人）
［萬曆］滕志 7/36
［康熙］滕志 7/35
［康熙］滕縣志 7/31
［道光］滕縣志 8/吏治 2
滕縣鄉土志/17
黃志堅（道號雲南子）
（元・掖縣人）
［道光］掖乘 9
黃嘉善（字維尚，號梓山）
（明・即墨人）
［康熙］萊州 10/12
［乾隆］萊州 10/23
［乾隆］即墨 9/4
［同治］即墨 9/4
即墨縣鄉土志/耆舊－事業一
黃吉堂（清・高唐人）
［民國］高唐縣 12/25
41 **黃標**（號鑄寰）
（清・遼東人）
［宣統］山東 76/25
黃極（字範明）
（明・單縣人）
［乾隆］曹州府 16/7
［順治］單縣 3/38
［康熙］單縣 8/20
［乾隆］單縣 7/12
［民國］單縣 9/25
黃極（字中齋）
（明・萊陽人）
［民國］萊陽 3/1 中 18
［乾隆］海陽 7/10
［光緒］海陽縣續志 5/18
黃垣（字維垣）
（清・單縣人）
［民國］單縣 9/60，22/10
42 **黃墱**（字元登）
（明・富順人）
［康熙］兗州府曹縣 9/3
44 **黃芬**（明・湖廣江夏人）
［宣統］山東 72/8
［萬曆二十四年］兗州 29/4
［康熙］兗州 22/25
［乾隆］兗州 22/26
［康熙］嶧縣 3/31
［乾隆］嶧縣 7/13
［光緒］嶧縣 19/職官下 7
黃華（字麗齋）
（清・陝西同州府人）
［宣統］三續淄川 9/46
黃基（字隆生）
（明・即墨人）
［乾隆］即墨 9/19
［同治］即墨 9/24
即墨縣鄉土志/耆舊－事業三
黃薦（明・昌邑人）
［康熙］萊州 10/67
［乾隆］萊州 11/善行 2
［康熙］昌邑 6/29
［乾隆］昌邑 6/173
黃林（字茂材）
（清・恩縣人）
［民國］重修恩縣 11/鄉賢 24
黃茂（明・威海衛人）
［康熙］寧海州 9/7
［乾隆］威海衛志 8/4
［道光］文登 5/18
［光緒］文登 8/上 13
黃懋（宋・閩人）
［光緒］寧津 6/25
寧津縣志料 3/人物－名宦
寧津縣鄉土志/政績
黃懋（清）
［嘉慶］慶雲 7/37
黃植（字靜軒）
（清・即墨人）
［同治］即墨 9/44
即墨縣鄉土志/耆舊－學問
黃孝綽（號潛山先生）
（宋・東平人）
［乾隆］東平州 15/33
黃懋修（號惺菴）
（清・濰縣人）
［民國］濰縣志稿 28/14
黃世清（初名祖年，字葉仍，號澄海）
（明・滕縣人）
［康熙］山東 40/64
［雍正］山東 28/人物三 74
［宣統］山東 164/40
［康熙］兗州 28/29
［乾隆］兗州 23/54
［康熙］滕志 7/71
［康熙］滕縣志 7/67
［道光］滕縣志 7/53
黃蕙森（字樹百）
（清・滕縣人）
［康熙］滕縣志 7/79
［道光］滕縣志 8/儒林 6
滕縣鄉土志/23
黃蘭森（字畹九，號靜致）
（清・滕縣人）
［康熙］滕縣志 7/78
［道光］滕縣志 8/儒林 5
滕縣鄉土志/23
黃芝森（字逸少）
（清・滕縣人）
［道光］滕縣志 8/儒林 5
黃茂英（明・昌邑人）
［康熙］昌邑 6/35
［乾隆］昌邑 6/165
黃世恩（東阿人）
［民國］東阿 15/5
黃葆年（字錫朋）
（清・泰州人）
［民國］朝城縣續志 1/17，2/20
朝城縣鄉土志/8
［民國］萊陽 3/1 上 28
［民國］福山縣志稿 3/2－13
［光緒］泗水縣鄉土志/4
黃樹棠（清）
［民國］無棣 9/4
45 **黃棟**（明・湯陰人）
［康熙］嶧縣 3/29
［乾隆］嶧縣 7/12

［光緒］嶧縣 19/職官下 5
黄榛(字碩軒)
(清・即墨人)
［同治］即墨 9/36
即墨縣鄉土志/耆舊 – 事業四
46 **黄棉**(明・龍溪人)
［道光］濟南 36/17
［康熙］鄒平 4/16
［嘉慶］鄒平 14/10
［道光］鄒平 14/10
［民國］鄒平 14/10
黄埴(字子厚,號澂菴)
(清・即墨人)
［乾隆］即墨 9/30
［同治］即墨 9/42
即墨縣鄉土志/耆舊 – 學問
黄坦(字朗生,號惺菴)
(清・即墨人)
［乾隆］即墨 9/16
［同治］即墨 9/18
即墨縣鄉土志/耆舊 – 事業二
黄相(金)
［光緒］益都縣圖志 17/5
黄相(明・昌平貢生)
［康熙］觀城 3/11
［道光］觀城 6/17
黄堣(字湯谷)
(清・即墨人)
［乾隆］即墨 9/23
［同治］即墨 9/30
即墨縣鄉土志/耆舊 – 事業四
黄如璧(字子穀)
(清・即墨人)
［同治］即墨 9/51
即墨縣鄉土志/耆舊 – 事業四
47 **黄超**(字清遠)
(清・定陶人)
［民國］定陶 6/61
黄鋈(字堯階)
(光州人)
［民國］昌樂縣續志 25/4
黄朝彥(字美文)
(清・壽張人)
［光緒］壽張 7/15
黄好謙(宋)
［嘉靖］濮州 7/11
黄起元(字貞起)
(清・滕縣人)
［道光］濟南 38/40
［康熙］滕縣志 7/83
［道光］滕縣志 8/儒林 9
滕縣鄉土志/23
黄朝鍹(明・文登人)
［雍正］山東 28/人物三 76
［康熙］寧海州 9/7
［乾隆］威海衛志 8/3
［道光］文登 5/9
［光緒］文登 8/下 21
黄朝鉞(字九錫)
(清・威海衛人)
［光緒］文登 9/上 1 – 18
48 **黄幹**(字直卿,號勉齋)
(宋・閩縣人)
［雍正］山東 11/闕里二 30
［乾隆］兗州 7/42
黄敬方(清・安邱人)
［咸豐］青州 49/6
［道光］安邱新志 23/4
安丘縣鄉土志 6/耆舊錄 3
黄猶龍(字子駿)
(清・平原人)
［民國］續修平原 10/上 26
黄敬璣(字在之,號屺雲)
(清・濟寧人)
［康熙］山東 40/65
［雍正］山東 28/人物四 18
［宣統］山東 172/37
［乾隆］兗州 23/62
［乾隆］濟寧直隸州 25/12
［道光］濟寧直隸州 8/3 – 6
［乾隆］曲阜 86/5
黄敬球(字戛之)
(清・濟寧人)
［乾隆］濟寧直隸州 26/21
［道光］濟寧直隸州 8/3 – 28
黄敬淳(清・平度人)
［民國］平度縣續志 7/8
黄敬中(字叔直,號山淙)
(清・即墨人)
［同治］即墨 9/20
即墨縣鄉土志/耆舊 – 事業二
黄松年(字華容,號封五,又號蒼巖)
(清・永福人)
［民國］重修博興 12/7
50 **黄表**(明・菏澤人)
［康熙］曹州志 16/2
［光緒］菏澤 16/1
［光緒］新修菏澤 10/35
菏澤縣鄉土志/26
黄貴(明・當塗人)
［乾隆］沂州府 17/33
黄貴(原名周貴)
(明・黄岡人)
［萬曆］諸城 4/39
黄泰(明)
［乾隆］東昌 39/15
黄青雲(字程一)
(清・昌邑人)
［光緒］昌邑縣續志 6/22
黄中理(字純卿)
(明・濟寧人)
［康熙］濟寧州 7/22
［道光］濟寧直隸州 8/2 – 43
黄中色(字美中)
(明・長坦人)
［民國］東明縣新誌 11/99
黄中色(字元采,號守玄)
(明・滕縣人)
［康熙］山東 40/61
［雍正］山東 28/人物三 52
［宣統］山東 161/51
［乾隆］兗州 23/48
［康熙］滕志 7/51
［康熙］滕縣志 7/46
［道光］滕縣志 7/39
滕縣鄉土志/18
黄忠清(字澂齋)
(清・夏津人)
［民國］夏津續編 9/29
黄書田(字經畬)
(清・鄒縣人)
［民國］續修鄒縣志稿/人

物－耆舊
黃春煦(字介卿)
(光州人)
[民國]昌樂縣續志 25/4
黃春煦(字際清)
(河南潢川人)
[民國]齊東 3/70
51 黃振清(字興時)
(清・嘉祥人)
[光緒]嘉祥 3/30
52 黃哲(字庸之)
(明・番禺人)
[嘉靖]山東 26/17
[康熙]山東 33/20
[雍正]山東 27/83
[宣統]山東 71/32
[乾隆]泰安府 15/2
[萬曆元年]兗州 38/循吏 41
[康熙]兗州 22/32
[乾隆]東平州 12/32
[道光]東平州 12/32
[光緒]東平州 14/32
東平州鄉土志上/政績錄 13
[民國]東平縣 9/17
[康熙五十四年]東阿 3/30
[道光]東阿 11/6
[光緒]東阿縣鄉土志 2/8
53 黃咸寶(字稼軒,號梅存)
(清・江蘇儀徵人)
[民國]昌樂縣續志 25/2
55 黃捷(字勝三)
(清・單縣人)
[民國]單縣 11/45
57 黃拯(明)
[萬曆]福山 4/3
黃蟾秋(字寒香)
(清・壽光人)
[嘉慶]壽光 12/24
60 黃旦(金・文登人)
[宣統]山東 200/24
[道光]濟南 60/9
[嘉靖]寧海州下/47
黃冕(字延周,號東魯)
(明・淄川人)
[宣統]三續淄川 10/6
黃晸(字近溪)
(明・單縣人)
[乾隆]單縣 7/12
[民國]單縣 9/25
黃易(字小松)
(清・浙江錢塘人)
[宣統]山東 74/52
[道光]濟寧直隸州 6/7－70
黃愚(漢・北海人)
[萬曆]青州 14/35
[康熙十五年]青州 14/35
[康熙四十八年]青州 14/隱逸 9
[康熙]昌樂 4/2
[嘉慶]昌樂 20/1
黃愚(明・曹縣人)
[康熙]曹縣 11/15
[康熙]兗州府曹縣 11/15
[光緒]曹縣 11/選舉 27
黃景章(明・浙江鄞縣人)
[宣統]山東 71/26
[道光]濟南 36/65
黃思彥(清・河南商城人)
[宣統]山東 77/14
光緒臨朐 13/17
黃圖彥(字心賞)
(清・昌樂人)
[嘉慶]昌樂 24/11
黃恩霨(初名丕節,別字竹泉)
(清・寧陽人)
[宣統]山東 172/3
[咸豐]寧陽 13/41
[光緒]寧陽 13/41
寧陽縣鄉土志/19
黃恩覃(清・臨清人)
[民國]臨清縣/人物 68
黃景醇(清・平度人)
[光緒]平度志要/人物
黃國琦(別字五湖)
(明・新昌人)
[康熙]滋陽 3/86
[光緒]滋陽 7/6
滋陽縣鄉土志 1/政績
黃圖功(字維叙)
(清・昌樂人)
[嘉慶]昌樂 28/2
黃國璨(字公蘊)
(清・鄆城人)
[康熙]鄆城 5/20,6/18
[光緒]鄆城 5/34
黃曰鯤(字北溟,號梧村)
(清・昌樂人)
[民國]昌樂縣續志 31/8
黃曰紀(字修符)
(清・昌樂人)
[民國]昌樂縣續志 28/4
黃曰鱗(清・昌樂人)
[民國]昌樂縣續志 28/4
黃圖安(字四維)
(清・堂邑人)
[康熙]山東 41/29
[雍正]山東 28/人物四 9
[宣統]山東 174/2
[乾隆]東昌 40/15
[嘉慶]東昌 30/15
[順治]堂邑 2/人物 6
[康熙十一年]堂邑 2/選舉 19
[康熙]堂邑 12/4
黃國奎(明・江西盧陵人)
[崇禎]鄆城 4/7
[康熙]鄆城 4/5
[光緒]鄆城 6/5
黃曰壽(字福五)
(清・昌樂人)
[民國]昌樂縣續志 28/12
黃曰乂(清・江西南城人)
[宣統]山東 75/66
[康熙]陽穀 2/15
[光緒]陽穀 4/5
黃曰圩(字坤厚,號劬庵)
(清・昌樂人)
[民國]昌樂縣續志 30/15
黃國翰(明・鄆城人)
[光緒]鄆城 13/5
黃恩甫(宋・泗州人)
[萬曆]萊州 6/23
[康熙]萊州 10/94
[康熙]昌邑 7/3
[乾隆]昌邑 6/184
黃思甫(見黃恩甫)
黃昌圖(明・沂州人)

[宣統]山東 161/59
黃圖昌(字翼明,號九如)
(明・嶧縣人)
[康熙]沂州志 5/70
[乾隆]沂州府 25/23
[光緒]嶧縣 21/鄉賢 78
[民國]臨沂 9/48
黃恩彤(字石琴,別號南雪,原名丕範,字綺江)
(清・寧陽人)
[宣統]山東 172/2
[光緒]寧陽 12/63
寧陽縣鄉土志/18
黃國用(字良弼,別號中溪)
(明・豐城人)
[康熙]東明 8/中 41
[乾隆]東明 8/中 41
[民國]東明縣新誌 12/79
黃景熙(明・河南光山人)
[咸豐]青州 36/19
[康熙]臨淄 8/5
[民國]臨淄 18/7
黃昌年(字伯祚,一作伯堅)
(明・滕縣人)
[康熙]滕志 7/68
[康熙]滕縣志 7/63
[道光]滕縣志 8/儒林 3
滕縣鄉土志/22
黃曰義(見黃曰乂)
黃甲第(字于石)
(清・河南洛陽人)
[宣統]山東 75/65
[康熙]兗州續編 14/8
[乾隆]兗州 22/34
[康熙]嶧縣 3/39
[乾隆]嶧縣 7/19
[光緒]嶧縣 19/職官下 14
61 **黃題元**(字掄卿)
(清・濟陽人)
[民國]濟陽 11/29
黃顯俊(字叔度)
(清・夏津人)
[乾隆]臨清直隸州 8/下 16
[民國]夏津續編 8/11
62 **黃昕**(字東亮)
(清・曹縣人)
[光緒]曹縣 14/行誼 33
63 **黃貽謀**(字翼亭)
(清・寧陽人)
[光緒]寧陽 15/38
64 **黃時懋**(字汝功,號慕蘭)
(清・單縣人)
[民國]單縣 10/13
65 **黃映蕙**(字芸軒)
(清・單縣人)
[民國]單縣 12/鄉賢 20
黃映梅(字庾嶺)
(清・單縣人)
[民國]單縣 12/鄉賢 20
67 **黃昭道**(明・南直吳江人,一作平江進士)
[宣統]山東 71/11
[道光]濟南 36/24
[康熙四十三年]長山 3/宦績
[康熙五十五年]長山 3/32
[嘉慶]長山 5/41
黃昭鑑(清・蓬萊人)
[光緒]蓬萊縣續志 8/文宦 7
71 **黃臣**(字伯鄰,一作伯麟,號安崖,一作安厓)
(明・濟陽人)
[康熙]山東 39/25
[雍正]山東 28/人物三 25
[宣統]山東 163/30
[康熙]濟南 37/7
[道光]濟南 51/47
[萬曆]濟陽 8/2
[乾隆]濟陽 8/3
[民國]濟陽 11/2
黃厨(清・膠州人)
膠州直隸州鄉土志 5/兵事
黃槩(字文斛)
(清・即墨人)
[同治]即墨 9/52
即墨縣鄉土志/耆舊－事業二
黃驥(清・復州衛人,一作漢軍鑲紅旗人)
[雍正]山東 27/113
[宣統]山東 77/11
[康熙六十年]青州 12/44
[咸豐]青州 37/15
[乾隆]續壽光 18/4
[嘉慶]壽光 10/33
[民國]壽光 6/29
黃長淮(清・恩縣人)
[民國]重修恩縣 11/鄉賢 24
72 **黃質**(字文之)
(明・范縣人)
[乾隆]曹州府 15/10
[嘉靖]濮州 7/34
[萬曆]濮州 3/鄉賢 47
黃質瑞(清・江南山陽例監)
[乾隆]嶧縣 7/29
[光緒]嶧縣 19/丞倅 5
黃質魯(字純齋)
(清・鉅野人)
[民國]續修鉅野 5/上 14
74 **黃陸飛**(字顏兆,號午村)
(清・單縣人)
[民國]單縣 10/35
75 **黃體仁**(明・南直華亭人)
[宣統]山東 73/21
[光緒]增修登州 25/11
黃陳良(清・莘縣人)
[民國]莘縣 7/23
黃體芳(字漱蘭)
(清・瑞安人)
[宣統]山東補遺/47
黃體中(字仁在)
(清・即墨人)
[乾隆]即墨 9/28
[同治]即墨 9/34
即墨縣鄉土志/耆舊－事業四
77 **黃壆**(清・即墨人)
[乾隆]即墨 9/24
[同治]即墨 9/30
即墨縣鄉土志/耆舊－事業四
黃閣(字調元,號述中)
(明・萊陽人)
[光緒]增修登州 41/46
[乾隆]海陽 7/10
[光緒]海陽縣續志 5/14
[民國]萊陽 3/1 中 25,3/1 中 58,3/3 上傳志下 21

黃履(字安中)
(宋・邵武人)
[光緒]益都縣圖志 16/33
黃卿(字時棨,一字時庸)
(明・益都人)
[雍正]山東 28/人物三 23
[宣統]山東 161/40
[嘉靖]青州 14/34
[萬曆]青州 13/48
[康熙十五年]青州 13/48
[康熙四十八年]青州 13/事功 31
[康熙六十年]青州 16/16
[咸豐]青州 44/9
[康熙]益都 7/12
[光緒]益都縣圖志 35/4
黃興(明・江西南昌人)
[乾隆]沂州府 17/29
黃鵬文(清・萊陽人)
[民國]萊陽 3/1 中 47
黃履謙(字濟光)
(清・昌樂人)
[咸豐]青州 50/11
[民國]昌樂縣續志 28/3
黃興麟(字瑞庭)
(清・濟寧人)
[民國]濟寧直隸州續志 12/55
黃鵬齡(清・昌樂人)
[民國]昌樂縣續志 35/6
黃熙世(字庶咸)
(清・即墨人)
[乾隆]即墨 9/27
[同治]即墨 9/35
即墨縣鄉土志/耆舊－事業四
黃學勳(清・安徽南陵人)
[宣統]山東 76/14
[乾隆]沂州府 20/14
[康熙]費縣 3/7
[光緒]費縣 3/56
費縣鄉土志/政績錄
黃居敬(明・甌寧人)
[萬曆]寧津 5/19
[光緒]寧津 6/28
寧津縣志料 3/人物－名宦
寧津縣鄉土志/政績
黃學幹(清・雲夢舉人)
[光緒]增修登州 30/4
[道光]招遠縣續志 2/14
79 **黃騰蛟**(字雲會,號依園)
(清・單縣人)
[民國]單縣 11/35
80 **黃曾**(字省齋)
(清・歷城人)
[道光]濟南 53/20
[乾隆]歷城 38/23
黃公(秦・東海人)
[乾隆]沂州府 27/11
[乾隆]郯城 12/34
黃金(明・南昌人)
[宣統]聊城 6/2－3
黃美(明・萊陽人)
[民國]萊陽 3/1 中 15
黃俞(清・江南六安州監生)
[乾隆]嶧縣 7/20
[光緒]嶧縣 19/職官下 15
黃鐘(清,見黃鍾)
黃羊山仙人(黃姓)
(萊蕪人)
[康熙]新修萊蕪 6/55
黃人傑(清・湖廣人)
[光緒]益都縣圖志 18/78
黃金得(字式如,號殿臣)
(清・湖北穀城人)
[宣統]山東補遺/62
[民國]續修歷城 47/5
[光緒]壽張 5/40
黃金蕚(字香圃)
(平原人)
[民國]續修平原 8/25
黃美中(字元美)
(清・即墨人)
[同治]即墨 9/33
即墨縣鄉土志/耆舊－事業四
黃念典(字說亭)
(清・滕縣人)
[道光]滕縣志 8/儒林 40
滕縣鄉土志/28
黃念晟(字寅清)
(清・即墨人)
[同治]即墨 9/53
即墨縣鄉土志/耆舊－事業四
黃金題(字名標)
(清・高唐人)
[光緒]高唐州 5/2－27
[民國]高唐縣 12/14
黃尊光(字謙吉)
(明・莆田人)
[康熙]兗州府曹縣 9/36
[光緒]曹縣 9/官職 8
黃金耀(字鬱華)
(清・利津人)
[咸豐]武定府 24/循良 49
[光緒]利津 7/宦蹟 13,附利津文徵 3/墓表 17
81 **黃鉦**(字應山)
(明・江西宜黃人)
[宣統]山東 71/45
[乾隆]武定府 16/35
[咸豐]武定府 19/濱州 4
[康熙]濱州 5/19
[咸豐]濱州 8/5
82 **黃鍾**(字希和)
(明・蕪湖人)
[光緒]文登 7/上 12
黃鍾(明・榆林人)
[康熙]嶧縣 3/37
[乾隆]嶧縣 7/17
[光緒]嶧縣 19/職官下 12
黃鍾(字季通)
(清・滕縣人)
[乾隆]兗州 23/80
[道光]滕縣志 9/孝義 10
84 **黃鎮**(字緯真)
(清・奉天廩生)
[宣統]山東 75/51
[乾隆]武定府 16/45
[咸豐]武定府 19/霑化 4
[光緒]霑化 5/19
[民國]霑化 4/職官 37
黃鎮元(字載懸)
(明・河南商城人)
[宣統]山東 73/10
[咸豐]青州 36/40
[雍正]樂安 11/5

［民國］欒安 8/20
［民國］續修廣饒 17/5
黃鎮岳（清・萊陽人）
［民國］萊陽 3/1 中 92
86 **黃鐸**（宋・江南人）
［宣統］山東 68/53
［萬曆］青州 12/22
［咸豐］青州 35/11
［萬曆］欒安 13/1
［雍正］欒安 11/2
［民國］欒安 8/18
［民國］續修廣饒 17/2
88 **黃策**（明・陝西咸寧人）
［萬曆］青州 12 又/8
［康熙十五年］青州 12 又/8
［康熙四十八年］青州 12 又/8
［康熙六十年］青州 12/24
［咸豐］青州 36/27
［民國］臨淄 18/8
黃篪（字次竹，號淇泉）（清・單縣人）
［民國］單縣 11/44
黃鈐（字映庭）（清・善化人）
［道光］泰安縣 10/10
［民國］重修泰安縣 6/63
［光緒］壽張 5/9
壽張縣鄉土志/政績－聽訟
黃節永（字慎齋）（清・臨沂人）
［民國］續修臨沂 16/8
89 **黃鎧**（字古潭）（明・南直歙縣人）
［宣統］山東 71/45
［乾隆］武定府 16/34
［咸豐］武定府 19/濱州 3
［康熙］濱州 5/19
［咸豐］濱州 8/4
濱州鄉土志/政績錄
90 **黃卷**（明・貴州思州人）
［康熙十二年］陽穀 2/19
［康熙］陽穀 2/14，2/27
［光緒］陽穀 4/4，4/19
黃卷（字汝通）（明・永康人）
［道光］濟南 35/21
黃堂（明・南直安慶人）
［嘉靖］朝城志 5/8
［康熙］朝城 7/6
黃堂（字允升）（明・臨清人）
［乾隆］東昌 39/3
［康熙］臨清州 3/人物 7
［乾隆］臨清州 9/23
［乾隆］臨清直隸州 8/上 8
［民國］臨清縣/人物 89
黃堂（明・河南內鄉人）
［宣統］山東 72/12
［道光］濟南 36/35
［乾隆］濟寧直隸州 22/18
［道光］濟寧直隸州 6/6－25
［萬曆］齊東 16/10
［康熙］新修齊東 4/15，7/10
［民國］齊東 3/57，6/38
齊東縣鄉土志/政績錄 1
黃堂（明・直隸通州人）
［崇禎］鄆城 4/7
［康熙］鄆城 4/5
［光緒］鄆城 6/5
黃炎（宋）
［康熙］高苑 3/3
黃尚璨（字繡琳）（清・寧陽人）
［咸豐］寧陽 14/17
［光緒］寧陽 14/17
寧陽縣鄉土志/17
黃光熊（清・廣西容縣人）
［民國］陽信 2/69
黃懷潛（字幼陶）（平原人）
［民國］續修平原 8/27
黃懷祖（字令思，號慎軒）（清・溧陽舉人）
［民國］續修平原 5/15
黃炎昌（清・萊陽人）
［光緒］增修登州 43/32
［民國］萊陽 3/1 中 92
黃光第（字璇庭，號樗園）（清・昌樂人）
［民國］昌樂縣續志 33/3
黃光第（字潤庭）（清・膠州人）
［道光］重修膠州 29/29
［民國］增修膠志 45/14
黃光燦（清・文登人）
［道光］文登 5/9
［光緒］文登 10/上 4
黃光耀（字焜楣）（明・堂邑人）
［康熙十一年］堂邑 2/選舉 28
［康熙］堂邑 16/12
黃尚燦（見黃尚璨）
92 **黃燸**（明・延平人）
［宣統］山東 72/23
［萬曆］青州 12/37
［康熙十五年］青州 12/37
［康熙四十八年］青州 12/37
［康熙六十年］青州 12/34
［乾隆］沂州府 20/11
［康熙十一年］蒙陰 2/22
［康熙二十四年］蒙陰 3/10
［宣統］蒙陰 3/宦績
94 **黃煒**（字耀堂，號橘村）（清・濰縣人）
［民國］濰縣志稿 30/39
黃忱孝（字九我）（清・樂亭人）
［康熙］單縣 6/28
99 **黃榮**（明・山東昌邑人）
［乾隆］沂州府 17/28

4490_0 樹

10 **樹王**（五代）
［雍正］山東 30/11
［萬曆二十四年］兗州 52/25
［乾隆］兗州 31/10
77 **樹鵬翔**（字上九）（清・武城人）
［乾隆］東昌 40/41
［乾隆］武城 10/28
武城縣鄉土志略/耆舊錄

4490_1 蔡

00 **蔡齊**（字子思）（宋・洛陽人，後遷萊州膠水）

[至元]齊乘 6/23
[嘉靖]山東 26/9,27/4,27/16,33/7,34/8
[康熙]山東 33/11,35/5,37/3, 44/8, 48/6,61/18
[雍正]山東 28/人物二 34,35/傳 2
[宣統]山東 157/10
[嘉靖]青州 12/54
[萬曆]青州 12/15
[康熙十五年]青州 12/15
[康熙四十八年]青州 12/15
[康熙六十年]青州 12/10
[咸豐]青州 35/5
[萬曆元年]兗州 39/名宦 9
[萬曆二十四年]兗州 28/1
[康熙]兗州 22/1
[乾隆]兗州 22/11
[萬曆]萊州 5/81,7/96
[康熙]萊州 10/4,11/文類 8－1
[乾隆]萊州 10/8,14/67
萊州府鄉土志/下 7
[乾隆]濟寧直隸州 21/9
[道光]濟寧直隸州 6/6－7
[康熙]平度州 4/3,10/1
[道光]重修平度州 14/32,14/43,17/13
平度鄉土志 4 上/事業
[萬曆]諸城 5/6
[康熙]諸城 5/6
[乾隆]諸城 27/5
諸城縣鄉土志/上 5
[康熙]濰縣 5/人物 10
[乾隆]濰縣 3/39
[民國]濰縣志稿 20/8
濰縣鄉土志/10
[道光]鉅野 10/13

蔡應彪(清・浙江仁和人)
[宣統]山東 75/6
[道光]濟南 38/10,38/35
[道光]章邱 9/11
章邱縣鄉土志/上 12
[道光]臨邑 7/27
[同治]臨邑 7/31

蔡文增(字維華)
(清・滋陽人)
[光緒]滋陽 8/49
滋陽縣鄉土志 1/耆舊－鄉賢

蔡育春(字茂陽)
(明・滕縣人)
[康熙]滕志 8/人物 23

蔡文盛(字聯璧)
(清・惠民人)
[光緒]惠民 19/22

蔡育辰(字仲撫)
(清・膠州人)
[民國]增修膠志 45/25
膠州直隸州鄉土志 4/篤行

蔡應陽(字升之,號明軒)
(明・麻城人)
[康熙四十一年]寧陽 3/4
[乾隆]寧陽 3/東兗道 1

04 蔡謨(字道明)
(晉・陳留考城人)
[萬曆元年]兗州 39/名宦 6

10 蔡平(字持正)
(明・江西人)
[宣統]山東 200/11
[康熙]濟寧州 7/51
[乾隆]濟寧直隸州 28/15
[道光]濟寧直隸州 8/4－45

蔡玉(明・萊陽人)
[民國]萊陽 3/1 中 12

蔡璋(明・萊陽人)
[民國]萊陽 3/1 中 15

蔡玉珂(清・濰縣人)
[民國]濰縣志稿 32/7

蔡元珍(清・高苑人)
[乾隆]高苑 5/16

蔡一熊(明・福建閩縣人)
[宣統]山東 72/20
[康熙]郯城 6/6
[乾隆]郯城 7/25

蔡玉衡(字齊政,號贊環)
(清・濰縣人)
[民國]濰縣志稿 32/7

蔡天祐(字成之)
(明・河南睢州人)
[宣統]山東 70/24
[道光]濟南 35/34

蔡一洵(字子瀾)
(清・牟平人)
[民國]牟平 7/14

蔡天祥(元・歷城人)
[宣統]三續淄川 9/40
[民國]續修歷城 44/2

蔡元卿(宋・洛陽人)
[雍正]山東 31/14
[康熙]濟南 50/4
[道光]濟南 62/3
[康熙]淄川 6 下/59
[乾隆]淄川 6/下 59
[道光]重修平度州 22/4

蔡元用(明・無錫人)
[乾隆]東昌 34/4
[嘉慶]東昌 21/22
[康熙二年]茌平 2/39
[康熙四十九年]茌平 2/39
[宣統]茌平 8/4
[民國]茌平 8/60

12 蔡延慶(字仲遠)
(宋・萊州膠水人)
[嘉靖]山東 33/7
[雍正]山東 28/人物二 41
[萬曆]萊州 5/93
[康熙]萊州 10/22
[乾隆]萊州 10/8
萊州府鄉土志/下 7
[光緒]益都縣圖志 16/41
[康熙]平度州 4/3
[道光]重修平度州 17/15

蔡廷琜(清・奉天廣寧人)
[雍正]山東 27/106
[宣統]山東 75/55
[康熙]兗州續編 14/20
[乾隆]兗州 22/33
[乾隆]曹州府 12/23
[康熙]兗州府曹縣 10/19
[光緒]曹縣 10/17

蔡廷棟(見蔡廷琜)

蔡發甲(字梅厓)
(清・雲南永昌人)
[宣統]山東 77/33
[道光]再續掖縣上/35
[光緒]費縣 3/58

費縣鄉土志/政績錄
蔡廷甲(字存幾)
(清・東莞人)
[道光]冠縣6/32
[光緒]冠縣6/宦績
[民國]冠縣6/42
14 蔡珪(字正甫)
(金・真定人)
[萬曆]濰縣7/3
[康熙]濰縣5/名宦3
[民國]濰縣志稿20/10
蔡琦(清)
[康熙六十年]博興7/14
[光緒]菏澤7/名宦8
蔡瑋(字鐵崖)
(清・膠州人)
[光緒]增修諸城縣續志11/5
17 蔡弼(字資卿)
(明・曹縣人)
[康熙]兗州府曹縣13/37
[光緒]曹縣13/36
20 蔡維嶽(清・鑲紅旗舉人)
[乾隆]青城7/3
[民國]青城續修4/名宦13
蔡秉吉(清・茌平人)
[民國]茌平3/93
蔡維柱(清・章邱人)
[道光]濟南54/19
[道光]章邱11/66
蔡喬林(字植寰)
(明・滋陽人)
[光緒]滋陽8/54
滋陽縣鄉土志1/耆舊－文學
[順治]單縣3/43,4/37
[康熙]單縣8/60
[乾隆]單縣7/43
[民國]單縣12/方技3
蔡季昂(明・豐城人)
[康熙]朝城7/18
蔡受益(元・陜州人)
[萬曆二十四年]兗州28/18
[康熙]嶧縣3/22
[乾隆]嶧縣7/8
[光緒]嶧縣19/96
21 蔡經(明・侯官人)
[崇禎]歷乘16/62
蔡僊(明)
[萬曆]東昌5/7
蔡衍(元・單父人)
[隆慶]單縣下/14
[順治]單縣3/2
[康熙]單縣7/22
蔡貞姬(三國魏・新泰人)
[乾隆]泰安府19/2
[天啟]新泰6/40
[順治]新泰5/26
[乾隆]新泰17/1
22 蔡綬(清・高苑人)
高苑縣鄉土志/耆舊
蔡邕(字伯喈)
(漢・陳留圉人)
[康熙]濟南50/2
[乾隆]泰安府18/68
[萬曆二十四年]兗州37/30
[康熙]兗州28/71
[萬曆]沂州志7/72
[天啟]新泰6/38
[順治]新泰5/32
[乾隆]新泰16/13
蔡繼先(字允孝)
(明・曹縣人)
[康熙]兗州府曹縣13/25
[光緒]曹縣13/24
蔡嵐芳(字秀峯)
(高密人)
[民國]高密14/上35
23 蔡綰(宋・洛陽人)
[宣統]山東68/54
[萬曆]萊州5/62,6/23
[康熙]萊州8/22
[乾隆]萊州9/7
[康熙]平度州3/2
[道光]重修平度州16/15,22/1
平度鄉土志2/政績
蔡允修(字公敏,一字薤園)
(清・樂陵人)
[咸豐]武定府25/儒林12
樂陵縣鄉土志3/44
24 蔡德新(字煥章)
(清・恩縣人)
[民國]重修恩縣12/上50
蔡仕岈(字貌予)
(清・南安人,一作晉江人)
[宣統]山東76/10
[道光]濟寧直隸州6/7－89
[乾隆]魚臺9/47
[光緒]魚臺2/55
蔡仕岍(見蔡仕岈)
27 蔡侯標(清・廣東番禺人)
[乾隆]昌邑5/108
29 蔡秋泉(高密人)
[民國]高密14/上33
30 蔡容(明・鄒縣人)
[嘉靖]鄒縣地理誌1/25
蔡宇(字天洪)
(明・祥符人)
[崇禎]歷城6/2
蔡憲文(字敬止,號懷西)
(清・壽張人)
壽張縣鄉土志/耆舊－事業
蔡宗襄(字漫夫)
(清・濰人)
[宣統]山東177/18
[乾隆]濰縣4/27,5/52
[民國]濰縣志稿29/10
濰縣鄉土志/43
蔡寬夫(宋)
[道光]鉅野24/6
32 蔡洲(號自愚)
(明・溧水人)
[康熙]聊城2/9
蔡兆鳳(字瑞岐)
(清・榮成人)
[道光]榮成8/6
34 蔡池(清・濟陽人)
[乾隆]濟陽8/35
[民國]濟陽11/50
蔡淇(清・蓬萊人)
[光緒]文登10/下4
蔡祺(明・宣府人)
[乾隆]陽信5/10
蔡澍(字和霖,號雨亭)
(清・高苑人)
[宣統]山東175/24

［咸豐］青州 48/2
［乾隆］高苑 5/2
高苑縣鄉土志/耆舊
蔡法度（晉・濟陽人）
［康熙］曹縣 12/8
［康熙］兗州府曹縣 12/8
［光緒］曹縣 12/7
35 **蔡清**（字介夫）
（明・晉江人）
［雍正］山東 11/闕里二 33
［乾隆］兗州 7/47
蔡清喆（清・冠縣人）
［宣統］山東 174/21
［民國］朝城縣續志 1/36
蔡清勳（清・濟寧人）
［民國］濟寧直隸州續志 14/35
蔡連登（清・萊陽人）
［民國］萊陽 3/1 中 73
蔡清莪（字蕙田）
（清・平原人）
［民國］續修平原 6/5
37 **蔡沉**（字仲默）
（宋・建陽人）
［雍正］山東 11/闕里二 29
［乾隆］兗州 7/41
蔡朗（字仲明）
（漢）
［康熙］山東 59/1
［雍正］山東 35/墓碑 3
［嘉靖］青州 18/56
［萬曆］青州 18/63
［康熙十五年］青州 18/63
［康熙四十八年］青州 18/67
蔡逢源（清・濰縣人）
［民國］濰縣志稿 31/12
38 **蔡道士**（明・黃巖人）
［光緒］文登 5/36
40 **蔡培**（字蓉塘）
（清・江蘇金匱人）
［宣統］山東 77/28
［光緒］增修登州 33/5
［道光］文登 5/25
［光緒］文登 7/下 9
蔡熹（清・順天大興人）
［宣統］山東 77/5
［咸豐］青州 37/28
［民國］臨淄 18/12
蔡有麟（見蔡有鄰）
蔡大廷（字彤軒）
（清・高密人）
［民國］高密 14/上 58
蔡希仁（明・廣東海陽人）
［宣統］山東 73/23
［光緒］增修登州 28/1
［萬曆］福山 4/3
［康熙］福山 7/7
［乾隆］福山 7/9
蔡希德（唐）
［光緒］陵縣 22/7
蔡壽生（字仁山）
（清・安徽休寧人）
［民國］濟寧直隸州續志 10/49
蔡嘉徵（清・高苑人）
［乾隆］高苑 5/16，6/5
高苑縣鄉土志/耆舊
蔡大士（字藹人）
（清・高密人）
［民國］高密 14/上 81
蔡士芳（清・牟平人）
［康熙］寧海州 9/8
［同治］重修寧海州 21/6
［民國］牟平 7/12
蔡李昂（明・豐城人）
［嘉靖］朝城志 5/17
蔡有鄰（明・龍溪人）
［萬曆］青州 12/49
［康熙十五年］青州 12/49
［康熙四十八年］青州 12/49
［康熙六十年］青州 12/38
［乾隆］沂州府 20/11
［康熙二十四年］蒙陰 3/10
［宣統］蒙陰 3/宦績
41 **蔡樞**（清・丹徒人）
［乾隆］夏津 6/18
44 **蔡藩**（宋・河南南陽人）
［康熙十二年］陽穀 2/14
［康熙］陽穀 2/10
［光緒］陽穀 4/1
蔡英（明）
禹城縣鄉土志/10
蔡夢齊（明・北直定興人）
［宣統］山東 73/27
［光緒］增修登州 31/3
［康熙］萊陽 4/7
［民國］萊陽 3/1 上 9
蔡懋德（字惟立）
（明・南直崑山人）
［康熙］山東 31/18
［雍正］山東 27/28
［宣統］山東 70/27
［康熙］濟南 24/31
［道光］濟南 35/33
［崇禎］歷城 6/15
蔡英魁（字梅村）
（清・歷城人）
［民國］續修歷城 42/9
蔡夢臣（宋・平度人）
［康熙］山東 45/22
［萬曆］萊州 6/5
［康熙］萊州 10/60
［乾隆］萊州 11/孝義 2
［康熙］平度州 5/5
［光緒］平度志要/人物
［民國］平度縣續志 8/10
46 **蔡柏**（字勁操）
（清・曹縣人）
［光緒］曹縣 14/行誼 11
蔡塤（字和衷）
（清・樂陵人）
［乾隆］武定府 24/39
［咸豐］武定府 24/循良 29
［乾隆］樂陵 6/16
樂陵縣鄉土志 3/20
47 **蔡桐**（清・宛平監生）
［光緒］蓬萊縣續志 6/文秩 8
蔡郁文（字景周）
（清・高苑人）
高苑縣鄉土志/耆舊
50 **蔡惠潔**（字迪九）
（清・高苑人）
［乾隆］高苑 6/7
51 **蔡振南**（字伯起）
（清・德平人）
［光緒］德平 7/23
蔡振中（字松若）

（清・日照人）
［光緒］日照 8/28
52 **蔡挺**（字子政）
（宋・宋城人）
［嘉靖］山東 26/25
［康熙］山東 34/5
［雍正］山東 27/44
［宣統］山東 68/45
［萬曆］東昌 18/21
［乾隆］東昌 33/18
［嘉慶］東昌 20/29
57 **蔡邦治**（字承恩，號茂軒）
（清・河南人）
［民國］濟寧直隸州續志 15/11
60 **蔡思齊**（字希文）
（明・掖縣人）
［乾隆］掖縣 3/57
蔡景峯（清・滋陽人）
［光緒］滋陽 9/29
蔡國和（字文修）
（清・禹城人）
［民國］禹城 6/31
蔡恩洪（清・蓬萊人）
［康熙］山東 45/21
［順治］登州 17/20
［道光］重修蓬萊 9/33
［民國］蓬萊縣志合編人物志/行誼
蔡曰津（元・臨淄人）
［民國］臨淄 21/48
蔡景潞（字仲彥）
（清・歷城人）
［宣統］山東 170/34
［民國］續修歷城 44/37
蔡思中（元）
［宣統］山東 69/29
［道光］濟寧直隸州 6/6－17
61 **蔡顯**（明・萊州衛人）
［嘉靖］山東 35/8
［康熙］山東 45/22
［雍正］山東 27/71，28/人物三 26
［宣統］山東 164/42
［萬曆］萊州 6/4
［康熙］萊州 10/46
［乾隆］萊州 9/26
萊州府鄉土志/上 24
［乾隆］掖縣 4/39
［道光］掖乘 4
蔡顒（明・武康人）
［正德］博平 5/86
64 **蔡晞仁**（見蔡希仁）
67 **蔡照**（字曉昇）
（清・膠州人）
［道光］重修膠州 29/7
［民國］增修膠志 44/5
70 **蔡璧**（字伯宿，號桂巖）
（明・錢塘人）
［康熙］兗州府曹縣 9/9
［光緒］曹縣 9/縣令 4
77 **蔡熙**（字敬止）
（清・棨成人）
［道光］棨成 8/6
蔡際可（字賓廷）
（明・曹縣人）
［康熙］兗州府曹縣 13/55
［光緒］曹縣 13/52
蔡鳳嶺（清・莘縣人）
［光緒］莘縣 7/46
［民國］莘縣 7/34
蔡周輔（字赤愚）
（清・滋陽人）
［康熙］滋陽 4/上 26
［光緒］滋陽 9/47
滋陽縣鄉土志 1/耆舊－實行
蔡居厚（宋）
［萬曆二十四年］兗州 52/17
蔡學頤（清・河南虞城人）
［宣統］山東 76/36
［嘉慶］東昌 20/44
78 **蔡鑒**（字香岩）
（清・安徽休寧人）
［民國］濟寧直隸州續志 10/49
80 **蔡夔**（明・萊陽人）
［民國］萊陽 3/1 中 15
蔡義（漢・河内溫人）
［光緒］莘縣 5/1
［民國］莘縣 3/1
莘縣鄉土志/政績 3
蔡鏞（字調笙）
（清・高密人）
［光緒］高密 8/上 43
［民國］高密 14/上 46
高密縣鄉土志/上 38
蔡毓薰（字秀東）
（清・高密人）
［民國］高密 14/上 85
蔡養恬（明・平陰人）
［乾隆］泰安府 18/67
［順治］平陰 7/23
［光緒］平陰 5/39
82 **蔡釗**（明）
［嘉靖］山東 26/29
［雍正］山東 27/48
［宣統］山東 72/38
［萬曆］東昌 18/36
［乾隆］東昌 33/42
［嘉慶］東昌 21/11
［順治］堂邑 2/職官初 7
［康熙十一年］堂邑 2/名宦 4
85 **蔡鍊**（字懋成）
（明・餘姚人）
［道光］濟寧直隸州 6/6－51
86 **蔡錦**（明・瑞州人）
［康熙］兗州續編 14/23
［乾隆］泰安府 15/14
［康熙］東平州 4/58
［乾隆］東平州 12/37
［道光］東平州 12/37
［光緒］東平州 14/37
［民國］東平縣 9/19
東平州鄉土志上/政績錄 15
蔡錫印（清・章邱人）
［乾隆］章邱 9/46
［道光］章邱 11/79
90 **蔡少霞**（唐・陳留人）
［康熙］濟南 51/5
［萬曆］青州 15/61
［康熙十五年］青州 15/61
［康熙四十八年］青州 15/僑寓 8
［康熙六十年］青州 20/17
［乾隆］泰安府 18/78
［萬曆二十四年］兗州 52/25

［乾隆］兗州 31/10
［天啟］新泰 6/39
［順治］新泰 5/32
［乾隆］新泰 16/16
蔡惟忠（明・吳縣人）
［萬曆］濟陽 6/5
91 **蔡炳堃**（字星乙）
（清・莘縣人）
［光緒］莘縣 6/43
［民國］莘縣 6/37
97 **蔡燦**（字暘谷）
（清・榮成人）
［道光］榮成 8/7
蔡鄉（宋・平度人）
［康熙］平度州 4/3
［光緒］平度志要/人物
99 **蔡榮**（字榮之）
（元・陝州人）
［宣統］山東 200/6
［康熙］嶧縣 4/69
［乾隆］嶧縣 8/18
［光緒］嶧縣 21/鄉賢 62，24/5
蔡榮（清・太原人）
［光緒］高密 8/上 62
［民國］高密 14/上 73
高密縣鄉土志/上 31

4490_3 綦

10 **綦更生**（宋・濰州人）
［民國］濰縣志稿 30/18
綦元伯（字壎庭）
（清・高密人）
［民國］高密 14/上 47
綦丕吉（字彰九）
（清・平度人）
［民國］平度縣續志 8/4
綦元敏（字遜齋，號文苑）
（清・高密人）
［民國］高密 14/上 49
20 **綦儁**（字擲顯）
（北魏・河南洛陽人）
［宣統］山東 67/8
綦紋（字桐詹）
（清・高密人）
［光緒］高密 8/上 39
［民國］高密 14/上 42
高密縣鄉土志/上 36
22 **綦崇禮**（字叔厚）
（宋・高密人）
［至元］齊乘 6/28
［嘉靖］山東 33/7
［康熙］山東 44/7
［雍正］山東 28/人物二 48
［宣統］山東 157/32
［萬曆］萊州 5/95
［康熙］萊州 10/76
［乾隆］萊州 11/文學 1
［康熙］高密 8/3
［乾隆］高密 8/上 3
［光緒］高密 8/上 3，10/48
［民國］高密 14/上 2，16/36
高密縣鄉土志/上 18
［民國］濰縣志稿 27/21
34 **綦汝珍**（字夢待）
（清・高密人）
［康熙］高密 10/又 16
［乾隆］高密 8/上 27
［光緒］高密 8/上 35
［民國］高密 14/上 38
高密縣鄉土志/上 34
綦汝濬（字季華）
（清・利津人）
［民國］利津縣續志 7/儒行 6
綦汝楫（字松友）
（清・高密人）
［乾隆］高密 8/上 34
［光緒］高密 8/上 52
［民國］高密 14/上 62
高密縣鄉土志/上 23
35 **綦灃**（字匯東）
（清・利津人）
［咸豐］武定府 25/文苑 27
［光緒］利津 7/儒林 1
綦連猛（字武兒）
（北齊・代人）
［宣統］山東 67/24
36 **綦渭**（清・利津人）
［光緒］利津 8/孝友 5
38 **綦瀚亭**（清・利津人）
［民國］利津縣續志 7/義行 3
40 **綦才**（字桂亭）
（明・掖縣人）
［乾隆］掖縣 3/46
［道光］再續掖縣上/48
綦奎（宋・北海人）
［民國］濰縣志稿 27/23
綦志遠（字子元）
（元・掖縣人）
［康熙］萊州 10/98
［乾隆］萊州 12/仙釋 2
［乾隆］掖縣 5/3
44 **綦莪**（明・高密人）
［康熙］山東 45/23
［康熙］高密 8/10
［乾隆］高密 8/上 24
［光緒］高密 8/上 32
［民國］高密 14/上 36
高密縣鄉土志/上 33
綦芷（明・高密人）
［康熙］山東 45/23
［康熙］高密 8/10
［乾隆］高密 8/上 24
［光緒］高密 8/上 32
［民國］高密 14/上 36
高密縣鄉土志/上 33
47 **綦桐**（清・平度人）
［民國］平度縣續志 8/1
50 **綦泰**（字伯亨）
（元・樂安人）
［嘉靖］山東 27/8
［康熙］山東 35/9
［雍正］山東 28/人物二 60
［宣統］山東 166/7
［嘉靖］青州 13/36
［萬曆］青州 12/26
［咸豐］青州 35/20
［嘉靖］寧海州下/12
［同治］重修寧海州 12/6
［萬曆］樂安 13/1
［雍正］樂安 11/2，12/7
［民國］樂安 8/18，10/6
［民國］續修廣饒 17/2，19/9
52 **綦揆世**（字符一）
（清・高密人）
［光緒］高密 8/上 29

[民國]高密 14/上 30
53 綦成德(字子明)
(清・利津人)
[民國]利津縣續志 7/義行 1
77 綦毋君(漢・東莞人)
[宣統]山東 153/30
80 綦姜齡(字渭川)
(清・平度人)
[民國]平度縣續志 7/25
綦公直(字世美)
(元・益都樂安人)
[嘉靖]山東 32/20
[康熙]山東 42/20
[雍正]山東 28/人物二 60
[宣統]山東 164/21
[嘉靖]青州 15/8
[萬曆]青州 14/7
[康熙十五年]青州 14/7
[康熙四十八年]青州 14/忠義 7
[康熙六十年]青州 17/4
[咸豐]青州 42/7
[萬曆]樂安 15/6,17/12
[雍正]樂安 12/6,20/33
[民國]樂安 2/12,10/5
[民國]續修廣饒 19/8
82 綦鍾齡(字毓相)
(清・平度人)
[民國]平度縣續志 8/8
88 綦銓(字升三)
(清・掖縣人)
[乾隆]掖縣 4/70
97 綦煥(宋・高密人)
[民國]濰縣志稿 27/23

4490_4 葉

00 葉亮(字朗亭)
(清・浙江仁和人)
[宣統]山東 76/34
[乾隆]曹州府 12/25
[乾隆]定陶 4/22
[民國]定陶 4/22
葉齊(明・浙江西安人)
[宣統]山東 200/11
[乾隆]東昌 44/23
[康熙]重修清平下/52
[嘉慶]清平 14/50
[宣統]增輯清平 12/66
[民國]清平/人物 60
葉方恒(字學亭,號嵋初)
(清・江蘇崑山人)
[宣統]山東 74/51
[乾隆]兗州 22/33
[乾隆]濟寧直隸州 22/31
[道光]濟寧直隸州 6/7-66
[民國]萊蕪 9/7
[民國]續修萊蕪 15/9
萊蕪縣鄉土志/3
10 葉天新(清・清平人)
[康熙]重修清平下/39
[嘉慶]清平 14/31
[宣統]增輯清平 12/31
[民國]清平/人物 18
葉正夏(字仲長)
(清・德州人)
德州鄉土志/耆舊 43
葉天球(字良器)
(明・新安人)
[乾隆]東昌 23/1
[嘉慶]東昌 42/1
[康熙二年]茌平 3/36
[康熙四十九年]茌平 3/36
[宣統]茌平 8/3,23/21
[民國]茌平 8/60,12/外集 23
葉元凱(明・浙江麗水人)
[嘉靖]山東 27/9
[康熙]山東 35/10
[雍正]山東 27/79
[宣統]山東 72/22
[嘉靖]青州 13/40
[萬曆]青州 12/28
[康熙十五年]青州 12/28
[康熙四十八年]青州 12/28
[乾隆]沂州府 20/9
[康熙]沂水 4/23
[道光]沂水 5/24
葉一泓(清・吳縣人)
[咸豐]青州 37/16
[乾隆]續壽光 18/2
[嘉慶]壽光 10/30
[民國]壽光 6/21
葉一浤(見葉一泓)
12 葉璞(清・齊河人)
[宣統]山東 170/24
葉廷秀(字仲蔚,號潤山)
(明・濮州人)
[雍正]山東 28/人物三 69
[宣統]山東 160/6
[乾隆]曹州府 15/21
[康熙]濮州 2/87
[康熙]濮州續志上/25
[乾隆]濮州 2/67,3/91
[宣統]濮州 3/41,4/97
葉廷樞(清・會稽人)
[康熙十一年]莘縣 5/9
[康熙五十六年]莘縣 5/9
[民國]莘縣 3/14
葉廷機(字行可)
(清・慈溪人)
[光緒]鄆城 6/19
17 葉承謙(字禮門,號又村)
(清・山陰人)
[道光]濟南 62/9
葉子發(明・福建人)
[康熙]昌邑 5/7
葉承宗(字奕繩)
(清・歷城人)
[雍正]山東 28/人物四 14
[宣統]山東 170/15
[康熙]濟南 38/19
[道光]濟南 53/2
[乾隆]歷城 41/14
葉承祧(字奕紹,號濟水)
(清・歷城人)
[康熙]濟南 40/16
[道光]濟南 53/2
[乾隆]歷城 38/2
20 葉秉璋(字琨南)
(清・膠州人)
[民國]增修膠志 45/35
葉秀林(清・滋陽人)
滋陽縣鄉土志 1/耆舊-忠義
葉重華(字德玄,一字香城)
(明・南直崑山人)
[宣統]山東 70/32

[乾隆]兗州 22/18
[康熙]濟寧州 4/58
[乾隆]濟寧直隸州 22/14
[道光]濟寧直隸州 6/6－45
濟寧州鄉土志 1/政績
21 **葉經**(字叔明)
(明・浙江上虞人)
[宣統]山東 70/14
[道光]濟南 35/17
葉儒林(明・祁門人)
[崇禎]歷乘 16/64
22 **葉繼龍**(明・婺源人)
[光緒]增修登州 28/3
[萬曆]福山 4/6
[康熙]福山 7/11
[民國]福山縣志稿 3/2－5
葉繼祀(字紹庭,號秋浦)
(清・聊城人)
[宣統]聊城 8/60
24 **葉先登**(清・長泰人)
[乾隆]博山志稿/14
27 **葉紹先**(明・文縣人)
[萬曆]寧津 5/17
[光緒]寧津 6/27
寧津縣志料 3/人物－名宦
寧津縣鄉土志/政績
葉修林(清・恩縣人)
[民國]重修恩縣 11/鄉賢 42
28 **葉以蕃**(字承叔)
(明・遂昌人)
[道光]濟寧直隸州 6/6－52
30 **葉安**(明)
[道光]商河 5/27
[民國]重修商河 6/65
商河縣鄉土志 1/政績
葉宗訓(字大山,一作達山)
(清・閬縣人)
[光緒]德州志略/宦績傳略
[民國]德縣 9/18
德州鄉土志政績錄/3
葉永治(清・歷城人)
[民國]續修歷城 44/19
葉憲祖(明)
[宣統]山東 72/17
[道光]濟寧直隸州 6/6－35
[康熙]魚臺 15/10
[乾隆]魚臺 9/33
[光緒]魚臺 2/47
葉之春(字梅生)
(寧津人)
寧津縣志料 3/人物－義行
葉宗恪(明)
[康熙]平度州 3/3
[道光]重修平度州 16/16
葉之榮(字欣向,號華庵)
(清・聊城人)
[宣統]聊城 8/58
33 **葉溶**(號小塘)
(明・徽州人)
[康熙]濟南 50/7
[道光]濟南 62/5
[萬曆]章丘 30/70
[康熙]章丘 6/46
[乾隆]章邱 9/50
[道光]章邱 11/89
34 **葉洪**(字子源)
(明・德州人)
[雍正]山東 28/人物三 35
[宣統]山東 159/21
[康熙]濟南 37/8
[道光]濟南 52/36
[康熙]德州 8/12
[乾隆]德州 9/10
州乘餘聞/1
德州鄉土志/耆舊 3
[民國]德縣 10/10
葉汝源(清)
[民國]朝城縣續志 1/16,
1/23
35 **葉清臣**(字道卿)
(宋・蘇州長洲人)
[嘉靖]山東 27/5
[康熙]山東 35/6
[雍正]山東 27/56
[宣統]山東 68/50
[光緒]益都縣圖志 16/28
37 **葉祖洽**(宋・邵武人)
[萬曆]鉅野 6/17
38 **葉滋**(明・霑化人)
[萬曆]新修霑化 6/107
葉肇萼(字芳遠)
(清・聊城人)
[宣統]聊城 8/95
40 **葉大可**(字汝諧)
(清・成都人)
[光緒]嘉祥 3/40
[民國]臨沂 7/78
[民國]長清 4/23
葉壽朋(字商山)
(清・歷城人)
[民國]續修歷城 40/34
葉存智(字愚軒)
(清・歷城人)
[民國]續修歷城 44/33
41 **葉標元**(清)
[光緒]陵縣 18/16
陵縣鄉土志/10
44 **葉葆**(字寶田,號石農)
(清・聊城人)
[宣統]山東 174/16
[宣統]聊城 8/60,耆獻文徵/下 18
葉華(明・懷寧人)
[萬曆]沂州志 6/10
[康熙]沂州志 3/44
[乾隆]沂州府 20/5
[民國]臨沂 7/70
葉蘭(字琪園)
(清・聊城人)
[宣統]聊城 8/40
葉林(明・南直武進人)
[宣統]山東 71/7
[道光]濟南 36/15
[康熙]鄒平 4/12
[嘉慶]鄒平 14/8
[道光]鄒平 14/8
[民國]鄒平 14/8
葉茂(明・臨邑人)
[康熙]濟南 45/3
[道光]濟南 52/14
[順治]臨邑 12/6
[康熙]重修臨邑 10/7
[道光]臨邑 9/2
[同治]臨邑 9/循異 2
葉蓁(明・平山衛人,見葉榛)
葉蓁(清・歷城歲貢)
[道光]冠縣 6/31
[光緒]冠縣 6/宦績

[民國]冠縣 6/42
葉英(明・懷來人)
[嘉靖]朝城志 5/13
葉世昌(清・山陰人)
[民國]濟寧直隸州續志 15/11
45 葉榛(明・平山衛人)
[嘉靖]山東 35/5
[康熙]山東 45/13
[乾隆]東昌 42/33
[嘉慶]東昌 32/25
[宣統]聊城 8/78
葉棲鳳(字桐岡,一作梧岡)(清・四川廣安州人)
[宣統]山東 77/11
[咸豐]青州 37/25
[同治]即墨 8/10
[嘉慶]壽光 10/32
[民國]壽光 6/23
46 葉如何(清・夏津人)
[民國]夏津續編 8/10
47 葉翹(清・浙江嘉善人)
[宣統]山東 77/12
[康熙六十年]青州 12/43
[咸豐]青州 37/4
[康熙]昌樂 1/35
[嘉慶]昌樂 19/6
48 葉敬銓(字伯衡)(滕縣人)
[民國]續滕縣志 4/37
50 葉忠(字廷直)(明・玉山人)
[萬曆]青州 12/23
[康熙十五年]青州 12/23
[康熙四十八年]青州 12/23
[咸豐]青州 36/5
[萬曆]樂安 13/3
[雍正]樂安 11/4
[民國]樂安 8/19
[民國]續修廣饒 17/3
53 葉成舟(清・膠州人)
[乾隆]膠州 5/29
[道光]重修膠州 29/20
[民國]增修膠志 45/6
55 葉慧明(唐)
[民國]金鄉 17/5
58 葉輪(明・麗水縣吏員)
[康熙]觀城 3/9
[道光]觀城 6/13
60 葉旦(字公旦,號曉山)(清・餘姚人)
[道光]濟南 62/8
葉國霖(清・會稽人)
[民國]濟寧直隸州續志 10/53
[民國]金鄉 11/23
葉國重(字雅鎮)(唐・萊縣人)
[民國]濟寧直隸州續志 19/1－32
64 葉時敦(明・聞喜人)
[嘉慶]慶雲 7/28
[咸豐]慶雲 2/24
[民國三年]慶雲 1/85
67 葉鳴鸞(字燕龍)(清・閩縣人)
[光緒]滋陽 9/57
71 葉臣(字惟良)(明・濮州人)
[萬曆]濮州 3/鄉賢 59
[康熙]濮州 3/81
[乾隆]濮州 3/82
[宣統]濮州 4/88
76 葉陽子(周・齊人)
[萬曆]青州 14/32
[康熙十五年]青州 14/32
[康熙四十八年]青州 14/隱逸 6
[康熙六十年]青州 20/1
[民國]臨淄 28/1
79 葉騰鳳(清・永平人)
[乾隆]陽信 5/5
信邑志稿 5/職官－知縣
[民國]陽信 2/25
80 葉普潤(清・朝城人)
[民國]朝城縣續志 1/41
86 葉錫齡(字椿堂)(清・聊城人)
[宣統]聊城 8/60
葉錫艰(字純甫)(清・聊城人)
[宣統]聊城 8/61
87 葉銘(字時新)(明・豐城人)
[嘉靖]濮州 7/15
[萬曆]濮州 3/名宦 18
[康熙]濮州 3/17
[乾隆]濮州 3/17
[宣統]濮州 4/17
葉銘(清・順天人)
[康熙]東平州續志 4/2
90 葉光祀(字慶友,號拙齋)(清・聊城人)
[宣統]聊城 8/60
96 葉焜(清・井陘人)
[乾隆]夏津 6/23
97 葉燦(明・進賢人)
[康熙]濟南 25/30
[道光]濟南 36/34
[康熙]齊河 5/36
[雍正]齊河 5/35
[民國]齊河 22/2
齊河縣鄉土志名宦祠/16
葉焮(清・清平人)
[宣統]增輯清平 12/63
[民國]清平/人物 57

茶

10 茶不花(元)
[光緒]益都縣圖志 17/23

藥

30 藥濟眾(明・山西和順人)
[宣統]山東 71/24
[道光]濟南 36/46

4490_8 萊

00 萊章(周)
[民國]臨淄 23/6
17 萊子(周)
[同治]黃縣 6/1
25 萊朱(名仲虺)(商・亳人)
[康熙]曹州志 15/2
[康熙]曹縣 12/1
[康熙]兗州府曹縣 12/1
[光緒]曹縣 12/1
[光緒]菏澤 15/2

4491_0 杜

00 杜廣(清・臨沂人)
[民國]臨沂 10/60
杜康(晉)
[康熙十一年]蒙陰 2/61
杜文(字堯章)
(明・廣平人)
[正德]博平 5/86
杜立功(清・郯城人)
[乾隆]郯城 9/10
杜廣仁(掖縣人)
[民國]陵縣續志 4/44
杜廣沂(字浴川)
(東平人)
[民國]東平縣 11/上 23
杜廣運(清・臨沂人)
[民國]續修臨沂 16/15
杜文明(清・恩縣人)
[嘉慶]東昌 30/38
[宣統]重修恩縣 8/25
[民國]重修恩縣 11/鄉賢 21
杜廣居(清・臨沂人)
[民國]續修臨沂 16/15
杜齊賢(唐・濮陽人)
[嘉靖]濮州 5/9
04 杜詩(字以興)
(明・濱州人)
[康熙]濟南 36/17
[乾隆]武定府 23/23
[咸豐]武定府 23/名臣 23
[康熙]濱州 7/8
[咸豐]濱州 10/5
濱州鄉土志/耆舊錄
07 杜詞(明・鳳翔人)
[康熙]兗州府曹縣 9/24
杜望泰(字岱東)
(清・齊東人)
[康熙]章丘 6/32
[乾隆]章邱 9/31
[道光]章邱 10/30
[民國]齊東 5/22
08 杜效尹(字任風)
(清・濟寧人)
[民國]濟寧直隸州續志 13/13

10 杜璋(明・雞澤人)
[雍正]山東 27/39
[宣統]山東 72/6
[乾隆]兗州 22/23
杜丕謨(清・山西太谷亞元)
[民國]萊陽 3/1 上 26
杜雲雷(字屯初)
(清・臨清捐貢)
[乾隆]嶧縣 7/33
[光緒]嶧縣 19/丞倅 15
杜一岸(明・陝西澄城人)
[雍正]山東 27/79
[宣統]山東 72/24
[萬曆]青州 12 又/又 18
[康熙十五年]青州 12 又/18
[康熙四十八年]青州 12 又/18
[乾隆]沂州府 20/12
[康熙]日照 8/10
杜平勳(字建君)
(清・嘉祥人)
[光緒]嘉祥 3/30
杜元勳(字開之)
(清・高唐人)
[乾隆]東昌 43/30
[嘉慶]東昌 32/47
[乾隆]高唐州續志 2/11
[道光]高唐州 5/1－41
[光緒]高唐州 5/1－43
[民國]高唐縣 12/38
杜雲程(清・高密人)
[光緒]高密 8/上 44
[民國]高密 14/上 46
高密縣鄉土志/上 39
杜元凱(字晉臣)
(清・寧陽人)
[乾隆]寧陽 7/師範 2
[咸豐]寧陽 14/12
[光緒]寧陽 14/12
寧陽縣鄉土志/21
杜石渠(字經涵)
(清・濟寧人)
[民國]濟寧直隸州續志 14/5
杜霽遠(清・直隸永平人)
[宣統]山東 76/17
[乾隆]沂州府 20/16
[康熙]沂水 4/26
[道光]沂水 5/32
杜雲漢(清・掖縣人)
[民國]四續掖縣 6/6
杜玉柱(字國棟)
(清・無棣人)
[民國]無棣 13/33
杜丕城(字价藩)
(掖縣人)
[民國]四續掖縣 6/82
杜五聲(字壽先)
(清・東平人)
[民國]東平縣 11/下 28
杜爾梅(字鼎資,號和卿)
(清・滕縣人)
[康熙]兗州續編 16/8
[乾隆]兗州 23/58
[康熙]滕縣志 7/74
[道光]滕縣志 9/孝義 7
杜三策(字毅齋)
(明・東平人)
[康熙]山東 40/63
[雍正]山東 28/人物三 66
[宣統]山東 160/37
[乾隆]泰安府 17/40
[康熙]兗州 28/27
[康熙]東平州 3/46,5/70
[乾隆]東平州 13/38,20/24
[道光]東平州 13/38,20/24
[光緒]東平州 15/上 38,20/24
[民國]東平縣 11/上 15,17/40
東平州鄉土志上/耆舊錄 32
11 杜珏(字廷陳)
(明・濰縣人)
[萬曆]萊州 5/105
[康熙]萊州 10/77
[乾隆]萊州 10/17
[萬曆]濰縣 9/7
[康熙]濰縣 5/人物 13
[乾隆]濰縣 4/26
[民國]濰縣志稿 30/19
濰縣鄉土志/43
12 杜瑞(清・濰縣人)

[民國]濰縣志稿 28/4
杜瑗(字玉輝)
(清・昌樂人)
[民國]昌樂縣續志 30/16
杜延文(字壽農)
(清・高密人)
[光緒]高密 8/上 60
[民國]高密 14/上 70
高密縣鄉土志/上 37
杜廷珍(字聘之,原名子淣,字曉江)
(清・鄒縣人)
[民國]續修鄒縣志稿/人物－耆舊
杜孔祿(明・河南人)
[萬曆]青州 12/38
[康熙十五年]青州 12/38
[康熙四十八年]青州 12/38
[康熙六十年]青州 12/39
[咸豐]青州 36/18
[康熙十二年]博興 6/2
[康熙六十年]博興 7/13
[道光]博興 10/3
[民國]重修博興 12/3
杜延祚(字鯨海)
(清・鄆城人)
[康熙]鄆城 6/19
杜廷椿(清・臨朐人)
光緒臨朐 14/中 19
杜延誾(字騫若,號怡亭)
(清・即墨人)
[同治]即墨 9/36
即墨縣鄉土志/耆舊－事業二
杜登第(字金榜)
(清・夏津人)
[民國]夏津續編 8/15
杜烈常(字修身)
(清・夏津人)
[民國]夏津續編 8/36
13 杜瑢(字廷和)
(明・臨清人)
[乾隆]東昌 39/2
[康熙]臨清州 3/人物 7
[乾隆]臨清州 9/22
[乾隆]臨清直隸州 8/上 7
[民國]臨清縣/人物 49
杜瑄(元)
[同治]黃縣 6/3
杜玠(字仲純,號仁齋)
(明・滕縣人)
[雍正]山東 28/人物三 19
[宣統]山東 161/38
[萬曆二十四年]兗州 36/12
[康熙]兗州 28/11
[乾隆]兗州 23/39
[萬曆]滕志 7/34
[康熙]滕志 7/33
[康熙]滕縣志 7/30
[道光]滕縣志 7/25
滕縣鄉土志/17
[嘉慶]慶雲 7/27
[咸豐]慶雲 2/24
[民國三年]慶雲 1/84
14 杜琪(字蘊斯)
(清・高唐人)
[乾隆]東昌 43/34
[嘉慶]東昌 32/51
[乾隆]高唐州續志 2/10
[道光]高唐州 5/2－18
[光緒]高唐州 5/2－21
[民國]高唐縣 12/41
杜瓚(明・山西絳人)
[嘉靖]朝城志 5/14
15 杜聘(清・平陰人)
[光緒]平陰 5/36
杜建封(字介石)
(清・黃縣人)
[光緒]增修登州 43/12
[同治]黃縣 8/13
[民國]黃縣志稿 13/清孝友
16 杜璟(明・福建懷安人)
[宣統]山東 72/26
杜琝(見杜旻)
17 杜弼(字輔玄)
(北魏・中山曲陽人)
[康熙]山東 36/1
[雍正]山東 27/62
[宣統]山東 67/17
[萬曆]萊州 5/59
[康熙]萊州 8/19
[乾隆]萊州 9/6
[順治]登州 11/7
[光緒]增修登州 24/2
[康熙]膠州 5/3
[乾隆]膠州 4/5
[乾隆]掖縣 3/29
[順治]招遠 7/1
杜珝(字廷獻)
(明・濰縣人)
[萬曆]濰縣 9/7
[康熙]濰縣 5/人物 13
[乾隆]濰縣 4/9
[民國]濰縣志稿 27/30
濰縣鄉土志/16
杜承啟(字繼先)
(明・鄒縣人)
[光緒]鄒縣續志 12/中 1
鄒縣鄉土志耆舊錄/25
杜承森(清・臨沂人)
[民國]續修臨沂 16/14
杜承式(字言卿)
(明・濱州人)
[乾隆]武定府 23/25
[咸豐]武定府 23/名臣 25
[康熙]濱州 7/9
[咸豐]濱州 10/5
濱州鄉土志/耆舊錄
杜承芳(明・元城舉人)
[宣統]山東 72/42
[乾隆]東昌 34/8
[嘉慶]東昌 21/27
[康熙]重修清平下/13
[嘉慶]清平 13/5
[宣統]增輯清平 11/4
[民國]清平/秩官 28
杜子楙(浙江紹興人)
[民國]朝城縣續志 1/23
杜子春(漢・河南緱氏人)
[雍正]山東 11/闕里二 25
[乾隆]兗州 7/37
杜承美(字見卿)
(清・鄒縣人)
[光緒]鄒縣續志 12/上 4
鄒縣鄉土志耆舊錄/17
杜予美(清・高密人)
[康熙]高密 8/11
[乾隆]高密 8/上 26

[光緒]高密 8/上 34
[民國]高密 14/上 37
18 杜璇(清・黄縣人)
[同治]黄縣 9/27
20 杜喬(字叔榮)
(漢・河内林慮人)
[萬曆元年]兖州 39/名宦 4
[萬曆二十四年]兖州 26/7
[康熙]兖州 21/6
[乾隆]兖州 22/2
[光緒]嶧縣 19/23
杜統(明・滕縣人)
[康熙]滕志 8/人物 23
杜受元(號石圃)
(清・濱州人)
濱州鄉土志/學問
杜雙一(清・鄆城人)
[光緒]鄆城 5/31
杜秉寅(字賓谷)
(清・江蘇山陽拔貢)
[民國]臨清縣/秩官 73
杜爲棟(明・祥符舉人)
[乾隆]即墨 8/8
[同治]即墨 8/7
杜重威(五代・朔州人)
[萬曆二十四年]兖州 27/13
杜受田(字芝農)
(清・濱州人)
[宣統]山東 171/22
[咸豐]武定府 23/名臣 41,35/行狀 9
[咸豐]濱州 10/14,11/御製 1,11/行狀又 13
濱州鄉土志/學問
杜維屏(字錦山)
(清・高唐人)
[光緒]高唐州 5/2－38
[民國]高唐縣 12/44
杜重光(字樨繩)
(清・冠縣人)
[道光]冠縣 8/上 6
[光緒]冠縣 8/鄉賢
[民國]冠縣 8/人物志 6
冠縣鄉土志/耆舊－孝子
21 杜縉(縉一作搢,字端叔,號新沙)
(明・江西豐城人)
[宣統]山東 72/50
[乾隆]東昌 34/25
[康熙]臨清州 3/名宦 6
[乾隆]臨清州 9/10
[乾隆]臨清直隸州 6/76
[民國]臨清縣/秩官 61
杜經(明・魚臺人)
[康熙]魚臺 17/25
[乾隆]魚臺 11/40
[光緒]魚臺 3/25
杜仁(字仲良)
(元・長清人)
[嘉靖]山東 29/22
[康熙]山東 39/20
杜衍(字世昌)
(宋・越州山陰人)
[嘉靖]山東 26/10
[康熙]山東 33/12
[雍正]山東 27/35
[宣統]山東 68/39
[萬曆元年]兖州 39/名宦 11
[萬曆二十四年]兖州 28/4
[康熙]兖州 22/4
[乾隆]兖州 22/11
杜仁傑(字仲梁)
(元・長清人)
[康熙]山東 46/2
[康熙]濟南 48/5
[道光]濟南 48/17
[康熙]長清 9/68
[道光]長清 11/4
杜衍禧(字齊伯)
(明・冠縣人)
[道光]冠縣 8/上 22
[光緒]冠縣 8/孝義
[民國]冠縣 8/人物志 27
杜能忠(字獻彤,號坦齋)
(清・樂陵人)
[乾隆]武定府 25/58
[咸豐]武定府 25/文苑 18
[乾隆]樂陵 6/29
杜占鰲(膠州人)
[民國]增修膠志 46/7
杜儒恩(清・慶雲人)
[民國三年]慶雲 2/72
杜行敏(唐)
[雍正]山東 27/20
[宣統]山東 68/8
[道光]濟南 33/25
22 杜巖(字魯瞻)
(清・青城人)
[乾隆]青城 8/12,12/21
[民國]青城續修 4/人物 22,4/藝文上 33
杜繼唐(字稚川)
(清・高唐人)
[光緒]高唐州 5/2－35
[民國]高唐縣 12/46
杜崇禮(字澹園)
(清・鄒縣人)
[光緒]鄒縣續志 12/上 5
鄒縣鄉土志耆舊錄/19
杜繼李(明・深澤人)
[順治]定陶 4/5
23 杜峨(字奉璋)
(清・博興人)
[民國]重修博興 13/37
杜允(明・郯城人)
[康熙]郯城 8/8
杜岱元(字資萬)
(清・寧陽人)
[光緒]寧陽 15/36
杜允升(字大猷)
(明・寧陽人)
[咸豐]寧陽 13/50
[光緒]寧陽 13/62
杜允中(字仲用)
(清・河南閿鄉人)
[宣統]山東 75/46
[民國]無棣 9/3
杜伏威(唐・章丘人)
[至元]齊乘 6/19
[嘉靖]山東 29/10
[康熙]山東 39/9
[雍正]山東 28/人物二 1
[宣統]山東 156/13
[康熙]濟南 43/3
[道光]濟南 71/3
[嘉靖]章丘 3/63
[萬曆]章丘 22/96
[康熙]章丘 6/9

［乾隆］章邱 9/42
［道光］章邱 11/11
24 杜紘（字君章）
（宋・濮州鄄城人）
［嘉靖］山東 26/12,31/23
［康熙］山東 33/14,41/19
［雍正］山東 28/人物二 42
［宣統］山東 157/24
［乾隆］泰安府 14/20
［萬曆元年］兗州 38/循吏 31
［萬曆二十四年］兗州 28/7
［康熙］兗州 22/7
［萬曆］東昌 19/40
［乾隆］曹州府 14/28
［嘉靖］濮州 5/23
［康熙］濮州 3/57
［宣統］濮州 4/64
［康熙］東平州 4/40
［乾隆］東平州 12/18
［道光］東平州 12/18
［光緒］東平州 14/18
東平州鄉土志上/政績錄 12
［民國］東平縣 9/10
杜佑（字君卿）
（唐・京兆萬年人）
［雍正］山東 27/21
［宣統］山東 68/7
［道光］濟南 33/25
杜佐宸（字紫庭）
（濰縣人）
［民國］濰縣志稿 42/28
杜勉初（字彬雅）
（清・夏津人）
［民國］夏津續編 8/20
杜德裕（清・東平人）
［光緒］東平州 15/中 46
［民國］東平縣 11/中 14
25 杜純（字孝錫）
（宋・濮州鄄城人）
［嘉靖］山東 31/23
［康熙］山東 41/19
［宣統］山東 157/23
［萬曆］東昌 19/40
［乾隆］曹州府 14/28
［嘉靖］濮州 5/22
［萬曆］濮州 3/鄉賢 25
［康熙］濮州 3/56
［乾隆］濮州 3/57
［宣統］濮州 4/63
杜傑（字汝興）
（明・丹徒人）
［乾隆］東昌 23/19
［嘉慶］東昌 42/17
［萬曆］恩縣 6/26
［宣統］重修恩縣 9/31
［民國］重修恩縣 12/上 24
杜傑（號紹甫）
（清・聊城人）
［康熙］聊城 3/49
杜律（字以六）
（明・濱州人）
［康熙］濱州 7/10
［咸豐］濱州 10/19
濱州鄉土志/耆舊錄
杜傳榮（清・濰縣人）
［民國］濰縣志稿 31/17
26 杜伯璘（金・東沂人）
［咸豐］金鄉縣志略 7/5
杜伯達（字元乳）
（清・濱州人）
［乾隆］武定府 25/52
［咸豐］武定府 25/文苑 12
［康熙］濱州 7/30
［咸豐］濱州 10/29
濱州鄉土志/學問
杜和泰（清・宛平人）
［道光］濟南 38/24
［民國］重修新城 11/28
杜得臣（漢・胡陵人）
［康熙］魚臺 17/30
［乾隆］魚臺 11/1
［光緒］魚臺 3/1
27 杜翺（字雲翰）
（元・上都人）
［嘉靖］山東 25/24
［康熙］山東 32/13
［雍正］山東 27/25
［宣統］山東 69/22
［康熙］濟南 25/23
［道光］濟南 34/36
［康熙四十三年］長山 3/宦績
［康熙五十五年］長山 3/29
［嘉慶］長山 5/38
長山縣鄉土志/政績錄
杜句（字濟美）
（明・樂陵人）
［乾隆］武定府 25/51
［咸豐］武定府 25/文苑 11
［乾隆］樂陵 6/25
樂陵縣鄉土志 3/23
杜翻（字雲巢）
（清）
［宣統］山東 171/22
杜紹（明・滕縣人）
［康熙］滕志 8/人物 23
杜紹琦（字肖韓）
（長清人）
［民國］長清 12/25
杜象嶠（清・臨沂人）
［民國］續修臨沂 16/16
杜紹先（字光魯）
（清・濱州人）
［乾隆］武定府 24/11
［咸豐］武定府 24/清介 11
［咸豐］濱州 10/10
濱州鄉土志/耆舊錄
杜侗初（字御叢）
（清・夏津人）
［民國］夏津續編 8/84
杜繩春（清・恩縣人）
［嘉慶］東昌 32/67
［宣統］重修恩縣 7/51,8/47
［民國］重修恩縣 11/鄉賢 67
28 杜綸（明・莒縣人）
［萬曆］青州 13/73
［康熙十五年］青州 13/73
［康熙四十八年］青州 13/事功 57
［乾隆］沂州府 26/19
［雍正］莒州 9/38
［嘉慶］莒州 9/24
［民國］重修莒志 65/1
杜從訓（字義方）
（元・鄆城人）
［宣統］山東 163/28
杜復大（字敦吉）
（清・高唐人）

［乾隆］東昌 43/33
［乾隆］高唐州續志 2/8
［道光］高唐州 5/2－13
［光緒］高唐州 5/2－16
［民國］高唐縣 12/40
杜牧春（清・臨邑人）
［同治］臨邑 9/忠藎 5
30 **杜宏**（晉・平原人）
［宣統］山東 165/4
［咸豐］青州 64/11
［光緒］益都縣圖志 53/2
杜密（字周甫）
（漢・潁川陽城人）
［嘉靖］山東 27/1
［康熙］山東 35/2
［雍正］山東 27/52
［宣統］山東 66/29
［嘉靖］青州 13/10
［萬曆］青州 12/9
［康熙十五年］青州 12/9
［康熙四十八年］青州 12/9
［康熙六十年］青州 12/4
［咸豐］青州 34/8
［萬曆元年］兗州 39/名宦 5
［萬曆］萊州 5/56
［康熙］萊州 8/12
［乾隆］萊州 9/4
萊州府鄉土志/上 6
［萬曆］濰縣 7/1
［康熙］濰縣 5/名宦 1
［乾隆］濰縣 3/38
［民國］濰縣志稿 20/3
濰縣鄉土志/9
［乾隆］高密 10/後 1
［光緒］高密 10/54
高密縣鄉土志/上 6
杜瀛（清・高唐人）
［道光］高唐州 5/1－44
［光緒］高唐州 5/1－46
［民國］高唐縣 12/83
杜安詩（字蓉鏡）
（清・順天寧河人）
［宣統］山東 75/29
［光緒］陵縣 18/17
杜宗舜（字希聖）
（明・直隸定興歲貢）
［嘉慶］德平 5/8
［光緒］德平 5/8
杜守貞（字子幹，一作子餘）
（明・鄒縣人）
［光緒］鄒縣續志 12/中 1
鄒縣鄉土志耆舊錄/25
杜宗嶽（字古愚）
（清・福山人）
［光緒］增修登州 40/16
［民國］福山縣志稿 7/2－26
杜家修（字獻廷）
（黃縣人）
［民國］黃縣志稿 13/民國懿行
杜永修（字子慎）
（清・壽光人）
［民國］壽光 12/人物志二 24
杜寶安（隋・雲中人）
［康熙］萊陽 5/3
杜永福（清・費縣人）
［乾隆］沂州府 26/9
［康熙］費縣 7/12
杜良祚（字步武）
（清・江南沙河人）
［雍正］山東 27/106
［宣統］山東 75/45
［康熙］濟南 26/10
［乾隆］武定府 16/25，34/45
［咸豐］武定府 19/海豐 2，34/傳 3
［康熙］海豐 9/5
海豐縣鄉土志/政績
［民國］無棣 9/3
杜之楨（清・茌平人）
［乾隆］東昌 43/13
［嘉慶］東昌 32/39
［康熙四十九年］茌平 2/51
［宣統］茌平 14/7
［民國］茌平 3/74
杜宗華（字景西）
（清・平陰人）
［光緒］平陰 5/41
杜之棟（明・郯城人）
［雍正］山東 28/人物四 3
［宣統］山東 173/13
［乾隆］沂州府 26/12
［康熙］郯城 7/6
［乾隆］郯城 9/9
［嘉慶］續修郯城 7/15
杜永敬（字肅庵）
（清・齊東人）
［民國］齊東 5/25
齊東縣鄉土志/耆舊錄 2
杜守忠（字藎臣）
（清・平原人）
［民國］續修平原 10/上 11
杜守常（字振綱）
（清・夏津人）
［民國］夏津續編 8/36
31 **杜河**（明・丹徒人）
［道光］濟南 36/44
［嘉慶］禹城 7/29
［民國］禹城 3/46
杜潛（明・高唐人）
［道光］高唐州 5/1－10
［光緒］高唐州 5/1－10，7/2－22
［民國］高唐縣 12/67
杜源（字左泉）
（清・濱州人）
［咸豐］濱州 10/32
杜澐（字靜蘭）
（清・浙江會稽人）
［民國］重修新城 11/29
杜濬川（字濟臣）
（德縣人）
［民國］德縣 10/77
32 **杜漸**（明）
［康熙］濟南 25/44
［道光］濟南 36/35
［康熙］新修齊東 4/15
［民國］齊東 3/56
杜兆麟（字聖符）
（廣饒人）
［民國］續修廣饒 19/77
杜兆瑞（清・高唐人）
［道光］高唐州 5/2－22
［光緒］高唐州 5/2－25
［民國］高唐縣 12/51
33 **杜溥**（字浩卿）
（元・冠縣人）
［康熙］山東 32/12

［宣統］山東 161/20
［康熙］濟南 25/20
［道光］濟南 34/40
［萬曆］濟陽 6/10,9/22
［乾隆］濟陽 6/30
［民國］濟陽 9/37,17/5
杜溥（元・魏縣人）
［嘉靖］山東 25/23
［雍正］山東 27/25
杜溥（字魯菴）
（清・歷城人）
［道光］濟南 53/13
［乾隆］歷城 38/13
杜浦（元・冠州人）
［嘉靖］冠縣 4/2
杜述先（字裔魯）
（清・濱州人）
［乾隆］武定府 26/17
［咸豐］武定府 26/義行 17
［咸豐］濱州 10/厚德 4
濱州鄉土志/耆舊錄
杜必擢（清・陝西咸陽人）
［宣統］山東 77/5
［康熙六十年］青州 12/42
［咸豐］青州 37/7
［康熙十二年］博興 6/3
［康熙六十年］博興 7/15
［道光］博興 10/6
［民國］重修博興 12/5
34 **杜漢**（字鳴皋,初名鶴,號愚齋）
（清・滕縣人）
［道光］滕縣志 8/儒林 30
滕縣鄉土志/27
杜漢（清・濰人）
［宣統］山東 177/25
［民國］濰縣志稿 31/10
杜濩（明）
［乾隆］武定府 16/41
［咸豐］武定府 19/霑化 1
［光緒］霑化 5/16
［民國］霑化 4/職官 34
杜淇（字右川）
（清・膠州人）
［道光］重修膠州 29/11
［民國］增修膠志 44/9
杜澳（字子濂,號湄村）
（清・濱州人）
［雍正］山東 28/人物四 17
［宣統］山東 171/30
［康熙］濟南 37/14
［乾隆］武定府 23/32
［咸豐］武定府 23/名臣 32
［康熙］濱州 7/11
［咸豐］濱州 10/9
濱州鄉土志/耆舊錄
杜祐（見杜佑）
杜汝愛（明・棲霞人）
［光緒］增修登州 43/20
［康熙］棲霞 6/20
［乾隆］棲霞 7/2
杜漢徽（後周・京兆長安人）
［嘉靖］武定州下/48
［萬曆］武定州 10/4
［崇禎］武定州 7/17
杜汝深（字素賓）
（清・夏津人）
［民國］夏津續編 8/5
杜汝標（明）
［乾隆二十五年］泰安縣 14/40
杜汝芳（字滋榮）
（清・禹城人）
［民國］禹城 6/75
35 **杜溱**（字聖符）
（清・樂陵人）
［乾隆］樂陵 6/41
杜沛霖（字石塘）
（清・黃縣人）
［民國］黃縣志稿 13/清懿行
杜連山（清・海豐人）
海豐縣鄉土志/耆舊－事業四
杜清和（字小鶴）
（清・鄒縣人）
［光緒］鄒縣續志 12/上 7
鄒縣鄉土志耆舊錄/20
杜冲凱（清・福山人）
［乾隆］福山 8/68
杜清溪（清・臨朐人）
臨朐縣鄉土志 1/耆舊
杜冲斗（清・福山人）
［乾隆］福山 8/39
杜連湘（清・滋陽人）
［民國］續滕縣志 1/28
杜清華（字春林,號蓮峯）
（清・掖縣人）
［民國］四續掖縣 6/16
36 **杜渭**（清・高唐人）
［宣統］山東 174/12
［道光］高唐州 5/1－34
［光緒］高唐州 5/1－34
［民國］高唐縣 12/9
杜暹（唐・濮陽人）
［嘉靖］山東 31/13
［雍正］山東 28/人物二 8
［萬曆］東昌 19/22
［乾隆］曹州府 14/15
［嘉靖］濮州 5/7
［萬曆］濮州 3/鄉賢 8
［康熙］濮州 3/40
［乾隆］濮州 3/41
［宣統］濮州 4/47
杜澤（字子潤）
（明・沂水人）
［康熙］山東 42/21
［雍正］山東 28/人物三 1
［宣統］山東 160/14,162/35
［嘉靖］青州 14/26
［萬曆］青州 14/50
［康熙十五年］青州 14/50
［康熙四十八年］青州 14/儒行 7
［康熙六十年］青州 15/8
［乾隆］沂州府 27/6
［康熙］沂水 4/49
［道光］沂水 7/34
杜遇春（明・衡水人）
［道光］濟南 36/45
［嘉慶］禹城 7/32
［民國］禹城 3/48
37 **杜潤**（字彥文）
（元・鄆城人）
［嘉靖］山東 26/14
［康熙］山東 33/17
［萬曆二十四年］兗州 28/20
［康熙］兗州 22/20
［乾隆］兗州 22/16

［乾隆］曹州府 14/32
［萬曆］汶上 5/2
［崇禎］鄆城 5/7
［康熙］鄆城 5/11
［光緒］鄆城 5/16
杜鴻謨（清・陽穀人）
［光緒］陽穀 6/28
杜冠玉（字美如）
（清・濮州人）
［宣統］濮州 4/110
杜淑禹（字紹霞）
（清・濟寧人）
［道光］濟寧直隸州 8/4－40
杜鴻漸（字子巽，一作之選，一作之巽）
（唐・濮州濮陽人）
［嘉靖］山東 31/13
［康熙］山東 41/11
［雍正］山東 28/人物二 10
［萬曆］東昌 19/24
［乾隆］曹州府 14/15
［嘉靖］濮州 5/12
杜鴻洲（字瀛橋）
（清・長清人）
［民國］長清 13/18
杜鴻達（清・臨沂人）
［民國］續修臨沂 16/15
杜鴻漢（字雲橋）
（清・長清人）
［民國］長清 13/22
杜鴻洙（字文泉）
（清・長清人）
［民國］長清 13/27
杜逢春（字見賓，號茂華）
（明・德州人）
［民國］德縣 10/15
杜逢春（字毓芳）
（清・高苑人）
高苑縣鄉土志/兵事
38 **杜洽**（字玉峰）
（明・北直任丘人）
［雍正］山東 27/79
［宣統］山東 72/23
［萬曆］青州 12 又/又 18
［康熙十五年］青州 12 又/18
［康熙四十八年］青州 12 又/18
［康熙六十年］青州 12/34
［乾隆］沂州府 20/11
［康熙二十四年］蒙陰 3/11
［宣統］蒙陰 3/宦績
杜祥（明・滕縣人）
［嘉靖］山東 35/4
［康熙］山東 45/9
［萬曆二十四年］兗州 37/4
［康熙］兗州 28/33
［乾隆］兗州 23/38
［萬曆］滕志 8/52
［康熙］滕志 8/人物 9
［康熙］滕縣志 8/孝行 8
［道光］滕縣志 9/孝義 2
滕縣鄉土志/29
杜道儁（北魏・魏郡鄴人）
［宣統］山東 67/9
杜祥道（字同壽）
（唐・濮陽人）
［嘉靖］濮州 5/8
40 **杜坊**（字建屏）
（清・濱州人）
［咸豐］濱州 10/25
濱州鄉土志/耆舊錄
杜李（明・莒縣人）
［民國］重修莒志 61/3
杜壽（字志仁）
（明・東阿人）
［乾隆］泰安府 17/5
［康熙五十四年］東阿 7/14
［道光］東阿 14/人物下 13
杜雄（晉・平原人）
［道光］濟南 33/13
［萬曆］平原下/12
［乾隆］平原 6/25
平原縣鄉土志輯稿/政蹟
杜雄（明・永寧人）
［光緒］寧津 6/27
寧津縣志料 3/人物－名宦
杜蕭（字夔臣）
（清・武定人）
［宣統］山東 171/34
［乾隆］武定府 24/47
［咸豐］武定府 24/循良 37，35/誌銘 36
［咸豐］濱州 10/12，11/誌銘 10
濱州鄉土志/耆舊錄
杜嘉慶（字隆徵，一作龍徵）
（明・嘉祥人）
［道光］濟寧直隸州 8/2－55
［順治］嘉祥 3/12，4/33，4/55
［乾隆］嘉祥 3/23，4/45
［光緒］嘉祥 3/23，4/54
杜克廣（字德心）
（清・寧陽人）
［光緒］寧陽 15/25
杜士晉（清・順天人）
［乾隆］東昌 44/26
［乾隆］臨清州 12/9
［乾隆］臨清直隸州 8/上 84
杜大勇（清・長清人）
［民國］長清 11/30
杜存仁（清・濰縣人）
［乾隆］濰縣 4/23
［民國］濰縣志稿 31/5
濰縣鄉土志/21
杜有俊（字灼三）
（清・平原人）
［民國］續修平原 10/上 13
杜大生（字鶴皋）
（清・高唐人）
［道光］高唐州 5/1－44
［光緒］高唐州 5/1－46
［民國］高唐縣 12/13
杜士久（字文遠）
（清・即墨人）
［同治］即墨 9/52
杜志禎（清・茌平人）
［民國］茌平 3/93
杜大海（字雙成）
（清・莘縣人）
［民國］莘縣 7/22
杜友直（字昌言）
（清・鄆城人）
［光緒］鄆城 16/31
杜嘉楨（清・鄒縣人）
［康熙］兗州 28/40
［乾隆］兗州 23/77
杜培芸（字翰臣）
（清・鄒縣人）

［光緒］鄒縣續志 12/上 5
鄒縣鄉土志耆舊錄/23
杜志攀（明・陝西鄜縣人）
［道光］重修平度州 16/19
平度鄉土志 2/政績
杜友槐（字蔭三）
（清・高唐人）
［民國］高唐縣 12/21,15/80
杜希忠（清・淄川人）
［宣統］三續淄川 9/83
杜士盛（清・高密人）
［光緒］高密 8/上 42
［民國］高密 14/上 44
杜培煛（字藜暉）
（清・鄒縣人）
［光緒］鄒縣續志 12/中 2
鄒縣鄉土志耆舊錄/26
杜克勵（字省齋）
（清・鄒縣人）
［光緒］鄒縣續志 12/上 10
鄒縣鄉土志耆舊錄/21
杜克舉（字樊侯）
（清・長山人）
［道光］濟南 55/35
［嘉慶］長山 8/25
杜克賢（字薦鶚）
（清・長清人）
［民國］長清 13/21
杜希賢（字上達）
（明・即墨人）
［乾隆］即墨 9/9
［同治］即墨 9/9
即墨縣鄉土志/耆舊－事業二
杜克義（字彥方）
（明・嘉祥人）
［道光］濟寧直隸州 8/2－54
［順治］嘉祥 4/40
［乾隆］嘉祥 3/34
［光緒］嘉祥 3/41
杜壽銘（字菊泉）
（東平人）
［民國］東平縣 11/上 23
杜克筠（字介青）
（清・寧陽人）
［咸豐］寧陽 15/18
［光緒］寧陽 15/25
41 **杜標**（清・福山人）
［乾隆］福山 8/68
杜楷（明・臨淮人）
［康熙］堂邑 10/3
［康熙］沂水 4/29
［道光］沂水 5/30
杜楷（清・博興人）
［咸豐］青州 50/11
［道光］博興 11/37
［民國］重修博興 13/36
杜楨（字彥通）
（元・陽平人）
［道光］冠縣 9/10
［光緒］冠縣 9/10
［民國］冠縣 9/10
42 **杜圻**（字季封）
（清・濱州人）
［咸豐］濱州 10/15
44 **杜桂**（字巖仙，號丹崖）
（清・黃縣人）
［光緒］增修登州 40/10
［同治］黃縣 8/8
［民國］黃縣志稿 13/清仕績
杜林（字伯山）
（漢・扶風茂陵人）
［光緒］嶧縣 19/14
杜勤（字勵如）
（明・滕縣人）
［康熙］滕志 8/人物 23
［康熙］滕縣志 8/貞夫 2
［道光］滕縣志 9/忠節 2
杜萱（字文孝，別號南山）
（明・東阿人）
［乾隆］泰安府 17/5
［萬曆二十四年］兗州 36/13
［康熙］兗州 28/12
［康熙五十四年］東阿 7/15
［道光］東阿 14/人物下 14
［光緒］東阿縣鄉土志 4/8
杜葉（字擴溪）
（清・平原人）
［民國］續修平原 6/6
杜薏（字幼之）
（清・臨沂人）
［民國］臨沂 10/53
杜英（明・泰安人）
［康熙］濟南 40/5
［康熙］泰安州 3/27
［乾隆］泰安府 17/4
［乾隆二十五年］泰安縣 12/15
［乾隆四十七年］泰安縣 10/上 11
［道光］泰安縣 9/60
［民國］重修泰安縣 8/10
泰安縣鄉土志/耆舊 11
杜蘊璣（字玉尺）
（清・滋陽人）
［乾隆］兗州 23/74
［光緒］滋陽 8/42
滋陽縣鄉土志 1/耆舊－鄉賢
杜華先（字孝卿）
（明・冠縣人）
［雍正］山東 28/人物三 52
［宣統］山東 161/51
［乾隆］東昌 38/31
［嘉慶］東昌 29/3
［萬曆］冠縣 4/6,4/11
［道光］冠縣 8/上 4
［光緒］冠縣 8/鄉賢
［民國］冠縣 8/人物志 4
冠縣鄉土志/耆舊－事業
杜芳生（清・樂陵人）
樂陵縣鄉土志 3/64
杜薪傳（清・高唐人）
［道光］高唐州 5/2－22
［光緒］高唐州 5/2－25
［民國］高唐縣 12/51
杜世禎（號文江）
（明・滕縣人）
［康熙］滕志 7/77
［康熙］滕縣志 7/72
［道光］滕縣志 9/隱逸 7
杜蔭灝（字少梁）
（清・掖縣人）
［光緒］三續掖縣 2/4
杜其漸（清・山西大同人）
［宣統］山東 75/19
［道光］濟南 38/30
［順治］濟陽縣續志縣官

補/8
[乾隆]濟陽 6/32
[民國]濟陽 9/38
杜蔭溥(字珍泉)
(清・掖縣人)
[民國]四續掖縣 6/8
杜若樸(字質公)
(明・濱州人)
[乾隆]武定府 23/50
[咸豐]武定府 23/忠節 20
[康熙]濱州 7/21
[咸豐]濱州 10/18
濱州鄉土志/耆舊錄
杜葆蒸(字餤舒)
(清・夏津人)
[民國]夏津續編 8/31
杜桂林(字枝山,號月樵)
(清・東平人)
[民國]東平縣 11/上 42
杜蘭芳(字馥亭)
(清・博興人)
[民國]重修博興 13/55
杜蘭茂(長清人)
[民國]長清 12/19
杜其萌(字于先)
(明・濱州人)
[乾隆]武定府 24/23
[咸豐]武定府 24/循良 13
[萬曆]濱州 3/27
[康熙]濱州 7/7
[咸豐]濱州 10/8
濱州鄉土志/耆舊錄
杜其萌(清・蒙陰人)
[康熙四十八年]青州 14/忠義 11
[康熙六十年]青州 17/6
[乾隆]沂州府 26/5
[康熙十一年]蒙陰 2/32
[康熙二十四年]蒙陰 4/15
[宣統]蒙陰 4/孝義
杜若蘭(字蘅洲)
(清・汶上人)
[康熙]續修汶上 4/人物 16
杜若棟(字雲生)
(清・冠縣人)
[民國]冠縣 8/人物志 43
冠縣鄉土志/耆舊－學問
杜其泰(清・淄川人)
[宣統]三續淄川 9/95
杜執中(字允若)
(清・東平人)
[光緒]東平州 15/下 16
[民國]東平縣 11/中 32
杜世威(明・章邱人)
[雍正]山東 31/9
[康熙]濟南 49/3
[道光]濟南 61/3
[萬曆]章丘 32/83
[康熙]章丘 6/56
[乾隆]章邱 9/46
[道光]章邱 11/73
杜芳田(字春甸)
(清・臨邑人)
[民國]續修臨邑 3/37
杜世昌(元・四川嘉州人)
[嘉靖]山東 25/23
[康熙]山東 32/11
[雍正]山東 27/24
[宣統]山東 69/23
[康熙]濟南 25/18
[道光]濟南 34/43
[康熙]長清 8/44,12/108
[道光]長清 3/6
杜燕駒(一名括,字綜甫,又字宗佛,號小園)
(清・掖縣人)
[民國]四續掖縣 4/77
杜若谷(字山公)
(明・濱州人)
[康熙]濱州 7/33
[咸豐]濱州 10/隱逸 8
[乾隆]武定府 26/24
[咸豐]武定府 26/隱逸 2
45 **杜楝**(字孔材)
(明・即墨人)
即墨縣鄉土志/耆舊－事業二
46 **杜塄**(號石樵)
(清・濱州人)
[宣統]山東 171/21
[咸豐]武定府 23/名臣 40
[咸豐]濱州 10/13
濱州鄉土志/學問
杜恕(明・鄒縣人)
[嘉靖]鄒縣地理誌 1/又 25
杜坦(南北朝)
[光緒]益都縣圖志 15/4
杜旭(字子旦)
(明・濱州人)
[乾隆]武定府 25/11
[咸豐]武定府 25/孝友 11
[康熙]濱州 7/18
[咸豐]濱州 10/22
濱州鄉土志/耆舊錄
杜相生(字殿卿)
(清・長清人)
[民國]長清 13/16
杜如奇(清・東平人)
[乾隆]東平州 15/19
[道光]東平州 15/19
[光緒]東平州 15/下 27
[民國]東平縣 11/下 4
東平州鄉土志上/耆舊錄 36
杜如杜(字少亭)
(清・鉅野人)
[民國]續修鉅野 7/下 12
杜如松(明・觀城人)
[康熙]觀城 4/12
47 **杜超**(北魏・魏郡鄴人)
[光緒]莘縣 5/2
[民國]莘縣 3/2
杜根(字伯堅)
(漢・穎川定陵人)
[萬曆二十四年]兗州 26/11
[康熙]兗州 21/10
杜坰(字正思)
(清・滕縣人)
[道光]滕縣志 8/吏治 9
滕縣鄉土志/20
杜均瑞(清・章邱人)
[道光]章邱 11/80
48 **杜翰**(字季園)
(清)
[宣統]山東 171/22
杜敬(明・博平人)
[正德]博平 4/75
杜松賓(南北朝・北海人)
[至元]齊乘 6/18

[嘉靖]山東33/5
[康熙]山東44/5
[宣統]山東164/7
[嘉靖]青州15/5
[萬曆]青州14/4
[康熙十五年]青州14/4
[康熙四十八年]青州14/忠義4
[康熙六十年]青州17/3
[萬曆]萊州6/2
[康熙]萊州10/45
[乾隆]萊州11/忠節1
萊州府鄉土志/下5
[萬曆]濰縣9/3
[康熙]濰縣5/人物9
[乾隆]濰縣4/16
[民國]濰縣志稿31/22
濰縣鄉土志/14
杜翰三(清·濟陽人)
[民國]濟陽11/20
杜翰池(字墨卿)
(清·陽穀人)
[民國]增修陽穀人物/師道24
杜松年(字遐齡,號祝蓬,別號竹朋)
(清·齊河人)
[民國]齊河33/61
50 **杜忠**(明·單縣人)
[順治]單縣3/7
杜忠(字孚若,一作孚世)
(明·河南河陰人)
[嘉靖]山東25/27
[康熙]山東32/15
[雍正]山東27/27
[宣統]山東71/13
[康熙]濟南25/34
[道光]濟南36/30
[天啟]新城6/知縣,12/記
[崇禎]新城6/知縣,12/記
[康熙]新城5/3
[道光]新城/名宦
[民國]重修新城10/5
新城縣鄉土志/政績－明知縣
杜忠訓(字希德,號西菴)
(明·鄒縣人)
鄒縣鄉土志耆舊錄/14
杜申錫(字及甫)
(清·黃縣人)
[同治]黃縣8/22
[民國]黃縣志稿13/清文學
杜春恒(字民鋒)
(東平人)
[民國]東平縣11/上23
51 **杜搢**(見杜縉)
杜振玉(清·寧陽人)
寧陽縣鄉土志/21
杜振翮(字方翀)
(清·齊河人)
[民國]齊河23/14,23/45,27/36
杜振常(清·夏津人)
[民國]夏津續編8/5
52 **杜挺秀**(鉅野人)
[民國]續修鉅野5/上12
53 **杜甫**(字子美,一字少陵)
(唐·襄陽人)
[雍正]山東31/13
[康熙]濟南50/3
[道光]濟南62/2
[康熙]濟寧州7/41
[乾隆]濟寧直隸州28/12
[道光]濟寧直隸州8/4－44
[崇禎]歷乘16/60
[崇禎]歷城10/29
[乾隆]單縣7/42
[萬曆]汶上6/19
[康熙]滋陽4/上54
[光緒]滋陽9/55
[康熙]鄆城5/37
[光緒]鄆城5/41
杜咸升(字履階)
(清·即墨人)
[乾隆]萊州11/孝義10
[乾隆]即墨9/26
[同治]即墨9/32
即墨縣鄉土志/耆舊－事業四
杜成才(字雲峯)
(清·齊東人)
[民國]齊東5/23
齊東縣鄉土志/耆舊錄2
杜成基(字建業)
(清·臨沂人)
[民國]續修臨沂16/25
杜成林(字竹菴)
(清·文登人)
[道光]文登5/20
[光緒]文登10/上11
杜甫成(明·平原人)
[康熙]濟南47/15
[道光]濟南52/61
[萬曆]平原上/67
[乾隆]平原8/10
平原縣鄉土志輯稿/孝義
57 **杜輅**(字從殷)
(明·泗水人)
[康熙]山東40/58
[雍正]山東28/人物三44
[宣統]山東161/47
[萬曆二十四年]兗州36/24
[康熙]兗州28/23
[乾隆]兗州23/46
[萬曆]泗水6/7
[順治]泗水6/7
[光緒]泗水10/24,11/4
[光緒]泗水縣鄉土志/10
58 **杜整**(字皇育)
(隋·京兆杜陵人)
[康熙]萊陽5/3
60 **杜旻**(明·濱州人)
[乾隆]武定府24/28
[咸豐]武定府24/循良18
[康熙]濱州7/8
[咸豐]濱州10/8
濱州鄉土志/耆舊錄
杜思(明·浙江鄞縣人)
[宣統]山東73/2
[萬曆]青州12/40
[康熙十五年]青州12/40
[康熙四十八年]青州12/40
[康熙六十年]青州12/18
[咸豐]青州36/20
[光緒]益都縣圖志18/9
杜嵒(字雲峰)
(清·東平人)
[光緒]東平州15/下19

[民國]東平縣 11/中 34
杜思訓(字希德,號西菴)
(明・鄒縣人)
[光緒]鄒縣續志 12/上 2
杜景詩(字正思)
(清・寧陽人)
[乾隆]寧陽 7/師範 2
[咸豐]寧陽 14/10
[光緒]寧陽 14/10
杜景衍(清・福山人)
[宣統]山東 176/42
杜思穎(字會新)
(清・高唐人)
[道光]高唐州 5/2-22
[光緒]高唐州 5/2-25
[民國]高唐縣 12/51,12/86
杜足仁(字公溥)
(清・冠縣人)
[道光]冠縣 8/上 28
[光緒]冠縣 8/孝義
[民國]冠縣 8/人物志 33
杜昌獻(清・東平人)
[光緒]東平州 15/中 43
[民國]東平縣 11/中 12
杜恩澤(清・牟平人)
[民國]牟平 7/111
杜景渭(字磻溪)
(清・掖縣人)
[宣統]山東補遺/31
[民國]四續掖縣 4/63
杜墨林(字西園)
(清・寧津人)
[光緒]寧津 8/44
杜國卿(清・牟平人)
[民國]牟平 7/115
杜昌炎(字鳳泉)
(清・太谷人)
[道光]滕縣志 6/僑寓 9
杜恩榮(字綏臣,號少甫)
(清・掖縣人)
[光緒]三續掖縣 1/68
[民國]四續掖縣 6/21
61 杜顯宗(清・定陶人)
[民國]定陶 6/65
杜顯忠(清・定陶人)
[民國]定陶 6/65
杜顯卿(元)
[嘉靖]德州 3/4
63 杜賦(字獻叔)
(明・濱州人)
[乾隆]武定府 23/50
[咸豐]武定府 23/忠節 20
[康熙]濱州 7/20
[咸豐]濱州 10/18
濱州鄉土志/耆舊錄
杜默(字師雄)
(宋・奉符人)
[乾隆二十五年]泰安縣 12/12
[乾隆四十七年]泰安縣 10/上 18
[道光]泰安縣 9/上 70
[民國]重修泰安縣 8/23
泰安縣鄉土志/耆舊 19
64 杜時泰(明・北直滄縣人)
[道光]濟南 36/61
杜時騰(明・南直上海人)
[宣統]山東 73/22
[泰昌]登州 9/30
[順治]登州 11/20
[光緒]增修登州 27/2
[康熙]黃縣 5/11
[乾隆]黃縣 6/名宦 4
[同治]黃縣 6/4
[民國]黃縣志稿 11/宦績
67 杜明(字顏卿)
(元)
[宣統]山東 69/24
[道光]濟南 34/44
[乾隆]德州 8/3
[民國]德縣 9/6
杜鳴謙(字受益)
(清・長山人)
[嘉慶]長山 8/18
杜明珠(清・汶上人)
[宣統]四續汶上稿/人物-耆德傳
68 杜晦(明・交趾國上洪口人)
[萬曆]青州 12 又/7
[康熙十五年]青州 12 又/7
[康熙四十八年]青州 12 又/7
[康熙六十年]青州 12/39
[乾隆]沂州府 20/10
[康熙]沂水 4/27
[道光]沂水 5/28
杜曦(字子昭)
(清・濱州人)
[乾隆]武定府 25/56
[咸豐]武定府 25/文苑 16
[康熙]濱州 7/31
[咸豐]濱州 10/30
濱州鄉土志/學問
71 杜驥(字度世)
(南朝宋・京兆杜陵人)
[宣統]山東 67/2
[嘉靖]青州 13/16
[萬曆]青州 12/10
[康熙十五年]青州 12/10
[康熙四十八年]青州 12/10
[康熙六十年]青州 12/6
[光緒]益都縣圖志 15/4
杜驥(明・高唐人)
[乾隆]東昌 39/20
[嘉慶]東昌 29/4
[道光]高唐州 5/1-21
[光緒]高唐州 5/1-21
[民國]高唐縣 12/68
杜長任(字景伊)
(清・長山人)
[嘉慶]長山 9/36
杜長枚(字卜臣)
(清・鄒縣人)
[民國]續修鄒縣志稿/人物-耆舊
杜長燀(字星垣)
(清・鄒縣人)
[光緒]鄒縣續志 12/上 8
鄒縣鄉土志耆舊錄/19
72 杜彤光(字赤文)
(清・濱州人)
[咸豐]濱州 10/24
濱州鄉土志/耆舊錄
杜彤燀(字曉庭)
(清・濱州人)
[咸豐]濱州 10/12
濱州鄉土志/耆舊錄
77 杜隆(明・直隸深澤人)

［萬曆二十四年］兗州 29/7
［康熙］兗州 22/28
［康熙］鉅野 10/8
［道光］鉅野 10/22
杜閏（見杜潤）
杜閑（唐・襄陽人）
［康熙］滋陽 3/81
杜問（見杜閻）
杜閻（元・鄆城人）
［雍正］山東 28/人物二 62
［宣統］山東 161/21
杜履端（字儀甫）
（清・海豐人）
［雍正］山東 28/人物四 51
［宣統］山東 171/29
［乾隆］武定府 24/32
［咸豐］武定府 24/循良 22
［民國］無棣 11/5
海豐縣鄉土志/耆舊－事業
杜學詩（明・泗水人）
［光緒］泗水 10/30
杜鵬雲（清・歷城人）
［道光］濟南 53/60
［民國］續修歷城 44/17
杜鳳山（字鳴岐）
（清・無棣人）
［民國］無棣 13/32
杜屏巒（字岩泉）
（清・鄆城人）
［光緒］鄆城 8/19
杜鳳岐（字維周）
（清・定陶人）
［民國］定陶 6/68
杜學德（字宣三）
（清・高唐人）
［康熙五十一年］高唐州 6/18
［道光］高唐州 5/1－59
［光緒］高唐州 5/1－66
［民國］高唐縣 12/75
杜開奎（字耀五）
（清・齊河人）
［民國］齊河 33/60
杜與李（字友白）
（清・嘉祥人）
［光緒］嘉祥 3/29
杜殿芳（字香臣）
（清・臨沂人）
［民國］續修臨沂 16/9
杜學莊（清・高密人）
［光緒］高密 8/上 42
［民國］高密 14/上 44
杜與芳（字佩蘭）
（清・恩縣人）
［乾隆］東昌 43/37
［嘉慶］東昌 32/54,32/67
［雍正］恩縣續志 3/31
［宣統］重修恩縣 8/41
［民國］重修恩縣 11/鄉賢 49
杜際春（字會卿，別號柳溪漁人）
（清・鄒縣人）
［民國］續修鄒縣志稿/人物－耆舊
杜鵬舉（明・霸州人）
［萬曆］蒲臺志 8/10
［康熙］重修蒲臺 5/12
［乾隆］蒲臺 2/39
杜殿常（字朝選）
（清・夏津人）
［民國］夏津續編 8/31
78 **杜鑾**（明・陽穀人）
［民國］增修陽穀人物/仕宦 7
杜臨之（字清照）
（清・高唐人）
［光緒］高唐州 5/1－50
［民國］高唐縣 12/19,15/82
79 **杜勝**（唐・京兆萬年人）
［嘉靖］山東 25/5
［康熙］山東 31/6
［雍正］山東 27/4
［乾隆］泰安府 14/12
［萬曆元年］兗州 38/循吏 25
［萬曆二十四年］兗州 27/9
［康熙］兗州 21/23
［康熙］曹州志 7/46
［乾隆］東平州 12/7
［道光］東平州 12/7
［光緒］東平州 14/7
東平州鄉土志上/政績錄 9
［民國］東平縣 9/5
［光緒］菏澤 7/宦蹟 14
80 **杜曾**（宋・濮州人）
［萬曆］東昌 19/36
杜鏡（字寰海）
（清・掖縣人）
［民國］四續掖縣 6/7
杜鑲（字用中）
（清・掖縣人）
［民國］四續掖縣 4/64
杜鏞（明・襄陵人）
［萬曆］青州 12/39
［康熙十五年］青州 12/39
［康熙四十八年］青州 12/39
［康熙六十年］青州 12/25
［咸豐］青州 36/16
［康熙］高苑 3/15
［乾隆］高苑 3/20
杜毓玕（清・高密人）
［光緒］高密 8/上 43
［民國］高密 14/上 45
高密縣鄉土志/上 37
杜毓瑞（字祥久）
（清・博山人）
［乾隆］博山 7/上 28
［民國］續修博山 12/49
杜義山（字玉溪）
（清・鄒縣人）
［光緒］鄒縣續志 12/上 8
鄒縣鄉土志耆舊錄/20
杜全福（字嚮五）
（清・高唐人）
［光緒］高唐州 5/2－28
［民國］高唐縣 12/15
杜金聲（字鎮西）
（東平人）
［民國］東平縣 11/上 22
杜美里（字仁風）
（清・招遠人）
［道光］招遠縣續志 3/15
杜義美（字秉彝）
（清・嶧縣人）
［乾隆］兗州 23/82
杜金錫（字菉泉）
（清・高密人）
［民國］高密 14/上 48
杜無黨（字道平）

（清・德州人）
［道光］濟南 56/83
［乾隆］德州 9/63
［民國］德縣 11/7
德州鄉土志/耆舊 46
杜毓堂（字文庵）
（清・夏津人）
［民國］夏津續編 8/7
杜養性（字敬修）
（清・瀋陽人）
［宣統］山東 76/22
［康熙］兗州續編 14/18
［康熙］曹州志 7/57
［乾隆］曹州府 12/23
［光緒］菏澤 7/宦蹟 25
［光緒］新修菏澤 9/3
菏澤縣鄉土志/10
83 **杜鑌**（明・新泰人）
［天啟］新泰 6/19
［順治］新泰 5/24
［乾隆］新泰 16/6
新泰縣鄉土志/23
84 **杜鎮**（字子靜）
（清・直隸南宮人）
［雍正］山東 27/110
［宣統］山東 75/44
［乾隆］武定府 16/21
［咸豐］武定府 19/陽信 5
［康熙］陽信 7/35
［乾隆］陽信 5/36
信邑志稿 5/宦蹟
［民國］陽信 2/62
陽信縣鄉土志上/政績－去害，耆舊－名宦祠
杜鎮華（字壽西）
（清・濰縣人）
［民國］濰縣志稿 30/54
86 **杜錫俊**（字儀亭）
（臨邑人）
［民國］續修臨邑 3/36
88 **杜籌**（字懷遠）
（清・長山人）
［道光］濟南 55/35
［嘉慶］長山 10/12
杜鑑（明・陽穀人）
［康熙十二年］陽穀 3/9
杜鑑（字心齋）
（清・膠州人）
［民國］增修膠志 47/8
杜鑑（清・臨沂人）
［乾隆］沂州府 26/29
［民國］臨沂 10/59
杜筠（原名春萱，字竹舫）
（長清人）
［民國］長清 12/8
杜銓（字易文）
（清・紹興人）
［乾隆］泰安府 15/31
［乾隆］新泰 11/9，16/15
杜纂（字榮孫，一作榮祖）
（北魏・常山九門人）
［嘉靖］山東 26/22
［康熙］山東 34/2
［雍正］山東 27/41
［宣統］山東 67/15
［萬曆］東昌 18/10
［乾隆］東昌 33/10
［嘉慶］東昌 20/18
［嘉靖］恩縣 7/2
［萬曆］恩縣 4/1
［宣統］重修恩縣 6/38
［民國］重修恩縣 10/56
恩縣鄉土志/8
杜鏇齡（清・直隸舉人）
［民國］齊東 3/63
杜筠昌（明）
［康熙］膠州 5/11
［乾隆］膠州 4/8
［道光］重修膠州 22/1
［民國］增修膠志 17/1
90 **杜常**（字正輔，一作正甫）
（宋・衛州人）
［嘉靖］山東 26/10
［康熙］山東 33/12
［宣統］山東 68/33
［乾隆］泰安府 14/17
［萬曆元年］兗州 38/循吏 29
［萬曆二十四年］兗州 28/6
［康熙］兗州 22/6
［康熙］東平州 4/43
［乾隆］東平州 12/15
［道光］東平州 12/15
［光緒］東平州 14/15
［民國］東平縣 9/9
［光緒］益都縣圖志 16/34
杜懷瑛（字筠谷）
（清・鄒縣人）
［光緒］鄒縣續志 12/上 7
鄒縣鄉土志耆舊錄/19
杜懷琛（字獻齋）
（清・鄒縣人）
［民國］續修鄒縣志稿/人物－耆舊
杜光先（明・博平人）
［康熙］博平 3/62
杜光宗（字駿聲）
（清・掖縣人）
［乾隆］掖縣 4/50
杜尚志（清・魚臺人）
［民國］濟寧直隸州續志 15/2
［光緒］魚臺 3/文行又 1
91 **杜炳**（字象孚）
（清・長山人）
［道光］濟南 55/26
［嘉慶］長山 8/15
杜炳文（清・夏津人）
［民國］夏津續編 8/90
93 **杜悰**（清・棲霞人）
［光緒］增修登州 43/23
［光緒］棲霞縣續志 7/義行 5
94 **杜忱**（字信卿）
（金・長清人）
［康熙］濟南 42/9
［道光］濟南 47/48
［康熙］長清 9/51
［道光］長清 11/4
97 **杜煥沂**（字聖源）
（清・黃縣人）
［光緒］增修登州 40/11
［同治］黃縣 8/21
［民國］黃縣志稿 13/清文學
99 **杜榮申**（字佑之）
（清・齊河人）
［民國］齊河 23/16，32/92

4491_4 桂

09 **桂麟**（字書青）

(清・大興漢軍鑲黃旗人)
[民國]夏津續編 6/33
[民國]鄒平 14/34
17 桂孟(明・江西廣信人)
[嘉靖]山東 26/18
[宣統]山東 72/5
[萬曆元年]兗州 38/循吏 41
[萬曆二十四年]兗州 29/2
[康熙]兗州續編 14/5
[乾隆]兗州 22/23
[嘉靖]鄒縣地理誌 1/30
[萬曆]鄒志 2/11
[康熙十二年]鄒縣志 3/13
[康熙五十五年]鄒縣志 2/44
[民國]續修鄒縣志稿/名宦
鄒縣鄉土志政績錄/3
桂勇(明)
[道光]濟南 36/55
[康熙]德州 7/28
[乾隆]德州 8/6
[民國]德縣 9/7
德州鄉土志政績錄/1
22 桂山(字香南)
(清・滿洲人)
[民國三年]慶雲 1/89
桂峯上人(名性香)
(明)
[宣統]山東 200/35
[同治]即墨 12/11
28 桂馥(字冬卉,號未谷)
(清・曲阜人)
[宣統]山東 172/16
[道光]濟南 38/21
[民國]續修曲阜 5/27,7/26
曲阜縣鄉土志/耆舊－學問
40 桂存九(號九齡)
(清・曲阜人)
[康熙]兗州續編 16/6
[乾隆]兗州 23/76
桂有根(明・河南汝陽人)
[宣統]山東 72/15
[乾隆]濟寧直隸州 22/45
[道光]濟寧直隸州 6/6－31
[康熙五十一年]金鄉 8/17
[乾隆]金鄉 17/7
[咸豐]金鄉縣志略 7/7
[民國]金鄉 11/19
金鄉縣鄉土志/政績錄
44 桂苾(字薌林)
(清・諸城人)
[光緒]增修諸城縣續志 14/2
桂林(清・滿洲正白旗舉人)
[宣統]濮州 4/39
桂枝攀(清・曲阜人)
[乾隆]曲阜 80/14
51 桂軒(姓劉,名鎮贖)
(清・遼陽人)
[光緒]文登 12/6
60 桂昌(字雲酣)
(清・滿洲繙繹舉人)
[宣統]增輯清平 11/8
[民國]清平/秩官 31
清平縣鄉土志/政績
80 桂公瑞(字輯五)
(清・曲阜人)
[民國]續修曲阜 8/32

權

04 權謹(字仲常)
(明・徐州人)
[萬曆]青州 12/22
[咸豐]青州 36/3
[萬曆]樂安 13/2
[雍正]樂安 11/3
[民國]樂安 8/18
[民國]續修廣饒 17/2
23 權綜(明・徐州人)
[萬曆]寧津 5/21
26 權皐(唐)
[民國]臨清縣/秩官 58
30 權濟中(明・壽州人)
[萬曆]濮州 3/名宦 23
[康熙]濮州 3/21
[乾隆]濮州 3/21
[宣統]濮州 4/21
34 權汝欽(字熙坤)
(清)
莘縣鄉土志/政績 9
權汝欽(清・江蘇銅山人)
朝城縣鄉土志/7
44 權萬紀(唐・京兆萬年人)
[雍正]山東 27/20
[宣統]山東 68/7
[道光]濟南 33/24
53 權威(唐)
[宣統]山東 68/14
57 權邦彥(字朝美)
(宋・河間人)
[宣統]山東 68/35
[乾隆]泰安府 14/23
[康熙]東平州 3/6
[乾隆]東平州 12/21
[道光]東平州 12/21
[光緒]東平州 14/21
[民國]東平縣 9/11

4499$_0$ 林

00 林廣(宋・萊州人)
[嘉靖]山東 33/9
[雍正]山東 28/人物二 43
[宣統]山東 157/15
[萬曆]萊州 6/14
[康熙]萊州 10/80
[乾隆]萊州 11/武功 1
[乾隆]掖縣 4/71
[道光]掖乘 4
林廣(明・福建莆田人)
[萬曆]濮州 3/名宦 36
[嘉靖]朝城志 5/14
[康熙]朝城 7/22
林文(字從伯)
(元)
[乾隆]泰安府 18/71
[乾隆]東平州 15/36
[道光]東平州 15/37
[光緒]東平州 15/下 66
林應亮(字熙載)
(明・侯官人)
[康熙]濟寧州 4/7
林庭秀(元・濱州渤海人)
[康熙]濟南 47/3
[乾隆]武定府 26/2
[咸豐]武定府 26/義行 2
[萬曆]濱州 3/51
[康熙]濱州 7/23

[咸豐]濱州 10/厚德 1
濱州鄉土志/耆舊錄
林度潔(清・棲霞人)
[乾隆]棲霞 6/26
林文薦(字潛之)
(清・掖縣人)
[乾隆]掖縣 4/60
林文蘭(明・掖縣人)
[乾隆]掖縣 4/48
林文蔚(字君豹,號元洲)
(明・掖縣人)
[康熙]萊州 10/42
[乾隆]萊州 10/26
[乾隆]掖縣 4/30,7/74
林文英(號育所)
(明・黃縣人)
[光緒]增修登州 39/10
[康熙]黃縣 6/18
[乾隆]黃縣 8/18
[同治]黃縣 8/5
[民國]黃縣志稿 13/明
林應桂(清・宛平人)
[乾隆]夏津 6/21
林慶貽(字福泉)
(清・掖人)
[宣統]山東 177/11
[光緒]三續掖縣 2/又 3
01 **林龍文**(清・高唐人)
[道光]高唐州 5/2－21
[光緒]高唐州 5/2－24
[民國]高唐縣 12/50
02 **林端儒**(字正菴)
(清・臨沂人)
[民國]臨沂 10/58
05 **林靖唐**(字時若)
(清・棲霞人)
[宣統]山東 176/21
[光緒]增修登州 41/32
[乾隆]棲霞 9/21
07 **林調鼎**(清・棲霞人)
[光緒]棲霞縣續志 6/宦績 2
林調陽(清・棲霞人)
[光緒]棲霞縣續志 6/宦績 2
08 **林放**(字子丘)
(春秋・魯人)
[嘉靖]山東 24/9
[康熙]山東 29/9
[雍正]山東 11/闕里二 12
[宣統]山東 153/4
[道光]濟南 71/55
[乾隆]泰安府 16/1
[萬曆二十四年]兗州 7/21
[康熙]兗州 8/22
[乾隆]兗州 7/23
[乾隆二十五年]泰安縣 12/1
[乾隆四十七年]泰安縣 10/上 1
[道光]泰安縣 9/上 49
[民國]重修泰安縣 8/2
泰安縣鄉土志/耆舊 7
[崇禎]曲阜 4/12
[康熙]曲阜 4/12
[康熙]滋陽 4/上 6
[宣統]重修恩縣 6/10
10 **林璽**(清・茌平人)
[宣統]茌平 28/8
[民國]茌平 3/80
林玉(字崑山)
(清・東平人)
[乾隆]東平州 15/26
[道光]東平州 15/26
[光緒]東平州 15/下 34
[民國]東平縣 11/下 9
林元(元・棲霞人)
[光緒]增修登州 38/12
[乾隆]棲霞 6/又 37
林天秩(字惟庸)
(明・掖縣人)
[乾隆]掖縣 4/24
林元禮(字合美)
(清・文登人)
[道光]文登 5/20
[光緒]文登 10/上 11
林雨潤(明・漳州人)
[順治]定陶 4/5
林玉樹(清・利津人)
[光緒]利津 8/孝友 7
林元蘭(字香亭)
(清・茌平人)
[宣統]茌平 28/2
[民國]茌平 3/69
林正茂(字孔時)
(明・秦州人)
[康熙]曹州志 7/52
[光緒]菏澤 7/宦蹟 20
[光緒]新修菏澤 8/10
菏澤縣鄉土志/9
林雲圖(濟寧人)
[民國]濟寧縣 3/5
林再思(清・棲霞人)
[宣統]山東 176/49
[光緒]增修登州 41/32
[乾隆]棲霞 7/10
林一鳳(原名玠,字品仲)
(清・濟寧人)
[民國]濟寧直隸州續志 12/24
林元美(明・福建閩縣人)
[康熙]山東 36/4
[雍正]山東 27/65
[宣統]山東 73/28
[泰昌]登州 9/40
[順治]登州 11/15
[乾隆]續登州 8/2
[光緒]增修登州 32/1
[嘉靖]寧海州下/15
[康熙]寧海州 7/2
[同治]重修寧海州 12/8,15/1
[民國]牟平 6/70
11 **林棐**(明・宣府人)
[萬曆]蒲臺志 8/10
[康熙]重修蒲臺 5/11
[乾隆]蒲臺 2/39
林珩(字楚玉)
(清・茌平人)
[宣統]茌平 13/5
[民國]茌平 3/15
林瑨(字崑璧)
(清・棲霞人)
[光緒]增修登州 41/31
[乾隆]棲霞 9/14
林璿(明・福建長樂人)
[宣統]山東 73/37
[萬曆]萊州 5/75

[康熙]萊州 8/54
[乾隆]萊州 9/23
[康熙]膠州 5/5
[乾隆]膠州 4/9
[道光]重修膠州 22/2
[民國]增修膠志 17/2
膠州直隸州鄉土志 3/政績－聽訟
12 **林瑞**(字兆麟)(清・茌平人)
[宣統]茌平 13/5
[民國]茌平 3/15
林延(元・棲霞人)
[光緒]增修登州 38/12
[乾隆]棲霞 6/又 37
林瑀(字佩和)(清・濟寧人)
[民國]濟寧直隸州續志 12/24
林廷庸(明・福建閩縣人)
[宣統]山東 71/37
[乾隆]泰安府 15/6
[康熙]肥城書下/9
[嘉慶]肥城 15/30
[光緒]肥城 7/45
林廷秀(清・福山人)
[光緒]增修登州 43/17
[乾隆]福山 9 上/52
[民國]福山縣志稿 7/4－1
林廷鸞(字世祥)(明・堂邑人)
[順治]堂邑 2/人物 9
[康熙]堂邑 12/7
林廷芝(清・德平人)
[光緒]德平 7/25
德平縣鄉土志/耆舊錄
林廷翰(宋・寧海人)
[同治]重修寧海州 17/4
林延昌(字燕蒼)(清・掖縣人)
[嘉慶]續掖縣 2/36
13 **林琅**(字鄧野)(清・壽光人)
[嘉慶]壽光 13/22
[民國]壽光 12/人物志一 67
壽光縣鄉土志/耆舊
林琅奉(字輝璧)(清・掖縣人)
[道光]再續掖縣上/54
14 **林瑛**(明・歷城人)
[道光]濟南 49/7
[乾隆]歷城 37/11
15 **林璉**(字仲玉)(清・高唐人)
[道光]高唐州 5/1－32
[光緒]高唐州 5/1－32
[民國]高唐縣 12/9
16 **林聰**(字季聰)(明・福建寧德人)
[宣統]山東 70/6
[道光]濟南 35/1
林環(明・侯官人)
[萬曆]青州 12 又/7
[康熙十五年]青州 12 又/7
[康熙四十八年]青州 12 又/7
[康熙]沂水 4/28
[道光]沂水 5/29
林璟(明・福建懷安人)
[嘉靖]山東 26/20
[康熙]山東 33/23
[雍正]山東 27/93
[萬曆元年]兖州 38/循吏 46
[萬曆二十四年]兖州 29/8
[康熙]兖州 22/29
17 **林弼**(明・福建龍溪人)
[嘉靖]山東 27/12
[康熙]山東 36/3
[雍正]山東 27/65
[宣統]山東 73/20
[泰昌]登州 9/27
[順治]登州 11/14
[光緒]增修登州 25/8
林瑯(見林琅)
林瓊(字廷獻,一作公獻)(明・臨清人)
[雍正]山東 28/人物三 35
[宣統]山東 163/31
[萬曆]東昌 19/60
[乾隆]東昌 39/5
[康熙]臨清州 3/人物 15
[乾隆]臨清州 9/26
[乾隆]臨清直隸州 8/上 11
[民國]臨清縣/人物 5
林翼(元・棲霞人)
[光緒]增修登州 38/12
[乾隆]棲霞 6/又 37
林承吉(清・高唐人)
[乾隆]高唐州續志 2/7
[道光]高唐州 5/2－13
[光緒]高唐州 5/2－16
[民國]高唐縣 12/10
20 **林秀**(字文伯)(清・臨清人)
[乾隆]東昌 43/19
[乾隆]臨清州 9/54
林秀亭(字東園)(清・高唐人)
[光緒]高唐州 5/2－31
[民國]高唐縣 12/17
林維上(明・寧海人)
[光緒]增修登州 44/5
[同治]重修寧海州 20/2
林信占(清・恩縣人)
[宣統]山東 174/21
林秉海(字匯川)(陽穀人)
[民國]增修陽穀人物/仕宦 26
林依泰(字宗魯)(清・臨清人)
[民國]臨清縣/人物 16
21 **林儒**(字西賢)(清・莒縣人)
[嘉慶]莒州 10/9
[民國]重修莒志 65/14
林貞(號善卿)(元・博野人)
[宣統]山東 69/24
[道光]濟南 34/44
林占聚(清・臨沂人)
[民國]續修臨沂 16/11
22 **林山甫**(清・棲霞人)
[乾隆]棲霞 9/34
23 **林峸**(清・棲霞人)
[乾隆]棲霞 7/9
林綜(明・福建莆田人)

［康熙］臨淄 8/10
［民國］臨淄 18/10
林允祚（清・棲霞人）
［光緒］增修登州 43/24
林允期（宋・寧海人）
［同治］重修寧海州 17/4
林牟貽（字次來，號祿泉）
（清・掖人）
［宣統］山東 177/11
［光緒］三續掖縣 2/4，4/29
24 **林德濂**（字式周）
（清・東平人）
［民國］東平縣 11/中 35
林勉森（清・鉅野人）
［民國］續修鉅野 5/上 12
林儲英（清・廣東瓊人）
［宣統］山東 76/18
［乾隆］沂州府 20/17
林德振（明・福建閩縣人）
［康熙］濟南 25/66
［乾隆］武定府 16/15
［咸豐］武定府 19/青城 2
［萬曆］青城 1/49
［乾隆］青城 7/5
［民國］青城續修 4/名宦 14
林贊圖（清・閩縣舉人）
［宣統］蒙陰 3/宦績
25 **林傳香**（字蘭亭）
（東平人）
［民國］東平縣 11/上 23
林生芝（字香圃）
（清・招遠人）
［光緒］增修登州 43/26
［道光］招遠縣續志 3/6
林仲英（清・高唐人）
［乾隆］高唐州續志 2/7
［道光］高唐州 5/2－13
［光緒］高唐州 5/2－16
［民國］高唐縣 12/10
林仲懿（清・棲霞人）
［光緒］增修登州 40/18
［乾隆］棲霞 7/1
林仲呂（清・費縣歲貢）
［康熙］福山 7/31
林純義（清・清平人）
［民國］清平/人物 64
26 **林和**（明・湖廣蘄州人）
［乾隆］沂州府 17/35
林泉（清・棲霞人）
［光緒］增修登州 43/23
［光緒］棲霞縣續志 7/義行 4
林自修（清・高密人）
［光緒］高密 8/上 30
［民國］高密 14/上 31
高密縣鄉土志/上 31
27 **林嵋**（字小眉）
（清・掖縣人）
［乾隆］掖縣 4/67
林叔慶（清・棲霞人）
［乾隆］棲霞 7/5
林紹龍（清・順天宛平人）
［宣統］山東 76/32
［道光］城武 6/37，11/下 29
林彝訓（清・棲霞人）
［光緒］增修登州 43/22
［光緒］棲霞縣續志 7/孝友 1
林繩武（字文孝）
（明・棲霞人）
［光緒］增修登州 41/29
［康熙］棲霞 6/5
［乾隆］棲霞 6/34
林彝倫（清・棲霞人）
［光緒］棲霞縣續志 6/忠義 3
林象芬（字郁圃）
（清・紹興人）
［民國］四續掖縣 4/75
林紹彤（清・寧陽人）
［光緒］寧陽 15/34
28 **林儀**（字德威）
（明・曲阜人）
［民國］續修曲阜 8/57
林峪（明・棲霞人）
［泰昌］登州 11/46
［順治］登州 17/26
［光緒］增修登州 43/20
［康熙］棲霞 6/14
［乾隆］棲霞 7/6
林從新（字會三）
（牟平人）
［民國］牟平 7/81
29 **林嶸**（號爐山）
（清・棲霞人）
［宣統］山東 176/20
［光緒］增修登州 39/23
［乾隆］棲霞 6/35
30 **林宸**（清・棲霞人）
［乾隆］棲霞 7/9
林濂（明・陽穀人）
［民國］增修陽穀人物/仕宦 11
林準（清・棲霞人）
［光緒］棲霞縣續志 7/義行 4
林之珍（明・棲霞人）
［康熙］棲霞 6/35
［乾隆］棲霞 7/27
林宗重（明・莆田人）
［乾隆］東昌 35/24
［嘉慶］東昌 22/28
［嘉靖］恩縣 7/5
［萬曆］恩縣 4/7
［宣統］重修恩縣 6/50
［民國］重修恩縣 10/65
林之佳（清・利津人）
［乾隆］武定府 25/31
［咸豐］武定府 25/孝友 31
［乾隆］利津縣志續編 8/45
［光緒］利津 8/孝友 2
林宗德（明・掖縣人）
［乾隆］掖縣 4/21
林之純（字嘉文）
（金）
［嘉靖］山東 26/26
［康熙］山東 34/7
［雍正］山東 27/91
［宣統］山東 69/10
［萬曆］東昌 18/26
［乾隆］東昌 34/10
［嘉慶］東昌 22/1
［嘉靖］濮州 7/13
［萬曆］濮州 3/名宦 15
［嘉靖］朝城志 5/11
［康熙］朝城 7/14
［康熙十一年］莘縣 5/2
［康熙五十六年］莘縣 5/2

［光緒］莘縣 5/4
［民國］莘縣 3/3
莘縣鄉土志/政績 4
林進祿（明・棲霞人）
［康熙］棲霞 6/35
［乾隆］棲霞 7/27
林之鵷（字漢臣）
（清・濟寧人）
［民國］濟寧直隸州續志 15/2
林之蒨（字素園，號梅村）
（清・濟寧人）
［乾隆］濟寧直隸州 25/38
［道光］濟寧直隸州 8/3－18
林之盛（明・錢塘人）
［嘉慶］慶雲 7/27
［咸豐］慶雲 2/24
［民國三年］慶雲 1/85
林之趾（明・蘄州人）
［萬曆］沂州志 4/59
林宗義（字仲路）
（清・汶上人）
［康熙］續修汶上 4/孝義 4
林守性（清・汶上人）
［宣統］四續汶上稿/人物－孝弟傳
31 **林福**（明・福清人）
［弘治］泰安州 3/8
林渠（明・莆田人）
［乾隆］泰安府 15/5
［天啟］新泰 5/28
［順治］新泰 4/23
［乾隆］新泰 11/10
林濬（見林璿）
林禎（見林貞）
林濬源（字星浦）
（清・歷城人）
［宣統］山東 169/32
［道光］濟南 53/44
［民國］續修歷城 39/27
林河圖（字羲則）
（清・高唐人）
［道光］高唐州 5/1－34
［光緒］高唐州 5/1－34
［民國］高唐縣 12/84
32 **林兆福**（清・茌平人）
［民國］茌平 3/94
林叢桂（字丹忱）
（清・閩清人）
［民國］重修商河 6/75
林兆相（清）
［嘉慶］東昌 31/14
33 **林溥**（字少紫）
（清・江蘇甘泉人）
［光緒］高密 6/26
［民國］高密 12/27
高密縣鄉土志/上 11
高苑縣鄉土志/政績
34 **林汝謨**（字慎人）
（清・文登人）
［光緒］增修登州 39/44
［光緒］文登 9/下 2－4
林汝栢（清・棲霞人）
［光緒］增修登州 43/21
［康熙］棲霞 6/21
［乾隆］棲霞 7/2
林汝楷（清・文登人）
［光緒］增修登州 38/20
林汝松（清・棲霞人）
［光緒］增修登州 43/21
［康熙］棲霞 6/21
［乾隆］棲霞 7/2
35 **林洙**（字孔源）
（明・文登人）
［泰昌］登州 11/24
［順治］登州 16/29
［光緒］增修登州 39/41
［嘉靖］寧海州下/32
［雍正］文登 7/3
［光緒］文登 8/下 1
林清（明・宛平人）
［嘉靖］朝城志 5/12
林清海（字晏如）
（恩縣人）
［民國］重修恩縣 11/鄉賢 77
36 **林泗**（明・福清人）
［乾隆］嶧縣 7/34
林溫（字太和）
（清・茌平人）
［宣統］茌平 15/4
［民國］茌平 3/86
林澤（清・棲霞人）
［光緒］棲霞縣續志 6/宦績 2
37 **林過**（元）
［乾隆］淄川 4/又 28－1
林深（字子遠）
（清・掖縣人）
［道光］濟南 38/40
［乾隆］掖縣 4/67
林湑（清・棲霞人）
［光緒］增修登州 43/24
［光緒］棲霞縣續志 7/義行 5
林冠玉（字寶樹）
（清・掖縣人）
［乾隆］掖縣 4/76
林鴻儒（字席珍）
（長清人）
［民國］長清 12/10
38 **林瀚**（清・棲霞人）
［光緒］棲霞縣續志 6/宦績 2
林海霖（明・利津人）
［宣統］山東 71/46
［乾隆］武定府 16/37
［咸豐］武定府 19/利津 1
［康熙］利津縣新志 7/1
林啟祥（字芝山）
（清・臨清人）
［乾隆］東昌 43/18
［康熙］臨清州 3/人物 19，4/36
［乾隆］臨清州 9/54
［民國］臨清縣/人物 54
林肇域（字聖圻，號石蘿）
（清・掖縣人）
［民國］四續掖縣 4/74
林道學（明・福建莆田人）
［萬曆二十四年］兖州 29/10
［康熙］兖州 22/31
林肇榮（清・萊陽人）
［民國］萊陽 3/1 中 84
40 **林森**（字伯木，一作木伯）
（清・利津人）
［乾隆］武定府 25/38
［咸豐］武定府 25/儒林 8
［康熙］利津縣新志 8/21
［光緒］利津 7/儒林 1

林士高(清・高唐人)
[道光]高唐州 5/2－23
[光緒]高唐州 5/2－26
[民國]高唐縣 12/39
林有章(明・黃縣人)
[康熙]黃縣 6/36
[乾隆]黃縣 12/2
[民國]黃縣志稿 13/人物－死難
林嘉謨(字廷卿)
(明・侯官人)
[康熙九年]城武 2/33
[康熙四十一年]城武 3/下治績 2
[道光]城武 6/33
林士琦(字亦韓)
(清・安徽懷遠人)
[宣統]山東 75/61
[宣統]三續淄川 9/44
[光緒]鄒縣續志 7/9
[民國]續修鄒縣志稿/名宦
鄒縣鄉土志政績錄/6
林培玠(字用覲)
(清・文登人)
[光緒]文登 9/下 2－2
林志魁(字梅臣)
(清・鉅野人)
[民國]續修鉅野 5/上 10
林壽殷(清・福建人)
[民國]增修膠志 48/11
林有法(清・莒縣人)
[民國]重修莒志 62/12
林有才(清・福山人)
[民國]福山縣志稿 7/3－13
林有李(明・棲霞人)
[順治]登州 17/16
[光緒]增修登州 43/20
[康熙]棲霞 6/20
[乾隆]棲霞 7/2
林培由(字有蘖,號永新)
(清・文登人)
[光緒]增修登州 40/34
[道光]文登 5/11
[光緒]文登 9/下 2－2
林士駿(字秋崖)
(清・侯官舉人)
[光緒]增修登州 34/3
[光緒]德平 5/17
[道光]榮成 6/28
[民國]濰縣志稿 20/23
濰縣鄉土志/10
林有騏(字騂友,一字述平,號翼軒)
(清・掖縣人)
[乾隆]掖縣 3/48
[嘉慶]續掖縣 3/5
林杭學(字果菴)
(清・江寧人)
[乾隆二十五年]泰安縣 10/33
[乾隆四十七年]泰安縣 8/30
[道光]泰安縣 10/7
[民國]重修泰安縣 6/61
泰安縣鄉土志/政績 2
林九騰(清・福山人)
[民國]福山縣志稿 7/3－13
林九錫(清・恩縣人)
[民國]重修恩縣 11/鄉賢 42
41 **林垣**(明・滑縣人)
[萬曆]福山 4/15
43 **林棕**(字大海)
(清・掖縣人)
[乾隆]掖縣 4/49
林棫松(字涇舟)
(清・恩縣人)
[宣統]重修恩縣 8/47
[民國]重修恩縣 11/鄉賢 67
恩縣鄉土志/19
44 **林恭**(字子敬)
(明・陝西寶雞人)
[嘉靖]山東 27/18
[宣統]山東 73/33
[萬曆]萊州 5/72
[康熙]萊州 8/47
[乾隆]萊州 9/18
[康熙]平度州 3/4
[道光]重修平度州 16/18
平度鄉土志 2/政績
林華(明・山陰舉人)
[道光]商河 5/28
[民國]重修商河 6/66
林華(清・高唐人)
[道光]高唐州 5/2－21
[光緒]高唐州 5/2－24
[民國]高唐縣 12/50
林基(字心培)
(清・歷城人)
[宣統]山東 169/34
[民國]續修歷城 39/29
林葵(明・寧海人)
[嘉靖]山東 35/7
[康熙]山東 45/21
[泰昌]登州 11/48
[順治]登州 17/27
[光緒]增修登州 43/34
[嘉靖]寧海州下/44
[康熙]寧海州 9/7
[同治]重修寧海州 21/5
[民國]牟平 7/85
林茂(明・棲霞人)
[萬曆]萊州 5/76
[泰昌]登州 11/46
[順治]登州 17/26
[康熙]棲霞 6/14
[乾隆]棲霞 7/6
林茂(明・北直武清人)
[宣統]山東 73/37
[康熙]萊州 8/55
[乾隆]萊州 9/24
[康熙]高密 6/24
[乾隆]高密 6/17
[光緒]高密 6/21
[民國]高密 12/23
高密縣鄉土志/上 12
林茂(清・清平人)
[民國]清平/人物 70
林蔚(字茂修)
(清・德州人)
[民國]德縣 10/55
德州鄉土志/耆舊 56
林英(元・棲霞人)
[光緒]增修登州 38/12
[乾隆]棲霞 6/又 37
林英(明・聊城人)
[乾隆]東昌 41/28
[嘉慶]東昌 31/6
[宣統]聊城 8/65

聊城縣鄉土志/29
林蓁(明·曲阜人)
[民國]續修曲阜 8/57
林樹震(字太青)
(清·掖縣人)
[光緒]三續掖縣 2/15
林世瑞(清·福山人)
[民國]福山縣志稿 7/4-10
林芝翠(明·茌平人)
[康熙]山東 45/15
[乾隆]東昌 42/14
[嘉慶]東昌 32/14
[康熙二年]茌平 2/50
[康熙四十九年]茌平 2/50
[宣統]茌平 14/1
[民國]茌平 3/66
林懋先(字德菴)
(明·掖縣人)
[道光]濟南 36/9
[康熙]萊州 10/48
[乾隆]萊州 11/忠節 7
萊州府鄉土志/下 14
[乾隆]歷城 34/7
[乾隆]掖縣 4/41
林夢鯉(字禹門)
(清·掖縣人)
[嘉慶]續掖縣 3/8
林樹寅(字曉青)
(清·掖縣人)
[光緒]三續掖縣 2/15
林懋祺(字介堂)
(清·文登人)
[光緒]文登 10/上 12
林樹森(字季伯)
(清·牟平人)
[民國]牟平 7/23
林芳芝(清·棲霞人)
[光緒]棲霞縣續志 7/方技 1
林樹梅(字庚春)
(清·濟寧人)
[民國]濟寧直隸州續志 15/1
林芳春(清)
[民國]無棣 9/4
林萬夫(字長人)
(清·高唐人)
[乾隆]東昌 43/30
[嘉慶]東昌 32/47
[康熙十二年]高唐州 8/21
[康熙五十一年]高唐州 8/21
[道光]高唐州 5/1-32
[光緒]高唐州 5/1-32
[民國]高唐縣 12/8
林蔚春(字季豹)
(清·廣東翁源人)
[康熙]兗州府曹縣 9/37
[光緒]曹縣 9/縣令 7
林執惠(清·棲霞人)
[光緒]棲霞縣續志 7/孝子 2
林樹勛(字子駿)
(清·茌平人)
[宣統]茌平 15/5
[民國]茌平 3/112
林其昀(清·高唐人)
[光緒]高唐州 5/2-7
[民國]高唐縣 12/48
林萬全(字全人)
(清·高唐人)
[乾隆]東昌 43/36
[嘉慶]東昌 32/53
[康熙五十一年]高唐州 9/25
[道光]高唐州 5/2-15
[光緒]高唐州 5/2-18
[民國]高唐縣 12/11
林樹棠(字景召)
(恩縣人)
[民國]重修恩縣 11/鄉賢 56
45 林棟(明·益都人)
[萬曆]青州 14/55
[康熙十五年]青州 14/55
[康熙四十八年]青州 14/儒行 12
[康熙]益都 9/15
46 林恕(明·金山衛人)
[道光]濟南 36/18
[嘉慶]鄒平 14/8
[道光]鄒平 14/8
[民國]鄒平 14/8
林恕(字忠矣)
(清·文登人)
[光緒]文登 10/上 14
林坦(字杏橋)
(清·歷城人)
[民國]續修歷城 39/28
林相昇(字平子)
(清·高唐人)
[乾隆]東昌 43/29
[嘉慶]東昌 32/46
[康熙五十一年]高唐州 8/30
[道光]高唐州 5/1-40
[光緒]高唐州 5/1-42
[民國]高唐縣 12/9
47 林楓(字赤崖)
(清·掖縣人)
[乾隆]掖縣 4/67
林楹(清·汶上人)
[宣統]四續汶上稿/人物-耆德傳
林朝序(明)
[康熙]朝城 7/19
林起元(字斗建)
(明·文登人)
[光緒]增修登州 39/41
[道光]文登 5/6,8/35
[光緒]文登 8/下 19
林起宗(字德元)
(清·文登人)
[光緒]增修登州 39/42
[雍正]文登 7/3
[光緒]文登 9/上 1-1
林穀貽(字方臣)
(清·掖縣人)
[光緒]三續掖縣 1/68
48 林松齡(字長青)
(清·恩縣人)
[宣統]重修恩縣 8/43
[民國]重修恩縣 11/鄉賢 50
恩縣鄉土志/20
50 林本(明)
[隆慶]單縣上/37
[康熙]單縣 6/10
[乾隆]單縣 4/56
[民國]單縣 6/宦蹟 16

林東雲(字曙崖)
(清・掖縣人)
[光緒]三續掖縣 1/68
[民國]四續掖縣 4/74
林惠元(字潤亭)
(清・莒縣人)
[民國]重修莒志 64/5
林東山(字鎮泗)
(清・茌平人)
[宣統]茌平 15/11
[民國]茌平 3/108
林東皋(字鳴鶴)
(清・茌平人)
[宣統]茌平 28/8
[民國]茌平 3/80
林中宗(明・棲霞人)
[乾隆]棲霞 6/又 37
林春芳(清)
海豐縣鄉土志/政績
林本鳳(清・威遠舉人)
曲阜縣鄉土志/政績錄
51 林振聲(字譽彰)
(清・高唐人)
[道光]高唐州 5/1-45
[光緒]高唐州 5/1-47
[民國]高唐縣 12/12
高唐州鄉土志/23
53 林盛世(清・漢軍武進士)
[嘉慶]續掖縣 2/26
林盛梅(字際鼎,號文水)
(清・汶上人)
[康熙]續修汶上 6/31
56 林輯瑞(清・棲霞人)
[光緒]增修登州 43/22
[光緒]棲霞縣續志 7/孝友 1
60 林昌(字皋言,號九峯,別號大笠子)
(清・棲霞人)
[光緒]增修登州 40/19
[光緒]棲霞縣續志 6/科貢表 2,7/文學 1,9/58,10/4
[宣統]聊城 6/2-6
林旦(宋)
[泰昌]登州 9/25
[順治]登州 11/11
[康熙]黄縣 5/10
[同治]黄縣 6/1
林甲(字秀夫)
(清・掖人)
[宣統]山東 177/11
[乾隆]掖縣 4/36
林景(明・淮安人)
[光緒]新修菏澤 8/16
林圖(字雲樵)
(清・鄒縣人)
[民國]續修鄒縣志稿/人物-耆舊附高僧
林矗(清・棲霞人)
[光緒]棲霞縣續志 7/義行 5
林曰麟(字澤菴)
(清・茌平人)
[宣統]茌平 28/8
[民國]茌平 3/80
林因雲(字和叔)
(清・掖縣人)
[光緒]三續掖縣 1/68
林曰琮(字照瑞)
(清・東平人)
[乾隆]東平州 15/9
[道光]東平州 15/9
[光緒]東平州 15/下 9
[民國]東平縣 11/中 27
林國祚(明・文登人)
[雍正]文登 7/25
林國柱(明・昌邑人)
[康熙]昌邑 6/34
[乾隆]昌邑 6/164
林國材(明・浙江黄巖人)
[宣統]山東 70/35
[泰昌]登州 9/38
[順治]登州 11/20
[光緒]增修登州 25/4
61 林顯(元・棲霞人)
[光緒]增修登州 38/13
[乾隆]棲霞 6/又 37
林顯功(清・黄縣人)
[同治]黄縣 8/19
[民國]黄縣志稿 13/清懿行
林顯忠(清・定陶人)
[乾隆]定陶 6/30
64 林曉(明・祥符人)
[道光]濟南 36/46
67 林鶚(元)
[嘉靖]山東 27/17
[萬曆]萊州 5/65
[康熙]萊州 8/26
[乾隆]萊州 9/9
[康熙]膠州 5/4
[乾隆]膠州 4/6
[道光]重修膠州 21/4
[民國]增修膠志 16/4
[道光]重修平度州 16/16
林鶚(明・棲霞人)
[乾隆]棲霞 6/1
林明詣(字召堂,亦稱曉塘)
(牟平人)
[民國]牟平 7/109
林明煦(字亭午)
(清・利津人)
[光緒]利津 7/忠節 1
林明善(清・棲霞人)
[光緒]棲霞縣續志 7/義行 2
71 林既(周・齊人)
[萬曆]青州 15/16
[康熙十五年]青州 15/16
[康熙四十八年]青州 15/武功 3
林長立(清・高唐人)
[民國]高唐縣 12/25
77 林興(元・棲霞人)
[光緒]增修登州 38/12
[乾隆]棲霞 6/又 37
林興(明・膠州人)
[康熙]膠州 6/53
林興(清・平陰人)
[光緒]平陰 5/28
平陰縣鄉土志/11
林殿元(字南浦)
(清・高唐人)
[光緒]高唐州 5/2-28
[民國]高唐縣 12/15
林賢儒(清・臨沂人)
[民國]續修臨沂 16/13
林鳳官(字藹人)

（清・掖縣人）
［光緒］三續掖縣 2/2
林興淇（字竹溪，號東崖）
（清・濟寧人）
［道光］濟寧直隸州 8/4－17
林學道（明・福建莆田人）
［順治］定陶 5/8
［乾隆］定陶 4/20
［民國］定陶 4/26
林丹桂（清・商河人）
［民國］重修商河 8/65
商河縣鄉土志 3/耆舊－學問
林鳳鳴（明・福山人）
［光緒］增修登州 37/8
［康熙］福山 4/4
［民國］福山縣志稿 7/1－15,7/8－1
林鳳策（字勛侶）
（清・掖縣人）
［光緒］三續掖縣 1/68
79 林騰（字萬里）
（清・掖縣人）
［乾隆］掖縣 4/54
80 林尊（字長賓）
（漢・濟南人）
［至元］齊乘 6/11
［嘉靖］山東 29/3
［康熙］山東 39/3
［雍正］山東 28/人物一 10
［宣統］山東 153/19,162/7,145/12
［康熙］濟南 32/3
［崇禎］歷乘 16/2
［崇禎］歷城 10/2
［乾隆］歷城 39/1
林毓嵦（字秋垣）
（清・東平人）
［民國］東平縣 11/上 19
林毓英（清・棲霞人）
［乾隆］棲霞 7/9
林毓竹（字枕泉）
（清・高唐人）
［民國］高唐縣 12/55
82 林鍾岱（字子詹）
（清・文登人）
［宣統］山東 176/10
［光緒］增修登州 39/44
［道光］文登 5/5
［光緒］文登 9/下 2－3
林鍾遂（清・文登人）
［光緒］文登 9/下 2－4
林鍾柱（字砥生）
（清・掖縣人）
［民國］四續掖縣 6/24
83 林錝（明・福建莆田人）
［萬曆］青州 12 又/9
［康熙十五年］青州 12 又/9
［康熙四十八年］青州 12 又/9
86 林智（明・連江人）
［正德］博平 5/85
87 林銘新（清・棲霞人）
［光緒］棲霞縣續志 7/義行 4
88 林箕（清・恩縣人）
［宣統］重修恩縣 8/38
林篤（清・恩縣人）
［宣統］重修恩縣 8/38
［民國］重修恩縣 11/鄉賢 43
林筠（字貞齋）
（清・恩縣人）
［宣統］重修恩縣 8/52
［民國］重修恩縣 11/鄉賢 71
90 林棠（字尚木）
（明・鄒平諸生）
［道光］濟南 50/16
［嘉慶］鄒平 15/19
［道光］鄒平 15/43
［民國］鄒平 15/43
林棠（清・費縣人）
［光緒］費縣 11/59
林光先（字汝明）
（明・掖縣人）
［乾隆］掖縣 3/56
林光奎（字文甫）
（清・牟平人）
［光緒］增修登州 43/35
［民國］牟平 7/93
林光甲（字元圃）
（清・文登人）
［道光］文登 5/20
［光緒］文登 10/上 10
91 林恒祥（清・高唐人）
［道光］高唐州 5/2－21
［光緒］高唐州 5/2－24
［民國］高唐縣 12/50
93 林忱（明・平縣人）
［道光］鉅野 10/23
97 林恂（字宗魯）
（明・棲霞人）
［泰昌］登州 11/14
［順治］登州 16/18
［光緒］增修登州 40/17
［康熙］棲霞 6/5
［乾隆］棲霞 6/33,9/30
98 林悅（明・直隸太平人）
［萬曆二十四年］兗州 29/7
［康熙］兗州 22/28
99 林瑩（字彥明）
（清・莒縣人）
［民國］重修莒志 65/19

4594_4 樓

04 樓護（字君卿）
（漢・齊人）
［嘉靖］山東 32/2
［康熙］山東 42/2
［雍正］山東 28/人物一 12
［嘉靖］青州 16/6
［萬曆］青州 15/44
［康熙十五年］青州 15/44
［康熙四十八年］青州 15/卓行 4
［康熙六十年］青州 18/11
［順治］招遠 9/3

4596_3 椿

28 椿齡（字樹堂）
（清・滿洲旗籍舉人）
［宣統］山東 76/20

4621_0 覩

80 覩公（明・費人）
［雍正］山東 30/26
［乾隆］沂州府 27/13
［康熙］費縣 7/33

[光緒]費縣 11/69
觀公和尚(見觀公)

4622_7 獨

12 **獨孤臣**(戰國・齊人)
[萬曆]諸城 9/21
獨孤善(字伏陁)
(北周・雲中人)
[宣統]山東 67/24
40 **獨吉**(金)
[同治]重修寧海州 12/3
獨吉義(本名鶻魯補)
(金・曷速館人)
[光緒]益都縣圖志 17/2

4640_0 如

77 **如學**(號心菴)
(清)
[乾隆]東昌 44/10
[康熙]臨清州 3/人物 34
[乾隆]臨清州 12/13

4680_6 賀

00 **賀廣齡**(字子蓬,號蓬山)
(清・寧海人)
[光緒]增修登州 41/56
[同治]重修寧海州 19/2
[民國]牟平 7/87
賀文良(字振卿)
(平原人)
[民國]續修平原 8/29
賀文翰(字漢庭)
(平原人)
[民國]續修平原 8/26
02 **賀端方**(清・蒲臺人)
[光緒]重修蒲臺 3/4
蒲臺縣鄉土志/13
10 **賀瓌**(字光遠)
(五代・濮州人)
[嘉靖]山東 31/16
[康熙]山東 41/13
[宣統]山東 156/17
[萬曆二十四年]兗州 27/14
[萬曆]東昌 19/27
[乾隆]曹州府 14/16
[嘉靖]濮州 5/16
賀元(宋・瑯琊人)
[至元]齊乘 6/27
[嘉靖]山東 34/15
[康熙]山東 47/7
[雍正]山東 30/11
[康熙]濟南 51/7
[嘉靖]青州 16/54
[萬曆]青州 17/11
[康熙十五年]青州 17/11
[康熙四十八年]青州 17/仙釋 6
[康熙六十年]青州 20/10
[萬曆元年]兗州 46/8
[萬曆二十四年]兗州 52/26
[萬曆]沂州志 7/76
[康熙]沂州志 6/53
[乾隆]沂州府 27/13
[光緒]費縣 11/67
[萬曆]諸城 9/3
[康熙]諸城 9/3
[順治]新泰 5/33
[乾隆]新泰 16/17
賀元齡(字子房,號三山)
(明・寧海人)
[同治]重修寧海州 21/3
[民國]牟平 7/83
賀一孝(字子順)
(明・魯山人)
[崇禎]歷城 6/3
賀元松(字化龍)
(清・東阿人)
[民國]續修東阿 11/19
賀王昌(字祥伯,一作祥庵)
(清・丹陽人)
[乾隆]東昌 35/22
[嘉慶]東昌 22/26
[乾隆]臨清直隸州 6/83
[康熙]嶧縣 3/39
[乾隆]嶧縣 7/18
[光緒]嶧縣 19/職官下 14
[民國]臨清縣/秩官 65
[康熙五十一年]高唐州 7/13
賀玉昌(字祥菴)
(清・丹陽人)
[道光]高唐州 7/1-15
[光緒]高唐州 7/1-15
[民國]高唐縣 9/5-10
12 **賀璠**(字璞如)
(清・江西萍鄉人)
[宣統]三續淄川 9/45
賀延壽(元・濟陽人)
[道光]濟南 48/34
[乾隆]濟陽 12/28
[民國]濟陽 17/7
17 **賀習曾**(字魯齋)
(清・寧陽人)
[光緒]寧陽 13/53
20 **賀壬昌**(見賀玉昌)
22 **賀欒**(晉・茌平人)
[嘉靖]山東 34/12
[雍正]山東 30/5
[宣統]山東 200/21
[萬曆]東昌 22/8
[乾隆]東昌 44/6
[嘉慶]東昌 34/16
[康熙二年]茌平 2/59
[宣統]茌平 22/1
賀崇禧(字吉人)
(清・歷城人)
[民國]續修歷城 39/34
24 **賀俟**(清・陵縣人)
[道光]濟南 56/66
[光緒]陵縣 19/人物傳二 7
賀德倫(五代・河西部落人)
[光緒]益都縣圖志 16/16
賀德瀚(清)
[宣統]山東 76/34
賀德昌(字午樓)
(陽穀人)
[民國]增修陽穀人物/仕宦 26
25 **賀仲軾**(字景瞻)
(明・河南獲嘉人)
[康熙]山東 31/19
[雍正]山東 27/17
[宣統]山東 70/32
[康熙]濟南 24/32
[道光]濟南 35/45
[乾隆]武定府 16/12
[咸豐]武定府 19/12
[乾隆]惠民 5/21

[光緒]惠民 18/14
惠民縣鄉土志/政績錄 7
26 **賀自鏡**(明・河南南召人)
[宣統]山東 73/27
[光緒]增修登州 31/3
[康熙]萊陽 4/7
[民國]萊陽 3/1 上 9
27 **賀繩烈**(榜姓周)
(清・蕭山人)
[乾隆]東昌 44/25
[乾隆]臨清州 12/8
[乾隆]臨清直隸州 8/上 83
賀繩前(明・寧海人)
[光緒]增修登州 40/29
[康熙]寧海州 9/7
[同治]重修寧海州 21/3
[民國]牟平 7/83
28 **賀復**(元・濟陽人)
[道光]濟南 48/35
賀倫(清・臨邑人)
[道光]濟南 72/45
[道光]臨邑 9/12
[同治]臨邑 9/孝義 3
30 **賀之琦**(字崑山)
(清・蕭山人)
[乾隆]東昌 43/18
[乾隆]臨清州 9/53
[乾隆]臨清直隸州 8/上 41
[民國]臨清縣/人物 53
賀永齡(字子長,號嵩山)
(明・寧海人)
[同治]重修寧海州 21/3
[民國]牟平 7/83
賀守涵(字若海)
(清・臨清人)
[乾隆]東昌 43/20
[乾隆]臨清州 9/55
31 **賀祉**(元・益都人)
[雍正]山東 28/人物二 58
[宣統]山東 158/19
[嘉靖]青州 15/47
[萬曆]青州 15/22
[康熙十五年]青州 15/21
[康熙四十八年]青州 15/武功 8
[康熙六十年]青州 16/46
[咸豐]青州 42/8
[光緒]益都縣圖志 34/15
[道光]重修膠州 21/4
[民國]增修膠志 16/4
賀福元(清・江蘇丹陽人)
[光緒]重修蒲臺 2/21
蒲臺縣鄉土志/6
34 **賀對廷**(字丹墀)
(臨朐人)
[民國]臨朐續志 20/53
賀汝貴(清・蒲臺人)
[光緒]重修蒲臺 3/8
35 **賀清平**(字泰階)
(清・寧陽人)
[光緒]寧陽 15/18
36 **賀遇春**(明・山西石州人)
[隆慶]單縣上/35
[康熙]單縣 6/12
[民國]單縣 6/宦蹟 18
37 **賀逢吉**(字慶餘)
(清・四川德陽人)
[光緒]鄆城 6/14
鄆城縣鄉土志/政績錄－聽訟
38 **賀祥**(元・濟陽人)
[道光]濟南 48/35
40 **賀賁**(字洪濱)
(明・靈寶人)
[道光]濟南 36/11
[萬曆]章丘 21/74
[康熙]章丘 4/25
[乾隆]章邱 7/4
[道光]章邱 9/6
章邱縣鄉土志/上 4
賀壽(明・丹徒人)
[同治]重修寧海州 15/5
賀克昌(字俊昇)
(明・嶧縣人)
[光緒]嶧縣 21/宦績 2
42 **賀壎**(清・牟平人)
[民國]牟平 7/23
44 **賀懋**(字時勉)
(明・臨清人)
[乾隆]東昌 39/1
[康熙]臨清州 3/人物 6
[乾隆]臨清州 9/21
[乾隆]臨清直隸州 8/上 6
[民國]臨清縣/人物 3
賀蘭進明(唐)
[嘉靖]山東 27/3
[康熙]山東 35/4
[光緒]益都縣圖志 16/3
賀基昌(清・河南光州人)
[宣統]山東 77/12
[咸豐]青州 37/6
[嘉慶]昌樂 19/7
46 **賀如標**(清・臨清人)
[乾隆]臨清直隸州 8/下 15
[民國]臨清縣/人物 64
47 **賀均禮**(明・臨朐人)
[嘉靖]臨朐 3/14
臨朐縣鄉土志 1/耆舊
48 **賀松亭**(清・臨朐人)
[民國]臨朐續志 20/16
53 **賀成龍**(字御天)
(清・江南上元人)
[宣統]山東 200/17
[道光]東阿 14/人物下 40
賀拔岳(南北朝)
[宣統]重修恩縣 6/9
55 **賀慧**(號退庵)
(清・桓臺人)
[民國]桓臺 3/35
56 **賀揚庭**(字公叟)
(金・曹州濟陰人)
[嘉靖]山東 25/7,30/52
[康熙]山東 31/9,40/50
[雍正]山東 28/人物二 50
[宣統]山東 158/6
[道光]濟南 34/12
[萬曆元年]兗州 40/政績 13
[萬曆二十四年]兗州 35/25
[康熙]兗州 27/23
[萬曆]東昌 18/25
[康熙]曹州志 15/52
[乾隆]曹州府 14/29
[光緒]益都縣圖志 17/7
[光緒]菏澤 15/48
[光緒]新修菏澤 10/13
菏澤縣鄉土志/16
[康熙]曹縣 12/21
[康熙]兗州府曹縣 12/21

[光緒]曹縣 12/19
60 **賀昉**(清・沂水人)
[乾隆]沂州府 26/17
[道光]沂水 7/25
賀甲(字子科)
(明・東阿人)
[乾隆]泰安府 17/26
[康熙五十四年]東阿 7/20
[道光]東阿 14/人物下 27,22/35
賀景祿(字在中)
(明・寧海人)
[光緒]增修登州 40/29
[康熙]寧海州 9/6
[同治]重修寧海州 21/5
[民國]牟平 7/10
賀昌期(清・臨清人)
[民國]臨清縣/人物 69
67 **賀昭棣**(東阿人)
[民國]東阿 15/6
71 **賀長齡**(字耦庚)
(清・湖南善化人)
[宣統]山東 74/29
77 **賀鳳**(明・丹徒人)
[光緒]增修登州 37/11
[同治]重修寧海州 15/5
[民國]牟平 6/76
賀殿福(清・夏津人)
[民國]夏津續編 8/8
80 **賀慈**(字元達)
(北周・清河東武城人)
[雍正]山東 35/墓碑 9
86 **賀知章**(字季真)
(唐・越州永興人)
[嘉靖]山東 26/7
[康熙]山東 33/8
[雍正]山東 27/33
[萬曆元年]兗州 39/名宦 8
[萬曆二十四年]兗州 27/11
[康熙]兗州 21/25
[乾隆]兗州 22/10
[康熙]濟寧州 4/44
88 **賀箕**(字吟浦)
(清・莒縣人)
[民國]重修莒志 62/10
90 **賀當世**(字平思)
(清・臨清人)
[乾隆]東昌 43/19
[乾隆]臨清直隸州 8/上 34
[民國]臨清縣/人物 56
99 **賀榮祚**(清・夏津人)
[乾隆]東昌 43/39
[乾隆]夏津 8/23

4690_0 柏

20 **柏纕**(清・臨清人)
[民國]臨清縣/人物 64
21 **柏肯堂**(清・臨清人)
[乾隆]東昌 40/27
[乾隆]臨清直隸州 8/上 26
[民國]臨清縣/人物 11
22 **柏巔**(元・新城人)
[康熙]新城 8/15
[民國]重修新城 26/5
柏嵩琪(字中瞻)
(清)
[康熙]堂邑 8/9
23 **柏岱盛**(清・章邱人)
[道光]章邱 10/35
26 **柏和尚**(清・沂州人)
[乾隆]沂州府 27/14
30 **柏進美**(清・章邱人)
[道光]章邱 11/87
31 **柏福通**(清・章邱人)
[道光]濟南 54/23
[乾隆]章邱 9/45
[道光]章邱 11/78
36 **柏泗源**(清・濟陽人)
[民國]濟陽 18/13
37 **柏逢殷**(字伊臣)
(清・濟陽人)
[民國]濟陽 17/70
40 **柏臺**(清・內務府正黃旗舉人)
[民國]單縣 6/宦蹟 22
41 **柏顛**(明・新城人)
[雍正]山東 30/23
[道光]濟南 60/12
47 **柏超**(清・章邱人)
[道光]濟南 54/17
[乾隆]章邱 9/36
[道光]章邱 11/61
柏欄將軍(秦・膠西人)
[嘉靖]山東 33/1
[康熙]山東 44/1
[萬曆]萊州 6/1
[康熙]萊州 10/45
[乾隆]萊州 11/忠節 1,14/55
[康熙]膠州 6/1
[乾隆]膠州 5/1
膠州直隸州鄉土志 4/忠烈
51 **柏振子**(清・章邱人)
[道光]章邱 11/86
63 **柏戰魁**(清・臨清人)
[民國]臨清縣/人物 74
64 **柏時暢**(字抱中)
(清・臨清人)
[乾隆]臨清州 9/41
[乾隆]臨清直隸州 8/上 28
86 **柏錦林**(字雲卿)
(清・濟陽人)
[民國]濟陽 11/41
90 **柏光斗**(字蘊生,號玉泉)
(清・臨清人)
[宣統]山東 174/29
[乾隆]東昌 40/30
[乾隆]臨清州 9/45
[乾隆]臨清直隸州 8/上 33

相

00 **相文紫**(字瑞亭,號芝岩)
(清・博興人)
[民國]重修博興 13/37
01 **相龍章**(字文卿)
(清・莘縣人)
[光緒]莘縣 6/8,7/24
[民國]莘縣 6/6,7/13
莘縣鄉土志/鄉宦 20
10 **相于覊**(清・臨朐人)
臨朐縣鄉土志 1/耆舊
24 **相勳**(清・沂水人)
[乾隆]沂州府 26/13
[道光]沂水 7/24
25 **相紳**(字書岩)
(清・膠州人)
[民國]增修膠志 47/7
40 **相有度**(字一臣)
(清・堂邑人)

［康熙］堂邑 12/4
相克祥（明・博興人）
［康熙六十年］博興 7/57
相大成（字集甫）
（明・堂邑人）
［乾隆］東昌 38/18
［嘉慶］東昌 28/18
［順治］堂邑 2/人物 6
［康熙十一年］堂邑 2/人物 6
［康熙］堂邑 16/12
堂邑縣鄉土志/耆舊錄
41 相樞（字拱北）
（明・博興人）
［康熙］山東 42/21
［嘉靖］青州 14/28
［萬曆］青州 13/43
［康熙十五年］青州 13/43
［康熙四十八年］青州 13/事功 26
［康熙六十年］青州 16/13
［咸豐］青州 44/5
［康熙十二年］博興 6/4
［康熙六十年］博興 7/19，7/57
［道光］博興 11/15
［民國］重修博興 13/12
44 相林（金・東海人）
［民國］重修莒志 57/7
［光緒］日照 8/3
47 相鋆（字仲林，一字野樵）
（清・聊城人）
［宣統］聊城 8/58
60 相景雲（清・泗水人）
［乾隆］利津縣志補 3/17
［光緒］泗水 10/26
相國璣（清・膠州人）
［乾隆］膠州 5/10
［道光］重修膠州 29/3
［民國］增修膠志 44/1
64 相時動（字靜宜）
（明・博興人）
［康熙十二年］博興 6/11
［康熙六十年］博興 7/23
［道光］博興 11/22
［民國］重修博興 13/19
80 相善寶（字從之）
（膠州人）
［民國］增修膠志 46/6
92 相炘（明・博興人）
［康熙六十年］博興 7/57
96 相煜（明・博興人）
［康熙六十年］博興 7/57

4692_7 楊

00 楊亨（字彥達）
（元・京邑人）
［道光］濟南 34/46
［嘉慶］德平 5/5
楊京（原名本潤，字洙漪）
（明・膠州人）
［雍正］山東 28/人物三 77
［宣統］山東 164/55
［乾隆］萊州 11/忠節 8
［康熙］膠州 6/1
［雍正］（膠州）州志別本/人物－忠節
［乾隆］膠州 5/2
［道光］重修膠州 22/10
［民國］增修膠志 17/9
楊文（明）
［光緒］增修登州 36/5
楊辛（明・高苑人）
［嘉靖］青州 14/25
［萬曆］青州 13/41
［康熙十五年］青州 13/41
［康熙四十八年］青州 13/事功 24
［康熙六十年］青州 16/12
［咸豐］青州 43/2
［康熙］高苑 6/3
［乾隆］高苑 6/3
楊音（漢）
［嘉靖］山東 27/1
［康熙］山東 35/2
［雍正］山東 27/51
［嘉靖］青州 13/12
［萬曆］青州 12/8
［康熙十五年］青州 12/8
［康熙四十八年］青州 12/8
［康熙六十年］青州 12/3
［咸豐］青州 34/6
［康熙］臨淄 8/3
［民國］臨淄 18/3
楊膺（清・祥符人）
［康熙］德州 6/3
楊膏亮（明・東平人）
［乾隆］泰安府 18/43
［乾隆］東平州 15/3
［道光］東平州 15/3
［光緒］東平州 15/下 3
［民國］東平縣 11/中 23
東平州鄉土志上/政績錄 33
楊文彥（字俊卿）
（清・臨朐人）
［民國］臨朐續志 20/28
楊言訥（字子敏）
（清・牟平人）
［民國］牟平 7/23
楊慶霖（字瑞豐）
（清・金鄉人）
［民國］濟寧直隸州續志 14/35
［民國］金鄉 14/22
楊慶武（清・茌平人）
［宣統］茌平 16/9
［民國］茌平 3/42
楊廣弼（陽穀人）
［民國］增修陽穀人物/仕宦 25
楊文信（清・棲霞人）
［光緒］增修登州 43/23
［光緒］棲霞縣續志 7/義行 1
楊應俊（字民章）
（清・濰縣人）
［民國］濰縣志稿 30/43
楊膏先（明・東平人）
［乾隆］泰安府 18/43
［康熙］東平州續志 6/1
［乾隆］東平州 15/16
［道光］東平州 15/16
［光緒］東平州 15/下 24
［民國］東平縣 11/下 2
東平州鄉土志上/耆舊錄 33
楊文緒（清・長山人）
［道光］濟南 55/34
［嘉慶］長山 10/9

楊方生(清・金鄉人)
[康熙五十一年]金鄉 5/7
楊慶岷(清・茌平人)
[宣統]茌平 16/6
[民國]茌平 3/39
楊文修(字學齋)
(清・昌樂人)
[民國]昌樂縣續志 34/3
楊廣濟(字恩波)
(清・金鄉人)
[民國]金鄉 14/22
楊文進(明・寶坻人)
[嘉靖]濮州 7/20
[萬曆]濮州 3/名宦 29
楊文梁(字丹楹)
(清・嶧縣人)
[宣統]山東 172/22
[光緒]嶧縣 21/忠義 7
楊立達(東阿人)
[民國]東阿 15/6
楊文漣(字石塘)
(清・諸城人)
[光緒]增修諸城縣續志 12/33
楊膏朗(明・東平人)
[乾隆]泰安府 18/43
[康熙]東平州續志 6/1
[乾隆]東平州 15/16
[道光]東平州 15/16
[光緒]東平州 15/下 24
[民國]東平縣 11/下 2
東平州鄉土志上/耆舊錄 33
楊庚初(字鋅源)
(清・蓬萊人)
[民國]蓬萊縣志合編人物志/行誼
楊率祖(字攸行)
(清・樂陵人)
樂陵縣鄉土志 3/61
楊文瀾(字觀亭)
(清・臨沂人)
[民國]臨沂 10/35
楊文杰(清・牟平人)
[民國]牟平 7/107
楊文熹(號建章)
(清・漢軍正紅旗人)
[宣統]山東 75/66,76/14
[乾隆]沂州府 20/15
[乾隆]嶧縣 7/23
[光緒]嶧縣 19/職官下 18
[光緒]費縣 3/57
費縣鄉土志/政績錄
楊應奎(字文煥,號澠谷)
(明・益都人)
[康熙]山東 42/22
[雍正]山東 28/人物三 25
[宣統]山東 161/40
[嘉靖]青州 14/35
[康熙十五年]青州 13/48
[康熙四十八年]青州 13/事功 31
[康熙六十年]青州 16/16
[咸豐]青州 44/11
[康熙]益都 7/13
[光緒]益都縣圖志 35/4
楊應奎(明・招遠人)
[順治]招遠 8/11
楊立茂(陽穀人)
[光緒]陽穀 9/7
楊慶蘭(清・茌平人)
[宣統]茌平 16/10
[民國]茌平 3/42
楊慶楠(字友梓)
(清・齊河人)
[民國]齊河 33/56
楊庭桂(清・泗水人)
[光緒]泗水 11/9
[光緒]泗水縣鄉土志/14
楊庭樺(清・泗水人)
[光緒]泗水 11/9
[光緒]泗水縣鄉土志/14
楊庭芝(清・蓬萊人)
[光緒]增修登州 43/7
楊文芳(字月山)
(清・廣西桂林人)
[康熙]鄆城 4/10
[光緒]鄆城 6/10
楊文華(明・吉水人)
[康熙]曹州志 7/54
[光緒]菏澤 7/宦蹟 22
[光緒]新修菏澤 8/17
楊文蔚(清・長山人)
[嘉慶]長山 10/10
楊文蒸(清・膠州人)
[民國]增修膠志 45/33
楊應芳(明・海寧人)
[康熙]兗州府曹縣 9/18
楊方轂(恩縣人)
[民國]重修恩縣 11/鄉賢 57
楊文郁(字從周,號損齋)
(元・濟陽人)
[嘉靖]山東 29/20
[康熙]山東 39/18
[康熙]濟南 42/10
[道光]濟南 48/37
[萬曆]濟陽 8/2,9/26
[乾隆]濟陽 8/1,12/20
[民國]濟陽 11/2,17/1
楊方增(字益泉)
(清・濟寧人)
[民國]濟寧直隸州續志 13/15
楊文乾(清・漢軍鑲白旗人)
[雍正]山東 27/115
[宣統]山東 76/22
[乾隆]曹州府 12/25
[光緒]菏澤 7/宦蹟 27
[光緒]新修菏澤 9/3,17/91
菏澤縣鄉土志/10
楊應乾(明・茌平人)
[宣統]茌平 14/2
[民國]茌平 3/69
楊應乾(字健一)
(清・濰縣人)
[民國]濰縣志稿 30/43
楊方泰(清・高唐人)
[道光]高唐州 5/2-23
[光緒]高唐州 5/2-26
[民國]高唐縣 12/51
楊庚春(清・茌平人)
[民國]茌平 12/59
楊立本(清・陽信人)
[民國]陽信 5/方技 84
楊文思(字溫才,《北史》作文恩)
(隋・弘農華陰人)
[宣統]山東 67/30
楊文顯(清・臨清人)

［乾隆］東昌 43/17
［康熙］臨清州 3/人物 18
［乾隆］臨清州 9/52
［乾隆］臨清直隸州 8/上 41
［民國］臨清縣/人物 53
楊應時（明・慶雲人）
［嘉慶］慶雲 9/22
［咸豐］慶雲 2/73
［民國三年］慶雲 2/62
楊應時（明・招遠人）
［順治］招遠 8/11
楊膏照（明・東平人）
［康熙］兗州續編 15/22
［康熙］東平州續志 6/1
［乾隆］東平州 14/22
［道光］東平州 14/22
［光緒］東平州 15/中 31
［民國］東平縣 11/中 4
東平州鄉土志上/耆舊錄 33
楊文明（明・涿州人）
［康熙］堂邑 10/4
楊方興（字涥然）
（清・遼東廣寧人）
［宣統］山東 74/3
［道光］濟南 37/43
［康熙］濟寧州 4/61
［乾隆］濟寧直隸州 22/25
［道光］濟寧直隸州 6/7－53
楊文卿（明・浙江鄞縣人）
［嘉靖］山東 25/13
［康熙］山東 31/16
［宣統］山東 70/29
［康熙］濟南 24/22
［道光］濟南 35/39
［崇禎］歷乘 16/31
［崇禎］歷城 6/13
楊彥錞（清・順天人）
［宣統］山東 76/41
［乾隆］東昌 34/9
［嘉慶］東昌 21/28
［康熙］重修清平下/4
［嘉慶］清平 13/6
［宣統］增輯清平 11/5
［民國］清平/秩官 29
楊應錫（清・濟陽人）
［道光］濟南 56/32
［乾隆］濟陽 8/23
［民國］濟陽 11/27
楊文光（明・安州人）
濰縣鄉土志/51
楊文光（清・歷城人）
［道光］濟南 53/50
楊文炳（字子彪）
（清・臨朐人）
［民國］臨朐續志 20/51
臨朐縣鄉土志 1/耆舊
楊文烺（清・膠州人）
［民國］增修膠志 45/33
楊廣燦（東阿人）
［民國］東阿 15/21
楊文燀（字祿書）
（清・壽光人）
［嘉慶］壽光 14/15
［民國］壽光 12/人物志二 13
楊文輝（見楊文燀）
楊文灼（清・膠州人）
［民國］增修膠志 45/32
楊立榮（東阿人）
［民國］東阿 15/19
01 **楊龍雲**（字子從，號雨田）
（清・歷城人）
［民國］續修歷城 44/21
楊龍泉（字果亭）
（清・歷城人）
［民國］續修歷城 41/14
楊龍田（字見之）
（清・新城人）
［宣統］新城縣後志 3/孝友
02 **楊端**（明・濱州人）
［萬曆］濱州 3/47
楊端然（字蘭若）
（清・陽穀人）
［民國］增修陽穀人物/師道 17
楊端本（字樹滋，號函東）
（清・陝西潼關人）
［宣統］山東 77/4
［康熙六十年］青州 12/42
［咸豐］青州 37/5
［康熙］臨淄 8/8，15/15
［民國］臨淄 18/11
03 **楊斌**（明・文登人）
［雍正］文登 8/6
［道光］文登 5/10
楊斌（字豹文）
（清・魚臺人）
［乾隆］兗州 23/83
［乾隆］濟寧直隸州 27/34
［道光］濟寧直隸州 8/3－37
［乾隆］魚臺 11/30
［光緒］魚臺 3/18
楊詠（字樂道）
（宋・東平人）
［民國］東平縣 14/18
楊詠春（字小原）
（清・慈溪人）
［光緒］曹縣 9/典史 6
04 **楊塾**（字家修）
（清・金鄉人）
［民國］金鄉 14/13
楊計德（清・丘縣人）
［乾隆］東昌 43/23
07 **楊韶**（明・郯人）
［萬曆］沂州志 7/37
楊韶（清・郯城人）
［乾隆］沂州府 26/13
［康熙］郯城 7/16
［乾隆］郯城 9/14
楊詡（元・泗水人）
［光緒］泗水 10/30
08 **楊謙**（字有終）
（明・山西聞喜人）
［宣統］山東 72/31
［萬曆二十四年］兗州 29/5
［康熙］兗州 22/26
［康熙］兗州續編 14/10
［萬曆］青州 12 又/又 11
［康熙十五年］青州 12/又 11
［康熙四十八年］青州 12/又 11
［康熙六十年］青州 12/33
［咸豐］青州 36/11
［乾隆］曹州府 12/15
［萬曆］諸城 4/23
［康熙］諸城 4/14
［乾隆］諸城 28/3
［隆慶］單縣上/35

［康熙九年］城武 2/28
［康熙四十一年］城武 3/下名宦 11
［道光］城武 6/23
［康熙］兗州府曹縣 9/7
［光緒］曹縣 9/縣令 3
楊旃（字芳遠）
（清・無棣人）
［民國］無棣 13/29
楊於溪（字若潭）
（清・歷城人）
［道光］濟南 53/53
［民國］續修歷城 41/16
楊敦禮（清・茌平人）
［民國］茌平 3/20
09 **楊麟閣**（字圖勛）
（清・濟寧人）
［民國］濟寧直隸州續志 12/42
10 **楊霖**（明・廣西藤縣人）
［嘉靖］德州 2/12
楊璽（清・朝城人）
［民國］朝城縣續志 1/27
楊玉（明・茌平人）
［宣統］茌平 11/3
［民國］茌平 3/50
楊元（字原一）
（清・歷城人）
［民國］續修歷城 44/6
楊璋（清・歷城人）
［道光］濟南 53/17
［民國］續修歷城 44/3
楊震（字伯起）
（漢・弘農華陰人）
［嘉靖］山東 27/14
［康熙］山東 37/2
［雍正］山東 27/67
［宣統］山東 66/29
［萬曆］萊州 5/55
［康熙］萊州 8/7
［乾隆］萊州 9/2
萊州府鄉土志/上 5
［乾隆］黄縣 6/名宦 1
［道光］鉅野 24/4
楊震（字際亨）
（清・恩縣人）
［宣統］重修恩縣 8/48
［民國］重修恩縣 11/鄉賢 68
恩縣鄉土志/22
楊一文（字揆教）
（清・壽光人）
［民國］壽光 12/人物志一 86
楊于庭（明・北直天津人）
［宣統］山東 72/21
［乾隆］沂州府 20/8
［康熙］費縣 3/5
［光緒］費縣 3/55
費縣鄉土志/政績錄
楊雲亭（字華西）
（清・壽張人）
［光緒］壽張 7/15
楊雲章（字彩雯）
（清・臨清人）
［民國］臨清縣/人物 74
楊元龍（字燕雲）
（清・單縣人）
［民國］單縣 9/68
楊一正（明）
［康熙］纂修即墨/下 36
［同治］即墨 12/6
楊一正（字在涓）
（清・陝西武功人）
［宣統］山東 76/44，200/32
楊元霽（明・瑞安人）
［民國］壽光 6/15
楊再震（字又生）
（明・濟寧人）
［康熙］濟寧州 7/32
［乾隆］濟寧直隸州 27/7
［道光］濟寧直隸州 8/4－32
楊玉琢（字器之）
（清・濮州人）
［宣統］濮州 6/33
楊于廷（字際明）
（明・諸城人）
［乾隆］諸城 42/2
楊玉琳（字待菴，號我軒）
（清・茌平人）
［民國］茌平 3/59
楊天爵（字貴甫）
（清・高唐人）
［乾隆］東昌 43/34
［乾隆］高唐州續志 2/10
［道光］高唐州 5/2－15
［光緒］高唐州 5/2－18
［民國］高唐縣 12/39
楊可經（明・滕縣人）
［道光］濟南 36/16
［康熙］鄒平 4/14
［嘉慶］鄒平 14/11
［道光］鄒平 14/11
［民國］鄒平 14/11
楊雲彩（字霞九）
（清・壽光人）
［民國］壽光 12/人物志一 33
楊一魁（字子選）
（明・安邑人）
［康熙］濟寧州 4/10
楊玉德（字俊軒）
（無棣人）
［民國］無棣 13/24
楊元帥（元）
［乾隆］黄縣 6/名宦 2
楊爾修（明・樂陵人）
［康熙］濟南 44/18
［乾隆］武定府 25/7
［咸豐］武定府 25/孝友 7
［順治］樂陵 6/7
［乾隆］樂陵 6/22
樂陵縣鄉土志 3/22
楊爾脩（見楊爾修）
楊可久（明・膠州人）
［萬曆］萊州 5/96
［康熙］萊州 10/77
［乾隆］萊州 10/12
［康熙］膠州 5/23
［乾隆］膠州 4/28
［道光］重修膠州 25/1
［民國］增修膠志 40/1
膠州直隸州鄉土志 4/事功
楊元瀛（明・貴州人）
［道光］濟南 36/9
楊元宰（字揆敘）
（明・茌平人）
［宣統］茌平 16/1
［民國］茌平 3/10
楊正心（字重三）
（臨沂人）

［民國］續修臨沂 16/21
楊雲漢(清・滋陽人)
［光緒］曹縣 10/22
曹縣鄉土志/政績錄
楊天澤(元)
［乾隆］淄川 4/又 28－1
楊磊運(清・寧陽人)
［咸豐］寧陽 15/14,20/12
［光緒］寧陽 15/14,20/12
楊天祿(字介亭)
(清・歷城人)
［民國］續修歷城 41/16
楊玉潤(明・河南孟津人)
［宣統］山東 71/16
［康熙］濟南 25/66
［道光］濟南 36/37
［崇禎］歷乘 16/64
［康熙］新修齊東 4/17
［民國］齊東 3/58
齊東縣鄉土志/政績錄 1
楊雲鴻(明・禹城人)
禹城縣鄉土志/12
楊天奇(字傑宇)
(清・歷城人)
［道光］濟南 53/16
［乾隆］歷城 43/4
楊元吉(字履祥)
(清・壽張人)
［光緒］壽張 7/17
楊天標(清)
［嘉慶］慶雲 7/37
楊天樞(字建垣)
(清・旗人監生)
［嘉慶］德平 5/20
［光緒］德平 5/13
楊靈芝(名毓秀)
(清・濰縣人)
［民國］濰縣志稿 29/34
楊丕基(清・高苑歲貢)
［乾隆］嶧縣 7/38
楊丕基(字亦村)
(清・蓬萊人)
［宣統］山東 176/34
［光緒］增修登州 40/6
［光緒］蓬萊縣續志 9/行誼 6
［民國］蓬萊縣志合編人物志/行誼
楊天蔭(字純錫)
(清・歷城人)
［民國］續修歷城 44/3
楊西林(字秋軒)
(清・恩縣人)
［宣統］重修恩縣 8/37
恩縣鄉土志/24
楊玉相(字子瑜)
(清・牟平人)
［民國］牟平 7/22
楊玉相(字潤軒)
(清・濰縣人)
［宣統］山東 177/28
［民國］濰縣志稿 29/24
濰縣鄉土志/32
楊于墀(字際盛)
(明・諸城人)
［乾隆］諸城 42/2
楊元枚(清・膠州人)
［民國］增修膠志 44/13
楊晉春(清・長清人)
［道光］濟南 56/52
［道光］長清 12/5
楊天成(字汝玉)
(清・泗水人)
［光緒］泗水 11/27
［光緒］泗水縣鄉土志/13
楊玉成(字德汝)
(清・慶雲人)
［民國三年］慶雲 2/33
楊于國(明・山西陽曲人)
［宣統］山東 72/15
［乾隆］濟寧直隸州 22/46
［道光］濟寧直隸州 6/6－32
［康熙五十一年］金鄉 8/20,14/5
［乾隆］金鄉 17/9
［咸豐］金鄉縣志略 7/8
［民國］金鄉 11/20
金鄉縣鄉土志/政績錄
楊可則(清・鄆城人)
［康熙］鄆城 5/18
［光緒］鄆城 5/26
鄆城縣鄉土志/耆舊錄－事業
楊丕時(字少山)
(清・蓬萊人)
［民國］蓬萊縣志合編人物志/孝友
楊于陛(明・劍州人)
［宣統］山東 71/40
［乾隆］武定府 16/12
［咸豐］武定府 19/12
［乾隆］惠民 5/21
［光緒］惠民 18/13
惠民縣鄉土志/政績錄 7
楊爾陶(字叔處)
(明・無棣人)
［民國］無棣 11/2
楊天民(字正甫,一字安全,號覺斯)
(明・山西太平人)
［雍正］山東 27/93
［宣統］山東 72/29,73/18
［萬曆］青州 12/48
［康熙十五年］青州 12/48
［康熙四十八年］青州 12/48
［康熙六十年］青州 12/32
［咸豐］青州 36/27
［乾隆］曹州府 12/21
［萬曆］諸城 4/26,5/19,12/6
［康熙］諸城 5/16,11/29
［乾隆］諸城 28/7
諸城縣鄉土志/上 9
［康熙］朝城 7/32,9/40
朝城縣鄉土志/5
楊正鑌(字利鋒,號鐵崖)
(清・濮州人)
［宣統］濮州 3/92
楊元知(元)
［光緒］增修登州 24/14
［同治］黃縣 6/2
楊玉堂(字縝亭)
(清・壽光人)
［民國］壽光 12/人物志一 38
壽光縣鄉土志/耆舊
楊三炯(字千木)
(清・諸暨人)
［道光］濟寧直隸州 6/7－69
11 **楊斐**(明・禹城人)

［道光］濟南 52/5
［康熙］禹城 2/3
［嘉慶］禹城 9/3
［民國］禹城 6/2
禹城縣鄉土志/11
楊珩（字楚山）
（清・永城人）
［光緒］曹縣 14/游寓 5
楊瑨（明・順義人）
［道光］濟寧直隸州 6/6－38
［康熙］魚臺 15/11
［乾隆］魚臺 9/34
［光緒］魚臺 2/51
12 **楊烈**（字清卿）
（金・濟陽人）
［乾隆］濟陽 8/8
［民國］濟陽 11/8
楊烈（清・海陽人）
［光緒］增修登州 46/12
［乾隆］海陽 6/19
楊烈（清・莘縣人）
［光緒］莘縣 7/45
［民國］莘縣 7/33
楊斑（字搢斑）
（清・益都人）
［康熙四十八年］青州 15/卓行 18
［光緒］益都縣圖志 39/4
楊延慶（清・高密人）
［民國］高密 14/上 82
楊弘謨（號熙吾）
（明・澄城人）
［康熙］滋陽 4/下 79
楊瑞麟（字輯五）
（清・昌樂人）
［民國］昌樂縣續志 35/4
楊瑞霖（字輯五）
（清・陽穀人）
［光緒］陽穀 6/28
楊廷玉（字鳳岡）
（明・膠州人）
［康熙］膠州 6/55
［乾隆］膠州 5/36
［道光］重修膠州 30/3
［民國］增修膠志 47/3
膠州直隸州鄉土志 4/藝術
楊廷秀（元）
［道光］濟寧直隸州 6/6－21
楊廷秀（字名實）
（清・齊河人）
［道光］濟南 56/13
［民國］齊河 26/15
楊登岸（字見道）
（清・陽穀人）
［民國］增修陽穀人物/師道 15
楊登峯（字界仙）
（清・無棣人）
［民國］無棣 12/17
海豐縣鄉土志/耆舊－學問一
楊登山（長清人）
［民國］長清 12/15
楊瑞嶺（字峰嵐，號光岱）
（清・鄆城人）
［光緒］鄆城 13/53，16/21
楊延俊（字菊仙）
（清・江蘇金匱人）
［宣統］山東 75/41
［光緒］肥城 7/50
肥城縣鄉土志 3/4
楊登魁（清・寧津人）
［光緒］寧津 8/22
寧津縣志料 3/人物－義烈
楊廷嵋（清・長山人）
［嘉慶］長山 10/20
楊廷湘（明，見楊廷相）
楊廷祁（字大伸）
（清・招遠人）
［光緒］增修登州 43/26
［道光］招遠縣續志 3/5
楊廷選（清・定州人）
［乾隆］魚臺 9/27
楊發祥（字振先）
（清・茌平人）
［乾隆］東昌 43/14
［嘉慶］東昌 32/40
［宣統］茌平 15/3
［民國］茌平 3/86
楊弘道（字淑能，一作叔能）
（元・淄川人）
［至元］齊乘 6/29
［雍正］山東 28/人物二 65
［宣統］山東 167/13
［康熙］濟南 48/4
［道光］濟南 48/28
［嘉靖］淄川 6/79
［萬曆］淄川 30/7
［康熙］淄川 6 下/6
［乾隆］淄川 6/下 6
［光緒］益都縣圖志 48/19
［民國］鄒平 16/存疑 1
楊瑞祥（字書吉）
（清・諸城人）
［咸豐］青州 47/26
［乾隆］諸城 38/7
諸城縣鄉土志/上 21
楊引祚（清・湖廣沔陽人）
［同治］重修寧海州 12/13
［民國］牟平 6/77
楊聯奎（字星五）
（清・金鄉人）
［民國］金鄉 13/續增 9
楊廷柱（清・菏澤人）
［光緒］新修菏澤 10/48
楊延乂（清・汶上人）
［宣統］四續汶上稿/人物－施濟傳
楊聯堦（見楊聯階）
楊廷桓（字公瑞）
（清・博平人）
［光緒］博平縣續志 10/61
楊聯蕚（清・高唐人）
［道光］高唐州 5/1－55
［光緒］高唐州 5/1－60
［民國］高唐縣 12/76
楊聯芳（明・西充人）
［康熙十一年］莘縣 5/15
［康熙五十六年］莘縣 5/15
［光緒］莘縣 5/33
［民國］莘縣 3/25
楊廷相（明・青城人）
［乾隆］武定府 24/5
［咸豐］武定府 24/清介 5
［萬曆］青城 1/61
［乾隆］青城 8/3
［民國］青城續修 4/人物 17
楊廷相（字翰臣）

（清・壽光人）
［咸豐］青州 49/8
［嘉慶］壽光 14/15
楊廷幹（字巖生，號蘊秋，晚號鐵如）
（清・高密人）
［民國］高密 14/上 71
楊廷幹（清・汶上人）
［宣統］四續汶上稿/人物－文學傳
楊廷翰（清・濟陽人）
［民國］濟陽 17/45
楊廷枚（字篆文）
（清・壽光人）
［嘉慶］壽光 14/14
楊聯階（字雲升）
（清・齊河人）
［民國］齊河 27/25，33/53
楊飛鵬（清・大名人）
［光緒］壽張 5/41
楊廷錦（清・魚臺人）
［乾隆］魚臺 11/45
［光緒］魚臺 3/28
楊廷範（字洪九）
（清・陽信人）
［乾隆］武定府 26/35
［咸豐］武定府 26/藝術 3
［乾隆］陽信 7/60
［民國］陽信 5/方技 82
信邑志稿 7/藝術
楊廷簡（字敬輿）
（清・無棣人）
［乾隆］武定府 25/27
［咸豐］武定府 25/孝友 27
［民國］無棣 13/5
海豐縣鄉土志/耆舊－事業五
楊廷耀（清）
［康熙六十年］博興 7/14
楊廷耀（清・奉天人）
［康熙］濮州續志上/23
13 **楊琮**（明・堂邑人）
［乾隆］東昌 42/10
［順治］堂邑 2/人物 19
［康熙十一年］堂邑 2/人物 7
［康熙］堂邑 16/10
堂邑縣鄉土志/耆舊錄
楊琮（字擎玉）
（清・青城人）
［嘉慶］東昌 32/10
［乾隆］武定府 26/19
［咸豐］武定府 26/義行 19
［乾隆］青城 8/11
［民國］青城續修 4/人物 22
楊琯（明・安邑人）
［康熙］濟南 25/31
［道光］濟南 36/34
［康熙］齊河 5/37
［雍正］齊河 5/35
［民國］齊河 22/3
齊河縣鄉土志名宦祠/16
楊瓛（明・新喻人）
［道光］濟南 36/28
［康熙四十三年］長山 3/宦績
［康熙五十五年］長山 3/31
［嘉慶］長山 5/39
楊琬（字仲玉）
（清・即墨人）
［乾隆］萊州 11/孝義 7
［乾隆］即墨 9/26
［同治］即墨 9/32
即墨縣鄉土志/耆舊－事業四
楊武（字宗文）
（明・陜西岐山人，一作華州人）
［雍正］山東 27/27
［宣統］山東 71/8
［康熙］濟南 25/36
［道光］濟南 36/18
［嘉靖］淄川 6/77
［萬曆］淄川 27/8
［康熙］淄川 4/10
［乾隆］淄川 4/10
淄川縣鄉土志/政績錄
楊武（清・濮州人）
［乾隆］濮州 4/17
［宣統］濮州 5/18
楊瑄（明・湖廣石門人）
［乾隆］沂州府 17/26
楊瑄（字公璧）
（清・歷城人）
［道光］濟南 53/17
［乾隆］歷城 38/18
14 **楊瓘**（字汝玉）
（明・南直通州人）
［道光］濟南 72/21
楊珪（字禹錫）
（元・濟陽人）
［康熙］濟南 45/1
［道光］濟南 48/36
楊琪（明・上海人）
［嘉靖］朝城志 5/15
［康熙］朝城 7/26
楊琦（字濰水）
（明・濰縣人）
［康熙］萊州 10/43
［乾隆］萊州 10/27
［乾隆］濰縣 4/12
［民國］濰縣志稿 27/51
濰縣鄉土志/18
楊瑛（字華玉）
（清・即墨人）
［同治］即墨 9/23
即墨縣鄉土志/耆舊－事業二
楊瓚（字恒生，一名慧）
（隋）
［萬曆二十四年］兗州 9/25
［康熙］兗州 10/24
［萬曆］滕志 6/41
［康熙］滕志 6/12
［康熙］滕縣志 6/宦業 11
［道光］滕縣志 6/宦績 11
楊瓚（字文玉，號逸庵）
（明・濟寧人）
［乾隆］濟寧直隸州 27/9
［道光］濟寧直隸州 8/4－33
楊瓚（字廷器）
（明・壽張人）
［康熙六年］壽張 7/9
［康熙五十六年］壽張 7/9
［光緒］壽張 6/44
楊耐寒（原名柏，以字行）
（清・莒縣人）
［民國］重修莒志 62/9

15 **楊建**(清・臨沂人)
[民國]臨沂 10/3
楊璉(明・蒲臺人)
[康熙]濟南 40/4
[乾隆]武定府 23/11
[咸豐]武定府 23/名臣 11
[康熙]重修蒲臺 7/6
[乾隆]蒲臺 3/43
蒲臺縣鄉土志/21
楊建章(字立齋)
(昌樂人)
[民國]昌樂縣續志 34/9
楊建平(字昇菴)
(清・樂安人)
[民國]樂安 10/25
[民國]續修廣饒 19/46
楊建圻(字介範)
(清・濟陽人)
[民國]濟陽 11/59
楊建芳(字子蘭)
(清・城武人)
[道光]城武 9/上 27
楊建泰(字清菴)
(清・樂安人)
[民國]續修廣饒 19/69
16 **楊聰**(明・錦衣衛人)
[萬曆]青城 1/36
[乾隆]青城 7/2
[民國]青城續修 4/名宦 12
楊聰(明・陽穀人)
[康熙十二年]陽穀 3/32
[康熙]陽穀 3/29
[光緒]陽穀 6/32
楊環(明・章邱人)
[道光]章邱 11/57
楊瑒(明・吉水人)
[萬曆]濟陽 6/2
[道光]東平州 10/上 20
楊聖清(字希夷)
(清・平度人)
[民國]平度縣續志 7/13
17 **楊弼**(字世輔,一作世弼)
(北魏・北平無終人)
[嘉靖]山東 34/7
[康熙]山東 48/6
[雍正]山東 31/13
[宣統]山東 200/2
[嘉靖]青州 15/61
[萬曆]青州 15/60
[康熙十五年]青州 15/60
[康熙四十八年]青州 15/僑寓 7
[咸豐]青州 53/8
[光緒]益都縣圖志 48/16
楊鼐(清・浙江人)
[乾隆]東昌 44/25
[乾隆]臨清州 12/9
[乾隆]臨清直隸州 8/上 84
楊珮(明・濟寧人)
[雍正]山東 28/人物三 70
[宣統]山東 164/51
[乾隆]兗州 23/53
楊瓊(宋・汾州西河人)
[雍正]山東 27/34
[宣統]山東 68/38
[乾隆]兗州 22/11
楊珊(清・臨沂人)
[乾隆]沂州府 26/29
[民國]臨沂 10/4
楊盈(字守謙,號雙溪)
(明・章丘人)
[康熙]濟南 41/16
[道光]濟南 49/51
[萬曆]章丘 24/31
[康熙]章丘 6/25
[乾隆]章邱 9/19
[道光]章邱 11/27
楊承謀(字孟襄)
(長沙人)
[民國]重修博興 10/2
楊鼐望(清・牟平人)
[光緒]增修登州 39/40
[民國]牟平 7/20
楊君平(字永思)
(清・無棣人)
[民國]無棣 13/33
楊君璽(明・文登人)
[雍正]文登 7/3
楊君烈(字清卿)
(金・濟陽人)
[康熙]濟南 33/4
[道光]濟南 47/48
楊承信(字守真)
(五代・沙陀部人)
[光緒]益都縣圖志 16/21
楊君重(清・壽光人)
[民國]壽光 12/人物志二 80
楊子胤(清・蒙陰人)
[康熙十一年]蒙陰 2/32
楊承緒(字繩武)
(清・青城人)
[民國]青城續修 4/人物 23
楊承勳(字子勤)
(清・青城人)
[民國]青城續修 4/人物 23
楊勇魁(字子英)
(齊東人)
[民國]齊東 5/61
楊承業(明・曹縣人)
[康熙]曹縣 11/23
[康熙]兗州府曹縣 11/23
[光緒]曹縣 11/武職 47
楊承祚(後晉)
[光緒]增修登州 24/6
楊承杰(字種蕉)
(清・揚州人)
[民國三年]慶雲 1/89
楊子蔭(明・蒙陰人)
[乾隆]沂州府 26/4
楊子東(明・高苑人)
[康熙]高苑 6/5
[乾隆]高苑 6/5
楊承恩(字君崇)
(明・歷城人)
[道光]濟南 49/36
[崇禎]歷城 10/15
[乾隆]歷城 37/42
楊翼明(清・膠州人)
[道光]重修膠州 36/4
[民國]增修膠志 54/6
楊翼臣(東阿人)
[民國]東阿 15/5
楊乃驊(字星房)
(清・齊東人)
[民國]齊東 5/32
齊東縣鄉土志/耆舊錄 4
楊子鳳(明・北直無極人)
[宣統]山東 71/21,73/7

[道光]濟南 36/60
[咸豐]青州 36/38
[康熙]德平 3/4
[乾隆]德平 2/27
[嘉慶]德平 5/10
[光緒]德平 5/10
德平縣鄉土志/政績錄
[康熙十二年]博興 6/2
[康熙六十年]博興 7/13
[道光]博興 10/4
[民國]重修博興 12/4
楊承父(號小菴)
(明・東明人)
[康熙]滕志 6/39
[康熙]滕縣志 6/宦業 35
[道光]滕縣志 6/宦績 28
滕縣鄉土志/9
楊承光(字覲文)
(清・東阿人)
[民國]續修東阿 11/29
楊瑤恒(字玉峰)
(清・茌平人)
[民國]茌平 3/98
楊承耀(字照庭)
(清・東阿人)
[民國]續修東阿 11/10
18 **楊玠**(字承玉,號繼齋)
(清・即墨人)
[乾隆]萊州 10/36
[乾隆]即墨 9/18
[同治]即墨 9/21
即墨縣鄉土志/耆舊－事業二
楊璇(字機平)
(漢・會稽人)
[嘉靖]山東 25/16
[康熙]山東 32/3
[雍正]山東 27/73
[宣統]山東 66/17
[康熙]濟南 24/4
[乾隆]武定府 16/1
[咸豐]武定府 19/1
[乾隆]惠民 5/7
[光緒]惠民 18/1
惠民縣鄉土志/政績錄 2
楊珍(元・濟陽人)
[道光]濟南 48/37
楊珍(清・蘭山人)
[宣統]山東 173/13
[康熙]沂州志 6/4
[乾隆]沂州府 26/6
[民國]臨沂 10/6
楊珍(字寶軒)
(清・慶雲人)
[民國三年]慶雲 2/97
楊珍(字寶卿)
(清・商河人)
[民國]重修商河 8/28
楊政(金・費縣人)
[光緒]費縣 10/67
楊政德(明・鄞縣人)
[乾隆]寧陽 3/東兗道 2
楊致和(字育蒼)
(清・金鄉人)
[乾隆]金鄉 18/80
[咸豐]金鄉縣志略 9/中列傳二 5
[民國]金鄉 13/17
金鄉縣鄉土志/耆舊錄上
楊致中(宋・寧海人)
[同治]重修寧海州 17/3
19 **楊耿光**(明・平度人)
平度鄉土志 4 下/學問
20 **楊愛**(明・壽張人)
[康熙五十六年]壽張 7/41
楊愛(清・益都舉人)
[康熙]福山 7/31
楊秉(字叔節)
(漢・弘農華陰人)
[嘉靖]山東 25/2
[康熙]山東 31/3
[雍正]山東 27/30
[宣統]山東 66/19
[萬曆元年]兗州 38/循吏 9
[萬曆二十四年]兗州 26/10
[康熙]兗州 21/10
[乾隆]兗州 22/3
[乾隆]濟寧直隸州 21/3
[道光]濟寧直隸州 6/6－1
楊乘(字文載)
(元・濱州渤海人,一作濟南人)
[嘉靖]山東 29/21
[康熙]山東 39/19
[雍正]山東 28/人物二 70
[宣統]山東 164/24
[康熙]濟南 38/7
[道光]濟南 48/57
[乾隆]武定府 23/42
[咸豐]武定府 23/忠節 12
[萬曆]濱州 3/22
[康熙]濱州 7/3
[咸豐]濱州 10/17
濱州鄉土志/耆舊錄
[民國]續修歷城 42/2
[乾隆]惠民 5/46
[光緒]惠民 20/3
惠民縣鄉土志/耆舊錄 2
楊統(清・長山人)
[道光]濟南 55/35
楊爲(字遵穀)
(明)
[民國]重修莒志 57/11
楊位(明・河南汝寧人,一作汝南人)
[萬曆]青州 12 又/又 19
[康熙十五年]青州 12 又/19
[康熙四十八年]青州 12 又/19
[康熙]膠州 5/8
[乾隆]膠州 4/13
[道光]重修膠州 22/5
[民國]增修膠志 17/5
膠州直隸州鄉土志 3/政績－聽訟
楊信(元)
[同治]黃縣 6/3
楊信(清・鉅野人)
[民國]續修鉅野 5/上 6
楊維庚(字念劬)
(清・寧海人)
[民國]牟平 7/37
楊維訽(字笠泉)
(清・茌平人)
[宣統]茌平 13/2
[民國]茌平 3/11
楊維誨(字薪菴,號力田)

（清・茌平人）
［嘉慶］東昌 32/61
［宣統］茌平 14/7
［民國］茌平 3/82
楊統正（清・朝城人）
［民國］朝城縣續志 1/26
楊爲平（清・汶上人）
［宣統］四續汶上稿/人物－施濟傳
楊受廷（字咸之，號虛谷）
（清・歷城人）
［道光］濟南 53/42
［民國］續修歷城 39/22
楊維翮（字漸奎，號雲亭）
（清・金鄉人）
［道光］濟寧直隸州 8/4－25
［咸豐］金鄉縣志略 9/中列傳二 9
［民國］金鄉 13/19
金鄉縣鄉土志/耆舊錄上
［民國］續修鉅野 5/上 6
楊維喬（字岱楨）
（清・寧海人）
［雍正］山東 28/人物四 28
［宣統］山東 176/17
［光緒］增修登州 39/39
［同治］重修寧海州 17/20
［民國］牟平 7/13
楊維山（清・諸城人）
［光緒］增修諸城縣續志 17/1
楊秀巖（字魯瞻，號蓮峰）
（清・淄川人）
［宣統］三續淄川 9/72
楊維皇（清・陽穀人）
［光緒］陽穀 6/29
楊秉淵（字燕貽）
（清・寧海人）
［民國］牟平 7/40
楊維梁（字任可）
（清・膠州人）
［道光］重修膠州 27/36
［民國］增修膠志 41/27
楊依斗（字筱亭）
（清・湖南衡山人）
［宣統］山東 75/55
［民國］臨沂 7/78
［民國］重修商河 6/71
商河縣鄉土志 1/政績
楊維楨（清・遼東人）
［道光］鄒平 9/60
楊秀樾（字蔭普）
（長清人）
［民國］長清 12/15
楊采蘩（明・城武人）
［康熙四十一年］城武 7/下 9
［道光］城武 12/中 43
楊維桐（清・鄒平人）
［民國］鄒平 15/142
楊維楹（字琴可）
（清・膠州人）
［道光］重修膠州 29/25
［民國］增修膠志 45/10
楊受春（清・長清人）
［道光］長清 12/16
楊位中（字雲樵）
（清・臨沂人）
［民國］臨沂 10/35
楊秉哲（字穎濬）
（清・寧津人）
［光緒］寧津 8/44
楊信民（號退庵）
（明・江陰人）
［萬曆］青州 12/36
［康熙十五年］青州 12/36
［康熙四十八年］青州 12/36
［康熙］日照 8/7
楊秉鑑（字鏡亭，一字凌雲）
（清・濟陽人）
［民國］濟陽 11/28
21 楊何（字叔元）
（漢・淄川人）
［嘉靖］山東 29/1
［康熙］山東 39/1
［雍正］山東 28/人物一 5
［宣統］山東 153/14
［康熙］濟南 32/3
［道光］濟南 45/12
［嘉靖］淄川 6/78
［萬曆］淄川 30/2
［康熙］淄川 6/上 4
［乾隆］淄川 6/4
淄川縣鄉土志/耆舊錄－歷代名儒
楊縉（號竹村）
（明・壽張人）
［康熙六年］壽張 7/14
［康熙五十六年］壽張 7/14
［光緒］壽張 6/47
壽張縣鄉土志/耆舊－事業
楊能（明・山西壺關人）
［嘉靖］山東 26/30
［宣統］山東 72/34
［萬曆］東昌 18/30
［乾隆］東昌 33/26
［嘉慶］東昌 20/37
楊頻（字南濱）
（清・茌平人）
［宣統］茌平 13/2
［民國］茌平 3/12
楊順（明・沂州衛人）
［康熙］沂州志 4/24
楊衍（號緒之）
（清・沂州衛人）
［康熙］沂州志 4/25
楊穎（字西源）
（清・無棣人）
［民國］無棣 12/10
楊倬（字漢章）
（清・寧海人）
［民國］牟平 7/39
楊師亮（字南陽，號戩夏）
（清・招遠人）
［光緒］增修登州 46/8
［雍正］（膠州）州志別本/人物－流寓
［道光］重修膠州 31/2
［民國］增修膠志 48/6
［道光］招遠縣續志 3/8
楊師言（字蔚東）
（清・無棣人）
［民國］無棣 13/15
楊占元（字捷三）
（商河人）
［民國］重修商河 7/35
楊師德（字伯昭）
（清・招遠人）

［道光］招遠縣續志 3/4
楊占魁（清・商河人）
［咸豐］武定府 23/忠節 22
［道光］商河 7/40
［民國］重修商河 8/31
商河縣鄉土志 2/耆舊－事業
楊占魁（高唐人）
［民國］高唐縣 12/58
楊步瀛（字仙洲）（清・昌樂人）
［民國］昌樂縣續志 30/19
楊仁迪（字惠升）（清・湖廣蘄水人）
［乾隆］嶧縣 7/22
［光緒］嶧縣 19/職官下 17
楊貞祥（字子興）（壽光人）
［民國］壽光 12/人物志一 102
楊順恭（元・萊陽人）
［民國］萊陽 3/1 中 5
楊倬甫（清・鄒縣人）
［民國］續修鄒縣志稿/人物－耆舊
楊順時（字春台）（清・茌平人）
［宣統］茌平 11/9
［民國］茌平 3/56
楊衍嗣（明・歷城人）
［崇禎］歷乘 16/53
楊師厚（五代梁・潁州人）
［嘉靖］山東 25/19
［康熙］山東 32/7
［雍正］山東 27/87
［宣統］山東 68/19
［康熙］濟南 24/11
［道光］濟南 33/29
［萬曆元年］兗州 38/武功 13
［萬曆二十四年］兗州 27/14
［康熙］曹州志 7/47
［康熙］兗州府曹縣 10/7
［光緒］曹縣 10/6
［光緒］菏澤 7/宦蹟 15
楊仁風（字文卿）（元）
［宣統］山東 69/31
［萬曆二十四年］兗州 28/17
［康熙］兗州 22/17
［乾隆］曹州府 12/13
［康熙］單縣 6/9
［隆慶］單縣上/32
［乾隆］單縣 4/55
［民國］單縣 6/宦蹟 14
楊師銘（字新源）（清・無棣人）
［民國］無棣 13/22
22 **楊岑**（號久山）（明・海豐人）
海豐縣鄉土志/名宦祠
楊鼎（明・壽張人）
［康熙五十六年］壽張 7/41
楊豐（清・利津人）
［民國］利津縣續志 9/5
楊鸞（字世亨，號滄樂居士）（明・益都人）
［康熙］山東 46/7
［康熙十五年］青州 14/61
［康熙四十八年］青州 14/儒行 18
［康熙六十年］青州 15/13
［咸豐］青州 44/4
［康熙］益都 9/13
楊任（清・直隸長垣人）
［宣統］山東 76/19
［乾隆］沂州府 20/17
［宣統］蒙陰 3/宦績
楊嵩（明・山西太和人）
［道光］濟南 36/33
［天啟］新城 6/訓導
［崇禎］新城 6/訓導
［康熙］新城 5/10
［民國］重修新城 10/17
楊嵩（清・壽光人）
［咸豐］青州 49/42
［乾隆］續壽光 23/3
［嘉慶］壽光 13/7
［民國］壽光 12/人物志一 69
楊嵩（字維嶽）（清・益都人）
［乾隆］泰安府 15/38
［乾隆二十五年］泰安縣 10/35
［乾隆四十七年］泰安縣 8/33
［道光］泰安縣 10/10
［民國］重修泰安縣 6/63
楊巍（字伯謙，號夢山）（明・海豐人）
［康熙］山東 39/27
［雍正］山東 28/人物三 41
［宣統］山東 159/22
［乾隆］武定府 23/20，35/21
［咸豐］武定府 23/名臣 20，35/誌銘 15
［康熙］海豐 10/11
［民國］無棣 10/4，22/5
海豐縣鄉土志/耆舊－事業
楊繼文（字冰壺）（明・廣西容縣人）
［宣統］山東 71/43
［康熙］濟南 25/53
［乾隆］武定府 16/23
［咸豐］武定府 19/海豐 1
［康熙］海豐 9/3
海豐縣鄉土志/政績
［民國］無棣 9/1
［康熙］陽信 7/38
［乾隆］陽信 5/42
信邑志稿 5/宦蹟－學官
［民國］陽信 2/72
楊繼雲（清・陝西山陽貢生）
［光緒］嶧縣 19/職官下 22
楊循理（明・新安人）
［隆慶］單縣上/35
楊循虔（字靖甫，號癡仙）（清・單縣人）
［民國］單縣 10/19，23/4
楊崇德（清・陽穀人）
［康熙］陽穀 4/4
［光緒］陽穀 7/2
［民國］增修陽穀人物/孝義 4
楊繼先（明・定興人）
［崇禎］歷城 6/3
楊繼緒（清・汶上人）
［宣統］四續汶上稿/人物－耆德傳
楊崇儉（字敦素）

（清・昌邑人）
［光緒］昌邑縣續志 6/23
楊仙齡（明・高唐人）
［光緒］高唐州 7/2－22
楊繼源（清・茌平人）
［民國］茌平 3/21
楊循禮（元・彰德人）
［雍正］山東 27/37
［乾隆］兗州 22/17
［乾隆］濟寧直隸州 22/42
［道光］濟寧直隸州 6/6－20
［乾隆］金鄉 17/4
［咸豐］金鄉縣志略 7/6
［民國］金鄉 11/19
金鄉縣鄉土志/政績錄
楊種圻（字計伯）
（明・掖縣人）
［乾隆］掖縣 3/47
楊繼芳（字仲延）
（清・直隸南和人）
［宣統］山東 75/38
［康熙］濟南 26/11
［乾隆］泰安府 15/26
［順治］新泰 4/20
［乾隆］新泰 11/6
新泰縣鄉土志/4
楊仙朝（唐・平原人）
［道光］濟南 47/18
［乾隆］平原 8/10
楊峯青（清・清平人）
［民國］清平/人物 82
楊繼盛（字椒山，號仲芳）
（明・北直容城人）
［康熙］山東 35/11
［雍正］山東 35/碑 47
［宣統］山東 73/17
［嘉靖］青州 13/48
［萬曆］青州 12/32
［康熙十五年］青州 12/32
［康熙四十八年］青州 12/32
［康熙六十年］青州 12/32
［咸豐］青州 36/18
［萬曆］諸城 4/24，5/16，12/2
［康熙］諸城 11/25
［乾隆］諸城 28/5
諸城縣鄉土志/上 8
楊胤賢（號小竹）
（明・壽張人）
［康熙］張秋志 8/9
［光緒］壽張 6/2
楊繼曾（字殿元）
（清・茌平人）
［民國］茌平 3/102
楊仙公（五代）
［雍正］山東 30/11
［道光］濟南 60/7
楊繼燦（清・茌平人）
［民國］茌平 3/103
楊繼煥（清・茌平人）
［民國］茌平 3/117
23 楊儐（清・大興人）
樂陵縣鄉土志 2/8
楊儐（清・浙江杭州人）
［宣統］山東 75/46
［乾隆］武定府 16/28
［咸豐］武定府 19/樂陵 3
［乾隆］樂陵 4/55
楊俊（字邁千）
（清・夏津人）
［民國］夏津續編 8/7
楊允（元・章邱人）
［道光］濟南 48/47
［道光］章邱 16/77
楊獻章（明・青城人）
［康熙］濟南 45/5
［咸豐］武定府 25/孝友 10
［萬曆］青城 1/70
［乾隆］青城 8/10
［民國］青城續修 4/人物 21
楊獻可（明・青城人）
［康熙］濟南 42/15
［乾隆］武定府 25/47
［咸豐］武定府 25/文苑 7
［萬曆］青城 1/57
［乾隆］青城 8/9
楊允和（清・鄒平人）
［民國］鄒平 15/139
楊獻樸（清・鉅野人）
［道光］鉅野 13/49
楊俊階（清・蒲臺人）
［光緒］重修蒲臺 3/11
楊獻恒（字龍泉）
（清・益都人）
［光緒］益都縣圖志 41/8
24 楊岵（字古山）
（清・日照人）
［光緒］日照 8/37
楊科（明・南直隸華亭人）
［康熙］膠州 5/6
［乾隆］膠州 4/10
［道光］重修膠州 22/3
［民國］增修膠志 17/3
楊魁（明・金鄉人）
［康熙十二年］金鄉 5/13
［康熙五十一年］金鄉 5/6
楊偉（字子奇）
（宋・建州浦城人）
［雍正］山東 27/88
［宣統］山東 68/41
楊偉（明・晉江人）
［道光］濟南 36/61
楊緯（字文叔）
（宋・城武人）
［乾隆］濟寧直隸州 23/28
［道光］濟寧直隸州 8/2－14
楊僖（字叔嚴）
（元・濟陽人）
［宣統］山東 161/23
［道光］濟南 34/36，48/38
［康熙五十五年］長山 3/29
［嘉慶］長山 5/37
［乾隆］濟陽 8/9
［民國］濟陽 11/9
楊德亮（字寅工，號蓮溪）
（清・歷城人）
［道光］濟南 53/53
［民國］續修歷城 44/12
楊德言（字紹聞）
（清・歷城人）
［道光］濟南 53/50
［民國］續修歷城 44/7
楊德新（字惺齋）
（清・齊河人）
［民國］齊河 27/38
楊佑廷（清・費縣人）
［光緒］費縣 11/51
楊德政（字衡宇）
（明・臨清人）

［乾隆］東昌 39/13
［康熙］臨清州 3/人物 11
［乾隆］臨清州 9/36
［乾隆］臨清直隸州 8/上 23
［民國］臨清縣/人物 25
楊德仁(清・肥城人)
［光緒］肥城 9/人物志補遺 1
肥城縣鄉土志 5/26
楊德升(清・高唐人)
［乾隆］東昌 43/31
［嘉慶］東昌 32/48
［康熙五十一年］高唐州 9/9
［道光］高唐州 5/2 – 18
［光緒］高唐州 5/2 – 21
［民國］高唐縣 12/39
楊德升(蓬萊人)
［民國］蓬萊縣志合編人物志/忠勇
楊德修(字敬直)
(清・壽光人)
［乾隆］續壽光 23/8
［嘉慶］壽光 13/10
［民國］壽光 12/人物志一 80
楊化多(清・朝城歲貢)
［光緒］莘縣 5/35
［民國］莘縣 3/9
楊仕進(字允升,號可亭,別號染南)
(清・滕縣人)
［道光］滕縣志 8/儒林 21
滕縣鄉土志/25
楊德福(字履軒)
(金鄉人)
［民國］金鄉 14/23
楊德裕(清・臨沂人)
［乾隆］沂州府 26/23
［民國］臨沂 10/6
楊化南(清・汶上人)
［宣統］四續汶上稿/人物 – 施濟傳
楊佳檀(清・齊河人)
［道光］濟南 56/10
楊德樸(元・泗水人)
［光緒］泗水 10/19

楊德華(清・泗水人)
［光緒］泗水 10/27
楊德懿(字天美)
(清・臨沂人)
［乾隆］沂州府 26/24
［民國］臨沂 10/5
［民國］續修臨沂 16/4
楊先朝(唐・平原人)
［宣統］山東 165/6
楊德春(字峻亭)
(清・諸城人)
［光緒］增修諸城縣續志 12/34
楊魁春(字同梅)
(清・臨沂人)
［康熙］沂州志 6/49
［乾隆］沂州府 27/10
［民國］臨沂 10/3
楊先春(明・單縣人)
［順治］單縣 3/6
楊緒中(字道傳)
(清・鄆城人)
［光緒］鄆城 16/32
楊德成(字躋上)
(清・寧陽人)
［光緒］寧陽 13/48
楊化日(明)
［同治］即墨 12/33
楊壯果(清・牟平人)
［民國］牟平 7/18
楊續時(清・河南武安人)
［宣統］山東 75/40
［嘉慶］肥城 15/35
［光緒］肥城 7/50
肥城縣鄉土志 3/6
楊升階(字貞菴)
(清・無棣人)
［民國］無棣 13/7
楊德周(字仲南)
(明・鄞人)
［乾隆］東昌 35/20
［嘉慶］東昌 22/25
［道光］高唐州 7/1 – 13
［光緒］高唐州 7/1 – 13
［民國］高唐縣 9/5 – 8
楊勉學(字菊屋)

(明・茌平人)
［乾隆］東昌 38/23
［嘉慶］東昌 28/23
［康熙二年］茌平 2/42,2/46
［康熙四十九年］茌平 2/42
［宣統］茌平 10/7
［民國］茌平 3/8
［道光］博平 4/21
楊德鄰(字耐村)
(清・陽信人)
［民國］陽信 5/文學 18
25 **楊健**(明・青城人)
［萬曆］青城 1/66
［乾隆］青城 8/2
［民國］青城續修 4/人物 17
楊健(明・淄川人)
［康熙］淄川 5/4
［乾隆］淄川 5/4
楊健(字剛亭)
(清・湖南清泉人)
［宣統］山東 74/29
楊伸(字舒庵)
(清・平度人)
［道光］重修平度州 19/7
楊生(明・歷城人)
［雍正］山東 30/24
［道光］濟南 60/13
［崇禎］歷乘 16/56
［崇禎］歷城 10/33
［乾隆］歷城 45/10
楊仲(字彥和)
(明・濟寧人)
［乾隆］濟寧直隸州 27/12
［道光］濟寧直隸州 8/4 – 34
楊續高(清・寧海人)
［光緒］增修登州 43/35
楊仲徽(元・長清人)
［宣統］山東 161/25
［嘉靖］青州 13/37
［萬曆］青州 12/26,12 又/8
［康熙四十八年］青州 12 又/8
［康熙六十年］青州 12/16
［咸豐］青州 35/21
［康熙］昌樂 1/33
［嘉慶］昌樂 19/3

[民國]濰縣志稿 20/11
楊純源(清・泗水人)
[光緒]泗水 11/8
[光緒]泗水縣鄉土志/14
楊紳世(字淑居)
(清・諸城人)
[咸豐]青州 49/29
[道光]諸城縣續志 16/5
諸城縣鄉土志/上 38
楊仲春(明・宣府人)
[萬曆]青州 12 又/7
[康熙十五年]青州 12 又/7
[康熙四十八年]青州 12 又/7
[康熙六十年]青州 12/39
[康熙]沂水 4/27
[道光]沂水 5/27
楊純剛(字澍亨)
(清・陽信人)
[民國]陽信 5/文學 27
楊生榮(字振凡)
(明・濟寧人)
[康熙]濟寧州 7/31
[乾隆]濟寧直隸州 24/35
[道光]濟寧直隸州 8/2－42
26 **楊保**(元・萊蕪人)
[康熙]濟南 43/14
[乾隆]泰安府 16/72
[嘉靖]萊蕪 6/2
[康熙]新修萊蕪 6/24
[民國]續修萊蕪 20/1
楊和(字節之)
(明・固安人)
[嘉靖]青州 13/50
[萬曆]青州 12/34
[康熙十五年]青州 12/34
[康熙四十八年]青州 12/34
[康熙六十年]青州 12/37
[咸豐]青州 36/10
[光緒]益都縣圖志 18/26
楊偲(清・高唐人)
[嘉慶]東昌 34/15
[道光]高唐州 5/2－25
[光緒]高唐州 5/2－41
[民國]高唐縣 12/86
楊儼(字子敬,號懔齋)
(清・滕縣人)
[道光]滕縣志 8/吏治 7
滕縣鄉土志/20
楊自効(字克城)
(明・河南新鄭人)
[道光]濟南 36/58
[康熙]德平 3/2
[嘉慶]德平 5/8
[光緒]德平 5/8
楊得玉(明・即墨人)
[乾隆]即墨 9/21
[同治]即墨 9/27
即墨縣鄉土志/耆舊－事業四
楊伯仁(字安道)
(金・蒿城人)
[嘉靖]山東 25/22
[康熙]山東 32/10
[宣統]山東 69/7
[康熙]濟南 25/14
[乾隆]武定府 16/32
[咸豐]武定府 19/濱州 1
[萬曆]濱州 3/20
[康熙]濱州 5/17
[咸豐]濱州 8/2
濱州鄉土志/政績錄
楊得仁(明・開封鈞州人)
[正德]莘縣 5/3
[康熙十一年]莘縣 5/5
[康熙五十六年]莘縣 5/5
楊得山(清・臨沂人)
[乾隆]沂州府 26/28
[民國]臨沂 10/6
楊自然(明・昌邑人)
[康熙]昌邑 6/16
[乾隆]昌邑 5/139
楊保彝(字奭齡,號鳳阿)
(清・聊城人)
[宣統]聊城 8/補 1
楊伯修(字循理)
(元・相州人)
[康熙九年]城武 2/31
[康熙四十一年]城武 3/下治績 1
[道光]城武 6/32
楊伯瀛(字子嶠)
(清・壽光人)
[民國]壽光 12/人物志二 27
楊伯淵(字宗之)
(金・真定藁城人)
[嘉靖]山東 25/22
[康熙]山東 32/10
[宣統]山東 69/1
[康熙]濟南 25/14
[道光]濟南 34/13
[弘治]泰安州 3/8
[康熙]泰安州 2/44
[乾隆]泰安府 14/24
[崇禎]歷城 6/10
[乾隆二十五年]泰安縣 10/30
[光緒]益都縣圖志 17/6
楊伯藩(清・陽穀人)
[光緒]陽穀 6/31
楊得權(霑化人)
[民國]霑化 4/登進 46
楊伯起(漢・關西人)
[光緒]三續掖縣 4/3
楊伯東(字學海)
(明・堂邑人)
[康熙]堂邑 13/7
楊保善(清・堂邑人)
堂邑縣鄉土志/耆舊錄
楊伯鈺(字礪軒)
(清・寧津人)
[光緒]寧津 8/28
寧津縣志料 3/人物－孝行
27 **楊豹**(字蔚卿)
(清・鉅野人)
[道光]鉅野 13/66
楊峒(字書巖)
(清・益都人)
[宣統]山東 175/36
[咸豐]青州 49/29
[光緒]益都縣圖志 39/11
楊網(明・齊河人)
[民國]齊河 27/1
楊綗(字憲文)
(清・無棣人)
[咸豐]武定府 24/循良 40
[民國]無棣 11/8
海豐縣鄉土志/耆舊－事業

楊鵠(明・南直臨淮人)
[康熙十一年]莘縣 5/5
[康熙五十六年]莘縣 5/5
[光緒]莘縣 5/17
楊奐(字煥然)
(元・乾州奉天人)
[宣統]山東 200/5
[道光]冠縣 8/上 34
[光緒]冠縣 8/僑寓
[民國]冠縣 8/人物志 45
楊名(字彥誠)
(明・莘縣人)
[正德]莘縣 6/26
楊名(明・博平人)
[正德]博平 4/65
楊佩(字荊璧)
(明・濟寧人)
[康熙]濟寧州 7/4
[乾隆]濟寧直隸州 26/34
[道光]濟寧直隸州 8/2－45
楊佩(字汝周)
(明・陽穀人)
[康熙十二年]陽穀 3/28
[康熙]陽穀 3/25
[光緒]陽穀 6/24
[民國]增修陽穀人物/仕宦 4
楊屺(宋・肥城人)
[康熙]濟南 44/2
[乾隆]泰安府 18/31
[康熙]肥城書下/14
[嘉慶]肥城 17/17
[光緒]肥城 9/2
肥城縣鄉土志 5/19
楊叔(漢・茂陽人)
[萬曆]鉅野 6/3
[康熙]鉅野 10/3
[道光]鉅野 10/4
楊倜(清・臨沂人)
[民國]臨沂 10/59
楊舟(字爾浮)
(明・即墨人)
即墨縣鄉土志/耆舊－學問
楊紹震(字湛元)
(明・東明人)
[康熙]東明 6/21
[乾隆]東明 6/21
[民國]東明縣新誌 11/33
楊綠綬(字公垂)
(清・直隸長垣人)
[宣統]山東 76/33
[乾隆]定陶 4/22
[民國]定陶 4/22
楊紹程(字洛源)
(明・岐山人)
[道光]濟南 35/21
楊紹和(字彥和,號勰卿)
(清・聊城人)
[宣統]山東 174/17
[宣統]聊城 8/50,耆獻文徵/又下 26
楊名寀(見楊士寀)
楊名江(字熙宇)
(清・歷城人)
[民國]續修歷城 46/1
楊象溥(字汝齋)
(壽光人)
[民國]壽光 12/人物志二 38
楊名世(清・德州人)
[道光]濟南 56/79
[乾隆]德州 9/57
[民國]德縣 10/32
楊紹基(字履亭)
(清・益都人)
[光緒]益都縣圖志 37/18
楊御蕃(字翰城)
(明・臨沂人)
[雍正]山東 27/17
[康熙]沂州志 4/25
[乾隆]沂州府 25/26
[乾隆]萊州 9/28,14/64
萊州府鄉土志/上 20
[光緒]增修登州 36/4
[乾隆]掖縣 8/9
[民國]臨沂 9/50
楊名馨(字寅公)
(清・單縣人)
[乾隆]單縣 7/28
[民國]單縣 9/43
楊紹典(字子謨,號沂濱)
(清・壽光人)
[民國]壽光 12/人物志二 35
楊祭昇(清・牟平人)
[民國]牟平 7/90
楊修田(號竹農)
(清・無棣人)
[民國]無棣 11/13
海豐縣鄉土志/耆舊－事業
楊名時(明・河南商丘人)
[宣統]山東 71/13
[道光]濟南 36/31
[天啟]新城 6/知縣
[崇禎]新城 6/知縣
[民國]重修新城 10/11
楊名臣(清・直隸懷來人)
[乾隆]嶧縣 7/45
[光緒]嶧縣 19/武職 33
楊修恒(字梅卿)
(清・茌平人)
[民國]茌平 12/88
28 **楊復**(明・鉅野人)
[萬曆]鉅野 7/21
[康熙]鉅野 11/20
[道光]鉅野 12/23
楊徽(見楊仲徽)
楊儉(字節夫,一字效禹)
(明・河南儀封人)
[嘉靖]山東 25/27
[康熙]山東 32/16
[雍正]山東 27/76
[宣統]山東 71/46
[乾隆]武定府 16/38
[咸豐]武定府 19/利津 2
[萬曆二十四年]兗州 29/14
[康熙]兗州 22/35
[萬曆]沂州志 6/11
[康熙]利津縣新志 7/3
[光緒]費縣 3/53
費縣鄉土志/政績錄
楊倫(明・青城人)
[康熙]濟南 38/11
[萬曆]青城 2/2
[乾隆]青城 8/7
[民國]青城續修 4/人物 20
楊綸(字仲理)
(漢・東昏人)
[民國]東明縣新誌 11/12
楊綸(字斌籀)

（隋）
[萬曆]滕志 6/42
[康熙]滕志 6/13
[康熙]滕縣志 6/宦業 12
[道光]滕縣志 6/宦績 12
楊綸（字龍墀）
（清・長清人）
[道光]濟南 56/59
[道光]長清 12/21
楊稅（明・萊陽人）
[民國]萊陽 3/1 中 57
楊儀（字鳳庭）
（清・商河人）
[民國]重修商河 13/藝文志四墓表 25
楊儁（字子敬）
（清・寧海人）
[民國]牟平 7/39
楊復亨（明・陝西咸寧人）
[宣統]山東 73/13
[咸豐]青州 36/43
[嘉慶]昌樂 19/6
楊復亨（清・蓬萊人）
[道光]重修蓬萊 9/34
[民國]蓬萊縣志合編人物志/行誼
楊作育（清・泗水人）
[光緒]泗水 11/10
楊復謙（字祇園）
（清・蓬萊人）
[光緒]增修登州 41/9
[道光]重修蓬萊 9/34
[民國]蓬萊縣志合編人物志/行誼
楊以元（字含四）
（清・金鄉人）
[乾隆]兗州 23/87
[乾隆]濟寧直隸州 27/30
[道光]濟寧直隸州 8/3－33
[乾隆]金鄉 18/80
[咸豐]金鄉縣志略 9/中列傳二 6
[民國]金鄉 14/4
金鄉縣鄉土志/耆舊錄上
楊作霖（字松周）
（清・齊河人）
[民國]齊河 27/15
楊儀廷（清・費縣人）
[光緒]費縣 11/51
楊以綱（字扶三）
（清・金鄉人）
[咸豐]金鄉縣志略 9/中列傳二 16
[民國]金鄉 13/23
楊作儉（字式萬）
（清・濟寧人）
[道光]濟寧直隸州 8/4－40
楊徵寧（清・長清人）
[道光]長清 12/16
楊復源（字子湘）
（清・茌平人）
[民國]茌平 3/63
楊復基（字紹烈）
（清・淄川人）
[宣統]三續淄川 9/87
楊作楫（字漱石）
（明・蓬溪人）
萊州府鄉土志/上 13
[嘉慶]續掖縣 2/14
楊以增（字至堂，一字益之）
（清・聊城人）
[宣統]山東 174/6
[宣統]聊城 8/43，耆獻文徵/又下 19
楊作哲（字子明）
（清・濟陽人）
[民國]濟陽 11/57，17/48
楊作質（清・青城人）
[民國]青城續修 4/人物 25
29 楊秋石（清・齊東人）
[民國]齊東 5/59
30 楊汴（明・六安人）
[康熙]東平州 4/53
[乾隆]東平州 12/34
[道光]東平州 12/34
[光緒]東平州 14/34
東平州鄉土志上/政績錄 14
楊淳（字本如）
（清・茌平人）
[乾隆]東昌 43/12
[嘉慶]東昌 32/38
[宣統]茌平 15/3
[民國]茌平 3/85
楊宏（清・臨沂人）
[乾隆]沂州府 25/31
[民國]臨沂 10/5
楊淮（字伯邳）
（漢・華陽人）
[咸豐]金鄉縣志略 7/3
楊淮（字維揚）
（清・金鄉人）
[康熙]兗州續編 16/14
[乾隆]兗州 23/69
[乾隆]濟寧直隸州 25/44
[道光]濟寧直隸州 8/3－31
[康熙五十一年]金鄉 11/18
[乾隆]金鄉 18/68
[咸豐]金鄉縣志略 9/中列傳二 2
[民國]金鄉 13/14
金鄉縣鄉土志/耆舊錄上
楊寰（明）
[乾隆]沂州府 20/12
楊濟（明・莘縣人）
[正德]莘縣 6/16
[光緒]莘縣 6/17
[民國]莘縣 6/14
莘縣鄉土志/鄉宦 18
楊濟（字叔通）
（清・宛平人）
[光緒]增修登州 27/6
[民國]增修膠志 18/18
[同治]黃縣 6/12
[民國]黃縣志稿 11/宦績
楊寬（明・沂水人）
[康熙]山東 45/18
[乾隆]沂州府 26/10
[道光]沂水 7/24
楊寬（明・北直涿州人）
[宣統]山東 71/31
[乾隆]泰安府 15/10
[萬曆二十四年]兗州 29/10
[康熙]兗州 22/31
[康熙]兗州續編 14/21
[康熙]東平州 4/53
[乾隆]東平州 12/35
[道光]東平州 12/35
[光緒]東平州 14/35

[民國]東平縣 9/18
東平州鄉土志上/政績錄 14
楊寬(字雪閣)
(清・濟寧人)
[乾隆]濟寧直隸州 26/23
[道光]濟寧直隸州 8/3-29
楊憲(字介夫)
(清・昌樂人)
[民國]昌樂縣續志 34/3
楊宣(明・衡水人)
[康熙]濰縣 2/職官 3
楊宣(明・山後瑞州人)
[乾隆]沂州府 17/29
楊宜(字伯時)
(明・衡水人)
[宣統]山東 73/35
[康熙]萊州 8/49
[乾隆]萊州 9/20
[乾隆]濰縣 3/42
[民國]濰縣志稿 20/15
濰縣鄉土志/51
楊宗(明・東昌人,一作堂邑人)
[嘉靖]山東 35/5
[康熙]山東 45/13
楊安堃(字仁卿)
(清・費縣人)
[光緒]費縣 11/51
楊宏立(清・臨沂人)
[民國]續修臨沂 16/20
楊永詳(字盛如)
(清・益都人)
[宣統]山東補遺/8
楊宿麟(字雲集)
(清・掖縣人)
[嘉慶]續掖縣 3/21
楊宗震(見楊宗振)
楊進功(字敏齋)
(清・博山人)
[民國]續修博山 12/32
楊之琦(清・河南原武人)
[道光]濟南 38/30
[民國]濟陽 9/39
楊宗聖(字孔章)
(清・濟寧人)
[乾隆]濟寧直隸州 27/36
[道光]濟寧直隸州 8/4-39
楊家琛(字蘊輝)
(清・無棣人)
[民國]無棣 13/9
海豐縣鄉土志/耆舊-事業六
楊寶珍(霑化人)
[民國]霑化 4/登進 48
楊進爵(清・青城人)
[乾隆]武定府 26/29
楊守仁(明・沅陵人)
[萬曆]青城 1/46
楊宗儒(字東生,號耳石)
(明・諸城人)
[咸豐]青州 45/64
[康熙]諸城 7/35
[乾隆]諸城 34/3
楊宏俊(字憲坡)
(清・浙江開化人)
[宣統]山東 74/46
[道光]濟南 37/67
楊宏勳(清・章邱人)
[道光]章邱 11/67
楊之魁(明・魚臺人)
[乾隆]魚臺 10/30
楊宗緒(字守先)
(清・陽信人)
[民國]陽信 5/孝友 57
陽信縣鄉土志上/耆舊-事業
楊寅生(字統人)
(清・蓬萊人)
[光緒]增修登州 43/2
[道光]重修蓬萊 9/21
[民國]蓬萊縣志合編人物志/仕績
楊守身(明・費縣人)
[乾隆]沂州府 26/26
[康熙]費縣 7/29
[光緒]費縣 10/80
楊之復(明・濱州人)
[乾隆]武定府 26/11
[咸豐]武定府 26/義行 11
[咸豐]濱州 10/厚德 3
濱州鄉土志/耆舊錄
[光緒]霑化 10/33
[民國]霑化 2/20
楊安富(字國定)
(清・平度人)
[道光]重修平度州 19/44
楊宣之(字存齋)
(清)
[宣統]山東 75/31
[民國]長清 4/21
楊宣之(字萬全)
(清・寧海人)
[民國]牟平 7/40
楊宗官(字建六)
(清・高密人)
[光緒]高密 8/上 68
[民國]高密 14/上 80
高密縣鄉土志/上 40
楊宏業(清・閬中人)
[道光]長清 4/1
楊守禮(明・南澗人)
[崇禎]歷乘 16/62
楊永清(字伯泉)
(清・恩縣人)
[民國]重修恩縣 11/鄉賢 25
楊永澤(字沛宇)
(清・臨沂人)
[民國]臨沂 10/5
楊守祿(清・棲霞人)
[光緒]增修登州 43/20
[康熙]棲霞 6/21
[乾隆]棲霞 7/2
楊宏道(元・濟南人)
[嘉靖]山東 29/21
[康熙]山東 39/20
[道光]鄒平 16/存疑 1
楊守道(字希中,號敬齋)
(明・潮陽人)
[萬曆二十四年]兗州 29/5
[康熙]兗州 22/27
[乾隆]兗州 22/27
[乾隆]濟寧直隸州 22/44
[道光]濟寧直隸州 6/6-31
[康熙五十一年]金鄉 8/16
[乾隆]金鄉 17/6
[咸豐]金鄉縣志略 7/11
[民國]金鄉 11/20
楊進吉(字大復)

（清・即墨人）
［乾隆］即墨 9/23
［同治］即墨 9/29
即墨縣鄉土志/耆舊－事業四
楊字奇（清・臨沂人）
［乾隆］沂州府 26/21
［民國］臨沂 10/6
楊永孝（明・蒙陰人）
［康熙十一年］蒙陰 2/50
楊安恕（字子盤）
（清・茌平人）
［民國］茌平 3/21
楊守起（清・夏津人）
［民國］夏津續編 8/38
楊永朝（清・河南河内人）
［咸豐］青州 37/16
［乾隆］高苑 3/23
楊家幹（清・長清人）
［道光］長清 12/10
楊之翰（字子政）
（明・利津人）
［康熙］利津縣新志 6/1
［光緒］利津 7/宦蹟 5
楊之翰（明・漳縣人）
［道光］濟寧直隸州 6/6－37
［康熙］魚臺 15/17
［乾隆］魚臺 9/40
［光緒］魚臺 2/50
楊宗翰（清・星子人）
［道光］濟寧直隸州 6/7－88
［康熙］魚臺 15/24
［乾隆］魚臺 9/45
［光緒］魚臺 2/54
楊富春（字信之）
（清・歷城人）
［民國］續修歷城 44/23
楊富春（清・沂州人）
［乾隆］沂州府 26/25
楊守忠（金，見寶峰僧）
楊守忠（明・蘭陵人）
［萬曆元年］兗州 46/8
［萬曆二十四年］兗州 52/27
［乾隆］兗州 31/12
［康熙］嶧縣 4/114
［乾隆］嶧縣 8/55
［光緒］嶧縣 21/流寓 14
楊永泰（字心齋）
（清・金鄉人）
［民國］金鄉 13/續增 13
楊注東（清・章丘人）
［宣統］山東 170/23
楊宗振（字嚴四）
（清・濟寧人）
［雍正］山東 28/人物四 12
［宣統］山東 172/37
［乾隆］兗州 23/61
［康熙］濟寧州 6/57
［乾隆］濟寧直隸州 25/10
［道光］濟寧直隸州 8/3－6
楊安國（字君倚）
（宋・密州安丘人）
［嘉靖］山東 32/15
［康熙］山東 42/15
［宣統］山東 162/28
［嘉靖］青州 14/17
［萬曆］青州 14/48
［康熙十五年］青州 14/48
［康熙四十八年］青州 14/儒行 5
［康熙六十年］青州 15/7
［咸豐］青州 41/7
［萬曆］安丘 18/12
安丘縣鄉土志 8/耆舊錄 5
楊安國（自名楊安兒）
（金・益都人）
［乾隆］掖縣 5/62
楊寶田（字稼山）
（清・無棣人）
［民國］無棣 13/31
楊定國（字寧宇）
（明・濟寧人）
［康熙］濟寧州 7/31
［乾隆］濟寧直隸州 26/35
［道光］濟寧直隸州 8/2－46，9/4－226
濟寧州鄉土志 2/耆舊
楊定國（清・益都人）
［宣統］山東 175/46
［康熙四十八年］青州 14/忠義 12
［康熙六十年］青州 17/7
［咸豐］青州 47/1
［光緒］益都縣圖志 40/6
楊永固（字壽山）
（清・高唐人）
［民國］高唐縣 12/90
楊永昆（字裕亭）
（清・膠州人）
［道光］重修膠州 30/3
［民國］增修膠志 47/3
楊富顒（字儒文）
（清・平度人）
［民國］平度縣續志 7/28
楊良臣（字舜卿，號南莊）
（明・即墨人）
［康熙］萊州 10/31
［乾隆］萊州 10/18
［萬曆］即墨志 8/5
［康熙］纂修即墨/下 20
［乾隆］即墨 9/9
［同治］即墨 9/9
即墨縣鄉土志/耆舊－事業二
楊寶賢（字慎齋）
（清・天津增生）
［光緒］德平 5/18
德平縣鄉土志/政績錄
楊宏印（字君璽）
（清・鄆城人）
［光緒］鄆城 16/32
楊宗賢（字憲章）
（清・濟寧人）
［道光］濟寧直隸州 8/4－39
楊安普（字德甫）
（清・陽信人）
［民國］陽信 5/孝友 64
楊寶善（元・莘縣人）
［光緒］莘縣 7/13
［民國］莘縣 7/7
莘縣鄉土志/鄉宦 17
楊寶筠（字紫堂）
（清・壽光人）
［民國］壽光 12/人物志二 66
楊守節（清・棲霞人）
［康熙］棲霞 6/21
［乾隆］棲霞 7/2
楊之炎（字旭東）

（清·陽信人）
［民國］陽信 5/文學 21
31 **楊河**（字伏圖）
（清·湖南新化人）
［宣統］山東 76/26
楊濬（明·朝城人）
［康熙］朝城 8/18
楊迺溥（清·長清人）
［道光］長清 12/16
楊源清（字活渠）
（清·昌樂人）
［民國］昌樂縣續志 28/14
楊遷吉（字啟旋）
（清·即墨人）
［乾隆］即墨 9/30
［同治］即墨 9/42
楊源翰（清·壽光人）
［乾隆］續壽光 23/5
［嘉慶］壽光 13/8
［民國］壽光 12/人物志一 75
楊福長（清·長山人）
［康熙五十五年］長山 6/39
［嘉慶］長山 9/10
32 **楊适裔**（字子容）
（清·壽光人）
［乾隆］續壽光 24/5
［嘉慶］壽光 13/25
［民國］壽光 12/人物志一 76
壽光縣鄉土志/耆舊
楊添正（明·東平人）
［乾隆］東平州 15/15
［道光］東平州 15/15
［光緒］東平州 15/下 23
［民國］東平縣 11/下 2
東平州鄉土志上/政績錄 33
楊兆億（字鶴來）
（清·湖北黃陂人）
［宣統］山東 76/54
［乾隆］東昌 35/7
楊兆魁（字古傑）
（清·單縣人）
［民國］單縣 12/鄉賢 10
楊兆先（明·高唐人）
［道光］高唐州 5/1－13
楊兆勳（字克猷）
（清·膠州人）
［道光］重修膠州 29/27
［民國］增修膠志 45/12
楊澄生（字靜涵）
（清·壽光人）
［乾隆］續壽光 21/2
［嘉慶］壽光 12/24
楊兆鯤（字巨屏）
（明·萊州人）
［乾隆］萊州 10/28
［乾隆］即墨 9/13
［同治］即墨 9/13
即墨縣鄉土志/耆舊－事業二
楊添禎（明·東平人）
［乾隆］泰安府 18/40
［康熙］東平州續志 6/1
楊漸鴻（清·蓬萊人）
［宣統］山東 176/42
［光緒］增修登州 41/12
［光緒］蓬萊縣續志 9/忠勇 7
［民國］蓬萊縣志合編人物志/忠勇
楊州鶴（字友松）
（明·河南濬縣人）
［宣統］山東 73/27
［光緒］增修登州 31/3
［康熙］萊陽 4/7，10/24
［民國］萊陽 3/1 上 9
［嘉慶］慶雲 7/35，9/17
［民國三年］慶雲 2/48
楊兆臚（字殿傳）
（清·定陶人）
［民國］定陶 6/35
楊兆鵬（字巨溟）
（明·即墨人）
［乾隆］即墨 9/22
［同治］即墨 9/27
楊兆煊（字宣子）
（清·無棣人）
［民國］無棣 12/6
楊兆煜（字炳南，一字熙亙）
（清）
［宣統］山東 174/24
［宣統］聊城 8/85，耆獻文徵/中 27，耆獻文徵/又下 17
楊兆煥（字新甫，號筠生）
（清·濰縣人）
［民國］濰縣志稿 30/43
33 **楊黼**（字佩冕，別字子斧，號靜存）
（清·滕縣人）
［道光］滕縣志 8/儒林 36
滕縣鄉土志/28
楊浣（字子濯，號滌初，別號石蘭）
（清·無棣人）
［民國］無棣 13/25，20/21
楊心順（清·濮州人）
［宣統］濮州 6/13
楊心安（清·茌平人）
［宣統］茌平 16/10
楊心安（清·濮州人）
［宣統］濮州 6/96
楊治寧（字維周，號松亭）
（清·高唐人）
［嘉慶］東昌 31/14
［道光］高唐州 5/1－51，5/2－3
［光緒］高唐州 5/1－56
［民國］高唐縣 12/76
高唐州鄉土志/22
楊治凝（清·高唐人）
［宣統］山東 174/19
34 **楊達**（明·河南均州人）
［康熙］黃縣 5/13
楊斗（清·廬陵人）
［康熙］莒州下/13
［民國］重修莒志 58/2
楊法（字子言）
（清·無棣人）
［民國］無棣 13/26
楊浩（明·濟寧人）
［雍正］山東 28/人物三 12
［宣統］山東 159/9
［乾隆］兗州 23/38
［康熙］濟寧州 6/23
［乾隆］濟寧直隸州 24/4
［道光］濟寧直隸州 8/2－23
濟寧州鄉土志 2/耆舊
楊浩（字淵如）

（清・齊河人）
[道光]濟南 56/14
[民國]齊河 26/9
楊浩(字秋舫)
（清・慶雲人）
[民國三年]慶雲 2/55
楊浩(字其天)
（清・滕縣人）
[道光]滕縣志 9/孝義 20
楊祐(元・泗水人)
[光緒]泗水 10/30
楊祐(字汝承,號丹泉)
（明・浙江錢塘人）
[宣統]山東 72/28
[萬曆]東昌 18/33
[乾隆]曹州府 12/18
[萬曆]濮州 3/名宦 19,6/49,6/60,6/86
[康熙]濮州 3/18,6/37,6/46
[乾隆]濮州 3/18,6/37,6/46
[宣統]濮州 4/18,6/37,6/46
楊淇(字青巖)
（清・濟寧人）
[乾隆]濟寧直隸州 26/23
[道光]濟寧直隸州 8/3－29
楊祺(元・泗水人)
[光緒]泗水 10/18
楊祐(明・錢塘人,見楊祐)
楊洪謨(清・昌邑人)
[康熙]昌邑 6/20
[乾隆]昌邑 5/143
楊汝謙(字岱隱)
（清・諸城人）
[乾隆]諸城 41/4
楊凌雲(字定遠)
（清・無棣人）
[民國]無棣 12/12
楊對廷(字晉之)
（清・歷城人）
[道光]濟南 53/61
[民國]續修歷城 44/23
楊法孔(清・汶上人)
[宣統]四續汶上稿/人物－施濟傳
楊汝弼(字欽四)
（清・滕縣人）
[道光]滕縣志 8/儒林 11
滕縣鄉土志/24
楊汝綬(清・江西金溪舉人)
[民國]濟陽 9/41
楊湛然(字肖麓)
（明・湖廣鄖陽人）
[宣統]山東 72/22
[康熙十五年]青州 12/26
[乾隆]沂州府 20/9
[康熙]曹州志 7/41
[乾隆]曹州府 12/20
[康熙]莒州下/9
[嘉慶]莒州 7/7
[民國]重修莒志 57/12
[光緒]菏澤 7/名宦 6
[光緒]新修菏澤 8/16
楊灌勺(字龍光)
（清・鄆城人）
[光緒]鄆城 8/17
楊洪業(字敬承)
（清・單縣人）
[民國]單縣 9/68
楊法九(清・掖縣人)
[乾隆]掖縣 5/3
楊汝楨(明・涿州舉人)
[康熙]鄒平 4/13
[嘉慶]鄒平 14/11
[道光]鄒平 14/11
[民國]鄒平 14/11
楊汝楫(字公進)
（明・嘉祥人）
[順治]嘉祥 3/40
楊汝楫(字用汝)
（清・滕縣人）
[道光]滕縣志 8/儒林 15
滕縣鄉土志/24
35 **楊迪**(明・句容人)
[嘉靖]濮州 7/19
[萬曆]濮州 3/名宦 25
楊津(字汝問,號守齋)
（明・諸城人）
[萬曆]諸城 7/22
[康熙]諸城 7/19
楊禮(元・淮陽人)
[道光]濟南 34/34
楊漣(見楊璉)
楊沛(字孔渠)
（魏・馮翊萬年人）
[雍正]山東 27/52
[宣統]山東 66/34
楊連三(清・惠民人)
[光緒]惠民 20/8
惠民縣鄉土志/耆舊錄 4
楊連玉(清・樂陵人)
[乾隆]樂陵 6/38
樂陵縣鄉土志 3/28
楊清玉(字崑賓)
（清・昌邑人）
[光緒]昌邑縣續志 6/23
楊連岱(字卓五)
（東阿人）
[民國]東阿 16/4
楊連升(清・牟平人)
[同治]重修寧海州 21/8
[民國]牟平 7/91
楊清偉(清・高唐人)
[民國]高唐縣 12/54
楊清泉(字鏡海)
（清・蓬萊人）
[民國]蓬萊縣志合編人物志/行誼
楊清心(清・東阿人)
[道光]東阿 14/人物下 35
楊清擢(清・泰安人)
泰安縣鄉土志/耆舊 26
楊清矗(清・泗水人)
[光緒]泗水 11/26
[光緒]泗水縣鄉土志/11
36 **楊湜**(字產清)
（元・真定藁城人）
[光緒]益都縣圖志 17/22
楊渭(字竹川)
（清・濰縣人）
[民國]濰縣志稿 30/46
楊溫(元・景州蓨縣人)
[宣統]山東 69/22
[道光]濟南 34/37
[天啟]新城 6/縣尹
新城縣鄉土志/政績－元

知縣
［康熙］高苑 3/15
楊溫（元・陽穀人）
［嘉靖］青州 13/36
［萬曆］青州 12/26
［咸豐］青州 35/21
［乾隆］高苑 3/20
［康熙十二年］陽穀 3/27
［康熙］陽穀 3/24
［光緒］陽穀 6/24
［民國］增修陽穀人物/仕宦 2
楊湘（字子江）
（清・膠州人）
［民國］增修膠志 47/10
楊湘（威遠人）
［民國］萊陽 3/1 上 39
楊澤（明・西安人）
［康熙］嶧縣 3/28
［乾隆］嶧縣 7/12
［光緒］嶧縣 19/職官下 5
楊澤（字海若）
（清・濟寧人）
［康熙］濟寧州 6/54
［乾隆］濟寧直隸州 25/5
［道光］濟寧直隸州 8/3 – 3
楊還吉（字其旋）
（清・即墨人）
即墨縣鄉土志/耆舊 – 學問
楊遇吉（字晉生）
（清・即墨人）
［康熙］萊州 10/68
［乾隆］萊州 11/孝義 6
［乾隆］即墨 9/23，10/上 52
［同治］即墨 9/29
即墨縣鄉土志/耆舊 – 事業四
楊遇芝（恩縣人）
［民國］重修恩縣 11/鄉賢 63
楊澤蕙（東阿人）
［民國］東阿 15/1
楊遇春（清・淄川人）
［乾隆］淄川 5/50
楊澤闓（字石汸）
（清・湖南寧遠舉人）
［光緒］德平 5/17
德平縣鄉土志/政績錄
37 **楊洞**（字子晦，號河村）
（明・濟寧人）
［康熙］濟寧州 6/31
［乾隆］濟寧直隸州 24/9
［道光］濟寧直隸州 8/2 – 26
楊涵（字水心）
（清・益都人）
［宣統］山東補遺/2
［光緒］益都縣圖志 45/5
［乾隆］諸城 44/3
楊渙（明・太原人）
［崇禎］歷乘 16/62
楊迴（字俊卿）
（明・曹縣人）
［光緒］曹縣 11/選舉 6
楊朗（元）
［萬曆］福山 4/2
楊洛（明・壺關人）
［隆慶］單縣上/35
楊洛（字建周）
（清・益都人）
［咸豐］青州 46/42
［光緒］益都縣圖志 41/18
楊潤（字以德）
（明・莘縣人）
［正德］莘縣 6/8
［康熙五十六年］莘縣 6/3
［光緒］莘縣 6/4
［民國］莘縣 6/3
楊潤（字浣亭）
（清・歷城人）
［民國］續修歷城 46/1
楊通（字伯逵）
（元・博州高唐人）
［道光］高唐州 7/2 – 25
［光緒］高唐州 7/2 – 25
［民國］高唐縣 12/31
楊通（字貫道）
（明・臨城人）
［正德］博平 5/87
楊通（字纖靈）
（清・臨沂人）
［乾隆］沂州府 26/29
［民國］臨沂 10/4
楊選（明・章丘人）
［康熙］濟南 35/15
［道光］濟南 49/52
［萬曆］章丘 24/30
［康熙］章丘 6/24
［乾隆］章邱 9/19
［道光］章邱 11/31
章邱縣鄉土志/上 26
楊洵（字暉吉，號崑源，別名溥）
（明・濟寧人）
［康熙］山東 40/62
［康熙］濟寧州 6/39
［乾隆］濟寧直隸州 15/21，24/26
［道光］濟寧直隸州 8/2 – 37
濟寧州鄉土志 2/耆舊
楊洵（清・蒙陰人）
［康熙十一年］蒙陰 2/55
楊逸（字遵道）
（北魏・華陰人）
［雍正］山東 27/68
［宣統］山東 67/18
萊州府鄉土志/上 7
［嘉慶］續掖縣 2/10
楊淑亮（字采卿）
（清・東阿人）
［民國］續修東阿 11/12
楊鴻斌（字文甫）
（東平人）
［民國］夏津續編 6/35
楊初三（清・臨沂人）
［民國］臨沂 10/59
楊鴻烈（字芋安）
（清・湖南芷江人）
［民國］續安邱新志 15/1
安丘縣鄉土志 2/政績錄
楊鴻儒（字重魯）
（清・高唐人）
［乾隆］東昌 43/33
［嘉慶］東昌 32/50
［乾隆］高唐州續志 2/8
［道光］高唐州 5/2 – 14
［光緒］高唐州 5/2 – 17
［民國］高唐縣 12/10
楊通睿（字聖喻）
（清・濟寧人）

[乾隆]濟寧直隸州 26/20
[道光]濟寧直隸州 8/3－28
楊祖德(字子蔭)
(濰縣人)
[民國]濰縣志稿 30/55
楊汲泉(清・平度人)
[民國]平度縣續志 8/8
楊潤身(字敬之)
(平原人)
[民國]續修平原 8/22
楊通俶(字聖美)
(清・濟寧人)
[乾隆]濟寧直隸州 34/13
楊通久(字聖宜)
(清・濟寧人)
[宣統]山東 172/38
[康熙]濟寧州 6/59
[乾隆]濟寧直隸州 25/13,34/12
[道光]濟寧直隸州 8/3－7
楊遐齡(清・歷城人)
[咸豐]青州 37/26
[嘉慶]壽光 10/35
楊鴻賓(霑化人)
[民國]霑化 4/登進 44
楊潤之(金・直隸香河人)
[康熙]濟南 25/14
[道光]濟南 34/16
[康熙]齊河 5/34
[雍正]齊河 5/33
[民國]齊河 22/1
齊河縣鄉土志政績錄/6
楊祖憲(字述菴,一字星若)
(清・湖北應山人)
[宣統]山東 77/33
[道光]再續掖縣上/35
博平縣鄉土志/政績
楊冠軍(字偉卿)
(清・高唐人)
[光緒]高唐州 5/2－39
[民國]高唐縣 12/44
楊逢吉(清・平度人)
[道光]重修平度州 19/4
楊鴻基(字小庭)
(清・淄川人)
[宣統]三續淄川 9/87
楊淑東(清・臨沂人)
[民國]臨沂 10/53
楊淑時(字雪門)
(清・臨沂人)
[民國]續修臨沂 16/2
38 **楊澈**(字晏如,一作宴如)
(宋・建陽人,後遷北海營陵)
[嘉靖]山東 27/4,33/7
[康熙]山東 35/4,44/6
[雍正]山東 27/54,28/人物二 20
[宣統]山東 157/5
[康熙]濟南 25/8
[道光]濟南 34/7
[嘉靖]青州 13/28,15/64
[萬曆]青州 12/20,15/61
[康熙十五年]青州 12/20
[康熙四十八年]青州 12/20,15/僑寓 8
[康熙六十年]青州 20/17
[咸豐]青州 53/9
[萬曆]萊州 5/93
[康熙]萊州 10/21
[乾隆]萊州 10/7
[嘉靖]淄川 6/76
[萬曆]淄川 27/5
[康熙]淄川 4/4
[乾隆]淄川 4/4
[萬曆]濰縣 9/4
[康熙]濰縣 5/人物 11
[乾隆]濰縣 4/6
[民國]濰縣志稿 27/14
濰縣鄉土志/14
[康熙]益都 10/2
[光緒]益都縣圖志 16/36
38 **楊海**(字文淵)
(明・定陶人)
[乾隆]曹州府 15/7
[順治]定陶 5/12
[乾隆]定陶 6/6
[民國]定陶 6/8
38 **楊激**(明・茌平人)
[乾隆]東昌 42/15
[嘉慶]東昌 32/15
[宣統]茌平 16/1
[民國]茌平 3/10
楊祥(字惟禎)
(明・直隸灤城人)
[嘉靖]山東 26/30
[康熙]山東 34/9
[雍正]山東 27/93
[宣統]山東 72/29
[萬曆]東昌 18/43
[嘉靖]濮州 7/21
[嘉靖]朝城志 5/5,8/29
[康熙]朝城 7/5,9/22
楊裕(元・泗水人)
[光緒]泗水 10/18,10/30
楊滋(字長人)
(清・泰安人)
[道光]泰安縣 9/上 88
[民國]重修泰安縣 8/42
楊祚(元・泗水人)
[道光]濟寧直隸州 6/6－22
[康熙]魚臺 15/10
[乾隆]魚臺 9/33
[光緒]魚臺 2/47
[光緒]泗水 10/18
楊道績(號晴巒)
(明・招遠人)
[順治]招遠 8/4
楊肇和(字純如)
(清・茌平人)
[民國]茌平 3/19
楊道真(初名漢傑)
(元・沂州人)
[雍正]山東 30/17
[萬曆二十四年]兗州 52/27
[乾隆]嶧縣 8/55
[光緒]嶧縣 21/流寓 14
楊啟芳(字汝含,一作子春)
(明・南直寶應人)
[宣統]山東 71/46
[乾隆]武定府 16/39
[咸豐]武定府 19/利津 3
[康熙]利津縣新志 7/4,10/25
[光緒]利津附利津文徵 2/碑記 11
楊裕藻(字獻堂)
(清・滕縣人)

［宣統］滕縣續志稿 3/23
［民國］續滕縣志 2/9
楊肇基（明・湖廣石門人）
［萬曆］沂州志 4/49
楊肇基（字太初）
（明・沂州人）
［雍正］山東 28/人物三 73
［宣統］山東 160/12
［康熙］沂州志 4/22
［乾隆］沂州府 25/25,32/32
［光緒］增修登州 36/3
［光緒］費縣 3/71
［民國］臨沂 9/49
楊裕軒（字蔭朗，號曉亭）
（清・滕縣人）
［道光］滕縣志 8/儒林 39
滕縣鄉土志/28
楊祥臨（字質夫）
（清・壽光人）
［民國］壽光 12/人物志二 16
楊肇敏（字穎齋）
（清・青城人）
［民國］青城續修 4/人物 23
楊啟燿（字燧林）
（清・高唐人）
［道光］高唐州 5/1－37
［光緒］高唐州 5/1－39
［民國］高唐縣 12/12
39 **楊澇**（字鏡瀾，號憶園）
（清・歷城人）
［道光］長清 12/6
［民國］續修歷城 41/13
楊瀠（清・樂安人）
［民國］續修廣饒 19/69
40 **楊榜**（字式堂，一作式菴）
（清・無棣人）
［乾隆］武定府 26/30
［民國］無棣 13/28
楊吉（明・陽穀人）
［民國］增修陽穀人物/仕宦 7
楊杰（字俊公）
（清・三韓人）
［宣統］山東 75/13
［道光］濟南 38/20
［康熙五十五年］長山 3/39
［嘉慶］長山 5/47
楊培（字效申，號蘭齋）
（清・高密人）
［民國］高密 14/上 52
楊喜（清・諸城人）
［光緒］增修諸城縣續志 18/3
楊梓（明・鉅野人）
［萬曆］鉅野 8/孝子
［康熙］鉅野 11/32
［道光］鉅野 13/42
楊梓（清・江都人）
［乾隆］泰安府 15/33
［康熙］東平州續志 4/2
［乾隆］東平州 12/41
［道光］東平州 12/41
［光緒］東平州 14/41
楊大立（字華如）
（清・歷城人）
［宣統］山東 169/16
［道光］濟南 53/18
［乾隆］歷城 38/20
楊大文（字煥章）
（清・德平人）
［光緒］德平 7/26
楊吉立（字道生）
（清・新城人）
［宣統］新城縣後志 2/善行
［民國］重修新城 18/2
楊嘉言（明・樂陵人）
［乾隆］樂陵 6/28
楊壽章（字文墀，號春翰）
（牟平人）
［民國］牟平 7/100
楊希齊（明・萊陽人）
［民國］萊陽 3/1 中 17
楊九韶（字繹如）
（鉅野人）
［民國］續修鉅野 5/上 12
楊培元（明・萊陽人）
［光緒］增修登州 41/40
楊培元（號怡園）
（清・招遠人）
［道光］招遠縣續志 3/14
楊士玉（清・青城人）
［乾隆］萊州 9/36
［乾隆］膠州 4/23
楊希震（明・長垣人）
［順治］堂邑 2/職官又 6
楊希震（字西鐸）
（清・臨沂人）
［民國］續修臨沂 16/17
楊奇烈（清・遼東蓋州人）
［雍正］山東 27/99
［宣統］山東 74/58
［康熙］沂州志 3/50
［乾隆］沂州府 20/13
［康熙］萊州 8/42
［乾隆］萊州 9/30
萊州府鄉土志/上 25
［順治］登州 11/26
［光緒］增修登州 25/7,25/12
［康熙］膠州 5/15
［道光］重修膠州 23/5
［民國］增修膠志 18/4
膠州直隸州鄉土志 3/政績－聽訟
［嘉慶］續掖縣 2/15
［民國］臨沂 7/74
楊士瑞（字聖符）
（清・魚臺人）
［民國］濟寧直隸州續志 15/9
［光緒］魚臺 3/耆碩又 2
楊在璣（清・諸城人）
［光緒］增修諸城縣續志 16/33
楊大武（明・招遠人）
［順治］招遠 8/17
楊大功（字襟海）
（清・日照人）
［光緒］日照 8/16
楊士瑾（字公瑜）
（清・壽光人）
［乾隆］續壽光 21/1
［嘉慶］壽光 12/24
［民國］壽光 12/人物志一 32
楊士聰（字非聞，一作朝尹，一作朝徹，號鳧岫）
（明・濟寧人）
［康熙］山東 40/63
［雍正］山東 28/人物三 71

［宣統］山東 167/16
［康熙］兖州續編 15/13
［乾隆］兖州 23/53
［康熙］濟寧州 6/47
［乾隆］濟寧直隸州 24/32
［道光］濟寧直隸州 8/2－40
濟寧州鄉土志 2/耆舊
楊希聖（東阿人）
［民國］東阿 15/8
楊志聰（字順思）
（清・膠州人）
［道光］重修膠州 27/35
［民國］增修膠志 41/27
楊士琰（字琦玉）
（清・齊河人）
［民國］齊河 27/14
楊大受（字含光，號芝巖）
（清・蓬萊人）
［光緒］增修登州 40/4
［道光］重修蓬萊 9/37
［民國］蓬萊縣志合編人物志/行誼
楊克秀（字台蘭）
（清・長清人）
［民國］長清 13/7
楊士卓（字立齋）
（清・寧陽人）
［光緒］寧陽 15/31
楊大任（字汝欽，號甯遠）
（清・臨沂人）
［民國］續修臨沂 16/2
楊大德（明・日照人）
［乾隆］沂州府 26/12
［光緒］日照 8/11
楊大勳（字彤一）
（清・歷城人）
［道光］濟南 53/17
［乾隆］歷城 38/18
楊有升（臨邑人）
［民國］續修臨邑 3/36
楊大紳（字宜書）
（清・歷城人）
［道光］濟南 53/18
［乾隆］歷城 38/20
楊大生（清・泰安人）
［乾隆］泰安府 18/52
［乾隆二十五年］泰安縣 12/30
［乾隆四十七年］泰安縣 10/上 28
［道光］泰安縣 9/上 80
［民國］重修泰安縣 8/35
楊太伯（漢・平原人）
［宣統］山東 162/10
［道光］濟南 45/26
［嘉慶］東昌 33/2
楊大凱（字又蒼）
（清・歷城人）
［宣統］山東 169/16
［道光］濟南 53/18
［乾隆］歷城 38/19
楊大倫（字振九）
（清・汶上人）
［宣統］四續汶上稿/人物－施濟傳
楊大甯（字樂山）
（清・魚臺人）
［民國］濟寧直隸州續志 15/9
［光緒］魚臺 3/文行又 4
楊嘉滾（清・無棣人）
［乾隆］武定府 26/31
［民國］無棣 13/29
楊培之（清・武城人）
［宣統］山東 174/33
楊士宷（字熙載，號檢齋）
（清・濟寧人）
［乾隆］濟寧直隸州 25/36
［道光］濟寧直隸州 8/3－18
楊培濬（清・泗水人）
［光緒］泗水 11/9
楊存心（字以仁）
（清・茌平人）
［民國］茌平 3/92
楊培禧（字履吉）
（清・無棣人）
［咸豐］武定府 26/耆壽 7
［民國］無棣 13/29
楊志清（元・滕人）
［萬曆］滕志 8/74
［康熙］滕志 8/人物 44
［康熙］滕縣志 8/釋道 2
楊志清（清・高密人）
［民國］高密 14/上 20
楊九澤（明・蒲池人）
［崇禎］歷乘 16/63
楊來祿（字功詔）
（清・高唐人）
［光緒］高唐州 5/2－35
［民國］高唐縣 12/43
楊培深（字茂遠）
（清・無棣人）
［民國］無棣 13/10
楊奇逢（清・奉天人）
［雍正］山東 27/112
［宣統］山東 75/62
［乾隆］兖州 22/35
［康熙］滕縣志 6/宦業 44
［道光］滕縣志 6/宦績 35
滕縣鄉土志/7
楊奇逢（字際臣）
（清・牟平人）
［康熙］寧海州 9/8
［同治］重修寧海州 21/6
［民國］牟平 7/88
楊志洵（字景蘇，號少泉，一號澮溪）
（清・高密人）
［宣統］山東 177/44
［民國］高密 14/上 21
楊士道（字宏毅）
（清・茌平人）
［宣統］茌平 28/10
［民國］茌平 3/88
楊志瀚（字海巘）
（清・金鄉人）
［咸豐］金鄉縣志略 9/中列傳二 15
楊嘉檀（字臨溪）
（清・齊河人）
［民國］齊河 23/44
楊培梓（清・金鄉人）
［民國］濟寧直隸州續志 14/32
［咸豐］金鄉縣志略 9/中忠義傳 6
［民國］金鄉 14/21
楊志存（清・濟寧人）

［民國］濟寧直隸州續志 14/1
楊嘉樹(字韓謇)
(清・陽穀人)
［民國］增修陽穀人物/師道 16
楊克恭(字肅堂)
(清・禹城人)
［民國］禹城 6/24
楊克勤(清・禹城人)
［道光］濟南 56/38
［嘉慶］禹城 9/19
［民國］禹城 6/15
禹城縣鄉土志/19
楊士基(字百泉)
(清・濟寧人)
［道光］濟寧直隸州 8/4－33
楊士英(字魁一)
(清・陵縣人)
［光緒］陵縣 19/人物傳二 22
陵縣鄉土志/20
楊太華(明・濟陽人)
［道光］濟南 51/52
［乾隆］濟陽 8/13
［民國］濟陽 11/12
楊希恭(字肅齋)
(清・昌樂人)
［咸豐］青州 49/37
楊大觀(清・蓬萊人)
［雍正］山東 28/人物四 14
［宣統］山東 176/50
［乾隆］續登州 10/1
［道光］重修蓬萊 9/10,9/32
［民國］蓬萊縣志合編人物志/鄉賢,人物志/行誼
楊悳馨(字芷亭)
(清・六安州人)
即墨縣鄉土志/政績錄
楊存中(本名沂中,字正甫)
(宋・代州崞縣人)
［雍正］山東 27/35
［乾隆］兗州 22/13
楊大本(原名士昌,字根一)
(清・歷城人)
［民國］續修歷城 39/6
楊大中(字靜函)
(清・歷城人)
［宣統］山東 169/16
［道光］濟南 53/17
［乾隆］歷城 38/18
楊大忠(字藎卿)
(清・齊河人)
［民國］齊河 26/42
楊士本(字道源)
(清・濟寧人)
［民國］濟寧直隸州續志 14/6
楊希中(字履斯)
(清・臨邑人)
［道光］臨邑 9/14
［同治］臨邑 9/孝義 5
楊希忠(清・新城人)
［宣統］新城縣後志 3/耆壽
楊有春(清・茌平人)
［民國］茌平 12/59
楊大成(字集生)
(清・安丘人)
［康熙］續安丘 20/25
楊大成(清・東平人)
［乾隆］東平州 14/15
［道光］東平州 14/15
［光緒］東平州 15/中 20
［民國］東平縣 11/上 38
楊士鼇(字儒魁)
(清・費縣人)
［光緒］費縣 11/24
楊大景(清・博平人)
［道光］博平 4/32
楊克果(清・莘縣人)
［光緒］莘縣 6/27
［民國］莘縣 6/21
楊嘉照(字鏡秋)
(清・陽穀人)
［光緒］陽穀 14/8
［民國］增修陽穀人物/師道 16
楊克明(元・泗水人)
［光緒］泗水 10/18
楊堯臣(清・平度人)
［光緒］平度志要/人物
［民國］平度縣續志 7/6
楊大剛(長清人)
［民國］長清 13/29
楊大興(清・鄒平人)
［民國］鄒平 15/139
楊來鳳(字羽伯)
(清・濟寧人)
［康熙］濟寧州 6/62
［乾隆］濟寧直隸州 25/15
［道光］濟寧直隸州 8/3－8
楊士鳳(字聖瑞)
(清・新城人)
［宣統］新城縣後志 3/耆壽
楊士鵬(清・青城人)
［乾隆］青城 8/6
［民國］青城續修 4/人物 19
楊希學(明・茌平人)
［宣統］茌平 11/3
［民國］茌平 3/50
楊志學(明・湖廣長沙人)
［嘉靖］山東 27/19
［宣統］山東 73/31
［萬曆］萊州 5/69
［康熙］萊州 8/28
［乾隆］萊州 9/13
萊州府鄉土志/上 16
［嘉慶］續掖縣 2/19
楊志學(清・膠州人)
［民國］增修膠志 44/18
楊嘉會(字合之,號鑑三)
(清・長清人)
［民國］長清 13/20
楊真人(金)
［乾隆］沂州府 27/13
楊嘉猷(明・山西聞喜人)
［康熙十二年］陽穀 2/16
［康熙］陽穀 2/12
［光緒］陽穀 4/3
楊克智(字鏡亭)
(清・金鄉人)
［民國］金鄉 13/續增 13
楊士鉊(字俞臯)
(清・即墨人)
［同治］即墨 9/21
即墨縣鄉土志/耆舊－事業二
楊大範(字作式)
(清・鄆城人)

［光緒］鄆城 16/32
楊九敘(明・臨沂人)
［萬曆］福山 4/17
［康熙］福山 7/30
楊克敏(字穎軒)
(清・昌樂人)
［民國］昌樂縣續志 35/7
楊士鑑(字賓千)
(清・即墨人)
［同治］即墨 9/20
即墨縣鄉土志/耆舊－事業二
楊壽銓(字曉園)
(清・安徽桐城人)
［民國］重修恩縣 11/鄉賢 89
楊志敏(字懋斯)
(清・膠州人)
［道光］重修膠州 27/35
［民國］增修膠志 41/27
膠州直隸州鄉土志 4/事功
楊大焯(字見堂)
(清・魚臺人)
［民國］濟寧直隸州續志 15/9
［光緒］魚臺 3/文行又 4
楊克慎(清・濟陽人)
［民國］濟陽 11/58
楊志慎(清・濱州人)
［咸豐］濱州 10/耆壽又 7
41 楊墳(清・朝城人)
［民國］朝城縣續志 1/30
楊桓(字武子)
(元・兗州人)
［嘉靖］山東 30/56
［康熙］山東 40/55
［雍正］山東 28/人物二 56
［宣統］山東 158/14
［萬曆元年］兗州 40/諫議 20
［萬曆二十四年］兗州 35/32
［康熙］兗州 27/29
［乾隆］兗州 23/32
［康熙］濟寧州 6/17
［乾隆］濟寧直隸州 21/20
［道光］濟寧直隸州 6/6－16
［康熙］滋陽 4/上 19
［光緒］滋陽 8/26
滋陽縣鄉土志 1/耆舊－名臣
［道光］鉅野 10/19
楊櫝(明・德州人)
德州鄉土志/耆舊 11
楊堦(字雲台,一作雲臺)
(清・膠州人)
［民國］增修膠志 41/37
膠州直隸州鄉土志 4/事功
楊楷(明・萊陽人)
［民國］萊陽 3/1 中 10
42 楊機(字顯署)
(北魏・天水冀人)
［嘉靖］山東 26/22
［康熙］山東 34/2
［雍正］山東 27/41
［萬曆］東昌 18/10
［乾隆］東昌 33/10
［嘉慶］東昌 20/18
［嘉靖］恩縣 7/1
［萬曆］恩縣 4/1
［宣統］重修恩縣 6/38
［民國］重修恩縣 10/56
楊圻(字翼垣)
(清・膠州人)
［道光］重修膠州 29/27
［民國］增修膠志 45/12
楊梃(清・濟寧人)
［乾隆］臨清直隸州 8/下 67
楊斯杰(清・長清人)
［道光］長清 12/16
楊斯熙(清・長清人)
［道光］長清 12/16
43 楊越(字仲發)
(清・淄川人)
［宣統］三續淄川 9/87
楊式金(清・金鄉人)
［民國］濟寧直隸州續志 14/32
［咸豐］金鄉縣志略 9/中忠義傳 6
［民國］金鄉 14/21
44 楊莪(清・淄川人)
［乾隆］淄川 5/39
楊蕃(字遇陽)
(明・臨沂人)
［康熙］沂州志 5/76
［乾隆］沂州府 26/19
［民國］臨沂 9/57
楊蕃(字公碩)
(清・諸城人)
［咸豐］青州 46/38
［乾隆］諸城 34/3
諸城縣鄉土志/上 32
楊芳(清・肥縣人)
［嘉慶］慶雲 7/34
［民國三年］慶雲 1/92
楊芳(字流千,號龍川)
(清・臨朐人)
光緒臨朐 14/下 17
臨朐縣鄉土志 1/耆舊
楊芬(明・臨朐人)
［康熙］臨朐縣志書 4/4
光緒臨朐 14/下 7
楊恭(清・德平人)
［光緒］德平 7/25
楊堪(字鳳岡)
(明・禹城人)
［道光］濟南 52/6
［康熙］禹城 5/17
［嘉慶］禹城 9/7
楊蘭(字世馨)
(明・嘉祥人)
［雍正］山東 28/人物三 31
［宣統］山東 166/9
［乾隆］兗州 23/42
［乾隆］濟寧直隸州 27/31
［道光］濟寧直隸州 8/4－34
［順治］嘉祥 4/43
［乾隆］嘉祥 3/37
［光緒］嘉祥 3/45
楊林(清・膠州人)
［民國］增修膠志 43/21
楊林(字馥臣)
(資陽人)
［民國］重修商河 6/59
楊茂(元・濰州人)
［民國］濰縣志稿 40/32
楊茂(明・隴西人)
［康熙十二年］陽穀 2/14
［康熙］陽穀 2/11
［光緒］陽穀 4/2

楊茂(明・如皋人)
[嘉靖]朝城志 5/又 9
楊茂(明・四川宜賓人)
[康熙]山東 48/7
[雍正]山東 31/17
[宣統]山東 200/11
[萬曆]萊州 6/25
[康熙]萊州 10/94
[乾隆]掖縣 4/78
楊茂(字德符)
(清・滋陽人)
滋陽縣鄉土志 1/耆舊-忠義
楊蘋(清・茌平人)
[宣統]茌平 18/2
[民國]茌平 3/隱逸 105
楊芊(清・湖廣鍾祥人)
[宣統]山東 76/48
[乾隆]東昌 34/28
[乾隆]臨清州 9/15
[乾隆]臨清直隸州 6/80
[民國]臨清縣/秩官 64
楊蘊(字公含)
(清・諸城人)
[乾隆]諸城 34/4
諸城縣鄉土志/上 32
楊植(明・陽城人)
[宣統]山東 73/4
[萬曆]青州 12/43
[康熙十五年]青州 12/43
[康熙四十八年]青州 12/43
[康熙六十年]青州 12/22
[咸豐]青州 36/25
[光緒]益都縣圖志 18/35
楊植(字華木)
(清・壽光人)
[嘉慶]壽光 15/6
[民國]壽光 12/人物志二 85
楊莊(字公臨)
(清・諸城人)
[光緒]增修諸城縣續志/孝義補遺 2
楊懋文(清・直隸三河人)
[宣統]山東 76/17
[康熙]沂水 4/14
[道光]沂水 5/32
楊夢袞(字岱宗,一字龍光)
(明・青城人)
[康熙]濟南 34/11
[乾隆]武定府 23/28
[咸豐]武定府 23/名臣 28
[乾隆]青城 8/5
[民國]青城續修 4/人物 18
楊其彥(清・山陰人)
[道光]文登 8/26
楊世文(清・濰縣人)
[宣統]山東補遺/33
[民國]濰縣志稿 31/37
楊萬慶(字篤卿)
(清・壽光人)
[民國]壽光 12/人物志二 32
楊夢麟(清・齊河人)
[民國]齊河 23/76
楊甘雨(清・新建人)
[乾隆]利津縣志續編 7/32
楊茂元(字志仁)
(明・浙江鄞縣人)
[嘉靖]山東 25/14
[康熙]山東 31/16
[雍正]山東 27/14
[宣統]山東 70/23
[道光]濟南 35/34
[萬曆元年]兗州 39/名宦 16
楊枝建(字利侯)
(清・湖南湘陰人)
[宣統]山東 77/26
楊萬爲(清・濮州人)
[宣統]濮州 5/29
楊茂仁(明・鄞縣人)
[康熙]張秋志 5/21
楊夢縉(字繡史)
(清・青城人)
[乾隆]武定府 24/9
[咸豐]武定府 24/清介 9
[乾隆]青城 8/5
[民國]青城續修 4/人物 19
楊萬順(一名金萬)
(清・濟寧人)
[民國]濟寧直隸州續志 14/5
楊茂勳(字燕石)
(清・漢軍鑲紅旗人)
[道光]濟寧直隸州 6/7-55
楊其休(明・青城人)
[宣統]山東 159/33
[康熙]濟南 37/10
[乾隆]武定府 23/44
[咸豐]武定府 23/忠節 14
[萬曆]青城 1/59
[乾隆]青城 8/4
[民國]青城續修 3/50,4/人物 18
楊夢齡(清・膠州人)
[道光]重修膠州 29/12
[民國]增修膠志 44/10
楊懋官(清・日照人)
[光緒]日照 8/50
楊世寬(清・樂陵人)
樂陵縣鄉土志 3/60
楊世寧(元)
[宣統]山東 69/30
[道光]濟寧直隸州 6/6-22
[康熙]魚臺 15/9
[乾隆]魚臺 9/33
[光緒]魚臺 2/47
楊孝源(字永思)
(清・濮州人)
[康熙]濮州續志上/27
[乾隆]濮州 3/95
[宣統]濮州 4/101
楊萬祺(字志甫,一作吉甫)
(明・菏澤人)
[康熙]曹州志 15/62
[乾隆]曹州府 15/11
[光緒]菏澤 15/56
[光緒]新修菏澤 10/24
楊萬清(字東軒)
(清・定陶人)
[民國]定陶 6/55
楊世選(清・膠州人)
[道光]重修膠州 29/12
[民國]增修膠志 44/10
楊萬選(清・陽穀人)
[光緒]陽穀 5/4
[民國]增修陽穀人物/仕宦 18,人物/文苑 4,藝文/表誌 18
楊世奎(清・文登人)

［光緒］文登 10/上 4
楊蔚坊（清·膠州人）
［民國］增修膠志 43/6
楊桂芳（明·定陶人）
［順治］定陶 6/10
楊桂林（字馥堂）
（清·膠州人）
［道光］重修膠州 27/44
［民國］增修膠志 41/36
膠州直隸州鄉土志 4/事功
楊蕙芳（字密庸）
（明·山西蒲州人）
［宣統］山東 71/10
［道光］濟南 36/22
［乾隆］淄川 4/13
楊蘭芳（字瑞庭）
（清·恩縣人）
［宣統］重修恩縣 8/92
［民國］重修恩縣 11/鄉賢 86
楊攀桂（字小山）
（清·歷城人）
［民國］續修歷城 40/25
楊攀桂（清·齊河人）
［民國］齊河 23/71
楊其華（字封三）
（清·掖縣人）
［民國］四續掖縣 4/65
楊若蘭（字心言）
（清·東平人）
［光緒］東平州 15/下 55
［民國］東平縣 11/下 23
楊世芳（明·沂水人）
［萬曆］青州 15/47
［康熙十五年］青州 15/47
［康熙四十八年］青州 15/卓行 7
［道光］沂水 7/33
楊世基（清·臨清人）
［民國］臨清縣/人物 80
楊樹桂（清·萊陽人）
［民國］萊陽 3/1 中 93
楊樹基（字裕光，號吉村，一號瀛賓）
（清·蓬萊人）
［光緒］增修登州 39/6
［道光］重修蓬萊 9/22
［光緒］蓬萊縣續志 9/仕績 1,13/傳 10
［民國］蓬萊縣志合編人物志/仕績
楊萬華（字含英）
（清·濮州人）
［宣統］濮州 5/31
楊枝桂（明·費縣人）
［乾隆］沂州府 26/26
［康熙］費縣 7/30
［光緒］費縣 10/82
楊若楓（字蔚林）
（清·牟平人）
［民國］牟平 7/93
楊蔭增（字益堂）
（清·齊河人）
［民國］齊河 27/37
楊懋忠（字勉夫，自號琴泉子）
（明·滕縣人）
［康熙］山東 46/3
［萬曆］滕志 8/58
［康熙］滕志 8/人物 16
［康熙］滕縣志 8/隱逸 5
［道光］滕縣志 9/隱逸 3
楊萬春（清·陝西人）
［乾隆］臨清州 12/10
［乾隆］臨清直隸州 8/上 85
楊萬春（字景長）
（清·陽信人）
［民國］陽信 5/義俠 79
楊萬春（清·淄川人）
［康熙］淄川 5/10
［乾隆］淄川 5/10
楊植本（明·昌邑人）
［康熙］昌邑 6/18
［乾隆］昌邑 5/141
楊葆昌（字宜泉）
（清·歷城人）
［民國］續修歷城 43/8
楊芳昇（明·濟寧人）
［康熙］濟寧州 7/9
楊萬里（字葵卿）
（明·即墨人）
即墨縣鄉土志/耆舊－事業二
楊孝則（字蘭生）
（奉天人）
［民國］莘縣 3/17
楊茂開（清·蓬萊人）
［光緒］蓬萊縣續志 9/忠勇 7
［民國］蓬萊縣志合編人物志/忠勇
楊世鳳（明·臨清人）
［乾隆］東昌 39/6
［康熙］臨清州 3/人物 8
［乾隆］臨清州 9/27
［乾隆］臨清直隸州 8/上 12
［民國］臨清縣/人物 6
楊樹屏（清·海陽人）
［光緒］增修登州 38/20
楊孝風（字質夫）
（清·費縣人）
［光緒］費縣 11/42
楊其善（明·諸城人）
［康熙］諸城 7/41
［乾隆］諸城 40/2
楊樹猷（清·堂邑人）
堂邑縣鄉土志/耆舊錄
楊世熺（字濟之，號春臺）
（清·泰安人）
［道光］泰安縣 9/上 62
［民國］重修泰安縣 8/12
泰安縣鄉土志/耆舊 16
楊世焜（字耀東）
（清·泰安人）
［道光］泰安縣 9/上 86
［民國］重修泰安縣 8/40
泰安縣鄉土志/耆舊 18
楊其煥（字文甫）
（牟平人）
［民國］牟平 7/24
45 **楊椿**（清·臨邑人）
［同治］臨邑 9/忠藎 6
楊棟（宋·青城人）
［宣統］山東 161/18
楊棟（明·乾州人）
［萬曆］青城 1/41
楊棟（清·臨清人）
［宣統］山東 174/33
楊榛三（清·臨沂人）

［民國］臨沂 10/59
楊棲鸞(清・延安人)
［乾隆］陽信 5/5
信邑志稿 5/職官－知縣
［民國］陽信 2/25
楊棲鳴(明・陝西人)
［康熙］臨淄 8/10
［民國］臨淄 18/10
楊棲鳳(字靜止)
(清・茌平人)
［宣統］山東 174/22
［乾隆］東昌 43/12
［嘉慶］東昌 32/38
［康熙四十九年］茌平 2/53,5/15
［宣統］茌平 14/6
［民國］茌平 3/81
46 楊槐(字植三)
(清・商河人)
［道光］商河 7/50
［民國］重修商河 9/8
楊楫(字枝江,一作知江)
(明・河南商丘人)
［宣統］山東 72/14
［康熙］兗州續編 14/10
［乾隆］兗州 22/27
［乾隆］濟寧直隸州 22/45
［道光］濟寧直隸州 6/6－30
［康熙五十一年］金鄉 8/16,13/30,13/31
［乾隆］金鄉 17/7
［咸豐］金鄉縣志略 7/7
［民國］金鄉 11/19
金鄉縣鄉土志/政績錄
楊坦(明・原武貢士)
［康熙］博平 3/19
楊相(明・山西蒲州人)
［宣統］山東 70/35
［萬曆］青州 12/40
［康熙十五年］青州 12/40
［康熙四十八年］青州 12/40
［康熙六十年］青州 12/17
［咸豐］青州 36/21
［康熙六十年］博興 7/9
［光緒］益都縣圖志 18/3
楊旭(清・東平人)
［康熙］兗州續編 16/27
［康熙］東平州續志 6/4
楊如魯(明・招遠人)
［順治］招遠 8/12
楊恕祺(長清人)
［民國］長清 13/31
楊如蘭(字德馨)
(清・聊城人)
［宣統］聊城 8/90
楊旭東(字曉亭)
(長清人)
［民國］長清 12/9
楊觀光(字用賓,一字葵宸,號旭崙)
(明・招遠人)
［光緒］增修登州 39/25
［順治］招遠 8/2
楊觀光(字覲文)
(清・壽光人)
［咸豐］青州 47/32
［乾隆］續壽光 24/6
［嘉慶］壽光 13/26
［民國］壽光 12/人物志一 69
楊覲光(號百芝)
(明・招遠人)
［光緒］增修登州 39/25
［順治］招遠 8/1,9/10
楊如炯(清・臨清衛人)
［乾隆］東昌 43/48
［嘉慶］東昌 32/56
47 楊杞(字棟明)
(明・菏澤人)
［康熙］曹州志 15/70
［光緒］菏澤 15/63
［光緒］新修菏澤 10/39
楊起(字文興)
(明・博平人)
［正德］博平 4/65
楊愨(宋・楚丘人)
［康熙］曹縣 12/13
［康熙］兗州府曹縣 12/13
［光緒］曹縣 12/11
［民國］臨沂 7/67
楊馨(清・齊河人)
［道光］濟南 56/14
楊朝正(字匡齋)
(清・漢軍鑲白旗人)
［宣統］山東 76/35
楊起元(明・臨汾人)
［萬曆二十四年］兗州 29/13
［康熙］兗州 22/34
［乾隆］泰安府 15/22
［道光］東阿 11/16
楊起元(明・直隸欒城人)
［萬曆］萊州 5/69
［康熙］萊州 8/31
［乾隆］萊州 9/13
萊州府鄉土志/上 16
［嘉慶］續掖縣 2/19
楊起震(號照寰)
(明・新城人)
［道光］濟南 51/8
［宣統］新城縣後志 2/宦績
［民國］重修新城 14/10
楊朝瑾(清・高唐人)
［乾隆］東昌 43/27
［嘉慶］東昌 32/44
［康熙十二年］高唐州 9/5
［康熙五十一年］高唐州 9/5
［道光］高唐州 5/2－11
［光緒］高唐州 5/2－14
［民國］高唐縣 12/8
楊翹生(字佳士)
(清・單縣人)
［乾隆］單縣 7/20
［民國］單縣 9/70
楊朝徵(字簡侯)
(清・漢軍鑲白旗人)
［雍正］山東 27/103
楊鶴齡(字庚仙)
(清・臨沂人)
［民國］續修臨沂 16/10
楊朝禎(字簡侯)
(清・瀋陽人)
［乾隆］東昌 33/32
［嘉慶］東昌 20/44
楊朝海(金鄉人)
［民國］金鄉 14/23
楊朝幹(字扶廷)
(清・金鄉人)
［民國］金鄉 13/續增 6
楊起泰(清・滋陽人)

［光緒］滋陽 9/14
楊聲振（字雲喬，號曉坡）
（清・魚臺人）
［民國］濟寧直隸州續志 15/3
［光緒］魚臺 3/文行又 2
楊起盛（清・莒縣人）
［乾隆］沂州府 26/29
［雍正］莒州 9/42
楊起威（清・壽光人）
［民國］壽光 12/人物志二 15
楊起鳳（明・福山人）
［康熙］福山 8/24，9/20
［乾隆］福山 9 上/58
［民國］福山縣志稿 7/3－5
楊起鳳（字舜儀）
（明・江右人，徙嶧縣）
［康熙］嶧縣 4/82
［乾隆］嶧縣 8/26
［光緒］嶧縣 21/耆舊 2
楊好智（字從仁）
（明・莘縣人）
［正德］莘縣 6/7
48 **楊梅**（號和庵）
（明・招遠人）
［光緒］增修登州 41/36
［順治］招遠 9/8
楊增（清・朝城人）
［民國］朝城縣續志 1/又 28
楊敬廷（字芝泉，號肅之）
（清・歷城人）
［民國］續修歷城 44/21
楊梅和（清・濟寧人）
［道光］濟寧直隸州 8/4－21
楊敬禮（字本立）
（清・鄆城人）
［光緒］鄆城 16/32
楊敬軒（明・商河人）
［道光］商河 7/50
［民國］重修商河 9/8
楊增盛（字茂遠）
（清・陽信人）
［民國］陽信 5/義俠 78
楊松年（清・無棣人）
［民國］無棣 13/7
楊增輝（字寅谷）
（清・蒙自人）
［民國］無棣 9/6
50 **楊春**（元・掖縣人）
［乾隆］掖縣 4/20
楊春（明・崇仁人）
［乾隆］濟寧直隸州 22/43
［道光］濟寧直隸州 6/6－32
［康熙五十一年］金鄉 8/15
［乾隆］金鄉 17/6
［咸豐］金鄉縣志略 7/10
［民國］金鄉 11/20
金鄉縣鄉土志/政績錄
楊春（明・固始人）
［嘉靖］夏津 3/36
楊貴（元・掖縣人）
［光緒］增修登州 24/15
［道光］招遠縣續志 2/11
［乾隆］掖縣 3/41
楊貴（明）
［康熙十二年］高唐州 7/6
［康熙五十一年］高唐州 7/6
［道光］高唐州 7/1－7
［光緒］高唐州 7/1－7
［民國］高唐縣 9/5－3
楊惠（元・河南人）
［嘉靖］山東 26/16
［康熙］山東 33/19
［萬曆元年］兗州 38/循吏 38
［萬曆二十四年］兗州 28/20
［康熙］兗州 22/20
［崇禎］鄆城 4/3
［康熙］鄆城 4/2
［光緒］鄆城 6/3，6/35
楊惠（明・河南洛陽人）
［宣統］山東 72/20
［乾隆］沂州府 20/8
［光緒］費縣 3/53
費縣鄉土志/政績錄
楊惠（字濟民）
（明・禹城人）
［道光］濟南 52/8
［康熙］禹城 8/21
［嘉慶］禹城 9/17
［民國］禹城 6/14
禹城縣鄉土志/19
楊抗（明・濰縣人）
［乾隆］萊州 11/忠節 9
楊書（清・城武人）
［康熙九年］城武 5/6
［康熙四十一年］城武 5/上懿行 7
［道光］城武 9/下 12
楊泰（明・山西代州人）
［嘉靖］德州 2/11
楊泰（清・定州人）
［乾隆］沂州府 20/15
［康熙］莒州下/17
［嘉慶］莒州 7/10
［民國］重修莒志 58/3
楊忠（明・濱州人）
［萬曆］濱州 3/47
楊晝（字時正）
（明・武定人）
［康熙］濟南 50/8
［道光］濟南 62/6
［萬曆］武定州 13/11
［崇禎］武定州 22/1
［乾隆］武定府 25/47
［咸豐］武定府 25/文苑 7
［乾隆］惠民 6/8
［光緒］惠民 23/6
惠民縣鄉土志/耆舊錄 20
楊忠誥（字恕臣）
（牟平人）
［民國］牟平 7/26
楊春雷（字太和）
（清・魚臺人）
［乾隆］魚臺 11/26
［光緒］魚臺 3/15
楊泰丕（字荔坡）
（清・茌平人）
［宣統］茌平 13/2
［民國］茌平 3/12
楊貴珍（清・泰安人）
［民國］重修泰安縣 8/43
楊中孚（字建之）
（清・泰安人）
［民國］重修泰安縣 8/45
楊中山（字興雲）
（清・商河人）
［民國］重修商河 9/22

楊東升(清・寧津人)
[光緒]寧津 8/22
寧津縣志料 3/人物－義烈
楊惠泉(字叔僑)
(清・蓬萊人)
[民國]蓬萊縣志合編人物志/行誼
楊中江(字西溟)
(清・即墨人)
[同治]即墨 9/46
即墨縣鄉土志/耆舊－學問
楊中啟(明・河南靈寶人)
[康熙]膠州 5/6
[乾隆]膠州 4/9
[道光]重修膠州 22/3
[民國]增修膠志 17/3
楊春塘(字鑑湖)
(清・壽光人)
[民國]壽光 12/人物志一 92
楊書有(字大年)
(清・茌平人)
[乾隆]東昌 40/23
[嘉慶]東昌 30/24
[康熙四十九年]茌平 2/51,5/9
[宣統]茌平 10/10,14/6
[民國]茌平 3/25,3/81
楊春茂(字開泰)
(明・濟寧人)
[康熙]濟寧州 7/21
[乾隆]濟寧直隸州 26/16
[道光]濟寧直隸州 8/2－33
楊青藜(字祿客,號石民)
(明・濰人)
[宣統]山東 177/26
萊州府鄉土志/下 27
[道光]安邱新志 24/1
[乾隆]濰縣 4/27,5/58
[民國]濰縣志稿 29/8,42/18
濰縣鄉土志/43
楊素蘊(清・陝西宜君人)
[宣統]東明續縣志 2/7
[民國]東明縣新誌 11/6
楊本中(字位極)
(清・蓬萊人)
[道光]重修蓬萊 9/37
[民國]蓬萊縣志合編人物志/行誼
楊東春(字致和)
(清・茌平人)
[宣統]茌平 11/7
[民國]茌平 3/54
楊東圃(字曉園)
(清・壽光人)
[民國]壽光 12/人物志二 78
楊青田(字鶴村)
(清・金鄉人)
[民國]金鄉 14/22
楊書田(清・諸城人)
[光緒]增修諸城縣續志 17/9
楊春喈(字鳳岡,號旭嶠)
(清・浙江孝豐縣舉人)
[宣統]三續淄川 9/43
淄川縣鄉土志/政績錄
[光緒]嶧縣 19/職官下 23
楊泰時(清・太原人)
[順治]堂邑 2/職官又 6
楊東野(明・沂水人)
[乾隆]沂州府 25/24
[康熙]沂水 4/50
[道光]沂水 7/16
楊泰階(字六平)
(清・無棣人)
[民國]無棣 12/10
楊中興(字復初,一名中道)
(清・商河人)
[民國]重修商河 9/12
楊本鍼(字石生)
(明・濮州人)
[乾隆]曹州府 15/20
[康熙]濮州 3/88
[乾隆]濮州 3/89
[宣統]濮州 4/95
楊東堂(清・魚臺人)
[民國]濟寧直隸州續志 14/36
[光緒]魚臺 3/孝義又 2
楊盡性(明・萊陽人)
[民國]萊陽 3/1 中 20
楊春榮(東阿人)
[民國]東阿 15/21
51 **楊振**(清・高唐人)
[光緒]高唐州 5/2－36
[民國]高唐縣 12/45
楊振亮(清・臨沂人)
[民國]臨沂 10/54
楊搢珽(明・益都人)
[康熙六十年]青州 18/14
[咸豐]青州 45/55
楊振科(字東升)
(臨邑人)
[民國]續修臨邑 3/19
楊振先(字克昌,號方津)
(清・樂陵人)
[乾隆]樂陵 6/30
楊振之(字玉生)
(清・商河人)
[民國]重修商河 9/12
楊振宗(明・濟寧人)
[乾隆]濟寧直隸州 26/34
[道光]濟寧直隸州 8/2－45
楊振喜(清・寧陽人)
[光緒]寧陽 15/22
楊振基(清・高唐人)
[道光]高唐州 5/2－21
[光緒]高唐州 5/2－24,5/2－36
[民國]高唐縣 12/47,12/50
楊振東(字袖海)
(東平人)
[民國]東平縣 11/上 25
楊振邦(清・蒙陰人)
[康熙十一年]蒙陰 2/45
52 **楊挺高**(字叔謙)
(明・金鄉人)
[乾隆]濟寧直隸州 24/39
[道光]濟寧直隸州 8/2－51
[康熙十二年]金鄉 5/2
[康熙五十一年]金鄉 11/5
[咸豐]金鄉縣志略 9/上 13
[民國]金鄉 13/10
金鄉縣鄉土志/耆舊錄上
楊挺秀(元)
[道光]濟寧直隸州 6/6－21
[咸豐]金鄉縣志略 7/6
楊蟠峯(字岱觀)
(清・陽信人)

[民國]陽信 5/孝友 69
53 **楊成**(明・壽張人)
[康熙六年]壽張 7/9
[康熙五十六年]壽張 7/9
[光緒]壽張 6/44
壽張縣鄉土志/耆舊－事業
楊成(字通觀)
(清・臨沂人)
[乾隆]沂州府 26/17
[民國]臨沂 10/3
楊成龍(清・山西大同人)
[道光]濟南 38/42
楊成龍(字遇九)
(清・山西寧武人)
[宣統]山東 75/11,77/11
[道光]濟南 38/17
[咸豐]青州 37/22
[乾隆]德州 8/17
[民國]德縣 9/13
[乾隆]淄川 4/又 28－2
淄川縣鄉土志/政績錄
[嘉慶]壽光 10/32
[民國]壽光 6/23
楊成云(字德仙)
(唐・關中人)
[嘉靖]青州 15/63
[萬曆]青州 15/61
[康熙十五年]青州 15/61
[康熙四十八年]青州 15/僑寓 8
[康熙]益都 10/1
楊成玠(清・茌平人)
[宣統]茌平 28/2
[民國]茌平 3/75
楊成僴(字毅武)
(清・茌平人)
[宣統]茌平 16/9
[民國]茌平 3/41
楊拔茂(號毓延)
(清・濟寧人)
[乾隆]濟寧直隸州 25/23
[道光]濟寧直隸州 8/3－11
楊成林(清・膠州人)
[民國]增修膠志 44/16
楊成林(字蔭園)
(清・蓬萊人)
[光緒]蓬萊縣續志 7/1,9/行誼 7
[民國]蓬萊縣志合編人物志/行誼
楊盛春(清・長清人)
[民國]長清 11/36
55 **楊捷**(字元凱)
(清・奉天人,一作遼東義州人)
[雍正]山東 27/98
[康熙]益都 11/50
楊捷(字月三)
(清・陽穀人)
[民國]增修陽穀人物/師道 14
楊慧生(字穎士)
(清・壽光人)
[咸豐]青州 47/27
[嘉慶]壽光 14/20
[民國]壽光 12/人物志二 85
56 **楊損**(字子默)
(唐)
[光緒]益都縣圖志 16/12
楊擇魁(東阿人)
[民國]東阿 15/18
57 **楊邦瑀**(字佩紳)
(清・益都人)
[康熙]益都 9/26
[光緒]益都縣圖志 39/5
楊邦硯(字汝卿)
(清・禹城人)
[道光]濟南 61/11
[嘉慶]禹城 9/26
[民國]禹城 6/72
楊邦憲(字孝徵,號範我)
(明・益都人)
[康熙十五年]青州 13/77
[康熙四十八年]青州 13/事功 61
[康熙六十年]青州 16/31
[咸豐]青州 45/21
[康熙]益都 7/46
[光緒]益都縣圖志 36/17
楊邦禎(明・西安人)
[萬曆]東昌 18/32
[乾隆]東昌 33/31
[嘉慶]東昌 20/42
楊邦基(字德懋)
(金・華陰人)
[光緒]益都縣圖志 17/6
楊邦相(明・青城人)
[康熙]濟南 41/19
楊邦幹(清・菏澤人)
[光緒]菏澤 16/14
[光緒]新修菏澤 11/72
58 **楊撫**(字安世)
(明・餘姚人)
[道光]濟寧直隸州 6/6－52
60 **楊昂**(明・萊陽人)
[民國]萊陽 3/1 中 14
楊炅(清・昌邑人)
[康熙]昌邑 6/28
[乾隆]昌邑 6/171
楊果(字汝實,號槐泉)
(明・陽曲人)
[宣統]山東 72/21
[萬曆二十四年]兗州 29/14
[康熙]兗州 22/35
[康熙]兗州續編 14/30
[萬曆]沂州志 6/15
[乾隆]沂州府 20/8
[光緒]增修登州 33/2
[乾隆]東平州 10/23
[道光]東平州 10/上 23
[雍正]文登 6/36
[道光]文登 5/23
[光緒]文登 7/上 5
[康熙]費縣 3/5
[光緒]費縣 3/54,3/63
費縣鄉土志/政績錄
楊景(元・莘縣人)
[乾隆]東昌 19/19
[光緒]莘縣 8/中 37
[民國]莘縣 9/15
楊晟(清)
州乘餘聞/23
楊勗(明・堂邑人)
[順治]堂邑 2/人物 2
楊昱(明・福建汀州人)
[萬曆]東昌 18/43
[萬曆]濮州 3/名宦 34
[嘉靖]朝城志 5/8

［康熙］朝城 7/6
朝城縣鄉土志/4
楊思齊（明・萊陽人）
［民國］萊陽 3/1 中 7
楊曰廉（字梁泉）
（壽光人）
［民國］壽光 12/人物志二 37
楊景元（元・壽張人）
［康熙六年］壽張 7/8
［康熙五十六年］壽張 7/8
［光緒］壽張 6/43
壽張縣鄉土志/耆舊－事業
楊思聖（清・巨鹿人）
［乾隆］東昌 44/25
［乾隆］臨清州 12/9
［乾隆］臨清直隸州 8/上 84
楊四聰（字濬儒）
（清・壽光人）
［乾隆］續壽光 24/4
［嘉慶］壽光 13/24
［民國］壽光 12/人物志一 69
楊景須（字漢濯）
（清・招遠人）
［光緒］增修登州 43/26
［道光］招遠縣續志 3/5
楊思仁（字尚德，號愛軒）
（明・濟寧人）
［乾隆］濟寧直隸州 27/10
［道光］濟寧直隸州 8/4－33
楊日升（清・江西新城人）
［乾隆］東明 4/24，7/26
［民國］東明縣新誌 11/6
東明縣志料/人物門
楊思永（明・聊城人）
［乾隆］東昌 38/10
［嘉慶］東昌 28/10
［康熙］聊城 3/32
［宣統］聊城 8/56
楊曰安（長清人）
［民國］長清 13/29
楊景清（字伯寅）
（清・招遠人）
［道光］招遠縣續志 3/9
楊思禮（字子興）
（明・鉅野人）
［萬曆］鉅野 8/孝子
［康熙］鉅野 11/33
［道光］鉅野 13/43
楊圖南（字鵬程）
（清・惠民人）
［光緒］惠民 24/4
楊景華（清・陽穀人）
［光緒］陽穀 7/5
［民國］增修陽穀人物/武功 14
楊思孝（號心田）
（明・肅寧人）
［道光］濟南 36/29
［康熙四十三年］長山 3/宦績
［康熙五十五年］長山 3/36
［嘉慶］長山 5/44
楊國相（字鼎臣，一字工亮）
（明・高唐人）
［乾隆］東昌 43/30
［嘉慶］東昌 32/47
［康熙十二年］高唐州 8/21
［康熙五十一年］高唐州 8/21
［道光］高唐州 5/1－19
［光緒］高唐州 5/1－19
［民國］高唐縣 12/5
楊國翰（字允吉）
（清・鉅野人）
［道光］鉅野 13/67
楊景素（字樸園）
（清・江南甘泉人）
［宣統］山東 74/23
［道光］濟南 37/31
楊日嚴（字垂訓）
（宋・河南人）
［雍正］山東 27/6
［宣統］山東 68/24
［萬曆］青州 12/19
［萬曆］安丘 17/1
安丘縣鄉土志 2/政績錄
楊思義（明）
［嘉慶］慶雲 7/25
［咸豐］慶雲 2/22
［民國三年］慶雲 1/83
楊思義（字尚義，號正軒）
（明・濟寧人）
［乾隆］濟寧直隸州 27/10
［道光］濟寧直隸州 8/4－33
楊思智（字近川）
（明・東明人）
［康熙］東明 6/19
［乾隆］東明 6/19
［民國］東明縣新誌 11/32
楊昌恒（字子言）
（清・茌平人）
［民國］茌平 3/20
61 **楊昞**（明・日照人）
［乾隆］沂州府 26/5
［光緒］日照 8/11
楊顯（明・濮州人）
［康熙］濮州 4/9
［乾隆］濮州 4/9
［宣統］濮州 5/9
楊顯（明・陽穀人）
［民國］增修陽穀人物/仕宦 8
62 **楊昕**（明・浙江括蒼人，一作處州人）
［嘉靖］山東 27/9
［康熙］山東 35/10
［雍正］山東 27/60
［宣統］山東 73/10
［嘉靖］青州 13/40
［萬曆］青州 12/28
［康熙十五年］青州 12/28
［康熙四十八年］青州 12/28
［康熙六十年］青州 12/27
［咸豐］青州 36/5
［康熙］壽光 20/2
［嘉慶］壽光 10/23
［民國］壽光 6/12
壽光縣鄉土志/政績
楊則韶（清・汶上人）
［宣統］四續汶上稿/人物－耆德傳
楊則魯（清・汶上人）
［宣統］四續汶上稿/人物－施濟傳
楊則賢（字宏業）
（清・壽張人）
［光緒］壽張 7/20
64 **楊時**（字中立）

(宋・將樂人)
[雍正]山東 11/闕里二 28
[乾隆]兗州 7/40
楊時(字景中,號介菴)
(明・莘縣人)
[正德]莘縣 6/37,9/20
[康熙十一年]莘縣 8/85
[康熙五十六年]莘縣 8/85
[光緒]莘縣 8/中 44
[民國]莘縣 9/19
楊時瑞(字越華)
(清・山陰人)
[光緒]滋陽 9/56
楊時清(字秋潭)
(清・壽光人)
[乾隆]續壽光 23/1
[嘉慶]壽光 13/6
[民國]壽光 12/人物志一 63
楊時潤(字伯雨,號華南)
(明・陝西咸寧人,占籍江都)
[乾隆]泰安府 15/14
[康熙]東平州 5/29
[乾隆]東平州 12/37
[道光]東平州 12/37
[光緒]東平州 14/37
[民國]東平縣 9/19
楊時華(明・陝西延安人)
[萬曆]青州 12 又/又 13
[康熙十五年]青州 12 又/又 13
[康熙四十八年]青州 12 又/又 13
[咸豐]青州 36/39
[萬曆]諸城 4/36
[乾隆]諸城 28/9
楊時薦(字賢甫)
(清・直隸鉅鹿人)
[宣統]山東 76/36
[乾隆]東昌 33/36
[嘉慶]東昌 21/4
[康熙]聊城 2/4
[宣統]聊城 6/2-4
聊城縣鄉土志/7
楊時懋(牟平人)
[民國]牟平 7/97
楊時若(字可齋)
(清・諸城人)
[光緒]增修諸城縣續志 16/24
楊曉春(字惺齋)
(清・歷城人)
[道光]濟南 53/46
[民國]續修歷城 40/1
65 **楊映楷**(字蘭谷)
(清・濟寧人)
[民國]濟寧直隸州續志 15/6
67 **楊明**(元)
[乾隆]淄川 4/又 28-1
楊野(金・嘉祥人)
[順治]嘉祥 3/37
楊昭(字顯之)
(明・利津人)
[康熙]濟南 45/2
[乾隆]武定府 24/2
[咸豐]武定府 24/清介 2
[康熙]利津縣新志 8/6
[光緒]利津 7/宦蹟 6
楊昭(明・滕縣人)
[乾隆]沂州府 17/28
楊賙(明・巢縣人)
[道光]濟南 36/28
[康熙五十五年]長山 3/34
[嘉慶]長山 5/43
楊鳴謙(字益齋)
(清・堂邑人)
堂邑縣鄉土志/耆舊錄
楊鄂林(字棣園)
(清・無棣人)
[民國]無棣 13/26
楊鳴春(字青雷)
(清・臨沂人)
[乾隆]沂州府 26/29
[民國]臨沂 10/2
楊照烟(清・朝城人)
[民國]朝城縣續志 1/32
68 **楊晦**(字蒼谷)
(清・臨沂人)
[民國]臨沂 10/62
71 **楊陛**(字靖公,號克齋)
(清・涿州人)
[宣統]山東 200/14
[乾隆]濟寧直隸州 28/18
[道光]濟寧直隸州 8/4-46
楊階(見楊堦)
楊匡(一名章,字叔康)
(漢・陳留人)
[宣統]山東 66/14
[康熙]濟南 25/1
[道光]濟南 33/8
[萬曆]平原下/11
[乾隆]平原 6/24
平原縣鄉土志輯稿/政蹟
楊巨鯨(字霽嶼)
(明・高唐人)
[乾隆]東昌 39/27
[嘉慶]東昌 29/11
[康熙十二年]高唐州 8/18
[康熙五十一年]高唐州 8/18
[道光]高唐州 5/1-11,7/2-22
[光緒]高唐州 5/1-11
[民國]高唐縣 12/67
高唐州鄉土志/18
楊長治(字東觀)
(清・掖縣人)
[乾隆]掖縣 4/67
楊厥美(清・廬江人)
[康熙]莒州下/11
72 **楊彤**(漢)
[嘉靖]青州 13/8
[萬曆]青州 12/7
[康熙十五年]青州 12/7
[康熙四十八年]青州 12/7
[康熙六十年]青州 12/2
[萬曆]諸城 5/2
[康熙]諸城 5/2
[乾隆]諸城 27/2
楊岳齡(字壽山)
(清・歷城人)
[道光]濟南 53/53
[民國]續修歷城 43/2
楊剛中(字山立)
(清・江南婁縣人)
[康熙]臨清州 1/56
楊岳春(字虛生)

（清・歷城人）
［民國］續修曲阜 5/41
楊岳東（字曉巖，一字愚山，號鳳皋）
（清・牟平人）
［光緒］增修登州 39/40
［民國］牟平 7/19
74 **楊慰**（字安臨）
（清・臨沂人）
［民國］臨沂 10/4
75 **楊體元**（字一峰）
（清・金鄉人）
［民國］金鄉 13/續增 5
楊體恒（字蘊藻）
（清・茌平人）
［民國］茌平 3/20
77 **楊鳳**（明・日照人）
［雍正］山東 28/人物三 38
［宣統］山東 166/10
［乾隆］沂州府 26/26
［康熙］日照 9/7
［光緒］日照 8/7
楊鳳（明・騰驤左衛人）
［嘉靖］冠縣 2/3
楊鳳（字翔千）
（清・城武人）
［道光］城武 9/下 30
楊舉（明・文登人）
［雍正］文登 8/8
［道光］文登 5/17
［光緒］文登 10/上 2
楊朋（字與久）
（清・濟寧人）
［乾隆］濟寧直隸州 28/39
［道光］濟寧直隸州 8/4－51
楊鵬（明・沂水人）
［萬曆］青州 14/17
［康熙十五年］青州 14/17
［康熙四十八年］青州 14/孝友 7
［康熙六十年］青州 17/12
［乾隆］沂州府 26/11
［康熙］沂水 5/1
［道光］沂水 7/24
楊熙（字春甫）
（清・諸城人）
［道光］諸城縣續志 20/1
楊賢（字子庸）
（明・濟寧人）
［康熙］山東 40/59
［雍正］山東 28/人物三 36
［宣統］山東 161/43
［萬曆二十四年］兗州 36/17
［康熙］兗州 28/16
［乾隆］兗州 23/44
［康熙］濟寧州 6/25
［乾隆］濟寧直隸州 24/10
［道光］濟寧直隸州 8/2－26
楊興（清・泰安人）
［道光］泰安縣 9/上 68
［民國］重修泰安縣 8/18
泰安縣鄉土志/耆舊 25
楊巽（字士濂）
（明・嘉興人）
［正德］莘縣 5/7
［康熙十一年］莘縣 5/14
［民國］莘縣 3/24
楊譽（明・屯留人）
［同治］重修寧海州 12/11
［民國］牟平 6/72
楊周（字于德）
（明・壽張人）
［康熙六年］壽張 7/12
［康熙五十六年］壽張 7/12
楊鳳庭（字瑞圃）
（清・長清人）
［民國］長清 13/11
楊學文（清・平度人）
［道光］重修平度州 19/34
楊殿元（清・德州人）
［光緒］德州志略/忠節傳略
［民國］德縣 11/2
楊鳳玉（承德人）
［民國］臨清縣/秩官 74
楊用丕（字蓮坡）
（清・茌平人）
［宣統］茌平 11/7
［民國］茌平 3/54
楊學孔（字淑泗）
（清・茌平人）
［宣統］茌平 13/5
［民國］茌平 3/15
楊鳳翼（號鳴崗）
（明・滋陽人）
［康熙］滋陽 4/下 80
楊學孟（明・莘縣人）
［乾隆］東昌 42/17
［嘉慶］東昌 32/17
［康熙十一年］莘縣 7/10
［康熙五十六年］莘縣 7/10
［光緒］莘縣 7/39
［民國］莘縣 7/29
莘縣鄉土志/孝友 23
楊鳳岐（清・順天人）
［乾隆］臨清直隸州 8/下 67
楊開先（明・商河人）
［乾隆］武定府 25/37
［咸豐］武定府 25/儒林 7
［道光］商河 7/14
［民國］重修商河 8/12
商河縣鄉土志 3/耆舊－學問
楊鳳翱（字瑞周）
（清・金鄉人）
［民國］濟寧直隸州續志 13/8
［民國］金鄉 13/續增 9
楊興家（字立堂）
（清・歷城人）
［民國］續修歷城 43/6
楊殿福（字備五）
（清・博山人）
［民國］續修博山 11/31
楊際澐（原名際雲，字縉卿）
（清・安邱人）
［宣統］山東 175/34
［民國］續安邱新志 17/10
楊學淵（字海峰）
（清・江蘇海州人）
［民國］禹城 3/54，8/11
［民國］德縣 9/24
楊際清（字子會，號鏡海）
（清・膠州人）
［民國］增修膠志 42/26
膠州直隸州鄉土志 4/文學
楊興禮（又名桂林）
（清・齊東人）
［民國］齊東 5/41

楊學禮(字立夫,號東峯)
(明・武定州人)
[嘉靖]武定州下/67
楊興祖(字述五)
(清・黄縣人)
[同治]黄縣 8/18
[民國]黄縣志稿 13/清懿行
楊用道(宋)
[康熙十二年]陽穀 2/14
[康熙]陽穀 2/10
[光緒]陽穀 4/1
楊鵬南(清・鄒平人)
[民國]鄒平 15/115
楊殿楨(字幹卿)
(清・博山人)
[民國]續修博山 11/31
楊殿楨(清平人)
[民國]清平/人物 86
楊鳳林(字呈瑞)
(清・恩縣人)
[宣統]重修恩縣 8/46
[民國]重修恩縣 11/鄉賢 52
恩縣鄉土志/23
楊鳳翥(字六象)
(明・濟寧人)
[康熙]濟寧州 6/44
[乾隆]濟寧直隸州 24/32
[道光]濟寧直隸州 8/2－40
楊際芳(清・滕縣人)
[宣統]滕縣續志稿 3/25
[民國]續滕縣志 2/9
楊際華(字曉園)
(清・歷城人)
[民國]續修歷城 40/2
楊開世(字啟斯,號雲嶠)
(明・招遠人)
[光緒]增修登州 48/5
[順治]招遠 8/16
楊居敬(明・諸城人)
[萬曆]青州 14/23
[康熙十五年]青州 14/23
[康熙四十八年]青州 14/孝友 13
[康熙六十年]青州 17/15
[康熙]諸城 7/44
[乾隆]諸城 40/2
楊殿泰(字階平)
(清・陽穀人)
[民國]增修陽穀人物/善行 42
楊閎泰(字大來)
(清・長山人)
[道光]濟南 55/15
[康熙五十五年]長山 6/42
[嘉慶]長山 10/14
楊際春(清・茌平人)
[民國]茌平 12/59
楊際春(字雪門)
(清・慈溪人)
[光緒]曹縣 9/典史 6
楊際春(清・恩縣人)
[宣統]重修恩縣 7/51
楊開泰(字東陸)
(明・菏澤人)
[康熙]曹州志 15/67
[光緒]菏澤 15/60
[光緒]新修菏澤 10/24
楊開泰(字聖宇)
(清・樂安人)
[民國]續修廣饒 19/70
楊同春(明・雲南舉人)
[宣統]山東 72/43
[萬曆]東昌 18/38
[乾隆]東昌 34/13
[嘉慶]東昌 22/3
[康熙十一年]莘縣 5/6,8/37
[康熙五十六年]莘縣 5/6,8/37
[光緒]莘縣 5/7,9/25
[民國]莘縣 3/4,9/32
莘縣鄉土志/政績 6
楊用中(字震貽)
(清・臨清人)
[民國]臨清縣/人物 86
楊殿甲(字鼎三)
(清・昌樂人)
[民國]昌樂縣續志 35/7
楊學思(字紹伋)
(清・高唐人)
[光緒]高唐州 5/2－39
[民國]高唐縣 12/47
楊鳳鳴(字可思,號聲和)
(清・淄川人)
[宣統]三續淄川 9/72
楊鳳阿(字雲巢)
(清・鄒縣人)
[民國]續修鄒縣志稿/人物－耆舊
楊印隆(清・泗水貢生)
[乾隆]東昌 34/17
[嘉慶]東昌 22/7
楊殿榮(字廷顯)
(清・恩縣人)
[民國]重修恩縣 11/鄉賢 27
78 **楊鑾**(元・利津人)
[康熙]利津縣新志 6/1
楊鹽(字爾貢,號鍊庵)
(明・萊州人)
[乾隆]萊州 10/21
[乾隆]即墨 9/10
[同治]即墨 9/10
即墨縣鄉土志/耆舊－事業二
79 **楊騰芳**(明・滕縣人)
[萬曆]沂州志 4/51
80 **楊公**(元・獻縣人)
[宣統]山東 69/35
[萬曆]青州 12/27
[康熙四十八年]青州 12/27
[康熙六十年]青州 12/16
[咸豐]青州 35/23
[萬曆]安丘 17/2
安丘縣鄉土志 2/政績錄
楊金(字子聲)
(明・益都人)
[康熙十五年]青州 13/87
[康熙四十八年]青州 13/事功 71
[康熙六十年]青州 16/36
楊美(宋・并州文水人)
[嘉靖]山東 27/16
[康熙]山東 37/3
[雍正]山東 27/69
[宣統]山東 68/46
[咸豐]青州 35/1
[萬曆]萊州 5/62
[康熙]萊州 8/22

[乾隆]萊州 9/7
萊州府鄉土志/上 10
[萬曆]濰縣 7/3
[康熙]濰縣 5/名宦 3
[乾隆]濰縣 3/39
[民國]濰縣志稿 20/7
濰縣鄉土志/50
楊仝(明・茌平人)
[宣統]茌平 11/3
[民國]茌平 3/50
楊鉉(字燮宇)
(清・無棣人)
[民國]無棣 12/1
楊益(字光謙)
(明・臨清人)
[乾隆]東昌 39/1
[康熙]臨清州 3/人物 6
[乾隆]臨清州 9/21
[乾隆]臨清直隸州 8/上 5
[民國]臨清縣/人物 49
楊義(字崑嶽)
(明・洪洞人)
[宣統]山東 72/37
[乾隆]東昌 33/35
[嘉慶]東昌 21/2
[康熙]聊城 2/4
[宣統]聊城 6/2－3
楊鏞(字聲之)
(明・臨漳人)
[嘉靖]寧海州下/24
[光緒]文登 7/上 4
[民國]文登 7/上 4
楊鏞(清・萊陽人)
[光緒]增修登州 45/7
[乾隆]海陽 6/16
楊愈(字子盛)
(清・濰縣人)
[民國]濰縣志稿 31/11
楊公彥(金)
[嘉靖]寧海州下/9
[同治]重修寧海州 12/3
楊善慶(清・茌平人)
[民國]茌平 3/102
楊義堃(清・海寧監生)
[光緒]泗水縣鄉土志/7
楊毓琦(字資璞)
(清・歷城人)
[民國]續修歷城 41/25
楊善行(清・朝城人)
[民國]朝城縣續志 1/35
楊義山(清・山西洪洞人)
[宣統]山東 74/37
[道光]濟南 37/53
楊毓生(字萬資)
(清・益都人)
[康熙]萊州 8/44
[乾隆]萊州 9/32
萊州府鄉土志/上 29
[嘉慶]續掖縣 2/25
[乾隆]濰縣 5/57
[民國]濰縣志稿 20/19
楊令儀(字徽度)
(清・青城人)
[乾隆]青城 8/11
[民國]青城續修 4/人物 22
楊會寅(字旭亭,原名光東)
(清・海陽人)
[光緒]增修登州 40/37
[光緒]海陽縣續志 5/24
楊毓泗(字潤東)
(濟寧人)
[民國]濟寧縣 3/14
楊尊祖(字念德)
(清・臨沂人)
[民國]續修臨沂 16/8
楊金淦(東阿人)
[民國]東阿 15/8
楊金芳(清・高唐人)
[光緒]高唐州 5/2－34
[民國]高唐縣 12/46
楊金華(清・閩縣人)
[道光]觀城 6/10
楊毓芬(清・濮州人)
[宣統]濮州 6/19
楊毓荄(清・濮州人)
[宣統]濮州 5/31
楊毓林(字叢華)
(清・濟陽人)
[民國]濟陽 11/69,18/8
楊金墀(字雲臺,號曉閣)
(清・濟寧人)
[民國]濟寧直隸州續志 15/9
楊毓春(字篤生,號芋農)
(清・聊城人)
[宣統]聊城 8/54
楊年鏞(字序堂,號陔生)
(清・牟平人)
[民國]牟平 7/23
楊善會(字敬仁)
(隋・弘農華陰人)
[嘉靖]山東 26/23
[康熙]山東 34/3
[雍正]山東 27/42
[宣統]山東 67/30
[萬曆]東昌 18/13
[乾隆]東昌 35/25
[嘉慶]東昌 20/22
[嘉靖]夏津 4/1
[康熙]夏津 5/1
[乾隆]夏津 6/32
[嘉靖]恩縣 7/3
[宣統]重修恩縣 6/40
[民國]重修恩縣 10/58
楊金鍔(字鍊山,號蓮坡)
(清・壽光人)
[民國]壽光 12/人物志二 63
楊念恒(字在茲)
(清・茌平人)
[民國]茌平 3/102
81 **楊鈺**(清・博平人)
[嘉慶]東昌 32/57
楊鈺(清・高唐人,見楊銓)
82 **楊鍾斗**(字季寅)
(明・招遠人)
[道光]招遠縣續志 3/13
楊鍾泰(清・招遠人)
[光緒]增修登州 40/22
[道光]招遠縣續志 2/24
84 **楊鎮**(清・蓬萊人)
[光緒]增修登州 44/2
楊鋕泰(字輝斗)
(清・歷城人)
[民國]續修歷城 44/12
86 **楊鐸**(字木齋)
(清・高密人)
[民國]高密 14/上 81
楊錦(字尚絅,號月川)

（明・益都人）
［康熙］山東 42/25
［萬曆］青州 13/58
［康熙十五年］青州 13/58
［康熙四十八年］青州 13/事功 42
［康熙六十年］青州 16/22
［咸豐］青州 44/34
［康熙］益都 7/22
［光緒］益都縣圖志 35/14
楊錦（字絅存）
（清・無棣人）
［民國］無棣 12/2
楊錫（明・單縣人）
［順治］單縣 3/8
楊知（宋・陽信人）
［雍正］山東 31/6
［康熙］濟南 51/5
［乾隆］武定府 26/33
［咸豐］武定府 26/藝術 1
［乾隆二十五年］泰安縣 12/42
［康熙］陽信 9/36
［乾隆］陽信 7/59
［民國］陽信 5/方技 80
信邑志稿 7/藝術
楊智（字智父）
（明・黄縣人）
［民國］黄縣志稿 14/金石
楊智（清・福建同安人）
［乾隆］曹州府 16/16
［康熙］鉅野 13/6
［道光］鉅野 13/66
楊錫紱（號蘭畹）
（清・江西清江人）
［宣統］山東 74/2
楊錫溥（字雨村）
（清・宿州人）
［光緒］曹縣 9/縣令 10
楊錫九（字禹疇）
（清・昌樂人）
［民國］昌樂縣續志 30/25
楊錫楨（清・章邱人）
［道光］章邱 11/63
楊錦春（明）
［乾隆］沂州府 26/19
楊錫敏（字勵甫）
（清・金鄉人）
［民國］金鄉 13/續增 10
87 **楊郃**（五代・魏州冠氏人）
［嘉靖］山東 31/16
［康熙］山東 41/14
［宣統］山東 156/21
［萬曆］東昌 19/27
［乾隆］東昌 36/45
［嘉慶］東昌 26/39
［嘉靖］冠縣 4/2
［萬曆］冠縣 4/3
［道光］冠縣 8/上 14
［光緒］冠縣 8/忠勤
［民國］冠縣 8/人物志 15
楊鈞（明・懷遠歲貢）
［道光］濟南 36/29
［康熙四十三年］長山 3/宦績
［康熙五十五年］長山 3/35
［嘉慶］長山 5/43
楊鏗（字應韶）
（明・代州人）
［光緒］增修登州 33/2
［嘉靖］寧海州下/24
［光緒］文登 7/上 4
楊錄（號澄川）
（明・益都人）
［萬曆］青州 14/59
［康熙十五年］青州 14/59
［康熙四十八年］青州 14/儒行 16
［康熙］益都 9/19
楊銘（明・長清人）
［道光］長清 11/25
楊銘（明・益都人）
［康熙十五年］青州 15/53
楊欽（字允恭）
（明・莘縣人）
［正德］莘縣 6/8
楊鄭白（字西渠）
（清・江西德興人）
［宣統］山東 76/7
［民國］濟寧直隸州續志 10/52
［咸豐］金鄉縣志略 7/14
［民國］金鄉 11/22
金鄉縣鄉土志/政績錄
楊欽安（清・高唐人）
［道光］高唐州 5/1－51
［光緒］高唐州 5/1－56
［民國］高唐縣 12/75
楊欽錫（清・長清人）
［民國］長清 11/6
88 **楊管**（明・南昌人）
［康熙十一年］蒙陰 2/61
楊敏（字公儀）
（元・陽穀人）
［康熙十二年］陽穀 3/26
［康熙］陽穀 3/24
［光緒］陽穀 6/24
［民國］增修陽穀人物/仕宦 1
楊敏（明・魚臺人）
［康熙］兗州續編 15/10
［乾隆］兗州 23/43
［乾隆］濟寧直隸州 27/32
［道光］濟寧直隸州 8/4－34
［康熙］魚臺 17/4
［乾隆］魚臺 11/22
［光緒］魚臺 3/13
楊銓（字仲衡）
（明・汶上人）
［萬曆］汶上 6/8
楊銓（清・高唐人）
［乾隆］高唐州續志 2/13
［道光］高唐州 5/2－19
［光緒］高唐州 5/2－22
［民國］高唐縣 12/43
楊鋭（字進之）
（明・博平人）
［正德］博平 4/70
楊鎡（明・山西壺關人，一作錦衣衛人）
［宣統］山東 71/26
［道光］濟南 36/63
［萬曆］平原下/14
［乾隆］平原 6/27
平原縣鄉土志輯稿/政蹟
楊符慶（字伯甫）
（清・高唐人）
［民國］高唐縣 12/27

楊節之(宋・任城人)
[乾隆]濟寧直隸州 23/29
[道光]濟寧直隸州 8/2－14
楊敏濟(字容甫)
(清・費縣人)
[光緒]費縣 11/50
楊敏中(金・淄川人)
[嘉靖]山東 29/18
[雍正]山東 28/人物二 53
[宣統]山東 164/18
[康熙]濟南 38/5
[道光]濟南 47/48
[嘉靖]淄川 6/80
[康熙]淄川 5/2,6/8
[乾隆]淄川 5/2,6/上 8
淄川縣鄉土志/耆舊錄－忠節
90 楊光(清・博平人)
[道光]博平 4/30
楊堂(清・招遠人)
[光緒]增修登州 40/22
楊愔(字遵彥)
(北齊・華陽人,徙居清河)
[嘉靖]山東 33/4
[康熙]山東 44/5
[雍正]山東 28/人物一 58
[康熙]濟南 51/3
[乾隆]東昌 36/21
[嘉慶]東昌 26/21
[萬曆]萊州 6/23
[康熙]萊州 10/94
[乾隆]萊州 12/流寓 1
[萬曆]恩縣 4/9
[民國]重修恩縣 11/鄉賢 10
[乾隆]即墨 9/36
[同治]即墨 9/57
即墨縣鄉土志/耆舊－事業一
楊愔(南北朝・新泰人)
[乾隆]泰安府 18/78
[順治]新泰 5/32
[乾隆]新泰 16/16
楊省三(字惺臺)
(清・諸城人)
[光緒]增修諸城縣續志 13/9
楊省吾(字景參,號魯泉)
(清・寧津人)
[光緒]寧津 8/42
楊光瑜(字鏡溪)
(清・聊城人)
[宣統]聊城 8/62
楊尚信(明・萊陽人)
[民國]萊陽 3/1 中 13
楊光衡(湘陰人)
[民國]濟陽 9/43
楊光縉(字明卿)
(清・壽光人)
[咸豐]青州 47/32
[乾隆]續壽光 25/3
[嘉慶]壽光 14/6
[民國]壽光 12/人物志二 6
壽光縣鄉土志/耆舊
楊光先(字裕山)
(清・博平人)
[乾隆]東昌 43/6
[嘉慶]東昌 32/32
博平縣鄉土志/耆舊－事業
楊惟良(元・泗水人)
[光緒]泗水 10/19
楊光溥(明・沂水人)
[雍正]山東 28/人物三 15
[宣統]山東 161/36
[嘉靖]青州 15/38
[萬曆]青州 15/7
[康熙十五年]青州 15/7
[康熙四十八年]青州 15/文學 7
[康熙六十年]青州 18/4
[乾隆]沂州府 27/6
[康熙]沂水 4/50
[道光]沂水 7/34
楊光遠(字德明)
(五代・沙陀部人)
[咸豐]青州 55/16
[康熙]東平州 6/38
[乾隆]東平州 10/55
[光緒]東平州 12/13
[光緒]益都縣圖志 16/19
楊光澤(明・沂州人)
[宣統]山東 161/38
楊光祿(字隆錫)
(清・金鄉人)
[咸豐]金鄉縣志略 9/中列傳二 16
[民國]金鄉 14/4
楊光裕(字克承)
(清・高唐人)
[乾隆]東昌 43/29
[嘉慶]東昌 32/46
[康熙五十一年]高唐州 8/29
[道光]高唐州 5/1－32
[光緒]高唐州 5/1－32
[民國]高唐縣 12/40
楊光奇(字伯常)
(明・鄆城人)
[崇禎]鄆城 6/12
[光緒]鄆城 7/20
楊光樾(清・高密人)
[民國]高密 14/上 85
楊光世(清・東平人)
[乾隆]東平州 15/29
[道光]東平州 15/29
[光緒]東平州 15/下 37
[民國]東平縣 11/下 11
楊光桐(長清人)
[民國]長清 12/14
楊光乾(字培元)
(清・歷城人)
[乾隆]歷城 43/9
楊粹夫(號月川)
(明・慶雲人)
[嘉慶]慶雲 9/7
[咸豐]慶雲 2/66
[民國三年]慶雲 2/20,2/101
楊粹中(宋・正定人)
[嘉靖]山東 26/26
[雍正]山東 27/91
[宣統]山東 68/43
[萬曆]東昌 18/24
[乾隆]曹州府 12/11
[嘉靖]濮州 7/11
[萬曆]濮州 3/名宦 14
[康熙]濮州 3/14
[乾隆]濮州 3/14
[宣統]濮州 4/14

楊惟中（明・章邱人）
［道光］章邱 11/59
楊光輔（宋・密州安丘人）
［嘉靖］山東 32/15
［康熙］山東 42/15
［雍正］山東 28/人物二 34
［嘉靖］青州 15/29
［萬曆］青州 14/48
［康熙十五年］青州 14/48
［康熙四十八年］青州 14/儒行 5
［康熙六十年］青州 15/7
［萬曆］安丘 18/12
安丘縣鄉土志 8/耆舊錄 5
［民國］重修莒志 58/9
楊惟默（清・陝西同官人）
［康熙十一年］莘縣 5/13
［康熙五十六年］莘縣 5/13
楊光明（字環山）（明・濮州人）
［康熙］濮州 2/86
［乾隆］濮州 2/66
［宣統］濮州 3/40
楊懷學（明・鉅野人）
［萬曆二十四年］兗州 37/6
［康熙］兗州 28/35
［萬曆］鉅野 8/孝子
［康熙］鉅野 11/31
［道光］鉅野 13/42
91 **楊炳**（明・山西安邑人）
［康熙］山東 33/23
［雍正］山東 27/40
［宣統］山東 72/4
［康熙］兗州 22/36
［康熙］滋陽 3/84
［光緒］滋陽 7/4，11/30
楊焯（明・平度人）
平度鄉土志 4 下/學問
楊恒慶（字仙舟）（清・茌平人）
［民國］茌平 3/116
楊恆孖（字公衍）（清・臨沂人）
［乾隆］沂州府 26/30
［民國］臨沂 10/3
楊恒吉（字貞一）（清・平度人）
［道光］重修平度州 19/18
楊炳泰（字子文）（清・昌樂人）
［民國］昌樂縣續志 31/18
92 **楊熩**（清・寶應人）
［雍正］恩縣續志 3/5
楊愷（明）
［乾隆］德州 8/5
［民國］德縣 9/7
楊愷（字惠東）（清・齊河人）
［民國］齊河 33/52
93 **楊焌**（字然充，別號泰滄）（明・招遠人）
［光緒］增修登州 40/21
［順治］招遠 9/10
94 **楊恢**（字鴻烈，號馥亭）（清・壽光人）
［民國］壽光 12/人物志二 55
楊煃（字東垣）（清・貴筑人）
［道光］鄒平 14/28
［民國］鄒平 14/28
楊慎（明・陽城人）
［康熙］益都 5/20
楊慎行（字銅儒）（清・陽穀人）
［民國］增修陽穀人物/師道 20
楊慎修（字敬亭）（清・陽穀人）
［民國］增修陽穀人物/師道 20
楊慎徽（字克典）（清・東阿人）
［民國］續修東阿 11/10
95 **楊情怡**（字葱雲）（清・壽光人）
［嘉慶］壽光 13/27
［民國］壽光 12/人物志一 74
96 **楊煜**（字蔚文，別號天放）（清・滕縣人）
［道光］滕縣志 9/孝義 32
楊燭（明・招遠人）
［道光］招遠縣續志 3/16
97 **楊熼**（清・直隸固安人）
［宣統］山東 75/14
［道光］濟南 38/23
［道光］新城/名宦
［民國］重修新城 11/18
新城縣鄉土志/政績－清知縣
楊耀先（清・高唐人）
［乾隆］高唐州續志 2/13
［道光］高唐州 5/2－19
［光緒］高唐州 5/2－22
楊耀林（字鏡軒）（清苑人）
［民國］濟寧縣 3/23
楊耀墀（字榮庭）（臨清人）
［民國］臨清縣/人物 48
楊燿東（字伯遠）（清・高密人）
［民國］高密 14/上 71
楊耀東（字曉初）（清・昌樂人）
［民國］昌樂縣續志 30/19
楊耀泰（字子瞻）（清・淄川人）
淄川縣鄉土志/政績錄
楊煥曾（字文孟，號筠亭）（清・招遠人）
［道光］招遠縣續志 3/9
99 **楊榮**（字子遜）（漢・梁人）
［雍正］山東 27/50
［宣統］山東 66/11
［乾隆］諸城 27/2
楊榮（字際元）（宋・鄆州人）
［嘉靖］山東 30/45
［康熙］山東 40/44
［乾隆］泰安府 18/30
［萬曆元年］兗州 40/孝友 5
［萬曆二十四年］兗州 37/1
［康熙］兗州 28/30
［乾隆］曹州府 16/2
［康熙］東平州 4/71
［乾隆］東平州 15/1
［道光］東平州 15/1

［光緒］東平州 15/下 1
［民國］東平縣 11/中 22
東平州鄉土志上/耆舊錄 29
［崇禎］鄆城 5/15
［康熙］鄆城 5/19
［光緒］鄆城 5/33
楊榮（明・蒙陰人）
［乾隆］沂州府 25/19
［康熙十一年］蒙陰 2/44
［康熙二十四年］蒙陰 4/18
［宣統］蒙陰 4/武功
楊榮（清・膠州人）
［民國］增修膠志 43/7
膠州直隸州鄉土志 4/忠烈
楊榮廷（清・茌平人）
［宣統］茌平 16/9
［民國］茌平 3/41

4702$_7$ 郟

80 **郟夔**（明・臨海人）
［康熙］德平 3/9

4712$_7$ 邽

77 **邽巽**（字子斂）
（春秋・魯人）
［嘉靖］山東 24/9
［康熙］山東 29/9
［雍正］山東 11/闕里二 19
［宣統］山東 153/9
［萬曆元年］兖州 7/56
［萬曆二十四年］兖州 7/21
［康熙］兖州 8/22
［乾隆］兖州 7/30
［崇禎］曲阜 4/11
［康熙］曲阜 4/11
［乾隆］曲阜 59/8

4721$_2$ 匏

77 **匏巴**（春秋・魯人）
［康熙］山東 49/1
［雍正］山東 31/2
［乾隆］曲阜 93/3

4722$_0$ 鞠

44 **鞠甘液**（字子美）
（清・中山人）
［民國］續修鉅野 8/上 9

4722$_7$ 郗

04 **郗詵**（字廣基）
（晉・濟陰單父人）
［萬曆元年］兖州 40/政績 5
［萬曆二十四年］兖州 32/23
［康熙］兖州 25/18
［乾隆］曹州府 14/9
［順治］嘉祥 4/24
［乾隆］嘉祥 3/16
［光緒］嘉祥 3/16
［隆慶］單縣下/1
［順治］單縣 2/26
［康熙］單縣 7/3，7/21
［乾隆］單縣 6/1
［民國］單縣 9/4
10 **郗天興**（清・益都人）
［乾隆］泰安府 15/27
［民國］萊蕪 9/7
［民國］續修萊蕪 15/8
15 **郗融**（字景山）
（晉・嘉祥人）
［順治］嘉祥 4/23
［乾隆］嘉祥 3/16
［光緒］嘉祥 3/16
21 **郗慮**（字鴻豫）
（漢・山陽高平人）
［乾隆］濟寧直隸州 23/10
［道光］濟寧直隸州 8/2－7
［道光］鉅野 12/18
22 **郗繼全**（字化南）
（清・齊東人）
［民國］齊東 5/31
25 **郗純**（字高卿）
（唐・兖州金鄉人）
［嘉靖］山東 30/40
［康熙］山東 40/40
［萬曆元年］兖州 40/忠直 12
［萬曆二十四年］兖州 34/6
［康熙］兖州 26/39
［乾隆］兖州 23/26
［乾隆］濟寧直隸州 23/24
［道光］濟寧直隸州 8/2－12
［康熙十二年］金鄉 5/26
［康熙五十一年］金鄉 10/26
［乾隆］金鄉 18/46
［咸豐］金鄉縣志略 9/上 10
［民國］金鄉 13/7
金鄉縣鄉土志/耆舊錄上
［順治］嘉祥 4/24
［乾隆］嘉祥 3/16
［光緒］嘉祥 3/16
28 **郗徽**（南朝梁・金鄉人）
［康熙］山東 28/6
郗僧施（字惠脫）
（晉・金鄉人）
［康熙五十一年］金鄉 10/14
［乾隆］金鄉 18/37
30 **郗永湘**（字蓉皋）
（清・寧陽人）
［光緒］寧陽 13/52
34 **郗邁**（字思遠）
（晉・嘉祥人）
［順治］嘉祥 4/23
［乾隆］嘉祥 3/15
［光緒］嘉祥 3/16
40 **郗士美**（字和夫）
（唐・兖州金鄉人）
［嘉靖］山東 30/40
［康熙］山東 40/40
［雍正］山東 28/人物二 14
［宣統］山東 156/10
［萬曆元年］兖州 40/武功 16
［萬曆二十四年］兖州 34/7
［康熙］兖州 26/39
［乾隆］兖州 23/27
［乾隆］濟寧直隸州 23/25
［道光］濟寧直隸州 8/2－12
［康熙十二年］金鄉 5/26
［康熙五十一年］金鄉 10/26
［乾隆］金鄉 18/47
［咸豐］金鄉縣志略 9/上 10
［順治］嘉祥 4/24
［乾隆］嘉祥 3/16
［光緒］嘉祥 3/16
郗志銘（清・泰安人）
［道光］泰安縣 9/上 87
［民國］重修泰安縣 8/41
47 **郗超**（字嘉賓，一作景興）
（晉・高平金鄉人）
［嘉靖］山東 33/22

[萬曆元年]兗州 41/12
[萬曆二十四年]兗州 37/34
[康熙]兗州 28/75
[康熙五十一年]金鄉 10/10
[乾隆]金鄉 18/33
[咸豐]金鄉縣志略 9/上 8
[順治]嘉祥 4/23
[乾隆]嘉祥 3/15
[光緒]嘉祥 3/16

60 郗曇(字重熙)
(晉・高平金鄉人)
[嘉靖]山東 30/17
[康熙]山東 40/19
[萬曆二十四年]兗州 32/22
[乾隆]濟寧直隸州 23/19
[道光]濟寧直隸州 8/2－10
[康熙五十一年]金鄉 10/9
[乾隆]金鄉 18/33
[咸豐]金鄉縣志略 9/上 8
[順治]嘉祥 4/23
[乾隆]嘉祥 3/15
[光緒]嘉祥 3/15

77 郗隆(字弘始)
(晉・高平金鄉人)
[嘉靖]山東 30/17
[康熙]山東 40/19
[雍正]山東 28/人物一 38
[乾隆]兗州 23/20
[乾隆]濟寧直隸州 23/18
[道光]濟寧直隸州 8/2－9
[康熙十二年]金鄉 5/23
[康熙五十一年]金鄉 10/1
[乾隆]金鄉 18/25
[咸豐]金鄉縣志略 9/上 6
[民國]金鄉 13/4
[順治]嘉祥 4/21
[乾隆]嘉祥 3/14
[光緒]嘉祥 3/14

78 郗鑒(字道徽)
(晉・高平金鄉人)
[嘉靖]山東 25/3,30/17
[康熙]山東 31/4,40/19
[雍正]山東 28/人物一 38,
35/碑 9
[宣統]山東 155/11
[萬曆元年]兗州 40/忠直 9
[萬曆二十四年]兗州 27/
1,32/20
[康熙]兗州 21/15,25/16
[乾隆]兗州 22/5,23/20
[乾隆]濟寧直隸州 23/18,
33/18
[道光]濟寧直隸州 8/2－9
[萬曆]鄒志 2/9
[康熙十二年]鄒縣志 3/10
[康熙五十五年]鄒縣志
2/42
[民國]續修鄒縣志稿/名宦
鄒縣鄉土志政績錄/4
[康熙]滋陽 3/79
[康熙十二年]金鄉 5/23
[康熙五十一年]金鄉 10/2
[乾隆]金鄉 18/26,20/27
[咸豐]金鄉縣志略 9/上 7
[民國]金鄉 13/4
金鄉縣鄉土志/耆舊錄上
[順治]嘉祥 4/22,6/10
[乾隆]嘉祥 3/14,4/31
[光緒]嘉祥 3/14

80 郗善(明・固均鄉人)
[康熙]新修齊東 4/22

郗公全(字德卿)
(清・齊東人)
[民國]齊東 5/59

90 郗愔(字方回)
(晉・高平金鄉人)
[嘉靖]山東 30/17
[康熙]山東 40/19
[雍正]山東 28/人物一 39
[萬曆二十四年]兗州 32/21
[乾隆]兗州 23/20
[乾隆]濟寧直隸州 23/19
[道光]濟寧直隸州 8/2－10
[康熙十二年]金鄉 5/23
[康熙五十一年]金鄉 10/8
[乾隆]金鄉 18/32
[咸豐]金鄉縣志略 9/上 7
金鄉縣鄉土志/耆舊錄上
[順治]嘉祥 4/22
[乾隆]嘉祥 3/15
[光緒]嘉祥 3/15

94 郗恢(字道運,一作道胤)
(晉・高平金鄉人)
[嘉靖]山東 30/18
[康熙]山東 40/19
[雍正]山東 28/人物一 39
[萬曆元年]兗州 40/武功 11
[萬曆二十四年]兗州 32/22
[康熙]兗州 25/16
[乾隆]兗州 23/20
[乾隆]濟寧直隸州 23/20
[道光]濟寧直隸州 8/2－10
[康熙十二年]金鄉 5/24
[康熙五十一年]金鄉 10/13
[乾隆]金鄉 18/36
[咸豐]金鄉縣志略 9/上 8
[順治]嘉祥 4/23
[乾隆]嘉祥 3/16
[光緒]嘉祥 3/16

郁

25 郁純(字培眞)
(清・郯城人)
[乾隆]郯城 9/9

28 郁綸(字理之)
(明・德州人)
[宣統]山東 161/36
[康熙]濟南 35/12
[道光]濟南 52/34
[乾隆]德州 9/66
德州鄉土志/耆舊 1
[民國]德縣 10/8

31 郁濬生(字巨川)
(安徽天長人)
[民國]續修鉅野 3/16,7/
上 49
[民國]禹城 3/55

67 郁明(字抶眞)
(明・郯城人)
[乾隆]郯城 9/9

鶴

80 鶴年(清・滿洲鑲藍旗人)
[宣統]山東 74/20
[道光]濟南 37/23

4732_7 郝

00 郝文(明・河南郏人)

［嘉靖］朝城志 5/17
郝廣立（字子厚）
（清・陽穀人）
［民國］增修陽穀人物/武功 8
郝廉泉（清・臨清人）
［宣統］山東 174/32
［民國］臨清縣/人物 47
郝廣寧（名大通）
（金・寧海人）
［嘉靖］山東 34/17
［康熙］山東 47/9
［雍正］山東 30/15
［宣統］山東 200/29
［泰昌］登州 11/61
［順治］登州 18/21
［嘉靖］寧海州下/46
郝應運（晚更名彰運，字子廣，號求巖）
（清・棲霞人）
［光緒］棲霞縣續志 9/63
郝文芳（字彬如，號樸仙）
（清・高密人）
［民國］高密 14/上 16
郝文翰（清・茌平人）
［民國］茌平 3/94
郝廣居（字安仁）
（清・陽穀人）
［民國］增修陽穀人物/忠烈 22
郝文鳳（字藻翔）
（清・臨清人）
［民國］臨清縣/人物 73
郝文學（字思源）
（清・高唐人）
［光緒］高唐州 5/1－50
08 **郝敦彝**（字敘齋）
（清・桓臺人）
［民國］桓臺 3/28
10 **郝晉**（字康仲，號崑岳）
（清・棲霞人）
［光緒］增修登州 39/22
［康熙］棲霞 5/5，6/7
［乾隆］棲霞 6/35
郝元（金・太原人）
［同治］重修寧海州 13/2
郝元亨（金・寧海人）
［同治］重修寧海州 17/4
郝百川（字東橋）
（長清人）
［民國］長清 13/27
郝天斗（字漢卿）
（清・清平人）
［民國］清平/人物 68
郝天相（字吉臺）
（明・齊河人）
［道光］濟南 51/42
［康熙］齊河 6/34
［民國］齊河 24/3
齊河縣鄉土志耆舊錄/11
郝玉聲（清・慶雲人）
［民國三年］慶雲 2/76
郝玉田（清・高唐人）
［光緒］高唐州 5/2－8
［民國］高唐縣 12/77
郝五鳳（字高翔）
（清・臨清人）
［民國］臨清縣/人物 73
12 **郝璠**（字廷珍）
（清・齊河人）
［民國］齊河 26/20
郝延慶（字士吉）
（清・高唐人）
［光緒］高唐州 5/1－31
［民國］高唐縣 12/44
郝瑞廷（清・陵縣人）
［光緒］陵縣 19/人物傳二 20
郝廷奎（字掄菴，號西野）
（清・章邱人）
［道光］濟南 54/11
［乾隆］章邱 9/32
［道光］章邱 10/31
郝聯芬（清・棲霞人）
［光緒］增修登州 43/19
［光緒］棲霞縣續志 6/例職 1
郝聯蕙（清・棲霞人）
［光緒］棲霞縣續志 6/忠義 1
郝聯茹（清・棲霞人）
［光緒］增修登州 43/19
［光緒］棲霞縣續志 6/例職 1
郝聯薇（清・棲霞人）
［光緒］增修登州 43/19
［光緒］棲霞縣續志 6/例職 1
郝廷桂（字芳臣，號小山）
（清・高密人）
［光緒］費縣 3/58
［民國］高密 14/上 19
郝孔璧（清・臨朐人）
臨朐縣鄉土志 1/耆舊
13 **郝琮**（字麗公）
（清・臨邑人）
［道光］濟南 56/42
［道光］臨邑 9/20
［同治］臨邑 9/武功 1
郝瑄（字京玉）
（清・壽光人）
［乾隆］續壽光 23/5
［嘉慶］壽光 13/8
［民國］壽光 12/人物志一 75
14 **郝瑛**（明・昌樂人）
［嘉靖］昌樂 3/41
15 **郝建**（號寅甫）
（清・定州人）
［康熙］兗州府曹縣 9/38
［光緒］曹縣 9/縣丞 4
郝融春（字和軒）
（清・萊蕪人）
［民國］萊蕪 19/3
［民國］續修萊蕪 25/3
16 **郝理**（字秩源）
（清・齊河人）
［道光］濟南 56/6
［雍正］齊河 8/18
［民國］齊河 26/6
齊河縣鄉土志忠義祠/20
17 **郝孟延**（字松坪）
（清・高密人）
［光緒］高密 8/上 68
［民國］高密 14/上 80
高密縣鄉土志/上 41
郝君佑（字啟人，一字天申，號錫來，又號野雲子）
（清・慶雲人）
［民國三年］慶雲 2/95，2/

102,4/50
18 郝瑜(字華玉)
(清・壽光人)
[嘉慶]壽光 14/20
[民國]壽光 12/人物志二 15
20 郝重慶(字巽吉)
(清・高唐人)
[光緒]高唐州 5/1-30
郝維謙(見郝惟謙)
郝維喬(明・扶溝人)
[乾隆]寧陽 3/東兗道 2
郝秉哲(字子明)
(清・掖縣人)
[民國]四續掖縣 4/69
郝秀卿(字毓泉)
(清・慶雲人)
[民國三年]慶雲 2/39
21 郝經(明・潁上人)
[順治]堂邑 2/職官 5
郝仁瑀(見郝仁禹)
郝仁禹(宋)
[嘉靖]山東 27/5
[康熙]山東 35/6
[雍正]山東 27/56
[宣統]山東 68/48
[嘉靖]青州 13/29
[萬曆]青州 12/21
[康熙十五年]青州 12/21
[康熙四十八年]青州 12/21
[康熙六十年]青州 12/12
[咸豐]青州 35/4
郝經緯(字子文)
(明・齊河人)
[民國]齊河 32/54
郝術恩(清・齊河人)
[民國]齊河 26/26
22 郝繼諾(字鳳若)
(清・齊河人)
[民國]齊河 27/36
郝繼孟(清・齊河人)
[民國]齊河 26/33
郝繼僑(清・齊河人)
[民國]齊河 23/69
郝繼初(清・齊河人)
[民國]齊河 23/69,27/36
郝繼桓(字公執,號芝南)
(清・高密人)
[民國]高密 14/上 68
郝利用(金・太原人)
[同治]重修寧海州 13/2
23 郝俊彥(字德美)
(金・太原人)
[光緒]增修登州 38/10
[嘉靖]寧海州下/28
[康熙]寧海州 8/2
[同治]重修寧海州 17/4
郝允褒(清・洪洞人)
[咸豐]金鄉縣志略 7/15
郝允秀(字水村,號寅亭)
(清・齊河人)
[道光]濟南 56/5
[民國]齊河 23/44,27/17
齊河縣鄉土志耆舊錄/15
郝允濬(字濟川,號練亭)
(清・齊河人)
[民國]齊河 27/32
郝允杰(字澄泉,號振亭)
(清・齊河人)
[民國]齊河 23/44,27/33
郝允哲(字聖培,號鏡亭)
(清・齊河人)
[宣統]山東 170/12
[道光]濟南 56/5
[民國]齊河 27/17
齊河縣鄉土志耆舊錄/15
郝獻明(字思皇)
(清・萬全衛人)
[宣統]山東 75/46,76/12
[康熙]沂州志 3/51
[乾隆]沂州府 20/13
[乾隆]武定府 16/28
[咸豐]武定府 19/樂陵 3
[順治]樂陵 4/5
[乾隆]樂陵 4/53
樂陵縣鄉土志 2/8
[民國]臨沂 7/74
24 郝德(明・高唐人)
[康熙十二年]高唐州 9/6
郝德(清)
[乾隆]福山 9 下/48
郝俣(字軼几)
(清・招遠人)
[光緒]增修登州 43/27
[道光]招遠縣續志 3/15
25 郝律(元・萊陽人)
[民國]萊陽 3/1 中 4
郝純祉(字馨宜)
(清・章邱人)
[道光]濟南 54/10
[乾隆]章邱 9/又 40
[道光]章邱 11/43
郝純臣(清・昌樂人)
[民國]昌樂縣續志 30/17
郝自新(清・昌邑人)
[乾隆]昌邑 6/168
27 郝絅(見郝炯)
郝象琳(清・長清人)
[民國]長清 13/13
郝紹宗(字遠衣)
(清・章邱人)
[道光]濟南 54/21
[道光]章邱 11/45
郝臼陵(字巖峻)
(清・齊河人)
[民國]齊河 27/36
28 郝齡(字念九,號荔香)
(清・高密人)
[民國]高密 14/上 69
郝從端(字肅土)
(清・齊河人)
[民國]齊河 27/4
郝從誨(清・齊河人)
[道光]濟南 56/3
[雍正]齊河 8/12
[民國]齊河 26/3
齊河縣鄉土志忠義祠/20
郝從諗(趙州和尚)
(唐・曹州人)
[雍正]山東 30/10
[康熙]曹州志 20/1
[乾隆]曹州府 16/18
[光緒]菏澤 20/1
郝從先(清・高唐人)
[道光]高唐州 5/2-22
[光緒]高唐州 5/2-25
[民國]高唐縣 12/51
郝從心(字端士)
(清・齊河人)

［道光］濟南 56/3
［雍正］齊河 6/28
［民國］齊河 23/31,27/4
郝作欐(清・棲霞人)
［光緒］增修登州 43/21
［乾隆］棲霞 7/5
29 **郝秋蘭**(清・高唐人)
［光緒］高唐州 5/2－38
［民國］高唐縣 12/47
30 **郝濂**(明・大同人,一作宣府人)
［嘉靖］濮州 7/20
［萬曆］濮州 3/名宦 29
郝宥(一名不蘭)
(元・萊陽人)
［光緒］增修登州 38/10
［民國］萊陽 3/1 中 6
郝家語(字文園)
(清・博興人)
［民國］重修博興 13/43
郝家望(明・莘縣人)
［光緒］莘縣 6/11
［民國］莘縣 6/9
郝宗儒(明・禹城人)
［道光］濟南 52/5
［康熙］禹城 2/3
［嘉慶］禹城 9/3
［民國］禹城 6/3
禹城縣鄉土志/11
郝永德(清・汶上人)
［宣統］四續汶上稿/人物－孝弟傳
郝寧祉(字百祿)
(清・章邱人)
［道光］濟南 54/11
［乾隆］章邱 9/35
郝定業(字勵安)
(清・高密人)
［民國］高密 14/上 57
郝永楨(明・蒲州人)
［萬曆］寧津 5/21
郝守栻(明・棲霞人)
［順治］登州 16/18
［康熙］棲霞 6/6
［乾隆］棲霞 6/34
［光緒］棲霞縣續志 10/2
郝宜荗(字平原)
(清・齊河人)
［民國］齊河 27/11
郝之芳(清・汾陽人)
［乾隆］泰安府 15/32
［嘉慶］肥城 15/35
［光緒］肥城 7/50
郝之棻(字仲香,號荊陽)
(清・昌樂人)
［民國］昌樂縣續志 35/6
郝宜楝(字丹楹)
(清・齊河人)
［道光］濟南 56/15
［民國］齊河 27/12,32/65
郝守典(字敘五)
(清・鉅野人)
［民國］續修鉅野 5/上 19
郝寧愚(字希柴,一作羲儕)
(清・齊河人)
［道光］濟南 56/15
［民國］齊河 24/7,27/12,32/68
齊河縣鄉土志耆舊錄/15
郝守分(明・諸城人)
［康熙］諸城 7/41
［乾隆］諸城 40/2
郝永年(號南山)
(清・陵縣人)
［光緒］陵縣 19/人物傳二 26
陵縣鄉土志/20
31 **郝源**(元・高苑人)
［萬曆］青州 13/52
［康熙十五年］青州 13/52
［康熙四十八年］青州 13/事功 35
［康熙六十年］青州 16/18
［咸豐］青州 42/17
［康熙］高苑 5/2
［乾隆］高苑 5/2
郝源(字濬之)
(明・棲霞人)
［泰昌］登州 11/47
［順治］登州 17/26
［康熙］棲霞 6/15
［乾隆］棲霞 7/7
郝源泉(字蒙占)
(清・齊河人)
［民國］齊河 24/8,32/89
郝源澇(清・齊河人)
［民國］齊河 23/70
32 **郝沂**(字魯泉)
(明・德州衛人)
［康熙］濟南 45/6
［道光］濟南 52/42
［康熙］德州 8/23
［乾隆］德州 9/18
德州鄉土志/耆舊 12
［民國］德縣 10/14
郝兆麒(字聖符)
(清・陽穀人)
［民國］增修陽穀人物/善行 45
33 **郝溥恩**(字雨村)
(清・齊河人)
［民國］齊河 23/37,27/23
34 **郝斗**(字仰子,號岱西)
(明・朝城人)
［康熙］朝城 8/22
郝湛慶(字惠吉)
(清・高唐人)
［光緒］高唐州 5/1－30
郝汝信
［民國］朝城縣續志 1/27
郝汝濡(字雨蕉)
(清・齊河人)
［民國］齊河 27/36
37 **郝鴻瑞**(清・臨清人)
［宣統］山東 174/32
［民國］臨清縣/人物 46
郝鴻德(長清人)
［民國］長清 12/10
郝祖修(字敬堂)
(清・高唐人)
［光緒］高唐州 5/1－30
郝祖彝(字鼎臣)
(清・高唐人)
［光緒］高唐州 5/1－30
38 **郝祥**(清・蠡縣舉人)
［萬曆］福山 4/18
［康熙］福山 7/32
郝肇衍(字聖啓)
(清・齊河人)

［民國］齊河 27/5
郝肇修（字濬叔）
（清・齊河人）
［民國］齊河 27/32
郝肇啟（清・齊河人）
［道光］濟南 56/7
郝肇勤（字元功）
（清・齊河人）
［民國］齊河 27/10
郝祚蕃（清・章邱人）
［道光］濟南 54/23
［道光］章邱 10/49
郝道坦
［民國］朝城縣續志 1/25
郝遵今（清・平原人）
［道光］濟南 56/105
［乾隆］平原 8/16
平原縣鄉土志輯稿/孝義
40 **郝杰**（字彥輔）
（明・山西蔚州人）
［宣統］山東 70/36
［萬曆］萊州 5/67
［康熙］萊州 8/31
［乾隆］萊州 9/10
［嘉慶］續掖縣 2/13
郝奇（清・東昌人）
［道光］濟南 62/8
［道光］臨邑 9/22
［同治］臨邑 9/流寓 1
郝希顏（清・高唐人）
［嘉慶］東昌 32/66
［道光］高唐州 5/2－16
［光緒］高唐州 5/2－19
［民國］高唐縣 12/40
郝奇璋（字符玉）
（清・章邱人）
［宣統］山東 170/26
［道光］濟南 54/10
［乾隆］章邱 9/31
［道光］章邱 10/23
郝希孔（字聖若）
（清・昌樂人）
［嘉慶］昌樂 22/11
郝在職（字藎忱）
（平原人）
［民國］續修平原 8/25
郝士琳（字葆珍）
（牟平人）
［民國］牟平 7/24
［民國］鄒平 14/36
郝麥子（清・章邱人）
［道光］章邱 10/36
郝士健（清・昌樂人）
［咸豐］青州 50/11
［嘉慶］昌樂 22/9
郝九鵠（明・莒縣人）
［乾隆］沂州府 26/10
［雍正］莒州 9/31
［嘉慶］莒州 9/24
［民國］重修莒志 62/2
郝大倫（清・直隸任丘人）
［宣統］山東 76/8
［道光］濟寧直隸州 6/7－86
［乾隆］嘉祥 3/31
［光緒］嘉祥 3/39
郝大通（字太古）
（元・寧海人）
［康熙］寧海州 10/1
［同治］重修寧海州 26/12
［民國］牟平 10/43
郝士奎（清・昌邑人）
［康熙］昌邑 6/20
［乾隆］昌邑 5/144
郝志榜（學名之榜，字雁塔）
（清・齊河人）
［民國］齊河 27/35
郝真素（明・新城諸生）
［道光］濟南 51/29
［宣統］新城縣後志 2/忠義
郝來臣（字利賓）
（清）
［民國三年］慶雲 2/39
郝大用（清・棲霞人）
［光緒］增修登州 43/21
［乾隆］棲霞 7/3
郝希賢（字宗儒）
（明・聊城人）
［乾隆］東昌 38/1
［嘉慶］東昌 28/1
［康熙］聊城 3/12
［宣統］聊城 8/6
郝志隆（元・滕人）
［嘉靖］山東 34/12
［康熙］山東 47/4
［雍正］山東 30/18
［萬曆元年］兗州 46/8
［萬曆二十四年］兗州 52/26
［乾隆］兗州 31/11
［康熙］曹州志 20/4
［乾隆］曹州府 16/20
［康熙］滋陽 4/上 59
［道光］滕縣志 11/釋道 1
［康熙］兗州府曹縣 14/77
［光緒］曹縣 14/仙釋 7
［光緒］菏澤 20/4
郝志榮（字華廷）
（清・博山人）
［民國］續修博山 12/69
41 **郝桓卿**（字振武）
（清・慶雲人）
［民國三年］慶雲 2/39
44 **郝菊**（字玉蘭）
（清・海陽人）
［光緒］增修登州 41/50
［乾隆］海陽 6/22
郝芹（字獻之）
（明・安邑舉人）
［康熙］兗州 22/31
［順治］定陶 5/7
［乾隆］定陶 4/19
［民國］定陶 4/25
郝夢旂（字旗亭）
（清・新城人）
［宣統］新城縣後志 2/善行
［民國］桓臺 3/31
郝萬石（金・登州人）
［光緒］增修登州 38/10
郝夢瑞（字輯五）
（清・新城人）
［宣統］新城縣後志 2/忠義
［民國］重修新城 18/13
郝夢斗（字向辰）
（清・桓臺人）
［民國］桓臺 3/27
郝茂榕（字靈岩）
（清・章邱人）
［道光］章邱 11/70
郝蘭茝（字佩齋）

（清・長清人）
［民國］長清 13/17
郝植恭（字夢堯）
（清・直隸三河人）
［宣統］山東 76/53
［民國］夏津續編 6/32,9/24,9/32
堂邑縣鄉土志/政績錄
郝茂椿（字鄰霞）
（清・章邱人）
［道光］濟南 54/21
［道光］章邱 11/77
郝芳聲（明・山西忻州人）
［雍正］山東 27/40
［宣統］山東 72/4
［康熙］兗州 22/36
［乾隆］兗州 22/22
［光緒］滋陽 7/6
滋陽縣鄉土志 1/政績
郝勸善（字同吾）
（明・德州人）
［康熙］濟南 48/10
［道光］濟南 52/46
［康熙］德州 8/27
［乾隆］德州 9/22
［民國］德縣 10/17
德州鄉土志/耆舊 16
郝若鏞（明・莘縣人）
［民國］莘縣 6/26
郝薇堂（字紫垣）
（清・齊河人）
［民國］齊河 27/39
45 郝榛（明・陝西綏德州人）
［宣統］山東 71/7
［康熙］濟南 25/44
［道光］濟南 36/15
［康熙］鄒平 4/12
［嘉慶］鄒平 14/8
［道光］鄒平 14/8
［民國］鄒平 14/8
46 郝如金（字子純）
（明・棲霞人）
［泰昌］登州 11/46
［順治］登州 17/26
［光緒］增修登州 41/29
［康熙］棲霞 6/15
［乾隆］棲霞 7/7
47 郝懿詢（清・棲霞人）
［光緒］棲霞縣續志 6/忠義 1
郝懿行（字恂九,號蘭皋）
（清・棲霞人）
［宣統］山東 176/33
［光緒］增修登州 39/24
［光緒］棲霞縣續志 6/文學 1,9/52
郝聲遠（字方塈,更名篠,字竹隱）
（清・齊河人）
［民國］齊河 27/33
48 郝增（明・祁州人）
［萬曆］沂州志 6/18
［康熙］沂州志 3/47
［乾隆］沂州府 20/6
［民國］臨沂 7/74
郝敬修（字可亭,號南溪）
（清・高密人）
［民國］高密 14/上 17
50 郝青（字正卿）
（元・新城人）
［雍正］山東 28/人物二 63
［康熙］濟南 43/15
［道光］濟南 48/25
［天啟］新城 13/傳
［崇禎］新城 7/武秩,13/傳
［康熙］新城 7/43
［民國］重修新城 13/4
新城縣鄉土志/耆舊－元
郝申（金・萊陽人）
［民國］萊陽 3/1 中 2
郝泰（明・宣府人）
［嘉靖］濮州 7/20
郝泰（清・淄川人）
［乾隆］淄川 5/又 31－1
郝中桂（字天鍾）
（清・江西建昌人）
［宣統］山東 75/14
［道光］濟南 38/23
［道光］新城/名宦
［民國］重修新城 11/18
新城縣鄉土志/政績－清知縣
郝中華（清・齊河人）
［民國］齊河 23/73
郝中興（清・博興人）
［民國］重修博興 13/43
51 郝振鶴（字寄雲）
（清・陽穀人）
［民國］增修陽穀人物/師道 29
53 郝成章（明・鉅野人）
［康熙］鉅野 11/32
［道光］鉅野 13/43
60 郝景（字堃三）
（清・齊河人）
［民國］齊河 23/82
郝景溶（齊河人）
［民國］齊河 23/75
郝景蘇（字少泉）
（清・齊河人）
［民國］齊河 23/74
61 郝顯忠（明・景州人）
［康熙］莒州下/13
67 郝躍（明・膚施人）
［萬曆］福山 4/3
郝鳴衢（字鶴亭）
（清・單縣人）
［民國］單縣 11/29
郝鳴九（字沖霄）
（清・單縣人）
［民國］單縣 11/29
71 郝臣（清・昌樂人）
［嘉慶］昌樂 24/14
郝厚祉（字百祿）
（清・章邱人）
［道光］章邱 11/61
77 郝鳳（字廷瑞）
（清・嘉祥人）
［道光］濟寧直隸州 8/2－55
［順治］嘉祥 4/42
［乾隆］嘉祥 3/36
［光緒］嘉祥 3/44
郝興（元・新城人）
［崇禎］新城 7/武秩
郝鳳章（字芸衫）
（清・齊河人）
［民國］齊河 23/17
郝鳳誥（清・鉅野人）

［民國］續修鉅野 5/上 26
郝學詩（字言卿，號興吾）
（明・莘縣人）
［乾隆］東昌 38/28
［嘉慶］東昌 28/28
［康熙十一年］莘縣 7/6，8/100
［康熙五十六年］莘縣 6/5，7/6，8/100
［光緒］莘縣 7/16，8/中 58
［民國］莘縣 7/9，9/26
莘縣鄉土志/鄉宦 18
郝興州（字鳳鳴）
（長清人）
［民國］長清 12/26
郝鳳翽（字翥風，號丁岳）
（清・棲霞人）
［光緒］棲霞縣續志 9/60
80 **郝全**（元・高苑人）
［民國］重修新城 13/4，22/9
郝金章（字品三）
（清・齊河人）
［民國］齊河 23/16
郝毓璞（字荊山）
（清・齊河人）
［民國］齊河 26/25
郝毓琨（字閬菴，號雪堂）
（清・高密人）
［民國］高密 14/上 79
郝毓蘭（字香浦）
（清・蓬萊人）
［民國］蓬萊縣志合編人物志/仕績
郝金鐸（字振愚）
（清・陽穀人）
［民國］增修陽穀人物/善行 46
86 **郝知微**（字中顯）
（明）
［萬曆］青州 12 又/又 12
［康熙十五年］青州 12 又/又 12
［康熙四十八年］青州 12 又/又 12
［康熙六十年］青州 12/39
［萬曆］諸城 4/27
郝知徵（見郝知微）
郝錫田（清・壽光人）
［民國］壽光 12/人物志一 92
88 **郝筶**（字君實，號餐霞）
（清・齊河人）
［民國］齊河 27/35
郝篔（字秋岩）
（清・齊河人）
［民國］齊河 27/36
郝笠（字竹溪，號雨田）
（清・齊河人）
［民國］齊河 27/34
郝敏道（明・莘縣人）
［乾隆］東昌 42/16
［嘉慶］東昌 32/16
郝敏中（清・章邱人）
［道光］章邱 10/50
90 **郝惟謙**（清・直隸霸州人）
［宣統］山東 75/3
［道光］濟南 38/5
［乾隆］歷城 34/8
郝尚淳（清・鉅野人）
［民國］續修鉅野 5/上 26
郝懷恩（字伯柔）
（清・齊河人）
［民國］齊河 27/27
91 **郝恒**（清・齊河人）
［道光］濟南 56/3
［雍正］齊河 7/8
［民國］齊河 24/6
齊河縣鄉土志鄉賢祠/18
94 **郝忱**（字子翼）
（明・魚臺人）
［道光］濟寧直隸州 8/2－58
［康熙］魚臺 17/19
［乾隆］魚臺 11/12
［光緒］魚臺 3/7
郝慎行（字聞斯，號奇音）
（清・高密人）
［民國］高密 14/上 17
郝慎衡（清・棲霞人）
［光緒］棲霞縣續志 7/方技 1
96 **郝焜**（字躍如，號木伯）
（明・齊河人）
［康熙］濟南 44/32
［道光］濟南 51/42
［康熙］齊河 6/35
［雍正］齊河 7/5
［民國］齊河 24/4，33/15
齊河縣鄉土志耆舊錄/15
郝煌恩（字輝齋）
（清・齊河人）
［民國］齊河 27/29
97 **郝炯**（字賁如）
（明・齊河人）
［康熙］濟南 39/5
［道光］濟南 72/41
［康熙］齊河 6/9
［雍正］齊河 7/8
［民國］齊河 23/3，24/4，32/69
郝恂（字鳳來）
（清・齊河人）
［民國］齊河 27/3
99 **郝榮**（明・萊陽人）
［民國］萊陽 3/1 中 9

4740_1 聲

80 **聲姜**（周）
［民國］臨淄 31/46

4742_7 郄

22 **郄樂賢**（字俊齋）
（清・昌樂人）
［民國］昌樂縣續志 35/5
24 **郄幼學**（元・鄒縣人）
［嘉靖］鄒縣地理誌 1/25
36 **郄湘筠**（字竹溪）
（清・昌樂人）
［民國］昌樂縣續志 27/5
40 **郄士讓**（字禮堂）
（清・昌樂人）
［民國］昌樂縣續志 35/4
55 **郄典**（明・鄒縣人）
［嘉靖］鄒縣地理誌 1/27
78 **郄鑒**（見郗鑒）

4752_0 鞠

00 **鞠文**（明・蒙陰人）
［康熙十一年］蒙陰 2/53
鞠廣慶（號介軒）

(清・海陽人)
[光緒]海陽縣續志 5/15
鞠彦雲(元・黄縣人)
[宣統]山東 151/54
[光緒]增修登州 38/5,65/3
[同治]黄縣 7/1
[民國]黄縣志稿 13/元魏,14/金石
鞠方升(清・榮成人)
[光緒]增修登州 43/43
鞠文奎(清・海陽人)
[光緒]海陽縣續志 4/36
鞠彦昌(字仲明)(元・文登人)
[光緒]文登 8/上 10
10 **鞠元勳**(字相臣)(清・莒縣人)
[嘉慶]莒州 10/9
[民國]重修莒志 65/14
鞠三錫(字命三)(清・海陽人)
[光緒]增修登州 43/47
[光緒]海陽縣續志 5/15
15 **鞠建章**(字華軒,號仲甫)(清・高唐人)
[民國]高唐縣 12/90
17 **鞠珣**(清・萊陽人)
[民國]萊陽 3/1 中 28
鞠珣(字覲玉)(清・大嵩衛舉人)
[光緒]增修登州 40/25
[乾隆]海陽 6/14
[光緒]海陽縣續志 10/70
[乾隆]嶧縣 7/33
18 **鞠珍**(字廷玉)(明・臨朐人)
[嘉靖]青州 15/18
[萬曆]青州 14/50
[康熙十五年]青州 14/50
[康熙四十八年]青州 14/儒行 7
[康熙六十年]青州 15/9
[咸豐]青州 44/2
[嘉靖]臨朐 3/7
[康熙]臨朐縣志書 3/36
光緒臨朐 14/下 2
21 **鞠能**(明・掖縣人)
[萬曆]萊州 6/18
[康熙]萊州 10/66
[乾隆]萊州 11/善行 1
[乾隆]掖縣 4/52
22 **鞠槃**(字順軒)(明・文登人)
[雍正]文登 8/8
[道光]文登 5/17
[光緒]文登 10/上 1
24 **鞠德魁**(清・文登人)
[光緒]文登 9/下 2-12
鞠特錫(字嵩岳)(清・文登人)
[乾隆]續登州 10/9
[乾隆]海陽 6/17,7/37
25 **鞠仲謀**(字有開)(宋・北海人)
[民國]濰縣志稿 27/15
[乾隆]高密 8/上 9
[光緒]高密 8/上 11
[民國]高密 14/上 11
高密縣鄉土志/上 18
鞠仲傑(元・寧海人)
[同治]重修寧海州 17/6
27 **鞠御旗**(清・榮成人)
[光緒]增修登州 44/6
鞠紹張(清・高唐人)
[光緒]高唐州 5/2-30
[民國]高唐縣 12/16
鞠御祥(清・榮成人)
[光緒]增修登州 44/6
30 **鞠濂**(字淑溪,一字溪源,號連巘,一號連薖)(清・登州大嵩衛人)
[宣統]山東 176/36
[道光]濟南 38/49
[光緒]增修登州 43/44
[乾隆]海陽 6/20
[乾隆]平原 6/28
平原縣鄉土志輯稿/政蹟
鞠守福(清・黄縣人)
[光緒]增修登州 43/12
[乾隆]黄縣 8/38
[同治]黄縣 8/15
[民國]黄縣志稿 13/清懿行
鞠宸咨(字公度)(清・海陽人)
[光緒]增修登州 43/44
[乾隆]海陽 6/16
鞠宸樞(字薇卿)(清・大嵩衛人)
[道光]濟南 38/34
[嘉慶]禹城 7/33
[民國]禹城 3/49
鞠宗周(字東魯)(清・益都人)
[光緒]益都縣圖志 41/27
34 **鞠濤**(清・海陽人)
[光緒]增修登州 43/49
[乾隆]海陽 6/22
37 **鞠通**(元・文登人)
[光緒]文登 8/上 10
40 **鞠真**(宋・高密人)
[同治]黄縣 6/1
鞠真卿(字顏叔)(宋・高密人)
[乾隆]高密 8/上 10
[光緒]高密 8/上 12
[民國]高密 14/上 11
高密縣鄉土志/上 18
42 **鞠樸**(字華甫)(清・奉天人)
[宣統]山東 77/7
[民國]重修博興 12/9
44 **鞠藩**(字東籬)(清・海陽人)
[光緒]海陽縣續志 5/27
鞠封(清・棲霞人)
[光緒]增修登州 43/21
[光緒]棲霞縣續志 7/孝友 2
鞠世清(清・莒縣人)
[民國]重修莒志 67/8
鞠桂芳(清・榮成人)
[道光]榮成 8/7
鞠孝恭(原名思孝,字政卿)(元・寧海人)
[光緒]增修登州 38/16
[嘉靖]寧海州下/43
[康熙]寧海州 9/2
[同治]重修寧海州 17/6

[民國]牟平 7/9
鞠茂振(清・費縣人)
[光緒]費縣 11/57
47 **鞠朝聘**(清・濟陽人)
[道光]濟南 56/32
[乾隆]濟陽 8/19,8/23
[民國]濟陽 11/27
50 **鞠東山**(清・海陽人)
[光緒]海陽縣續志 4/24
55 **鞠捷昌**(字子聯)
(清・海陽人)
[宣統]山東 176/30
60 **鞠恩**(明)
[雍正]山東 30/20
[雍正]文登 10/7
[道光]文登 10/2
[光緒]文登 12/5
鞠思讓(字恂如)
(明・文登人)
[雍正]山東 28/人物三 76
[宣統]山東 164/54
[光緒]增修登州 41/66
[雍正]文登 8/4
[道光]文登 5/6
[光緒]文登 8/下 16
鞠思誠(字宗道)
(元・文登人)
[光緒]增修登州 38/17
[嘉靖]寧海州下/29
[雍正]文登 8/6
[道光]文登 5/13
[光緒]文登 8/上 11
鞠思謙(字幼光)
(清・文登人)
[光緒]文登 9/上 1-1
鞠思孝(元・寧海人)
[同治]重修寧海州 17/7
61 **鞠旺**(明・萊陽人)
[民國]萊陽 3/1 中 15
67 **鞠鳴秋**(明・長山人)
[雍正]山東 28/人物三 75
[宣統]山東 164/53
[道光]濟南 50/51
[康熙五十五年]長山 6/44
[嘉慶]長山 8/16
71 **鞠長**(元・寧海人)
[同治]重修寧海州 17/6
鞠長泰(字莊臨)
(清・高唐人)
[民國]高唐縣 12/56
77 **鞠殿華**(字秋亭)
(清・安丘人)
[宣統]山東 175/18
[民國]續安邱新志 19/1
安丘縣鄉土志 7/耆舊錄 4
鞠殿甲(字介圃)
(清・安丘人)
[民國]續安邱新志 19/1
安丘縣鄉土志 7/耆舊錄 4
80 **鞠羡**(晉・掖縣人)
[康熙]萊州 10/45
[乾隆]掖縣 4/38
[道光]掖乘 4
鞠善承(清・高唐人)
[光緒]高唐州 5/1-50
[民國]高唐縣 12/85
83 **鞠鉞**(明・文登人)
[嘉靖]山東 35/7
[康熙]山東 45/21
[雍正]山東 28/人物三 28
[宣統]山東 164/45
[嘉靖]寧海州下/44
[泰昌]登州 11/34
[順治]登州 17/9
[雍正]文登 8/6
[道光]文登 5/9
[光緒]文登 8/中 16
84 **鞠鎮南**(清・莘縣人)
[光緒]莘縣 7/35
[民國]莘縣 7/19
莘縣鄉土志/事業 28
90 **鞠常**(字可久)
(宋・密州高密人)
[嘉靖]山東 33/7
[康熙]山東 44/7
[雍正]山東 28/人物二 19
[宣統]山東 163/21
[萬曆]萊州 6/12
[康熙]萊州 10/76
[乾隆]高密 8/上 32
[光緒]高密 8/上 50
[民國]高密 14/上 61
高密縣鄉土志/上 17
鞠光文(清・安邱人)
[民國]續安邱新志 21/4
鞠光緒(字承先)
(清・高唐人)
[光緒]高唐州 5/2-36
[民國]高唐縣 12/45
高唐州鄉土志/24
92 **鞠愷**(號梧浦)
(清・海陽人)
[光緒]增修登州 39/46
[光緒]海陽縣續志 5/12
97 **鞠愼**(字彝恭,號吟江)
(清・海陽人)
[光緒]增修登州 40/37
[光緒]海陽縣續志 5/12
99 **鞠榮**(明・萊陽人)
[民國]萊陽 3/1 中 9

4762_0 胡

00 **胡廣**(字伯始)
(漢・華容人)
[嘉靖]山東 26/3
[康熙]山東 33/4
[宣統]山東 66/24
[萬曆元年]兗州 38/循吏 11
[萬曆二十四年]兗州 26/10
[康熙]兗州 21/9
[康熙]曹州志 7/43
[乾隆]曹州府 12/4
[光緒]菏澤 7/宦蹟 11
[光緒]新修菏澤 8/2
[康熙]兗州府曹縣 10/1
[光緒]曹縣 10/1
胡亨(字長清)
(清・利津人)
[乾隆]利津縣志續編 8/46
[光緒]利津 8/義行 2
胡堃(字厚庵)
(清・江蘇人)
[民國]壽光 6/25
胡慶(元・牟平人)
[嘉靖]寧海州下/44
[同治]重修寧海州 17/6
胡慶(明・臨清人)
[乾隆]東昌 42/19

胡應聘(號任宇)
(明・河南潁州衛人)
[宣統]山東 71/43
[乾隆]武定府 16/24
[咸豐]武定府 19/海豐 1
[康熙]海豐 9/4
海豐縣鄉土志/政績
[民國]無棣 9/2
胡襄勳(字贊宸)
(清・利津人)
[民國]利津縣續志 7/儒行 7
胡文伯(字偶韓,號友仁)
(清・海陽人)
[宣統]山東 176/8
[光緒]增修登州 43/44
[光緒]海陽縣續志 5/11,8/23
[嘉慶]慶雲 7/24
[咸豐]慶雲 2/26
[民國三年]慶雲 1/82
胡應徵(清・大興人)
[乾隆]東昌 35/22
[嘉慶]東昌 22/26
[康熙十二年]高唐州 3/7
[康熙五十一年]高唐州 3/6
[道光]高唐州 7/1-15
[光緒]高唐州 7/1-15
[民國]高唐縣 9/5-17
高唐州鄉土志/9
胡應潮(明・淄川人)
[康熙]淄川 5/13
[乾隆]淄川 5/13
胡育涵(字潁川)
(清・鄒縣人)
[民國]續修鄒縣志稿/人物-耆舊
胡庭桂(清・德平人)
[嘉慶]德平 7/18
[光緒]德平 7/29
胡文華(字德輝,號煥然)
(清・武定人,入籍漢軍正白旗)
[雍正]山東 27/99
[宣統]山東 74/43
[康熙]濟南 26/5
[道光]濟南 37/63
[乾隆]武定府 23/29
[咸豐]武定府 23/名臣 29
[乾隆]惠民 5/35,9/96
[光緒]惠民 19/11,29/16
惠民縣鄉土志/耆舊錄 29
胡應芳(字臨洙,號桂叢)
(明・高唐人)
[康熙十二年]高唐州 8/15
[康熙五十一年]高唐州 8/15
[道光]高唐州 5/2-7
[光緒]高唐州 5/2-10
[民國]高唐縣 12/6
胡應泰(清・嶧縣人)
[光緒]嶧縣 21/耆舊 18
胡應鳴(明・直隸永年選貢)
[崇禎]新城 6/知縣
[康熙]新城 5/4
[民國]重修新城 10/7
新城縣鄉土志/政績-明知縣
胡文光(明・南直隸黔州人)
[康熙]膠州 5/7
[乾隆]膠州 4/11
[道光]重修膠州 22/4
[民國]增修膠志 17/4
胡文光(字燦章,號秋園)
(清・新城人)
[道光]濟南 55/76
[宣統]新城縣後志 3/文苑
[民國]重修新城 17/15
胡文煥(字潤章)
(清・魚臺人)
[乾隆]魚臺 11/41
[光緒]魚臺 3/25
胡文𤍠(字德潤,號樸菴)
(清・武定人)
[乾隆]惠民 9/107
[光緒]惠民 29/25
02 胡端(字太朴)
(清・奉天錦縣人)
[宣統]山東 77/15
[咸豐]青州 37/7
[康熙]續安丘 11/37,16/4
安丘縣鄉土志 2/政績錄
胡訓(字近光,號西溪)
(清・淄川人)
[乾隆]淄川 5/又 31-3
胡誕先(清・章邱人)
[道光]章邱 10/37
03 胡誠正(明・陽穀人)
[康熙十二年]陽穀 4/1
[康熙]陽穀 4/1
[光緒]陽穀 7/1
07 胡毅(清・濮州人)
[乾隆]濮州 4/16
[宣統]濮州 5/17
胡望楚(字與堂)
(清・冠縣人)
[道光]冠縣 8/上 32
[光緒]冠縣 8/文學
[民國]冠縣 8/人物志 41,9/46
08 胡敦仁(清・淄川人)
[宣統]三續淄川 10/97
胡旋榮(字自芳)
(清・山陰人)
[嘉慶]清平 14/51
[民國]清平/人物 60
10 胡二(明・金鄉人)
[康熙十二年]金鄉 5/18
[康熙五十一年]金鄉 7/25
胡璽(字爾玉,號良卿)
(清・章邱人)
[道光]濟南 54/5
[道光]章邱 10/46
胡正(清・濮州人)
[乾隆]濮州 4/16
[宣統]濮州 5/17
胡元亨(清・汶上人)
[宣統]四續汶上稿/人物-施濟傳
胡元亨(清・章邱人)
[道光]濟南 54/24
[道光]章邱 11/80
胡電雲(字光南)
(清・新城人)
[宣統]新城縣後志 3/耆壽
[民國]重修新城 18/23
胡三元(字連成)

（清・金鄉人）
［民國］金鄉 13/續增 3
金鄉縣鄉土志/耆舊錄上
胡玉瑤（字瓊齋）
（濰縣人）
［民國］濰縣志稿 29/36
胡元豸（清・章邱人）
［道光］章邱 10/36
胡雲鼎（字定西）
（清・膠州人）
［道光］重修膠州 29/31
［民國］增修膠志 45/16
胡爾純（明・山東人）
［宣統］山東 164/42
胡一瀛（明・江西人）
［康熙］單縣 8/61
［乾隆］單縣 7/43
［民國］單縣 12/方技 4
胡元祥（清・齊東人）
［民國］齊東 5/31
齊東縣鄉土志/兵事錄 4
胡玉樑（字瀛洲）
（清・淄川人）
［乾隆］淄川 5/39
胡元懋（清・章邱人）
［道光］濟南 61/7
［道光］章邱 11/76
胡雲表（號我山）
（明・龍泉人）
［嘉靖］高唐州 5/9
胡天成（明）
［康熙］臨淄 8/9
［民國］臨淄 18/10
胡三思（元・平陰人）
［順治］平陰 7/12
胡玉晶（字子瑜）
（清・利津人）
［民國］利津縣續志 9/5
胡天賜（字思源）
（明・武定人）
［康熙］濟南 40/13
［乾隆］武定府 24/30
［咸豐］武定府 24/循良 20
［乾隆］惠民 5/33
［光緒］惠民 19/10
惠民縣鄉土志/耆舊錄 28
胡三省（明・直隸沙河人）
［康熙十二年］陽穀 2/18
［康熙］陽穀 2/13
［光緒］陽穀 4/3
12 **胡璠**（字魯玉）
（清・魚臺人）
［乾隆］魚臺 11/41
［光緒］魚臺 3/25
胡烈（字玄武）
（魏）
［嘉靖］山東 25/16
［雍正］山東 27/31
［宣統］山東 66/31
［乾隆］泰安府 14/7
［乾隆］兗州 22/5
［乾隆］濟寧直隸州 22/56
［道光］濟寧直隸州 6/6－3
［乾隆］金鄉 17/3
［咸豐］金鄉縣志略 7/3
［光緒］魚臺 2/45
胡烈（清・菏澤人）
［光緒］新修菏澤 10/49
胡瑀（字伯子）
（清・昌邑人）
［光緒］昌邑縣續志 6/13
胡瑗（字翼之）
（宋・泰州海陵人）
［嘉靖］山東 34/2
［康熙］山東 48/2
［雍正］山東 11/闕里二 27, 31/14
［宣統］山東 200/4
［乾隆］兗州 7/39
［弘治］泰安州 3/12
［乾隆］泰安府 18/69
［乾隆二十五年］泰安縣 12/36
［乾隆四十七年］泰安縣 10/上 35
［道光］泰安縣 9/上 91
［民國］重修泰安縣 8/53
胡廷讓（字伯遜）
（清・莒縣人）
［雍正］莒州 9/34
［嘉慶］莒州 9/30
［民國］重修莒志 67/6
胡廷章（清・海陽人）
［光緒］海陽縣續志 4/30
胡廷珪（字秉紘）
（明・南直太平人）
［道光］濟南 36/65
胡廷召（明・襄陽人）
［宣統］山東 71/38
［乾隆］泰安府 15/12
［康熙］肥城書下/9
［嘉慶］肥城 15/30
［光緒］肥城 7/45
胡聯魁（字星齋）
（清・濟寧人）
［民國］濟寧直隸州續志 14/16
胡瑞生（平原人）
［民國］續修平原 8/25
胡廷連（清・新城人）
［宣統］新城縣後志 3/孝友
［民國］重修新城 18/16
胡延祚（字繇堂）
（清・淄川人）
［宣統］三續淄川 9/73
胡聯奎（清・山西交城人）
朝城縣鄉土志/6
胡廷幹（字鼎臣）
（清・光州人）
［宣統］山東補遺/46
胡弘忠（清・遼東人）
［乾隆］嶧縣 7/29
［光緒］嶧縣 19/丞倅 5
胡廷用（明・黟縣人）
［康熙］兗州府曹縣 9/23
胡登榮（清・惠民人）
［光緒］惠民 21/16
惠民縣鄉土志/耆舊錄 13
14 **胡珪**（字元朋）
（清・慶雲人）
［康熙］曹州志 13/5
［嘉慶］慶雲 9/24
［民國三年］慶雲 2/63,2/94
胡璜（字宸琮）
（清・慶雲人）
［嘉慶］慶雲 9/8
［咸豐］慶雲 2/63
［民國三年］慶雲 2/21

胡瑾(字國珍)
(明·寧國人)
[正德]博平 5/83
胡瓚(字伯玉)
(明·桐城人)
[雍正]山東 27/40
[乾隆]兗州 22/18
[乾隆]濟寧直隸州 22/13
[道光]濟寧直隸州 6/6－45
[順治]泗水 8/21
[乾隆]寧陽 3/分司 7
[咸豐]寧陽 11/8
[光緒]寧陽 11/8
寧陽縣鄉土志/7
胡耐安(湖南人)
[民國]齊東 3/70
15 胡璉(明·湯陰人)
[光緒]增修登州 28/15
[萬曆]福山 4/15
[乾隆]福山 7/21
胡璉(明·江南宜興人)
[道光]濟南 36/30
[天啟]新城 6/知縣
[崇禎]新城 6/知縣
[康熙]新城 5/3
[道光]新城/名宦
[民國]重修新城 10/6
胡璉(清·濱州人)
[康熙]費縣 3/17
胡璉(清·海陽人)
[光緒]增修登州 46/12
[乾隆]海陽 6/15
胡建樞(字星舫)
(清·鳳陽舉人)
[民國]重修商河 6/72,11/44
商河縣鄉土志 1/政績
[民國]續修臨沂 2/18
[民國]續修東阿 9/3
[光緒]鄆城 6/15
鄆城縣鄉土志/政績錄－除害
16 胡碧峯(字浮嵐)
(清·清平人)
[民國]清平/人物 70
17 胡璨(隋·沂水人)
[雍正]山東 30/8
[嘉靖]青州 16/50
[萬曆]青州 17/9
[康熙十五年]青州 17/9
[康熙四十八年]青州 17/仙釋 4
[道光]沂水 8/60
胡琛(字廷璽)
(明·黃縣人)
[康熙]黃縣 6/14
[乾隆]黃縣 8/10
[同治]黃縣 8/3
[民國]黃縣志稿 13/明
胡璟(字君瑞,號敬亭)
(清·齊東人)
[道光]濟南 56/18
[康熙]新修齊東續/19
[民國]齊東 5/12,6/70
齊東縣鄉土志/耆舊錄 13
胡予襄(號易堂)
(清·章邱人)
[道光]章邱 10/50
章邱縣鄉土志/上 27
胡承烈(字知菴)
(明·安東衛人)
[康熙十五年]青州 14/60
[康熙四十八年]青州 14/儒行 17
[康熙六十年]青州 15/13
胡予翼(號岱峯)
(清·章邱人)
[道光]章邱 11/45
胡子翼(號岱峰)
(清·章丘人)
[道光]濟南 54/6
胡承先(明)
[乾隆]沂州府 20/12
胡羽桂(元·鉅野人)
[萬曆]鉅野 7/21
[康熙]鉅野 11/20
[道光]鉅野 12/23
胡君相(明·菏澤人)
[康熙]曹州志 16/3
[光緒]菏澤 16/2
[光緒]新修菏澤 10/35
胡子昭(字仲常)
(明·南直嘉定人)
[嘉靖]山東 25/11
[康熙]山東 31/13
[雍正]山東 27/10
[宣統]山東 70/23
[道光]濟南 35/36
[崇禎]歷城 6/17
18 胡玠(明·餘姚人)
[宣統]山東 72/10
[萬曆二十四年]兗州 29/13
[康熙]兗州 22/34
[乾隆]兗州 22/32
[光緒]壽張 5/4
壽張縣鄉土志/政績－聽訟
胡玠(字介玉)
(清·壽光人)
[乾隆]續壽光 24/5
[嘉慶]壽光 13/25
[民國]壽光 12/人物志一 76
20 胡秀崑(清·汶上人)
[宣統]四續汶上稿/人物－孝弟傳
胡維和(字萬玉)
(清·章邱人)
[道光]章邱 10/33
胡悉寧(字良龕)
(清·臨清人)
[乾隆]東昌 40/27
[乾隆]臨清州 9/38
[民國]臨清縣/人物 10
胡秉禮(字秩五,號敬齋)
(清·金鄉人)
[民國]濟寧直隸州續志 14/10
[民國]金鄉 14/12
胡維城(字宗子)
(清·魚臺人)
[康熙]魚臺 17/80
[乾隆]魚臺 11/40
[光緒]魚臺 3/25
胡維楝(字世寰)
(清·魚臺人)
[康熙]魚臺 17/81
胡香吏(字佳如,別號雲門)
(清·膠州人)
[民國]增修膠志 45/32
胡喬年(字樞齡)

(清・寧陽人)
[咸豐]寧陽 13/28
[光緒]寧陽 13/28

21 **胡縉**(字拱辰)
(明・堂邑人)
[乾隆]東昌 38/14
[嘉慶]東昌 28/14
[順治]堂邑 2/人物 7
[康熙十一年]堂邑 2/人物 2
[康熙]堂邑 16/2

胡經(字緯之)
(明・濱州人)
[乾隆]武定府 23/13
[咸豐]武定府 23/名臣 13
[康熙]濱州 7/4
[咸豐]濱州 10/4
濱州鄉土志/耆舊錄

胡經(字佩九)
(清・日照人)
[光緒]日照 8/26

胡貞元(字體仁)
(清・汶上人)
[宣統]四續汶上稿/人物－文學傳

胡經魁(清・萊陽人)
[民國]萊陽 3/1 中 93

胡順之(字孝先)
(宋・陝西臨涇人)
[雍正]山東 27/55
[宣統]山東 68/52
[咸豐]青州 35/3
[光緒]益都縣圖志 16/37

胡師孝(字鐵霜)
(清・安徽太平人)
[光緒]昌邑縣續志 5/18
[民國]青城續修 4/名宦 15

胡師抃(清・臨清人)
[乾隆]臨清直隸州 8/下 20
[民國]臨清縣/人物 27

胡行知(字遵聞,號奎峰)
(明・濰人)
[雍正]山東 28/人物三 58
[宣統]山東 161/54
[乾隆]濰縣 4/11
[民國]濰縣志稿 27/44
濰縣鄉土志/17

22 **胡山**(元・高苑人)
[康熙]高苑 5/9
[乾隆]高苑 5/16

胡綬(明・湯溪人)
[萬曆]寧津 5/21

胡嵩(一名景崧,字彥高)
(金・武安人)
[嘉靖]山東 27/17
[康熙]山東 37/4
[雍正]山東 27/70
[宣統]山東 69/13
[萬曆]萊州 5/64
[康熙]萊州 8/24
[乾隆]萊州 9/8
[萬曆]即墨志 6/12,10/30
[康熙]纂修即墨/下 8
[乾隆]即墨 8/4
[同治]即墨 8/4
即墨縣鄉土志/政績錄

胡鼎文(字完修)
(清・山陰人)
[乾隆]東昌 34/26
[康熙]臨清州 1/54

胡峯一(字對山)
(清・寧陽人)
[咸豐]寧陽 13/35
[光緒]寧陽 13/35

胡樂羣(清・慶雲人)
[民國三年]慶雲 2/46

胡繼儒(字若思)
(清・冠縣人)
[道光]冠縣 8/上 31
[光緒]冠縣 8/文學
[民國]冠縣 8/人物志 40

胡繼先(明・四川漢州人)
[宣統]山東 72/6
[康熙]兗州續編 14/6
[乾隆]兗州 22/23
[康熙十二年]鄒縣志 3/15
[康熙五十五年]鄒縣志 2/46
[民國]續修鄒縣志稿/名宦
鄒縣鄉土志政績錄/5

胡循綸(字掌絲)
(清・新城人)
[道光]濟南 55/61
[康熙]新城 7/40
[民國]重修新城 16/7
新城縣鄉土志/耆舊－清

胡鼎鉉(清・長清人)
[道光]濟南 56/47
[道光]長清 12/26

胡仙人(清・膠州人)
[民國]增修膠志 47/6

23 **胡岱雲**(字岫東)
(清・新城人)
[宣統]新城縣後志 3/文苑

胡緘三(清・臨沂人)
[民國]續修臨沂 16/9

胡獻廷(字錫恩)
(清・平度人)
[民國]平度縣續志 8/7

胡獻珍(清・滿洲人)
[宣統]山東 75/52
[康熙]濟南 26/12
[乾隆]武定府 16/50
[咸豐]武定府 19/蒲臺 4
[康熙]重修蒲臺 7/3
[乾隆]蒲臺 2/60
蒲臺縣鄉土志/5

胡允孚(字信中,號洵卿)
(清・金鄉人)
[民國]金鄉 14/10

胡峻德(明・光山人)
[萬曆]濟陽 6/4

胡允吉(明・保定博野人)
[康熙五十六年]壽張 4/22
[光緒]壽張 5/25

胡允恭(字執玉,號省吾)
(清・臨清人)
[乾隆]東昌 43/19
[乾隆]臨清州 9/41
[乾隆]臨清直隸州 8/上 28
[民國]臨清縣/人物 55

24 **胡勉**(金・鉅野人)
[萬曆]鉅野 7/20

胡休(字太若)
(明・商城人)
[乾隆]濟寧直隸州 22/19
[道光]濟寧直隸州 6/6－26

胡佐(清・山陰人)

［康熙］東平州續志 4/3
胡德琳（字書巢，號碧腴）
（清・廣西臨桂人）
［宣統］山東 75/5
［道光］濟南 38/8，38/31
［道光］濟寧直隸州 6/7－77
［民國］續修歷城 38/2
［民國］濟陽 9/40
胡德山（明・鳳陽虹縣人）
［泰昌］登州 11/58
［順治］登州 18/3
［乾隆］黄縣 8/41
［同治］黄縣 9/31
［民國］黄縣志稿 13/人物－寓賢
胡德安（金・鉅野人，一作磁州武安人）
［嘉靖］山東 34/5
［康熙］山東 48/4
［雍正］山東 28/人物二 54，31/15
［宣統］山東 165/10
［乾隆］泰安府 18/71
［萬曆元年］兗州 42/14
［萬曆二十四年］兗州 37/2
［康熙］兗州 28/31
［乾隆］曹州府 16/2
［康熙］東平州 4/61
［乾隆］東平州 12/30，15/37
［道光］東平州 12/30
［光緒］東平州 14/30
［萬曆］鉅野 7/20，8/孝子
［康熙］鉅野 11/19，11/31
［道光］鉅野 12/22，13/42
胡纘宗（明・泰安人）
［雍正］山東 28/人物三 34
［宣統］山東 161/40
［康熙］濟寧州 4/5
［崇禎］歷乘 16/62
胡化南（字召卿）
（清・壽張人）
［光緒］壽張 7/19
胡贊恩（字惠卿）
（清・慶雲人）
［民國三年］慶雲 2/47
25 **胡紳**（明・堂邑人）
［乾隆］東昌 42/10
［嘉慶］東昌 32/10
［康熙］堂邑 16/10
胡紳（明・陽穀人）
［康熙十二年］陽穀 3/11
胡紳（字朝用）
（明・山西陽曲人）
［宣統］山東 72/3
［萬曆二十四年］兗州 29/1
［康熙］兗州 22/22
［康熙］兗州續編 14/3
［乾隆］兗州 22/21
［康熙］滋陽 3/82，4/下 53
［光緒］滋陽 7/2，11/記 28
滋陽縣鄉土志 1/政績
胡績虞（字孟熙）
（清・新城人）
［宣統］新城縣後志 3/文苑
胡純修（字若淵）
（清・平陰人）
［光緒］平陰 5/25
胡仲清（明・臨清人）
［乾隆］東昌 42/20
［康熙］臨清州 3/人物 18
［乾隆］臨清州 9/51
［乾隆］臨清直隸州 8/上 39
［民國］臨清縣/人物 50
胡積塏（字筱咸）
（清・安徽黟縣人）
［宣統］山東 77/34
［光緒］三續掖縣 1/46
胡仲嚴（明・陽穀人）
［民國］增修陽穀人物/仕宦 10
胡俸光（字祿菴）
（清・新城人）
［宣統］新城縣後志 3/耆壽
［民國］重修新城 18/24
26 **胡伯立**（清・臨沂人）
［民國］臨沂 10/53
胡伯順（清・臨沂人）
［民國］臨沂 10/53
27 **胡粲**（清・膠州人）
［道光］重修膠州 29/8
［民國］增修膠志 44/6
胡彝山（字子銘）
（長清人）
［民國］長清 12/25
胡紹先（明・彰德人）
［乾隆］泰安府 15/11
［天啟］新泰 5/28
［順治］新泰 4/24
［乾隆］新泰 11/11
胡向化（字藎明）
（明・容城人）
［宣統］山東 71/35
［康熙］濟南 25/74
［乾隆］泰安府 15/24
［順治］新泰 4/20，10/35
［乾隆］新泰 11/5，18/38
新泰縣鄉土志/6
胡象源（字左泉）
（清・桓臺人）
［民國］桓臺志略 3/21
［民國］桓臺 3/26
胡叔祥（字阿棲）
（清・寧陽人）
［咸豐］寧陽 15/32
［光緒］寧陽 15/52
寧陽縣鄉土志/19
胡象賢（字贊公）
（清・齊東人）
齊東縣鄉土志/耆舊錄 7
28 **胡佺**（字軒舉）
（清・利津人）
［咸豐］武定府 26/義行 28
［光緒］利津 8/義行 4
胡復理（元・鉅野人）
［萬曆］鉅野 7/21
［康熙］鉅野 11/20
［道光］鉅野 12/23
胡從政（清・奉天人）
［康熙］曹州志 16/15
［光緒］菏澤 16/23
［光緒］新修菏澤 11/78
胡從德（明・慶雲人）
［康熙］慶雲 8/23
胡從禮（明・咸陽人）
［康熙］嶧縣 3/36
［乾隆］嶧縣 7/17
［光緒］嶧縣 19/職官下 10
胡從智（明・青城人）

[萬曆]青城 1/72
胡復堂(字維菴)
(清・臨沂人)
[民國]續修臨沂 16/17
胡復性(元・鉅野人)
[萬曆]鉅野 7/21
[康熙]鉅野 11/20
[道光]鉅野 12/23
30 **胡淳**(字原性)
(明・冠縣人)
[乾隆]東昌 38/32
[嘉慶]東昌 29/4
[萬曆]冠縣 4/35
[道光]冠縣 8/上 10
[光緒]冠縣 8/卓行
[民國]冠縣 8/人物志 10
胡淳(字厚菴,一字葛民)
(清・慶雲人)
[嘉慶]慶雲 9/18
[咸豐]慶雲 2/68
[民國三年]慶雲 2/49
胡濟(明・陝西人)
[康熙十二年]鄒縣志 3/16
胡進廉(清・京衛人)
[康熙]德州 6/2
胡永慶(清・宛平人)
[康熙]蓬萊 3/8
胡永平(字蝶村)
(清・濟陽人)
[民國]濟陽 11/58
胡寶琳(清・安徽歙縣人)
[宣統]山東 74/47
[道光]濟南 37/68
胡之珍(字君聘)
(清・曹縣人)
[光緒]曹縣 14/仕蹟 11
胡守經(字柱石)
(明・順天三河人)
[宣統]山東 71/22
[道光]濟南 36/43
[嘉慶]禹城 7/30
[民國]禹城 3/47
禹城縣鄉土志/8
胡宗嶺(清・陽穀人)
[民國]增修陽穀人物/忠烈 23
胡宗獻(字廣文)
(清・臨沂人)
[民國]續修臨沂 16/3
胡守德(明・三韓人)
[順治]登州 11/24
胡宗魁(字近泉)
(清・淄川人)
[乾隆]淄川 5/39
胡之寧(明・單縣人)
[順治]單縣 3/13
[康熙]單縣 8/4
[民國]單縣 9/23
胡宗憲(字汝欽)
(明・南直績溪人)
[宣統]山東 73/4
[嘉靖]青州 13/48
[萬曆]青州 12/32
[康熙十五年]青州 12/32
[康熙四十八年]青州 12/32
[康熙六十年]青州 12/22
[咸豐]青州 36/16
[康熙]益都 5/19
[光緒]益都縣圖志 18/34
胡宗沔(字繼源)
(明・曹縣人)
[康熙]山東 40/63
[萬曆二十四年]兗州 36/26
[康熙]兗州 28/25
[乾隆]曹州府 15/15
[康熙]兗州府曹縣 13/28
[光緒]曹縣 13/26
曹縣鄉土志/耆舊錄
胡宗沅(字芷香)
(清・臨沂人)
[民國]臨沂 10/39
胡永清(字運長)
(清・平陰人)
[光緒]平陰 5/30
胡永祿(字世卿)
(清・即墨人)
[乾隆]即墨 9/33
[同治]即墨 9/49
即墨縣鄉土志/耆舊 – 事業四
胡宗海(字仲深)
(明・南直通州人)
[道光]濟南 36/22
[康熙]嶧縣 4/61
[民國]臨淄 27/62
[萬曆]淄川 27/8
[乾隆]淄川 4/18
胡良機(字省之)
(明・江西南昌人)
[康熙]山東 35/11
[雍正]山東 27/61
[萬曆]青州 12/45
[康熙十五年]青州 12/45
[康熙四十八年]青州 12/45
[康熙六十年]青州 12/22
[咸豐]青州 36/37
[康熙]臨淄 8/6
[民國]臨淄 18/9
[康熙]益都 5/22
[光緒]益都縣圖志 18/37
胡永春(字茂叔)
(清・濰縣人)
[民國]濰縣志稿 31/18
胡安國(字康侯)
(宋・崇安人)
[雍正]山東 11/闕里二 27
[乾隆]兗州 7/40
胡守義(明・茌平人)
[嘉慶]東昌 31/11
[宣統]茌平 16/2
[民國]茌平 3/10
胡宗氣(字世清)
(清・鄒縣人)
[民國]續修鄒縣志稿/人物 – 耆舊
胡永錫(宋)
[康熙]高苑 3/3
胡宗敏(明・歙縣人)
[弘治]泰安州 3/9
31 **胡灝**(漢・巴陵人)
[宣統]山東 66/24
[乾隆]曹州府 12/4
[康熙]兗州府曹縣 10/2
[光緒]曹縣 10/2
[光緒]新修菏澤 8/2
胡濬(元・樂安人)
[嘉靖]山東 27/8
[康熙]山東 35/9

[雍正]山東 28/人物二 69
[宣統]山東 164/26
[嘉靖]青州 15/9
[萬曆]青州 14/7
[康熙十五年]青州 14/7
[康熙四十八年]青州 14/忠義 7
[康熙六十年]青州 17/5
[萬曆]樂安 16/1
[雍正]樂安 12/8
[光緒]益都縣圖志 17/15
[民國]續修廣饒 19/11
胡禎(明・合肥人)
[光緒]文登 5/36
胡源湛(字廣漢)
(清・臨清人)
[乾隆]東昌 40/29
[乾隆]臨清州 9/44
[乾隆]臨清直隸州 8/上 32
胡源開(號麟祥)
(清・費縣人)
[乾隆]沂州府 26/12
[康熙]費縣 7/13
[光緒]費縣 11/1
32 胡澄(字永清)
(明・堂邑人)
[乾隆]東昌 38/14
[嘉慶]東昌 28/14
[順治]堂邑 2/人物 2
[康熙十一年]堂邑 2/人物 2
[康熙]堂邑 16/2
堂邑縣鄉土志/耆舊錄
胡祇遹(字紹聞,一作紹文)
(元・磁州武安人)
[嘉靖]山東 25/9,26/15
[康熙]山東 31/11,33/17
[宣統]山東 69/16
[康熙]濟南 24/15
[道光]濟南 34/27
[萬曆二十四年]兗州 28/15
[康熙]兗州 22/15
[乾隆]兗州 22/14
[乾隆]曹州府 12/12
[康熙]濟寧州 4/45
[乾隆]濟寧直隸州 21/15
[道光]濟寧直隸州 6/6－13
[崇禎]歷乘 16/27
[崇禎]歷城 6/10
[萬曆]鉅野 6/6
[康熙]鉅野 10/5
[道光]鉅野 10/17
33 胡沆(字濟東,號浩亭)
(清・滕縣人)
[道光]滕縣志 8/武功 9
滕縣鄉土志/21
34 胡澍(字雨沛)
(清・章邱人)
[道光]章邱 11/73
胡漪(字文連,號廉泉)
(清・章邱人)
[乾隆]章邱 9/25
[道光]章邱 11/42
胡凌霄(字劍峯)
(清・利津人)
[民國]利津縣續志 7/儒行 1
胡凌九(字冠峯)
(清・利津人)
[民國]利津縣續志 7/儒行 2
胡凌桂(字丹峯)
(清・利津人)
[民國]利津縣續志 7/儒行 1
胡汝桂(字芳甫,一作芳雨)
(明・金鄉人)
[康熙]山東 40/58
[雍正]山東 28/人物三 43
[宣統]山東 162/37
[萬曆二十四年]兗州 36/23
[康熙]兗州 28/22
[乾隆]兗州 23/45
[乾隆]濟寧直隸州 24/40
[道光]濟寧直隸州 8/2－52
[康熙十二年]金鄉 5/2,5/33
[康熙五十一年]金鄉 11/7
[乾隆]金鄉 18/57
[咸豐]金鄉縣志略 9/上 14
[民國]金鄉 13/11
金鄉縣鄉土志/耆舊錄上
胡汝楫(字利之)
(明・堂邑人)
[順治]堂邑 2/人物 23
[康熙]堂邑 14/3
胡汝輔(明・澤州舉人)
[萬曆]商河 5/23
[道光]商河 5/28
[民國]重修商河 6/67
商河縣鄉土志 1/政績
胡汝默(字懋興,號新所)
(明・巢縣人)
[順治]單縣 4/22,4/26
[康熙]單縣 6/13,11/49,11/51
[乾隆]單縣 4/58,11/40
[民國]單縣 6/宦蹟 18,20/46
35 胡漣(字商彝,號質菴)
(清・滕縣人)
[道光]滕縣志 8/吏治 6
滕縣鄉土志/20
胡漣(清・文登人)
[乾隆]續登州 10/8
胡清(字原潔,一作源潔)
(明・堂邑人)
[乾隆]東昌 38/13
[嘉慶]東昌 28/13
[康熙十一年]堂邑 2/人物 2
[康熙]堂邑 16/2
胡清(字淡菴)
(清・慶雲人)
[咸豐]慶雲 2/68
[民國三年]慶雲 2/49
胡沛澤(字樂田)
(清・陽穀人)
[民國]增修陽穀人物/武學師 31
胡沛深(字厚田)
(清・陽穀人)
[民國]增修陽穀人物/師道 25
胡連芳(字蘭亭)
(清・慶雲人)
[民國三年]慶雲 2/97
胡清泰(字安侯)

（清・無棣人）
［民國］無棣 13/20
36 **胡淏**（字清源）
（清・壽光人）
［乾隆］續壽光 24/8
［嘉慶］壽光 13/28
［民國］壽光 12/人物志一 83
胡湘（明・内鄉人）
［光緒］益都縣圖志 18/7
胡澤祥（清・慶雲人）
［民國三年］慶雲 2/42
胡湘蘭（字少海）
（清・膠州人）
［宣統］山東 177/44
［道光］重修膠州 27/39
［民國］增修膠志 41/30
膠州直隸州鄉土志 4/事功
37 **胡洞**（字本虛）
（明・金鄉人）
［康熙］兗州續編 15/12
［乾隆］兗州 23/38
［乾隆］濟寧直隸州 27/27
［康熙十二年］金鄉 5/14，5/30
［康熙五十一年］金鄉 5/6，11/4
［乾隆］金鄉 18/54
［咸豐］金鄉縣志略 9/上 13
［民國］金鄉 14/1
胡涓（字滄洲）
（清・臨清人）
［乾隆］臨清州 9/44
［乾隆］臨清直隸州 8/上 32
胡洵（字晉陽）
（清・城武人）
［道光］城武 9/下 29
胡祖廣（字漢卿）
（元・鉅野人）
［嘉靖］山東 30/58
［康熙］山東 40/56，45/8
［萬曆元年］兗州 40/諫議 21
［萬曆二十四年］兗州 37/2
［康熙］兗州 28/31
［乾隆］曹州府 14/31
［萬曆］鉅野 7/20，8/孝子
［康熙］鉅野 11/19，11/31
［道光］鉅野 12/11，13/42
胡運霱（字清泉）
（清・章邱人）
章邱縣鄉土志/上 22
胡淑脩（脩一作修）
（宋・慶雲人）
［康熙］海豐 10/25
［康熙］慶雲 9/1
［民國三年］慶雲 3/1
［民國］無棣 14/1
胡祖賓（元・鉅野人）
［萬曆］鉅野 7/21
［康熙］鉅野 11/19
［道光］鉅野 12/22
胡逢恩（字仲原，一字敬瑗）
（清・膠州人）
［民國］增修膠志 41/47
38 **胡漵**（字玉汝）
（臨朐人）
［民國］臨朐續志 20/40
胡海（字朝宗）
（明・城武人）
［萬曆二十四年］兗州 36/9
［康熙］兗州 28/8
［乾隆］曹州府 15/6
［康熙九年］城武 3/6，3/48
［康熙四十一年］城武 5/上宦蹟 2
［道光］城武 9/上 18
胡海（明・江西鄱陽人）
［萬曆］青州 12 又/7
［康熙十五年］青州 12 又/7
［康熙四十八年］青州 12 又/7
［乾隆］沂州府 20/10
［同治］重修寧海州 15/5
［康熙］沂水 4/26
［道光］沂水 5/28
胡裕（明・武定州人）
［嘉靖］武定州下/80
胡肇（宋・寧海人）
［同治］重修寧海州 17/4
胡肇（字子初）
（金・管州人，一作營州人）
［嘉靖］山東 26/14
［康熙］山東 33/16
［雍正］山東 27/36
［宣統］山東 69/8
［萬曆元年］兗州 38/循吏 34
［萬曆二十四年］兗州 28/13
［康熙］兗州 22/13
［乾隆］兗州 22/14
［乾隆］濟寧直隸州 22/48
［道光］濟寧直隸州 6/6－12
［順治］嘉祥 4/34
［乾隆］嘉祥 3/28
［光緒］嘉祥 3/36
胡道廣（字履坦）
（清・新城人）
［道光］濟南 55/70
［宣統］新城縣後志 2/宦績
［民國］重修新城 16/20
胡海雲（字春霞）
（清・陽信人）
［民國］陽信 5/任恤 31
胡海嶼（清・金鄉人）
［民國］金鄉 14/9
金鄉縣鄉土志/耆舊錄上
胡啟祥（清・茌平人）
［嘉慶］東昌 32/59
［宣統］茌平 14/9
［民國］茌平 3/70
胡道南（明・長垣人）
［乾隆］樂陵 4/53
胡肇梓（字中選）
（清・新城人）
［民國］重修新城 18/8
胡啟英（清）
菏澤縣鄉土志/10
胡祥林（字麟坡）
（清・陵縣人）
［民國］陵縣續志 4/17
胡道垠（字蒼巖）
（清・湖北孝感人）
［宣統］山東 77/27
［光緒］增修登州 32/5
［同治］重修寧海州 12/14，25/序 7，25/序 9
［民國］牟平 6/78，9/15
胡啟乾（字裕得）

（清・山陰人）
［乾隆］東昌 33/50
［嘉慶］東昌 21/17
［道光］博平 4/8
胡道隅（清・新城人）
［宣統］新城縣後志 3/孝友
［民國］重修新城 17/3
新城縣鄉土志/耆舊－清
39 **胡泮藻**（字友芹）
（清・平陰人）
［光緒］平陰 4/37
40 **胡賁**（明・魚臺人）
［康熙］魚臺 17/42
［乾隆］魚臺 11/6
［光緒］魚臺 3/3
胡墉（字亦垣）
（清・曹縣人）
［光緒］曹縣 14/行誼 28
胡來方（明・山陰人）
［康熙］觀城 3/3
［道光］觀城 6/6
胡士文（清・寧陽人）
［康熙四十一年］寧陽 8 下/3
胡士彥（字遠逸）
（清・嶧縣人）
［光緒］嶧縣 21/孝友 12
胡希文（清・臨清人）
［民國］臨清縣/人物 91
胡有亮（字元朗）
（清・昌邑人）
［光緒］昌邑縣續志 6/6
胡來貢（明・寧海人）
［康熙］寧海州 9/5
［同治］重修寧海州 21/3
［民國］牟平 6/75
胡來貢（字天中）
（明・掖縣人）
［康熙］寧海州 9/5
［乾隆］掖縣 4/25
胡來貢（字忠夏）
（明・章丘人）
［康熙］濟南 42/14
［道光］濟南 49/58
［萬曆］章丘 24/36
［康熙］章丘 6/27
［乾隆］章邱 9/21
［道光］章邱 10/17
章邱縣鄉土志/上 43
胡來聘（明）
［康熙］德平 3/16
胡來聘（字忠甫）
（明・三原人）
［萬曆］濮州 3/名宦 29
胡士維（清・寧陽人）
［康熙］兗州續編 16/8
［乾隆］兗州 23/74
［康熙四十一年］寧陽 7/23
［乾隆］寧陽 7/義士 1
［咸豐］寧陽 15/8
［光緒］寧陽 15/8
胡來順（明・海陽人）
［光緒］增修登州 37/19
［光緒］海陽縣續志 5/14
胡來順（明・濟寧人）
［道光］濟南 36/8
［乾隆］濟寧直隸州 24/30
［道光］濟寧直隸州 8/2－39
胡大化（明・鄒平人）
［萬曆］沂州志 6/18
［康熙］沂州志 3/47
［乾隆］沂州府 20/7
［民國］臨沂 7/74
胡有德（長清人）
［民國］長清 12/19
胡士傑（明・歷城人）
［道光］濟南 49/42
［乾隆］歷城 41/10
胡存約（字規臣）
（清・青島人）
［民國］膠澳志 10/13
胡大宜（字馨百，號杏園）
（清・新城人）
［宣統］新城縣後志 2/宦績
胡來進（明・諸城人）
［宣統］山東 161/56
胡大清（清・商河人）
［道光］商河 7/44
［民國］重修商河 8/72
胡克九（清・費縣人）
［光緒］費縣 11/21
胡士奇（號浮治）
（明・北直天長人）
［宣統］山東 71/37
［乾隆］泰安府 15/21
［康熙］新修萊蕪 5/26，8/45
［民國］萊蕪 9/5
［民國］續修萊蕪 15/7，35/23
胡嘉楷（清・江寧人）
［咸豐］濟寧直隸州續志 2/14
胡士標（字錦夫）
（明・冠縣人）
［萬曆］冠縣 4/7
［道光］冠縣 8/上 29
［光緒］冠縣 8/文學
［民國］冠縣 8/人物志 38
胡士彬（清・鄆城人）
［光緒］鄆城 16/27
胡士棟（字毅鴻）
（明・冠縣人）
［道光］冠縣 8/上 5
［光緒］冠縣 8/鄉賢
［民國］冠縣 8/人物志 5
胡壽椿（字大年）
（清・臨沂人）
［民國］臨沂 10/21
胡來觀（明・諸城人）
［萬曆］諸城 6/27
胡士鼇（明・詔安人）
［萬曆］青州 12/44
［康熙十五年］青州 12/44
［康熙四十八年］青州 12/44
［康熙六十年］青州 12/19
［咸豐］青州 36/28
［光緒］益都縣圖志 18/10
胡克昌（清・德平人）
［道光］濟南 61/11
［嘉慶］德平 7/18
［光緒］德平 7/28
胡堯田（清・濟寧人）
［民國］濟寧直隸州續志 14/19
胡士顯（元・鉅野人）
［萬曆］鉅野 7/20
［康熙］鉅野 11/19
［道光］鉅野 12/22
胡克開（字又康）
（明・四川隆昌人）

［宣統］山東 73/10
［咸豐］青州 36/39
［嘉慶］德平 5/10
［光緒］德平 5/10
［雍正］樂安 11/5
［民國］樂安 8/20
［民國］續修廣饒 17/5
胡來朋（清・池州人）
［康熙］莒州下/11
［民國］重修莒志 58/3
胡士譽（字儒章）
（清・魚臺人）
［乾隆］魚臺 11/38
［光緒］魚臺 3/23
胡希周（明・餘姚人）
［道光］濟南 36/25
［康熙四十三年］長山 3/宦績
［康熙五十五年］長山 3/35
［嘉慶］長山 5/43
胡友聞（清・臨沂人）
［民國］臨沂 10/60
胡士鍔（字廷韻，號東湖）
（清・金鄉人）
［咸豐］金鄉縣志略 9/中列傳二 15
［民國］金鄉 13/20
胡太光（字乙垣）
（清・桓臺人）
［民國］桓臺志略 3/14
［民國］桓臺 3/32
42 **胡彭年**（明・武定州人）
［嘉靖］武定州下/80
44 **胡蕃**（字翼明）
（明・慶雲人）
［嘉慶］慶雲 9/11
［民國三年］慶雲 2/40
胡藩（字道序）
（南朝宋・豫章南昌人）
［咸豐］青州 64/13
［光緒］益都縣圖志 53/3
胡恭（明・嶧縣人）
［光緒］嶧縣 21/宦績 2
胡桂（字盤溪）
（明・歙縣人）
［乾隆］東昌 44/24
［乾隆］臨清州 12/8
［乾隆］臨清直隸州 8/上 83
胡桂（字小山）
（清・膠州人）
［道光］重修膠州 27/41
［民國］增修膠志 41/32
胡苓（字馨宇）
（清・利津人）
［乾隆］利津縣志續編 8/49
［光緒］利津 8/義行 3
胡蘋（字南濱）
（清・章丘人）
［道光］章邱 11/83
胡英（明・日照人）
［乾隆］沂州府 26/10
［康熙］日照 9/10
［光緒］日照 8/6
胡植（字立之）
（明・南昌人）
［康熙］濟寧州 4/7
胡世廣（長清人）
［民國］長清 12/19
胡芸亭（字雪齋）
（清・博平人）
［光緒］博平縣續志 10/52
博平縣鄉土志/耆舊－事業
胡攀龍（字凌霄）
（清・清平人）
［民國］清平/人物 70
胡楚望（字興堂）
（清・冠縣人）
［民國］禹城 3/55
胡懋謙（清・大興人）
［嘉慶］慶雲 7/33
［咸豐］慶雲 2/30
［民國三年］慶雲 1/91
胡英雲（字采同）
（清・桓臺人）
［民國］桓臺志略 3/15
［民國］桓臺 3/38
胡若琦（明・濟寧人）
［康熙］濟寧州 7/52
［乾隆］濟寧直隸州 27/7
［道光］濟寧直隸州 8/4－32
胡世琦（字玉樵）
（清・安徽涇縣人）
［宣統］山東 76/15
［光緒］費縣 3/57
費縣鄉土志/政績錄
胡夢豸（明・貴州普安衛舉人）
［民國］萊陽 3/1 上 12
胡懋仁（字弓之）
（明・臨海人）
［正德］博平 5/87
胡世能（元）
［康熙］昌樂 1/33
［嘉慶］昌樂 19/3
胡芳胤（明・章丘人）
［康熙］濟南 44/17
［道光］濟南 72/34
［萬曆］章丘 26/43
［康熙］章丘 6/31
［乾隆］章邱 9/30
［道光］章邱 10/29
胡萬巍（字我山）
（清・陽穀人）
［民國］增修陽穀人物/仕宦 18
胡萬嶺（字景泉，號峻崖）
（清・陽穀人）
［光緒］陽穀 6/28
胡芳允（見胡芳胤）
胡世俊（字擢廷）
（清・黃縣人）
［光緒］增修登州 43/13
［同治］黃縣 8/18
［民國］黃縣志稿 13/清懿行
胡懋勳（清・淄川人）
［康熙］淄川 5/11
［乾隆］淄川 5/11
胡蓬清（清・黃縣人）
［同治］黃縣 9/3
［民國］黃縣志稿 13/人物－死難
胡萬吉（清・江西新建人）
［宣統］山東 75/39
［乾隆］新泰 11/8
新泰縣鄉土志/7
胡芳蘭（字香畹）
（清・高唐人）
［光緒］高唐州 5/2－38

[民國]高唐縣 12/47
胡世藻(字友澄,號潔菴)
(清・章邱人)
[道光]濟南 54/5
[乾隆]章邱 9/24
[道光]章邱 10/23
章邱縣鄉土志/上 32
胡其枏(號愚菴)
(清・金鄉人)
[民國]金鄉 13/續增 5
金鄉縣鄉土志/耆舊錄上
胡其梲(清・金鄉人)
[民國]金鄉 13/續增 4
胡世忠(明・直隸容城人)
[康熙]兗州府曹縣 9/7
胡世忠(明・順天人)
[嘉靖]寧海州下/18
[同治]重修寧海州 12/10
胡世威(字紹衣)
(明・遼東金州人)
[雍正]山東 27/102
[康熙]兗州府曹縣 9/36
[光緒]曹縣 9/官職 8
胡其顯(字景文)
(清・肥城人)
[乾隆]泰安府 18/52
[嘉慶]肥城 17/22
[光緒]肥城 9/11
肥城縣鄉土志 5/20
胡萬年(字大千)
(清・高密人)
[光緒]高密 8/上 55
[民國]高密 14/上 65
胡蓮堂(字頤仲)
(清・濰縣人)
[民國]濰縣志稿 30/34
45 胡棟(清・臨沂人)
[民國]臨沂 10/56
46 胡如瀛(字海嶼)
(清・上虞舉人)
[道光]冠縣 6/34
[光緒]冠縣 6/宦績
[民國]冠縣 6/44
胡觀光(明・魚臺人)
[康熙]魚臺 17/23
[乾隆]魚臺 11/33
[光緒]魚臺 3/20
47 胡桐(見胡翔瀛)
胡桐山(字榮廷)
(清・慶雲人)
[民國三年]慶雲 2/70
胡鶴齡(字衡霄)
(明・臨沂人)
[康熙]沂州志 6/2
[乾隆]沂州府 26/4
[民國]臨沂 9/56
胡翹楚(字邁叢)
(清・肥城人)
[嘉慶]肥城 17/29
[光緒]肥城 9/9
肥城縣鄉土志 5/16
胡朝振(字鳴陛)
(清・魚臺人)
[光緒]魚臺 3/文行又 4
胡狗兒(清・蓬萊人)
[光緒]增修登州 43/7
[民國]蓬萊縣志合編人物志/孝友
48 胡松(字汝茂)
(明・南直滁州人)
[宣統]山東 71/31
[乾隆]泰安府 15/13
[萬曆二十四年]兗州 29/10
[康熙]兗州 22/32
[康熙]兗州續編 14/22
[康熙]東平州 4/54
[乾隆]東平州 12/36
[道光]東平州 12/36
[光緒]東平州 14/36
[民國]東平縣 9/19
東平州鄉土志上/政績錄 15
胡松(字茂卿)
(明・績溪人)
[康熙]濟寧州 4/6
胡梯(明・堂邑人)
[順治]堂邑 2/人物 17
[康熙十一年]堂邑 2/選舉 17
[康熙]堂邑 13/11
胡敬中(字欽承)
(清・新城人)
[道光]濟南 55/61
[宣統]新城縣後志 2/宦績
[民國]重修新城 17/18
胡翰明(明)
[乾隆]沂州府 20/12
50 胡春(明・濱州人)
[萬曆]濱州 3/47
胡泰(清・長清人)
[道光]濟南 56/61
[道光]長清 13/10
胡貴讓(字允恭)
(清・新城人)
[道光]濟南 55/78
[宣統]新城縣後志 2/善行
[民國]重修新城 16/13
新城縣鄉土志/耆舊－清
胡忠誠(清・城武人)
[康熙]兗州續編 16/15
[康熙四十一年]城武 5/上懿行 12
[道光]城武 9/下 15
胡書雲(清・新城人)
[宣統]新城縣後志 2/忠義
[民國]重修新城 18/13
胡東漸(字向若)
(明・章丘人)
[康熙]山東 39/30
[康熙]濟南 36/16
[道光]濟南 49/62
[康熙]章丘 6/27
[乾隆]章邱 9/22
[道光]章邱 10/17
章邱縣鄉土志/上 43
胡本清(清・蒲臺人)
[光緒]重修蒲臺 3/9
蒲臺縣鄉土志/23
胡春塘(字鑑如)
(清・黃縣人)
[民國]黃縣志稿 13/清懿行
胡春華(字小琢,一作小卓)
(清・江蘇清河人)
[宣統]重修恩縣 6/52
[民國]重修恩縣 10/67
恩縣鄉土志/11
[光緒]滋陽 7/15
滋陽縣鄉土志 1/政績
[咸豐]金鄉縣志略 7/15

胡春林(字秀章)
(清・鄒縣人)
[民國]續修鄒縣志稿/人物-耆舊
胡東英(明・黄縣人)
[同治]黄縣8/11
[民國]黄縣志稿13/明
胡中學(字景昔)
(清・肥城人)
[嘉慶]肥城17/30
[光緒]肥城9/4
胡東銘(字鑑南)
(明・章丘人)
[康熙]濟南48/6
[道光]濟南49/64
[康熙]章丘6/43
[乾隆]章邱9/44
[道光]章邱11/72
51 胡振奇(明・濰縣人)
[乾隆]濰縣4/13
[民國]濰縣志稿27/54
濰縣鄉土志/18
胡振芳(字來子)
(明・嘉興人)
[康熙]嶧縣3/36
[乾隆]嶧縣7/17
[光緒]嶧縣19/職官下11
胡振敏(字遜侯)
(清・慶雲人)
[民國三年]慶雲2/47
52 胡靜淑(清・章邱人)
[道光]章邱12/92
胡挺荔(字孝先)
(清・德州人)
[道光]濟南56/83
[乾隆]德州9/64
[民國]德縣11/7
德州鄉土志/耆舊49
53 胡威(字伯武)
(晉・壽春人)
[嘉靖]山東25/3
[康熙]山東31/4
[雍正]山東27/53
[宣統]山東66/39
[萬曆]青州12又/3
[康熙十五年]青州12又/3
[康熙四十八年]青州12又/3
[康熙六十年]青州12/5
[咸豐]青州34/10
[萬曆元年]兗州38/循吏15
[康熙六十年]博興7/3
[民國]臨淄18/5
胡成之(字心泉)
(清・慶雲人)
[民國三年]慶雲2/45
54 胡拱極(字扶皇)
(清・曹州人)
[光緒]菏澤12/36
55 胡典(字建彝,號雲峯)
(清・臨沂人)
[民國]臨沂10/21
胡捧元(字掄一,號竹軒)
(清・臨沂人)
[民國]臨沂10/21
胡典齡(清・歷城人)
[民國]續修歷城39/21
57 胡邦佐(字子和)
(明・濰縣人)
[康熙]萊州10/33
[乾隆]濰縣4/13
[民國]濰縣志稿27/31
濰縣鄉土志/16
胡邦祐(字天助)
(清・昌邑人)
[光緒]昌邑縣續志6/8
胡邦英(字育才)
(清・魚臺人)
[光緒]魚臺3/孝義又1
胡邦譽(清・魚臺人)
[光緒]魚臺3/文行又4
58 胡鰲(明・濱州人)
[萬曆]濱州3/26
胡鼇光(清・新城人)
[宣統]新城縣後志3/耆壽
60 胡昂(明・定襄人)
[雍正]山東27/65
[順治]招遠7/2
胡昂(明・沁原人)
[康熙]兗州續編14/30
[乾隆]沂州府20/8
[光緒]費縣3/53
胡旦(字周父)
(宋・濱州渤海人)
[嘉靖]山東29/14
[康熙]山東39/15
[宣統]山東162/26
[康熙]濟南42/6
[乾隆]武定府25/44
[咸豐]武定府25/文苑4
[康熙]濱州7/28
[咸豐]濱州10/27
濱州鄉土志/學問
[乾隆]惠民6/6
[光緒]惠民23/5
惠民縣鄉土志/耆舊錄19
胡景(字運昌)
(清・膠州人)
[道光]重修膠州27/32
[民國]增修膠志41/24
胡星(字長庚,號石渠)
(清・高密人)
[民國]高密14/上40
胡景玉(字礪軒)
(清・嶧縣人)
[康熙]兗州續編16/13
[乾隆]兗州23/67
[乾隆]嶧縣8/43
[光緒]嶧縣21/耆舊6
胡曰璉(字子重)
(清・肥城人)
[光緒]肥城9/13
胡曰璉(清・會稽人)
[乾隆]續登州10/13
[雍正]文登10/2
[道光]文登5/27
[光緒]文登10/下3
胡景嵩(見胡嵩)
胡曰佐(字甄菴)
(清・浙江錢塘人)
[康熙]鄆城4/11
[光緒]鄆城6/10
胡日生(清・棲霞人)
[光緒]棲霞縣續志6/忠義12
胡昌齡(字蘭溪)
(清・臨沂人)
[民國]臨沂10/63

胡景漢(字芳波)
(清・慶雲人)
[民國三年]慶雲 2/48
胡曰漢(字雲軒)
(濰縣人)
[民國]濰縣志稿 29/37
胡日連(見胡曰璉)
胡景華(明・浙江上虞人)
[宣統]山東 73/29
胡思均(清・淄川人)
[宣統]三續淄川 9/97
61 胡顯宗(字昭來)
(明・歷城人)
[道光]濟南 71/44
[崇禎]歷城 10/19,16/48
64 胡時雍(字際唐)
(清・慶雲人)
[嘉慶]慶雲 9/16
[咸豐]慶雲 2/65
[民國三年]慶雲 2/30
胡時儦(字仁趾,別號湖山子)
(清・魚臺人)
[民國]濟寧直隸州續志 15/8
[乾隆]魚臺 11/41
[光緒]魚臺 3/25
胡時祥(字季卿)
(明・慶雲人)
[嘉慶]慶雲 9/11
[咸豐]慶雲 2/62
[民國三年]慶雲 2/40
67 胡鳴珂(清・湖北天門人)
平陰縣鄉土志/6
胡鳴泰(字冠三,一作冠山)
(清・宛平人)
[咸豐]金鄉縣志略 7/15
[民國]金鄉 11/22
[光緒]莘縣 5/23
[民國]莘縣 3/7
莘縣鄉土志/政績 9
胡嗣隆(字對峯)
(清・寧陽人)
[咸豐]寧陽 13/28
[光緒]寧陽 13/28
68 胡哈喇(元・高苑人)
[康熙]高苑 5/10
[乾隆]高苑 5/13
72 胡質(字文德)
(魏・楚國壽春人)
[嘉靖]山東 27/2
[康熙]山東 35/2
[雍正]山東 27/76
[宣統]山東 66/33
[嘉靖]青州 13/13
[萬曆]青州 12/9
[康熙十五年]青州 12/9
[康熙四十八年]青州 12/9
[康熙六十年]青州 12/5
[乾隆]沂州府 20/2
[康熙]沂水 4/21
[道光]沂水 5/20
胡岳齡(清・涇縣人)
[乾隆]兗州 22/35
[乾隆]濟寧直隸州 22/47
[道光]濟寧直隸州 6/7-84
[咸豐]金鄉縣志略 7/13
74 胡勵(金・濟州鉅野人)
[雍正]山東 28/人物二 54
[宣統]山東 164/21
[乾隆]曹州府 14/30
[萬曆]鉅野 7/20
[康熙]鉅野 11/19
[道光]鉅野 12/11
75 胡體申(字受天)
(清・章邱人)
[道光]章邱 11/77
77 胡臣(元・高苑人)
[康熙]高苑 5/9
[乾隆]高苑 5/16
胡隆(字景初)
(清・海陽人)
[宣統]山東 176/45
[乾隆]續登州 10/7,11/19,11/21
[光緒]增修登州 43/44
[乾隆]海陽 6/16,7/35
胡興(明・臨清人)
[乾隆]東昌 42/19
胡鳳立(字丹山)
(清・寧陽人)
[光緒]寧陽 15/34
胡開齊(明・濮州人)
[康熙]濮州續志下/4
[乾隆]濮州 4/14
[宣統]濮州 5/14
胡同慶(字印符)
(清・利津人)
[民國]利津縣續志 7/孝友 1
胡熙正(字惟德)
(明・黃縣人)
[光緒]增修登州 40/8
[康熙]黃縣 6/18
[乾隆]黃縣 8/17
[同治]黃縣 8/5
[民國]黃縣志稿 13/明
胡學醇(號秋潮)
(清・順天宛平人)
[宣統]山東 76/40
[光緒]博平縣續志 6/13
博平縣鄉土志/政績
[宣統]茌平 8/10
[民國]茌平 8/66
胡居仁(字叔心)
(明・餘干人)
[雍正]山東 11/闕里二 33
[乾隆]兗州 7/46
胡鳳山(字子儀)
(長清人)
[民國]長清 12/25
胡學勉(字力山)
(清・陽穀人)
[光緒]陽穀 6/31
胡母生(字子都)
(漢・齊人)
[至元]齊乘 6/11
[嘉靖]山東 32/1
[康熙]山東 42/1
[雍正]山東 28/人物一 3
[宣統]山東 153/28
[嘉靖]青州 15/22
[萬曆]青州 13/7
[康熙十五年]青州 13/7
[康熙四十八年]青州 13/經師 2
[康熙六十年]青州 15/2
[康熙]臨淄 9/3

[民國]臨淄 21/40
胡學蠡(字景范)
(清・陽穀人)
[民國]增修陽穀人物/仕宦 22
胡鳳池(清・歷城人)
[宣統]濮州 4/39
胡際澍(字芝山)
(清・歷城人)
[民國]續修歷城 43/6
胡母敬(秦・臨淄人)
[嘉靖]青州 15/21
[萬曆]青州 15/3
[康熙十五年]青州 15/3
[康熙四十八年]青州 15/文學 3
[康熙六十年]青州 18/10
[康熙]臨淄 9/2
胡印中(字月潭)
(清・新城人)
[道光]濟南 55/62
[宣統]新城縣後志 2/宦績
[民國]重修新城 17/14
胡母輔之(字彥國)
(晉・泰山奉高人)
[嘉靖]山東 29/6
[康熙]山東 39/5
[雍正]山東 28/人物一 37
[宣統]山東 155/9
[康熙]濟南 42/3
[弘治]泰安州 3/10,5/4
[康熙]泰安州 3/8
[乾隆]泰安府 16/20
[乾隆二十五年]泰安縣 12/5
[乾隆四十七年]泰安縣 10/上 7
[道光]泰安縣 9/上 56
[民國]重修泰安縣 8/7
泰安縣鄉土志/耆舊 8
[康熙]嶧縣 3/8
[乾隆]嶧縣 7/3
[光緒]嶧縣 18/12
[嘉慶]莒州 9/8
胡鳳昌(原名紹顯,字繼謨)
(清・金鄉人)
[民國]金鄉 13/續增 3
胡學羈(字景奚)
(清・陽穀人)
[民國]增修陽穀人物/仕宦 22
胡鳳閣(字近臺)
(清・直隸永年人)
[宣統]山東 76/24
[乾隆]曹州府 12/23
[康熙]濮州 3/31
[乾隆]濮州 3/31
[宣統]濮州 4/31
胡學箴(清・汶上人)
[宣統]四續汶上稿/人物－文學傳
78 **胡鑒光**(字素水)
(清・魚臺人)
[康熙]魚臺 17/36
[乾隆]魚臺 11/24
[光緒]魚臺 3/14,4/37
79 **胡騰龍**(字興雲)
(清・夏津人)
[民國]夏津續編 8/29
80 **胡介**(明,見胡玠)
胡金(字子南)
(明・堂邑人)
[乾隆]東昌 38/20
[嘉慶]東昌 28/20
[順治]堂邑 2/人物 15
[康熙十一年]堂邑 2/選舉 12
[康熙]堂邑 13/7
胡義(字忠卿)
(金・臨沂人)
[民國]臨沂 9/42,12/38
胡義(清・臨沂人)
[民國]臨沂 10/54
胡鏞(字大器)
(明・黃縣人)
[泰昌]登州 11/37
[順治]登州 17/14
[光緒]增修登州 40/8
[康熙]黃縣 6/15
[乾隆]黃縣 8/12
[同治]黃縣 8/3
[民國]黃縣志稿 13/明
胡養平(字太和)
(清・茌平人)
[宣統]茌平 28/6
[民國]茌平 3/79
胡善承(清・臨沂人)
[民國]臨沂 10/37
胡公仁(清・新城人)
[宣統]新城縣後志 2/忠義
[民國]重修新城 18/13
胡善繙(字荔汀)
(黃縣人)
[民國]黃縣志稿 13/民國藝術
胡善繼(字華山)
(清・壽光人)
[乾隆]續壽光 24/8
[嘉慶]壽光 13/29
[民國]壽光 12/人物志一 84
胡公勳(清・新城人)
[宣統]新城縣後志 2/忠義
[民國]重修新城 18/13
胡金安(清・臨清人)
[民國]臨清縣/人物 78
胡會逢(清・金鄉人)
[民國]濟寧直隸州續志 14/7
[民國]金鄉 14/8
胡善祥(明・濟寧人)
[道光]濟寧直隸州 10/1－6
胡公桓(字恪亭,號硯樵,別號雪峯)
(清・新城人)
[宣統]新城縣後志 3/文苑
[民國]重修新城 18/21
胡公著(字又申)
(清・宛平人)
[民國]無棣 9/4
胡養檜(字芳南)
(清・長清人)
[民國]長清 13/14
胡金燧(字事宜)
(清・臨清人)
[民國]臨清縣/人物 69
82 **胡鍾元**(清・江蘇通州優貢)
[民國]濟陽 9/42
胡鍾英(字芳千)

(清・慶雲人)
[民國三年]慶雲 2/97
84 **胡錡**(字華九)
(清・膠州人)
[道光]重修膠州 29/28
[民國]增修膠志 45/14
86 **胡鐸**(明・寧國人)
[康熙]聊城 2/8
胡錦(明・山陽人)
[萬曆]寧津 5/20
胡錫祜(字心齋)
(清・四川慶符人)
[宣統]山東 77/45
[光緒]高密 6/27
[民國]高密 12/27
高密縣鄉土志/上 11
87 **胡欽**(字敬夫)
(明・北直滄州人)
[嘉靖]山東 26/19
[康熙]山東 33/22
[宣統]山東 72/33
[萬曆元年]兗州 38/循吏 44
[萬曆二十四年]兗州 29/6
[康熙]兗州 22/27
[乾隆]曹州府 12/15
[萬曆]鉅野 6/6
[康熙]鉅野 10/6
[道光]鉅野 10/21
[嘉慶]慶雲 9/5
[咸豐]慶雲 2/57
[民國三年]慶雲 2/19
胡翔瀛(字嶧陽)
(清)
[乾隆]即墨 9/34
[同治]即墨 9/55
即墨縣鄉土志/耆舊-學問
胡叙寧(清・清泉人)
[宣統]山東 75/39
[乾隆]新泰 11/8
新泰縣鄉土志/5
[乾隆]利津縣志補 3/17
88 **胡鑑**(字素本)
(清)
[咸豐]金鄉縣志略 12/4
胡節(明・濰縣人)
[萬曆]濰縣 10/2
胡銓(清・浙江人)
[雍正]山東 27/112
[宣統]山東 76/25
胡鋭(明・淄川人)
[康熙]濟南 48/13
[道光]濟南 50/40
[康熙]淄川 6 下/12
[乾隆]淄川 6/下 12
胡餘慶(字香圃)
(清・利津人)
[民國]利津縣續志 7/孝友 1
胡鑑光(見胡鑒光)
90 **胡常**(字少子)
(漢・清河郡人)
[乾隆]東昌 41/1
[嘉慶]東昌 33/1
[宣統]重修恩縣 8/27
[民國]重修恩縣 11/鄉賢 29
胡光(明・魚臺人)
[乾隆]魚臺 10/29
胡堂(明・順天人)
[萬曆]蒲臺志 8/5
[康熙]重修蒲臺 5/7
[乾隆]蒲臺 2/35
胡懷玉(明・新城人)
[道光]濟南 51/37
[宣統]新城縣後志 2/武功
[民國]重修新城 14/12
胡尚禹(字景夏)
(清・魚臺人)
[光緒]魚臺 3/耆碩又 1
胡惟良(字君善)
(明・堂邑人)
[乾隆]東昌 38/16
[嘉慶]東昌 28/16
[康熙]堂邑 12/7,16/3
胡光祀(字怡亭)
(清・肥城人)
[嘉慶]肥城 17/29
[光緒]肥城 9/15
肥城縣鄉土志 5/28
胡尚英(字瑤宇)
(明・臨清人)
[康熙]山東 41/29
[乾隆]東昌 42/21
[康熙]臨清州 3/人物 10
[乾隆]臨清州 9/34
[乾隆]臨清直隸州 8/上 21
[民國]臨清縣/人物 25
胡尚愚(字抒赤)
(明・臨清人)
[乾隆]東昌 42/21
[康熙]臨清州 3/人物 10
[乾隆]臨清州 9/34
[乾隆]臨清直隸州 8/上 21
[民國]臨清縣/人物 24
91 **胡恆**(字聖思)
(清・安東衛人)
[乾隆]泰安府 18/72
92 **胡熇**(明・金鄉人)
[康熙十二年]金鄉 5/11
96 **胡惺**(字儆思,一作敬思,號存齋)
(清・慶雲人)
[嘉慶]慶雲 9/31
[民國三年]慶雲 2/50
97 **胡燦**(隋,見胡璨)
胡煥(明・高唐人)
[康熙十二年]高唐州 9/6
胡煥(本姓王)
(清・浙江蕭山人)
[乾隆]郯城 7/28
胡恪(清・安東衛人)
[乾隆]泰安府 15/37
[嘉慶]肥城 15/37
[光緒]肥城 7/51
胡恂(明・陽穀人)
[康熙十二年]陽穀 3/13
98 **胡悦安**(明・南和人)
[宣統]山東 71/35
[康熙]濟南 25/63
[乾隆]泰安府 15/19
[天啟]新泰 5/23
[順治]新泰 4/19
[乾隆]新泰 11/4
新泰縣鄉土志/7
99 **胡榮**(明・濟寧人)
[乾隆]濟寧直隸州 15/9

4762_7 都

00 **都文緒**(霑化人)

[民國]霑化 4/登進 47
30 都之起(字鴻圖)
(清·夏津人)
[乾隆]臨清直隸州 8/下 17
[民國]夏津續編 8/12
36 都昶(明·海豐人)
[宣統]山東 161/33
40 都士能(清·夏津人)
[乾隆]夏津 8/28
60 都景岐(清·夏津人)
[乾隆]東昌 43/42
77 都周南(清·濰縣人)
[民國]濰縣志稿 32/7
79 都勝(明·寧津人)
[光緒]寧津 8/4
寧津縣志料 3/人物 - 循良
80 都命新(字景岐)
(清·夏津人)
[乾隆]臨清直隸州 8/下 17
[民國]夏津續編 8/12
87 都欽(清·菏澤人)
[光緒]新修菏澤 11/56
90 都光大(字正卿)
(清·陽湖人)
[民國]續修臨沂 2/19

4791_7 杞

14 杞殖(見杞梁)
33 杞梁(名殖)
(春秋·齊人)
[嘉靖]山東 28/3
[康熙]山東 38/3
[嘉靖]青州 15/2
[萬曆]青州 14/2
[康熙十五年]青州 14/2
[康熙四十八年]青州 14/忠義 2
[康熙六十年]青州 17/1
[康熙]杞紀 18/27
[康熙]臨淄 10/1
[民國]臨淄 22/55
臨淄縣鄉土志/耆舊錄
48 杞姒(夏)
[嘉靖]青州 12/13
[康熙十五年]青州 8/4
[康熙六十年]青州 10/3

4792_0 柳

00 柳彥訓(宋·寧海人)
[同治]重修寧海州 17/2
柳文得(明·福山人)
[光緒]增修登州 48/4
[康熙]福山 4/3
[乾隆]福山 9 上/69
柳應奐(明·洪洞舉人)
[康熙]觀城 3/12
[道光]觀城 6/17
柳文沅(字荊川,號芷香)
(清·歷城舉人)
[民國]壽光 6/28
柳文瀾(字仲觀)
(清·歷城人)
[民國]續修歷城 44/39
柳方域(清·諸城人)
[光緒]增修諸城縣續志 17/17
07 柳毅(唐·濰州人)
[民國]濰縣志稿 42/6
10 柳晉(字子琴)
(清·蓬萊人)
[宣統]山東 176/37
柳霨(清·莒縣人)
[嘉慶]莒州 10/1
[民國]重修莒志 62/4
柳震(明·福山人)
[光緒]增修登州 48/4
[乾隆]福山 9 上/70
柳元福(清·萊陽人)
[民國]萊陽 3/1 中 74
柳雲培(號滋圃)
(清·招遠人)
[光緒]增修登州 43/25
[道光]招遠縣續志 3/10
柳百孝(清·寧陽人)
[光緒]寧陽 13/79
柳下惠(名展禽)
(周·泰安人)
[康熙]濟南 50/1
[萬曆元年]兗州 12/下 1
[萬曆二十四年]兗州 30/8
[康熙]兗州 23/8
[乾隆]兗州 23/3
[萬曆]章丘 30/65
[康熙]章丘 6/44
[乾隆]章邱 9/48
[乾隆]曲阜 59/1,62/1
[嘉慶]肥城 17/1
[光緒]肥城 9/1
肥城縣鄉土志 5/12
[康熙]滋陽 3/77,4/上 8
[乾隆二十五年]泰安縣 12/1
[乾隆四十七年]泰安縣 10/上 1
[道光]泰安縣 9/上 49
[民國]重修泰安縣 8/1
泰安縣鄉土志/耆舊 7
柳百辰(字樞亭)
(清·寧陽人)
[光緒]寧陽 15/33
柳可舉(清·博興人)
[民國]重修博興 13/59
柳元善(字統四)
(清·寧陽人)
[咸豐]寧陽 13/46
[光緒]寧陽 13/57
寧陽縣鄉土志/16
柳元煜(清·博興人)
[咸豐]青州 49/20
[道光]博興 11/33
[民國]重修博興 13/32
17 柳承慶(明·福山人)
[乾隆]福山 9 上/69
20 柳采(清·福山人)
[光緒]增修登州 43/18
[乾隆]福山 9 上/62
[民國]福山縣志稿 7/4 - 2
柳維(明·武陵人)
[萬曆]泗水 4/11
[順治]泗水 4/11
[光緒]泗水 4/4
柳豸(明·閿水人)
[嘉靖]臨朐 2/48
柳維琦(字景韓)
(清·莒縣人)
[民國]重修莒志 65/35
柳壬海(清·蓬萊人)
[光緒]增修登州 43/8

柳垂芳(字雲岫)
(清・萊陽人)
[民國]萊陽3/3上傳志上48
22 柳崇(明・福山人)
[光緒]增修登州48/3
[康熙]福山7/41
[乾隆]福山9上/68
柳繼禔(字昭仁)
(清・寧陽人)
[咸豐]寧陽13/27
[光緒]寧陽13/27
24 柳升(見柳昇)
柳佐(字賡虞)
(明・臨清人)
[康熙]山東41/28
[雍正]山東28/人物三53
[宣統]山東160/34
[乾隆]東昌39/9
[康熙]臨清州3/人物9
[乾隆]臨清州9/28
[乾隆]臨清直隸州8/上15
[民國]臨清縣/人物8
柳德昭(清・莒縣人)
[民國]重修莒志62/8
25 柳仲郢(字諭蒙)
(唐・京兆華原人,一作萬年人)
[嘉靖]山東25/5
[康熙]山東31/6
[雍正]山東27/4
[宣統]山東68/4
[乾隆]泰安府14/12
[萬曆元年]兗州38/循吏25
[萬曆二十四年]兗州27/9
[康熙]兗州21/23
[康熙]曹州志7/46
[康熙]東平州4/29
[乾隆]東平州12/8
[道光]東平州12/8
[光緒]東平州14/8
[民國]東平縣9/5
東平州鄉土志上/政績錄9
[光緒]菏澤7/宦蹟14
27 柳粲(北魏・河東解人)
[光緒]益都縣圖志15/17
柳色秀(清・冠縣人)
[道光]冠縣8/上24
[光緒]冠縣8/孝義
[民國]冠縣8/人物志29
柳紹宗(明・福山人)
[乾隆]福山9上/70
柳佩芹(清・寧陽人)
[宣統]山東172/21
30 柳宜(清・諸城人)
[光緒]增修諸城縣續志17/9
柳安一(清・棲霞人)
[光緒]增修登州43/23
[乾隆]棲霞7/10
31 柳源厚(清・臨清人)
[民國]臨清縣/人物85
32 柳溪(清・萊蕪人)
[民國]續修萊蕪27/16
33 柳溥(明・福山人)
[光緒]增修登州48/3
[乾隆]福山9上/69
柳溥(明・山西人)
[崇禎]鄆城4/14
[康熙]鄆城4/12
[光緒]鄆城6/16
34 柳汝舟(明・山陰人)
[萬曆]青州12又/8
[康熙十五年]青州12又/8
36 柳湘(清・蓬萊人)
[光緒]增修登州43/8
柳澤興(字勃然)
(清・慶雲人)
[民國三年]慶雲2/33
37 柳渾(字夷曠)
(唐・襄州人)
[民國]單縣6/宦蹟6
柳潤瑾(字問黄)
(清・寧陽人)
[光緒]寧陽13/71
柳潤沂(字溫源)
(清・寧陽人)
[咸豐]寧陽20/17
[光緒]寧陽20/17
38 柳祚昌(明・福山人)
[康熙]福山7/41
[乾隆]福山9上/70
40 柳燾(字公隆,號八愚)
(清・臨清人)
[乾隆]東昌41/22
[乾隆]臨清州9/39
[乾隆]臨清直隸州8/上26
[民國]臨清縣/人物84
柳培縉(字子琴)
(清・蓬萊人)
[民國]蓬萊縣志合編人物志/行誼
柳大任(清・招遠人)
[光緒]增修登州40/22
[道光]招遠縣續志2/24
柳培和(字蔭堂)
(清・歷城人)
[宣統]山東170/31
[民國]續修歷城40/6
柳士英(字邁千)
(清・冠縣人)
[民國]冠縣8/人物志34
43 柳裘(見柳表)
44 柳莊(春秋・衛人)
[萬曆]東昌18/3
柳世珍(清・湖南長沙人)
[宣統]山東75/17
[道光]濟南38/27
[民國]齊河22/7
柳懋勳(明・福山人)
[光緒]增修登州48/4
[乾隆]福山9上/70
柳世勳(清・寧陽人)
[咸豐]寧陽13/46
[光緒]寧陽13/57
柳蔭溪(字琴樵)
(清・博興人)
[民國]重修博興13/54
46 柳相宜(清・汶上人)
[宣統]四續汶上稿/人物－孝弟傳
柳如桐(明・冠縣人)
[萬曆]冠縣4/10
柳如楹(字柱石)
(清・膠州人)
[道光]重修膠州29/22
[民國]增修膠志45/8
柳如果(字毅臣)

（清・膠州人）
［道光］重修膠州 29/22
［民國］增修膠志 45/8
50　柳表（字茂和）
（隋・河東解人）
［嘉靖］山東 26/6
［康熙］山東 33/7
［萬曆元年］兖州 38/循吏 22
［萬曆二十四年］兖州 27/6
［康熙］兖州 21/21
［康熙］曹州志 7/44
［光緒］菏澤 7/宦蹟 12
［光緒］新修菏澤 8/4
菏澤縣鄉土志/8
柳青選（字萬中,號癡人）
（清・招遠人）
［道光］招遠縣續志 3/16
柳春芳（字蘭谷）
（東阿人）
［民國］東阿 16/4
60　柳景（明・福山人）
［光緒］增修登州 48/4
［康熙］福山 7/41
［乾隆］福山 9 上/69
柳昇（明・福山人）
［光緒］增修登州 48/3
［康熙］福山 4/2,7/41
［乾隆］福山 9 上/68
柳國棟（明・寧陽人）
［乾隆］寧陽 7/忠烈 4
［咸豐］寧陽 13/50
［光緒］寧陽 13/62
寧陽縣鄉土志/20
71　柳長洪（字元勳）
（清・禹城人）
［民國］禹城 6/33
柳長吉（字祥長）
（膠州人）
［民國］增修膠志 46/7
柳長泰（字子開）
（膠州人）
［民國］增修膠志 46/5
77　柳開（字仲塗）
（宋・大名館陶人）
［嘉靖］山東 26/8
［康熙］山東 33/10
［宣統］山東 163/22
［萬曆元年］兖州 38/循吏 26
［萬曆二十四年］兖州 28/1
［康熙］兖州 22/1
［康熙］曹州志 7/48
［光緒］菏澤 7/宦蹟 16
［光緒］新修菏澤 8/6
80　柳愈新（字華亭）
（清・寧陽人）
［咸豐］寧陽 13/27
［光緒］寧陽 13/27
柳毓融（明・博興人）
［雍正］山東 28/人物三 77
［宣統］山東 164/55
［咸豐］青州 45/52
［康熙十二年］博興 6/11
［道光］博興 11/19
［民國］重修博興 13/16
柳公爵（清・棲霞人）
［光緒］增修登州 43/23
［光緒］棲霞縣續志 7/義行 3
86　柳智（清・諸城人）
［光緒］增修諸城縣續志 17/4
柳錦堂（字繡園）
（清・慶雲人）
［民國三年］慶雲 2/46
88　柳敏（隋・河東人）
［崇禎］歷城 3/8
97　柳恂（明・福山人）
［光緒］增修登州 48/4
［康熙］福山 4/3
［乾隆］福山 9 上/69

4794_7 穀

33　穀梁赤（一名叔,字元始）
（春秋・魯人）
［雍正］山東 11/闕里二 23
［宣統］山東 153/11
［乾隆］兖州 7/34
［崇禎］曲阜 4/12
［康熙］曲阜 4/12
［乾隆］曲阜 69/5
［康熙］滋陽 4/上 6

4796_4 格

61　格顯（北魏）
［光緒］益都縣圖志 15/13

4844_0 斡

17　斡朶忽都（元）
［嘉靖］山東 26/27
［萬曆］東昌 20/18
［乾隆］東昌 23/12
［嘉慶］東昌 42/10
［康熙十二年］高唐州 10/37
［康熙五十一年］高唐州 10/37
［道光］高唐州 7/2－9
［民國］高唐縣 9/5－2
高唐州鄉土志/5

教

24　教化（字德新）
（元・高昌人）
［康熙］嶧縣 3/23
［乾隆］嶧縣 7/8
［光緒］嶧縣 19/97

4844_1 幹

44　幹勒忠（本名宋浦,一作宋蒲）
（金・蓋州人）
［萬曆］滕志 6/58
［康熙］滕志 6/28
［康熙］滕縣志 6/宦業 25
［道光］滕縣志 6/宦績 19

4864_0 敬

26　敬和（清・滿洲鑲白旗人）
［咸豐］濟寧直隸州續志 2/14
61　敬顯儁（字孝英）
（北齊・平陽人）
［光緒］益都縣圖志 15/13

4893_0 松

80　松年（字小夢）
（清・蒙古鑲藍旗人）
［宣統］四續汶上稿/宦績志

［民國］單縣 6/宦蹟 29

4894_0 杵

77 杵臼（春秋）
［康熙］臨淄 9/3
［民國］臨淄 21/37

4895_7 梅

00 梅應聘（號莘野）
（明・青州庠生）
［萬曆］青州 14/56
［康熙十五年］青州 14/56
［康熙四十八年］青州 14/儒行 13
［康熙六十年］青州 18/15
［萬曆］益都 6/94
10 梅雪亭（清・長山人）
長山縣鄉土志/耆舊錄
24 梅纘高（字卓菴）
（清・江寧人）
［宣統］山東 77/3
［宣統］重修恩縣 6/51
［民國］重修恩縣 10/67
恩縣鄉土志/10
25 梅傑（元・長清人）
［民國］長清 13/31
30 梅守德（字純甫）
（明・南直宣城人）
［宣統］山東 70/33
［康熙］曹州志 7/41
［乾隆］曹州府 12/17
［光緒］菏澤 7/名宦 6
［光緒］新修菏澤 8/11
31 梅源（明・臨清人）
［康熙］臨清州 3/人物 17
［乾隆］臨清州 9/50
34 梅汝鼎（字貞伯）
（清・江西南昌人）
［民國］陽信 2/70
43 梅式經（清・濮州人）
［宣統］濮州 6/55
48 梅枚（字功升）
（清・江西南城人）
［宣統］山東 75/32
［乾隆］泰安府 15/36
50 梅貴（清・章邱人）
［道光］章邱 11/83
梅本深（清・南海人）
［乾隆］樂陵 4/55
71 梅長盛（字萋莘）
（清・惠民人）
［光緒］惠民 20/11
惠民縣鄉土志/耆舊錄 6
梅長隆（清・惠民人）
［乾隆］惠民 6/18
［光緒］惠民 24/3
77 梅開（明・江西人）
［康熙］膠州 5/9
［乾隆］膠州 4/14
［道光］重修膠州 22/7
［民國］增修膠志 17/6
88 梅慜（字芬遠）
（清・長洲人）
［宣統］山東 200/15
［乾隆］濟寧直隸州 28/20
［道光］濟寧直隸州 8/4－47

4928_0 狄

13 狄武揚（字成吾）
（清・滕縣人）
［康熙］滕縣志 8/義夫 6
［道光］滕縣志 9/孝義 16
17 狄子英（元）
［嘉靖］山東 27/8
［康熙］山東 35/8
［雍正］山東 27/58
［宣統］山東 69/34
［嘉靖］青州 13/37
［萬曆］青州 12/26
［咸豐］青州 35/19
［嘉靖］臨朐 2/46
［康熙］臨朐縣志書 1/33
光緒臨朐 13/3
21 狄仁傑（字懷英）
（唐・并州太原人）
［宣統］山東 68/14
［嘉慶］東昌 20/23
22 狄崇（字世昌）
（明・鳳陽人）
［嘉靖］山東 26/17
［康熙］山東 33/20
［雍正］山東 27/38
［萬曆元年］兗州 38/節義 4
［萬曆二十四年］兗州 29/15
［康熙］兗州 22/38
［乾隆］兗州 22/32
［康熙］濟寧州 6/21
［乾隆］濟寧直隸州 22/22
［道光］濟寧直隸州 6/6－29
濟寧州鄉土志 1/政績
40 狄培（清・吳縣人）
［乾隆］利津縣志補 3/17
44 狄芬（清・江蘇溧陽人）
新泰縣鄉土志/6
狄桂馨（清・莘縣人）
莘縣鄉土志/事業 27
50 狄惠（字濟民）
（明・溧陽人）
［萬曆］青州 12/23
［康熙四十八年］青州 12/23
［康熙六十年］青州 12/26
［咸豐］青州 36/5
［萬曆］樂安 13/2
［雍正］樂安 11/3
［民國］樂安 8/19
［民國］續修廣饒 17/3
60 狄黑（字子哲）
（春秋・衛人）
［嘉靖］山東 24/9
［康熙］山東 29/9
［雍正］山東 11/闕里二 19
［萬曆元年］兗州 7/56
［萬曆二十四年］兗州 7/22
［康熙］兗州 8/23
［乾隆］兗州 7/30
［乾隆］曲阜 59/8
77 狄學勤（字聞泉，別號道溪）
（清・臨沂人）
［民國］臨沂 10/42
80 狄兼謨（字汝諧）
（唐・河東太原人）
［宣統］山東 68/6
［康熙］東平州 3/3
［乾隆］東平州 10/4
［道光］東平州 10/上 4
90 狄肖傑（字再公）
（清・滕縣人）
［道光］滕縣志 8/儒林 11

滕縣鄉土志/24
狄光嗣(唐・并州太原人)
[嘉靖]山東 26/23
[雍正]山東 27/42
[宣統]山東 68/7
[康熙]濟南 24/9
[道光]濟南 33/25
[萬曆]東昌 18/15
[嘉慶]東昌 20/26
[嘉靖]淄川 6/75
[萬曆]淄川 27/3
[康熙]淄川 4/2
[乾隆]淄川 4/2
[萬曆]恩縣 4/3
[宣統]重修恩縣 6/42
[民國]重修恩縣 10/59
恩縣鄉土志/9
狄懷明(清・萊蕪人)
[民國]續修萊蕪 22/9

4942_0 妙

05 妙靖真人(號洞春)
(元・肥城人)
[宣統]山東 200/30
[乾隆]濟寧直隸州 28/27
[道光]濟寧直隸州 10/2－17
12 妙登(清)
[乾隆]歷城 45/12
48 妙敬(清)
[宣統]山東 200/39
[乾隆]沂州府 27/14
[康熙]費縣 7/31
[光緒]費縣 11/69

4980_2 趙

00 趙賡(字良哉)
(清・寧海人)
[民國]牟平 7/39
趙亨(清・淄川人)
[宣統]三續淄川 10/6
趙堃(字友石)
(清・牟平人)
[民國]牟平 7/115
趙廓(字增祺)
(清・德州人)
[民國]德縣 10/54
趙亮(明・兗州人)
[嘉慶]慶雲 7/35
[咸豐]慶雲 2/25
[民國三年]慶雲 1/92
趙諒(明・堂邑人)
[順治]堂邑 2/人物 18
[康熙十一年]堂邑 2/選舉 23
[康熙]堂邑 14/7
趙袞(字屢豐)
(清・掖縣人)
[乾隆]掖縣 4/45
趙慶(明・萊陽人)
[民國]萊陽 3/1 中 78
趙讓(宋・濮州人)
[萬曆]濮州 1/帝 20
[康熙]濮州 1/72
[乾隆]濮州 1/76
[宣統]濮州 1/106
趙讓(元・臨邑人)
[康熙]重修臨邑 9/2
趙讓(明・肥城人)
[嘉靖]山東 35/1
[康熙]山東 45/2
[康熙]濟南 44/5
[乾隆]泰安府 18/34
[康熙]肥城書下/14
[嘉慶]肥城 17/18
[光緒]肥城 9/2
肥城縣鄉土志 5/19
趙唐(宋・兗州人)
[嘉靖]山東 30/46
[康熙]山東 45/7
[雍正]山東 28/人物二 38
[宣統]山東 165/9
[萬曆元年]兗州 40/孝友 6
[萬曆二十四年]兗州 37/1
[康熙]兗州 28/30
[乾隆]兗州 23/29
[康熙]滋陽 4/上 29
[光緒]滋陽 9/46
趙唐(宋・淄川人)
[康熙]濟南 44/3
[道光]濟南 47/33
[嘉靖]淄川 6/80
[萬曆]淄川 32/1
[康熙]淄川 6/16
[乾隆]淄川 6/上 16
淄川縣鄉土志/耆舊錄－孝友
趙玄(漢・聊城人)
[宣統]聊城 8/54
趙彥(漢・琅邪人)
[至元]齊乘 6/13
[嘉靖]山東 33/17
[雍正]山東 31/3
[宣統]山東 168/2
[嘉靖]青州 14/5
[萬曆元年]兗州 43/7
[乾隆]沂州府 27/10
[萬曆]諸城 7/8
[康熙]諸城 7/7
趙彥(字明宇)
(明・陝西膚施人)
[康熙]山東 31/17
[雍正]山東 27/16
[宣統]山東 70/10
[道光]濟南 35/8
[崇禎]歷乘 16/36
[崇禎]歷城 6/15
[光緒]增修登州 25/1
趙庚(字成伯)
(宋)
[宣統]山東 68/50
[咸豐]青州 35/9
趙充庭(字初筳)
(清・膠州人)
[乾隆]膠州 4/67
[道光]重修膠州 28/8
[民國]增修膠志 42/7
趙賡唐(清・博興人)
[民國]重修博興 13/57
趙文廣(明)
[乾隆]續登州 10/12
[雍正]文登 10/2
[道光]文登 5/26
[光緒]文登 10/下 2
趙文豪(鹽山人)
[民國]齊河 22/12
趙廣語(清・東平人)
[光緒]東平州 15/中 40
[民國]東平縣 11/中 10

趙方醇(字素菴)
(清・齊河人)
[民國]齊河 27/11
趙廣元(清・東平人)
[光緒]東平州 15/中 40
[民國]東平縣 11/中 10
趙慶霄(字幼雲)
(清・萊陽人)
[民國]萊陽 3/1 中 90
趙慶雲(字龍升)
(清・觀城人)
觀城縣鄉土志/耆舊
趙庭玉(字君用)
(元・樂安人)
[民國]樂安 10/5
[民國]續修廣饒 19/8
趙文覃(字化野)
(清・金鄉人)
[民國]金鄉 13/續增 8
趙彥可(明・南直崑山人)
[嘉靖]山東 26/28
[康熙]山東 34/8
[雍正]山東 27/47
[宣統]山東 72/49
[萬曆]東昌 18/34
[乾隆]東昌 34/24
[康熙]臨清州 3/名宦 5
[乾隆]臨清州 9/6
[乾隆]臨清直隸州 6/73
[民國]臨清縣/秩官 59
趙文琴(昌樂人)
[民國]昌樂縣續志 21/21
趙充廷(見趙充庭)
趙方廷(清・鉅野人)
[民國]續修鉅野 5/上 30
趙慶瑞(清・黃縣人)
[光緒]增修登州 43/12
趙應聘(明・日照人)
[乾隆]沂州府 26/10
[光緒]日照 8/7
趙商子(漢・河內人)
[光緒]高密 10/47
趙庭琰(字崑璞)
(明・濱州人)
[乾隆]武定府 24/29
[咸豐]武定府 24/循良 19
[康熙]濱州 7/10
[咸豐]濱州 10/8
濱州鄉土志/耆舊錄
趙康爵(清・鄆城人)
[光緒]鄆城 16/27
趙亮采(明・齊河人)
[雍正]山東 28/人物三 16
[宣統]山東 165/16
[康熙]濟南 44/9
[道光]濟南 51/42
[康熙]齊河 6/31
[雍正]齊河 7/1
[民國]齊河 24/1
齊河縣鄉土志耆舊錄/10
[民國]長清 13/31
趙亮采(字蒼舒)
(清・冠縣人)
[道光]冠縣 8/上 31
[光緒]冠縣 8/文學
[民國]冠縣 8/人物志 39
趙文衢(字畊堂)
(清・膠州人)
[民國]增修膠志 47/7
趙文獻(清・無棣人)
[民國]無棣 11/21
趙文德(字緒川)
(明・長山人)
[道光]濟南 50/55
[康熙五十五年]長山 6/39
[嘉慶]長山 10/4
趙文魁(清・無棣人)
[民國]無棣 11/21
趙方伊(字聘三,號莘田)
(清・臨沂人)
[民國]續修臨沂 16/3
趙康侯(字晉三)
(清・鄆城人)
[光緒]鄆城 5/17
鄆城縣鄉土志/耆舊錄－勳業
趙文儀(寧津人)
寧津縣志料 3/人物－義行
趙方寧(清・鄒平人)
[民國]鄒平 15/144
趙應宿(明・博山人)
[康熙]顏神鎮志 4/下 8
趙廣業(字惟勤)
(清・昌樂人)
[民國]昌樂縣續志 34/7
趙文梁(清・東平人)
[光緒]東平州 15/下 44
[民國]東平縣 11/下 16
趙文遠(清・膠州人)
[民國]增修膠志 43/8
趙廣澤(字綸普)
(清・長清人)
[民國]長清 11/31
趙文運(字子開,號容齋)
(膠州人)
[民國]增修膠志 46/4
趙彥深(北齊・南陽宛人)
[雍正]山東 28/人物一 58
[宣統]山東 67/21
[康熙]濟南 33/3
[乾隆]平原 8/20
平原縣鄉土志輯稿/循吏
趙亨奎(清・黃縣人)
[民國]黃縣志稿 13/清孝友
趙立志(字先卿)
(清・利津人)
[民國]利津縣續志 9/5
趙文在(字炳其,號綺園)
(清・牟平人)
[同治]重修寧海州 17/28
[民國]牟平 7/20
趙應奎(字子徵)
(明・歷城人)
[道光]濟南 49/31
[乾隆]歷城 37/37
趙方城(字荊翰)
(清・嘉祥人)
[民國]濟寧直隸州續志 15/2
[光緒]嘉祥 3/31
趙庭藹(字和堂)
(清・汶上人)
[宣統]四續汶上稿/人物－施濟傳
趙文華(恩縣人)
[民國]重修恩縣 11/鄉賢 61
趙文菊(清・蒙陰人)
[宣統]蒙陰 4/孝義

趙文林(清・歷城人)
[民國]續修歷城 44/17
趙彥若(宋・臨淄人)
[嘉靖]山東 25/21
[康熙]山東 32/9
[雍正]山東 27/23
[宣統]山東 68/31
[康熙]濟南 25/13
[道光]濟南 34/7
[嘉靖]青州 14/19
[萬曆]青州 13/38,14/48
[康熙十五年]青州 13/38,14/48
[康熙四十八年]青州 13/事功 21,14/儒行 5
[康熙六十年]青州 16/10
[嘉靖]淄川 6/76
[萬曆]淄川 27/5
[康熙]淄川 4/5
[乾隆]淄川 4/5
淄川縣鄉土志/政績錄
[康熙]臨淄 9/17
趙文棟(字幹亭)
(清・博興人)
[民國]重修博興 13/36
趙芳馨(字桂山)
(清・濟寧人)
[民國]濟寧直隸州續志 12/40
趙方松(字秀冬)
(清・博山人)
[民國]續修博山 12/42
趙文翰(明・信陽人)
[乾隆]陽信 5/16
[民國]陽信 2/42
趙文翰(字墨林)
(莘縣人)
[民國]莘縣 7/26
趙文松(字鶴齡)
(清・長山人)
[嘉慶]長山 9/29
趙立本(字質山)
(清・昌樂人)
[民國]昌樂縣續志 31/5
趙六書(初名麟紱,字楷亭)
(清・益都人)
[光緒]益都縣圖志 39/15
趙文忠(恩縣人)
[民國]重修恩縣 11/鄉賢 61
趙廣成(長清人)
[民國]長清 12/20
趙文成(字子章)
(清・章邱人)
[道光]章邱 10/34
趙慶擢(清・膠州人)
[民國]增修膠志 44/13
趙充國(漢・隴西人)
[崇禎]歷城 3/7
趙文昌(字明叔,號西臯)
(元・長清人)
[嘉靖]山東 25/23
[康熙]山東 32/11
[雍正]山東 27/24
[宣統]山東 161/21
[康熙]濟南 25/17
[道光]濟南 34/42,48/41
[乾隆]歷城 36/24
[康熙]長清 8/44
[道光]長清 3/4
趙應昌(明・陜西永昌衛人)
[康熙]朝城 7/9
朝城縣鄉土志/5
趙文煛(字玉藻,號鐵源)
(清・膠州人)
[雍正]山東 28/人物四 37
[宣統]山東 177/55
[乾隆]萊州 10/33
[乾隆]膠州 4/55
[道光]重修膠州 27/21
[民國]增修膠志 41/16
膠州直隸州鄉土志 4/事功
趙文顯(明・觀城人)
[康熙]觀城 4/3
趙方曙(字初陽,別號研田)
(明・平陰人)
[乾隆]泰安府 17/42
[順治]平陰 7/26
[光緒]平陰 5/35
趙方曦(號升扶)
(明・平陰人)
[康熙]山東 46/3
[康熙]兖州續編 15/25
[順治]平陰 7/15,8/上 86
[光緒]平陰 5/3
平陰縣鄉土志/10
趙文璧(清・膠州人)
[民國]增修膠志 45/37
趙文鳳(明・寧陽人)
[咸豐]寧陽 13/50
[光緒]寧陽 13/62
趙裔隆(字振公)
(清・陽信人)
信邑志稿 7/耆碩
趙充美(字含輝)
(清・昌樂人)
[嘉慶]昌樂 24/5
趙庭炎(見趙庭琰)
趙文焞(明・萊陽人)
[民國]萊陽 3/1 中 19
趙文炳(字含章)
(明・北直任縣人)
[康熙]山東 32/17
[雍正]山東 27/28
[宣統]山東 71/13
[康熙]濟南 25/66
[道光]濟南 36/30
[天啟]新城 6/知縣,12/記
[崇禎]新城 6/知縣,12/記
[康熙]新城 5/4,12/16
[道光]新城/名宦
[民國]重修新城 10/7
新城縣鄉土志/政績－明知縣
趙文炳(字農官)
(清・黄縣人)
[民國]黄縣志稿 13/清孝友
趙文炳(字星如)
(清・壽光人)
[民國]壽光 12/人物志二 65
趙廣忻(清・東平人)
[光緒]東平州 15/中 40
[民國]東平縣 11/中 10
趙庶煒(清・安丘人)
[民國]續安邱新志 21/4
安丘縣鄉土志 7/耆舊錄 4
趙文煃(字撝謙)
(清・寧陽人)
[康熙四十一年]寧陽 3/40

[乾隆]寧陽7/師範1
[咸豐]寧陽14/3
[光緒]寧陽14/3
趙文煒(清・高唐人)
[乾隆]東昌43/32
[乾隆]高唐州續志2/6
[道光]高唐州5/1－43
[光緒]高唐州5/1－45
[民國]高唐縣12/11
趙文熚(明・萊陽人)
[民國]萊陽3/1中18
趙文輝(元)
[嘉靖]冠縣2/2
[萬曆]冠縣2/2
趙文炯(字野雲)
(明・汶上人)
[康熙]續修汶上4/人物5
趙文燿(字絅夫,別號鳳里)
(明・萊陽人)
[光緒]增修登州39/27
[康熙]萊陽8/8
[民國]萊陽3/1中14,3/3
上傳志下9
01 **趙龍池**(字御塘)
(清・平原人)
[民國]續修平原6/17
趙龍田(字澤甫,號橡村)
(清・平原人)
[民國]續修平原10/上18
02 **趙新**(字春煦)
(清・莒縣人)
[民國]重修莒志65/28
趙新(字晴嵐)
(清・天津人)
[民國]鄒平14/31
[民國]長清4/21
[光緒]新修菏澤9/6
菏澤縣鄉土志/10
[民國]德縣9/18
趙新(字用銘)
(清・天津人)
[民國]增訂武城續編9/3
趙訓(清・鄒平人)
[民國]鄒平15/146
趙新緒(字葆臣)
(牟平人)
[民國]牟平7/106
03 **趙誠**(明・江南蒙城人)
[萬曆]青州12/51
[康熙十五年]青州12/51
[康熙四十八年]青州12/51
[康熙六十年]青州12/39
[咸豐]青州36/8
[嘉靖]昌樂2/30
[康熙]昌樂1/34
[嘉慶]昌樂19/4
趙誠品(字端人,別號松園)
(清・滕縣人)
[道光]滕縣志8/儒林17
滕縣鄉土志/24
04 **趙誥**(明・睢州人)
[乾隆]泰安府15/15
[道光]東阿11/10
05 **趙諫**(宋・曹州人)
[康熙]曹州志20/18
[光緒]菏澤20/19
趙諫新(明・魚臺人)
[乾隆]魚臺10/29
趙諫臣(字從矦)
(清・魚臺人)
[乾隆]兗州23/80
[乾隆]濟寧直隸州27/34
[道光]濟寧直隸州8/3－36
[乾隆]魚臺11/29
[光緒]魚臺3/17
06 **趙課**(字龍溪)
(明・博山人)
[乾隆]博山6/上12
[民國]續修博山11/10
07 **趙部**(明・萊陽人)
[泰昌]登州11/40
[順治]登州17/18
[光緒]增修登州43/30
[康熙]萊陽8/23
[民國]萊陽3/1中71
趙詗(字映輝)
(清・陽信人)
[乾隆]陽信7/55
[民國]陽信5/耆碩54
信邑志稿7/耆碩
趙毅(五代)
[光緒]益都縣圖志16/16
08 **趙論**(字子議)
(清・莒縣人)
[民國]重修莒志65/7
趙敦誠(號松岩)
(清・萊陽人)
[民國]萊陽3/1中46
09 **趙麟**(明・開封人)
[嘉靖]山東27/9
[康熙]山東35/9
[雍正]山東27/78
[宣統]山東72/21
[嘉靖]青州13/38
[萬曆]青州12/27
[康熙四十八年]青州12/27
[康熙六十年]青州12/34
[乾隆]沂州府20/9
[康熙]莒州下/5
[嘉慶]莒州7/5
[民國]重修莒志57/10
趙麟瑞(字禎子)
(清・朝城人)
[康熙]朝城8/36
趙麟祥(字瑞野)
(明・膠州人)
[康熙]膠州5/33
[乾隆]膠州4/44
10 **趙貢**(漢・涿郡蠡吾人)
[雍正]山東27/50
[宣統]山東66/11
[嘉靖]青州13/8
[萬曆]青州12/6
[康熙十五年]青州12/6
[康熙四十八年]青州12/6
[康熙六十年]青州12/2
[咸豐]青州34/4
[萬曆]沂州志6/3
[康熙]沂州志3/39
[萬曆]諸城5/1
[康熙]諸城5/1
[乾隆]諸城27/1
趙貢(元)
[宣統]山東69/27
[康熙]濟南25/21
[乾隆]武定府16/46
[咸豐]武定府19/蒲臺1
[萬曆]蒲臺志8/4

[康熙]重修蒲臺 5/6
[乾隆]蒲臺 2/55
蒲臺縣鄉土志/2
趙可(字獻之)
(金・高平人)
[嘉靖]山東 30/54
[康熙]山東 40/52
[萬曆元年]兖州 40/文苑 15
[萬曆二十四年]兖州 35/26
[康熙]兖州 27/24
[乾隆]兖州 23/31
趙玟(字赤玉)
(清・昌樂人)
[嘉慶]昌樂 24/6
趙平(字德和)
(清・壽張人)
[光緒]壽張 7/29
趙瑭(字溫伯)
(清・利津人)
[咸豐]武定府 24/循良 48
[光緒]利津 7/宦蹟 13
趙雯(雯或作霆)
(宋)
[光緒]益都縣圖志 16/34
趙璽(明・觀城人)
[康熙]觀城 4/19
[道光]觀城 8/6
觀城縣鄉土志/耆舊
趙霨(字緼川)
(清・昌樂人)
[嘉慶]昌樂 24/6
趙玉(元・燕人)
[宣統]山東 69/26
[康熙]濟南 25/20
[弘治]泰安州 3/8
[康熙]泰安州 2/45
[乾隆]泰安府 14/27
[乾隆二十五年]泰安縣 10/30
[乾隆四十七年]泰安縣 8/26
[道光]泰安縣 10/3
[民國]重修泰安縣 6/57
趙玉(字汝石)
(明・平涼人)
[乾隆]武定府 16/42
[咸豐]武定府 19/霑化 1
[萬曆]新修霑化 6/109
[光緒]霑化 5/17
[民國]霑化 4/職官 34
趙玉(字子英)
(明・北直遷安人)
[嘉靖]山東 26/29
[宣統]山東 72/47
[萬曆]東昌 18/32
[乾隆]東昌 35/18
[嘉慶]東昌 22/22
[嘉靖]高唐州 5/5
[康熙十二年]高唐州 7/8
[康熙五十一年]高唐州 7/8
[道光]高唐州 7/1－7
[光緒]高唐州 7/1－7
[民國]高唐縣 9/5－4
高唐州鄉土志/6
趙玉(字金相)
(清・濟陽人)
[民國]濟陽 11/69
趙元(清・東郡人)
[嘉慶]東昌 33/1
趙元(漢,見趙玄)
趙雲(明・恩縣人)
[乾隆]東昌 42/28
[宣統]重修恩縣 8/40
[民國]重修恩縣 11/鄉賢 48
趙璋(清・商河人)
[民國]重修商河 8/47
趙震(字叔政)
(漢・梁鄒人)
[道光]濟南 45/16
[道光]鄒平 15/2
[民國]鄒平 15/2
趙震(號省吾)
(明・臨清人)
[乾隆]東昌 42/21
[康熙]臨清州 3/人物 8
[乾隆]臨清州 9/26
[乾隆]臨清直隸州 8/上 11
[民國]臨清縣/人物 51
趙正(明・臨邑人)
[道光]濟南 52/16
趙正(字秀生)
(清・歷城人)
[道光]濟南 61/6
[乾隆]歷城 46/4
趙至(元・堂邑人)
[順治]堂邑 2/人物又 17
[康熙十一年]堂邑 2/選舉 23
[康熙]堂邑 16/7
趙可章(字闇修)
(清・昌樂人)
[嘉慶]昌樂 24/6
趙于京(字豐原,號香坡)
(清・歷城人)
[宣統]山東 169/26
[道光]濟南 53/13
[乾隆]濟寧直隸州 28/20
[道光]濟寧直隸州 8/4－47
[乾隆]歷城 38/13
趙元亨(明・萊陽人)
[民國]萊陽 3/1 中 12
趙元章(字端甫)
(清・蓬萊人)
[光緒]增修登州 40/5
[光緒]蓬萊縣續志 9/行誼 5
[民國]蓬萊縣志合編人物志/行誼
趙天龍(清・陽信人)
[民國]陽信 5/任恤 33
趙雲龍(明・萊陽人)
[光緒]增修登州 50/1
[康熙]萊陽 8/22
[民國]萊陽 3/1 中 70
趙可訓(字式古)
(博興人)
[民國]重修博興 13/62
趙一誠(明・萊陽人)
[民國]萊陽 3/1 中 20
趙天麟(元・東平人)
[嘉靖]山東 30/58
[康熙]山東 40/56
[宣統]山東 163/27
[乾隆]泰安府 18/18
[萬曆元年]兖州 40/文苑 17
[萬曆二十四年]兖州 35/35
[康熙]東平州 4/76
[乾隆]東平州 15/34

趙吾麟(字子庠,一作子祥)
(清・霑化人)
[乾隆]武定府25/12
[咸豐]武定府25/孝友12
[光緒]霑化8/4
[民國]霑化2/32
趙元麟(清・新泰人)
[乾隆]新泰14/增3
趙天雷(明)
[康熙]山東47/3
[雍正]山東30/21
[康熙]濟南51/6
[道光]濟南60/12
[康熙]長清9/72
[道光]長清13/13
趙西晉(字盛唐)
(清・平原人)
[民國]續修平原10/上13
趙玉璋(字瓚亭)
(壽光人)
[民國]壽光1/10
趙雲雷(清・東平人)
[民國]東平縣11/上20
趙正元(字方極)
(清・高唐人)
[道光]高唐州5/2–22
[光緒]高唐州5/2–25
[民國]高唐縣12/24,12/51
趙一琴(字友鶴)
(清・高密人)
[民國]高密14/上23
趙玉珂(字韻珩)
(清・齊河人)
[民國]齊河26/33
趙雲瑞(字子豐,號雪濤)
(臨邑人)
[民國]續修臨邑3/9
趙可承(字繼業)
(清・昌樂人)
[咸豐]青州48/7
[嘉慶]昌樂23/9
趙不群(字介然)
(宋)
[嘉靖]山東25/21
[雍正]山東27/23
[宣統]山東68/32
[康熙]濟南25/12
[道光]濟南34/6
[萬曆]章丘21/69
[康熙]章丘4/23
[乾隆]章邱7/2
[道光]章邱9/3
章邱縣鄉土志/上7
[民國]濰縣志稿20/9
趙元爵(字蒼儒)
(清・濰縣人)
[道光]濟南56/82
[乾隆]德州9/57
[民國]德縣10/32
趙一經(字允通,號方塘)
(明・膠州人)
[康熙]膠州5/34
[乾隆]膠州4/35
[道光]重修膠州25/13
[民國]增修膠志40/12
膠州直隸州鄉土志4/事功
趙西川(清・平原人)
[民國]續修平原6/20
趙元偶(宋)
[康熙]兗州府曹縣8/9
[光緒]曹縣8/8
趙雲山(清・甘肅涼州人)
[民國]續修東阿12/3
趙正川(清・黃縣人)
[同治]黃縣9/4
[民國]黃縣志稿13/人物–
死難
趙爾待(明・博山人)
[康熙]顏神鎮志4/下6
趙可化(字淑行)
(清・鄆城人)
[康熙]鄆城6/21
[光緒]鄆城8/10
趙玉魁(字和璧)
(清・清平人)
[民國]清平/人物91
趙至德(字賢修)
(清・昌樂人)
[嘉慶]昌樂22/11
趙正紳(字敬齋)
(清・諸城人)
[光緒]增修諸城縣續志
20/6
趙爾綗(字蕙可)
(清・膠州人)
[民國]增修膠志45/18
趙可倜(字隣裴)
(清・鄆城人)
[康熙]鄆城6/13
趙三多(清・茌平人)
[宣統]茌平28/7
[民國]茌平3/79
趙玉盤(霑化人)
[民國]霑化4/登進47
趙雲鵠(清・平陰人)
[光緒]平陰6/71
趙三復(金・萊陽人)
[民國]萊陽3/1中3
趙五倫(清・利津人)
[乾隆]利津縣志續編8/50
[光緒]利津8/義行2
趙玉齡(字子方)
(清・博山人)
[民國]續修博山12/52
趙爾富(明)
[萬曆]青州14/26
[康熙十五年]青州14/26
[康熙四十八年]青州14/
孝友16
[康熙六十年]青州17/16
趙石渠(字書閣)
(清・魚臺人)
[光緒]魚臺3/又12
趙丕業(清・博山人)
[乾隆]博山7/上27
[民國]續修博山12/48
趙于灃(字東注)
(清・鄆城人)
[光緒]鄆城8/16
趙三祝(明・宿州人)
[崇禎]新城6/教諭
趙玉選(清・博興人)
[民國]重修博興13/60
趙元淑(隋・京兆雲陽人)
[宣統]山東67/28
[道光]濟南33/23
[光緒]陵縣18/1
陵縣鄉土志/5

趙雲奇(字秀峯)
(清・商河人)
[民國]重修商河 8/66
趙爾萃(字小魯)
(清・襄平漢軍正藍旗人)
[民國]夏津續編 6/32,9/26,9/32
趙玉藻(清・費縣人)
[光緒]費縣 11/8
趙玉藻(字幼文)
(清・掖縣人)
[光緒]三續掖縣 2/15
趙王槐(字者庭)
(清・江蘇常熟人)
[宣統]山東 75/11
[道光]濟南 38/18
[乾隆]淄川 4/又 28－2
淄川縣鄉土志/政績錄
[光緒]陵縣 18/16
趙玉槐(字者廷)
(清・常熟人)
陵縣鄉土志/10
趙爾超(字和璧)
(清・諸城人)
[乾隆]諸城 41/2
趙一鶴(字學甫)
(清・臨清人)
[民國]臨清縣/人物 86
趙一鶴(昌樂人)
[民國]昌樂縣續志 21/21
趙可中(字燦科)
(清・鉅野人)
[道光]鉅野 13/41
趙平東(清・陽穀人)
[民國]增修陽穀人物/忠烈 21
趙玉賁(清・觀城人)
觀城縣鄉土志/耆舊
趙元夫(字大之)
(明・東平人)
[康熙]東平州 3/43
[乾隆]東平州 11/5
趙元忠(字實菴)
(清・淄川人)
[宣統]三續淄川 9/74
趙玉成(字修如)
(清・茌平人)
[民國]茌平 3/99
趙雲揚(清・諸城人)
[光緒]增修諸城縣續志 16/31
趙玉田(清・鄆城人)
[光緒]鄆城 16/27
趙元昌(字體仁)
(清・泰安人)
[乾隆二十五年]泰安縣 12/24
[乾隆四十七年]泰安縣 10/上 21
[道光]泰安縣 9/上 73
[民國]重修泰安縣 8/25
泰安縣鄉土志/耆舊 20
趙震昇(字西園)
(清・寧海人)
[光緒]文登 10/下 5
趙天賜(字南泉)
(清・陝西商州人)
[宣統]山東 77/3
[咸豐]青州 37/29
[光緒]益都縣圖志 18/68
[道光]安邱新志 16/3
安丘縣鄉土志 2/政績錄
趙爾巽(字次珊,晚號无補)
(漢軍正藍旗人)
[民國]四續掖縣 4/53
[民國]重修泰安縣 8/54
[民國]膠澳志 10/14
趙一貫(明・霸州文安人)
[嘉靖]山東 27/10
[雍正]山東 27/79
[宣統]山東 72/24
[嘉靖]青州 13/43
[萬曆]青州 12/30
[康熙十五年]青州 12/30
[康熙四十八年]青州 12/30
[乾隆]沂州府 20/11
[康熙]日照 8/7
趙雲鵬(字景川)
(清・聞喜監生)
[民國]臨沂 7/77
趙五人(清・臨清人)
[民國]臨清縣/人物 71
趙玉鏞(字君揚)
(清・鄒縣人)
[民國]續修鄒縣志稿/人物－耆舊
趙元美(字嶙叔,晚號育菴)
(清・博山人)
[乾隆]博山 7/上 5
[民國]續修博山 11/19
趙元普(清・高唐人)
[道光]高唐州 5/2－21
[光緒]高唐州 5/2－24
[民國]高唐縣 12/50
趙天錫(字受之,一作授之)
(元・冠氏人)
[嘉靖]山東 31/25
[萬曆]東昌 19/43
[乾隆]東昌 19/21,19/22,37/21
[嘉慶]東昌 27/19,45/33
[嘉靖]冠縣 4/2
[萬曆]冠縣 2/2
[道光]冠縣 6/22,9/1,9/4
[光緒]冠縣 6/宦績,9/1,9/4
[民國]冠縣 6/32,9/4
趙雲翔(字元舉,號壽峯)
(明・平陰人)
[萬曆二十四年]兗州 36/24
[康熙]兗州 28/23
[乾隆]泰安府 17/29,27/102
[順治]平陰 7/4,8/上 78
[光緒]平陰 4/11,8/13
趙元第(字孟髭,號起巖)
(清・昌樂人)
[民國]昌樂縣續志 26/3
趙可懷(明・四川巴縣人)
[宣統]山東 72/11
[萬曆二十四年]兗州 29/11
[康熙]兗州 22/32
[乾隆]兗州 22/31
[萬曆]汶上 5/4,8/25
趙可煜(字丙章)
(清・昌樂人)
[嘉慶]昌樂 24/6
11 趙珂(明・黃巖舉人)

［萬曆］青州 12 又/又 22
［康熙四十八年］青州 12 又/又 22
［康熙六十年］青州 12/25
［咸豐］青州 36/6
［道光］博興 10/2
［民國］重修博興 12/2
趙玭(五代晉・澶州人)
［嘉靖］山東 26/24
［康熙］山東 34/4
［雍正］山東 27/87
［宣統］山東 68/21
［乾隆］曹州府 12/8
［嘉靖］濮州 7/12
［萬曆］濮州 3/名宦 12
［康熙］濮州 3/12
［乾隆］濮州 3/12
［宣統］濮州 4/12
趙儒(明・曹縣人)
［康熙］兖州府曹縣 13/49
［光緒］曹縣 13/47
趙璿(字君錫,號海田)
(明・昌樂人)
［咸豐］青州 44/18
［嘉慶］昌樂 24/3
趙璿(字文璣)
(明・歷城人)
［道光］濟南 49/7
［乾隆］歷城 37/11
趙璿(明・莒縣人)
［民國］重修莒志 62/1
趙班璽(字受介)
(清・益都人)
［宣統］山東 175/2
［康熙］顔神鎮志 4/下 5
趙研珠(字媚澤)
(清・莘縣人)
［康熙十一年］莘縣 7/17
［康熙五十六年］莘縣 7/17
［光緒］莘縣 7/27
［民國］莘縣 7/15
莘縣鄉土志/事業 26
趙儒子(字慧兒)
(清・曹縣人)
曹縣鄉土志/耆舊録
趙北辰(字德如)
(齊東人)
［民國］齊東 5/38
12 **趙璣**(字玉衡)
(清・壽光人)
［民國］壽光 12/人物志二 8
趙瑗(明・昌樂人)
［嘉慶］昌樂 28/1
趙瑗(字臨若)
(清・山陽人)
［宣統］山東 200/12
［乾隆］泰安府 27/98
［乾隆二十五年］泰安縣 13/4－59
［乾隆四十七年］泰安縣 12/1－45
［道光］泰安縣 12/選輯傳誌 45
［民國］重修泰安縣 12/26
趙登高(清・大同府人)
［乾隆］嶧縣 7/45
［光緒］嶧縣 19/武職 33
趙弘文(清・全州人)
［康熙五十六年］莘縣 5/9
［光緒］莘縣 5/20
趙弘文(字樸菴)
(清・泰安人)
［乾隆］泰安府 17/42
［乾隆二十五年］泰安縣 12/19
［乾隆四十七年］泰安縣 10/上 12
［道光］泰安縣 9/上 61
［民國］重修泰安縣 8/11
泰安縣鄉土志/耆舊 13
趙孔亮(字景隆)
(清・長山人)
［道光］濟南 55/30
［嘉慶］長山 9/14
趙延慶(字亨伯)
(明・山西盂縣人)
［宣統］山東 72/33
［康熙］兖州續編 14/15
［乾隆］曹州府 12/21
［萬曆］鉅野 6/11,9/藝文
［康熙］鉅野 10/11,15/28,15/31
［道光］鉅野 10/26,17/46,18/24
趙廷訓(字鯉門)
(清・博興人)
［民國］重修博興 13/55
趙廷講(清・德州人)
州乘餘聞/13
趙廷麟(明・鄒縣人)
［嘉靖］鄒縣地理誌 1/28
趙登三(字連元)
(清・長清人)
［民國］長清 13/7
趙登雲(字丹梯)
(清・益都人)
［光緒］益都縣圖志 45/6
趙瑞晉(字康侯,號升菴)
(清・齊河人)
［道光］濟南 56/1
［民國］齊河 24/7,32/25,33/16
齊河縣鄉土志耆舊録/12
趙廷鄉(清・海陽人)
［乾隆］海陽 6/16
趙廷琦(明・岢嵐人)
［康熙］聊城 2/2
趙廷瑋(清・諸城人)
［光緒］增修諸城縣續志 14/10
趙廷瓚(清・城武人)
［道光］城武 9/下 27
趙飛熊(字夢卜)
(清・朝城人)
［康熙］朝城 8/25
趙瑞嵐(字西山)
(清・齊河人)
［民國］齊河 23/12,27/17
趙延綬(字印若)
(清・黄縣人)
［同治］黄縣 8/10
［民國］黄縣志稿 13/人物－鄉賢祠
趙孔德(字希元)
(清・長山人)
［道光］濟南 55/15
［嘉慶］長山 7/26
趙孔魁(字星斗)

（清・長山人）
［道光］濟南 55/30
［嘉慶］長山 9/16
趙廷佑（明・廣西桂林人）
［康熙十一年］莘縣 5/5
［康熙五十六年］莘縣 5/5
［光緒］莘縣 5/17
趙廷佑（清・臨朐人）
臨朐縣鄉土志 1/耆舊
趙瑞峰（清・茌平人）
［民國］茌平 12/86
趙孔儀（明・邢臺人）
［道光］濟南 36/61
趙廷徵（字聘若，號涓菴）
（清・昌樂人）
［咸豐］青州 49/45
［嘉慶］昌樂 22/11
趙延寧（字久康）
（清・曹縣人）
［康熙］兗州府曹縣 11/21
趙延溥（宋・真定人）
［嘉靖］山東 27/11
［康熙］山東 36/2
［泰昌］登州 9/35
［順治］登州 11/9
趙延溥（字時泉，號復堂）
（清・牟平人）
［同治］重修寧海州 17/29
［民國］牟平 7/21
趙廷榷（字純生）
（清・泰安人）
［道光］泰安縣 9/上 88
［民國］重修泰安縣 8/42
趙登祿（清・清平人）
［乾隆］東昌 43/15
［嘉慶］東昌 32/41
［康熙］重修清平下/43
［嘉慶］清平 14/42
［宣統］增輯清平 12/55
［民國］清平/人物 51
趙弘祖（明・郯城人）
［康熙］郯城 8/15
趙廷選（字子進）
（清・陽穀人）
［民國］增修陽穀人物/善行 47
趙登墉（清・臨沂人）
［民國］臨沂 10/59
趙瑞吉（清・齊河人）
［道光］濟南 56/1
［雍正］齊河 6/28
［民國］齊河 23/30
趙廷嘉（清・膚施人）
［乾隆］泰安府 15/32
［康熙］東平州續志 4/1
［乾隆］東平州 12/40
［道光］東平州 12/40
［光緒］東平州 14/40
［民國］東平縣 9/22
東平州鄉土志上/政績錄 16
趙廷奎（清・臨清人）
［民國］臨清縣/人物 84
趙廷柱（字孟楹）
（清・鄒平人）
［民國］鄒平 15/140
趙廷樞（字環中，號石菴）
（清・齊河人）
［道光］濟南 56/9
趙廷樑（清・聊城人）
［宣統］聊城 8/86
趙廷芳（明・鄆城人）
［崇禎］鄆城 6/16
［康熙］鄆城 6/17
［光緒］鄆城 8/6
趙廷芳（清・臨清人）
［民國］臨清縣/人物 73
趙廷芳（字夢蘭）
（恩縣人）
［民國］重修恩縣 11/鄉賢 65
趙廷芳（字香齋）
（利津人）
［民國］利津縣續志 7/忠烈 1
趙廷英（莘縣人）
［民國］莘縣 7/27
趙廷芸（字馥齋）
（清・博興人）
［民國］重修博興 13/56
趙廷楝（字松岩）
（清・齊東人）
［民國］齊東 5/43
齊東縣鄉土志/耆舊錄 10
趙孔超（字仲昇）
（清・長山人）
［道光］濟南 55/15
［嘉慶］長山 7/26
趙弘夫（明・蒲臺人）
［康熙］重修蒲臺 7/11
［乾隆］蒲臺 3/48
蒲臺縣鄉土志/11
趙廷忠（明）
［康熙］寧海州 7/4
趙廷撰（清・齊河人）
［道光］濟南 56/9
趙登昇（字平仲）
（清・博山人）
［民國］續修博山 11/30
趙聯甲（字步咸）
（清・膠州人）
［雍正］（膠州）州志別本/人物－講師
［乾隆］膠州 5/15
［道光］重修膠州 28/9
［民國］增修膠志 42/8
趙聯甲（清・齊河人）
［民國］齊河 23/19
趙瑞星（清・齊河人）
［道光］濟南 56/6
趙孔曜（魏・安平人）
［乾隆］東昌 44/20
［嘉慶］東昌 34/7
［康熙］堂邑 17/6
趙延嗣（宋・東平人）
［乾隆］東平州 15/14，20/16
［道光］東平州 15/14，20/16
［光緒］東平州 15/下 21，20/16
［民國］東平縣 11/下 1
東平州鄉土志上/耆舊錄 29
趙瑞周（清・茌平人）
［民國］茌平 3/62
趙瑞普（清・齊河人）
［雍正］齊河 7/9
趙廷鈺（字維上）
（清・滕縣人）
［乾隆］兗州 23/88
［道光］滕縣志 9/孝義 11
趙弘智（唐・河南新安人）
［嘉靖］山東 27/15

［康熙］山東 37/3
［雍正］山東 27/69
［宣統］山東 68/17
［萬曆］萊州 5/60
［康熙］萊州 8/20
［光緒］增修登州 24/4
趙廷策（明·海陽人）
［乾隆］海陽 6/14
［民國］萊陽 3/1 中 19
13 **趙瓚**（明·山西清源人）
［道光］濟南 36/61
趙琮（唐·天水人）
［光緒］益都縣圖志 27/37
趙琅（字蘭汀）
（清·恩縣人）
［宣統］重修恩縣 8/33
［民國］重修恩縣 11/鄉賢 34
趙強（明·歷城人）
［道光］濟南 49/31
［乾隆］歷城 43/2
趙瑢（明·容河人）
［康熙四十一年］寧陽 3/16
［乾隆］寧陽 3/4
［咸豐］寧陽 11/10
［光緒］寧陽 11/10
寧陽縣鄉土志/10
趙瑢（字仲聲，號西園）
（清·汶上人）
［康熙］續修汶上 4/人物 17
趙琬（宋·燕人）
［嘉靖］山東 25/21
［康熙］山東 32/9
［康熙］濟南 25/13
［道光］濟南 72/18
［萬曆］淄川 27/6
［康熙］淄川 4/5
［乾隆］淄川 4/5
趙琬（明·安丘人）
［萬曆］安丘 28/62
趙瑄（明·河南汝州人）
［道光］濟南 36/57
［康熙］德平 3/1
［嘉慶］德平 5/6
［光緒］德平 5/6
14 **趙珪**（元·河間人）
［嘉靖］山東 25/24
［康熙］山東 32/13
［雍正］山東 27/75
［康熙］濟南 25/21
［乾隆］武定府 16/33
［咸豐］武定府 19/濱州 2
［康熙］濱州 5/17
［咸豐］濱州 8/2
趙珪（元·濰州人）
［民國］濰縣志稿 40/49
肥城縣鄉土志 3/3
趙璜（字廷實）
（明·江西安福人）
［嘉靖］山東 25/27
［康熙］山東 32/16
［雍正］山東 27/14
［宣統］山東 70/8
［康熙］濟南 25/35
［道光］濟南 35/5，36/2
［康熙］濟寧州 4/3
［崇禎］歷乘 16/32
［崇禎］歷城 6/13
趙瑾（字懷玉）
（清·利津人）
［乾隆］利津縣志續編 8/46
［光緒］利津 8/義行 2
趙琳（明·新鄉人）
［嘉靖］朝城志 5/又 9
趙琳（清·德平人）
德平縣鄉土志/耆舊錄
趙琳（字石寅）
（清·掖縣人）
［乾隆］掖縣 4/61
趙琪（字廷玉）
（明·寧津人）
［萬曆］寧津 7/3
［康熙］寧津縣志稿 7/3
［光緒］寧津 8/4
寧津縣志料 3/人物－循良
趙琦（明·博平人）
［正德］博平 4/66
趙琦（清·東平人）
［光緒］東平州 15/下 14
［民國］東平縣 11/中 31
趙璋（字韋玉）
（清·平原人）
［雍正］山東 28/人物四 40
［宣統］山東 170/26
［道光］濟南 56/94
萊州府鄉土志/上 29
［乾隆］平原 8/7
平原縣鄉土志輯稿/鄉賢
［道光］再續掖縣上/34
趙瑛（一名安）
（元·萊陽人）
［民國］萊陽 3/1 中 6
趙瓚（字黃中）
（清·昌邑人）
［光緒］昌邑縣續志 5/62
15 **趙璉**（字通府）
（清·萊陽人）
［民國］萊陽 3/1 中 81
趙玥（字容軒）
（清·滕縣人）
［道光］滕縣志 8/儒林 34
滕縣鄉土志/28
趙臻（字景隆，號淡菴）
（明·膠州人）
［康熙］膠州 6/53
趙珠（字還浦）
（清·單縣人）
［民國］單縣 12/鄉賢 15
趙建章（字子封）
（清·昌樂人）
［民國］昌樂縣續志 30/20
趙建極（字住同）
（明·河南永城人，一作永寧人）
［宣統］山東 70/32
［康熙］兗州續編 14/2
［乾隆］兗州 22/18
［康熙］沂州志 3/48
［乾隆］沂州府 20/5
［康熙］萊州 8/40
［乾隆］萊州 9/11
萊州府鄉土志/上 14
［嘉慶］續掖縣 2/14
趙建松（字耀東）
（清·博山人）
［民國］續修博山 9/28
16 **趙聖文**（字素菴）
（明·泰安人）
［乾隆二十五年］泰安縣

12/22
[乾隆四十七年]泰安縣
10/上 17
[道光]泰安縣 9/上 67
[民國]重修泰安縣 8/17
泰安縣鄉土志/耆舊 24
17 **趙弼**(字雪航)
(明·濟寧人)
[康熙]濟寧州 7/20
[乾隆]濟寧直隸州 26/14
[道光]濟寧直隸州 8/4－37
趙璨(清·萊陽人)
[民國]萊陽 3/1 中 41
趙琛(字荊玉)
(清·淄川人)
[道光]濟南 54/73
[宣統]三續淄川 9/99
趙琤(字建平)
(清·鉅野人)
[道光]鉅野 13/60
趙玖(字久玉)
(清·平原人)
[道光]濟南 56/94
[乾隆]平原 8/13
平原縣鄉土志輯稿/孝義
趙聚(明·單縣人)
[順治]單縣 3/7
趙鼐(明·臨淄人)
[萬曆]青州 14/53
[康熙十五年]青州 14/53
[康熙四十八年]青州 14/儒行 10
[康熙六十年]青州 15/10
[咸豐]青州 44/6
[民國]臨淄 23/11
臨淄縣鄉土志/耆舊錄
趙瓊(明·昌樂人)
[嘉慶]昌樂 28/1
趙珣(明·萊陽人)
[民國]萊陽 3/1 中 10
趙翼(北魏·天水人)
[嘉靖]山東 27/15
[康熙]山東 37/2
[雍正]山東 27/68
[宣統]山東 67/19
[萬曆]萊州 5/58
[康熙]萊州 8/18
[乾隆]萊州 9/5
趙子意(明·鄒人)
[萬曆]鄒志 2/28
[康熙十二年]鄒縣志 2/46
[康熙五十五年]鄒縣志 2/68
鄒縣鄉土志耆舊錄/14
趙司講(字觀顏)
(清·濟寧人)
[乾隆]濟寧直隸州 26/25
[道光]濟寧直隸州 8/3－30
趙孟班(字冠英,號晨廬)
(清·泰安人)
[民國]重修泰安縣 8/27
趙子瑞(長清人)
[民國]長清 12/19
趙子強(清·蒙陰人)
[康熙十一年]蒙陰 2/54
趙子璟(字朗如,號奈古)
(清·牟平人)
[光緒]增修登州 39/40
[民國]牟平 7/19
趙子任(字若衡)
(明·蒙陰人)
[康熙十一年]蒙陰 2/15
趙承德(明·朝城人)
[康熙]朝城 8/55
趙子佪(宋·武定人)
[崇禎]武定州 21/2
趙承宗(宋·幽州人)
[乾隆]泰安府 14/14
[康熙]東平州 4/33
[乾隆]東平州 12/11
[道光]東平州 12/11
[光緒]東平州 14/11
趙承宗(字丕承)
(清·樂安人)
[咸豐]青州 47/30
[雍正]樂安 12/23
[民國]樂安 10/19
[民國]續修廣饒 19/35
趙孟頫(字子昂)
(元·吳興人)
[嘉靖]山東 25/22
[康熙]山東 32/11
[雍正]山東 27/24
[宣統]山東 69/19
[康熙]濟南 25/17
[道光]濟南 34/28
[崇禎]歷乘 16/27,16/61
[崇禎]歷城 6/10
趙子源(字渭川)
(長清人)
[民國]長清 12/20
趙子湘(字荊川)
(長清人)
[民國]長清 12/24
趙君祥(字作善)
(清·齊河人)
[民國]齊河 26/42
趙承華(字實甫)
(明·冠縣人)
[道光]冠縣 8/上 16
[光緒]冠縣 8/忠勤
[民國]冠縣 8/人物志 18
趙子懿(字秉軒)
(清·膠州人)
[民國]增修膠志 45/25
趙君輔(清·鉅野人)
[民國]續修鉅野 5/上 27
趙子韓(字稚均,號雨帆,又號石翁)
(清·牟平人)
[民國]牟平 7/113
趙承恩(字惠廷)
(清平人)
[民國]清平/人物 85
趙乃斝(清·海陽人)
[光緒]增修登州 43/50
趙乃普(清)
信邑志稿 5/宦蹟－學官
18 **趙玢**(字彩玉)
(清·武城人)
[民國]增訂武城續編 10/9
趙瑜(字伯握)
(清·利津人)
[乾隆]利津縣志續編 8/43
[光緒]利津 8/隱逸 1
趙珍(明·昌邑人)
[康熙]昌邑 6/35
[乾隆]昌邑 6/167

趙孜(明・汝陽人)
[康熙]兗州府曹縣 10/12
[光緒]曹縣 10/11
趙致遠(金・萊陽人)
[民國]萊陽 3/1 中 3
趙致原(字中和)
(清・昌樂人)
[民國]昌樂縣續志 34/8
19 **趙琰**(宋・燕人)
[嘉靖]淄川 6/76
20 **趙秉**(明・新泰人)
[乾隆]新泰 16/1
新泰縣鄉土志/19
趙犨(五代・青州人)
[嘉靖]山東 32/12
[宣統]山東 156/14
[嘉靖]青州 14/13
[萬曆]青州 15/20
[康熙十五年]青州 15/20
[康熙四十八年]青州 15/武功 7
[康熙六十年]青州 16/46
趙季(字豐玉)
(清・膠州人)
[乾隆]膠州 4/54
[道光]重修膠州 29/18
[民國]增修膠志 45/4
趙系(字友竹)
(清・膠州人)
[乾隆]膠州 5/38
[道光]重修膠州 30/6
[民國]增修膠志 47/5
趙信(明・蒙陰人)
[康熙十一年]蒙陰 2/36
趙信(明・陽穀人)
[民國]增修陽穀人物/仕宦 8
趙秀(字君實)
(清・膠州人)
[乾隆]膠州 5/27
[道光]重修膠州 29/19
[民國]增修膠志 45/5
趙秀(清・蓬萊人)
[道光]榮成 8/9
趙維慶(清・鄒平人)
[民國]鄒平 15/144
趙維新(字素衷,一字文野)
(明・茌平人)
[宣統]山東 162/35
[康熙二年]茌平 2/44
[康熙四十九年]茌平 2/44
[宣統]茌平 12/2
趙維新(清・東昌人)
[康熙]山東 41/30
趙維新(字右文)
(清・沂水人)
[乾隆]沂州府 25/30
[道光]沂水 7/18
趙秉正(字義庵)
(明・濮州人)
[康熙]濮州續志下/2
[乾隆]濮州 4/11
[宣統]濮州 5/11
趙秉正(清・臨清恩貢)
[康熙]膠州 5/20
[乾隆]膠州 4/18
[道光]重修膠州 23/4
[民國]增修膠志 18/4
趙秀三(東阿人)
[民國]東阿 15/12
趙維瑞(萊陽人)
[民國]萊陽 3/1 中 55
趙維信(字庸言)
(清・冠縣人)
[道光]冠縣 8/上 25
[光緒]冠縣 8/孝義
[民國]冠縣 8/人物志 30
冠縣鄉土志/耆舊－孝子
趙秉衡(清・金鄉人)
[康熙五十一年]金鄉 5/8
趙雙峯(字峙亭)
(清・壽光人)
[民國]壽光 12/人物志二 28
趙秀嶺(字瀛洲)
(清・德州人)
[民國]德縣 10/72
趙爲獻(字鶴亭)
(清・臨淄人)
[民國]臨淄 27/61
趙維純(明・黃縣人)
[同治]黃縣 9/1
[民國]黃縣志稿 13/人物－死難
趙維魚(明・齊河人)
[道光]濟南 51/43
[康熙]齊河 7/7
[雍正]齊河 8/9
[民國]齊河 26/2
齊河縣鄉土志耆舊錄/10
趙秉倫(字宗道)
(明・蓬萊人)
[雍正]山東 28/人物三 21
[宣統]山東 160/22
[泰昌]登州 11/20
[順治]登州 16/12
[光緒]增修登州 39/2
[康熙]蓬萊 5/13
[道光]重修蓬萊 9/2,9/8
[民國]蓬萊縣志合編人物志/功業,人物志/鄉賢
趙維祺(清・萊陽人)
[光緒]增修登州 39/33
[乾隆]海陽 6/15
趙秉禮(字臣之)
(清・昌樂人)
[嘉慶]昌樂 24/5
趙維清(清・聊城人)
[宣統]山東 174/16
趙維墉(字崇垣)
(清・利津人)
[光緒]利津 8/義行 9
趙秉樞(號芥須,一作介須)
(清・臨清人)
[乾隆]東昌 39/13
[康熙]臨清州 3/人物 12
[乾隆]臨清州 9/37
[乾隆]臨清直隸州 8/上 24
[民國]臨清縣/人物 52
趙維翰(字甘城,號退齋)
(清・濟寧人)
[道光]濟寧直隸州 8/4－4
趙秉忠(明・昌平人)
[嘉靖]濮州 7/19
趙秉忠(字季卿,號峓陽)
(明・益都人)
[康熙]山東 42/27
[雍正]山東 28/人物三 57
[宣統]山東 160/35

[康熙十五年]青州 13/75
[康熙四十八年]青州 13/事功 59
[康熙六十年]青州 16/30
[咸豐]青州 45/13
[康熙]益都 7/39
[光緒]益都縣圖志 36/12
[民國]臨朐續志 22/33
[光緒]海陽縣續志 10/72
趙禹揆(字懋侯)
(清・冠縣人)
[道光]冠縣 8/上 30
[光緒]冠縣 8/文學
[民國]冠縣 8/人物志 39
趙千里(明)
[宣統]山東 73/19
[咸豐]青州 36/45
[乾隆]諸城 28/10
趙維曉(字光九)
(長清人)
[民國]長清 12/17
趙重煦(字景先)
(清・平原人)
[道光]濟南 56/95
[乾隆]平原 8/27
平原縣鄉土志輯稿/循吏
趙喬岳(明・堂邑人)
[順治]堂邑 2/人物 18
[康熙十一年]堂邑 2/選舉 23
[康熙]堂邑 14/1
趙維屏(字鑑臺)
(明・壽光人)
[康熙]壽光 23/2
[嘉慶]壽光 12/22
[民國]壽光 12/人物志一 23
趙維卿(明・北直柏鄉人)
[宣統]山東 71/7
[道光]濟南 36/15
[康熙]鄒平 4/12
[嘉慶]鄒平 14/8
[道光]鄒平 14/8
[民國]鄒平 14/8
趙喬年(明・深州人)
[光緒]益都縣圖志 18/10
趙受益(字謙甫)
(元・青州人)
[道光]濟南 48/9
[乾隆]歷城 17/23
趙維畬(字余田)
(清・利津人)
[民國]利津縣續志 7/文苑 1
趙秉鈞(字智庵)
(清・河南裕州人)
[宣統]東明續縣志 2/17
[民國]東明縣新誌 11/9
趙喬敘(字禹功)
(宋・密州諸城人)
[乾隆]諸城 29/6
趙秉常(字宗德)
(明・蓬萊人)
[泰昌]登州 11/44
[順治]登州 17/23
[光緒]增修登州 41/4
[康熙]蓬萊 5/23
[道光]重修蓬萊 9/30
[民國]蓬萊縣志合編人物志/行誼
趙維常(清・鄒平人)
[民國]鄒平 15/144
21 **趙縉**(字大紳)
(明・莘縣人)
[正德]莘縣 6/16
[光緒]莘縣 6/17
趙經(明・華亭人)
[嘉靖]濮州 7/23
[萬曆]濮州 3/名宦 17
[康熙]濮州 3/16
[乾隆]濮州 3/16
[宣統]濮州 4/16
趙仁(明・寧海州人)
[嘉靖]山東 32/24
[康熙]山東 43/3
[雍正]山東 28/人物三 2
[宣統]山東 160/14
[泰昌]登州 11/17
[順治]登州 16/23
[光緒]增修登州 38/18
[嘉靖]寧海州下/44
[康熙]寧海州 9/1
[同治]重修寧海州 17/7
[民國]牟平 7/9
趙屼(字景仁)
(宋・衢州西安人)
[光緒]益都縣圖志 16/42
趙衍(漢)
[乾隆]泰安府 5/3
[康熙]東平州 6/39
[乾隆]東平州 10/49
[道光]東平州 10/下 2
[光緒]東平州 12/4
[康熙十二年]陽穀 3/32
[康熙]陽穀 3/29
[光緒]陽穀 6/32
趙師彥(清・商河人)
[民國]重修商河 8/24
趙衍序(字子蕃)
(清・甘肅秦安人)
[宣統]山東 75/31
[道光]濟南 38/39
[道光]長清 4/7
趙衍韶(字宗夔)
(清・東阿人)
[民國]續修東阿 11/26
趙步雲(字雨軒)
(清・定陶人)
[民國]定陶 6/35
趙步雲(清・萊陽人)
[民國]萊陽 3/1 中 92
趙步雲(字天衢)
(清・益都人)
[光緒]益都縣圖志 37/21
趙衡正(元・考城人,遷嘉祥)
[宣統]山東 200/7
[順治]嘉祥 4/28
[乾隆]嘉祥 3/19
[光緒]嘉祥 3/19
趙貞元(明・郯城人)
[康熙]郯城 8/15
趙衍俊(清・平陰人)
[光緒]平陰 5/41
趙衍勳(字功擢)
(清・益都人)
[光緒]益都縣圖志 41/16
趙仁泉(字博源)
(雄縣人)

［民國］德平縣續志 12/碑記 18
［民國］夏津續編 9/28
［民國］高唐縣卷首
趙衍和(清·萊陽人)
［民國］萊陽 3/1 中 45
趙行志(明·項城人)
［咸豐］青州 36/36
［康熙］益都 5/22
［光緒］益都縣圖志 18/36
趙占梅(字爕公)
(清·臨清人)
［乾隆］臨清直隸州 8/下 15
［民國］臨清縣/人物 63
趙師旦(字潛叔)
(宋)
［同治］重修寧海州 13/2
［民國］牟平 6/67
趙師民(字周翰)
(宋·臨淄人)
［至元］齊乘 6/26
［嘉靖］山東 25/20,32/15
［康熙］山東 32/8,42/15
［雍正］山東 28/人物二 29
［宣統］山東 162/27
［康熙］濟南 25/9
［道光］濟南 34/4
［嘉靖］青州 15/37
［萬曆］青州 14/48
［康熙十五年］青州 14/48
［康熙四十八年］青州 14/儒行 5
［康熙六十年］青州 15/7
［咸豐］青州 41/6
［萬曆二十四年］兖州 28/9
［康熙］兖州 22/9
［乾隆］泰安府 14/16
［康熙］東平州 4/32
［乾隆］東平州 12/14
［道光］東平州 12/14
［光緒］東平州 14/14
［崇禎］歷城 6/9
［光緒］益都縣圖志 16/38
［康熙］臨淄 9/17
［民國］臨淄 26/45
趙貞美(字介人)
(清·蒲臺人)
［乾隆］武定府 25/40
［咸豐］武定府 25/儒林 10
［乾隆］蒲臺 3/49
蒲臺縣鄉土志/11
趙師範(清·商河人)
［民國］重修商河 8/24
22 **趙偁**(宋)
［光緒］益都縣圖志 16/41
趙崇(清·萊陽人)
［乾隆］即墨 9/33
［同治］即墨 9/49
即墨縣鄉土志/耆舊－事業四
［民國］萊陽 3/1 中 32
趙鼎(宋)
［宣統］三續淄川 9/40
趙鼎(宋)
［康熙］滋陽 3/81
趙巉(字次公)
(清·萊陽人)
［民國］萊陽 3/1 中 29
趙崙(字叔公,別號閬仙)
(清·萊陽人)
［光緒］增修登州 39/34
［民國］萊陽 3/1 中 31,3/3 上傳志下 31
趙崟(字孟領)
(清·單縣人)
［民國］單縣 12/鄉賢 15
趙任(字仁甫,一字肩吾)
(明·膠州人)
［康熙］膠州 5/又 28
［雍正］(膠州)州志別本/人物－詩人
［乾隆］膠州 4/38
［道光］重修膠州 25/28
［民國］增修膠志 40/26
膠州直隸州鄉土志 4/文學
趙任(字肩吾)
(清·德州人)
［光緒］德州志略/人物傳略
［民國］德縣 10/53
德州鄉土志/耆舊 55
趙岩(明·堂邑人,見趙巖)
趙巖(明·堂邑人)
［嘉靖］山東 35/4
［康熙］山東 45/12
［雍正］山東 28/人物三 33
［宣統］山東 165/20
［萬曆］東昌 19/50
［乾隆］東昌 42/9
［嘉慶］東昌 32/9
［順治］堂邑 2/人物 18
［康熙十一年］堂邑 2/人物 7
［康熙］堂邑 16/9
堂邑縣鄉土志/耆舊錄
趙巖(清·臨清人)
［民國］臨清縣/人物 30
趙嵊(字長公,號眉魯)
(清·萊陽人)
［光緒］增修登州 39/34
［民國］萊陽 3/3 上傳志下 33
趙樂(清·新泰人)
［乾隆］新泰 16/8
趙崇慶(明·山西平原人)
［萬曆］福山 4/19
［康熙］福山 7/33
趙山亭(字之榛)
(清·平原人)
［道光］濟南 56/95
［民國］續修平原 10/上 4
趙彩雲(字書五)
(清·臨朐人)
光緒臨朐 16/21
趙利珍(字玉衡,號虹渚)
(明·滕縣人)
［宣統］山東 161/58
［康熙］滕志 8/人物 23
［康熙］滕縣志 7/64
［道光］滕縣志 8/忠節 3
滕縣鄉土志/29
趙崇德(清·臨淄人)
［民國］臨淄 30/37
趙繼先(清·黃縣人)
［同治］黃縣 9/4
［民國］黃縣志稿 13/人物－死難
趙繼勳(明·日照人)

［康熙十五年］青州 14/27
［康熙四十八年］青州 14/孝友 18
［康熙六十年］青州 17/12
［乾隆］沂州府 26/11
［光緒］日照 8/7
趙繼勳（字績成）
（清・臨沂人）
［民國］臨沂 10/39
趙綏之（字濟普）
（清・昌樂人）
［民國］昌樂縣續志 34/7
趙胤才（清・德州人）
［康熙］濟南 44/35
［道光］濟南 56/82
［乾隆］德州 9/62
德州鄉土志/耆舊 24
［民國］德縣 11/6
趙繼芳（字子蓮，一作子連）
（清・商河人）
［道光］商河 7/53
［民國］重修商河 9/19
商河縣鄉土志 3/耆舊－學問
趙繼華（明・萊陽人）
［民國］萊陽 3/1 中 20
趙後素（字元禮，號香嚴，一號聞聞）
（清・德州人）
［民國］德縣 10/54
趙繼本（字承德，號蒙泉）
（明・歷城人）
［康熙］濟南 37/9
［道光］濟南 49/7
［崇禎］歷乘 16/20
［崇禎］歷城 10/13
［乾隆］歷城 37/11
趙繼忠（字葵陽）
（明・安東衛人）
［康熙十五年］青州 14/61
［康熙四十八年］青州 14/儒行 18
［康熙六十年］青州 15/13
［光緒］日照 8/7
趙鸞掖（字紫垣）
（清・掖縣人）
［光緒］三續掖縣 1/48
趙胤振（字麟生，號聖苞，一號錦曇）
（清・齊河人）
［雍正］山東 28/人物四 13
［宣統］山東 170/16
［康熙］濟南 38/19
［道光］濟南 56/1
［康熙］齊河 6/33
［雍正］齊河 7/3
［民國］齊河 23/3，24/5，25/2，32/16，32/55，32/57
齊河縣鄉土志鄉賢祠/17
趙鼎昌（清・泰安人）
［乾隆二十五年］泰安縣 12/31
［乾隆四十七年］泰安縣 10/上 28
［道光］泰安縣 9/上 80
［民國］重修泰安縣 8/36
趙崇璧（字國璋）
（明・濟寧人）
［乾隆］濟寧直隸州 15/14
趙繼興（字丕振）
（清・章邱人）
［道光］濟南 54/19
［道光］章邱 11/66
趙繼美（字靖伯）
（清・博山人）
［乾隆］博山 7/上 22
［民國］續修博山 12/44
趙樂棠（字蔭南）
（東平人）
［民國］東平縣 11/上 24
趙繼煥（字文軒）
（清・寧陽人）
［光緒］寧陽 15/37
23 **趙岱**（字嶽宗，號鑑塘）
（明・平陰人）
［乾隆］泰安府 17/35
［順治］平陰 7/5，8/上 67
［光緒］平陰 4/13
趙允讓（宋）
［萬曆］東昌 5/6
趙允弼（宋・涿州人）
［乾隆］泰安府 5/11
［乾隆］東平州 10/56
［光緒］東平州 12/15
趙峻德（東平人）
［民國］東平縣 11/上 24
趙允升（字大猷）
（清・長山人）
［道光］濟南 55/35
［嘉慶］長山 8/27
趙允和（清・陽信人）
［民國］陽信 5/耆碩 58
趙允迪（清・高唐人）
［嘉慶］東昌 32/65
［道光］高唐州 5/2－20
［光緒］高唐州 5/2－23
［民國］高唐縣 12/41
趙允才（見趙胤才）
趙允桓（字公玉）
（清・諸城人）
［道光］諸城縣續志 16/8
趙允攀（字桂卿，號雲龍）
（明・寧海人）
［同治］重修寧海州 17/18
［民國］牟平 7/12
趙允松（清・諸城人）
［道光］諸城縣續志 19/4
趙獻忠
［民國］續修鉅野 3/14
趙允振（見趙胤振）
趙允昌（字吉甫）
（清・昌樂人）
［嘉慶］昌樂 23/10
趙允則（字信齋）
（清・臨沂人）
［民國］臨沂 10/39
趙允義（字仲方）
（明・臨清人）
［乾隆］東昌 39/12
［康熙］臨清州 3/人物 10
［乾隆］臨清州 9/35
［乾隆］臨清直隸州 8/上 22
［民國］臨清縣/人物 51
24 **趙僅**（宋・萊陽人）
［民國］萊陽 3/1 中 2
趙岐（字邠卿）
（漢・京兆長陵人）

[嘉靖]山東 34/7
[康熙]山東 48/6
[雍正]山東 31/12
[宣統]山東 200/2
[嘉靖]青州 15/60
[萬曆]青州 15/58
[康熙十五年]青州 15/又 58
[康熙四十八年]青州 15/僑寓 5
[康熙六十年]青州 20/16
[咸豐]青州 53/3
[萬曆]萊州 6/22
[康熙]萊州 10/91
[萬曆]安丘 25/44
安丘縣鄉土志 9/耆舊錄 6
[嘉靖]昌樂 3/49
[康熙]昌樂 5/3

趙偉(字信之)(元・東陽人)
[順治]臨邑 15/17

趙偉(明・山西潞安人,一作上黨人)
[雍正]山東 27/60
[宣統]山東 73/1
[嘉靖]青州 13/40
[萬曆]青州 12/29
[康熙十五年]青州 12/29
[康熙四十八年]青州 12/29
[康熙六十年]青州 12/18
[咸豐]青州 36/4
[光緒]益都縣圖志 18/5

趙緒(清・海陽人)
[光緒]海陽縣續志 4/26

趙佐(字臣哉)(明・膠州人)
[康熙]山東 45/23
[康熙]膠州 6/4
[乾隆]膠州 5/6
[道光]重修膠州 26/4
[民國]增修膠志 40/31

趙德廣(字純仁)(清・陽信人)
[民國]陽信 5/義俠 79

趙德文(字子矼)(宋・涿州人)
[萬曆二十四年]兖州 9/28
[康熙]兖州 10/27
[乾隆]泰安府 5/10
[乾隆]東平州 10/55
[光緒]東平州 12/14
[民國]東平縣 17/6

趙化育(清・鄆城人)
[光緒]鄆城 5/29
鄆城縣鄉土志/耆舊錄－事業

趙科慶(號貞宇)(清)
[乾隆]東昌 44/12
[乾隆]臨清州 12/13

趙德毅(字子健)(清・博興人)
[民國]重修博興 13/39

趙德琛(字貢南)(清・文登人)
[光緒]文登 10/上 15

趙德俊(字子明)(平原人)
[民國]續修平原 8/25

趙升獻(字翼庭)(清・昌樂人)
[民國]昌樂縣續志 31/21

趙德彝(宋・涿州人)
[嘉靖]山東 26/8
[康熙]山東 33/10
[雍正]山東 27/77
[宣統]山東 68/40
[萬曆元年]兖州 38/循吏 26
[萬曆二十四年]兖州 28/1
[康熙]兖州 22/1
[萬曆]沂州志 6/7
[康熙]沂州志 3/42
[乾隆]沂州府 20/3
[民國]臨沂 7/68

趙升皇(字硌九)(清・昌樂人)
[嘉慶]昌樂 28/3

趙魁遠(清・單縣人)
[乾隆]單縣 7/47

趙化洙(字魯泉)(清・茌平人)
[民國]茌平 3/103

趙德澤(字光被)(清・膠州人)
[道光]重修膠州 29/33
[民國]增修膠志 45/17

趙德潤(字清澤)(清・臨沂人)
[民國]臨沂 10/21

趙升祚(字德聞)(清・霑化人)
[光緒]霑化 8/11
[民國]霑化 2/40

趙續海(清・日照人)
[乾隆]沂州府 27/11
[康熙]日照 10/12

趙仕志(清・膠州人)
[民國]增修膠志 43/9

趙德懋(字建澤,別號荊園)(清・臨沂人)
[民國]臨沂 10/22

趙德盛(明・濟寧人)
濟寧州鄉土志 2/耆舊

趙德明(清・福山人)
[乾隆]福山 8/63

趙德勝(明・濟寧人)
[康熙]濟寧州 7/2
[乾隆]濟寧直隸州 26/29
[道光]濟寧直隸州 8/2－21

趙升智(字伯安)(清・昌樂人)
[民國]昌樂縣續志 34/7

25 **趙純**(明・高苑人)
[萬曆]青州 14/18
[康熙十五年]青州 14/18
[康熙四十八年]青州 14/孝友 8
[康熙六十年]青州 17/13
[咸豐]青州 44/47
[康熙]高苑 6/4
[乾隆]高苑 6/4

趙倩(字美公)(清・單縣人)
[乾隆]單縣 7/10
[民國]單縣 9/66

趙甡(字若鹿)(清・掖縣人)
[嘉慶]續掖縣 3/11

趙紳(明・歷城人)
[嘉靖]山東 29/24
[康熙]山東 39/22
[雍正]山東 28/人物三 6
[宣統]山東 160/15
[道光]濟南 49/2
[崇禎]歷乘 16/16
[崇禎]歷城 10/11
[乾隆]歷城 37/4
趙仲將(南北朝)
[道光]濟南 46/35
趙傑士(字漢三)
(清・博興人)
[民國]重修博興 13/44
趙傳質(清・鄆城人)
[光緒]鄆城 16/27
趙仲恒(號松菴)
(清・臨朐人)
臨朐縣鄉土志 1/耆舊
26 **趙鯤**(字子南,一作宇南,號九嶺)
(明・壽張人)
[雍正]山東 28/人物三 46
[宣統]山東 161/48
[萬曆二十四年]兗州 36/20
[康熙]兗州 28/19
[康熙]兗州續編 15/27
[乾隆]兗州 23/46
[康熙六年]壽張 7/12
[康熙五十六年]壽張 7/12
[光緒]壽張 6/46
壽張縣鄉土志/耆舊 - 事業,耆舊 - 學問
趙魏(字象闕)
(壽光人)
[民國]壽光 1/9
趙儼(原名仁,字季然)
(明・膠州人)
[康熙]膠州 6/13
[乾隆]膠州 4/41
[道光]重修膠州 25/16
[民國]增修膠志 40/15
趙得水(東平人)
[民國]東平縣 11/中 16
趙得功(東平人)
[民國]東平縣 11/上 22
趙自化(宋・棣州人,一作德州平原人)
[嘉靖]山東 29/14
[宣統]山東 168/12
[康熙]濟南 49/3
[道光]濟南 47/41,61/2
[乾隆]武定府 26/33
[咸豐]武定府 26/藝術 1
[萬曆]平原上/69
[乾隆]平原 8/45
平原縣鄉土志輯稿/隱逸
[康熙]陵縣 5/4
[乾隆]惠民 6/15
[光緒]惠民 23/16
惠民縣鄉土志/耆舊錄 33
趙自永(清・新泰人)
[順治]新泰 5/23
趙伯深(字逢源)
(宋・棣州人)
[嘉靖]山東 34/2
[康熙]山東 48/2
[乾隆]武定府 25/2
[咸豐]武定府 25/孝友 2
[乾隆]惠民 5/51
[光緒]惠民 21/2
惠民縣鄉土志/耆舊錄 7
趙得祿(清・蓬萊人)
[道光]重修膠州 23/12
[民國]增修膠志 18/11
趙伯楹(字丹臣)
(清・膠州人)
[民國]增修膠志 44/15
趙得春(字鶴亭)
(清・桓臺人)
[民國]桓臺 3/39
趙伯昌(字南薰)
(清・諸城人)
[道光]諸城縣續志 19/12
趙白璧(字介泉)
(明・膠州人)
[乾隆]膠州 5/13
[道光]重修膠州 25/28
[民國]增修膠志 40/26
膠州直隸州鄉土志 4/文學
趙得勝(字愷臣)
(清)
[光緒]壽張 5/41
27 **趙鵠**(明・蒙陰人)
[康熙十一年]蒙陰 2/51
趙倜(字毅公)
(清・黃縣人)
[同治]黃縣 8/15
[民國]黃縣志稿 13/清懿行
趙象(明・南直太平府人)
[順治]樂陵 4/3
[乾隆]樂陵 4/49
趙嵺(宋)
[乾隆]東昌 34/10
[嘉慶]東昌 22/1
[康熙十一年]莘縣 5/2
[康熙五十六年]莘縣 5/2
[光緒]莘縣 5/4
[民國]莘縣 3/3
莘縣鄉土志/政績 3
趙嵢(字東峯)
(清・單縣人)
[民國]單縣 12/鄉賢 13
趙僎(字弗如,一字石樓)
(明・膠州人)
[康熙]膠州 5/39
[乾隆]膠州 4/42
[道光]重修膠州 25/29
[民國]增修膠志 40/26
膠州直隸州鄉土志 4/文學
趙佩琰(清・平陰人)
[乾隆]泰安府 18/63
趙峰隼(字掄秋)
(清・德州人)
[光緒]德州志略/人物傳略
[民國]德縣 10/63
趙叔皎(宋)
[嘉靖]山東 25/21
[雍正]山東 27/23
[宣統]山東 68/31
[康熙]濟南 25/13
[道光]濟南 34/10
[嘉靖]德州 3/5
[萬曆]德州 8/28
[康熙]德州 7/24
[民國]德縣 9/5
[康熙]陵縣 4/3

[光緒]陵縣 18/7
趙名儒(清・章邱人)
[道光]章邱 11/84
趙紹虞(清・臨清人)
[民國]臨清縣/人物 29
趙紹淵(清・汶上人)
[康熙五十六年]莘縣 5/19
[民國]莘縣 3/29
莘縣鄉土志/政績 10
趙繩祖(字允修)
(明・曹縣人)
[康熙]兗州府曹縣 13/49
[光緒]曹縣 13/47
趙鄉薦(字近山)
(明・昌樂人)
[萬曆]青州 14/56
[康熙十五年]青州 14/56
[康熙四十八年]青州 14/儒行 13
[康熙六十年]青州 15/12
[咸豐]青州 44/39
[康熙]昌樂 4/2
[嘉慶]昌樂 20/2
趙象鵬(字扶九)
(清・長山人)
[嘉慶]長山 9/33
趙象曾(字魯庭)
(清・長山人)
[道光]濟南 55/31
[嘉慶]長山 9/16
28 **趙從**(字瑞文)
(清・陽信人)
[乾隆]陽信 7/57
[民國]陽信 5/耆碩 56
信邑志稿 7/耆碩
趙復(字仁甫)
(元・德安人)
[雍正]山東 11/闕里二 31
[乾隆]兗州 7/44
趙復(明・浙江鄞縣人)
[嘉靖]山東 27/9
[康熙]山東 35/10
[雍正]山東 27/59
[宣統]山東 73/8
[嘉靖]青州 13/38
[萬曆]青州 12/27
[康熙四十八年]青州 12/27
[康熙六十年]青州 12/26
[咸豐]青州 36/1
[萬曆]樂安 13/2
[雍正]樂安 11/2
[民國]樂安 8/18
[民國]續修廣饒 17/2
趙倫(清・汶上人)
[宣統]四續汶上稿/人物－孝弟傳
趙繕(字希成)
(明・臨清人)
[康熙]臨清州 3/人物 7
[乾隆]臨清州 9/22
[乾隆]臨清直隸州 8/上 6
[民國]臨清縣/人物 3
趙儆(字印清)
(明・南直隸徐州人)
[康熙]膠州 5/34
[乾隆]膠州 4/40
[道光]重修膠州 25/10
[民國]增修膠志 40/9
膠州直隸州鄉土志 4/事功
趙以廉(字礪堂)
(清・濟寧人)
[民國]濟寧直隸州續志 12/34
趙從龍(字子雲)
(明・南直隸徐州人)
[乾隆]膠州 4/32
[道光]重修膠州 25/9
[民國]增修膠志 40/8
膠州直隸州鄉土志 4/事功
趙以旂(明・沂州人)
[乾隆]沂州府 26/20
趙作耳(字子靜,別字泉山)
(清・博山人)
[乾隆]博山 6/下 16
[民國]續修博山 12/24
趙作霖(字澍公)
(清・海陽人)
[光緒]增修登州 41/48
[光緒]海陽縣續志 5/24
趙作霖(字龍圖)
(清・壽光人)
[康熙四十八年]青州 14/儒行 18
[咸豐]青州 47/7
[康熙]壽光 27/2
[嘉慶]壽光 14/4
[民國]壽光 12/人物志二 5
壽光縣鄉土志/耆舊
趙以衡(明・萊陽人)
[民國]萊陽 3/1 中 21
趙僧巖(南北朝・北海人)
[雍正]山東 28/人物一 44
[宣統]山東 167/6
[嘉靖]青州 16/52
趙作舟(字浮山,一字乘如)
(清・海陽人)
[雍正]山東 28/人物四 44
[宣統]山東 176/20
[乾隆]續登州 10/6
[光緒]增修登州 39/35
[民國]萊陽 3/1 中 33
[乾隆]海陽 6/15,7/49
[光緒]海陽縣續志 10/70
趙作憲(字典章)
(清・昌樂人)
[民國]昌樂縣續志 34/8
趙從大(字先立)
(清・曹縣人)
[康熙]曹縣 11/37
[康熙]兗州府曹縣 11/37, 14/又 20
[光緒]曹縣 14/人物 25
趙徵吉(字東壁,號餘山)
(清・牟平人)
[光緒]增修登州 40/31
[同治]重修寧海州 21/7, 25/墓誌 12
[民國]牟平 7/88,9/28
趙作杭(清・莘縣人)
莘縣鄉土志/事業 26
趙作柱(清・莘縣人)
[嘉慶]東昌 32/62
[光緒]莘縣 7/27
[民國]莘縣 7/15
莘縣鄉土志/事業 26
趙以恭(字執敬)
(清・昌樂人)
[民國]昌樂縣續志 29/14

趙以林(字梅岑)
(清・利津人)
[民國]利津縣續志 7/義行 8
趙以莊(字敬齋)
(明・河南河内人)
[道光]濟南 36/8
[乾隆]歷城 34/5
趙作材(字茂亭)
(博興人)
[民國]重修博興 13/62
趙作楝(清・樂安人)
[民國]樂安 10/24
趙復春(明・直隸藁城人)
[萬曆]沂州志 6/17
[乾隆]沂州府 20/8
[康熙]郯城 6/15
[乾隆]郯城 7/24
趙作肅(字齋如)
(清・博山人)
[乾隆]博山 7/上 7
[民國]續修博山 11/21
趙從璧(字象儀)
(清・諸城人)
[道光]諸城縣續志 16/8
趙作肱(字翼鄰)
(清・益都人)
[咸豐]青州 46/40
[乾隆]博山 7/上 6
[民國]續修博山 11/20
趙作羹(字子和,號企山)
(清・博山人)
[乾隆]博山 7/下 2
[民國]續修博山 12/2
趙作人(字德彰)
(清・昌樂人)
[民國]昌樂縣續志 30/7
趙以鐇(字恆龐)
(清・萊陽人)
[光緒]增修登州 41/48
[民國]萊陽 3/1 中 32,3/3 上傳志上 48
趙以欽(字惟一)
(明・萊陽人)
[民國]萊陽 3/1 中 52
30 **趙寵**(字廷貴)
(唐・平昌人)
[康熙]濟南 40/2
[道光]濟南 47/6
[康熙]德平 3/33
[乾隆]德平 3/4
[嘉慶]德平 7/3,10/8
[光緒]德平 7/3
德平縣鄉土志/耆舊錄
趙淳(明・祥符舉人)
[道光]濟南 36/28
[康熙四十三年]長山 3/宦績
[康熙五十五年]長山 3/31
[嘉慶]長山 5/39
趙定(漢・渤海人)
[乾隆]武定府 26/33
[咸豐]武定府 26/藝術 1
[乾隆]惠民 6/15
[光緒]惠民 23/16
惠民縣鄉土志/耆舊錄 33
趙富(清・魚臺人)
[康熙]魚臺 17/26
[乾隆]魚臺 11/43
[光緒]魚臺 3/27
趙沆(字清波)
(明・陽信人)
[康熙]濟南 42/14
[乾隆]武定府 25/49
[咸豐]武定府 25/文苑 9
[康熙]陽信 9/11
[乾隆]陽信 7/18
[民國]陽信 5/文學 2
信邑志稿 7/文苑
陽信縣鄉土志上/耆舊－學問
趙沆(字深度)
(清・泰安人)
[乾隆二十五年]泰安縣 12/25
[乾隆四十七年]泰安縣 10/上 21
[道光]泰安縣 9/上 73
[民國]重修泰安縣 8/26
趙淮(明・德州人)
[康熙]濟南 40/6
[道光]濟南 52/44
[萬曆]德州 9/38
[康熙]德州 8/11
[乾隆]德州 9/9
德州鄉土志/耆舊 3
[民國]德縣 10/9
趙淮(明・郯城人)
[萬曆]沂州志 7/32
[康熙]郯城 8/14
趙良(字維林)
(清・紹興人)
[乾隆]泰安府 27/80
[乾隆二十五年]泰安縣 13/4－65
[乾隆四十七年]泰安縣 12/1－47
[道光]泰安縣 12/藝文一 47,12/選輯傳誌 47
[民國]重修泰安縣 12/22
趙密(明・萊陽人)
[民國]萊陽 3/1 中 16
趙容(明・和州人)
[康熙四十一年]寧陽 3/16
[乾隆]寧陽 3/4
[咸豐]寧陽 11/10
[光緒]寧陽 11/10
寧陽縣鄉土志/8
趙實(字石公)
(清・高密人)
[乾隆]東昌 35/22
[嘉慶]東昌 22/26
[康熙五十一年]高唐州 7/13
[道光]高唐州 7/1－16
[光緒]高唐州 7/1－16
[民國]高唐縣 9/5－12
[民國]高密 16/38
趙完(字介石)
(明・齊東人)
[康熙]濟南 44/28
[道光]濟南 51/47
[康熙]新修齊東 6/3
[民國]齊東 5/4
齊東縣鄉土志/耆舊錄 1
趙憲(字遵時)
(明・諸城人)
[康熙]諸城 7/51

［乾隆］諸城 42/2
趙宣（字殿臣）
（清・莒縣人）
［嘉慶］莒州 10/7
［民國］重修莒志 65/14
趙瀛（字文海）
（明・陝西三原人）
［宣統］山東 71/6
［康熙］濟南 25/44
［道光］濟南 36/10
［嘉靖］章丘 3/6
［萬曆］章丘 21/73
［康熙］章丘 4/25
［乾隆］章邱 7/4
［道光］章邱 9/5
章邱縣鄉土志/上 8
趙瀛（清・諸城人）
［光緒］增修諸城縣續志 19/2
趙宏文（清・泰安人，見趙弘文）
趙憲章（字裕斌）
（清・陽穀人）
［民國］增修陽穀人物/孝義 10
趙永言（清・茌平人）
［宣統］山東 174/20
趙宗讓（字禪亭）
（清・高密人）
［民國］高密 14/上 48
趙宗文（清・泰安人）
［道光］泰安縣 9/上 68
［民國］重修泰安縣 8/18
泰安縣鄉土志/耆舊 25
趙之誠（清・單縣人）
［康熙］單縣 8/8
［民國］單縣 9/43
趙守謙（元）
［乾隆］淄川 4/又 28－1
趙家麟（字仁村）
（清・齊東人）
［民國］齊東 5/55
趙安石（見趙安世）
趙之璽（字底玉）
（清・鄒平人）
［民國］鄒平 15/132
趙之璋（明・沂州人）
［康熙］沂州志 6/又 14
趙之瓏（字盧菴）
（清・曹縣人）
［光緒］曹縣 14/行誼 6
趙之琴（清・萊陽人）
［民國］萊陽 3/1 中 73
趙之璿（字以齊）
（清・曹縣人）
［光緒］曹縣 14/仕蹟 6
趙良型（清・考城人）
［乾隆］夏津 6/18
趙家琳（字次瑤）
（清・黃縣人）
［宣統］山東 176/48
［民國］黃縣志稿 13/清孝友
趙良弼（字君卿）
（元・東平人）
［宣統］山東 168/16
趙寶珍（陵縣人）
［民國］陵縣續志 4/23
趙守經（字正方）
（清・膠州人）
［道光］重修膠州 30/6
［民國］增修膠志 47/5
趙永貞（見趙永禎）
趙宗儒（字秉文）
（唐・南陽人）
［道光］濟南 72/29
趙之鼎（明・莒縣人）
［民國］重修莒志 61/2
趙之豐（字萬箱）
（清・長山人）
［嘉慶］長山 10/32
趙之鑾（清・臨清人）
［民國］臨清縣/人物 67
趙宗歧（清・臨沂人）
［民國］臨沂 10/22
趙永和（清・鄒平人）
［道光］濟南 54/51
趙永泉（元・萊陽人）
［民國］萊陽 3/1 中 5
趙宗穆（字文輔）
（清・臨沂人）
［民國］臨沂 10/22
趙宗魯（明・鄒縣人）
［康熙十二年］鄒縣志 2/46
［康熙五十五年］鄒縣志 2/68
鄒縣鄉土志耆舊錄/14
趙良儉（清・樂安人）
［民國］續修廣饒 19/44
趙之儉（清・昌樂人）
［民國］昌樂縣續志 35/7
趙甯宇（字晉康）
（明・文登人）
［光緒］文登 8/下 20
趙守憲（號麓峯）
（明・三原人）
［萬曆］諸城 4/26
［康熙］諸城 4/16
趙濟源（字汝舟）
（清・黃縣人）
［民國］黃縣志稿 13/清懿行
趙永福（長清人）
［民國］長清 13/28
趙永禎（字終吉）
（明・成都府護衛人）
［宣統］山東 71/39
［嘉靖］武定州下/55
［萬曆］武定州 12/9
［崇禎］武定州 15/11
［乾隆］武定府 16/7
［咸豐］武定府 19/7
［乾隆］惠民 5/15
［光緒］惠民 18/8
惠民縣鄉土志/政績錄 5
趙瀛洲（字泮橋）
（清・齊河人）
［民國］齊河 23/74
趙之漢（清・金鄉人）
［康熙五十一年］金鄉 5/8
趙永津（元・萊陽人）
［民國］萊陽 3/1 中 5
趙永清（字靜齋）
（清・黃縣人）
［光緒］增修登州 43/13
［乾隆］黃縣 8/41
［同治］黃縣 8/19
［民國］黃縣志稿 13/清文學
趙永祿（明・萊蕪人）
［康熙］山東 45/6

［雍正］山東 28/人物三 9
［宣統］山東 166/8
［康熙］濟南 47/14
［乾隆］泰安府 18/39
［康熙］新修萊蕪 6/41
［民國］萊蕪 20/7
［民國］續修萊蕪 27/7
萊蕪縣鄉土志/10
趙永祿(明・河南洛陽人)
［順治］樂陵 4/4
［乾隆］樂陵 4/50
趙永祿(字錫爵)
(清・鉅野人)
［道光］鉅野 13/60
趙瀛海(字百川)
(清・黃縣人)
［民國］黃縣志稿 13/人物－鄉賢祠
趙永祚(清・汾陽進士)
［順治］鄒平 4/23
［康熙］鄒平 4/19
［嘉慶］鄒平 14/15
［道光］鄒平 14/15
［民國］鄒平 14/15
趙守存(清・莒縣人)
［民國］重修莒志 61/10
趙永吉(字長山)
(清・金鄉人)
［宣統］山東 172/36
［乾隆］兗州 23/68
［乾隆］濟寧直隸州 25/44
［道光］濟寧直隸州 8/3－31
［康熙五十一年］金鄉 7/26
［乾隆］金鄉 18/72
［咸豐］金鄉縣志略 9/中列傳二 2
［民國］金鄉 13/15,17/27
金鄉縣鄉土志/耆舊錄上
趙之柱(字天擎)
(清・會稽人)
［宣統］山東 200/13
［乾隆二十五年］泰安縣 12/36
［乾隆四十七年］泰安縣 10/上 36
［道光］泰安縣 9/上 92
［民國］重修泰安縣 8/54
趙宗壽(字湘芝)
(清・掖縣人)
［民國］四續掖縣 4/75
趙安世(金・高唐人)
［嘉靖］山東 26/17
［康熙］山東 33/20
［雍正］山東 27/92
［宣統］山東 69/10,69/31
［萬曆元年］兗州 38/循吏 40
［萬曆二十四年］兗州 28/17
［康熙］兗州 22/17
［康熙］曹州志 7/51
［乾隆］曹州府 12/12
［光緒］菏澤 7/宦蹟 19
［光緒］新修菏澤 8/7
菏澤縣鄉土志/9
［道光］高唐州 5/1－7,5/1－9
［光緒］高唐州 5/1－7
［民國］高唐縣 12/63
趙之蘭(字馨谷)
(清・昌樂人)
［民國］昌樂縣續志 35/10
趙之楫(字松舟)
(清・平原人)
［民國］續修平原 6/1
趙家聲(字子振,號墨樵)
(清・單縣人)
［民國］單縣 11/48
趙之鶴(字松年,號梅坡)
(清・漢軍正白旗人)
［宣統］山東 76/2
［乾隆］濟寧直隸州 22/37
［道光］濟寧直隸州 6/7－74
濟寧州鄉土志 1/政績
趙良翰(字墨芳)
(明・直隸滄州人)
光緒臨朐 13/12
趙之翰(清・莘縣人)
［民國］莘縣 7/31
趙宏夫(見趙弘夫)
趙守忠(明・萊陽人)
［民國］萊陽 3/1 中 7
趙良輔(號任吾)
(清・新泰增生)
［宣統］山東 171/11
［乾隆］泰安府 18/30
［順治］新泰 5/24
［乾隆］新泰 16/7
新泰縣鄉土志/26
趙定國(金・萊陽人)
［民國］萊陽 3/1 中 3
趙之旦(字汝平,號南村)
(清・單縣人)
［民國］單縣 10/3
趙宗旦(字子文)
(宋)
［萬曆］滕志 6/47
［康熙］滕志 6/18
［康熙］滕縣志 6/宦業 16
［道光］滕縣志 6/宦績 14
趙完璧(字文全,號海壑)
(明・南直隸徐州人)
［康熙］膠州 5/27
［雍正］(膠州)州志別本/人物－詩人
［乾隆］膠州 4/35
［道光］重修膠州 25/10
［民國］增修膠志 40/9
膠州直隸州鄉土志 4/事功
趙完璧(號省菴)
(清・浙江紹興人)
［乾隆］武城 9/5
［道光］武城續編 14/22
［民國］增訂武城續編 14/22
武城縣鄉土志略/政績錄
趙宗愿(唐・南皮人)
［萬曆］寧津 5/20
［光緒］寧津 6/25
寧津縣志料 3/人物－名宦
趙之隨(字和千,號瀧源)
(清・長山人)
［雍正］山東 28/人物四 42
［宣統］山東 169/25
［道光］濟南 55/11
［康熙五十五年］長山 6/13
［嘉慶］長山 7/19
長山縣鄉土志/耆舊錄
趙之屏(清・長清人)
［道光］濟南 56/45
［道光］長清 12/11

趙寶善（字荊史，號惟堂）
（清・臨沂人）
［民國］臨沂 10/36
趙濟美（字岐叔）
（清・博山人）
［乾隆］博山 7/上 24
［民國］續修博山 12/46
趙濟美（字鍾秀）
（清・蒲臺人）
［乾隆］武定府 23/34
［咸豐］武定府 23/名臣 34
［乾隆］蒲臺 3/48
蒲臺縣鄉土志/22
趙進美（字韞退，一字嶷叔，號清止）
（清・益都人）
［宣統］山東 175/38
［咸豐］青州 46/4
［康熙］顏神鎮志 4/下 4
［乾隆］博山志稿/21
［乾隆］博山 6/下 9
［民國］續修博山 12/18
趙憲曾（字鳳村）
（利津人）
［民國］重修博興 10/3
趙宏智（見趙弘智）
趙宏鈞（字聖法）
（清・膠州人）
［道光］重修膠州 29/6
［民國］增修膠志 44/4
趙之常（字旂九）
（清・陽信人）
［民國］陽信 5/文學 12
趙永耀（字久華）
（清・嘉祥人）
［道光］濟寧直隸州 8/4－42
［光緒］嘉祥 3/47
31 **趙福**（字天祐）
（元・淄川人）
［康熙］濟南 43/14
［道光］濟南 48/8
［嘉靖］淄川 6/82
［乾隆］淄川 5/56，6/上 51
趙福（明・金鄉人）
［康熙十二年］金鄉 5/18
［康熙五十一年］金鄉 7/26
趙濬（字汝相）
（明・莒縣人）
［康熙十五年］青州 14/20
［康熙四十八年］青州 14/孝友 10
［康熙六十年］青州 17/13
［康熙］莒州下/42
［雍正］莒州 9/30
［嘉慶］莒州 9/23
趙沄（見趙澐）
趙澐（字汝達）
（明・南直淮陽人）
［宣統］山東 71/11
［道光］濟南 36/24
［康熙四十三年］長山 3/宦績
［康熙五十五年］長山 3/32
［嘉慶］長山 5/41
趙源澍（字霖軒）
（清・鄒平人）
［民國］鄒平 15/111
趙河清（清・夏津人）
［民國］夏津續編 8/6
趙濬初（字保一）
（明・歷城人）
［道光］濟南 49/33
［乾隆］歷城 37/40
趙福喜（清・觀城人）
觀城縣鄉土志/耆舊
趙福用（字君祿）
（元・濰州人）
［民國］昌樂縣續志 17/39
32 **趙沂**（清・聞縣人）
［康熙］新城 5/12
趙淵（宋・堂邑人）
［雍正］山東 28/人物二 46
［宣統］山東 164/15
［乾隆］東昌 41/26
［嘉慶］東昌 31/4
［順治］堂邑 2/人物又 17
［康熙十一年］堂邑 2/選舉 23
［康熙］堂邑 16/8
趙淵（字其淵）
（明・齊東人）
［康熙］濟南 40/6
［道光］濟南 51/46
［康熙］新修齊東 6/6
［民國］齊東 5/8
趙淵（清・汶上人）
［康熙］續修汶上 4/孝義 5
趙兆麒（明・單縣人）
［順治］單縣 2/42
趙州牧（字起潛）
（明・德州人）
［道光］濟南 52/44
［康熙］德州 8/27
［乾隆］德州 9/23
德州鄉土志/耆舊 13
［民國］德縣 10/17
趙澄源（字練江）
（清・昌樂人）
［民國］昌樂縣續志 30/14
趙業鴻（明・膠州人）
［康熙］山東 45/23
趙淵常（宋・密州人）
［乾隆］諸城 14/19
33 **趙浣**（字詩村）
（清・泰安人）
［民國］重修泰安縣 8/42
趙溥（明・曹縣人）
［康熙］曹縣 11/33
［康熙］兗州府曹縣 11/33
趙溶（字春臯）
（清・浙江歸安人）
［宣統］山東 76/11
［民國］濟寧直隸州續志 10/53
［光緒］魚臺 2/57
趙述（清・陝西富平人）
［宣統］山東 75/52
［康熙］濟南 26/15
［乾隆］武定府 16/50
［咸豐］武定府 19/蒲臺 4
［康熙］重修蒲臺 7/3
［乾隆］蒲臺 2/60
蒲臺縣鄉土志/3
趙心峙（字卓峯）
（清・寧陽人）
［光緒］寧陽 13/60
趙必伸（清・單縣人）
［康熙］單縣 8/39

[乾隆]單縣 7/9
[民國]單縣 9/63
趙心海(字匯川,原名蘭泉)
(長清人)
[民國]長清 12/21
趙必觀(清・單縣人)
[康熙]單縣 8/11
[乾隆]單縣 7/7
[民國]單縣 9/56
趙心惠(清・濮州人)
[宣統]濮州 5/38
趙必愿(宋・歷城人)
[宣統]山東 161/18
趙必敘(清)
[光緒]費縣 3/57
34 **趙池**(字道涵,號繼山)
(明・昌樂人)
[雍正]山東 28/人物三 47
[宣統]山東 160/31
[萬曆]青州 13/69
[康熙十五年]青州 13/69
[康熙四十八年]青州 13/事功 53
[康熙六十年]青州 16/28
[咸豐]青州 44/54
[康熙]昌樂 4/2
[嘉慶]昌樂 11/24,20/2
趙滂(號西墅)
(明・昌樂人)
[康熙]昌樂 4/12
[嘉慶]昌樂 24/4
趙浩(明・萊陽人)
[民國]萊陽 3/1 中 78
趙浩(字配義)
(清・章邱人)
[乾隆]章邱 9/41
[道光]章邱 10/47
趙祜(字玉沙)
(明・博山人)
[乾隆]博山 7/下 7
[民國]續修博山 12/36
趙祺(明・堂邑人)
[乾隆]東昌 38/14
[嘉慶]東昌 28/14
[順治]堂邑 2/人物 7
[康熙十一年]堂邑 2/人物 4
[康熙]堂邑 16/2
堂邑縣鄉土志/耆舊錄
趙濤(字山公)
(清・掖縣人)
[同治]重修寧海州 21/9
[道光]再續掖縣下/94
[光緒]三續掖縣 2/19
[民國]牟平 7/117
趙禧(字元吉,號估伭)
(明・益都人)
[萬曆]青州 15/50
[康熙十五年]青州 15/49
[康熙四十八年]青州 15/卓行 9
[康熙六十年]青州 18/13
[咸豐]青州 44/57
[萬曆]益都 6/95
[康熙]益都 9/49
[光緒]益都縣圖志 41/5
趙祐(號玉砂)
(明・博山人)
[康熙]益都 9/20
[康熙]顏神鎮志 4/下 8
趙漢章(字倬雲,號柏菴)
(清・昌樂人)
[民國]昌樂縣續志 31/7
趙漢章(字倬民)
(清・高唐人)
[民國]高唐縣 12/56
趙汝毅(字乾甫)
(清・冠縣人)
[民國]冠縣 8/人物志 42
趙法孟(字景興)
(臨邑人)
[民國]續修臨邑 3/10
趙汝弼(明・博山人)
[康熙]顏神鎮志 4/下 6
趙汝弼(字欽鄰)
(清・益都人)
[光緒]益都縣圖志 37/19
趙汝珍(清・東平人)
[乾隆]東平州 15/12
[道光]東平州 15/12
[光緒]東平州 15/下 12
[民國]東平縣 11/中 29
東平州鄉土志上/耆舊錄 35
趙汝仁(明・奉天人)
壽張縣鄉土志/政績－興利
趙洪魁(清・長清人)
[民國]長清 13/9
趙法魯(清・茌平人)
[宣統]茌平 16/6
趙汝舟(字雪航)
(清・歷城人)
[乾隆]歷城 43/6
趙汝寧(清・新泰人)
[乾隆]新泰 14/增 3
趙洪源(號西溪)
(清・黃縣人)
[民國]黃縣志稿 13/清孝友
趙汝鴻(清・蓬萊人)
[民國]蓬萊縣志合編人物志/行誼
趙汝淑(清・蓬萊人)
[宣統]山東 176/41
[光緒]增修登州 39/8
[光緒]蓬萊縣續志 8/文宦 4
[民國]蓬萊縣志合編人物志/忠勇
趙法坪(膠州人)
[民國]增修膠志 46/6
趙汝翰(字雲卿)
(清・黃縣人)
[民國]黃縣志稿 13/人物－鄉賢祠
趙汝輔(清・諸城人)
[光緒]增修諸城縣續志 17/10
趙汝臣(字枚卿)
(清・黃縣人)
[光緒]增修登州 39/14
[民國]黃縣志稿 13/人物－鄉賢祠
趙瀟原(字楚江)
(清・昌樂人)
[民國]昌樂縣續志 28/11
趙汝鵬(字雲程)
(清・臨邑人)
[民國]續修臨邑 3/23

趙汝卿（明・莒州人）
［萬曆］蒲臺志 8/16
趙洪年（武進人）
［民國］齊河 22/10
趙汝智（字通萬）
（清・單縣人）
［康熙］單縣 8/47
［乾隆］單縣 7/17
［民國］單縣 9/37
35 **趙迪**（字長吉）
（明・城武人）
［康熙九年］城武 3/44
［康熙四十一年］城武 5/上文學 1
［道光］城武 9/下 1
趙禮（明）
［嘉靖］山東 27/17
［雍正］山東 27/70
［宣統］山東 73/36
［萬曆］萊州 5/74
［康熙］萊州 8/53
［乾隆］萊州 9/22
［康熙］膠州 5/4
［乾隆］膠州 4/7
［道光］重修膠州 22/1
［民國］增修膠志 17/1
膠州直隸州鄉土志 3/政績－防海,3/政績－聽訟
趙禮（字存敬）
（明・莘縣人）
［正德］莘縣 6/7
趙清（字秋潭）
（清・泰安人）
［乾隆四十七年］泰安縣 10/上 38
［道光］泰安縣 9/上 94
［民國］重修泰安縣 8/51
趙清（字漣公,一作連公）
（清・諸城人）
［宣統］山東 175/51
［康熙六十年］青州 17/19
［咸豐］青州 47/5
［乾隆］諸城 40/3
趙連語（字巽言）
（長清人）
［民國］長清 12/26
趙冲衢（明・昌邑人）
［康熙］昌邑 6/34
［乾隆］昌邑 6/164
趙連科（長清人）
［民國］長清 12/14
趙連升（字級三）
（清・臨邑人）
［民國］續修臨邑 3/15
趙清濂（字景溪）
（臨沂人）
［民國］續修臨沂 5/12
趙清之（清・陽信人）
［民國］陽信 5/仙釋 87
趙溱源（字蘭溪）
（清・黃縣人）
［同治］黃縣 9/3
［民國］黃縣志稿 13/人物－死難,13/清孝友
趙清汝（清・臨沂人）
［民國］臨沂 10/56
趙漣清（字漪軒）
（清・泰安人）
［民國］重修泰安縣 8/47
趙洙清（字素水）
（明・濟寧人）
［康熙］兗州續編 15/14
［乾隆］兗州 23/51
［康熙］濟寧州 6/46
［乾隆］濟寧直隸州 26/17
［道光］濟寧直隸州 8/4－38
趙連士（清・東明人）
［民國］東明縣新誌 11/59
趙清芳（字炳耀）
（清・齊東人）
［民國］齊東 5/30
齊東縣鄉土志/耆舊錄 17
趙清翰（字芸閣,號墨卿）
（清・陵縣人）
［民國］陵縣續志 4/16
趙連璧（字荊門）
（清・安邱人）
［民國］續安邱新志 16/2
安丘縣鄉土志 9/耆舊錄 6
趙連璧（清・汾陽人）
［康熙五十六年］壽張 4/10
趙連璧（字和珍）
（清・鉅野人）
［民國］續修鉅野 5/上 7
趙連會（字際雲）
（清・臨邑人）
［民國］續修臨邑 3/15
36 **趙昶**（字永南,號貞菴）
（清・朝城人）
［康熙］朝城 8/15
趙暹（明・東平人）
［康熙］張秋志 7/23
趙湘（字秋圃）
（清・膠州人）
［民國］增修膠志 43/4
趙湘（字蘭浦）
（清・寧陽人）
［光緒］寧陽 13/50
趙澤（元・萊陽人）
［民國］萊陽 3/1 中 5
趙逞（字青原,號悔亭）
（清・蒲臺人）
［乾隆］蒲臺 3/51
蒲臺縣鄉土志/11
趙澤芳（字滋百）
（清・博山人）
［乾隆］博山 7/上 12
［民國］續修博山 11/25
趙澤因（清・汶上人）
［康熙］續修汶上 4/人物 20
趙澤棠（清平人）
［民國］清平/人物 75
37 **趙渢**（字文儒,一作文孺）
（金・東平人）
［嘉靖］山東 30/53
［康熙］山東 40/51
［雍正］山東 28/人物二 51
［宣統］山東 163/25
［乾隆］泰安府 18/17
［萬曆元年］兗州 40/文苑 15
［萬曆二十四年］兗州 35/27
［康熙］兗州 27/24
［康熙］東平州 4/9
［乾隆］東平州 14/11
［道光］東平州 14/11
［光緒］東平州 15/中 16
［民國］東平縣 11/上 36
東平州鄉土志上/耆舊錄 40

趙瀾(明・萊陽人)
[民國]萊陽3/1中20
趙朗(字天敬)
(隋・洛陽人)
[民國]濰縣志稿20/6
趙逯(字子重)
(明・東平人)
[宣統]山東162/34
[乾隆]泰安府18/11
[康熙]東平州3/50
[乾隆]東平州14/7
[道光]東平州14/7
[光緒]東平州15/中7
[民國]東平縣11/上31
東平州鄉土志上/耆舊錄41
趙祿(明・博興人)
[萬曆]青州14/18
[康熙十五年]青州14/18
[康熙四十八年]青州14/孝友8
[康熙六十年]青州17/13
[咸豐]青州44/46
[康熙十二年]博興6/7
[康熙六十年]博興7/25
[道光]博興11/19
[民國]重修博興13/16
趙鼐(明・臨淄人)
[康熙]臨淄9/12
趙潤(明・曹縣人)
[康熙]曹縣11/13
[康熙]兗州府曹縣11/13
[光緒]曹縣11/選舉24
趙深(清・莒縣人)
[民國]重修莒志61/6
趙深(清・臨清人)
[民國]臨清縣/人物29
趙深(字靜甫)
(清・武城人)
[民國]增訂武城續編10/6
趙通(元・章邱人)
[道光]濟南48/23
[道光]章邱11/18
章邱縣鄉土志/上19
趙通(字士睿)
(明・饒平人)
[光緒]增修登州32/2
[嘉靖]寧海州下/17
[康熙]寧海州7/3
[同治]重修寧海州12/10
[民國]牟平6/71
趙叟(字濟九)
(清・臨清人)
[乾隆]臨清州9/42
[乾隆]臨清直隸州8/上29
[民國]臨清縣/人物56
趙遐(後魏)
[順治]登州11/4
[同治]重修寧海州11/3
[民國]牟平6/86
趙濯(清・萊陽人)
[民國]萊陽末/補遺2
趙咨(字文楚)
(漢・東郡燕人)
[嘉靖]山東26/3
[康熙]山東33/4
[雍正]山東27/76
[宣統]山東66/22
[萬曆元年]兗州38/循吏11
[萬曆二十四年]兗州26/9
[康熙]兗州21/8
[萬曆]沂州志6/4
[康熙]沂州志3/40
[乾隆]沂州府20/2
[乾隆]郯城7/23
[光緒]嶧縣19/27
趙資(明・濟寧人)
[康熙]濟寧州7/11
[乾隆]濟寧直隸州24/3
[道光]濟寧直隸州8/2－22
趙資(明・萊陽人)
[民國]萊陽3/1中9
趙資(字獻先,號靜齋)
(清・寧海人)
[同治]重修寧海州17/23
[民國]牟平7/15
趙淑雍(清・臨沂人)
[乾隆]沂州府27/6
趙運亨(清・淄川人)
[宣統]三續淄川10/13
趙運登(字虎榜)
(清・平原人)
[民國]續修平原6/20
趙淑皎(見趙叔皎)
趙鴻儒(長清人)
[民國]長清12/15
趙鴻德(長清人)
[民國]長清12/20
趙鴻升(字賓南)
(清・臨沂人)
[民國]續修臨沂16/22
趙鴻磐(清・膠州人)
[民國]增修膠志47/7
趙淑身(字慎止,號愚山)
(清・泰安人)
[民國]重修泰安縣8/28
趙冠倫(字嵇琴)
(清・觀城人)
觀城縣鄉土志/耆舊
趙鴻儀(清・長清人)
[民國]長清11/31
趙鴻賓(字任秋)
(臨邑人)
[民國]續修臨邑3/10
趙鴻逵(清・諸城人)
[道光]諸城縣續志19/4
趙鴻澤(原名錫恩)
(東平人)
[民國]東平縣11/上23
趙冠九(清・歷城人)
[道光]濟南53/56
[民國]續修歷城44/14
趙涵吉(字純齋)
(清・膠州人)
[民國]增修膠志45/21
趙鴻奇(字文逵)
(東平人)
[民國]東平縣11/上23
趙淑抃(清・臨沂人)
[民國]臨沂10/15
趙運青(字際垣)
(清・掖縣人)
[道光]再續掖縣上/57
趙鴻恩(字錫三)
(清・臨朐人)
[民國]臨朐續志20/14
趙運昌(字開仲)
(明・膠州人)
[康熙]膠州6/7

［乾隆］膠州 5/23
［道光］重修膠州 26/8
［民國］增修膠志 40/34
趙鴻勛（字訾慶）
（臨邑人）
［民國］續修臨邑 3/9
趙祿鈞（字聖翼）
（清・膠州人）
［道光］重修膠州 29/6
38 **趙汾**（字晉源）
（清・嘉祥人）
［道光］濟寧直隸州 8/4－42
趙瀚（明，見趙翰）
趙瀚（字海客）
（清・掖縣人）
［同治］重修寧海州 21/9
［民國］牟平 7/117
趙祥（明・金鄉人）
［康熙十二年］金鄉 5/18
［康熙五十一年］金鄉 7/25
趙浴（字靜沂）
（清・泰安人）
［乾隆四十七年］泰安縣 10/上 22
［道光］泰安縣 9/上 74
［民國］重修泰安縣 8/26
泰安縣鄉土志/耆舊 21
趙裕（字裕如）
（清・長山人）
［雍正］山東 28/人物四 48
［宣統］山東 170/26
［道光］濟南 55/11
［康熙五十五年］長山 6/36
［嘉慶］長山 9/8
長山縣鄉土志/耆舊錄
趙澢（清・臨沂人）
［民國］臨沂 10/60
趙滋（字子深）
（宋・開封人）
［嘉靖］山東 27/11
［康熙］山東 36/2
［雍正］山東 27/63
［宣統］山東 68/53
［泰昌］登州 9/36
［順治］登州 11/9
［光緒］增修登州 24/10
趙海平（字三登）
（清・陽信人）
［民國］陽信 5/孝友 67
趙啟睿（明・德州人）
州乘餘聞/2
德州鄉土志/耆舊 24
趙裕順（字方堃）
（清・昌樂人）
［民國］昌樂縣續志 28/12
趙滋仁（字樂山）
（清・昌樂人）
［民國］昌樂縣續志 28/12
趙海豐（清・淄川人）
［宣統］三續淄川 9/86
趙祥俊（字槿江）
（清・平原人）
［民國］續修平原 6/3
趙海客（清・掖縣人）
［道光］文登 5/27
趙啟心（清・徽州人）
［乾隆］東昌 44/26
［乾隆］臨清州 12/9
［乾隆］臨清直隸州 8/上 84
趙海涵（字晏清）
（清・恩縣人）
［宣統］重修恩縣 8/26
［民國］重修恩縣 11/鄉賢 22
恩縣鄉土志/21
趙裕瀚（字北海）
（清・曹縣人）
［光緒］曹縣 14/仕蹟 3
趙裕啟（字仁堂）
（清・平度人）
［民國］平度縣續志 7/27
趙遂掄（字簡臣）
（清・高密人）
［乾隆］萊州 12/隱逸 2
［康熙］高密 8/27，10/19
［光緒］高密 8/上 46
［民國］高密 14/上 54
高密縣鄉土志/上 43
趙啟思（明・萊陽人）
［康熙］萊陽 8/17
趙祥星（號松石）
（清・漢軍正白旗人）
［宣統］山東 74/11
［道光］濟南 37/8
趙肇昌（字慎子）
（清・泰安人）
［乾隆］泰安府 18/59
［乾隆二十五年］泰安縣 12/30
［乾隆四十七年］泰安縣 10/上 28
［道光］泰安縣 9/上 80
［民國］重修泰安縣 8/35
趙滋田（清・昌樂人）
［民國］昌樂縣續志 27/6
趙遵時（字文宇）
（明・滕縣人）
［康熙］滕志 8/人物 22
［康熙］滕縣志 8/貞夫 1
［道光］滕縣志 9/忠節 1
趙滋鳳（字翔千）
（清・昌樂人）
［民國］昌樂縣續志 35/8
趙裕愷（清・平度人）
［民國］平度縣續志 7/27
39 **趙遴彥**（明・德州人）
德州鄉土志/耆舊 22
趙潾卿（榜名霔，字濬園）
（清・膠州人）
［道光］重修膠州 27/37
［民國］增修膠志 41/28
膠州直隸州鄉土志 4/事功
40 **趙大**（元・魚臺人）
［乾隆］魚臺 10/26
趙圭（明・萊陽人）
［民國］萊陽 3/1 中 78
趙杭（字元木）
（清・汶上人）
［宣統］四續汶上稿/人物－耆德傳
趙嘉（字令子）
（清・昌樂人）
［嘉慶］昌樂 25/9
趙奎（明・壽張人）
［康熙五十六年］壽張 7/41
趙奇（字建公）
（清・歷城人）
［道光］濟南 61/5
［乾隆］歷城 46/4

趙森(字燦南)
(清・奉天錦州人)
[宣統]山東 76/31
[康熙]兗州續編 14/11
[康熙九年]城武 2/47
[康熙四十一年]城武 3/下治績 5
[道光]城武 6/34
趙森(字錫廷)
(清・利津人)
[乾隆]利津縣志補 4/25
[光緒]利津 7/宦蹟 11
趙壽(明・萊陽人)
[民國]萊陽 3/1 中 78
趙塘(清・博山人)
[民國]禹城 3/56
趙燾(字霞湄)
(清・膠州人)
[康熙]萊州 10/46
[乾隆]萊州 10/31
[康熙]膠州 5/又 42
[乾隆]膠州 4/51
[道光]重修膠州 27/9
[民國]增修膠志 41/6
膠州直隸州鄉土志 4/事功
趙憙(字伯陽)
(漢・南陽宛人)
[嘉靖]山東 25/15
[康熙]山東 32/2
[雍正]山東 27/18
[宣統]山東 66/13
[康熙]濟南 24/2
[道光]濟南 33/6
[嘉慶]東昌 20/7
[嘉靖]德州 3/4
[萬曆]德州 8/25
[康熙]德州 7/20
[民國]德縣 9/2
[康熙]陵縣 4/1
[乾隆]平原 6/21
平原縣鄉土志輯稿/名宦
趙梓(字木仙)
(清・昌樂人)
[嘉慶]昌樂 24/5
趙貴亨(元・冠氏人)
[嘉靖]冠縣 4/2
趙克讓(元・奉符人)
[嘉靖]山東 26/17
[康熙]山東 33/20
[雍正]山東 27/37
[宣統]山東 69/27
[萬曆元年]兗州 38/循吏 40
[萬曆二十四年]兗州 28/21
[康熙]兗州 22/20
[乾隆]兗州 22/17
[萬曆]汶上 5/2
[咸豐]寧陽 13/2
[光緒]寧陽 13/2
寧陽縣鄉土志/13
趙士亮(字丹澤,一字汝寅)
(明・掖縣人)
[嘉慶]續掖縣 3/3
[光緒]三續掖縣 4/43
[道光]掖乘 4
趙士彥(清・齊河人)
[民國]齊河 26/30
趙希文(字亞韓)
(清・無棣人)
[民國]無棣 13/31
趙希雍(字簡堂)
(清・昌樂人)
[民國]昌樂縣續志 30/8
趙校文(字聖軒)
(清・長清人)
[民國]長清 13/8
趙有文(明・萊陽人)
[民國]萊陽 3/1 中 8
趙克端(宋)
[同治]重修寧海州 11/3
趙希端(字默持)
(清・昌樂人)
[民國]昌樂縣續志 34/8
趙志端(元・長白人)
[道光]濟南 60/12
[崇禎]新城 11/仙釋
[康熙]新城 8/15
[民國]重修新城 26/5
趙存誠(明・陝西人)
[咸豐]青州 36/30
[乾隆]博山 6/上 2
[乾隆]博山志稿/14
[光緒]益都縣圖志 18/19
趙來麒(字中美)
(清・滕縣人)
[民國]續滕縣志 2/9
趙希謙(字六吉)
(清・昌樂人)
[嘉慶]昌樂 30/2
趙克雷(清・長清人)
[道光]濟南 56/62
[道光]長清 13/10
趙來西(字美齋)
(鄒縣人)
[民國]續修鄒縣志稿/人物-耆舊附忠烈
趙來玉(號碧瑤)
(清・蘭邑半城人)
[光緒]費縣 11/69
趙在酉(字噩郛)
(清・肥城人)
[光緒]肥城 9/17
趙來登(字連魁)
(清・平陰人)
[光緒]平陰 5/34
趙雄飛(字真卿)
(宋・高唐人)
[乾隆]東昌 19/31
[嘉慶]東昌 45/40
[道光]高唐州 5/1-6,7/2-6
[光緒]高唐州 5/1-6,7/2-6
[民國]高唐縣 12/63
趙大勇(字安默)
(清・高唐人)
[光緒]高唐州 5/1-49
[民國]高唐縣 12/49
趙希禹(清・惠民人)
[光緒]惠民 20/8
惠民縣鄉土志/耆舊錄 4
趙友信(明・昌樂人)
[嘉慶]昌樂 28/1
趙大經(字綸堂)
(清・博興人)
[民國]重修博興 13/53
趙大經(字叔常,號春磵)
(清・德州人)
[光緒]德州志略/人物傳略

[民國]德縣 10/43
德州鄉土志/耆舊 52
趙克縉(字淑雅)
(清・單縣人)
[乾隆]單縣 7/20
[民國]單縣 9/75
趙克任(清・博興人)
[咸豐]青州 49/40
[道光]博興 11/31
[民國]重修博興 13/29
趙希獻(字宋臣)
(清・安邱人)
[民國]續安邱新志 21/4
趙志俊(清・鄒平人)
[道光]鄒平 15/103
[民國]鄒平 15/103
趙嘉積(清・臨邑人)
[康熙]濟南 44/29
[道光]濟南 72/41
[順治]臨邑 12/又 14 - 4
[道光]臨邑 9/11
[同治]臨邑 9/孝義 2
趙有德(明・樂安人)
[民國]續修平原 11/藝文上 20,11/藝文上 21
趙士健(清・莒縣人)
[嘉慶]莒州 10/5
[民國]重修莒志 62/6
趙士和(清・德州人)
[光緒]德州志略/人物傳略
[民國]德縣 11/9
德州鄉土志/耆舊 44
趙有和(清・高唐人)
[嘉慶]東昌 32/66
[道光]高唐州 5/2 - 20
[光緒]高唐州 5/2 - 23
[民國]高唐縣 12/41
趙大綱(字萬舉)
(明・濱州人)
[乾隆]武定府 25/48
[咸豐]武定府 25/文苑 8
[萬曆]濱州 3/27
[康熙]濱州 7/29
[咸豐]濱州 10/28
濱州鄉土志/學問
趙大倫(明・博山人)
[康熙]顏神鎮志 4/下 7
趙大倫(字允明,號明山)
(明・沁水人)
[乾隆]夏津 6/9,10/上 63
趙吉徵(字君孚)
(清・大興舉人)
[道光]濟南 62/8
趙來儀(字鳳池)
(清・霑化人)
[乾隆]武定府 26/31
[光緒]霑化 10/31
[民國]霑化 3/9
趙士寬(字汝良,號蓀斐)
(明・掖縣人)
[雍正]山東 28/人物三 75
[宣統]山東 164/39
[康熙]萊州 10/48
[乾隆]萊州 11/忠節 7
萊州府鄉土志/下 15
[乾隆]掖縣 4/40,7/53
[道光]掖乘 4
[光緒]三續掖縣 4/44
趙士良(元・萊陽人)
[民國]萊陽 3/1 中 5
趙士完(字汝彥,號琨石)
(明・掖縣人)
[乾隆]掖縣 4/75
[道光]掖乘 4
[光緒]三續掖縣 2/19
趙有家(明・壽張人)
[康熙六年]壽張 7/22
[康熙五十六年]壽張 7/43
趙有容(字霽宇)
(清・壽光人)
[康熙]壽光 25/2
[嘉慶]壽光 13/2
趙嘉禎(見趙嘉積)
趙培源(清・寧津人)
[光緒]寧津 8/21
寧津縣志料 3/人物 - 義烈
趙大淮(號南莊)
(清・江蘇太倉人)
[宣統]山東 75/26,75/41
[民國]禹城 3/53
趙希清(字潔士)
(清・昌樂人)
[民國]昌樂縣續志 35/10
趙士祿(字奉三)
(清・長清人)
[民國]長清 13/2
趙嘉肇(字孚民)
(清・臨沂人)
[民國]臨沂 10/22
[民國]續修臨沂 16/3
趙來祥(號雲山)
(清・廣平人)
[雍正]山東 30/25
[道光]濟南 60/16
[康熙]新城 8/15
[民國]重修新城 26/7
趙士吉(明・樂平人)
[雍正]恩縣續志 3/4
趙士奇(字用齋)
(明・蒙陰人)
[康熙十一年]蒙陰 2/15
趙希奎(明・山西人)
[萬曆]東昌 18/32
趙在奎(清・臨清人)
[民國]臨清縣/人物 29
趙克恭(莒縣人)
[民國]重修莒志 61/13
趙奎林(清・棲霞人)
[光緒]棲霞縣續志 6/忠義 2
趙培基(清・海陽人)
[光緒]增修登州 43/50
趙培基(字滋園)
(清・商河人)
[民國]重修商河 8/88
趙培蘭(字馨亭)
(清・黃縣人)
[光緒]增修登州 43/12
[同治]黃縣 8/13
[民國]黃縣志稿 13/清孝友
趙士恭(元・萊陽人)
[民國]萊陽 3/1 中 4
趙士薦(字鶚升,號長龐)
(清・海陽人)
[光緒]海陽縣續志 5/11
趙士喆(字伯濬)
(清・掖人)
[康熙]山東 46/8

[雍正]山東28/人物三75
[宣統]山東167/16
[康熙]萊州10/85
[乾隆]萊州11/隱逸2
萊州府鄉土志/下25
[同治]重修寧海州21/9
[乾隆]掖縣4/74
[道光]再續掖縣下/63
[道光]掖乘4
[民國]濰縣志稿32/30
[道光]文登5/27
[道光]榮成8/8
[民國]牟平7/117
趙九如(清・臨沂人)
[民國]臨沂10/55
趙希椵(字笛樓)
(清・安邱人)
[民國]續安邱新志17/10
安丘縣鄉土志7/耆舊錄4
趙有聲(字賡謨)
(清・黃縣人)
[民國]黃縣志稿13/清懿行
趙大中(字正齋)
(清・昌樂人)
[民國]昌樂縣續志30/12
趙大忠(明・萊陽人)
[民國]萊陽3/1中8
趙克忠(清・鄒平人)
[道光]鄒平15/100
[民國]鄒平15/100
趙壽春(字安宇)
(清・長山人)
[道光]濟南55/31
趙希抃(字式一)
(明・直隸三河人)
[宣統]山東71/35
[乾隆]泰安府15/23
[天啟]新泰5/26
[順治]新泰4/19
[乾隆]新泰11/5
新泰縣鄉土志/6
趙希抃(清・牟平人)
[同治]重修寧海州21/8
[民國]牟平7/92
趙大振(清・歷城人)
[民國]續修歷城44/5
趙士揚(字子潛,別號東井)
(明・堂邑人)
[乾隆]東昌38/17
[嘉慶]東昌28/17
[順治]堂邑2/人物10
[康熙十一年]堂邑2/人物5
[康熙]堂邑16/4
堂邑縣鄉土志/耆舊錄
趙大景(明・新城人)
[道光]濟南51/37
[天啟]新城8/孝友
[崇禎]新城8/孝友
[康熙]新城8/5
[民國]重修新城15/7
新城縣鄉土志/耆舊-明
趙九旦(金・萊陽人)
[民國]萊陽3/1中3
趙士冕(字赤霞)
(清・掖縣人)
[乾隆]掖縣4/60
趙在田(字龍坡)
(清・鄆城人)
[光緒]鄆城7/22,10/11
趙志甲(字芸臺)
(清・利津人)
[咸豐]武定府25/孝友42
[光緒]利津8/孝友4
趙有明(字東昇)
(清・惠民人)
[光緒]惠民22/7
惠民縣鄉土志/耆舊錄15
趙士驤(明・萊陽人)
[民國]萊陽3/1中59
趙來臣(清・博興人)
[康熙十二年]博興6/9
[康熙六十年]博興7/26
[道光]博興11/24
[民國]重修博興13/22
趙士驥(字卓午,號黃澤)
(明・萊陽人)
[光緒]增修登州39/32
[康熙]萊陽8/8
[民國]萊陽3/1中26,3/1中58,3/3上傳志下16
趙士驥(字德齋)
(清・利津人)
[乾隆]利津縣志續編8/45
[光緒]利津8/義行1
趙士驊(明・萊陽人)
[民國]萊陽3/1中59
趙志爨(字序堂)
(清・利津人)
[咸豐]武定府25/孝友41
[光緒]利津8/孝友3
趙志同(清・汶上人)
[宣統]四續汶上稿/人物-文學傳
趙大年(字壽椿)
(清・大嵩衛人)
[乾隆]嶧縣7/33
[光緒]嶧縣19/丞倅14
[乾隆]海陽6/15
[光緒]海陽縣續志8/30
趙克念(字敬思)
(明・冠縣人)
[乾隆]東昌38/32
[嘉慶]東昌29/3
[萬曆]冠縣4/35
[道光]冠縣8/上3
[光緒]冠縣8/鄉賢
[民國]冠縣8/人物志3
趙克念(明・北直隸寧晉人)
[康熙]膠州5/7
[乾隆]膠州4/12
[道光]重修膠州22/5
[民國]增修膠志17/4
趙希夔(明・山西潞安人)
[宣統]山東72/36
[乾隆]東昌33/29
[嘉慶]東昌20/41
趙希益(明・樂安人)
[萬曆]青州13/73
[康熙十五年]青州13/73
[康熙四十八年]青州13/事功57
趙大猷(清・曹縣人)
[康熙]曹縣11/10
[光緒]曹縣11/選舉12
趙嘉猷(明・稷山人)
[萬曆]沂州志6/15
[康熙]沂州志3/46

［乾隆］沂州府 20/6
［民國］臨沂 7/72
趙嘉猷（明・北直曲陽人）
［乾隆］嶧縣 7/27
趙太猷（清・博興人）
［康熙六十年］博興 7/58
趙克鋭（明・曹縣人）
［萬曆二十四年］兗州 37/6
［康熙］兗州 28/35
［康熙］兗州府曹縣 13/42
［光緒］曹縣 13/41
趙志敏（字遜齋）
（清・利津人）
［咸豐］武定府 25/孝友 32
［光緒］利津 8/孝友 1
趙有愷（字步西）
（清・黃縣人）
［同治］黃縣 8/20
［民國］黃縣志稿 13/清文學
趙有恬（清・黃縣人）
［同治］黃縣 9/2
趙克慎（字徽軒）
（清・茌平人）
［宣統］茌平 16/7
［民國］茌平 3/40
趙有悌（字鄂庭）
（清・黃縣人）
［光緒］增修登州 40/11
［民國］黃縣志稿 13/人物－鄉賢祠
趙士榮（明）
［乾隆］嶧縣 7/40
41 趙楷（宋・涿州人）
［萬曆二十四年］兗州 9/28
［康熙］兗州 10/28
［乾隆］泰安府 5/12
［乾隆］東平州 10/57
［光緒］東平州 12/16
趙楷（字邦正）
（明・東阿人）
［乾隆］泰安府 17/6
［康熙五十四年］東阿 7/15
［道光］東阿 14/人物下 26
［光緒］東阿縣鄉土志 4/8
趙址（明・萊陽人）
［民國］萊陽 3/1 中 18

趙梧岡（明）
［道光］濟南 36/56
［康熙］德州 7/28
［乾隆］德州 8/7
［民國］德縣 9/8
42 趙彭（晉・南陽人）
［宣統］山東 66/40
趙樸（金・萊陽人）
［民國］萊陽 3/1 中 2
趙樸（字敦夫，號漢崇）
（清・德州人）
［民國］德縣 10/58
趙壎（清・蒲臺人）
［光緒］重修蒲臺 3/4
蒲臺縣鄉土志/20
趙壎（清・汶上人）
［康熙］續修汶上 4/孝義 2
趙斯堃（清・鄒平人）
［民國］鄒平 15/132
趙彭孫（清・萊陽人）
［宣統］山東 176/23
［民國］萊陽 3/1 中 44
趙彭籛（清・涇陽舉人）
［道光］濟南 38/24
［道光］商河 5/32
［民國］重修商河 6/70
商河縣鄉土志 1/政績
［道光］新城/名宦
［民國］重修新城 11/25
新城縣鄉土志/政績－清知縣
43 趙城（清・雲南通海人）
［宣統］山東 74/49
［道光］濟南 37/72
［乾隆］德州 8/15
［民國］德縣 9/12
趙朴（號雪山）
（清・招遠人）
［道光］招遠縣續志 2/32
趙栻（字敬夫，號他山）
（清・曹縣人）
［光緒］曹縣 11/選舉 13，14/仕蹟 3
曹縣鄉土志/耆舊錄
趙鳶（博興人）
［民國］重修博興 13/63

趙烋（字子英）
（清・利津人）
［光緒］利津 7/文苑 2
趙始春（字杏村）
（平原人）
［民國］續修平原 8/26
44 趙苞（字威豪）
（漢・東武城人）
［嘉靖］山東 31/2
［雍正］山東 28/人物一 20
［宣統］山東 166/3
［萬曆］東昌 19/5
［乾隆］東昌 41/24
［嘉靖］武城 7/45
［順治］武城 2/10
［乾隆］武城 10/2
武城縣鄉土志略/耆舊錄
［乾隆］夏津 6/6
［宣統］重修恩縣 8/34
［民國］重修恩縣 11/鄉賢 39
趙蕃（字蓉水，號松存）
（清・濟寧人）
［乾隆］濟寧直隸州 25/26
［道光］濟寧直隸州 8/3－13
趙芬（字蓮塘）
（清・恩縣人）
［宣統］重修恩縣 8/33
［民國］重修恩縣 11/鄉賢 34
趙韓（清・昌樂人）
［嘉慶］昌樂 22/6
趙茲（字榮西）
（清・萊陽人）
［民國］萊陽 3/1 中 36
趙華（字祝三）
（清・利津人）
［宣統］山東 171/36
［咸豐］武定府 24/循良 46
［光緒］利津 7/宦蹟 12
趙蕙（清・德平人）
［光緒］德平 7/25
趙堪（字遜之）
（明・汶上人）
［康熙］續修汶上 4/人物 7
趙檝（字震祥）
（清・歷城人）
［道光］濟南 53/47

［乾隆］歷城 44/4
趙蘭（明・鄆城人）
［萬曆二十四年］兗州 37/8
［康熙］兗州 28/36
［崇禎］鄆城 5/15，8/15
［康熙］鄆城 5/16，8/19
［光緒］鄆城 5/25，14/1
鄆城縣鄉土志/耆舊錄－事業
趙林（金・冠氏人）
［乾隆］東昌 34/18
［嘉慶］東昌 22/9
［萬曆］冠縣 2/2
［道光］冠縣 6/22
［光緒］冠縣 6/宦績，9/1
［民國］冠縣 6/32，9/1
趙林（清・德平人）
［道光］濟南 56/88
［嘉慶］德平 7/17
趙莘（字東野）
（清・萊陽人）
［宣統］山東 176/21
［民國］萊陽 3/1 中 35
趙莘（清・日照人）
［光緒］日照 8/50
趙英（明・萊陽人）
［民國］萊陽 3/1 中 80
趙英（明・郯城人）
［康熙］郯城 8/14
趙英（明・直隸真定人）
［康熙］濟南 25/33
［道光］濟南 36/35
［康熙］新修齊東 4/15
［民國］齊東 3/56
趙蓁（字子美）
（清・利津人）
［民國］利津縣續志 9/5
趙埴（字陶一）
（清・海陽人）
［光緒］增修登州 43/47
［光緒］海陽縣續志 5/15，8/61
趙植（宋）
［光緒］莘縣 5/3
［民國］莘縣 3/2
趙植（字彥立）
（金・萊陽人）
［泰昌］登州 11/19
［光緒］增修登州 38/9
同治］寧海州 13/2
［康熙］萊陽 8/2
［民國］萊陽 3/1 中 2
趙植（清・海陽人）
［光緒］增修登州 43/47
［光緒］海陽縣續志 5/17
趙著（字文絅）
（清・利津人）
［咸豐］武定府 26/義行 27
［光緒］利津 8/孝友 1
趙華庭（字光遠，號雪廬）
（清・魚臺人）
［民國］濟寧直隸州續志 15/4
［光緒］魚臺 3/文行又 5
趙蘭亭（字芷升）
（清・平原人）
［民國］續修平原 6/7
趙若唐（明・陝西邠州人）
［崇禎］鄆城 4/6
［康熙］鄆城 4/5
［光緒］鄆城 6/5
鄆城縣鄉土志/政績錄－興利
趙世奕（清・大嵩衛人）
［光緒］增修登州 44/4
趙萬堃（字資元）
（長清人）
［民國］長清 12/27
趙植文（字端書）
（清・浙江人）
［宣統］山東 200/17
［道光］濟南 62/9
趙其龍（清・茌平人）
［民國］茌平 3/105
趙世新（清・高唐人）
［民國］高唐縣 12/56
趙執端（字好問，號綏菴）
（清・博山人）
［乾隆］博山 7/下 5
［民國］續修博山 12/4
趙攀麟（清・開原人）
［乾隆］武定府 16/31
［咸豐］武定府 19/商河 3
［道光］商河 5/31
［民國］重修商河 6/68
商河縣鄉土志 1/政績
趙蒲玉（清・諸城人）
［道光］諸城縣續志 19/4
趙世晉（清・海陽人）
［光緒］增修登州 43/48
［乾隆］海陽 6/17
趙芝雲（字蘭馨）
（莒縣人）
［民國］重修莒志 64/18
趙夢瑞（字贊廷）
（清・寧津人）
［光緒］寧津 8/26
寧津縣志料 3/人物－孝行
趙華琳（字潤山）
（清・掖縣人）
［光緒］三續掖縣 2/5
趙其璜（字中理，號牟山）
（清・冠縣人）
［咸豐］青州 37/25
［嘉慶］昌樂 19/8
［道光］冠縣 8/上 10
［光緒］冠縣 8/卓行
［民國］冠縣 8/人物志 10，9/25
趙執璲（字德瑞，號雪圃）
（清・博山人）
［乾隆］博山 7/上 9
［民國］續修博山 11/22
趙蘭香（字惠階，號西園）
（清・昌樂人）
［民國］昌樂縣續志 30/12
趙芹香（字魯村）
（清・昌樂人）
［民國］昌樂縣續志 35/5
趙執信（字伸符，號秋谷，又號飴山）
（清・益都人）
［宣統］山東 175/41
［咸豐］青州 47/11
［乾隆］博山志稿/21
［乾隆］博山 7/下 4
［民國］續修博山 12/3，14/37
［民國］萊蕪 20/11

［民國］續修萊蕪 28/3
趙世貞(明)
［康熙］日照 8/11
趙桂嶺(字蔭秋)
(德縣人)
［民國］德縣 10/76
趙夢卜(字築巖)
(清・東明人)
［民國］東明縣新誌 11/43
趙世德(清・高唐人)
［民國］高唐縣 12/25
趙世佑(字天申)
(清・利津人)
［咸豐］武定府 25/儒林 14
［光緒］利津 7/儒林 1
趙萬化(字晉明)
(清・曹縣人)
［康熙］兗州府曹縣 14/15
［光緒］曹縣 14/人物 12
趙蘭生(清・長山人)
［嘉慶］長山 9/27
趙世傑(清・德州人)
州乘餘聞/20
趙夢白(清・文登人)
［宣統］山東 76/13
趙勤修(清・鄒縣人)
［民國］續修鄒縣志稿/人物－耆舊
趙楚齡(清・冠縣人)
［道光］冠縣 9/72
［光緒］冠縣 9/傳
［民國］冠縣 9/72
趙華齡(清・諸城人)
［光緒］增修諸城縣續志 17/16
趙蓬瀛(字冠五)
(清・臨朐人)
臨朐縣鄉土志 1/耆舊
趙蘭洲(字湘圃)
(清・膠州人)
［民國］增修膠志 42/26
趙夢祐(明・臨沂人)
［萬曆］沂州志 7/33
［乾隆］沂州府 25/22
［康熙］郯城 8/15
［民國］臨沂 9/45
趙菽清(長清人)
［民國］長清 12/19
趙基深(字敦源)
(清・招遠人)
［光緒］增修登州 43/26
［道光］招遠縣續志 3/10
趙萬選(字中一)
(清・博興人)
［民國］重修博興 13/60
趙夢祥(明・郯城人)
［康熙］郯城 8/15
趙樹滋(清・萊陽人)
［光緒］海陽縣續志 4/26
［民國］萊陽 3/1 中 33
趙萬祥(清・平原人)
［民國］續修平原 10/上 27
趙英祚(字蔭軒)
(清・漢軍正白旗人，一作直隸玉田人)
［民國］濟寧直隸州續志 10/54
［光緒］魚臺 4/41
趙蔚坊(字次炳，又字文卿)
(清・黃縣人)
［民國］黃縣志稿 13/清文學
趙英奎(清・萊陽人)
［民國］萊陽末/補遺 2
趙其堦(字西園)
(清・冠縣人)
冠縣鄉土志/耆舊－事業
趙桂芳(字天香)
(清・博平人)
［光緒］博平縣續志 10/59
博平縣鄉土志/耆舊－事業
趙桂芹(字香浦)
(清・黃縣人)
［民國］黃縣志稿 13/清文學
趙華林(字東麗)
(清・黃縣人)
［光緒］增修登州 43/9
［同治］黃縣 8/10
［民國］黃縣志稿 13/人物－鄉賢祠
趙蘭英(字紉秋)
(清・利津人)
［光緒］利津 8/義行 9
趙世孝(長清人)
［民國］長清 12/16
趙世英(清・高唐人)
［民國］高唐縣 12/25
趙樹葵(字心齋)
(清・滋陽人)
滋陽縣鄉土志 1/耆舊－鄉賢
趙執穀(字稼民)
(清・博山人)
［乾隆］博山 7/下 13
［民國］續修博山 12/41
趙萃夫(字聚之，號筠渠)
(明・東平人)
［康熙］東平州 5/21
［乾隆］東平州 11/13,20/32
［道光］東平州 20/32
［光緒］東平州 20/32
趙世泰(字允恭)
(清・宛平人)
［乾隆］夏津 6/23
趙萬春(字備堂)
(清・博平人)
［光緒］博平縣續志 10/62
趙若軨(字樸齋)
(清・昌樂人)
［咸豐］青州 50/11
［民國］昌樂縣續志 31/10
趙萬邦(字暘谷)
(明・曹縣人)
［康熙］兗州府曹縣 13/53
［光緒］曹縣 13/50
趙萬邦(清・臨沂人)
［宣統］山東 173/2
［乾隆］沂州府 25/27
［民國］臨沂 10/1
趙其昌(字世五)
(清・青州顏神鎮人)
［乾隆］即墨 9/39
［同治］即墨 9/59
趙其星(字仲啟)
(清・德州人)
［道光］濟南 56/68
［乾隆］德州 9/36
［民國］德縣 10/24
德州鄉土志/耆舊 30

趙萬璧(字希藺)
(長清人)
[民國]長清 12/26
趙蘭階(字炳南)
(清·舜天副榜)
[光緒]文登 10/下 5
趙世卿(字象賢)
(明·歷城人)
[雍正]山東 28/人物三 49
[宣統]山東 159/28
[康熙]濟南 37/10
[道光]濟南 49/31
[崇禎]歷乘 16/21
[崇禎]歷城 10/14
[乾隆]歷城 37/38
趙世賢(明·直隸祈洲人)
[康熙十二年]陽穀 2/16
[康熙]陽穀 2/12
[光緒]陽穀 4/3
趙樹屏(字翔漢)
(清·單縣人)
[民國]單縣 10/7
[光緒]曹縣 14/行誼 6
趙蘇門(清·萊陽人)
[民國]萊陽 3/1 中 42
趙摯興(金·濟南人)
[道光]濟南 47/43
[乾隆]歷城 36/3
趙藍公(清·陽信人)
[乾隆]武定府 26/31
[乾隆]陽信 7/57
[民國]陽信 5/耆碩 56
信邑志稿 7/耆碩
趙萬普(清·寧津人)
[光緒]寧津 12/19
趙世鐸(字聖木)
(清·平原人)
[民國]續修平原 6/8
趙其筠(號學山)
(清·冠縣人)
[道光]冠縣 8/上 27
[光緒]冠縣 8/孝義
[民國]冠縣 8/人物志 32
趙樹箴(字佩卿)
(清·臨沂人)
[民國]續修臨沂 16/5
趙樹棠(清·鄒平人)
[民國]鄒平 15/134
趙萬卷(字鳳山)
(清·平原人)
[民國]續修平原 6/18
45 趙埭(字方山)
(清·汶上人)
[咸豐]青州 37/27
[道光]安邱新志 16/3
安丘縣鄉土志 2/政績錄
[宣統]四續汶上稿/人物－耆德傳
趙棟(字隆吉)
(清·長山人)
[道光]濟南 55/34
趙構(宋)
[道光]鉅野 24/1
趙柟(字仲喬)
(明·堂邑人)
[順治]堂邑 2/人物 10
[康熙]堂邑 12/8
趙柚(明·萊陽人)
[民國]萊陽 3/1 中 17
46 趙柏(明·昌樂人)
[康熙]昌樂 4/9
[嘉慶]昌樂 22/5
趙柏(明·萊陽人)
[民國]萊陽 3/1 中 13
趙楞(宋)
[萬曆二十四年]兗州 9/28
[康熙]兗州 10/28
[萬曆]沂州志 7/62
趙觀(明·萊陽人)
[民國]萊陽 3/1 中 7
趙賀(字餘慶)
(宋·開封封邱人)
[雍正]山東 27/55
[咸豐]青州 35/2
[光緒]益都縣圖志 16/38
光緒臨朐 13/2
趙楫(字汝進,號用吾)
(明·浙江山陰人,一作順天大興人)
[宣統]山東 73/18
[萬曆]青州 12/37
[康熙十五年]青州 12/37
[康熙四十八年]青州 12/37
[康熙六十年]青州 12/32
[咸豐]青州 36/24
[萬曆]諸城 5/19,12/4
[康熙]諸城 5/16,11/28
[乾隆]諸城 28/6
諸城縣鄉土志/上 8
[乾隆]寧陽 3/東兗道 1
趙恕(元)
[乾隆]淄川 4/又 28－1
趙恕(明·鄒縣人)
[康熙十二年]鄒縣志 2/42
[康熙五十五年]鄒縣志 2/38
[民國]續修鄒縣志稿/人物－耆舊
鄒縣鄉土志耆舊錄/24
趙坦(清·清平人)
[民國]清平/人物 73
趙相(明·單縣人)
[隆慶]單縣下/5
[順治]單縣 2/36,2/41
[康熙]單縣 7/25
趙旭亭(字曉樓)
(清·德平人)
[民國]德平縣續志 6/2
趙如范(字正子,號釁山)
(清·德州人)
[道光]濟南 56/71
[乾隆]德州 9/63
[民國]德縣 11/6
德州鄉土志/耆舊 38
趙如陸(清·德州人)
[道光]濟南 56/71
趙覲光(字耿生,號九河)
(清·長山人)
[道光]濟南 55/15
[康熙四十三年]長山 5/孝義
[康熙五十五年]長山 6/34
[嘉慶]長山 9/6
長山縣鄉土志/耆舊錄
47 趙超(字茂謙)
(明·昌樂人)
[咸豐]青州 45/59
[嘉慶]昌樂 21/3

趙超(明・漳浦人)
[嘉靖]寧海州下/25
趙堈(明・利津人)
[咸豐]武定府25/孝友10
[光緒]利津8/孝友1
趙格(金・萊陽人)
[嘉靖]山東32/23
[康熙]山東43/2
[光緒]增修登州38/9
[康熙]萊陽8/2
[民國]萊陽3/1中2
趙垌(明・萊陽人)
[光緒]增修登州41/43
[民國]萊陽3/1中16
趙均(字臨先,號芝軒)
(清・臨清人)
[乾隆]東昌40/31
[乾隆]臨清州9/45
[乾隆]臨清直隸州8/上33
趙杞(字仲獻)
(元・南宮人)
[嘉靖]山東25/24
[康熙]山東32/13
[雍正]山東27/25
[宣統]山東69/23
[康熙]濟南25/23
[道光]濟南34/40
[康熙]禹城5/2
[民國]禹城3/41
禹城縣鄉土志/5
趙起(明・羅山人)
[道光]濟南36/13
[康熙]章丘4/26
[乾隆]章邱7/6
[道光]章邱9/9
章邱縣鄉土志/上5
趙桐(明・萊陽人)
[民國]萊陽3/1中14,3/3上傳志上50,3/3上傳志下6
趙栩(宋)
[萬曆二十四年]兗州9/28
[康熙]兗州10/28
趙鶴立(字軼羣)
(清・安丘人)
[民國]續安邱新志17/10
安丘縣鄉土志7/耆舊錄4
趙懿訓(字仲龍)
(清・壽光人)
[咸豐]青州47/26
[乾隆]續壽光25/2
[嘉慶]壽光14/5
趙起震(字長占)
(清・泰安人)
[乾隆二十五年]泰安縣12/43
[乾隆四十七年]泰安縣10/上22
[道光]泰安縣9/上74
[民國]重修泰安縣8/26
趙鶴翀(字華亭,號畋青)
(清・齊河人)
[道光]濟南56/9
[民國]齊河26/24
趙朝珍(清・金鄉人)
[民國]濟寧直隸州續志14/7
[民國]金鄉14/8
金鄉縣鄉土志/耆舊錄上
趙栩然(號蝶園)
(明・鄆城人)
[乾隆]曹州府21/23
[康熙]鄆城8/19
[光緒]鄆城13/5,14/1
趙鶴臯(字鳴九)
(清・安丘人)
[民國]續安邱新志20/7
安丘縣鄉土志7/耆舊錄4
趙起魯(字道軒)
(清・泰安人)
[道光]泰安縣9/上55
[民國]重修泰安縣8/6
泰安縣鄉土志/耆舊20
趙鶴齡(字梅仙)
(清・齊東人)
[民國]齊東5/17
齊東縣鄉土志/兵事錄3
趙朝賓(清・陽信人)
[民國]陽信5/忠義48
趙均治(字德溥)
(清・高唐人)
[光緒]高唐州5/2－31
[民國]高唐縣12/17
趙起棻(原名元睿)
(清・萊陽人)
[光緒]增修登州38/19
趙起楠(清・萊陽人)
[民國]萊陽3/1中36
趙桐芳(字琴堂)
(清・齊東人)
[民國]齊東5/18
齊東縣鄉土志/兵事錄2
趙均本(元・臨邑人)
[康熙]重修臨邑9/2
趙起振(字長占)
(清・泰安人)
泰安縣鄉土志/耆舊21
趙起杲(字清曜,號荷邨)
(清・萊陽人)
[光緒]增修登州43/29
[民國]萊陽3/1中39
趙起田(字稼軒)
(清・泰安人)
[乾隆四十七年]泰安縣12/1－48
[道光]泰安縣12/藝文一48,12/選輯傳誌48
[民國]重修泰安縣12/29
趙起鳳(字于岡,一字羽聖)
(清・德州人)
[道光]濟南56/71
[乾隆]德州9/34
[民國]德縣10/22
德州鄉土志/耆舊26
趙鶴年(字鳴臯)
(清・高唐人)
[光緒]高唐州5/2－37
[民國]高唐縣12/47
趙鶴翔(字銜書)
(清・齊河人)
[道光]濟南56/9
48 **趙翰**(明・石首人)
[嘉靖]寧海州下/19
[同治]重修寧海州13/7
趙檜(金・萊陽人)
[光緒]增修登州38/10
[民國]萊陽3/1中2
趙敬(原名魏九兒)

（明・合肥人）
［萬曆］諸城 4/43
趙敬（明・莘縣人）
［乾隆］東昌 42/16
［正德］莘縣 6/35
［康熙十一年］莘縣 7/15
莘縣鄉土志/事業 25
趙松（明・萊陽人）
［民國］萊陽 3/1 中 13
趙增（字無損，號講村）
（清・汶上人）
［雍正］山東 28/人物四 27
［宣統］山東 172/8
［康熙］兗州續編 16/29
［乾隆］兗州 23/65
［康熙］續修汶上 4/人物 8
趙敬先（字經堂）
（清・昌樂人）
［民國］昌樂縣續志 35/4
趙敬先（字慕庭）
（清・臨朐人）
臨朐縣鄉土志 1/耆舊
趙乾健（字于大）
（清・曹縣人）
［康熙］兗州府曹縣 14/29
［光緒］曹縣 14/人物 24
趙敬和（字禮亭）
（清・昌樂人）
［民國］昌樂縣續志 16/39，30/23
趙敬修（明・山西人，壽張籍）
［康熙六年］壽張 7/23
［康熙五十六年］壽張 7/43
［光緒］壽張 10/2
趙敬脩（見趙敬修）
趙敬賓（字玉臺）
（明・博山人）
［康熙］顏神鎮志 4/下 6
［乾隆］博山 6/下 1
［民國］續修博山 12/12
趙敬周（字禮堂）
（清・昌樂人）
［民國］昌樂縣續志 35/4
趙松年（清・東平人）
［光緒］東平州 15/下 18
［民國］東平縣 11/中 33
趙敬簡（號龍泉）
（明・益都人）
［咸豐］青州 44/28
［康熙］顏神鎮志 4/下 6
［乾隆］博山志稿/16
［乾隆］博山 6/上 5
［民國］續修博山 11/6
趙敬賞（字懋卿）
（清・昌樂人）
［民國］昌樂縣續志 30/21
50 **趙本**（明・膠州人）
［康熙］膠州 5/26，6/14
［乾隆］膠州 5/34
趙抃（字閱道）
（宋・衢州西安人）
［嘉靖］山東 27/6
［康熙］山東 35/7
［雍正］山東 27/57
［宣統］山東 68/49
［嘉靖］青州 12/60
［萬曆］青州 12/18
［康熙十五年］青州 12/18
［康熙四十八年］青州 12/18
［康熙六十年］青州 12/12
［咸豐］青州 35/7
［康熙六十年］博興 7/7
［光緒］益都縣圖志 16/31，53/7
趙蛟（明・陝西藍田人）
［宣統］山東 72/20
［萬曆］沂州志 6/14
［乾隆］沂州府 20/7
［乾隆］武定府 16/43
［咸豐］武定府 19/霑化 2
［乾隆］東平州 10/25
［道光］東平州 10/上 25
［康熙］郯城 6/4
［乾隆］郯城 7/25
［光緒］霑化 5/17
［民國］霑化 4/職官 35
趙肅（字謝功）
（清・鄆城人）
［康熙］鄆城 6/12
趙由（宋）
［康熙］嶧縣 3/14
［光緒］嶧縣 19/88
趙中（字大本）
（明・鄆城人）
［崇禎］鄆城 6/8
［康熙］鄆城 5/7
［光緒］鄆城 5/9
趙忠（元）
［順治］樂陵 4/2
趙忠（字旅銘）
（明・霑化人）
［乾隆］武定府 26/27
［咸豐］武定府 26/耆壽 1
［光緒］霑化 10/29
［民國］霑化 3/7
趙中立（清・寧陽人）
［光緒］寧陽 13/71
趙青雲（字天衢）
（清・新城人）
［宣統］新城縣後志 3/孝友，3/耆壽
［民國］重修新城 18/15
趙書元（字鳳軒）
（清・齊河人）
［民國］齊河 26/40
趙中玉（壽光人）
［民國］壽光 1/11
趙申季（字行瞻）
（清・江蘇武進人）
［雍正］山東 27/97
［宣統］山東 74/34
［道光］濟南 37/51
［康熙四十八年］青州 12/又 25
［康熙六十年］青州 12/41
［康熙六十年］博興 7/14
［咸豐］寧陽 11/15
［光緒］寧陽 11/15
［光緒］菏澤 7/名宦 8
趙中孚（字翠峯）
（清・單縣人）
［民國］單縣 12/鄉賢 14
趙泰甡（字鹿友）
（清・膠州人）
［雍正］山東 28/人物四 45
［宣統］山東 177/41
［乾隆］萊州 10/35

[乾隆]膠州 4/58
[道光]重修膠州 27/13
[民國]增修膠志 41/9
膠州直隸州鄉土志 4/事功
趙東臯(字鳴岡)
(清・陵縣人)
[光緒]陵縣 19/人物傳二 18
陵縣鄉土志/17
趙中和(長清人)
[民國]長清 12/17
趙申寵(清・永平人)
[乾隆]陽信 5/5
信邑志稿 5/職官－知縣
[民國]陽信 2/25
趙本潭(字淞泉)
(清・商河人)
[民國]重修商河 9/23
趙本源(字星海)
(清・昌樂人)
[民國]昌樂縣續志 31/21
趙青壇(字伯鞏,一字固庵)
(清・冠縣人)
[道光]冠縣 8/上 31
[光緒]冠縣 8/文學,9/傳
[民國]冠縣 8/人物志 39
趙書奎(字麟坡)
(清・黄縣人)
[光緒]增修登州 40/10
[同治]黄縣 8/10
[民國]黄縣志稿 13/人物－鄉賢祠
趙中直(清・費縣人)
[光緒]費縣 11/19
趙春荔(字香圃)
(清・茌平人)
[民國]茌平 12/87
趙書林(字蘊臺)
(清・泰安人)
[民國]重修泰安縣 8/47
趙書林(字芳圃)
(清・文登人)
[光緒]文登 10/上 15
趙泰林(字岳宗)
(清・茌平人)
[民國]茌平 12/90
趙本東(字文震)
(清・壽張人)
[光緒]壽張 7/27
趙春盛(明・博山人)
[乾隆]博山志稿/18
[乾隆]博山 7/上 18
[民國]續修博山 12/57
趙東甲(字乙山)
(清・博興人)
[民國]重修博興 13/59
趙東里(字德鄰)
(清・陵縣人)
[光緒]陵縣 19/人物傳二 26
趙東璧(字星文)
(臨淄人)
[民國]臨淄 27/67
趙未彤(字六滋,號序堂)
(清・萊陽人)
[光緒]增修登州 39/37
[民國]萊陽 3/1 中 43
趙東周(字聖爲)
(清・肥城人)
[嘉慶]肥城 17/29
[光緒]肥城 9/15
肥城縣鄉土志 5/28
趙泰臨(字敬亭)
(清・膠州人)
[乾隆]萊州 10/37
[乾隆]膠州 4/62
[道光]重修膠州 27/13
[民國]增修膠志 41/10
膠州直隸州鄉土志 4/事功
趙本義(字正民)
(清・陽信人)
[民國]陽信 5/任恤 33
趙東普(字康侯)
(清・膠州人)
[乾隆]膠州 5/24
[道光]重修膠州 29/16
[民國]增修膠志 45/3
趙本熯(字子丹)
(清・惠民人)
[光緒]惠民 22/6
惠民縣鄉土志/耆舊錄 15
趙中忱(字子真)
(清・寧津人)
[光緒]寧津 8/8
寧津縣志料 3/人物－循良
寧津縣鄉土志/耆舊
51 **趙頔**(字問亭,號石瀨山人)
(清・博山人)
[民國]續修博山 12/5
趙振一(霑化人)
[民國]霑化 4/登進 48
趙振鼎(清・萊陽人)
[民國]萊陽 3/1 中 42
趙振緒(字紹周)
(清・諸城人)
[咸豐]青州 49/23
[道光]諸城縣續志 16/4
趙振倫(清・長山人)
[嘉慶]長山 10/7
趙振江(字聲宏)
(清・東平人)
[光緒]東平州 15/下 52
[民國]東平縣 11/下 21
趙振業(字在新,號暨垣)
(清・博山人)
[康熙]山東 42/31
[雍正]山東 28/人物四 4
[宣統]山東 175/19
[康熙十五年]青州 13/90
[康熙四十八年]青州 13/事功 74
[康熙六十年]青州 16/37
[康熙]益都 8/6
[康熙]顔神鎮志 4/下 4
[乾隆]博山志稿/20
[乾隆]博山 6/下 3
[民國]續修博山 12/14
趙振漢(字醒吾)
(長清人)
[民國]長清 12/10
趙振極(字永振,號建亭)
(清・曹縣人)
[乾隆]曹州府 16/8
[康熙]兗州府曹縣 14/8
[光緒]曹縣 14/人物 6
趙振東(字仲寅)
(清・齊河人)
[民國]齊河 23/16
趙振興(字詩庭)
(清・昌樂人)

［民國］昌樂縣續志 30/10
趙振鐸(字聖音)
(清・博興人)
［民國］重修博興 13/48
52 **趙揆**(字景則)
(北魏)
［崇禎］武定州 7/1
趙挺之(字正夫)
(宋・諸城人)
［嘉靖］山東 25/21,32/16
［康熙］山東 32/9,42/16
［雍正］山東 28/人物二 43
［康熙］濟南 25/11
［道光］濟南 34/10
［嘉靖］青州 14/20
［萬曆］青州 13/38
［康熙十五年］青州 13/38
［康熙四十八年］青州 13/事功 21
［康熙六十年］青州 16/10
［咸豐］青州 54/15
［嘉靖］武定州下/49
［萬曆］武定州 10/6
［嘉靖］德州 3/5
［萬曆］德州 8/28
［康熙］德州 7/24
［民國］德縣 9/5
［康熙］陵縣 4/3
［光緒］陵縣 18/6
陵縣鄉土志/8
［萬曆］諸城 7/12
［康熙］諸城 7/10
［乾隆］諸城 29/7
諸城縣鄉土志/上 24
53 **趙輔**(字君佐)
(元・堂邑人)
［乾隆］東昌 37/24
［嘉慶］東昌 27/22
［康熙］堂邑 16/1
堂邑縣鄉土志/耆舊錄
趙輔(字調元)
(明・朝城人)
［康熙］朝城 8/33,9/55
趙輔(字良佐)
(明・南直鳳陽人)
［嘉靖］山東 25/13
［康熙］山東 31/15
［宣統］山東 70/38
［道光］濟南 35/45
［乾隆］濟寧直隸州 22/23
［道光］濟寧直隸州 6/6－29
趙成章(清・濟陽人)
［乾隆］濟陽 8/41
［民國］濟陽 11/55
趙成伯(宋)
［乾隆］諸城 27/7
諸城縣鄉土志/上 6
趙輔宸(字羽皇)
(清・魚臺人)
［乾隆］魚臺 11/40
［光緒］魚臺 3/24
趙盛洙(清・臨清人)
［乾隆］臨清直隸州 8/下 6
［民國］臨清縣/人物 26
趙咸清(清・夏津人)
［民國］夏津續編 8/6
趙成吉(字禮堂)
(清・博山人)
［民國］續修博山 14/41
趙盛南(清・齊東人)
［民國］齊東 5/40
齊東縣鄉土志/耆舊錄 17
趙成美(清・新泰人)
［乾隆］泰安府 18/52
［乾隆］新泰 16/4
新泰縣鄉土志/25
54 **趙軌**(隋・河南洛陽人)
［嘉靖］山東 25/18
［康熙］山東 32/5
［雍正］山東 27/19
［宣統］山東 67/26
［康熙］濟南 25/5
［道光］濟南 33/21
［崇禎］歷乘 16/25
［崇禎］歷城 6/8
55 **趙扶南**(字秋鵬)
(清・昌樂人)
［民國］昌樂縣續志 31/23
57 **趙握**(字知先)
(清・膠州人)
［乾隆］膠州 5/25
趙邦彥(字元哲,號少虛)
(明・東阿人)
［乾隆］泰安府 18/18
［萬曆二十四年］兗州 36/26
［康熙］兗州 28/24
［康熙五十四年］東阿 7/21
［道光］東阿 14/人物下 1
趙揮塵
［民國］重修博興 10/3
趙揮塵(原名光三,字揮長)
(長清人)
［民國］長清 12/12
趙邦豸(明・定陶人)
［順治］定陶 5/19
［乾隆］定陶 6/11
［民國］定陶 6/42
趙邦畿(字華堂)
(清・膠州人)
［民國］增修膠志 47/13
趙邦清(字仲一)
(明・陝西真寧人)
［宣統］山東 72/8
［康熙］兗州續編 14/7
［乾隆］兗州 22/25
［康熙］滕志 6/40
［康熙］滕縣志 6/宦業 36
［道光］滕縣志 6/宦績 28
滕縣鄉土志/6
趙擢彤(字遴可,號睦堂)
(清・萊陽人)
［民國］萊陽 3/1 中 88
58 **趙鰲**(清・北直隸人,一作真定武進士)
［光緒］增修登州 37/17
［道光］榮成 6/24,9/45
趙鼇(見趙鰲)
趙整之(字咸齊)
(清・昌樂人)
［咸豐］青州 50/15
［民國］昌樂縣續志 28/11
60 **趙昂**(明・直隸開州人)
［同治］重修寧海州 13/15
趙昌(字碩堂)
(清・昌邑人)
［光緒］昌邑縣續志 5/62
趙昉(清・武城人)
［宣統］山東 174/27

[乾隆]東昌 40/40
趙杲(字曉昇)
(清・汶上人)
[宣統]四續汶上稿/人物-忠烈傳
趙冕(字寅東)
(清・昌樂人)
[民國]昌樂縣續志 35/10
趙旻(三國・瑯邪人)
[康熙]莒州下/2
趙睢(字文泉)
(清・博山人)
[民國]續修博山 12/69
趙田(明・萊陽人)
[民國]萊陽 3/1 中 17
趙昱(字元達)
(漢・琅邪人)
[雍正]山東 28/人物一 24
[宣統]山東 66/34,165/2
[萬曆]青州 13/30
趙最(明・昌邑人)
[康熙]昌邑 6/3
趙昌言(字仲謨)
(宋・汾州孝義人)
[雍正]山東 27/55
[宣統]山東 68/47
[咸豐]青州 35/1
[光緒]益都縣圖志 16/23
趙晃庚(字又白)
(明・平原人)
[道光]濟南 52/62,61/5
[乾隆]平原 8/45
[民國]續修平原 11/藝文上 22
平原縣鄉土志輯稿/隱逸
趙思齊(明・棲霞人)
[乾隆]棲霞 6/29
趙思齊(字君賢)
(清・東平人)
[乾隆]泰安府 18/51
[康熙]東平州 4/76,5/98
[乾隆]東平州 15/16
[道光]東平州 15/16
[光緒]東平州 15/下 24
[民國]東平縣 11/下 2
東平州鄉土志上/耆舊錄 36
趙思誠(明・山西樂平人)
[萬曆]萊州 5/70
[康熙]萊州 8/31
[乾隆]萊州 9/15
[嘉慶]續掖縣 2/24
趙景望(字起渭)
(清・陽穀人)
[光緒]陽穀 6/27
[民國]增修陽穀人物/善行 38
趙國麟(字仁圃,號拙菴)
(清・泰安人)
[宣統]山東 171/2
[乾隆]泰安府 17/53
[乾隆二十五年]泰安縣 12/20
[乾隆四十七年]泰安縣 10/上 6,12/3-43
[道光]泰安縣 9/上 54
[民國]重修泰安縣 8/5
泰安縣鄉土志/耆舊 16
趙景玉(清・諸城人)
[光緒]增修諸城縣續志 15/7
趙昇瑞(清・即墨人)
[同治]即墨 9/38
趙日采(清・平陰人)
[乾隆]泰安府 15/27
[民國]萊蕪 9/7
[民國]續修萊蕪 15/8
趙思睿(明・陝西南鄭人)
[康熙十一年]莘縣 5/5
[康熙五十六年]莘縣 5/5
[光緒]莘縣 5/17
[民國]莘縣 3/12
趙思睿(字作之)
(明・霑化人)
[康熙]濟南 32/8
[乾隆]武定府 25/35
[咸豐]武定府 25/儒林 5
[康熙]曹州志 7/55
[乾隆]曹州府 12/21
[萬曆]新修霑化 6/117
[光緒]霑化 7/23
[民國]霑化 2/25
[光緒]菏澤 7/宦蹟 23
[光緒]新修菏澤 8/21
趙景鸞(字鳴陽)
(明・臨潁人)
[宣統]山東 72/27
[萬曆二十四年]兗州 29/9
[康熙]兗州 22/30
[乾隆]曹州府 12/18
[康熙]兗州府曹縣 9/7,10/11
[光緒]曹縣 10/10
曹縣鄉土志/政績錄
趙國謐(字青木)
(清・博山人)
[民國]續修博山 12/6
趙國佐(清・高唐人)
[道光]高唐州 5/2-22
[光緒]高唐州 5/2-25
[民國]高唐縣 12/51
趙國佐(字嵐曉)
(清・滋陽人)
[康熙]山東 40/64
[雍正]山東 28/人物四 6
[宣統]山東 172/8
[康熙]兗州續編 16/2
[乾隆]兗州 23/65
[康熙]滋陽 4/上 28
[光緒]滋陽 8/40
滋陽縣鄉土志 1/耆舊-鄉賢
趙國安(字元衡)
(清・泰安人)
[乾隆四十七年]泰安縣 10/上 29
[道光]泰安縣 9/上 81
[民國]重修泰安縣 8/36
泰安縣鄉土志/耆舊 16
趙日永(清・新泰人)
[康熙]濟南 44/35
[乾隆]新泰 16/3
新泰縣鄉土志/25
趙國治(字鈞衡)
(清・泰安人)
[乾隆二十五年]泰安縣 12/24
[乾隆四十七年]泰安縣 10/上 29

[道光]泰安縣 9/上 81
[民國]重修泰安縣 8/36
泰安縣鄉土志/耆舊 16
趙景述(博山人)
[民國]續修博山 12/55
趙恩波(東平人)
[民國]東平縣 11/上 22
趙昌運(清・蒙陰人)
[康熙十一年]蒙陰 2/38
趙景祿(明・襄陵人)
[萬曆]濮州 3/名宦 36
趙國標(清・蒲臺人)
[乾隆]蒲臺 3/55
趙國樞(清・介休人)
[雍正]恩縣續志 3/5
趙昌基(字業亭)
(清・臨沂人)
[民國]臨沂 10/22
趙國華(字菁衫)
(清・直隸豐潤人)
[民國]德縣 9/19
[民國]續修廣饒 17/8
[民國]樂安 8/22
[光緒]莘縣 5/24
[民國]莘縣 3/8
莘縣鄉土志/政績 9
趙國英(清・海陽人)
[光緒]增修登州 43/46
[乾隆]海陽 6/18
趙國英(清・諸城人)
[道光]諸城縣續志 19/4
趙景華(字繡山)
(東平人)
[民國]東平縣 11/上 25
趙思恭(明・棲霞人)
[乾隆]棲霞 6/29
趙景超(字仲起)
(清・博平人)
[光緒]博平縣續志 10/52
博平縣鄉土志/耆舊－事業
趙思本(字宗源)
(明・慶雲人)
[嘉慶]慶雲 9/5
[咸豐]慶雲 2/57
[民國三年]慶雲 2/19
趙國輔(字星佐)
(清・海陽人)
[光緒]增修登州 40/26
[乾隆]海陽 7/29
[光緒]海陽縣續志 5/10
趙見圖(明・平原人)
[道光]冠縣 6/30
[光緒]冠縣 6/宦績
[民國]冠縣 6/40
趙景星(字助月,一作鋤月)
(明・萊陽人)
[乾隆]續登州 10/6
[光緒]增修登州 41/45
[乾隆]海陽 6/14
[康熙]萊陽 8/19
[民國]萊陽 3/1 中 23
趙日躋(字敬菴)
(清・長山人)
[嘉慶]長山 8/23
趙昌嗣(字百男)
(清・膠州人)
[乾隆]膠州 4/53
[道光]重修膠州 28/2
[民國]增修膠志 42/2
趙景原(字介繁)
(清・昌樂人)
[民國]昌樂縣續志 30/8
趙杲卿(字明叔)
(宋・密州諸城人)
[咸豐]青州 41/32
[乾隆]膠州 5/34
[乾隆]諸城 29/6
趙國興(明・淄川人)
[道光]濟南 50/40
[康熙]淄川 6 下/12
[乾隆]淄川 6/下 12
趙國周(清・蒙陰人)
[宣統]蒙陰 4/孝義
趙景周(字仰文)
(清・莘縣人)
[民國]莘縣 7/20
趙思敏(明・蓬萊人)
[順治]登州 16/13
[光緒]增修登州 39/4
[康熙]蓬萊 5/14
[道光]重修蓬萊 9/18
[民國]蓬萊縣志合編人物志/仕績
趙恩光(東平人)
[民國]東平縣 11/上 22
61 **趙顒**(元・臨邑人)
[康熙]重修臨邑 9/2
[道光]臨邑 9/20,14/20
[同治]臨邑 9/武功 1,14/20
趙顒宗(明・莘縣人)
[康熙十一年]莘縣 7/15
[光緒]莘縣 7/40
[民國]莘縣 7/30
63 **趙畹**(字麗賓)
(清・昌樂人)
[民國]昌樂縣續志 30/7
趙暄(字寅賓)
(清・昌樂人)
[咸豐]青州 47/21
[嘉慶]昌樂 24/6
趙暄(字霽生)
(清・平原人)
[道光]濟南 56/95
[乾隆]平原 8/38
平原縣鄉土志輯稿/文學
趙貽文(清・鄒縣人)
[民國]續修鄒縣志稿/人物－耆舊
64 **趙時彥**(元・冠州人)
[嘉靖]山東 26/17
[康熙]山東 33/20
[乾隆]泰安府 14/35
[萬曆元年]兗州 38/循吏 40
[萬曆二十四年]兗州 28/21
[康熙]兗州 22/20
[順治]平陰 5/22
[光緒]平陰 4/3
平陰縣鄉土志/4
趙時雍(明・臨清人)
[乾隆]東昌 42/22
[康熙]臨清州 3/人物 18
[乾隆]臨清直隸州 8/上 40
[民國]臨清縣/人物 52
趙時晉(字進之)
(明・平原人)
[道光]濟南 52/58
[乾隆]平原 8/25
平原縣鄉土志輯稿/循吏

趙時聘(清・寧陽人)
[咸豐]寧陽 13/46
[光緒]寧陽 13/57
趙時弼(明・膠州人)
[康熙]膠州 5/26
[乾隆]膠州 4/33
[道光]重修膠州 26/6
[民國]增修膠志 40/33
膠州直隸州鄉土志 4/篤行
趙時勉(明・徽州歙縣人)
[萬曆]東昌 18/42
[乾隆]東昌 35/33
[嘉靖]武城 3/16
[順治]武城 2/9
[乾隆]武城 9/3,14/42
武城縣鄉土志略/政績錄
趙時和(明・平原人)
[道光]濟南 52/58
[乾隆]平原 8/12
平原縣鄉土志輯稿/孝義
趙時明(清・單縣人)
[乾隆]單縣 7/18
[民國]單縣 9/66
趙時春(字景仁)
(明・陝西平涼人)
[宣統]山東 70/31
[道光]濟南 35/44
[乾隆]武定府 26/43
[咸豐]武定府 26/寓賢 3
[萬曆]德州 8/29
[乾隆]德州 8/7
[民國]德縣 9/8
[光緒]霑化 10/33
[民國]霑化 3/13
趙時中(明・歷城人)
[道光]濟南 49/2
[乾隆]歷城 37/3
趙時中(清・德州人)
[道光]濟南 56/76
德州鄉土志/耆舊 42
趙時顯(清・寧陽人)
[咸豐]寧陽 13/46
[光緒]寧陽 13/57
65 **趙映階**(字景平)
(清・臨沂人)
[民國]臨沂 10/62
67 **趙野**(字子開)
(元・濟南人)
[道光]濟南 48/42
[乾隆]歷城 36/27
[道光]長清 11/5
趙明誠(字德甫)
(宋・諸城人)
[康熙]濟南 25/12
[道光]濟南 72/18
[咸豐]青州 41/33
[康熙]淄川 4/5
[乾隆]淄川 4/5
[光緒]益都縣圖志 16/34
[乾隆]諸城 36/1
諸城縣鄉土志/上 17
趙明雲(字慶元)
(長清人)
[民國]長清 12/18
趙嗣晉(號桐厓,一作桐崖)
(清・安徽廣德人)
[宣統]山東 76/32
[道光]城武 6/36
趙明琛(字叔玉)
(長清人)
[民國]長清 12/21
趙鳴喬(字堯瞻)
(清・東平人)
[乾隆]泰安府 17/41
[乾隆]東平州 13/39
[道光]東平州 13/39
[光緒]東平州 15/上 39
[民國]東平縣 11/上 15
趙明仁(清・章邱人)
[道光]章邱 11/87
趙鳴鸞(號盧南)
(清・東平人)
[乾隆]泰安府 17/47
[康熙]東平州 5/67
[乾隆]東平州 13/39,20/28
[道光]東平州 13/39,20/28
[光緒]東平州 15/上 39,20/28
[民國]東平縣 11/上 15
趙明叔(宋・膠西人)
[嘉靖]山東 33/8
[康熙]山東 44/7
[萬曆]萊州 6/17
[康熙]萊州 10/85
[乾隆]萊州 11/隱逸 1
[康熙]膠州 5/22,6/14
趙野多(清・昌樂人)
[嘉慶]昌樂 28/2
趙明遠(字蘊山)
(清・齊河人)
[民國]齊河 23/39,27/31
趙明道(字景灝)
(清・陽信人)
[民國]陽信 5/耆碩 58
趙鶚薦(字左山)
(明・昌樂人)
[萬曆]青州 14/20
[康熙十五年]青州 14/20
[康熙四十八年]青州 14/孝友 10
[康熙六十年]青州 17/14
[咸豐]青州 44/34
[康熙]昌樂 4/2
[嘉慶]昌樂 20/2
趙嗣抃(字又獻,號鐵菴)
(清・萊陽人)
[乾隆]海陽 6/16,7/58
[光緒]增修登州 40/26
趙明盛(清・諸城人)
[光緒]增修諸城縣續志 17/15
諸城縣鄉土志/上 46
趙煦堂(清・臨朐人)
[民國]臨朐續志 20/24
70 **趙璧**(元)
[乾隆]淄川 4/又 28－1
趙璧(字立一)
(明・萊陽人)
[民國]萊陽 3/1 中 72,3/3 上傳志上 18
趙璧(元・兗州人)
[宣統]山東 161/23
趙璧(明・單縣人)
[隆慶]單縣下/17
[順治]單縣 3/9
[康熙]單縣 8/2
[乾隆]單縣 7/4
[民國]單縣 9/17

趙璧(字潤夫)
(明・歷城人)
[嘉靖]山東 29/25
[康熙]濟南 35/11
[道光]濟南 49/10
[崇禎]歷乘 16/18
[崇禎]歷城 10/12
[乾隆]歷城 37/19
趙璧(明・商丘人)
[順治]堂邑 2/職官 10
[康熙]堂邑 10/3
趙璧(字完玉)
(明・掖縣人)
[康熙]萊州 10/77
[乾隆]萊州 10/19
[乾隆]掖縣 4/58
趙璧(明・鄒人)
[萬曆]鄒志 2/27
[康熙十二年]鄒縣志 2/38
[康熙五十五年]鄒縣志 2/33
[民國]續修鄒縣志稿/人物－耆舊
鄒縣鄉土志耆舊錄/14
趙璧(清・昌邑人)
[萬曆]萊州 5/106
[乾隆]昌邑 6/176
趙璧(字書樵)
(清・東平人)
[民國]東平縣 11/上 19
趙璧城(字藺如)
(清・陽信人)
[民國]陽信 5/文學 18
陽信縣鄉土志上/耆舊－學問
71 **趙臣**(宋・青州人)
[雍正]山東 28/人物二 42
趙槩(字叔平)
(宋・虞城人)
[嘉靖]山東 26/11,27/5
[康熙]山東 33/13,35/6
[雍正]山東 27/56
[宣統]山東 68/33
[嘉靖]青州 12/58
[萬曆]青州 12/17
[康熙十五年]青州 12/17
[康熙四十八年]青州 12/17
[康熙六十年]青州 12/12
[咸豐]青州 35/6
[萬曆元年]兗州 39/名宦 12
[萬曆二十四年]兗州 28/4
[康熙]兗州 22/4
[乾隆]泰安府 14/18
[康熙]東平州 4/36
[乾隆]東平州 12/15
[道光]東平州 12/15
[光緒]東平州 14/15
[民國]東平縣 9/9
[康熙六十年]博興 7/7
[光緒]益都縣圖志 16/30
趙匡(字文度)
(宋・青州人)
[咸豐]青州 55/19
趙頤(明・睢寧人)
[萬曆]濮州 3/名宦 28
趙長發(清・單縣人)
[民國]單縣 9/64
趙長發(清・禹城人)
[民國]禹城 6/26
禹城縣鄉土志/16
趙長任(清・單縣人)
[民國]單縣 9/68
趙匡胤(宋・涿郡人)
[乾隆]武定府 26/42
[咸豐]武定府 26/寓賢 2
[萬曆]蒲臺志 9/8
[康熙]重修蒲臺 8/1
[乾隆]蒲臺 4/1
趙長齡(字松年)
(清・昌樂人)
[民國]昌樂縣續志 35/9
趙長齡(字怡山)
(清・利津人)
[宣統]山東 171/23
[光緒]利津 7/宦蹟 19,附利津文徵 3/墓表 18
趙長安(清・高唐人)
[光緒]高唐州 5/2－37
[民國]高唐縣 12/47
趙長江(字景文)
(清・壽光人)
[民國]續滕縣志 4/23
趙長清(字澄溪)
(清・利津人)
[咸豐]武定府 26/義行 28
[光緒]利津 8/義行 6
趙長祥(霑化人)
[民國]霑化 4/登進 49
趙驥祥(字繼先)
(清・膠州人)
[乾隆]膠州 4/54
[道光]重修膠州 29/3
[民國]增修膠志 44/2
趙匯錦(字錦墀)
(清・商河人)
[民國]重修商河 8/61
72 **趙彤**(字少海)
(清・牟平人)
[民國]牟平 7/115
趙隱(字彥深)
(南北朝・平原人)
[嘉靖]山東 29/8
[康熙]山東 39/8
[宣統]山東 155/35
[道光]濟南 45/34
[康熙六十年]青州 20/5
[萬曆]平原上/59
[康熙]陵縣 5/3
趙隱君(明・壽光人)
[康熙]山東 46/6
[康熙十五年]青州 14/43
[康熙四十八年]青州 14/隱逸 17
[康熙]壽光 12/36,28/3
壽光縣鄉土志/耆舊
趙所蘊(清・恩縣人)
[民國]重修恩縣 11/鄉賢 50
趙岳楣(字錦雲)
(清・膠州人)
[民國]增修膠志 43/9
73 **趙隇**(字德固)
(金・遼陽人)
[萬曆]武定州 10/7
[崇禎]武定州 7/3
趙駿聲(字元音)
(清・霑化人)
[光緒]霑化 10/22
[民國]霑化 2/97

74 **趙附青**(清・諸城人)
[道光]諸城縣續志 16/4
75 **趙體元**(字履泰)
(清・茌平人)
[宣統]茌平 28/3
[民國]茌平 3/75
趙體元(字乾一)
(清・壽光人)
[民國]壽光 12/人物志二 33
77 **趙鳳**(五代梁・幽州人)
[宣統]山東 68/20
[乾隆]泰安府 14/13
[萬曆元年]兗州 39/外傳 5
[康熙]東平州 4/31
[乾隆]東平州 12/8
[道光]東平州 12/8
[光緒]東平州 14/8
趙卿(號白樓)
(明・濟寧人)
[萬曆二十四年]兗州 36/25
[康熙]濟寧州 6/28
[乾隆]濟寧直隸州 24/9
[道光]濟寧直隸州 8/2 - 26
趙同(明・莒縣人)
[民國]重修莒志 68/3
趙熙(明・陜西人)
[乾隆]武定府 16/33
[咸豐]武定府 19/濱州 2
[萬曆]濱州 3/21
[康熙]濱州 5/21
[咸豐]濱州 8/3
趙興(明・北通州人)
[光緒]文登 5/34
趙興(清・茌平人)
[乾隆]東昌 43/14
[宣統]茌平 15/3
[民國]茌平 3/85
趙學(明・益都人)
[萬曆]青州 14/54
[康熙十五年]青州 14/54
[康熙四十八年]青州 14/儒行 11
[康熙六十年]青州 15/11
[咸豐]青州 44/58
[萬曆]益都 6/93
[康熙]益都 9/17
趙居廣(清・滿城人)
[雍正]恩縣續志 3/4
趙同言(字德孚)
(明・長清人)
[康熙]濟南 40/8
[道光]濟南 52/20
[康熙]長清 9/59
[道光]長清 11/8
趙興文(清・茌平人)
[民國]茌平 3/104
趙鳳龍(清・清平人)
[民國]清平/人物 73
趙殿元(字對廷)
(清・寧陽人)
[光緒]寧陽 15/47
趙服五(長清人)
[民國]長清 12/17
趙鵬雲(字鯤南)
(清・黃縣人)
[民國]黃縣志稿 13/清懿行
趙興琥(字昇瑞)
(清・即墨人)
即墨縣鄉土志/耆舊 - 事業四
趙欣璞(字荊石)
(清・昌樂人)
[民國]昌樂縣續志 31/21
趙印千(字鉄峯)
(清・商河人)
[民國]重修商河 8/64
趙居貞(唐・定州鼓城人)
[嘉靖]山東 27/4
[康熙]山東 35/4
[雍正]山東 27/54
[嘉靖]青州 13/23
[萬曆]青州 12/14
[康熙十五年]青州 12/14
[康熙四十八年]青州 12/14
[康熙六十年]青州 12/8
[萬曆]萊州 5/62
[康熙]萊州 8/21
[乾隆]萊州 9/6
[康熙]濰縣 5/名宦 2
[乾隆]濰縣 3/39
濰縣鄉土志/50
[光緒]益都縣圖志 16/3
趙印川(字珠浦,號小潭)
(清・青州人)
[宣統]山東 175/47
[民國]續修博山 12/60
趙貫台(字紫垣,號墨莊)
(清・平陰人)
[宣統]山東補遺/2
[光緒]平陰 4/21
趙丹魁(字星五)
(清・利津人)
[民國]利津縣續志 9/5
趙鵬程(字翀南)
(明・萊陽人)
[康熙]山東 43/5
[雍正]山東 28/人物三 62
[宣統]山東 163/35
[光緒]增修登州 39/28
[康熙]萊陽 8/8
[民國]萊陽 3/1 中 20
趙鵬程(清・長清人)
[民國]長清 11/29
趙朋齡(字如山)
(清・利津人)
[咸豐]武定府 24/循良 49
[光緒]利津 7/宦蹟 14
趙鵬凌(清・昌樂人)
[民國]昌樂縣續志 34/4
趙馭遠(字子重)
(清・商河人)
[民國]重修商河 8/25
趙學洙(字衍泗)
(清・高密人)
[民國]高密 14/上 48
趙開運(字子元)
(清・新城人)
[宣統]山東補遺/24
趙興祖(字起宗,號藻亭)
(清・長山人)
[道光]濟南 55/31
[嘉慶]長山 8/28
趙殿奎(清・高密人)
[光緒]高密 8/上 29
[民國]高密 14/上 31
高密縣鄉土志/上 31
趙鳳來(明・昌樂人)
[咸豐]青州 45/59

[嘉慶]昌樂 21/3
趙月塘(清・萊陽人)
[民國]萊陽 3/1 中 92
趙丹城(字鎮湘)
(清・利津人)
[民國]利津縣續志 7/義行 7
趙同書(字文卿)
(莘縣人)
[民國]莘縣 7/26
趙履泰(明・曹縣人)
[康熙]曹縣 11/35
趙開成(字堯天)
(明・膠州人)
[康熙]膠州 5/42
[乾隆]膠州 4/45
[道光]重修膠州 25/29
[民國]增修膠志 40/27
趙殿甲(清・樂安人)
[民國]續修廣饒 19/56
趙際昌(號夢日)
(明・霑化人)
[乾隆]武定府 25/37
[咸豐]武定府 25/儒林 7
[光緒]霑化 7/23
[民國]霑化 2/25
趙印昌(字世茂,號芝庭)
(明・掖縣人)
[乾隆]掖縣 3/46
[光緒]三續掖縣 2/1
趙熙覍(字帝載,別號雲鶴)
(清・膠州人)
[乾隆]膠州 5/18
[道光]重修膠州 28/12
[民國]增修膠志 42/11
膠州直隸州鄉土志 4/事功
趙際明(清・新泰人)
[順治]新泰 5/23
[乾隆]新泰 16/7
趙鵬舉(字上九)
(清・恩縣人)
[民國]重修恩縣 11/鄉賢 71
趙月丹(清・金鄉人)
[咸豐]金鄉縣志略 12/7
趙民善(字化宇)
(清・奉天人)
[雍正]山東 27/108
[宣統]山東 77/40
[康熙]萊州 8/58
[乾隆]萊州 9/35
[康熙]膠州 5/15
[乾隆]膠州 4/17
[道光]重修膠州 23/3,39/26
[民國]增修膠志 18/3,37/2
膠州直隸州鄉土志 3/政績－聽訟
趙鵬年(字搏九)
(清・齊河人)
[民國]齊河 27/28
趙同美(清・蒲臺人)
[咸豐]青州 37/13
[乾隆]諸城 28/13
趙學義(字宜菴)
(清・昌樂人)
[民國]昌樂縣續志 31/7
趙印光(字九畹)
(明・長山人)
[道光]濟南 50/52
[康熙五十五年]長山 6/30
[嘉慶]長山 9/3
78 **趙臨**(明・汶上人)
[嘉靖]山東 30/59
[萬曆元年]兗州 40/政績 16
趙臨庚(字西谷)
(清・昌樂人)
[民國]昌樂縣續志 34/3
趙臨莊(字敬莅,號東籬)
(清・昌樂人)
[民國]昌樂縣續志 31/8
79 **趙騰**(漢・冀州清河郡人)
[嘉慶]東昌 26/2
[宣統]重修恩縣 8/1
[民國]重修恩縣 11/鄉賢 1
趙勝凡(字仙航)
(清・金鄉人)
[民國]金鄉 13/續增 11
80 **趙曾**(字慶孫,一字慶之,號北嵐)
(清・萊陽人)
[宣統]山東 176/36
[民國]萊陽 3/1 中 42,3/1 中 89,3/3 上傳志下 42
趙錞(字振和,號意岑)
(清・蓬萊人)
[光緒]蓬萊縣續志 9/行誼 6
[民國]蓬萊縣志合編人物志/行誼
趙慈(字雪廷)
(清・博山人)
[民國]續修博山 12/6
趙鎬(明・吳縣人)
[萬曆]沂州志 6/14
[光緒]費縣 3/54
趙全(字周卿)
(元・昌樂人)
[民國]昌樂縣續志 17/37,32/1
趙全(明・莘縣人)
[嘉靖]山東 35/4
[康熙]山東 45/12
[乾隆]東昌 42/16
[嘉慶]東昌 32/16
[正德]莘縣 6/30
[康熙十一年]莘縣 7/9
[康熙五十六年]莘縣 7/9
[光緒]莘縣 7/38
[民國]莘縣 7/29
莘縣鄉土志/孝友 22
趙善(明・萊陽人)
[民國]萊陽 3/1 中 10
趙鉉(字商鼎)
(明・萊陽人)
[光緒]增修登州 40/23
[康熙]萊陽 8/8
[民國]萊陽 3/1 中 11
趙鉉(字伯玉)
(明・歷城人)
[乾隆]歷城 37/40
趙義(明・觀城人)
[道光]觀城 8/6
觀城縣鄉土志/耆舊
趙義(字宜亭)
(清・臨朐人)
[民國]臨朐續志 20/16
趙鏞(原名景徽,字元振)
(清・淄川人)
[宣統]三續淄川 10/22
趙俞(字文饒)

（清・江蘇嘉定人）
［宣統］山東 76/33
［乾隆］定陶 4/22
［民國］定陶 4/22
趙毓（明・茌平人）
［乾隆］東昌 42/13
［嘉慶］東昌 32/13
趙美亭（清・陽穀人）
［民國］增修陽穀人物/武學師 30
趙善慶（字怡齋）
（清・德州人）
［道光］濟南 56/75
［乾隆］德州 9/47
州乘餘聞/4
［民國］德縣 10/36
德州鄉土志/耆舊 41
趙金元（清・冠縣人）
［民國］冠縣 8/人物志 36
趙金璋（清・蒲臺人）
蒲臺縣鄉土志/16
趙義政（清・德平人）
［道光］濟南 56/88
［嘉慶］德平 7/18
趙毓秀（明・博山人）
［康熙］顏神鎮志 4/下 8
趙金鼎（鄒縣人）
［民國］續修鄒縣志稿/人物－耆舊附忠烈
趙毓俊（字秀升）
（清・鉅野人）
［道光］鉅野 13/40
趙金漳（字荊泉）
（長清人）
［民國］長清卷首/史略 3，13/24
趙毓安（字仁甫）
（清・陽穀人）
［民國］增修陽穀人物/師道 23
趙介福（字疇五，號賀谷）
（清・海陽人）
［宣統］山東 76/24
［光緒］增修登州 40/38
［光緒］海陽縣續志 5/16
［民國］萊陽 3/1 中 61
［光緒］曹縣 10/19
趙介福（字範五）
（清・清平人）
［民國］清平/人物 67
趙毓業（明・茌平人）
［康熙二年］茌平 2/49
趙善述（清・德州人）
［道光］濟南 56/76
趙金柱（清・平原人）
［民國］續修平原 10/上 13
趙美梓（清・博興人）
［咸豐］青州 50/14
［道光］博興 11/32
［民國］重修博興 13/30
趙公楷（明・無錫人）
［萬曆］青城 1/40
趙金堦（清・臨清人）
［乾隆］臨清直隸州 8/下 20
［民國］臨清縣/人物 27
趙鏡華（清・臨清人）
［民國］臨清縣/人物 78
趙鏡蓉（清・臨清人）
［民國］臨清縣/人物 47
趙毓藩（字价人）
（清・長山人）
［道光］濟南 55/34
［嘉慶］長山 10/9
趙毓芝（字秀田）
（清・滕縣人）
［宣統］滕縣續志稿 3/27
［民國］續滕縣志 2/8
趙毓相（字仔弼，號松坡）
（清・平陰人）
［光緒］平陰 5/15
平陰縣鄉土志/11
趙公輔（字相臣）
（清・惠民人）
［乾隆］惠民 5/62
［光緒］惠民 22/4
惠民縣鄉土志/耆舊錄 14
趙金昆（字萼友）
（清・淄川人）
［乾隆］淄川 5/29
趙午彤（清・萊陽人）
［光緒］增修登州 39/37
趙毓駒（字盥溪）
（清・貴州桐梓人）
［宣統］山東 75/64
［道光］濟寧直隸州 6/7－78
［光緒］陵縣 18/18
陵縣鄉土志/11
［道光］滕縣志 6/宦績 41
滕縣鄉土志/8
趙金人（字晉石）
（清・淄川人）
［道光］濟南 72/44
［乾隆］淄川 6/上 95
趙金鏞（字頌南）
（清・寧陽人）
［咸豐］寧陽 15/27
［光緒］寧陽 15/44
趙念曾（字根矩）
（清・德州人）
［道光］濟南 56/76
［乾隆］德州 9/48
州乘餘聞/4
［民國］德縣 10/38
德州鄉土志/耆舊 43
趙金銘（字默一）
（清・長山人）
［嘉慶］長山 10/27
81 **趙領**（字海引，號香海山人）
（清・博山人）
［民國］續修博山 12/69
趙鈺（字世寶）
（明・武定人）
［嘉靖］武定州下/76
［萬曆］武定州 13/14
［崇禎］武定州 21/3
［乾隆］武定府 25/36
［咸豐］武定府 25/儒林 6
［乾隆］惠民 6/9
［光緒］惠民 23/7
惠民縣鄉土志/耆舊錄 20
趙鈺（字式如）
（清・嘉祥人）
［民國］濟寧直隸州續志 15/2
［光緒］嘉祥 3/34
趙鈺（清・汶上人）
［康熙］續修汶上 4/孝義 5
82 **趙鍾俊**（字秀升）

（德縣人）
［民國］德縣 11/4
趙鍾華（字鎮中）
（德縣人）
［民國］德縣 11/4
趙鍾騂（清・鄆城人）
［光緒］鄆城 16/28
趙鍾驥（清・鄆城人）
［光緒］鄆城 16/29
趙鍾駿（字騰軒）
（清・滕縣人）
［道光］滕縣志 8/儒林 29
滕縣鄉土志/27
83 **趙鐏**（字叔載）
（明・南直上高人）
［宣統］山東 71/20
［道光］濟南 36/58
［康熙］德平 3/3
［乾隆］德平 2/25
［嘉慶］德平 5/8
［光緒］德平 5/8
趙鋐（字伯玉）
（明・歷城人）
［道光］濟南 49/33
趙鎔（字化鈞）
（宋・樂陵人）
［嘉靖］山東 29/13
［康熙］山東 39/15
［康熙］濟南 43/4
［乾隆］武定府 23/7
［咸豐］武定府 23/名臣 7
［順治］樂陵 6/4
［乾隆］樂陵 6/5
樂陵縣鄉土志 3/17
趙鉽（字翼如）
（清・昌樂人）
［咸豐］青州 46/32
［嘉慶］昌樂 27/2
趙鋮（字西堂，號儀亭）
（清・博興人）
［民國］重修博興 13/52
趙鋮（字威寧）
（清・平原人）
［道光］濟南 56/94
［乾隆］平原 8/40
平原縣鄉土志輯稿/文學
趙鋮（清・陽穀人）
［民國］增修陽穀人物/仕宦 12
84 **趙鏫**（字文穎）
（清・寧津人）
［光緒］寧津 8/9
寧津縣志料 3/人物－循良
趙銑（字石生）
（清・汶上人）
［康熙］兗州續編 16/30
［乾隆］兗州 23/68
［康熙］續修汶上 4/孝義 4
趙錡（清・汶上人）
［康熙］兗州續編 16/30
［乾隆］兗州 23/70
［康熙］續修汶上 4/孝義 5
趙鑄（字象九）
（清・汶上人）
［康熙］續修汶上 4/人物 17
85 **趙鈇**（明・常熟人）
［康熙］嶧縣 3/27
［乾隆］嶧縣 7/11
［光緒］嶧縣 19/職官下 4
86 **趙鐸**（清・陽穀人）
［光緒］陽穀 6/27
趙錦（明・河南祥符人）
［萬曆］青州 12 又/又 11
［康熙十五年］青州 12/又 11
［康熙四十八年］青州 12/又 11
［咸豐］青州 36/5
［嘉靖］昌樂 2/30
［康熙］昌樂 1/34
［嘉慶］昌樂 19/4
趙智（清・霑化人）
［乾隆］武定府 25/26
［咸豐］武定府 25/孝友 26
［光緒］霑化 8/11
［民國］霑化 2/40
趙錫章（清・冠縣人）
冠縣鄉土志/耆舊－義士
趙錫章（清・臨清人）
［民國］臨清縣/人物 30
趙錫仁（字居室）
（清・江蘇江陰人）
［宣統］山東 75/10
［道光］濟南 38/16
［乾隆］淄川 4/25
淄川縣鄉土志/政績錄
趙錫侃（清・萊陽人）
［光緒］增修登州 38/18
［民國］萊陽 3/1 中 27
趙錦魁（字芰垣）
（黃縣人）
［民國］黃縣志稿 13/民國懿行
趙錫程（字經民，號勉齋，又號雪菴）
（清・泰安人）
［民國］重修泰安縣 8/30
趙錫齡（字與三）
（清・昌樂人）
［民國］昌樂縣續志 29/14
趙錫齡（字夢九）
（清・長清人）
［民國］長清 13/20
趙錫九
［民國］朝城縣續志 1/26
趙知希（清・安徽涇縣人）
［宣統］山東 76/44
［乾隆］東昌 35/13
［嘉慶］東昌 22/18
趙錫蒲（字建男，號秋渠，又號石農山人）
（清・冠縣人）
［道光］冠縣 8/上 19，9/79
［光緒］冠縣 8/忠勤，9/傳
［民國］冠縣 8/人物志 21，9/27，9/79
冠縣鄉土志/耆舊－事業
［民國］重修新城 11/30
趙錫瑕（字介眉）
（清・鄆城人）
［光緒］鄆城 16/28
趙錫成（字德普）
（東平人）
［民國］東平縣 11/上 24
趙錫驥（字毓泗）
（清・泰安人）
［民國］重修泰安縣 8/43
趙錫朋（清・臨清人）

[民國]臨清縣/人物 30
趙錫釗(清・泰安人)
[民國]重修泰安縣 8/43
87 趙鈞(清・昌樂人)
[民國]昌樂縣續志 34/2
趙鏗(明・臨海人)
[乾隆]武定府 16/38
[咸豐]武定府 19/利津 2
[康熙]利津縣新志 7/3
趙銘(明・陽穀人)
[民國]增修陽穀人物/仕宦 8
趙銘(清・博平人)
[乾隆]東昌 43/7
[嘉慶]東昌 32/33
[道光]博平 4/28
趙欽舜(字松峯)
(清・登州海陽附貢)
[光緒]寧津 6/33
寧津縣志料 3/人物－名宦
趙欽湯(字新盤)
(明・解州人)
[乾隆]掖縣 3/31,7/20
趙欽菴(清・昌樂人)
[民國]昌樂縣續志 30/24
趙鈞彤(字絜平,別號澹園居士)
(清・萊陽人)
[光緒]增修登州 39/36
[民國]萊陽 3/3 上傳志上 49
88 趙管(清・平陰人)
[光緒]平陰 5/11
趙笏(字景汾)
(清・寧津人)
[光緒]寧津 8/32
寧津縣志料 3/人物－義行
趙簡(明・臨邑人)
[康熙]濟南 40/5
[道光]濟南 52/14
[順治]臨邑 12/6
[康熙]重修臨邑 10/7
趙鑑(字擇善,一作澤善)
(宋・章丘人)
[嘉靖]山東 25/7,29/17
[康熙]山東 31/8
[宣統]山東 161/18
[康熙]濟南 41/7
[道光]濟南 34/16,47/45
[嘉靖]寧海州下/9
[康熙]寧海州 7/3
[同治]重修寧海州 12/3
[乾隆]歷城 34/3
[嘉靖]章丘 3/63
[萬曆]章丘 23/7
[康熙]章丘 6/14
[乾隆]章邱 9/10
[道光]章邱 11/15
章邱縣鄉土志/上 18
[民國]牟平 6/68
[光緒]益都縣圖志 17/7
趙鑑(金・章邱人)
[乾隆]章邱 9/10
趙鑑(元・齊東人)
[康熙]新修齊東 6/3
[民國]齊東 5/2
趙鑑(字克正)
(明・壽光人)
[康熙]山東 42/22
[雍正]山東 28/人物三 17
[宣統]山東 160/20
[嘉靖]青州 14/30
[萬曆]青州 13/46
[康熙十五年]青州 13/46
[康熙四十八年]青州 13/事功 29
[康熙六十年]青州 16/15
[咸豐]青州 44/3
[康熙]壽光 21/8
[嘉慶]壽光 12/11
[民國]壽光 3/83,12/人物志一 19
壽光縣鄉土志/耆舊
趙節(明・臨邑人)
[道光]臨邑 9/2
[同治]臨邑 9/循異 2
趙節(號禮齋)
(清・雲南建永州解元)
[乾隆]嶧縣 7/21
[光緒]嶧縣 19/職官下 17
趙節(字子安,一字子劭)
(清・膠州人)
[道光]重修膠州 28/19
[民國]增修膠志 42/17
膠州直隸州鄉土志 4/文學
趙敏(明・丹徒人)
[萬曆]福山 4/13
趙銓(字景衡)
(明・壽光人)
[咸豐]青州 43/5
[康熙]壽光 23/1
[嘉慶]壽光 12/22
[民國]壽光 12/人物志一 16
壽光縣鄉土志/耆舊
趙銓(清・高唐人)
[道光]高唐州 5/2－22
[光緒]高唐州 5/2－25
[民國]高唐縣 12/51
趙銓(字南村)
(清・陵縣人)
[道光]濟南 56/64
[光緒]陵縣 19/人物傳二 11
陵縣鄉土志/19
趙鋭(清・壽光人)
[民國]壽光 12/人物志一 61
趙鋭(字穎先)
(清・汶上人)
[雍正]山東 28/人物四 31
[宣統]山東 172/24
[乾隆]兗州 23/67
[康熙]續修汶上 4/人物 16
趙鑰(清・黃縣人)
[同治]黃縣 9/4
趙鑰(清・萊陽人)
[光緒]增修登州 39/34
[民國]萊陽 3/1 中 31
趙鑰(清・平原人)
[道光]濟南 56/94
趙鑑三(字戒臣)
(清・齊河人)
[民國]齊河 27/39
趙敏功(字鑑堂)
(清・河內人)
[光緒]文登 7/下 9
[民國]文登 7/下 9
[民國]續滕縣志 1/26
滕縣鄉土志/11
趙銓衡(字平垓,號無我)

（清・朝城人）
[康熙]朝城 8/15
趙範俶（字載南，別號硯溪居士）
（清・齊河人）
[民國]齊河 27/20
趙範侗（字仲愿）
（清・齊河人）
[民國]齊河 27/8
趙鑑遠（字鏡朗）
（清・齊東人）
[民國]齊東 5/12
齊東縣鄉土志/耆舊錄 7
趙鑑塘（清・茌平人）
[宣統]茌平 13/4
[民國]茌平 3/14
趙符抃（清・蘭山歲貢）
[乾隆]沂州府 26/29
89 趙鎧（字仲聲）
（明・江山人）
[道光]濟南 35/21
趙鎧（字國用）
（明・益都人）
[雍正]山東 31/7
[嘉靖]青州 16/45
[康熙十五年]青州 17/4
[康熙四十八年]青州 17/方技 4
[康熙六十年]青州 20/7
[咸豐]青州 51/5
[萬曆]益都 6/105
[康熙]益都 10/20
[光緒]益都縣圖志 46/1
90 趙常（字德彰）
（宋・萊陽人）
[民國]萊陽 3/1 中 77
趙尚（字上卿）
（漢・淳于人）
[康熙]杞紀 18/11
趙堂（宋・曹州人）
[萬曆元年]兗州 46/7
趙棠（宋・曹州人）
[嘉靖]山東 34/12
[康熙]山東 47/4
[宣統]山東 168/12，200/26
[萬曆二十四年]兗州 52/26
[康熙]曹州志 20/3
[乾隆]曹州府 16/19
[康熙]兗州府曹縣 14/77
[光緒]曹縣 14/仙釋 7
[光緒]菏澤 20/3
趙焞（號緝齋）
（明・平原人）
[道光]濟南 52/57
[萬曆]平原上/51
[乾隆]平原 8/3
平原縣鄉土志輯稿/鄉賢
趙炎（漢）
[宣統]山東 66/28
[咸豐]青州 34/9
趙炎（清・海陽人）
[光緒]海陽縣續志 4/31
趙惟康（明・蒙陰人）
[康熙十一年]蒙陰 2/37
趙惟章（明・蒙陰人）
[乾隆]沂州府 26/4
[康熙十一年]蒙陰 2/32
趙惟一（字吉人，號愛山）
（清・金鄉人）
[民國]濟寧直隸州續志 13/11
[民國]金鄉 13/續增 7
趙光烈（字雪坡）
（清・安丘人）
[民國]續安邱新志 18/4
安丘縣鄉土志 9/耆舊錄 6
趙光臻（清・魚臺人）
[乾隆]魚臺 11/46
[光緒]魚臺 3/29
趙懷德（字研初）
（清・昌樂人）
[民國]昌樂縣續志 28/7
趙懷德（清・諸城人）
[光緒]增修諸城縣續志 15/7
趙尚德（清・金鄉人）
[康熙五十一年]金鄉 5/8
趙光紳（明・齊河人）
[民國]齊河 23/78
趙惟崐（字玉甫）
（清・南豐人）
[光緒]海陽縣續志 2/22
[民國]續修鉅野 3/16
趙光斗（字文甫）
（清・浙江歸安人）
[光緒]鄆城 6/13
臨朐縣鄉土志 1/政績
趙光遠（字世芳，號裕峰）
（明・冠縣人）
[萬曆]冠縣 4/6，4/11
[道光]冠縣 8/上 4
[光緒]冠縣 8/鄉賢
[民國]冠縣 8/人物志 4
趙懷禮（字三珠）
（明・膠州人）
[康熙]膠州 5/36
[乾隆]膠州 4/40
[道光]重修膠州 26/7
[民國]增修膠志 40/34
趙光裕（號修月）
（明・臨潼人）
[光緒]新修菏澤 8/16
趙光祚（字景僕）
（清・朝城人）
[康熙]朝城 8/24
趙光大（明・直隸阜平人）
[崇禎]鄆城 4/12
[康熙]鄆城 4/8
[光緒]鄆城 6/8
趙惟勤（字業甫，號修菴）
（明・菏澤人）
[康熙]曹州志 15/60
[光緒]菏澤 15/54
[光緒]新修菏澤 10/24
趙尚敬（字伯恭）
（元・奉高人）
[宣統]山東 69/26
[康熙]濟南 25/20
[乾隆]泰安府 14/27
[康熙]新修萊蕪 5/22
[民國]萊蕪 9/2
[民國]續修萊蕪 15/4
萊蕪縣鄉土志/3
趙尚忠（字元樸）
（明・蒲臺人）
[康熙]濟南 44/17
[乾隆]武定府 25/7
[咸豐]武定府 25/孝友 7

［萬曆］蒲臺志 9/5
［康熙］重修蒲臺 7/10
［乾隆］蒲臺 3/45
蒲臺縣鄉土志/10
趙尚忠（明・山西陽曲人）
［康熙］膠州 5/8
［乾隆］膠州 4/13
［道光］重修膠州 22/5
［民國］增修膠志 17/5
趙光甲（清・汶上人）
［宣統］四續汶上稿/人物－耆德傳
趙肖叜（字悅菴）
（清・膠州人）
［乾隆］膠州 5/18
［道光］重修膠州 29/4
［民國］增修膠志 44/3
膠州直隸州鄉土志 4/孝友
趙光熙（清・海豐人）
海豐縣鄉土志/耆舊－事業四
趙惟屏（清・蒙陰人）
［康熙十一年］蒙陰 4/45
趙惟屏（清・霑化人）
［乾隆］武定府 25/29
［咸豐］武定府 25/孝友 29
［光緒］霑化 8/13
［民國］霑化 2/42
趙光臨（字輝亭）
（清・昌樂人）
［民國］昌樂縣續志 31/8
趙光普（字符尼，號臨公）
（清・鄆城人）
［光緒］鄆城 5/16
趙惇敘（字日敎，號艮所）
（明・菏澤人）
［康熙］曹州志 15/65
［光緒］菏澤 15/58
［光緒］新修菏澤 10/36
趙懷慎（字后泉）
（明・膠州人）
［雍正］山東 28/人物三 71
［宣統］山東 165/23
［乾隆］萊州 11/孝義 5
［康熙］膠州 6/4
［乾隆］膠州 5/6
［道光］重修膠州 26/4
［民國］增修膠志 40/31
膠州直隸州鄉土志 4/孝友
趙光榮（清・陝西神木人）
［宣統］山東 77/27
［光緒］增修登州 31/4
［民國］萊陽 3/1 上 24
趙光榮（清・禹城人）
［道光］濟南 56/38
［嘉慶］禹城 9/19
［民國］禹城 6/15
禹城縣鄉土志/19
91 **趙炳**（字彥明）
（元・惠州灤陽人）
［嘉靖］山東 25/22
［康熙］山東 32/11
［雍正］山東 27/24
［宣統］山東 69/19
［康熙］濟南 25/17
［道光］濟南 34/28
［崇禎］歷乘 16/27
［崇禎］歷城 6/10
趙炳章（字虎臣）
（清・東阿人）
［民國］續修東阿 12/2
趙恒祚（字鍾源，號方山）
（清・霑化人）
［乾隆］武定府 25/60
［咸豐］武定府 25/文苑 20
［光緒］霑化 7/17
［民國］霑化 2/12
趙炳泰（昌樂人）
［民國］昌樂縣續志 21/21
趙恆顯（清・陽穀人）
［光緒］陽穀 7/4
趙恒明（字子經）
（黃縣人）
［民國］黃縣志稿 13/民國懿行
趙恆煜（字麗中）
（清・歷城人）
［道光］濟南 53/47
［民國］續修歷城 44/4
92 **趙煓**（字光普）
（清・臨清人）
［乾隆］臨清直隸州 8/下 15
93 **趙燃**（字子允）
（明・平原人）
［道光］濟南 52/57
［乾隆］平原 8/24
平原縣鄉土志輯稿/循吏
趙烒（清・日照人）
［光緒］日照 8/14
趙怡（字次和）
（清・德州人）
［民國］德縣 10/56
94 **趙恢**（南朝齊）
［嘉慶］德平 5/4
［光緒］德平 5/4
趙煒（字瞻明）
（清・濮州人）
［宣統］濮州 4/110
趙慎修（字敬思，一字清廓）
（明・膠州人）
［雍正］山東 28/人物三 46
［宣統］山東 161/48
［萬曆］萊州 5/109
［康熙］萊州 10/36
［乾隆］萊州 10/21
［康熙］膠州 5/30
［乾隆］膠州 4/36
［道光］重修膠州 25/10
［民國］增修膠志 40/9
膠州直隸州鄉土志 4/事功
95 **趙性幾**（字元理）
（明・鄆城人）
［康熙］鄆城 6/18
［光緒］鄆城 7/20
96 **趙慄**（字毅齋）
（清・臨朐人）
［民國］臨朐續志 20/25
趙煌（字光宇）
（清・長山人）
［嘉慶］長山 9/26
趙焜（字文炎）
（清・冠縣人）
［宣統］山東 174/12
［道光］冠縣 8/上 19，9/74
［光緒］冠縣 8/忠勤，9/表
［民國］冠縣 8/人物志 20，9/74
冠縣鄉土志/耆舊－事業

97 趙燦(清・博興人)
[咸豐]青州 46/32
[康熙六十年]博興 7/22,7/58
[道光]博興 11/23
[民國]重修博興 13/22
趙燦(字叔鑑)
(清・濟寧人)
[乾隆]濟寧直隸州 27/24
[道光]濟寧直隸州 8/3 – 26
趙燦(字彩含,號庚圃)
(清・聊城人)
[宣統]聊城 8/39
趙燦(清・諸城人)
[道光]諸城縣續志 19/4
趙煥(字文光,一字吉亭)
(明・掖縣人)
[雍正]山東 28/人物三 45
[宣統]山東 159/25
[康熙]萊州 10/36
[乾隆]萊州 10/21
[乾隆]掖縣 4/24
[道光]掖乘 4
趙恪(金・萊陽人)
[順治]登州 16/26
趙燿(字文明)
(明・掖人)
[康熙]山東 44/10
[雍正]山東 28/人物三 48
[宣統]山東 160/32
[康熙]萊州 10/36
[乾隆]萊州 10/22
[乾隆]掖縣 4/24
[道光]掖乘 4
趙耀(見趙燿)
趙燦章(字晴湖)
(清・東平人)
[光緒]東平州 15/下 42
[民國]東平縣 11/下 15
趙燦理(清・泰安人)
[道光]泰安縣 9/上 88
[民國]重修泰安縣 8/42
趙鄰幾(字亞之)
(宋・鄆州須城人)
[嘉靖]山東 30/43
[康熙]山東 40/42
[雍正]山東 28/人物二 22
[宣統]山東 163/21
[萬曆元年]兗州 40/文苑 11
[萬曆二十四年]兗州 35/19
[康熙]兗州 27/18
[乾隆]泰安府 18/15
[康熙]東平州 4/3
[乾隆]東平州 14/9
[道光]東平州 14/9
[光緒]東平州 15/中 14
[民國]東平縣 11/上 34
東平州鄉土志上/耆舊錄 40
趙恪修(字恭圃)
(清・齊河人)
[民國]齊河 27/18
98 趙恮(字餘甫)
(清・博山人)
[民國]續修博山 12/5
趙悅(明・蓬萊人)
[泰昌]登州 11/43
[順治]登州 17/22
[光緒]增修登州 40/1
[道光]重修蓬萊 9/18
[民國]蓬萊縣志合編人物志/仕績
99 趙燮(字咸平)
(清・海陽人)
[光緒]增修登州 43/48
[光緒]海陽縣續志 5/20
趙燮(字伯調)
(清・濟寧人)
[乾隆]濟寧直隸州 27/25
[道光]濟寧直隸州 8/3 – 26
趙燮(字伯調)
(清・銅山人)
[光緒]滋陽 9/58
趙榮朝(字次野)
(平原人)
[民國]續修平原 8/28
趙榮幹(字梅衫)
(平原人)
[民國]續修平原 8/21
趙榮春(清・泰安人)
[民國]重修泰安縣 8/20
趙榮甲(字驪宸)
(清・臨邑人)
[民國]續修臨邑 3/15

5000_6 史

00 史高(漢)
[乾隆]武定府 15/2
[咸豐]武定府 15/2
[順治]樂陵 6/又 5
[乾隆]樂陵 2/25
史廉(字浚明)
(清・夏津人)
[乾隆]臨清直隸州 8/下 17
[民國]夏津續編 8/12
史言(見史信)
史彥斌(元・魚臺人)
[萬曆二十四年]兗州 52/17
[乾隆]兗州 31/7
[道光]濟寧直隸州 8/2 – 21
[康熙]魚臺 17/3
[乾隆]魚臺 11/21
[光緒]魚臺 3/13
史文瑞(見文瑞)
史高胤(字象賢,號夢瓜,別號錫亭)
(明・樂陵人)
[康熙]濟南 40/14
[乾隆]武定府 23/28
[咸豐]武定府 23/名臣 28
[順治]樂陵 6/5
[乾隆]樂陵 6/13
樂陵縣鄉土志 3/19
史高先(字紹卿,號夢斗)
(明・樂陵人)
[乾隆]武定府 23/26
[咸豐]武定府 23/名臣 26
[順治]樂陵 6/5
[乾隆]樂陵 6/13
樂陵縣鄉土志 3/19
史商和(宋)
[民國]牟平 6/67
史立謦(字卓齋)
(清・平度人)
[道光]重修平度州 19/22
史褒明(字岱雲)
(清・昌邑人)
[康熙]昌邑 6/36
[乾隆]昌邑 6/182

史高印(見史高胤)
史衣錦(清・濮州人)
[宣統]濮州 6/95
01 史評(字衡堂,號松軒)
(清・樂陵人)
[宣統]山東 171/21
[咸豐]武定府 23/名臣 44,35/誌銘 50
樂陵縣鄉土志 3/31
史龍標(字玉甫)
(清・清平人)
[民國]清平/人物 91
03 史誼(明・平鄉人)
[乾隆]陽信 5/18
[民國]陽信 2/45
史誠儀(字醇夫)
(清・章邱人)
[道光]濟南 54/12
[道光]章邱 11/47
史誠祖(明・山西解州人)
[嘉靖]山東 26/17
[雍正]山東 27/38
[宣統]山東 72/10
[萬曆元年]兗州 38/循吏 42
[萬曆二十四年]兗州 29/11
[康熙]兗州 22/32
[康熙]兗州續編 14/23
[乾隆]兗州 22/30
[乾隆]濟寧直隸州 22/16
[道光]濟寧直隸州 6/6－24
[萬曆]汶上 5/2,8/24
04 史護(字佑堂)
(清・樂陵人)
[光緒]平度志要/職官
[民國]平度縣續志 7/3
樂陵縣鄉土志 3/51
08 史誨(字迪堂)
(清・樂陵人)
樂陵縣鄉土志 3/45
史譜(字蔭堂,號荔園)
(清・樂陵人)
[宣統]山東 171/21
[咸豐]武定府 23/名臣 42,35/誌銘 48
樂陵縣鄉土志 3/30
10 史二酉(字鄂圃)
(清・德平人)
[宣統]山東補遺/6
信邑志稿 5/宦蹟－學官
[民國]續修歷城 47/2
史爾信(字獻誠)
(清・樂陵人)
樂陵縣鄉土志 3/42
史元奎(字捷三)
(牟平人)
[民國]牟平 7/109
史元中(字六泉,號鹿泉)
(明・浙江鄞縣人)
[宣統]山東 72/17
[道光]濟寧直隸州 6/6－36
[乾隆]魚臺 9/36
[光緒]魚臺 2/48
史五美(字政治)
(清・東阿人)
[民國]續修東阿 11/29
12 史廷偉(字韋人)
(清・陽信人)
[民國]陽信 5/文學 22
史瑞儀(字怡堂)
(清・章邱人)
[道光]章邱 11/67
史延齡(號松軒)
(明・曹州人,一作武定州人)
[雍正]山東 28/人物三 10
[宣統]山東 163/30
[康熙]濟南 45/8
[崇禎]武定州 18/3
[乾隆]武定府 24/7
[咸豐]武定府 24/清介 7
[乾隆]惠民 5/31
[光緒]惠民 19/8
惠民縣鄉土志/耆舊錄 27
史延祐(字雨帆)
(清・樂陵人)
[民國]昌樂縣續志 25/4
史延祐(字助臣)
(清・樂陵人)
樂陵縣鄉土志 3/57
16 史聖周(字景文)
(清・平度人)
[民國]平度縣續志 8/16
17 史弼(字公諒)
(漢・陳留考城人)
[嘉靖]山東 25/15
[康熙]山東 32/2
[雍正]山東 27/18
[宣統]山東 66/13
[康熙]濟南 25/2
[道光]濟南 33/7
[嘉慶]東昌 20/11
[嘉靖]德州 3/3
[萬曆]德州 8/25
[康熙]德州 7/21
[民國]德縣 9/2
[康熙]陵縣 6/上 25
[乾隆]平原 6/21
平原縣鄉土志輯稿/名宦
史承德(字襲九)
(清・臨淄人)
[民國]臨淄 27/62
18 史玠(清・德州人)
[道光]濟南 56/79
[光緒]德州志略/忠節傳略
[民國]德縣 11/1
19 史耿(明・文登人)
[雍正]文登 8/8
[道光]文登 5/17
[光緒]文登 10/上 1
20 史信(明・金鄉人)
[康熙十二年]金鄉 5/17
[康熙五十一年]金鄉 7/24
史秉正(字大中)
(清・寧陽人)
[乾隆]兗州 23/77
[乾隆]寧陽 7/義士 2
[咸豐]寧陽 14/8
[光緒]寧陽 14/8
寧陽縣鄉土志/21
史雙興(字繼符)
(商河人)
[民國]重修商河 7/40
21 史能仁(字嚴居)
(明・河南鹿邑人)
[康熙]山東 32/17
[宣統]山東 71/10
[康熙]濟南 25/78
[道光]濟南 36/22,36/31

［康熙］淄川 4/14
［乾隆］淄川 4/14
淄川縣鄉土志/政績錄
［康熙］新城縣續志/名宦
［道光］新城/名宦
［民國］重修新城 10/11
新城縣鄉土志/政績－明知縣
史虛白（字畏名）（五代・山東人）
［宣統］山東 167/10
［光緒］益都縣圖志 45/1
［民國］昌樂縣續志 33/1
史縉書（字笏臣）（清・莒縣人）
［民國］重修莒志 62/13
22 **史制**（明・定陶人）
［順治］定陶 6/5
史繼經（字緒史，號栻巖）（清・樂陵人）
［乾隆］膠州 4/23
［道光］重修膠州 23/10
［民國］增修膠志 18/9
［乾隆］樂陵 6/17
樂陵縣鄉土志 3/20
史繼民（元）
［嘉靖］山東 27/12
［康熙］山東 36/2
［雍正］山東 27/64
［宣統］山東 69/35
［泰昌］登州 9/26
［順治］登州 11/13
［光緒］增修登州 24/15
［順治］招遠 7/1
23 **史俊卿**（清・臨邑人）
［民國］續修臨邑 3/42
24 **史贊禹**（字翼夏）（清・濮州人）
［乾隆］濮州 2/69
［宣統］濮州 3/43
史佐清（字輔臣）（清・壽光人）
［民國］壽光 12/人物志一 43
史魁英（清・樂陵人）
［宣統］山東 171/47
樂陵縣鄉土志 3/39
史德年（清・萊陽人）
［民國］萊陽 3/1 中 69
25 **史傳業**（明・臨朐人）
［康熙］臨朐縣志書 3/42
史傳心（字中允）（清・鉅野人）
［道光］鉅野 13/41
26 **史得金**（字獨清）（長清人）
［民國］長清卷首/史略 3，13/26
27 **史御璞**（清・福山人）
［乾隆］福山 8/68
史向榮（字華堂）（東平人）
［民國］東平縣 11/上 24
28 **史鰌**（字子魚）（春秋・衛人）
［嘉靖］山東 28/16
［康熙］山東 38/16
［萬曆元年］兗州 40/忠直 4
［萬曆］東昌 18/2
［嘉靖］濮州 4/8
［萬曆］濮州 4/衛人 1
［康熙］濮州 4/80
［乾隆］濮州 4/120
［宣統］濮州 6/78
史儀（明・洛陽人）
［嘉靖］濮州 7/21
［嘉靖］朝城志 5/5
［康熙］朝城 7/4
史以明（字無障，一字子敏，號虎山）（清・樂陵人）
［乾隆］武定府 25/51
［咸豐］武定府 25/文苑 11
［順治］樂陵 8/124
［乾隆］樂陵 6/28
樂陵縣鄉土志 3/24
30 **史良弼**（清・清平人）
［民國］清平/藝文 44
史良珍（清・莒縣人）
［民國］重修莒志 62/9
史安宅（字廣居）（清・陽信人）
信邑志稿 7/藝術
史永安（字靜之，號磐石）（明・武定人）
［康熙］山東 39/31
［雍正］山東 28/人物三 64
［宣統］山東 164/49
［康熙］濟南 35/26
［道光］濟南 50/54
［崇禎］武定州 17/9
［乾隆］武定府 23/27
［咸豐］武定府 23/名臣 27
［康熙四十三年］長山 5/仕業
［康熙五十五年］長山 6/56
［嘉慶］長山 7/13
長山縣鄉土志/耆舊錄
［乾隆］惠民 5/33
［光緒］惠民 19/10
惠民縣鄉土志/耆舊錄 28
史憲洛（清・臨沂人）
［民國］續修臨沂 16/9
史流芳（清・觀城人）
［康熙］觀城 4/18
［道光］觀城 8/7
觀城縣鄉土志/耆舊
32 **史潑立**（金）
［同治］重修寧海州 12/4
史兆麟（字夢祥）（清・德州人）
［民國］德縣 10/58
史兆麟（清・平度人）
［道光］重修平度州 19/28
平度鄉土志 4 上/鄉賢
史兆熊（字周輔）（清・陽信人）
［民國］陽信補遺/人物志
史兆炳（字星若）（清・高密人）
高密縣鄉土志/上 49
34 **史邁修**（清・昌邑人）
［光緒］昌邑縣續志 6/32
37 **史鴻**（清）
［嘉慶］慶雲 7/37
史選雋（字箴周）（清・樂陵人）
［咸豐］武定府 26/義行 34
樂陵縣鄉土志 3/63

史資德（明・山西蒲州人）
［萬曆］濮州 3/名宦 34
［康熙］朝城 7/7
史潤苔（字雨岑，號翠峯）
（清・清平人）
［民國］清平/人物 68
史資教（明・山西蒲州人）
［宣統］山東 71/33
［乾隆］泰安府 15/15
［萬曆二十四年］兗州 29/13
［康熙］兗州 22/34
平陰縣鄉土志/6
史通公（字六同）
（清・魚臺人）
［乾隆］魚臺 11/38
［光緒］魚臺 3/23
38 **史啟祐**（字篤西）
（清・莒縣人）
［嘉慶］莒州 10/14
40 **史杜**（明・長山人）
［康熙］顔神鎮志 4/下 17
史在雍（字敬修，號臯亭）
（清・仁和人）
［康熙］張秋志 5/又 11
史希顔（字宗賢）
（明・陝西會寧人）
［嘉靖］朝城志 5/11
［康熙］朝城 7/13
史九元（濟寧人）
［民國］濟寧縣 3/6
史克信（字允中，號堯廷）
（清・定陶人）
［民國］定陶 6/19
史大倫（字純舒）
（清・濟寧人）
［乾隆］濟寧直隸州 25/32
［道光］濟寧直隸州 8/3 – 16
史希楚（明・荊門人）
［康熙十一年］莘縣 5/7
［康熙五十六年］莘縣 5/7
［民國］莘縣 3/13
史在殿（清・鄒平人）
［民國］鄒平 15/138
史在篇（清・浙江餘姚人）
［宣統］山東 75/5
［道光］濟南 38/9
［乾隆］章邱 7/7
［道光］章邱 9/10
章邱縣鄉土志/上 6
41 **史樞**（字子明）
（元・燕之永清人）
［雍正］山東 27/8
［宣統］山東 69/13
［道光］濟南 72/19
［光緒］益都縣圖志 17/20
42 **史彬固**（號班亭）
（清・樂陵人）
樂陵縣鄉土志 3/45
史彬光（字涑亭）
（清・樂陵人）
樂陵縣鄉土志 3/29
43 **史載勳**（字龍椒）
（明・昌邑人）
［雍正］山東 28/人物三 55
［宣統］山東 163/34
［康熙］萊州 10/77
［乾隆］萊州 10/24
萊州府鄉土志/下 25
［康熙］昌邑 6/8
［乾隆］昌邑 6/181
史載道（號龍盤）
（明・昌邑人）
［康熙］昌邑 6/29
［乾隆］昌邑 6/170
史載道（明・平鄉人）
［萬曆］寧津 5/21
史載筆（字硯田）
（清・新城人）
［宣統］新城縣後志 2/善行
［民國］重修新城 18/21
44 **史蘭**（字文馨）
（明・朝城人）
［萬曆］濮州 4/孝友 3
［嘉靖］朝城志 7/15
［康熙］朝城 8/36
朝城縣鄉土志/12
史老（明・嘉祥人）
［雍正］山東 30/20
［宣統］山東 200/31
［乾隆］兗州 31/12
［乾隆］濟寧直隸州 28/34
［道光］濟寧直隸州 10/2 – 21
［順治］嘉祥 4/54
［光緒］嘉祥 3/92
史英（明・朝城人）
［康熙］朝城 8/27
史蓋起（清）
［嘉慶］慶雲 7/36
史燕翔（字玉懷）
（清・陽信人）
［民國］陽信 5/方技 85
47 **史超**（字義善）
（清・臨沂人）
［民國］臨沂 10/33
史起貞（清・順天大興人）
［宣統］山東 75/3
［道光］濟南 38/5
［乾隆］歷城 34/8
史朝佐（字君輔）
（明・武定州人）
［道光］濟南 50/53
［嘉慶］長山 10/3
史鶴齡（字鳴九）
（清・臨淄人）
［民國］臨淄 24/29
史鶴九（清・萊陽人）
［宣統］山東 176/43
［民國］萊陽 3/1 中 60
史桐林（清・陵縣人）
［光緒］陵縣 19/人物傳二 15
陵縣鄉土志 17
48 **史翰**（字瀛洲）
（清・直隸大興人）
［宣統］茌平 8/9
［民國］茌平 8/66
史敬典（字帝書）
（清・樂陵人）
［乾隆］樂陵 6/40
史敬勝（字丹書）
（清・樂陵人）
［乾隆］樂陵 6/30
50 **史本**（字季屏）
（清・濟寧人）
［民國］濟寧直隸州續志 15/5
史盡善（清・昌邑人）
［康熙］昌邑 6/36
［乾隆］昌邑 6/182

史由義(清・章邱人)
[道光]章邱 11/83
51 史振鏞(字佑笙)
(清・直隸豐潤舉人)
[民國]青城續修 4/名宦 15,4/藝文上 26
53 史成方(清・膠州人)
[民國]增修膠志 47/14
史成元(字殿甲)
(清・濟寧人)
[民國]濟寧直隸州續志 12/29
57 史邦直(字忠厚,號正菴)
(明・樂陵人)
[宣統]山東 161/49
[康熙]濟南 40/11
[順治]樂陵 6/5,8/34,8/38,8/110,8/111
[乾隆]樂陵 6/9,8/16
樂陵縣鄉土志 3/18
史邦翰(清・桐城人)
[乾隆]利津縣志補 3/16
60 史國穩(明・建平人)
[萬曆]福山 4/11
史恩綰(字符生)
(清)
[宣統]三續淄川 9/46
史呈祥(字仙枝)
(清・茌平人)
[民國]茌平 3/20
64 史曄(明・丘縣人)
[嘉靖]山東 31/28
[康熙]山東 41/23
[萬曆]東昌 19/50
[乾隆]東昌 39/14
66 史嘷(字鶴峯)
(清・陽信人)
[民國]陽信 5/孝友 57
史嚚(春秋)
[康熙]臨淄 10/3
67 史嗣貞(見史嗣真)
史嗣真(字彥明)
(金・漁陽人)
[嘉靖]山東 27/12
[康熙]山東 36/2
[雍正]山東 27/64
[宣統]山東 69/13
[泰昌]登州 9/25
[順治]登州 11/11
[光緒]增修登州 24/12
[嘉靖]寧海州下/10
[雍正]文登 6/35
[道光]文登 5/22
[光緒]文登 7/上 1
70 史防(宋・膠水人)
[道光]重修平度州 17/12
71 史臣贊(明・歷城人)
[道光]濟南 49/41
[崇禎]歷城 10/19
史長清(清・德州人)
[光緒]德州志略/忠節傳略
[民國]德縣 11/2
史長昆(字子裕,號覺菴)
(清・樂陵人)
[雍正]山東 28/人物四 43
[宣統]山東 171/32
[乾隆]武定府 24/39
[咸豐]武定府 24/循良 29
[乾隆]樂陵 6/15
樂陵縣鄉土志 3/20
史長興(字文軒)
(商河人)
[民國]重修商河 7/40
76 史颺廷(字昌言)
(清・江蘇溧陽人)
[宣統]山東 75/29
[道光]濟南 38/40
[光緒]陵縣 18/16
陵縣鄉土志/7
77 史丹(字君仲)
(漢・魯國人)
[嘉靖]山東 30/6
[康熙]山東 40/6
[雍正]山東 28/人物一 10
[宣統]山東 154/10
[萬曆元年]兗州 40/諫議 6
[萬曆二十四年]兗州 31/12
[康熙]兗州 24/12
[乾隆]兗州 23/10
[萬曆]沂州志 7/59
[康熙]滋陽 4/上 10
[康熙]費縣 7/5
[乾隆]曲阜 72/2
史卿(明・昌邑人)
[康熙]昌邑 6/27
[乾隆]昌邑 6/169
史周(字世衡)
(清・諸城人)
[光緒]增修諸城縣續志/隱逸補遺 2
史殿功(字敘九)
(博山人)
[民國]續修博山 12/55
史闇如(清・茌平人)
[民國]茌平 3/65
史鳳岡(字桐階)
(清・陽信人)
[民國]陽信補遺/人物志
史學義(字仁齋)
(清・陽信人)
[民國]陽信 5/任恤 38
史鳳翔(字翼清)
(清・陽信人)
[民國]陽信 5/文學 23
史民悅(明・青城人)
[萬曆]青城 1/63
[乾隆]青城 8/5
[民國]青城續修 4/人物 18
80 史公
[康熙]嶧縣 3/34
[乾隆]嶧縣 7/15
[光緒]嶧縣 19/職官下 9
史善志(明・昌邑人)
[康熙]昌邑 6/35
[乾隆]昌邑 6/166
史毓英(字軼群)
(清・東平人)
[光緒]東平州 15/下 19
[民國]東平縣 11/中 34
史無畏(唐・曹州人)
[萬曆二十四年]兗州 52/16
[康熙]曹州志 20/18
[乾隆]曹州府 22/12
[光緒]菏澤 20/19
86 史錦(字存素,號纖菴)
(清・順天人)
[宣統]山東 76/2
[乾隆]濟寧直隸州 22/38,

32/50
［道光］濟寧直隸州 6/7－74
濟寧州鄉土志 1/政績
［乾隆四十七年］泰安縣 8/33
［道光］泰安縣 10/10
［民國］重修泰安縣 6/63
泰安縣鄉土志/政績 6

87 **史欽**（明・莆田人）
［乾隆］武定府 16/34
［咸豐］武定府 19/濱州 2
［萬曆］濱州 3/22
［康熙］濱州 5/21
［咸豐］濱州 8/4

史欽明（明・昌邑人）
［康熙］萊州 10/50
［乾隆］萊州 11/忠節 4
萊州府鄉土志/下 16
［康熙］昌邑 6/8
［乾隆］昌邑 5/130,6/163

史銘鏞（字夢蘭,號佑笙）（清・直隸豐潤人）
［宣統］山東 75/53
［光緒］曹縣 9/縣令 11

88 **史筆**（明・南陽人）
［乾隆］東昌 35/34
［順治］武城 2/9
［乾隆］武城 9/3
武城縣鄉土志略/政績錄

史鑑（明・昌邑人）
［康熙］昌邑 6/35
［乾隆］昌邑 6/165

史篆（明・解州舉人）
［萬曆］商河 5/23
［道光］商河 5/29
［民國］重修商河 6/67
商河縣鄉土志 1/政績

90 **史尚醇**（字厚齋）（清・樂陵人）
樂陵縣鄉土志 3/63

史尚確（字易齋）（清・樂陵人）
樂陵縣鄉土志 3/29

史光代（明）
［乾隆］沂州府 20/12
［康熙］日照 8/11

史惟良（字顯夫）（元・鄆城人,一作亳州人）
［宣統］山東 200/7
［萬曆元年］兗州 42/15
［乾隆］曹州府 14/32
［嘉靖］鄆城志下/14
［崇禎］鄆城 5/9
［康熙］鄆城 5/2
［光緒］鄆城 5/3

91 **史炳鼐**（字鼎臣）（清・樂陵人）
樂陵縣鄉土志 3/45

史炳彝（字星源）（清・樂陵人）
樂陵縣鄉土志 3/56

史炳第（字雲門）（清・樂陵人）
樂陵縣鄉土志 3/40

史炳符（字雲台）（清・樂陵人）
樂陵縣鄉土志 3/45

史炳箕（字東維）（清・樂陵人）
樂陵縣鄉土志 3/61

史炳銓（字子衡）（清・陽信人）
［民國］陽信 5/宦蹟 23

94 **史恢**（漢・高陽人）
［咸豐］金鄉縣志略 7/3

95 **史性仁**（字體元）（清・溧陽人）
［民國］夏津續編 6/31

史性良（字顯夫）（元・鄆城人）
［宣統］山東 163/28

97 **史燿**（清・陽信人）
信邑志稿 7/耆碩

史輝宗（清・章丘人）
［道光］濟南 54/24
［道光］章邱 11/83

史耀宗（字榮光）（清・章邱人）
［道光］章邱 10/33

車

10 **車震**（字百聞）（臨清人）
［民國］臨清縣/人物 20

12 **車延珩**（字瑞圃）（莘縣人）
［民國］莘縣 7/26

15 **車建遠**（清・商河人）
［民國］重修商河 9/4

24 **車德玉**（字崑山）（清・蓬萊人）
［民國］蓬萊縣志合編人物志/行誼

28 **車作聖**（清・淄川人）
［宣統］三續淄川 10/25

車從衡（明・淄川人）
［萬曆］淄川 29/3
［康熙］淄川 5/5
［乾隆］淄川 5/5

30 **車宗**（南北朝）
［光緒］益都縣圖志 15/5

車寶南（原名申田）（清・海陽人）
［光緒］海陽縣續志 7/2

車寶籙（清・臨淄人）
［民國］臨淄 22/69

35 **車禮**（清・諸城人）
［光緒］增修諸城縣續志 18/3

車連甲（字冠鼎）（清・商河人）
［民國］重修商河 8/57
商河縣鄉土志 3/耆舊－學問

40 **車九**（清・文登人）
［光緒］文登 10/上 22

車希庭（字紹堂）（清・陽信人）
［民國］陽信 5/任恤 34

車士範（字筱楷）（清・莘縣人）
［民國］莘縣 7/32

車克慎（字意園）（清・濟寧人）
［民國］濟寧直隸州續志 12/16

44 **車勸**（元・膠水人）
［道光］重修平度州 17/18

車萬照(字輝宇,號埜亭)
(清・濟寧人)
[道光]濟寧直隸州 8/4－21
車夢鵬(字扶雲)
(清・福山人)
[乾隆]掖縣 3/37
[乾隆]福山 8/10
[民國]福山縣志稿 7/5－2
車萬譽(清・海陽人)
[光緒]增修登州 43/49
[光緒]海陽縣續志 5/22
50 車申田(清・海陽人)
[光緒]增修登州 39/46
車青屏(字劍輝)
(清・商河人)
[民國]重修商河 9/13
51 車指南(字鑑之)
(臨清人)
[民國]臨清縣/人物 76
車振翰(清・海陽人)
[宣統]山東 176/43
52 車靜涵(清・泰安人)
[民國]重修泰安縣 8/20
60 車景魁(清・淄川人)
[宣統]三續淄川 9/88
77 車學富(清)
[光緒]重修蒲臺 2/17
蒲臺縣鄉土志/7
88 車鋭(明・淄川人)
[萬曆]淄川 28/3
[康熙]淄川 5/34
[乾隆]淄川 5/34

申

10 申璋(字廷玉)
(明・陽信人)
[康熙]陽信 8/20
申一琴(明・冠縣人)
[乾隆]東昌 42/18
[嘉慶]東昌 32/18
[萬曆]冠縣 4/36
[道光]冠縣 8/上 21
[光緒]冠縣 8/孝義
[民國]冠縣 8/人物志 26
申爾政(清・福山人)
[乾隆]福山 8/62
申玉才(字潤宸)
(明・臨朐人)
[康熙]臨朐縣志書 3/40
光緒臨朐 14/下 7
申一攀(明・冠縣人)
[萬曆]冠縣 4/36
[道光]冠縣 8/上 21
[光緒]冠縣 8/孝義
[民國]冠縣 8/人物志 26
申丙戌(清・莘縣人)
[民國]莘縣 7/31
12 申延齡(明・單縣人)
[乾隆]曹州府 16/6
[順治]單縣 3/45
[康熙]單縣 8/30
[民國]單縣 9/28
13 申瑄(明・恩縣人)
[宣統]重修恩縣 7/49
17 申君(漢・東海人)
[光緒]嶧縣 21/鄉賢 24
18 申政(明・陽穀人)
[民國]增修陽穀人物/仕宦 11
21 申繻(春秋・魯人)
[嘉靖]山東 28/7
[萬曆元年]兗州 40/諫議 2
[萬曆二十四年]兗州 30/8
[康熙]兗州 23/8
[乾隆]兗州 23/3
[乾隆]曲阜 68/1
22 申豐(春秋・魯人)
[嘉靖]山東 28/14
[康熙]山東 38/13
[萬曆元年]兗州 41/23
申繼先(清・鉅野人)
[道光]鉅野 17/71
申鼎鉉(字節菴)
(清・陽曲人)
[康熙十一年]堂邑 2/職官 13
[康熙]堂邑 8/8
23 申峻德(字紹唐)
(清・陽穀人)
[民國]增修陽穀人物/師道 25
申我抱(清・奉天人)
[雍正]恩縣續志 3/5
24 申德修(字子凝)
(清・陽穀人)
[民國]增修陽穀人物/善行 48
25 申純(明・陽穀人)
[民國]增修陽穀人物/仕宦 11
27 申修(清・河南陳州歲貢)
[光緒]增修登州 28/4
[康熙]福山 7/15
[乾隆]福山 7/17
申紹芳(明・吳縣人)
[崇禎]歷乘 16/39,16/66
28 申鮮虞(春秋)
[民國]臨淄 22/56
30 申安(字仁宇)
(明・日照人)
[康熙]日照 8/16
[光緒]日照 8/8
申良(字延賢)
(明・陵川人,一作山西高平人)
[嘉靖]山東 27/13
[康熙]山東 36/4
[雍正]山東 27/66
[宣統]山東 73/17,73/25
[萬曆]青州 12 又/又 11
[康熙十五年]青州 12/又 11
[康熙四十八年]青州 12/又 11
[康熙六十年]青州 12/33
[咸豐]青州 36/12
[泰昌]登州 9/30
[順治]登州 11/17
[光緒]增修登州 30/1
[萬曆]諸城 4/23
[康熙]諸城 4/14
[乾隆]諸城 28/4
[順治]招遠 7/3,11/8
申惠(一作申惠,字天益)
(明・南直吳江人)
[宣統]山東 71/19
[道光]濟南 36/57
[乾隆]德平 2/24

［嘉慶］德平 5/7,10/11
德平縣鄉土志/政績錄
申宣（南北朝・魏郡魏人）
［光緒］益都縣圖志 15/3
申永文（字成章）
（清・陽穀人）
［民國］增修陽穀人物/師道 22
申守福（清・濮州人）
［宣統］濮州 5/34
申永泰（清・臨清人）
［宣統］山東 174/34
［乾隆］臨清直隸州 8/下 6
［民國］臨清縣/人物 61
申進剛（清・城武人）
［道光］城武 9/上 49
32 **申兆敏**（字有功）
（清・陽穀人）
［光緒］陽穀 6/27
［民國］增修陽穀人物/善行 44
34 **申汝剛**（明）
［乾隆］威海衛志 10/1
［道光］文登 5/26
［光緒］文登 10/下 2
37 **申鴻序**（字秩卿）
（陽穀人）
［民國］增修陽穀人物/仕宦 26
申冠英（字類奇）
（清・濮州人）
［宣統］濮州 5/33
40 **申培**（漢・魯人）
［嘉靖］山東 30/1
［康熙］山東 40/2
［雍正］山東 28/人物一 3
［宣統］山東 162/1
［萬曆元年］兗州 40/儒林 1
［萬曆二十四年］兗州 31/18
［康熙］兗州 24/16
［乾隆］兗州 23/6
［乾隆］曲阜 69/3
申墉（清・陽信人）
［民國］陽信 5/忠義 64
申去疾（明）
［光緒］增修登州 27/2
［同治］黃縣 6/4
申士秀（字書升）
（清・歷城人）
［宣統］山東 170/12
［道光］濟南 53/27
［民國］續修歷城 41/7
申九峯（明・恩縣人）
［宣統］山東 161/47
［乾隆］東昌 39/29
［嘉慶］東昌 29/13
［宣統］重修恩縣 8/22
［民國］重修恩縣 11/鄉賢 19
申志遂（明）
［萬曆］青州 12 又/又 10
申有才（明・鄆城人）
［萬曆二十四年］兗州 37/8
［康熙］兗州 28/37
［崇禎］鄆城 5/17
［康熙］鄆城 5/19
［光緒］鄆城 5/33
申克敬（明・日照人）
［康熙］日照 8/12
申大成（清・江南江都人）
［宣統］山東 74/54
［道光］濟南 72/22
申壽同（清・冠縣人）
［民國］冠縣 8/人物志 35
申培公（見申培）
41 **申根**（字子周,一字子續）
（春秋・魯人）
［嘉靖］山東 24/9
［康熙］山東 29/9
［雍正］山東 11/闕里二 19
［宣統］山東 153/10
［萬曆元年］兗州 7/59
［萬曆二十四年］兗州 7/20
［康熙］兗州 8/21
［乾隆］兗州 7/31
［崇禎］曲阜 4/11
［康熙］曲阜 4/11
［乾隆］曲阜 59/8
［雍正］文登 8/1
［道光］文登 5/1
42 **申蒯**（春秋）
［嘉靖］山東 28/4
［康熙］山東 38/4
［嘉靖］青州 15/1
［萬曆］青州 14/1
［康熙十五年］青州 14/1
［康熙四十八年］青州 14/忠義 1
［康熙六十年］青州 17/1
［康熙］臨淄 10/2
［民國］臨淄 22/57
44 **申其學**（明）
［宣統］山東 161/52
46 **申楫**（字濟川）
（元・巢陵人）
［乾隆］泰安府 14/27
［康熙］新修萊蕪 5/22
［民國］萊蕪 9/3
［民國］續修萊蕪 15/4
47 **申朝選**（清・鉅野人）
［民國］續修鉅野 5/上 22
50 **申惠**（字天益）
（明・江南吳江人）
［康熙］德平 3/2
［乾隆］德平 2/24,4/20
［光緒］德平 5/7,11/11
申泰（明・無爲州人）
［嘉靖］濮州 7/14
［萬曆］濮州 3/名宦 17
［康熙］濮州 3/15
［乾隆］濮州 3/15
［宣統］濮州 4/15
申晝一（字易前）
（清・陽信人）
［民國］陽信 5/文學 19
53 **申成**（漢・東海人）
［光緒］嶧縣 21/鄉賢 19
57 **申邦俊**（明・直隸人）
［康熙］重修清平下/5
60 **申田**（戰國・齊人）
［萬曆］青州 13/22
［康熙十五年］青州 13/22
［康熙四十八年］青州 13/事功 6
申景蘇（雄縣人）
［民國］高唐縣卷首
72 **申岳翠**（清・單縣人）
［民國］單縣 9/55
76 **申陽**（漢・瑕丘人）

[康熙]滋陽4/上38
[光緒]滋陽8/70
滋陽縣鄉土志1/耆舊－名將

77 **申屠致遠**(字大用)
(元·東平壽張人,一作汴人)
[嘉靖]山東34/5
[康熙]山東48/4
[雍正]山東28/人物二58
[宣統]山東158/14
[乾隆]泰安府18/70
[萬曆元年]兗州42/14
[萬曆二十四年]兗州35/35
[乾隆]兗州23/32
[康熙]東平州4/59,4/62
[乾隆]東平州15/36
[道光]東平州15/37
[光緒]東平州15/下66
[民國]東平縣11/下34
[康熙]張秋志7/19
[康熙六年]壽張7/8
[康熙五十六年]壽張7/8
[光緒]壽張6/43
壽張縣鄉土志/耆舊－學問

申際清(字乾一)
(清·日照人)
[宣統]山東173/9
[光緒]日照8/38
長山縣鄉土志/政績錄

申屠嘉(漢·梁人)
[宣統]山東154/2

申屠蟠(字子龍)
(漢·外黃人)
[乾隆]東明7/23

申屠剛(字巨卿)
(漢·茂陵人)
[嘉靖]山東26/2
[康熙]山東33/3
[雍正]山東27/80
[宣統]山東66/16
[萬曆元年]兗州38/循吏5
[萬曆二十四年]兗州26/12
[康熙]兗州21/12

80 **申公休**(南北朝·魏郡人)
東平州鄉土志上/政績錄8

申公培(漢·魯人)
[宣統]山東153/21

88 **申纂**(南朝宋·魏郡人)
[嘉靖]山東34/4
[康熙]山東48/3
[宣統]山東67/1,200/2
[乾隆]泰安府14/8
[萬曆元年]兗州42/11
[萬曆二十四年]兗州27/3
[康熙]兗州21/18
[康熙]東平州4/26
[乾隆]東平州12/3
[道光]東平州12/3
[光緒]東平州14/3
[民國]東平縣9/2
[順治]鄒平4/4
[康熙]鄒平4/4

90 **申黨**(字周,一曰子周)
(周·魯人)
[嘉靖]山東24/8
[康熙]山東29/8
[萬曆元年]兗州7/53
[宣統]三續淄川9/92

申懷(明·日照人)
[康熙]日照8/12

92 **申恬**(字公休)
(南朝宋·魏郡人)
[嘉靖]山東25/17
[康熙]山東32/4
[宣統]山東67/1
[康熙]濟南24/6
[道光]濟南33/14
[嘉靖]青州13/16
[萬曆]青州12/10
[康熙十五年]青州12/10
[康熙四十八年]青州12/10
[康熙六十年]青州12/6
[咸豐]青州34/12
[康熙]泰安州2/44
[乾隆]泰安府14/8
[萬曆元年]兗州38/武功6
[萬曆二十四年]兗州27/3
[康熙]兗州21/18
[乾隆]兗州22/6
[康熙]東平州4/26
[乾隆]東平州12/3
[道光]東平州12/3
[光緒]東平州14/3
[道光]濟寧直隸州6/6－4
[乾隆二十五年]泰安縣10/28
[民國]東平縣9/2
[康熙六十年]博興7/3
[光緒]益都縣圖志15/3

97 **申恪**(字敬菴)
(清·冠縣人)
[道光]冠縣8/上31
[光緒]冠縣8/文學
[民國]冠縣8/人物志40

99 **申榮**(元)
[嘉靖]山東25/10
[康熙]山東31/12
[雍正]山東27/47
[宣統]山東69/33
[乾隆]東昌33/23
[嘉慶]東昌20/35

中

28 **中牧和尚**(法名元瑛,字笠菴)
(清)
[光緒]惠民卷末/3

5001_7 抗

28 **抗徐**(字伯徐)
(漢·丹陽人)
[雍正]山東27/80
[宣統]山東66/16
[乾隆]泰安府14/5
[乾隆二十五年]泰安縣10/28

5003_2 夷

37 **夷逸**(周)
[民國]臨淄29/14

5004_4 接

17 **接子**(一作接予)
(戰國·齊人)
[嘉靖]青州15/32
[康熙]臨淄10/9

60 **接恩**(明·萊陽人)

[光緒]增修登州 50/1
[康熙]萊陽 8/20
[民國]萊陽 3/1 中 57
77 接賢(明・萊陽人)
[民國]萊陽 3/1 中 12
80 接義(明・莒縣人)
[雍正]莒州 9/38

5010_7 蠱

37 蠱逢(漢)
[順治]登州 11/2
[順治]招遠 6/21

5013_2 泰

22 泰山老父(漢)
[嘉靖]山東 34/9
[康熙]山東 47/1
[雍正]山東 30/2
[萬曆元年]兗州 46/5
[乾隆四十七年]泰安縣卷之末/10
[道光]泰安縣卷之末/10
[民國]重修泰安縣 10/68
30 泰富(元・泗水人)
[光緒]泗水 10/29
40 泰希哲(明・蒙陰人)
[康熙十一年]蒙陰 2/36
77 泰興(明・鄒縣人)
[光緒]文登 5/35

5013_6 蟲

34 蟲達(見蠱逢)

5022_7 青

48 青松子(姓尹)
(清・壽光人)
[光緒]文登 12/7

5023_0 本

60 本昇(字天岸,號偶菴,姓陳氏)
(清・金壇人)
[康熙]山東 47/8
[康熙]益都 10/28
[光緒]益都縣圖志 46/10

5033_3 惠

00 惠慶(字愛軒,一作藹軒)
(清・漢軍正黄旗人)
[宣統]山東 77/31
萊州府鄉土志/上 28
[光緒]三續掖縣 1/45
[光緒]菏澤 7/名宦 9
[光緒]新修菏澤 9/6
10 惠霄(晉)
[宣統]山東 200/22
惠元田(清・諸城人)
[光緒]增修諸城縣續志 16/23
12 惠廷魁(字象樞)
(清・撫寧人)
[民國]齊東 3/65
齊東縣鄉土志/政績錄 2
21 惠儒(明・長安人)
[雍正]山東 27/39
惠占春(字子元,號銘西)
(清・濟寧人)
[道光]濟寧直隸州 6/7－80
22 惠崇(唐)
[道光]濟南 60/7
[道光]長清 13/16
28 惠齡(號瑤圃)
(清・蒙古正白旗人)
[道光]濟南 37/34
30 惠濟公(春秋)
[光緒]嘉祥 4/29
惠永年(清・諸城人)
[光緒]增修諸城縣續志 16/24
37 惠潤(清・江蘇武進人)
[宣統]山東 76/14
[乾隆]沂州府 20/14
[光緒]費縣 3/56
費縣鄉土志/政績錄
惠涵芬(字芳亭)
(清・諸城人)
[光緒]增修諸城縣續志 12/33
惠潤普(字東里)
(清・日照人)
[光緒]日照 8/31
43 惠始(姓張)
(南北朝・清河人)
[雍正]山東 30/7
44 惠世溥(清・城武人)
[宣統]山東 200/18
[乾隆]濟寧直隸州 26/36
[道光]濟寧直隸州 8/3－22
[道光]城武 9/上 37
60 惠國隆(字太寰)
(清・諸城人)
[咸豐]青州 46/51
[乾隆]諸城 41/3
80 惠義(明・鄒縣人)
[嘉靖]鄒縣地理誌 1/26
惠普恩(清・濟寧人)
[宣統]山東 172/36
[民國]單縣 11/28
84 惠鎮(明・汾州舉人)
膠州直隸州鄉土志 3/政績－愛民
86 惠錫華(字樸園)
(清・諸城人)
[光緒]增修諸城縣續志 12/33
88 惠鎰(明・單縣人)
[康熙]單縣 7/37
90 惠光先(清・陝西鄜州人)
[宣統]山東 76/28
[康熙]朝城 7/10

5033_6 忠

15 忠璉(清・滿洲鑲白旗人)
[乾隆]嶧縣 7/23
[光緒]嶧縣 19/職官下 19

5040_4 婁

03 婁斌(清・棲霞人)
[光緒]棲霞縣續志 7/義行 1
10 婁雲翼(字澹輕)
(清・平陰人)
[光緒]平陰 5/13
婁天祐(清・掖縣人)
[光緒]三續掖縣 2/10
婁一均(字秉軒)
(清・浙江會稽人)

[宣統]山東 75/61
[康熙五十五年]鄒縣志 2/58
[光緒]鄒縣續志 7/8
[民國]續修鄒縣志稿/名宦
鄒縣鄉土志政績錄/4

15 **婁建桂**(清・鄒平人)
[民國]鄒平 15/141

17 **婁玘**(明・江南全椒人)
[乾隆]沂州府 17/29

18 **婁玲**(清・蒙陰人)
[宣統]蒙陰 4/孝義

22 **婁嵩**(明・晉州人)
[康熙十一年]莘縣 5/7
[康熙五十六年]莘縣 5/7
[民國]莘縣 3/13

婁崇武(明・萊州人)
[嘉慶]續掖縣 4/14

23 **婁峻山**(字霄峯)(清・商河人)
[民國]重修商河 9/23

24 **婁值**(清・棲霞人)
[光緒]棲霞縣續志 6/忠義 11

婁德平(字文安)(清・商河人)
[民國]重修商河 8/46

30 **婁定遠**(北齊・代郡平城人)
[光緒]益都縣圖志 15/18,26/22

32 **婁兆恩**(清・鄒平人)
[民國]鄒平 15/129

33 **婁溥**(清・順天宛平人)
[民國]萊陽 3/1 上 31

34 **婁法程**(字道亭)(清・平陰人)
[光緒]平陰 5/30

婁汝明(清・棲霞人)
[光緒]棲霞縣續志 6/忠義 11

40 **婁克襄**(清・蒙陰人)
[宣統]蒙陰 4/孝義

婁九德(字虞廷)(明・嘉興人)
萊州府鄉土志/上 17
[嘉慶]續掖縣 2/20

41 **婁樞**(字子靜)(明・曹縣人)
[康熙]兗州府曹縣 14/75
[光緒]曹縣 14/游寓 3

44 **婁蓮塘**(字筱艇)(清・商河人)
[民國]重修商河 13/藝文志四墓表 20

45 **婁楝**(清・浙江人)
[乾隆]昌邑 5/117

48 **婁敬**(字師德)(漢・齊人)
[至元]齊乘 6/8
[嘉靖]山東 32/1
[康熙]山東 42/1
[雍正]山東 28/人物一 2
[宣統]山東 154/1
[康熙]濟南 33/1
[道光]濟南 45/10
[嘉靖]青州 14/2
[萬曆]青州 13/23
[康熙十五年]青州 13/23
[康熙四十八年]青州 13/事功 7
[康熙六十年]青州 16/4
[萬曆]萊州 5/85
[康熙]萊州 10/16
[乾隆]萊州 10/1
[乾隆]武定府 23/1
[咸豐]武定府 23/名臣 1
[康熙]膠州 5/21
[乾隆]膠州 4/26,7/又 20
膠州直隸州鄉土志 4/事功
[嘉靖]章丘 3/62
[萬曆]章丘 22/82
[康熙]章丘 6/3
[乾隆]章邱 9/2
[康熙]滋陽 4/上 50
[康熙]陽信 9/2
[乾隆]陽信 7/2
[民國]陽信 5/宦蹟 1
信邑志稿 7/名臣
陽信縣鄉土志上/耆舊－鄉賢祠
[康熙]長清 9/50
[道光]長清 11/3
[民國]長清 13/31
[民國]臨淄 29/29

71 **婁長清**(字香嶺)(清・商河人)
[民國]重修商河 8/49

77 **婁閣**(字凌煙)(清・商河人)
[民國]重修商河 8/47,13/藝文志四墓表 19

婁鳳翥(字近霄,號竹石)(清・歷城人)
[民國]續修歷城 41/24

88 **婁鑑**(明・北直獻縣人)
[嘉靖]山東 27/12
[康熙]山東 36/4
[雍正]山東 27/65
[宣統]山東 73/25
[泰昌]登州 9/29
[順治]登州 11/15
[光緒]增修登州 29/1
[康熙]棲霞 4/4
[乾隆]棲霞 5/28

95 **婁快**(戰國)
[萬曆元年]兗州 41/外傳 8

5044_7 冉

00 **冉雍**(字仲弓)(春秋・魯人)
[嘉靖]山東 24/4
[康熙]山東 29/4
[雍正]山東 11/闕里二 6
[宣統]山東 153/3
[萬曆元年]兗州 7/17
[萬曆二十四年]兗州 7/10
[康熙]兗州 8/11
[乾隆]兗州 7/16
[康熙]曹州志 15/2
[崇禎]曲阜 4/9
[乾隆]曲阜 59/1
[道光]冠縣 9/77
[民國]冠縣 9/77
[光緒]菏澤 15/2,17/102
[光緒]新修菏澤 11/77
菏澤縣鄉土志/14
[康熙]曹縣 12/3
[康熙]兗州府曹縣 12/3

[光緒]曹縣 12/3
11 冉孺(字子魯,一作儒,字子魚)
(春秋・魯人)
[嘉靖]山東 24/8
[康熙]山東 29/8
[雍正]山東 11/闕里二 17
[宣統]山東 153/7
[萬曆元年]兗州 7/49
[萬曆二十四年]兗州 7/22
[康熙]兗州 8/22
[乾隆]兗州 7/28
[崇禎]曲阜 4/10
[康熙]曲阜 4/10
[乾隆]曲阜 59/5
20 冉季(字產,一作子產)
(春秋・魯人)
[嘉靖]山東 24/8
[康熙]山東 29/8
[雍正]山東 11/闕里二 17
[宣統]山東 153/7
[萬曆元年]兗州 7/50
[萬曆二十四年]兗州 7/22
[康熙]兗州 8/22
[乾隆]兗州 7/28
[崇禎]曲阜 4/10
[康熙]曲阜 4/10
[乾隆]曲阜 59/6
冉秀(字溫季)
(宋)
[萬曆]青州 15/61
[康熙十五年]青州 15/61
[康熙四十八年]青州 15/僑寓 8
冉季載(周)
[順治]定陶 5/2
[乾隆]定陶 6/2
[民國]定陶 6/2
40 冉希舜(明・沂陽人)
[康熙]觀城 3/6
[道光]觀城 6/7
41 冉櫝(晉・魯人)
[光緒]菏澤 16/8
[光緒]新修菏澤 10/4
菏澤縣鄉土志/24
43 冉求(字子有)
(春秋・魯人)
[嘉靖]山東 24/5
[康熙]山東 29/5
[雍正]山東 11/闕里二 7
[宣統]山東 153/3
[萬曆元年]兗州 7/23
[萬曆二十四年]兗州 7/12
[康熙]兗州 8/13
[乾隆]兗州 7/17
[崇禎]曲阜 4/9
[乾隆]曲阜 59/2
[光緒]鄆城 13/44
55 冉耕(字伯牛)
(春秋・魯人)
[嘉靖]山東 24/4
[康熙]山東 29/4
[雍正]山東 11/闕里二 6
[宣統]山東 153/3
[萬曆元年]兗州 7/16
[萬曆二十四年]兗州 7/10
[康熙]兗州 8/11
[乾隆]兗州 7/16
[乾隆]東平州 13/1
[道光]東平州 13/1
[光緒]東平州 15/上 1
東平州鄉土志上/耆舊錄 26
[民國]東平縣 11/上 1
[崇禎]曲阜 4/9
[乾隆]曲阜 59/1
[萬曆]汶上 5/1
[嘉慶]肥城 17/5
[光緒]肥城 9/1
肥城縣鄉土志 5/12
67 冉昭重(字用三)
(清・肥城人)
[光緒]肥城 9/13
肥城縣鄉土志 5/25
77 冉學詩(字肄雅)
(清・曹縣人)
[光緒]曹縣 14/仕蹟 10

5060_0 由

10 由晉(清・海陽人)
[光緒]增修登州 43/47
[光緒]海陽縣續志 5/17
由丕貞(清・海陽人)
[光緒]海陽縣續志 5/13
由吾道榮(隋,一作晉・瑯琊人)
[雍正]山東 30/7
[萬曆元年]兗州 43/7
[萬曆二十四年]兗州 52/29
[乾隆]沂州府 27/12
[順治]鄒平 8/1
[康熙]鄒平 6/31
[嘉慶]鄒平 16/43
[乾隆]郯城 12/35
[光緒]費縣 11/66
[民國]臨沂 10/65
24 由化明(字廣照)
(清・清平人)
[民國]清平/人物 69
由升堂(字仲賢,號阜垣)
(清・掖縣人)
[民國]四續掖縣 4/77
35 由連璧(字玉如)
(清平人)
[民國]清平/人物 77
77 由學顏(字紹淵)
(清・掖縣人)
[民國]四續掖縣 4/67
80 由金(清・海陽人)
[光緒]增修登州 46/12
[光緒]海陽縣續志 5/24

5060_1 書

02 書端(清・滿洲正黃旗人)
[光緒]寧津 6/30
寧津縣志料 3/人物－名宦

5080_6 貴

30 貴寶(字楚堂)
(清・蒙古正黃旗人)
[民國]德縣 9/19
80 貴養性(字履吾)
(明・河南胙城人)
[道光]濟南 72/21
[崇禎]歷城 6/4
[乾隆]歷城 34/7

5090_2 棗

32 棗祗(魏・潁川人)

［宣統］山東 66/32
［乾隆］泰安府 14/7
［萬曆元年］兖州 38/循吏 14
［萬曆二十四年］兖州 26/16
［康熙］兖州 21/15
［道光］東阿 11/4
51 **棗據**（字道彦）
（晉・潁川長社人）
［宣統］山東 66/37
［萬曆二十四年］兖州 27/3
［康熙］兖州 21/18
［乾隆］兖州 22/6
［道光］濟寧直隸州 6/6－4
77 **棗邸**（漢・潁川人）
［康熙五十四年］東阿 3/26

5090_4 秦

00 **秦辨**（宋・泰山人）
［乾隆］泰安府 18/64
［乾隆二十五年］泰安縣 12/38
［乾隆四十七年］泰安縣 10/上 34
［道光］泰安縣 9/上 90
［民國］重修泰安縣 8/49
秦商（字丕兹，一作子丕，又作不慈）
（春秋・魯人）
［嘉靖］山東 24/8
［康熙］山東 29/8
［雍正］山東 11/闕里二 17
［宣統］山東 153/7
［萬曆元年］兖州 7/53
［萬曆二十四年］兖州 7/21
［康熙］兖州 8/22
［乾隆］兖州 7/28
［崇禎］曲阜 4/11
［康熙］曲阜 4/11
［乾隆］曲阜 59/6
秦嬴（字子霖）
（清・武城人）
［乾隆］東昌 43/46
［乾隆］武城 10/32
秦文彩（清・菏澤人）
［宣統］山東 173/35
［康熙］兖州 28/39
［康熙］兖州續編 16/23
［康熙］曹州志 16/5
［乾隆］曹州府 16/8
［光緒］菏澤 16/4
［光緒］新修菏澤 10/46
菏澤縣鄉土志/26
秦文伯（清・掖縣人）
［嘉慶］續掖縣 3/13
秦彦良（明・東阿人）
［宣統］山東 200/6
［道光］東阿 14/人物下 38
秦廣業（清・汶上人）
［宣統］四續汶上稿/人物－孝弟傳
秦應逵（字鴻騫，一作鴻軒）
（清・孝感人）
［民國］臨沂 7/78
［民國］重修泰安縣 6/65
［民國］朝城縣續志 1/22
［宣統］重修恩縣 6/53
［民國］重修恩縣 10/68
恩縣鄉土志/11
秦廣志（字勵齊）
（清・茌平人）
［民國］茌平 3/119
04 **秦勷**（字夢錫）
（清・安邱人）
［咸豐］青州 49/8
［道光］安邱新志 19/5
安丘縣鄉土志 9/耆舊錄 6
08 **秦敦和**（清・東阿人）
［民國］續修東阿 11/23
秦效曾（清・樂安人）
［民國］樂安 10/37
［民國］續修廣饒 19/89
10 **秦露**（字崑雪）
（清・日照人）
［宣統］山東 173/12
［乾隆］沂州府 27/8
［光緒］日照 8/23
秦丕詒（東阿人）
［民國］東阿 15/4
秦一熊（明）
［乾隆］沂州府 20/7
秦夏聲（字宏西）
（清・慶雲人）
［民國三年］慶雲 2/27
秦三輔（明・陝西三原人）
［雍正］山東 27/29
［宣統］山東 71/13
［道光］濟南 36/31
［崇禎］新城 6/知縣
［道光］新城/名宦
［宣統］新城縣後志 2/忠義
［民國］重修新城 10/11
秦西巴（周・魯人）
［萬曆二十四年］兖州 30/16
［康熙］兖州 23/16
［乾隆］兖州 23/5
秦震鈞（清・江蘇無錫人）
［宣統］山東 77/36
［道光］重修平度州 16/23
［光緒］平度志要/職官
秦玉堂（清・慶雲人）
［民國三年］慶雲 2/45
11 **秦非**（字子之）
（春秋・魯人）
［嘉靖］山東 24/9
［康熙］山東 29/8
［雍正］山東 11/闕里二 19
［宣統］山東 153/10
［萬曆元年］兖州 7/59
［萬曆二十四年］兖州 7/22
［康熙］兖州 8/23
［乾隆］兖州 7/31
［崇禎］曲阜 4/11
［康熙］曲阜 4/11
［乾隆］曲阜 59/8
秦璿（字用敏）
（清・蒙陰人）
［康熙十五年］青州 14/11
［康熙四十八年］青州 14/忠義 11
［康熙六十年］青州 17/6
［乾隆］沂州府 26/6
［康熙十一年］蒙陰 2/16，2/32，2/42
［康熙二十四年］蒙陰 4/14
［宣統］蒙陰 4/孝義
12 **秦璣**（號用明）
（明・蒙陰人）
［乾隆］沂州府 26/4

[康熙十一年]蒙陰 2/5
[康熙二十四年]蒙陰 4/14
[宣統]蒙陰 4/孝義
秦珽(明・蒙陰人)
[康熙十一年]蒙陰 2/41
秦廷佑(字子申)
(清・日照人)
[光緒]日照 8/35
13 **秦琮**(字用韜)
(清・蒙陰人)
[康熙十五年]青州 14/11
[康熙四十八年]青州 14/忠義 11
[康熙六十年]青州 17/6
[康熙十一年]蒙陰 2/15,2/32
14 **秦琳**(字漆漁)
(清・江蘇無錫人)
[宣統]山東 76/26
15 **秦建寧**(清・汶上人)
[宣統]四續汶上稿/人物－耆德傳
16 **秦瑁**(明・涿州人)
[萬曆]青城 1/37
秦環(明・祥符人)
[道光]濟南 36/14
[嘉慶]鄒平 14/7
[道光]鄒平 14/7
[民國]鄒平 14/7
17 **秦弼**(明・合肥人)
[乾隆]泰安府 15/16
[嘉慶]肥城 15/34
[光緒]肥城 7/49
秦瑚(字良玉)
(清・東阿人)
[道光]東阿 14/人物下 34
秦瓊(字叔寶)
(唐・齊州歷城人)
[至元]齊乘 6/19
[嘉靖]山東 29/10
[康熙]山東 39/9
[雍正]山東 28/人物二 2
[宣統]山東 156/3
[康熙]濟南 43/3
[道光]濟南 47/3
[崇禎]歷乘 16/5
[崇禎]歷城 10/3
[乾隆]歷城 35/6
秦玥(號歸愚)
(清・蒙陰人)
[康熙十五年]青州 13/85
[康熙四十八年]青州 13/事功 69
[康熙十一年]蒙陰 2/16,2/35,2/47
秦玥(字用肅)
(清・日照人)
[宣統]山東 173/3
[乾隆]沂州府 25/29
[康熙二十四年]蒙陰 4/9
[宣統]蒙陰 4/名獻
秦承烈(字紹文)
(清・慶雲人)
[民國三年]慶雲 2/70
秦羽經(字繡林)
(清・東阿人)
[康熙]兖州續編 16/32
[乾隆]泰安府 18/51
[康熙五十四年]東阿 7/42
[道光]東阿 14/人物下 29
[光緒]東阿縣鄉土志 4/24
秦承傑(東阿人)
[民國]東阿 15/9
秦承澤(東阿人)
[民國]東阿 15/1
秦承恩(東阿人)
[民國]東阿 15/7
秦承周(東阿人)
[民國]東阿 15/1
18 **秦政**(元)
[宣統]山東 69/24
[道光]濟南 34/44
[乾隆]德州 8/3
19 **秦琰**(字居敬)
(明・歷城人)
[嘉靖]山東 29/22
[康熙]山東 39/21
[康熙]濟南 34/5
[崇禎]歷乘 16/16
[崇禎]歷城 10/11
[乾隆]歷城 37/3
20 **秦儁**(字公偉)
(漢・會稽上虞人)
[乾隆]沂州府 20/2
秦位(字胞與)
(明・臨清人)
[乾隆]東昌 39/12
[康熙]臨清州 3/人物 11
[乾隆]臨清州 9/36
[乾隆]臨清直隸州 8/上 23
[民國]臨清縣/人物 51
[康熙]兖州府曹縣 9/25
[道光]商河 5/29
[民國]重修商河 6/67
秦秀池(清・莘縣人)
[民國]莘縣 7/23
秦維翰(字景召)
(清・東阿人)
[民國]續修東阿 11/3
秦重泰(字澹緣)
(明・無錫人)
[崇禎]鄆城 4/19
[康熙]鄆城 4/18
[光緒]鄆城 6/25
21 **秦縉**(清・金匱人)
[光緒]壽張 5/13
秦仁(字新巖,一作薪巖)
(清・江蘇無錫人)
[宣統]山東 75/36
[乾隆]泰安府 15/40
[道光]東阿 11/19
秦步雲(字仙衢)
(清・昌樂人)
[民國]昌樂縣續志 30/24
22 **秦崇**(字智崇)
(明・單縣人)
[隆慶]單縣下/5
[順治]單縣 2/37
[康熙]單縣 7/25
[乾隆]單縣 12/1
[民國]單縣 9/16,22/3
秦川(明・肥城人)
[康熙]肥城書下/12
[嘉慶]肥城 17/20
[光緒]肥城 9/8
肥城縣鄉土志 5/15
秦繼仲(清・鄒縣人)
[光緒]鄒縣續志 12/中 3

秦繼泰(清・寧陽人)
[咸豐]寧陽 15/28
[光緒]寧陽 15/45
23 **秦俊**(元・濟陽人)
[民國]濟陽 17/11
24 **秦紘**(字世纓,號求菴)
(明・樂安人,遷單縣)
[嘉靖]山東 30/61
[雍正]山東 28/人物三 11,35/傳 17
[宣統]山東 159/8
[萬曆元年]兗州 40/忠直 18
[萬曆二十四年]兗州 36/7
[康熙]兗州 28/6
[乾隆]曹州府 15/4
[雍正]樂安 19/2
[民國]樂安 10/36
[民國]續修廣饒 19/87
[隆慶]單縣下/2,下/5
[順治]單縣 2/27,2/36,3/57
[康熙]單縣 7/4,7/25
[乾隆]單縣 12/2
[民國]單縣 9/17,22/3
[康熙]魚臺 17/73
[乾隆]魚臺 11/47
[光緒]魚臺 3/30
25 **秦生鏡**(字水心)
(清)
[康熙五十五年]鄒縣志 2/13
26 **秦自然**(明・鄒人)
[雍正]山東 28/人物三 8
[宣統]山東 165/15
[康熙]兗州 28/38
[乾隆]兗州 23/53
[康熙十二年]鄒縣志 2/47
[康熙五十五年]鄒縣志 2/69
鄒縣鄉土志耆舊錄/17
秦伯鉞(字成甫)
(清・東阿人)
[乾隆]泰安府 18/48
[康熙五十四年]東阿 7/又 43
[道光]東阿 14/人物下 30
[光緒]東阿縣鄉土志 4/25
秦和尚(鄒縣人)
[民國]續修鄒縣志稿/人物－耆舊附忠烈
27 **秦甸**(明・單縣人)
[順治]單縣 3/6
秦象離(清・夏津人)
[民國]夏津續編 8/91
28 **秦復安**(明・蒙陰人)
[康熙十一年]蒙陰 2/51
30 **秦淮**(字文水,號茹莽,別號退翁)
(清・東阿人)
[宣統]山東 171/9
[康熙]兗州續編 16/32
[乾隆]泰安府 17/49
[康熙五十四年]東阿 7/41
[道光]東阿 14/人物下 4
秦濟(字公楫,號忍菴)
(清)
[康熙五十五年]鄒縣志 2/15
[民國]續修鄒縣志稿/人物－耆舊
秦密(字次山)
(清・歷城人)
[民國]續修歷城 44/39
秦永(明)
[光緒]嶧縣 19/職官下 2
秦之城(明・金鄉人)
[康熙十二年]金鄉 5/15
[康熙五十一年]金鄉 5/7
秦之驥(清・蒙陰人)
[康熙十一年]蒙陰 2/39
秦永陞(字升公)
(清・山西臨汾舉人)
[嘉慶]德平 5/20
[光緒]德平 5/13
秦之驌(清・蒙陰人)
[康熙十一年]蒙陰 2/33
31 **秦福**(明・昌樂人)
[嘉靖]昌樂 3/41
秦禎(見秦楨)
秦福源(字柳堂)
(清・蓋平人)
[光緒]泗水縣鄉土志/4
[民國]鄒平 14/35
秦河松(號冀楨)
(清・朝城人)
[民國]朝城縣續志 2/27
33 **秦治世**(明・濟寧人)
[康熙]濟寧州 7/9
秦述振(清・鄒縣人)
[光緒]鄒縣續志 12/中 5
34 **秦洪**(字敖南)
(明・蒙陰人)
[乾隆]沂州府 26/26
[康熙十一年]蒙陰 2/51
[康熙二十四年]蒙陰 4/10
[宣統]蒙陰 4/隱德
秦祐(明・單縣人)
[隆慶]單縣下/15
[順治]單縣 3/5
秦浩然(字仲皋)
(清・江蘇金匱人)
[民國]齊東 3/65
齊東縣鄉土志/政績錄 4
秦汝楷(字肅公)
(清・東阿人)
[道光]東阿 14/人物下 32
秦汝梅(字和公)
(清・東阿人)
[乾隆]泰安府 18/56
[道光]東阿 14/人物下 31
35 **秦津**(元・歷城人)
[道光]濟南 48/4
[乾隆]歷城 17/11,36/19
36 **秦湯**(清・丘縣人)
[乾隆]東昌 43/23
37 **秦渥**(字公霖,號枕溪)
(清・鄒縣人)
[民國]續修鄒縣志稿/人物－耆舊
秦祖(字子南,一作子丕)
(春秋・秦人)
[嘉靖]山東 24/8
[康熙]山東 29/8
[雍正]山東 11/闕里二 18
[萬曆元年]兗州 7/50
[乾隆]兗州 7/29
[崇禎]曲阜 4/12
[康熙]曲阜 4/12
[乾隆]曲阜 59/7

秦潔已(字淨子)
(清・昌樂人)
[嘉慶]昌樂 24/16
秦淑凱(清・長清人)
[民國]長清 13/9
38 秦裕伯(字景容)
(元・大名人)
[嘉靖]山東 27/17
[宣統]山東 69/36
[萬曆]萊州 5/66
[康熙]萊州 8/26
[乾隆]萊州 9/9
[康熙]高密 6/24,10/20,10/22
[乾隆]高密 6/17
[光緒]高密 6/21,9/補編 13
[民國]高密 12/23,15/下补编 10
高密縣鄉土志/上 7
40 秦奢(周・齊人)
[萬曆]青州 13/18
[康熙十五年]青州 13/又 19
[康熙四十八年]青州 13/事功 2
[康熙六十年]青州 16/1
[民國]臨淄 23/3
秦大方(明・東阿人)
[道光]東阿 13/鄉賢 2
秦士文(字彬予)
(明・蒙陰人)
[康熙十五年]青州 13/87
[康熙四十八年]青州 13/事功 71
[康熙六十年]青州 16/36
[乾隆]沂州府 25/24
[康熙十一年]蒙陰 2/3,2/46
[康熙二十四年]蒙陰 3/16,4/6
[宣統]蒙陰 4/名獻
秦太璞(字玉田)
(清・武城人)
[民國]增訂武城續編 10/9
秦大琮(清・定陶人)
[乾隆]定陶 6/30
[民國]定陶 6/65
秦奎良(字慶臣)
(清・樂安人)
[民國]續修廣饒 19/74
秦嘉祥(字肖東)
(明・日照人)
[光緒]日照 8/12
秦吉士(字子敬)
(明・北直曲周人)
[宣統]山東 72/5
[萬曆二十四年]兗州 29/2
[康熙]兗州 22/23
[乾隆]兗州 22/22
[康熙十一年]寧陽 8/62
[康熙四十一年]寧陽 3/17,8/62
[乾隆]寧陽 3/6,8/記 39
[咸豐]寧陽 11/10,21/21
[光緒]寧陽 11/10
寧陽縣鄉土志/9
秦士奇(字庸理,又字公庸,號一水)
(明・單縣人,徙金鄉)
[民國]濟寧直隸州續志 13/1
[康熙十二年]金鄉 5/2
[民國]金鄉 13/12
秦士楨(號克生)
(明・蒙陰人)
[康熙十五年]青州 13/85
[康熙四十八年]青州 13/事功 69
[康熙六十年]青州 16/35
[康熙十一年]蒙陰 2/3
[宣統]蒙陰 4/名獻
秦太華(字峻巒)
(清・慶雲人)
[民國三年]慶雲 2/34
秦奎東(清・東阿人)
[民國]續修東阿 11/13
秦有威(明・高密人)
[康熙]高密 8/27
[光緒]高密 8/上 46
[民國]高密 14/上 54
秦大鵬(字古塘)
(明・禹城人)
[道光]濟南 52/6
[嘉慶]禹城 9/8
[民國]禹城 6/7
禹城縣鄉土志/14
秦大夔(號春暉)
(明・臨清人)
[乾隆]東昌 39/8
[康熙]臨清州 3/人物 9
[乾隆]臨清州 9/28
[乾隆]臨清直隸州 8/上 15
[民國]臨清縣/人物 7
41 秦桓(字彥升,號樵村)
(清・城武人)
[道光]城武 9/下 7
秦楨(明・黃縣人)
[光緒]增修登州 43/11
[康熙]黃縣 6/33
[乾隆]黃縣 8/38
[同治]黃縣 8/14
42 秦彭(字伯平)
(漢・扶風茂陵人)
[嘉靖]山東 26/3
[康熙]山東 33/3
[雍正]山東 27/30
[宣統]山東 66/18
[萬曆元年]兗州 38/循吏 8
[萬曆二十四年]兗州 26/11
[康熙]兗州 21/11
[乾隆]兗州 22/3
[弘治]泰安州 3/7
[乾隆]曹州府 12/2
[乾隆]濟寧直隸州 22/55
[道光]濟寧直隸州 6/6-2
[萬曆]鉅野 6/3
[康熙]鉅野 10/3
[道光]鉅野 10/3
[康熙五十一年]金鄉 8/8
[乾隆]金鄉 17/2
[咸豐]金鄉縣志略 7/3
[民國]金鄉 11/18
金鄉縣鄉土志/政績錄
[康熙]魚臺 15/5
[光緒]魚臺 2/45
43 秦越人(號扁鵲先生,見扁鵲)
44 秦懋(字懿德)
(明・單縣人)

［隆慶］單縣下/4，下/15
［順治］單縣 2/35，3/5
［康熙］單縣 7/23
秦英（號泰徵）
（清・成縣人）
［康熙］兖州府曹縣 9/38
［光緒］曹縣 9/縣丞 4
秦著（金・齊河人）
［康熙］濟南 47/3
［道光］濟南 47/48
［康熙］齊河 7/8
［雍正］齊河 8/10
［民國］齊河 26/2
秦世瑛（見秦世英）
秦世傑（東阿人）
［民國］東阿 15/20
秦夢阜（明・歷城人）
［崇禎］歷乘 16/53
秦世英（清・臨沂人）
［乾隆］沂州府 26/17
［民國］臨沂 10/50
秦執中（字湛源）
（清）
［康熙五十五年］鄒縣志 2/15
秦世昌（字光遠）
（清・嶧縣人）
［光緒］嶧縣 21/孝友 15
秦堇父（春秋・魯人）
［嘉靖］山東 28/11
［康熙］山東 38/11
［萬曆元年］兖州 40/武功 3
46 **秦柏**（字大貞）
（明・東阿人）
［道光］東阿 22/31
秦恕（清・安邱舉人）
［乾隆］嶧縣 7/34
［光緒］嶧縣 19/丞倅 15
秦如坪（字國藩）
（清・曹縣人）
［光緒］曹縣 14/忠義 1
47 **秦都**（清・夏縣人）
［乾隆］利津縣志補 3/15
秦郁（清・山西人）
［宣統］山東 76/46
［乾隆］東昌 35/22
［嘉慶］東昌 22/26
［道光］高唐州 7/1－15
［光緒］高唐州 7/1－15
［民國］高唐縣 9/5－11
秦好義（清・鄒縣人）
［乾隆］兖州 23/87
秦鶴年（明・單縣人）
［康熙］單縣 7/34
［乾隆］單縣 7/32
［民國］單縣 9/29
48 **秦擎**（明・萊蕪人）
［康熙］濟南 47/14
［乾隆］泰安府 18/39
［康熙］新修萊蕪 6/41
［民國］萊蕪 20/6
［民國］續修萊蕪 27/7
萊蕪縣鄉土志/10
秦敬受（清・慶雲人）
［民國三年］慶雲 2/72
秦檢身（字退菴）
（清・慶雲人）
［民國三年］慶雲 2/44
秦敬久（清・慶雲人）
［民國三年］慶雲 2/72
秦敬容（清・慶雲人）
［民國三年］慶雲 2/72
秦敬賢（清・慶雲人）
［民國三年］慶雲 2/72
50 **秦惠**（明・禹城人）
［道光］濟南 52/6
［康熙］禹城 2/11
［嘉慶］禹城 9/8
［民國］禹城 6/6
秦惠（明・樂陵人）
［乾隆］武定府 26/23
［咸豐］武定府 26/隱逸 1
［乾隆］樂陵 6/39
秦冉（字子開）
（春秋・魯人）
［康熙］山東 29/8
［雍正］山東 11/闕里二 20
［萬曆元年］兖州 7/52
［萬曆二十四年］兖州 7/22
［康熙］兖州 8/22
［乾隆］兖州 7/31
［崇禎］曲阜 4/11
［康熙］曲阜 4/11
［乾隆］曲阜 59/9
秦貴三（字崇軒）
（清・慶雲人）
［民國三年］慶雲 2/48
秦東安（明・鄒縣人）
［康熙五十五年］鄒縣志 2/39
［民國］續修鄒縣志稿/人物－耆舊
鄒縣鄉土志耆舊錄/24
秦書潤（字靜齋）
（清・陽穀人）
［民國］增修陽穀人物/師道 28
秦中選（清・茌平人）
［宣統］茌平 16/2
［民國］茌平 3/17
秦泰由（明・東阿人）
［道光］東阿 14/人物下 14
［光緒］東阿縣鄉土志 4/7
51 **秦振**（字名傑）
（明・東阿人）
［乾隆］泰安府 18/40
［康熙五十四年］東阿 7/38
［道光］東阿 14/人物下 28
［光緒］東阿縣鄉土志 4/21
秦振雷（字聲一）
（清・慶雲人）
［民國三年］慶雲 2/34
53 **秦戒三**（字省齋）
（清・高密人）
［民國］高密 14/上 50
57 **秦邦彥**（明・歷城人）
［道光］濟南 49/37
［乾隆］歷城 37/43
秦邦賢（明・歷城人）
［崇禎］歷城 10/18
60 **秦昂**（明・山西蒲州人）
［宣統］山東 71/32
［乾隆］泰安府 15/8
秦景彌（明・東阿人）
［道光］東阿 14/人物下 8
［光緒］東阿縣鄉土志 4/22
秦旻（明・金鄉人）
［乾隆］濟寧直隸州 27/27

［道光］濟寧直隸州 8/4－34
［康熙十二年］金鄉 5/30
［康熙五十一年］金鄉 11/4
［乾隆］金鄉 18/54
［咸豐］金鄉縣志略 9/上 13
［民國］金鄉 14/1
秦國龍（字臥子，號冰谷）
（清·日照人）
［光緒］日照 8/17
秦景曜（字耀五）
（清·東阿人）
［康熙五十四年］東阿 7/44
［道光］東阿 14/人物下 5
秦恩光（字錫三）
（清·濟寧人）
［民國］濟寧直隸州續志 12/40
秦景耀（見秦景曜）
64 **秦曉信**（字成之）
（清·昌樂人）
［民國］昌樂縣續志 34/7
秦時中（字景庸）
（明·單縣人）
［乾隆］曹州府 15/1
［隆慶］單縣下/1
［順治］單縣 2/26
［康熙］單縣 7/4，7/22
［民國］單縣 9/14
67 **秦明吾**（清·城武人）
［道光］城武 13/12
72 **秦所式**（明·陝西三原人）
［康熙］朝城 7/9
73 **秦駿聲**（字肇西）
（清·慶雲人）
［民國三年］慶雲 2/28
74 **秦陸海**（字珍坡）
（清·慶雲人）
［民國三年］慶雲 2/100
77 **秦隆**（明·單縣人）
［順治］單縣 3/7
秦周（字平王）
（漢·陳留平邱人）
［民國］濰縣志稿 20/3
秦巴西（春秋·魯人）
［乾隆］曲阜 68/12
秦鳳三（字瑞徵）
（清·陽穀人）
［民國］增修陽穀人物/師道 18
秦居敬（明·歷城人）
［道光］濟南 49/1
秦學書（明·單縣人）
［順治］單縣 3/7
80 **秦鈁**（字懷庭）
（明·慈溪人）
［光緒］益都縣圖志 18/2
秦金（字國聲）
（明·南直無錫人）
［宣統］山東 70/20
［道光］濟南 35/25
秦鏞（明·南直無錫人）
［宣統］山東 73/22
［順治］登州 11/24
［光緒］增修登州 26/3
［康熙］蓬萊 3/4
［道光］重修蓬萊 6/6
秦美先（清·昌樂人）
［嘉慶］昌樂 22/8
秦金鑑（字厚齋）
（清·山陰人）
［宣統］山東補遺/57
84 **秦錡**（明·曲沃人）
［嘉靖］濮州 7/17
［萬曆］濮州 3/名宦 22
［康熙］濮州 3/21
［乾隆］濮州 3/21
［宣統］濮州 4/21
86 **秦錫鎮**（字錦泉）
（清·樂安人）
［民國］樂安 10/28
［民國］續修廣饒 19/75
88 **秦符**（清·諸城人）
［光緒］增修諸城縣續志 14/10
秦敏（見秦旻）
91 **秦炳倫**（字化南）
（東平人）
［民國］東平縣 11/上 26
96 **秦煜**（明·慈溪人）
［道光］濟南 36/50
98 **秦怜**（號鶴岩）
（清·招遠人）
［光緒］增修登州 43/27
［道光］招遠縣續志 3/6
秦悅（明·單縣人）
［隆慶］單縣下/15
［順治］單縣 3/5

5090_6 東

00 **東方辛**（宋）
［同治］黃縣 6/1
東方老（字安德）
（南北朝·鬲人）
［康熙］德平 3/26
［道光］濟南 46/19
［乾隆］德平 3/3
［嘉慶］德平 7/4
［光緒］德平 7/4
德平縣鄉土志/耆舊錄
［光緒］陵縣 19/人物傳一 10
陵縣鄉土志/13
東方舉（隋·平原人）
［道光］濟南 46/40
［光緒］陵縣 9/人物傳一 10
陵縣鄉土志/13
東方朔（字曼倩）
（漢·平原厭次人）
［至元］齊乘 6/8
［嘉靖］山東 29/2，34/9
［康熙］山東 39/2，47/1，59/6，59/12
［雍正］山東 28/人物一 5，30/2，35/碑 8，35/碑 13
［宣統］山東 149/21，154/3，200/19
［康熙］濟南 51/1
［道光］濟南 45/18，60/1
［崇禎］武定州 27/1
［乾隆］武定府 26/36，34/1
［咸豐］武定府 26/仙釋 1
［康熙十二年］高唐州 10/33
［乾隆］德州 9/31
［民國］德縣 10/3
［順治］樂陵 6/2，6/14
［乾隆］樂陵 6/1，8/1
樂陵縣鄉土志 3/16
［康熙］陵縣 5/29，6/17

[光緒]陵縣 17/金石 1－6,17/金石 1－66,19/1,22/人物傳一 1
陵縣鄉土志/13,19
[乾隆]平原 8/1
平原縣鄉土志輯稿/鄉賢
[康熙]陽信 9/2,10/36
[乾隆]陽信 7/2,8/47
[民國]陽信 5/宦蹟 2,8/藝文下 1
信邑志稿 7/儒林
陽信縣鄉土志上/耆舊－鄉賢祠
[乾隆]續壽光 14/110
[乾隆]惠民 6/1
[光緒]惠民 19/1
惠民縣鄉土志/耆舊錄 23

07 **東郭垂**(春秋)
[萬曆]青州 14/27
[康熙十五年]青州 14/27
[康熙四十八年]青州 14/隱逸 1
[康熙]臨淄 10/5

東郭先生(漢・齊人)
[至元]齊乘 6/7
[嘉靖]山東 33/15
[宣統]山東 167/1
[嘉靖]青州 16/41
[萬曆]青州 14/33
[康熙十五年]青州 14/33,17/1
[康熙四十八年]青州 17/方技 1
[民國]臨淄 29/16

東郭書(春秋)
[萬曆]青州 15/15
[康熙十五年]青州 15/15
[康熙四十八年]青州 15/武功 2
[康熙六十年]青州 20/2
[康熙]臨淄 10/2
[民國]臨淄 22/58

東郭牙(春秋)
[萬曆]青州 13/18
[康熙十五年]青州 13/又 19
[康熙四十八年]青州 13/事功 2
[康熙六十年]青州 16/1
[康熙]臨淄 10/3
[民國]臨淄 22/74

64 **東時泰**(字應元)(明・靜海人)
[萬曆]濮州 3/名宦 30

67 **東野瑀**(字文珮)(金・曲阜人)
[乾隆]曲阜 83/5

東野子儀(字仲立)(明・曲阜人)
[乾隆]曲阜 82/3

東野衍增(字蘊一,號方川)(清・曲阜人)
[民國]續修曲阜 5/35

東野崇衔(號阜南)(清・曲阜人)
[民國]續修曲阜 5/42

東野崇階(清・泰安人)
[民國]重修泰安縣 8/28

東野紓(宋・曲阜人)
[萬曆二十四年]兗州 37/1
[康熙]兗州 28/30
[乾隆]兗州 23/28

東野宜(宋・曲阜人)
[宣統]山東 165/9
[乾隆]曲阜 80/9
曲阜縣鄉土志/耆舊－事業

東野沛然(清・曲阜人)
[民國]續修曲阜 8/59

東野畢(春秋・魯人)
[乾隆]曲阜 93/2

東野隆祜(清・曲阜人)
[民國]青城續修 1/82

71 **東原海公**(姓于)(元・光州固陵人)
[乾隆四十七年]泰安縣卷之末/12
[道光]泰安縣卷之末/12
[民國]重修泰安縣 10/73

77 **東門雲**(漢・琅邪人)
[至元]齊乘 6/11
[宣統]山東 153/29
[萬曆]青州 13/7,15/58
[康熙十五年]青州 13/7
[康熙四十八年]青州 13/經師 2,15/僑寓 5
[康熙六十年]青州 15/3
[萬曆]諸城 7/48
[康熙]諸城 7/7
[光緒]嶧縣 21/鄉賢 23

束

22 **束繼宗**(字承志,號禹峰)(清・淄川人)
[宣統]三續淄川 10/15

24 **束德鳳**(字朝梧)(清・滋陽人)
[光緒]滋陽 8/75
滋陽縣鄉土志 1/耆舊－武功

40 **束克任**(清・汶上人)
[宣統]四續汶上稿/人物－施濟傳

42 **束晳**(字廣微)(晉・東海蘭陵人)
[萬曆]沂州志 6/43
[康熙]沂州志 5/21
[乾隆]沂州府 27/2
[康熙]嶧縣 4/18

5104_0 軒

00 **軒文奇**(字立三)(睢縣人)
[民國]重修商河 6/59

54 **軒轅**(見黃帝)

軒轅誥(字謀野)(清・汶上人)
[乾隆]武定府 16/16
[咸豐]武定府 19/青城 3
[乾隆]青城 7/5
[民國]青城續修 4/名宦 15
[宣統]四續汶上稿/人物－孝弟傳

軒轅易(字丹陛)(清・鉅野人)
[康熙]鉅野 11/29
[道光]鉅野 12/27

5106_0 拈

60 **拈里海**(元)

［光緒］益都縣圖志 17/13

拓

63 **拓跋新成**（北魏）
［萬曆二十四年］兗州 9/20
［康熙］兗州 10/20
［光緒］莘縣 5/2
［民國］莘縣 3/2
［光緒］曹縣 8/7
拓跋干（北魏）
［宣統］山東 67/7
拓跋丕（北魏）
［萬曆二十四年］兗州 9/19
［康熙］兗州 10/19
拓跋平原（武昌王平原）（北魏）
［雍正］山東 27/19
［宣統］山東 67/4
［道光］濟南 33/15
拓跋雲（北魏）
［萬曆二十四年］兗州 9/21
［康熙］兗州 10/20
拓跋麗（北魏·鮮卑族人）
［崇禎］歷城 3/7
拓跋子華（字伏榮）（北魏）
［宣統］山東 67/5
［康熙］濟南 24/8
［道光］濟南 33/16
［崇禎］歷城 6/8
拓跋奚拔（南北朝）
［乾隆］武定府 15/3
拓跋紹（南北朝）
［宣統］重修恩縣 6/7
拓跋脩義（字壽安）（北魏）
［宣統］山東 67/5
［道光］濟南 33/16
拓跋鬱（南北朝）
［光緒］曹縣 8/7
拓跋胡仁（北魏）
［崇禎］武定州 14/3
［乾隆］武定府 15/3
［乾隆］惠民 5/3
拓跋胡兒（北魏）
［崇禎］武定州 14/3
［乾隆］武定府 15/3
［咸豐］武定府 15/3
［乾隆］惠民 5/2
［乾隆］樂陵 2/26
拓跋翰（北魏）
［萬曆二十四年］兗州 9/20
［康熙］兗州 10/20
［乾隆］東平州 10/52
［光緒］東平州 12/11
拓跋肅（北魏）
［萬曆二十四年］兗州 9/22
［康熙］兗州 10/22
拓跋提（武昌王提）（北魏）
［宣統］山東 67/4
拓跋昌（北魏·鮮卑族人）
［崇禎］歷城 3/8
拓跋羅拔（北魏·鮮卑族人）
［崇禎］歷城 3/7
拓跋思譽（北魏）
［崇禎］武定州 14/3
［乾隆］惠民 5/2
拓跋曄（北魏）
［萬曆二十四年］兗州 9/22
［康熙］兗州 10/22
［萬曆］沂州志 7/61
［順治］登州 11/3
拓跋略（北魏）
［萬曆二十四年］兗州 9/22
［康熙］兗州 10/22
［乾隆］東平州 10/53
［光緒］東平州 12/11
拓跋匡（後魏）
［乾隆］東平州 10/52
拓跋岳（南北朝）
［萬曆］東昌 5/5
［宣統］重修恩縣 6/7
拓跋勵（南北朝）
［宣統］重修恩縣 6/8
拓跋熙（北魏）
［萬曆二十四年］兗州 9/20
［康熙］兗州 10/20
［光緒］莘縣 5/2
［民國］莘縣 3/2
拓跋周怛（北魏）
［崇禎］武定州 14/3
［乾隆］武定府 15/3
［乾隆］惠民 5/3
［乾隆］樂陵 2/26
拓跋鑒（字紹遠）（北魏）
［雍正］山東 27/19
［宣統］山東 67/4
［道光］濟南 33/15
拓跋小新成（北魏）
［萬曆二十四年］兗州 9/20
［康熙］兗州 10/20
拓跋懌（南北朝）
［萬曆］東昌 5/4
［宣統］重修恩縣 6/7

5193_1 耘

22 **耘山和尚**（清）
［道光］榮成 10/6

5201_4 托

37 **托渾布**（字安敦，號愛山，姓博爾濟吉特氏）（清·蒙古正藍旗人）
［宣統］山東補遺/44

5202_1 折

10 **折元禮**（元）
［嘉靖］冠縣 2/2
［萬曆］冠縣 2/9
［道光］冠縣 6/23
［光緒］冠縣 6/宦績
［民國］冠縣 6/33

5214_0 蚳

40 **蚳鼃**（周·齊人）
［至元］齊乘 6/4
［嘉靖］青州 13/6
［萬曆］青州 13/22
［康熙十五年］青州 13/22
［康熙四十八年］青州 13/事功 6
［民國］臨淄 22/75

5300_0 戈

21 **戈衛民**（字寧爾）（清·臨清人）

[乾隆]東昌 43/17
[乾隆]臨清州 9/55
[乾隆]臨清直隸州 8/上 44
[民國]臨清縣/人物 58
46 **戈相臣**(字漢卿)
(濟寧人)
[民國]濟寧縣 3/17

5302_7 輔

80 **輔公祏**(唐・齊州臨濟人)
[嘉靖]山東 33/28
[道光]濟南 71/5
[萬曆]章丘 33/94
[康熙]章丘 6/62
[乾隆]章邱 9/51

5304_4 按

40 **按檀不花**(元・阿里馬里人)
[道光]鉅野 20/22
75 **按陳那顏**(元)
[萬曆二十四年]兗州 9/29
[康熙]兗州 10/29

5310_7 盛

00 **盛庸**(明)
[宣統]山東 70/38
[道光]濟南 35/46
[崇禎]歷城 3/8
[乾隆]德州 8/4
[民國]德縣 9/6
盛庭方(字端品)
(清・魚臺人)
[光緒]魚臺 3/文行又 3
盛應期(字思徵)
(明・南直吳江人)
[宣統]山東 70/3
[道光]濟南 35/13
[康熙]濟寧州 4/4
[乾隆]濟寧直隸州 22/9
[道光]濟寧直隸州 6/6-43
08 **盛諭**(元・德平人)
[道光]濟南 34/45
[康熙]德平 3/1
10 **盛霞**(明・商丘人)
[康熙]昌邑 5/19
[乾隆]昌邑 5/122
盛百二(字秦川,號柚堂)
(清・浙江秀水人)
[宣統]山東 75/12
[道光]濟南 38/18
[乾隆]淄川 4/又 28-3
淄川縣鄉土志/政績錄
[道光]觀城 6/9
盛玉柱(字擎軒)
(清・清平人)
[民國]清平/人物 81
17 **盛子貞**(高密人)
[民國]高密 14/上 34
22 **盛崇德**(字仁山)
(清・莘縣人)
莘縣鄉土志/鄉宦 20
24 **盛德**(明・河南汝州人)
[嘉靖]山東 26/20
[康熙]山東 33/23
[雍正]山東 27/39
[宣統]山東 72/14
[萬曆元年]兗州 38/循吏 46
[萬曆二十四年]兗州 29/5
[康熙]兗州 22/26
[乾隆]兗州 22/26
[乾隆]濟寧直隸州 22/43
[道光]濟寧直隸州 6/6-30
[康熙五十一年]金鄉 8/14
[乾隆]金鄉 17/5
[咸豐]金鄉縣志略 7/6
[民國]金鄉 11/19
金鄉縣鄉土志/政績錄
盛佐(明・江西豐城人)
[萬曆]濮州 3/名宦 36
[嘉靖]朝城志 5/13
[康熙]朝城 7/22
盛德明(清・茌平人)
[宣統]茌平 16/2
[民國]茌平 3/17
盛贊熙(字積蓀)
(清・武進人)
[民國]利津縣續志 6/1
27 **盛紀龍**(字序鵷)
(清・莘縣人)
[光緒]莘縣 7/30
[民國]莘縣 7/17
莘縣鄉土志/事業 27
30 **盛汴**(明・於潛人)
[康熙]堂邑 10/6
盛永(明・南直吳江人)
[康熙]山東 31/15
[康熙]濟南 24/21
盛瀛濱(字仙洲)
(清・魚臺人)
[民國]濟寧直隸州續志 14/14
[光緒]魚臺 3/孝義又 2
34 **盛洪鈞**(清・平江人)
[民國]增訂武城續編 9/3
盛洪鈞(清・吳縣人)
[光緒]壽張 5/12
35 **盛連明**(齊東人)
[民國]齊東 5/24
盛津頤(清・武進人)
[民國]長清 4/23
36 **盛昶**(明・南直吳江人)
[嘉靖]山東 25/13
[雍正]山東 27/12
[宣統]山東 70/13
[道光]濟南 72/20
[崇禎]歷乘 16/30
37 **盛淑禹**(字文敷,號樸山)
(清・清平人)
[民國]清平/人物 42
44 **盛夢齡**(字錫九,號文軒)
(清・莒縣人)
[民國]重修莒志 67/7
盛英翰(桐城人)
[民國]高唐縣卷首
盛世明(字九苞)
(清・萊陽人)
[光緒]增修登州 40/26
[乾隆]海陽 6/17
[光緒]海陽縣續志 5/26,10/70
盛世鳴(見盛世明)
47 **盛期**(號存鴈)
(明・東明人)
[康熙]東明 8/下 19
[乾隆]東明 8/下 19
[民國]東明縣新誌 12/45
50 **盛忠**(清・臨清人)
[民國]臨清縣/人物 29

盛東洋(明·鄒縣人)
[康熙十二年]鄒縣志 2/51
[康熙五十五年]鄒縣志 2/72
鄒縣鄉土志耆舊錄/15
58 **盛掄元**(原名泰古,字式之)(清·掖縣人)
[民國]四續掖縣 4/56
60 **盛杲**(見盛昶)
61 **盛顒**(字時望)(明·南直無錫人)
[嘉靖]山東 25/12
[康熙]山東 31/15
[雍正]山東 27/13
[宣統]山東 70/7
[康熙]濟南 24/20
[道光]濟南 35/3
[崇禎]歷乘 16/30
[崇禎]歷城 6/12
64 **盛時雍**(明·平度人)
[道光]重修平度州 18/5
盛時輔(字千齡)(明·海陽人)
[乾隆]海陽 6/13
[光緒]海陽縣續志 5/26
盛時臣(明·魚臺人)
[康熙]魚臺 17/5
[乾隆]魚臺 11/22
[光緒]魚臺 3/13
77 **盛周**(字於斯)(明·海陽人)
[乾隆]海陽 6/14
[光緒]海陽縣續志 5/26
盛周(字文郁,號文湖,一作聞湖)(明·浙江秀水人)
[宣統]山東 72/35
[乾隆]東昌 33/27
[嘉慶]東昌 20/39
[道光]觀城 6/3
80 **盛鏞**(見盛庸)
盛鑫科(字品三)(莘縣人)
[民國]莘縣 7/27
87 **盛鄭太**(清·四川巴州人)
[康熙]德州 6/3
93 **盛悰愷**(字伯悌)(明·海陽人)
[乾隆]海陽 6/13

5320_0 成

00 **成文**(明·文水人)
[康熙]單縣 6/24
[民國]單縣 6/宦蹟 17
成章(明·青城人)
[萬曆]青城 1/60
成章(明·無錫人)
[乾隆]寧陽 3/教諭 2
成文選(字衡齋)(明·北直長垣人)
[宣統]山東 71/20
[道光]濟南 36/59
[康熙]德平 3/3
[乾隆]德平 2/26
[嘉慶]德平 5/9
[光緒]德平 5/9
德平縣鄉土志/政績錄
成亦樸(清·鄒平人)
[道光]濟南 54/35
成方田(字心良)(清·樂安人)
[民國]樂安 10/34
[民國]續修廣饒 19/66
01 **成龍泉**(字劍光)(清·齊東人)
[民國]齊東 5/42
02 **成端徵**(字臨人)(明·鄒平人)
[道光]濟南 50/19
[嘉慶]鄒平 15/1
[道光]鄒平 9/58
03 **成斌**(明·新城人)
[道光]濟南 51/29
[宣統]新城縣後志 2/忠義
[民國]重修新城 15/5
07 **成翊世**(字季明)(漢·平原人)
[嘉靖]山東 29/3
[康熙]山東 39/3
[雍正]山東 28/人物一 19
[宣統]山東 154/15
[康熙]濟南 34/1
[道光]濟南 45/27
[嘉慶]東昌 20/11
[乾隆]武定府 23/2
[咸豐]武定府 23/名臣 2
[康熙]陵縣 5/1
[順治]樂陵 6/3
[乾隆]樂陵 5/1,6/2
樂陵縣鄉土志 3/16
[乾隆]平原 8/2
平原縣鄉土志輯稿/鄉賢
10 **成玉龍**(字君氣)(明·鄒平人)
[嘉慶]鄒平 9/40
成可訓(字鳳池)(明·樂安人)
[康熙]樂安縣續志上/貤封 1
[雍正]樂安 12/14
成可久(號賁陽)(清·淄川人)
[宣統]三續淄川 10/24
成晉徵(字昭其)(清·鄒平人)
[宣統]山東 169/20
[嘉慶]鄒平 15/21
[道光]鄒平 15/65
[民國]鄒平 15/65
成元濟(字巨川,又字濼源,自號齊東)(清·新城人)
[宣統]新城縣後志 3/文苑
[民國]重修新城 18/19
成元溥(字麟泉)(清·桓臺人)
[民國]桓臺志略 3/15
[民國]桓臺 3/38
11 **成棐**(清·樂安人)
[道光]濟南 38/18
12 **成瑞石**(字潭水)(清·鄒平人)
[道光]濟南 54/34
[嘉慶]鄒平 15/48
[道光]鄒平 15/66
[民國]鄒平 15/66
成聯璞(字蘊谷)(廣饒人)

［民國］續修廣饒 19/78
成聯琨（字瑤圃，號清癯子）
（廣饒人）
［民國］續修廣饒 19/78
13 成玳（明・新城人）
［天啟］新城 7/歲貢
成琅（字賓西，號西園）
（清・鄒平人）
［民國］鄒平 15/108
14 成功（字文煥）
（明・新泰人）
［康熙］濟南 35/9
［乾隆］泰安府 17/4
［天啟］新泰 6/34
［順治］新泰 5/9
［乾隆］新泰 15/26
新泰縣鄉土志/18
成瓘（字肅中，號篛園，晚號古稀迂叟）
（清・鄒平人）
［宣統］山東 170/3
［民國］鄒平 15/108
17 成已（字爾仁，號靜山）
（明・鄒平人）
［康熙］濟南 41/25
［道光］濟南 50/18
［順治］鄒平 6/6
［康熙］鄒平 6/21
［嘉慶］鄒平 15/40
［道光］鄒平 15/37
［民國］鄒平 15/37
成勇（字仁有，號寶慈，晚號蝸廬居士）
（明・樂安人）
［康熙］山東 42/29
［雍正］山東 28/人物三 68
［宣統］山東 160/7
［康熙十五年］青州 13/84
［康熙四十八年］青州 13/事功 68
［康熙六十年］青州 16/34
［咸豐］青州 45/47
［同治］重修寧海州 21/9
［民國］牟平 7/117
［雍正］樂安 12/15
［民國］樂安 10/11
［民國］續修廣饒 19/22
成君信（字匡時）
（唐）
［光緒］益都縣圖志 27/32
18 成珍（號恬然）
（明・陝西朝邑人）
［宣統］山東 72/33
［乾隆］曹州府 12/20
［康熙］鉅野 10/10
［道光］鉅野 10/26，21/25，21/27
20 成秉睿（字錦若）
（清・齊東人）
［道光］濟南 56/21
［民國］齊東 5/22
齊東縣鄉土志/耆舊錄 2
成季友（春秋・費縣人）
［萬曆二十四年］兗州 30/6
［康熙］兗州 23/6
［萬曆］沂州志 6/20
［康熙］費縣 7/1
21 成儒（明・新城人）
［道光］濟南 51/37
［天啟］新城 7/歲貢
［民國］重修新城 14/11
成衍祚（清・新城人）
［民國］重修新城 17/2
22 成彩（明・樂安人）
［康熙十五年］青州 15/54
［康熙四十八年］青州 15/卓行 13
［康熙六十年］青州 15/12
24 成德（字元升）
（明・山西霍州人，一作懷柔人）
［雍正］山東 27/40
［宣統］山東 72/4
［康熙］兗州 22/36
［乾隆］兗州 22/21
［光緒］滋陽 7/5
滋陽縣鄉土志 1/政績
26 成伯龍（字爲蒼）
（明・直隸長垣人）
［康熙］兗州府曹縣 9/9，10/15
［光緒］曹縣 10/14
成和徵（字徵子）
（清・鄒平人）
［道光］濟南 54/33
［嘉慶］鄒平 15/47
［道光］鄒平 15/65
［民國］鄒平 15/65
27 成象乾（字子健，亦字自鑒）
（清・樂安人）
［宣統］山東補遺/43
［民國］樂安 10/29
［民國］續修廣饒 19/51
30 成賓（明・新城人）
［宣統］新城縣後志 3/耆壽
［民國］重修新城 15/10
成進（明・長子人）
［康熙十二年］陽穀 2/27
成宣（清・鄉寧人）
［康熙］鄆城 4/10
成守讓（字子美）
（明・曹州人）
［康熙］曹州志 12/24
［光緒］菏澤 12/29
成永建（見成永健）
成永健（清・江南鹽城人，一作射陽人）
［宣統］山東 77/41
［咸豐］青州 37/13
［乾隆］沂州府 20/17
［乾隆］萊州 9/35
［乾隆］膠州 4/22
［道光］重修膠州 23/9
［民國］增修膠志 18/8
膠州直隸州鄉土志 3/政績－濬河
［光緒］益都縣圖志 18/66
［乾隆］續壽光 18/1
［嘉慶］壽光 10/30
［民國］壽光 6/20
成密磐（字協悅）
（清・菏澤人）
［光緒］菏澤 16/11
［光緒］新修菏澤 11/60
成密盤（見成密磐）
成守泰（清・太谷人）
［道光］滕縣志 6/僑寓 9
成守節（字子安，號甘齋）

（明・曹州人）
[康熙]曹州志 15/24
[乾隆]曹州府 15/10
[光緒]菏澤 15/23
[光緒]新修菏澤 10/25
菏澤縣鄉土志/18
32 **成遜**（明・長垣人）
[乾隆]寧陽 3/東兗道 1
成兆豫（字悦嶺）
（清・鄒平人）
[宣統]山東 169/28
[道光]濟南 54/35
[嘉慶]鄒平 15/49
[道光]鄒平 15/77
[民國]鄒平 15/77
成兆豐（字武芑，號竹齋，一作字有年，號德川）
（清・鄒平人）
[道光]濟南 54/35
[乾隆]東昌 35/22
[嘉慶]東昌 22/27
[道光]滕縣志 6/宦績 45
[道光]高唐州 7/1－16
[光緒]高唐州 7/1－16
[民國]高唐縣 9/5－12
[嘉慶]鄒平 15/22
[道光]鄒平 15/78
[民國]鄒平 15/78
成兆壯（字文正）
（清・鄒平人）
[道光]濟南 54/36
[道光]鄒平 15/78
[民國]鄒平 15/78
成兆振（字文中）
（清・鄒平人）
[道光]濟南 54/36
[嘉慶]鄒平 15/22
[道光]鄒平 15/78
[民國]鄒平 15/78
34 **成汭**（唐・青州人）
[嘉靖]山東 33/29
[嘉靖]青州 16/62
[萬曆]青州 20/外傳 6
[康熙十五年]青州 20/外傳 6
[康熙四十八年]青州 20/外傳 6
[咸豐]青州 40/4
[光緒]益都縣圖志 31/6
成淹（字季文）
（南北朝・上谷居庸人）
[嘉靖]山東 34/7
[康熙]山東 48/6
[雍正]山東 31/13
[宣統]山東 155/33
[嘉靖]青州 15/60
[萬曆]青州 15/59
[康熙十五年]青州 15/59
[康熙四十八年]青州 15/僑寓 6
[康熙六十年]青州 20/16
[咸豐]青州 53/5
成汝洲（字會瀛）
（清・齊東人）
[民國]齊東 5/55
齊東縣鄉土志/耆舊錄 11
35 **成禮**（明・直隸河間人）
[嘉靖]寧海州下/19
36 **成湯**（名履）
（商）
[萬曆二十四年]兗州 5/4
[康熙]兗州 6/3
[康熙]兗州府曹縣 8/2
[光緒]曹縣 8/2
37 **成瀾**（字湛如）
（明・菏澤人）
[光緒]菏澤 12/36
成淑協（清・齊東人）
[道光]濟南 56/21
[民國]齊東 5/21
38 **成道源**（清・新城人）
[宣統]新城縣後志 3/耆壽
[民國]重修新城 17/7
成啟瀹（字道泉）
（清・鄒平人）
[道光]濟南 54/36
[道光]鄒平 15/79
[民國]鄒平 15/79
成啟洸（字靜谿）
（清・鄒平人）
[道光]濟南 54/37
[道光]鄒平 15/80
[民國]鄒平 15/80
成啟恩（字湛如）
（清・鄒平人）
[道光]濟南 54/37
[道光]鄒平 15/81
[民國]鄒平 15/81
40 **成志**（清・通州人）
[乾隆]淄川 4/25
成嘉和（清）
[康熙]新修齊東 4/22
成太清（清・菏澤人）
[光緒]菏澤 16/12
[光緒]新修菏澤 11/70
成嘉運（字參寥）
（明・鄒平人）
[道光]濟南 50/18
[康熙]鄒平 6/29
[嘉慶]鄒平 15/41
[道光]鄒平 15/44
[民國]鄒平 15/44
成希忠（字黼臣）
（清・樂安人）
[民國]樂安 10/28
[民國]續修廣饒 19/50
成大成（字魯軒）
（清・菏澤人）
[光緒]菏澤 15/83
[光緒]新修菏澤 11/68
成大年（字萬斯）
（清・淄川人）
[宣統]三續淄川 10/7
44 **成楚**（字碩林，號荊菴）
（清・新城人）
[光緒]益都縣圖志 46/10
[宣統]新城縣後志 3/仙釋
[民國]重修新城 26/7
成芸（字季芷，號雪岩）
（清・鄒平人）
[道光]濟南 54/34
[嘉慶]鄒平 15/21
[道光]鄒平 15/67
[民國]鄒平 15/67
成其謙（字萬服）
（清・樂安人）
[雍正]樂安 12/27

[民國]續修廣饒 19/33
成芳澤(一名延齡,字菊坡,號癯仙)
(清・樂安人)
[民國]樂安 10/28
[民國]續修廣饒 19/51
成茂桂(字聯五)
(清・齊東人)
[民國]齊東 5/56
成其懋(字勉齋)
(清・樂安人)
[雍正]樂安 12/18
[民國]續修廣饒 19/32
成其愿(字讓木)
(清・樂安人)
[雍正]樂安 12/27
[民國]樂安 10/21
[民國]續修廣饒 19/33
成若闕(字裕齋)
(清・淄川人)
[宣統]三續淄川 9/74
成其範(字洪敘,一字愚崑)
(清・樂安人)
[宣統]山東 175/5
[咸豐]青州 46/35
[雍正]樂安 12/18
[民國]樂安 10/18
[民國]續修廣饒 19/32
45 成棟(明・新城人)
[康熙]濟南 47/9
[道光]濟南 72/41
[天啟]新城 8/善行
[崇禎]新城 8/善行
[康熙]新城 7/46
[民國]重修新城 14/2
新城縣鄉土志/耆舊 - 明
47 成瑴(字若初)
(清・新城人)
[宣統]新城縣後志 3/孝友
新城縣鄉土志/耆舊 - 清
成朝珍(字冠世)
(清・鄒平人)
[道光]濟南 54/35
[道光]鄒平 15/77
[民國]鄒平 15/77
成均禮(明・新泰人)
[天啟]新泰 6/12
48 成松森(字叢林)
(清・利津人)
[光緒]利津 8/義行 8
49 成桄
[民國]禹城 3/55
50 成聿斺(字景炎,號東冶)
(清・新城人)
[道光]濟南 55/75
[宣統]新城縣後志 3/文苑
[民國]重修新城 17/4
新城縣鄉土志/耆舊 - 清
60 成昇(晉・上谷居庸人,遷居北海)
[宣統]山東 200/2
成景山(字鎮商)
(清・博平人)
[光緒]博平縣續志 10/64
成異彩(清・新城人)
[宣統]新城縣後志 3/文苑
[民國]桓臺志略 3/14
[民國]桓臺 3/32
成景運(字溟南)
(明・鄒平人)
[道光]鄒平 15/44
成昇運(字元坤,號寶月)
(明・鄒平人)
[康熙]濟南 45/10
[道光]濟南 50/18
[康熙]鄒平 6/22,7/36
[嘉慶]鄒平 15/41
[道光]鄒平 15/45
[民國]鄒平 15/45
成思泰(字嶽東)
(清・樂安人)
[民國]樂安 10/27
[民國]續修廣饒 19/48
65 成映庚(字麗蒼)
(清・新城人)
[道光]濟南 55/75
[宣統]新城縣後志 2/善行
[民國]重修新城 16/10
66 成嚴(明・武定州人)
[嘉靖]武定州下/70
[萬曆]武定州 13/6
[崇禎]武定州 17/2
[乾隆]武定府 23/11
[咸豐]武定府 23/名臣 11
[乾隆]惠民 5/30
[光緒]惠民 19/7
惠民縣鄉土志/耆舊錄 26
67 成明樞(字環伯,號元嶽)
(明・曹州人)
[康熙]山東 40/63
[雍正]山東 28/人物三 64
[宣統]山東 160/36
[康熙]曹州志 15/65
[乾隆]曹州府 15/18
[光緒]菏澤 15/58
[光緒]新修菏澤 10/31
成明楠(號碧山)
(清・曹州人)
[康熙]曹州志 12/20
[光緒]菏澤 12/20
成嗣孝(字百原)
(清・齊東人)
[民國]齊東 5/43
成明楫(號元洲)
(明・曹州人)
[康熙]曹州志 12/12
[光緒]菏澤 12/10
成野賢(元・晉臺人)
[萬曆二十四年]兗州 28/21
[康熙]兗州 22/21
[乾隆]兗州 22/17
[乾隆]濟寧直隸州 22/42
[道光]濟寧直隸州 6/6 - 20
[康熙五十一年]金鄉 8/14
[乾隆]金鄉 17/4
[咸豐]金鄉縣志略 7/5
[民國]金鄉 11/19
金鄉縣鄉土志/政績錄
71 成原大(清・江蘇寶應進士)
[民國]濟陽 9/40
74 成驩(周・齊人)
[萬曆]青州 14/44
[康熙十五年]青州 14/44
[康熙四十八年]青州 14/儒行 1
76 成覸(春秋・齊人)
[至元]齊乘 6/2
[嘉靖]山東 28/4

［康熙］山東 38/4
［嘉靖］青州 15/50
［康熙十五年］青州 14/44
［康熙四十八年］青州 14/儒行 1
［康熙］臨淄 10/5

77 **成閔**（字居仁）（宋）
［嘉靖］武定州下/49
［萬曆］武定州 10/5
［崇禎］武定州 7/17

成鳳岐（清・鄒平人）
［民國］鄒平 15/130

成開酆（字眷西，亦字清泰）（清・新城人）
［宣統］新城縣後志 3/方技

成醫官（明・莒州人）
［康熙］山東 49/4
［康熙四十八年］青州 17/方技 4
［康熙六十年］青州 20/7
［康熙］莒州下/47
［雍正］莒州 11/1

成開蔭（清・新城人）
［道光］濟南 55/76
［宣統］新城縣後志 3/文苑
［民國］重修新城 17/14

成履中（字坦園）（清・桓臺人）
［民國］桓臺志略 3/18
［民國］桓臺 3/29

80 **成全**（清・鄒平人）
［道光］鄒平 15/82
［民國］鄒平 15/82

成金盈（清・菏澤人）
［光緒］菏澤 16/16
［光緒］新修菏澤 11/73

成毓秀（字顯華）（清・博平人）
［光緒］博平縣續志 10/59

成毓屺（字雨峰，號石軒）（清・齊東人）
［民國］齊東 5/58，6/46
齊東縣鄉土志/耆舊錄 8

成公蕙（清・鄒平人）
［民國］鄒平 15/136

成公興（字廣明）（南北朝・膠東人）
［雍正］山東 31/4
［宣統］山東 168/7
［乾隆］萊州 12/方術 1
萊州府鄉土志/下 28
［乾隆］膠州 5/35
膠州直隸州鄉土志 4/藝術
［道光］重修平度州 17/10
平度鄉土志 4 下/學問

成公簡（字宗舒）（晉・東郡人）
［嘉靖］山東 31/3
［康熙］山東 41/2

成公敞（漢・東海人）
［光緒］嶧縣 21/鄉賢 23

88 **成鑰**（字文明）（明・太谷人）
［雍正］山東 31/16
［宣統］山東 200/10
［康熙］曹州志 16/14
［光緒］菏澤 16/22
［光緒］新修菏澤 11/78

90 **成光斗**（字煥文，號柳溪）（清・菏澤人）
［光緒］菏澤 16/13
［光緒］新修菏澤 11/71
菏澤縣鄉土志/24

成光顯（清・館陶人）
［乾隆］東昌 43/25
［嘉慶］東昌 32/43

咸

10 **咸至寶**（清・陽信人）
［民國］陽信 5/篤行 27

12 **咸廷芝**（清・陽信人）
［乾隆］武定府 26/28
［咸豐］武定府 26/耆壽 2
［乾隆］陽信 7/57
信邑志稿 7/耆碩

40 **咸大昌**（字吉士）（明・萊陽人）
［光緒］增修登州 41/43
［康熙］萊陽 8/4
［民國］萊陽 3/1 中 13

咸大猷（清・鐵嶺衛人）
［乾隆］東平州 12/38
［道光］東平州 12/38
［光緒］東平州 14/38
［民國］東平縣 9/20

44 **咸英**（明・萊陽人）
［光緒］增修登州 50/1
［康熙］萊陽 8/20
［民國］萊陽 3/1 中 56

60 **咸恩澤**（東阿人）
［民國］東阿 15/7

咸墨林（字友翰）（清・陽信人）
［民國］陽信 5/篤行 37

咸景明（字青之）（清・陽信人）
［乾隆］武定府 26/28
［乾隆］陽信 7/56
［民國］陽信 5/耆碩 55
信邑志稿 7/耆碩

72 **咸丘蒙**（春秋・齊人）
［嘉靖］山東 24/12
［萬曆元年］兗州 7/76
［萬曆］青州 13/4
［康熙十五年］青州 13/4
［康熙四十八年］青州 13/4
［康熙］臨淄 10/6
［萬曆］鄒志 1/47

77 **咸丹楹**（清・濟陽人）
［民國］濟陽 11/29

90 **咸惟一**（明・萊陽人）
［光緒］增修登州 38/18
［康熙］萊陽 8/4
［民國］萊陽 3/1 中 6

咸懷良（明・萊陽人）
［康熙］萊陽 8/4
［民國］萊陽 3/1 中 16

戚

10 **戚可先**（清・蓬萊人）
［道光］重修蓬萊 9/26
［民國］蓬萊縣志合編人物志/孝友

12 **戚延胤**（明・黃縣人）
［康熙］黃縣 6/25

戚延允（字望樵）（明・威海衛人）

［乾隆］威海衛志 8/4
［道光］文登 5/18
［光緒］文登 10/上 2
戚延齡（字對樵）
（明・威海衛人）
［光緒］增修登州 41/65
［乾隆］威海衛志 7/4
［光緒］文登 8/下 13
16 戚瑁（清・東平人）
［民國］東平縣 11/中 36
17 戚子厚（字載福）
（清・文登人）
［光緒］文登 10/上 20
20 戚維（宋）
［康熙］曹州志 15/47
［康熙］曹縣 12/16
［康熙］兖州府曹縣 12/16
［光緒］曹縣 12/15
戚舜臣（宋・應天人）
［嘉靖］山東 26/25
［康熙］山東 34/6
［雍正］山東 27/89
［宣統］山東 68/42
［乾隆］曹州府 12/10
［萬曆］濮州 3/名宦 13
［康熙］濮州 3/13
［乾隆］濮州 3/13
［宣統］濮州 4/13
22 戚崇進（字仲升）
（清・威海衛人）
［宣統］山東 176/16
［光緒］增修登州 41/68
［乾隆］威海衛志 8/1
［道光］文登 5/4
［光緒］文登 9/上 1－19
戚繼光（字元敬，號南塘，別號孟諸）
（明・定遠人）
［康熙］山東 43/4
［雍正］山東 28/人物三 60，35/傳 29
［宣統］山東 160/9
［泰昌］登州 11/31
［順治］登州 16/8
［光緒］增修登州 37/3
［康熙］蓬萊 5/19
［道光］重修蓬萊 9/5，9/9，13/傳 4
［民國］蓬萊縣志合編人物志/功業，人物志/鄉賢
24 戚德隂（字樾青）
（黄縣人）
［民國］黄縣志稿 13/民國懿行
25 戚繡幛（字曉嵐）
（清・茌平人）
［民國］茌平 3/46
28 戚綸（字仲言）
（宋・應天楚丘人）
［嘉靖］山東 26/8，27/4
［康熙］山東 33/10，35/5
［雍正］山東 28/人物二 25
［宣統］山東 68/47，157/22
［嘉靖］青州 13/25
［萬曆］青州 12/18
［康熙十五年］青州 12/19
［康熙四十八年］青州 12/19
［康熙六十年］青州 12/10
［咸豐］青州 35/3
［萬曆元年］兖州 38/循吏 27
［萬曆二十四年］兖州 28/2，35/15
［康熙］兖州 22/2，27/14
［乾隆］泰安府 14/14
［康熙］曹州志 15/48
［乾隆］曹州府 14/20
［康熙］東平州 4/34
［乾隆］東平州 12/12
［康熙］曹縣 12/16
［康熙］兖州府曹縣 12/16
［光緒］曹縣 12/15
［康熙］沂水 4/22
［道光］沂水 5/22
戚儆淳（字太古）
（清・威海衛人）
［乾隆］威海衛志 7/2
30 戚憲（清・東平人）
［民國］東平縣 11/中 36
戚良弼（清・蓬萊人）
［光緒］增修登州 40/3
［康熙］黄縣 6/4
［乾隆］黄縣 7/7
戚良佐（明・黄縣人）
［光緒］增修登州 43/8
戚良宰（清・黄縣人）
［光緒］增修登州 39/11
［康熙］黄縣 6/2
［乾隆］黄縣 7/8
32 戚兆伯（名失考）
（清・登州人）
［同治］重修寧海州 21/10
［民國］牟平 7/118
戚兆泰（字惠生）
（清・黄縣人）
［乾隆］黄縣 8/27
［同治］黄縣 8/19
［民國］黄縣志稿 13/清文學
34 戚凌雲（清・茌平人）
［民國］茌平 3/39
38 戚祥（明・江南定遠人）
［光緒］增修登州 37/3
［道光］重修蓬萊 9/2，9/43
［民國］蓬萊縣志合編人物志/功業，人物志/寓賢
40 戚友軾（字長蘇）
（清・東平人）
［乾隆］東平州 15/8
［道光］東平州 15/8
［光緒］東平州 15/下 7
［民國］東平縣 11/中 26
東平州鄉土志上/政績錄 35
44 戚世俊（清・黄縣人）
［康熙］黄縣 6/24
戚世光（明・寧海人）
［康熙］寧海州 9/7
53 戚威（字衛伯）
（清・威海衛人）
［乾隆］威海衛志 8/5
［道光］文登 5/14
［光緒］文登 10/上 4
60 戚景通（字世顯）
（明・定遠人）
［順治］登州 17/9
［光緒］增修登州 37/3
［康熙］蓬萊 5/18
［道光］重修蓬萊 9/5
［民國］蓬萊縣志合編人物志/功業

77 戚同文(字同文)
(宋·宋州楚丘人)
[嘉靖]山東 30/45
[康熙]山東 40/44
[雍正]山東 28/人物二 19
[宣統]山東 167/10
[萬曆元年]兗州 40/儒林 9
[萬曆二十四年]兗州 35/14
[康熙]兗州 27/13
[康熙]曹州志 15/44
[乾隆]曹州府 16/13
[康熙]曹縣 12/12
[康熙]兗州府曹縣 12/12
[光緒]曹縣 12/10
80 戚善勖(字懋齋)
(清·黄縣人)
[宣統]山東 176/41
[民國]黄縣志稿 13/人物－鄉賢祠
90 戚尚實(明·寧海人)
[康熙]寧海州 9/7
戚尚質(明·文登人)
[乾隆]威海衛志 8/4
[道光]文登 5/18
[光緒]文登 10/上 2
戚尚義(字子喻)
(清·寧陽人)
[咸豐]寧陽 13/23
[光緒]寧陽 13/23

5340_0 戎

43 戎式宏(字以剛)
(清·蕲縣人)
[乾隆]泰安府 15/32
萊蕪縣鄉土志/4
75 戎體玄(號真成子)
(元·沂州人)
[雍正]山東 30/17
[萬曆二十四年]兗州 52/26
[乾隆]兗州 31/11
[康熙]嶧縣 4/113
[乾隆]嶧縣 8/55
[光緒]嶧縣 21/流寓 13
戎體元(見戎體玄)

5403_2 轅

60 轅固(漢·齊人)
[至元]齊乘 6/8
[嘉靖]山東 32/1
[康熙]山東 42/1
[雍正]山東 28/人物一 3
[宣統]山東 153/23,162/1
[康熙]濟南 32/4
[道光]濟南 45/12
[嘉靖]青州 15/22
[萬曆]青州 13/7
[康熙十五年]青州 13/7
[康熙四十八年]青州 13/經師 2
[康熙六十年]青州 15/2
[咸豐]青州 38/5
[泰昌]登州 11/18
[順治]登州 16/25
[光緒]增修登州 38/1
[天啟]新城 8/名賢,13/傳
[崇禎]新城 8/名賢,13/傳
[康熙]新城 7/3
[民國]重修新城 13/2
新城縣鄉土志/耆舊－漢
[康熙]臨淄 9/3
[民國]臨淄 21/39
[康熙]棲霞 6/2
[乾隆]棲霞 6/1
[民國]福山縣志稿 2/2－2,7/1－1

5404_7 披

10 披雲真人(姓宋,名德方)
(金·掖縣人)
[雍正]山東 30/16
[萬曆]萊州 6/71
[康熙]萊州 10/99
[乾隆]萊州 12/仙釋 3
[乾隆]掖縣 5/2

5500_0 井

10 井玉玫(字珠軒)
(清·東平人)
[光緒]東平州 15/下 15
[民國]東平縣 11/中 31
井而先生(姓徐)
(明·蒙陰人)
[乾隆]沂州府 27/9
[康熙十一年]蒙陰 2/48
[康熙二十四年]蒙陰 4/10
[宣統]蒙陰 4/隱德
井百禄(字慶宜)
(清·東平人)
[光緒]東平州 15/中 40
[民國]東平縣 11/中 10
23 井然(清·東平人)
[康熙]東平州續志 6/5
25 井秩(明·臨朐人)
[嘉靖]臨朐 3/11
27 井名宿(清·東平人)
[乾隆]東平州 15/6
[道光]東平州 15/6
[光緒]東平州 15/下 6
[民國]東平縣 11/中 25
28 井儀(明·東阿人)
[道光]東阿 14/人物下 14
東阿縣鄉土志 4/7
30 井濟(明·河南襄城人)
[道光]鉅野 10/27
36 井涓(字潤甫)
(元·臨朐人)
[嘉靖]臨朐 3/14
光緒臨朐 9/下 14
[民國]臨朐續志 17/12
37 井逢源(字湖海)
(清·東平人)
[乾隆]東平州 14/23
[道光]東平州 14/23
[光緒]東平州 15/中又 31
[民國]東平縣 11/中 4
東平州鄉土志上/耆舊録 33
38 井肇修(字懿泉)
(清·東平人)
[光緒]東平州 15/中 35
[民國]東平縣 11/中 7
40 井吉顯(清·東平人)
[光緒]東平州 15/下 15
[民國]東平縣 11/中 32
東平州鄉土志上/耆舊録 35
44 井其洵(清·文安人)
[光緒]菏澤 7/宦蹟 27
[光緒]新修菏澤 9/6
井蔭甫(壽縣人)
[民國]霑化 4/職官 41

53 井盛林(東阿人)
[民國]東阿 15/20
60 井田(字伯耕,號南畝)
(明・嶧州人)
[光緒]嶧縣 24/11
井昌廉(字秋山)
(清・東平人)
[光緒]東平州 15/中 41
[民國]東平縣 11/中 11
64 井時學(清・東平人)
[乾隆]東平州 14/8
[道光]東平州 14/8
[光緒]東平州 15/中 8
[民國]東平縣 11/上 31
77 井興都(清・寧津人)
寧津縣志料 3/人物－方外
井鳳喈(明・東阿人)
[道光]東阿 14/人物下 2
80 井毓秀(字克先)
(清・東平人)
[乾隆]東平州 15/11
[道光]東平州 15/11
[光緒]東平州 15/下 11
[民國]東平縣 11/中 28
86 井錫琨(字瑤圃)
(臨朐人)
[民國]臨朐續志 20/45

5503_0 扶

77 扶卿(漢・魯人)
[宣統]山東 153/33
[乾隆]曲阜 69/6

5504_3 轉

44 轉蓬仙(清・安徽渦陽例監)
[民國]濟陽 9/42

5509_0 抹

34 抹漢(即趙珪)
(元)
[嘉靖]山東 25/23
[康熙]山東 32/12
[宣統]山東 69/27
[康熙]濟南 25/20
[乾隆]泰安府 14/27,25/102
[康熙]肥城書下/8,下/53
[嘉慶]肥城 15/29,19/9
[光緒]肥城 7/43

5533_7 慧

00 慧亮(原名董顯亮)
(南北朝・東阿人)
[萬曆二十四年]兗州 52/23
[道光]東阿 24/4
慧章(姓于)
(清)
[道光]文登 10/3
[光緒]文登 12/9
20 慧重(姓閔)
(南北朝・魯郡人)
[雍正]山東 30/6
[萬曆二十四年]兗州 52/22
[乾隆]兗州 31/9
21 慧能(姓王,名謙,號斷雲)
(明・任邱人)
[光緒]費縣 11/68
34 慧湛(俗姓王)
(明・諸城人)
[乾隆]歷城 45/10
44 慧藏(姓郝)
(隋・平棘人)
[雍正]山東 30/8
[康熙]濟南 51/4
[道光]濟南 60/5
[崇禎]歷城 10/31
52 慧靜(姓王)
(南北朝・東阿人)
[乾隆]泰安府 18/77
[萬曆二十四年]兗州 52/23
[道光]東阿 24/4
60 慧田(清)
[康熙]山東 47/8
慧圓(清・景州人)
[光緒]德州志略/方外傳略

5560_0 曲

00 曲廉(明・蓬萊人)
[宣統]山東 161/35
[民國]蓬萊縣志合編人物志/仕績
曲庶(字康哉,號榆山)
(清・海陽人)
[光緒]增修登州 43/32
[道光]榮成 8/9
[光緒]海陽縣續志 5/33
曲彥貞(字含章)
(清・新城人)
[道光]濟南 61/8
[宣統]新城縣後志 3/方技
曲文德(字修川)
(牟平人)
[民國]牟平 7/26
曲慶錫(字鴻九)
(牟平人)
[民國]牟平 7/27
01 曲誥(字相如,號嶰山)
(明・寧海人)
[光緒]增修登州 43/34
[康熙]寧海州 9/6
[同治]重修寧海州 21/5
[民國]牟平 7/86
曲龍章(字子雲)
(廣饒人)
[民國]續修廣饒 19/82
10 曲醇(清・寧海人)
[光緒]增修登州 43/36
曲丕謨(字駿聲)
(清・牟平人)
[民國]牟平 7/95
曲雲程(字凌霄)
(清・東阿人)
[民國]續修東阿 11/24
曲爾暢(號龍滄)
(明・長山人)
[康熙]濮州 3/28
[乾隆]濮州 3/28
[宣統]濮州 4/28
曲元明(字魁吾)
(清・夏津人)
[乾隆]夏津 8/27
12 曲廷謂(清・茌平人)
[民國]茌平 3/33
曲廷勳(清・平度人)
[民國]平度縣續志 7/29
平度鄉土志 4 上/鄉賢
曲引申(明・福山人)
[康熙]福山 8/23
[乾隆]福山 8/35

曲廷甲(字渤南)
(清·牟平人)
[民國]牟平 7/108
16 曲聖琬(字述孔)
(清·牟平人)
[光緒]增修登州 43/35
[康熙]寧海州 9/8
[同治]重修寧海州 21/6
[民國]牟平 7/88
曲聖凝(字律孔)
(清·牟平人)
[民國]牟平 7/12
17 曲乙庚(字星白)
(清·禹城人)
[民國]禹城 6/31
曲及時(字進修)
(清·牟平人)
[民國]牟平 7/95
20 曲舜(字紹虞)
(清·齊河人)
[民國]齊河 26/29,33/59
21 曲倬章(字子雲)
(牟平人)
[民國]牟平 7/27
曲卓新(字荔齋)
(牟平人)
[民國]牟平 7/24
24 曲帥正(字正子,號清海)
(清·寧海人)
[民國]牟平 7/39
曲升吉(字貞階)
(清·文登人)
[光緒]文登 10/上 21
曲德樹(字福亭)
(牟平人)
[民國]牟平 7/106
25 曲伸(字仁宇)
(清·新城人)
[道光]濟南 61/8
[康熙]新城 8/18
[民國]重修新城 16/9
26 曲和聲(字涵一)
(明·掖縣人)
[乾隆]掖縣 3/47
曲自明(清·夏津人)
[乾隆]夏津 8/23
27 曲名揚(清·黃縣人)
[同治]黃縣 9/2
[民國]黃縣志稿 13/清懿行
28 曲倫(字敦五)
(牟平人)
[民國]牟平 7/102
曲復一(字松蓀,一字子元,號松庵)
(清·牟平人)
[光緒]增修登州 40/30
[同治]重修寧海州 21/6
[民國]牟平 7/88
30 曲宦(明·直隸東光人)
[康熙十二年]陽穀 2/17
[康熙]陽穀 2/13
[光緒]陽穀 4/3
曲容(字從和)
(清·黃縣人)
[光緒]增修登州 43/13
[同治]黃縣 8/18
[民國]黃縣志稿 13/清懿行
曲永文(字文茲,號蓮浦)
(清·寧海人)
[光緒]增修登州 39/40
[同治]重修寧海州 17/26
[民國]牟平 7/18
曲良玉(字潤夫)
(明·堂邑人)
[順治]堂邑 2/人物 15
曲寅纛(清·寧海人)
[宣統]山東 176/43
曲寅畏(字儼若)
(清·長山人)
[嘉慶]長山 10/9
曲永勝(字杜坡)
(清·奉天海城拔貢)
[民國三年]慶雲 1/91
31 曲江(字觀濤)
(清·掖縣人)
[乾隆]掖縣 3/60
曲遷喬(號帶溪)
(明·長山人)
[康熙]山東 39/28
[雍正]山東 28/人物三 51
[宣統]山東 160/33
[康熙]濟南 37/10
[道光]濟南 50/42
[康熙四十三年]長山 5/仕業
[康熙五十五年]長山 6/4
[嘉慶]長山 7/6
長山縣鄉土志/耆舊錄
曲迺偉(明·寧海人)
[同治]重修寧海州 20/2
曲澐海(字仙艇,號曼濤)
(清·掖縣人)
[民國]四續掖縣 4/76
曲遷梧(明·長山人)
[乾隆]東昌 34/5
[嘉慶]東昌 21/23
[康熙二年]茌平 2/39
[康熙四十九年]茌平 2/39
[宣統]茌平 8/6
[民國]茌平 8/63
33 曲溥(明·萊陽人)
[民國]萊陽 3/1 中 57
34 曲淩雲(字扶青)
(清·齊河人)
[民國]齊河 23/82
曲洪瀾(字泗源)
(明·寧海人)
[雍正]山東 28/人物三 65
[宣統]山東 167/15
[光緒]增修登州 40/29
[康熙]寧海州 9/3
[同治]重修寧海州 21/3
[民國]牟平 7/84
35 曲清雅(清·牟平人)
[民國]牟平 7/94
36 曲還(明·福山人)
[康熙]福山 8/20
[乾隆]福山 8/32
38 曲棨(清·諸城人)
[光緒]增修諸城縣續志 14/6
曲祥吉(字履亭)
(清·牟平人)
[光緒]增修登州 43/35
[同治]重修寧海州 21/7
[民國]牟平 7/90
40 曲森(字伯林,號南嵥)
(清·牟平人)

［民國］牟平 7/115
曲克弘（字任平）
（清・牟平人）
［康熙］寧海州 9/8
［同治］重修寧海州 21/6
［民國］牟平 7/107
曲克宏（見曲克弘）
曲士選（字萬青）
（清・牟平人）
［康熙］寧海州 9/8
［同治］重修寧海州 21/6
［民國］牟平 7/107
曲大力（清・夏津人）
［民國］夏津續編 10/7
曲大成（字濟可）
（清・黃縣人）
［同治］黃縣 8/14
曲大擢（字際明，號卜甌）
（明・寧海人）
［康熙］寧海州 9/6
［同治］重修寧海州 21/5
［民國］牟平 7/86
42 曲彭生（清・牟平人）
［民國］牟平 7/107
44 曲英（明）
［道光］濟南 36/27
［康熙四十三年］長山 3/宦績
［康熙五十五年］長山 3/33
［嘉慶］長山 5/42
曲世淳（字朴園）
（清・掖縣人）
［道光］再續掖縣上/58
曲萬森（字伯嚴）
（牟平人）
［民國］牟平 7/27
曲萬松（清・歷城人）
［民國］續修歷城 43/7
45 曲櫨（字一齋）
（清・寧海人）
［光緒］增修登州 39/39
［同治］重修寧海州 17/23
［民國］牟平 7/16
46 曲觀光（字尚賓）
（清・牟平人）
［光緒］增修登州 43/36
［民國］牟平 7/113
60 曲昇（字超魯）
（清・夏津人）
［乾隆］東昌 43/42
［乾隆］夏津 8/29
曲晸（字耀魯，號霞東）
（清・夏津人）
［乾隆］夏津 7/27
曲日詠（字詞仙）
（牟平人）
［民國］牟平 7/98
曲國俊（清・夏津人）
［乾隆］東昌 43/38
［康熙］夏津 5/11
［乾隆］夏津 8/23
61 曲顯科（清・招遠人）
［光緒］增修登州 43/27
［道光］招遠縣續志 3/14
77 曲興（明・文登人）
［道光］文登 5/10
［光緒］文登 8/上 13
曲鳳翼（字輔臣）
（牟平人）
［民國］牟平 7/106
曲鳳祥（又名元）
（清・冠縣人）
［民國］冠縣 8/人物志 12
曲居士（清・掖縣人）
［乾隆］掖縣 5/4
曲月揚（字淮水）
（清・寧海人）
［同治］重修寧海州 21/4
［民國］牟平 7/84
80 曲愈卓（明・鉅野人）
［萬曆］鉅野 8/孝子
［康熙］鉅野 11/31
［道光］鉅野 12/13
曲含榮（清・鄒平人）
［民國］鄒平 15/144
88 曲鋭（字朝儀）
（明・萊陽人）
［嘉靖］山東 32/24
［泰昌］登州 11/23
［順治］登州 16/21
［康熙］萊陽 8/9
［民國］萊陽 3/1 中 11，3/3 上傳志下 3
90 曲光聯（字永輝）
（清・長山人）
［道光］濟南 55/22
［嘉慶］長山 7/30
98 曲唱（明・棲霞人）
［康熙］棲霞 6/17
［乾隆］棲霞 7/8

5560_6 曹

00 曹褒（字叔通）
（漢・薛人）
［至元］齊乘 6/12
［嘉靖］山東 30/8
［康熙］山東 40/9
［雍正］山東 28/人物一 18
［宣統］山東 153/28，162/10
［萬曆元年］兗州 40/儒林 5
［萬曆二十四年］兗州 31/21
［康熙］兗州 24/20
［乾隆］兗州 23/13
［萬曆］滕志 7/13
［康熙］滕志 7/13
［康熙］滕縣志 7/12
［道光］滕縣志 7/11
滕縣鄉土志/15
曹充（漢・魯國薛人）
［嘉靖］山東 30/8
［康熙］山東 40/8
［雍正］山東 28/人物一 16
［宣統］山東 153/27
［萬曆元年］兗州 40/儒林 5
［萬曆二十四年］兗州 31/21
［康熙］兗州 24/20
［乾隆］兗州 23/12
［萬曆］滕志 7/13
［康熙］滕志 7/12
［康熙］滕縣志 7/11
［道光］滕縣志 8/儒林 1
滕縣鄉土志/15
曹賔（字恩雨）
（清・汶上人）
［宣統］四續汶上稿/人物－忠烈傳
曹袞（漢・沛國譙人）
［萬曆］東昌 5/3

曹亨(明・河南新蔡人)
[宣統]山東 72/1
[萬曆二十四年]兗州 29/1
[康熙]兗州 22/22
[乾隆]兗州 22/19
曹竟(字子期)
(漢・山陽人)
[雍正]山東 28/人物一 15
[乾隆]兗州 23/12
[乾隆]濟寧直隸州 26/37
[道光]濟寧直隸州 8/2－1
[乾隆]金鄉 18/3
[咸豐]金鄉縣志略 9/上 1
[民國]金鄉 14/15
金鄉縣鄉土志/耆舊錄上
[道光]鉅野 13/52
曹慶(明・魚臺人)
[乾隆]魚臺 10/28
曹裒(見曹褒)
曹章(清・新泰人)
[乾隆]泰安府 18/59
[乾隆]新泰 16/5
新泰縣鄉土志/26
曹應詔(字君寵)
(明・鄆城人)
[崇禎]鄆城 6/10
[康熙]鄆城 6/9
[光緒]鄆城 7/9
曹慶雲(清・掖縣人)
[道光]再續掖縣上/54
曹應登(明・新泰人)
[康熙]山東 45/6
[天啟]新泰 6/21
[乾隆]新泰 16/3
新泰縣鄉土志/25
曹應聘(字任甫,號覺菴)
(清・滕縣人)
[康熙]滕志 7/77
[康熙]滕縣志 7/72
[道光]滕縣志 8/儒林又 10
滕縣鄉土志/22
曹方順(鄒縣人)
[民國]續修鄒縣志稿/人物－耆舊附忠烈
曹文魁(字峻峰)
(清・城武人)
[道光]城武 9/下 40
曹文魁(字介生)
(清・淄川人)
[乾隆]淄川 6/下又 13
曹應科(字用賓,號魁寰)
(明・東阿人)
[乾隆]泰安府 17/37
[康熙五十四年]東阿 7/35
[道光]東阿 14/人物下 18
曹文洄(字蓮泉)
(清・長清人)
[民國]長清 13/18
曹文海(字春帆)
(清・昌樂人)
[民國]昌樂縣續志 31/23
曹慶蓉(清・鄆城人)
[光緒]鄆城 16/29
曹文棣(字鄂亭)
(清・山西靈石人)
[宣統]山東 77/44
[光緒]高密 6/26
[民國]高密 12/26
高密縣鄉土志/上 10
[道光]榮成 6/28
曹應塤(字友甫)
(明・安邱人)
[咸豐]青州 45/40
[民國]續安邱新志 21/1
安丘縣鄉土志 5/耆舊錄 2
曹應柷(字合甫)
(明・安邱人)
[民國]續安邱新志 17/1
曹應聲(字振寰)
(明・安丘人)
[道光]安邱新志 21/1
安丘縣鄉土志 8/耆舊錄 5
曹文翰(清・汶上人)
[宣統]四續汶上稿/人物－施濟傳
曹慶恩(字蘊琛)
(清・昭文人)
滋陽縣鄉土志 1/政績
曹襄陽(字峴山)
(清・陵縣人)
[道光]濟南 56/64
[光緒]陵縣 19/人物傳二 24
曹廣學(清・定陶人)
[民國]定陶 6/58
曹文鐸(明・平湖人)
[民國]高唐縣 9/5－8
曹文鐸(字循卿)
(清・昌樂人)
[民國]昌樂縣續志 31/23
曹應第(明・新泰人)
[康熙]濟南 44/28
[天啟]新泰 6/20
[順治]新泰 5/23
[乾隆]新泰 16/3
新泰縣鄉土志/25
02 **曹彰**(字子文)
(三國魏)
[萬曆元年]兗州 2/44
[萬曆二十四年]兗州 9/16
[康熙]兗州 10/16
03 **曹斌**(字二允)
(清・魚臺人)
[乾隆]兗州 23/63
[乾隆]濟寧直隸州 25/48
[道光]濟寧直隸州 8/3－35
[康熙]魚臺 17/37
[乾隆]魚臺 11/15
[光緒]魚臺 3/9
曹誠(明・陝西人)
[萬曆二十四年]兗州 29/8
[康熙]兗州 22/30
[康熙]兗州續編 14/19
[乾隆]曹州府 12/14
[康熙]兗州府曹縣 10/10
[光緒]曹縣 10/9
曹縣鄉土志/政績錄
04 **曹諾**(清・莒縣人)
[民國]重修莒志 66/9
曹謹爲(清・博興人)
[咸豐]青州 50/14
[道光]博興 11/34
[民國]重修博興 13/32
曹勤皇(清・恩縣人)
[雍正]恩縣續志 3/22
07 **曹誦**(字遜齋)
(清・城武人)
[道光]城武 9/下 39
曹望之(字景蕭)

（金・臨洛人）
［嘉靖］山東 25/22
［康熙］山東 32/10
［雍正］山東 27/23
［宣統］山東 69/4
［康熙］濟南 25/15
［道光］濟南 34/18
［萬曆］德州 8/29
［康熙］德州 7/25
［民國］德縣 9/6
［康熙］陵縣 4/3
［光緒］陵縣 18/7

08 **曹施周**（字沛霖）
（清・歷城人）
［民國］續修歷城 46/1

09 **曹麟趾**（字延昌）
（清・定陶人）
［民國］定陶 6/13

曹麟趾（字豈凡）
（清・汶上人）
［咸豐］寧陽 13/13
［光緒］寧陽 13/13
寧陽縣鄉土志/18
［宣統］四續汶上稿/人物－忠烈傳

10 **曹霖**（三國魏）
［萬曆二十四年］兗州 9/17
［康熙］兗州 10/17
［萬曆］沂州志 7/59

曹霦（字掌霖）
（清・安邱人）
［道光］安邱新志 19/3

曹需（明・隰州人）
［嘉靖］濮州 7/19
［萬曆］濮州 3/名宦 28

曹玹（三國魏）
［萬曆二十四年］兗州 9/17
［康熙］兗州 10/17

曹玉（字廷美）
（明・嘉祥人）
［康熙］兗州續編 15/17
［乾隆］兗州 23/39
［乾隆］濟寧直隸州 24/42
［道光］濟寧直隸州 8/2－54
［順治］嘉祥 4/30
［乾隆］嘉祥 3/21
［光緒］嘉祥 3/21

曹元（字復菴）
（清・直隸豐潤人）
［康熙五十六年］壽張 4/9
［光緒］壽張 5/7
壽張縣鄉土志/政績－聽訟

曹元龍（字伯荀）
（清・安邱人）
［道光］安邱新志 23/4

曹更新（字景明）
（清・定陶人）
［乾隆］定陶 6/18
［民國］定陶 6/24

曹元詢（字嘉賓，一字靈懸，榜名業）
（清・安邱人）
［咸豐］青州 50/4
［道光］安邱新志 19/10
安丘縣鄉土志 9/耆舊錄 6

曹一麟（字伯禎，一作伯楨）
（明・安丘人）
［康熙］山東 42/24
［萬曆］青州 15/47
［康熙十五年］青州 15/47
［康熙四十八年］青州 15/卓行 7
［康熙六十年］青州 17/14
［咸豐］青州 44/35
［萬曆］安丘 23/39
安丘縣鄉土志 4/耆舊錄 1

曹玉珂（清・富平人）
［康熙五十六年］壽張 4/8

曹元珪（元）
［同治］黃縣 6/2

曹玉魁（字慶菴）
（清・東阿人）
［民國］續修東阿 11/13

曹雲峰（字子奇）
（商河人）
［民國］重修商河 7/41

曹丕綸（字繩武）
（清・博興人）
［民國］重修博興 13/46

曹爾禎（清・鉅野人）
［萬曆］鉅野 9/藝文
［康熙］鉅野 15/27
［道光］鉅野 18/又 20

曹一濮（明・長清人）
［道光］濟南 52/27

曹天柱（字攀一）
（清・陵縣人）
［民國］陵縣續志 4/15

曹元貴（字仲明）
（元・考城人）
［萬曆二十四年］兗州 28/21
［康熙］兗州 22/21

曹可興（清・高唐人）
［光緒］高唐州 5/2－33
［民國］高唐縣 12/46

曹一鳳（字伯儀）
（明・安丘人）
［萬曆］青州 13/50
［康熙十五年］青州 13/50
［康熙四十八年］青州 13/事功 33
［康熙六十年］青州 16/17
［咸豐］青州 44/37
［萬曆］安丘 19/21
安丘縣鄉土志 4/耆舊錄 1

曹一貫（字唯夫，號魯菴）
（明・莘縣人）
［正德］莘縣 6/10
［康熙五十六年］莘縣 6/2
［光緒］莘縣 6/2

曹元興（明・單縣人）
［順治］單縣 2/39

曹元用（字子貞）
（元・阿城人，一作汶上人）
［嘉靖］山東 30/57
［康熙］山東 40/55
［雍正］山東 28/人物二 65
［宣統］山東 158/12
［萬曆元年］兗州 40/文苑 16
［萬曆二十四年］兗州 35/29
［康熙］兗州 27/27
［乾隆］兗州 23/33
［萬曆］汶上 6/5
［順治］嘉祥 4/27
［乾隆］嘉祥 3/18
［光緒］嘉祥 3/19

［康熙］張秋志 7/19
［道光］東阿 13/人物上 20
［光緒］東阿縣鄉土志 4/2
［民國］增修陽穀人物/仕宦 1,人物/文苑 1
曹三公(元・淄川人)
［乾隆］淄川 8/5
曹天錫(字君瑞)(元)
［乾隆］東昌 35/17
［嘉慶］東昌 22/21
［嘉靖］高唐州 5/3
［康熙十二年］高唐州 7/6
［康熙五十一年］高唐州 7/6
［道光］高唐州 7/1－6
［光緒］高唐州 7/1－6
［民國］高唐縣 9/5－3
11 **曹瑨**(明・高唐人)
［雍正］山東 28/人物三 70
［宣統］山東 164/51
［康熙十二年］高唐州 9/2
［康熙五十一年］高唐州 9/2
曹琴堂(字志臣)(清・汶上人)
［宣統］四續汶上稿/人物－耆德傳
12 **曹弘**(明・青城人)
［萬曆］青城 1/60
曹烈(明・陝西澄城人)
［康熙］棲霞 4/6
曹廷霖(清・順天宛平人)
［宣統］山東 76/32
［道光］城武 6/37
曹廷璋(清・沂水人)
［道光］沂水 7/1
曹延俊(字純一)(清・長清人)
［民國］長清 13/3
曹聯升(清・高唐人)
［道光］高唐州 5/1－46
［光緒］高唐州 5/1－48
［民國］高唐縣 12/13
曹廷傑(字漢三)(清・平原人)
［民國］續修平原 6/5
曹弘址(字畿千)(清・大興人)
［乾隆］福山 9 上/73
［民國］福山縣志稿 7/7－2
曹廷慧(明・曲阜人)
［宣統］山東補遺/64
［萬曆二十四年］兗州 37/4
［康熙］兗州 28/33
［乾隆］兗州 23/47
［崇禎］曲阜 4/106
［康熙］曲阜 4/106
曹延譽(字德升)(清・陽信人)
［民國］陽信 5/忠義 64
14 **曹璜**(字子渭,一作于渭,亦字見素,號楚石)(明・益都人)
［康熙］山東 42/26
［雍正］山東 28/人物三 53
［宣統］山東 161/51
［康熙十五年］青州 13/74
［康熙四十八年］青州 13/事功 58
［康熙六十年］青州 16/30
［咸豐］青州 45/7
［康熙］益都 7/34
［光緒］益都縣圖志 36/10
曹瑾(字懷璞)(清・河南河內舉人)
［光緒］寧津 6/29
寧津縣志料 3/人物－名宦
寧津縣鄉土志/政績
曹璋(字寶臣)(宋・靈壽人)
［嘉靖］山東 27/4,27/16
［康熙］山東 35/5,37/3
［雍正］山東 27/55
［宣統］山東 68/47
［嘉靖］青州 12/52
［萬曆］青州 12/15
［康熙十五年］青州 12/15
［康熙四十八年］青州 12/15
［康熙六十年］青州 12/10
［咸豐］青州 35/4
［萬曆］萊州 5/63
［康熙］萊州 8/23
［光緒］益都縣圖志 16/26
曹瓚(清・新泰人)
［乾隆］泰安府 18/57
［乾隆］新泰 16/5
新泰縣鄉土志/26
15 **曹建**(明・仁和人)
［康熙］濟南 25/31
［乾隆］武定府 16/37
［咸豐］武定府 19/利津 2
［康熙］利津縣新志 7/2
曹璉(字還素)(明・益都人)
［萬曆］青州 13/72
［康熙十五年］青州 13/72
［康熙四十八年］青州 13/事功 56
［康熙六十年］青州 16/30
［咸豐］青州 45/16
［康熙］益都 7/40
17 **曹琛**(字廷贇)(明・嘉祥人)
［順治］嘉祥 4/31
［乾隆］嘉祥 3/21
［光緒］嘉祥 3/21
曹鼐(字梅公)(清・高唐人)
［乾隆］東昌 43/33
［嘉慶］東昌 32/50
［乾隆］高唐州續志 2/8
［道光］高唐州 5/2－13
［光緒］高唐州 5/2－16
［民國］高唐縣 12/7
曹承先(字臨泗)(明・汝寧人,遷濟寧)
濟寧州鄉土志 2/賢裔
曹豫峰(字立山)(清・安丘人)
［民國］續安邱新志 21/2
安丘縣鄉土志 7/耆舊錄 4
18 **曹璹**(明・直隸人)
［乾隆］東昌 34/8
［嘉慶］東昌 21/27
［民國］清平/秩官 34
19 **曹珖**(字用韋,號葆素)(明・益都人)

[康熙]山東 42/27
[雍正]山東 28/人物三 58
[宣統]山東 159/36
[康熙十五年]青州 13/18
[康熙四十八年]青州 13/理學 8
[康熙六十年]青州 16/26
[咸豐]青州 45/16
[康熙]益都 7/40
[光緒]益都縣圖志 36/14
20 **曹孚**(明・諸城人)
[萬曆]諸城 6/21
曹纕(清・雲南施秉人)
[宣統]山東 76/44
[乾隆]東昌 35/14
[嘉慶]東昌 22/18
曹維寧(清・安丘人)
[乾隆]武定府 16/23
[咸豐]武定府 19/陽信 7
[乾隆]陽信 5/43
信邑志稿 5/宦蹟－學官
[民國]陽信 2/73
曹維壇(字杏村)
(清・高唐人)
[光緒]高唐州 5/2－31
[民國]高唐縣 12/13,12/88
曹維墉(字崇如)
(清・高唐人)
[光緒]高唐州 5/2－35
[民國]高唐縣 12/18
曹爲基(清・莒縣人)
[民國]重修莒志 66/11
曹維韓(清・雲南威遠人)
[宣統]山東 76/46
[乾隆]東昌 35/25
[嘉慶]東昌 22/29
曹香萼(清・高唐人)
[光緒]高唐州 5/2－8
[民國]高唐縣 12/49
曹香蓉(字曉亭)
(清・高唐人)
[民國]高唐縣 12/20
曹維墀(清・高唐人)
[光緒]高唐州 5/2－28
[民國]高唐縣 12/14
曹維翰(清・威遠人)
[雍正]恩縣續志 3/5
[民國]重修恩縣 10/66
恩縣鄉土志/10
曹孚中(字木舟)
(清・濰縣人)
[民國]濰縣志稿 28/32
濰縣鄉土志/47
曹禹疇(字錫九,號壽田居士)
(清・德州人)
[民國]德縣 11/11
21 **曹能**(字幹卿)
(清・商河人)
[民國]重修商河 11/58
曹睿(明・單縣人)
[順治]單縣 2/34
[康熙]單縣 7/22
曹貞吉(字升六,號實菴)
(清・安丘人)
[宣統]山東 175/40
[康熙四十八年]青州 15/文學 16
[康熙六十年]青州 18/7
[咸豐]青州 47/6
[道光]安邱新志 18/3
安丘縣鄉土志 8/耆舊錄 5
22 **曹鼎**(字紫垣)
(清・高唐人)
[乾隆]高唐州續志 2/7
[道光]高唐州 5/2－13
[光緒]高唐州 5/2－16
[民國]高唐縣 12/7
曹劌(春秋・魯人)
[嘉靖]山東 28/7
[康熙]山東 38/8
[萬曆元年]兗州 40/武功 1
[萬曆二十四年]兗州 30/8
[康熙]兗州 23/8
[乾隆]兗州 23/3
[崇禎]曲阜 4/96
[康熙]曲阜 4/96
[乾隆]曲阜 68/2
[康熙]滋陽 4/上 8
曹仙(金・魚臺人)
[康熙]魚臺 17/32
[乾隆]魚臺 11/3
[光緒]魚臺 3/2
曹嶷(晉・牟平人)
[光緒]增修登州 38/4
[同治]重修寧海州 17/2
[民國]福山縣志稿 7/1－2
曹崧立(字節卿)
(明・嘉祥人)
[乾隆]嘉祥 2/36
曹崙生(字元圃)
(清・新泰人)
[乾隆]新泰 17/人物上增 5
新泰縣鄉土志/20
曹崇朴(字華甫)
(明・冠縣人)
[乾隆]東昌 38/32
[嘉慶]東昌 29/3
[萬曆]冠縣 4/34
[道光]冠縣 8/上 4
[光緒]冠縣 8/鄉賢
[民國]冠縣 8/人物志 4
23 **曹參**(字敬伯)
(漢・沛人)
[嘉靖]山東 27/1
[康熙]山東 35/1
[雍正]山東 27/50
[宣統]山東 66/1
[道光]濟南 33/1
[嘉靖]青州 12/50
[萬曆]青州 12/6
[康熙十五年]青州 12/6
[康熙四十八年]青州 12/6
[康熙六十年]青州 12/2
[咸豐]青州 34/2
[萬曆]濮州 4/雜記 1
[康熙]濮州 4/89
[乾隆]濮州 4/129
[宣統]濮州 6/87
[康熙]臨淄 8/1
[民國]臨淄 18/1
[萬曆]滕志 6/50
[康熙]滕志 6/21
[康熙]滕縣志 6/宦業 19
[道光]滕縣志 6/宦績 5
[康熙]魚臺 15/2
[乾隆]魚臺 9/31
[光緒]魚臺 2/44

曹允泰(字實卿)
(清・諸城人)
[光緒]增修諸城縣續志 13/7
24 **曹德**(明)
[道光]濟南 36/56
[康熙]德州 7/28
曹岐(明・錦衣衛人)
[萬曆]萊州 5/71
[康熙]萊州 8/45
[乾隆]萊州 9/16
[乾隆]掖縣 3/31
曹升(見曹昇)
曹偉(金・魚臺人)
[康熙]魚臺 17/48
曹緒武(字繩祖,號裕齋)
(清・安邱人)
[民國]續安邱新志 22/1
曹佳和(字而介,號厚菴)
(清・淄川人)
[宣統]山東 169/31
[道光]濟南 54/67
[宣統]三續淄川 9/56
淄川縣鄉土志/鄉宦耆舊
曹佑之(清・汶上人)
[宣統]四續汶上稿/人物－施濟傳
曹德溪(清・鉅野人)
[民國]續修鉅野 5/上 12
曹化青(長清人)
[民國]長清 12/15
曹德明(清・茌平人)
[宣統]茌平 16/7
[民國]茌平 3/39
曹魁光(字文華)
(明・陵縣人)
[道光]濟南 52/32
[康熙]陵縣 5/24
[光緒]陵縣 19/人物傳一 19
25 **曹紳**(明・新蔡人)
[道光]濟南 36/13
[萬曆]章丘 21/76
[康熙]章丘 4/26
[乾隆]章邱 7/5
[道光]章邱 9/9
曹仲崑(字玉莽)
(清・寧陽人)
[咸豐]寧陽 15/18
[光緒]寧陽 15/25
26 **曹得**(明)
[乾隆]德州 8/5
[民國]德縣 9/7
曹侃(明)
[道光]濟南 36/43
[嘉慶]禹城 7/28
[民國]禹城 3/46
曹自新(字警旭)
(清・嶧縣人)
[光緒]嶧縣 21/耆舊 9
曹自謙(明・平定人)
[隆慶]單縣上/35
曹自彊(字不息)
(明・嘉祥人)
[乾隆]嘉祥 3/35
[光緒]嘉祥 3/43
曹自強(見曹自彊)
曹伯貞(字正甫)
(清・寧陽人)
[光緒]寧陽 13/又 14 之 1
曹自得(明・城武人)
[康熙九年]城武 5/16
曹自守(字伯化,一字邁庵)
(明・茌平人)
[宣統]山東 161/44
[萬曆]東昌 19/64
[乾隆]東昌 38/23
[嘉慶]東昌 28/23
[康熙二年]茌平 2/43,2/47
[康熙四十九年]茌平 2/43
[宣統]茌平 10/7
[民國]茌平 3/8
[道光]博平 4/22
博平縣鄉土志/耆舊－循史
曹伯洋(字瀛波)
(清・寧陽人)
[光緒]寧陽 13/69
寧陽縣鄉土志/18
27 **曹凱**(字宗元)
(明・益都人)
[嘉靖]山東 32/21
[康熙]山東 42/21
[雍正]山東 28/人物三 10
[宣統]山東 159/7
[嘉靖]青州 14/27
[萬曆]青州 13/42
[康熙十五年]青州 13/42
[康熙四十八年]青州 13/事功 25
[康熙六十年]青州 16/13
[咸豐]青州 43/9
[康熙]益都 7/9
[光緒]益都縣圖志 35/1
曹倜(清・江陰附生)
[民國]冠縣 6/48
曹邮(字子循)
(唐・上蔡人)
[光緒]曹縣 8/8
曹侯孺(戰國)
[萬曆元年]兗州 40/忠直 6
曹佩珂(字韻泉)
(清・利津人)
[光緒]利津 7/宦蹟 22
曹佩綬(清・高密人)
[光緒]高密 8/上 69
[民國]高密 14/上 80
高密縣鄉土志/上 41
曹負芻(春秋)
[萬曆元年]兗州 41/8
[萬曆二十四年]兗州 37/33
[康熙]兗州 28/74
曹魯棟(清・高唐人)
[道光]高唐州 5/1－49
[光緒]高唐州 5/1－54
[民國]高唐縣 12/68,12/75
28 **曹徽**(三國・譙縣人)
[乾隆]泰安府 5/7
[萬曆二十四年]兗州 9/17
[康熙]兗州 10/17
[乾隆]東平州 10/51
[道光]東平州 10/下 2
[光緒]東平州 12/10
曹綸(明・河間人)
[萬曆]諸城 4/37
曹佾(字公伯)
(宋・靈壽人)
[乾隆]曹州府 12/10
[光緒]益都縣圖志 16/29
曹作霖(字雨生,一字竽僧)

(清・蓬萊人)
[民國]蓬萊縣志合編人物志/孝友
曹復植(字宗建,一字雲將)
(明・安丘人)
[咸豐]青州 46/13
[康熙]續安丘 11/33
[民國]續安邱新志 18/1
安丘縣鄉土志 5/耆舊錄 2
曹以燿(字映遐)
(清・定陶人)
[民國]定陶 6/21
30 **曹安**(明・直隸華亭人)
[萬曆]青州 12 又/又 15
[康熙十五年]青州 12 又/又 15
[康熙四十八年]青州 12 又/15
[咸豐]青州 36/8
[萬曆]安丘 17/4
曹寵(明)
[康熙]膠州 5/12
[乾隆]膠州 4/10
[道光]重修膠州 22/3
[民國]增修膠志 17/3
曹宏(字德裕,號西湖)
(明・壽張人)
[康熙六年]壽張 7/12
[康熙五十六年]壽張 7/12
[光緒]壽張 6/45
壽張縣鄉土志/耆舊－事業
曹良(字易齋)
(清・安邱人)
[咸豐]青州 49/7
[道光]安邱新志 18/8
安丘縣鄉土志 6/耆舊錄 3
曹密(見曹寵)
曹憲(明・長清人)
[道光]長清 11/25
曹安瑞(字翰臣)
(清・曲阜人)
[民國]續修曲阜 5/22
曹安仁(字從義,號又軒)
(元・北平人)
[嘉靖]山東 34/8
[康熙]山東 48/6
[雍正]山東 31/16
[宣統]山東 200/5
[泰昌]登州 11/57
[順治]登州 18/2
[[康熙]蓬萊 6/1
[道光]重修蓬萊 9/42
[民國]蓬萊縣志合編人物志/寓賢
曹守勳(字元之)
(明・河南新蔡人)
[康熙]兗州府曹縣 9/9,10/18
[光緒]曹縣 10/16
曹縣鄉土志/政績錄
曹宗程(清・平度人)
[道光]重修平度州 19/25
曹宅安(字榆菴,一字深甫)
(清・直隸河間人)
[宣統]山東 77/12
[咸豐]青州 37/23
[嘉慶]昌樂 19/8
[光緒]益都縣圖志 18/67
[道光]冠縣 6/33
[光緒]冠縣 6/宦績
[民國]冠縣 6/43
曹安祚(清・鄒縣人)
[光緒]鄒縣續志 12/上 3
鄒縣鄉土志耆舊錄/18
曹永祥(字瑞五)
(莒縣人)
[民國]重修莒志 66/1
曹憲臣(字敬之)
(清・益都人)
[光緒]益都縣圖志 40/11
31 **曹濡**(明・直隸固安人)
[萬曆]青州 12 又/又 12
[康熙十五年]青州 12 又/又 12
[康熙四十八年]青州 12 又/又 12
[萬曆]諸城 4/24
曹濬(明・高唐人)
[乾隆]東昌 41/29
[道光]高唐州 5/1－25
[光緒]高唐州 5/1－25
[民國]高唐縣 12/68
曹福慶(字瑞符)
(清・恩縣人)
[民國]重修恩縣 11/鄉賢 35
33 **曹心傳**(字德科)
(清・濰縣人)
[民國]濰縣志稿 29/31
34 **曹漢**(宋・大名人)
[道光]濟寧直隸州 6/6－9
曹湛(字露繁)
(清・安丘人)
[道光]安邱新志 18/6
安丘縣鄉土志 6/耆舊錄 3
曹祐延(清・汶上人)
[宣統]四續汶上稿/人物－耆德傳
曹汝爲(字君儒)
(清・樂安人)
[民國]續修廣饒 19/45
曹汝舟(明・萊陽人)
[民國]萊陽 3/1 中 7
曹汝觀(字筠川)
(明・臨清人)
[乾隆]東昌 42/20
曹汝相(明・益都人)
[萬曆]青州 14/53
[康熙十五年]青州 14/53
[康熙四十八年]青州 14/儒行 10
[康熙六十年]青州 15/10
[康熙]益都 9/15
35 **曹溱**(清・鄆城人)
[光緒]鄆城 10/10
曹連元(清・壽張人)
[光緒]壽張 7/31
曹連登(清・齊河人)
[民國]齊河 26/37
曹連升(長清人)
[民國]長清 12/19
曹清江(清・莘縣人)
[民國]莘縣 7/22
36 **曹湘**(字衡波)
(清・臨清人)
[乾隆]東昌 43/23
[乾隆]臨清直隸州 8/上 47
[民國]臨清縣/人物 60
37 **曹涵**(字巨源)

（清・安丘人）
［宣統］山東 175/25
［咸豐］青州 48/5
［道光］安邱新志 18/6
安丘縣鄉土志 6/耆舊錄 3
曹瀾（明・句容人）
［嘉靖］寧海州下/17
［同治］重修寧海州 12/9
曹瀾（清・高唐人）
［道光］高唐州 5/2－23
［光緒］高唐州 5/2－26
［民國］高唐縣 12/51
曹沿（明・高唐人）
［乾隆］東昌 42/26
［嘉慶］東昌 32/22
［康熙十二年］高唐州 9/6
［康熙五十一年］高唐州 9/8
［道光］高唐州 5/1－25
［光緒］高唐州 5/1－25
［民國］高唐縣 12/7
曹淑玉（見晉淑玉）
曹淑貞（清・直隸元氏人）
［宣統］山東 76/9
［道光］濟寧直隸州 6/7－88
［康熙］魚臺 15/22
［乾隆］魚臺 9/44
［光緒］魚臺 2/53
曹淑清（清・寧陽人）
［咸豐］寧陽 13/37
［光緒］寧陽 13/37
曹逢春（清・利津人）
［光緒］利津 8/孝友 7
曹鴻圖（字書略，號蘿龕）
（清・長清人）
［民國］長清 13/22
曹鴻勛（字仲銘，號蘭生）
（清・濰人）
［宣統］山東 177/6
［民國］濰縣志稿 28/39
38 **曹滸**（字幼旬）
（清・安邱人）
［道光］安邱新志 19/3
曹啟明（清・奉天人）
［宣統］山東 76/17
［康熙六十年］青州 12/44
［乾隆］沂州府 20/16
［康熙二十四年］蒙陰 3/12
［宣統］蒙陰 3/宦績
曹祚光（清・德州人）
［康熙］福山 7/31
40 **曹嘉**（魏）
［宣統］山東 66/34
［萬曆］青州 12 又/2
［康熙十五年］青州 12/2
［乾隆］沂州府 20/2
［康熙］沂水 4/22
［道光］沂水 5/21
曹塝（字丹亭）
（清・汶上人）
［宣統］四續汶上稿/人物－施濟傳
曹真（明・茌平人）
［乾隆］東昌 42/14
［嘉慶］東昌 32/14
［康熙二年］茌平 2/42，2/49
［康熙四十九年］茌平 2/42
［宣統］茌平 14/1
［民國］茌平 3/66
曹大章（字章之）
（清・安丘人）
［民國］續安邱新志 20/3
安丘縣鄉土志 7/耆舊錄 4
曹志高（清・鄆城人）
［光緒］鄆城 16/30
曹士龍（清・高唐人）
［乾隆］東昌 43/27
［嘉慶］東昌 32/44
［康熙十二年］高唐州 9/5
［康熙五十一年］高唐州 9/4
［道光］高唐州 5/1－36
［光緒］高唐州 5/1－38
［民國］高唐縣 12/7
曹嘉謨（字亮采）
（清・歷城人）
［乾隆］歷城 43/9
曹大元（字墨樵）
（清・寧津人）
［光緒］寧津 8/12
寧津縣志料 3/人物－循良
曹克聰（字作謀）
（清・濰縣人）
［民國］濰縣志稿 29/33
曹志勇（清・泰安人）
泰安縣鄉土志/耆舊 25
曹士珍（明・恩縣人）
［雍正］恩縣續志 3/32
曹存仁（字理純，號契道）
（清・鉅野人）
［民國］續修鉅野 5/上 14
曹士能（明・鄆城人）
［崇禎］鄆城 6/14
［康熙］鄆城 6/15
［光緒］鄆城 8/3
曹大任（字毅齋）
（清・固始人）
［宣統］山東 75/49
［民國］續修曲阜 3/40
曲阜縣鄉土志/政績錄
曹士俊（字智千）
（清・安丘人）
［宣統］山東 175/51
［咸豐］青州 47/33
［民國］續安邱新志 21/1
安丘縣鄉土志 6/耆舊錄 3
曹大化（明・蒙陰人）
［康熙十一年］蒙陰 2/53
曹培德（清・汶上人）
［宣統］四續汶上稿/人物－孝弟傳
曹希湯（清・陽信人）
［民國］陽信 5/義俠 77
曹大啟（字爾宇）
（清・益都人）
［康熙四十八年］青州 14/孝友 20
［康熙六十年］青州 17/20
［咸豐］青州 47/28
曹士勤（字淑雅）
（清・滕縣人）
［道光］滕縣志 9/孝義 43
曹希植（明・東昌府人）
［康熙］膠州 5/13
［乾隆］膠州 4/12
［道光］重修膠州 22/4
［民國］增修膠志 17/4
曹大觀（字明水，一字月泉）

（清・益都人）
［咸豐］青州 50/9
［光緒］益都縣圖志 39/12
曹大成（字希聖）
（清・惠民人）
［康熙］濟南 44/36
［乾隆］武定府 25/14
［咸豐］武定府 25/孝友 14
［乾隆］惠民 5/53
［光緒］惠民 21/4
惠民縣鄉土志/耆舊錄 8
曹有成（字功甫）
（清・商河人）
［民國］重修商河 9/16
曹吉履（清・浙江山陰人）
［宣統］山東 76/23
［光緒］菏澤 7/宦蹟 27
［光緒］新修菏澤 9/7
曹大猷（字允升）
（清・定陶人）
［乾隆］定陶 6/20
［民國］定陶 6/26
曹士煌（字景周）
（清・魚臺人）
［乾隆］魚臺 11/38
［光緒］魚臺 3/23
41 **曹楷**（明・臨清人）
［乾隆］臨清州 9/28
［民國］臨清縣/人物 8
曹樞（字建中）
（清・桐鄉人）
［乾隆］東昌 35/7
42 **曹彬**（字國華）
（宋・靈壽人）
［康熙六十年］青州 12/9
［萬曆元年］兗州 39/名宦 8
［康熙六十年］博興 7/4
［光緒］益都縣圖志 16/38
曹彬（字中華）
（長清人）
［民國］長清 12/12
曹樸（字誠齋）
（長清人）
［民國］長清 13/30
43 **曹榕**（字季容）
（清・河南河內人）
［民國］齊東 3/66
齊東縣鄉土志/政績錄 5
［民國］冠縣 6/48
冠縣鄉土志/政績－去害
［光緒］莘縣 5/25
［民國］莘縣 3/8，9/40
莘縣鄉土志/政績 9
44 **曹藹**（清・汶上人）
［宣統］四續汶上稿/人物－文學傳
曹華（唐・楚丘人）
［嘉靖］山東 25/4，25/19
［康熙］山東 31/5，32/6
［雍正］山東 28/人物二 14
［宣統］山東 68/5，56/8
［康熙］濟南 24/11
［萬曆元年］兗州 38/循吏 24
［萬曆二十四年］兗州 27/7
［康熙］兗州 21/21
［乾隆］兗州 22/9
［萬曆］沂州志 6/7
［康熙］沂州志 3/42
［乾隆］沂州府 20/3
［嘉靖］武定州下/47
［萬曆］武定州 12/3
［崇禎］武定州 15/4
［乾隆］武定府 16/3
［咸豐］武定府 19/3
［康熙］曹州志 15/42
［乾隆］曹州府 14/14
［康熙］曹縣 12/10
［康熙］兗州府曹縣 12/10
［光緒］曹縣 12/9
［民國］臨沂 7/67
［道光］商河 5/26
［民國］重修商河 6/65
商河縣鄉土志 1/政績
［乾隆］惠民 5/10
［光緒］惠民 18/4
惠民縣鄉土志/政績錄 3
曹藎（字晉三）
（清・陵縣人）
［光緒］陵縣 19/人物傳二 24
曹藎（清・汶上人）
［宣統］四續汶上稿/人物－忠烈傳
曹茂（魏・沛國譙人）
［崇禎］武定州 14/2
［乾隆］武定府 15/2
［咸豐］武定府 15/2
［乾隆］樂陵 2/26
曹英（字世傑）
（明・壽張人）
［康熙六年］壽張 7/9
［康熙五十六年］壽張 7/9
［光緒］壽張 6/44
壽張縣鄉土志/耆舊－事業
曹植（字子建）
（三國・沛國譙人）
［宣統］山東 149/48
［乾隆］泰安府 5/6，27/99
［萬曆元年］兗州 2/44
［萬曆二十四年］兗州 9/16
［康熙］兗州 10/16
［萬曆］東昌 5/3
［嘉靖］濮州 7/3
［萬曆］濮州 1/帝 17，4/古交 1
［康熙］濮州 1/69，4/22
［乾隆］濮州 1/73，4/36
［宣統］濮州 1/103，6/64
［民國］臨淄 21/38
［康熙五十四年］東阿 3/26
［道光］東阿 9/2，19/4
曹世允（清・恩縣人）
［乾隆］東昌 43/36
［嘉慶］東昌 32/53
［雍正］恩縣續志 3/31
［宣統］重修恩縣 8/41
［民國］重修恩縣 11/鄉賢 49
曹桂馧（字仲芳）
（清・安丘人）
［民國］續安邱新志 17/11
安丘縣鄉土志 7/耆舊錄 4
曹其福（清・安徽泗州人）
［光緒］平度志要/人物
［民國］平度縣續志 8/19
曹夢洙（清・高唐人）
［嘉慶］東昌 34/15
［道光］高唐州 5/2－25
［光緒］高唐州 5/2－41
［民國］高唐縣 12/86

曹夢洙(見曹夢洙)
曹萬清(清・歷城人)
[民國]續修歷城 42/14
曹夢九(天津人)
[民國]續修曲阜 3/40
曹孝友(字壽山)
(清・高密人)
[民國]高密 14/上 85
曹世圻(字筱衡)
(長清人)
[民國]長清 12/24
曹攀華(字雁峰)
(清・汶上人)
[宣統]四續汶上稿/人物-忠烈傳
曹樹桐(字鳳池)
(長清人)
[民國]長清 12/11
曹世表(字景昇)
(北魏・魏郡人)
[嘉靖]山東 26/22
[康熙]山東 34/2
[雍正]山東 27/41
[宣統]山東 67/15,155/33
[萬曆]東昌 18/10
[乾隆]東昌 33/9
[嘉靖]恩縣 7/1
[萬曆]恩縣 4/1
[宣統]重修恩縣 6/38
[民國]重修恩縣 10/56
曹世貴(字仲明)
(元・考城人)
[宣統]山東 69/31
[乾隆]曹州府 12/13
[康熙九年]城武 2/26
[康熙四十一年]城武 3/下名宦 10
[道光]城武 6/22
曹世昌(清・高唐人)
[道光]高唐州 5/1-44
[光緒]高唐州 5/1-46
[民國]高唐縣 12/7
曹世昌(字子鳳,號紫峯)
(清・招遠人)
[道光]招遠縣續志 3/10
45 **曹坤**(明・冠縣人)
[乾隆]東昌 42/18
[嘉慶]東昌 32/18
[萬曆]冠縣 4/36
[道光]冠縣 8/上 21
[光緒]冠縣 8/孝義
[民國]冠縣 8/人物志 26
46 **曹恕**(明・直隸丹徒人)
[嘉靖]寧海州下/19
47 **曹墀**(字丹亭)
(清・定陶人)
[民國]定陶 6/36
曹均(字絜亭)
(清・定陶人)
[民國]定陶 6/22
曹鶴梅(字逋仙)
(清・昌樂人)
[民國]昌樂縣續志 31/23
48 **曹敬**(字惟一)
(明・鉅野人)
[萬曆]鉅野 7/22
[康熙]鉅野 11/20
[道光]鉅野 12/23
曹敬(清・萊陽人)
[民國]萊陽 3/1 中 92
曹掄(明・南直人)
[康熙]重修清平下/6
[嘉慶]清平 13/5
曹增業(清・鄒平人)
[民國]鄒平 15/126
50 **曹本**(字子善)
(明・滕縣人)
[萬曆二十四年]兗州 36/1
[康熙]兗州 28/1
[乾隆]兗州 23/35
[萬曆]滕志 7/32
[康熙]滕志 7/31
[康熙]滕縣志 7/28
[道光]滕縣志 7/25
曹忠(明・萊蕪人)
[康熙]山東 45/4
曹書秀(清・安邱人)
[民國]續安邱新志 21/6
曹本漢(明・滕縣人)
滕縣鄉土志/16
曹書潤(字偕琴)
(清・曹縣人)
[光緒]曹縣 14/行誼 36
曹申吉(字錫餘,一字澹餘)
(清・安丘人)
[雍正]山東 28/人物四 26
[宣統]山東 175/45
[康熙]續安丘 18/15
51 **曹攄**(字顏遠)
(晉・譙國譙人)
[嘉靖]山東 27/2
[康熙]山東 35/3
[雍正]山東 27/53
[宣統]山東 66/39
[嘉靖]青州 13/15
[萬曆]青州 12/9
[康熙十五年]青州 12/9
[康熙四十八年]青州 12/9
[康熙六十年]青州 12/5
[咸豐]青州 34/11
[康熙]臨淄 8/3
[民國]臨淄 18/5
曹振翮(字鳳千,號滄粟)
(清・陽信人)
[民國]陽信 5/文學 16
曹振南(清・長清人)
[民國]長清 11/31
曹振邦(清・歷城人)
[乾隆]臨清州 12/9
[乾隆]臨清直隸州 8/上 84
曹振國(字憲章)
(清・陵縣人)
[道光]濟南 56/64
[光緒]陵縣 19/人物傳二 14
曹振甲(長清人)
[民國]長清 12/21
曹振鷺(字序庭)
(清・陽信人)
[民國]陽信 5/篤行 34
曹搢卿(字笏山)
(清・高密人)
[民國]高密 14/上 60
53 **曹成**(漢・扶風人)
[康熙]臨淄 8/2
[民國]臨淄 18/4
曹盛(明・壽張人)
[康熙五十六年]壽張 7/41
曹盛松(清・濟寧人)

[民國]濟寧直隸州續志 14/22
曹成書(字政齋)
(清・定陶人)
[民國]定陶 6/51
56 曹操(三國・沛國譙人)
[嘉靖]山東 27/20
[萬曆元年]兗州 39/外傳 3
[萬曆二十四年]兗州 29/15
[康熙]兗州 22/39
[萬曆]東昌 18/44
[萬曆]濮州 4/雜記 1
[康熙]濮州 4/89
[乾隆]濮州 4/129
[宣統]濮州 6/87
57 曹邦輔(字子忠)
(明・定陶人)
[康熙]山東 40/59
[雍正]山東 28/人物三 36
[宣統]山東 159/21
[萬曆二十四年]兗州 36/18
[康熙]兗州 28/17
[乾隆]曹州府 15/9
[順治]定陶 5/14
[乾隆]定陶 6/7,9/40
[民國]定陶 6/9,10/40
60 曹昺(明・南直隸長洲人)
[康熙]膠州 5/6
[乾隆]膠州 4/9
[道光]重修膠州 22/2
[民國]增修膠志 17/2
曹冕(明・萊陽人)
[民國]萊陽 3/1 中 14
曹昇(魏・北海人)
[宣統]山東 162/23
[民國]濰縣志稿 30/2
曹晟(明・昌樂人)
[嘉靖]青州 14/28
[萬曆]青州 13/49
[康熙十五年]青州 13/49
[康熙四十八年]青州 13/事功 32
[咸豐]青州 43/6
[嘉靖]昌樂 3/44
[康熙]昌樂 4/4
[嘉慶]昌樂 23/7
曹景龍(清・鄒縣人)
[民國]續修鄒縣志稿/人物－耆舊附忠烈
曹國璋(字達齋)
(長清人)
[民國]長清 12/10
曹思珍(字席儒)
(清・寧陽人)
[光緒]寧陽 14/38
曹景濂(字谿瞻)
(清・遼東人)
[道光]濟寧直隸州 6/7－86
[乾隆]嘉祥 3/31
[光緒]嘉祥 3/39
曹國柱(字殿臣)
(清・日照人)
[光緒]日照 8/26
曹景郕(字東屏)
(清・湖北房縣人)
[宣統]東明續縣志 2/28
[民國]東明縣新誌 11/8
東明縣志料/人物門
62 曹昕(明・冠縣人)
[萬曆]冠縣 4/7
[道光]冠縣 8/上 5
[光緒]冠縣 8/鄉賢
[民國]冠縣 8/人物志 5
64 曹時聘(字嗣山)
(明・真定獲鹿人)
[康熙]濟寧州 8/35
[道光]濟寧直隸州 6/6－50
濟寧州鄉土志 1/政績
65 曹映奎(字聚五)
(清・汶上人)
[宣統]四續汶上稿/人物－忠烈傳
曹映蛟(字位瀛)
(清・汶上人)
[宣統]四續汶上稿/人物－耆德傳
67 曹煦(明・定陶人)
[順治]定陶 5/20
[乾隆]定陶 6/21
[民國]定陶 6/43
68 曹昣(字無憾)
(清・淄川人)
[道光]濟南 54/73
71 曹長孺(字濬之)
(清・益都人)
[康熙四十八年]青州 14/孝友 20
[康熙六十年]青州 17/20
[咸豐]青州 47/28
[光緒]益都縣圖志 41/10
曹長瑞(字麟祥)
(清・寧津人)
[光緒]寧津 8/32
寧津縣志料 3/人物－義行
75 曹體仁(明・湖廣漢陽人)
[嘉靖]山東 26/17
[康熙]山東 33/20
[雍正]山東 27/83
[宣統]山東 71/30
[乾隆]泰安府 15/2
[萬曆元年]兗州 38/循吏 42
[萬曆二十四年]兗州 29/10
[康熙]兗州 22/31
[康熙]東平州 4/52
[乾隆]東平州 12/32
[道光]東平州 12/32
[光緒]東平州 14/32
[民國]東平縣 9/17
東平州鄉土志上/政績錄 13
77 曹岡(清・沂水人)
[道光]沂水 7/1
曹貫(明・霑化人)
[康熙]濟南 47/19
[咸豐]武定府 26/義行 2
[萬曆]新修霑化 6/116
[光緒]霑化 10/1
[民國]霑化 2/73
曹卿(清・德平人)
[嘉慶]德平 7/18
曹展(清・茌平人)
[宣統]茌平 16/2
[民國]茌平 3/17
曹鳳亭(清・泗水人)
[光緒]泗水 11/25
[光緒]泗水縣鄉土志/13
曹際飛(清・蒙陰人)
[乾隆]沂州府 26/5
[康熙十一年]蒙陰 2/32

[康熙二十四年]蒙陰 4/15
[宣統]蒙陰 4/孝義
曹覺瑞(清・高唐人)
[道光]高唐州 5/2－22
[光緒]高唐州 5/2－25
[民國]高唐縣 12/51
曹鳳翀(字羽聖)
(清・歷城人)
[道光]濟南 53/56
[乾隆]歷城 43/4
曹用行(明・定陶人)
[乾隆]定陶 5/6
曹學健(清・鄆城人)
[光緒]鄆城 16/29
曹鳳業(鄒縣人)
[民國]續修鄒縣志稿/人物－耆舊附忠烈
曹周楨(字子木)
(清・山陰人)
[光緒]鄆城 6/19
曹印榕(字季容)
(清・莘縣人)
[光緒]莘縣 9/33
曹履坦(字叶貞)
(清・汶上人)
[宣統]四續汶上稿/人物－施濟傳
曹隆貴(東阿人)
[民國]東阿 15/19
曹賢書(字寶齋)
(清・安丘人)
[民國]續安邱新志 17/8
安丘縣鄉土志 7/耆舊錄 4
曹興邦(清・壽張人)
[光緒]壽張 6/61
曹欣時(見公子欣時)
80 **曹曾**(字伯山)
(漢・濟陰人)
[嘉靖]山東 30/8
[康熙]山東 40/8
[雍正]山東 28/人物一 15
[宣統]山東 153/20,162/9
[萬曆元年]兗州 38/循吏 4,40/儒林 5
[萬曆二十四年]兗州 31/30
[康熙]兗州 24/29
[康熙]曹州志 15/31
[乾隆]曹州府 14/4
[光緒]新修菏澤 10/2
[光緒]菏澤 15/32
菏澤縣鄉土志/14
[康熙]曹縣 12/5
[康熙]兗州府曹縣 12/5
[光緒]曹縣 12/4
曹縣鄉土志/耆舊錄
[民國]定陶 6/5
曹會(字東麓)
(清・安邱人)
[民國]續安邱新志 20/9
曹念(字仲惺,號北園)
(明・壽張人)
[康熙六年]壽張 7/又 16
[康熙五十六年]壽張 7/19
[光緒]壽張 7/7
曹鎔(明・長清人)
[道光]長清 11/26
曹益(明・范縣人)
[萬曆]濮州 3/鄉賢 36
曹奠方(清・汶上人)
[宣統]四續汶上稿/人物－孝弟傳
曹羲孺(字幼逸)
(清・益都人)
[康熙]益都 9/27
[光緒]益都縣圖志 39/5
曹毓琇(清・章邱人)
章邱縣鄉土志/上 22
曹金台(字隗先)
(清・莘縣人)
[民國]莘縣 7/23
曹毓泉(字鍾山)
(清・齊河人)
[民國]齊河 27/28
曹尊彝(原名純一,字醴堂)
(清・安丘人)
[民國]續安邱新志 18/5
安丘縣鄉土志 9/耆舊錄 6
曹會滐(字清源)
(清・曲阜人)
[民國]續修曲阜 5/22
曹善來(清・昌樂人)
[民國]昌樂縣續志 34/5
曹養素(明・米脂人)
[康熙]昌邑 5/8
曹全晸(字文宣)
(唐・河南開封人)
[嘉靖]山東 25/5
[康熙]山東 31/6
[雍正]山東 27/4
[宣統]山東 68/5
[道光]濟南 33/25
[萬曆元年]兗州 38/節義 4
[萬曆二十四年]兗州 27/9
[康熙]兗州 21/23
[乾隆]東平州 12/8
[道光]東平州 12/8
[光緒]東平州 14/8
[嘉靖]淄川 6/75
[萬曆]淄川 27/3
[康熙]淄川 4/3
[乾隆]淄川 4/3
曹益厚(字子謙)
(清・安丘人)
[宣統]山東 175/43
[咸豐]青州 49/5
[道光]安邱新志 19/8
安丘縣鄉土志 9/耆舊錄 6
82 **曹鍾彝**(字洪齋,一字鴻齋)
(清・江陰人)
[民國]重修泰安縣 6/64
泰安縣鄉土志/政績 3
[宣統]茌平 8/11
[民國]茌平 8/68
84 **曹鎮東**(字岱菴)
(清・安邱人)
[民國]續安邱新志 21/5
85 **曹鈇**(字民威,號愛堂)
(明・長清人)
[道光]濟南 52/21
[康熙]長清 9/65
[道光]長清 11/9
86 **曹鐶**(字瀛海)
(清・安邱人)
[民國]續安邱新志 18/7
曹錫寶(字鴻書,號劍亭)
(清・江蘇上海人)
[宣統]山東 74/49
[道光]濟南 37/72

[乾隆]德州 8/18
[民國]德縣 9/14
曹錫田(字建福)
(清・安丘人)
[民國]續安邱新志 18/4
安丘縣鄉土志 9/耆舊錄 6
87 **曹銘**(明・臨清人)
[乾隆]東昌 39/4
[康熙]臨清州 3/人物 8
[乾隆]臨清州 9/25
[乾隆]臨清直隸州 8/上 10
[民國]臨清縣/人物 5
88 **曹節**(明・臨沂人)
[民國]續修臨沂 16/12
曹銓衡(字衷白)
(明・安邱人)
[咸豐]青州 45/43
[道光]安邱新志 18/2
安丘縣鄉土志 5/耆舊錄 2
90 **曹光**(字原實)
(明・平湖人)
[道光]濟南 35/21
曹堂(清・山陰人)
[康熙]東平州續志 4/3
曹當立(字景權)
(明・濟寧人)
[康熙]濟寧州 6/42
[乾隆]濟寧直隸州 24/27
[道光]濟寧直隸州 8/2－37
曹光楷(字紹英)
(清・固始人)
[民國]重修泰安縣 6/65
曹光棟(字隆亭)
(清・河南固始人)
[光緒]壽張 5/12
壽張縣鄉土志/政績－聽訟
91 **曹炳文**(字孚中,號澹齋)
(清・淄川人)
[道光]濟南 54/66
[宣統]三續淄川 10/2
淄川縣鄉土志/鄉宦耆舊
曹恆安(清・鄆城人)
[光緒]鄆城 16/27
曹恆祥(字麟卿)
(清・濟陽人)
[民國]濟陽 11/71
曹炳南(字伯華)
(長清曹莊人)
[民國]長清 12/10
曹炳南(字伯華)
(長清小王莊人)
[民國]長清 12/26
92 **曹恬**(號中泉)
(明・鎮江人)
[康熙]兗州府曹縣 9/8
曹烸吉(字梅谷)
(清)
[咸豐]青州 47/20
[民國]續安邱新志 20/1
安丘縣鄉土志 6/耆舊錄 3
93 **曹煊德**(清・臨清人)
[民國]臨清縣/人物 29
94 **曹愼**(明・定陶人)
[順治]定陶 6/9
96 **曹煜**(字亮采,號凝菴)
(清・江蘇金壇人)
[宣統]山東 76/42
[乾隆]東昌 34/15
[嘉慶]東昌 22/5
[康熙五十六年]莘縣 5/9
[光緒]莘縣 5/10
[民國]莘縣 3/6
莘縣鄉土志/政績 8
曹煜(字燦垣)
(清・直隸清苑諸生)
[道光]安邱新志 26/1
97 **曹卹**(字子循,一作子修)
(春秋・蔡人)
[嘉靖]山東 24/8
[康熙]山東 29/8
[雍正]山東 11/闕里二 17
[萬曆元年]兗州 7/49
[萬曆二十四年]兗州 7/22
[康熙]兗州 8/23
[乾隆]兗州 7/28
[康熙]濟寧州 5/15
[道光]濟寧直隸州 8/1－39
[乾隆]曲阜 59/6
曹煇吉(字君光)
(清・安丘人)
[咸豐]青州 47/33
[民國]續安邱新志 20/1
安丘縣鄉土志 6/耆舊錄 3
98 **曹燧**(明・景州人)
[同治]黃縣 6/5
[民國]黃縣志稿 11/宦績

5580$_6$ 費

00 **費慶遠**(北魏・代人)
[光緒]益都縣圖志 15/16
10 **費元衡**(清・蘇州吳江人)
[乾隆]海陽 5/9
[光緒]海陽縣續志 2/17
22 **費鸞書**(字瑤亭)
(清・日照人)
[光緒]日照 8/34
23 **費俊**(字慧先,號鶴峰)
(清・歸安人)
[乾隆]濟寧直隸州 22/41
[道光]濟寧直隸州 6/7－80
26 **費伯貞**(字正甫)
(清・寧陽人)
寧陽縣鄉土志/18
40 **費直**(字長翁)
(漢・東萊人)
[嘉靖]山東 33/1
[康熙]山東 44/1
[雍正]山東 28/人物一 7
[宣統]山東 153/16
[萬曆元年]兗州 38/循吏 3
[萬曆二十四年]兗州 26/5
[康熙]兗州 21/5
[萬曆]萊州 6/11
[康熙]萊州 10/69
[乾隆]萊州 11/儒林 1
萊州府鄉土志/下 23
[康熙]膠州 5/22,6/又 11
[乾隆]膠州 4/27
[康熙]平度州 3/6,4/2
[光緒]平度志要/人物,藝文
平度鄉土志 4 下/學問
[道光]掖乘 4
[光緒]三續掖縣 2/13
[隆慶]單縣上/30
[康熙]單縣 6/4
[乾隆]單縣 4/47
[民國]單縣 6/宦蹟 6
費克謙(明・歷城人)

［道光］濟南 49/42
［崇禎］歷城 10/20
［乾隆］歷城 41/11
41 **費標**(字元立,號準寰)
(明・慈溪人)
［康熙］兖州府曹縣 9/9
［光緒］曹縣 9/縣令 4
48 **費增**(別字二湖)
(明・德化人)
［康熙］滋陽 3/84
［光緒］滋陽 7/7
50 **費惠公**(周)
［萬曆］沂州志 6/20
53 **費成啟**(清・濟寧人)
［乾隆］濟寧直隸州 25/19
［道光］濟寧直隸州 8/3－10

5599_2 棘

17 **棘子成**(周)
［萬曆元年］兖州 40/士行 3
［萬曆］濮州 4/衛人 3

5602_7 揭

12 **揭廷紹**(字祝靈)
(清・單縣人)
［民國］單縣 12/鄉賢 16, 23/34

暢

30 **暢宣**(明)
［乾隆］泰安府 15/4

5608_1 提

88 **提籃老媼**(明)
［康熙］新修萊蕪 6/56
［民國］續修萊蕪 28/4

5609_4 操

64 **操時賢**(明・江西浮梁人)
［康熙］東明 4/21
［乾隆］東明 4/21
［民國］東明縣新誌 11/5
72 **操剛中**(元・金陵舉人)
［康熙十一年］蒙陰 4/45

5701_2 抱

24 **抱犢王老**(漢・鄒人)
［雍正］山東 30/3
［萬曆二十四年］兖州 52/21
［乾隆］兖州 31/8
［康熙］嶧縣 4/112
［乾隆］嶧縣 8/54
［光緒］嶧縣 21/流寓 12
抱犢子(見抱犢王老)

5706_2 招

17 **招子庸**(字銘山)
(清・廣東南海人)
［宣統］山東 77/15
光緒臨朐 13/19
［民國］濰縣志稿 20/24, 42/22
［光緒］嶧縣 19/職官下 23
34 **招汝濟**(清)
［宣統］三續淄川 9/45

5709_4 探

71 **探馬赤**(元)
［宣統］山東 69/23
［康熙］濟南 25/21
［道光］濟南 34/39
［康熙］新修齊東 4/14
［民國］齊東 3/55
齊東縣鄉土志/政績錄 1

5798_6 賴

40 **賴嘉謨**(字承卿)
(明・江西萬安人)
［宣統］山東 70/28
［道光］濟南 35/42
51 **賴振起**(字蔚人)
(清・福山人)
［民國］福山縣志稿 7/4－15
71 **賴原裕**(明・處州人)
［嘉靖］山東 25/24
［康熙］山東 32/13
［雍正］山東 27/26
［康熙］濟南 25/24
［道光］濟南 36/12
［嘉靖］章丘 3/4
［萬曆］章丘 21/71
［康熙］章丘 4/26
［乾隆］章邱 7/3
［道光］章邱 9/4
章邱縣鄉土志/上 3
90 **賴光表**(清・廣東鎮平人)
［宣統］山東 77/38
［乾隆］濰縣 3/44
［民國］濰縣志稿 20/21
濰縣鄉土志/10

5802_7 輪

30 **輪扁**(周・齊人)
［嘉靖］山東 28/2
［康熙］山東 38/2, 49/1
［嘉靖］青州 16/41
［康熙十五年］青州 17/1
［康熙六十年］青州 20/6
［康熙］益都 10/19
［康熙］臨淄 10/4
［民國］臨淄 30/35

5804_0 撒

00 **撒賫林**(字雨村)
(清・慶雲人)
［民國三年］慶雲 2/99
22 **撒胤**(元)
［康熙］兖州府曹縣 8/10
［光緒］曹縣 8/9
27 **撒的里迷失**(元・蒙古人)
［嘉靖］山東 26/27
［萬曆］東昌 18/27
［乾隆］東昌 33/39
［嘉慶］東昌 21/8
［順治］堂邑 2/職官 2
［康熙十一年］堂邑 2/名宦 2
［康熙］堂邑 11/5
堂邑縣鄉土志/政績錄
［康熙十一年］莘縣 5/2
［康熙五十六年］莘縣 5/2
［光緒］莘縣 5/15
莘縣鄉土志/政績 4
40 **撒吉思**(一作薩奇蘇)
(元・回鶻人)
［嘉靖］山東 25/9
［康熙］山東 31/11
［雍正］山東 27/8
［宣統］山東 69/13
［康熙］濟南 24/15

［道光］濟南 34/20
［嘉靖］青州 13/34
［萬曆］青州 12/25
［康熙十五年］青州 12/25
［康熙四十八年］青州 12/25
［康熙六十年］青州 12/15
［咸豐］青州 35/18
［萬曆］諸城 5/10
［康熙］諸城 5/10
［光緒］益都縣圖志 17/13

44 撒世元（清・慶雲人）
［民國三年］慶雲 2/73

80 撒金（明・寧津人）
［萬曆］寧津 7/6
［光緒］寧津 8/25
寧津縣志料 3/人物－孝行

5824_0 敷

28 敷倫泰（清・滿洲鑲黃旗人）
［宣統］山東 74/49
［道光］濟南 37/73
［乾隆］德州 8/19
［民國］德縣 9/14

敖

00 敖亨（字虛明）
（金・任城人）
［雍正］山東 30/16
［宣統］山東 200/27
［乾隆］兗州 31/11
［乾隆］濟寧直隸州 28/27
［道光］濟寧直隸州 10/2－16

22 敖山（字靜之，號石稜）
（明・莘縣人）
［嘉靖］山東 31/30
［康熙］山東 41/24
［雍正］山東 28/人物三 16
［宣統］山東 162/36
［萬曆］東昌 19/53
［乾隆］東昌 38/27
［嘉慶］東昌 28/27
［康熙］聊城 3/22
［宣統］聊城 8/55
［正德］莘縣 6/6，6/8，9/17
［康熙十一年］莘縣 7/5，8/82
［康熙五十六年］莘縣 6/2，7/5，8/82
［光緒］莘縣 7/14，8/中 41
［民國］莘縣 7/8，9/17
莘縣鄉土志/鄉宦 17

30 敖淳（明・貴州思南舉人）
［順治］定陶 5/9
［乾隆］定陶 4/21
［民國］定陶 4/27

61 敖顒（明・莘縣人）
［正德］莘縣 6/28

6001_4 睢

00 睢章（見眭章）

15 睢珅（字他石）
（明・東昌府人）
［乾隆］東昌 39/19

36 睢澤（明・直隸大名滑縣人）
［正德］莘縣 5/3
［康熙十一年］莘縣 5/5
［康熙五十六年］莘縣 5/5

6004_8 咬

20 咬住（元）
［同治］黃縣 6/2

6010_1 目

27 目彝（見目夷）

50 目夷（字子魚）
（春秋・宋人）
［嘉靖］山東 28/15
［康熙］山東 38/15

6010_4 里

44 里革（名克）
（春秋・魯人）
［嘉靖］山東 28/9
［康熙］山東 38/9
［萬曆元年］兗州 40/諫議 4
［萬曆二十四年］兗州 30/12
［康熙］兗州 23/12
［乾隆］兗州 23/4
［乾隆］曲阜 68/3

墨

10 墨元（見墨允）

17 墨翟（周・宋人）
［雍正］山東 31/1

23 墨允（殷）
［嘉靖］昌樂 3/49
［康熙］昌樂 5/3
［嘉慶］昌樂 29/1

86 墨智（殷）
［嘉靖］昌樂 3/49
［康熙］昌樂 5/3
［嘉慶］昌樂 29/1

6011_3 晁

00 晁文元（宋）
［道光］鉅野 24/6

晁文忠（字蓋臣）
（清・費縣人）
［光緒］費縣 11/62

02 晁端彥（宋・鉅野人）
［康熙］鉅野 11/16
［道光］鉅野 12/21

晁端禮（字次膺）
（宋・鉅野人）
［康熙］鉅野 11/16
［道光］鉅野 12/21

晁端友（字君成）
（宋・鉅野人）
［雍正］山東 35/墓碑 32
［乾隆］曹州府 21/54
［萬曆］鉅野 9/藝文
［道光］鉅野 12/21，18/8

03 晁詠之（字之道，一作以道）
（宋・濟州鉅野人）
［嘉靖］山東 30/50
［康熙］山東 40/48
［雍正］山東 28/人物二 41
［宣統］山東 163/24
［乾隆］曹州府 14/28
［萬曆元年］兗州 40/文苑 14
［萬曆二十四年］兗州 35/17
［康熙］兗州 27/15
［乾隆］兗州 23/29
［順治］嘉祥 4/27
［乾隆］嘉祥 3/18
［康熙］鉅野 11/17
［道光］鉅野 12/10

08 晁說之（字以道）

（宋・濟州鉅野人）
［宣統］山東 163/24
［萬曆元年］兖州 40/文苑 14
11 **晁北闕**（清・菏澤人）
［康熙］曹州志 16/6
［光緒］菏澤 16/8
［光緒］新修菏澤 10/47
20 **晁維翰**（明・鄆城人）
［崇禎］鄆城 6/6
22 **晁仟**（字子俊）
（清・定陶人）
［民國］定陶 6/56
晁任（清・定陶人）
［民國］定陶 6/57
25 **晁仲偃**（宋・鉅野人）
［道光］鉅野 12/21
26 **晁伯宇**（宋・鉅野人）
［康熙］鉅野 11/18
［道光］鉅野 12/22
27 **晁紹姬**（明・嘉祥人）
［道光］濟寧直隸州 8/2－55
［乾隆］嘉祥 3/36
［光緒］嘉祥 3/44
30 **晁宗慤**（宋・澶州清豐人）
［萬曆］鉅野 7/19
［康熙］鉅野 11/15
［道光］鉅野 12/21
晁宗操（宋・澶州清豐人）
［萬曆］鉅野 7/19
［康熙］鉅野 11/15
33 **晁補之**（字無咎）
（宋・濟州鉅野人）
［嘉靖］山東 25/21，30/50
［康熙］山東 32/9，40/48
［雍正］山東 28/人物二 41
［宣統］山東 163/23
［康熙］濟南 25/12
［道光］濟南 34/3
［萬曆元年］兖州 40/文苑 13
［萬曆二十四年］兖州 35/16
［康熙］兖州 27/15
［乾隆］兖州 23/29
［乾隆］曹州府 14/28
［乾隆］濟寧直隸州 28/25
［道光］濟寧直隸州 8/4－44
［崇禎］歷乘 16/26
［崇禎］歷城 6/9
［萬曆］諸城 5/9
［康熙］諸城 5/9
［乾隆］諸城 27/9
諸城縣鄉土志/上 6
［順治］嘉祥 4/26
［乾隆］嘉祥 3/17
［光緒］嘉祥 3/18
［康熙］鉅野 11/16
［道光］鉅野 12/10
［民國］金鄉 14/27
35 **晁迪**（宋・澶州清豐人）
［萬曆］鉅野 7/18
［康熙］鉅野 11/15
晁沖之（宋）
［康熙］鉅野 11/17
［道光］鉅野 24/6
37 **晁迥**（字明遠）
（宋・澶州清豐人）
［崇禎］鄆城 5/3
［康熙］鄆城 5/12
［光緒］鄆城 5/21
［萬曆］鉅野 7/18
［康熙］鉅野 11/15
［道光］鉅野 12/20
43 **晁載之**（宋・鉅野人）
［康熙］鉅野 11/18
［道光］鉅野 12/22
44 **晁藴莪**（字叔毓）
（清・定陶人）
［民國］定陶 6/27
47 **晁均平**（字從勻）
（清・定陶人）
［民國］定陶 6/57
61 **晁顯**（字顯卿）
（明・鄆城人）
［宣統］山東 200/7
［乾隆］曹州府 14/32
［嘉靖］鄆城志下/8
［崇禎］鄆城 5/10
［康熙］鄆城 5/2
［光緒］鄆城 5/3
80 **晁公武**（字叔用，一字川道）
（宋・鉅野人）
［康熙］鉅野 11/18
［道光］鉅野 12/22
晁無斁（宋・鉅野人）
［道光］鉅野 12/22
84 **晁錯**（漢・潁川人）
［順治］嘉祥 4/17
［乾隆］嘉祥 3/11
［光緒］嘉祥 3/11
晁鑄（字景範）
（明・鄆城人）
［嘉靖］鄆城志下/8
［崇禎］鄆城 6/5
［康熙］鄆城 6/6
［光緒］鄆城 7/6
98 **晁悦之**（字以道）
（宋・鉅野人）
［康熙］鉅野 11/18
［道光］鉅野 12/21

6015_3 國

00 **國文明**（字煥章）
（清・長清人）
［民國］長清 11/32
10 **國玉存**（字蘊輝）
（清・陽穀人）
［民國］增修陽穀人物/武學師 30，人物/善行 47
國二典（字仲常，號少峰）
（明・淄川人）
［宣統］三續淄川 10/23
13 **國武子**（名佐）
（春秋）
［嘉靖］山東 28/2
［康熙］山東 38/2
［嘉靖］青州 13/3
24 **國佐**（春秋）
［萬曆］青州 15/25
［康熙十五年］青州 15/25
［康熙四十八年］青州 15/說士 1
［民國］臨淄 29/21
27 **國象周**（清・長山人）
［嘉慶］長山 9/33
國歸父（春秋）
［康熙］臨淄 9/7
［民國］臨淄 21/40
30 **國宗舜**（字虞卿，號孝三）
（清・淄川人）

［宣統］三續淄川 9/71
國家榛（字瑤琴）
（清・長清人）
［民國］長清 11/32
32 **國淵**（字子尼）
（三國・樂安蓋人）
［至元］齊乘 6/14
［嘉靖］山東 32/5
［雍正］山東 28/人物一 28
［宣統］山東 154/23
［嘉靖］青州 14/7
［萬曆］青州 13/31
［康熙十五年］青州 13/31
［康熙四十八年］青州 13/事功 14
［嘉靖］臨朐 3/4
［康熙］臨朐縣志書 3/26
［道光］博興 11/2
［民國］重修博興 13/2
［民國］壽光 12/人物志一 2
37 **國祿馭**（字廉堂）
（清・壽光人）
［民國］壽光 12/人物志二 65
40 **國坊**（字言臣）
（明・淄川人）
［宣統］三續淄川 9/53
44 **國莊子**（春秋・齊大夫）
［嘉靖］青州 13/2
［萬曆］青州 13/19
［康熙十五年］青州 13/20
［康熙四十八年］青州 13/事功 3
［康熙六十年］青州 16/2
國萬清（字履平）
（清・長清人）
［民國］長清 11/29
國萬春（字壽卿）
（清・長清人）
［民國］長清 11/29
45 **國坤**（字尚順，號萬峰）
（明・淄川人）
［宣統］三續淄川 9/53
48 **國梅**（字雪亭，號香圃）
（明・淄川人）
［宣統］三續淄川 9/53
50 **國書**（春秋・齊人）
［萬曆］青州 15/15
［康熙十五年］青州 15/15
［康熙四十八年］青州 15/武功 2
［康熙］臨淄 9/7
［民國］臨淄 22/58
53 **國盛**（字永盛）
（明・淄川人）
［康熙］濟南 37/7
［道光］濟南 50/19
［嘉靖］淄川 6/79
［萬曆］淄川 30/9
［康熙］淄川 5/4，6/22
［乾隆］淄川 5/4，6/上 22
淄川縣鄉土志/耆舊錄－歷代名臣
國成子高（周・齊大夫）
［至元］齊乘 6/3
［嘉靖］青州 13/1
［萬曆］青州 13/19
［康熙十五年］青州 13/20
［康熙四十八年］青州 13/事功 3
71 **國長興**（清・陽穀人）
［民國］增修陽穀人物/武功 14
77 **國用安**（元・淄州人）
［乾隆］淄川 6/下 64
80 **國鉉**（明・泰安人）
［道光］泰安縣 9/上 67
［民國］重修泰安縣 8/17
國毓瑭（字完璞）
（長清人）
［民國］長清 12/10
88 **國筌林**（字竹泉）
（長清人）
［民國］長清 12/24
國筵林（長清人）
［民國］長清 12/16

6022_7 易

04 **易謨**（字嘉猷）
（明・河南固始人）
［宣統］山東 71/27
［道光］濟南 36/51
［康熙］陵縣 4/4，6/下 13
［光緒］陵縣 18/11
陵縣鄉土志/11
［康熙］兗州府曹縣 9/7
［光緒］曹縣 9/縣令 3
12 **易孔贊**（明・陝西華陰人）
［道光］濟南 36/53
［光緒］陵縣 18/14
陵縣鄉土志/7
易登瀛（明・北直肅寧人）
［宣統］山東 72/2
［萬曆二十四年］兗州 29/1
［康熙］兗州 22/22
［乾隆］兗州 22/19
30 **易之貞**（明・蕲水人）
［康熙］海豐 9/9
［民國］無棣 9/8
64 **易時中**（字嘉會，一作嘉惠，號愧虛）
（明・晉江人）
［乾隆］東昌 35/28
［乾隆］夏津 6/39
71 **易牙**（周）
［民國］臨淄 30/35
97 **易煥書**（字芸楣）
（清・廣西桂林人）
［民國］東明縣新誌 11/7
易煥暄（清・湖南湘陰人）
［宣統］三續淄川 9/42
淄川縣鄉土志/政績錄

6023_2 園

30 **園客**（漢・濟陰人）
［雍正］山東 30/3
［萬曆元年］兗州 46/4
［萬曆二十四年］兗州 52/22
［康熙］曹州志 20/3
［乾隆］曹州府 16/17
［康熙］兗州府曹縣 14/76
［光緒］曹縣 14/仙釋 6
［光緒］菏澤 20/3

6033_0 恩

28 **恩綸**（清・泰安人）
［康熙］泰安州 3/36
31 **恩福**（清・滿洲正藍旗人）
信邑志稿 5/宦蹟
［民國］陽信 2/67

40 恩奎(清・鑲藍旗廕生)
[光緒]德平 5/18

6033_1 黑

19 黑耿光(清・臨清人)
[乾隆]臨清直隸州 8/下 19
21 黑虎禪師(唐・黄縣人)
[雍正]山東 30/10
[泰昌]登州 11/60
[順治]登州 18/20
[康熙]黄縣 6/36
[乾隆]黄縣 8/43
[同治]黄縣 9/31
[民國]黄縣志稿 13/人物－釋道
24 黑先覺(清・臨清人)
[乾隆]臨清直隸州 8/下 7
[民國]臨清縣/人物 61
27 黑的兒(元)
[道光]濟寧直隸州 6/6－21
[咸豐]金鄉縣志略 7/6
金鄉縣鄉土志/政績錄
40 黑克言(清・膠州人)
[民國]增修膠志 43/9
44 黑華陽(清・臨清人)
[民國]臨清縣/人物 90
67 黑鳴鳳(字羽輝,號朝陽)
(清・臨清人)
[宣統]山東 174/26
[乾隆]東昌 40/31
[乾隆]臨清州 9/46
[乾隆]臨清直隸州 8/上 34
[民國]臨清縣/人物 13
74 黑肱(春秋)
[萬曆元年]兖州 41/8
86 黑錦城(清)
[民國]禹城 3/56

6033_2 愚

80 愚公(春秋)
[康熙]山東 46/5
[萬曆]青州 14/30
[康熙十五年]青州 14/30
[康熙四十八年]青州 14/隱逸 4
[康熙]臨淄 10/5
[民國]臨淄 29/13
商河縣鄉土志 2/耆舊－事業

6040_0 田

00 田市(秦・齊人)
[道光]重修平度州 15/1
田賡(號拙菴)
(清・陽信人)
[乾隆]沂州府 20/17
[康熙二十四年]蒙陰 3/13
[宣統]蒙陰 3/宦績
田廣(明)
[嘉靖]萊蕪 5/9
田亨(字子貞)
(明・濟寧人)
[康熙]濟寧州 7/33
[乾隆]濟寧直隸州 28/2
[道光]濟寧直隸州 8/4－43
田京(字簡之)
(宋・鹿邑人)
[雍正]山東 27/6
[宣統]山東 68/25
[乾隆]諸城 27/5
諸城縣鄉土志/上 5
田諒(宋・青州人)
[萬曆]東昌 18/24
[萬曆]濮州 3/名宦 15
[嘉靖]朝城志 5/4
[康熙]朝城 7/3
朝城縣鄉土志/4
[光緒]益都縣圖志 16/41
田慶(字吉甫,號接武)
(明・城武人)
[康熙九年]城武 3/57
[康熙四十一年]城武 5/上文學 2
[道光]城武 9/下 2
田讓(明・高唐人)
[康熙十二年]高唐州 9/3
田文(號孟嘗君)
(戰國・齊人)
[至元]齊乘 6/6
[嘉靖]山東 28/5
[康熙]山東 38/5
[嘉靖]青州 14/2
[萬曆]青州 15/17
[康熙十五年]青州 15/17
[康熙四十八年]青州 15/武功 4
[康熙六十年]青州 16/44
[乾隆]東昌 44/18
[嘉慶]東昌 34/6
[嘉靖]淄川 6/75
[萬曆]淄川 27/1
[康熙]臨淄 9/8
[民國]臨淄 23/7
[萬曆]滕志 6/34
[康熙]滕志 6/6
[康熙]滕縣志 6/宦業 6
[道光]滕縣志 6/宦績 2
[康熙二年]茌平 2/61
[康熙四十九年]茌平 2/61
[宣統]茌平 20/1
[民國]茌平 3/僑寓 106
田文高(明)
[康熙]昌邑 5/13
[乾隆]昌邑 5/115,6/163
田育璋(黄縣人)
[民國]牟平 6/83
田亦琮(字質方)
(清・新城人)
[民國]重修新城 18/9
田應聘(清・定陶人)
[乾隆]定陶 6/17
[民國]定陶 6/23
田賡和(字仲平)
(清・滋陽舉人)
[民國]增修膠志 18/19
田高阜(清・鉅野人)
[道光]鉅野 13/46
田亦綱(字伯常,號雙琴)
(清・新城人)
[宣統]新城縣後志 3/文苑
田文治(清・清平人)
[宣統]增輯清平 12/64
[民國]清平/人物 57
田京泗(清・莘縣人)
[嘉慶]東昌 32/63
田慶祥(東阿人)
[民國]東阿 15/18
田文海(清・樂安人)
[民國]樂安 10/38

[民國]續修廣饒 19/69
田立大(明·濮州人)
[康熙]濮州續志下/3
[乾隆]濮州 4/12
[宣統]濮州 5/12
田庭芳(金)
[道光]濟南 34/19
[光緒]陵縣 18/9
田文華(清·定陶人)
[民國]定陶 6/70
田文藻(清·清平人)
[宣統]增輯清平 12/51
[民國]清平/人物 33
田高松(清·汶上人)
[宣統]四續汶上稿/人物-施濟傳
田文軒(字子斌)
(清·鉅野人)
[民國]續修鉅野 5/上 20
田文振(字厚菴)
(清·樂安人)
[民國]續修廣饒 19/61
田亦典(字仲常)
(清·新城人)
[民國]重修新城 18/17
田應晴(清·黃縣人)
[同治]黃縣 9/27
田廣明(漢)
[順治]登州 11/3
田讓畔(清·高唐人)
[康熙十二年]高唐州 9/3
[民國]高唐縣 9/5-8
田育民(明·城武人)
[康熙九年]城武 3/17
[康熙四十一年]城武 5/上懿行 5
[道光]城武 9/下 10
田慶曾(字介眉)
(清·昌樂人)
[民國]昌樂縣續志 29/6
田文鏡(清·漢軍正黃旗人)
[宣統]山東 74/1
[道光]濟南 37/3
田慶釗(字中坡)
(東平人)
[民國]東平縣 11/上 22
田文釗(清·鉅野人)
[民國]續修鉅野 5/上 7
田方策(字政洽)
(清·高唐人)
[光緒]高唐州 5/2-28
[民國]高唐縣 12/15
01 田龍(明·新城人)
[天啟]新城 8/善行
[崇禎]新城 8/善行
[康熙]新城 7/46
[民國]重修新城 14/2
02 田端彥(宋)
[萬曆]青州 17/12
[康熙十五年]青州 17/12
[康熙四十八年]青州 17/仙釋 7
田端年(清·奉天人)
[光緒]陽穀 5/2
03 田竣(見田畯)
田詠書(清·鉅野人)
[民國]續修鉅野 5/上 11
04 田誥(字象宜)
(宋·歷城人)
[雍正]山東 28/人物二 22
[宣統]山東 167/10
[道光]濟南 47/23
[乾隆]歷城 44/3
[道光]章邱 11/88,16/67
08 田效曾(字省三)
(清·鉅野人)
[民國]續修鉅野 5/上 28
10 田晉(字錫庶,號裴園)
(清·德州人)
[民國]德縣 10/54
田磊(清·鉅野人)
[道光]鉅野 13/50
田霡(字子益,號樂園,一號香城)
(清·德州人)
[道光]濟南 56/73
州乘餘聞/12
[民國]德縣 15/49
德州鄉土志/耆舊 38
田雯(字綸霞,一字紫綸,號山薑,晚號蒙齋)
(清·德州人)
[雍正]山東 28/人物四 33
[宣統]山東 170/8
[道光]濟南 56/73
[乾隆]德州 9/37
德州鄉土志/耆舊 26,耆舊 32
[民國]德縣 10/25
田需(周·齊人)
[萬曆]青州 15/32
[康熙十五年]青州 15/32
[康熙四十八年]青州 15/說士 8
田需(字雨來)
(清·德州人)
[雍正]山東 28/人物四 43
[宣統]山東 170/8
[道光]濟南 56/73
德州鄉土志/耆舊 35
田玉(字德溫)
(明·利津人)
[康熙]濟南 40/7
[乾隆]武定府 23/17
[咸豐]武定府 23/名臣 17
[康熙]利津縣新志 8/9
[光緒]利津 7/宦蹟 3
田震龍(字五雲)
(明·博山人)
[乾隆]博山 7/下 10
[民國]續修博山 12/38
田玉琢(清·昌樂人)
[民國]昌樂縣續志 34/8
田丕烈(清·汶上人)
[宣統]四續汶上稿/人物-孝弟傳
田元孫(清·濰縣人)
[民國]濰縣志稿 29/26
田雲翼(字健翎)
(清·定陶人)
[乾隆]定陶 6/16
[民國]定陶 6/17
田可行(明·武定州人)
[乾隆]濰縣 4/22
[民國]濰縣志稿 31/3
濰縣鄉土志/19
田元休(字德嗣)
(明·聊城人)

［乾隆］東昌 42/8
［嘉慶］東昌 32/8
［宣統］聊城 8/79
田玉峰（字秀岩，號靜齋，又號小山）
（清・陽信人）
［民國］陽信 5/文學 19
田玉良（明・定陶人）
［順治］定陶 6/10
田玉潤（字浮廛，一作淨廛）
（清・定陶人）
［雍正］山東 28/人物四 1
［宣統］山東 173/35
［乾隆］曹州府 15/22
［乾隆］定陶 6/9
［民國］定陶 6/11
田可滋（清・沂水人）
［乾隆］沂州府 26/22
［道光］沂水 7/29
田玉華（字藍珍）
（清・長清人）
［道光］濟南 56/62
田可教（字步聖）
（明・慶雲人）
［嘉慶］慶雲 9/17
［民國三年］慶雲 2/48
田百昌（字濟泰）
（清・寧陽人）
［光緒］寧陽 15/41
田爾易（號仁生）
（清・直隸完縣人）
［宣統］山東 76/11
［乾隆］沂州府 20/13
［民國］臨沂 7/75
田玉田（字藍圃）
（清・鉅野人）
［民國］續修鉅野 5/上 9
田可畯（字介止）
（清・寧陽人）
［乾隆］寧陽 7/篤誼 2
［咸豐］寧陽 15/4
［光緒］寧陽 15/4
田可鳴（字維世）
（清・昌樂人）
［民國］昌樂縣續志 34/6
田雲路（字天衢）
（清・東平人）
［康熙］兗州續編 16/28
［乾隆］泰安府 18/59
［康熙］東平州續志 6/7
［乾隆］東平州 15/5
［道光］東平州 15/5
［光緒］東平州 15/下 5
［民國］東平縣 11/中 25
田震陽（字旭東）
（清・慶雲人）
［民國三年］慶雲 2/29
田玉堂（字體元）
（清・昌樂人）
［民國］昌樂縣續志 30/23
田雲鄰（清・定陶人）
［乾隆］定陶 5/5
11 田碩（字果亭）
（清・汶上人）
［宣統］四續汶上稿/人物－文學傳
田琢（字器之）
（金・蔚州定安人）
［嘉靖］山東 25/8
［康熙］山東 31/9
［雍正］山東 27/58
［宣統］山東 69/11
［嘉靖］青州 13/30
［萬曆］青州 12/21
［康熙十五年］青州 12/22
［康熙四十八年］青州 12/22
［康熙六十年］青州 12/14
［咸豐］青州 35/17
［康熙六十年］博興 7/8
［光緒］益都縣圖志 17/4
田北湝（字水西）
（清・樂安人）
［民國］樂安 10/30
［民國］續修廣饒 19/57
12 田登（字有年）
（明・城武人）
［康熙九年］城武 3/44
［康熙四十一年］城武 5/上宦蹟 4
［道光］城武 9/上 20
田弘（字廣略）
（北朝周・高平人）
［嘉靖］山東 30/35
［雍正］山東 28/人物一 59
［萬曆二十四年］兗州 33/35
［康熙］兗州 26/33
［乾隆］兗州 23/24
［乾隆］濟寧直隸州 23/22
［道光］濟寧直隸州 8/2－12
［乾隆］金鄉 18/46
［咸豐］金鄉縣志略 9/上 10
［民國］金鄉 13/7
［道光］鉅野 12/19
田弘正（一名興，字安道）
（唐・平州廬龍人）
［雍正］山東 27/2
［宣統］山東 68/2
［萬曆］東昌 20/3
［康熙］臨清州 3/名宦 7
［乾隆］臨清州 9/2
［乾隆］臨清直隸州 6/70
［民國］臨清縣/秩官 58
［嘉靖］德州 3/3
田廷琳（字林玉）
（清・濰縣人）
［民國］濰縣志稿 29/20
濰縣鄉土志/23
田延墺（字閬軒）
（東平人）
［民國］東平縣 11/上 24
田廷梅（號雪崖）
（清・德州人）
［民國］德縣 14/46
田瑞年（清・奉天人）
［康熙］張秋志 5/又 11
［康熙］陽穀 3/3，7/24
［光緒］陽穀 12/25
［民國］增修陽穀名宦/4，藝文/序傳 12
田瑞年（字廣爲）
（清・鉅野人）
［道光］鉅野 13/59
13 田琅（明・高唐人）
［道光］高唐州 5/2－2
［光緒］高唐州 5/2－2
［民國］高唐縣 12/34
田瑄（明・郯城人）
［萬曆］沂州志 7/26

［康熙］郯城 8/14
田瑄（字鳴玉）
（清・高唐人）
［乾隆］東昌 43/26
［道光］高唐州 5/2－17
［光緒］高唐州 5/2－20
［民國］高唐縣 12/34
田武魁（清・菏澤人）
［光緒］菏澤 16/11
［光緒］新修菏澤 11/60
14 田瑾（清・昌樂人）
［嘉慶］昌樂 22/9
田瑛（字英玉，號懷雨）
（清・德州人）
［民國］德縣 10/48
15 田瑧（字英三）
（清・鉅野人）
［道光］鉅野 13/77
田翀鳳（清・安化人）
［乾隆］昌邑 5/112
16 田硯池（字文農）
（清・壽光人）
［民國］壽光 12/人物志二 65
17 田忌（戰國・齊人）
［康熙］臨淄 9/8
［民國］臨淄 21/44
田琚（字明珂）
（明・高唐人）
［道光］高唐州 5/2－2
［光緒］高唐州 5/2－2
［民國］高唐縣 12/34
田豫（字國讓）
（三國・漁陽雍奴人）
［咸豐］青州 55/4
田玥（明・昌樂人）
［康熙］昌樂 4/12
［嘉慶］昌樂 24/5
田豫富（清・金鄉人）
［民國］金鄉 13/續增 6
田子楷（字伯模）
（清・昌樂人）
［民國］昌樂縣續志 34/8
田子荊（明・太和人）
［道光］沂水 5/23
田務本（清・鉅野人）
［民國］續修鉅野 5/上 5

田子春（漢・齊人）
［萬曆］青州 15/38
［康熙十五年］青州 15/38
［康熙四十八年］青州 15/說士 14
［民國］臨淄 29/34
田子耕（字希舜）
（明・太和人）
［萬曆］青州 12 又/6
［康熙十五年］青州 12 又/6
［康熙四十八年］青州 12 又/又 6
［乾隆］沂州府 20/9
［康熙］沂水 4/23
［乾隆］夏津 7/11
田承嗣（唐）
［乾隆］東昌 24/17
18 田瞀（周・齊人）
［萬曆］青州 15/31
［康熙十五年］青州 15/31
［康熙四十八年］青州 15/說士 7
田瑜（字資忠）
（宋・河南壽安人）
［嘉靖］山東 27/5
［康熙］山東 35/6
［雍正］山東 27/56
［宣統］山東 68/48
［嘉靖］青州 13/26
［萬曆］青州 12/19
［咸豐］青州 35/5
［光緒］益都縣圖志 16/29
田珍（明・虞城進士）
［道光］冠縣 6/28
［光緒］冠縣 6/宦績
［民國］冠縣 6/38
田致（字和卿）
（清・德州人）
［民國］德縣 10/69
田改住（元・汶上人）
［宣統］山東 165/10
20 田信（清・歷城人）
［民國］續修歷城 43/4
田維理（清・曹州人）
［乾隆］曹州府 16/9
［康熙］鉅野 11/34

田維璁（明・鉅野人）
［康熙］兗州續編 16/23
［乾隆］曹州府 16/5
［康熙］鉅野 11/33
［道光］鉅野 13/44
田維垣（清・高唐人）
［道光］高唐州 5/2－22
［光緒］高唐州 5/2－25
［民國］高唐縣 12/51
田集蘭（明・昌樂人）
［咸豐］青州 45/59
［嘉慶］昌樂 21/3
田穰苴（見司馬讓苴）
21 田綽（字餘齋）
（清・莒縣人）
［民國］重修莒志 65/17
田何（字子莊）
（漢・齊人）
［至元］齊乘 6/11
［嘉靖］山東 29/1
［康熙］山東 39/1
［雍正］山東 28/人物一 3
［宣統］山東 153/13，162/1
［康熙］濟南 32/3
［道光］濟南 45/12
［嘉靖］青州 15/21
［萬曆］青州 13/6
［康熙十五年］青州 13/6
［康熙四十八年］青州 13/經師 1
［康熙六十年］青州 15/2
［崇禎］歷乘 16/43
［嘉靖］淄川 6/78
［萬曆］淄川 30/2
［康熙］淄川 6/4
［乾隆］淄川 6/上 4
淄川縣鄉土志/耆舊錄－歷代名儒
［康熙］臨淄 9/2
［民國］臨淄 21/39
［萬曆］諸城 7/47
田貞（明・商河人）
［萬曆］商河 7/5
［道光］商河 7/13
［民國］重修商河 8/11
田倬（字靜山，號晴嵐）

（清・新城人）
［道光］濟南 55/73
［康熙］新城 8/12
［民國］重修新城 15/11
新城縣鄉土志/耆舊－清
22 **田鑾**（清・壽光人）
［民國］壽光 12/人物志一 96
田鸞（明・寧津人）
［光緒］寧津 8/46,12/9
寧津縣志料 3/人物－高尚
田崙（清・定陶人）
［民國］定陶 6/61
田嶠（明・鉅野人）
［乾隆］曹州府 16/5
［萬曆］鉅野 8/孝子
［康熙］鉅野 11/32
［道光］鉅野 13/42
田樂（字希智,號東洲）
（明・直隸任丘人）
［乾隆］泰安府 15/17
［萬曆二十四年］兖州 29/12
［康熙］兖州 22/33
［康熙五十四年］東阿 3/34,11/3
［道光］東阿 11/11,19/20
［光緒］東阿縣鄉土志 2/11
田豐碩（清・陽信人）
［民國］陽信 5/任恤 35
田豐年（清・鉅野人）
［道光］鉅野 13/57
23 **田峨**（字晝俱）
（明・鉅野人）
［道光］鉅野 12/12
田獻（字宗道）
（明・壽張人）
［康熙六年］壽張 7/12
［康熙五十六年］壽張 7/12
［光緒］壽張 6/45
田允岫（字春雲）
（清・新城人）
［宣統］新城縣後志 2/善行
田允恭（清・新城人）
［宣統］新城縣後志 3/耆壽
田允中（清・鉅野人）
［道光］鉅野 13/59
田允中（字履安）
（清・壽張人）
［光緒］壽張 7/11
田允甫（字仲山,號翰臣）
（清・新城人）
［宣統］新城縣後志 3/文苑
田俊臣（字克久）
（清・樂安人）
［民國］樂安 10/23
［民國］續修廣饒 19/42
24 **田壯**（號文郇）
（清・城武人）
［道光］城武 9/上 31
田升麟（字瑞廷）
（清・昌樂人）
［民國］昌樂縣續志 35/5
田化宇（清・金鄉人）
［民國］金鄉 13/續增 12
田緒宗（字仿文,別號蓼菴）
（清・德州人）
［雍正］山東 28/人物四 23
［康熙］濟南 41/42
［道光］濟南 56/72
［康熙］德州 8/31
［乾隆］德州 9/27
［民國］德縣 10/22
德州鄉土志/耆舊 27
田先志（清・高密人）
［康熙］高密 8/12
［乾隆］高密 10/33
［光緒］高密 10/44
［民國］高密 16/33
田魁東（字啟明）
（清・昌樂人）
［嘉慶］昌樂 25/9
25 **田純**（號夢鶴）
（明・鄒縣人）
［康熙］兖州續編 15/7
［乾隆］兖州 23/46
［康熙五十五年］鄒縣志 2/39
［民國］續修鄒縣志稿/人物－耆舊
鄒縣鄉土志耆舊錄/24
田生（漢・齊人）
［萬曆］諸城 7/47
［康熙］諸城 7/84
［乾隆］諸城 44/1
田佚（周・齊人）
［萬曆］青州 13/18
［康熙十五年］青州 13/又 19
［康熙四十八年］青州 13/事功 2
［康熙六十年］青州 16/1
［民國］臨淄 23/3
田生槐（字又三）
（清・鉅野人）
［民國］續修鉅野 5/上 31
26 **田和**（春秋・齊人）
［嘉靖］山東 33/12
［嘉靖］青州 16/59
［萬曆］青州 20/外傳 3
［康熙十五年］青州 20/外傳 3
［康熙四十八年］青州 20/外傳 3
田和（字永聲）
（清・城武人）
［道光］城武 11/下 12
田保誠（清・益都人）
［咸豐］青州 49/38
［光緒］益都縣圖志 41/13
田伯穎（字睿堂）
（清・濟寧人）
［民國］濟寧直隸州續志 15/8
田得勝（字凱三）
（清・昌樂人）
［民國］昌樂縣續志 35/9
27 **田儋**（戰國・齊人）
［乾隆］東昌 24/2
［康熙］萊州 6/3
田甸（字君需,號雙梧）
（明・莘縣人）
［正德］莘縣 6/10
［康熙五十六年］莘縣 6/4
［光緒］莘縣 6/5
［民國］莘縣 6/4
田壑（字仲闢）
（明・曹縣人）
［康熙］兖州府曹縣 13/37
［光緒］曹縣 13/35
田叔（漢・趙陘城人）
［嘉靖］山東 26/1

［康熙］山東 33/1
［雍正］山東 27/29
［宣統］山東 66/2
［萬曆元年］兖州 39/名宦 2
［萬曆二十四年］兖州 26/2
［康熙］兖州 21/2
［乾隆］兖州 22/1
［崇禎］曲阜 4/93
［康熙］曲阜 4/93
［康熙］滋陽 3/78
田仰（明・廬陵人）
［光緒］益都縣圖志 18/36
田象孚（字信卿）
（平原人）
［民國］續修平原 8/22
田名佐（字星五，號紫卿）
（清・濰縣人）
［民國］濰縣志稿 29/29
濰縣鄉土志/27
田名徽（清・濰縣舉人）
［光緒］嶧縣 19/丞倅 17
田名林（字青皋）
（清・濰縣人）
［民國］濰縣志稿 32/5
田名撰（字金詔，號蕉農）
（清・濰縣人）
［民國］濰縣志稿 30/34
濰縣鄉土志/48
28 **田稔**（字慶甫，號有菴）
（明・高唐人）
［乾隆］東昌 39/27
［嘉慶］東昌 29/11
［康熙十二年］高唐州 8/18
［康熙五十一年］高唐州 8/18
［道光］高唐州 5/1－10
［光緒］高唐州 5/1－10
［民國］高唐縣 12/4，12/67
高唐州鄉土志/18
田以耕（字修甫）
（清・鉅野人）
［民國］續修鉅野 5/上 31
田徽輿（字孟扶，號清漪）
（清・德州人）
［民國］德縣 10/42
田以人（字秀也）
（清・鉅野人）
［民國］續修鉅野 5/上 22
田徽猷（字謨堂）
（清・濮州人）
［宣統］濮州 5/34
田復榮（元・利津人）
［康熙］利津縣新志 6/1
30 **田宏**（見田弘）
田濟（號仁洽）
（明・平陰人）
［康熙］兖州續編 15/25
［順治］平陰 7/15，8/上 97
［光緒］平陰 5/21
田實（字成穀）
（清・高唐人）
［乾隆］東昌 41/9
［嘉慶］東昌 33/8
［乾隆］高唐州續志 2/13
［道光］高唐州 5/2－20
［光緒］高唐州 5/2－23
［民國］高唐縣 12/86
田完（周）
［民國］臨淄 22/74
田宣（晉）
［宣統］山東 200/22
田永（字世卿）
（明・北直深州人）
［宣統］山東 72/39
［乾隆］東昌 33/46
［嘉慶］東昌 21/14
［正德］博平 5/82
［康熙］博平 3/3
［道光］博平 3/3，4/4
博平縣鄉土志/政績
田宗顏（字聖序）
（清・東平人）
［民國］東平縣 11/中 16
田宏正（見田弘正）
田實栗（字裕所）
（清・德州人）
［雍正］山東 28/人物四 22
［宣統］山東 170/29
［康熙］濟南 45/9
［道光］濟南 52/45
德州鄉土志/耆舊 20
田守醇（字樸菴）
（清・陽信人）
［民國］陽信 5/忠義 49
田賓廷（字友芝）
（清・桓臺人）
［民國］桓臺 3/27
田進廷（字輔錫，號文齋）
（清・鉅野人）
［民國］續修鉅野 7/下 41
田永發（字希武）
（長清人）
［民國］長清 12/14
田良弼（元・嘉祥人）
［順治］嘉祥 3/37
田守信（元・高苑人）
［康熙］高苑 5/11
田實穎（明・蒲臺人）
［咸豐］武定府 25/孝友又 9
［乾隆］蒲臺 3/47
蒲臺縣鄉土志/10
田永禎（清・定陶人）
［民國］定陶 6/58
田守初（字簡軒）
（清・鉅野人）
［道光］鉅野 13/60
田永祿（字爵吾）
（清・東平人）
［乾隆］東平州 14/26
［道光］東平州 14/26
［光緒］東平州 15/中 52
［民國］東平縣 11/中 19
田寶蓉（字曉霞）
（清・陝西興安人）
［光緒］高唐州 7/1－17
［民國］高唐縣 9/5－15
新泰縣鄉土志/7
田密基（清・章邱人）
章邱縣鄉土志/上 52
田永泰（明・商河人）
［萬曆］商河 6/48
［民國］重修商河 9/2
田良輔（明・開州舉人）
［乾隆］即墨 8/5
［同治］即墨 8/5
田守成（清・商河人）
［民國］重修商河 8/50
田進陞（號靜齋）
（清・鉅野人）

［道光］鉅野 12/27
田永錫(字伯基)
(清・昌樂人)
［民國］昌樂縣續志 28/13
31 **田濡**(字少生)
(明・聊城人)
［雍正］山東 28/人物三 44
［宣統］山東 160/30
［萬曆］東昌 19/61
［乾隆］東昌 38/3
［嘉慶］東昌 28/3
［康熙］聊城 3/6
［宣統］聊城 8/9
田禎(字世隆)
(明・利津人)
［康熙］濟南 36/9
［乾隆］武定府 23/14
［咸豐］武定府 23/名臣 14
［康熙］利津縣新志 8/6
［光緒］利津 7/宦蹟 2
田河清(字榮照)
(清・鉅野人)
［民國］續修鉅野 5/上 29
田河光(清・朝城人)
［民國］朝城縣續志 1/27
32 **田業**(字大爲)
(清・鉅野人)
［道光］鉅野 13/46
田州(明・定州人)
［隆慶］單縣上/重 36
田兆慶(字裕存)
(清・陽信人)
［民國］陽信 5/孝友 63
田兆斌(字子全)
(長清人)
［民國］長清 12/26
田兆麒(東阿人)
［民國］東阿 15/4
田兆勳(清・高唐人)
［光緒］高唐州 5/2－28
［民國］高唐縣 12/14
田兆達(字淑泉)
(長清人)
［民國］長清 12/14
田兆芹(字臨泮)
(清・鉅野人)
［民國］續修鉅野 5/上 28
33 **田述古**(宋・安丘人)
［宣統］山東 162/30
［咸豐］青州 41/26
［民國］續安邱新志 16/1
安丘縣鄉土志 8/耆舊錄 5
34 **田達**(明・萊蕪人)
［康熙］濟南 44/14
［嘉靖］萊蕪 6/2
［康熙］新修萊蕪 6/37
［民國］萊蕪 20/1
田浩(明・青州左衛人)
［萬曆］青州 15/23
［康熙十五年］青州 15/22
［康熙四十八年］青州 15/武功 9
［康熙六十年］青州 16/47
［咸豐］青州 45/34
［康熙］益都 9/39
［光緒］益都縣圖志 40/4
田禎(見田禎)
田邁訓(字修齋)
(廣饒人)
［民國］續修廣饒 19/85
田汝穎(字登芝,號圃泉)
(明・陽信人)
［民國］陽信 5/宦蹟 10
陽信縣鄉土志上/耆舊－鄉賢祠
田達生(明・萊蕪人)
［民國］萊蕪 20/1
［民國］續修萊蕪 27/2
田汝漢(字河秋)
(清・肥城人)
肥城縣鄉土志 5/29
田洪禮(字敬倫)
(清・嶧縣人)
［光緒］嶧縣 21/耆舊 16
田汝長(字鶴年)
(清・肥城人)
［光緒］肥城 9/16
肥城縣鄉土志 5/29
田法周(字多美)
(清・夏津人)
［民國］夏津續編 8/7
田汝畬(字硯農)
(清・濟寧人)
［民國］濟寧直隸州續志 12/46
35 **田津**(元・高苑人)
［康熙］高苑 5/9
［乾隆］高苑 5/16
田神功(唐・冀州南宮人)
［雍正］山東 27/2
［宣統］山東 68/1
［咸豐］青州 64/21
［光緒］益都縣圖志 16/5
田清渭(莘縣人)
［民國］莘縣 7/26
36 **田溫**(明・濮州人)
［萬曆］濮州 4/隱德 6
［康熙］濮州 4/51
［乾隆］濮州 4/88
［宣統］濮州 6/4
田湘(清・高唐人)
［道光］高唐州 5/2－22
［光緒］高唐州 5/2－25
［民國］高唐縣 12/51
田梱(字西林)
(清・鉅野人)
［民國］續修鉅野 5/上 5
田遇(清・德平人)
［光緒］德平 7/25
田澤(清・城武人)
［康熙四十一年］城武 5/上懿行 23
［道光］城武 9/上 42
田渭清(清・昌樂人)
［民國］昌樂縣續志 28/11
37 **田過**(周・齊人)
［萬曆］青州 14/25
［康熙十五年］青州 14/25
［康熙四十八年］青州 14/孝友 15
田潤(字蘇郊)
(清・城武人)
［道光］城武 11/下 3
田渥(字露湛)
(清・歷城人)
［乾隆］歷城 40/25
田洫(字德慧,一作德惠)
(明・陽信人)

［嘉靖］山東 35/2
［康熙］山東 45/3
［康熙］濟南 44/11
［乾隆］武定府 25/6
［咸豐］武定府 25/孝友 6
［康熙］陽信 9/16
［乾隆］陽信 7/24
［民國］陽信 5/孝友 48
信邑志稿 7/孝友
陽信縣鄉土志上/耆舊－事業
田潤之（清・鄒平人）
［民國］鄒平 15/132
田潤沾（字介西）（清・黃縣人）
［同治］黃縣 8/21
［民國］黃縣志稿 13/清文學
田冠東（字超海）（清・昌樂人）
［民國］昌樂縣續志 34/6
田逸民（宋・濟南人）
［宣統］山東 168/14
［道光］濟南 61/3
38 **田祥**（清・膠州人）
［道光］重修膠州 29/11
［民國］增修膠志 44/9
膠州直隸州鄉土志 4/孝友
田祚（宋,一作唐・清河郡人）
［嘉靖］山東 31/18
［康熙］山東 41/15
［萬曆］東昌 19/31
［乾隆］東昌 42/3
［嘉慶］東昌 32/3
［嘉靖］武城 7/68
［順治］武城 2/18
［乾隆］武城 10/20
武城縣鄉土志略/耆舊錄
［萬曆］恩縣 4/54
［宣統］重修恩縣 8/94
田肇麗（字念始,號蒼厓）（清・德州人）
［道光］濟南 56/73
［乾隆］德州 12/135
［民國］德縣 10/37
德州鄉土志/耆舊 40
田遊巖（唐）
［乾隆二十五年］泰安縣 12/38
［乾隆四十七年］泰安縣 10/上 33
［道光］泰安縣 9/上 89
［民國］重修泰安縣 8/48
田肇澮（字禹甸）（清・新城人）
［宣統］新城縣後志 3/文苑
田海清（字靜波）（清・寧津人）
寧津縣志料 3/人物－道學
田肇渭（字洽陽）（清・新城人）
［宣統］新城縣後志 3/文苑
新城縣鄉土志/耆舊－清
田啟封（字錫山）（清・昌樂人）
［民國］昌樂縣續志 30/23
田啟昌（字燕及）（清・陽信人）
［康熙］陽信 10/33
［乾隆］陽信 7/15
［民國］陽信 5/篤行 29
信邑志稿 7/義行
陽信縣鄉土志上/耆舊－事業
田肇開（字子運）（清・壽光人）
［民國］壽光 12/人物志二 58
田啟光（字四表）（清・陽信人）
［民國］陽信 5/宦蹟 18
陽信縣鄉土志上/耆舊－事業
39 **田泮**（清・高唐人）
［乾隆］東昌 42/26
［嘉慶］東昌 32/22
［康熙十二年］高唐州 9/5
［道光］高唐州 5/2－8
［民國］高唐縣 12/7
40 **田布**（字敦禮）（唐・平州盧龍人）
［雍正］山東 27/3
［宣統］山東 68/3
［乾隆］臨清州 9/3
［乾隆］臨清直隸州 6/71
田圭（明・鄒縣人）
［嘉靖］鄒縣地理誌 1/27
田吉（字修之）（明・直隸故城人）
［崇禎］鄆城 4/12
［康熙］鄆城 4/8
［光緒］鄆城 6/8
鄆城縣鄉土志/政績錄－除害
田壽（字仲仁）（元・燕人）
［嘉靖］山東 25/23
［康熙］山東 32/12
［雍正］山東 27/24
［宣統］山東 69/23
［康熙］濟南 25/19
［道光］濟南 34/41
［順治］臨邑 11/1,15/14
［康熙］重修臨邑 8/1,13/10
［道光］臨邑 7/23,14/12
［同治］臨邑 7/27,14/12
田垿（字彝尊）（清・昌樂人）
［民國］昌樂縣續志 31/8
田墉（字崇垣）（清・陽信人）
信邑志稿 7/耆碩
田真（漢,一作南北朝,《朝城志》作隋・定陶人,一作朝城人）
［嘉靖］山東 31/10
［康熙］山東 41/8
［雍正］山東 28/人物一 55
［萬曆］東昌 19/17
［乾隆］曹州府 16/1
［萬曆］濮州 4/孝友 1
［康熙］濮州 4/1
［乾隆］濮州 4/1
［宣統］濮州 5/1
［崇禎］歷乘 16/50
［康熙］朝城 8/36
朝城縣鄉土志/9
［乾隆］定陶 6/10
［民國］定陶 6/41
田士龍（明・鄒人）

［萬曆］鄒志 2/29
田志謙(字鳴序)
(清・鉅野人)
［道光］鉅野 13/57
田九一(字一井)
(清・陽信人)
［康熙］濟南 44/38
［乾隆］武定府 25/18
［咸豐］武定府 25/孝友 18
［康熙］陽信 9/18
［乾隆］陽信 7/26
［民國］陽信 5/孝友 52
信邑志稿 7/孝友
田士琦(字友韓)
(清・桓臺人)
［民國］桓臺 3/32
田克爲(字義行)
(清・嶧縣人)
［光緒］嶧縣 21/孝友 14
田希舜(字汭濱)
(清・肥城人)
［嘉慶］肥城 17/26
［光緒］肥城 9/3
肥城縣鄉土志 5/21
田有豸(清・鉅野人)
［乾隆］曹州府 16/10
［道光］鉅野 13/54
田士佑(清・莒縣人)
［乾隆］沂州府 26/15
［雍正］莒州 9/36
［民國］重修莒志 62/7
田有郘(字公卜)
(清・定陶人)
［乾隆］定陶 6/20
［民國］定陶 6/26
田九齡(字心一)
(清・鉅野人)
［民國］續修鉅野 5/上 21
田克寬(元・蒙陰人)
［康熙十一年］蒙陰 2/42
田克寅(清・高唐人)
［光緒］高唐州 5/1－49
［民國］高唐縣 12/14
田士祐(見田士佑)
田志溫(清・惠民人)
［光緒］惠民 21/15
惠民縣鄉土志/耆舊錄 12
田士選(字德徵)
(清・鉅野人)
［道光］鉅野 13/55
田大有(字豫甫)
(明・東平人)
［乾隆］泰安府 17/22
［萬曆二十四年］兗州 36/18
［康熙］兗州 28/17
［康熙］東平州 3/44
［光緒］東平州 15/上 36
［民國］東平縣 11/上 13
東平州鄉土志上/耆舊錄 31
田士標(清・新城人)
［宣統］新城縣後志 3/耆壽
田大茂(字谷王)
(清・城武人)
［康熙九年］城武 3/16,3/57
［康熙四十一年］城武 5/上宦蹟 8,5/上懿行 4
［道光］城武 9/上 23
田有相(字君實)
(清・定陶人)
［乾隆］定陶 6/22
［民國］定陶 6/44
田士懿(字德宸,號稺庵)
(清・高唐人)
［民國］高唐縣 12/79,12/89,15/83
田志松(清・鄒平人)
［民國］鄒平 15/139
田在田(字象乾)
(清・鉅野人)
［民國］續修鉅野 5/上 7
田士隆(見田志隆)
田堯民(清・寧陽人)
［康熙］兗州續編 16/7
［乾隆］兗州 23/68
［康熙四十一年］寧陽 7/23
［乾隆］寧陽 7/義士 1
［咸豐］寧陽 15/4
［光緒］寧陽 15/4
寧陽縣鄉土志/21
田志隆(字晉三)
(清・直隸保定人)
［宣統］山東 76/6
［乾隆］濟寧直隸州 22/48
［道光］濟寧直隸州 6/7－84
［乾隆］金鄉 17/11
［咸豐］金鄉縣志略 7/13
［民國］金鄉 11/21
金鄉縣鄉土志/政績錄
田嘉猷(字濟時)
(明・東平人)
［康熙］東平州 3/50
41 **田垣**(字坦安)
(清・城武人)
［道光］城武 9/下 41
42 **田獵**(見田磻溪)
田斯愷(字藹如)
(清・桓臺人)
［民國］桓臺 3/20
43 **田赴聘**(清・定陶人)
［順治］定陶 6/4
［乾隆］定陶 5/4
田赴聘(清・高唐人)
［乾隆］高唐州續志 2/7
［道光］高唐州 5/2－13
［光緒］高唐州 5/2－16
［民國］高唐縣 12/10
44 **田蕃**(清・壽張人)
［康熙五十六年］壽張 7/29
［光緒］壽張 7/14
田恭(元・兗州人)
［宣統］山東 161/22
［嘉靖］青州 13/37
［萬曆］青州 12/26
［咸豐］青州 35/21
［萬曆］安丘 17/2
安丘縣鄉土志 2/政績錄
田橫(漢)
［至元］齊乘 6/6
［嘉靖］山東 32/1
［康熙］山東 42/1
［雍正］山東 28/人物一 2
［嘉靖］青州 15/3
［萬曆］萊州 6/22
［康熙］萊州 10/91
［康熙］臨淄 9/8
［民國］臨淄 21/37
［康熙］高苑 6/2,8/1
［乾隆］高苑 6/2

[萬曆]即墨志 8/2
[康熙]纂修即墨/下 17
[乾隆]即墨 9/35
[同治]即墨 9/56
即墨縣鄉土志/耆舊－事業三
田獲(字希谷)
(清・鉅野人)
[民國]續修鉅野 5/上 3
田萊(清・高密人)
[民國]高密 14/上 86
田茂(明・單縣人)
[順治]單縣 3/7
田莘(字股衡)
(明・城武人)
[康熙九年]城武 3/15,3/49
[康熙四十一年]城武 5/上懿行 3
[道光]城武 9/下 9
田芝(明・清苑人)
[萬曆]青州 12 又/7
[康熙十五年]青州 12 又/7
[康熙四十八年]青州 12 又/7
[康熙]沂水 4/28
[道光]沂水 5/30
田芝(清・茌平人)
[嘉慶]東昌 32/60
[宣統]茌平 14/12
[民國]茌平 3/91
田華立(字秉初)
(清・鉅野人)
[道光]鉅野 13/57
田藍玉(清・鄉寧人)
[順治]定陶 4/6
田其珺(字荊南)
(清・昌樂人)
[民國]昌樂縣續志 31/21
田華先(清・魚臺人)
[民國]濟寧直隸州續志 14/36
[光緒]魚臺 3/孝義又 1
田芸馥(字祿芳)
(清・濰縣人)
[民國]濰縣志稿 31/15
田芸馥(清・高唐人)
[光緒]高唐州 5/1－49
田華墉(清・鉅野人)
[道光]鉅野 13/35
田若楨(字子幹)
(清・齊東人)
[民國]齊東 5/60
田華基(號岐山)
(清・鉅野人)
[道光]鉅野 12/30
田樹林(字竹軒)
(東平人)
[民國]東平縣 11/上 24
田華墺(號綏溪)
(清・鉅野人)
[道光]鉅野 12/27
田樹穀(字貽亭)
(東平人)
[民國]東平縣 11/上 22
田樹枬(字香亭)
(清・鉅野人)
[民國]續修鉅野 5/上 5
田蕙田(清・鉅野人)
[民國]續修鉅野 5/上 11
田藍田(清・鉅野人)
[民國]續修鉅野 5/上 11
田若笏(字殿臣)
(清・新城人)
[宣統]新城縣後志 3/孝友
45 **田坤**(清・觀城人)
[康熙]觀城 4/19
[道光]觀城 8/7
觀城縣鄉土志/耆舊
田埥(字克宣)
(清・城武人)
[道光]城武 13/9
田榛(字麓瞻)
(清・臨朐人)
臨朐縣鄉土志 1/耆舊
46 **田塤**(字克昌)
(清・城武人)
[道光]城武 9/下 36
田恕聰(字心如)
(清・濰縣人)
[民國]濰縣志稿 29/25
濰縣鄉土志/29
田如梁(字心渠)
(明・新城人)
[宣統]新城縣後志 2/宦績
田觀來(字紹臨,號漁莊)
(清・陽信人)
信邑志稿 7/文苑
田如森(清平人)
[民國]清平/人物 84
田如檜(字子植)
(清・城武人)
[乾隆]曹州府 16/22
[道光]城武 13/9
47 **田起巖**(字肖亭)
(清・濰縣人)
[民國]濰縣志稿 28/13
田起嵋(字瞻若)
(清・濰縣人)
[民國]濰縣志稿 29/26
濰縣鄉土志/31
田起之(清・昌樂人)
[民國]昌樂縣續志 30/22
田起英(明・新城人)
[道光]濟南 51/29
[宣統]新城縣後志 2/忠義
[民國]重修新城 15/5
50 **田春**(清・慶雲人)
[乾隆]嶧縣 7/25
田申(字繩武)
(明・城武人)
[康熙九年]城武 3/60
田中正(字立齋)
(清・昌樂人)
[民國]昌樂縣續志 27/6
田忠信(字漢岑)
(嶧縣人)
[民國]臨清縣/秩官 74
田東作(明・莘縣人)
[乾隆]東昌 44/16
[嘉慶]東昌 34/14
[康熙十一年]莘縣 7/16
[民國]莘縣 6/34
田春來(字修軒)
(高唐人)
[民國]高唐縣 12/79
田書田(清・博平人)
[光緒]博平縣續志 10/65
田東明(字啟參)
(清・昌樂人)

[民國]昌樂縣續志 30/16
田本欽(清)
[民國]重修莒志 69/2
田東銘(清・城武人)
[道光]城武 9/下 40
51 田振清(字翼運)
(清・鉅野人)
[民國]續修鉅野 5/上 18
田振奇(明・黄縣人)
[同治]黄縣 9/1
田振邦(字子安)
(東阿人)
[民國]東阿 16/2
53 田成一(字紹菴)
(清・陽信人)
[民國]陽信 5/耆碩 62
55 田耕心(字培之)
(清・壽張人)
[光緒]壽張 7/18
田井授(號虞野)
(明・肥城人)
[嘉慶]肥城 19/26
肥城縣鄉土志 5/26
60 田昂(字伯頫,號蓮舟)
(清・德州人)
[民國]德縣 10/63
田甲(字書傭)
(平原人)
[民國]續修平原 8/26
田易(明・肥城人)
[康熙]濟南 39/4
[康熙]肥城書下/12
[嘉慶]肥城 17/21
[光緒]肥城 9/8
肥城縣鄉土志 5/15
田曰文(字仲允)
(清・高唐人)
[光緒]高唐州 5/2-31
[民國]高唐縣 12/14
田思貢(清・茌平人)
[民國]茌平 3/64
田景清(字鑑塘)
(清・昌樂人)
[民國]昌樂縣續志 34/6
田景泗(清・冠縣人)
[道光]冠縣 8/上 19
[光緒]冠縣 8/忠勤
[民國]冠縣 8/人物志 20
田景坫(字錫爵)
(清・桓臺人)
[民國]桓臺志略 3/17
[民國]桓臺 3/29
田墨林(長清人)
[民國]長清 12/26
田國臣(字宰甫)
(清・高唐人)
[乾隆]高唐州續志 2/13
[道光]高唐州 5/2-19
[光緒]高唐州 5/2-22
[民國]高唐縣 12/42
61 田顯吉(字樹百)
(清・江南泰州人)
[宣統]山東 75/65
[康熙]兗州續編 14/8
[乾隆]兗州 22/35
[康熙]嶧縣 3/40
[乾隆]嶧縣 7/19
[光緒]嶧縣 19/職官下 15
62 田磻溪(字品三,原名獵,字磻溪,以字行,更號南園散人)
(清・鉅野人)
[民國]續修鉅野 5/上 6,8/上 2
田則直(字東維)
(明・北直雄縣人)
[宣統]山東 72/30
[康熙]兗州續編 14/12
[乾隆]曹州府 12/19
[順治]單縣 4/29
[康熙]單縣 6/12,11/45
[乾隆]單縣 4/58
[民國]單縣 6/宦蹟 18,20/42
63 田賦(明・鳳翔人)
[康熙]兗州府曹縣 9/8
[光緒]曹縣 9/縣令 4
田畯(明・高唐人)
[民國]高唐縣 12/7
田畯(明・膠州人)
[康熙]膠州 5/24
[乾隆]膠州 4/30
[道光]重修膠州 25/6
[民國]增修膠志 40/5
田貽麗(字南陔)
(清・德州人)
[民國]德縣 11/8
64 田疇(明・單縣人)
[雍正]山東 28/人物三 11
[宣統]山東 164/29
[康熙]兗州續編 15/14
[乾隆]曹州府 15/3
[隆慶]單縣下/2
[順治]單縣 2/27
[康熙]單縣 7/4,8/1
[民國]單縣 9/17
田疇(字耕治)
(明・交城人)
[道光]濟南 36/9
[嘉靖]章丘 3/4
[萬曆]章丘 21/72
[康熙]章丘 4/24
[乾隆]章邱 7/3
[道光]章邱 9/4
章邱縣鄉土志/上 3
田疇(明・南陽人)
[康熙]嶧縣 3/40
[乾隆]嶧縣 7/24
[光緒]嶧縣 19/丞倅 1
田疇(明・陜西寧州人)
[嘉靖]冠縣 2/2
[萬曆]冠縣 2/2
[道光]冠縣 6/23
[光緒]冠縣 6/宦績
[民國]冠縣 6/34
田疇(明・直隸壽州人)
[嘉靖]朝城志 5/13
[康熙]朝城 7/15
田時耕(字舜天,一作舜夫,號龍溪)
(明・泰安人)
[乾隆]泰安府 17/22
[乾隆二十五年]泰安縣 12/15
[乾隆四十七年]泰安縣 10/上 12
[道光]泰安縣 3/60,9/61
[民國]重修泰安縣 8/11
泰安縣鄉土志/耆舊 11

65 田映蘭(字光遠)
(清・鉅野人)
[道光]鉅野 13/60
66 田單(戰國・臨淄人)
[至元]齊乘 6/6
[嘉靖]山東 27/13,28/6
[康熙]山東 37/1,38/6
[嘉靖]青州 15/44
[萬曆]青州 15/18
[康熙十五年]青州 15/18
[康熙四十八年]青州 15/武功 5
[康熙六十年]青州 16/44
[萬曆]萊州 6/13
[康熙]萊州 8/2
[萬曆]即墨志 6/10
[康熙]纂修即墨/下 6
[乾隆]即墨 8/11
[同治]即墨 8/12
[康熙十二年]博興 6/1
[康熙六十年]博興 7/1
[道光]重修平度州 16/3
平度鄉土志 2/政績
[康熙]臨淄 9/8
[民國]臨淄 21/45
田嬰(戰國・齊人)
[嘉靖]山東 28/5
[康熙]山東 38/5
[嘉靖]青州 14/1
[康熙]臨淄 9/7
[民國]臨淄 23/7
田賜聰(清・壽張人)
[光緒]壽張 7/20
田嚴恭(字宗若)
(明・高唐人)
[乾隆]東昌 42/27
[嘉慶]東昌 32/23
[乾隆]高唐州續志 2/6
[道光]高唐州 5/2-9
[光緒]高唐州 5/2-12
[民國]高唐縣 12/5
67 田明琦(字再韓)
(清・肥城人)
[乾隆]泰安府 17/48
[嘉慶]肥城 17/22
[光緒]肥城 9/9
肥城縣鄉土志 5/15
田明德(字峻甫)
(清・濮州人)
[宣統]濮州 3/90
田明鑑(東阿人)
[民國]東阿 15/12
68 田盼子(戰國)
[至元]齊乘 6/4
[嘉靖]山東 26/20
[康熙]山東 34/1
[嘉靖]青州 13/5
[萬曆]東昌 18/3
[乾隆]東昌 35/15
[嘉慶]東昌 22/19
[康熙十二年]高唐州 7/1
[康熙五十一年]高唐州 7/1
[道光]高唐州 7/1-1
[光緒]高唐州 7/1-1
高唐州鄉土志/4
[民國]高唐縣 9/5-1
[康熙]臨淄 9/10
[民國]臨淄 23/6
71 田既庭(明・河南南召人)
[道光]濟南 36/31
[民國]重修新城 10/11
田臣思(周・齊人)
[萬曆]青州 15/32
[康熙十五年]青州 15/32
[康熙四十八年]青州 15/說士 8
田既同(字斗庵)
(明・新城人)
[宣統]新城縣後志 2/宦績
72 田所賦(字獻廷)
(明・昌樂人)
[嘉慶]昌樂 23/8
74 田勵清(字翼辰)
(清・鉅野人)
[民國]續修鉅野 5/上 29
77 田巴(春秋・齊人)
[萬曆]青州 14/44
[康熙十五年]青州 14/44
[康熙四十八年]青州 14/儒行 1
[康熙]臨淄 10/5
[民國]臨淄 29/28
田同(清・壽光人)
[咸豐]青州 49/43
[乾隆]續壽光 23/8
[嘉慶]壽光 13/10
[民國]壽光 12/人物志一 80
壽光縣鄉土志/耆舊
田鳳文(字來儀)
(清・金鄉人)
[民國]金鄉 14/11
田殿三(字萊峰)
(清・鉅野人)
[民國]續修鉅野 7/下 61
田開疆(周・齊人)
[嘉靖]青州 16/2
[萬曆]青州 15/16
[康熙十五年]青州 15/16
[康熙四十八年]青州 15/武功 3
田鳳聰(清・濰縣人)
[民國]濰縣志稿 29/26
田鳳翬(字竹坡)
(清・金鄉人)
[民國]金鄉 13/續增 4
田殿珍(字寶宸)
(清・鉅野人)
[民國]續修鉅野 5/上 17
田際虞(字舜臣)
(清・昌樂人)
[民國]昌樂縣續志 31/8
田鳳嶺(字脫然)
(清・長清人)
[民國]長清 11/34
田覺生(字悟塵)
(東平人)
[民國]東平縣 11/上 22
田居保(明・定興人)
[光緒]文登 10/下 2
田鵬程(清・高唐人)
[道光]高唐州 5/2-22
[光緒]高唐州 5/2-25
[民國]高唐縣 12/51
田同之(清・德州人)
[道光]濟南 56/73
德州鄉土志/耆舊 45
田鳳洲(字仙居)
(清・鉅野人)

［民國］續修鉅野 5/上 23
田聞道（明・鄒縣人）
［嘉靖］鄒縣地理誌 1/26
田鵬萬（清・高唐人）
［道光］高唐州 5/2－22
［光緒］高唐州 5/2－25
［民國］高唐縣 12/51
田月桂（字華秋，號敬齋）
（清・金鄉人）
［咸豐］金鄉縣志略 9/中
列傳二 15
［民國］金鄉 13/23
田際春（字體元）
（清・昌樂人）
［民國］昌樂縣續志 34/4
田用中（字元智，號松園）
（清・昌樂人）
［民國］昌樂縣續志 31/5
田鳳圖（字瑞符）
（清・鉅野人）
［民國］續修鉅野 5/上 29
田殿臣（字佐君，號謌廷）
（清・樂安人）
［民國］續修廣饒 19/42
田鳳翔（清・滕縣人）
［民國］續滕縣志 2/17
78 田駢（戰國・齊人）
［嘉靖］山東 28/5
［康熙］山東 38/6
［嘉靖］青州 15/32
［萬曆］青州 15/1
［康熙十五年］青州 15/1
［康熙四十八年］青州 15/文
學 1
［康熙六十年］青州 18/10
［康熙］臨淄 10/9
［萬曆］滕志 6/78
［康熙］滕志 6/55
［康熙］滕縣志 6/賓客 8
［道光］滕縣志 6/僑寓 7
80 田美（字在中）
（明・濮州人）
［萬曆］東昌 19/59
［嘉靖］濮州 7/26
［萬曆］濮州 3/鄉賢 50
［康熙］濮州 3/74
［乾隆］濮州 3/75
［宣統］濮州 4/81
田毓珩（字雲石，號鎮楚）
（清・德州人）
［民國］德縣 10/70
田毓珍（字聘三）
（清・高密人）
［民國］高密 14/上 83
田人杰（字佑相）
（清・高唐人）
［光緒］高唐州 5/2－30
［民國］高唐縣 12/16
田孳嘉（字道貞）
（清・禹城歲貢）
［乾隆］東昌 34/17
［嘉慶］東昌 22/8
［康熙五十六年］莘縣 5/19
［光緒］莘縣 5/13
［民國］莘縣 3/7
莘縣鄉土志/政績 11
田毓藍（字子青）
（清・慶雲人）
［民國三年］慶雲 2/29
田義農（字良士）
（清・昌樂人）
［民國］昌樂縣續志 34/6
田公田（清・鉅野人）
［民國］續修鉅野 5/上 11
田毓昌（清・新城人）
［宣統］新城縣後志 2/善行
［民國］重修新城 18/1
田毓闕（字翕亭）
（清・新城人）
［宣統］新城縣後志 2/忠義
［民國］重修新城 18/7
82 田鍾俊（清・德平人）
［民國］德平縣續志 6/11
田鍾貴（清・德平人）
［民國］德平縣續志 6/10
86 田智緡（字子田）
（清・濰縣人）
［民國］濰縣志稿 32/10
田錦山（字春巖）
（清・曹縣人）
［光緒］曹縣 14/行誼 16
田錦生（清・高唐人）
［道光］高唐州 5/1－38
［光緒］高唐州 5/1－40
［民國］高唐縣 12/9
田錫之（字東侯）
（清・東阿人）
［民國］續修東阿 11/12
田智禐（字渠汀）
（清・濰縣人）
［民國］濰縣志稿 32/11
田智楨（清・濰縣人）
［民國］濰縣志稿 29/26
田智枚（字介臣）
（清・濰縣人）
［民國］濰縣志稿 30/34
田錫疇（清・高唐人）
［道光］高唐州 5/2－21
［光緒］高唐州 5/2－24
［民國］高唐縣 12/50
87 田鈞（字若谷）
（清・鉅野人）
［宣統］山東 173/27
［道光］鉅野 17/61
田銘（字商盤）
（清・東平人）
［光緒］東平州 15/下 53
［民國］東平縣 11/下 22
田翔（明・南宮人）
［乾隆］夏津 6/19
88 田敏（五代，一作宋・淄州鄒
平人）
［嘉靖］山東 29/12
［康熙］山東 39/11
［雍正］山東 28/人物二 18
［宣統］山東 162/25
［康熙］濟南 32/5
［道光］濟南 47/19
［嘉靖］淄川 6/78
［萬曆］淄川 30/5
［順治］鄒平 6/2
［康熙］鄒平 6/15
［嘉慶］鄒平 15/16
［道光］鄒平 15/3
［民國］鄒平 15/3
田鑰（元・鍾陵人）
［宣統］山東 200/7
［康熙］曹州志 16/14

[光緒]菏澤 16/22
[康熙]兗州府曹縣 14/75
[光緒]曹縣 14/游寓 3
田篤叡(字杲堂)
(清・濰縣人)
[民國]濰縣志稿 31/15
田符節(字聖揆)
(清・魚臺人)
[光緒]魚臺 3/文行又 3
90 田惟瑗(明・鉅野人)
[道光]鉅野 13/65
田惟理(清・鉅野人)
[道光]鉅野 13/65,24/8
田光彝(字執中,號秋浦)
(清・山東新城人)
[道光]城武 6/38
[宣統]新城縣後志 2/宦績
新城縣鄉土志/耆舊－清
田光復(字幼乾)
(清・山西高平人)
[康熙五十五年]鄒縣志 2/57
鄒縣鄉土志政績錄/6
田常安(東阿人)
[民國]東阿 15/19
田粹中(字完白)
(清・新城人)
[道光]濟南 55/63
[宣統]新城縣後志 3/文苑
[民國]重修新城 17/4
田光忠(字振綱)
(清・鉅野人)
[道光]鉅野 13/60
田懷曾(清・鄒平人)
[民國]鄒平 15/140
田惟公(清・禹城人)
[康熙五十六年]壽張 4/23
田光鈺(字美斯)
(清・新城人)
[道光]濟南 55/80
[宣統]新城縣後志 2/善行
[民國]重修新城 17/17
田光鏄(清・鉅野人)
[民國]續修鉅野 5/上 6
田光鈊(號暮樵)
(清・鉅野人)
[道光]鉅野 13/39
田懔範(清・鉅野人)
[民國]續修鉅野 5/上 16
91 田炳(字星曜)
(清・新城人)
[道光]濟南 55/77
[宣統]新城縣後志 2/善行
[民國]重修新城 17/16
田恒(春秋・齊人)
[嘉靖]山東 33/12
[嘉靖]青州 16/59
[萬曆]青州 20/外傳 3
[康熙十五年]青州 20/外傳 3
[康熙四十八年]青州 20/外傳 3
93 田煵(字士行,號南村)
(清・濰縣人)
[民國]濰縣志稿 28/9
濰縣鄉土志/23
94 田慎修(字惠庵)
(清・鉅野人)
[民國]續修鉅野 5/上 16
97 田煥(唐)
[嘉靖]武定州下/47
[萬曆]武定州 10/3
[崇禎]武定州 7/17
田煥仁(字殷三)
(東平人)
[民國]東平縣 11/上 24
田耀祖(字勵修)
(清・樂安人)
[民國]樂安 10/27
[民國]續修廣饒 19/48
田耀坤(字六含)
(清・東平人)
[民國]東平縣 11/下 30
99 田榮(秦・齊人)
[嘉靖]山東 33/13
[嘉靖]青州 16/59
[萬曆]青州 20/外傳 3
[康熙十五年]青州 20/外傳 3
[康熙四十八年]青州 20/外傳 3
田榮(字耀亭)
(清・壽光人)
[民國]壽光 12/人物志一 93

6040_4 晏

04 晏謨(晉・臨淄人)
[至元]齊乘 6/16
[嘉靖]山東 32/8
[康熙]山東 42/8
[雍正]山東 28/人物一 41
[宣統]山東 162/19
[嘉靖]青州 15/34
[萬曆]青州 15/4
[康熙十五年]青州 15/4
[康熙四十八年]青州 15/文學 4
[康熙六十年]青州 18/2
[咸豐]青州 64/9
[康熙]萊州 10/76
[民國]臨淄 26/45
17 晏弱(春秋・齊人)
[嘉靖]青州 15/42
[萬曆]青州 13/21,15/14
[康熙十五年]青州 13/21
[康熙四十八年]青州 13/事功 5,15/武功 1
[康熙六十年]青州 16/3,16/43
[康熙]臨淄 9/19
[民國]臨淄 21/41
24 晏德(字敬思)
(清・淄川人)
[宣統]三續淄川 9/79
25 晏繡龍(字瑞田)
(清・淄川人)
[宣統]三續淄川 9/79
34 晏汝泗(字文潤)
(清・淄川人)
[宣統]三續淄川 9/91
35 晏洙泗(清・淄川人)
[宣統]三續淄川 9/100
43 晏娥兒(周)
[民國]臨淄 31/46
58 晏氂(春秋)
[康熙]臨淄 10/1
[民國]臨淄 22/55
60 晏斯盛(清・江西新喻人)
[宣統]山東 74/17

66 **晏嬰**(字平仲)
(周・萊之夷維人)
[至元]齊乘 6/2
[嘉靖]山東 26/1,28/1
[康熙]山東 33/1,38/1
[嘉靖]青州 12/49
[萬曆]青州 12/4
[康熙四十八年]青州 12/4
[康熙六十年]青州 12/1
[乾隆]泰安府 14/1
[萬曆元年]兗州 39/名宦 2
[萬曆二十四年]兗州 26/1
[康熙]兗州 21/1
[萬曆]萊州 5/85
[康熙]萊州 10/1
[乾隆]萊州 10/1
萊州府鄉土志/下 1
[萬曆]濰縣 8/1
[康熙]濰縣 5/人物 1
[乾隆]濰縣 4/1
濰縣鄉土志/13
[康熙五十四年]東阿 3/24
[道光]東阿 11/1
[光緒]東阿縣鄉土志 2/5
[康熙]高密 8/1
[乾隆]高密 8/上 1
[光緒]高密 8/上 1
[民國]高密 14/上 1
高密縣鄉土志/上 17
[康熙]臨淄 9/10
[民國]臨淄 23/4
[康熙十一年]蒙陰 2/45
安丘縣鄉土志 9/耆舊錄 6
70 **晏璧**(明・廬陵人)
[崇禎]歷乘 16/62

6043_0 因

00 **因齊**(春秋)
[民國]臨淄 21/37

6044_0 昇

40 **昇嘉訥**(元・枝江人)
[道光]濟寧直隸州 6/6－17

6050_0 甲

51 **甲振**(金・肥城人)
[光緒]肥城 8/1
肥城縣鄉土志 5/13

6050_4 畢

00 **畢高**(明・威海人)
[光緒]增修登州 37/27
[乾隆]威海衛志 6/3,8/2
[道光]文登 5/6
[光緒]文登 8/中 17
畢亨(明・單縣人)
[隆慶]單縣下/5
[順治]單縣 2/36
[康熙]單縣 7/25
畢亨(字嘉會)
(明・新城人)
[嘉靖]山東 29/25
[康熙]山東 39/24
[康熙]濟南 34/6
[道光]濟南 51/1
[天啟]新城 13/傳
[崇禎]新城 13/傳
[康熙]新城 7/6
[民國]重修新城 14/4
新城縣鄉土志/耆舊－明
畢亨(原名以田,字九水,號恬溪)
(清・文登人)
[宣統]山東 176/33
[光緒]增修登州 40/35
[宣統]聊城 8/99
[道光]文登 5/16
[光緒]文登 9/下 2－8
畢亮(清・雲南人)
[民國]禹城 6/76
畢庸謹(字諸軒)
(清・鉅野人)
[民國]續修鉅野 5/上 22,5/上又 31
畢高選(字萬青)
(清・膠州人)
[乾隆]膠州 4/69
[道光]重修膠州 27/21
[民國]增修膠志 41/16
畢彥楷(字式凡)
(清・昌樂人)
[民國]昌樂縣續志 31/22
畢文質(元・濟南人)
[道光]濟南 48/54
[乾隆]歷城 36/34
畢方猷(字汝格)
(清・鉅野人)
[民國]續修鉅野 5/上 27
01 **畢龍甲**(字東之,號梅村)
(清・淄川人)
[宣統]三續淄川 9/70
畢龍驤(原名敢堉,字尺木)
(清・益都人)
[光緒]益都縣圖志 39/12
02 **畢訓承**(字誨之)
(清・淄川人)
[宣統]三續淄川 9/77
03 **畢誠**(字存之)
(唐・鄆州須昌人)
[雍正]山東 28/人物二 16
[宣統]山東 156/12
[萬曆二十四年]兗州 34/4
[康熙]兗州 26/37
[康熙]東平州 4/19
[乾隆]東平州 13/7
[道光]東平州 13/7
[光緒]東平州 15/上 7
[民國]東平縣 11/上 3
東平州鄉土志上/耆舊錄 27
04 **畢諾**(明・直隸人)
[萬曆]濮州 3/名宦 36
05 **畢講**(明・平陰人)
[順治]平陰 7/15
[光緒]平陰 5/21
07 **畢諮遠**(字懷五)
(清・淄川人)
[宣統]三續淄川 9/63
10 **畢罫**(字伊蔚,一字滄菴,又字子彤)
(清・文登人)
[宣統]山東 176/36
[光緒]增修登州 41/71
[道光]文登 5/16
[光緒]文登 9/上 2－9
畢霨(字郁雨)
(清・文登人)
[光緒]文登 9/上 2－9
[乾隆]單縣 4/61

［民國］單縣 6/22
畢璽（明・山西高平人）
［嘉靖］德州 2/11
畢玉（明・萊蕪人）
［民國］續修萊蕪 27/1
畢天章（一名星燦，字雲亭）
（清・鉅野人）
［民國］續修鉅野 5/上 19
畢一謙（清・鑲藍旗人）
［宣統］山東 76/46
［道光］高唐州 7/1－15
［光緒］高唐州 7/1－15
［民國］高唐縣 9/5－11
畢元賓（北魏・東平須昌人）
［嘉靖］山東 30/34
［宣統］山東 67/9
［乾隆］泰安府 16/28
［萬曆元年］兗州 40/政績 7
［萬曆二十四年］兗州 33/32
［康熙］兗州 26/31
［康熙］東平州 4/59，6/41
［乾隆］東平州 10/53，13/5
［道光］東平州 13/5
［光緒］東平州 15/上 5
東平州鄉土志上/耆舊錄 27
畢天祐（金・寧海人）
［光緒］文登 8/上 4
畢元祐（明・文登人）
［光緒］文登 8/下 6
畢再遇（字德卿）
（宋・兗州人）
［嘉靖］山東 30/51
［雍正］山東 28/人物二 48
［宣統］山東 157/33
［萬曆元年］兗州 40/武功 19
［萬曆二十四年］兗州 35/22
［康熙］兗州 27/20
［乾隆］兗州 23/30
［康熙］滋陽 4/上 39
［光緒］滋陽 8/25
滋陽縣鄉土志 1/耆舊－名臣
畢丕基（字文謨）
（清・商河人）
［民國］重修商河 8/28
畢丕盛（字寅生）
（清・曲阜人）
［民國］續修曲阜 5/54
畢爾公（字位二）
（清・鉅野人）
［康熙］兗州續編 16/22
［康熙］鉅野 11/30
［道光］鉅野 13/53
畢元愷（唐・蓋州人）
［嘉靖］山東 27/11
［康熙］山東 36/1
［雍正］山東 27/63
［宣統］山東 68/17
［泰昌］登州 9/33
［順治］登州 11/8
［光緒］增修登州 24/4
［康熙］寧海州 7/2
［同治］重修寧海州 12/2，17/2
［民國］牟平 6/65
［光緒］文登 8/上 1
畢于烱（字燊園）
（清・鉅野人）
［民國］續修鉅野 5/上 22
11 **畢麗台**（字伯景）
（清・文登人）
［雍正］文登 7/12
［光緒］文登 9/上 2－8
畢璪如（字藍甫）
（清・文登人）
［雍正］文登 8/9
［道光］文登 5/18
［光緒］文登 9/上 2－8
12 **畢廷璘**（字玉田，號籃坡）
（清・淄川人）
［宣統］三續淄川 9/72
畢瑞曾（清・鉅野人）
［道光］鉅野 13/60
16 **畢理**（字文義）
（明・新城人）
［康熙］濟南 45/3
［道光］濟南 51/1
［天啟］新城 13/傳
［崇禎］新城 13/傳
［民國］重修新城 14/1
17 **畢珣**（號楚白）
（明・鉅野人）
［道光］鉅野 12/14
畢乃謙（字六吉）
（清・文登人）
［光緒］文登 10/上 7
畢承雯（字雲章）
（清・淄川人）
［宣統］三續淄川 10/29
畢承禹（字錫疇）
（清・新城人）
［宣統］新城縣後志 2/善行
畢承纓（字康侯）
（清・淄川人）
［宣統］三續淄川 9/93
畢承郇（字次棠）
（清・鉅野人）
［民國］續修鉅野 5/上 20，7/下 68
畢承熹（字慶徽）
（清・鉅野人）
［民國］續修鉅野 5/上 27
畢承櫟（字蔭齋，號東華）
（清・新城人）
［宣統］新城縣後志 2/宦績
畢承昭（字曼年）
（清・文登人）
［宣統］山東 176/13
［光緒］增修登州 41/73
［光緒］文登 9/下 2－15
畢承邠（字晉圖）
（清・鉅野人）
［民國］續修鉅野 5/上 27
20 **畢秀**（字華巖）
（清・新城人）
［道光］濟南 55/71
［宣統］新城縣後志 2/宦績
［民國］重修新城 16/16
畢維地（清・萊蕪人）
［乾隆］泰安府 17/43
［康熙］新修萊蕪 6/35
［民國］萊蕪 20/6
［民國］續修萊蕪 27/6
萊蕪縣鄉土志/10
畢維翰（清・榮成人）
［道光］榮成 8/45
21 **畢倬**（明・新城人）
［道光］濟南 51/30

[康熙]新城 8/3
[民國]重修新城 15/4
畢穎先(字公垂)
(清・淄川人)
[宣統]三續淄川 9/85
畢師鐸(唐・曹州冤句人)
[萬曆二十四年]兗州 37/36
[康熙]兗州 28/77
[乾隆]曹州府 22/11
[康熙]東明 7/21
[乾隆]東明 7/21
[光緒]新修菏澤 18/3
22 **畢豐玒**(字惟五)
(清・淄川人)
[宣統]三續淄川 9/90
畢豐志(字九華)
(清・淄川人)
[宣統]三續淄川 9/77
畢豐莅(字以莊)
(清・淄川人)
[宣統]三續淄川 9/76
23 **畢岱熏**(字叔和,號端溪)
(清・淄川人)
[宣統]三續淄川 9/56
畢岱嶺(字東梅)
(清・金鄉人)
[民國]金鄉 13/續增 13
畢岱憲(字繩武)
(清・淄川人)
[宣統]三續淄川 9/76
畢岱栩(字緒雲)
(清・淄川人)
[宣統]三續淄川 9/90
畢岱楹(字崇安)
(清・淄川人)
[宣統]三續淄川 9/90
畢岱棠(字華田)
(清・淄川人)
[宣統]三續淄川 9/90
畢岱煋(字貞庭)
(清・淄川人)
[道光]濟南 54/63
[宣統]三續淄川 9/58
24 **畢德麟**(字振紱,號筠川)
(清・淄川人)
[宣統]三續淄川 9/88
畢德源(字伯育,號蒙泉)
(清・淄川人)
[宣統]三續淄川 9/72
畢化成(字冠軍,號南郇)
(清・淄川人)
[宣統]三續淄川 9/82
畢佐周(明・光山人)
[康熙二年]茌平 2/38
[宣統]茌平 8/6
[民國]茌平 8/62
25 **畢伸**(明・新城人)
[道光]濟南 51/30
[康熙]新城 8/3
[民國]重修新城 15/4
新城縣鄉土志/耆舊－明
畢伸(清・濟陽人)
[道光]濟南 56/34
[乾隆]濟陽 8/42
[民國]濟陽 11/55
畢健承(字乾菴)
(清・淄川人)
[宣統]三續淄川 9/77
畢純仁(字長元)
(清・商河人)
[道光]商河 7/34
[民國]重修商河 8/54
商河縣鄉土志 3/耆舊－學問
畢仲衍(字彝仲,一作夷仲)
(宋・觀城人)
[雍正]山東 28/人物二 42
[宣統]山東 157/2
[道光]觀城 8/3
觀城縣鄉土志/耆舊
畢仲游(字公叔)
(宋・觀城人)
[雍正]山東 28/人物二 42
[宣統]山東 157/3
[乾隆]泰安府 14/22
[萬曆二十四年]兗州 28/8
[康熙]兗州 22/8
[康熙]東平州 4/43
[乾隆]東平州 12/21
[道光]東平州 12/21
[光緒]東平州 14/21
[道光]觀城 8/4
觀城縣鄉土志/耆舊
畢傳曾(字曰唯)
(清・淄川人)
[宣統]三續淄川 9/77
畢生輝(明・萊蕪人)
[乾隆]泰安府 17/40
[康熙]新修萊蕪 6/2,6/29
[民國]萊蕪 17/6
[民國]續修萊蕪 22/6
26 **畢自寅**(字畏輔,一作畏甫,號旭陽)
(明・淄川人)
[道光]濟南 50/29
[康熙]淄川 5/14
[乾隆]淄川 5/14
畢佃祥(字瑞亭)
(清・昌樂人)
[民國]昌樂縣續志 34/5
畢自肅(字範九,號沖陽)
(明・淄川人)
[道光]濟南 50/28
[康熙]淄川 5/6,5/14,6/61
[乾隆]淄川 5/6,5/14,6/上 61
淄川縣鄉土志/耆舊錄－循良
畢自嚴(字景曾,號白陽)
(明・淄川人)
[康熙]山東 39/29
[雍正]山東 28/人物三 55
[宣統]山東 159/34
[康熙]濟南 35/21
[道光]濟南 50/25
[萬曆]淄川 29/3
[康熙]淄川 5/5,6/26
[乾隆]淄川 5/5,6/上 26
淄川縣鄉土志/耆舊錄－歷代名臣
27 **畢侗**(明・江南貴池人)
[道光]濟南 36/30
[天啟]新城 6/知縣
[崇禎]新城 6/知縣
[康熙]新城 5/3
[民國]重修新城 10/7
畢叔廣(明・文登人)
[雍正]文登 8/6
[道光]文登 5/9

[光緒]文登 8/上 13
畢多馨(字明德)
(明·文登人)
[光緒]文登 8/下 7
畢多懿(字徽明)
(明·文登人)
[光緒]文登 8/下 6
畢衆敬(小名柰)
(北魏·東平須昌人)
[嘉靖]山東 33/27
[萬曆元年]兗州 41/17
[萬曆二十四年]兗州 33/32
[康熙]東平州 6/40
[乾隆]東平州 11/53,13/4
[道光]東平州 13/4
[光緒]東平州 15/上 4
[民國]東平縣 11/上 2
東平州鄉土志上/耆舊錄 27
畢叔賢(金·易州人)
[嘉靖]山東 26/26
[康熙]山東 34/7
[雍正]山東 27/91
[宣統]山東 69/10
[萬曆]東昌 18/25
[乾隆]曹州府 12/12
[嘉靖]濮州 7/13
[萬曆]濮州 3/名宦 16
[康熙]濮州 3/15
[乾隆]濮州 3/15
[宣統]濮州 4/15
28 **畢以紱**(字子佩)
(清·文登人)
[光緒]文登 9/下 2-6
畢以繡(字文亭)
(清·文登人)
[光緒]增修登州 43/41
[光緒]文登 9/下 2-9
30 **畢宿庚**(字西有,號灌園)
(清·文登人)
[道光]濟南 38/48
[光緒]增修登州 40/34
[道光]文登 5/11
[光緒]文登 9/下 1-6
畢良珩(明·平陰人)
[光緒]平陰 5/39
畢永崗(字景巖)
(清·曲阜人)
[民國]續修曲阜 5/39
畢永純(字夔贊)
(清·鉅野人)
[道光]鉅野 13/49
畢良遠(清·新城人)
[宣統]新城縣後志 3/孝友
畢永澤(字惠普)
(清·平陰人)
[光緒]平陰 5/18
畢安南(字研農)
(清·文登人)
[光緒]文登 10/上 19
畢宿燾(字溥幼,號范園)
(清·文登人)
[光緒]增修登州 39/44
[道光]文登 5/11
[光緒]文登 9/下 1-5
畢濟蘭(字潤香)
(清·汶上人)
[宣統]四續汶上稿/人物-文學傳
畢定邦(字康侯,原名承綬)
(清·淄川人)
[宣統]山東 170/20
淄川縣鄉土志/鄉宦耆舊
畢之猷(字大年)
(清·淄川人)
[宣統]三續淄川 9/77
畢甯銕(字煥章)
(清·淄川人)
[宣統]三續淄川 9/77
畢永燦(清·平陰人)
[道光]平陰續刻 2/73
[光緒]平陰 5/32
31 **畢福**(明·萊蕪人)
[康熙]新修萊蕪 6/17
畢沅(字潮生,一字纕蘅,號秋帆)
(清·江蘇太倉人)
[宣統]山東 74/25
[道光]濟南 37/35
34 **畢汝珏**(字瑤林,號晚山)
(清·新城人)
[宣統]新城縣後志 3/孝友
[民國]重修新城 17/3
新城縣鄉土志/耆舊-清
畢遠珖(字子正)
(清·淄川人)
[宣統]三續淄川 9/77
畢汝舟(明·直隸武清人)
[嘉靖]山東 27/12
[康熙]山東 36/3
[雍正]山東 27/65
[泰昌]登州 9/27
[順治]登州 11/14
[光緒]增修登州 25/8
畢遠治(字經綸)
(清·淄川人)
[宣統]三續淄川 9/91
畢遠芩(字鳳輝)
(清·淄川人)
[宣統]三續淄川 9/72
35 **畢漣**(字文源)
(清·平陰人)
[光緒]平陰 4/26
畢濾(字清源)
(清·平陰人)
平陰縣鄉土志/14
畢清遠(清·淄川人)
[宣統]三續淄川 9/83
畢清昭(字子玉)
(清·文登人)
[光緒]文登 9/下 2-15
36 **畢湘南**(字蘭村)
(清·昌樂人)
[民國]昌樂縣續志 30/10
37 **畢凝偉**(字俊亭)
(清·淄川人)
[宣統]三續淄川 9/90
畢鴻賓(字秋浦)
(清·鉅野人)
[民國]續修鉅野 7/下 70
畢祖朽(北魏·東平須昌人)
[嘉靖]山東 30/35
[萬曆元年]兗州 40/武功 14
[乾隆]東平州 14/24
[道光]東平州 14/24
[光緒]東平州 15/中 50
[民國]東平縣 11/中 17
東平州鄉土志上/耆舊錄 27
畢祖髦(北魏·東平須昌人)

［康熙］東平州 6/42
38 畢海珖（字崑朗，號澗堂）
（清・淄川人）
［乾隆］淄川 5/又 31－3
畢海瀛（字仙洲）
（清・汶上人）
［宣統］四續汶上稿/人物－孝弟傳
畢道遠（字仲任，號東河）
（清・淄川人）
［宣統］山東 169/13
［宣統］三續淄川 10/1
淄川縣鄉土志/鄉宦耆舊
畢海櫝（字從心）
（清・淄川人）
［宣統］三續淄川 9/70
畢海模（字維東，號楷圃）
（清・淄川人）
［宣統］三續淄川 9/66
畢瀚昭（字星源）
（清・文登人）
［光緒］文登 9/下 2－15
40 畢木（字子近，號舜石）
（明・淄川人）
［康熙］濟南 47/6
［道光］濟南 50/24
［萬曆］淄川 28/2
［康熙］淄川 5/33
［乾隆］淄川 5/33，6/上 72
畢大文（字燦東，號樸園）
（清・新城人）
［宣統］新城縣後志 2/善行
［民國］重修新城 18/1
畢友承（字百朋）
（清・淄川人）
［宣統］三續淄川 9/77
畢大經（明・城武人）
［康熙九年］城武 3/48
畢太和（清）
［道光］章邱 11/92
畢大安（字乂亭）
（清・鉅野人）
［民國］續修鉅野 5/上 22，7/下 30
畢士安（字仁叟）
（宋・代州雲中人）
［嘉靖］山東 26/8，31/19，34/6
［康熙］山東 33/9，41/16，48/5
［雍正］山東 28/人物二 28
［宣統］山東 68/39，157/2
［萬曆元年］兗州 39/名宦 9
［萬曆二十四年］兗州 28/9
［康熙］兗州 22/9
［乾隆］兗州 22/13
［萬曆］東昌 19/32
［乾隆］曹州府 14/18
［嘉靖］濮州 8/2
［萬曆］濮州 3/鄉賢 25
［康熙］濟寧州 4/44
［乾隆］濟寧直隸州 21/5
［道光］濟寧直隸州 6/6－6
［萬曆］鉅野 6/4
［康熙］鉅野 10/4
［道光］鉅野 10/5
［康熙］觀城 3/22
［道光］觀城 8/3
觀城縣鄉土志/耆舊
畢乂安（清・鉅野人）
［民國］續修鉅野 5/上 23
畢壽彭（字述齋，號筱陶）
（清・淄川人）
［宣統］三續淄川 9/72
畢乂林（字蒙士）
（宋・代州雲中人）
［雍正］山東 31/14
［康熙］觀城 4/30
［道光］觀城 6/1，8/23
畢九如（字明遠）
（清・金鄉人）
［民國］濟寧直隸州續志 14/10
［民國］金鄉 14/7
金鄉縣鄉土志/耆舊錄上
42 畢斯賡（清・新城人）
［宣統］新城縣後志 3/耆壽
44 畢孝（明・單縣人）
［隆慶］單縣下/6
［順治］單縣 2/37
［康熙］單縣 7/25
畢懋康（字孟侯）
（明・歙縣人）
［道光］濟南 35/21
［崇禎］歷乘 16/37，16/66
［崇禎］歷城 6/14
畢世濟（字濟川）
（清・淄川人）
［道光］濟南 54/70
［宣統］三續淄川 10/16
畢蘊樸（清・鉅野人）
［道光］鉅野 13/41
畢世榕（字仲容）
（清・文登人）
［宣統］山東補遺/22
［光緒］文登 9/下 2－16
畢蘪芳（清・淄川人）
［宣統］三續淄川 9/94
畢蕤芳（字鍾馥）
（清・淄川人）
［宣統］三續淄川 10/25
畢樹棻（字香樵）
（清・文登人）
［光緒］文登 10/上 19
畢蘊芳（字鍾籍）
（清・淄川人）
［宣統］三續淄川 9/71
畢世持（字公權）
（清・淄川人）
［雍正］山東 28/人物四 43
［宣統］山東 170/9
［道光］濟南 54/69
［康熙］淄川 5/18
［乾隆］淄川 5/18，6/上 95
畢茂昭（字存樸，一字靜山）
（清・文登人）
［宣統］山東補遺/25
畢藎臣（字致吾）
（明・新城人）
［雍正］山東 31/10
［道光］濟南 61/4
［康熙］新城 8/17
［民國］重修新城 15/11
新城縣鄉土志/耆舊－明
［乾隆］青城 8/14
［民國］青城續修 4/人物 25
畢夢舉（字野亭，號滄粟）
（清・新城人）
［民國］重修新城 17/3
新城縣鄉土志/耆舊－清

畢世隆(明・山西和順人)
[道光]濟南 36/45
畢懋第(字衡南)
(清・威海衛人)
[乾隆]威海衛志 7/6
46 畢如松(明・萊蕪人)
[康熙]濟南 41/30
[乾隆]泰安府 17/34
[康熙]新修萊蕪 6/4,6/26
[民國]萊蕪 17/4
[民國]續修萊蕪 22/5
萊蕪縣鄉土志/13
50 畢本(字子務,號昆山)
(明・淄人)
[宣統]山東 168/17
畢貴(明・威海衛人)
[乾隆]威海衛志 7/3
畢忠(字庭臣)
(明・固安人)
[康熙]濟南 25/29
[乾隆]武定府 16/37
[咸豐]武定府 19/利津 1
[康熙]利津縣新志 7/2
畢奉先(字潤璋,號靜菴)
(清・新城人)
[宣統]新城縣後志 2/宦績
[民國]重修新城 18/11
畢本禧(清)
[民國]濰縣志稿 36/11
畢忠吉(字致中,號鐵嵐)
(清・益都人)
[宣統]山東 175/21
[康熙四十八年]青州 13/事功 81
[康熙六十年]青州 16/41
[咸豐]青州 46/32
[光緒]益都縣圖志 37/8
畢東果(字夢季)
(清・淄川人)
[宣統]三續淄川 10/20
畢忠臣(明・淄川人)
[乾隆]淄川 5/33
51 畢振遠(字育民)
(清・淄川人)
[宣統]三續淄川 9/77
52 畢挺翼(字振六)
(清・平陰人)
[乾隆]泰安府 18/56
53 畢盛讚(清・淄川人)
[康熙]淄川 5/9
[乾隆]淄川 5/9
畢成璿(清・棲霞人)
[光緒]增修登州 43/24
[光緒]棲霞縣續志 7/義行 5
畢盛青(清・淄川人)
[康熙]淄川 5/9
[乾隆]淄川 5/9
畢輔國(元・奉符人)
[乾隆]濟寧直隸州 21/19
[道光]濟寧直隸州 6/6－16
畢盛鉅(字章仲,一字耳豫,號豫園)
(清・淄川人)
[康熙]淄川 5/28
[乾隆]淄川 5/28,6/上又 20－1
淄川縣鄉土志/耆舊錄－孝友
畢盛錫(明・淄川人)
[乾隆]淄川 5/41
54 畢拱辰(字星伯)
(明・掖縣人)
[康熙]山東 44/11
[雍正]山東 28/人物三 64
[宣統]山東 164/32
[康熙]萊州 10/48
[乾隆]萊州 11/忠節 4
萊州府鄉土志/下 16
[乾隆]掖縣 4/42
[道光]掖乘 4
60 畢景文(霑化人)
[民國]霑化 4/登進 49
畢昌緒(字萻堂)
(清・淄川人)
[宣統]三續淄川 9/58
淄川縣鄉土志/鄉宦耆舊
畢思邁(字林邑)
(清・新城人)
[宣統]新城縣後志 3/耆壽
畢景運(明・新城人)
[道光]濟南 51/29
畢思敬(明・陽信人)
[康熙]濟南 47/17
[乾隆]武定府 26/7
[咸豐]武定府 26/義行 7
[康熙]陽信 9/28
[乾隆]陽信 7/13
[民國]陽信 5/篤行 26
信邑志稿 7/義行
陽信縣鄉土志上/耆舊－事業
61 畢旺(元・文登人)
[光緒]文登 8/上 8
63 畢戰(戰國・滕人)
[嘉靖]山東 28/17
[康熙]山東 38/18
[萬曆]滕志 7/2
[康熙]滕志 7/2
[康熙]滕縣志 7/1
[道光]滕縣志 7/1
67 畢昭(字蒙齋)
(明・新城人)
[康熙]濟南 35/10
[道光]濟南 51/2
[天啟]新城 13/傳
[崇禎]新城 13/傳
[康熙]新城 7/8
[民國]重修新城 14/4
72 畢所讜(見畢所譜)
畢所譜(字正言,號直軒,別號蕖塘)
(清・文登人)
[宣統]山東 176/23
[光緒]增修登州 41/72
[道光]文登 5/12
[光緒]文登 9/下 1－8
[咸豐]寧陽 11/21
[光緒]寧陽 11/21
畢所雋(字畏庭,號葦汀)
(清・文登人)
[道光]文登 5/21
畢所密(字退思,號蘅塘)
(清・文登人)
[宣統]山東 176/23
[光緒]增修登州 40/34
[道光]文登 5/11
[光緒]文登 9/下 1－7
77 畢卿(明・威海衛人)

［乾隆］威海衛志 8/4
［道光］文登 5/10
畢用(明・博平人)
［宣統］山東 161/37
畢學顔(號霽山)
(清・鉅野人)
［道光］鉅野 13/61
畢際竑(字孟議)
(清・淄川人)
［康熙］淄川 5/27
［乾隆］淄川 5/27
畢際竩(字仲友)
(明・淄川人)
［康熙］濟南 47/26
［道光］濟南 72/39
［康熙］淄川 5/37
［乾隆］淄川 5/37,6/上 78
畢鳳醴(字儀泉)
(清・鉅野人)
［道光］鉅野 13/46
畢際孚(字信涉)
(清・淄川人)
［道光］濟南 54/69
［乾隆］淄川 6/下 10
畢居仁(元・文登人)
［光緒］文登 8/上 8
畢隆綜(字理堂)
(清・淄川人)
［宣統］三續淄川 9/76
畢際壯(字履禮)
(明・淄川人)
［乾隆］淄川 5/41
畢隆綱(字鑒堂)
(清・淄川人)
［宣統］三續淄川 9/76
畢際復(字見心)
(明・淄川人)
［康熙］淄川 5/37
［乾隆］淄川 5/37
畢際有(字載績)
(清・淄川人)
［道光］濟南 54/62
［康熙］淄川 5/26
［乾隆］淄川 5/26,5/41,6/上 65
淄川縣鄉土志/耆舊錄－循良
畢聞慰(字子安)
(南北朝・泰安人)
［嘉靖］山東 30/35
［乾隆］泰安府 16/29
［萬曆二十四年］兗州 33/33
［康熙］兗州 26/31
［康熙］東平州 6/42
［乾隆］東平州 10/53,13/5
［道光］東平州 13/5
［光緒］東平州 15/上 5
［民國］東平縣 11/上 2
東平州鄉土志上/耆舊錄 27
畢問學(明・新城人)
［宣統］新城縣後志 2/忠義
畢際兊(明・淄川人)
［乾隆］淄川 5/41
79 畢騰芳(明・城武人)
［康熙九年］城武 3/16
［康熙四十一年］城武 5/上懿行 4
［道光］城武 9/下 9
80 畢義雲(南北朝・兗州人)
［嘉靖］山東 33/28
畢念承(字爾修)
(清・淄川人)
［宣統］三續淄川 9/85
畢金鑾(字宣節,號筠菴)
(清・鉅野人)
［民國］續修鉅野 5/上 13
畢義允(北魏・東平須昌人)
［康熙］東平州 6/42
畢公保(字克勤)
(清・平陰人)
［光緒］平陰 5/13
畢介遠(字貞石)
(清・新城人)
［宣統］新城縣後志 2/善行
［民國］重修新城 18/2
畢企遠(字望姜,號溪南)
(清・新城人)
［宣統］新城縣後志 2/善行
畢毓淦(字麗生)
(清・鉅野人)
［民國］續修鉅野 5/上 26
畢金奎(字聚五)
(清・鉅野人)
［民國］續修鉅野 5/上 13
畢毓枋(字九真)
(清・鉅野人)
［民國］續修鉅野 5/上 28
畢金鎧(清・鉅野人)
［民國］續修鉅野 5/上 25
畢毓炤(字子明)
(清・鉅野人)
［民國］續修鉅野 5/上 28
82 畢鍾姬(字亮四,號戇齋)
(清・文登人)
［道光］文登 5/16
［光緒］文登 9/上 2－9
90 畢炕(唐・東平人)
［雍正］山東 28/人物二 10
［康熙］東平州 4/60
［乾隆］東平州 14/18
［道光］東平州 14/18
［光緒］東平州 15/中 27
［民國］東平縣 11/中 1
東平州鄉土志上/耆舊錄 27
畢懷德(字存初)
(明・益都人)
［康熙］山東 45/19
［咸豐］青州 45/56
［康熙］益都 9/7
［光緒］益都縣圖志 41/7
畢光昭(字華甫)
(清・文登人)
［光緒］文登 9/下 2－14
91 畢炳炎(字子羣)
(清・蒲圻人)
［民國］單縣 6/宦蹟 28
［民國］續修鉅野 3/16
［光緒］鄆城 6/15
97 畢恪(明・淄川人)
［康熙］淄川 5/33
［乾隆］淄川 5/33
畢耀遠(字光亭)
(清・新城人)
［宣統］新城縣後志 2/忠義
［民國］重修新城 18/12

6060_0 呂

00 呂亶(後周・東平壽張人)

[康熙六年]壽張 7/4
呂亢(宋・登州人)
[光緒]文登 8/上 1
呂讓(字克遜)
(明・即墨人)
[嘉靖]山東 33/10
[雍正]山東 28/人物三 3
[宣統]山東 160/14
[萬曆]萊州 5/97
[康熙]萊州 10/25
[乾隆]萊州 10/11
[萬曆]即墨志 8/4
[康熙]纂修即墨/下 19
[乾隆]即墨 9/8
[同治]即墨 9/9
即墨縣鄉土志/耆舊－事業二
[康熙]平度州 4/5
[道光]重修平度州 18/3
平度鄉土志 4 上/事業
呂讓(明・河南永寧人)
[萬曆二十四年]兗州 29/7
[康熙]兗州 22/28
[康熙]兗州續編 14/14
[萬曆]鉅野 6/6
[康熙]鉅野 10/6
[道光]鉅野 10/20
呂商(明・萊陽人)
[民國]萊陽 3/1 中 20
呂文(字叔平)
(漢・單父人)
[隆慶]單縣下/14
[順治]單縣 3/1
[康熙]單縣 8/65
呂文(字樸安)
(明・威海衛人)
[乾隆]威海衛志 7/4
呂廕(字承之,號東沙)
(明・陽信人)
[康熙]濟南 42/14
[乾隆]武定府 25/48
[咸豐]武定府 25/文苑 8
[康熙]陽信 9/11
[乾隆]陽信 7/18
[民國]陽信 5/文學 1
信邑志稿 7/文苑
陽信縣鄉土志上/耆舊－學問
呂文龍(清・利津人)
[乾隆]利津縣志續編 8/50
呂方毅(唐・清平人)
[嘉慶]清平 14/41
[宣統]增輯清平 12/53
[民國]清平/人物 50
呂慶麟(清・清平人)
[宣統]增輯清平 12/43
呂音正(字襄宸)
(清・德州人)
[光緒]德州志略/人物傳略
呂應夏(字希音)
(清・掖人)
[宣統]山東 177/20
[康熙]萊州 10/58
[乾隆]萊州 11/忠節 9
[乾隆]掖縣 4/45
呂文發(清・福山人)
[乾隆]福山 8/62
呂文水(清・茌平人)
[宣統]茌平 28/5
[民國]茌平 3/78
呂文穎(字擢亭,號蔗園)
(清・章邱人)
[道光]章邱 10/49
呂彥能(元・陵州人)
[康熙]德州 8/37
[乾隆]德州 10/1
[民國]德縣 12/56
呂文贊(宋)
[萬曆]鉅野 7/17
[康熙]鉅野 11/14
[道光]鉅野 12/20
呂應科(明・北直雄縣人)
[康熙]濰縣 2/職官 11
[乾隆]濰縣 3/42
[民國]濰縣志稿 20/14
濰縣鄉土志/7
呂應魯(明・章丘人)
[道光]濟南 49/65
[萬曆]章丘 27/47
[康熙]章丘 6/34
[乾隆]章邱 9/34
[道光]章邱 11/58
呂文安(清・招遠人)
[光緒]增修登州 43/26
呂文宏(字漢京)
(清・鄒平人)
[民國]鄒平 15/125
呂文河(清・茌平人)
[宣統]茌平 28/5
[民國]茌平 3/78
呂文遠(字修來)
(清・淄川人)
[宣統]三續淄川 9/78
呂應祥(字伯徵,一作伯禎)
(明・北直雄縣人)
[宣統]山東 72/47
[萬曆]東昌 18/40
[乾隆]東昌 35/23
[嘉慶]東昌 22/27
[乾隆]萊州 9/22
[宣統]重修恩縣 6/49,9/28
[民國]重修恩縣 10/64,12/上 22
恩縣鄉土志/9
[民國]高唐縣 9/5－7
呂賡堯(清・福山人)
[乾隆]福山 8/43
呂慶圻(字同輔)
(濟寧人)
[民國]濟寧縣 3/15
呂慶坡(字亦東)
(濟寧人)
[民國]濟寧縣 3/17
呂應期(明・章邱人)
[康熙]濟南 40/7
[道光]濟南 72/33
[萬曆]章丘 24/32
[康熙]章丘 6/25
[乾隆]章邱 9/19
[道光]章邱 11/28
呂方翰(字香亭)
(清・滋陽人)
滋陽縣鄉土志 1/耆舊－文學
呂應本(清・城武人)
[道光]城武 9/上 50
呂鷹揚(明・昌邑人)
[康熙]昌邑 6/35

［乾隆］昌邑 6/167
呂庭學（明・平度人）
［道光］重修平度州 18/21
平度鄉土志 4 上/鄉賢
01 呂訂（字芸亭）
（清・黃縣人）
［同治］黃縣 8/16
［民國］黃縣志稿 13/清懿行
02 呂端（字伯儀）
（明・濮州人）
［雍正］山東 28/人物三 24
［宣統］山東 162/36
［乾隆］曹州府 15/12
［萬曆］濮州 4/明經 2
［康熙］濮州 4/12
［乾隆］濮州 4/22
［宣統］濮州 3/84
05 呂靖（漢）
［崇禎］武定州 14/1
06 呂諤（明・萊陽人）
［民國］萊陽 3/1 中 19
07 呂韶（字九成）
（明・德平人）
［嘉靖］山東 35/3
［康熙］山東 45/4
［道光］濟南 52/47
［康熙］德平 3/34
［乾隆］德平 3/6
［嘉慶］德平 7/9
［光緒］德平 7/9
德平縣鄉土志/耆舊錄
呂望（見呂尚）
呂詔（清・東平人）
［康熙］東平州 4/76
［乾隆］東平州 15/16
［道光］東平州 15/16
［光緒］東平州 15/下 24
［民國］東平縣 11/下 3
呂調羹（字夢卿）
（明・濮州人）
［萬曆］濮州 3/鄉賢 55
［康熙］濮州 3/78
［乾隆］濮州 3/79
［宣統］濮州 4/85
08 呂效岐（清・鉅野人）
［民國］續修鉅野 5/上 23
10 呂元（明・南直太湖人）
［嘉靖］朝城志 5/8
［康熙］朝城 7/6
呂璋（字璜甫）
（清・文登人）
［道光］文登 5/4
呂震（字伯起）
（元・東平人）
［嘉靖］山東 30/57
［雍正］山東 28/人物二 68
［宣統］山東 164/26
［乾隆］泰安府 18/25
［萬曆元年］兖州 40/節義 21
［萬曆二十四年］兖州 35/35
［康熙］東平州 4/19,4/60
［乾隆］東平州 14/21
［道光］東平州 14/21
［光緒］東平州 15/中 30
［民國］東平縣 11/中 2
東平州鄉土志上/耆舊錄 29
呂正（明・鄒平人）
［道光］濟南 50/15
呂元文（號景園）
（清・掖縣人）
［嘉慶］續掖縣 3/21
呂元膺（字景夫）
（唐・鄆州東平人）
［嘉靖］山東 30/40
［康熙］山東 40/39
［雍正］山東 28/人物二 10
［宣統］山東 156/9
［乾隆］泰安府 16/33
［萬曆元年］兖州 40/忠直 12
［萬曆二十四年］兖州 34/5
［康熙］兖州 26/38
［康熙］東平州 4/12
［乾隆］東平州 13/6
［道光］東平州 13/6
［光緒］東平州 15/上 6
［民國］東平縣 11/上 3
東平州鄉土志上/耆舊錄 27
呂正音（字鳴寰）
（明・濟寧人）
［康熙］濟寧州 6/36
［乾隆］濟寧直隸州 24/27
［道光］濟寧直隸州 8/2－37
呂正音（清・山西滎河人）
［宣統］山東 76/9
［道光］濟寧直隸州 6/7－88
［康熙］魚臺 15/23
［乾隆］魚臺 9/44
［光緒］魚臺 2/53
呂正音（清・新昌人）
［咸豐］青州 37/4
［康熙］昌樂 1/35
［嘉慶］昌樂 19/6
呂雲龍（清・黃縣人）
［同治］黃縣 9/3
［民國］黃縣志稿 13/人物－死難
呂正訓（清・平原人）
［道光］濟南 56/104
［乾隆］平原 8/14
呂一爵（清・黃縣人）
［同治］黃縣 9/2
［民國］黃縣志稿 13/人物－死難
呂西峯（字崑圃，號瑤亭）
（清・滋陽人）
［光緒］滋陽 9/21
滋陽縣鄉土志 1/耆舊－忠義
呂雲山（清・樂安人）
［民國］樂安 10/33
［民國］續修廣饒 19/54
呂元勳（字殿臣）
（清・寧津人）
［光緒］寧津 8/39
寧津縣志料 3/人物－義行
寧津縣鄉土志/耆舊
呂元和（清・棲霞人）
［光緒］增修登州 43/21
［乾隆］棲霞 7/4
［道光］文登 5/4
呂元勻（字聲遠）
（清・東平人）
［乾隆］東平州 15/32
［道光］東平州 15/32
［光緒］東平州 15/下 39
［民國］東平縣 11/下 13
呂不韋（秦・濮陽人）
［嘉靖］山東 33/14

［萬曆］東昌 19/87
［嘉靖］濮州 4/16
［萬曆］濮州 4/豪俠 5
［康熙］濮州 4/62
［乾隆］濮州 4/102
［宣統］濮州 6/50
呂三才（字自參，一字位吾）
（明・臨朐人）
［雍正］山東 28/人物三 49
［宣統］山東 161/49
［萬曆］青州 13/66
［康熙十五年］青州 13/65
［康熙四十八年］青州 13/事功 49
［康熙六十年］青州 16/25
［咸豐］青州 44/57
［康熙］臨朐縣志書 3/28
光緒臨朐 14/上 33
呂晉賢（清・海豐人）
海豐縣鄉土志/耆舊－事業六
呂元舉（清・東平人）
［乾隆］東平州 15/31
［道光］東平州 15/31
［光緒］東平州 15/下又 38
［民國］東平縣 11/下 13
呂天會（清・陝西咸寧人）
［宣統］山東 75/34
［乾隆］泰安府 15/32
［康熙］東平州續志 4/1
［乾隆］東平州 12/40
［道光］東平州 12/40
［光緒］東平州 14/40
［民國］東平縣 9/21
呂元鈞（見呂元勻）
呂元簡（唐・青州北海人）
［康熙］山東 45/16
［雍正］山東 28/人物二 8
［宣統］山東 165/7
［嘉靖］青州 15/16
［萬曆］青州 14/14
［康熙十五年］青州 14/14
［康熙四十八年］青州 14/孝友 4
［康熙六十年］青州 17/9
［咸豐］青州 64/21
［萬曆］濰縣 9/4
［康熙］濰縣 5/人物 10
［乾隆］濰縣 4/21
［民國］濰縣志稿 31/2
濰縣鄉土志/14
11 **呂珩**（字耀南）
（清・嘉祥人）
［道光］濟寧直隸州 8/4－42
［光緒］嘉祥 3/47
呂璿（字象儀）
（清・威海衛人）
［乾隆］威海衛志 7/2
呂碩秀（字文實）
（清・歷城人）
［道光］濟南 53/54
［乾隆］歷城 43/8
呂非虎（字栗齋）
（清・直隸長垣人）
［宣統］山東 77/13
［康熙六十年］青州 12/43
［咸豐］青州 37/9
光緒臨朐 13/15
12 **呂延慶**（字洽南）
（清・掖人）
［宣統］山東 177/13
［道光］再續掖縣上/50
呂登雲（字凌霄）
（清・陽穀人）
［民國］增修陽穀人物/師道 18
呂孔良（字棟隆）
（明・掖縣人）
［乾隆］掖縣 4/28
呂聯芳（明・掖縣人）
［乾隆］掖縣 3/90
呂廷鑄（字相臣）
（清・文登人）
［光緒］文登 9/上 2－4
13 **呂琮**（字廷瑞）
（明・范縣人）
［萬曆］濮州 3/鄉賢 41
14 **呂璜**（字溪山）
（清・黃縣人）
［光緒］增修登州 43/14
［同治］黃縣 8/20
［民國］黃縣志稿 13/清文學
呂琪（元）
［同治］黃縣 6/3
呂瑋（字璜甫）
（清・文登人）
［光緒］文登 9/上 2－2
16 **呂璟**（清・福山人）
［乾隆］福山 8/72
呂琨（字星石）
（清・文登人）
［光緒］增修登州 39/42
［雍正］文登 7/4
［道光］文登 5/5
［光緒］文登 9/上 2－3
呂現龍（清・高唐人）
［道光］高唐州 5/2－23
［光緒］高唐州 5/2－26
［民國］高唐縣 12/51
17 **呂瑚**（清・福山人）
［乾隆］福山 8/54
呂瑤（字荊石）
（清・威海衛人）
［乾隆］威海衛志 7/2
［光緒］文登 9/上 3－18
呂豫（字彥先）
（元・修武人）
［乾隆］東昌 19/29
［嘉慶］東昌 45/38
呂玥（清・黃縣人）
［同治］黃縣 9/2
［民國］黃縣志稿 13/人物－死難
呂孟烈（字義堂）
（清・曲阜人）
［民國］續修曲阜 5/37
呂孟堅（清・商河人）
［民國］重修商河 9/20
20 **呂信**（明・直隸廣宗人）
［嘉靖］朝城志 5/16
［康熙］朝城 7/27
呂信（明・濟寧人）
［乾隆］濟寧直隸州 27/8
［道光］濟寧直隸州 8/4－32
呂信（字行可）
（清・滕縣人）
［道光］滕縣志 9/隱逸 9
呂秉彝（字性之）

（明・北直真定人）
［宣統］山東 71/5
［道光］濟南 36/10
［道光］章邱 9/5
章邱縣鄉土志/上 4
呂喬齡（字壽菴）
（清・德州人）
［民國］德縣 10/71
呂秉濬（清・黃縣人）
［同治］黃縣 9/2
［民國］黃縣志稿 13/人物－死難
呂維祺（明・河南新安人）
［宣統］山東 72/3
［康熙］兗州續編 14/3
［乾隆］兗州 22/20
呂維檟（字稚修）
（清・益都人）
［咸豐］青州 46/20
［康熙］顏神鎮志 4/下 5
［乾隆］博山志稿/21
［乾隆］博山 6/下 13
［民國］續修博山 12/22
呂維榯（字仲英）
（清・博山人）
［康熙］顏神鎮志 4/下 6
［乾隆］博山 6/下 16
［民國］續修博山 12/24
呂重熙（字協之）
（清・博山人）
［民國］續修博山 12/54
21 **呂虔**（字子恪）
（三國・任城人）
［嘉靖］山東 25/16,30/14
［康熙］山東 40/16
［雍正］山東 28/人物一 30
［宣統］山東 154/24
［康熙］濟南 24/4
［嘉靖］青州 13/13
［萬曆］青州 12 又/2
［康熙十五年］青州 12/2
［弘治］泰安州 3/8
［康熙］泰安州 2/43
［乾隆］泰安府 14/7
［萬曆元年］兗州 40/武功 8
［萬曆二十四年］兗州 32/6
［康熙］兗州 25/4
［乾隆］兗州 23/18
［康熙］濟寧州 6/6
［乾隆］濟寧直隸州 23/7
［道光］濟寧直隸州 8/2－5
濟寧州鄉土志 2/耆舊
［萬曆］滕志 6/55
［康熙］滕志 6/26
［康熙］滕縣志 6/宦業 23
［道光］滕縣志 6/宦績 10
［康熙］魚臺 15/6
［乾隆］魚臺 9/31
［光緒］魚臺 2/45
［乾隆二十五年］泰安縣 10/28
泰安縣鄉土志/名宦 27
呂顓（字右通,一作幼通）
（明・陝西寧州人）
［宣統］山東 72/34
［萬曆］東昌 18/31
［乾隆］東昌 33/27
［嘉慶］東昌 20/39
［宣統］聊城耆獻文徵/下 4
呂占建（字寧侯,號春山）
（清・德州人）
［民國］德縣 10/43
呂占爵（字黻卿）
（清・萊蕪人）
［民國］萊蕪 18/7
［民國］續修萊蕪 23/8
呂熊濱（字渭侯）
（清・掖縣人）
［乾隆］掖縣 4/68
呂行中（宋）
［同治］黃縣 6/1
呂仁靜（清・萊陽人）
［民國］萊陽未/補遺 2
呂虎臣（字筱雲）
（清・河南新安人）
［民國］壽光 6/28
22 **呂嶠**（清・棲霞人）
［光緒］增修登州 43/23
［光緒］棲霞縣續志 7/義行 3
呂巖（字洞賓,號清溪山人）
（唐・單父人）
［萬曆元年］兗州 46/7
［弘治］泰安州 3/18
［乾隆］曹州府 16/20
［隆慶］單縣下/37
［順治］單縣 4/14
［康熙］單縣 8/62
［乾隆］單縣 7/46
呂鼎元（字新甫）
（德縣人）
［民國］德縣 10/78
呂繼儒（字席珍）
（清・樂陵人）
樂陵縣鄉土志 3/55
呂繼德（字永懷）
（清・恩縣人）
［民國］重修恩縣 11/鄉賢 72,12/上 70
呂崇修（字筠浦,號芸圃）
（清・德州人）
［光緒］德州志略/人物傳略
［民國］德縣 10/50
德州鄉土志/耆舊 55
［道光］城武 6/38
呂繼安（清・萊蕪人）
［民國］續修萊蕪 27/13
呂鼎祚（字元臣）
（清・河南偃師人）
［宣統］山東 75/45
［乾隆］武定府 16/22
［咸豐］武定府 19/陽信 7
［乾隆］陽信 5/40
信邑志稿 5/宦蹟
［民國］陽信 2/65
陽信縣鄉土志上/政績－去害
呂仙翁（元・海州人）
［宣統］山東 200/36
［萬曆二十四年］兗州 52/28
呂崇粹（唐・東平人）
［萬曆二十四年］兗州 52/19
23 **呂俊升**（字小山）
（清・新城人）
［宣統］新城縣後志 3/孝友
24 **呂德**（明・南直長洲人）
［宣統］山東 71/21
［道光］濟南 36/41
［嘉慶］禹城 7/29

[民國]禹城 3/46
禹城縣鄉土志/6
呂佑(字子敵)
(明・德平人)
[道光]濟南 52/47
[康熙]德平 3/16
[乾隆]德平 3/7
[嘉慶]德平 7/6
[光緒]德平 7/6
呂化龍(字躍天)
(清・陽信人)
[民國]陽信 5/任恤 37
呂化元(宋)
[民國]牟平 6/67
呂德和(明・青州人)
[康熙四十八年]青州 17/方技 5
[康熙六十年]青州 20/7
[咸豐]青州 51/5
呂升蕃(清)
[民國]臨清縣/秩官 70
呂化蛟(明・陽穀人)
[康熙十二年]陽穀 4/3
[康熙]陽穀 4/2
[光緒]陽穀 7/1
[民國]增修陽穀人物/孝義 3
呂德錄(濟寧人)
[民國]濟寧縣 3/5
呂德銘(字丹忱)
(清・濟寧人)
[民國]青城續修 4/名宦 15
[民國]濟寧縣 3/5
25 **呂律**(宋・鄄城人)
[嘉靖]山東 31/26
[雍正]山東 28/人物二 42
呂傳訢(字蘐雨)
(清・萊蕪人)
[民國]續修萊蕪 34/32
呂傳誥(字星使,號蕉雨)
(清・萊蕪人)
[民國]萊蕪 18/11
[民國]續修萊蕪 24/3
呂傳珠(清・萊蕪人)
[民國]續修萊蕪 27/20
呂傳經(清・萊蕪人)
[民國]續修萊蕪 27/14
呂傳儒(字雅堂)
(清・萊蕪人)
[民國]萊蕪 18/12
[民國]續修萊蕪 34/34
呂純如(明・南直無錫人)
[宣統]山東 70/12
[道光]濟南 35/9
[崇禎]歷乘 16/36,16/66
26 **呂和**(明・溧陽人)
[道光]濟南 36/34
[康熙]齊河 5/36
[雍正]齊河 5/35
[民國]齊河 22/2
齊河縣鄉土志名宦祠/16
呂和(字克中)
(明・浙江鄞縣人)
[雍正]山東 27/14
[宣統]山東 70/24
[道光]濟南 35/37
呂自嶽(字翰臣)
(清・威海衛人)
[乾隆]威海衛志 7/2
呂伯梓(字仲矩)
(清・萊蕪人)
[乾隆]泰安府 18/19
[民國]萊蕪 18/10
[民國]續修萊蕪 24/3
呂自恭(字壽徵)
(清・淄川人)
[宣統]三續淄川 9/78
呂繹如(字元籟)
(清・鄒平人)
[道光]濟南 54/27
[嘉慶]鄒平 15/47
[道光]鄒平 15/52
[民國]鄒平 15/52
27 **呂佩玉**(字鑾坡)
(清・益都人)
[光緒]益都縣圖志 41/23
呂紀福(長清人)
[民國]長清卷首/史略 4
呂紹賢(清・順天宛平人)
[光緒]菏澤 7/宦蹟 27
呂紹曾(字述齋)
(清・萊蕪人)
[民國]續修萊蕪 34/39
呂伊人(字凱之,號姚村)
(清・廣陵泰州人)
[康熙]新修齊東 8 續/1
28 **呂徵**(字承恩)
(明・堂邑人)
[順治]堂邑 2/人物 15
呂僧珍(字元楡)
(南北朝・東平范人)
[雍正]山東 28/人物一 47
呂從嶽(字申甫)
(清・威海衛人)
[乾隆]威海衛志 7/2
呂以傑(清・黃縣人)
[同治]黃縣 9/3
呂作肅(清・文登人)
[光緒]增修登州 43/41
30 **呂安**(字仲悌)
(晉・東平人)
[雍正]山東 28/人物一 39
[宣統]山東 163/4
[乾隆]泰安府 16/20
[萬曆二十四年]兗州 32/31
[康熙]兗州 25/26
[康熙]東平州 4/3
[乾隆]東平州 13/3
[道光]東平州 13/3
[光緒]東平州 15/上 3
[民國]東平縣 11/上 2
呂宮(清・新城人)
[道光]濟南 55/74
[康熙]新城 8/6
[民國]重修新城 16/7
新城縣鄉土志/耆舊－清
呂它(漢)
[乾隆]夏津 6/6
呂憲(字衷彝,號大章)
(清・長山人)
[康熙五十五年]長山 6/49
[嘉慶]長山 8/21
呂家齊(清・福山人)
[康熙]福山 8/26
[乾隆]福山 8/37
呂守讓(明・濮州人)
[康熙]濮州續志下/2
[乾隆]濮州 4/12

[宣統]濮州 5/12
呂憲賡(清・萊蕪人)
[民國]萊蕪 19/4
[民國]續修萊蕪 25/4
萊蕪縣鄉土志/9
呂憲廣(清・萊蕪人)
[民國]萊蕪 19/4
[民國]續修萊蕪 25/4
萊蕪縣鄉土志/9
呂永康(字久民)
(清・茌平人)
[民國]茌平 3/92
呂憲珂(字玉堂,號蕙巖)
(清・萊蕪人)
[民國]續修萊蕪 34/38
呂憲瑞(字輯堂,號芝巖)
(清・萊蕪人)
[宣統]山東補遺/14
[民國]萊蕪 17/12
[民國]續修萊蕪 34/35
呂永鸞(明・旌德人)
[隆慶]單縣上/重 36
呂憲和(字介甫,號梅巖)
(清・萊蕪人)
[光緒]滋陽 7/15
呂憲伋(清・萊蕪人)
[民國]續修萊蕪 27/22
呂憲秋(字桂巖)
(清・萊蕪人)
[民國]萊蕪 17/11
[民國]續修萊蕪 22/12
呂宗江(清・鉅野人)
[民國]續修鉅野 5/上 11
呂永通(清・歷城人)
[民國]續修歷城 45/3
呂憲華(字英甫)
(清・萊蕪人)
[民國]萊蕪 20/5
[民國]續修萊蕪 27/21
呂安坤(清・萊蕪人)
[民國]萊蕪 20/4
[民國]續修萊蕪 27/20
萊蕪縣鄉土志/9
呂憲棟(字松巖)
(清・萊蕪人)
[宣統]山東補遺/31

呂之柏(清・福山人)
[乾隆]福山 9 上/63
[民國]福山縣志稿 7/4－2
呂之幹(清・掖縣優貢)
[乾隆]嶧縣 7/38
呂憲軻(清・萊蕪人)
[民國]續修萊蕪 27/22
31 **呂源**(字原水,別號定峰)
(清・萊蕪人)
[民國]萊蕪 18/3
[民國]續修萊蕪 34/13
呂祉(字既多)
(清・武城人)
[道光]武城續編 10/6
呂福廣(明・鉅野人)
[乾隆]曹州府 16/21
[康熙]鉅野 11/43
[道光]鉅野 24/11
呂福如(清・滕縣人)
[道光]滕縣志 9/孝義 25
呂福泰(字安卿)
(清・濟寧人)
[民國]濟寧直隸州續志 12/53
呂福恒(字藹春)
(清・濟寧人)
[民國]濟寧直隸州續志 12/54
32 **呂澄**(字公瀏)
(清・浙江慈谿人)
[宣統]山東 77/13
光緒臨朐 13/15
呂遜(字益之)
(明・濰縣人)
[乾隆]濰縣 4/12
[民國]濰縣志稿 27/47
濰縣鄉土志/18
呂淵龍(字仲試)
(清・萊蕪人)
[民國]萊蕪 18/11
[民國]續修萊蕪 24/4
33 **呂補袞**(清・直隸長垣人)
[宣統]山東 76/19
[康熙六十年]青州 12/44
[乾隆]沂州府 20/17
[康熙]日照 8/11

呂心佐(清・鉅野人)
[乾隆]東昌 35/14
[嘉慶]東昌 22/19
34 **呂達**(明・德平人)
德平縣鄉土志/耆舊錄
呂淇(字渭濱,別號青岩)
(清・德州人)
[道光]濟南 56/83
[乾隆]德州 9/63
[民國]德縣 11/7
德州鄉土志/耆舊 45
呂漢雲(清・萊陽人)
[民國]萊陽 3/1 中 64
呂祐之(字元吉)
(宋・鉅野人)
[嘉靖]山東 30/45
[康熙]山東 40/44
[萬曆二十四年]兗州 35/11
[康熙]兗州 27/9
[乾隆]曹州府 14/21
[萬曆]鉅野 7/17
[康熙]鉅野 11/14
[道光]鉅野 12/8
呂漢卿(宋)
[康熙]高苑 3/3
35 **呂清**(元)
[乾隆]嶧縣 7/8
呂清江(清・夏津人)
[民國]夏津續編 8/16
呂清華(清・臨邑人)
[同治]臨邑 9/忠藎 7
呂清臨(清・萊蕪人)
[民國]續修萊蕪 34/30
36 **呂溫**(字和叔,一字化光)
(唐・東平人)
[萬曆二十四年]兗州 34/10
[康熙]兗州 26/43
[康熙]東平州 4/59
[乾隆]東平州 13/5
[道光]東平州 13/5
[光緒]東平州 15/上 5
[民國]東平縣 11/上 3
東平州鄉土志上/耆舊錄 27
呂湘(字雲浦)
(清・鄒平人)
[民國]鄒平 15/128

37 呂鴻(字鳴秋)
(明・吳縣人)
[正德]博平 5/82
呂祿(漢)
[乾隆]魚臺 9/51
呂通(明・堂邑人)
[順治]堂邑 2/人物 2
呂選(字上愛,別號雙泉)
(明・長山人)
[嘉慶]長山 14/1
呂祖謙(字伯恭)
(宋・東萊人)
[雍正]山東 11/闕里二 28
[乾隆]兗州 7/41
[萬曆]萊州 5/52
[康熙]萊州 10/72
呂鴻德(清・萊蕪人)
[民國]續修萊蕪 27/15
呂凝德(字曉洲)
(清・淄川人)
[宣統]三續淄川 9/58
呂洞賓(見呂巖)
呂鴻逵(字俊三)
(清・平原人)
[民國]續修平原 6/16
呂鴻禧(字若萬)
(明・濟寧人)
[乾隆]濟寧直隸州 27/5
[道光]濟寧直隸州 8/4-31
呂潤苾(清・文登人)
[光緒]增修登州 43/41
呂潤蕃(字孝衍,一字友徐)
(清・文登人)
[光緒]增修登州 41/72
[光緒]文登 9/上 2-5
呂潤芬(清・文登人)
[光緒]增修登州 43/41
呂逢辰(明・福山人)
[康熙]福山 8/24
[乾隆]福山 8/36
38 呂瀚(字久菴)
(清・掖縣人)
[宣統]山東 177/8
[乾隆]掖縣 4/72
呂肇齡(字岐封)
(清・文登人)
[道光]文登 5/16
[光緒]文登 9/上 2-7
呂海寰(字鏡宇)
(清・掖縣人)
[民國]膠澳志 10/14
[民國]四續掖縣 4/54
呂道源(字樂天,號陽坡)
(清・博山人)
[民國]續修博山 12/69
呂啟源(號秀環)
(明・滕縣人)
[康熙]滕志 7/77
[康熙]滕縣志 7/72
[道光]滕縣志 9/隱逸 7
呂滋漣(清・淄川人)
[宣統]三續淄川 10/28
呂道士(號蓮峯)
(明・慶雲人)
[嘉慶]慶雲 9/27
[民國三年]慶雲 2/104
呂啟昌(字世五)
(長清人)
[民國]長清 12/12
呂遵善(清・萊蕪人)
[民國]續修萊蕪 24/6
39 呂泮林(字璧橋)
(陽信人)
[民國]陽信 5/忠義 66
40 呂布(魏・五原九原人)
[嘉靖]山東 27/20
[萬曆元年]兗州 39/外傳 4
[萬曆二十四年]兗州 29/15
[康熙]兗州 22/39
[萬曆]濮州 4/雜記 1
[康熙]濮州 4/89
[乾隆]濮州 4/129
[宣統]濮州 6/87
呂才(唐・博州清平人)
[嘉靖]山東 31/11
[康熙]山東 41/9,49/3
[雍正]山東 28/人物二 5
[宣統]山東 163/17
[萬曆]東昌 22/13
[乾隆]東昌 36/32
[嘉慶]東昌 26/30
[康熙]重修清平下/14
[嘉慶]清平 14/12
[宣統]增輯清平 12/12
[民國]清平/人物 8
清平縣鄉土志/耆舊
呂九(清・文登人)
[光緒]增修登州 43/41
[光緒]文登 10/上 22
呂壽(明・北直南和人)
[宣統]山東 71/15
[康熙]濟南 25/32
[道光]濟南 36/35
[康熙]新修齊東 4/15
[民國]齊東 3/56
呂土(字萬成)
(清・威海衛人)
[乾隆]威海衛志 7/2
呂士夜(清・萊陽人)
[民國]萊陽 3/1 中 97
呂希端(字調華)
(明・濮州人)
[康熙]濮州 2/104
[宣統]濮州 3/66
呂九貢(明・陽信人)
[乾隆]武定府 26/9
[咸豐]武定府 26/義行 9
[康熙]陽信 9/29
[乾隆]陽信 7/13
[民國]陽信 5/清介 72
信邑志稿 7/義行
呂存信(號武泉)
(明・嶧州人)
[光緒]嶧縣 24/9
呂希舜(字慎徽)
(清・章邱人)
[道光]濟南 61/7
[道光]章邱 11/76
呂壽山(清・萊陽人)
[民國]萊陽 3/1 中 75
呂大凱(清・福山人)
[乾隆]福山 8/72
呂坊之(字景文)
(清・曲阜人)
[乾隆]曲阜 86/7
[康熙五十六年]莘縣 5/16
[光緒]莘縣 5/33
[民國]莘縣 3/26

呂九官(清・萊陽人)
[民國]萊陽 3/1 中 81
呂大漢(清・棲霞人)
[光緒]增修登州 43/20
[康熙]棲霞 6/21
[乾隆]棲霞 7/2
呂大濩(明・河南輝縣人)
[宣統]山東 72/18
[道光]濟寧直隸州 6/6－38
[康熙]魚臺 15/17
[乾隆]魚臺 9/40
[光緒]魚臺 2/50
呂士吉(字庶常)
(清・武城人)
[道光]武城續編 10/6
呂九如(字天保)
(清・濟寧人)
[乾隆]濟寧直隸州 25/33
[道光]濟寧直隸州 8/3－16
濟寧州鄉土志 2/耆舊
呂希哲(字原明)
(宋・壽州人,一作汴京人)
[嘉靖]山東 26/12
[康熙]山東 33/15
[雍正]山東 27/90
[宣統]山東 68/43
[萬曆元年]兗州 39/名宦 14
[萬曆二十四年]兗州 28/8
[康熙]兗州 22/8
[康熙]曹州志 7/49
[光緒]菏澤 7/宦蹟 17
[光緒]新修菏澤 8/6
呂大成(字四如,別號半十)
(明・萊蕪人)
[雍正]山東 28/人物三 65
[宣統]山東 164/48
[康熙]濟南 38/15
[康熙]新修萊蕪 6/32
[民國]萊蕪 19/1
[民國]續修萊蕪 25/1
萊蕪縣鄉土志/14
呂九圍(清・萊陽人)
[民國]萊陽 3/1 中 27
呂培田(字心農)
(清・博山人)
[民國]續修博山 12/33

呂嘉問(字望之)
(宋)
[光緒]益都縣圖志 16/33
呂大智(清・福山人)
[光緒]增修登州 46/7
[乾隆]福山 8/71
呂克篪(字東和)
(清・即墨人)
[同治]即墨 9/46
即墨縣鄉土志/耆舊－學問
呂希尚(字振渭)
(明・即墨人)
即墨縣鄉土志/耆舊－事業二
呂士炘(字景炎)
(清・濟寧人)
[道光]濟寧直隸州 8/4－18
42 **呂韜**(見呂韜)
43 **呂越**(清・章邱人)
[道光]濟南 61/7
[乾隆]章邱 9/48
[道光]章邱 11/75
44 **呂芳**(清・濰縣人)
[乾隆]濰縣 4/38
[民國]濰縣志稿 31/6
濰縣鄉土志/22
呂林(字西園)
(清・清平人)
[民國]清平/人物 38
呂葆慶(字真甫)
(清・萊蕪人)
[民國]萊蕪 18/7
[民國]續修萊蕪 23/8
呂封齊(字孟賚)
(明・鉅野人)
[康熙]兗州續編 15/16
[乾隆]曹州府 15/13
[萬曆]鉅野 7/24
[康熙]鉅野 11/23
[道光]鉅野 12/12
呂封齊(清・福山人)
[康熙]福山 8/25
[乾隆]福山 8/47
呂世端(清・鉅野人)
[民國]續修鉅野 5/上 30
呂蓮峯(見呂道士)

呂芝山(字秀峰)
(平原人)
[民國]續修平原 8/26
呂夢卜(字磻溪)
(清・黃縣人)
[同治]黃縣 8/20
呂懋修(字孟玉,號欽所)
(明・章丘人)
[道光]濟南 49/58
[道光]章邱 10/19
章邱縣鄉土志/上 45
呂華池(字照方)
(清・嘉祥人)
[光緒]嘉祥 3/31
呂林環(原名元,字英魁)
(清・清平人)
[宣統]增輯清平 12/43
[民國]清平/人物 25
呂萬祿(清・霑化人)
[乾隆]武定府 25/29
[咸豐]武定府 25/孝友 29
[光緒]霑化 8/14
[民國]霑化 2/42
呂夢奇(五代・萊州人)
[嘉靖]山東 33/6
[康熙]山東 44/6
[萬曆]萊州 5/92
[康熙]萊州 10/21
[乾隆]掖縣 4/18
[道光]掖乘 4
呂芳楷(字翰山)
(清・貴州人)
[宣統]三續淄川 9/43
呂芳振(字子威)
(清・濟寧人)
[乾隆]濟寧直隸州 26/24
[道光]濟寧直隸州 8/3－29
呂藍田(字仙橋)
(清・德平人)
[民國]德平縣續志 6/4
呂著明(字晦齋)
(清・萊蕪人)
[民國]萊蕪 20/9
[民國]續修萊蕪 28/1
呂封岳(字長侯)
(清・東平人)

［乾隆］夏津 6/30
呂葵陽（字向忱）
（清・壽張人）
［光緒］壽張 6/53
呂黃鐘（號初陽）
（明・澤州人）
［宣統］山東 71/4
［道光］濟南 36/7
［康熙］曹州志 7/55
［道光］濟寧直隸州 6/6－38
［崇禎］歷城 6/19
［乾隆］歷城 34/6
［康熙］魚臺 15/19
［乾隆］魚臺 9/41
［光緒］魚臺 2/50
［光緒］菏澤 7/宦蹟 23
［光緒］新修菏澤 8/12
呂林鐘（清・滕縣人）
［康熙］滕縣志 8/孝行 11
［道光］滕縣志 9/孝義 4
呂黃鍾（見呂黃鐘）
45 呂坤（字叔簡，號新吾）
（明・河南寧陵人）
［康熙］山東 31/18
［雍正］山東 27/16
［宣統］山東 70/20
［道光］濟南 35/30
［順治］臨邑 15/35
［康熙］重修臨邑 14/11
［道光］臨邑 15/44
［同治］臨邑 15/44
46 呂相堯（明・北直舉人）
［康熙］沂水 4/29
［道光］沂水 5/31
呂相曾（清・萊蕪人）
［民國］續修萊蕪 22/15
47 呂格（清・福山人）
［乾隆］福山 8/68
呂朝輔（清・遼東人）
［道光］長清 4/1
呂好問（宋）
［康熙］鉅野 13/5
［道光］鉅野 24/5
48 呂增鸞（清・利津人）
［民國］利津縣續志 9/4
呂敬修（清・陽穀人）
［民國］增修陽穀人物/善行 49
50 呂惠（清・壽光人）
［民國］壽光 12/人物志二 79
呂抗（宋・樂陵人）
［咸豐］武定府 24/循良 1
［乾隆］樂陵 6/8
樂陵縣鄉土志 3/17
呂青（漢）
［乾隆］武定府 15/1
［咸豐］武定府 15/1
呂泰（清・蓬萊人）
［光緒］蓬萊縣續志 8/武宦 4
呂摭（宋・齊州人）
［道光］濟南 47/36
［乾隆］歷城 35/33
呂本端（字品澄）
（江蘇武進人）
［民國］陵縣續志 4/13
呂由誠（字子明）
（宋・壽州人）
［雍正］山東 27/91
［宣統］山東 68/36
呂本一（清・歷城人）
［民國］續修歷城 43/6
呂青雲（字瑞瞻，晚號問道山人）
（清・德州人）
［民國］德縣 10/69
呂東藩（明・章丘人）
［康熙］濟南 44/13
［道光］濟南 72/34
［萬曆］章丘 26/43
［康熙］章丘 6/31
［乾隆］章邱 9/30
［道光］章邱 10/29
呂中格（字正言，號藹亭）
（清・萊蕪人）
［民國］萊蕪 20/5
［民國］續修萊蕪 27/22
呂本中（字居仁）
（宋・壽州人）
［嘉靖］山東 26/13
［康熙］山東 33/16
［雍正］山東 27/91
［萬曆元年］兗州 39/名宦 14
［萬曆二十四年］兗州 28/10
［康熙］兗州 22/10
［康熙］曹州志 7/50
［光緒］菏澤 7/宦蹟 18
［康熙］兗州府曹縣 10/8
［光緒］曹縣 10/7
呂東表（字書佩，號雲谷）
（清・德州人）
［光緒］德州志略/人物傳略
［民國］德縣 10/41
德州鄉土志/耆舊 48
呂東昌（清・武城人）
［道光］武城續編 14/雜記 4
呂東籓（見呂東藩）
呂夷簡（字坦夫）
（宋・壽州人）
［至元］齊乘 6/23
［嘉靖］山東 25/20
［康熙］山東 32/8
［雍正］山東 27/74
［宣統］山東 68/38
［康熙］濟南 25/9
［乾隆］武定府 16/32
［咸豐］武定府 19/濱州 1
［康熙］濱州 5/16
［咸豐］濱州 8/1
濱州鄉土志/政績錄
51 呂振壽（字福堂）
（商河人）
［民國］重修商河 7/33
呂振芳（清・濟寧人）
［道光］濟寧直隸州 8/4－16
呂振興（莘縣人）
［民國］莘縣 7/38
52 呂揆（宋）
［民國］牟平 6/66
53 呂成文（字煥章）
（清・新城人）
［宣統］新城縣後志 3/耆壽
呂成龍（清・曹縣人）
［乾隆］曹州府 16/23
［光緒］曹縣 14/仙釋 8
呂成名（明・鄒平人）
［道光］濟南 50/19
54 呂披（後晉）
［康熙］萊陽 5/4
58 呂數三（原名宣德，以字行）

（清・淄川人）
［宣統］三續淄川 9/70
60 呂昂（清・文登人）
［光緒］文登 10/上 12
呂羅（北魏・壽張人）
［康熙六年］壽張 7/3
［康熙五十六年］壽張 7/3
［光緒］壽張 6/42
壽張縣鄉土志/耆舊－事業
呂旻（清・德州人）
［道光］濟南 56/84
［乾隆］德州 9/65
呂品（明・泗水人）
［光緒］泗水 10/24
呂昇（宋・萊州人）
［嘉靖］山東 33/7
［康熙］山東 45/22
［雍正］山東 28/人物二 23
［宣統］山東 165/8
［康熙］萊州 10/61
［乾隆］萊州 11/孝義 2
［乾隆］掖縣 4/46
［道光］掖乘 4
呂景新（明・萊陽人）
［民國］萊陽 3/1 中 78
呂曰正（字大聲）
（清・威海衛人）
［乾隆］威海衛志 7/2
呂羅漢（北魏・壽張人）
［雍正］山東 28/人物一 52
［乾隆］兗州 23/23
呂思禮（後周・東平壽張人）
［宣統］山東 163/15
［萬曆二十四年］兗州 33/34
［康熙六年］壽張 7/3
［康熙五十六年］壽張 7/3
［光緒］壽張 6/42
壽張縣鄉土志/耆舊－學問
呂國臣（字良卿）
（蓬萊人）
［民國］蓬萊縣志合編人物志/忠勇
呂思問（字退圃）
（清・萊蕪人）
［民國］萊蕪 18/4
［民國］續修萊蕪 23/4
呂思曾（清・萊蕪人）
［民國］續修萊蕪 27/14
呂景尚（字望卿）
（清・定陶人）
［民國］定陶 6/33
61 呂顯（清・掖縣人）
［乾隆］掖縣 4/50
呂顯祖（字翼仍，一字裕雲）
（清・濟寧人）
［康熙］濟寧州 6/59
［乾隆］濟寧直隸州 26/19
［道光］濟寧直隸州 8/3－27
64 呂時功（字勵亭）
（清・濟寧人）
［民國］濟寧直隸州續志 14/4
67 呂鳴清（清・萊陽人）
［民國］萊陽 3/1 中 83
呂明陽（清・陽穀人）
［民國］增修陽穀人物/忠烈 23
呂鳴鳳（清・鄒平人）
［道光］濟南 54/27
［民國］鄒平 15/54
71 呂長治（字政型）
（清・恩縣人）
［宣統］重修恩縣 8/43
［民國］重修恩縣 11/鄉賢 50
恩縣鄉土志/20
呂頤浩（字元直）
（宋・樂陵人，一作歷城人）
［至元］齊乘 6/28
［嘉靖］山東 29/16
［康熙］山東 39/14
［雍正］山東 28/人物二 47
［宣統］山東 157/28
［康熙］濟南 35/4
［道光］濟南 47/35
［乾隆］武定府 23/9
［咸豐］武定府 23/名臣 9
［崇禎］歷乘 16/10
［崇禎］歷城 10/7，10/26
［乾隆］歷城 35/30
［順治］樂陵 6/4
［乾隆］樂陵 6/5
樂陵縣鄉土志 3/17
［萬曆］章丘 23/2
［康熙］章丘 6/12
［乾隆］章邱 9/9
呂階陞（清・萊蕪人）
［民國］續修萊蕪 24/6
75 呂體復（字克亭）
（清・文登人）
［光緒］文登 10/上 13
77 呂開（宋・壽州人）
［雍正］山東 27/90
［宣統］山東 68/42
呂閔（清・德州人）
［民國］德縣 11/8
德州鄉土志/耆舊 52
呂印庭（清・清平人）
［民國］清平/人物 74
呂又新（字學山）
（清・文登人）
［光緒］增修登州 43/41
［光緒］文登 9/上 2－8
呂民望（明・萊蕪人）
［康熙］濟南 44/18
［乾隆］泰安府 18/43
［康熙］新修萊蕪 6/37
［民國］萊蕪 20/1
［民國］續修萊蕪 27/2
萊蕪縣鄉土志/8
呂鵬雲（字溟南，一作號溟南）
（明・北直東明人）
［康熙］山東 33/24
［雍正］山東 27/93
［宣統］山東 72/33
［康熙］兗州 22/38
［康熙］兗州續編 14/15
［乾隆］曹州府 12/20
［萬曆］鉅野 6/10，9/藝文
［康熙］鉅野 10/10，15/26
［道光］鉅野 10/26，18/19
呂鳳桐（昌樂人）
［民國］昌樂縣續志 21/22
呂周輔（清・福山人）
［乾隆］福山 9 上/65
［民國］福山縣志稿 7/4－3
呂殿揚（清・鄒平人）
［道光］鄒平 15/90
［民國］鄒平 15/90
呂興周（字相武）

（恩縣人）
［民國］重修恩縣 11/鄉賢 60
呂朋錫（字珍莪）
（清・德州人）
［民國］德縣 10/57
呂居簡（宋・河南人）
［光緒］益都縣圖志 16/40
79 呂騰翼（明・福山人）
［康熙］福山 8/19
［乾隆］福山 8/32
80 呂倉（明）
［道光］濟南 36/13
［萬曆］章丘 21/76
［康熙］章丘 4/27
［乾隆］章邱 7/6
［道光］章邱 9/9
呂公（漢・單父人）
［嘉靖］山東 33/14
［宣統］山東 168/1
［萬曆元年］兗州 43/5
［乾隆］曹州府 16/16
［乾隆］單縣 7/45
［民國］單縣 12/方技 1
呂鏞（明・涇陽人）
［康熙］棲霞 4/3
呂雉（漢・單父人）
［嘉靖］山東 23/6
［康熙］山東 28/5
［萬曆元年］兗州 1/皇后 1
［萬曆二十四年］兗州 5/9
［康熙］兗州 6/9
呂八音（字偕倫）
（清・寧津人）
［光緒］寧津 8/8
寧津縣志料 3/人物－循良
寧津縣鄉土志/耆舊
呂公烈（清・鄒平人）
［道光］濟南 54/27
［道光］鄒平 15/54
［民國］鄒平 15/54
呂公弼（清・福山人）
［乾隆］福山 8/72
呂毓珍（字子重，號逸菴）
（清・萊蕪人）
［民國］續修萊蕪 23/3
呂金鼎（字寶九）
（扶溝縣人）
［民國］重修商河 6/59
呂金科（字巍卿）
（清・博山人）
［民國］續修博山 11/33
呂金臺（字振聲）
（清・曹縣人）
［光緒］曹縣 14/行誼 30
呂毓奇（清・掖縣人）
［嘉慶］續掖縣 3/13
呂公著（字晦叔）
（宋・壽州人）
［嘉靖］山東 26/11
［康熙］山東 33/13
［雍正］山東 27/89
［萬曆元年］兗州 39/名宦 13
［萬曆二十四年］兗州 28/3
［康熙］兗州 22/3
［乾隆］曹州府 12/9
［康熙］魚臺 15/7
［光緒］魚臺 2/46
［隆慶］單縣上/31
［康熙］單縣 6/7
［乾隆］單縣 4/50
［民國］單縣 6/宦蹟 10
呂翕如（字伯和）
（清・新城人）
［宣統］新城縣後志 2/善行
［民國］重修新城 16/10
呂金聲（字續環）
（清・霑化人）
［乾隆］武定府 26/21
［咸豐］武定府 26/義行 21
［光緒］霑化 10/13
［民國］霑化 2/86
呂公普（清・鄒縣人）
［光緒］鄒縣續志 12/中 4
鄒縣鄉土志耆舊錄/27
82 呂鉊（字書藏）
（清・萊蕪人）
［民國］萊蕪 20/3
［民國］續修萊蕪 27/9
呂鍾嶠（字閬生）
（清・清平人）
［宣統］增輯清平 12/43
83 呂錧（字宣城）
（清・鄒平人）
［嘉慶］鄒平 15/24
86 呂智（明・萊陽人）
［民國］萊陽 3/1 中 8
呂智（明・延安人）
［嘉靖］濮州 7/20
呂智壽（字松巖）
（明・齊河人）
［民國］齊河 28/1，32/46
呂錫增（霑化人）
［民國］霑化 4/登進 49
87 呂銅（字丹陽）
（清・博山人）
［民國］續修博山 12/5
88 呂節（明・茌平人）
［乾隆］東昌 41/28
［嘉慶］東昌 31/6
［康熙二年］茌平 2/52
［宣統］茌平 16/1
［民國］茌平 3/9
呂箴（字竹咸）
（清・掖縣人）
［民國］四續掖縣 4/59
呂餘慶（五代・幽州安次人）
［嘉靖］山東 26/24
［康熙］山東 34/4
［乾隆］曹州府 12/8
［嘉靖］濮州 7/12
［萬曆］濮州 3/名宦 11
［康熙］濮州 3/11
［乾隆］濮州 3/11
［宣統］濮州 4/11
90 呂尚（春秋・東海上人）
［至元］齊乘 6/1
［嘉靖］青州 12/9
［康熙十五年］青州 8/2
［康熙四十八年］青州 8/2
［康熙六十年］青州 10/1
［乾隆］沂州府 25/1
［萬曆］萊州 6/21
［康熙］萊州 6/2
［崇禎］武定州 14/1
［乾隆］武定府 15/1
［咸豐］武定府 15/1
［嘉靖］昌樂 3/39
［康熙］昌樂 5/1

［康熙］臨淄 9/3
［民國］臨淄 21/36
［萬曆］諸城 7/46
［康熙］諸城 7/84
［民國］重修莒志 59/1
［乾隆］惠民 5/1
［康熙］日照 9/1
［光緒］日照 8/1
呂棠(字希召)
（明・濟寧人）
［康熙］濟寧州 6/23
［乾隆］濟寧直隸州 24/2
［道光］濟寧直隸州 8/2－22
呂光翼(宋・寧海人)
［同治］重修寧海州 17/2
呂尚健(字乾如)
（清・利津人）
［乾隆］利津縣志補 4/27
呂尚志(明・萊蕪人)
［康熙］濟南 44/24
［康熙］新修萊蕪 6/38
［民國］萊蕪 20/2
［民國］續修萊蕪 27/5
呂惟恕(元・魚臺人)
［康熙］山東 46/3
［康熙］魚臺 17/48
［乾隆］魚臺 11/40
［光緒］魚臺 3/25
呂光昈(宋・寧海人)
［同治］重修寧海州 17/2
呂光敏(宋・寧海人)
［同治］重修寧海州 17/3
呂少恒(字海村)
（平原人）
［民國］續修平原 8/26
91 呂烜(字司庭,一字文巖)
（清・掖人）
［宣統］山東 177/18
［嘉慶］續掖縣 3/15
呂恒安(字壽山,號松齡)
（清・清平人）
［宣統］山東 174/8
［宣統］增輯清平 12/42
［民國］清平/人物 24
92 呂烻(字秋帆,號悔菴)
（清・新城人）
［宣統］新城縣後志 3/文苑
［民國］重修新城 18/19
呂爋(清・德州人)
州乘餘聞/2
94 呂忱(字伯雍)
（晉・任城人）
［雍正］山東 31/4
［乾隆］兗州 31/14
［乾隆］濟寧直隸州 26/12
［道光］濟寧直隸州 8/4－36
呂熯(清・萊蕪人)
［民國］萊蕪 19/4
［民國］續修萊蕪 25/5
95 呂性齋(清・萊蕪人)
［民國］續修萊蕪 34/22
97 呂炯(字子炎,號淄南)
（清・博山人）
［乾隆］博山 6/下 17
［民國］續修博山 12/25
呂恂(字信吾)
（明・德州衛人）
［康熙］濟南 42/19
［道光］濟南 52/44
［康熙］德州 8/26
［乾隆］德州 9/22
［民國］德縣 10/17
德州鄉土志/耆舊 16
呂耀翼(原名鑫,字金生)
（清・武進人）
［民國］德平縣續志 6/4
98 呂炌(清・德州人)
德州鄉土志/耆舊 41
呂悅(字欣棠)
（恩縣人）
［民國］重修恩縣 11/鄉賢 82
99 呂榮(字伯仁)
（清・博山人）
［民國］續修博山 12/7
呂榮(字聲華)
（清・黃縣人）
［同治］黃縣 9/30
［民國］黃縣志稿 13/清藝術

昌

27 昌伊蘇(字樸園)
（清・滿洲正黃旗人）
［民國］德縣 10/52

回

60 回回翁(宋)
［宣統］山東 200/24
［乾隆四十七年］泰安縣卷之末/11
［道光］泰安縣卷之末/11
［民國］重修泰安縣 10/69

冒

18 冒政(字有恒)
（明・如皋人）
［道光］濟南 72/20

6060_4 圖

44 圖薩特穆爾(元)
［光緒］益都縣圖志 17/21

6071_1 昆

10 昆吾氏(上古)
［萬曆］東昌 5/1
［嘉靖］濮州 4/2
［康熙］濮州 1/56
［乾隆］濮州 1/64
［宣統］濮州 1/94

6071_7 邑

43 邑裘(周)
［康熙］重修臨邑 10/2
60 邑田(周)
［康熙］重修臨邑 10/2
80 邑姜(周・齊人)
［萬曆］青州 16/1
［康熙十五年］青州 16/1
［康熙四十八年］青州 16/1
［康熙六十年］青州 19/1
［康熙］臨淄 9/4
［民國］臨淄 31/45

囤

44 囤萬全(字純玉)
（清・高唐人）
［光緒］高唐州 5/2－27
［民國］高唐縣 12/43

6073_1 曇

40 **曇壽**(後魏)
[乾隆]博山 7/下 19
[民國]續修博山 12/71
46 **曇觀**(晉·莒州人)
[雍正]山東 30/8
[嘉靖]青州 16/51
[萬曆]青州 17/9
[康熙十五年]青州 17/9
[康熙四十八年]青州 17/仙釋 4
[康熙六十年]青州 20/9
[乾隆]沂州府 27/12
[康熙]莒州下/48
[雍正]莒州 11/2
[民國]重修莒志 69/1

6080_0 貝

20 **貝秉彝**(見貝恒)
60 **貝思長**(清·平陰人)
[光緒]平陰 5/34
80 **貝公遠**(明·上虞人)
[萬曆]沂州志 6/10
[康熙]沂州志 3/44
[民國]臨沂 7/70
91 **貝恒**(字秉彝)
(明·浙江上虞人,一作應天溧水人)
[嘉靖]山東 26/18
[康熙]山東 33/21
[雍正]山東 27/84
[宣統]山東 71/32
[乾隆]泰安府 15/4
[萬曆元年]兖州 38/循吏 43
[萬曆二十四年]兖州 29/12
[康熙]兖州 22/33
[康熙]兖州續編 14/25
[康熙]張秋志 5/21
[康熙五十四年]東阿 3/32
[道光]東阿 11/7
[光緒]東阿縣鄉土志 2/9

只

33 **只必**(元)
[雍正]山東 27/83
47 **只好仁**(字子任,號壽奄)
(明·内邱舉人)
[乾隆]即墨 8/7
[同治]即墨 8/7
即墨縣鄉土志/政績錄

6080_1 是

28 **是儀**(字子羽)
(三國吴·北海營陵人)
[至元]齊乘 6/14
[嘉靖]山東 32/6
[宣統]山東 154/27
[嘉靖]青州 14/8
[萬曆]青州 13/31
[康熙十五年]青州 13/31
[康熙四十八年]青州 13/事功 14
[咸豐]青州 39/8
[康熙]杞紀 18/23,18/24
[嘉靖]昌樂 3/43
[康熙]昌樂 4/3
[嘉慶]昌樂 23/2
[萬曆]濰縣 8/7
[康熙]濰縣 5/人物 6
[乾隆]濰縣 4/3
[民國]濰縣志稿 20/4
31 **是遷**(字世達)
(漢·營陵人)
[康熙]杞紀 18/12
53 **是盛**(字護宗)
(漢·營陵人)
[康熙]杞紀 18/11

6080_6 員

07 **員韶聲**(字賡虞)
(清·堂邑人)
[康熙]堂邑 14/5
27 **員俶**(唐·齊州全節人)
[康熙]濟南 42/6
[道光]濟南 47/8
[崇禎]歷城 10/4
90 **員半千**(字榮期)
(唐·齊州全節人)
[至元]齊乘 6/19
[嘉靖]山東 25/18,29/11
[康熙]山東 32/6,39/10
[雍正]山東 28/人物二 6
[宣統]山東 156/5
[康熙]濟南 37/3
[道光]濟南 47/6
[嘉靖]武定州下/47
[萬曆]武定州 12/2
[崇禎]武定州 15/4
[乾隆]武定府 16/3
[咸豐]武定府 19/3
[崇禎]歷乘 16/6
[崇禎]歷城 10/3
[乾隆]歷城 40/1
[萬曆]章丘 22/100
[康熙]章丘 6/10
[乾隆]章邱 9/7
[道光]章邱 10/40
[乾隆]惠民 5/10
[光緒]惠民 18/4
惠民縣鄉土志/政績錄 3
員懷英(清·陝西三原人)
[宣統]山東 77/35

圓

32 **圓澄**(俗姓張)
(明·淄川人)
[宣統]三續淄川 10/58
37 **圓通**(明·掖縣人)
[道光]再續掖縣下/1
67 **圓明**(姓徐)
(元·東牟人)
[光緒]文登 12/4
圓明(明·范縣人)
[雍正]山東 31/10
[萬曆]東昌 22/10
[乾隆]曹州府 16/21
[萬曆]濮州 4/仙釋 4
圓明(明·淄川人)
[宣統]三續淄川 10/58

買

20 **買住韓**(元)
[萬曆二十四年]兖州 9/29
[康熙]兖州 10/29
47 **買奴**(元)
[嘉靖]青州 12/29
[康熙十五年]青州 8/15

[康熙四十八年]青州 8/15
[光緒]益都縣圖志 47/2
買努(見買奴)
55 **買農**(元)
[康熙]益都 5/1

6090_4 果

97 **果燦**(號法雨,俗姓蕭)
(清・福山人)
[乾隆]福山 9 下/48
98 **果悔**(號過庵,一號昨非)
(清・蒙陰人)
[康熙二十四年]蒙陰 7/9
[宣統]蒙陰 7/誌傳

6090_6 景

10 **景可模**(字子範)
(清・樂安人)
[民國]續修廣饒 19/75
景可輔(字佐臣)
(清・樂安人)
[民國]續修廣饒 19/76
17 **景君**(漢・任城人)
[康熙]山東 59/1
[雍正]山東 35/墓碑 2
[宣統]山東 150/72
[萬曆]青州 18/62
[康熙十五年]青州 18/62
[康熙四十八年]青州 18/66
[萬曆二十四年]兖州 40/6
[康熙]兖州 30/6
[康熙]萊州 11/文類 9－1
[乾隆]濟寧直隸州 16/8, 26/2
[道光]濟寧直隸州 9/2－30
[民國]濟寧直隸州續志 19/1－3
[民國]濰縣志稿 20/3
20 **景維城**(清・萊蕪人)
[民國]續修萊蕪 27/18
景維芳(字蘭齋)
(清・樂安人)
[民國]續修廣饒 19/76
景重華(清・德平人)
[宣統]山東 170/25
[光緒]德平 7/24
27 **景叔範**(見景淑範)
30 **景宏**(明・涇州人)
[宣統]山東 200/9
37 **景運熙**(清・樂安人)
[雍正]樂安 12/20
[民國]樂安 10/19
[民國]續修廣饒 19/34
景淑範(明・蒲州人)
[宣統]山東 72/22
[乾隆]沂州府 20/9
[康熙]莒州下/10
[嘉慶]莒州 7/7
[民國]重修莒志 57/13
44 **景芳**(字德馨)
(明・定陶人)
[乾隆]曹州府 15/9
[順治]定陶 5/13
[乾隆]定陶 6/13
[民國]定陶 6/14
76 **景陽春**(字靄如)
(清・歷城人)
[光緒]平陰 5/42
88 **景範**(後周・長山人)
[康熙]山東 39/11,59/21
[雍正]山東 28/人物二 19, 35/墓碑 27
[宣統]山東 156/23
[道光]濟南 47/18
[康熙四十三年]長山 5/仕業
[康熙五十五年]長山 6/1
[嘉慶]長山 7/2
長山縣鄉土志/耆舊錄
[康熙]鄒平 6/20,7/41
[嘉慶]鄒平 9/9,16/45
[道光]鄒平 9/9,15/4
[民國]鄒平 15/4

6091_4 羅

00 **羅童**(字君用)
(唐・淄川人)
[宣統]三續淄川 9/81
羅衣(明・山西清源人)
[宣統]山東 73/8
[咸豐]青州 36/37
[康熙]高苑縣續志 3/5
[乾隆]高苑 3/21
羅文瑞(明・歙縣人)
[崇禎]歷乘 16/65
羅文瑜(字輝山)
(清・奉天人)
[雍正]山東 27/102
[宣統]山東 75/1
[道光]濟南 38/1
[康熙]兖州府曹縣 9/37
[光緒]曹縣 9/縣令 6
羅應選(字賢岫)
(清・信陽人)
[康熙]兖州府曹縣 9/36
[光緒]曹縣 9/縣令 6
羅文賢(字聖譯)
(清・滋陽人)
滋陽縣鄉土志 1/耆舊－忠節
02 **羅端**(清・霑化人)
[乾隆]武定府 26/16
[咸豐]武定府 26/義行 16
[光緒]霑化 10/8
[民國]霑化 2/81
08 **羅許**(明・廣陵人)
[順治]泗水 4/10
[光緒]泗水 4/3
[光緒]泗水縣鄉土志/5
10 **羅石頭**(唐・齊州人)
[宣統]山東 164/8
[康熙]濟南 38/3
[道光]濟南 47/6
[崇禎]歷城 10/16
[乾隆]歷城 41/1
羅于宁(字宁儀)
(明・滋陽人)
[康熙]兖州 28/38
[康熙]兖州續編 15/1
[乾隆]兖州 23/54
[康熙]滋陽 4/上 22
[光緒]滋陽 9/25
羅正清(湖南善化人)
[民國]萊陽 3/1 上 38
羅一夔(明・略陽人)
[道光]濟寧直隸州 6/6－28
12 **羅廷璋**(字文城)
(清・四川閬中人)
[宣統]山東 77/18
[咸豐]青州 37/14

［乾隆］諸城 28/13
諸城縣鄉土志/上 11
羅弘信(唐)
［乾隆］臨清州 9/4
15 羅建閣(霑化人)
［民國］霑化 4/登進 46
17 羅承勛(明・南昌人)
［康熙］滋陽 4/上 39
羅子賫(明・吳江人)
［嘉靖］朝城志 5/又 9
［康熙］朝城 7/11
20 羅秀(清・沂水人)
［道光］沂水 7/23
羅依(字依南,號繡庵)
(明・濮州人)
［康熙］濮州 6/87
［乾隆］濮州 6/87
［宣統］濮州 8/87
羅偉(唐・淄川人)
［宣統］三續淄川 9/81
羅維城(字管溪)
(長清人)
［民國］長清 12/25
羅舜英(霑化人)
［民國］霑化 4/登進 43
羅秉忠(明)
［萬曆］東昌 5/7
21 羅縉(明・歷城人)
［康熙］山東 45/5
［雍正］山東 28/人物三 3
［宣統］山東 165/14
［道光］濟南 49/38
［崇禎］歷乘 16/46
［崇禎］歷城 10/21
［乾隆］歷城 42/5
22 羅綬(明・霑化人)
［乾隆］武定府 26/8
［咸豐］武定府 26/義行 8
［光緒］霑化 10/4
［民國］霑化 2/76
羅繼宗(明・南昌人)
［萬曆］青州 12 又/又 17
［康熙十五年］青州 12 又/又 17
［康熙四十八年］青州 12 又/又 17
［康熙六十年］青州 12/21
［咸豐］青州 36/38
［康熙六十年］博興 7/12
［光緒］益都縣圖志 18/14
羅崇恩(號石溪)
(明・鄆城人)
［崇禎］鄆城 6/16
［康熙］鄆城 6/16
［光緒］鄆城 8/6
羅鼎臣(明・濮州人)
［康熙］濮州續志下/3
［乾隆］濮州 4/13
［宣統］濮州 5/13
23 羅台臣(字思補)
(清・濮州人)
［康熙］兗州府曹縣 9/40
25 羅仲宣(字粲臣)
(宋・諸城人)
［嘉靖］淄川 6/82
［乾隆］淄川 5/32,7/下 97
27 羅伊利(北魏・代人)
［嘉靖］山東 26/5
［康熙］山東 33/5
［雍正］山東 27/32
［宣統］山東 67/9
［萬曆元年］兗州 38/循吏 16
［萬曆二十四年］兗州 27/4
［康熙］兗州 21/19
［乾隆］兗州 22/7
羅紹倫(字亦一)
(清・金川衛人)
［乾隆］濟寧直隸州 28/18
［道光］濟寧直隸州 8/4－46
28 羅儀(字易門)
(清・會稽人)
［民國］重修莒志 58/4
羅從彥(字仲素)
(宋・南劍人)
［雍正］山東 11/闕里二 28
［乾隆］兗州 7/40
羅以深(字淵碧,號樸園)
(清・德州人)
［民國］德縣 10/43
30 羅適(字正之)
(宋・海寧人)
［嘉靖］山東 26/13
［康熙］山東 33/16
［雍正］山東 27/90
［宣統］山東 68/43
［萬曆元年］兗州 38/循吏 33
［萬曆二十四年］兗州 28/10
［康熙］兗州 22/10
［康熙］曹州志 7/49
［乾隆］曹州府 12/11
［同治］重修寧海州 17/4
［光緒］菏澤 7/宦蹟 17
［康熙］兗州府曹縣 10/8
［光緒］曹縣 10/7
［民國］牟平 7/4
羅進義(字宜齋)
(清・霑化人)
［光緒］霑化 10/15
［民國］霑化 2/88
34 羅洪彥(明・萬安人)
［康熙二年］茌平 2/39
［康熙四十九年］茌平 2/39
［宣統］茌平 8/2
［民國］茌平 8/59
羅對蒙(明・蒙陰人)
［康熙十一年］蒙陰 2/51
羅汝芳(明・江西南城人)
［宣統］山東 72/35
［萬曆］東昌 18/31
［乾隆］東昌 33/28
［嘉慶］東昌 20/40
35 羅清澤(霑化人)
［民國］霑化 4/登進 43
37 羅泂(明・樂陵人)
［乾隆］武定府 25/9
［咸豐］武定府 25/孝友 9
［順治］樂陵 6/8
［乾隆］樂陵 6/22
羅鴻圖(字文河)
(清・掖縣人)
［乾隆］掖縣 4/63
38 羅道珍(魏・襄陽人)
［順治］鄒平 4/6
［康熙］鄒平 4/6
［嘉慶］鄒平 14/1
［道光］鄒平 14/1
［民國］鄒平 14/1
40 羅嘉言(明・濟陽人)

[康熙]濟南 44/29
[道光]濟南 51/52
[萬曆]濟陽 8/5
[乾隆]濟陽 8/20
[民國]濟陽 11/25
羅希孟(明)
[宣統]山東 72/19
[萬曆二十四年]兗州 29/13
[康熙]兗州 22/35
[萬曆]沂州志 6/9
[康熙]沂州志 3/43
[乾隆]沂州府 20/5
[民國]臨沂 7/70
羅士信(唐・齊州歷城人)
[至元]齊乘 6/19
[嘉靖]山東 29/10
[康熙]山東 39/9
[雍正]山東 28/人物二 3
[宣統]山東 164/8
[康熙]濟南 38/3
[道光]濟南 47/5
[崇禎]歷乘 16/5
[崇禎]歷城 10/17
[乾隆]歷城 41/2
[嘉靖]淄川 6/78
[康熙]淄川 6/8
[乾隆]淄川 6/上 8
羅志儒(字無他,號印尼)
(明・濮州人)
[乾隆]曹州府 15/20
[康熙]濮州續志上/25
[乾隆]濮州 3/93
[宣統]濮州 4/99
羅培鑾(清・福建閩侯人)
[民國]萊陽 3/1 上 39
羅培鑾(茌平人)
[民國]茌平 8/69
羅希道(宋・密州諸城人)
[康熙]淄川 5/2
[乾隆]淄川 5/2
羅大才(明・湖廣衡陽舉人)
[順治]定陶 5/8
[乾隆]定陶 4/19
[民國]定陶 4/25
羅大奎(字文輝,號聚所)
(明・南昌人)
[康熙]兗州府曹縣 9/4
[光緒]曹縣 9/官職 4
羅九有(明・肥城人)
[康熙]肥城書下/21
羅希古(宋・密州諸城人)
[康熙]濟南 40/3
[道光]濟南 47/32
[嘉靖]淄川 6/79,6/82
[康熙]淄川 5/2
[乾隆]淄川 5/2
羅士柏(清・貴州遵義人)
[宣統]山東 76/19
[乾隆]沂州府 20/17
羅克昌(字臯言)
(清・江南高郵人)
[宣統]山東 77/29
[光緒]增修登州 34/1
[道光]榮成 6/24
羅南星(字榆園)
(清・福建永安人)
[宣統]山東 77/25
[乾隆]續登州 12/1
[光緒]增修登州 29/3
[康熙]棲霞 4/9,8/29 之 9
[乾隆]棲霞 5/29,5/33
羅士賢(字子賢)
(明・河南泌陽人)
[宣統]山東 71/20
[道光]濟南 36/58
[康熙]德平 3/2
[乾隆]德平 2/25
[嘉慶]德平 5/8
[光緒]德平 5/8
德平縣鄉土志/政績錄
羅大美(字在中,號素菴)
(清・四川閬中人)
[雍正]山東 27/102
[宣統]山東 77/1
[康熙四十八年]青州 12/24
[康熙六十年]青州 12/41
[咸豐]青州 37/11
[乾隆]兗州 22/36
[乾隆]濟寧直隸州 22/52
[道光]濟寧直隸州 6/7 –87
[康熙六十年]博興 7/15
[光緒]益都縣圖志 18/48
[康熙]魚臺 15/25
[乾隆]魚臺 9/45
[光緒]魚臺 2/54
羅有尚(清・監利舉人)
[道光]觀城 6/10
43 羅博(清・鄭州人)
[光緒]增修登州 28/5
[乾隆]福山 7/17
[民國]福山縣志稿 3/2 –9
羅載純(見羅載惇)
羅載惇(字篤公)
(清・霑化人)
[康熙]濟南 40/19
[乾隆]武定府 24/35
[咸豐]武定府 24/循良 25
[光緒]霑化 7/15
[民國]霑化 2/10
44 羅材(明・廬陵人)
[咸豐]青州 36/21
[康熙]壽光 20/3
[嘉慶]壽光 10/24
[民國]壽光 6/13
羅植(清・德州人)
州乘餘聞/20
羅夢元(清・湖北南漳人)
信邑志稿 5/宦蹟
[民國]陽信 2/66
羅孝先(宋・密州諸城人)
[康熙]淄川 5/2
[乾隆]淄川 5/2
羅萬象(清・宜賓舉人)
[光緒]增修登州 28/5
[乾隆]福山 7/19
羅世清(字介恒)
(清・霑化人)
[乾隆]武定府 24/41
[咸豐]武定府 24/循良 31
[光緒]霑化 7/17
[民國]霑化 2/12
羅世錦(明・陝西兩當人)
[咸豐]青州 36/39
[順治]登州 11/23
[光緒]增修登州 26/2
[康熙]蓬萊 3/4
[康熙]臨淄 8/7
[民國]臨淄 18/9

45 羅椿枝(明·桐廬人)
[萬曆二十四年]兗州 29/5
[康熙]兗州 22/26
[康熙]兗州續編 14/11
[康熙九年]城武 2/33
[康熙四十一年]城武 3/下名宦 14
[道光]城武 6/25
46 羅相臣(字有容,號沖斗)(明·濮州人)
[康熙]濮州 4/6
[乾隆]濮州 4/6
[宣統]濮州 5/6
48 羅敬(明·萊陽人)
[民國]萊陽 3/1 中 78
羅翰寅(字靖公)(清·奉天人)
[康熙]堂邑 8/8
57 羅拯(字道濟)(宋·祥符人)
[光緒]益都縣圖志 16/33
60 羅思舜(字重華)(清·新城人)
[道光]濟南 55/77
[宣統]新城縣後志 2/善行
[民國]重修新城 16/15
羅國士(字尚友,號嶔瞻)(明·德州人)
[民國]德縣 10/19
德州鄉土志/耆舊 19
羅國英(元·濰州人)
[民國]濰縣志稿 30/19
71 羅阿清(清·德州人)
[道光]濟南 56/84
77 羅開勳(字銘書,號桐圃)(清·章邱人)
[道光]濟南 54/23
[道光]章邱 10/38
章邱縣鄉土志/上 21
羅民先(宋·密州諸城人)
[康熙]淄川 5/2
[乾隆]淄川 5/2
羅殿甲(字杏先)(清·臨淄人)
[民國]臨淄 27/65
羅學昭(字融菴)(清·桓臺人)
[民國]桓臺志略 3/15
[民國]桓臺 3/25
羅開曾(清·莒縣人)
[民國]重修莒志 62/8
羅殿光(清·鄒縣人)
[民國]續修鄒縣志稿/人物-耆舊
80 羅曾(元·濟寧人)
[乾隆]濟寧直隸州 23/37
[道光]濟寧直隸州 8/2-19
羅含章(字錦亭,號梅嶺)(清·德州人)
[民國]德縣 10/58
羅養心(字惺涵)(明·樂安人)
[雍正]樂安 12/16
[民國]樂安 10/14
[民國]續修廣饒 19/25
羅養義(清·陽穀人)
[光緒]陽穀 7/4
[民國]增修陽穀人物/善行 43
86 羅錦(明·直隸滿城人)
[道光]濟南 36/58
[康熙]德平 3/2
[乾隆]德平 2/25
[嘉慶]德平 5/8
[光緒]德平 5/8
德平縣鄉土志/政績錄
87 羅欽順(字允升)(明·泰和人)
[雍正]山東 11/闕里二 33
[乾隆]兗州 7/46
88 羅鈴(清·奉天廣寧人)
[宣統]山東 74/46
[道光]濟南 37/67
羅篤生(清·肥城人)
[乾隆]泰安府 18/57
[嘉慶]肥城 17/23
[光緒]肥城 9/12
肥城縣鄉土志 5/22
91 羅恆(清·海陽人)
[光緒]海陽縣續志 5/25
95 羅慱(清·河南鄭州人)
[康熙]福山 7/16
99 羅榮德(字滋泉)(清·掖縣人)
[民國]四續掖縣 4/61

6104$_0$ 吁

17 吁子(周·東阿人)
[乾隆]泰安府 16/1
[康熙四年]東阿 6/1
[康熙五十四年]東阿 6/1
[道光]東阿 13/人物上 1
[光緒]東阿縣鄉土志 4/1

6180$_8$ 題

44 題世偉(字鑑遠)(清·平陰人)
[光緒]平陰 5/又 17

6204$_9$ 呼

10 呼天培(清·黃縣人)
[光緒]增修登州 44/2
12 呼延霖(字爾生)(清·樂安人)
[宣統]山東 175/19
[民國]臨沂 10/37
呼延琮(五代·并州太原人)
[乾隆]淄川 4/4
呼延林(清·樂安人)
[民國]樂安 10/37
[民國]續修廣饒 19/90
30 呼良雲(清·黃縣人)
[同治]黃縣 9/4
[民國]黃縣志稿 13/人物-死難

6216$_3$ 踏

32 踏冰和尚(清)
[宣統]山東 200/39
[康熙]濟寧州 7/58
[乾隆]濟寧直隸州 28/32
[道光]濟寧直隸州 10/2-19

6299$_3$ 縣

00 縣亶(字子象,一作子乘)(春秋·魯人)
[雍正]山東 11/闕里二 20

［宣統］山東 153/11
［乾隆］兗州 7/31
［乾隆］曲阜 59/9
53 縣成(字子祺,一作子象)
(春秋・魯人)
［嘉靖］山東 24/9
［康熙］山東 29/8
［雍正］山東 11/闕里二 18
［宣統］山東 153/9
［萬曆元年］兗州 7/54
［萬曆二十四年］兗州 7/22
［康熙］兗州 8/22
［乾隆］兗州 7/29
［崇禎］曲阜 4/11
［康熙］曲阜 4/11
［乾隆］曲阜 59/7
［道光］鉅野 24/1

6306_4 喀

10 **喀爾吉善**(清・滿洲正黄旗人)
［宣統］山東 74/17

6355_0 戰

00 **戰文魁**(明・萊陽人)
［民國］萊陽 3/1 中 13
04 **戰訥**(字近公)
(清・寧津人)
寧津縣鄉土志/耆舊
09 **戰麟祥**(字聖瑞)
(清・掖縣人)
［民國］四續掖縣 4/62
10 **戰正**(字德義,一作得義)
(明・高密人)
［嘉靖］山東 35/8
［康熙］山東 45/22
［萬曆］萊州 6/7,8/17
［康熙］萊州 10/62
［乾隆］萊州 11/孝義 3,13/51
［康熙］高密 8/9
［乾隆］高密 8/上 23,9/16
［光緒］高密 8/上 31,9/中 36,9/下 35
［民國］高密 14/上 35,15/上 27,15/中 6,15/中 26
高密縣鄉土志/上 33
12 **戰廷芷**(清・萊陽人)
［民國］萊陽 3/1 中 93
20 **戰維新**(字羣儒)
(清・寧津人)
［光緒］寧津 8/31
寧津縣志料 3/人物 - 義行
戰維寧(字泰明)
(清・莒縣人)
［民國］重修莒志 65/4
27 **戰翶**(字騰霄)
(明・高密人)
［嘉靖］山東 35/8
［康熙］山東 45/22
［萬曆］萊州 6/8
［康熙］萊州 10/64
［乾隆］萊州 11/孝義 4
［康熙］高密 8/9
［乾隆］高密 8/上 24
［光緒］高密 8/上 31
［民國］高密 14/上 35
高密縣鄉土志/上 33
30 **戰安平**(字子衡)
(清・昌樂人)
［民國］昌樂縣續志 35/9
戰之葵(字菘園)
(清・臨淄人)
［民國］臨淄 25/38
38 **戰道清**(號崇和大師)
(元)
［同治］黄縣 9/31
［民國］黄縣志稿 13/人物 - 釋道
40 **戰希孟**(字承齋)
(清・莒縣人)
［民國］重修莒志 65/38
戰培恒(清・黄縣人)
［同治］黄縣 9/4
［民國］黄縣志稿 13/人物 - 死難
46 **戰旭**(字嵎東)
(清・莒縣人)
［乾隆］沂州府 26/15
［雍正］莒州 9/37
［民國］重修莒志 62/7
47 **戰朝用**(明・蓬萊人)
［康熙］山東 45/21
［順治］登州 17/20
［光緒］增修登州 43/5
［康熙］蓬萊 5/22
［道光］重修蓬萊 9/25
［民國］蓬萊縣志合編人物志/孝友
60 **戰景清**(清・黄縣人)
［同治］黄縣 9/4
［民國］黄縣志稿 13/人物 - 死難
戰國瀚(字希召)
(清・掖縣人)
［民國］四續掖縣 4/67
86 **戰錫九**(清・莒縣人)
［嘉慶］莒州 10/12
［民國］重修莒志 65/15
87 **戰欽中**(字兢子)
(清・莒縣人)
［乾隆］沂州府 26/21
［雍正］莒州 9/27
［嘉慶］莒州 9/26
［民國］重修莒志 65/4

6401_0 吐

44 **吐萬緒**(字長緒)
(隋・代人)
［嘉靖］山東 26/6
［康熙］山東 33/7
［雍正］山東 27/53
［宣統］山東 67/28
［咸豐］青州 34/17
［萬曆元年］兗州 38/循吏 22
［萬曆二十四年］兗州 27/7
［康熙］東平州 4/27
［乾隆］東平州 12/4
［道光］東平州 12/4
［光緒］東平州 14/4
［民國］東平縣 9/3
［光緒］益都縣圖志 15/20

6401_1 曉

37 **曉初**(宋・登州人)
［嘉靖］山東 34/16
［康熙］山東 47/9
［雍正］山東 30/13
［宣統］山東 200/27
［泰昌］登州 11/60

[順治]登州 18/20
[康熙]蓬萊 6/3
[道光]重修蓬萊 2/32
[民國]增修蓬萊 2/仙釋
[民國]蓬萊縣志合編人物志/仙釋
46 曉如(明・博平人)
[乾隆]東昌 44/10
[嘉慶]東昌 34/18

6401₄ 眭

00 眭章(清・丘縣人)
[乾隆]臨清州 12/9
[乾隆]臨清直隸州 8/上 84
12 眭弘(字孟)
(漢・魯國蕃人)
[至元]齊乘 6/11
[嘉靖]山東 30/5
[康熙]山東 40/6
[雍正]山東 28/人物一 6
[宣統]山東 153/29,162/4
[萬曆元年]兗州 40/儒林 4
[萬曆二十四年]兗州 31/20
[康熙]兗州 24/19
[乾隆]兗州 23/7
[乾隆]曲阜 73/1
[萬曆]滕志 7/10
[康熙]滕志 7/10
[康熙]滕縣志 7/9
[道光]滕縣志 7/6
滕縣鄉土志/15
30 眭宏(見眭弘)
36 眭澤(見睢澤)

6402₇ 噶

10 噶爾薩(清・滿洲人)
[康熙]臨清州 1/又 44
[乾隆]臨清州 9/12
[乾隆]臨清直隸州 6/78
[民國]臨清縣/秩官 63

6403₁ 嚇

80 嚇舍哩良弼(金・輝發川人)
[咸豐]青州 64/31

6404₁ 時

00 時文林(霑化人)
[民國]霑化 4/登進 43
時庸勸(字吉臣)
(清・單縣人)
[民國]單縣 11/39
時庸勛(字公弼)
(清・單縣人)
[民國]單縣 12/鄉賢 23
08 時謙益(字子受)
(清・曹縣人)
[光緒]曹縣 14/忠義 6
12 時登升(長清人)
[民國]長清 12/19
18 時珍(字國賓)
(元・徂陽人)
[乾隆二十五年]泰安縣 12/14
[乾隆四十七年]泰安縣 10/上 10
[道光]泰安縣 9/上 59
[民國]重修泰安縣 8/10
泰安縣鄉土志/耆舊 11
時致祥(號太玉)
(明・單縣人)
[順治]單縣 4/60
20 時信(明・德平人)
[道光]濟南 52/51
[乾隆]德平 3/7
[嘉慶]德平 7/10
[光緒]德平 7/10
德平縣鄉土志/耆舊錄
時舜年(字福先)
(清・單縣人)
[民國]單縣 11/38
21 時睿(清・夏津人)
[乾隆]東昌 43/39
[乾隆]夏津 8/21
24 時化(明・濰縣人)
[民國]濰縣志稿 27/45
時勳驃(清・單縣人)
[順治]單縣 3/4
26 時儼(字望隆)
(清・夏津人)
[民國]夏津續編 8/23
時繹(字勉學)
(明・臨清人)
[乾隆]東昌 39/2
[康熙]臨清州 3/人物 6
[乾隆]臨清州 9/22
[乾隆]臨清直隸州 8/上 6
[民國]臨清縣/人物 3
時㟚(字括齋)
(清・濰縣人)
[民國]濰縣志稿 30/28
30 時守中(明・南直長洲人)
[宣統]山東 71/49
[康熙]濟南 25/53
[乾隆]武定府 16/48
[咸豐]武定府 19/蒲臺 3
[康熙]重修蒲臺 5/8
[乾隆]蒲臺 2/57
蒲臺縣鄉土志/5
33 時溥(唐・徐州彭城人)
[萬曆元年]兗州 38/武功 12
35 時連茹(清・濰縣人)
[民國]濰縣志稿 32/25
[民國]臨沂 10/64
37 時祖濂(字滌九)
(清・濟寧人)
[乾隆]濟寧直隸州 25/43
[道光]濟寧直隸州 8/3-20
時冠卿(清・直隸河間舉人)
[民國]增修膠志 18/18
43 時式玉(字琢圃,號筠石)
(清・單縣人)
[民國]單縣 10/17
時式敷(字肩圃,號松石)
(清・單縣人)
[民國]單縣 10/17
時式璧(字燕溥)
(清・單縣人)
[民國]單縣 12/鄉賢 4
44 時懋(清・濰縣人)
[民國]濰縣志稿 31/3
時芳山(字馨齋)
(清・夏津人)
[民國]夏津續編 8/23
時茂先(金・許州人)
[嘉靖]山東 27/7,32/18
[康熙]山東 35/7
[雍正]山東 27/78
[宣統]山東 69/9,164/20
[嘉靖]青州 15/8

［萬曆］青州 14/6
［康熙十五年］青州 14/6
［康熙四十八年］青州 14/忠義 6
［康熙六十年］青州 17/4
［咸豐］青州 53/10
［乾隆］沂州府 26/2
［萬曆］諸城 7/25
［康熙］諸城 7/47
［乾隆］諸城 38/4
諸城縣鄉土志/上 20
［康熙］日照 8/6,9/7
［光緒］日照 8/3
［雍正］莒州 9/23
45 **時坤**(清・濰縣人)
［民國］濰縣志稿 31/21
50 **時青**(金・滕陽人)
［萬曆］滕志 8/80
［宣統］滕縣續志稿 3/53
時本榮(字柟村,號頤亭)(清・單縣人)
［民國］單縣 10/16
51 **時振元**(清・章邱人)
章邱縣鄉土志/上 22
71 **時長墉**(字椿垣)(清・齊東人)
［民國］齊東 5/54
齊東縣鄉土志/耆舊錄 11
74 **時陞**(清・曹縣人)
［光緒］曹縣 14/忠義 6
77 **時履方**(字介可,號果堂)(清・單縣人)
［民國］單縣 11/38
87 **時銘**(字佩西,號香雪)(清・嘉定人)
［宣統］山東補遺/56
［民國］齊東 3/63
時舒安(字子寧)(清・單縣人)
［民國］單縣 12/鄉賢 10
90 **時惟豫**(清・鑲藍旗人)
［乾隆］淄川 4/25
時惇倬(字卓人)(清・單縣人)
［民國］單縣 12/鄉賢 2
時尚儒(明・臨清人)
［乾隆］東昌 39/4
［乾隆］臨清直隸州 8/上 10
［民國］臨清縣/人物 5
時惇昶(號菊巖)(清・單縣人)
［民國］單縣 12/鄉賢 1
時光耀(字晦夫)(明・魚臺人)
［康熙］魚臺 17/13
［乾隆］魚臺 11/13
［光緒］魚臺 3/7
97 **時煥章**(清・莒縣人)
［民國］重修莒志 62/8

6404_7 哮

11 **哮張二**(宋・諸城人)
［萬曆］青州 15/45
［康熙十五年］青州 15/45
［康熙四十八年］青州 15/卓行 5
［康熙六十年］青州 18/11
［萬曆］諸城 7/26
［康熙］諸城 7/47
［乾隆］諸城 40/1

6621_4 瞿

00 **瞿唐**(明・北直長垣人)
［宣統］山東 73/10
［咸豐］青州 36/9
［康熙］壽光 20/2
［嘉慶］壽光 10/23
［民國］壽光 6/12

6624_8 嚴

00 **嚴高**(晉・琅邪人)
［宣統］山東 161/5
嚴立禮(清・餘姚人)
［乾隆］海陽 5/10
嚴文典(清)
［光緒］重修蒲臺 2/17
蒲臺縣鄉土志/3
04 **嚴謹**(字孝先)(元・奉符人)
［乾隆四十七年］泰安縣 10/上 10
［道光］泰安縣 9/上 59
［民國］重修泰安縣 8/9
泰安縣鄉土志/耆舊 11
07 **嚴望**(漢・九江人)
［嘉靖］山東 25/15
［康熙］山東 32/1
［雍正］山東 27/80
［宣統］山東 66/5
［乾隆］泰安府 14/2
10 **嚴爾泰**(清・潞安人)
［康熙十一年］莘縣 5/18
［康熙五十六年］莘縣 5/18
［光緒］莘縣 5/37
嚴一鵬(明・姑蘇人)
［崇禎］歷乘 16/64
12 **嚴廷中**(字秋槎)(清・雲南宜良附監)
［光緒］增修登州 31/8
［民國］萊陽 3/1 上 30
18 **嚴瑜**(元)
［乾隆］淄川 4/又 28－1
嚴瑜(元・新泰人)
［順治］新泰 5/9
［乾隆］新泰 15/26
新泰縣鄉土志/18
22 **嚴胤肇**(字修人)(清・歸安人)
［康熙］壽光 20/7
［民國］壽光 6/19
23 **嚴俊**(見嚴浚)
嚴峻(姓樊氏)(唐・濰州人)
［民國］濰縣志稿 36/2
嚴允肇(字修人)(清・歸安人)
［咸豐］青州 37/8
［嘉慶］壽光 10/28
24 **嚴休復**(唐)
［光緒］益都縣圖志 16/9
27 **嚴侗**(字同人)(清・莒縣人)
［民國］重修莒志 65/14
嚴組璋(字笠樵)(清・歷城人)
［宣統］山東 169/38
［民國］續修歷城 40/18
嚴象琳(字琢齋)

（清）
［咸豐］寧陽 11/20
［光緒］寧陽 11/20
寧陽縣鄉土志/10
嚴象乾（清・單縣人）
［乾隆］曹州府 16/10
［康熙］單縣 8/9
［民國］單縣 9/42
30 **嚴安**（漢・臨淄人）
［至元］齊乘 6/10
［嘉靖］山東 32/1
［康熙］山東 42/1
［雍正］山東 28/人物一 4
［宣統］山東 154/3
［嘉靖］青州 15/33
［萬曆］青州 15/3
［康熙十五年］青州 15/3
［康熙四十八年］青州 15/文學 3
［康熙六十年］青州 18/10
［咸豐］青州 38/3
［康熙］臨淄 9/16
嚴實（字武叔）
（元・長清人）
［嘉靖］山東 25/8,29/18
［康熙］山東 31/10,39/16
［雍正］山東 28/人物二 56
［宣統］山東 158/20
［康熙］濟南 43/7
［道光］濟南 48/6
［嘉靖］青州 15/64
［乾隆］泰安府 14/28
［萬曆元年］兗州 38/循吏 35
［萬曆二十四年］兗州 28/13
［康熙］兗州 22/13
［嘉靖］濮州 7/13
［康熙］東平州 4/46
［乾隆］東平州 12/25
［道光］東平州 12/25
［光緒］東平州 14/25
［民國］東平縣 9/13
東平州鄉土志上/政績錄 12
［康熙］長清 9/51
［道光］長清 3/4,11/4
［民國］續修東阿 9/1
嚴守田（清・浙江仁和人）
［民國］續修歷城 39/16
33 **嚴浚**（字挺之）
（唐・華陰人）
［嘉靖］山東 26/23,27/11
［康熙］山東 34/4,36/1
［雍正］山東 27/62,27/87
［宣統］山東 68/13,68/17
［萬曆］東昌 18/14
［乾隆］曹州府 12/7
［泰昌］登州 9/10
［順治］登州 11/8
［光緒］增修登州 24/3
［嘉靖］濮州 7/6
［萬曆］濮州 3/名宦 9
［康熙］濮州 3/9
［乾隆］濮州 3/9
［宣統］濮州 4/9
38 **嚴遂**（字仲子）
（戰國・濮陽人）
［萬曆］東昌 19/87
［乾隆］曹州府 22/4
［萬曆］濮州 4/豪俠 2
［康熙］濮州 4/59
［乾隆］濮州 4/99
［宣統］濮州 6/47
40 **嚴大化**（明）
［萬曆］青州 12 又/又 10
嚴有禧（字韋川，一字毅庭）
（清・江蘇常熟人）
［宣統］山東 77/31
萊州府鄉土志/上 28
［嘉慶］續掖縣 2/22
42 **嚴彭祖**（字公子）
（漢・東海人，一作下邳人）
［萬曆］東昌 18/4
［乾隆］東昌 33/2
［嘉慶］東昌 20/2
［乾隆］曹州府 12/2
［萬曆］濮州 3/名宦 2
［康熙］濮州 3/2
［乾隆］濮州 3/2
［宣統］濮州 4/2
44 **嚴蓋**（明）
［萬曆］青州 12 又/又 10
48 **嚴敬亭**（字揖山）
（清・莒縣人）
［民國］重修莒志 67/8
50 **嚴書麟**（字少雲）
（清・歷城人）
［民國］續修歷城 40/27
嚴東武（清・莒縣人）
［民國］重修莒志 62/8
嚴忠信（清・聊城人）
［乾隆］東昌 40/2
［嘉慶］東昌 30/2
［宣統］聊城 8/26
嚴忠濟（一名忠翰，字紫芝，一字金芝）
（元・長清人）
［嘉靖］山東 25/8
［康熙］山東 31/10,39/16
［雍正］山東 28/人物二 58
［康熙］濟南 43/8
［道光］濟南 48/7
［乾隆］泰安府 14/28
［萬曆二十四年］兗州 28/14
［康熙］兗州 22/14
［康熙］東平州 4/47
［乾隆］東平州 12/26
［道光］東平州 12/26
［光緒］東平州 14/26
［民國］東平縣 9/14
東平州鄉土志上/政績錄 13
［康熙］長清 9/51
［道光］長清 11/4
嚴忠翰（見嚴忠濟）
嚴書泰（字雨泉）
（清・歷城人）
［宣統］山東 170/21
［民國］續修歷城 42/9
嚴忠嗣（元・長清人）
［嘉靖］山東 29/18
［康熙］山東 39/16
［康熙］濟南 43/8
［道光］濟南 48/8
［乾隆］泰安府 14/29
［萬曆二十四年］兗州 28/14
［康熙］兗州 22/14
［康熙］東平州 4/48
［乾隆］東平州 12/27
［道光］東平州 12/27
［光緒］東平州 14/27

[康熙]長清 9/52
[道光]長清 11/4
52 **嚴挺之**(名浚,以字行,見嚴浚)
60 **嚴思恭**(明·雲南舉人)
[康熙]膠州 5/7
[乾隆]膠州 4/12
[道光]重修膠州 22/5
[民國]增修膠志 17/4
嚴曰璧(清·莒縣人)
[民國]重修莒志 61/10
67 **嚴明**(清·高密人)
[民國]高密 14/上 83
71 **嚴厚**(明·黄州人)
[萬曆]濮州 3/名宦 32
[道光]觀城 6/22
80 **嚴曾業**(清·浙江餘杭人)
[雍正]山東 27/114
[宣統]山東 75/52
[乾隆]武定府 16/50
[咸豐]武定府 19/蒲臺 4
[乾隆]蒲臺 2/60
蒲臺縣鄉土志/3
86 **嚴錫魁**(字曜斗,號星坦)(清·泰安人)
[民國]重修泰安縣 8/45
88 **嚴節**(明·臨潁人)
[嘉靖]山東 27/12
[康熙]山東 36/3
[雍正]山東 27/65
[泰昌]登州 9/39
[順治]登州 11/14
[光緒]增修登州 27/1
[同治]黄縣 6/4
[民國]黄縣志稿 11/宦績
90 **嚴光**(字子陵,一名遵)(漢·會稽餘姚人)
[雍正]山東 31/12
[嘉靖]青州 15/60
[萬曆]青州 15/59
[康熙十五年]青州 15/59
[康熙四十八年]青州 15/僑寓 6
[康熙六十年]青州 20/16
[咸豐]青州 53/2
[康熙]臨朐縣志書 2/19
[民國]臨淄 29/20
93 **嚴怡**(號石溪)(明·博平人)
[康熙]博平 3/47
嚴怡(字士和)(明·如皋人)
[嘉靖]臨朐 2/56

6650_6 單

00 **單賡**(字寧白)(清·高密人)
[乾隆]高密 8/上 16
[光緒]高密 8/上 18
[民國]高密 14/上 16
高密縣鄉土志/上 26
單襄霨(字雨甘)(清·高密人)
[光緒]高密 8/上 64
[民國]高密 14/上 75
高密縣鄉土志/上 48
單文彪(明·單縣人)
[隆慶]單縣下/6
[順治]單縣 2/37
[康熙]單縣 7/26
單文續(清·惠民人)
[光緒]惠民 21/15
惠民縣鄉土志/耆舊錄 12
單立身(清·高密人)
[光緒]高密 8/上補遺 4
[民國]高密 14/上 69
單文淵(清·鄒縣人)
[光緒]鄒縣續志 12/中 4
單襄棨(字紫迟,一作子迟)(清·高密人)
[宣統]山東 177/50
[光緒]高密 8/上 56
[民國]高密 14/上 66
單襄菜(字南洲)(清·高密人)
高密縣鄉土志/上 49
單文光(字斗吾)(清·鄄州人)
[康熙]曹州志 13/5
10 **單雲龍**(字騰霄)(清·壽光人)
[乾隆]續壽光 24/6
[嘉慶]壽光 13/25
[民國]壽光 12/人物志一 77
單可玉(字師亭,號萊鷗)(清·高密人)
[光緒]高密 8/上 59
[民國]高密 14/上 69
單可垂(字工甫,號柳橋)(清·高密人)
[光緒]高密 8/上 20
[民國]高密 14/上 19
高密縣鄉土志/上 27
單可垚(字星甫)(清·高密人)
[光緒]高密 8/上 24
[民國]高密 14/上 26
高密縣鄉土志/上 26
單可墉(字子庸)(清·高密人)
[光緒]高密 8/上 37
[民國]高密 14/上 40
高密縣鄉土志/上 36
單正志(字方子)(清·高密人)
高密縣鄉土志/上 49
單可基(字野甫)(清·高密人)
[光緒]高密 8/上 20
[民國]高密 14/上 19
高密縣鄉土志/上 27
單雲薦(字石珍)(清·高密人)
[光緒]高密 8/上 38
[民國]高密 14/上 41
高密縣鄉土志/上 36
單雲荃(號石田)(清·高密人)
[光緒]高密 8/上 38
[民國]高密 14/上 42
高密縣鄉土志/上 36
單可惠(號芥舟,別號白羊山人)(清·高密人)
[光緒]高密 8/上 59
[民國]高密 14/上 68
高密縣鄉土志/上 49
單可虹(字長如)(清·高密人)

[光緒]高密 8/上 64
[民國]高密 14/上 75
高密縣鄉土志/上 46
單可慈(字竹君)
(清・高密人)
[光緒]高密 8/上 59
[民國]高密 14/上 68
高密縣鄉土志/上 49
11 單研虁(字濬郎)
(清・高密人)
[光緒]高密 8/上 55
[民國]高密 14/上 65
高密縣鄉土志/上 45
12 單瑞(清・臨清人)
[乾隆]臨清州 9/48
[乾隆]臨清直隸州 8/上 36
[民國]臨清縣/人物 57
單廷勳(字光輔)
(清・茌平人)
[宣統]茌平 13/6
[民國]茌平 3/16
單廷苞(字筠亭)
(清・高密人)
[光緒]高密 8/上 60
[民國]高密 14/上 70
高密縣鄉土志/上 49
14 單琦(清・臨清人)
[乾隆]東昌 43/22
[乾隆]臨清直隸州 8/上 46
[民國]臨清縣/人物 60
單瑛(字紫函)
(清・新泰人)
[乾隆]新泰 17/人物上增 2
單琦傳(字希韓)
(清・高密人)
[民國]高密 14/上 51
15 單璉(清・浙江會稽人)
[宣統]山東 76/51
[道光]武城續編 9/2
[民國]增訂武城續編 9/1
武城縣鄉土志略/政績錄
16 單璁(明・高密人)
[乾隆]高密 8/上 24
[光緒]高密 8/上 32
[民國]高密 14/上 35
17 單務孜(字予思)
(清・高密人)
[乾隆]高密 8/上 14
[光緒]高密 8/上 16
[民國]高密 14/上 15
高密縣鄉土志/上 24
單務嘉(字嘉客)
(清・高密人)
[乾隆]高密 8/上 14
[光緒]高密 8/上 16
[民國]高密 14/上 14
高密縣鄉土志/上 24
20 單維(字宗四,號濰村)
(清・高密人)
[道光]濟南 38/45
[乾隆]德州 8/18
[民國]德縣 9/14
[光緒]高密 8/上 48
[民國]高密 14/上 56
高密縣鄉土志/上 45
單爲霖(字潤千)
(清・黃縣人)
[同治]黃縣 8/12
[民國]黃縣志稿 13/清孝友
單季勳(字常卿)
(清・膠州人)
[民國]增修膠志 45/32
單爲濂(字廉泉,號半翁)
(清・高密人)
[宣統]山東 177/50
[光緒]高密 8/上 66
[民國]高密 14/上 76
高密縣鄉土志/上 49
單爲憲(字吉甫)
(清・高密人)
[宣統]山東 177/51
[民國]臨清縣/秩官 69,藝文 83
[光緒]高密 8/上 28
[民國]高密 14/上 30
高密縣鄉土志/上 31
單季馮(清・高密人)
[光緒]高密 8/上補遺 4
[民國]高密 14/上 76
單爲飂(字賡言)
(清・高密人)
[民國]高密 14/上 32,15/下補編 44
單季馭(清・高密人)
[光緒]高密 8/上補遺 4
[民國]高密 14/上 76
單爲鉦(字伯堅)
(清・高密人)
[光緒]高密 8/上 29
[民國]高密 14/上 30
高密縣鄉土志/上 41
單爲鏓(字伯平,號芙秋)
(清・高密人)
[宣統]山東 177/47
[光緒]增修登州 29/13
[光緒]高密 8/上 49
[民國]高密 14/上 57
高密縣鄉土志/上 48
21 單鼐(字子固)
(清・高密人)
[光緒]高密 8/上 57
[民國]高密 14/上 67
高密縣鄉土志/上 49
單紫誥(名洪綬,號芥菴)
(清・高密人)
[光緒]高密 8/上 60
[民國]高密 14/上 70
高密縣鄉土志/上 49
單步鴻(字卓堂)
(清・高密人)
[民國]高密 14/上 46
單經翰(字屏之)
(明・招遠人)
[雍正]山東 28/人物三 73
[宣統]山東 164/52
[順治]招遠 9/21
單占鼇(字樹堂)
(清・黃縣人)
[同治]黃縣 8/17
[民國]黃縣志稿 13/清懿行
單貞毓(清・東平人)
[乾隆]泰安府 18/48
[康熙]東平州 4/72
[乾隆]東平州 15/4
[道光]東平州 15/4
[光緒]東平州 15/下 3
[民國]東平縣 11/中 23
22 單崇(字景姚)

(明・高密人)
[雍正]山東 28/人物三 62
[宣統]山東 164/49
[康熙]萊州 10/56
[乾隆]萊州 11/忠節 3
[康熙]高密 8/6
[乾隆]高密 8/上 22
[光緒]高密 8/上 27,10/48
[民國]高密 14/上 29,16/37
高密縣鄉土志/上 30
單崇(字次姚)
(明・高密人)
[康熙]高密 8/6
[乾隆]高密 8/上 33
[光緒]高密 8/上 51
[民國]高密 14/上 62
高密縣鄉土志/上 43
單崑玉(字瑤圃)
(清・滋陽人)
[光緒]滋陽 9/7
單岢烱(字季長)
(清・高密人)
[光緒]高密 8/上 39
[民國]高密 14/上 42
高密縣鄉土志/上 36
23 單峨(字卓星)
(明・高密人)
[乾隆]高密 8/上 25
[光緒]高密 8/上 32
[民國]高密 14/上 36
高密縣鄉土志/上 33
單稽(字子山)
(清・高密人)
[光緒]高密 8/上 57
[民國]高密 14/上 67
高密縣鄉土志/上 47
24 單德謨(字充符,號漁莊)
(清・高密人)
[光緒]高密 8/上 10
高密縣鄉土志/上 24
單嶂炬(字西仲)
(清・高密人)
高密縣鄉土志/上 49
25 單健(字實光)
(清・高密人)
[乾隆]高密 8/上 29
[光緒]高密 8/上 37
[民國]高密 14/上 39
高密縣鄉土志/上 35
單傳武(字毅齋)
(清・高密人)
[民國]高密 14/上 52
單傳真(清・高密人)
[光緒]高密 8/上 44
[民國]高密 14/上 46
高密縣鄉土志/上 38
26 單伯誠(字希明)
(清・膠州人)
[民國]增修膠志 42/29
27 單象庚(字秋舫)
(清・奉天進士)
[民國三年]慶雲 1/89
28 單倫(字常伯)
(清・高密人)
[乾隆]高密 8/上 29
[光緒]高密 8/上 36
[民國]高密 14/上 39
單從仁(清・嶧縣人)
[光緒]嶧縣 21/孝友 13
單作哲(字侗夫,號紫溟)
(清・高密人)
[光緒]高密 8/上 47
[民國]高密 14/上 55
高密縣鄉土志/上 27
30 單汶(清・新泰人)
[乾隆]新泰 17/人物上增 2
新泰縣鄉土志/21
單永慶(字具堂)
(清・茌平人)
[民國]茌平 3/14
單宗元(字紹伯,號愚溪)
(清・高密人)
[光緒]高密 8/上 63,9/下 6
[民國]高密 14/上 74,15/中 5
高密縣鄉土志/上 47
單永安(字春橋)
(清・高密人)
[光緒]高密 8/上 43
[民國]高密 14/上 46
高密縣鄉土志/上 38
單永逸(字振亭)
(明・高密人)
[乾隆]萊州 11/善行 2
[乾隆]高密 8/上 36
[光緒]高密 8/上 61
[民國]高密 14/上 73
單家棟(字擎宇)
(清・滋陽人)
滋陽縣鄉土志 1/耆舊－實行
31 單福傳(字星垣)
(清・高密人)
[民國]高密 14/上 32
32 單兆鯤(字運溟)
(清・高密人)
[民國]高密 14/上 47
34 單祐治(字舜臣)
(清・高密人)
[民國]高密 14/上 58
單法才(字義吾)
(清・高密人)
[乾隆]高密 8/上 37
[光緒]高密 8/上 67
[民國]高密 14/上 78
高密縣鄉土志/上 39
單祐梓(字子敬)
(清・高密人)
[民國]高密 14/上 50
單祐楫(字子敬)
(清・高密人)
[民國]高密 15/下补编 45
單汝惺(字靜子)
(清・高密人)
高密縣鄉土志/上 49
35 單禮經(字漢庭)
(清・高密人)
[民國]高密 14/上 82
36 單湘(字雲汀)
(清・高密人)
高密縣鄉土志/上 49
37 單潤傳(字雨田)
(清・高密人)
[民國]高密 14/上 86
38 單啟祥(清・歷城人)
[民國]續修歷城 42/10
單道人(元・日照人)
[乾隆二十五年]泰安縣 14/39

[乾隆四十七年]泰安縣卷
之末/13
[道光]泰安縣卷之末/13
[民國]重修泰安縣 10/72
40 單去非(字克亭)
(清・高密人)
[光緒]高密 8/上 58
[民國]高密 14/上 68
高密縣鄉土志/上 47
單雄信(隋・曹州濟陰人)
[萬曆二十四年]兗州 37/35
[康熙]兗州 28/76
[康熙]曹州志 20/17
[乾隆]曹州府 22/9
[民國]東明縣新誌 11/47
單克超(字軼軒)
(清・黃縣人)
[同治]黃縣 8/14
[民國]黃縣志稿 13/清孝友
單志成(字竟堂)
(單縣人)
[民國]單縣 12/鄉賢 27
單克思(清・黃縣人)
[民國]黃縣志稿 13/清文學
41 單楷(字書田,號更生)
(清・高密人)
[光緒]高密 8/上 63
[民國]高密 14/上 74
42 單壣(字秀封)
(清・高密人)
[民國]高密 14/上 59
44 單模(字淮南)
(清・高密人)
[光緒]高密 8/上 63
[民國]高密 14/上 74
高密縣鄉土志/上 46
單蒼龍(見單倉龍)
單若魯(字唯之,一字拙菴)
(清・高密人)
[康熙]萊州 10/45
[乾隆]萊州 10/30
[康熙]高密 8/8
[乾隆]高密 8/上 33
[光緒]高密 8/上 51
[民國]高密 14/上 62
高密縣鄉土志/上 22

單夢祥(字繩武,原名丕繼)
(清・黃縣人)
[民國]黃縣志稿 13/人物－
鄉賢祠
單世培(字承篤,號醴泉老人)
(清・霑化人)
[乾隆]武定府 26/29
[光緒]霑化 10/30
[民國]霑化 3/8
單蔭葛(字憩園,號宗庇)
(清・高密人)
[民國]高密 14/上 72
單樹閣(以字行)
(清・高密人)
[民國]高密 14/上 89
單黃鐘(清・高密人)
[光緒]高密 8/上 39
[民國]高密 14/上 42
高密縣鄉土志/上 36
45 單樋(見單璉)
46 單坦(字光遠)
(清・莒縣人)
[民國]重修莒志 65/29
51 單振泗(字聖泉,號乖崖)
(清・茌平人)
[民國]茌平 3/14
60 單固(字恭夏)
(漢・山陽人)
[嘉靖]山東 33/23
[乾隆]濟寧直隸州 23/11
[道光]濟寧直隸州 8/2－7
[萬曆]鉅野 7/10
[康熙]鉅野 11/8
[道光]鉅野 12/18
[乾隆]金鄉 18/21
[咸豐]金鄉縣志略 9/上 5
[民國]金鄉 13/4
單思道(字醇夫)
(清・高密人)
[光緒]高密 8/上 54
[民國]高密 14/上 64
單墨林(霑化人)
[民國]霑化 4/登進 43
64 單疇書(字惟訪,號礪峯)
(清・高密人)
[宣統]山東 177/33

[乾隆]萊州 10/36
[乾隆]高密 8/上 16
[光緒]高密 8/上 9
[民國]高密 14/上 8
高密縣鄉土志/上 27
67 單煦(字孟陽,一作孟暘)
(宋・平原人)
[嘉靖]山東 29/15
[康熙]山東 39/13
[宣統]山東 157/24
[康熙]濟南 41/6
[道光]濟南 47/30
[萬曆]東昌 18/24
[康熙]德州 8/7
[嘉靖]濮州 7/10
[萬曆]濮州 3/名宦 12
[康熙]濮州 3/12
[乾隆]濮州 3/12
[宣統]濮州 4/12
[萬曆]平原上/60
[乾隆]平原 8/21
平原縣鄉土志輯稿/循吏
[康熙]陵縣 5/5
單鳴琴(字阜南)
(清・滕縣人)
[民國]續滕縣志 2/11
單昭瑾(字季懷)
(清・高密人)
[民國]高密 14/上 22
單昭琳(字伯華)
(清・高密人)
[光緒]高密 8/上 29
單昭仕(字晉卿)
(清・高密人)
[民國]高密 14/上 89
單昭清(清・高密人)
[民國]高密 14/上 52
71 單長安(字漢京)
(清・德平人)
[光緒]德平 7/27
76 單颺(字武宣)
(漢・山陽湖陸,一作湖
陵人)
[嘉靖]山東 30/12
[康熙]山東 40/13
[雍正]山東 31/3

[宣統]山東 168/3
[萬曆元年]兗州 43/5
[萬曆二十四年]兗州 52/29
[乾隆]兗州 31/14
[乾隆]曹州府 16/17
[乾隆]濟寧直隸州 28/40
[道光]濟寧直隸州 8/4-50
[萬曆]滕志 8/55
[康熙]滕志 8/人物 13
[康熙]滕縣志 8/方技 2
[道光]滕縣志 9/方術傳 2
[康熙]魚臺 17/40
[乾隆]魚臺 11/3
[光緒]魚臺 3/2

77 **單居離**(春秋)
[嘉靖]山東 24/10
[康熙]山東 29/10
[萬曆元年]兗州 7/72
[萬曆二十四年]兗州 7/24
[康熙]兗州 8/25
[道光]濟寧直隸州 8/1-69

單履豫(字師田)
(清・高密人)
[乾隆]高密 8/上 36
[光緒]高密 8/上 54
[民國]高密 14/上 64

單用賓(字利夫,號望川)
(明・東平人)
[乾隆]泰安府 17/33
[康熙]東平州 5/65
[乾隆]東平州 13/38,20/22
[道光]東平州 13/38,20/22
[光緒]東平州 15/上 38,20/22
[民國]東平縣 11/上 15
東平州鄉土志上/政績錄 32

單履咸(字九池)
(清・高密人)
[光緒]高密 8/上 19
[民國]高密 14/上 18
高密縣鄉土志/上 28

單鳳鳴(清・鄒平人)
[民國]鄒平 15/138

單朋錫(字寄鶴)
(清・高密人)
[民國]高密 14/上 47

80 **單含**(字宏度)
(清・高密人)
[光緒]高密 8/上 67
[民國]高密 14/上 78
高密縣鄉土志/上 28

單義(字咸宜)
(清・滕縣人)
[道光]滕縣志 8/儒林 31
滕縣鄉土志/27

單倉龍(字凝霄)
(清・壽光人)
[咸豐]青州 49/43
[乾隆]續壽光 23/9
[嘉慶]壽光 13/11
[民國]壽光 12/人物志一 81

單父酉(字二酉)
(清・高密人)
[乾隆]高密 8/上 28
[光緒]高密 8/上 35
[民國]高密 14/上 38
高密縣鄉土志/上 35

單父琴(字友鶴)
(清・高密人)
[乾隆]高密 8/上 34
[光緒]高密 8/上 52
[民國]高密 14/上 63
高密縣鄉土志/上 44

單父宰(字漢平)
(清・高密人)
[乾隆]高密 8/上 35
[光緒]高密 8/上 53
[民國]高密 14/上 63

單父令(字香苓)
(清・高密人)
[康熙]高密 8/6
[乾隆]高密 8/上 12
[光緒]高密 8/上 14
[民國]高密 14/上 13
高密縣鄉土志/上 22

單金銘(字警齋)
(臨清人)
[民國]臨清縣/人物 87

81 **單鉅**(明・單縣人)
[順治]單縣 2/42

單鈺(清・寧津人)
[光緒]寧津 8/20
寧津縣志料 3/人物-義烈

87 **單銘**(見單鋁)

單鋁(字廉夫,號菱浦)
(清・高密人)
[宣統]山東 177/50
[光緒]高密 8/上 55
[民國]高密 14/上 65
高密縣鄉土志/上 45

90 **單卷**(見善卷)

單愷(字平仲)
(清・高密人)
[光緒]高密 8/上 65
[民國]高密 14/上 76
高密縣鄉土志/上 41

單光榮(清・濟陽人)
[民國]濟陽 11/33

91 **單炳翰**(清・黃縣人)
[民國]黃縣志稿 13/人物-鄉賢祠

93 **單烺**(字曜靈)
(清・高密人)
[宣統]山東 177/43
[光緒]高密 8/上 19
[民國]高密 14/上 17
高密縣鄉土志/上 26

94 **單燽**(字壽靈)
(清・高密人)
[光緒]高密 8/上 20
[民國]高密 14/上 18
高密縣鄉土志/上 26

6702_0 明

00 **明廣**(字照普,一字仲居)
(清・禹城人)
[民國]禹城 6/22
禹城縣鄉土志/13

明亮(字文德)
(南北朝・平原人)
[嘉靖]山東 26/5,29/8
[康熙]山東 33/6,39/7
[宣統]山東 161/9
[康熙]濟南 41/3
[道光]濟南 46/20
[萬曆元年]兗州 38/循吏 18
[乾隆]東昌 33/9
[嘉慶]東昌 20/17

［康熙］陵縣 5/3
［乾隆］平原 8/18
明廖（江南人）
［道光］臨邑 9/24
［同治］臨邑 9/方術 2
明慶符（南朝・平原鬲人）
［康熙］濟南 40/2
［道光］濟南 72/27
10 **明雲從**（字現龍）
（清・德平人）
［民國］德平縣續志 6/6
12 **明廷珏**（字蘊忱）
（長清人）
［民國］長清 12/8
20 **明舜**（姓張）
（隋・青州人）
［嘉靖］青州 16/52
［萬曆］青州 17/11
［康熙十五年］青州 17/11
［康熙四十八年］青州 17/仙釋 6
［康熙］益都 10/25
［光緒］益都縣圖志 46/4
22 **明崇儼**（唐・平原人）
［宣統］山東 168/11
德平縣鄉土志/耆舊錄
明山賓（字孝若）
（南北朝・平原鬲人）
［嘉靖］山東 26/6，29/7
［康熙］山東 33/7，39/6
［雍正］山東 28/人物一 49
［宣統］山東 162/20
［康熙］濟南 47/1
［道光］濟南 46/6
［康熙］德州 8/4
［康熙］陵縣 5/3
［康熙］德平 3/31
［乾隆］德平 3/2
［嘉慶］德平 7/2
［光緒］德平 7/2
德平縣鄉土志/耆舊錄
［康熙］滋陽 3/79
26 **明和庭**（清・長清人）
［民國］長清 13/11
28 **明僧胤**（南北朝・平原鬲人）
［康熙］濟南 40/2
［道光］濟南 46/6
明僧允（見明僧胤）
明僧紹（字休烈，一作承烈）
（南北朝・平原鬲人）
［至元］齊乘 6/17
［嘉靖］山東 29/7
［康熙］山東 39/6，46/1
［雍正］山東 28/人物一 46
［宣統］山東 162/20
［康熙］濟南 48/2
［道光］濟南 46/6
［康熙］陵縣 5/3
［康熙］德平 3/29
［乾隆］德平 3/2
［嘉慶］德平 7/2
［光緒］德平 7/2
德平縣鄉土志/耆舊錄
［乾隆］即墨 9/37
［同治］即墨 9/57
明僧暠（南北朝・平原鬲人）
［康熙］濟南 40/2
［道光］濟南 46/6
［乾隆］德平 3/2
［嘉慶］德平 7/2
［光緒］德平 7/2
德平縣鄉土志/耆舊錄
［光緒］益都縣圖志 15/4
32 **明淨**（唐・密州人）
［嘉靖］山東 34/18
［康熙］山東 47/10
［雍正］山東 30/10
［宣統］山東 200/23
［萬曆］萊州 6/69
［康熙］萊州 10/96
［乾隆］萊州 12/仙釋 1
［萬曆］諸城 9/2
［康熙］諸城 9/3
［康熙］高密 8/29
［乾隆］高密 10/32
［光緒］高密 10/43
［民國］高密 16/33
高密縣鄉土志/下 10
35 **明清發**（清・禹城人）
［民國］禹城 6/74
36 **明還**（清）
［宣統］新城縣後志 3/仙釋
［民國］重修新城 26/7
40 **明克讓**（字弘道）
（南北朝・平原鬲人）
［嘉靖］山東 29/10
［康熙］山東 39/9
［雍正］山東 28/人物一 61
［宣統］山東 163/16
［康熙］濟南 42/6
［道光］濟南 46/39
［康熙］陵縣 5/4
［康熙］德平 3/31
［乾隆］德平 3/3
［嘉慶］德平 7/3
［光緒］德平 7/3
德平縣鄉土志/耆舊錄
明有家（清・禹城人）
［民國］禹城 6/23
55 **明慧照**（南朝・平原鬲人）
［康熙］濟南 40/2
［道光］濟南 72/27
76 **明陽子**（元・蘭陵人）
［康熙］嶧縣 4/114
77 **明開**（字心空）
（明・成都人）
［康熙六十年］青州 20/11
［咸豐］青州 52/5
［乾隆］諸城 43/2
明興（清・滿洲鑲黃旗人）
［宣統］山東 74/24
［道光］濟南 37/32
明月（周）
［民國］臨淄 31/49
明際華（清・鄒平人）
［道光］鄒平 15/100
［民國］鄒平 15/100
80 **明鎬**（字化基）
（宋・密州安丘人）
［至元］齊乘 6/26
［嘉靖］山東 32/15
［康熙］山東 42/16
［雍正］山東 28/人物二 36
［宣統］山東 157/12
［嘉靖］青州 14/18
［萬曆］青州 13/37
［康熙十五年］青州 13/37
［康熙四十八年］青州 13/

事功 20
[康熙六十年]青州 16/9
[咸豐]青州 41/5
[乾隆]東昌 33/19
[嘉慶]東昌 20/31
[萬曆]安丘 19/15
[康熙]杞紀 18/25
安丘縣鄉土志 4/耆舊錄 1
[萬曆]恩縣 4/5
[宣統]重修恩縣 6/46
[民國]重修恩縣 10/62
明善(明・麻城舉人)
[萬曆]濮州 3/名宦 31
[康熙]觀城 3/3
[道光]觀城 6/6
90 明少遐(字處默)
(南北朝・平原鬲人)
[康熙]濟南 42/5
[道光]濟南 46/7
91 明悟(金・東阿人)
[道光]東阿 24/5

6706_2 昭

31 昭涉掉尾(漢)
[乾隆]泰安府 5/3

6712_2 野

00 野廬(元・蒙古人)
[嘉慶]東昌 21/8
[順治]堂邑 2/職官 2
[康熙十一年]堂邑 2/名宦 2
[康熙]堂邑 11/5
堂邑縣鄉土志/政績錄

6716_4 路

00 路慶(明・山西壺關人)
[宣統]山東 72/24
[萬曆]青州 12/36
[康熙十五年]青州 12/36
[康熙四十八年]青州 12/36
[乾隆]沂州府 20/11
[康熙]日照 8/7
路亮采(字惠齋,號曉山)
(清)
[咸豐]武定府 25/文苑 26
[民國]重修商河 7/2,8/56
路文經(明・臨淄人)
[萬曆]青州 14/42
[康熙十五年]青州 14/42
[康熙四十八年]青州 14/隱逸 16
[康熙六十年]青州 20/5
路立峯(字子登)
(齊東人)
[民國]齊東 5/45
路文逸(唐・臨清人)
[康熙]臨清州 3/人物 5
路文洽(清・商河人)
[民國]重修商河 8/49
03 路斌(清・長山人)
[嘉慶]長山 9/34
路誠(字實卿)
(清・長清人)
[民國]長清 13/17
10 路雲(字時望)
(明・寧津人)
[萬曆]寧津 7/4
[康熙]寧津縣志稿 7/4
[光緒]寧津 8/6
寧津縣志料 3/人物－循良
路可貞(字吉亭)
(長清人)
[民國]長清 12/11
路雲衢(字德亨,號菊槐)
(清・商河人)
[咸豐]武定府 25/儒林 13
[民國]重修商河 8/55
商河縣鄉土志 3/耆舊－學問
路元禧(字綏侯)
(清・諸城人)
[道光]諸城縣續志 18/2
諸城縣鄉土志/上 22
路可由(字子正)
(明・曹縣人)
[雍正]山東 28/人物三 39
[宣統]山東 160/27
[萬曆二十四年]兖州 36/21
[康熙]兖州 28/19
[乾隆]曹州府 15/12
[康熙]兖州府曹縣 13/24
[光緒]曹縣 13/23
曹縣鄉土志/耆舊錄
路三貴(字道存)
(清・商河人)
[民國]重修商河 9/15
路天錦(清・汶上人)
[宣統]四續汶上稿/人物－孝弟傳
12 路瑞(明・禹城人)
[道光]濟南 52/6
[嘉慶]禹城 9/11
[民國]禹城 6/9
禹城縣鄉土志/15
路登雲(字鳳閣)
(清・博興人)
[康熙四十八年]青州 14/孝友 18
[康熙六十年]青州 17/19
[咸豐]青州 46/8
[康熙十二年]博興 6/9
[康熙六十年]博興 7/24
[道光]博興 11/23
[民國]重修博興 13/21
路登揚(清・汶上人)
[宣統]四續汶上稿/人物－施濟傳
路廷照(清・商河人)
[咸豐]武定府 25/孝友又 37
[道光]商河 7/26
[民國]重修商河 8/37
15 路瑧(見路蓁)
17 路邛(春秋)
[康熙]臨淄 10/3
路羣(字正夫)
(唐・冠氏人)
[雍正]山東 28/人物二 15
[乾隆]東昌 36/43
[嘉慶]東昌 26/37
[道光]冠縣 8/上 8
[光緒]冠縣 8/卓行
[民國]冠縣 8/人物志 8
路瑤(明)
[萬曆]青州 14/21
[康熙十五年]青州 14/21
[康熙四十八年]青州 14/孝友 11

[康熙六十年]青州 17/14
路子厚(清・肥城人)
[嘉慶]肥城 17/30
[光緒]肥城 9/4
肥城縣鄉土志 5/22
18 路玢(字文玉)
(清・臨邑人)
[道光]臨邑 9/14
[同治]臨邑 9/孝義 5
20 路鯨(字百川)
(清・商河人)
[道光]商河 7/33
[民國]重修商河 8/53
路秉倫(清・商河人)
[道光]商河 7/41
[民國]重修商河 9/6
路秉直(字君實)
(清・商河人)
[道光]商河 7/41
[民國]重修商河 9/6
商河縣鄉土志 3/耆舊－學問
21 路衍豫(字子順)
(清・汶上人)
[康熙]續修汶上 4/人物 18
路衍淳(字子復,一字敦夫,號樗菴)
(清・汶上人)
[康熙]續修汶上 4/人物 12
路衍祜(字申之,號訥齋)
(清・汶上人)
[康熙]續修汶上 4/人物 11
22 路巖(字魯瞻)
(唐・魏州冠氏人)
[嘉靖]山東 33/29
[萬曆]東昌 19/89
[嘉靖]冠縣 4/10
[萬曆]冠縣 4/31
路邕(南北朝・陽平清淵人)
[嘉靖]山東 26/22
[康熙]山東 34/2
[雍正]山東 28/人物一 56
[宣統]山東 161/10
[萬曆]東昌 19/15
[乾隆]東昌 36/19
[嘉慶]東昌 26/20
[康熙]臨清州 3/人物 5
[乾隆]臨清州 9/18
[乾隆]臨清直隸州 8/上 2
[宣統]滕縣續志稿 3/50
[萬曆]冠縣 4/3
[道光]冠縣 8/上 12
[光緒]冠縣 8/忠勤
[民國]冠縣 8/人物志 13
23 路允修(字萬備,號東皋)
(清・汶上人)
[雍正]山東 28/人物四 50
[宣統]山東 172/27
[康熙]兗州續編 16/29
[乾隆]兗州 23/58
[康熙]續修汶上 4/人物 9
路允釐(字張濰,一作張維)
(清・汶上人)
[雍正]山東 28/人物四 50
[宣統]山東 172/24
[乾隆]兗州 23/64
[康熙]續修汶上 4/人物 10
24 路先一(字魁百)
(清・汶上人)
[宣統]四續汶上稿/人物－孝弟傳
25 路仲言(南北朝・清淵人)
[乾隆]臨清州 9/17
路仲信(北魏・清淵人)
[乾隆]東昌 36/16
[嘉慶]東昌 26/17
[康熙]臨清州 3/人物 5
[乾隆]臨清直隸州 8/上 1
[道光]冠縣 8/上 7
[光緒]冠縣 8/卓行
[民國]冠縣 8/人物志 7
26 路保德(字明齋)
(清・商河人)
[民國]重修商河 9/14
路伯達(字仲顯)
(金・冀州人)
[乾隆]諸城 28/1
27 路絢(字龍溪)
(清・商河人)
[民國]重修商河 8/78
路磐(字岱石)
(清・寧陽人)
[乾隆]寧陽 7/師範 2
[咸豐]寧陽 14/9
[光緒]寧陽 14/9
路佟(字冬人,一曰東仁)
(清・汶上人)
[宣統]四續汶上稿/人物－文學傳
28 路綸(字文經)
(明・臨淄人)
[康熙]臨淄 10/6
[民國]臨淄 29/17
路作睿(原名永思,字鑑堂)
(清・淄川人)
[宣統]三續淄川 10/30
路以周(清・招遠人)
[宣統]山東 176/20
[光緒]增修登州 40/21
[道光]招遠縣續志 3/2
路以鎮(清・博山人)
[民國]續修博山 12/33
30 路宗經(清・商河人)
[咸豐]武定府 25/孝友 40
[民國]重修商河 8/42
路守桐(字鳳棲)
(清・商河人)
[民國]重修商河 9/18
路永貴(字廷榮)
(清・商河人)
[民國]重修商河 9/15
路寶堂(字席珍)
(清・商河人)
[民國]重修商河 8/50
31 路江清(清・商河人)
[咸豐]武定府 25/孝友 39
[民國]重修商河 8/42
路福祥(字壽亭)
(商河人)
[民國]重修商河 7/43
32 路兆隆(清・曹州人)
[乾隆]曹州府 16/10
33 路泌(字安期)
(唐・陽平人)
[乾隆]東昌 41/25
[嘉慶]東昌 31/3
[光緒]莘縣 7/3
[民國]莘縣 7/2

［道光］冠縣 8/上 13
［光緒］冠縣 8/忠勤
［民國］冠縣 8/人物志 14
34 **路達**(元・樂安人)
［嘉靖］青州 13/38
［萬曆］青州 12/27
［康熙四十八年］青州 12/27
［康熙六十年］青州 12/16
［萬曆］樂安 15/7
［雍正］樂安 12/8
［民國］樂安 10/6
［民國］續修廣饒 19/10
路逵(元・樂安人)
［嘉靖］山東 27/8
［康熙］山東 35/9
［宣統］山東 69/30
［咸豐］青州 42/18
［乾隆］沂州府 20/5
［康熙］日照 8/6
路逵(字九逵)
(明・冠縣人)
［嘉靖］冠縣 4/3
［萬曆］冠縣 4/8
路濤(北魏)
［光緒］益都縣圖志 15/13
路法孟(清・商河人)
［民國］重修商河 8/33
路汝瀛(明・江西臨川人)
［雍正］山東 27/49
［宣統］山東 72/50
［乾隆］東昌 34/26
［乾隆］臨清州 9/11
［乾隆］臨清直隸州 6/77
［民國］臨清縣/秩官 62
路法常(北魏・清淵人)
［乾隆］東昌 36/17
［嘉慶］東昌 26/18
［康熙］臨清州 3/人物 5
［乾隆］臨清州 9/18
［乾隆］臨清直隸州 8/上 2
［道光］冠縣 8/上 7
［民國］冠縣 8/人物志 7
［光緒］冠縣 8/卓行
37 **路通**(元・臨清人)
［嘉靖］山東 31/25
［康熙］山東 41/21
［乾隆］東昌 37/24
［康熙］臨清州 3/人物 6
［乾隆］臨清州 9/19
［乾隆］臨清直隸州 8/上 4
［民國］臨清縣/人物 2
路迎(字賓陽,一作賓暘)
(明・汶上人)
［雍正］山東 28/人物三 24
［萬曆二十四年］兗州 36/16
［康熙］兗州 28/15
［乾隆］兗州 23/41
［萬曆］汶上 6/10
路冠甲(字乙軒)
(清・商河人)
［民國］重修商河 8/29
38 **路遵正**(字貞度)
(清・茌平人)
［乾隆］東昌 43/10
［嘉慶］東昌 32/36
［宣統］茌平 15/2
［民國］茌平 3/85
40 **路雄**(字仲畧,一作仲容)
(南北朝・清淵人)
［乾隆］東昌 36/17
［嘉慶］東昌 26/18
［康熙］臨清州 3/人物 5
［乾隆］臨清州 9/18
［乾隆］臨清直隸州 8/上 2
［道光］冠縣 8/上 7
［光緒］冠縣 8/卓行
［民國］冠縣 8/人物志 7
路真(明・南宮人)
［康熙］棲霞 4/4
路去病(南北朝・陽平清淵人,一作冠氏人)
［嘉靖］山東 31/9
［康熙］山東 41/6
［雍正］山東 28/人物一 56
［宣統］山東 161/11
［萬曆］東昌 19/16
［乾隆］東昌 36/24
［嘉慶］東昌 26/25
［乾隆］臨清州 9/18
［乾隆］臨清直隸州 8/上 2
［民國］臨清縣/人物 1
［康熙十一年］莘縣 7/1
［康熙五十六年］莘縣 7/1
［光緒］莘縣 7/2
［民國］莘縣 7/2
莘縣鄉土志/鄉宦 15
［嘉靖］冠縣 4/10
［萬曆］冠縣 4/31
［道光］冠縣 8/上 1
［光緒］冠縣 8/鄉賢
［民國］冠縣 8/人物志 1
路有章(字錫中,一作錦中)
(清・商河人)
［道光］商河 7/21
［民國］重修商河 8/17
商河縣鄉土志 3/耆舊－學問
路來龍(清・茌平人)
［宣統］茌平 16/2
［民國］茌平 3/17
路有和(清・鄒縣人)
［光緒］鄒縣續志 12/中 4
路士郁(元・臨清人)
［康熙］臨清州 3/人物 6
［乾隆］臨清州 9/20
［乾隆］臨清直隸州 8/上 4
［民國］臨清縣/人物 2
路希周(字夢園,號蔬村)
(清・淄川人)
［宣統］三續淄川 10/30
路存智(明・安丘人)
［咸豐］青州 45/62
［康熙］續安丘 23/37
安丘縣鄉土志 5/耆舊錄 2
路士舒(清・汶上人)
［宣統］四續汶上稿/人物－孝弟傳/祠墓
路九篇(字集之,號靜安)
(明・臨淄人)
［民國］臨淄 26/48
42 **路斯道**(字雲子)
(清・諸城人)
［咸豐］青州 49/9
［道光］諸城縣續志 17/1
諸城縣鄉土志/上 18
44 **路蓁**(明・臨淄人,一作臨朐人)
［康熙四十八年］青州 14/孝友 11

[康熙六十年]青州 17/14
[咸豐]青州 44/15
[康熙]臨淄 9/23
[民國]臨淄 25/33
臨淄縣鄉土志/耆舊錄
光緒臨朐 16/16
路其俊(字秀升)
(清・商河人)
[咸豐]武定府 26/義行 24
[民國]重修商河 8/77
商河縣鄉土志 2/耆舊-事業
路世禎(字君依)
(明・汶上人)
[康熙]兗州續編 15/23
[乾隆]兗州 23/50
[康熙]續修汶上 4/人物 3, 6/22
路茂蓀(字青園)
(清・日照人)
[光緒]日照 8/33
路世芳(明・汶上人)
[宣統]四續汶上稿/人物-忠烈傳
46 **路坦**(字平甫)
(清・堂邑人)
[康熙十一年]堂邑 2/選舉 25
[康熙]堂邑 14/5
路如瀛(見路汝瀛)
47 **路均**(字爾平)
(清・汶上人)
[宣統]四續汶上稿/人物-文學傳
48 **路敬**(字尚義)
(明・臨淄人)
[萬曆]青州 15/51
[康熙十五年]青州 15/51
[康熙四十八年]青州 15/義民 20
[康熙六十年]青州 18/16
[民國]臨淄 28/3
路敬亭(字笑山)
(清・歷城人)
[民國]續修歷城 40/19
路敬淳(唐・臨清人)
[嘉靖]山東 31/12
[康熙]山東 41/10
[雍正]山東 28/人物二 5
[宣統]山東 162/24
[萬曆]東昌 19/21
[乾隆]東昌 41/14
[康熙]臨清州 3/人物 14
[乾隆]臨清州 9/18
[乾隆]臨清直隸州 8/上 2
[民國]臨清縣/人物 1
路敬潛(唐・貝州臨清人)
[宣統]山東 162/25
[康熙]臨清州 3/人物 14
[乾隆]臨清州 9/19
[乾隆]臨清直隸州 8/上 3
路松滋(字澍公)
(清・汶上人)
[宣統]四續汶上稿/人物-耆德傳
路松年(字承甫)
(清・汶上人)
[康熙]續修汶上 4/人物 18
50 **路中**(字宗堯)
(明・北直平谷人)
[宣統]山東 72/16
[道光]濟寧直隸州 6/6-33
路中貞(字苞九)
(明・寧陽人)
[咸豐]寧陽 13/16
[光緒]寧陽 13/16
路中大夫(見路印)
路本樹(字蘭亭)
(清・商河人)
[道光]商河 7/29
[民國]重修商河 8/40
51 **路振**(字子發)
(宋・永州祁陽人)
[雍正]山東 27/74
[宣統]山東 68/38
[乾隆]武定府 16/32
[咸豐]武定府 19/濱州 1
[咸豐]濱州 8/1
路振東(字顯壁)
(清・商河人)
[民國]重修商河 8/20
57 **路邦臣**(字元衡)
(清・商河人)
[道光]商河 7/47
[民國]重修商河 8/74
58 **路鰲**(字子占)
(清・商河人)
[道光]商河 7/28
[民國]重修商河 8/39
60 **路景略**(南北朝・清淵人)
[乾隆]東昌 36/17
[嘉慶]東昌 26/18
[康熙]臨清州 3/人物 5
[乾隆]臨清州 9/18
[乾隆]臨清直隸州 8/上 2
[民國]臨清縣/人物 1
[道光]冠縣 8/上 7
[光緒]冠縣 8/卓行
[民國]冠縣 8/人物志 7
路思略(字叔約)
(南北朝・清淵人)
[乾隆]東昌 36/17
[嘉慶]東昌 26/18
[康熙]臨清州 3/人物 5
[乾隆]臨清州 9/17
[乾隆]臨清直隸州 8/上 1
[道光]冠縣 8/上 7
[光緒]冠縣 8/卓行
[民國]冠縣 8/人物志 7
路思令(字季儁,一作季雋)
(北魏・清淵人)
[雍正]山東 28/人物一 56
[宣統]山東 155/31
[萬曆]東昌 19/15
[乾隆]東昌 36/16
[嘉慶]東昌 26/17
[康熙]臨清州 3/人物 5
[乾隆]臨清州 9/17
[乾隆]臨清直隸州 8/上 1
[民國]臨清縣/人物 1
[萬曆]冠縣 4/2
[道光]冠縣 8/上 11
[光緒]冠縣 8/忠勤
[民國]冠縣 8/人物志 13
61 **路旺**(字興邦)
(清・商河人)
[道光]商河 7/51
[民國]重修商河 9/8

路顯俊(南北朝・冠氏人)
[乾隆]東昌 36/25
[嘉慶]東昌 26/26
[道光]冠縣 8/上 7
[光緒]冠縣 8/卓行
[民國]冠縣 8/人物志 7
64 **路時中**(字聖甫)
(清・商河人)
[民國]重修商河 8/23
67 **路鳴鳳**(清・臨淄人)
[民國]臨淄 28/9
74 **路陞**(號天衢)
(明・北直饒陽人)
[宣統]山東 71/35
[乾隆]泰安府 15/19
[天啟]新泰 5/23,9/37
[順治]新泰 4/19
[乾隆]新泰 11/4
[乾隆]陽信 5/4
信邑志稿 5/職官 – 知縣
[民國]陽信 2/24
路隋(字南式)
(唐・陽平人)
[雍正]山東 28/人物二 13
[宣統]山東 156/10
[乾隆]東昌 36/42
[嘉慶]東昌 26/36
[萬曆]冠縣 4/3
[道光]冠縣 8/上 13
[光緒]冠縣 8/忠勤
[民國]冠縣 8/人物志 14
[康熙五十六年]莘縣 6/6
[光緒]莘縣 7/3
[民國]莘縣 7/2
路隨(見路隋)
77 **路印**(漢・齊人)
[雍正]山東 28/人物一 4
[宣統]山東 66/2,164/1
[萬曆]青州 13/23
[康熙十五年]青州 13/23
[康熙四十八年]青州 13/事功 7
[康熙六十年]青州 16/4
[咸豐]青州 34/3
[康熙]臨淄 10/3
[民國]臨淄 18/1
路展勳(清・日照人)
[乾隆]沂州府 26/16
[光緒]日照 8/14
路同齡(清・博興人)
[民國]重修博興 13/58
路居業(清・商河人)
[咸豐]武定府 25/孝友 39
[民國]重修商河 8/42
路周道(字遵治)
(清・汶上人)
[康熙]續修汶上 4/賢忠 3
路興東(字震生)
(清・商河人)
[民國]重修商河 8/20,9/10
80 **路會龍**(清・茌平人)
[宣統]茌平 28/5
[民國]茌平 3/78
84 **路鎮**(字靜菴)
(清・茌平人)
[乾隆]東昌 43/14
[嘉慶]東昌 32/40
[宣統]茌平 14/5
[民國]茌平 3/71
86 **路鐸**(字宣叔)
(金・冀州人)
[嘉靖]山東 26/14
[康熙]山東 33/16
[雍正]山東 27/82
[宣統]山東 69/6
[乾隆]泰安府 14/26
[萬曆元年]兗州 38/循吏 34
[萬曆二十四年]兗州 28/12
[康熙]兗州 22/12
[康熙]東平州 4/46
[乾隆]東平州 12/23
[道光]東平州 12/23
[光緒]東平州 14/23
東平州鄉土志上/政績錄 12
90 **路光岱**(字雲麓)
(清・汶上人)
[康熙]續修汶上 4/人物 16
路小堂(清・堂邑人)
堂邑縣鄉土志/耆舊錄
94 **路恃慶**(字伯瑞)
(南北朝・清淵人,一作陽平人)
[嘉靖]山東 31/5
[康熙]山東 41/3
[雍正]山東 28/人物一 53
[宣統]山東 155/33
[萬曆]東昌 19/14
[乾隆]東昌 36/16
[嘉慶]東昌 26/17
[康熙]臨清州 3/人物 5
[乾隆]臨清州 9/17
[乾隆]臨清直隸州 8/上 1
[民國]臨清縣/人物 1
[萬曆]冠縣 4/2
[道光]冠縣 8/上 6
[光緒]冠縣 8/卓行
[民國]冠縣 8/人物志 6
[嘉靖]朝城志 7/4
[康熙]朝城 8/4
朝城縣鄉土志/9
95 **路性源**(清・汶上人)
[宣統]四續汶上稿/人物 – 孝弟傳
99 **路營基**(字經之,號新菴)
(清・商河人)
[民國]重修商河 8/67

6722_7 鄂

20 **鄂千秋**(漢)
[嘉靖]青州 12/24
[康熙十五年]青州 8/12
30 **鄂容安**(清・滿洲鑲藍旗人)
[宣統]山東 74/19
[道光]濟南 37/20

6733_6 照

37 **照祿**(清・齊河人)
[民國]齊河 28/3
60 **照圓**(號仰山,俗姓車)
(明・福山人)
[康熙]福山 9/36
[乾隆]福山 9 下/47

6802_1 喻

00 **喻言慎**(明・單縣人)
[乾隆]單縣 7/32
[民國]單縣 9/29
24 **喻勳**(清・麻城人)

［康熙］嶧縣 3/38
［乾隆］嶧縣 7/18
［光緒］嶧縣 19/職官下 13
27 喻繩祖(明・內江人)
［順治］堂邑 2/職官 6
32 喻澄(宋)
［萬曆］諸城 9/3
［康熙］諸城 9/4
50 喻書林(字東園)
(清・壽張人)
［光緒］壽張 10/2
53 喻成龍(字武功,號正菴)
(清・漢軍正藍旗人)
［雍正］山東 27/100
［宣統］山東 74/39
［道光］濟南 37/56
64 喻曉(號望山)
(明・潛江人)
［民國］無棣 9/1

6802_7 盻

17 盻子(見田盼子)

6806_1 哈

30 哈之林(清)
［嘉慶］慶雲 7/37
62 哈喇布哈(見合剌普華)
64 哈嗒帖木兒(明・上都人)
［光緒］文登 5/25

6832_7 黔

50 黔夫(周・齊人)
［至元］齊乘 6/4
［嘉靖］青州 13/5
［萬曆］青州 13/22
［康熙十五年］青州 13/22
［康熙四十八年］青州 13/事功 6
［康熙六十年］青州 16/3
［康熙］臨淄 9/10
［民國］臨淄 23/6
［萬曆］滕志 6/49
［康熙］滕志 6/20
［康熙］滕縣志 6/宦業 18
［道光］滕縣志 6/宦績 1
黔婁(周・齊人,一作魯人)
［至元］齊乘 6/5
［嘉靖］山東 28/4,28/14
［康熙］山東 38/5,38/14
［康熙］濟南 48/1
［道光］濟南 45/9
［嘉靖］青州 15/50
［萬曆］青州 14/30
［康熙十五年］青州 14/30
［康熙四十八年］青州 14/隱逸 4
［康熙六十年］青州 20/1
［萬曆元年］兗州 40/隱逸 2
［萬曆二十四年］兗州 30/14
［康熙］兗州 23/14
［乾隆］兗州 23/4
［崇禎］歷乘 16/50,16/58
［崇禎］歷城 10/27
［康熙］滋陽 4/上 58
［崇禎］曲阜 4/113
［康熙］曲阜 4/113
［乾隆］曲阜 82/1
［康熙］臨淄 10/5
［民國］臨淄 29/14
臨淄縣鄉土志/耆舊錄
［順治］嘉祥 4/15
［乾隆］嘉祥 3/9
［光緒］嘉祥 3/9
［萬曆］鉅野 8/隱逸
［康熙］鉅野 11/42
［道光］鉅野 24/10
58 黔敖(周・齊人)
［萬曆］青州 15/43
［康熙十五年］青州 15/43
［康熙四十八年］青州 15/卓行 3
［康熙六十年］青州 18/11
［民國］臨淄 28/1

7022_7 防

00 防廣(東漢・堂邑人)
［嘉慶］東昌 32/2

7064_1 辟

11 辟彊(春秋)
［民國］臨淄 21/37
40 辟支佛(金・蒲臺人)
［乾隆］武定府 26/39
［咸豐］武定府 26/仙釋 4
［萬曆］蒲臺志 10/9
［康熙］重修蒲臺 8/2
［乾隆］蒲臺 4/7
77 辟閭渾(晉)
［嘉靖］山東 25/17
［康熙］山東 32/4
［雍正］山東 27/53
［宣統］山東 164/6
［康熙］濟南 24/6
［道光］濟南 33/12
［萬曆］德州 8/27
［康熙］陵縣 4/2
［光緒］益都縣圖志 15/1

7121_1 阮

00 阮應兆(明・濟寧人)
［乾隆］濟寧直隸州 26/34
［道光］濟寧直隸州 8/2－45
10 阮元(字伯元,號雲臺)
(清・江南儀徵人)
［宣統］山東 74/35
20 阮維泰(字岱東)
(清・長清人)
［道光］濟南 56/52
［道光］長清 12/5
25 阮种(字德猷)
(晉・陳留尉氏人)
［嘉靖］山東 25/17
［康熙］山東 32/3
［雍正］山東 27/18
［宣統］山東 66/35
［康熙］濟南 25/4
［道光］濟南 33/12
［萬曆］德州 8/26
［康熙］德州 7/22
［民國］德縣 9/3
［康熙］陵縣 4/2
［乾隆］平原 6/25
平原縣鄉土志輯稿/政蹟
26 阮自嵩(明・桐城人)
［萬曆］濮州 3/名宦 23
［康熙］濮州 3/21
［乾隆］濮州 3/21
［宣統］濮州 4/21

阮自華(明・桐城人)
[道光]濟南 35/22
[康熙]德州 7/29
[乾隆]德州 8/9
[民國]德縣 9/9
28 **阮以鼎**(明・晉熙人)
[崇禎]歷乘 16/64
33 **阮述芳**(字岸夫)
(清・威海衛人)
[乾隆]威海衛志 8/3
[道光]文登 5/13
[光緒]文登 9/上 1–20
34 **阮法謙**(字益三)
(長清人)
[民國]長清 12/14
阮汝暻(清・順天大興人)
[宣統]山東 76/44
[乾隆]東昌 35/14
[嘉慶]東昌 22/18
37 **阮逸人**(唐・蒙陰人)
[康熙十一年]蒙陰 2/48
44 **阮蘭珍**(字佩玉)
(清・長清人)
[道光]濟南 56/51
47 **阮鞠廷**(清・安徽南陵人)
[宣統]山東 76/28
[康熙]朝城 7/9
60 **阮國信**(明・睢州人)
[道光]濟寧直隸州 6/6–37
[康熙]魚臺 15/17
[乾隆]魚臺 9/40
[光緒]魚臺 2/50
64 **阮時懋**(明・閩縣人)
[道光]濟寧直隸州 6/6–39
[康熙]魚臺 15/13
[乾隆]魚臺 9/36
[光緒]魚臺 2/51
71 **阮長之**(南北朝・陳留尉氏人)
[嘉靖]山東 27/2
[康熙]山東 35/3
[嘉靖]青州 13/17
[萬曆]青州 12/11
[康熙十五年]青州 12/11
[康熙四十八年]青州 12/11
[康熙六十年]青州 12/6
[道光]沂水 5/22
88 **阮籍**(字嗣宗)
(魏・陳留尉氏人)
[嘉靖]山東 26/4
[康熙]山東 33/5
[雍正]山東 27/81
[宣統]山東 66/31
[乾隆]泰安府 14/8
[萬曆元年]兗州 39/雜傳 6
[萬曆二十四年]兗州 27/2
[康熙]兗州 21/17
[康熙]東平州 4/25
[乾隆]東平州 12/3
[道光]東平州 12/3
[光緒]東平州 14/3
[民國]東平縣 9/2
91 **阮恒**(字二泉)
(清・湖北大冶人)
[光緒]高唐州 7/1–18
[民國]高唐縣 9/5–14
[光緒]平度志要/職官
阮烜輝(字仲寅)
(清・江西安福人)
[民國]重修新城 11/26
95 **阮性淳**(字敦朴)
(清・濟寧人)
[道光]濟寧直隸州 8/4–1

7122_0 阿

04 **阿計替**(名朱得成)
(金・棣州人)
[乾隆]武定府 26/1
[咸豐]武定府 26/義行 1
[乾隆]惠民 5/59
[光緒]惠民 22/1
惠民縣鄉土志/耆舊錄 13
10 **阿爾泰**(清・滿洲正黃旗人)
[道光]濟南 37/24
27 **阿魯答**(金)
[嘉靖]寧海州下/8
[同治]重修寧海州 12/4
38 **阿海**(元)
[同治]重修寧海州 11/3
[民國]牟平 6/86
44 **阿林保**(號雨窗)
(清・滿洲正白旗人)
[宣統]山東 74/47
[道光]濟南 37/68
47 **阿覩赤**(元)
[道光]濟南 34/35
[乾隆]淄川 4/又 28–1
阿覩赤特(元)
[乾隆]淄川 4/又 28–1
52 **阿剌罕**(元)
[嘉靖]山東 38/21
[康熙]兗州府曹縣 8/10
[光緒]曹縣 8/9
86 **阿錫鼐**(號誠齋)
(清・滿洲人)
[乾隆]東昌 34/28
[康熙]臨清州 1/又 44
[乾隆]臨清州 9/13
[乾隆]臨清直隸州 6/79
[民國]臨清縣/秩官 63

7122_7 厲

20 **厲秀芳**(字惕齋)
(清・儀徵舉人)
[民國]增訂武城續編 9/3
30 **厲甯**(清・日照人)
[康熙]日照 10/16
32 **厲叢**(清・莒縣人)
[民國]重修莒志 61/10
33 **厲必中**(字允薦)
(明・日照人)
[雍正]山東 28/人物三 78
[宣統]山東 164/56
[乾隆]沂州府 26/3
[乾隆]武定府 16/25
[咸豐]武定府 19/海豐 2
[康熙]日照 8/16
[光緒]日照 8/11
[民國]無棣 9/8
海豐縣鄉土志/政績
34 **厲汝行**(字子敏)
(明・日照人)
[康熙]日照 8/16
[光緒]日照 8/9
44 **厲芳**(清・日照人)
[乾隆]沂州府 27/8
[光緒]日照 8/13
71 **厲愿**(字若侗)
(明・日照人)

[康熙]日照 11/48
[光緒]日照 8/11

7124_7 厚

12 厚登梯(清・德平人)
[光緒]德平 7/19
德平縣鄉土志/耆舊錄

40 厚大謀(字鴻逍)
(清・德平人)
[民國]德平縣續志 6/11

7125_6 厙

49 厙狄士文(隋・代人)
[宣統]山東 67/30
[乾隆]東昌 33/13
[嘉慶]東昌 20/21
[嘉靖]恩縣 7/3
[萬曆]恩縣 4/3
[宣統]重修恩縣 6/41
[民國]重修恩縣 10/58

7129_6 原

00 原亢(字子籍)
(春秋・魯人)
[嘉靖]山東 24/9
[康熙]山東 29/9
[雍正]山東 11/闕里二 18
[宣統]山東 153/8
[萬曆元年]兗州 7/55
[萬曆二十四年]兗州 7/22
[康熙]兗州 8/23
[乾隆]兗州 7/29
[崇禎]曲阜 4/12
[康熙]曲阜 4/12
[乾隆]曲阜 59/7

02 原端(明・唐山人)
[道光]濟寧直隸州 6/6－35
[康熙]魚臺 15/11
[乾隆]魚臺 9/34
[光緒]魚臺 2/48

10 原一魁(字葵衷)
(明・掖縣人)
[乾隆]掖縣 3/45

13 原瑢(明・山西陽城人)
[康熙五十六年]壽張 4/20
[光緒]壽張 5/23

20 原維照(清・掖縣人)
[道光]再續掖縣上/53

25 原傑(字子英)
(明・山西陽城人)
[嘉靖]山東 25/13
[康熙]山東 31/16
[雍正]山東 27/13
[宣統]山東 70/6
[道光]濟南 35/3
[崇禎]歷乘 16/32
[崇禎]歷城 6/13

27 原脩齡(清・掖縣人)
[光緒]三續掖縣 2/11

30 原憲(字子思)
(春秋・費人,一作宋人)
[嘉靖]山東 24/6
[康熙]山東 29/6
[雍正]山東 11/闕里二 14
[宣統]山東 153/5
[萬曆元年]兗州 7/39
[萬曆二十四年]兗州 7/17
[康熙]兗州 8/18
[乾隆]兗州 7/25
[萬曆]沂州志 6/25
[康熙]沂州志 5/7
[乾隆]沂州府 25/2
[康熙]濟寧州 5/11
[道光]濟寧直隸州 8/1－67
[康熙]費縣 7/3
[光緒]費縣 10/1
[乾隆]曲阜 59/4

32 原遜志(字可亭)
(清・陝西蒲城人)
[宣統]山東 75/22
[道光]濟南 38/43
德州鄉土志/政績 2
[民國]德縣 9/15

33 原黼(明・山西陽曲人)
[嘉靖]山東 26/29
[康熙]山東 34/8
[雍正]山東 27/93,31/17
[宣統]山東 72/29,200/9
[萬曆]東昌 18/42
[乾隆]曹州府 12/14
[萬曆]濮州 3/名宦 30
[康熙]觀城 3/20
[道光]觀城 6/2,6/5
觀城縣鄉土志/政績

40 原壤(周)
[萬曆元年]兗州 40/隱逸 1

44 原世厚(明・掖縣人)
[乾隆]萊州 11/孝義 5
萊州府鄉土志/下 18
[乾隆]掖縣 4/48

48 原敬德(清・太原人)
[光緒]增修登州 32/5
[同治]重修寧海州 12/14
[民國]牟平 6/78

71 原厚(明・陝西陽曲人)
[康熙]觀城 4/31
[道光]觀城 8/23

80 原毓宗(明・陝西蒲城人)
[道光]商河 5/30
[民國]重修商河 6/68
商河縣鄉土志 1/政績

7132_7 馬

00 馬廣(明・章邱人)
[道光]濟南 49/63
[道光]章邱 11/57

馬交(字與齋)
(清・安丘人)
[道光]安邱新志 19/7
安丘縣鄉土志 8/耆舊錄 5

馬京(明・良鄉人)
[隆慶]單縣上/重 36

馬京(明・直隸真定人)
[道光]濟南 36/30
[天啟]新城 6/知縣
[崇禎]新城 6/知縣
[康熙]新城 5/3
[民國]重修新城 10/6

馬亮(字叔明)
(宋・合肥人)
[嘉靖]山東 26/24
[康熙]山東 34/5
[雍正]山東 27/88
[宣統]山東 68/40
[萬曆]東昌 18/19
[嘉靖]濮州 7/10
[萬曆]濮州 3/名宦 13
[康熙]濮州 3/13

[乾隆]濮州 3/13
[宣統]濮州 4/13
馬亮(元・登州人)
[光緒]增修登州 38/15
馬亮(字文明)
(明・直隸大興人)
[嘉靖]山東 27/9
[康熙]山東 35/10
[雍正]山東 27/60
[宣統]山東 73/8
[嘉靖]青州 13/42
[萬曆]青州 12/29
[康熙十五年]青州 12/29
[康熙四十八年]青州 12/29
[康熙六十年]青州 12/26
[咸豐]青州 36/6
[萬曆]樂安 13/2
[雍正]樂安 11/3
[民國]樂安 8/19
[民國]續修廣饒 17/3
馬亮(字信甫,號愚菴)
(清・昌樂人)
[民國]昌樂縣續志 31/21
馬亮(清・鄒平人)
[道光]濟南 54/46
馬諒(字子諒)
(明・南直和州人)
[嘉靖]山東 25/12
[雍正]山東 27/12
[宣統]山東 70/18
[康熙]濟南 24/20
[道光]濟南 35/31
[崇禎]歷乘 16/30
[崇禎]歷城 6/12
馬諒(明・諸城人)
[萬曆]諸城 6/24
馬文(字維樸)
(清・單縣人)
[乾隆]單縣 7/27
[民國]單縣 9/72
馬襄(字天騏)
(清・陽信人)
[乾隆]武定府 25/29
[咸豐]武定府 25/孝友 29
[乾隆]陽信 7/28
[民國]陽信 5/孝友 69
信邑志稿 7/孝友
馬方文(清・慶雲人)
[民國三年]慶雲 2/75
馬應龍(字伯光,一作光伯)
(明・安丘人)
[雍正]山東 28/人物三 56
[宣統]山東 163/34
[萬曆]青州 15/11
[康熙十五年]青州 15/11
[康熙四十八年]青州 15/文學 11
[康熙六十年]青州 18/5
[咸豐]青州 45/9
[康熙]續安丘 19/20
安丘縣鄉土志 8/耆舊錄 5
馬應麟(明・即墨人)
[乾隆]即墨 9/32
[同治]即墨 9/47
馬裔孫(字慶先)
(五代・商河人)
商河縣鄉土志 3/耆舊-學問
馬立功(清・棲霞人)
[光緒]增修登州 43/23
[乾隆]棲霞 7/10
馬亮功(字巨川)
(清・魚臺人)
[民國]濟寧直隸州續志 15/4
[光緒]魚臺 3/文行又 4
馬文政(明・安邱人)
[道光]安邱新志 23/1
安丘縣鄉土志 4/耆舊錄 1
馬文秀(清・陽信人)
[民國]陽信 5/人瑞 68
馬立勳(清・諸城人)
[光緒]增修諸城縣續志 17/4
馬文魁(清・鄒平人)
[民國]鄒平 15/145
馬應科(明・朝邑人)
[康熙]棲霞 4/20
馬文健(明・鉅野人)
[康熙]兗州續編 15/16
[乾隆]曹州府 15/13
[萬曆]鉅野 7/24
[康熙]鉅野 11/22
[道光]鉅野 12/13
馬方和(字惠東,號春圃)
(清・商河人)
[民國]重修商河 8/32
馬文房(字秀卿)
(清・茌平人)
[民國]茌平 3/46
馬應賓(明・臨邑人)
[康熙]重修臨邑 9/7
[道光]臨邑 9/4
[同治]臨邑 9/循異 4
馬應寵(字簡臣)
(清・定陶人)
[乾隆]定陶 6/15
[民國]定陶 6/17
馬文池(字鳳章)
(清・莘縣人)
[光緒]莘縣 7/51
[民國]莘縣 7/37
莘縣鄉土志/事業 28
馬文漢(清・齊河人)
[民國]齊河 23/13
馬廉潤(字蜚卿)
(清・慶雲人)
[民國三年]慶雲 2/48
馬文鴻(字漸卿)
(清・陽信人)
[民國]陽信 5/文學 21
馬應祥(明・高苑人)
[康熙]高苑 5/2
[乾隆]高苑 5/2
馬應祥(字伯禎,號易濱)
(明・雄縣人)
[嘉靖]高唐州 5/7
[康熙十二年]高唐州 7/10
[康熙五十一年]高唐州 7/10
[道光]高唐州 7/1-12
[光緒]高唐州 7/1-12
馬慶霖(字雨艇)
(清・平度人)
[民國]平度縣續志 8/13
馬文吉(明・臨邑人)
[民國]續修臨邑 3/22
馬庭荊(號後齋)

（明・臨邑人）
［康熙］濟南 44/11
［道光］濟南 52/13
［順治］臨邑 12/9
［康熙］重修臨邑 10/9
［道光］臨邑 9/3
［同治］臨邑 9/循異 3
馬文載（字道峰）
（清・齊河人）
［道光］濟南 56/8
［民國］齊河 23/69
馬方萃（字實齋）
（清・齊河人）
［民國］齊河 23/80,27/34
馬庭楠（明・臨邑人）
［康熙］濟南 41/20
［道光］濟南 52/14
［順治］臨邑 12/9
［康熙］重修臨邑 10/10
［道光］臨邑 9/4
［同治］臨邑 9/循異 4
馬應夢（字士徵，號柳坡）
（明・菏澤人）
［康熙］曹州志 15/61
［乾隆］曹州府 15/11
［光緒］菏澤 15/55
［光緒］新修菏澤 10/25
菏澤縣鄉土志/20
馬文相（字蘊博）
（清・鄆城人）
［光緒］鄆城 16/31
馬方格（字貽正）
（清・汶上人）
［宣統］四續汶上稿/人物－忠烈傳
馬玄素（唐）
［乾隆］東昌 34/10
［嘉慶］東昌 22/1
［康熙十一年］莘縣 5/2
［康熙五十六年］莘縣 5/2
［光緒］莘縣 5/4
［民國］莘縣 3/3
莘縣鄉土志/政績 3
馬文盛（明・湖廣漢陽人）
［宣統］山東 72/7
［萬曆二十四年］兗州 29/3
［康熙］兗州 22/24
［康熙］兗州續編 14/6
［乾隆］兗州 22/24
［萬曆］滕志 6/62
［康熙］滕志 6/32
［康熙］滕縣志 6/宦業 29
［道光］滕縣志 6/宦績 22
滕縣鄉土志/5
馬文顯（字駿聲）
（清・陽信人）
［民國］陽信 5/篤行 38
馬文明（字聚奎）
（清・商河人）
［民國］重修商河 8/76
商河縣鄉土志 2/耆舊－事業
馬文閣（字星園）
（清・慶雲人）
［民國三年］慶雲 2/36
馬文卿（元・雲中人）
［乾隆］東昌 44/21
［康熙］臨清州 3/人物 28
［乾隆］臨清州 12/7
［乾隆］臨清直隸州 8/上 81
馬廉善（清・齊河人）
［民國］齊河 23/80
馬文會（字子友）
（清・陽信人）
［民國］陽信 5/任恤 35
馬應午（字麗中）
（清・陝西大荔人）
［民國］重修新城 11/27
馬文矩（宋）
［康熙］嶧縣 3/14
［光緒］嶧縣 19/88
馬庭箕（字維南）
（清・安邱人）
［道光］安邱新志 19/6
馬文光（字照臨，號松亭）
（清・商河人）
［民國］重修商河 8/80
馬文煒（字仲韜，一字定宇）
（明・安丘人）
［康熙］山東 42/24
［雍正］山東 28/人物三 44
［宣統］山東 160/29
［萬曆］青州 13/61
［康熙十五年］青州 13/61
［康熙四十八年］青州 13/事功 45
［康熙六十年］青州 16/23
［咸豐］青州 44/40
［康熙］續安丘 11/27,18/7
安丘縣鄉土志 5/耆舊錄 2
01 **馬龍**（字文祥）
（明・齊東人）
［康熙］濟南 40/6
［道光］濟南 51/45
［康熙］新修齊東 6/6
［民國］齊東 5/3
齊東縣鄉土志/耆舊錄 16
馬龍章（字聖圖）
（恩縣人）
［民國］重修恩縣 11/鄉賢 76,12/上 53
馬龍潭（字騰溪）
（清・鳳城人）
［民國三年］慶雲 2/65
馬龍驪（字躍驪）
（清・慶雲人）
［民國三年］慶雲 2/99
馬龍驤（字雲起）
（清・昌樂人）
［民國］昌樂縣續志 30/9
馬龍驤（字翼軒）
（清・日照人）
［光緒］日照 8/34
馬龍駿（清・昌樂人）
［民國］昌樂縣續志 35/3
02 **馬訓**（明・郯城人）
［乾隆］陽信 5/16
［民國］陽信 2/42
馬新貽（字穀山，號燕門）
（清・菏澤人）
［宣統］山東 173/21
［光緒］菏澤 15/79
［光緒］新修菏澤 11/65
菏澤縣鄉土志/21
07 **馬詢亭**（清・陽信人）
［宣統］山東 171/48
馬翊宸（原名苔，字次溪）
（清・商河人）

［道光］商河 7/22
［民國］重修商河 8/17,11/32
商河縣鄉土志 3/耆舊－學問
08 **馬謙**（明・臨清人）
［乾隆］東昌 42/19
［康熙］臨清州 3/人物 17
［乾隆］臨清州 9/50
［乾隆］臨清直隸州 8/上 38
［民國］臨清縣/人物 49
馬敦源（清・泰安人）
［民國］重修泰安縣 8/43
馬謙吉（清・定陶人）
［乾隆］定陶 6/29
［民國］定陶 6/64
09 **馬讜**（號五齋）
（明・臨朐人）
［康熙］臨朐縣志書 3/39
光緒臨朐 14/下 4
馬麟（明・福建人）
［嘉靖］山東 25/11
［康熙］山東 31/13
［雍正］山東 27/10
［宣統］山東 70/17
［道光］濟南 35/23
［崇禎］歷乘 16/28
［崇禎］歷城 6/11
馬麟（字文瑞）
（明・陽信人）
陽信縣鄉土志上/耆舊－鄉賢祠
馬麟宗（清・齊河人）
［民國］齊河 23/80
馬麟書（清・齊河人）
［民國］齊河 23/43
馬麟甲（字振卿）
（清・臨邑人）
［民國］續修臨邑 3/16
10 **馬貢**（字賓庭,號韋盤）
（明・陽信人）
［民國］陽信 5/宦蹟 17
馬璡（明・昌邑人）
［康熙］昌邑 6/3
馬元（清・直隸正定人）
［宣統］山東 75/48
［乾隆］武定府 16/36
［咸豐］武定府 19/濱州 5
［康熙］濱州 5/22
［咸豐］濱州 8/7
馬璋（明・臨邑人）
［民國］續修臨邑 3/22
馬璋（清・新泰人）
［康熙］濟南 48/10
［乾隆］武定府 26/24
［咸豐］武定府 26/隱逸 2
［康熙］陽信 9/35
［乾隆］陽信 7/53
［民國］陽信 5/隱逸 70
信邑志稿 7/隱逸
馬元方（字景山）
（宋・濮州鄄城人）
［嘉靖］山東 31/19
［雍正］山東 28/人物二 30
［宣統］山東 157/26
［萬曆］東昌 19/31
［乾隆］曹州府 14/24
［嘉靖］濮州 5/26
［萬曆］濮州 4/孝友 1
［康熙］濮州 4/1
［乾隆］濮州 4/1
［宣統］濮州 5/1
馬雲龍（字震潛,一作元居）
（明・安丘人）
［康熙］山東 46/6
［民國］續安邱新志 18/1
安丘縣鄉土志 8/耆舊錄 5
馬雲龍（清・齊河人）
［民國］齊河 23/44
馬雲龍（清・沂水人）
［道光］沂水 7/35
馬石麒（字又陵）
（清・安丘人）
［康熙四十八年］青州 14/孝友 20
［康熙六十年］青州 17/20
［道光］安邱新志 23/2
安丘縣鄉土志 6/耆舊錄 3
馬三元（字善堂）
（清・臨朐人）
［民國］臨朐續志 20/13
馬三元（字聯捷）
（清・魚臺人）
［康熙］魚臺 17/28
［乾隆］魚臺 11/42
［光緒］魚臺 3/27
馬西平（清・汶上人）
［宣統］四續汶上稿/人物－孝弟傳
馬玉珂（清・萊陽人）
［民國］萊陽 3/1 中 69
馬元瑞（字符齋）
（清・臨清人）
［民國］臨清縣/人物 18
馬玉琛（字獻廷）
（清平人）
［民國］清平/人物 79
馬元珍（清・平度人）
［光緒］平度志要/人物
［民國］平度縣續志 8/2
馬三重（明・鄆城人）
［萬曆二十四年］兗州 37/8
［康熙］兗州 28/37
馬一豸（明・汝州人）
［道光］濟南 36/26
［康熙五十五年］長山 3/37
［嘉慶］長山 5/45
馬可貞（字元會）
（清・商河人）
［民國］重修商河 9/13
馬雲行（字樹村）
（清・冠縣人）
［光緒］冠縣 9/傳
馬雲衢（字冠榆）
（清・新城人）
［宣統］新城縣後志 3/文苑
馬可繼（字敬承）
（清・齊河人）
［民國］齊河 23/44
馬三樂（字克性）
（明・陽信人）
［民國］陽信 5/宦蹟 11
陽信縣鄉土志上/耆舊－事業
馬雲岑（字秀冬）
（清・利津人）
［民國］利津縣續志 9/4
馬玉魁（字星若,號璞菴）
（清・東阿人）

［宣統］山東 171/5
［道光］東阿 14/人物下 10
［光緒］東阿縣鄉土志 4/28
馬元升（字晉三）
（清・平度人）
［光緒］平度志要/人物
馬雲程（字躋青）
（清・臨朐人）
［民國］臨朐續志 20/35
馬天倫（明・鈞州人）
壽張縣鄉土志/政績－興利
馬雲從（字太華）
（明・堂邑人）
［乾隆］東昌 41/33
［嘉慶］東昌 31/8
［康熙］堂邑 16/8
堂邑縣鄉土志/耆舊錄
馬雲從（清・曹縣人）
［光緒］曹縣 10/22
馬雲從（清・沛縣人）
［道光］濟寧直隸州 6/7－83
馬三寶（唐・商河人）
商河縣鄉土志 2/耆舊－事業
馬雲逵（字漸九）
（清・安丘人）
［宣統］山東補遺/11
［民國］續安邱新志 17/6
安丘縣鄉土志 7/耆舊錄 4
馬玉清（清・陽信人）
［民國］陽信 5/忠義 48
馬天湘（清・臨邑人）
［民國］續修臨邑 3/33
馬百遒（字凝之，號野坪）
（清・德州人）
［光緒］德州志略/人物傳略
［民國］德縣 10/57
德州鄉土志/耆舊 56
馬至道（元・淇上人）
［順治］堂邑 2/職官 3
馬爾森（字叔木，號槐卿）
（清・臨朐人）
［民國］臨朐續志 22/25
馬靈真（見馬了道）
馬元吉（字文仲）
（清・昌樂人）
［民國］昌樂縣續志 35/3
馬正大（明・黃縣人）
［同治］黃縣 9/1
［民國］黃縣志稿 13/人物－死難
馬爾壎（字協昆）
（清・曹縣人）
［光緒］曹縣 14/行誼 7
馬玉藻（字邃堂）
（清・茌平人）
［宣統］茌平 13/6
［民國］茌平 3/16
馬云鶴（明・單縣人）
［乾隆］曹州府 16/7
馬雲鶴（字龍江）
（明・單縣人）
［乾隆］單縣 7/12
［民國］單縣 9/25
馬可教（清・陽穀人）
［康熙］陽穀 4/4
［光緒］陽穀 7/2
［民國］增修陽穀人物/孝義 4
馬雲梯（清・章邱人）
［乾隆］章邱 9/46
［道光］章邱 11/79
馬元素（見馬玄素）
馬雲車（字御天）
（明・商河人）
［道光］商河 7/38
［民國］重修商河 9/2
馬天撰（字翼辰）
（清・安邱人）
［咸豐］青州 47/19
［道光］安邱新志 19/1
安丘縣鄉土志 8/耆舊錄 5
馬一星（字臺垣）
（清・鄆城人）
［光緒］鄆城 5/38
馬雲路（字晉垣）
（清・安丘人）
［民國］續安邱新志 21/3
安丘縣鄉土志 7/耆舊錄 4
馬可長（字振久）
（清・商河人）
［民國］重修商河 8/83
馬天驥（字馭良）
（清・陽信人）
［民國］陽信 5/任恤 30
馬可駿（清・樂安人）
［雍正］樂安 12/21
［民國］樂安 10/19
［民國］續修廣饒 19/34
馬一陽（明・新泰人）
［天啟］新泰 6/18
［順治］新泰 5/33
［乾隆］新泰 16/16
馬天閑（清・蒲臺人）
［光緒］重修蒲臺 3/10
蒲臺縣鄉土志/15
馬一騰（明・蒙陰人）
［康熙十一年］蒙陰 2/52
馬元善（原名元勳，字世長）
（清・博興人）
［民國］重修博興 13/39
馬雲會（清・漢軍旗人）
［宣統］山東 76/12
［乾隆］沂州府 20/13
［民國］臨沂 7/75
馬爾錕（清・冠縣人）
［道光］冠縣 8/上 27
［光緒］冠縣 8/孝義
［民國］冠縣 8/人物志 32
馬天錫（清・商河人）
［道光］商河 7/41
［民國］重修商河 9/6
11 **馬珩**（明・山西安邑人）
［宣統］山東 71/27
［道光］濟南 36/51
［康熙］陵縣 4/4
［光緒］陵縣 18/10
陵縣鄉土志/7
馬珩（字亞衡）
（明・臨朐人）
［嘉靖］臨朐 3/13
光緒臨朐 14/上 27
馬珩（明・直隸萬全人）
［崇禎］鄆城 4/5
［康熙］鄆城 4/4
［光緒］鄆城 6/5
馬珂（字海碧）
（清・商河人）

［道光］商河 7/47
［民國］重修商河 8/75
馬玗（字東玉）
（宋・淮南人）
［康熙］淄川 4/4
［乾隆］淄川 4/4
馬甄（明・太原人）
［乾隆］沂州府 20/7
［康熙］郯城 6/5
［乾隆］郯城 7/25
馬碩德（字恢甫）
（清・平度人）
［光緒］平度志要/人物
［民國］平度縣續志 8/2
12 **馬瑞**（字苞符）
（清・齊河人）
［民國］齊河 26/21
馬瑀（字伯玉）
（元・單父人）
［隆慶］單縣下/14
［順治］單縣 3/2
［康熙］單縣 7/48
馬孔彰（清・直隸東光人）
［道光］濟南 38/22
［康熙］新城 5/12
［道光］新城/名宦
［民國］重修新城 11/2
馬廷璣（字麗璇，晚號退一步齋老人）
（清・齊河人）
［民國］齊河 27/27，32/85
馬瑞環（字象五）
（清・金鄉人）
［民國］金鄉 13/續增 6
馬廷召（字君命）
（清・莒縣人）
［雍正］莒州 9/41
馬登科（清・臨清人）
［民國］臨清縣/人物 74
馬廷佐（清・德平人）
［康熙］濟南 44/36
［道光］濟南 56/87
［嘉慶］德平 7/15
［光緒］德平 7/14
德平縣鄉土志/耆舊錄
馬延安（字君平）
（清・定陶人）
［民國］定陶 6/68
馬延洪（字芝田）
（清・鄒縣人）
［民國］續修鄒縣志稿/人物－耆舊
馬延禧（字玉子）
（明・曹州人）
［乾隆］曹州府 16/22
馬發祥（明・魚臺人）
［乾隆］魚臺 10/29
馬廷才（字凱元）
（清・恩縣人）
［民國］重修恩縣 11/鄉賢 74
馬孔裁（字聖選）
（清・德平人）
［光緒］德平 7/22
馬廷萱（清・長汀舉人）
［道光］武城續編 9/1
［民國］增訂武城續編 9/2
武城縣鄉土志略/政績錄
馬廷棟（字雲松）
（清・費縣人）
［光緒］費縣 11/51
馬登泰（字鶴村）
（齊東人）
［民國］齊東 5/47
馬登鰲（清・齊河人）
［民國］齊河 23/44
馬孔昭（字聞遠）
（明・諸城人）
［咸豐］青州 45/6
［康熙］諸城 7/24
［乾隆］諸城 30/9
諸城縣鄉土志/上 26
馬瑞辰（字東垣）
（清・臨邑人）
［民國］續修臨邑 3/22
馬登舉（清・武城人）
［道光］武城續編 12/貤封坊表 1
馬廷熙（字亮工）
（清・臨淄人）
［民國］臨淄 27/58
馬廷愈（明・延安人）
［萬曆］蒲臺志 8/11
13 **馬玳**（清・滕縣人）
［道光］滕縣志 9/孝義 44
馬武（字子張）
（漢・南陽人）
［乾隆］夏津 6/6
［嘉慶］禹城 7/2
禹城縣鄉土志/4
15 **馬翀**（字倬園）
（清・浙江富陽人）
［宣統］山東 77/17
［咸豐］青州 37/9
［乾隆］諸城 28/12
諸城縣鄉土志/上 11
馬融（漢）
［民國］高密 16/35
馬珠（字湘洲）
（清・陽信人）
［民國］陽信 5/文學 14，8/藝文下 107
馬珠龍（字淮浦，別號霽碞）
（清・齊河人）
［民國］齊河 27/33
馬聘三（廣饒人）
［民國］續修廣饒 19/86
馬翀漢（字孟白，一作孟伯）
（清・鄒平人）
［雍正］山東 28/人物四 49
［康熙］濟南 45/10
［道光］濟南 54/32
［康熙］鄒平 6/22
［嘉慶］鄒平 15/9
［道光］鄒平 15/64
［民國］鄒平 15/64
馬建善（清・齊河人）
［民國］齊河 23/80
16 **馬環**（清・陽穀人）
［康熙十二年］陽穀 3/19
馬琍（字奉璋）
（清・陝西武功人）
［宣統］山東 77/12
［咸豐］青州 37/5
［嘉慶］昌樂 19/7
馬現（清・新泰人）
［乾隆］新泰 14/增 4
馬聖符（字揆一）
（清・魚臺人）

[民國]濟寧直隸州續志14/15
[光緒]魚臺3/又12
17 馬瑔(清·汶上人)
[康熙]續修汶上4/孝義1
馬瑔(字奉璋)(清·鄆城人)
[光緒]鄆城16/24
馬珺(字君玉)(清·平度人)
[光緒]平度志要/人物
[民國]平度縣續志8/9
馬孟(清·無棣人)
[民國]無棣13/13
馬珮(明·德州人)
[宣統]山東161/45
馬珊(字玉冊)(清·清平人)
[民國]清平/人物40
馬珣(字冠玉)(清·定陶人)
[民國]定陶6/36
馬尋(宋·須城人)
[嘉靖]山東30/45
[康熙]山東40/44
[宣統]山東161/14
[乾隆]泰安府16/59
[萬曆元年]兗州40/政績9
[萬曆二十四年]兗州35/12
[康熙]兗州27/10
[康熙]東平州4/13
[乾隆]東平州13/32
[道光]東平州13/32
[光緒]東平州15/上32
[民國]東平縣11/上11
東平州鄉土志上/耆舊錄29
馬瑤(字元冀)(漢·平原濕陰人)
[道光]濟南72/25
馬璵(清·南宮人)
[乾隆]臨清州12/10
[乾隆]臨清直隸州8/上85
馬豫(字彥安)(明·臨清人)
[嘉靖]山東31/29
[雍正]山東28/人物三9
[宣統]山東164/42
[萬曆]東昌19/50
[乾隆]東昌41/28
[康熙]臨清州3/人物14
[乾隆]臨清州9/21
[乾隆]臨清直隸州8/上5
[民國]臨清縣/人物22
馬珎(見馬珍)
馬孟乙(清·臨清人)
[民國]臨清縣/人物47
馬君衡(昌樂人)
[民國]昌樂縣續志21/21
馬承溪(東阿人)
[民國]東阿15/21
馬了道(元·滕縣人)
[雍正]山東30/17
[萬曆二十四年]兗州52/27
[乾隆]兗州31/11
[萬曆]滕志8/73
[康熙]滕志8/人物42
[康熙]滕縣志8/釋道1
[道光]滕縣志11/釋道1
馬君櫓(清·萊陽人)
[民國]萊陽3/1中64
馬承恩(字奉枌)(明·滎成人)
[道光]滎成8/4
馬承光(字君顯)(清·臨朐人)
光緒臨朐14/中2
馬瑍光(字繡谷)(清·新城人)
[宣統]新城縣後志3/文苑
[民國]重修新城18/8
馬豫煐(清·齊河人)
[民國]齊河23/37
18 馬璥(清·朝城人)
[民國]朝城縣續志1/29
馬珍(唐·扶風茂陵人)
[光緒]嶧縣19/87,24/1
[道光]滕縣志12/藝文補28
19 馬璘(字昆玉)(明·菏澤人)
[康熙]曹州志16/5
[乾隆]曹州府16/6
[光緒]菏澤16/4
[光緒]新修菏澤10/38
菏澤縣鄉土志/26
馬琰(清·臨清人)
[乾隆]臨清直隸州8/下7
[民國]臨清縣/人物62
20 馬統(明·膠州人)
[康熙]膠州6/56
馬信(明·曲沃人)
[萬曆]濮州3/名宦29
馬秀(清·商河人)
[民國]重修商河8/79
馬維柔(清·陽信人)
[民國]陽信5/義俠76
信邑志稿7/義行
馬秀儒(字藝林)(清)
[宣統]山東175/32
[民國]續安邱新志17/5
安丘縣鄉土志7/耆舊錄4
馬信德(字雲驤)(清·東阿人)
[民國]續修東阿11/11
馬受甯(清·齊河人)
[民國]齊河23/69
馬受祜(清·齊河人)
[民國]齊河23/45
馬維榮(字蔚南)(清·魚臺人)
[光緒]魚臺3/19
馬維杰(字吟壇)(清·臨邑人)
[同治]臨邑9/孝義9
馬維垣(字翰卿)(清·齊河人)
[民國]齊河27/26
馬爲式(金鄉人)
[民國]金鄉14/23
馬千英(字扶九)(清·魚臺人)
[乾隆]魚臺11/41
[光緒]魚臺3/26
馬重華(清·臨邑人)
[同治]臨邑9/耆壽1
馬維坤(清·新城人)
[宣統]新城縣後志3/耆壽
馬維恕(字基仁)

（清・魚臺人）
［光緒］魚臺 3/19
馬秉忠（字耿臣）
（清・博興人）
［民國］重修博興 13/36
馬受昌（清・齊河人）
［民國］齊河 23/45
馬爲驥（字宜唐）
（清・金鄉人）
［民國］金鄉 13/續增 13
馬維駰（明・陽曲人）
［康熙］濟南 24/26
［道光］濟南 35/22
［康熙］德州 7/29
［乾隆］德州 8/8
［民國］德縣 9/9
馬維駒（字白谷）
（清・安邱人）
［道光］安邱新志 22/3
21 **馬岓**（字岱岩）
（清・定陶人）
［乾隆］定陶 6/27
［民國］定陶 6/49
馬衡（唐・清河郡人）
［乾隆］東昌 42/2
［嘉慶］東昌 32/3
［嘉靖］恩縣 6/3
［宣統］重修恩縣 8/40
［民國］重修恩縣 11/鄉賢 47
馬儒（字文明）
（明・堂邑人）
［乾隆］東昌 38/16
［嘉慶］東昌 28/16
［順治］堂邑 2/人物 9
［康熙］堂邑 12/7
馬儒（清・慶雲人）
［民國三年］慶雲 2/39
馬貞（字起元）
（清・齊東人）
［民國］齊東 5/19
馬步雲（字淩虚）
（明・平度人）
［光緒］平度志要/人物
馬貞一（明）
［雍正］山東 30/24
［順治］登州 18/25
［康熙］蓬萊 6/5
［道光］重修蓬萊 2/33
［民國］增修蓬萊 2/仙釋
［民國］蓬萊縣志合編人物志/仙釋
馬仁瑀（宋・大名夏津人）
［嘉靖］山東 31/17
［雍正］山東 28/人物二 21
［宣統］山東 157/34
［嘉靖］青州 13/24
［萬曆］青州 12/18
［康熙十五年］青州 12/18
［康熙四十八年］青州 12/18
［康熙六十年］青州 12/13
［咸豐］青州 35/1
［萬曆］東昌 19/29
［乾隆］東昌 37/6
［嘉靖］夏津 4/7
［康熙］夏津 5/5
［乾隆］夏津 8/8
［萬曆］諸城 5/5
［康熙］諸城 5/5
［乾隆］諸城 27/4
諸城縣鄉土志/上 4
馬順行（清・汶上人）
［宣統］四續汶上稿/人物－耆德傳
馬卓峯（字秀岩）
（清・慶雲人）
［民國三年］慶雲 2/38
馬行健（明・山西太平人）
［順治］登州 11/20
［光緒］增修登州 26/2
［康熙］蓬萊 3/3
馬經綸（字主一）
（明・通州人）
［宣統］山東 71/38
［康熙］濟南 25/62
［乾隆］泰安府 15/21
［康熙］肥城書下/10
［嘉慶］肥城 15/31
［光緒］肥城 7/47
肥城縣鄉土志 3/3
馬步瀛（字仙洲）
（清・曲阜人）
［民國］續修曲阜 5/38
馬衍祉（清・堂邑人）
［乾隆］東昌 43/4
［嘉慶］東昌 32/31
［康熙］堂邑 16/11
馬虞禎（明・歷城人）
［崇禎］歷城 10/17
馬經選（清・高密人）
［民國］高密 14/上 32
馬占吉（字錦石）
（清・茌平人）
［宣統］茌平 14/14
［民國］茌平 3/82
馬經邦（明・雲南蒙化人）
［宣統］山東 71/44
［乾隆］武定府 16/28
［咸豐］武定府 19/樂陵 3
［乾隆］樂陵 4/51
樂陵縣鄉土志 2/7
馬經邦（清・蒲臺人）
蒲臺縣鄉土志/17
馬衍趾（見馬衍祉）
馬貞常（字君甫）
（清・歷城人）
［乾隆］歷城 42/8
22 **馬彪**（字文德）
（清・菏澤人）
［光緒］菏澤 16/7
［光緒］新修菏澤 11/69
馬巖（字岱嵒）
（清・濟寧人）
［民國］濟寧直隸州續志 13/15
馬任高（明・黄縣人）
［康熙］黄縣 6/36
［乾隆］黄縣 12/2
［同治］黄縣 9/1
［民國］黄縣志稿 13/人物－死難
馬胤孫（字慶先，諱作寅孫、印孫）
（五代・棣州商河人）
［嘉靖］山東 33/30
［宣統］山東 156/19
［乾隆］武定府 23/6
［咸豐］武定府 23/名臣 6
［萬曆］商河 7/1

[道光]商河 7/1
[民國]重修商河 8/1
馬繼然(清・金鄉人)
[民國]金鄉 14/14
馬仙峰(字岫東)
(清・陽信人)
[民國]陽信 5/篤行 47
馬繼祖(明・如皋人)
[嘉靖]山東 27/10
[嘉靖]青州 13/44
[萬曆]青州 12/30
[康熙十五年]青州 12/30
[康熙四十八年]青州 12/30
[康熙六十年]青州 12/24
[咸豐]青州 36/9
[康熙十二年]博興 6/1
[康熙六十年]博興 7/12
[道光]博興 10/2
[民國]重修博興 12/2
馬崇本(原名敦本)
(清・魚臺人)
[民國]濟寧直隸州續志 15/3
[光緒]魚臺 3/文行又 5
馬樂東(字乙齋)
(清・樂安人)
[民國]續修廣饒 19/71
馬胤昌(清・榆次人)
[宣統]山東 75/50
[康熙]濟南 26/10
[乾隆]武定府 16/44
[咸豐]武定府 19/霑化 4
[光緒]霑化 5/19
[民國]霑化 4/職官 36
馬綬卿(字若甫,號綰亭)
(清・商河人)
[民國]重修商河 8/29
馬胤卿(五代)
[嘉靖]山東 27/4
[嘉靖]青州 13/23
[萬曆]青州 12 又/5
[康熙十五年]青州 12 又/5
[康熙四十八年]青州 12 又/5
[康熙六十年]青州 12/9
[咸豐]青州 34/23
[康熙六十年]博興 7/4
馬繼曾(字宗魯)
(清・汶上人)
[康熙]續修汶上 4/人物 18
23 **馬俊**(明・堂邑人)
[順治]堂邑 2/人物 18
[康熙十一年]堂邑 2/選舉 23
馬允登(明・東光人)
[道光]濟南 36/33
[康熙]齊河 5/37
[雍正]齊河 5/36
[民國]齊河 22/3
齊河縣鄉土志名宦祠/16
馬允孫(見馬胤孫)
馬岱峯(清・海豐人)
海豐縣鄉土志/耆舊－事業四
馬允升(明・睢州舉人)
[康熙]觀城 3/4
[道光]觀城 6/6
馬獻墀(清・陝西同州人)
[宣統]山東 77/12
[咸豐]青州 37/2
[嘉慶]昌樂 19/6
馬允中(清・商河人)
[民國]重修商河 8/59
馬允昌(見馬胤昌)
24 **馬信**(清・商河人)
[道光]商河 7/41
[民國]重修商河 9/6
馬魁(字士元)
(明・禹城人)
[康熙]濟南 44/8
[道光]濟南 52/3
[康熙]禹城 5/15
[嘉慶]禹城 9/3
[民國]禹城 6/2
禹城縣鄉土志/10
馬魁(清・館陶人)
[嘉慶]東昌 32/63
馬魁(清・陝西肅州人)
[乾隆]嶧縣 7/45
馬偉(字耀宇)
(清・高密人)
[民國]高密 14/上 87
馬贊(字幼参)
(清・陽信人)
[康熙]濟南 47/17
[康熙]陽信 9/13
[乾隆]陽信 7/19
[民國]陽信 5/文學 3
信邑志稿 7/文苑
陽信縣鄉土志上/耆舊－事業
馬化龍(清・朝城人)
[民國]朝城縣續志 1/26
馬德麟(字仲祥)
(元)
[隆慶]單縣上/32
[康熙]單縣 6/9
[乾隆]單縣 4/55
[民國]單縣 6/宦蹟 14
馬德元(字奎菴)
(清・單縣人)
[民國]單縣 11/30
馬偉功(字碩甫)
(清・魚臺人)
[光緒]魚臺 3/26
馬岐山(清・朝城人)
[民國]朝城縣續志 1/35
朝城縣鄉土志/15
馬纘緒(清・安邑人)
[康熙十二年]鄒縣志 3/17
馬緒淵(字秉心)
(清・茌平人)
[民國]茌平 3/102
馬贊清(清・齊河人)
[民國]齊河 23/80
馬先幸(字緒吾)
(清・陽信人)
[乾隆]武定府 26/30
[康熙]陽信 9/33
[乾隆]陽信 7/56
信邑志稿 7/耆碩
[民國]陽信 5/耆碩 56
馬德芳(清・商河人)
[民國]重修商河 13/藝文志四墓誌 33
馬壯基(字幼宇,一作幼畜)
(明・章邱人)
[乾隆]萊州 9/27
萊州府鄉土志/上 24

[嘉慶]續掖縣 2/26
馬先聲(字實符)
(清・臨朐人)
臨朐縣鄉土志 1/耆舊
馬德全(清・博興人)
[康熙六十年]博興 7/58
馬緒曾(字承齋)
(清・臨清人)
[民國]臨清縣/人物 76
馬續善(清・齊河人)
[民國]齊河 23/80
馬德榮(清・商河人)
[民國]重修商河 13/藝文志四墓誌 33
25 **馬積**(明・萊陽人)
[民國]萊陽 3/1 中 9
馬健(明・臨朐人)
[嘉靖]臨朐 3/11
馬傑(字廷英,一作庭英)
(明・利津人)
[康熙]濟南 40/5
[乾隆]武定府 24/16
[咸豐]武定府 24/循良 6
[康熙]利津縣新志 8/3
[光緒]利津 7/宦蹟 6
馬傑(明・益都人)
[康熙六十年]青州 18/16
馬伸(字時中)
(宋・東平人)
[嘉靖]山東 30/50
[雍正]山東 28/人物二 45
[宣統]山東 164/15
[乾隆]泰安府 14/23,18/23
[萬曆元年]兗州 40/諫議 15
[萬曆二十四年]兗州 35/17
[康熙]兗州 27/16
[萬曆]東昌 18/22
[嘉靖]濮州 7/12
[萬曆]濮州 3/名宦 15
[康熙]濮州 3/15
[乾隆]濮州 3/15
[宣統]濮州 4/15
[康熙]東平州 4/23
[乾隆]東平州 14/18
[道光]東平州 14/18
[光緒]東平州 15/中 27
[民國]東平縣 11/中 1
東平州鄉土志上/耆舊錄 29
[乾隆二十五年]泰安縣 10/29
[乾隆四十七年]泰安縣 8/26
[道光]泰安縣 10/3
[民國]重修泰安縣 6/57
泰安縣鄉土志/政績 4
馬純仁(字希范)
(明・棲霞人)
[泰昌]登州 11/48
[順治]登州 17/28
[康熙]棲霞 6/24
[乾隆]棲霞 7/6
馬仲安(字靜止)
(清・寧陽人)
[咸豐]寧陽 14/26
[光緒]寧陽 14/26
馬傳遠(字譽聞)
(清・寧陽人)
[咸豐]寧陽 14/30
[光緒]寧陽 14/30
寧陽縣鄉土志/17
馬傳洵(字介侯)
(清・齊河人)
[民國]齊河 27/40
馬純錫(字錫嘏)
(清・安丘人)
[宣統]山東 175/53
[康熙六十年]青州 17/21
[咸豐]青州 47/34
[道光]安邱新志 23/2
安丘縣鄉土志 6/耆舊錄 3
26 **馬和**(臨沂人)
[民國]續修臨沂 17/34
馬總(字會元,一作元會)
(唐・扶風人)
[嘉靖]山東 25/4
[康熙]山東 31/5
[雍正]山東 27/3
[宣統]山東 68/3
[乾隆]泰安府 14/10
[萬曆元年]兗州 38/循吏 24
[萬曆二十四年]兗州 27/7
[康熙]兗州 21/22
[康熙]曹州志 7/45
[嘉靖]濮州 7/5
[萬曆]濮州 4/雜記 2
[康熙]濮州 4/90
[乾隆]濮州 4/130
[宣統]濮州 6/88
[康熙]東平州 4/27
[乾隆]東平州 12/5
[道光]東平州 12/5
[光緒]東平州 14/5
東平州鄉土志上/政績錄 9
[民國]東平縣 9/4
[崇禎]鄆城 4/2
[康熙]鄆城 4/1
[光緒]鄆城 6/2
鄆城縣鄉土志/政績錄－聽訟
馬伯行(明・吳江人)
[嘉靖]山東 27/18
[雍正]山東 27/71
[萬曆]萊州 5/73
[康熙]萊州 8/49
[乾隆]萊州 9/19
[康熙]昌邑 5/9
[乾隆]昌邑 5/109
馬得貞(見馬得禎)
馬伯傑(元・鄒人)
[嘉靖]山東 30/58
[康熙]山東 40/56
[萬曆元年]兗州 40/孝友 7
[嘉靖]鄒縣地理誌 1/31
[萬曆]鄒志 2/28
[康熙十二年]鄒縣志 2/44
[康熙五十五年]鄒縣志 2/66
[民國]續修鄒縣志稿/人物－耆舊
鄒縣鄉土志耆舊錄/13
馬伯修(清・鄒縣人)
[光緒]鄒縣續志 12/上 9
鄒縣鄉土志耆舊錄/21
馬得禎(字沖霄)
(清・介休人)
[宣統]山東 76/9
[乾隆]兗州 22/36
[乾隆]濟寧直隸州 22/53
[道光]濟寧直隸州 6/7－87

［乾隆］魚臺 9/46
［光緒］魚臺 2/54
馬伯通（明・新泰人）
［天啟］新泰 6/19
［順治］新泰 5/24
［乾隆］新泰 16/6
馬綿祿（字君福）
（清・齊河人）
［道光］濟南 56/5
［雍正］齊河 8/12
［民國］齊河 26/3
齊河縣鄉土志忠義祠/20
馬綿祚（字介石）
（清・齊河人）
［道光］濟南 56/6
［雍正］齊河 8/17
［民國］齊河 26/5
馬得楨（見馬得禎）
馬伯恭（字念顯）
（清・蓬萊人）
［光緒］增修登州 43/6
［道光］重修蓬萊 9/27
［民國］蓬萊縣志合編人物志/孝友
馬得振（清・冠縣人）
［道光］冠縣 8/上 18
［民國］冠縣 8/人物志 20
27 **馬總**（字元會）
（唐・扶風人）
［光緒］菏澤 7/宦蹟 13
馬翽（字聲甫，別號菊如子）
（清・德州人）
［民國］德縣 10/65
馬魯（字習仲，原名之馴，字君習）
（清・直隸雄縣人）
［咸豐］青州 53/13
［乾隆］諸城 44/2
馬紹（字子卿）
（元・濟州金鄉人）
［嘉靖］山東 25/9，26/15，30/55
［康熙］山東 31/11，40/53
［雍正］山東 28/人物二 62
［宣統］山東 158/9
［嘉靖］青州 13/38
［萬曆］青州 12/27
［康熙四十八年］青州 12/27
［康熙六十年］青州 12/16
［咸豐］青州 64/31
［萬曆元年］兗州 38/循吏 37，40/忠直 15
［萬曆二十四年］兗州 28/17，35/28
［康熙］兗州 22/16，27/26
［乾隆］兗州 23/32
［乾隆］濟寧直隸州 23/37
［道光］濟寧直隸州 8/2－20
［康熙十二年］金鄉 5/26
［康熙五十一年］金鄉 10/27
［乾隆］金鄉 18/49
［咸豐］金鄉縣志略 9/上 11
［民國］金鄉 13/8
金鄉縣鄉土志/耆舊錄上
［隆慶］單縣上/32
［康熙］單縣 6/9
［乾隆］單縣 4/55
［民國］單縣 6/宦蹟 15
馬象（字世輔）
（漢・平原濕陰人）
［道光］濟南 72/25
馬約（字性初）
（清・萊蕪人）
［民國］續修萊蕪 27/19
馬紹文（字丹亭）
（清・齊河人）
［道光］濟南 56/4
［民國］齊河 26/13，32/62
馬紹孔（字魯生）
（清・齊河人）
［道光］濟南 56/11
［民國］齊河 26/14
馬紹武（字興鎬）
（清・齊河人）
［道光］濟南 56/11
［民國］齊河 26/11
馬紹舜（字重華）
（清・齊河人）
［道光］濟南 56/11
［民國］齊河 26/13，33/39
馬紹禹（字德遠）
（清・齊河人）
［道光］濟南 56/11
［民國］齊河 26/10
馬紹先（清・無棣人）
［民國］無棣 13/31
馬佩紳（字玉臣）
（清・陽信人）
［民國］陽信 5/孝友 62
馬繩祖（字承先，號味道）
（明・禹城人）
［道光］濟南 52/9
［康熙］禹城 6/3
馬紹熹（字如晦）
（清・清平人）
［宣統］增輯清平 12/65
［民國］清平/人物 59
馬紹堯（字聖思）
（清・齊河人）
［道光］濟南 56/6
［民國］齊河 26/12，33/23
齊河縣鄉土志耆舊錄/13
馬紹芳（明・北直東光人）
［宣統］山東 72/40
［乾隆］東昌 33/48
［嘉慶］東昌 21/15
［康熙］博平 3/5，3/45
［道光］博平 3/5，4/5
博平縣鄉土志/政績
馬負書（字羲祥）
（清）
［乾隆］膠州 4/24
［道光］重修膠州 23/11
［民國］增修膠志 18/10
馬名捷（字連三）
（清・章邱人）
［道光］濟南 54/24
［道光］章邱 11/80
馬名揚（字萬里）
（清・清平人）
［民國］清平/人物 64
馬負圖（明・扶溝人）
新城縣鄉土志/政績－明知縣
馬負圖（明・景陵人）
［萬曆］沂州志 4/56
馬負圖（明・萊陽人）
［光緒］增修登州 41/43

［康熙］萊陽 8/20
［民國］萊陽 3/1 中 55
馬負圖（清・鉅野人）
［道光］鉅野 12/30
馬紹周（字宗儒）
（清・恩縣人）
［民國］重修恩縣 11/鄉賢 26
馬紹周（字元公）
（清・齊河人）
［道光］濟南 56/11
［民國］齊河 26/11
馬象騶（清・莘縣人）
［民國］莘縣 9/47
28 **馬從**（字文祥）
（明・恩縣人）
［嘉靖］恩縣 6/3
［萬曆］恩縣 4/33
馬伶（清・曲阜人）
［乾隆］曲阜 83/6
馬徵（字廷召，號敬齋）
（明・臨朐人）
［萬曆］青州 14/50
［康熙十五年］青州 14/50
［康熙四十八年］青州 14/儒行 7
［康熙六十年］青州 15/9
［咸豐］青州 43/12
［嘉靖］臨朐 3/12
光緒臨朐 14/上 18
馬從龍（字君昇）
（明・安丘人）
［康熙］山東 42/27
［雍正］山東 28/人物三 56
［宣統］山東 167/15
［康熙十五年］青州 13/81
［康熙四十八年］青州 13/事功 65
［康熙六十年］青州 16/33
［咸豐］青州 45/10
［康熙］續安丘 21/26
安丘縣鄉土志 5/耆舊錄 2
馬從龍（明・新蔡籍，洛陽人）
［乾隆］寧陽 3/分司 7
馬從龍（清・高密人）
［光緒］高密 8/上 43
［民國］高密 14/上 45
馬復誠（長清人）
［民國］長清 12/19
馬從聘（明・靈壽人）
［萬曆］青州 12/46
［康熙十五年］青州 12/46
［康熙四十八年］青州 12/46
［康熙六十年］青州 12/21
［咸豐］青州 36/27
［康熙六十年］博興 7/12
［光緒］益都縣圖志 18/23
馬以佐（清・商河人）
［道光］商河 7/32
［民國］重修商河 8/53
馬价藩（字甸侯）
（清・商河人）
［民國］重修商河 8/58
馬以芳（清・商河人）
［道光］商河 7/42
［民國］重修商河 9/6
馬作梅（字香巖）
（清・臨朐人）
［民國］臨朐續志 20/19
臨朐縣鄉土志 1/耆舊
馬作梅（字和卿）
（清・無棣人）
［民國］無棣 13/32
馬作肅（清・樂安人）
［雍正］樂安 12/24
［民國］樂安 10/21
［民國］續修廣饒 19/40
馬從義（字宜甫）
（金・寧海人）
［光緒］增修登州 38/10
［同治］重修寧海州 17/5
30 **馬安**（字仲安）
（元・新城人）
［道光］濟南 48/58
［宣統］新城縣後志 2/武功
［民國］重修新城 13/4
馬安（明・鄒平人）
［道光］濟南 50/17
［道光］鄒平 15/43
［民國］鄒平 15/43
馬淳（明・山西河津人）
［康熙十二年］陽穀 2/15
［康熙］陽穀 2/11
［光緒］陽穀 4/2
馬淳（字懷民，號眉溪）
（清・齊河人）
［道光］濟南 56/12
［民國］齊河 26/18，33/41
馬宮（字游卿）
（漢・東海人）
［嘉靖］山東 33/15
［雍正］山東 28/人物一 12
［宣統］山東 153/29
［萬曆元年］兗州 41/24
［乾隆］兗州 23/11
［民國］臨沂 9/4
［萬曆］滕志 7/11
［康熙］滕志 7/11
［康熙］滕縣志 7/10
［道光］滕縣志 7/10
滕縣鄉土志/15
馬淮（字柏源）
（清・商河人）
［道光］商河 7/19
［民國］重修商河 8/16
商河縣鄉土志 2/耆舊－事業
馬濟（字漁仲，號晉陽）
（清・商河人）
［民國］重修商河 8/21
馬良（明・臨清人）
［乾隆］東昌 42/18
［康熙］臨清州 3/人物 17
［乾隆］臨清州 9/50
［乾隆］臨清直隸州 8/上 38
［民國］臨清縣/人物 49
馬瀛（清・茌平人）
［宣統］茌平 21/1
［民國］茌平 12/86
馬宥（明・山東人）
［宣統］山東 161/30
馬寶三（清・菏澤人）
［光緒］菏澤 16/14
［光緒］新修菏澤 11/72
馬賓王（字客周）
（清・寧陽人）
［乾隆］寧陽 7/師範 2
［咸豐］寧陽 14/12
［光緒］寧陽 14/12

馬官雲(字書五)
(清・臨朐人)
[民國]臨朐續志 20/38
馬守正(清・滕縣人)
[道光]滕縣志 9/孝義 18
馬寶瑨(滕縣人)
[民國]續滕縣志 4/36
馬之冀(見馬之驥)
馬寅孫(見馬胤孫)
馬寶琦(滕縣人)
[民國]續滕縣志 4/36
馬進功(字芝芩)
(清・亳縣人)
[民國]續滕縣志 4/25
馬之瑛(字正誼)
(清・桐城人)
[雍正]山東 27/108
[宣統]山東 76/33
[乾隆]曹州府 12/24
[乾隆]定陶 4/21
[民國]定陶 4/27
馬之現(字連三)
(清・商河人)
[民國]重修商河 9/11
馬守維(字翊宸)
(清・茌平人)
[民國]茌平 3/19
馬之貞(元・汶上人)
[宣統]山東 200/7
[道光]濟寧直隸州 6/6–17
[萬曆]汶上 6/7
馬永伯(宋)
[乾隆四十七年]泰安縣 8/25
[道光]泰安縣 10/2
[民國]重修泰安縣 6/57
泰安縣鄉土志/政績 4
馬進寶(字蘊玉)
(明・陽穀人)
[民國]增修陽穀人物/善行 37
馬瀛洲(字元圃)
(清・齊河人)
[民國]齊河 26/23
馬永祺(清・東平人)
[乾隆]東平州 15/26
[道光]東平州 15/26
[光緒]東平州 15/下 34
[民國]東平縣 11/下 9
馬宏澤(清・平度人)
[光緒]平度志要/人物
馬永澤(清・牟平人)
[民國]牟平 7/110
馬宗湯(字景商)
(清・商河人)
[道光]商河 7/32
[民國]重修商河 8/53
馬之裯(明・臨清諸生)
[宣統]山東 164/42
馬之遂(清・高唐人)
[嘉慶]東昌 32/44
馬宗海(字匯川)
(清・博興人)
[民國]重修博興 13/41
馬之楨(見馬之貞)
馬宗標(清・臨邑人)
[同治]臨邑 9/耆壽 1
馬家樾(字蔭侯)
(清・齊河人)
[民國]齊河 23/75
馬之英(見馬之瑛)
馬安邦(字鴻猷)
(清・長清人)
[道光]濟南 56/49
[道光]長清 12/28
馬安邦(清・歷城人)
[民國]續修歷城 42/12
馬定國(字子卿,號薺堂)
(金・茌平人)
[嘉靖]山東 31/24
[宣統]山東 163/25
[萬曆]東昌 19/42
[乾隆]東昌 41/4
[嘉慶]東昌 33/4
[康熙二年]茌平 2/41
[康熙四十九年]茌平 2/41
[宣統]茌平 13/1
[民國]茌平 3/5
馬進甲(清・鄆城人)
[光緒]鄆城 5/28
鄆城縣鄉土志/耆舊錄–事業
馬之圖(明・河南商城人)
[乾隆]沂州府 20/10
[康熙]沂水 4/25
[道光]沂水 5/27
馬安時(字允中)
(清・臨邑人)
[同治]臨邑 9/循異 9
馬之驥(字勝千,號渥印)
(明・益都人)
[康熙]山東 42/29
[雍正]山東 28/人物三 69
[宣統]山東 162/39
[康熙十五年]青州 13/78
[康熙四十八年]青州 13/事功 62
[康熙六十年]青州 16/32
[咸豐]青州 45/44
[康熙]益都 7/50
[光緒]益都縣圖志 38/16
馬之頤(清・海陽人)
[光緒]增修登州 43/46
[乾隆]海陽 6/18
馬永堅(字金城)
(清・慶雲人)
[民國三年]慶雲 2/47
馬永印(字録三,一字祿三)
(清・陽信人)
[乾隆]武定府 26/32
[乾隆]陽信 7/56
[民國]陽信 5/耆碩 55
信邑志稿 7/耆碩
馬之屏(字次藩)
(清・陽信人)
[民國]陽信 5/孝友 70
馬宗賢(明・嶧縣人)
[康熙]嶧縣 4/111
馬濟勝(清・菏澤人)
[宣統]山東 173/22
[光緒]菏澤 15/70
[光緒]新修菏澤 11/57
菏澤縣鄉土志/21
馬家益(字慕謙)
(清・大興人)
[民國]齊東 3/67
馬安鎮(清・丘縣人)
[乾隆]東昌 43/23

馬寵錫(清·商河人)
[道光]商河 7/41
[民國]重修商河 9/6
31 **馬福**(明·陝西綏德人)
[宣統]山東 71/47
[康熙]濟南 25/41
[乾隆]武定府 16/42
[咸豐]武定府 19/霑化 1
[萬曆]新修霑化 6/107
[光緒]霑化 5/16
[民國]霑化 4/職官 34
馬灝(清·齊河人)
[民國]齊河 27/15
馬江(字元海)
(漢·乘氏人)
[宣統]山東 151/10
[乾隆]濟寧直隸州 17/1
[道光]濟寧直隸州 9/2 –57
[光緒]新修菏澤 10/1
[道光]鉅野 20/2
馬江(清·黃縣人)
[光緒]增修登州 43/13
[同治]黃縣 8/19
[民國]黃縣志稿 13/清懿行
馬江(字桂嶺)
(清·商河人)
[道光]商河 7/32
[民國]重修商河 8/53
商河縣鄉土志 3/耆舊 –學問
馬沅(清·新泰人)
[乾隆]新泰 14/增 4
馬福翻(字雲巢)
(臨邑人)
[民國]續修臨邑 3/10
馬福迎(字祥止)
(清·魚臺人)
[民國]濟寧直隸州續志 14/15
[光緒]魚臺 3/耆碩又 2
馬福菴(清·清平人)
清平縣鄉土志/耆舊
馬河圖(字子龍)
(清·冠縣人)
[民國]冠縣 8/人物志 37
馬福恒(字月海)
(清·魚臺人)
[民國]濟寧直隸州續志 15/9
[光緒]魚臺 3/文行又 6
32 **馬澄**(字源思,一字援之)
(清·安丘人)
[道光]安邱新志 19/1
安丘縣鄉土志 8/耆舊錄 5
馬淵(字清源)
(清·齊河人)
[道光]濟南 56/12
[民國]齊河 26/17,32/64
馬兆麟(字聖徵)
(清·清平人)
[宣統]增輯清平 12/47
[民國]清平/人物 30
馬兆登(清·山陰人)
[乾隆]利津縣志補 3/15
馬兆紱(清·博興人)
[民國]重修博興 13/44
馬祈扈(字歷寅)
(清·魚臺人)
[乾隆]魚臺 11/31
[光緒]魚臺 3/18
馬澄源(清·博興人)
[民國]重修博興 13/44
馬兆遴(清·歷城人)
[乾隆]歷城 42/7
33 **馬溶**(字星源)
(清·汶上人)
[宣統]四續汶上稿/人物–施濟傳
馬必誠(字葵陽)
(清·商河人)
[道光]商河 7/47
[民國]重修商河 8/74
馬治融(清·商河人)
[道光]商河 7/31
[民國]重修商河 8/52
商河縣鄉土志 3/耆舊 –學問
馬必化(明·儀真人)
[萬曆]蒲臺志 8/10
馬必福(字攸同)
(清·商河人)
[民國]重修商河 8/19
商河縣鄉土志 2/耆舊 –事業
馬必第(字步瀛)
(清·商河人)
[咸豐]武定府 25/孝友又 37
[道光]商河 7/27
[民國]重修商河 8/38
34 **馬洪慶**(字葛村,號嘯厓)
(清·德州人)
[光緒]德州志略/人物傳略
[民國]德縣 10/60
德州鄉土志/耆舊 57
馬凌雲(字漢章)
(清·夏津人)
[民國]夏津續编 8/15
馬汝霖(字雨三)
(清·齊河人)
[民國]齊河 23/83,27/39
馬汝平(明·涿州人)
[康熙]寧海州 7/3
[同治]重修寧海州 12/11
[民國]牟平 6/72
馬汝俊(字偉卿)
(清·昌邑人)
[光緒]昌邑縣續志 6/26
馬達德(字行一)
(清·商河人)
[道光]商河 7/31
[民國]重修商河 8/52
馬汝舟(字濟川)
(清·章邱人)
[道光]濟南 54/14
[道光]章邱 11/51
馬汝淮(字誠菴)
(明·慶雲人)
[嘉慶]慶雲 9/15
[咸豐]慶雲 2/65
[民國三年]慶雲 2/29
馬漢英(字潤九,號沖霄)
(清·魚臺人)
[乾隆]魚臺 11/20
[光緒]魚臺 3/11
馬汝基(字岐肇,號南臺)
(清·陽信人)
[乾隆]武定府 24/39
[咸豐]武定府 24/循良 29

［乾隆］陽信 7/15
［民國］陽信 5/文學 7
信邑志稿 7/循良
陽信縣鄉土志上/耆舊－學問
馬汝櫓（字幹亭）
（清・寧陽人）
［咸豐］寧陽 14/30
［光緒］寧陽 14/30
馬汝驌（字錦成）
（清・奉天人）
［宣統］山東 75/24
［道光］濟南 38/47
［乾隆］德平 2/28
［嘉慶］德平 5/20
［光緒］德平 5/13
德平縣鄉土志/政績錄
35 **馬禮**（明・直隸通州人）
［乾隆］曹州府 12/18
［崇禎］鄆城 4/6
［康熙］鄆城 4/4
［光緒］鄆城 6/35
馬速（號巢岱）
（明・曹州人）
［康熙］曹州志 12/11
［光緒］菏澤 12/8
馬迪慶（字惠亭）
（博興人）
［民國］重修博興 13/63
馬連元（清・慶雲人）
［民國三年］慶雲 2/77
馬清傑（清・臨沂人）
［民國］臨沂 10/32
馬連業（清・陽信人）
［民國］陽信 5/人瑞 68
馬清涝（字箕山）
（清・商河人）
［民國］重修商河 8/45
馬清吉（明・滕縣人）
［康熙］滕志 8/人物 22
［康熙］滕縣志 8/貞夫 1
36 **馬渭**（字雲溪）
（清・安丘人）
［民國］續安邱新志 20/6
安丘縣鄉土志 7/耆舊錄 4
馬渭（字念西）
（清・東阿人）
［道光］東阿 14/人物下 12
［光緒］東阿縣鄉土志 4/29
馬湘（字楚江）
（清・昌樂人）
［民國］昌樂縣續志 35/3
馬澤（清・桐城人）
［乾隆］陽信 5/7
信邑志稿 5/職官－知縣
［民國］陽信 2/27
馬遇時（字臬颺，號友陶，別號耐園）
（清・臨邑人）
［道光］臨邑 11/76
［同治］臨邑 9/孝義 8
37 **馬涵**（字清渠）
（清・齊河人）
［民國］齊河 27/15
馬鴻（字儀堂）
（清・蓬萊人）
［民國］蓬萊縣志合編人物志/行誼
馬袍（字含伯）
（清・陽信人）
［民國］陽信 5/忠義 43
馬潤（字季荀，一作秀荀）
（清・齊河人）
［宣統］山東補遺/5
［道光］濟南 56/12
［民國］齊河 26/19，33/33
馬選（字連莊）
（明・濟寧人）
［道光］濟寧直隸州 8/2－57
馬選（明・蒙陰人）
［康熙十一年］蒙陰 2/53
馬資（明・諸城人）
［萬曆］諸城 6/26
馬逢伯（字鳴寰）
（清・安丘人）
［康熙四十八年］青州 14/儒行 19
［康熙六十年］青州 15/14
［咸豐］青州 46/14
［康熙］續安丘 11/36，23/42
安丘縣鄉土志 8/耆舊錄 5
馬淑清（清・德州舉人）
［道光］商河 5/33
馬冠華（原名福本，字立堂）
（長清人）
［民國］長清 12/18
馬鴻基（清・齊東舉人）
［宣統］濮州 4/38
馬淑均（字淑和，號認菴）
（清・魚臺人）
［乾隆］魚臺 11/36
［光緒］魚臺 3/22
馬鴻軒（字南溟）
（清・臨邑人）
［同治］臨邑 9/文苑 6
馬淑昌（清・蒲圻人）
［乾隆］東平州 10/35
［道光］東平州 10/上 35
38 **馬遂**（宋・開封人）
［雍正］山東 27/44
［宣統］山東 68/44
［宣統］重修恩縣 8/36
［民國］重修恩縣 11/鄉賢 41
馬祥（字文瑞）
（明・陝西同州人）
［道光］濟南 35/42
馬祥龍（清・商河人）
［民國］重修商河 8/42
馬啟元（字文奎）
（長清人）
［民國］長清 12/21
馬裕霖（原名玉麟，字石齋）
（清・慶雲人）
［咸豐］慶雲 2/61
［民國三年］慶雲 2/23
馬遵烈（字景方，一字蓮亭）
（清・臨朐人）
光緒臨朐 14/中 20
馬海泉（字匯東）
（清・商河人）
［民國］重修商河 9/11
馬道修（字海清）
（清・臨邑人）
［民國］續修臨邑 3/40
馬淞潤（字龍溪）
（清・汶上人）
［宣統］四續汶上稿/人物－耆德傳

馬啟祥(明・魚臺人)
[乾隆]魚臺 10/29
馬裕藻(字映泮)
(清・定陶人)
[民國]定陶 6/66
馬肇基(清・鄒平人)
[道光]鄒平 15/100
[民國]鄒平 15/100
馬道成(明・鄒平人)
[道光]濟南 50/17
[道光]鄒平 15/44
[民國]鄒平 15/44
馬遂策(清・鄆城人)
[康熙十一年]莘縣 5/19
[康熙五十六年]莘縣 5/19
[民國]莘縣 3/29
39 **馬遴**(字巨卿)
(清・平度人)
[道光]重修平度州 19/20
40 **馬杰**(明・昌平人)
[萬曆]濮州 3/名宦 29
馬奇(元)
[光緒]嶧縣 19/95
馬友(明・湖廣景陵人)
[乾隆]沂州府 17/33
馬柱(字廷石,號邅菴)
(清・商河人)
[民國]重修商河 8/80
馬梓(清・臨邑人)
[同治]臨邑 9/孝義 7
馬大襄(清・長山人)
[嘉慶]長山 9/32
馬吉慶(字福堂)
(清・陽信人)
[民國]陽信 5/耆碩 63
馬來慶(字少農)
(清・臨朐人)
光緒臨朐 14/下 21
馬希文(字純德)
(清・高唐人)
[民國]高唐縣 12/78
馬存元(清・蒲臺人)
[光緒]重修蒲臺 3/3
馬培元(字君實)
(臨沂人)
[民國]續修臨沂 16/16
馬真一(見馬貞一)
馬壽延(字仲久)
(臨邑人)
[民國]續修臨邑 3/8
馬希孔(字景尼)
(清・博興人)
[民國]重修博興 13/58
馬九功(字肖甫,一作肖南)
(明・鄒平人)
[道光]濟南 50/18
[康熙]鄒平 6/23
[嘉慶]鄒平 15/9
[道光]鄒平 15/46
[民國]鄒平 15/46
馬克功(字晴川)
(清・濟寧人)
[民國]濟寧直隸州續志 15/4
馬志融(見馬治融)
馬大勇(清・長清人)
[道光]濟南 56/48
[道光]長清 12/18
馬來琛(字獻廷)
(清・臨朐人)
[民國]臨朐續志 20/36
馬志信(字叔實)
(清・商河人)
[民國]重修商河 8/20
馬存仁(明・涿州舉人)
[乾隆]即墨 8/6
[同治]即墨 8/6
馬存仁(號壽山)
(清・臨朐人)
臨朐縣鄉土志 1/耆舊
馬大儒(字漢才,號心董)
(明・陽信人)
[康熙]陽信 10/23
[乾隆]陽信 8/32
[民國]陽信 5/宦蹟 13,8/藝文上 27
陽信縣鄉土志上/耆舊－事業,耆舊－鄉賢祠
馬士能(明・陽信人)
[民國]陽信 5/清介 72
馬在止(字函一)
(清・魚臺人)
[民國]濟寧直隸州續志 15/9
[光緒]魚臺 3/文行又 6
馬大任(字普生)
(明・鉅野人)
[乾隆]曹州府 16/6
[康熙]鉅野 11/30
[道光]鉅野 13/43
馬奇峯(字岱雲)
(清・濟寧人)
[民國]濟寧直隸州續志 14/15
馬奇峯(字雲嵐)
(清・慶雲人)
[民國三年]慶雲 2/44,2/74,4/24
馬奇峯(字岱雲)
(清・魚臺人)
[光緒]魚臺 3/耆碩又 2
馬士俊(字見三)
(清・定陶人)
[乾隆]定陶 6/23
[民國]定陶 6/45
馬有紱(清・湖北大冶舉人)
[光緒]嶧縣 19/職官下 24
馬九德(字小東)
(明・德州人)
州乘餘聞/4
德州鄉土志/耆舊 5
馬真德(字允大)
(清・奉天人)
[宣統]山東 75/9
[道光]濟南 38/15
[乾隆]淄川 4/23
淄川縣鄉土志/政績錄
[康熙]堂邑 8/8
馬來崐(清・博山人)
[民國]續修博山 12/73
馬九齡(字壽仙)
(清・博興人)
[民國]重修博興 13/40
馬來儀(字韶廷)
(清・臨朐人)
臨朐縣鄉土志 1/耆舊
馬士達(字百通)
(清・齊河人)
[民國]齊河 27/13,33/37
馬壽祺(字道峯)

（清・齊河人）
［民國］齊河 23/14
馬志道（元・淇上人）
［乾隆］東昌 33/40
［嘉慶］東昌 21/9
［康熙十一年］堂邑 2/名宦 3
［康熙］堂邑 11/7
堂邑縣鄉土志/政績錄
馬志泮（號龍坡）
（清・膠州人）
［民國］增修膠志 47/11
馬克桂（字石臣）
（清・茌平人）
［宣統］茌平 11/10
［民國］茌平 3/57
馬大相（字左丞）
（清・定陶人）
［乾隆］定陶 6/19
［民國］定陶 6/25
馬克敬（元）
［康熙］濟南 25/23
［道光］濟南 34/39
［康熙］新修齊東 4/19
［民國］齊東 3/55
馬南星（字箕辰）
（清・臨朐人）
［民國］臨朐續志 20/21
馬培愚（字直階）
（清・汶上人）
［宣統］四續汶上稿/人物－忠烈傳
馬奎辰（字星符）
（清・臨邑人）
［民國］續修臨邑 3/23
馬希賢（字景顏）
（清・恩縣人）
［宣統］重修恩縣 8/44
［民國］重修恩縣 11/鄉賢 51
恩縣鄉土志/19
馬希曾（字眉松）
（明・餘姚人）
［康熙］嶧縣 3/35
［乾隆］嶧縣 7/16
［光緒］嶧縣 19/職官下 10
41 馬圩（字東玉）
（宋・淮南人）
［道光］濟南 34/7
馬楨（字幹臣）
（平度人）
［民國］禹城 3/56
馬極明（明・臨邑人）
［民國］續修臨邑 3/22
42 馬埰（清・汶上人）
［宣統］四續汶上稿/人物－孝弟傳
馬樸（字素軒）
（清・陽信人）
［民國］陽信 5/孝友 59
陽信縣鄉土志上/耆舊－事業
馬斯龍（字元躍）
（明・臨清人）
［乾隆］臨清州 9/34
馬斯臧（明菏澤，見馬斯藏）
馬斯臧（明・祥符人）
［康熙］山東 32/17
［雍正］山東 27/28
［道光］濟南 36/26
［康熙五十五年］長山 3/37
［嘉慶］長山 5/46
馬斯祖（明・陽穀人）
［康熙］山東 45/10
［康熙十二年］陽穀 4/2
［康熙］陽穀 4/1
［光緒］陽穀 7/1
馬斯才（明・歷城人）
［崇禎］歷城 10/17
馬斯藏（字魯思，號垌野）
（明・菏澤人）
［康熙］曹州志 15/62
［光緒］菏澤 15/56
［光緒］新修菏澤 10/34
菏澤縣鄉土志/23
43 馬載（唐・博州茌平人）
［嘉靖］山東 31/12
［康熙］山東 41/9
［雍正］山東 28/人物二 6
［康熙二年］茌平 2/40
［康熙四十九年］茌平 2/40
［宣統］茌平 10/6
［民國］茌平 3/7
馬娥女（明・滋陽人）
［康熙］滋陽 4/上 60
馬載圖（清・冠縣人）
［道光］冠縣 8/上 18
［光緒］冠縣 8/忠勤
［民國］冠縣 8/人物志 20
馬載陽（字春臺）
（清・陽信人）
［民國］陽信 5/方技 85
馬式曾（清・齊河人）
［民國］齊河 23/80
馬式金
［民國］齊東 3/69
44 馬荅（字秀亭）
（清）
［民國］重修商河 7/3
馬荷（清・安邱人）
［民國］續安邱新志 21/5
馬葵（字朝陽）
（清・商河人）
［民國］重修商河 8/81
馬懋（字孔昭）
（明・安丘人）
［道光］安邱新志 18/1
安丘縣鄉土志 4/耆舊錄 1
馬懋（字德昭）
（明・東昌府人）
［乾隆］東昌 39/21
［嘉慶］東昌 29/5
馬其（字雲亭）
（清・雄縣人）
［道光］諸城縣續志 21/1
馬蕆（字景藩，一作景蕃）
（明・武定人）
［康熙］濟南 41/12
［萬曆］武定州 13/11
［崇禎］武定州 21/3
［乾隆］武定府 24/17
［咸豐］武定府 24/循良 7
［乾隆］惠民 5/29
［光緒］惠民 19/6
惠民縣鄉土志/耆舊錄 26
馬英（字文華，號含吾）
（明・東阿人）
［康熙］張秋志 11/15
［康熙五十四年］東阿 12/19
［道光］東阿 22/21

馬英(字倍千)
(清・商河人)
[民國]重修商河 9/12
馬藻(字仲章)
(元・夏邑人)
[宣統]山東 69/31
[萬曆二十四年]兗州 28/21
[康熙]兗州 22/21
[乾隆]曹州府 12/13
[康熙九年]城武 2/26
[康熙四十一年]城武 3/下名宦 10
[道光]城武 6/22
馬植(字存之)
(唐・扶風人)
[萬曆二十四年]兗州 27/8
[康熙]兗州 21/23
[康熙]東平州 4/29
[乾隆]東平州 12/7
[道光]東平州 12/7
[光緒]東平州 14/7
馬蕙亭(清・東平人)
[光緒]東平州 15/中 37
[民國]東平縣 11/中 8
馬攀龍(字冲霄,號媿非)
(明・陽信人)
[康熙]濟南 40/9
[乾隆]武定府 24/22
[咸豐]武定府 24/循良 12
[康熙]陽信 9/7
[乾隆]陽信 7/7
[民國]陽信 5/宦蹟 11
信邑志稿 7/循良
陽信縣鄉土志上/耆舊－事業
馬攀龍(清・直隸唐縣人)
[康熙]福山 7/34
馬世龍(清・保定人)
[光緒]增修登州 36/11
馬茹麟(字叔連)
(清・濟寧人)
[民國]濟寧直隸州續志 14/22
馬世醇(字質民)
(清・安邱人)
[道光]安邱新志 19/8
馬世琦(字寰珍)
(明・慶雲人)
[康熙]慶雲 8/25
[嘉慶]慶雲 9/12
[民國三年]慶雲 2/41
馬世珍(字席公)
(清・安丘人)
[宣統]山東 175/55
[咸豐]青州 50/2
[道光]安邱新志 19/8
安丘縣鄉土志 9/耆舊錄 6
馬華峯(字仰蓮)
(清・魚臺人)
[光緒]魚臺 3/19
馬其壯(清・黃縣人)
[同治]黃縣 9/2
[民國]黃縣志稿 13/人物－死難
馬孝傳(字紹閔,別號陶坡)
(清・東阿人)
[康熙]山東 45/11
[康熙]兗州 28/38
[康熙五十四年]東阿 12/23
[道光]東阿 14/人物下 29,18/32
[光緒]東阿縣鄉土志 4/22
馬萬程(明・東阿人)
[康熙]張秋志 7/29
馬孝綱(清・齊河人)
[民國]齊河 23/80
馬世福(明・濮州人)
[萬曆]濮州 4/孝友 6
[康熙]濮州 4/4
[乾隆]濮州 4/4
[宣統]濮州 5/4
馬世祿(明・禹城人)
[嘉慶]禹城 9/11
[民國]禹城 6/9
禹城縣鄉土志/15
馬世奇(見馬世琦)
馬萬壽(字躋堂)
(清・平度人)
[光緒]平度志要/人物
馬芸臺(字書農)
(清・慶雲人)
[民國三年]慶雲 2/29
馬桂林(字叢山)
(清・陽信人)
[民國]陽信 5/篤行 35
陽信縣鄉土志上/耆舊－事業
馬桂馨(清・臨朐人)
[民國]臨朐續志 20/47
馬萬春(字冶山)
(清・濟寧人)
[民國]濟寧直隸州續志 14/20
馬華國(號蜚村)
(清・鄆城人)
[光緒]鄆城 5/29,10/11,14/26
鄆城縣鄉土志/耆舊錄－事業
馬世田(字良天)
(清・定陶人)
[民國]定陶 6/65
馬芳辰(字炳文)
(清・臨邑人)
[民國]續修臨邑 3/23
馬世驥(字仲良)
(清・臨清人)
[宣統]山東 174/27
[道光]濟南 38/30
[乾隆]東昌 40/29
[乾隆]臨清州 9/43
[乾隆]臨清直隸州 8/上 31
[民國]臨清縣/人物 12
[民國]齊東 3/68
馬世隆(清・商河人)
[民國]重修商河 9/17
馬萬鍾(字彥仲,一字廉仲)
(清・東阿人)
[康熙]兗州續編 16/32
[乾隆]泰安府 18/49
[康熙五十四年]東阿 7/42
[道光]東阿 14/人物下 29
[道光]東阿 13/鄉賢 17,22/3
[光緒]東阿縣鄉土志 4/24
馬蕃錫(明・商河人)
[康熙]濟南 35/30
[乾隆]武定府 24/30
[咸豐]武定府 24/循良 20

［道光］商河 7/16
［民國］重修商河 8/13
商河縣鄉土志 3/耆舊－學問
馬藩錫（見馬蕃錫）
馬孝鑑（清・齊河人）
［民國］齊河 23/81
45 **馬櫄**（字青霄）
（清・齊河人）
［民國］齊河 27/14
馬椿年（字莊齡）
（清・安邱人）
［民國］續安邱新志 21/3
46 **馬楫**（明）
［乾隆］樂陵 4/51
馬坦（字平也）
（清・汶上人）
［宣統］四續汶上稿/人物－施濟傳
馬相（清・順天人）
［光緒］費縣 3/58
馬如龍（明・膠州人）
［康熙十一年］莘縣 5/18
馬如雲（清・東阿人）
［道光］東阿 14/人物下 4
馬如珣（字震子）
（清・安丘人）
［民國］續安邱新志 20/2
安丘縣鄉土志 6/耆舊錄 3
馬如馴（字君雅）
（清・清平人）
［宣統］增輯清平 12/53
［民國］清平/人物 34
馬觀光（字百始，號利賓）
（明・魚臺人）
［乾隆］兗州 23/57
［乾隆］濟寧直隸州 27/32
［道光］濟寧直隸州 8/2－57
［康熙］魚臺 17/又 19
［乾隆］魚臺 11/34
［光緒］魚臺 3/21
47 **馬觳**（明・河南禹州人）
［萬曆］青州 12 又/8
［康熙十五年］青州 12 又/8
［康熙四十八年］青州 12 又/8
［康熙六十年］青州 12/24
［咸豐］青州 36/27
［康熙］臨淄 8/6
［民國］臨淄 18/8
馬桐（字鳳喈）
（清・安丘人）
［道光］安邱新志 22/7
安丘縣鄉土志 7/耆舊錄 4
馬郁（字叔文）
（元・東阿人）
［乾隆］泰安府 18/33
［萬曆元年］兗州 40/卓行 4
［萬曆二十四年］兗州 37/2
［康熙］兗州 28/31
［康熙四年］東阿 6/23
［康熙五十四年］東阿 6/23
［道光］東阿 14/人物下 23
［光緒］東阿縣鄉土志 4/4
馬鶴亭（清・齊東人）
［民國］齊東 5/49
馬馨亭（清・高唐人）
［民國］高唐縣 12/78
馬超雲（清・陽信人）
［咸豐］武定府 25/孝友 33
［乾隆］陽信 7/27
［民國］陽信 5/孝友 68
信邑志稿 7/孝友
馬朝平（陽穀人）
［民國］增修陽穀人物/仕宦 25
馬超羣（字軼堂）
（清・壽光人）
［咸豐］青州 50/15
馬朝俊（清・濟陽人）
［道光］濟南 56/35
［乾隆］濟陽 8/43
［民國］濟陽 11/56
馬朝宗（字晏波）
（清・滕縣人）
［道光］滕縣志 8/儒林 19
滕縣鄉土志/25
馬朝才（明・齊河人）
［康熙］山東 45/5
［康熙］濟南 44/32
［道光］濟南 51/43，72/33
［康熙］齊河 7/8
［雍正］齊河 8/10
［民國］齊河 26/2
齊河縣鄉土志忠義祠/19
馬好基（字夙暇）
（清・安丘人）
［咸豐］青州 49/19
安丘縣鄉土志 6/耆舊錄 3
馬坰驥（字子良）
（清・陽信人）
［乾隆］陽信 7/16
［民國］陽信 5/文學 10
信邑志稿 7/義行
馬朝卿（字忠甫，號南泉）
（明・陽信人）
［民國］陽信 5/宦蹟 8
馬朝用（明・陝西朝邑人）
［康熙］昌邑 5/5
［乾隆］昌邑 5/104
馬好學（號小泉）
（明・單縣人）
［順治］單縣 3/44，4/48
［康熙］單縣 8/21
［乾隆］單縣 7/13
［民國］單縣 9/26
48 **馬乾**（明・北直高陽舉人）
［萬曆］濰縣 7/4
［康熙］濰縣 5/名宦 4
［乾隆］濰縣 3/41
［民國］濰縣志稿 20/14
濰縣鄉土志/51
馬猶龍（清・齊河人）
［民國］齊河 23/12
馬增華（字樸巖，號琴泉）
（清・魚臺人）
［光緒］魚臺 3/12
馬敬泰（字際運）
（清・臨邑人）
［道光］濟南 56/44
［道光］臨邑 9/13
［同治］臨邑 9/孝義 4
馬幹臣（字貞吉）
（清・商河人）
［民國］重修商河 8/26
50 **馬惠**（字德孚）
（明・安邱人）
［道光］安邱新志 28/1
馬肅（明・禹城人）

[道光]濟南 52/5
[康熙]禹城 2/5
[嘉慶]禹城 9/3
[民國]禹城 6/2
禹城縣鄉土志/10
馬忠(字思誠)
(明·高陵人)
[嘉靖]山東 26/29
[康熙]山東 34/8
[雍正]山東 27/48
[宣統]山東 72/37
[乾隆]東昌 33/41
[嘉慶]東昌 21/9
[順治]堂邑 2/職官 3
[康熙十一年]堂邑 2/名宦 3
[康熙]堂邑 11/7
堂邑縣鄉土志/政績錄
馬書鼎(字廉石)
(清·安丘人)
[民國]續安邱新志 20/6
安丘縣鄉土志 7/耆舊錄 4
馬泰伸(字惟舒,號鴻階)
(明·商河人)
[康熙]濟南 40/13
[乾隆]武定府 23/46
[咸豐]武定府 23/忠節 16
[道光]商河 7/7,8/下 24
[民國]重修商河 8/6,13/藝文志四墓表 5
商河縣鄉土志 2/耆舊-事業
馬中良(清·魚臺人)
[光緒]魚臺 3/文行又 5
馬素祺(字介祉)
(清·陽信人)
[乾隆]陽信 7/22
[民國]陽信 5/文學 8
信邑志稿 7/文苑
馬青選(字銓衡)
(清·惠民人)
[光緒]惠民 24/5
馬春芳(字元茂)
(明·鄆城人)
[崇禎]鄆城 6/10
[康熙]鄆城 6/9
[光緒]鄆城 7/9
馬忠藩(字藎卿)
(清·商河人)
[民國]重修商河 8/69
馬忠菴(明·商河人)
[民國]重修商河 13/藝文志四墓誌 15
馬本固(字培元)
(清·益都人)
[光緒]益都縣圖志 40/8
馬春田(恩縣人)
[民國]重修恩縣 11/鄉賢 61
馬東里(字希僑)
(清·陽信人)
[民國]陽信 5/忠義 46
馬青田(清·鄆城人)
[光緒]鄆城 7/18
馬素閑(字遵行,號恕菴)
(清·陽信人)
[康熙]濟南 48/12
[乾隆]武定府 26/34
[咸豐]武定府 26/藝術 2
[康熙]陽信 9/37
[乾隆]陽信 7/60
[民國]陽信 5/方技 81
信邑志稿 7/藝術
馬惠鐙(字聲甫)
(齊東人)
[民國]齊東 5/61
馬中省(清·蓬萊人)
[民國]蓬萊縣志合編人物志/行誼
51 **馬振文**(字魁南)
(清·利津人)
[咸豐]武定府 25/孝友 37
[乾隆]利津縣志續編 8/46
[光緒]利津 8/孝友 2
馬振文(字際雲,號樸園)
(清·清平人)
[宣統]增輯清平 12/43
[民國]清平/人物 25
馬振玉(字潤齋)
(清·陝西大荔人)
[宣統]山東 77/36
[道光]重修平度州 16/25
平度鄉土志 2/政績
馬振德(清·清平人)
[民國]清平/人物 73
馬振業(字還初)
(清·壽光人)
[嘉慶]壽光 13/12
[民國]壽光 12/人物志一 82
馬振鏞(清·汶上人)
[宣統]四續汶上稿/人物-施濟傳
馬振鐸(字警春,號蘆洲)
(清·壽光人)
[民國]壽光 12/人物志一 87
52 **馬撝**(明·陝西徽州人)
[咸豐]青州 36/3
[萬曆]安丘 17/3
安丘縣鄉土志 2/政績錄
馬靜山(清·汶上人)
[宣統]四續汶上稿/人物-孝弟傳
53 **馬輔**(清·平度人)
[乾隆]萊州 11/孝義 9
[道光]重修平度州 19/21
平度鄉土志 4 上/鄉賢
馬威(明·汶上人)
[萬曆]汶上 6/13
馬成功(字龍泉)
(清·遼東人)
[道光]濟南 62/8
[道光]臨邑 9/22
[同治]臨邑 9/流寓 1
馬輔清(清·齊河人)
[民國]齊河 23/80
馬成蛟(字鱗伯)
(清·滋陽人)
[光緒]滋陽 8/40
滋陽縣鄉土志 1/耆舊-鄉賢
54 **馬拱之**(清·臨沂人)
[康熙]沂州志 6/13
[民國]臨沂 10/50
55 **馬軼淪**(字鳴九)
(清·菏澤人)
[光緒]新修菏澤 10/49
57 **馬拯**(字吉甫,號鏡石)
(明·武定人)
[康熙]濟南 40/12

[崇禎]武定州 19/5
[乾隆]武定府 23/22
[咸豐]武定府 23/名臣 22
[乾隆]惠民 5/32
[光緒]惠民 19/8
惠民縣鄉土志/耆舊錄 27
馬揔(見馬總)
馬邦玉(字荊石,號寄園)
(清·魚臺人)
[宣統]山東 172/42
[光緒]鄒縣續志 12/上 12
[民國]續修鄒縣志稿/人物－耆舊
鄒縣鄉土志耆舊錄/25
[光緒]魚臺 3/文行又 1
[民國]單縣 6/宦蹟 24
馬擢蘭(字紉秋)
(清·濟寧人)
[民國]濟寧直隸州續志 13/14
馬邦舉(號臥盧)
(清·魚臺人)
[宣統]山東 172/44
[民國]濟寧直隸州續志 13/14
[光緒]魚臺 3/文行又 1
58 **馬掄**(字孝升)
(清·諸城人)
[乾隆]諸城 36/13
馬整(清·商河人)
[道光]商河 7/32
[民國]重修商河 8/52
馬掄升(清·鄒平人)
[民國]鄒平 15/115
馬撫之(清·臨沂人)
[康熙]沂州志 6/13
[乾隆]沂州府 26/13
[民國]臨沂 10/50
59 **馬轔**(字伯玉)
(明·博平人)
[康熙]博平 3/47
[道光]博平 4/11
60 **馬晨**(清·莒州人)
[乾隆]沂州府 26/15
[民國]重修莒志 62/7
馬暈(字熙之)
(明·臨朐人)
光緒臨朐 14/上 20
馬見龍(字在田,號普亭)
(清·齊河人)
[民國]齊河 23/43,32/71
齊河縣鄉土志耆舊錄/13,耆舊錄/15
馬田龍(清·齊河人)
[民國]齊河 23/68
馬呈麟(字振公,號松谿)
(清·濟寧人)
[道光]濟寧直隸州 8/4－28
馬昆元(字伯堂)
(清·齊河人)
[民國]齊河 26/34
馬思聰(明·直隸青縣人)
[康熙十二年]陽穀 2/15
[康熙]陽穀 2/11
[光緒]陽穀 4/2
馬星翼(號東泉)
(清·魚臺人)
[光緒]魚臺 3/文行又 4
[民國]續修鄒縣志稿/人物－耆舊
馬躋盧(字登俊)
(清·昌邑人)
[光緒]昌邑縣續志 6/2
馬景嵐(字曉山)
(清·德平人)
[民國]德平縣續志 6/10
馬四德(字欽若)
(清·樂安人)
[民國]樂安 10/19
[民國]續修廣饒 19/35
馬昌傑(字漢三,號安南)
(清·壽張人)
[光緒]壽張 6/56,7/28
壽張縣鄉土志/耆舊－附忠孝祠
馬國徵(字明生)
(清·博興人)
[雍正]山東 28/人物四 10
[宣統]山東 175/19
馬國禎(字明生)
(清·博興人)
[咸豐]青州 46/19
[康熙十二年]博興 6/5
[康熙六十年]博興 7/21
[道光]博興 11/23
[民國]重修博興 13/22,16/27
馬國禎(清·萊蕪人)
[民國]續修萊蕪 25/5
馬昌運(清·鄆城人)
[光緒]鄆城 13/54
馬景海(字百川)
(陽穀人)
[民國]增修陽穀人物/仕宦 25
馬國柱(字朝宗)
(清·鄆城人)
[光緒]鄆城 16/31
馬國藩(明·北直平鄉人)
[康熙]朝城 7/8
馬思恭(明·遵化進士)
[萬曆]冠縣 2/6
[道光]冠縣 6/26
[光緒]冠縣 6/宦績
[民國]冠縣 6/37
馬國棟(字允武)
(清·益都人)
[道光]濟南 56/78
[乾隆]德州 9/52
[民國]德縣 10/39
德州鄉土志/耆舊 46
馬國超(字冠軍)
(清·章邱人)
[道光]章邱 11/68
馬國均(字秉臣)
(清·濟寧人)
[民國]濟寧直隸州續志 14/16
馬國翰(字詞溪,一字竹吾)
(清·歷城人)
[宣統]山東 170/4
[民國]續修歷城 41/23
馬景春(字旭齋)
(清·慶雲人)
[民國三年]慶雲 2/43
馬景泰(字公度)
(清·慶雲人)
[民國三年]慶雲 2/35

馬星蟾(字步五)
(清・齊河人)
[民國]齊河 23/44,27/20,32/80,32/82
馬昌圖(字羲亭,號愛蓮)
(清・冠縣人)
[光緒]冠縣 9/傳,9/記
[民國]冠縣 8/人物志 21,9/47
馬國明(字煥宇)
(清・定陶人)
[民國]定陶 6/68
馬景長(字師賢)
(清・陽穀人)
[民國]增修陽穀人物/善行 41
馬日驥(明・商河人)
[乾隆]武定府 24/8
馬曰驥(字惟先)
(明・商河人)
[康熙]濟南 48/11
[咸豐]武定府 24/清介 8
[道光]商河 7/15
[民國]重修商河 8/12
商河縣鄉土志 2/耆舊－事業
馬昌隆(清・魚臺人)
[乾隆]魚臺 11/37
[光緒]魚臺 3/22
馬景隆(字際亨)
(明・臨沂人)
[萬曆]沂州志 7/28
[康熙]沂州志 5/65
[乾隆]沂州府 25/21
[民國]臨沂 9/44
馬景熙(清・長清人)
[民國]長清 11/36
馬思隆(元・鄒縣人)
[嘉靖]鄒縣地理誌 1/25
馬思問(字不疑)
(明・膠州人)
[康熙]膠州 5/26
[乾隆]膠州 4/33
[道光]重修膠州 25/11
[民國]增修膠志 40/10
馬景曾(字魯堂)
(清・魚臺人)
[光緒]魚臺 3/文行又 5
馬景鍇(字楚珍,號鐵橋)
(清・齊河人)
[民國]齊河 27/34
馬景耀(清・武城人)
[道光]武城續編 12/貤封坊表 1
61 **馬顒**(元・扶風人)
[光緒]文登 8/上 7
馬顒錫(字勳侯,一字素菴)
(清・商河人)
[乾隆]東昌 34/17
[嘉慶]東昌 22/7
[道光]商河 7/17
[民國]重修商河 8/14
商河縣鄉土志 2/耆舊－事業
[康熙五十六年]莘縣 5/19
[光緒]莘縣 5/13
[民國]莘縣 3/7
莘縣鄉土志/政績 11
63 **馬默**(字處厚)
(宋・單州城武人)
[嘉靖]山東 25/6,26/11,27/11,30/49
[康熙]山東 31/8,33/14,36/2,40/48
[雍正]山東 28/人物二 38
[宣統]山東 157/20
[乾隆]泰安府 14/18
[萬曆元年]兗州 40/諫議 15
[萬曆二十四年]兗州 35/8
[康熙]兗州 22/6
[泰昌]登州 9/18
[順治]登州 11/10
[光緒]增修登州 24/8
[康熙]曹州志 7/49
[乾隆]曹州府 14/27
[嘉靖]濮州 7/13
[康熙]東平州 4/44
[乾隆]東平州 12/17
[道光]東平州 12/17
[光緒]東平州 14/17
[民國]東平縣 9/10
[乾隆二十五年]泰安縣 14/38
[光緒]益都縣圖志 16/41
[康熙九年]城武 3/3
[康熙四十一年]城武 4/下 9
[道光]城武 9/上 10
[光緒]菏澤 7/宦蹟 17
[光緒]新修菏澤 8/6
64 **馬時泰**(字竹亭)
(明・河南陳留人)
[萬曆]青州 12/36
[康熙十五年]青州 12/36
[康熙四十八年]青州 12/36
[康熙六十年]青州 12/31
[咸豐]青州 36/21
[萬曆]諸城 4/25,5/18
[康熙]諸城 5/16
[乾隆]諸城 28/6
馬時顯(字明東)
(明・齊東人)
[民國]齊東 5/10
馬時敘(號歷山)
(明・北直通州人)
[康熙]山東 33/24
[雍正]山東 27/40
[宣統]山東 72/10
[乾隆]兗州 22/32
[康熙六年]壽張 8/17
[康熙五十六年]壽張 4/6,8/25
[光緒]壽張 5/6,8/39
壽張縣鄉土志/政績－興利
65 **馬映琬**(字瑞符)
(清・鉅野人)
[民國]續修鉅野 5/上 30
馬味道(明・禹城人)
[雍正]山東 28/人物三 56
[宣統]山東 167/14
[康熙]濟南 48/9
[嘉慶]禹城 9/24
[民國]禹城 6/20
馬映奎(字西垣,號省山)
(清・齊河人)
[民國]齊河 23/14,27/23
67 **馬明瑞**(明・浙江平湖人)
[宣統]山東 71/18
[道光]濟南 36/55

[康熙]德州 7/26
[乾隆]德州 8/9
[民國]德縣 9/8

馬明生(本姓何,字君實)
(漢・臨淄人)
[嘉靖]山東 34/14
[康熙]山東 47/6
[雍正]山東 30/4
[宣統]山東 200/20
[嘉靖]青州 16/47
[康熙十五年]青州 17/7
[康熙四十八年]青州 17/仙釋 2
[康熙六十年]青州 20/9
[咸豐]青州 52/2
[康熙]臨淄 10/7
[民國]臨淄 30/42
[乾隆二十五年]泰安縣 12/40
[乾隆四十七年]泰安縣卷之末/10
[道光]泰安縣卷之末/10
[民國]重修泰安縣 10/68

馬明宗(清・臨清人)
[乾隆]臨清直隸州 8/下 15
[民國]臨清縣/人物 64

馬昭臺(字隗卿)
(清・商河人)
[民國]重修商河 8/29

馬照藜(清・直隸大城人)
[宣統]山東 75/59
[咸豐]寧陽 11/20
[光緒]寧陽 11/20
寧陽縣鄉土志/10

馬鳴盛(字際昌)
(清・堂邑人)
堂邑縣鄉土志/耆舊錄

馬鳴輪(字通甫)
(明・陽信人)
[康熙]陽信 9/14
[乾隆]陽信 7/13
[民國]陽信 5/篤行 26
信邑志稿 7/義行
陽信縣鄉土志上/耆舊－事業

馬鳴顯(字柱石)
(明・臨淄人)
[光緒]益都縣圖志 45/4

馬明智(字顯若)
(清・茌平人)
[宣統]茌平 15/11
[民國]茌平 3/108

馬嗣煜(字元昭,號二岑)
(明)
惠民縣志補遺/23

70 **馬驤**(金・禹城人)
[嘉靖]山東 26/14,29/18
[雍正]山東 28/人物二 53
[宣統]山東 164/20
[康熙]濟南 38/6
[道光]濟南 47/49
[萬曆二十四年]兗州 28/13
[康熙]兗州 22/13
[康熙]曹州志 7/39
[乾隆]曹州府 12/11
[康熙]禹城 5/14,8/9
[嘉慶]禹城 9/9
[民國]禹城 6/8
禹城縣鄉土志/14
[光緒]菏澤 7/名宦 4
[光緒]新修菏澤 8/8
[康熙]兗州府曹縣 10/8
[光緒]曹縣 10/8

馬驤(明・陝西朝邑人)
[嘉靖]山東 26/19
[康熙]山東 33/22
[宣統]山東 72/10
[萬曆元年]兗州 38/循吏 46
[萬曆二十四年]兗州 29/11
[康熙]兗州 22/32
[乾隆]兗州 22/30
[萬曆]汶上 5/2

71 **馬驥**(字良德)
(明・安邱人)
[咸豐]青州 43/6
[民國]續安邱新志 17/1
安丘縣鄉土志 4/耆舊錄 1

馬驥(字尚德)
(明・代州人)
[光緒]增修登州 32/7
[嘉靖]寧海州下/19
[康熙]寧海州 7/4
[同治]重修寧海州 13/7
[民國]牟平 6/73

馬驥(明・海陽人)
[乾隆]海陽 6/13

馬驥(明・萊陽人)
[光緒]增修登州 43/31
[民國]萊陽 3/1 中 80

馬驥(明・河南滎陽人)
[嘉靖]萊蕪 5/10
[康熙]新修萊蕪 5/31

馬驥(明・堂邑人)
[順治]堂邑 2/人物 25
[康熙十一年]堂邑 2/選舉 33
[康熙]堂邑 14/8

馬驥(明・新城人)
[道光]濟南 51/30
[康熙]新城 8/3
[民國]重修新城 15/4
新城縣鄉土志/耆舊－明

馬階平(字魯昌)
(清・滋陽人)
滋陽縣鄉土志 1/耆舊－鄉賢

馬長勉(字勗齋)
(清・商河人)
[民國]重修商河 9/14

馬長淑(字漢荀,一作漢旬)
(清・安丘人)
[宣統]山東 175/26
[咸豐]青州 48/8
[道光]安邱新志 18/5
安丘縣鄉土志 6/耆舊錄 3
[光緒]寧津 6/29
寧津縣志料 3/人物－名宦
寧津縣鄉土志/政績

馬長春(字三如)
(清・安丘人)
[宣統]山東 175/38
[康熙四十八年]青州 15/卓行 17
[康熙六十年]青州 18/8
[咸豐]青州 46/25
[康熙]續安丘 22/33
安丘縣鄉土志 8/耆舊錄 5

72 **馬騤**(明・棲霞人)

[泰昌]登州 11/38
[順治]登州 17/16
[光緒]增修登州 43/20
[康熙]棲霞 6/14
[乾隆]棲霞 7/6
馬騤(字居強)
(明・齊東人)
[康熙]新修齊東 5/18
[民國]齊東 5/124
馬馴(明・臨朐人)
[嘉靖]臨朐 3/11
馬馴(字君良)
(清・冠縣人)
[乾隆]東昌 40/26
[嘉慶]東昌 30/27
[道光]冠縣 8/上 18
[光緒]冠縣 8/忠勤
[民國]冠縣 8/人物志 20
73 **馬驂**(字雁行)
(清・商河人)
[咸豐]武定府 25/孝友又 37
[道光]商河 7/28
[民國]重修商河 8/39
馬駿龍(字步雲)
(清・臨朐人)
光緒臨朐 14/下 18
75 **馬驌**(字驄御,一字宛斯)
(清・鄒平人)
[雍正]山東 28/人物四 29
[宣統]山東 170/1
[康熙]濟南 42/27
[道光]濟南 54/30
[康熙]鄒平 6/19,7/36
[嘉慶]鄒平 9/59,15/19
[道光]鄒平 9/59,15/60
[民國]鄒平 15/60
馬體元(字紫素)
(明・祥符人)
[道光]觀城 6/2,6/7
觀城縣鄉土志/政績
馬體震(清・魚臺人)
[乾隆]兗州 23/62
[乾隆]濟寧直隸州 26/39
[道光]濟寧直隸州 8/2－57
[康熙]魚臺 17/36
[乾隆]魚臺 11/24
[光緒]魚臺 3/15
馬體恭(清・臨清人)
[乾隆]臨清直隸州 8/下 19
[民國]臨清縣/人物 27
馬陳圖(明・湖州人)
[乾隆]東平州 10/24
馬體愚(清・魚臺人)
[乾隆]魚臺 11/18
[光緒]魚臺 3/10
77 **馬鳳**(清・菏澤人)
[康熙]曹州志 16/6
[光緒]菏澤 16/8
馬貫(明・單縣人)
[嘉靖]山東 30/59
[康熙]山東 40/57
[萬曆元年]兗州 40/忠直 19
[乾隆]曹州府 15/3
[隆慶]單縣下/2
[順治]單縣 2/27
[康熙]單縣 7/4,7/22
[民國]單縣 9/15
馬駉(字端斯)
(清・鄒平人)
[道光]濟南 54/31
[康熙]鄒平 6/5
[嘉慶]鄒平 15/9
[道光]鄒平 15/62
[民國]鄒平 15/62
馬舉(字肆仁)
(五代・歷城人)
[民國]續修歷城 31/39
馬隆(字孝興,一作子興)
(晉・東平平陸人)
[嘉靖]山東 30/15
[康熙]山東 40/17
[雍正]山東 28/人物一 34
[宣統]山東 155/4
[乾隆]泰安府 5/8
[萬曆元年]兗州 40/武功 10
[萬曆二十四年]兗州 32/23
[康熙]兗州 25/18
[乾隆]兗州 23/19
[康熙]東平州 4/17
東平州鄉土志上/耆舊錄 26
[萬曆]汶上 6/2
馬卿(明・壽張人)
[康熙六年]壽張 7/14
[康熙五十六年]壽張 7/14
[光緒]壽張 6/47
馬陶(五代・文登人)
[嘉靖]寧海州下/8
[同治]重修寧海州 12/2
[民國]牟平 6/66
馬興(明・菏澤人)
[康熙]曹州志 16/2
[乾隆]曹州府 16/2
[光緒]菏澤 16/1
[光緒]新修菏澤 10/35
馬周(字賓王)
(唐・博州茌平人)
[至元]齊乘 6/19
[嘉靖]山東 31/11
[康熙]山東 41/9
[雍正]山東 28/人物二 5
[宣統]山東 156/1
[萬曆]青州 15/60
[康熙十五年]青州 15/60
[康熙四十八年]青州 15/僑寓 7
[康熙六十年]青州 20/16
[咸豐]青州 53/9
[萬曆]東昌 19/19
[乾隆]東昌 36/29
[嘉慶]東昌 26/29
[康熙]博平 4/32
[道光]博平 5/29
[康熙二年]茌平 2/40,3/28,4/9
[康熙四十九年]茌平 2/40,4/9
[宣統]茌平 10/5,23/39
[民國]茌平 3/6
[乾隆]諸城 44/1
馬鳳韶(清・齊河人)
[光緒]嶧縣 19/丞倅 16
[民國]齊河 23/14
馬殿元(清・汶上人)
[宣統]四續汶上稿/人物－施濟傳
馬風雲(清・壽張人)
[光緒]壽張 7/30
馬印孫(見馬胤孫)

馬鵬翚(字扶九)
(清・汶上人)
[宣統]四續汶上稿/人物－孝弟傳
馬學孟(字後泉)
(明・齊東人)
[民國]齊東 5/39
馬鳳占(字諧陳)
(清・定陶人)
[民國]定陶 6/53
馬學川(字滙東)
(清・鄒平人)
[民國]鄒平 15/124
馬賢佐(元)
[萬曆]泗水 4/8,8/藝文志二 15
[順治]泗水 4/8,8/15
[光緒]泗水 4/1,15/二 14
[光緒]泗水縣鄉土志/4
馬開和(字致堂)
(清・臨邑人)
[民國]續修臨邑 3/16
馬與禮(清・堂邑人)
堂邑縣鄉土志/耆舊錄
馬殿奎(清・清平人)
[宣統]山東 174/20
馬鳳悳(清・齊河人)
[民國]齊河 23/69
馬隆吉(字戒它)
(清・茌平人)
[宣統]茌平 14/14
[民國]茌平 3/82
馬學機(字仲樞)
(清・汶上人)
[宣統]四續汶上稿/人物－耆德傳
馬殿芳(清・平度人)
[民國]平度縣續志 8/17
馬興基(清・鄒平人)
[道光]鄒平 15/100
[民國]鄒平 15/100
馬闇如(字景騫)
(清・安邱人)
[道光]安邱新志 22/7
馬鳳翰(清・齊河人)
[民國]齊河 23/69
馬開泰(字春光)
(清・魚臺人)
[光緒]魚臺 3/文行又 4
馬履中(清・鄒平人)
[道光]濟南 54/46
馬殿揚(字賡臣)
(清・平度人)
[民國]平度縣續志 8/4
馬隆邦(清)
[嘉慶]慶雲 7/37
馬學易(清・齊東人)
[民國]齊東 5/125
馬印昌(見馬胤昌)
馬鳳時(字應韶)
(清・臨邑人)
[同治]臨邑 9/孝義 6
馬履時(字坦齋)
(清・臨邑人)
[同治]臨邑 9/孝義 6
馬丹陽(初名從義,字宜甫,改名鈺,字元寶)
(金・陝西扶風人,遷寧海)
[嘉靖]山東 34/17
[康熙]山東 47/9
[雍正]山東 30/14
[宣統]山東 200/29
[康熙]濟南 51/9
[道光]濟南 60/10
[泰昌]登州 11/61
[順治]登州 18/21
[嘉靖]寧海州下/46
[康熙]寧海州 10/1
[同治]重修寧海州 26/6
[康熙]平度州 6/8
[道光]重修平度州 22/方外 1
[康熙]萊陽 9/5,10/36
[民國]萊陽 3/1 中 97,3/3 下 9
[崇禎]歷城 10/32
[康熙]福山 9/35,11/7
[乾隆]福山 9 下/46
[雍正]文登 10/7
[道光]文登 10/1
[民國]牟平 10/39
馬殿卿(字次公)
(清・商河人)
[民國]重修商河 8/63
馬同善(字萬福)
(清・慶雲人)
[民國三年]慶雲 2/70
馬又釗(清・齊河人)
[民國]齊河 23/81
馬鵬錫(字萬章)
(清・魚臺人)
[乾隆]魚臺 11/20
[光緒]魚臺 3/11
79 **馬騰霄**(字漢冲)
(清・齊東人)
[民國]齊東 5/125
80 **馬鍍**(清・平度人)
[道光]重修平度州 19/35
馬鏽(明・曲阜人)
[萬曆二十四年]兗州 37/4
[康熙]兗州 28/32
[乾隆]兗州 23/41
[崇禎]曲阜 4/105
[康熙]曲阜 4/105
[乾隆]曲阜 81/2
曲阜縣鄉土志/耆舊－事業
馬夔龍(字同寅)
(清・安丘人)
[康熙四十八年]青州 15/卓行 14
[康熙六十年]青州 16/40
[咸豐]青州 46/25
[康熙]續安丘 22/又 31
安丘縣鄉土志 6/耆舊錄 3
馬人龍(字友夔,號松雲)
(清・齊河人)
[民國]齊河 23/4,33/47
馬人龍(清・清苑人)
[光緒]壽張 5/12
馬毓珩(字金坡,一字少白)
(清・臨朐人)
光緒臨朐 14/中 25
馬含瑜(字璞山)
(清・臨朐人)
臨朐縣鄉土志 1/耆舊
馬曾秀(字松嶺)
(清・商河人)
[民國]重修商河 8/19

馬毓豐(字雲圃)
(清・魚臺人)
[道光]濟寧直隸州 8/4－29
[光緒]魚臺 3/19
馬毓德(字潤亭)
(清・嶧縣人)
[光緒]嶧縣 21/忠義 5,24/21
馬美紹(清・魚臺人)
[乾隆]兗州 23/85
[乾隆]濟寧直隸州 27/35
[道光]濟寧直隸州 8/3－37
[乾隆]魚臺 11/45
[光緒]魚臺 3/28
馬毓寬(字容圃)
(清・魚臺人)
[光緒]魚臺 3/19
馬養心(字靜甫)
(明・滕縣人)
[康熙]滕志 8/人物 22
[康熙]滕縣志 8/貞夫 1
馬金波(字玉成)
(清・夏津人)
[民國]夏津續編 8/4
馬毓柱(字砥亭)
(清・商河人)
[民國]重修商河 8/43
馬益著(字錫朋,一字梅谿)
(清・臨朐人)
光緒臨朐 14/中 20
馬毓林(字西園)
(清・商河人)
[道光]商河 7/22
[民國]重修商河 8/18
商河縣鄉土志 3/耆舊－學問
馬毓芝(字瑞六,號蘆村)
(清・壽光人)
[民國]壽光 12/人物志一 41
馬羲圖(字文孟)
(清・鄒平人)
[道光]濟南 54/46
[道光]鄒平 15/76
[民國]鄒平 15/76
馬夔陛(清・齊河人)
[民國]齊河 23/43

馬金門(清・蓬萊人)
[光緒]增修登州 39/6
馬金錫(清・臨清人)
[民國]臨清縣/人物 79
馬金銘(字子東)
(清・東阿人)
[民國]續修東阿 11/10
81 **馬鑵**(清・棲霞人)
[光緒]增修登州 43/22
[乾隆]棲霞 7/3
82 **馬鎧**(明・亳州人)
[順治]堂邑 2/職官 5
馬釗(清・歷城人)
[民國]續修歷城 42/7
83 **馬鉞**(清・朝城人)
[民國]朝城縣續志 1/32
84 **馬鎮川**(字逢春)
(清・聊城人)
[宣統]聊城 8/96
馬鎮畿(清・堂邑人)
[康熙]臨清州 3/人物 29
馬鎮都(字維寧)
(清・堂邑人)
[康熙]臨清州 3/人物 29
[乾隆]臨清州 12/9
[乾隆]臨清直隸州 8/上 84
[康熙]堂邑 14/5
馬鎮鏞(字英符)
(恩縣人)
[民國]重修恩縣 11/鄉賢 78
86 **馬鐸**(字振夫)
(清・慶雲人)
[民國三年]慶雲 2/45
馬錦(字西川)
(清・章邱人)
[道光]章邱 11/82
馬錫(明・諸城人)
[萬曆]諸城 6/23
馬智(清・利津人)
[乾隆]武定府 25/31
[咸豐]武定府 25/孝友 37
[乾隆]利津縣志續編 8/49
[光緒]利津 8/孝友 2
馬錫峻(清・萊蕪人)
[民國]續修萊蕪 27/16
馬錫祿(清・德州人)
[宣統]山東 170/20
[民國]德縣 11/1
馬錫桓(清・萊蕪人)
[民國]續修萊蕪 25/5
馬知節(字子元)
(宋・幽州人)
[雍正]山東 27/43
[宣統]山東 68/43
[乾隆]東昌 33/18
[嘉慶]東昌 20/30
[泰昌]登州 9/35
[乾隆]續登州 8/1
[光緒]增修登州 24/7
[宣統]重修恩縣 6/45
[民國]重修恩縣 10/61
恩縣鄉土志/9
87 **馬欽**(明・棲霞人)
[乾隆]棲霞 6/1
馬欽久(字德恒)
(清・慶雲人)
[民國三年]慶雲 2/47
88 **馬符**(字瑞亭)
(清・慶雲人)
[民國三年]慶雲 2/99
馬筫(字筫谷)
(清・安邱人)
[咸豐]青州 50/12
馬簺(字筫谷,一字[illegible]谷)
(清・安丘人)
[道光]安邱新志 22/6
安丘縣鄉土志 7/耆舊錄 4
馬鑑(字在懸)
(清・堂邑人)
[乾隆]東昌 43/5
[嘉慶]東昌 32/31
[康熙]堂邑 16/13
馬[illegible](字介夫)
(清・慶雲人)
[民國三年]慶雲 2/55
89 **馬鐙**(清・莒縣人)
[民國]重修莒志 61/7
90 **馬常**(明・鄒縣人)
[嘉靖]鄒縣地理誌 1/28
馬光(字裕公)
(清・會稽人)
[康熙]堂邑 9/9

馬光(字幼實)
(清・鄒平人)
[宣統]山東 169/22
[道光]濟南 54/32
[嘉慶]鄒平 15/48
[道光]鄒平 15/62
[民國]鄒平 15/62
馬纊(明・北直蔚州人)
[康熙]濟南 25/74
[道光]濟南 36/56
[康熙]德州 7/28
[乾隆]德州 8/10
[民國]德縣 9/9
德州鄉土志政績錄/1
馬愔(字和菴)
(清・商河人)
[民國]重修商河 8/21
馬懷玉(字韞甫)
(恩縣人)
[民國]重修恩縣 11/鄉賢 82
馬惟聰(明・德州人)
[道光]濟南 52/42
[乾隆]德州 9/30
[民國]德縣 10/15
馬光舜(清・鄒平人)
[民國]鄒平 15/143
馬懷仁(博山人)
[民國]續修博山 12/55
馬惟貞(字度卿)
(清・博興人)
[民國]重修博興 13/60
馬眷德(字如之)
(清・商河人)
[道光]商河 7/17
[民國]重修商河 8/14
馬光漢(字興華)
(平原人)
[民國]續修平原 8/25
馬常沛(字竹船)
(清・安邱人)
[咸豐]青州 47/34
[道光]安邱新志 19/2
安丘縣鄉土志 8/耆舊錄 5
馬光涵(清・東平人)
[光緒]東平州 15/中 37
[民國]東平縣 11/中 8
馬光森(字春園)
(清・齊東人)
[民國]齊東 5/34
馬懷哲(清・博興人)
[道光]博興 11/33
[民國]重修博興 13/32
91 馬炳(清・齊河人)
[民國]齊河 23/80
馬恒(唐・永濟人)
[嘉慶]東昌 34/3,45/37
馬恒謙(字六吉)
(清・安邱人)
[咸豐]青州 47/3
[道光]安邱新志 17/2
安丘縣鄉土志 8/耆舊錄 5
馬恒德(字汝貞)
(明・堂邑人)
[順治]堂邑 2/人物 11
92 馬爍(字蔭千)
(清・安邱人)
[民國]續安邱新志 18/2
94 馬憘(字傑甫)
(清・商河人)
[咸豐]武定府 25/孝友 35
[道光]商河 7/25
[民國]重修商河 8/37
95 馬性淳(字子厚,號愚齋)
(明・陽信人)
[雍正]山東 28/人物三 57
[宣統]山東 161/53
[乾隆]武定府 23/23
[咸豐]武定府 23/名臣 23
[民國]陽信 5/忠義 43
信邑志稿 7/名臣
陽信縣鄉土志上/耆舊－事業,耆舊－鄉賢祠
96 馬焆(字怡齋)
(清・浙江平湖人)
[宣統]山東 76/55
[乾隆]東昌 35/7
馬煌(字子光)
(清・慶雲人)
[嘉慶]慶雲 9/13
[咸豐]慶雲 2/64
[民國三年]慶雲 2/42
97 馬燦(清・定陶人)
[乾隆]定陶 5/5
馬燦(字舒菴)
(清・臨清人)
[乾隆]臨清直隸州 8/下 2
[民國]臨清縣/人物 14
馬煇(宋)
[民國]牟平 6/67
馬輝(字渭河)
(清・魚臺人)
[光緒]魚臺 3/文行又 5
馬炤(清・遼東貢士)
[順治]鄒平 4/23
[康熙]鄒平 4/19
[嘉慶]鄒平 14/15
[道光]鄒平 14/15
[民國]鄒平 14/15
馬煥墉(字丹屏)
(清・汶上人)
[宣統]四續汶上稿/人物－文學傳
馬輝吉(字謙光)
(清・臨朐人)
臨朐縣鄉土志 1/耆舊
98 馬愉(字性和,號澹軒)
(明・臨朐人)
[嘉靖]山東 32/21
[康熙]山東 42/21
[雍正]山東 28/人物三 8
[宣統]山東 159/5
[嘉靖]青州 14/28
[萬曆]青州 13/43
[康熙十五年]青州 13/43
[康熙四十八年]青州 13/事功 26
[康熙六十年]青州 16/13
[咸豐]青州 43/7
[嘉靖]臨朐 3/6
[康熙]臨朐縣志書 3/27
光緒臨朐 14/上 17
馬悅(字誠思)
(清・商河人)
[咸豐]武定府 25/孝友 35
[道光]商河 7/25
[民國]重修商河 8/37
99 馬燮(字明都)
(清・臨清人)

［民國］臨清縣/人物 80
馬榮華(字樂堂)
(清・陽穀人)
［光緒］陽穀 6/18,14/11
［民國］增修陽穀人物/師道 21
馬榮光(字瑞堂)
(清・昌樂人)
［民國］昌樂縣續志 35/3

7171$_1$ 匡

00 匡章(戰國・齊人)
［至元］齊乘 6/4
［嘉靖］青州 16/5
［萬曆］青州 15/18
［康熙十五年］青州 15/18
［康熙四十八年］青州 15/武功 5
［康熙六十年］青州 16/44
［康熙］臨淄 9/21
［民國］臨淄 21/45
匡文壇(字杏遊)
(清・膠州人)
［道光］重修膠州 28/20
［民國］增修膠志 42/18
膠州直隸州鄉土志 4/文學
匡辛成(字振西)
(清・日照人)
［光緒］日照 8/32
匡充畧(清・膠州人)
膠州直隸州鄉土志 4/藝術
匡文炅(字淑辰)
(清・膠州人)
［宣統］山東 177/46
［道光］重修膠州 28/13
［民國］增修膠志 42/12
膠州直隸州鄉土志 4/文學
匡文昱(字仲晦,一字監齋)
(清・膠州人)
［宣統］山東 177/46
［道光］重修膠州 28/13
［民國］增修膠志 42/12
膠州直隸州鄉土志 4/文學
03 匡謐(字默菴)
(清・膠州人)
［乾隆］膠州 4/64
［道光］重修膠州 29/4
［民國］增修膠志 44/3
06 匡諟(字省菴)
(清・膠州人)
［乾隆］膠州 5/20
［道光］重修膠州 29/4
［民國］增修膠志 44/3
12 匡延年(字範先,一字五如)
(明・南直隸海州人)
［乾隆］膠州 4/37
［道光］重修膠州 25/8
［民國］增修膠志 40/7
14 匡璜(字魯山)
(清・膠州人)
［乾隆］膠州 5/37
［道光］重修膠州 30/4
［民國］增修膠志 47/4
膠州直隸州鄉土志 4/藝術
15 匡璌(清・萊州人)
［乾隆］萊州 11/孝義 6
匡建章(字殿卿)
(清・膠州人)
［民國］增修膠志 47/9
16 匡聖時(字際可)
(清・膠州人)
［宣統］山東 177/46
［道光］重修膠州 28/13
［民國］增修膠志 42/12
膠州直隸州鄉土志 4/文學
17 匡翼之(字朝敬,一字雲溪)
(明・南直隸海州人,一作膠州人)
［康熙］山東 44/10
［萬曆］萊州 5/103
［康熙］萊州 10/30
［乾隆］萊州 10/17
［康熙］膠州 5/25,7/17
［乾隆］膠州 4/31
［道光］重修膠州 25/6
［民國］增修膠志 40/6
膠州直隸州鄉土志 4/事功
匡子鏞(字帝音)
(清・膠州人)
［道光］重修膠州 29/23
［民國］增修膠志 45/9
19 匡琰(見匡炎)
21 匡衡(字稚圭)
(漢・東海丞人)
［至元］齊乘 6/10
［嘉靖］山東 25/15,30/6
［康熙］山東 32/1,40/6
［雍正］山東 28/人物一 11
［宣統］山東 153/24,154/8
［康熙］濟南 25/1
［道光］濟南 33/4
［嘉靖］青州 12/25
［康熙十五年］青州 8/12
［萬曆元年］兗州 40/相業 11
［萬曆二十四年］兗州 31/11
［康熙］兗州 24/11
［乾隆］兗州 23/10
［萬曆］沂州志 6/31
［康熙］沂州志 5/12
［乾隆］沂州府 27/1
［萬曆］德州 8/24
［康熙］德州 7/20
［民國］德縣 9/2
［嘉靖］鄒縣地理誌 1/24
［萬曆］鄒志 2/21
［康熙十二年］鄒縣志 2/34
［康熙五十五年］鄒縣志 2/9,2/28
［民國］續修鄒縣志稿/人物－耆舊
鄒縣鄉土志耆舊錄/附流寓 24
［康熙］陵縣 6/上 24
［康熙］嶧縣 4/13
［乾隆］嶧縣 8/7
［光緒］嶧縣 21/14,23/47
［乾隆］平原 6/24
平原縣鄉土志輯稿/政蹟
22 匡綬玟(字岷山,別號介東居士)
(清・膠州人)
［民國］增修膠志 47/9
匡嵩齡(字聞山)
(清・膠州人)
［民國］增修膠志 45/22
匡崇略(字元之)
(清・膠州人)
［民國］增修膠志 47/12
23 匡允中(明・南直隸海州人)

[康熙]膠州 5/26,6/13
[乾隆]膠州 4/33
[道光]重修膠州 22/2
[民國]增修膠志 17/2
膠州直隸州鄉土志 4/事功
25 **匡倩**(周・齊人)
[萬曆]青州 14/45
[康熙十五年]青州 14/45
[康熙四十八年]青州 14/儒行 2
匡純熙(字緝宸)
(膠州人)
[民國]增修膠志 46/12
28 **匡從先**(字元公)
(清・膠州人)
[乾隆]膠州 5/37
[道光]重修膠州 30/5
[民國]增修膠志 47/5
31 **匡福**(明・贛榆人)
[乾隆]萊州 9/26
萊州府鄉土志/上 23
[康熙]膠州 5/23,6/12
[乾隆]膠州 4/28
匡源(字本如,號鶴泉)
(清・膠州人)
[宣統]山東 177/36
[民國]增修膠志 41/37
膠州直隸州鄉土志 4/事功
37 **匡淑烈**(字丕承,一字愚亭)
(清・膠州人)
[道光]重修膠州 28/18
[民國]增修膠志 42/16
38 **匡道士**(清)
[光緒]海陽縣續志 5/28
40 **匡才**(元・邳州丞人)
[康熙]嶧縣 4/68
[光緒]嶧縣 21/鄉賢 61
匡培(清・膠州人)
[道光]重修膠州 29/10
[民國]增修膠志 44/8
膠州直隸州鄉土志 4/孝友
44 **匡苞**(字桑于)
(清・膠州人)
[道光]重修膠州 28/14
[民國]增修膠志 42/12
膠州直隸州鄉土志 4/文學
匡喆(北周・東海丞人)
[光緒]鄒縣續志 12/上 11
鄒縣鄉土志耆舊錄/附流寓 24
匡若訥(字木菴)
(清・膠州人)
[乾隆]膠州 5/38
[道光]重修膠州 30/4
[民國]增修膠志 47/4
膠州直隸州鄉土志 4/藝術
匡夢雲(字石麒,號雨樵)
(清・膠州人)
[民國]增修膠志 45/18
匡懋綸(字溫甫,號丹庭)
(清・膠州人)
[民國]增修膠志 41/43
膠州直隸州鄉土志 4/事功
匡蘭兆(字楚畹)
(清・膠州人)
[宣統]山東 177/51
[康熙]萊州 10/59
[乾隆]萊州 11/忠節 10
[康熙]膠州 5/42
[乾隆]膠州 5/4
[道光]重修膠州 29/1
[民國]增修膠志 43/1
膠州直隸州鄉土志 4/忠烈
匡蘭馨(字九畹)
(清・膠州人)
[宣統]山東 177/30
[乾隆]膠州 4/50
[道光]重修膠州 27/7
[民國]增修膠志 41/5
膠州直隸州鄉土志 4/事功
匡懋忠(字硯農)
(膠州人)
[民國]增修膠志 48/13
46 **匡如櫝**(清・膠州人)
[康熙]膠州 6/2
[乾隆]膠州 5/4
膠州直隸州鄉土志 4/忠烈
匡如桐(字鍾陽)
(明・膠州人)
[康熙]膠州 5/37
[乾隆]膠州 4/46
[道光]重修膠州 26/8
[民國]增修膠志 40/34
47 **匡圯**(字良書)
(清・膠州人)
[道光]重修膠州 29/30
[民國]增修膠志 45/15
53 **匡咸**(漢・東海丞人)
[康熙]嶧縣 4/14
66 **匡嚴共**(字靜菴)
(清・膠州人)
[民國]增修膠志 47/12
膠州直隸州鄉土志 4/藝術
67 **匡暉吉**(字子光)
(清・膠州人)
[道光]重修膠州 29/23
[民國]增修膠志 45/9
77 **匡學洙**(字魯溪)
(清・膠州人)
[民國]增修膠志 47/7
80 **匡鏞**(字帝音)
(清・膠州人)
[道光]重修膠州 29/23
86 **匡鐸**(字淑振,一作淑教,號松野)
(明・南直隸海州人)
[康熙]膠州 5/31
[乾隆]膠州 4/36
[道光]重修膠州 25/8
[民國]增修膠志 40/7
膠州直隸州鄉土志 4/事功
匡錫椵(字蘭石)
(清・膠州人)
[民國]定陶 4/31
88 **匡範**(清・膠州人)
膠州直隸州鄉土志 4/文學
90 **匡炎**(清・膠州人)
[乾隆]膠州 5/9
[道光]重修膠州 29/2
[民國]增修膠志 44/1
膠州直隸州鄉土志 4/孝友
94 **匡熺**(字心水)
(清・膠州人)
[乾隆]膠州 5/24
[道光]重修膠州 29/17
[民國]增修膠志 45/3

7171_2 匠

21 **匠師慶**(春秋・魯人)

［乾隆］曲阜 93/1

7171_4 匽

90 **匽尚**（戰國·齊人）
［萬曆］青州 13/19
［康熙十五年］青州 13/20
［康熙四十八年］青州 13/事功 3

7171_6 區

40 **區大倫**（字孝先，號羅陽）（明·廣東高明人）
［康熙］東明 4/22，8/中 50，8/中 53
［乾隆］東明 4/22，8/中 50，8/中 53
［民國］東明縣新誌 11/5，12/84，12/86
東明縣志料/人物門

7171_7 臣

30 **臣扈**（商）
［宣統］滕縣續志稿 3/49

7171_8 匱

25 **匱生**（周·齊人）
［康熙十五年］青州 14/33
［康熙四十八年］青州 14/隱逸 7
［康熙六十年］青州 20/2

7173_2 長

00 **長賡**（字笏臣）（清·漢軍正黃旗人）
［光緒］益都縣圖志 18/70
［民國］臨沂 7/76
［光緒］費縣 3/59
費縣鄉土志/政績錄
［光緒］泗水縣鄉土志/7
長廣公主（唐）
［順治］登州 11/4
12 **長孫平**（字楚均）（隋·河南洛陽人）
［宣統］山東 67/30
長孫順（漢·淄川人）
［至元］齊乘 6/11
［宣統］山東 153/25
［宣統］三續淄川 9/92
長孫順德（唐）
［萬曆］滕志 6/45
［康熙］滕志 6/16
［康熙］滕縣志 6/宦業 15
［道光］滕縣志 6/宦績 13
長孫肥（北魏·代人）
［雍正］山東 27/32
［宣統］山東 67/8
［萬曆元年］兗州 38/武功 7
［萬曆二十四年］兗州 27/4
［康熙］兗州 21/18
［乾隆］兗州 22/7
長孫覽（字休因）（南北朝·洛陽人）
［萬曆］滕志 6/42
［康熙］滕志 6/14
［康熙］滕縣志 6/宦業 12
［道光］滕縣志 6/宦績 12
26 **長白山樵**（明·青城人）
［乾隆］青城 11/31
［民國］青城續修 4/藝文下 10
長白山異人（明·鄒平人）
［嘉慶］鄒平 16/46
50 **長春真人**（元）
［乾隆］淄川 6/下 65

7210_0 劉

00 **劉卞**（字叔龍）（晉·東平須昌人）
［嘉靖］山東 30/17
［康熙］山東 40/18
［宣統］山東 155/6
［乾隆］泰安府 16/19
［萬曆元年］兗州 40/節義 12
［萬曆二十四年］兗州 32/14
［康熙］兗州 25/10
［康熙］東平州 4/12
［乾隆］東平州 13/3
［道光］東平州 13/3
［光緒］東平州 15/上 3
［民國］東平縣 11/上 2
東平州鄉土志上/耆舊錄 26
劉度（字惟貞）（明·曹縣人）
［康熙］兗州府曹縣 13/26
［光緒］曹縣 13/25
劉方（初名輿）（漢·沛縣人）
［光緒］增修登州 38/3
［嘉靖］寧海州下/40
［同治］重修寧海州 17/2
劉方（字伯況）（漢·平原人）
［宣統］山東 161/2
［康熙］濟南 41/1
［嘉慶］東昌 26/1
［萬曆］平原上/58
［乾隆］平原 8/17
平原縣鄉土志輯稿/循吏
劉庚（明·壽光人）
［萬曆］青州 13/66
［康熙十五年］青州 13/66
［康熙四十八年］青州 13/事功 50
［康熙六十年］青州 16/25
［咸豐］青州 44/53
［康熙］壽光 21/10
［嘉慶］壽光 12/14
［民國］壽光 12/人物志一 24
壽光縣鄉土志/耆舊
劉庚（字少白，原名升堂）（清·慶雲人）
［民國三年］慶雲 2/51，2/96
劉賡（元·楚丘人）
［康熙］曹州志 15/55
［康熙］曹縣 12/26
［康熙］兗州府曹縣 12/26
［光緒］曹縣 12/24
劉袞（清·諸城人）
［光緒］增修諸城縣續志/孝義補遺 4
劉亨（字時泰）（明·定州人）
［正德］博平 5/85
劉亨（字泰占）（清·定陶人）
［民國］定陶 6/62
劉交（漢·沛郡豐邑人）
［萬曆元年］兗州 2/34

劉京（漢・南陽蔡陽人）
［嘉靖］青州 12/26
［康熙十五年］青州 8/13
［萬曆元年］兗州 2/42
［萬曆二十四年］兗州 9/15
［康熙］兗州 10/15
［萬曆］沂州志 7/59
劉康（漢）
［萬曆二十四年］兗州 9/12
［康熙］兗州 10/12
［康熙］兗州府曹縣 8/7
［光緒］曹縣 8/6
［道光］鉅野 24/2
［順治］定陶 5/3
［乾隆］定陶 6/3
［民國］定陶 6/3
禹城縣鄉土志/4
劉康（漢・南陽人）
［崇禎］歷城 3/7
［道光］長清 16/19
［嘉慶］禹城 7/2
［民國］齊河 32/44
劉廉（明・臨清人）
［嘉靖］山東 31/29
［康熙］山東 41/24
劉亮（晉）
［嘉靖］山東 25/17
［康熙］山東 32/4
［雍正］山東 27/73
［宣統］山東 66/36
［康熙］濟南 24/6
［乾隆］武定府 16/2
［咸豐］武定府 19/2
［乾隆］惠民 5/8
［光緒］惠民 18/2
惠民縣鄉土志/政績錄 2
劉亮（本名道德）
（後周・中山人）
［康熙］萊陽 5/2
劉六（明・諸城人）
［康熙］莒州下/68
［萬曆］諸城 9/27
［康熙］諸城 9/25
劉旁（明・湖廣興國人）
［順治］樂陵 4/4
［乾隆］樂陵 4/49

劉慶（漢・沛郡豐邑人）
［嘉靖］青州 12/23
［康熙十五年］青州 8/11
劉慶（漢・沛縣人）
［乾隆］泰安府 5/3
［康熙］東平州 6/39
［乾隆］東平州 10/49
［道光］東平州 10/下 2
［光緒］東平州 12/4
劉慶（漢・蔡陽人）
［宣統］重修恩縣 6/5
劉讓（明・長安人）
［萬曆二十四年］兗州 29/9
［康熙］兗州 22/30
［康熙］兗州續編 14/19
［乾隆］曹州府 12/14
［康熙］兗州府曹縣 10/10
［光緒］曹縣 10/9
曹縣鄉土志/政績錄
劉讓（明・福山人）
［萬曆］福山 4/28
［康熙］福山 7/44
劉讓（明・山西山陰人）
［正德］博平 5/83
劉文（漢・沛郡豐邑人）
［嘉靖］青州 12/22
［康熙十五年］青州 8/11
劉文（明・湖廣巴陵人，一作
巴縣人）
［嘉靖］山東 25/26
［康熙］山東 32/14
［雍正］山東 27/27
［宣統］山東 71/23
［康熙］濟南 25/30
［道光］濟南 36/45
［順治］臨邑 11/2
［康熙］重修臨邑 8/2
［道光］臨邑 7/23
［同治］臨邑 7/27
劉文（明・河南人）
［順治］堂邑 2/職官 4
［康熙十一年］堂邑 2/名宦 3
［康熙］堂邑 11/8
劉文（明・平陰人）
［嘉靖］山東 30/58
［乾隆］泰安府 17/4

［萬曆元年］兗州 40/政績 15
［順治］平陰 7/2
［光緒］平陰 4/9
劉文（字煥章）
（清・東阿人）
［民國］續修東阿 11/11
劉文（清・蒙陰人）
［乾隆］沂州府 26/18
劉庠（字希道）
（宋・彭城人）
［雍正］山東 27/7
［宣統］山東 68/27
劉玄（明・興化縣人）
［萬曆］青州 12 又/又 16
［康熙十五年］青州 12 又/又
16
［康熙四十八年］青州 12 又/
又 16
［嘉靖］臨朐 2/51
劉雍（明・昌樂人）
［萬曆］青州 14/51
［康熙十五年］青州 14/51
［康熙四十八年］青州 14/
儒行 8
［咸豐］青州 44/13
［康熙］昌樂 4/11
［嘉慶］昌樂 23/8
劉章（城陽景王）（漢・沛郡
豐邑人）
［嘉靖］青州 12/19
［康熙十五年］青州 8/9
［康熙四十八年］青州 8/9
［康熙六十年］青州 10/5
［民國］重修莒志 56/5
［康熙］臨淄 9/8
［民國］臨淄 21/38
劉章（太原王）（漢）
［萬曆元年］兗州 38/循吏 6
［萬曆二十四年］兗州 26/14
［順治］平陰 5/21
劉章（齊哀王）（漢）
［嘉靖］山東 26/2
［康熙］山東 33/3
［雍正］山東 27/80
［宣統］山東 66/16
［嘉靖］青州 12/25

［康熙十五年］青州 8/13
［乾隆］泰安府 14/4
劉章(字煥文)
(明・昌樂人)
［萬曆］青州 14/51
［康熙十五年］青州 14/51
［康熙四十八年］青州 14/儒行 8
［咸豐］青州 43/13
［嘉靖］昌樂 3/44
［康熙］昌樂 4/4
［嘉慶］昌樂 23/7
劉章(明・衛輝人,見劉璋)
劉詿(明・臨朐人)
［萬曆］青州 14/26
［康熙十五年］青州 14/26
［康熙四十八年］青州 14/孝友 16
［康熙六十年］青州 17/16
劉方慶(清・諸城人)
［光緒］增修諸城縣續志 16/29
諸城縣鄉土志/上 46
劉立庸(字理堂)
(清・昌樂人)
［民國］昌樂縣續志 35/8
劉文高(字蔚起)
(清・茌平人)
［宣統］茌平 17/2
劉文京(清・莒縣人)
［民國］重修莒志 65/37
劉文亮(元・寧海人)
［嘉靖］寧海州下/43
［同治］重修寧海州 17/6
劉應庚(字子長)
(清・齊河人)
［民國］齊河 27/9
劉應文(字蔚堂)
(明・齊東人)
［民國］齊東 5/9
劉文龍(清・莘縣人)
［民國］莘縣 7/33
劉應龍(字文見)
(明・邵陽人)
［道光］濟南 35/21
劉應龍(清・莘縣人)
［康熙］高苑縣續志 3/6
劉應龍(字梯雲)
(清・樂安人)
［民國］樂安 10/34
［民國］續修廣饒 19/66
劉應試(明・沂水人)
［乾隆］沂州府 26/5
［道光］沂水 7/21
劉應誼(字式齋)
(清・寧陽人)
［咸豐］寧陽 14/10
［光緒］寧陽 14/10
寧陽縣鄉土志/16
劉應麟(字軒來)
(清・歷城人)
［道光］濟南 53/21
［乾隆］歷城 38/25
劉方玉(字承泉)
(清・菏澤人)
［光緒］菏澤 15/83
［光緒］新修菏澤 11/68
劉方至(清・陽穀人)
［康熙十二年］陽穀 3/17
［康熙］陽穀 3/14
［光緒］陽穀 6/7
［民國］增修陽穀人物/仕宦 13
劉方至(清・掖縣人)
［康熙］山東 44/12
［雍正］山東 28/人物四 39
［宣統］山東 177/19
［康熙］萊州 10/58
［乾隆］萊州 11/忠節 9
［乾隆］掖縣 4/44
劉慶雲(清・諸城人)
［光緒］增修諸城縣續志 16/31
劉文正(字醇庵)
(清・平度人)
［道光］重修平度州 19/34
劉序三(字賓賢)
(清・樂安人)
［民國］樂安 10/27
［民國］續修廣饒 19/48
劉應元(字士賢)
(明・陽信人)
信邑志稿 7/文苑
劉文珂(清・膠州人)
［民國］增修膠志 44/16
劉賡廷(字觀虞)
(清・平度人)
［光緒］平度志要/人物
［民國］平度縣續志 8/11
平度鄉土志 4 下/學問
劉文登(明・臨沂人)
［康熙］沂州志 6/12
［乾隆］沂州府 26/11
［民國］臨沂 10/49
劉應瑞(字元龍)
(明・齊東人)
［民國］齊東 5/9
劉方珙(字觀文)
(清・鉅野人)
［道光］鉅野 13/39
劉方琦(字瑤圃)
(清・鉅野人)
［道光］鉅野 13/39
劉文確(字堅泰,號果堂,別號峴峰)
(清・湖南辰谿人)
［宣統］山東 75/49
［乾隆］利津縣志續編 7/33,10/73
［光緒］利津附利津文徵 2/碑記 29
劉文瑛(字雲嶠)
(清・湖北江夏人)
［宣統］山東 77/42
［道光］重修膠州 23/15
［民國］增修膠志 18/14
膠州直隸州鄉土志 3/政績－愛民
劉廣聰(字穎士)
(清・鄒平人)
［道光］濟南 54/40
［道光］鄒平 15/69
［民國］鄒平 15/69
劉慶忌(漢)
［崇禎］曲阜 4/6
劉文瑤(字貢揚)
(清・東阿人)
［民國］續修東阿 11/19

劉方政(明·樂陵人)
[乾隆]武定府 23/47
[咸豐]武定府 23/忠節 17
[乾隆]樂陵 6/20
樂陵縣鄉土志 3/21
劉亮采(字公嚴)
(明·長清人,一作歷城人)
[宣統]山東 163/34
[康熙]濟南 42/16
[道光]濟南 49/14
[崇禎]歷乘 16/53
[崇禎]歷城 10/27
[乾隆]歷城 37/24
[道光]長清 13/17
[民國]長清 11/22
劉文經(字守常)
(清·德平人)
[光緒]德平 7/22
劉言經(清·棲霞人)
[光緒]棲霞縣續志 7/義行 5
劉育倬(字尔章)
(清·城武人)
[康熙九年]城武 5/17
劉文峯(清·朝城人)
[民國]朝城縣續志 1/37
劉允德(字允甫,號春林)
(清·平原人)
[民國]續修平原 10/上 6
劉方德(字端五)
(清·滕縣人)
[道光]滕縣志 9/孝義 38
劉廣勳(字偉烈)
(清·濟寧人)
[道光]濟寧直隸州 8/4－7
劉文科(字掄升)
(清·陽信人)
[民國]陽信 5/忠義 49
劉文岐(字鳳山)
(掖縣人)
[民國]四續掖縣 4/57
劉文先(明·日照人)
[萬曆]青州 14/16
[康熙十五年]青州 14/16
[康熙四十八年]青州 14/孝友 6
[康熙六十年]青州 17/11
[乾隆]沂州府 26/8
[康熙]日照 9/9
[光緒]日照 8/6
劉文贊(宋)
[民國]牟平 6/67
劉玄佐(原名洽)
(唐·滑州匡城人)
[嘉靖]山東 25/4
[雍正]山東 27/2
[宣統]山東 68/1
[嘉靖]青州 13/22
[萬曆]青州 12/14
[萬曆元年]兗州 38/武功 12
[嘉靖]濮州 7/5
[萬曆]濮州 4/雜記 2
[萬曆]淄川 27/4
劉應魁(明·冠縣人)
[康熙]兗州府曹縣 9/28
[光緒]曹縣 9/訓導 4
劉育德(字果庭)
(清·安邱人)
[道光]安邱新志 19/7
劉方岫(字竹坪)
(清·單縣人)
[民國]單縣 12/鄉賢 22
劉高仲(字泉石)
(清·定陶人)
[民國]定陶 6/33
劉廣生(清·棲霞人)
[光緒]增修登州 43/21
[乾隆]棲霞 7/3
劉彥傑(字良輔)
(明·博平人)
[正德]博平 4/68
劉慶多(字萃五)
(莘縣人)
[民國]莘縣 7/26
劉慶凱(清·直隸鹽山人)
[宣統]山東 76/24
[宣統]濮州 4/34
劉育侗(字尔穉)
(清·城武人)
[康熙九年]城武 5/17
[康熙四十一年]城武 5/上懿行 18
[道光]城武 9/下 20, 11/下 14
劉充實(字美軒)
(清·平原人)
[民國]續修平原 6/1
劉文進(明·鄒平人)
[道光]濟南 50/4
[康熙]鄒平 5/19
[嘉慶]鄒平 16/46
[道光]鄒平 15/25
[民國]鄒平 15/25
劉應賓(字元禎,號思皇)
(清·沂水人)
[康熙十五年]青州 13/88
[康熙四十八年]青州 13/事功 72
[康熙六十年]青州 16/37
[乾隆]沂州府 25/27
[康熙]沂水 4/52
[道光]沂水 7/16
劉應濂(字慕周)
(清·莒州人)
[宣統]山東 173/19
[民國]重修莒志 65/20
劉應宋(清·齊東人)
[民國]齊東 5/49
劉應兆(字淑徵,一作淵徵)
(明·郯城人)
[康熙]兗州續編 15/28
[萬曆]沂州志 7/30
[乾隆]沂州府 25/26
[康熙]郯城 7/10
[乾隆]郯城 9/8
[嘉慶]慶雲 7/27
[咸豐]慶雲 2/24
[民國三年]慶雲 1/85
劉襄治(清·雲南楚雄人)
[宣統]山東 76/41
[乾隆]東昌 34/6
[嘉慶]東昌 21/24
[宣統]茌平 8/8
[民國]茌平 8/65
劉文淇(字右泉)
(清·寧陽人)
[光緒]寧陽 13/48
劉文淇(清·北直貢生)
[宣統]山東 77/27

［同治］重修寧海州 12/13，15/1
［民國］牟平 6/76
劉應斗（清・陽穀人）
［民國］增修陽穀人物/仕宦 16
劉彥清（明・文登人）
［嘉靖］寧海州下/44
劉應遇（明・孝感人）
［康熙］濟南 25/63
［道光］濟南 36/38
［康熙］新修齊東 4/20
［民國］齊東 3/61
劉文選（明・單縣人）
［乾隆］單縣 7/2
［民國］單縣 9/31
劉文選（字萬青）
（清・清平人）
［民國］清平/人物 71
劉應選（字萬青）
（清・昌樂人）
［咸豐］青州 50/16
劉應選（字升鉉）
（清・高唐人）
［康熙五十一年］高唐州 8/34
［道光］高唐州 5/1－41
［光緒］高唐州 5/1－43
［民國］高唐縣 12/74
劉慶祥（清・滋陽人）
［光緒］滋陽 8/76
劉康乂（唐・益都人）
［嘉靖］山東 27/3
［康熙］山東 35/4
［雍正］山東 27/69
［宣統］山東 68/17
［嘉靖］青州 15/5
［萬曆］青州 14/5
［康熙十五年］青州 14/5
［康熙四十八年］青州 14/忠義 5
［康熙六十年］青州 17/3
［咸豐］青州 34/20
［萬曆］益都 6/90
［康熙］益都 9/1
［乾隆］諸城 27/4
劉慶榜（字臚聲）
（清・陽穀人）
［民國］增修陽穀人物/師道 27
劉慶太（字際平）
（清・夏津人）
［民國］夏津續編 8/13
劉文才（字醇夫，號大壑）
（明・壽張人）
［康熙］張秋志 7/24
［康熙六年］壽張 7/又 16
［康熙五十六年］壽張 7/18
［光緒］壽張 6/50
劉文奎（明・遵化人）
［隆慶］單縣上/35
劉文奎（清・平度人）
［民國］平度縣續志 8/2
平度鄉土志 4 上/鄉賢
劉文志（字士心）
（清・鄒縣人）
［民國］續修鄒縣志稿/人物－耆舊
劉彥杰（字英萬）
（清・文登人）
［光緒］文登 10/上 12
劉應樞（明・城武人）
［康熙九年］城武 3/55
劉文彬（清・歷城人）
［道光］濟南 53/56
［民國］續修歷城 44/14
劉方城（東平人）
［民國］東平縣 11/上 25
劉庭式（字得之）
（宋・齊州人，一作濟州人）
［至元］齊乘 6/26
［嘉靖］山東 27/6，29/16
［康熙］山東 35/7，39/13
［雍正］山東 28/人物二 38
［宣統］山東 166/6
［康熙］濟南 46/2
［道光］濟南 47/31
［嘉靖］青州 13/28
［萬曆］青州 12/21
［康熙十五年］青州 12/21
［康熙四十八年］青州 12/21
［康熙六十年］青州 12/13
［崇禎］歷乘 16/10
［崇禎］歷城 10/6
［乾隆］歷城 42/2
［萬曆］章丘 23/1
［康熙］章丘 6/11
［乾隆］章邱 9/8
［道光］章邱 11/52
章邱縣鄉土志/上 17
［萬曆］諸城 5/9
［康熙］諸城 5/9
［乾隆］諸城 27/6
諸城縣鄉土志/上 5
劉慶華（字雲章）
（清・東阿人）
［民國］續修東阿 11/28
劉慶林（字佐廷）
（清・樂安人）
［民國］樂安 10/35
［民國］續修廣饒 19/68
劉庭芳（字春圃）
（清・河間人）
［民國］昌樂縣續志 37/1
劉庭棨（字文木）
（清・陽信人）
［民國］陽信 5/孝友 59
劉文萃（明・棲霞人）
［嘉靖］山東 35/7
［康熙］山東 45/21
［雍正］山東 28/人物三 27
［宣統］山東 164/44
［泰昌］登州 11/33
［順治］登州 17/8
［康熙］棲霞 6/14
［乾隆］棲霞 7/6
劉文芳（清・莒縣人）
［民國］重修莒志 61/10
劉文桂（字小山）
（清・博山人）
［民國］續修博山 12/32
劉文蔚（字豹變）
（清・濟寧人）
［民國］濟寧直隸州續志 14/17
劉文蔚（清・慶雲人）
［民國三年］慶雲 2/74
劉文莊（明）

[宣統]山東 71/16
[道光]濟南 36/39
[萬曆]濟陽 6/10
[乾隆]濟陽 6/30
[民國]濟陽 9/37
劉應薦(字雲上)
(清・寧陽人)
[咸豐]寧陽 13/24
[光緒]寧陽 13/24
寧陽縣鄉土志/19
劉廣恕(字可亭)
(清・慶雲人)
[咸豐]慶雲 2/59
[民國三年]慶雲 2/22
劉方穀(清・諸城人)
[光緒]增修諸城縣續志 16/29
劉文翃(字雲莊)
(清・安丘人)
[民國]續安邱新志 18/5
安丘縣鄉土志 7/耆舊錄 4
劉文起(字學宗)
(清・鄆城人)
[光緒]鄆城 16/11
劉方乾(字健堂)
(清・東阿人)
[民國]續修東阿 11/3
劉主敬(字恆西)
(清・平定人)
[康熙十一年]堂邑 2/職官 12
[康熙]堂邑 8/8
劉應泰(清・鄒平人)
[民國]鄒平 15/147
劉竟成(字志卿)
(明・確山人)
[萬曆]濮州 3/名宦 22
[康熙]濮州 3/20
[乾隆]濮州 3/20
[宣統]濮州 4/20
劉文成(清・博興人)
[道光]博興 11/36
[民國]重修博興 13/34
劉文盛(清・蒙陰人)
[乾隆]沂州府 26/18
劉方慧(字瑞徵)
(清・濰縣人)
[民國]濰縣志稿 29/19
劉文典(字徽五)
(清・濰縣人)
[民國]濰縣志稿 29/25
濰縣鄉土志/33
劉方昆(字又桓)
(清・鉅野人)
[道光]鉅野 13/60
劉應田(清・平度人)
[宣統]山東 177/20
[乾隆]萊州 11/武功 3
[道光]重修平度州 18/13, 19/13
平度鄉土志 4 上/事業
劉文顯(清・無棣人)
[民國]無棣 13/19
海豐縣鄉土志/耆舊－事業六
劉賡勛(濟寧人)
[民國]濟寧縣 3/5
劉應時(明・濟寧人)
[康熙]濟寧州 7/52
劉賡嗣(東阿人)
[民國]東阿 16/5
劉鹿鳴(清・昌樂人)
[民國]昌樂縣續志 35/7
劉文明(明・鹽山人)
[道光]濟寧直隸州 6/6－38
[康熙]魚臺 15/19
[光緒]魚臺 2/50
劉文明(清・商河人)
[民國]重修商河 9/16
劉文曜(見劉文耀)
劉彥煦(字育萬)
(清・文登人)
[光緒]文登 9/下 2－9
劉庚長(字少蓮)
(清・滋陽人)
滋陽縣鄉土志 1/耆舊－文學
劉慶長(字餘堂)
(清・歷城人)
[民國]續修歷城 40/26
劉文質(字士彬)
(宋・保州保塞人)
[民國]濰縣志稿 20/7
劉文質(清・茌平人)
[民國]茌平 3/59
劉廣譽(明・河南商丘人)
[宣統]山東 72/15
[康熙]兗州 22/36
[乾隆]兗州 22/27
[乾隆]濟寧直隸州 22/46
[道光]濟寧直隸州 6/6－31
[康熙五十一年]金鄉 8/19
[乾隆]金鄉 17/8
[咸豐]金鄉縣志略 7/8
[民國]金鄉 11/20
金鄉縣鄉土志/政績錄
劉廣譽(字令聞,號孚遠)
(清・魚臺人)
[乾隆]兗州 23/65
[乾隆]濟寧直隸州 25/48
[道光]濟寧直隸州 8/3－35
[乾隆]魚臺 11/17
[光緒]魚臺 3/9
劉齊賢(唐・觀城人)
[嘉靖]山東 31/12
[康熙]山東 41/10
[雍正]山東 28/人物二 7
[萬曆]東昌 19/21
[康熙]觀城 3/21,4/20
[道光]觀城 8/3
觀城縣鄉土志/耆舊
劉文開(字際明)
(清・新城人)
[道光]濟南 61/8
[康熙]新城 8/17
[民國]重修新城 16/9
劉文學(清・福山人)
[乾隆]福山 9 上/66
劉文用(字襄平)
(清・濰縣人)
[民國]濰縣志稿 29/29
濰縣鄉土志/37
劉席民(明・安邑人)
[康熙]兗州續編 14/9
[乾隆]兗州 22/27
[乾隆]濟寧直隸州 22/51
[道光]濟寧直隸州 6/6－34
[康熙]魚臺 15/19

［光緒］魚臺 2/47
劉序周(字禮臣)
(清・博山人)
［民國］續修博山 12/63
劉廣臨(字近軒)
(清・鄒縣人)
［民國］續修鄒縣志稿/人物－耆舊
劉卞公(見高尚真人)
劉康義(見劉康乂)
劉廉善(清・嶧縣人)
［光緒］嶧縣 21/耆舊 16
劉慶年(字眉軒)
(清・莘縣人)
［光緒］莘縣 7/47
［民國］莘縣 7/34
劉文含(字蘊中)
(清・諸城人)
［道光］諸城縣續志 19/6
劉文義(明・鄒平人)
［康熙］鄒平 5/19
［嘉慶］鄒平 16/46
劉彥曾(清・臨邑人)
［道光］臨邑 9/21
［同治］臨邑 9/耆壽 1
劉文鋐(字治公)
(清・博興人)
［咸豐］青州 47/9
［康熙六十年］博興 7/32, 7/58
［道光］博興 11/24
［民國］重修博興 13/23
劉文錡(清・博興人)
［道光］博興 11/32
［民國］重修博興 13/31
劉衣錦(明・觀城人)
［康熙］觀城 4/3
劉充符(字揆一,號松岩)
(清・平原人)
［民國］續修平原 10/上 5
劉應第(明・蒙陰人)
［康熙十一年］蒙陰 2/19
劉應節(字子和,號白川)
(明・濰人)
［康熙］山東 44/10
［雍正］山東 28/人物三 42
［宣統］山東 159/23
［康熙］濟南 50/6
［道光］濟南 62/5
［萬曆］萊州 5/84
［康熙］萊州 10/9
［乾隆］萊州 10/20
萊州府鄉土志/下 12
［萬曆］章丘 30/69
［康熙］章丘 6/46
［乾隆］章邱 9/49
［道光］章邱 11/88
［萬曆］濰縣 10/2
［康熙］濰縣 5/人物 13
［乾隆］濰縣 4/9,5/45
［民國］濰縣志稿 27/31
濰縣鄉土志/16
劉賡堂(字子颺)
(清・昌樂人)
［民國］昌樂縣續志 31/10
劉賡炫(字龍門)
(清・昌樂人)
［咸豐］青州 47/3
［嘉慶］昌樂 24/11
劉文炳(清・恩縣人)
［宣統］重修恩縣 8/50
［民國］重修恩縣 11/鄉賢 69
劉文煃(字星伯)
(清・貴州普定人)
［光緒］壽張 5/13
壽張縣鄉土志/政績－興利
劉文煜(字星南)
(清・濰縣人)
［民國］濰縣志稿 29/30
濰縣鄉土志/37
劉庭輝(字棣軒)
(清・汶上人)
［宣統］四續汶上稿/人物－施濟傳
劉文燦(字煥雲)
(清・高唐人)
［光緒］高唐州 5/1－40
［民國］高唐縣 12/88
劉文燦(清・永城人)
［道光］濟寧直隸州 6/7－81
［民國］濟寧直隸州續志 21/10
劉文煥(字子章)
(明・北平人)
［康熙］兗州續編 14/27
［乾隆］兗州 22/37
［康熙五十六年］壽張 4/9
［光緒］壽張 5/2
劉文煥(清・福山人)
［乾隆］福山 8/63
劉文煥(清・青城人)
［咸豐］武定府 25/孝友 38
［乾隆］青城 8/12
［民國］青城續修 4/人物 22
劉文煥(字燦章)
(清・陽信人)
［民國］陽信 5/方技 83
劉文恪(唐)
［宣統］山東 68/9
［道光］濟南 33/28
［乾隆］歷城 34/1
劉文燿(見劉文耀)
劉文耀(字道充,一作道元)
(明・日照人)
［雍正］山東 28/人物三 44
［宣統］山東 162/37
［萬曆］青州 14/41
［康熙十五年］青州 14/41
［康熙四十八年］青州 14/隱逸 15
［康熙六十年］青州 20/5
［乾隆］沂州府 27/9
［康熙］日照 10/11
［光緒］日照 8/9
01 **劉訏**(字彥度)
(南北朝・平原人)
［嘉靖］山東 29/7
［康熙］山東 39/7
［宣統］山東 167/7
［康熙］濟南 46/2
［道光］濟南 46/3
［康熙］陵縣 5/2
［萬曆］平原上/64
［乾隆］平原 8/43
平原縣鄉土志輯稿/隱逸
劉顏(字子望)
(宋・彭城人)
［嘉靖］山東 26/10

[康熙]山東 33/12
[雍正]山東 27/35
[宣統]山東 68/39
[萬曆元年]兗州 38/循吏 29
[萬曆二十四年]兗州 28/10
[乾隆]兗州 22/12
[乾隆]濟寧直隸州 21/11
[道光]濟寧直隸州 6/6－9
[光緒]益都縣圖志 16/37
劉龍飛(字雲從)
(清)
[民國]單縣 12/隱逸 2
劉龍甲(清・福山人)
[乾隆]福山 8/47
劉龍驤(字雲濤)
(清・霑化人)
[民國]霑化 2/49
劉龍光(號雲澤)
(明・博山人)
[康熙]顏神鎮志 4/下 4
02 **劉端**(漢・沛郡豐邑人)
[嘉靖]青州 12/20
[康熙十五年]青州 8/10
[康熙四十八年]青州 8/10
劉端(明・臨清人)
[嘉靖]山東 35/4
[康熙]山東 45/12
[康熙]臨清州 3/人物 17
[乾隆]臨清州 9/50
[乾隆]臨清直隸州 8/上 38
[民國]臨清縣/人物 49
劉端(清・齊河人)
[道光]濟南 56/5
[雍正]齊河 8/11
[民國]齊河 26/3
劉訢(字興堯)
(清・文登人)
[光緒]增修登州 39/42
[雍正]文登 7/4
[光緒]文登 9/上 1－3
劉訓(清・諸城人)
[光緒]增修諸城縣續志 16/27
劉端方(字肅亭)
(清・高唐人)
[光緒]高唐州 5/1－57
[民國]高唐縣 12/78
劉端琨(字嵐亭)
(長清人)
[民國]長清 12/15
劉新國(字治平)
(清・無棣人)
[民國]無棣 12/5
劉新國(字師文)
(清・陽信人)
[雍正]山東 28/人物四 24
[宣統]山東 171/29
[康熙]濟南 49/5
[康熙]陽信 9/13
[乾隆]陽信 7/19
[民國]陽信 5/文學 4
信邑志稿 7/文苑
陽信縣鄉土志上/耆舊－學問,耆舊－鄉賢祠
劉新命(清・魚臺人)
[乾隆]魚臺 11/17
[光緒]魚臺 3/10
劉彰美(明・城武人)
[康熙九年]城武 3/24
[康熙四十一年]城武 5/下義烈 7
[道光]城武 9/下 47
03 **劉斌**(元・歷城人)
[嘉靖]山東 29/20
[康熙]山東 39/18
[雍正]山東 28/人物二 62
[宣統]山東 158/25
[康熙]濟南 43/11
[道光]濟南 48/19
[崇禎]歷乘 16/14
[崇禎]歷城 10/9
[乾隆]歷城 36/22
劉斌(明・泗州人)
[光緒]文登 5/36
劉斌(明・滋陽人)
[光緒]文登 5/34
劉就(漢・沛郡人)
[康熙]嶧縣 3/2
劉謐(見劉鎰)
劉誼(明・臨洮人)
[康熙]費縣 3/5
劉斌憲(字恩波)
(清・諸城人)
[咸豐]青州 46/29
[乾隆]諸城 37/3
劉試舉(明・霸州人)
[萬曆]鉅野 6/10
[康熙]鉅野 10/10
[道光]鉅野 10/25
04 **劉謨**(明・醴陵人)
[隆慶]單縣上/35
劉麒(明・城武人)
[康熙九年]城武 3/50
劉麒(明・萊陽人)
[民國]萊陽 3/1 中 14
劉詩(清・章邱人)
[道光]章邱 11/80
劉詩(字孟雅)
(清・諸城人)
[道光]諸城縣續志 13/12
劉塾(字校升)
(清・壽光人)
[嘉慶]壽光 14/15
[民國]壽光 12/人物志二 14
劉計亮(清・蒙陰人)
[康熙十一年]蒙陰 4/45
劉計聰(字振裔)
(清・館陶人)
[乾隆]東昌 43/25
[嘉慶]東昌 32/43
05 **劉講**(明・鄒城人)
[乾隆]樂陵 4/53
劉靖寰(清・遼東人)
[宣統]山東 77/32
[乾隆]掖縣 3/34
06 **劉韻珂**(字玉坡,號荷樵)
(清・汶上人)
[宣統]山東 172/2
[宣統]四續汶上稿/人物－忠烈傳
07 **劉訒**(明・魚臺人)
[康熙]魚臺 17/12
[乾隆]魚臺 11/12
[光緒]魚臺 3/7
劉訒(清・諸城人)
[光緒]增修諸城縣續志 16/27
劉韶(明・晉州人)

［萬曆］濟陽 6/4
劉歆（字士光）
（南北朝・平原人）
［嘉靖］山東 29/7
［康熙］山東 39/7
［雍正］山東 28/人物一 50
［康熙］濟南 46/1
［道光］濟南 46/3
［康熙］德州 8/3
［萬曆］平原上/64
［乾隆］平原 8/42
平原縣鄉土志輯稿/隱逸
［康熙］陵縣 5/2
劉詡（漢・肥城人）
［嘉慶］肥城 17/14
［光緒］肥城 9/6
肥城縣鄉土志 5/13
劉詡（明・定陶人）
［順治］定陶 6/5
劉毅（漢・南陽蔡陽人）
［至元］齊乘 6/15
［嘉靖］青州 12/27
［康熙十五年］青州 8/13
［康熙］萊州 10/75
［嘉慶］壽光 10/4
劉毅（晉・彭城沛人）
［嘉靖］山東 25/4
劉毅（字仲雄）
（晉・東萊掖人）
［嘉靖］山東 33/3
［康熙］山東 44/3
［雍正］山東 28/人物一 34
［宣統］山東 155/4
［萬曆］萊州 5/80
［康熙］萊州 10/4
［乾隆］萊州 10/4
萊州府鄉土志/下 2
［乾隆］掖縣 4/10
［道光］掖乘 4
劉毅（明・會稽人）
［崇禎］歷乘 16/64
劉毅（字果亭）
（清・壽張人）
［乾隆］兗州 23/84
［光緒］壽張 7/25
壽張縣鄉土志/耆舊－附忠孝祠
劉毅（字懷遠，號敏岩，別號岍山人，又號雪窗學人）
（清・單縣人）
［宣統］山東 173/28
［乾隆］單縣 12/35
［民國］單縣 23/36
［民國］金鄉 17/25
劉毅志（字朱霞）
（清・樂安人）
［咸豐］青州 46/38
［雍正］樂安 12/21
［民國］樂安 10/18
［民國］續修廣饒 19/33
劉望周（字啟文）
（清・昌邑人）
［光緒］昌邑縣續志 6/30
劉韶光（字虞九）
（清・新城人）
［宣統］新城縣後志 2/忠義
［民國］重修新城 18/12
劉翊炘（字鳳臨）
（清・寧陽人）
［光緒］寧陽 15/46
劉翊烽（字德孚）
（清・寧陽人）
［光緒］寧陽 15/19
08 **劉謙**（宋・堂邑人）
［嘉靖］山東 31/20
［萬曆］東昌 19/34
［乾隆］東昌 37/9
［嘉慶］東昌 27/8
［順治］堂邑 2/人物又 17
［康熙十一年］堂邑 2/選舉 23
［康熙］堂邑 16/6
劉謙（字自牧）
（元・棣州人）
［嘉靖］山東 29/22
［嘉靖］武定州下/66
［乾隆］武定府 25/46
［咸豐］武定府 25/文苑 6
［乾隆］惠民 6/7
［光緒］惠民 23/5
劉謙（字六吉）
（明・濰縣人）
［民國］濰縣志稿 30/20
劉謐（明・萊陽人）
［民國］萊陽 3/1 中 58
劉效（清・諸城人）
［光緒］增修諸城縣續志 17/18
劉效祖（明・濱州人）
［萬曆］濱州 3/27
劉敦蔭（字輔忱）
（浙江人）
［民國］黃縣志稿 11/宦績
劉謙萃（字益宇）
（清・武城人）
［道光］武城續編 10/2
［民國］增訂武城續編 10/2
武城縣鄉土志略/耆舊錄
09 **劉麟**（字仲禎）
（明・濟寧人）
［康熙］濟寧州 7/34
［乾隆］濟寧直隸州 28/2
［道光］濟寧直隸州 8/4－43
劉麟（字應孔）
（明・滋陽人）
［光緒］滋陽 11/42
劉麟郊（字聖瑞）
（清・壽光人）
［民國］壽光 12/人物志二 64
劉麟瑞（字子昌）
（清・東阿人）
［道光］東阿 14/人物下 33
劉麟瑞（字子琇）
（清・福山人）
［民國］福山縣志稿 10/11
劉麟趾（清・定陶人）
［乾隆］定陶 6/30
［民國］定陶 6/65
10 **劉霸**（漢・沛縣人）
［順治］登州 11/2
［康熙］萊陽 5/1
［光緒］文登 5/1
劉琓（字伯玉）
（金・益都人）
［嘉靖］山東 32/18
［康熙］山東 42/18
［雍正］山東 28/人物二 50

［宣統］山東 158/6
［嘉靖］青州 14/23
［萬曆］青州 13/40
［康熙十五年］青州 13/40
［康熙四十八年］青州 13/事功 23
［康熙六十年］青州 16/12
［萬曆］益都 6/90
［康熙］益都 7/6

劉醇（漢・平原人）
［道光］濟南 45/29
［嘉慶］東昌 26/2

劉貢（漢・蔡陽人）
［宣統］重修恩縣 6/6

劉貢（字獻臣）（明・陽信人）
［康熙］濟南 41/15
［乾隆］武定府 24/18
［咸豐］武定府 24/循良 8
［康熙］陽信 9/5
［乾隆］陽信 7/4
［民國］陽信 5/宦蹟 7
信邑志稿 7/循良
陽信縣鄉土志上/耆舊－事業

劉霽（字士湮，一作士聞）（南北朝・平原人）
［康熙］山東 39/8
［雍正］山東 28/人物一 50
［宣統］山東 163/13
［康熙］濟南 44/2
［道光］濟南 46/2
［乾隆］兗州 23/23
［康熙］陵縣 5/2
［乾隆］平原 8/9
平原縣鄉土志輯稿/孝義

劉霽（明・徐州人）
［萬曆］諸城 4/35

劉玟（字瑞珮）（清・昌樂人）
［民國］昌樂縣續志 28/10

劉玟（字珉山）（清・膠州人）
［民國］增修膠志 45/26

劉霈（字其蘇）（清・壽張人）
［乾隆］兗州 23/86
［光緒］壽張 7/25
壽張縣鄉土志/耆舊－附忠孝祠

劉丕（漢・蓬萊人）
［康熙］山東 46/7
［泰昌］登州 11/26
［順治］登州 17/1
［光緒］增修登州 38/2
［嘉靖］寧海州下/39
［康熙］寧海州 9/2
［同治］重修寧海州 17/1
［道光］重修蓬萊 9/29
［民國］蓬萊縣志合編人物志/行誼

劉平（字公子）（漢・楚郡人，一作彭城人）
［嘉靖］山東 26/2
［康熙］山東 33/3
［雍正］山東 27/85
［萬曆元年］兗州 38/循吏 5
［萬曆二十四年］兗州 26/8
［康熙］兗州 21/8
［康熙］曹州志 7/42
［康熙］兗州府曹縣 9/2
［光緒］菏澤 7/宦蹟 10
［光緒］新修菏澤 8/2

劉平（明）
［乾隆］威海衛志 6/11

劉霨（清・福建人）
［乾隆］東昌 34/9
［嘉慶］東昌 21/28
［康熙］重修清平下/5
［嘉慶］清平 13/7
［宣統］增輯清平 11/6
［民國］清平/秩官 29

劉霞（清・菏澤人）
［康熙］曹州志 16/6
［乾隆］曹州府 16/7
［光緒］菏澤 16/5
［光緒］新修菏澤 10/46
菏澤縣鄉土志/26

劉夏（晉・掖縣人）
萊州府鄉土志/下 24
［乾隆］掖縣 4/56
［道光］掖乘 4

劉焉（字君郎）（漢）
［嘉靖］山東 33/17
［萬曆元年］兗州 41/28

劉元（北魏・北海都昌人）
［光緒］益都縣圖志 15/16

劉元（元・鄒平人）
［嘉慶］鄒平 15/29
［道光］鄒平 16/存疑 2
［民國］鄒平 16/存疑 2

劉元（清・高唐人）
［乾隆］東昌 43/35
［嘉慶］東昌 32/52
［乾隆］高唐州續志 2/12
［道光］高唐州 5/2－18
［光緒］高唐州 5/2－21
［民國］高唐縣 12/42

劉元（清・膠州人）
［民國］增修膠志 47/13

劉元（字德乾）（清・壽張人）
［乾隆］兗州 23/81
［光緒］壽張 6/51
壽張縣鄉土志/耆舊－事業

劉雲（漢・沛郡豐邑人）
［嘉靖］青州 12/22
［康熙十五年］青州 8/10

劉璋（明）
［光緒］平陰 6/69

劉璋（明・曹州人）
［康熙］曹州志 20/19
［光緒］菏澤 20/20

劉璋（明・河南衛輝人）
［嘉靖］山東 27/18
［宣統］山東 73/37
［萬曆］萊州 5/77
［康熙］萊州 8/55
［乾隆］萊州 9/24
［康熙］高密 6/24
［乾隆］高密 6/17
［光緒］高密 6/21
［民國］高密 12/23
高密縣鄉土志/上 12

劉璋（明・直隸隆慶人）
［嘉靖］濮州 7/21
［萬曆］濮州 3/名宦 33

[嘉靖]朝城志 5/6
[康熙]朝城 7/5
劉璋(字琦玉)
(博興人)
[民國]重修博興 13/61
劉震(字晉臣)
(元・鄒平人)
[道光]濟南 48/30
[道光]鄒平 15/15
[民國]鄒平 15/15
劉震(字表東)
(清・昌樂人)
[咸豐]青州 49/44
[嘉慶]昌樂 24/14
劉震(清・壽張人)
[乾隆]夏津 6/26
劉正(字彥祥)
(明・商河人)
[道光]商河 8/下 18
[民國]重修商河 13/藝文志四墓表 1
商河縣鄉土志 2/耆舊-事業
劉天序(明・濰縣人)
[康熙]山東 45/23
[萬曆]萊州 6/9
[乾隆]萊州 11/孝義 4
萊州府鄉土志/下 18
[乾隆]濰縣 4/22
[民國]濰縣志稿 31/3
濰縣鄉土志/19
劉天蔭(字智水)
(清・廣陵人)
[康熙]沂州志 3/51
劉雨亭(清・丘縣人)
[宣統]山東 174/33
劉玉亭(清・恩縣人)
[宣統]重修恩縣 7/48
劉玉亭(清・齊河人)
[民國]齊河 23/77
劉元亮(字菊農)
(清・章丘人)
[宣統]山東補遺/40
劉元音(清)
[道光]觀城 6/24
劉雲慶(字愉堂)
(明・臨沂人)
[康熙]沂州志 5/74
[乾隆]沂州府 25/26
[民國]臨沂 9/56
劉正慶(字開先)
(明・濟寧人)
[道光]濟寧直隸州 8/4-38
劉一龍(字見田)
(明・樂安人)
[康熙]山東 46/7
[雍正]樂安 12/12
[民國]樂安 10/18
[民國]續修廣饒 19/27
劉雲龍(字應堂)
(清・齊東人)
齊東縣鄉土志/耆舊錄 18
劉可訓(明・湖廣澧州人)
[萬曆]青州 12/52
[康熙十五年]青州 12/52
[康熙四十八年]青州 12/52
[康熙六十年]青州 12/28
[咸豐]青州 36/33
[康熙]昌樂 1/35
[嘉慶]昌樂 19/5
劉不識(漢)
[康熙]兗州府曹縣 8/7
[光緒]曹縣 8/6
[順治]定陶 5/3
[乾隆]定陶 6/3
[民國]定陶 6/3
劉一誠(字恆宇)
(明・南昌人)
[康熙]濟南 50/9
[乾隆]武定府 26/44
[咸豐]武定府 26/寓賢 3
[光緒]霑化 10/33
[民國]霑化 3/13
劉正誼(字純一)
(清・安丘人)
安丘縣鄉土志 6/耆舊錄 3
劉爾調(明・鄆城人)
[光緒]鄆城 10/2
鄆城縣鄉土志/耆舊錄-忠義
劉天麟(明・環縣舉人)
[道光]濟南 36/25
[康熙四十三年]長山 3/宦績
[康熙五十五年]長山 3/34
[嘉慶]長山 5/42
劉玉麟(字麐兆,一作麟兆,一字瀛海,號蘇村)
(清・菏澤人)
[宣統]山東 173/20
[光緒]菏澤 15/66
[光緒]新修菏澤 11/52
[道光]觀城 6/2
觀城縣鄉土志/政績
劉天璋(元・泗水人)
[萬曆]泗水 6/13
[順治]泗水 6/13
[光緒]泗水 11/27
劉雯雲(字錦亭)
(清・商河人)
[民國]重修商河 8/68
劉玉珩(字賓南)
(清・昌樂人)
[民國]昌樂縣續志 30/13
劉可瑞(字諧齋)
(清・魚臺人)
[民國]濟寧直隸州續志 15/2
[光緒]魚臺 3/文行又 1
劉丕烈(字曉園)
(清・諸城人)
[光緒]增修諸城縣續志 15/2
劉天瑞(字吉五)
(清・鄒平人)
[道光]濟南 54/40
[康熙]鄒平 6/23
[嘉慶]鄒平 15/12
劉五瑞(字輯菴)
(清・曹縣人)
[光緒]曹縣 14/忠義 2
劉元登(字步衢,號雲亭)
(清・蓬萊人)
[民國]蓬萊縣志合編人物志/行誼
劉元孫(北魏・彭城人)
[宣統]山東 67/11
[民國]臨沂 7/66

劉玉琳(字佩卿)
(清・齊河人)
[民國]齊河 26/40
劉玉瓚(清・高密人)
[民國]高密 14/上 85
劉元琦(字佩珍)
(清・山西吉州人)
[宣統]山東 75/3
[道光]濟南 38/6
[崇禎]歷城 6/又 5
[乾隆]歷城 34/9
劉玉琨(字伯瑤)
(博山人)
[民國]續修博山 12/34
劉正己(字午峰)
(清・歷城人)
[民國]續修歷城 40/24
劉元瑜(字君玉)
(宋・河南人)
[光緒]益都縣圖志 16/30
劉晉受(見劉普受)
劉天孚(字裕民)
(元・大名人)
[嘉靖]山東 26/27
[乾隆]泰安府 14/34
[乾隆]東昌 34/18
[嘉慶]東昌 22/9
[康熙]東平州 4/51
[乾隆]東平州 12/31
[道光]東平州 12/31
[光緒]東平州 14/31
[嘉靖]冠縣 2/7
[萬曆]冠縣 2/2
[道光]冠縣 6/22
[光緒]冠縣 6/宦績
[民國]冠縣 6/32
劉天爵(清・奉天人)
[乾隆]高唐州續志 2/1
[道光]高唐州 7/1 –15
[光緒]高唐州 7/1 –15
[民國]高唐縣 9/5 –11
劉一孚(字貞甫,號海山)
(明・益都人)
[康熙]山東 42/24
[萬曆]青州 13/62
[康熙十五年]青州 13/62
[康熙四十八年]青州 13/
事功 46
[康熙六十年]青州 16/24
[咸豐]青州 44/36
[康熙]益都 7/23
[光緒]益都縣圖志 35/15
劉天經(清・平原人)
[民國]續修平原 6/4
劉天衢(清・茌平人)
[宣統]茌平 16/6
[民國]茌平 3/39
劉五經(字說郛)
(清・定陶人)
[民國]定陶 6/33
劉玉衡(清・長清人)
[道光]長清 12/16
劉玉衡(清・汶上人)
[宣統]四續汶上稿/人物 –
耆德傳
劉玉衡(字璇甫)
(清・武城人)
[民國]增訂武城續編 10/8
劉元順(字乾一)
(清・掖縣人)
[民國]四續掖縣 4/60
劉雲衢(明)
[萬曆]福山 4/17
劉正衡(字元定)
(清・安丘人)
[康熙十五年]青州 13/81
[康熙四十八年]青州 13/
事功 65
[康熙六十年]青州 16/33
[咸豐]青州 46/15
[康熙]續安丘 22/30
安丘縣鄉土志 6/耆舊錄 3
劉爾變(清・汶上人)
[康熙]續修汶上 4/人物 20
劉三樂(明・北直大名人)
[宣統]山東 71/15
[康熙]濟南 25/59
[道光]濟南 36/36
[康熙]新修齊東 4/15
[民國]齊東 3/57
劉西川(清・壽光人)
[民國]壽光 16/17
劉雲峯(字嵐亭)
(清・無棣人)
[民國]無棣 13/11
劉至山(清・濱州人)
濱州鄉土志/耆舊錄
劉一俊(字洪勳)
(明・朝城人)
[康熙]朝城 8/30
劉震岱(字東山)
(清・單縣人)
[民國]單縣 12/鄉賢 7
劉正岱(字泰瞻)
(清・歷城人)
[道光]濟南 61/5
[乾隆]歷城 46/3
劉三德(清・平陰人)
[光緒]平陰 5/22
劉天佑(見劉天祐)
劉玉德(字明軒)
(鉅野人)
[民國]續修鉅野 5/上 13
劉元化(字斗杓,一字季雅)
(明・諸城人)
[康熙]山東 46/6
[雍正]山東 28/人物三 62
[宣統]山東 167/14
[康熙十五年]青州 14/44
[康熙四十八年]青州 14/
隱逸 18
[康熙六十年]青州 17/6
[咸豐]青州 45/23
[康熙]諸城 7/28
[乾隆]諸城 30/10
劉元勳(清・陝西合州人)
[宣統]山東 76/10
[道光]濟寧直隸州 6/7 –89
[乾隆]魚臺 9/48
[光緒]魚臺 2/55
劉元勳(清・禹城人)
[民國]禹城 6/31
劉元佐(唐・滑州匡城人)
[康熙]山東 31/5
[康熙十五年]青州 12/14
[康熙四十八年]青州 12/14
[康熙六十年]青州 12/9
[康熙]濮州 4/90

［乾隆］濮州 4/130
［宣統］濮州 6/88
［光緒］益都縣圖志 16/12
劉元績（明・昌邑人）
［康熙］昌邑 6/33
［乾隆］昌邑 6/168
劉不息（字體道）
（明・滋陽人）
［康熙］山東 40/60
［雍正］山東 28/人物三 46
［宣統］山東 160/31
［萬曆二十四年］兗州 36/27
［康熙］兗州 28/25
［乾隆］兗州 23/47
［康熙］滋陽 4/上 20
［光緒］滋陽 8/29
滋陽縣鄉土志 1/耆舊－名臣
劉天和（字養沖，一字養和）
（明・湖廣麻城人）
［雍正］山東 27/15
［宣統］山東 70/4
［道光］濟南 35/13
［康熙］濟寧州 4/5
［道光］濟寧直隸州 6/6－47
劉一和（字坤元）
（清・平度人）
［道光］重修平度州 19/34
平度鄉土志 4 上/鄉賢
劉玉峴（清・汶上人）
［宣統］四續汶上稿/人物－施濟傳
劉函綱（字史林）
（清・濰縣人）
［民國］濰縣志稿 28/32
劉可久（明・江蘇沛縣人）
［康熙］寧海州 7/4
［同治］重修寧海州 14/4
［民國］牟平 6/75
劉玉佩（字瑞五）
（清・昌樂人）
［民國］昌樂縣續志 31/16
劉玉佩（字伯珊）
（清・壽張人）
［光緒］壽張 7/21
劉元佩（字冠魁）
（清・定陶人）
［民國］定陶 6/70
劉元修（號慎齋）
（清・鉅野人）
［道光］鉅野 13/47
劉至魯（字玉川）
（清・洪洞人）
［康熙］魚臺 17/14
［乾隆］魚臺 10/28，11/42
［光緒］魚臺 3/27
劉爾牧（字成卿）
（明・東平人）
［康熙］山東 40/60
［雍正］山東 28/人物三 40
［宣統］山東 167/14
［乾隆］泰安府 17/23
［萬曆二十四年］兗州 36/23
［康熙］兗州 28/21
［康熙］東平州 3/44
［乾隆］東平州 14/13
［道光］東平州 14/13
［光緒］東平州 15/中 18
［民國］東平縣 11/上 37
東平州鄉土志上/耆舊錄 41
劉三宅（字可任）
（明・壽光人）
［康熙］山東 42/28
［萬曆］青州 13/68
［康熙十五年］青州 13/68
［康熙四十八年］青州 13/事功 52
［康熙六十年］青州 16/27
［咸豐］青州 45/2
［康熙］壽光 21/11
［嘉慶］壽光 12/15
［民國］壽光 12/人物志一 25
壽光縣鄉土志/耆舊
劉元良（字善長）
（清・平原人）
［民國］續修平原 10/上 4
劉元宰（字襄哉，號拙菴）
（清・慶雲人）
［嘉慶］慶雲 9/13
［咸豐］慶雲 2/63
［民國三年］慶雲 2/41，4/22
劉正宷（清・儀征舉人）
［光緒］增修登州 27/4
劉正宗（字可宗，一字憲石，賜號中軒）
（清・安丘人）
［康熙］續安丘 19/21
安丘縣鄉土志 8/耆舊錄 5
劉三顧（字泰徵）
（明・無棣人）
［乾隆］武定府 23/45
［咸豐］武定府 23/忠節 15
［康熙］海豐 10/15
海豐縣鄉土志/耆舊－事業四
［民國］無棣 10/4
劉一源（明・蓬萊人）
［順治］登州 17/12
［道光］重修蓬萊 9/12
［民國］蓬萊縣志合編人物志/忠勇
劉元福（字東海）
（清・臨清人）
［民國］臨清縣/人物 78
劉正福（清・章邱人）
［道光］章邱 11/78
劉一治（字玉一）
（清・陽信人）
［乾隆］陽信 7/22
［民國］陽信 5/文學 8
信邑志稿 7/文苑
劉可法（清・章邱人）
［道光］章邱 10/37
劉天祐（元・章邱人）
［道光］濟南 48/25
［道光］章邱 11/20
劉霄漢（字銀浦）
（清・無棣人）
［民國］無棣 13/32
劉雲漢（清・臨清人）
［民國］臨清縣/人物 29
劉雲漢（字倬甫）
（清・陽穀人）
［民國］增修陽穀人物/師道 27
劉正遠（字端生）
（清・臨朐人）
光緒臨朐 14/中 14

劉元禮(元・濟南人)
[嘉靖]山東 29/20
[康熙]山東 39/18
[宣統]山東 158/21
[康熙]濟南 43/12
[道光]濟南 48/12
[崇禎]歷乘 16/15
[崇禎]歷城 10/10
[乾隆]歷城 36/15
劉百祿(字子荷)
(清・德州人)
[民國]德縣 10/73
劉爾潔(明・丘縣人)
[道光]濟南 72/21
劉天祿(明・陽信人)
[康熙]濟南 38/13
[乾隆]武定府 23/45
[咸豐]武定府 23/忠節 15
[康熙]陽信 9/29
[乾隆]陽信 7/51
[民國]陽信 5/忠義 42
信邑志稿 7/忠節
陽信縣鄉土志上/耆舊－事業
劉天資(清・諸城人)
[道光]諸城縣續志 19/6
劉至凝(元・新泰人)
[康熙]濟南 51/9
[天啟]新泰 6/39
[順治]新泰 5/33
[乾隆]新泰 16/17
劉百祥(清・陽穀人)
[民國]增修陽穀人物/忠烈 22
劉不溢(字謙甫,號容川)
(明・河南祥符人)
[宣統]山東 72/27
[萬曆二十四年]兗州 29/9
[康熙]兗州 22/30
[康熙]兗州續編 14/19
[乾隆]曹州府 12/21
[康熙]兗州府曹縣 9/9,10/14
[光緒]曹縣 10/13
曹縣鄉土志/政績錄
劉元祥(字瑞菴)
(清・陽信人)
[民國]陽信 5/忠義 48
劉丙南(清・鄒平人)
[道光]鄒平 15/100
[民國]鄒平 15/100
劉玉才(清・壽光人)
[民國]壽光 12/人物志一 98
劉玉奇(清・樂陵人)
[乾隆]樂陵 6/38
樂陵縣鄉土志 3/28
劉玉臺(明・德州人)
德州鄉土志/耆舊 14
劉元吉(字慶昉)
(清・樂安人)
[民國]樂安 10/30
[民國]續修廣饒 19/58
劉元奇(清)
[道光]泰安縣 12/藝文三 43
劉元喜(清・海陽人)
[光緒]增修登州 43/48
[光緒]海陽縣續志 5/18
劉爾楨(清・嶧縣人)
[乾隆]嶧縣 8/52
[光緒]嶧縣 21/耆舊 21
劉元標(清・昌邑人)
[乾隆]昌邑 6/176
劉爾葵(字秋圃)
(清・昌樂人)
[嘉慶]昌樂 22/10
劉爾芉(字春圃)
(清・昌樂人)
[咸豐]青州 49/30
[嘉慶]昌樂 21/3
劉爾芍(字芳圃,號西村)
(清・昌樂人)
[民國]昌樂縣續志 33/3
劉三英(字邦彥)
(明・濟寧人)
[乾隆]濟寧直隸州 24/25
[道光]濟寧直隸州 8/2－35
劉天植(字挺生)
(清・武城人)
[道光]武城續編 10/4
[民國]增訂武城續編 10/4
武城縣鄉土志略/耆舊錄
劉玉藻(清・濮州人)
[宣統]濮州 6/34
劉元英(字超千)
(清・城武人)
[道光]城武 9/上 33
劉雲蒸(膠州人)
[民國]增修膠志 46/9
劉正林(明・順天大興人)
[道光]鉅野 10/22
劉雲棟(清・諸城人)
[光緒]增修諸城縣續志 16/16
劉爾楫(字勳公,別號文渚)
(清・城武人)
[康熙九年]城武 3/51
[道光]城武 9/下 3
劉爾相(字輔公)
(清・城武人)
[康熙九年]城武 5/17
劉一相(字惟衡,號頊陽)
(明・長山人)
[康熙]山東 39/28
[雍正]山東 28/人物三 51
[宣統]山東 160/33
[道光]濟南 50/43
[康熙四十三年]長山 5/仕業
[康熙五十五年]長山 6/5
[嘉慶]長山 7/7
長山縣鄉土志/耆舊錄
劉一鶴(原名業鴻,字二清)
(明・堂邑人)
[乾隆]東昌 38/18
[嘉慶]東昌 28/18
[順治]堂邑 2/人物 6
[康熙十一年]堂邑 2/選舉 18
[康熙]堂邑 16/12
堂邑縣鄉土志/耆舊錄
劉一鶴(明・諸城人)
[萬曆]諸城 6/27
劉玉聲(清・樂安人)
[民國]樂安 10/19
[民國]續修廣饒 19/34
劉元聲(字鈞樂)
(清・福山人)
[光緒]增修登州 39/18

［乾隆］福山 9 上/45
［民國］福山縣志稿 7/1－29
劉王敬（見劉主敬）
劉天惠（明・潼關人）
［順治］單縣 2/7
［康熙］單縣 6/27
劉元貴（清平人）
［民國］清平/人物 83
劉元素（元・夏津人）
［乾隆］東昌 37/31
［嘉靖］夏津 4/8
［康熙］夏津 5/6
［乾隆］夏津 8/9
劉元泰（明・城武人）
［康熙九年］城武 3/19
［康熙四十一年］城武 5/下義烈 2
［道光］城武 9/下 43
劉元忠（明・濟寧人）
［康熙］濟寧州 7/10
劉元振（字仲舉）（元・濟南人）
［宣統］山東 158/21
［康熙］濟南 43/12
［道光］濟南 48/11
［崇禎］歷城 10/10
［乾隆］歷城 36/13
劉靈哲（字文明）（南北朝・平原人）
［嘉靖］山東 29/9
［康熙］山東 39/8
［雍正］山東 28/人物一 44
［康熙］濟南 44/1
［道光］濟南 46/1
［康熙］陵縣 5/3
劉元哲（金・蒙陰人）
［萬曆］青州 14/38
［康熙十五年］青州 14/38
［康熙四十八年］青州 14/隱逸 12
［康熙六十年］青州 20/4
［乾隆］沂州府 27/9
［康熙十一年］蒙陰 2/48
［康熙二十四年］蒙陰 4/9
［宣統］蒙陰 4/隱德
劉一成（字忠韶）（明・東阿人）
［萬曆二十四年］兗州 36/26
［康熙五十四年］東阿 7/22
［道光］東阿 14/人物下 2
劉玉甫（字佩之）（清・濟陽人）
［民國］濟陽 17/57
劉元慧（清・直隸正定人）
［宣統］山東 75/8
［道光］濟南 38/12
［康熙］鄒平 4/20，7/40
［嘉慶］鄒平 14/16
［道光］鄒平 14/16，14/22
［民國］鄒平 14/16，14/22
劉三揖（清・樂安人）
［咸豐］青州 46/45
［雍正］樂安 12/20
［民國］樂安 10/19
［民國］續修廣饒 19/34
劉三擢（清・樂安人）
［民國］樂安 10/19
［民國］續修廣饒 19/34
劉可畏（字儼然）（清・恩縣人）
［宣統］重修恩縣 8/53
［民國］重修恩縣 11/鄉賢 71
劉霈恩（字雨亭）（清・金鄉人）
［民國］金鄉 13/續增 12
劉三畏（字方嵎）（明・昌樂人）
［康熙六十年］青州 16/17
［咸豐］青州 44/23
［康熙］昌樂 3/1
［嘉慶］昌樂 23/8
劉三畏（明・單縣人）
［順治］單縣 3/6
劉西園（字爽庭）（清・寧津人）
［光緒］寧津 8/19
寧津縣志料 3/人物－忠勇
寧津縣鄉土志/耆舊
劉丕顯（字文謨）（清・東明人）
［民國］東明縣新誌 11/62
東明縣志料/藝術－醫術
劉玉旺（清・清平人）
［宣統］增輯清平 12/61
［民國］清平/人物 55
劉玉明（字東升）（清・臨沂人）
［民國］續修臨沂 16/22
劉玉鳴（莒縣人）
［民國］重修莒志 62/18
劉雲驤（字雨村，號鶴侶）（清・壽光人）
［民國］壽光 12/人物志二 92
劉于陛（字子納）（清・茌平人）
［宣統］茌平 14/12
［民國］茌平 3/91
劉雲驃（字景龍）（清・武城人）
［民國］增訂武城續編 10/5
劉正脈（清・滋陽人）
［康熙］滋陽 4/上 33
［光緒］滋陽 9/47
滋陽縣鄉土志 1/耆舊－實行
劉雲隨（字五亭）（清・單縣人）
［民國］單縣 11/44
劉可學（明・日照人）
［光緒］日照 12/2
劉天民（字希尹，號函山）（明・濟南人）
［雍正］山東 28/人物三 30
［宣統］山東 163/31
［康熙］濟南 42/12
［道光］濟南 49/13
［崇禎］歷乘 16/52
［崇禎］歷城 10/26
［乾隆］歷城 40/14
劉元鳳（字儀卿，一字藜青）（濟寧人）
［民國］濟寧縣 3/17
劉正學（字止一）（清・安丘人）
［康熙］續安丘 20/25
安丘縣鄉土志 6/耆舊錄 3
劉可斆（清・沂水人）
［乾隆］沂州府 26/28

［道光］沂水 7/32
劉丙益（字季莊）
（清・臨邑人）
［同治］臨邑 9/孝義 7
劉三全（清・益都人）
［光緒］益都縣圖志 41/10
劉三善（明・東明人）
［康熙］朝城 7/16
劉三益（清・郯城人）
［乾隆］沂州府 26/13
［康熙］郯城 7/11
［乾隆］郯城 9/14
劉五公（清・齊河人）
［民國］齊河 27/1
劉元介（號�亭）
（清・鉅野人）
［道光］鉅野 13/38
劉元氣（字浩然）
（清・聊城人）
［康熙］聊城 3/49
劉三錫（字壽世）
（清・益都人）
［光緒］益都縣圖志 46/2
劉玉智（清・泰安人）
［道光］泰安縣 9/上 87
［民國］重修泰安縣 8/41
劉元鐸（清・鄒平人）
［民國］鄒平 15/143
劉元錫（清・河南永寧人）
［宣統］山東 75/21
［道光］濟南 38/42
［乾隆］德州 8/16
［民國］德縣 9/13
劉元錫（字服章，號坦夫）
（清・山西永寧人）
［宣統］山東 76/11
［乾隆］沂州府 20/13
［光緒］壽張 5/8
壽張縣鄉土志/政績－去害
［民國］臨沂 7/75
劉元第（清・章邱人）
［道光］章邱 10/36
劉霽光（字雲橋）
（單縣人）
［民國］單縣 12/鄉賢 25
劉三省（明・淄川人）
［康熙］兗州府曹縣 9/24，10/18
［光緒］曹縣 10/17
曹縣鄉土志/政績錄
劉天眷（字季祜，一作季佑，號迂齋）
（清・單縣人）
［乾隆］曹州府 15/23
［康熙］單縣 8/51
［乾隆］單縣 6/28
［民國］單縣 9/44
劉玉堂（清・恩縣人）
［宣統］重修恩縣 7/48
劉玉堂（清・寧津人）
［光緒］寧津 8/23
寧津縣志料 3/人物－義烈
劉元愷（清・濟陽人）
［道光］濟南 56/34
［乾隆］濟陽 8/42
［民國］濟陽 11/55
劉一燦（清・鉅野人）
［康熙］鉅野 11/44
［道光］鉅野 13/77
劉元炤（字祿閣，一字太乙）
（清・臨朐人）
光緒臨朐 14/中 20
劉正耀（字似鳳）
（清・安邱人）
［康熙四十八年］青州 15/義民 21
［咸豐］青州 46/13
［道光］安邱新志 23/2
安丘縣鄉土志 5/耆舊錄 2
劉天榮（字秀敷）
（清・高唐人）
［民國］高唐縣 12/23
11 **劉棐**（字非木）
（清・諸城人）
［宣統］山東 175/51
［咸豐］青州 47/37
［乾隆］諸城 33/10
劉珩（明・蒲臺人）
［康熙］濟南 41/14
［乾隆］武定府 24/18
［咸豐］武定府 24/循良 8
［康熙］重修蒲臺 7/7
［乾隆］蒲臺 3/45
［光緒］重修蒲臺 4/3
蒲臺縣鄉土志/22
劉珩（清・文登人）
［光緒］文登 10/上 15
劉彊（漢）
［萬曆元年］兗州 2/40
［萬曆二十四年］兗州 9/13
［康熙］兗州 10/13
［萬曆］沂州志 7/59
［光緒］嶧縣 18/3
［光緒］益都縣圖志 47/1
劉瑨（字玉峰）
（清・陽信人）
［民國］陽信 5/任恤 36
劉珂（明・福山人）
［康熙］福山 8/15
［乾隆］福山 8/28
劉珂（明・齊河人）
［嘉靖］山東 35/2
［康熙］山東 45/3
［雍正］山東 28/人物三 26
［宣統］山東 164/43
［康熙］濟南 46/5
［道光］濟南 51/42
［康熙］齊河 7/5
［雍正］齊河 8/6
［民國］齊河 25/1
齊河縣鄉土志忠義祠/18
劉珂（明・魚臺人）
［康熙］魚臺 17/9
［乾隆］魚臺 11/7
［光緒］魚臺 3/4
劉珂（字伯玉）
（清・博興人）
［民國］重修博興 13/56
劉珂（清・城武人）
［康熙］兗州續編 16/15
［康熙四十一年］城武 5/上懿行 11
［道光］城武 9/下 14
劉琴（字舜揮）
（清・陽信人）
［乾隆］陽信 7/17
［民國］陽信 5/篤行 31
信邑志稿 7/義行

劉璿(元・膠州人)
[康熙]膠州 5/22
劉璿(字東玉)
(明・德平人)
[道光]濟南 52/47
[乾隆]德平 3/7
[嘉慶]德平 7/6
[光緒]德平 7/7
德平縣鄉土志/耆舊錄
劉璿(明・商河人)
商河縣鄉土志 2/耆舊－事業
劉甄(字宗器)
(明・壽光人)
[嘉靖]山東 32/20
[康熙]山東 42/21
[嘉靖]青州 14/27
[萬曆]青州 13/42
[康熙十五年]青州 13/42
[康熙四十八年]青州 13/事功 25
[康熙六十年]青州 16/13
[咸豐]青州 43/6
[康熙]壽光 21/7
[嘉慶]壽光 12/9
劉琢(字荊璞)
(清・莒縣人)
[民國]重修莒志 65/18
劉北壬(字金生)
(清・無棣人)
[民國]無棣 12/17
12 **劉瑷**(字美如)
(清・歷城人)
[民國]續修歷城 44/5
劉登(清・壽張人)
[光緒]壽張 7/27
壽張縣鄉土志/耆舊－附忠孝祠
劉璠(字士龍)
(五代・渤海人,一作濱州人)
[康熙]山東 39/12
[康熙]濟南 40/2
[嘉靖]青州 13/24
[萬曆]青州 12/14
[康熙十五年]青州 12/14
[康熙四十八年]青州 12/14
[康熙六十年]青州 12/9
劉璠(明・章邱人)
[康熙]濟南 42/14
[道光]濟南 72/34
[萬曆]章丘 24/35
[康熙]章丘 6/26
[乾隆]章邱 9/21
[道光]章邱 10/43
劉弘(漢)
[康熙]高密 6/1
劉弘(字仲遠)
(隋・彭城人)
[嘉靖]山東 25/18
[康熙]山東 32/5
[雍正]山東 27/20
[宣統]山東 67/27
[康熙]濟南 25/6
[道光]濟南 33/23
劉璣(字仲璋)
(金・益都人)
[嘉靖]山東 32/18
[康熙]山東 42/18
[雍正]山東 28/人物二 50
[宣統]山東 158/6
[嘉靖]青州 14/24
[萬曆]青州 13/41
[康熙十五年]青州 13/41
[康熙四十八年]青州 13/事功 24
[康熙六十年]青州 16/12
[咸豐]青州 42/1
[道光]濟寧直隸州 6/6－12
[康熙]益都 7/7
[光緒]益都縣圖志 34/1
[民國]濰縣志稿 20/9
劉璣(字玉衡)
(明・臨清人)
[乾隆]東昌 39/2
[康熙]臨清州 3/人物 7
[乾隆]臨清州 9/22
[乾隆]臨清直隸州 8/上 7
[民國]臨清縣/人物 4
劉琈(字君佩)
(清・魚臺人)
[乾隆]魚臺 11/41
[光緒]魚臺 3/25
劉璞(字柘山)
(明・莒州人)
[康熙]山東 42/27
[雍正]山東 28/人物三 57
[宣統]山東 164/47
[康熙十五年]青州 13/85
[康熙四十八年]青州 13/事功 69
[康熙六十年]青州 16/35
[乾隆]沂州府 25/24
[康熙]莒州下/40
[雍正]莒州 9/25
[嘉慶]莒州 9/21
[民國]濰縣志稿 32/19
劉璞(清・文登人)
[光緒]文登 10/上 15
劉璞(清・章邱人)
[道光]章邱 11/82
劉瑞(明・臨清人)
[乾隆]東昌 42/19
劉瑞(字雪屏)
(清・慶雲人)
[民國三年]慶雲 2/95
劉珽(明・昌樂人)
[咸豐]青州 45/59
[康熙]昌樂 4/8
[嘉慶]昌樂 22/5
劉瑀(字茂琳)
(南北朝・東莞莒人)
[嘉靖]山東 33/24
劉瑀(元・萊蕪人)
[康熙]濟南 43/13
[乾隆]泰安府 16/72
[嘉靖]萊蕪 6/2
[康熙]新修萊蕪 6/24
[民國]續修萊蕪 20/1
劉瓆(字文理)
(漢・高唐人)
[嘉靖]山東 31/1
[康熙]山東 41/2
[雍正]山東 28/人物一 22
[宣統]山東 164/2
[道光]濟南 45/27
[萬曆]東昌 19/5
[乾隆]東昌 36/2

[嘉慶]東昌 26/3
[嘉靖]高唐州 5/11
[康熙十二年]高唐州 8/2
[道光]高唐州 5/1－1
[光緒]高唐州 5/1－1
[民國]高唐縣 12/59
高唐州鄉土志/14
劉瑱(字徽玉)
(明・沂水人)
[乾隆]沂州府 26/20
[康熙]沂水 4/53
[道光]沂水 7/27
劉延慶(宋・保安軍人)
[光緒]益都縣圖志 16/38
劉登龍(清・復州衛人)
[康熙]萊州 10/59
[乾隆]萊州 11/忠節 10
[乾隆]濰縣 4/18
[民國]濰縣志稿 32/33
濰縣鄉土志/20
劉廷訓(清・直隸淶水人)
[宣統]山東 77/4
[康熙六十年]青州 12/42
[咸豐]青州 37/1
[康熙]臨淄 8/8
[民國]臨淄 18/11
劉廷試(清・福山人)
[乾隆]福山 8/47
劉廷試(字殿傑)
(清・壽張人)
[光緒]壽張 7/28
劉廷璋(字贊公)
(清・魚臺人)
[乾隆]兗州 23/84
[乾隆]濟寧直隸州 27/34
[道光]濟寧直隸州 8/3－37
[乾隆]魚臺 11/31
[光緒]魚臺 3/18
劉延平(漢・蔡陽人)
[宣統]重修恩縣 6/5
劉廷烈(字允升)
(清・陵縣人)
[光緒]陵縣 19/人物傳二 29
劉延型(字鑄亭)
(清・寧陽人)
[光緒]寧陽 15/30
劉廷武(明・羽林衛人)
[嘉靖]夏津 3/43
劉瑞璜(清・汶上人)
[宣統]四續汶上稿/人物－藝術傳
劉廷珪(清・平度人)
[道光]重修平度州 19/28
平度鄉土志 4 上/鄉賢
劉廷琚(字荊美)
(清・魚臺人)
[乾隆]魚臺 11/19
[光緒]魚臺 3/11
劉廷璐(字仲實,號七道人)
(清・萊陽人)
[民國]萊陽 3/1 中 90
劉廷玿(字蘭皋)
(清・魚臺人)
[乾隆]魚臺 11/37
[光緒]魚臺 3/22
劉廷珝(字若珩)
(清・魚臺人)
[乾隆]魚臺 11/20
[光緒]魚臺 3/11
劉廷珍(清・鄒平人)
[道光]鄒平 15/104
[民國]鄒平 15/104
劉廷秀(清・東平人)
[乾隆]泰安府 18/51
[康熙]東平州 4/76
[乾隆]東平州 15/16
[道光]東平州 15/16
[光緒]東平州 15/下 24
[民國]東平縣 11/下 3
東平州鄉土志上/耆舊錄 36
劉弘仁(字希榮)
(明・高唐人)
[康熙]山東 46/5
[嘉靖]高唐州 5/23
[康熙十二年]高唐州 9/13
[道光]高唐州 5/1－15
[光緒]高唐州 5/1－15
[民國]高唐縣 12/65
劉登嶽(字名五)
(清・臨邑人)
[道光]濟南 56/44
劉弘任(明・福山人)
[康熙]福山 8/23
[乾隆]福山 8/35
劉廷鸞(字鳳佐)
(清・鄒平人)
[民國]鄒平 15/119
劉登俊(字步瀛)
(清・歷城人)
[民國]續修歷城 46/2
劉廷獻(字正修)
(清・鄆城人)
[康熙]鄆城 6/21
[光緒]鄆城 8/10
劉弘緒(字公延)
(明・滕縣人)
[康熙]兗州 28/28
[康熙]兗州續編 15/9
[乾隆]兗州 23/54
[康熙]滕志 7/76
[康熙]滕縣志 7/72
[道光]滕縣志 9/忠節 3
劉延德(清・鄒平人)
[民國]鄒平 15/134
劉廷紳(清・高唐人)
[光緒]高唐州 5/2－7
[民國]高唐縣 12/48
劉延生(清・蓬萊人)
[光緒]增修登州 43/7
[光緒]蓬萊縣續志 9/孝友 4
[民國]蓬萊縣志合編人物志/孝友
劉孔和(字節之)
(明・長山人)
[宣統]山東 164/57
[道光]濟南 50/46
[康熙五十五年]長山 6/44
[嘉慶]長山 8/17,14/12
長山縣鄉土志/耆舊錄
劉孔紹(清・黃縣人)
[宣統]山東 176/42
[同治]黃縣 9/2
[民國]黃縣志稿 13/人物－死難
劉孔修(字永載)
(明・長山人)
[康熙]山東 45/5
[康熙]濟南 47/8

[道光]濟南 50/53
[康熙四十三年]長山 5/孝義
[康熙五十五年]長山 6/30
[嘉慶]長山 10/2
劉延紹(宋・寧海人)
[同治]重修寧海州 17/2
[民國]牟平 7/4
劉廷儀(字汝修)(明・浙江慈谿人)
[宣統]山東 73/2
[嘉靖]青州 13/47
[萬曆]青州 12/32
[康熙十五年]青州 12/32
[康熙四十八年]青州 12/32
[康熙六十年]青州 12/18
[咸豐]青州 36/15
[康熙六十年]博興 7/10
[光緒]益都縣圖志 18/8
劉延齡(清・諸城人)
[光緒]增修諸城縣續志 15/7
劉廷寶(明・歷城人)
[道光]濟南 49/43
[乾隆]歷城 41/12
劉延安(明・山西寧鄉人)
[宣統]山東 72/21
[乾隆]沂州府 20/8
[康熙]費縣 3/5
[光緒]費縣 3/54
費縣鄉土志/政績錄
劉登州(見劉登洲)
劉登洲(明・鄒縣人)
[萬曆二十四年]兗州 37/4
[康熙]兗州 28/33
[乾隆]兗州 23/38
[萬曆]鄒志 2/28
[康熙十二年]鄒縣志 2/45
[康熙五十五年]鄒縣志 2/67
鄒縣鄉土志耆舊錄/14
劉廷祐(字吉甫)(清・寧陽人)
[光緒]寧陽 13/71
劉瑞清(清・鉅野人)
[民國]續修鉅野 5/上 6
劉廷連(字易山,號華殷)(清・壽光人)
[民國]壽光 12/人物志二 12
劉廷選(明・高密人)
[康熙]高密 8/11
[乾隆]高密 8/上 23
[光緒]高密 8/上 28
[民國]高密 14/上 29
高密縣鄉土志/上 31
劉延祿(字世卿)(清・益都人)
[光緒]益都縣圖志 37/23
劉發祥(字祥之)(清・單縣人)
[乾隆]單縣 7/38
[民國]單縣 9/67
劉發祥(清・壽張人)
[康熙]兗州續編 16/34
[乾隆]兗州 23/76
[康熙五十六年]壽張 7/28
[光緒]壽張 7/9
壽張縣鄉土志/耆舊－事業
劉弘祚(明・福山人)
[康熙]福山 8/19
[乾隆]福山 8/46
劉廷棨(字戟門)(清・安邱人)
[民國]續安邱新志 17/4
劉延祚(字振緒)(清・城武人)
[道光]城武 9/下 29
劉延祚(字世階)(清・陽信人)
[乾隆]陽信 7/27
[民國]陽信 5/孝友 53
信邑志稿 7/孝友
陽信縣鄉土志上/耆舊－事業
劉砥柱(號廻瀾)(明・曹州人)
[康熙]曹州志 12/13
[光緒]菏澤 12/10
劉廷梓(字仰喬)(清・茌平人)
[宣統]茌平 10/18
[民國]茌平 3/31
劉廷櫨(清・清平人)
[宣統]增輯清平 12/44
[民國]清平/人物 26
劉廷樸(字仲實,號質軒)(清・茌平人)
[宣統]茌平 11/9
[民國]茌平 3/56
劉廷式(見劉庭式)
劉登桂(字步蟾)(清・歷城人)
[民國]續修歷城 40/1
[民國]壽光 6/29
劉聯芳(字雲程)(清・滋陽人)
[光緒]滋陽 9/6
劉聯桂(字月亭)(清・禹城人)
[民國]禹城 6/23
劉瑞基(清・恩縣人)
[乾隆]東昌 40/38
[嘉慶]東昌 30/32
[雍正]恩縣續志 3/20
[宣統]重修恩縣 8/24
[民國]重修恩縣 11/鄉賢 21
劉廷桂(清・博平人)
[道光]博平 4/31
劉廷蘭(字湘浦)(清・寧陽人)
[光緒]寧陽 13/77
劉廷棟(明・裕州舉人)
[康熙]觀城 3/5
[道光]觀城 6/7
劉廷棟(字君輔)(清・夏津人)
[乾隆]臨清直隸州 8/下 16
[民國]夏津續編 8/12
劉瑞塤(字宜昆)(清・魚臺人)
[民國]濟寧直隸州續志 15/9
[光緒]魚臺 3/耆碩又 2
劉延坦(字平甫)(濟寧人)
[民國]濟寧縣 3/9
劉登朝(明・浦州舉人)
[康熙]沂水 4/25

［道光］沂水 5/26
劉登翰（字蘭署）
（清・寧陽人）
［光緒］寧陽 20/19
寧陽縣鄉土志/22
劉廷榆（字孟白）
（清・茌平人）
［宣統］茌平 13/3
［民國］茌平 3/12
劉廷榆（字星垣）
（清・新城人）
［宣統］新城縣後志 3/文苑
［民國］桓臺志略 3/14
［民國］桓臺 3/24
劉孔中（字藥生）
（清・長山人）
［康熙］山東 45/7
［道光］濟南 55/6
［康熙四十三年］長山 5/孝義
［康熙五十五年］長山 6/32
［嘉慶］長山 9/4
長山縣鄉土志/耆舊錄
劉廷援（字瀛仙）
（清・東阿人）
［民國］續修東阿 11/5
劉登鰲（清・菏澤人）
［光緒］菏澤 16/16
劉廷掄（字殿籲）
（清・濟寧人）
［乾隆］濟寧直隸州 25/39
［道光］濟寧直隸州 8/3－19
劉弘甲（字天繩）
（清・單縣人）
［乾隆］曹州府 16/10，21/26
［康熙］單縣 8/6
［乾隆］單縣 10/47
［民國］單縣 9/55，19/43
劉瑞圖（字孟水）
（明・單縣人）
［康熙］單縣 8/30
［乾隆］單縣 6/17
［民國］單縣 9/29
劉孔昭（字視則）
（清・文登人）
［光緒］增修登州 39/43
［光緒］文登 9/上 3－16
劉孔昑（字明昭）
（清・掖縣人）
［民國］四續掖縣 4/74
劉廷髦（清・萊陽人）
［民國］萊陽 3/1 中 92
劉登舉（字朝選）
（清・齊河人）
［民國］齊河 23/13
劉廷鳳（宋・東牟人）
［嘉靖］寧海州下/43
［同治］重修寧海州 17/3
劉延年（清・諸城人）
［光緒］增修諸城縣續志 17/16
劉廷榘（字範齋）
（清・清平人）
［民國］清平/人物 81
劉廷錫（字君榮，號塔山）
（明・濰縣人）
［乾隆］濰縣 4/26
濰縣鄉土志/43
劉登第（清・蓬萊人）
［順治］登州 17/20
［光緒］增修登州 43/5
［道光］重修蓬萊 9/33
［民國］蓬萊縣志合編人物志/行誼
劉瑞符（清・單縣人）
［順治］單縣 3/8
劉弘光（明・臨邑人）
［康熙］濟南 36/18
［道光］濟南 52/13
［順治］臨邑 12/又 14－2
［康熙］重修臨邑 9/7
劉孔懷（字友生，號果庵）
（清・長山人）
［康熙］山東 45/7
［康熙］濟南 42/32
［道光］濟南 55/7
［康熙四十三年］長山 5/文學
［康熙五十五年］長山 6/48
［嘉慶］長山 8/20
長山縣鄉土志/耆舊錄
劉瑞堂（字雲卿）
（清・昌樂人）
［民國］昌樂縣續志 35/4
劉延常（清・濰縣人）
萊州府鄉土志/下 21
［乾隆］濰縣 4/23
［民國］濰縣志稿 31/5
濰縣鄉土志/24
劉孔熠（字春城）
（清・棲霞人）
［光緒］增修登州 43/22
［康熙］棲霞 6/18
［乾隆］棲霞 7/8
13 **劉琮**（元・歷城人）
［康熙］山東 45/1
［雍正］山東 28/人物二 63
［宣統］山東 165/12
［康熙］濟南 44/3
［道光］濟南 48/56
［崇禎］歷城 10/20
［乾隆］歷城 42/2
劉琮（字五河）
（清・掖縣人）
［乾隆］掖縣 4/63
劉琮（清・章邱人）
［道光］濟南 54/25
［道光］章邱 11/85
劉瑄（清・高唐人）
［嘉慶］東昌 32/64
［道光］高唐州 5/2－16
［光緒］高唐州 5/2－19
［民國］高唐縣 12/41
劉瑄（字煥章）
（清・膠州人）
［道光］重修膠州 29/30
［民國］增修膠志 45/15
劉瑄（清・章邱人）
［道光］濟南 61/10
［道光］章邱 11/77
劉瓛（字廷珍）
（明・濟南衛人）
［嘉靖］山東 29/25
［康熙］山東 39/24
［康熙］濟南 34/6
［道光］濟南 49/8
［崇禎］歷乘 16/18
［崇禎］歷城 10/12

[乾隆]歷城 37/12
劉琅(字良玉,號樸園)
(清・即墨人)
[同治]即墨 9/50
即墨縣鄉土志/耆舊－事業四
劉琅(字玉章)
(清・濰縣人)
[民國]濰縣志稿 29/23
劉強(漢・沛郡豐邑人)
[嘉靖]青州 12/21
[康熙十五年]青州 8/10
劉琬(字廷器)
(明・莘縣人)
[正德]莘縣 6/26
劉武(西漢)
[萬曆二十四年]兗州 9/11
[康熙]兗州 10/11
劉武(號古泉)
(明・莒縣人)
[民國]重修莒志 65/2
劉瑄(字璧六)
(清・平陰人)
[光緒]平陰 5/14
劉瑄璋(清・高唐人)
[乾隆]東昌 43/35
[嘉慶]東昌 32/52
[乾隆]高唐州續志 2/12
[道光]高唐州 5/2－19
[光緒]高唐州 5/2－22
[民國]高唐縣 12/39
劉武聚(明・城武人)
[康熙九年]城武 3/23
[康熙四十一年]城武 5/下義烈 6
[道光]城武 9/下 46
劉武英(明・福山人)
[康熙]福山 7/44
劉武貴(字專一)
(清・齊東人)
[民國]齊東 5/12
齊東縣鄉土志/耆舊錄 13
14 劉珙(明・湖廣黃岡人)
[光緒]增修登州 27/2
[同治]黃縣 6/4
劉珙(清・福山人)
[乾隆]福山 8/39
劉璜(字渭玉)
(清・滋陽人)
[光緒]滋陽 9/6
劉琫(字進之)
(清・諸城人)
[道光]諸城縣續志 13/9
劉勁(漢)
[崇禎]曲阜 4/6
劉琪(五代・安丘人)
[萬曆]安丘 27/59
劉琪(字美山)
(清・莒縣人)
[乾隆]沂州府 26/14
[雍正]莒州 9/32
[嘉慶]莒州 9/28
[民國]重修莒志 62/3
劉琪(字玉亭)
(清・陽信人)
[民國]陽信 5/忠義 64
劉琦(字亦韓)
(德縣人)
[民國]德縣 10/78
劉瑋(字荊公,號龍麓)
(清・沂水人)
[康熙四十八年]青州 15/卓行 14
[康熙六十年]青州 18/14
[乾隆]沂州府 26/21
[康熙]沂水 4/53
[道光]沂水 7/28
劉瑛(字賓魯)
(清・慶雲人)
[民國三年]慶雲 2/34
劉瓚(漢・高唐人)
[康熙五十一年]高唐州 8/2
劉瓚(字彥真)
(晉・平原人)
[道光]濟南 45/42
[乾隆]平原 8/34
平原縣鄉土志輯稿/文學
劉瓚(明・北直清苑人)
[嘉靖]山東 25/26
[康熙]山東 32/15
[雍正]山東 27/75
[宣統]山東 71/48
[康熙]濟南 25/34
[乾隆]武定府 16/47
[咸豐]武定府 19/蒲臺 1
[萬曆]濱州 4/58
[萬曆]蒲臺志 8/2
[康熙]重修蒲臺 7/1
[乾隆]蒲臺 2/56
蒲臺縣鄉土志/2
劉瓚(明・河南新鄉人)
[宣統]山東 71/34
[康熙]濟南 25/41
[乾隆]泰安府 15/9
[天啟]新泰 5/22
[順治]新泰 4/18
[乾隆]新泰 11/2
新泰縣鄉土志/5
劉瓚(明・霑化人)
[康熙]濟南 47/20
[乾隆]武定府 26/6
[咸豐]武定府 26/義行 6
[萬曆]新修霑化 6/116
[光緒]霑化 10/2
劉瓚(清・定陶人)
[乾隆]定陶 6/28
[民國]定陶 6/63
15 劉翀(元)
[咸豐]金鄉縣志略 7/6
劉翀(字雲高)
(明・濟寧人)
[康熙]濟寧州 6/19
[乾隆]濟寧直隸州 24/1
[道光]濟寧直隸州 8/2－22
濟寧州鄉土志 2/耆舊
劉建(漢)
[乾隆]武定府 15/2
[咸豐]武定府 15/2
[乾隆]惠民 5/2
劉璉(明・清平人)
[萬曆]青州 12 又/又 15
[康熙十五年]青州 12 又/又 15
[康熙四十八年]青州 12 又/15
[萬曆]諸城 4/38
劉珅(清・沂水人)
[乾隆]沂州府 26/14

［道光］沂水 7/25
劉臻（明・商河人）
［道光］商河 7/55
［民國］重修商河 9/24
商河縣鄉土志 3/仙釋
劉臻（字凝之）
（清・諸城人）
［道光］諸城縣續志 13/9
劉珠（字海城）
（明・壽光人）
［康熙］壽光 28/3
［嘉慶］壽光 15/5
［民國］壽光 12/人物志二 84
劉建功（字叙九）
（清・昌樂人）
［民國］昌樂縣續志 31/9
劉建勳（字雲臺）
（清・昌樂人）
［民國］昌樂縣續志 31/9
劉建安（字靜亭）
（清・高密人）
［光緒］高密 8/上 41
［民國］高密 14/上 44
高密縣鄉土志/上 37
劉建業（字偉堂）
（長清人）
［民國］長清 12/27
劉醴潤（字澮園）
（清・汶上人）
［宣統］四續汶上稿/人物－孝弟傳
劉建隆（清・順天昌平人）
［宣統］山東 75/30
［道光］濟南 38/37
［道光］長清 4/1
16 **劉環**（宋・濟陰人）
［康熙］曹州志 15/50
［乾隆］曹州府 16/2
［康熙］曹縣 12/21
［康熙］兗州府曹縣 12/21
［光緒］曹縣 12/19
［光緒］菏澤 15/47
劉聖（漢）
［乾隆］章邱 7/1
劉聖訥（字敏行）
（清・安邱人）
［咸豐］青州 49/47
［道光］安邱新志 23/4
安丘縣鄉土志 6/耆舊錄 3
劉聖玉（字溫如）
（清・商河人）
［民國］重修商河 8/90
劉聖濟（字敬菴）
（清・河南商丘人）
［宣統］山東 75/46
劉環洲（字瀛三，號東溪）
（清・招遠人）
［道光］招遠縣續志 3/9
17 **劉琛**（字寶齋）
（清・昌邑人）
［光緒］昌邑縣續志 6/20
劉琛（字殿華）
（清・莒縣人）
［乾隆］沂州府 26/15
［雍正］莒州 9/37
［嘉慶］莒州 9/29
［民國］重修莒志 62/7
劉囂（字仙姿）
（清・定陶人）
［民國］定陶 6/52
劉翮（字蒼翎）
（清・寧陽人）
［光緒］寧陽 15/15
劉瑍（清・陝西三原人）
［宣統］山東 77/35
［道光］重修平度州 16/22
劉琚（明・深州人）
［康熙］沂水 4/27
［道光］沂水 5/28
劉聚（元・安丘人）
［萬曆］安丘 27/59
劉聚（明・宜陽人）
［萬曆］福山 4/29
劉珺（清・諸城人）
［光緒］增修諸城縣續志 14/8
劉玘（明・章邱人）
［康熙］濟南 41/11
［道光］濟南 72/34
［萬曆］章丘 24/31
［康熙］章丘 6/25
［乾隆］章邱 9/18
［道光］章邱 11/25
劉玘（字含華）
（清・臨朐人）
［康熙］臨朐縣志書 3/47
光緒臨朐 14/中 6
劉卬（漢・沛郡豐邑人）
［乾隆］德平 2/20
［嘉慶］德平 5/1
［光緒］德平 5/1
劉瓊（元）
［同治］黃縣 6/3
劉柔（字洧盤）
（清・掖縣人）
［道光］再續掖縣上/63
劉珊（明・贛州人，一作甘州人）
［乾隆］曹州府 12/17
［崇禎］鄆城 4/17
［康熙］鄆城 4/16
［光緒］鄆城 6/23，6/36
劉珝（字叔溫，號古直）
（明・壽光人）
［嘉靖］山東 32/21
［康熙］山東 42/22
［雍正］山東 28/人物三 11
［宣統］山東 159/7
［嘉靖］青州 14/29
［萬曆］青州 13/43
［康熙十五年］青州 13/43
［康熙四十八年］青州 13/事功 26
［康熙六十年］青州 16/14
［咸豐］青州 43/10
［康熙］壽光 12/49，21/7
［嘉慶］壽光 12/9，20/5
［民國］壽光 3/68，12/人物志一 16
壽光縣鄉土志/耆舊
劉珣（明・城武人）
［康熙九年］城武 3/20
［康熙四十一年］城武 5/下義烈 3
［道光］城武 9/下 44
劉珣（明・廣東新會人）
［萬曆］青州 12 又/又 12
［康熙十五年］青州 12 又/又 12

[康熙四十八年]青州 12 又/又 12
[康熙六十年]青州 12/38
[咸豐]青州 36/14
[萬曆]諸城 4/35
劉鄩(後梁・密州安丘人)
[嘉靖]山東 25/5,33/29
[康熙]山東 31/6
[宣統]山東 156/16
[嘉靖]青州 14/14
[萬曆]青州 15/20
[康熙十五年]青州 15/20
[康熙四十八年]青州 15/武功 7
[康熙六十年]青州 16/45
[咸豐]青州 40/6
[萬曆元年]兗州 38/循吏 25
[萬曆二十四年]兗州 27/12
[康熙]兗州 21/26
[光緒]增修登州 24/5
[民國]濰縣志稿 38/46
安丘縣鄉土志 4/耆舊錄 1
劉瑤(明・膠州人)
[康熙]膠州 6/53
劉乙(金・商河人)
[萬曆]商河 7/2
[道光]商河 7/11
[民國]重修商河 8/9
商河縣鄉土志 2/耆舊-事業
劉翼(宋・磁州人)
[乾隆]東昌 44/21
[嘉慶]東昌 34/8
[康熙]重修清平下/50
[嘉慶]清平 14/50
[宣統]增輯清平 12/66
[民國]清平/人物 60
劉豫(宋・景州阜城人)
[嘉靖]山東 27/22
[道光]濟南 71/50
[崇禎]歷城 16/20
劉琰(元・濰州人)
[民國]濰縣志稿 41/31
劉承謨(字景文)
(清・高密人)
[民國]高密 14/上 72
劉承勷(清・鄒平人)
[民國]鄒平 15/137
劉子平(漢・平原人)
[道光]濟南 45/30
劉承烈(字繩武)
(清・陽信人)
[民國]陽信 5/孝友 60
劉習珅(字玉麟)
(齊東人)
[民國]齊東 5/45
劉子珵(字荊璧)
(清・安邱人)
[民國]續安邱新志 21/7
劉孟承(明・江西廬陵人)
[康熙]膠州 5/6
[乾隆]膠州 4/10
[道光]重修膠州 22/4
[民國]增修膠志 17/3
膠州直隸州鄉土志 3/政績-聽訟
劉子羽(清・琅邪人)
[康熙]萊州 10/95
劉翼經(字聖羽)
(清・壽光人)
[嘉慶]壽光 14/33
劉子經(字拜庚)
(清・聊城人)
[宣統]聊城 8/63
劉翠巖(字筱山,號建屏)
(清・掖縣人)
[民國]四續掖縣 4/71
劉子樂(清・泰安人)
[乾隆]泰安府 18/61
[乾隆二十五年]泰安縣 12/31
[乾隆四十七年]泰安縣 10/上 29
[道光]泰安縣 9/上 81
[民國]重修泰安縣 8/36
泰安縣鄉土志/耆舊 15
劉子伸(字引之)
(清・鄒縣人)
[民國]續修鄒縣志稿/人物-耆舊
劉承朱(清・蒲臺人)
[光緒]重修蒲臺 3/10
蒲臺縣鄉土志/15
劉子保(字佑之)
(清・鄒縣人)
[民國]續修鄒縣志稿/人物-耆舊
劉承魯(清・鄒平人)
[民國]鄒平 15/112
劉君條(字禹風)
(清・莒縣人)
[民國]重修莒志 62/6
劉子殷(元・魏人)
[萬曆]濮州 3/名宦 16
[嘉靖]朝城志 5/4
[康熙]朝城 7/4
劉承繪(清・淄川人)
[宣統]三續淄川 9/96
劉弼寬(明・山西安邑人)
[康熙]膠州 5/7
[乾隆]膠州 4/11
[道光]重修膠州 22/4
[民國]增修膠志 17/4
劉承寬(字子厚)
(清・大興人)
[光緒]陽穀 4/7
[民國]鄒平 14/33
劉孟之(明・代州人)
[萬曆]青城 1/37
劉翼宸(清・城武人)
[康熙四十一年]城武 5/上懿行 12
[道光]城武 9/下 15
劉子實(明・寧海人)
[乾隆]續登州 10/12
[雍正]文登 10/1
[道光]文登 5/26
[光緒]文登 10/下 2
劉承祉(清・榮成人)
[道光]榮成 8/6
劉承祧(字宜振)
(明・臨清人)
[乾隆]東昌 39/12
[康熙]臨清州 3/人物 11
[乾隆]臨清州 9/34
[乾隆]臨清直隸州 8/上 21
[民國]臨清縣/人物 51
劉承逕(字維謙,別竹虛子,

一號南田叟)
(清・陽信人)
[民國]陽信 5/篤行 40
劉承業(明・四川舉人)
(明)
[康熙]寧海州 7/4
劉予述(清・平原人)
[民國]續修平原 6/20
劉承禮(明・湖北麻城人)
[康熙十一年]莘縣 5/7,8/39
[康熙五十六年]莘縣 5/7,8/39
[光緒]莘縣 5/19,9/27
[民國]莘縣 3/13,9/33
劉子清(字半塘)
(清・昌樂人)
[民國]昌樂縣續志 31/24
劉召祚(字次南)
(清・淄川人)
[宣統]三續淄川 9/59
劉承堯(字紹唐)
(清・定陶人)
[民國]定陶 6/36
劉子彬(字子斌)
(清・宿遷人)
[民國]續滕縣志 4/24
劉鞏基(清・章邱人)
[乾隆]章邱 9/45
[道光]章邱 11/78
劉子華(字昭甫)
(明・宜春人)
[雍正]山東 27/59
[咸豐]青州 36/1
[光緒]益都縣圖志 18/21
劉子萊(清・高唐人)
[光緒]高唐州 5/2－30
[民國]高唐縣 12/16
劉子椿(清・萊陽人)
[民國]萊陽 3/1 中 92
劉承楓(清)
[民國]續修平原 11/藝文上 25
劉承乾(字健庵)
(長清人)
[民國]長清 12/25
劉承忠(元・吳川人)
[光緒]三續掖縣 4/5
劉承忠(字惟孝)
(明・山西上谷人)
[宣統]山東 71/24
[道光]濟南 36/46
[道光]臨邑 7/25
[同治]臨邑 7/29
劉孟春(字序奎)
(清・慶雲人)
[民國三年]慶雲 2/97
劉子採(清・齊東人)
[道光]濟南 56/22
[民國]齊東 5/48
劉尹甫(字慕莘)
(清・單縣人)
[民國]單縣 12/方技 2
劉承恩(字對揚)
(清・定陶人)
[民國]定陶 6/35
劉孟甲(號容軒)
(清・城武人)
[道光]城武 9/上 31
劉子昂(字希趙)
(清・慶雲人)
[民國三年]慶雲 2/45
劉弼明(清・沂水人)
[乾隆]沂州府 26/22
[康熙]沂水 4/53
[道光]沂水 7/29
劉翼明(字子羽,號鏡菴,一號越臺)
(清・諸城人)
[宣統]山東 175/39
[康熙六十年]青州 18/8
[咸豐]青州 46/17
[乾隆]諸城 36/8
諸城縣鄉土志/上 43
[光緒]高密 10/49
[民國]高密 16/37
[乾隆]利津縣志續編 7/35
劉翼臣(字俊升)
(清・茌平人)
[民國]茌平 3/61
劉承熙(字文景)
(清・曹縣人)
[康熙]兗州府曹縣 14/28
[光緒]曹縣 14/人物 23
劉君學(字承川)
(清・單縣人)
[康熙]單縣 8/59
劉子展(清・聊城人)
[乾隆]東昌 43/2
[嘉慶]東昌 32/28
[宣統]聊城 8/83
劉子鐘(字廷振,別字頤貞)
(明・滋陽人)
[康熙]東平州 3/39
[光緒]滋陽 8/36
滋陽縣鄉土志 1/耆舊－鄉賢
劉子鍾(見劉子鐘)
劉君鐸(五代)
[嘉靖]武定州下/48
[萬曆]武定州 10/4
[崇禎]武定州 7/2
劉羽翔(明・單縣人)
[隆慶]單縣下/5
[順治]單縣 2/36
[康熙]單縣 7/25
劉孟節(宋・壽光人)
[至元]齊乘 6/25
[嘉靖]山東 32/14
[康熙]山東 42/14,46/6
[雍正]山東 28/人物二 44
[嘉靖]青州 15/54
[萬曆]青州 14/38
[康熙十五年]青州 14/38
[康熙四十八年]青州 14/隱逸 12
[嘉靖]臨朐 3/17
[康熙]臨朐縣志書 2/20
劉召棠(清・德州人)
[宣統]山東 170/25
劉承恒(字化成)
(清・臨邑人)
[同治]臨邑 9/孝義 6
劉君榮(字華軒)
(清・寧陽人)
[光緒]寧陽 15/36
18 **劉琀**(明・文登人)
[光緒]文登 8/下 9

劉玠(清・沂水人)
[道光]沂水 7/28
劉璼(字凝輝)
(清・臨邑人)
[同治]臨邑 9/孝義 10
劉瑜(金・棣州人)
[嘉靖]山東 29/17
[康熙]山東 39/15
[雍正]山東 28/人物二 51
[宣統]山東 165/10
[康熙]濟南 44/3
[萬曆]武定州 13/4
[崇禎]武定州 21/2
[乾隆]武定府 25/2
[咸豐]武定府 25/孝友 2
[乾隆]惠民 5/51
[光緒]惠民 21/2
惠民縣鄉土志/耆舊錄 7
劉瑜(明・靈璧人)
[康熙]兗州府曹縣 9/23
[光緒]曹縣 9/教諭 1
劉瑜(明・泰安人)
[康熙]濟南 44/17
[康熙]泰安州 3/46
[乾隆二十五年]泰安縣 12/28
[乾隆四十七年]泰安縣 10/上 25
[道光]泰安縣 9/上 77
[民國]重修泰安縣 8/33
劉瑜(明・文登人)
[嘉靖]寧海州下/31
劉珍(明・固始人)
[乾隆]東昌 35/35
[順治]武城 2/9
[乾隆]武城 9/4
劉珍(清・高苑人)
[乾隆]高苑 6/6
劉珍(清・章邱人)
[道光]濟南 54/25
[道光]章邱 11/85
劉政(明・鄒縣人)
[嘉靖]鄒縣地理誌 1/又 25
劉政(清・蒲臺人)
[光緒]重修蒲臺 3/1
蒲臺縣鄉土志/12

劉孜(字顯茲,一作顯孜)
(明・江西萬安人)
[雍正]山東 27/12
[宣統]山東 70/23
[道光]濟南 35/32
劉致隆(明・鄒縣人)
[嘉靖]鄒縣地理誌 1/26
劉政會(唐・南華人,一作離狐人)
[嘉靖]山東 30/37
[康熙]曹州志 15/35
[康熙]東明 6/10
[乾隆]東明 6/10
[民國]東明縣新誌 11/15
東明縣志料/人物門
[光緒]菏澤 15/36
[光緒]新修菏澤 10/7
19 **劉珖**(清・萊陽人)
[光緒]增修登州 39/34
[民國]萊陽 3/1 中 29
劉琰(字威碩)
(三國・魯人)
[嘉靖]山東 33/19
[萬曆元年]兗州 41/29
[萬曆二十四年]兗州 32/3
[康熙]兗州 25/3
[乾隆]兗州 23/17
[乾隆]曲阜 88/1
劉琰(字獻公)
(清・泰安人)
[乾隆]泰安府 18/57
[乾隆二十五年]泰安縣 12/30
[乾隆四十七年]泰安縣 10/上 28
[道光]泰安縣 9/上 80
[民國]重修泰安縣 8/35
劉琰(字公琬,號介菴)
(清・陽穀人)
[乾隆]兗州 23/74
[康熙]陽穀 3/5,3/27,7/24
[光緒]陽穀 5/4,6/25,12/25,14/1
[民國]增修陽穀人物/仕宦 8,人物/仕宦 12,人物/文苑 3,藝文/序傳一,藝文/序傳 9

20 **劉乘**(漢・沛郡人)
[宣統]重修恩縣 6/4
劉伉(漢・南陽蔡陽人)
[嘉靖]青州 12/26
[康熙十五年]青州 8/13
[乾隆]武定府 15/2
[咸豐]武定府 15/2
[乾隆]惠民 5/2
劉喬(清・陽穀人)
[民國]增修陽穀人物/仕宦 20,人物/忠烈 21
劉統(漢・冀州清河郡人)
[嘉慶]東昌 26/1
[宣統]重修恩縣 8/1
[民國]重修恩縣 11/鄉賢 1
劉香(清・高密人)
[乾隆]萊州 11/孝義 9
[康熙]高密 8/11
[乾隆]高密 8/上 27
[光緒]高密 8/上 34
高密縣鄉土志/上 39
劉信(金)
[宣統]山東 69/5
[康熙]濟南 25/14
[道光]濟南 34/16
[民國]昌樂縣續志 29/5
[康熙]齊河 5/34
[雍正]齊河 5/33
[民國]齊河 22/1
齊河縣鄉土志政績錄/4
劉信(明・直隸魏縣人)
[萬曆]萊州 5/70
[康熙]萊州 8/29
[乾隆]萊州 9/15
萊州府鄉土志/上 23
[民國]濰縣志稿 20/14
劉信(明・棗強人)
[宣統]山東 200/8
[道光]濟南 50/15
[康熙]鄒平 5/20
[道光]鄒平 15/27
[民國]鄒平 15/27
劉秀(字文叔)
(漢)
[萬曆二十四年]兗州 5/5

［康熙］兗州 6/5
［康熙］兗州府曹縣 8/3
［光緒］曹縣 8/3
［光緒］菏澤 4/2
劉億(清・沂水人)
［乾隆］沂州府 27/10
［道光］沂水 7/36
劉禹(漢・沛郡豐邑人)
［嘉靖］青州 12/23
［康熙十五年］青州 8/11
劉禹(字希儉)
(宋・德平人)
［康熙］濟南 41/6
［道光］濟南 47/33
［乾隆］德平 3/5
［嘉慶］德平 7/5,10/9
［光緒］德平 7/5,11/9
劉重(清)
［宣統］山東 76/29
劉重(清・汾陽人)
［康熙］濟南 26/10
［乾隆］武定府 16/44
［咸豐］武定府 19/霑化 4
［光緒］霑化 5/19
［民國］霑化 4/職官 37
劉維亨(清・魚臺人)
［康熙］魚臺 17/84
劉信亨(字成之)
(清・昌樂人)
［民國］昌樂縣續志 33/4
劉重慶(字耳枝)
(明・掖人)
［康熙］山東 44/11
［雍正］山東 28/人物三 62
［宣統］山東 163/35
［康熙］萊州 10/40
［乾隆］萊州 10/24
萊州府鄉土志/下 12
［乾隆］掖縣 4/12
［道光］掖乘 4
劉秉端(字懷洙)
(清・堂邑人)
堂邑縣鄉土志/耆舊錄
劉秉三(字西峯)
(清・臨沂人)
［民國］續修臨沂 16/15

劉秉正(明・西安人)
［隆慶］單縣上/35
劉乘雲(字時甫)
(平原人)
［民國］續修平原 8/30
劉季三(清・樂安人)
［民國］樂安 10/37
［民國］續修廣饒 19/69
劉爲霖(字澤生)
(明・濟寧人)
［康熙］濟寧州 7/37
［乾隆］濟寧直隸州 28/4
［道光］濟寧直隸州 8/2－49
劉秉烈(字武臣)
(清・曲阜人)
［民國］續修曲阜 5/24
劉維廷(曲阜人)
［民國］續修曲阜 5/55
劉信烈(字直菴)
(清・廣東香山人)
［宣統］山東 76/52
［乾隆］東昌 35/32
［乾隆］夏津 6/12,6/41
劉千乘(明・日照人)
［康熙四十八年］青州 14/孝友 19
［康熙六十年］青州 17/18
［光緒］日照 8/8
劉維貞(見劉維禎)
劉依仁(字湘漁)
(清・東明人)
［民國］東明縣新誌 11/61
東明縣志料/藝術門
劉維嶽(明・城武人)
［康熙九年］城武 3/48
［康熙四十一年］城武 5/上宦蹟 4
［道光］城武 9/上 20
劉重任(字嗣尹)
(清・陽穀人)
［光緒］陽穀 6/27
［民國］增修陽穀人物/文苑 3
劉秉緒(字善繼)
(清・東阿人)
［民國］續修東阿 12/1
劉統勳(字爾鈍,號延清)
(清・諸城人)
［宣統］山東 175/8
［咸豐］青州 48/3
［道光］諸城縣續志 13/1
諸城縣鄉土志/上 34
劉維綱(清・萊陽人)
［民國］萊陽 3/1 中 75
劉維綱(清・諸城人)
［光緒］增修諸城縣續志 16/26
劉重殷(字式九)
(清・文登人)
［光緒］文登 9/上 3－16
劉爲憲(字效文)
(清・清平人)
［民國］清平/人物 82
劉位寬(清・汶上人)
［宣統］四續汶上稿/人物－施濟傳
劉秀實(金・昌樂人)
［嘉靖］昌樂 3/44
［康熙］昌樂 4/4
［嘉慶］昌樂 23/6
［民國］昌樂縣續志 17/52,29/5
劉秀之(字道寶)
(南朝宋・東莞莒人)
［宣統］山東 161/6
［嘉慶］莒州 9/12
［民國］重修莒志 60/13
劉重進(五代・幽州人)
［萬曆］滕志 6/46
［康熙］滕志 6/17
［康熙］滕縣志 6/宦業 16
劉維禎(字端公,號弢符)
(清・江南武進人)
［宣統］山東 76/42
［乾隆］東昌 34/14
［嘉慶］東昌 22/5
［康熙十一年］莘縣 5/9,8/47
［康熙五十六年］莘縣 5/9,8/47
［光緒］莘縣 5/10,9/31
［民國］莘縣 3/5,9/39
莘縣鄉土志/政績 8

劉受祜(字夢錫)
(清・掖縣人)
[嘉慶]續掖縣 3/16
劉維祺(字介公)
(清・江蘇武進人)
[宣統]山東 76/16
[嘉慶]莒州 7/9
[民國]重修莒志 58/2
劉秉禮(字秩公)
(清・邱縣人)
[乾隆]臨清直隸州 8/下 11
劉維清(明・恩縣人)
[雍正]恩縣續志 3/19
劉重選(字升如)
(清・文登人)
[光緒]增修登州 39/43
[雍正]文登 7/5
[光緒]文登 9/上 3－16
劉秉臺(字子成)
(清・臨朐人)
[民國]臨朐續志 20/19
劉秉直(字坦中)
(清・鄆城人)
[康熙]鄆城 6/13
劉維坊(字言可,號樂山)
(清・壽光人)
[民國]壽光 12/人物志二 91
劉維楨(見劉維禎)
劉爲彬(字如辰)
(清・莒縣人)
[乾隆]沂州府 26/21
[雍正]莒州 9/29
[嘉慶]莒州 9/27
[民國]重修莒志 62/2
劉愛蓮(字夢周)
(清・高唐人)
[民國]高唐縣 12/23
劉喬林(清・諸城人)
[光緒]增修諸城縣續志 16/16
劉統芳(清・鄒平人)
[道光]鄒平 15/75
[民國]鄒平 15/75
劉維藩(字榮久)
(清・陵縣人)
[光緒]陵縣 19/人物傳二 25
陵縣鄉土志/18
劉維藩(字雲籬)
(清・無棣人)
[民國]無棣 12/17
海豐縣鄉土志/耆舊－學問一
劉秀世(字風之)
(清・定陶人)
[乾隆]定陶 6/22
[民國]定陶 6/44
劉維棟(號東溪)
(清・昌邑人)
[光緒]昌邑縣續志 6/32
劉秉恕(字長卿)
(元・邢州人)
[嘉靖]山東 27/17
[康熙]山東 37/4
[雍正]山東 27/70
[宣統]山東 69/19
[康熙]濟南 25/18
[道光]濟南 34/29
[萬曆]萊州 5/65
[康熙]萊州 8/25
[乾隆]萊州 9/8
萊州府鄉土志/上 11
[嘉靖]淄川 6/77
[萬曆]淄川 27/7
[康熙]淄川 4/7
[乾隆]淄川 4/7
淄川縣鄉土志/政績錄
劉維坦(明・東阿人)
[道光]東阿 14/人物下 28
劉爲幹(號立菴)
(清・城武人)
[道光]城武 9/上 35
[光緒]曹縣 14/游寓 4
劉維翰(清・高密人)
[民國]高密 14/上 32
劉秉素(清・壽光人)
[民國]壽光 12/人物志二 93
劉維本(字華吾)
(清・魚臺人)
[乾隆]兗州 23/66
[乾隆]濟寧直隸州 27/33
[道光]濟寧直隸州 8/3－36
[康熙]魚臺 17/8
[乾隆]魚臺 11/24
[光緒]魚臺 3/14
劉維東(清・益都人)
[光緒]益都縣圖志 41/30
劉維中(清・諸城人)
[光緒]增修諸城縣續志 16/26
劉香素(清・高密人)
[民國]高密 14/上 38
劉秀春(清・膠州人)
[民國]增修膠志 45/36
劉舜典(字德齋)
(清・東阿人)
[道光]東阿 14/人物下 6
劉維四(字序三,號菴圃)
(清・昌樂人)
[民國]昌樂縣續志 31/7
劉重照(字耀遠)
(清・壽光人)
[民國]壽光 12/人物志二 17
劉維歷(號川陽)
(明・淄川人)
[道光]濟南 50/40
劉秉印(字瑞吾)
(清・博興人)
[乾隆]東昌 43/26
[嘉慶]東昌 32/43
[道光]博興 11/31
[民國]重修博興 13/30
劉舜民(字用中)
(明・壽光人)
[民國]壽光 12/人物志一 50
劉維賢(明・清平人)
[崇禎]鄆城 4/23
[康熙]鄆城 4/22
[光緒]鄆城 6/30
劉禹卿(字夔名)
(清・城武人)
[道光]城武 9/上 44
劉重熙(字春臺)
(清・德平人)
[光緒]德平 7/19
劉秉鑒(明・安福進士)
[萬曆]寧津 5/16
[光緒]寧津 6/27
寧津縣志料 3/人物－名宦

寧津縣鄉土志/政績
劉秉義(清・丘縣人)
[乾隆]東昌 43/24
劉維鎬(清・昌樂人)
[民國]昌樂縣續志 28/13
劉維人(字宣侯)
(清・陽信人)
[乾隆]武定府 26/31
[乾隆]陽信 7/55
[民國]陽信 5/耆碩 54
信邑志稿 7/耆碩
劉統錫(字光庭)
(清・歷城人)
[民國]續修歷城 44/30
劉秉鈞(字平道)
(元・相城人)
[雍正]山東 31/15
[乾隆]泰安府 18/71
[萬曆二十四年]兗州 37/32
[康熙]兗州 28/73
[康熙]東平州 4/61
[乾隆]東平州 15/37
[道光]東平州 15/37
[光緒]東平州 15/下 66
[民國]東平縣 11/下 34
劉秉鈞(字任亭)
(清・東阿人)
[民國]續修東阿 11/2
劉維鈞(字叔衡)
(清・長清人)
[民國]長清 11/13
劉秉鑑(見劉秉鑒)
劉維焯(字爾癡)
(清・諸城人)
[道光]諸城縣續志 13/10
21 **劉便**(漢・沛郡豐邑人)
[嘉靖]青州 12/22
[康熙十五年]青州 8/11
[光緒]益都縣圖志 47/1
劉鮞(字長魚)
(晉・高密人)
[嘉靖]山東 33/4
[康熙]山東 44/4
[雍正]山東 28/人物一 39
[宣統]山東 167/4
[萬曆]萊州 6/16
[康熙]萊州 10/84
[乾隆]萊州 11/隱逸 1
[康熙]高密 8/27
[乾隆]高密 8/上 30
[光緒]高密 8/上 45
[民國]高密 14/上 53
高密縣鄉土志/上 42
劉衡(字元宰)
(漢・東平陵人)
[宣統]山東 149/4
[道光]濟南 45/21
[乾隆]歷城 17/3,23/2,35/5
劉衡(元・鄒平人)
[康熙]鄒平 5/19
劉衡(字執中)
(明・曹縣人)
[康熙]曹州志 15/57
[康熙]兗州府曹縣 13/3
[光緒]曹縣 13/3
劉衡(字公銓)
(明・東昌人)
[乾隆]東昌 39/21
[嘉慶]東昌 29/5
劉虎(字輔臣)
(清・寧陽人)
[乾隆]兗州 23/75
[乾隆]寧陽 7/武功 3
[咸豐]寧陽 12/58
[光緒]寧陽 12/60
寧陽縣鄉土志/16
劉穢(漢)
[康熙]高苑 3/2
劉經(明・寶坻人)
[康熙]海豐 9/2
海豐縣鄉土志/政績
[民國]無棣 9/1
劉經(明・博興人)
[萬曆]青州 14/18
[康熙十五年]青州 14/18
[康熙四十八年]青州 14/孝友 8
[康熙六十年]青州 17/13
[咸豐]青州 44/58
[康熙十二年]博興 6/6
[康熙六十年]博興 7/24
[道光]博興 11/16
[民國]重修博興 13/13
劉經(明・恩縣人)
[嘉靖]恩縣 6/5
劉經(明・宜陽人)
[萬曆]福山 4/29
劉仁(明・昌樂人)
[嘉靖]昌樂 3/41
劉儒(字叔林)
(漢・東郡陽平人)
[嘉靖]山東 31/1
[康熙]山東 41/2
[雍正]山東 28/人物一 22
[宣統]山東 66/21,154/18
[萬曆元年]兗州 38/循吏 11
[萬曆二十四年]兗州 26/11
[康熙]兗州 21/11
[乾隆]兗州 22/3
[萬曆]東昌 19/5
[乾隆]東昌 36/2
[嘉慶]東昌 26/2
[萬曆]濮州 3/鄉賢 4
[乾隆]濟寧直隸州 21/2
[道光]濟寧直隸州 6/6－1
[正德]莘縣 6/1
[康熙十一年]莘縣 7/1
[康熙五十六年]莘縣 7/1
[光緒]莘縣 7/2
[民國]莘縣 7/1
莘縣鄉土志/鄉宦 15
[萬曆]冠縣 4/1
[道光]冠縣 8/上 11
[光緒]冠縣 8/忠勤
[民國]冠縣 8/人物志 12
劉儒(明・霸州人)
[道光]長清 3/10
劉儒(明・恩縣人)
[嘉靖]恩縣 6/5
劉儒(字藝圃)
(清・慶雲人)
[民國三年]慶雲 2/99
劉順(元・滕縣人)
[萬曆二十四年]兗州 35/36
[康熙]兗州 27/32
[乾隆]兗州 23/32
[萬曆]滕志 8/48
[康熙]滕志 8/人物 5

[康熙]滕縣志 8/武功 5
[道光]滕縣志 8/武功 4
滕縣鄉土志/16
劉綎(清・臨沂人)
[乾隆]沂州府 26/17
[民國]臨沂 10/51
劉穎(明・平原人)
[康熙]濟南 41/11
[道光]濟南 52/55
[萬曆]平原上/61
[乾隆]平原 8/22
平原縣鄉土志輯稿/循吏
劉穎(明・壽光人)
[萬曆]青州 14/21
[康熙十五年]青州 14/21
[康熙四十八年]青州 14/孝友 11
[康熙六十年]青州 17/14
[咸豐]青州 44/8
[康熙]壽光 25/1
[嘉慶]壽光 13/1
[民國]壽光 12/人物志一 46
劉虞(字伯安)
(漢・東海郯人)
[嘉靖]山東 30/11
[康熙]山東 40/12
[雍正]山東 28/人物一 26
[宣統]山東 154/19
[萬曆元年]兗州 40/忠直 7
[萬曆二十四年]兗州 31/28
[康熙]兗州 24/27
[萬曆]沂州志 6/36
[乾隆]沂州府 25/5
[乾隆]東昌 33/45
[嘉慶]東昌 21/12
[康熙]郯城 7/2
[乾隆]郯城 9/1
[光緒]嶧縣 21/鄉賢 26
[道光]博平 4/1
博平縣鄉土志/政績
劉貞(漢・費縣人)
[乾隆]泰安府 5/3
[萬曆]沂州志 7/58
[康熙]費縣 7/5
劉貞(字崇正)
(明・昌樂人)
[萬曆]青州 14/51
[康熙十五年]青州 14/51
[康熙四十八年]青州 14/儒行 8
[咸豐]青州 43/6
[嘉靖]昌樂 3/44
[康熙]昌樂 4/4
[嘉慶]昌樂 23/7
劉倬(清・博興人)
[康熙六十年]博興 7/27, 7/58
[道光]博興 11/26
[民國]重修博興 13/25
劉步庭(清・沂水人)
[道光]沂水 6/23
劉處玄(字通妙,號長生)
(金・掖縣人)
[雍正]山東 30/15
[萬曆]萊州 6/71
[康熙]萊州 10/98
[乾隆]萊州 12/仙釋 2
[同治]重修寧海州 26/9
[康熙]昌邑 7/7
[乾隆]掖縣 5/2
[民國]牟平 10/41
劉經方(字濟臣)
(清・高唐人)
[民國]高唐縣 12/78
劉經訓(字子元)
(清・昌邑人)
[光緒]昌邑縣續志 6/25
劉虞訓(字際昌)
(清・鉅野人)
[道光]鉅野 13/44
劉步雲(清・諸城人)
[光緒]增修諸城縣續志 17/14
劉處元(見劉處玄)
劉貞一(字涵三)
(清・高唐人)
[光緒]高唐州 5/2－28
[民國]高唐縣 12/15
劉仁瑞(字雪阡)
(清・安邱人)
[道光]安邱新志 17/3
劉占瑞(東阿人)
[民國]東阿 15/7
劉儒琳(字藍浦)
(清・城武人)
[道光]城武 9/下 34
劉師孟(明・臨漳人)
[乾隆]夏津 6/9
劉步鯨(字昆石)
(清・鉅野人)
[民國]續修鉅野 5/上 11
劉占魁(清・鄆城人)
[光緒]鄆城 10/10
劉占傑(清・鉅野人)
[民國]續修鉅野 5/上 6
劉順和(清・日照人)
[光緒]日照 8/44
劉師魯(字宗吾)
(明・掖縣人)
[乾隆]掖縣 3/45
劉步瀛(字仙洲)
(清・東阿人)
[民國]續修東阿 11/14
劉仁之(字山靜)
(北魏・河南洛陽人)
[宣統]山東 67/14
[民國]重修莒志 6/6
劉伍寬(字蒲若,號此亭)
(清・歷城人)
[宣統]山東 170/12
[道光]濟南 53/49
[乾隆]歷城 40/24
劉仁清(清・濟陽人)
[民國]濟陽 11/33
劉順清(字現甫)
(清・陽信人)
[民國]陽信 5/任恤 29
陽信縣鄉土志上/耆舊－事業
劉衍洙(字素澤)
(清・平原人)
[道光]濟南 56/96
[乾隆]平原 8/28
平原縣鄉土志輯稿/循吏
劉衍溫(東阿人)
[民國]東阿 15/3
劉仁罕(宋・堂邑人)
[順治]堂邑 2/人物又 17

[康熙十一年]堂邑 2/選舉23
[康熙]堂邑 16/6
堂邑縣鄉土志/耆舊錄
劉衡汾(字仲儀)
(清・諸城人)
[光緒]增修諸城縣續志 16/30
劉仁啓(明・武進人)
[雍正]恩縣續志 3/4
劉師道(字聖宗)
(宋・東明人)
[光緒]益都縣圖志 16/39
[康熙]東明 6/15
[乾隆]東明 6/15
[民國]東明縣新誌 11/23
劉行九(字德亭)
(清・壽光人)
[民國]壽光 12/人物志二 22
劉上吉(字人乙)
(明・掖縣人)
[乾隆]掖縣 4/53
劉師古(明・福山人)
[雍正]山東 28/人物三 73
[宣統]山東 164/52
[光緒]增修登州 37/8
[康熙]福山 4/4
[民國]福山縣志稿 7/1 – 14,7/8 – 1
劉師吉(見劉師古)
劉占奎(字芳含)
(清・齊河人)
[民國]齊河 26/33
劉貞吉(字康侯)
(清・無棣人)
[民國]無棣 13/8
劉經世(明・昌樂人)
[咸豐]青州 45/60
[康熙]昌樂 4/9
[嘉慶]昌樂 22/5
劉行恕(字自得)
(明・滕縣人)
[康熙]兗州續編 15/8
[乾隆]兗州 23/55
[康熙]滕志 8/人物 10
[康熙]滕縣志 8/孝行 9
[道光]滕縣志 9/忠節 6
劉行素(明・滕縣人)
[道光]滕縣志 9/忠節 2
劉行中(明・蒲臺人)
[萬曆]蒲臺志 9/3
劉仁軌(字正則)
(唐・汴州尉氏人)
[嘉靖]山東 27/3
[康熙]山東 35/4
[雍正]山東 27/54
[宣統]山東 68/16
[嘉靖]青州 13/22
[萬曆]青州 12/13
[康熙十五年]青州 12/13
[康熙四十八年]青州 12/13
[康熙六十年]青州 12/8
[康熙六十年]博興 7/4
[光緒]益都縣圖志 16/1
劉肯擕(元・單父人)
[隆慶]單縣下/14
[順治]單縣 3/3
[康熙]單縣 7/22
劉仁恩(隋)
[嘉靖]山東 26/22
[康熙]山東 34/3
[雍正]山東 27/42
[宣統]山東 67/30
[萬曆]東昌 18/13
[乾隆]東昌 33/13
[嘉慶]東昌 20/21
劉仁里(清・禹城人)
[民國]禹城 6/72
劉衍疇(字淑範)
(明・洛陽人)
[康熙]嶧縣 3/32
[乾隆]嶧縣 7/14
劉衍剛(字鏡渠)
(清・單縣人)
[民國]單縣 12/鄉賢 18
劉仁智(字之端)
(元・北平人,一作上都人)
[嘉靖]山東 25/24
[康熙]山東 32/13
[雍正]山東 27/25
[宣統]山東 69/22
[康熙]濟南 25/23
[道光]濟南 34/36
[康熙四十三年]長山 3/宦績
[康熙五十五年]長山 3/29
[嘉慶]長山 5/37
劉經堂(字芸香)
(清・昌樂人)
[民國]昌樂縣續志 30/12
劉仁堂(字靜齋)
(清・慶雲人)
[民國三年]慶雲 2/95
劉縉炤(字爾愚)
(清・諸城人)
[乾隆]諸城 33/10
22 **劉纕**(明・商河人)
商河縣鄉土志 2/耆舊 – 事業
劉岸(字先登)
(清・濰縣人)
[民國]濰縣志稿 31/12
劉豳(清・蒲臺人)
[光緒]重修蒲臺 3/6
蒲臺縣鄉土志/14
劉彩(號七澤)
(清・大興人)
[康熙]聊城 2/9
劉彩(字燦章)
(清・陽信人)
[咸豐]武定府 25/孝友 43
[民國]陽信 5/孝友 56
信邑志稿 7/孝友
劉岑(明・萊陽人)
[民國]萊陽 3/1 中 17
劉偁(宋)
[宣統]山東 68/53
[萬曆]青州 12 又/5
[康熙十五年]青州 12 又/5
[康熙四十八年]青州 12 又/5
[康熙六十年]青州 12/10
[康熙六十年]博興 7/8
[道光]博興 10/2
[民國]重修博興 12/1
劉崇(明・福山人)
[康熙]福山 8/18
[乾隆]福山 8/31
劉鼎(字漢寶)

（元・章丘人）
［道光］濟南 34/31,48/32
［康熙］章丘 6/16
［乾隆］章邱 9/12
［道光］章邱 11/16,14/47
劉崑（字先資,號宜軒）
（清・單縣人）
［宣統］山東 173/21
［民國］單縣 10/9,22/24
劉緩（字含度）
（南北朝・平原人）
［道光］濟南 46/5
［嘉靖］高唐州 5/17
［康熙十二年］高唐州 8/6
［康熙五十一年］高唐州 8/6
［道光］高唐州 5/1－4
［光緒］高唐州 5/1－4
［民國］高唐縣 12/81
劉巒（清・蒲臺人）
［光緒］重修蒲臺 3/6
蒲臺縣鄉土志/14
劉鑾（字朝儀）
（明・唐縣人）
［嘉靖］夏津 3/36
［乾隆］夏津 6/9
劉鑾（字曉坡）
（清・汶上人）
［宣統］四續汶上稿/人物－孝弟傳
劉鸞（唐）
［康熙］濟南 54/33
［道光］濟南 61/2
［康熙］長清 14/131
［道光］長清 13/12
劉鸞（明・陝西白水人）
［康熙］東明 4/21
［乾隆］東明 4/21
［民國］東明縣新誌 11/4
東明縣志料/人物門
劉鸞（明・章邱人）
［道光］章邱 11/58
劉崙（明・臨朐人）
［嘉靖］臨朐 3/11
劉嵂（字嵩山,一作嵩岳）
（清・博興人）
［宣統］山東 175/53
［咸豐］青州 48/11
［道光］博興 11/29
［民國］重修博興 13/27
劉任（清・沂水人）
［乾隆］沂州府 25/31
［道光］沂水 7/18
劉岫（清・濮州人）
［宣統］濮州 6/34
劉嵩（明・昌樂人）
［嘉慶］昌樂 28/1
劉縚（字言明）
（南北朝・平原人）
［道光］濟南 46/5
［嘉靖］高唐州 5/17
［康熙十二年］高唐州 8/6
［康熙五十一年］高唐州 8/6
［道光］高唐州 5/1－3
［光緒］高唐州 5/1－3
［民國］高唐縣 12/81
劉纁（字聘巖,號德岸）
（清・陵縣人）
［道光］濟南 56/63
［光緒］陵縣 19/人物傳二 8
陵縣鄉土志/16
劉嵓（見劉嵒）
劉巖（字岱公）
（清・濟寧人）
［乾隆］濟寧直隸州 25/17
［道光］濟寧直隸州 8/3－9
劉繇（字正禮）
（漢・牟平人,一作福山人）
［嘉靖］山東 32/21
［康熙］山東 43/1
［雍正］山東 28/人物一 26
［泰昌］登州 11/29
［順治］登州 17/3
［光緒］增修登州 38/3
［嘉靖］寧海州下/40
［康熙］寧海州 9/6
［同治］重修寧海州 17/2,21/2
［民國］福山縣志稿 2/2－2,7/1－2
劉嶷（字孟方）
（元・濟南人）
［嘉靖］山東 29/20
［康熙］山東 39/18
［宣統］山東 158/21
［康熙］濟南 43/12
［道光］濟南 48/10
［崇禎］歷乘 16/14
［崇禎］歷城 10/10
［乾隆］歷城 36/11
劉胤（字承胤）
（晉・東萊掖人）
［至元］齊乘 6/15
［嘉靖］山東 33/4
［康熙］山東 44/5
［雍正］山東 28/人物一 37
［宣統］山東 164/5
［萬曆］萊州 5/88
［康熙］萊州 10/18
［乾隆］萊州 10/5
［乾隆］掖縣 4/17
［道光］掖乘 4
劉胤（明・曹州人）
［康熙］曹州志 16/4
劉邕（南朝宋・莒人）
［康熙］莒州下/66
劉繼文（字敬齋）
（清・博興人）
［咸豐］青州 49/40
［道光］博興 11/32
［民國］重修博興 13/31
劉鼎玉（清・同安人）
［乾隆］陽信 5/6
信邑志稿 5/職官－知縣
［民國］陽信 2/26
劉繼聖（字衍泗）
（清・濰人）
［宣統］山東 177/15
［民國］濰縣志稿 28/8
濰縣鄉土志/20
劉稱秀（清・汶上人）
［乾隆］兗州 23/86
［宣統］四續汶上稿/人物－孝弟傳
劉繼舜（明・寧陽人）
［康熙四十一年］寧陽 7/23
［乾隆］寧陽 7/孝子 2
［咸豐］寧陽 15/3
［光緒］寧陽 15/3

寧陽縣鄉土志/20
劉繼仁(明・北直涿州人)
[嘉靖]山東 25/28
[康熙]山東 32/16
[宣統]山東 71/49
[康熙]濟南 25/41
[乾隆]武定府 16/47
[咸豐]武定府 19/蒲臺 2
[萬曆]蒲臺志 8/2
[康熙]重修蒲臺 7/1
[乾隆]蒲臺 2/56
蒲臺縣鄉土志/2
劉繼嵩(字峻崖)
(清・東阿人)
[民國]續修東阿 12/1
劉嵩獄(清・鉅野人)
[民國]續修鉅野 5/上 6
劉鼎勳(字子調)
(莒縣人)
[民國]重修莒志 66/1
劉繼先(字敬虛)
(明・武定人)
[崇禎]武定州 19/2
[乾隆]武定府 25/49
[咸豐]武定府 25/文苑 9
[乾隆]惠民 6/9
[光緒]惠民 23/7
惠民縣鄉土志/耆舊錄 20
劉繼勳(五代)
[宣統]三續淄川 9/40
劉循綱(號紀堂)
(清・鉅野人)
[道光]鉅野 13/40
劉崇齡(字隆甫,號鄉圃)
(清・單縣人)
[民國]單縣 12/鄉賢 9
劉豐齡(字秬香)
(清・單縣人)
[民國]單縣 10/34
劉崑齡(字玉山,號朗如)
(清・單縣人)
[民國]單縣 11/34,23/31
[民國]壽光 6/28
劉鼎客(清・即墨人)
[同治]即墨 9/28
即墨縣鄉土志/耆舊－事業四
劉樂之(字粹詣,號怡菴)
(清・萊蕪人)
[民國]續修萊蕪 34/29
劉崇基(字殿元)
(清・齊河人)
[民國]齊河 23/73
劉胤桂(字雲子)
(清・壽光人)
[康熙]壽光 23/3
劉貞潔(字恒清)
(明)
[宣統]山東 200/33
[同治]即墨 12/10
劉繼昌(字紹蘇)
(清・定陶人)
[民國]定陶 6/52
劉胤昌(字錫永)
(明・昌邑人)
[乾隆]昌邑 8/251
劉胤甲(清・福山人)
[康熙]福山 8/7
劉崇明(字希昭)
(清・寧陽人)
[咸豐]寧陽 14/21
[光緒]寧陽 14/21
劉鼎臣(字調元,號拙齋)
(清・沂水人)
[宣統]山東 173/5
[道光]沂水 7/30
劉繼勵(清・高密人)
[康熙]高密 8/又 12
[乾隆]高密 8/上 26
[光緒]高密 8/上 33
[民國]高密 14/上 37
高密縣鄉土志/上 34
劉繼賢(明・萊陽人)
[民國]萊陽 3/1 中 13
劉崇善(清・遼東人)
[乾隆]嶧縣 7/18
[光緒]嶧縣 19/職官下 13
劉繼善(明・臨沂人)
[康熙]兗州續編 15/27
[萬曆]沂州志 7/33
[康熙]沂州志 5/66
[乾隆]沂州府 26/26
[民國]臨沂 10/57
劉樂善(字慶堂)
(清・昌樂人)
[民國]昌樂縣續志 30/12
劉繼錫(字石洲)
(清・滋陽人)
滋陽縣鄉土志 1/耆舊－忠義
劉繼熿(清・諸城人)
[光緒]增修諸城縣續志 17/10
劉綬烺(字爾重)
(清・諸城人)
[乾隆]諸城 33/10
劉綎煜(字爾振)
(清・諸城人)
[乾隆]諸城 33/10
劉鼎燮(號理齋)
(清・沂水人)
[道光]沂水 7/31
23 **劉代**(漢・沛縣人)
[乾隆]泰安府 5/3
劉岱(字公山)
(漢・牟平人)
[嘉靖]山東 25/3,32/21
[康熙]山東 31/3,43/1
[雍正]山東 28/人物一 24
[萬曆元年]兗州 38/節義 1
[萬曆二十四年]兗州 26/15
[泰昌]登州 11/29
[順治]登州 17/3
[光緒]增修登州 38/3
[嘉靖]寧海州下/40
[康熙]寧海州 9/4
[同治]重修寧海州 17/2,21/2
[民國]福山縣志稿 2/2－2,7/1－1
劉岱(字魯瞻)
(清・定陶人)
[乾隆]定陶 6/28
[民國]定陶 6/50
劉岱(字維宗)
(清・高唐人)
[光緒]高唐州 5/2－34
[民國]高唐縣 12/46

劉俊(字世英)
(明・博平人)
[嘉靖]山東 35/5
[康熙]山東 45/13
[雍正]山東 28/人物三 27
[宣統]山東 164/43
[萬曆]東昌 19/58
[乾隆]東昌 42/12
[嘉慶]東昌 32/12
[正德]博平 4/73,7/42
[康熙]博平 3/55
[道光]博平 4/29
博平縣鄉土志/耆舊-忠節
劉俊(明・河南新鄉人)
[宣統]山東 71/51
[康熙]濟南 25/30
[乾隆]武定府 16/30
[咸豐]武定府 19/商河 1
[萬曆]商河 5/22
[道光]商河 5/27
[民國]重修商河 6/66
商河縣鄉土志 1/政績
劉俊(字冠千)
(清・歷城人)
[道光]濟南 53/54
[民國]續修歷城 44/13
劉峻(字孝標)
(南朝梁・平原人)
[雍正]山東 28/人物一 48
[宣統]山東 163/13
[康熙]濟南 42/4
[道光]濟南 46/1
[乾隆]兖州 23/22
[康熙]陵縣 5/3
[光緒]益都縣圖志 48/11
[萬曆]平原上/63
[乾隆]平原 8/34
平原縣鄉土志輯稿/文學
劉峻(字德明)
(清・浙江長興人)
[宣統]山東 200/17
劉牟(漢・沛郡人)
[宣統]重修恩縣 6/4
劉獻(明・寧津人)
[萬曆]寧津 7/6
[康熙]寧津縣志稿 7/6
[光緒]寧津 8/25
寧津縣志料 3/人物-孝行
寧津縣鄉土志/耆舊
劉允(晉,見劉胤)
劉允(元・中山人)
[宣統]山東 69/28
[萬曆二十四年]兖州 28/21
[康熙]兖州 22/21
[乾隆]兖州 22/17
[康熙四十一年]寧陽 3/16
[乾隆]寧陽 3/3
[咸豐]寧陽 11/5
[光緒]寧陽 11/5
劉允(明・菏澤人)
[光緒]新修菏澤 10/37
劉綜(字居正)
(宋・河中虞鄉人)
[雍正]山東 27/5
[宣統]山東 68/23
劉俊彥(清・高唐人)
[嘉慶]東昌 32/65
[道光]高唐州 5/2-16
[光緒]高唐州 5/2-19
[民國]高唐縣 12/40
高唐州鄉土志/23
劉允亨(字次元)
(清・壽光人)
[民國]壽光 12/人物志二 35
劉獻誠(清・壽張人)
[光緒]壽張 7/16
劉允平(字昇庵)
(清・陽穀人)
[民國]增修陽穀人物/善行 42
劉允一(字式堂)
(清・寧陽人)
[光緒]寧陽 13/51
劉允行(明・德平人)
[康熙]德平 3/20
劉允貞(清・莒州人)
[嘉慶]莒州 10/10
劉俊德(字文山)
(清・安邱人)
[道光]安邱新志 22/5
劉允德(字孟宷,號默齋)
(清・德平人)
[道光]濟南 56/又 85
[乾隆]德平 3/12
[嘉慶]德平 7/14
[光緒]德平 7/13
德平縣鄉土志/耆舊錄
劉獻之(南北朝・博陵人)
[雍正]山東 28/人物一 54
劉允濟(字允濟)
(唐・河南鞏人)
[嘉靖]山東 27/3
[康熙]山東 35/4
[雍正]山東 27/54
[宣統]山東 68/17
[咸豐]青州 34/19
[光緒]益都縣圖志 16/4
劉允浩(字集生)
(明・掖縣人)
[宣統]山東 164/38
[康熙]萊州 10/56
[乾隆]萊州 11/忠節 6
萊州府鄉土志/下 17
[乾隆]掖縣 4/43
[道光]掖乘 4
劉允通(明・菏澤人)
[光緒]菏澤 16/3
劉允恭(字子虔)
(清・奉天錦縣人)
[宣統]山東 75/65
[乾隆]嶧縣 7/20
[光緒]嶧縣 19/職官下 16
劉允恭(字公協)
(清・鄆城人)
[康熙]鄆城 6/12
[光緒]鄆城 7/12
劉允桂(字丹麓)
(清・慶雲人)
[咸豐]慶雲 2/75
[民國三年]慶雲 2/64
劉允桂(字雲子)
(清・壽光人)
[嘉慶]壽光 12/23
劉允基(字本固)
(清・新城人)
[宣統]新城縣後志 2/善行
[民國]重修新城 18/7
劉岱東(字岩泉)

（清・膠州人）
［民國］增修膠志 43/22
劉稼書（字笠菴）
（清・昌樂人）
［咸豐］青州 47/27
［嘉慶］昌樂 22/7
劉俊揚（清・河間進士）
曲阜縣鄉土志/政績錄
劉允明（明・昌平人）
［咸豐］青州 36/48
［康熙］壽光 20/6
［嘉慶］壽光 10/27
［民國］壽光 6/18
劉台所（字仙階）
（單縣人）
［民國］單縣 12/鄉賢 25
劉代聞（清・湖南衡陽人）
平陰縣鄉土志/4
劉俊卿（字秀亭）
（清・東阿人）
［民國］續修東阿 11/18
劉獻公（字獻公）
（清・商河人）
［民國］重修商河 13/藝文志四墓表 10
劉獻義（東平人）
［民國］東平縣 11/上 22
劉允符（字揆一，號松巖）
（清・平原人）
［道光］濟南 56/106
劉獻忱（字晉卿）
（清・滋陽人）
滋陽縣鄉土志 1/耆舊－文學
劉紱焜（清・諸城舉人）
［民國］萊陽 3/1 上 34
劉允燦（清・肥城人）
［嘉慶］肥城 17/21
［光緒］肥城 9/9
肥城縣鄉土志 5/15
24 **劉備**（字玄德）
（漢・涿郡人）
［嘉靖］山東 25/16
［康熙］濟南 25/4
［萬曆］萊州 5/50
［萬曆］德州 8/26
［康熙］德州 7/21
［民國］德縣 9/3
［康熙十二年］高唐州 7/2
［康熙五十一年］高唐州 7/2
［康熙］陵縣 4/1
［宣統］恩縣 9/5
［民國］重修恩縣 12/上 4，12/上 7
［萬曆］平原下/11
［乾隆］平原 6/24
平原縣鄉土志輯稿/政蹟
劉德（字路）
（漢・北海人）
［咸豐］青州 64/4
劉魁（字士元）
（明・高唐人）
［嘉靖］山東 31/30
［康熙］山東 41/24
［萬曆］東昌 19/54
［乾隆］東昌 39/25
［嘉慶］東昌 29/9
［嘉靖］高唐州 5/20
［康熙十二年］高唐州 8/12
［康熙五十一年］高唐州 8/12
［道光］高唐州 5/1－9
［光緒］高唐州 5/1－9
［民國］高唐縣 12/66，12/81
高唐州鄉土志/17
劉魁（明・江西人）
［乾隆］泰安府 15/14
［康熙］東平州 4/55
［乾隆］東平州 12/36
［道光］東平州 12/36
［光緒］東平州 14/36
［民國］東平縣 9/19
東平州鄉土志上/政績錄 15
劉魁（清・高密人）
［康熙］高密 8/10
［乾隆］高密 10/34
［光緒］高密 10/45
［民國］高密 16/34
高密縣鄉土志/上 39
劉岐（號竹菴）
（清・城武人）
［道光］城武 9/上 30
劉升（字旭齋）
（清・長清人）
［民國］長清 11/34
劉偉（字萬年）
（清・濰人）
［宣統］山東 177/10
［康熙］萊州 10/48
萊州府鄉土志/下 20
［乾隆］濰縣 4/14，5/59
［民國］濰縣志稿 28/5
濰縣鄉土志/20
劉緯（元・濟南人）
［道光］濟南 48/12
劉緯（字光宿）
（清・歷城人）
［道光］濟南 53/2
［乾隆］歷城 38/2
劉先（元・費縣人）
［光緒］費縣 15/16
劉休（漢・沛郡豐邑人）
［嘉靖］青州 12/22
［康熙十五年］青州 8/11
劉緒（字繼志）
（明・歷城人）
［道光］濟南 49/13
［乾隆］歷城 37/24
劉勳（字少宣）
（金・雲中人）
［道光］濟南 62/4
［乾隆］歷城 47/2
劉佑（字雲麓）
（清・直隸曲周人）
［宣統］山東 76/46
［乾隆］東昌 35/21
［嘉慶］東昌 22/25
［康熙五十一年］高唐州 7/13，11/7
［道光］高唐州 7/1－13
［光緒］高唐州 7/1－13
［民國］高唐縣 9/5－10
高唐州鄉土志/8
劉贊（明・宣城人）
［宣統］山東 71/38
［康熙］濟南 25/42
［乾隆］泰安府 15/9
［嘉靖］寧海州下/22

[同治]重修寧海州 14/2
[康熙]肥城書上/31,下/9
[嘉慶]肥城 15/30
[光緒]肥城 7/45
肥城縣鄉土志 3/5
劉纘(明・霑化人)
[民國]霑化 2/74
劉佐(唐・滑州匡城人)
[康熙]東平州 3/3
[乾隆]東平州 10/5
[道光]東平州 10/上 5
劉佐(明・德州人)
[康熙]濟南 40/8
[道光]濟南 52/39
[萬曆]德州 9/42
[乾隆]德州 9/13
德州鄉土志/耆舊 5
[民國]德縣 10/11
劉德立(字子豫,號健堂)
(清・壽光人)
[民國]壽光 12/人物志二 21
劉先庚(字梅溪)
(清・博山人)
[民國]續修博山 12/27
劉德平(號孝翁)
(清・陽穀人)
[民國]增修陽穀人物/孝義 10
劉化霖(字笠泉)
(清・高唐人)
[民國]高唐縣 12/27
劉佐平(字子衡)
(清・壽光人)
[民國]壽光 12/人物志一 95
劉魁發(字揚庭)
(清・濰縣人)
[民國]濰縣志稿 29/26
劉先登(字甲三)
(濟陽人)
[民國]濟陽 11/67
劉德行(明・臨清人)
[康熙]臨清州 3/人物 18
[乾隆]臨清直隸州 8/上 40
[民國]臨清縣/人物 52
劉德仁(金・樂陵人)
[雍正]山東 30/15
[乾隆]武定府 26/39
[咸豐]武定府 26/仙釋 4
[乾隆]樂陵 6/45
劉化俊(清・濟陽人)
[民國]濟陽 11/31
劉纘勳(清・昌邑人)
[光緒]昌邑縣續志 5/63
劉休倩(南朝宋)
[乾隆]泰安府 5/8
[乾隆]東平州 10/52
[道光]東平州 10/下 2
[光緒]東平州 12/11
劉儲鯤(字培南)
(清・文登人)
[光緒]文登 9/下 1-9
劉德修(字蘊誠)
(清・東阿人)
[民國]續修東阿 11/22
劉纘修(清・昌邑人)
[光緒]昌邑縣續志 6/22
劉德寬(字惠溥)
(清・利津人)
[乾隆]利津縣志補 4/31
[光緒]利津 8/義行 6
劉升之(字恆齋)
(東阿人)
[民國]東阿 16/5
劉休賓(字處幹)
(北魏・北海都昌人)
[嘉靖]山東 32/8
[道光]濟南 33/18
[嘉靖]青州 14/10
[萬曆]青州 13/33,15/60
[康熙十五年]青州 13/33,15/60
[康熙四十八年]青州 13/事功 16,15/僑寓 7
[咸豐]青州 53/6
[萬曆]萊州 6/23
[康熙]萊州 10/93
[嘉靖]昌樂 3/50
[康熙]昌樂 5/4
[嘉慶]昌樂 29/1
[康熙]昌邑 6/2
[乾隆]昌邑 6/184
[萬曆]濰縣 9/1
[康熙]濰縣 5/人物 7
[乾隆]濰縣 4/4
[光緒]益都縣圖志 48/13
[順治]鄒平 4/4
[康熙]鄒平 4/4
劉德福(字海山)
(臨邑人)
[民國]續修臨邑 3/18
劉德澄(清)
[嘉慶]慶雲 7/37
劉德沛(清)
[宣統]滕縣續志稿 4/62
劉贊沛(字希何)
(清・惠民人)
[乾隆]武定府 25/31
[咸豐]武定府 25/孝友 31
[乾隆]惠民 5/56
[光緒]惠民 21/7
惠民縣鄉土志/耆舊錄 9
劉佐沛(字漢輔,一字价臣)
(清・惠民人)
[咸豐]武定府 26/隱逸 4
[乾隆]惠民 6/14,6/17
[光緒]惠民 24/2
劉纘祖(字似亭)
(清・慶雲人)
[民國三年]慶雲 2/26
劉佳士(字一經)
(清・淄川人)
[乾隆]淄川 6/上又 83-2
劉德彬(字仲彩)
(清・魚臺人)
[光緒]魚臺 3/文行又 3
劉德芳(清・漢軍正紅旗人)
[雍正]山東 27/103
[宣統]山東 76/35
[乾隆]東昌 33/32
[嘉慶]東昌 20/44
劉德芳(清・文安人)
[宣統]山東 76/18
[乾隆]沂州府 20/16
[宣統]蒙陰 3/宦績
劉德華(字樂堂)
(清・滋陽人)
[光緒]滋陽 8/68
滋陽縣鄉土志 1/耆舊 -

文學

劉德超(東阿人)

[民國]東阿 15/20

劉德馨(清・菏澤人)

[光緒]菏澤 16/6

[光緒]新修菏澤 11/57

劉仕期(字達菴)

(明・陽信人)

[乾隆]陽信 7/10

[民國]陽信 5/宦蹟 17

劉先聲(明・沂州人)

[康熙]沂州志 6/13

劉德忠(元)

[光緒]嶧縣 19/95

劉德忠(元・章邱人)

[道光]濟南 48/25

[道光]章邱 11/21

劉德成(字道修)

(清・莘縣人)

[光緒]莘縣 7/33

[民國]莘縣 7/18

莘縣鄉土志/事業 27

劉德輔(字佐卿)

(禹城人)

[民國]禹城 6/34

劉德威(唐・彭城人)

[萬曆]滕志 6/46

[康熙]滕志 6/17

[康熙]滕縣志 6/宦業 15

[道光]滕縣志 6/宦績 14

劉化成(清・汶上人)

[宣統]四續汶上稿/人物－孝弟傳

劉德明(字亮甫)

(壽光人)

[民國]壽光 1/9

劉偉瞻(字蓬山)

(清・寧陽人)

[光緒]寧陽 13/44

劉佑明(字翼行)

(清・益都人)

[康熙]益都 9/51

[光緒]益都縣圖志 41/8

劉德堅(宋)

[乾隆]萊州 10/10

[隆慶]單縣上/31

[康熙]單縣 6/8

[乾隆]單縣 4/54

[民國]單縣 6/宦蹟 14

劉付學(明・張秋人)

[康熙]山東 45/10

劉緒熙(字紹文)

(清・昌樂人)

[民國]昌樂縣續志 16/41

劉佐臨(字與襄)

(清・安徽潁州人)

[宣統]山東 76/31

[康熙]兗州續編 14/11

[乾隆]曹州府 12/24

[康熙四十一年]城武 3/下名宦 18

[道光]城武 6/29,11/下 24

劉德普(清・高唐人)

[光緒]高唐州 5/2－8

[民國]高唐縣 12/49

劉德鈿(清・城武人)

[道光]城武 9/上 48

劉化光(字汝化)

(明・歷城人)

[宣統]山東 164/38

[道光]濟南 49/30

[崇禎]歷城 10/19

[乾隆]歷城 41/9

劉緒煊(字爾健)

(清・諸城人)

[乾隆]諸城 33/11

25 **劉純**(字允成,一作允誠)

(明・武定人)

[康熙]濟南 50/9

[道光]濟南 62/6

[乾隆]武定府 25/48

[咸豐]武定府 25/文苑 8

[乾隆]惠民 6/8

[光緒]惠民 23/7

惠民縣鄉土志/耆舊錄 20

劉純(明・歷城人)

[道光]濟南 49/2

[乾隆]歷城 37/4

劉純(字恆修)

(清・昌樂人)

[民國]昌樂縣續志 30/20

劉純(字允誠)

(清・武定人)

[康熙]新修齊東 6/14

[民國]齊東 5/57

劉健(明・雞澤人)

[嘉靖]冠縣 2/2

劉傑(號萊山)

(元・樂安人)

[嘉靖]山東 32/24

劉傑(字漢卿)

(明・歷城人)

[道光]濟南 49/39

[乾隆]歷城 43/2

劉律(明・霑化人)

[光緒]霑化 8/1

[民國]霑化 2/29

劉伸(字叔達)

(明・江西廣昌人)

[崇禎]鄆城 4/10,8/12

[康熙]鄆城 4/7,8/13

[光緒]鄆城 6/36,13/30

劉紳(字佩教)

(明・昌樂人)

[嘉靖]山東 35/6

[康熙]山東 45/17

[嘉靖]青州 15/19

[萬曆]青州 14/16

[康熙十五年]青州 14/16

[康熙四十八年]青州 14/孝友 6

[康熙六十年]青州 17/11

[咸豐]青州 44/16

[嘉靖]昌樂 3/47

[康熙]昌樂 4/8

[嘉慶]昌樂 22/4

劉紳(明・濟寧人)

[康熙]濟寧州 7/51

[乾隆]濟寧直隸州 27/7

[道光]濟寧直隸州 8/4－32

劉紳(明・掖縣人)

[萬曆]萊州 5/103

[康熙]萊州 10/30

[乾隆]萊州 10/16

[乾隆]掖縣 4/22

[道光]掖乘 4

劉純慶(字心餘)

(明・臨沂人)

［康熙］兗州續編 15/28
［康熙］沂州志 5/71
［乾隆］沂州府 25/24
［民國］臨沂 9/49
劉仲龍（字鱗昇）
（清・利津人）
［康熙五十六年］壽張 4/27
劉仲誨（字子忠）
（金・宛平人）
［宣統］山東 69/6
［康熙］濟南 25/15
［萬曆］武定州 12/8
［崇禎］武定州 15/10
［乾隆］武定府 16/6
［咸豐］武定府 19/6
［乾隆］惠民 5/14
［光緒］惠民 18/7
惠民縣鄉土志/政績錄 4
劉純一（清・昌樂人）
［民國］昌樂縣續志 30/23
劉仲元（金・鄒平人）
［嘉慶］鄒平 15/17
［道光］鄒平 16/存疑 2
［民國］鄒平 16/存疑 2
劉佛航（字佛航）
（清・新泰人）
［民國］續滕縣志 4/22
劉純修（字錫嘏）
（清・昌樂人）
［民國］昌樂縣續志 28/14
劉仲良（明・樂陵人）
［康熙］濟南 47/18
［順治］樂陵 6/8
［乾隆］樂陵 6/35
樂陵縣鄉土志 3/26
劉純禮（字復廷）
（臨邑人）
［民國］續修臨邑 3/8
劉仲洙（字師魯）
（金・宛平人）
萊州府鄉土志/上 11
［嘉慶］續掖縣 2/17
劉仲芳（字脈端）
（清・壽光人）
［乾隆］續壽光 25/7
［嘉慶］壽光 14/9
［民國］壽光 12/人物志二 9
劉仲林（清・諸城人）
［光緒］增修諸城縣續志 17/10
諸城縣鄉土志/上 47
劉生夷（字恒山）
（清・齊河人）
［道光］濟南 56/14
［民國］齊河 26/9
劉仲長（清・德州人）
［康熙］德州 6/7
劉仲剛（明・湖廣羅田人）
［宣統］山東 72/21
［乾隆］沂州府 20/9
［康熙］莒州下/6
［嘉慶］莒州 7/5
［民國］重修莒志 57/10
劉仲金（清・遼東人）
［康熙］臨清州 1/69
劉傳銘（字新齋）
（清・齊東人）
［民國］齊東 5/29
劉傳銀（鄒縣人）
［民國］續修鄒縣志稿/人物－耆舊附忠烈
劉純煒（字霽菴）
（清・諸城人）
［咸豐］青州 49/9
［道光］諸城縣續志 13/10
諸城縣鄉土志/上 35
劉仲悝（字堪甫）
（清・慶雲人）
［民國三年］慶雲 2/59
26 **劉保**（清・菏澤人）
［康熙］兗州續編 16/23
［康熙］曹州志 16/8
［光緒］菏澤 16/10
［光緒］新修菏澤 10/47
劉得（明・宜陽人）
［萬曆］福山 4/29
劉佃（字仲有，號吾南）
（明・安福人）
［嘉靖］武定州下/56
劉侃（字直堂）
（清・陽信人）
［民國］陽信 5/義俠 78
劉侃（清・沂水人）
［宣統］山東 173/4
［乾隆］沂州府 25/27
［道光］沂水 7/17
劉鯉（漢・南陽蔡陽人）
［嘉靖］青州 12/27
［康熙十五年］青州 8/13
劉儼（字慎菴）
（清・安邱人）
［咸豐］青州 47/21
［道光］安邱新志 18/5
安丘縣鄉土志 6/耆舊錄 3
劉嶧（字蘿平）
（清・陽信人）
［乾隆］陽信 7/16
［民國］陽信 5/篤行 30
信邑志稿 7/義行
陽信縣鄉土志上/耆舊－事業
劉纓（字與清）
（明・南直吳縣人）
［嘉靖］山東 26/20
［康熙］山東 33/23
［雍正］山東 27/39
［宣統］山東 72/7
［萬曆元年］兗州 38/循吏 46
［萬曆二十四年］兗州 29/3
［康熙］兗州 22/24
［康熙］兗州續編 14/6
［乾隆］兗州 22/24
［萬曆］滕志 6/61
［康熙］滕志 6/31
［康熙］滕縣志 6/宦業 28
［道光］滕縣志 6/宦績 22
滕縣鄉土志/11
劉得誠（清・單縣人）
［民國］單縣 12/鄉賢 10
劉伯謙（字益三）
（莒縣人）
［民國］重修莒志 66/5
劉伯醇（明・唐縣人）
［隆慶］單縣上/重 36
劉自平（字安然）
（清・章邱人）
［道光］章邱 11/66
章邱縣鄉土志/上 20

劉保舜(高唐人)
[民國]高唐縣 12/59
劉伯縉(字薦卿)
(明・歷城人)
[康熙]濟南 40/10
[道光]濟南 49/30
[崇禎]歷城 10/14
[乾隆]歷城 37/37
劉伯綬(號吾山)
(明・歷城人)
[康熙]濟南 40/11
[道光]濟南 49/30
[崇禎]歷城 10/15
[乾隆]歷城 37/37
劉儼然(字儀公)
(清・邱縣人)
[乾隆]東昌 40/33
[乾隆]臨清直隸州 8/下 11
劉伯純(清・夏津人)
[民國]夏津續編 8/30
劉穆之(字道和)
(南朝宋・東莞莒人)
[至元]齊乘 6/18
[嘉靖]山東 32/8
[康熙]山東 42/8
[雍正]山東 28/人物一 41
[宣統]山東 155/14
[嘉靖]青州 14/9
[萬曆]青州 13/32
[康熙十五年]青州 13/32
[康熙四十八年]青州 13/事功 15
[康熙六十年]青州 16/6
[乾隆]沂州府 25/10
[康熙]莒州下/36
[雍正]莒州 9/19
[嘉慶]莒州 9/10
[民國]重修莒志 60/7
劉自宏(明・茌平人)
[宣統]茌平 28/1
[民國]茌平 3/67
劉保福(字梅五)
(壽光人)
[民國]壽光 1/12
劉伯淵(明・慈溪人)
[民國]臨清縣/藝文 36

劉自清(清・黃縣人)
[光緒]增修登州 39/13
劉伯木(清・濱州人)
濱州鄉土志/耆舊錄
劉保艾(五代・青州人)
[光緒]益都縣圖志 31/18
劉伯林(元・濟南人)
[嘉靖]山東 29/19
[康熙]山東 39/16
[宣統]山東 158/21
[康熙]濟南 43/9
[道光]濟南 48/10
[崇禎]歷乘 16/13
[崇禎]歷城 10/8
[乾隆]歷城 36/11
劉伯英(字育才)
(清・濰縣人)
[民國]濰縣志稿 28/29
劉伯蘊(字石玉)
(清・濰人)
[宣統]山東 177/12
[民國]濰縣志稿 28/28
濰縣鄉土志/28
劉自敬(字欽止,號退菴)
(清・武城人)
[民國]增訂武城續編 10/10
劉自振(清・聊城人)
[乾隆]東昌 43/46
[宣統]聊城 8/84
劉保國(清・壽張人)
[光緒]壽張 7/30
劉保厚(字子純,一字旨蕤)
(清・濟寧人)
[民國]濟寧直隸州續志 12/45
劉保鏞(長清人)
[民國]長清 12/14
27 **劉綱**(字建極,一作建紀)
(明・禹城人)
[康熙]濟南 40/5
[道光]濟南 52/3
[康熙]禹城 5/15
[嘉慶]禹城 9/1
[民國]禹城 6/1
禹城縣鄉土志/10
劉魯(字參也)
(清・茌平人)
[宣統]茌平 15/4
[民國]茌平 3/86
劉槃(字碩谷,別字坦園)
(清・寧陽人)
[乾隆]寧陽 7/良吏 8
[咸豐]寧陽 13/8
[光緒]寧陽 13/8
劉磐(字介夫)
(清・安邱人)
[民國]續安邱新志 22/1
劉岈(字素菴)
(清・陽信人)
[乾隆]陽信 7/22
[民國]陽信 5/文學 8
信邑志稿 7/文苑
劉紹(宋・寧海人)
[嘉靖]寧海州下/43
[康熙]寧海州 9/2
劉紹(明・山西寧鄉人)
[光緒]增修登州 32/14
[嘉靖]寧海州下/23
[康熙]寧海州 7/4
[同治]重修寧海州 14/2
[民國]牟平 6/74
劉向(元)
[康熙]嶧縣 3/20
[乾隆]嶧縣 7/7
[光緒]嶧縣 19/95
劉修(見劉脩)
劉脩(字季緒)
(三國魏・山陽高平人)
[萬曆]青州 12 又/2
[康熙十五年]青州 12/2
[康熙]沂水 4/21
[道光]沂水 5/20
劉殷(漢・齊人)
[道光]重修平度州 15/3
劉約(字博之,號黃石)
(明・東阿人)
[雍正]山東 28/人物三 18
[宣統]山東 161/37
[乾隆]泰安府 17/8,27/65
[萬曆二十四年]兗州 36/8
[康熙]兗州 28/7
[康熙五十四年]東阿 7/3,

12/5
[道光]東阿 13/鄉賢 3,21/22,22/43
[光緒]東阿縣鄉土志 4/9
劉佩文(字韻卿)
(清・蒲臺人)
蒲臺縣鄉土志/19
劉叔雲(字望坡)
(清・諸城人)
[光緒]增修諸城縣續志 13/10
劉佩珂(字玉菴)
(清・利津人)
[乾隆]利津縣志補 4/19
[光緒]利津 7/文苑 1
劉紹武(字鳳綸,號恆齋)
(清・沂水人)
[道光]沂水 7/29
劉佩琳(清・諸城人)
[光緒]增修諸城縣續志 16/30
劉紹聖(字敬齋)
(清・單縣人)
[民國]單縣 12/鄉賢 11,23/28
劉修己(清・永寧州人)
[康熙]淄川 4/22
[乾隆]淄川 4/22
劉象鼎(東阿人)
[民國]東阿 15/3
劉象山(字世安)
(清・商河人)
[民國]重修商河 8/82
劉彝鼎(明・陝西綏德州人)
[康熙]朝城 7/8
[康熙十二年]鄒縣志 3/16
[康熙五十五年]鄒縣志 2/47
[民國]續修鄒縣志稿/名宦
鄒縣鄉土志政績錄/7
劉紹紱(字麟瑞)
(清・日照人)
[光緒]日照 8/36
劉修德(字天爵)
(元・河間獻州人)
[宣統]山東 69/26
[乾隆]泰安府 14/34
[康熙]東平州 4/51
[乾隆]東平州 12/31,18/51
[道光]東平州 12/31,18/51
[光緒]東平州 14/31
[民國]東平縣 9/16
劉脩德(見劉修德)
劉魯生(明・恩縣人)
[宣統]山東 161/46
[乾隆]東昌 39/29
[嘉慶]東昌 29/13
[宣統]重修恩縣 8/22
[民國]重修恩縣 11/鄉賢 19
劉紹健(清・福山人)
[乾隆]福山 8/42
劉紹宗(清)
[乾隆]東昌 40/40
劉叔宗(字元纂)
(南北朝・德平人)
[康熙]濟南 43/2
[道光]濟南 46/19
[康熙]德平 3/26
[乾隆]德平 3/3
[嘉慶]德平 7/4
[光緒]德平 7/4
德平縣鄉土志/耆舊錄
劉仰灝(字亦梁)
(清・齊河人)
[民國]齊河 23/13,27/21
劉魯洙(清・沂水人)
[乾隆]沂州府 26/22
[道光]沂水 7/28
劉紹禮(字巽齋,號東圃)
(清・單縣人)
[民國]單縣 12/鄉賢 13
劉將軍(晉・西洛人)
[宣統]山東 66/40
[萬曆]萊州 5/57
[康熙]萊州 8/17
萊州府鄉土志/上 6
劉象堯(字俊卿)
(恩縣人)
[民國]重修恩縣 11/鄉賢 80
劉名標(清・漢軍鑲紅旗人)
[雍正]山東 27/106
[乾隆]萊州 9/36
[康熙]膠州 5/17
[乾隆]膠州 4/16
[道光]重修膠州 23/2
[民國]增修膠志 18/1
劉紉蘭(字佩秋)
(清・德州人)
德州鄉土志/耆舊 55
劉紹芳(清・高唐人)
[道光]高唐州 5/1-41
劉魯檜(字孔植)
(清・沂州人)
[宣統]山東 173/3
[乾隆]沂州府 25/27
[民國]臨沂 10/1
劉佩青(字松溪)
(清・安邱人)
[民國]續安邱新志 21/7
劉叔素(字文甫)
(清・堂邑人)
[康熙十一年]堂邑 2/選舉 24
劉仔本(元・夏津人)
[乾隆]泰安府 18/71
[康熙]東平州 4/62
[乾隆]東平州 15/37
[道光]東平州 15/38
[光緒]東平州 15/下 67
[民國]東平縣 11/下 35
劉象甫(清・惠民人)
[光緒]惠民 21/14
惠民縣鄉土志/耆舊錄 12
劉魯璧(字位南)
(清・鉅野人)
[道光]鉅野 17/68
劉將閭(漢・沛郡豐邑人)
[嘉靖]青州 12/19
[康熙十五年]青州 8/9
[康熙四十八年]青州 8/9
[康熙六十年]青州 10/5
[乾隆]章邱 7/1
劉紹熙(字緝敬,號西臺)
(清・平度人)
[民國]平度縣續志 7/34
劉紹曾(清・慶雲人)
[民國三年]慶雲 2/72
劉紹義(字士岩)

(清・單縣人)
[民國]單縣 12/鄉賢 11
劉佩錦(字韓圃)
(清・濟寧人)
[道光]濟寧直隸州 8/4－27
劉紹筠(字竹坪,號淇泉,又號誠菴)
(清・滕縣人)
[道光]滕縣志 8/儒林 41
劉組煥(字爾立)
(清・諸城人)
[道光]諸城縣續志 13/9
劉紹煇(字幾先)
(清・諸城人)
[乾隆]諸城 33/7
28 **劉徹**(漢・沛人)
[萬曆]萊州 5/50
劉儉(晉・東海人)
[光緒]嶧縣 21/鄉賢 32
劉伶(字伯倫)
(晉・沛國人)
[宣統]山東 200/2
[康熙]嶧縣 3/55
[乾隆]嶧縣 8/52,10/上 42
[光緒]嶧縣 21/流寓 3,23/藝文志 58
劉倫(字宗敘)
(明・榆林衛舉人)
[宣統]山東 72/32
[乾隆]曹州府 12/18
[順治]定陶 5/8
[乾隆]定陶 4/19
[民國]定陶 4/25
劉倫(字子言)
(清・昌邑人)
[光緒]昌邑縣續志 5/62
劉佺(元・樂安人)
[嘉靖]山東 34/8
[泰昌]登州 11/57
[順治]登州 18/1
[光緒]增修登州 24/13
[康熙]蓬萊 6/1
[道光]重修蓬萊 9/42
[民國]蓬萊縣志合編人物志/寓賢
[光緒]益都縣圖志 17/15
劉佺(字堯仙)
(清・陽信人)
[民國]陽信 5/方技 85
劉儀(清・蓬萊人)
[光緒]增修登州 68/15
劉攸(漢)
[嘉靖]青州 12/28
[康熙十五年]青州 8/14
劉復亨(元・棣州人)
[咸豐]武定府 25/文苑 6
[乾隆]惠民 6/7
[光緒]惠民 23/5
惠民縣鄉土志/耆舊錄 19
劉復亨(元・齊河人)
[嘉靖]山東 29/19
[康熙]山東 39/16
[康熙]濟南 43/11
[道光]濟南 48/34
[嘉靖]武定州下/66
[乾隆]武定府 25/46
[康熙]齊河 7/5
[雍正]齊河 8/6
[民國]齊河 25/1
齊河縣鄉土志忠義祠/18
劉復亨(清・城武人)
[康熙]兗州續編 16/16
[康熙四十一年]城武 5/上懿行 25
[道光]城武 9/上 43
劉作謀(字寒若)
(明・武城人)
[乾隆]東昌 42/32
[乾隆]武城 10/22
武城縣鄉土志略/耆舊錄
劉從一(唐・濮陽人)
[嘉靖]濮州 5/13
劉作霖(字雨公,號醇菴)
(清・城武人)
[宣統]山東 173/38
[乾隆]曹州府 15/25
[道光]城武 9/下 5
劉儀廷(清・膠州人)
[道光]重修膠州 29/30
[民國]增修膠志 45/15
劉從聖(字學孔)
(清・無棣人)
[民國]無棣 13/31
劉作聖(字睿菴)
(清・平原人)
[民國]續修平原 6/20,10/上 14
劉徵弼(字良夫)
(清・東平人)
[光緒]東平州 15/下 49
[民國]東平縣 11/下 19
劉從仁(明・解州人)
[康熙]濟南 25/61
[康熙]泰安州 2/50
[乾隆]泰安府 15/18
[乾隆二十五年]泰安縣 10/32
[乾隆四十七年]泰安縣 8/30
[道光]泰安縣 10/7
[民國]重修泰安縣 6/60
泰安縣鄉土志/政績 5
劉復仁(清・濰縣人)
[民國]濰縣志稿 28/9
劉以仁(字麟圃)
(清・單縣人)
[民國]單縣 12/鄉賢 22
劉以繼(明・城武人)
[康熙九年]城武 3/55
劉作鼎(清・東平人)
[宣統]山東 171/15
劉復魁(清・陽穀人)
[康熙]陽穀 4/4
[光緒]陽穀 7/2
[民國]增修陽穀人物/善行 36
劉作儀(字鳳庭)
(清・鄆城人)
[光緒]鄆城 10/8
劉以宋(明)
[康熙]臨朐縣志書 1/39
光緒臨朐 13/13
劉復治(清・萊陽人)
[民國]萊陽 3/1 中 91
劉復禮(清・招遠人)
[道光]招遠縣續志 3/17
劉復初(明・泰安人)
[宣統]山東 71/34

[乾隆]泰安府 15/1
[乾隆二十五年]泰安縣 12/15
[乾隆四十七年]泰安縣 10/上 11
[道光]泰安縣 9/上 60
[民國]重修泰安縣 8/10
[順治]新泰 5/32
[乾隆]新泰 16/14
劉復初(清·昌樂人)
[嘉慶]昌樂 24/11
劉從堯(明·德平人)
[康熙]濟南 44/17
[道光]濟南 52/54
[康熙]德平 3/34
[嘉慶]德平 7/11
[光緒]德平 7/13
德平縣鄉土志/耆舊錄
劉作乂(清·臨淄人)
[乾隆]淄川 4/又 28－4
劉以標(清·曲阜人)
[民國]續修曲阜 5/42
劉以楷(明·夏津人)
[雍正]山東 28/人物三 77
[宣統]山東 164/55
[乾隆]東昌 42/31
[康熙]夏津 5/11
[乾隆]夏津 8/16
劉繪藻(字悅凫)
(清·滋陽人)
[光緒]滋陽 8/62
滋陽縣鄉土志 1/耆舊－文學
劉以恭(字篤平)
(清·單縣人)
[民國]單縣 10/8
劉儀恕(字喻仁,一作喻人)
(清·陝西涇陽人)
[雍正]山東 27/108
[宣統]山東 75/43
[乾隆]武定府 16/13
[咸豐]武定府 19/13
[乾隆]惠民 5/22
[光緒]惠民 18/14
惠民縣鄉土志/政績錄 7
劉作楫(號仙槎)
(清·城武人)
[道光]城武 9/下 5
劉以敬(清·定陶人)
[民國]定陶 6/60
劉徵松(明·江西安福人)
[道光]濟南 36/52
[光緒]陵縣 18/13
陵縣鄉土志/7
劉作梅(字雪放)
(清·昌樂人)
[民國]昌樂縣續志 38/8
劉以貴(字滄嵐)
(清·濰人)
[宣統]山東 177/17
[乾隆]萊州 11/文學 2
[乾隆]濰縣 4/27,5/60
[民國]濰縣志稿 29/1
濰縣鄉土志/43
劉作東(號秋農)
(清·滕縣人)
[道光]滕縣志 9/孝義 39
劉以成(字竹君)
(清·嘉祥人)
[光緒]嘉祥 3/30
劉以成(字松軒)
(清·禹城人)
[民國]禹城 6/75
劉綸炳(字德音)
(清·諸城人)
[道光]諸城縣續志 19/1
29 **劉倓**(字安公,一字安恭)
(清·壽光人)
[咸豐]青州 49/41
[嘉慶]壽光 14/14
[民國]壽光 12/人物志二 13
30 **劉安**(漢)
[乾隆]章邱 7/2
劉安(明·福山人)
[康熙]福山 4/4
[乾隆]福山 8/71
劉安(明·祥符舉人)
[咸豐]金鄉縣志略 7/12
劉賓(字尚禮)
(明·費縣人)
[萬曆]沂州志 7/25
[乾隆]沂州府 25/20
[康熙]費縣 7/8
[光緒]費縣 10/69
費縣鄉土志/耆舊錄－事業
劉賓(字幼庵)
(清·亳州人)
[乾隆]淄川 4/又 28－4
劉宸(清·莒縣人)
[嘉慶]莒州 10/3
[民國]重修莒志 62/4
劉寵(字祖榮,一作子榮)
(漢·東萊牟平人)
[至元]齊乘 6/12
[嘉靖]山東 25/15,32/21
[康熙]山東 32/2,43/1
[雍正]山東 28/人物一 23
[宣統]山東 161/3
[康熙]濟南 25/2
[道光]濟南 33/7
[康熙]萊州 10/17
[泰昌]登州 11/2
[順治]登州 16/1
[光緒]增修登州 38/2
[嘉靖]寧海州下/39
[康熙]寧海州 9/1
[同治]重修寧海州 17/1
[崇禎]歷乘 16/24
[崇禎]歷城 6/7
[乾隆]歷城 34/1
[道光]章邱 9/1
章邱縣鄉土志/上 3
[民國]牟平 7/2
[民國]福山縣志稿 2/2－2,7/1－1
劉淳(明·巢縣人)
[咸豐]青州 36/48
[康熙]壽光 20/6
[嘉慶]壽光 10/27
[民國]壽光 6/18
劉定(漢)
[萬曆]沂州志 7/58
[康熙]高密 6/1
[道光]鉅野 24/2
劉富(明·金鄉人)
[雍正]山東 28/人物三 29
[宣統]山東 165/18
[萬曆二十四年]兗州 37/5

[康熙]兗州 28/34
[康熙]兗州續編 15/11
[乾隆]兗州 23/42
[乾隆]濟寧直隸州 27/27
[道光]濟寧直隸州 8/2－53
[康熙十二年]金鄉 5/27
[康熙五十一年]金鄉 11/3
[乾隆]金鄉 18/53
[咸豐]金鄉縣志略 9/上 12
[民國]金鄉 14/1
金鄉縣鄉土志/耆舊錄上

劉淮(明・章丘人)
[萬曆]章丘 24/31

劉淮(字景南)
(清・城武人)
[雍正]山東 28/人物四 18
[宣統]山東 173/39
[乾隆]武定府 16/36
[咸豐]武定府 19/濱州 5
[乾隆]曹州府 15/23
[咸豐]濱州 8/7
[康熙九年]城武 3/49
[康熙四十一年]城武 4/下 17
[道光]城武 9/上 17

劉淮(字桐若)
(清・鉅野人)
[道光]鉅野 13/54

劉宧(字世祿)
(明・博平人)
[正德]博平 4/71

劉寄(漢・齊人)
[道光]重修平度州 15/2

劉進(字師賢)
(明・博平人)
[正德]博平 4/68

劉進(明・長清人)
[道光]長清 11/6

劉寬(字文饒)
(漢・華陰人)
[嘉靖]山東 26/3
[康熙]山東 33/4
[雍正]山東 27/76
[宣統]山東 66/21
[萬曆元年]兗州 38/循吏 9
[萬曆二十四年]兗州 26/11
[康熙]兗州 21/11
[萬曆]沂州志 6/4
[康熙]沂州志 3/40
[乾隆]沂州府 20/2
[乾隆]郯城 7/23
[光緒]嶧縣 19/25

劉寬(元・費縣人)
[光緒]費縣 10/68,15/15,15/16

劉寬(字景中,號怡堂)
(清・單縣人)
[民國]單縣 10/14

劉濂(字宗周)
(明・臨清人)
[雍正]山東 28/人物三 16
[宣統]山東 161/37
[萬曆]東昌 19/52
[乾隆]東昌 39/2
[康熙]臨清州 3/人物 7
[乾隆]臨清州 9/22
[乾隆]臨清直隸州 8/上 7
[民國]臨清縣/人物 4

劉良(明)
[康熙四十三年]長山 3/宦績
[康熙五十五年]長山 3/30
[嘉慶]長山 5/39

劉良(明・茌平人)
[乾隆]東昌 41/29
[嘉慶]東昌 31/6
[康熙二年]茌平 2/52
[康熙四十九年]茌平 2/忠烈 2
[宣統]茌平 16/1
[民國]茌平 3/9

劉寧(明・博興人)
[康熙十五年]青州 13/53
[康熙四十八年]青州 13/事功 36
[康熙六十年]青州 16/18
[咸豐]青州 44/1
[康熙]高苑 6/3
[乾隆]高苑 6/3
[康熙六十年]博興 7/19
[道光]博興 11/15
[民國]重修博興 13/12

劉寧(明・汶上人)
[嘉靖]山東 30/59
[康熙]山東 40/57
[雍正]山東 28/人物三 3
[宣統]山東 160/14
[萬曆元年]兗州 40/卓行 5
[萬曆二十四年]兗州 36/2
[康熙]兗州 28/2
[乾隆]兗州 23/35
[萬曆]汶上 6/7

劉寔(字子真)
(晉・平原高唐人)
[嘉靖]山東 31/3
[康熙]山東 41/2
[雍正]山東 28/人物一 36
[宣統]山東 155/1
[道光]濟南 45/36
[弘治]泰安州 3/10
[康熙]泰安州 3/10
[萬曆]東昌 19/7
[乾隆]東昌 36/7
[嘉慶]東昌 26/8
[嘉靖]高唐州 5/13
[康熙十二年]高唐州 8/3
[康熙五十一年]高唐州 8/3
[道光]高唐州 5/1－3
[光緒]高唐州 5/1－3
[民國]高唐縣 12/61,12/80
高唐州鄉土志/15
[康熙]陵縣 5/2
[乾隆]平原 8/2
平原縣鄉土志輯稿/鄉賢

劉實(晉,見劉寔)

劉實(號太極)
(明・新泰人,一作陽信人)
[康熙]濟南 48/10
[乾隆]泰安府 18/67
[乾隆]武定府 26/23
[咸豐]武定府 26/隱逸 1
[乾隆]新泰 16/10
[康熙]陽信 9/35
[乾隆]陽信 7/53
[民國]陽信 5/隱逸 70
信邑志稿 7/隱逸

劉實(明・益都人)
[萬曆]青州 15/52

[康熙十五年]青州 15/52
[康熙四十八年]青州 15/義民 20
[康熙六十年]青州 18/15
劉守(明・滑縣人)
[萬曆]蒲臺志 8/6
[康熙]重修蒲臺 5/8
劉潼(字子固)(唐・南華人)
[嘉靖]山東 30/41
[萬曆元年]兖州 40/武功 16
[萬曆二十四年]兖州 34/3
[康熙]兖州 26/36
[康熙]曹州志 15/44
[康熙]東明 6/12
[乾隆]東明 6/12
[民國]東明縣新誌 11/19
[光緒]菏澤 15/44
劉汶(字魯田,號叔子)(清・確山人)
[宣統]山東 200/15
[乾隆]濟寧直隸州 15/25,26/8
[道光]濟寧直隸州 8/3－21
濟寧州鄉土志 2/流寓
劉憲(明・單縣人)
[順治]單縣 2/41
劉憲(清・利津人)
[乾隆]利津縣志續編 8/49
劉宣(明・宜陽人)
[萬曆]福山 4/29
劉宜(漢・沛郡人)
[萬曆]沂州志 7/58
[康熙]嶧縣 3/3
劉寅(字敬甫)(明・壽張人)
[萬曆二十四年]兖州 36/23
[康熙]兖州 28/22
[乾隆]兖州 23/45
[康熙六年]壽張 7/15
[康熙五十六年]壽張 7/15
[光緒]壽張 6/48
壽張縣鄉土志/耆舊－事業
劉寅(字德輿)(明・陽信人)
[康熙]陽信 8/20
信邑志稿 7/文苑
劉永(明・北直灤州人)
[宣統]山東 72/42
[乾隆]東昌 34/11
[嘉慶]東昌 22/2
[正德]莘縣 5/12
[康熙十一年]莘縣 5/3
[康熙五十六年]莘縣 5/3
[光緒]莘縣 5/5
[民國]莘縣 3/3
劉宇(漢・沛縣人)
[萬曆二十四年]兖州 9/12
[康熙]兖州 10/12
[乾隆]泰安府 5/2
[乾隆]東平州 10/49
[道光]東平州 10/下 1
[光緒]東平州 12/2
劉準(字平仲)(明・山西陽曲人)
[宣統]山東 71/41
[康熙]濟南 25/43
[乾隆]武定府 16/17
[咸豐]武定府 19/陽信 1
[康熙]陽信 7/27
[乾隆]陽信 5/29
信邑志稿 5/宦蹟
[民國]陽信 2/55
劉濟慶(字潤南)(掖縣人)
[民國]四續掖縣 4/57
劉審交(字求益)(五代晉・幽州文安人)
[雍正]山東 27/54
[宣統]山東 68/22
[咸豐]青州 54/12
[光緒]益都縣圖志 16/20
劉憲章(字繼孔)(清・菏澤人)
[光緒]菏澤 16/11
[光緒]新修菏澤 11/60
劉憲章(字希周)(寧津人)
寧津縣志料 3/人物－義行
劉永亨(字星元)(清平人)
[民國]高唐縣卷首
劉永康(清・商河人)
[道光]商河 7/46
[民國]重修商河 8/74
劉永言(字赤玉)(清・茌平人)
[宣統]茌平 15/4
[民國]茌平 3/86
劉之京(清・山陰人)
[康熙]堂邑 9/4
劉之亮(字執之)(明・北直唐山人)
[宣統]山東 72/16
[康熙]兖州續編 14/17
[乾隆]兖州 22/30
[乾隆]濟寧直隸州 22/50
[道光]濟寧直隸州 6/6－34
[順治]嘉祥 4/38
[乾隆]嘉祥 3/31
[光緒]嘉祥 3/38
劉之彥(清・麻城人)
[康熙]嶧縣 3/44
[光緒]嶧縣 19/丞倅 4
劉之章(字煥齋)(清・壽光人)
[民國]壽光 12/人物志一 98
劉宗彥(長清人)
[民國]長清 12/12
劉家龍(明・福山人)
[康熙]福山 8/23
[乾隆]福山 8/46
劉家龍(字海冠,號雨亭,又號左青)(清・章邱人)
章邱縣鄉土志/上 28
劉家麟(字仁夫,號樂山)(清・章邱人)
章邱縣鄉土志/上 28
劉寶三(字次侯)(清・昌樂人)
[民國]昌樂縣續志 27/5
劉寶璋(字劍南)(清・商河人)
[民國]重修商河 9/20
商河縣鄉土志 3/耆舊－學問
劉憲三(東阿人)

[民國]東阿 15/10
劉之玉(清・寧津人)
[光緒]寧津 8/32
寧津縣志料 3/人物-義行
劉家瑞(字麟兆)
(清・鉅野人)
[乾隆]曹州府 21/62
[道光]鉅野 13/34,19/16
劉之烈(清・博興人)
[咸豐]青州 50/13
[道光]博興 11/32
[民國]重修博興 13/30
劉宗延(字伯緒)
(清・博山人)
[乾隆]博山 7/上 7
[民國]續修博山 11/20
劉寶瓛(清・棲霞人)
[光緒]棲霞縣續志 6/忠義 2
劉寶琛(字獻忱)
(清・平原人)
[民國]續修平原 6/1
劉家珣(字宸建)
(清・鉅野人)
[道光]鉅野 13/36
劉良弼(清・壽光人)
[康熙十五年]青州 17/又 5
[康熙四十八年]青州 17/方技 6
[康熙]壽光 32/4
[嘉慶]壽光 20/6
[民國]壽光 12/人物志二 89
劉永承(明・宜陽人)
[萬曆]福山 4/29
劉宗尹(明・裕州人)
[天啟]新泰 5/28
[順治]新泰 4/23
[乾隆]新泰 11/10
劉之珍(字寶石)
(清・招遠人)
[光緒]增修登州 43/27
[道光]招遠縣續志 3/14
劉宇采(清・諸城人)
[光緒]增修諸城縣續志 14/4
劉宗舜(清・歷城人)
[民國]續修歷城 44/36
劉宗秀(字實章)
(清・嶧縣人)
[康熙]兗州續編 16/12
[乾隆]兗州 23/67
[乾隆]嶧縣 8/37
[光緒]嶧縣 21/耆舊 4
劉宗禹(字一中)
(明・歷城人)
[道光]濟南 49/24
[乾隆]歷城 37/34
劉宗禹(原名宗鈖)
(清・滕縣人)
[道光]滕縣志 8/武功 9
滕縣鄉土志/20
劉宏仁(族名登桂,以字行)
(清・高唐人)
[民國]高唐縣 12/24
劉守經(元)
[順治]堂邑 2/職官 3
劉宅仁(字壽亭)
(清・昌樂人)
[民國]昌樂縣續志 31/6
劉之順(清・城武人)
[道光]城武 9/下 3
劉宗仁(明・茌平人)
[雍正]山東 28/人物三 26
[宣統]山東 164/43
[萬曆]東昌 19/59
[乾隆]東昌 41/28
[嘉慶]東昌 31/6
[康熙二年]茌平 2/52
[康熙四十九年]茌平 2/忠烈
[宣統]茌平 16/2
[民國]茌平 3/10
劉寶鼎(字星三,一作醒山)
(清・平原人)
[宣統]山東 170/32
[民國]續修平原 10/上 23
劉濟川(字汝楫)
(清・長清人)
[民國]長清 13/4
劉濟川(字劍青,號說巖)
(清・濰縣人)
[民國]濰縣志稿 30/24
劉永彩(清・濟寧人)
[乾隆]濟寧直隸州 28/39
[道光]濟寧直隸州 8/4-51
濟寧州鄉土志 2/技術
劉宗胤(明・濟寧人)
[康熙]濟寧州 7/52
[乾隆]濟寧直隸州 27/8
[道光]濟寧直隸州 8/4-32
劉宏緒(清・滕縣人)
滕縣鄉土志/29
劉憲德(字夢雲)
(清)
[咸豐]青州 49/30
[道光]安邱新志 22/5
安丘縣鄉土志 6/耆舊錄 3
劉寅升(字日莊)
(清・臨邑人)
[同治]臨邑 9/循異 7
劉宏績(字言可)
(清・壽光人)
[乾隆]續壽光 24/3
[嘉慶]壽光 13/24
[民國]壽光 12/人物志一 78
劉宗健(字乾夫)
(清・博興人)
[道光]博興 11/33
[民國]重修博興 13/31
劉寶泉(鉅野人)
[民國]續修鉅野 5/上 13
劉宏泉(原名韶清,字琴舫)
(清・高唐人)
[民國]高唐縣 12/26
劉宗皋(清・商河人)
[民國]重修商河 8/80
劉宗和(明・萊陽人)
[民國]萊陽 3/1 中 12
劉宗嶧(字振魯)
(清・金鄉人)
[乾隆]兗州 23/88
劉永阜(明・任丘人)
[萬曆]青城 1/37
劉之久(字在川)
(明・嘉祥人)
[順治]嘉祥 4/又 23
[乾隆]嘉祥 3/24
[光緒]嘉祥 3/23
劉宗向(字祿閣)

（清・文登人）
［光緒］文登 10/上 21
劉富齡（字仙芝）
（清・昌邑人）
［光緒］昌邑縣續志 5/62
劉宏宣（字其仁）
（清・日照人）
［光緒］日照 8/19
劉進寶（字君重）
（清・廣寧人）
［光緒］增修登州 36/19
［康熙］靖海衛志藝文/34
［雍正］文登 9/20
［道光］文登 8/23
［光緒］文登 7/下 11
［民國］文登 7/下 11
劉進之（字簣山）
（黄縣人）
［民國］黄縣志稿 13/民國孝友
劉永安（清・濮州人）
［宣統］濮州 6/21
劉永定（清・福山人）
［光緒］增修登州 43/18
［乾隆］福山 9 上/64
［民國］福山縣志稿 7/4－2
劉宗濂（字春陵，號梅嶼）
（清・長山人）
［嘉慶］長山 8/23
長山縣鄉土志/耆舊錄
劉永福（字介祉）
（清・東平人）
［道光］東平州 14/17
［光緒］東平州 15/中 22
東平州鄉土志上/耆舊錄 42
［民國］東平縣 11/上 40
［乾隆］利津縣志續編 7/34
劉永福（字伯若）
（清・壽光人）
［乾隆］續壽光 24/9
［嘉慶］壽光 13/29
［民國］壽光 12/人物志一 84
劉之沂（字浴之）
（明・博興人）
［咸豐］青州 45/14
［康熙十二年］博興 6/5
［康熙六十年］博興 7/20，7/57
［道光］博興 11/18
［民國］重修博興 13/15，16/23
劉永禧（字令占）
（清・東平人）
［乾隆］東平州 15/21
［道光］東平州 15/21
［光緒］東平州 15/下 29
［民國］東平縣 11/下 6
劉永祐（清・夏津人）
［民國］夏津續編 8/9
劉之達（字溟如）
（清・掖縣人）
［乾隆］掖縣 4/69
劉宗漢（清・鄒平人）
［道光］鄒平 15/99
［民國］鄒平 15/99
劉寶洙（字德淵）
（清・單縣人）
［民國］單縣 10/15
劉濟清（字繡泉）
（清・恩縣人）
［民國］重修恩縣 11/鄉賢 27
劉永清（字潤海）
（清・榮成人）
［光緒］增修登州 41/68
［道光］榮成 8/4
劉之禮（清・陽信人）
［民國］陽信 5/義俠 77
劉宗禮（明・北直大名人）
［宣統］山東 71/34
［康熙］濟南 25/46
［萬曆］青州 12 又/又 10
［乾隆］泰安府 15/11
［天啟］新泰 5/22
［順治］新泰 4/18
［乾隆］新泰 11/3
劉永祿（字爵一）
（清・禹城人）
［民國］禹城 6/34
劉永祀（清・博平人）
［嘉慶］東昌 32/58
劉安祥（字瑞亭）
（清・齊東人）
［民國］齊東 5/19
劉永祥（字漢章）
（清・東平人）
［乾隆］東平州 15/22
［道光］東平州 15/22
［光緒］東平州 15/下 30
［民國］東平縣 11/下 7
劉永祥（字翊晉）
（清・濰縣人）
［民國］濰縣志稿 32/8
劉永祚（字裕昆）
（清・利津人）
［乾隆］利津縣志補 4/28
［光緒］利津 8/孝友 3
劉之裕（字景曾，亦字洗心）
（清・壽光人）
［康熙十五年］青州 13/91
［康熙四十八年］青州 13/事功 75
［康熙六十年］青州 15/14
［咸豐］青州 46/27
［康熙］壽光 26/4
［嘉慶］壽光 13/18
［民國］壽光 12/人物志一 71
劉宗海（字赭門）
（清・樂安人）
［民國］樂安 10/34
［民國］續修廣饒 19/68
劉寶森（字栢菴）
（平原人）
［民國］續修平原 8/25
劉進才（清・濮州人）
［宣統］濮州 6/20
劉永吉（清・鄒平人）
［康熙］濟南 44/30
［道光］濟南 72/43
［康熙］鄒平 6/4
［嘉慶］鄒平 15/11
［道光］鄒平 15/94
［民國］鄒平 15/94
劉之培（字養源）
（清・夏津人）
［民國］夏津續編 8/22
劉宗堯（字天如）
（清・掖縣人）
［乾隆］掖縣 4/54

劉之塏(字文藩)
(清・夏津人)
[民國]夏津續編 8/21
劉安世(字器之)
(宋・元城人)
[嘉靖]山東 26/13
[康熙]山東 33/15
[乾隆]泰安府 14/22
[萬曆元年]兖州 39/名宦 14
[萬曆二十四年]兖州 28/8
[康熙]兖州 22/8
[康熙]東平州 4/41
[乾隆]東平州 12/20
[道光]東平州 12/20
[光緒]東平州 14/20
劉宏基(字封夔)
(清・昌樂人)
[嘉慶]昌樂 22/10
劉守恭(字克敬)
(元・山西人)
[嘉靖]山東 26/28
[萬曆]東昌 18/27
[乾隆]東昌 33/40
[嘉慶]東昌 21/9
[順治]堂邑 2/職官 3
[康熙十一年]堂邑 2/名宦 3
[康熙]堂邑 11/7
堂邑縣鄉土志/政績錄
劉永桂(字鳳池)
(明・城武人)
[康熙九年]城武 3/56
[康熙四十一年]城武 5/上懿行 7
[道光]城武 9/下 11
劉永樹(字柏谷)
(清・安丘人)
[民國]續安邱新志 20/1
安丘縣鄉土志 6/耆舊錄 3
劉之芳(見劉之芬)
劉之芬(字帝馨)
(清・商河人)
[道光]商河 7/53
[民國]重修商河 9/19
劉之蓀(號桐實)
(清・鄒平人)
[道光]濟南 54/40
[嘉慶]鄒平 15/21
劉宗華(字卓堂)
(清・東阿人)
[民國]續修東阿 11/3
劉宗著(清・定陶人)
[乾隆]曹州府 16/11
[民國]定陶 6/50
劉永椿(字超千)
(清・陽信人)
[民國]陽信 5/篤行 45
劉之棟(清・齊河人)
[道光]濟南 56/4
[雍正]齊河 7/9
[民國]齊河 24/7
齊河縣鄉土志鄉賢祠/18
劉之坤(字厚齋)
(清・夏津人)
[民國]夏津續編 8/22
劉安東(清・商河人)
[民國]重修商河 8/45
商河縣鄉土志 2/耆舊-事業
劉賓書(清・諸城人)
[光緒]增修諸城縣續志 16/27
劉宏中(字天繩)
(清・單縣人)
[宣統]山東 173/37
[乾隆]單縣 10/47
劉家泰(明・恩縣人)
[雍正]恩縣續志 3/30
[宣統]重修恩縣 7/50
劉進忠(明・臨朐人)
[咸豐]青州 45/39
[康熙]臨朐縣志書 3/38
光緒臨朐 14/下 4
劉進忠(明・蒙陰人)
[康熙十一年]蒙陰 2/34
劉進忠(清・高唐人)
[道光]高唐州 5/1-50
劉憲忠(東阿人)
[民國]東阿 15/18
劉永春(清・汶上人)
[宣統]四續汶上稿/人物-施濟傳
劉永貴(清・臨朐人)
臨朐縣鄉土志 1/耆舊
劉永泰(明・萊陽人)
[光緒]增修登州 50/2
[民國]萊陽 3/1 中 58
劉永泰(清・臨邑人)
[道光]濟南 56/43
劉之蛟(明・河南中牟人)
[宣統]山東 71/29
[道光]濟南 36/49
[道光]長清 3/13
劉注東(明・茌平人)
[康熙二年]茌平 2/46
劉宜盛(清・茌平人)
[宣統]茌平 16/5
[民國]茌平 3/22
劉永成(明・陝西人)
[康熙]兖州府曹縣 9/7
劉安國(清・奉天瀋陽人)
[宣統]山東 74/38
[道光]濟南 37/54
劉寶田(清・平原人)
[民國]續修平原 6/2
劉濟昇(清・濮州人)
[康熙]濮州續志下/21
[宣統]濮州 6/55
劉良田(字藝圃)
(清・平原人)
[民國]續修平原 10/上 25
劉永昌(字星奎)
(清・淄川人)
[宣統]三續淄川 10/24
劉永固(字介孚)
(清・歷城人)
[道光]濟南 53/55
劉宇昌(清・四川璧山人)
[光緒]嶧縣 19/職官下 23
劉之旺(字君殿)
(清・臨清人)
[乾隆]東昌 43/22
[乾隆]臨清直隸州 8/上 46
[民國]臨清縣/人物 59
劉進明(字日起,號癸赤)
(明・濰縣人)
[乾隆]濰縣 4/12
[民國]濰縣志稿 27/45
濰縣鄉土志/18

劉之驥(清·章邱人)
[道光]濟南 54/7
[道光]章邱 11/37
劉容隨(字介臣)
(單縣人)
[民國]單縣 12/鄉賢 26
劉宣颺(字賡亭)
(清·慶雲人)
[民國三年]慶雲 2/96
劉安民(明·福山人)
[康熙]福山 8/23
[乾隆]福山 8/35
劉安周(字姬臣)
(清·單縣人)
[民國]單縣 12/鄉賢 18
劉寶印(字玉璽)
(明·長山人)
[道光]濟南 50/53
[康熙五十五年]長山 6/38
[嘉慶]長山 10/2
劉永譽(明·魚臺人)
[康熙]山東 46/3
劉之閔(明·諸城人)
[乾隆]諸城 40/2
劉之鵬(清·順天香河人)
[咸豐]青州 37/4
[光緒]益都縣圖志 18/58
[乾隆]諸城 28/11
諸城縣鄉土志/上 10
劉宗周(清·商河人)
[民國]重修商河 8/41
商河縣鄉土志 2/耆舊-事業
劉寶鏞(字東序)
(清·平原人)
[民國]續修平原 6/12,10/上 20
劉濟鏞(字竹泉)
(清·齊東人)
[民國]齊東 5/59
劉進曾(字錫陸)
(清·慶雲人)
[民國三年]慶雲 2/51
劉守曾(清·山陽人)
[宣統]蒙陰 3/宦績
[光緒]高唐州 7/1-17
[民國]高唐縣 9/5-14
劉宰金(號庚溪)
(清·聊城人)
[宣統]聊城 8/62
劉宏猷(明·諸城人)
[光緒]增修諸城縣續志/孝義補遺 1
劉寵錫(字笏村)
(清·齊河人)
[民國]齊河 23/73
劉永錫(字慶遠)
(清·嶧縣人)
[光緒]嶧縣 21/忠義 7
劉家範(清·濮州人)
[宣統]山東 173/35
[宣統]濮州 6/33
劉永銓(字仲衡)
(清·漢軍鑲紅旗人,一作奉天人)
[宣統]山東 75/21,77/11
[道光]濟南 38/43
[咸豐]青州 37/23
[乾隆]德州 8/19
[民國]德縣 9/14
[嘉慶]壽光 10/32
[民國]壽光 6/23
劉宏光(見劉弘光)
劉家炎(字雪巖)
(清·鉅野人)
[道光]鉅野 13/39
劉之光(字子謙)
(清·濰縣人)
[民國]濰縣志稿 30/21
劉宗炎(清·新泰人)
[乾隆]泰安府 17/52
[乾隆]新泰 16/8
劉宗燦(字仲宣)
(清·長山人)
[嘉慶]長山 8/14
31 **劉馮**(漢·沛人)
[乾隆四十七年]泰安縣卷之末/10
[道光]泰安縣卷之末/10
[民國]重修泰安縣 10/68
劉福(明·鳳陽人)
[康熙]張秋志 5/21
劉福(明·臨朐人)
[嘉靖]臨朐 3/11
劉福(字慶之)
(明·益都人)
[嘉靖]青州 14/27
[萬曆]青州 13/42
[康熙十五年]青州 13/42
[康熙四十八年]青州 13/事功 25
[康熙六十年]青州 16/13
[咸豐]青州 43/8
[康熙]益都 7/8
[光緒]益都縣圖志 35/1
劉福(明·章邱人)
[萬曆]章丘 24/35
[康熙]章丘 6/26
[乾隆]章邱 9/21
[道光]章邱 11/26
劉福(字全五)
(清·安溪人)
[光緒]高唐州 5/1-67
[民國]高唐縣 12/75
劉灝(字陂千)
(清·陝西涇陽人)
[宣統]山東 74/38
[道光]濟南 37/54
劉江(清·諸城人)
[光緒]增修諸城縣續志 17/15
劉涇(明·河南懷慶人)
[宣統]山東 73/20
[泰昌]登州 9/28
[順治]登州 11/18
[光緒]增修登州 25/10
劉汧(字蒲穀)
(清·平原人)
[道光]濟南 56/105
[乾隆]平原 8/39
平原縣鄉土志輯稿/文學
劉遷(字出谷)
(明)
[道光]濟南 49/24
[崇禎]歷乘 16/53
[崇禎]歷城 10/26
劉潛(字仲方)
(宋·定陶人)

[嘉靖]山東 27/11,30/46
[康熙]山東 36/2
[雍正]山東 28/人物二 26
[康熙]濟南 25/13
[道光]濟南 34/8
[乾隆]泰安府 14/24
[萬曆元年]兗州 40/孝友 5
[萬曆二十四年]兗州 37/2
[康熙]兗州 28/30
[泰昌]登州 9/25
[順治]登州 11/11
[光緒]增修登州 24/10
[康熙]曹州志 15/13
[乾隆]曹州府 16/1
[康熙]淄川 4/5
[乾隆]淄川 4/5
[順治]定陶 5/19
[乾隆]定陶 6/6
[民國]定陶 6/41
[光緒]蓬萊縣續志 6/文秩 1
[光緒]平陰 6/69
劉濬(元・膠州人)
[康熙]山東 45/22
[萬曆]萊州 6/7
[康熙]萊州 10/61
[乾隆]萊州 11/孝義 2
[康熙]膠州 6/3,6/9
[乾隆]膠州 5/5
[道光]重修膠州 24/5
[民國]增修膠志 39/4
膠州直隸州鄉土志 4/孝友
劉濬(明・江西新淦人)
[嘉靖]山東 26/30
[康熙]山東 34/8
[雍正]山東 27/48
[宣統]山東 72/40
[萬曆]東昌 18/36
[乾隆]東昌 34/1
[嘉慶]東昌 21/19
[康熙二年]茌平 2/36
[康熙四十九年]茌平 2/36
[宣統]茌平 8/2
[民國]茌平 8/59
劉源(金・館陶人)
[嘉靖]山東 31/27
[宣統]山東 161/19
[萬曆]東昌 18/29
[乾隆]東昌 34/23,37/25
[嘉慶]東昌 27/23
[康熙]臨清州 3/名宦 7
[乾隆]臨清州 9/5
[乾隆]臨清直隸州 6/72,8/上 4
[民國]臨清縣/秩官 59
劉源(元・昌樂人)
[民國]昌樂縣續志 32/1
劉源(元・臨清人)
[康熙]臨清州 3/人物 6
[乾隆]臨清州 9/20
[乾隆]臨清直隸州 8/上 4
[民國]臨清縣/人物 2
劉源(明・長沙人)
[光緒]文登 5/35
劉源(字湛溪,號青來)
(清・滕縣人)
[道光]滕縣志 9/隱逸 9
劉源(字百川)
(清・滋陽人)
[光緒]滋陽 8/57
滋陽縣鄉土志 1/耆舊-文學
劉澐(明・太平人)
[萬曆]寧津 5/20
[光緒]寧津 6/27
寧津縣志料 3/人物-名宦
劉澐(清・長山人)
長山縣鄉土志/耆舊錄
劉澐(字巨波)
(清・茌平人)
[宣統]茌平 11/9
[民國]茌平 3/56
劉澐(字晉陽,號溉堂)
(清・單縣人)
[民國]單縣 10/12
劉禎(明安丘,見劉楨)
劉禎(明濟寧,見劉楨)
劉禎(字彥祥)
(明・樂安人)
[萬曆]商河 7/75
劉禎(清・新泰人)
[乾隆]新泰 17/人物上增 4
劉祉(漢)
[順治]定陶 5/3
[民國]定陶 6/4
劉滙一(字北軒)
(清・單縣人)
[民國]單縣 12/鄉賢 6
劉濬德(字我白)
(明・博山人)
[康熙]顏神鎮志 4/下 15
[乾隆]博山志稿/18
[乾隆]博山 7/上 1
[民國]續修博山 11/16
[康熙]益都 9/6
[光緒]益都縣圖志 41/6
劉福寧(清・濰縣人)
[乾隆]濰縣 4/24
[民國]濰縣志稿 31/6
濰縣鄉土志/24
劉瀕濱(清・鄆城人)
[光緒]鄆城 16/21
劉源湛(字石友)
(清・湖廣新鄉人)
[雍正]山東 27/98
[宣統]山東 74/54
[道光]濟南 37/75
[康熙]德州 7/29
[乾隆]德州 8/11
[民國]德縣 9/10
劉源清(字汝澄)
(明・東平人)
[雍正]山東 28/人物三 30
[宣統]山東 159/19
[乾隆]泰安府 17/11
[萬曆二十四年]兗州 36/13
[康熙]兗州 28/13
[康熙]東平州 3/41
[乾隆]東平州 14/22
[道光]東平州 14/22
[光緒]東平州 15/中 31
東平州鄉土志上/耆舊錄 31
[民國]東平縣 11/中 3
劉源淥(字崑右)
(清・安丘人)
[宣統]山東 175/35
[康熙四十八年]青州 14/儒行 19
[康熙六十年]青州 15/14

［咸豐］青州 46/49
［道光］安邱新志 17/1
安丘縣鄉土志 8/耆舊錄 5
劉源深（字岷中）
（清・安邱人）
［康熙六十年］青州 18/15
［咸豐］青州 46/48
［道光］安邱新志 23/2
安丘縣鄉土志 5/耆舊錄 2
劉濬橋（字筱舟）
（清・慶雲人）
［民國三年］慶雲 2/70
劉福基（清・鄒平人）
［道光］濟南 54/51
［道光］鄒平 15/101
［民國］鄒平 15/101
劉福聲（清・萊陽人）
［民國］萊陽 3/1 中 65
劉福增（清・益都人）
［光緒］益都縣圖志 41/30
劉福增（字壽卿）
（昌樂人）
［民國］昌樂縣續志 34/9
劉福田（字嚮五）
（臨邑人）
［民國］續修臨邑 3/39
劉濡恩（字顧思）
（明・文登人）
［光緒］增修登州 41/64
［光緒］文登 8/下 12
劉福興（清・樂安人）
［民國］樂安 10/20
［民國］續修廣饒 19/38
劉福全（清・昌邑人）
［光緒］昌邑縣續志 5/46
劉福善（字慶餘）
（清・濟寧人）
［民國］濟寧直隸州續志 12/49
劉福棠（字蔭軒）
（清・齊河人）
［民國］齊河 23/77
32 **劉澄**（明・陝西人）
［道光］濟南 36/37
［康熙］新修齊東 4/19
［民國］齊東 3/59

劉澄（清・城武人）
［康熙］兗州續編 16/16
［康熙四十一年］城武 5/上懿行 25
［道光］城武 9/下 20
劉澄（清・歷城人）
［道光］濟南 53/57
［乾隆］歷城 42/7
劉澄（字元襄，號泗山）
（清・魚臺人）
［乾隆］兗州 23/69
［乾隆］濟寧直隸州 25/48
［道光］濟寧直隸州 8/3－35
［康熙］魚臺 17/又 76
［乾隆］魚臺 11/18
［光緒］魚臺 3/10
劉澄（字瑩心）
（清・鄆城人）
［光緒］鄆城 7/18
劉澄（清・章邱人）
［道光］章邱 10/33
劉派（明・萊陽人）
［民國］萊陽 3/1 中 16
劉潘（清・寧津人）
［光緒］寧津 8/32
寧津縣志料 3/人物－義行
劉适（元・蒙陰人）
［康熙十一年］蒙陰 2/1
劉淛（明・青城人）
［乾隆］武定府 25/5
［咸豐］武定府 25/孝友 5
劉遜（字撝謙）
（明・歷城人）
［民國］續修歷城 39/4
［崇禎］鄆城 4/24
［康熙］鄆城 4/22
［光緒］鄆城 6/31
劉淵（字希顏）
（明・安肅人）
［嘉靖］山東 27/13
［康熙］山東 36/4
［雍正］山東 27/66
［宣統］山東 73/22
［泰昌］登州 9/40
［順治］登州 11/17
［光緒］增修登州 27/1

［康熙］黃縣 5/2
［乾隆］黃縣 6/名宦 4
［同治］黃縣 6/4
［民國］黃縣志稿 11/宦績
劉兆（字延世）
（晉・濟南東平人）
［嘉靖］山東 30/22
［康熙］山東 40/24
［雍正］山東 28/人物一 42
［宣統］山東 162/17
［乾隆］泰安府 18/5
［萬曆元年］兗州 40/儒林 8
［萬曆二十四年］兗州 33/8
［康熙］兗州 26/7
［康熙］東平州 4/59
［乾隆］東平州 14/3
［道光］東平州 14/3
［光緒］東平州 15/中 3
［民國］東平縣 11/上 28
東平州鄉土志上/耆舊錄 40
［民國］續修歷城 41/1
劉浙（明・青城人）
［嘉靖］山東 35/2
［康熙］山東 45/3
［雍正］山東 28/人物三 29
［宣統］山東 164/46
［康熙］濟南 38/21
［萬曆］青城 2/1
［乾隆］青城 8/7
［民國］青城續修 4/人物 20
劉淛（字淑伊）
（明・滋陽人）
［乾隆］兗州 23/57
劉兆文（字薇垣）
（明・萊陽人）
［光緒］增修登州 39/28
［康熙］萊陽 8/10
［民國］萊陽 3/1 中 18，
劉兆龍（昌樂人）
［民國］昌樂縣續志 27/7
劉兆衍（清・濰人）
［宣統］山東 177/24
劉兆山（東平人）
［民國］東平縣 11/上 23
劉澄仕（清・單縣人）
［乾隆］單縣 7/17

[民國]單縣 9/37
劉澄和(字泓渥)
(清・單縣人)
[民國]單縣 9/44
劉兆鯤(字際飛,別號南溟)
(清・無棣人)
[民國]無棣 12/8
劉漸盤(字燕之)
(清・濰縣人)
[民國]濰縣志稿 42/19
劉兆寅(字曉東)
(清・寧陽人)
[光緒]寧陽 13/74
劉澄泓(清・單縣人)
[乾隆]曹州府 16/8
[康熙]單縣 8/8
劉澄清(字淮安)
(清・高唐人)
[民國]高唐縣 12/23
劉澄清(字宗泗)
(清・菏澤人)
[乾隆]曹州府 21/59
[光緒]新修菏澤 10/44
劉澄瀾(字鏡水)
(清・陽信人)
[乾隆]武定府 26/31
[乾隆]陽信 7/55
[民國]陽信 5/耆碩 53
信邑志稿 7/耆碩
劉兆祥(清)
[乾隆]東昌 35/4
劉兆祥(字瑞堂)
(清・昌樂人)
[民國]昌樂縣續志 30/26
劉兆奎(字方聚,一字梅村)
(明・濟寧人)
[康熙]濟寧州 6/43
[乾隆]濟寧直隸州 24/27
[道光]濟寧直隸州 8/2-37
劉兆蘭(字夢梯,號香谷)
(清・夏津人)
[民國]夏津續編 8/14
劉兆桐(字嶧亭)
(清・長清人)
[民國]長清 11/30
劉澄甫(字子靜)
(明・壽光人)
[雍正]山東 28/人物三 23
[宣統]山東 160/22
[康熙十五年]青州 13/55
[康熙六十年]青州 16/19
[咸豐]青州 44/10
[康熙]壽光 21/8
[嘉慶]壽光 12/12
[民國]壽光 12/人物志一 18
壽光縣鄉土志/耆舊
劉淵甫(字子宏,一字子深)
(明・壽光人)
[雍正]山東 28/人物三 24
[宣統]山東 163/30
[萬曆]青州 15/8
[康熙十五年]青州 15/8
[康熙四十八年]青州 15/文學 8
[康熙六十年]青州 18/5
[康熙]壽光 22/2
[嘉慶]壽光 14/18
[民國]壽光 12/人物志二 42
劉兆昌(字運泰)
(清・夏津人)
[民國]夏津續編 8/36
劉兆冕(字服卿)
(清平人)
[民國]清平/人物 82
劉兆晞(字孟旭)
(清・陽信人)
[乾隆]武定府 26/35
[咸豐]武定府 26/藝術 3
[乾隆]陽信 7/61
[民國]陽信 5/文學 11
信邑志稿 7/藝術
陽信縣鄉土志上/耆舊-學問
劉兆明(清・蒙陰人)
[宣統]山東 173/16
劉業興(北魏・泰山人)
泰安縣鄉土志/耆舊 9
劉兆騶(清・臨清人)
[民國]臨清縣/人物 69
33 **劉濱**(明・長清人)
[雍正]山東 31/8
[康熙]濟南 54/33
[道光]濟南 61/4
[康熙]長清 14/132
[道光]長清 13/12
劉濱(字澗亭)
(清・寧陽人)
[咸豐]寧陽 14/22
[光緒]寧陽 14/22
劉淙(字源深)
(明・章丘人)
[康熙]濟南 44/8
[道光]濟南 49/64
[萬曆]章丘 17/72,26/43
[康熙]章丘 6/31,8/89
[乾隆]章邱 9/30
[道光]章邱 10/27
劉梁(字曼山,一名岑)
(漢・東平寧陽人)
[嘉靖]山東 30/10
[康熙]山東 40/11
[雍正]山東 28/人物一 22
[宣統]山東 163/1
[萬曆元年]兗州 40/文苑 2
[萬曆二十四年]兗州 31/27
[康熙]兗州 24/26
[乾隆]兗州 23/16
[康熙十一年]寧陽 7/3
[康熙四十一年]寧陽 7/3
[乾隆]寧陽 7/良吏 2
[咸豐]寧陽 12/14
[光緒]寧陽 12/14
劉浦(字大濟)
(明・武定人)
[康熙]濟南 42/11
[嘉靖]武定州下/67
[萬曆]武定州 13/9
[崇禎]武定州 19/1
[乾隆]武定府 25/46
[咸豐]武定府 25/文苑 6
[乾隆]惠民 6/7
[光緒]惠民 23/5
惠民縣鄉土志/耆舊錄 19
劉溥(字潤民)
(明・濟寧人)
[康熙]濟寧州 7/18
[乾隆]濟寧直隸州 26/14
[道光]濟寧直隸州 8/2-47

劉溥(明・新城人)
[康熙]濟南 39/3
[道光]濟南 51/31
[天啟]新城 13/傳
[崇禎]新城 13/傳
[康熙]新城 7/7
[民國]重修新城 14/4
新城縣鄉土志/耆舊－明
劉溥(字靜泉)
(清・曹縣人)
[光緒]曹縣 14/忠義 2
劉溥(字竹泉)
(清・曲阜人)
[民國]續修曲阜 5/36
劉溥(字天如,號鐵菴)
(清・壽張人)
[康熙]兗州續編 16/34
[乾隆]兗州 23/72
[康熙五十六年]壽張 7/25
[光緒]壽張 7/24
壽張縣鄉土志/耆舊－附忠孝祠
劉溥(字天如)
(清・招遠人)
[光緒]增修登州 43/26
[道光]招遠縣續志 3/19
劉溥(字天如)
(清・諸城人)
[道光]諸城縣續志 19/2
諸城縣鄉土志/上 45
劉述(宋)
[民國]牟平 6/67
劉演(字始仁)
(晉・中山魏昌人,一作南陽人)
[宣統]山東 66/36
[萬曆元年]兗州 38/武功 3
[萬曆二十四年]兗州 27/1
[康熙]兗州 21/16
[乾隆]兗州 22/5
[萬曆]東昌 18/9
[乾隆]東昌 33/9
[嘉慶]東昌 20/17
[乾隆]曹州府 12/5
[萬曆]濮州 3/名宦 8
[康熙]濮州 3/8
[乾隆]濮州 3/8
[宣統]濮州 4/8
劉泳(字子游)
(清・高苑人)
[乾隆]高苑 6/6
劉心廣(字均庵)
(清・濟寧人)
[道光]濟寧直隸州 8/4－40
劉心一(明・昌邑人)
[乾隆]昌邑 6/168
劉治平(字宇泰)
(清・冠縣人)
[光緒]冠縣 9/8
劉心德(字玉華)
(清・蒙陰人)
[乾隆]沂州府 26/28
[康熙十一年]蒙陰 2/45
[康熙二十四年]蒙陰 4/16
[宣統]蒙陰 4/孝義
劉心傳(字紹唐)
(清・茌平人)
[宣統]茌平 17/4
[民國]茌平 3/33
劉必紹(字紹先,號文石)
(明・文登人)
[泰昌]登州 11/18
[順治]登州 16/24
[光緒]增修登州 41/63
[雍正]文登 8/3
[道光]文登 5/3
[光緒]文登 8/下 9
劉述堯(字宗遠)
(清・昌樂人)
[民國]昌樂縣續志 30/20
劉心坦(字毓舒,號梅坪)
(清・茌平人)
[民國]茌平 3/104
劉必盛(清・新城人)
[道光]濟南 55/77
[宣統]新城縣後志 2/善行
[民國]重修新城 16/12
新城縣鄉土志/耆舊－清
劉治典(字長卿)
(明・東阿人)
[道光]東阿 14/人物下 4
[光緒]東阿縣鄉土志 4/21
劉必顯(字微之,一字西水)
(清・諸城人)
[雍正]山東 28/人物四 23
[宣統]山東 175/20
[康熙四十八年]青州 15/卓行 15
[康熙六十年]青州 18/14
[咸豐]青州 46/29
[乾隆]諸城 33/6
諸城縣鄉土志/上 29
劉必顯(字顯之)
(清・淄川人)
[雍正]山東 28/人物三 75
[宣統]山東 166/11
[道光]濟南 54/78,72/40
[乾隆]淄川 8/7
[宣統]三續淄川 10/12
劉心矩(號平山)
(清・萊陽人)
[民國]萊陽 3/1 中 63
劉涗性(清・滋陽人)
[光緒]滋陽 9/47
劉述榮(字耀廷)
(清・膠州人)
[民國]增修膠志 45/26
34 **劉波**(清・禹城人)
[康熙]山東 45/24
[康熙]濟南 44/34
[道光]濟南 56/40
[康熙]禹城 5/20
[嘉慶]禹城 9/13
[民國]禹城 6/11
禹城縣鄉土志/15
劉渤(字東溪)
(清・樂安人)
[咸豐]青州 49/41
[民國]樂安 10/25
[民國]續修廣饒 19/45
劉達(明・濱州人)
[萬曆]濱州 3/26
劉達(明・河南陳留人)
[康熙]黃縣 5/13
劉達(字屺瞻)
(清・河南濬縣人)
[宣統]山東 74/56
[乾隆]東昌 33/32

[嘉慶]東昌 20/43
[康熙]臨清州 3/名宦 6
[乾隆]臨清州 9/12
[乾隆]臨清直隸州 6/78
[民國]臨清縣/秩官 63
劉灌(字惠民)
(明・濟寧人)
[康熙]濟寧州 6/30
[乾隆]濟寧直隸州 24/5
[道光]濟寧直隸州 8/2 – 24
劉漢(字繼遠)
(明・高唐人)
[乾隆]東昌 39/26
[嘉慶]東昌 29/10
[嘉靖]高唐州 5/23
[康熙十二年]高唐州 8/14
[康熙五十一年]高唐州 8/14
[道光]高唐州 5/1 – 14
[光緒]高唐州 5/1 – 14
[民國]高唐縣 12/81
劉漢(清・陽穀人)
[康熙十二年]陽穀 3/19
劉漢(清・魚臺人)
[乾隆]魚臺 11/44
[光緒]魚臺 3/28
劉浩(明・城武人)
[康熙九年]城武 3/23
[康熙四十一年]城武 5/下義烈 4
[道光]城武 9/下 45
劉浩(字仲深,號養沖子)
(清・海陽人)
[光緒]海陽縣續志 8/53
34 **劉洪**(字允卓)
(漢・泰山蒙陰人)
[嘉靖]山東 33/18
[雍正]山東 28/人物一 25
[宣統]山東 162/15
[嘉靖]青州 16/42
[乾隆]泰安府 18/73
[萬曆元年]兗州 43/4
[萬曆]青州 14/45
[康熙十五年]青州 14/45
[康熙四十八年]青州 14/儒行 2
[康熙六十年]青州 15/5
[乾隆]沂州府 25/4
[道光]東阿 24/8
[康熙十一年]蒙陰 2/36
[康熙二十四年]蒙陰 4/1
[宣統]蒙陰 4/名獻
劉洪(字希範)
(明・湖廣安陸人)
[嘉靖]山東 26/20
[康熙]山東 33/23
[雍正]山東 27/39
[宣統]山東 72/9
[萬曆元年]兗州 38/循吏 46
[萬曆二十四年]兗州 29/13
[康熙]兗州 22/34
[康熙]兗州續編 14/26
[乾隆]兗州 22/31
[康熙十二年]陽穀 3/2
[康熙]陽穀 3/1,7/13
[光緒]陽穀 5/1
[民國]增修陽穀名宦/2
劉洪(字止水,號峻石)
(明・濟寧人)
[乾隆]濟寧直隸州 27/11
[道光]濟寧直隸州 8/4 – 33
劉祜(字篤卿)
(明・武定人)
[雍正]山東 28/人物三 30
[宣統]山東 165/19
[康熙]濟南 44/27
[崇禎]武定州 21/4
[乾隆]武定府 25/10
[咸豐]武定府 25/孝友又 10
[乾隆]惠民 5/52
[光緒]惠民 21/3
惠民縣鄉土志/耆舊錄 7
劉祜(字淑修,號拙齋)
(明・掖縣人)
[康熙]萊州 10/35
[乾隆]掖縣 4/12,7/67,8/85
劉逵(明・陳留人)
[光緒]增修登州 27/14
[同治]黃縣 6/6
[民國]黃縣志稿 11/宦績
劉濛(字仁澤)
(唐・曹州南華人)
[嘉靖]山東 30/41
[康熙]山東 40/41
[萬曆元年]兗州 40/諫議 12
[萬曆二十四年]兗州 34/3
[康熙]兗州 26/36
[康熙]曹州志 15/43
[康熙]東明 6/12
[乾隆]東明 6/12
[光緒]菏澤 15/43
劉淇(明・禹城人)
[嘉慶]禹城 9/15
[民國]禹城 6/12
禹城縣鄉土志/18
劉淇(字龍田,一字武仲)
(清・確山人,流寓濟寧)
[嘉慶]東昌 34/10
[乾隆]濟寧直隸州 26/21
[道光]濟寧直隸州 8/3 – 21
濟寧州鄉土志 2/流寓
劉沈(字伯允)
(清・定陶人)
[乾隆]定陶 6/27
[民國]定陶 6/49
劉澍(號企齋)
(明・章丘人)
[道光]濟南 49/56
劉濤(字及之)
(金・夏津人)
[乾隆]夏津 7/8
劉濤(明・鄆城人)
[崇禎]鄆城 6/16
[康熙]鄆城 6/16
[光緒]鄆城 8/6
劉洧(清・歷城人)
[道光]濟南 53/59
[民國]續修歷城 44/17
劉渫(漢・沛縣人)
[順治]登州 11/1
[嘉靖]寧海州下/1
[同治]重修寧海州 11/1
劉漪(字錦江,號漁村)
(清・茌平人)
[宣統]茌平 13/3
[民國]茌平 3/12
劉祐(字伯祖)
(漢・中山安國人)

[嘉靖]山東 26/3
[康熙]山東 33/4
[雍正]山東 27/30
[宣統]山東 66/21
[萬曆元年]兗州 38/循吏 10
[萬曆二十四年]兗州 26/14
[康熙]兗州 21/14
[乾隆]兗州 22/4
[康熙]濟寧州 4/42
[乾隆]濟寧直隸州 21/2
[道光]濟寧直隸州 6/6－1
劉祐(明武定,見劉祜)
劉祐(字淑修)
(明・掖縣人)
[乾隆]萊州 10/20
[道光]掖乘 4
劉造(元・蒙陰人)
[康熙十一年]蒙陰 2/1
劉法文(清・博平人)
[道光]博平 4/31
劉漢裔(清・黃縣人)
[同治]黃縣 9/2
[民國]黃縣志稿 13/人物－死難
劉汝康(號靜臺)
(明・菏澤人)
[康熙]曹州志 15/26
[乾隆]曹州府 15/15
[光緒]菏澤 15/25
[光緒]新修菏澤 10/27
菏澤縣鄉土志/19
劉汝立(字學禮)
(明・濮州人)
[宣統]濮州 3/40,4/108
劉汝襄(清・濮州人)
[宣統]濮州 6/18
劉汝新(明・濟寧人)
[康熙]濟寧州 7/8
劉汝斌(字文右)
(清・慶雲人)
[民國三年]慶雲 2/36
劉汝誠(清・高唐人)
[道光]高唐州 5/2－22
[光緒]高唐州 5/2－25
劉汝霖(字會廣)
(清・聊城人)
[宣統]聊城 8/96
劉汝霖(字盛倉)
(清・陵縣人)
[光緒]陵縣 19/人物傳二 26
劉汝霖(字雨臣)
(清・泰安人)
[民國]重修泰安縣 8/46
劉汝璋(明・益都人)
[萬曆]青州 14/58
[康熙十五年]青州 14/58
[康熙四十八年]青州 14/儒行 15
[咸豐]青州 44/17
[康熙]益都 9/15
[光緒]益都縣圖志 41/5
劉汝璉(明・臨沂人)
[民國]臨沂 9/57
劉法璟(字小宋,號笠山)
(清・濟陽人)
[民國]濟陽 11/33
劉法聖(字玉堂)
(清・夏津人)
[民國]夏津續編 8/36
劉汝弼(明・新城人)
[崇禎]新城 7/舉人
劉汝翼(字舜卿)
(金・鄒平人)
[嘉靖]山東 29/21
[康熙]山東 39/19
[康熙]濟南 42/10
[道光]濟南 47/46
[順治]鄒平 6/4
[康熙]鄒平 6/17
[嘉慶]鄒平 9/16,15/26
[道光]鄒平 9/16,15/6
[民國]鄒平 15/6
劉汝爲(明・文登人)
[順治]登州 17/19
[光緒]文登 10/上 1
劉法順(字蕙生)
(清・單縣人)
[民國]單縣 9/62
劉漢儒(字公家)
(清・魚臺人)
[道光]濟寧直隸州 8/2－58
[乾隆]魚臺 11/28
[光緒]魚臺 3/17
劉汝僑(字惠卿)
(清・濰縣人)
[民國]濰縣志稿 30/44
劉汝巖(字子玉)
(濟寧人)
[民國]濟寧縣 3/16
劉法程(字翼川)
(清・商河人)
商河縣鄉土志 2/耆舊－事業
劉淇泉(清・莒縣人)
[民國]重修莒志 62/4
劉汝魯(字覓石)
(清・無棣人)
[乾隆]武定府 25/17
[咸豐]武定府 25/孝友 17
[民國]無棣 13/2
海豐縣鄉土志/耆舊－事業五
劉漢儀(明・歷城人)
[道光]濟南 49/30
劉漢徵(字徵文)
(清・壽光人)
[乾隆]續壽光 25/8
[嘉慶]壽光 14/10
[民國]壽光 12/人物志二 9
劉汝濟(明・陽穀人)
[萬曆二十四年]兗州 37/8
[康熙]兗州 28/37
[乾隆]兗州 23/47
[民國]增修陽穀人物/善行 37
劉汝瀛(清・鄒平人)
[民國]鄒平 15/147
劉漢江(字紀南)
(清・鉅野人)
[民國]續修鉅野 5/上 9
劉洪淵(明・滕縣人)
[康熙]滕志 8/人物 23
劉汝浵(清・泗水人)
[光緒]泗水 11/22
[光緒]泗水縣鄉土志/13
劉汝浩(清・鄒平人)
[民國]鄒平 15/146
劉漢清(字朝海)

（恩縣人）
［民國］重修恩縣 11/鄉賢 80
劉汝通（號復陽）
（明・歷城人）
［崇禎］歷城 10/19
［乾隆］歷城 41/10
劉洪道（宋・益都人）
［光緒］益都縣圖志 16/35，33/12
劉洪祚（字裕垂）
（清・冠縣人）
［光緒］冠縣 9/傳
劉汝樵（字雲麓）
（明・濮州人）
［康熙］濮州 2/97
［乾隆］濮州 2/78
［宣統］濮州 3/57
劉漢式（清・萊陽人）
［民國］萊陽 3/1 中 27
劉汝城（字宗堂）
（清・昌樂人）
［民國］昌樂縣續志 33/3
劉洪基（明・掖縣人）
［乾隆］掖縣 4/53
劉洪基（清・陝西崇信人）
［民國］齊東 3/68
劉汝桂（明・高唐人）
［道光］高唐州 5/1－10
劉汝蘋（字香南）
（清・茌平人）
［民國］茌平 3/98
劉澍芳（字雨村）
（清・寧陽人）
［光緒］寧陽 13/51
劉染翰（清・昌邑人）
［光緒］昌邑縣續志 6/9
劉汝梅（清・高唐人）
［光緒］高唐州 5/2－8
［民國］高唐縣 12/49
劉漢東（字西園）
（昌樂人）
［民國］昌樂縣續志 31/25
劉漢冑（明・永興人）
［乾隆］東昌 34/9
［嘉慶］東昌 21/28
［康熙］重修清平下/9
［嘉慶］清平 13/6
［宣統］增輯清平 11/5
［民國］清平/秩官 35
劉法成（字翼川，號鍾岳）
（清・商河人）
［民國］重修商河 13/藝文志四墓表 10
劉洪恩（字印溪）
（明・文登人）
［光緒］文登 8/下 12
劉漢臣（清・武城人）
［道光］武城續編 10/5
劉漢卿（字春臺）
（清・齊東人）
［民國］齊東 5/34
劉洪謇（字駿聲）
（清・冠縣人）
［光緒］冠縣 9/傳
劉洪倉（清・商河人）
［咸豐］武定府 26/義行 33
［民國］重修商河 8/78
劉汝鈺（清・慶雲人）
［民國三年］慶雲 2/72
劉漢符（字會九）
（清・昌樂人）
［嘉慶］昌樂 22/6
劉汝鈖（清・鄒平人）
［道光］鄒平 15/82
［民國］鄒平 15/82
劉汝光（明・宜陽人）
［萬曆］福山 4/29
35 **劉迪**（明・菏澤人）
［康熙］曹州志 16/7
［光緒］菏澤 16/9
［光緒］新修菏澤 10/38
劉迪（明・臨沂人）
［嘉靖］山東 30/60
［康熙］山東 40/57
［萬曆元年］兗州 40/政績 15
［萬曆］沂州志 7/25
［康熙］沂州志 5/63
［民國］臨沂 9/43
劉澺（字惠川）
（清・濰縣人）
［民國］濰縣志稿 29/31
劉湕（明・城武人）
［康熙九年］城武 3/50
劉津（明・單縣人）
［康熙］單縣 7/55
［乾隆］單縣 7/32
［民國］單縣 9/30
劉津（字百液，號耐亭）
（清）
［乾隆］陽信 8/傳銘 9
劉禮（字叔雅）
（清・諸城人）
［道光］諸城縣續志 13/12
劉連（明・山東武定人）
［乾隆］沂州府 17/33
劉沛（字仲簡）
（清・濟寧人）
［乾隆］濟寧直隸州 26/24
劉溱（字智津，號方渙）
（清・清平人）
［民國］清平/人物 35
劉清（明・昌邑人）
［康熙］昌邑 6/5
劉清（字源潔）
（明・壽張人）
［康熙六年］壽張 7/9
［康熙五十六年］壽張 7/9
［光緒］壽張 6/45
壽張縣鄉土志/耆舊－事業
劉清（明・宜陽人）
［萬曆］福山 4/29
劉清（字天一，一作天德，號松齋）
（清・貴州廣順人）
［宣統］山東 74/47
［道光］濟南 37/69
［光緒］增修登州 36/12
［光緒］蓬萊縣續志 6/武秩 1
［光緒］菏澤 7/名宦 9
［光緒］新修菏澤 9/14
［道光］鉅野 10/28
［民國］長清 9/14
劉清（字季廉，一字芝生）
（清・濟寧人）
［民國］濟寧直隸州續志 12/33
劉濤（字曉塘）

（清・滋陽人）
［光緒］滋陽 9/20
劉清彥（字聖鄰）
（清・高唐人）
［光緒］高唐州 5/2－29
［民國］高唐縣 12/16
劉連元（字西漯）
（清・禹城人）
［民國］禹城 6/73
劉沛引（清・順天人）
［乾隆］臨清直隸州 8/下 67
劉連璲（字貞吉）
（清・魚臺人）
［乾隆］魚臺 11/37
［光緒］魚臺 3/22
劉連貞（清・禹城人）
［民國］禹城 6/29
劉清泉（字廉浦）
（清・長清人）
［民國］長清 13/1
劉清安（字竹齋）
（清・齊河人）
［民國］齊河 23/77
劉清宗（清・鄒平人）
［民國］鄒平 15/143
劉清江（字瀾平，號澄齋）
（清・鉅野人）
［民國］續修鉅野 5/上 9，7/下 31
劉清源（字星橋）
（清・臨朐人）
光緒臨朐 14/中 24
劉清源（清・鄒平人）
［民國］鄒平 15/115
劉清溪（字芝蘭）
（清・高唐人）
［民國］高唐縣 12/92
劉清浦（字荊南）
（臨朐人）
［民國］臨朐續志 20/46
劉清漢（字鎮浦）
（清・陽穀人）
［民國］增修陽穀人物/善行 45
劉清選（清・長清人）
［民國］長清 11/30
劉清祥（清・咸陽人）
［道光］濟寧直隸州 6/7－78
劉清華（字仲實）
（清・寧津人）
［光緒］寧津 8/12
寧津縣志料 3/人物－循良
寧津縣鄉土志/耆舊
劉清如（字穆齊）
（高唐人）
［民國］臨朐續志 19/4
劉清貴（清・夏津人）
［民國］夏津續編 8/5
劉清泰（字鏡亭）
（清・臨沂人）
［民國］續修臨沂 16/8
36 **劉昶**（南燕・平原人）
［咸豐］青州 64/12
［光緒］益都縣圖志 15/2
劉湟（字星莊）
（清・歷城人）
［民國］續修歷城 41/24
劉邈（漢・南陽蔡陽人）
［嘉靖］青州 12/27
［康熙十五年］青州 8/14
劉湜（字子正）
（宋・彭城人）
［康熙］東平州 3/7
［光緒］益都縣圖志 16/43
劉湯（漢・沛郡人）
［宣統］重修恩縣 6/4
［民國］重修莒志 57/2
劉溫（字德厚，號五柳居士）
（明・德平人）
［康熙］山東 46/2
［雍正］山東 28/人物三 14
［康熙］濟南 48/10
［道光］濟南 52/50
［康熙］德平 3/29
［乾隆］德平 3/8
［嘉慶］德平 7/11
［光緒］德平 7/11
劉溫（字潤玉）
（清・平度人）
［民國］平度縣續志 8/16
劉暹（字士昭）
（唐・曹州南華人）
［嘉靖］山東 30/40
［康熙］山東 40/40
［萬曆元年］兗州 40/忠直 12
［萬曆二十四年］兗州 34/3
［康熙］兗州 26/36
［康熙］曹州志 15/39
［乾隆］曹州府 14/14
［康熙］東明 6/11
［乾隆］東明 6/11
［民國］東明縣新誌 11/18
［光緒］菏澤 15/40
［光緒］新修菏澤 10/9
菏澤縣鄉土志/16
劉暹（明・萊蕪人）
［民國］續修萊蕪 27/4
劉暹（明・陽穀人）
［民國］增修陽穀人物/仕宦 8
劉湘（字雁浦）
（清・無棣人）
［民國］無棣 13/12
劉澤（漢・沛郡豐邑人）
［嘉靖］青州 12/20
［康熙十五年］青州 8/9
［康熙四十八年］青州 8/9
［康熙六十年］青州 10/5
［萬曆元年］兗州 2/34
［萬曆］沂州志 7/58
［嘉靖］昌樂 3/40
［康熙］昌樂 5/2
劉澤（元・昌樂人）
［嘉靖］青州 13/37
［咸豐］青州 42/18
［嘉靖］昌樂 3/44
［康熙］昌樂 1/33，4/4
［嘉慶］昌樂 23/7
劉澤（字濟民）
（明・濟寧人）
［康熙］濟寧州 6/26
［乾隆］濟寧直隸州 24/8
［道光］濟寧直隸州 8/2－25
劉澤（明・臨沂人）
［乾隆］沂州府 26/5
［民國］臨沂 9/56
劉澤（明・平陰人）
［乾隆］泰安府 17/4

[萬曆二十四年]兗州 36/4
[康熙]兗州 28/4
[順治]平陰 7/3
[光緒]平陰 4/10
平陰縣鄉土志/13
劉澤(清・莒州人)
[嘉慶]莒州 10/8
[民國]重修莒志 66/9
劉澤(字化普)
(清・歷城人)
[民國]續修歷城 46/2
劉遇庚(字麗庵)
(清・平原人)
[民國]續修平原 10/上 9
劉遇庚(清・禹城人)
[民國]禹城 6/30
劉遇謨(清・高唐人)
[道光]高唐州 5/2－22
[光緒]高唐州 5/2－25
[民國]高唐縣 12/51
劉澤宏(清・城武人)
[道光]城武 9/下 26
劉湘源(字鍾崍,號荊溪)
(清・鉅野人)
[民國]續修鉅野 7/下 43
劉澤浩(字湘若)
(清・長清人)
[道光]濟南 61/11
[道光]長清 13/9
劉澤浹(字潤普)
(清・泰安人)
[民國]重修泰安縣 8/51
劉澤遠(明)
[乾隆]威海衛志 6/11
劉澤清(字鶴洲)
(明・曹州人)
[康熙]臨清州 1/69
[光緒]新修菏澤 18/8
劉迴瀾(字溯洙,號伊人)
(清・諸城人)
[光緒]增修諸城縣續志/
列傳補遺 4
劉澤深(號繼鉉)
(清・曹縣人)
[康熙]兗州府曹縣 14/20
[光緒]曹縣 14/人物 15
劉湘蘅(字馨吾)
(清・齊河人)
[民國]齊河 27/38
劉澤芳(清・沂水人)
[乾隆]沂州府 25/29
[道光]沂水 7/17
劉遇春(字淑來)
(清・利津人)
[光緒]利津 7/文苑 1
劉遇泰(字盛我)
(明・單縣人)
[順治]單縣 3/40,4/64
[康熙]單縣 8/33
[乾隆]單縣 7/32
[民國]單縣 9/28
劉澤東(清・諸城人)
[光緒]增修諸城縣續志
16/28
劉遇明(明・昌邑人)
[康熙]昌邑 6/27
[乾隆]昌邑 6/170
劉澤厚(清・臨朐人)
臨朐縣鄉土志 1/耆舊
劉澤普(明・濱州人)
[乾隆]武定府 26/9
[咸豐]武定府 26/義行 9
[康熙]濱州 7/25
[咸豐]濱州 10/厚德 3
濱州鄉土志/耆舊錄
37 **劉潺**(字潤聲)
(明・滋陽人)
[乾隆]兗州 23/57
劉溕(清・諸城人)
[光緒]增修諸城縣續志
16/15
劉滌(清・昌邑人)
[康熙]昌邑 6/28
[乾隆]昌邑 6/171
劉洞(字同水,一作洞水)
(清・鄒平人)
[道光]濟南 54/47
[道光]鄒平 15/74
[民國]鄒平 15/74
劉渙(字仲章)
(宋・保州保塞人)
[嘉靖]山東 27/11
[康熙]山東 36/2
[雍正]山東 27/63
[宣統]山東 68/53
[泰昌]登州 9/14
[順治]登州 11/9
[光緒]增修登州 24/8
劉汲(明・萊陽人)
[民國]萊陽 3/1 中 15
劉潔(字士清)
(明・魚臺人)
[康熙]魚臺 17/22
[乾隆]魚臺 11/34
[光緒]魚臺 3/20
劉潔(明・山西汾人)
[嘉靖]朝城志 5/17
劉瀾(明・河南陳留人)
[康熙十二年]陽穀 2/15
[康熙]陽穀 2/11
[光緒]陽穀 4/2
劉瀾(明・文登人)
[泰昌]登州 11/42
[順治]登州 17/19
[光緒]增修登州 43/39
[雍正]文登 8/5
[道光]文登 5/7
[光緒]文登 8/下 3
劉朗(清・齊河人)
[民國]齊河 27/10
劉祿(字惟學,別號後峯)
(明・章丘人)
[雍正]山東 28/人物三 41
[康熙]濟南 37/9
[道光]濟南 49/61
[萬曆]章丘 24/28
[康熙]章丘 6/23
[乾隆]章邱 9/18
[道光]章邱 10/16,14/105
章邱縣鄉土志/上 43
劉湄(字芷林,號岸淮)
(清・清平人)
[宣統]山東 174/11
[嘉慶]東昌 30/37
[嘉慶]清平 14/34
[宣統]增輯清平 12/34
[民國]清平/人物 20,藝文 42
清平縣鄉土志/耆舊

劉湄（字伊亭）
（清・魚臺人）
［光緒］魚臺 3/19
劉潤（字永滋，號東埠）
（明・濰縣人）
［民國］濰縣志稿 29/15
劉潤（字澤民）
（明・滋陽人）
［乾隆］兖州 23/57
劉潤（字德玉）
（清・利津人）
［咸豐］武定府 25/孝友 41
［光緒］利津 8/孝友 3
劉潤（字雨亭）
（清・清平人）
［嘉慶］清平 14/40
［宣統］增輯清平 12/40
［民國］清平/人物 22
清平縣鄉土志/耆舊
劉深（元）
［乾隆］東昌 42/5
［嘉慶］東昌 32/5
劉深（字養純）
（清・陵縣人）
［光緒］陵縣 19/人物傳二 10
陵縣鄉土志/16
劉深（清・無棣人）
［乾隆］武定府 25/30
［咸豐］武定府 25/孝友 30
［民國］無棣 13/6
海豐縣鄉土志/耆舊－事業五
劉深（字源長，號憨蓼）
（清・淄川人）
［道光］濟南 54/63
［康熙］淄川 5/10
［乾隆］淄川 5/10，6/上 66
淄川縣鄉土志/耆舊錄－循良
劉通（宋）
［乾隆］淄川 4/5
劉通（字仲達）
（元・東平齊河人）
［嘉靖］山東 25/22，29/18
［康熙］山東 32/11，39/16
［宣統］山東 158/24
［道光］濟南 72/20
［康熙］齊河 7/5
［雍正］齊河 8/5
［民國］齊河縣 23/77，25/1，32/45，33/24
齊河縣鄉土志兵事錄/8
劉通（元・濰州人）
［民國］濰縣志稿 41/37
劉通（元・禹城人）
［民國］禹城 8/37
劉通（明）
［道光］觀城 6/12
劉通（字泰路）
（明・諸城人）
［康熙］山東 45/18
［雍正］山東 28/人物三 78
［宣統］山東 166/10
［康熙十五年］青州 15/56
［康熙四十八年］青州 15/卓行 12
［康熙六十年］青州 18/13
［咸豐］青州 45/41
［康熙］諸城 7/31
［乾隆］諸城 39/5
劉遐（字正長）
（晉・廣平易陽人）
［雍正］山東 27/19
［宣統］山東 66/35
［道光］濟南 33/12
［萬曆元年］兖州 38/武功 4
［萬曆二十四年］兖州 27/1
［康熙］兖州 21/16
［乾隆］兖州 22/6
［乾隆］平原 6/25
平原縣鄉土志輯稿/政蹟
劉選（字廷舉）
（清・壽張人）
［光緒］壽張 6/59
劉洵（明・高唐人）
［道光］高唐州 5/2－3
［光緒］高唐州 5/2－3
［民國］高唐縣 12/34
劉洵（字天信）
（明・鄆城人）
［崇禎］鄆城 6/9
［康熙］鄆城 6/9
［光緒］鄆城 7/9
劉迎（字無黨，號無諍居士）
（金・東萊人）
［至元］齊乘 6/29
［雍正］山東 28/人物二 52
［宣統］山東 163/26
［康熙］萊州 10/77
［乾隆］萊州 11/文學 2
萊州府鄉土志/下 25
［乾隆］掖縣 4/57
［道光］掖乘 4
劉湧（明・萊陽人）
［民國］萊陽 3/1 中 14
劉沼（清・濰縣人）
［乾隆］濰縣 4/38
［民國］濰縣志稿 29/20
濰縣鄉土志/22
劉濯（清・城武人）
［康熙四十一年］城武 5/上文學 5
［道光］城武 9/下 4
劉鴻文（字維昭，號大章）
（清・濰縣人）
［民國］濰縣志稿 42/21
劉鴻文（字憲章）
（平原人）
［民國］續修平原 8/26
劉鴻章（字少溪）
（清・齊河人）
［民國］齊河 23/81
劉鴻訓（字默承，號青岳）
（明・長山人）
［康熙］山東 39/31，61/24
［雍正］山東 28/人物三 64
［宣統］山東 160/2
［康熙］濟南 34/10
［道光］濟南 50/43
［康熙四十三年］長山 5/仕業
［康熙五十五年］長山 6/7
［嘉慶］長山 7/9，14/2
長山縣鄉土志/耆舊錄
劉凝謙（字益菴）
（清・單縣人）
［民國］單縣 12/鄉賢 6
劉冠三（名恩錫，以字行）

（高密人）
［民國］高密 10/5
劉鴻璽（字御章）
（清・大興人）
［乾隆］沂州府 20/15
［嘉慶］莒州 7/10
［民國］重修莒志 58/4
劉鴻雲（字儀卿，號跛生）
（平原人）
［民國］續修平原 6/16，10/上 21
劉初麗（字炳光）
（清・城武人）
［道光］城武 9/上 34
劉淑瑛（字晶軒）
（清・寧陽人）
［咸豐］寧陽 14/14
［光緒］寧陽 14/14
劉淑璨（字璀軒）
（清・寧陽人）
［咸豐］寧陽 14/14
［光緒］寧陽 14/14
劉鴻儒（字待聘）
（清・慶雲人）
［民國三年］慶雲 2/43
劉凝鼎（字荊山，號象九）
（清・單縣人）
［民國］單縣 11/46
劉朗然（元・萊州人）
［乾隆四十七年］泰安縣卷之末/12
［道光］泰安縣卷之末/12
［民國］重修泰安縣 10/70
劉淑後（字貽圃）
（清・寧陽人）
［咸豐］寧陽 13/38
［光緒］寧陽 13/38
劉洛生（明・恩縣人）
［宣統］重修恩縣 7/7
劉潤生（字燦章）
（清・滕縣人）
［道光］滕縣志 8/掾曹 18
劉鴻翱（字次白，一字蜚英）
（清・濰人）
［宣統］山東 177/3
［民國］濰縣志稿 28/18，42/22
濰縣鄉土志/26
劉潤身（清・曲阜人）
［民國］續修曲阜 5/18
劉淑身（字子慎）
（清・博興人）
［民國］重修博興 13/48
劉淑身（字璧如）
（清・鉅野人）
［民國］續修鉅野 5/上 27，7/下 45
劉淑向（清・鄆城人）
［康熙］鄆城 5/20，6/19
［光緒］鄆城 5/35
劉鴻儀（字儒卿）
（清・昌樂人）
［民國］昌樂縣續志 30/13
劉涵之（清・掖縣人）
［乾隆］掖縣 4/34
劉鴻賓（字遵陸，號秋卿）
（清・掖縣人）
［民國］四續掖縣 4/76
劉潤之（清・高密人）
［民國］高密 14/上 87
劉淑瀛（字三洲）
（清・寧陽人）
［光緒］寧陽 15/30
劉逢源（號月江）
（明・濟陽人）
［乾隆］濟陽 12/48
［民國］濟陽 17/22
劉逢源（字道泉）
（清・鄒平人）
［民國］鄒平 15/115
劉鴻達（清・臨清人）
［民國］臨清縣/人物 68
劉鴻逵（字漸于，號雅亭）
（清・慶雲人）
［民國三年］慶雲 2/28，2/101
劉鴻逵（字雲衢）
（清・鄒縣人）
［民國］續修鄒縣志稿/人物－耆舊附方技
劉潤祺（清・曲阜人）
［民國］續修曲阜 5/18
劉冠英（清・泰安人）
［民國］重修泰安縣 8/20
劉鴻基（清・陝西崇信人）
［宣統］山東 75/18
［道光］濟南 38/29
［康熙］新修齊東 4/18
劉鴻荃（字香南）
（清・慶雲人）
［民國三年］慶雲 2/99
劉鴻纛（字漢儀）
（清・濰縣人）
［民國］濰縣志稿 28/15
劉淑桐（字濬源）
（清・寧陽人）
［咸豐］寧陽 15/27
［光緒］寧陽 15/44
劉涵春（清・濱州人）
［康熙］濱州 7/25
［咸豐］濱州 10/厚德 4
濱州鄉土志/耆舊錄
劉凝泰（清・福山人）
［乾隆］福山 9 上/66
［民國］福山縣志稿 7/4－3
劉鴻揚（字時賓）
（清・平度人）
［民國］平度縣續志 7/25
平度鄉土志 4 上/鄉賢
劉逢甲（字子祥，號荷渚）
（清・福山人）
［康熙］兗州府曹縣 9/40
［光緒］曹縣 9/教諭 4
［乾隆］福山 8/9
劉逢甲（字科軒）
（清・禹城人）
［民國］禹城 6/28
劉冠甲（字鼎三）
（清・長清人）
［民國］長清 11/29
劉鴻恩（字錫三）
（清・歷城人）
［民國］續修歷城 44/39
劉鴻昇（清・萊陽人）
［民國］萊陽 3/1 中 76
劉逸圃（清・高唐人）
［道光］高唐州 8/1－87
［光緒］高唐州 8/1－89
［民國］高唐縣 15/24

劉運昌(清・城武人)
[道光]城武 9/下 21
劉凝時(字備五)
(清・單縣人)
[宣統]山東 173/34
[民國]單縣 12/鄉賢 1,19/56
劉淑隨(字貞九)
(清・寧陽人)
[光緒]寧陽 15/45
寧陽縣鄉土志/19
劉淑周(清・單縣人)
[民國]單縣 10/13
劉運隆(清・丘縣人)
[乾隆]東昌 43/25
劉運興(清・菏澤人)
[光緒]新修菏澤 10/49
劉祿臨(清・禹城人)
[道光]濟南 56/41
劉逢年(字如齋)
(清・樂安人)
[民國]樂安 10/28
[民國]續修廣饒 19/52
[宣統]蒙陰 3/宦績
劉鴻翔(字時齋)
(清・濰縣人)
[民國]濰縣志稿 28/16
劉鴻筠(字淇園)
(長清人)
[民國]長清 12/10
38 **劉道**(明)
[乾隆]德州 8/7
[民國]德縣 9/8
劉淦(字新泉)
(清・諸城人)
[光緒]增修諸城縣續志 20/5
劉海(元・章邱人)
[道光]濟南 48/25
[道光]章邱 11/20
劉瀚(字存白)
(清・城武人)
[康熙]兖州續編 15/13
[康熙四十一年]城武 5/上懿行 10
[道光]城武 9/下 14
劉淪(明・章丘人)
[康熙]濟南 45/3
[道光]濟南 72/34
[萬曆]章丘 24/35
[康熙]章丘 6/26
[乾隆]章邱 9/20
劉渼(字文園)
(清・諸城人)
[道光]諸城縣續志 19/7
劉棨(字弢子)
(清・諸城人)
[雍正]山東 28/人物四 47
[宣統]山東 175/23
[咸豐]青州 47/15
[乾隆]諸城 33/8
劉洽(字澤溥)
(清・臨清人)
[宣統]山東 174/28
[乾隆]臨清直隸州 8/下 5
[民國]臨清縣/人物 15
劉遂(漢・沛郡人)
[乾隆]嶧縣 7/3
劉遂(明・潼關人)
[康熙九年]城武 2/48
劉祥(字顯徵)
(南北朝・東莞莒人)
[嘉靖]山東 33/25
[宣統]山東 163/7
[嘉慶]莒州 9/12
[民國]重修莒志 60/18
劉祥(清・寧津人)
[光緒]寧津 8/22
寧津縣志料 3/人物－義烈
劉浴(字沂濱)
(清・章邱人)
[道光]濟南 54/19
[道光]章邱 11/65
劉裕(晉)
[嘉靖]青州 15/45
劉瀹(明・章邱人)
[道光]章邱 11/26
劉滋(明・濮州人)
[萬曆]濮州 4/貨殖 3
[康熙]濮州 4/69
[乾隆]濮州 4/109
[宣統]濮州 6/59
劉滋(字澤田)
(清・茌平人)
[民國]茌平 3/99
劉滋(清・夏津人)
[民國]夏津續編 8/13
劉祚(明・城武人)
[康熙九年]城武 3/62
劉遂雍(唐・安丘人)
[萬曆]安丘 27/59
劉祥麟(字玉書)
(清・寧津人)
[光緒]寧津 8/37
寧津縣志料 3/人物－義行
劉啟元(字乾初)
(明・武城人)
[乾隆]東昌 39/36
[順治]武城 2/19
[乾隆]武城 10/21
武城縣鄉土志略/耆舊錄
劉啟元(字鉉聲)
(清・東平人)
[乾隆]泰安府 18/62
[康熙]東平州續志 6/8
[乾隆]東平州 15/44
劉祥雲(清・濮州人)
[宣統]濮州 6/34
劉祥雲(字瑞堂)
(清・無棣人)
[民國]無棣 13/26
劉祥紱(清・無棣人)
[民國]無棣 13/18
海豐縣鄉土志/耆舊－事業五
劉啟先(字士元)
(明・文登人)
[光緒]增修登州 39/41
[雍正]文登 7/3
[光緒]文登 8/下 5
劉祥緯(字雲干)
(清・泰安人)
[民國]重修泰安縣 8/47
劉道純(字亦文)
(清・鄒平人)
[民國]鄒平 15/124
劉遵憲(字可權)
(明・大名人)
[康熙]山東 33/24
[光緒]滋陽 7/4

滋陽縣鄉土志 1/政績
［康熙五十六年］壽張 4/7
［光緒］壽張 5/6
壽張縣鄉土志/政績－去害
劉道源（明・新泰人）
［康熙］濟南 51/9
［天啟］新泰 6/39
［順治］新泰 5/33
［乾隆］新泰 16/17
劉道源（字曉泉）
（清・鄒平人）
［民國］鄒平 15/122
劉啟漢（號柏軒）
（明・邢臺人）
［宣統］山東 71/28
［康熙］濟南 25/54
［道光］濟南 36/48
［康熙］長清 8/45，12/113
［道光］長清 3/11
劉肇禧（字禎之）
（清・單縣人）
［乾隆］單縣 7/33
［民國］單縣 9/55
劉祚遠（字子延）
（清・安丘人）
［康熙四十八年］青州 13/事功 78
［康熙六十年］青州 16/39
［咸豐］青州 46/31
［康熙］續安丘 18/14
安丘縣鄉土志 6/耆舊錄 3
劉遂清（五代・密州安丘人）
［嘉靖］山東 25/19
［康熙］山東 32/7，45/16
［雍正］山東 28/人物二 18
［宣統］山東 156/17
［道光］濟南 33/30
［萬曆］青州 14/15
［康熙十五年］青州 14/15
［康熙四十八年］青州 14/孝友 5
［康熙六十年］青州 17/10
［嘉靖］武定州下/47
［萬曆］武定州 10/4
［崇禎］武定州 7/2
［乾隆］武定府 16/4
［咸豐］武定府 19/4
［嘉靖］淄川 6/76
［萬曆］淄川 27/4
［康熙］淄川 4/3
［乾隆］淄川 4/3
淄川縣鄉土志/政績錄
［萬曆］安丘 24/41
［民國］濰縣志稿 30/48
［乾隆］惠民 5/11
［光緒］惠民 18/5
惠民縣鄉土志/政績錄 3
劉啟澤（字元池）
（明・濰縣人）
［民國］濰縣志稿 32/22
劉道凝（字成德）
（清・壽張人）
［光緒］壽張 7/26
劉啟潤（字星池）
（明・莒縣人）
［民國］重修莒志 61/3
劉遂凝（唐・安丘人）
［萬曆］安丘 27/59
劉祥道（字同壽）
（唐・觀城人）
［嘉靖］山東 31/10
［康熙］山東 41/8
［雍正］山東 28/人物二 6
［萬曆］東昌 19/20
［乾隆］曹州府 14/13
［康熙］觀城 3/21
［道光］觀城 8/2
觀城縣鄉土志/耆舊
劉遵道（明・文登人）
［嘉靖］寧海州下/44
劉肇堉（清・泗水人）
［光緒］泗水 11/21
［光緒］泗水縣鄉土志/12
劉祚芳（字徽公）
（清・陵縣人）
［道光］濟南 56/64
［光緒］陵縣 19/人物傳二 12
劉肇椿（字壽之）
（廣西人）
［民國］重修博興 10/2
劉肇堠（清・泗水人）
［光緒］泗水 11/26
［光緒］泗水縣鄉土志/11
劉海蟾（本名操，字成宗，自號海蟾道人）
（遼・燕山人）
［民國］萊陽 3/3 下 9
劉肇昌（字世其）
（清・淄川人）
［乾隆］淄川 5/又 31－4
劉裕剛（字健齋）
（清・陽穀人）
［民國］增修陽穀人物/善行 49
劉道尊（清・膠州人）
［民國］增修膠志 43/9
劉道釗（明・寧海人）
［嘉靖］寧海州下/44
［同治］重修寧海州 17/7
劉道憐（南北朝）
［光緒］嶧縣 19/71
劉啟榮（明・福山人）
［泰昌］登州 11/38
［順治］登州 17/15
［光緒］增修登州 43/17
［康熙］福山 9/11
［乾隆］福山 9 上/50
39 **劉泮**（明・臨朐人）
［康熙］臨朐縣志書 4/3
劉泮（字芹亭）
（清・魚臺人）
［民國］濟寧直隸州續志 14/15
［光緒］魚臺 3/12
劉逍（明・魚臺人）
［乾隆］魚臺 10/28
劉濴（字端宇，號鏡泉）
（清・單縣人）
［民國］單縣 10/13
劉濴符（字濟源）
（清・昌樂人）
［咸豐］青州 47/24
［嘉慶］昌樂 23/8
［民國］昌樂縣續志 16/23
40 **劉坊**（明・萊蕪人）
［民國］續修萊蕪 27/3
劉枋（字木舟）
（清・昌樂人）

[民國]昌樂縣續志 30/11
劉吉(漢·沛郡豐邑人)
[嘉靖]青州 12/22
[康熙十五年]青州 8/10
劉吉(字方叔)
(金·東牟人)
[光緒]增修登州 38/10
[嘉靖]寧海州下/43
[同治]重修寧海州 17/4
劉奎(字士元)
(明·高唐人)
[雍正]山東 28/人物三 14
[宣統]山東 160/18
劉奎(清·高密人)
[乾隆]高密 10/34
[光緒]高密 10/45
[民國]高密 14/上 49,16/34
高密縣鄉土志/上 38
劉奎(字文甫)
(清·諸城人)
[道光]諸城縣續志 20/2
劉培(清)
州乘餘聞/22
劉七(明·諸城人)
[康熙]莒州下/68
[萬曆]諸城 9/27
[康熙]諸城 9/25
劉奇(字子易,號敬齋)
(清·慶雲人)
[嘉慶]慶雲 9/13
[民國三年]慶雲 2/42
劉壤(字仲襄)
(清·諸城人)
[道光]諸城縣續志 19/3
劉森(字鄧林)
(清·東阿人)
[道光]東阿 14/人物下 32
劉森(字翰雲)
(清·濟寧人)
[道光]濟寧直隸州 8/4 –40
劉奭(字西藩)
(清·惠民人)
[乾隆]惠民 6/14
[光緒]惠民 23/12
惠民縣鄉土志/耆舊錄 22
劉壽(漢·新野人)
[乾隆]泰安府 5/5
劉索(字彥高)
(金·燕城人)
[宣統]山東 69/6
[乾隆]泰安府 14/26
[順治]平陰 8/上 8
平陰縣鄉土志/5
[嘉慶]肥城 15/29,19/5
[光緒]肥城 7/42
肥城縣鄉土志 3/5
劉索(字彥高)
(清·燕城人)
[光緒]平陰 4/5
劉檀(字韌園)
(清·昌樂人)
[民國]昌樂縣續志 31/5
劉檀(字輅華)
(清·壽光人)
[嘉慶]壽光 13/30
[民國]壽光 12/人物志二 14
劉檀(字雲階)
(清·諸城人)
[道光]諸城縣續志 19/5
劉熹(字季明)
(漢·長廣人)
[民國]萊陽 3/1 中 1
劉熹(字德怡)
(魏·濟南人)
[乾隆]歷城 39/2
劉喜(漢)
[道光]鉅野 24/2
劉雄(漢)
[宣統]山東 66/14
[康熙]濟南 25/3
[道光]濟南 33/8
[萬曆]平原下/11
[乾隆]平原 6/24
平原縣鄉土志輯稿/政蹟
劉雄(漢·涿郡人)
[萬曆]濮州 3/名宦 6
劉雄(明·萊陽人)
[民國]萊陽 3/1 中 10
劉堯(明·定興人)
[康熙]兗州府曹縣 9/21
劉杳(字士深)
(南北朝·平原人)
[嘉靖]山東 29/9
[康熙]山東 39/8
[雍正]山東 28/人物一 50
[康熙]濟南 42/4
[道光]濟南 46/2
[咸豐]青州 64/16
[乾隆]兗州 23/23
[萬曆]寧津 5/14
[萬曆]平原上/63
[乾隆]平原 8/34
平原縣鄉土志輯稿/文學
[康熙]陵縣 5/4
[光緒]益都縣圖志 53/7
劉乂(唐,見劉義)
劉檍(字子素)
(清·齊河人)
[民國]齊河 26/15
劉墉(字雲仲)
(清·貴州人)
[宣統]山東 75/65
[乾隆]嶧縣 7/20
[光緒]嶧縣 19/職官下 16
劉墉(字崇如,號石庵)
(清·青州人)
[宣統]山東 175/11
[咸豐]青州 49/15
[道光]諸城縣續志 13/6
劉直(唐·堂邑人)
[乾隆]東昌 42/3
[嘉慶]東昌 32/3
[康熙]堂邑 16/9
堂邑縣鄉土志/耆舊錄
劉志(漢·沛郡豐邑人)
[嘉靖]青州 12/20
[康熙十五年]青州 8/9
[康熙四十八年]青州 8/9
[康熙六十年]青州 10/5
劉梓(字毓楚)
(清·寧陽人)
[乾隆]寧陽 7/義士 3
[咸豐]寧陽 14/9
[光緒]寧陽 14/9
寧陽縣鄉土志/21
劉大亨(字朱明,號公篤)
(明·城武人)
[康熙]兗州續編 15/12

［康熙九年］城武 3/17,3/49
［康熙四十一年］城武 5/上文學 2,5/上懿行 6
［道光］城武 9/下 2,9/下 11
［順治］單縣 2/43
［康熙］單縣 7/30
劉大慶(清・陝西榆林人)
［宣統］山東 77/40
［康熙］膠州 5/15
［乾隆］膠州 4/19
［道光］重修膠州 23/5
［民國］增修膠志 18/5
膠州直隸州鄉土志 3/政績－愛民
劉大文(字敬甫,號彬予)(明・膠州人)
［乾隆］東昌 38/21
［嘉慶］東昌 28/21
［康熙］博平 4/30
［道光］博平 4/18,5/28
博平縣鄉土志/耆舊－名臣
劉大章(字一奎)(明・益都人)
［萬曆］青州 14/54
［康熙十五年］青州 14/54
［康熙四十八年］青州 14/儒行 11
［康熙六十年］青州 15/11
［咸豐］青州 44/30
［康熙］益都 7/20
［光緒］益都縣圖志 38/12
劉克方(清・河南衛輝人)
［光緒］益都縣圖志 18/70
劉士豪(字俊卿)(清・鉅野人)
［民國］續修鉅野 5/上 22
劉士彥(字甫明)(清・單縣人)
［康熙］單縣 8/35
［乾隆］單縣 7/15
［民國］單縣 9/33
劉友諒(明・商河人)
［民國］重修商河 7/45
劉有讓(字謙益)(清・昌樂人)
［民國］昌樂縣續志 30/24
劉支離(宋・厭次人)
［乾隆］博山 7/下 19
［民國］續修博山 12/71
劉志廉(清・泰安人)
［道光］泰安縣 9/上 88
［民國］重修泰安縣 8/42
劉志亮(字遠明)(清・長清人)
［道光］長清 12/9
劉士龍(清・單縣人)
［順治］單縣 2/38
［康熙］單縣 7/29
劉希龍(字仁甫)(明・安邱人)
［咸豐］青州 44/12
［道光］安邱新志 18/1
安丘縣鄉土志 4/耆舊錄 1
劉希顏(字默學)(明・諸城人)
［萬曆］青州 14/42
［康熙十五年］青州 14/42
［康熙四十八年］青州 14/隱逸 16
［康熙六十年］青州 20/5
［咸豐］青州 44/8
［萬曆］諸城 7/29
［康熙］諸城 7/50
［乾隆］諸城 42/1
劉希顏(臨清人)
［民國］臨清縣/人物 78
劉十顏鉄木兒(元)
［宣統］山東 69/29
［道光］濟寧直隸州 6/6－21
［咸豐］金鄉縣志略 7/6
劉存誠(清・汶上人)
［宣統］四續汶上稿/人物－藝術傳
劉有誠(字存甫)(明・山西寧鄉人)
［宣統］山東 70/35
［萬曆］青州 12/40
［康熙十五年］青州 12/40
［康熙四十八年］青州 12/40
［康熙六十年］青州 12/17
［咸豐］青州 36/22
［萬曆］萊州 5/67
［康熙］萊州 8/31
［乾隆］萊州 9/10
萊州府鄉土志/上 12
［康熙六十年］博興 7/8
［道光］博興 11/37
［嘉慶］續掖縣 2/13
［光緒］益都縣圖志 18/2
劉嘉謨(號南川)(明・新城人)
［雍正］山東 31/8
［道光］濟南 61/4
［康熙］新城 8/17
［民國］重修新城 15/10
新城縣鄉土志/耆舊－明
劉志訥(字言思)(清・城武人)
［道光］城武 9/上 30
劉克謙(元・保定人)
［咸豐］金鄉縣志略 7/5
劉克謙(字益三)(利津人)
［民國］利津縣續志 7/忠烈 1
劉大夏(字時雍)(明・湖廣華容人)
［嘉靖］山東 25/13
［康熙］山東 31/16
［雍正］山東 27/14
［宣統］山東 70/3
［康熙］濟南 24/22
［道光］濟南 35/13
［萬曆元年］兗州 39/名宦 16
［康熙］兗州 22/22
［乾隆］兗州 22/17
［康熙］濟寧州 4/53
［乾隆］濟寧直隸州 22/8
［道光］濟寧直隸州 6/6－43
［康熙］張秋志 5/21
劉培元(字魁一)(清・滋陽人)
滋陽縣鄉土志 1/耆舊－忠節
劉士一(字謂言)(清・新城人)
［宣統］新城縣後志 2/善行
劉士元(字冠魁)(清・曹縣人)

［光緒］曹縣 14/忠義 7
劉士元（清・寧海人）
［同治］重修寧海州 21/4
［民國］牟平 7/84
劉在玉（字藍田）
（清・博山人）
［民國］續修博山 12/50
劉柱石（清・汶上人）
［宣統］四續汶上稿/人物－孝弟傳
劉培碩（字如山）
（清・嶧縣人）
［光緒］嶧縣 21/耆舊 15
劉培型（清・濮州人）
［宣統］濮州 5/39
劉士登（字繼泉）
（明・霑化人）
［乾隆］武定府 26/10
［咸豐］武定府 26/義行 10
［光緒］霑化 10/5
［民國］霑化 2/78
劉希孔（清・壽光人）
［咸豐］青州 49/41
［嘉慶］壽光 13/14
［民國］壽光 12/人物志一 83
劉大武（字定甫，別號靖予，一作靖宇）
（明・博平人）
［雍正］山東 28/人物三 52
［宣統］山東 161/50
［乾隆］東昌 38/22
［嘉慶］東昌 28/22
［康熙］博平 4/28
［道光］博平 3/30，4/19，5/27
劉士璉（清・江西泰和人）
［民國］濰縣志稿 32/33
劉士聰（字含睿，號穎侯）
（清・單縣人）
［康熙］單縣 8/43
［乾隆］單縣 7/34
［民國］單縣 9/36
劉士璟（明・江西泰和人）
［民國］濰縣志稿 32/32
劉希孟（字醇甫）
（明・安丘人）
［康熙］山東 42/25
［康熙十五年］青州 13/80
［康熙四十八年］青州 13/事功 64
［康熙六十年］青州 16/33
［咸豐］青州 44/57
［康熙］續安丘 18/10
安丘縣鄉土志 5/耆舊錄 2
劉希孟（清・平原人）
［民國］續修平原 6/20
劉士玫（字公佩）
（清・齊河人）
［道光］濟南 56/10
劉士秀（明・冠縣人）
［道光］冠縣 8/上 21
［光緒］冠縣 8/孝義
［民國］冠縣 8/人物志 26
劉士秀（字選升）
（清・歷城人）
［民國］續修歷城 44/18
劉在信（清・濰人）
［民國］平度縣續志 7/29
平度鄉土志 4 上/鄉賢
劉嘉穎（字實甫）
（清・濰縣人）
［民國］濰縣志稿 32/10
劉嘉貞（見劉嘉禎）
劉克順（字和田）
（清・昌邑人）
［光緒］昌邑縣續志 6/14
劉士縉（字觀宸）
（清・丘縣人）
［宣統］山東 174/28
［乾隆］臨清直隸州 8/下 12
劉士貞（字松石）
（清・平度人）
［民國］平度縣續志 8/14
劉志仁（明・解梁人）
［道光］濟寧直隸州 6/6－37
［康熙］魚臺 15/16
［乾隆］魚臺 9/40
［光緒］魚臺 2/50
劉大山（清・陽信人）
［康熙］濟南 44/37
［乾隆］武定府 25/16
［咸豐］武定府 25/孝友 16
［康熙］陽信 9/18
［乾隆］陽信 7/26
［民國］陽信 5/孝友 51
信邑志稿 7/孝友
劉嘉胤（字繩懿，別號象山）
（明・德州人）
［康熙］濟南 44/26
［道光］濟南 52/46
［康熙］德州 8/29
［乾隆］德州 9/24
［民國］德縣 10/17
德州鄉土志/耆舊 16
劉克綬（字巨川）
（清・諸城人）
［光緒］增修諸城縣續志/隱逸補遺 2
劉奇峯（字雲亭，號松溪）
（清・壽光人）
［民國］壽光 12/人物志二 64
劉嘉允（見劉嘉胤）
劉士俊（明・城武人）
［康熙九年］城武 3/12
［康熙四十一年］城武 5/上懿行 21
［道光］城武 9/上 40
劉士俊（字魁寰）
（清・嘉祥人）
［乾隆］兖州 23/54
［乾隆］濟寧直隸州 26/38
［道光］濟寧直隸州 8/3－34
［乾隆］嘉祥 3/24
［光緒］嘉祥 3/24
劉存德（明・滄州人）
［萬曆］福山 4/10
劉大壯（字迪吉）
（清・蠡縣人）
［光緒］曹縣 9/縣令 10
劉嘉什（明・蒙陰人）
［康熙十一年］蒙陰 2/44
劉克纘（清・城武人）
［道光］城武 9/下 27
劉士勉（金・商河人）
［萬曆］商河 7/2
［道光］商河 7/10
［民國］重修商河 8/9
商河縣鄉土志 2/耆舊－事業

劉士偉(清・遼東旗籍貢生)
[宣統]山東 77/39
[乾隆]萊州 9/34
[康熙]昌邑 5/8
[乾隆]昌邑 5/107
劉有德(字潤堂)
(清・夏津人)
[民國]夏津續編 8/36
劉志升(字躋堂)
(清・嘉祥人)
[咸豐]濟寧直隸州續志 3/10
[民國]濟寧直隸州續志 15/8
[光緒]嘉祥 3/28
劉大伸(字舒菴)
(清・商河人)
[民國]重修商河 13/藝文志四墓誌 32
劉大紳(號寄菴)
(清・雲南晉寧州人)
[宣統]山東 75/15
[道光]濟南 38/23
[咸豐]青州 37/26
[光緒]益都縣圖志 18/56
[民國]福山縣志稿 3/2－10
[民國]單縣 12/方技 5
[光緒]曹縣 10/19,17/藝文記 33
[道光]新城/名宦
[民國]重修新城 11/19
新城縣鄉土志/政績－清知縣
朝城縣鄉土志/6
劉枋繡(字黼堂)
(清・寧陽人)
[咸豐]寧陽 15/11
[光緒]寧陽 15/11
劉士傑(清・單縣人)
[乾隆]單縣 7/34
[民國]單縣 9/53
劉士傑(長清人)
[民國]長清 12/19
劉太和(字保和)
(清・昌樂人)
[嘉慶]昌樂 30/1
劉太和(清・蒲州榮和人)
[民國]臨朐續志 22/27
劉希稷(字農卿)
(明・武城人)
[乾隆]東昌 39/36
[嘉靖]武城 7/63
[順治]武城 2/19
[乾隆]武城 10/21
武城縣鄉土志略/耆舊錄
劉志和(字英圃)
(清・湖北黃岡人)
[光緒]嶧縣 19/武職 30
劉克綱(清・寧陽人)
[咸豐]寧陽 14/11
[光緒]寧陽 14/11
劉太象(清・清平人)
[乾隆]東昌 43/15
[嘉慶]東昌 32/41
[康熙]重修清平下/42
[嘉慶]清平 14/42
[宣統]增輯清平 12/55
[民國]清平/人物 51
劉志修(字堯臣)
(清・齊河人)
[民國]齊河 23/70
劉奇齡(清・會稽解元)
[咸豐]金鄉縣志略 7/13
劉奇齡(清・滕縣人)
[康熙]兗州續編 16/11
[乾隆]兗州 23/63
[康熙]滕縣志 8/孝行 11
[道光]滕縣志 9/孝義 4
劉大家(字洪源)
(明・章邱人)
[道光]章邱 12/91,13/93
劉枋實(字秀園)
(清・寧陽人)
[光緒]寧陽 13/69
劉克寬(字敷五)
(清・德平人)
[光緒]德平 7/17
劉士進(字從先)
(清・長山人)
[嘉慶]長山 10/7
劉志進(字怡園)
(清・文登人)
[光緒]文登 10/上 12
劉大河(字仙源)
(清・嘉祥人)
[道光]濟寧直隸州 8/4－42
劉大源(字宿清)
(清・壽光人)
[乾隆]續壽光 23/3
[嘉慶]壽光 13/7
[民國]壽光 12/人物志一 63
劉嘉禎(字永符)
(明・武定人)
[乾隆]武定府 23/51
[咸豐]武定府 23/忠節 21
[乾隆]惠民 5/49
[光緒]惠民 20/5
惠民縣鄉土志/耆舊錄 3
劉九江(唐・單父人)
[宣統]山東 165/6
[乾隆]單縣 7/11
[民國]單縣 9/9
劉雄渠(漢・齊人)
[道光]重修平度州 15/1
劉有源(明濟寧,見劉有原)
劉有源(字太清)
(明・益都人)
[康熙]益都 7/36
[光緒]益都縣圖志 36/11
劉有源(字宗海)
(清・滕縣人)
[宣統]山東 172/16
[道光]滕縣志 8/儒林 39
滕縣鄉土志/28
劉枋洺(字泮溪)
(清・寧陽人)
[光緒]寧陽 13/74
劉培溪(字靜濂)
(清・嶧縣人)
[光緒]嶧縣 21/耆舊 14
劉大法(字洪範)
(清・利津人)
[光緒]利津 8/孝友 7
劉大濩(清・章邱人)
[道光]章邱 11/84
劉克達(字上甫)
(清・濟陽人)
[民國]濟陽 17/74
劉士達(明・贊皇人)
[道光]濟南 36/17

［嘉慶］鄒平 14/8
［道光］鄒平 14/8
［民國］鄒平 14/8
劉克禧（鄒縣人）
［民國］續修鄒縣志稿/人物－耆舊附忠烈
劉克沖（清・諸城人）
［光緒］增修諸城縣續志 20/3
劉太清（字得一）（明・定陶人）
［康熙］兗州續編 15/21
［乾隆］曹州府 15/20
［順治］定陶 5/17，6/10
［乾隆］定陶 5/6，6/11
［民國］定陶 6/42，10/43
劉有連（字魁元）（清・夏津人）
［民國］夏津續編 8/37
劉嘉遇（字時隆）（明・丘縣人）
［康熙］山東 41/28
［雍正］山東 28/人物三 64
［宣統］山東 161/56
［乾隆］東昌 39/18
劉存祀（字孝思）（清・博山人）
［民國］續修博山 12/69
劉培初（清・太平人）
［乾隆］東平州 10/35
劉士冠（清・河南祥符人）
［雍正］山東 27/115
［宣統］山東 77/22
［光緒］增修登州 26/3
［道光］重修蓬萊 6/7
劉克祥（清・泰安人）
［民國］重修泰安縣 8/21
劉培裕（字充儒，或云洪儒）（清・滕縣人）
［道光］滕縣志 9/方術傳 3
劉喜海（字燕庭，一作燕亭）（清・諸城人）
［宣統］山東 175/44
［光緒］增修諸城縣續志 12/12
諸城縣鄉土志/上 35
劉大木（字玉林）（清・無棣人）
［民國］無棣 12/11
海豐縣鄉土志/耆舊－學問二
劉大有（字右菴）（清・長山人）
［嘉慶］長山 9/17
劉大有（號雁峯）（清・新化人）
［宣統］聊城 6/2－8
聊城縣鄉土志/9
劉吉士（字謙六）（清・滕縣人）
［乾隆］兗州 23/79
劉嘉森（字瑞甫）（清・濰縣人）
［民國］濰縣志稿 32/10
劉士吉（字璇升）（清・商河人）
［民國］重修商河 13/藝文志四墓表 11
劉希古（宋・寧陵人）
［康熙六十年］博興 7/7
劉培楨（字幹臣）（清・禹城人）
［民國］禹城 6/73
劉枋榕（字盛南）（清・寧陽人）
［咸豐］寧陽 14/33
［光緒］寧陽 14/33
劉大勤（字仔臣，號業菴）（清・長山人）
［嘉慶］長山 8/23
劉枋苞（字斐園）（清・寧陽人）
［咸豐］寧陽 13/40
［光緒］寧陽 13/40
劉枋勤（字襄廷）（清・寧陽人）
［光緒］寧陽 15/17
劉嘉林（清・諸城人）
［光緒］增修諸城縣續志 16/16
劉克恭（字寅階）（清・壽張人）
［光緒］壽張 7/15
劉克蔚（字德淵）（清・莒縣人）
［嘉慶］莒州 10/8
［民國］重修莒志 65/12
劉士英（明・日照人）
［康熙］日照 8/12
劉士藻（清・汶上人）
［宣統］四續汶上稿/人物－藝術傳
劉希芳（字蔭堂）（清・新城人）
［宣統］新城縣後志 2/忠義
［民國］重修新城 18/12
劉希莊（字夢周）（清・淄川人）
［宣統］三續淄川 9/70
淄川縣鄉土志/鄉宦耆舊
劉友蘭（字孟馨）（清・掖縣人）
［乾隆］掖縣 4/51
劉有革（字庚卜）（清・博興人）
［道光］博興 11/37
［民國］重修博興 13/35
劉志權（字巽齋）（清・長清人）
［民國］長清 13/14
劉克恕（字順施）（清・寧陽人）
［咸豐］寧陽 15/33
［光緒］寧陽 15/53
劉克旭（字季華）（清・寧陽人）
［咸豐］寧陽 14/13
［光緒］寧陽 14/13
劉志相（清・黃縣人）
［康熙］黃縣 6/27
［乾隆］黃縣 8/33
［同治］黃縣 8/11
［民國］黃縣志稿 13/清孝友
劉枋格（字鏡藻）（清・寧陽人）
［咸豐］寧陽 13/36
［光緒］寧陽 13/37
劉來朝（清・莘縣人）

［光緒］莘縣 7/34
［民國］莘縣 7/18
莘縣鄉土志/事業 27
劉嘉幹(字楨齋)
(清・順天宛平進士)
［宣統］山東補遺/60
［光緒］益都縣圖志 18/70
［民國］續修歷城 38/4
［光緒］高密 6/26
［民國］高密 12/27
高密縣鄉土志/上 13
劉克敬(元・楚丘人)
［嘉靖］山東 26/27
［康熙］山東 34/7
［乾隆］東昌 34/11
［嘉慶］東昌 22/1
［康熙］曹州志 15/55
［正德］莘縣 5/12,8/2
［康熙十一年］莘縣 5/2,8/34
［康熙五十六年］莘縣 5/2,8/34
［光緒］莘縣 5/5,9/22
［民國］莘縣 3/3,9/31
莘縣鄉土志/政績 4
［康熙］曹縣 12/26
［康熙］兗州府曹縣 12/26
［光緒］曹縣 12/24
劉布春(字嵎陽,別字青園)
(清・滋陽人)
［康熙］兗州續編 16/1
［乾隆］兗州 23/65
［康熙］滋陽 4/上 27
［光緒］滋陽 8/41
滋陽縣鄉土志 1/耆舊－鄉賢
劉大中(清・益都人)
［光緒］益都縣圖志 41/15
劉培忠(字懷貞)
(清・滋陽人)
滋陽縣鄉土志 1/耆舊－忠節
劉士忠(字華石)
(明・華州人)
［康熙］濟寧州 4/11
劉士忠(字一臣)
(清・昌樂人)
［民國］昌樂縣續志 28/6
劉太素(字元白)
(明・定陶人)
［順治］定陶 6/3
［乾隆］定陶 5/4
［民國］定陶 6/16
劉有本(明・博平人)
［正德］博平 4/63
劉在中(字玉瑟)
(清・掖縣人)
萊州府鄉土志/下 20
［乾隆］掖縣 4/49
劉大成(字展公)
(清・高唐人)
［乾隆］東昌 43/28
［嘉慶］東昌 32/45
［康熙五十一年］高唐州 9/6
［道光］高唐州 5/2－12
［光緒］高唐州 5/2－15
［民國］高唐縣 12/8
高唐州鄉土志/20
劉克成(字誠之)
(清・德平人)
［光緒］德平 7/18
德平縣鄉土志/耆舊錄
劉克成(清・平度人)
［民國］平度縣續志 7/15
平度鄉土志 4 上/事業
劉有成(明寧鄉,見劉有誠)
劉有成(字聖績)
(清・遼東三韓人)
［宣統］山東 77/10
［康熙六十年］青州 12/43
［咸豐］青州 37/10
［康熙］壽光 20/8
［嘉慶］壽光 10/29
［民國］壽光 6/19
壽光縣鄉土志/政績
劉克昌(字丕公)
(清・山西洪洞人)
［民國］續修歷城 44/17
劉士炅(字漢輝)
(清・陽穀人)
［民國］增修陽穀人物/仕宦 15
劉志昂(字蘭生)
(清・單縣人)
［乾隆］單縣 7/35
［民國］單縣 9/61
劉培顒(字闇堂)
(清・滋陽人)
［光緒］滋陽 9/28
滋陽縣鄉土志 1/耆舊－忠節
劉大昕(明)
［道光］濟寧直隸州 6/6－23
劉士則(字伯貽)
(明・諸城人)
［萬曆］諸城 6/26
［乾隆］諸城 30/6
劉大器(明・桂林人)
［乾隆］寧陽 3/教諭 2
劉大驥(金・東平人)
［康熙］東平州 4/9
［乾隆］東平州 14/11
［道光］東平州 14/11
［光緒］東平州 15/中 16
［民國］東平縣 11/上 35
劉克長(號育彥)
(清・單縣人)
［順治］單縣 4/53
劉士驥(字允良,號祝陽)
(明・禹城人)
［雍正］山東 28/人物三 59
［宣統］山東 163/35
［康熙］濟南 42/18
［道光］濟南 52/2
［康熙］禹城 5/17
［嘉慶］禹城 9/21
［民國］禹城 6/18
禹城縣鄉土志/13
劉有原(字崑麓)
(明・濟寧人)
［康熙］濟寧州 7/31
［乾隆］濟寧直隸州 27/6
［道光］濟寧直隸州 8/4－31
劉培陽(字永公)
(清・陝西三原人)
［宣統］山東 75/50
［康熙］濟南 26/15
［乾隆］武定府 16/45
［咸豐］武定府 19/霑化 4

[光緒]霑化 5/19
[民國]霑化 4/職官 37
劉大用(明・鄞縣人)
[康熙]費縣 7/31
[光緒]費縣 3/55
劉來月(清・東平人)
[光緒]東平州 15/下 74
劉培周(字植堂)
(清・昌邑人)
[光緒]昌邑縣續志 6/21
劉希歐(明・昌邑人)
[康熙]昌邑 6/35
[乾隆]昌邑 6/167
劉希周(字文卿)
(明・武城人)
[乾隆]東昌 42/32
[嘉靖]武城 7/69
[順治]武城 2/19
[乾隆]武城 10/21
武城縣鄉土志略/耆舊錄
劉志堅(號雲崑子)
(元・蒲臺人)
[嘉靖]山東 34/10
[康熙]山東 47/2
[雍正]山東 30/14,30/17
[宣統]山東 200/27
[康熙]濟南 51/9
[乾隆]武定府 26/39
[咸豐]武定府 26/仙釋 4
[萬曆]萊州 6/72
[康熙]萊州 10/99
[乾隆]萊州 12/仙釋 3
[萬曆]濱州 3/56
[康熙]濱州 7/38
[咸豐]濱州 10/仙釋 11
[萬曆]蒲臺志 10/9
[康熙]重修蒲臺 8/2
[乾隆]蒲臺 4/6
[萬曆]即墨志 9/4
[康熙]纂修即墨/下 33
[同治]即墨 12/8
劉吉義(元・歷城人)
[康熙]濟南 41/9
[崇禎]歷乘 16/15
[崇禎]歷城 10/11
劉嘉會(字沃原)
(明・武定人)
[康熙]濟南 40/13
[崇禎]武定州 17/12
[乾隆]武定府 24/28
[咸豐]武定府 24/循良 18
[乾隆]惠民 5/33
[光緒]惠民 19/9
惠民縣鄉土志/耆舊錄 28
劉克念(清・觀城人)
[康熙]觀城 4/11
劉士美(字廷秀,一作廷彥)
(清・歷城人)
[道光]濟南 53/60
[民國]續修歷城 44/17
劉士義(字伯儀)
(元・濟南人)
[嘉靖]山東 25/24
[康熙]山東 32/13
[雍正]山東 28/人物二 63
[宣統]山東 161/22
劉希曾(清・臨清人)
[民國]臨清縣/人物 91
劉希曾(字子典)
(清・平原人)
[宣統]山東 170/22
[民國]續修平原 10/上 14
劉希夔(明・浙江平湖人)
[宣統]山東 71/16
[道光]濟南 36/37
[民國]齊東 3/59
劉喜全(清・掖人)
[道光]重修平度州 22/4
劉有年(清・鉅野人)
[道光]鉅野 13/80
劉真人(宋)
[乾隆]曹州府 16/19
[萬曆]濮州 4/仙釋 2
[康熙]濮州 4/76
[乾隆]濮州 4/116
[宣統]濮州 6/74
劉臺鍈(字蘊鋒)
(明・諸城人)
[光緒]增修諸城縣續志 16/30
劉九敘(字太和)
(清・濰縣人)
[民國]濰縣志稿 31/6
劉大省(字曾三)
(清・商河人)
[民國]重修商河 8/43
劉士炳(清・高唐人)
[道光]高唐州 5/2－21
[光緒]高唐州 5/2－24
[民國]高唐縣 12/50
劉有恒(字元真)
(清・安邱人)
[康熙四十八年]青州 14/儒行 19
[康熙六十年]青州 15/14
[咸豐]青州 47/4
[道光]安邱新志 17/1
安丘縣鄉土志 8/耆舊錄 5
劉士耀(字錦堂)
(清・商河人)
[民國]重修商河 13/藝文志四墓表 18
劉克榮(字向華)
(清・寧陽人)
[咸豐]寧陽 14/30
[光緒]寧陽 14/30
41 劉頍(清・莒縣人)
[民國]重修莒志 66/6
劉桓(字象五,號峨村)
(清・昌樂人)
[民國]昌樂縣續志 30/5
劉櫝(明・廣東歸善人)
[萬曆]青州 12/39
[康熙十五年]青州 12/39
[康熙四十八年]青州 12/39
[康熙]膠州 5/13
[乾隆]膠州 4/10
[道光]重修膠州 22/4
[民國]增修膠志 17/3
[康熙]沂水 4/25
[道光]沂水 5/26
劉楷(明・恩縣人)
[宣統]重修恩縣 8/40
劉楷(字攀朔)
(明・膠州人)
[道光]重修膠州 25/16
[民國]增修膠志 40/15
劉楷(清・博平人)

[道光]博平 4/又 19
博平縣鄉土志/耆舊－忠節
劉楷(字式臣)
(清・昌樂人)
[民國]昌樂縣續志 35/7
劉楷(字式圍)
(清・恩縣人)
[乾隆]東昌 42/28
[嘉慶]東昌 32/24
[雍正]恩縣續志 3/15
[民國]重修恩縣 11/鄉賢 48
恩縣鄉土志/19
劉楷(字正之)
(清・桓臺人)
[民國]桓臺志略 3/14
[民國]桓臺 3/36
劉楷(字魯齋)
(清・嘉祥人)
[光緒]嘉祥 3/33
劉楩(明・鄒平人)
[道光]鄒平 15/31
[民國]鄒平 15/31
劉樞(字北辰)
(清・新城人)
[宣統]新城縣後志 2/善行
[民國]重修新城 17/2
劉楨(字公幹)
(三國・東平人)
[嘉靖]山東 30/14
[康熙]山東 40/15
[雍正]山東 28/人物一 27
[宣統]山東 163/3
[乾隆]泰安府 18/15
[萬曆元年]兗州 40/文苑 3
[萬曆二十四年]兗州 32/5
[康熙]兗州 25/4
[康熙]東平州 4/2
[乾隆]東平州 14/9
[道光]東平州 14/9
[光緒]東平州 15/中 14
東平州鄉土志上/耆舊錄 39
[民國]東平縣 11/上 34
[康熙十一年]寧陽 7/4
[康熙四十一年]寧陽 7/4
[乾隆]寧陽 7/文苑 1
[咸豐]寧陽 12/14
[光緒]寧陽 12/14
劉楨(明・安丘人)
[宣統]山東 164/56
[咸豐]青州 45/62
[康熙]續安丘 23/38
安丘縣鄉土志 5/耆舊錄 2
劉楨(字文慶)
(明・濟寧人)
[康熙]濟寧州 6/20
[乾隆]濟寧直隸州 24/2
[道光]濟寧直隸州 8/2－22
劉楨(字彥祥)
(明・商河人)
[萬曆]商河 10/75
[民國]重修商河 7/45
劉楨(字世卿)
(清・諸城人)
[乾隆]諸城 33/6
劉坫吉(清・文登人)
[光緒]增修登州 43/40
[光緒]文登 10/上 21
42 **劉彬**(漢・肥城人)
[光緒]肥城 9/人物志補遺 1
肥城縣鄉土志 5/12
[光緒]寧陽 12/18
劉桴(字海洲)
(清・清平人)
[民國]清平/人物 38
劉荊(漢・南陽蔡陽人)
[萬曆元年]兗州 2/42
劉荊(清・壽光人)
[民國]壽光 12/人物志一 96
劉塏(字仲堂)
(清・諸城人)
[道光]諸城縣續志 13/13
劉樸(字尹孚,號柘山)
(明・莒縣人)
[民國]重修莒志 63/3
劉樸(明博平,見劉朴)
劉彭離(漢・沛縣人)
[乾隆]泰安府 5/2
[乾隆]東平州 10/49
[道光]東平州 10/下 1
[光緒]東平州 12/1
劉斯豐(字晏子)
(清・博山人)
[乾隆]博山 7/上 13
[民國]續修博山 11/25
劉斯嵋(字彌三,號眉生)
(清・江西南豐人)
[宣統]山東 74/42
[道光]濟南 37/60
[民國]長清 9/13
[民國]重修商河 6/64
劉彭祿(字永爵,號友山)
(清・單縣人)
[民國]單縣 10/8
43 **劉博**(清・莒縣人)
[嘉慶]莒州 10/5
[民國]重修莒志 62/5
劉戩(明・鄒平人)
[道光]鄒平 15/31
[民國]鄒平 15/31
劉朴(明・博平人)
[乾隆]東昌 38/21
[嘉慶]東昌 28/21
[康熙]博平 3/52
[道光]博平 4/17
博平縣鄉土志/耆舊－循史
劉式(字穀似)
(清・博興人)
[民國]重修博興 13/36
劉域(字封境)
(清・魚臺人)
[光緒]魚臺 3/耆碩又 1
劉式琢(字休民)
(陽穀人)
[民國]增修陽穀人物/仕宦 26
劉式緒(字幼溥)
(清・慶雲人)
[民國三年]慶雲 2/43
劉載寧(字允濟,號石村)
(清・濟寧人)
[乾隆]濟寧直隸州 25/17
[道光]濟寧直隸州 8/3－9
劉始達(字子泉)
(清・昌樂人)
[民國]昌樂縣續志 31/23
劉樾蕡(字實藩)
(清・文登人)
[光緒]文登 9/上 1－2

劉樧茂(字松若)
(清・文登人)
[光緒]文登 9/上 1－2
劉樧蓊(字培若)
(明・文登人)
[光緒]文登 8/下 13
劉樧藻(字觀文)
(清・文登人)
[光緒]文登 9/上 1－2
劉式冉(清・壽光人)
[民國]壽光 12/人物志一 97
劉載忠(字獻忱)
(清・鄒平人)
[民國]鄒平 15/118
劉始昌(漢・沛郡豐邑人)
[嘉靖]青州 12/21
[康熙十五年]青州 8/10
[康熙四十八年]青州 8/10
劉始焜(字輝遠)
(清・滕縣人)
[乾隆]兖州 23/78
44 **劉葆**(明・河南尉氏人)
[乾隆]沂州府 17/34
劉勃(漢・沛縣人)
[乾隆]泰安府 5/2
劉蒼(漢・新野人)
[乾隆]泰安府 5/4
[萬曆元年]兖州 2/41
[萬曆二十四年]兖州 9/14
[康熙]兖州 10/13
[康熙]東平州 5/24,5/57
[乾隆]東平州 10/50
[道光]東平州 10/下 2
[光緒]東平州 12/4
[民國]東平縣 17/2
[乾隆]魚臺 9/51
劉蕃(字君卿)
(元・樂安人)
[嘉靖]山東 32/20
[康熙]山東 42/20
[嘉靖]青州 14/24
[萬曆]青州 13/41
[康熙十五年]青州 13/41
[康熙四十八年]青州 13/事功 24
[康熙六十年]青州 16/12
[咸豐]青州 42/17
[萬曆]樂安 15/7
[雍正]樂安 12/8
[民國]樂安 10/6
[民國]續修廣饒 19/10
劉芳(字伯文)
(北魏・彭城人)
[雍正]山東 31/13
[宣統]山東 67/16
[道光]濟南 62/2
[光緒]益都縣圖志 15/9
[順治]鄒平 6/16
[康熙]鄒平 6/26
[嘉慶]鄒平 16/33
[道光]鄒平 16/流寓 3
[民國]鄒平 16/流寓 3
劉芳(明・單縣人)
[順治]單縣 3/6
劉芳(字廷桂)
(明・陽穀人)
[萬曆]寧津 5/20
[康熙十二年]陽穀 3/27
[康熙]陽穀 3/25
[光緒]陽穀 6/24
[民國]增修陽穀人物/仕宦 3
劉芬(字畹仙)
(清・平原人)
[道光]濟南 56/97
[乾隆]平原 8/41
平原縣鄉土志輯稿/文學
劉芬(字素生)
(清・無棣人)
[民國]無棣 12/6
劉坩(清・德州人)
州乘餘聞/9
劉桂(明・直隸藁城人)
[萬曆]汶上 5/6
劉桂(字蘭臺)
(明・汶上人)
[康熙]兖州續編 15/24
[乾隆]兖州 23/56
[康熙]續修汶上 4/人物 8
劉基(字敬輿)
(三國・東萊牟平人)
[嘉靖]山東 32/22
[宣統]山東 154/27
[泰昌]登州 11/19
[順治]登州 16/25
[光緒]增修登州 38/4
[嘉靖]寧海州下/42
[康熙]寧海州 9/2
[同治]重修寧海州 17/2,21/4
[民國]福山縣志稿 7/1－2
劉基(字伯溫)
(元・處州青田人)
[康熙]高密 6/4
劉葵(字智亭)
(清・無棣人)
[民國]無棣 13/33
劉蘭(字文郁)
(唐・青州北海人)
[嘉靖]山東 33/6
[康熙]山東 44/6
[咸豐]青州 55/13
[萬曆]萊州 6/13
[康熙]萊州 10/79
[乾隆]萊州 11/武功 1
[萬曆]濰縣 9/4
[康熙]濰縣 5/人物 10
[乾隆]濰縣 4/28
[民國]濰縣志稿 42/4
[光緒]益都縣圖志 52/4
劉林(明・順天大興人)
[嘉靖]山東 26/20
[康熙]山東 33/23
[雍正]山東 27/93
[宣統]山東 72/33
[萬曆元年]兖州 38/循吏 45
[萬曆二十四年]兖州 29/6
[康熙]兖州 22/27
[萬曆]鉅野 6/7
[康熙]鉅野 10/7
劉蒙(字子明)
(宋・渤海人)
[嘉靖]山東 29/16
[康熙]山東 39/14
[雍正]山東 28/人物二 44
[宣統]山東 167/12
[康熙]濟南 36/3
[乾隆]武定府 25/34

[咸豐]武定府 25/儒林 4
[康熙]濱州 7/3
濱州鄉土志/耆舊錄
[乾隆]惠民 6/6
[光緒]惠民 23/4
惠民縣鄉土志/耆舊錄 19
劉楧(字文喬)
(清・城武人)
[道光]城武 9/下 25
劉楠(明・利津人)
[萬曆]青州 12 又/又 19
[康熙十五年]青州 12 又/19
[康熙四十八年]青州 12 又/19
[康熙六十年]青州 12/38
[咸豐]青州 36/34
劉棋(清・昌樂人)
[咸豐]青州 48/1
[嘉慶]昌樂 22/7
劉勤(清・霑化人)
[民國]霑化 2/50
劉權(明・蒙陰人)
[萬曆]青州 14/50
[康熙十五年]青州 14/50
[康熙四十八年]青州 14/儒行 7
[康熙六十年]青州 15/9
[康熙十一年]蒙陰 2/36
劉塒(字鏡庵)
(清・諸城人)
[道光]諸城縣續志 13/12
劉勢(漢・沛郡豐邑人)
[萬曆元年]兗州 2/36
劉樹(字汝滋)
(清・昌樂人)
[嘉慶]昌樂 25/9
劉蒜(漢・蔡陽人)
[萬曆]東昌 5/3
[宣統]重修恩縣 6/5
劉棹(字航浦)
(清・滋陽人)
[光緒]滋陽 9/7
劉蔚(字耳陽)
(明・盧氏人)
[乾隆]掖縣 3/32
劉蕭(字功人,號素三)
(清・會稽人)
[乾隆]東昌 34/15
[嘉慶]東昌 22/6
[康熙五十六年]莘縣 5/9
[光緒]莘縣 5/11
[民國]莘縣 3/6
莘縣鄉土志/政績 8
劉孝(字必先,別號東林)
(明・高唐人)
[嘉靖]高唐州 5/21
[康熙十二年]高唐州 8/13
[康熙五十一年]高唐州 8/13
[道光]高唐州 5/1-10
[光緒]高唐州 5/1-10
[民國]高唐縣 12/67,12/81
劉萱(字文鼎)
(清・濟寧人)
[民國]濟寧直隸州續志 14/19
劉燕(漢・沛郡豐邑人)
[嘉靖]青州 12/21
[康熙十五年]青州 8/10
[康熙]高苑 3/2
劉蔭(字葉園)
(清・單縣人)
[民國]單縣 12/鄉賢 4
劉英(字漢卿)
(元・濰州人)
[民國]昌樂縣續志 17/47
劉英(明・城武人)
[康熙九年]城武 3/62
劉英(明・江南儀真人)
[乾隆]沂州府 17/30
劉英(清・高密人)
[康熙]高密 8/又 12
[乾隆]高密 8/上 26
[光緒]高密 8/上 33
[民國]高密 14/上 37
高密縣鄉土志/上 34
劉蘊(字衷蓄)
(清・無棣人)
[民國]無棣 12/2
劉藻(原名玉麟,見劉玉麟)
劉蓁(字問渠)
(清・濟寧人)
[民國]濟寧直隸州續志 12/44
劉蒸(清・棲霞人)
[光緒]增修登州 43/22
[光緒]棲霞縣續志 7/孝子 2
劉芝(字汝瑞)
(明・鄆城人)
[崇禎]鄆城 6/15
[康熙]鄆城 6/16
[光緒]鄆城 8/5
劉埴(字工陶)
(清・諸城人)
[道光]諸城縣續志 13/12
劉芷(字汝馨)
(清・順天寶坻人)
[宣統]山東 75/39
[乾隆]泰安府 15/30
[乾隆]新泰 11/7
劉摯(字莘老)
(宋・靜海東光人)
[嘉靖]山東 27/6,34/5
[康熙]山東 35/7,48/4
[雍正]山東 27/57,31/14
[宣統]山東 68/50,157/10
[嘉靖]青州 12/60
[萬曆]青州 12/18
[康熙十五年]青州 12/18
[康熙四十八年]青州 12/18
[康熙六十年]青州 12/13
[咸豐]青州 35/10
[乾隆]泰安府 16/53
[萬曆元年]兗州 42/13
[萬曆二十四年]兗州 35/9
[康熙]兗州 27/7
[康熙]東平州 4/21
[乾隆]東平州 13/23
[道光]東平州 13/23
[光緒]東平州 15/上 23
東平州鄉土志上/耆舊錄 28
[民國]東平縣 11/上 9
[康熙六十年]博興 7/7
[光緒]益都縣圖志 16/33
劉藹(明・文登人)
[光緒]文登 10/上 1
劉莊(字嚴齋)
(明・河南睢州人)
[宣統]山東 72/45

[乾隆]東昌 34/22
[嘉慶]東昌 22/12
[萬曆]冠縣 2/6,6/42
[道光]冠縣 6/26,9/50
[光緒]冠縣 6/宦績,9/39
[民國]冠縣 6/37,9/50
劉莊(字端臨)
(清・東阿人)
[道光]東阿 14/人物下又 35
劉芳亭(清・清平人)
[民國]清平/人物 71
劉芳奕(明・河南洛陽人)
[宣統]山東 73/12
[咸豐]青州 36/41
[康熙]昌樂 1/35
[嘉慶]昌樂 19/6
劉桂府(字月卿)
(清・陽穀人)
[民國]增修陽穀人物/孝義 12
劉華亭(清・高唐人)
[宣統]山東 174/21
[光緒]高唐州 5/1－63
[民國]高唐縣 12/49
劉蒙亨(字山泉)
(明・德州人)
德州鄉土志/耆舊 10
劉夢庚(字次白)
(清・昌樂人)
[民國]昌樂縣續志 30/24
劉夢亨(清・魚臺人)
[康熙]魚臺 17/25
[乾隆]魚臺 11/35
[光緒]魚臺 3/21
劉世文(清・諸城人)
[光緒]增修諸城縣續志 14/7
劉世彥(字有光)
(清・鉅野人)
[民國]續修鉅野 7/下 22
劉樹文(字志昌)
(清・單縣人)
[民國]單縣 12/鄉賢 15,21/42
劉孝慶(字仲昌)
(南北朝・平原人)
[道光]濟南 46/2
劉攀龍(字廷飛)
(清・諸城人)
[光緒]增修諸城縣續志 13/7
劉其斌(清・鄒平人)
[道光]濟南 54/50
[道光]鄒平 15/103
[民國]鄒平 15/103
劉老戇(清・臨沂人)
[民國]臨沂 10/60
劉夢旂(明・博興人)
[萬曆]青州 15/50
[康熙十五年]青州 15/50
[康熙四十八年]青州 15/卓行 10
[康熙六十年]青州 17/14
[康熙十二年]博興 6/7
[康熙六十年]博興 7/25
[道光]博興 11/20
[民國]重修博興 13/17
劉其旋(字履夫,號川南)
(清・安丘人)
[宣統]山東 175/43
[乾隆]泰安府 15/38
[咸豐]青州 49/12
[道光]安邱新志 19/7
安丘縣鄉土志 9/耆舊錄 6
劉其旃(字賁園)
(清・安丘人)
[道光]安邱新志 22/9
安丘縣鄉土志 7/耆舊錄 4
劉夢麟(明・聊城人)
[康熙]昌邑 5/21
[乾隆]昌邑 5/124
劉其麟(字子振)
(清・高唐人)
[乾隆]東昌 41/22
[嘉慶]東昌 33/17
[康熙五十一年]高唐州 8/31
[道光]高唐州 5/1－38
[光緒]高唐州 5/1－40
[民國]高唐縣 12/83
劉夢元(字孟源)
(清・城武人)
[道光]城武 9/下 39
劉夢正(字繼齊)
(清・城武人)
[道光]城武 9/上 28
劉其醇(字凝白)
(明・慶雲人)
[康熙]慶雲 8/25
[嘉慶]慶雲 9/12
[咸豐]慶雲 2/62
[民國三年]慶雲 2/40
劉世平(清・嘉祥人)
[咸豐]濟寧直隸州續志 3/10
[民國]濟寧直隸州續志 14/13
[光緒]嘉祥 3/48
劉苞麗(字永川)
(清・金鄉人)
[民國]濟寧直隸州續志 13/2
[咸豐]金鄉縣志略 9/中列傳二 7
[民國]金鄉 13/17
劉夢瑞(字祥亭)
(清・慶雲人)
[民國三年]慶雲 2/36
劉協廷(字和萬)
(清・寧陽人)
[咸豐]寧陽 15/10
[光緒]寧陽 15/10
劉耆功(字玉華)
(清・益都人)
[咸豐]青州 46/4
[光緒]益都縣圖志 40/6
劉世瑋(號后溪)
(明・陽信人)
[乾隆]武定府 25/48
[咸豐]武定府 25/文苑 8
劉若翼(清・丘縣人)
[乾隆]東昌 43/24
劉萬玖(清・平度人)
[道光]重修平度州 19/40
劉英聚(字翼亭)
(臨邑人)
[民國]續修臨邑 3/8
劉恭政(明・臨沂人)
[乾隆]沂州府 26/11
[民國]臨沂 10/49
劉植瑲(字珮珩)
(清・惠民人)
[光緒]惠民 24/6
劉蘭秀(字芳馨)

（清・樂陵人）
[咸豐]武定府 25/儒林 12
劉茂秀（清・莒縣人）
[乾隆]沂州府 26/15
[雍正]莒州 9/34
[嘉慶]莒州 9/30
[民國]重修莒志 65/10
劉世雋（字海門）
（清・清平人）
[民國]清平/人物 40
劉世豸（明・諸城人）
[咸豐]青州 45/41
[康熙]諸城 7/41
[乾隆]諸城 40/2
諸城縣鄉土志/上 45
劉若虛（明・博山人）
[康熙]顏神鎮志 4/下 7
劉世經（字郛五，號石渠）
（清・清平人）
[民國]清平/人物 38
劉萬歲（漢・沛人）
[順治]登州 11/2
[順治]招遠 6/22
劉執經（字益堂）
（清・濰縣人）
[民國]濰縣志稿 30/39
濰縣鄉土志/49
劉蔚然（字豹文）
（清・昌邑人）
[光緒]昌邑縣續志 6/18
劉樹德（字滋園）
（清・鄒縣人）
[民國]續修鄒縣志稿/人物－耆舊
劉世偉（字宗周，號後溪）
（明・陽信人）
[康熙]濟南 42/13
[康熙]陽信 9/11
[乾隆]陽信 7/18
[民國]陽信 5/文學 1
信邑志稿 7/文苑
陽信縣鄉土志上/耆舊－學問
劉世勳（字銘山）
（清・鄒縣人）
[光緒]鄒縣續志 12/上 10
鄒縣鄉土志耆舊錄/21
劉英魁（字升三）
（清・歷城人，一作章丘人）
[宣統]山東補遺/33
[民國]續修歷城 40/26
章邱縣鄉土志/上 50
劉世傳（字紹薪）
（清・利津人）
[咸豐]武定府 24/循良 47
[光緒]利津 7/宦蹟 13
劉世傑（元・蜀人）
[雍正]山東 31/17
[嘉靖]青州 15/66
[萬曆]青州 15/62
[康熙十五年]青州 15/62
[康熙四十八年]青州 15/僑寓 9
[康熙六十年]青州 20/17
[咸豐]青州 53/12
[嘉靖]昌樂 3/50
[康熙]昌樂 5/4
[嘉慶]昌樂 23/7
[民國]濰縣志稿 30/51
劉夢鯉（字鯨友）
（清・東平人）
[乾隆]東平州 15/22
[道光]東平州 15/22
[光緒]東平州 15/下 30
[民國]東平縣 11/下 7
劉其泉（清・莒縣人）
[嘉慶]莒州 10/1
劉蔭泉（清・長垣人）
[康熙四十一年]城武 5/上懿行 11
[道光]城武 9/下 49
劉芳名（明・濱州人）
[崇禎]歷乘 16/65
劉芳名（明・尉氏人）
[萬曆]沂州志 4/57
劉華峰（字豫瞻）
（清・博興人）
[民國]重修博興 13/59
劉華齡（清・齊河人）
[民國]齊河 27/9
劉夢齡（字錫九）
（清・夏津人）
[民國]夏津續編 8/90
劉樹倫（字敘之）
（清・莒縣人）
[民國]重修莒志 64/8
劉燕齡（字詒臣）
（清・寧陽人）
[光緒]寧陽 15/20
劉芳秋（字月村）
（清・昌樂人）
[民國]昌樂縣續志 28/12
劉葆宣（清）
[光緒]嶧縣 19/職官下 21
劉共之（字向辰）
（清・壽光人）
[民國]壽光 12/人物志一 40
劉基宏（清・恩縣人）
[民國]重修恩縣 11/鄉賢 28
劉權之（字德輿）
（清・湖南長沙人）
[宣統]山東 74/35
劉世宏（清・博興人）
[道光]博興 11/28
[民國]重修博興 13/27
劉孝宗（清・鄒平人）
[民國]鄒平 15/143
劉其禎（清・昌樂人）
[民國]昌樂縣續志 32/2
劉世福（清・榮成人）
[道光]榮成 8/45
劉芳洲（清・福山人）
[民國]福山縣志稿 7/5－8
劉蘭洲（清・昌邑人）
[光緒]昌邑縣續志 6/18
劉夢兆（明・博興人）
[康熙六十年]博興 7/57
劉若沂（字企楊）
（清・陽信人）
[乾隆]武定府 25/60
[咸豐]武定府 25/文苑 20
[乾隆]陽信 7/16
[民國]陽信 5/文學 10
信邑志稿 7/文苑
陽信縣鄉土志上/耆舊－學問
劉芳遠（字文度）
（明・昌樂人）

［嘉慶］昌樂 27/1
劉其遠（字惟道，號太𤾫）
（明・益都人）
［雍正］山東 28/人物三 57
［宣統］山東 161/53
［康熙十五年］青州 13/75
［康熙四十八年］青州 13/事功 59
［康熙六十年］青州 16/30
［咸豐］青州 45/15
［康熙］益都 7/39
［光緒］益都縣圖志 36/14
劉世遠（字繼先）
（清・昌樂人）
［民國］昌樂縣續志 34/5
劉華清（清・諸城人）
［光緒］增修諸城縣續志 16/15
劉世清（字漣漪）
（清・章邱人）
［道光］章邱 11/46
劉萬清（字壽臣）
（清・昌邑人）
［光緒］昌邑縣續志 6/7
劉桂選（清・寧陽人）
［光緒］寧陽 13/72
劉華選（字本樸，號茂卿）
（清・臨朐人）
［民國］臨朐續志 20/12
臨朐縣鄉土志 1/耆舊
劉其通（字豁亭）
（黃縣人）
［民國］黃縣志稿 13/民國懿行
劉世祿（字錫之）
（清・慶雲人）
［民國三年］慶雲 2/31
劉蔭棨（字蓑門，號介農）
（清・樂安人）
［民國］樂安 10/25
［民國］續修廣饒 19/45
劉芳奇（字遠馨）
（清・魚臺人）
［乾隆］兗州 23/63
［乾隆］濟寧直隸州 27/33
［道光］濟寧直隸州 8/3－36
［乾隆］魚臺 11/26
［光緒］魚臺 3/15
劉樹堯（東阿人）
［民國］東阿 15/1
劉英存（清・濱州人）
濱州鄉土志/耆舊錄
劉芳蘭（字馨遠）
（清・夏津人）
［民國］夏津續編 8/13
劉芳芷（清・昌樂人）
［民國］昌樂縣續志 34/5
劉桂芬（清・陽穀人）
［光緒］陽穀 7/4
劉桂林（字馥齋）
（清・東阿人）
［民國］續修東阿 11/5
劉桂林（清・諸城人）
［光緒］增修諸城縣續志 16/16
劉桂英（清・諸城人）
［光緒］增修諸城縣續志 17/13
劉蘭芳（字湘畹）
（清・單縣人）
［民國］單縣 11/45
劉夢蘧（字省愆）
（清・慶雲人）
［民國三年］慶雲 2/50
劉若藩（字鑑石）
（明・莒縣人）
［乾隆］沂州府 26/26
［雍正］莒州 9/26
［嘉慶］莒州 9/22
［民國］重修莒志 61/2
劉若蘧（字聖友，號玉村）
（清・沂水人）
［宣統］山東 173/6
［道光］沂水 7/18
劉世芳（字名遠）
（清・莒縣人）
［嘉慶］莒州 10/5
［民國］重修莒志 62/6
劉世英（字俊卿）
（清・高苑人）
［咸豐］青州 47/30
［乾隆］高苑 6/5
劉藝林（字潄芳）
（清・慶雲人）
［民國三年］慶雲 2/101
劉夢楫（字爲舟）
（清・慶雲人）
［嘉慶］慶雲 9/9
［咸豐］慶雲 2/59
［民國三年］慶雲 2/22
劉芳聲（字東華）
（明・濰人）
［宣統］山東 164/57
［康熙］萊州 10/55
［乾隆］萊州 11/忠節 8
萊州府鄉土志/下 16
［乾隆］濰縣 4/17
［民國］濰縣志稿 31/30
濰縣鄉土志/18
劉芳聲（字振垣）
（清・遼陽人）
［雍正］山東 27/110
［宣統］山東 75/20
［道光］濟南 38/41
［康熙］德州 7/30
［乾隆］德州 8/12
［民國］德縣 9/10
劉芳聲（字德孚）
（清・嶧縣人）
［宣統］山東 172/27
［康熙］兗州續編 16/12
［乾隆］兗州 23/59
［康熙］嶧縣 4/90
［乾隆］嶧縣 8/31
［光緒］嶧縣 21/耆舊 3
劉芳聲（字茂遠，號起馨）
（清・魚臺人）
［雍正］山東 28/人物四 12
［乾隆］兗州 23/60
［乾隆］濟寧直隸州 25/47
［道光］濟寧直隸州 8/3－34
［乾隆］魚臺 11/14
［光緒］魚臺 3/8
劉蘭聲（清・高唐人）
［光緒］高唐州 5/2－32
［民國］高唐縣 12/17
劉萬都（明・武定州人）
［崇禎］武定州 7/21

劉英根(字樂三)
(清・臨邑人)
[民國]續修臨邑 3/30
劉芳增(字潤齋)
(清・金鄉人)
[民國]金鄉 13/續增 12
劉茂松(清・壽光人)
[民國]壽光 12/人物志二 93
劉夢松(字崑石)
(明・陽信人)
[雍正]山東 31/8
[康熙]濟南 49/4
[乾隆]武定府 26/33
[咸豐]武定府 26/藝術 1
[康熙]陽信 9/36
[乾隆]陽信 7/59
[民國]陽信 5/方技 81
信邑志稿 7/藝術
劉蔭樅(清・平度人)
[光緒]平度志要/人物
劉懋泰(字勴思)
(清・福山人)
[乾隆]福山 8/12
[乾隆]淄川 4/又 28－4
劉其忠(字藎臣)
(清・昌樂人)
[民國]昌樂縣續志 31/17
劉萬春(字舒菴)
(清・陽信人)
[民國]陽信 5/任恤 31
劉協忠(字子和)
(清・博興人)
[民國]重修博興 13/59
劉執中(明・單縣人)
[順治]單縣 3/5
劉若拙(號華蓋真人)
(宋・蜀人)
[同治]即墨 12/8
劉林甫(唐・魏州觀城人)
[嘉靖]山東 31/10
[康熙]山東 41/8
[雍正]山東 28/人物二 1
[宣統]山東 156/3
[萬曆]東昌 19/19
[萬曆]濮州 3/鄉賢 11
[道光]觀城 8/2
觀城縣鄉土志/耆舊
劉茂盛(清・鄒平人)
[民國]鄒平 15/145
劉萬鰲(字翰元)
(清・東阿人)
[民國]續修東阿 11/17
劉其昌(字卜五)
(清・慶雲人)
[民國三年]慶雲 2/97
劉世昌(字允光)
(清・嘉祥人)
[光緒]嘉祥 3/49
劉蔽園(清・無棣人)
[民國]無棣 13/19
海豐縣鄉土志/耆舊－事業六
劉萬里(明・密雲人)
[乾隆]武定府 16/19
[咸豐]武定府 19/陽信 3
[康熙]陽信 7/39
[乾隆]陽信 5/42
信邑志稿 5/宦蹟－學官
[民國]陽信 2/72
劉芝田(字磊生)
(清・濰縣人)
[民國]濰縣志稿 30/36
劉芳曙(字霽亭)
(清・安邱人)
[道光]安邱新志 19/10
劉芳躅(字增美)
(清・順天宛平人)
[宣統]山東 74/10
[道光]濟南 37/7
劉藎臣(字貴卿)
(清・壽光人)
[乾隆]續壽光 23/4
[嘉慶]壽光 13/7
[民國]壽光 12/人物志一 63
劉夢驥(字孔阜)
(清・城武人)
[道光]城武 9/下 27
劉世臣(字殿弼)
(清・濟寧人)
[乾隆]濟寧直隸州 25/28
[道光]濟寧直隸州 8/3－14
劉燕臣(字乙齋)
(清・茌平人)
[民國]茌平 3/64
劉夢驌(字龍眉)
(清・城武人)
[道光]城武 9/上 28
劉芳譽(明・河南陳留人)
[宣統]山東 72/12
[康熙]濟寧州 4/55
[乾隆]濟寧直隸州 22/18
[道光]濟寧直隸州 6/6－25
劉夢周(字既齊)
(清・城武人)
[康熙]堂邑 10/5
劉世熙(清・邱縣人)
[乾隆]臨清直隸州 8/下 18
劉其義(字坦安)
(清・茌平人)
[宣統]茌平 11/5
[民國]茌平 3/52
劉萬倉(字子豐)
(清・長清人)
[民國]長清 13/27
劉萬金(清・鄆城人)
[光緒]鄆城 16/29
劉黃鍾(字晴江)
(明・恩縣人)
[乾隆]東昌 39/30
[嘉慶]東昌 29/14
[雍正]恩縣續志 3/2
[宣統]重修恩縣 8/24
[民國]重修恩縣 11/鄉賢 20
劉英錡(清・長清人)
[民國]長清 11/30
劉藩錫(字康侯)
(清・膠州人)
[民國]增修膠志 43/21
劉夢錫(字椿庭)
(清・高唐人)
[光緒]高唐州 5/2－27
[民國]高唐縣 12/14
劉世範(字洪齋)
(清平人)
[民國]清平/人物 79
劉萬策(字訐謨)
(清・蒙陰人)
[康熙十一年]蒙陰 2/16

劉華堂(字煒蕚)
(清・濟寧人)
[民國]濟寧直隸州續志 14/21
劉懋賞(字申錫)
(清・昌樂人)
[民國]昌樂縣續志 31/6
劉樹棠(字蔭南,別字愛村)
(清・滋陽人)
[光緒]滋陽 8/49
滋陽縣鄉土志 1/耆舊-鄉賢
劉樹棠(字芾村)
(莘縣人)
[民國]莘縣 7/26
劉蔚堂(東阿人)
[民國]東阿 15/5
劉著堂(字絅文)
(清・昌樂人)
[民國]昌樂縣續志 28/13
劉其焯(清・東阿人)
[乾隆]利津縣志補 3/17
劉若敞(字景原)
(清・丘縣人)
[乾隆]東昌 43/24
45 劉椿(字松僚,號海盦)
(清・濟寧人)
[民國]濟寧直隸州續志 12/27
劉棟(字汝峻)
(明・棲霞人)
[光緒]增修登州 41/29
[康熙]棲霞 6/12
[乾隆]棲霞 6/33
劉棟(字函三)
(清・安邱人)
[咸豐]青州 49/46
[道光]安邱新志 19/6
安丘縣鄉土志 9/耆舊錄 6
劉棟(字隆吉)
(清・昌樂人)
[民國]昌樂縣續志 30/17
劉棟(唐・淄州人)
[雍正]山東 30/10
[道光]濟南 60/6
[康熙]淄川 6下/61
[乾隆]淄川 6/下 61
劉坤(字伯生)
(明・壽張人)
[萬曆二十四年]兗州 36/10
[康熙]兗州 28/9
[乾隆]兗州 23/39
[康熙六年]壽張 7/11
[康熙五十六年]壽張 7/11
[光緒]壽張 7/6
壽張縣鄉土志/耆舊-附鄉賢祠
劉堜(字淡明)
(清・諸城人)
[乾隆]諸城 36/14
劉榛(字懷西)
(清・莒縣人)
[雍正]莒州 9/40
劉楝周(清・茌平人)
[民國]茌平 3/107
46 劉柏(字蒼巖)
(清・濟寧人)
[乾隆]濟寧直隸州 25/34
[道光]濟寧直隸州 8/3-22
劉柏(字新甫)
(清・歷城人)
[道光]濟南 53/58
[民國]續修歷城 44/15
劉觀(字子瀾)
(明・東阿人)
[乾隆]泰安府 18/36
[萬曆二十四年]兗州 37/7
[康熙]兗州 28/36
[康熙五十四年]東阿 7/23
[道光]東阿 22/41
[光緒]東阿縣鄉土志 4/6
劉賀(漢)
[乾隆]魚臺 9/51
[道光]鉅野 24/5
劉楫(西漢)
[萬曆二十四年]兗州 9/11
[康熙]兗州 10/11
劉楫(字濟臣)
(清・昌樂人)
[民國]昌樂縣續志 30/17
劉坦(原名坒,字次臣)
(清・慶雲人)
[咸豐]慶雲 2/61
[民國三年]慶雲 2/23
劉相(字汝賢)
(明・直隸霍丘人)
[嘉靖]寧海州下/21
劉相(明・章丘人)
[萬曆]章丘 24/35
[康熙]章丘 6/26
[乾隆]章邱 9/21
[道光]章邱 11/27
劉相(字惠臣)
(清・長山人)
[道光]濟南 55/32
[嘉慶]長山 9/31
劉勰(字彥和)
(南朝梁・東莞莒人)
[至元]齊乘 6/18
[嘉靖]山東 32/8
[康熙]山東 42/8
[雍正]山東 28/人物一 49
[宣統]山東 163/12
[嘉靖]青州 15/34
[萬曆]青州 15/5
[康熙十五年]青州 15/5
[康熙四十八年]青州 15/文學 5
[康熙六十年]青州 18/2
[乾隆]沂州府 27/4
[康熙]莒州下/35
[雍正]莒州 9/18
[嘉慶]莒州 9/15
[民國]重修莒志 60/23
[康熙]日照 9/5
[光緒]日照 8/1
[康熙]沂水 4/49
[道光]沂水 7/34
劉旭(字既白)
(清・利津人)
[咸豐]武定府 26/義行 28
[光緒]利津 8/義行 4
劉埧(字伯諧)
(清・鄆城人)
[光緒]鄆城 16/29
劉如璿(唐)
[乾隆二十五年]泰安縣 10/29

劉韞瑞(清・臨朐拔貢)
[光緒]嶧縣 19/丞倅 16
劉如璜(字荊璞)
(清・魚臺人)
[乾隆]魚臺 10/29,11/21
[光緒]魚臺 3/12
劉相弼(字仲良)
(長清人)
[民國]長清 12/8
劉觀政(明・山東武定人)
[萬曆]沂州志 4/56
劉相儒(清・商河人)
[民國]重修商河 9/11
劉觀德(字相圃)
(清・樂安人)
[民國]樂安 10/31
[民國]續修廣饒 19/59
劉觀生(字秋水)
(清・樂安人)
[民國]樂安 10/21
[民國]續修廣饒 19/39
劉如古(明・華容舉人)
[康熙]觀城 3/11
[道光]觀城 6/17
劉相考(字視祥)
(清・陽信人)
[民國]陽信 5/人瑞 68
劉如棆(字季木)
(明・安丘人)
[康熙]山東 45/18
[宣統]山東 164/56
[康熙十五年]青州 14/又 26
[康熙四十八年]青州 14/孝友 17
[康熙六十年]青州 17/17
[咸豐]青州 45/61
[康熙]續安丘 11/30,23/37
安丘縣鄉土志 5/耆舊錄 2
劉如松(字茂貞)
(明・安邱人)
[民國]續安邱新志 18/1
劉相輔(字伯丞)
(長清人)
[民國]長清 12/8
劉如掄(見劉如棆)
劉觀周(字若濂)
(清・陽信人)
[民國]陽信 5/孝友 64
劉觀光(字東昇)
(清・壽光人)
[乾隆]續壽光 14/105
[嘉慶]壽光 19/34
[民國]壽光 16/30
47 **劉超**(字世瑜)
(晉・琅邪臨沂人)
[至元]齊乘 6/15
[嘉靖]山東 30/19
[康熙]山東 40/21
[雍正]山東 28/人物一 37
[宣統]山東 164/4
[萬曆二十四年]兗州 32/26
[康熙]兗州 25/21
[萬曆]沂州志 6/57
[康熙]沂州志 5/32
[乾隆]沂州府 25/7
[康熙]郯城 7/3
[乾隆]郯城 9/2
[民國]臨沂 9/10
[康熙]諸城 7/7
劉根(漢・沛郡豐邑人)
[嘉靖]青州 12/22
[康熙十五年]青州 8/11
劉胡(漢・沛郡豐邑人)
[嘉靖]青州 12/21
[康熙十五年]青州 8/10
[嘉慶]壽光 10/3
劉坰(字仰晦)
(清・諸城人)
[道光]諸城縣續志 13/12
劉橘(清・歷城人)
[宣統]山東 170/27
[乾隆]歷城 42/7
劉均(明・福山人)
[康熙]福山 4/4
[乾隆]福山 8/71
[民國]福山縣志稿 7/1-4
劉堳(字景坡)
(清・高唐人)
[乾隆]東昌 43/34
[嘉慶]東昌 32/51
[乾隆]高唐州續志 2/10
[道光]高唐州 5/2-18
[光緒]高唐州 5/2-21
劉猛(漢・琅邪人)
[嘉靖]山東 30/11
[康熙]山東 40/11
[宣統]山東 154/17
[萬曆元年]兗州 40/卓行 3
[萬曆二十四年]兗州 31/24
[康熙]兗州 24/23
[萬曆]沂州志 6/35
[康熙]沂州志 5/15
[乾隆]沂州府 25/4
劉圯(字含章)
(清・臨朐人)
[咸豐]青州 46/47
劉杞(字徵夏)
(清・寧陽人)
[乾隆]兗州 23/75
[乾隆]寧陽 7/良吏 8
[咸豐]寧陽 13/8
[光緒]寧陽 13/8
劉桐(字鳳梧)
(明・贊皇人)
[宣統]山東 72/39
[萬曆]東昌 18/36
[乾隆]東昌 33/47
[嘉慶]東昌 21/14
[康熙]博平 3/44
[道光]博平 4/4
博平縣鄉土志/政績
劉桐(清・昌樂人)
[民國]昌樂縣續志 28/6
劉桐(字鳳棲)
(清・齊河人)
[民國]齊河 27/8
劉桐(清・榮成人)
[道光]榮成 8/6
劉嚳(字明德)
(明・嘉祥人)
[乾隆]嘉祥 2/35
劉楹(字松若)
(清・費縣人)
[光緒]費縣 11/56
劉郁(元・寧海人)
[光緒]增修登州 38/15
[嘉靖]寧海州下/43
[康熙]寧海州 9/4

［同治］重修寧海州 17/5
［民國］牟平 7/7
劉郁（明）
［雍正］山東 27/92
劉起交（見劉起蛟）
劉懿慶（字葆初）
（清・博興人）
［民國］重修博興 13/41
劉起龍（明・萊陽人）
［民國］萊陽 3/1 中 20
劉起龍（字騰霄）
（清・定陶人）
［乾隆］定陶 6/27
［民國］定陶 6/49
劉好正（清・歷城人）
［民國］續修歷城 43/5
劉均信（字中孚）
（清・諸城人）
［咸豐］青州 49/50
劉鶴仙（清・商河人）
［民國］重修商河 14/21
劉朝俊（清・陽穀人）
［康熙］陽穀 4/19
［光緒］陽穀 9/4
［民國］增修陽穀人物/仕宦 19
劉桐峨（字東山）
（清・陽信人）
［民國］陽信 5/篤行 36
劉朝先（明・費人）
［萬曆］沂州志 7/37
［乾隆］沂州府 26/9
劉好德（字彝仲）
（清・昌樂人）
［嘉慶］昌樂 28/2
劉朝憲（明・歷城人）
［崇禎］歷乘 16/53
劉朝宗（字向若）
（清・順天大興人）
［宣統］山東 77/11
［咸豐］青州 37/22
［嘉慶］東昌 21/5
［光緒］增修登州 30/4
［道光］濟寧直隸州 6/7 – 90
［嘉慶］壽光 10/32
［民國］壽光 6/22
［乾隆］魚臺 9/50
［光緒］魚臺 2/57
［宣統］聊城 6/2 – 5
聊城縣鄉土志/18
［道光］招遠縣續志 2/12
劉起潛（清・陽穀人）
［康熙］陽穀 4/3
［光緒］陽穀 7/2
［民國］增修陽穀人物/孝義 3
劉好禮（字繼先）
（元・恩州人）
［嘉靖］山東 27/8
［宣統］山東 69/30
［嘉靖］青州 13/35
［萬曆］青州 12/25
［康熙十五年］青州 12/25
［康熙四十八年］青州 12/25
［乾隆］沂州府 20/5
［乾隆］東昌 37/29
［嘉慶］東昌 27/27
［康熙］莒州下/4，下/75
［嘉慶］莒州 7/4，13/23
［民國］重修莒志 52/11，57/8
［嘉靖］恩縣 6/3
［萬曆］恩縣 4/12
［宣統］重修恩縣 8/19
［民國］重修恩縣 11/鄉賢 16
恩縣鄉土志/18
劉起沛（字赤符）
（清・單縣人）
［乾隆］單縣 7/25
［民國］單縣 9/67
劉起沛（字漢輔）
（清・武定州人）
［乾隆］武定府 26/26
劉朝太（字相臣）
（清・濟寧人）
［民國］濟寧直隸州續志 12/41
劉好勤（清・茌平人）
［宣統］茌平 16/10
［民國］茌平 3/42
劉起芬（字宗庵）
（清・南昌進士）
［嘉慶］德平 5/22
［光緒］德平 5/14
劉朝棟（字隆吉）
（清・陽穀人）
［民國］增修陽穀人物/師道 18
劉朝棟（河北人）
［民國］牟平 6/83
劉罄如（清・諸城人）
［民國］濰縣志稿 35/15
劉起蛟（明・萊陽人）
［光緒］增修登州 50/2
［康熙］萊陽 8/23
［民國］萊陽 3/1 中 71
劉鶴年（字梅坡）
（清・莒縣人）
［民國］重修莒志 65/38
48 **劉翰**（五代）
［宣統］三續淄川 9/40
劉翰（宋・滄州臨津人）
［光緒］寧津 8/47
寧津縣鄉土志/耆舊
劉敬（漢，原姓婁，見婁敬）
劉敬（明・石首人）
［康熙］兗州府曹縣 9/25
劉敬（明・南直武進人）
［嘉靖］山東 26/18
［康熙］山東 33/21
［宣統］山東 72/19
［萬曆元年］兗州 38/循吏 43
［萬曆二十四年］兗州 29/14
［康熙］兗州 22/35
［萬曆］沂州志 6/10
［乾隆］沂州府 20/7
［康熙］郯城 6/23
［乾隆］郯城 7/23
劉敬（清・泗水人）
［光緒］泗水 11/10
劉馗（漢）
［光緒］嶧縣 19/34
劉梅（清・夏津人）
［民國］夏津續編 8/30
劉檠（明・商河人）
［道光］商河 7/53
［民國］重修商河 9/19
商河縣鄉土志 3/耆舊 – 學問

劉松(字貞木)
(清・嘉祥人)
[道光]濟寧直隸州 8/4－42
[光緒]嘉祥 3/48
劉檄(明・甘州人)
[康熙]兖州府曹縣 9/12
[光緒]曹縣 9/縣丞 2
劉檄(明・歷城人)
[道光]濟南 49/41
[崇禎]歷城 10/19
[乾隆]歷城 41/9
劉增(字益齋)
(清・濟寧人)
[民國]濟寧直隸州續志 14/2
劉增(字益其)
(清・諸城人)
[道光]諸城縣續志 19/2
劉墫(字象山)
(清・諸城人)
[宣統]山東 175/13
[咸豐]青州 49/23
[道光]諸城縣續志 13/13
諸城縣鄉土志/上 36
劉敬亭(字名山)
(清・壽光人)
[民國]壽光 12/人物志二 34
劉梅庵(清・陽穀人)
[光緒]陽穀 6/31
劉松雲(清・黃縣人)
[同治]黃縣 9/4
劉松廷(清・惠民人)
[光緒]惠民 22/9
惠民縣鄉土志/耆舊錄 16
劉梅峯(字庾嶺,號藕村)
(清・鉅野人)
[道光]鉅野 13/62
[民國]續修鉅野 7/下 47
劉松峯(字耐冬)
(清・曹縣人)
[光緒]曹縣 14/行誼 23
劉松山(清・茌平人)
[民國]茌平 12/91
劉乾德(字均聞)
(清・昌樂人)
[嘉慶]昌樂 26/1
劉敬和(唐)
[嘉靖]山東 27/4
[康熙]山東 35/4
[雍正]山東 27/54
[宣統]山東 68/9
[康熙]濟南 25/7
[道光]濟南 33/28
[嘉靖]青州 13/23
[萬曆]青州 12/14
[康熙十五年]青州 12/14
[康熙四十八年]青州 12/14
[康熙六十年]青州 12/9
[咸豐]青州 34/19
[嘉靖]淄川 6/76
[萬曆]淄川 27/4
[康熙]淄川 4/3
[乾隆]淄川 4/3
淄川縣鄉土志/政績錄
[康熙]高苑 3/14
[乾隆]高苑 3/19
[嘉慶]鄒平 14/1
[道光]鄒平 14/1
[民國]鄒平 14/1
劉敬修(原名廣興,字敏源)
(清・鄒縣人)
[民國]續修鄒縣志稿/人物－耆舊
劉松齡(字壽山)
(清・昌樂人)
[民國]昌樂縣續志 35/6
劉敬宣(字萬壽)
(晉・彭城人)
[光緒]益都縣圖志 15/1
劉榮柱(字天木)
(清・菏澤人)
[光緒]新修菏澤 10/43
劉翰書(清・山西垣曲人)
[宣統]山東 75/10
[道光]濟南 38/16
[乾隆]沂州府 20/17
[道光]濟寧直隸州 6/7－86
[乾隆]嘉祥 3/31
[光緒]嘉祥 3/39
[乾隆]淄川 4/25
淄川縣鄉土志/政績錄
劉翰明(清・沂水人)
[康熙十五年]青州 13/86
[康熙四十八年]青州 13/事功 70
[康熙六十年]青州 16/35
[乾隆]沂州府 25/27
[康熙]沂水 4/51
[道光]沂水 7/16
劉翰周(清・直隸豐潤舉人)
[民國]壽光 6/23
劉增光(字德夫,別號思庵)
(明・平陰人)
[順治]平陰 8/上 72
[光緒]平陰 8/11
50 **劉本**(漢・牟平人)
[民國]福山縣志稿 2/2－2
劉本(字其淵,號石村)
(清・東阿人)
[道光]東阿 14/人物下 35
劉表(字景升)
(漢・山陽高平人)
[嘉靖]山東 30/11
[康熙]山東 40/12
[雍正]山東 28/人物一 25
[宣統]山東 154/20
[萬曆元年]兖州 41/28
[萬曆二十四年]兖州 31/29
[康熙]兖州 24/28
[乾隆]兖州 23/17
[乾隆]曹州府 14/6
[乾隆]濟寧直隸州 23/6
[道光]濟寧直隸州 8/2－4
[萬曆]鉅野 7/9
[康熙]鉅野 11/7
[道光]鉅野 12/7
[康熙五十一年]金鄉 9/12
[乾隆]金鄉 18/9
[咸豐]金鄉縣志略 9/上 3
[民國]金鄉 13/2
金鄉縣鄉土志/耆舊錄上
[民國]續修鄒縣志稿/人物－耆舊
劉春(明・富平舉人)
[嘉靖]山東 26/29
[康熙]山東 34/8
[雍正]山東 27/48
[萬曆]東昌 18/38
[乾隆]東昌 34/19

［嘉慶］東昌 22/10
［萬曆］冠縣 2/3
［道光］冠縣 6/24
［光緒］冠縣 6/宦績
［民國］冠縣 6/34
劉東（字思周，號貞庵）
（明·章丘人）
［道光］濟南 49/56
［萬曆］章丘 24/33
［康熙］章丘 6/26
［乾隆］章邱 9/20
［道光］章邱 10/43
劉賁（明·昌樂人）
［嘉靖］昌樂 3/41
劉賁（明·寧津人）
［光緒］寧津 8/4
劉賁（號東岡）
（明·禹城人）
［道光］濟南 52/1
［嘉慶］禹城 9/17
［民國］禹城 6/14
禹城縣鄉土志/19
劉擴（宋·棣州人）
［康熙］濟南 48/4
［萬曆］武定州 13/3
［崇禎］武定州 23/1
［乾隆］武定府 26/23
［咸豐］武定府 26/隱逸 1
［乾隆］惠民 6/16
［光緒］惠民 24/1
劉書（清·江蘇丹徒人）
［宣統］山東 77/39
［乾隆］昌邑 5/108
劉書（字仲雅）
（清·諸城人）
［道光］諸城縣續志 13/12
劉素（明·直隸深澤人）
［康熙十二年］陽穀 2/16
［康熙］陽穀 2/12
［光緒］陽穀 4/3
劉肅（字幼人）
（清·浙江會稽人）
［宣統］山東 76/42
劉泰（明·固安人）
［康熙］嶧縣 3/27
［乾隆］嶧縣 7/11
［光緒］嶧縣 19/職官下 4
劉泰（明·交阯富良人）
［萬曆］東昌 18/42
［嘉靖］濮州 7/19
［萬曆］濮州 3/名宦 28
劉泰（清·臨邑人）
［道光］臨邑 9/9
［同治］臨邑 9/忠藎 2
劉泰（字宗嶽）
（清·慶雲人）
［嘉慶］慶雲 9/31
［民國三年］慶雲 2/50
劉忠（字孝卿）
（元·寧海人）
［光緒］增修登州 65/66
［同治］重修寧海州 13/3，17/6
［民國］牟平 9/90
劉忠（明·萊蕪人）
［康熙］新修萊蕪 6/20
劉忠（字攄誠）
（明·濮州人）
［嘉靖］山東 31/29
［康熙］山東 41/24
［雍正］山東 28/人物三 11
［宣統］山東 160/16
［萬曆］東昌 19/51
［乾隆］曹州府 15/3
［嘉靖］濮州 6/3
［萬曆］濮州 3/鄉賢 37
［康熙］濮州 3/64
［乾隆］濮州 3/65
［宣統］濮州 4/71
劉忠（字行恕）
（明·掖縣人）
［乾隆］掖縣 3/50
劉忠（清·壽張人）
［光緒］壽張 7/27
劉貴慶（清·臨邑人）
［民國］續修臨邑 3/17
劉中立（字健甫，號禹坪）
（明·禹城人）
［道光］濟南 52/1
［康熙］禹城 2/1，5/17
［嘉慶］禹城 9/5
［民國］禹城 6/4
禹城縣鄉土志/11
劉忠慶（清·慶雲人）
［民國三年］慶雲 2/72
劉忠言（明·招遠人）
［光緒］增修登州 43/25
［順治］招遠 9/19
劉中訓（字子言）
（清·壽光人）
［民國］壽光 12/人物志二 58
劉忠誠（清·壽張人）
［光緒］壽張 7/15
劉奉詔（字雁升）
（清·安丘人）
［民國］續安邱新志 18/6
劉本元（字性夫）
（明·德平人）
［道光］濟南 52/50
［康熙］德平 3/16
［乾隆］德平 3/10
［嘉慶］德平 7/7
［光緒］德平 7/8
德平縣鄉土志/耆舊錄
劉春元（字震生）
（清·東阿人）
［民國］續修東阿 11/9
劉春元（字橘亭）
（清·諸城人）
［光緒］增修諸城縣續志 13/7
劉奉三（清·城武人）
［宣統］山東 173/34
劉中正（字敬公）
（清·館陶人）
［乾隆］東昌 43/26
［嘉慶］東昌 32/43
劉春瓢（見劉思義）
劉春瑞（長清人）
［民國］長清 12/15
劉中砥（字柱石）
（明·汶上人）
［宣統］四續汶上稿/人物－忠烈傳
劉中鯨（明）
［乾隆］東昌 42/23
劉中行（明·任縣歲貢）
［康熙］觀城 3/5
［道光］觀城 6/7

劉中行(字聖思)
(清・商河人)
[道光]商河 7/19
[民國]重修商河 8/16
商河縣鄉土志 2/耆舊－事業
劉春峯(清・單縣人)
[民國]單縣 12/鄉賢 11
劉書胤(明・齊東人)
[崇禎]鄆城 4/24
[康熙]鄆城 4/22
[光緒]鄆城 6/31
劉春台(字見青)
(清・恩縣人)
[宣統]重修恩縣 8/92
[民國]重修恩縣 11/鄉賢 86
劉肅然(字靖宇)
(清・魚臺人)
[乾隆]兗州 23/64
[乾隆]濟寧直隸州 27/33
[道光]濟寧直隸州 8/3－36
[乾隆]魚臺 10/28,11/26
[光緒]魚臺 3/16
劉貴德
[民國]重修博興 10/3
劉貴生(臨邑人)
[民國]續修臨邑 3/19
劉奉伯(晉・平原人)
[民國]濰縣志稿 42/3
劉東魯(明・武定人)
[康熙]濟南 44/30
[乾隆]武定府 25/12
[咸豐]武定府 25/孝友 12
[光緒]惠民 21/3
惠民縣鄉土志/耆舊錄 7
劉東魯(字仰止,號望海)
(明・掖縣人)
[光緒]三續掖縣 2/1
劉泰徵(明・濟寧人)
[康熙]濟寧州 7/9
[乾隆]濟寧直隸州 27/3
[道光]濟寧直隸州 8/4－30
劉東注(明・觀城人)
[乾隆]曹州府 15/17
[康熙]觀城 3/23
[道光]觀城 8/5
觀城縣鄉土志/耆舊
劉擴之(字北庭,號六吾)
(清・單縣人)
[民國]單縣 10/8
劉奉清(清・嶧縣人)
[光緒]嶧縣 21/宦績 12
劉申祚(字天駿)
(清・淄川人)
[宣統]三續淄川 9/60
劉中道(清・陽信人)
[民國]陽信 5/清介 73
劉書梓(清・陽穀人)
[光緒]陽穀 7/4
劉中柱(字鏡江)
(清・汶上人)
[宣統]四續汶上稿/人物－忠烈傳
劉春華(清・莘縣人)
[光緒]莘縣 7/47
[民國]莘縣 7/35
劉春林(清・諸城人)
[光緒]增修諸城縣續志 16/16
劉青芝(清・商河人)
[咸豐]武定府 25/武功 11
[道光]商河 7/38
[民國]重修商河 9/3
商河縣鄉土志 2/耆舊－事業
劉書林(清・恩縣人)
[宣統]重修恩縣 8/39
[民國]重修恩縣 11/鄉賢 43
恩縣鄉土志/25
劉書林(清・陽穀人)
[民國]增修陽穀人物/仕宦 15
劉忠孝(清・高唐人)
[宣統]山東 174/19
[嘉慶]東昌 31/15
[道光]高唐州 5/2－3
[光緒]高唐州 5/2－3
[民國]高唐縣 12/76
高唐州鄉土志/22
劉忠恕(明・茌平人)
[乾隆]東昌 42/14
[嘉慶]東昌 32/14
[康熙二年]茌平 2/43
[康熙四十九年]茌平 2/43
[宣統]茌平 15/1
[民國]茌平 3/67
劉盡忠(明・蒙陰人)
[萬曆]青州 14/22
[康熙十五年]青州 14/22
[康熙四十八年]青州 14/孝友 12
[康熙六十年]青州 17/15
[乾隆]沂州府 26/9
[康熙二十四年]蒙陰 4/13
[宣統]蒙陰 4/孝義
劉中敷(初名中孚)
(明・順天大興人)
[嘉靖]山東 25/12
[雍正]山東 27/11
[宣統]山東 70/18
[康熙]濟南 24/19
[道光]濟南 35/23
[崇禎]歷乘 16/29
[崇禎]歷城 6/11
劉中整(明・順天大興人)
[康熙]山東 31/14
劉本固(清・高唐人)
[光緒]高唐州 5/2－38
[民國]高唐縣 12/47
劉東甲(字震輔)
(清・無棣人)
[民國]無棣 13/31
劉東星(字子明)
(明・沁水人)
[康熙]濟寧州 4/10
劉書田(字硯耕)
(清・臨沂人)
[民國]續修臨沂 16/10
劉書曉(清・鄆城人)
[光緒]鄆城 5/32
鄆城縣鄉土志/耆舊錄－事業
劉春煦(字和暘)
(清・齊東人)
[民國]齊東 5/54
齊東縣鄉土志/耆舊錄 10
劉東璧(清・禹城人)
[民國]禹城 6/73
劉奉璧(字席珍)

（清・掖縣人）
[嘉慶]續掖縣 3/11
劉書長（清・壽張人）
[光緒]壽張 7/29
劉春熙（字燕蕘）
（清・高唐人）
[民國]高唐縣 12/22
劉本善（字葆元）
（清・齊東人）
[民國]齊東 5/41
劉事義（字伯宜）
（元・濟南人）
[宣統]山東 161/21
[道光]濟南 34/40,48/31
[乾隆]歷城 36/26
[道光]鄒平 15/17,16/存疑 2
[民國]鄒平 15/17,16/存疑 2
[康熙]禹城 5/1
[嘉慶]禹城 7/21
[民國]禹城 3/40
禹城縣鄉土志/5
劉書畬（字肅堂）
（清・寧津人）
[光緒]寧津 8/16
寧津縣志料 3/人物－循良
51 **劉揺**（元）
[嘉靖]山東 26/28
[乾隆]東昌 34/7
[嘉慶]東昌 21/26
[康熙]重修清平下/1
[嘉慶]清平 13/2
[宣統]增輯清平 11/1
[民國]清平/秩官 27
劉振庭（字子殖）
（清・昌樂人）
[民國]昌樂縣續志 31/22
劉振廷（清・博興人）
[民國]重修博興 13/50
劉振先（字麟公）
（清・壽光人）
[咸豐]青州 47/7
[康熙]壽光 23/3
[嘉慶]壽光 12/23
[民國]壽光 12/人物志一 31
劉振緒（字仲承）
（清・掖縣人）
[光緒]三續掖縣 1/48
劉振仲（字少張）
（清・聊城人）
[宣統]聊城 8/86
劉振仲（清・莘縣人）
[光緒]莘縣 7/41
[民國]莘縣 7/30
莘縣鄉土志/孝友 23
劉振容（字德亭）
（清・桓臺人）
[民國]桓臺志略 3/20
[民國]桓臺 3/33
劉振之（南北朝）
[光緒]益都縣圖志 15/7
劉振江（清・東阿人）
[民國]續修東阿 12/2
劉振江（清・冠縣人）
[道光]冠縣 8/上 18
[民國]冠縣 8/人物志 19
劉振清（清・泰安人）
[民國]重修泰安縣 8/20
劉振海（字鰲門）
（清・昌樂人）
[民國]昌樂縣續志 30/25
劉振南（字得之）
（清・臨沂人）
[民國]續修臨沂 16/14
劉振斯（清・禹城人）
禹城縣鄉土志/13
劉振基（明・沂水人）
[乾隆]沂州府 25/24
[康熙]沂水 4/50
[道光]沂水 7/16
劉振藻（字魯卿）
（清・濟寧人）
[民國]濟寧直隸州續志 12/42
劉振揚（清・陽穀人）
[民國]增修陽穀人物/武功 13
劉振邦（清・蓬萊人）
[道光]重修蓬萊 9/16
[民國]蓬萊縣志合編人物志/忠勇
劉振邦（濟寧人）
[民國]濟寧縣 3/4
劉振甲（字乙峯）
（清・鄒平人）
[民國]鄒平 15/121
劉振興（清・朝城人）
[民國]朝城縣續志 1/36
劉振巽（字長春）
（清・禹城人）
[民國]禹城 6/74
52 **劉蟠**（字士龍）
（宋・濱州渤海人）
[嘉靖]山東 29/13
[康熙]山東 35/4
[雍正]山東 28/人物二 21
[宣統]山東 157/36
[乾隆]武定府 24/1
[咸豐]武定府 24/清介 1
[康熙]濱州 7/2
[咸豐]濱州 10/2
濱州鄉土志/耆舊錄
[光緒]益都縣圖志 16/22
[乾隆]惠民 5/28
[光緒]惠民 19/5
惠民縣鄉土志/耆舊錄 25
劉哲（明・棗強人）
[道光]濟南 36/8
[乾隆]歷城 34/5
劉哲（元）
[萬曆]章丘 23/12
劉撝謙（明・德州人）
[宣統]山東 161/34
[道光]濟南 52/33
[乾隆]德州 9/29
[民國]德縣 10/7
劉挺秀（明・單縣人）
[乾隆]曹州府 16/5
[順治]單縣 3/6,4/45
[康熙]單縣 8/28
[乾隆]單縣 7/13
[民國]單縣 9/26
53 **劉搏**（晉）
[民國]濰縣志稿 20/5
劉成（漢・沛郡豐邑人）
[嘉靖]青州 12/22
[康熙十五年]青州 8/11

劉成(元・濰縣人)
[民國]濰縣志稿 30/50,40/28
劉成(明・臨清人)
[乾隆]東昌 42/19
劉成(明・雲南烏撒衛人,家於平度)
[光緒]平度志要/人物
[民國]平度縣續志 7/5
劉輔(漢)
[萬曆元年]兗州 38/循吏 3
[萬曆二十四年]兗州 26/5
[康熙]兗州 21/5
[萬曆]沂州志 6/3
[康熙]沂州志 3/39
[乾隆]沂州府 20/2
劉輔(元)
[順治]堂邑 2/職官 3
劉輔(清・城武人)
[康熙九年]城武 5/6
[康熙四十一年]城武 5/上懿行 24
[道光]城武 9/上 43
劉盛(字宗茂,號無辯野人)
(明・江西贛縣人)
[雍正]山東 31/16
[康熙]濟南 50/8
[道光]濟南 52/33,62/6
[嘉靖]德州 3/2
[萬曆]德州 8/31
[康熙]德州 8/9
[乾隆]德州 9/6
州乘餘聞/1
德州鄉土志/耆舊 1
[民國]德縣 10/7
劉軾(字大蘇)
(清・東阿人)
[宣統]山東 171/10
[乾隆]泰安府 18/68
[康熙]張秋志 7/33
[康熙五十四年]東阿 7/42
[道光]東阿 14/人物下 5
劉彧(元)
[康熙]鄆城 4/2
[光緒]鄆城 6/3
鄆城縣鄉土志/政績錄－興利
劉彧(字著章)
(明・益都人)
[嘉靖]青州 16/7
[萬曆]青州 13/41
[康熙十五年]青州 13/41
[康熙四十八年]青州 13/事功 24
[康熙六十年]青州 15/9
[咸豐]青州 43/8
[康熙]益都 7/8
[光緒]益都縣圖志 35/1
劉成亮(清・滕縣人)
[宣統]滕縣續志稿 3/25
[民國]續滕縣志 2/9
劉成文(清・諸城人)
[光緒]增修諸城縣續志 17/11
劉成功(字勳臣)
(清・商河人)
[道光]商河 7/28
[民國]重修商河 8/39
商河縣鄉土志 2/耆舊－事業
劉成身(字子仁)
(清・博興人)
[民國]重修博興 13/48
劉成溪(字西符)
(清・滋陽人)
滋陽縣鄉土志 1/耆舊－忠義
劉輔清(字襄臣)
(清・陵縣人)
[民國]陵縣續志 4/21
劉成圻(字方千)
(清・膠州人)
[民國]增修膠志 45/26
劉成材(清・遼陽人)
[宣統]山東 76/36
[乾隆]東昌 33/36
[嘉慶]東昌 21/3
[宣統]聊城 6/2－4
聊城縣鄉土志/6
劉戒華(字公模)
(清・壽張人)
[光緒]壽張 7/19
劉盛林(字承雲)
(清・鉅野人)
[民國]續修鉅野 5/上 13
劉盛檢(清・安徽合肥人)
[光緒]重修蒲臺 2/19
蒲臺縣鄉土志/6
劉甫田(字甸南)
(清・益都人)
[光緒]益都縣圖志 40/8
劉輔曾(字錫九)
(清・掖縣人)
[民國]四續掖縣 4/65
劉盛年(字延齡)
(清・壽光人)
[咸豐]青州 49/1
[乾隆]續壽光 24/3
[嘉慶]壽光 13/23
[民國]壽光 12/人物志一 78
54 **劉勅**(字君授)
(明・歷城人)
[康熙]濟南 42/19
[道光]濟南 49/41
[崇禎]歷乘 16/53
[崇禎]歷城 10/18,10/26
[乾隆]歷城 41/9
劉持中(字遵道)
(元・金鄉人)
[嘉靖]山東 30/56
[康熙]山東 40/54
[雍正]山東 28/人物二 69
[宣統]山東 164/26
[萬曆元年]兗州 40/節義 20
[萬曆二十四年]兗州 35/35
[乾隆]兗州 23/34
[乾隆]濟寧直隸州 26/37
[道光]濟寧直隸州 8/2－20
[康熙十二年]金鄉 5/27
[康熙五十一年]金鄉 10/29
[乾隆]金鄉 18/51
[咸豐]金鄉縣志略 9/上 12
[民國]金鄉 14/16
劉軌思(北齊・渤海人)
[嘉靖]山東 29/9
[康熙]山東 39/9
[雍正]山東 28/人物一 45
[康熙]濟南 42/4

［乾隆］武定府 25/44
［咸豐］武定府 25/文苑 4
［萬曆］濱州 3/23
［康熙］濱州 7/27
濱州鄉土志/學問
［乾隆］惠民 6/5
［光緒］惠民 23/4
惠民縣鄉土志/耆舊錄 19
劉拱辰（金・博興人）
［嘉靖］青州 15/37
［萬曆］青州 14/49
［康熙十五年］青州 14/49
［康熙四十八年］青州 14/儒行 6
［康熙六十年］青州 15/8
［咸豐］青州 42/4
［康熙六十年］博興 7/19
［道光］博興 11/14
［嘉靖］昌樂 3/47
［康熙］昌樂 4/11
［嘉慶］昌樂 25/3
［民國］重修博興 13/11
55 **劉慧**（字質魯）（明・陽穀人）
［康熙十二年］陽穀 3/27，5/1
［康熙］陽穀 3/25
［光緒］陽穀 6/24
［民國］增修陽穀人物/仕宦 3
劉捷（字月三）（清・東平人）
［光緒］東平州 15/中 33
［民國］東平縣 11/中 5
劉摶（晉）
［雍正］山東 27/53
［宣統］山東 66/39
［咸豐］青州 34/11
劉軼（字君文）（漢・東明人）
［康熙］東明 6/5
［乾隆］東明 6/5
劉軼政（字超夫，號惕菴）（清・昌樂人）
［嘉慶］昌樂 20/10
劉扶清（清・壽張人）
［光緒］壽張 6/60
劉扶曦（字起之，一字若木，又稱桃麓先生）（清・滕縣人）
［康熙］兗州續編 16/10
［乾隆］兗州 23/71
［康熙］滕縣志 7/81
［道光］滕縣志 8/儒林 8
滕縣鄉土志/23
56 **劉操**（金・清平人）
［康熙］重修清平下/14
［嘉慶］清平 14/25
［宣統］增輯清平 12/25
［民國］清平/人物 15
劉捍（後梁・開封人）
［光緒］增修登州 24/4
劉揭（漢）
［崇禎］武定州 14/2
［乾隆］武定府 15/2
［咸豐］武定府 15/2
［康熙］臨淄 9/9
劉揚廷（字諫堂）（清・四川安縣人）
［光緒］昌邑縣續志 5/17
劉揚明（清・諸城人）
［光緒］增修諸城縣續志 17/10
57 **劉邦**（字季）（漢・沛豐邑人）
［萬曆元年］兗州 1/帝王 10
［萬曆二十四年］兗州 5/4
［康熙］兗州 6/4
［乾隆］兗州 6/2
劉揮（清・慶雲人）
［嘉慶］慶雲 9/10
［咸豐］慶雲 2/62
［民國三年］慶雲 2/31
劉擢（明・曹州人）
［萬曆］青州 12 又/9
［康熙十五年］青州 12 又/9
［康熙四十八年］青州 12 又/9
［康熙］臨淄 8/10
［民國］臨淄 18/10
劉邦慶（字樹藩）（清・莘縣人）
［光緒］莘縣 7/30
［民國］莘縣 7/17
莘縣鄉土志/事業 27
劉邦彥（字席珍）（清・掖縣人）
［乾隆］掖縣 4/70
劉邦俊（清・汶上人）
［宣統］四續汶上稿/人物－耆德傳
劉邦然（字茂宇）（明・鄒縣人）
［光緒］鄒縣續志 12/上 3
鄒縣鄉土志耆舊錄/17
劉邦佐（字敬菴）（明・臨朐人）
［康熙］臨朐縣志書 3/47
光緒臨朐 14/上 46
劉邦定（字正夫）（明・陝西乾州人）
［嘉靖］寧海州下/21
［同治］重修寧海州 13/13
劉邦善（字寶齋）（清・昌樂人）
［民國］昌樂縣續志 28/10
劉邦智（明・濰縣人）
［民國］濰縣志稿 31/26
58 **劉鰲**（字占魁）（清・高唐人）
［民國］高唐縣 12/21
劉鏊（字鏡溪，號南航）（清・單縣人）
［民國］單縣 11/33
劉整（明・高唐人）
［康熙十二年］高唐州 9/6
劉摠（晉・掖縣人）
［道光］掖乘 4
劉敷霖（清・鉅野人）
［民國］續修鉅野 5/上 21
劉掄元（清・臨清人）
［民國］臨清縣/人物 91
劉掄升（字子秀）（清・濰縣人）
［民國］濰縣志稿 30/43
劉撫魯（字近孔，號惠齋）（明・齊東人）
［民國］齊東 5/10
劉敷教（字布五）

（清・東阿人）
［民國］續修東阿 11/26
60 **劉昂**（字次霄）
（金・濟南人）
［道光］濟南 47/44
［乾隆］歷城 40/7
劉昂（明・清源人）
［正德］博平 5/81
劉昂（字廷舉）
（明・無棣人）
［康熙］濟南 37/6
［乾隆］武定府 24/16
［咸豐］武定府 24/循良 6
［康熙］海豐 10/8
海豐縣鄉土志/耆舊－事業
［民國］無棣 10/3
劉昺（字宗曦）
（明・壽光人）
［嘉靖］山東 32/20
［康熙］山東 42/21
［嘉靖］青州 15/56
［萬曆］青州 14/40
［康熙十五年］青州 14/40
［康熙四十八年］青州 14/隱逸 14
［康熙六十年］青州 20/5
［康熙］壽光 28/2
［嘉慶］壽光 15/2
［民國］壽光 12/人物志二 81
壽光縣鄉土志/耆舊
劉昺（字暉南）
（清・蒲臺人）
［乾隆］武定府 24/44
［咸豐］武定府 24/循良 34
［乾隆］蒲臺 3/50
蒲臺縣鄉土志/23
劉昌（漢・沛郡豐邑人）
［嘉靖］青州 12/22
［康熙十五年］青州 8/10
劉昌（清・昌邑人）
［乾隆］昌邑 6/171
劉旦（明・玉田人）
［宣統］山東 72/43
［乾隆］東昌 34/12
［嘉慶］東昌 22/3
［康熙十一年］莘縣 5/5
［康熙五十六年］莘縣 5/5
［光緒］莘縣 5/7
［民國］莘縣 3/4
莘縣鄉土志/政績 6
劉杲（字雨亭）
（清・安邱人）
［民國］續安邱新志 20/6
劉國（漢・沛郡豐邑人）
［嘉靖］青州 12/22
［康熙十五年］青州 8/10
劉果（字毅卿）
（清・諸城人）
［雍正］山東 28/人物四 27
［宣統］山東 175/21
［康熙四十八年］青州 15/卓行 19
［康熙六十年］青州 16/40
［咸豐］青州 46/33
［乾隆］諸城 33/7
劉黑（漢・沛郡豐邑人）
［嘉靖］青州 12/21
［康熙十五年］青州 8/10
劉晃（字東昇）
（清・諸城人）
［道光］諸城縣續志 19/6
劉回（漢・沛郡人）
［康熙］嶧縣 3/4
［乾隆］嶧縣 7/3
劉界（字子仁）
（清・諸城人）
［道光］諸城縣續志 13/9
劉景（字仰齋）
（清・高唐人）
［光緒］高唐州 5/2－36
［民國］高唐縣 12/48
劉曠（隋）
［嘉靖］山東 27/3
［康熙］山東 35/3
［宣統］山東 67/30
［嘉靖］青州 13/21
［萬曆］青州 12/13
［康熙十五年］青州 12/13
［康熙四十八年］青州 12/13
［康熙六十年］青州 12/8
［乾隆］沂州府 20/3
［康熙］莒州下/3
［嘉慶］莒州 7/2
［民國］重修莒志 57/2
劉昆（字桓公）
（漢・東昏人）
［康熙］東明 6/3
［乾隆］東明 6/3
［民國］東明縣新誌 11/11
東明縣志料/人物門
劉昆（清・新泰人）
［乾隆］泰安府 18/53
［乾隆］新泰 16/8
劉昇（字景輝）
（明・莘縣人）
［正德］莘縣 6/8
劉昇（字耀東）
（清・諸城人）
［道光］諸城縣續志 19/6
劉田（字伯耕,號東溪）
（明・東阿人）
［雍正］山東 28/人物三 22
［宣統］山東 161/39
［乾隆］泰安府 17/10
［萬曆二十四年］兗州 36/9
［康熙］兗州 28/9
［康熙五十四年］東阿 7/3
［道光］東阿 13/鄉賢 3
［光緒］東阿縣鄉土志 4/9
劉田（字見川）
（明・南陽人）
［道光］濟南 36/11
［道光］章邱 9/6
章邱縣鄉土志/上 4
劉邑（明・成山人,一作榮成人）
［泰昌］登州 11/24
［順治］登州 16/30
［道光］榮成 8/2
劉晏（字士安）
（唐・曹州南華人）
［嘉靖］山東 30/39
［康熙］山東 40/39
［雍正］山東 28/人物二 13
［宣統］山東 156/7
［萬曆元年］兗州 40/政績 8
［萬曆二十四年］兗州 34/3
［康熙］兗州 26/35
［康熙］曹州志 15/39

[乾隆]曹州府 14/13
[光緒]菏澤 15/40
[光緒]新修菏澤 10/10
菏澤縣鄉土志/15
[康熙]東明 6/11,7/24
[乾隆]東明 6/11,7/24
[民國]東明縣新誌 11/18
劉昱(東漢・南陽人)
[乾隆]德平 2/20
[嘉慶]德平 5/2
[光緒]德平 5/2
劉昱(字景陽)
(明・武城人)
[嘉靖]山東 31/28
[康熙]山東 41/22
[雍正]山東 28/人物三 9
[宣統]山東 164/28
[萬曆]東昌 19/49
[乾隆]東昌 41/27
[嘉靖]武城 7/60
[順治]武城 2/11
[乾隆]武城 10/20
武城縣鄉土志略/耆舊錄
劉早(明・膠州人)
[康熙]膠州 5/27
[乾隆]膠州 4/36
[道光]重修膠州 25/13
[民國]增修膠志 40/12
劉昌言(東阿人)
[民國]東阿 15/5
劉昌裔(字光後)
(唐・陽曲人)
[嘉靖]濮州 7/5
[萬曆]濮州 4/雜記 2
[康熙]濮州 4/90
[乾隆]濮州 4/130
[宣統]濮州 6/88
劉恩慶(字錫三)
(清・平原人)
[民國]續修平原 6/20
劉甲庚(字冠九)
(清・博山人)
[民國]續修博山 12/43
劉日章(清・齊東人)
[康熙]新修齊東 4/22
劉日章(清・陽穀人)
[民國]增修陽穀人物/忠烈 20
劉思文(清)
德州鄉土志/政績 2
劉見龍(字濟蒼)
(清・蒙陰人)
[康熙十一年]蒙陰 2/17
劉思顔(字孔賢)
(明・河南鞏縣人)
[宣統]山東 72/16
[道光]濟寧直隸州 6/6－34
[順治]嘉祥 4/36
[乾隆]嘉祥 3/30
[光緒]嘉祥 3/38
劉日新(明・寧海人)
[康熙]寧海州 9/7
[同治]重修寧海州 21/6
[民國]牟平 7/12
劉思誠(字克寬,號定宇)
(明・北直山海衛人)
[宣統]山東 71/26
[道光]濟南 36/64
[萬曆]平原下/51
[乾隆]平原 6/22,10/藝文上 44
平原縣鄉土志輯稿/名宦
劉思誠(字子真)
(清・武清人)
[民國]續修臨邑 2/12
劉曰誠(字中孚)
(清・無棣人)
[民國]無棣 13/10
海豐縣鄉土志/耆舊－學問二
劉昌麟(清・清平人)
[宣統]增輯清平 12/61
[民國]清平/人物 55
劉呈麟(字敬宇)
(清・高唐人)
[乾隆]東昌 43/35
[嘉慶]東昌 32/52
[乾隆]高唐州續志 2/12
[道光]高唐州 5/2－19
[光緒]高唐州 5/2－22
[民國]高唐縣 12/39
劉恩霈(字潤臣)
(清・濟寧人)
[民國]濟寧直隸州續志 15/1
劉國玉(清・寧夏人)
[乾隆]即墨 8/11
[同治]即墨 8/12,10/下 11,12/37
即墨縣鄉土志/政績錄
劉景平(清・臨沂人)
[乾隆]沂州府 25/31
[民國]臨沂 10/16
劉景石(元・章邱人)
[道光]濟南 48/33
[道光]章邱 11/22,14/51
劉景元(東阿人)
[民國]東阿 15/9
劉景雲(字而上)
(清・臨淄人)
[咸豐]青州 50/10
[民國]臨淄 27/52
劉國璞(字韞素)
(清・昌樂人)
[嘉慶]昌樂 24/12
劉思廷(字贇臣)
(清・淄川人)
[宣統]三續淄川 10/29
劉曰璠(字魯石)
(清・昌邑人)
[乾隆]昌邑 5/132
劉曰瓚(字伏彩)
(清・單縣人)
[乾隆]單縣 7/33
[民國]單縣 9/55
劉曰琳(字彬玉)
(清・招遠人)
[光緒]增修登州 43/26
[道光]招遠縣續志 3/7
劉曰琪(字煥若)
(清・單縣人)
[乾隆]單縣 7/26
[民國]單縣 9/69
劉國珵(清・汶上人)
[康熙]兖州續編 16/30
[乾隆]兖州 23/76
[康熙]續修汶上 4/孝義 5
劉恩子(清・博興人)
[道光]博興 11/36

［民國］重修博興 13/35
劉日鼐（字象三）
（清・壽張人）
［光緒］壽張 7/6
壽張縣鄉土志/耆舊－事業
劉景信（明・陽信人）
［康熙］濟南 47/17
［康熙］陽信 9/29
［乾隆］陽信 7/13
［民國］陽信 5/篤行 26
信邑志稿 7/義行
劉思受（清・博平人）
［乾隆］東昌 43/6
［嘉慶］東昌 32/32
［道光］博平 4/25
劉國縉（字義齋，號敬夫）
（明・江西泰和人）
［民國］濰縣志稿 32/32
劉景虞（字際唐）
（清・滋陽人）
滋陽縣鄉土志 1/耆舊－文學
劉日貞（字起元）
（清・無棣人）
［民國］無棣 13/19
海豐縣鄉土志/耆舊－事業五
劉昌胤（清・恩縣人）
［雍正］恩縣續志 3/30
［宣統］重修恩縣 7/50
劉昂然（字幹臣）
（清・濟陽人）
［民國］濟陽 11/33
劉景岱（字學山）
（清・武城人）
［道光］武城續編 10/5
劉思德（明・禹城人）
［道光］濟南 52/8
［嘉慶］禹城 9/16
［民國］禹城 6/13
劉四科（明・臨邑人）
［康熙］濟南 47/11
［道光］濟南 52/13
［順治］臨邑 12/14
［康熙］重修臨邑 10/15
劉四魁（清・陽穀人）
［光緒］陽穀 9/6
劉國傑（字國寶）
（元・女真人）
［光緒］益都縣圖志 28/13，34/9
劉景和（清・德州貢生）
［乾隆］膠州 4/25
［道光］重修膠州 23/6
［民國］增修膠志 18/6
德州鄉土志/耆舊 35
劉曰和（清・文登人）
［道光］文登 5/19
［光緒］文登 10/上 6
劉昌齡（清・蓬萊人）
［光緒］增修登州 43/6
［光緒］蓬萊縣續志 9/孝友 4
［民國］蓬萊縣志合編人物志/孝友
劉恩瀛（字東之，號仙洲）
（清・濟寧人）
［民國］濟寧直隸州續志 15/7
劉恩瀛（字幼泉）
（清・齊東人）
［民國］齊東 5/33
齊東縣鄉土志/耆舊錄 5
劉國安（清・恩縣人）
［宣統］重修恩縣 7/51
劉國禎（見劉國楨）
劉星源（字雲槎）
（清・樂安人）
［民國］續修廣饒 19/54
劉景沂（字同仁）
（明・長清人）
［康熙］濟南 41/17
［道光］濟南 52/19
［康熙］長清 9/59
［道光］長清 11/7
劉曇淨（字元光）
（南北朝・莒人）
［康熙］山東 45/16
［萬曆］青州 14/14，17/9
［康熙十五年］青州 14/14
［康熙四十八年］青州 14/孝友 4
［康熙六十年］青州 17/9
［乾隆］沂州府 26/7
［康熙］莒州下/42
［雍正］莒州 9/29
劉國治（字承甫）
（清・恩縣人）
［宣統］重修恩縣 8/38
［民國］重修恩縣 11/鄉賢 43
恩縣鄉土志/24
劉甲池（字聖泮）
（清・夏津人）
［民國］夏津續編 8/25
劉見遠（字明軒）
（清・高唐人）
［民國］高唐縣 12/55
劉思禮（元・高唐人）
［乾隆］東昌 37/29
［嘉慶］東昌 27/27
劉恩澤（字潤泉）
（長清人）
［民國］長清 12/11
劉思溫（元・蒙陰人）
［嘉靖］章丘 3/2
［康熙十一年］蒙陰 2/2
劉昌祿（字子受）
（清・大興人）
高苑縣鄉土志/政績
劉呈祥（字麟軒）
（清・慶雲人）
［民國三年］慶雲 2/48
劉呈祥（字麟符）
（清・掖縣人）
［民國］四續掖縣 4/60
劉昇祚（字念恆）
（清・山西汾陽人）
［宣統］山東 73/11，75/38
［咸豐］青州 36/42
［康熙］兗州續編 14/26
［乾隆］泰安府 15/28
［順治］平陰 5/23
［光緒］平陰 4/3
平陰縣鄉土志/5
［康熙］壽光 20/6
［嘉慶］壽光 10/27
［民國］壽光 6/17
壽光縣鄉土志/政績
劉國柱（字石亭）
（清・樂安人）

[民國]續修廣饒 19/70
劉國楨(字梅心)
(清・福建閩縣人,一作福清人)
[雍正]山東 27/108
[宣統]山東 75/20
[康熙]濟南 26/12
[道光]濟南 38/41
[康熙]德州 7/30
[乾隆]德州 8/11
[民國]德縣 9/10
劉曰楨(清・泰安人)
[道光]泰安縣 9/上 88
[民國]重修泰安縣 8/42
劉國機(元・牟平人)
[同治]重修寧海州 17/5
[民國]牟平 7/7
劉國華(清・單縣人)
[康熙]單縣 8/54
[乾隆]單縣 7/17
[民國]單縣 9/37
劉國英(明・閬中人)
[道光]濟南 36/49
[道光]長清 3/13
劉國英(字樂三)
(清・萊蕪人)
[民國]萊蕪 17/8
[民國]續修萊蕪 22/9
萊蕪縣鄉土志/14
劉黑塔(清・費縣人)
[光緒]費縣 11/59
劉景芳(明・城武人)
[康熙四十一年]城武 5/下義烈 6
[道光]城武 9/下 46
劉墨林(清・寧津人)
[光緒]寧津 8/38
寧津縣志料 3/人物－義行
劉思恭(清・益都人)
[光緒]益都縣圖志 41/23
劉思薰(字照遠)
(清・滋陽人)
[光緒]滋陽 9/6
劉國棟(清・齊河人)
[民國]齊河 23/76
劉國翰(清・文登人)
[光緒]文登 10/上 20
劉墨翰(字香齋)
(清・茌平人)
[民國]茌平 3/99
劉思敬(元・歷城人)
[嘉靖]山東 29/20
[康熙]山東 39/18
[雍正]山東 28/人物二 62
[康熙]濟南 43/11
[道光]濟南 48/19
[崇禎]歷乘 16/14
[崇禎]歷城 10/9
[乾隆]歷城 36/23
劉甲東(字子震)
(清・鄒平人)
[民國]鄒平 15/116
劉景春(字東野)
(清・昌樂人)
[民國]昌樂縣續志 31/25
劉思忠(清・棲霞人)
[乾隆]棲霞 6/26
劉思忠(字藎臣,別號錦湖漁人)
(清・新城人)
[宣統]新城縣後志 3/仙釋
[民國]重修新城 26/8
劉曰貴(字錫三)
(清・商河人)
[民國]重修商河 13/藝文志四墓表 23
劉思輯(清・博平人)
[乾隆]東昌 43/6
[嘉慶]東昌 32/32
[道光]博平 4/25
博平縣鄉土志/耆舊－事業
劉日昇(清・平度州人)
[乾隆]嶧縣 7/38
劉品顯(字文謨)
(清・鄒縣人)
[民國]續修鄒縣志稿/人物－耆舊
劉思明(字伯庸)
(元・台州人)
[嘉靖]山東 34/8
[康熙]山東 48/6
[雍正]山東 31/16
[泰昌]登州 11/57
[順治]登州 18/2
劉黑馬(見劉嶷)
劉景頤(清・萊蕪人)
[民國]萊蕪 19/4
[民國]續修萊蕪 25/4
劉思臣(清・冠縣人)
[道光]冠縣 8/上 22
[光緒]冠縣 8/孝義
[民國]冠縣 8/人物志 27
劉昌隆(清・濬縣人)
[康熙]德州 6/9
劉昌印(號毓祥)
(清・費縣人)
[乾隆]沂州府 26/29
[康熙]費縣 7/13,7/28
[光緒]費縣 11/4
劉杲卿(宋・濰州人)
[民國]濰縣志稿 30/18
[乾隆]掖縣 3/36
劉景熙(明・文登人)
[雍正]文登 7/9
劉思學(明・臨湘人)
[萬曆]冠縣 2/12
劉甲臨(字敬莊)
(清・臨邑人)
[同治]臨邑 9/循異 8
劉國會(明・北直霸州人)
[宣統]山東 71/52
[乾隆]武定府 16/30
[咸豐]武定府 19/商河 2
[道光]商河 5/30
[民國]重修商河 6/68
商河縣鄉土志 1/政績
劉思義(元・濟南人)
[宣統]山東 161/24
[道光]濟寧直隸州 6/6－21
[咸豐]金鄉縣志略 7/5
金鄉縣鄉土志/政績錄
劉思義(字繼賢,號春瓢)
(明・禹城人)
[康熙]濟南 48/8
[道光]濟南 52/9
[康熙]禹城 6/2
[嘉慶]禹城 9/24
[民國]禹城 6/20
劉曰公(清・壽光人)

[民國]壽光 12/人物志一 93
劉曰義(字笠夫,一作立夫,一字喬林,號麗夫)
(清・棲霞人)
[宣統]山東 176/34
[光緒]增修登州 40/19
[光緒]棲霞縣續志 6/文學 1,9/53,10/7
劉曰義(字立夫)
(清・濰縣人)
濰縣鄉土志/49
劉曰釗(字崑珍)
(清・夏津人)
[民國]夏津續編 8/33
劉思智(清・諸城人)
[康熙]山東 45/18
[康熙十五年]青州 15/55
[康熙四十八年]青州 15/卓行 11
[康熙六十年]青州 17/17
[康熙]諸城 7/25
[乾隆]諸城 33/6
劉昌榮(清・費縣人)
[光緒]費縣 11/8
劉恩榮(字洸東)
(臨沂人)
[民國]續修臨沂 5/11
劉思榮(清・鄒平人)
[道光]濟南 54/52
[道光]鄒平 15/101
[民國]鄒平 15/101
61 劉點(號春沂)
(明・滕縣人)
[康熙]滕志 7/77
[康熙]滕縣志 7/72
[道光]滕縣志 9/孝義 12
劉題(字今晦)
(清・夏津人)
[民國]夏津續編 8/20
劉旺(明・高苑人)
[康熙]高苑 5/9
[乾隆]高苑 5/16
劉旺(明・開州人)
[正德]博平 5/83
劉顯(字名揚)
(清・夏津人)
[民國]夏津續編 8/7
劉顯科(明・德平人)
[康熙]濟南 45/8
[道光]濟南 52/50
[康熙]德平 3/32
劉顯宗(明・浙江衢州人)
[嘉靖]山東 25/25
[宣統]山東 71/5
[康熙]濟南 25/24
[道光]濟南 36/9
[嘉靖]章丘 3/4
[萬曆]章丘 21/72
[康熙]章丘 4/24
[乾隆]章邱 7/3
[道光]章邱 9/4
章邱縣鄉土志/上 12
劉顯道(明・南皮舉人)
[康熙]博平 3/4
劉顯祚(明・榮城人)
[康熙]昌邑 5/20
[乾隆]昌邑 5/124
劉顯光(清・遼東人)
[康熙]嶧縣 3/38
[乾隆]嶧縣 7/18
[光緒]嶧縣 19/職官下 13
62 劉曤(清・臨清人)
[民國]臨清縣/人物 30
劉則久(字亘之)
(清・單縣人)
[宣統]山東 173/37
[乾隆]曹州府 15/23
[康熙]單縣 7/15
[乾隆]單縣 6/27
[民國]單縣 9/44
劉則晏(明・平陰人)
[乾隆]泰安府 18/38
[萬曆二十四年]兗州 37/8
[康熙]兗州 28/37
劉晰晦(清・汶上人)
[宣統]四續汶上稿/人物－耆德傳
63 劉晙(漢)
[崇禎]曲阜 4/6
64 劉財(字福榮)
(清・歷城人)
[道光]濟南 53/57
[民國]續修歷城 44/15
劉跂(字斯立)
(宋・東平人)
[道光]東平州 14/11
[光緒]東平州 15/中 16
[民國]東平縣 11/上 36
東平州鄉土志上/耆舊錄 28
劉時彥(明・樂安人)
[康熙]山東 45/18
[康熙十五年]青州 13/86
[康熙四十八年]青州 13/事功 70
[康熙六十年]青州 16/36
[咸豐]青州 44/21
[民國]樂安 10/8
[民國]續修廣饒 19/15
劉曉廉(字鷺卿)
(清・嘉祥人)
[光緒]嘉祥 3/49
劉曉嵐(原名巘,字鳳阿,號藥堂)
(清・單縣人)
[民國]單縣 11/27
劉時俊(明・昌樂人)
[咸豐]青州 45/60
[康熙]昌樂 4/9
[嘉慶]昌樂 22/5
劉時禎(明・陳州人)
[嘉靖]臨朐 2/48
劉財茂(清・寧津人)
[光緒]寧津 8/23
寧津縣志料 3/人物－義烈
劉時中(元・歷城人)
[道光]濟南 48/54
[乾隆]歷城 36/34
劉時中(字子可)
(清・昌邑人)
[乾隆]昌邑 5/132
劉時敏(元・天威人)
[萬曆]東昌 20/26
[嘉靖]濮州 10/5
[萬曆]濮州 6/21
[康熙]濮州 6/15
[乾隆]濮州 6/15
[宣統]濮州 8/15
65 劉晴嵐(字雲麓)

（清・單縣人）
［民國］單縣 11/43
66 劉囂（漢）
［萬曆元年］兗州 2/37
［萬曆二十四年］兗州 9/12
［康熙］兗州 10/12
［康熙］兗州府曹縣 8/7
［光緒］曹縣 8/6
［順治］定陶 5/3
［乾隆］定陶 6/3
［民國］定陶 6/3
劉嚴（字濟寬）
（明・陽信人）
信邑志稿 7/文苑
劉賜麟（字鳳皆）
（清・歷城人）
［宣統］山東 170/28
劉賜駿（字馳雲）
（清・歷城人）
［民國］無棣 9/8
劉賜範（字凝敘）
（清・城武人）
［道光］城武 9/下 26
67 劉鶚（字奮秋）
（清・平度人）
［民國］平度縣續志 8/12
劉暉（明・鐵嶺衛人）
［萬曆二十四年］兗州 29/14
［康熙］兗州 22/38
［乾隆］兗州 22/32
［萬曆］滕志 6/61
［康熙］滕志 6/31
［康熙］滕縣志 6/宦業 28
［道光］滕縣志 6/宦績 21
滕縣鄉土志/9
劉暉（原名團，字寶輪，別號霞浦，晚號螻莽居士）
（清・單縣人）
［民國］單縣 11/32，23/1，23/48
劉暉（清・定陶人）
［乾隆］定陶 6/30
劉明（字晦夫，別字黃崖）
（明・平陰人）
［乾隆］泰安府 18/38
［萬曆二十四年］兗州 52/28
［順治］平陰 7/14，8/上 65
［光緒］平陰 5/1
平陰縣鄉土志/9
劉明（清・高唐人）
［光緒］高唐州 5/2－34
［民國］高唐縣 12/41
劉昫（字春甫）
（清・大城舉人）
［光緒］寧津 6/30
寧津縣志料 3/人物－名宦
劉昫（字曦若，號魯齋）
（清・慶雲人）
［嘉慶］慶雲 9/31
［咸豐］慶雲 2/68
［民國三年］慶雲 2/51，2/94，2/96
劉昫（清・趙城拔貢）
［宣統］東明續縣志 2/12
劉翾（明・南江人）
［道光］濟南 35/21
劉曜（字季尼）
（漢）
［宣統］山東 149/35
［乾隆］東平州 20/12
［道光］東平州 20/12
［光緒］東平州 20/12
劉昀（字信南）
（清・諸城人）
［道光］諸城縣續志 13/12
劉昭（字宣卿）
（南北朝・平原高唐人）
［嘉靖］山東 31/8
［康熙］山東 41/6
［雍正］山東 28/人物一 49
［宣統］山東 163/12
［道光］濟南 46/5
［萬曆］東昌 19/10
［乾隆］東昌 41/11
［嘉慶］東昌 33/10
［嘉靖］高唐州 5/16
［康熙十二年］高唐州 8/6
［康熙五十一年］高唐州 8/6
［道光］高唐州 5/1－3
［光緒］高唐州 5/1－3
［民國］高唐縣 12/81
高唐州鄉土志/15
［道光］章邱 10/39
章邱縣鄉土志/上 25
劉照（字明遠）
（金・章邱人）
［道光］濟南 47/49
［道光］章邱 11/53，14/47
章邱縣鄉土志/上 18
劉暉庭（清・定陶人）
［民國］定陶 6/64
劉明誠（清・陵縣人）
［民國］陵縣續志 4/21
劉鳴謙（字地山）
（清・陵縣人）
［光緒］陵縣 19/人物傳二 15
劉鳴謙（字貞吉）
（清・沂水人）
［道光］沂水 7/31
劉嗣麟（字瑞甫，號戴村）
（清・單縣人）
［民國］單縣 11/21
劉鳴霖（見劉鳴霆）
劉鳴霆（字鶩百）
（清・福建建陽人）
［宣統］山東 77/16
［咸豐］青州 37/9
［道光］安邱新志 16/1
安丘縣鄉土志 2/政績錄
劉瞻雲（清・沂水人）
［宣統］山東 173/16
劉昭雲（東阿人）
［民國］東阿 15/12，15/18
劉鳴琴（字治堂）
（清・平原人）
［宣統］山東 170/32
［民國］續修平原 10/上 7
劉嗣瑞（字壽人）
（濟寧人）
［民國］濟寧縣 3/11
劉昭琳（字松岩）
（清・東阿人）
［民國］續修東阿 11/14
劉明俍（清・恩縣人）
［雍正］恩縣續志 3/20
劉明俁（字省作）
（明・恩縣人）
［雍正］恩縣續志 3/15

［宣統］重修恩縣 7/8

劉鳴岐（字鳳翩）

（清・德縣人）

［民國］陵縣續志 4/24

劉鳴岐（清・掖縣人）

［民國］四續掖縣 4/78

劉鳴皋（字鶴汀）

（清・平原人）

［民國］續修平原 10/上 2

劉鳴皋（清・汶上人）

［宣統］四續汶上稿/人物－施濟傳

劉明冬（清・東阿人）

［民國］續修東阿 11/17

劉嗣業（字孔勳）

（清・慶雲人）

［民國三年］慶雲 2/69

劉明泗（清・寧陽人）

［光緒］寧陽 13/80

劉明祚（字印佳）

（清・陽信人）

［康熙］濟南 44/38

［乾隆］武定府 25/18

［咸豐］武定府 25/孝友 18

［康熙］陽信 9/18

［乾隆］陽信 7/26

［民國］陽信 5/孝友 52

信邑志稿 7/孝友

陽信縣鄉土志上/耆舊－事業

劉嗣楷（字耐園，號遜五）

（清・單縣人）

［民國］單縣 12/鄉賢 4

劉昭棟（清・諸城人）

［光緒］增修諸城縣續志 20/5

劉鳴桐（清・德平人）

［光緒］德平 7/25

劉野夫（宋・青州人）

［嘉靖］山東 34/15

［康熙］山東 47/7

［雍正］山東 30/12

［宣統］山東 200/24

［嘉靖］青州 16/54

［萬曆］青州 17/12

［康熙十五年］青州 17/12

［康熙四十八年］青州 17/仙釋 7

［康熙六十年］青州 20/10

［咸豐］青州 52/3

［康熙］益都 10/26

［光緒］益都縣圖志 46/6

劉鳴盛（字聲和）

（清・平原人）

［民國］續修平原 10/上 2

劉暉曉（字春阜，一字寅谷，號迂髯）

（清・陽信人）

［民國］陽信 5/文學 13

信邑志稿 7/藝術

劉鳴岡（字猗軒）

（清・城武人）

［道光］城武 9/下 40

劉鳴閣（清・寧津人）

［光緒］寧津 8/22

寧津縣志料 3/人物－義烈

劉嗣矩（字叔方，號曉村）

（清・單縣人）

［民國］單縣 11/21

68 **劉暾**（字長升）

（晉・東萊掖人）

［嘉靖］山東 33/3

［康熙］山東 44/4

［雍正］山東 28/人物一 34

［宣統］山東 155/5

［萬曆］萊州 5/88

［康熙］萊州 10/18

［乾隆］萊州 10/5

萊州府鄉土志/下 3

［乾隆］掖縣 4/17

［道光］掖乘 4

劉暾（字旭邨）

（清・昌樂人）

［民國］昌樂縣續志 35/6

劉曦（字寅士，號賓谷）

（清・濰縣人）

［民國］濰縣志稿 30/36

70 **劉璧**（字君用）

（元・鄒平人）

［道光］濟南 48/30

［道光］鄒平 15/15

［民國］鄒平 15/15

劉璧（字良玉，號守愚）

（明・壽光人）

［咸豐］青州 43/13

［康熙］壽光 23/1

［嘉慶］壽光 12/22

［民國］壽光 3/85，3/87，12/人物志一 19

劉璧（字宜獻）

（明・萬安人）

［嘉靖］夏津 3/36

［乾隆］夏津 6/9

劉雅化（字鳴琴）

（清・定陶人）

［民國］定陶 6/56

劉璧星（字聚五，號二酉）

（明・東明人）

［康熙］東明 8/下 16

［乾隆］東明 6/22，8/下 16

［民國］東明縣新誌 11/50，12/39

劉辟光（漢・沛人）

［崇禎］歷城 3/7

［乾隆］章邱 7/2

71 **劉堅**（字孟節）

（宋・壽光人）

［宣統］山東 167/11

［康熙六十年］青州 20/4

［咸豐］青州 41/27

［康熙］壽光 28/1

［嘉慶］壽光 15/1

［民國］壽光 12/人物志二 80

壽光縣鄉土志/耆舊

［嘉靖］臨朐 3/17

［民國］臨朐續志 22/22

光緒臨朐 16/1

劉堅（字大節）

（明・濟寧人）

［宣統］山東 161/27

［康熙］濟寧州 6/30

［乾隆］濟寧直隸州 24/5

［道光］濟寧直隸州 8/2－24

濟寧州鄉土志 2/耆舊

劉厚（明）

［道光］重修平度州 16/17

平度鄉土志 2/政績

劉階（明・南直應天人）

［乾隆］嶧縣 7/32

劉原(元·新泰人)
[康熙]濟南 47/2
[乾隆]泰安府 16/70
[天啟]新泰 6/19
[順治]新泰 5/24
[乾隆]新泰 16/5
新泰縣鄉土志/18
劉長庚(字續昶)
(清·寧津人)
[光緒]寧津 8/45
寧津縣志料 3/人物－道學
劉長文(南北朝)
[萬曆元年]兗州 38/循吏 17
劉長孺(宋·耀州人)
[嘉靖]山東 26/25
[康熙]山東 34/6
[雍正]山東 27/45
[宣統]山東 68/45
[萬曆]東昌 18/24
[乾隆]東昌 33/20
[嘉慶]東昌 20/32
劉陛儒(明·昌邑人)
[康熙]昌邑 6/35
[乾隆]昌邑 6/166
劉長仁(魏·渤海人)
[嘉慶]德平 5/3
[光緒]德平 5/3
劉巨川(字一泉)
(清·滋陽人)
[光緒]滋陽 8/59
滋陽縣鄉土志 1/耆舊－文學
劉階升(字巽吉)
(清·莒縣人)
[嘉慶]莒州 10/14
[民國]重修莒志 67/5
劉長生(見劉處玄)
劉長和(字義齋)
(清·歷城人)
[民國]續修歷城 44/41
劉長齡(字康久)
(清·利津人)
[咸豐]武定府 26/義行 33
劉長安(漢·沛縣人)
[乾隆]泰安府 5/3
劉長安(清·臨朐人)
臨朐縣鄉土志 1/耆舊
劉長富(清·鄒縣人)
[光緒]鄒縣續志 12/上 8
鄒縣鄉土志耆舊錄/26
劉臣良(字相清)
(清·鉅野人)
[民國]續修鉅野 5/上 9
劉長江(字警齋)
(清·茌平人)
[宣統]茌平 28/10
[民國]茌平 3/89
劉長源(字璇甫)
(清·諸城人)
[道光]諸城縣續志 13/13
劉長洲(字興南)
(臨邑人)
[民國]續修臨邑 3/8
劉巨淵(明)
[康熙]嶧縣 3/25
[乾隆]嶧縣 7/10
[光緒]嶧縣 19/職官下 2
劉長清(清·鄒平人)
[道光]濟南 54/51
[道光]鄒平 15/99
[民國]鄒平 15/99
劉長祿(清·蓬萊人)
[乾隆]續登州 10/2
[光緒]增修登州 43/7
劉原芳(明·蒙陰人)
[嘉靖]青州 15/31
[萬曆]青州 14/50
[康熙十五年]青州 14/50
[康熙四十八年]青州 14/儒行 7
[康熙六十年]青州 15/9
[康熙二十四年]蒙陰 4/1
[宣統]蒙陰 4/名獻
劉長春(字松亭)
(清·長清人)
[民國]長清 13/15
劉長盛(字瑞廷)
(清·德平人)
[光緒]德平 7/19
劉長風(字慕宗)
(清·滕縣人)
[道光]滕縣志 8/儒林 33
滕縣鄉土志/27
劉長興(清·商河人)
[民國]重修商河 9/7
劉長印(字月川)
(清·淄川人)
[宣統]三續淄川 9/100
劉長勝(濟寧人)
[民國]濟寧縣 3/7
劉長籙(字逸卿)
(清·茌平人)
[民國]茌平 3/62
72 **劉驕**(漢)
[乾隆]魚臺 9/51
劉彤(梁·高唐人)
[民國]高唐縣 12/80
劉彤(字錫覞)
(清·掖縣人)
[嘉慶]續掖縣 3/8
劉氏璧(字連城)
(清·濮州人)
[康熙]濮州續志上/27
[乾隆]濮州 3/95
[宣統]濮州 4/101
劉岳頒(字肅度)
(清·單縣人)
[乾隆]單縣 7/21
[民國]單縣 9/79
劉彤光(字雪鷗)
(清·鉅野人)
[民國]續修鉅野 5/上 3
73 **劉髆**(漢)
[萬曆元年]兗州 2/37
[萬曆二十四年]兗州 9/11
[康熙]兗州 10/11
[康熙五十一年]金鄉 5/1
[乾隆]魚臺 9/51
[道光]鉅野 24/2
74 **劉勵**(號惺吾)
(明·沂水人)
[乾隆]沂州府 26/20
[康熙]沂水 4/51
[道光]沂水 7/27
劉隨(字仲豫)
(宋·開封考城人)
[嘉靖]山東 26/10
[康熙]山東 33/12

［萬曆元年］兗州 39/名宦 10
［萬曆二十四年］兗州 28/5
［康熙］兗州 22/5
［乾隆］兗州 22/12
［乾隆］濟寧直隸州 21/5
［道光］濟寧直隸州 6/6－8
［道光］鉅野 10/10
劉附袞（明・鄆城人）
［崇禎］鄆城 6/17
75 **劉體元**（字德先）
（清・壽光人）
［咸豐］青州 47/10
［乾隆］續壽光 21/1
［嘉慶］壽光 12/24
［民國］壽光 12/人物志一 32
劉體信（號苾齋）
（清・單縣人）
［民國］單縣 11/20
劉體仁（字近元）
（清・單縣人）
［民國］單縣 11/21
劉體仁（清・東明人）
東明縣志料/藝術－文藝
劉體蘭（字同軒，號柳泉）
（清・嘉祥人）
［咸豐］濟寧直隸州續志 3/10
［民國］濟寧直隸州續志 14/13
［光緒］嘉祥 3/29
劉體乾（明・萊陽人）
［民國］萊陽 3/1 中 18
劉體乾（字健夫）
（清・汶上人）
［宣統］四續汶上稿/人物－文學傳
76 **劉陽**（漢・沛人）
［嘉慶］莒州 7/1
劉隅（字叔正，號範東）
（明・東阿人）
［雍正］山東 28/人物三 33
［宣統］山東 160/24
［乾隆］泰安府 17/12
［萬曆二十四年］兗州 36/15
［康熙］兗州 28/14
［康熙五十四年］東阿 7/5
［道光］東阿 13/鄉賢 5，22/6
［光緒］東阿縣鄉土志 4/10
劉颺廷（字拜言）
（清・陽信人）
［民國］陽信 5/篤行 33
77 **劉郈**（字果亭）
（清・鉅野人）
［道光］鉅野 13/58
劉肥（漢・沛郡豐邑人）
［嘉靖］青州 12/19
［康熙十五年］青州 8/9
［康熙四十八年］青州 8/9
［康熙六十年］青州 10/5
［萬曆］萊州 1/54
劉風（明・陽穀人）
［民國］增修陽穀人物/仕宦 5
劉鳳（字桐岡）
（明・威海衛人）
［光緒］文登 8/下 5
劉鳳（清・東平人）
［乾隆］東平州 15/7
［道光］東平州 15/7
［光緒］東平州 15/下 6
［民國］東平縣 11/中 25
東平州鄉土志上/耆舊錄 34
劉鳳（號禹莊）
（清・濱州人）
［道光］滕縣志 6/宦績 46
劉服（漢・沛郡豐邑人）
［嘉靖］青州 12/23
［康熙十五年］青州 8/11
劉貫（明・延川人）
［嘉靖］朝城志 5/12
劉閎（漢・沛郡豐邑人）
［嘉靖］青州 12/21
［康熙十五年］青州 8/10
劉堅（明・鈞州人）
［隆慶］單縣上/35
劉堅（字子固）
（明・濮州人）
［嘉靖］山東 31/28
［康熙］山東 41/23
［萬曆］東昌 19/49
［乾隆］曹州府 15/1
［嘉靖］濮州 6/2
［萬曆］濮州 3/鄉賢 36
［康熙］濮州 3/63
［乾隆］濮州 3/64
［宣統］濮州 4/70
劉舉（字時用）
（明・博平人）
［正德］博平 4/70
劉舉（明・直隸魏縣人）
［道光］濟南 36/30
［天啟］新城 6/知縣
［崇禎］新城 6/知縣
［康熙］新城 5/3
［道光］新城/名宦
［民國］重修新城 10/6
新城縣鄉土志/政績－明知縣
劉鵬（明・昌邑人）
［嘉靖］山東 35/8
［康熙］山東 45/23
［萬曆］萊州 6/18
［康熙］萊州 10/66
［乾隆］萊州 11/善行 1
［康熙］昌邑 6/29
［乾隆］昌邑 6/173
劉鵬（字搏夫）
（明・濮州人）
［萬曆］濮州 3/鄉賢 58
［康熙］濮州 3/80
［乾隆］濮州 3/81
［宣統］濮州 4/87
劉闐（見劉閿）
劉閿（字靜叔）
（宋・青州北海人）
［嘉靖］山東 33/9
［康熙］山東 44/8
［雍正］山東 28/人物二 35
［宣統］山東 157/19
［嘉靖］青州 15/46
［萬曆］青州 15/20
［康熙十五年］青州 15/20
［康熙四十八年］青州 15/武功 7
［康熙六十年］青州 16/45
［萬曆］萊州 6/14
［康熙］萊州 10/80
［乾隆］萊州 11/武功 2
［萬曆］濰縣 9/5
［康熙］濰縣 5/人物 12
［乾隆］濰縣 4/29

[民國]濰縣志稿 30/49
濰縣鄉土志/14
劉賢(漢·沛郡豐邑人)
[嘉靖]青州 12/20
[康熙十五年]青州 8/9
[康熙四十八年]青州 8/9
[康熙六十年]青州 10/5
劉欣(漢·沛豐邑人)
[萬曆二十四年]兗州 5/5
[康熙]兗州 6/4
劉興(漢·南陽蔡陽人)
[嘉靖]青州 12/26
[康熙十五年]青州 8/13
[萬曆元年]兗州 2/40
[萬曆二十四年]兗州 9/13
[康熙]兗州 10/13
[嘉慶]壽光 10/3
劉興(明·懷仁人)
[光緒]文登 5/34
劉興(清·膠州人)
[民國]增修膠志 43/8
劉學(字覺冲)
(清·陽信人)
[乾隆]武定府 25/54
[咸豐]武定府 25/文苑 14
[乾隆]陽信 7/15
[民國]陽信 5/篤行 29
信邑志稿 7/文苑
劉學(字豪齋)
(清·掖縣人)
[乾隆]掖縣 4/75
劉印(晉,見劉胤)
劉用(字行之,一作用之)
(元·昌樂人)
[嘉靖]昌樂 3/44
[康熙]昌樂 4/4
[嘉慶]昌樂 23/6
[民國]昌樂縣續志 16/31,29/6
[民國]濰縣志稿 30/51
劉用(字公冶)
(清·壽張人)
[乾隆]兗州 23/85
[光緒]壽張 7/25
壽張縣鄉土志/耆舊－附忠孝祠
劉與(字慶孫)
(晉)
[光緒]嶧縣 19/58
劉闇章(字含生)
(清·單縣人)
[乾隆]單縣 7/33
[民國]單縣 9/55
劉殿章(清·萊陽人)
[民國]萊陽 3/1 中 65
劉鳳庭(字儀堂)
(清·無棣人)
[民國]無棣 13/32
劉開文(字九符)
(清·鄒平人)
[宣統]山東 170/15
[道光]濟南 54/41
[嘉慶]鄒平 15/46
[道光]鄒平 9/58,15/68
[民國]鄒平 15/68
劉學亮(字際明)
(清·樂安人)
[康熙]山東 45/18
[咸豐]青州 46/45
[雍正]樂安 12/19
[民國]樂安 10/18
[民國]續修廣饒 19/33
劉學言(明·萊陽人)
[民國]萊陽 3/1 中 18
劉用康(字錫侯)
(清·安邱人)
[民國]續安邱新志 22/1
劉學龍(字巨倉)
(清·城武人)
[道光]城武 9/下 24
劉居誠(字豫一)
(清·招遠人)
[光緒]增修登州 40/22
[道光]招遠縣續志 3/19
劉鳳誥(字丞牧,號金門)
(清·江西萍鄉人)
[宣統]山東 74/36
[道光]濟南 37/52
劉興麒(清·臨沂人)
[民國]臨沂 10/57
劉學詩(明·昌樂人)
[嘉靖]青州 15/20
[萬曆]青州 14/20
[康熙十五年]青州 14/20
[康熙四十八年]青州 14/孝友 10
[康熙六十年]青州 17/14
[嘉靖]昌樂 3/47
[康熙]昌樂 4/8
[嘉慶]昌樂 22/4
劉鳳至(清·平原人)
[民國]續修平原 10/上 12
劉際可(明·丹徒人)
[乾隆]寧陽 3/東兗道 2
劉際平(字玉調)
(清·安邱人)
[咸豐]青州 47/35
[民國]續安邱新志 17/1
安丘縣鄉土志 6/耆舊錄 3
劉眉一(禹城人)
[民國]禹城 6/28
劉卿雲(字賡伯)
(清·茌平人)
[宣統]茌平 11/10
[民國]茌平 3/57,3/60
劉卿雲(原名宗賜,字瑞虞)
(清·高唐人)
[民國]高唐縣 12/52
劉熙平(字芝陽)
(明·文登人)
[光緒]文登 8/下 19
劉興玉(明·臨淄人)
[民國]臨淄 21/49
劉興玉(字潤齋)
(清·商河人)
[民國]重修商河 8/26
劉殿珠(字懷人)
(清·茌平人)
[民國]茌平 3/43
劉鵬翀(明·鄒平人)
[雍正]山東 28/人物三 15
[道光]濟南 72/35
[康熙]鄒平 6/30
劉鳳習(明·濱州人)
[乾隆]武定府 25/11
[咸豐]武定府 25/孝友 11
[康熙]濱州 7/18
[咸豐]濱州 10/22

濱州鄉土志/耆舊錄
劉异政(金・鄒平人)
[道光]濟南 47/46
[道光]鄒平 15/6
[民國]鄒平 15/6
劉鳳毛(字兆聖)
(明・濰縣人)
[民國]濰縣志稿 27/46
劉鳳雝(字吉士,號牧野)
(清・長山人)
[道光]濟南 55/29
[嘉慶]長山 9/13
劉際舜(字虞卿)
(清・昌樂人)
[民國]昌樂縣續志 30/22
劉殿仁(清・濟寧人)
[民國]濟寧直隸州續志 14/3
劉用貞(清・昌樂人)
[嘉慶]昌樂 24/11
劉鳳德(字彩亭)
(清・陽信人)
[民國]陽信 5/宦蹟 22
劉開先(字會子)
(清・安邱人)
[咸豐]青州 47/26
[民國]續安邱新志 21/1
安丘縣鄉土志 6/耆舊錄 3
劉興佐(字長卿)
(清・單縣人)
[乾隆]單縣 7/20
[民國]單縣 9/72
劉殿傑(字偉人)
(清・茌平人)
[宣統]茌平 17/4
[民國]茌平 3/62
劉熙泉(清・昌樂人)
[民國]昌樂縣續志 27/5
劉興白(清・定陶人)
[道光]濟南 38/45
[乾隆]德州 8/12
[民國]德縣 9/10
劉用魯(字惟一)
(清・壽光人)
[民國]壽光 12/人物志二 55
劉鳳儀(字天瑞)
(明・襄垣人)
[嘉靖]山東 27/19
[宣統]山東 73/38
[萬曆]萊州 5/77
[康熙]萊州 8/56
[乾隆]萊州 9/24
[康熙]高密 6/25,10/23
[乾隆]高密 6/18
[光緒]高密 6/22,9/補編 17
[民國]高密 12/23,15/下补编 12
高密縣鄉土志/上 8
劉賢寶(字子珍,號曉泉)
(清・蓬萊人)
[民國]蓬萊縣志合編人物志/孝友
劉開源(字浚川)
(清・寧陽人)
[光緒]寧陽 14/49
劉同福(字錫五)
(清・茌平人)
[宣統]茌平 15/11
[民國]茌平 3/108
劉興福(字錫廷)
(長清人)
[民國]長清 12/8
劉學渠(清・惠民人)
[光緒]惠民 24/4
劉學源(清・萊蕪人)
[民國]續修萊蕪 27/21
劉開業(字洪菴)
(清・單縣人)
[民國]單縣 10/3
劉興業(字崇德)
(清・陽穀人)
[民國]增修陽穀人物/師道 23
劉殿禧(字吉人)
(清・茌平人)
[民國]茌平 3/103
劉興漢(字干帷)
(清・汾陽人)
[宣統]山東 75/59
[康熙四十一年]寧陽 3/19
[乾隆]寧陽 3/10
[咸豐]寧陽 11/16
[光緒]寧陽 11/16
寧陽縣鄉土志/10
劉興漢(清・陝西寧夏衛人)
[康熙五十六年]壽張 4/10
劉學渤(字百川)
(清・利津人)
[乾隆]武定府 25/64
[咸豐]武定府 25/文苑 24
[乾隆]利津縣志續編 8/42
[光緒]利津 7/文苑 1
劉際清(字遇臣)
(清・高苑人)
高苑縣鄉土志/耆舊
劉興沛(字筱邦)
(長清人)
[民國]長清 12/27
劉學洙(字景聖)
(清・滕縣人)
[道光]滕縣志 9/孝義 34
劉興祖(南朝宋・彭城人)
[宣統]山東 67/3
[光緒]益都縣圖志 15/5
劉興祖(元・淮西廬州人,遷鄒平)
[雍正]山東 28/人物三 1
[宣統]山東 200/6
[道光]濟南 48/36
[順治]鄒平 6/10
[康熙]鄒平 6/2
[嘉慶]鄒平 15/3
[道光]鄒平 15/19
[民國]鄒平 15/19
劉興祖(明・歷城人)
[嘉靖]山東 35/1
[康熙]山東 45/2
[宣統]山東 165/13
[康熙]濟南 44/4
[道光]濟南 49/38
[崇禎]歷乘 16/45
[崇禎]歷城 10/20
[乾隆]歷城 42/3
劉學初(明・安福人)
[順治]堂邑 2/職官 10
[康熙]堂邑 10/3
劉學祖(字魯桂)
(清・掖縣人)
[乾隆]掖縣 4/37

劉殿祥(清・膠州人)
[民國]增修膠志 43/6
劉鳳祥(清・平原人)
[民國]續修平原 10/上 9
劉同祥(字雲書)
(清・商河人)
[民國]重修商河 8/58
商河縣鄉土志 3/耆舊－學問
劉學滋(明・莆田人)
[康熙]兗州府曹縣 9/26
劉鳳來(清・東阿人)
[乾隆]泰安府 18/60
[道光]東阿 14/人物下 32
[光緒]東阿縣鄉土志 4/27
劉熙古(字義淳)
(宋・寧陵人)
[嘉靖]山東 27/4
[康熙]山東 35/4
[雍正]山東 27/54
[嘉靖]青州 13/25
[萬曆]青州 12/18
[康熙十五年]青州 12/19
[康熙四十八年]青州 12/19
[康熙六十年]青州 12/10
[光緒]益都縣圖志 16/23
劉學志(清・壽光人)
[民國]壽光 12/人物志一 94
劉巽南(字順卿)
(清・莘縣人)
[民國]莘縣 7/24
劉殿杌(字豫章)
(清・諸城人)
[光緒]增修諸城縣續志 19/1
劉鳳城(字叔岐)
(清・歷城人)
[民國]續修歷城 44/42
劉殿藩(字价人)
(清・茌平人)
[民國]茌平 12/87
劉殿林(臨沂人)
[民國]續修臨沂 16/23
劉鳳苞(字子翽)
(清・城武人)
[道光]城武 9/下 20
劉鳳林(字蓮溪)
(清・壽光人)
[民國]壽光 12/人物志一 91
劉開墓(清・陽穀人)
[民國]增修陽穀人物/國術師 32
劉鵬翥(字翔宇)
(明・安丘人)
[康熙四十八年]青州 15/卓行 12
[康熙六十年]青州 18/17
[咸豐]青州 45/62
[道光]安邱新志 22/2
安丘縣鄉土志 5/耆舊錄 2
劉屏藩(字衛侯)
(清・雲南南寧人)
[乾隆]東昌 34/29
[乾隆]臨清州 9/15
[乾隆]臨清直隸州 6/81
[民國]臨清縣/秩官 65
[乾隆]高唐州續志 2/1
[道光]高唐州 7/1－16
[光緒]高唐州 7/1－16
[民國]高唐縣 9/5－13
劉興華(清・益都人)
[光緒]益都縣圖志 41/14
劉月華(清・高唐人)
[民國]高唐縣 12/92
劉鳳朝(明・文登人)
[雍正]文登 8/10
[道光]文登 5/20
[光緒]文登 10/上 2
劉鳳桐(字丹坪)
(清・汶上人)
[宣統]四續汶上稿/人物－耆德傳
劉鳳詡(清・博平人)
[光緒]博平縣續志 10/60
劉居敬(元・高唐人)
[道光]高唐州 5/2－7
[光緒]高唐州 5/2－10
[民國]高唐縣 12/4
劉居敬(字行簡)
(元・嘉祥人)
[順治]嘉祥 3/39
[乾隆]嘉祥 2/47
[光緒]嘉祥 2/63
劉開泰(字起元,號盧庵)
(清・牟平人)
[民國]牟平 7/19
劉同春(清・高唐人)
[民國]高唐縣 12/92
劉同泰(霑化人)
[民國]霑化 4/登進 48
劉熙春(字芝臺)
(清・濰縣人)
[民國]濰縣志稿 31/18
劉興泰(清・鄆城人)
鄆城縣鄉土志/耆舊錄－事業
劉學春(字華亭)
(長清人)
[民國]長清 12/20
劉殿輔(字介生)
(清・博興人)
[民國]重修博興 13/41
劉殿邦(字靖庵)
(清・陽信人)
[民國]陽信 5/耆碩 59
劉鳳鳴(清・高唐人)
[光緒]高唐州 5/2－28
[民國]高唐縣 12/15,12/92
劉鳳鳴(字書岩)
(清・濟寧人)
[民國]濟寧直隸州續志 14/20
劉殿臣(字劾忠)
(清・博興人)
[民國]重修博興 13/59
劉鵬臣(字雲程)
(清・茌平人)
[宣統]茌平 14/15
[民國]茌平 3/83
劉鳳閣(字麟書)
(清・濟寧人)
[民國]濟寧直隸州續志 13/15
劉鳳閣(清・萊陽人)
[民國]萊陽 3/1 中 93
劉興居(漢・沛縣人)
[乾隆]泰安府 5/2
[泰昌]登州 9/31
[順治]登州 11/1
[嘉靖]寧海州下/1

［康熙］寧海州 7/1
［康熙］臨淄 9/9
［民國］牟平 6/86
劉興賢（字竹友）
（清・商河人）
［民國］重修商河 14/49
劉蚩譽（清・山西洪洞人）
［宣統］山東 76/42
［乾隆］東昌 34/14
［嘉慶］東昌 22/5
［康熙十一年］莘縣 5/8，8/45
［康熙五十六年］莘縣 5/8，8/45
［光緒］莘縣 5/9，9/29
［民國］莘縣 3/5，9/34
莘縣鄉土志/政績 7
劉殿勝（字冠軍）
（東平人）
［民國］東平縣 11/上 24
劉殿鏡（字仁堂）
（清・諸城人）
［民國］齊東 3/68
劉際午（字卓卿）
（清・單縣人）
［民國］單縣 12/鄉賢 15
劉鵬翕（清・濰縣人）
［民國］濰縣志稿 31/34
劉興義（字養浩）
（清・曹縣人）
［光緒］曹縣 14/忠義 5
劉學夔（字文昭）
（清・城武人）
［道光］城武 9/下 24
劉鵬翔（明・安邱人）
［雍正］恩縣續志 3/7
劉開第（字蘭坡）
（清・大城人）
［民國三年］慶雲 1/92
劉民範（明・昌樂人）
［民國］昌樂縣續志 27/2
劉開煇（清・長山人）
［康熙五十五年］長山 6/又 39
［嘉慶］長山 9/11
79 **劉勝**（明・蒲臺人）
［萬曆］蒲臺志 9/9
劉勝殷（字以遏）
（清・陽穀人）
［民國］增修陽穀人物/師道 20
80 **劉並**（漢・沛人）
［順治］登州 11/2
劉差（漢・沛人）
［順治］登州 11/2
劉錞（字端亭）
（清・寧陽人）
［咸豐］寧陽 14/28
［光緒］寧陽 14/28
劉錞（字果田）
（清・天津進士）
［光緒］德平 5/17
樂陵縣鄉土志 2/10
劉鈁（字南金）
（明・壽光人）
［康熙］壽光 12/52
［民國］壽光 3/72
劉鎬（明・恩縣人）
［宣統］重修恩縣 7/49
劉鎬（字京周）
（清・汶上人）
［宣統］四續汶上稿/人物－忠烈傳
劉介（字如石）
（清・城武人）
［康熙九年］城武 3/58
劉介（字維藩）
（清・濰縣人）
［民國］濰縣志稿 28/6
劉金（明・北直盧龍人）
［萬曆］青州 12/23
［康熙十五年］青州 12/23
［康熙四十八年］青州 12/23
［康熙六十年］青州 12/27
［乾隆］嶧縣 7/31
劉金（字振之）
（明・順天三河人）
［咸豐］青州 36/10
［萬曆］樂安 13/3
［雍正］樂安 11/4
［民國］樂安 8/19
［民國］續修廣饒 17/3
劉金（明・禹城人）
［康熙］禹城 2/1
禹城縣鄉土志/12
劉鏡（字月橋）
（清・濟寧人）
［民國］濟寧直隸州續志 13/15
劉鏡（清・棲霞人）
［光緒］棲霞縣續志 7/義行 2
劉夔（字道元）
（宋・建州人）
［嘉靖］山東 26/10
［康熙］山東 33/13
［雍正］山東 27/90
［宣統］山東 68/34
［乾隆］泰安府 14/18
［萬曆元年］兗州 38/循吏 29
［萬曆二十四年］兗州 28/5
［康熙］兗州 22/5
［康熙］東平州 4/38
［乾隆］東平州 12/16
［道光］東平州 12/16
［光緒］東平州 14/16
［民國］東平縣 9/9
東平州鄉土志上/耆舊錄 42
劉年（明・堂邑人）
［順治］堂邑 2/人物 18
［康熙十一年］堂邑 2/選舉 24
［康熙］堂邑 14/7
劉善（明・高唐人）
［康熙十二年］高唐州 9/6
劉鏞（字振聲）
（清・昌樂人）
［民國］昌樂縣續志 30/11
劉義（漢・沛郡人）
［萬曆］東昌 5/2
［宣統］重修恩縣 6/4
劉義（字義）
（唐）
［嘉靖］山東 34/5，38/63
［康熙］山東 48/4
［宣統］山東 200/3
［萬曆元年］兗州 42/11
［萬曆二十四年］兗州 37/31
［康熙］兗州 28/72

［乾隆］兗州 23/89
劉義（元・壽張人）
［光緒］壽張 6/56
劉義（字循道）
（明・諸城人）
［嘉靖］青州 14/30
［萬曆］青州 13/45
［康熙十五年］青州 13/45
［康熙四十八年］青州 13/事功 28
［康熙六十年］青州 16/14
［咸豐］青州 43/8
［萬曆］諸城 7/16
［康熙］諸城 7/14
［乾隆］諸城 30/2
劉義（清・長山人）
［道光］濟南 55/30
［嘉慶］長山 9/17
劉鏞（字鳴遠）
（明・清潤人）
［泰昌］登州 9/37
［順治］登州 11/16
［光緒］增修登州 25/9
劉鐘（字元音）
（清・日照人）
［乾隆］沂州府 26/25
［光緒］日照 8/21
劉公庭（清・東平人）
［光緒］東平州 15/中 37
［民國］東平縣 11/中 8
劉公言（字德白）
（清・益都人）
［光緒］益都縣圖志 39/4
劉公彥（字彥輔）
（宋・密州諸城人）
［咸豐］青州 41/37
［乾隆］諸城 29/8
劉善慶（字福農）
（清・壽光人）
［民國］壽光 12/人物志一 97
劉毓慶（字秀齋）
（清・高密人）
［民國］高密 14/上 87
劉善謨（字景文）
（清・鄒平人）
［道光］濟南 54/45
［嘉慶］鄒平 15/50
［道光］鄒平 15/82
［民國］鄒平 15/82
劉養訥（清・齊河人）
［道光］濟南 56/7
［雍正］齊河 8/14
［民國］齊河 26/3
劉毓麒（字麐生）
（清・蓬萊人）
［民國］蓬萊縣志合編人物志/仕績
劉毓麟（字瑞生）
（清・博山人）
［民國］續修博山 11/37
劉毓麟（字子厚）
（清・濰縣人）
［民國］濰縣志稿 29/35
劉會平（清・齊東人）
［宣統］山東 170/24
［民國］齊東 5/19
劉介石（字貞如）
（清・汶上人）
［宣統］四續汶上稿/人物－耆德傳
劉美玉（明・博平人）
［正德］博平 4/77
［康熙］博平 3/56
劉養正（清・歷城人）
［道光］濟南 60/16
［乾隆］歷城 45/14
劉毓璋（字少山）
（濟寧人）
［民國］重修恩縣 10/69
劉毓珩（字佩和）
（清・無棣人）
［民國］無棣 13/33
劉毓瑞（清・滕縣人）
［宣統］山東 172/24
［康熙］兗州續編 16/11
［乾隆］兗州 23/62
［康熙］滕縣志 8/孝行 10
［道光］滕縣志 9/孝義 4
劉毓琦（字小韓）
（清・茌平人）
［宣統］茌平 13/5
［民國］茌平 3/15
劉今尹（字子木）
（明・滄州人）
［宣統］山東 73/16
［咸豐］青州 36/43
［康熙］續安丘 16/3
安丘縣鄉土志 2/政績錄
劉盆子（漢・泰山式人）
［嘉靖］山東 33/16
劉毓珺（字次玉）
（清・高密人）
［光緒］高密 8/上 68
［民國］高密 14/上 79
劉並秀（字鐘岳）
（明・單縣人）
［順治］單縣 4/36
［康熙］單縣 8/34
［乾隆］單縣 6/17
［民國］單縣 9/29
劉普受（號紫衣大師）
（元・萊陽人）
［泰昌］登州 11/63
［順治］登州 18/23
［康熙］萊陽 9/5
［民國］萊陽 3/1 中 98
劉鐘山（字秉岳）
（清・高唐人）
［道光］高唐州 5/1－45
［光緒］高唐州 5/1－47
［民國］高唐縣 12/85
劉毓俊（字偉卿）
（清・茌平人）
［宣統］茌平 28/7
［民國］茌平 3/79
劉養德（字澤寰）
（明・蓬萊人）
［順治］登州 16/13
［光緒］增修登州 41/7
［康熙］蓬萊 5/17
［道光］重修蓬萊 9/11
［民國］蓬萊縣志合編人物志/忠勇
劉毓岐（字雲峯）
（清・清平人）
［民國］清平/人物 71
清平縣鄉土志/耆舊
劉毓僖（字泮瑞，號西陂）

（清・城武人）
［道光］城武 9/上 35
劉毓勳（字簡之）
（清・茌平人）
［宣統］茌平 16/5
［民國］茌平 3/22
劉人傑（元）
［光緒］益都縣圖志 17/14
劉毓傑（字偉堂）
（清・武城人）
［民國］增訂武城續編 10/12
劉善修（字化南）
（長清人）
［民國］長清 13/8,13/24
劉無名（字東紫）
（清・濰縣人）
［民國］濰縣志稿 32/6
劉毓豹（清・曹縣人）
［光緒］曹縣 10/22
劉毓漳（見劉毓璋）
劉全福（字備五）
（清・壽張人）
［光緒］壽張 7/13
壽張縣鄉土志/耆舊－事業
劉養心（號存吾）
（明・單縣人）
［順治］單縣 3/4
［康熙］單縣 7/47
劉養浩（字志完）
（清・壽光人）
［康熙十五年］青州 14/43
［康熙四十八年］青州 14/隱逸 17
［康熙六十年］青州 17/18
［咸豐］青州 46/11
［康熙］壽光 25/3
［嘉慶］壽光 13/3
［民國］壽光 12/人物志一 55
劉公津（字百夜，一字百液，號耐亭）
（清・陽信人）
［乾隆］武定府 24/43
［咸豐］武定府 24/循良 33
［乾隆］陽信 7/12
［民國］陽信 5/宦蹟 19,8/藝文下 42
信邑志稿 7/循良
陽信縣鄉土志上/耆舊－事業
劉念祖（清・福山人）
［乾隆］福山 8/51
劉全祿（字荷臣）
（清・壽張人）
［光緒］壽張 7/19
劉毓通（字貫一，號菊圃）
（清・城武人）
［道光］城武 9/下 35
劉公道（明・宣府人）
［萬曆］寧津 5/22
劉會海（字元東）
（明・鄆城人）
［崇禎］鄆城 6/11
［康熙］鄆城 6/10
劉八十（清・諸城人）
［光緒］增修諸城縣續志 17/17
劉金榜（字睿題）
（清・鄒縣人）
［民國］續修鄒縣志稿/人物－耆舊
劉金奎（字冠群）
（清・東平人）
［光緒］東平州 15/中 42
［民國］東平縣 11/中 11
劉養志（字玉泉）
（清・莒縣人）
［雍正］莒州 9/41
劉毓奎（字文垣，號星橋）
（清・臨沂人）
［民國］臨沂 10/40
劉毓奎（字聚東）
（清・寧陽人）
［咸豐］寧陽 14/11
［光緒］寧陽 14/11
劉金標（陽穀人）
［光緒］陽穀 9/7
［民國］增修陽穀人物/仕宦 26
劉含芳（字薌林）
（清・貴池人）
［宣統］山東補遺/51
劉美華（東阿人）
［民國］東阿 15/7
劉仝世（元・濮陽人）
［乾隆］泰安府 18/70
［康熙］東平州 4/61
［乾隆］東平州 12/30,15/36
［道光］東平州 12/30
［光緒］東平州 14/30
劉毓桂（字月齋）
（清・臨沂人）
［民國］臨沂 10/40
劉毓桂（字宮培，一作公培，亦字秋士）
（清・壽光人）
［雍正］山東 28/人物四 23
［宣統］山東 175/22
［康熙十五年］青州 13/91
［康熙四十八年］青州 13/事功 75
［康熙六十年］青州 16/38
［咸豐］青州 46/28
［康熙］壽光 21/12
［乾隆］續壽光 14/111
［嘉慶］壽光 11/5,12/16
［民國］壽光 3/97,12/人物志一 28
壽光縣鄉土志/耆舊
［道光］再續掖縣下/102
劉毓勤（字補之，號勵齋）
（清・茌平人）
［宣統］茌平 10/13
［民國］茌平 3/32
劉善如（字與同）
（清・寧陽人）
［光緒］寧陽 13/75
劉金聲（字玉振）
（濟陽人）
［民國］濟陽 11/18
劉毓桐（字成雲）
（清・利津人）
［咸豐］武定府 26/義行 30
［光緒］利津 8/義行 3
劉毓松（清・臨淄人）
［民國］臨淄 30/38
劉公肅（東阿人）
［民國］東阿 16/5
劉善夫（清・商河人）

［道光］商河 7/48
［民國］重修商河 8/76
劉毓泰（字來瑞）
（清・城武人）
［道光］城武 9/下 36
劉毓圖（字河瑞）
（清・城武人）
［道光］城武 9/下 36
劉善明（南齊・平原人，一作中山人）
［嘉靖］山東 29/9
［康熙］山東 42/8
［雍正］山東 28/人物一 44
［宣統］山東 155/22
［康熙］濟南 44/2
［道光］濟南 72/27
［萬曆］青州 12/12
［康熙十五年］青州 12/12
［康熙四十八年］青州 12/12
［康熙六十年］青州 12/8
［咸豐］青州 53/6
［康熙］陵縣 5/3
［康熙六十年］博興 7/3
［萬曆］平原上/59
［乾隆］平原 8/18
平原縣鄉土志輯稿/循吏
［光緒］益都縣圖志 15/6，48/6
［民國］濰縣志稿 20/5
劉金階（字輔宸）
（清・高唐人）
［民國］高唐縣 12/54
劉金馬（清・禹城人）
［道光］濟南 56/39
劉曾騄（字驤臣）
（清・河南祥符人）
［光緒］鄆城 6/14
鄆城縣鄉土志/政績錄－興利
劉會月（字恒齋）
（清・平度人）
［民國］平度縣續志 8/7
劉金殿（清・恩縣人）
［宣統］重修恩縣 7/51
劉養民（清・蓬萊人）
［道光］重修蓬萊 9/27
［民國］蓬萊縣志合編人物志/孝友
劉義欣（晉）
［光緒］益都縣圖志 15/2
劉金鏞（字仔韶）
（清・濟陽人）
［民國］濟陽 17/58
劉善人（黄縣人）
［民國］黄縣志稿 13/民國懿行
劉金鐸（清・棲霞人）
［光緒］增修登州 46/7
［光緒］棲霞縣續志 6/武臣 1
劉金銘（字緘三）
（清・臨沂人）
［民國］續修臨沂 16/17
劉金鑰（恩縣人）
［民國］重修恩縣 11/鄉賢 56
劉毓敏（字遜之，號易農）
（清・茌平人）
［宣統］茌平 10/14
［民國］茌平 3/32
劉含輝（明・耀州人）
［雍正］恩縣續志 3/4
81 **劉釘**（漢）
［萬曆］沂州志 7/58
劉鍇（宋・濱州人）
［嘉靖］山東 29/13
［康熙］山東 39/12
［雍正］山東 28/人物二 32
［康熙］濟南 45/1
［乾隆］武定府 25/45
［咸豐］武定府 25/文苑 5
［萬曆］濱州 3/24
［康熙］濱州 7/28
［咸豐］濱州 10/27
濱州鄉土志/學問
劉頌（晉）
［順治］鄒平 4/2
［康熙］鄒平 4/2
82 **劉鎧**（字捷音）
（清・博興人）
［道光］博興 11/36
［民國］重修博興 13/34
劉釗（元・北海人）
［嘉靖］昌樂 3/44
［康熙］昌樂 4/4
［嘉慶］昌樂 23/7
劉釗（明・福山人）
［康熙］福山 8/3
［乾隆］福山 8/5
劉釗（字元子）
（清・樂陵人）
［乾隆］東昌 35/9
［乾隆］樂陵 6/16
劉鍾（明・恩縣人）
［宣統］重修恩縣 7/49
劉鍾文（字懿菴）
（清・安邱人）
［道光］安邱新志 22/9
劉鍾秀（字岱儒）
（清・曹縣人）
［康熙］曹縣 11/37
劉鍾秀（字韞山）
（清・慶雲人）
［民國三年］慶雲 2/52
劉鍾山（見劉鐘山）
劉鍾和（清・鄒平人）
［民國］鄒平 15/124
劉鍾樸（字慤菴）
（清・安丘人）
［民國］續安邱新志 20/5
安丘縣鄉土志 7/耆舊錄 4
劉鍾英（字汝申）
（明・嶧縣人）
［康熙］嶧縣 4/76
［乾隆］嶧縣 8/22
［光緒］嶧縣 21/鄉賢 66
劉鍾恒（字拱辰）
（清・鉅野人）
［民國］續修鉅野 5/上 25，7/下 44
83 **劉銶**（清・高唐人）
［康熙十二年］博興 6/3
［康熙六十年］博興 7/16
［道光］博興 10/5
［民國］重修博興 12/5
劉鉞（明・貴州思南長官司人）
［嘉靖］夏津 3/41
劉鉞（明・束鹿人）
［嘉靖］朝城志 5/12
劉鉞（字虔秉）

（清・東明人）
[民國]東明縣新誌 11/44
劉鉞（字佩璋）
（清・平原人）
[民國]續修平原 6/7
劉欽（字汝忠，號西橋）
（明・壽光人）
[康熙]山東 45/17
[嘉靖]青州 15/38
[萬曆]青州 15/7
[康熙十五年]青州 15/7
[康熙四十八年]青州 15/文學 7
[康熙六十年]青州 18/4
[咸豐]青州 44/7
[康熙]壽光 22/2
[嘉慶]壽光 14/18
[民國]壽光 3/75，12/人物志二 42
84 劉錯（漢・沛郡豐邑人）
[嘉靖]青州 12/21
[康熙十五年]青州 8/10
[康熙四十八年]青州 8/10
[嘉慶]壽光 10/3
劉鎮（宋・沂州丞人）
[康熙]嶧縣 4/67
[乾隆]嶧縣 8/16
[光緒]嶧縣 21/鄉賢 60
劉鑄（字象九）
（清・壽光人）
[民國]壽光 12/人物志二 61
劉鎮瑗（東阿人）
[民國]東阿 15/12
劉鎮魯（字泰瞻）
（明・濱州人）
[康熙]山東 45/6
[康熙]濟南 45/9
[乾隆]武定府 25/51
[咸豐]武定府 25/文苑 11
[康熙]濱州 7/30
[咸豐]濱州 10/29
濱州鄉土志/學問
劉鎮南（字丙衡）
（清・東阿人）
[民國]續修東阿 11/24
劉鎮東（清・齊河人）
[民國]齊河 27/25
85 劉鉄（明・昌樂人）
[嘉靖]昌樂 3/41
劉銖（五代・陝州人）
[咸豐]青州 55/18
[光緒]益都縣圖志 16/21
劉銖（清・昌邑人）
[光緒]昌邑縣續志 6/11
86 劉鐸（明・博平人）
[正德]博平 4/64
劉鐸（明・陽穀人）
[康熙十二年]陽穀 3/32
[康熙]陽穀 3/29
[光緒]陽穀 6/32
劉鐸（字振之）
（清・魚臺人）
[光緒]魚臺 3/26
劉錦（明・合肥人）
[康熙]海豐 9/2
海豐縣鄉土志/政績
[民國]無棣 9/1
劉智（字子房）
（晉・平原高唐人）
[嘉靖]山東 31/3
[康熙]山東 41/2
[雍正]山東 28/人物一 36
[宣統]山東 162/16
[道光]濟南 45/37
[嘉靖]高唐州 5/15
[康熙十二年]高唐州 8/4
[康熙五十一年]高唐州 8/4
[道光]高唐州 5/1－3
[光緒]高唐州 5/1－3
[民國]高唐縣 12/62，12/80
[康熙]陵縣 5/2
劉智（明・長清人）
[宣統]山東 161/35
劉錦文（清・章邱人）
[道光]章邱 11/82
劉錦雲（字煥章）
（黃縣人）
[民國]黃縣志稿 13/民國懿行
劉錫晉（字進之）
（清・濟寧人）
[民國]濟寧直隸州續志 12/48
劉錫勇（清・恩縣人）
[民國]重修恩縣 11/鄉賢 43
劉知采（字欽載）
（清・昌邑人）
[光緒]昌邑縣續志 6/18
劉知先（清・淄川人）
[宣統]三續淄川 9/84
劉錫齡（字與九）
（清・寧陽人）
[光緒]寧陽 13/49
劉錫綸（字祉民）
（濟寧人）
[民國]濟寧縣 3/21
劉鐶之（字信芳）
（清・諸城人）
[宣統]山東 175/13
[咸豐]青州 49/35
[道光]諸城縣續志 13/8
劉錦江（字春帆）
（清・聊城人）
[光緒]增修諸城縣續志 11/5
劉錫祺（恩縣人）
[民國]重修恩縣 11/鄉賢 58
劉錫穀（字子玉）
（清・安丘人）
[民國]續安邱新志 17/7
安丘縣鄉土志 7/耆舊錄 4
劉錫朋（號梅軒）
（清・鉅野人）
[道光]鉅野 12/29
劉錫範（字衍九）
（清・陵縣人）
[宣統]山東 170/31
劉錦堂（字書亭）
（清・昌樂人）
[民國]昌樂縣續志 30/9
劉錫光（字觀堂）
（清・安邱人）
[民國]續安邱新志 17/7
劉錫堂（清・慶雲人）
[民國三年]慶雲 2/73
87 劉鋼（字鐵峯，號鍊百）
（清・博興人）
[民國]重修博興 13/38
劉鈞（宋・館陶人）
[嘉靖]山東 31/24

[康熙]山東 41/20
[萬曆]東昌 19/41
[乾隆]東昌 42/3
[嘉慶]東昌 32/4
劉鈞(字顯吾)
(清・慶雲人)
[嘉慶]慶雲 9/16
[咸豐]慶雲 2/66
[民國三年]慶雲 2/31
劉錄(清・高唐人)
[民國]高唐縣 12/84
劉銘(清・蓬萊人)
[道光]重修蓬萊 9/15
[民國]蓬萊縣志合編人物志/忠勇
劉郃(字季承)
(漢・漁陽泉州人)
[康熙]曹州志 7/43
[乾隆]曹州府 12/4
[萬曆]濮州 3/名宦 4
[康熙]濮州 3/4
[乾隆]濮州 3/4
[宣統]濮州 4/4
[光緒]菏澤 7/宦蹟 11
[光緒]新修菏澤 8/2
[康熙]兖州府曹縣 10/2
[光緒]曹縣 10/2
劉翔(字騰霄)
(明・濱州人)
[康熙]濟南 47/18
[乾隆]武定府 26/2
[咸豐]武定府 26/義行 2
[萬曆]濱州 3/52
[康熙]濱州 7/23
[咸豐]濱州 10/厚德 1
濱州鄉土志/耆舊錄
劉翔(明・郯城人)
[嘉靖]山東 30/60
[康熙]山東 40/58
[雍正]山東 28/人物三 20
[萬曆元年]兖州 40/諫議 21
[萬曆二十四年]兖州 36/25
[康熙]兖州 28/24
[萬曆]沂州志 7/26
[康熙]郯城 7/5
[乾隆]郯城 9/8
劉敘(明・膠州人)
[康熙]膠州 6/53
劉欽(漢)
[康熙]曹州志 7/36
[乾隆]曹州府 12/2
[光緒]菏澤 7/名宦 1
[光緒]新修菏澤 8/1
菏澤縣鄉土志/22
[康熙]兖州府曹縣 10/3
[光緒]曹縣 10/2
劉欽(元・莘縣人)
[正德]莘縣 6/25
[光緒]莘縣 7/13
[民國]莘縣 7/7
莘縣鄉土志/鄉宦 17
劉翔麟(字瑞徵)
(清・聊城人)
[宣統]聊城 8/62
劉鈞玉(明・臨洮人)
[民國]重修商河 11/42
劉欲尹(清・昌邑人)
[康熙]昌邑 6/28
[乾隆]昌邑 6/171
劉鈞信(字中孚)
(清・諸城人)
[道光]諸城縣續志 19/9
劉銘泉(清・長清人)
[民國]長清 11/32
劉銘盤(字景湯)
(清・平陰人)
[光緒]平陰 5/33
高密縣鄉土志/上 41
劉欲寬(清・新城人)
[宣統]新城縣後志 3/耆壽
劉欽義(昌樂人)
[民國]昌樂縣續志 21/22
88 **劉攽**(字貢夫,一作貢甫)
(宋・臨江新喻人,一作清江人)
[嘉靖]山東 26/11
[康熙]山東 33/13
[雍正]山東 27/89
[宣統]山東 68/42
[萬曆元年]兖州 39/名宦 13
[萬曆二十四年]兖州 28/7
[康熙]兖州 22/7
[康熙]曹州志 7/39
[乾隆]曹州府 12/11
[光緒]菏澤 7/名宦 4
[光緒]新修菏澤 8/6
菏澤縣鄉土志/9
[康熙]兖州府曹縣 10/8
[光緒]曹縣 10/7
劉策(字愚靖)
(明・武定人)
[康熙]濟南 34/10
[乾隆]武定府 23/24
[咸豐]武定府 23/名臣 24
[乾隆]惠民 5/32
[光緒]惠民 19/9
惠民縣鄉土志/耆舊錄 27
劉策(明・魚臺人)
[康熙]魚臺 17/4
[乾隆]魚臺 11/22
[光緒]魚臺 3/13
劉鍑(字寶鼎)
(壽光人)
[民國]壽光 12/人物志二 94
劉簡(清・利津人)
[乾隆]利津縣志續編 8/50
劉鑑(明・館陶人)
[乾隆]東昌 42/23
[嘉慶]東昌 32/18
劉鑑(明・文登人)
[嘉靖]山東 35/6
[康熙]山東 45/20
[泰昌]登州 11/41
[順治]登州 17/18
[光緒]增修登州 41/61
[嘉靖]寧海州下/44
[雍正]文登 8/2
[道光]文登 5/1
[光緒]文登 8/上 16
劉鑑(字鏡湖)
(清・昌樂人)
[民國]昌樂縣續志 31/8
劉鑑(字鏡心)
(清・平原人)
[咸豐]青州 37/28
[民國]續修平原 6/2
劉筠(字子儀)
(宋・大名人)

［嘉靖］山東 26/24
［康熙］山東 34/5
［雍正］山東 27/44
［宣統］山東 68/46
［萬曆］東昌 18/19
［乾隆］東昌 35/10
［嘉慶］東昌 22/14
劉筈(金)
［萬曆］滕志 6/48
［康熙］滕志 6/19
［康熙］滕縣志 6/宦業 17
［道光］滕縣志 6/宦績 15
劉鋂(字貫亭)
(清・昌樂人)
［民國］昌樂縣續志 35/5
劉敏(明・鄒縣人)
［嘉靖］鄒縣地理誌 1/27
劉敏(字子遜)
(清・慶雲人)
［嘉慶］慶雲 9/18
［咸豐］慶雲 2/67
［民國三年］慶雲 2/49,2/94
劉篟(字淇瞻)
(清・臨朐人)
臨朐縣鄉土志 1/耆舊
劉筌(號鼉磯)
(明・東阿人)
［乾隆］泰安府 18/19
［道光］東阿 14/人物下 3
［光緒］東阿縣鄉土志 4/21
劉銓(字鑑衡)
(清・陵縣人)
［光緒］陵縣 19/人物傳二 4
劉銓(字上選)
(清・陽穀人)
［民國］增修陽穀人物/武功 15
劉銳(明・壽光人)
［崇禎］歷乘 16/63
劉銳(明・武定州人)
［嘉靖］武定州下/70
劉筵(字緝御,號抑園)
(清・單縣人)
［民國］單縣 11/33
劉鎰(字仲玉,號澹齋)
(明・河南羅山人)
［嘉靖］山東 25/27
［康熙］山東 32/15
［雍正］山東 27/27
［宣統］山東 71/6
［康熙］濟南 25/34
［道光］濟南 36/14
［康熙］鄒平 4/11,7/40
［嘉慶］鄒平 14/5
［道光］鄒平 14/5
［民國］鄒平 14/5
劉餘(漢・沛縣人)
［萬曆元年］兗州 2/36
［萬曆二十四年］兗州 9/11
［康熙］兗州 10/11
［崇禎］曲阜 4/5
［康熙］曲阜 4/5
劉鉁(字瑞符,號荔坪)
(清・曲阜人)
［民國］續修曲阜 5/46
劉竹(明・直隸晉州人)
［萬曆］青州 12 又/又 11
［康熙十五年］青州 12/又 11
［康熙四十八年］青州 12/又 11
［康熙六十年］青州 12/32
［咸豐］青州 36/14
［萬曆］諸城 4/23
［康熙］諸城 4/14
［乾隆］諸城 28/4
劉敏元(字道元,一字道光)
(晉・北海人)
［至元］齊乘 6/15
［嘉靖］山東 33/4
［康熙］山東 44/4
［雍正］山東 28/人物一 36
［宣統］山東 166/5
［嘉靖］青州 15/26
［萬曆］青州 14/46
［康熙十五年］青州 14/46
［康熙四十八年］青州 14/儒行 3
［康熙六十年］青州 15/5
［萬曆］萊州 6/1
［康熙］萊州 10/60
［乾隆］萊州 11/孝義 1
萊州府鄉土志/下 3
［嘉靖］昌樂 3/47
［康熙］昌樂 4/10
［嘉慶］昌樂 21/2
［民國］昌樂縣續志 27/2
［萬曆］濰縣 8/8
［康熙］濰縣 5/人物 7
［乾隆］濰縣 4/21
［康熙］壽光 26/1
［嘉慶］壽光 13/15
［民國］壽光 12/人物志一 45
劉敏聰(字宏謀)
(清・武城人)
［道光］武城續編 10/6
劉策先(字甲三)
(清・沂水人)
［宣統］山東 173/10
劉鍑永(字孟門)
(清・掖縣人)
［乾隆］掖縣 4/62
劉管清(字溪亭)
(清・無棣人)
［民國］無棣 13/32
劉管城(字穎思)
(清・慶雲人)
［咸豐］慶雲 2/75
［民國三年］慶雲 2/64
劉篤恭(清・汶上人)
［宣統］四續汶上稿/人物－施濟傳
劉敏中(字端甫)
(元・濟南章丘人)
［嘉靖］山東 26/16,29/18
［康熙］山東 33/19,39/16
［雍正］山東 28/人物二 63
［宣統］山東 158/12
［康熙］濟南 36/4
［道光］濟南 48/33
［乾隆］泰安府 14/34
［萬曆元年］兗州 38/循吏 39
［萬曆二十四年］兗州 28/15
［康熙］兗州 22/15
［康熙］東平州 4/51
［乾隆］東平州 12/31
［道光］東平州 12/31
［光緒］東平州 14/31
［民國］東平縣 9/16

［嘉靖］章丘 3/64
［康熙］章丘 8/25
［乾隆］章邱 9/12,11/29
［道光］章邱 10/8
章邱縣鄉土志/上 39
［光緒］益都縣圖志 17/21
劉籙昌(字龍圖)
(清·高唐人)
［光緒］高唐州 5/1–55
［民國］高唐縣 12/87
90 **劉常**(漢·沛郡豐邑人)
［嘉靖］青州 12/23
［康熙十五年］青州 8/11
劉粹(明·濰縣人)
［民國］濰縣志稿 27/30
劉當(漢·沛郡人)
［乾隆］嶧縣 7/3
劉惇(字子仁)
(三國·平原人)
［嘉靖］山東 29/5
［宣統］山東 168/5
［康熙］濟南 49/2
［道光］濟南 45/36
［康熙］陵縣 5/2
［萬曆］平原上/69
［乾隆］平原 8/44
平原縣鄉土志輯稿/隱逸
劉光(漢·沛郡豐邑人)
［嘉靖］青州 12/22
［康熙十五年］青州 8/11
［崇禎］曲阜 4/6
［嘉慶］壽光 10/3
劉熇(明·直隸完縣人)
［崇禎］鄆城 4/6
［康熙］鄆城 4/4
［光緒］鄆城 6/5
劉賞(漢·沛郡豐邑人)
［嘉靖］青州 12/21
［康熙十五年］青州 8/10
［嘉慶］壽光 10/3
劉尚(東漢)
［萬曆元年］兗州 2/43
［萬曆二十四年］兗州 9/15
［康熙］兗州 10/15
劉光亮(清·齊東人)
［民國］齊東 5/26

劉光文(明·中部人)
［順治］招遠 7/4
劉懷麟(字振卿)
(清·濟陽人)
［民國］濟陽 11/72
劉尚琪(字石柯)
(清·滋陽人)
［光緒］滋陽 8/64
滋陽縣鄉土志 1/耆舊–文學
［民國］福山縣志稿 10/3
劉懷珠(字貫驪)
(清·寧陽人)
［光緒］寧陽 14/37
劉懷珊(字海樹)
(清·寧陽人)
［咸豐］寧陽 14/34
［光緒］寧陽 14/34
寧陽縣鄉土志/18
劉懷珍(字道玉)
(南齊·平原人)
［嘉靖］山東 29/7
［康熙］山東 39/6
［雍正］山東 28/人物一 46
［宣統］山東 155/21
［康熙］濟南 34/2
［道光］濟南 46/1
［萬曆］德州 9/34
［康熙］德州 8/3
［民國］德縣 10/4
［康熙］陵縣 5/2
［萬曆］平原上/58
［乾隆］平原 8/17
平原縣鄉土志輯稿/循吏
［光緒］益都縣圖志 15/7,48/1
劉尚仁(明·交河人)
［乾隆］陽信 5/19
［民國］陽信 2/46
劉光鼎(濟寧人)
［民國］濟寧縣 3/5
劉光鑾(字少坡)
(清·蓬萊人)
［民國］蓬萊縣志合編人物志/行誼
劉少仙(清·商河人)

［民國］重修商河 14/23
劉光升(見劉光昇)
劉光先(明·永豐人)
［康熙］堂邑 9/1
劉光先(清·順義人)
［康熙］觀城 3/6
［道光］觀城 6/8
劉尚德(字汝全)
(明·博平人)
［乾隆］東昌 42/12
［嘉慶］東昌 32/12
［康熙］博平 3/63
［道光］博平 4/31
博平縣鄉土志/耆舊–事業
劉尚和(清·濟陽人)
［民國］濟陽 11/30
劉光宇(字文遠)
(清·單縣人)
［民國］單縣 12/方技 2
劉尚寬(清·曹州人)
［康熙］曹州志 20/21
［光緒］菏澤 20/22
劉光斗(字錯山)
(清·奉天海城人)
［宣統］山東 77/19
［光緒］增修諸城縣續志 11/1
諸城縣鄉土志/上 12
劉光漢(字炎鼎)
(清·寧陽人)
［乾隆］寧陽 7/篤誼 1
［咸豐］寧陽 14/9
［光緒］寧陽 14/9
劉光祺(清·漢軍鑲黃旗人)
［宣統］山東 75/19
［道光］濟南 38/30
［民國］濟陽 9/39
劉光洙(字中柱)
(清·單縣人)
［康熙］單縣 8/56
［民國］單縣 9/79
劉光泗(字中烈)
(清·單縣人)
［康熙］單縣 8/55
［乾隆］單縣 6/47
［民國］單縣 9/73
劉光澤(明·鄒平人)

[道光]濟南 50/16
[康熙]鄒平 6/18
[嘉慶]鄒平 15/18
劉懷泗(字東淮)
(清·益都人)
[光緒]益都縣圖志 40/9
劉光祖(明·黃縣人)
[乾隆]黃縣 12/5
[同治]黃縣 9/2
[民國]黃縣志稿 13/人物－附錄
劉懷奎(字次垣)
(清·福山人)
[宣統]山東 176/50
[民國]福山縣志稿 7/4－13
劉尚才(清·武城人)
[乾隆]武城 14/雜記 8
[民國]增訂武城續編 15/9
劉懷恭(南朝宋·平原人)
[康熙]濰縣 5/名宦 2
[乾隆]濰縣 3/38
[民國]濰縣志稿 20/5
濰縣鄉土志/50
劉常棣(字鄂亭)
(清·登州黃縣人)
[宣統]三續淄川 9/51
淄川縣鄉土志/政績錄
劉懷恕(字士行,一字心田)
(明·東明人)
[康熙]東明 8/下 20
[乾隆]東明 6/20,8/下 20
[民國]東明縣新誌 11/33,12/46
劉光期(唐)
[嘉靖]山東 26/7
[康熙]山東 33/8
[雍正]山東 27/33,27/81
[宣統]山東 68/12
[萬曆元年]兗州 38/循吏 23
[乾隆]兗州 22/10
[光緒]壽張 5/2
壽張縣鄉土志/政績－興利
劉掌翰(字墨軒)
(清·單縣人,遷居金鄉)
[咸豐]濟寧直隸州續志 3/4
[民國]濟寧直隸州續志 14/23
[咸豐]金鄉縣志略 9/中忠義傳 4
[民國]金鄉 14/19
劉光忠(清·德平人)
[光緒]德平 7/22
劉懷東(字宗魯)
(清·無棣人)
[民國]無棣 13/13
海豐縣鄉土志/耆舊－事業五
劉光昇(明·中部人)
[乾隆]泰安府 15/18
[天啟]新泰 5/22
[順治]新泰 4/18
[乾隆]新泰 11/3
新泰縣鄉土志/3
劉光顯(字仲謨)
(清·陽穀人)
[光緒]陽穀 6/31
劉懷慰(字彥泰,一作彥恭)
(南北朝·平原人)
[嘉靖]山東 29/7
[康熙]山東 39/6
[雍正]山東 28/人物一 46
[宣統]山東 161/8
[道光]濟南 46/2
[萬曆]德州 9/34
[康熙]德州 8/3
[民國]德縣 10/4
[康熙]陵縣 5/2
[萬曆]平原上/58
[乾隆]平原 8/18
平原縣鄉土志輯稿/循吏
劉懷民(南朝宋·平原人)
[民國]濰縣志稿 20/5
劉尚全(清·武城人)
[乾隆]東昌 43/45
[乾隆]武城 10/30
武城縣鄉土志略/耆舊錄
劉尚義(明·茌平人)
[康熙]山東 45/14
[康熙二年]茌平 2/50
[康熙四十九年]茌平 2/50
[宣統]茌平 14/1
[民國]茌平 3/67
劉小懷(清·濟寧人)
[乾隆]濟寧直隸州 27/36
[道光]濟寧直隸州 8/4－39
劉懷慎(南北朝·彭城人)
[乾隆]泰安府 5/8
[萬曆元年]兗州 38/循吏 15
劉惟精(字伯純,號愛廬)
(清·菏澤人)
[光緒]菏澤 15/73
[光緒]新修菏澤 11/60
91 **劉炳**(字章甫)
(清·文登舉人)
[乾隆二十五年]泰安縣 10/34
[乾隆四十七年]泰安縣 8/31
[道光]泰安縣 10/8
[民國]重修泰安縣 6/61
劉焯(字明遠)
(清·昌樂人)
[咸豐]青州 50/11
劉焯(字光庭)
(清·東平人)
[民國]東平縣 11/上 20
劉焯(字闇公)
(清·膠州人)
[民國]增修膠志 45/27
膠州直隸州鄉土志 4/篤行
劉恒(明·單縣人)
[順治]單縣 2/42
劉恒(字貞一)
(清·昌邑人)
[光緒]昌邑縣續志 6/10
劉恒(字君常,號淡亭)
(清·昌樂人)
[咸豐]青州 46/11
[嘉慶]昌樂 22/6
劉恆(字次咸,號麓園)
(清·昌樂人)
[民國]昌樂縣續志 35/4
劉悟(唐)
[光緒]益都縣圖志 16/14
劉炳文(清·蒲臺人)
[光緒]重修蒲臺 3/8
劉炳文(字仲蔚,一字聲聞)
(清·濰縣人)
[民國]濰縣志稿 31/12
劉炳章(清·高唐人)
[民國]高唐縣 12/92

劉炳勳(字虎文)
(壽光人)
[民國]壽光12/人物志二38
劉恒修(明・魚臺人)
[康熙]兗州續編15/11
[乾隆]兗州23/43
[乾隆]濟寧直隸州27/32
[道光]濟寧直隸州8/2-57
[康熙]魚臺17/7
[乾隆]魚臺11/23
[光緒]魚臺3/14
劉恆機(清・諸城人)
[光緒]增修諸城縣續志17/11
劉恆足(清・汶上人)
[宣統]四續汶上稿/人物-施濟傳
劉炳昭(字文甫)
(清・東阿人)
[民國]續修東阿11/10
劉炳照(清・昌邑人)
[光緒]昌邑縣續志5/63
92 劉愷(字彥和)
(明・臨沂人)
[萬曆]沂州志7/36
[康熙]沂州志6/7
[乾隆]沂州府26/9
[民國]臨沂10/48
劉愷(字承華)
(明・新安人)
[康熙]濟寧州4/3
劉愷(明・益都人)
[嘉靖]青州15/18
[萬曆]青州14/16
[康熙十五年]青州14/16
[康熙四十八年]青州14/孝友6
[康熙六十年]青州17/11
[咸豐]青州44/4
[萬曆]益都6/92
[康熙]益都9/5
[光緒]益都縣圖志41/3
劉愷(字令儀)
(清・鄒平人)
[道光]濟南54/40,54/47
[康熙]鄒平6/5
[嘉慶]鄒平15/9
[道光]鄒平15/69
[民國]鄒平15/69
劉恬(漢)
[乾隆]章邱7/2
劉恬(字靜亭)
(清・陽信人)
[民國]陽信5/耆碩63
劉煓(字龍章)
(清・即墨人)
[康熙]單縣6/47
劉炘(字怡亭)
(清・昌樂人)
[民國]昌樂縣續志35/4
劉炘(字華翥)
(清・嶧縣人)
[光緒]嶧縣21/耆舊10
93 劉烺(清・諸城人)
[道光]諸城縣續志19/13
劉炲(字宏若)
(明・濰縣人)
[民國]濰縣志稿27/46
94 劉恢(西漢)
[萬曆二十四年]兗州9/10
[康熙]兗州10/10
劉慎(字臨谷)
(清・昌樂人)
[嘉慶]昌樂24/14
劉煐(字涵素)
(清・濱州人)
[乾隆]武定府26/28
[咸豐]武定府26/耆壽2
[康熙]濱州7/31
[咸豐]濱州10/30
劉慎言(字廷揚)
(清・鄆城人)
[光緒]鄆城16/31
劉慎謂(字士林)
(牟平人)
[民國]牟平7/27
劉恢祖(字廓如)
(清・慶雲人)
[民國三年]慶雲2/26,2/51
劉慎友(字益三)
(清・菏澤人)
[光緒]菏澤15/81
[光緒]新修菏澤11/66
劉慎思(字粤勉)
(清・慶雲人)
[民國三年]慶雲2/99
劉煒卿(字春峰)
(清・臨邑人)
[同治]臨邑9/文苑6
95 劉快(漢・沛縣人)
[同治]黃縣6/1
劉炔(漢・沛人)
[順治]登州11/2
劉憓(清・寧陽人)
[咸豐]寧陽15/14
96 劉焜(字洞昭)
(清・曹縣人)
[乾隆]曹州府16/22
劉懌(字祖欣)
(南北朝)
[萬曆元年]兗州38/循吏17
劉煜(明・萊陽人)
[民國]萊陽3/1中8
97 劉恫(字洞若)
(清・陽信人)
[民國]陽信5/文學21
劉燦(清・高唐人)
[道光]高唐州5/1-44
[光緒]高唐州5/1-46
[民國]高唐縣12/13
劉燦(字天章)
(清・惠民人)
[乾隆]武定府25/24
[咸豐]武定府25/孝友24
[乾隆]惠民5/54
[光緒]惠民21/5
惠民縣鄉土志/耆舊錄8
劉煥(字德文)
(元・中山人)
[乾隆]濟寧直隸州21/14
[道光]濟寧直隸州6/6-11
劉燀(字玉函)
(清・文登人)
[光緒]增修登州39/42
[雍正]文登7/4
[道光]文登5/4
[光緒]文登9/上1-3
劉輝(清・博興人)

［咸豐］青州 46/42
［道光］博興 11/31
［民國］重修博興 13/29
劉炯（字秩東）
（清・濰縣人）
［民國］濰縣志稿 32/11
劉炯（字洞若）
（清・陽信人）
信邑志稿 7/隱逸
劉烱（明・恩縣人）
［雍正］恩縣續志 3/18
劉恂（字長孺）
（清・滕縣人）
［康熙］滕縣志 7/80
［道光］滕縣志 8/儒林 7
滕縣鄉土志/23
劉燿龍（清・壽張人）
［光緒］壽張 7/27
劉煥烈（字羲臣）
（壽光人）
［民國］壽光 12/人物志二 67
劉輝烈（清・壽張人）
［光緒］壽張 6/60
劉炯然（清・魚臺人）
［道光］濟寧直隸州 8/2－58
［乾隆］魚臺 11/28
［光緒］魚臺 3/17
劉燿清（字光遠）
（清・昌樂人）
［民國］昌樂縣續志 34/4
劉燿南（字德甫）
（清・壽張人）
［光緒］壽張 7/18
劉燿椿（字莊年）
（清・安丘人）
［宣統］山東 175/31
［民國］續安邱新志 17/3
安丘縣鄉土志 7/耆舊錄 4
劉輝璧（字書圃，號麗東）
（清・滕縣人）
［道光］滕縣志 8/儒林 35
滕縣鄉土志/28
98 **劉敞**（字原父）
（宋・臨江新喻人）
［嘉靖］山東 26/11
［康熙］山東 33/13
［雍正］山東 27/89
［宣統］山東 68/33
［乾隆］泰安府 14/17
［萬曆元年］兗州 39/名宦 12
［萬曆二十四年］兗州 28/6
［康熙］兗州 22/6
［康熙］東平州 4/37
［乾隆］東平州 12/16
［道光］東平州 12/16
［光緒］東平州 14/16
［民國］東平縣 9/9
東平州鄉土志上/政績錄 11
劉炌（清・齊河人）
［道光］濟南 56/8
［雍正］齊河 8/16
［民國］齊河 26/5
劉燧（字漢卿）
（元・藍田人）
［乾隆］掖縣 4/20
劉愉（金，見劉瑜）
劉悅（明・安陽人）
［康熙］嶧縣 3/28
［乾隆］嶧縣 7/12
［光緒］嶧縣 19/職官下 5
劉悅霖（清・諸城人）
［光緒］增修諸城縣續志 17/12
劉悅泗（字東瞻）
（清・城武人）
［道光］城武 9/下 22
99 **劉榮**（晉・濟陰人）
［康熙］曹縣 12/5
［康熙］兗州府曹縣 12/5
［光緒］曹縣 12/5
劉榮（明・菏澤人）
［康熙］曹州志 16/7
［乾隆］曹州府 16/3
［光緒］新修菏澤 10/35
菏澤縣鄉土志/25
劉燮（明・安福人）
［康熙］莒州下/20
劉燮（清・諸城人）
［光緒］增修諸城縣續志 16/16
諸城縣鄉土志/上 47
劉瑩（字晶白）
（清・博平人）
［乾隆］東昌 40/16
［嘉慶］東昌 30/17
［道光］博平 4/22
博平縣鄉土志/耆舊－學問
劉榮齋（清・商河人）
［民國］重修商河 14/25
劉榮許（明・菏澤人）
［光緒］菏澤 16/9
劉榮璽（字信符）
（清・單縣人）
［民國］單縣 11/47
劉榮連（字清泉）
（清・夏津人）
［民國］夏津續編 8/20
劉榮啟（字鳳軒）
（清・單縣人）
［民國］單縣 12/鄉賢 7
劉榮桂（字華南）
（清・單縣人）
［民國］單縣 12/鄉賢 16
劉榮嗣（字簡齋，一字敬仲）
（明・北直曲周人）
［康熙］山東 31/18
［雍正］山東 27/16
［宣統］山東 70/5
［道光］濟南 35/14
［道光］濟寧直隸州 6/6－50
［崇禎］鄆城 8/14
［康熙］鄆城 8/15
［光緒］鄆城 13/34

7210_1 丘

00 **丘袞**（明・江西南昌人）
［康熙］膠州 5/12
［乾隆］膠州 4/12
［道光］重修膠州 22/5
［民國］增修膠志 17/5
丘文聰（明・通州人）
［宣統］山東 71/11
［道光］濟南 36/23
［康熙四十三年］長山 3/宦績
［康熙五十五年］長山 3/30
［嘉慶］長山 5/39
丘齊嵩（明・昌樂人）

[康熙]昌樂 4/8
[嘉慶]昌樂 22/5
丘應科(字瞻所)
(明・昌樂人)
[康熙十五年]青州 14/又 26
[康熙四十八年]青州 14/孝友 17
[康熙六十年]青州 17/17
[咸豐]青州 45/24
[康熙]昌樂 4/8
[嘉慶]昌樂 22/4
丘齊泰(字登之)
(明・昌樂人)
[康熙]山東 45/17
[康熙十五年]青州 14/60
[康熙四十八年]青州 14/儒行 17
[康熙六十年]青州 17/19
[康熙]昌樂 4/3
[嘉慶]昌樂 20/3
[民國]昌樂縣續志 38/5
丘文學(明・博平人)
[乾隆]東昌 38/21
[康熙]博平 3/52
[道光]博平 3/30
博平縣鄉土志/耆舊－名臣
10 **丘晉**(清・順天寶坻人)
[宣統]山東 76/28
[康熙]朝城 7/10,9/53
朝城縣鄉土志/6
丘磊(字文石)
(明・鄒平人)
[道光]濟南 50/16
[康熙]鄒平 5/20,7/35
[嘉慶]鄒平 9/57,15/45
[道光]鄒平 15/49
[民國]鄒平 15/49
丘雲章(字伯卿)
(明・諸城人)
[萬曆]諸城 6/15
[乾隆]諸城 31/5
丘雲嵩(字銘西)
(明・諸城人)
[萬曆]諸城 6/18
[光緒]增修諸城縣續志/列傳補遺 1
丘元復(字來公)
(清・諸城人)
[康熙六十年]青州 18/8
丘雲肇(字似林)
(明・諸城人)
[萬曆]諸城 6/18
[乾隆]諸城 31/5
丘石常(字子廩,號海石)
(清・諸城人)
[康熙六十年]青州 18/8
[咸豐]青州 46/17
[康熙]諸城 7/32
[乾隆]諸城 36/9
丘玉常(字子如)
(明・諸城人)
[康熙六十年]青州 17/20
[咸豐]青州 45/64
[乾隆]諸城 39/3
諸城縣鄉土志/上 43
12 **丘弘禮**(唐)
[嘉靖]山東 26/7
[康熙]山東 33/9
[雍正]山東 27/87
[宣統]山東 68/13
[萬曆二十四年]兗州 27/10
[康熙]兗州 21/25
[康熙]曹州志 7/46
[乾隆]曹州府 12/8
[光緒]菏澤 7/宦蹟 14
14 **丘珙**(見邱珙)
17 **丘璐**(號荊石)
(清・淄川人)
[康熙]濟南 41/42
[道光]濟南 72/43
[康熙]淄川 5/8
[乾隆]淄川 5/8
丘盈科(見丘應科)
21 **丘順**(元)
[光緒]嶧縣 19/92
丘處機(字通密,自號長春子)
(金・登州人)
[嘉靖]山東 34/17
[康熙]山東 47/10
[雍正]山東 30/16
[宣統]山東 168/15
[康熙]濟南 51/9
[道光]濟南 60/10
[萬曆]青州 15/65
[康熙十五年]青州 15/65
[咸豐]青州 52/4
[萬曆元年]兗州 46/8
[萬曆]萊州 6/70
[康熙]萊州 10/97
[乾隆]萊州 12/仙釋 2
[泰昌]登州 11/62
[順治]登州 18/22
[嘉靖]寧海州下/46
[康熙]寧海州 10/1
[同治]重修寧海州 26/7
[崇禎]歷城 10/33
[康熙]濰縣 5/仙釋 1
[乾隆]濰縣 6/51
[民國]濰縣志稿 36/4
[乾隆四十七年]泰安縣卷之末/11
[道光]泰安縣卷之末/11
[民國]重修泰安縣 10/70
[康熙]新修萊蕪 6/55
[民國]續修萊蕪 28/4
[康熙]萊陽 9/5
[乾隆]掖縣 5/1
[萬曆]即墨志 9/3
[康熙]纂修即墨/下 32
[同治]即墨 12/8
[康熙]棲霞 6/37
[乾隆]棲霞 7/28
[順治]招遠 9/29
[民國]牟平 10/40
22 **丘利見**(明・蒲臺人)
[康熙]濟南 44/29
[咸豐]武定府 25/孝友 12
[康熙]重修蒲臺 7/11
26 **丘程雲**(明・河南光州人)
[宣統]山東 72/24
[康熙十五年]青州 12/26
[乾隆]沂州府 20/11
[康熙二十四年]蒙陰 3/12
[宣統]蒙陰 3/宦績
27 **丘豹**(清・臨沂人)
[康熙]沂州志 6/14
[乾隆]沂州府 26/13
[民國]臨沂 10/50

28 丘儀(金・嶧縣人)
[光緒]嶧縣 19/92,21/宦績 1
30 丘定(明・永豐人)
[萬曆]濱州 3/22
[康熙]濱州 5/22
[咸豐]濱州 8/6
丘宗聖(字學山)
(清・諸城人)
[康熙六十年]青州 18/8
37 丘祖德(字念修)
(明・四川成都人)
[宣統]山東 70/32
[康熙]濟南 25/77
[道光]濟南 35/11,36/4
[乾隆]兗州 22/18
[康熙]沂州志 3/49
[乾隆]沂州府 20/5
[崇禎]歷城 6/16
38 丘海(元・堂邑人)
[順治]堂邑 2/人物又 17
[康熙十一年]堂邑 2/選舉 23
[康熙]堂邑 16/7
丘道明(明・福建上杭人)
[乾隆]東昌 35/34
[嘉靖]武城 3/17
[順治]武城 2/9
[乾隆]武城 9/3
武城縣鄉土志略/政績錄
40 丘志廣(字弘區)
(清・諸城人)
[康熙]長清 8/48
丘克承(字紹衣,號艾軒)
(清・浙江鄞縣人)
[雍正]山東 27/114
[宣統]山東 76/34
[康熙]兗州續編 14/16
[乾隆]曹州府 12/25
[萬曆]鉅野 6/17,9/藝文
[康熙]鉅野 10/11
[道光]鉅野 10/27
丘志科(字九區,號竹修)
(明・諸城人)
[康熙]諸城 7/42
[道光]諸城縣續志 19/1
42 丘桴(字次林)
(明・諸城人)
[咸豐]青州 44/32
[萬曆]諸城 6/27
丘橓(字茂實,一作懋實,號月林)
(明・諸城人)
[康熙]山東 42/23
[雍正]山東 28/人物三 42
[宣統]山東 159/24
[萬曆]青州 13/14
[康熙十五年]青州 13/14
[康熙四十八年]青州 13/理學 4
[康熙六十年]青州 16/20
[咸豐]青州 44/30
[萬曆]諸城 7/19
[康熙]諸城 7/17
[乾隆]諸城 31/1
諸城縣鄉土志/上 26
44 丘萬瓊(明・平江人)
[康熙]兗州府曹縣 9/24
[光緒]曹縣 9/教諭 2
46 丘楫(字濟川)
(元・堂邑人)
[萬曆]東昌 19/46
[乾隆]東昌 37/30
[嘉慶]東昌 27/28
[順治]堂邑 2/人物 25
[康熙十一年]堂邑 2/選舉 33
[康熙]堂邑 16/1
堂邑縣鄉土志/耆舊錄
丘如嵩(字中山)
(明・清河人)
[宣統]山東 72/31
[乾隆]曹州府 12/19
[康熙九年]城武 2/41
[康熙四十一年]城武 3/下治績 3
[道光]城武 6/34
60 丘思齊(明)
[嘉靖]山東 25/25
[康熙]濟南 25/25
[乾隆]泰安府 15/1
[康熙]肥城書下/8
[嘉慶]肥城 15/29
[光緒]肥城 7/45
邱園人(见邱園人)
64 丘時中(字心尼,號拙叟)
(清・滋陽人)
[康熙]兗州續編 16/1
[乾隆]兗州 23/65
[乾隆]濟寧直隸州 25/12
[道光]濟寧直隸州 8/3－7
[康熙]滋陽 4/上 27
[光緒]滋陽 8/41
滋陽縣鄉土志 1/耆舊－鄉賢
71 丘巨源(南朝宋・蘭陵人)
[康熙]嶧縣 4/51
[乾隆]嶧縣 8/11
[光緒]嶧縣 21/鄉賢 44
[民國]臨沂 9/33
77 丘問禮(明・福建晉江人)
[萬曆]沂州志 6/18
[康熙]郯城 6/16
丘鳳來(明・江西南昌人)
[康熙]膠州 5/6
[乾隆]膠州 4/9
[道光]重修膠州 22/3
[民國]增修膠志 17/3
膠州直隸州鄉土志 3/政績－聽訟
80 丘全(明・臨邑人)
[道光]濟南 52/15
[順治]臨邑 12/又 14－3
[康熙]重修臨邑 10/14
[道光]臨邑 9/11
[同治]臨邑 9/孝義 2
丘鉉(字鼎乙)
(清・高唐人)
[乾隆]東昌 43/28
[嘉慶]東昌 32/45
[康熙五十一年]高唐州 9/6
[道光]高唐州 5/2－11
[光緒]高唐州 5/2－14
[民國]高唐縣 12/8
84 丘鎮(明・高唐人)
[康熙]山東 45/15
[乾隆]東昌 42/27
[嘉慶]東昌 32/22
[康熙十二年]高唐州 9/2

［康熙五十一年］高唐州 9/2
［道光］高唐州 5/2－1
［光緒］高唐州 5/2－1
［民國］高唐縣 12/33
高唐州鄉土志/19
99 **丘榮**（明・晉江人）
［嘉靖］朝城志 5/14

7220_0 剛

12 **剛廷獻**（清・德平人）
［光緒］德平 7/22
91 **剛炳璜**（字星槎）
（清・德平人）
［光緒］德平 7/21

7222_1 所

53 **所輔**（漢・平原人）
［嘉靖］山東 25/16
［康熙］山東 32/3
［雍正］山東 28/人物一 19
［宣統］山東 166/3
［康熙］濟南 46/1
［道光］濟南 45/27
［康熙］陵縣 4/1
［光緒］陵縣 20/1
［乾隆］平原 8/8
平原縣鄉土志輯稿/孝義
［光緒］惠民卷末/2

7226_1 后

17 **后羿**（夏）
［嘉靖］青州 12/8
［康熙十五年］青州 8/1
［康熙四十八年］青州 8/1
［康熙六十年］青州 10/1
［康熙］杞紀 18/2
21 **后處**（字子里，一作理之，或作里之）
（春秋・齊人）
［至元］齊乘 6/4
［嘉靖］山東 24/8
［康熙］山東 29/8
［雍正］山東 11/闕里二 18
［宣統］山東 153/8
［嘉靖］青州 12/5
［萬曆］青州 13/4
［康熙十五年］青州 13/4
［康熙四十八年］青州 13/4
［康熙六十年］青州 15/1
［萬曆元年］兖州 7/52
［萬曆二十四年］兖州 7/22
［康熙］兖州 8/23
［乾隆］兖州 7/29
［萬曆］萊州 5/51
［嘉靖］昌樂 3/40
［康熙］昌樂 5/2
［嘉慶］昌樂 25/1
［乾隆］曲阜 59/6
［康熙］臨淄 9/1
［民國］臨淄 21/35
44 **后蒼**（見后倉）
80 **后倉**（字近君）
（漢・東海郯人）
［嘉靖］山東 30/5
［康熙］山東 40/5
［雍正］山東 11/闕里二 24，28/人物一 7
［宣統］山東 153/24
［萬曆元年］兖州 40/儒林 4
［萬曆二十四年］兖州 31/20
［康熙］兖州 24/18
［乾隆］兖州 7/36
［萬曆］沂州志 6/28
［康熙］沂州志 5/10
［乾隆］沂州府 27/1
［康熙］郯城 7/2
［乾隆］郯城 9/11

7244_7 髮

31 **髮福**（漢・東海人）
［宣統］山東 153/25
［光緒］嶧縣 21/鄉賢 23

7274_0 氏

27 **氏叔琮**（五代・尉氏人）
［萬曆元年］兖州 39/外傳 3
［萬曆二十四年］兖州 29/17
［康熙］兖州 22/41

7277_2 岳

00 **岳高**（明）
［康熙］日照 8/11
岳賡廷（清・滎成人）
［光緒］增修登州 43/43
岳文秀（元・嶧州人）
［乾隆］嶧縣 7/30
岳應期（清・城武人）
［康熙九年］城武 5/9
［康熙四十一年］城武 5/下義烈 5
［道光］城武 9/下 48
10 **岳電**（字大顯，別號冠山）
（明・朝城人）
［康熙］朝城 8/33，8/50
岳爾高（明・朝城人）
［乾隆］曹州府 16/6
［康熙］朝城 8/37
朝城縣鄉土志/12
岳天禎（元・冠氏人）
［道光］冠縣 8/上 14
［光緒］冠縣 8/忠勤
［民國］冠縣 8/人物志 16
岳玉溪（字崑圃）
（清・利津人）
［光緒］利津 7/宦蹟 21
岳雲溪（字雨亭）
（清・利津人）
［光緒］利津 7/宦蹟 22
岳爾申（字方弦，號翰卿）
（明・朝城人）
［康熙］朝城 8/23
岳玉成（清・陽穀人）
［民國］增修陽穀人物/善行 50
12 **岳廷琛**（字金南）
（清・博山人）
［乾隆］博山 6/下 20
岳廷秀（元・嶧州人）
［康熙］嶧縣 4/69
［乾隆］嶧縣 8/18
［光緒］嶧縣 21/鄉賢 62
岳登瀛（清・陽穀人）
［光緒］陽穀 9/6
17 **岳珎**（元）
［光緒］嶧縣 19/92
岳承麟（長清人）
［民國］長清 12/15
岳君寵（明・青州人）

［雍正］山東 28/人物三 43
［宣統］山東 164/46
［嘉靖］青州 18/62
［萬曆］青州 14/9
［康熙十五年］青州 14/9
［康熙四十八年］青州 14/忠義 9
［康熙六十年］青州 17/5
［咸豐］青州 44/46
［康熙］益都 9/3
［光緒］益都縣圖志 40/3
岳承澤（清・榮成人）
［道光］榮成 8/45
18 **岳玠**（清・昌樂歲貢）
［乾隆］泰安府 15/37
［嘉慶］肥城 15/37
［光緒］肥城 7/51
20 **岳牓**（清・汶上人）
［宣統］四續汶上稿/人物－忠烈傳
岳秀（字森生，別號一峰）（清・陽信人）
［民國］陽信 5/耆碩 57
岳維高（清・金州衛人）
［乾隆］掖縣 3/38
岳維喬（明・觀城人）
［乾隆］曹州府 15/17
［康熙］觀城 3/23
［道光］觀城 8/5
觀城縣鄉土志/耆舊
岳秀杰（字漢三）（清・魚臺人）
［光緒］魚臺 3/文行又 5
岳維磬（明・福山人）
［康熙］福山 8/21
［乾隆］福山 8/33
岳秉鑑
［民國］朝城縣續志 1/26
21 **岳仁**（清・高唐人）
［乾隆］東昌 43/36
［嘉慶］東昌 32/53
［道光］高唐州 5/2－15
［光緒］高唐州 5/2－18
［民國］高唐縣 12/11
岳貞（清・四川人）
［宣統］山東 77/12
［康熙六十年］青州 12/43
［咸豐］青州 37/5
［康熙］昌樂 1/35
［嘉慶］昌樂 19/7
岳占標（清・陽穀人）
［民國］增修陽穀人物/善行 45
22 **岳崑**（明・高唐人）
［乾隆］東昌 42/27
［嘉慶］東昌 32/23
［乾隆］高唐州續志 2/6
［道光］高唐州 5/2－9
［光緒］高唐州 5/2－12
［民國］高唐縣 12/6
岳繼文（字會昌，號園叟）（明・新城人）
［道光］濟南 51/38
［宣統］新城縣後志 3/隱逸
［民國］重修新城 15/10
岳崇功（號菊菴）（清・汶上人）
［康熙］兗州續編 16/29
［乾隆］兗州 23/65
［康熙］續修汶上 4/人物 10
岳繼穆（明・嶧縣人）
［光緒］嶧縣 21/忠義 2
岳仙槎（字鐵橋）（清・汶上人）
［宣統］四續汶上稿/人物－文學傳
23 **岳獻琦**（字珍宇）（明・新城人）
［道光］濟南 51/38
［宣統］新城縣後志 3/隱逸
［民國］重修新城 15/10
岳峻峯（東阿人）
［民國］東阿 15/19
岳俊升（字朋元）（清・鄒縣人）
［民國］續修鄒縣志稿/人物－耆舊
岳獻赤（字懷一）（清・陽信人）
［民國］陽信 5/義俠 78
24 **岳化**（明・福山人）
［康熙］福山 8/19
［乾隆］福山 8/31
岳綺（字繡章）（清・榮成人）
［雍正］文登 8/11
［道光］文登 5/20
［道光］榮成 8/44
岳先立（清・汶上人）
［宣統］四續汶上稿/人物－孝弟傳
岳德元（字千一）（清・昌樂人）
［咸豐］青州 50/16
［民國］昌樂縣續志 28/9
岳儲珍（號石影）（明・博山人）
［康熙］顏神鎮志 4/下 7
岳先遠（字鴻音）（清・汶上人）
［宣統］四續汶上稿/人物－耆德傳
岳德洋（字體乾）（清・汶上人）
［宣統］三續淄川 9/50
淄川縣鄉土志/政績錄
［宣統］四續汶上稿/人物－耆德傳
岳佐階（字殿陛）（清・濟寧人）
［民國］濟寧直隸州續志 14/17
岳儲精（明・觀城人）
［康熙］觀城 4/1
［道光］觀城 7/1
觀城縣鄉土志/耆舊
25 **岳生夔**（清・直隸隆平進士）
［民國］重修新城 11/18
26 **岳阜**（明・鄒縣人）
［康熙十二年］鄒縣志 2/43
［康熙五十五年］鄒縣志 2/17
27 **岳峰秀**（字鎮九，號克亭）（清・汶上人）
［雍正］山東 28/人物四 30
［宣統］山東 172/8
［乾隆］兗州 23/66
［康熙］續修汶上 4/人物 13

28 **岳儉**(字敬齋)
(清・菏澤人)
[光緒]菏澤 15/74
[光緒]新修菏澤 11/61
菏澤縣鄉土志/27
岳倫(字厚夫,號雲石)
(明・萬全都司懷安人)
[康熙]濟南 25/43
[道光]濟南 36/38
[萬曆]齊東 16/7
[康熙]新修齊東 4/19,7/9
[民國]齊東 3/60,6/37
岳復明(字秀松)
(清・夏津人)
[民國]夏津續編 8/18
30 **岳寧**(元・齊河人)
[民國]齊河 23/78,33/26
岳守譜(清・蒲臺人)
蒲臺縣鄉土志/18
岳守宗(明・金鄉人)
[康熙十二年]金鄉 5/16
[康熙五十一年]金鄉 7/24
岳之蔭(清・福山人)
[康熙]福山 8/26
[乾隆]福山 8/47
岳永甲(字乙亭)
(清・濟寧人)
[民國]濟寧直隸州續志 15/4
岳之領(清・保定人)
[道光]長清 4/2
31 **岳濬**(字厚川)
(清・四川成都人)
[宣統]山東 74/15
[道光]濟南 37/16
岳禎(元・冠氏人)
[嘉靖]冠縣 4/2
34 **岳潛**(字起潛)
(清・冠縣人)
[道光]冠縣 8/上 30
[光緒]冠縣 8/文學
[民國]冠縣 8/人物志 38
岳凌雲(清・蒲臺人)
[光緒]重修蒲臺 3/11
35 **岳連增**(字益堂)
(清・齊河人)
[民國]齊河 23/77
40 **岳存**(字彥誠)
(元・大名冠氏人)
[嘉靖]山東 26/14,31/25
[康熙]山東 33/17,41/21
[雍正]山東 28/人物二 57
[宣統]山東 158/25
[萬曆元年]兗州 38/循吏 35
[萬曆二十四年]兗州 28/20
[康熙]兗州 22/19
[乾隆]東昌 34/18,37/22
[嘉慶]東昌 22/9,27/20
[嘉靖]冠縣 2/7
[道光]冠縣 6/22
[光緒]冠縣 6/宦績
[民國]冠縣 6/33
[康熙]兗州府曹縣 9/11,10/9
[光緒]曹縣 9/縣丞 1,10/8
岳森(字茂林)
(清・鄆城人)
[光緒]鄆城 16/32
岳大武(字和周)
(清・汶上人)
[康熙]續修汶上 4/人物 13
岳吉士(字藹如)
(清・利津人)
[光緒]利津 8/義行 7
岳克堯(字文思,號鶯峰)
(清・陽信人)
[民國]陽信 5/文學 12
岳存義(明・觀城人)
[乾隆]曹州府 16/7
[道光]觀城 8/7
觀城縣鄉土志/耆舊
44 **岳攀龍**(明・觀城人)
[康熙]觀城 4/19
[道光]觀城 8/7
觀城縣鄉土志/耆舊
岳蘭枝(字馨谷)
(清・昌樂人)
[咸豐]青州 49/45
[嘉慶]昌樂 22/12
岳樹桂(東阿人)
[民國]東阿 15/1
岳萬陛(號後山)
(明・朝城人)
[康熙]朝城 8/35
岳萬階(字允聲,別號仰山)
(明・朝城人)
[康熙]朝城 8/8,9/48
岳林鳳(字鳴陽)
(清・陽信人)
[民國]陽信 5/忠義 45
岳樹屏(清・博山人)
[民國]續修博山 12/72
46 **岳相**(明・壽光人)
[萬曆]青州 13/66
[康熙十五年]青州 13/66
[康熙四十八年]青州 13/事功 50
[康熙六十年]青州 16/25
[咸豐]青州 44/37
[康熙]壽光 21/9
[嘉慶]壽光 12/13
[民國]壽光 12/人物志一 24
壽光縣鄉土志/耆舊
48 **岳乾**(明・壽光人)
[咸豐]青州 45/58
[康熙]壽光 25/2
[嘉慶]壽光 13/2
[民國]壽光 12/人物志一 61
50 **岳泰**(明・萊陽人)
[民國]萊陽 3/1 中 7
岳事堯(字魯瞻)
(明・朝城人)
[康熙]朝城 8/50
岳東陽(字龍江)
(明・新城人)
[道光]濟南 51/38
[宣統]新城縣後志 3/隱逸
[民國]重修新城 15/10
53 **岳拔倫**(字扶九)
(清・鄒平人)
[道光]濟南 54/28
[道光]鄒平 15/75
[民國]鄒平 15/75
60 **岳呈**(明・福山人)
[民國]福山縣志稿 7/1－12
岳昆(見岳崑)
岳呈玉(明・福山人)
[康熙]福山 8/22
[乾隆]福山 8/34

岳星五(字雲樵)
(清・莒縣人)
[民國]重修莒志 65/19
岳景運(清・新城人)
[宣統]新城縣後志 3/孝友
[民國]重修新城 17/3
新城縣鄉土志/耆舊 – 清
岳國興(字麟閣)
(清・菏澤人)
[光緒]菏澤 15/75
[光緒]新修菏澤 11/62
岳呈光(字五星)
(清・壽張人)
[光緒]壽張 7/18
71 岳長庚(清・陽穀人)
[民國]增修陽穀人物/忠烈 22
岳長奎(字文垣)
(平原人)
[民國]續修平原 8/26
岳長貴(字季良)
(清・平原人)
[民國]續修平原 6/9
岳長興(清・陽穀人)
[民國]增修陽穀人物/忠烈 21
80 岳含珍(字玉也)
(清・博山人)
[咸豐]青州 64/35
[乾隆]博山 6/下 20
[民國]續修博山 12/10, 12/68
岳毓楷(字景賜)
(清・陽信人)
[民國]陽信 5/孝友 66
岳公捷(清・昌邑人)
[光緒]昌邑縣續志 6/25
岳尊瞻(清・汶上人)
[宣統]四續汶上稿/人物 – 孝弟傳
岳金堂(字振侯)
(清・元城人)
[宣統]山東補遺/62
[宣統]聊城 6/2 – 8
[民國]單縣 6/宦蹟 30,19/57
82 岳鍾秀(明・城武人)
[康熙九年]城武 5/16
84 岳鎮(明・城武人)
[康熙九年]城武 3/53
[康熙四十一年]城武 5/上宦蹟 4
[道光]城武 9/上 20
岳鎮南(號文峰)
(清・利津人)
[宣統]山東 171/38
[咸豐]武定府 23/名臣 43
[光緒]利津 7/宦蹟 12
岳鎮東(字青峯)
(清・利津人)
[光緒]利津 7/宦蹟 17
岳鎮東(字會堂,亦字岱瞻,又字子瀛)
(清・陽信人)
[民國]陽信 5/篤行 46
87 岳銘鑑(字子敬)
(清・壽張人)
[光緒]壽張 7/19
壽張縣鄉土志/耆舊 – 事業
90 岳粹(字純夫)
(明・冠縣人)
[嘉靖]冠縣 4/4
[萬曆]冠縣 4/10
[道光]冠縣 8/上 9
[光緒]冠縣 8/卓行
[民國]冠縣 8/人物志 9
岳光陽(清・汶上人)
[宣統]四續汶上稿/人物 – 施濟傳

7420_0 尉

10 尉元(字荀仁)
(北魏・代人)
[萬曆元年]兗州 38/武功 8
18 尉珍(金・茌平人)
[嘉靖]山東 31/25
[乾隆]東昌 37/21
[嘉慶]東昌 27/19
[康熙二年]茌平 2/41
[康熙四十九年]茌平 2/41
[宣統]茌平 11/1
[民國]茌平 3/48
27 尉郁(南北朝・代人)
[嘉靖]濮州 7/4
37 尉遲九成(號衛東)
(清・臨清人)
[民國]臨清縣/人物 85
尉遲勤(北周・羅代人)
[光緒]益都縣圖志 15/20
44 尉世傑(明・萊陽人)
[泰昌]登州 11/47
[順治]登州 17/27
[光緒]增修登州 43/30
[康熙]萊陽 8/22
[民國]萊陽 3/1 中 79
50 尉書升(字琴堂)
(清・莒縣人)
[民國]重修莒志 65/22
52 尉撥(北魏・代人)
[萬曆元年]兗州 38/武功 8
60 尉景(字士真)
(南北朝・善無人)
[光緒]益都縣圖志 15/13
67 尉明德(清・茌平人)
[宣統]茌平 16/8
[民國]茌平 3/41

7421_4 陸

00 陸康(字季甯)
(漢・吳郡吳人)
[宣統]山東 66/28
陸文溢(字益齋)
(清・臨沂人)
[乾隆]沂州府 27/7
[民國]臨沂 10/61
陸庭曜(唐・東郡人)
[宣統]山東 168/12
01 陸龍成(北魏・代人)
[雍正]山東 27/53
[宣統]山東 67/16
[咸豐]青州 34/14
06 陸謂(宋・萊陽人)
[民國]萊陽 3/1 中 2
10 陸亘(字景山)
(唐・蘇州吳人)
[嘉靖]山東 26/7
[康熙]山東 33/9
[雍正]山東 27/34
[宣統]山東 68/11

［萬曆元年］兗州 38/循吏 24
［萬曆二十四年］兗州 27/10
［康熙］兗州 21/25
［乾隆］兗州 22/10
［康熙］滋陽 3/81
陸平（明・陽穀人）
［民國］增修陽穀人物/仕宦 2
陸玉麟（字子琢）（臨清人）
［民國］臨清縣/人物 75
陸可久（明・宣城人）
［萬曆］福山 4/6
陸雲祥（清・江蘇吳江人）
［宣統］山東 77/32
［乾隆］掖縣 3/34
陸一鵬（明）
［康熙］張秋志 11/26
陸元熙（字石壁）（清・膠州人）
［民國］增修膠志 47/8
陸玉鏡（字清照）（清・東平人）
［民國］東平縣 11/中 21
11 陸麗（北朝・平原人）
［康熙］濟南 34/2
［道光］濟南 72/28
［康熙］德州 8/5
12 陸廷芳（清・臨清人）
［民國］臨清縣/人物 30
15 陸建章（字朗齋）（清・安徽蒙城人）
［民國］續修鉅野 3/13
17 陸子彰（字明遠）（北魏・代人）
［宣統］山東 67/17
［光緒］益都縣圖志 15/13
18 陸瑜（明・浙江鄞縣人）
［嘉靖］山東 25/13
［康熙］山東 31/15
［雍正］山東 27/13
［宣統］山東 70/18
［康熙］濟南 24/21
［道光］濟南 35/23
［崇禎］歷乘 16/31
［崇禎］歷城 6/12
21 陸儒（字聘卿）（明・蓬萊人）
［泰昌］登州 11/45
［順治］登州 17/24
［光緒］增修登州 43/5
［康熙］蓬萊 5/23
［道光］重修蓬萊 9/31
［民國］蓬萊縣志合編人物志/行誼
陸師（字麟度）（清・浙江歸安人）
安丘縣鄉土志 2/政績錄
陸經正（字復古）（清・浙江鄞縣人）
［宣統］山東 75/49
［乾隆］武定府 16/40
［咸豐］武定府 19/利津 4
［康熙］利津縣新志 7/7
陸仁愷（字澹吾）（清・廣西臨桂人）
［民國］德縣 9/20
22 陸偁（明・浙江鄞縣人）
［雍正］山東 27/14
［宣統］山東 70/14
［道光］濟南 35/16
陸僑（明・蓬萊人）
［雍正］山東 28/人物三 69
［泰昌］登州 11/35
［順治］登州 17/13
［光緒］增修登州 41/5
［康熙］蓬萊 5/孝友 21
［道光］重修蓬萊 9/24
［民國］蓬萊縣志合編人物志/孝友
23 陸馛（後魏）
［順治］登州 11/3
［康熙］萊陽 5/2
陸參（清・陽信人）
［康熙］陽信 9/37
［乾隆］陽信 7/60
［民國］陽信 5/方技 82
信邑志稿 7/藝術
陸俊（明・和州人）
［康熙十一年］莘縣 5/17
［民國］莘縣 3/28
陸獻（清・江蘇丹徒人）
［宣統］山東 77/23
［光緒］增修登州 26/4
［光緒］蓬萊縣續志 6/文秩 3
24 陸偉（明・直隸順天人）
［道光］濟南 36/33
［天啟］新城 6/訓導
［崇禎］新城 6/訓導
［康熙］新城 5/10
［民國］重修新城 10/17
陸希質（字幼成）（北魏・代人）
［宣統］山東 67/19
25 陸傳韶（字友石）（清・東平人）
［民國］東平縣 11/下 28
陸傳勳（字俊三）（清・東平人）
［民國］東平縣 11/中 34
27 陸象昺（字煦庭）（清・濰縣人）
［民國］濰縣志稿 29/35
30 陸宏（明・長洲舉人）
［康熙］博平 3/4
［道光］博平 3/5
陸宗贄（字敬公，號澹園）（清・臨清人）
［乾隆］東昌 40/27
［乾隆］臨清州 9/40
［乾隆］臨清直隸州 8/上 27
［民國］臨清縣/人物 11
陸家駿（字紹周）（清・東平人）
［民國］東平縣 11/中 20
陸宗周（字西京）（清・淄川人）
［宣統］三續淄川 10/18
32 陸浵（字漢章）（清・臨沂人）
［民國］臨沂 10/34
陸叢桂（字冲默）（清・東平人）
［乾隆］泰安府 17/48
［康熙］東平州 3/46
［乾隆］東平州 14/14
［道光］東平州 14/14
［光緒］東平州 15/中 19

[民國]東平縣 11/上 38
東平州鄉土志上/耆舊錄 41
[康熙]張秋志 7/30,11/34
33 陸溥(唐・吳人)
[乾隆]德平 2/20
[嘉慶]德平 5/2
[光緒]德平 5/2
陸溥(清・甘肅靈州人)
[宣統]山東 75/7
[道光]濟南 38/11
[道光]章邱 9/12
章邱縣鄉土志/上 10
陸演(明・浙江西安人)
[萬曆]青州 12 又/又 15
[康熙十五年]青州 12 又/又 15
[康熙四十八年]青州 12 又/15
[咸豐]青州 36/2
[萬曆]安丘 17/2
安丘縣鄉土志 2/政績錄
37 陸通(字接輿)
(春秋・齊人,一作楚人)
[雍正]山東 31/11
[萬曆]沂州志 7/70
[康熙]費縣 7/34
[乾隆]德平 2/20
[嘉慶]德平 5/1
[光緒]德平 5/1
陸通(明・諸城人)
[萬曆]青州 15/52
[康熙十五年]青州 15/52
[康熙四十八年]青州 15/義民 20
[康熙六十年]青州 18/16
[萬曆]諸城 7/31
[康熙]諸城 7/53
[乾隆]諸城 41/1
40 陸吉(明・浙江桐鄉人)
[宣統]山東 73/38
[乾隆]萊州 9/25
[乾隆]高密 6/19
[光緒]高密 6/23
[民國]高密 12/24
高密縣鄉土志/上 12
陸南至(明・浙江錢塘人)
[宣統]山東 73/7
[萬曆]青州 12 又/又 17
[康熙十五年]青州 12 又/又 17
[康熙四十八年]青州 12 又/又 17
[康熙六十年]青州 12/25
[咸豐]青州 36/31
[光緒]增修登州 29/2
[康熙十二年]博興 6/2
[康熙六十年]博興 7/13
[道光]博興 10/4
[民國]重修博興 12/3
陸士麗(明・沂州衛舍人)
[萬曆]沂州志 7/36
[康熙]沂州志 6/6
[乾隆]沂州府 26/9
陸九淵(字子靜)
(宋・金谿人)
[雍正]山東 11/闕里二 29
[乾隆]兖州 7/42
陸克勤(字振邦)
(清・濟寧人)
[民國]濟寧直隸州續志 14/20
陸有常(宋・歷陽人)
[嘉靖]山東 27/7
[康熙]山東 35/7
[雍正]山東 27/57
[嘉靖]青州 15/7
[萬曆]青州 12/22
[康熙]臨淄 8/4
[民國]臨淄 18/6
42 陸機(字士衡)
(晉・吳郡人)
[嘉靖]山東 25/17
[康熙]山東 32/4
[康熙]濟南 25/4
[道光]濟南 33/13
[萬曆]德州 8/26
[康熙]德州 7/22
[康熙]陵縣 4/2
[民國]德縣 9/3
44 陸埜(明・登州衛人)
[康熙]山東 43/5
[雍正]山東 28/人物三 54
[宣統]山東 163/33
[光緒]增修登州 39/4
[康熙]蓬萊 5/15
[道光]重修蓬萊 9/18
[民國]蓬萊縣志合編人物志/仕績
陸夢龍(字君啟)
(明・浙江會稽人)
[雍正]山東 27/93
[宣統]山東 70/21
[道光]濟南 35/32
陸夢璘(號啟祥)
(清・聊城人)
[康熙]聊城 3/49
陸華川(字曜臨,號錦泉)
(清・臨沂人)
[民國]續修臨沂 16/19
陸懋德(明・華亭人)
[崇禎]歷乘 16/63
陸樹德(字與成)
(明・南直華亭人)
[宣統]山東 70/9
[道光]濟南 35/7
陸藏修(清・昌邑人)
[光緒]昌邑縣續志 6/14
陸夢履(號欽所)
(明・崑山人)
[順治]堂邑 3/44
[康熙十一年]堂邑 3/44
陸萬鈞(明・沭陽人)
[康熙]郯城 6/16
45 陸坤(字後野)
(明・蘭州人)
[光緒]益都縣圖志 18/8
50 陸書丹(清・汶上人)
[宣統]四續汶上稿/人物－忠烈傳
53 陸軾(清・四川萬縣人)
[宣統]山東 76/18
[乾隆]沂州府 20/17
[宣統]蒙陰 3/宦績
55 陸典(明・崇德人)
[順治]定陶 4/5
陸費錫(字大勝)
(清・浙江桐鄉人)
[宣統]山東 75/28

[民國]續修平原 5/15
57 **陸輅**(清・常熟人)
[雍正]恩縣續志 3/5
恩縣鄉土志/10
60 **陸昌**(明・六合人)
[嘉靖]臨朐 2/50
陸里(字希遠)
(明・南直宜興人)
[宣統]山東 71/5
[道光]濟南 36/10
[嘉靖]章丘 3/5
[道光]章邱 9/5
章邱縣鄉土志/上 12
62 **陸昕之**(字慶始)
(北魏・代人)
[宣統]山東 67/8
[咸豐]青州 34/14
[光緒]益都縣圖志 15/9
67 **陸明經**(清・菏澤人)
[光緒]菏澤 16/14
[光緒]新修菏澤 11/72
71 **陸厚崐**(字卓亭,號靜波)
(清・東平人)
[宣統]山東 171/12
[光緒]東平州 15/中 32
[民國]東平縣 11/中 4
東平州鄉土志下/耆舊錄 45
陸隴其(字稼書)
(明・平湖人)
[雍正]山東 11/闕里二 34
[乾隆]兗州 7/47
77 **陸堅**(明・華亭人)
[道光]濟南 36/29
[康熙四十三年]長山 3/宦績
[康熙五十五年]長山 3/31
[嘉慶]長山 5/40
陸履祥(清・河南武陟舉人)
[民國]濟陽 9/41
78 **陸監**(見陸堅)
79 **陸騰鳳**(清・陝西西安人)
[宣統]山東 77/2
[康熙六十年]青州 12/41
[咸豐]青州 37/2
[康熙]益都 5/24
[光緒]益都縣圖志 18/65
80 **陸鎬**(字會周)
(明・蓬萊人)
[泰昌]登州 11/32
[順治]登州 17/11
[光緒]增修登州 41/4
[康熙]蓬萊 5/19
[道光]重修蓬萊 9/18
[民國]蓬萊縣志合編人物志/仕績
83 **陸釴**(字舉之)
(明・浙江鄞縣人,一作平湖人)
[康熙]山東 31/18
[雍正]山東 27/15
[宣統]山東 70/30
[道光]濟南 35/40
86 **陸錦燧**(字晉笙)
(江蘇吳縣舉人)
[民國]濟陽 9/42
97 **陸燦**(明・南直吳縣人)
[宣統]山東 71/2
[康熙]濟南 25/77
[道光]濟南 36/5
陸燿(字朗夫)
(清・江蘇吳江人)
[宣統]山東 74/40
[道光]濟南 37/58,38/2
[道光]濟寧直隸州 6/7-68
濟寧州鄉土志 1/政績

7422$_7$ 隋

00 **隋文信**(一名士方)
(元・萊陽人)
[民國]萊陽 3/1 中 6
隋應兆(明・壽光人)
[民國]壽光 12/人物志一 21
隋彥道(元・萊陽人)
[民國]萊陽 3/1 中 6
隋應載(明・壽光人)
[民國]壽光 12/人物志一 21
隋文舉(清・惠民人)
[光緒]惠民 20/9
惠民縣鄉土志/耆舊錄 5
隋廣義(字五一)
(清・諸城人)
[乾隆]諸城 30/10
03 **隋賓**(字從禮)
(明・即墨人)
[宣統]山東 161/30
[乾隆]即墨 9/8
[同治]即墨 9/8
即墨縣鄉土志/耆舊-事業二
隋賓(明・壽光人)
[康熙]壽光 26/2
[嘉慶]壽光 13/16
10 **隋平**(字無奇)
(清・諸城人)
[宣統]山東 175/54
[乾隆]諸城 36/11
諸城縣鄉土志/上 18
隋玉(元・萊陽人)
[民國]萊陽 3/1 中 4
隋天應(號長久)
(清・棲霞人)
[康熙]棲霞 6/18
[乾隆]棲霞 7/9
隋不矜(字抑客,一作仰客)
(明・壽光人)
[康熙]山東 42/26
[雍正]山東 28/人物三 55
[宣統]山東 161/52
[康熙十五年]青州 13/82
[康熙四十八年]青州 13/事功 66
[康熙六十年]青州 16/34
[咸豐]青州 45/9
[康熙]壽光 23/2
[嘉慶]壽光 12/23
[民國]壽光 12/人物志一 25
隋元塏(清・諸城人)
[光緒]增修諸城縣續志 14/9
12 **隋廷棟**(明・萊陽人)
[民國]萊陽 3/1 中 14
隋廷梅(字福五)
(清・樂安人)
[民國]續修廣饒 19/49
14 **隋琳**(字憲初)
(清・諸城人)
[咸豐]青州 46/19
[乾隆]諸城 30/10

隋瑛(清・棲霞人)
[乾隆]棲霞 6/29
17 **隋承業**(字思顯)
(明・聊城人)
[康熙]聊城 3/6
20 **隋維正**(明・壽光人)
[咸豐]青州 45/58
隋維烈(字永清,號毅庵)
(清・壽光人)
[咸豐]青州 50/1
[民國]壽光 12/人物志二 16
22 **隋仙姑**(清・萊陽人)
[雍正]山東 30/24
[乾隆]續登州 11/2
[康熙]萊陽 9/6
23 **隋允德**(字在明)
(清・諸城人)
[乾隆]諸城 39/6
諸城縣鄉土志/上 44
隋俊喜(清・萊陽人)
[民國]萊陽 3/1 中 65
隋獻書(字麟圖)
(清・樂安人)
[民國]續修廣饒 19/49
24 **隋德仁**(元・萊陽人)
[民國]萊陽 3/1 中 3
隋德義(元・萊陽人)
[民國]萊陽 3/1 中 4
25 **隋健**(明・萊陽人)
[民國]萊陽 3/1 中 12
隋傑(明・壽光人)
[康熙十五年]青州 15/54
[康熙]壽光 26/2
[嘉慶]壽光 13/16
26 **隋伯元**(元・萊陽人)
[民國]萊陽 3/1 中 3
27 **隋紹先**(字述亭)
(清・樂安人)
[民國]樂安 10/24
30 **隋安**(元・萊陽人)
[民國]萊陽 3/1 中 50
隋寶(元・萊陽人)
[嘉靖]山東 27/17
[康熙]山東 37/4
[萬曆]萊州 5/64
[康熙]萊州 8/25
[乾隆]萊州 9/8
[乾隆]續登州 10/11
[光緒]增修登州 38/13
[康熙]高密 6/24
[乾隆]高密 6/16
[光緒]高密 6/20
[民國]高密 12/22
高密縣鄉土志/上 7
[康熙]萊陽 8/25
[民國]萊陽 3/1 中 3
隋永(明・壽光人)
[康熙]壽光 26/2
[嘉慶]壽光 13/16
隋之秀(清・高密舉人)
[道光]商河 5/31
[民國]重修商河 6/68
隋之杰(字斗南)
(清・高密人)
[康熙十一年]堂邑 2/職官 20
[康熙]堂邑 10/10
隋良輔(明・益都人)
[萬曆]青州 14/53
[康熙十五年]青州 14/53
[康熙四十八年]青州 14/儒行 10
[康熙六十年]青州 15/11
[咸豐]青州 44/15
[康熙]益都 9/6
[光緒]益都縣圖志 41/4
33 **隋演**(元・萊陽人)
[民國]萊陽 3/1 中 3
34 **隋浩**(清・黄縣人)
[光緒]增修登州 43/13
[同治]黄縣 8/18
[民國]黄縣志稿 13/清懿行
37 **隋潮**(明・萊陽人)
[嘉靖]山東 35/7
[康熙]山東 45/20
[雍正]山東 28/人物三 27
[宣統]山東 164/44
[泰昌]登州 11/34
[順治]登州 17/9
[光緒]增修登州 50/1
[康熙]萊陽 8/20
[民國]萊陽 3/1 中 56
隋鴻廷(字雪邨)
(清・萊陽人)
[民國]萊陽 3/1 中 90
隋淑源(字逢甲)
(清・文登人)
[光緒]增修登州 43/40
[光緒]文登 10/上 13
39 **隋遴吉**(清・諸城人)
[光緒]增修諸城縣續志 16/25
40 **隋克峻**(字頡唐)
(清・壽光人)
[民國]壽光 12/人物志二 17
隋志先(字遜亭)
(清・樂安人)
[民國]樂安 10/24
44 **隋葆琪**(字芝岩)
(廣饒人)
[民國]續修廣饒 19/79
隋藏珠(原名藏朱,字松心,別號龍淵)
(清・樂安人)
[民國]樂安 10/26
[民國]續修廣饒 19/47
隋芳桂(清・諸城人)
[光緒]增修諸城縣續志 16/25
隋世貴(字西清)
(清・福山人)
[民國]福山縣志稿 7/4-4
隋世昌(元・棲霞人)
[嘉靖]山東 32/23
[康熙]山東 43/3
[雍正]山東 28/人物二 57
[泰昌]登州 11/30
[順治]登州 17/7
[光緒]增修登州 38/13
[康熙]棲霞 6/10
[乾隆]棲霞 6/38
[康熙]萊陽 8/25,10/13
[民國]萊陽 3/1 中 50,3/3 上傳志上 2
[乾隆]海陽 7/8
[光緒]海陽縣續志 5/14
隋藻鑑(字竹泉)
(廣饒人)

[民國]續修廣饒 19/79
47 **隋朝**(見隋潮)
50 **隋聿修**(字笠莊)
(清・樂安人)
[民國]樂安 10/32
[民國]續修廣饒 19/63
60 **隋國忠**(元)
[光緒]嶧縣 19/94
隋國恩(元・萊陽人)
[民國]萊陽 3/1 中 4
67 **隋鳴霄**(字鶴聲)
(清・壽光人)
[民國]壽光 3/96,12/人物志一 29
隋鳴鳳(號岱青)
(清・壽光人)
[康熙]曹州志 7/58
[光緒]菏澤 7/宦蹟 26
[光緒]新修菏澤 9/4
72 **隋所居**(字奉素)
(明・諸城人)
[咸豐]青州 45/23
[乾隆]諸城 30/10
諸城縣鄉土志/上 26
77 **隋取遠**(清・諸城人)
[光緒]增修諸城縣續志 13/3
80 **隋人龍**(清・萊陽人)
[道光]濟南 38/15
[嘉慶]鄒平 14/20
[道光]鄒平 14/20
[民國]鄒平 14/20
隋普題(字僧覺)
(廣饒人)
[民國]續修廣饒 19/79
隋人鵬(字扶九,號芸閣)
(清・大嵩衛人)
[宣統]山東 176/22
[光緒]增修登州 39/36
[民國]萊陽 3/1 中 37,3/3 上傳志下 37
88 **隋銓**(字紫衡)
(清・壽光人)
[咸豐]青州 47/20
[乾隆]續壽光 25/2
[嘉慶]壽光 14/6
[民國]壽光 12/人物志二 6
隋策勛(清・樂安人)
[民國]樂安 10/24
90 **隋惟正**(清・壽光人)
[康熙]壽光 24/2
[嘉慶]壽光 12/21
隋光德(清・福山人)
[乾隆]福山 8/70
隋光溥(明・諸城人)
[乾隆]諸城 30/10
隋尚友(明・黃縣人)
[乾隆]黃縣 12/5
[同治]黃縣 9/1
[民國]黃縣志稿 13/人物－死難
99 **隋榮**(元・萊陽人)
[民國]萊陽 3/1 中 50

7423_2 隨

22 **隨鸞**(字文儀)
(明・魚臺人)
[康熙]魚臺 17/44
33 **隨沇**(明・魚臺人)
[道光]濟寧直隸州 8/2－58
[乾隆]魚臺 11/23
[光緒]魚臺 3/14
34 **隨漢章**(字倬卿)
(清・魚臺人)
[民國]濟寧直隸州續志 14/15
[光緒]魚臺 3/12
44 **隨藎**(字獻忠)
(清・魚臺人)
[民國]濟寧直隸州續志 14/14
[光緒]魚臺 3/耆碩又 2
67 **隨鵾**(明・魚臺人)
[康熙]魚臺 17/43
[乾隆]魚臺 11/9
[光緒]魚臺 3/5
80 **隨鎬**(號似龍)
(清・魚臺人)
[康熙]魚臺 17/36

7529_6 陳

00 **陳高**(清・陽信人)
[民國]陽信 5/忠義 47
陳亢(字子禽,一作子亢)
(春秋・齊人,一作陳人)
[至元]齊乘 6/4
[雍正]山東 11/闕里二 19
[嘉靖]青州 12/5
[萬曆]青州 13/4
[康熙十五年]青州 13/4
[康熙四十八年]青州 13/4
[康熙六十年]青州 15/1
[萬曆元年]兗州 7/56
[萬曆二十四年]兗州 7/20
[康熙]兗州 8/21
[乾隆]兗州 7/30
[道光]濟寧直隸州 8/1－62
[乾隆]曲阜 59/8
陳立(清・恩縣人)
[宣統]山東 174/23
[乾隆]東昌 43/37
[嘉慶]東昌 32/54
[雍正]恩縣續志 3/31
[宣統]重修恩縣 8/41
[民國]重修恩縣 11/鄉賢 49
陳廉(明・忻州人)
[同治]黃縣 6/4
陳廉(字小臣)
(清・鄆城人)
[康熙]鄆城 6/18
[光緒]鄆城 7/20
陳亮(字友直)
(明・浙江金華人)
[宣統]山東 72/12
[道光]濟寧直隸州 6/6－27
陳慶(字君卿)
(漢)
[萬曆]諸城 5/2
[康熙]諸城 5/2
陳慶(字惟吉)
(明・益都人)
[嘉靖]青州 16/10
[萬曆]青州 15/48
[康熙十五年]青州 15/48
[康熙四十八年]青州 15/卓行 8
[康熙六十年]青州 18/13
[咸豐]青州 44/4
[萬曆]益都 6/92

[康熙]益都 9/47
[光緒]益都縣圖志 41/3
陳文(字豫西)
(明・靖安人)
[宣統]山東 73/36
[康熙]萊州 8/48
[乾隆]萊州 9/19
[康熙]昌邑 5/6,8/7
[乾隆]昌邑 5/105,8/241
陳文(明・日照人)
[康熙]日照 8/12
陳文(明・汝州人,一作池州人)
[嘉靖]山東 27/18
[萬曆]萊州 5/73
[康熙]昌邑 5/4
[乾隆]昌邑 5/103
陳襄(字範王)
(清・朝城人)
[康熙]朝城 8/25
陳庠(清・單縣人)
[民國]單縣 9/46
陳序(字觀生)
(明・曹縣人)
[康熙]曹縣 11/5
[康熙]兗州府曹縣 11/5
[光緒]曹縣 11/選舉 6
陳彥慶(字子餘)
(清・莒縣人)
[民國]重修莒志 65/35
陳章應(明・福建晉江人)
[宣統]山東 73/14
[萬曆]青州 12/27
[康熙四十八年]青州 12/27
[康熙六十年]青州 12/29
[咸豐]青州 36/2
[萬曆]安丘 17/2
安丘縣鄉土志 2/政績錄
陳文龍(字硯波)
(清・曹縣人)
[光緒]曹縣 14/行誼 22
陳主謂(清・蒙陰人)
[康熙十一年]蒙陰 2/32
陳文旆(明・山陽人)
[道光]濟南 36/17
[嘉慶]鄒平 14/8
[道光]鄒平 14/8
[民國]鄒平 14/8
陳文麟(東阿人)
[民國]東阿 15/4
陳慶三(清・濰縣人)
[民國]濰縣志稿 32/7
陳應元(明・南直江浦人)
[宣統]山東 70/22
[道光]濟南 35/26
[崇禎]歷乘 16/38
[崇禎]歷城 6/15
陳應元(明・金陵人)
[崇禎]歷乘 16/66
陳應元(字伯淵,號東橋)
(清・廣西臨桂人,原籍浙江蕭山)
[宣統]山東 76/4
[民國]濟寧直隸州續志 10/44
濟寧州鄉土志 1/政績
[咸豐]金鄉縣志略 7/14,11/事紀二 10
[民國]金鄉 11/21
[光緒]魚臺 2/57
[民國]續修鉅野 3/15
陳章五(字德卿)
(清・臨朐人)
[民國]臨朐續志 20/51
陳亦登(清・平度人)
[民國]平度縣續志 8/2
平度鄉土志 4 上/鄉賢
陳彥武(字埜仙)
(元・歷城人)
[道光]濟南 34/34
陳立功(清・禹城人)
[道光]濟南 56/36
[嘉慶]禹城 9/9
[民國]禹城 6/7
禹城縣鄉土志/14
陳文琳(明・莒縣人)
[康熙]莒州下/45
[雍正]莒州 9/37
陳應聘(字肇莘,一字覺民,號蓮史)
(清・濰人)
[宣統]山東 177/14
[民國]濰縣志稿 28/33
濰縣鄉土志/33
陳文子(見陳須無)
陳亮采(字熙唐)
(明・晉江人)
[宣統]山東 73/31
[康熙]萊州 8/33
[乾隆]萊州 9/14
萊州府鄉土志/上 17
[嘉慶]續掖縣 2/20
陳文信(明・長樂人)
[乾隆]泰安府 15/16
[康熙]東平州 4/55
[乾隆]東平州 12/37
[道光]東平州 12/37
[光緒]東平州 14/37
[民國]東平縣 9/20
東平州鄉土志上/政績錄 15
陳賡虞(字協唐)
(清・東平人)
[光緒]東平州 15/下 55
[民國]東平縣 11/下 23
陳廣然(清・臨清人)
[民國]臨清縣/人物 78
陳文然(清・昌樂人)
[民國]濰縣志稿 32/34
陳文科(清・泗水人)
[光緒]泗水 11/10
陳文偉(字伯豪)
(明・南直舒城人)
[嘉靖]山東 27/10
[康熙]山東 35/11
[雍正]山東 27/61
[宣統]山東 73/15
[嘉靖]青州 13/44
[萬曆]青州 12/30
[康熙十五年]青州 12/30
[康熙四十八年]青州 12/30
[康熙六十年]青州 12/24
[咸豐]青州 36/6,36/10
[康熙十二年]博興 6/1
[康熙六十年]博興 7/12
[道光]博興 10/3
[民國]重修博興 12/2
[萬曆]安丘 17/3
安丘縣鄉土志 2/政績錄
陳文佑(見陳文祐)

陳玄奘(唐)
[道光]濟南 60/6
[道光]長清 13/16
[嘉慶]慶雲 9/27
[民國三年]慶雲 2/103
陳文傑(字漢三)
(清・壽張人)
[光緒]壽張 7/22
陳齊永(清・海寧人)
[宣統]山東 75/27
[道光]濟南 38/35
[道光]臨邑 7/27
[同治]臨邑 7/31
陳文之(字粹甫)
(清・莒縣人)
[民國]重修莒志 62/14
陳文江(清・利津人)
[咸豐]武定府 23/忠節 25
[光緒]利津 7/忠節 1
陳廣業(字惟勤)
(清・平度人)
平度鄉土志 4 上/事業
陳文祐(明・湘潭人)
[嘉靖]山東 25/25
[宣統]山東 71/29
[康熙]濟南 25/24
[弘治]泰安州 3/8
[康熙]泰安州 2/45
[乾隆]泰安府 15/1
[乾隆二十五年]泰安縣 10/30
[乾隆四十七年]泰安縣 8/26
[道光]泰安縣 10/3
[民國]重修泰安縣 6/58
陳立禮(清・福建晉江進士)
[康熙]新城 5/12
[民國]重修新城 11/1
陳立清(字卓山)
(清・東阿人)
[民國]續修東阿 11/19
陳亨通(清・龍溪人)
[光緒]泗水縣鄉土志/6
陳立選(清・新泰人)
[乾隆]新泰 17/人物上增 2
陳文選(清・汶上人)
[宣統]四續汶上稿/人物－耆德傳
陳應奎(字文垣)
(清・濰人)
[宣統]山東 177/21
濰縣鄉土志/31
陳主直(字子貞,號十洲)
(明・蒙陰人)
[萬曆]青州 13/69
[康熙十五年]青州 13/69
[康熙四十八年]青州 13/事功 53
[康熙六十年]青州 16/28
[乾隆]沂州府 25/24
[康熙十一年]蒙陰 2/3
[康熙二十四年]蒙陰 4/7
[宣統]蒙陰 4/名獻
陳慶彬(字子均)
(清・菏澤人)
[民國]續修曲阜 5/51
陳廣基(字立堂)
(清・鉅野人)
[民國]續修鉅野 5/上 19
陳文林(明・莒州人)
[萬曆]青州 13/73
[康熙十五年]青州 13/73
[康熙四十八年]青州 13/事功 57
陳應薦(明・青城人)
[乾隆]武定府 24/5
[咸豐]武定府 24/清介 5
[萬曆]青城 1/58
[乾隆]青城 8/3
[民國]青城續修 3/45,3/46,4/人物 18
陳文極(明)
[乾隆]樂陵 4/52
陳應乾(字得一)
(明・鉅野人)
[乾隆]曹州府 16/5
[萬曆]鉅野 8/孝子
[康熙]鉅野 11/32
[道光]鉅野 12/14,17/45
陳主敬(字聚所)
(清・蒙陰人)
[康熙十一年]蒙陰 2/18
陳立本(清・濰縣人)
[民國]濰縣志稿 31/34
陳主忠(明・蒙陰人)
[雍正]山東 28/人物三 78
[宣統]山東 164/58
[乾隆]沂州府 26/4
[康熙十一年]蒙陰 2/32
[康熙二十四年]蒙陰 4/14
[宣統]蒙陰 4/孝義
陳文成(字彩章)
(清・恩縣人)
[民國]重修恩縣 11/鄉賢 74
陳文顯(字耀卿)
(清・直隸大興人)
[光緒]鄆城 6/14
陳文顯(清・沂水人)
[乾隆]沂州府 26/19
[道光]沂水 7/26
陳文昭(字明甫)
(明・濮州人)
[嘉靖]濮州 7/27
[宣統]濮州 4/105
陳雍剛(字子陽)
(清・臨邑人)
[民國]續修臨邑 3/15
陳文鳳(明・東莞人)
[萬曆]蒲臺志 8/16
[康熙]重修蒲臺 5/19
[乾隆]蒲臺 2/45
陳文學(清・滿洲旗人)
[宣統]山東 76/43
[乾隆]東昌 35/13
[嘉慶]東昌 22/17
陳文周(清・東平人)
[乾隆]東平州 15/23
[道光]東平州 15/23
[光緒]東平州 15/下 31
[民國]東平縣 11/下 7
陳廣年(字永居,號稼村)
(清・濟寧人)
[道光]濟寧直隸州 8/4－40
[咸豐]濟寧直隸州續志 3/2
[民國]濟寧直隸州續志 12/6
陳廣益(字虛吾)
(平原人)
[民國]續修平原 8/23

陳亨善(清・平原人)
[道光]濟南 56/104
[乾隆]平原 8/15
平原縣鄉土志輯稿/孝義
陳文美(清・郯城人)
[康熙]郯城 7/17
[乾隆]郯城 9/14
陳慶鈞(清・汶上人)
[宣統]四續汶上稿/人物-孝弟傳
陳立堂(清・鉅野人)
[民國]續修鉅野 7/下 66
陳慶堂(清・泰安人)
[民國]重修泰安縣 8/47
陳文煥(字明菴)
(清・浙江上虞人)
[宣統]山東 77/16
[康熙六十年]青州 12/43
[咸豐]青州 37/8
[道光]安邱新志 16/1
安丘縣鄉土志 2/政績錄
陳文燧(明・陳州貢生)
[康熙]觀城 3/12
[道光]觀城 6/18
01 陳龍驤(字震生)
(清・陽信人)
[乾隆]武定府 24/35
[咸豐]武定府 24/循良 25
[康熙]陽信 9/10
[乾隆]陽信 7/11
[民國]陽信 5/宦蹟 17,8/藝文下 17
信邑志稿 7/循良
陽信縣鄉土志上/耆舊-事業,耆舊-鄉賢祠
02 陳端(明・盱眙人,見陳瑞)
陳端(清・江蘇泰州人)
[宣統]山東 77/35
[道光]重修膠州 23/11
[民國]增修膠志 18/10
[道光]重修平度州 16/21
平度鄉土志 2/政績
陳訓(字式亭)
(清・諸城人)
[道光]諸城縣續志 16/5
陳訓經(字章民)
(閩侯人)
[民國]齊河 22/11
03 陳斌(字豪之)
(清・餘姚人)
[康熙]滕縣志 6/宦業 42
[道光]滕縣志 6/宦績 34
滕縣鄉土志/7
陳詠(字與堂)
(清・臨清人)
[民國]臨清縣/人物 17
04 陳誥(明・萊蕪人)
[康熙]新修萊蕪 6/41
[民國]萊蕪 20/7
[民國]續修萊蕪 27/8
陳誥(明・樂安人)
[雍正]樂安 13/2
陳誥(字康之)
(清・臨清人)
[民國]臨清縣/人物 86
陳謨(明・直隸慶都人)
[嘉靖]寧海州下/19
陳謨(字丕顯)
(清・濟陽人)
[民國]濟陽 11/64
陳誌(字文書)
(明・武定人)
[乾隆]武定府 23/47
[咸豐]武定府 23/忠節 17
[乾隆]惠民 5/48
[光緒]惠民 20/4
惠民縣鄉土志/耆舊錄 2
05 陳諫(明・蒙陰人)
[萬曆]青州 13/54
[康熙十五年]青州 13/54
[康熙四十八年]青州 13/事功 37
[康熙六十年]青州 18/4
[康熙十一年]蒙陰 2/2
陳諫(字振溪)
(明・曲阜人)
[民國]續修曲阜 8/58
陳諫(字子忠)
(明・文登人)
[雍正]文登 8/8
[道光]文登 5/17
[光緒]文登 8/上 14
陳讚(號玉泉)
(明)
[康熙]黃縣 5/10
07 陳詔(字金門,號鳳岡)
(清・雲南楚雄人)
[宣統]山東 75/63
[道光]滕縣志 6/宦績 38
滕縣鄉土志/8
陳調元(字巽甫,號鷗盟)
(清・濰人)
[宣統]山東 177/1
[乾隆]萊州 10/29
[乾隆]濰縣 4/13
[民國]濰縣志稿 28/1
濰縣鄉土志/19
08 陳敦(漢・東海人)
[光緒]嶧縣 21/鄉賢 26
陳謙(字任齋,一字廷益)
(清・浙江海寧人)
[宣統]山東 77/31
[乾隆]萊州 9/31
萊州府鄉土志/上 27
[嘉慶]續掖縣 2/22
陳諭(字曉亭)
(清・淄川人)
[宣統]三續淄川 10/12
10 陳醇(字貞白)
(清・江南長洲人)
[光緒]滋陽 7/11
滋陽縣鄉土志 1/政績
[民國]濰縣志稿 20/23
陳豆(字孔庶,一作孔庶)
(清・金鄉人)
[乾隆]兗州 23/83
[乾隆]濟寧直隸州 27/30
[道光]濟寧直隸州 8/3-33
[乾隆]金鄉 18/85
[咸豐]金鄉縣志略 9/中列傳二 6
[民國]金鄉 14/4
陳貢(明・太和人)
[乾隆]泰安府 15/6
[道光]東阿 11/9
陳霖(字雨人)
(清・浙江人)
[民國]續修歷城 47/1

陳平（漢・陽武人）
［康熙］東明 6/2
［乾隆］東明 6/2
［民國］東明縣新誌 11/10
東明縣志料/人物門
陳璽（字輯五，號溟海）
（明・東阿人）
［道光］東阿 22/37
陳璽（字文寶）
（明・堂邑人）
［康熙］堂邑 13/5
陳玉（元・諸城人）
［乾隆］諸城 37/1
陳玉（字德卿）
（明・臨沂人）
［嘉靖］山東 30/61
［康熙］山東 40/58
［萬曆元年］兗州 40/政績 17
［萬曆二十四年］兗州 36/11
［康熙］兗州 28/10
［萬曆］沂州志 7/27
［康熙］沂州志 5/64
［乾隆］沂州府 25/20
［民國］臨沂 9/44
陳元（清・壽光人）
［民國］壽光 12/人物志一 87
陳璋（清・濮州人）
［宣統］濮州 6/34
陳震（號起吾）
（明・壽陽人）
［萬曆］諸城 4/26
［康熙］諸城 4/16
陳震（字篤培）
（清・城武人）
［康熙九年］城武 5/7
［康熙四十一年］城武 5/上懿行 8
［道光］城武 9/下 13
陳玉言（字繼山）
（明・堂邑人）
［康熙］堂邑 13/12
陳玉章（明・嶧縣人）
［康熙］嶧縣 4/111
［乾隆］嶧縣 8/29
［光緒］嶧縣 21/耆舊 3
陳元康（字長猷）
（北齊・廣宗人）
［康熙］臨清州 3/名宦 7
［乾隆］臨清州 9/1
陳正言（明・直隸興濟人）
［乾隆］東昌 34/8
［嘉慶］東昌 21/27
［康熙］重修清平下/13
［嘉慶］清平 13/5
［宣統］增輯清平 11/4
［民國］清平/秩官 28
陳三謨（字獻之，號鐵嵐）
（清・膠州人）
［康熙］膠州 6/8
［乾隆］膠州 5/24
［道光］重修膠州 29/16
［民國］增修膠志 45/3
陳玉麟（清・陽穀人）
［民國］增修陽穀人物/師道 23
陳三元（明・昌樂人）
［民國］昌樂縣續志 28/2
陳于夏（字思文）
（清・諸城人）
［乾隆］諸城 34/7
陳玉霏（字思默）
（清・東阿人）
［道光］東阿 14/人物下 6
［光緒］東阿縣鄉土志 4/23
陳元三（字第卿）
（清・博山人）
［民國］續修博山 12/33
陳雲琴（字森菴）
（清・鄒縣人）
［光緒］鄒縣續志 12/上 5
鄒縣鄉土志耆舊錄/19
陳爾延（字杏村）
（清）
［宣統］三續淄川 9/47
陳王政（字蒼屏）
（明・濟陽人）
［康熙］山東 46/2
［道光］濟南 51/53
［乾隆］濟陽 8/32，12/47
［民國］濟陽 11/4，17/21
陳王政（明・萊蕪人）
［民國］萊蕪 20/2
［民國］續修萊蕪 27/6
萊蕪縣鄉土志/8
陳百香（清・福山人）
［光緒］增修登州 43/15
［乾隆］福山 8/55
［民國］福山縣志稿 7/4－1
陳王信（清・新城人）
［道光］濟南 55/80
［宣統］新城縣後志 2/忠義
陳玉信（明・新城人）
［民國］重修新城 14/3
陳不占（春秋）
［嘉靖］山東 25/2
［康熙］山東 31/2
［嘉靖］青州 15/1
［萬曆］青州 14/1
［康熙十五年］青州 14/1
［康熙四十八年］青州 14/忠義 1
［康熙六十年］青州 17/1
［康熙］臨淄 9/7
［民國］臨淄 22/57
陳可經（字曰維，一作維九，號青麓）
（清・博山人）
［咸豐］青州 50/3
［民國］續修博山 11/34
陳天經（清・侯官人）
信邑志稿 5/宦蹟
陳可繼（字懿孫）
（明・德州人）
德州鄉土志/耆舊 22
州乘餘聞/6
陳元峯（清・遼東人）
［乾隆］武城 14/雜記 7
［民國］增訂武城續編 15/8
陳不伐（明・滋陽人）
［光緒］滋陽 8/39
滋陽縣鄉土志 1/耆舊－鄉賢
陳丕勳（字獻白）
（清・齊河人）
［道光］濟南 56/14
［民國］齊河 26/21
陳元奘（見陳玄奘）
陳天秩（字維庸）

（清・青城人）
［乾隆］青城 8/6
［民國］青城續修 4/人物 19
陳爾魯（字希曾）
（清・濰縣人）
濰縣鄉土志/41
陳于宁（字獻可）
（明・壽張人）
［康熙］張秋志 7/30,11/30
陳元良（明・海寧人）
［道光］長清 3/13
陳天祐（一名祜,字慶甫）
（元・趙州寧晉人）
［宣統］山東 69/15
［道光］濟南 34/25,34/43
陳天祐（恩縣人）
［民國］重修恩縣 11/鄉賢 87
陳正遠（字端溪）
（清・臨朐人）
臨朐縣鄉土志 1/耆舊
陳玉還（字貞和）
（清・陽信人）
［民國］陽信 5/孝友 51
陳百祥（清・福山人）
［乾隆］福山 8/58
陳天祥（字吉甫）
（元・趙州人,一作寧晉人）
［嘉靖］山東 25/10
［康熙］山東 31/12
［雍正］山東 27/9
［宣統］山東 69/15
［康熙］濟南 24/16
［道光］濟南 34/25
陳王道（明・吳江人）
［乾隆］陽信 5/3
信邑志稿 5/職官－知縣
［民國］陽信 2/23
陽信縣鄉土志上/耆舊－名宦祠
陳一道（明・江南崇明人）
［道光］濟南 36/32
［天啟］新城 6/教諭
［崇禎］新城 6/教諭
［康熙］新城 5/9
［民國］重修新城 10/16
陳天壽（字冠五）
（清・掖縣人）
［民國］四續掖縣 4/61
陳于堯（明・青城人）
［萬曆］青城 1/63
陳元喜（清・諸城人）
［光緒］增修諸城縣續志 14/8
陳元楨（字貞子）
（清・鄆城人）
［康熙］鄆城 6/20
陳可薦（字擢寰）
（明・樂安人）
［康熙十五年］青州 13/85
［康熙四十八年］青州 13/事功 69
［康熙六十年］青州 16/35
［咸豐］青州 45/31
［雍正］樂安 12/13
［民國］樂安 10/10
［民國］續修廣饒 19/19
陳霆萬（字紫馭）
（清・浙江平湖人,一作嘉善人）
［雍正］山東 27/110
［宣統］山東 77/14
［康熙六十年］青州 12/43
［咸豐］青州 37/12
光緒臨朐 13/16
陳玉蒼（字肇聲）
（清・曹縣人）
［光緒］曹縣 14/忠義 2
陳可楫（字衷白）
（清・鄆城人）
［康熙］鄆城 6/19
陳天增（清・濮州人）
［宣統］濮州 6/94
陳丕素（清・汶上人）
［宣統］四續汶上稿/人物－施濟傳
陳一中（字贊元）
（明・博山人）
［民國］續修博山 12/31
陳元本（字端甫）
（清・博山人）
［民國］續修博山 12/33
陳元成（字岱明）
（清・鉅野人）
［道光］鉅野 13/51
陳元輔（東阿人）
［民國］東阿 15/20
陳元盛（清・單縣人）
［乾隆］單縣 7/10
［民國］單縣 9/64
陳三捷（字振宇）
（明・臨清人）
［康熙］山東 45/15
［雍正］山東 28/人物三 77
［宣統］山東 164/55
［乾隆］東昌 41/31
［康熙］臨清州 3/人物 11
［乾隆］臨清州 9/36
［乾隆］臨清直隸州 8/上 23
［民國］臨清縣/人物 25
陳西園（清・禹城人）
［民國］禹城 6/33
禹城縣鄉土志/14
陳丕顯（字文謨）
（清・昌邑人）
［光緒］昌邑縣續志 6/30
陳二興（清・歷城人）
［民國］續修歷城 42/10
陳一朋（清・奉天人）
［同治］重修寧海州 12/13
陳一鵬（清・高唐人）
［道光］高唐州 5/1－59
［光緒］高唐州 5/1－66
［民國］高唐縣 12/75
陳玉璺（清・歷城人）
［宣統］山東 169/30
［道光］濟南 53/12
［民國］續修歷城 39/7
陳王前（字敬甫）
（明・東明人）
［康熙］東明 6/20
［乾隆］東明 6/20
［民國］東明縣新誌 11/32
陳王前（清・臨清人）
［乾隆］泰安府 15/31
［順治］新泰 4/24
［乾隆］新泰 11/12
陳五美（明・臨朐人）
［康熙］臨朐縣志書 3/38
光緒臨朐 14/下 9

陳元慈(清・嶧縣人)
[光緒]嶧縣 21/忠義 8
陳元金(清・東平人)
[民國]東平縣 11/上 20
陳晉釪(清・曲阜人)
[民國]續修曲阜 5/36
陳三策(號如齋)
(明・武定人)
[崇禎]武定州 19/5
[乾隆]武定府 24/26
[咸豐]武定府 24/循良 16
[乾隆]惠民 5/31
[光緒]惠民 19/8
惠民縣鄉土志/耆舊錄 27
陳可情(清・壽張人)
[光緒]壽張 7/31
11 **陳棐**(字孺子,號淠水)
(明・河南光州人)
[康熙]朝城 8/63
陳棐(清・單縣人)
[宣統]山東 173/36
[乾隆]曹州府 16/10
[康熙]單縣 8/11
[乾隆]單縣 7/7
[民國]單縣 9/57
陳斐(明・鄒縣人)
[嘉靖]鄒縣地理誌 1/25
陳珏(明・城武人)
[康熙九年]城武 5/16
陳預(字立凡,號笠飄)
(清・順天宛平人)
[宣統]山東 74/27
[道光]濟南 37/41
陳張譏(字有言)
(梁・東武城人)
[萬曆]東昌 19/10
12 **陳登**(明・桐城人)
[萬曆]沂州志 4/58
陳璠(字山輝)
(清・濰縣人)
[民國]濰縣志稿 28/7
陳烈(字光儒,號玉含)
(明・益都人)
[咸豐]青州 45/31
[康熙]益都 9/34
[光緒]益都縣圖志 38/13
陳烈(字耀夫)
(清・浙江山陰人)
[宣統]山東 76/30
[光緒]鄆城 6/13
鄆城縣鄉土志/政績錄 –
除害
陳璞(明・益都人)
[萬曆]青州 14/55
[康熙十五年]青州 14/55
[康熙四十八年]青州 14/
儒行 12
[康熙]益都 9/15
[光緒]益都縣圖志 38/13
陳瑞(明・江南盱眙人)
[道光]濟南 36/32
[乾隆]膠州 4/24
膠州直隸州鄉土志 3/政績 –
聽訟
[天啟]新城 6/教諭
[崇禎]新城 6/教諭
[道光]新城/名宦
[民國]重修新城 10/15
新城縣鄉土志/政績 – 儒學
教諭
陳琇(字玉樵)
(明・濮州人)
[乾隆]濮州 4/26
[宣統]濮州 3/88
陳廷章(字程軒)
(清・陽信人)
[民國]陽信 5/忠義 43
陳廷謨(明・成安人)
[光緒]益都縣圖志 18/37
陳廷謨(明・贊皇進士)
[康熙]沂水 4/25
[道光]沂水 5/26
陳登雲(字履青)
(清・定陶人)
[民國]定陶 6/54
陳廷爵(字化都)
(清・東平人)
[乾隆]東平州 15/11
[道光]東平州 15/11
[光緒]東平州 15/下 10
[民國]東平縣 11/中 28
陳登瀛(字仙洲)
(清・慶雲人)
[民國三年]慶雲 2/33
陳廷适(字相伯)
(清・招遠人)
[光緒]增修登州 43/26
[道光]招遠縣續志 3/13
陳廷選(明・聊城人)
[宣統]聊城 8/80
陳發祥(字禎符)
(清・茌平人)
[宣統]山東 174/22
[乾隆]東昌 43/8
[嘉慶]東昌 32/34
[宣統]茌平 14/10
[民國]茌平 3/89
陳孔道(明・黃縣人)
[康熙]黃縣 6/35
[乾隆]黃縣 12/1
[同治]黃縣 9/1
[民國]黃縣志稿 13/人物 –
死難
陳延祚(字慶餘)
(清・東明人)
[乾隆]東明 6/22 又 1,8/下
又 24
[民國]東明縣新誌 11/36,
12/49
陳廷梓(字美材)
(清・恩縣人)
[民國]重修恩縣 11/鄉賢 53
陳廷樾(字蔭垣)
(清・恩縣人)
[宣統]重修恩縣 8/45
[民國]重修恩縣 11/鄉賢 51
陳廷蕚(字香芬)
(清・慶雲人)
[民國三年]慶雲 2/35
陳廷桂(字雲芳)
(清・慶雲人)
[嘉慶]慶雲 9/24
[咸豐]慶雲 2/74
[民國三年]慶雲 2/63
陳廷華(字犀光)
(清・諸城人)
[道光]諸城縣續志 17/3
陳廷相(清・諸城人)

[光緒]增修諸城縣續志 14/13
陳廷輔(字德民)
(清・費縣人)
[光緒]費縣 11/42
陳瑞年(字輯五)
(清・臨朐人)
臨朐縣鄉土志 1/耆舊
陳廷鈺(字其相,號式堂)
(清・濰人)
[宣統]山東 177/12
[民國]濰縣志稿 28/11
濰縣鄉土志/23
陳延爊(字象離)
(清・東阿人)
[民國]續修東阿 11/5
13 陳璸(字國珍)
(清・陽信人)
[民國]陽信 5/孝友 64
陳琮(明・臨朐人)
[嘉靖]臨朐 3/11
陳琮(清・邱縣人)
[乾隆]臨清直隸州 8/下 18
陳瓛(字天錫)
(明・東平人)
[康熙]東平州 3/39
陳琅(字鍾岳,號耐菴)
(清・濰縣人)
[民國]濰縣志稿 28/7
陳球(字伯真)
(漢・淮浦人)
[宣統]山東 66/26
[嘉慶]東昌 20/12
陳瑄(字彥純)
(明・南直合肥人)
[嘉靖]山東 25/11
[康熙]山東 31/14
[雍正]山東 27/11
[宣統]山東 70/2
[康熙]濟南 24/19
[道光]濟南 35/11
[萬曆元年]兗州 39/名宦 15
[康熙]兗州 22/21
[乾隆]兗州 22/17
[乾隆]東昌 33/23
[嘉慶]東昌 20/35
[康熙]濟寧州 4/2
[乾隆]濟寧直隸州 22/4
[道光]濟寧直隸州 6/6－41
[康熙]魚臺 15/11
[乾隆]魚臺 9/34
[光緒]魚臺 2/52
[康熙]臨清州 3/名宦 8
[乾隆]臨清州 9/6
陳職(字汝壽,一作汝受)
(明・東阿人)
[乾隆]泰安府 18/11
[萬曆二十四年]兗州 36/25
[康熙]兗州 28/24
[康熙五十四年]東阿 7/19
[道光]東阿 14/人物下 25, 22/29
陳武牙(晉・濟陰人)
[康熙]曹縣 12/8
[康熙]兗州府曹縣 12/8
[光緒]曹縣 12/7
14 陳耽(漢・東海人)
[雍正]山東 28/人物一 22
[宣統]山東 164/2
[康熙]兗州 24/26
[萬曆]沂州志 6/35
[康熙]沂州志 5/15
[乾隆]沂州府 25/5
[光緒]嶧縣 21/鄉賢 25
陳璜(明・萊陽人)
[民國]萊陽 3/1 中 16
陳璜(清・臨海人)
[康熙五十六年]壽張 4/8
陳瑾(清・樂陵人)
[咸豐]武定府 25/孝友 32
[乾隆]樂陵 6/23
樂陵縣鄉土志 3/23
陳琦(字奇玉)
(清・福建長樂人)
[宣統]山東 76/38
[乾隆]東昌 33/43
[嘉慶]東昌 21/12
陳瑛(明・東平人)
[乾隆]泰安府 17/5
[康熙]東平州 3/48
[乾隆]東平州 11/9
陳瑛(號巍石)
(明・福建晉江人)
[宣統]山東 70/20
[康熙]濟南 24/26
[道光]濟南 35/30
[崇禎]武定州 15/21
[乾隆]武定府 16/10
[咸豐]武定府 19/10
[乾隆]惠民 5/19
[光緒]惠民 18/12
惠民縣鄉土志/政績錄 6
陳瓚(字敬夫)
(明・直隸獻縣人)
[宣統]山東 70/36
[萬曆]萊州 5/67
[康熙]萊州 8/30
[乾隆]萊州 9/10
萊州府鄉土志/上 12
[嘉慶]續掖縣 2/12
15 陳建(字斗環)
(清・泰安人)
[乾隆二十五年]泰安縣 12/32
[乾隆四十七年]泰安縣 10/上 30
[道光]泰安縣 9/上 82
[民國]重修泰安縣 8/37
陳璉(字汝器)
(明・濟寧人)
[康熙]濟寧州 6/20
[乾隆]濟寧直隸州 24/2
陳璉(明・壽張人)
[康熙五十六年]壽張 7/41
陳臻(戰國・齊人)
[嘉靖]山東 24/11
[康熙]山東 29/11
[嘉靖]青州 12/7
[萬曆]青州 13/4
[康熙十五年]青州 13/4
[康熙四十八年]青州 13/4
[萬曆元年]兗州 7/75
[順治]登州 11/5
[萬曆]鄒志 1/47
[康熙]臨淄 9/2
陳珠(明)
[道光]重修蓬萊 9/43
陳建林(字國茂)
(河南葉縣人)

［民國］重修商河 6/61
16 **陳環**(字廷玉)
(明・博平人)
［正德］博平 4/70
陳瑝(字殿賓)
(清・濟寧人)
［乾隆］濟寧直隸州 25/29
［道光］濟寧直隸州 8/3－15
陳珀(明・莆田人)
［順治］堂邑 2/職官又 9
［康熙］堂邑 10/1
陳理齋(以字行)
(清)
［民國］臨沂 10/69
陳聖訓(清・自在州人)
［康熙］膠州 5/17
17 **陳瑚**(字貴卿)
(明・曹縣人)
［康熙］兗州府曹縣 13/26
［光緒］曹縣 13/25
陳琚(字佩玉)
(清・東平人)
［光緒］東平州 15/中 34
［民國］東平縣 11/中 6
陳鼐(東阿人)
［民國］東阿 15/4
陳珊(明・富順人)
［康熙］兗州府曹縣 9/3
陳邵(字節良)
(晉・東海襄賁人)
［雍正］山東 28/人物一 33
［宣統］山東 162/16
［萬曆二十四年］兗州 32/30
［康熙］兗州 25/25
［萬曆］沂州志 6/67
［康熙］沂州志 5/40
［乾隆］沂州府 27/4
［民國］臨沂 9/10
陳胥(漢・滕人)
［道光］滕縣志 8/武功 1
滕縣鄉土志/15
陳豫(字立卿)
(明・合肥人)
［萬曆］東昌 18/44
［康熙］臨清州 3/名宦 5
［乾隆］臨清州 9/8
［乾隆］臨清直隸州 6/73
［民國］臨清縣/秩官 59
陳弼亮(明・城武人)
［康熙九年］城武 3/22
［康熙四十一年］城武 5/下義烈 4
［道光］城武 9/下 45
陳孟珂(明・禹城人)
［道光］濟南 52/2
［康熙］禹城 5/22
［嘉慶］禹城 9/10
［民國］禹城 6/8
禹城縣鄉土志/14
陳子瑋(清・曲阜人)
［民國］續修曲阜 5/16
陳乃升(字隮園)
(清・蓬萊人)
［道光］重修蓬萊 9/36
［民國］蓬萊縣志合編人物志/行誼
陳承祖(清・德州人)
［乾隆］東昌 35/14
［嘉慶］東昌 22/19
陳乃梓(字琴堂)
(清・招遠人)
［道光］招遠縣續志 3/9
陳子懿(字季則)
(清・濰縣人)
［民國］濰縣志稿 28/35
陳子春(唐)
［乾隆］曹州府 16/18
［康熙］單縣 8/62
［民國］單縣 12/隱逸 3
陳承恩(明・恩縣人)
［乾隆］東昌 42/29
［嘉慶］東昌 32/24
［萬曆］恩縣 4/52
［宣統］重修恩縣 8/40
［民國］重修恩縣 11/鄉賢 48
陳翼昌(字勵堂)
(清・滋陽人)
滋陽縣鄉土志 1/耆舊－鄉賢
陳翼鶚(字斗山)
(清・遼陽人)
［宣統］山東 76/1
［康熙］濟寧州 4/67
［乾隆］濟寧直隸州 22/34
［道光］濟寧直隸州 6/7－71
陳孟隆(明・永豐人)
［順治］堂邑 2/職官 3
［康熙十一年］堂邑 2/名宦 3
［康熙］堂邑 11/7
陳孟養(字浩然,號義齋)
(清・濟寧人)
［乾隆］濟寧直隸州 26/23
［道光］濟寧直隸州 8/3－29
陳君鐸(清・菏澤人)
［光緒］菏澤 16/16
［光緒］新修菏澤 11/73
陳子飭(字翊思)
(清・濰縣人)
［民國］濰縣志稿 28/29
濰縣鄉土志/29
陳君賞(唐)
［光緒］益都縣圖志 16/9
陳子恒(元・思州人,一作恩州人)
［嘉靖］山東 27/12
［康熙］山東 36/3
［雍正］山東 28/人物二 62
［宣統］山東 69/35,161/21
［泰昌］登州 9/26
［順治］登州 11/13
［乾隆］續登州 8/2
［光緒］增修登州 24/15
［順治］招遠 7/1
陳子炬(字少卿,號夢蓮)
(清・德州人)
［民國］德縣 10/72
18 **陳玠**(明・安丘人)
［嘉靖］青州 15/18
［萬曆］青州 14/15
［康熙十五年］青州 14/15
［康熙四十八年］青州 14/孝友 5
［康熙六十年］青州 17/11
［咸豐］青州 44/8
［萬曆］安丘 24/42
安丘縣鄉土志 4/耆舊錄 1
陳瑜(明・高陽人)
［道光］濟南 36/27

[康熙四十三年]長山 3/宦績
[康熙五十五年]長山 3/30
[嘉慶]長山 5/39
陳政(字政之)
(元・考城人)
[雍正]山東 31/15
[乾隆]曹州府 16/15
[隆慶]單縣下/14
[順治]單縣 3/2
[康熙]單縣 8/60
[乾隆]單縣 7/43
[民國]單縣 12/方技 3
陳孜(明・南直邳州人)
[雍正]山東 27/79
[宣統]山東 72/22
[萬曆]青州 12 又/6
[康熙十五年]青州 12 又/又 6
[康熙四十八年]青州 12 又/又 6
[乾隆]沂州府 20/10
[康熙]沂水 4/23
[道光]沂水 5/24
陳致祥(清・汶上人)
[宣統]四續汶上稿/人物－孝弟傳
陳致恭(字子敬,號粟麓)
(明・臨朐人)
[康熙]臨朐縣志書 4/1
光緒臨朐 14/下 6
19 陳琰(字伯玉)
(宋・臨河人)
[乾隆]東昌 35/26
陳耿垚(清・壽張人)
[光緒]壽張 7/29
20 陳采(字沖然)
(明・北直清苑人)
[宣統]山東 71/4
[道光]濟南 36/6
[崇禎]歷乘 16/34
[崇禎]歷城 6/19
[乾隆]歷城 34/5
陳信(清・壽張人)
[光緒]壽張 7/27
陳孚慶(字筠軒,又字希顏)
(清・濰縣人)
[民國]濰縣志稿 28/41
陳位庚(原名矢修)
(清・蓬萊人)
[民國]蓬萊縣志合編人物志/行誼
陳秀章(清・寧陽人)
[光緒]寧陽 13/72
陳季斌(東阿人)
[民國]東阿 15/20
陳統三(清・昌邑人)
[光緒]昌邑縣續志 6/30
陳秀雲(字眉山)
(清・商河人)
[民國]重修商河 8/67
陳維崧(清・猗氏人)
新城縣鄉土志/政績－清知縣
陳維嶽(清・山西猗氏進士)
[民國]重修新城 11/18
陳秀峯(字松岩)
(清・昌樂人)
[民國]昌樂縣續志 28/8
陳秉和(字梅村)
(清・曲阜人)
[民國]續修曲阜 5/48,8/48
陳秀實(明・菏澤人)
[康熙]曹州志 15/56
[光緒]菏澤 15/51
[光緒]新修菏澤 10/33
[康熙]兗州府曹縣 13/2
[光緒]曹縣 13/2
陳舜咨(元・鄄城人)
[嘉靖]山東 31/26
[嘉靖]濮州 5/32
[萬曆]濮州 4/孝友 1
[康熙]濮州 4/1
[乾隆]濮州 4/1
[宣統]濮州 5/1
陳秉祥(字輝亭)
(清・陽信人)
[民國]陽信 5/任恤 31
陳維澣(字聿新)
(清・鉅野人)
[民國]續修鉅野 5/上 14
陳秉直(清・遼東人,一作奉天海州人)
[宣統]山東 75/38
[乾隆]泰安府 15/28
平陰縣鄉土志/6
陳信南(字紀堂)
(清・德州人)
[民國]德縣 10/53
陳維圻(字振千)
(清・曲阜人)
[民國]續修曲阜 5/35
陳維藩(清・濰縣人)
[康熙]濰縣 5/孝行 1
[乾隆]濰縣 4/22
[民國]濰縣志稿 31/5
濰縣鄉土志/21
陳秉均(字化亭)
(清・曲阜人)
[民國]續修曲阜 5/37
陳維翰(字相州)
(恩縣人)
[民國]重修恩縣 11/鄉賢 38
陳維玲(字峻山)
(清・曲阜人)
[民國]續修曲阜 5/42
陳秉忠(明・元城貢生)
[康熙]博平 3/4
[道光]博平 3/5
陳秉忠(明・北直遵化人)
[宣統]山東 71/18
[道光]濟南 36/54
[乾隆]德州 8/6
[民國]德縣 9/8
陳維國(清・武陵人)
[乾隆]陽信 5/5
信邑志稿 5/職官－知縣
[民國]陽信 2/25
陳舜錫(字虞章)
(清・安邱人)
[咸豐]青州 47/4
[道光]安邱新志 17/3
安丘縣鄉土志 8/耆舊錄 5
21 陳綽(明・青州人,遷濟寧)
濟寧州鄉土志 2/賢裔
陳經(字貫之)
(明・臨武人)
[宣統]山東 71/30

[乾隆]泰安府 15/7
[萬曆二十四年]兗州 29/10
[康熙]兗州 22/31
[康熙]兗州續編 14/21
[康熙]東平州 4/53
[乾隆]東平州 12/35
[道光]東平州 12/35
[光緒]東平州 14/35
[民國]東平縣 9/18
東平州鄉土志上/政績錄 14
陳經(字伯常,號東渚)
(明・益都人)
[雍正]山東 28/人物三 31
[宣統]山東 160/24
[嘉靖]青州 14/34
[萬曆]青州 13/48
[康熙十五年]青州 13/48
[康熙四十八年]青州 13/事功 31
[康熙六十年]青州 16/16
[咸豐]青州 44/11
[康熙]益都 7/14
[光緒]益都縣圖志 35/5
陳岠(字堯封)
(清・莒縣人)
[嘉慶]莒州 10/13
[民國]重修莒志 67/5
陳能(明・江都人)
[光緒]文登 5/37
陳儒(字汝宗)
(明・北直易州人,一作錦衣衛人)
[宣統]山東 70/34,72/34
[嘉靖]青州 13/49
[萬曆]青州 12/33
[康熙十五年]青州 12/33
[康熙四十八年]青州 12/33
[康熙六十年]青州 12/16
[咸豐]青州 36/16
[萬曆]東昌 18/30
[乾隆]東昌 33/26
[嘉慶]東昌 20/38
[光緒]益都縣圖志 18/1
[宣統]聊城耆獻文徵/下 1
[嘉靖]武城 8/37
[順治]武城 2/8
[乾隆]武城 9/2,14/38
武城縣鄉土志略/政績錄
陳潁(一作穎,初名彭,字述菴)
(清・上海人)
[民國]續修曲阜 5/28,8/33,8/36
陳卣(明・館陶人)
[萬曆]東昌 19/49
[乾隆]東昌 39/21
[嘉慶]東昌 29/4
陳占(字幾先)
(清・臨朐人)
光緒臨朐 14/中 13
臨朐縣鄉土志 1/耆舊
陳經正(清・平原人)
[道光]濟南 56/105
[乾隆]平原 8/16
平原縣鄉土志輯稿/孝義
陳師孔(字願菴)
(清・福建閩縣人)
[宣統]山東 75/46
[乾隆]武定府 16/28
[咸豐]武定府 19/樂陵 3
[乾隆]樂陵 4/54,7/28
樂陵縣鄉土志 2/8
陳順喬(清・福山人)
[乾隆]福山 8/71
陳須樂(明・莆田人)
[乾隆]昌邑 5/119
陳虞胤(明・昆明人)
[康熙]濟南 25/77
[道光]濟南 36/4
[崇禎]歷城 6/18
陳虞允(見陳虞胤)
陳順和(字耀川)
(明・福山人)
[民國]福山縣志稿 7/3-8
陳經綸(明・蒙陰人)
[康熙十一年]蒙陰 2/44
陳經綸(清・蓬萊人)
[乾隆]陽信 5/21
[民國]陽信 2/48
陳師道(字無已,一字履常,號後山)
(宋・彭城人)
[宣統]山東 68/38,200/4
[嘉靖]武定州下/49
[萬曆]武定州 12/7
[崇禎]武定州 15/9
[乾隆]武定府 16/6
[咸豐]武定府 19/6
[康熙]曹州志 16/13
[乾隆]曹州府 16/15
[康熙]鉅野 13/5
[道光]鉅野 24/4
[光緒]菏澤 16/21
[康熙]兗州府曹縣 14/74
[光緒]曹縣 14/游寓 2
[乾隆]惠民 5/13
[光緒]惠民 18/7
惠民縣鄉土志/政績錄 4
陳步若(字次有)
(清・費縣人)
[光緒]費縣 11/41
陳衍增(字竹蓀)
(長清人)
[民國]長清 12/11
陳占鼇(清・單縣人)
[民國]單縣 11/29
陳須無(春秋・齊人)
[至元]齊乘 6/3
[嘉靖]山東 28/3
[康熙]山東 38/3
[道光]濟南 72/24
[嘉靖]青州 13/3
[萬曆]青州 13/20
[康熙十五年]青州 13/又 20
[康熙六十年]青州 16/2
[崇禎]歷城 10/27
[康熙]臨淄 9/7
[民國]臨淄 22/56
臨淄縣鄉土志/耆舊錄
22 **陳鼎**(字孟安)
(明・菏澤人)
[康熙]曹州志 15/58
[光緒]菏澤 15/52
[光緒]新修菏澤 10/21
陳鼎(號大竹)
(明・蓬萊人)
[嘉靖]山東 32/24
[雍正]山東 28/人物三 22
[泰昌]登州 11/6

［順治］登州 16/6
［光緒］增修登州 39/2
［康熙］蓬萊 5/13
［民國］蓬萊縣志合編人物志/功業,人物志/鄉賢
陳鼎（明・夏津人）
［乾隆］夏津 7/9
陳鼎（字大器）
（明・宣城人）
［宣統］山東 159/18
［道光］重修蓬萊 9/3,9/8
陳鼎（明・鄢陵人）
［萬曆］青州 12 又/7
［康熙十五年］青州 12 又/7
［康熙四十八年］青州 12 又/7
［康熙］沂水 4/28
［道光］沂水 5/29
陳鼎（明・永清監生）
［萬曆］青州 12 又/6
［康熙十五年］青州 12 又/又 6
［康熙四十八年］青州 12 又/又 6
［乾隆］沂州府 20/10
［康熙］沂水 4/23
［道光］沂水 5/24
陳矯（字季弼）
（漢・廣陵東陽人）
［宣統］山東 66/17
［嘉靖］武定州下/45
［萬曆］武定州 10/1
［崇禎］武定州 15/1
［乾隆］武定府 16/1
［咸豐］武定府 19/1
［乾隆］樂陵 4/44
樂陵縣鄉土志 2/5
［乾隆］惠民 5/8
［光緒］惠民 18/1
惠民縣鄉土志/政績錄 2
陳欒（字元夫）
（明・曲阿人,一作丹陽人）
［萬曆二十四年］兗州 29/5
［康熙］兗州 22/26
［隆慶］單縣上/32
［康熙］單縣 6/10
［乾隆］單縣 4/56
［民國］單縣 6/宦蹟 16
陳鑾（清・樂安人）
［咸豐］青州 46/45
［雍正］樂安 12/21
［民國］樂安 10/18
［民國］續修廣饒 19/34
陳鸞（明・鉅野人）
［萬曆二十四年］兗州 37/7
［康熙］兗州 28/35
［萬曆］鉅野 8/孝子
［康熙］鉅野 11/31
［道光］鉅野 13/42
陳任（字司重）
（明・福寧人）
［康熙九年］城武 2/31
［康熙四十一年］城武 3/下治績 1
［道光］城武 6/32
陳岩（明・夏津人）
［嘉靖］山東 35/5
［康熙］山東 45/13
［雍正］山東 28/人物三 27
［宣統］山東 164/44
［乾隆］東昌 41/29
［嘉靖］夏津 4/11
［康熙］夏津 5/9
［乾隆］夏津 8/15
陳巖（見陳岩）
陳利貞（字介石）
（清・濮州人）
［宣統］濮州 3/92
陳繼徵（明・秀水人）
［萬曆］青州 12 又/又 19
［康熙十五年］青州 12 又/19
［康熙四十八年］青州 12 又/19
［康熙六十年］青州 12/23
［咸豐］青州 36/32
［康熙］益都 5/21
［光緒］益都縣圖志 18/36
［康熙］昌邑 5/7
［乾隆］昌邑 5/106
陳嵩齡（清・濰縣人）
［民國］濰縣志稿 29/30
陳綏之（字履安）
（清・濰縣人）
［民國］濰縣志稿 30/40
陳繼業（清・大興人）
［咸豐］濟寧直隸州續志 2/15
陳繼斗（字倉盈）
（清・臨朐人）
臨朐縣鄉土志 1/耆舊
陳崇禮（明・河南南陽人）
［道光］濟南 36/33
［天啟］新城 6/訓導
［崇禎］新城 6/訓導
［康熙］新城 5/10
［民國］重修新城 10/17
陳繼湘（字溪南）
（清・寧陽人）
［光緒］寧陽 15/36
陳繼祿（長清人）
［民國］長清 12/16
陳繼樟（字豫生）
（清・長清人）
［民國］長清 11/6
陳繼志（清・諸城人）
［光緒］增修諸城縣續志 16/32
陳崧甫（字蕙堂）
（清・濰縣人）
［民國］濰縣志稿 29/28
陳繼昌（清・無棣人）
［民國］無棣 13/33
陳繼昌（清・章邱人）
［乾隆］章邱 9/45
［道光］章邱 11/79
陳崇岳（清・安丘人）
［民國］續安邱新志 21/5
陳樂善（明・河南人）
［康熙十二年］陽穀 2/22
［康熙］陽穀 2/17
陳繼燮（明・南昌人）
［崇禎］鄆城 4/18
［光緒］鄆城 6/24
23 **陳代**（戰國）
［嘉靖］山東 24/11
［康熙］山東 29/11
［萬曆元年］兗州 7/75
［萬曆］鄒志 1/47
陳峨（字月山）
（清・陽信人）
［民國］陽信 5/文學 14
陳倌（字蘿溪）

（清・文登人）
［光緒］文登 9/下 2－13
陳俊（字子昭）
（漢・南陽西鄂人）
［嘉靖］山東 25/15,27/1
［康熙］山東 32/2,35/1
［雍正］山東 27/51
［宣統］山東 66/15
［康熙］濟南 24/2
［嘉靖］青州 13/9
［萬曆］青州 12/7
［康熙十五年］青州 12/7
［康熙四十八年］青州 12/7
［康熙六十年］青州 12/3
［咸豐］青州 64/5
［弘治］泰安州 3/6
［康熙］泰安州 2/42
［乾隆］泰安府 14/4
［萬曆元年］兗州 38/武功 2
［萬曆］諸城 5/3
［康熙］諸城 5/3
［乾隆］諸城 27/3
諸城縣鄉土志/上 4
［乾隆二十五年］泰安縣 10/27
［嘉慶］禹城 7/2
禹城縣鄉土志/4
［道光］長清 16/19
［民國］齊河 32/43
陳俊（清・莒縣人）
［民國］重修莒志 66/6
陳俊（清・臨清人）
［民國］臨清縣/人物 90
陳俊（清・平度人）
［民國］平度縣續志 8/17
陳俊（字伯傑）
（清・章邱人）
［民國］昌樂縣續志 37/1
陳獻章（字公甫）
（明・新會人）
［雍正］山東 11/闕里二 32
［乾隆］兗州 7/46
陳獻可（清・昌邑人）
［乾隆］昌邑 5/143
陳獻玉（字琢亭）
（明・青城人）
［民國］青城續修 4/藝文下 17
陳峻峯（字湘帆）
（清・濰縣人）
［民國］濰縣志稿 29/30
濰縣鄉土志/37
陳允泉（字觀水）
（清・鄒縣人）
［民國］續修鄒縣志稿/人物－耆舊
陳獻真（字子璞）
（清・諸城人）
［咸豐］青州 46/19
［道光］諸城縣續志 19/1
陳俊英（字德圃）
（清・餘姚人）
［宣統］聊城 6/2－8
陳允捷（字意白）
（清）
［乾隆］即墨 8/9
［同治］即墨 8/8
州乘餘聞/17
陳代卿（清）
［光緒］莘縣 5/24
［民國］莘縣 3/8
莘縣鄉土志/政績 9
陳代卿（字雲笙）
（清・宜賓人）
［民國］增修膠志 18/17
24 **陳德**（字伯）
（漢）
［民國］臨沂 12/5
陳稜（字長威）
（隋・盧江襄安人）
［宣統］山東 67/32
陳勉（明・冠縣人）
［嘉靖］山東 35/4
［康熙］山東 45/12
［乾隆］東昌 42/17
［嘉慶］東昌 32/17
［嘉靖］冠縣 4/13
［萬曆］冠縣 4/35
［道光］冠縣 8/上 20
［光緒］冠縣 8/孝義
［民國］冠縣 8/人物志 25
陳岐（字鳳池，號支山）
（清・陽信人）
［民國］陽信 5/隱逸 70
陳偉（字文魁）
（明・聊城人）
［乾隆］東昌 39/38
［嘉慶］東昌 29/16
［康熙］聊城 3/18
［宣統］聊城 8/6
陳緯（字天襄，號天衰）
（清・臨朐人）
［宣統］山東 175/22
［咸豐］青州 46/33
［康熙］臨朐縣志書 3/48
光緒臨朐 14/中 5
陳德文（字煥章）
（清・昌樂人）
［民國］昌樂縣續志 31/18
陳德辛（明・金鄉人）
［康熙十二年］金鄉 5/17
［康熙五十一年］金鄉 7/24
陳德諭（字西垣）
（明・南直丹陽人）
［宣統］山東 71/21
［道光］濟南 36/60
［康熙］德平 3/4
［乾隆］德平 2/27
［嘉慶］德平 5/10
［光緒］德平 5/10
陳化醇（字樸齋）
（清・濰縣人）
［民國］濰縣志稿 30/24
陳佐平（字昇甫）
（清・安徽宿松人）
［宣統］山東 76/29
［光緒］德平 5/18
［民國］臨沂 7/78
朝城縣鄉土志/8
陳續聖（字光遠，號臨溪）
（清・平度人）
［宣統］山東 177/27
［道光］重修平度州 14/52，14/54
平度鄉土志 4 上/鄉賢
陳僖子（名乞）
（春秋・齊人）
［嘉靖］山東 28/3

［康熙］山東 38/4
［嘉靖］青州 16/58
［萬曆］青州 20/外傳 2
［康熙十五年］青州 20/外傳 2
［康熙四十八年］青州 20/外傳 2
陳贊化（字金鉉）（明・朝城人）
［康熙］山東 41/29
［雍正］山東 28/人物三 66
［宣統］山東 161/57
［乾隆］曹州府 15/17
［康熙］聊城 3/25
［宣統］聊城 8/18
［康熙］朝城 8/60
朝城縣鄉土志/11
陳偉傑（字少奇）（清・臨邑人）
［民國］續修臨邑 3/22
陳德和（清・平原人）
［民國］續修平原 6/19
陳化遠（清・新城人）
［宣統］新城縣後志 3/耆壽
陳射斗（清・古田人）
［康熙］堂邑 8/8
堂邑縣鄉土志/政績錄
陳德林（字猗堂，號彥寀）（清・滕縣人）
［道光］滕縣志 8/吏治 10
滕縣鄉土志/20
陳偉哲（字濬廷）（清・臨邑人）
［民國］續修臨邑 3/22
陳斐盛（清・東平人）
［乾隆］泰安府 18/62
［康熙］東平州 4/72
［乾隆］東平州 15/6
［道光］東平州 15/6
［光緒］東平州 15/下 6
［民國］東平縣 11/中 25
陳裴盛（見陳斐盛）
陳德昌（字紹庭）（清・濰人）
［民國］濰縣志稿 28/33
陳德思（清・昌樂人）
［民國］昌樂縣續志 30/17
陳德昭（清・定陶人）
［民國］定陶 6/58
陳德輿（字敬之）（清・德州人）
［民國］德縣 10/73
陳化榮（清・鄆城人）
［光緒］鄆城 5/31
鄆城縣鄉土志/耆舊錄－事業
25 **陳純**（清・直隸冀州人）
［宣統］山東 77/43
［光緒］高密 6/24
［民國］高密 12/25
陳健（字象乾）（清・鄆城人）
［光緒］鄆城 16/27
陳健（字子彰，一名令譽）（清・諸城人）
［光緒］增修諸城縣續志 20/2
陳紳（清・濰縣人，見陳紳吉）
陳岫（字雲峯）（清・臨邑人）
［同治］臨邑 9/忠藎 7
陳傳弼（字予良）（清・濰縣人）
［民國］濰縣志稿 30/41
［民國］青城續修 1/82
陳仲子（字子終）（戰國・齊人）
［嘉靖］山東 28/6
［康熙］山東 46/5
［康熙］濟南 50/1
［道光］濟南 45/5
［萬曆］青州 14/32
［康熙十五年］青州 14/32
［康熙四十八年］青州 14/隱逸 6
［康熙六十年］青州 20/1
［崇禎］歷乘 16/58
［康熙四十三年］長山 5/高隱
［康熙五十五年］長山 6/50
［嘉慶］長山 10/29
［康熙］臨淄 9/7
［民國］臨淄 29/16
［順治］鄒平 6/16
［康熙］鄒平 6/26
［嘉慶］鄒平 16/42
陳仲爵（明・高安人）
［乾隆］武定府 16/17
［咸豐］武定府 19/陽信 2
［康熙］陽信 7/38
［乾隆］陽信 5/42
信邑志稿 5/宦蹟－學官
［民國］陽信 2/72
陳純德（清・莘縣人）
［光緒］莘縣 7/35
［民國］莘縣 7/19
莘縣鄉土志/事業 28
陳仲祥（元）
［嘉靖］山東 27/7
［康熙］山東 35/8
［雍正］山東 27/58
［宣統］山東 69/34
［嘉靖］青州 13/37
［萬曆］青州 12/26
［咸豐］青州 35/19
［嘉靖］臨朐 2/46
［康熙］臨朐縣志書 3/1
光緒臨朐 13/2
陳傳奎（字星五）（清・濰縣人）
［宣統］山東補遺/11
［民國］濰縣志稿 28/38
濰縣鄉土志/38
陳紳吉（字晟公，號東樵）（清・濰縣人）
［乾隆］濰縣 4/29
［民國］濰縣志稿 30/53
濰縣鄉土志/21
陳朱垣（字琅函）（清・寧陽人）
［雍正］山東 28/人物四 22
［宣統］山東 172/7
［康熙］兗州續編 16/7
［乾隆］兗州 23/63
［康熙四十一年］寧陽 7/19
［乾隆］寧陽 7/良吏 7
［咸豐］寧陽 13/7

［光緒］寧陽 13/7
寧陽縣鄉土志/15
陳朱墀(字瑤函)
(明・寧陽人)
［乾隆］寧陽 7/忠烈 4
［咸豐］寧陽 13/50
［光緒］寧陽 13/62
寧陽縣鄉土志/20
陳仲成(字克修)
(明・裕州人)
［乾隆］武定府 16/38
［咸豐］武定府 19/利津 2
［康熙］利津縣新志 7/2
陳傳厚(字敦甫)
(清・濰縣人)
［民國］濰縣志稿 28/35
陳仲舉(晉・膠州人)
［康熙］山東 47/11
［雍正］山東 30/6
［萬曆］萊州 6/69
［康熙］萊州 10/96
［乾隆］萊州 12/仙釋 1
［康熙］膠州 6/57
［乾隆］膠州 5/39
［道光］重修膠州 31/1
［民國］增修膠志 48/1
26 陳得(明)
［同治］重修寧海州 15/3
陳佃(字信菴,號樂天)
(明・樂安人)
［民國］續修廣饒 19/17
陳鯤(字伯化,別號怡菴)
(明・東阿人)
［乾隆］泰安府 17/21
［康熙五十四年］東阿 7/16
［道光］東阿 14/人物下 17
［光緒］東阿縣鄉土志 4/15
陳侶(明・平陽人)
［萬曆］青州 12 又/又 14
［康熙十五年］青州 12 又/又 14
［康熙四十八年］青州 12 又/又 14
［萬曆］諸城 4/38
陳伯龍(字飛淵)
(清・菏澤人)
［光緒］新修菏澤 11/55
陳自新(清)
［道光］招遠縣續志 2/14
陳自靖(明・昌邑人)
［康熙］昌邑 6/35
［乾隆］昌邑 6/167
陳得發(清・新泰人)
［乾隆］新泰 14/增 4
陳自然(明・桐城人)
［乾隆］沂州府 17/34
陳伯之(晉・濟陰人)
［嘉靖］山東 30/30
［康熙］山東 40/32
［康熙］曹州志 15/33
［康熙］曹縣 12/7
［康熙］兗州府曹縣 12/7
［光緒］曹縣 12/6
［光緒］菏澤 15/34
陳得祥(明・章邱人)
［道光］濟南 61/3
［萬曆］章丘 32/83
［康熙］章丘 6/56
［乾隆］章邱 9/46
［道光］章邱 11/73
陳伯友(字仲怡,一作旭窗)
(明・濟寧人)
［康熙］山東 40/62
［雍正］山東 28/人物三 58
［宣統］山東 159/35
［康熙］兗州 28/25
［乾隆］兗州 23/49
［康熙］濟寧州 6/40
［乾隆］濟寧直隸州 24/28
［道光］濟寧直隸州 8/2－38
濟寧州鄉土志 2/耆舊
［道光］鉅野 12/24
陳保鋆(字立升)
(清・青城人)
［民國］青城續修 4/人物 23
陳得朋(字仲來)
(清・曲阜人)
［民國］續修曲阜 5/35,8/47
陳伯義(明・蒲臺人)
［乾隆］武定府 26/9
［咸豐］武定府 26/義行 9
［康熙］重修蒲臺 7/11
［乾隆］蒲臺 3/47
蒲臺縣鄉土志/10
27 陳阜(字祜曾)
(清・濰縣人)
［民國］濰縣志稿 29/32
濰縣鄉土志/41
陳綱(明・潼關人)
［康熙］昌邑 5/19
［乾隆］昌邑 5/123
陳紀(字元方)
(漢・潁州許人)
［嘉靖］山東 25/16
［康熙］山東 32/3
［康熙］濟南 25/3
［道光］濟南 72/16
［嘉慶］東昌 20/13
［萬曆］德州 8/25
［康熙］德州 7/21
［民國］德縣 9/3
陳紀(明・浙江餘姚人)
［萬曆］濮州 3/名宦 35
［嘉靖］朝城志 5/13
［康熙］朝城 7/22
陳紀(明・諸城人)
［萬曆］諸城 6/22
陳紀(字立綱)
(清・樂安人)
［民國］續修廣饒 19/43,21/2
陳凱(明・羅山人)
［崇禎］鄆城 4/21
［光緒］鄆城 6/29
陳凱(清・高唐人)
［道光］高唐州 5/1－59
［光緒］高唐州 5/1－66
［民國］高唐縣 12/75
陳魯(號省菴)
(明)
［萬曆］鉅野 8/隱逸
［康熙］鉅野 13/5
陳修(字伯昂)
(明・江西上饒人,一作弋陽人)
［嘉靖］山東 25/24
［康熙］山東 32/13
［雍正］山東 27/25
［宣統］山東 71/1

［康熙］濟南 25/24
［道光］濟南 36/1
［崇禎］歷城 6/11
陳脩（見陳修）
陳彝（明・青州人）
［宣統］山東 161/49
［萬曆］青州 14/56
［康熙十五年］青州 14/56
［康熙四十八年］青州 14/儒行 13
［康熙六十年］青州 15/12
［咸豐］青州 44/30
陳嵣（字倚霄）
（清・莒縣人）
［嘉慶］莒州 10/13
［民國］重修莒志 67/6
陳凱亮（清・濰縣人）
［民國］濰縣志稿 31/8
陳紹庭（清・費縣人）
［乾隆］沂州府 26/29
［光緒］費縣 11/5
陳彝商（清・日照人）
［光緒］日照 8/15
陳象麟（字紹唐）
（清・昌邑人）
［光緒］昌邑縣續志 6/25
陳佩璋（字禮南）
（清・慶雲人）
［民國三年］慶雲 2/96,2/98
陳紹登（清・臨清人）
［乾隆］東昌 43/22
［乾隆］臨清直隸州 8/上 46
［民國］臨清縣/人物 59
陳佩琳（字玉泉）
（清・慶雲人）
［民國三年］慶雲 2/98
陳紹孟（字淑賢）
（清・鄒縣人）
［民國］續修鄒縣志稿/人物－耆舊
陳修德（清・陵縣人）
［光緒］陵縣 19/人物傳二 28
陵縣鄉土志/18
陳名儉（字改菴）
（清・山西鳳臺人）
［宣統］山東 77/29
［光緒］增修登州 34/1
［道光］榮成 6/25
陳修齡（清・濰縣人）
［民國］濰縣志稿 29/30
陳象沛（字吉農）
（清・榮成人）
［宣統］山東 176/28
［光緒］增修登州 39/45
陳名祿（清・濟陽人）
［民國］濟陽 11/59
陳名士（清・高苑人）
［咸豐］青州 47/29
［康熙］高苑縣續志 6/1
［乾隆］高苑 6/5
陳象樞（字慎庭）
（清・濰縣人）
［民國］濰縣志稿 28/22
陳紹嫣（字衣菴）
（清・招遠人）
［光緒］增修登州 40/22
［道光］招遠縣續志 3/3
陳紹芳（字瑞之）
（明・蒙陰人）
［康熙十一年］蒙陰 2/15
28 **陳綸**（字大經）
（明・濮州人）
［萬曆］濮州 4/明經 4
［康熙］濮州 4/14
［乾隆］濮州 4/24
［宣統］濮州 3/86
陳綸（明・樂安人）
［康熙］山東 46/6
［康熙十五年］青州 14/43
［康熙四十八年］青州 14/隱逸 17
［康熙六十年］青州 18/8
［咸豐］青州 43/8
［雍正］樂安 12/10
［民國］樂安 10/7
［民國］續修廣饒 19/12
陳綸（字子綍，號伯言）
（清・臨清人）
［民國］臨清縣/人物 86
陳牧（明）
［萬曆］商河 5/21
陳僧（元）
［雍正］山東 30/18
陳儀（明・長樂人）
［嘉靖］朝城志 5/12
陳儀（明・茌平人）
［康熙四十九年］茌平 2/52
［宣統］茌平 13/2
［民國］茌平 3/11
陳作章（清・膠州人）
［民國］膠澳志 10/13
陳以詩（清・昌邑人）
［乾隆］昌邑 5/144
陳從政（元）
［民國］續修曲阜 8/61
陳徽胤（清・青城人）
［康熙］昌邑 5/18
［乾隆］昌邑 5/121
陳復安（字太生）
（清・東平人）
［乾隆］東平州 15/31
［道光］東平州 15/31
［光緒］東平州 15/下又 38
［民國］東平縣 11/下 13
陳以楨（清・曲阜人）
［民國］續修曲阜 5/37
陳以忠（明・北直宛平人）
［宣統］山東 71/29
［康熙］濟南 25/29
［弘治］泰安州 3/9
［康熙］泰安州 2/46
［乾隆］泰安府 15/5
［乾隆二十五年］泰安縣 10/30
［乾隆四十七年］泰安縣 8/26
［道光］泰安縣 10/3
［民國］重修泰安縣 6/58
陳復成（字見吾）
（清・平原人）
［民國］續修平原 6/9
陳以見（明・福清人）
［順治］定陶 4/4
陳作周（湖南湘鄉人）
［民國］臨朐續志 19/9
陳從善（清）
［光緒］壽張 5/8
陳以恪（字俗三）

（明・昌邑人）
［康熙］昌邑 6/9
［乾隆］昌邑 5/131
30 **陳安**（字和静）
（明・蓬萊人）
［泰昌］登州 11/43
［順治］登州 17/23
［康熙］蓬萊 5/23
［道光］重修蓬萊 9/29
［民國］蓬萊縣志合編人物志/行誼
陳宀（宋）
［同治］黄縣 6/1
陳賓（明・上海人）
［民國］福山縣志稿 7/7－1
陳寵（字昭公）
（漢・沛國洨人）
［嘉靖］山東 25/15
［康熙］山東 32/2
［雍正］山東 27/80
［宣統］山東 66/15
［乾隆］泰安府 14/4
［乾隆二十五年］泰安縣 10/27
陳淳（字安卿）
（宋・龍溪人）
［雍正］山東 11/闕里二 30
［乾隆］兖州 7/42
陳淳（清・薊州人,一作冀州人）
［康熙］高密 6/27
［乾隆］高密 6/20
高密縣鄉土志/上 9
陳淬（字君鋭）
（宋・莆田人）
［宣統］山東 68/45
［萬曆］東昌 18/23
［乾隆］東昌 33/20
［嘉慶］東昌 20/32
［宣統］重修恩縣 6/47
［民國］重修恩縣 10/63
陳定（金・東平人）
［乾隆］泰安府 18/33
［乾隆］東平州 15/2
［道光］東平州 15/2
［光緒］東平州 15/下 2
［民國］東平縣 11/中 22
東平州鄉土志上/耆舊錄 30
［乾隆二十五年］泰安縣 12/27
陳宫（字公臺）
（漢・武陽人）
［萬曆］東昌 19/6
［嘉慶］東昌 26/5
［乾隆］曹州府 14/8
［萬曆］濮州 3/鄉賢 4
［康熙］濮州 3/36
［乾隆］濮州 3/37
［宣統］濮州 4/43
［嘉靖］朝城志 7/3
［康熙］朝城 8/3
陳淮（字東之）
（明・閩縣舉人）
［萬曆］濮州 3/名宦 24
［康熙］濮州 3/22
［乾隆］濮州 3/22
［宣統］濮州 4/22
陳濟（明・巴陵人）
［康熙十一年］莘縣 5/17
［康熙五十六年］莘縣 5/17
［光緒］莘縣 5/36
［民國］莘縣 3/28
莘縣鄉土志/政績 7
陳寛（字栗堂）
（清・直隸安州人）
［民國］臨清縣/秩官 67
［民國］齊東 3/64
齊東縣鄉土志/政績錄 3
長山縣鄉土志/政績錄
陳濂（清・平度人）
［民國］平度縣續志 8/15
陳壍（明・昌邑人）
［康熙］昌邑 6/18
［乾隆］昌邑 5/142
陳宁（宋）
［康熙］黄縣 5/12
陳寧（明・單縣人）
［順治］單縣 3/7
陳容（漢・射陽人,一作洪洞人）
［嘉靖］山東 26/21
［雍正］山東 27/85
［宣統］山東 66/23
［萬曆元年］兖州 38/節義 2
［萬曆］東昌 18/8,20/52
［乾隆］東昌 33/7
［嘉慶］東昌 20/15
［乾隆］曹州府 12/3
［嘉靖］濮州 7/3
［萬曆］濮州 4/古交 1,6/58
［康熙］濮州 4/22
［乾隆］濮州 4/36
［宣統］濮州 6/64
［嘉靖］朝城志 5/3
［康熙］朝城 7/32
陳完（字敬仲）
（戰國）
［康熙］山東 48/5
［嘉靖］青州 12/16
［康熙十五年］青州 8/6
［康熙六十年］青州 10/4
陳汶（清・莒縣人）
［民國］重修莒志 66/6
陳憲（元）
［民國］續修曲阜 8/61
陳憲（字子遵）
（明・萊陽人）
［民國］萊陽 3/1 中 15
陳憲（明・魚臺人）
［康熙］魚臺 17/9
［乾隆］魚臺 11/7
［光緒］魚臺 3/4
陳憲（字善堂）
（清）
［民國］利津縣續志 6/1
陳憲（字善堂）
（清・直隸安州人）
［光緒］壽張 5/12
陳宣（清・商河人）
［民國］重修商河 8/55
商河縣鄉土志 3/耆舊－學問
陳瀛（字海峯）
（清・寧陽人）
［咸豐］寧陽 15/11
［光緒］寧陽 15/11
陳宇（宋）
［泰昌］登州 9/25
［順治］登州 11/11
陳宗（明・福建侯官人）

［嘉靖］朝城志 5/13
［康熙］朝城 7/22
陳守亮（明・義烏人）
［光緒］增修登州 27/2
［同治］黄縣 6/4
陳寅亮（清・城武人）
［康熙］兗州續編 15/13
［康熙九年］城武 5/8
［康熙四十一年］城武 5/上懿行 9
［道光］城武 9/下 13
陳永康（清・東平人）
［光緒］東平州 15/下 13
［民國］東平縣 11/中 30
陳宏訓（字公若）
（清・慶雲人）
［民國三年］慶雲 2/55
陳良謨（字忠夫）
（明・吉安人）
［康熙四十一年］寧陽 3/38
［乾隆］寧陽 3/分司 3
［咸豐］寧陽 11/8
［光緒］寧陽 11/8
寧陽縣鄉土志/7
陳良謨（字顯夫）
（清・奉天人）
［宣統］山東 76/29
［康熙］鄆城 4/10
［光緒］鄆城 6/10
鄆城縣鄉土志/政績錄－除害
陳宗謨（明・長樂人）
［乾隆］泰安府 15/14
［康熙］東平州 4/58
［乾隆］東平州 12/36
［道光］東平州 12/36
［光緒］東平州 14/36
［民國］東平縣 9/19
東平州鄉土志上/政績錄 14
陳宬誦（字咏先）
（明・鉅野人）
［乾隆］濟寧直隸州 24/35
［道光］濟寧直隸州 8/2－42
［道光］鉅野 12/26
陳守謙（元・單父人）
［乾隆］曹州府 14/32
［崇禎］鄆城 5/8
［康熙］鄆城 5/12
［光緒］鄆城 5/10
［乾隆］單縣 6/9
［民國］單縣 9/13
陳安石（字子堅）
（宋・河陽人）
［光緒］益都縣圖志 16/40
陳寶璽（字符齋）
（恩縣人）
［民國］重修恩縣 11/鄉賢 64
陳良玉（字吕璜）
（清・正藍旗人）
［乾隆］泰安府 15/35
陳寶瑤（字筱園）
（清・浙江人）
［民國］續修歷城 44/31
陳良弼（字夢築）
（清・慶雲人）
［嘉慶］慶雲 9/26
［民國三年］慶雲 2/102
陳良弼（清・通州人）
［康熙］膠州 5/18
陳良珊（字子珍，一作子真）
（明・南直華亭人）
［宣統］山東 72/48
［萬曆］東昌 18/33
［乾隆］東昌 35/18
［嘉慶］東昌 22/23
［嘉靖］高唐州 5/5，6/29
［康熙十二年］高唐州 7/8，10/42
［康熙五十一年］高唐州 7/8，10/42
［道光］高唐州 7/1－8
［光緒］高唐州 7/1－8
［民國］高唐縣 9/5－5
高唐州鄉土志/7
陳安政（字文善）
（元・嘉祥人）
［順治］嘉祥 4/28
［乾隆］嘉祥 3/19
［光緒］嘉祥 3/19
陳宗仁（字訥菴）
（明・濰縣人）
［萬曆］濰縣 10/2
［乾隆］濰縣 4/10
［民國］濰縣志稿 27/30
濰縣鄉土志/16
陳永任（字重我）
（清・招遠人）
［道光］招遠縣續志 3/8
陳宗嶽（清・諸城人）
［光緒］增修諸城縣續志 16/32
陳官俊（字偉堂）
（清・濰人）
［宣統］山東 177/2
［民國］濰縣志稿 28/17
濰縣鄉土志/25
陳良佐（明・萊陽人）
［民國］萊陽 3/1 中 7
陳宗德（字阜橋）
（明・武定人）
［乾隆］武定府 26/27
［咸豐］武定府 26/耆壽 1
［乾隆］惠民 6/18
［光緒］惠民 24/3
陳守綱（清・鄒平人）
［民國］鄒平 15/139
陳憲冬（清・萊蕪人）
［民國］續修萊蕪 34/44
陳永修（字子慎）
（清・歷城人）
［民國］續修歷城 41/25
陳永清（清・恩縣人）
［宣統］重修恩縣 7/51
陳永清（字我績，號安宇）
（清・即墨人）
［乾隆］濟寧直隸州 22/又 38
［道光］濟寧直隸州 6/7－79
陳永清（字海寧）
（清・陽信人）
［民國］陽信 5/任恤 36
陳之冲（清・福山人）
［民國］福山縣志稿 7/4－4
陳憲祖（字念齋）
（清・廣東南海人，一作順德人）
［宣統］山東 75/13
［道光］濟南 38/20
［康熙五十五年］長山 3/39

［嘉慶］長山 5/47
陳之遵（字孟公）
（清・膠州人）
［光緒］增修登州 26/3
［道光］重修膠州 28/5
［民國］增修膠志 42/4
陳之祚（清・嘉興人）
［乾隆］臨清直隸州 8/下 67
陳守志（清・莒縣人）
［民國］重修莒志 65/20
陳永柱（清・鄒縣人）
［光緒］鄒縣續志 12/上 10
鄒縣鄉土志耆舊錄/18
陳宗堯（清・章邱人）
［道光］章邱 11/82
陳之垣（明・臨朐人）
光緒臨朐 14/下 9
陳之樸（霑化人）
［民國］霑化 4/登進 49
陳宗媯（字麓賓）
（清・東阿人）
［民國］續修東阿 11/15，14/16
陳家樹（字蔭塘）
（清・費縣人）
［光緒］費縣 11/53
陳良相（字符夢）
（明・益都人）
［萬曆］青州 14/52
［康熙十五年］青州 14/52
［康熙四十八年］青州 14/儒行 9
［康熙六十年］青州 15/10
［萬曆］諸城 7/18
［康熙］諸城 7/16
［乾隆］諸城 30/4
諸城縣鄉土志/上 24
陳家聲（字邁千）
（清・濰縣人）
［民國］黃縣志稿 11/宦績
陳之楹（清・昌邑人）
［乾隆］昌邑 5/146
陳宗超（明・福建閩縣人）
［康熙五十六年］壽張 4/20
［光緒］壽張 5/23
陳良翰（字季宣）
（清・慶雲人）
［嘉慶］慶雲 9/17
［咸豐］慶雲 2/67
［民國三年］慶雲 2/49
陳之枌（字仲阿，一作中阿）
（清・昌邑人）
［乾隆］泰安府 15/36
［乾隆二十五年］泰安縣 10/35
［乾隆四十七年］泰安縣 8/32
［道光］泰安縣 10/9
［民國］重修泰安縣 6/62
［乾隆］昌邑 5/132
陳守中（字子權）
（清・東阿人）
［民國］續修東阿 11/8
陳宜春（字符卿）
（清・平度人）
［民國］平度縣續志 8/17
陳宜中（字仲莪）
（清・濟寧人）
［道光］濟寧直隸州 8/4－52
濟寧州鄉土志 2/技術
陳永泰（字運昌）
（清・濰縣人）
［民國］濰縣志稿 31/8
陳良輔（號屋樓）
（明・莒縣人）
［乾隆］沂州府 25/22
［康熙］莒州下/40
［雍正］莒州 9/24
［嘉慶］莒州 9/20
［民國］重修莒志 63/2
陳良輔（明・益都人）
［萬曆］青州 13/71
［萬曆］益都 6/92
陳安邦（清・定陶人）
［民國］定陶 6/59
陳安邦（清・寧陽人）
［咸豐］寧陽 13/47
［光緒］寧陽 13/58
陳良田（字心亭）
（清平人）
［民國］清平/人物 80
陳守愚（字如愚，號愚泉）
（明・壽張人）
［雍正］山東 28/人物三 34
［宣統］山東 160/25
［萬曆二十四年］兗州 36/20
［康熙］兗州 28/19
［乾隆］兗州 23/43
［康熙六年］壽張 7/13
［康熙五十六年］壽張 7/13
［光緒］壽張 6/46
壽張縣鄉土志/耆舊－事業
陳之昂（字伯起）
（清・鉅野人）
［康熙］兗州續編 16/22
［康熙］鉅野 11/29
［道光］鉅野 13/44
陳宗器（明・青城人）
［萬曆］青城 1/60
陳宗器（字景周）
（清・高唐人）
［民國］高唐縣 12/92
陳良明（明・縉雲人）
［萬曆］蒲臺志 8/11
陳寅明（清・單縣人）
［康熙］單縣 8/50
［乾隆］單縣 7/17
［民國］單縣 9/37
陳之辰（字晉然）
（清・浙江錢塘人）
［宣統］山東 76/37
［乾隆］東昌 33/37
［嘉慶］東昌 21/4
［康熙］聊城 2/5
［宣統］聊城 6/2－4
陳宗賢（字子愚）
（清・昌樂人）
［民國］昌樂縣續志 28/8
陳永年（號松園）
（清・漢軍旗人）
［宣統］山東 76/16
［乾隆］沂州府 20/15
［嘉慶］莒州 7/9
［民國］重修莒志 58/2
陳宗善（元）
［民國］續修曲阜 8/61
陳良知（號湛川）
（明・莒縣人）

[萬曆]青州 13/71
[康熙十五年]青州 13/71
[康熙四十八年]青州 13/事功 55
[康熙六十年]青州 16/29
[乾隆]沂州府 25/22
[康熙]莒州下/40
[雍正]莒州 9/25
[嘉慶]莒州 9/20
[民國]重修莒志 63/2
陳宸銘(字我愚,號揚先)(清・濟寧人)
[宣統]山東 172/36
[康熙]濟寧州 6/50
[乾隆]濟寧直隸州 25/2
[道光]濟寧直隸州 8/3-1
[道光]鉅野 12/25,24/8
陳安策(字又菴)(清・江西人)
[宣統]山東 75/65
[乾隆]嶧縣 7/22
[光緒]嶧縣 19/職官下 17
陳守節(明・鉅野人)
[萬曆]鉅野 8/孝子
[康熙]鉅野 11/32
[道光]鉅野 13/43
31 陳灝(元)
[民國]續修曲阜 8/61
陳遷(字大益)(明・龍溪人)
[道光]濟南 35/20
陳福亨(清・蒙陰人)
[康熙十一年]蒙陰 2/38
陳福慶(清・高唐人)
[光緒]高唐州 5/2-34
[民國]高唐縣 12/44
陳濬雷(清・南皮明經)
[乾隆]樂陵 6/43
陳湞樂(明・莆田人)
[康熙]昌邑 5/16
陳福魁(清・歷城人)
[民國]續修歷城 43/7
陳顧滯(字牖聲,別字棟坡)(清・仁和人)
[光緒]滋陽 9/58
陳河漪(字清漣)(清・汶上人)
[宣統]四續汶上稿/人物-施濟傳
陳福祿(清・濟陽人)
[民國]濟陽 20/5
陳福增(清・蒙陰人)
[康熙十一年]蒙陰 2/32
陳顧曡(字用民)(清・蓬萊人)
[民國]蓬萊縣志合編人物志/行誼
陳源長(字子魯)(清・新城人)
[道光]濟南 61/9
[宣統]新城縣後志 3/方技
[民國]重修新城 17/7
32 陳澄(明・交趾人)
[宣統]山東 200/10
[乾隆]武定府 26/43
[咸豐]武定府 26/寓賢 3
[順治]樂陵 6/6
[乾隆]樂陵 6/42
陳泓(字魯泉)(清・曲阜人)
[民國]續修曲阜 8/58
陳沂(明・浙江鄞縣人)
[康熙]山東 31/18
[宣統]山東 70/20
[道光]濟南 35/29
陳淵(明・鄒縣人)
[嘉靖]鄒縣地理誌 1/又 25
陳兆麟(字豫紱)(清・陵縣人)
[民國]陵縣續志 4/20
陳兆麟(字瑞徵)(清・平原人)
[民國]續修平原 6/8
陳州璽(字顯堂)(清・臨清人)
[民國]臨清縣/人物 85
陳兆熊(字渭春)(清・湖南桂陽州人)
[民國]霑化 4/職官 39
陳逐巖(明・德州人)
德州鄉土志/耆舊 7
陳兆崗(字振千)(長清人)
[民國]長清 12/11
陳兆鸞(字鳴瑞)(清・濰人)
[雍正]山東 28/人物四 21
[宣統]山東 177/10
[乾隆]萊州 10/30
[乾隆]濰縣 4/13
[民國]濰縣志稿 28/3
濰縣鄉土志/20
陳澄心(字如淵,號龍嵋)(清・縉雲人)
[康熙]兗州府曹縣 9/37
[光緒]曹縣 9/縣令 6
陳漸逵(明・瓊山貢生)
[道光]觀城 6/22
陳漸逵(字鴻翥)(清・寧陽人)
[光緒]寧陽 13/52
陳兆祺(字壽彭)(清・長清人)
[民國]長清 11/4
陳兆祺(清・高唐人)
[道光]高唐州 5/1-35
[光緒]高唐州 5/1-35
陳兆祥(字瑞卿)(清・東平人)
[民國]東平縣 11/下 30
陳兆吉(字藹如)(清・臨沂人)
[民國]臨沂 10/34
陳兆桐(字筱坡)(長清人)
[民國]長清 12/11
陳兆榮(字貴卿)(清・鉅野人)
[民國]續修鉅野 5/上 30
33 陳淙(明・直隸遵化人)
[崇禎]鄆城 4/7
[康熙]鄆城 4/5
[光緒]鄆城 6/5
陳瀫(字繡上)(清・濰縣人)
[民國]濰縣志稿 32/2
陳溥(字雨軒)(清・慶雲人)

［民國三年］慶雲 2/98
陳溶（字桂軒）
（清・慶雲人）
［民國三年］慶雲 2/96
陳邃（元）
［萬曆］武定州 10/8
陳治（明・信陽人）
［康熙］堂邑 10/7
陳述章（清・寧陽人）
［光緒］寧陽 13/72
陳心廣（字德潤）
（清・東阿人）
［民國］續修東阿 11/7
陳述經（字子郛，號笈堂）
（清・濰縣人）
［民國］濰縣志稿 28/22
濰縣鄉土志/46
陳必達（明）
［光緒］嶧縣 19/職官下 2
陳心澡（字秋沆）
（清・濟寧人）
［康熙］兗州續編 16/20
［乾隆］兗州 23/76
［康熙］濟寧州 6/61
［乾隆］濟寧直隸州 25/17
［道光］濟寧直隸州 8/3－9
陳必大（清・登州人）
［乾隆］嶧縣 7/44
［光緒］嶧縣 19/武職 31
陳述芹（字擢軒）
（清・濰縣人）
［民國］濰縣志稿 28/24
陳心田（清・諸城人）
［光緒］增修諸城縣續志 14/5
陳必顯（字藏用）
（明・青陽人）
［道光］濟南 36/27
［康熙四十三年］長山 3/宦績
［康熙五十五年］長山 3/32
［嘉慶］長山 5/40
陳述賢（字少彭）
（清・濰縣人）
［民國］濰縣志稿 28/31
34 **陳達**（字兼善）
（明・日照人）
［嘉靖］山東 32/20
［康熙］山東 42/21
［雍正］山東 28/人物三 13
［宣統］山東 166/8
［嘉靖］青州 16/8
［萬曆］青州 13/52
［康熙十五年］青州 13/52
［康熙四十八年］青州 13/事功 35
［康熙六十年］青州 16/18
［乾隆］沂州府 25/20
［康熙］日照 9/2
［光緒］日照 8/5
陳法（字大臣）
（清・鄆城人）
［康熙］鄆城 6/18
［光緒］鄆城 7/20
陳漢（字廣生）
（清・福建閩縣人）
［宣統］山東 75/51
［乾隆］武定府 16/46
［咸豐］武定府 19/霑化 5
［光緒］霑化 5/20
［民國］霑化 4/職官 38
陳澔（字可久，號雲住）
（元・都昌人）
［康熙］山東 46/8
［雍正］山東 11/闕里二 32
［乾隆］兗州 7/45
［萬曆］萊州 6/17
［康熙］萊州 10/73
［康熙］昌邑 6/2
陳祜（見陳天祐）
陳逵（字天衢）
（明・東平人）
［乾隆］泰安府 17/40
［乾隆］東平州 13/34
［道光］東平州 13/34
［光緒］東平州 15/上 34
［民國］東平縣 11/上 12
東平州鄉土志上/耆舊錄 31
陳淇（元）
［民國］續修曲阜 8/61
陳濳（字學淵）
（清・諸城人）
［光緒］增修諸城縣續志 16/32
陳汝庚（字希白，號艾溪）
（清・昌樂人）
［民國］昌樂縣續志 30/5
［民國］濰縣志稿 32/33
陳汝彥（字美士）
（清・商河人）
［民國］重修商河 9/15
陳洪諫（字憲宸，號覺菴）
（清・德州人）
［宣統］山東 169/23
［道光］濟南 56/68
［乾隆］德州 9/36
［民國］德縣 10/24
州乘餘聞/1
德州鄉土志/耆舊 28
陳汝麟（明・滄州人）
［宣統］山東 72/42
［嘉慶］東昌 21/27
［嘉慶］清平 13/3
［宣統］增輯清平 11/2
［民國］清平/秩官 28
清平縣鄉土志/政績
陳汝霖（字雲子，號菊圃）
（清・昌樂人）
［民國］昌樂縣續志 16/33，31/9
陳汝聰（清・四川敘永廳人）
［宣統］山東 75/11
［道光］濟南 38/17
［乾隆］淄川 4/又 28－2
淄川縣鄉土志/政績錄
陳汝弼（字愧輔，一字踽菴）
（清・福山人）
［宣統］山東 176/18
［光緒］增修登州 39/17
［康熙］福山 8/7
［乾隆］福山 8/19，9 上/34
［民國］福山縣志稿 7/1－26，10/5
陳汝侗（清・昌樂人）
［民國］濰縣志稿 32/38
陳汝守（字允貞，號柏園）
（清・昌樂人）
［民國］昌樂縣續志 30/24
陳汝禮（字子儀，號立夫）

(清・昌樂人)
[民國]昌樂縣續志 29/10
陳汝墉(清・壽張人)
[光緒]壽張 7/30
陳汝華(清・高唐人)
[光緒]高唐州 5/1-48
[民國]高唐縣 12/13
陳汝楫(字巨川)
(清・臨沂人)
[民國]續修臨沂 16/23
陳汝梅(字嶺南)
(清・濰縣人)
[民國]濰縣志稿 29/19
陳達善(字孟兼)
(濰縣人)
[民國]濰縣志稿 42/29
陳洪猷(字展濟)
(明・益都人)
[咸豐]青州 45/55
[康熙]益都 9/40
[光緒]益都縣圖志 36/20
陳汝恒(字友三)
(清・歷城人)
[民國]續修歷城 40/35
35 陳迪(宋・曲阜人)
[民國]續修曲阜 8/61
陳迪(號允道)
(明・蓬萊人)
[道光]重修蓬萊 9/8
[民國]蓬萊縣志合編人物志/鄉賢
陳迪(字景道)
(明・南直宣城人)
[嘉靖]山東 25/11
[康熙]山東 31/13
[雍正]山東 27/10
[宣統]山東 70/16
[道光]濟南 35/30
[光緒]增修登州 43/1
[崇禎]歷城 6/17
陳遘(字亨伯)
(宋・永州人)
[嘉靖]山東 26/25
[康熙]山東 34/6
[雍正]山東 27/45
[宣統]山東 68/46
[萬曆]東昌 18/23
[乾隆]東昌 34/10
[嘉慶]東昌 22/1
[康熙十一年]莘縣 5/2
[康熙五十六年]莘縣 5/2
[光緒]莘縣 5/4
[民國]莘縣 3/3
莘縣鄉土志/政績 3
陳禮(清・歷城歲貢)
[康熙]高密 6/27
[乾隆]高密 6/20
[光緒]高密 6/24
[民國]高密 12/25
高密縣鄉土志/上 12
陳連(字汝器)
(明・濟寧人)
[道光]濟寧直隸州 8/2-22
陳清(元・沂水人)
[道光]沂水 7/1
陳清(明・大同人)
[康熙]兖州府曹縣 14/75
[光緒]曹縣 14/游寓 3
陳清(明・即墨人)
[乾隆]即墨 9/19
[同治]即墨 9/24
即墨縣鄉土志/耆舊-事業三
陳清(字廉夫,號松軒)
(明・益都人)
[嘉靖]青州 14/30
[萬曆]青州 13/46
[康熙十五年]青州 13/46
[康熙四十八年]青州 13/事功 29
[康熙六十年]青州 16/14
[咸豐]青州 43/13
[康熙]益都 7/9
[光緒]益都縣圖志 35/2
陳清言(字霏玉)
(清・臨淄人)
[民國]臨淄 28/9
陳迪誥(清・濰縣人)
[民國]濰縣志稿 29/29
陳迪聰(字穎思)
(清・濰縣人)
[民國]濰縣志稿 29/21
濰縣鄉土志/25
陳清源(字山泉)
(清・恩縣人)
[宣統]重修恩縣 8/26
[民國]重修恩縣 11/鄉賢 22
恩縣鄉土志/21
陳連洲(博山人)
[民國]續修博山 12/34
陳清潤(字德滋)
(清・恩縣人)
[民國]重修恩縣 11/鄉賢 53
陳連城(清・費縣人)
[光緒]費縣 11/56
陳連中(恩縣人)
[民國]重修恩縣 11/鄉賢 77
陳清泰(字六符,號階平)
(清・恩縣人)
[民國]重修商河 6/71
陳迪怡(字桂山)
(清・濰縣人)
[民國]濰縣志稿 30/55
陳迪恪(字蓉潭)
(清・濰縣人)
[民國]濰縣志稿 28/34
陳迪恂(字希召)
(清・濰縣人)
[民國]濰縣志稿 28/34
濰縣鄉土志/38
陳迪耀(字遠庭)
(清・濰縣人)
[民國]濰縣志稿 32/3
36 陳湯(字子公)
(漢・瑕丘人,一作魯人)
[嘉靖]山東 30/6
[雍正]山東 28/人物一 12
[宣統]山東 154/9
[萬曆元年]兖州 40/武功 5
[康熙]兖州 24/13
[乾隆]兖州 23/11
[康熙]滋陽 4/上 10
[光緒]滋陽 8/22
滋陽縣鄉土志 1/耆舊-名臣
陳祝升(字子雲)
(清・濰縣人)
[民國]濰縣志稿 28/4
陳遇清(字西京)

（清・諸城人）
［光緒］增修諸城縣續志 20/2
陳昶成（清・高唐人）
［光緒］高唐州 5/1－55
［民國］高唐縣 12/78
陳遇昌（字際五）
（清・高唐人）
［民國］高唐縣 12/23
37 陳冠（字儁丞）
（清・江西新淦人）
［民國］金鄉 11/22
陳潔（清・利津人）
［乾隆］利津縣志補 4/31
［光緒］利津 8/義行 6
陳祿（字惟學）
（明・章邱人）
［宣統］山東 160/28
陳凝（清・浙江德清進士）
［康熙］新城 5/12
［民國］重修新城 11/1
陳潤（明・泗水人）
［宣統］山東 161/37
陳渥（元）
［民國］續修曲阜 8/61
陳逸（漢・平興人）
［嘉慶］東昌 34/7
陳過庭（字賓王）
（宋・山陰人）
［嘉靖］山東 26/25
［康熙］山東 34/6
［雍正］山東 27/45
［萬曆］東昌 18/24
［乾隆］東昌 35/11
［嘉慶］東昌 22/15
陳祖望（明）
［民國］高唐縣 9/5－17
陳鴻飛（字逵南）
（清・濰縣人）
［民國］濰縣志稿 32/7
陳冠鼎（字洛九）
（清・臨沂人）
［民國］臨沂 10/35
陳冠俊（字籲卿）
（清・臨沂人）
［民國］臨沂 10/36
陳次升（字當時）
（宋・興化仙游人）
［嘉靖］山東 27/6
［宣統］山東 68/52
［嘉靖］青州 13/29
［萬曆］青州 12/21
［康熙十五年］青州 12/22
［康熙四十八年］青州 12/22
［康熙六十年］青州 12/13
［咸豐］青州 35/10
［萬曆］安丘 17/1
安丘縣鄉土志 2/政績錄
陳鴻逵（字雲衢）
（清・昌樂人）
［民國］昌樂縣續志 31/23
陳祖法（清・餘姚人）
［道光］濟南 38/29
［民國］齊東 3/63
陳淑荀（清・濰縣人）
［民國］濰縣志稿 29/30
陳祖基（清・昌樂人）
［民國］濰縣志稿 32/34
陳祖蔭（清・歷城人）
［民國］續修歷城 43/7
陳祖壿（昌樂人）
［民國］昌樂縣續志 21/21
陳洛書（號龍泉）
（清・山西徐溝人）
［宣統］山東 75/27
［道光］濟南 38/36
［道光］臨邑 7/28，13/22
［同治］臨邑 7/32，13/21
陳鴻舉（清・魚臺人）
［光緒］魚臺 3/文行又 4
陳鴻熙（字子敬）
（霑化人）
［民國］霑化卷首/11
38 陳淦（清・浙江山陰人）
［宣統］山東 75/59
［咸豐］寧陽 11/20
［光緒］寧陽 11/20
寧陽縣鄉土志/11
陳海（字龍池，號學山）
（明・陽信人）
［民國］陽信 5/文學 3
陳祥（明・餘姚人）
［康熙］鄆城 4/13
［光緒］鄆城 6/17
陳肇（字履元，號篠瀛，一號篠雲）
（清・平度人）
［光緒］平度志要/人物，藝文
［民國］平度縣續志 7/7，12/上 4
平度鄉土志 4 上/事業
陳祚（字慶甫）
（元）
［順治］嘉祥 3/38
［乾隆］嘉祥 2/46
［光緒］嘉祥 2/62
陳肇慶（東平人）
［民國］東平縣 11/上 24
陳肇新（清・臨沂人）
［乾隆］沂州府 26/23
［民國］臨沂 10/14
陳道晉（字晝堂）
（清・文登人）
［光緒］文登 10/上 13
陳道安（清・臨淄人）
［民國］臨淄 22/70
陳啟沃（字和衷）
（清・德州人）
［民國］德縣 10/38
陳祥祚（清・江南徐州監生）
［嘉慶］德平 5/21
［光緒］德平 5/13
陳啟韋（清・紹興人）
［乾隆］東昌 35/8
陳啟喆（清・莒縣人）
［民國］重修莒志 61/10
陳啟觀（清・福山人）
［乾隆］福山 8/50
陳啟泰（字澮菴）
（清・無棣人）
［乾隆］武定府 26/29
［咸豐］武定府 26/耆壽 3
［民國］無棣 12/4
陳祥暐（字雲坡）
（清・濰縣人）
［民國］濰縣志稿 32/3
陳道原（字若泉）
（清・文登人）
［光緒］文登 10/上 12

陳祚熙(字庭儀)
(清・莒州人)
[雍正]山東 28/人物四 32
[宣統]山東 173/17
[康熙四十八年]青州 15/卓行 18
[康熙六十年]青州 17/18,18/15
[乾隆]沂州府 26/21
[雍正]莒州 9/26
[嘉慶]莒州 9/25
[民國]重修莒志 67/3
陳啟棠(字蔭南)
(清・粵西北流人)
[民國]重修商河 6/73
商河縣鄉土志 1/政績
陳裕輝(字炎圃)
(清・曲阜人)
[民國]續修曲阜 5/31
40 **陳奮**(清・江寧拔貢)
[乾隆]東昌 33/50
[嘉慶]東昌 21/17
[道光]博平 4/8
陳奎(明)
[康熙]萊陽 4/5
陳培(字天篤)
(清・東平人)
[乾隆]東平州 15/27
[道光]東平州 15/27
[光緒]東平州 15/下 35
[民國]東平縣 11/下 10
東平州鄉土志上/耆舊錄 37
陳奇(明・晉江人)
[乾隆]泰安府 15/11
[天啟]新泰 5/28
[順治]新泰 4/23
[乾隆]新泰 11/10
陳森(字如千)
(清・慶雲人)
[嘉慶]慶雲 9/12
[咸豐]慶雲 2/63
[民國三年]慶雲 2/41,2/94
陳壽(後晉・巴西安漢人)
[康熙]萊陽 5/4
陳壽(明・湖廣隨州人)
[宣統]山東 70/17
[道光]濟南 35/28
陳喜(號瀛海)
(清・慶雲人)
[嘉慶]慶雲 9/23
[咸豐]慶雲 2/74
[民國三年]慶雲 2/62
陳堯(明・莆田人)
[嘉靖]濮州 7/18
[萬曆]濮州 3/名宦 24
[康熙]濮州 3/22
[乾隆]濮州 3/22
[宣統]濮州 4/22
陳堯(字敬甫,號桐岡)
(明・通州人)
[康熙]濟寧州 4/8
[道光]濟寧直隸州 6/6－48
陳志(號遜巖)
(明・德州人)
[道光]濟南 52/41
[乾隆]德州 9/29
[民國]德縣 10/11
陳志(明・益都人)
[康熙]山東 49/4
[康熙四十八年]青州 17/方技 5
[康熙六十年]青州 20/7
[咸豐]青州 51/5
[萬曆]益都 6/106
[康熙]益都 10/20
[光緒]益都縣圖志 46/1
陳大文(號簡亭)
(清・河南杞縣人)
[宣統]山東 74/26
[道光]濟南 37/37
陳嘉言(明・陝西西安人)
[宣統]山東 73/32
[萬曆]萊州 5/71
[康熙]萊州 8/45
[乾隆]萊州 9/16
[乾隆]掖縣 3/31
陳嘉言(明・江西樂安人)
[萬曆]青州 12 又/又 14
[康熙十五年]青州 12 又/又 14
[康熙四十八年]青州 12 又/又 14
[萬曆]諸城 4/36
[乾隆]諸城 28/10
陳嘉言(字亦山)
(明・鄒平人)
[道光]濟南 50/15
[嘉慶]鄒平 15/19
[道光]鄒平 15/33
[民國]鄒平 15/33
陳嘉言(字見莽)
(清・吳縣人)
[咸豐]青州 37/24
[道光]諸城縣續志 12/1
陳十章(字是挈,號新吾)
(明・夏津人)
[乾隆]夏津 7/11
陳希亮(字公弼)
(宋・京兆人,遷眉州)
[嘉靖]山東 25/6,26/10
[康熙]山東 31/7,33/13
[宣統]山東 68/43
[萬曆元年]兗州 38/循吏 30
[萬曆二十四年]兗州 28/4
[康熙]兗州 22/4
[康熙]曹州志 7/39
[乾隆]曹州府 12/11
[萬曆]寧津 5/14
[光緒]菏澤 7/名宦 4
[光緒]新修菏澤 8/6
菏澤縣鄉土志/9
陳有慶(字孜園)
(清・濰縣人)
[民國]濰縣志稿 28/42
陳有章(明・晉江人)
[康熙]海豐 9/8
海豐縣鄉土志/政績
[民國]無棣 9/7
陳大訓(字四賓)
(明・聊城人)
[乾隆]東昌 39/41
[嘉慶]東昌 29/19
[宣統]聊城 8/17
陳有新(字月庭)
(清・章邱人)
[道光]濟南 54/22
[道光]章邱 16/80
陳有訓(字聖謨)

（清・鉅野人）
［民國］續修鉅野 7/下 67
陳培誠（字篤園）
（清・曲阜人）
［民國］續修曲阜 3/44
陳大誥（字荔邨）
（清・德州人）
［民國］德縣 10/61
陳嘉謨（明・灤州人）
［隆慶］單縣上/35
陳嘉謨（字獻廷）
（清・沂州人）
［宣統］山東 173/17
［康熙］沂州志 5/76
［乾隆］沂州府 26/13
陳士元（字萬資）
（清・曲阜人）
［民國］續修曲阜 5/28,5/43
陳壽元（清・江西武寧進士）
［民國］福山縣志稿 3/2－11
陳友三（清・汶上人）
［宣統］四續汶上稿/人物－孝弟傳
陳志元（明・華亭人）
［乾隆］沂州府 20/7
［康熙］郯城 6/4
［乾隆］郯城 7/25
陳希孺（清・莒縣人）
［民國］重修莒志 61/10
陳堯廷（清・定陶人）
［民國］定陶 6/69
陳大功（清・陽信人）
［民國］陽信 5/人瑞 68
陳有功（清・歷城人）
［宣統］山東 169/16
［道光］濟南 53/11
［乾隆］歷城 38/10
陳大務（明・歷城人）
［道光］濟南 49/37
陳克雋（字伯英，號鷺邨）
（清・新城人）
［宣統］新城縣後志 3/文苑
［民國］重修新城 18/21
新城縣鄉土志/耆舊－清
陳大經（明・青城人）
［萬曆］青城 1/71
陳大經（字筠操）
（清・無錫監生）
［光緒］寧津 6/28
寧津縣志料 3/人物－名宦
寧津縣鄉土志/政績
陳大儒（字希哲）
（清・歷城人）
［道光］濟南 53/60
［民國］續修歷城 41/10
陳九衢（字龍山）
（明・建平人）
［道光］濟南 36/44
［嘉慶］禹城 7/31
［民國］禹城 3/48
陳克仁（清・商河人）
［宣統］山東 171/50
［道光］商河 7/26
［民國］重修商河 8/37
商河縣鄉土志 2/耆舊－事業
陳希儒（清・莒縣人）
［民國］重修莒志 61/8
陳嘉樂（字子顯，號東原）
（清・歷城人）
［宣統］山東 170/35
［道光］濟南 53/57
陳士任（清・博興人）
［康熙六十年］博興 7/23
［道光］博興 11/26
［民國］重修博興 13/25
陳希代（字績堂）
（清・曲阜人）
［民國］續修曲阜 5/41
陳堯佐（宋）
［乾隆］德州 8/2
陳士傑（字子萬）
（清・陽信人）
［民國］陽信 5/篤行 39
陳希程（字宗洛）
（明・嶧縣人）
［光緒］嶧縣 21/忠義 3
陳士凱（字密庵）
（清・廣西全州人）
［雍正］山東 27/114
［宣統］山東 76/9
［康熙］兗州續編 14/10
［乾隆］兗州 22/36
［乾隆］濟寧直隸州 22/53
［道光］濟寧直隸州 6/7－87
［乾隆］魚臺 9/47
［光緒］魚臺 2/55
陳培倫（字經常）
（清・東平人）
［光緒］東平州 15/下 53
［民國］東平縣 11/下 22
陳嘉賓（字子昭，號玉函）
（清・歷城人）
［民國］續修歷城 41/12
陳克宅（字即卿）
（明・餘姚人）
［道光］濟南 35/20
陳南賓（名光裕，以字行）
（明・茶陵州人）
［乾隆］膠州 4/7
［道光］重修膠州 22/1
［民國］增修膠志 17/1
陳希實（字傚儒）
（清・臨朐人）
臨朐縣鄉土志 1/耆舊
陳志寅（清・蓬萊人）
［民國］蓬萊縣志合編人物志/行誼
陳大業（清・德州人）
［民國］德縣 10/59
德州鄉土志/耆舊 57
陳奎遠（清・博興人）
［民國］重修博興 13/58
陳壽祺（字柏軒）
（長清人）
［民國］長清 12/16,12/20
陳存禮（字肅公）
（清・昌樂人）
［嘉慶］昌樂 24/11
陳嘉禮（明・郯城人）
［康熙］郯城 8/8
陳培清（清・濟寧人）
［民國］濟寧直隸州續志 12/2
陳士清（字顯揚）
（清・陽信人）
［民國］陽信 5/忠義 44
陳壽清（字少珊）
（清・山陰人）

［光緒］壽張 5/12
陳堯咨（字嘉謨）
（宋・閬州閬中人）
［嘉靖］山東 26/9
［康熙］山東 33/11
［雍正］山東 27/88
［宣統］山東 68/32
［乾隆］泰安府 14/15
［萬曆元年］兗州 38/循吏 28
［萬曆二十四年］兗州 28/1
［康熙］兗州 22/1
［乾隆］兗州 22/11
［乾隆］曹州府 12/10
［乾隆］濟寧直隸州 21/8
［道光］濟寧直隸州 6/6－7
［乾隆］東平州 12/13
［道光］東平州 12/13
［光緒］東平州 14/13
［民國］東平縣 9/7
［光緒］魚臺 2/45
［乾隆］單縣 4/51
［隆慶］單縣上/31
［民國］單縣 6/宦蹟 12
［萬曆］鉅野 6/5
［康熙］鉅野 10/5
［道光］鉅野 10/7
陳嘉道（明・獲嘉舉人）
［康熙］博平 3/4
陳士啟（初名雷）
（明・江西泰和人）
［雍正］山東 27/10
［宣統］山東 70/17
［道光］濟南 35/29
陳士杰（字儁丞）
（清・湖南桂陽人）
［宣統］山東 74/31
陳希堯（字煥文）
（清・臨朐人）
臨朐縣鄉土志 1/耆舊
陳友直（明・全椒人）
［康熙］德平 3/27
［嘉慶］德平 5/3
［光緒］德平 5/3
陳志大（明・蒙陰人）
［萬曆］青州 14/18
［康熙十五年］青州 14/18
［康熙四十八年］青州 14/孝友 8
［康熙六十年］青州 17/13
［乾隆］沂州府 26/10
［康熙十一年］蒙陰 2/34
［康熙二十四年］蒙陰 4/12
［宣統］蒙陰 4/孝義
陳志奇（清・錢塘人）
［乾隆］福山 9 上/73
［民國］福山縣志稿 7/7－2
陳士彬（清・臨朐人）
［康熙六十年］青州 17/20
［咸豐］青州 47/33
光緒臨朐 14/下 15
陳九芝（字子庵）
（長清人）
［民國］長清 12/11，13/31
陳克恭（明・莆田舉人）
［道光］商河 5/28
［民國］重修商河 6/66
陳奇英（明・桂林人）
［崇禎］鄆城 4/19
［康熙］鄆城 4/17
［光緒］鄆城 6/25
陳有苓（字懷西）
（清・高唐人）
［光緒］高唐州 5/2－31
［民國］高唐縣 12/17
陳有芑（清・高唐人）
［光緒］高唐州 5/2－31
［民國］高唐縣 12/17
陳有蕃（字德其）
（清・莒縣人）
［乾隆］沂州府 26/25
［雍正］莒州 8/6
［嘉慶］莒州 10/12
［民國］重修莒志 67/5
陳九如（字贊賓）
（長清人）
［民國］長清 12/15
陳士乾（字健行）
（清・平度人）
［道光］重修平度州 19/29
陳大本（字立亭）
（清・陽信人）
［民國］陽信 5/孝友 62
陳大中（清・濰縣人）
［民國］濰縣志稿 31/33
陳來忠（字笏山）
（清・直隸易州人）
［宣統］山東 77/44
章邱縣鄉土志/上 10
［光緒］高密 6/27
［民國］高密 12/27
高密縣鄉土志/上 11
陳志本（清・蓬萊人）
［民國］蓬萊縣志合編人物志/行誼
陳大成（清・莘縣人）
莘縣鄉土志/孝友 23
陳大成（字韶九）
（清・滋陽人）
［光緒］滋陽 9/23
陳吉甫（字榮周）
（清・慶雲人）
［民國三年］慶雲 2/99
陳堯輔（明・揚州人）
［宣統］山東 73/37
［康熙］萊州 8/54
［乾隆］萊州 9/23
［康熙］膠州 5/8
［乾隆］膠州 4/13
［道光］重修膠州 22/6
［民國］增修膠志 17/5
膠州直隸州鄉土志 3/政績－聽訟
陳在田（字見龍）
（清・歷城人）
［民國］續修歷城 44/8
陳九疇（字禹學，號謙齋）
（明・曹州人）
［雍正］山東 28/人物三 21
［宣統］山東 159/16
［康熙］曹州志 15/22
［乾隆］曹州府 15/6
［光緒］菏澤 15/21
［光緒］新修菏澤 10/22
菏澤縣鄉土志/18
陳九疇（號東華）
（明・歷城人）
［康熙］濟南 40/11
［道光］濟南 49/35

［崇禎］歷乘 16/22
［崇禎］歷城 10/15
［乾隆］歷城 37/41
陳九鳴（清・嶧縣人）
［乾隆］嶧縣 8/49
［光緒］嶧縣 21/孝友 9
陳士雅（字彥伯）
（清・慶雲人）
［嘉慶］慶雲 9/17
［咸豐］慶雲 2/67
［民國三年］慶雲 2/49,2/94
陳大鵬（字搏九）
（清・歷城人）
［民國］續修歷城 42/12
陳古用（明・新城人）
［宣統］新城縣後志 2/善行
［民國］重修新城 14/3
新城縣鄉土志/耆舊－明
陳士興（清・淄川人）
［道光］濟南 54/76
淄川縣鄉土志/鄉宦耆舊
陳希賢（明・青城人）
［萬曆］青城 1/71
［乾隆］青城 8/10
陳大勝（字勛臣）
（清・湖北沔陽人）
［光緒］壽張 5/40
［民國］續修鉅野 3/13,7/上 46
陳克善（清・章邱人）
［道光］章邱 11/83
陳希曾（字仰賢）
（清・武城人）
［民國］增訂武城續編 10/9
陳希夔（字大章）
（明・德州人）
［道光］濟南 52/44
［康熙］德州 8/28
［乾隆］德州 9/24
［民國］德縣 10/18
德州鄉土志/耆舊 16
陳希美（明・宣城人）
［乾隆］東昌 34/5
［嘉慶］東昌 21/23
［康熙二年］茌平 2/39
［康熙四十九年］茌平 2/39
［宣統］茌平 8/4
［民國］茌平 8/61
陳大猷（字允升）
（清・曲阜人）
［乾隆］兗州 23/78
［乾隆］曲阜 80/14
陳存常（字維經）
（清・東平人）
［光緒］東平州 15/下 57
［民國］東平縣 11/下 24
陳壽愷（金・濟南人）
［道光］濟南 47/45
［乾隆］歷城 44/3
［道光］長清 13/2
陳來悌（字筱田）
（清・直隸易州人）
［光緒］莘縣 5/30
［民國］莘縣 3/8
41 **陳栢**（明・山西絳州人）
［康熙］昌邑 5/16
［乾隆］昌邑 5/119
陳楷（清・昌樂人）
［民國］濰縣志稿 32/38
陳樞（明・歷城人）
［道光］濟南 49/36
陳桓子（名無,字嗣文）
（春秋）
［嘉靖］山東 28/3
［康熙］山東 38/3
［嘉靖］青州 13/4
42 **陳埒**（字亦郭）
（清・博山人）
［民國］續修博山 12/54
陳機（字動生）
（清・德州人）
［康熙］兗州府曹縣 9/40
［光緒］曹縣 9/教諭 4
陳塏（字汝陵）
（明・浙江人）
［嘉靖］章丘 3/4
陳韶（明・山西大同人）
［嘉靖］山東 27/13
［康熙］山東 36/4
［雍正］山東 27/66
［宣統］山東 73/28
［泰昌］登州 9/41
［順治］登州 11/18
［乾隆］續登州 8/3
［光緒］增修登州 31/6
［康熙］萊陽 4/6
［民國］萊陽 3/1 上 11
43 **陳載誥**（清・臨朐人）
臨朐縣鄉土志 1/耆舊
陳載春（號澄渠）
（明・歷城人）
［道光］濟南 49/36
［崇禎］歷城 10/18
［乾隆］歷城 41/8
陳棕榮（字蜀英）
（清・膠州人）
［道光］重修膠州 30/6
［民國］增修膠志 47/5
44 **陳蕃**（字仲舉）
（漢・汝南平輿人）
［嘉靖］山東 27/2
［康熙］山東 35/2
［雍正］山東 27/52
［宣統］山東 66/27
［嘉靖］青州 13/10
［萬曆］青州 12/9
［康熙十五年］青州 12/9
［康熙四十八年］青州 12/9
［康熙六十年］青州 12/4
［咸豐］青州 34/8
［康熙六十年］博興 7/2
陳樊（又名亟中,字春圃,號仲山）
（清・昌樂人）
［民國］昌樂縣續志 16/30
陳芬（清・臨清人）
［民國］臨清縣/人物 91
陳桂（明・和順人）
［萬曆］東昌 18/42
［嘉靖］濮州 7/23
［萬曆］濮州 3/名宦 31
［康熙］觀城 3/3
［道光］觀城 6/2
觀城縣鄉土志/政績
陳薦（字彥升）
（宋・邢州沙河人）
［光緒］益都縣圖志 16/32
陳葵（字朝陽）

（明・浙江慈谿人）
［嘉靖］山東 26/18
［雍正］山東 27/92
［宣統］山東 72/30
［萬曆元年］兗州 38/循吏 42
［萬曆二十四年］兗州 29/5
［康熙］兗州 22/26
［康熙］兗州續編 14/12
［乾隆］曹州府 12/14
［萬曆］新修霑化 6/109
［隆慶］單縣上/32
［康熙］單縣 6/11
［民國］單縣 6/宦蹟 17
陳茂（清・大庾人）
［乾隆］嶧縣 7/24
陳懋（明・德州人）
德州鄉土志/耆舊 7
陳懋（又名檢,字芝亭,號復堂）
（清・昌樂人）
［民國］昌樂縣續志 31/9
陳芃（明・日照人）
［康熙四十八年］青州 14/孝友 19
［康熙六十年］青州 17/18
陳蒲（清・城武人）
［道光］城武 9/上 49
陳勤（字補之）
（明・鄞縣人）
［萬曆］沂州志 6/17
［康熙］費縣 3/14
［光緒］費縣 3/53
陳蒞（字地慶）
（明・樂安人）
［雍正］山東 28/人物三 48
［宣統］山東 161/49
［萬曆］青州 13/70
［康熙十五年］青州 13/70
［康熙四十八年］青州 13/事功 54
［康熙六十年］青州 16/28
［咸豐］青州 44/55
［雍正］樂安 13/2
［民國］樂安 10/9
［民國］續修廣饒 19/17
陳楧（字秀民）
（清・莒縣人）
［民國］重修莒志 67/8
陳埜（明・登州衛人）
［順治］登州 16/13
陳英（明・單縣人）
［隆慶］單縣下/15
［順治］單縣 3/5
［康熙］單縣 7/23
［民國］單縣 9/16
陳英（字子俊）
（明・莆田人）
［康熙］滋陽 3/82
［光緒］滋陽 7/6
陳英（明・江西新淦人）
［宣統］山東 73/26
［光緒］增修登州 31/1
［康熙］萊陽 4/5
［民國］萊陽 3/1 上 6
陳蘊（字玉山）
（清・臨沂人）
［民國］續修臨沂 16/18
陳蘊（清・泰安人）
［民國］重修泰安縣 8/52
陳芝（字莖九）
（清・蓬萊人）
［道光］重修蓬萊 9/36
［民國］蓬萊縣志合編人物志/行誼
陳植（字立如,號建侯）
（清・昌樂人）
［民國］昌樂縣續志 31/21
［民國］濰縣志稿 32/39
陳莊（字承肅）
（隋）
［康熙］萊陽 5/5
［民國］萊陽 3/1 上 2
陳萬言（明・確山人）
［康熙］嶧縣 3/29
［乾隆］嶧縣 7/13
［光緒］嶧縣 19/職官下 6
陳孝意（隋・河東人）
［雍正］山東 27/33
［宣統］山東 67/29
［萬曆元年］兗州 38/循吏 22
［乾隆］兗州 22/9
［道光］濟寧直隸州 6/6－5
陳萬敵（清・濮州人）
［宣統］濮州 6/33
陳甘雨（明・福建莆田人）
［宣統］山東 71/36
［乾隆］泰安府 15/12
［康熙］新修萊蕪 5/24
［民國］萊蕪 9/4
［民國］續修萊蕪 15/6
萊蕪縣鄉土志/5
陳夢琓（號充孟）
（明・蓬萊人）
［光緒］增修登州 39/4
［道光］重修蓬萊 9/10
［民國］蓬萊縣志合編人物志/鄉賢
陳夢瑞（字觀五）
（清・曹縣人）
［光緒］曹縣 14/忠義 2
陳英烈（清・禹城人）
［民國］禹城 6/34
陳萬武（清・膠州人）
［民國］增修膠志 43/9
陳夢瑋（號葵南）
（明・蓬萊人）
［順治］登州 16/13
［光緒］增修登州 41/7
［康熙］蓬萊 5/16
［道光］重修蓬萊 9/10,9/19
［民國］蓬萊縣志合編人物志/鄉賢,人物志/仕績
陳夢琛（號瑞南）
（明・蓬萊人）
［順治］登州 16/11
［康熙］蓬萊 5/16
［道光］重修蓬萊 9/9,9/12
［民國］蓬萊縣志合編人物志/鄉賢,人物志/忠勇,人物志/仕績
陳其爲（字子仁）
（清・新城人）
［宣統］新城縣後志 2/善行
［民國］重修新城 16/15
陳夢熊（字渭公）
（清・濰縣人）
［民國］濰縣志稿 28/7
陳世仁（明・福建閩縣人）
［嘉靖］朝城志 5/14

［康熙］朝城 7/23
陳埜僊（一作僲，字彦武）
（元・歷城人）
［嘉靖］山東 25/23
［康熙］山東 32/12
［康熙］濟南 41/9
［道光］濟南 48/57
［崇禎］歷乘 16/16
［崇禎］歷城 10/11
［乾隆］歷城 36/33
［康熙］鄒平 4/9
［嘉慶］鄒平 14/3
［道光］鄒平 14/3
陳埜僲（見陳埜僊）
陳蓮峯（字小華）
（清・臨沂人）
［民國］續修臨沂 16/19
陳埜仙（見陳埜僊）
陳世倌（字秉之）
（清・浙江海寧人）
［宣統］山東 74/15
［道光］濟南 37/15
［乾隆］德州 8/15
［民國］德縣 9/12
陳英俊（字子千）
（清・費縣人）
［光緒］費縣 11/18
陳懋德（清・鄆城人）
［光緒］鄆城 16/11
陳其緒（字纘之）
（清・安邱人）
［民國］續安邱新志 21/4
陳萬魁（清・長清人）
［宣統］山東 170/25
陳懋修（字廩倉）
（清・齊河人）
［民國］齊河 26/31
陳其綱（字紀堂）
（清・歷城人）
［民國］續修歷城 41/8
陳其魯（字見一）
（清・堂邑人）
［乾隆］沂州府 20/16
［康熙］膠州 5/19
［康熙］堂邑 13/12
［康熙］沂水 4/30
［道光］沂水 5/32
陳世綱（字彛園）
（清・單縣人）
［民國］單縣 12/鄉賢 10
陳世佺（清・浙江石門人）
［宣統］山東 76/19
［乾隆］沂州府 20/17
陳懋齡（字劭卿，號松年）
（清・鄒縣人）
［民國］續修鄒縣志稿/人物－耆舊
陳其濟（清・直隸清苑人）
［民國］清平/秩官 34
陳世良（字元一）
（清・濟寧人）
［咸豐］濟寧直隸州續志 3/2
［民國］濟寧直隸州續志 12/5
陳芳叢（字馥堂）
（清・寧陽人）
［光緒］寧陽 13/52
陳萬溪（字子安）
（清・茌平人）
［民國］茌平 3/109
陳華選（字春藻）
（清・臨朐人）
臨朐縣鄉土志 1/耆舊
陳世祿（清・鄒平人）
［民國］鄒平 15/142
陳蘭滋（清・江西新城人）
［同治］重修寧海州 12/15
陳世祚（明・湖廣人，遷東昌）
［宣統］山東 200/9
陳萬祥（字瑞盈）
（清・陽穀人）
［民國］增修陽穀人物/善行 41
陳棻塘（字香甫）
（清・無棣人）
［民國］無棣 12/18
陳萊九（字近仙）
（清・博興人）
［民國］重修博興 13/58
陳懋存（字義門）
（清・寧陽人）
［咸豐］寧陽 13/26
［光緒］寧陽 13/26
陳蒙吉（明・寧海人）
［道光］濟寧直隸州 6/6－38
［康熙］魚臺 15/18
［乾隆］魚臺 9/41
［光緒］魚臺 2/50
陳其才（明・順德舉人）
［康熙］昌邑 5/17
［乾隆］昌邑 5/119
［萬曆］商河 5/23
［道光］商河 5/29
［民國］重修商河 6/67
商河縣鄉土志 1/政績
陳茂櫄（字樹堂）
（清・滋陽人）
［光緒］滋陽 9/18
滋陽縣鄉土志 1/耆舊－實行
陳世堎（字稼軒）
（清・大興舉人）
［民國］單縣 6/宦蹟 25
陳蔭榕（字閬薌）
（清・臨朐人）
［民國］臨朐續志 20/37
陳其蘊（字道甫，號此泉）
（明・鄒平人）
［道光］濟南 50/15
陳若芬（學名嘉猷，字東尹）
（清・長清人）
［民國］長清 13/18
陳若莊（學名炳南，字羲少）
（清・長清人）
［民國］長清 13/17
陳世英（清・莒縣人）
［民國］重修莒志 66/6
陳執蒲（清・濰縣人）
［民國］濰縣志稿 31/34
陳其恕（清・登州人）
［民國］增修膠志 18/19
陳夢鶴（字子羽）
（明・益都人）
［雍正］山東 28/人物三 41
［宣統］山東 163/32
［萬曆］青州 15/9
［康熙十五年］青州 15/9
［康熙四十八年］青州 15/文學 9

[康熙六十年]青州 18/5
[咸豐]青州 44/29
[康熙]益都 9/33
[光緒]益都縣圖志 35/12
陳夢梅(明・蓬萊人)
[順治]登州 16/29
[光緒]增修登州 40/3
[道光]重修蓬萊 9/31
[民國]蓬萊縣志合編人物志/行誼
陳世檝(清・蓬萊捐貢)
[乾隆]嶧縣 7/38
陳世春(字靜軒)
(清・昆明人)
[民國]齊東 3/64
齊東縣鄉土志/政績錄 3
陳執中(字昭譽)
(宋・洪州南昌人)
[嘉靖]山東 25/6,27/5
[康熙]山東 31/7,35/6
[雍正]山東 27/55
[宣統]山東 68/50
[嘉靖]青州 13/25
[萬曆]青州 12/19
[光緒]益都縣圖志 16/27
陳若拙(字敏之)
(宋・廬龍人)
[雍正]山東 27/5
[宣統]山東 68/33
[乾隆]泰安府 14/16
[康熙]東平州 3/9
[乾隆]東平州 12/14
[道光]東平州 12/14
[光緒]東平州 14/14
[民國]東平縣 9/8
陳其撰(明・文登人)
[雍正]文登 8/8
[道光]文登 5/17
[光緒]文登 10/上 1
陳桂昌(清・臨清人)
[民國]臨清縣/人物 78
陳華國(清・臨朐人)
光緒臨朐 14/下 19
陳世昌(字卜五)
(齊東人)
[民國]齊東 5/46
陳蔭昌(字穀齋)
(清・錢塘人)
[民國]無棣 9/7
陳夢暘(號震旭)
(清・沂州衛人)
[康熙]沂州志 4/25
陳夢璧(明・蓬萊人)
[順治]登州 17/28
[光緒]增修登州 43/5
[道光]重修蓬萊 9/31
[民國]蓬萊縣志合編人物志/行誼
陳其學(明・登州衛人)
[康熙]山東 43/4
[雍正]山東 28/人物三 38
[宣統]山東 160/26
[泰昌]登州 11/8
[順治]登州 16/7
[光緒]增修登州 39/3
[康熙]蓬萊 5/14
[道光]重修蓬萊 9/4,9/9
[民國]蓬萊縣志合編人物志/功業,人物志/鄉賢
陳世卿(明・山西長子人)
[萬曆]青州 12 又/又 14
[康熙十五年]青州 12 又/又 14
[康熙四十八年]青州 12 又/又 14
[萬曆]諸城 4/38
陳其善(明・臨淄人)
[康熙]淄川 4/22
[康熙]臨淄 9/14
[民國]臨淄 23/12
陳萬年(漢・沛郡相人)
[嘉靖]山東 27/19
[萬曆]萊州 6/84
陳荀會(字星占)
(清・樂安人)
[咸豐]青州 47/21
[雍正]樂安 12/21
[民國]樂安 10/20
[民國]續修廣饒 19/36
陳其猷(字獻吾,一作獻五)
(明・東明人)
[康熙]東明 6/20
[乾隆]東明 6/21
[民國]東明縣新誌 11/33
陳其猷(字輝前)
(明・諸城人)
[咸豐]青州 45/26
[乾隆]諸城 30/11
諸城縣鄉土志/上 26
陳萬策(清・歷城人)
[民國]續修歷城 42/13
陳黃裳(號遷喬)
(明・嘉祥人)
[康熙]聊城 2/13
陳孝恪(字賓三)
(清・滋陽人)
滋陽縣鄉土志 1/耆舊-鄉賢
陳世榮(字顯卿)
(元・莘縣人)
[乾隆]東昌 37/28
[嘉慶]東昌 27/26
[光緒]莘縣 7/13
[民國]莘縣 7/7
莘縣鄉土志/鄉宦 16
45 **陳楝**(明・北直寶坻人)
[宣統]山東 72/43
[乾隆]東昌 34/12
[嘉慶]東昌 22/3
[正德]莘縣 5/3
[康熙十一年]莘縣 5/4
[康熙五十六年]莘縣 5/4
[光緒]莘縣 5/6
[民國]莘縣 3/4
莘縣鄉土志/政績 5
陳棟(明・歷城舉人)
[乾隆]東昌 35/35
陳棟(字大木,號漳川)
(清・臨清人)
[宣統]山東 174/29
[乾隆]東昌 43/21
[乾隆]臨清州 9/48
[乾隆]臨清直隸州 8/上 37
[民國]臨清縣/人物 57
陳棲梧(清・魚臺人)
[光緒]魚臺 3/文行又 5
46 **陳賀**(漢・費縣人)
[萬曆]沂州志 7/59

［康熙］費縣 7/5
陳楫(清・莒縣人)
［民國］重修莒志 66/6
陳恕(清・新泰人)
［乾隆］泰安府 17/52
［乾隆］新泰 16/7
陳相(周・楚人)
［萬曆］滕志 6/71
［康熙］滕志 6/49
［康熙］滕縣志 6/賓客 2
陳相(明・河南洛陽人)
［康熙］鉅野 10/7
［道光］鉅野 10/24
陳埧(明・單縣人)
［順治］單縣 3/5
陳坦飛(清・臨朐人)
臨朐縣鄉土志 1/耆舊
陳相廷(字佐卿)
(清・博興人)
［民國］重修博興 13/61
陳觀衡(字養静)
(明・東平人)
［康熙］東平州 3/44
［乾隆］東平州 11/5
陳相俊(字智民)
(長清人)
［民國］長清 12/25
陳如愚(字柳溪)
(清・東阿人)
［民國］續修東阿 11/8
陳相臣(字佐廷)
(長清人)
［民國］長清 12/18
47 **陳墀**(字五雲)
(明・膠州人)
［康熙］膠州 5/41
［乾隆］膠州 4/45
［道光］重修膠州 26/8
［民國］增修膠志 40/34
陳墀(初名應墀)
(清・清苑人)
［咸豐］寧陽 20/10
［光緒］寧陽 20/10
陳棍(字松舟)
(清・淄川人)
［宣統］三續淄川 10/8
陳桐(清・城武人)
［民國］濟陽 9/45
陳栒(字元銘)
(清・莒縣人)
［民國］重修莒志 65/33
陳懿言(字子嘉)
(清・臨朐人)
光緒臨朐 14/下 19
臨朐縣鄉土志 1/耆舊
陳起龍(清・江蘇人)
［宣統］山東 76/41
［乾隆］東昌 34/9
［嘉慶］東昌 21/28
［康熙］重修清平下/5
［嘉慶］清平 13/6
［宣統］增輯清平 11/6
［民國］清平/秩官 29
陳極新(清)
［光緒］菏澤 7/名宦 8
陳超羣(字冠英,號樂堂)
(清・陽穀人)
［民國］增修陽穀人物/善行 51
陳鶴舫(字琴軒)
(清・博興人)
［民國］重修博興 13/50
陳超萬(字子傑)
(清・樂安人)
［民國］樂安 10/31
［民國］續修廣饒 19/60
陳鶴聲(清・恩縣人)
［雍正］恩縣續志 3/26
陳朝泰(字岱東)
(清・費縣人)
［光緒］費縣 11/48
陳起鳳(清・奉天人,一作廣寧人)
［宣統］山東 75/26
［道光］濟南 38/34
［康熙］重修臨邑 8/4
［道光］臨邑 7/26
［同治］臨邑 7/30
48 **陳楷**(字胥寬)
(清・濟寧人)
［乾隆］濟寧直隸州 26/24
［道光］濟寧直隸州 8/3－30
陳枚(字簡甫,號琴山)
(清・昌樂人)
［宣統］山東 175/33
［民國］昌樂縣續志 29/10
［民國］濰縣志稿 32/34
陳枚(字元幹,號奇山)
(清・廣西全州人)
［宣統］山東 76/38
［乾隆］東昌 33/43
［嘉慶］東昌 21/12,31/12
堂邑縣鄉土志/政績錄
陳梅(字鶴村)
(清・高唐人)
［民國］高唐縣 12/24
陳檠(明・寧海人)
［康熙］寧海州 8/5
陳栴(字提顯)
(清・慶雲人)
［嘉慶］慶雲 9/13
［咸豐］慶雲 2/64
［民國三年］慶雲 2/42,2/94
陳敬仲(春秋・齊大夫)
［嘉靖］山東 28/2,34/7
［康熙］山東 38/2,48/5
［嘉靖］青州 13/2
陳松齡(清・蒙陰人)
［宣統］蒙陰 4/孝義
陳敬宗(元・滕陽人)
［宣統］滕縣續志稿 3/51
［民國］續滕縣志 2/4
滕縣鄉土志/15
陳敬恕(清・新泰人)
［乾隆］新泰 17/人物上增 6
陳翰聲(字蓉生)
(清・濰縣人)
［民國］濰縣志稿 30/38
50 **陳本**(字葆初)
(清・博山人)
［民國］續修博山 12/52
陳本(字源亭)
(清・昌樂人)
［民國］昌樂縣續志 16/29
陳春(宋・密州諸城人)
［咸豐］青州 41/37
［乾隆］諸城 39/1
諸城縣鄉土志/上 42

陳貴(明・太和人)
[宣統]山東 73/25
[泰昌]登州 9/30
[順治]登州 11/15
[康熙]棲霞 4/4
陳貴(字天爵)
(清・益都人)
[光緒]益都縣圖志 41/26
陳申(清・慶雲人)
[民國三年]慶雲 2/75
陳書(春秋)
[民國]臨淄 22/58
陳書(明・樂安人)
[康熙]樂安縣續志上/貤封 1
陳泰(明・豐城人)
[康熙]費縣 3/13
陳泰(字志亨)
(明・福建邵武人,一作光澤人)
[嘉靖]山東 25/12
[康熙]山東 31/14
[雍正]山東 27/12
[宣統]山東 70/13
[康熙]濟南 24/20
[道光]濟南 35/15
[崇禎]歷乘 16/29
[崇禎]歷城 6/11
陳泰(明・河南睢州人)
[嘉靖]山東 25/25
[雍正]山東 27/75
[宣統]山東 71/46
[乾隆]武定府 16/37
[咸豐]武定府 19/利津 1
[萬曆]濱州 4/60
陳忠(字良臣)
(元・江南龍虎衛人)
[宣統]山東 200/7
[道光]城武 9/下 49
陳忠(字子海)
(元・壽光人)
[嘉靖]山東 32/19
[康熙]山東 42/19
[雍正]山東 28/人物二 64
[宣統]山東 165/12
[嘉靖]青州 15/16
[萬曆]青州 14/21
[康熙十五年]青州 14/21
[康熙四十八年]青州 14/孝友 11
[康熙六十年]青州 17/10
[咸豐]青州 42/16
[康熙]壽光 25/1
[嘉慶]壽光 13/1
[民國]壽光 12/人物志一 46
壽光縣鄉土志/耆舊
陳忠(明)
[萬曆]青州 12 又/又 22
[康熙十五年]青州 12 又/又 22
陳忠(明・莒縣人)
[乾隆]沂州府 25/20
[康熙]莒州下/39
[雍正]莒州 9/24
[嘉慶]莒州 9/20
[民國]重修莒志 63/2
陳忠(清・諸城人)
[乾隆]諸城 39/6
陳泰交(清・湖北呂縣人)
海豐縣鄉土志/政績
陳本儒(明・藍山人)
[宣統]山東 72/5
[康熙]兗州續編 14/4
[乾隆]兗州 22/22
[康熙四十一年]寧陽 3/17
[乾隆]寧陽 3/5
[咸豐]寧陽 11/11
[光緒]寧陽 11/11
寧陽縣鄉土志/9
陳奏勳(字仰山)
(清・江蘇清河人)
[宣統]濮州 4/37
陳素修(明・遼東自在州人)
[康熙十二年]陽穀 2/20
[康熙]陽穀 2/14
陳忠良(字弼臣)
(煙台人)
[民國]重修恩縣 11/鄉賢 56
陳青海(霑化人)
[民國]霑化 4/登進 45
陳泰來(字仲華)
(宋・河南緱氏人)
[雍正]山東 27/34
[宣統]山東 68/39
[乾隆]兗州 22/11
陳青林(清・惠民人)
[光緒]惠民 20/9
陳中林(清・滋陽人)
滋陽縣鄉土志 1/耆舊-忠節
陳春枬(字楚材)
(恩縣人)
[民國]重修恩縣 11/鄉賢 80
陳忠翰(字思翊,號寅軒)
(明・濮州人)
[康熙]濮州 3/83,6/77
[乾隆]濮州 3/84,6/77
[宣統]濮州 4/90,8/77
陳東園(清・禹城人)
[民國]禹城 6/33
禹城縣鄉土志/14
陳青田(清・諸城人)
[光緒]增修諸城縣續志 17/11
陳春光(字亞東)
(長清人)
[民國]長清 12/11
陳東光(字平岡)
(明・鈞州人)
[道光]濟南 36/10
[萬曆]章丘 21/74
[康熙]章丘 4/25
[乾隆]章邱 7/4
[道光]章邱 9/6
章邱縣鄉土志/上 4
51 **陳耘**(明・福山人)
[乾隆]東昌 44/23
[嘉慶]東昌 34/9
[康熙]重修清平下/51
[嘉慶]清平 14/50
[宣統]增輯清平 12/66
[民國]清平/人物 60
[康熙]福山 8/1
[乾隆]福山 8/1
[民國]福山縣志稿 2/2-4
陳振清(字靖國)
(清・鉅野人)
[民國]續修鉅野 5/上 30

陳振基(清・鄒縣人)
［民國］續修鄒縣志稿/人物－耆舊附方技
陳振翰(清・單縣人)
［乾隆］單縣7/20
［民國］單縣9/72
52 **陳哲**(明・夏津人)
［乾隆］東昌39/31
［嘉靖］夏津4/9
［康熙］夏津5/7
［乾隆］夏津8/10
53 **陳軾**(字子敬)
(明・應城人)
［道光］濟南35/20
陳咸(字子康)
(漢・沛郡相人)
［萬曆元年］兗州39/外傳4
［萬曆］東昌18/44
［民國］濰縣志稿20/2
陳盛烈(清・禹城人)
［民國］禹城6/34
陳輔堯(見陳堯輔)
陳威鳳(字吉人)
(清・濰縣人)
［民國］濰縣志稿31/31
濰縣鄉土志/33
54 **陳轅**(清・嘉祥人)
［順治］嘉祥4/40
［乾隆］嘉祥3/33
［光緒］嘉祥3/41
56 **陳規**(字元則)
(宋・密州安丘人)
［嘉靖］山東32/17
［雍正］山東28/人物二48
［宣統］山東157/29
［嘉靖］青州14/22
［萬曆］青州15/20
［咸豐］青州41/16
［萬曆］安丘19/17
安丘縣鄉土志4/耆舊錄1
陳輯(明・博平人)
［正德］博平4/65
陳揚(字眉山,號勺海居士)
(清・平度人)
［民國］平度縣續志7/13
57 **陳抒**(字獻之)
(清・魚臺人)
［乾隆］魚臺11/19
［光緒］魚臺3/10
陳輞(字子虛,號近山)
(明・歷城人)
［道光］濟南49/19
［崇禎］歷乘16/19,16/52
［崇禎］歷城10/13,10/26
［乾隆］歷城37/28
陳邦勳(字績侯)
(清・南陵人)
［乾隆］夏津6/21
陳邦紀(字漢星)
(清・浙江永嘉人)
［宣統］山東77/17
［咸豐］青州37/3
［康熙］諸城4/19
［乾隆］諸城28/11
陳邦義(明・孟縣人)
［乾隆］掖縣3/36
58 **陳敷**(字敬五,號竹雲)
(清・平度人)
［道光］重修平度州19/24
60 **陳恩**(字迅宇)
(明・樂安人)
［雍正］樂安12/18
［民國］樂安10/7
［民國］續修廣饒19/12
陳暠(明・穀城人)
［弘治］泰安州3/9
陳冕(明)
［嘉靖］濮州7/15
陳冕(字宜章)
(清・江西鄱陽人)
［宣統］山東76/44
［乾隆］東昌35/13
［嘉慶］東昌22/18
陳旼(明・山西潞州人)
［宣統］山東71/51
［乾隆］武定府16/30
［咸豐］武定府19/商河2
［道光］商河5/23
［民國］重修商河6/62
陳昇(明・諸城人)
［萬曆］諸城6/24
陳四(清・膠州人)
［民國］增修膠志44/19
陳田(字書圃)
(清・歷城人)
［民國］續修歷城46/3
陳昜(字霽野)
(明・莒縣人)
［民國］重修莒志67/2
陳勗(字時勉,號葵軒)
(明・單縣人)
［隆慶］單縣下/6
［順治］單縣2/37,3/58
［康熙］單縣7/25
［乾隆］單縣6/16,12/2
［民國］單縣9/22
陳思讓(字後已)
(五代・盧龍人)
［康熙］淄川4/4
［乾隆］淄川4/4
［宣統］山東68/19,68/20
陳昌斌
［民國］重修博興10/3
陳國謨(字隣哉)
(清・威海衛人)
［乾隆］威海衛志7/2
陳思謙(字景讓)
(元・滕縣人)
［萬曆］滕志7/25
［康熙］滕志7/24
［康熙］滕縣志7/22
［道光］滕縣志7/19
滕縣鄉土志/16
陳國霖(清・陽信人)
［民國］陽信5/忠義47
陳國璽(清・河間人)
［乾隆］陽信5/5
信邑志稿5/職官－知縣
［民國］陽信2/25
陳國玉(清・郯城人)
［乾隆］郯城9/15
陳國瑞(字慶雲)
(清・湖北人)
［民國］續滕縣志1/28,3/36
陳國瑞(字觀光)
(清・浙江黃巖人)
［民國］濰縣志稿32/34
陳景琇(字斗溪)

（清・江蘇長洲人）
［宣統］山東 75/24
［道光］濟南 38/47
［嘉慶］德平 5/20
［光緒］德平 5/13
陳品重（字岩石,號南村）
（清・濟寧人）
［道光］濟寧直隸州 8/4－19
陳思貞（字吉所）
（清・昌邑人）
［乾隆］昌邑 5/143
［康熙］兗州府曹縣 9/40
［光緒］曹縣 9/教諭 4
陳曰貞（清・莒縣人）
［民國］重修莒志 61/11
陳景川（字印堂）
（清・臨朐人）
臨朐縣鄉土志 1/耆舊
陳恩繹（字筱蕙）
（清・濰縣人）
［民國］濰縣志稿 29/28
陳星復（清・莘縣人）
［康熙五十六年］莘縣 6/12
［光緒］莘縣 7/40
［民國］莘縣 7/30
陳昌宗（字宏先）
（清・長清人）
［道光］濟南 56/58
［道光］長清 13/7
陳景沆（字雲舫）
（清・臨朐人）
［民國］臨朐續志 20/51
陳景瀛（字筱蓬,一字小蓬）
（清・臨朐人）
［民國］臨朐續志 20/50
臨朐縣鄉土志 1/耆舊
陳思濟（字濟民）
（元・柘城人）
［嘉靖］山東 26/27
［萬曆］東昌 18/26
［乾隆］東昌 35/15
［嘉慶］東昌 22/20
［嘉靖］高唐州 5/2
［康熙十二年］高唐州 7/4
［康熙五十一年］高唐州 7/4
［道光］高唐州 7/1－2
［光緒］高唐州 7/1－2
［民國］高唐縣 9/5－2
高唐州鄉土志/5
陳景源（明・宜興人）
［道光］濟寧直隸州 6/6－38
［康熙］魚臺 15/18
［乾隆］魚臺 9/41
［光緒］魚臺 2/50
陳景渭（清・平度人）
［民國］平度縣續志 8/2
平度鄉土志 4 上/鄉賢
陳景渭（字竹村）
（清・曲阜人）
［民國］續修曲阜 5/37
陳景湘（字竹橋）
（清・臨朐人）
臨朐縣鄉土志 1/耆舊
陳國祚（字瑞儒）
（清・湖北蘄州人）
［宣統］山東 76/37
［乾隆］東昌 33/37
［嘉慶］東昌 21/5
［康熙］聊城 2/10
［宣統］聊城 6/2－6
陳景洋（字東溪）
（清・曲阜人）
［民國］續修曲阜 5/37
陳恩壽（字伯平）
（清・山陰人）
［民國］濟寧直隸州續志 15/10
［民國］續修歷城 47/3
［宣統］重修恩縣 6/51
［民國］重修恩縣 10/66
恩縣鄉土志/10
陳恩壽（字伯平）
（清・順天宛平監生）
［宣統］山東補遺/58
［民國］萊陽 3/1 上 27
［民國］長清 4/22
陳國柱（清・臨清人）
［乾隆］臨清直隸州 8/下 8
［民國］臨清縣/人物 26
陳思友（字式玉）
（清・浙江山陰人）
［道光］重修平度州 16/22, 22/2
陳曰來（清・福山人）
［乾隆］福山 8/51
陳昆蘭（字佩芝）
（清・直隸易州人）
［光緒］曹縣 9/縣令 10,10/21
［民國］重修新城 11/27
陳思恭（清・文登人）
［光緒］文登 10/上 6
陳思孝（字敬所）
（明・昌邑人）
［康熙］昌邑 6/8
［乾隆］昌邑 5/130
陳曰藩（清・高唐人）
［光緒］高唐州 5/2－8
［民國］高唐縣 12/50
陳國相（明・威海衛人）
［光緒］增修登州 43/40
［康熙］寧海州 9/7
［乾隆］威海衛志 8/3
［道光］文登 5/8
［光緒］文登 8/下 3
陳國相（字襄平）
（清・寧陽人）
［乾隆］寧陽 7/篤誼 4
［咸豐］寧陽 14/12
［光緒］寧陽 14/12
陳景乾（長清人）
［民國］長清 12/16
陳景星（字笑山）
（清・貴州石阡府進士）
［民國］臨沂 7/78
陳曰唯（字證先）
（清・湖南郴州人）
［宣統］山東 76/28
陳國器（清・資陽人）
［光緒］增修登州 30/5
［光緒］增修諸城縣續志 11/2
諸城縣鄉土志/上 12
［道光］招遠縣續志 2/15
陳景瞻（字軾朋）
（膠州人）
［民國］增修膠志 46/10
陳星照（字德臨）
（清・博山人）
［民國］續修博山 12/8

陳國隆(號鳳山)
(清・順天密雲人)
[康熙]兗州續編 14/3
[康熙]沂州志 3/51
陳景賢(名若愚,號椿齡,以字行)
(清・濰縣人)
[民國]濰縣志稿 31/7
濰縣鄉土志/36
陳恩普(字悅霖)
(臨清人)
[民國]臨清縣/人物 87
陳恩畬(字震青)
(清・湖北孝感人)
肥城縣鄉土志 3/5
陳見智(字體元)
(清・曲阜人)
[乾隆]兗州 23/70
[乾隆]曲阜 86/6
[民國]續修曲阜 8/59
陳星光(字隨孔,號藜坡)
(清・昌樂人)
[民國]昌樂縣續志 31/22
陳星燦(字景明)
(清・博山人)
[民國]續修博山 12/65
陳星爛(字歌廷,一作柯亭)
(昌樂人)
[民國]昌樂縣續志 31/25
[民國]濰縣志稿 32/37
61 **陳顥**(明・崑山人)
[康熙十一年]莘縣 5/17
陳旺(元・鄆城人)
[崇禎]鄆城 6/19
[康熙]鄆城 6/27
陳顯彝(字秉初)
(清・浙江山陰人)
[民國]續修歷城 47/2
陳顯茂(清・平度人)
[民國]平度縣續志 8/1
陳顯際(明・北直真定人)
[宣統]山東 73/28
[光緒]增修登州 31/4
[民國]萊陽 3/1 上 10
62 **陳則納**(明・平度人)
[道光]重修平度州 18/15
63 **陳默**(明・益都人)
[道光]濟南 36/9
陳貽楨(字幹臣)
(清・濰縣人)
[民國]濰縣志稿 32/10
陳貽芑(清・濰縣人)
[民國]濰縣志稿 31/35
64 **陳疇**(明・湖廣人)
[宣統]山東 71/23
[康熙]濟南 25/29
[道光]濟南 36/45
[順治]臨邑 11/2
[康熙]重修臨邑 8/2
[道光]臨邑 7/23,15/28
[同治]臨邑 7/27,15/28
陳暐(字文曜)
(明・汲縣人)
[乾隆]東昌 34/26
[康熙]臨清州 3/名宦 8
[乾隆]臨清州 9/8
[乾隆]臨清直隸州 6/74
[民國]臨清縣/秩官 60
陳曉(字東明)
(清・莒縣人)
[嘉慶]莒州 10/9
[民國]重修莒志 65/14
陳勛(明・湖廣沔陽人)
[宣統]山東 73/1
[萬曆]青州 12/28
[康熙十五年]青州 12/28
[康熙四十八年]青州 12/28
[康熙六十年]青州 12/17
[咸豐]青州 36/4
[光緒]益都縣圖志 18/5
陳曄(字光宇)
(明・諸城人,一作益都人)
[萬曆]青州 15/10
[康熙十五年]青州 15/10
[康熙四十八年]青州 15/文學 10
[康熙六十年]青州 18/5
[萬曆]諸城 6/15
[康熙]諸城 7/20
[乾隆]諸城 30/4
陳時慶(字瑞亭)
(清・昌樂人)
[嘉慶]昌樂 25/10
陳時望(明・廣東長樂舉人)
[天啟]新城 6/教諭
[崇禎]新城 6/教諭
[民國]重修新城 10/16
陳時夏(字倫叙,號錫九)
(清・昌樂人)
[嘉慶]昌樂 26/1
陳時正(字仲寅)
(清・昌樂人)
[嘉慶]昌樂 25/9
陳時宣(字季旬,號柳塘)
(清・昌樂人)
[民國]昌樂縣續志 16/37,30/5
陳時見(明・朝城人)
[康熙]朝城 8/51
陳時明(字際豐)
(明・堂邑人)
[乾隆]東昌 38/12
[嘉慶]東昌 28/12
[順治]堂邑 2/人物 4
[康熙十一年]堂邑 2/人物 4
[康熙]堂邑 15/9
堂邑縣鄉土志/耆舊錄
65 **陳映斗**(字次山,號松圃)
(昌樂人)
[民國]昌樂縣續志 31/25
67 **陳明**(明・歷城人)
[道光]濟南 49/40
[民國]續修歷城 41/4
陳明新(字覺翁)
(清・萊蕪人)
[乾隆]泰安府 18/13
[民國]萊蕪 18/2
[民國]續修萊蕪 23/2
陳明吾(明・山陽人)
[順治]堂邑 2/職官 10
[康熙十一年]堂邑 2/名宦 4
[康熙]堂邑 11/11
陳瞻雲(清・費人)
[乾隆]沂州府 27/7
陳鳴珂(字賡垣)
(明・范人)
[康熙]山東 41/29
[雍正]山東 28/人物三 70

［宣統］山東 166/11
陳鳴佐（清・魚臺人）
［康熙］魚臺 17/75
［乾隆］魚臺 13/11
［光緒］魚臺 3/耆碩又 3
陳嗣良（清・宛平監生）
［宣統］蒙陰 3/宦績
陳嗣良（字頌萱）
（清・浙江秀水人）
［民國］德縣 9/20
德州鄉土志政績錄/4
［光緒］曹縣 9/縣令 11
陳明道（元・臨清人）
［康熙］臨清州 3/人物 6
［乾隆］臨清州 9/20
［乾隆］臨清直隸州 8/上 4
［民國］臨清縣/人物 2
陳明熙（清・溫州永嘉人）
［民國］增修膠志 48/10
陳鳴鳳（字棲桐）
（清・濮州人）
［宣統］濮州 6/17
70 陳璧（字瑞卿）
（明・山西太原人）
［嘉靖］山東 25/13
［康熙］山東 31/15
［雍正］山東 27/48
［宣統］山東 70/23，70/34
［道光］濟南 35/34
［乾隆］東昌 33/24
［嘉慶］東昌 20/36
［康熙］臨清州 3/名宦 5
［乾隆］臨清州 9/9
［乾隆］臨清直隸州 6/75
［民國］臨清縣/秩官 60
陳璧（明太原，見陳璧）
71 陳陛（字以崇）
（明・長樂人）
［乾隆］濟寧直隸州 28/16
［道光］濟寧直隸州 8/4－46
陳階（字丹路）
（清・新泰人）
［乾隆］新泰 16/8
新泰縣鄉土志/26
陳長貞（字起元）
（清・濰縣人）
［民國］濰縣志稿 32/8
濰縣鄉土志/50
陳長齡（清・東平人）
［光緒］東平州 15/中 9
［民國］東平縣 11/上 32
陳頤齡（清・濰縣人）
［民國］濰縣志稿 29/30
陳長恩（清・濰縣人）
［民國］濰縣志稿 31/38
72 陳阡（號雲谷）
（清・濰人）
［宣統］山東 177/5
［民國］濰縣志稿 28/33
濰縣鄉土志/34
陳所職（字述明，號天然）
（明・茌平人）
［乾隆］東昌 38/24
［嘉慶］東昌 28/24
［康熙二年］茌平 4/35
［康熙四十九年］茌平 4/35
［宣統］茌平 10/8
［民國］茌平 3/9
陳剛振（字立乾）
（清・金鄉人）
［民國］金鄉 13/續增 6
陳所聞（明・濰縣人）
［康熙］山東 44/11
陳所聞（字審之）
（明・北直文安人）
［雍正］山東 27/72
［宣統］山東 73/34
［康熙］萊州 8/47
［乾隆］萊州 9/19
［康熙］平度州 3/5
［道光］重修平度州 16/19
陳所問（字爾虛，號芸窗）
（明・濰縣人）
［康熙］萊州 10/39
［乾隆］萊州 10/23
［康熙］濰縣 8/36
［乾隆］濰縣 4/11，5/48
［民國］濰縣志稿 27/41
濰縣鄉土志/17
陳所學（清・博山人）
［民國］續修博山 12/10
73 陳駿聲（字文若）
（清・臨朐人）
［康熙六十年］青州 17/20
［咸豐］青州 47/25
光緒臨朐 14/下 15
74 陳陞（字抑吾）
（明・夏邑人）
［道光］濟南 36/7
［崇禎］歷乘 16/65
［崇禎］歷城 6/3
［乾隆］歷城 34/6
陳陞（字以崇）
（清・長樂人）
［宣統］山東 200/15
76 陳陽和（清・濰縣人）
［民國］濰縣志稿 29/19
陳陽旭（清・濰縣人）
［民國］濰縣志稿 29/19
陳駟門（字啟齋）
（清・蓬萊人）
［光緒］增修登州 39/7
［光緒］蓬萊縣續志 9/行誼 5
［民國］蓬萊縣志合編人物志/行誼
77 陳鳳（漢）
［康熙］萊陽 5/1
陳舉（周）
［萬曆］青州 14/3
［康熙十五年］青州 14/3
［康熙四十八年］青州 14/忠義 3
［康熙六十年］青州 17/2
［民國］臨淄 22/76
陳鬩（字獻可）
（明・乾州人）
［隆慶］單縣上/34
［康熙］單縣 6/24
陳興（元・鄆城人）
［崇禎］鄆城 6/19
［康熙］鄆城 6/27
［光緒］鄆城 16/2
陳巽（字儀竹）
（明・濮州人）
［康熙］濮州 2/86
［乾隆］濮州 2/66
［宣統］濮州 3/40
陳鳳文（清・安邱人）

[民國]續安邱新志 21/4
陳巽言(明・臨朐人)
[康熙]臨朐縣志書 4/3
陳學詩(字以正)
(明・濟寧人)
[乾隆]濟寧直隸州 26/15
[道光]濟寧直隸州 8/4-37
陳學詩(明・青城人)
[萬曆]青城 1/70
陳周誥(字康文)
(清・曲阜人)
[民國]續修曲阜 5/23,8/36
陳關調(字鶴洪)
(清・堂邑人)
[康熙]堂邑 12/9
陳興麟(清・滕縣人)
[民國]續滕縣志 2/17
陳殿元(字臚先)
(清・無棣人)
[民國]無棣 13/33
陳際雲(字步青)
(清・濟寧人)
[乾隆]濟寧直隸州 26/26
[道光]濟寧直隸州 8/3-30
陳卿雲(字書五)
(清・冠縣人)
[民國]冠縣 8/人物志 23,9/44
陳鵬飛(字之南)
(清・涪州人)
[民國]單縣 6/宦蹟 22
陳學孔(字景山)
(清・莒縣人)
[民國]重修莒志 65/26
陳留武(字賁山,一作簣山)
(清・奉天舉人)
[宣統]山東 75/20
[道光]濟南 38/42
[乾隆]東昌 34/27
[乾隆]萊州 9/33
[乾隆]臨清州 9/14
[乾隆]臨清直隸州 6/80
[乾隆]德州 8/14
德州鄉土志/政績 2
[民國]德縣 9/12
[乾隆]掖縣 3/34
[民國]臨清縣/秩官 64
陳周璜(字抱拙)
(清・濮州人)
[乾隆]單縣 7/44
[民國]單縣 12/方技 4
陳鳳喬(清・安邱人)
[民國]續安邱新志 21/4
陳興依(清・泰安人)
[民國]重修泰安縣 8/44
陳用衡(清・江蘇人)
[宣統]山東 77/16
陳殿勳(字翰卿)
(清・德平人)
[民國]德平縣續志 6/2,12/碑記 16
陳鳳岐(清・臨朐人)
臨朐縣鄉土志 1/耆舊
陳熙化(明・濮州人)
[康熙]濮州續志下/2
[乾隆]濮州 4/12
[宣統]濮州 5/12
陳釁生(明・浙江餘姚人)
[宣統]山東 72/20
[萬曆]沂州志 6/17
[乾隆]沂州府 20/7
[康熙]郯城 6/5
[乾隆]郯城 7/25
陳鳳儀(字九成)
(明・歷城人)
[民國]續修歷城 42/3
陳周禮(字敬軒)
(清・曲阜人)
[民國]續修曲阜 5/23
陳興泗(字魯泉)
(清・濟寧人)
[民國]濟寧直隸州續志 12/3
陳學海(字二登,號粟亭)
(清・江蘇太倉人,一作永豐人)
[宣統]山東 76/46
[乾隆]東昌 35/25
[嘉慶]東昌 22/29
[雍正]恩縣續志 3/6
[宣統]重修恩縣 6/51
[民國]重修恩縣 10/66
恩縣鄉土志/10
陳殿遴(清・東阿人)
[民國]續修東阿 11/27
陳與存(字韋載)
(清・滋陽拔貢)
[乾隆]泰安府 15/39
[乾隆]兗州 23/83
[嘉慶]肥城 15/36
[光緒]肥城 7/51
[光緒]滋陽 9/4
陳鳳梧(明・廬陵人)
[崇禎]歷乘 16/62
陳貫城(清・臨邑人)
[宣統]山東 170/22
[同治]臨邑 9/忠藎 3
陳貫英(字子才)
(清・臨邑人)
[民國]續修臨邑 3/15
陳開基(字少文,一字企韓)
(清・鄒縣人)
[宣統]山東補遺/23
[民國]續修曲阜 5/53
鄒縣鄉土志耆舊錄/22
陳鵬翥(清・東平人)
[光緒]東平州 15/下 14
[民國]東平縣 11/中 30
陳興起(字肯堂)
(清・菏澤人)
[光緒]菏澤 16/15
[光緒]新修菏澤 11/72
陳鳳翰(字翔千)
(清・濰縣人)
[民國]濰縣志稿 28/28
濰縣鄉土志/28
陳馭中(清・福山人)
[乾隆]福山 8/57
陳際盛(清・泰安人)
[民國]重修泰安縣 8/21
陳殿甲(字占鼇,號蓮峰)
(清・歷城人)
[道光]濟南 53/53
[民國]續修歷城 41/19
陳殿甲(字冠英)
(清・陽穀人)
[民國]增修陽穀人物/武學師 30
陳際昌(字貞元,號屺雲,別

號諧堂)
(清・滕縣人)
[康熙]滕縣志 7/89
[道光]滕縣志 8/儒林 10
滕縣鄉土志/23
陳周昇(明・臨朐人)
[嘉靖]臨朐 3/14
臨朐縣鄉土志 1/耆舊
陳周臣(字風梧)
(清・濰縣人)
[民國]濰縣志稿 32/3
陳殿颺(字賡言)
(清・壽光人)
[民國]壽光 12/人物志二 77
陳興舉(清・茌平人)
[宣統]茌平 17/5
[民國]茌平 3/34
陳鳳年(清・慶雲人)
[民國三年]慶雲 2/75
陳鵬年(字滄洲)
(清・湖南湘潭人)
[雍正]山東 27/97
[宣統]山東 74/5
[道光]濟南 37/45
[乾隆]兗州 22/33
[道光]濟寧直隸州 6/7－57
陳學夔(字鹿胎)
(清・莆田人)
[康熙]兗州續編 14/5
[乾隆]兗州 22/34
[康熙四十一年]寧陽 3/20
[乾隆]寧陽 3/11
[咸豐]寧陽 11/16
[光緒]寧陽 11/16
陳鳳翔(字竹香)
(清・江西崇仁人)
[宣統]山東 74/8
[道光]濟寧直隸州 6/7－63
79 陳騰蛟(號克齋)
(明・蒙陰人)
[乾隆]沂州府 25/23
[康熙十一年]蒙陰 2/13,2/46
[康熙二十四年]蒙陰 4/5
[宣統]蒙陰 4/名獻
80 陳慈(明・宿遷人)
[道光]濟南 36/28
[康熙四十三年]長山 3/宦績
[康熙五十五年]長山 3/34
[嘉慶]長山 5/43
陳鈁(字獻廷)
(清・臨朐人)
臨朐縣鄉土志 1/耆舊
陳鏡(字時甲)
(明・曲阜人)
[民國]續修曲阜 8/57
陳善(明・四川巴縣人)
[嘉靖]山東 25/13
[康熙]山東 31/16
[雍正]山東 27/13
[宣統]山東 70/23
[道光]濟南 35/35
陳善(明・登州人)
[泰昌]登州 11/49
陳善(明・濟寧人)
[乾隆]濟寧直隸州 26/35
[道光]濟寧直隸州 8/2－45
陳善(字彥良)
(明・堂邑人)
[乾隆]東昌 38/11
[嘉慶]東昌 28/11
[順治]堂邑 2/人物又 6
[康熙十一年]堂邑 2/人物 2
[康熙]堂邑 15/4
堂邑縣鄉土志/耆舊錄
陳善(明・弋陽人)
[康熙]張秋志 5/21,9/22
陳善(明・鄒縣人)
[嘉靖]鄒縣地理誌 1/26
陳善(字葆初,號心畬)
(清・菏澤人)
[民國]續修曲阜 5/56
陳善(一名錫書,字西山)
(清・莒縣人)
[民國]重修莒志 67/9
陳善(清・臨朐人)
[康熙]臨朐縣志書 4/5
陳鏞(明・聊城人)
[嘉靖]山東 26/28
[康熙]山東 34/8
[雍正]山東 27/47
[萬曆]東昌 18/44
[乾隆]東昌 33/31
[嘉慶]東昌 20/42
[康熙]聊城 3/46
陳俞(字惠景)
(明・陽信人)
[民國]陽信 5/忠義 43
陳曾慶(字魯齋)
(清・陽信人)
[民國]陽信 5/孝友 63
陳介謀(字詒卿)
(清・濰縣人)
濰縣鄉土志/40
陳介璋(字峩卿,一作莪卿)
(清・濰人)
[宣統]山東 177/15
[民國]濰縣志稿 28/37
濰縣鄉土志/36
陳人登(號雲洲)
(明・蓬萊人)
[順治]登州 16/8
[光緒]增修登州 40/2
[康熙]蓬萊 5/15
[道光]重修蓬萊 9/9
[民國]蓬萊縣志合編人物志/鄉賢
陳毓崧(字曉江)
(清・湘潭人)
[民國]壽光 6/26
陳鐘崑(清・濮州人)
[宣統]濮州 5/37
陳介升(清・濰縣人)
[民國]濰縣志稿 32/7
陳念德(字體乾)
(清・昌樂人)
[咸豐]青州 49/44
[嘉慶]昌樂 24/14
陳益修(字偉如)
(清・濟寧人)
[康熙]山東 40/64
[雍正]山東 28/人物四 14
[宣統]山東 172/37
[康熙]兗州續編 16/20
[乾隆]兗州 23/62
[康熙]濟寧州 6/58
[乾隆]濟寧直隸州 25/11

［道光］濟寧直隸州 8/3－6
陳益修（清・無棣人）
［民國］無棣 13/33
陳善治（明・巴縣人，見陳善）
陳介祺（字壽卿，號簠齋）
（清・濰縣人）
［民國］濰縣志稿 30/35
濰縣鄉土志/35
陳金斗（清・濮州人）
［宣統］濮州 6/35
陳介吉（清・費縣人）
［光緒］費縣 11/5
費縣鄉土志/耆舊錄－學問
陳公茂（明）
［民國］續修曲阜 8/61
陳企韓（字少文）
（清・鄒縣人）
［光緒］鄒縣續志 12/上 10
陳食花（清・福建海澄人）
［光緒］益都縣圖志 18/66，54/18
陳毓芹（字洙溪）
（清・德州人）
［民國］德縣 10/67
陳毓藻（字鳧卿）
（清・曲阜人）
［民國］續修曲阜 5/54
陳毓坤（字革非）
（長清人）
［民國］長清 12/15
陳義增（歷城人）
［民國］臨朐續志 19/5
陳念本（字兹園，號岑山）
（清・博山人）
［民國］續修博山 12/6
陳全國（清・奉天人）
［宣統］山東 76/15
［乾隆］沂州府 20/15
［康熙］莒州下/10
［嘉慶］莒州 7/8
［民國］重修莒志 58/1
陳介眉（字綏卿）
（清・濰人）
［宣統］山東 177/22
［民國］濰縣志稿 31/31
濰縣鄉土志/34
陳會曾（字誠齋）
（清・城武人）
［道光］城武 9/下 24
陳介猷（字秩卿）
（清・濰縣人）
濰縣鄉土志/38
陳介錫（字晉卿）
（清・濰縣人）
［民國］濰縣志稿 30/37
陳金鑑（字穆亭）
（清・寧陽人）
［咸豐］寧陽 13/30
［光緒］寧陽 13/30
陳人第（號一槐）
（明・蓬萊人）
［順治］登州 16/11
［光緒］增修登州 40/2
［康熙］蓬萊 5/15
［道光］重修蓬萊 9/18
［民國］蓬萊縣志合編人物志/仕績
82 陳鍾玉（清・安邱人）
［民國］續安邱新志 21/5
陳鍾英（字幼仲）
（清・德州人）
德州鄉土志/耆舊 29
州乘餘聞/7
83 陳猷（明・鄞縣人）
［康熙］海豐 9/9
84 陳鏌（明・昌邑人）
［康熙］昌邑 6/35
［乾隆］昌邑 6/164
陳鎮九（字其山）
（清・歷城人）
［道光］濟南 53/60
86 陳鈿（字秀石）
（明・昌邑人）
［康熙］昌邑 6/8
［乾隆］昌邑 5/130
陳鈿（明・懷遠人）
［康熙］郯城 6/4
陳鐸（字覺菴）
（清・定陶人）
［乾隆］定陶 6/25
［民國］定陶 6/47
陳鐸（字木菴）
（清・臨沂人）
［民國］續修臨沂 16/5
陳錦（字天章）
（清・奉天錦州人）
［宣統］山東 74/9
［順治］登州 11/25
［光緒］增修登州 25/7
陳錕（字厚葊，一作厚岩）
（清・浙江石門人，一作海寧人）
［宣統］山東 75/54
［乾隆］武定府 16/31
［咸豐］武定府 19/商河 3
［乾隆］濟寧直隸州 22/48
［道光］濟寧直隸州 6/7－84
［乾隆二十五年］泰安縣 10/36
［乾隆四十七年］泰安縣 8/33
［道光］泰安縣 10/10
［民國］重修泰安縣 6/63
泰安縣鄉土志/政績 6
［乾隆］金鄉 17/12
［咸豐］金鄉縣志略 7/13
［民國］金鄉 11/21
金鄉縣鄉土志/政績錄
［道光］商河 5/32
［民國］重修商河 6/69
商河縣鄉土志 1/政績
陳錫（字大恩）
（明・益都人）
［康熙］益都 9/44
陳錫璋（字侍莪）
（臨沂人）
［民國］續修臨沂 16/4
陳錫璋（東阿人）
［民國］東阿 15/17
陳錫山（字雪樵）
（清・景州舉人）
［民國三年］慶雲 1/92
陳錫齡（字夢九，號與卿）
（清・鄒縣人）
［民國］續修鄒縣志稿/人物－耆舊
陳知微（字希顏，一作希賢）
（宋・高郵人）
［嘉靖］山東 25/6

［康熙］山東 31/7
［雍正］山東 27/6
［宣統］山東 68/24
［康熙］濟南 24/12
［萬曆元年］兖州 38/循吏 29
［萬曆二十四年］兖州 28/2
［康熙］兖州 22/2
［康熙］東平州 4/32
［乾隆］東平州 12/11
［道光］東平州 12/11
［光緒］東平州 14/11
［民國］東平縣 9/6
東平州鄉土志上/政績錄 10
陳錫瀛（東阿人）
［民國］東阿 15/4
陳錫福（東阿人）
［民國］東阿 15/12
陳知本（字澈源，號豹巖居士）
（清・博山人）
［民國］續修博山 12/65，13/30，13/86
陳錫田（字硯溪）
（清・臨朐人）
［民國］臨朐續志 20/30
陳錫疇（清・濰縣人）
［民國］濰縣志稿 42/19
陳錫朋（字惠珍）
（清・陽穀人）
［民國］增修陽穀人物/師道 25
陳錫熙（字緝軒）
（清・順德人）
［道光］博平 4/9
博平縣鄉土志/政績
陳錫周（號梅莊）
（清・昌邑人）
［光緒］昌邑縣續志 6/28
陳錫命（號鵝溪）
（清・昌邑人）
［光緒］昌邑縣續志 6/30
陳錫鎔（清・浙江海寧人）
［宣統］山東 75/64
［道光］滕縣志 6/宦績 41
滕縣鄉土志/11
87 陳鈿（清・東平廩生）
［宣統］山東 171/10
［乾隆］泰安府 17/50
［乾隆］東平州 14/8
［道光］東平州 14/8
［光緒］東平州 15/中 8
［民國］東平縣 11/上 31
東平州鄉土志上/耆舊錄 41
陳欽（宋）
［民國］續修曲阜 8/61
陳欽（字子敬）
（清・歷城人）
［宣統］山東 169/36
［民國］續修歷城 40/15
陳鈞廷（清・蒙陰人）
［宣統］蒙陰 4/武功
88 陳策（字萬言，號霞坡）
（明・單縣人）
［隆慶］單縣下/6
［順治］單縣 2/37
［康熙］單縣 7/26
陳策（明・青城人）
［嘉靖］山東 35/2
［康熙］山東 45/3
［雍正］山東 28/人物三 29
［宣統］山東 164/46
［康熙］濟南 38/10
［乾隆］武定府 23/43
［咸豐］武定府 23/忠節 13
［萬曆］青城 2/1
［乾隆］青城 8/7
［民國］青城續修 4/人物 20
陳策（字獻可，號心葵）
（明・吳江人）
［康熙］兖州府曹縣 10/12
［光緒］曹縣 10/11
陳範（字世淑）
（清・莒縣人）
［乾隆］沂州府 26/14
［雍正］莒州 9/33
［嘉慶］莒州 9/29
［民國］重修莒志 62/3
陳鑑（清・定陶人）
［乾隆］定陶 6/29
陳敏（明・祥符人）
［萬曆］濱州 3/22
［康熙］濱州 5/21
［咸豐］濱州 8/6
陳銳（明・合肥人）
［宣統］山東 70/3
［乾隆］濟寧直隸州 22/6
［道光］濟寧直隸州 6/6－41
陳銳（字犀峯）
（清・寧陽人）
［咸豐］寧陽 15/12
［光緒］寧陽 15/12
陳鎰（字時良）
（明・臨清人）
［宣統］山東 161/36
［康熙］臨清州 3/人物 6
［乾隆］臨清州 9/22
［乾隆］臨清直隸州 8/上 6
［民國］臨清縣/人物 3
陳鈔（明・昌邑人）
［康熙］昌邑 6/35
［乾隆］昌邑 6/164
陳節亨（字子安，一作于安）
（明・東昌衛人）
［萬曆］東昌 19/65
［乾隆］東昌 42/32
［嘉慶］東昌 32/25
［康熙］聊城 3/20
［宣統］聊城 8/89
陳敏志（字修來）
（清・汶上人）
［宣統］四續汶上稿/人物－耆德傳
陳節陽（字葵誠）
（明・東阿人）
［道光］濟南 72/21
［康熙五十四年］東阿 7/36
［道光］東阿 14/人物下 27
陳鑑堂（字鏡秋）
（清・莒縣人）
［民國］重修莒志 67/13
90 陳常
［民國］朝城縣續志 1/26
陳尚廉（字節菴）
（明・陽信人）
［民國］陽信 5/孝友 50
陳懷仁（清・恩縣人）
［宣統］山東 174/12
［嘉慶］東昌 30/38
［宣統］重修恩縣 8/25

[民國]重修恩縣 11/鄉賢 22
恩縣鄉土志/21
陳光繼(字繩武)
(清・諸城人)
[道光]諸城縣續志 16/5
陳光先(明・歷城人)
[道光]濟南 49/42
[崇禎]歷城 10/20
[乾隆]歷城 41/11
陳懷清(字永甫)
(清・費縣人)
[光緒]費縣 11/56
陳惟清(字秉直,號少溪)
(清・恩縣人)
[宣統]重修恩縣 8/33
[民國]重修恩縣 11/鄉賢 34
恩縣鄉土志/22
陳少游(唐・博平人)
[萬曆]東昌 19/89
陳光大(號忍菴)
(明・慶雲人)
[嘉慶]慶雲 9/7
[咸豐]慶雲 2/58
[民國三年]慶雲 2/20
陳懷真(字惺存)
(清・曲阜人)
[民國]續修曲阜 8/58
陳尚志(清・膠州人)
[道光]重修膠州 29/13
[民國]增修膠志 44/11
陳尚志(字素貞)
(清・濰縣人)
[民國]濰縣志稿 29/19
陳尚梓(膠州人)
[民國]膠澳志 10/13
陳省華(宋・閬中人)
[康熙]東平州 4/36
[乾隆]東平州 12/19
[道光]東平州 12/19
[光緒]東平州 14/19
陳小好(明・日照人)
[康熙四十八年]青州 14/孝友 19
[康熙六十年]青州 17/17
陳惟敬(明・歸安人)
[宣統]山東 200/9
陳尚表(明・關中人)
[道光]濟南 36/8
[乾隆]歷城 34/5
陳常恩(清・恩縣人)
[嘉慶]東昌 32/67
[宣統]重修恩縣 8/42
[民國]重修恩縣 11/鄉賢 49
陳尚智(字明齋)
(明・陽信人)
[民國]陽信 5/孝友 50
陳懷節(字竹亭)
(清・昌樂人)
[嘉慶]昌樂 30/2
陳光輝(明・蒙陰人)
[康熙十一年]蒙陰 2/5
陳光輝(清・平度人)
[民國]平度縣續志 8/3
陳光耀(字他山)
(清・安邱人)
[民國]續安邱新志 21/7
91 **陳悟**(字少穎)
(清・平度人)
[光緒]平度志要/藝文
[民國]平度縣續志 7/15
平度鄉土志 4 上/事業
陳恆慶(字子久)
(清・濰縣人)
[民國]濰縣志稿 28/42
陳恆還(字常久)
(清・陽信人)
[民國]陽信 5/隱逸 70
92 **陳愷**(字仁菴)
(明・臨朐人)
[康熙]臨朐縣志書 3/37
陳愷(清・萊蕪人)
[民國]萊蕪 19/3
[民國]續修萊蕪 25/3
94 **陳燁**(見陳曄)
96 **陳煜**(字光宇)
(明・諸城人)
[咸豐]青州 44/41
97 **陳烱**(明・曲阜人)
[萬曆二十四年]兗州 37/8
[康熙]兗州 28/37
[康熙]兗州續編 15/3
[乾隆]兗州 23/51
[崇禎]曲阜 4/104
[康熙]曲阜 4/104
[乾隆]曲阜 80/11
曲阜縣鄉土志/耆舊－事業
陳恪(字肅揆)
(清・臨朐人)
[康熙]臨朐縣志書 3/43
光緒臨朐 14/中 7
陳耀疆(清・汶上人)
[宣統]四續汶上稿/人物－藝術傳
陳耀廷(字景奎)
(清・東阿人)
[民國]續修東阿 11/8
陳燦宸(字衷一,號楓垣)
(清・江蘇長洲人)
[宣統]山東 75/6
[道光]濟南 72/22
陳耀漢(字子傑)
(陽穀人)
[光緒]陽穀 9/7
[民國]增修陽穀人物/仕宦 24
99 **陳榮**(明)
[嘉靖]夏津 3/36
陳榮(明・長安人,一作長樂人)
[萬曆]青州 12 又/8
[康熙十五年]青州 12 又/8
[康熙四十八年]青州 12 又/8
[康熙六十年]青州 12/37
[咸豐]青州 36/34
[康熙六十年]博興 7/13
[道光]博興 10/4
[民國]重修博興 12/4
陳榮泉(字廉溪)
(清・濰縣人)
[民國]濰縣志稿 31/16
陳榮洗(字東生)
(清・平度人)
[光緒]平度志要/人物
[民國]平度縣續志 7/14
陳榮居(字華齋)
(清・滋陽人)
滋陽縣鄉土志 1/耆舊－忠義

7621_3 隗

00 隗文謨(字昌周)
(清·章邱人)
[道光]章邱 11/63
10 隗天佑(字申之)
(清·章邱人)
[乾隆]章邱 9/44
[道光]章邱 11/78
30 隗良能(清·章邱人)
[道光]章邱 11/77

7622_7 陽

13 陽球(字方正)
(漢·漁陽泉州人)
[道光]濟南 33/9
[康熙十二年]高唐州 7/2
[康熙五十一年]高唐州 7/2
[道光]高唐州 7/1－1
[光緒]高唐州 7/1－1
[民國]高唐縣 9/5－19
14 陽瓚(南朝宋·彭城人)
[雍正]山東 35/墓碑 1
[宣統]山東 67/2
[萬曆]東昌 18/10,20/82
[乾隆]曹州府 12/6,21/34
[萬曆]濮州 3/名宦 9,6/6
[康熙]濮州 3/9,6/6
[乾隆]濮州 3/9,6/6
[宣統]濮州 8/6
21 陽膚(春秋·南武城人)
[嘉靖]山東 24/10
[康熙]山東 29/10
[萬曆元年]兗州 7/71
[萬曆二十四年]兗州 7/24
[康熙]兗州 8/25
[萬曆]沂州志 6/24
[康熙]沂州志 5/6
[乾隆]沂州府 25/2
[道光]濟寧直隸州 8/1－68
[順治]嘉祥 4/14
[乾隆]嘉祥 3/8
[光緒]嘉祥 3/8
[康熙]費縣 7/4
[道光]鉅野 12/4
陽虎(一名陽貨)
(春秋·魯人)
[嘉靖]山東 33/13
[萬曆元年]兗州 41/3
[萬曆二十四年]兗州 37/33
[康熙]兗州 28/74
[萬曆]沂州志 10/51
[萬曆]章丘 33/90
[康熙]章丘 6/60
[康熙]東明 7/20
[乾隆]東明 7/20
22 陽嶠(唐·河南雒陽人,一作北平人)
[雍正]山東 27/43
[宣統]山東 68/9
[康熙]濟南 25/7
[道光]濟南 33/29
[康熙]德州 7/23
[民國]德縣 9/4
24 陽貨(見陽虎)
陽休之(字子烈)
(北齊·右北平無終人)
[雍正]山東 27/86
[宣統]山東 67/21

7623_3 隰

42 隰斯彌(周·齊人)
[萬曆]青州 15/34
[康熙十五年]青州 15/34
[康熙四十八年]青州 15/說士 10
[康熙]重修臨邑 10/1
77 隰朋(周·齊人)
[嘉靖]山東 28/3
[康熙]山東 38/3
[嘉靖]青州 12/48
[萬曆]青州 13/17
[康熙十五年]青州 13/19
[康熙四十八年]青州 13/事功 1
[康熙六十年]青州 16/1
[康熙]重修臨邑 10/1
[康熙]臨淄 9/9
[民國]臨淄 23/3

7630_0 駟

24 駟先生(漢·齊人)
[嘉靖]山東 32/2
[康熙]山東 42/2
[嘉靖]青州 14/2
[萬曆]青州 14/34
[康熙十五年]青州 14/34
[康熙四十八年]青州 14/隱逸 8
[康熙六十年]青州 20/2
[光緒]增修登州 38/1
[康熙]棲霞 6/10
[乾隆]棲霞 6/38
[民國]福山縣志稿 7/1－1

7710_1 閆

00 閆應選(明·鄆城人)
[萬曆]沂州志 4/56
閆文奇(清·魚臺人)
[乾隆]魚臺 11/44
[光緒]魚臺 3/28
閆文超(清·魚臺人)
[乾隆]魚臺 11/44
[光緒]魚臺 3/28
10 閆玉(元·莒人)
光緒臨朐 9/下 16
臨朐縣鄉土志 1/耆舊
12 閆瑞祥(清平人)
[民國]清平/人物 75
18 閆致位(清·京衛人)
[康熙]德州 6/4
23 閆俊烈(清·濟陽人)
[道光]濟南 56/30
[民國]濟陽 11/16
閆允德(字繼唐)
(清·陽穀人)
[光緒]陽穀 6/27
28 閆作棟(字卓廷)
(清·濟寧人)
[咸豐]濟寧直隸州續志 3/3
[民國]濟寧直隸州續志 12/6
30 閆寶(字瓊美)
(唐·鄆州人)
[萬曆二十四年]兗州 37/36
31 閆福玉(見顏福玉)
32 閆兆祥(字瑞亭)
(清·樂安人)
[民國]續修廣饒 19/61

33 閆述冉(字仰五)
(清・齊河人)
[民國]齊河 27/38
閆補闕(清・魚臺人)
[康熙]魚臺 17/80
[乾隆]魚臺 11/25
[光緒]魚臺 3/15
34 閆法參(字貫一)
(清・齊東人)
[民國]齊東 5/30
齊東縣鄉土志/兵事錄 2
37 閆逢寅(字方春)
(清・泰安人)
[民國]重修泰安縣 8/51
閆鴻禧(字欣亭)
(清・魚臺人)
[光緒]魚臺 3/文行又 4
40 閆枋(字碩軒)
(清・嶧縣人)
[光緒]嶧縣 21/耆舊 19
閆森(字蔚村)
(清・臨朐人)
臨朐縣鄉土志 1/耆舊
閆有爵(明・濮州人)
[康熙]濮州 4/9
[乾隆]濮州 4/9
[宣統]濮州 5/9
閆士綺(字季公)
(清・濟陽人)
[道光]濟南 56/28
[乾隆]濟陽 8/21,12/10
[民國]濟陽 11/26,18/26
閆大成(字集公)
(清・濟寧人)
[乾隆]濟寧直隸州 27/17
[道光]濟寧直隸州 8/3－23
50 閆東嶽(字尊五)
(清・平原人)
[民國]續修平原 6/8
71 閆長福(鄒縣人)
[民國]續修鄒縣志稿/人物－耆舊附忠烈
79 閆勝(見閻勝)
80 閆益(明・山東鄆城人)
[乾隆]沂州府 17/32
閆毓陵(字東平)
(清・歷城人)
[民國]續修歷城 44/19
86 閆智(明・昌邑人)
[康熙]昌邑 6/3
90 閆尚召(字策軒,原號東山,號蒙山中人)
(清・滕縣人)
[道光]滕縣志 9/孝義 21

7710_4 堅

60 堅晟(字伯明)
(明・秦州人)
[嘉靖]山東 26/30
[康熙]山東 34/9
[雍正]山東 27/49
[宣統]山東 72/39
[萬曆]東昌 18/36
[乾隆]東昌 33/46
[嘉慶]東昌 21/14
[正德]博平 5/82,7/31,7/34
[康熙]博平 3/43,4/24
[道光]博平 4/4,5/21,5/22
博平縣鄉土志/政績

7710_8 豎

60 豎曼(周・齊人)
[萬曆]青州 13/18
[康熙十五年]青州 13/又 19
[康熙四十八年]青州 13/事功 2
[康熙六十年]青州 16/1
[民國]臨淄 22/74

7712_7 邱

00 邱讓(字克遜)
(明・諸城人)
[光緒]增修諸城縣續志/孝義補遺 1
邱應琢(字珍涵,别字儒席)
(清・滋陽人)
[乾隆]兗州 23/86
[光緒]滋陽 8/45
滋陽縣鄉土志 1/耆舊－鄉賢
邱立功(清・福山人)
[民國]福山縣志稿 7/8－1
邱言坊(清・城武人)
[道光]城武 9/下 23
邱廣芳(字延譽)
(明・淄川人)
[康熙]淄川 5/36
[乾隆]淄川 5/36
邱方熽(清・諸城人)
[光緒]增修諸城縣續志 16/5
10 邱雲(一名瑞彩,字青霄)
(清・陵縣人)
[民國]陵縣續志 4/18
邱元音(字嶰公)
(清・諸城人)
[乾隆]諸城 36/10
邱于謨(清・諸城人)
[道光]諸城縣續志 19/7
邱玉麟(字龍川,别字石周)
(清・滋陽人)
[光緒]滋陽 8/59
滋陽縣鄉土志 1/耆舊－文學
邱西平(清・無棣人)
[民國]無棣 11/19
海豐縣鄉土志/耆舊－事業三
邱元武(字慎清)
(清・諸城人)
[乾隆]諸城 36/9
邱可峯(字雲麓)
(清・無棣人)
[民國]無棣 13/30
邱天作(字丕振,以字行)
(掖縣人)
[民國]四續掖縣 4/56,6/48
邱元復(字來公)
(清・諸城人)
[乾隆]諸城 36/10
邱天成(字康田)
(清・諸城人)
[道光]諸城縣續志 19/8
邱天民(字次衡)
(清・湖北宜城人)
[宣統]山東 75/45
[咸豐]武定府 19/陽信 7
[乾隆]陽信 5/40
信邑志稿 5/宦蹟
[民國]陽信 2/27,2/65

陽信縣鄉土志上/政績－去害
邱元履(字霞標)
(清・諸城人)
[乾隆]諸城 36/10
邱可鈞(字鼎臣)
(清・無棣人)
[民國]無棣 11/10
海豐縣鄉土志/耆舊－事業三
邱正策(清・四川大竹人)
[宣統]山東 75/1
[道光]濟南 72/22
11 邱琢(字其章)
(清・諸城人)
[道光]諸城縣續志 17/2
12 邱璣(字舜璿)
(明・金鄉人)
[民國]金鄉 13/10
邱廷璋(字信之)
(明・掖縣人)
[乾隆]掖縣 4/57
邱廷柖(清・諸城人)
[道光]諸城縣續志 17/2
邱登階(號丹巖)
(明・鰲山衛人)
[同治]即墨 9/9
即墨縣鄉土志/耆舊－事業二
13 邱瑄(字獻西)
(清・諸城人)
[道光]諸城縣續志 20/1
14 邱珙(明・河南蘭陽人)
[宣統]山東 71/44
[乾隆]武定府 16/26,31/27
[咸豐]武定府 19/樂陵 1,31/記 27
[順治]樂陵 8/7
[乾隆]樂陵 4/47,7/23
15 邱璉(清・肥城人)
肥城縣鄉土志 5/22
16 邱理德(清・福建將樂人)
[道光]濟南 38/31
[民國]濟陽 9/40
17 邱瑚(字寶亭)
(清・益都人)
[光緒]益都縣圖志 41/15
邱珺(字瑤軒)
(清・諸城人)
[道光]諸城縣續志 17/2
邱鼐(字楚茳)
(清・江南山陽人)
[宣統]山東 77/36
[道光]重修平度州 16/24
邱翼聖(字桀仲)
(清・高唐人)
[乾隆]東昌 43/35
[嘉慶]東昌 32/52
[乾隆]高唐州續志 2/11
[道光]高唐州 5/2－18
[光緒]高唐州 5/2－21
[民國]高唐縣 12/8
19 邱珖(字尉漢)
(清・掖縣人)
[民國]四續掖縣 4/66
20 邱維垣(清・蒲臺人)
蒲臺縣鄉土志/19
邱信常(字子石)
(明・諸城人)
[光緒]增修諸城縣續志/隱逸補遺 1
21 邱儒業(字懋修)
(明・蒲臺人)
[乾隆]武定府 25/50
[咸豐]武定府 25/文苑 10
[乾隆]蒲臺 3/46
蒲臺縣鄉土志/19
邱仁東(清・諸城人)
[光緒]增修諸城縣續志 16/29
邱行鍵(字貞公)
(清・肥城人)
[乾隆]泰安府 18/59
[嘉慶]肥城 17/24
[光緒]肥城 9/12
肥城縣鄉土志 5/21
22 邱嶝(字怡山)
(清・益都人)
[光緒]益都縣圖志 41/30
邱繼魁(字鎮西)
(清・蒲臺人)
蒲臺縣鄉土志/17
邱利見(明・蒲臺人)
[乾隆]武定府 25/12
[乾隆]蒲臺 3/48
蒲臺縣鄉土志/11
25 邱純(清・慶雲人)
[民國三年]慶雲 2/76
邱肄三(字韻軒)
(清・陵縣人)
[民國]陵縣續志 4/19
27 邱仰文(字襄周,號省齋)
(清・濟寧人)
[宣統]山東 172/40
[乾隆]濟寧直隸州 25/36
[道光]濟寧直隸州 8/3－18
[光緒]滋陽 8/44
滋陽縣鄉土志 1/耆舊－鄉賢
邱象嵩(字中山)
(清・諸城人)
[光緒]增修諸城縣續志 20/3
邱象艮(字敦吉)
(清・淄川人)
[乾隆]淄川 5/28
30 邱濰遠(字岱湄)
(清・諸城人)
[道光]諸城縣續志 19/1
邱宏禮(見丘弘禮)
邱宜春(清・蒲臺人)
[光緒]重修蒲臺 3/7
31 邱濬功(字力堂)
(清・諸城人)
[光緒]增修諸城縣續志 14/1
邱源淞(清・諸城人)
[光緒]增修諸城縣續志 16/5
邱濬凱(字阜南,號沖甫)
(清・諸城人)
[光緒]增修諸城縣續志 13/1
邱源沂(清・蒲臺人)
[光緒]重修蒲臺 3/6
34 邱邁(字陶仲)
(清・諸城人)
[道光]諸城縣續志 17/2
邱汝巘(清・諸城人)
[光緒]增修諸城縣續志 16/3
邱漢源(清・諸城人)
[光緒]增修諸城縣續志 15/3

35 邱清江(清・諸城人)
[光緒]增修諸城縣續志 16/5
37 邱洵(字仲泉,號蘧廬)
(清・掖縣人)
[民國]四續掖縣 4/77
邱鴻磐(字益安,號雲岊)
(清・冠縣人)
[民國]冠縣 8/人物志 43
邱淑閣(清・諸城人)
[光緒]增修諸城縣續志 14/11
38 邱瀓翠(號二齋)
(明・樂安人)
[民國]樂安 10/16
[民國]續修廣饒 19/29
40 邱在辛(字和軒)
(清・諸城人)
[光緒]增修諸城縣續志 20/2
邱志充(字美甫)
(明・諸城人)
[道光]諸城縣續志 12/初 1
邱志廣(字洪區)
(清・諸城人)
[道光]濟南 38/40
[咸豐]青州 46/19
[乾隆]諸城 31/5
[道光]長清 4/17
邱志岩(元・堂邑人)
[康熙]堂邑 14/1
邱希潛(字行素)
(清・淄川人)
[乾隆]淄川 5/29
邱士含(清・昌樂人)
[咸豐]青州 47/33
[嘉慶]昌樂 24/12
44 邱世平(清・無棣人)
[民國]無棣 11/20
邱林碧(清・諸城人)
[光緒]增修諸城縣續志 16/3
邱蘭嶺(字振山)
(清・金鄉人)
[民國]金鄉 13/續增 13
46 邱觀濤(字宗海)
(清・諸城人)
[道光]諸城縣續志 19/3
47 邱超(字定遠)
(清・昌樂人)
[嘉慶]昌樂 25/8
邱馨亭(字德齋)
(清・陽信人)
[民國]陽信 5/任恤 40
邱穀常(字大年,號愚公)
(清・諸城人)
[咸豐]青州 46/32
[道光]諸城縣續志 19/1
[光緒]增修諸城縣續志/列傳補遺 3
48 邱幹臣(字良弼)
(清・陽信人)
[民國]陽信 5/義俠 78
邱翰階(字輔賓)
(清・諸城人)
[道光]諸城縣續志 19/9
50 邱泰(字東表)
(清・膠州人)
[道光]重修膠州 29/23
[民國]增修膠志 45/9
邱專儒(清・諸城人)
[光緒]增修諸城縣續志 16/4
53 邱甫冠(清・樂陵人)
[宣統]山東 200/41
[乾隆]樂陵 6/45
60 邱昇平(清・海豐人)
[咸豐]武定府 23/忠節 25
海豐縣鄉土志/耆舊－事業四
邱園卜(字枚先)
(清・江南睢寧人)
[宣統]山東 76/14
[康熙]費縣 3/7
[光緒]費縣 3/56
費縣鄉土志/政績錄
邱思濟(明)
肥城縣鄉土志 3/3
邱昌錦(字茂軒)
(滕縣人)
[民國]續滕縣志 4/34
邱恩榮(字澳南)
(清・黃岡人)
[乾隆四十七年]泰安縣 8/33
[道光]泰安縣 10/10
[民國]重修泰安縣 6/63
71 邱長清(字鑑泉)
(清・無棣人)
[民國]無棣 13/33
72 邱岳(字敬山)
(清・濟寧人)
[乾隆]濟寧直隸州 27/13
[道光]濟寧直隸州 8/2－47
75 邱隫然(清・蒲臺人)
[光緒]重修蒲臺 3/2
蒲臺縣鄉土志/12
77 邱鵬雲(字程萬)
(清・益都人)
[光緒]益都縣圖志 40/9
邱開基(字廓如)
(清・諸城人)
[道光]諸城縣續志 19/3
80 邱尊三(字敬之)
(清・陵縣人)
[民國]陵縣續志 4/20
邱念祖(字纘武)
(清・淄川人)
[道光]濟南 54/76
邱毓英(字晉園,號華林)
(清・諸城人)
[光緒]增修諸城縣續志/文苑補遺 1
86 邱錫珖(字德符,號元圃)
(清・諸城人)
[光緒]增修諸城縣續志 13/1
邱錫田(昌樂人)
[民國]昌樂縣續志 21/22
邱錫鈺(字其相)
(清・諸城人)
[光緒]增修諸城縣續志 16/3
邱錫鎔(清・諸城人)
[光緒]增修諸城縣續志 16/4
88 邱敏(字時齋)
(清・滕縣人)
[道光]滕縣志 8/儒林 42
91 邱恒(清・滕縣人)
[道光]滕縣志 8/掾曹 19
98 邱悔(字太和,初名元調)
(清・諸城人)
[咸豐]青州 47/6
[乾隆]諸城 40/4

7714_8 闞

11 闞琴(清・膠州人)

［民國］增修膠志 44/13
膠州直隸州鄉土志 4/孝友
24 闞稜（唐・章邱人）
［康熙］濟南 43/3
［道光］濟南 71/5
［萬曆］章丘 22/99
［康熙］章丘 6/10
［乾隆］章邱 9/43
［道光］章邱 11/14
44 闞勤（見闞琴）
闞世臣（清・章邱人）
［乾隆］章邱 9/46
［道光］章邱 11/79
80 闞尊三（清・無棣人）
［民國］無棣 13/19
海豐縣鄉土志/耆舊－事業五

7716_4 闊

60 闊里吉思（元）
［萬曆］東昌 5/6
77 闊闊不花（元）
［雍正］山東 27/8
［宣統］山東 69/13
［道光］濟南 34/24
闊闊出（元）
［同治］重修寧海州 11/3
［民國］牟平 6/86

7721_0 風

26 風和尚（明）
［乾隆］續壽光 27/1
［嘉慶］壽光 15/8
［民國］壽光 12/人物志二 89
風和尚（清）
［宣統］山東 200/38
28 風僧（明）
［宣統］山東 200/33
［同治］即墨 12/10

7721_1 尼

32 尼澄（字登甫，號念棘）
（明・鉅鹿人）
［宣統］山東 72/4
［康熙］兗州續編 14/3
［乾隆］兗州 22/21
［康熙］滋陽 3/85
［光緒］滋陽 7/5，11/31
滋陽縣鄉土志 1/政績
80 尼養德（明・益都人）
［嘉靖］青州 15/30
［萬曆］青州 14/49
［康熙十五年］青州 14/49
［康熙四十八年］青州 14/儒行 6
［康熙六十年］青州 15/8
［咸豐］青州 43/1
［萬曆］益都 6/91
［康熙］益都 9/13
［光緒］益都縣圖志 38/9
尼養性（明・益都人）
［萬曆］青州 14/49
［康熙十五年］青州 14/49
［康熙四十八年］青州 14/儒行 6
［康熙六十年］青州 15/8
［萬曆］益都 6/91
［康熙］益都 9/13

7721_4 隆

00 隆文良（字秉忠）
（明・霸州人）
［道光］濟南 36/15
［嘉慶］鄒平 14/8
［道光］鄒平 14/8
［民國］鄒平 14/8
［康熙］兗州府曹縣 10/12
［光緒］曹縣 10/11
10 隆玉田（霑化人）
［民國］霑化卷首/13
24 隆德懷（霑化人）
［民國］霑化 4/登進 51
30 隆進賢（字良弼）
（清・利津人）
［乾隆］利津縣志補 4/31
［光緒］利津 8/義行 5
37 隆淑（字含輝，一曰寒灰，又作寒輝）
（清・安邱人）
［道光］安邱新志 25/1
［民國］濰縣志稿 36/8
44 隆英（字俊傑）
（明・利津人）
［宣統］山東 161/34
［康熙］濟南 35/9
［乾隆］武定府 23/12
［咸豐］武定府 23/名臣 12
［康熙］利津縣新志 8/2
［光緒］利津 7/宦蹟 1
隆萬里（字鵬程）
（清・利津人）
［乾隆］利津縣志補 4/28
［光緒］利津 8/孝友 3
80 隆會雲（字雨公）
（清・霑化人）
［光緒］霑化 10/16
［民國］霑化 2/89
隆尊賢（清・利津人）
［乾隆］利津縣志續編 8/40
［光緒］利津 7/宦蹟 23

屋

00 屋廬子（見屋廬連）
屋廬連（戰國）
［康熙］山東 29/11
［萬曆元年］兗州 7/75
［萬曆］鄒志 1/47
11 屋壚連（見屋廬連）

7721_6 覺

30 覺定（俗姓張，名中鼎）
（清・新城人）
［民國］重修新城 26/8
60 覺羅保謙（清）
莘縣鄉土志/政績 9
覺羅增齡（清・滿洲舉人）
［民國］臨清縣/秩官 67
覺羅景元（清・滿洲正紅旗人）
［民國三年］慶雲 1/89
覺羅長麟（號牧菴）
（清・滿洲正藍旗人）
［宣統］山東 74/24
［道光］濟南 37/33
覺羅普爾泰（清・滿洲正紅旗舉人）
［民國］單縣 6/宦蹟 21

7721_7 兒

30 **兒寬**(漢・千乘人)
[至元]齊乘 6/9,6/11
[嘉靖]山東 32/2
[康熙]山東 42/2
[雍正]山東 28/人物一 6
[宣統]山東 153/19,154/2
[康熙]濟南 41/1
[嘉靖]青州 15/23
[萬曆]青州 13/7
[康熙十五年]青州 13/7
[康熙四十八年]青州 13/經師 2
[康熙六十年]青州 15/3
[咸豐]青州 38/2
[乾隆]武定府 25/32
[咸豐]武定府 25/儒林 1
[萬曆]樂安 15/2
[雍正]樂安 12/1
[民國]樂安 10/1
[民國]續修廣饒 19/1
[康熙]陽信 9/3
[乾隆]陽信 7/2
信邑志稿 7/儒林
[民國]陽信 5/宦蹟 2
陽信縣鄉土志上/耆舊 – 鄉賢祠
[康熙十二年]博興 6/5
[康熙六十年]博興 7/16
[乾隆]惠民 6/2
[光緒]惠民 19/2
惠民縣鄉土志/耆舊錄 23

44 **兒萌**(字子明)
(漢・齊國人)
[嘉靖]山東 32/3
[康熙]山東 42/3
[雍正]山東 28/人物一 15
[宣統]山東 165/2
[嘉靖]青州 15/12
[萬曆]青州 14/11
[康熙十五年]青州 14/又 12
[康熙四十八年]青州 14/孝友 1
[康熙六十年]青州 17/8
[咸豐]青州 38/16
[康熙]臨淄 9/22
[民國]臨淄 25/32
臨淄縣鄉土志/耆舊錄

80 **兒念四**(元・絳州人)
[崇禎]鄆城 4/2
[康熙]鄆城 4/2
[光緒]鄆城 6/3

7722_0 周

00 **周廣**(字元博)
(明・江南武進人)
[康熙]德平 3/1
[嘉慶]德平 5/6
[光緒]德平 5/6
周京(字寤西,號野王)
(明・臨沂人)
[康熙]沂州志 5/69
[民國]臨沂 10/61
周京(字念豐)
(清・莒縣人)
[嘉慶]莒州 10/14
[民國]重修莒志 67/6
周亮(字尚寅)
(明・候官舉人)
[萬曆]濮州 3/名宦 24
[康熙]濮州 3/22
[乾隆]濮州 3/22
[宣統]濮州 4/22
周辛(宋・濰州人)
[民國]濰縣志稿 31/23
周章(明・莆田人)
[順治]堂邑 2/職官又 9
[康熙]堂邑 10/2
周章(清・聊城人)
[康熙]聊城 3/49
周文斌(字煥亭)
(長清人)
[民國]長清 12/26
周文謨(清・蓬萊人)
[道光]重修蓬萊 11/6
周亮工(字元亮,一字陶庵,號櫟園)
(清・河南祥符人)
[宣統]山東 73/36,74/57
[康熙四十八年]青州 12/24
[康熙六十年]青州 12/41
[咸豐]青州 37/4
[乾隆]萊州 9/22
[康熙]臨淄 15/12
[民國]臨淄 35/56
[康熙六十年]博興 7/14
[光緒]益都縣圖志 18/46
[乾隆]濰縣 3/44
[民國]濰縣志稿 20/18
濰縣鄉土志/7
周亮功(字彤閣)
(清・寧陽人)
[光緒]寧陽 13/又 53 之 1
周弈珣(清・金鄉恩貢)
[民國]重修新城 11/30
周慶孚(字信齋)
(清・茌平人)
[民國]茌平 12/89
周文鼎(明・江西高安人)
[光緒]增修登州 32/1
[嘉靖]寧海州下/15
[同治]重修寧海州 12/8
[民國]牟平 6/70
周文編(字百原)
(清・即墨人)
[同治]即墨 9/48
即墨縣鄉土志/耆舊 – 事業四
周永編(見周文編)
周文魁(字東璧)
(清・新城人)
[宣統]新城縣後志 5/隱逸
周齊家(清・平山衛人)
[乾隆]東昌 43/47
[嘉慶]東昌 32/56
[康熙]聊城 3/53
[宣統]聊城 8/83
周慶安(道號恬然子)
(元・濟南人)
[光緒]益都縣圖志 28/5
周序賓(字子賢)
(清・臨沂人)
[民國]臨沂 10/43
周文渠(字桂生)
(東阿人)
[民國]東阿 16/6
周亦達(字穎士)

（清·臨清人）
［乾隆］東昌 40/30
［乾隆］臨清州 9/54
周慶洙（東阿人）
［民國］東阿 15/20
周文通（明·萊陽人）
［光緒］增修登州 38/18
［民國］萊陽 3/1 中 11,3/1 中 87
周彥深（明·江南順義人）
［乾隆］沂州府 17/32
周文奎（號淡叟）
（清·濰縣人）
［民國］濰縣志稿 29/19
周應奎（字正甫）
（明·閩縣人）
［萬曆］即墨志 6/15
［康熙］纂修即墨/下 11
［乾隆］即墨 8/7
［同治］即墨 8/7
周文蔚（字雲章）
（清·濟陽人）
［乾隆］濟陽 8/44
［民國］濟陽 11/56
周文超（字斐堂）
（清·金鄉人）
［道光］濟寧直隸州 8/4－41
［咸豐］金鄉縣志略 9/中列傳二 12
［民國］金鄉 14/5
周應期（字輯五）
（明·浙江永嘉人）
［康熙］山東 31/18
［雍正］山東 27/16
［宣統］山東 70/22
［康熙］濟南 24/31
［道光］濟南 35/28
周文中（清·新城人）
［宣統］新城縣後志 3/耆壽
周應昌（字麗陽）
（清·壽張人）
［光緒］壽張 7/19
周文明（字離堂）
（清·滋陽人）
滋陽縣鄉土志 1/耆舊－文學

周文璧（字蘭完）
（清·金鄉人）
［民國］金鄉 14/9
周文熙（字敬庵）
（清·長清人）
［民國］長清 13/4
周奕釁（字范墅）
（清·歷城人）
［民國］續修歷城 41/17
周立曾（清·新城人）
［宣統］新城縣後志 3/耆壽
周文炳（清）
莘縣鄉土志/政績 8
周文燿（字醇甫,號郁堂）
（明·濟寧人）
［道光］濟寧直隸州 8/2－36
01 周龍（清·平度人）
［光緒］平度志要/人物
02 周訓徵（字仲民）
（清·膠州人）
［道光］重修膠州 30/5
［民國］增修膠志 47/5
周新邦（字景昌）
（清·濟陽人）
［道光］濟南 56/26
［乾隆］濟陽 8/5
［民國］濟陽 11/5
03 周斌（字斐臣）
（明·錢塘人）
［嘉靖］山東 27/12
［康熙］山東 36/3
［雍正］山東 27/65
［宣統］山東 73/19
［泰昌］登州 9/26
［順治］登州 11/14
［光緒］增修登州 25/8
周誠若（清·萊陽人）
［民國］萊陽 3/1 中 44
04 周訥（明·安丘人）
［咸豐］青州 55/20
［萬曆］安丘 28/62
周諾（清·金鄉人）
金鄉縣鄉土志/耆舊錄上
周詩（字伯諺）
（明·霑化人）
［萬曆］新修霑化 5/94

［光緒］霑化 7/6
［民國］霑化 2/19
07 周郊（字孟則）
（明·即墨人）
［同治］即墨 9/11
即墨縣鄉土志/耆舊－事業二,耆舊－事業四
周望（明·莒州人）
［宣統］山東 161/45
周望（字起渭,號仰山）
（明·陽信人）
［康熙］陽信 9/37
［乾隆］陽信 7/60
［民國］陽信 5/方技 81
信邑志稿 7/藝術
08 周謙（明·江西豐城人）
［道光］濟南 36/53
［正德］博平 5/86
［光緒］陵縣 18/14
陵縣鄉土志/7
周謙（字豫凡）
（清·膠州人）
［乾隆］膠州 4/53
［道光］重修膠州 29/16
［民國］增修膠志 45/2
周謐（字北海）
（明·霑化人）
［光緒］霑化 10/26
［民國］霑化 3/4
周效（字孟則）
（清·即墨人）
［乾隆］即墨 9/25
［同治］即墨 9/31
即墨縣鄉土志/耆舊－學問
周於德（字元錫）
（清·濟寧人）
［乾隆］濟寧直隸州 25/3
［道光］濟寧直隸州 8/3－2
周敦楷（字伯端）
（清·膠州人）
［民國］增修膠志 44/20
周敦頤（字茂叔,號濂溪）
（宋·道州人）
［雍正］山東 11/闕里二 21
［乾隆］兗州 7/32
周於智（清·雲南嶍峨進士）

［道光］重修膠州 23/13
［民國］增修膠志 18/12
膠州直隸州鄉土志 3/政績－澮河
09 **周麟**（明・濱州人）
［乾隆］武定府 26/34
［咸豐］武定府 26/藝術 2
［萬曆］濱州 3/47
［康熙］濱州 7/39
［咸豐］濱州 10/方技 9
周麟（字德昭）（明・濟寧人）
［康熙］濟寧州 7/19
［乾隆］濟寧直隸州 26/14
［道光］濟寧直隸州 8/4－37
周麟章（字少紱）（清・福建侯官人）
［宣統］山東 77/44
［光緒］高密 6/27
［民國］高密 12/27
高密縣鄉土志/上 11
［民國］續滕縣志 1/27
周麟元（字繡紱，號芝田）（清・金鄉人）
［民國］金鄉 17/28
周麟祥（字仁徵）（清・諸城人）
［乾隆］諸城 34/4
周麟祥（字子振）（清平人）
［民國］清平/人物 74
周麟軒（清・金鄉人）
［民國］金鄉 13/續增 4
金鄉縣鄉土志/耆舊錄上
周麟勛（字小山）（清・膠州人）
［民國］增修膠志 42/26
10 **周霸**（漢・魯人，一作莒人）
［雍正］山東 28/人物一 4
［宣統］山東 153/14
［萬曆］青州 13/7
［康熙十五年］青州 13/7
［康熙四十八年］青州 13/經師 2
［康熙六十年］青州 15/3
［乾隆］兗州 23/6
［康熙］莒州下/32
［雍正］莒州 9/1
［乾隆］膠州 4/2
［萬曆］諸城 7/47
［乾隆］曲阜 69/1
周晉（字桐封）（清・單縣人）
［乾隆］單縣 7/28
［民國］單縣 9/74
周玉（明・單縣人）
［順治］單縣 2/41
周玉（明・湖廣人）
［康熙］肥城書下/10
［嘉慶］肥城 15/33
［光緒］肥城 7/48
周雲（南朝宋）
［宣統］山東 67/1
［道光］濟南 33/14
［嘉慶］德平 5/3
［光緒］德平 5/3
德平縣鄉土志/政績錄
周正（字則中）（明・冠縣人）
［乾隆］東昌 38/29
［嘉慶］東昌 29/1
［嘉靖］冠縣 4/11
［萬曆］冠縣 4/9
［道光］冠縣 8/上 2
［光緒］冠縣 8/鄉賢
［民國］冠縣 8/人物志 2
周正（字公端，號方山）（清・萊陽人）
［光緒］增修登州 39/35
［民國］萊陽 3/1 中 34，3/3 上傳志下 35
［光緒］海陽縣續志 10/72
周天度（字季旋，號運亭）（清・膠州人）
［民國］增修膠志 47/7
周天裔（清・滿洲旗籍貢生，一作遼陽人）
［宣統］山東 77/20
［順治］登州 11/26
［光緒］增修登州 25/12
周元章（字佩環）（清・章邱人）
［道光］章邱 11/72
周再庚（字方白）（清・膠州人）
［道光］重修膠州 27/33
［民國］增修膠志 41/25
周正方（字立夫）（清・滋陽人）
滋陽縣鄉土志 1/耆舊－忠義
周一龍（字大允，號定庵）（明・濟寧人）
［乾隆］濟寧直隸州 24/25
［道光］濟寧直隸州 8/2－35
周雲龍（清・東光人）
［康熙］德州 6/9
周三斌（清・寧遠貢士）
［道光］東平州 10/上 31
周一麟（清・河南河內人）
［康熙］德州 6/6
周玉麟（號燕山）（清・金鄉人）
［咸豐］金鄉縣志略 9/中列傳二 16
［民國］金鄉 14/6
周而震（清・黃縣人）
［康熙］沂水 4/30
周霽霄（清・汶上人）
［宣統］四續汶上稿/人物－孝弟傳
周天爵（字敬修，號檀菘）（清・東阿人）
［宣統］山東 171/3
［光緒］東阿縣鄉土志 4/30
［民國］續修東阿 11/1，14/21
周百順（字萬寧）（清・金鄉人）
［民國］金鄉 14/9
周百順（字備堂）（清・寧陽人）
［宣統］山東 172/18
［咸豐］寧陽 13/32
［光緒］寧陽 13/32
寧陽縣鄉土志/18
周可儒（字明泉）（明・新城人）
［道光］濟南 51/38

[宣統]新城縣後志 2/善行
[民國]重修新城 16/10
周天胤(胤一作永)
(明・永平人)
[康熙]濟南 25/73
[道光]濟南 36/56
[康熙]德州 7/28
[乾隆]德州 8/9
[民國]德縣 9/9
周雲彩(字祥千)
(清・金鄉人)
[民國]金鄉 14/10
周一德(字克協,號旦復)
(清・金鄉人)
[乾隆]兗州 23/77
[乾隆]濟寧直隸州 25/45
[道光]濟寧直隸州 8/3 – 31
[康熙五十一年]金鄉 7/22
[乾隆]金鄉 18/75
[咸豐]金鄉縣志略 9/中列傳二 3
[民國]金鄉 13/15,17/23
金鄉縣鄉土志/耆舊錄上
周于德(明)
[光緒]增修登州 36/3
周至德(明・茌平人)
[康熙二年]茌平 2/47
周而純(字季玉)
(明・掖人)
萊州府鄉土志/下 16
周天牧(字建亭)
(清・膠州人)
[道光]重修膠州 29/9
[民國]增修膠志 44/7
周而淳(字季玉)
(明・掖縣人)
[雍正]山東 28/人物三 74
[宣統]山東 164/39
[康熙]萊州 10/54
[乾隆]萊州 11/忠節 5
[乾隆]掖縣 4/42
[道光]掖乘 4
周三宅(明・博興人)
[萬曆]青州 14/41
[康熙十五年]青州 14/41
[康熙四十八年]青州 14/隱逸 15
[康熙六十年]青州 18/13
[咸豐]青州 45/36
[康熙十二年]博興 6/12
[康熙六十年]博興 7/34
[道光]博興 11/38
[民國]重修博興 13/20
周于法(字澤所)
(清・鄆城人)
[光緒]鄆城 16/5
周丕澧(字東瀛)
(清・四川安岳人)
[宣統]山東 77/6
[光緒]費縣 3/59
費縣鄉土志/政績錄
[民國]重修博興 12/8
周天衆(清・蓬萊人)
[道光]重修蓬萊 9/16
[民國]蓬萊縣志合編人物志/忠勇
周天機(清・蓬萊人)
[道光]重修蓬萊 9/16
[民國]蓬萊縣志合編人物志/忠勇
周一棟(字伯吉)
(明・安丘人)
[咸豐]青州 44/50
[康熙]續安丘 23/36
安丘縣鄉土志 5/耆舊錄 2
周雲軒(字攀龍,號仙閭)
(清・金鄉人)
[民國]金鄉 14/10
周玉暢(字昌山)
(清・金鄉人)
[民國]金鄉 14/13
周震甲(字東木,號朗谷)
(清・歷城人)
[道光]濟南 53/27
周而厚(明・掖縣人)
[乾隆]掖縣 4/48
周晉臣(字康侯)
(清・金鄉人)
[民國]金鄉 14/9
周三善(明・郯城人)
[康熙]郯城 8/10
周玉善(字存誠)
(恩縣人)
[民國]重修恩縣 11/鄉賢 77
周三錫(明・直隸滄縣人)
[康熙五十六年]壽張 4/7
[光緒]壽張 5/6
周丙範(字敘九)
(清・寧陽人)
[咸豐]寧陽 14/19
[光緒]寧陽 14/19
寧陽縣鄉土志/19
周元焜(清・膠州人)
[道光]重修膠州 29/12
[民國]增修膠志 44/10
11 **周珩**(清・寧陽人)
[咸豐]寧陽 13/23
[光緒]寧陽 13/23
周璿(明・諸城人)
[雍正]山東 28/人物三 4
[宣統]山東 164/28
[萬曆]青州 14/8
[康熙十五年]青州 14/8
[康熙四十八年]青州 14/忠義 8
[康熙六十年]青州 17/5
[咸豐]青州 43/3
[萬曆]諸城 7/14
[康熙]諸城 7/12
[乾隆]諸城 38/5
諸城縣鄉土志/上 20
周班爵(明)
[萬曆]新修霑化 5/93
12 **周璠**(明)
[康熙]新修齊東 4/21
周璣(明・金鄉人)
[康熙十二年]金鄉 5/13
[康熙五十一年]金鄉 5/6
周璞(清・蓬萊人)
[宣統]山東 176/47
[光緒]蓬萊縣續志 9/孝友 4
[民國]蓬萊縣志合編人物志/孝友
周璞(清・密雲人)
[民國]陽信 5/義俠 75
周瑞(清・臨桂舉人)
[民國]無棣 9/4
海豐縣鄉土志/政績

周瑞亭(字慶雲)
(清・陽穀人)
[光緒]陽穀 7/4
[民國]增修陽穀人物/孝義 11
周廷琳(清・平原人)
[民國]續修平原 10/上 27
周發政(字慕姬)
(東明人)
[民國]東明縣新誌 11/57
周廷俊(字亦凡)
(清・陽穀人)
[光緒]陽穀 6/28
[民國]增修陽穀人物/善行 47
周廷傑(明・萊陽人)
[民國]萊陽 3/1 中 14
周孔憲(清・福山人)
[乾隆]福山 8/58
周延溪(字蓮亭)
(清・金鄉人)
[民國]金鄉 13/續增 11
周廷梁(字武臣)
(清・膠州人)
[道光]重修膠州 29/5
[民國]增修膠志 44/4
周延祜(字篤村)
(清・曹州菏澤貢生)
[宣統]三續淄川 9/51
周廷祿(字萬年)
(清・蓬萊人)
[民國]蓬萊縣志合編人物志/忠勇
周延祖(字勉之,號勵吾)
(明・濮州人)
[宣統]濮州 6/30
[康熙]濮州 6/91
[乾隆]濮州 6/91
[宣統]濮州 8/91
周延祚(清・陽信人)
[咸豐]武定府 25/孝友 33
周廷森(字蔚瞻,號霽坪)
(清・金鄉人)
[道光]濟寧直隸州 8/4－24
[咸豐]金鄉縣志略 9/中列傳二 9
[民國]金鄉 13/19
金鄉縣鄉土志/耆舊錄上
周延植(清・膠州人)
[乾隆]膠州 5/28
[道光]重修膠州 29/19
[民國]增修膠志 45/5
周聯馨(字元芳)
(清・即墨人)
[同治]即墨 9/35
即墨縣鄉土志/耆舊－事業四
周廷幹(清・惠民人)
[光緒]惠民 20/10
惠民縣鄉土志/耆舊錄 5
周廷柬(字舜河)
(清・膠州人)
[道光]重修膠州 29/5
周瑞昌(元・嶧縣人)
[康熙]嶧縣 3/17
[光緒]嶧縣 19/92
周瑞圖(清・福建侯官人)
[宣統]山東 76/20
周延嗣(宋・寧海人)
[嘉靖]寧海州下/43
[同治]重修寧海州 17/3
周孔學(明・內鄉人)
[萬曆]福山 4/26
周發曾(字屺瞻)
(清・慈溪人)
[康熙]兖州續編 14/2
周廷榮(字河瑞)
(清・臨清人)
[民國]臨清縣/人物 74
13 周琮(清・諸城人)
[萬曆]青州 15/51
[康熙十五年]青州 15/51
[康熙四十八年]青州 15/卓行 12
[康熙六十年]青州 18/16
[萬曆]諸城 7/27
[康熙]諸城 7/48
[乾隆]諸城 41/3
周琮(字龍光)
(清・寧陽人)
[咸豐]寧陽 14/4
[光緒]寧陽 14/4
周瑊(清・萊陽人)
[民國]萊陽 3/1 中 40
周琬(字長善)
(清・金鄉人)
[康熙五十一年]金鄉 11/21
[乾隆]金鄉 18/70
[咸豐]金鄉縣志略 9/中列傳二 4
[民國]金鄉 13/16,17/21
金鄉縣鄉土志/耆舊錄上
周武(字文剛)
(周・博興人)
[康熙六十年]博興 7/16
14 周瓘(明・河南祥符舉人)
[天啟]新城 6/教諭
[崇禎]新城 6/教諭
[康熙]新城 5/9
[民國]重修新城 10/16
周璜(清・隴西人)
[順治]樂陵 4/5
周琳(號梅坡)
(清・金鄉人)
[民國]濟寧直隸州續志 13/9
[咸豐]金鄉縣志略 9/中列傳二 16
[民國]金鄉 13/24
周琪(元・鄞郡人)
[萬曆]福山 4/2
周瑛(明・淮安舉人)
[道光]商河 5/27
[民國]重修商河 6/66
15 周璛(字鴈侯)
(清・即墨人)
[同治]即墨 9/43
即墨縣鄉土志/耆舊－學問
周建子(字黃鐘)
(清・歷城舉人)
[光緒]高密 6/27
[民國]高密 12/28
高密縣鄉土志/上 10
16 周璟(字景玉)
(清・歷城人)
[道光]濟南 53/56
[民國]續修歷城 44/14
周聰彝(清・膠州人)
[道光]重修膠州 29/28

17 周弼(明・臨洮人)
[萬曆]濮州3/名宦29
周璨(字玉光)
(清・寧陽人)
[乾隆]寧陽7/文苑2
[咸豐]寧陽13/23
[光緒]寧陽13/23
周聚(漢・豐人)
[乾隆]嶧縣7/3
周郡(明・朝城人)
[康熙]朝城8/28
周玘(明・河南內鄉人)
[萬曆]福山4/26
[康熙]福山7/42
[乾隆]福山7/50
[民國]福山縣志稿10/3
周璆(字孟玉)
(漢・樂安臨濟人)
[至元]齊乘6/13
[嘉靖]山東32/4
[康熙]山東42/4
[宣統]山東167/3
[道光]濟南45/30
[嘉靖]青州15/50
[萬曆]青州14/35
[康熙十五年]青州14/35
[康熙四十八年]青州14/隱逸9
[康熙六十年]青州20/2
[咸豐]青州38/16
[萬曆]章丘22/88
[康熙]章丘6/5
[乾隆]章邱9/4
[康熙]高苑6/6
[乾隆]高苑6/8
周子(春秋・魯人)
[萬曆]青州13/22
[康熙十五年]青州13/22
[康熙四十八年]青州13/事功6
[康熙六十年]青州16/4
[乾隆二十五年]泰安縣12/38
[乾隆四十七年]泰安縣10/上33
[道光]泰安縣9/上89
[民國]重修泰安縣8/48
周翼龍(明・慈溪舉人)
[乾隆]福山7/15
周柔生(字子柔)
(清・安丘人)
[道光]安邱新志19/2
安丘縣鄉土志8/耆舊錄5
周于灝(字秋舫)
(清・濟寧人)
[民國]濟寧直隸州續志13/12
周承業(字惠圃)
(清・天津人)
[民國]重修莒志58/5
周乃浹(字伯霖)
(明・即墨人)
[乾隆]即墨9/14
[同治]即墨9/15
即墨縣鄉土志/耆舊-事業二
周于涵(字容谷,號鈍夫)
(清・金鄉人)
[民國]濟寧直隸州續志13/12
[民國]金鄉13/續增2
周弼成(字懋修)
(清・寧陽人)
[乾隆]兗州23/71
[乾隆]寧陽7/篤誼1
[咸豐]寧陽14/3
[光緒]寧陽14/3
周孟錦(字繡峯)
(清・寧陽人)
[咸豐]寧陽14/20
[光緒]寧陽14/20
周召棠(字蔭南)
(清・慶雲人)
[民國三年]慶雲2/56
18 周玠(明)
[康熙]新修齊東4/21
周玠(字徑尺)
(清・新城人)
[道光]濟南55/81
[宣統]新城縣後志3/耆壽
[民國]重修新城16/12
周珍(明)
[康熙]新修齊東4/21
周致(明・浙江鄞縣人)
[嘉靖]山東27/10
[康熙]山東35/11
[雍正]山東27/60
[嘉靖]青州13/44
[萬曆]青州12/30
[康熙十五年]青州12/30
[康熙四十八年]青州12/30
[康熙六十年]青州12/24
[咸豐]青州36/10
[康熙]臨淄8/5,15/4
[民國]臨淄18/7
[光緒]益都縣圖志18/33
20 周乘(字子居)
(漢・汝南安城人)
[宣統]山東66/15
周孚(字信道)
(宋・濟南人)
[道光]濟南47/41
周爵(明・固始人)
[嘉靖]臨朐2/48
周統(清・應山人)
[乾隆]淄川4/25
淄川縣鄉土志/政績錄
周位(字素安)
(清・安邱人)
[咸豐]青州48/12
[道光]安邱新志19/6
安丘縣鄉土志8/耆舊錄5
周秀(字公全)
(明・歷城人)
[道光]濟南49/15
[乾隆]歷城37/22
周爰訪(字成延,號寧章)
(清・寧陽人)
[雍正]山東28/人物四9
[乾隆]兗州23/60
[康熙十一年]寧陽7/17
[康熙四十一年]寧陽7/17
[乾隆]寧陽7/文苑2
[咸豐]寧陽12/49
[光緒]寧陽12/50
寧陽縣鄉土志/14
周維新(字敬求,號肇部)
(明・湖北人)
[康熙]新修萊蕪8/43
[民國]續修萊蕪35/20

周秉元(字君調)
(清・濟陽人)
[道光]濟南 56/31
[乾隆]濟陽 8/20
[民國]濟陽 11/25
周秉衡(東阿人)
[民國]東阿 15/4
周秉繼(清・寧陽人)
[宣統]山東 172/26
[咸豐]寧陽 20/13
[光緒]寧陽 20/13
周秉鑾(字叔御)
(清・金鄉人)
[咸豐]濟寧直隸州續志 3/6
[民國]濟寧直隸州續志 14/26
[咸豐]金鄉縣志略 9/中忠義傳 1
[民國]金鄉 14/17
周秀嶺(字松軒)
(清・慶雲人)
[民國三年]慶雲 2/38
周孚先(明・濱州人)
[康熙]濱州 7/24
[咸豐]濱州 10/厚德 3
濱州鄉土志/耆舊錄
周壬福(字鶴儕)
(清・江蘇昭文人)
[宣統]山東 77/19
[光緒]增修諸城縣續志 11/2
[民國]長清 4/21,9/14
[民國]重修博興 12/8
周秉禮(號琴珊)
(清・湖北漢陽人)
[宣統]山東 76/24
[民國]重修莒志 58/6
周乘運(清・蓬萊人)
[順治]登州 17/28
[光緒]增修登州 43/7
[康熙]蓬萊 5/24
[道光]重修蓬萊 9/33
[民國]蓬萊縣志合編人物志/行誼
周季道(號紫陽真人)
(唐)
[雍正]山東 30/9
周維楨(字正圃)
(清・寧陽人)
[光緒]寧陽 13/47
周秉權(字勛成)
(長清人)
[民國]長清 12/12
周信芳(字行遠)
(清・寧陽人)
[咸豐]寧陽 15/21
[光緒]寧陽 15/28
周維翰(明・北直阜城人)
[宣統]山東 71/9
[康熙]濟南 25/61
[道光]濟南 36/20
[萬曆]淄川 27/11
[康熙]淄川 4/12
[乾隆]淄川 4/12
淄川縣鄉土志/政績錄
周維翰(字仲甫)
(明・掖縣人)
[乾隆]萊州 10/24
[乾隆]掖縣 4/29
[道光]掖乘 4
周維忠(明・無極人)
[萬曆]沂州志 4/56
周信臣(元)
[宣統]山東 69/17
[道光]濟南 34/31
周舜岳(明・安仁人)
[乾隆]寧陽 3/東兗道 1
周重質(一作仲賓)
(元・黃縣人)
[光緒]增修登州 38/12
周維屏(字樹範)
(清・蓬萊人)
[道光]重修蓬萊 7/25
周秉全(字廣載)
(清・寧陽人)
[咸豐]寧陽 14/14
[光緒]寧陽 14/14
周秉全(長清人)
[民國]長清 12/21
周秉鈞(東阿人)
[民國]東阿 15/5
周維爚(字蓉畦)
(清・金鄉人)
[咸豐]濟寧直隸州續志 3/6
[民國]濟寧直隸州續志 14/26
[咸豐]金鄉縣志略 9/中忠義傳 1
[民國]金鄉 14/17
21 周衡(明・無極人)
[乾隆]沂州府 17/33
周行(明・德平人)
[康熙]濟南 47/15
[道光]濟南 52/53
[康熙]德平 3/34
[乾隆]德平 3/11
[嘉慶]德平 7/13
[光緒]德平 7/23
德平縣鄉土志/耆舊錄
周仁(漢・任城人)
[嘉靖]山東 33/15
[康熙]濟寧州 6/2
[乾隆]濟寧直隸州 23/1
[道光]濟寧直隸州 8/4-49
濟寧州鄉土志 2/技術
周仁(元・牟平人)
[同治]重修寧海州 17/6
周繻(字文彩)
(清・金鄉人)
[道光]濟寧直隸州 8/4-26
[咸豐]金鄉縣志略 9/中列傳二 11
[民國]金鄉 13/21
金鄉縣鄉土志/耆舊錄上
周順(字承享)
(漢・寧陽人)
[光緒]寧陽 12/18
周衎(清・餘姚人)
[乾隆]夏津 6/18
周紆(字文通)
(漢・下邳徐人)
[嘉靖]山東 25/15
[康熙]山東 32/2
[道光]濟南 33/9
[咸豐]青州 55/3
博平縣鄉土志/政績
周倬(字禹梁)
(清・即墨人)
[乾隆]即墨 9/27
[同治]即墨 9/34
即墨縣鄉土志/耆舊-事

業四
周步雲(字梯山)
(清・萊陽人)
[光緒]增修登州 44/5
[民國]萊陽 3/1 中 54
周占元(清・東阿人)
[民國]續修東阿 11/21
周貞元(字金堂)
(清・濟寧人)
[民國]濟寧直隸州續志 14/3
周師孔(號洪川)
(明・東阿人)
[康熙]山東 45/11
[乾隆]泰安府 18/37
[康熙五十四年]東阿 7/37
[道光]東阿 14/人物下 28
[光緒]東阿縣鄉土志 4/9
周儒俊(字文園)
(清・膠州人)
[道光]重修膠州 29/28
[民國]增修膠志 45/13
周虎彝(改名虎拜,字賡庭)
(清・萊陽人)
[民國]萊陽 3/1 中 43
周衍韶(清・新城人)
[宣統]新城縣後志 3/耆壽
周儒源(字洙泉)
(清・金鄉人)
[咸豐]濟寧直隸州續志 3/3
[民國]濟寧直隸州續志 14/23
[咸豐]金鄉縣志略 9/中忠
義傳 4
[民國]金鄉 14/19
周衍津(字子渡)
(清・桓臺人)
[民國]桓臺志略 3/16
[民國]桓臺 3/22
周虔森(字天予)
(清・江蘇武進人)
[宣統]山東 75/44
[乾隆]武定府 16/21
[咸豐]武定府 19/陽信 6
[乾隆]陽信 5/38
信邑志稿 5/宦蹟
[民國]陽信 2/63
陽信縣鄉土志上/政績－
興利
周仁壽(字敬甫)
(溧陽人)
[民國]重修莒志 58/7
周儒式(清・清平人)
[民國]清平/人物 62
周紫蘭(清・禹城人)
[道光]濟南 56/41
[嘉慶]禹城 9/14
[民國]禹城 6/12
禹城縣鄉土志/16
周師中(宋・南陽人)
[萬曆]汶上 5/1
[乾隆]兗州 22/13
周衍東(字蓮峯)
(清・桓臺人)
[民國]桓臺志略 3/16
[民國]桓臺 3/25
周衍恩(字蓉浦,一作蓉圃)
(清・祥符人)
[民國]無棣 9/6
海豐縣鄉土志/政績
滋陽縣鄉土志 1/政績
22 周岸(字先登,號蓮渠)
(清・茌平人)
[宣統]茌平 11/6
[民國]茌平 3/53
周崇(明・天台人)
[乾隆]寧陽 3/教諭 1
周鼎(字鎮九)
(清・蓬萊人)
[光緒]益都縣圖志 49/18
周豐(春秋・魯人)
[乾隆]曲阜 68/10
周繼(字志齋)
(明・歷城人)
[康熙]濟南 35/16
[道光]濟南 49/18
[崇禎]歷城 10/15
[乾隆]歷城 46/2
周崑(元)
[康熙]嶧縣 3/17
[光緒]嶧縣 19/92
周山(明・浙江嵊縣人)
[嘉靖]德州 2/11
周岩(明・冠縣人)
[乾隆]東昌 42/17
[嘉慶]東昌 32/17
[嘉靖]冠縣 4/13
[萬曆]冠縣 4/40
[道光]冠縣 8/上 21
[光緒]冠縣 8/孝義
[民國]冠縣 8/人物志 26
周巖(見周岩)
周胤(明・萊陽人)
[民國]萊陽 3/1 中 7
周樂(字二南)
(清・歷城人)
[宣統]山東 170/13
[民國]續修歷城 41/22
周樂毅(字省齋)
(清・茌平人)
[民國]茌平 3/61,12/89
周樂山(字羅村,號山陽道人)
(清・茌平人)
[民國]茌平 12/89
周繼殷(明・內鄉人)
[萬曆]福山 4/26
周胤宗(明・鄒縣人)
[嘉靖]鄒縣地理誌 1/又 25
周崇禮(清・河南祥符監生)
[光緒]嶧縣 19/職官下 21
周樂清(字文泉)
(清・浙江海寧人)
[宣統]山東 77/34
[光緒]三續掖縣 1/46
周繼祖(明・萊陽人)
[泰昌]登州 11/47
[順治]登州 17/27
[光緒]增修登州 43/30
[康熙]黃縣 6/22
[康熙]萊陽 8/22
[民國]萊陽 3/1 中 80
周崇芹(字瑞圃)
(清・新城人)
[宣統]新城縣後志 2/宦績
[民國]重修新城 18/8
周繼莘(字伯紹)
(清・金鄉人)
[民國]金鄉 17/28
周鼎勛(字功山)
(清・濟寧人)

[民國]濟寧直隸州續志 14/29
周繼會(字季紹)
(清・金鄉人)
[道光]濟寧直隸州 8/4－41
[咸豐]金鄉縣志略 9/中列傳二 12
[民國]金鄉 13/22
周鼎燦(字醇生)
(清・濮州人)
[康熙]濮州 2/104
[乾隆]濮州 2/87
[宣統]濮州 3/66
周鼎煇(字練生)
(明・濮州人)
[康熙]濮州 2/88
[乾隆]濮州 2/68
[宣統]濮州 3/42
23 周俊(清・鑲藍旗人)
[乾隆]泰安府 15/37
[民國]萊蕪 9/8
[民國]續修萊蕪 15/10
萊蕪縣鄉土志/4
周俊彥(清・北直饒陽人)
[康熙]朝城 7/9
周允元(字雲衢)
(明・濟寧人)
[雍正]山東 31/9
[乾隆]兗州 31/15
[康熙]濟寧州 7/38
[乾隆]濟寧直隸州 28/38
[道光]濟寧直隸州 8/4－51
周俊源(字竹溪)
(清・濟寧人)
[民國]濟寧直隸州續志 14/30
周允中(明・金鄉人)
[康熙十二年]金鄉 5/14
[康熙五十一年]金鄉 5/7
24 周德(清・莘縣人)
[光緒]莘縣 7/50
[民國]莘縣 7/37
周縝(字重菴)
(清・金鄉人)
[乾隆]金鄉 18/82
[咸豐]金鄉縣志略 9/中列傳二 6
[民國]金鄉 14/4
周佳胤(號光梧)
(明・朝城人)
[康熙]朝城 8/29
周化岐(字鳳鳴)
(清・齊河人)
[民國]齊河 26/38
周魁勳(字元功)
(清・金鄉人)
[民國]濟寧直隸州續志 15/8
[民國]金鄉 14/26
周緒科(清・萊陽人)
[民國]萊陽 3/1 中 69
周緒魁(茌平人)
[民國]茌平 12/91
周先馥(字紫蘭)
(清・寧陽人)
[咸豐]寧陽 14/15
[光緒]寧陽 14/15
周德宣(字伯猷)
(清・商邱人)
[民國]濟寧直隸州續志 10/54
周待選(唐・盧龍人)
[嘉靖]山東 26/7
[康熙]山東 33/8
[雍正]山東 27/33
[宣統]山東 68/12
[萬曆元年]兗州 38/節義 3
[乾隆]兗州 22/10
[崇禎]曲阜 4/94
[康熙]曲阜 4/94
[康熙]滋陽 3/80
周德蔚(字慕庭)
(清・商城人)
[民國]增修陽穀名宦/9
周先馨(字秋芷)
(清・寧陽人)
[咸豐]寧陽 14/14
[光緒]寧陽 14/14
周魁輔(字贊宸)
(清・濟陽人)
[民國]濟陽 11/61
周德昌(字茂堂)
(長清人)
[民國]長清 12/27
周岐鳴(字文瑞)
(清・堂邑人)
[康熙]堂邑 13/12
周岐鳳(名鳴,以字行)
(明・吉水人)
[萬曆]萊州 5/78
[康熙]萊州 8/57
[乾隆]萊州 9/26
[萬曆]即墨志 6/14
[康熙]纂修即墨/下 10
[乾隆]即墨 8/5,10/下 29
[同治]即墨 8/5,10/下 9
即墨縣鄉土志/政績錄
25 周純(清・湖廣應山人)
[宣統]山東 75/10
[道光]濟南 38/16
周健(字含章)
(清・鄆城人)
[光緒]鄆城 16/5
周秩(清・即墨歲貢)
[乾隆]嶧縣 7/39
周仲(字如仲)
(清・單縣人)
[乾隆]單縣 7/28
[民國]單縣 9/74
周純一(字靜齋)
(清・陽穀人)
[光緒]陽穀 6/19
[民國]增修陽穀人物/武功 15
26 周緗(字蘊青)
(清・即墨人)
[乾隆]即墨 9/26
[同治]即墨 9/32
即墨縣鄉土志/耆舊－事業四
周嶧(字桐山)
(清・金鄉人)
[民國]金鄉 14/5
周自齊(字子廙)
(單縣人)
[民國]單縣 12/鄉賢 24,23/13
周伯旋(字中禮)
(明・壽張人)
[康熙六年]壽張 7/10

[康熙五十六年]壽張 7/10
[光緒]壽張 6/45
周保琛(清・黄陂舉人)
[宣統]東明續縣志 2/15
周和沂(清・臨沂人)
[民國]續修臨沂 16/20
周伯達(字洱如,號康岐)
(清・萊陽人)
[雍正]山東 28/人物四 8
[宣統]山東 176/2
[順治]登州 16/22
[乾隆]續登州 10/3
[光緒]增修登州 39/32
[康熙]萊陽 8/18
[民國]萊陽 3/1 中 27,3/3
上傳志上 42
周偲恭(字遜亭)
(清・博山人)
[民國]續修博山 11/37
27 **周翺**(字雲鵬,號蒙川)
(明・臨沂人)
[民國]續修臨沂 16/11
周絅(字文在)
(清・鄆城人)
[光緒]鄆城 5/12
周凱(明・徐州人)
[萬曆]諸城 4/37
周魯(明・天城人)
[嘉靖]朝城志 5/9
[康熙]朝城 7/7
周磐(字堅伯)
(漢・汝南安城人)
[嘉靖]山東 26/3
[康熙]山東 33/4
[雍正]山東 27/30
[宣統]山東 66/21
[萬曆二十四年]兗州 26/13
[康熙]兗州 21/13
[乾隆]兗州 22/4
[乾隆]武定府 16/26
[咸豐]武定府 19/樂陵 1
[乾隆]濟寧直隸州 21/2
[乾隆]樂陵 4/43
樂陵縣鄉土志 2/5
周盤(漢,見周磐)
周盤(明)
即墨縣鄉土志/耆舊-事業三
周仰高(字筱山)
(清・鄒縣人)
[民國]續修鄒縣志稿/人物-耆舊
周盤龍(南北朝・蘭陵人)
[嘉靖]山東 30/28
[康熙]山東 40/30
[雍正]山東 28/人物一 44
[宣統]山東 155/22
[萬曆元年]兗州 40/武功 13
[萬曆二十四年]兗州 33/14
[康熙]兗州 26/13
[乾隆]兗州 23/21
[萬曆]沂州志 6/77
[康熙]沂州志 5/47
[乾隆]沂州府 25/13
[康熙]嶧縣 4/23
[乾隆]嶧縣 8/13
[光緒]嶧縣 21/鄉賢 49
[民國]臨沂 9/34
周象熊(明・鄒縣人)
[康熙五十五年]鄒縣志 2/17
周象鼎(字鎮九)
(清・萊陽人)
[民國]萊陽 3/1 中 88
周紹業(字伯桃)
(明・寧陽人)
[康熙]兗州續編 15/5
[乾隆]兗州 23/48
[康熙十一年]寧陽 7/15
[康熙四十一年]寧陽 7/15
[乾隆]寧陽 7/良吏 5
[咸豐]寧陽 13/5
[光緒]寧陽 13/5
周紹洓(清・膠州人)
[道光]濟南 38/45
[乾隆]德州 8/16
[民國]德縣 9/13
周仔世(字克任)
(清・寧陽人)
[雍正]山東 28/人物四 30
[乾隆]兗州 23/72
[乾隆]寧陽 7/篤誼 1
[光緒]寧陽 12/51
周象乾(字健堂)
(清・莒縣人)
[民國]重修莒志 67/12
周紹貴(字天篤)
(清・鄒縣人)
[民國]續修鄒縣志稿/人物-耆舊
周仔燮(清・湖北大冶人)
[宣統]山東 75/51
[光緒]霑化 5/21
[民國]霑化 4/職官 39
28 **周馥**(安徽建德人)
[民國]膠澳志 10/15
周作霖(字雨蒼)
(清・新城人)
[宣統]新城縣後志 3/文苑
[民國]重修新城 18/18
周以孚(清・陽信人)
[康熙]濟南 44/37
[乾隆]武定府 25/16
[咸豐]武定府 25/孝友 16
[康熙]陽信 9/17
[乾隆]陽信 7/26
[民國]陽信 5/孝友 51
信邑志稿 7/孝友
陽信縣鄉土志上/耆舊-事業
周以勳(清・浙江嘉善人)
[宣統]山東 75/7,75/18
[道光]濟南 38/11,38/29
[道光]章邱 9/12
[民國]齊東 3/63
齊東縣鄉土志/政績錄 3
周從恕(字行可)
(清・膠州人)
[道光]重修膠州 29/23
[民國]增修膠志 45/8
周以恩(字少懷)
(清・江蘇武進人)
[光緒]鄆城 6/13
周復興(清・嶧縣人)
[光緒]嶧縣 21/宦績 12
周從義(字懷方)
(清・膠州人)
[道光]重修膠州 29/23
[民國]增修膠志 45/8

30 周宷(明・萊陽人)
[民國]萊陽3/1中15
周宷(字展臣)
(清・浙江桐鄉人)
[宣統]山東77/17
周淳(明・山西蒲州人,一作湖廣蒲圻人)
[宣統]山東71/14
[康熙]濟南25/59
[道光]濟南36/34
[康熙]齊河5/37
[雍正]齊河5/36
[民國]齊河22/3
齊河縣鄉土志政績錄/4
[雍正]恩縣續志3/4
周官(字錫爵)
(清・歷城人)
[道光]濟南53/38
[民國]續修歷城39/20
周沆(字子真)
(宋・青州益都人)
[至元]齊乘6/27
[嘉靖]山東32/16
[康熙]山東42/16
[宣統]山東157/23
[嘉靖]青州14/18
[萬曆]青州13/38
[康熙十五年]青州13/38
[康熙四十八年]青州13/事功21
[康熙六十年]青州16/10
[咸豐]青州41/13
[萬曆]益都6/又89
[康熙]益都7/4
[光緒]益都縣圖志33/2
周宏(明・歸德人)
[道光]濟南36/17
[嘉慶]鄒平14/7
[道光]鄒平14/7
[民國]鄒平14/7
周濟(字少和)
(清・江南人)
海豐縣鄉土志/政績
周寬(明・朝城人)
[乾隆]曹州府16/3
[萬曆]濮州4/隱德4
[嘉靖]朝城志7/8
[康熙]朝城8/34
周洤(字以莊)
(清・寧津人)
[光緒]寧津8/43
周密(字公謹)
(宋・濟南人)
[民國]續修歷城41/2
周密(明・南直寶應人)
[嘉靖]山東25/25
[雍正]山東27/26
[宣統]山東71/25
[康熙]濟南25/29
[道光]濟南36/62
[萬曆]平原下/13
[乾隆]平原6/26
平原縣鄉土志輯稿/政蹟
周容(字公量)
(清・金鄉人)
[道光]濟寧直隸州8/4-41
[咸豐]金鄉縣志略9/中列傳二12
[民國]金鄉14/5
周宣(字孔和)
(三國・樂安人)
[嘉靖]山東33/18
[康熙]山東49/2
[雍正]山東31/3
[宣統]山東168/4
[嘉靖]青州16/42
[康熙十五年]青州17/1
[康熙四十八年]青州17/方技1
[康熙六十年]青州20/6
[咸豐]青州51/1
周家齊(字可均)
(清・合肥人)
[民國]重修莒志58/7
[民國]高唐縣9/5-15
[光緒]泗水縣鄉土志/8
周永康(字安侯)
(明・金鄉人)
[雍正]山東28/人物三77
[宣統]山東164/56
[康熙]兖州續編15/12
[乾隆]兖州23/56
[乾隆]濟寧直隸州26/37
[道光]濟寧直隸州8/2-53
[康熙五十一年]金鄉11/14
[乾隆]金鄉18/63
[咸豐]金鄉縣志略9/上16
[民國]金鄉14/16
金鄉縣鄉土志/耆舊錄上
周之度(號欽齋)
(明・朝城人)
[康熙]朝城8/22
周之龍(字霖楫)
(明・單縣人)
[順治]單縣4/64
周之訓(明・湖廣黃岡人)
[雍正]山東27/18
[宣統]山東70/27
[康熙]濟南24/30
[道光]濟南35/36
[順治]登州11/24
[光緒]增修登州25/5
[崇禎]歷城6/17
周宸詔(字海西)
(清・寧陽人)
[光緒]寧陽14/4
周宸諭(字綸宣)
(清・寧陽人)
[咸豐]寧陽14/4
周審玉(宋・開封人)
[雍正]山東27/44
[宣統]山東68/43
[乾隆]東昌33/17
[嘉慶]東昌20/29
[嘉靖]恩縣7/3
[宣統]重修恩縣6/44
[民國]重修恩縣10/61
周守一(字季和,號分嶽)
(清・萊陽人)
[民國]萊陽3/1中40,3/3上傳志下40
周之璽(字廷玉)
(明・威海衞人)
[光緒]文登8/下21
周宗正(字秉直)
(清・鄆城人)
[光緒]鄆城5/36
周之珂(字荊含)

（清・鄆城人）
［光緒］鄆城 16/20
周宗武（字在豐）
（清・曲阜人）
［乾隆］曲阜 83/6
周宸翼（清・寧陽人）
［咸豐］寧陽 14/4
［光緒］寧陽 14/4
周宗尹（字際清）
（清・鄆城人）
［光緒］鄆城 5/35
鄆城縣鄉土志/耆舊錄－事業
周濟川（字仲虛，號涞濱）
（明・金鄉人）
［民國］金鄉 17/14
周宗嶽（字鳳山）
（明・濱州人）
［雍正］山東 31/8
［乾隆］武定府 26/34
［咸豐］武定府 26/藝術 2
［康熙］濱州 7/39
［咸豐］濱州 10/方技 9
周安魁（字梅村）
（莒縣人）
［民國］重修莒志 65/33
周宸佑（字孚民）
（清・寧陽人）
［咸豐］寧陽 14/4
［光緒］寧陽 14/4
周宸佐（字翰襄）
（清・寧陽人）
［咸豐］寧陽 14/4
［光緒］寧陽 14/4
周濟生（字魯愚）
（明・金鄉人）
［乾隆］兗州 23/57
［乾隆］濟寧直隸州 27/28
［道光］濟寧直隸州 8/4－34
［乾隆］金鄉 18/58
［咸豐］金鄉縣志略 9/上 14
［民國］金鄉 14/1
金鄉縣鄉土志/耆舊錄上
周寅清（字秩卿）
（清・順德進士）
［光緒］高密 6/26
［民國］高密 12/26
高密縣鄉土志/上 11
周永清（字鏡海，號雪蘭）
（清・茌平人）
［宣統］茌平 14/11
［民國］茌平 3/47，3/90
周宗昶（字午廳）
（清・恩縣人）
［民國］重修恩縣 11/鄉賢 24
周安道（號恬然子）
（元・濟南人）
［乾隆］歷城 45/8
周之瀚（字少海，原名隆興）
（萊蕪人）
［民國］續修萊蕪 34/43
周永吉（字慶然）
（清・夏津人）
［民國］夏津續編 8/6
周之士（明・歷城人）
［崇禎］歷乘 16/53
周之標（字子端）
（清・威海衛人）
［乾隆］威海衛志 8/4
［光緒］文登 10/上 3
周寶樹（字筱珊）
（霑化人）
［民國］霑化 3/12
周宜蘭（字馨鄭）
（清・金鄉人）
［道光］濟寧直隸州 8/4－41
［咸豐］金鄉縣志略 9/中列傳二 12
［民國］金鄉 14/5
周宗華（清・四川涪州舉人）
［光緒］嶧縣 19/職官下 23
周良翰（字樹屏）
（清・東阿人）
［民國］續修東阿 11/22
周之翰（字申甫）
（清・茌平人）
［宣統］茌平 13/3
［民國］茌平 3/13
周之翰（清・壽張人）
［宣統］山東 172/22
周進忠（字良臣）
（元・文登人）
［光緒］文登 8/上 10
周永春（字孟泰，號毓陽）
（明・金鄉人）
［乾隆］濟寧直隸州 24/40
［道光］濟寧直隸州 8/2－52
［康熙十二年］金鄉 5/2
［康熙五十一年］金鄉 11/8
［乾隆］金鄉 18/59
［咸豐］金鄉縣志略 9/上 14
［民國］金鄉 13/11，17/18
金鄉縣鄉土志/耆舊錄上
周濟眾（字博施）
（清・鄆城人）
［光緒］鄆城 16/32
周永昌（字印長）
（明・金鄉人）
［道光］濟寧直隸州 8/2－53
［康熙五十一年］金鄉 11/15
［乾隆］金鄉 18/67
［咸豐］金鄉縣志略 9/上 16
［民國］金鄉 14/2
周永昌（清・茌平人）
［民國］茌平 3/109
周宗昕（明・寧波人）
［康熙］棲霞 4/19
周永明（字孔昭，號湛如）
（明・金鄉人）
［咸豐］金鄉縣志略 9/上 17
［民國］金鄉 14/2
金鄉縣鄉土志/耆舊錄上
周濟用（字伯石，一字仲實，號石屏）
（明・金鄉人）
［乾隆］濟寧直隸州 24/39
［道光］濟寧直隸州 8/2－51
［康熙五十一年］金鄉 11/6
［乾隆］金鄉 18/56
［咸豐］金鄉縣志略 9/上 14
［民國］金鄉 13/11，17/16
金鄉縣鄉土志/耆舊錄上
周守義（字均和，號睦田）
（清・金鄉人）
［道光］濟寧直隸州 8/4－26
［咸豐］金鄉縣志略 9/中列傳二 11
［民國］金鄉 14/5

金鄉縣鄉土志/耆舊錄上
周永年(字書昌,號林汲山人)
(清・歷城人)
[宣統]山東 170/2
[道光]濟南 53/26
[民國]續修歷城 41/9
周之恒(字月如)
(清・臨清人)
[宣統]山東 174/29
[乾隆]東昌 50/14
[乾隆]臨清直隸州 8/下 1
[民國]臨清縣/人物 83
31 **周江**(明・霑化人)
[康熙]濟南 47/20
[乾隆]武定府 26/4
[咸豐]武定府 26/義行 4
[萬曆]新修霑化 6/119
[光緒]霑化 10/2
[民國]霑化 2/73
周潭(字靜涵)
(清・壽光人)
[嘉慶]壽光 13/14
[民國]壽光 12/人物志一 83
周濬(字距川)
(清・寧津人)
[光緒]寧津 8/45
周福元(清・諸城人)
[光緒]增修諸城縣續志 17/16
周源瀾(字柳溪)
(清・德平人)
[光緒]德平 7/23
周源瀚(字崑生)
(清・貴筑監生)
[民國]牟平 6/80
周濬哲(字聰甫)
(清・金鄉人)
[民國]金鄉 13/續增 10
周福盛(字郁軒)
(清・陵縣人)
[民國]陵縣續志 4/15
陵縣鄉土志/18
周河田(字漁村)
(清・濟寧人)
[民國]濟寧直隸州續志 14/11
周福錦(字繼庭)
(清・濟寧人)
[民國]濟寧直隸州續志 14/29
32 **周澄**(字湛甫)
(清・金鄉人)
[民國]金鄉 13/續增 3
周沂(明・青州衛人)
[萬曆]青州 14/59
[康熙十五年]青州 14/59
[康熙四十八年]青州 14/儒行 16
[康熙]益都 9/18
周淵(清・德州人)
州乘餘聞/8
德州鄉土志/耆舊 35
周浙(明・曹縣人)
[康熙]兗州府曹縣 13/20
[光緒]曹縣 13/19
周兆龍(號藹園)
(清・萊陽人)
[民國]萊陽 3/1 中 88
周兆渭(字飛熊)
(明・莒縣人)
[康熙]莒州下/44
[嘉慶]莒州 9/25
周派長(字濬九)
(清・安邱人)
[道光]安邱新志 22/3
安丘縣鄉土志 8/耆舊錄 5
周兆陛(清・金鄉人)
[民國]金鄉 13/續增 13
周兆鋗(字延鴻,號古漁)
(清・金鄉人)
[民國]金鄉 13/20
33 **周浦**(字星雛)
(清・海寧監生)
[民國]無棣 9/6
周溥(字宗大)
(明・歷城人)
[道光]濟南 49/15
[乾隆]歷城 40/12
周溥(清・江南人)
海豐縣鄉土志/政績
周溥(字悉涵,號萬澄)
(清・金鄉人)
[康熙]兗州續編 16/15
[乾隆]兗州 23/72
[康熙五十一年]金鄉 11/20
[乾隆]金鄉 18/70
[咸豐]金鄉縣志略 9/中列傳二 4
[民國]金鄉 13/16,17/22
周治(字惠民)
(清・濟寧人)
[民國]濟寧直隸州續志 14/30
周治世(清・寧陽人)
[雍正]山東 28/人物四 30
[宣統]山東 172/22
[乾隆]兗州 23/72
[光緒]寧陽 12/52
34 **周祓**(字春澤)
(明・即墨人)
[乾隆]即墨 9/11
[同治]即墨 9/12
即墨縣鄉土志/耆舊－事業二
周漢(明・曹縣人)
[康熙]曹縣 11/14
[康熙]兗州府曹縣 11/14
[光緒]曹縣 11/選舉 26
周漢(明・萊陽人)
[民國]萊陽 3/1 中 15
周洪(字寬夫)
(明・武城人)
[宣統]山東 161/34
[萬曆]東昌 19/52
[乾隆]東昌 39/35
[嘉靖]武城 7/62
[順治]武城 2/11
[乾隆]武城 10/21
武城縣鄉土志略/耆舊錄
周祐(明・內鄉人)
[萬曆]福山 4/26
周祐(明・沂水人)
[雍正]恩縣續志 3/7
周祐(清・長沙人)
[雍正]恩縣續志 3/5
周逵(明・朝城人)
[康熙]朝城 8/10
周邁(字五臣)

（清・臨邑人）
［民國］續修臨邑 3/38
周澍（明・羅源人）
［康熙］棲霞 4/23
周濤（字少鶴）
（清・江蘇昭文人）
［光緒］增修諸城縣續志 11/5
［光緒］曹縣 9/縣令 10，10/21
［民國］無棣 9/6
周汝雍（清・金匱人）
［道光］長清 4/5
周遠調（字雨船）
（清・寧陽人）
［光緒］寧陽 14/38
寧陽縣鄉土志/17
周法廷（字禁垣）
（清・慶雲人）
［民國三年］慶雲 2/33
周祐廷（字葆軒）
（清・金鄉人）
［道光］濟寧直隸州 8/4－25
［咸豐］金鄉縣志略 9/中列傳二 13
［民國］金鄉 13/22
周遠瑞（字鳳皆）
（清・寧陽人）
［咸豐］寧陽 13/33
［光緒］寧陽 13/33
寧陽縣鄉土志/19
周法魁（長清人）
［民國］長清 12/16
周洪升（明・新城人）
［康熙］新城縣續志/孝義
周汝岐（字西山）
（明・濟寧人）
［乾隆］濟寧直隸州 27/10
［道光］濟寧直隸州 8/4－33
周法稷（明・膠州人）
［雍正］（膠州）州志別本/人物－士行
［乾隆］膠州 5/23
［道光］重修膠州 29/16
［民國］增修膠志 45/2
膠州直隸州鄉土志 4/篤行
周祐福（字綏堂）
（清・金鄉人）
［民國］金鄉 13/續增 2
周遠沛（字雨坡）
（清・寧陽人）
［光緒］寧陽 13/14
周漢南（字宗海）
（清・膠州人）
［民國］增修膠志 47/14
周漢橋（字筱槎）
（清・金鄉人）
［民國］金鄉 13/續增 10
周汝彬（清・諸城人）
［光緒］增修諸城縣續志/方技補遺 1
周汝楠（字梅嵒）
（清・鄆城人）
［光緒］鄆城 10/6
鄆城縣鄉土志/耆舊錄－忠義
周汝棣（清・即墨人）
即墨縣鄉土志/耆舊－事業三
周滂梱（字蔚園）
（清・寧陽人）
［光緒］寧陽 13/53
周汝翰（字翊垣）
（清・寧陽人）
［咸豐］寧陽 15/21
［光緒］寧陽 15/28
周洪昇（號麟圖）
（清・萊陽人）
［民國］萊陽 3/1 中 53，3/3 上傳志上 45
周漪園（字漾青，號秋航）
（清・濟陽人）
［民國］濟陽 11/44
周遠昌（字鳳卜）
（清・寧陽人）
［宣統］山東 172/27
［光緒］寧陽 13/43
寧陽縣鄉土志/21
周汝明（字敢東）
（清・掖縣人）
［民國］四續掖縣 4/60
周汝勵（字仲容）
（清・聊城人）
［宣統］聊城 8/90
周漢卿（河南人）
［民國］重修商河 6/60
35 **周津**（明・青州衛人）
［萬曆］青州 14/55
［康熙十五年］青州 14/55
［康熙四十八年］青州 14/儒行 12
［康熙］益都 9/17
［光緒］益都縣圖志 38/13
周禮（字立庭）
（清・歷城人）
［宣統］山東 170/18
［民國］續修歷城 42/6
周禮（字履菴）
（清・新城人）
［宣統］新城縣後志 2/宦績
新城縣鄉土志/耆舊－清
周禮（莒縣人）
［民國］重修莒志 66/11
周連元（字方之）
（清・肥城人）
［光緒］肥城 9/14
周連祿（字馭軒）
（清・長清人）
［民國］長清 11/31
周迪馨（字同芳）
（清・即墨人）
［同治］即墨 9/43
即墨縣鄉土志/耆舊－學問
周清輔（字凜庵，號嵐谷）
（清・茌平人）
［宣統］茌平 11/6
［民國］茌平 3/53
36 **周泊**（字子發）
（明・冠縣人）
［乾隆］東昌 38/30
［嘉慶］東昌 29/2
［嘉靖］冠縣 4/3
［萬曆］冠縣 4/33
［道光］冠縣 8/上 9
［光緒］冠縣 8/卓行
［民國］冠縣 8/人物志 9
周渭（字得臣）
（宋・昭州恭城人）

［雍正］山東 27/74
［宣統］山東 68/46
［乾隆］東昌 34/23
［嘉慶］東昌 22/14
［乾隆］武定府 16/5
［咸豐］武定府 19/5
［乾隆］臨清直隸州 6/72
［民國］臨清縣/秩官 58
［乾隆］惠民 5/12
［光緒］惠民 18/5
惠民縣鄉土志/政績錄 3
周暹（明・霑化人）
［乾隆］武定府 26/7
［咸豐］武定府 26/義行 7
［光緒］霑化 10/3
［民國］霑化 2/75
周泗（明・曹縣人）
［康熙］兗州續編 15/20
［乾隆］曹州府 16/4
［康熙］兗州府曹縣 13/20
［光緒］曹縣 13/19
周澤（字穉都）
（漢・北海安丘人）
［至元］齊乘 6/13
［嘉靖］山東 32/4
［康熙］山東 42/4
［雍正］山東 28/人物一 16
［宣統］山東 153/30,162/11
［嘉靖］青州 14/5
［萬曆］青州 14/45
［康熙十五年］青州 14/45
［康熙四十八年］青州 14/儒行 2
［康熙六十年］青州 15/5
［咸豐］青州 38/15
［萬曆］安丘 18/7
安丘縣鄉土志 8/耆舊錄 5
［康熙］濰縣 5/人物 2
［乾隆］濰縣 4/2
濰縣鄉土志/13
37 **周潮**（字汝時）
（明・安丘人）
［咸豐］青州 44/49
［康熙］續安丘 22/28
安丘縣鄉土志 5/耆舊錄 2
周涵（字澤多）
（清・歷城人）
［道光］濟南 53/56
［民國］續修歷城 44/14
周涵（字容軒）
（清・臨清人）
［乾隆］臨清直隸州 8/下 2
［民國］臨清縣/人物 14
周潯（字苔莊）
（清・濟寧人）
［民國］濟寧直隸州續志 14/30
周鴻訓（字任臣,號芝圃）
（清・新城人）
［宣統］新城縣後志 3/隱逸
周鴻謨（字子明）
（明・即墨人）
［同治］即墨 9/12
即墨縣鄉土志/耆舊－事業二
周冠玉（字崑圃）
（清・即墨人）
［同治］即墨 9/23
即墨縣鄉土志/耆舊－事業二
周鴻霄（字子賓）
（清・齊東人）
齊東縣鄉土志/耆舊錄 3
周鴻瑞（清・金鄉人）
［民國］金鄉 14/14
周祖師（元・招遠人）
［雍正］山東 30/18
［泰昌］登州 11/64
［順治］登州 18/23
［順治］招遠 9/30
周朗山（字玉屏）
（清・濟寧人）
［民國］濟寧直隸州續志 14/31
周鴻賓（字逵漸）
（清・東明人）
東明縣志料/藝術－刻工
周鴻賓（字立如）
（清・鄆城人）
［光緒］鄆城 16/10
周淑濂（字介三）
（清・寧陽人）
［咸豐］寧陽 14/19
［光緒］寧陽 14/19
周逢源（字屨安）
（清・即墨人）
［同治］即墨 9/37
即墨縣鄉土志/耆舊－事業四
周鴻逵（清・鄆城人）
［光緒］鄆城 16/27
周祖堯（字宗道）
（明・東平人）
［乾隆］泰安府 17/15
［康熙］東平州 3/42
周鴻基（字少初）
（高密人）
［民國］高密 14/上 33
周逢泰（字伯升）
（清・新城人）
［宣統］新城縣後志 2/善行
［民國］重修新城 18/6
周洛東（字京涯）
（東阿人）
［民國］東阿 16/1
周鴻圖（字子固,號昌齡）
（明・即墨人）
［雍正］山東 28/人物三 60
［宣統］山東 161/28
［康熙］萊州 10/41
［乾隆］萊州 10/27
［乾隆］即墨 9/5
［同治］即墨 9/5
即墨縣鄉土志/耆舊－事業一
周渥恩（字次既）
（清・金鄉人）
［民國］金鄉 14/13
周潞舒（字仲文）
（清・金鄉人）
［民國］金鄉 13/20
38 **周澂**（字筱賚）
（清・掖縣人）
［民國］四續掖縣 4/76
周澂（字湛甫）
（清・濟寧人）
［民國］濟寧直隸州續志 13/8

周祥(明・金鄉人)
[康熙十二年]金鄉 5/18
[康熙五十一年]金鄉 7/25
周滋(字伯霖,號海莊)
(明・青州左衛人)
[萬曆]青州 13/56
[康熙十五年]青州 13/56
[康熙四十八年]青州 13/事功 40
[康熙六十年]青州 16/20
[咸豐]青州 44/32
[康熙]益都 7/21
[光緒]益都縣圖志 35/12
周滋(明・諸城人)
[萬曆]諸城 6/15
周祚(字天保)
(明・浙江山陰人)
[宣統]山東 71/32
[萬曆二十四年]兗州 29/12
[康熙]兗州 22/33
[康熙]兗州續編 14/25
[乾隆]泰安府 15/14
[康熙五十四年]東阿 3/33
[道光]東阿 11/9
[光緒]東阿縣鄉土志 2/10
周啟元(明・湖廣黄岡人)
[雍正]山東 27/62
[宣統]山東 73/8
[咸豐]青州 36/44
周啟元(清・蓬萊人)
[康熙]膠州 5/19
周祚元(字殿鰲)
(清・寧陽人)
[咸豐]寧陽 13/29
[光緒]寧陽 13/29
周啟孫(明・湖廣人)
[康熙]平度州 3/4
[道光]重修平度州 16/19
周裕珽(字待旃)
(清・廣寧人)
[乾隆]東昌 34/5
[嘉慶]東昌 21/23
[宣統]茌平 8/7
[民國]茌平 8/64
周祚登(字選公)
(清・寧陽人)
[咸豐]寧陽 14/5
[光緒]寧陽 14/5
周祚強(字健行)
(清・寧陽人)
[咸豐]寧陽 14/18
[光緒]寧陽 14/18
周祚聰(字睿莽)
(清・寧陽人)
[咸豐]寧陽 14/5
[光緒]寧陽 14/5
周裕仁(字長人)
(清・金鄉人)
[康熙十二年]金鄉 5/12
[康熙五十一年]金鄉 11/23
[咸豐]金鄉縣志略 9/中列傳二 15
[民國]金鄉 13/13,17/20
金鄉縣鄉土志/耆舊錄上
周啟巖(元・福山人)
[康熙]山東 46/7
[泰昌]登州 11/27
[順治]登州 17/1
周祚嵩(字天中)
(清・寧陽人)
[咸豐]寧陽 14/20
[光緒]寧陽 14/20
周肇岐(字作山)
(清・金鄉人)
[咸豐]濟寧直隸州續志 3/7
[民國]濟寧直隸州續志 14/27
[咸豐]金鄉縣志略 9/中忠義傳 4
[民國]金鄉 14/19
周啟魯(字牖蒙)
(明・寧陽人)
[乾隆]寧陽 7/忠烈 3
[咸豐]寧陽 13/51
[光緒]寧陽 13/63
周道濬(清・浙江山陰人)
[同治]重修寧海州 12/14
[民國]牟平 6/77
周肇淶(字姚泉)
(清・膠州人)
[乾隆]膠州 5/16
[道光]重修膠州 29/16
[民國]增修膠志 45/2
周肇汝(字南矣)
(清・膠州人)
[乾隆]膠州 4/59
[道光]重修膠州 27/20
[民國]增修膠志 41/15
周道澧(字汝融)
(清・山陰人)
[乾隆]掖縣 3/28
周肇基(字稷堂)
(清・金鄉人)
[民國]金鄉 13/續增 8
周啟柏(字石臺)
(清・金鄉人)
[咸豐]濟寧直隸州續志 3/4
[民國]濟寧直隸州續志 14/23
[咸豐]金鄉縣志略 9/中忠義傳 3
[民國]金鄉 14/19
周祚增(字雪庵)
(清・鑲黄旗舉人)
[乾隆]嶧縣 7/20
[光緒]嶧縣 19/職官下 15
周道盛(字澄一,號振明)
(明・金鄉人)
[康熙十二年]金鄉 5/11
[康熙五十一年]金鄉 11/12
[乾隆]金鄉 18/62
[咸豐]金鄉縣志略 9/上 15
[民國]金鄉 14/2
周啟昌(字燕及)
(清・陽信人)
[乾隆]武定府 26/17
[咸豐]武定府 26/義行 17
周祚顯(字有聲,號星巖)
(清・即墨人)
[乾隆]萊州 10/36
[乾隆]即墨 9/17
[同治]即墨 9/19
即墨縣鄉土志/耆舊－事業二
周祚顯(字德彰)
(清・寧陽人)
[咸豐]寧陽 13/25
[光緒]寧陽 13/25
周祚長(字聞遠)
(清・寧陽人)

［咸豐］寧陽 15/25
［光緒］寧陽 15/42
周道興（明・順義人）
［萬曆］沂州志 4/54
周道人（宋・濰州人）
［民國］濰縣志稿 36/4
周遵智（字鑑亭）
（清・金鄉人）
［民國］金鄉 13/續增 3
周祚恆（清・寧陽人）
［咸豐］寧陽 14/5
［光緒］寧陽 14/5
周道愷（字崇齋）
（清・膠州人）
［宣統］山東 177/54
［道光］重修膠州 29/8
［民國］增修膠志 44/7
40 **周杰**（字偉度）
（清・金鄉人）
［民國］濟寧直隸州續志 13/13
［民國］金鄉 13/續增 10
周大慶（字小心）
（清・安丘人）
［康熙］續安丘 22/又 31
安丘縣鄉土志 5/耆舊錄 2
周克讓（字允恭）
（清・莒縣人）
［嘉慶］莒州 10/6
［民國］重修莒志 65/12
周士彥（號仰峯）
（清・金鄉人）
［康熙五十一年］金鄉 7/26
［民國］金鄉 17/19
周士彥
［民國］朝城縣續志 1/25
周志讓（字芸工）
（清・即墨人）
［同治］即墨 9/21
即墨縣鄉土志/耆舊－事業二
周大詔（字宸章）
（清・膠州人）
［道光］重修膠州 29/23
［民國］增修膠志 45/8
周士元（明・北直趙州人）
［康熙］朝城 7/8
周士登（號升若）
（清・滕縣人）
［道光］滕縣志 9/隱逸 8
周希孔（字子淑，一作自淑）
（明・鄒縣人）
［宣統］山東 162/38
［康熙］兗州續編 15/6
［乾隆］兗州 23/49
［康熙十二年］鄒縣志 2/40
［康熙五十五年］鄒縣志 2/36
［民國］續修鄒縣志稿/人物－耆舊
鄒縣鄉土志耆舊錄/16
周大武（字昭德）
（明・金鄉人）
［康熙五十一年］金鄉 5/7
［民國］金鄉 17/17
周士貞（字介石）
（清・長山人）
［道光］濟南 55/28
［康熙五十五年］長山 6/45
［嘉慶］長山 8/17
周九川（明・貴池人）
［康熙］濟南 25/52
［乾隆］泰安府 15/12
［康熙］新修萊蕪 5/29
［民國］萊蕪 9/4
［民國］續修萊蕪 15/6
周九胤（字紹庭）
（明・臨清人）
［民國］臨清縣/人物 23
周大備（字文郁）
（明・金鄉人）
［雍正］山東 28/人物三 8
［宣統］山東 165/15
［康熙］兗州 28/37
［乾隆］兗州 23/47
［乾隆］濟寧直隸州 27/28
［康熙十二年］金鄉 5/14，5/33
［康熙五十一年］金鄉 5/7，11/8
［乾隆］金鄉 18/58
［咸豐］金鄉縣志略 9/上 14
［民國］金鄉 14/1
金鄉縣鄉土志/耆舊錄上
周有德（字彝初）
（清・漢軍鑲紅旗人）
［雍正］山東 27/95
［宣統］山東 74/10
［康熙］濟南 26/3
［道光］濟南 37/6
［康熙六十年］青州 12/40
周志傳（字孔贊）
（清・湖南湘陰人）
［宣統］山東 77/29
周士皐（原名燿，字子寅，號明崖）
（明・即墨人）
［同治］即墨 9/47
即墨縣鄉土志/耆舊－事業四
周大綱（字三重）
（清・蘇州恩貢）
［乾隆］濟寧直隸州 22/47
［道光］濟寧直隸州 6/7－85
［乾隆］金鄉 17/11
［咸豐］金鄉縣志略 7/15
［民國］金鄉 11/23
周來郃（號浴齋）
（清・山西祁縣人）
［宣統］山東 75/45
［乾隆］武定府 16/23
［咸豐］武定府 19/陽信 7
［乾隆］陽信 5/40
信邑志稿 5/宦蹟
［民國］陽信 2/65
陽信縣鄉土志上/政績－聽訟
周克濟（字子舫，號蓮塘老人）
（清・濰縣人）
［民國］濰縣志稿 32/4
周士宏（清・昌樂人）
［民國］昌樂縣續志 33/2
周士憲（字叔度）
（清・膠州人）
［道光］重修膠州 29/31
［民國］增修膠志 45/16
周希濂（字志源）
（明・金鄉人）
［民國］金鄉 17/14
周士适（字伯閣）

(清・威海衛人)
[乾隆]威海衛志 7/2
周士迪(字恂九)
(清・威海衛人)
[乾隆]威海衛志 7/2
周士瀚(字敏卿)
(清・天津監生)
[光緒]德平 5/18
德平縣鄉土志/政績錄
周大柱(明・福建莆田人)
[萬曆]東昌 18/42
[乾隆]東昌 35/34
[嘉靖]武城 3/17
[順治]武城 2/9
[乾隆]武城 9/4
周九垓(明・直隸清河人)
[萬曆]沂州志 4/58
周嘉楨(字仲茂)
(清・濟寧人)
[民國]濟寧直隸州續志 14/29
周大封(紹興人)
[民國]萊陽 3/1 上 38
周大蘭(字馨我)
(清・臨清人)
[乾隆]東昌 43/18
[康熙]臨清州 3/人物 19
[乾隆]臨清州 9/54
[民國]臨清縣/人物 54
周培植(清・高密人)
[康熙]高密 8/又 12
[乾隆]高密 8/上 26
[光緒]高密 8/上 33
[民國]高密 14/上 37
高密縣鄉土志/上 34
周士孝(號肅齋)
(清・四川南川人)
[宣統]山東 75/26
[道光]濟南 38/33
[嘉慶]禹城 7/34
[民國]禹城 3/51
禹城縣鄉土志/7
周來馨(字偕芳)
(清・即墨人)
[同治]即墨 9/20
即墨縣鄉土志/耆舊－事業二
周培增(字壽山)
(清・濟寧人)
[民國]濟寧直隸州續志 14/5
周大本(字立齋)
(清・貴州鎮遠人)
[道光]滕縣志 6/宦績 40
滕縣鄉土志/10
[光緒]壽張 5/9
壽張縣鄉土志/政績－聽訟
周培忠(明・陝西延安人)
[宣統]山東 72/21
[康熙]兗州續編 14/30
[乾隆]沂州府 20/8
[康熙]費縣 3/6
[光緒]費縣 3/55
費縣鄉土志/政績錄
周壽春(字松亭)
(清・新城人)
[宣統]新城縣後志 3/孝友
周志闇(字叔和,號北阜)
(清・即墨人)
[同治]即墨 9/22
即墨縣鄉土志/耆舊－事業二
周在鎬(字承武)
(清・霑化人)
[光緒]霑化 9/9
[民國]霑化 2/61
周真人(元・黃縣人)
[嘉靖]山東 34/17
[康熙]山東 47/10
[雍正]山東 30/19
[宣統]山東 200/30
[泰昌]登州 11/63
[順治]登州 18/23
[康熙]黃縣 6/36
[乾隆]黃縣 8/43
[同治]黃縣 9/31
[民國]黃縣志稿 13/人物－釋道
周志鏞(字蓮舫)
(清・山陰人)
[光緒]文登 10/下 5
周嘉猷(清・浙江錢塘人)
[宣統]山東 77/2
[咸豐]青州 37/22
[光緒]益都縣圖志 18/67
周嘉猷(字經邦)
(清・鄆城人)
[光緒]鄆城 10/11
41 **周標**(字小莊)
(明・青州左衛人)
[光緒]益都縣圖志 45/4
周梧(明・裕州人)
[萬曆]青州 12/38
[康熙十五年]青州 12/38
[康熙四十八年]青州 12/38
[康熙六十年]青州 12/34
[乾隆]沂州府 20/11
[康熙十一年]蒙陰 2/22
[康熙二十四年]蒙陰 3/11
[宣統]蒙陰 3/宦績
周垣(字紫園,號雪泉)
(清・金鄉人)
[道光]濟寧直隸州 8/4－24
[咸豐]金鄉縣志略 9/中列傳二 9
[民國]金鄉 13/20
金鄉縣鄉土志/耆舊錄上
周坫元(字崇甫)
(清・桓臺人)
[民國]桓臺志略 3/16
[民國]桓臺 3/29
42 **周樸**(字器先)
(清・直隸密雲人)
[宣統]山東 75/44
[乾隆]武定府 16/21
[咸豐]武定府 19/陽信 5,33/記 10
[康熙]陽信 7/34
[乾隆]陽信 5/35
信邑志稿 5/宦蹟
[民國]陽信 2/61
陽信縣鄉土志上/政績－去害
周彭齡(字堯封)
(清・濮州人)
[宣統]濮州 6/32
周彭年(字符籛)
(清・寧津人)
[光緒]寧津 8/50
43 **周越**(宋・臨淄人)

[康熙]臨淄 9/17
周式禾(清・涇縣人)
[康熙]昌邑 5/11
[乾隆]昌邑 5/112
周棫峨(字我山,一字柳橋,又字芳亭)
(清・金鄉人)
[民國]濟寧直隸州續志 13/7
[民國]金鄉 13/續增 1
44 周蕃(字德求)
(明・濮州人)
[康熙]濮州 2/103
[宣統]濮州 3/65
周芬(字德符,號懷村)
(明・濮州人)
[乾隆]濮州 6/81
周恭(元・鄒平人)
[道光]鄒平 15/21
[民國]鄒平 15/21
周堪(字少卿)
(漢・齊人)
[至元]齊乘 6/11
[嘉靖]山東 32/2
[康熙]山東 42/2
[雍正]山東 28/人物一 10
[宣統]山東 153/18,162/7
[嘉靖]青州 14/3
[萬曆]青州 14/45
[康熙十五年]青州 14/45
[康熙四十八年]青州 14/儒行 2
[康熙六十年]青州 15/3
[康熙]臨淄 9/3
[民國]臨淄 21/40
周林(清・諸城人)
[光緒]增修諸城縣續志 17/17
諸城縣鄉土志/上 48
周蔚(號復菴)
(清・江南來安人)
[道光]濟南 37/71
[乾隆]蒲臺 3/9
周英(字華亭)
(清・茌平人)
[宣統]茌平 28/8
[民國]茌平 3/80
周藻(字德文)
(明・濮州人)
[康熙]濮州 2/103
[宣統]濮州 3/65
周懋康(明・寧海人)
[光緒]增修登州 43/34
[康熙]寧海州 9/8
[同治]重修寧海州 21/6
[民國]牟平 7/86
周芳玉(清・茌平人)
[民國]茌平 3/44
周世璽(字公符)
(清・金鄉人)
[乾隆]兗州 23/76
[乾隆]濟寧直隸州 27/29
[道光]濟寧直隸州 8/3－33
[康熙五十一年]金鄉 11/23
[乾隆]金鄉 18/74
[咸豐]金鄉縣志略 9/中列傳二 4
[民國]金鄉 14/3
金鄉縣鄉土志/耆舊錄上
周世玉(字璞齋)
(清・湖南衡山人)
[宣統]山東 75/37
周若水(字文漪)
(清・安丘人)
[康熙]山東 46/7
[康熙十五年]青州 15/54
[康熙四十八年]青州 15/卓行 13
[康熙六十年]青州 20/5
[咸豐]青州 46/13,46/52
[康熙]續安丘 23/38
安丘縣鄉土志 6/耆舊錄 3
周世瑞(字儀生)
(清・商河人)
[道光]商河 7/51
[民國]重修商河 9/9
周其琛(字幼新)
(清・浙江石門人)
[宣統]山東 76/27
觀城縣鄉土志/政績
周葆禾(字硯蕽,一作硯農)
(清・金鄉人)
[民國]濟寧直隸州續志 13/5
[民國]禹城 3/56
[民國]金鄉 13/23
周茂爵(字魁五)
(清・東阿人)
[民國]續修東阿 11/26
周夢熊(字漁卿)
(清・陽湖人)
[嘉慶]續修郯城 10/37
周蕙嶺(字香岑)
(清・濟寧人)
[民國]濟寧直隸州續志 13/8
周茂嶺(字秀軒)
(清・茌平人)
[民國]茌平 12/89
周夢卜(字鎮峰,號東岳)
(清・金鄉人)
[民國]金鄉 13/續增 2
金鄉縣鄉土志/耆舊錄上
周樹德(字達三)
(清・都勻人)
[光緒]壽張 5/12
周茂岫(字碧山,別號鼂右逸仙)
(清・鄒縣人)
[民國]續修鄒縣志稿/人物－耆舊
周封魯(明)
[康熙]寧海州 9/8
[乾隆]威海衛志 6/11
周夢齡(字與三)
(清・濮州人)
[宣統]濮州 3/94
周夢齡(字錫九)
(恩縣人)
[民國]重修恩縣 11/鄉賢 38
周夢兆(明・博興人)
[康熙六十年]博興 7/57
周懋祺(字耆卿)
(清・江蘇陽湖人)
[宣統]山東 76/40
[光緒]博平縣續志 6/13
博平縣鄉土志/政績
[民國]重修新城 11/26
周葆楨(東阿人)
[民國]東阿 15/18
周桂芳(字月華)
(清・冠縣人)

［光緒］冠縣 9/傳
［民國］冠縣 8/人物志 36
冠縣鄉土志/耆舊－孝子
周蘭芳（清・臨清人）
［民國］臨清縣/人物 90
周林桂（字仙友）
（清・清平人）
［民國］清平/人物 42
周茂芹（清・博平人）
［光緒］博平縣續志 10/58
周茂荃（東阿人）
［民國］東阿 15/5
周若蘭（字芳谷）
（清・濮州人）
［宣統］濮州 6/19
周世藩（字价維）
（清・鄆城人）
［光緒］鄆城 16/5
周茂杺（字幹臣）
（清・金鄉人）
［民國］金鄉 14/14
周若檢（清・萊陽人）
［民國］萊陽 3/1 中 74
周葆申（字藹元，一作藹園）
（清・金鄉人）
［咸豐］濟寧直隸州續志 3/3
［民國］濟寧直隸州續志 14/22
［咸豐］金鄉縣志略 9/中忠義傳 2
［民國］金鄉 14/17，17/32
周樹本（清・宛平人）
光緒臨朐 13/18
周荷田（字漁村）
（清・金鄉人）
［民國］金鄉 14/12
周蕙田（字次蘭）
（清・掖縣人）
［民國］四續掖縣 6/10
周世錦（清・湖南桂陽人）
［光緒］嶧縣 19/職官下 22
周萬錦（字福堂）
（清・濟寧人）
［民國］濟寧直隸州續志 14/29
周芝錦（字仙貝）
（清・金鄉人）
［咸豐］濟寧直隸州續志 3/3
［民國］濟寧直隸州續志 14/23
［咸豐］金鄉縣志略 9/中忠義傳 4
［民國］金鄉 14/19
周世恆（字美璫，一作美常）
（清・東阿人）
［乾隆］泰安府 18/63
［道光］東阿 14/人物下 33
［光緒］東阿縣鄉土志 4/28
45 **周椿齡**（清・臨沂人）
［民國］臨沂 10/59
46 **周觀**（明・江西安福人）
［道光］東阿 11/11
周楫（字巨川）
（元・泗水人）
［萬曆］泗水 6/7
［順治］泗水 6/7
［光緒］泗水 11/4
周楫（字濟明）
（明・濮州人）
［宣統］濮州 3/57
周旭（字元之）
（明・即墨人）
［同治］即墨 9/42
即墨縣鄉土志/耆舊－學問
周相龍（字瑞符）
（清・膠州人）
［宣統］山東 177/54
［道光］重修膠州 29/8
［民國］增修膠志 44/7
周如玉（清・濟寧人）
［民國］濟寧直隸州續志 14/36
周如砥（字季平，號礪齋）
（明・即墨人）
［康熙］山東 44/11
［雍正］山東 28/人物三 54
［宣統］山東 163/34
［康熙］萊州 10/39
［乾隆］萊州 10/23
［乾隆］即墨 9/5
［同治］即墨 9/5
即墨縣鄉土志/耆舊－事業一
［光緒］海陽縣續志 10/71
周如山（字壽岩）
（清・濟寧人）
［民國］濟寧直隸州續志 14/30
周如岱（字魯瞻）
（清・金鄉人）
［道光］濟寧直隸州 8/4－41
［咸豐］金鄉縣志略 9/中列傳二 15
［民國］金鄉 13/23
周如綸（字叔音，號少東）
（明・即墨人）
［乾隆］即墨 9/11
［同治］即墨 9/12
即墨縣鄉土志/耆舊－事業二
周觀濤（字曲江，號漁莊）
（清・濟陽人）
［民國］濟陽 11/44
周如蓮（字汾溪）
（清・長清人）
［民國］長清 11/6，13/22
周如春（字麗陽）
（清・金鄉人）
［雍正］山東 28/人物四 10
［宣統］山東 172/45
［康熙］兗州續編 16/13
［乾隆］兗州 23/61
［乾隆］濟寧直隸州 26/38
［道光］濟寧直隸州 8/3－32
［康熙五十一年］金鄉 11/14
［乾隆］金鄉 18/64
［咸豐］金鄉縣志略 9/中列傳二 1
［民國］金鄉 14/16
周韞鍇（字鐵臣）
（清・金鄉人）
［民國］金鄉 13/續增 11
周如錦（字叔文，號大東）
（明・即墨人）
［乾隆］即墨 9/29
［同治］即墨 9/41
即墨縣鄉土志/耆舊－學問
周相焯（字榮甫，號九梧）
（清・膠州人）
［宣統］山東 177/44

［民國］增修膠志 41/40
膠州直隸州鄉土志 4/事功
47 **周都**（字允大）
（清・堂邑人）
［康熙］堂邑 14/7
周格（號天壽）
（清・金鄉人）
［民國］金鄉 17/24
周起（字萬卿）
（宋・鄒平人）
［至元］齊乘 6/26
［嘉靖］山東 25/6，29/14
［康熙］山東 31/7，39/12
［雍正］山東 28/人物二 30
［宣統］山東 157/12
［康熙］濟南 35/3
［道光］濟南 47/26
［萬曆元年］兗州 38/循吏 32
［萬曆二十四年］兗州 28/2
［康熙］兗州 22/2
［乾隆］兗州 22/11
［康熙］濟寧州 4/44
［乾隆］濟寧直隸州 21/8
［道光］濟寧直隸州 6/6－7
［萬曆］鉅野 6/5
［康熙］鉅野 10/5
［道光］鉅野 10/8
［順治］鄒平 6/3
［康熙］鄒平 6/1，6/16
［嘉慶］鄒平 15/24
［道光］鄒平 15/5
［民國］鄒平 15/5
［光緒］益都縣圖志 16/25
周懿（字淑存）
（清・金鄉人）
［咸豐］濟寧直隸州續志 3/7
［民國］濟寧直隸州續志 14/26
［咸豐］金鄉縣志略 9/中忠義傳 3
［民國］金鄉 14/18
周郁（明・濟南人）
［宣統］山東 161/33
［道光］濟南 49/1
［乾隆］歷城 37/3
周郁文（字瑤亭）
（清・濟陽人）
［民國］濟陽 11/43
周朝瑞（字思永，一字衡臺）
（明・臨清人）
［康熙］山東 41/28
［雍正］山東 28/人物三 61
［宣統］山東 164/30
［乾隆］東昌 39/10
［康熙］臨清州 3/人物 16
［乾隆］臨清州 9/30
［乾隆］臨清直隸州 8/上 17
［民國］臨清縣/人物 22
周起巖（元・福山人）
［光緒］增修登州 38/12
［康熙］福山 9/20
［乾隆］福山 9 上/58
［民國］福山縣志稿 7/5－1
周朝俊（清・寧陽人）
［乾隆］兗州 23/80
［乾隆］寧陽 7/孝子 2
［咸豐］寧陽 15/5，20/2，20/4
［光緒］寧陽 15/5，20/2，20/4
寧陽縣鄉土志/20
周根郜（清・直隸南宫進士）
［乾隆］青城 7/3
［民國］青城續修 4/名宦 13
周起渭（字飛熊）
（明・莒縣人）
［民國］重修莒志 65/2
周朝奎（字聚五，號澹園）
（清・齊東人）
［民國］齊東 5/52
齊東縣鄉土志/耆舊錄 8
周朝桂（清・汶上人）
［宣統］四續汶上稿/人物－施濟傳
周桐樓（字來儀）
（清・商河人）
［民國］重修商河 8/19
周郁燦（清・濟寧人）
［道光］濟寧直隸州 8/4－21
48 **周敬**（元・泗水人）
［光緒］泗水 10/18
周敬脩（清・泰安人）
［乾隆四十七年］泰安縣 10/上 31
［道光］泰安縣 9/上 83
［民國］重修泰安縣 8/38
周翰宗（清・博興人）
［康熙六十年］博興 7/35
周翰溪（字少磻）
（清・濟寧人）
［民國］濟寧直隸州續志 14/2
周敬心（明・山東人）
［宣統］山東 161/29
周敬頤（字虞臣，又字紹蓮）
（清・膠州人）
［民國］增修膠志 47/11
50 **周貴**（明・常熟人）
［光緒］文登 5/39，8/上 12，9/12
周貴（清・正黄旗人）
［康熙］德州 6/3
周泰（魏）
［康熙］山東 31/4
周聿（字德元）
（宋・濰州人）
［民國］濰縣志稿 27/27
周中（宋・濰州人）
［嘉靖］山東 32/17
［雍正］山東 28/人物二 48
［宣統］山東 164/17
［嘉靖］青州 15/7
［萬曆］萊州 6/3
［乾隆］萊州 11/忠節 2
萊州府鄉土志/下 9
［乾隆］濰縣 4/17
［民國］濰縣志稿 31/23
濰縣鄉土志/15
周忠（元・嶧縣人）
［康熙］嶧縣 3/16
［乾隆］嶧縣 8/17
［光緒］嶧縣 19/91
周忠（明・江南淮安人）
［乾隆］沂州府 17/34
周中行（字與之）
（明・霑化人）
［光緒］霑化 10/23
［民國］霑化 3/1
周中師（宋・南陽宛人）
［嘉靖］山東 26/12
［康熙］山東 33/15

［雍正］山東 27/35
［宣統］山東 68/39
［萬曆元年］兗州 38/循吏 32
［萬曆二十四年］兗州 28/10
［康熙］兗州 22/10
周春岩（清・金鄉人）
［民國］濟寧直隸州續志 14/33
［咸豐］金鄉縣志略 9/中忠義傳 4
［民國］金鄉 14/20
周春巖（字鶴村）
（清・濟寧人）
［民國］濟寧直隸州續志 14/30
周青巒（清・惠民人）
［光緒］惠民 20/7
惠民縣鄉土志/耆舊錄 4
周泰生（字保思）
（清・章邱人，一作安邱人）
［道光］濟南 54/9
［康熙六十年］青州 16/42
［乾隆］東昌 35/9
［道光］安邱新志 18/4
安丘縣鄉土志 6/耆舊錄 3
［道光］章邱 11/38
周奉叔（南北朝・東海蘭陵人）
［康熙］嶧縣 4/25
周春源（清・金鄉人）
［民國］金鄉 14/20
周本楨（清・茌平人）
［宣統］茌平 16/6
［民國］茌平 3/23
周東興（清・濮州人）
［宣統］濮州 6/95
周奉周（字憲文）
（清・鄒縣人）
［民國］續修鄒縣志稿/人物－耆舊
51 周振宇（字暉宸）
（清・金鄉人）
［民國］金鄉 13/續增 6
周振渤（字表東）
（清・陽信人）
［民國］陽信 5/耆碩 62
周振祥（清・桓臺人）
［民國］桓臺 3/30
周振年（字化性）
（清・膠州人）
［民國］增修膠志 45/32
52 周援琴（字仙籟）
（清・金鄉人）
［民國］濟寧直隸州續志 15/2
［民國］金鄉 13/續增 12
周撕坦（清・江南上元人）
［康熙］陽穀 2/15
［光緒］陽穀 4/5
53 周成（明・鳳陽人）
［宣統］山東 200/9
周成（明・銅梁人）
［萬曆］諸城 4/42
周成儉（字廉卿）
（清・臨邑人）
［民國］續修臨邑 3/32
周盛波（清）
［光緒］曹縣 10/22
周成民（字繹廷，號韶軒，又號百愚）
（清・濟陽人）
［民國］濟陽 11/58
54 周拱元（字駿聲）
（清・海陽人）
［光緒］海陽縣續志 5/23
57 周邦翰（清・遼東人）
［順治］鄒平 4/23
［康熙］鄒平 4/19
60 周昂（字文軒）
（清・鄆城人）
［光緒］鄆城 8/27
周國（明・博興人）
［咸豐］青州 45/57
［康熙十二年］博興 6/7
［康熙六十年］博興 7/25
［道光］博興 11/20
［民國］重修博興 13/17
周果（字聖因）
（清・寧陽人）
［乾隆］兗州 23/79
［乾隆］寧陽 7/義士 1
［咸豐］寧陽 14/8
［光緒］寧陽 14/8
寧陽縣鄉土志/20
周冕（明・滁州舉人）
［萬曆］商河 5/23
［道光］商河 5/28
［民國］重修商河 6/67
商河縣鄉土志 1/政績
周品（字嶧山）
（明・濟寧人）
［乾隆］濟寧直隸州 26/15
［道光］濟寧直隸州 8/4－37
周昇（明・冠縣人）
［乾隆］東昌 42/18
［嘉慶］東昌 32/18
［嘉靖］冠縣 4/13
［萬曆］冠縣 4/40
［道光］冠縣 8/上 22
［光緒］冠縣 8/孝義
［民國］冠縣 8/人物志 27
周易（明・句容人）
［萬曆］青州 12/51
［康熙十五年］青州 12/51
［康熙四十八年］青州 12/51
［康熙六十年］青州 12/37
［咸豐］青州 36/22
［康熙］高苑 3/16
［乾隆］高苑 3/21
周易（字尚占）
（明・臨清人）
［乾隆］東昌 39/7
［乾隆］臨清直隸州 8/上 14
［民國］臨清縣/人物 7
周思彥（明・餘姚人）
［萬曆］冠縣 2/9
［道光］冠縣 6/29
［光緒］冠縣 6/宦績
［民國］冠縣 6/39
周日強（明・北直蠡縣人）
［宣統］山東 71/46
［乾隆］武定府 16/39
［咸豐］武定府 19/利津 4
［康熙］利津縣新志 7/5
［光緒］利津附利津文徵 2/碑記 13
周思璇（字宮玉，號松壑）
（清・即墨人）
［同治］即墨 9/36
即墨縣鄉土志/耆舊－事

業四
周曰爵(字秬卣)
(清・濟陽人)
[民國]濟陽 11/29
周曰仁(清・惠民人)
[光緒]惠民 20/10
惠民縣鄉土志/耆舊錄 5
周昌胤(字孝先)
(清・即墨人)
[同治]即墨 9/48
即墨縣鄉土志/耆舊 – 事業四
周思纒(字璣與,號牧亭)
(清・即墨人)
[同治]即墨 9/51
即墨縣鄉土志/耆舊 – 學問
周曰徹(清・高唐人)
[道光]高唐州 5/1 – 50
周日宣(字明吾)
(清・遼東人)
[宣統]山東 74/56
[乾隆]東昌 33/31
[嘉慶]東昌 20/43
[康熙]臨清州 3/名宦 6
[乾隆]臨清州 9/11
[乾隆]臨清直隸州 6/78
[民國]臨清縣/秩官 62
周景洛(字澗東)
(清・商河人)
[民國]重修商河 8/55
商河縣鄉土志 3/耆舊 – 學問
周景才(字全莽)
(清・寧陽人)
[咸豐]寧陽 14/15
[光緒]寧陽 14/15
周景桂(字月軒)
(清・寧陽人)
[光緒]寧陽 15/32
周思茂(唐・貝州漳南人)
[宣統]山東 163/19
周景觀(字明遠)
(清・商河人)
[民國]重修商河 8/41
周思忠(清・滋陽人)
[光緒]滋陽 9/29
滋陽縣鄉土志 1/耆舊 – 忠節

周昌圖(字啟美)
(清・金鄉人)
[乾隆]濟寧直隸州 27/29
[道光]濟寧直隸州 8/3 – 33
[康熙五十一年]金鄉 11/20
[乾隆]金鄉 18/70
[咸豐]金鄉縣志略 9/中列傳二 4
[民國]金鄉 14/3
金鄉縣鄉土志/耆舊錄上
周日熙(字曦如,號匪莪)
(清・即墨人)
[乾隆]即墨 9/15
[同治]即墨 9/16
即墨縣鄉土志/耆舊 – 事業二
周思兼(字叔夜,一字萊峰)
(明・南直華亭人)
[雍正]山東 27/71
[宣統]山東 73/34
[萬曆]萊州 5/72
[康熙]萊州 8/47
[乾隆]萊州 9/18
[康熙]平度州 3/4
[道光]重修平度州 16/18
平度鄉土志 2/政績
周曰年(清・惠民人)
[光緒]惠民 20/9
惠民縣鄉土志/耆舊錄 4
周景恆(字奠遠)
(清・商河人)
[民國]重修商河 8/76
周日燦(字天近)
(清・即墨人)
[乾隆]萊州 10/33
[乾隆]即墨 9/15
[同治]即墨 9/17
即墨縣鄉土志/耆舊 – 事業一
61 **周顯宗**(字惟孝)
(明・濮州人)
[萬曆]濮州 3/鄉賢 56
[康熙]濮州 3/79,6/81
[乾隆]濮州 3/80,6/81
[宣統]濮州 4/86,8/81
62 **周則**(明・諸城人)
[萬曆]青州 15/52
[康熙十五年]青州 15/52
[康熙四十八年]青州 15/義民 20
[康熙六十年]青州 18/15
63 **周貽辭**(明・棲霞人)
[順治]登州 17/16
[光緒]增修登州 43/20
[康熙]棲霞 6/20
[乾隆]棲霞 7/2
周貽綸(清・廣西桂林人,一作臨桂舉人)
[宣統]山東 77/5
[咸豐]青州 37/29
[光緒]德平 5/16
[民國]臨淄 18/13
周踐恭(字順亭)
(清・益都人)
[光緒]益都縣圖志 41/11
64 **周時中**(清・桓臺人)
[民國]桓臺志略 3/16
[民國]桓臺 3/37
67 **周鳴**(見周岐鳳)
周明珥(字汝玉)
(清・惠民人)
[乾隆]武定府 24/35
[咸豐]武定府 24/循良 25
[乾隆]惠民 5/38
[光緒]惠民 19/14
惠民縣鄉土志/耆舊錄 30
周鳴環(字佩玖)
(清・東阿人)
[民國]續修東阿 11/16
周明弼(明・無錫人)
[嘉靖]臨朐 2/48
周鳴鑾(字興和,號曉坡)
(清・單縣人)
[宣統]山東補遺/6
[民國]單縣 11/23,23/10
周明德(字殿文)
(清・聊城人)
[宣統]聊城 8/補 4
周明濟(字汝舟)
(明・武定人)
[康熙]濟南 45/13
[乾隆]武定府 25/38

[咸豐]武定府 25/儒林 8
[乾隆]惠民 6/10
[光緒]惠民 23/8
惠民縣鄉土志/耆舊錄 20
周嗣昌(字顯成)
(清·河南新鄭人)
[宣統]山東 75/60
[康熙五十五年]鄒縣志 2/55
[民國]續修鄒縣志稿/名宦
鄒縣鄉土志政績錄/4
周鳴鳳(字曉崖)
(清·單縣人)
[民國]單縣 11/25
周鳴岡(字桐友,號西山)
(清·新城人)
[宣統]新城縣後志 3/文苑
70 周璧(明·歷城人)
[宣統]山東 161/53
[道光]濟南 49/36
[乾隆]歷城 37/41
71 周長(明·南直天長人)
[宣統]山東 70/2
[康熙]濟寧州 4/2
[乾隆]濟寧直隸州 22/3
[道光]濟寧直隸州 6/6－40
[康熙]萊陽 5/3
周臣(明·泗水人)
[萬曆二十四年]兗州 37/4
[康熙]兗州 28/33
[萬曆]泗水 6/8
[順治]泗水 6/8
[光緒]泗水 11/20
[光緒]泗水縣鄉土志/10
周臣(字子忠,號在山)
(明·南直吳縣人)
[宣統]山東 72/49
[乾隆]東昌 35/20
[嘉慶]東昌 22/24
[嘉靖]高唐州 5/7
[康熙十二年]高唐州 7/11
[康熙五十一年]高唐州 7/11
[道光]高唐州 7/1－12
[光緒]高唐州 7/1－12
[民國]高唐縣 9/5－7
周原(明·北直繁昌人)
[宣統]山東 71/48
[康熙]濟南 25/25
[乾隆]武定府 16/47
[咸豐]武定府 19/蒲臺 1
[萬曆]蒲臺志 8/4
[康熙]重修蒲臺 5/6
[乾隆]蒲臺 2/56
周原(字惟一)
(明·鄞縣人)
[萬曆]青州 12 又/又 10
[康熙十五年]青州 12 又/又 10
[康熙四十八年]青州 12 又/又 10
[康熙六十年]青州 12/28
[咸豐]青州 36/15
[康熙]昌樂 1/34
[嘉慶]昌樂 19/5
周長立(字鶴鄰,號學樵,別號汝沺)
(清·單縣人)
[民國]單縣 12/鄉賢 12,22/28
周願孔(明·鄒縣人)
[宣統]山東 162/38
[康熙十二年]鄒縣志 2/41
[康熙五十五年]鄒縣志 2/37
[民國]續修鄒縣志稿/人物－耆舊
鄒縣鄉土志耆舊錄/16
周長江(長清人)
[民國]長清 12/18
周厚滋(字一峯)
(清·寧陽人)
[光緒]寧陽 14/36
周曆長(字清熙,號汶湄)
(清·安丘人)
[康熙十五年]青州 13/92
[康熙四十八年]青州 13/事功 76
[康熙六十年]青州 16/38
[咸豐]青州 46/24
[康熙]續安丘 22/又 31
安丘縣鄉土志 6/耆舊錄 3
72 周彤桂(字復卿)
(清·歷城人)
[民國]續修歷城 44/41
[民國]長清 10/27,11/4,15/45
73 周駿聲(字景文)
(清·膠州人)
[民國]增修膠志 41/48
74 周馳(字仲才)
(金·濟南人)
[康熙]山東 45/1
[雍正]山東 28/人物二 54
[康熙]濟南 38/6
[道光]濟南 47/44
[崇禎]歷城 10/17
[乾隆]歷城 41/5
周馳(字景遠)
(元·聊城人)
[至元]齊乘 6/29
[宣統]山東 163/27
[乾隆]東昌 37/23
[嘉慶]東昌 27/21
[宣統]聊城 8/54
77 周鳳(明·河南虞城人)
[道光]濟南 36/32
[天啟]新城 6/教諭
[崇禎]新城 6/教諭
[道光]新城/名宦
[民國]重修新城 10/15
新城縣鄉土志/政績－儒學教諭
周貫(號木雁子)
(元·城武人)
[乾隆]曹州府 16/20
[道光]城武 13/10
周舉(字尚賓)
(明·郯人)
[康熙]兗州 28/28
[康熙]兗州續編 15/28
[萬曆]沂州志 7/29
[乾隆]沂州府 25/20
[康熙]郯城 7/10
[乾隆]郯城 9/8
周民(號凌東)
(明·即墨人)
[萬曆]萊州 6/19
[乾隆]即墨 9/21
[同治]即墨 9/27
即墨縣鄉土志/耆舊－事業四

周卿(字克果,號棗山)
(明・河南延津人)
[宣統]山東 71/21
[康熙]濟南 25/45
[道光]濟南 36/40
[康熙]禹城 5/5
[嘉慶]禹城 7/24
[民國]禹城 3/42
禹城縣鄉土志/5
周興(元・宿遷人)
[民國]濰縣志稿 40/19
周印(明・萊陽人)
[民國]萊陽 3/1 中 7
周用(字行之,號白川)
(明・吳江人)
[康熙]濟寧州 4/5
[道光]濟寧直隸州 6/6－47
周際唐(清・東阿人)
[民國]東阿 15/1
周學章(字斐卿)
(東阿人)
[民國]東阿 16/1
周卿雲(字雨亭)
(清・高唐人)
[光緒]高唐州 5/1－40
[民國]高唐縣 12/85
周用霖(字亮卿)
(清・海寧人)
[民國]增修膠志 48/10
周殿珍(清・臨邑人)
[同治]臨邑 9/忠藎 7
周學舜(東阿人)
[民國]東阿 16/5
周鵬山(字棲雲)
(清・金鄉人)
[民國]金鄉 13/續增 9
周學純(清・陵縣人)
[道光]濟南 56/66
[光緒]陵縣 19/人物傳二 30
周履和(清・蘭山人)
[乾隆]淄川 4/又 28－4
周學淵(清・高唐人)
[乾隆]東昌 43/47
[嘉慶]東昌 32/55
[宣統]聊城 8/85
周際清(字邁千)
(清・恩縣人)
[民國]重修恩縣 11/鄉賢 25
周隆泗(字嶧源)
(清・東阿人)
[民國]續修東阿 11/25
周輿凝(清・章邱人)
[道光]章邱 11/81
周隆海(東平人)
[民國]東平縣 11/中 16
周隆奎(字星文)
(清・茌平人)
[民國]茌平 3/45
周履堦(字晉夫)
(清・金鄉人)
[咸豐]濟寧直隸州續志 3/4
[民國]濟寧直隸州續志 14/24
[咸豐]金鄉縣志略 9/中忠義傳 2
[民國]金鄉 14/17
周履坦(字個亭)
(清・金鄉人)
[民國]金鄉 14/7
金鄉縣鄉土志/耆舊錄上
周隆鳳(清・汶上人)
[宣統]四續汶上稿/人物－孝弟傳
周隆熙(清・夏津人)
[民國]夏津續編 8/7
周興鎬(字宅京)
(清・茌平人)
[宣統]茌平 17/4
[民國]茌平 3/33
周學曾(字省三)
(清・東阿人)
[民國]續修東阿 11/6
78 **周臨生**(字子容)
(清・安邱人)
[道光]安邱新志 19/2
80 **周倉**(後漢・寧陽人)
[乾隆]寧陽 7/忠烈 1
周鈁(清・濱州人)
[乾隆]武定府 26/12
[咸豐]武定府 26/義行 12
[康熙]濱州 7/25
[咸豐]濱州 10/厚德 4
濱州鄉土志/耆舊錄
周普(清・東平人)
[乾隆]泰安府 18/51
[康熙]東平州 4/77
[乾隆]東平州 15/16
[道光]東平州 15/16
[光緒]東平州 15/下 24
[民國]東平縣 11/下 3
周鉉(字鼎和)
(清・金鄉人)
[康熙]兗州續編 16/14
[乾隆]兗州 23/66
[乾隆]濟寧直隸州 27/28
[道光]濟寧直隸州 8/4－34
[康熙五十一年]金鄉 11/15
[乾隆]金鄉 18/66
[咸豐]金鄉縣志略 9/中列傳二 1
[民國]金鄉 14/3
金鄉縣鄉土志/耆舊錄上
周金亭(字秋山)
(清・陽穀人)
[民國]增修陽穀人物/文苑 6,人物/師道 24
周命育(字貽來)
(清・湖南人)
[光緒]寧津 6/29
寧津縣志料 3/人物－名宦
寧津縣鄉土志/政績
周毓正(字衷愷,號心雪)
(清・即墨人)
[宣統]山東 177/42
[乾隆]萊州 11/文學 2
[乾隆]即墨 9/31
[同治]即墨 9/44
即墨縣鄉土志/耆舊－事業二
周曾發(號芑穀,一字屺瞻)
(清・浙江慈谿人)
[宣統]山東 74/56
[康熙]曹州志 7/57
[光緒]菏澤 7/宦蹟 25
[光緒]新修菏澤 9/2
周毓琦(字超凡)
(清・鄆城人)
[光緒]鄆城 16/27

周鎬秀(字肯堂)
(清・單縣人)
[民國]單縣 12/鄉賢 9
周美秀(字華三)
(清・博山人)
[民國]續修博山 12/52
周義山(號紫陽真人)
(唐)
[萬曆元年]兗州 46/7
[萬曆二十四年]兗州 52/28
[萬曆]沂州志 7/74
[乾隆]沂州府 27/11
周仝汲(明・諸城人)
[萬曆]諸城 6/27
周毓南(號鄰仙)
(清・浙江海寧人)
[宣統]山東 75/37
[民國]續修東阿 9/2
周毓楷(字文房,號端圃)
(清・單縣人)
[民國]單縣 11/25
周毓桂(字仙芳,號雲圃)
(清・單縣人)
[民國]單縣 11/25
周義臣(原名瑞賢)
(清・濟寧人)
[民國]濟寧直隸州續志 14/30
周會隆(字梅菴)
(清・濮州人)
[宣統]山東 173/24
[乾隆]曹州府 15/23
[康熙]濮州續志上/26
[乾隆]濮州 3/93
[宣統]濮州 4/99
周養民(清・甘肅慶陽人)
[宣統]山東 76/37
[乾隆]東昌 33/37
[嘉慶]東昌 21/5
[康熙]聊城 2/10
[宣統]聊城 6/2－6
周翕銈(字金圭)
(清・即墨人)
[同治]即墨 9/46
即墨縣鄉土志/耆舊－學問
81 周頌(清・萊陽人)
[民國]萊陽 3/1 中 72
周鉦(字士聞)
(清・霑化人)
[光緒]霑化 8/8
[民國]霑化 2/37
82 周鏋(字聲伯)
(清・濱州人)
[康熙]濱州 7/31
[咸豐]濱州 10/29
周鍾瑄(字宣子)
(清・貴州貴筑人)
[宣統]山東 76/46
[乾隆]東昌 35/21
[嘉慶]東昌 22/26
[乾隆]高唐州續志 2/1
[道光]高唐州 7/1－15
[光緒]高唐州 7/1－15
[民國]高唐縣 9/5－11
83 周鋐(見周鉉)
周鎔錦(字雲峯)
(清・寧陽人)
[咸豐]寧陽 13/31
[光緒]寧陽 13/31
寧陽縣鄉土志/19
84 周錡(字金聲)
(清・聊城人)
[宣統]聊城 8/97
85 周錆(字進先)
(清・霑化人)
[乾隆]武定府 24/12
[咸豐]武定府 24/清介 12
[光緒]霑化 7/25
[民國]霑化 2/27
86 周鐸(明・濮州人)
[康熙]濮州 4/7
[乾隆]濮州 4/7
[宣統]濮州 5/7
周鐸(字文振)
(明・鄆城人)
[嘉靖]鄆城志下/9
[崇禎]鄆城 5/11
[康熙]鄆城 5/3
[光緒]鄆城 5/4
周鐸(清・金谿人)
[乾隆]利津縣志補 3/17
周鐸(字振聲)
(清・寧津人)
[光緒]寧津 8/34
寧津縣志料 3/人物－義行
周鐸(字覺生)
(清・霑化人)
[光緒]霑化 10/10
[民國]霑化 2/83
周知佺(字登瀛,號蝶園)
(清・即墨人)
[同治]即墨 9/46
即墨縣鄉土志/耆舊－學問
周錫郜(字季甫)
(清・濟寧人)
[民國]濟寧直隸州續志 14/30
周錫酆(字東渠)
(清・濟寧人)
[咸豐]濟寧直隸州續志 3/4
[民國]濟寧直隸州續志 14/23
87 周欽(元・文登人)
[光緒]文登 8/上 10
周欽(明・館縣人)
[嘉靖]高唐州 5/10
周欽(清・博平人)
[光緒]博平縣續志 10/60
周欽(字敬子)
(清・齊河人)
[民國]齊河 27/7
周欽霖(字澍千)
(清・金鄉人)
[民國]濟寧直隸州續志 13/7
[民國]金鄉 13/續增 7
周欽修(清・濰縣人)
[乾隆]濰縣 4/23
[民國]濰縣志稿 31/5
濰縣鄉土志/24
周翔翰(字鳳千)
(清・金鄉人)
[民國]金鄉 13/續增 11
周鄭表(清・仁和人)
[民國]莘縣 3/17
88 周銓(清)
[宣統]山東 77/45
[乾隆]即墨 8/10
[同治]即墨 8/9
周銓衡(清・霑化人)
[乾隆]武定府 23/52
[咸豐]武定府 23/忠節 26

周篤昌(字開也)
(明・即墨人)
[乾隆]即墨 9/22
[同治]即墨 9/15
即墨縣鄉土志/耆舊－事業二
周籙長(字蒼符)
(清・安丘人)
[康熙十五年]青州 14/27
[康熙四十八年]青州 14/孝友 18
[康熙六十年]青州 17/17
[咸豐]青州 46/48
[康熙]續安丘 23/38
安丘縣鄉土志 6/耆舊錄 3
90 周惇(漢・平原人)
[雍正]山東 31/3
周堂(字明廷)
(清・歷城人)
[道光]濟南 53/25
周懷岐(字幼郜)
(清・金鄉人)
[民國]金鄉 13/續增 8
周光斗(字星南)
(臨邑人)
[民國]續修臨邑 3/19
周光桐(字鳳梧)
(臨邑人)
[民國]續修臨邑 3/9
周尚忠(字本誠)
(明・歷城人)
[道光]濟南 49/18
[乾隆]歷城 37/27
周光昉(清・新城人)
[宣統]新城縣後志 3/耆壽
周光岳(字子靜,號一峯)
(東阿人)
[民國]東阿 16/2
周懷興(字愚齋)
(清・樂安人)
[民國]樂安 10/35
[民國]續修廣饒 19/49
周懷曾(字慕魯)
(清・新城人)
[道光]濟南 55/78
[宣統]新城縣後志 2/善行
[民國]重修新城 17/17
91 周炳麟(字雲浦)
(清・膠州人)
[道光]重修膠州 29/5
周恒祺(字福皆)
(清・湖北黃陂人)
[民國]德縣 9/19
92 周熻(字聚九)
(明・莆田人)
[宣統]山東 72/26
[康熙]兗州 22/37
[康熙]兗州續編 14/17
[康熙]曹州志 7/54,17/91
[乾隆]曹州府 12/19
[光緒]菏澤 7/宦蹟 22,17/89
[光緒]新修菏澤 8/15,17/74
93 周怡(字順之)
(明・南直太平人)
[宣統]山東 70/36
[萬曆]萊州 5/67
[康熙]萊州 8/31
[乾隆]萊州 9/10
[嘉慶]續掖縣 2/13
96 周燝(字子微,號方厓)
(明・即墨人)
[乾隆]即墨 9/14
[同治]即墨 9/15
即墨縣鄉土志/耆舊－事業二
周煜宗(字紫珊)
(牟平人)
[民國]牟平 7/26
97 周煥(明)
[宣統]山東 71/14
[康熙]濟南 25/81
[道光]濟南 36/32
周燦庭(字西莊)
(清・陽湖人)
[宣統]四續汶上稿/宦績志
周燦霄(清・萊陽人)
[民國]萊陽 3/1 中 90
周耀德(字龍光,號六惜居士)
(明・濟陽人)
[民國]濟陽 11/49
周煥典(清・泰安人)
[民國]續修平原 10/上 14
泰安縣鄉土志/耆舊 26
98 周悅讓(字孟伯)
(清・萊陽人)
[宣統]山東 176/34
[民國]萊陽 3/1 中 45,3/3 上傳志上 55
99 周榮(字平孫)
(漢・盧江舒人)
[嘉靖]山東 26/3
[康熙]山東 33/3
[雍正]山東 27/30
[宣統]山東 66/18
[萬曆元年]兗州 38/循吏 7
[萬曆二十四年]兗州 26/10
[康熙]兗州 21/10
[乾隆]兗州 22/3
[乾隆]濟寧直隸州 22/55
[道光]濟寧直隸州 6/6－2
[萬曆]鉅野 6/3
[康熙]鉅野 10/3
[道光]鉅野 10/3
[乾隆]金鄉 17/2
[咸豐]金鄉縣志略 7/3
[民國]金鄉 11/18
金鄉縣鄉土志/政績錄
[光緒]魚臺 2/45
周榮(字國華)
(明・蓬萊人)
[雍正]山東 28/人物三 2
[宣統]山東 161/26
周瑩(清・崇仁人)
[嘉靖]夏津 3/42
[乾隆]夏津 6/24
周榮程(字仰山)
(清・膠州人)
[民國]增修膠志 42/25
膠州直隸州鄉土志 4/文學
周榮恩(字廉甫)
(清・江蘇常熟人)
[宣統]三續淄川 9/49
周榮第(字花臣)
(清・濟寧人)
[民國]濟寧直隸州續志 14/29

同

21 同順(清・滿洲鑲黃旗人)

[咸豐]濟寧直隸州續志 2/15
77 同興(清・滿洲鑲黄旗人)
[宣統]山東 74/27
[道光]濟南 37/39

月

31 月潭禪師(俗姓韓)
(明)
[光緒]費縣 11/68
37 月朗和尚(清)
[民國]濰縣志稿 36/12
60 月曇長老(元)
[道光]滕縣志 11/釋道 4

門

10 門可榮(字維光)
(清・遼東海州人)
[雍正]山東 27/111
[宣統]山東 76/23
[康熙]兖州府曹縣 9/37
[光緒]曹縣 9/縣令 7
曹縣鄉土志/政績錄
32 門沂(明・静海人)
[道光]濟南 36/44
[康熙]禹城 1/16
[嘉慶]禹城 7/30
[民國]禹城 3/47
40 門克新(明・河南汝陽人)
[萬曆]青州 12/45
[康熙十五年]青州 12/45
[康熙四十八年]青州 12/45
[康熙六十年]青州 12/20
[光緒]益都縣圖志 18/24
門吉林(清・無棣人)
[民國]無棣 11/21
海豐縣鄉土志/耆舊－事業四
77 門闌(明・直隸藁城人)
[嘉靖]寧海州下/18
[同治]重修寧海州 12/10
97 門煥新(清・陽穀人)
[民國]增修陽穀人物/仕宦 13

朐

10 朐三友(清・博興人)
[康熙六十年]博興 7/27
[道光]博興 11/25
[民國]重修博興 13/23

陶

00 陶廞(見陶敞)
陶麻子(明・莒縣人)
[乾隆]沂州府 26/26
[民國]重修莒志 61/2
陶文進(南陽人)
[民國]清平/秩官 33
陶唐氏(姓伊祁氏)
(唐虞)
[宣統]山東 151/12
[萬曆二十四年]兖州 5/2
[康熙]兖州 6/2,30/27
[萬曆]東昌 20/1
[萬曆]濮州 6/1,6/2
[乾隆]定陶 6/1
[民國]定陶 6/1
[光緒]菏澤 4/1
08 陶謙(字恭祖)
(漢・丹陽人)
[嘉靖]山東 27/19
[宣統]山東 66/20
[萬曆元年]兖州 39/外傳 6
10 陶璽(明・威海衛人)
[光緒]文登 8/下 1
陶元士(字純齋)
(清・威海衛人)
[乾隆]威海衛志 7/2
陶正士(字方厓)
(清・文登人)
[光緒]文登 9/下 1－2
陶元恭(清・蓬萊人)
[民國]蓬萊縣志合編人物志/忠勇
陶晉公(明・諸城人)
[光緒]增修諸城縣續志/孝義補遺 3
12 陶登(明・山西絳州人)
[宣統]山東 71/15
[康熙]濟南 25/64
[道光]濟南 36/36
[康熙]新修齊東 4/16
[民國]齊東 3/58
陶延齡(字錫九)
(清・陽信人)
[民國]陽信 5/宦蹟 23
陶弘景(南北朝)
[崇禎]歷乘 16/59
17 陶承侃(清・金匱人)
[光緒]增修登州 27/6
[民國]黄縣志稿 11/宦績
18 陶致偉(見陶致煒)
陶致煒(字養豫,號映垣)
(明・蓬萊人)
[雍正]山東 28/人物三 65
[順治]登州 16/30
[光緒]增修登州 41/7
[康熙]蓬萊 5/16
[道光]重修蓬萊 9/5
[民國]蓬萊縣志合編人物志/功業
20 陶季直(南北朝・秣陵人)
[嘉靖]青州 13/17
[萬曆]青州 12 又/4
[康熙十五年]青州 12/4,又 12/4
[康熙四十八年]青州 12 又/4
[康熙六十年]青州 12/7
[道光]沂水 5/22
陶秉中(明・忠州人)
[萬曆]青城 1/45
21 陶虞俊(清・臨清人)
[乾隆]臨清直隸州 8/下 7
22 陶巍(清・鉅野人)
[康熙]鉅野 11/31
[道光]鉅野 13/45
陶崇章(清・鉅野人)
[民國]續修鉅野 5/上 7
陶崇化(字仁高)
(清・威海衛人)
[光緒]文登 9/下 1－1
陶繼祖(明・威海衛人)
[光緒]增修登州 37/27
[康熙]寧海州 9/8
[乾隆]威海衛志 6/11
[光緒]文登 7/下 11
[民國]文登 7/下 11
陶崇道(字虎溪)
(明・會稽人)

［乾隆］掖縣 3/32
23 陶傅（明・威海衛人）
［乾隆］威海衛志 7/12
24 陶贊化（字乾陽）
（清・威海衛人）
［乾隆］威海衛志 7/6
26 陶侃（字士衡）
（晉・鄱陽人）
［乾隆］曹州府 16/14
［嘉靖］濮州 8/2
［萬曆］濮州 4/游寓 2
［康熙］濮州 4/26
［乾隆］濮州 4/40
［宣統］濮州 6/68
陶泉（明・雲南人）
［康熙］嶧縣 3/28
［乾隆］嶧縣 7/12
［光緒］嶧縣 19/職官下 5
陶儼（明・秀水人）
［乾隆］陽信 5/3
信邑志稿 5/職官－知縣
［民國］陽信 2/22
27 陶象珮（字鯉堂）
（清・文登人）
［光緒］文登 9/下 1－5
陶紹緒（字贊臣）
（清・四川安岳人）
［宣統］山東 77/44
［光緒］益都縣圖志 18/69
［民國］續修歷城 38/4
［光緒］高密 6/26
［民國］高密 12/27
高密縣鄉土志/上 11
長山縣鄉土志/政績錄
陶凱士（字華臣）
（清・威海衛人）
［乾隆］威海衛志 7/2
28 陶以銓（明・北直棗強人）
［康熙］朝城 7/9
30 陶進（明・當塗人）
［弘治］泰安州 3/8
陶良德（明・德州人）
［康熙］濟南 44/15
［道光］濟南 52/45
［萬曆］德州 9/56
［康熙］德州 8/34
德州鄉土志/耆舊 8
［民國］德縣 11/5
31 陶福（字天祿）
（明・浙江臨海人）
［嘉靖］山東 25/27
［康熙］山東 32/15
［雍正］山東 27/76
［宣統］山東 71/46
［康熙］濟南 25/34
［乾隆］武定府 16/38
［咸豐］武定府 19/利津 2
［萬曆］濱州 4/60
［康熙］利津縣新志 7/2
陶江（清）
［宣統］三續淄川 9/49
陶沔（唐・魯人）
［乾隆］曲阜 82/2
［康熙］單縣 6/19
［民國］單縣 6/宦蹟 7
34 陶漢（字名川）
（清・蓬萊人）
［光緒］增修登州 43/7
［道光］重修蓬萊 9/36
［民國］蓬萊縣志合編人物志/行誼
陶汝弼（明・鄖城人）
［康熙］嶧縣 3/30
［乾隆］嶧縣 7/13
［光緒］嶧縣 19/職官下 7
陶洪昭（字雲泉）
（清・貴州貴筑人）
［宣統］山東 76/11
［民國］濟寧直隸州續志 10/53
［光緒］魚臺 2/57
［光緒］嶧縣 19/職官下 24
36 陶湘（字澄菴）
（清・曲阜人）
［乾隆］曲阜 88/5
［民國］續修曲阜 5/33
37 陶淑度（字憶黃）
（清・無棣人）
［民國］無棣 13/20
陶淑已（字正士）
（清・河南新野人）
［宣統］山東 75/17
［道光］濟南 38/27
［民國］濰縣志稿 20/21
［嘉慶］肥城 15/35
［光緒］肥城 7/49
［民國］齊河 22/7
陶朗先（明・浙江秀水人）
［宣統］山東 70/12
［順治］登州 11/22
［光緒］增修登州 25/1,25/11
陶運化（明）
［光緒］增修登州 37/27
［乾隆］威海衛志 6/11
陶運龢（字龢薌）
（清・天津人）
［民國］單縣 6/宦蹟 25
40 陶爽（字萬清）
（清・臨邑人）
［道光］臨邑 9/13
［同治］臨邑 9/孝義 4
陶克正（字奉楷）
（清・臨邑人）
［同治］臨邑 9/文苑 5
陶希聖（字聖洋）
（清・威海衛人）
［乾隆］威海衛志 7/6
［光緒］文登 9/下 1－1
陶士貞（字元生）
（清・蓬萊人）
［光緒］增修登州 43/6
［道光］重修蓬萊 9/28
［民國］蓬萊縣志合編人物志/孝友
陶士倧（清）
［宣統］山東 75/25
［道光］濟南 38/32
［嘉慶］禹城 7/33
［民國］禹城 3/50
陶大本（清・臨邑人）
［道光］臨邑 9/21
［同治］臨邑 9/耆壽 1
陶堯俞（字時雍）
（明・萊蕪人）
［民國］萊蕪 19/2
［民國］續修萊蕪 25/2
陶有智（清・城武人）
［道光］城武 9/下 41
42 陶圻（明・江西彭澤人）

［乾隆］武定府 16/30

［咸豐］武定府 19/商河 2

［萬曆］商河 5/22

［道光］商河 5/24

［民國］重修商河 6/62

43 陶式禮(字思儼)

（清·威海衛人）

［乾隆］威海衛志 7/3

44 陶英(字世民)

（五代·青州人）

［光緒］益都縣圖志 31/9

陶華亭(字祝三)

（長清人）

［民國］長清 12/15

陶懋璣(字介甫)

（清·江蘇常州人）

［民國］青城續修 4/名宦 14

陶世科(字鹿笙)

（清·臨邑人）

［同治］臨邑 9/孝義 8

48 陶敬(字子儀)

（清·江南虹縣例監）

［乾隆］嶧縣 7/29

［光緒］嶧縣 19/丞倅 5

50 陶忠(字鳳山)

（明·萊蕪人）

［康熙］濟南 44/19

［乾隆］泰安府 18/44

［民國］續修萊蕪 23/6

51 陶振宗(清·大興監生)

［宣統］蒙陰 3/宦績

陶振封(字孟侯)

（清·臨邑人）

［民國］續修臨邑 3/30

陶振中(字笠洲)

（長清人）

［民國］長清 12/14

53 陶成(字國器)

（明·湖廣道州人）

［宣統］山東 71/25

［道光］濟南 36/63

陶成(字汝器)

（明·諸城人）

［乾隆］諸城 30/6

陶威鳳(字德徵)

（清·威海衛人）

［乾隆］威海衛志 7/7

60 陶凱(明·武進人)

［宣統］山東 72/48

［乾隆］東昌 35/18

［乾隆］東昌 34/9

［嘉慶］東昌 22/22

［嘉靖］寧海州下/17

［同治］重修寧海州 12/9

［嘉靖］高唐州 5/5

［康熙十二年］高唐州 7/8

［康熙五十一年］高唐州 7/8

［道光］高唐州 7/1 – 7

［光緒］高唐州 7/1 – 7

［民國］高唐縣 9/5 – 4

陶易(字經初，號悔軒)

（清·文登人）

［宣統］山東 176/22

［光緒］增修登州 40/34

［乾隆］威海衛志 7/2

［道光］文登 5/14

［光緒］文登 9/下 1 – 2

陶景元(字麗生)

（清·齊河人）

［民國］齊河 23/76

64 陶勛(見陶凱)

72 陶丘洪(字子休)

（漢·平原人）

［雍正］山東 28/人物一 24

［康熙］濟南 42/2

［道光］濟南 45/31

［嘉慶］東昌 26/5

［萬曆］平原上/62

［乾隆］平原 8/23

平原縣鄉土志輯稿/文學

［乾隆］德平 3/1

［嘉慶］德平 7/1

［光緒］德平 7/1

德平縣鄉土志/耆舊錄

77 陶鳳儀(清·無棣人)

［民國］無棣 13/20

83 陶鎔(字大冶，號訪雲)

（清·宛平人）

［道光］博平 4/10

博平縣鄉土志/政績

陶鉞(明·文登人)

［光緒］文登 8/上 12

86 陶鐸(明)

［光緒］增修登州 37/10

陶錫祺(字銓生)

（清·江蘇陽湖人）

［宣統］山東補遺/61

［光緒］嶧縣 19/職官下 26

［民國］續修歷城 38/5

［民國］臨清縣/秩官 69

［宣統］重修恩縣 6/52

［民國］重修恩縣 10/67

恩縣鄉土志/11

［民國］增修膠志 18/19

88 陶節夫(字子禮)

（宋·饒州鄱陽人）

［光緒］益都縣圖志 16/35

90 陶尚(清·壽光人)

［民國］壽光 12/人物志一 97

95 陶性(號湛泉)

（明·登州衛人）

［雍正］山東 28/人物三 54

［宣統］山東 163/33

［道光］濟南 36/35

［泰昌］登州 11/27

［順治］登州 16/27

［光緒］增修登州 41/6

［康熙］蓬萊 5/15

［道光］重修蓬萊 9/31

［民國］蓬萊縣志合編人物志/行誼

［康熙］齊河 5/38

［雍正］齊河 5/37

［民國］齊河 22/3

齊河縣鄉土志名宦祠/16

98 陶敞(明·鳳陽人)

［乾隆］威海衛志 6/4

［光緒］文登 5/40

7722₇ 郳

50 郳申(見郳甲)

60 郳甲(春秋·滕人)

［萬曆］滕志 7/1

［康熙］滕志 7/1

［康熙］滕縣志 7/1

郈

53 郈成子(周)

［萬曆二十四年］兗州 30/7
［康熙］兗州 23/7
［乾隆］兗州 23/2

7722_8 嚳

10 **嚳夏**(春秋・魯人)
［嘉靖］山東 28/14
［康熙］山東 38/13
［萬曆元年］兗州 40/諫議 5
［萬曆二十四年］兗州 30/13
［康熙］兗州 23/13
［乾隆］兗州 23/4
［乾隆］曲阜 68/10

7723_2 展

00 **展文誥**(字曉黎)
(清・東平人)
［光緒］東平州 15/中 45
［民國］東平縣 11/中 14
10 **展天賜**(字子受)
(清・萊陽人)
［咸豐］青州 37/26
［嘉慶］昌樂 19/8
12 **展發春**(字東軒)
(東平人)
［民國］東平縣 11/中 16
34 **展汝霖**(字輔商)
(清・商河人)
［民國］重修商河 13/藝文志四墓誌 31
35 **展迪**(明・萊陽人)
［光緒］增修登州 43/30
［康熙］黄縣 6/23
［康熙］萊陽 8/23
［民國］萊陽 3/1 中 79
40 **展喜**(周・魯人)
［萬曆元年］兗州 40/謀略 3
［萬曆二十四年］兗州 30/8
［康熙］兗州 23/8
［乾隆］兗州 23/3
［康熙］滋陽 4/上 8
展存祥(清・高密人)
［民國］高密 14/上 84
44 **展獲**(見柳下惠)
展萬吉(字慶元)
(清・東平人)
［民國］東平縣 11/上 19
77 **展輿**(春秋)
［嘉靖］山東 33/14
80 **展禽**(春秋・魯人)
［嘉靖］山東 28/8
［康熙］山東 38/8
［崇禎］曲阜 4/95
［康熙］曲阜 4/95
［康熙］滋陽 3/77,4/8
86 **展錫合**(字相符)
(清・金鄉人)
［民國］金鄉 13/續增 13

7724_7 服

90 **服光**(漢・齊人)
［宣統］山東 153/14

7725_4 降

00 **降魔僧**(唐)
［康熙］濟南 51/5
［道光］濟南 60/7

7726_4 居

77 **居譽**(明・徐州人)
［萬曆］福山 4/11
91 **居恆有**(清・臨朐人)
［民國］臨朐續志 20/17

屠

07 **屠毅**(字仲容)
(清・武進人)
［嘉慶］東昌 34/10
［宣統］聊城 8/99
10 **屠丙勳**(字少田)
(清)
［宣統］三續淄川 9/48
17 **屠乃勳**(清・浙江山陰監生)
［民國］濟陽 9/42
22 **屠繼烈**(清・大興人)
［民國］續修平原 5/16
屠繼烈(清・浙江監生)
［民國］牟平 6/79
25 **屠牛吐**(周・齊人)
［萬曆］青州 15/43
［康熙十五年］青州 15/43
［康熙四十八年］青州 15/卓行 3
［康熙六十年］青州 18/1
28 **屠以政**
［民國］重修博興 10/3
36 **屠湘**(字韋三)
(清・浙江山陰人)
［宣統］山東 76/40
［乾隆］東昌 34/5
［嘉慶］東昌 21/23
［宣統］茌平 8/7
［民國］茌平 8/64
38 **屠道彰**(字益庭)
(清・湖北孝感人)
［宣統］山東 77/34
［光緒］三續掖縣 1/46
［民國］朝城縣續志 1/15,1/22
堂邑縣鄉土志/政績錄
40 **屠希正**(明・奉化人)
［乾隆］陽信 5/9
51 **屠振鐸**(明・湖廣舉人)
［康熙］沂水 4/30
［道光］沂水 5/31
77 **屠用中**(清・湖北孝感人)
［乾隆］昌邑 5/109
80 **屠金聲**(字玉振)
(清・禹城人)
［民國］禹城 6/75
屠義炳(字星若)
(清・湖北孝感人)
［民國］陵縣續志 4/13
［民國］樂安 8/22
［民國］續修廣饒 17/9

7727_2 屈

00 **屈竟顒**(字少微)
(明・鄆城人)
［康熙］山東 46/4
［乾隆］曹州府 16/13
［崇禎］鄆城 5/24
［康熙］鄆城 5/36
［光緒］鄆城 5/40
10 **屈爾穎**(字九鋭)
(清・魚臺人)
［乾隆］魚臺 11/38
［光緒］魚臺 3/23

12 屈弘謨(清・魚臺人)
[康熙]魚臺 17/又 77
[乾隆]魚臺 11/42
[光緒]魚臺 3/27
22 屈繼勛(清・魚臺人)
[宣統]山東 172/46
[民國]濟寧直隸州續志 14/36
37 屈逸乘(號荊巖)
(清・閔縣人)
[宣統]山東 76/18
[乾隆]沂州府 20/16
[康熙二十四年]蒙陰 3/12
[宣統]蒙陰 3/宦績
40 屈直(明・裕州人)
[咸豐]青州 36/23
[康熙]高苑 3/16
[乾隆]高苑 3/21
屈大昌(明・蒲城人)
[康熙]兖州續編 14/16
55 屈軼生(字黄廷,一作庭堯,一作堯庭)
(清・魚臺人)
[康熙]魚臺 17/29,17/78
[乾隆]魚臺 11/43
[光緒]魚臺 3/27
77 屈興國(清・鄆城人)
[光緒]鄆城 16/28
86 屈錦(清・魚臺人)
[乾隆]魚臺 11/46
[光緒]魚臺 3/29
90 屈尚直(明)
[宣統]山東 71/8
[道光]濟南 36/18
[嘉靖]淄川 6/77

7732_7 騶

17 騶忌(戰國・齊人)
[嘉靖]山東 28/5
[康熙]山東 38/5
[嘉靖]青州 15/32
[萬曆]青州 15/2
[康熙十五年]青州 15/2
[康熙四十八年]青州 15/文學 2
[康熙六十年]青州 18/10
[康熙]臨淄 10/9
[民國]臨淄 23/6
21 騶衍(戰國・齊人)
[嘉靖]山東 28/5
[康熙]山東 38/5
[康熙]濟南 42/1
[道光]濟南 45/6
[嘉靖]青州 15/32
[萬曆]青州 15/1
[康熙十五年]青州 15/1
[康熙四十八年]青州 15/文學 1
[康熙六十年]青州 18/10
[嘉靖]章丘 3/62
[萬曆]章丘 22/82
[康熙]章丘 6/2
[乾隆]章邱 9/1
[道光]章邱 10/38,14/108
章邱縣鄉土志/上 25
[康熙]臨淄 10/9
[民國]臨淄 29/29
40 騶奭(戰國・齊人)
[嘉靖]山東 28/5
[康熙]山東 38/6
[嘉靖]青州 15/32
[萬曆]青州 15/2
[康熙十五年]青州 15/2
[康熙四十八年]青州 15/文學 2
[康熙六十年]青州 18/10
[康熙]臨淄 10/9

7733_6 騷

71 騷馬(號樂善)
(元・阿里馬里人)
[道光]鉅野 20/27

7736_4 駱

15 駱珠(清・海陽人)
[光緒]增修登州 43/46
[乾隆]海陽 6/17
17 駱玘(明・茌平人)
[康熙二年]茌平 2/50
駱子驥(字左泉)
(清・齊河人)
[民國]齊河 27/18
18 駱珍(清・齊河人)
[道光]濟南 56/7
[雍正]齊河 8/15
[民國]齊河 26/4
20 駱秉直(字如矢,號澄溪)
(明・臨安人)
[康熙]兖州府曹縣 9/9
32 駱兆堂(清・齊河人)
[道光]濟南 56/8
35 駱清臣(清・宛平人)
[乾隆]海陽 5/10
40 駱希聖(字達先)
(清・齊河人)
[民國]齊河 27/18
駱大俊(字甸方)
(清・宣城人)
[宣統]山東 76/10,76/50
[道光]濟寧直隸州 6/7-89
[道光]武城續編 9/2
[民國]增訂武城續編 9/1
武城縣鄉土志略/政績錄
[乾隆]魚臺 9/50
[光緒]魚臺 2/56
[乾隆]嶧縣 7/23
[光緒]嶧縣 19/職官下 19
駱大附(字好禮)
(清・齊河人)
[道光]濟南 56/8
[民國]齊河 26/24
44 駱夢螭(字龍驂)
(清・齊河人)
[民國]齊河 27/19
67 駱明廷(字朗先)
(清・齊河人)
[民國]齊河 27/21
71 駱原濱(清・商河人)
[民國]重修商河 8/45

7740_0 閔

00 閔廣維(清・費縣人)
[光緒]費縣 11/60
閔文漢(字紹武)
(清・嶧縣人)
[乾隆]兖州 23/82
[乾隆]嶧縣 8/50
[光緒]嶧縣 21/孝友 9

04 **閔訥**(明·河南胙城人)
[康熙]膠州 5/13
[乾隆]膠州 4/12
[道光]重修膠州 22/5
[民國]增修膠志 17/4
10 **閔貢**(字魁吾)
(明·費縣人)
[光緒]費縣 10/82
閔三茅(明·曲阜人,寄籍濟寧)
濟寧州鄉土志 2/賢裔
12 **閔瑗**(清·諸城人)
[光緒]增修諸城縣續志 18/3
17 **閔子損**(見閔損)
21 **閔衍籥**(字淑顔)
(清·濟寧人)
濟寧州鄉土志 2/賢裔
22 **閔繼立**(字卓堂)
(清·臨朐人)
[民國]臨朐續志 20/37
閔繼言(清·嶧縣人)
[光緒]嶧縣 21/忠義 8
閔繼和(字協堂)
(清·臨朐人)
[民國]臨朐續志 20/51
閔繼心(字虛堂)
(清·臨朐人)
[民國]臨朐續志 20/37
閔繼恩(字錫三)
(清·臨朐人)
[民國]臨朐續志 20/30
25 **閔傳魁**(字梅村)
(清·臨朐人)
[民國]臨朐續志 20/15
臨朐縣鄉土志 1/耆舊
閔傳禮(字儀亭)
(清·臨朐人)
臨朐縣鄉土志 1/耆舊
40 **閔真**(明·高密人)
[康熙]高密 8/11
[乾隆]高密 8/上 23
[光緒]高密 8/上 28
[民國]高密 14/上 30
高密縣鄉土志/上 31
44 **閔萬錦**(號東埜逸民)
(明·濟寧人)
[康熙]濟寧州 7/9
[乾隆]濟寧直隸州 27/3
[道光]濟寧直隸州 8/1-15
濟寧州鄉土志 2/賢裔
56 **閔損**(字子騫)
(周·魯人)
[嘉靖]山東 24/4
[康熙]山東 29/4
[雍正]山東 11/闕里二 6
[宣統]山東 153/3
[道光]濟南 45/2
[萬曆]青州 15/54
[康熙十五年]青州 15/又 56
[康熙四十八年]青州 15/僑寓 1
[康熙六十年]青州 20/15
[萬曆元年]兖州 7/14
[萬曆二十四年]兖州 7/9
[康熙]兖州 8/10
[乾隆]兖州 7/15
[萬曆]沂州志 6/1
[道光]濟寧直隸州 8/1-13
[崇禎]曲阜 4/9,4/102
[康熙]曲阜 4/102
[乾隆]曲阜 59/1
[康熙十一年]蒙陰 2/60
[康熙二十四年]蒙陰 4/18
[宣統]蒙陰 4/流寓
[民國]東明縣新誌 11/97
東明縣志料/人物門
67 **閔鶚元**(清·浙江歸安人)
[宣統]山東 74/44
71 **閔馬父**(亦曰閔子馬)
(春秋·魯人)
[乾隆]曲阜 68/4
77 **閔興治**(字夔載)
(清·滕縣人)
[道光]滕縣志 8/儒林 20
滕縣鄉土志/25
閔興禮(清·臨朐人)
光緒臨朐 14/下 18

7740_1 閒

10 **聞元炅**(號紫旻)
(清·浙江人)
[道光]鉅野 22/12
18 **聞璇**(明)
[道光]濟南 36/8
[乾隆]歷城 34/3
40 **聞嘉言**(明·海寧人)
[乾隆]陽信 5/3
信邑志稿 5/職官-知縣
[民國]陽信 2/23
80 **聞人奭**(晉·吳興人)
博平縣鄉土志/政績

7740_7 殳

60 **殳恩煦**(字冬伯)
(清·浙江錢塘人)
[宣統]山東 76/27
[光緒]冠縣 6/宦續

7744_0 丹

25 **丹朱**
[嘉靖]青州 12/8
[康熙十五年]青州 8/1
[康熙四十八年]青州 8/1
[康熙六十年]青州 10/1

7744_1 開

00 **開應麟**(清·鉅野人)
[道光]鉅野 13/62

7744_7 段

00 **段袞**(字隱公)
(清·臨沂人)
[康熙]沂州志 5/74
[乾隆]沂州府 26/13
[民國]臨沂 10/49
段亨(明·單縣人)
[順治]單縣 2/40
段文高(明·恩縣人)
[宣統]重修恩縣 7/49
段文清(明·祥符人)
[道光]新城/名宦
段立德(字容齋)
(清平人)
[民國]清平/人物 76
段彥桂(清·長山人)
[康熙五十五年]長山 6/36
[嘉慶]長山 9/7
段文振(隋·北海臨原人)
[至元]齊乘 6/19

[嘉靖]山東 33/5
[康熙]山東 44/5
[雍正]山東 28/人物一 61
[宣統]山東 155/39
[萬曆]萊州 5/90
[康熙]萊州 10/19
[乾隆]萊州 10/6
[萬曆]濰縣 9/2
[康熙]濰縣 5/人物 9
[乾隆]濰縣 4/28
濰縣鄉土志/14
段文操(隋・北海臨原人)
[嘉靖]山東 33/5
[康熙]山東 44/5
[萬曆]濰縣 9/3
[康熙]濰縣 5/人物 9
段文昌(字墨卿,一字景初)
(唐・臨淄人)
[嘉靖]山東 32/11
[康熙]山東 42/12
[雍正]山東 28/人物二 13
[宣統]山東 156/11
[嘉靖]青州 14/12
[萬曆]青州 13/34
[康熙十五年]青州 13/34
[康熙四十八年]青州 13/事功 17
[康熙六十年]青州 16/8
[康熙]臨淄 9/12
[民國]臨淄 23/9
[順治]鄒平 4/2
[康熙]鄒平 4/2
段應甲(清・蘭州人)
[康熙]嶧縣 3/37
[乾隆]嶧縣 7/18
[光緒]嶧縣 19/職官下 13
段應用(字廷六)
(清・滕縣人)
[道光]滕縣志 8/儒林 23
滕縣鄉土志/25
段文炫(字中孚)
(明・南樂人)
[民國]無棣 9/2
01 **段証**(元)
[道光]鉅野 24/3
[順治]嘉祥 3/37
[乾隆]嘉祥 2/45
[光緒]嘉祥 2/61
02 **段彰輝**(清・萊蕪人)
[乾隆]泰安府 17/43
03 **段斌**(明・山東平度州人)
[乾隆]沂州府 17/30
10 **段二癡子**(清・福山人)
[光緒]增修登州 43/19
[民國]福山縣志稿 7/4－1
段雲襄(字素生)
(清・菏澤人)
[光緒]新修菏澤 10/46
段玉龍(清・臨沂人)
[民國]續修臨沂 17/33
段爾發(字惺元)
(清・東明人)
[康熙]東明 6/22,8/下 25
[乾隆]東明 6/22 又 2,8/下 25
[民國]東明縣新誌 11/36,12/53
段玉琇(字近蓬)
(清・滕縣人)
[道光]滕縣志 8/儒林 37
段干綸(周・齊人)
[萬曆]青州 15/32
[康熙十五年]青州 15/32
[康熙四十八年]青州 15/說士 8
段干木(戰國・蒲臺人)
[乾隆]武定府 26/41
[咸豐]武定府 26/寓賢 1
[康熙]濱州 7/34
[萬曆]蒲臺志 9/8
[康熙]重修蒲臺 7/4
段可舉(明・遼東人)
[乾隆]濟寧直隸州 22/46
[道光]濟寧直隸州 6/6－32
[康熙五十一年]金鄉 8/20
[乾隆]金鄉 17/10
[咸豐]金鄉縣志略 7/10
[民國]金鄉 11/20
金鄉縣鄉土志/政績錄
段于朋(春秋・齊人)
[康熙]臨淄 9/20
12 **段瑀**(字崇魯)
(明・濟寧人)
[嘉靖]山東 35/3
[康熙]山東 45/9
[萬曆二十四年]兖州 37/6
[康熙]兖州 28/35
[乾隆]兖州 23/38
[康熙]濟寧州 7/8
[乾隆]濟寧直隸州 27/2
[道光]濟寧直隸州 8/2－46
段廷瑞(元・嘉祥人)
[順治]嘉祥 3/37
段廷珪(字君璋)
(元)
[乾隆]濟寧直隸州 23/38
[道光]濟寧直隸州 8/2－20
[順治]嘉祥 3/37
[乾隆]嘉祥 2/45
[光緒]嘉祥 2/61
段廷珍(元・嘉祥人)
[乾隆]濟寧直隸州 23/38
[道光]濟寧直隸州 8/2－20
[順治]嘉祥 3/37
段登岸(明・鄒人)
[康熙]兖州 28/38
[乾隆]兖州 23/56
[康熙十二年]鄒縣志 2/51
[康熙五十五年]鄒縣志 2/71
鄒縣鄉土志耆舊錄/15
段登備(清・萊蕪人)
[民國]續修萊蕪 25/6
段廷法(字仲範)
(平原人)
[民國]續修平原 8/28
段瑞蘭(字煥英)
(合肥人)
[民國]昌樂縣續志 25/4
13 **段琅**(字良玉)
(清・單縣人)
[民國]單縣 12/方技 1
17 **段孟春**(明・任丘人)
[嘉慶]德平 5/10
20 **段豸**(字司直)
(明・河南泌陽人)
[嘉靖]朝城志 5/14
[康熙]朝城 7/23
段維禮(字立範)

（清・滕縣人）
［道光］滕縣志 8/儒林 31
滕縣鄉土志/27
段喬林（清・臨淄人）
［民國］臨淄 22/65
22 段繼先（清・臨沂人）
［民國］臨沂 10/34
段豐芑（字之垣）
（清）
［民國］重修商河 7/3
23 段然（字幼然）
（明・嘉祥人）
［順治］嘉祥 3/12
［乾隆］嘉祥 2/28
段然清（字希彝，一作希夷）
（明・單縣人）
［順治］單縣 3/41
［康熙］單縣 8/20
［乾隆］單縣 7/13
［民國］單縣 9/26
段然超（明・曹州人）
［康熙］山東 45/10
24 段綺（字百祥）
（元・濱州人）
［嘉靖］山東 27/8
［康熙］山東 35/8
［宣統］山東 161/19
［嘉靖］青州 13/37
［萬曆］青州 12/26
［咸豐］青州 35/19
［康熙］昌樂 1/33
［嘉慶］昌樂 19/3
［民國］昌樂縣續志 17/61
［民國］濰縣志稿 20/11
段化龍（字霖生，號騰雲）
（清・魚臺人）
［康熙］兖州續編 16/13
［乾隆］兖州 23/62
［乾隆］濟寧直隸州 25/47
［道光］濟寧直隸州 8/3－35
［康熙］魚臺 17/47
［乾隆］魚臺 11/25
［光緒］魚臺 3/15
26 段和修（清・臨淄人）
［民國］臨淄 22/68
段伯英（宋・岳陽人）
［宣統］山東 68/43
［乾隆］曹州府 12/11
［萬曆］鉅野 6/5
［康熙］鉅野 10/5
［道光］鉅野 10/13
27 段約（字文博）
（元・濟寧人）
［康熙］濟寧州 7/10
［乾隆］濟寧直隸州 27/3
［道光］濟寧直隸州 8/4－31
段魯望（明・陽穀人）
［康熙十二年］陽穀 3/33
［康熙］陽穀 3/29
［光緒］陽穀 6/32
段名正（清・魚臺人）
［光緒］魚臺 3/孝義又 1
28 段徽（字君美）
（元・景州阜城人）
［道光］濟南 48/32
［乾隆］歷城 17/13
［民國］續修歷城 38/1
［道光］章邱 11/16，16/96
段復化（字仲方）
（明・范縣人）
［宣統］山東 200/12
段復興（字仲方，號徽繩）
（明・陽穀人）
［康熙］山東 40/63
［雍正］山東 28/人物三 73，35/傳 40
［宣統］山東 164/41
［康熙］兖州 28/28
［康熙］兖州續編 15/26
［乾隆］兖州 23/54
［乾隆］曹州府 16/16
［康熙十二年］陽穀 3/30，7/32，7/35
［康熙］陽穀 3/5，3/26，7/20，7/21
［光緒］陽穀 6/25，12/22，14/6
［民國］增修陽穀人物/仕宦 7，人物/文苑 2，人物/忠烈 17，藝文/序傳 1，藝文/序傳 3，藝文/序傳 6
［康熙］朝城 8/62
30 段宏（漢・濮陽人）
［嘉靖］濮州 5/2
段宏（南北朝）
［光緒］益都縣圖志 15/4
段寶琛（字伯獻）
（清・長清人）
［民國］長清 11/12
段安節（唐）
［萬曆］青州 15/6
［康熙十五年］青州 15/6
［康熙四十八年］青州 15/文學 6
［康熙六十年］青州 18/3
段守棠（字蔭南）
（平原人）
［民國］續修平原 8/25
33 段巘（清・沂州衛人）
［康熙］沂州志 4/25
段黼（字黄甫）
（明・曹縣人）
［康熙］兖州府曹縣 13/38
［光緒］曹縣 13/37
34 段祜（見段祐）
段祐（元・莒州人）
［康熙］莒州下/39
［雍正］莒州 9/24
［嘉慶］莒州 9/20
段法正（清・萊陽人）
［民國］萊陽 3/1 中 74
段汝梅（字萃枝）
（清・長清人）
［道光］濟南 56/58
［道光］長清 13/6
段汝旦（明・鉅野人）
［萬曆］鉅野 5/武功
［道光］鉅野 10/21
［民國］續修鉅野 7/下 3
37 段逢春（字青普）
（清・滋陽人）
［宣統］山東 172/18
［光緒］滋陽 8/74
滋陽縣鄉土志 1/耆舊－名將
段鴻恩（字普亭，後改名擴，字菩情）
（清・臨沂人）
［民國］續修臨沂 16/19

40 **段壽**(南北朝・北海人)
[萬曆]濰縣 9/2
[康熙]濰縣 5/人物 8
段志玄(唐・齊州臨淄人)
[至元]齊乘 6/19
[嘉靖]山東 32/11
[康熙]山東 42/11
[雍正]山東 28/人物二 3
[宣統]山東 156/4
[嘉靖]青州 14/12
[萬曆]青州 13/34
[康熙十五年]青州 13/34
[康熙四十八年]青州 13/事功 17
[康熙六十年]青州 16/8
[咸豐]青州 40/1
[康熙]臨淄 9/20
[民國]臨淄 21/47
段志元(見段志玄)
段志修(字心甫)(清・臨淄人)
[民國]臨淄 22/68
段大進(明・鉅野人)
[萬曆]鉅野 8/孝子
[康熙]鉅野 11/31
[道光]鉅野 13/42
段志冲(唐・齊州人)
[道光]濟南 71/6
段希祖(明)
[萬曆]福山 4/3
段希堯(五代晉・河内人)
[宣統]山東 68/23
[嘉靖]武定州下/48
[萬曆]武定州 10/4
[崇禎]武定州 7/2
段士英(清・曹縣人)
[光緒]曹縣 14/忠義 7
段友芝(清・臨淄人)
[民國]臨淄 22/68
段克均(清・莘縣人)
[光緒]莘縣 7/35
[民國]莘縣 7/19
莘縣鄉土志/事業 28
段大鈉(字明南)(清・平度人)
[光緒]平度志要/人物
[民國]平度縣續志 7/14
段有光(明・莒縣人)
[康熙十五年]青州 15/55
[康熙四十八年]青州 15/卓行 11
[康熙六十年]青州 18/17
[乾隆]沂州府 26/26
[康熙]莒州下/44
[雍正]莒州 9/38
[嘉慶]莒州 9/25
[民國]重修莒志 65/2
43 **段式**(唐・臨淄人)
[雍正]山東 28/人物二 13
44 **段世瑞**(字儒徵)(清・鉅野人)
[道光]鉅野 13/63
段樹德(字潤齋)(臨淄人)
[民國]臨淄 27/66
段若泉(字星垣)(清・魚臺人)
[光緒]魚臺 3/文行又 3
段懋修(清・臨淄人)
[民國]臨淄 22/68
段樹榛(字西圃)(清・濟寧人)
[民國]濟寧直隸州續志 12/44
段蔭卿(字芾棠)(清・平度人)
[民國]平度縣續志 8/4
46 **段楫**(字和之)(金)
[宣統]山東 200/5
[乾隆]濟寧直隸州 15/36,28/25
[道光]濟寧直隸州 8/4-44
[道光]鉅野 18/22,24/2
[順治]嘉祥 3/37
[乾隆]嘉祥 2/45
[光緒]嘉祥 2/61
段加福(清・諸城人)
[康熙]諸城 7/54
[乾隆]諸城 41/2
47 **段超然**(字修齡)(清・菏澤人)
[康熙]曹州志 16/10
[光緒]新修菏澤 10/50
段朝相(字貴卿)(清・章邱人)
[道光]章邱 11/87
48 **段松苓**(字勁伯,一字赤亭)(清・益都人)
[宣統]山東 175/37
[光緒]益都縣圖志 39/10
50 **段本良**(見段本樑)
段本樑(字鳳亭)(清・商河人)
[道光]商河 7/48
[民國]重修商河 8/75
53 **段威**(南北朝・北海人)
[萬曆]濰縣 9/2
[康熙]濰縣 5/人物 8
段成式(字柯古)(唐・臨淄人)
[嘉靖]山東 32/11
[宣統]山東 163/19
[道光]濟南 62/3
[嘉靖]青州 15/36
[萬曆]青州 15/6
[康熙十五年]青州 15/6
[康熙四十八年]青州 15/文學 6
[康熙六十年]青州 18/3
[嘉慶]鄒平 16/45
[康熙]臨淄 9/17
[民國]臨淄 26/45
54 **段拱立**(明・清河人)
[乾隆]陽信 5/16
[民國]陽信 2/42
60 **段國麟**(清・萊蕪人)
[乾隆]泰安府 18/63
[民國]萊蕪 20/3
[民國]續修萊蕪 27/9
段昌聰(字會公,號兩河)(清・湖南常寧人)
[宣統]山東 77/45
[乾隆]萊州 9/36
[乾隆]即墨 8/9
[同治]即墨 8/9
即墨縣鄉土志/政績錄
段曰遷(字允升)(清・商河人)

[道光]商河 7/48
[民國]重修商河 8/75
段日昇(唐·平原人)
[宣統]山東 165/6
段景勝(清·單縣人)
[民國]單縣 12/鄉賢 6
67 **段昭融**(字德明)
(合肥人)
[民國]重修商河 6/60
77 **段堅**(字可久)
(明·陝西蘭州人)
[嘉靖]山東 27/12
[康熙]山東 36/3
[雍正]山東 27/65
[宣統]山東 73/23
[萬曆]萊州 5/68
[康熙]萊州 8/27
[乾隆]萊州 9/12
萊州府鄉土志/上 15
[泰昌]登州 9/27
[順治]登州 11/15
[光緒]增修登州 28/1
[嘉慶]續掖縣 2/18
[萬曆]福山 4/2
[康熙]福山 7/5
[乾隆]福山 7/5
[民國]福山縣志稿 3/2－3
段民(字時舉)
(明·南直武進人)
[嘉靖]山東 25/11
[康熙]山東 31/13
[雍正]山東 27/11
[宣統]山東 70/17
[道光]濟南 35/28
[崇禎]歷乘 16/28
[崇禎]歷城 6/11
段展(字敬修)
(明·陝西涇陽人)
[宣統]山東 71/48
[康熙]濟南 25/70
[乾隆]武定府 16/43
[咸豐]武定府 19/霑化 3
[萬曆]新修霑化 6/108
[光緒]霑化 5/18
[民國]霑化 4/職官 36
[康熙]蓬萊 3/3
段興讓(清·臨清人)
[民國]臨清縣/人物 79
80 **段龕**(晉·鮮卑人)
[咸豐]青州 55/9
[光緒]益都縣圖志 50/1
段道超(唐·館陶人)
[乾隆]東昌 19/28
段公路(唐)
[萬曆]青州 15/6
[康熙十五年]青州 15/6
[康熙四十八年]青州 15/文學 6
[康熙六十年]青州 18/3
86 **段錦**(明·恩縣人)
[宣統]山東 161/46
[乾隆]東昌 39/29
[嘉慶]東昌 29/13
[宣統]重修恩縣 7/7,8/22
[民國]重修恩縣 11/鄉賢 19
恩縣鄉土志/18
段錦(清·濱州人)
[乾隆]武定府 25/15
[咸豐]武定府 25/孝友 15
[康熙]濱州 7/19
[咸豐]濱州 10/23
濱州鄉土志/耆舊錄
段錫瑞(東阿人)
[民國]東阿 15/19
88 **段銓**(隋·北海人)
[萬曆]濰縣 9/3
[康熙]濰縣 5/人物 9
90 **段光清**(商河人)
[民國]重修商河 7/43
段光林(清·臨淄人)
[民國]臨淄 22/68
段忙兒(明·棲霞人)
[嘉靖]山東 35/6
[康熙]山東 45/20
[泰昌]登州 11/38
[順治]登州 17/15
[光緒]增修登州 43/20
[康熙]棲霞 6/20
[乾隆]棲霞 7/1
段尚義(明·萊蕪人)
[康熙]濟南 41/25
[乾隆]泰安府 17/26
[康熙]新修萊蕪 6/11
[民國]萊蕪 17/2
[民國]續修萊蕪 22/3
97 **段煥然**(字素文)
(清·平原人)
[道光]濟南 56/104
[乾隆]平原 8/14
平原縣鄉土志輯稿/孝義
98 **段愉**(字和公)
(清·魚臺人)
[乾隆]魚臺 11/39
[光緒]魚臺 3/24
99 **段榮**(字子茂)
(北魏·姑臧武威人)
[雍正]山東 27/32
[宣統]山東 67/10
[乾隆]兗州 22/8
段瑩(明·山陰人)
[康熙]新城 5/3

7748$_2$ 闞

10 **闞正綱**(明·固始人)
[道光]濟南 36/61
[乾隆]德平 2/27
53 **闞成章**(明·江蘇長洲人)
[萬曆]鉅野 6/8
[康熙]鉅野 10/9
[道光]鉅野 10/24
77 **闞門慶忌**(漢·鄒人)
[嘉靖]山東 27/13
[雍正]山東 28/人物一 4
[宣統]山東 153/22
[萬曆二十四年]兗州 31/20
[康熙]兗州 24/18
[乾隆]兗州 23/7
[萬曆]萊州 5/53
[康熙]萊州 8/4
[乾隆]萊州 9/1
萊州府鄉土志/上 4
[康熙]膠州 5/1
[乾隆]膠州 4/2
[康熙]平度州 3/1
[道光]重修平度州 16/5
[萬曆]鄒志 2/22
[康熙十二年]鄒縣志 2/35
[康熙五十五年]鄒縣志

2/29
［民國］續修鄒縣志稿/人物－耆舊
鄒縣鄉土志耆舊錄/12
［萬曆］即墨志 6/10
［康熙］纂修即墨/下 6
［乾隆］即墨 8/2
［同治］即墨 8/2

7750_5 母

17 母卬(見毋印)
母邛(見毋印)
21 母師(春秋・魯人)
［崇禎］曲阜 4/107
［康熙］曲阜 4/107
27 母將隆(見毋將隆)
40 母志(明・四川蓬州人)
［嘉靖］朝城志 5/14
［康熙］朝城 7/23
72 母丘長(見毌丘長)

7750_8 舉

00 舉賡(字虞堂)
(清・德州人)
［民國］德縣 10/66

7755_0 毋

27 毋將永(漢・蘭陵人)
［宣統］山東 153/17
［康熙］嶧縣 4/15
［乾隆］嶧縣 8/9
［光緒］嶧縣 21/鄉賢 21
［民國］臨沂 9/4
毋將隆(字君房)
(漢・東海蘭陵人)
［至元］齊乘 6/11
［嘉靖］山東 30/7
［康熙］山東 40/7
［雍正］山東 28/人物一 13
［宣統］山東 154/11
［萬曆元年］兗州 40/諫議 7
［萬曆二十四年］兗州 31/17
［康熙］兗州 24/16
［乾隆］兗州 23/11
［萬曆］沂州志 6/32
［乾隆］沂州府 25/4
［康熙］嶧縣 4/14
［乾隆］嶧縣 8/8
［光緒］嶧縣 21/鄉賢 18
40 毋克讓(宋)
［康熙］嶧縣 3/14
［光緒］嶧縣 19/88
72 毋丘長(見毌丘長)
77 毋卬(宋・安丘人)
［康熙］山東 45/16
［宣統］山東 165/9
［嘉靖］青州 15/16
［萬曆］青州 14/15
［康熙十五年］青州 14/15
［康熙四十八年］青州 14/孝友 5
［康熙六十年］青州 17/10
［咸豐］青州 41/32
［萬曆］安丘 24/41
安丘縣鄉土志 4/耆舊錄 1

7760_2 留

44 留荼(字漢興)
(漢・營陵人)
［康熙］杞紀 18/11
67 留略(三國)
［光緒］嶧縣 19/36
88 留敏(字元成)
(漢・營陵人)
［康熙］杞紀 18/12

7760_6 閭

17 閭子直(漢・衛人)
［乾隆］高密 8/上 20
40 閭大肥(北魏・蠕蠕人)
［光緒］益都縣圖志 15/13
44 閭茂(南北朝)
［光緒］益都縣圖志 15/6
72 閭丘邛(周)
［至元］齊乘 6/5
［嘉靖］青州 13/6
［萬曆］青州 15/27
［康熙十五年］青州 15/27
［康熙四十八年］青州 15/說士 3
［康熙］臨淄 9/11
［民國］臨淄 23/7
臨淄縣鄉土志/耆舊錄
閭丘息(周・齊人)
［康熙］臨淄 9/20
閭丘先生(周)
［萬曆］青州 14/30
［康熙十五年］青州 14/30
［康熙四十八年］青州 14/隱逸 4
［康熙六十年］青州 20/1
［民國］臨淄 29/14
［民國］壽光 12/人物志二 80
閭丘嬰(春秋・齊人)
［康熙］臨淄 9/19
閭丘明(春秋)
［萬曆］青州 15/15
［康熙十五年］青州 15/15
［康熙四十八年］青州 15/武功 2
［康熙］臨淄 10/2
［民國］臨淄 22/58
77 閭邱卿(漢・魯人)
［宣統］山東 153/27
［乾隆］曲阜 69/6
閭邱卬(見閭丘邛)

7760_7 間

25 間仲宇(字澗夫)
(明・代州人)
［光緒］增修登州 32/7
［嘉靖］寧海州下/20
［同治］重修寧海州 13/8
［民國］牟平 6/73

7771_7 巴

00 巴彥隆(元・福山人)
［光緒］增修登州 38/12
［民國］福山縣志稿 7/1－3
12 巴延凱(霑化人)
［民國］霑化 4/登進 49
巴延臣(霑化人)
［民國］霑化 4/登進 49
21 巴拜(元)
［光緒］益都縣圖志 17/23
40 巴柱朝(號素菴)
(清・奉天人)
［宣統］山東 75/30

[道光]濟南 38/38
[道光]長清 4/2
44 巴茂(漢・北海人)
[宣統]山東 153/20,162/12
50 巴肅(字恭祖,一作光祖)
(漢・渤海人)
[嘉靖]山東 26/21,29/3
[康熙]山東 34/2,39/3
[雍正]山東 27/41
[康熙]濟南 38/1
[萬曆]東昌 18/7
[乾隆]東昌 34/7
[嘉慶]東昌 21/25
[乾隆]武定府 23/38
[咸豐]武定府 23/忠節 8
[萬曆]濱州 3/23
[康熙]濱州 7/2
[乾隆]惠民 5/45
[光緒]惠民 20/2
惠民縣鄉土志/耆舊錄 1
[嘉慶]清平 13/2
[宣統]增輯清平 11/1
[民國]清平/秩官 27
清平縣鄉土志/政績
60 巴思明(明・新城人)
[康熙]山東 39/25
[雍正]山東 28/人物三 31
[宣統]山東 160/24
[康熙]濟南 37/7
[道光]濟南 51/31
[天啟]新城 13/傳
[崇禎]新城 13/傳
[康熙]新城 7/8
[民國]重修新城 14/5
新城縣鄉土志/耆舊－明

7772_0 卯

12 卯廷獻(清・畢節舉人)
[光緒]德平 5/16

印

46 印如(清・徽州人)
[道光]濟南 72/46
[乾隆]歷城 45/16

即

60 即墨大夫(周)
[嘉靖]山東 27/13
[康熙]山東 37/1
[萬曆]青州 13/23
[康熙十五年]青州 13/23
[康熙四十八年]青州 13/事功 7
[康熙]臨淄 9/11
平度鄉土志 2/政績,4 上/事業
即墨成(漢・齊人)
[宣統]山東 153/14
[萬曆]青州 13/7,15/58
[康熙十五年]青州 13/7,15/又 58
[康熙四十八年]青州 15/僑寓 5
[康熙六十年]青州 15/3
[乾隆]沂州府 20/1
[康熙]莒州下/32
[萬曆]諸城 7/48
[光緒]平度志要/人物
[康熙]臨淄 9/2
[民國]臨淄 21/39

7772_7 邸

20 邸維棟(字擎佑)
(清・商河人)
[道光]商河 7/21
[民國]重修商河 8/17
89 邸鐙(字震谷)
(清・商河人)
[民國]重修商河 8/62

鴟

50 鴟夷子皮(見范蠡)

7777_2 關

12 關登蟾(字月樵)
(清・長清人)
[民國]長清 11/31
17 關羽(漢)
[光緒]益都縣圖志 28/58
21 關步霄(臨邑人)
[民國]續修臨邑 3/18
30 關永和(字蘭亭)
(臨邑人)
[民國]續修臨邑 3/18
關守約(字少符)
(清・歷城人)
[民國]續修歷城 44/35
44 關世相(清・甘肅靖遠人)
[宣統]山東 77/26
[光緒]增修登州 29/5
[光緒]棲霞縣續志 5/循吏小傳 1
50 關春海(字東陽)
(清・臨邑人)
[民國]續修臨邑 3/16
55 關捷先(明・廣東南海進士)
[民國]萊陽 3/1 上 10
56 關揚(字孝卿)
(明・海豐人)
[乾隆]武定府 23/22
[咸豐]武定府 23/名臣 22
[民國]無棣 10/4
海豐縣鄉土志/耆舊－事業
60 關呈麟(字趾仁)
(清・歷城人)
[民國]續修歷城 44/34
63 關貽和(字協萬)
(清・滋陽人)
[光緒]滋陽 9/52
滋陽縣鄉土志 1/耆舊－實行
90 關少陽(臨邑人)
[民國]續修臨邑 3/18

7777_5 毌

56 毌揚祖(字趨庭)
(明)
[乾隆]濟寧直隸州 22/20
[道光]濟寧直隸州 6/6－27
72 毌丘長(漢・安丘人)
[康熙]山東 45/15
[嘉靖]青州 15/13
[萬曆]青州 14/12
[康熙十五年]青州 14/13
[康熙四十八年]青州 14/孝友 2
[康熙六十年]青州 17/8
[咸豐]青州 64/6
[萬曆]安丘 24/40

7777$_7$ 閻

00 **閻唐**(字子虞)
(明・臨清人)
[乾隆]東昌 39/3
[康熙]臨清州 3/人物 7
[乾隆]臨清州 9/23
[乾隆]臨清直隸州 8/上 8
[民國]臨清縣/人物 4
閻賡韶(字成九,號荔園)
(清・昌樂人)
[民國]昌樂縣續志 31/24
閻廣信(字思誠)
(清・濟寧人)
[民國]濟寧直隸州續志 14/17
閻廣獻(清・金鄉人)
[民國]金鄉 14/22
閻應律(字正五)
(清・東阿人)
[民國]續修東阿 11/20
閻應華(字鎮西)
(清・東阿人)
[民國]續修東阿 11/20
閻應乾(明・萊陽人)
[民國]萊陽 3/1 中 15
閻文貴(字道充)
(明・堂邑人)
[順治]堂邑 2/人物 10
[康熙]堂邑 12/7
閻應辰(字星浦)
(清・東阿人)
[民國]續修東阿 11/17
閻文學(字游夏)
(清・即墨人)
[同治]即墨 9/37
即墨縣鄉土志/耆舊－事業四
閻文煥(清・河南河內人)
[宣統]山東 75/18
[道光]濟南 38/28
[民國]齊東 3/62
03 **閻詠**(字子秀,號復軒)
(金・高唐人,一作長清人)
[嘉靖]山東 31/25
[雍正]山東 28/人物二 51
[宣統]山東 163/26
[萬曆]東昌 19/43
[乾隆]東昌 41/16
[嘉慶]東昌 33/15
[嘉靖]高唐州 5/18
[康熙十二年]高唐州 8/9,10/11
[康熙五十一年]高唐州 8/9
[道光]高唐州 5/1－6
[光緒]高唐州 5/1－6
[民國]高唐縣 12/3,12/81
高唐州鄉土志/16
[道光]長清 16/20
04 **閻訥**(見閔訥)
05 **閻諫**(字介石)
(明・昌樂人)
[康熙十五年]青州 14/60
[康熙四十八年]青州 14/儒行 17
[康熙六十年]青州 15/13
[咸豐]青州 45/50
[康熙]昌樂 4/12
[嘉慶]昌樂 24/2
07 **閻調鼐**(明・山西汾州人)
[宣統]山東 71/16
[康熙]濟南 25/77
[道光]濟南 36/37
[康熙]新修齊東 4/17
[民國]齊東 3/59
閻調羹(字汝用,一作汝川)
(明・河南新蔡人)
[宣統]山東 70/33
[康熙]兖州續編 14/1
[康熙]曹州志 7/54
[乾隆]曹州府 12/20
[光緒]菏澤 7/宦蹟 22
[光緒]新修菏澤 8/12
08 **閻敦**(明・招遠人)
[順治]招遠 8/5
10 **閻霖**(明・固始人)
[嘉靖]朝城志 5/12
閻談(明・祁縣人)
[宣統]山東 71/38
[乾隆]泰安府 15/21
[康熙]肥城書下/10
[嘉慶]肥城 15/31
[光緒]肥城 7/47
閻西庚(字少白)
(清・茌平人)
[民國]茌平 3/94
閻丕績(字咸熙)
(清・高密人)
[民國]高密 14/上 27
閻元聲(清・定陶人)
[民國]定陶 6/28
閻爾梅(字調梅,別號古古,自號白耷山人)
(清・沛人)
[道光]冠縣 8/上 35
[光緒]冠縣 8/僑寓
[民國]冠縣 8/人物志 46
[光緒]嶧縣 21/流寓 11
閻玉堂(清・壽張人)
[光緒]壽張 7/32
12 **閻廷璡**(字華商)
(清・東阿人)
[民國]續修東阿 11/17
閻廷珮(清・直隸盧龍人)
[光緒]益都縣圖志 18/53
閻廷愛(清・濮州人)
[乾隆]濮州 4/18
[宣統]濮州 5/18
閻廷倬(字倜斯)
(清・昌樂人)
[嘉慶]昌樂 24/8
閻廷獻(字靖臣)
(清・昌樂人)
[嘉慶]昌樂 25/4
閻廷獻(字晉青)
(直隸昌黎人)
[民國]齊河 22/11
閻廷佶(字汝貞)
(清・昌樂人)
[宣統]山東 175/24
[咸豐]青州 48/2
[嘉慶]昌樂 24/9
閻廷倩(字曼仙,號遯圃,一號蘅齋)
(清・昌樂人)
[咸豐]青州 48/14
[嘉慶]昌樂 11/26,25/4
閻廷倣(清・昌樂人)

[嘉慶]昌樂 30/2
閻廷槐(字位三)
(清・東阿人)
[民國]續修東阿 11/17
閻廷枚(字黼庭,號劍泉)
(清・博興人)
[民國]重修博興 13/42
閻登釁(字聖選)
(清・壽張人)
[光緒]壽張 10/2
閻發榮(恩縣人)
[民國]重修恩縣 11/鄉賢 44
13 閻琮(明・蓬萊人)
[光緒]增修登州 39/1
[道光]重修蓬萊 9/8
[民國]蓬萊縣志合編人物志/鄉賢
閻職(春秋・齊人)
[嘉靖]山東 33/12
[嘉靖]青州 16/58
15 閻珠(字潤亭)
(清・陵縣人)
[光緒]陵縣 19/人物傳二 29
17 閻聚(字奎東)
(清・德平人)
[光緒]德平 7/17
閻鼐(明・北直深州人)
[宣統]山東 73/16
[萬曆]青州 12/35
[康熙十五年]青州 12/35
[康熙四十八年]青州 12/35
[康熙六十年]青州 12/31
[咸豐]青州 36/6
[萬曆]諸城 4/22,5/13
[康熙]諸城 5/13
[乾隆]諸城 28/2
諸城縣鄉土志/上 7
閻珣(元・萊陽人)
[民國]萊陽 3/1 中 4
閻承謙(明・霑化人)
[光緒]霑化 10/29
[民國]霑化 3/7
閻子行(清・館陶人)
[乾隆]東昌 43/25
[嘉慶]東昌 32/43
閻子良(字虞臣)
(清・陽穀人)
[民國]增修陽穀人物/孝義 10
閻子敬(東阿人)
[民國]東阿 15/3,15/16
閻翼典(清・汶上人)
[康熙]續修汶上 4/人物 19
20 閻秉醇(字程一)
(清・高密人)
[民國]高密 14/上 69
閻秉肅(清・博興人)
[道光]博興 11/37
[民國]重修博興 13/35
21 閻縉(字廷輔,號歷山)
(明・菏澤人)
[康熙]兗州續編 15/18
[康熙]曹州志 15/58
[光緒]菏澤 15/52
[光緒]新修菏澤 10/33
閻縉(清・陽穀人)
[民國]增修陽穀人物/仕宦 15
閻占傑(清・霑化人)
[光緒]霑化 10/30
[民國]霑化 3/8
閻經世(字大任)
(清・寧陽人)
[乾隆]兗州 23/68
[乾隆]寧陽 7/耆德 1
[咸豐]寧陽 14/6
[光緒]寧陽 14/6
寧陽縣鄉土志/21
22 閻循霖(一作閻循霖,字蔚庭,一作蒿庭)
(清・昌樂人)
[宣統]山東 175/27
[咸豐]青州 49/14
[嘉慶]昌樂 23/10
閻循琦(字景韓,號瑋庭)
(清・昌樂人)
[宣統]山東 175/9
[咸豐]青州 49/10
[嘉慶]昌樂 11/30,20/5
閻循寬(字叔度)
(清・昌樂人)
[嘉慶]昌樂 28/4
閻循觀(字懷庭,號伊蒿)
(清・昌樂人)
[宣統]山東 175/36
[咸豐]青州 49/27
[嘉慶]昌樂 11/27,20/8
[民國]濰縣志稿 32/33
閻循中(字矩庭)
(清・昌樂人)
[咸豐]青州 49/14
[嘉慶]昌樂 25/5
閻循厚(字惠庭)
(清・昌樂人)
[嘉慶]昌樂 24/9
23 閻俊烈(清・濟陽人)
[宣統]山東 169/17
24 閻德(晉・東海人)
[光緒]嶧縣 21/鄉賢 34
閻德(清・金鄉人)
[民國]金鄉 14/21
閻僖(號階平)
(明・滑縣人)
[康熙]陽穀 7/12
[光緒]陽穀 12/12
閻化龍(字禹三)
(清・博興人)
[民國]重修博興 13/42
閻佐清(字卓庭)
(清・嘉祥人)
[道光]濟寧直隸州 8/4-28
[光緒]嘉祥 3/47
25 閻仲宇(明・代州人,見閆仲宇)
閻仲宇(字參甫)
(明・陝西隴州人)
[宣統]山東 70/34
[乾隆]東昌 33/24
[嘉慶]東昌 20/36
[康熙]臨清州 3/名宦 5
[乾隆]臨清州 9/8
[乾隆]臨清直隸州 6/75
[民國]臨清縣/秩官 60
閻仲宙(明・高密人)
[民國]高密 14/上 78
26 閻僾(清・滄州拔貢)
[光緒]增修登州 29/4
[乾隆]棲霞 5/29

閻保慶(字養和)
(清・昌樂人)
[民國]昌樂縣續志 28/12
閻程唐(元・隴人)
[泰昌]登州 11/58
[順治]登州 18/2
[康熙]蓬萊 6/2
[道光]重修蓬萊 9/42
[民國]蓬萊縣志合編人物志/寓賢
閻和梅(清・萊陽人)
[光緒]增修登州 43/32
閻得勝(清・泗水人)
[光緒]泗水 10/29
閻保榮(字英華)
(清・陵縣人)
[光緒]陵縣 19/人物傳二 24
27 閻象(宋・濟州鉅野人)
[光緒]益都縣圖志 16/24
閻佩瑜(字士握)
(清・昌樂人)
[民國]昌樂縣續志 31/20
閻象台(明)
[民國]牟平 6/75
28 閻復(字子靖,一作子靜,號靜軒)
(元・平陽人)
[嘉靖]山東 31/25,34/6
[康熙]山東 41/21,48/5
[雍正]山東 28/人物二 63,31/15
[宣統]山東 158/10
[乾隆]泰安府 18/72
[萬曆二十四年]兗州 37/32
[康熙]兗州 28/73
[萬曆]東昌 19/45
[乾隆]東昌 37/23
[嘉慶]東昌 27/22
[康熙]東平州 4/62
[乾隆]東平州 15/38
[道光]東平州 15/38
[光緒]東平州 15/下 67
[民國]東平縣 11/下 35
[嘉靖]高唐州 5/18
[康熙十二年]高唐州 8/9
[康熙五十一年]高唐州 8/9
[道光]高唐州 5/1-7
[光緒]高唐州 5/1-7
[民國]高唐縣 12/3,12/81
高唐州鄉土志/17
閻徽(明・蓬萊人)
[泰昌]登州 11/20
[順治]登州 16/26
閻從龍(字雲臺)
(清・博興人)
[民國]重修博興 13/42
閻以彭(字信軒)
(清・東阿人)
[民國]續修東阿 11/20
閻以貫(字聖傳)
(清・德平人)
[民國]德平縣續志 12/碑記 16
閻以燦(字銘新)
(清・東阿人)
[光緒]東阿縣鄉土志 4/34
[民國]續修東阿 11/4
30 閻寶(字瓊美)
(五代・鄆州人)
[嘉靖]山東 33/30
[雍正]山東 28/人物二 18
[宣統]山東 156/19
[萬曆二十四年]兗州 34/12
[康熙]兗州 28/77
[乾隆]曹州府 14/17
[康熙]東平州 4/60
[乾隆]東平州 12/9,14/25
[道光]東平州 12/9,14/25
[光緒]東平州 14/9,15/中 51
[民國]東平縣 9/5,11/中 18
[崇禎]鄆城 5/2
[康熙]鄆城 5/9
[光緒]鄆城 5/13
閻淮(明・新蔡人)
[萬曆]蒲臺志 8/11
閻濟(明・曹縣人)
[康熙]曹州志 15/57
[康熙]兗州府曹縣 13/2
[光緒]曹縣 13/2
閻寬(字德原,一作德厚)
(明・樂安人)
[雍正]山東 28/人物三 9
[宣統]山東 160/16
[萬曆]青州 13/45
[康熙十五年]青州 13/45
[康熙四十八年]青州 13/事功 28
[康熙六十年]青州 16/14
[萬曆]樂安 15/8
[雍正]樂安 12/9
[民國]樂安 10/7
[民國]續修廣饒 19/13
閻寬(清・菏澤人)
[光緒]新修菏澤 11/75
閻宇(明・商州人)
[康熙]兗州府曹縣 9/7
[光緒]曹縣 9/縣令 3
閻宗經(字德圃)
(清・博興人)
[民國]重修博興 13/43
閻永祿(字綏菴)
(清・昌樂人)
[嘉慶]昌樂 25/6
31 閻江(字朝宗)
(明・樂安人)
[民國]樂安 10/7
[民國]續修廣饒 19/14
閻濬源(字深甫,號協唐)
(清・昌樂人)
[民國]昌樂縣續志 31/13
32 閻兆麟(字瑞亭)
(清・昌樂人)
[民國]昌樂縣續志 31/16
[民國]德縣 9/21
[宣統]增輯清平 11/10
[民國]清平/秩官 35
閻兆琅(字秀崑,號閬峰)
(清・昌樂人)
[民國]昌樂縣續志 29/9
閻兆琛(字玉維,一字汝淑)
(清・昌樂人)
[民國]昌樂縣續志 31/4
閻兆琚(字子佩)
(清・昌樂人)
[民國]昌樂縣續志 28/14
閻兆玠(字崑圃)
(清・昌樂人)
[民國]昌樂縣續志 31/13

閻兆業(清・金鄉人)
[民國]金鄉 14/22
閻兆楷(字植之)
(清・昌樂人)
[民國]昌樂縣續志 28/5
閻兆檉(字春林,號雙喬)
(清・昌樂人)
[民國]昌樂縣續志 31/16
閻兆鳳(字梧朋)
(清・陽信人)
[民國]陽信 5/耆碩 61
閻兆鵬(字翔九)
(長清人)
[民國]長清 12/12
閻兆興(字雲卿)
(長清人)
[民國]長清 12/12
33 **閻溥**(字伯雨,號硯農)
(清・昌樂人)
[民國]昌樂縣續志 31/6
閻必仁(明・日照人)
[光緒]日照 8/10
閻必納(字金石)
(明・昌樂人)
[嘉慶]昌樂 25/3
34 **閻祺**(字天錫,號渠南)
(明・招遠人)
[光緒]增修登州 40/20
[順治]招遠 8/3,9/8
閻禧(號階平)
(明・滑縣人)
[宣統]山東 72/23
[乾隆]沂州府 20/10
[康熙]沂水 4/26
[道光]沂水 5/27
[康熙十二年]陽穀 2/20,7/20
[康熙]陽穀 2/14
[光緒]陽穀 4/4
閻汝梅(字東閣,號和陽)
(明・揚州人)
[康熙十二年]陽穀 2/19,7/18
[康熙]陽穀 2/14
[光緒]陽穀 4/4
[康熙]兗州府曹縣 9/10
[光緒]曹縣 9/縣令 5
35 **閻沖虛**(明・聊城人)
[宣統]聊城 8/80
閻清瀾(字文濤,號石渠)
(清・昌樂人)
[民國]昌樂縣續志 31/11
36 **閻澤方**(字玉川)
(清・昌樂人)
[民國]昌樂縣續志 31/14
閻澤勻(號遲村)
(清・昌樂人)
[民國]昌樂縣續志 34/4
閻澤源(字蔭泉)
(清・昌樂人)
[民國]昌樂縣續志 34/8
閻湘蕙(字香亭)
(清・昌樂人)
[民國]昌樂縣續志 31/12
閻湘苣(字香畹)
(清・昌樂人)
[民國]昌樂縣續志 31/11
閻澤民(字春膏)
(清・昌樂人)
[民國]昌樂縣續志 27/3
閻澤美(字尊五)
(清・昌樂人)
[民國]昌樂縣續志 31/10
37 **閻選**(字植公,一字公陶)
(清・高密人)
[光緒]高密 8/上補遺 2
[民國]高密 14/上 54
高密縣鄉土志/上 44
閻淑立(字晴川)
(清・金鄉人)
[宣統]山東補遺/36
[民國]濟寧直隸州續志 13/6
[民國]金鄉 13/續增 1
閻湖蓴(字香浦)
(清・昌樂人)
[民國]昌樂縣續志 30/15
閻沼纛(字召南)
(清・昌樂人)
[民國]昌樂縣續志 33/3
39 **閻泮水**(字義芹)
(清・壽張人)
[光緒]壽張 6/53
壽張縣鄉土志/耆舊－事業
40 **閻志**(明・招遠人)
[順治]招遠 8/7
閻士璉(清・長山人)
[嘉慶]長山 9/29
閻克順(清・朝城人)
朝城縣鄉土志/15
閻大綬(字承符)
(清・山西鳳臺人)
[宣統]山東 76/55
閻志德(明・恩縣人)
[雍正]恩縣續志 3/29
閻大修(字德功)
(清・陽信人)
[民國]陽信 5/耆碩 61
閻士安(字仲和)
(元・京邑人)
[宣統]山東 69/24
[道光]濟南 34/45
[康熙]德平 3/1
[乾隆]德平 2/23
[嘉慶]德平 5/4,10/10
[光緒]德平 5/4
德平縣鄉土志/政績錄
閻士禎(字興宇)
(清・館陶人)
[乾隆]東昌 43/25
[嘉慶]東昌 32/43
閻士湖(字夏珍)
(清・陽信人)
[民國]陽信 5/耆碩 61
閻士選(字立吾)
(明・江都人)
[泰昌]登州 9/38
[順治]登州 11/20
[光緒]增修登州 25/4
閻士標(字子率,號建伯)
(清・高密人)
[康熙]福山 7/31
[民國]高密 14/上 19
閻壽椿(字仙根)
(清・德平人)
[民國]德平縣續志 6/9
閻九成(明)
[乾隆]德州 8/4
閻培因(字篤堂)

（清・高密人）
［民國］高密 14/上 88
閻士騏（明・德平人）
［道光］濟南 52/53
［乾隆］德平 3/12
［嘉慶］德平 7/13
［光緒］德平 7/24
德平縣鄉土志/耆舊錄
閻士炳（字蓮史）
（清・德平人）
［光緒］德平 7/21
42 **閻彭年**（字延齡）
（清・昌樂人）
［民國］昌樂縣續志 35/7
44 **閻恭**（明・萊陽人）
［民國］萊陽 3/1 中 10
閻芹（明・高密人）
［乾隆］高密 8/上 11
［光緒］高密 8/上 13
［民國］高密 14/上 12
高密縣鄉土志/上 20
閻蘧（字仲朗）
（明・壽張人）
［康熙］張秋志 7/31,11/34
閻荃（字蘭友）
（清・壽張人）
［康熙］兗州續編 16/34
［乾隆］兗州 23/76
［康熙五十六年］壽張 7/26
［光緒］壽張 7/8
壽張縣鄉土志/耆舊－事業
閻藻（字文波,號澗南）
（清・昌樂人）
［民國］昌樂縣續志 31/4
閻華慶（字寶堂）
（清・昌樂人）
［民國］昌樂縣續志 34/4
閻夢麟（字子端）
（清・陽穀人）
［民國］增修陽穀人物/武學師 31
閻懋功（清・沂州人）
［乾隆］沂州府 26/6
閻世珍（一名玉美）
（清・陽穀人）
［民國］增修陽穀人物/師道 24
閻世繩（字寶貽,號樸齋）
（清・昌樂人）
［康熙四十八年］青州 15/文學 17
［康熙六十年］青州 18/8
［咸豐］青州 47/10
［嘉慶］昌樂 20/3
閻懋倫（清・沂水人）
［乾隆］沂州府 26/16
［道光］沂水 7/26
閻世則（字寶持）
（清・昌樂人）
［嘉慶］昌樂 24/6
閻芳階（字馥齋）
（清・高密人）
［民國］高密 14/上 50
閻芝階（字瑞生,號希嘉）
（清・高密人）
［民國］高密 14/上 83
閻芳譽（清・臨沂人）
［乾隆］沂州府 26/6
［民國］臨沂 10/6
閻翥鵬（字圖南,號海樵）
（清・德平人）
［宣統］山東 170/13
［光緒］德平 7/18
45 **閻棟樑**（清・蓬萊人）
［光緒］蓬萊縣續志 8/武宦 7
46 **閻相庚**（字少白）
（清・昌樂人）
［民國］昌樂縣續志 30/14
閻相文（濟寧人）
［民國］濟寧縣 3/6
閻旭齡（字曉東）
（清・昌樂人）
［民國］昌樂縣續志 35/7
閻相宸（字楓園）
（清・昌樂人）
［民國］昌樂縣續志 31/15
閻相金（清・德平人）
［宣統］山東 170/25
［光緒］德平 7/25
德平縣鄉土志/耆舊錄
47 **閻郁文**（字岐陽,號監亭）
（清・昌樂人）
［民國］昌樂縣續志 31/15
閻朝海（清・壽張人）
［光緒］壽張 6/61
閻朝貴（字錦堂）
（清・德州人）
［光緒］德州志略/忠節傳略
［民國］德縣 11/1
48 **閻敬銘**（字丹初）
（清・陝西朝邑人）
［宣統］山東 74/30
50 **閻忠信**（字伯英）
（清・朝城人）
［康熙］朝城 8/56
閻東川（清・壽張人）
［光緒］壽張 7/17
壽張縣鄉土志/耆舊－事業
閻奉冬（清・東平人）
［乾隆］泰安府 18/60
［康熙］東平州續志 6/10
［乾隆］東平州 15/17
［道光］東平州 15/17
［光緒］東平州 15/下 25
［民國］東平縣 11/下 3
閻本良（字性菴）
（清・榮成人）
［道光］榮成 8/6
51 **閻振邦**（清・壽張人）
［光緒］壽張 7/16
53 **閻盛**（明・高苑人）
［康熙］高苑 5/2
［乾隆］高苑 5/2
57 **閻邦寧**（字仲謐）
（明・河南原武人）
［宣統］山東 72/35
［萬曆］東昌 18/31
［乾隆］東昌 33/29
［嘉慶］東昌 20/40
閻邦祚（字脈長）
（清・東阿人）
［乾隆］泰安府 18/58
［道光］東阿 14/人物下 32
［光緒］東阿縣鄉土志 4/27
60 **閻累**（明・嘉祥人）
［道光］濟寧直隸州 8/2－54
［順治］嘉祥 4/40
［乾隆］嘉祥 3/34

［光緒］嘉祥 3/42
閻杲（字東旭）
（清・德平人）
［光緒］德平 7/17
閻國課（明・博興人）
［萬曆］青州 14/19
［康熙十五年］青州 14/19
［康熙四十八年］青州 14/孝友 9
［康熙六十年］青州 17/13
［咸豐］青州 45/36
［康熙十二年］博興 6/7
［康熙六十年］博興 7/25
［道光］博興 11/19
［民國］重修博興 13/16
閻昌檟（清）
［民國］平度縣續志 7/3
閻國華（昌樂人）
［民國］昌樂縣續志 21/21
閻思孝（明・新蔡人）
［乾隆］沂州府 20/11
［康熙二十四年］蒙陰 3/10
［宣統］蒙陰 3/宦績
閻甲昇（字東亭）
（清・茌平人）
［民國］茌平 12/88
閻思學（明・河南祥符人）
［康熙］膠州 5/10
［乾隆］膠州 4/14
［道光］重修膠州 22/9
［民國］增修膠志 17/8
66 閻賜真（字秀之）
（清・黃縣人）
［光緒］增修登州 43/13
［同治］黃縣 8/15
［民國］黃縣志稿 13/清懿行
67 閻野（明・青城人）
［雍正］山東 28/人物三 29
［宣統］山東 164/46
［康熙］濟南 38/11
［乾隆］武定府 23/44
［咸豐］武定府 23/忠節 14
［萬曆］青城 2/2
［乾隆］青城 8/7
［民國］青城續修 4/人物 20
71 閻臣（清・嶧縣人）
［宣統］山東 172/18
75 閻體正（字葆初）
（清・壽張人）
［光緒］壽張 7/11
77 閻閎（字尚友）
（明・臨清人）
［康熙］山東 41/26
［雍正］山東 28/人物三 32
［宣統］山東 160/24
［萬曆］東昌 19/59
［乾隆］東昌 39/3
［康熙］臨清州 3/人物 15
［乾隆］臨清州 9/24
［乾隆］臨清直隸州 8/上 9
［民國］臨清縣/人物 4
閻學高（字仲愚，號叢山）
（清・昌樂人）
［民國］昌樂縣續志 28/4
閻學襄（字子琴）
（清・昌樂人）
［民國］昌樂縣續志 31/24
閻學孟（字景輿）
（清・昌樂人）
［民國］昌樂縣續志 30/14
閻學尹（字任持）
（清・昌樂人）
［民國］昌樂縣續志 31/4
閻同玠（字景衛）
（清・昌樂人）
［民國］昌樂縣續志 30/14
閻學信（字敬持）
（清・昌樂人）
［民國］昌樂縣續志 31/15
閻殿嵐（東阿人）
［民國］東阿 15/19
閻學朱（字晦持）
（清・昌樂人）
［嘉慶］昌樂 25/6
閻學淳（字浩持，號粲園）
（清・昌樂人）
［咸豐］青州 49/33
［民國］昌樂縣續志 16/35，29/6
閻學濂（字靜持）
（清・昌樂人）
［民國］昌樂縣續志 28/4
閻學禮（字膺持）
（清・昌樂人）
［嘉慶］昌樂 25/7
閻學涑（字紫巖，號信持）
（清・昌樂人）
［民國］昌樂縣續志 29/8
閻用汲（清・陽穀人）
［民國］增修陽穀人物/仕宦 12
閻學海（字星持，號雨帆）
（清・昌樂人）
［宣統］山東 175/10
［咸豐］青州 50/6
［民國］昌樂縣續志 16/27，29/7
［光緒］文登 7/下 10
閻殿森（東阿人）
［民國］東阿 15/20
閻鳳梧（字東園，號秋圃）
（清・高密人）
［民國］高密 14/上 58
閻殿勤（東阿人）
［民國］東阿 15/17
閻殿芝（字階生）
（清・東阿人）
［民國］續修東阿 11/8
閻鳳桐（字嶧陽，號琴山）
（清・高密人）
［民國］高密 14/上 81
閻學賜（字鑑持）
（清・昌樂人）
［嘉慶］昌樂 25/6
閻鳳閣（清・齊東人）
［康熙］新修齊東 6/3
78 閻臨川（字鏡泉）
（清・定陶人）
［民國］定陶 6/20
79 閻勝（明・武城人）
［嘉靖］武城 7/73
［順治］武城 3/11
80 閻鎬（字孟周）
（明・臨清人）
［萬曆］東昌 19/57
［乾隆］東昌 42/19
［康熙］臨清州 3/人物 15
［乾隆］臨清州 9/23

［乾隆］臨清直隸州 8/上 7
［民國］臨清縣/人物 51
閻龑（字作梅）
（清・霑化人）
［乾隆］武定府 24/38
［咸豐］武定府 24/循良 28
［光緒］霑化 7/16
［民國］霑化 2/11
閻毓塾（字蒸士）
（清・昌樂人）
［民國］昌樂縣續志 33/3
閻毓儁（清・保定人）
［康熙］兗州府曹縣 9/40
閻金相（見閻相金）
閻公朝（字升甫，別號又次）
（明・招遠人）
［光緒］增修登州 40/20
［順治］招遠 9/8
閻毓堂（字仲升）
（清・昌樂人）
［民國］昌樂縣續志 31/7
84 **閻銑**（字雙南，號楸園）
（清・昌樂人）
［民國］昌樂縣續志 31/14
87 **閻銘**（明・南海人）
［萬曆］東昌 18/35
［乾隆］東昌 33/35
［嘉慶］東昌 21/3
［康熙］聊城 2/12
［宣統］聊城 6/2－3
聊城縣鄉土志/6
88 **閻鋭**（字退菴）
（清・德平人）
［道光］濟南 56/88
［嘉慶］德平 7/17
［光緒］德平 7/16
德平縣鄉土志/耆舊錄
閻篤忠（字心一）
（清・寧陽人）
［咸豐］寧陽 13/36
［光緒］寧陽 13/36
寧陽縣鄉土志/21
90 **閻惟一**（字敵元）
（明・高密人）
［民國］高密 14/上 54
閻光濬（字子章，號近川）
（明・泰安人）
［乾隆］泰安府 17/17
［康熙］東平州 3/45，5/47
［乾隆］東平州 13/38，20/27
［道光］東平州 13/38，20/27
［光緒］東平州 15/上 38，20/27
［民國］東平縣 11/上 14
東平州鄉土志上/耆舊錄 32
［康熙］張秋志 10/34
［民國］增修陽穀人物/仕宦 5
閻惟楨（字公輔）
（清・定陶人）
［民國］定陶 6/30
閻常留（字松齡）
（清・德平人）
［民國］德平縣續志 6/12
閻惟賢（字賓宇）
（清・高密人）
［民國］高密 14/上 57
94 **閻慎**（字永抑）
（清・昌樂人）
［嘉慶］昌樂 24/7
97 **閻懌**（字慎思）
（清・昌樂人）
［嘉慶］昌樂 25/4
閻鄭（字德甫）
（清・東平人）
［乾隆］泰安府 17/17
［康熙］東平州 3/43
［乾隆］東平州 15/15
［道光］東平州 15/15
［光緒］東平州 15/下 23
［民國］東平縣 11/下 2
［康熙］張秋志 7/22
［民國］增修陽穀人物/仕宦 5
98 **閻愉**（字敬生，號莯園）
（清・昌樂人）
［咸豐］青州 47/22
［嘉慶］昌樂 24/7

7778_2 歐

22 **歐繼先**（明・朝城人）
［康熙］朝城 8/21
23 **歐允騰**（字鵬飛）
（清・濮州人）
［康熙］濮州 2/99
［乾隆］濮州 2/80
［宣統］濮州 3/59
28 **歐復**（字本然）
（明・平度人）
［萬曆］萊州 5/100
［康熙］萊州 10/27
［乾隆］萊州 10/13
［康熙］平度州 4/6
［道光］重修平度州 18/5
30 **歐安**（一作張安）
（明・朝城人）
［康熙］朝城 8/19
33 **歐冶子**（春秋）
［嘉靖］臨朐 3/17
［康熙］臨朐縣志書 2/19
76 **歐陽高**（字子陽）
（漢）
［宣統］山東 153/19
歐陽雲亭（字靄軒）
（清・泰安人）
［民國］重修泰安縣 8/46
歐陽烈（清・東平人）
［乾隆］泰安府 18/68
［康熙］東平州續志 6/3
［乾隆］東平州 15/34
［道光］東平州 14/17
［光緒］東平州 15/中 22
［民國］東平縣 11/上 40
歐陽建（字堅石）
（晉）
［萬曆二十四年］兗州 27/3
歐陽嵩（清・臨沂人）
［乾隆］沂州府 26/24
［民國］臨沂 10/52
歐陽生（字和伯，一作伯和）
（漢・千乘人）
［至元］齊乘 6/11
［嘉靖］山東 32/2
［康熙］山東 42/2
［雍正］山東 28/人物一 10
［宣統］山東 153/19
［嘉靖］青州 15/23
［萬曆］青州 13/8
［康熙十五年］青州 13/8

[康熙四十八年]青州 13/經師 3
[康熙六十年]青州 15/4
[咸豐]青州 38/5
[乾隆]武定府 25/42
[咸豐]武定府 25/文苑 1
[康熙]濱州 7/27
濱州鄉土志/學問
[萬曆]樂安 15/1
[雍正]樂安 12/1
[民國]樂安 10/1
[康熙六十年]博興 7/16
[民國]續修廣饒 19/1
[乾隆]惠民 6/2
[光緒]惠民 23/1
惠民縣鄉土志/耆舊錄 18

歐陽繡之(字扆堂)
(清・項城人)
高苑縣鄉土志/政績

歐陽修(字永叔)
(宋・廬陵人)
[嘉靖]山東 27/5
[康熙]山東 35/7
[雍正]山東 11/闕里二 27,27/56
[宣統]山東 68/49
[嘉靖]青州 12/58
[萬曆]青州 12/17
[康熙十五年]青州 12/17
[康熙四十八年]青州 12/17
[康熙六十年]青州 12/11
[咸豐]青州 35/7
[乾隆]兗州 7/39
[崇禎]歷乘 16/61
[崇禎]歷城 10/29
[康熙六十年]博興 7/7
[光緒]益都縣圖志 16/31

歐陽脩(見歐陽修)

歐陽淳(清・臨沂人)
[乾隆]沂州府 26/24
[民國]臨沂 10/52

歐陽連(字于商)
(明・江西新建舉人)
光緒臨朐 13/9

歐陽大勳(字約齋)
(清・江西彭澤人)
[宣統]山東 77/46
[同治]即墨 8/10
即墨縣鄉土志/政績錄

歐陽地餘(字長賓)
(漢)
[宣統]山東 153/19,162/6
[萬曆]青州 13/8
[康熙十五年]青州 13/8
[康熙四十八年]青州 13/經師 3
[康熙六十年]青州 15/4
[康熙六十年]博興 7/16

歐陽恭(明・城武人)
[嘉靖]山東 30/59
[萬曆元年]兗州 40/政績 15
[康熙九年]城武 3/41
[康熙四十一年]城武 5/上宦蹟 2
[道光]城武 9/上 19

歐陽春元(明・廬陵人)
[乾隆]沂州府 25/26
[民國]臨沂 9/56

歐陽成麟(字梅村)
(清・臨沂人)
[民國]續修臨沂 16/18

歐陽規(明・城武人)
[康熙九年]城武 3/51

歐陽思賢(明)
[乾隆]沂州府 20/10
[道光]沂水 5/25

歐陽長豐(字樂亭)
(清・濟寧人)
[民國]濟寧直隸州續志 15/8

歐陽長年(字仙儕)
(清・濟寧人)
[民國]濟寧直隸州續志 15/8

歐陽銘(字日新)
(明・江西盧陵人,一作南直泰和人)
[雍正]山東 27/59
[宣統]山東 73/5
[萬曆]青州 12/50
[康熙十五年]青州 12/50
[康熙四十八年]青州 12/50
[康熙六十年]青州 12/23
[咸豐]青州 36/1
[康熙]臨淄 8/4
[民國]臨淄 18/6

歐陽歙(字正思)
(漢・千乘人)
[嘉靖]山東 33/17
[宣統]山東 153/19,162/8
[嘉靖]青州 12/27,15/25
[萬曆]青州 13/9
[康熙十五年]青州 8/14,13/9
[康熙六十年]青州 15/4
[咸豐]青州 38/13
[萬曆]樂安 15/4
[雍正]樂安 12/3
[民國]樂安 10/2
[康熙六十年]博興 7/17
[康熙]高苑 3/2
[民國]陽信 5/宦蹟 2
[民國]續修廣饒 19/2

歐陽焯(字賓霞)
(清・湖廣潛江籍,安福人)
[宣統]山東 77/9
[康熙六十年]青州 12/42
[咸豐]青州 37/5
[雍正]樂安 11/6
[民國]樂安 8/20
[民國]續修廣饒 17/5

歐陽煥(字郁齋)
(清・寧遠武進士)
[道光]重修膠州 23/17
[民國]增修膠志 18/16

7780_1 興

44 **興恭**(明)
[天啟]新泰 6/40
[順治]新泰 5/33

60 **興昌**(清・滿洲正藍旗人)
[宣統]山東 75/51
[光緒]霑化 5/21
[民國]霑化 4/職官 38

90 **興光**(唐・新羅國人)
[同治]重修寧海州 11/4

7780_6 貫

15 **貫珠人**(周・齊人)
[至元]齊乘 6/6

［萬曆］青州 15/33
［康熙十五年］青州 15/33
［康熙四十八年］青州 15/說士 9

7780_7 閔

17 閔子（周）
［光緒］莘縣 7/36
［民國］莘縣 7/28
87 閔欽辰（字紫明）（涿鹿人）
［民國］四續掖縣 4/24

7790_4 桑

00 桑文煥（字蘊章）（清・寧津人）
寧津縣志料 3/人物－道學
10 桑丕承（字武烈）（清・壽光人）
［咸豐］青州 48/14
［嘉慶］壽光 13/28
［民國］壽光 12/人物志一 77
12 桑延禧（清・平陰人）
［乾隆］泰安府 18/61
20 桑維之（字之才）（金・恩州人）
［乾隆］東昌 41/17
［嘉慶］東昌 33/15
［宣統］重修恩縣 8/31
［民國］重修恩縣 11/鄉賢 32
桑維城（字建侯）（清・壽光人）
［乾隆］續壽光 23/7
［嘉慶］壽光 13/10
［民國］壽光 12/人物志一 79
桑維翰（字國僑）（五代・河南人）
［萬曆二十四年］兗州 27/13
21 桑行素（字坦衷）（清・濮州人）
［乾隆］東平州 12/39
［道光］東平州 12/39
［光緒］東平州 14/39
［康熙］濮州續志上/26
［乾隆］濮州 3/94
［宣統］濮州 4/100
22 桑繼寬（明・博平人）
［康熙］博平 3/63
31 桑河（字天來）（清・壽光人）
［嘉慶］壽光 13/29
［民國］壽光 12/人物志一 84
33 桑溥（字汝公）（明・濮州人）
［萬曆］東昌 19/59
［乾隆］曹州府 15/12
［嘉靖］濮州 7/27
［萬曆］濮州 3/鄉賢 49
［康熙］濮州 3/73
［乾隆］濮州 3/74
［宣統］濮州 4/80
34 桑汝翼（字虞臣）（恩縣人）
［民國］重修恩縣 11/鄉賢 39
37 桑鴻謨（字顯亭）（清・壽光人）
［民國］壽光 12/人物志二 34
40 桑梓（字柱臣）（元・臨淮人）
［宣統］濮州 4/34
桑大成（字集九）（明・濮州人）
［康熙］濮州續志下/7
［乾隆］濮州 4/26
［宣統］濮州 3/88
桑士屏（恩縣人）
［民國］重修恩縣 11/鄉賢 62
44 桑葆（清・博平人）
［光緒］博平縣續志 10/56
博平縣鄉土志/耆舊－忠節
桑芹（字秀魯）（清・博平人）
［光緒］博平縣續志 10/62
桑蓁（字德美）（明・陝西長安人）
［宣統］山東 72/49
［乾隆］東昌 35/20
［嘉慶］東昌 22/25
［嘉靖］高唐州 5/8
［康熙十二年］高唐州 7/12
［康熙五十一年］高唐州 7/12
［道光］高唐州 7/1－13
［光緒］高唐州 7/1－13
［民國］高唐縣 9/5－7
50 桑春（字景新，號仁齋）（明・濮州人）
［雍正］山東 28/人物三 14
［宣統］山東 162/35
［乾隆］曹州府 15/10
［嘉靖］濮州 6/8
［萬曆］濮州 4/明經 2,6/41
［康熙］濮州 4/12,6/30
［乾隆］濮州 4/22,6/30
［宣統］濮州 3/84,8/30
桑忠弼（清・濮州人）
［宣統］濮州 6/18
桑忠德（字潤齋）（清・濮州人）
［宣統］濮州 5/40
51 桑振宗（字大先）（清・壽光人）
［乾隆］續壽光 24/7
［嘉慶］壽光 13/27
［民國］壽光 12/人物志一 68
53 桑成俗（字庥民）（恩縣人）
［民國］重修恩縣 11/鄉賢 39
桑成賦（字貢九）（恩縣人）
［民國］重修恩縣 11/鄉賢 38
桑掩胥（春秋・齊人）
［康熙］臨淄 9/19
60 桑思德（字峻克）（清・壽光人）
［乾隆］續壽光 24/4
［嘉慶］壽光 13/24
［民國］壽光 12/人物志一 73
77 桑鳳岐（字兆周）（清・壽光人）
［乾隆］續壽光 23/2
［嘉慶］壽光 13/6
［民國］壽光 12/人物志一 62
桑鳳蛟（字騰之）（清・壽光人）
［咸豐］青州 47/2
［康熙］壽光 30/2
［嘉慶］壽光 14/22
［民國］壽光 12/人物志一 31

桑學夔(字一卿,號世澤)
(明·濮州人)
[康熙]濮州 3/84
[乾隆]濮州 3/85
[宣統]濮州 4/91
80 **桑會春**(字合青)
(清·壽光人)
[嘉慶]壽光 12/24
[民國]壽光 12/人物志一 32

7810_7 鹽

35 **鹽津**(漢·北海人)
[民國]濰縣志稿 42/1

7821_6 脫

12 **脫烈哥**(元·永平人)
[萬曆二十四年]兗州 28/18
[康熙]兗州 22/17
[乾隆]兗州 22/15
[康熙]嶧縣 3/20
[乾隆]嶧縣 7/7
[光緒]嶧縣 19/94
47 **脫歡**(元)
[嘉靖]山東 27/17
[宣統]山東 69/36
[萬曆]萊州 6/4
[康熙]萊州 8/26
[乾隆]萊州 9/9
[康熙]膠州 5/4,6/1
[道光]重修膠州 21/5
[民國]增修膠志 16/4
60 **脫目**(元)
[光緒]益都縣圖志 17/14
62 **脫別台**(元)
[嘉靖]濮州 10/7
[萬曆]濮州 6/22
[康熙]濮州 6/16
[乾隆]濮州 6/16
[宣統]濮州 8/16
78 **脫脫出度里班**(元)
[嘉靖]濮州 7/14
脫脫木兒(元)
[民國]昌樂縣續志 17/59

7822_7 肸

17 **肸子**(春秋·齊人)
[萬曆]青州 13/22
[康熙十五年]青州 13/22
[康熙四十八年]青州 13/事功 6
[康熙六十年]青州 16/3

7823_1 陰

00 **陰慶溥**(清·肥城人)
[光緒]肥城 9/5
肥城縣鄉土志 5/25
陰應節(字雲礎)
(清·山西洪洞人)
[宣統]山東 75/50
[康熙]濟南 26/10
[乾隆]武定府 16/44
[咸豐]武定府 19/霑化 4
[光緒]霑化 5/19
[民國]霑化 4/職官 37
10 **陰璽**(明·河南滎陽人)
[宣統]山東 71/25
[道光]濟南 36/63
20 **陰秉淵**(清·肥城人)
[嘉慶]肥城 17/26
[光緒]肥城 9/13
肥城縣鄉土志 5/16
陰秉暘(明·河南汲縣人)
[宣統]山東 72/46
[萬曆]東昌 18/39
[乾隆]東昌 35/11
[嘉慶]東昌 22/16
22 **陰豐潤**(字雪農)
(清·肥城人)
肥城縣鄉土志 5/16
30 **陰良輔**(字又嬰)
(清·肥城人)
肥城縣鄉土志 5/28
40 **陰希舜**(明·容城人)
[萬曆]福山 4/11
67 **陰嗣卿**(字聿修)
(清·肥城人)
肥城縣鄉土志 5/26

7870_0 臥

10 **臥石山人**(清)
[乾隆]沂州府 27/10
[道光]沂水 8/60

7876_6 臨

30 **臨濟**(俗名邢義元)
(唐·南華人)
[雍正]山東 30/10
[康熙]曹州志 20/2
[乾隆]曹州府 16/18
[光緒]菏澤 20/2
[宣統]東明續縣志 3/25
30 **臨濟義玄禪師**(見臨濟)
44 **臨孝存**(漢·朱虛人)
[康熙十五年]青州 14/46
[康熙四十八年]青州 14/儒行 3
[康熙六十年]青州 15/5
67 **臨照**(字景耀)
(漢·營陵人)
[康熙]杞紀 18/12

7923_2 滕

00 **滕文**(周·滕人)
[萬曆]滕志 6/30
[康熙]滕志 6/2
[康熙]滕縣志 6/宦業 1
滕應詔(字銀台)
(清·昌樂人)
[民國]昌樂縣續志 31/22
滕慶雯(字雲瑞)
(清·昌樂人)
[民國]昌樂縣續志 30/22
滕應綬(字佩山,號石崖)
(清·昌樂人)
[民國]昌樂縣續志 31/19
滕慶榮(字向之)
(清·昌樂人)
[民國]昌樂縣續志 31/23
03 **滕謐**(字危言)
(明·掖縣人)
[乾隆]掖縣 4/21
10 **滕更**(戰國·滕人)
[康熙]滕志 7/2
[康熙]滕縣志 7/2
滕縣鄉土志/22
滕雷(明·蒙陰人)
[康熙十一年]蒙陰 4/45
滕元發(初名甫,字元發,後

字達道)
(宋・東陽人)
[嘉靖]山東 26/12
[康熙]山東 33/15
[雍正]山東 27/90
[宣統]山東 68/35
[咸豐]青州 35/8
[乾隆]泰安府 14/21
[萬曆二十四年]兗州 28/5
[康熙]兗州 22/5
[康熙]東平州 4/39
[乾隆]東平州 12/19
[道光]東平州 12/19
[光緒]東平州 14/19
[民國]東平縣 9/10
東平州鄉土志上/耆舊錄 42
[光緒]益都縣圖志 16/32
滕元鼎(明・江浦人)
[乾隆]續登州 10/11
[康熙]福山 9/25
[乾隆]福山 9 上/72
[民國]福山縣志稿 7/7-1
滕醇德(字浴菴,號粹堂)
(清・昌樂人)
[民國]昌樂縣續志 31/19
滕可興(清・蒙陰人)
[康熙十一年]蒙陰 4/44
12 **滕延**(字伯行)
(漢・北海人)
[嘉靖]山東 32/4
[康熙]山東 42/4
[雍正]山東 28/人物一 20
[宣統]山東 161/2
[嘉靖]青州 14/5
[萬曆]萊州 5/87
[康熙]萊州 10/17
[乾隆]萊州 10/3
[萬曆]濰縣 8/6
[康熙]濰縣 5/人物 5
[乾隆]濰縣 4/3
濰縣鄉土志/13
[民國]昌樂縣續志 29/2
滕廷颺(字贊臣)
(清・掖縣人)
[光緒]三續掖縣 1/48
滕延錫(字玉書)
(清・蓬萊人)
[乾隆]續登州 10/又 9
[道光]重修蓬萊 9/20,13/傳 12
[光緒]蓬萊縣續志 11/14
[民國]蓬萊縣志合編人物志/仕績
14 **滕琦**(字景韓)
(清・昌樂人)
[咸豐]青州 49/2
[嘉慶]昌樂 24/16
17 **滕子玉**(字青田,號藍村)
(清・昌樂人)
[民國]昌樂縣續志 16/26,29/12
滕子楨(字立之,號道峰)
(清・昌樂人)
[民國]昌樂縣續志 28/3
滕子駿(字靜菴,號千里)
(清・昌樂人)
[民國]昌樂縣續志 31/19
21 **滕處士**(元・鄒平人)
[道光]濟南 48/53
[順治]鄒平 6/9
[嘉慶]鄒平 15/53
滕肯堂(字宇軒)
(清・昌樂人)
[民國]昌樂縣續志 35/8
22 **滕胤**(字承嗣)
(三國・北海劇人)
[至元]齊乘 6/14
[嘉靖]山東 33/19
[嘉靖]青州 16/61
[萬曆]青州 20/外傳 4
[康熙十五年]青州 20/外傳 4
[康熙四十八年]青州 20/外傳 4
[咸豐]青州 39/9
[嘉靖]昌樂 3/46
[康熙]昌樂 4/6
[嘉慶]昌樂 21/2
[萬曆]濰縣 9/8
[康熙]壽光 21/2
[嘉慶]壽光 12/2
[民國]壽光 12/人物志一 4
壽光縣鄉土志/耆舊
滕繼祖(字繩其)
(清・掖縣人)
[乾隆]掖縣 4/80
23 **滕允**(見滕胤)
滕峻峰(字蔚嵐)
(清・昌樂人)
[嘉慶]昌樂 28/3
25 **滕傑**(元・沛人)
[雍正]山東 31/15
[萬曆]萊州 6/24
[康熙]萊州 10/94
[乾隆]掖縣 4/77
26 **滕和盛**(字幼平)
(清・平度人)
[民國]平度縣續志 7/32
27 **滕綱**(字建三)
(清・昌樂人)
[宣統]山東 175/53
[咸豐]青州 49/17
[嘉慶]昌樂 11/30,25/7
[民國]昌樂縣續志 26/3
滕叔繡(周・滕縣人)
[萬曆]滕志 6/30
[康熙]滕志 6/2
[康熙]滕縣志 6/宦業 2
[道光]滕縣志 6/世家 1
滕紹宗(明・江浦人)
[雍正]山東 31/17
[光緒]增修登州 36/7
[乾隆]續登州 10/10
[康熙]福山 9/24
[乾隆]福山 9 上/71
[民國]福山縣志稿 7/7-1
滕名楷(字式臣)
(清・昌樂人)
[民國]昌樂縣續志 31/24
滕魯瞻(元・鄒平人)
[嘉慶]鄒平 15/29
30 **滕宗訓**(清・莒縣人)
[乾隆]沂州府 26/20
[雍正]莒州 9/36
滕之瑚(字式夏)
(清・掖縣人)
[乾隆]掖縣 3/82
滕守健(字體乾)

(清・昌樂人)
[民國]昌樂縣續志 31/17
滕永禎(清・順天宛平人)
[康熙五十六年]壽張 4/9
[光緒]壽張 5/7
壽張縣鄉土志/政績－興利
滕永祥(字瑞子)
(清・昌樂人)
[嘉慶]昌樂 25/8
滕永祥(字潔菴)
(清・大興人,原籍江蘇)
[宣統]山東 76/12
[乾隆]沂州府 20/13
[民國]臨沂 7/75
滕宗智(明・掖縣人)
[萬曆]萊州 5/99
[康熙]萊州 10/26
[乾隆]萊州 10/13
[乾隆]掖縣 4/20
31 滕涉(宋)
[光緒]益都縣圖志 16/26
34 滕澍葆(萊陽人)
[民國]萊陽末/補遺 1
35 滕沛(字雨若)
(清・昌樂人)
[嘉慶]昌樂 25/8
滕冲霄(清・遼陽人)
[康熙]朝城 7/9
38 滕肇元(字文賜)
(清・昌樂人)
[咸豐]青州 49/46
40 滕培元(字益齋)
(清・昌樂人)
[民國]昌樂縣續志 30/22
滕士修(字純儒)
(清・昌樂人)
[民國]昌樂縣續志 31/23
滕在甲(字韓亭)
(清・齊河人)
[民國]齊河 27/20
44 滕蓋(唐・婺州東陽人,一作貝州人)
[嘉靖]山東 27/15
[嘉慶]東昌 26/35
[萬曆]萊州 5/62
[康熙]萊州 8/22
[乾隆]萊州 9/6
[萬曆]恩縣 4/9
[宣統]重修恩縣 8/16
[民國]重修恩縣 11/鄉賢 13
[嘉慶]續掖縣 2/17
滕若愚(字智齋)
(清・昌樂人)
[嘉慶]昌樂 24/16
滕世昌(字乙占)
(清・昌樂人)
[嘉慶]昌樂 24/13
50 滕胄(三國・北海劇人)
[嘉靖]昌樂 3/47
[康熙]昌樂 4/10
[嘉慶]昌樂 25/2
[康熙]壽光 32/1
滕中正(字普光)
(宋・青州北海人)
[嘉靖]山東 33/8
[康熙]山東 44/7
[嘉靖]青州 14/14
[萬曆]青州 13/35
[康熙十五年]青州 13/35
[康熙四十八年]青州 13/事功 18
[萬曆]萊州 5/94
[康熙]萊州 10/23
[乾隆]萊州 10/7
萊州府鄉土志/下 6
[萬曆]濰縣 9/4
[康熙]濰縣 5/人物 11
[乾隆]濰縣 4/7
[民國]濰縣志稿 27/15
濰縣鄉土志/14
[康熙]壽光 21/6
[嘉慶]壽光 12/8
[民國]壽光 12/人物志一 13
51 滕振清(字元勳)
(清・昌樂人)
[民國]昌樂縣續志 32/2
53 滕甫(見滕元發)
58 滕撫(字叔輔)
(漢・北海劇人)
[至元]齊乘 6/13
[嘉靖]山東 32/4
[康熙]山東 42/4
[雍正]山東 28/人物一 20
[宣統]山東 154/16
[嘉靖]青州 14/5
[萬曆]青州 13/25
[康熙十五年]青州 13/24
[康熙四十八年]青州 13/事功 8
[康熙六十年]青州 16/4
[咸豐]青州 38/11
[萬曆]濰縣 8/3
[康熙]濰縣 5/人物 2
[乾隆]濰縣 4/2
[嘉慶]壽光 12/1
[民國]壽光 12/人物志一 1
壽光縣鄉土志/耆舊
[嘉靖]昌樂 3/43
[康熙]昌樂 4/3
[嘉慶]昌樂 23/1
60 滕圂(沂州人)
(宋・臨沂人)
[民國]臨沂 9/41
滕國祥(字輔公,一作公輔)
(清・吳縣人,一作蓬萊人)
[雍正]山東 27/116,28/人物四 53
[宣統]山東 176/37
[乾隆]萊州 9/37
[乾隆]續登州 10/1
[光緒]增修登州 36/17
[乾隆]膠州 4/21
[道光]重修膠州 23/8
[民國]增修膠志 18/8
[道光]榮成 6/24
[道光]重修蓬萊 9/7,9/10,13/傳 11
[民國]蓬萊縣志合編人物志/忠勇
滕國相(字和梅)
(清・昌樂人)
[民國]昌樂縣續志 28/3
滕景曾(字沂川)
(清・昌樂人)
[民國]昌樂縣續志 35/5
61 滕顯(元・萊陽人)
[光緒]增修登州 38/15
[民國]萊陽 3/1 中 50

64 滕時敏(明・武邑人)
[萬曆]濮州 3/名宦 25
67 滕昭甫(清・昌樂人)
[民國]昌樂縣續志 35/9
77 滕臀(周・齊人)
[康熙十五年]青州 15/31
[康熙四十八年]青州 15/說士 7
滕居士(宋・鄒平人)
[康熙]濟南 48/5
80 滕盖(見滕蓋)
86 滕錫朋(字貝壯,號蘊峰)(清・昌樂人)
[民國]昌樂縣續志 31/19
90 滕懷仁(清・莒縣人)
[民國]重修莒志 65/19
滕光熙(字敬止)(清・夏津人)
[民國]夏津續編 8/28
92 滕忻中(清・昌樂人)
[民國]昌樂縣續志 38/10

8000$_0$ 八

10 八不居士(姓李)(宋・樂安人)
[康熙]山東 46/5
[雍正]山東 28/人物二 45
[宣統]山東 167/12
[萬曆]青州 14/42
[康熙十五年]青州 14/42
[康熙四十八年]青州 14/隱逸 16
[康熙六十年]青州 20/4
[咸豐]青州 41/32
[民國]樂安 2/12,10/4
[民國]續修廣饒 19/7

8010$_1$ 仝

00 仝文蔚(字晴麓)(清・鄆城人)
[康熙]鄆城 6/11
[光緒]鄆城 7/11
仝文炳(字光旭)(清・鄆城人)
[康熙]鄆城 6/19
10 仝雲龍(字天池)(清・金鄉人)
[民國]金鄉 13/續增 9
仝雲集(清・鄆城人)
[光緒]鄆城 5/42
24 仝續(明・無棣人)
[民國]無棣 13/27
30 仝寅(明・費縣人)
[萬曆]沂州志 7/37
[乾隆]沂州府 26/9
[康熙]費縣 7/12
[光緒]費縣 10/81
仝宗慶(字俊卿)(清・無棣人)
[民國]無棣 11/21
海豐縣鄉土志/耆舊－事業四
仝濟淵(明・鄆城人)
[崇禎]鄆城 6/12
[康熙]鄆城 6/17
[光緒]鄆城 7/17
40 仝大鞏(字文曾)(清・鄆城人)
[康熙]鄆城 6/22
44 仝若魯(字文石)(清・鄆城人)
[康熙]鄆城 6/24
48 仝松(字秀石)(清・鄆城人)
[康熙]鄆城 6/24
[光緒]鄆城 8/21
90 仝光宇(清・濮州人)
[宣統]濮州 5/36

8010$_4$ 全

00 全應旂(清・費縣人)
[光緒]費縣 11/40
全應心(字維垣)(清・費縣人)
[光緒]費縣 11/40
24 全紘(清・臨沂人)
[乾隆]沂州府 27/8
[民國]臨沂 10/61
26 全保(清・蒙古鑲黃旗人)
[道光]濟南 37/59
27 全紹(清・臨沂人)
[乾隆]沂州府 27/7
[民國]臨沂 10/61
30 全守初(號魯洞)(明・臨沂人)
[康熙]沂州志 5/77
[乾隆]沂州府 26/20
[民國]臨沂 9/57
全良範(字心矩)(明・臨沂人)
[康熙]兗州 28/28
[康熙]沂州志 5/67
[乾隆]沂州府 25/22
[民國]臨沂 9/46
40 全克載(清・費縣人)
[光緒]費縣 11/39
全士錡(字鑑三)(清・順天涿州人)
[宣統]山東補遺/60
[民國]濟寧直隸州續志 10/53
[民國]續修歷城 38/4
[光緒]嘉祥 3/40
德州鄉土志/政績 4
[民國]德縣 9/19
章邱縣鄉土志/上 10
44 全楚賢(明・湖廣沅陵人)
[康熙]朝城 7/9
48 全乾象(清・臨沂人)
[乾隆]沂州府 25/31
[民國]臨沂 10/15
83 全鋐(字仲開)(清・沂州人)
[康熙]兗州續編 16/36

8010$_7$ 益

44 益世烈(金)
[康熙]嶧縣 3/15
[光緒]嶧縣 19/90

盖

21 盖仁(見蓋仁)

盆

53 盆成适(春秋)
[康熙十五年]青州 14/24
[康熙四十八年]青州 14/孝友 14

盆成括(戰國)
[萬曆元年]兗州 7/76
[康熙]萊陽 5/3

8010$_9$ 金

00 金文魁(清)
[嘉慶]慶雲 7/36
金應斗(清・正紅旗監生)
[乾隆]夏津 6/12
金裔聲(字正音)
(清・膠州人)
[乾隆]膠州 5/12
[道光]重修膠州 29/13
[民國]增修膠志 44/11
膠州直隸州鄉土志 4/孝友
01 金龍(字雲從)
(清・榆林人)
[乾隆]威海衞志 10/1
[道光]文登 5/27
[光緒]文登 10/下 4
02 金新祚(字君鼎)
(明・高唐人)
[乾隆]東昌 39/27
[嘉慶]東昌 29/11
[康熙十二年]高唐州 8/19
[康熙五十一年]高唐州 8/19
[道光]高唐州 5/1－11
[光緒]高唐州 5/1－11
[民國]高唐縣 12/68
高唐州鄉土志/18
10 金璽(字又永)
(清・榆林人)
[乾隆]續登州 10/13
[雍正]文登 10/2
[道光]文登 5/27
[光緒]文登 10/下 4
金玉璽(字綬章)
(清・歷城人)
[民國]齊東 3/69
齊東縣鄉土志/政績錄 4
金三聘(明・順天府人)
[康熙]郯城 6/7
金元秀(清)
[宣統]山東 200/38
金爾生(清・紹興人)
[道光]泰安縣 9/上 92
[民國]重修泰安縣 8/54
金天定(字叔固)
(清・江蘇長洲人)
[宣統]山東 76/30
[康熙]單縣 6/17
[乾隆]單縣 4/60,11/54
[民國]單縣 6/宦蹟 20
金正標(清・文登人)
[光緒]增修登州 68/16
金石蘭(字秀岩)
(高唐人)
[民國]高唐縣 12/57
金天民(明・東流人)
[萬曆]蒲臺志 8/7
[康熙]重修蒲臺 5/9
金可爍(字丹冶)
(明・武定人)
[乾隆]武定府 23/49
[咸豐]武定府 23/忠節 19
[乾隆]惠民 5/48
[光緒]惠民 20/5
12 金琇(清・漢軍鑲藍旗人)
[乾隆]夏津 6/12
金廷桂(字良玉)
(清・魚臺人)
[乾隆]魚臺 13/15
[光緒]魚臺 3/耆碩又 3
金瑞軒(字鳳岐)
(清・寧陽人)
[光緒]寧陽 15/31
19 金琰(見金炎)
20 金秉倫(字君選)
(清・江蘇吳江人)
[宣統]山東 75/48
[乾隆]武定府 16/36
[咸豐]武定府 19/濱州 5
[康熙]濱州 5/22
[咸豐]濱州 8/7
濱州鄉土志/政績錄
金秉棆(見金秉倫)
21 金虞廷(字颺言)
(清・會稽人)
[道光]濟寧直隸州 6/7－89
[乾隆]魚臺 9/48
[光緒]魚臺 2/55
金上遴(字升庵)
(清・清平人)
[民國]清平/人物 68
22 金鼎(明・膠州人)
[道光]重修膠州 22/3
[民國]增修膠志 17/2
金鼎鉉(明・德平人)
[嘉慶]德平 7/13
[光緒]德平 7/24
23 金參(漢)
[光緒]嶧縣 19/10
24 金魁(字殿卿)
(清・魚臺人)
[乾隆]兗州 23/87
[乾隆]濟寧直隸州 27/35
[道光]濟寧直隸州 8/3－37
[乾隆]魚臺 11/46
[光緒]魚臺 3/29
金待取(明・華亭人)
[康熙]兗州府曹縣 9/24
[光緒]曹縣 9/教諭 3
金德宣(字沛郇)
(清・滕縣人)
[民國]續滕縣志 2/10
金德淑(元・章邱人)
[道光]章邱 12/92
金德輝(清・清平人)
[宣統]增輯清平 12/41
[民國]清平/人物 23
25 金純(字德修)
(明・南直泗州人)
[宣統]山東 70/1
[道光]濟南 35/12
[康熙]濟寧州 4/2
[乾隆]濟寧直隸州 22/3
[道光]濟寧直隸州 6/6－40
26 金堡(字道隱,號衞公)
(清・仁和人)
[乾隆]東昌 34/25
[康熙]臨清州 4/26
[民國]臨清縣/藝文 60
金得安(字獲慶)
(清・清平人)
[民國]清平/人物 67
28 金倫(清・諸暨人)
[乾隆]嶧縣 7/42
金作鉉(明・河南閿鄉人)

[光緒]增修登州 28/2
[萬曆]福山 4/5
[康熙]福山 7/10
[乾隆]福山 7/12
30 金淳(明・南京錦衣衛人)
[嘉靖]冠縣 2/3
金守諒(字一貞)
(明・浙江烏程人)
[乾隆]東昌 35/34
[乾隆]武城 9/3
武城縣鄉土志略/政績錄
金官龍(字紀廷)
(清・新城人)
[宣統]新城縣後志 2/善行
[民國]重修新城 18/3
金宏祖(明・德州衛人)
[道光]濟南 52/43
州乘餘聞/7
德州鄉土志/耆舊 22
金寶符(字西農)
(清・歷城人)
[宣統]山東 169/35
[民國]續修歷城 40/8
[民國]長清 13/31
31 金福(明・浙江黃巖人)
[嘉靖]山東 26/30
[雍正]山東 27/48
[宣統]山東 72/34
[萬曆]東昌 18/30
[乾隆]東昌 33/26
[嘉慶]東昌 20/37
金福城(字如壁)
(清・陽信人)
[民國]陽信 5/任恤 38
34 金潢(字虞参)
(清・山陰人)
[道光]濟南 62/9
金逵(明・靳縣人)
[乾隆]陽信 5/2
信邑志稿 5/職官－知縣
[民國]陽信 2/22
金洪翮(字鵬九,號菊圃)
(清・歷城人)
[道光]濟南 53/45
[道光]長清 12/28
[民國]續修歷城 39/23
金汝穆(明)
[宣統]山東 73/16
[萬曆]青州 12 又/又 11
[康熙十五年]青州 12/又 11
[康熙四十八年]青州 12/又 11
[咸豐]青州 36/1
[萬曆]諸城 4/21
[康熙]諸城 4/12
[乾隆]諸城 28/1
金遠紹(字音遐)
(清・歷城人)
[民國]續修歷城 43/4
35 金洙(字文波,號五泉)
(清・歷城人)
[宣統]山東 169/32
[道光]濟南 53/61
[民國]續修歷城 39/33
金連科(字占一)
(德縣人)
[民國]德縣 10/78
36 金湯(字維垣)
(明・四明人)
[康熙]山東 48/6
[宣統]山東 200/11
[崇禎]歷乘 16/65
[康熙]益都 10/5
[光緒]益都縣圖志 49/17
金湘(清・錢塘人)
[道光]濟寧直隸州 6/7－78
37 金鴻(字上侯)
(清・直隸左衛人)
[宣統]山東 75/36
[乾隆]泰安府 15/38
[道光]東阿 11/19
[光緒]東阿縣鄉土志 2/21
金鴻霄(字羅仙)
(清・平度人)
[民國]平度縣續志 8/14
金鴻緒(字柳堂)
(清・膠州人)
[民國]增修膠志 45/35
金祖彭(清・江蘇吳江人)
[宣統]山東 75/20
[道光]濟南 38/41
[乾隆]德州 8/12
[民國]德縣 9/11
38 金啟倧(字公元)
(明・義烏人)
[道光]濟南 36/61
[乾隆]歷城 25/18
[康熙]德平 3/6
[乾隆]德平 2/26
德平縣鄉土志/政績錄
金啟洛(字劬堂)
(清・湖北廣濟人)
[宣統]山東 76/36
[嘉慶]東昌 20/44
40 金坊(字漢升)
(清・膠州人)
[道光]重修膠州 29/22
[民國]增修膠志 45/8
金坊(字志行)
(清・歷城人)
[道光]濟南 53/60
[民國]續修歷城 43/2
金樵(字采若,號樂山)
(清・德州人)
[道光]濟南 56/81
[乾隆]德州 9/66
[民國]德縣 10/46
金大韶(字虞廷)
(明・高唐人)
[乾隆]東昌 42/25
[嘉慶]東昌 32/20
[康熙十二年]高唐州 8/14
[康熙五十一年]高唐州 8/14
[道光]高唐州 5/2－7
[光緒]高唐州 5/2－10
[民國]高唐縣 12/33
金奇玉(本姓朱)
(清・江南崑山人)
[咸豐]青州 53/13
[乾隆]諸城 44/4
金士琢(字子如)
(清・新城人)
[宣統]新城縣後志 3/孝友
金士仁(字嗣山)
(清・歙縣人)
[嘉慶]慶雲 7/31
[咸豐]慶雲 2/29
[民國三年]慶雲 1/87

金克儉（字慎謀）
（清平人）
［民國］清平/人物 76
金壽祖（明・德州衛人）
［道光］濟南 52/43
州乘餘聞/12
金榜森（字樹三）
（清・陽穀人）
［民國］增修陽穀人物/師道 29
金壽萱（字慈華）
（清・歷城人）
［民國］續修歷城 40/7
金士翰（長清人）
［民國］長清 12/14
金志泰（字鎮東）
（長清人）
［民國］長清 12/17
金九成（字擂山）
（明・武進人）
［道光］濟南 36/10
［萬曆］章丘 21/74
［康熙］章丘 4/25
［乾隆］章邱 7/4
［道光］章邱 9/6
章邱縣鄉土志/上 9
金克昌（字紹西）
（清・平度人）
［道光］重修平度州 19/20
平度鄉土志 4 上/鄉賢
金榜賢（字冠臣）
（清・歷城武舉）
［光緒］文登 7/下 17
金大用（明・會稽人）
［隆慶］單縣上/重 36
金友勝（明・登州衛人）
［雍正］山東 27/66
［宣統］山東 70/38
［光緒］增修登州 37/2
［乾隆］續登州 8/3
［道光］重修蓬萊 9/11
［民國］蓬萊縣志合編人物志/忠勇
［民國］黃縣志稿 13/明
43 **金城**（字邦衛）
（明・歷城人）
［道光］濟南 49/20
［崇禎］歷乘 16/52
［崇禎］歷城 10/26
［乾隆］歷城 37/30
金城（字湯侯）
（紹興人）
［民國］黃縣志稿 11/宦績
44 **金林**（字品三）
（清・滿州正藍旗人）
堂邑縣鄉土志/政績錄
金英（字谷村）
（清・德州人）
［道光］濟南 56/81
［乾隆］德州 9/66
金夢熊（清・浮梁人）
［乾隆］陽信 5/6
信邑志稿 5/職官－知縣
［民國］陽信 2/27
金夢魁（字梅卿）
（清・桓臺人）
［民國］桓臺 3/21
金華清（字涵秋）
（清・清平人）
［宣統］增輯清平 12/47
［民國］清平/人物 29
金世臣（字汝勳，一字承庵）
（明・德州衛人）
［道光］濟南 52/42
德州鄉土志/耆舊 9
46 **金楫**（字濟臣）
（清・膠州人）
［道光］重修膠州 29/22
［民國］增修膠志 45/8
金相（字玉其）
（清・魚臺人）
［宣統］山東 200/16
［康熙］魚臺 17/81
［乾隆］魚臺 11/18
［光緒］魚臺 3/10
47 **金杞**（字梓儔）
（清・德州人）
［道光］濟南 56/81
［乾隆］德州 9/66
［民國］德縣 10/46
德州鄉土志/耆舊 46
48 **金檢**（字斯循，號松居）
（清・德州人）
［道光］濟南 56/81
［乾隆］德州 9/66
［民國］德縣 10/46
50 **金貴**（明・高唐人）
［康熙十二年］高唐州 9/6
［康熙五十一年］高唐州 9/8
［道光］高唐州 5/2－17
［光緒］高唐州 5/2－20
［民國］高唐縣 12/34
金泰（清・諸城人）
［光緒］增修諸城縣續志 14/7
金書葉（字鑫凱）
（高唐人）
［民國］高唐縣 12/79
51 **金振玉**（字韻亭，號西園）
（清・膠州人）
［民國］增修膠志 45/27
金振彪（原名有貴）
（清・歷城人）
［民國］續修歷城 42/11
53 **金成**（明・江山人）
［萬曆］泗水 4/11
［順治］泗水 4/11
［光緒］泗水 4/4
金成棟（明・城武人）
［康熙九年］城武 5/8
［康熙四十一年］城武 5/下義烈 5
［道光］城武 9/下 46
57 **金輅**（明・大興人）
［嘉靖］濮州 7/23
金邦孚（字清如）
（清・歷城人）
［民國］續修歷城 41/25
金邦寧（清・滋陽人）
［康熙］山東 47/5
［雍正］山東 30/25
［乾隆］兗州 31/13
［康熙］滋陽 4/上 61
60 **金冕**（清・魚臺人）
［乾隆］魚臺 11/45
［光緒］魚臺 3/28
金星（清・浙江於潛人）
［宣統］山東 75/66
［康熙］陽穀 2/15

［光緒］陽穀 4/5
金國正（字殿卿）
（清・陝西回回人）
［乾隆］萊州 9/36
［乾隆］膠州 4/20
［道光］重修膠州 23/6
［民國］增修膠志 18/6
金日礪（字砥如）
（清・上元人）
［康熙］兗州府曹縣 9/39
金日磾（字翁叔）
（漢）
［康熙］兗州府曹縣 8/7
［光緒］曹縣 8/6
［康熙四十一年］城武 3/下名宦 3
［道光］城武 6/15
金日鏞（明・休寧人）
［萬曆］鄒志 2/12
［康熙十二年］鄒縣志 3/13
［康熙五十五年］鄒縣志 2/45
［民國］續修鄒縣志稿/名宦
61 金旺（字盛林）
（清・恩縣人）
［宣統］重修恩縣 8/50
［民國］重修恩縣 11/鄉賢 69
71 金陛（明）
［道光］濟南 36/17
［嘉慶］鄒平 14/10
［道光］鄒平 14/10
［民國］鄒平 14/10
金陛（明・浙江德清人）
［宣統］山東 71/20
［道光］濟南 36/59
［康熙］德平 3/4
［乾隆］德平 2/26,4/23
［嘉慶］德平 5/10,10/46
［光緒］德平 5/10,11/46
德平縣鄉土志/政績錄
金長庚（字西堂）
（清・膠州人）
［民國］增修膠志 42/30
77 金璺（字公琅）
（清・新城人）
［道光］濟南 55/76
［宣統］新城縣後志 3/孝友
［民國］重修新城 16/10
新城縣鄉土志/耆舊－清
金璺（見金璺）
金鳳銜（原名鳳舞，字來儀）
（清・清平人）
［民國］清平/人物 63
金殿安（字似寧）
（清・聊城人）
［宣統］聊城 8/39
金履祥（字吉父）
（元・蘭溪人）
［雍正］山東 11/闕里二 32
［乾隆］兗州 7/45
金熙郴（字秀鶴）
（清・江蘇嘉定人）
［宣統］山東 76/40
［光緒］博平縣續志 6/14
博平縣鄉土志/政績
肥城縣鄉土志 3/6
80 金益（字是增）
（明・歷城人）
［道光］濟南 49/39
［乾隆］歷城 43/1
金鏞（字序東）
（清・文登人）
［光緒］增修登州 40/35
［光緒］文登 9/下 1－11
金毓珍（字子席）
（清平人）
［民國］清平/人物 76
83 金猷大（字升卿）
（清・浙江秀水人）
肥城縣鄉土志 3/6
84 金鋏（字良弼）
（清・魚臺人）
［乾隆］魚臺 11/32
［光緒］魚臺 3/19
金鎮（字長真）
（清・順天人）
［康熙］兗州府曹縣 9/36
［光緒］曹縣 9/縣令 6
86 金鋥（字嶧谷）
（清・山陰人）
［康熙］兗州續編 14/8
［乾隆］兗州 22/35
［乾隆］嶧縣 7/19
［光緒］嶧縣 19/職官下 15
87 金鍤（字仁菴）
（清・新城人）
［道光］濟南 55/76
［宣統］新城縣後志 2/善行
［民國］重修新城 16/11
88 金管（清・陽穀人）
［民國］增修陽穀人物/仕宦 15
金簡（字枚仲）
（清・紹興人）
［乾隆二十五年］泰安縣 12/42
［乾隆四十七年］泰安縣 10/上 38
［道光］泰安縣 9/上 94
［民國］重修泰安縣 8/50
金節（明・博興人）
［康熙十二年］博興 6/11
［康熙六十年］博興 7/34
［道光］博興 11/22
［民國］重修博興 13/19
金筠安（字磐石）
（清平人）
［民國］清平/人物 76
90 金炎（一作琰）
（明・武定人）
［康熙］濟南 47/16
［萬曆］武定州 13/12
［崇禎］武定州 22/2
［乾隆］武定府 26/3
［咸豐］武定府 26/義行 3
［乾隆］惠民 5/60
［光緒］惠民 22/2
惠民縣鄉土志/耆舊錄 13
金光悌（字汝恭）
（清・安徽英山人）
［宣統］山東 74/41
91 金焯生（字天章）
（清・膠州人）
［道光］重修膠州 29/22
［民國］增修膠志 45/8
95 金煉（字伯精）
（明・德州衛人）
［康熙］山東 39/30
［雍正］山東 28/人物三 61

［宣統］山東 161/55
［康熙］濟南 35/26
［道光］濟南 52/42
［康熙］德州 8/23
［乾隆］德州 9/18
德州鄉土志/耆舊 13
［民國］德縣 10/16
96 **金煜**(字子藏,號雪洲)
(清・會稽人)
［康熙］兗州續編 14/29
97 **金燦**(明・貴州普安人)
［道光］濟南 36/47
［順治］臨邑 11/6
［康熙］重修臨邑 8/4
［道光］臨邑 7/26
［同治］臨邑 7/30
金輝(明・秀水人)
［隆慶］單縣上/34
99 **金榮桂**(字伯衡)
(遼寧蓋平人)
［民國］德縣 9/24

8012_7 翁

00 **翁方綱**(號覃谿)
(清・順天大興人)
［宣統］山東 74/34
翁廖標(字孝定)
(清・順天大興人)
［宣統］山東 75/19
［道光］濟南 38/29
［民國］齊東 3/68
齊東縣鄉土志/政績錄 1
12 **翁廷寶**(清・福建福清人)
［康熙四十一年］寧陽 3/40
17 **翁琛**(字朝用)
(明・福建莆田人)
［道光］東阿 14/人物下 38
翁承選(字中遴)
(明・鄆城人)
［崇禎］鄆城 6/16
［康熙］鄆城 6/17
［光緒］鄆城 8/6
［康熙］張秋志 11/23
［光緒］陽穀 6/30
［民國］增修陽穀人物/仕宦
9,人物/文苑 1
20 **翁喬**(字夢香)
(清・江陰人)
［民國］臨沂 10/68
翁雙喬(清・陽穀人)
［光緒］陽穀 6/30
22 **翁鼎臣**(臨沂人)
［民國］續修臨沂 16/4
24 **翁德邵**(字竹嘯)
(清・陽穀人)
［康熙］張秋志 11/24
［光緒］陽穀 6/30
［民國］增修陽穀人物/仕宦
9,人物/文苑 2
27 **翁紹桂**(清・江陰人)
［民國］臨沂 10/25
32 **翁兆雲**(明・浙江慈谿人)
［宣統］山東 73/7
［咸豐］青州 36/42
［道光］博興 10/5
［民國］重修博興 12/4
37 **翁鴻業**(字一巘,號水因)
(明・浙江錢塘人)
［宣統］山東 70/31
［康熙］濟南 24/31
［道光］濟南 35/41
40 **翁大立**(字孺參,號見海)
(明・浙江餘姚人)
［道光］濟南 35/14
［康熙］濟寧州 4/9
［道光］濟寧直隸州 6/6－49
翁有諒(明・南直人)
［光緒］鄆城 6/19
翁大賓(明・餘杭舉人)
［萬曆］濮州 3/名宦 25
翁堯年(字中天)
(清・陽穀人)
［光緒］陽穀 6/30
44 **翁世資**(字資父)
(明・福建莆田人)
［宣統］山東 70/6
［康熙］濟南 24/21
［道光］濟南 35/2
翁桂茂(字月巖,號平鎮)
(清・鄆城人)
［康熙］鄆城 6/24
［光緒］鄆城 8/21
［光緒］陽穀 9/7
［民國］增修陽穀人物/仕
宦 20
60 **翁甲**(清・浙江慈溪監生)
［乾隆］嶧縣 7/30
［光緒］嶧縣 19/丞倅 6
翁是揆(字雨麓)
(清・常熟人)
［乾隆］沂州府 20/14
［民國］臨沂 7/75
80 **翁愈祥**(字兆和)
(明・南直常熟人)
［宣統］山東 71/7
［康熙］濟南 25/58
［道光］濟南 36/15
［康熙］鄒平 4/13
［嘉慶］鄒平 14/9
［道光］鄒平 14/9
［民國］鄒平 14/9
97 **翁燿**(清・陽穀人)
［民國］增修陽穀人物/仕
宦 20
翁耀(清・陽穀人)
［光緒］陽穀 9/6
翁煥章(字文卿)
(清・蓬萊人)
［民國］蓬萊縣志合編人物
志/仕績

8013_2 鉉

10 **鉉丕衡**(字月華)
(清・泰安人)
［民國］重修泰安縣 8/44

8018_2 羡

77 **羡門子**(周)
［康熙］費縣 7/32

8022_1 俞

00 **俞文鑾**(清・湖北黃梅人)
［民國］樂安 8/21
［民國］續修廣饒 17/7
俞廣勳(字銘鼎)
(清・平原人)
［民國］續修平原 10/上 8
俞慶瀾(字文伯)

（淮陰人）
［民國］禹城 3/55
俞帝臣（清・德州衛人）
［乾隆］東平州 12/40
［道光］東平州 12/40
［光緒］東平州 14/40
05 俞諫（字良佐）
（明・桐廬人）
［嘉靖］山東 25/27
［康熙］山東 32/16
［雍正］山東 27/27
［宣統］山東 71/28
［康熙］濟南 25/35
［道光］濟南 36/48
［康熙］長清 8/45,12/111
［道光］長清 3/9
07 俞調元（字祗文,號燮堂）
（清・浙江海寧人）
［宣統］山東 75/20
［道光］濟南 38/38,72/23
［道光］長清 4/2
13 俞瑄（字玉衡）
（明・滕縣人）
［康熙］滕志 8/人物 23
21 俞熊（清・蘇州舉人）
［光緒］增修登州 30/2
［道光］招遠縣續志 2/13
［道光］榮成 6/27
28 俞价（字忠軒）
（明・寧海人）
［康熙］山東 43/5
［順治］登州 16/23
［光緒］增修登州 39/38
［康熙］寧海州 9/1
［同治］重修寧海州 17/10,25/墓誌 1
［民國］牟平 7/10,9/20
30 俞實（明・寧海人）
［康熙］寧海州 9/3
［同治］重修寧海州 17/9
［民國］牟平 7/10
俞憲（明・錫山人）
［崇禎］歷乘 16/63
俞寅（字介菴）
（清・餘姚人）
［宣統］山東 77/25
［光緒］增修登州 29/4
［康熙］棲霞 4/9 之 2
［乾隆］棲霞 5/29,5/36
俞守仁（明・浙江人）
［道光］濟南 36/8
［乾隆］歷城 34/6
32 俞兆岳（清・海寧人）
［咸豐］青州 37/15
［光緒］益都縣圖志 18/49
34 俞汝尚（字退翁）
（宋・湖州烏程人）
［光緒］益都縣圖志 16/37
35 俞清（見俞青）
38 俞道顯（明・德州人）
德州鄉土志/耆舊 22
40 俞希（明・常熟人）
［同治］黃縣 6/4
俞士吉（字用貞）
（明・象山人）
［雍正］山東 27/38
［乾隆］兗州 22/21
44 俞夢麒（明・廣西馬平人）
［順治］堂邑 2/職官 10
46 俞觀堉（字雨亭）
（清・浙江仁和人）
［宣統］山東 77/33
［道光］再續掖縣上/35
47 俞起蛟（明・錢塘人）
［光緒］滋陽 9/25
滋陽縣鄉土志 1/耆舊－忠節
50 俞青（明）
［宣統］山東 72/25
［乾隆］沂州府 20/12
［康熙］日照 8/11
62 俞則達（清・懷寧監生）
［民國］增修膠志 37/42
77 俞開甲（清・浙江烏程人）
［宣統］山東 77/14
光緒臨朐 13/16

8022_7 禽

00 禽慶（字子夏）
（漢・北海人）
［至元］齊乘 6/12
［康熙］山東 46/8
［雍正］山東 28/人物一 14
［嘉靖］青州 15/50
［萬曆］青州 14/34
［康熙十五年］青州 14/34
［康熙四十八年］青州 14/隱逸 8
［萬曆］萊州 6/16
［康熙］萊州 10/82
［乾隆］萊州 11/隱逸 1
［康熙］濰縣 5/人物 2
［乾隆］濰縣 4/31
濰縣鄉土志/42
［嘉慶］昌樂 27/1

8030_7 令

42 令狐楚（字士穀,一作士慤,又作穀士）
（唐・宜州華原人）
［嘉靖］山東 25/5
［康熙］山東 31/5
［雍正］山東 27/3
［宣統］山東 68/4
［乾隆］泰安府 14/11
［萬曆元年］兗州 38/循吏 24
［萬曆二十四年］兗州 27/7
［康熙］兗州 21/22
［康熙］曹州志 7/46
［乾隆］曹州府 12/7
［康熙］東平州 4/28
［乾隆］東平州 12/7
［道光］東平州 12/7
［光緒］東平州 14/7
［民國］東平縣 9/4
東平州鄉土志上/政績錄 9
［光緒］菏澤 7/宦蹟 14
令狐熙（字長熙）
（隋・燉煌人）
［雍正］山東 27/42
［宣統］山東 67/28

8033_1 無

17 無瑕禪師（孫姓）
（明・濟寧人）
［宣統］山東 200/35
［康熙］濟寧州 7/56
［乾隆］濟寧直隸州 28/30

[道光]濟寧直隸州 10/2－18
20 **無住**(姓張)
(明・林棠人)
[道光]濟南 60/14
[崇禎]武定州 27/1
[崇禎]歷乘 16/57
[崇禎]歷城 10/33
[乾隆]歷城 45/10
[道光]章邱 11/92
29 **無愁子**(清・濟南人)
[康熙]山東 46/2
[道光]濟南 72/42
40 **無柱禪師**(明・武定人)
[乾隆]武定府 26/39
[咸豐]武定府 26/仙釋 4
[光緒]惠民卷末/3
80 **無念**(明・堂邑人)
[萬曆]東昌 22/10
[乾隆]東昌 44/9
[嘉慶]東昌 34/18
[順治]堂邑 3/襍志 2
[康熙十一年]堂邑 3/襍志 2

8033$_2$ 念

30 **念永順**(清・莘縣人)
[民國]莘縣 7/33
86 **念錫榮**(字其人)
(清・莘縣人)
[光緒]莘縣 7/32
[民國]莘縣 7/17
莘縣鄉土志/事業 27

8033$_3$ 慈

10 **慈霑**(姓李)
(清・觀陽里人)
[宣統]山東 200/37
[同治]即墨 12/12
慈霑上人(清・萊陽人)
[民國]萊陽 3/1 中 96
17 **慈珺**(清・茌平人)
[民國]茌平 3/44
80 **慈金銘**(字新盤)
(清・茌平人)
[民國]茌平 3/116

8040$_4$ 姜

00 **姜廣**(字文博)
(明・高唐人)
[乾隆]東昌 39/25
[嘉慶]東昌 29/9
[康熙十二年]高唐州 8/12
[康熙五十一年]高唐州 8/12
[道光]高唐州 5/1－13
[光緒]高唐州 5/1－13
[民國]高唐縣 12/82
姜育(明・萊陽人)
[民國]萊陽 3/1 中 7
姜賡元(字橘生)
(清・浙江歸安人)
[宣統]山東 75/50
[咸豐]武定府 19/利津 8
姜文元(字風南)
(清・海陽人)
[光緒]增修登州 43/49
[光緒]海陽縣續志 5/21
姜應元(字善長)
(清・陵縣人)
[光緒]陵縣 19/人物傳二 27
姜立信(字淑誠)
(清・平度人)
[民國]平度縣續志 8/17
姜應科(明・濟南人)
[道光]濟南 49/36
[乾隆]歷城 37/42
姜六橋(字濟普)
(清・單縣人)
[民國]單縣 11/47
姜文葆(字涵初)
(清・茌平人)
[宣統]茌平 28/9
[民國]茌平 3/84
姜文盛(原名茂)
(明・膠州人)
[康熙]膠州 6/6
[乾隆]膠州 5/22
[道光]重修膠州 26/6
[民國]增修膠志 40/32
膠州直隸州鄉土志 4/篤行
姜鷹揚(明・昌邑人)
[康熙]昌邑 6/34
[乾隆]昌邑 6/164
02 **姜端**(五代・乾封人)
[乾隆]泰安府 16/35
[乾隆二十五年]泰安縣 12/10
[乾隆四十七年]泰安縣 10/上 9
[道光]泰安縣 9/上 58
[民國]重修泰安縣 8/8
[光緒]肥城 9/6
肥城縣鄉土志 5/13
03 **姜斌**(字霽亭)
(清・漢軍旗籍生員)
[宣統]山東 77/31
萊州府鄉土志/上 28
[嘉慶]續掖縣 2/22
07 **姜調鼎**(清・浙江遂安人)
[宣統]山東 77/45
[同治]即墨 8/10
09 **姜麟士**(字振趾,號麒山,別號六一)
(清・蓬萊人)
[光緒]增修登州 43/7
[道光]重修蓬萊 13/傳 27
10 **姜三**(清・膠州人)
[民國]增修膠志 43/7
膠州直隸州鄉土志 4/忠烈
姜玉(清・萊陽人)
[民國]萊陽 3/1 中 82
姜霑(字雨霽)
(清・平度人)
[道光]重修平度州 19/37
姜玉麟(字公臺)
(清・清平人)
[民國]清平/人物 68
姜爾受(清・萊陽人)
[民國]萊陽 3/1 中 84
姜元佐(字翼宸)
(明・掖縣人)
[康熙]萊州 10/53
[乾隆]萊州 11/忠節 7
[乾隆]掖縣 4/42
姜一鵠(明・齊河人)
[康熙]濟南 45/8
[道光]濟南 51/41
[康熙]齊河 6/32
[雍正]齊河 7/3
[民國]齊河 24/3
齊河縣鄉土志鄉賢祠/17

姜正倫(東阿人)
[民國]東阿 15/6
姜可法(字式齋)
(清・昌邑人)
[光緒]昌邑縣續志 6/17
姜雯漢(字雲溪)
(清・黃縣人)
[民國]黃縣志稿 13/清懿行
姜元祥(清・牟平人)
[光緒]增修登州 46/10
[同治]重修寧海州 20/2
[民國]牟平 7/21
姜元真(字乾一)
(單縣人)
[民國]單縣 12/鄉賢 27
姜正木(東阿人)
[民國]東阿 15/5
姜元堦(清・海陽人)
[光緒]海陽縣續志 5/23
姜一蘭(明・觀城人)
[康熙]觀城 4/10
[道光]觀城 8/5
觀城縣鄉土志/耆舊
[康熙]鄆城 4/22
[光緒]鄆城 6/36
姜元英(清・寧海人)
[光緒]文登 10/下 5
姜正芳(明・萊陽人)
[光緒]增修登州 50/1
[康熙]萊陽 8/21,10/14
[民國]萊陽 3/1 中 57,3/3
上傳志上 11
姜一東(清・陵縣人)
[光緒]陵縣 16/48
姜正雅(東阿人)
[民國]東阿 15/3
姜一學(字效之)
(明・濱州人)
[乾隆]武定府 24/8
[咸豐]武定府 24/清介 8
[康熙]濱州 7/10
[咸豐]濱州 10/6
濱州鄉土志/耆舊錄
姜元鵬(清・黃縣人)
[光緒]增修登州 40/11
姜于銅(字明遠)
(清・昌邑人)
[光緒]昌邑縣續志 6/21
姜一策(明・萊陽人)
[民國]萊陽 3/1 中 19
姜正榮(清・鄒平人)
[民國]鄒平 15/145
11 **姜枼**(明・萊陽人)
[民國]萊陽 3/1 中 17
姜玕(明・萊陽人)
[民國]萊陽 3/1 中 16
姜珏(明・萊陽人)
[民國]萊陽 3/1 中 16
姜碩(元・樂安人)
[宣統]山東 164/26
[民國]續修廣饒 19/11
姜瓚(清・新城人)
[宣統]新城縣後志 3/耆壽
姜琢(字修玉)
(清・壽張人)
[光緒]壽張 7/16
12 **姜璣**(字齊之,號赤崖)
(明・萊陽人)
[民國]萊陽 3/1 中 16
姜登玉(字躋崑)
(清・昌邑人)
[光緒]昌邑縣續志 6/22
姜廷玉(清・汶上人)
[宣統]四續汶上稿/人物－
孝弟傳
姜廷瑤(字國信)
(明・掖縣人)
[乾隆]掖縣 3/45
姜弘先(清)
[順治]新泰 4/24
姜瑞渟(鉅野人)
[民國]續修鉅野 5/上 13
姜弘通(字弢穎)
(明・原籍金華,徙單縣)
[順治]單縣 2/42,4/46
[康熙]單縣 8/31
[民國]單縣 9/30
姜廷樞(清・膠州人)
[道光]重修膠州 29/15
[民國]增修膠志 45/2
13 **姜琅**(清・茌平人)
[宣統]茌平 28/4
[民國]茌平 3/77
14 **姜琳**(字蘭石)
(臨清人)
[民國]臨清縣/人物 77
15 **姜璡**(見姜槤)
16 **姜理**(清・高唐人)
[乾隆]東昌 43/36
[嘉慶]東昌 32/53
[道光]高唐州 5/2－19
[光緒]高唐州 5/2－22
[民國]高唐縣 12/42
17 **姜翼**(宋・寧海人)
[同治]重修寧海州 17/4
姜翼(元・萊陽人)
[民國]萊陽 3/1 中 5
姜承禧(明・萊陽人)
[民國]萊陽 3/1 中 19
姜承奎(清・壽張人)
[光緒]壽張 7/31
姜召棠(清・黃縣人)
[同治]黃縣 9/2
[民國]黃縣志稿 13/人物－
死難
18 **姜玠**(字媚川)
(清・膠州人)
[民國]增修膠志 44/15
姜瑜(明・寧海人)
[泰昌]登州 11/40
[順治]登州 17/18
[光緒]增修登州 43/34
[嘉靖]寧海州下/44
[康熙]寧海州 9/6
[同治]重修寧海州 21/5
[民國]牟平 7/85
20 **姜統**(清・即墨歲貢)
[乾隆]嶧縣 7/38
姜維清(清・棲霞人)
[光緒]增修登州 43/23
[光緒]棲霞縣續志 7/義行 2
姜秉深(字靜淵)
(清・昌邑人)
[光緒]昌邑縣續志 6/28
姜維模(字毓周)
(清・齊河人)
[雍正]齊河 6/36
[民國]齊河 27/13

姜維叙(明・觀城人)
[道光]觀城 8/6
觀城縣鄉土志/耆舊
21 姜仁(明・萊陽人)
[光緒]增修登州 43/30
[康熙]黄縣 6/24
[康熙]萊陽 8/23
[民國]萊陽 3/1 中 80
姜仁(字源心)
(清・海陽人)
[光緒]增修登州 43/49
[光緒]海陽縣續志 5/23
姜順(清・觀城人)
觀城縣鄉土志/耆舊
姜順(原名國忠)
(清・文登人)
[光緒]增修登州 46/10
[光緒]文登 9/下 2－11
姜衍慶(清・棲霞人)
[光緒]增修登州 43/23
[光緒]棲霞縣續志 7/孝子 1
姜虞廷(東阿人)
[民國]東阿 15/6
姜儒珍(清・掖縣人)
[民國]四續掖縣 4/58
姜熊兆(明・黄縣人)
[同治]黄縣 9/1
[民國]黄縣志稿 13/明
姜衍敬(牟平人)
[民國]牟平 7/112
22 姜愷(清・平度人)
平度鄉土志 4 上/鄉賢
姜山(字峻烈,號岩亭)
(清・單縣人)
[民國]單縣 10/1
姜繼文(明・萊陽人)
[民國]萊陽 3/1 中 19
姜綬立(唐・天水人)
[民國]續修臨邑 3/69
姜亻亂旦(明・萊陽人)
[民國]萊陽 3/1 中 72
23 姜允嶺(字梅村)
(清・桓臺人)
[民國]桓臺志略 3/18
[民國]桓臺 3/22
姜允和(明)
[萬曆]濮州 3/名宦 30
[康熙]觀城 3/2
[道光]觀城 6/5
24 姜德(字誠齋)
(清・壽張人)
[光緒]壽張 6/58
姜皓(元・萊陽人)
[民國]萊陽 3/1 中 4
姜紘(宋・泰安人)
[乾隆二十五年]泰安縣 12/10
[乾隆四十七年]泰安縣 10/上 18
[道光]泰安縣 9/上 70
[民國]重修泰安縣 8/23
姜偉(字龍圖)
(清・寧海人)
[民國]牟平 7/38
姜佐(字廷輔)
(明・濱州人)
[乾隆]武定府 24/19
[咸豐]武定府 24/循良 9
[萬曆]濱州 3/26
[康熙]濱州 7/5
[咸豐]濱州 10/7
濱州鄉土志/耆舊錄
姜化醇(字謁卿)
(清・陽穀人)
[民國]增修陽穀人物/師道 25
姜佐武(字助全)
(清・齊河人)
[民國]齊河 23/74
姜勉仁(明・萊陽人)
[光緒]增修登州 50/1
[康熙]萊陽 8/20
[民國]萊陽 3/1 中 57
姜化溥(清・臨清人)
[民國]臨清縣/人物 69
姜德成(清・鉅野人)
[道光]鉅野 13/49
姜續夔(清・鉅野人)
[道光]鉅野 13/80
25 姜繡麟(字聖瑞)
(清・昌邑人)
[光緒]昌邑縣續志 5/63
姜積武(字烈臣)
(牟平人)
[民國]牟平 7/98
姜仲軾(字希瞻)
(明・掖縣人)
[康熙]萊州 10/39
[乾隆]萊州 10/23
[乾隆]掖縣 4/27
26 姜鯉(明・昌邑人)
[康熙]昌邑 6/35
[乾隆]昌邑 6/164
姜得仁(明・萊陽人)
[光緒]增修登州 50/1
[民國]萊陽 3/1 中 57
姜伯源(元)
[嘉靖]山東 27/17
[宣統]山東 69/36
[萬曆]萊州 5/66
[康熙]萊州 8/26
[乾隆]萊州 9/9
[康熙]平度州 3/3
[道光]重修平度州 16/16
姜自茂(明・昌邑人)
[康熙]昌邑 6/35
[乾隆]昌邑 6/164
27 姜豹(清・德州人)
[康熙]德州 6/7
姜豹(清・諸城人)
[康熙六十年]青州 17/21
[咸豐]青州 47/39
[康熙]諸城 7/45
[乾隆]諸城 40/5
姜絢(明・萊陽人)
[萬曆]諸城 4/36
[民國]萊陽 3/1 中 18
姜嶼(宋・泰安人)
[乾隆二十五年]泰安縣 12/10
[乾隆四十七年]泰安縣 10/上 9
[道光]泰安縣 9/上 57
[民國]重修泰安縣 8/9
泰安縣鄉土志/耆舊 10
姜佩瑗(清・臨沂人)
[乾隆]沂州府 26/16
[民國]臨沂 10/50
28 姜价(清・寧海人)

［光緒］增修登州 40/32
［同治］重修寧海州 17/26
姜徵岐（東阿人）
［民國］東阿 15/6
姜復紹（字敬克）
（清・寧海人）
［光緒］增修登州 43/34
［同治］重修寧海州 21/6
［民國］牟平 7/87
姜復禮（牟平人）
［民國］牟平 7/104
姜徵淦（東阿人）
［民國］東阿 15/1
姜徵祥（東阿人）
［民國］東阿 15/4
姜從吉（清・新城人）
［宣統］新城縣後志 3/耆壽
姜作楹（字棟選）
（清・嶧縣人）
［光緒］嶧縣 21/耆舊 12
姜微臣（東阿人）
［民國］東阿 15/8
姜作學（字式古）
（清・平度人）
［民國］平度縣續志 7/15
平度鄉土志 4 上/事業
30 姜房（字漢臣）
（元・牟平人）
［宣統］山東 69/35
［光緒］增修登州 24/17
［嘉靖］寧海州下/12
［同治］重修寧海州 12/5，17/5，25/碑文 3
［民國］牟平 7/6，9/84
姜淮（字本隆，號誠齋）
（明・萊陽人）
［民國］萊陽 3/1 中 80
姜密（字一元）
（明・夏津人）
［乾隆］夏津 7/10
姜宣（號德齋）
（清・黃縣人）
［乾隆］黃縣 7/9
姜宜（明・霑化人）
［萬曆］新修霑化 6/107
姜之琦（清・浙江會稽人）
［宣統］山東 77/43
［康熙］高密 6/27
［乾隆］高密 6/20
［光緒］高密 6/24
［民國］高密 12/25
高密縣鄉土志/上 9
姜良弼（清・蓬萊人）
［道光］重修蓬萊 9/15
［民國］蓬萊縣志合編人物志/忠勇
姜守信（清・高唐人）
［乾隆］東昌 43/34
［嘉慶］東昌 32/51
［乾隆］高唐州續志 2/10，2/13
［道光］高唐州 5/2－18
［光緒］高唐州 5/2－21
［民國］高唐縣 12/41
姜宏佐（清・文登人）
［光緒］文登 10/上 20
姜之淇（清・壽張人）
［光緒］壽張 6/54
姜之遠（清・壽張人）
［光緒］壽張 6/54
姜進才（字岐山）
（清・益都人）
［康熙四十八年］青州 15/義民 22
姜良材（清・漢軍旗人）
新城縣鄉土志/政績－清知縣
姜宗泰（字子安，一字芝庵）
（清・萊陽人）
［民國］萊陽 3/1 中 48，3/3 上傳志下 57
姜安節（清・萊陽人）
［民國］萊陽 3/1 中 72
姜實節（字學在，號鶴澗）
（清・萊陽人）
［宣統］山東 176/50
［民國］萊陽 3/1 中 88
姜寓節（字奉世）
（清・萊陽人）
［宣統］山東 176/48
［民國］萊陽 3/1 中 81
姜良性（清・奉天人）
［宣統］山東 75/14
［道光］濟南 38/22
［康熙］新城 5/12
［道光］新城/名宦
［民國］重修新城 11/1
姜永焜（字煦生）
（濟寧人）
［民國］濟寧縣 3/22
31 姜潛（字至之）
（宋・兗州奉符人）
［嘉靖］山東 29/15
［康熙］山東 39/13
［雍正］山東 28/人物二 40
［宣統］山東 167/12
［康熙］濟南 42/8
［康熙］泰安州 3/23
［乾隆］泰安府 18/64
［乾隆二十五年］泰安縣 12/12
［乾隆四十七年］泰安縣 10/上 9
［道光］泰安縣 9/上 58
［民國］重修泰安縣 8/9
泰安縣鄉土志/耆舊 10
［咸豐］寧陽 13/1
［光緒］寧陽 13/1
寧陽縣鄉土志/13
姜源（元・堂邑人）
［順治］堂邑 2/人物又 17
［康熙十一年］堂邑 2/選舉 23
［康熙］堂邑 14/7
姜迺升（字雲階）
（直隸朝陽進士）
［民國］壽光 6/27
32 姜兆齊（字表東）
（明・掖縣人）
［乾隆］掖縣 3/46
姜兆張（字省宇，一作爾璣）
（明・掖縣人）
［乾隆］萊州 10/27
［乾隆］掖縣 4/31
姜兆運（清・黃縣人）
［民國］黃縣志稿 13/清懿行
33 姜演（明・昌邑人）
［康熙］昌邑 6/35

［乾隆］昌邑 6/164
姜心一（字中孚）
（清・齊河人）
［民國］齊河 23/36
姜心爲（字正菴）
（清・鄆城人）
［光緒］鄆城 10/11
姜瀉里（字爾岷，號漢州）
（明・萊陽人）
［民國］萊陽 3/1 中 58，3/3 上傳志下 23
34 **姜淮**（字桂原）
（清・黃縣人）
［民國］黃縣志稿 13/清懿行
姜洪（字希範）
（明・南直廣德人）
［嘉靖］山東 25/14
［康熙］山東 31/17
［宣統］山東 70/19
［康熙］濟南 24/23
［道光］濟南 35/24
［崇禎］歷乘 16/33
［崇禎］歷城 6/13
姜濤（字伯亭）
（清・黃縣人）
［光緒］增修登州 43/13
［同治］黃縣 8/18
［民國］黃縣志稿 13/清懿行
姜漢章（字倬卿）
（清・東阿人）
［民國］續修東阿 11/10
姜汝誠（字子樸）
（清・牟平人）
［民國］牟平 7/23
姜汝晉（字勉之）
（清・清平人）
［民國］清平/人物 63
姜法信（清・掖縣人）
［民國］四續掖縣 4/66
姜涥然（字興甫）
（牟平人）
［民國］牟平 7/27
姜汝傚（字元克，一作元充）
（清・萊州人）
［康熙］萊州 10/58
［乾隆］萊州 11/忠節 10
［乾隆］掖縣 4/44
姜邁之（清・海陽人）
［光緒］增修登州 38/20
姜汝洋（字仙瀛）
（清・鉅野人）
［民國］續修鉅野 5/上 2
姜汝嘉（元）
［同治］重修寧海州 12/6
姜汝昣（字曉晴）
（清・昌邑人）
［光緒］昌邑縣續志 6/20
姜汝錦（字元充，號漢翔）
（明・內江人）
［乾隆］掖縣 7/78
姜汝輝（清・昌邑人）
［光緒］昌邑縣續志 6/15
35 **姜禮**（明・歷城人）
［宣統］山東補遺/64
姜連（見姜槤）
姜清（清・新城人）
［宣統］新城縣後志 2/忠義
［民國］重修新城 16/10
姜連斌（字岸淮）
（清・夏津人）
［民國］夏津續編 8/4
姜連選（清・禹城人）
［民國］禹城 6/73
36 **姜遇武**（字襟凫）
（明・濟寧人）
［康熙］濟寧州 7/25
［乾隆］濟寧直隸州 26/6
［道光］濟寧直隸州 8/2－43
姜渭春（字晴川）
（清・歷城人）
［民國］續修歷城 40/32
37 **姜鴻**（字頡雲）
（清・肥城人）
［光緒］肥城 9/16
肥城縣鄉土志 5/28
姜祿（清・泰安人）
［道光］泰安縣 9/上 85
［民國］重修泰安縣 8/40
姜潤（明・萊陽人）
［民國］萊陽 3/1 中 78
姜溆（字鄘渠）
（清・黃縣人）
［民國］黃縣志稿 13/清懿行
姜淑齋（號廣平）
（清・膠州人）
膠州直隸州鄉土志 4/藝術
姜鴻瑛（字玉軒）
（清・東阿人）
［民國］續修東阿 11/12
姜潤身（明・膠州人）
［康熙］膠州 5/26
［乾隆］膠州 4/33
［道光］重修膠州 25/11
［民國］增修膠志 40/10
姜逢源（清・恩縣人）
［宣統］重修恩縣 8/50
［民國］重修恩縣 11/鄉賢 69
姜鴻逵（清・齊河人）
［民國］齊河 23/75
姜冠軍（字振千）
（清・長清人）
［民國］長清 11/30
姜逢田（字子玉）
（牟平人）
［民國］牟平 7/105
38 **姜遵**（字從式）
（宋・淄州長山人）
［至元］齊乘 6/26
［嘉靖］山東 29/14
［康熙］山東 39/15
［道光］濟南 47/26
［咸豐］青州 64/24
［嘉靖］淄川 6/79
［萬曆］淄川 30/7
［康熙四十三年］長山 5/仕業
［康熙五十五年］長山 6/1
［嘉慶］長山 7/3
長山縣鄉土志/耆舊錄
姜遵德（清・鄒平人）
［民國］鄒平 15/145
姜啟哲（字鏡溟）
（明・掖縣人）
［乾隆］掖縣 4/53
40 **姜垓**（字如須，又字皇輿，別號箕篬）
（明・萊陽人）
［宣統］山東 160/6

[光緒]增修登州 39/32
[康熙]萊陽 8/26
[民國]萊陽 3/1 中 26,3/1 中 86,3/3 上傳志上 33
姜圭(明・膠州人)
[康熙]膠州 5/23
[乾隆]膠州 4/29
[道光]重修膠州 25/1
[民國]增修膠志 40/1
姜南(字明叔)
(明・浙江仁和人)
[道光]濟南 36/58
[康熙]德平 3/2
[嘉慶]德平 5/8
[光緒]德平 5/8
姜森(清・即墨人)
[同治]即墨 9/52
即墨縣鄉土志/耆舊 - 事業四
姜奮齊(明・黃縣人)
[同治]黃縣 9/1
姜奎斌(霑化人)
[民國]霑化 4/登進 44
姜克謹(一名思永,字亞慎,號兼山)
(清・曲阜人)
[民國]續修曲阜 5/35
姜士麟(字振趾)
(清・蓬萊人)
[道光]重修蓬萊 9/39
姜志仁(清・膠州人)
[民國]增修膠志 45/32
姜士佐(字滋水)
(明・膠州人)
[康熙]膠州 5/35
[乾隆]膠州 4/40
[道光]重修膠州 25/16
[民國]增修膠志 40/14
姜奎傑(霑化人)
[民國]霑化 4/登進 44
姜培寅(清・昌邑人)
[乾隆]昌邑 5/150
姜存漢(恩縣人)
[民國]重修恩縣 11/鄉賢 88
姜志禮(字立之,一作同節)
(明・丹陽人)
[宣統]山東 70/21,70/35
[道光]濟南 35/29
[順治]登州 11/23
光緒]增修登州 25/4
姜志道(字含輝)
(清・陵縣人)
[光緒]陵縣 19/人物傳二 27
姜士檉(明・昌邑人)
[康熙]昌邑 6/35
[乾隆]昌邑 6/166
姜大觀(字文洲)
(明・單縣人)
[乾隆]單縣 7/14
[民國]單縣 9/30
姜志書(字漢叢)
(清・壽張人)
[光緒]壽張 10/1
姜大成(字子集,號松磵,一作松澗)
(明・章邱人)
[道光]濟南 49/59
[道光]章邱 11/28
姜培恩(清・昌邑人)
[乾隆]昌邑 5/150
姜柱國(清・黃縣人)
[同治]黃縣 14/18
姜大年(字星南)
(清・魚臺人)
[光緒]魚臺 3/耆碩又 2
41 **姜標**(學名治寧)
(清・夏津人)
[民國]夏津續編 8/35
42 **姜埰**(字如農,又字卿墅)
(明・萊陽人)
[雍正]山東 28/人物三 72
[宣統]山東 160/5
[光緒]增修登州 39/31
[康熙]萊陽 8/26
[民國]萊陽 3/1 中 25,3/1 中 85,3/3 上傳志上 29
姜垳(字如圃,號元封)
(清・萊陽人)
[民國]萊陽 3/1 中 85
姜桃禎(明・膠州人)
[康熙]膠州 6/4
[乾隆]膠州 5/7
[道光]重修膠州 26/4
[民國]增修膠志 40/31
姜桃楨(見姜桃禎)
43 **姜式申**(字嶽生)
(清・海陽人)
[光緒]海陽縣續志 5/13
[民國]禹城 3/56
44 **姜芬**(清・即墨人)
即墨縣鄉土志/耆舊 - 事業四
姜恭(明・肥城人)
[康熙]肥城書下/20
姜蕙(字馨圃)
(清・牟平人)
[光緒]增修登州 43/35
[同治]重修寧海州 21/8
[民國]牟平 7/92
姜莢(字長植)
(清・掖縣人)
[民國]四續掖縣 4/61
姜葵(明・文登人)
[雍正]文登 8/10
[道光]文登 5/19
[光緒]文登 10/上 2
姜茂(明・觀城人)
[雍正]山東 28/人物三 27
[宣統]山東 164/44
[乾隆]曹州府 16/4
[康熙]觀城 4/21
[道光]觀城 8/6
觀城縣鄉土志/耆舊
姜模(字秋嵐)
(清・文登人)
[光緒]文登 9/下 1 - 12
姜坡(明・萊陽人)
[民國]萊陽 3/1 中 59
姜藥(字華亭)
(清・壽張人)
[光緒]壽張 10/3
姜植(清・鑲藍旗奉天府廕生)
[乾隆]樂陵 4/54
樂陵縣鄉土志 2/8
姜華亭(清・壽張人)
壽張縣鄉土志/耆舊 - 學問
姜萝弼(清・諸城人)
[光緒]增修諸城縣續志 15/3

姜夢豸(字瑞明)
(明·掖縣人)
[光緒]增修登州 27/17
萊州府鄉土志/下 14
[康熙]黃縣 5/14
[乾隆]黃縣 12/4
[同治]黃縣 6/8
[民國]黃縣志稿 11/宦績
[乾隆]掖縣 4/39
[道光]掖乘 4
姜華山(清·萊陽人)
[民國]萊陽 3/1 中 65
姜樹初(清·江蘇吳縣監生)
[光緒]嶧縣 19/職官下 22
姜其垓(字萊西)
(清·黃縣人)
[光緒]增修登州 39/11
[乾隆]黃縣 8/27
[同治]黃縣 8/7
[民國]黃縣志稿 13/清仕績
姜其埰(字溟西)
(清·黃縣人)
[乾隆]黃縣 8/28
[同治]黃縣 8/19
姜桂芳(字秋宇)
(明·濟寧人)
[雍正]山東 28/人物三 51
[宣統]山東 161/50
[乾隆]兗州 23/48
[康熙]濟寧州 6/39
[乾隆]濟寧直隸州 24/20
[道光]濟寧直隸州 8/2－33
姜桂松(字蘭如)
(清·章邱人)
[乾隆]泰安府 18/52
[乾隆二十五年]泰安縣 12/31
[乾隆四十七年]泰安縣 10/上 29
[道光]泰安縣 9/上 81
[民國]重修泰安縣 8/36
泰安縣鄉土志/耆舊 16
姜茂田(東阿人)
[民國]東阿 15/7
姜世昇(清·萊陽人)
[民國]萊陽 3/1 中 43
姜世隆(清·掖縣人)
[乾隆]掖縣 4/55
姜協義(字正路)
(清·夏津人)
[民國]夏津續編 8/17
45 **姜檤**(明·浙江蘭谿人)
[宣統]山東 73/28
[光緒]增修登州 32/1
[嘉靖]寧海州下/16
[康熙]寧海州 7/3
[同治]重修寧海州 12/9
[民國]牟平 6/70
46 **姜柏**(字松友)
(清·東阿人)
[光緒]東阿縣鄉土志 4/37
[民國]續修東阿 11/2
姜坦(清·東平人)
[乾隆]東平州 15/24
[道光]東平州 15/24
[光緒]東平州 15/下 32
[民國]東平縣 11/下 8
姜旭(清·浙江錢塘監生)
[光緒]嶧縣 19/職官下 21
姜觀海(字明遠)
(長清人)
[民國]長清 12/17
47 **姜均**(字子坤)
(清·黃縣人)
[民國]黃縣志稿 13/清懿行
姜桐(清·蓬萊人)
[民國]蓬萊縣志合編人物志/忠勇
姜起龍(清·山西浮山人)
[康熙]昌邑 5/11
[乾隆]昌邑 5/112
姜朝貢(清·高密人)
[康熙]高密 8/11
[乾隆]高密 8/上 26
[光緒]高密 8/上 34
[民國]高密 14/上 37
高密縣鄉土志/上 34
48 **姜乾**(字健修,號心會)
(清·菏澤人)
[光緒]菏澤 15/71
[光緒]新修菏澤 11/58
菏澤縣鄉土志/21
姜敬篤(東阿人)
[民國]東阿 15/5
50 **姜本**(明)
[乾隆]樂陵 4/52
姜本淦(清·膠州人)
[民國]增修膠志 44/17
姜東明(清·萊陽人)
[民國]萊陽 3/1 中 67
51 **姜振**(明·臨朐人)
[嘉靖]臨朐 3/14
姜振修(字慎齋)
(清·濰縣人)
[民國]濰縣志稿 31/14
52 **姜蟠**(字若齡,一作弱齡)
(明·單縣人)
[乾隆]單縣 7/14
[民國]單縣 9/30
53 **姜彧**(字文卿)
(元·萊州萊陽人)
[嘉靖]山東 25/23,32/23
[康熙]山東 32/12,43/3
[雍正]山東 28/人物二 56
[宣統]山東 158/19
[康熙]濟南 25/20
[道光]濟南 34/21,48/18
[乾隆]泰安府 14/35
[乾隆]武定府 16/33
[咸豐]武定府 19/濱州 1
[泰昌]登州 11/4
[順治]登州 16/5
[光緒]增修登州 38/14
[康熙]東平州 4/51
[乾隆]東平州 12/32
[道光]東平州 12/32
[光緒]東平州 14/32
[萬曆]濱州 3/20
[康熙]濱州 5/17
[咸豐]濱州 8/2
濱州鄉土志/政績錄
[乾隆]歷城 36/21
[康熙]萊陽 8/2
[民國]萊陽 3/1 中 3,3/3 上傳志上 1
55 **姜贊化**(字汝參)
(明·夏津人)
[乾隆]夏津 7/10

姜捷選(字爾公)
(清·菏澤人)
[光緒]菏澤 16/14
[光緒]新修菏澤 11/71
58 姜輪濆(字建齋)
(清·壽張人)
[光緒]壽張 7/15
60 姜恩(明·威海衛人)
[光緒]文登 8/下 6
姜杲(清·萊陽人)
[民國]萊陽 3/1 中 74
姜昇(明·歷城人)
[宣統]山東補遺/64
姜足新(霑化人)
[民國]霑化 4/登進 43
姜國麟(字雲一)
(清·濰縣人)
[乾隆]濰縣 4/24
姜國霖(字雲一)
(清·濰人)
[宣統]山東 177/24
[咸豐]青州 53/13
[嘉慶]昌樂 29/3
[民國]濰縣志稿 29/3
濰縣鄉土志/24
[民國]重修莒志 58/9
姜思聰(元·牟平人)
[光緒]增修登州 24/17
[嘉靖]寧海州下/12
[同治]重修寧海州 12/5, 17/5
[民國]牟平 7/7
姜國俊(字位思)
(清·費縣人)
[光緒]費縣 11/44
費縣鄉土志/耆舊錄-學問
姜思溫(元·寧海人)
[同治]重修寧海州 17/5
姜國垣(字芋亭)
(清·無棣人)
[民國]無棣 13/32
姜景甫(字翰周)
(清·諸城人)
[光緒]增修諸城縣續志 16/26
姜日昇(字賓旭)
(清·掖縣人)
[乾隆]掖縣 4/70
姜日暉(清·牟平人)
[民國]牟平 7/94
姜思明(元·牟平人)
[光緒]增修登州 24/17
[嘉靖]寧海州下/12
[同治]重修寧海州 12/5, 17/5
[民國]牟平 7/7
61 姜啞子(清·莒縣人)
[乾隆]沂州府 26/15
[雍正]莒州 9/35
[民國]重修莒志 62/7
62 姜皚(清·平度人)
[道光]重修平度州 19/27
63 姜默(字思道)
(明·嘉祥人)
[乾隆]嘉祥 2/36
67 姜昀(明·修武人)
[康熙]棲霞 4/3
姜明遠(長清人)
[民國]長清 13/26
姜鳴鳳(字諧五)
(清·濰人)
[宣統]山東 177/16
[民國]濰縣志稿 30/53
68 姜眕(字鶴莊,號三十六峯行人)
(清·萊陽人)
[民國]萊陽 3/1 中 90
70 姜璧(見姜璧)
姜璧(字完卿)
(明·順天文安人)
[康熙]山東 35/11
[雍正]山東 27/61
[宣統]山東 73/9
[萬曆]青州 12/37
[康熙十五年]青州 12/37
[康熙四十八年]青州 12/37
[康熙六十年]青州 12/26
[咸豐]青州 36/24
[萬曆]樂安 13/4
[雍正]樂安 11/5
[民國]樂安 8/20
[民國]續修廣饒 17/4
71 姜長華(字蔚宗)
(清·膠州人)
[乾隆]膠州 5/17
[道光]重修膠州 28/4
[民國]增修膠志 42/4
姜長恩(東阿人)
[民國]東阿 15/4
72 姜隱(字周佐,一字官周)
(明·黃縣人)
[宣統]山東 168/17
[乾隆]黃縣 8/42
[同治]黃縣 9/30
[民國]黃縣志稿 13/明
[民國]福山縣志稿 7/5-1
73 姜駿升(號千里)
(清·棲霞人)
[光緒]棲霞縣續志 10/15
74 姜肱(字伯淮)
(漢·彭城廣戚人)
[嘉靖]山東 34/7
[康熙]山東 48/5
[雍正]山東 31/12
[宣統]山東 200/2
[康熙]濟南 48/1
[嘉靖]青州 15/59
[萬曆]青州 15/58
[康熙十五年]青州 15/又 58
[康熙四十八年]青州 15/僑寓 5
[康熙六十年]青州 20/16
[咸豐]青州 53/3
[乾隆]武定府 26/41
[咸豐]武定府 26/寓賢 1
[萬曆]濱州 3/53
[康熙]濱州 7/34
[宣統]滕縣續志稿 3/49
77 姜閎(號容菴)
(明·黃縣人)
[光緒]增修登州 39/9
[康熙]黃縣 6/17
[乾隆]黃縣 8/14
[同治]黃縣 8/4
[民國]黃縣志稿 13/明
姜開(字青蓮)
(清·掖縣人)
[乾隆]掖縣 4/62
姜聞(字無聞,一字鬱生,號

古汀)
(清・萊陽人)
[民國]萊陽 3/1 中 89
姜開寵(字榮先)
(清・齊河人)
[道光]濟南 56/15
[民國]齊河 27/12
姜殿喜(鄒縣人)
[民國]續修鄒縣志稿/人物-耆舊附忠烈
姜闢基(字延圖)
(清・金鄉人)
[咸豐]金鄉縣志略 9/中列傳二 16
[民國]金鄉 13/24
姜興基(字立堂)
(清・蓬萊人)
[民國]蓬萊縣志合編人物志/行誼
姜際桐(字鳳棲)
(清・東阿人)
[民國]續修東阿 11/19
姜周輔(字名世)
(明・膠州人)
[康熙]膠州 5/25
[乾隆]膠州 4/32
[道光]重修膠州 25/9
[民國]增修膠志 40/8
姜殿鰲(字輝鑾)
(清・茌平人)
[宣統]茌平 17/2
[民國]茌平 3/58
79 **姜勝**(明・掖縣人)
[乾隆]掖縣 3/50
姜隣白(字西室)
(明・萊陽人)
[民國]萊陽 3/1 中 21
姜騰蛟(清・棲霞人)
[乾隆]棲霞 6/26
80 **姜鎬**(宋・泰安人)
[乾隆二十五年]泰安縣 12/10
[乾隆四十七年]泰安縣 10/上 9
[道光]泰安縣 9/上 58
[民國]重修泰安縣 8/9
泰安縣鄉土志/耆舊 10
姜念(字聖宇)
(清・濰陽人)
[乾隆]東昌 35/29
[康熙]夏津 6/13
[乾隆]夏津 6/11
姜毓璋(字景韓)
(清・齊河人)
[民國]齊河 23/75
姜毓珍(清・臨清人)
[民國]臨清縣/人物 70
姜毓山(字海峯)
(清・齊河人)
[民國]齊河 23/74
姜義德(長清人)
[民國]長清 12/15
姜毓傑(清・臨清人)
[宣統]山東 174/30
[民國]臨清縣/人物 30
姜金印(原名汝鈺,字雲滄)
(明・掖縣人)
[乾隆]掖縣 3/47
姜孳善(字晉甫)
(清・昌邑人)
[光緒]昌邑縣續志 6/9,8/21
82 **姜鑠**(明・萊陽人)
[民國]萊陽 3/1 中 17
83 **姜錧**(字器山)
(清・膠州人)
[乾隆]膠州 5/37
[道光]重修膠州 28/2
[民國]增修膠志 42/2
膠州直隸州鄉土志 4/藝術
84 **姜鋏**(明・萊陽人)
[民國]萊陽 3/1 中 17,3/1 中 81
姜銑(明・萊陽人)
[民國]萊陽 3/1 中 17
86 **姜錦**(字尚絅)
(清・濟寧人)
[民國]濟寧直隸州續志 14/17
87 **姜銘**(明・萊陽人)
[民國]萊陽 3/1 中 8
88 **姜篪**(見姜箎)
姜箎(明・丹陽人)
[光緒]增修登州 37/15
[雍正]文登 6/36
[道光]文登 5/22
[道光]榮成 6/24
姜鑑(字鏡若)
(清・掖縣人)
[民國]四續掖縣 6/14
姜鈴(明・萊陽人)
[民國]萊陽 3/1 中 16
姜篤苞(字竹坪)
(清・黃縣人)
[同治]黃縣 8/16
[民國]黃縣志稿 13/清懿行
89 **姜鐙**(明・昌邑人)
[康熙]昌邑 6/5
[乾隆]昌邑 5/129
90 **姜熑**(明・進賢人)
[康熙]兗州府曹縣 9/24
[光緒]曹縣 9/教諭 2
姜尚(見呂尚)
姜棠(清・臨清人)
[民國]臨清縣/人物 68
姜豢龍(清・修武舉人)
[光緒]泗水 4/7
[光緒]泗水縣鄉土志/3
姜光宿(明・膠州人)
[康熙]膠州 5/27
[乾隆]膠州 4/35
[道光]重修膠州 26/7
[民國]增修膠志 40/33
膠州直隸州鄉土志 4/篤行
姜惟叙(字九功)
(明・觀城人)
[萬曆]濮州 4/隱德 4
91 **姜炳**(明・萊陽人)
[光緒]增修登州 50/1
[康熙]萊陽 8/21
[民國]萊陽 3/1 中 57
姜焯(清・昌邑人)
[乾隆]昌邑 5/149
姜炳然(字虎文,號春溪)
(清・牟平人)
[民國]牟平 7/114
92 **姜愷**(明・福山人)
[康熙]福山 8/16
[乾隆]福山 8/29

95 **姜煉**(明・萊陽人)
[民國]萊陽 3/1 中 19
姜性(明・湖廣巴陵人)
[萬曆]鉅野 6/10,9/藝文
[康熙]鉅野 10/10,15/22
[道光]鉅野 10/25,18/16
96 **姜煌**(字旭陸)
(清・昌邑人)
[乾隆]昌邑 5/150,6/175
姜惺法(明・昌邑人)
[康熙]昌邑 6/35
[乾隆]昌邑 6/164
97 **姜炤**(清・萊陽人)
[民國]萊陽 3/1 中 31
姜恂法(明・昌邑人)
[康熙]昌邑 6/35
[乾隆]昌邑 6/164
99 **姜榮**(明・萊陽人)
[民國]萊陽 3/1 中 13

8050_0 羊

00 **羊亮**(字長玄,一作長絃)
(晉・新泰人)
[康熙]濟南 37/2
[天啟]新泰 6/29
[順治]新泰 5/5
[乾隆]新泰 15/13
新泰縣鄉土志/14
羊玄保(南朝宋・泰山南城人)
[嘉靖]山東 29/6
[康熙]山東 39/5
[宣統]山東 155/25
[弘治]泰安州 3/10,5/6
[康熙]泰安州 3/11
[乾隆]泰安府 16/24
[萬曆二十四年]兗州 33/9
[康熙]兗州 26/9
[萬曆]沂州志 6/66
[乾隆]沂州府 25/10
[乾隆二十五年]泰安縣 12/6
[乾隆四十七年]泰安縣 10/上 37
[道光]泰安縣 9/上 93
[民國]重修泰安縣 8/50
[天啟]新泰 6/30
[順治]新泰 5/6
[乾隆]新泰 15/16
新泰縣鄉土志/15
[康熙]費縣 7/6
[光緒]費縣 10/23
費縣鄉土志/耆舊錄－事業
羊玄之(晉・費縣人)
[天啟]新泰 6/30
[順治]新泰 5/6
[乾隆]新泰 15/15
新泰縣鄉土志/14
[光緒]費縣 10/18
08 **羊敦**(字元禮)
(南北朝・泰山鉅平人)
[嘉靖]山東 29/8
[康熙]山東 39/8
[雍正]山東 28/人物一 59
[宣統]山東 161/9
[康熙]濟南 41/4
[康熙]泰安州 3/16
[萬曆元年]兗州 40/政績 6
[萬曆二十四年]兗州 33/31
[康熙]兗州 26/30
[乾隆]兗州 23/24
[天啟]新泰 6/31
[順治]新泰 5/7
[乾隆]新泰 15/23
新泰縣鄉土志/17
[康熙十一年]寧陽 7/8
[康熙四十一年]寧陽 7/8
[乾隆]寧陽 7/良吏 2
[咸豐]寧陽 12/22
[光緒]寧陽 12/23
[乾隆二十五年]泰安縣 12/8
10 **羊元**(晉・新泰人)
[順治]新泰 5/7
[乾隆]新泰 15/21
羊元正(隋・新泰人)
新泰縣鄉土志/17
羊靈引(北魏・泰山人)
[康熙十一年]寧陽 7/7
[康熙四十一年]寧陽 7/7
泰安縣鄉土志/耆舊 23
羊元羣(漢・宛陵人)
[民國]濰縣志稿 20/3
羊元保(見羊玄保)
羊不疑(晉・新泰人)
[順治]新泰 5/7
[乾隆]新泰 15/15
新泰縣鄉土志/15
11 **羊璿之**(晉・泰山人)
泰安縣鄉土志/耆舊 19
12 **羊發**(晉・新泰人)
[順治]新泰 5/4
[乾隆]新泰 15/7
新泰縣鄉土志/13
羊烈(字信卿)
(南北朝・泰山鉅平人)
[雍正]山東 28/人物一 58
[康熙]濟南 41/4
[萬曆二十四年]兗州 33/34
[康熙]兗州 26/32
[乾隆]兗州 23/24
[乾隆]東昌 33/12
[嘉慶]東昌 20/20
[弘治]泰安州 5/14
[康熙]泰安州 3/11
[乾隆二十五年]泰安縣 12/9
[乾隆四十七年]泰安縣 10/上 23
[道光]泰安縣 9/上 76
[民國]重修泰安縣 8/32
泰安縣鄉土志/耆舊 9
[天啟]新泰 6/31
[順治]新泰 5/7
[乾隆]新泰 16/1
新泰縣鄉土志/17
[康熙十一年]寧陽 7/8
[康熙四十一年]寧陽 7/8
[乾隆]寧陽 7/忠烈 2
[咸豐]寧陽 12/23
[光緒]寧陽 12/24
羊琇(字稚舒,一字穉舒)
(晉・泰山南城人)
[嘉靖]山東 29/5
[宣統]山東 155/5
[弘治]泰安州 3/10,5/3
[康熙]泰安州 3/5
[乾隆]泰安府 16/18
[乾隆二十五年]泰安縣 12/4
[乾隆四十七年]泰安縣 10/上 7

［道光］泰安縣 9/上 56
［民國］重修泰安縣 8/7
泰安縣鄉土志/耆舊 8
［光緒］費縣 10/17
［天啟］新泰 6/29
［順治］新泰 5/5
［乾隆］新泰 15/12
新泰縣鄉土志/14
14 羊耽(晉・新泰人)
［天啟］新泰 6/26
［順治］新泰 5/4
［乾隆］新泰 15/7
新泰縣鄉土志/13
羊瑾(晉・新泰人)
［乾隆］新泰 15/12
新泰縣鄉土志/14
15 羊聃(字彭祖)
(東晉)
［萬曆元年］兗州 41/30
17 羊承(晉・新泰人)
［順治］新泰 5/4
［乾隆］新泰 15/7
20 羊忄之(晉・泰山南城人)
［乾隆］泰安府 16/20
21 羊衜(晉・新泰人)
［天啟］新泰 6/25
［順治］新泰 5/3
［乾隆］新泰 15/7
新泰縣鄉土志/13
羊儒(漢・泰山人)
［順治］新泰 5/1
［乾隆］新泰 15/1
新泰縣鄉土志/11
22 羊彪(唐・新泰人)
［順治］新泰 5/7
［乾隆］新泰 15/23
新泰縣鄉土志/17
羊崇(字伯遠)
(南北朝・泰山南城人)
［宣統］山東 165/5
新泰縣鄉土志/15
羊綏(晉・新泰人)
［順治］新泰 5/6
［乾隆］新泰 15/15
新泰縣鄉土志/15
23 羊秘(晉・新泰人)
［順治］新泰 5/3
［乾隆］新泰 15/7
新泰縣鄉土志/13
羊獻容(晉・泰山人)
［康熙］山東 28/5
［萬曆元年］兗州 1/皇后 3
［康熙］沂州志 5/3
［天啟］新泰 6/40
［順治］新泰 5/26
24 羊續(字興祖)
(漢・泰山平陽人)
［嘉靖］山東 29/4
［康熙］山東 39/4
［雍正］山東 28/人物一 23
［宣統］山東 154/17
［康熙］濟南 41/1
［弘治］泰安州 3/9
［康熙］泰安州 3/2
［乾隆］泰安府 16/4
［萬曆二十四年］兗州 31/31
［康熙］兗州 24/29
［乾隆二十五年］泰安縣 12/2
［乾隆四十七年］泰安縣 10/上 14
［道光］泰安縣 9/上 64
［民國］重修泰安縣 8/15
泰安縣鄉土志/耆舊 22
［天啟］新泰 6/又 21
［順治］新泰 5/1，6/57
［乾隆］新泰 15/1
新泰縣鄉土志/11
25 羊使君(五代晉)
［嘉靖］山東 26/22
［康熙］山東 34/2
［雍正］山東 27/43
［宣統］山東 68/22
［萬曆］東昌 18/17
［乾隆］東昌 33/16
［嘉慶］東昌 20/29
26 羊侃(字祖祈，一字祖忻)
(南北朝・泰山梁父人)
［嘉靖］山東 29/8
［康熙］山東 39/7
［雍正］山東 28/人物一 51
［宣統］山東 155/25
［康熙］濟南 38/2
［弘治］泰安州 3/11，5/9
［康熙］泰安州 3/12
［乾隆］泰安府 16/25
［萬曆二十四年］兗州 33/24
［康熙］兗州 26/23
［乾隆］兗州 23/23
［乾隆二十五年］泰安縣 12/7
［乾隆四十七年］泰安縣 10/上 8
［道光］泰安縣 9/上 57
［民國］重修泰安縣 8/8
泰安縣鄉土志/耆舊 8
［天啟］新泰 6/31
［順治］新泰 5/6
［乾隆］新泰 15/18
新泰縣鄉土志/16
［咸豐］寧陽 12/24
［光緒］寧陽 12/24
羊穆之(晉・新泰人)
［康熙］濟南 40/2
［康熙六十年］青州 12/5
［咸豐］青州 34/11
［天啟］新泰 6/30
［順治］新泰 5/6
［乾隆］新泰 15/14
新泰縣鄉土志/15
［康熙六十年］博興 7/3
［光緒］益都縣圖志 15/1
27 羊侵(漢・泰山人)
［順治］新泰 5/1
［乾隆］新泰 15/1
新泰縣鄉土志/11
羊修(南北朝・新泰人)
［康熙十一年］寧陽 7/9
［康熙四十一年］寧陽 7/9
新泰縣鄉土志/17
羊伊(晉・新泰人)
［康熙］濟南 43/1
［天啟］新泰 6/29
［順治］新泰 5/5
［乾隆］新泰 15/13
新泰縣鄉土志/14
羊角哀(周・燕人)
［宣統］山東 200/1
［乾隆］曹州府 16/14
［萬曆］濮州 4/古交 1

［康熙］濮州 4/22
［乾隆］濮州 4/36
［宣統］濮州 6/64
28 羊給（南北朝·新泰人）
［順治］新泰 5/7
［乾隆］新泰 15/21
羊徽（南北朝·新泰人）
新泰縣鄉土志/15
羊齡（晉·新泰人）
［順治］新泰 5/7
［乾隆］新泰 15/21
羊倫（晉·新泰人）
［順治］新泰 5/5
［乾隆］新泰 15/13
新泰縣鄉土志/14
羊徽瑜（晉·泰山南城人）
［康熙］山東 28/5
［乾隆］泰安府 19/2
［萬曆元年］兗州 1/皇后 2
［萬曆］沂州志 7/65
［康熙］沂州志 5/2
［乾隆］沂州府 28/1
［天啟］新泰 6/40
［順治］新泰 5/26
羊僧壽（晉）
［順治］新泰 5/6
31 羊祉（晉·泰山鉅平人）
［順治］新泰 5/4
［乾隆］新泰 15/7
新泰縣鄉土志/13
羊祉（字靈祐）
（北魏·泰山鉅平人）
［嘉靖］山東 33/26
［康熙］濟南 43/2
［弘治］泰安州 3/11,5/13
［天啟］新泰 6/30
［順治］新泰 5/6
［乾隆］新泰 15/18
新泰縣鄉土志/17
34 羊祜（字叔子）
（晉·泰山南城人）
［至元］齊乘 6/14
［嘉靖］山東 29/5
［康熙］山東 39/4
［雍正］山東 28/人物一 33
［宣統］山東 155/2
［康熙］濟南 33/1
［弘治］泰安州 3/10,5/1
［康熙］泰安州 3/6
［乾隆］泰安府 5/7,16/12
［萬曆元年］兗州 40/相業 12
［萬曆二十四年］兗州 32/12
［康熙］兗州 25/8
［萬曆］沂州志 6/42
［康熙］沂州志 5/20
［乾隆］沂州府 25/6
［乾隆二十五年］泰安縣 12/4
［乾隆四十七年］泰安縣 10/上 1
［道光］泰安縣 9/上 49
［民國］重修泰安縣 8/2,12/30
泰安縣鄉土志/耆舊 8
［天啟］新泰 6/26,9/41
［順治］新泰 5/4,6/57
［乾隆］新泰 15/7,19/31
新泰縣鄉土志/13
［康熙］費縣 7/5
［光緒］費縣 10/4
費縣鄉土志/耆舊錄－事業
［嘉靖］萊蕪 6/1
［康熙］新修萊蕪 6/22
［民國］萊蕪 17/1
［民國］續修萊蕪 22/2
萊蕪縣鄉土志/13
37 羊深（字文泉，一作文淵）
（南北朝·泰山鉅平人）
［嘉靖］山東 33/27
［宣統］山東 155/34
［康熙］濟南 43/2
［乾隆］泰安府 16/30
［萬曆元年］兗州 40/文苑 6
［乾隆二十五年］泰安縣 12/9
［乾隆四十七年］泰安縣 10/上 15
［道光］泰安縣 9/上 65
［民國］重修泰安縣 8/15
泰安縣鄉土志/耆舊 23
［天啟］新泰 6/31
［順治］新泰 5/7
［乾隆］新泰 15/21
新泰縣鄉土志/17
［康熙十一年］寧陽 7/7
［康熙四十一年］寧陽 7/7
［乾隆］寧陽 7/忠烈 1
［咸豐］寧陽 12/20
［光緒］寧陽 12/20
40 羊希（南北朝·新泰人）
［天啟］新泰 6/30
［順治］新泰 5/6
［乾隆］新泰 15/17
新泰縣鄉土志/15
羊士諤（唐·泰山梁父人）
［乾隆二十五年］泰安縣 12/10
［乾隆四十七年］泰安縣 10/上 18
［道光］泰安縣 9/上 70
［民國］重修泰安縣 8/23
44 羊茂（字季實）
（魏·平陽人）
［雍正］山東 27/86
［宣統］山東 66/34
羊權（字道輿）
（南北朝·泰山人）
［雍正］山東 30/5
［宣統］山東 200/21
［康熙］濟南 51/3
［乾隆］泰安府 18/77
［乾隆二十五年］泰安縣 12/40
［乾隆四十七年］泰安縣卷之末/10
［道光］泰安縣卷之末/10
［民國］重修泰安縣 10/69
［天啟］新泰 6/39
［順治］新泰 5/32
［乾隆］新泰 15/15,16/16
新泰縣鄉土志/15
48 羊松齡（晉·新泰人）
［順治］新泰 5/6
［乾隆］新泰 15/15
新泰縣鄉土志/15
50 羊冉（晉·新泰人）
［順治］新泰 5/3
［乾隆］新泰 15/7
羊肅（南北朝·寧陽人）
［順治］新泰 5/7
［乾隆］新泰 15/23
新泰縣鄉土志/23

［康熙十一年］寧陽 7/7
［康熙四十一年］寧陽 7/7
［乾隆］寧陽 7/文苑 1
［咸豐］寧陽 12/22
［光緒］寧陽 12/22
56 羊規之（南北朝・泰山鉅平人）
［乾隆二十五年］泰安縣 12/8
［康熙］濟寧州 4/43
［乾隆］濟寧直隸州 21/3
［道光］濟寧直隸州 6/6－4
60 羊固（晉・泰山人）
［乾隆二十五年］泰安縣 12/42
［乾隆四十七年］泰安縣 10/上 37
［道光］泰安縣 9/上 93
［民國］重修泰安縣 8/49
羊曼（字祖延）（晉・泰山南城人）
［嘉靖］山東 29/6
［康熙］山東 39/5
［雍正］山東 28/人物一 38
［宣統］山東 164/4
［弘治］泰安州 3/10,5/5
［康熙］泰安州 3/9
［乾隆］泰安府 18/22
［萬曆元年］兗州 41/30
［萬曆二十四年］兗州 32/31
［康熙］兗州 25/25
［萬曆］沂州志 6/53
［康熙］沂州志 5/30
［乾隆］沂州府 25/9
［乾隆二十五年］泰安縣 12/6
［乾隆四十七年］泰安縣 10/上 15
［道光］泰安縣 9/上 65
［民國］重修泰安縣 8/15
泰安縣鄉土志/耆舊 23
［天啟］新泰 6/29
［順治］新泰 5/6
［乾隆］新泰 15/13
新泰縣鄉土志/15
［光緒］費縣 10/19
羊曇（晉・泰山人）
［康熙］濟南 47/1
［乾隆］泰安府 16/22
［乾隆二十五年］泰安縣 12/5
［乾隆四十七年］泰安縣 10/上 23
［道光］泰安縣 9/上 76
［民國］重修泰安縣 8/32
泰安縣鄉土志/耆舊 19
［天啟］新泰 6/30
［順治］新泰 5/6
［乾隆］新泰 15/14
新泰縣鄉土志/15
62 羊晰（南北朝・新泰人）
［康熙］濟南 49/3
［乾隆］泰安府 18/74
［天啟］新泰 6/18
［順治］新泰 5/33
［乾隆］新泰 16/15
63 羊默（南北朝）
［順治］新泰 5/6
67 羊鵾（字子鵬，一作子鵾）（南北朝・泰山梁父人）
［康熙］濟南 43/2
［弘治］泰安州 3/10,5/11
［康熙］泰安州 3/15
［乾隆］泰安府 16/28
［乾隆二十五年］泰安縣 12/8
新泰縣鄉土志/17
［乾隆］新泰 15/22
［咸豐］寧陽 12/30
［光緒］寧陽 12/30
羊瞻（南北朝・新泰人）
新泰縣鄉土志/15
羊昭業（字振文）（唐・泰山人）
［乾隆二十五年］泰安縣 12/10
71 羊曁（晉）
［宣統］山東 66/38
［咸豐］青州 34/11
［乾隆］東昌 33/9
［嘉慶］東昌 20/17
［光緒］益都縣圖志 15/1
［順治］新泰 5/5
［乾隆］新泰 15/13
新泰縣鄉土志/14
羊陟（字嗣祖）（漢・泰山梁父人）
［嘉靖］山東 29/3
［康熙］山東 39/3
［雍正］山東 28/人物一 23
［宣統］山東 154/17
［康熙］濟南 36/1
［弘治］泰安州 3/9,5/1
［康熙］泰安州 3/2
［乾隆］泰安府 16/3
［萬曆元年］兗州 40/諫議 9
［萬曆二十四年］兗州 31/26
［康熙］兗州 24/24
［乾隆］兗州 23/16
［乾隆二十五年］泰安縣 12/2
［乾隆四十七年］泰安縣 10/上 14
［道光］泰安縣 9/上 64
［民國］重修泰安縣 8/15
泰安縣鄉土志/耆舊 22
新泰縣鄉土志/22
77 羊陶（晉・新泰人）
［順治］新泰 5/5
［乾隆］新泰 15/13
新泰縣鄉土志/14
羊欣（字敬元）（南北朝・泰山南城人）
［嘉靖］山東 30/24
［康熙］山東 40/26
［宣統］山東 155/24
［康熙］濟南 42/3
［弘治］泰安州 5/5
［康熙］泰安州 3/10
［乾隆］泰安府 16/23
［萬曆元年］兗州 40/隱逸 5
［萬曆二十四年］兗州 33/6
［康熙］兗州 26/6
［萬曆］沂州志 6/61
［康熙］沂州志 5/36
［乾隆］沂州府 25/8
［乾隆二十五年］泰安縣 12/6,13/2－75
［乾隆四十七年］泰安縣 10/上 37

[道光]泰安縣 9/上 93
[民國]重修泰安縣 8/49
[康熙]費縣 7/6
[光緒]費縣 10/27
費縣鄉土志/耆舊錄－學問
[天啟]新泰 6/31
[順治]新泰 5/7
[乾隆]新泰 15/15
新泰縣鄉土志/15
羊鴉仁(字孝穆)
(南北朝・泰山鉅平人)
[嘉靖]山東 29/8
[康熙]山東 39/7
[宣統]山東 155/26
[康熙]濟南 38/2
[萬曆二十四年]兖州 33/25
[康熙]兖州 26/24
[乾隆]兖州 23/23
[弘治]泰安州 3/10,5/12
[康熙]泰安州 3/15
[乾隆二十五年]泰安縣 12/8
[乾隆四十七年]泰安縣 10/上 15
[道光]泰安縣 9/上 65
[民國]重修泰安縣 8/15
泰安縣鄉土志/耆舊 23
[康熙十一年]寧陽 7/5
[康熙四十一年]寧陽 7/5
[乾隆]寧陽 7/武功 1
[咸豐]寧陽 12/30
[光緒]寧陽 12/31
新泰縣鄉土志/16
78 羊鑒(字景明)
(魏・泰山人)
[嘉靖]山東 29/6
[康熙]山東 39/5
[康熙]濟南 43/1
[弘治]泰安州 3/10,5/3
[康熙]泰安州 3/10
[乾隆]東平州 10/3
[乾隆二十五年]泰安縣 12/6
[乾隆四十七年]泰安縣 10/上 7
新泰縣鄉土志/15
[道光]泰安縣 9/上 56
[民國]重修泰安縣 8/7
88 羊篇(晉・泰山平陽人)
[康熙]濟南 36/1
[天啟]新泰 6/29
[順治]新泰 5/6
[乾隆]新泰 15/13
新泰縣鄉土志/14
90 羊愔(南北朝・新泰人)
[天啟]新泰 6/39
92 羊忻(字敬元)
(晉・泰山人)
[弘治]泰安州 3/10
94 羊忱(晉・泰山人)
[順治]新泰 5/7
[乾隆]新泰 15/15
新泰縣鄉土志/15
[乾隆二十五年]泰安縣 12/42
[乾隆四十七年]泰安縣 10/上 37
[道光]泰安縣 9/上 93
[民國]重修泰安縣 8/49

年

30 年富(字大有)
(明・南直懷遠人)
[嘉靖]山東 25/12
[康熙]山東 31/14
[宣統]山東 70/6
[道光]濟南 35/2,36/62
[崇禎]歷乘 16/29
[崇禎]歷城 6/11
[康熙]德平 3/11
[乾隆]德平 2/24
[民國]德平縣續志 12/碑記 4
德平縣鄉土志/政績錄

8051_3 毓

77 毓賢(字佐臣)
(清・滿洲正黄旗人)
[民國]續修鉅野 7/上 44
80 毓夔(清・正白旗人)
[同治]重修寧海州 12/15

8055_3 義

30 義寶禪師(姓張)
(元)
[宣統]新城縣後志 3/仙釋
[民國]重修新城 26/7
43 義娥(名桂香)
(明・歷城人)
[崇禎]歷乘 18/3
44 義楚(姓裴)
(五代・相州安陽人)
[雍正]山東 30/11
[康熙]濟南 51/10
[道光]濟南 60/7
[崇禎]歷城 10/32
[乾隆]歷城 45/6

8060_1 合

52 合刺普華(一作哈喇布哈)
(元・回鶻人)
[嘉靖]山東 34/7
[康熙]山東 48/6
[雍正]山東 28/人物二 60
[宣統]山東 69/22,164/22
[道光]濟南 34/38
[嘉靖]青州 15/65
[萬曆]青州 15/62
[康熙十五年]青州 15/62
[康熙四十八年]青州 15/僑寓 9
[咸豐]青州 53/11
[順治]登州 18/1
[光緒]增修登州 24/17
[嘉靖]寧海州下/10
[同治]重修寧海州 12/5
[萬曆]益都 6/95
[康熙]益都 10/2
[民國]牟平 6/69
[道光]新城/名宦
[民國]重修新城 10/2

普

00 普慶庵老僧(清)
[雍正]山東 30/26
01 普顏不花(元・色目人)
[萬曆]萊州 5/66
[康熙]萊州 8/26
[乾隆]武定府 23/41
[康熙]膠州 5/4

［乾隆］膠州 4/6
［道光］重修膠州 21/5
［民國］增修膠志 16/4
普顔不花(一作布延布哈,字希古)
(元・蒙古人)
［嘉靖］山東 25/10
［康熙］山東 31/12
［雍正］山東 27/59
［康熙］濟南 38/8
［嘉靖］青州 15/9
［萬曆］青州 14/7
［康熙十五年］青州 14/7
［康熙四十八年］青州 14/忠義 7
［康熙六十年］青州 17/5
［咸豐］青州 35/23
［咸豐］武定府 23/忠節 11
［康熙］益都 9/2
［光緒］益都縣圖志 17/13
［乾隆］惠民 5/46
［光緒］惠民 20/3
惠民縣鄉土志/耆舊錄 1
海豐縣鄉土志/耆舊－事業四
普顔帖木兒(字希古)
(元・棣州人)
［嘉靖］山東 29/22
［康熙］山東 39/20
［雍正］山東 28/人物二 69
［宣統］山東 164/26
［嘉靖］武定州下/66
［萬曆］武定州 13/5
［崇禎］武定州 20/1
10 **普爾泰**(清・滿洲正紅旗人)
［宣統］山東 75/34
［乾隆］東平州 12/42
［道光］東平州 12/42
［光緒］東平州 14/42
［民國］東平縣 9/22
東平州鄉土志上/政績錄 16
17 **普琛**(元)
［崇禎］新城 11/仙釋
［康熙］新城 8/16
［民國］重修新城 26/6
21 **普經**(明・垣曲人)
［萬曆］濱州 3/21
［康熙］濱州 5/21
［咸豐］濱州 8/6
26 **普和**(姓李)
(宋・蒙陰人)
［嘉靖］山東 34/15
［康熙］山東 47/8
［雍正］山東 30/14
［宣統］山東 200/23
［康熙］濟南 51/7
［嘉靖］青州 16/55
［萬曆］青州 17/13
［康熙十五年］青州 17/13
［康熙四十八年］青州 17/仙釋 8
［康熙六十年］青州 20/10
［乾隆］沂州府 27/13
［天啟］新泰 6/39
［順治］新泰 5/33
［乾隆］新泰 16/17
［康熙十一年］蒙陰 2/66
［康熙二十四年］蒙陰 4/21
［宣統］蒙陰 4/方外
30 **普濟禪師**(姓孫氏)
(宋・樂安人)
［咸豐］青州 52/3
［雍正］樂安 19/4
［民國］樂安 13/13
光緒臨朐 16/3
33 **普心和尚**(俗姓李)
(清・萊陽人)
［民國］濰縣志稿 36/10
37 **普朗**(俗姓溫)
(元・濰州人)
［民國］濰縣志稿 40/13
40 **普喜**(元)
［雍正］山東 30/19
66 **普嚴**(俗姓楊)
(元・楊邱人)
［乾隆］歷城 24/14
67 **普明**(姓張)
(晉・臨淄人)
［雍正］山東 30/7
［嘉靖］青州 16/49
［萬曆］青州 17/10
［康熙十五年］青州 17/10
［康熙四十八年］青州 17/仙釋 5
［民國］陽信 5/仙釋 86
普明(明)
［康熙］陽信 9/39
［乾隆］陽信 7/63
信邑志稿 7/仙釋
80 **普善**(清・膠州人)
［乾隆］膠州 5/40
［道光］重修膠州 30/2
［民國］增修膠志 47/2
91 **普恒**(字月樓)
(清・滿洲正黃旗人)
［宣統］山東 75/49
［咸豐］武定府 19/利津 7

8060_5 善

36 **善溫**(姓高)
(金・文登人)
［光緒］文登 12/1
38 **善道**(宋・臨淄人)
［嘉靖］山東 34/15
［康熙］山東 47/8
［雍正］山東 30/19
［宣統］山東 200/24
［嘉靖］青州 16/54
［萬曆］青州 17/12
［康熙十五年］青州 17/12
［康熙四十八年］青州 17/仙釋 7
［康熙六十年］青州 20/10
［咸豐］青州 52/4
［康熙］臨淄 10/7
［民國］臨淄 30/43
67 **善明**(元・滕人)
［萬曆］滕志 8/76
［康熙］滕志 8/人物 46
［康熙］滕縣志 8/釋道 4
［道光］滕縣志 11/釋道 4
90 **善卷**(一云單卷)
(唐虞)
［康熙］山東 46/2
［乾隆］曹州府 16/12
［崇禎］鄆城 5/23
［康熙］鄆城 5/36
［光緒］鄆城 5/40

［康熙］單縣 7/2
［民國］單縣 12/隱逸 1

8060_6 曾

00 曾廣（清）
［乾隆］濟寧直隸州 28/34
［道光］濟寧直隸州 10/2－20
曾慶源（字養泉）
（清・嘉祥人）
［光緒］嘉祥 2/34
曾廣運（字雲搏）
（清・四川隆昌人）
［民國］陽信 2/69
曾廣芳（字汝陟）
（清・嘉祥人）
［光緒］嘉祥 2/34
曾廣莆（字蔭園）
（清・嘉祥人）
［光緒］嘉祥 2/34
［光緒］嘉祥 3/33
曾文擧（明・日照人）
［乾隆］沂州府 26/11
［康熙］日照 9/10
［光緒］日照 8/6
07 曾望之（字景蕭）
（金・宣德人）
陵縣鄉土志/6
10 曾西（春秋・南武城人）
［嘉靖］山東 24/10
［康熙］山東 29/9
［萬曆元年］兗州 7/70
［萬曆］沂州志 6/23
［康熙］沂州志 5/6
［乾隆］沂州府 25/2
［康熙］費縣 7/3
［光緒］費縣 10/1
［順治］嘉祥 4/13
［乾隆］嘉祥 3/7
［光緒］嘉祥 3/7
［道光］鉅野 12/3
曾元（春秋・南武城人）
［嘉靖］山東 24/9
［康熙］山東 29/9
［萬曆元年］兗州 7/68
［萬曆］沂州志 6/22
［康熙］沂州志 5/5
［乾隆］沂州府 25/2
［康熙］費縣 7/2
［順治］嘉祥 4/12
［乾隆］嘉祥 3/6
［光緒］嘉祥 3/6
［道光］鉅野 12/2
曾一侗（字篤齋）
（明・河南陳州人）
［宣統］山東 71/51
［乾隆］武定府 16/30
［咸豐］武定府 19/商河 2
［萬曆］商河 5/23
［道光］商河 5/29
［民國］重修商河 6/67
商河縣鄉土志 1/政績
曾元裕（唐）
［光緒］益都縣圖志 16/10
12 曾弘毅（字泰東）
（明・嘉祥人）
［順治］嘉祥 3/35
［乾隆］嘉祥 2/25
［光緒］嘉祥 2/33
曾弘任（字嶧東）
（清・嘉祥人）
［順治］嘉祥 3/36
［乾隆］嘉祥 2/25
［光緒］嘉祥 2/35
曾廷芝（明・湖廣漢陽人）
［康熙］昌邑 5/5
［乾隆］昌邑 5/104
曾廷翰（清・江西寧都進士）
［民國］濟陽 9/40
17 曾鞏（字子固）
（宋・建昌南豐人）
［嘉靖］山東 25/20
［康熙］山東 32/8
［雍正］山東 27/22
［宣統］山東 68/28
［康熙］濟南 25/10
［道光］濟南 34/1
［崇禎］歷乘 16/26,16/61
［崇禎］歷城 6/9
曾翬（字時升）
（明・江西泰和人）
［雍正］山東 27/12
［宣統］山東 70/18
［道光］濟南 35/24
曾子發（明・開封人）
［萬曆］青城 2/38
［乾隆］青城 8/13
［民國］青城續修 4/人物 24
曾承業（字洪福）
（明・嘉祥人）
［順治］嘉祥 3/35
［乾隆］嘉祥 2/25
［光緒］嘉祥 2/33
曾承祐（字自天）
（明・嘉祥人）
［順治］嘉祥 3/36
［乾隆］嘉祥 2/25
［光緒］嘉祥 2/35
21 曾碽（字石甫）
（明・陽信人）
［雍正］山東 28/人物三 53
［宣統］山東 162/38
［康熙］濟南 37/11
［乾隆］武定府 25/36
［咸豐］武定府 25/儒林 6
［康熙］陽信 9/8
［乾隆］陽信 7/7
［民國］陽信 5/宦蹟 12
信邑志稿 7/儒林
陽信縣鄉土志上/耆舊－學問,耆舊－鄉賢祠
曾衍謙（字六吉）
（清・嘉祥人）
［咸豐］濟寧直隸州續志 3/9
［民國］濟寧直隸州續志 12/4
［光緒］嘉祥 3/47
曾貞震（字省庵）
（清・嘉祥人）
［乾隆］嘉祥 2/26
［光緒］嘉祥 2/35
曾貞豫（字和菴）
（清・嘉祥人）
［乾隆］嘉祥 2/25
［光緒］嘉祥 2/34
曾衍樞（字紫垣）
（清・嘉祥人）
［乾隆］嘉祥 2/26
［光緒］嘉祥 2/35
曾衍櫺（字雍若,號喬麓）

（清・嘉祥人）
[道光]濟寧直隸州 8/1－8
[乾隆]嘉祥 2/25,4/46
[光緒]嘉祥 2/34,4/55
曾衍枚（字問亭）
（清・鄆城人）
[光緒]鄆城 7/21
曾衍東（字七如）
（清・嘉祥人）
[民國]濟寧直隸州續志 12/4
[光緒]嘉祥 3/28
曾衍善（字培初）
（清・東平人）
[乾隆]東平州 14/14
[道光]東平州 14/14
[光緒]東平州 15/中 19
[民國]東平縣 11/上 38
東平州鄉土志上/耆舊錄 42
22 **曾繼一**（字貫吾）
（清・臨朐人）
臨朐縣鄉土志 1/耆舊
曾繼孔（字唯齋）
（明・城武人）
[康熙九年]城武 5/16
曾繼升（清・商河人）
[民國]重修商河 8/35
曾繼祖（字繩之）
（明・嘉祥人）
[康熙]兗州 28/38
[乾隆]兗州 23/53
[康熙]濟寧州 7/9
[乾隆]濟寧直隸州 27/3
[道光]濟寧直隸州 8/4－30
[順治]嘉祥 3/35
[乾隆]嘉祥 2/25
[光緒]嘉祥 2/33
曾繼英（字仲彥）
（清・陽信人）
[乾隆]武定府 25/60
[咸豐]武定府 25/文苑 20
[乾隆]陽信 7/22
[民國]陽信 5/文學 8
信邑志稿 7/文苑
陽信縣鄉土志上/耆舊－學問
曾豐泰（清・齊東人）
[民國]齊東 5/28
曾豐典（清・齊東人）
[民國]齊東 5/28
曾繼美（字秀文）
（清・陽信人）
[乾隆]武定府 25/60
[乾隆]陽信 7/22
[民國]陽信 5/文學 8
23 **曾參**（字子輿）
（春秋・南武城人）
[嘉靖]山東 24/3
[康熙]山東 29/3
[雍正]山東 11/闕里二 2
[嘉靖]青州 12/2
[萬曆]青州 12/5
[康熙十五年]青州 12/5
[康熙四十八年]青州 12/5
[康熙六十年]青州 12/1
[萬曆元年]兗州 7/5
[萬曆二十四年]兗州 7/4
[康熙]兗州 8/4
[乾隆]兗州 7/10
[萬曆]沂州志 6/22
[康熙]沂州志 5/5
[乾隆]沂州府 20/1,25/1
[嘉慶]莒州 7/1
[民國]重修莒志 57/1
[道光]濟寧直隸州 8/1－3
[乾隆]曲阜 58/1
[康熙]嶧縣 4/5
[乾隆]嶧縣 8/1
[康熙]費縣 7/2
[光緒]費縣 10/1
費縣鄉土志/耆舊錄－事業
[民國]續修臨沂 16/1
[康熙]郯城 7/13
[康熙]臨淄 9/1
[順治]嘉祥 4/2
[乾隆]嘉祥 3/2
[光緒]嘉祥 3/2
[萬曆]鉅野 7/1
[康熙]鉅野 11/1
[道光]鉅野 12/2
25 **曾傳文**（清・費縣人）
[光緒]費縣 11/55
曾傳經（字蓬海）
（清・臨朐人）
[民國]臨朐續志 20/29
曾傳鎮（字巨山）
（清・嘉祥人）
[光緒]嘉祥 2/34
曾傳錫（字綸三）
（清・嘉祥人）
[咸豐]濟寧直隸州續志 3/11
[民國]濟寧直隸州續志 12/4
[光緒]嘉祥 2/35,3/47
27 **曾魚**（明・江西吉水人）
[乾隆]嶧縣 7/26
曾紀瑚（字六華，號鏡瀾）
（清・嘉祥人）
[咸豐]濟寧直隸州續志 3/10
[民國]濟寧直隸州續志 12/3
[光緒]嘉祥 2/34,3/28
曾紀連（字仲魯）
（清・嘉祥人）
[光緒]嘉祥 2/34
30 **曾宏毅**（見曾弘毅）
曾宏仕（見曾弘任）
曾憲祏（字奉遠）
（清・嘉祥人）
[光緒]嘉祥 2/34
36 **曾暹**（明・鄆城人）
[崇禎]鄆城 6/15
37 **曾選達**（清・彭澤舉人）
[光緒]增修登州 34/2
[道光]榮成 6/27
38 **曾肇**（字子開）
（宋・南豐人）
[嘉靖]山東 26/25
[康熙]山東 34/6
[萬曆]東昌 18/22
[嘉靖]濮州 7/11
[萬曆]濮州 3/名宦 14
[康熙]濮州 3/14
[乾隆]濮州 3/14
[宣統]濮州 4/14
曾啟塤（字志菴）
（清・瀘州人）
[民國]濟寧直隸州續志 10/54
[民國]樂安 8/22
[民國]續修廣饒 17/9

[光緒]魚臺2/又57
40 曾布(字子宣)
(宋・南豐人)
[嘉靖]山東27/6
[嘉靖]青州13/27
[萬曆]青州12又/5
[康熙十五年]青州12又/5
[康熙四十八年]青州12又/5
[康熙六十年]青州12/13
[光緒]益都縣圖志16/33
曾培(字篤齋)
(清・成都人)
[民國]樂安8/23
[民國]續修廣饒17/9
[民國]濰縣志稿20/24
曾壽(字延齡)
(明・濟寧人)
[康熙]濟寧州7/27
[乾隆]濟寧直隸州26/6
[道光]濟寧直隸州8/2-42
曾士龍(清・德州人)
州乘餘聞/20
曾九皋(清)
禹城縣鄉土志/7
曾志淳(字亦程)
(元・廬陵永豐人)
[嘉靖]山東38/64
曾士選(清・陽信人)
[民國]陽信5/孝友56
41 曾桓(字子威)
(清・陽信人)
[民國]陽信5/文學16
44 曾蒧(見曾點)
曾華(春秋・南武城人)
[康熙]山東29/9
[萬曆元年]兗州7/69
[萬曆]沂州志6/22
[康熙]沂州志5/5
[乾隆]沂州府25/2
[康熙]費縣7/2
[光緒]費縣10/1
[順治]嘉祥4/12
[乾隆]嘉祥3/7
[光緒]嘉祥3/7
[道光]鉅野12/2
曾孝序(字逢原)
(宋・泉州晉江人)
[嘉靖]山東27/6
[雍正]山東27/57
[宣統]山東68/51
[嘉靖]青州13/27
[萬曆]青州12/20
[咸豐]青州35/12
[光緒]益都縣圖志16/35
曾孝寬(字令綽)
(宋・泉州晉江人)
[嘉靖]山東26/12
[康熙]山東33/14
[雍正]山東27/90
[宣統]山東68/35
[乾隆]泰安府14/20
[萬曆二十四年]兗州28/4
[康熙]兗州22/4
[康熙]東平州4/40
[乾隆]東平州12/16
[道光]東平州12/16
[光緒]東平州14/16
45 曾棟(字銘西)
(明・江西臨川人)
[宣統]山東70/32
[康熙]濟南24/29
[道光]濟南35/45
[崇禎]武定州15/25
[乾隆]武定府16/12
[咸豐]武定府19/12
[乾隆]惠民5/21
[光緒]惠民18/13
惠民縣鄉土志/政績錄7
46 曾櫻(字仲含)
(明・峽江人)
萊州府鄉土志/上14
[嘉慶]續掖縣2/14
曾如春(字元祥)
(明・臨川人)
[康熙]濟寧州4/11
50 曾丰(字幼度)
(宋・千乘人)
[雍正]樂安12/5
[民國]樂安10/4
[民國]續修廣饒19/6
曾申(春秋・南武城人)
[嘉靖]山東24/9
[康熙]山東29/9
[萬曆元年]兗州7/69
[萬曆]沂州志6/22
[康熙]沂州志5/5
[乾隆]沂州府25/2
[乾隆]曲阜69/3
[康熙]費縣7/2
[光緒]費縣10/1
[順治]嘉祥4/12
[乾隆]嘉祥3/6
[光緒]嘉祥3/6
[道光]鉅野12/2
53 曾輔朝(清・欒山人)
[光緒]壽張5/40
60 曾景(明・潼關衛人)
[乾隆]續登州10/12
[雍正]文登10/1
[道光]文登5/26
[光緒]文登10/下2
[康熙]靖海衛志流寓/42
曾旼(字春暉)
(清・陽信人)
[乾隆]武定府25/20
[咸豐]武定府25/孝友20
[乾隆]陽信7/26
[民國]陽信5/孝友52
信邑志稿7/孝友
曾曰唯(字景魯)
(明・光山人)
[康熙]淄川4/13
[乾隆]淄川4/13
61 曾點(字子晳,一作晢)
(春秋・南武城人)
[嘉靖]山東24/3
[康熙]山東29/2
[雍正]山東11/闕里二34
[宣統]山東153/2
[萬曆元年]兗州5/12
[萬曆]沂州志6/21
[康熙]沂州志5/5
[乾隆]沂州府25/1
[乾隆]嶧縣8/2
[康熙]費縣7/2
費縣鄉土志/耆舊錄-事業
[乾隆]曲阜59/3
[順治]嘉祥4/1

[乾隆]嘉祥 3/1
[光緒]嘉祥 3/1
[萬曆]鉅野 7/1
[康熙]鉅野 11/1
[道光]鉅野 12/2
67 **曾明烈**(字叔承)
(明・陽信人)
[康熙]濟南 42/20
[乾隆]武定府 25/50
[咸豐]武定府 25/文苑 10
[乾隆]陽信 7/19
[民國]陽信 5/文學 2
信邑志稿 7/文苑
陽信縣鄉土志上/耆舊－學問
曾昭瑞(清・聊城人)
[宣統]山東 174/20
曾明昌(字伯頌,號日觀)
(明・陽信人)
[康熙]濟南 42/20
[乾隆]武定府 25/50
[咸豐]武定府 25/文苑 10
[康熙]陽信 9/12
[乾隆]陽信 7/18
[民國]陽信 5/文學 2
信邑志稿 7/文苑
陽信縣鄉土志上/耆舊－學問
曾昭嗣(字纂庭)
(清・嘉祥人)
[光緒]嘉祥 2/34
71 **曾長治**(字賡虞)
(清・南城進士)
[光緒]德平 5/18
72 **曾質粹**(字南武,一字好古)
(明・嘉祥人)
[康熙]兗州續編 6/16
[順治]嘉祥 3/35
[乾隆]嘉祥 2/24
[光緒]嘉祥 2/33
77 **曾興烈**(字光緒)
(清・嘉祥人)
[乾隆]嘉祥 2/25
[光緒]嘉祥 2/34
曾聞允(清・平度人)
[光緒]平度志要/人物
曾聞進(字紹興)
(清・嘉祥人)
[乾隆]嘉祥 2/26
[光緒]嘉祥 2/35
曾聞達(字象輿)
(清・嘉祥人)
[順治]嘉祥 3/36
[乾隆]嘉祥 2/25
[光緒]嘉祥 2/33
曾聞迪(字景輿)
(清・嘉祥人)
[乾隆]嘉祥 2/26
[光緒]嘉祥 2/35
曾聞道(字心維)
(清・嘉祥人)
[順治]嘉祥 3/36
[乾隆]嘉祥 2/26
[光緒]嘉祥 2/35
80 **曾毓海**(清・鄆城人)
[光緒]鄆城 10/9
曾毓芝(清・鄆城人)
[光緒]鄆城 16/11
曾毓墫(字注瀛)
(清・嘉祥人)
[乾隆]嘉祥 2/25
[光緒]嘉祥 2/34
曾令典(固始人)
[民國]冠縣 6/50
曾毓鏞(字堯夫)
(清・嘉祥人)
[光緒]嘉祥 3/31
曾毓鐔(字度西)
(清・嘉祥人)
[光緒]嘉祥 3/32
84 **曾銑**(字子重)
(明・南直江都人)
[宣統]山東 70/9
[道光]濟南 35/5
88 **曾鎰**(字子重)
(明・德州人)
德州鄉土志/耆舊 7
曾敏傳(清・龍南人)
[乾隆]利津縣志補 3/17
曾敘符(清・興義舉人)
[光緒]高密 6/26
[民國]高密 12/27
高密縣鄉土志/上 12
90 **曾尚渟**(字凝池)
(清・嘉祥人)
[乾隆]嘉祥 2/26
[光緒]嘉祥 2/35
曾尚溥(字廣淵)
(清・嘉祥人)
[乾隆]嘉祥 2/26
[光緒]嘉祥 2/35
曾尚溶(字匯伯)
(清・嘉祥人)
[乾隆]嘉祥 2/25
[光緒]嘉祥 2/34
曾尚淇(字衛濱)
(清・嘉祥人)
[乾隆]嘉祥 2/26
[光緒]嘉祥 2/35
曾尚渭(字映華)
(清・嘉祥人)
[乾隆]嘉祥 2/26
[光緒]嘉祥 2/35
曾尚增(字謙益)
(清・歷城人)
[道光]濟南 53/21
[乾隆]歷城 38/24
[道光]長清 12/2

8060_7 倉

60 **倉景長**(字子益)
(清・河南中牟人)
[宣統]山東 77/31
[光緒]增修登州 35/3
[光緒]海陽縣續志 2/21

8060_8 谷

00 **谷文魁**(明・延慶人)
[萬曆]青州 12 又/18
[康熙四十八年]青州 12 又/18
[嘉慶]莒州 7/6
[民國]重修莒志 57/12
谷應宿(字元度)
(清・無棣人)
[乾隆]武定府 26/28
[民國]無棣 12/5
谷應舉(明・陵縣人)
[道光]濟南 52/32

[康熙]陵縣 5/24
[光緒]陵縣 19/人物傳一 19
10 谷元福(字壽先)
(清・鉅野人)
[道光]鉅野 13/56
谷晉册(字命侯)
(清・陵縣人)
[光緒]陵縣 19/人物傳二 4
17 谷孟甲(字占魁,一作颱魁)
(清・菏澤人)
[光緒]菏澤 15/70
[光緒]新修菏澤 11/57
菏澤縣鄉土志/21
18 谷珍(明・濟南衛人)
[嘉靖]山東 35/3
[康熙]山東 45/4
[雍正]山東 28/人物三 1
[宣統]山東 165/13
[康熙]濟南 44/13
[道光]濟南 49/38
[崇禎]歷乘 16/46
[崇禎]歷城 10/21
[乾隆]歷城 42/5
20 谷秉謙(清・直隸豐潤人)
[宣統]山東 76/41
[乾隆]東昌 34/9
[嘉慶]東昌 21/28
[康熙]重修清平下/5
[嘉慶]清平 13/6
[宣統]增輯清平 11/5
[民國]清平/秩官 29
谷維寅(字位東)
(清・菏澤人)
[光緒]菏澤 15/71
[光緒]新修菏澤 11/59
菏澤縣鄉土志/21
21 谷穎(北魏・昌黎人)
[光緒]益都縣圖志 15/17
22 谷繼宗(字嗣興,號少岱)
(明・濟南人)
[道光]濟南 49/26
[崇禎]歷乘 16/52
[乾隆]歷城 40/17
谷嵩年(字漢齡)
(清・陵縣人)
[光緒]陵縣 19/人物傳二 10
陵縣鄉土志/19
25 谷生琰(字錫九)
(清・威海衛人)
[乾隆]威海衛志 7/9,8/2
谷生賢(字錫九)
(清・文登人)
[光緒]增修登州 44/6
[道光]文登 5/7,8/24
[光緒]文登 9/下 2-10
26 谷皋(字庚熙)
(清・文登人)
[光緒]文登 9/下 2-13
27 谷翱(明・威海衛人)
[道光]文登 5/10
28 谷以忠(字獻可)
(清・菏澤人)
[光緒]菏澤 15/72
[光緒]新修菏澤 11/59
30 谷之穎(字太玄)
(清・無棣人)
[民國]無棣 12/1
谷良有(鉅野人)
[民國]續修鉅野 5/上 12
35 谷連科(清・陽信人)
[乾隆]武定府 25/28
[咸豐]武定府 25/孝友 28
[乾隆]陽信 7/28
[民國]陽信 5/孝友 69
信邑志稿 7/孝友
37 谷潤庭(字玉階)
(清・滋陽人)
滋陽縣鄉土志 1/耆舊-實行
谷資生(清・城武人)
[康熙四十一年]城武 5/上懿行 17
[道光]城武 9/下 19
谷資生(字效坤,號雪塘)
(清・陵縣人)
[雍正]山東 28/人物四 29
[宣統]山東 169/22
[道光]濟南 56/63
[光緒]陵縣 19/人物傳二 3
陵縣鄉土志/16
40 谷嘉瑞(字休徵)
(清・陵縣人)
[光緒]陵縣 19/人物傳二 20
谷九鼎(明・豐潤人)
[光緒]增修登州 27/2
[同治]黃縣 6/4
谷大生(清・城武人)
[康熙四十一年]城武 5/上懿行 17
[道光]城武 9/下 19
谷培基(字南臺)
(清・昌邑人)
[光緒]昌邑縣續志 6/23
44 谷協一(清・鉅野人)
[民國]續修鉅野 5/上 27
谷芳甸(字禹畿)
(清・陽信人)
[民國]陽信 5/任恤 33
谷萬青(清・鉅野人)
[道光]鉅野 13/57
46 谷韞琢(字含章,號海人)
(清・菏澤人)
[光緒]菏澤 15/81
[光緒]新修菏澤 11/66
谷韞璨(字寶巖)
(清・菏澤人)
[光緒]菏澤 15/77
[光緒]新修菏澤 11/63
菏澤縣鄉土志/22
50 谷中虛(字子聲,號岱宗)
(明・海豐人)
[康熙]山東 39/26
[雍正]山東 28/人物三 40
[宣統]山東 161/44
[康熙]濟南 35/13
[乾隆]武定府 23/19,35/48
[咸豐]武定府 23/名臣 19,35/行狀 1
[康熙]海豐 11/45
海豐縣鄉土志/耆舊-事業
[民國]無棣 10/3,21/18
谷本嘉(字會也)
(清・陵縣人)
[光緒]陵縣 16/67,19/人物傳二 5
谷本盛(字邃菴)
(清・陵縣人)
[道光]濟南 56/63

[光緒]陵縣 16/69,19/人物傳二 7
陵縣鄉土志/20
53 **谷威**(明・濮州人)
[宣統]濮州 6/30
60 **谷杲**(元)
[乾隆]淄川 4/7
67 **谷明道**(清・恩縣人)
[宣統]重修恩縣 8/44
[民國]重修恩縣 11/鄉賢 51
恩縣鄉土志/23
77 **谷開曾**(字宏圖)
(清・鉅野人)
[道光]鉅野 13/50
90 **谷光震**(字雲亭)
(清・陵縣人)
[光緒]陵縣 19/人物傳二 20
陵縣鄉土志/20

8071_7 乞

23 **乞伏慧**(字令和)
(隋・馬邑人)
[嘉靖]山東 26/6
[康熙]山東 33/7
[雍正]山東 27/86
[宣統]山東 67/25
[道光]濟南 33/21
[萬曆元年]兗州 38/循吏 21
[萬曆二十四年]兗州 27/6
[康熙]兗州 21/21
[乾隆]曹州府 12/6
[光緒]新修菏澤 8/4
菏澤縣鄉土志/8
[康熙]兗州府曹縣 10/6
[光緒]曹縣 10/5

8073_2 公

00 **公度**(明・蒙陰人)
[康熙十一年]蒙陰 2/37
公襄(明・蒙陰人)
[康熙十一年]蒙陰 2/41
公立元(元・蒙陰人)
[康熙十一年]蒙陰 2/1
01 **公評**(明・蒙陰人)
[康熙十一年]蒙陰 2/51
03 **公詠**(清・蒙陰人)
[乾隆]沂州府 26/25
[宣統]蒙陰 4/孝義
10 **公西赤**(字子華)
(春秋・魯人)
[嘉靖]山東 24/7
[康熙]山東 29/7
[雍正]山東 11/闕里二 17
[宣統]山東 153/7
[萬曆元年]兗州 7/46
[萬曆二十四年]兗州 7/19
[康熙]兗州 8/20
[乾隆]兗州 7/28
[崇禎]曲阜 4/10
[康熙]曲阜 4/10
[乾隆]曲阜 59/6
[康熙]臨淄 9/1
[民國]東明縣新誌 11/97
東明縣志料/人物門
公一載(字伯子)
(明・蒙陰人)
[康熙十一年]蒙陰 2/13
公西蒧(字子上,一作子尚,又作子高)
(春秋・魯人)
[嘉靖]山東 24/9
[康熙]山東 29/9
[雍正]山東 11/闕里二 19
[宣統]山東 153/10
[萬曆元年]兗州 7/58
[萬曆二十四年]兗州 7/21
[康熙]兗州 8/22
[乾隆]兗州 7/30
[崇禎]曲阜 4/11
[康熙]曲阜 4/11
[乾隆]曲阜 59/8
公一桂(明・蒙陰人)
[康熙十一年]蒙陰 2/52
公玉帶(漢・濟南人)
[嘉靖]山東 29/2
[康熙]山東 39/2
[康熙]濟南 48/1
[道光]濟南 45/16
[崇禎]歷乘 16/3
[崇禎]歷城 10/2
公一柟(字世用)
(明・蒙陰人)
[康熙十一年]蒙陰 2/13
公一揚(號亦山)
(明・蒙陰人)
[康熙十一年]蒙陰 2/2
公一鳴(明・蒙陰人)
[萬曆]青州 15/12
[康熙十五年]青州 15/12
[康熙四十八年]青州 15/文學 12
[康熙六十年]青州 18/6
[乾隆]沂州府 25/22
[康熙十一年]蒙陰 2/13,2/40
[康熙二十四年]蒙陰 4/4
公一躍(號繼山)
(明・蒙陰人)
[康熙十一年]蒙陰 2/13
公西輿如(字子上)
(春秋・魯人)
[嘉靖]山東 24/9
[康熙]山東 29/9
[雍正]山東 11/闕里二 19
[宣統]山東 153/9
[萬曆元年]兗州 7/56
[萬曆二十四年]兗州 7/22
[康熙]兗州 8/23
[乾隆]兗州 7/30
[崇禎]曲阜 4/11
[康熙]曲阜 4/11
[乾隆]曲阜 59/8
公夏首(字子乘)
(春秋・魯人)
[嘉靖]山東 24/8
[康熙]山東 29/8
[雍正]山東 11/闕里二 18
[宣統]山東 153/8
[萬曆元年]兗州 7/52
[萬曆二十四年]兗州 7/22
[康熙]兗州 8/23
[乾隆]兗州 7/29
[崇禎]曲阜 4/10
[康熙]曲阜 4/10
[乾隆]曲阜 59/6
公一翔(明・蒙陰人)
[康熙十一年]蒙陰 2/45
公元燮(清・蒙陰拔貢)

[光緒]嶧縣 19/丞倅 16
12 公琇(清·蒙陰人)
[康熙十一年]蒙陰 2/38
公登高(清·蒙陰人)
[康熙十一年]蒙陰 2/38
公孫文(漢·琅邪人)
[至元]齊乘 6/11
[宣統]山東 153/29
[萬曆]青州 13/7
[康熙十五年]青州 13/7
[康熙四十八年]青州 13/經師 2
[康熙六十年]青州 15/3
[乾隆]泰安府 14/4
[乾隆]東平州 12/2
[道光]東平州 12/2
[光緒]東平州 14/2
[萬曆]諸城 7/4
[康熙]諸城 7/4
[光緒]嶧縣 21/鄉賢 23
公孫龍(字子石)
(春秋·楚人,一作衛人)
[嘉靖]山東 24/8
[康熙]山東 29/8
[雍正]山東 11/闕里二 17
[萬曆元年]兗州 7/50
[萬曆二十四年]兗州 7/22
[康熙]兗州 8/23
[乾隆]兗州 7/28
[乾隆]曲阜 59/6
公孫詭(漢·齊人)
[嘉靖]山東 33/15
[嘉靖]青州 16/60
[萬曆]青州 20/外傳 4
[康熙十五年]青州 20/外傳 4
[康熙四十八年]青州 20/外傳 4
公孫爾甯(清·滕縣人)
[道光]滕縣志 9/孝義 18
公孫夏(春秋·齊人)
[萬曆]青州 15/15
[康熙十五年]青州 15/15
[康熙四十八年]青州 15/武功 2
[康熙]臨淄 10/2
[民國]臨淄 22/59
公孫弘(字次卿,一作季)
(漢·菑川薛人)
[至元]齊乘 6/9
[嘉靖]山東 29/1
[康熙]山東 39/1
[雍正]山東 28/人物一 5
[宣統]山東 153/28,154/3
[康熙]濟南 34/1
[道光]濟南 45/15
[萬曆元年]兗州 40/相業 7
[萬曆]萊州 6/22
[康熙]萊州 10/91
[乾隆]萊州 12/流寓 1
[嘉靖]淄川 6/78
[萬曆]淄川 30/2
[康熙]淄川 6/4
[乾隆]淄川 6/上 4
淄川縣鄉土志/耆舊錄－歷代名儒
[民國]臨淄 29/25
[萬曆]滕志 6/75,7/6
[康熙]滕志 6/53,7/6
[康熙]滕縣志 6/賓客 5,7/6
[道光]滕縣志 6/僑寓 4
[宣統]滕縣續志稿 3/4
[民國]濰縣志稿 32/29
公孫丑(戰國·齊人)
[至元]齊乘 6/4
[嘉靖]山東 24/11
[康熙]山東 29/11
[雍正]山東 11/闕里二 21
[宣統]山東 153/12
[嘉靖]青州 12/6
[萬曆]青州 13/4
[康熙十五年]青州 13/4
[康熙四十八年]青州 13/4
[乾隆]兗州 7/32
[嘉靖]鄒縣地理誌 1/23
[康熙]臨淄 9/2
[民國]臨淄 21/36
公孫帛(漢)
[民國]濰縣志稿 42/2
公孫歸父(春秋·魯人)
[萬曆元年]兗州 40/節義 1
公孫免餘(春秋·衛人)
[嘉靖]山東 28/16
[康熙]山東 38/16
[萬曆元年]兗州 40/忠直 5
[萬曆]東昌 18/2
公孫傁(春秋·齊人)
[萬曆]青州 13/22
[康熙十五年]青州 13/22
[康熙四十八年]青州 13/事功 6
公孫宏(漢,見公孫弘)
公孫竈(字子雅)
(春秋)
[萬曆]青州 13/22
[康熙十五年]青州 13/22
[康熙四十八年]青州 13/事功 6
[康熙六十年]青州 16/3
[民國]臨淄 22/58
公孫邃(字文慶)
(北魏·燕都廣陽人)
[宣統]山東 67/15
[光緒]益都縣圖志 15/8
公孫蠆(字子尾)
(春秋)
[萬曆]青州 13/21
[康熙十五年]青州 13/21
[康熙四十八年]青州 13/事功 5
[康熙六十年]青州 16/3
[民國]臨淄 22/58
公孫桂(元·淄川人)
[康熙]淄川 5/3
[乾隆]淄川 5/3
公孫枝(即公叔文子)
(春秋)
[萬曆]東昌 18/2
公廷芳(清·蒙陰人)
[乾隆]沂州府 26/25
公孫賀(字子叔)
(漢·北地義渠人)
[乾隆]嶧縣 7/3
[光緒]嶧縣 18/2
公孫青(周)
[萬曆]青州 15/14
[民國]臨淄 23/5
公孫書(戰國·齊人)

［萬曆］青州 15/14
［康熙四十八年］青州 15/武功 1
公孫戌（戰國）
［萬曆］青州 15/30
［康熙十五年］青州 15/30
［康熙四十八年］青州 15/說士 6
［民國］臨淄 29/28
公孫捷（周・齊人）
［嘉靖］青州 16/2
［萬曆］青州 15/16
［康熙十五年］青州 15/16
［康熙四十八年］青州 15/武功 3
［民國］臨淄 30/39
公孫揮（周・齊人）
［康熙］臨淄 9/19
公孫景茂（字元蔚）（隋・河間阜城人）
［嘉靖］山東 25/18
［康熙］山東 32/5
［雍正］山東 27/20
［宣統］山東 67/27
［康熙］濟南 24/9
［道光］濟南 33/22
［乾隆］東昌 35/15
［嘉慶］東昌 22/19
［嘉靖］淄川 6/75
［萬曆］淄川 27/3
［康熙］淄川 4/2
［乾隆］淄川 4/2
［康熙十二年］高唐州 7/2
［康熙五十一年］高唐州 7/2
［道光］高唐州 7/1－2
［光緒］高唐州 7/1－2
［民國］高唐縣 9/5－1
高唐州鄉土志/4
公孫嬰（春秋・魯人）
［嘉靖］山東 28/11
［康熙］山東 38/11
［萬曆元年］兗州 40/節義 3
［萬曆二十四年］兗州 30/10
［康熙］兗州 23/10
［乾隆］兗州 23/3
公孫嬰齊（見公孫嬰）
公孫臣（漢・魯人）
［嘉靖］山東 33/15
［宣統］山東 168/2
［萬曆元年］兗州 43/4
［乾隆］曲阜 93/4
公登閣（清・蒙陰人）
［康熙十一年］蒙陰 2/54
公孫閈（戰國）
［萬曆］青州 15/32
［康熙十五年］青州 15/32
［康熙四十八年］青州 15/說士 8
［民國］臨淄 29/22
公孫閎（漢）
［嘉靖］山東 26/2
［康熙］山東 33/2
［雍正］山東 27/50
［宣統］山東 66/11
［嘉靖］青州 13/8
［萬曆］青州 12/7
［康熙十五年］青州 12/7
［康熙四十八年］青州 12/7
［康熙六十年］青州 12/2
［咸豐］青州 34/5
［萬曆元年］兗州 38/循吏 3
［萬曆二十四年］兗州 26/4
［康熙］兗州 21/4
［萬曆］沂州志 6/3
［康熙］沂州志 3/39
［萬曆］諸城 5/2
［康熙］諸城 5/2
［乾隆］諸城 27/2
公孫差（周）
［萬曆］青州 14/3
［康熙十五年］青州 14/3
［康熙四十八年］青州 14/忠義 3
［康熙六十年］青州 17/2
公孫會（周）
［康熙］曹州志 15/30
［乾隆］曹州府 14/1
［康熙］曹縣 12/3
［康熙］兗州府曹縣 12/3
［光緒］曹縣 12/3
［光緒］菏澤 15/32
公孫無知（春秋・齊人）
［嘉靖］山東 33/12
［嘉靖］青州 16/58
［萬曆］青州 20/外傳 2
［康熙十五年］青州 20/外傳 2
［康熙四十八年］青州 20/外傳 2
公登策（字紳所）（明・蒙陰人）
［康熙十一年］蒙陰 2/15
公登第（清・蒙陰人）
［康熙十一年］蒙陰 2/35
公登籍（字縉所）（明・蒙陰人）
［康熙十一年］蒙陰 2/15
13 **公武**（金）
［康熙］山東 34/7
［雍正］山東 27/91
17 **公璵**（元・蒙陰人）
［康熙十一年］蒙陰 2/43
公鼐（字孝與）（明・蒙陰人）
［康熙］山東 42/27
［雍正］山東 28/人物三 57
［宣統］山東 159/35
［康熙十五年］青州 15/又 12
［康熙四十八年］青州 15/文學 13
［康熙六十年］青州 18/6
［康熙十一年］蒙陰 2/3，2/24，2/39
［康熙二十四年］蒙陰 3/16，4/6
［宣統］蒙陰 4/名獻
公孟子高（春秋）
［嘉靖］山東 24/11
［康熙］山東 29/11
［萬曆元年］兗州 7/73
［萬曆二十四年］兗州 7/24
［康熙］兗州 8/25
［道光］濟寧直隸州 8/1－69
公子偃（周）
［萬曆元年］兗州 40/武功 2
公子鱄（字子鮮）（春秋・衛人）
［萬曆元年］兗州 40/節義 7

[萬曆]濮州4/衛人2
公子將(明・蒙陰人)
[康熙十一年]蒙陰2/36
公子荊(一名公南)
(周)
[萬曆元年]兗州40/節義10
[萬曆]濮州4/衛人3
公子晳(春秋・楚人)
[萬曆]濮州4/游寓1
[康熙]濮州4/25
[乾隆]濮州4/39
[宣統]濮州6/67
公子朝(周)
[萬曆]濮州4/衛人3
公子郢(字子南)
(周)
[萬曆元年]兗州40/節義10
公子欣時(字子臧)
(周・曹人)
[嘉靖]山東28/17
[康熙]山東38/17
[萬曆]青州12又/1
[康熙十五年]青州12又/1
[康熙四十八年]青州12又/1
[康熙六十年]青州12/1
[萬曆元年]兗州40/節義10
[萬曆二十四年]兗州30/15
[康熙]兗州23/15
[康熙]曹州志15/2
[乾隆]曹州府14/1
[康熙]曹縣12/2
[康熙]兗州府曹縣12/2
[光緒]曹縣12/2
[順治]定陶5/18
[乾隆]定陶6/10
[民國]定陶6/41
[光緒]菏澤15/2
公子鉏(春秋・齊人)
[萬曆]青州13/21
[康熙十五年]青州13/21
[康熙四十八年]青州13/事功5
[康熙六十年]青州16/3
19 公璪(元・蒙陰人)
[康熙十一年]蒙陰2/43
20 公秉文(號鳳西)
(明・蒙陰人)
[康熙十一年]蒙陰2/又20
公乘陽慶(漢・臨淄元里人)
[嘉靖]山東33/15
[康熙]山東49/1
[雍正]山東31/2
[宣統]山東168/1
[嘉靖]青州16/42
[康熙十五年]青州17/1
[康熙四十八年]青州17/方技1
[康熙六十年]青州20/6
[康熙]臨淄10/8
[民國]臨淄30/35
21 公綖(清・蒙陰人)
[康熙十五年]青州14/又11
[康熙四十八年]青州14/忠義12
[康熙六十年]青州17/18
[乾隆]沂州府26/15
[康熙十一年]蒙陰2/33
[康熙二十四年]蒙陰4/15
[宣統]蒙陰4/孝義
公師旦(明・蒙陰人)
[康熙十一年]蒙陰2/52
22 公鼎(字孝與)
(明)
[乾隆]沂州府25/23
公峩(清・滿洲鑲黄旗人)
[光緒]益都縣圖志18/51
公山不狃(字子洩)
(春秋・魯人)
[嘉靖]山東33/14
[萬曆元年]兗州41/4
[萬曆二十四年]兗州37/33
[康熙]兗州28/74
[萬曆]沂州志10/52
24 公䛅(明・蒙陰人)
[康熙十一年]蒙陰2/6,2/34
[康熙二十四年]蒙陰3/13
公勉仁(號西阜)
(明・蒙陰人)
[雍正]山東28/人物三19
[宣統]山東160/21
[嘉靖]青州14/31
[萬曆]青州13/46
[康熙十五年]青州13/46
[康熙四十八年]青州13/事功29
[康熙六十年]青州16/15
[乾隆]沂州府25/21
[康熙十一年]蒙陰2/2,2/46
[康熙二十四年]蒙陰3/15,4/3
[宣統]蒙陰4/名獻
27 公甸(字陟明)
(明・蒙陰人)
[乾隆]沂州府26/28
[康熙十一年]蒙陰2/又20
[康熙二十四年]蒙陰4/7
[宣統]蒙陰4/名獻
公綱(元・蒙陰人)
[康熙十一年]蒙陰2/49
公叔文子(即公叔枝)
(春秋・衛人)
[嘉靖]山東28/16
[康熙]山東38/16
[康熙]滋陽4/上50
公叔發(周)
[萬曆元年]兗州40/相業6
公叔拔(春秋)
[萬曆]東昌18/3
28 公儀僭(春秋・魯人)
[嘉靖]山東28/14
[康熙]山東38/14,46/3
[萬曆元年]兗州40/隱逸2
[萬曆二十四年]兗州30/14
[康熙]兗州23/14
[乾隆]兗州23/4
[崇禎]曲阜4/113
[康熙]曲阜4/113
[乾隆]曲阜82/1
[康熙]滋陽4/上58
公儀休(戰國・魯人)
[嘉靖]山東25/1
[康熙]山東31/1
[萬曆元年]兗州40/相業7
[萬曆二十四年]兗州26/2,30/13
[康熙]兗州21/2,23/13
[乾隆]兗州23/4

[崇禎]曲阜 4/93
[康熙]曲阜 4/93
[乾隆]曲阜 68/11
[康熙]滋陽 3/77
30 **公安**(清・蒙陰人)
[宣統]蒙陰 4/武功
公賓就(漢・東海人)
[光緒]嶧縣 21/鄉賢 26
公家望(明・蒙陰人)
[康熙十一年]蒙陰 2/51
公良孺(字子正)
(春秋・陳人)
[嘉靖]山東 24/8
[康熙]山東 29/8
[雍正]山東 11/闕里二 18
[萬曆元年]兗州 7/52
[萬曆二十四年]兗州 7/21
[康熙]兗州 8/22
[乾隆]兗州 7/29
[順治]登州 11/5
[嘉靖]寧海州下/7
[康熙]寧海州 7/1
[乾隆]曲阜 59/6
公家珍(字明弼,一作明璧,
號前塘)
(清・蒙陰人)
[康熙]山東 42/32
[雍正]山東 28/人物四 18
[宣統]山東 173/3
[乾隆]沂州府 25/29
[康熙十一年]蒙陰 2/16,
2/47
[康熙二十四年]蒙陰 4/8
[宣統]蒙陰 4/名獻
公家俊(明・蒙陰人)
[康熙十一年]蒙陰 2/36
公家鄉(字西塘)
(明・蒙陰人)
[康熙十一年]蒙陰 2/14
公肩定(字子中,一作子仲)
(春秋・魯人)
[嘉靖]山東 24/8
[康熙]山東 29/8
[雍正]山東 11/闕里二 18
[宣統]山東 153/8
[萬曆元年]兗州 7/53
[萬曆二十四年]兗州 7/22
[康熙]兗州 8/23
[乾隆]兗州 7/29
[乾隆]曲阜 59/6
公家祚(明・蒙陰人)
[康熙十一年]蒙陰 2/14
公家枋(清・蒙陰人)
[乾隆]沂州府 26/16
[康熙十一年]蒙陰 2/35
[康熙二十四年]蒙陰 4/16
[宣統]蒙陰 4/孝義
公家柱(清・蒙陰人)
[康熙十一年]蒙陰 2/35
公家英(明・蒙陰人)
[康熙十一年]蒙陰 2/18
公家棟(明・蒙陰人)
[康熙十一年]蒙陰 2/52
公家觀(字春昂)
(清・蒙陰人)
[康熙十一年]蒙陰 2/16
公家相(明・蒙陰人)
[康熙十一年]蒙陰 2/48
公家梅(明・蒙陰人)
[康熙十一年]蒙陰 2/52
公守敬(明・蒙陰人)
[乾隆]沂州府 26/8
[康熙十一年]蒙陰 2/34
[康熙二十四年]蒙陰 4/11
[宣統]蒙陰 4/孝義
公家泰(明・蒙陰人)
[康熙十一年]蒙陰 2/37
公家輔(明・蒙陰人)
[康熙十一年]蒙陰 2/52
公家臣(號東塘)
(明・蒙陰人)
[萬曆]青州 13/63
[康熙十五年]青州 13/63
[康熙四十八年]青州 13/
事功 47
[康熙六十年]青州 16/24
[乾隆]沂州府 25/22
[康熙十一年]蒙陰 2/2,
2/24
[康熙二十四年]蒙陰 4/4,
5/11
[宣統]蒙陰 4/名獻
公家炳(明・蒙陰人)
[康熙十一年]蒙陰 2/18
公家鄰(明・蒙陰人)
[康熙十一年]蒙陰 2/5
[康熙二十四年]蒙陰 3/19
32 **公兆經**(清・新泰人)
[乾隆]新泰 17/人物上增 4
新泰縣鄉土志/21
33 **公冶**(春秋・魯人)
[嘉靖]山東 28/10
[康熙]山東 38/10
[萬曆元年]兗州 40/節義 5
[萬曆二十四年]兗州 30/14
[康熙]兗州 23/14
[乾隆]兗州 23/4
公冶長(字子長)
(春秋・魯人)
[至元]齊乘 6/3
[嘉靖]山東 24/6
[康熙]山東 29/6
[雍正]山東 11/闕里二 14
[宣統]山東 153/6
[嘉靖]青州 12/4
[萬曆]青州 13/3
[康熙十五年]青州 13/3
[康熙四十八年]青州 13/3
[康熙六十年]青州 15/1
[萬曆元年]兗州 7/42
[萬曆二十四年]兗州 7/20
[康熙]兗州 8/21
[乾隆]兗州 7/26
[萬曆]萊州 5/50
[萬曆]諸城 7/1
[康熙]諸城 7/1
[乾隆]諸城 29/1
諸城縣鄉土志/上 23
[萬曆]安丘 25/44
安丘縣鄉土志 9/耆舊錄 6
[康熙]臨淄 9/2
[乾隆]曲阜 59/4
34 **公汝翼**(清・蒙陰人)
[康熙十一年]蒙陰 2/39
公汝儀(明・蒙陰人)
[康熙十一年]蒙陰 4/44
公汝賢(明・蒙陰人)
[康熙十一年]蒙陰 2/51

37 **公祖句茲**(字子之)
(春秋・魯人)
[嘉靖]山東 24/8
[康熙]山東 29/8
[雍正]山東 11/闕里二 18
[宣統]山東 153/9
[萬曆元年]兖州 7/54
[萬曆二十四年]兖州 7/22
[康熙]兖州 8/22
[乾隆]兖州 7/30
[萬曆]萊州 5/50
[崇禎]曲阜 4/10
[康熙]曲阜 4/10
[乾隆]曲阜 59/7
公逢盛(清・蒙陰人)
[康熙十一年]蒙陰 2/39
38 **公海**(明・蒙陰人)
[宣統]蒙陰 4/武功
39 **公沙孚**(字允慈)
(漢・膠州人)
[乾隆]膠州 4/28
[乾隆]即墨 9/8
[同治]即墨 9/8
公沙穆(字文乂)
(漢・北海膠州人)
[至元]齊乘 6/13
[嘉靖]山東 33/3
[康熙]山東 44/3
[雍正]山東 28/人物一 21
[宣統]山東 153/25,153/30,168/2
[萬曆]萊州 5/86
[康熙]萊州 10/87
[乾隆]萊州 10/3
萊州府鄉土志/下 23
[康熙]膠州 5/21
[乾隆]膠州 4/27,7/22
[康熙]平度州 3/6,4/1
[道光]重修平度州 17/8
平度鄉土志 4 上/事業
[乾隆]嶧縣 7/4
[光緒]嶧縣 19/22
[萬曆]濰縣 8/3
[康熙]濰縣 5/人物 3
[乾隆]濰縣 4/2
[萬曆]即墨志 8/3
[康熙]纂修即墨/下 18
[同治]即墨 9/39
即墨縣鄉土志/耆舊-學問
[同治]黃縣 9/31
[民國]黃縣志稿 13/人物-寓賢
公沙宿(漢)
[道光]重修平度州 22/方外 1
40 **公鼐**(字敬與,號浮來)
(明・蒙陰人)
[乾隆]沂州府 27/6
[康熙十一年]蒙陰 2/5,2/40
[康熙二十四年]蒙陰 4/7
[宣統]蒙陰 4/名獻
公志繼(明・蒙陰人)
[康熙十一年]蒙陰 2/12
公志糾(字古愚)
(明・蒙陰人)
[康熙十一年]蒙陰 2/13
公志緒(明・蒙陰人)
[康熙十一年]蒙陰 2/12
公志真(明・蒙陰人)
[康熙十一年]蒙陰 2/12
42 **公晳哀**(字季次,一字季沉)
(春秋・齊人)
[至元]齊乘 6/4
[嘉靖]山東 24/6
[康熙]山東 29/6
[雍正]山東 11/闕里二 15
[宣統]山東 153/6
[康熙]濟南 32/1
[道光]濟南 45/3
[嘉靖]青州 12/5
[萬曆]青州 13/4
[康熙十五年]青州 13/4
[康熙四十八年]青州 13/4
[康熙六十年]青州 15/1
[萬曆元年]兖州 7/42
[萬曆二十四年]兖州 7/20
[康熙]兖州 8/21
[乾隆]兖州 7/26
[萬曆]萊州 5/50
[崇禎]歷乘 16/1
[崇禎]歷城 10/1
[康熙]淄川 6/2
[乾隆]淄川 6/上 2
淄川縣鄉土志/耆舊錄-歷代名儒
[康熙]臨淄 9/2
[民國]臨淄 21/35
臨淄縣鄉土志/耆舊錄
[乾隆]曲阜 59/4
43 **公戴聲**(清・蒙陰人)
[宣統]蒙陰 4/名獻
公戴東(清・蒙陰人)
[民國]濟寧直隸州續志 10/53
[宣統]蒙陰 4/武功
[民國]金鄉 11/23
44 **公蘊器**(明・蒙陰人)
[康熙十一年]蒙陰 2/50
46 **公恕**(字克己)
(明・蒙陰人)
[康熙十一年]蒙陰 2/8
47 **公都子**(名彧)
(戰國・齊人)
[嘉靖]山東 24/11
[康熙]山東 29/11
[雍正]山東 11/闕里二 21
[宣統]山東 153/12
[萬曆元年]兖州 7/75
[乾隆]兖州 7/32
[民國]臨淄 21/36
[萬曆]鄒志 1/47
50 **公忠**(明・蒙陰人)
[康熙十一年]蒙陰 2/49
52 **公晳哀**(見公晳哀)
53 **公咸**(清・蒙陰人)
[宣統]蒙陰 4/武功
55 **公典**(明・蒙陰人)
[康熙十一年]蒙陰 2/37
58 **公輸班**(春秋・魯人)
[康熙]山東 49/1
[雍正]山東 31/1
[萬曆元年]兖州 43/2
[萬曆二十四年]兖州 52/29
[乾隆]兖州 31/13
[康熙]長清 14/131
[道光]長清 16/12
[乾隆]曲阜 93/3
公輸般(見公輸班)

60　公躋奎(原名志厚)
(明・蒙陰人)
[乾隆]沂州府 25/21
[康熙十一年]蒙陰 2/2,2/46
[康熙二十四年]蒙陰 4/3
[宣統]蒙陰 4/名獻

61　公顒(元・蒙陰人)
[康熙十一年]蒙陰 2/43

63　公默(清・蒙陰人)
[康熙十一年]蒙陰 2/39

67　公明高(春秋・南武城人)
[嘉靖]山東 24/10
[康熙]山東 29/10
[萬曆元年]兗州 7/72
[萬曆二十四年]兗州 7/25
[康熙]兗州 8/25
[萬曆]沂州志 6/23
[康熙]沂州志 5/6
[乾隆]沂州府 25/2
[道光]濟寧直隸州 8/1－69
[康熙]費縣 7/4
[順治]嘉祥 4/14
[乾隆]嘉祥 3/8
[光緒]嘉祥 3/8
[道光]鉅野 12/3

公明儀(春秋・魯南武城人)
[嘉靖]山東 24/10
[康熙]山東 29/10
[宣統]山東 153/11
[萬曆元年]兗州 7/71
[萬曆二十四年]兗州 7/24
[康熙]兗州 8/25
[萬曆]沂州志 6/23
[康熙]沂州志 5/6
[乾隆]沂州府 25/2
[道光]濟寧直隸州 8/1－68
[康熙]費縣 7/4
[順治]嘉祥 4/13
[乾隆]嘉祥 3/7
[光緒]嘉祥 3/7
[道光]鉅野 12/3

公明宣(春秋・南武城人)
[嘉靖]山東 24/10
[康熙]山東 29/10
[萬曆元年]兗州 7/72
[萬曆二十四年]兗州 7/24
[康熙]兗州 8/25
[萬曆]沂州志 6/23
[康熙]沂州志 5/6
[乾隆]沂州府 25/2
[道光]濟寧直隸州 8/1－69
[康熙]費縣 7/4
[順治]嘉祥 4/14
[乾隆]嘉祥 3/8
[光緒]嘉祥 3/8
[道光]鉅野 12/3

71　公厚斌(字忠甫)
(清・臨沂人)
[民國]臨沂 10/46

80　公羊高(春秋・齊人)
[雍正]山東 11/闕里二 23
[宣統]山東 153/11
[萬曆]青州 13/6
[康熙十五年]青州 13/6
[康熙四十八年]青州 13/經師 1
[康熙六十年]青州 15/2
[乾隆]兗州 7/34
[康熙]臨淄 9/2
[民國]臨淄 21/35

公毓渠(清・蒙陰人)
[宣統]蒙陰 4/名獻

83　公錢(元・蒙陰人)
[康熙十一年]蒙陰 2/42

88　公斂處父(一名陽,字處父)
(東周・魯人)
[咸豐]寧陽 11/2
[光緒]寧陽 11/2

90　公光國(明・蒙陰人)
[康熙十一年]蒙陰 2/44
[宣統]蒙陰 4/名獻

公懷器(字築岩)
(明・蒙陰人)
[康熙十一年]蒙陰 2/15

食

58　食蛾道人(明)
[康熙]新修萊蕪 6/56
[民國]續修萊蕪 28/4

8090_0 尒

25　尒朱敞(字乾羅)
(隋・秀容契胡人)
[宣統]山東 67/33

8090_1 佘

17　佘珊(字珍甫)
(明・寧國人)
[萬曆]汶上 5/6

30　佘宗泰(字東瞻)
(清・夏津人)
[民國]夏津續編 8/87

8090_4 余

00　余方舟(清・順天大興人)
[光緒]嶧縣 19/職官下 22

余文煒(明)
[萬曆]青州 12 又/又 22
[康熙十五年]青州 12 又/又 22
[康熙四十八年]青州 12 又/又 22
[康熙六十年]青州 12/37

05　余靖(字安道)
(宋・韶州曲江人,一作建州人)
[嘉靖]山東 27/5
[康熙]山東 35/6
[雍正]山東 27/56
[宣統]山東 68/50
[嘉靖]青州 12/56
[萬曆]青州 12/16
[康熙十五年]青州 12/16
[康熙四十八年]青州 12/16
[康熙六十年]青州 12/11
[康熙六十年]博興 7/6
[光緒]益都縣圖志 16/30

10　余雲(明・湖廣麻城人)
[嘉靖]寧海州下/19

余震(清・江西進賢武舉人)
[乾隆]膠州 4/25
[道光]重修膠州 23/6
[民國]增修膠志 18/6

余正酉(字秋門)
(清・歷城人)
[宣統]山東 170/13
[民國]續修歷城 41/21

余元吉(清・福建平和人)

［道光］鉅野 13/66
余一鵾（明・信陽州人）
［康熙十一年］堂邑 2/職官 9
［康熙］堂邑 8/6
12 余琇（明・江西浮梁人）
［嘉靖］朝城志 5/8
［康熙］朝城 7/6
17 余珊（字德輝）
（明・桐城人）
［道光］濟南 35/20
余子翼（明・湖廣辰溪人）
［康熙］兗州續編 14/14
［崇禎］鄆城 4/12
［康熙］鄆城 4/8
［光緒］鄆城 6/8，6/36
20 余爲霖（字惕區）
（清・江西金谿人）
［宣統］山東 75/18
［道光］濟南 38/29
［民國］齊東 3/62
齊東縣鄉土志/政績錄 3
21 余師濂（字孟僑）
（清）
［宣統］三續淄川 9/44
26 余儼（字望之）
（明・臨清人）
［乾隆］東昌 41/21
［康熙］臨清州 3/人物 11
［乾隆］臨清州 9/36
［乾隆］臨清直隸州 8/上 23
［民國］臨清縣/人物 83
27 余翱（字大振）
（明・南直定遠人）
［嘉靖］山東 25/28
［康熙］山東 32/16
［雍正］山東 27/27
［宣統］山東 71/3
［康熙］濟南 25/42
［道光］濟南 36/5
［崇禎］歷乘 16/33
［崇禎］歷城 6/2，6/18
［乾隆］歷城 34/3
余翶（見余翱）
余甸（字田生）
（清・福建南平人）
［宣統］山東 74/48，74/51
［道光］濟南 37/71
［乾隆］濟寧直隸州 22/32
［道光］濟寧直隸州 6/7－67
［乾隆］德州 8/13
［民國］德縣 9/11
30 余宏達（清・通州人）
［道光］濟寧直隸州 6/7－90
［乾隆］魚臺 9/47
［光緒］魚臺 2/55
余守觀（明・湖南衡陽人）
［宣統］山東 72/33
［萬曆二十四年］兗州 29/7
［康熙］兗州 22/28
［康熙］兗州續編 14/15
［乾隆］曹州府 12/18
［康熙］鉅野 10/7
［道光］鉅野 10/22
31 余濬（字普清）
（元・江西富平人）
［宣統］山東 200/8
［康熙］濟南 50/5
［乾隆］武定府 26/42
［咸豐］武定府 26/寓賢 2
［乾隆］樂陵 6/42
37 余深（宋・福州人）
［光緒］益都縣圖志 16/34
余濯（明）
［萬曆］青州 12 又/又 22
［康熙十五年］青州 12 又/又 22
余逢燦（字潤堂）
（清・聊城人）
［宣統］聊城 8/52
38 余栥（號芰薌）
（清・湖南善化人）
［宣統］山東 75/44
［光緒］惠民 18/17
惠民縣鄉土志/政績錄 9
余肇松（字茂嘉）
（清・歷城人）
［道光］濟南 53/15
［乾隆］歷城 38/17
40 余希孟（字宗興）
（清・無棣人）
［民國］無棣 13/12
海豐縣鄉土志/耆舊－事業五
余有林（字伯桴）
（安徽人）
［民國］重修博興 10/3
余培乾（字子幹）
（清・聊城舉人）
［民國］臨朐續志 19/3
余士泰（明・雲南人）
［乾隆］黃縣 6/名宦 6
［同治］黃縣 6/7
［民國］黃縣志稿 11/宦績
44 余藥生（字去疾）
（清・臨清人）
［乾隆］東昌 40/28
［乾隆］臨清州 9/40
［乾隆］臨清直隸州 8/上 28
［民國］臨清縣/人物 11
余世培（桐城人）
［民國］增修膠志 48/11
47 余朝梅（字調甫，一作調夫）
（清・浙江定海人，寓濟寧）
［民國］濟寧直隸州續志 12/52
［民國］朝城縣續志 1/18
57 余邦柱（明・績溪人）
［隆慶］單縣上/重 36
［順治］單縣 2/12
余邦輔（明・浙江龍游人）
［康熙］膠州 5/8
［乾隆］膠州 4/13
［道光］重修膠州 22/5
［民國］增修膠志 17/5
60 余景望（明）
［宣統］山東 71/12
［道光］濟南 36/26
［康熙五十五年］長山 3/30
［嘉慶］長山 5/38
余思銘（明・富平人）
［乾隆］武定府 25/70
［咸豐］武定府 25/武功 6
［乾隆］樂陵 6/32
樂陵縣鄉土志 3/25
80 余義（原名肇楨，字際中，號半亭）
（清・浙江山陰人）
［民國］續修歷城 41/4
余普清（元・江西人）

［順治］樂陵 6/6
87 余翔（見余翱）
89 余鎧（明）
［光緒］寧津 6/28
寧津縣志料 3/人物－名宦
90 余棠（明・河南祥符人）
［康熙］膠州 5/6
［乾隆］膠州 4/9
［道光］重修膠州 22/3
［民國］增修膠志 17/3

8114_6 鐔

61 鐔顯（漢）
［萬曆元年］兗州 38/循吏 9

8211_3 銚

47 銚期（字次况）
（漢・潁川郟人）
［宣統］山東 66/25
［嘉慶］東昌 20/7

8211_4 鍾

00 鍾亮（明・昌樂人）
［嘉靖］昌樂 3/41
鍾亮（字廣德）
（明・宜城人，一作麻城人）
［嘉靖］山東 26/18
［康熙］山東 33/21
［雍正］山東 27/92
［宣統］山東 72/32
［萬曆元年］兗州 38/循吏 41
［萬曆二十四年］兗州 29/9
［康熙］兗州 22/30
［乾隆］曹州府 12/14
［順治］定陶 5/5
［乾隆］定陶 4/17
［民國］定陶 4/23
鍾離意（字子阿）
（東漢・會稽山陰人）
［嘉靖］山東 26/2，26/21
［康熙］山東 33/3，34/1
［雍正］山東 27/29
［宣統］山東 66/19
［萬曆元年］兗州 39/名宦 3
［萬曆二十四年］兗州 26/9
［康熙］兗州 21/9
［乾隆］兗州 22/3
［嘉慶］東昌 21/6
［順治］堂邑 2/職官 1
［康熙十一年］堂邑 2/名宦 1
［康熙］堂邑 11/1
［康熙］滋陽 3/78
［光緒］滋陽 7/1
滋陽縣鄉土志 1/政績
鍾慶高（清・臨沂人）
［民國］臨沂 10/54
鍾離元善（清・齊河人）
［民國］齊河 27/24
鍾離子（周・齊人）
［康熙］山東 46/5
［萬曆］青州 14/32
［康熙十五年］青州 14/32
［康熙四十八年］青州 14/隱逸 6
［康熙六十年］青州 20/1
［民國］臨淄 28/1
鍾離珍（元・齊河人）
［民國］齊河 23/77，33/28
鍾慶崗（清・臨沂人）
［民國］臨沂 10/53
鍾離脩（宋・東阿人）
［康熙］張秋志 8/6
［康熙］新修萊蕪 5/3
鍾賡起（清・浙江長興人）
［宣統］山東 77/12
［咸豐］青州 37/21
［嘉慶］昌樂 19/8
鍾離春（戰國・無鹽人）
［至元］齊乘 6/6
［嘉靖］山東 23/6
［康熙］山東 28/4
［嘉靖］青州 16/16
［萬曆］青州 16/4
［康熙十五年］青州 16/4
［康熙四十八年］青州 16/4
［康熙六十年］青州 19/4
［萬曆二十四年］兗州 37/10
［乾隆］泰安府 19/1
［康熙］東平州 4/65
［道光］東平州 16/上 1
［光緒］東平州 16/上 1
［民國］東平縣 17/1
［康熙］臨淄 9/6
［民國］臨淄 31/50
鍾應銓（字宸命）
（明・濟寧人）
［康熙］濟寧州 7/24
［乾隆］濟寧直隸州 26/18
［道光］濟寧直隸州 8/2－49
06 鍾諤（字一士）
（清・益都人）
［宣統］山東 175/56，補遺/1
［光緒］益都縣圖志 39/3
09 鍾麟同（字建堂）
（清・濟寧人）
［宣統］山東補遺/70
［民國］濟寧直隸州續志 12/21
10 鍾一元（明・秀水人）
［萬曆］濮州 3/名宦 21
［康熙］濮州 3/19
［乾隆］濮州 3/19
［宣統］濮州 4/19
鍾爾強（字子健）
（臨清人）
［民國］臨清縣/人物 48
鍾一魁（字振東）
（清・樂安人）
［咸豐］青州 47/30
［雍正］樂安 12/22
［民國］樂安 10/22
［民國］續修廣饒 19/40
鍾雲昇（字子平）
（清・陽穀人）
［民國］增修陽穀人物/師道 16
鍾爾晙（字莅田）
（清・滕縣人）
［道光］滕縣志 9/孝義 30
鍾爾倉（清・陽穀人）
［民國］增修陽穀人物/仕宦 17
鍾雲合（字藹溪）
（清・陽穀人）
［民國］增修陽穀人物/師道 16
鍾吾黨（清・陽穀人）
［康熙］陽穀 3/16

[光緒]陽穀 6/9
[民國]增修陽穀人物/仕宦 14
11 **鍾珏**(清・陽穀人)
[民國]增修陽穀人物/仕宦 16
12 **鍾廷**(明・陽穀人)
[康熙十二年]陽穀 3/33
[康熙]陽穀 3/29
[光緒]陽穀 6/32
鍾型(字宇範,號季雅)
(清・滕縣人)
[道光]滕縣志 9/孝義 29
鍾廷琮(字伯瑩)
(清・歷城人)
[民國]續修歷城 41/8
鍾廷瑛(字仲瑋,號退庵)
(清・歷城人)
[民國]續修歷城 41/8
13 **鍾珴**(字玉璋)
(清・臨清人)
[民國]臨清縣/人物 71
16 **鍾聖詔**(字帝臣,號韋溪)
(清・滕縣人)
[道光]滕縣志 8/武功 9
17 **鍾承章**(字觀光)
(清・陽穀人)
[民國]增修陽穀人物/師道 17
鍾承訓(字誨亭)
(清・陽穀人)
[民國]增修陽穀人物/武學師 31
鍾羽正(字叔濂,一作淑濂,號龍淵)
(明・益都人)
[康熙]山東 42/26
[雍正]山東 28/人物三 52
[宣統]山東 159/31
[康熙十五年]青州 13/16
[康熙四十八年]青州 13/理學 6
[康熙六十年]青州 16/27
[咸豐]青州 45/4
[康熙]益都 7/31
[光緒]益都縣圖志 36/6
[康熙]臨朐縣志書 2/20
光緒臨朐 16/2
[民國]臨朐續志 22/23
鍾承統(字西林)
(清・陽穀人)
[民國]增修陽穀人物/師道 18
鍾羽教(字景濂,號敷五)
(明・益都人)
[康熙]山東 45/18
[康熙]益都 9/23
[光緒]益都縣圖志 38/16
鍾子鑑(明・益都人)
[萬曆]青州 15/48
[康熙十五年]青州 15/48
[康熙四十八年]青州 15/卓行 8
[康熙六十年]青州 18/13
[咸豐]青州 44/17
[萬曆]益都 6/93
[康熙]益都 9/48
[光緒]益都縣圖志 41/4
18 **鍾瑜**(清・諸城人)
[光緒]增修諸城縣續志 17/4
諸城縣鄉土志/上 46
20 **鍾秀**(字熙菴,一字照菴)
(明・益都人)
[萬曆]青州 14/53
[康熙十五年]青州 14/53
[康熙四十八年]青州 14/儒行 10
[康熙六十年]青州 15/10
[咸豐]青州 44/28
[康熙]益都 7/20
[光緒]益都縣圖志 38/11
鍾維嶽(字少甫)
(清・臨清人)
[宣統]山東 174/33
鍾受之(字損之)
(清・滕縣人)
[康熙]滕志 7/79
[康熙]滕縣志 7/73
[道光]滕縣志 8/儒林 5
滕縣鄉土志/23
鍾維清(號錦江)
(清・滕縣人)
[道光]滕縣志 8/儒林 32
滕縣鄉土志/27
22 **鍾鼎**(清)
[康熙]兗州府曹縣 9/39
[光緒]曹縣 9/典史 4
鍾崇德(元・牟平人)
[嘉靖]寧海州下/44
[同治]重修寧海州 17/6
24 **鍾勳**(清・歷城人)
[道光]濟南 53/16
[民國]續修歷城 44/3
鍾魁倫(字卓菴)
(清・益都人)
[光緒]益都縣圖志 46/2
鍾德吉(字藹仁)
(清・臨朐人)
[民國]臨朐續志 20/17
鍾德昌(字惠卿)
(清・臨朐人)
[民國]臨朐續志 20/17
鍾化民(字維新)
(明・浙江仁和人)
[宣統]山東 70/15
[道光]濟南 35/17
[崇禎]歷乘 16/37
[崇禎]歷城 6/14
25 **鍾傳經**(字然藜)
(清・陽穀人)
[民國]增修陽穀人物/師道 16
鍾傳道(字心源)
(清・益都人)
[光緒]益都縣圖志 41/25
27 **鍾嵋**(字少峯)
(清・諸城人)
[光緒]增修諸城縣續志 12/23
鍾紹孔(清・陽穀人)
[民國]增修陽穀人物/仕宦 15
鍾黎獻(元・寧海人)
[光緒]增修登州 38/16
[康熙]寧海州 8/3
[同治]重修寧海州 17/7
鍾黎民(元・寧海人)
[同治]重修寧海州 17/6

鍾紹周(字復光)
(陽穀人)
[民國]增修陽穀人物/仕宦25
30 鍾寧(字靜菴,號紀功,別號冰心子)
(清・滕縣人)
[乾隆]兗州23/76
[康熙]滕縣志8/孝行14
[道光]滕縣志8/武功7
滕縣鄉土志/20
鍾汶(號少峯)
(明・滕縣人)
[康熙]兗州續編16/8
[康熙]滕志7/78
[康熙]滕縣志7/73
[道光]滕縣志9/隱逸7
鍾永(明・吳縣人)
[萬曆]東昌18/41
[乾隆]東昌35/33
[嘉靖]武城3/16
[順治]武城2/9
[乾隆]武城9/3
武城縣鄉土志略/政績錄
鍾寶立(字砥柱)
(清・濟寧人)
[民國]濟寧直隸州續志12/34
鍾守範(字洪卿)
(清・陽穀人)
[民國]增修陽穀人物/師道26
32 鍾洲(明・益都人)
[萬曆]青州14/55
[康熙十五年]青州14/55
[康熙四十八年]青州14/儒行12
[康熙六十年]青州15/12
[萬曆]益都6/94
[康熙]益都9/16
33 鍾補袞(清・樂安人)
[雍正]樂安12/21
[民國]樂安10/19
[民國]續修廣饒19/34
35 鍾連(清・諸城人)
[光緒]增修諸城縣續志17/4
37 鍾運泰(清・浙江錢塘人)
[宣統]山東75/5
[道光]濟南38/9
[乾隆]章邱7/6
[道光]章邱9/10
章邱縣鄉土志/上9
38 鍾祥(清・漢軍鑲黃旗人)
[宣統]山東74/29
鍾道賢(明・浙江人)
[道光]濟南36/8
[乾隆]歷城34/6
40 鍾士麒(字祥瑞)
(清・陽穀人)
[民國]增修陽穀人物/武學師31
鍾大受(字達觀,號健菴)
(清・福建上杭人)
[宣統]山東75/24
[嘉慶]德平5/23
[光緒]德平5/15
鍾存仁(清・濟寧人)
[民國]濟寧直隸州續志14/21
鍾奎洛(字聚五)
(清・臨沂人)
[民國]續修臨沂16/18
鍾大典(清・文登人)
[乾隆]海陽5/12
42 鍾椦(清・諸城人)
[光緒]增修諸城縣續志15/1
44 鍾萃(明・陽穀人)
[民國]增修陽穀人物/仕宦6
鍾英(明・懷慶人)
[嘉靖]濮州7/19
鍾英(字左菴)
(明・益都人)
[萬曆]青州14/54
[康熙十五年]青州14/54
[康熙四十八年]青州14/儒行11
[康熙六十年]青州15/11
[咸豐]青州45/32
[萬曆]益都6/93
[康熙]益都9/18
[光緒]益都縣圖志38/14
鍾其亮(清・陽穀人)
[民國]增修陽穀人物/仕宦14
鍾其翼(清・陽穀人)
[康熙]陽穀3/15
[民國]增修陽穀人物/仕宦13,人物/文苑3
鍾萬祿(明・清遠人)
[宣統]山東70/34
[乾隆]東昌33/25
[嘉慶]東昌20/37
[乾隆]臨清州9/11
[乾隆]臨清直隸州6/77
[民國]臨清縣/秩官62
鍾樹森(清・安徽人)
[民國]霑化4/職官40
鍾世龠(長清人)
[民國]長清12/18
47 鍾墀(字贊彤,號峭峯,又號懶齋)
(清・滕縣人)
[道光]滕縣志8/儒林19
滕縣鄉土志/25
50 鍾胄(明・興國人)
[萬曆]濱州3/21
[康熙]濱州5/18
[咸豐]濱州8/3
鍾聿大(字象椽)
(清・益都人)
[光緒]益都縣圖志41/14
54 鍾轅(字聖輿)
(清・歷城人)
[道光]濟南53/16
[乾隆]歷城38/17
58 鍾輹(字德輿)
(清・歷城人)
[道光]濟南53/16
[乾隆]歷城38/17
60 鍾四達(字曉聞,號太音)
(明・萊陽人)
[康熙]萊陽8/18
[民國]萊陽3/1中58
鍾昌祚(明・滕縣人)
[道光]滕縣志9/忠節7
鍾國觀(清・福山人)
[乾隆]福山8/10
鍾國義(字赤松)
(清・浙江山陰人)

[雍正]山東 27/110
[宣統]山東 75/40
[乾隆]泰安府 15/31
[康熙]新修萊蕪 5/28
[民國]萊蕪 9/7
[民國]續修萊蕪 15/8

61 **鍾顯**(字槐賓)
(漢・營陵人)
[康熙]杞紀 18/11

62 **鍾則珏**(字雙玉)
(清・滕縣人)
[道光]滕縣志 9/孝義 26

64 **鍾時發**(字啓秀)
(清・樂安人)
[民國]樂安 10/22
[民國]續修廣饒 19/40

67 **鍾鳴俞**(清・福山人)
[康熙]福山 8/27
[乾隆]福山 8/38

71 **鍾厚**(明・福山人)
[康熙]福山 9/23
[乾隆]福山 9 上/61

77 **鍾賢**(明・滕縣人)
[萬曆二十四年]兖州 37/4
[康熙]兖州 28/33
[乾隆]兖州 23/40
[萬曆]滕志 8/52
[康熙]滕志 8/人物 9
[康熙]滕縣志 8/孝行 8
[道光]滕縣志 9/孝義 2
滕縣鄉土志/29

鍾興(明・金鄉人)
[康熙十二年]金鄉 5/18
[康熙五十一年]金鄉 7/25

鍾學可(明・陽穀人)
[康熙十二年]陽穀 3/8
[康熙]陽穀 3/7
[光緒]陽穀 5/6

鍾鳳騰(清・福建武平人)
[宣統]山東 77/26
[光緒]增修登州 29/4
[光緒]棲霞縣續志 5/循吏小傳 1

鍾履恒(字允凱)
(清・陽穀人)
[民國]增修陽穀人物/武學師 31

80 **鍾鏞**(明・陽穀人)
[康熙十二年]陽穀 3/12

鍾毓(字稚叔)
(魏・潁川長社人)
[嘉靖]山東 25/3
[康熙]山東 31/3
[雍正]山東 27/52
[宣統]山東 66/35
[嘉靖]青州 13/14
[萬曆]青州 12 又/3
[康熙十五年]青州 12 又/3
[康熙四十八年]青州 12 又/3
[康熙六十年]青州 12/5

86 **鍾錫**(明・澤州進士)
[道光]濟南 36/15
[嘉慶]鄒平 14/7
[道光]鄒平 14/7
[民國]鄒平 14/7

鍾錫瀛(字稺山,號兩訾山樵)
(清・平度人)
[民國]平度縣續志 8/14

88 **鍾篷山**(清・陽穀人)
[民國]增修陽穀人物/武功 12

90 **鍾光胤**(字永錫,別號景禧)
(明・陽穀人)
[康熙]兖州續編 15/26
[乾隆]兖州 23/49
[康熙十二年]陽穀 3/30,7/28
[康熙]陽穀 3/26,7/17
[光緒]陽穀 6/25,12/18
[民國]增修陽穀人物/仕宦 6,藝文/表誌 16

鍾懷之(字熙之)
(清・滕縣人)
[康熙]滕縣志 7/92
[道光]滕縣志 9/孝義 14

鍾懷墣(字尚質)
(清・陽穀人)
[民國]增修陽穀人物/師道 23

95 **鍾性樸**(字文子)
(清・江西吉水人,一作順天人)
[康熙]山東 31/19
[宣統]山東 74/33
[康熙]濟南 26/8
[道光]濟南 37/50,38/4
[乾隆]歷城 47/3

97 **鍾煇**(清・諸城人)
[光緒]增修諸城縣續志 18/3

鍾耀青(清・諸城人)
[光緒]增修諸城縣續志 14/5

8242_7 矯

10 **矯天錫**(字純齋)
(牟平人)
[民國]牟平 7/106

20 **矯維綱**(字純三)
(牟平人)
[民國]牟平 7/108

25 **矯仲南**(字紀堂)
(清・牟平人)
[民國]牟平 7/107

51 **矯指南**(字如軒)
(牟平人)
[民國]牟平 7/99

71 **矯長富**(字麗亭)
(牟平人)
[民國]牟平 7/104

80 **矯人瑚**(牟平人)
[民國]牟平 7/111

矯人睿(字敬思)
(牟平人)
[民國]牟平 7/99

8315_0 鐵

22 **鐵山孝女**(明・新城人)
[天啟]新城 8/孝友
[崇禎]新城 8/孝友

26 **鐵保**(字冶亭,號梅盦)
(清・滿洲正黃旗人)
[宣統]山東 74/27
[道光]濟南 37/38

80 **鐵鉉**(字鼎石)
(明・河南鄧州人)
[嘉靖]山東 25/10
[康熙]山東 31/13
[雍正]山東 27/10
[宣統]山東 70/16

［道光］濟南 35/28
［崇禎］歷城 6/17

8315_3 錢

00 錢京（字孟常）
（明・濟寧人）
［康熙］濟寧州 7/9
［乾隆］濟寧直隸州 27/2
［道光］濟寧直隸州 8/2－47
錢文敏（五代・河南新安人）
［光緒］益都縣圖志 16/22
錢文燦（字章民）
（清・汶上人）
［宣統］四續汶上稿/人物－孝弟傳
09 錢麟（清・河南裕州舉人）
［民國］濰縣志稿 20/22
10 錢霞（字起菴）
（清・嘉善人）
［道光］冠縣 6/31
［光緒］冠縣 6/宦績
［民國］冠縣 6/41
錢一溥（字瑞野）
（明・山陰人）
［乾隆］夏津 6/9，10/上 59
錢三澤（字寵賜）
（清・夏津人）
［乾隆］臨清直隸州 8/下 17
［民國］夏津續編 8/12
錢一鶚（字青華）
（明・掖縣人）
［乾隆］掖縣 3/55
11 錢玨（清・浙江長興人）
［宣統］山東 74/13
［道光］濟南 37/11
12 錢瓆（字玞美，一作扶美）
（清・江蘇常熟人）
［雍正］山東 27/113
［宣統］山東 76/44
［乾隆］東昌 35/13
［嘉慶］東昌 22/17
錢廷璜（字巨衡）
（清・博山人）
［民國］續修博山 12/49
錢廷熊（清・江蘇吳縣人）
［宣統］山東 77/44
［光緒］高密 6/25
［民國］高密 12/26
高密縣鄉土志/上 10
錢廷煦（字仲和）
（清・順天人，浙江籍）
［宣統］山東 76/7
［民國］濟寧直隸州續志 10/53
13 錢瑀（字璘彩）
（清・冠縣人）
［道光］冠縣 8/上 31
［光緒］冠縣 8/文學
［民國］冠縣 8/人物志 39
17 錢瑤（明・汝寧人）
［順治］登州 11/16
錢乙（字仲陽）
（宋・鄆州人）
［嘉靖］山東 33/31
［雍正］山東 31/6
［宣統］山東 168/12
［乾隆］泰安府 18/75
［萬曆元年］兗州 43/8
［萬曆二十四年］兗州 52/29
［康熙］東平州 4/76
［乾隆］東平州 15/40
［道光］東平州 15/40
［光緒］東平州 15/下 70
［民國］東平縣 11/下 36
錢承紀（清・博山人）
［民國］續修博山 12/49
錢承擴（明・博平人）
［康熙］博平 3/47
［道光］博平 4/11
20 錢秉書（清・聊城人）
［乾隆］東昌 43/1
［嘉慶］東昌 32/27
［宣統］聊城 8/82
聊城縣鄉土志/31
21 錢顗（字安道）
（宋・無錫人）
［同治］重修寧海州 13/1
［民國］牟平 6/67
22 錢繼志（字道思）
（明・冠縣人）
［萬曆］冠縣 4/10
23 錢允燦（字汝誨）
（明・冠縣人）
［萬曆］冠縣 4/7，4/11
［道光］冠縣 8/上 5
［光緒］冠縣 8/鄉賢
［民國］冠縣 8/人物志 5
冠縣鄉土志/耆舊－學問
24 錢勳（字謙居）
（清・冠縣人）
［道光］冠縣 8/上 32
［光緒］冠縣 8/文學
［民國］冠縣 8/人物志 40
錢化城（字敦甫）
（清・博山人）
［民國］續修博山 12/70
27 錢象乾（字大生）
（明・掖縣人）
［乾隆］掖縣 4/75
［道光］掖乘 4
28 錢以振（字琳叔）
（清・無錫人）
［民國］鄒平 14/35
錢徵銓（字公擢）
（清・冠縣人）
［道光］冠縣 8/上 32
［光緒］冠縣 8/文學
［民國］冠縣 8/人物志 41
30 錢宏（字可容）
（明・浙江錢塘人）
［宣統］山東 70/25
［康熙］濟南 24/24
［道光］濟南 35/38
［萬曆］章丘 21/71
［康熙］章丘 4/24
［道光］章邱 13/29
錢濟（字惠民）
（明・冠縣人）
［乾隆］東昌 38/30
［嘉慶］東昌 29/1
［嘉靖］冠縣 4/11
［萬曆］冠縣 4/8
［道光］冠縣 8/上 2
［光緒］冠縣 8/鄉賢
［民國］冠縣 8/人物志 2
錢宏謨（明・宣城人）
［道光］濟南 36/12
［道光］章邱 9/9

錢守俊(宋・濮州雷澤人)
[嘉靖]山東 31/18
[雍正]山東 28/人物二 20
[宣統]山東 157/2
[萬曆]東昌 19/30
[康熙]曹州志 15/44
[乾隆]曹州府 14/19
[萬曆]濮州 3/鄉賢 15
[康熙]濮州 3/45
[乾隆]濮州 3/46
[宣統]濮州 4/52
[光緒]菏澤 15/44
錢永紀(號理齋)
(清・博山人)
[咸豐]青州 50/9
[民國]續修博山 11/30
錢濟民(明・莒縣人)
[乾隆]沂州府 26/11
[雍正]莒州 9/31
[嘉慶]莒州 9/24
[民國]重修莒志 62/2
錢進學(明・萊州衛人)
[乾隆]萊州 10/20
[乾隆]掖縣 4/23
31 **錢江**(清・德州人)
州乘餘聞/9
錢源(字星來)
(清・會稽人)
[康熙]堂邑 9/8
32 **錢兆昌**(清・博山人)
[民國]續修博山 12/50
34 **錢達道**(字五卿)
(明・常熟人)
[康熙]兗州 22/30
[康熙]兗州府曹縣 9/9,10/15
[光緒]曹縣 10/13
曹縣鄉土志/政績錄
35 **錢沛思**(字睿臨)
(清・冠縣人)
[道光]冠縣 8/上 32
[光緒]冠縣 8/文學
[民國]冠縣 8/人物志 41
36 **錢祝祺**(字松生)
(清・江蘇陽湖人)
[民國]德縣 9/22

37 **錢通**(字伯達)
(明・陽穀人)
[嘉靖]山東 35/3
[康熙]山東 45/8
[萬曆二十四年]兗州 37/7
[康熙]兗州 28/36
[乾隆]兗州 23/38
[康熙十二年]陽穀 4/1
[康熙]陽穀 4/1
[光緒]陽穀 7/1
38 **錢祚徵**(字錫吉,一字君遠)
(明・掖縣人)
[康熙]山東 44/12
[雍正]山東 28/人物三 65
[宣統]山東 164/40
[康熙]萊州 10/48
[乾隆]萊州 11/忠節 4
萊州府鄉土志/下 15
[雍正]恩縣續志 3/7
[乾隆]掖縣 4/40,7/56
[道光]掖乘 4
[道光]再續掖縣下/91
錢道恩(字陽溪)
(明・冠縣人)
冠縣鄉土志/耆舊－事業
40 **錢士廉**(字可璧)
(清・臨清人)
[乾隆]臨清直隸州 8/下 3
[民國]臨清縣/人物 15
錢大琴(字雙畦)
(清・浙江長興人)
[宣統]山東 75/24
[道光]濟南 38/48
[嘉慶]德平 5/22
[光緒]德平 5/14
德平縣鄉土志/政績錄
錢士璘(清・仁和人)
[乾隆]淄川 4/24
錢士琰(清・浙江山陰人)
[宣統]山東 75/13
[道光]濟南 38/19
[康熙五十五年]長山 3/38
[嘉慶]長山 5/47
錢大受(字伯衡)
(清・掖縣人)
[咸豐]青州 37/9

萊州府鄉土志/下 20
[乾隆]掖縣 4/63
[康熙六十年]博興 6/19
[道光]博興 10/6
[民國]重修博興 12/6
錢堯俊(字秀升)
(清・冠縣人)
[道光]冠縣 8/上 28
[光緒]冠縣 8/孝義
[民國]冠縣 8/人物志 33
錢士魁(字擢廷,號星齋)
(清・莒縣人)
[民國]重修莒志 67/11
錢大復(明・南直華亭人)
[宣統]山東 73/21
[泰昌]登州 9/42
[順治]登州 11/20
[光緒]增修登州 26/2
[康熙]蓬萊 3/3
[道光]重修蓬萊 6/6
錢嘉倫(清・仁和人)
[康熙四十一年]城武 5/上宦蹟 10
[道光]城武 9/下 50
錢志進(號樸庵)
(清・丹徒人)
[康熙]新修萊蕪 8/59
[民國]續修萊蕪 35/59
錢堯恭(字治讓)
(清・冠縣人)
冠縣鄉土志/耆舊－事業
錢有威(明・吳人)
[萬曆]青州 15/63
[康熙十五年]青州 15/63
[康熙四十八年]青州 15/僑寓 10
[康熙]益都 10/3
錢九思(明・盱眙人)
[萬曆]沂州志 6/17
[康熙]沂州志 3/47
[乾隆]沂州府 20/6
[民國]臨沂 7/73
錢士賢(清・歷城人)
[道光]濟南 53/48
[乾隆]歷城 42/6
錢士炎(見錢士琰)

41 **錢楷**(字範之)
(明・冠縣人)
[乾隆]東昌 38/31
[嘉慶]東昌 29/2
[萬曆]冠縣 4/6,4/33
[道光]冠縣 8/上 3,9/60
[光緒]冠縣 8/鄉賢,9/57
[民國]冠縣 8/人物志 3,9/60
冠縣鄉土志/耆舊－學問
42 **錢彭萊**(字斑卿)
(清・博山人)
[民國]續修博山 12/70
43 **錢枱**(清・順天大興監生)
[光緒]嶧縣 19/職官下 27
錢博學(明・萊州人)
[宣統]山東 161/49
44 **錢薵**(明・元城人)
[道光]濟南 36/26
[康熙四十三年]長山 3/宦績
[康熙五十五年]長山 3/30
[嘉慶]長山 5/39
錢夢龍(清・莒縣人)
[民國]重修莒志 65/17
錢葆陞(字殿青)
(清・博山人)
[民國]續修博山 12/70
46 **錢禗**(字穆)
(宋・臨安人)
[光緒]益都縣圖志 16/41
錢相城(字舜友)
(清・博山人)
[民國]續修博山 12/27,12/69
47 **錢謦**(字贊伯)
(清・掖縣人)
[乾隆]掖縣 4/63
錢好學(明・掖縣人)
[乾隆]掖縣 4/58
48 **錢乾**(明・浙江鄞縣人)
[同治]重修寧海州 14/2
51 **錢振崧**(字鍾珊)
(博山人)
[民國]續修博山 12/70
52 **錢揆**(字舜臣)
(宋・洛陽人,一作臨安人)
[雍正]山東 31/14
[萬曆元年]兗州 42/14
[萬曆二十四年]兗州 37/31
[康熙]兗州 28/72
[康熙]曹州志 16/12
[乾隆]曹州府 16/15
[光緒]菏澤 16/20
[康熙]兗州府曹縣 14/74
[光緒]曹縣 14/游寓 2
57 **錢邦偉**(明・丹徒人)
[萬曆]青州 12/又 44
[康熙十五年]青州 12/又 44
[康熙四十八年]青州 12/又 44
[康熙六十年]青州 12/20
[咸豐]青州 36/36
[光緒]益都縣圖志 18/14
67 **錢明**(清・高密人)
[光緒]高密 8/上 40
[民國]高密 14/上 43
錢照(明・慈溪人)
[康熙]郯城 6/3
錢明逸(字子飛)
(宋・臨安人)
[嘉靖]山東 26/11
[康熙]山東 33/14
[宣統]山東 68/42
[萬曆二十四年]兗州 28/7
[康熙]兗州 22/7
[康熙]曹州志 7/49
[乾隆]曹州府 12/10
[康熙]東平州 4/38
[乾隆]東平州 12/17
[道光]東平州 12/17
[光緒]東平州 14/17
[光緒]益都縣圖志 16/30
[光緒]菏澤 7/宦蹟 17
[康熙]兗州府曹縣 10/7
[光緒]曹縣 10/7
75 **錢體鉉**(字貫鼎)
(清・冠縣人)
[道光]冠縣 8/上 26
[光緒]冠縣 8/孝義
[民國]冠縣 8/人物志 31
77 **錢舉**(清・莒縣人)
[民國]重修莒志 62/8
錢用桂(字辛亭)
(清・冠縣人)
[道光]冠縣 8/上 28
[光緒]冠縣 8/孝義
[民國]冠縣 8/人物志 34
錢用梅(字汝調)
(清・冠縣人)
[道光]冠縣 8/上 33
[光緒]冠縣 8/文學
[民國]冠縣 8/人物志 41
冠縣鄉土志/耆舊－學問
錢鳳鳴(字桐軒)
(清・臨沂人)
[民國]臨沂 10/45
80 **錢善菴**(清・博山人)
[民國]續修博山 11/32
81 **錢鈺**(見錢珏)
83 **錢鉞**(明・浙江仁和人)
[雍正]山東 27/14
[宣統]山東 70/7
[道光]濟南 35/4
86 **錢錫爵**(明・湖廣漢陽人)
[康熙四十一年]寧陽 3/40
錢錫寀(清・仁和舉人)
[宣統]東明續縣志 2/14
88 **錢銓**(明・霸州舉人)
[乾隆]東昌 33/48
[嘉慶]東昌 21/16
[康熙]博平 3/6
[道光]博平 4/6
錢笱(明・臨海人)
[康熙]德平 3/11
90 **錢光漢**(清・臨沂人)
[民國]續修臨沂 16/11
錢光泰(明・大興舉人)
[宣統]山東 72/44
[乾隆]東昌 34/13
[嘉慶]東昌 22/4
[康熙十一年]莘縣 5/7
[康熙五十六年]莘縣 5/7
[光緒]莘縣 5/8
[民國]莘縣 3/5
莘縣鄉土志/政績 7
91 **錢灯炘**(字右安)
(清・掖縣人)
[乾隆]掖縣 4/54
97 **錢輝淇**(字筠林)

（清・冠縣人）
［道光］冠縣 8/上 33
［光緒］冠縣 8/文學
［民國］冠縣 8/人物志 42

8410_0 針

50 **針惠**（明・濟寧人）
［康熙］濟寧州 6/28
［乾隆］濟寧直隸州 24/18
［道光］濟寧直隸州 8/2－31

8418_1 鎮

00 **鎮亨和尚**（小名山海）
（清・黃縣人）
［民國］黃縣志稿 13/人物－釋道

8471_1 饒

12 **饒登**（明・廣東人）
［宣統］山東 73/29
［光緒］增修登州 32/3
［同治］重修寧海州 12/12
［民國］牟平 6/72
17 **饒鼐**（明・南直旌德人）
［宣統］山東 71/50
［乾隆］蒲臺 2/59
27 **饒多增**（東阿人）
［民國］東阿 15/3
44 **饒夢燕**（清・湖南城步人）
［宣統］山東 76/6
［道光］濟寧直隸州 6/7－85
［咸豐］金鄉縣志略 7/13
［民國］金鄉 11/21
金鄉縣鄉土志/政績錄
60 **饒思聰**（明・新淦人）
［崇禎］武定州 7/19

8612_7 錫

00 **錫文戒行和尚**（清）
［民國］昌樂縣續志 16/17
10 **錫元**（字會一）
（清）
［宣統］四續汶上稿/宦績志

8614_1 鐸

37 **鐸洛崙**（字棣園）
（清・滿洲人）
［民國］德縣 9/21

8640_0 知

30 **知永**（明・陽信人）
［雍正］山東 30/25
［宣統］山東 200/25
［康熙］濟南 54/37
［乾隆］武定府 26/40
［咸豐］武定府 26/仙釋 5
［康熙］陽信 9/38
［乾隆］陽信 7/63
［民國］陽信 5/仙釋 86
信邑志稿 7/仙釋
47 **知起**（周）
［民國］臨淄 30/39

8660_0 智

00 **智亮**（明）
［宣統］山東 71/31
［乾隆］泰安府 15/25
［道光］東平州 10/上 30
17 **智聚**（元）
［崇禎］新城 11/仙釋
［康熙］新城 8/16
［民國］重修新城 26/6
21 **智順**（姓徐）
（南北朝・瑯邪人）
［雍正］山東 30/7
［萬曆二十四年］兗州 52/23
［萬曆］沂州志 7/73
［康熙］沂州志 6/51
24 **智升**（明・武安人）
［嘉靖］濮州 7/22
27 **智修**（清）
［民國］續修平原 11/藝文上 16
30 **智審**（明・直隸元氏人）
［萬曆］青州 15/62
［康熙十五年］青州 15/62
［康熙四十八年］青州 15/僑寓 9
智永（原名王法極）
（唐）
［萬曆］沂州志 7/75
［康熙］沂州志 6/52
［乾隆］沂州府 27/12
35 **智清**（俗姓張）
（宋・壽光人）
［光緒］益都縣圖志 27/72
37 **智深**（姓孫）
（元・東牟人）
［光緒］文登 12/4
智深（明・青城人）
［萬曆］青城 1/60
58 **智整**（明・黃縣人）
［光緒］文登 12/5
74 **智陞**（明・武安人）
［嘉靖］朝城志 5/10
90 **智光**（明・武定人）
［宣統］山東 168/16
93 **智娘**（清・高陽人）
［順治］單縣 2/8
［康熙］單縣 6/28

8711_5 鈕

24 **鈕勳**（明・錢塘人）
［乾隆］泰安府 15/21
［康熙］肥城書上/43
［嘉慶］肥城 15/34
［光緒］肥城 7/49
46 **鈕如謙**（清・順天大興監生）
［光緒］嶧縣 19/丞倅 6
60 **鈕國典**（清・大興人）
［乾隆］夏津 6/18

8712_0 鈎

43 **鈎弋夫人**（姓趙）
（漢・齊人,或云河間人）
［嘉靖］山東 34/14
［康熙］山東 47/7
［嘉靖］青州 16/47
［萬曆］青州 16/4
［康熙十五年］青州 16/4
［康熙四十八年］青州 16/4
［康熙］益都 10/23

8742_7 鄭

00 **鄭袤**（字叔林,一作林叔）
（魏・開封人）
［嘉靖］山東 26/4
［康熙］山東 33/5
［雍正］山東 27/86

［宣統］山東 66/34
［萬曆二十四年］兗州 27/2
［康熙］兗州 21/17
［乾隆］曹州府 12/5
［嘉靖］濮州 7/4
［萬曆］濮州 3/名宦 9
［康熙］濮州 3/8
［乾隆］濮州 3/8
［宣統］濮州 4/8
［康熙］兗州府曹縣 10/4
［光緒］曹縣 10/3
［光緒］菏澤 7/名宦 2
［光緒］新修菏澤 8/3
菏澤縣鄉土志/7

鄭文（明・直隸內黃人）
［萬曆元年］兗州 38/循吏 43
［萬曆二十四年］兗州 29/7
［康熙］兗州 22/28
［乾隆］兗州 22/29

鄭序（字鷺墀，號鹿痴）（清・濟寧人）
［乾隆］濟寧直隸州 26/20
［道光］濟寧直隸州 8/1－61

鄭玄（字康成）（漢・北海高密人）
［至元］齊乘 6/13
［嘉靖］山東 33/2
［康熙］山東 44/2，59/8
［雍正］山東 11/闕里二 25，28/人物一 24，35/碑 10
［宣統］山東 151/89，153/17，153/21，153/26，153/28，153/30，153/32，153/35，162/13
［康熙］濟南 50/2
［道光］濟南 62/1
［嘉靖］青州 15/24
［萬曆］青州 13/8，15/59
［康熙十五年］青州 13/8，15/59
［康熙四十八年］青州 13/經師 3，15/僑寓 6
［康熙六十年］青州 15/5
［康熙］兗州 28/72
［乾隆］兗州 7/36
［萬曆］沂州志 7/71
［乾隆］沂州府 27/14
［萬曆］萊州 5/51，6/22，7/87
［康熙］萊州 10/70
［乾隆］萊州 11/儒林 1，14/16，14/41
［萬曆］章丘 30/66
［康熙］章丘 6/45
［乾隆］章邱 9/49
［嘉靖］淄川 6/81
［萬曆］淄川 34/1
［順治］鄒平 6/16
［康熙］鄒平 6/26
［嘉慶］鄒平 16/43
［萬曆］濰縣 8/3
［康熙］濰縣 5/人物 3
［乾隆］濰縣 4/31
濰縣鄉土志/42
［萬曆］益都 6/95
［康熙］益都 10/1
［康熙］費縣 7/34
［光緒］費縣 11/70
［康熙］續安丘 17/5
［康熙］杞紀 18/14，20/28
安丘縣鄉土志 8/耆舊錄 5
［康熙］高密 8/2，10/4
［乾隆］高密 8/上 29
［光緒］高密 8/上 44，9/中 12
［民國］高密 14/上 53，15/上 7，15/上 19，15/下 24，16/35
高密縣鄉土志/上 42
［康熙］昌邑 6/1
［萬曆］即墨志 8/7，10/26
［康熙］纂修即墨/下 21
［乾隆］即墨 9/35
［同治］即墨 9/56
即墨縣鄉土志/耆舊－學問
［道光］榮成 8/8
［雍正］文登 8/1，9/29
［道光］文登 5/26
［光緒］文登 10/下 1

鄭膺（字再拳，號鶴城）（清・濟寧人）
［道光］濟寧直隸州 9/4－166

鄭雍（宋・襄邑人）
［嘉靖］山東 27/22

鄭雍（號穆菴）（清・直隸南宮人）
［宣統］山東 75/27
［康熙］濟南 26/15
［道光］濟南 38/35
［康熙］重修臨邑 8/5
［道光］臨邑 7/26
［同治］臨邑 7/30

鄭應麟（字天石）（清・濟寧人）
［道光］濟寧直隸州 8/4－17

鄭文玉（字美斯）（清・章邱人）
［道光］章邱 11/80

鄭文先（清・蕲水人）
［乾隆］東昌 22/23
［宣統］聊城 6/2－5

鄭慶萱（字蘭溪）（江寧人）
［民國］濟寧縣 3/23

鄭方坤（號荔鄉）（清・福建建安人）
［宣統］山東 77/21
［乾隆］沂州府 20/13
［民國］臨沂 7/75

鄭方泰（字東嶽）（清・高苑人）
［咸豐］青州 50/14

鄭立恩（字東昇）（清・長清人）
［民國］長清 13/17

鄭文公（魏・萊州人）
［萬曆］萊州 6/69
［康熙］萊州 10/96
［乾隆］萊州 12/仙釋 1

鄭文炳（字絅之）（明・濟寧人）
［康熙］濟寧州 6/25
［乾隆］濟寧直隸州 22/49，24/8
［道光］濟寧直隸州 6/6－32，8/1－58
濟寧州鄉土志 2/賢裔

鄭文炳（明・內黃人）
［嘉靖］山東 26/18
［康熙］山東 33/21

[雍正]山東 27/38
[宣統]山東 72/15
[順治]嘉祥 4/35
[乾隆]嘉祥 3/29
[光緒]嘉祥 3/37
01 **鄭龍**(字舜卿)
(明・寧陽人)
[康熙十一年]寧陽 7/12
[康熙四十一年]寧陽 7/12
[乾隆]寧陽 7/文苑 1
[咸豐]寧陽 13/15
[光緒]寧陽 13/15
02 **鄭新**(字荷亭)
(清・樂安人)
[民國]續修廣饒 19/72
鄭新蘭(字滄池)
(臨淄人)
[民國]臨淄 24/30
03 **鄭誠**(昌樂人)
[民國]昌樂縣續志 21/22
05 **鄭諫臣**(清・寧海人)
[光緒]增修登州 43/35
07 **鄭毅釗**(字凝九,號奎嵐)
(清・日照人)
[光緒]日照 8/14
09 **鄭麟之**(字紱廷)
(德縣人)
[民國]德縣 10/78
10 **鄭霆**(明・洪洞人)
[康熙]濟南 50/8
[乾隆]武定府 26/43
[咸豐]武定府 26/寓賢 2
[萬曆]青城 2/38
[乾隆]青城 8/13
[民國]青城續修 4/人物 24
鄭璽(字玉章)
(清・雲南江川人)
[宣統]山東 77/33
[嘉慶]續掖縣 2/27
鄭璽(清・莒縣人)
[民國]重修莒志 65/18
鄭元(宋・須城人)
[乾隆]東平州 15/1,20/16
[道光]東平州 15/1,20/16
[光緒]東平州 15/下 1,20/15
[民國]東平縣 17/39
東平州鄉土志上/耆舊錄 29
鄭雲(明・雲亭人)
[崇禎]歷乘 16/64
鄭元慶(號芷畦)
(清・歸安人)
[宣統]山東 200/15
[乾隆]濟寧直隸州 28/23
[道光]濟寧直隸州 8/4-48
鄭雲龍(字耕南,號萍史)
(清・歷城人)
[民國]續修歷城 41/24
鄭三元(字翰華)
(清・益都人)
[康熙四十八年]青州 15/義民 22
鄭五琴(字賡南)
(清・陽穀人)
[民國]增修陽穀人物/師道 23
鄭元瑊(清・新城人)
[宣統]新城縣後志 3/耆壽
鄭天統(字子卿)
(清・東阿人)
[民國]續修東阿 11/28,14/20
鄭百川(見鄭伯川)
鄭雲坊(字立州)
(清・諸城人)
[光緒]增修諸城縣續志 19/2
鄭天樞(清・滿洲鑲藍旗人)
[宣統]山東 75/17
[道光]濟南 38/26
[雍正]齊河 5/39
[民國]齊河 22/5
齊河縣鄉土志政績錄/5
鄭平城(魏・滎陽開封人)
[順治]鄒平 4/5
[康熙]鄒平 4/5
[嘉慶]鄒平 14/1
[道光]鄒平 14/1
[民國]鄒平 14/1
鄭丕恕(字節之)
(清・高苑人)
高苑縣鄉土志/耆舊
鄭可教(明・北直唐山人)
[康熙]朝城 7/8
鄭元操(宋)
[嘉靖]山東 26/26
[康熙]山東 34/6
鄭天開(字文運)
(清・商河人)
[道光]商河 7/50
[民國]重修商河 9/8
鄭元熙(清・膠州人)
[民國]增修膠志 44/17
鄭雲鵬(字秋農)
(清・德平人)
[光緒]德平 7/18
德平縣鄉土志/耆舊錄
鄭玉美(字藍田)
(清・昌樂人)
[咸豐]青州 50/16
鄭元鈞(字惺軒,號東里)
(清・濟寧人)
[道光]招遠縣續志 2/16
11 **鄭珏**(明・河南歸德人)
[康熙]山東 35/11
[雍正]山東 27/60
[宣統]山東 73/10
[嘉靖]青州 13/43
[萬曆]青州 12/30
[康熙十五年]青州 12/30
[康熙四十八年]青州 12/30
[康熙六十年]青州 12/27
[咸豐]青州 36/7
[康熙]壽光 20/2
[嘉慶]壽光 10/23
[民國]壽光 6/12
12 **鄭璠**(字超萬)
(清・濟寧人)
[乾隆]濟寧直隸州 27/21
[道光]濟寧直隸州 8/3-24
鄭弘(字穉卿)
(漢・泰山剛人)
[嘉靖]山東 30/4
[康熙]山東 40/4
[雍正]山東 28/人物一 12
[宣統]山東 154/7
[萬曆元年]兗州 40/政績 1
[萬曆二十四年]兗州 31/7
[康熙]兗州 24/7
[乾隆]兗州 23/11
[康熙十一年]寧陽 7/1

［康熙四十一年］寧陽 7/1
［乾隆］寧陽 7/良吏 1
［咸豐］寧陽 12/11
［光緒］寧陽 12/11
鄭弘（字巨君）
（漢・會稽山陰人）
［嘉靖］山東 26/3
［康熙］山東 33/3
［雍正］山東 27/30
［宣統］山東 66/20
［萬曆元年］兗州 38/循吏 7
［萬曆二十四年］兗州 26/13
［康熙］兗州 21/12
［乾隆］兗州 22/4
［萬曆］鄒志 2/8
［康熙十二年］鄒縣志 3/9
［康熙五十五年］鄒縣志 2/41
［民國］續修鄒縣志稿/名宦
鄒縣鄉土志政績錄/2
鄭延順（字去逆）
（清・濟寧人）
［道光］濟寧直隸州 8/4－17
鄭延任（字士才，號荷宏）
（明・臨清人）
［宣統］山東 164/42
［乾隆］東昌 41/31
［乾隆］臨清州 9/33
［乾隆］臨清直隸州 8/上 20
［民國］臨清縣/人物 24
鄭飛鳴（字緒肩）
（清・浙江蕭山人）
［光緒］壽張 5/9
壽張縣鄉土志/政績－去害
13 **鄭瑄**（明・濟寧人）
［康熙］濟寧州 7/3
［乾隆］濟寧直隸州 26/29
［道光］濟寧直隸州 8/2－43
14 **鄭珙**（五代・青州人）
［光緒］益都縣圖志 31/18
鄭瓘（明・蘭谿人）
［道光］濟南 36/14
［嘉慶］鄒平 14/7
［道光］鄒平 14/7
［民國］鄒平 14/7
鄭瑾（見鄭僅）
鄭琦（字一韓）
（清・滿洲正黄旗人）
［光緒］益都縣圖志 37/19
15 **鄭臻**（明・嶧縣人）
［乾隆］嶧縣 8/22
［光緒］嶧縣 21/孝友 2
16 **鄭璟**（字庭璧）
（明・歷城人）
［道光］濟南 49/38
［乾隆］歷城 42/4
鄭聖述（清・商河人）
［民國］重修商河 13/藝文志四墓誌 25
17 **鄭弼**（元）
［宣統］山東 69/27
［康熙］濟南 25/21
［乾隆］武定府 16/46
［咸豐］武定府 19/蒲臺 1
［萬曆］蒲臺志 8/4
［康熙］重修蒲臺 5/6
［乾隆］蒲臺 2/55
蒲臺縣鄉土志/2
鄭習孔（字宗聖）
（清・德平人）
［道光］濟南 56/88
［嘉慶］德平 7/17
［光緒］德平 7/16
鄭子聃（字景純）
（金・大定人）
［嘉靖］山東 26/13
［康熙］山東 33/16
［宣統］山東 69/8
［萬曆元年］兗州 38/循吏 34
［萬曆二十四年］兗州 28/12
［康熙］兗州 22/12
［萬曆］沂州志 6/8
［康熙］沂州志 3/43
［乾隆］沂州府 20/4
［民國］臨沂 7/69
鄭習儀（字敬菴）
（清・新城人）
［道光］濟南 55/74
［宣統］新城縣後志 3/文苑
［民國］重修新城 17/7
鄭召南（字亦棠）
（清・高苑人）
高苑縣鄉土志/耆舊
鄭聚東（明・廣安舉人）
［康熙］濟南 25/49
［康熙］泰安州 2/48
［乾隆］泰安府 15/10
［乾隆二十五年］泰安縣 10/31
［乾隆四十七年］泰安縣 8/28
［道光］泰安縣 10/5
［民國］重修泰安縣 6/59
泰安縣鄉土志/政績 5
鄭取善（清・太原人）
［康熙］德州 6/5
18 **鄭瑜**（字伯崑）
（清・諸城人）
［康熙十五年］青州 13/84
［康熙四十八年］青州 13/事功 68
［康熙六十年］青州 16/35
［康熙］諸城 7/31
［乾隆］諸城 34/1
20 **鄭雛**（北齊・滎陽人）
［嘉靖］山東 27/15
［康熙］山東 37/2
［雍正］山東 27/68
［萬曆］萊州 5/59
［康熙］膠州 5/3
［乾隆］膠州 4/5
鄭信（字德孚）
（明・東平人）
［康熙］東平州 3/40
鄭信（明・武進人）
［康熙］兗州府曹縣 9/23
鄭爲龍（字令侯，一字海峯）
（清・山西文水進士）
［乾隆］膠州 4/23
［道光］重修膠州 23/10
［民國］增修膠志 18/9
膠州直隸州鄉土志 3/政績－聽訟
鄭維新（明・新會人）
［乾隆］泰安府 15/10
［康熙］東平州 4/57
［乾隆］東平州 12/35
［道光］東平州 12/35
［光緒］東平州 14/35
鄭秉衡（清・齊河人）
［民國］齊河 27/15

鄭維嵩(字可喬)
(清・黄岡進士)
[光緒]文登 7/下 8
[民國]文登 7/下 8
鄭季宣(漢)
[乾隆]濟寧直隸州 17/3
[道光]濟寧直隸州 9/2-59
鄭維翰(字幹止)
(清・商河人)
[咸豐]武定府 25/孝友 40
[民國]重修商河 8/42
鄭維邦(明・福建侯官人,一作閩縣人)
[宣統]山東 71/38
[康熙]濟南 25/51
[乾隆]泰安府 15/12
[康熙]肥城書下/9,下/58
[嘉慶]肥城 15/31,19/21
[光緒]肥城 7/45
肥城縣鄉土志 3/3
鄭維周(字西藩)
(清・陽信人)
[民國]陽信 5/任恤 39
鄭舜年(字虞華)
(清・陵縣人)
[光緒]陵縣 19/人物傳二 20
21 **鄭順**(明・宛平人)
[嘉靖]山東 25/26
[康熙]山東 32/14
[雍正]山東 27/84
[宣統]山東 71/34
[康熙]濟南 25/33
[乾隆]泰安府 15/6
[天啟]新泰 5/21
[順治]新泰 4/18
[乾隆]新泰 11/2
鄭衍(元・安丘人)
[嘉靖]山東 32/19
[康熙]山東 42/19
[嘉靖]青州 15/47
[萬曆]青州 15/22
[康熙十五年]青州 15/21
[康熙四十八年]青州 15/武功 8
[康熙六十年]青州 16/46
[萬曆]安丘 21/31
安丘縣鄉土志 4/耆舊錄 1
鄭步雲(字邁青)
(清・壽光人)
[民國]壽光 12/人物志二 62
鄭師儒(明・潁上監生)
[乾隆]東昌 35/4
鄭衍德(見鄭衍)
鄭占春(清・福建福清貢生)
[光緒]增修登州 29/4
[康熙]棲霞 4/9 之 2
鄭虔符(唐)
[光緒]益都縣圖志 16/1
鄭步堂(清・昌樂人)
[民國]昌樂縣續志 35/5
22 **鄭崇**(字子游)
(漢・高密人)
[至元]齊乘 6/11
[嘉靖]山東 33/1
[康熙]山東 44/1
[雍正]山東 28/人物一 12
[宣統]山東 154/10
[萬曆]萊州 5/80
[康熙]萊州 10/3
[乾隆]萊州 10/2
[康熙]杞紀 18/13
[康熙]高密 8/1
[乾隆]高密 8/上 1
[光緒]高密 8/上 1
[民國]高密 14/上 1
高密縣鄉土志/上 17
鄭崇儉(號大章)
(明・山西平陽人)
[康熙]山東 31/18
[雍正]山東 27/28
[宣統]山東 70/26
[道光]濟南 35/35
鄭繼宗(字體元)
(清・嶧縣人)
[光緒]嶧縣 21/耆舊 18
鄭繼芳(字環樞)
(明・北直鹽山人,一作順天人)
[宣統]山東 71/10
[康熙]濟南 25/65
[道光]濟南 36/21
[萬曆]青州 12 又/又 19
[康熙十五年]青州 12 又/19
[康熙四十八年]青州 12 又/19
[咸豐]青州 36/30
[萬曆]淄川 27/12
[康熙]淄川 4/12
[乾隆]淄川 4/12
淄川縣鄉土志/政績錄
[康熙]益都 5/21
[光緒]益都縣圖志 18/36
鄭繼成(字紹先)
(長清人)
[民國]長清 12/12
23 **鄭然**(字季諾)
(清・諸城人)
[光緒]增修諸城縣續志 14/2
鄭允一(字復元)
(東平人)
[民國]東平縣 11/上 26
鄭允修(字永夫,號蓉坡)
(清・滕縣人)
[道光]滕縣志 8/吏治 13
滕縣鄉土志/21
24 **鄭僅**(字彥能)
(宋・徐州彭城人)
[嘉靖]山東 26/25
[康熙]山東 34/5
[雍正]山東 27/45
[宣統]山東 68/46
[乾隆]東昌 34/18
[嘉慶]東昌 22/9
[嘉靖]冠縣 2/7
[萬曆]冠縣 2/2
[道光]冠縣 6/21
[光緒]冠縣 6/宦績
[民國]冠縣 6/32
鄭勉(字勗旃,號墨泉)
(清・濟寧人)
[道光]濟寧直隸州 8/4-16
濟寧州鄉土志 2/耆舊
鄭綺(明・歙縣人)
[萬曆]濟陽 6/4
鄭佑(字翊卿)
(清・高唐人)
[光緒]高唐州 5/2-31
[民國]高唐縣 12/17

鄭德彥(字繼何,號六泉)
(清・日照人)
[光緒]日照 8/25
鄭佑文(字安齋)
(清・陽信人)
[民國]陽信 5/忠義 64
鄭先富(清・滋陽人)
[光緒]滋陽 9/30
滋陽縣鄉土志 1/耆舊-忠節
鄭化南(萊陽人)
[民國]萊陽 3/1 中 50
鄭先友(清・滋陽人)
[光緒]滋陽 9/30
滋陽縣鄉土志 1/耆舊-忠節
鄭德本(唐)
[萬曆二十四年]兗州 27/9
[康熙]兗州 21/24
[康熙]曹州志 7/44
[康熙]兗州府曹縣 10/6
[光緒]曹縣 10/5
[光緒]菏澤 7/宦蹟 12
[光緒]新修菏澤 8/4
菏澤縣鄉土志/8
鄭信昌(字全斯)
(明・博山人)
[乾隆]博山 7/下 10
[民國]續修博山 12/7,12/38,14/40
鄭德興(字振遠)
(清・濟寧人)
[民國]濟寧直隸州續志 12/42
鄭先民(清・安徽潛山人)
[宣統]山東 76/43
[乾隆]東昌 35/12
[嘉慶]東昌 22/17
鄭續善(字元長)
(清・歷城人)
[道光]濟南 53/8
[乾隆]歷城 38/8
鄭德鄉(元)
[嘉靖]山東 26/27
[乾隆]東昌 35/17
[嘉慶]東昌 22/21
[嘉靖]高唐州 5/3
[康熙十二年]高唐州 7/5
[康熙五十一年]高唐州 7/5
[道光]高唐州 7/1-4
[光緒]高唐州 7/1-4
[民國]高唐縣 9/5-3
25 **鄭傑**(清・臨清人)
[乾隆]臨清直隸州 8/下 6
[民國]臨清縣/人物 25
鄭傳古(字知邃)
(唐・滎陽人)
[光緒]益都縣圖志 27/38
鄭積長(字冲霄)
(清・商河人)
[民國]重修商河 9/16
26 **鄭伯川**(明・睢州人)
[嘉慶]東昌 21/27
[康熙]重修清平下/5
[嘉慶]清平 13/5
[宣統]增輯清平 11/4
[民國]清平/秩官 34
清平縣鄉土志/政績
鄭保安(字甯一)
(清・陵縣人)
[光緒]陵縣 19/人物傳二 22
鄭伯真(清)
[康熙]德州 6/4
鄭皞如(清・博興人)
[民國]重修博興 13/54
27 **鄭嵋**(字曉峰)
(清・益都人)
[咸豐]青州 50/1
[光緒]益都縣圖志 41/17
鄭修(南北朝・北海人)
[嘉靖]山東 32/11
[康熙]山東 42/11
[宣統]山東 167/7
[嘉靖]青州 15/53
[萬曆]青州 14/36
[康熙十五年]青州 14/36
[康熙四十八年]青州 14/隱逸 10
[康熙六十年]青州 20/3
[萬曆]濰縣 9/1
[康熙]濰縣 5/人物 8
[乾隆]濰縣 4/34
濰縣鄉土志/42
鄭脩(見鄭修)
鄭繩立(字其武)
(清・博興人)
[咸豐]青州 49/40
[道光]博興 11/35
[民國]重修博興 13/33
鄭凱元(字虞臣)
(清・樂陵人)
樂陵縣鄉土志 3/62
鄭忽必烈(元)
[康熙]濟南 25/23
[道光]濟南 34/39
[康熙]新修齊東 4/18
[民國]齊東 3/55
鄭將軍(元・登州人)
[泰昌]登州 11/31
[順治]登州 17/8
[光緒]增修登州 38/12
[乾隆]黃縣 8/36
[民國]黃縣志稿 13/元
鄭名揚(清・膠州人)
[民國]增修膠志 47/14
鄭歸昌(宋)
[光緒]益都縣圖志 16/38
鄭紀略(字協五)
(清・湖南石門人)
[宣統]增輯清平 11/9
[民國]清平/秩官 31
[光緒]陽穀 4/6
[光緒]鄆城 6/13
28 **鄭倫**(明・晉州人)
[乾隆]沂州府 20/8
[光緒]費縣 3/53
費縣鄉土志/政績錄
鄭作文(字綺園)
(清・陽信人)
[民國]陽信 5/任恤 34
鄭作相(字仲巖,一字埜夫)
(清・日照人)
[宣統]山東補遺/26
鄭似愚(明・鄞縣人)
[雍正]山東 31/16
[康熙]濟南 50/8
[乾隆]武定府 26/42
[咸豐]武定府 26/寓賢 2

[順治]樂陵 6/6
[乾隆]樂陵 6/42
鄭以炳(清・順天人)
[順治]招遠 7/6
30 **鄭宏**(見鄭弘)
鄭良(明・臨朐人)
[嘉靖]臨朐 3/14
鄭滂(字甘澍)
(明・河南湯陰人)
[宣統]山東 72/18
[康熙]兗州 22/36
[乾隆]兗州 22/28
[乾隆]濟寧直隸州 22/51
[道光]濟寧直隸州 6/6－35
[康熙]魚臺 15/19
[乾隆]魚臺 9/42
[光緒]魚臺 2/47
鄭容(字相涵)
(明・濟寧人)
[康熙]濟寧州 7/23
[乾隆]濟寧直隸州 26/16
[道光]濟寧直隸州 8/1－62
鄭完(清・北直宣府衛人)
[乾隆]嶧縣 7/26
鄭宣(明・寧遠人)
[崇禎]新城 6/知縣
[康熙]新城 5/3
鄭漳(字世績)
(明・福建同安人)
[康熙]山東 36/4
[雍正]山東 27/66
[宣統]山東 73/20
[泰昌]登州 9/28
[順治]登州 11/18
[光緒]增修登州 25/9
鄭宏文(字東奎)
(清・日照人)
[光緒]日照 8/24
鄭永康(字裕年)
(清・陽穀人)
[民國]增修陽穀人物/武功 14
鄭之文(字真卿)
(清・臨清人)
[康熙]山東 45/15
[雍正]山東 28/人物四 41
[宣統]山東 174/30
[乾隆]東昌 41/36
[康熙]臨清州 3/人物 12
[乾隆]臨清州 9/39
[乾隆]臨清直隸州 8/上 26
[民國]臨清縣/人物 25
鄭之彥(字京儒)
(清・金鄉人)
[康熙]兗州續編 16/15
[乾隆]兗州 23/76
[乾隆]濟寧直隸州 27/29
[道光]濟寧直隸州 8/3－33
[康熙五十一年]金鄉 11/22
[乾隆]金鄉 18/72
[咸豐]金鄉縣志略 9/中列傳二 4
[民國]金鄉 14/4
鄭宗文(清・滿洲人)
[康熙]膠州 5/17
鄭宗孔(字麟臺)
(清・陽穀人)
[民國]增修陽穀人物/師道 26
鄭永清(號瑞庭)
(清・恩縣人)
[宣統]重修恩縣 8/52
[民國]重修恩縣 11/鄉賢 71
鄭永淑(東阿人)
[民國]東阿 15/21
鄭守道(號葵峰)
(明・懷安人)
[萬曆]東昌 18/41
[乾隆]東昌 35/28
[乾隆]夏津 6/36
鄭永祥(字國瑞)
(清・陽穀人)
[民國]增修陽穀人物/武功 13
鄭之范(號龍圖)
(明・博山人)
[康熙]顔神鎮志 4/下 4
鄭之韓(明・博山人)
[康熙]顔神鎮志 4/下 7
鄭之惠(清・海澄舉人)
[乾隆]東昌 35/5
鄭安國(明・紹興人)
[康熙六十年]青州 12/39
[咸豐]青州 36/48
[康熙十二年]博興 6/2
[康熙六十年]博興 6/7, 7/14
[道光]博興 10/4
[民國]重修博興 12/4
鄭寖昌(字嵩嵐)
(明・河南魯山人)
[宣統]山東 71/35
[康熙]濟南 25/80
[乾隆]泰安府 15/24
[順治]新泰 4/20
[乾隆]新泰 11/6
新泰縣鄉土志/6
鄭寢昌(見鄭寖昌)
鄭憲昭(字慎迺)
(清・日照人)
[光緒]日照 8/19
鄭之鵬(字搖九)
(清・恩縣人)
[宣統]重修恩縣 8/51
[民國]重修恩縣 11/鄉賢 70
鄭之鐘(字問菴)
(清・直隸豐潤人)
[光緒]昌邑縣續志 5/17,8/8
[宣統]三續淄川 9/43
鄭宜範(清・臨沂人)
[民國]續修臨沂 16/22
31 **鄭福謙**(字益堂)
(清・長清人)
[民國]長清 11/36
32 **鄭溪清**(字少濂)
(平原人)
[民國]續修平原 8/22
33 **鄭溥**(字恬生,一字田蓀)
(清・大興人)
新泰縣鄉土志/6
[宣統]四續汶上稿/宦績志
鄭溥元(字苓泉)
(清・樂陵人)
樂陵縣鄉土志 3/47
鄭述祖(字恭文)
(北齊・開封人)
[嘉靖]山東 26/5
[康熙]山東 33/6

[雍正]山東 27/32
[宣統]山東 67/20
[萬曆元年]兖州 38/循吏 19
[萬曆二十四年]兖州 27/5
[康熙]兖州 21/20
[乾隆]兖州 22/8
[萬曆]萊州 5/59
[康熙]萊州 8/18
[乾隆]萊州 9/5
萊州府鄉土志/上 9
[嘉慶]續掖縣 2/11
34 **鄭漢**(明・福寧人)
[宣統]山東 72/31
[康熙]兖州續編 14/11
[乾隆]曹州府 12/17
[康熙九年]城武 2/36
[康熙四十一年]城武 3/下名宦 12
[道光]城武 6/24
鄭洪(清・莒縣人)
[民國]重修莒志 65/18
鄭祜(元・安邱人)
[咸豐]青州 42/15
鄭滿(字守謙)(明・新淦人)
[嘉靖]濮州 7/15
[萬曆]濮州 3/名宦 18
[康熙]濮州 3/16
[乾隆]濮州 3/16
[宣統]濮州 4/16
鄭澍(字德沛)(清・日照人)
[光緒]日照 8/20
鄭汝文(字樸莽)(清・樂陵人)
樂陵縣鄉土志 3/54
鄭汝進(明・新城人)
[康熙]濟南 47/9
[道光]濟南 72/41
[天啟]新城 8/孝友
[崇禎]新城 8/孝友
[康熙]新城 8/5
新城縣鄉土志/耆舊－明
鄭汝忠(字誨菴)(清・章邱人)
[道光]濟南 54/26
[道光]章邱 11/80
35 **鄭冲**(晉)
[嘉靖]青州 12/28
[康熙十五年]青州 8/14
[嘉慶]壽光 10/4
鄭禮(明・陝西澄城人)
[咸豐]青州 36/34
[民國]臨淄 18/8
鄭禮(明・堂邑人)
[乾隆]東昌 42/11
[嘉慶]東昌 32/11
[順治]堂邑 2/人物 19
[康熙十一年]堂邑 2/人物 8
[康熙]堂邑 16/11
堂邑縣鄉土志/耆舊錄
鄭連升(字仲堂)(清・慶雲人)
[民國三年]慶雲 2/46
36 **鄭泗**(號我岡)(明・羅江人)
[萬曆]諸城 4/25
[康熙]諸城 4/16
鄭暹(明・費縣人)
[乾隆]沂州府 26/26
[康熙]費縣 7/31
[光緒]費縣 10/80
鄭禪寶(字永錫)(清・漢軍正白旗人)
[宣統]山東 74/39
[道光]濟南 37/55
鄭還古(唐・滎陽人)
[光緒]益都縣圖志 48/16
37 **鄭渾**(字文公)(魏・河南開封人)
[雍正]山東 27/31
[宣統]山東 66/32
[萬曆元年]兖州 38/循吏 13
[萬曆二十四年]兖州 26/16
[康熙]兖州 21/15
[乾隆]兖州 22/5
[乾隆]濟寧直隸州 22/56
[道光]濟寧直隸州 6/6－3
[乾隆]金鄉 17/3
[咸豐]金鄉縣志略 7/3
[民國]金鄉 11/18
金鄉縣鄉土志/政績錄
[光緒]魚臺 2/45
鄭汲(明・建昌人)
[道光]濟南 36/36
[康熙]新修齊東 4/16
[民國]齊東 3/57
鄭鄰亭(字泌園)(清・樂陵人)
樂陵縣鄉土志 3/54
鄭逢達(字笏山)(清・福建晉江人)
[道光]鉅野 13/66
鄭逢堯(明・東平人)
[乾隆]東平州 15/3
[道光]東平州 15/3
[光緒]東平州 15/下 3
[民國]東平縣 11/中 23
鄭運泰(字逢良)(清・嶧縣人)
[光緒]嶧縣 21/耆舊 8
鄭運甲(字方春)(清・嶧縣人)
[光緒]嶧縣 21/耆舊 10
鄭逢陽(明・東平人)
[乾隆]東平州 15/3
[道光]東平州 15/3
[光緒]東平州 15/下 3
[民國]東平縣 11/中 23
東平州鄉土志上/耆舊錄 33
38 **鄭啟南**(清・安邱人)
[民國]續安邱新志 21/4
鄭祥茂(字松岩)(清・魚臺人)
[光緒]魚臺 3/孝義又 1
鄭道昭(字僖伯)(北魏・滎陽開封人)
[嘉靖]山東 27/15
[康熙]山東 37/2
[雍正]山東 27/68
[宣統]山東 67/18
[萬曆]萊州 5/57
[康熙]萊州 8/17
[乾隆]萊州 9/5
萊州府鄉土志/上 7
[乾隆]掖縣 5/1
[嘉慶]續掖縣 2/10
[光緒]益都縣圖志 15/9

40 **鄭才**(字君召)
(清・商河人)
[咸豐]武定府 26/義行 24
[民國]重修商河 8/77
鄭嘉(字道亨)
(元・樂陵人)
[順治]樂陵 6/4
鄭奇(明・河南光州人)
[萬曆]青州 12 又/又 11
[康熙十五年]青州 12/又 11
[康熙四十八年]青州 12/又 11
[康熙六十年]青州 12/33
[咸豐]青州 36/10
[萬曆]諸城 4/22
[康熙]諸城 4/13
[乾隆]諸城 28/3
鄭燾(字敦五)
(清・曹縣人)
[光緒]曹縣 14/行誼 28
鄭真(字惟誠)
(明・濟寧人)
[康熙]濟寧州 6/29
[乾隆]濟寧直隸州 24/15
[道光]濟寧直隸州 8/1-59
鄭直(字子敬)
(明・東平人)
[康熙]東平州 3/44
[乾隆]東平州 11/5
鄭直(字震宇)
(清・樂安人)
[雍正]樂安 12/19
[民國]樂安 10/20
[民國]續修廣饒 19/37
鄭杜(明・固安人)
[乾隆]泰安府 15/15
[道光]東阿 11/10
鄭培元(字仁侯,號雪堂)
(清・陽信人)
[民國]陽信 5/文學 23
陽信縣鄉土志上/耆舊-學問
鄭士震(字慎修)
(清・汶上人)
[乾隆]東昌 35/15
[嘉慶]東昌 22/19

鄭九峯(字嶷山)
(清・臨淄人)
[咸豐]青州 50/10
[民國]臨淄 25/37
臨淄縣鄉土志/耆舊錄
鄭奇勳(清・江都人)
[康熙]堂邑 8/9
鄭士傑(字東里,號雪航)
(清・新城人)
[宣統]新城縣後志 3/文苑
鄭士傑(字立朝)
(清・陽信人)
[民國]陽信 5/任恤 35
鄭存良(清・陽穀人)
[民國]增修陽穀人物/國術師 32
鄭大進(清・廣東揭陽人)
[宣統]山東 74/54
[道光]濟南 37/75
鄭才樸(字彬實)
(清・壽光人)
[乾隆]續壽光 24/8
[嘉慶]壽光 13/29
[民國]壽光 12/人物志一 84
鄭士彬(字協中,一字道南)
(清・陵縣人)
[光緒]陵縣 19/人物傳二 14
陵縣鄉土志/20
鄭士芳(字蘭坡,號柳田)
(清・歷城人)
[宣統]山東 170/35
[道光]濟南 61/12
[民國]續修歷城 41/8
鄭希孝(明・新城人)
[道光]濟南 51/34
[康熙]新城 8/5
[民國]重修新城 15/7
鄭有恭(字作肅)
(清・日照人)
[光緒]日照 8/36
鄭大中(字義甫)
(宋・契丹人)
[宣統]山東 68/36
[乾隆]泰安府 14/19
[康熙]東平州 3/10
鄭大昇(字美斯)
(清・德平人)
[道光]濟南 61/11
[光緒]德平 7/29

42 **鄭札**(字伯文)
(明・澄城人)
[宣統]山東 71/42
[康熙]濟南 25/56
[萬曆]青州 12 又/9
[康熙十五年]青州 12 又/9
[康熙四十八年]青州 12 又/9
[康熙六十年]青州 12/37
[乾隆]武定府 16/19
[咸豐]武定府 19/陽信 3
[康熙]陽信 7/29
[乾隆]陽信 5/31
信邑志稿 5/宦蹟
[民國]陽信 2/57
陽信縣鄉土志上/政績-聽訟

44 **鄭材**(字思成)
(明・北直安肅人)
[宣統]山東 71/20,72/39
[道光]濟南 36/59
[乾隆]東昌 33/47
[嘉慶]東昌 21/15
[崇禎]歷乘 16/63
[康熙]德平 3/3
[嘉慶]德平 5/9
[光緒]德平 5/9
[康熙]博平 3/44
[道光]博平 4/4
博平縣鄉土志/政績
鄭材(字之棟)
(清・陽穀人)
[民國]增修陽穀人物/國術師 32
鄭華(字思孝,一作孝思)
(明・浙江臨海人)
[雍正]山東 27/84
[宣統]山東 71/31
[乾隆]泰安府 15/3
[萬曆二十四年]兗州 29/11
[康熙]兗州 22/32
[康熙]兗州續編 14/22
[康熙]東平州 4/56
[乾隆]東平州 12/33

[道光]東平州 12/33
[光緒]東平州 14/33
[民國]東平縣 9/17
東平州鄉土志上/政績錄 13
鄭莅(字莊以)
(清・日照人)
[光緒]日照 8/13
鄭權(唐)
[光緒]陵縣 22/8
鄭芸(明・莆田人)
[崇禎]歷乘 16/63
鄭藻(字春華)
(清・滋陽人)
[光緒]滋陽 9/10
滋陽縣鄉土志 1/耆舊－忠義
鄭楚六(字龍友,號夢由)
(清・東平人)
[乾隆]東平州 14/16
[道光]東平州 14/16
[光緒]東平州 15/中 21
[民國]東平縣 11/上 39
鄭若庸(明・蘇州人)
[萬曆]濮州 4/游寓 5
[康熙]濮州 4/29
[乾隆]濮州 4/43
[宣統]濮州 6/71
鄭其誼(字董帷,號思圃)
(清・濟寧人)
[乾隆]濟寧直隸州 26/26
[道光]濟寧直隸州 8/1－62
鄭桂秀(字穎秋)
(清・嶧縣人)
[光緒]嶧縣 21/文苑 4
鄭桂山(字香谷)
(清・嶧縣人)
[光緒]嶧縣 21/耆舊 11
鄭世德(清・日照歲貢)
[乾隆]泰安府 15/40
[嘉慶]肥城 15/37
[光緒]肥城 7/51
鄭其身(字培躬)
(清・鉅野人)
[道光]鉅野 17/65
鄭慕宗(字孺誠)
(清・安丘人)
[民國]續安邱新志 21/2
安丘縣鄉土志 7/耆舊錄 4
鄭其心(清・密雲人)
[康熙]萊州 8/42
鄭樹壇(字杏園)
(清・曹縣人)
[光緒]曹縣 14/行誼 20
鄭蘭芳(字伯馥)
(清・長清人)
[民國]長清 13/23
鄭華書(字鎮西)
(清・莒縣人)
[民國]重修莒志 65/37
鄭基成(字玉汝,號履占)
(清・歙縣人)
[民國]續修曲阜 5/41
鄭芳圃(字蕙齋,一作畹齋)
(清・新城人)
[宣統]新城縣後志 3/文苑
[民國]桓臺 3/34
鄭世顯(字德昭,號雪村)
(清・高苑人)
高苑縣鄉土志/耆舊
鄭其駿(清)
[民國]重修商河 7/2
鄭世興(清)
[同治]即墨 12/39
鄭勤堂(清・菏澤人)
[宣統]山東 173/33
[光緒]曹縣 10/23
45 **鄭坤**(明・河南光州人)
[宣統]山東 73/19
[萬曆]青州 12/36
[康熙十五年]青州 12/36
[康熙四十八年]青州 12/36
[康熙六十年]青州 12/31
[咸豐]青州 36/17
[萬曆]濟陽 6/3
[萬曆]諸城 4/24,5/15
[康熙]諸城 5/14
[乾隆]諸城 28/4
鄭坤(明・武定州人)
[嘉靖]武定州下/70
鄭椿(字蓉洲)
(清・滋陽人)
[光緒]滋陽 9/17
46 **鄭獨復**(字樂平,號簡菴,一作淡菴)
(明・新城人)
[道光]濟南 51/34
[康熙]新城 8/7
[民國]重修新城 14/10
新城縣鄉土志/耆舊－明
47 **鄭均**(字仲虞,一作仲義)
(漢・東平任城人)
[嘉靖]山東 30/9
[康熙]山東 40/9
[雍正]山東 28/人物一 18
[宣統]山東 154/15
[萬曆元年]兗州 40/卓行 2
[萬曆二十四年]兗州 31/23
[康熙]兗州 24/22
[乾隆]兗州 23/13
[嘉靖]濮州 8/2
[萬曆]濮州 4/游寓 2
[康熙]濮州 4/26
[乾隆]濮州 4/40
[宣統]濮州 6/68
[康熙]濟寧州 6/3
[乾隆]濟寧直隸州 23/2
[道光]濟寧直隸州 8/1－56
濟寧州鄉土志 2/賢裔
鄭獬(字毅夫)
(宋・湖廣安陸人)
[嘉靖]山東 27/6
[康熙]山東 35/7
[雍正]山東 27/57
[宣統]山東 68/49
[嘉靖]青州 13/26
[萬曆]青州 12/19
[咸豐]青州 35/7
鄭懿(字景伯)
(北魏・開封人)
[宣統]山東 67/7
[道光]濟南 33/18
鄭馨庭(號錫銘)
(清・樂陵人)
樂陵縣鄉土志 3/63
鄭鶴皐(字青田)
(清・菏澤人)
[光緒]菏澤 16/7
[光緒]新修菏澤 11/69

鄭朝宗(元・高密人)
[嘉靖]青州 15/30
[萬曆]青州 14/49
[康熙十五年]青州 14/49
[康熙四十八年]青州 14/
儒行 6
[康熙六十年]青州 15/8
[萬曆]安丘 27/59
[康熙]杞紀 18/20
高密縣鄉土志/上 43
鄭起鰲(字柱天)
(清・長清人)
[道光]濟南 56/47
[道光]長清 11/26,12/26
鄭超凡(字邁眾)
(恩縣人)
[民國]重修恩縣 11/鄉賢 65
鄭朝鳳(清・滿洲人)
[康熙]膠州 5/14
48 **鄭松**(字元操)
(金)
[雍正]山東 27/45
[宣統]山東 69/11
[萬曆]東昌 18/25
[乾隆]東昌 33/20
[嘉慶]東昌 20/32
[順治]堂邑 2/職官 2
[康熙十一年]堂邑 2/名宦 2
[康熙]堂邑 11/5
堂邑縣鄉土志/政績錄
鄭敬叔(南北朝)
[嘉靖]濮州 7/4
鄭敬濤(字松泉)
(齊東人)
[民國]齊東 5/38
鄭敬道(明・莆田人)
[萬曆二十四年]兗州 29/9
[康熙]兗州 22/30
[乾隆]曹州府 12/18
[康熙]兗州府曹縣 10/11
[光緒]曹縣 10/10
曹縣鄉土志/政績錄
50 **鄭泰**(字魯瞻)
(清・魚臺人)
[光緒]魚臺 3/12
鄭中(字硯虛,號桐廬)
(清・日照人)
[光緒]日照 8/30
鄭忠麟(字振軒)
(清・東平人)
[民國]東平縣 11/上 19
鄭中孚(明・福建莆田人)
[道光]濟南 36/32
[天啟]新城 6/教論
[崇禎]新城 6/教論
[道光]新城/名宦
[民國]重修新城 10/15
新城縣鄉土志/政績 – 儒
學教論
鄭書猷(字瑞五)
(清・茌平人)
[民國]茌平 3/99
鄭書升(字秀巖)
(清・樂陵人)
[光緒]壽張 5/27
鄭泰來(清・諸城人)
[光緒]增修諸城縣續志 18/3
鄭書孝(字德甫)
(清・臨淄人)
[咸豐]青州 50/10
[民國]臨淄 25/37
鄭聿萃(字聚之)
(清・新城人)
[宣統]新城縣後志 2/善行
鄭書帙(字文湘)
(清・臨淄人)
[民國]臨淄 27/59
鄭東周(清・陽穀人)
[光緒]陽穀 7/4
51 **鄭據**(漢・魏郡人)
[嘉慶]東昌 26/2
鄭振址(字文基)
(清・高密人)
[民國]高密 14/上 21
鄭振華(清・靖海衛人)
[光緒]增修登州 43/41
[康熙]靖海衛志 9/27
[雍正]文登 8/10
[道光]文登 5/9
[光緒]文登 10/上 4
52 **鄭扎**(見鄭札)
53 **鄭成**(元・諸城人)
[乾隆]諸城 37/2
鄭盛(明・諸城人)
[萬曆]諸城 6/10
55 **鄭耕**(字枕于)
(明・濟寧人)
[康熙]山東 46/4
[康熙]濟寧州 7/23
[乾隆]濟寧直隸州 26/17
[道光]濟寧直隸州 8/1 – 60
60 **鄭昌**(字次卿)
(漢・泰山剛人)
[咸豐]寧陽 12/10
[光緒]寧陽 12/10
鄭杲(字東甫)
(清・直隸遷安人)
[宣統]山東 177/47
鄭固(字伯堅)
(漢)
[乾隆]濟寧直隸州 16/34
[道光]濟寧直隸州 9/2 – 46
鄭國(字子徒)
(春秋・魯人)
[嘉靖]山東 24/9
[康熙]山東 29/8
[雍正]山東 11/闕里二 18
[宣統]山東 153/8
[乾隆]兗州 7/29
[道光]濟寧直隸州 8/1 – 55
[乾隆]曲阜 59/7
鄭甲(字逢青)
(清・日照人)
[光緒]日照 8/30
鄭景(清・安徽涇縣人)
[宣統]山東 76/47
[道光]高唐州 7/1 – 15
[光緒]高唐州 7/1 – 15
[民國]高唐縣 9/5 – 11
鄭冕(明・直隸昌黎人)
[咸豐]青州 36/4
[萬曆]安丘 17/2
安丘縣鄉土志 2/政績錄
鄭曇(明・禹城人)
[康熙]濟南 38/15
[道光]濟南 52/2
[康熙]禹城 5/15
[嘉慶]禹城 9/10

［民國］禹城 6/8
禹城縣鄉土志/14
鄭圖（清・諸城人）
［康熙］諸城 7/56
［乾隆］諸城 41/3
鄭國球（清・鉅野人）
［康熙］濟南 26/16
［乾隆］泰安府 15/29
鄭昂千（清・曹縣人）
［光緒］曹縣 14/忠義 6
鄭國俊（字匪莪）
（明・樂安人）
［康熙］山東 45/19
［康熙十五年］青州 14/26
［康熙四十八年］青州 14/孝友 16
［康熙六十年］青州 17/16
［咸豐］青州 45/44
［雍正］樂安 12/14
［民國］樂安 10/11
［民國］續修廣饒 19/20
鄭恩綸（字君詔）
（清・滋陽人）
［光緒］滋陽 8/47
滋陽縣鄉土志 1/耆舊－鄉賢
鄭景福（字介山）
（清）
［光緒］莘縣 5/23
［民國］莘縣 3/16
莘縣鄉土志/政績 9
鄭恩溥（字雨卿）
（清・商河人）
［民國］重修商河 7/32
鄭景洛（清・直隸博野進士）
［乾隆］嶧縣 7/22
［光緒］嶧縣 19/職官下 18
鄭勗士（字彥兮）
（清・日照人）
［光緒］日照 8/33
鄭國楨（明・山西五臺舉人）
［嘉慶］德平 5/10
鄭四國（字帥之）
（清・樂陵人）
［乾隆］武定府 24/31
［咸豐］武定府 24/循良 21
［乾隆］樂陵 6/14
樂陵縣鄉土志 3/20
鄭四知（字畏之）
（清・樂陵人）
［康熙］濟南 44/38
［乾隆］武定府 25/16
［咸豐］武定府 25/孝友 16
［順治］樂陵 6/8
樂陵縣鄉土志 3/48
61 **鄭顯廷**（清・蒲臺人）
［光緒］重修蒲臺 3/12
蒲臺縣鄉土志/15
63 **鄭昈**（唐・滎陽人）
［嘉靖］山東 26/7
［康熙］山東 33/8
［雍正］山東 27/62
［宣統］山東 68/17
［萬曆元年］兗州 38/武功 11
［乾隆］續登州 8/1
［光緒］增修登州 24/4
［民國］臨沂 7/67
鄭默（字思元）
（晉・開封人）
［雍正］山東 27/81
［宣統］山東 66/35
［乾隆］泰安府 14/8
［萬曆元年］兗州 38/循吏 16
［萬曆］東昌 18/10
［乾隆］東昌 33/8
［嘉慶］東昌 20/16
［乾隆］東平州 12/3
［道光］東平州 12/3
［光緒］東平州 14/3
［民國］東平縣 9/2
東平州鄉土志上/政績錄 8
［萬曆］濮州 3/名宦 8
［康熙］濮州 3/8
［乾隆］濮州 3/8
［宣統］濮州 4/8
鄭默（清・福建閩縣人）
［民國］濰縣志稿 20/20
65 **鄭映南**（清）
［宣統］三續淄川 9/43
67 **鄭明孝**（清・齊河人）
［道光］濟南 56/10
鄭鳴岡（字翥軒）
（清・直隸遷安人）
［宣統］山東 77/46
［同治］即墨 8/11
即墨縣鄉土志/政績錄
68 **鄭璇**（字元吉）
（清・東平人）
［乾隆］東平州 14/14
71 **鄭臚**（唐）
［萬曆］沂州志 6/6
鄭原溱（字子淼）
（清・濟寧人）
［道光］濟寧直隸州 8/1－61
鄭長青（字位東）
（明・晉江人）
［康熙］兗州府曹縣 9/36
［光緒］曹縣 9/官職 8
72 **鄭剛**（明・知兗州）
［嘉靖］山東 26/17
［康熙］山東 33/20
［雍正］山東 27/37
［宣統］山東 72/1
［萬曆元年］兗州 38/循吏 41
［萬曆二十四年］兗州 29/1
［康熙］兗州 22/22
［乾隆］兗州 22/19
鄭剛（明・齊東人）
［康熙］濟南 47/10
［道光］濟南 51/47
［康熙］新修齊東 6/18
［民國］齊東 5/24
76 **鄭陽**（字宗乾）
（明・安肅人）
［萬曆］東昌 18/41
［乾隆］東昌 35/28
［嘉靖］夏津 4/3，5/38
［康熙］夏津 5/3
［乾隆］夏津 6/35
77 **鄭貫**（清・東平人）
［康熙］兗州續編 15/22
［乾隆］泰安府 18/51
［康熙］東平州續志 6/2
［乾隆］東平州 15/4
［道光］東平州 15/4
［光緒］東平州 15/下 4
［民國］東平縣 11/中 24
東平州鄉土志上/耆舊錄 34

鄭熙(號恰堂)
(清・樂陵人)
樂陵縣鄉土志 3/64
鄭興(明・臨清人)
[乾隆]東昌 42/18
[康熙]臨清州 3/人物 17
[乾隆]臨清州 9/50
[乾隆]臨清直隸州 8/上 38
[民國]臨清縣/人物 49
鄭周(春秋・齊人)
[康熙四十八年]青州 15/武功 1
鄭學廣(字銜華)
(清・商河人)
[咸豐]武定府 26/義行 24
[民國]重修商河 8/77
鄭民效(字德菴)
(清・臨淄人)
[民國]臨淄 27/61
鄭問元(明・新城人)
[道光]濟南 51/35
鄭學弦(明・濟寧人)
[康熙]濟寧州 7/9
[乾隆]濟寧直隸州 27/3
[道光]濟寧直隸州 8/4－30
鄭學信(字德孚)
(清・博興人)
[民國]重修博興 13/60
鄭與僑(字惠人,號確菴,又號菏澤)
(清・濟寧人)
[宣統]山東 172/47
[乾隆]濟寧直隸州 28/5
[道光]濟寧直隸州 8/1－60,9/4－165
濟寧州鄉土志 2/賢裔
鄭學安(字敏齋)
(清・東阿人)
[民國]續修東阿 11/18,14/19
鄭問奇(明・新城人)
[道光]濟南 51/35
[崇禎]新城 7/武秩
鄭興校(字勵卿)
(清・長清人)
[民國]長清 13/7
鄭開基(原名聞己,字業菴)
(清・新城人)
[道光]濟南 55/70
[宣統]新城縣後志 2/武功
[民國]重修新城 17/19
鄭殿甲(滕縣人)
[民國]續滕縣志 4/35
鄭興恩(字耆英)
(清・夏津人)
[民國]夏津續編 8/37
鄭用時(明・寧陵人)
[萬曆]寧津 5/17
[光緒]寧津 6/27
寧津縣志料 3/人物－名宦
鄭周卿(宋・襄邑人)
[萬曆]汶上 5/1
鄭民鑫(字荊南)
(清・臨淄人)
[民國]臨淄 27/59
鄭周父(春秋)
[萬曆]青州 15/14
[康熙六十年]青州 16/43
[民國]臨淄 22/55
鄭學銳(字揆一)
(濟寧人)
[民國]濟寧縣 3/13
79 **鄭騰**(字淩霄)
(明・壽光人)
[民國]壽光 12/人物志二 84
鄭騰雲(字沖漢)
(清・平原人)
[道光]濟南 56/103
[乾隆]平原 8/13
平原縣鄉土志輯稿/孝義
80 **鄭金**(明・北直南皮人)
[宣統]山東 71/26
[道光]濟南 36/64
[萬曆]平原下/14
[乾隆]平原 6/27
平原縣鄉土志輯稿/政蹟
鄭全(明・金鄉人)
[康熙十二年]金鄉 5/19
[康熙五十一年]金鄉 7/26
鄭善(明・石樓貢生)
[道光]觀城 6/22
鄭羲(字幼驎,一作幼麐)
(北魏・滎陽開封人)
[雍正]山東 35/墓碑 12
[宣統]山東 67/14,151/61,151/64
[康熙]萊州 11/文類 9－3
[道光]重修平度州 24/3
[乾隆]掖縣 7/64
[道光]掖乘 6
[光緒]三續掖縣 4/53
鄭鉉(清・汶上人)
[宣統]四續汶上稿/人物－施濟傳
鄭義(南北朝)
[嘉靖]山東 27/20
鄭善文(學名天申)
(清・商河人)
[民國]重修商河 9/21
鄭毓崙(字鎮西)
(清・博興人)
[民國]重修博興 13/53
鄭人傑(字漢三)
(清・陽信人)
[民國]陽信 5/任恤 31
鄭曾述(字經一,號海西)
(清・日照人)
[光緒]日照 8/25
鄭毓桓(字襄武)
(清・滋陽人)
[光緒]滋陽 9/30
滋陽縣鄉土志 1/耆舊－忠節
鄭毓桂(字小山)
(清・博山人)
[民國]續修博山 11/30
鄭毓林(字竹坪)
(清・滋陽人)
[宣統]山東 172/21
[光緒]滋陽 9/16
滋陽縣鄉土志 1/耆舊－文學
鄭金都(清平人)
[民國]清平/人物 75
鄭金聲(原名嘉璉,字振堂)
(長清人)
[民國]長清 12/11,13/30
鄭毓本(字梅西)

(清・滋陽人)
[光緒]滋陽 8/51
滋陽縣鄉土志 1/耆舊－鄉賢
鄭鉉成(字玉汝)
(清・臨清人)
[乾隆]臨清直隸州 8/下 1
[民國]臨清縣/人物 9
鄭善果(隋・鄭州滎澤人)
[嘉靖]山東 26/6
[康熙]山東 33/7
[雍正]山東 27/77
[宣統]山東 67/29
[萬曆元年]兗州 38/循吏 22
[萬曆二十四年]兗州 27/6
[康熙]兗州 21/21
[乾隆]兗州 22/9
[萬曆]沂州志 6/6
[康熙]沂州志 3/41
[乾隆]沂州府 20/3
[崇禎]曲阜 4/94
[康熙]曲阜 4/94
[康熙]滋陽 3/80
[民國]臨沂 7/67
鄭益恩(漢・高密人)
[嘉靖]山東 33/2
[康熙]山東 44/2
[萬曆]萊州 6/1
[康熙]萊州 10/45
[乾隆]萊州 11/忠節 1
[康熙]杞紀 18/20
[康熙]高密 8/2
[乾隆]高密 8/上 20
[光緒]高密 8/上 25
[民國]高密 14/上 27
高密縣鄉土志/上 42
[萬曆]即墨志 8/7
[康熙]纂修即墨/下 21
[乾隆]即墨 9/36
[同治]即墨 9/56
即墨縣鄉土志/耆舊－事業三
鄭金鎰(字竹橋)
(清・曲阜人)
[民國]續修曲阜 5/41
鄭人懌(明・北直沙河人)
[康熙]朝城 7/9
朝城縣鄉土志/5
84 **鄭銈**(字晉階)
(臨淄人)
[民國]臨淄 24/30
86 **鄭鐸**(明・莆田人)
[乾隆]陽信 5/10
鄭鐸(明・山西人)
[萬曆]濮州 3/名宦 28
鄭錫僑(東阿人)
[民國]東阿 15/3
87 **鄭欽**(字敬亭)
(清・陽信人)
[民國]陽信 5/任恤 34
鄭欽(字景堯)
(清・樂陵人)
[乾隆]樂陵 6/30
88 **鄭筠**(字友松,一作松友)
(清・樂安人)
[雍正]樂安 12/24
[民國]樂安 10/20
[民國]續修廣饒 19/37
鄭敏(明・河南鈞州人)
[嘉靖]山東 25/24
[康熙]山東 32/13
[雍正]山東 27/26
[宣統]山東 71/15
[康熙]濟南 25/25
[道光]濟南 36/35
[康熙]新修齊東 4/14
[民國]齊東 3/55
齊東縣鄉土志/政績錄 3
鄭銳(字脫穎)
(清・樂陵人)
[乾隆]武定府 25/59
[咸豐]武定府 25/文苑 19
[乾隆]樂陵 6/29
樂陵縣鄉土志 3/25
鄭敏餙(明・莆田人)
[嘉靖]濮州 7/18
[萬曆]濮州 3/名宦 24
[康熙]濮州 3/22
[乾隆]濮州 3/22
[宣統]濮州 4/22
90 **鄭光**(唐・丹陽人)
[光緒]益都縣圖志 16/9
鄭尚文(明・諸城人)
[萬曆]青州 14/23
[康熙十五年]青州 14/23
[康熙四十八年]青州 14/孝友 13
[康熙六十年]青州 17/15
[咸豐]青州 45/41
[康熙]諸城 7/40
[乾隆]諸城 40/2
鄭小二(清・東明人)
東明縣志料/藝術－歌技
鄭少宗(字慕九)
(清・嶧縣人)
[光緒]嶧縣 21/耆舊 17
鄭光溥(字伯公,號一山)
(明・益都人)
[萬曆]青州 13/55
[康熙十五年]青州 13/55
[咸豐]青州 44/22
[康熙]益都 7/16
[康熙]顏神鎮志 4/下 3
[乾隆]博山志稿/16
[乾隆]博山 6/下 1
[民國]續修博山 12/12
鄭光漢(清・陵縣人)
[光緒]陵縣 19/人物傳二 21
鄭光洛(清・東平人)
[光緒]東平州 15/中 34
[民國]東平縣 11/中 6
鄭惟芹(字樂軒)
(清・濟寧人)
[道光]濟寧直隸州 8/4－40
鄭懷書(字胸羅)
(清・臨邑人)
[民國]續修臨邑 3/33
鄭惟忠(唐・宋州宋城人)
[雍正]山東 27/2
[宣統]山東 68/1
鄭當時(字莊)
(漢・淮陽陳人)
[宣統]山東 66/4
[道光]濟南 33/3
鄭少雅(字子琴)
(唐・滎陽人)
[光緒]益都縣圖志 27/28
鄭小同(漢・北海高密人)

[嘉靖]山東 33/2
[康熙]山東 44/2
[萬曆]萊州 6/11
[康熙]萊州 10/75
[康熙]杞紀 18/20
[康熙]高密 8/2
[光緒]高密 10/47
高密縣鄉土志/上 42
[萬曆]即墨志 8/7
[康熙]纂修即墨/下 21
[乾隆]即墨 9/36
[同治]即墨 9/57

91 **鄭炳文**(字虎占)
(清・陽信人)
[民國]陽信 5/耆碩 62

鄭炳麟(清・萊陽人)
[民國]萊陽 3/1 中 47

鄭炳煒(字煥然)
(清・滋陽人)
[光緒]滋陽 9/3
滋陽縣鄉土志 1/耆舊-忠義

94 **鄭慎思**(清・鄆城人)
[光緒]鄆城 16/28

95 **鄭精**(字蓉洲)
(清・滋陽人)
滋陽縣鄉土志 1/耆舊-忠義

97 **鄭輝堂**(字韞山)
(清・樂陵人)
樂陵縣鄉土志 3/33

98 **鄭悦省**(字怡堂)
(清・博興人)
[民國]重修博興 13/57

99 **鄭榮**(元・高唐人)
[民國]高唐縣 12/4

鄭燮(字克柔,號板橋)
(清・江南興化人)
[宣統]山東 77/38
[民國]濰縣志稿 20/21
濰縣鄉土志/8

鄭熒(字耀堂)
(清・樂陵人)
樂陵縣鄉土志 3/32

8762_2 舒

00 **舒應龍**(字時見)
(明・全州人)
[康熙]濟寧州 4/10
[道光]濟寧直隸州 6/6-49

01 **舒龍潭**(字印塘)
(清・博興人)
[民國]重修博興 13/52

12 **舒孔安**(字磐叔)
(清・江西靖安人)
[宣統]山東 77/28
[同治]重修寧海州 12/15
[民國]牟平 6/79

20 **舒秉魯**(字景參)
(清・博興人)
[民國]重修博興 13/45

21 **舒仁遠**(字靜庵)
(清・博興人)
[民國]重修博興 13/52

22 **舒嵩年**(字祝山)
(清・大興人)
高苑縣鄉土志/政績

24 **舒化民**(字自庵)
(清・江西靖安人)
[宣統]山東 75/22
[道光]高唐州 7/1-16
[光緒]高唐州 7/1-16
[民國]高唐縣 9/5-13
[光緒]棲霞縣續志 5/循吏小傳 1
[光緒]費縣 3/57
[道光]長清 4/5
[民國]長清 4/21,9/14
[民國]德縣 9/17
[光緒]德州志略/宦績傳略
費縣鄉土志/政績錄

26 **舒穆嚕元毅**(金・咸平府人)
[光緒]寧津 6/25
寧津縣志料 3/人物-名宦

30 **舒家駒**(字驤良)
(清・福山人)
[民國]福山縣志稿 10/12

44 **舒萬化**(明・江西玉山人)
[宣統]山東 73/7
[咸豐]青州 36/44
[康熙十二年]博興 6/10
[康熙六十年]博興 7/29
[道光]博興 10/5
[民國]重修博興 12/4

67 **舒曜南**(字鎮衡,號愚谷)
(清・博興人)
[民國]重修博興 13/61

77 **舒學魏**(清・鄱陽人)
[道光]招遠縣續志 2/15

86 **舒錫慶**(字雲坪)
(清・博興人)
[民國]重修博興 13/47

8762_7 郤

04 **郤詵**(字廣基)
(晉・濟陰單父人)
[嘉靖]山東 30/15
[康熙]山東 40/17
[雍正]山東 28/人物一 34
[宣統]山東 163/4

鄫

17 **鄫子**(春秋)
[康熙]嶧縣 3/1
[乾隆]嶧縣 7/2

8781_0 俎

10 **俎可嘗**(字奉先)
(清・惠民人)
[乾隆]武定府 25/59
[咸豐]武定府 25/文苑 19
[乾隆]惠民 6/12
[光緒]惠民 23/10
惠民縣鄉土志/耆舊錄 21

20 **俎秉彝**(字德祖)
(清・齊東人)
[民國]齊東 5/60

31 **俎福旺**(字臨五,號星魁)
(清・濟陽人)
[民國]濟陽 11/29

34 **俎濤**(字才江)
(清・惠民人)
[乾隆]武定府 25/24
[咸豐]武定府 25/孝友 24
[乾隆]惠民 5/54
[光緒]惠民 21/5
惠民縣鄉土志/耆舊錄 8

40 **俎克節**(見祖克節)

43 **俎博**(字子寬)

（清・惠民人）
［咸豐］武定府 26/義行 34
［乾隆］惠民 6/18
［光緒］惠民 22/5
惠民縣鄉土志/耆舊錄 15
46 爼如蕙（字拙公）
（清・惠民人）
［乾隆］武定府 24/36
［咸豐］武定府 24/循良 26
［乾隆］惠民 5/38
［光緒］惠民 19/14
惠民縣鄉土志/耆舊錄 30
爼如蘭（字含馥）
（清・惠民人）
［康熙］濟南 41/37
［乾隆］武定府 24/31
［咸豐］武定府 24/循良 21
［乾隆］惠民 5/34
［光緒］惠民 19/11
惠民縣鄉土志/耆舊錄 28
爼如芝（字喬林）
（明・武定人）
［乾隆］武定府 23/49
［咸豐］武定府 23/忠節 19
［乾隆］惠民 5/48
［光緒］惠民 20/5
60 爼曰咨（字簡之）
（清・惠民人）
［光緒］惠民 21/10
惠民縣鄉土志/耆舊錄 11
爼景炎（字明軒）
（清・惠民人）
［咸豐］武定府 25/孝友 39
［光緒］惠民 21/9,24/4
惠民縣鄉土志/耆舊錄 10

8810_1 竺

25 竺律大禪師（金・寧海人）
［同治］重修寧海州 26/15
28 竺僧朗（見竺朗）
34 竺法汰（晉・東莞人）
［雍正］山東 30/6
［嘉靖］青州 16/49
［萬曆］青州 17/9
［康熙十五年］青州 17/9
［康熙四十八年］青州 17/
仙釋 4
［乾隆］沂州府 27/12
［康熙］莒州下/48
［雍正］莒州 11/2
［民國］重修莒志 69/1
［道光］沂水 8/60
37 竺朗（北魏・京兆人）
［雍正］山東 30/7
［康熙］濟南 51/3
［道光］濟南 60/3
［崇禎］歷城 10/30
［乾隆］歷城 45/1
［道光］長清 13/14
38 竺道生（本姓魏）
（晉・鉅野人）
［雍正］山東 30/6
［乾隆］曹州府 16/18
［萬曆］鉅野 8/仙釋
［康熙］鉅野 11/43
［道光］鉅野 24/11
44 竺菴禪師（名大成）
（明）
［宣統］山東 200/37
80 竺夔（字祖季,一作季祖）
（南朝宋・東莞人）
［宣統］山東 155/19
［嘉靖］青州 13/15
［萬曆］青州 12/9
［康熙十五年］青州 12/9
［康熙四十八年］青州 12/9
［康熙六十年］青州 12/6
［咸豐］青州 34/12
［乾隆］沂州府 25/12
［康熙］莒州下/21
［雍正］莒州 9/18
［嘉慶］莒州 9/18
［民國］重修莒志 60/16
［道光］沂水 7/15
［光緒］益都縣圖志 15/2

8810_6 笪

22 笪繼良（字我貞）
（清・丹徒人）
［康熙］張秋志 5/24

8821_1 筦

67 筦路（漢・琅邪人）
［至元］齊乘 6/11
［宣統］山東 153/29
［萬曆］青州 13/7
［康熙十五年］青州 13/7
［康熙四十八年］青州 13/
經師 2
［康熙六十年］青州 15/3
［咸豐］青州 38/7
［萬曆二十四年］兗州 31/20
［康熙］兗州 24/19
［萬曆］沂州志 6/30
［康熙］沂州志 5/11
［乾隆］沂州府 27/1
［康熙］諸城 7/7

8822_7 第

10 第五琦（字禹珪）
（唐・京兆長安人）
［光緒］益都縣圖志 16/4
10 第五種（字興先）
（漢・京兆長陵人）
［嘉靖］山東 25/3,27/1
［康熙］山東 31/3,35/2
［雍正］山東 27/30
［宣統］山東 66/18
［嘉靖］青州 13/12
［萬曆］青州 12/8
［康熙十五年］青州 12/8
［康熙四十八年］青州 12/8
［萬曆元年］兗州 38/循吏 10
［萬曆二十四年］兗州 26/6
［康熙］兗州 21/6
［乾隆］兗州 22/2
［萬曆］萊州 5/56
［康熙］萊州 8/11
［乾隆］萊州 9/4
［康熙］高密 6/23
［乾隆］高密 6/15
［光緒］高密 6/19
［民國］高密 12/21
高密縣鄉土志/上 6
［道光］觀城 6/1

簡

12 簡廷仁（明・馬平人）
［萬曆］沂州志 6/14

［光緒］費縣 3/54
30 簡宗儀（明・江西新喻人）
［康熙十二年］陽穀 2/16
［康熙］陽穀 2/12
［光緒］陽穀 4/3
50 簡貴朝（字清華）
（清・大定舉人）
［光緒］文登 7/下 8
［民國］文登 7/下 8
53 簡成龍（清・延安人）
［康熙五十六年］壽張 4/10

8824_3 符

00 符彥卿（字冠侯）
（五代・陳州宛丘人）
［嘉靖］山東 25/5
［康熙］山東 31/6
［萬曆元年］兗州 38/循吏 25
［萬曆二十四年］兗州 28/10
［康熙］兗州 22/10
［光緒］益都縣圖志 16/22，16/23
17 符習（五代唐・趙州昭慶人）
［雍正］山東 27/4
［宣統］山東 68/18
［咸豐］青州 55/17
［康熙］東平州 3/5
［乾隆］東平州 12/9
［道光］東平州 12/9
［光緒］東平州 14/9
［光緒］益都縣圖志 16/17
19 符璘（字元亮）
（唐・臨沂人）
［嘉靖］山東 30/40
［康熙］山東 40/40
［雍正］山東 28/人物二 12
［萬曆二十四年］兗州 34/8
［康熙］兗州 26/40
［萬曆］沂州志 7/22
［康熙］沂州志 5/61
［乾隆］沂州府 25/17
［民國］臨沂 9/41
22 符任（明・寧陵人）
［萬曆］青城 1/38
61 符顒（字揚廷）
（清・鄆城人）
［光緒］鄆城 14/23
80 符合（字輯五）
（清・鄆城人）
［光緒］鄆城 5/38
符令奇（唐・沂州臨沂人）
［至元］齊乘 6/20
［嘉靖］山東 30/40
［宣統］山東 164/10
［萬曆元年］兗州 40/節義 17
［萬曆二十四年］兗州 34/8
［康熙］兗州 26/40
［萬曆］沂州志 7/22
［康熙］沂州志 5/61
［民國］臨沂 9/41

8854_1 籓

37 籓冠子（自名九一）
（明）
［雍正］山東 30/24
［康熙］兗州府曹縣 14/78
［光緒］曹縣 14/仙釋 8

8860_1 答

60 答里麻（元・高昌人）
［嘉靖］山東 26/16
［康熙］山東 33/19
［雍正］山東 27/9
［宣統］山東 69/17
［道光］濟南 72/19
［萬曆元年］兗州 38/循吏 39
［萬曆二十四年］兗州 28/15
［康熙］兗州 22/15
［乾隆］兗州 22/14
［乾隆］濟寧直隸州 21/17
［道光］濟寧直隸州 6/6－13
［道光］鉅野 10/18

8877_7 管

00 管立（元・臨沂人）
［民國］臨沂 9/43
管應宗（清・臨淄人）
［民國］臨淄 30/37
管文通（元・郯人）
［萬曆］沂州志 7/23
［乾隆］沂州府 25/18
［康熙］郯城 7/10
［乾隆］郯城 9/7
管立成（字韶九，號景輅）
（清・陽信人）
［民國］陽信 5/方技 84
管慶恩（清・莒縣人）
［民國］重修莒志 62/10
管慶榮（字耀庭）
（清・茌平人）
［民國］茌平 3/103
10 管貢（三國・安丘人）
［萬曆］安丘 27/56
管玉成（字冠三）
（清・陽信人）
［民國］陽信 5/方技 84
12 管廷獻（字士修）
（清・莒縣人）
［民國］重修莒志 64/12
管廷綱（字季張）
（清・莒縣人）
［民國］重修莒志 64/17
管廷鶚（字士一）
（清・莒州人）
［宣統］山東 173/1
［民國］重修莒志 64/16
20 管統（三國）
［嘉靖］山東 27/2
［康熙］山東 35/2
［雍正］山東 27/52
［嘉靖］青州 13/13
［萬曆］青州 12/10
［康熙十五年］青州 12/10
［康熙四十八年］青州 12/10
［康熙六十年］青州 12/5
［康熙六十年］博興 7/3
21 管柴（明・諸城人）
［乾隆］諸城 40/3
管貞（字源清）
（明）
［雍正］山東 27/38
［宣統］山東 72/9
［乾隆］兗州 22/31
23 管允恭（清・臨沂人）
［康熙］沂州志 6/13
［乾隆］沂州府 26/13
［民國］臨沂 10/49
25 管仲（見管夷吾）

管仲妾婧(周)
[嘉靖]青州 16/17
[康熙十五年]青州 16/6
[康熙四十八年]青州 16/6
[康熙六十年]青州 19/2
[民國]臨淄 31/46,32/1
管仲禄(元・臨沂人)
[民國]臨沂 9/43
26 **管穆**(春秋・齊人)
[萬曆]青州 13/22
[康熙十五年]青州 13/22
[康熙四十八年]青州 13/事功 6
27 **管僎**(字同升)(清・諸城人)
[道光]諸城縣續志 19/9
管象晉(字康錫)(清・莒縣人)
[民國]重修莒志 64/17
管象頤(字養山)(清・莒縣人)
[民國]重修莒志 64/17
28 **管繪南**(清・高密人)
[民國]高密 16/38
30 **管寧**(字幼安)(漢・北海朱虛人)
[至元]齊乘 6/14
[嘉靖]山東 32/4
[康熙]山東 42/5
[雍正]山東 28/人物一 26
[宣統]山東 167/3
[嘉靖]青州 15/51
[萬曆]青州 14/35
[康熙十五年]青州 14/35
[康熙四十八年]青州 14/隱逸 9
[康熙六十年]青州 20/2
[咸豐]青州 38/17
[康熙]萊州 10/82
[萬曆]濰縣 8/4
[康熙]濰縣 5/人物 3
[乾隆]濰縣 4/32
濰縣鄉土志/42
[嘉靖]臨朐 3/1
[康熙]臨朐縣志書 3/6
光緒臨朐 14/上 1
[萬曆]安丘 22/33
安丘縣鄉土志 4/耆舊錄 1
管宴鎬(清・諸城人)
[光緒]增修諸城縣續志 16/24
管容錫(字子蕃)(清・諸城人)
[道光]諸城縣續志 17/4
管永鑑(清・汶上人)
[宣統]四續汶上稿/人物－施濟傳
36 **管溫**(明・萊蕪人)
[康熙]新修萊蕪 6/20
管澤溥(諸城人)
[民國]增修膠志 48/11
管澤漢(字漾東)(清・諸城人)
[光緒]增修諸城縣續志 18/2
管泗海(字會東)(清・單縣人)
[民國]單縣 12/鄉賢 17
37 **管淑涵**(字序元)(清・夏津人)
[民國]夏津續編 8/86
管淑芝(清・諸城人)
[道光]諸城縣續志 19/15
38 **管啟樟**(字豫齋)(清・諸城人)
[光緒]增修諸城縣續志 20/4
管啟棻(字芳圃)(清・諸城人)
[光緒]增修諸城縣續志 12/32
管啟柖(字蘧軒)(清・諸城人)
[光緒]增修諸城縣續志 20/5
40 **管大韶**(字宗舜)(明・禹城人)
[康熙]濟南 44/24
[道光]濟南 52/7
[康熙]禹城 5/19
[嘉慶]禹城 9/13
[民國]禹城 6/10
禹城縣鄉土志/15
管志仁(明・萊蕪人)
[康熙]新修萊蕪 6/20
管嘉楨(字吉甫)(明・高密人)
[康熙]高密 8/5
[乾隆]高密 8/上 11
[光緒]高密 8/上 13
[民國]高密 14/上 12
高密縣鄉土志/上 20
管克舉(清・汶上人)
[宣統]四續汶上稿/人物－施濟傳
44 **管世英**(明・萊蕪人)
[康熙]新修萊蕪 6/20
50 **管夷吾**(周・潁上人)
[至元]齊乘 6/2
[嘉靖]山東 25/1
[康熙]山東 31/1
[嘉靖]青州 12/48
[萬曆]青州 12/1
[康熙十五年]青州 12/1
[康熙四十八年]青州 12/1
[康熙六十年]青州 12/1
[萬曆元年]兗州 42/1
[崇禎]歷乘 16/23
[崇禎]歷城 6/7
[萬曆]益都 6/88
[康熙]益都 7/1
[康熙]臨淄 9/9
[民國]臨淄 23/1
[康熙五十四年]東阿 3/23
[道光]東阿 9/1
管盡善(清・高唐人)
[乾隆]東昌 43/34
[嘉慶]東昌 32/51
[乾隆]高唐州續志 2/11
[道光]高唐州 5/2－18
[光緒]高唐州 5/2－21
[民國]高唐縣 12/38
57 **管輅**(字公明)(三國・平原人)
[嘉靖]山東 29/5
[康熙]山東 39/4
[雍正]山東 31/3
[宣統]山東 168/4
[康熙]濟南 49/1
[萬曆元年]兗州 42/10
[萬曆]平原上/68
[乾隆]平原 8/44

平原縣鄉土志輯稿/隱逸
[康熙]德州 8/2
[康熙]陵縣 5/1
[乾隆]武城 14/雜記 2
[民國]增訂武城續編 15/2
[民國]臨沂 10/67
60 **管昇**(明・崑山人)
[乾隆]東昌 44/23
[康熙]臨清州 3/人物 28
[乾隆]臨清州 12/7
[乾隆]臨清直隸州 8/上 82
管恩覃(字敷齋)
(清・高密人)
[民國]高密 14/上 22
63 **管默**(字足容)
(清・莒縣人)
[乾隆]沂州府 26/29
[雍正]莒州 9/42
[民國]重修莒志 65/3
71 **管辰**(魏・平原人)
[道光]濟南 71/73
管長清(清・清平人)
[宣統]增輯清平 12/48
[民國]清平/人物 30
77 **管鄖**(清・高密人)
[光緒]高密 8/上 44
[民國]高密 14/上 46
高密縣鄉土志/上 38
管學成(字韶九)
(清・即墨人)
[同治]即墨 9/54
即墨縣鄉土志/耆舊－事業四
管鳳鳴(字瑞含)
(明・湖廣江陵人)
[宣統]山東 72/28
[乾隆]曹州府 12/21
[康熙]濮州 3/26,6/78
[乾隆]濮州 3/26,6/78
[宣統]濮州 4/26,8/78
80 **管全**(明・萊蕪人)
[康熙]新修萊蕪 6/20
84 **管鎮**(字靜齋)
(清・莒縣人)
[民國]重修莒志 65/20
86 **管錫仁**(字綬丞)
(清・武進人)
[民國]臨淄 18/14
[光緒]重修蒲臺 2/20
蒲臺縣鄉土志/6
管錫侯(字封圃)
(濰縣人)
[民國]濰縣志稿 29/37
90 **管懷德**(字文秀)
(元・臨沂人)
[民國]臨沂 9/43
管少卿(漢・安丘人)
[萬曆]安丘 27/56
91 **管炳文**(武進人)
[民國]重修博興 10/2
97 **管灼**(字華南)
(清・諸城人)
[道光]諸城縣續志 20/1

8896_1 籍

00 **籍褒**(漢)
[光緒]嶧縣 19/25
72 **籍丘鉏**(春秋)
[康熙]臨淄 10/2
[民國]臨淄 22/58

8912_0 鈔

20 **鈔秀**(明・鄴人)
[康熙]兗州續編 14/12
[隆慶]單縣上/35
[康熙]單縣 6/11
[民國]單縣 6/宦蹟 17

8918_6 鎖

50 **鎖青縉**(明・永寧人)
[雍正]恩縣續志 3/4

9000_0 小

27 **小邾子**(姓曹)
(周・滕人)
[萬曆]滕志 6/33
[康熙]滕志 6/5
[康熙]滕縣志 6/宦業 4
71 **小臣稷**(周・齊人)
[至元]齊乘 6/3
[嘉靖]青州 15/49
[萬曆]青州 14/28
[康熙十五年]青州 14/28
[康熙四十八年]青州 14/隱逸 2
[崇禎]歷乘 16/58
[康熙]臨淄 10/4
[民國]臨淄 29/13

9001_0 忙

10 **忙哥**(元・忙兀人)
[乾隆]泰安府 5/12
35 **忙速兒**(元)
[道光]濟寧直隸州 6/6－19
40 **忙古**(金)
[光緒]益都縣圖志 17/12

9001_4 惟

18 **惟政**(姓周)
(唐・平原人)
[雍正]山東 30/10
[道光]濟南 60/6

9003_2 懷

10 **懷晉**(字麗明)
(清・歷城人)
[康熙]濟南 48/6
[道光]濟南 53/47
[乾隆]歷城 44/4
[民國]齊河 27/16
35 **懷清澳**(字竹菴)
(清・齊河人)
[民國]齊河 23/36
44 **懷世昌**(字鳳占)
(清・歷城人)
[宣統]山東 170/27
[道光]濟南 53/48
[乾隆]歷城 42/6
[民國]齊河 26/22
50 **懷書紳**(字廷幹)
(清・齊河人)
[民國]齊河 23/20
60 **懷國政**(清・齊河人)
[道光]濟南 56/14
[民國]齊河 26/20
懷恩沅(字餘山)
(清・齊河人)
[民國]齊河 23/15

懷景榜(清・齊河人)
[民國]齊河 23/72

9020_0 少

00 少康(夏・斟尋人)
[康熙]杞紀 18/1
60 少昊(名摯)
[嘉靖]山東 23/2
[康熙]山東 28/2
[萬曆元年]兖州 1/帝王 5
[萬曆二十四年]兖州 5/2
[康熙]兖州 6/2
[乾隆]兖州 6/1
[萬曆]沂州志 7/56
[崇禎]曲阜 4/2
80 少翁(漢・齊人)
[咸豐]青州 52/1
[民國]臨淄 30/41

9021_1 光

00 光盧(字南陽,號顧吾)
(明・陽信人,僑寓歷城)
[崇禎]歷乘 16/53
[崇禎]歷城 10/26
[民國]陽信 5/文學 2
10 光平子(清・陽信人)
[乾隆]武定府 35/33
[乾隆]陽信 8/傳銘 12
[民國]陽信 8/藝文下 52
光霽寰(明・章邱人)
[道光]濟南 61/3
[康熙]章丘 6/41
[道光]章邱 11/73
30 光寶(唐・并州人)
[雍正]山東 30/10
33 光浚明(字子亮)
(明・陽信人)
[康熙]陽信 9/37
[乾隆]陽信 7/60
[民國]陽信 5/文學 3
信邑志稿 7/藝術
陽信縣鄉土志上/耆舊－學問
37 光逸(字孟祖)
(晉・樂安人)
[至元]齊乘 6/15
[嘉靖]山東 33/21
[宣統]山東 155/9
[咸豐]青州 39/11
[民國]樂安 10/3
[道光]博興 13/9
[民國]重修博興 13/5
[民國]續修廣饒 19/5
[民國]桓臺志略 3/12
[民國]桓臺 3/16
44 光懋(字子英,號吾山)
(明・陽信人)
[民國]陽信 5/宦蹟 10
光若愚(字仲韜)
(清・博山人)
[咸豐]青州 49/1
[乾隆]博山 7/下 13
[民國]續修博山 12/41
72 光岳奇(字平陽,一作平子,號隱然)
(明・陽信人)
[雍正]山東 28/人物三 78
[宣統]山東 164/57
[康熙]濟南 48/12
[乾隆]武定府 23/51
[咸豐]武定府 23/忠節 21
[康熙]陽信 9/15
[乾隆]陽信 7/53
[民國]陽信 5/忠義 43
信邑志稿 7/忠節
陽信縣鄉土志上/耆舊－事業

9021_6 党

10 党丕祿(清・陝西郃陽人)
[宣統]山東 77/39
[乾隆]萊州 9/34
[康熙]昌邑 5/8
[乾隆]昌邑 5/107
30 党淳(字濟西)
(明・德州人)
[道光]濟南 52/40
[乾隆]德州 9/29
州乘餘聞/3
德州鄉土志/耆舊 6
[民國]德縣 10/11
47 党馨(見黨馨)
64 党時和(字藹堂)
(清・華陰監生人)
肥城縣鄉土志 5/31
90 党懷英(字世傑)
(金・馮翊人,生於泰安)
[嘉靖]山東 29/17
[康熙]山東 39/15
[雍正]山東 28/人物二 50
[宣統]山東 163/25
[康熙]濟南 42/8
[萬曆]青州 12 又/5
[康熙十五年]青州 12 又/5
[康熙四十八年]青州 12 又/5
[康熙六十年]青州 12/16
[弘治]泰安州 3/11
[康熙]泰安州 3/24
[乾隆]泰安府 18/17
[乾隆]沂州府 20/4
[嘉慶]莒州 7/3
[民國]重修莒志 57/5
[康熙]濟寧州 7/44
[乾隆]濟寧直隸州 28/13
[道光]濟寧直隸州 8/4－44
[乾隆二十五年]泰安縣 12/13
[乾隆四十七年]泰安縣 10/上 19
[道光]泰安縣 9/上 71
[民國]重修泰安縣 8/23
泰安縣鄉土志/耆舊 19
党光前(字敬公)
(清・陝西膚施人)
[宣統]山東 75/23
[道光]濟南 38/46
[乾隆]德平 2/28
[嘉慶]德平 5/19
[光緒]德平 5/12

9022_7 常

00 常衮(唐・京兆人)
[乾隆]沂州府 27/15
[民國]臨沂 10/67
常康(字晉侯,號濟蒼)
(明・寧海人)
[順治]登州 16/23
[光緒]增修登州 39/38

［康熙］寧海州 9/1
［同治］重修寧海州 17/10
［民國］牟平 7/11
常序（字子順）
（明・堂邑人）
［乾隆］東昌 38/16
［嘉慶］東昌 28/16
［康熙］臨清州 3/人物 28
［乾隆］臨清州 12/8
［乾隆］臨清直隸州 8/上 82
［順治］堂邑 2/人物 5
［康熙］堂邑 15/16
堂邑縣鄉土志/耆舊錄
常文傑（清・長清人）
［道光］濟南 56/62
［道光］長清 12/30
常文進（字精庵，號漸甫）
（清・寧海人）
［同治］重修寧海州 17/30
［民國］牟平 7/22
常立達（清・費縣人）
［光緒］費縣 16/8
常文遴（字銓庵，又字伯銓，號步雲）
（清・寧海人）
［同治］重修寧海州 17/30
［民國］牟平 7/22
10 **常雲**（字友龍）
（明・諸城人）
［乾隆］諸城 30/6
常可度（字繩泉）
（明・魚臺人）
［康熙］魚臺 17/46
［乾隆］魚臺 11/13
［光緒］魚臺 3/7
常正吾（清）
［乾隆］即墨 9/38
［同治］即墨 9/58
常天祚（號凝齋）
（清・直隸靖海衛舉人）
［道光］重修膠州 23/5
［民國］增修膠志 18/4
［康熙］兗州府曹縣 9/40
［光緒］曹縣 9/教諭 4
常元素（字太乙）
（清・靖海衛人）
［光緒］文登 9/上 3－17
常三錫（字我章）
（明・文登人）
［光緒］文登 8/下 14
11 **常琴**（明・濮州人）
［嘉靖］山東 35/5
［康熙］山東 45/13
［嘉靖］濮州 6/10
12 **常廷珪**（珪一作圭）
（明・蒲城人）
［萬曆］青州 12 又/又 16
［康熙十五年］青州 12 又/又 16
［康熙四十八年］青州 12 又/又 16
［康熙六十年］青州 12/21
［咸豐］青州 36/29
［光緒］益都縣圖志 18/13
14 **常珪**（元・横海人）
［康熙］濟南 25/19
［道光］濟南 34/39
［康熙］齊河 5/34
［雍正］齊河 5/33
［民國］齊河 22/1
齊河縣鄉土志名宦祠/16
常琦運（字奇玉，又字瑜卿）
（牟平人）
［民國］牟平 7/100
15 **常建濱**（字丕南）
（牟平人）
［民國］牟平 7/100
常建圻（字畿若，號季方）
（清・牟平人）
［民國］牟平 7/96
常建極（清・正藍旗人）
［康熙］東平州續志 4/3
16 **常理基**（字介臣）
（牟平人）
［民國］牟平 7/101
20 **常依**（字台棟）
（清・牟平人）
［同治］重修寧海州 25/傳 6
［民國］牟平 7/87
常秉仁（明・金山衛人）
［光緒］增修登州 37/12
［民國］牟平 6/76
常秉彝（明・曲沃人）
［康熙］泰安州 2/49
［乾隆］泰安府 15/11
［乾隆二十五年］泰安縣 10/32
［乾隆四十七年］泰安縣 8/28
［道光］泰安縣 10/5
［民國］重修泰安縣 6/59
21 **常經**（明・榆社人）
［隆慶］單縣上/34
［康熙］單縣 6/24
常儒（明・文登人）
［光緒］文登 5/31
常倬（字雲棟，又字歲千，號甫田）
（清・牟平人）
［同治］重修寧海州 25/傳 7
［民國］牟平 7/18
常順子（清・濰縣人）
［民國］濰縣志稿 31/35
常行科（明・臨淄人）
［康熙四十八年］青州 14/孝友 19
［康熙六十年］青州 17/18
［咸豐］青州 45/35
［民國］臨淄 25/34
臨淄縣鄉土志/耆舊錄
常衍清（字梅村）
（博興人）
［民國］重修博興 13/62
22 **常巖立**（字孟峯，號省齋）
（清・單縣人）
［康熙］單縣 8/57
［乾隆］單縣 7/24
［民國］單縣 9/52
常樂豐（字裕堂）
（清・昌樂人）
［民國］昌樂縣續志 28/8
23 **常岱**（字嵩嶽，號浩然齋）
（清・單縣人）
［康熙］單縣 8/11
［乾隆］單縣 7/7
［民國］單縣 9/52
常俊（唐）
［雍正］山東 27/62
常允升（字大猷）
（清・陽信人）

[民國]陽信 5/任恤 30
24 常德修(清・濟寧人)
[乾隆]濟寧直隸州 27/25
[道光]濟寧直隸州 8/3－27
常休明(唐)
[嘉靖]山東 26/6
[康熙]山東 33/8
[雍正]山東 27/87
[宣統]山東 68/13
[萬曆元年]兗州 38/武功 10
[萬曆二十四年]兗州 27/9
[康熙]兗州 21/24
[康熙]曹州志 7/45
[光緒]菏澤 7/宦蹟 13
[光緒]新修菏澤 8/4
[康熙]兗州府曹縣 10/6
[光緒]曹縣 10/5
25 常紳(字縉公,號還淳)
(清・直隸雄縣人)
[宣統]山東 75/62
[康熙]滕縣志 6/宦業 45
[道光]滕縣志 6/宦績 36
滕縣鄉土志/7
常伸(清・陽穀人)
[光緒]陽穀 6/29
26 常伯能(字好仁)
(明・益都人)
[光緒]益都縣圖志 41/1
27 常佩紳(字書菴)
(清・魚臺人)
[乾隆]魚臺 11/42
[光緒]魚臺 3/26
常名錄(字冠旂)
(清・茌平人)
[宣統]茌平 13/6
[民國]茌平 3/16
28 常儀(字鳳來)
(清・長清人)
[民國]長清 11/30
30 常憲(明・觀城人)
[康熙]觀城 4/3
常憲夏(字西河)
(清・膠州人)
[乾隆]膠州 5/28
[道光]重修膠州 29/19
[民國]增修膠志 45/5
常之英(濟寧人)
[民國]濟寧縣 3/5
32 常澄(明・陝西蒲城人)
[康熙]東明 4/22
[乾隆]東明 4/22
[民國]東明縣新誌 11/5
36 常遇先(明・臨沂人)
[乾隆]沂州府 26/27
[民國]臨沂 10/58
38 常道(明・江南來安人)
[康熙]昌邑 5/4
[乾隆]昌邑 5/103
常裕(字順甫,號震峯)
(明・臨朐人)
[康熙十五年]青州 13/79
[康熙四十八年]青州 13/事功 63
[康熙六十年]青州 16/32
[咸豐]青州 45/8
[康熙]臨朐縣志書 3/29
光緒臨朐 14/上 37
[民國]臨朐續志 22/23
40 常克承(字次烈)
(清・魚臺人)
[乾隆]魚臺 13/16
[光緒]魚臺 3/耆碩又 3
常存信(字子實)
(清・魚臺人)
[乾隆]魚臺 10/29,11/20
[光緒]魚臺 3/11
常大勳(清・茌平人)
[乾隆]東昌 43/12
[嘉慶]東昌 32/38
[康熙四十九年]茌平 2/52
[宣統]茌平 14/7
[民國]茌平 3/74
常志峴(字石巖)
(清・山西人)
[宣統]山東 200/14
[道光]冠縣 8/上 36
[光緒]冠縣 8/僑寓
[民國]冠縣 8/人物志 47
常克裕(字擢賓)
(清・魚臺人)
[乾隆]魚臺 11/30
[光緒]魚臺 3/17
常存孝(清・平陰人)
[道光]平陰續刻 2/72
[光緒]平陰 5/23
平陰縣鄉土志/10
43 常城(明・蒲城人)
東明縣志料/人物門
44 常茂(明・臨淄人)
[康熙]臨淄 9/15
[民國]臨淄 23/10
常華亭(字佩實)
(清・樂陵人)
樂陵縣鄉土志 3/65
常世穎(字慧庵)
(清・壽光人)
[嘉慶]壽光 13/13
[民國]壽光 12/人物志一 83
常世科(字進川)
(清・牟平人)
[民國]牟平 7/90
常世淦(字心如,號道泉)
(清・武定州人)
[同治]重修寧海州 25/墓誌 14
[民國]牟平 7/93,9/29
常茂樽(清・陽穀人)
[民國]增修陽穀人物/善行 49
常世翰(清・牟平人)
[民國]牟平 7/110
常萬春(莘縣人)
[民國]莘縣 7/27
47 常郁文(字子盛)
(清・陽信人)
[民國]陽信 5/宦蹟 21
常好善(字允宜)
(清・魚臺人)
[乾隆]魚臺 11/25
[光緒]魚臺 3/15
48 常敬儒(清・嘉祥人)
[乾隆]嘉祥 3/39
[光緒]嘉祥 3/46
常敬書(字丹臣)
(清・昌樂人)
[民國]昌樂縣續志 30/22
50 常忠(明・樂安人)
[同治]重修寧海州 15/6

[民國]牟平 6/76
常奉璋(字峨卿)
(清·昌樂人)
[民國]昌樂縣續志 31/19
常晝一(見常晝一)
常晝一(字羲軒)
(清·無棣人)
[民國]無棣 13/18
海豐縣鄉土志/耆舊－事業五
51 常振隆(清·惠民人)
[光緒]惠民 20/10
53 常輔(字良弼)
(明·堂邑人)
[順治]堂邑 2/人物 25
[康熙十一年]堂邑 2/選舉 33
[康熙]堂邑 14/8
60 常思(字克恭)
(五代·太原人)
[光緒]益都縣圖志 16/23
常景唐(清·朝城人)
[民國]朝城縣續志 1/37
常思問(明·城武人)
[康熙九年]城武 3/12
[康熙四十一年]城武 5/上懿行 21
[道光]城武 9/上 40
67 常暉(宋)
[乾隆]淄川 4/4
75 常體明(唐)
菏澤縣鄉土志/8
77 常學文(字警餘)
(清·濟寧人)
[民國]濟寧直隸州續志 12/38
常殿元(字重三)
(清·壽光人)
[民國]壽光 12/人物志一 99
80 常年(字大椿)
(清·牟平人)
[民國]牟平 7/115
常金勳(字賡臣)
(清·冠縣人)
[民國]冠縣 8/人物志 44,9/52
87 常銘盤(號新三)
(清·長清人)
[道光]濟南 56/56
[道光]長清 13/4
90 常省(明·濟寧人)
[康熙]濟寧州 7/9
[乾隆]濟寧直隸州 27/2
常尚仁(明·陳州人)
[光緒]增修登州 28/9
[萬曆]福山 4/11
常光紹(字若武)
(清·魚臺人)
[康熙]魚臺 17/75
[乾隆]魚臺 11/27
[光緒]魚臺 3/16
97 常煥然(字新亭)
(清·莘縣人)
[民國]莘縣 7/24,9/46
莘縣鄉土志/事業 28

尚

00 尚文(字周卿)
(元·祁州深澤人)
[嘉靖]山東 25/10
[康熙]山東 31/12
[康熙]濟南 24/16
[道光]濟南 34/20
10 尚天佑(清·金鄉人)
[康熙五十一年]金鄉 11/22
[乾隆]金鄉 18/72
[咸豐]金鄉縣志略 9/中列傳二 4
[民國]金鄉 14/4
尚雲桂(清·平度人)
[民國]平度縣續志 7/26
尚玉貴(字韞山)
(長清人)
[民國]長清 12/14
尚可學(字企聖)
(清·蓋州人)
[民國]文登 7/下 1
尚玉符(字節如)
(利津人)
[民國]利津縣續志 7/義行 10
11 尚珏(字合璧)
(清·金鄉人)
[道光]濟寧直隸州 8/4－52
12 尚弘正(字靖遠,號筠亭)
(清·東明人)
[乾隆]東明 8/下又 26 之 3
[民國]東明縣新誌 12/55
尚廷蘭(字蔭墀)
(清·臨清人)
[民國]臨清縣/人物 70
14 尚琪(字琴軒)
(長清人)
[民國]長清 12/20
17 尚子登(字新魁)
(清·菏澤人)
[光緒]菏澤 16/12
[光緒]新修菏澤 11/70
20 尚爵(字淑仁)
(明·潁州衛人)
[乾隆]掖縣 3/31
21 尚衡(唐)
[光緒]益都縣圖志 16/2,16/5
尚經方(字印九,號峴西)
(清·平度人)
[宣統]山東 177/28
[道光]重修平度州 19/11
平度鄉土志 4 下/學問
尚師望(字周卿)
(明)
[康熙]沂州志 6/9
[乾隆]沂州府 26/8
禹城縣鄉土志/5
尚仁居(清·淄川人)
[宣統]三續淄川 10/30
22 尚鼎襄(字玉珊)
(清·利津人)
[民國]利津縣續志 7/孝友 2
24 尚佑清(清·金鄉人)
[咸豐]金鄉縣志略 9/中列傳二 15
[民國]金鄉 13/23
金鄉縣鄉土志/耆舊錄上
26 尚自寮(字敬止)
(清·四川人)
[雍正]山東 27/107
[宣統]山東 76/31

[乾隆]曹州府 12/24
[康熙四十一年]城武 3/下治績 6
[道光]城武 6/35
30 **尚賓**(明・汲縣人)
[萬曆]福山 4/15
尚宜(字理卿)(清・利津人)
[民國]利津縣續志 7/義行 5
尚安邦(字悅臣)(清・禹城人)
[民國]禹城 6/33
31 **尚福田**(字子厚,原字德符)(清・利津人)
[民國]利津縣續志 7/義行 8
34 **尚達**(字兼善)(明・東平人)
[乾隆]泰安府 17/6
[康熙]東平州 3/39
[乾隆]東平州 14/21
[道光]東平州 14/22
[光緒]東平州 15/中 31
[民國]東平縣 11/中 3
東平州鄉土志上/耆舊錄 31
37 **尚淑箴**(原名承訓,字儆齋)(清・金鄉人)
[民國]金鄉 13/續增 7
40 **尚士能**(明・平度人)
[光緒]平度志要/人物
[民國]平度縣續志 7/24
平度鄉土志 4 上/鄉賢
尚九遷(字非素)(清・掖縣人)
[乾隆]掖縣 3/48
[道光]再續掖縣上/49
尚才英(字世傑)(元・大名人)
[嘉靖]山東 25/24
[康熙]山東 32/12
[雍正]山東 27/25
[宣統]山東 69/20
[康熙]濟南 25/20
[道光]濟南 34/32
[萬曆]章丘 21/70
[康熙]章丘 4/24
[乾隆]章邱 7/3
[道光]章邱 9/3
章邱縣鄉土志/上 3
44 **尚其亨**(字會臣)(清・漢軍旗籍人)
[民國]德縣 9/23
尚夢雲(字若齋)(清・平度人)
[民國]平度縣續志 7/31,12/上 17
尚世秩(清・寧津人)
[光緒]寧津 8/23
寧津縣志料 3/人物-義烈
尚樹倫(字鑑堂,號豆村)(清・利津人)
[民國]利津縣續志 7/義行 5
尚世奇(字清佩)(清・平度人)
[道光]重修平度州 19/36
46 **尚坦**(清・泰安人)
[道光]泰安縣 9/上 68
[民國]重修泰安縣 8/18
泰安縣鄉土志/耆舊 25
47 **尚好廉**(明・沂州人)
[萬曆]沂州志 7/40
[康熙]沂州志 6/47
48 **尚教池**(清・黃縣人)
[民國]黃縣志稿 13/人物-釋道
50 **尚春藻**(字子苐)(清・平度人)
平度鄉土志 4 下/學問
51 **尚振緒**(字麟苑)(清・平度人)
[民國]平度縣續志 7/28
60 **尚昂**(字雲淩)(清・寧津人)
[光緒]寧津 8/7
寧津縣志料 3/人物-循良
尚回津(字援溺)(明・寧津人)
[光緒]寧津 8/7
寧津縣志料 3/人物-循良
尚國楨(字甯庵)(清・東明人)
[乾隆]東明 6/22 又 3
[民國]東明縣新誌 11/38
尚國泰(字子裕)(太和人)
[民國]增修膠志 48/10
77 **尚鳳瑞**(清・平度人)
[民國]平度縣續志 12/上 19
尚興業(字開美)(清・滋陽人)
[光緒]滋陽 9/3
尚興渭(字璜溪)(清・金鄉人)
[道光]濟寧直隸州 8/4-41
[咸豐]金鄉縣志略 9/中列傳二 11
[民國]金鄉 13/21
尚興渭(字璺周)(清・平度人)
[道光]重修平度州 19/10
尚興道(清・夏津人)
[民國]夏津續編 8/16
尚用光(明・平度人)
[雍正]山東 28/人物三 75
[宣統]山東 164/53
[康熙]萊州 10/53
[乾隆]萊州 11/忠節 8
[康熙]平度州 4/10
[道光]重修平度州 18/18
[民國]平度縣續志 12/上 41
平度鄉土志 4 上/事業
80 **尚普慶**(字子周)(清・利津人)
[民國]利津縣續志 7/義行 8
82 **尚鎧**(字重兕)(清・平度人)
[道光]重修平度州 19/35
83 **尚鉞**(字秉右)(清・滋陽人)
[光緒]滋陽 9/13
滋陽縣鄉土志 1/耆舊-忠義
90 **尚堂**(字來瞻)(明・寧津人)
[萬曆]寧津 7/2
[康熙]寧津縣志稿 7/2
[光緒]寧津 8/5
寧津縣志料 3/人物-循良
寧津縣鄉土志/耆舊

尚光祖(清·平度人)
[道光]重修平度州 19/32
尚懷欽(字思敬)
(清·金鄉人)
[道光]濟寧直隸州 8/4-41
[咸豐]金鄉縣志略 9/中列傳二 12
[民國]金鄉 14/5
金鄉縣鄉土志/耆舊錄上

9023_2 豢

01 **豢龍氏**(唐虞)
[順治]定陶 5/1
[乾隆]定陶 6/1
[民國]定陶 6/1

9033_1 黨

10 **黨丕祿**(見党丕祿)
15 **黨建華**(陽穀人)
[民國]增修陽穀人物/仕宦 25
47 **黨馨**(字秀芳,號蘭窗)
(明·益都人)
[雍正]山東 28/人物三 47
[宣統]山東 164/47
[萬曆]青州 13/60
[康熙十五年]青州 13/60
[康熙四十八年]青州 13/事功 44
[康熙六十年]青州 16/22
[咸豐]青州 44/52
[康熙]益都 7/27
[光緒]益都縣圖志 36/3
64 **黨財富**(清·商河人)
[道光]商河 7/46
[民國]重修商河 8/73
77 **黨殿一**(字貫之)
(清·德平人)
[民國]德平縣續志 6/2
97 **黨煥烈**(清·歷城人)
[道光]濟南 53/55
[乾隆]歷城 43/10

9080_0 火

27 **火你赤**(元)
[康熙]濰縣 5/名宦 4
[乾隆]濰縣 3/40
[民國]濰縣志稿 20/11
濰縣鄉土志/51

9080_9 炎

00 **炎帝**(見神農)

9090_4 米

00 **米應元**(明·開州人)
[嘉靖]夏津 3/39
[乾隆]夏津 6/16
14 **米瑛**(字修五,號介亭)
(清·武城人)
[乾隆]東昌 40/41
[乾隆]武城 10/27
武城縣鄉土志略/耆舊錄
30 **米良崑**(明·黄圻人)
[雍正]恩縣續志 3/4
40 **米嘉珠**(號玉函)
(明·歷城人)
[道光]濟南 49/42
[崇禎]歷城 10/19
[乾隆]歷城 41/10
[道光]長清 13/17
米嘉穗(字大年)
(明·福建連江人,一作邵武人)
[道光]濟南 36/60
[嘉慶]德平 5/11
[光緒]德平 5/11
[崇禎]鄆城 4/13
[康熙]鄆城 4/9
[光緒]鄆城 6/8
鄆城縣鄉土志/政績錄-除害
米希伊(清·泰安人)
[道光]泰安縣 9/上 95
[民國]重修泰安縣 8/51
44 **米協麟**(字瑞符)
(清·濟寧人)
[民國]濟寧直隸州續志 12/46
米世發(明·陝西舉人)
[康熙]沂水 4/29
[道光]沂水 5/31
61 **米賑**(字仁軒)
(清·武城人)
[乾隆]東昌 43/43
[乾隆]武城 10/26
武城縣鄉土志略/耆舊錄
90 **米惇**(清·棲霞人)
[光緒]增修登州 43/23
[光緒]棲霞縣續志 7/義行 3

9101_6 恒

22 **恒豐**(字月川)
(清·漢軍正黄旗人)
[宣統]山東 77/31
[光緒]增修登州 35/3
[光緒]海陽縣續志 2/22
28 **恒徹上人**(清·濰縣人)
[民國]濰縣志稿 42/19

9106_1 悟

30 **悟窮**(名宗世)
(明·觀城人)
[萬曆]東昌 22/10
[萬曆]濮州 4/仙釋 3
[道光]觀城 8/24

9148_6 類

60 **類思高**(清·蒙陰人)
[宣統]蒙陰 4/名獻
90 **類尚仁**(清·蒙陰人)
[康熙十一年]蒙陰 2/54
類尚禮(號敬軒)
(明·蒙陰人)
[康熙十一年]蒙陰 2/16,2/41

9202_1 忻

47 **忻都**(元)
[康熙]嶧縣 3/24
[乾隆]嶧縣 7/9
[光緒]嶧縣 19/97

9306_0 怡

27 **怡峰**(字景阜)
(北周·遼西人)
[崇禎]武定州 14/4
[乾隆]武定府 15/4
[咸豐]武定府 15/4

［乾隆］惠民 5/4
［乾隆］樂陵 2/27

9404_1 恃

44 恃其儲（見侍其曙）

9408_1 慎

12 慎到（戰國·趙人）
［康熙］山東 48/5
［雍正］山東 31/11
［宣統］山東 200/1
［嘉靖］青州 15/32，15/59
［萬曆］青州 15/55
［康熙十五年］青州 15/57
［康熙四十八年］青州 15/僑寓 2
［康熙六十年］青州 20/15
［康熙］臨淄 10/10
［民國］臨淄 29/20

9501_0 性

24 性偉（漢）
［民國］臨淄 30/41
30 性空（元）
［康熙］萊陽 9/5
［光緒］海陽縣續志 5/28
40 性在（字無妄）
（清）
［乾隆］博山 7/下 20
［民國］續修博山 12/72
63 性默（亦曰默僧）
（明·睢寧人）
［宣統］山東 200/35
［康熙］濟寧州 7/57
［乾隆］濟寧直隸州 28/32
［道光］濟寧直隸州 10/2－19

9583_0 炔

87 炔欽（字幼卿）
（漢·齊人）
［雍正］山東 28/人物一 12
［宣統］山東 153/18，162/8
［萬曆］青州 14/45
［康熙十五年］青州 14/45
［康熙四十八年］青州 14/儒行 2
［康熙六十年］青州 15/3
［康熙］臨淄 9/3
［民國］臨淄 21/40

9824_0 敝

80 敝無存（春秋·齊人）
［萬曆］青州 14/2
［康熙十五年］青州 14/2
［康熙四十八年］青州 14/忠義 2
［康熙六十年］青州 17/1
［康熙］臨淄 10/2
［民國］臨淄 22/58

9901_1 恍

97 恍惚道人（姓張）
（清）
［光緒］文登 12/7

9942_7 勞

00 勞應節（字巽臺）
（明·陽信人）
［康熙］陽信 9/31
［乾隆］陽信 7/54
［民國］陽信 5/耆碩 52
信邑志稿 7/耆碩
01 勞諲（宋·濟州任城人）
［嘉靖］山東 25/6
［康熙］山東 31/7，40/50
［康熙］濟南 24/12
07 勞翊廷（字龢卿）
（清·陽信人）
［民國］陽信 5/文學 24
勞翊安（字平甫）
（清·陽信人）
［民國］陽信 5/篤行 39
勞翊宸（字紫楓）
（清·陽信人）
［民國］陽信 5/篤行 40
08 勞謙光（原名家瑞，字佩蘭）
（清·陽信人）
［民國］陽信 5/任恤 38
10 勞可訓（字玉白）
（清·陽信人）
［民國］陽信 5/孝友 54
勞于經（字子引）
（清·陽信人）
［乾隆］武定府 26/19
［咸豐］武定府 26/義行 19
［乾隆］陽信 7/16
［民國］陽信 5/篤行 30
信邑志稿 7/義行
勞天寵（字勿齋）
（清·陽信人）
［乾隆］陽信 7/23
［民國］陽信 5/文學 9
信邑志稿 7/文苑
勞爾業（字敬斯，號愚齋，晚號漫叟）
（清·陽信人）
［咸豐］武定府 25/儒林 12
［民國］陽信 5/文學 13
信邑志稿 7/儒林
陽信縣鄉土志上/耆舊－學問
勞可嘉（字健白）
（清·陽信人）
［咸豐］武定府 25/孝友 33
［乾隆］陽信 7/27
［民國］陽信 5/孝友 52
信邑志稿 7/孝友
陽信縣鄉土志上/耆舊－事業
勞天培（字子理，號坦齋）
（清·陽信人）
［乾隆］武定府 26/19
［咸豐］武定府 26/義行 19
［乾隆］陽信 7/52
［民國］陽信 5/篤行 30，8/藝文下 43
信邑志稿 7/義行
陽信縣鄉土志上/耆舊－事業
勞可式（字敬儀）
（清·陽信人）
［乾隆］武定府 24/38
［咸豐］武定府 24/循良 28
［乾隆］陽信 7/11
［民國］陽信 5/宦蹟 18，8/藝文下 106
信邑志稿 7/循良
陽信縣鄉土志上/耆舊－

事業
勞于藩(字護臣)
(清・陽信人)
[乾隆]武定府 26/19
[乾隆]陽信 7/16
[民國]陽信 5/篤行 30
信邑志稿 7/義行
陽信縣鄉土志上/耆舊 -
事業
勞爾輝(字煥文)
(清・陽信人)
[民國]陽信 5/篤行 33,8/
藝文下 45
12 **勞廷對**(字書思,號迂齋)
(清・陽信人)
信邑志稿 7/文苑
17 **勞乃宣**(清・浙江桐鄉人)
[民國]膠澳志 10/15
20 **勞嶂**(字如屏)
(清・陽信人)
[民國]陽信 5/篤行 32
21 **勞巘**(字貞菴,號澹巖)
(清・陽信人)
[乾隆]陽信 7/23
[民國]陽信 5/文學 9
信邑志稿 7/文苑
22 **勞嵩**(字甫申)
(清・陽信人)
[咸豐]武定府 25/孝友 36
[乾隆]陽信 7/29
[民國]陽信 5/孝友 55
信邑志稿 7/孝友
勞山道士(明)
[雍正]山東 30/23
23 **勞峨**(字眉山)
(清・陽信人)
[民國]陽信 5/篤行 32
勞巇(字異山)
(清・陽信人)
[乾隆]陽信 7/52
[民國]陽信 5/篤行 31
信邑志稿 7/義行
24 **勞德元**(字子清)
(陽信人)
[民國]重修商河 6/60
27 **勞峋**(字雲瞻)
(清・陽信人)
[民國]陽信 5/文學 11
29 **勞嶙**(字邃菴)
(清・陽信人)
[民國]陽信 5/篤行 31
30 **勞之方**(字子貞)
(清・陽信人)
[民國]陽信補遺/人物志
勞永嘉(字金粟)
(明・浙江石門人)
[康熙]山東 31/18
[雍正]山東 27/17
[宣統]山東 70/27
[道光]濟南 35/33
勞之莊(字蒞堂)
(清・陽信人)
[民國]陽信 5/篤行 42
31 **勞福田**(字倬堂)
(清・陽信人)
[民國]陽信 5/篤行 42
34 **勞禧長**(字慶齋)
(清・陽信人)
[民國]陽信 5/孝友 58
44 **勞封**(字建侯)
(清・陽信人)
[民國]陽信 5/文學 21
信邑志稿 7/文苑
勞樹棠(原名瑾,字寶琳,號
鏡浦)
(清・陽信人)
[民國]陽信 5/宦蹟 20
46 **勞坦**(字敦素)
(清・陽信人)
[民國]陽信 5/文學 21
50 **勞本麟**(字聖紱)
(清・陽信人)
[咸豐]武定府 25/孝友 43
[民國]陽信 5/孝友 58
信邑志稿 7/孝友
勞貴德(字良之,號貽菴)
(清・陽信人)
[民國]陽信 5/篤行 35
勞本鶚(字峙羣)
(清・陽信人)
[民國]陽信 5/文學 15
66 **勞嗥**(字阜亭)
(清・陽信人)
[民國]陽信 5/文學 11
77 **勞鳳翽**(字雲麓)
(清・陽信人)
[民國]陽信 5/文學 11
勞熙春(字煦台)
(清・陽信人)
[民國]陽信 5/任恤 33
91 **勞恒震**(清・陽信人)
[民國]陽信 5/孝友 55
勞恒咸(清・陽信人)
[民國]陽信 5/孝友 55

9990_4 榮

00 **榮廣**(字王孫)
(漢・魯人)
[宣統]山東 153/31
[萬曆二十四年]兗州 31/20
[康熙]兗州 24/19
[乾隆]兗州 23/7
[乾隆]曲阜 69/5
榮褏(字繡函)
(清・新城人)
[宣統]新城縣後志 3/文苑
榮應旂(字爾玉)
(清・寧津人)
[光緒]寧津 8/26
寧津縣志料 3/人物 - 孝行
01 **榮諲**(字仲思)
(宋・濟州任城人)
[嘉靖]山東 30/51
[雍正]山東 28/人物二 33
[宣統]山東 161/16
[萬曆元年]兗州 40/政績 13
[萬曆二十四年]兗州 35/19
[乾隆]兗州 23/29
[泰昌]登州 9/36
[順治]登州 11/10
[光緒]增修登州 24/9
[康熙]濟寧州 6/16
[乾隆]濟寧直隸州 23/27
[道光]濟寧直隸州 8/2 - 13
濟寧州鄉土志 2/耆舊
[康熙]滋陽 4/上 18
08 **榮旂**(字子祺,一作子旗,又
作子期)

（春秋・魯人,一作衛人）
［嘉靖］山東 24/9
［康熙］山東 29/8
［雍正］山東 11/闕里二 18
［宣統］山東 153/8
［康熙］濟南 32/3
［萬曆元年］兖州 7/53
［萬曆二十四年］兖州 7/21
［康熙］兖州 8/22
［乾隆］兖州 7/29
［崇禎］武定州 14/1
［乾隆］武定府 15/1
［咸豐］武定府 15/1
［嘉靖］濮州 4/15
［萬曆］濮州 4/衞人 10
［崇禎］曲阜 4/12
［乾隆］曲阜 59/7
［順治］樂陵 6/5
［乾隆］樂陵 2/25
［乾隆］惠民 5/1
［光緒］惠民卷末/1
榮旗（見榮旂）
10 **榮元琇**（字玉成）
（清・新城人）
［宣統］新城縣後志 3/孝友
［民國］重修新城 18/15
榮爾奇（奇一作期,見榮爾期）
榮爾期（清・德州人）
［宣統］山東 170/15
［光緒］德州志略/忠節傳略
［民國］德縣 11/1
榮玉堂（字璞齋）
（清・恩縣人）
［民國］重修恩縣 11/鄉賢 74
14 **榮瓚**（明・堂邑人）
［康熙］堂邑 12/6
15 **榮建烈**（字駿甫）
（清・新城人）
［宣統］新城縣後志 3/耆壽
［民國］重修新城 18/23
23 **榮俊業**（字履基）
（清・江蘇無錫人）
堂邑縣鄉土志/政績錄
24 **榮續程**（清・寧津人）
［光緒］寧津 8/21
寧津縣志料 3/人物－義烈
30 **榮安慶**（字福堂）
（歷城人）
［民國］霑化卷首/12
榮實穎（字華叔）
（清・新城人）
［康熙］新城 8/10
［民國］重修新城 16/8
新城縣鄉土志/耆舊－清
榮宗良（字本善）
（明・堂邑人）
［順治］堂邑 2/人物 16
榮良貴（明・新城人）
［雍正］山東 28/人物三 31
［宣統］山東 165/19
［道光］濟南 51/36
［天啟］新城 8/孝友,8/壽耆
［崇禎］新城 8/孝友,8/壽耆
［康熙］新城 8/4
［民國］重修新城 15/6
33 **榮泌**（字蔗原）
（清・平度人）
［民國］平度縣續志 7/8
38 **榮裕琳**（清・長山人）
長山縣鄉土志/耆舊錄
榮裕俊（字秀卿）
（清・新城人）
［宣統］新城縣後志 3/耆壽
［民國］重修新城 18/28
榮裕修（字慎符）
（清・新城人）
［宣統］新城縣後志 3/耆壽
榮啟期（東周・郕人）
［萬曆元年］兖州 42/6
［萬曆］汶上 6/1
［咸豐］寧陽 15/29,21/4
［光緒］寧陽 15/49,21/4
40 **榮希光**（字輝亭）
（清・昌樂人）
［民國］昌樂縣續志 35/9
44 **榮華**（明・新城人）
［道光］濟南 51/37
46 **榮楫**（金・棣州人）
［康熙］濟南 47/2
［萬曆］武定州 13/4
［崇禎］武定州 22/1
［乾隆］武定府 26/1
［咸豐］武定府 26/義行 1
［乾隆］惠民 5/59
［光緒］惠民 22/1
惠民縣鄉土志/耆舊錄 13
榮相鼎（字子凝）
（清・桓臺人）
［民國］桓臺志略 3/22
［民國］桓臺 3/33
榮駕鵝（名欒）
（周）
［萬曆元年］兖州 40/忠直 2
［萬曆二十四年］兖州 30/11
［康熙］兖州 23/11
［乾隆］兖州 23/3
50 **榮本仁**（字衷白）
（明・菏澤人）
［康熙］曹州志 15/66
［光緒］菏澤 15/59
［光緒］新修菏澤 10/30
菏澤縣鄉土志/23
60 **榮冕**（字宗周）
（明・新城人）
［宣統］新城縣後志 2/宦績
71 **榮長河**（道號太平）
（清・新城人）
［宣統］新城縣後志 3/仙釋
［民國］重修新城 26/8
［民國］樂安 13/13
［民國］續修廣饒 27/3
77 **榮開**（字文啟,號洞門）
（清・新城人）
［道光］濟南 55/50
［康熙］新城 7/38
［民國］重修新城 16/5
新城縣鄉土志/耆舊－清
80 **榮益山**（清・寧津人）
［光緒］寧津 8/29
寧津縣志料 3/人物－孝行
榮金華（字耀廷）
（清・大興人）
［宣統］聊城 6/2－8
聊城縣鄉土志/9

徵引山東地方志書目

序號	書名	簡稱	著者	版本
1	[至元]齊乘六卷附釋音一卷附考證	[至元]齊乘	(元)于欽 纂　(元)于潛 釋音	清乾隆46年(1781)刻本
2	[嘉靖]山東通志四十卷	[嘉靖]山東	(明)陸釴等 纂修	明嘉靖12年(1533)刻本
3	[康熙]山東通志六十四卷	[康熙]山東	(清)趙祥星 修　(清)錢江等 纂	清康熙17年(1678)刻康熙41年(1702)增刻本
4	[雍正]山東通志三十六卷首一卷	[雍正]山東	(清)岳濬 法敏 修　(清)杜詔 顧瀛 纂	清乾隆元年(1736)刻本
5	[宣統]山東通志二百卷首九卷附録一卷補遺一卷	[宣統]山東	(清)楊士驤 修　(清)孫葆田 纂	民國4至7年(1915–1918)山東通志刊印局鉛印本
6	[康熙]濟南府志五十四卷首一卷	[康熙]濟南	(清)蔣焜 修　(清)唐夢賚等 纂	清康熙31年(1692)刻本
7	[道光]濟南府志七十二卷首一卷	[道光]濟南	(清)王贈芳 王鎮 修　(清)成瓘 冷烜 纂	清道光20年(1840)刻本
8	[崇禎]歷乘十九卷	[崇禎]歷乘	(明)貴養性 修　(明)劉勅 纂	1959年中國書店影印明崇禎刻本
9	[崇禎]歷城縣志十六卷	[崇禎]歷城	(明)宋祖法 修　(明)葉承宗 纂	明崇禎13年(1640)刻本
10	[崇禎]歷城縣志十六卷	[崇禎]歷城	(明)宋祖法 修　(明)葉承宗 纂	清康熙61年(1722)李師白增補刻本
11	[乾隆]歷城縣志五十卷首一卷	[乾隆]歷城	(清)胡德琳 修　(清)李文藻 纂	清乾隆38年(1773)刻本
12	[民國]續修歷城縣志五十四卷	[民國]續修歷城	毛承霖 纂修	民國15年(1926)歷城縣志局鉛印本
13	[嘉靖]淄川縣志六卷	[嘉靖]淄川	(明)王琮 纂修	明嘉靖25年(1546)刻本
14	[萬曆]淄川縣志三十六卷	[萬曆]淄川	(明)朱萬春 修　(明)王教 纂	明萬曆30年(1602)刻本

續表

序號	書名	簡稱	著者	版本
15	[康熙]淄川縣志八卷首一卷	[康熙]淄川	(清)張嵋 修 (清)唐夢賚 纂	民國9年(1920))石印本
16	[乾隆]淄川縣志八卷首一卷	[乾隆]淄川	(清)王康 修 (清)臧岳 纂	清乾隆8年(1743)刻本
17	[乾隆]淄川縣志八卷首一卷	[乾隆]淄川	(清)張鳴鐸 續修 (清)張廷寀等 續纂	清乾隆8年(1743)刻乾隆41年(1776)續刻本
18	[乾隆]淄川縣志八卷首一卷	[乾隆]淄川	(清)張鳴鐸 修 (清)張廷寀等 纂	民國9年(1920)石印本
19	[宣統]三續淄川縣志二卷	[宣統]三續淄川	(清)方作霖 修 (清)王敬鑄 纂	清宣統3年(1911)修,民國9年(1920)石印本
20	淄川縣鄉土志二卷	淄川縣鄉土志	(清)王敬鑄 纂修	清光緒間抄本
21	[乾隆]博山縣志十卷首一卷	[乾隆]博山	(清)富申 修 (清)田士麟 纂	清乾隆18年(1753)刻本
22	[乾隆]博山志稿不分卷	[乾隆]博山志稿	(清)洪鑾 纂修	清乾隆40年(1775)修,抄本
23	[民國]續修博山縣志十五卷首一卷	[民國]續修博山	王蔭桂 修 張新曾 纂	民國26年(1937)鉛印本
24	顏神鎮志五卷	顏神鎮志	(清)葉先登 修 (清)馮文顯 纂	清康熙9年(1670)刻本
25	[康熙]臨淄縣志十六卷	[康熙]臨淄	(清)鄧性 修 (清)李煥章 纂	清康熙11年(1672)刻本
26	[民國]臨淄縣志三十五卷首一卷	[民國]臨淄	舒孝先 修 崔象穀 纂	民國9年(1920)石印本
27	臨淄縣鄉土志一卷	臨淄縣鄉土志	(清)鄭斗南 修 (清)邊鳳岐 于子春 纂	清光緒34年(1908)編,抄本
28	[康熙]嶧縣志五卷	[康熙]嶧縣	(清)田顯吉 修 (清)褚光鎭 纂	清康熙12年(1673)刻本
29	[康熙]嶧縣志五卷	[康熙]嶧縣	(清)劉允恭 修 (清)褚光鎭等 纂	清康熙24年(1685)刻本
30	[乾隆]嶧縣志十卷首一卷	[乾隆]嶧縣	(清)忠璉 纂修	清乾隆26年(1761)刻本
31	[光緒]嶧縣志二十五卷卷首一卷	[光緒]嶧縣	(清)王振録 周鳳鳴 修 (清)王寶田 纂	清光緒30年(1904)嶧縣義塾刻本

續表

序號	書名	簡稱	著者	版本
32	[嘉靖]德州志三卷	[嘉靖]德州	(明)鄭瀛 修 (明)何洪 纂	明嘉靖7年(1528)刻本
33	[萬曆]德州志十二卷	[萬曆]德州	(明)唐文華 修 (明)李檜 纂 (明)安受善 續修 (明)王克寬 續纂	明萬曆4年(1576)刻天啟安受善遞修本
34	[康熙]德州志十卷	[康熙]德州	(清)金祖彭 修 (清)程先貞 纂	清康熙12年(1673)刻本
35	[乾隆]德州志十二卷首一卷	[乾隆]德州	(清)王道亨 修 (清)張慶源 纂	清乾隆53年(1788)刻本
36	州乘餘聞一卷	州乘餘聞	(清)宋弼 纂	清光緒14年(1888)刻本
37	[光緒]德州志略	[光緒]德州志略	(清)錢祝祺 纂修	清光緒22年(1896)纂,抄本
38	德州鄉土志不分卷	德州鄉土志	(清)馮翥 編	清光緒間修,抄本
39	[康熙]陵縣志六卷	[康熙]陵縣	(清)史颺廷 纂修	清康熙12年(1673)刻本
40	[道光]陵縣志二十二卷首一卷	[道光]陵縣	(清)沈淮 修 (清)李圖 纂	清道光26年(1846)刻本
41	[光緒]陵縣志二十二卷首一卷	[光緒]陵縣	(清)沈淮 修 (清)李圖 纂 (清)戴杰 續纂	清道光26年(1846)刻光緒元年(1875)增刻本
42	[民國]陵縣續志四卷首一卷	[民國]陵縣續志	苗恩波 修 劉蔭岐 纂	民國24年(1935)鉛印本
43	陵縣鄉土志一卷	陵縣鄉土志	(清)錢應顯 修 (清)邢寶英 纂	清光緒33年(1907)刻本
44	[民國]德縣志十六卷	[民國]德縣	李樹德 修 董瑤林 纂	民國24年(1935)鉛印本
45	[康熙]德平縣志四卷	[康熙]德平	(清)戴王縉 修 (清)劉胤德 纂	清康熙12年(1673)刻本
46	[乾隆]德平縣志四卷首一卷	[乾隆]德平	(清)錢大琴 纂修	清乾隆38年(1773)刻本
47	[嘉慶]德平縣志十卷首一卷	[嘉慶]德平	(清)鍾大受 纂修	清嘉慶元年(1796)刻本
48	[光緒]德平縣志十二卷首一卷	[光緒]德平	(清)凌錫祺 修 (清)李敬熙 纂	民國25年(1936)鉛印本
49	[民國]德平縣續志十二卷首一卷	[民國]德平縣續志	吕學元 修 嚴綏之 纂	民國25年(1936)鉛印本
50	德平縣鄉土志	德平縣鄉土志	(清)佚名 編	清光緒間編,抄本

續表

序號	書名	簡稱	著者	版本
51	[康熙]齊河縣志八卷首一卷	[康熙]齊河	(清)藍奮興 修 (清)王道光 纂	清康熙 12 年(1673)刻本
52	[雍正]齊河縣志十卷首一卷	[雍正]齊河	(清)上官有儀 修 (清)許琰 纂	清乾隆 2 年(1737)刻本
53	[民國]齊河縣志三十四卷首一卷	[民國]齊河	楊豫 修等 修 郝金章 孫秀堃 纂	民國 22 年(1933)鉛印本
54	齊河縣鄉土志一卷	齊河縣鄉土志	(清)佚名 編	清光緒末年石印本
55	[萬曆]濟陽縣志十卷	[萬曆]濟陽	(明)侯加乘 修 (明)邢其諫 纂	明萬曆 37 年(1609)刻本
56	[順治]濟陽縣續志一卷	[順治]濟陽	(清)解元才 纂修	清順治 7 年(1650)刻本
57	[乾隆]濟陽縣志十四卷首一卷	[乾隆]濟陽	(清)胡德琳 修 (清)何明禮 章承茂 纂	清乾隆 30 年(1765)刻本
58	[民國]濟陽縣志二十卷首一卷	[民國]濟陽	盧永祥等 修 王嗣鋆 纂	民國 23 年(1934)鉛印本
59	[康熙]禹城縣志八卷	[康熙]禹城	(清)王表 纂修	清康熙 12 年(1673)刻本
60	[嘉慶]禹城縣志十二卷	[嘉慶]禹城	(清)董鵬翱 修 (清)牟應震 纂	清嘉慶 13 年(1808)刻本
61	[民國]禹城縣志八卷	[民國]禹城	蓋景延 修 孫似樓 纂	民國 28 年(1929)鉛印本
62	禹城縣鄉土志不分卷	禹城縣鄉土志	(清)王汝漢 修 (清)張青蓮 纂	清光緒 34 年(1908)石印本
63	[順治]臨邑縣志十六卷	[順治]臨邑	(清)陳起鳳 修 (清)邢琮 纂	清順治 9 年(1652)刻本
64	[康熙]重修臨邑縣志十六卷首一卷	[康熙]重修臨邑	(清)唐開陶 修 (清)高元貞 纂	清康熙 52 年(1713)刻本
65	[道光]臨邑縣志十六卷首一卷末一卷	[道光]臨邑	(清)沈淮 纂修	清道光 17 年(1837)刻本
66	[同治]臨邑縣志十六卷首一卷末一卷	[同治]臨邑	(清)沈淮等 纂修 (清)陳鴻翩 續修 (清)翟振慶 續纂	清同治 13 年(1874)續補刻本
67	[民國]續修臨邑縣志四卷首一卷	[民國]續修臨邑	崔公甫 修 王樹枬 王孟戎等 纂	民國 25 年(1936)鉛印本
68	[萬曆]平原縣志二卷	[萬曆]平原	(明)劉思誠 修 (明)高知止 纂	明萬曆 18 年(1590)刻本

續表

序號	書名	簡稱	著者	版本
69	[乾隆]平原縣志十卷卷首一卷	[乾隆]平原	(清)黄懷祖 修 (清)黄兆熊 纂	清乾隆14年(1749)刻本
70	[民國]續修平原縣志十二卷首一卷	[民國]續修平原	曹夢九 修 趙祥俊 張元鈞 纂	民國25年(1936)鉛印本
71	平原縣鄉土志輯稿二卷	平原縣鄉土志輯稿	(清)佚名 編	清抄本
72	[順治]樂陵縣志八卷	[順治]樂陵	(清)郝獻明 修 (清)胡岳立 纂	清順治17年(1660)刻本
73	[乾隆]樂陵縣志八卷首一卷末一卷	[乾隆]樂陵	(清)王謙益 修 (清)鄭成中 纂	清乾隆27年(1762)刻本
74	樂陵縣鄉土志六卷	樂陵縣鄉土志	(清)徐壽彭 修 (清)李毓珂 鄭秉鈺 纂	清宣統元年(1909)石印本
75	[萬曆]商河縣志十卷	[萬曆]商河	(明)曾一侗 修 (明)詹應陽 纂 (明)賈前席 補修	明萬曆14年(1586)刻崇禎10年(1637)增刻本
76	[道光]商河縣志八卷首一卷	[道光]商河	(清)龔廷煌等 纂修	清道光12年(1832)修,16年刻本
77	[民國]重修商河縣志十五卷首一卷	[民國]重修商河	石毓嵩 修 馬忠藩 路程誨 纂	民國25年(1936)鉛印本
78	商河縣鄉土志四卷	商河縣鄉土志	(清)王心廉 修 (清)梁玉成 纂	清光緒34年(1908)修,抄本
79	[嘉靖]武城縣志十卷	[嘉靖]武城	(明)尤麒 修 (明)陳露 纂	1962年上海古籍書店影印寧波天一閣藏明嘉靖刻本
80	[順治]武城縣志四卷	[順治]武城	(清)房萬達 修 (清)王維明 纂	清順治7年(1650)刻本
81	[乾隆]武城縣志十四卷首一卷	[乾隆]武城	(清)駱大俊 纂修	清乾隆15年(1750)刻本
82	[道光]武城縣志續編十四卷首一鄭	[道光]武城續編	(清)厲秀芳 纂修	清道光21年(1841)刻本
83	[民國]增訂武城縣志續編十五卷	[民國]增訂武城續編	王延綸 修 王翽銘 纂	民國元年(1912)刻本
84	[光緒]武城鄉土志略一卷	[光緒]武城鄉土志略	(清)薩承鈺 修 (清)蘇再薰 纂	清光緒26年(1900)修;(清)抄本
85	[嘉靖]夏津縣志二卷	[嘉靖]夏津	(明)易時中 修 (明)王琳 纂	1962年上海古籍書店影印寧波天一閣藏明嘉靖刻本

續表

序號	書名	簡稱	著者	版本
86	[康熙]夏津縣志六卷(存卷五至六)	[康熙]夏津	(清)董時升 纂修	清康熙12年(1673)刻本
87	[乾隆]夏津縣志十卷首一卷	[乾隆]夏津	(清)方學成 修 (清)梁大鯤 纂	清乾隆6年(1741)刻本
88	[民國]夏津縣志續編十卷首一卷	[民國]夏津續編	謝錫文 修 許宗海 纂	民國23年(1934)鉛印本
89	[嘉靖]恩縣志九卷	[嘉靖]恩縣	(明)林永昌 修 (明)張季霖 纂	明嘉靖17年(1538)刻本
90	[萬曆]恩縣志六卷	[萬曆]恩縣	(明)孫居相 修 (明)雷金聲 纂	明萬曆26年(1598)刻本
91	[雍正]恩縣續志五卷	[雍正]恩縣續志	(清)陳學海 修 (清)韓天篤 纂	清雍正元年(1723)刻本
92	[宣統]重修恩縣志十卷首一卷	[宣統]重修恩縣	(清)汪鴻孫 修 (清)劉儒臣 王金階 纂	清宣統元年(1909)刻本
93	[民國]重修恩縣志十四卷首一卷	[民國]重修恩縣	張遵孟 修 曹明詳 纂	民國24年(1935)重修31年(1942)鉛印本
94	恩縣鄉土志不分卷	恩縣鄉土志	(清)汪鴻孫 修 (清)劉儒臣 纂	清光緒34年(1908)石印本
95	[萬曆]寧津縣志八卷	[萬曆]寧津	(明)余鏜 修 (明)王良貴 纂	明萬曆16年(1588)刻本
96	[康熙]寧津縣志稿八卷	[康熙]寧津縣志稿	(明)余鏜 修 (明)王良貴 纂 (清)程裕昌 續纂修	清康熙13年(1674)增修刻本
97	[光緒]寧津縣志十二卷首一卷	[光緒]寧津	(清)祝嘉庸 修 (清)吳潯源 纂	清光緒26年(1900)刻本
98	寧津縣志料四卷	寧津縣志料	佚名 纂	民國20年(1931)修,稿本
99	寧津縣鄉土志	寧津縣鄉土志	(清)佚名 纂	清光緒34年(1908)修抄本
100	[萬曆]慶雲縣志十卷(存卷一至四)	[萬曆]慶雲	(明)柯一泉 修 (明)楊州鶴 纂	明萬曆6年(1578)刻本
101	[康熙]慶雲縣志十二卷	[康熙]慶雲	(清)李居一 修 (清)崔允貞 纂	清康熙12年(1673)刻本
102	[康熙]慶雲縣志十二卷	[康熙]慶雲	(清)李居一 修 (清)崔允貞 纂	清康熙19年(1680)李興祖增刻本

續表

序號	書名	簡稱	著者	版本
103	[嘉慶]慶雲縣志十二卷首一卷末一卷	[嘉慶]慶雲	(清)潘國詔 修 (清)崔旭 纂	清嘉慶14年(1809)刻本
104	[咸豐]慶雲縣志三卷首一卷末一卷	[咸豐]慶雲	(清)戴絅孫 崔光笏 纂修	清咸豐4年(1854)刻本
105	[民國]慶雲縣志四卷	[民國]慶雲	秦夏聲 修 劉鴻逵 纂	民國3年(1914)石印本
106	[嘉靖]武定州志二卷	[嘉靖]武定州	(明)鄭希僑 修 (明)劉繼先 崔士偉 纂	1962年上海古籍書店影印寧波天一閣藏明嘉靖刻本
107	[萬曆]武定州志十五卷	[萬曆]武定州	(明)桑東陽 修 (明)邢侗 纂	明萬曆16年(1588)刻本
108	[崇禎]武定州志	[崇禎]武定州	(明)王永積 修 (明)劉嘉禎 纂	明崇禎12年(1639)刻本
109	[乾隆]武定府志三十八卷首一卷	[乾隆]武定府	(清)赫達色 修 (清)莊肇奎 沈中行 纂	清乾隆24年(1759)刻本
110	[咸豐]武定府志三十八卷首一卷	[咸豐]武定府	(清)李熙齡 修 (清)鄒恒 纂	清咸豐9年(1859)刻本
111	[乾隆]惠民縣志十卷首一卷	[乾隆]惠民	(清)倭什布 修 (清)劉長靈 纂	清乾隆47年(1782)刻本
112	[光緒]惠民縣志三十卷首一卷末一卷	[光緒]惠民	(清)沈世銓 修 (清)李勖 纂	清光緒25年(1899)刻本
113	惠民縣志補遺一卷	惠民縣志補遺	(清)柳堂 修 (清)李鳳岡 纂	清光緒27年(1901)刻本
114	惠民縣鄉土志不分卷	惠民縣鄉土志	(清)王學曾 修 (清)王潤生 纂	光緒32年(1906)刻本
115	[康熙]陽信縣志十卷	[康熙]陽信	(清)周虔森 修 (清)張璥等 纂	清康熙21年(1682)刻本
116	[乾隆]陽信縣志八卷首一卷	[乾隆]陽信	(清)王允深 修 (清)沈佐清等 纂	清乾隆24年(1759)刻本
117	信邑志稿八卷	信邑志稿	(清)峻皆氏 纂	清同治3年(1864)修,抄本
118	[民國]陽信縣志八卷附補遺一卷	[民國]陽信	朱蘭 修 勞迺宣 纂	民國15年(1926)鉛印本
119	陽信縣鄉土志二卷	陽信縣鄉土志	(清)陳汝玉 編	清光緒間抄本
120	[康熙]海豐縣志十二卷首一卷	[康熙]海豐	(清)胡公著 修 (清)張克家 纂	清康熙9年(1670)刻本

續表

序號	書名	簡稱	著者	版本
121	海豐縣鄉土志不分卷	海豐縣鄉土志	(清)佚名 編	清宣統2年(1910)修,抄本
122	[民國]無棣縣志二十四卷首一卷末一卷	[民國]無棣	侯蔭昌 修 張方墀 纂	民國14年(1925)鉛印本
123	[萬曆]濱州志四卷	[萬曆]濱州	(明)艾梅 修 (明)毛似徐 纂	明萬曆11年(1583)刻本
124	[康熙]濱州志八卷首一卷	[康熙]濱州	(清)楊容盛 修 杜曬等 纂	清康熙40年(1701)刻本
125	[咸豐]濱州志十二卷	[咸豐]濱州	(清)李熙齡 纂修	清咸豐10年(1860)刻本
126	濱州鄉土志十二卷首一卷	濱州鄉土志	(清)吳建勳 編	清宣統元年(1909)編,抄本
127	[康熙]利津縣新志十卷	[康熙]利津縣新志	(清)韓文焜 纂修	清康熙12年(1673)刻本
128	[乾隆]利津縣志續編十卷	[乾隆]利津縣志續編	(清)劉文確 修 (清)劉永祚 李儼 纂	清乾隆23年(1758)刻本
129	[乾隆]利津縣志補六卷	[乾隆]利津縣志補	(清)程士範 纂修	清乾隆35年(1770)刻本
130	[光緒]利津縣志十卷	[光緒]利津	(清)盛贊熙 修 (清)余朝棻等 纂	清光緒9年(1883)刻本
131	[民國]利津縣續志九卷	[民國]利津縣續志	王廷彥 修 蓋爾佶 纂	民國24年(1935)鉛印本
132	[萬曆]新修霑化縣志七卷	[萬曆]新修霑化	(明)段展 修 (明)丁懋遜 纂	明萬曆47年(1619)刻本
133	[光緒]霑化縣志十六卷首一卷	[光緒]霑化	(清)聯印 修 (清)張會一耿翔儀 纂	清光緒17年(1891)刻本
134	[民國]霑化縣志八卷首一卷	[民國]霑化	梁建章 修 于清泮 纂	民國24年(1935)鉛印本
135	[順治]鄒平縣志八卷	[順治]鄒平	(清)徐政 修 (清)馬驌 纂	清順治17年(1660)刻本
136	[康熙]鄒平縣志八卷	[康熙]鄒平	(清)程素期 修 (清)程之芳等 纂	清康熙34年(1695)刻本
137	[嘉慶]鄒平縣志十八卷	[嘉慶]鄒平	(清)李瓊林 修 (清)成啟洸 成瓘 纂	清嘉慶8年(1803)刻本

續表

序號	書名	簡稱	著者	版本
138	[道光]鄒平縣志十八卷	[道光]鄒平	(清)羅宗瀛 修 (清)成瓘 纂	清道光16年(1836)刻本
139	[民國]鄒平縣志十八卷	[民國]鄒平	欒鍾垚 趙咸慶 修 趙仁山 纂	民國3年(1914)刻20年(1931)重印本
140	[康熙]長山縣志八卷	[康熙四十三年]長山	(清)陳憲祖 纂修	清康熙43年(1704)抄本
141	[康熙]長山縣志十卷首一卷	[康熙五十五年]長山	(清)孫衍 纂修	清康熙55年(1716)刻本
142	[嘉慶]長山縣志十六卷首一卷	[嘉慶]長山	(清)倪企望 修 (清)鍾廷瑛 徐果行 纂	清嘉慶6年(1801)刻本
143	長山縣鄉土志二卷	長山縣鄉土志	(清)劉維翰 編	清光緒33年(1907)抄本
144	[康熙]博興縣志八卷	[康熙十二年]博興	(清)萬雲 纂修	清康熙12年(1673)刻本
145	[康熙]博興縣志八卷	[康熙六十年]博興	(清)李元偉 修 (清)王昌學 纂	清康熙60年(1721)刻本
146	[道光]博興縣志十三卷	[道光]博興	(清)周壬福 修 (清)李同 纂	清道光20年(1840)刻本
147	[民國]重修博興縣志十七卷首一卷	[民國]重修博興	張其丙 修 張元鈞 纂	民國25年(1936)鉛印本
148	[萬曆]蒲臺志十二卷	[萬曆]蒲臺志	(明)李時芳 修 (明)王爾彥 纂	明萬曆19年(1591)刻本
149	[康熙]重修蒲臺縣志十卷	[康熙]重修蒲臺	(清)嚴曾業 修 (清)李柟 纂	清康熙32年(1693)刻本
150	[乾隆]蒲臺縣志四卷首一卷	[乾隆]蒲臺	(清)嚴文典 修 (清)任相 纂	清乾隆28年(1763)刻本
151	[光緒]重修蒲臺縣志四卷	[光緒]重修蒲臺	(清)張朝瑋 修 (清)蓋琦孫 叔梓 纂	清光緒16年(1890)刻本
152	蒲臺縣鄉土志不分卷	蒲臺縣鄉土志	(清)佚名 編	清抄本
153	[萬曆]青城縣志二卷	[萬曆]青城	(明)王儀 修 (明)楊夢袞 纂	明萬曆40年(1612)刻本
154	[乾隆]青城縣志十二卷	[乾隆]青城	(清)方鳳 修 (清)戴文熾 周珹 纂	清乾隆24年(1759)刻本

續表

序號	書名	簡稱	著者	版本
155	[民國]青城續修縣志四卷	[民國]青城續修	楊啟東 修　趙梓湘 纂	民國24年(1935)鉛印本
156	[康熙]高苑縣志八卷	[康熙]高苑	(清)宋弼 纂修	清康熙11年(1672)刻本
157	[康熙]高苑縣續志十卷	[康熙]高苑縣續志	(清)古今譽 修　(清)劉大量 纂	清康熙55年(1716)刻本
158	[乾隆]高苑縣志十卷	[乾隆]高苑	(清)張耀璧 纂修	清乾隆23年(1758)刻本
159	高苑縣鄉土志一卷	高苑縣鄉土志	(清)王傳鉢 編	清光緒32年(1906)抄本
160	[萬曆]樂安縣志二十卷	[萬曆]樂安	(明)孟楠 修　(明)蔣奇鏄 纂	明萬曆31年(1603)刻,清康熙6年(1667)修鋟本
161	[康熙]樂安縣續志二卷(存一卷:卷上)	[康熙]樂安縣續志	(清)歐陽焯 修　(清)李含章 纂	清康熙6年(1667)刻本
162	[雍正]樂安縣志二十卷	[雍正]樂安	(清)李方膺 纂修	清雍正11年(1733)刻本
163	[民國]樂安縣志十三卷首一卷	[民國]樂安	李傳煦 陳同善 修　王永貞 纂	民國7年(1918)石印本
164	[民國]續修廣饒縣志二十八卷首一卷	[民國]續修廣饒	潘萊峰等 修　王寅山 纂	民國24年(1935)鉛印本
165	[天啟]新城縣志十四卷	[天啟]新城	(明)張必大 修　(明)王象晉 纂	清抄本(據明天啟4年刻本抄)
166	[崇禎]新城縣志十四卷	[崇禎]新城	(明)王象晉 原纂　(明)孫胤奇 續修	清抄本(據明崇禎8年(1635)刻本抄)
167	[康熙]新城縣續志一卷	[康熙]新城縣續志	(清)馬孔彰 纂修	清康熙抄本
168	[康熙]新城縣志十四卷首一卷	[康熙]新城	(清)崔懋 修　(清)嚴濂曾 纂	清康熙32年(1693)刻本
169	[道光]新城縣志不分卷(存官師、河渠、藝文、烈女志)	[道光]新城	(清)佚名 纂	抄本
170	[宣統]新城縣後志六卷	[宣統]新城縣後志	(清)佚名 纂	清末抄本
171	[民國]重修新城縣志二十六卷首一卷	[民國]重修新城	袁勵傑 張儒玉 修　王寀廷 纂	民國22年(1933)濟南平民日報社鉛印本
172	新城縣鄉土志二卷	新城縣鄉土志	(清)佚名 編	清光緒間編,抄本

續表

序號	書名	簡稱	著者	版本
173	[民國]桓臺志略三卷	[民國]桓臺志略	袁勵傑等 修　王寀廷等 纂	民國22年鉛印本
174	[民國]桓臺縣志三卷	[民國]桓臺	王元一 纂修	民國23年(1934)鉛印本
175	[萬曆]齊東縣志二十九卷	[萬曆]齊東	(明)劉希夔 纂修	明萬曆45年(1617)刻本
176	[康熙]新修齊東縣志八卷	[康熙]新修齊東	(清)余爲霖 修　(清)郭國琦等 纂	清康熙24年(1685)刻嘉慶8年(1803)增刻本
177	齊東縣鄉土志	齊東縣鄉土志	(清)袁馥村等 修	清宣統2年(1910)刊本
178	[民國]齊東縣志六卷首一卷	[民國]齊東	梁中權 修　于清泮 纂	民國24年(1935)鉛印本
179	[嘉靖]青州府志十八卷	[嘉靖]青州	(明)杜思 修　(明)馮惟訥 纂	1965年上海古籍書店影印寧波天一閣藏明嘉靖刻本
180	[萬曆]青州府志二十卷	[萬曆]青州	(明)王家賓 修　(明)鍾羽正 纂	明萬曆43年(1615)刻本
181	[康熙]青州府志二十卷	[康熙十五年]青州	(清)崔俊 修　(清)李煥章 纂	清康熙15年(1617)刻本
182	[康熙]青州府志二十卷	[康熙四十八年]青州	(清)張連登 修　(清)張貞安致遠 纂	清康熙48年(1709)刻本
183	[康熙]青州府志二十二卷	[康熙六十年]青州	(清)陶錦 修　(清)王昌學王樫 纂	清康熙60年(1721)刻本
184	[咸豐]青州府志六十四卷	[咸豐]青州	(清)毛永柏 修　(清)李圖劉耀椿 纂	清咸豐9年(1859)刻本
185	[萬曆]益都縣志九卷(存卷四至九)	[萬曆]益都	(明)田仰 纂修	明萬曆46年(1618)刻本
186	[康熙]益都縣志十四卷首一卷	[康熙]益都	(清)陳食花 修　(清)鍾諤等 纂	清康熙11年(1672)刻本
187	[光緒]益都縣圖志五十四卷首一卷	[光緒]益都縣圖志	(清)張承燮 修　(清)法偉堂 纂	光緒33年(1907)刻本
188	[康熙]壽光縣志三十二卷	[康熙]壽光	(清)劉有成 修　(清)安致遠 纂	清康熙37年(1698)刻本
189	[乾隆]續壽光縣志三十卷	[乾隆]續壽光	(清)王椿 修　(清)楊廷枚劉用魯 纂	清乾隆20年(1755)刻本
190	[嘉慶]壽光縣志二十卷	[嘉慶]壽光	(清)劉翰周 纂修	清嘉慶刻本

續表

序號	書名	簡稱	著者	版本
191	[民國]壽光縣志十六卷	[民國]壽光	宋憲章 修　鄒允中 崔亦文 纂	民國25年(1936)鉛印本
192	壽光縣鄉土志不分卷	壽光縣鄉土志	(清)佚名 編	清光緒30年(1904)編，抄本
193	[嘉靖]昌樂縣志八卷	[嘉靖]昌樂	(明)朱木 修　高凌雲 纂	明嘉靖27年(1548)刻本
194	[康熙]昌樂縣志六卷	[康熙]昌樂	(清)賀基昌 纂修	清康熙11年(1672)刻本
195	[嘉慶]昌樂縣志三十二卷首一卷	[嘉慶]昌樂	(清)魏禮焯 時銘 修 (清)閻學夏 黄方遠 纂	清嘉慶14年(1809)刻本
196	[民國]昌樂縣續志三十八卷	[民國]昌樂縣續志	王金嶽 修　趙文琴 王景韓 纂	民國23年(1934)鉛印本
197	[嘉靖]臨朐縣志四卷	[嘉靖]臨朐	(明)王家士 修　(明)祝文馮惟敏 纂	1962年上海古籍書店影印寧波天一閣藏明嘉靖刻本
198	[康熙]臨朐縣志書四卷	[康熙]臨朐縣志書	(清)屠壽徵 修　(清)尹所遴 纂	清康熙11年(1672)刻本
199	[光緒]臨朐縣志十六卷	[光緒]臨朐	(清)姚延福 修　(清)鄧嘉緝 蔣師轍 纂	清光緒10年(1884)刻本
200	[民國]臨朐續志二十二卷	[民國]臨朐續志	周鈞英 修　劉仞千 纂	民國24年(1935)鉛印本
201	臨朐縣鄉土志四卷	臨朐縣鄉土志	(清)佚名 編	清光緒34年(1908)修，抄本
202	[萬曆]安丘縣志二十八卷	[萬曆]安丘	(明)熊元 修　(明)馬文煒 纂	明萬曆17年(1589)刻本
203	[康熙]續安丘縣志二十五卷	[康熙]續安丘	(清)任周鼎 修　(清)王訓 續纂	清康熙2年(1663)刻康熙15年補刻本
204	杞紀二十二卷	杞紀	(清)張貞 纂	清康熙45年(1706)修55年(1716)刻本
205	[道光]安邱新志二十八卷	[道光]安邱新志	(清)馬世珍 纂修　(清)張柏恒 增訂	民國9年(1920)石印本
206	[民國]續安邱新志二十五卷	[民國]續安邱新志	孫維均 章光銘 修　馬步元 纂	民國9年(1920)石印本
207	安邱縣鄉土志十六卷	安邱縣鄉土志	(清)馬思齊 修　(清)馬步元 纂	清光緒末年抄本
208	[萬曆]諸城縣志十二卷	[萬曆]諸城	(明)王之臣 修　(明)陳燁 纂	明萬曆31年(1603)刻本

續表

序號	書名	簡稱	著者	版本
209	[康熙]諸城縣志十二卷	[康熙]諸城	(清)卞穎 修 (清)王勩 纂	清康熙12年(1673)刻本
210	[乾隆]諸城縣志四十六卷	[乾隆]諸城	(清)宫懋讓 修 (清)李文藻等 纂	清乾隆29年(1764)刻本
211	[道光]諸城縣續志二十三卷	[道光]諸城縣續志	(清)劉光斗 修 (清)朱學海 纂	清道光14年(1834)刻本
212	[光緒]增修諸城縣續志二十二卷	[光緒]增修諸城縣續志	(清)劉嘉樹 修 (清)苑棻池 邱濬恪 纂	清光緒18年(1892)刻本
213	諸城縣鄉土志二卷	諸城縣鄉土志	陳觀炘 修 王熙昭 王煒辰 纂	民國9年(1920)石印本
214	[康熙]昌邑縣志八卷	[康熙]昌邑	(清)党丕祿 修 (清)李肇林 楊炅 纂 (清)許全臨 續修	清順治18年(1661)刻康熙11年(1672)增刻本
215	[乾隆]昌邑縣志八卷	[乾隆]昌邑	(清)周來邰 纂修	清乾隆7年(1742)刻本
216	[光緒]昌邑縣續志八卷	[光緒]昌邑縣續志	(清)陳嘉楷 修 (清)韓天衢 纂	清光緒33年(1907)刻本
217	[萬曆]濰縣志十卷	[萬曆]濰縣	(明)劉廷錫 纂修	明萬曆2年(1574)刻本
218	[康熙]濰縣志九卷	[康熙]濰縣	(清)王珍 修 (清)陳調元 纂	清康熙11年(1672)刻本
219	[乾隆]濰縣志六卷首一卷末一卷	[乾隆]濰縣	(清)張耀璧 修 (清)王誦芬 纂	清乾隆25年(1760)刻本
220	[民國]濰縣志稿四十二卷圖一卷	[民國]濰縣志稿	常之英 修 劉祖幹 纂	民國30年(1941)鉛印本
221	濰縣鄉土志	濰縣鄉土志	(清)宋朝楨 修 (清)陳傳弼 纂	清光緒33年(1907)石印本
222	[康熙]膠州志八卷	[康熙]膠州	(清)孫蘊韜 修 (清)高國楹 纂	清康熙12年(1673)刻本
223	[雍正](膠州)州志別本不分卷	[雍正](膠州)州志別本	(清)張謙宜 撰	清光緒11年(1885)王少岑抄本
224	[乾隆]膠州志八卷首一卷	[乾隆]膠州	(清)周於智 修 (清)劉恬等 纂	清乾隆17年(1752)刻本
225	[道光]重修膠州志四十卷	[道光]重修膠州	(清)張同聲 修 (清)李圖等 纂	清道光25(1845)刻本

續表

序號	書名	簡稱	著者	版本
226	膠州直隸州鄉土志六卷	膠州直隸州鄉土志	(清)佚名 編	抄本
227	[民國]膠澳志十二卷末一卷	[民國]膠澳志	趙琪 修　袁榮安 纂	民國17年(1928)鉛印本
228	[民國]增修膠志五十五卷首一卷	[民國]增修膠志	葉鍾英 修　匡超 纂	民國20年(1931)鉛印本
229	[康熙]高密縣志十卷	[康熙]高密	(清)張浩 修　(清)張寅威 李世淟 纂	清康熙49年(1710)刻本
230	[乾隆]高密縣志十卷首一卷末一卷	[乾隆]高密	(清)張乃史 修　(清)錢廷熊 纂	清乾隆19年(1754)刻本
231	[光緒]高密縣志十卷首一卷末一卷	[光緒]高密	(清)羅邦彦 傅賚予 修　(清)李勷運 纂	清光緒22年(1896)刻本
232	[民國]高密縣志十六卷首一卷	[民國]高密	余有林 曹夢九 修　王照青 纂	民國24年(1935)鉛印本
233	高密縣鄉土志不分卷	高密縣鄉土志	(清)王夢松 修　(清)傅駿聲 纂	清光緒34年(1908)稿本
234	[康熙]平度州志十二卷	[康熙]平度州	(清)李世昌 纂修	清康熙5年(1666)刻本
235	[道光]重修平度州志二十七卷	[道光]重修平度州	(清)保忠 吳慈 修　(清)李圖 王大錀 纂	清道光29年(1849)刻本
236	[光緒]平度志要十二卷	[光緒]平度志要	(清)陳爾延 修　(清)王崧翰 纂	清光緒19年(1893)修稿本
237	[民國]平度縣續志十二卷首一卷末一卷	[民國]平度縣續志	丁世平 刁承襄 修　尚慶翰等 纂	民國25年(1936)鉛印本
238	平度鄉土志十五卷	平度鄉土志	(清)張世卿 編	清光緒34年(1908)抄本
239	[萬曆]萊州府志八卷	[萬曆]萊州	(明)龍文明 修　(明)趙燿 董基 纂	明萬曆32年(1604)刻本
240	[康熙]萊州府志十二卷	[康熙]萊州	(清)陳謙 修　(清)孔尚任 劉以貴 纂	清康熙51年(1712)刻本
241	[乾隆]萊州府志十六卷首一卷	[乾隆]萊州	(清)嚴有禧 纂修	清乾隆5年(1740)刻本
242	萊州府鄉土志二卷首一卷	萊州府鄉土志	(清)李恩祥 修　(清)董錦章 纂	清末抄本
243	[乾隆]掖縣志八卷首一卷	[乾隆]掖縣	(清)張思勉 修　(清)于始瞻 纂	清乾隆23年(1758)刻本

續表

序號	書名	簡稱	著者	版本
244	[嘉慶]續掖縣志四卷	[嘉慶]續掖縣	(清)張彤 修 (清)張詡 纂	清光緒19年(1893)刻《掖縣全志》本
245	[道光]掖乘十六卷	[道光]掖乘	(清)侯登岸 纂	清道光7年(1827)纂稿本
246	[道光]再續掖縣志二卷	[道光]再續掖縣	(清)楊祖憲 修 (清)侯登岸 纂	清道光23年(1843)刻本
247	[光緒]三續掖縣志四卷首一卷	[光緒]三續掖縣	(清)魏起鵬 修 (清)王續藩 纂	清光緒19年(1893)刻《掖縣全志》本
248	[民國]四續掖縣志六卷	[民國]四續掖縣	劉國斌 修 劉錦堂 纂	民國24年(1935)鉛印本
249	[萬曆]即墨志十卷	[萬曆]即墨志	(明)許珽 修 (明)杜爲棟 纂	明萬曆7年(1579)刻本
250	[康熙]纂修即墨縣志二卷	[康熙]纂修即墨	(清)佚名 纂	明萬曆7年(1579)刻清康熙剜改補刻本
251	[乾隆]即墨縣志十二卷首一卷	[乾隆]即墨	(清)尤淑孝 修 (清)李元正 纂	清乾隆29年(1764)刻本
252	[同治]即墨縣志十二卷首一卷	[同治]即墨	(清)林溥 修 (清)周翕鐄 纂	清同治12年(1873)刻本
253	即墨縣鄉土志二卷	即墨縣鄉土志	(清)周銘祺 纂修	清光緒34年(1908)即墨縣謄清稿本
254	[泰昌]登州府志十八卷	[泰昌]登州	(明)徐應元 纂修	明泰昌元年(1621)刻本
255	[順治]登州府志二十二卷	[順治]登州	(清)施閏章 修 (清)楊奇烈 纂 (清)任璿 續修	清康熙33年(1694)任璿增刻本
256	[乾隆]續登州府志十二卷	[乾隆]續登州	(清)永泰 纂修	清乾隆7年(1742)刻本
257	[光緒]增修登州府志六十九卷首一卷	[光緒]增修登州	(清)方汝翼 賈瑚 修 (清)周悅讓 慕榮榦 纂	清光緒7年(1881)刻本
258	[康熙]蓬萊縣志八卷	[康熙]蓬萊	(清)高崗 修 (清)蔡永華 纂	清康熙12年(1673)刻本
259	[道光]重修蓬萊縣志十四卷	[道光]重修蓬萊	(清)王文燾 修 (清)張本葛元昶 纂	清道光19年(1839)刻本
260	[光緒]蓬萊縣續志十四卷	[光緒]蓬萊縣續志	(清)鄭錫鴻 江瑞采 修 (清)王爾植 纂	清光緒8年(1882)刻本

續表

序號	書名	簡稱	著者	版本
261	[民國]蓬萊縣志合編	[民國]蓬萊縣志合編	蓬萊縣修志館 編	民國18年(1929)稿本
262	[民國]增修蓬萊縣志	[民國]增修蓬萊	蓬萊縣修志館 編	1932年稿本
263	[康熙]黄縣志八卷	[康熙]黄縣	(清)李蕃 修 (清)范廷鳳 纂	清康熙12年(1673)刻本
264	[乾隆]黄縣志十二卷	[乾隆]黄縣	(清)袁中立 修 (清)毛贄 纂	清乾隆21年(1756)敬慎堂刻本
265	[同治]黄縣志十四卷首一卷末一卷	[同治]黄縣	(清)尹繼美 纂修	清同治10年(1871)刻本
266	[民國]黄縣志稿二十卷	[民國]黄縣志稿	李鍾豫 修 張殿邦 纂	民國26年(1937)抄本
267	[萬曆]福山縣志八卷(存卷一至四)	[萬曆]福山	(明)宋大奎 修 (明)郭如泰 纂	明萬曆46年(1618)刻本
268	[康熙]福山縣志十二卷	[康熙]福山	(清)羅博 修 (清)鹿兆甲 纂	清康熙12年(1673)刻本
269	[乾隆]福山縣志十二卷	[乾隆]福山	(清)何樂善 修 (清)蕭劼 王積熙 纂	清乾隆28年(1763)刻本
270	[民國]福山縣志稿十卷	[民國]福山縣志稿	王陵基 修 于宗潼 纂	民國9年(1920)修民國20年(1931)煙臺裕東書局鉛印本
271	[康熙]棲霞縣志八卷	[康熙]棲霞	(清)胡璘 修 (清)牟國玠 纂	清康熙11年(1672)刻本
272	[康熙]棲霞縣志八卷	[康熙]棲霞	(清)胡璘 修 (清)鄭占春 增修 (清)牟國玠 纂 (清)牟國瓏增 纂	清康熙11年(1672)刻康熙46年增刻本
273	[乾隆]棲霞縣志十卷	[乾隆]棲霞	(清)衛萇 纂修	清乾隆19年(1754)刻本
274	[乾隆]棲霞縣志十卷	[乾隆]棲霞	(清)衛萇 纂修	清乾隆19年(1754)刻光緒5年(1879)印本
275	[光緒]棲霞縣續志十卷首一卷	[光緒]棲霞縣續志	(清)黄麗中 續修 (清)于如川 纂	清光緒5年(1879)刻本
276	[順治]招遠縣志十二卷	[順治]招遠	(清)張作礪 修 (清)張鳳羽 纂	清順治17年(1660)刻本

續表

序號	書名	簡稱	著者	版本
277	[道光]招遠縣續志四卷	[道光]招遠縣續志	(清)陳國器 邊象曾 修 (清)李蔭 路藻 纂	清道光26年(1846)刻本
278	[康熙]萊陽縣志十卷	[康熙]萊陽	(清)萬邦維 修 (清)衛元爵 張重潤 纂	清康熙12年(1673)年修17年(1678)刻本
279	[民國]萊陽縣志三卷首一卷末一卷	[民國]萊陽	梁秉錕 修 王丕煦等 纂	民國24年(1935)鉛印本
280	[嘉靖]寧海州志二卷	[嘉靖]寧海州	(明)李光先 修 (明)焦希程 纂	明嘉靖26年(1547)刻本
281	[康熙]寧海州志十卷	[康熙]寧海州	(清)楊引祚等 纂修	清康熙11年(1672)刻本
282	[同治]重修寧海州志二十六卷	[同治]重修寧海州	(清)舒孔安 修 (清)王厚階 纂	清同治3年(1864)刻本
283	[民國]牟平縣志十卷首一卷	[民國]牟平	宋憲章 周義章等 修 于清泮 纂	民國25年(1936)石印本
284	[雍正]文登縣志十卷	[雍正]文登	(清)王一夔 修 (清)賽珠畢霨 纂	清雍正3年(1725)刻本
285	[道光]文登縣志十卷	[道光]文登	(清)蔡培 歐文 修 (清)林汝謨 纂	清道光19年(1839)刻本
286	[光緒]文登縣志十四卷卷首一卷	[光緒]文登	(清)李祖年 修 (清)于霖逢 纂	清光緒23年(1897)修民國22年(1933)鉛印本
287	[康熙]靖海衛志十二卷增補一卷	[康熙]靖海衛志	(清)佚名 纂	抄本
288	[乾隆]威海衛志十卷首一卷	[乾隆]威海衛志	(清)畢懋第 修 (清)郭文大 續修 (清)王兆鵬 增訂	清康熙十一年(1672)修乾隆七年續修(1742)民國18年(1929)鉛印本
289	[乾隆]海陽縣志八卷	[乾隆]海陽	(清)包桂 纂修	清乾隆7年(1742)刻本
290	[光緒]海陽縣續志十卷首一卷	[光緒]海陽縣續志	(清)王敬勳 修 (清)李爾梅 王兆騰 纂	清光緒6年(1880)刻本
291	[道光]榮成縣志十卷	[道光]榮成	(清)李天騭 修 (清)岳賡廷 纂	清道光20年(1840)刻本
292	[萬曆]沂州志十卷	[萬曆]沂州志	(明)徐汝冀 纂修	明萬曆36年(1608)刻本
293	[康熙]沂州志八卷	[康熙]沂州志	(清)邵士 修 (清)王壎 尚天志 纂	清康熙13年(1674)刻本
294	[乾隆]沂州府志三十六卷首一卷	[乾隆]沂州府	(清)李希賢 修 (清)潘遇莘 丁愷曾 纂	清乾隆25年(1760)刻本

續表

序號	書名	簡稱	著者	版本
295	[民國]臨沂縣志十四卷首一卷	[民國]臨沂	陳景星等 修　王景祜 纂	民國6年(1917)刻本
296	[民國]續修臨沂縣志十七卷首一卷	[民國]續修臨沂	范築先 修　李宗仁 纂	民國24年(1935)鉛印本
297	[康熙]郯城縣志十卷	[康熙]郯城	(清)張三俊 修　(清)馮可參 纂	清康熙12年(1673)刻本
298	[乾隆]郯城縣志十二卷首一卷	[乾隆]郯城	(清)王植 纂修　(清)張金城 續修　(清)王恒 續纂	民國17年(1929)鉛印本
299	[嘉慶]續修郯城縣志十卷	[嘉慶]續修郯城	(清)吴堦 修　(清)陸繼輅 纂	清嘉慶15年(1810)刻本
300	[康熙]費縣志十卷	[康熙]費縣	(清)黄學懃 纂修　(清)汪洄民 增錄　(清)汪連蕚 增修	清康熙28年(1689)刻雍正汪連蕚增刻本
301	[光緒]費縣志十六卷首一卷	[光緒]費縣	(清)李敬修 纂修	清光緒22年(1896)刻本
302	費縣鄉土志一卷	費縣鄉土志	(清)李景星 編	清光緒間抄本
303	[康熙]莒州志二卷	[康熙]莒州	(清)張文範 修　(清)段章 纂	清康熙11年(1672)刻本
304	[雍正]莒州志十五卷	[雍正]莒州	(清)彭甲聲等 修　(清)陳有蓄等 纂	清雍正11年(1733)修;乾隆7年(1742)刻本
305	[嘉慶]莒州志十六卷卷首一卷	[嘉慶]莒州	(清)許紹錦 纂修	清嘉慶元年(1796)刻本
306	[民國]重修莒志七十七卷首一卷	[民國]重修莒志	盧少泉等 修　莊陔蘭 纂	民國25年(1936)莒縣新成印務局鉛印本
307	[康熙]蒙陰縣志四卷	[康熙十一年]蒙陰	(清)屈逸乘 修　(清)王運昇 纂	清康熙11年(1672)刻本
308	[康熙]蒙陰縣志八卷	[康熙二十四年]蒙陰	(清)劉德芳 纂修	清康熙24年(1685)刻本
309	[宣統]蒙陰縣志八卷首一卷	[宣統]蒙陰	(清)沈瀫清 修　(清)陳尚仁 纂	清宣統抄本
310	[康熙]沂水縣志六卷	[康熙]沂水	(清)黄臚登 纂修	清康熙11年(1672)刻本
311	[道光]沂水縣志十卷	[道光]沂水	(清)張燮 修　(清)劉承謙等 纂	清道光7年(1827)刻本

續表

序號	書名	簡稱	著者	版本
312	[康熙]日照縣志十二卷	[康熙]日照	(清)楊士雄 修 (清)丁峕 纂	清康熙12年(1673)刻康熙54年成永健增刻本
313	[光緒]日照縣志十二卷首一卷	[光緒]日照	(清)陳懋 修 (清)張庭詩 李堉 纂	清光緒9年(1883)修;清光緒12年(1886)刻本
314	[弘治]泰安州志十卷	[弘治]泰安州	(明)胡瑄 修 (明)李錦 纂	明弘治元年(1488)刻本
315	[萬曆]泰安州志六卷	[萬曆]泰安州	(明)任弘烈 修 (明)段廷選 纂	明萬曆31年(1603)刻本
316	[康熙]泰安州志六卷	[康熙]泰安州	(明)任弘烈 原本 (清)鄒文郁 增修 朱衣點增 纂	清康熙10年(1671)增補明刻本
317	[乾隆]泰安府志三十卷前一卷首二卷	[乾隆]泰安府	(清)顔希深等 修 (清)成城 纂	清乾隆25年(1760)刻本
318	[乾隆]泰安縣志十四卷首一卷末一卷	[乾隆]泰安縣	(清)程志隆 修 (清)李成鵬 纂	清乾隆25年(1760)刻本
319	[乾隆]泰安縣志十四卷首一卷末一卷	[乾隆]泰安縣	(清)黄鈐 修 (清)蕭儒林 宋圻 纂	清乾隆47年(1782)刻本
320	[道光]泰安縣志十二卷首一卷末一卷	[道光]泰安縣	(清)徐宗幹 修 (清)蔣大慶 纂	清同治6年(1867)修錖本
321	[民國]重修泰安縣志十四卷	[民國]重修泰安縣	葛延瑛 吴元禄 修 孟昭章 纂	民國15年(1926)修,民國18年(1929)泰安縣志局鉛印本
322	泰安縣鄉土志不分卷	泰安縣鄉土志	(清)楊承澤 編	清光緒33年(1907)鉛印本
323	[康熙]肥城縣誌書二卷	[康熙]肥城縣誌書	(清)尹任 修 (清)尹足法 纂	清康熙11年(1672)刻本
324	[嘉慶]肥城縣志十九卷首一卷	[嘉慶]肥城	(清)曾冠英 修 (清)李基熙 纂	清嘉慶20年(1815)刻本
325	[光緒]肥城縣志十卷	[光緒]肥城	(清)淩紱曾 修 (清)邵承照 纂	清光緒17年(1891)刻本
326	肥城縣鄉土志九卷	肥城縣鄉土志	(清)李傳煦 纂修 (清)鍾樹森 續修	清光緒34年(1908)石印本
327	[康熙]長清縣志十四卷	[康熙]長清	(清)岳之嶺 修 (清)徐繼曾 纂	清康熙11年(1672)刻本
328	[道光]長清縣志十六卷首一卷末一卷	[道光]長清	(清)舒化民 修 (清)徐德城 纂	清道光15年(1835)刻本

續表

序號	書名	簡稱	著者	版本
329	[民國]長清縣志十六卷首一卷末一卷	[民國]長清	李起元 修　王連儒 纂	民國24年(1935)鉛印本
330	[天啟]新泰縣志十卷	[天啟]新泰	(明)趙希抃 修　(明)安選 纂	明天啟刻本
331	[順治]新泰縣志六卷	[順治]新泰	(清)楊繼芳 修　(清)牟適 纂	清康熙22年(1683)宋之璠增刻順治本
332	[乾隆]新泰縣志二十卷	[乾隆]新泰	(清)江乾達 修　(清)牛士瞻等 纂	清乾隆49年(1784)刻本
333	[乾隆]新泰縣志二十卷	[乾隆]新泰	(清)江乾達 修　(清)牛士瞻等 纂　(清)徐致愉 續纂	清乾隆49年(1784)刻光緒17年(1891)徐致愉增刻本
334	新泰縣鄉土志一卷	新泰縣鄉土志	(清)湯宗幹 編	清光緒34年(1908)國文報館石印本
335	[嘉靖]萊蕪縣志八卷	[嘉靖]萊蕪	(明)陳甘雨 纂修	1963年上海古籍書店影印寧波天一閣藏明嘉靖27年(1548)刻本
336	[康熙]新修萊蕪縣志十卷	[康熙]新修萊蕪	(清)葉方恆 鍾國義 纂修	清康熙12年(1673)刻本
337	[民國]萊蕪縣志二十二卷首一卷	[民國]萊蕪	張梅亭 王希曾 纂修	民國7年(1918)補修民國10年濟南石印本
338	[民國]續修萊蕪縣志三十八卷卷首一卷	[民國]續修萊蕪	李鍾豫 修　亓因培 纂	民國24年(1935)鉛印本
339	萊蕪縣鄉土志一卷	萊蕪縣鄉土志	(清)何聯甲 編	清光緒33年(1907)石印本
340	[嘉靖]章丘縣志四卷	[嘉靖]章丘	(明)楊循吉 纂修　(明)戴儒 補修　(明)宋秉中 補纂	明弘治5年(1542)修嘉靖9年(1530)補刻本
341	[萬曆]章丘縣志三十四卷	[萬曆]章丘	(明)董復亨 纂修	明萬曆24年(1596)刻本
342	[康熙]章丘縣志十二卷首一卷	[康熙]章丘	(清)鍾運泰 纂修	清康熙30年(1691)刻本
343	[乾隆]章邱縣志十三卷首一卷	[乾隆]章邱	(清)張萬青 纂修	清乾隆21年(1756)刻本
344	[道光]章邱縣志十六卷卷首一卷卷末一卷	[道光]章邱	(清)吴璋 修　(清)曹楙堅等 纂	清道光13年(1833)刻本

續表

序號	書名	簡稱	著者	版本
345	章邱縣鄉土志二卷	章邱縣鄉土志	(清)楊學淵 修 (清)李洪鈺等 纂	清光緒33年(1907)石印本
346	[萬曆]寧陽縣志(存卷三、五)	[萬曆]寧陽	(明)李貞 修 (明)王正容 纂 (明)徐汝冀 續修	明萬曆30年(1602)刻本
347	[康熙]寧陽縣志八卷(卷四至八)	[康熙十一年]寧陽	(清)劉興漢 修 (清)程待聘 纂	清康熙11年(1672)刻本
348	[康熙]寧陽縣志八卷首一卷	[康熙四十一年]寧陽	(清)李溫皋 纂修	清康熙41年(1702)刻本
349	[乾隆]寧陽縣志八卷	[乾隆]寧陽	(清)李夢雷 修 (清)劉應薦 纂	清乾隆8年(1743)刻本
350	[咸豐]寧陽縣志二十四卷	[咸豐]寧陽	(清)陳紀勛 修 (清)黄恩彤 纂	清咸豐2年(1852)刻本
351	[光緒]寧陽縣志二十四卷	[光緒]寧陽	(清)高陞榮 修 (清)黄恩彤 纂	清光緒5年(1879)刻光緒13年陳文顯增刻本
352	寧陽縣鄉土志一卷	寧陽縣鄉土志	(清)曹倜 修 (清)李椿齡 張雲渠 纂	清光緒33年(1907)石印本
353	[康熙]東平州志六卷	[康熙]東平州	(清)張聰 張承賜 修 (清)單民功 纂	清康熙19年(1680)刻本
354	[康熙]東平州續志八卷	[康熙]東平州續志	(清)李繼唐 修 (清)陳鳴崗 鄭斐然 纂	清康熙59年(1720)刻本
355	[乾隆]東平州志二十卷首一卷補遺一卷	[乾隆]東平州	(清)沈維基 修 (清)胡彦昇 纂	清乾隆36年(1771)刻本
356	[道光]東平州志三十卷首二卷	[道光]東平州	(清)周雲鳳 修 (清)唐鑑 周兆棠 纂	清道光5年(1825)刻本
357	[光緒]東平州志二十七卷圖一卷首編四卷	[光緒]東平州	(清)左宜似等 修 (清)盧崟 纂	清光緒7年(1881)刻本
358	東平州鄉土志二卷	東平州鄉土志	(清)王鴻瑞 編	清光緒32年(1906)石印本
359	[民國]東平縣志十七卷	[民國]東平縣	張志熙 修 劉靖宇 纂	民國25年(1936)鉛印本
360	[順治]平陰縣志八卷	[順治]平陰	(清)陳秉直 修 (清)趙貫臺 纂	清順治11年(1654)修,康熙13年(1673)刻本
361	[道光]平陰縣志續刻二卷	[道光]平陰	(清)張樸 修 (清)熊衍學 纂	清道光28年(1848)刻本
362	[光緒]平陰縣志八卷首一卷	[光緒]平陰	(清)李敬修 纂修	清光緒21年(1895)刻本

續表

序號	書名	簡稱	著者	版本
363	平陰縣鄉土志不分卷	平陰縣鄉土志	(清)黃篤瓚 修 (清)朱焯 纂	清光緒33年(1907)鉛印本
364	[萬曆]兖州府志五十一卷	[萬曆元年]兖州	(明)朱泰 游季勳 修 (清)包大爟 纂	明萬曆元年(1573)刻本
365	[萬曆]兖州府志五十二卷	[萬曆二十四年]兖州	(明)于慎行 纂修	明萬曆24年(1596)刻本
366	[康熙]兖州府志四十卷首一卷	[康熙]兖州	(清)張鵬翮 修 (清)葉鳴鑾 纂	清康熙25年(1686)刻本
367	[康熙]兖州府志續編二十卷	[康熙]兖州續編	(清)金一鳳等 纂修	清康熙58年(1719)刻本
368	[乾隆]兖州府志三十二卷首一卷圖考一卷	[乾隆]兖州	(清)覺羅普爾泰 修 (清)陳顧灊 纂	清乾隆35年(1770)刻本
369	[康熙]滋陽縣志四卷	[康熙]滋陽	(清)李濙 修 (清)仲弘道等 纂	清康熙11年(1672)刻本
370	[光緒]滋陽縣志十四卷	[光緒]滋陽	(清)莫熾 修 (清)黃恩彤 纂 (清)李兆霖等 續修 (清)黃師誾等 續纂	清咸豐9年(1859)修光緒14年(1888)續修刻本
371	滋陽縣鄉土志四卷	滋陽縣鄉土志	(清)周元英 編	清光緒32年(1906)抄本
372	[崇禎]曲阜縣志六卷	[崇禎]曲阜	(明)孔弘毅 纂修	明崇禎8年(1635)刻本
373	[康熙]曲阜縣志六卷	[康熙]曲阜	(明)孔弘毅 原本 (清)孔胤淳 續修	清康熙12年(1673)補刻本
374	[乾隆]曲阜縣志一百卷	[乾隆]曲阜	(清)潘相 纂修	清乾隆39年(1774)刻本
375	[民國]續修曲阜縣志八卷	[民國]續修曲阜	孫永漢 修 李經野 孔昭曾 纂	民國23年(1934)濟南同志印刷所鉛印本
376	曲阜縣鄉土志	曲阜縣鄉土志	(清)佚名 編	清光緒末年抄本
377	[嘉靖]鄒縣地理誌四卷圖一卷	[嘉靖]鄒縣地理誌	(明)戴光 謝秉秀 纂修	明嘉靖4年(1525)刻本
378	[萬曆]鄒志四卷圖一卷	[萬曆]鄒志	(明)胡繼先 纂修	明萬曆39年(1611)刻本
379	[康熙]鄒縣志三卷(存卷二至三)	[康熙十二年]鄒縣志	(清)朱承命 修 (清)陳子芝 纂	清康熙12年(1673)刻本
380	[康熙]鄒縣志三卷	[康熙五十五年]鄒縣志	(清)婁一均 修 (清)周翼 纂	清康熙55年(1716)刻本
381	[光緒]鄒縣續志十二首一卷	[光緒]鄒縣續志	(清)吳若灝 修 (清)錢檯 纂	清光緒18年(1892)刻本

續表

序號	書名	簡稱	著者	版本
382	[民國]續修鄒縣志稿	[民國]續修鄒縣志稿	陳壽卿 修　唐柯三 纂	抄本
383	鄒縣鄉土志一卷	鄒縣鄉土志	(清)胡煒 編	清光緒33年(1907)石印本
384	[萬曆]泗水縣志十二卷	[萬曆]泗水	(明)尤應魯 修　(明)喬允修 纂	明萬曆24年(1596)刻本
385	[順治]泗水縣志十二卷	[順治]泗水	(清)劉桓 修　(清)杜燦然 纂	清康熙38年(1699)增刻康熙元年(1662)盧應龍建陽刻本
386	[光緒]泗水縣志十五卷首一卷	[光緒]泗水	(清)趙英祚 修　(清)黃承贗 纂	清光緒19年(1893)刻本
387	[光緒]泗水縣鄉土志不分卷	[光緒]泗水縣鄉土志	(清)佚名 編	清光緒28年(1902)石印本
388	[萬曆]滕志八卷	[萬曆]滕志	(明)王元賓 纂修	明萬曆13年(1585)刻本
389	[康熙]滕志八卷	[康熙]滕志	(清)任璣 纂修	清康熙12年(1673)刻本
390	[康熙]滕縣志十卷	[康熙]滕縣志	(清)黃浚 修　(清)王特選 纂	清康熙56年(1717)刻本
391	[道光]滕縣志十四卷首一卷	[道光]滕縣志	(清)王政 修　(清)王庸立 黃來麟 纂	清道光26年(1846)刻本
392	[宣統]滕縣續志稿四卷	[宣統]滕縣續志稿	生克中 纂	清宣統3年(1911)鉛印本
393	[民國]續滕縣志五卷	[民國]續滕縣志	崔公甫等 修　高熙喆 纂　生克中 高延柳等 續纂	民國30至33年(1941－1944)生克昭刻本
394	滕縣鄉土志一卷	滕縣鄉土志	(清)高熙喆 撰	清光緒33年(1907)石印本
395	[康熙]濟寧州志十卷	[康熙]濟寧州	(清)廖有恒 修　(清)楊通睿 纂	清康熙12年(1673)刻本
396	[乾隆]濟寧直隸州志三十四卷首一卷	[乾隆]濟寧直隸州	(清)胡德琳 藍應桂 修　(清)周永年 盛百二 纂	清乾隆43年(1778)刻本
397	[道光]濟寧直隸州志十卷首一卷末一卷圖一卷	[道光]濟寧直隸州	(清)徐宗幹 修　(清)許瀚 纂	清咸豐9年(1859)刻本
398	[咸豐]濟寧直隸州續志四卷	[咸豐]濟寧直隸州續志	(清)盧朝安 纂修	清咸豐9年(1859)刻本
399	[民國]濟寧直隸州續志二十四卷首一卷末一卷補遺一卷	[民國]濟寧直隸州續志	潘守廉 修　袁紹昂 唐烜 纂	民國16年(1927)鉛印本

續表

序號	書名	簡稱	著者	版本
400	濟寧州鄉土志四卷	濟寧州鄉土志	(清)王賡廷 修 (清)鄧際昌 纂	清光緒31年(1905)石印本
401	[民國]濟寧縣志四卷首一卷	[民國]濟寧縣	潘守廉 修 袁紹昂 纂	民國16年(1927)鉛印本
402	[康熙]金鄉縣志七卷	[康熙十二年]金鄉	(清)傅廷俊 纂修	清康熙12年(1673)刻本
403	[康熙]金鄉縣志十六卷首一卷	[康熙五十一年]金鄉	(清)沈淵 修 (清)孫中翹 纂	清康熙51年(1712)刻本
404	[乾隆]金鄉縣志二十卷	[乾隆]金鄉	(清)王天秀 修 (清)孫巽 纂	清乾隆33年(1768)刻46年續補刻本
405	[咸豐]金鄉縣志略十二卷首一卷	[咸豐]金鄉	(清)李壘 纂修	清咸豐10年(1860)修同治元年(1862)刻本
406	[民國]金鄉縣志	[民國]金鄉	佚名 纂	民國25年(1936)稿本
407	金鄉縣鄉土志四卷	金鄉縣鄉土志	(清)邊度春 修 (清)孫越 纂	清光緒34年(1908)稿本
408	[順治]嘉祥縣志六卷(存卷三至六)	[順治]嘉祥	(明)龔仲敏 纂修 (清)張太昇 續修 (清)董方大 續纂	明萬曆間修清順治9年(1652)續修康熙增修本
409	[乾隆]嘉祥縣志四卷	[乾隆]嘉祥	(清)倭什布 纂修	清乾隆43年(1778)刻本
410	[光緒]嘉祥縣志四卷首一卷	[光緒]嘉祥	(清)章文華 官擢午 纂修	清光緒34年(1908)刻本
411	[康熙]魚臺縣志十八卷	[康熙]魚臺	(清)馬得禎 纂修	清康熙30年(1691)刻本
412	[乾隆]魚臺縣志十三卷首一卷末一卷	[乾隆]魚臺	(清)馮振鴻 纂修	清乾隆29年(1764)刻本
413	[光緒]魚臺縣志四卷首一卷末一卷	[光緒]魚臺	(清)趙英祚 纂修	清光緒15年(1889)刻本
414	[萬曆]汶上縣志八卷	[萬曆]汶上	(明)栗可仕 修 (明)王命新 纂	明萬曆36年(1608)刻本
415	[萬曆]汶上縣志八卷	[萬曆]汶上	(明)栗可仕 修 (明)王命新 纂	明萬曆36年(1608)刻清康熙56年(1717)補刻本
416	[康熙]續修汶上縣志六卷	[康熙]續修汶上	(清)聞元炅 纂修	清康熙56年(1717)刻本
417	[宣統]四續汶上縣志稿不分卷	[宣統]四續汶上稿	(清)白璞臣 修 (清)馬煥奎 纂	稿本

續表

序號	書名	簡稱	著者	版本
418	[康熙]曹州志二十卷	[康熙]曹州志	(清)佟企聖 修　(清)蘇毓眉等 纂	清康熙13年(1674)刻本
419	[乾隆]曹州府志二十二卷	[乾隆]曹州府	(清)周尚質 修　(清)李登明 谢冠 纂	清乾隆21年(1756)刻本
420	[光緒]菏澤縣志二十卷	[光緒]菏澤	(清)凌壽柏 修　(清)宋明在 纂	清光緒6年(1880)刻本
421	[光緒]新修菏澤縣志十八卷首一卷	[光緒]新修菏澤	(清)凌壽柏 修　(清)葉道源 纂	清光緒11年(1885)刻本
422	菏澤縣鄉土志一卷	菏澤縣鄉土志	(清)汪鴻孫 修　(清)楊兆焕 纂	清光緒33年(1907)石印本
423	[隆慶]單縣志二卷	[隆慶]單縣	(明)夏維藩 修　(清)周衞陽 纂	明隆慶3年(1569)刻本
424	[順治]單縣志四卷	[順治]單縣	(清)徐化民 纂修	清順治11年(1654)刻本
425	[康熙]單縣志十二卷首一卷	[康熙]單縣	(清)王鏞 修　(清)秦寅 纂	清康熙56年(1717)刻本
426	[乾隆]單縣志十三卷圖一卷	[乾隆]單縣	(清)覺羅普爾泰 修　(清)傅爾德 纂	清乾隆24年(1759)刻本
427	[民國]單縣志二十四卷首一卷	[民國]單縣	項葆禎 修　李經野 纂	民國18年(1929)石印本
428	[康熙]城武縣志五卷	[康熙九年]城武	(清)劉佐臨 修　(清)劉爾椙 纂	清康熙9年(1670)刻本
429	[康熙]城武縣志十卷圖一卷	[康熙四十一年]城武	(清)趙嗣晉 纂修	清康熙41年(1702)刻本
430	[道光]城武縣志十四卷首一卷	[道光]城武	(清)袁章華 修　(清)劉士瀛 纂	清道光10年(1830)刻本
431	[萬曆]鉅野縣志十卷	[萬曆]鉅野	(明)吕鵬雲 修　(明)吕封齊 纂　(清)章弘 增修	清抄本
432	[康熙]鉅野縣志十五卷首一卷	[康熙]鉅野	(清)章弘 修　(清)陳克廣 張應平 纂	清康熙47年(1708)刻本
433	[道光]鉅野縣志二十四卷首一卷	[道光]鉅野	(清)黄維翰 纂修　(清)袁傳裘 續纂修	清道光20(1840)修道光26年續修刻本
434	[民國]續修鉅野縣志八卷首一卷	[民國]續修鉅野	郁濬生 修　畢鴻賓 纂	民國10年(1921)刻本

續表

序號	書名	簡稱	著者	版本
435	[嘉靖]鄆城志二卷	[嘉靖]鄆城志	(明)馬奇 纂修	明嘉靖19年(1540)刻本
436	[崇禎]鄆城縣志八卷	[崇禎]鄆城	(明)米嘉穗 修 (明)孫鯨 纂	明崇禎7年(1634)刻本
437	[康熙]鄆城縣志八卷	[康熙]鄆城	(清)張盛銘 修 (清)趙肅 纂	清康熙55年(1716)刻本
438	[光緒]鄆城縣志十六卷首一卷	[光緒]鄆城	(清)畢炳炎 胡建樞 修 (清)趙翰鑾 李承光 纂	清光緒19年(1893)刻本
439	鄆城縣鄉土志一卷	鄆城縣鄉土志	(清)潘時琮 編	清宣統元年(1909)編,清抄本
440	[康熙]兗州府曹縣志十八卷(存卷十一至十二)	[康熙]曹縣	(清)門可榮 修 (清)王一較 纂	清康熙12年(1673)刻本
441	[康熙]兗州府曹縣志十八卷	[康熙]兗州府曹縣	(清)朱琦 修 (清)藍庚生 纂	清康熙24年(1685)刻本
442	[康熙]兗州府曹縣志十八卷	[康熙]兗州府曹縣	(清)朱琦 修 (清)藍庚生 纂 郭道生 續修	清康熙24年(1686)刻康熙55年增刻本
443	[光緒]曹縣志十八卷首一卷	[光緒]曹縣	(清)陳嗣良等 修 (清)孟廣來 纂	清光緒10年(1884)居敬書院刻本
444	曹縣鄉土志一卷	曹縣鄉土志	(清)裴景煦 編	清光緒33年(1907)抄本
445	[順治]定陶縣志八卷首一卷末一卷	[順治]定陶	(清)趙國琳 修 (清)張彥士 纂	清順治12年(1655)刻本
446	[乾隆]定陶縣志十卷首一卷	[乾隆]定陶	(清)雷宏宇 修 (清)劉珠等 纂	清光緒2年(1876)周忠據乾隆本補刻本
447	[民國]定陶縣志十二卷首一卷	[民國]定陶	馮麟溎 修 曹垣 纂	民國5年(1916)瑞林堂刻本
448	[康熙]東明縣志八卷	[康熙]東明	(清)金世德 修 (清)楊日升 纂	清康熙12年(1673)刻本
449	[乾隆]東明縣志八卷	[乾隆]東明	(清)儲元升 纂修	清乾隆21年(1756)刻本
450	[宣統]東明續縣誌四卷	[宣統]東明續縣誌	(清)周保琛 修 (清)李曾裕 纂	清宣統3年(1911)修,民國13年(1924)鉛印本
451	[民國]東明縣新誌二十二卷首一卷	[民國]東明縣新誌	任傳藻 修 穆祥仲 纂	民國22年(1933)鉛印本
452	[民國]東明縣志料不分卷	[民國]東明縣志料	佚名 編	民國抄本
453	[萬曆]東昌府志二十二卷	[萬曆]東昌	(明)王命爵等 修 (明)王汝訓等 纂	明萬曆28年(1600)刻本

續表

序號	書名	簡稱	著者	版本
454	[乾隆]東昌府志五十卷首一卷	[乾隆]東昌	(清)胡德琳等 修 (清)周永年等 纂	清乾隆 42 年(1777)刻本
455	[嘉慶]東昌府志五十卷首三卷	[嘉慶]東昌	(清)嵩山 修 (清)謝香開 張熙先 纂	清嘉慶 13 年(1808)刻本
456	[康熙]聊城縣志四卷	[康熙]聊城	(清)何一傑 纂修	清康熙 2 年(1663)刻本
457	[宣統]聊城縣志十二卷首一卷	[宣統]聊城	(清)陳慶蕃 修 (清)葉錫麟 靳維熙 纂	清宣統 2 年(1910)刻本
458	聊城縣鄉土志一卷	聊城縣鄉土志	(清)向植 編	清光緒 34 年(1908)石印本
459	[順治]堂邑縣志三卷	[順治]堂邑	(明)王應乾 纂修 (清)郭毓秀 增修	明萬曆 38 年(1610)刻清順治 3 年(1646)增刻本
460	[康熙]堂邑縣志三卷(存卷二至三)	[康熙十一年]堂邑	(清)張茂節 纂修	清康熙 11 年(1672)刻本
461	[康熙]堂邑縣志二十卷	[康熙]堂邑	(清)盧承琰 修 (清)劉淇 纂	清光緒 18 年(1892)重刻本
462	堂邑縣鄉土志二卷	堂邑縣鄉土志	(清)佚名 編	清光緒間抄本
463	[正德]博平縣志八卷	[正德]博平	(明)胡瑾 修 (明)葛茂鄧恭 纂	明正德 12 年(1517)刻本
464	[康熙]博平縣志五卷	[康熙]博平	(清)堵嶷 修 (清)張翕 纂	清康熙 3 年(1664)刻本
465	[道光]博平縣志六卷	[道光]博平	(清)楊祖憲 修 (清)烏竹芳 纂	清道光 11 年(1831)刻本
466	[光緒]博平縣續志十卷	[光緒]博平縣續志	(清)李維誠 纂修 (清)王用霖 彭寶銘 續纂修	清光緒 26 年(1900)刻本
467	博平縣鄉土志一卷	博平縣鄉土志	(清)姚先浚 編	清光緒 32 年(1906)編,清抄本
468	[康熙]茌平縣志四卷	[康熙二年]茌平	(清)王畫一 修 (清)張翕 纂	清康熙 2 年(1663)刻本
469	[康熙]茌平縣志五卷	[康熙四十九年]茌平	(清)王世臣 修 (清)孫克緒 纂	清康熙 49 年(1710)刻本
470	[宣統]茌平縣志二十八卷首一卷	[宣統]茌平	盛津頤 修 張建楨 纂	民國元年(1912)刻本
471	[民國]茌平縣志十二卷	[民國]茌平	牛占誠 修 周之楨 纂	民國 35 年(1946)鉛印本

續表

序號	書名	簡稱	著者	版本
472	[康熙]重修清平縣志二卷	[康熙]重修清平	(清)王佐 纂修	清康熙56年(1717)刻本
473	[嘉慶]清平縣志十七卷	[嘉慶]清平	(清)萬承紹 修 (清)周以勳 纂	清嘉慶3年(1798)刻本
474	[宣統]增輯清平縣志十六卷首一卷	[宣統]增輯清平	(清)陳鉅前 傅秉鑑 修 (清)張敬承 纂	清宣統3年(1911)刻本
475	[民國]清平縣志不分卷	[民國]清平	梁鐘亭 路大遵 修 張樹梅 纂	民國25年(1936)鉛印本
476	清平縣鄉土志一卷	清平縣鄉土志	(清)佚名 編	清光緒間抄本
477	[正德]莘縣志十卷	[正德]莘縣	(明)吴宗器 纂修	1965年上海古籍書店影印寧波天一閣藏明正德原刻嘉靖增刻本
478	[康熙]莘縣志八卷	[康熙十一年]莘縣	(清)劉維楨 纂修	清康熙11年(1672)刻本
479	[康熙]莘縣志八卷	[康熙五十六年]莘縣	(清)劉藫 纂修	清康熙56年(1717)刻本
480	[光緒]莘縣志十卷	[光緒]莘縣	(清)張朝瑋 修 (清)孔廣海 纂	清光緒13年(1887)刻本
481	[民國]莘縣志十二卷首一卷	[民國]莘縣	王嘉猷 修 嚴綏之 纂	民國26年(1937)鉛印本
482	莘縣鄉土志不分卷	莘縣鄉土志	(清)孔廣文 編	清宣統元年(1909)石印本
483	[康熙]觀城縣志五卷	[康熙]觀城	(清)沈璣 修 (清)張洞宸 纂	清康熙11年(1672)刻本
484	[道光]觀城縣志十卷首一卷	[道光]觀城	(清)孫觀 纂修	清鈔本
485	觀城縣鄉土志不分卷	觀城縣鄉土志	(清)王培欽 纂	清光緒間稿本
486	[嘉靖]朝城志八卷	[嘉靖]朝城志	(明)謝詿 纂	明嘉靖19年(1540)刻本
487	[康熙]朝城縣志十卷	[康熙]朝城	(清)祖植桐 修 (清)趙昶 纂	清康熙12年(1673)刻本
488	[民國]朝城縣續志二卷	[民國]朝城縣續志	杜子楙 修 賈銘恩 纂	民國9年(1920)刻本
489	朝城縣鄉土志一卷	朝城縣鄉土志	(清)袁大啟 修 (清)吳玉書 吳式基等 纂	民國9年(1920)刻本
490	[嘉靖]冠縣志五卷	[嘉靖]冠縣	(明)姚本 纂修	明嘉靖24年(1545)刻本

續表

序號	書名	簡稱	著者	版本
491	[萬曆]冠縣志五卷	[萬曆]冠縣	(明)談自省 修 (清)杜華先 纂	明萬曆36年(1608)刻本
492	[道光]冠縣志十卷	[道光]冠縣	(清)梁永康 修 (清)趙錫書 纂	清道光11年(1831)刻本
493	[光緒]冠縣志十卷	[光緒]冠縣	(清)韓光鼎 修 (清)陳書五 纂	清光緒6年(1880)修;(清)抄本
494	[民國]冠縣志十卷首一卷	[民國]冠縣	侯光陸 修 陳熙雍 纂	民國23年(1934)刻本
495	冠縣鄉土志二卷	冠縣鄉土志	(清)佚名 編	清抄本
496	[嘉靖]高唐州志七卷	[嘉靖]高唐州	(明)金江 纂修	明嘉靖32年(1553)刻本
497	[康熙]高唐州志十二卷	[康熙十二年]高唐州	(清)劉佑 纂修	清康熙12年(1673)刻本
498	[康熙]高唐州志十二卷首一卷	[康熙五十一年]高唐州	(清)龍圖躍 修 (清)李霖臣 纂	清康熙51年(1712)刻本
499	[乾隆]高唐州續志二卷首一卷	[乾隆]高唐州續志	(清)畢一謙 修 (清)耿賢舉 纂	清乾隆7年(1742)刻本
500	[道光]高唐州志八卷首一卷末一卷	[道光]高唐州	(清)徐宗幹 修 (清)陳仉杜阡 纂	清道光15年(1835)刻本
501	[光緒]高唐州志八卷首一卷末一卷	[光緒]高唐州	(清)周家齊 修 (清)鞠建章 纂	清光緒33年(1907)刻本
502	[民國]高唐縣志十六卷	[民國]高唐縣	趙仁泉 修 王靜一,張 修一 纂	民國25年(1936)抄本
503	高唐州鄉土志不分卷	高唐州鄉土志	(清)周家齊 編	清光緒32年(1906)刻本
504	[康熙]東阿縣志十二卷(存三卷:卷四至卷六)	[康熙四年]東阿	(清)劉沛先 修 (清)王吉臣 纂	清康熙4年(1665)刻本
505	[康熙]東阿縣志十二卷	[康熙五十四年]東阿	(清)劉沛先 修 (清)鄭廷瑾 蘇日增 增修	清康熙54年(1715)刻本
506	[道光]東阿縣志二十四卷首一卷	[道光]東阿	(清)李賢書 修 (清)吴怡 纂	清道光9年(1829)刻本
507	[民國]續修東阿縣志十六卷首一卷	[民國]續修東阿	周竹生 修 靳維熙 纂	民國23年(1934)鉛印本
508	[民國]東阿縣志十八卷首一卷	[民國]東阿	周竹生 修 靳維熙 纂	民國23年(1934)濟南午夜書店鉛印本
509	東阿縣鄉土志八卷	東阿縣鄉土志	(清)姜漢章 編	清光緒32年(1906)鉛印本

續表

序號	書名	簡稱	著者	版本
510	張秋志十二卷	張秋志	(清)林芃 修 (清)馬之驦 纂	清康熙 9 年(1670)刻乾隆 32 年(1767)壽東廳補刻本
511	[康熙]陽穀縣志八卷首一卷	[康熙十二年]陽穀	(清)王天壁 纂修	清康熙 12 年(1673)刻本
512	[康熙]陽穀縣志八卷首一卷	[康熙]陽穀	(清)王時來 修 (清)杭雲龍 纂	民國 22 年(1933)石印本
513	[光緒]陽穀縣志十六卷	[光緒]陽穀	(清)董政華 修 (清)孔廣海 纂	光緒 26 年(1900)修,民國 31 年(1942)鉛印本
514	[民國]增修陽穀縣志四十四卷	[民國]增修陽穀	佚名 纂	民國抄本
515	[康熙]壽張縣志八卷	[康熙六年]壽張	(清)陳璜 纂修	清康熙 6 年(1667)刻本
516	[康熙]壽張縣志八卷	[康熙五十六年]壽張	(清)滕永禎 修 (清)馬珩 纂	清康熙 56 年(1717)刻本
517	[光緒]壽張縣志十卷首一卷	[光緒]壽張	(清)劉文煃 修 (清)王守謙 纂	清光緒 26 年(1900)刻本
518	壽張縣鄉土志一卷	壽張縣鄉土志	(清)崔光煦 修 (清)孫育德 纂	清光緒 33 年(1907)抄本
519	[康熙]臨清州志四卷	[康熙]臨清州	(清)于睿明 修 (清)胡悉寧 纂	清康熙 12 年(1673)刻本
520	[乾隆]臨清州志十二卷	[乾隆]臨清州	(清)王俊 修 (清)李森 纂	清乾隆 14 年(1749)刻本
521	[乾隆]臨清直隸州志十一卷首一卷	[乾隆]臨清直隸州	(清)張度 鄧希曾 修 (清)朱鍾 纂	清乾隆 50 年(1785)刻本
522	[民國]臨清縣志十六卷	[民國]臨清縣	張自清 修 張樹梅 王貴笙 纂	民國 23 年(1934)鉛印本
523	[嘉靖]濮州志十卷	[嘉靖]濮州	(明)鄧韍 纂修	明嘉靖 6 年(1527)刻本
524	[萬曆]濮州志六卷	[萬曆]濮州	(明)李先芳,祝堯煥 纂修	明萬曆 9 年(1581)刻本
525	[康熙]濮州志六卷	[康熙]濮州	(清)張實斗 修 南洙源 纂	清康熙 12 年(1673)刻本
526	[康熙]濮州續志二卷	[康熙]濮州續志	(清)郅介 修 任焕 纂	清康熙 51 年(1712)刻本
527	[乾隆]濮州志十卷	[乾隆]濮州	(清)邵世昌 修 柴揆 纂	清乾隆 20 年(1755)刻本
528	[宣統]濮州志十卷	[宣統]濮州	(清)高士英 修 槃相鼎 纂	清宣統元年(1909)刻本

後　記

《山東方志人物傳記資料索引》以山東方志所載有關人物爲標目編製，其編纂經始於2013年，至2018年，前後持續五年時間。爲了科學合理規劃編纂工作，根據山東方志存佚、纂修體例、内容特點等具體情況，索引編纂主要分方志文獻調查、編纂體例制定、數據采集、數據審校與條目合并、四角號碼編輯和索引編排五個階段：

一、徵引方志文獻的調查

確定《山東方志人物傳記資料索引》以1949年前出版的山東地方志爲編纂對象，以《中國地方志聯合目録》爲基礎，結合《山東省地方志聯合目録》，對山東現存1949年前出版的地方志進行了全面調查。除同一種方志的不同版本外，《中國地方志聯合目録》共收録山東地方志538種，此次索引編定又據《山東省地方志聯合目録》補入6種：

[嘉靖]濮州志十卷	(明)鄧韍纂修	明嘉靖6年(1527)刻本
[萬曆]濮州志六卷	(明)李先芳(明)祝堯煥纂修	明萬曆9年(1581)刻本
[康熙]濮州志六卷	(清)張實斗修(清)南洙源纂	清康熙12年(1673)刻本
[康熙]濮州續志二卷	(清)郅介修(清)任煥纂	清康熙51年(1712)刻本
[乾隆]濮州志十卷	(清)邵世昌修(清)柴揆纂	清乾隆20年(1755)刻本
[宣統]濮州志十卷	(清)高士英修(清)榮相鼎纂	清宣統元年(1909)刻本

濮州，古鄄邑，治今山東省菏澤市鄄城縣舊城鎮。隋開皇十六年置濮州，領鄄城、臨濮、雷澤等縣。元代鄄城仍爲濮州治。明洪武二年廢鄄城入濮州，領范縣、觀城、朝城三縣。景泰三年因黄河水患，濮州徙治王村(今范縣濮城集)，屬山東東昌府。清雍正七年濮州升爲直隸州，改屬山東曹州府。1913年改濮州爲濮縣，濮、鄄分治，先後屬濟西道、東臨道、曹濮道，1928年直屬省轄。1931年析濮縣復置鄄城縣。1949年濮縣屬平原省聊城專區。1952年歸

屬山東省,1956 年濮縣撤并入范縣,仍屬聊城專區。1964 年隨范縣劃歸河南省。《中國地方志聯合目錄》雖將濮州置於河南省,但其原所轄鄄城、觀城、朝城則仍屬山東,2005 年《山東省地方志聯合目錄》收錄濮州諸志,置於菏澤市下。2012 年菏澤整理舊志,亦將《濮州志》收入。故此次山東方志傳記人物索引編定,亦收入濮州諸志。

新增方志 4 種:

長山縣鄉土志二卷	(清)劉維翰編	清光緒 33 年(1907)抄本
[乾隆]續壽光縣志三十卷	(清)王椿修,(清)楊廷枚 (清)劉用魯纂	清乾隆 20 年(1755)刻本
[雍正](膠州)州志別本不分卷	(清)張謙宜撰	清光緒 11 年(1885)王少岑抄本
[民國]高唐縣志十六卷	趙仁泉修,王靜一、張修一纂	民國 25 年(1936)抄本

《山東各縣鄉土調查錄》等 16 種方志無人物傳,不收錄:

山東各縣鄉土調查錄四卷	林修竹編	民國 9 年(1920)鉛印本
山東不分卷	黃澤蒼編	民國 24 年(1935)上海中華書局鉛印本
歷城縣鄉土調查錄三編	孫寶生編	民國 17 年(1928)鉛印本
[康熙]淄乘徵不分卷	(清)畢際有纂	清康熙 25 年(1686)刻本
嶧縣鄉土志不分卷	(清)周鳳鳴編	清光緒 30 年(1904)抄本
[康熙]新城縣續志二卷	(清)孫元衡修(清)王啟涑纂	清康熙 32 年(1693)刻本
[民國]龍口志八卷	張殿邦纂修	中華人民共和國成立後抄本
[康熙]靖海衛志四卷	(清)彭孫貽修(清)李延昰補纂	1936 抄本
[嘉慶]平陰縣志四卷	(清)喻春林修(清)朱續孜纂	清嘉慶 13 年(1808)刻本
[乾隆]曲阜志略不分卷	(清)佚名編	清抄本
鄒縣地理志二十三章	張丕矩編	民國 6 年(1917)鉛印本
增訂山東鄒縣地理志一卷	張季方撰	民國 21 年(1932)山東第一監獄鉛字排印本
滕縣圖志不分卷	佚名編	清本民初稿本
鄆城縣鄉土志一卷	(清)趙翰鑾纂	清光緒 19 年(1893)抄本
[光緒]朝城縣志略一卷	(清)李煜纂修	清光緒間抄本
魯省志略不分卷	佚名輯	抄本

部分方志屬於未定稿，内容及頁碼順序皆散亂未定，如［民國］《惠民新志》十二卷，閻容德修，王鴻績纂，民國二十一年（1932）稿本。［道光］《安丘新志乘韋》，（清）馬世珍纂修，清道光二十年（1840）稿本，屬未定原稿，次序未定，内容有重複，多無頁碼，亦不收録。《中國地方志聯合目録》著録之［民國］《陽穀縣志》八卷，朱蘭修，勞乃宣纂，實爲［民國］《陽信縣志》之誤。［嘉慶］《滕縣志》十九卷首一卷，（清）高攀桂修，（清）陳鑰纂，清嘉慶二十一年（1816）刻本，實是廣西《藤縣志》之誤。

最終《山東方志人物傳記資料索引》共收録山東方志528種。

二、索引編纂體例研究與制定

在文獻調查基礎上，根據山東地方志的具體情况，制定編纂體例。因涉及文獻衆多，跨歷元、明、清、民國多個朝代，歷代方志編纂體例不盡相同。在類目設置上，大多數方志編纂卷目設置有《人物志》，《職官志》中亦設有"宦迹"分卷，這是《山東方志人物傳記資料索引》編纂的主要徵引來源。另外方志設《選舉志》記載科貢人名、科貢名稱和時間，《職官志》記載職官及任職時間，多爲表列人物，有的方志亦稱"選舉表""職官表"，部分名人亦有事迹叙述。少數方志亦有將人物傳分散入《選舉志》《職官志》中者。爲避免繁冗，同時又能够儘量將人物收集齊全，制定了編纂凡例：

（一）收録範圍

1. 索引所收條目，限於地方志人物有傳記資料者，包括名宦、宦迹、職官、氏族、教育、鄉賢、文學、藝術、方技、流寓、仙釋、孝友、義行等類，以及藝文中的墓誌、碑銘、傳誄等。烈女傳人物多標作某某氏，不標實名，人名的可分辨率不强，對學術研究價值不大，故僅收録有學術價值、標有實名的著名人物。

2. 地方志中各種表列人物，如職官表、選舉表等，與人物傳多有重複，不予收録。因各志體例不一，職官、選舉等志中，類同表列、人物事迹簡略者，亦不收録。

（二）著録項目及略例

1. 以姓名立目，每傳依順序列姓名、朝代、字號、籍貫等。各項目未詳者，闕之。後列出處。

2. 跨朝代人物，除學術界有約定俗成者外，一般著録卒年時代。

3. 人物籍貫指人物出生鄉里或所屬之職籍，一般按原傳文著録，列至縣。如同一籍貫中同名人物，其他著録項不能區别者，再列鄉里。原傳文如無里籍，而有選舉之鄉里，亦照録，以便參考。

4. 人物出處列方志名簡稱，後列卷數、頁數，卷、頁數間以“/”間隔。

（三）索引順序

1. 人物姓名以四角號碼排序。同姓名者，再依朝代、字號、籍貫區分，順序排列，朝代早者在前。

2. 兼有省、府、縣志多出處者，省志列前，府、縣志列後，各以時代先後排序。同一年號下如有兩種以上志書，則列具體版刻年區分。部分方志以前志雕版續增，前志人物出處卷數頁碼與後志相同，爲免重複，合并至後志著録，出處簡稱不作區分。如[康熙]《嶧縣志》，康熙二十四年刻本以康熙十二年刻本雕版續增，統簡稱[康熙]《嶧縣》。

（四）特殊問題處理

1. 地方志中，有些人物姓名，或因輾轉抄刻而致誤，如鄧萬斛寫作“鄭萬斛”；或因避帝王之諱而更改，如王士禛寫作“王士禎”“王士正”之類。經考證傳文，查對無誤，一律予以改正，合并出處，以正名立目。其他异名另立參見，如王士禎（見王士禛）。

2. 對於姓名有异而又無考者，合并録之，另一姓名後標以見某某。如丘應科，一作“丘盈科”，“丘盈科”條録作“丘盈科（見丘應科）”。

3. 一人多名并行，合并至正名或常見名，其餘名字後標以見某某。如“伏生（見伏勝）”“八大山人（見朱耷）”。

4. 一些佚名人物，原佚其名，以别號稱者，録其别號作標目。如麻衣趙，[雍正]《山東通志》作“麻衣仙”，[乾隆]《萊州府志》作“麻衣趙”，[康熙]《膠州志》作“麻衣趙，遺其名”。故以“麻衣趙”立目。

三、數據采集階段

根據編纂體例,區分文獻版本,對徵引文獻逐種進行數據采集。針對地方志後志多繼承前志,後志多在前志的基礎上進行續修,人物傳記多有繼承重複的特點,爲提高工作效率,避免重複錄入,在數據采集過程中,對確認相同條目,進行了合并錄入,僅添加出處。對條目中字號、籍貫等著錄字段內容有補充者,直接補入。這樣,在數據采集過程中,既能够完善各著錄字段,同時也避免了分別錄入致誤的機率。而且,合并錄入,有利於互校不同出處的差异和錯誤,提高了數據條目的準確率,也減輕了後期編排時相同條目合并的工作量。

對於方志書版漫漶不清,其他傳文尚存,適值人名不能識別者,亦考證相關方志,儘量加以著錄。如[康熙十五年]《青州府志》卷十三第五十三頁,"劉寧"漫漶不清,僅依稀可見"寧"字,經考證《博興縣志》傳文,知爲"劉寧",據以著錄。劉澄甫,亦漫漶不辨,考[康熙六十年]《青州府志》、[咸豐]《青州府志》傳文,知爲劉澄甫,亦予以著錄。"王基",漫漶已無"王"字,考《選舉表》,知爲王基,據以著錄。

四、數據的審校與同名條目考訂合并

由於中國古代方志的纂修往往後志承襲前志,府志、郡志又抄撮縣志,再加上時代更迭、地理變遷以及傳寫等方面的因素,使得同姓名考訂成了方志索引編纂過程中最爲複雜、艱巨的工作。爲保證數據的準確無誤,對初錄數據逐條進行了校對。校對的過程非常艱苦,耗時耗力,大概每校對一條數據占製作一條數據的一半時間。

數據的合并則是對著錄條目的合并,一個人物立一個條目,包括同名人物的考訂合并和异名人物的考訂合并兩個方面。明人志書體例粗疏,記載簡略,宋元以前本地人物極少登錄;清人則於史傳、志書、碑銘、家譜、行狀,搜羅完備。爲將山東方志人物收集齊全,《山東方志人物傳記資料索引》確定,儘量將山東方志全部收錄，準確標注人物在各志的出處，以便讀者檢索。而山東方志近600種，方志修纂體例中，人物傳在各志中有時記述雖亦有詳略、差异，但方志的承襲引用現象普遍存在，故此，著名人物收錄方志多，人名多有重複。方志在傳寫、刻印過程中，因參與編纂和刊刻人員衆多，學識水平亦參差不齊，不可避免地産生一些錯誤，魯魚亥豕，錯訛良多。有時文字雖不同，實際上却是同一人，需要仔細甄別、考證。

（一）同名人物的合并。同名人物合并是指對確定爲同一人者，對著錄字段内容的合并，《山東方志人物傳記資料索引》共采集數據16萬條，經考訂合并至6萬條目。需合并的條目占定稿條目的1.6倍以上，合并定稿後條目僅占總條目的37.5%，工作量巨大。《山東方志人物傳記資料索引》在編纂之初，就預見到同名人物合并的問題，故數據采集中，考訂人物出處、時代、字號、事迹等，儘量將同名人物先期合并，確定爲同一人者，合并著錄，僅在該條目中添加出處，如有字號、籍貫等内容可以補充，則補充著錄字段内容；非同一人者，加注時代、籍貫等分別立目。這樣既減少了采集數據的工作量，提高了工作效率，同時因前後志書延續繼承，對不同方志著錄的差异，也可以互相考訂，將抄撮錯誤、避諱改字等隨時改正，提高了數據的準確性。即便如此，因多人同時采集數據，雖有部分出處先期合并，仍積纍至近九萬條目數據需要合并。同名人物條目合并中，對於引徵方志出處排列的先後順序，需要仔細梳理，及時調整，避免顛倒，以便爲後續編纂工作奠定基礎。在同名人物條目合并的同時，也需要對條目著錄中的差异或疑誤之處逐條考訂，排除錯誤，所需考訂之處，亦有許多。

（二）异名人物的合并。异名人物的合并，是指因抄撮錯誤、避諱改字、名字混用、以字號標目、改名等情況導致人物异名，經考訂確認爲同一人而進行的條目合并。

1. 抄撮錯誤。對於一些明顯錯誤，直接改正，編入正確條目。一是人名錯誤，如“牟魯”，明浙江烏程人，［雍正］《山東通志》作“弁魯”，考《明史》卷二百八十九，“牟魯”有傳，證“弁魯”誤，徑改，合并至“牟魯”條。官延澤，字潤只，平度人，明隆慶中作新泰教諭。［乾隆］《泰安府志》作“宮延澤”，考［天啟]《新泰縣志》、[順治]《新泰縣志》、[康熙]《平度州志》皆作"官延澤",官延澤爲官廉曾孫。故[乾隆]《泰安府志》誤,直接改正,將"宮延澤"合并至"官延澤"條。王傅,明寶坻人,以成化間進士知成武縣。[康熙九年]《城武縣志》作"王傅",[康熙四十一年]《城武縣志》、[道光]《城武縣志》、[宣統]《山東通志》作"王傳"。考[乾隆]《寶坻縣志》,選舉、人物皆作王傅,故"王傳"誤,徑改,合并入"王傅"條。胡三省,直隸沙河人,萬曆十二年任陽穀知縣。[康熙十二年]《陽穀縣志》作"胡三省",[康熙五十五年]《陽穀縣志》、[光緒]《陽穀縣志》皆作"朝三省"。考[道光]《沙河志》,選舉、人物皆作"胡三省",故"朝三省"誤,徑改,合并入"胡三省"條。丁耀亢,清諸城人,[雍正]《山東通志》誤作"丁耀先",徑改,歸并入"丁耀亢"條。再如"郭文輔",[光緒]《陽穀縣志》作"郭天輔";"黄曰乂",[光緒]《陽穀縣志》作"黄曰又"之類,亦皆考證之後,做了歸并。二是字號錯誤,如王能,宋廣濟定陶人。廣濟指廣濟軍,治定陶,宋置。[雍正]《山東通志》作廣濟定陶人,[道光]《鉅野縣志》作廣濟軍定陶人,[民國]《定陶縣志》作"字廣濟"。考《宋史·王能傳》作"廣濟定陶人",則[民國]《定陶縣志》作"字廣濟"顯誤。三是籍貫錯誤,如王雲龍,[萬曆]《青州府志》、[康熙十五年]《青州府志》、[康熙]《臨朐縣志》作襄垣人,[康熙六十年]《青州府志》、[咸豐]《青州府志》、[宣統]《山東通志》作長垣人。考[康熙]《襄垣縣志》卷六有傳:"王雲龍,號霖宇,萬曆辛丑進士,任臨朐縣知縣。"長垣屬河南,襄垣屬山西,則長垣誤,徑改作襄垣,將"王雲龍"合并至同一條目。薛方,明北直寧晉人,[宣統]《山東通志》、[康熙]《長山縣志》皆著録爲寧晉人,[道光]《濟南府志》作晉寧人。按晉寧縣屬雲南,不應屬北直,顯誤,徑合并爲一。

對於人物錯誤的考訂,優先依據正史記載和碑傳資料進行考訂。如榮啟期,[萬曆元年]《兖州府志》作"縈縈期",考《漢書古今人表》作"榮啟期",據改,歸并入"榮啟期"條。楊榮,字子遜,漢梁人。[雍正]《山東通志》、[乾隆]《諸城縣志》作"楊榮",[宣統]《山東通志》作"陽榮"。考《漢書》卷八十八"楊榮子孫",顔師古注:"子孫,榮之字也"。則"陽榮"誤,徑改,合并入"楊榮"條。王次翁,字慶曾,濟南人。[道光]《濟南府志》作"慶曾",[宣統]《山東通志》作“慶魯”。考《宋史》王次翁傳作“慶曾”,則[宣統]《山東通志》誤,據改。張璉,字大器,河南鞏縣人,令臨朐。[嘉靖]《青州府志》、[康熙十五年]《青州府志》、[嘉靖]《臨朐縣志》作“張璉”,[宣統]《山東通志》作“張連”。考[乾隆]《鞏縣志》卷十二選舉作張璉。《明故中順大夫湖廣按察司副使張公墓志銘》言:“公諱璉,字宗器,别號困勉軒,世系河南河南府鞏縣石關保人”,成化“己亥,授山東青州臨朐尹”。故“張璉”爲是。因古“璉”“連”通假,[宣統]《山東通志》混寫致誤。徑改,“張連”直接歸并至“張璉”條。崔廣,《齊乘》、[嘉靖]《青州府志》等作“夏黄公”,[雍正]《山東通志》作“崔廓”。[民國]《臨淄縣志》作“崔廣”。考《史記》卷五五索隱:“夏黄公,姓崔名廣,字少通,齊人,隱居夏里修道,故號曰夏黄公。”可證[雍正]《山東通志》將崔廣與隋“崔廓”混淆致誤。張行信,字信甫,金日照人,張行簡之弟。[康熙]《山東通志》作“張行中”,與宋人“張行中”混淆,誤,徑改,合并入“張行信”條。

2. 字形相近致誤。如呂大濩,字仲宣,河南輝縣人,明萬曆三十二年舉人,任魚臺知縣。[康熙]《魚臺縣志》作“呂大護”。考[宣統]《山東通志》、[光緒]《魚臺縣志》、[光緒]《輝縣志》皆作“呂大濩”,[康熙]《魚臺縣志》因“濩”“護”字形相近致誤。王欞,明泰和人,成化間知武定州。[嘉靖]《山東通志》、[康熙]《山東通志》、[雍正]《山東通志》皆作“王欞”,[宣統]《山東通志》、[乾隆]《武定府志》、[咸豐]《武定府志》、[乾隆]《惠民縣志》、[光緒]《惠民縣志》作“王樞”。[宣統]《山東通志》并注“樞,舊志作欞”。考[萬曆]《泰和志》卷七選舉作“欞”,稱其“知武定州,稱治,終海南兵備副使”。[乾隆]《泰和縣志》卷十三選舉志作“王欞,鉞孫,字正朝,進士,見萬曆志”。[光緒四年]《泰和縣志》卷十二選舉志、[光緒六年]《泰和縣志》卷十六選舉志所記同。則“樞”誤,“樞”與“欞”因字形相近致誤。張桂祐,字修吾,鄧州人。[崇禎]《鄆城縣志》作“張桂祜”。[康熙]《鄆城縣志》、[光緒]《鄆城縣志》皆作“張桂祐”。考[乾隆]《鄧州志》,選舉、人物皆作“張桂祐”,則[崇禎]《鄆城縣志》應誤,“張桂祜”合并至“張桂祐”條。王廷錫,明錢塘人,字淡孺,由進士授城武令。[康熙]《城武縣志》、[乾隆]《曹州府志》皆作王廷錫,

[宣統]《山東通志》作王延錫,考[康熙]《錢塘縣志》亦作“廷錫”,宜是[宣統]《山東通志》誤。徑改,并入王廷錫條。朱博,字子元,漢杜陵人。[萬曆]《青州府志》、[康熙十五年]《青州府志》作“朱愽”,考《漢書·朱博傳》作“朱博”,故“愽”應是“博”之誤,“愽”爲“博”之訛字,徑改,合并至“朱博”條。

3. 字音近而致誤。如周磐,字堅伯,取堅如磐石義,漢汝南安城人。“磐”古同“盤”,[康熙]《山東通志》作“周盤”。考《後漢書》卷三九《周磐傳》,作“周磐”,故“周盤”誤。徑改,合并入“周磐”條。張買奴,南北朝平原人,[康熙]山東通志作“張買農”,誤,據《北史》列傳改。鮑季詳,[康熙]《山東通志》作“鮑季詳”,[嘉靖]《山東通志》、[雍正]《山東通志》、[康熙]《濟南府志》、[乾隆]《武定府志》、[咸豐]《武定府志》、[乾隆]《惠民縣志》、[光緒]《惠民縣志》、《惠民縣鄉土志》皆作“鮑季祥”。考《北齊書》作“鮑季詳”,據改,合并入“鮑季詳”條。張炤,字彦明,元濟南人。[康熙]《濟南府志》作“張照”。考証傳文,知即《元史·張炤傳》之“張炤”,故“張照”誤。徑改,合并至“張炤”條。

4. 因脱文、衍文致誤。脱文致誤者,如鄭文炳,明内黄人,永樂間知嘉祥。[康熙]《山東通志》作“鄭文”,[宣統]《山東通志》、[雍正]《山東通志》、[光緒]《嘉祥縣志》皆作“鄭文炳”,知[康熙]《山東通志》脱“炳”字。據改,合并著錄。賈同,宋臨淄人,《宋史·賈同傳》:“同初名罔,字公疏,篤學好古,有時名,……同進士出身,真宗命改今名。”[康熙]《臨淄縣志》作“賈先登進士,賜名同”,脱“罔”字,或誤“罔”爲“先”。據《宋史》改,歸并入“賈同”條。衍文致誤者,如周暹,明霑化人。[民國]《霑化縣志》作“周暹世”,[咸豐]《武定府志》作“周暹”。經考證[光緒]《霑化縣志》、[民國]《霑化縣志》人物傳正文,知“周暹世”之“世”字系誤將傳文中“世居東鄙”之“世”闌入人名,致人名衍誤,故徑合并至“周暹”條。

5. 因避諱而改字。古人重視爲尊者諱、爲賢者諱、爲親者諱,稱避諱。封建帝王的名字,使用時須避諱,這在官修刻書中執行更嚴。方志又幾乎皆爲官府修纂、刻印,特别是清代康熙、雍正、乾隆、道光各朝避諱謹嚴,皇帝名“玄燁”“弘曆”“胤禛”“旻寧”等,清代方志中幾乎逢字必避。諱字的形式,一是缺筆,如“玄”“燁”“弘”“胤”“禛”“寧”等避皇帝名,缺末筆,著録時則直接改爲正字。二是改用同音字,如“鄭玄”改爲“鄭元”,“房玄齡”改爲“房元齡”,“朱弘祚”改爲“朱宏祚”等。馬玄素,唐莘縣令,《莘縣鄉土志》作“馬元素”,[康熙五十六年]《莘縣志》作“馬玄素”,考《新》《舊唐書》皆作“馬玄素”,“玄”諱作“元”,故將“馬元素”歸并至“馬玄素”條著録。馬胤孫,字慶先,五代棣州商河人,[嘉靖]《山東通志》、[萬曆]《商河縣志》皆作“馬胤孫”,[宣統]《山東通志》作“馬寅孫”,[乾隆]《武定府志》、[咸豐]《武定府志》作“馬印孫”,[道光]《商河縣志》作“馬允孫”。考《新五代史》本傳作“馬胤孫”,故皆歸并至“馬胤孫”條著録。爲便於查檢對照,對於因避諱改字而合并的條目,除正名立目外,其他諱名作附見,如“馬寅孫(見馬胤孫)”。清代因以少數民族入主中原,統治者忌諱胡、虜、夷、狄等字,故清代刊寫書籍中對這些字常有所避諱,方志中亦如此。如狄子英,元中統間爲臨朐尹。[康熙]《山東通志》作“迪子英”,[雍正]《山東通志》作“翟子英”,皆避清諱“狄”而改,徑改正,合并入“狄子英”條著録,“迪子英”“翟子英”作附見“狄子英”。

有些姓名文字,經避諱而來,雖然溯厥源流,有其本字,但古今皆已混用,如“丘”“邱”。“丘”姓來源於姜姓,據《通志·氏族略》載,周朝姜太公受封於齊國,建都於營丘,其支庶居於營丘者,遂以“丘”爲氏。據史料記載,歷史上爲避孔丘名諱,西漢、金曾在全國或小範圍内改“丘”爲“邱”,但影響不大。至清雍正年,據雍正三年十二月二十七日上諭,頒詔尊師重道,稱先師孔子聖諱理應回避,凡系姓氏、地名,“丘”字一律加“阝”部爲“邱”字。中華民國參議院議員丘逢甲等於1912年提議恢復祖先肇姓之“丘”。認爲丘姓得自姜太公封地營丘,早於孔丘,無先人避諱後人之理,并在廣州登報呼籲族人恢復丘姓。因此,閩、粤、臺部分族人聞之響應。但全國大部分省區族人,因不知情,或因涉及法律户籍等諸多問題,仍然使用邱姓。雍正以前方志多作“丘”姓,雍正以後則多作“邱”姓,但今已混用。今爲方便計,對於同一人雍正以前志作“丘”,雍正以後志作“邱”者,則依前志歸并至“丘”姓。如無前志所據,則不作改動,依志書所載照録,故“丘”“邱”并存。“弘”“宏”亦如此例。

6. 部分人物姓名有异,但考證傳文,可證爲同一人者,作了條目合并,异名作了互見處理。如宋守志,河南延津人,嘉靖間進士,以戶部郎中知東昌府。[宣統]《山東通志》作"宋守忠",[萬曆]《東昌府志》作"宋守志",[乾隆]《東昌府志》、[嘉慶]《東昌府志》亦作"宋守志",并於"志"後注"一作忠"。考[康熙]《延津縣志》,"宋守志"鄉賢有傳,故"宋守志"應爲正名。但乾隆、嘉慶修東昌府志時明確加附注說明"一作忠",故將"宋守忠"列作附見。

7. 因改名而异字。如劉玉麟,字麟兆,一字瀛海,號蘇村,清菏澤人。[道光]《觀城縣志》、《觀城縣鄉土志》作劉玉麟。劉玉麟乾隆元年奉旨改名劉藻,[宣統]《山東通志》、[光緒]《菏澤縣志》、[光緒]《新修菏澤縣志》作劉藻。二者實爲同一人,故合并入劉玉麟條,"劉藻"條作互見"劉藻(見劉玉麟)"。任嘏,三國時樂安博昌人,《齊乘》、[雍正]《山東通志》、[宣統]《山東通志》、[咸豐]《青州府志》作任嘏,[嘉靖]《青州府志》、[康熙]《青州府志》、[康熙]《博興縣志》作"任昭先,初名嘏"。因任昭先初名任嘏,故諸志記載混用。今將"任昭先"合并至"任嘏"條,"任昭先"作互見。雷啟東,明河南儀封人,曾任郯城令、臨朐令。[嘉靖]《青州府志》、[嘉靖]《臨朐縣志》、[康熙]《臨朐縣志》作"雷啟東",[康熙六十年]《青州府志》、[咸豐]《青州府志》、[康熙]《郯城縣志》、[光緒]《臨朐縣志》、[宣統]《山東通志》作"雷起東"。考[民國]《儀封縣志》,選舉志、人物志皆作"雷啟東"。同是康熙年修的《臨朐縣志》和《郯城縣志》,分屬青州和沂州兩條府縣志系統,不存在承襲關係,"雷啟東""雷起東"在康熙時即已并存,則或"雷啟東"或曾用"雷起東"之名,未可考。故以"雷啟東"姓名立目,"雷起東"作互見。

8. 一些版刻混用字,如己、巳、已、衆、眾等,在方志版刻過程中,混用現象比較普遍,經考訂,徑改,統一規範至常用正確字體。

9. 人名中一些俗體、异體字,古代刻書時混刻較多,使同一人名在不同的方志中有不同寫法。如凌,《姓譜》:衛康叔支子,爲周凌人,子孫以官爲氏,望出渤海。《三國志》有凌統,《廣韻》引作淩。後多混用。《康熙字典》列姓於"淩",作"《三國志》吳淩統。與凌別","凌"姓遂多從"淩"。方志中"凌""淩"使用不嚴謹,混用現象較普遍,今從《康熙字典》和臧勵龢《中國人名大辭典》例,姓氏之"凌""淩",統一至"淩","凌""淩"的其他用法,則依原文著錄。對於古代通用字,除同名人物需合并者外,一般依原文,不作改動。如“修”“脩”,古代皆可爲姓,二者皆依原文著錄。同一人名不同志書有异體字者,一般以正字立目著錄,异體字作附見,以尊人物專有名詞之例。如王懋勳,[宣統]《山東通志》作“王懋勳”,[民國]《增修膠志》作“王懋勛”,“勛”爲“勳”之古文,二字在方志中有混用現象,考證傳文爲同一人,則合并至“王懋勳”著錄,“王懋勛”作互見。而人物姓名僅見作“勛”字者,則仍依原文著錄,如清臨沂人“王懋勛”,清禹城人“王茂勛”之類。“勖”“勗”之類,亦同。

10. 對於名字有异,考證傳文爲同一人,而又不能確考正誤者,一般原則是,後志與前志不一的,從時代較早者;省、府志與縣志有异的,則主要從縣志,確定正確姓名立目,另一名作互見。如唐禎,字廷瑞,陝西金州人,一作涇州人。[宣統]《山東通志》作唐貞,字延瑞,涇州人。[萬曆]《東昌府志》作“唐禎”,字廷瑞,金州人。[乾隆]《東昌府志》作“唐禎”,字廷瑞,[嘉慶]《東昌府志》則作字延瑞,并皆於傳後注“陝西金州,洪武二年降爲縣,此雲州,恐是涇州之誤”。[康熙]《高唐州志》作“唐禎”,[光緒]《高唐州志》作“字延瑞”。諸志文字差异參差,名字唐貞、唐禎,字號廷瑞、延瑞;而在乾隆、嘉慶修東昌府志時,其籍貫金州、涇州,已不可確定。依據前述原則,似以唐禎爲是,[宣統]《山東通志》作“唐貞”,或有所據,已不可確考。故以“唐禎”立目,“唐貞”作互見。又如丘應科,明昌樂人,[康熙]《昌樂縣志》、[嘉慶]《昌樂縣志》、[咸豐]《青州府志》皆作丘應科,[康熙]《青州府志》作丘盈科,考證傳文爲同一人,“應”“盈”不同,或別有所本,不可確考。故著錄以“丘應科”立目,“丘盈科”作互見。商朝墨允,孤竹君子,[嘉靖]《昌樂縣志》作“墨允”,[康熙]《昌樂縣志》、[嘉慶]《昌樂縣志》皆作“墨元”,“允”一作“元”,實同一人,故合并以“墨允”立目,“墨元”作互見。方志中,其他如“禎”“楨”混用現象亦比較普遍,多不可考,亦采用選其一立目,另一名列作互見的方式來處理。

五、四角號碼編輯和索引編排

索引編纂是一項繁瑣細緻的工作,大型索引的編纂更是如此。《山東方志人物傳記資料索引》人名的四角號碼編排、索引排序，借助計算機處理，采用首字、次字、第三字等分次編排的方式，提高了工作效率，減少了差錯率。四角號碼及其附角的取角給號，參照商務印書館1983年《辭源》(修訂本，2002年重印)和上海商務印書館民國十年(1921)臧勵龢等編《中國人名大辭典》體例，人名首字前列四角號碼，第二字取上兩角號碼，標於本條之左。第三字起仍依上兩角號碼排列，但不注碼數。同名人物，再以時代先後排列。

索引編纂工作中，王恒柱制定索引編纂體例，并根據索引編纂中出現的新問題，及時對編纂體例進行補充、修訂和完善。根據山東方志的具體情況，制定數據采集工作方式和操作規程。組織索引數據的采集工作，并完成71787條數據采集。張海峰、逯銘昕、隋文慧、王曉蓓亦參與了前期的數據采集工作，其中張海峰完成數據采集36908條，逯銘昕完成50453條數據采集(未審校)，王曉蓓完成數據采集549條。逯銘昕因有其他科研任務自2016年6月退出了索引的編纂工作，張海峰亦自2017年停止了索引編纂工作。王恒柱對全部數據進行了審校、合并，并對數據中的錯誤進行考訂修改和規範，編輯四角號碼，條目整理排序，編輯成稿，組織實施出版工作。

索引編纂過程中，得到了山東大學杜澤遜教授、山東圖書館李勇慧副館長的支持和幫助，山東省圖書館杜雲虹、唐桂艷，山東省博物館王之厚、于芹、董倩倩、張祖偉，天津圖書館李國慶，山東大學圖書館楊利民諸先生在方志查閱上提供方便。山東師範大學文學院楊存昌教授、國家圖書館出版社張愛芳主任，鼓勵支持本書的出版。責任編輯陳瑩瑩精心編輯，改正書稿中的一些疏忽和錯誤，爲本書出版付出良多，在此一并致謝。

本索引編輯歷時五載，曾經參與者多人。歷代方志修纂、刻板精良者有，粗疏者亦有，良莠不齊，致人名偶有差异，編者雖用心考訂，但人物衆多，心思所未及，耳目所未周，學識、時間所限，挂漏訛誤，定然尚多，望海內博雅，有以教之。

2018年7月王恒柱於山東師範大學

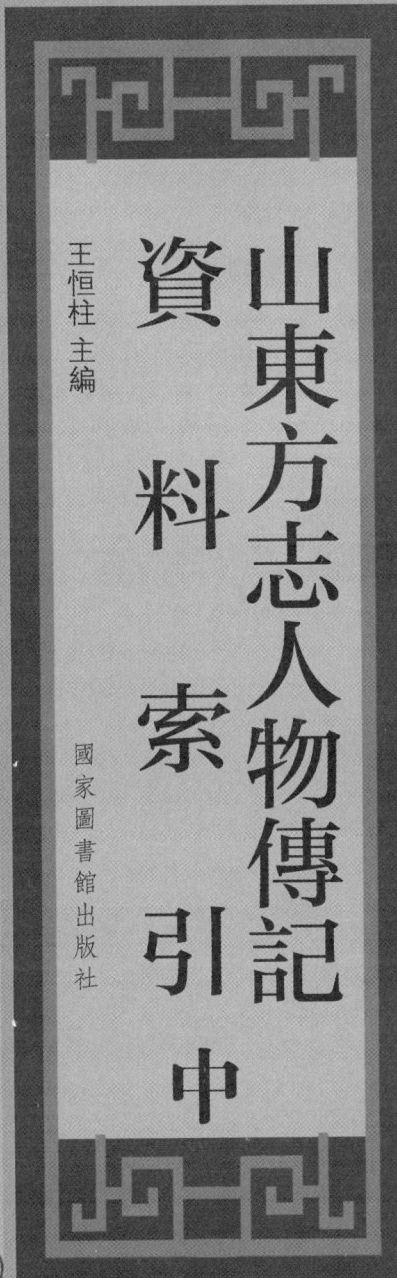

山東方志人物傳記資料索引

中

王恒柱 主編

國家圖書館出版社

1710_5 丑

77 丑學讓(字效融)
(長清人)
[民國]長清 12/25

1710_7 孟

00 孟康(字公休)
(三國・鄒人)
[嘉靖]山東 30/15
[康熙]山東 40/16
[雍正]山東 28/人物一 30
[宣統]山東 162/16
[萬曆元年]兖州 40/文苑 3
[萬曆二十四年]兖州 8/5
[康熙]兖州 9/5
[乾隆]兖州 23/18
孟廣訓(清・東明人)
東明縣志料/藝術-弈術
孟廣訓(字聖謨)
(清・夏津人)
[民國]夏津續編 8/37
孟廣誠(字子先)
(清・夏津人)
[民國]夏津續編 8/9
孟廣誥(字民言)
(長清人)
[民國]長清 12/9
孟慶功(字勳臣)
(清・無棣人)
[民國]無棣 13/21
孟廣琛(字獻廷)
(清・諸城人)
[光緒]增修諸城縣續志 13/10
孟廣樂(字智軒)
(清・茌平人)
[民國]茌平 3/104
孟慶山(字敬亭,號雲嶠)
(清・長清人)
[民國]長清 13/14
孟廣生(清・高唐人)
[民國]高唐縣 12/56
孟文伯(名穀)
(春秋・魯人)
[嘉靖]山東 28/9
[康熙]山東 38/9
孟廣名(號西盧)
(清・昌邑人)
[光緒]昌邑縣續志 6/29
孟廣收(字秋圃)
(長清人)
[民國]長清 12/9
孟廣濟(字若舟)
(清・單縣人)
[民國]單縣 12/鄉賢 21
孟廣濂(東阿人)
[民國]東阿 15/2
孟廣寅(字墨泉)
(清・鄒縣人)
[民國]續修鄒縣志稿/人物-耆舊
孟廣溪(字渠川)
(清・商河人)
[民國]重修商河 8/63
孟廣淇(字竹溪)
(黃縣人)
[民國]黃縣志稿 13/民國文學
孟廣祿(清・長山人)
長山縣鄉土志/耆舊錄
孟廣淑(字一仙,原名廣阜,字阜堂)
(清・鄒縣人)
[民國]續修鄒縣志稿/人物-耆舊
孟彥祖(南北朝・安丘人)
[萬曆]安丘 27/58
孟廣棨(字戟廷,號小泉)
(清・臨邑人)
[民國]續修臨邑 3/30
孟廣來(字鏡符)
(清・濟寧人)
[民國]濟寧直隸州續志 12/45
孟應吉(明)
[嘉慶]慶雲 7/36
孟慶楨(鄒縣人)
[民國]續修鄒縣志稿/人物-耆舊附忠烈
孟廣均(字雨山)
(清・鄒縣人)
[光緒]鄒縣續志 12/上 7
鄒縣鄉土志耆舊錄/20
孟廣釁(字藻亭)
(清・金鄉人)
[民國]金鄉 13/續增 12
孟廣巽(字風人)
(長清人)
[民國]長清 12/27
孟廣益(字謙齋)
(長清人)
[民國]長清 12/10
孟廣鑄(清・長清人)
[民國]長清 13/7
孟廣智(字明遠)
(清・夏津人)
[民國]夏津續編 8/9
孟文燦(字吉符)
(清・長山人)
[嘉慶]長山 8/27
孟文煥(清・高苑人)
[乾隆]高苑 6/6
孟廣範(清・鄒縣人)
[民國]續修鄒縣志稿/人物-耆舊
01 孟龍符(南北朝・安丘人)
[萬曆]青州 15/19
[康熙十五年]青州 15/19
[康熙四十八年]青州 15/武功 6
[康熙六十年]青州 16/45
[萬曆]安丘 21/27
安丘縣鄉土志 4/耆舊錄 1
[光緒]嶧縣 19/69
[康熙]德平 3/26
03 孟斌(元・單父人)
[隆慶]單縣下/14
[順治]單縣 3/2
[康熙]單縣 7/22
04 孟詵(唐・汝州梁人,一作平昌人)
[嘉靖]山東 30/38
[康熙]山東 40/38
[雍正]山東 28/人物二 7
[康熙]濟南 48/3
[道光]濟南 72/29
[萬曆元年]兖州 40/隱逸 5

[萬曆二十四年]兗州 8/16
[康熙]兗州 9/16
[乾隆]兗州 23/25
[康熙]德平 3/15
[乾隆]德平 3/4
[嘉慶]德平 7/3
[光緒]德平 7/3
德平縣鄉土志/耆舊錄
07 **孟郊**(字東野)
(唐・湖州人)
[萬曆二十四年]兗州 8/17
[康熙]兗州 9/17
孟毅任(清・陽穀人)
[光緒]陽穀 6/30
09 **孟麟**(通籍姓臧,復姓孟)
(明・曲阜人)
[嘉靖]山東 30/61
[康熙]山東 40/58
[萬曆元年]兗州 40/政績 16
[萬曆二十四年]兗州 36/9
[康熙]兗州 28/8
[乾隆]兗州 23/38
[崇禎]曲阜 4/101
[康熙]曲阜 4/101
[乾隆]曲阜 85/5
10 **孟醇**(金)
[乾隆]東昌 34/1
[嘉慶]東昌 21/19
[康熙二年]茌平 2/36
[康熙四十九年]茌平 2/36
[宣統]茌平 8/1
[民國]茌平 8/58
孟晉(清・陽穀人)
[光緒]陽穀 6/29
孟元(南北朝・安丘人)
[萬曆]安丘 27/58
孟震(字亨之)
(宋・東平人)
[乾隆]東平州 13/27
[道光]東平州 13/27
[光緒]東平州 15/上 27
[民國]東平縣 11/上 10
東平州鄉土志上/耆舊錄 28
孟可訓(字欽斯)
(清・無棣人)
[民國]無棣 13/18
海豐縣鄉土志/耆舊 – 事業五
孟爾元(清・陽穀人)
[民國]增修陽穀人物/仕宦 16
孟玉貞(清・樂陵人)
樂陵縣鄉土志 3/57
孟元彪(清・臨清人)
[民國]臨清縣/人物 30
孟雲峯(字嵐亭)
(清・章丘人)
[道光]濟南 54/20
[道光]章邱 10/51
章邱縣鄉土志/上 27
孟爾舟(清・陽穀人)
[光緒]陽穀 6/29
孟玉佩(清・萊蕪人)
[民國]萊蕪 20/4
[民國]續修萊蕪 27/19
萊蕪縣鄉土志/8
孟三遷(明・定陶人)
[順治]定陶 6/2
[乾隆]定陶 5/2
孟爾棟(清・陽穀人)
[光緒]陽穀 6/29
孟天棟(字矜式)
(清・蓬萊人)
[乾隆]續登州 10/又又 9
孟平野(明・德州人)
德州鄉土志/耆舊 14
孟一脈(字淑孔,號連珠)
(明・東阿人)
[康熙]山東 40/61
[雍正]山東 28/人物三 49
[宣統]山東 159/30
[乾隆]泰安府 17/30
[康熙]兗州 28/27
[康熙五十四年]東阿 7/30
[道光]東阿 13/鄉賢 12
[光緒]東阿縣鄉土志 4/18
孟可舉(字書升)
(清・章丘人)
[道光]章邱 11/83
孟雲卿(唐・平昌人)
[康熙]濟南 42/6
[道光]濟南 47/17
[康熙]德平 3/15,3/31
德平縣鄉土志/耆舊錄
11 **孟班**(字蘭臺)
(清・臨沂人)
[乾隆]沂州府 27/8
[民國]臨沂 10/2
孟珩(晉・安丘人)
[萬曆]安丘 27/57
12 **孟璞**(清・陽穀人)
[光緒]陽穀 6/29
孟瑞(清・淄川人)
[康熙]淄川 5/9
[乾隆]淄川 5/9
孟珽(明・濟寧人)
[乾隆]濟寧直隸州 26/35
[道光]濟寧直隸州 8/2 – 45
孟登雲(字桂儔)
(清・齊河人)
[民國]齊河 27/5
孟聯珠(字箠星)
(明・城武人)
[康熙九年]城武 3/13
[康熙四十一年]城武 5/上懿行 22
[道光]城武 9/上 40
孟孔傳(字同源)
(明・朝城人)
[康熙]朝城 8/23
孟孔傳(號鎔宣)
(明・陽穀人)
[康熙十二年]陽穀 7/30
[康熙]陽穀 7/19
[光緒]陽穀 12/20
[民國]增修陽穀藝文/表誌 20
孟孔傳(清・東平人)
[乾隆]東平州 15/17
[道光]東平州 15/17
[光緒]東平州 15/下 25
[民國]東平縣 11/下 3
東平州鄉土志上/耆舊錄 36
孟孔傳(清・陽穀人)
[康熙十二年]陽穀 3/33
[康熙]陽穀 3/30
[光緒]陽穀 6/33
孟廷對(字叔揚,號秋崖)

（清・章邱人）
［道光］濟南 54/11
［道光］章邱 11/46
孟延祀（字光弼）
（清・陽穀人）
［民國］增修陽穀人物/仕宦 15，人物/文苑 3
孟孫激（字公宜）
（春秋・魯人）
［雍正］山東 11/闕里二 34
［宣統］山東 153/11
孟孫蕃（清・陽穀人）
［光緒］陽穀 6/29
孟廷蓮（字汝化）
（明・東平人）
［乾隆］東平州 15/15
［道光］東平州 15/15
［光緒］東平州 15/下 23
［民國］東平縣 11/下 2
東平州鄉土志上/耆舊錄 33
孟瑞箴（字銘心）
（清・章丘人）
章邱縣鄉土志/上 24
13 **孟武伯**（名彘，一名洩）
（周）
［萬曆元年］兖州 40/士行 2
［萬曆二十四年］兖州 30/4
［康熙］兖州 23/4
［乾隆］兖州 23/2
14 **孟琳**（宋・恩州人）
［萬曆］恩縣 4/11
孟琪（金・嘉祥人）
［順治］嘉祥 3/37
孟瑛（字廷璧）
（明・無棣人）
［乾隆］武定府 25/71
［咸豐］武定府 25/武功 7
［康熙］海豐 11/36
海豐縣鄉土志/耆舊－事業三
［民國］無棣 11/18，22/2
17 **孟玘**（明・金鄉人）
［康熙十二年］金鄉 5/18
［康熙五十一年］金鄉 7/25
孟邵（南北朝・安丘人）
［萬曆］安丘 27/58
孟習孔（字古徒）
（明・湖廣武昌人）
［康熙］兖州府曹縣 9/9，10/16
［光緒］曹縣 10/14
曹縣鄉土志/政績錄
孟承胤（字永孚）
（明・鄒縣人）
［康熙十二年］鄒縣志 2/45
［康熙五十五年］鄒縣志 2/67
鄒縣鄉土志耆舊錄/14
孟承允（見孟承胤）
孟承相（字壇峯）
（明・鄒縣人）
［光緒］鄒縣續志 12/上 3
鄒縣鄉土志耆舊錄/15
孟承光（字永觀）
（明・鄒人）
［康熙］山東 40/63
［雍正］山東 28/人物三 67
［宣統］山東 164/31
［康熙］兖州 28/28
［乾隆］兖州 23/51
［康熙十二年］鄒縣志 2/47
［康熙五十五年］鄒縣志 2/69
鄒縣鄉土志耆舊錄/25
［乾隆］曲阜 81/4
曲阜縣鄉土志/耆舊－事業
18 **孟珍**（字席之）
（明・淄川人）
［康熙］淄川 5/25
［乾隆］淄川 5/25
20 **孟統**（字儒宗，號東泉）
（明・寧陽人）
［康熙］兖州續編 15/5
［乾隆］兖州 23/38
［康熙十一年］寧陽 7/11
［康熙四十一年］寧陽 7/11
［乾隆］寧陽 7/良吏 3
［咸豐］寧陽 13/3
［光緒］寧陽 13/3，21/25
寧陽縣鄉土志/13
21 **孟綽**（南北朝・安丘人）
［萬曆］安丘 27/58
孟緯（字公偃）
（清・陽穀人）
［光緒］陽穀 6/30
孟虎（明・慶雲人）
［康熙］慶雲 8/23
［嘉慶］慶雲 9/11
［咸豐］慶雲 2/62
［民國三年］慶雲 2/40
孟仁（元・符離人）
［雍正］山東 31/15
［康熙］魚臺 17/72
孟顗（字彥重）
（南北朝・平昌人）
［咸豐］青州 54/5
［萬曆］安丘 27/57
孟貞育（明・東平人）
［乾隆］東平州 15/41
［道光］東平州 15/41
［光緒］東平州 15/下 71
［民國］東平縣 11/下 37
孟衍詩（字伯敦）
（清・東阿人）
［道光］東阿 14/人物下 35
孟貞琨（字璧文）
（清・單縣人）
［民國］單縣 10/6
孟衍鞏（字又曾）
（清・單縣人）
［乾隆］單縣 7/17
［民國］單縣 9/56
孟僊客（南北朝・安丘人）
［萬曆］安丘 27/58
孟衍溙（清・東平人）
［光緒］東平州 15/下 51
［民國］東平縣 11/下 20
孟衍枏（字拙菴）
（清・蓬萊人）
［道光］重修蓬萊 11/13
孟衍履（字其旋，號蕉崖）
（清・單縣人）
［民國］單縣 11/34
孟衍義（字咸宜）
（清・長清人）
［民國］長清 11/32
22 **孟繼讜**（字廷棟）
（清・章邱人）

［道光］章邱 11/86
孟繼震（清・泗水人）
［光緒］泗水 11/7
［光緒］泗水縣鄉土志/14
孟繼武（清・萊蕪人）
［民國］續修萊蕪 25/4
孟繼瑚（清・鄒縣人）
鄒縣鄉土志耆舊錄/21
孟繼舜（清・臨朐人）
臨朐縣鄉土志 1/耆舊
孟繼豐（清・鄒縣人）
［光緒］鄒縣續志 12/中 2
鄒縣鄉土志耆舊錄/26
孟繼卜（字紹棠）
（清・鉅野人）
［民國］續修鉅野 5/上 20
孟繼甡（字鹿瞻）
（清・長清人）
［民國］長清 11/29
孟繼伯（字子達）
（清・利津人）
［民國］利津縣續志 7/儒行 7
孟繼福（清・金鄉人）
［民國］金鄉 14/20
孟繼濬（字湛泉）
（清・臨邑人）
［民國］續修臨邑 3/41
孟繼适（字體真）
（清・齊河人）
［民國］齊河 26/39
孟繼洙（字岱泉）
（清・臨邑人）
［民國］續修臨邑 3/24
孟繼泗（字聖臬）
（陽穀人）
［光緒］陽穀 9/7
［民國］增修陽穀人物/仕宦 24
孟繼朗（清・惠民人）
惠民縣志補遺/24
惠民縣鄉土志/耆舊錄 17
孟係祖（南北朝・安丘人）
［萬曆］青州 15/19
［康熙十五年］青州 15/19
［康熙四十八年］青州 15/武功 6
［康熙六十年］青州 16/45
［萬曆］安丘 21/28
安丘縣鄉土志 4/耆舊錄 1
孟繼垚（字學山）
（清・諸城人）
［光緒］增修諸城縣續志 12/31
孟繼莆（字庖瑞）
（清・無棣人）
［民國］無棣 13/12
孟繼梡（字華卿）
（清・陽穀人）
［光緒］陽穀 6/18
［民國］增修陽穀人物/師道 25
孟繼本（字根安）
（清・鄒縣人）
［光緒］鄒縣續志 12/上 9
鄒縣鄉土志耆舊錄/20
孟繼昌（字仲文）
（長清人）
［民國］長清 11/16
孟繼昇（清・鄒平人）
［民國］鄒平 15/138
孟繼輿（字承三）
（清・夏津人）
［民國］夏津續編 8/24
孟繼周（字禮亭）
（清・昌樂人）
［民國］昌樂縣續志 28/10
孟繼熾（字體昌）
（清・鄒縣人）
［光緒］鄒縣續志 12/上 6
鄒縣鄉土志耆舊錄/20
孟繼熔（字陶青）
（長清人）
［民國］長清 12/10
23 孟峻（清・單縣人）
［康熙］單縣 8/50
［民國］單縣 9/33
孟傅斌（字憲卿）
（清・陽穀人）
［民國］增修陽穀人物/師道 27
孟獻子（名蔑）
（春秋・魯人）
［嘉靖］山東 28/9
［康熙］山東 38/9
［萬曆二十四年］兗州 30/3
［康熙］兗州 23/3
［乾隆］兗州 23/2
24 孟德（元・濟南人）
［嘉靖］山東 25/22,29/19
［康熙］山東 32/11,39/17
［宣統］山東 158/23
［康熙］濟南 43/9
［道光］濟南 34/29,48/17
［崇禎］歷乘 16/13
［崇禎］歷城 10/9
［乾隆］歷城 36/24
［順治］鄒平 4/8
［康熙］淄川 4/7
［乾隆］淄川 4/7
［民國］齊東 5/6,6/32
孟德（清・德州人）
［康熙］德州 6/8
孟仕（明・渭南人）
［萬曆］青州 12 又/7
［康熙十五年］青州 12 又/7
［康熙四十八年］青州 12 又/7
［康熙］沂水 4/27
［道光］沂水 5/28
孟勳（明・北直棗強人）
［宣統］山東 72/26
［康熙］曹州志 7/53
［乾隆］曹州府 12/17
［光緒］菏澤 7/宦蹟 21
［光緒］新修菏澤 8/14
孟化龍（清・陝西渭南人）
［雍正］山東 27/104
［宣統］山東 75/43
［康熙］濟南 26/9
［道光］濟南 71/64
［乾隆］武定府 16/13
［咸豐］武定府 19/13
［乾隆］濟陽 14/3
［民國］濟陽 20/3
［乾隆］惠民 5/22
［光緒］惠民 18/14
惠民縣鄉土志/政績錄 7
孟僖子（名貜）

（春秋・魯人）
［嘉靖］山東 28/12
［康熙］山東 38/12
［萬曆元年］兗州 40/士行 1
［萬曆二十四年］兗州 30/3
［康熙］兗州 23/4
［乾隆］兗州 23/2
孟德仁（清・濟寧人）
［乾隆］濟寧直隸州 27/36
［道光］濟寧直隸州 8/4－39
25 **孟純**（明・棗強人）
［康熙十二年］陽穀 2/14
［康熙］陽穀 2/11
［光緒］陽穀 4/2
孟佛護（南北朝・安丘人）
［萬曆］安丘 27/58
孟傳韻（字佩雅）
（清・單縣人）
［民國］單縣 12/鄉賢 5
孟傳玉（清・長清人）
［道光］長清 12/21
孟傳璋（清・陽穀人）
［光緒］陽穀 7/5
［民國］增修陽穀人物/忠烈 23
孟傳璜（清・陽穀人）
［光緒］陽穀 7/5,14/9
［民國］增修陽穀人物/忠烈 23
孟傳瑾（字樹珊）
（清・陽穀人）
［光緒］陽穀 6/30
［民國］增修陽穀人物/仕宦 21
孟傳琦（字魏卿）
（清・鄒縣人）
［民國］續修鄒縣志稿/人物－耆舊
孟仲習（宋）
［康熙］曹州志 7/49
［光緒］菏澤 7/宦蹟 17
孟仲子（名睪）
（春秋・魯人）
［嘉靖］山東 24/11
［康熙］山東 29/11
［萬曆元年］兗州 7/70
［萬曆］鄒志 1/46
［康熙十二年］鄒縣志 2/29
［康熙五十五年］鄒縣志 2/24
［民國］續修鄒縣志稿/人物－聖賢
鄒縣鄉土志聖賢錄/12
［乾隆］曲阜 69/3
孟傳舫（字論表）
（清・單縣人）
［民國］單縣 10/35
孟傳峯（清・陽穀人）
［民國］增修陽穀人物/仕宦 21
孟傳宗（字耀先）
（清・壽張人）
［光緒］壽張 7/16
孟傳禎（字幹臣）
（清・長清人）
［民國］長清 13/3
孟傳澄（清・淄川人）
［宣統］三續淄川 10/28
孟仲淵（字菊屏，號飲豪）
（清・單縣人）
［民國］單縣 11/36
孟傳遠（字薪久）
（清・汶上人）
［宣統］四續汶上稿/人物－孝弟傳
孟傳湯（清・金鄉人）
［民國］金鄉 14/20
孟傳祥（清・諸城人）
［光緒］增修諸城縣續志 14/10
孟傳森（字煥庭）
（清・夏津人）
［民國］夏津續編 8/28
孟傳梓（字岷桐，號琴山）
（清・長清人）
［民國］長清 11/33
孟傳楨（字幹臣）
（清・夏津人）
［民國］夏津續編 8/14
孟傳蘇（字景坡）
（清・臨邑人）
［民國］續修臨邑 3/32
孟傳昔（字君重，號雲岩）
（清・章邱人）
［道光］濟南 61/10
［道光］章邱 11/77
孟傳薪（清・臨朐人）
臨朐縣鄉土志 1/耆舊
孟傳芝（清・曲阜人）
［民國］續修曲阜 5/24
孟傳芝（字秀三）
（清・鄒縣人）
［民國］續修鄒縣志稿/人物－耆舊
鄒縣鄉土志耆舊錄/22
孟傳書（字車五）
（清・單縣人）
［民國］單縣 12/鄉賢 5
孟傳哲（清・泗水人）
［光緒］泗水 11/8
［光緒］泗水縣鄉土志/14
孟傳典（字含章）
（清・壽張人）
［光緒］壽張 7/11
壽張縣鄉土志/耆舊－事業
孟傳則（字日曉）
（清・單縣人）
［民國］單縣 12/鄉賢 2
孟傳賢（字德升）
（清・樂安人）
［民國］樂安 10/29
［民國］續修廣饒 19/54
孟仲賢（元・許商人）
［宣統］山東 69/21
［道光］濟南 34/36
［康熙五十五年］長山 3/28
［嘉慶］長山 5/37
［道光］商河 7/11
［民國］重修商河 8/9
商河縣鄉土志 2/耆舊－事業
孟傳鉽（清・陽穀人）
［光緒］陽穀 9/6
孟傳鎮（東阿人）
［民國］東阿 15/18
孟傳鑄（字劍農，號柳橋）
（清・章邱人）
［宣統］山東補遺/9

章邱縣鄉土志/上 29
孟傳鍔(清·陽穀人)
[光緒]陽穀 9/6
孟傳鈞(清·臨朐人)
臨朐縣鄉土志 1/耆舊
孟傳耀(字迪前)
(清·臨沂人)
[民國]臨沂 10/22
26 **孟自重**(字任斯)
(清·長山人)
[康熙五十五年]長山 6/53
[嘉慶]長山 10/31
孟自任(字承吾)
(明·朝城人)
[康熙]朝城 8/33
孟自桓(字譜先,號炳山)
(清·東平人)
[光緒]東平州 15/上 42
[民國]東平縣 11/上 17
孟自勵(清·陽穀人)
[光緒]陽穀 6/29
孟自銘(字誌夫)
(明·陽穀人)
[民國]增修陽穀人物/孝義 5
27 **孟僎**(明·北直玉田人)
[宣統]山東 71/14
[康熙]濟南 25/26
[道光]濟南 36/33
[康熙]齊河 5/35
[雍正]齊河 5/34
[民國]齊河 22/2
齊河縣鄉土志政績錄/4
孟紹孔(明·昌邑人)
[康熙]昌邑 6/27
[乾隆]昌邑 6/170
孟象巖(字岱峯)
(清·東平人)
[乾隆]泰安府 18/55
[乾隆]東平州 15/17
[道光]東平州 15/17
[光緒]東平州 15/下 25
孟詹繹(字弁穀,號柳谷)
(清·淄川人)
[道光]濟南 54/73
[宣統]三續淄川 10/17
淄川縣鄉土志/鄉宦耆舊
孟屺瞻(字蓼齋)
(清·歷城人)
[民國]續修歷城 39/26
28 **孟馥**(晉·安丘人)
[萬曆]安丘 27/57
孟儀(春秋)
[嘉靖]山東 24/11
[康熙]山東 29/10
[萬曆元年]兗州 7/72
[萬曆二十四年]兗州 7/24
[康熙]兗州 8/25
[道光]濟寧直隸州 8/1-69
孟微生(南北朝·安丘人)
[萬曆]安丘 27/58
29 **孟嶙**(字子峋)
(清·谷城人)
[康熙]單縣 8/38
[乾隆]單縣 7/26,12/29
[民國]單縣 9/68,23/20
孟秋(字子成,號我疆)
(明·茌平人)
[康熙]山東 41/27,61/22
[雍正]山東 28/人物三 48,35/傳 15,35/墓碑 39
[宣統]山東 162/35
[萬曆二十四年]兗州 42/58
[康熙]兗州 32/48
[萬曆]東昌 19/65
[乾隆]東昌 41/7,50/10
[嘉慶]東昌 33/7
[康熙二年]茌平 2/43,2/47,3/48,4/26
[康熙四十九年]茌平 2/43,3/48,4/26
[宣統]茌平 12/2,23/33
[民國]茌平 12/41
[康熙]張秋志 7/23,11/12,11/14,11/又 25
[民國]續修東阿 14/18
孟秋(明·陝西人)
[康熙]聊城 2/3
孟秋(字子成)
(明·陽穀人)
[民國]增修陽穀人物/仕宦 6,人物/文苑 2
30 **孟寬**(字太涵)
(清·淄川人)
[乾隆]淄川 6/下 13
孟寧(宋·鄒縣人)
[康熙五十五年]鄒縣志 2/9
[民國]續修鄒縣志稿/世職
孟宗(字恭武)
(漢·鄒人)
[嘉靖]山東 30/15
[康熙]山東 40/16
[雍正]山東 28/人物一 19
[宣統]山東 165/2
[萬曆元年]兗州 40/孝友 1
[萬曆二十四年]兗州 8/5
[康熙]兗州 9/5
[乾隆]兗州 23/14
孟宗(明·金鄉人)
[康熙十二年]金鄉 5/17
[康熙五十一年]金鄉 7/24
孟憲文(莒縣人)
[民國]重修莒志 62/18
孟永言(清·文登人)
[光緒]文登 10/上 6
孟宗諒(宋·恩州人)
[萬曆]恩縣 4/11
[宣統]重修恩縣 8/18
[民國]重修恩縣 11/鄉賢 15
孟憲武(民國)
[民國]朝城縣續志 1/26
孟良弼(字天與,一作天予)
(明·臨沂人)
[萬曆]沂州志 7/32
[康熙]沂州志 5/65
[乾隆]沂州府 25/21
[民國]臨沂 9/44
孟守己(清·單縣人)
[康熙]單縣 8/12
[乾隆]單縣 7/8
[民國]單縣 9/57
孟宗師(宋·恩州人)
[萬曆]恩縣 4/11
孟憲俊(字繡唐)
(歷城人)
[民國]夏津續編 6/35
孟良佐(元·高唐人)
[道光]高唐州 5/1-8

孟寅生(清·直隸趙州人)
[宣統]山東 77/39
[乾隆]昌邑 5/108
孟良士(清·夏津人)
[乾隆]東昌 43/39
[乾隆]夏津 8/21
孟濟世(清·臨沂人)
[康熙]兗州續編 16/36
[乾隆]沂州府 26/24
[民國]臨沂 10/2
孟永杞(清·東平人)
[乾隆]東平州 15/8
[道光]東平州 15/8
[光緒]東平州 15/下 7
[民國]東平縣 11/中 26
孟宗昌(明·定陶人)
[嘉靖]山東 35/4
[康熙]山東 45/9
孟憲昤(字曉東)
(昌樂人)
[民國]昌樂縣續志 34/9
孟之反(名側)
(春秋·魯人)
[萬曆元年]兗州 40/武功 4
孟良卿(字時亮)
(明·陽信人)
[康熙]濟南 40/7
[乾隆]武定府 24/21
[康熙]陽信 9/7
[乾隆]陽信 7/6
[民國]陽信 5/宦蹟 10
信邑志稿 7/循良
孟之滕(明·陽穀人)
[康熙十二年]陽穀 4/3
[康熙]陽穀 4/2
[光緒]陽穀 7/1
[民國]增修陽穀人物/孝義 3
孟憲曾(字次豐)
(清·昌樂人)
[民國]昌樂縣續志 31/17
孟宗美(清·鉅野人)
[道光]鉅野 13/36
31 **孟濬**(宋·恩州人)
[萬曆]恩縣 4/11
孟源(明·曹縣人)
[康熙]曹縣 11/21
[康熙]兗州府曹縣 11/又 21
[光緒]曹縣 11/武職 46
32 **孟泓**(字度汪)
(清·單縣人)
[乾隆]單縣 7/16
[民國]單縣 9/56
孟業(字敬業)
(北齊·鉅鹿人)
[嘉靖]山東 26/22,30/34
[康熙]山東 34/3,40/36
[宣統]山東 67/22
[萬曆二十四年]兗州 8/10
[康熙]兗州 9/10
[萬曆]東昌 18/11
[乾隆]東昌 33/12
[嘉慶]東昌 20/20
孟淵(晉·安丘人)
[萬曆]安丘 27/57
孟淵(元·泗水人)
[光緒]泗水 10/29
孟兆熊(字非熊,號泗溶)
(清·朝城人)
[康熙]朝城 8/14
朝城縣鄉土志/13
孟兆禎(清平人)
[民國]清平/人物 83
孟兆圖(字文赤)
(清·朝城人)
[康熙]朝城 8/25
孟兆年(字毓齡)
(清·長山人)
[嘉慶]長山 10/25
33 **孟泌**(元·德州人)
[嘉靖]德州 3/1
[萬曆]德州 9/36
[康熙]德州 8/8
[民國]德縣 10/5
孟心孔(明·武昌人)
[光緒]增修登州 32/8
[康熙]寧海州 7/4
[同治]重修寧海州 13/9
[民國]牟平 6/73
孟述頤(清·陽穀人)
[光緒]陽穀 9/6
34 **孟達**(清·陽穀人)
[光緒]陽穀 6/30
孟祺(字德卿)
(元·宿州符離人)
[嘉靖]山東 34/5
[康熙]山東 48/4
[宣統]山東 200/6
[乾隆]泰安府 18/70
[萬曆元年]兗州 42/14
[萬曆二十四年]兗州 35/31,37/31
[康熙]兗州 27/28,28/72
[康熙]東平州 4/61
[乾隆]東平州 15/36
[道光]東平州 15/37
[光緒]東平州 15/下 66
[民國]東平縣 11/下 34
[康熙]濟寧州 7/46
[乾隆]濟寧直隸州 28/13
[道光]濟寧直隸州 8/4-45
[康熙]魚臺 17/41
[乾隆]魚臺 11/4
[光緒]魚臺 3/2
孟淩雲(清·莒州人)
[宣統]山東 173/16
[民國]重修莒志 61/6
孟浩然(唐)
[萬曆二十四年]兗州 8/16
[康熙]兗州 9/16
孟漢臣(字朝宗)
(明·章邱人)
[道光]章邱 11/58
35 **孟迪**(明·山西太原人)
[宣統]山東 73/1
[嘉靖]青州 13/39
[萬曆]青州 12/28
[康熙十五年]青州 12/28
[康熙四十八年]青州 12/28
[康熙六十年]青州 12/17
[咸豐]青州 36/4
[光緒]益都縣圖志 18/5
36 **孟祀**(字彥達)
(後漢·平昌人)
[咸豐]青州 39/13
[萬曆]安丘 24/41
安丘縣鄉土志 4/耆舊錄 1
[康熙]德平 3/32

[光緒]德平 6/2
孟暹(清·陽穀人)
[民國]增修陽穀人物/仕宦 15
孟澤厚(清·直隸靖海衛武進士)
[道光]重修膠州 23/9
[民國]增修膠志 18/8
37 孟遲(字升之)
(唐·平昌人)
[道光]濟南 47/17
孟過(號拙菴老人)
(元·壽光人)
[嘉靖]青州 15/55
[萬曆]青州 14/38
[康熙十五年]青州 14/38
[康熙四十八年]青州 14/隱逸 12
[康熙六十年]青州 20/4
[咸豐]青州 42/18
[康熙]壽光 28/2
[嘉慶]壽光 15/2
[民國]壽光 12/人物志二 81
孟次陽(字崇基)
(南朝宋·平昌人,一作安丘人)
[萬曆]青州 15/19
[康熙十五年]青州 15/19
[康熙四十八年]青州 15/武功 6
[康熙六十年]青州 16/45
[咸豐]青州 39/14
[萬曆]安丘 21/28
安丘縣鄉土志 4/耆舊錄 1
孟淑尼(字自淑)
(清·濟寧人)
[乾隆]濟寧直隸州 26/21
[道光]濟寧直隸州 8/3－28
38 孟海(字涵伯,號陽坡)
(明·沂州人)
[康熙]沂州志 5/73
[乾隆]沂州府 26/19
孟洋(字望之)
(明·河南信陽人)
[宣統]山東 72/10
[康熙]兗州續編 14/23
[乾隆]兗州 22/30
[萬曆]汶上 5/3
孟遵濂(字愚溪,號廬山)
(清·長山人)
[嘉慶]長山 8/25
孟遵浩(字亦然)
(清·長山人)
[嘉慶]長山 9/32
孟遵道(字仲賢)
(元·濟南人)
[嘉靖]山東 26/16
[康熙]山東 33/19
[宣統]山東 69/28
[萬曆元年]兗州 38/循吏 40
[萬曆二十四年]兗州 28/21
[康熙]兗州 22/20
[乾隆]兗州 22/17
[乾隆]武定府 24/13
[咸豐]武定府 24/循良 2
[萬曆]商河 7/2
[道光]商河 7/10
[民國]重修商河 8/9
商河縣鄉土志 2/耆舊－事業
[康熙十二年]陽穀 3/1,7/9
[康熙]陽穀 3/1,7/5
[光緒]陽穀 5/1,12/5
[民國]增修陽穀名宦/1,藝文/碑 1
孟海公(隋·濟陰人)
[萬曆二十四年]兗州 37/35
[康熙]兗州 28/76
[康熙]曹州志 20/16
[乾隆]曹州府 22/9
[光緒]菏澤 20/17
39 孟泮思(清·莒縣人)
[民國]重修莒志 62/8
40 孟嘉(字萬年)
(晉)
[嘉靖]山東 30/16
[康熙]山東 40/18
[雍正]山東 28/人物一 39
[萬曆元年]兗州 40/文苑 3
[萬曆二十四年]兗州 8/7
[康熙]兗州 9/7
[乾隆]兗州 23/20
孟奎(字元秀)
(金·遼陽人)
[嘉靖]山東 26/26
[康熙]山東 34/7
[宣統]山東 69/5,69/10
[康熙]濟南 25/16
[道光]濟南 34/17
[萬曆]東昌 18/25
[乾隆]東昌 33/21
[嘉慶]東昌 20/33
[嘉靖]淄川 6/77
[萬曆]淄川 27/7
[康熙]淄川 4/7
[乾隆]淄川 4/7
淄川縣鄉土志/政績錄
孟奎(元·高唐人)
[道光]高唐州 5/1－8
孟喜(字長卿)
(漢·東海蘭陵人)
[至元]齊乘 6/17
[嘉靖]山東 30/5
[康熙]山東 40/5
[雍正]山東 28/人物一 7
[宣統]山東 153/14,162/4
[萬曆元年]兗州 40/儒林 4
[萬曆二十四年]兗州 8/3
[康熙]兗州 9/3
[乾隆]兗州 23/7
[萬曆]沂州志 6/28
[康熙]沂州志 5/9
[乾隆]沂州府 27/1
[康熙]嶧縣 4/11
[乾隆]嶧縣 8/2
[光緒]嶧縣 21/鄉賢 22
孟柱(清·昌樂人)
[嘉慶]昌樂 24/14
孟希文(明·鄒縣人)
[嘉靖]鄒縣地理誌 1/27
孟克從(字審言)
(宋·恩州人)
[乾隆]東昌 41/4
[嘉慶]東昌 33/4,45/46
[嘉靖]恩縣 8/5
[宣統]重修恩縣 8/29
[民國]重修恩縣 11/鄉賢 31
孟志源(字德清)

（金・膠人）
［康熙］萊州 10/98
孟士通（清・無棣人）
［民國］無棣 13/30
孟士耕（字聘三）
（清・章邱人）
［道光］章邱 10/35
孟士甲（清・黃縣人）
［同治］黃縣 9/3
［民國］黃縣志稿 13/人物－死難
41 孟姬（周・齊人）
［康熙］山東 28/3
［萬曆］青州 16/2
［康熙十五年］青州 16/2
［康熙］臨淄 9/5
孟楨（字廷幹，號寧宇）
（明）
［康熙］沂州志 5/73
［乾隆］沂州府 25/26
43 孟𨍢（東漢）
［萬曆二十四年］兖州 8/5
孟城（清・陽穀人）
［光緒］陽穀 6/29
44 孟芳（字愛尋）
（清・單縣人）
［民國］單縣 12/鄉賢 18
孟恭（元・高唐人）
［道光］高唐州 5/2－17
［光緒］高唐州 5/2－20
［民國］高唐縣 12/32
孟楠（明・杞縣人）
［順治］堂邑 2/職官又 12
［康熙］堂邑 10/9
孟楠（明・濬縣人）
［宣統］山東 73/9
［咸豐］青州 36/32
［雍正］樂安 11/5
［民國］樂安 8/20
［民國］續修廣饒 17/4
孟萬育（清・齊東人）
［道光］濟南 56/22
［民國］齊東 5/49
孟萬玉（清・齊東人）
［民國］齊東 5/49
孟莊子（周）
［萬曆元年］兖州 40/武功 3
孟世法（字叔壯）
（清・東平人）
［康熙］東平州續志 6/2
孟若思（字子敬）
（清・長山人）
［嘉慶］長山 10/17
孟世明（明・陽穀人）
［康熙十二年］陽穀 4/2
［康熙］陽穀 4/2
［光緒］陽穀 7/1
孟華印（字德輝）
（清・長山人）
［嘉慶］長山 10/25
孟其人（字行之，號仲黃）
（清・陽穀人）
［雍正］山東 28/人物四 50
［宣統］山東 172/17
［康熙］兖州續編 16/33
［乾隆］兖州 23/64
［康熙十二年］陽穀 3/18
［康熙］陽穀 3/27
［光緒］陽穀 6/25
［民國］增修陽穀人物/文苑 2
孟世猷（字季準）
（清・東平人）
［乾隆］泰安府 18/56
［乾隆］東平州 15/5
［道光］東平州 15/5
［光緒］東平州 15/下 5
［民國］東平縣 11/中 24
46 孟楫（字用汝，號濟菴）
（清・鄒縣人）
［康熙］兖州續編 16/8
［乾隆］兖州 23/69
［康熙五十五年］鄒縣志 2/39
［民國］續修鄒縣志稿/人物－耆舊
鄒縣鄉土志耆舊錄/18
47 孟郁（字敬達）
（漢・偃師人）
［萬曆二十四年］兖州 26/12
［康熙］兖州 21/12
［康熙］曹州志 7/42
［乾隆］曹州府 12/4
［萬曆］濮州 3/名宦 4
［康熙］濮州 3/4
［乾隆］濮州 3/4
［宣統］濮州 4/4
［光緒］菏澤 7/宦蹟 10
［光緒］新修菏澤 8/2
菏澤縣鄉土志/7
［康熙］兖州府曹縣 10/1
［光緒］曹縣 10/1
孟懿子（名何忌）
（周）
［萬曆元年］兖州 40/士行 1
［萬曆二十四年］兖州 7/23
［康熙］兖州 8/23
孟鶴林（字松野，號雪堂）
（清・章邱人）
［宣統］山東 169/34
章邱縣鄉土志/上 36
孟朝臣（清・陽穀人）
［光緒］陽穀 6/29
孟起鳳（字蛟門）
（清・黃縣人）
［同治］黃縣 9/2
48 孟翰（字西園）
（清・陽穀人）
［民國］增修陽穀人物/仕宦 13，人物/文苑 3
孟敬子（名捷）
（周）
［萬曆元年］兖州 40/士行 2
［萬曆二十四年］兖州 30/4
［康熙］兖州 23/4
［乾隆］兖州 23/2
50 孟表（字武進，一作孟達）
（南北朝・濟北蛇邱人）
［嘉靖］山東 30/29
［康熙］山東 40/31
［萬曆元年］兖州 40/武功 14
［萬曆二十四年］兖州 33/32
［康熙］兖州 9/10，26/30
［乾隆］兖州 23/24
［康熙十一年］寧陽 7/6
［康熙四十一年］寧陽 7/6
［乾隆］寧陽 7/武功 1
［咸豐］寧陽 12/32

[光緒]寧陽 12/32
[嘉慶]肥城 17/16
[光緒]肥城 9/6
肥城縣鄉土志 5/13
孟肅(清・陽穀人)
[民國]增修陽穀人物/仕宦 15,人物/仕宦 16
孟泰(清・商河人)
[雍正]山東 28/人物四 42
[宣統]山東 171/44
[乾隆]武定府 23/51
[道光]商河 7/39
[民國]重修商河 8/31
商河縣鄉土志 2/耆舊－事業
孟東秀(明・鄒縣人)
[康熙十二年]鄒縣志 2/51
[康熙五十五年]鄒縣志 2/72
鄒縣鄉土志耆舊錄/15
51 **孟軻**(字子輿,一字子車)(戰國・魯人,一作鄒人)
[康熙]山東 29/3
[雍正]山東 11/闕里二 5
[宣統]山東 153/11
[嘉靖]青州 12/6
[萬曆]青州 13/1
[康熙十五年]青州 13/1
[康熙四十八年]青州 13/1
[萬曆元年]兗州 7/11
[萬曆二十四年]兗州 7/8
[康熙]兗州 8/9
[乾隆]兗州 7/14
[嘉靖]濮州 8/1
[嘉靖]鄒縣地理誌 1/22,4/1,4/2
[萬曆]鄒志 1/44
[康熙十二年]鄒縣志 2/27
[康熙五十五年]鄒縣志 2/21
[民國]續修鄒縣志稿/人物－聖賢
鄒縣鄉土志聖賢錄/12
[萬曆]滕志 6/70
[康熙]滕志 6/48
[康熙]滕縣志 6/賓客 1
[道光]滕縣志 6/賓師 48
[萬曆]汶上 6/19
[康熙]滋陽 4/上 50
[乾隆]曲阜 58/4
[康熙]臨淄 9/1
[民國]臨淄 29/20
53 **孟咸明**(字希哲)(清・濟寧人)
[民國]濟寧直隸州續志 14/3
54 **孟持世**(字若禹,號恕菴)(清・臨沂人)
[康熙]兗州續編 16/35
[康熙]沂州志 5/77
[乾隆]沂州府 25/28
[民國]臨沂 10/1
55 **孟慧熙**(南北朝・安丘人)
[萬曆]安丘 27/58
56 **孟規**(宋・恩州人)
[萬曆]恩縣 4/33
[宣統]重修恩縣 8/18
[民國]重修恩縣 11/鄉賢 15
57 **孟輅**(字樸齋)(明・城武人)
[康熙九年]城武 3/56
[康熙四十一年]城武 5/上文學 2
[道光]城武 9/下 1
孟抱智(清・臨清人)
[乾隆]臨清直隸州 8/下 7
[民國]臨清縣/人物 61
60 **孟旦**(漢・廣川人)
[萬曆]青州 15/58
[康熙十五年]青州 15/又 58
[康熙四十八年]青州 15/僑寓 5
[萬曆]諸城 7/47
孟旦(清・陽穀人)
[光緒]陽穀 6/29
孟國(字立菴)(清・章丘人)
[道光]濟南 54/22
孟昊(明・長治人)
[康熙]棲霞 4/24
孟晟(清・陽穀人)
[光緒]陽穀 6/29
孟星(清・陽穀人)
[民國]增修陽穀人物/仕宦 14
孟昱(字子雍)(清・陽穀人)
[民國]增修陽穀人物/善行 39
孟思言(元・鄒人)
[乾隆]東昌 44/22
[嘉慶]東昌 34/8
[宣統]聊城 8/98
孟思聰(明・德平人)
[道光]濟南 52/53
[乾隆]德平 3/12
[嘉慶]德平 7/13
[光緒]德平 7/24
德平縣鄉土志/耆舊錄
孟國僑(字非木)(清・萊蕪人)
[民國]萊蕪 19/2
[民國]續修萊蕪 25/2
萊蕪縣鄉土志/10
孟景岱(字魯瞻)(清・滋陽人)
[光緒]滋陽 9/18
孟昌宗(元・定陶人)
[萬曆二十四年]兗州 37/6
[康熙]兗州 28/35
[順治]定陶 5/19
[乾隆]定陶 6/6
[民國]定陶 6/41
孟國宁(字立庵)(清・章邱人)
[道光]章邱 10/34
孟日容(清・東平人)
[乾隆]東平州 15/7
[道光]東平州 15/7
[光緒]東平州 15/下 7
[民國]東平縣 11/中 26
東平州鄉土志上/耆舊錄 35
孟國祥(清)
[嘉慶]慶雲 7/36
孟見用(字熙寰)(清・淄川人)
[康熙]淄川 5/38
[乾隆]淄川 5/38

孟甲年(字冠乙)
(清・東平人)
[光緒]東平州 15/中 26
[民國]東平縣 11/上 42
東平州鄉土志上/耆舊錄 42
61 孟暭(清・長山人)
[嘉慶]長山 9/23
64 孟曈(字朗行)
(清・臨沂人)
[乾隆]沂州府 27/7
[民國]臨沂 10/2
66 孟煛(清・陽穀人)
[光緒]陽穀 6/29
67 孟昭章(字子貞)
(清・鄒縣人)
[民國]續修鄒縣志稿/人物－耆舊
孟昭顏(字霄童)
(黃縣人)
[民國]黃縣志稿 13/民國懿行
孟昭斌(字吉甫)
(清・鄒縣人)
[民國]續修鄒縣志稿/人物－耆舊
孟昭麟(字若陵)
(清・無棣人)
[民國]無棣 12/13
孟昭瑞(清・高唐人)
[民國]高唐縣 12/92
孟昭然(字豁亭)
(清・昌樂人)
[民國]昌樂縣續志 31/17
孟昭德(清・濟陽人)
[民國]濟陽 11/22
孟昭德(字克明)
(長清人)
[民國]長清 12/26
孟昭侗(字與愿)
(長清人)
[民國]長清 12/7
孟嗣宣(字希文)
(清・膠州人)
[民國]增修膠志 42/22
孟昭坤(字叔元)
(長清人)
[民國]長清 12/26
孟昭堂(字琴軒)
(長清人)
[民國]長清 12/26
孟昭烺(字少甫)
(清・昌樂人)
[民國]昌樂縣續志 31/18
71 孟長庚(明・城武人)
[康熙九年]城武 3/22
[康熙四十一年]城武 5/下義烈 4
[道光]城武 9/下 45
孟長巒(號篠林)
(清・臨邑人)
[道光]濟南 56/44
[道光]臨邑 9/7
[同治]臨邑 9/循異 7
孟長民(清・朝城人)
[康熙]朝城 8/38
孟長人(字濟之,號本青,一作木青)
(明・陽穀人)
[道光]濟南 38/8
[康熙十二年]陽穀 3/8
[康熙]陽穀 3/7,3/28
[光緒]陽穀 5/6,6/26
[民國]增修陽穀人物/仕宦 12
孟長智(字慧元)
(清・長山人)
[道光]濟南 55/33
[嘉慶]長山 10/5
76 孟陽(春秋・齊人)
[萬曆]青州 14/1
[康熙十五年]青州 14/1
[康熙四十八年]青州 14/忠義 1
[康熙六十年]青州 17/1
[民國]臨淄 22/55
孟陽布(清)
[嘉慶]慶雲 7/37
孟陽春(字萬輝)
(明・長山人)
[道光]濟南 50/55
[康熙五十五年]長山 6/39
[嘉慶]長山 10/4
77 孟鳳(明・曲阜人)
[嘉靖]山東 30/61
[雍正]山東 28/人物三 19
[宣統]山東 160/20
[萬曆元年]兖州 40/政績 17
[萬曆二十四年]兖州 36/9
[康熙]兖州 28/9
[乾隆]兖州 23/39
[乾隆]曲阜 85/5
孟隆(字世昌)
(明・遼州舉人)
[宣統]山東 72/43
[萬曆]東昌 18/38
[乾隆]東昌 34/12
[嘉慶]東昌 22/2
[正德]莘縣 5/12
[康熙十一年]莘縣 5/4
[康熙五十六年]莘縣 5/4
[光緒]莘縣 5/6
[民國]莘縣 3/4
莘縣鄉土志/政績 5
[萬曆]汶上 5/3
孟卿(漢・東海蘭陵人)
[宣統]山東 153/27
[康熙]嶧縣 4/11
[乾隆]嶧縣 8/2
[民國]臨沂 9/3
孟卿(明・濱州人)
[康熙]濟南 44/26
[乾隆]武定府 25/8
[咸豐]武定府 25/孝友 8
[萬曆]濱州 3/50
[康熙]濱州 7/17
[咸豐]濱州 10/20
濱州鄉土志/耆舊錄
孟陶(號北峰)
(明・朝城人)
[康熙]朝城 8/22
孟興(元)
[宣統]三續淄川 9/40
孟興康(字堯衢)
(清・東平人)
[光緒]東平州 15/下 52
[民國]東平縣 11/下 21
孟興詒(字台言)
(清・曹縣人)

［光緒］曹縣14/行誼26
孟興麟（字魯疆）
（清・章邱人）
［道光］章邱10/52
孟興琦（字玉叔）
（清・黃縣人）
［民國］黃縣志稿13/清懿行
孟興聚（字敬甫）
（清・濟寧人）
［民國］濟寧直隸州續志15/7
孟興俊（字易千）
（清・長清人）
［道光］濟南56/59
［道光］長清12/28
［民國］長清11/33
孟興岐（清・陽穀人）
［民國］增修陽穀人物/善行41
孟興禮（字天敘）
（清・壽張人）
［光緒］壽張7/21
孟興洙（字溯宣）
（清・單縣人）
［民國］單縣10/7
孟興淑（清・城武人）
［道光］城武9/下39
孟居敬（元・東昌人）
［嘉靖］山東25/24
［康熙］山東32/13
［宣統］山東161/23
［康熙］濟南25/22
［道光］濟南34/36
［康熙四十三年］長山3/宦績
［康熙五十五年］長山3/29
［嘉慶］長山5/37
孟興本（字先根，號蕙圃，一號晶房）
（清・單縣人）
［民國］單縣11/34
孟興東（字仰宣）
（清・單縣人）
［民國］單縣10/7
孟興甲（字冠英）
（清・東阿人）
［民國］續修東阿11/13
孟興賢（清・長清人）
［道光］長清12/16
［民國］長清11/33
孟興印（清・陽穀人）
［民國］增修陽穀人物/文苑3
孟同人（清・陽穀人）
［康熙］陽穀4/4
［光緒］陽穀7/3
［民國］增修陽穀人物/忠烈21，人物/孝義5
孟興善（清・朝城人）
［民國］朝城縣續志1/40
78 **孟鑒**（唐）
［嘉靖］濮州7/6
80 **孟姜**（秦・杞人）
［康熙］杞紀18/35
孟善（明・海豐人）
［嘉靖］山東29/23
［康熙］山東39/22
［雍正］山東28/人物三7
［宣統］山東160/7
［康熙］濟南43/15
［乾隆］武定府25/70
［咸豐］武定府25/武功6
［康熙］海豐10/23，11/2
海豐縣鄉土志/耆舊－事業三
［民國］無棣11/18
孟義（元・濟南人）
［道光］濟南48/17
孟公齊（宋・鄒人）
［民國］續修鄒縣志稿/世職
孟毓彥（字相珍）
（清・壽張人）
［光緒］壽張7/9
孟善王（唐・歷城人）
［民國］續修歷城31/38
孟毓璋（清・東平人）
［光緒］東平州15/中44
［民國］東平縣11/中12
孟毓登（字庸甫）
（清・東阿人）
［民國］續修東阿11/27
孟毓功（字懋菴）
（清・陽穀人）
［光緒］陽穀6/27
孟毓琦（臨清人）
［民國］臨清縣/人物80
孟毓琨（字耀堂）
（清・陽穀人）
［光緒］陽穀6/18
孟公綽（周）
［萬曆元年］兗州40/士行3
［萬曆二十四年］兗州30/4
［康熙］兗州23/4
［乾隆］兗州23/2
孟毓巖（字雲軒）
（清・高苑人）
高苑縣鄉土志/兵事
孟善保（字蘭溪）
（清・臨清人）
［宣統］山東174/32
［民國］臨清縣/人物69
孟毓家（字克軒）
（清・陽穀人）
［民國］增修陽穀人物/孝義6
孟公肇（字先文）
（明）
［萬曆二十四年］兗州8/22
［康熙］兗州9/22
孟毓垚（清・陽穀人）
［民國］增修陽穀人物/善行41
孟毓蕙（字樹軒，號鶴田）
（清・章邱人）
［道光］章邱10/51
孟毓蘭（字子徵，號湘南）
（清・長清人）
［宣統］山東169/34
［道光］長清12/2
孟毓苹（字野亭）
（清・長清人）
［民國］長清13/12
孟毓藻（字澗南）
（清・長清人）
［道光］長清12/2
［民國］長清13/3
孟毓楓（字丹溪）
（清・鄒縣人）

［光緒］鄒縣續志 12/上 6
鄒縣鄉土志耆舊錄/20
孟毓鶴（字伯青，號蓼軒）
（清・單縣人）
［民國］單縣 11/41
孟毓摛（字豔春）
（東阿人）
［民國］東阿 16/5
孟毓盛（字際斯，號漱瑤）
（清・單縣人）
［民國］單縣 11/34
孟毓慎（字心一）
（清・臨邑人）
［民國］續修臨邑 3/16
孟養性（明・齊河人）
［道光］濟南 51/40
［康熙］齊河 6/7
［雍正］齊河 6/9
［民國］齊河 23/2
齊河縣鄉土志耆舊錄/10
孟毓焜（字耀堂）
（清・陽穀人）
［民國］增修陽穀人物/師道 21
孟毓燦（字煒光）
（清・鄒縣人）
［光緒］鄒縣續志 12/上 5
鄒縣鄉土志耆舊錄/19
84 孟鑄（字成仲）
（金・莘縣人）
［乾隆］東昌 37/18
［嘉慶］東昌 27/17
［正德］莘縣 6/5
［康熙十一年］莘縣 7/4
［康熙五十六年］莘縣 7/4
［光緒］莘縣 7/12
［民國］莘縣 7/7
莘縣鄉土志/鄉宦 16
86 孟智（元・濟南人）
［道光］濟南 48/17
孟知誨（清・陽穀人）
［民國］增修陽穀人物/仕宦 15
孟知進（漢・龔邱人）
［乾隆］寧陽 7/孝子 1
［咸豐］寧陽 15/1，20/4
［光緒］寧陽 15/1，20/4
寧陽縣鄉土志/13
87 孟鏐（明・朝城人）
［康熙］朝城 8/14
孟舒（漢）
［嘉靖］山東 30/2
［康熙］山東 40/2
［萬曆元年］兗州 40/政績 1
［萬曆二十四年］兗州 8/2
［康熙］兗州 9/2
孟欽（十六國・洛陽人）
［光緒］益都縣圖志 53/1
88 孟範（字錫疇）
（清・利津人）
［民國］利津縣續志 7/義行 2
孟簡（字幾道）
（唐・德州平昌人）
［嘉靖］山東 29/11
［康熙］山東 39/10
［雍正］山東 28/人物二 15
［康熙］濟南 39/1
［道光］濟南 47/16
［嘉靖］德州 3/1
［萬曆］德州 9/35
［康熙］德州 8/6
［民國］德縣 10/4
［康熙］陵縣 5/4
［康熙］德平 3/15
［乾隆］德平 3/4
［嘉慶］德平 7/4
［光緒］德平 7/4
德平縣鄉土志/耆舊錄
孟敏（字叔達）
（漢・鄒人）
［嘉靖］山東 30/12
［康熙］山東 40/13
［雍正］山東 28/人物一 23
［宣統］山東 167/4
［萬曆元年］兗州 40/卓行 3
［萬曆二十四年］兗州 8/5
［康熙］兗州 9/5
［乾隆］兗州 23/16
孟繁嶓（字廣漢）
（清・無棣人）
［民國］無棣 13/22
孟繁第（字廣居）
（清・無棣人）
［民國］無棣 13/22
90 孟嘗（字伯周）
（東漢・會稽人）
［萬曆二十四年］兗州 8/5
［康熙］兗州 9/5
孟光（字孝裕）
（東漢・鄒人）
［萬曆二十四年］兗州 8/5
［康熙］兗州 9/5
孟拳（明・新城人，一作濱州人）
［嘉靖］山東 35/3
［康熙］山東 45/4
［道光］濟南 51/36
［乾隆］武定府 25/8
［咸豐］武定府 25/孝友 8
［萬曆］濱州 3/50
［康熙］濱州 7/16
［咸豐］濱州 10/22
濱州鄉土志/耆舊錄
［天啟］新城 8/孝友
［崇禎］新城 8/孝友
［康熙］新城 8/4
［民國］重修新城 15/6
新城縣鄉土志/耆舊－明
孟懷玉（南北朝・安丘人）
［嘉靖］山東 32/8
［康熙］山東 42/9
［雍正］山東 28/人物一 42
［嘉靖］青州 15/46
［萬曆］青州 15/19
［康熙十五年］青州 15/19
［康熙四十八年］青州 15/武功 6
［康熙六十年］青州 16/45
［咸豐］青州 54/4
［萬曆二十四年］兗州 8/7
［康熙］兗州 9/7
［萬曆］安丘 21/26
安丘縣鄉土志 4/耆舊錄 1
孟嘗君（見田文）
孟尚嶷（字立軒）
（清・鄒縣人）
［光緒］鄒縣續志 12/上 4
鄒縣鄉土志耆舊錄/23

孟光佑(字翼儲)
(明・陽穀人)
[康熙十二年]陽穀 4/3
[康熙]陽穀 4/2
[光緒]陽穀 7/1
孟尚緒(清・長清人)
[道光]濟南 56/57
[道光]長清 13/5
孟尚純(清・德平人)
[光緒]德平 7/26
孟尚淇(字伯泉)
(清・鄒縣人)
[民國]續修鄒縣志稿/人物－耆舊
孟尚友(清・陽穀人)
[光緒]陽穀 6/29
孟懷懋(字碩公)
(清・聊城人)
[康熙]聊城 3/41
孟惟恭(字彥通)
(元・鄒縣人)
[嘉靖]鄒縣地理誌 4/40
孟尚質(字紹殷)
(清・陽穀人)
[民國]增修陽穀人物/仕宦 16,人物/師道 15

1712_0 刁

00 **刁雍**(字叔和)
(北魏・渤海饒安人)
[宣統]山東 67/16
[萬曆元年]兗州 38/武功 6
刁文龍(清・鄆城人)
[康熙]鄆城 5/20
[光緒]鄆城 5/34
刁育成(清・鄆城人)
[光緒]鄆城 10/12
刁庭階(清・鄆城人)
[光緒]鄆城 5/27
鄆城縣鄉土志/耆舊錄－事業
刁文煥(清・鄆城人)
[光緒]鄆城 16/28
07 **刁毅**(明・直隸束鹿舉人)
[萬曆]青州 12 又/7
[康熙十五年]青州 12 又/7
[康熙四十八年]青州 12 又/7
[康熙]沂水 4/28
[道光]沂水 5/29
10 **刁需廉**(清・鄆城人)
[光緒]鄆城 10/12
15 **刁臻**(字詣峯)
(清・肥城人)
[嘉慶]肥城 17/25
[光緒]肥城 9/14
肥城縣鄉土志 5/27
16 **刁碧鳳**(字寶庭)
(清・鄆城人)
[光緒]鄆城 5/38,13/6,14/10
17 **刁柔**(字子溫)
(北魏・渤海人)
[乾隆]武定府 25/33
[咸豐]武定府 25/儒林 3
[乾隆]惠民 6/4
[光緒]惠民 23/3
惠民縣鄉土志/耆舊錄 18
刁承典(東阿人)
[民國]東阿 15/2
20 **刁鯨**(字東陽)
(清・鄆城人)
[光緒]鄆城 16/4
刁雙(字子山)
(北魏・渤海饒安人)
[嘉靖]山東 26/4
[康熙]山東 33/5
[雍正]山東 27/86,28/人物一 56
[宣統]山東 67/14
[萬曆元年]兗州 38/循吏 19
[萬曆二十四年]兗州 27/4
[康熙]兗州 21/18
[乾隆]兗州 22/7
[康熙]曹州志 7/44
[乾隆]曹州府 12/6
[康熙]兗州府曹縣 10/5
[光緒]曹縣 10/4
[光緒]菏澤 7/宦蹟 12
[光緒]新修菏澤 8/3
菏澤縣鄉土志/8
[順治]招遠 6/22
刁秉照(東阿人)
[民國]東阿 15/18
22 **刁變**(後魏)
[順治]登州 11/4
25 **刁嵊**(字峻巖)
(清・鄆城人)
[光緒]鄆城 5/24
刁傳棟(清・平陰人)
[道光]平陰續刻 2/74
[光緒]平陰 5/31
26 **刁嵎**(字東陽)
(明・鄆城人)
[崇禎]鄆城 5/14
[康熙]鄆城 5/6
[光緒]鄆城 5/7
27 **刁修翼**(明・鄆城人)
[崇禎]鄆城 6/18
[康熙]鄆城 6/25
[光緒]鄆城 8/23,10/2
28 **刁復新**(字建初)
(清・鄆城人)
[康熙]鄆城 6/21
30 **刁良**(明・四川雲陽人)
[宣統]山東 71/20
[道光]濟南 36/59
[康熙]德平 3/4
[嘉慶]德平 5/9
[光緒]德平 5/9
31 **刁福**(字仲山)
(元・鄒平人)
[道光]鄒平 15/20
[民國]鄒平 15/20
34 **刁淩雲**(字鵬搏)
(清・鄆城人)
[光緒]鄆城 16/27
35 **刁冲**(字文郎,一字文朗)
(北魏・渤海人)
[乾隆]武定府 25/33
[咸豐]武定府 25/儒林 3
[乾隆]惠民 6/3
[光緒]惠民 23/2
惠民縣鄉土志/耆舊錄 18
37 **刁通**(字叔達)
(元・寧海人)
[泰昌]登州 11/31
[順治]登州 17/8
[乾隆]續登州 10/12

[光緒]增修登州 38/16
[康熙]萊陽 8/25
[民國]牟平 8/上 4
[雍正]文登 7/24,10/1
[光緒]文登 8/上 4
刁鴻謨(東阿人)
[民國]東阿 15/17
刁鴻韻(字鳴臯)
(清・鄆城人)
[康熙]鄆城 6/19
刁鴻舉(清・鄆城人)
[康熙]山東 45/10
[康熙]兗州 28/38
[康熙]兗州續編 16/21
[康熙]鄆城 5/18
[光緒]鄆城 5/26
鄆城縣鄉土志/耆舊錄－事業
38 刁洽(清・鄆城人)
[康熙]兗州續編 16/21
[康熙]鄆城 5/18
[光緒]鄆城 5/26
鄆城縣鄉土志/耆舊錄－事業
40 刁士敬(元・文登人)
[光緒]增修登州 38/16
[雍正]文登 7/24
[光緒]文登 8/上 6
刁克成(清・臨清人)
[乾隆]臨清州 9/42
[乾隆]臨清直隸州 8/上 30
[民國]臨清縣/人物 56
44 刁堪(字輿門)
(清・臨清人)
[乾隆]臨清直隸州 8/下 4
[民國]臨清縣/人物 60
刁薮(南北朝・渤海饒安人)
[嘉靖]青州 15/60
[萬曆]青州 15/59
[康熙十五年]青州 15/59
[康熙四十八年]青州 15/僑寓 6
[康熙六十年]青州 20/16
刁藁碩(字穡園)
(清・鄆城人)
[光緒]鄆城 8/20
刁苓碩(字松千)
(清・鄆城人)
[光緒]鄆城 7/19
刁蘭祥(字馥亭)
(清・鄆城人)
[光緒]鄆城 16/29
刁若鳳(清・鄆城人)
[光緒]鄆城 10/12
刁樹棠(清・鄆城人)
[光緒]鄆城 10/12
48 刁敦(春秋・齊人)
[康熙四十八年]青州 15/說士 4
刁枚(字功臣)
(清・博平人)
[光緒]博平縣續志 10/58
刁增震(清・鄆城人)
[光緒]鄆城 5/28
鄆城縣鄉土志/耆舊錄－事業
刁翰閣(原名玉堂)
(清・東阿人)
[民國]續修東阿 11/13
60 刁日調(清・黃縣人)
[同治]黃縣 9/28
刁圖功(清・鄆城人)
[光緒]鄆城 5/27
64 刁雔(字子棨)
(漢・彭城人)
[嘉靖]山東 26/3
[康熙]山東 33/4
[雍正]山東 27/30
[宣統]山東 66/19
[萬曆元年]兗州 38/循吏 10
[萬曆二十四年]兗州 26/12
[康熙]兗州 21/12
[乾隆]兗州 22/4
[萬曆]沂州志 6/5
[康熙]沂州志 3/40
[乾隆]沂州府 20/2
[乾隆]郯城 7/23
[光緒]嶧縣 19/27
73 刁駿(字驥程)
(明・鄆城人)
[光緒]鄆城 5/11
77 刁間(漢)
[民國]臨淄 30/41

羽

80 羽父(春秋・魯人)
[嘉靖]山東 33/13
[萬曆元年]兗州 41/1
[萬曆二十四年]兗州 37/32
[康熙]兗州 28/73

1712_7 鄧

00 鄧立廷(清・德州人)
[光緒]德州志略/忠節傳略
[民國]德縣 11/2
鄧亮功(清・貴州普安人)
[道光]招遠縣續志 2/14
鄧文政(元・寧海人)
[同治]重修寧海州 17/5
鄧文進(元・寧海人)
[同治]重修寧海州 17/5
鄧文湘(字楚帆)
(清・曲阜人)
[民國]續修曲阜 5/37
鄧彥成(清・夏津人)
[民國]夏津續編 8/13
08 鄧謙(明・湖廣孝感人)
[雍正]山東 27/28
[宣統]山東 70/22
[康熙]濟南 24/30
[道光]濟南 35/31
[崇禎]歷城 6/18
10 鄧天一(原名峻德)
(廣饒人)
[民國]續修廣饒 19/84
鄧元瑞(字實賢)
(清・聊城人)
[乾隆]東昌 41/21
[嘉慶]東昌 33/17
[宣統]聊城 8/59
鄧可久(清・膠州人)
[民國]增修膠志 43/8
鄧可茂(清・膠州人)
[康熙]膠州 6/7
[乾隆]膠州 5/9
[道光]重修膠州 29/2
[民國]增修膠志 44/1
鄧再謦(字蘭谿)

（清・普安州人）
［道光］再續掖縣上/34
鄧元春（清・膠州人）
［民國］增修膠志 44/12
12 鄧廷玿（見鄧廷紹）
鄧廷紹（字孔文，號濬泉）
（明・膠州人）
［康熙］膠州 5/28
［乾隆］膠州 4/36
［道光］重修膠州 26/7
［民國］增修膠志 40/33
膠州直隸州鄉土志 4/篤行
鄧廷法（字效村）
（清・高密人）
［光緒］高密 8/上 70
［民國］高密 14/上 69
［民國］增修膠志 48/14
14 鄧瑛（清・宛平人）
［乾隆］陽信 5/7
信邑志稿 5/職官－知縣
［民國］陽信 2/27
鄧琳枝（字薌峯）
（清・聊城人）
［宣統］聊城 8/61
［民國］增修膠志 18/17，48/10
17 鄧子然（東漢）
高密縣鄉土志/上 32
鄧承黻（見鄧承韍）
鄧承韍（明・廣西全州人）
［宣統］山東 72/18
［道光］濟寧直隸州 6/6－38
［康熙］魚臺 15/20
［乾隆］魚臺 9/43
［光緒］魚臺 2/51
18 鄧璲（明・高密人）
［雍正］山東 28/人物三 4
［宣統］山東 164/42
［萬曆］萊州 6/4
［康熙］萊州 10/25
［乾隆］萊州 11/忠節 2
［康熙］高密 8/4
［乾隆］高密 8/上 20
［光緒］高密 8/上 25
［民國］高密 14/上 27
高密縣鄉土志/上 30
鄧瑜（明・濟南人）
［嘉靖］山東 25/24
［康熙］山東 32/13
［宣統］山東 70/37
［康熙］濟南 25/24，38/9
［道光］濟南 35/45，49/38
［崇禎］歷乘 16/28
［崇禎］歷城 10/17
［乾隆］歷城 41/6
20 鄧禹（漢・南陽新野人）
［康熙］高密 6/1
鄧秉謙（明・聊城人）
［道光］濟南 36/56
［乾隆］東昌 39/37
［嘉慶］東昌 29/15
［康熙］聊城 3/47
［宣統］聊城 8/15
鄧秉豫（清・東昌人）
［乾隆］東昌 40/4，40/43
［嘉慶］東昌 30/33
［康熙］聊城 3/48
［宣統］聊城 8/18
鄧維嵩（清・萊陽人）
［民國］萊陽 3/1 中 72
鄧秉坤（明・東昌人）
［康熙］聊城 3/21
鄧季筠（五代梁・宋州下邑人）
［宣統］山東 68/22
［光緒］增修登州 24/5
鄧秉恒（字元固，號瀧江，一號忍庵）
（清・聊城人）
［宣統］山東 174/9
［乾隆］東昌 40/4
［嘉慶］東昌 30/4
［康熙］聊城 3/18
［宣統］聊城 8/23
22 鄧鼎甲（清・山西靈丘人）
［康熙］堂邑 8/8
23 鄧綰（字文約）
（宋・成都雙流人）
［光緒］益都縣圖志 16/33
鄧允燮（字理三，號乂齋）
（清・聊城人）
［乾隆］東昌 40/7
［嘉慶］東昌 30/7
［宣統］聊城 8/29
24 鄧升俊（清・沙縣舉人）
［光緒］泗水縣鄉土志/4
25 鄧仲春（清・樂安人）
［民國］樂安 13/13
27 鄧紹顏（清・汶上人）
［宣統］四續汶上稿/人物－文學傳
鄧御夫（字從義）
（宋・鉅野人）
［乾隆］曹州府 21/55
［道光］鉅野 19/28，24/10
28 鄧以發（字志海）
（鉅野人）
［民國］續修鉅野 5/上 12
30 鄧守漸（字學海）
（明・聊城人）
［乾隆］東昌 39/37
［嘉慶］東昌 29/15
［康熙］聊城 3/42
［宣統］聊城 8/56
鄧守清（字星海）
（明・東昌衛人）
［雍正］山東 28/人物三 54
［宣統］山東 161/51
［乾隆］東昌 39/37
［嘉慶］東昌 29/15
［康熙］聊城 3/21
［宣統］聊城 8/13
鄧憲中（明・觀城人）
［康熙］觀城 4/9
鄧守岳（清・安邱人）
［民國］續安邱新志 21/5
鄧之榮（字樸如）
（明・聊城人）
［乾隆］東昌 41/33
［嘉慶］東昌 31/9
［宣統］聊城 8/65
33 鄧述章（清・菏澤人）
［光緒］新修菏澤 11/75
鄧述中（見郅述中）
34 鄧汝勤（舊名汝功，字謙持，一字午庢）
（清・聊城人）
［宣統］聊城 8/89
鄧汝明（字旂昭）

（清・聊城人）
［乾隆］東昌 43/4
［嘉慶］東昌 32/30
［宣統］聊城 8/84
38 **鄧肇嘉**（字欽石）
（清・四川銅梁人）
［宣統］山東 77/30
［光緒］增修登州 35/2
［光緒］海陽縣續志 2/20
40 **鄧存德**（明・南康人）
［光緒］增修登州 32/7
［嘉靖］寧海州下/17
［同治］重修寧海州 12/9
鄧希阜（明・直隸大城人）
［康熙］重修蒲臺 5/10
［乾隆］蒲臺 2/38
鄧直卿（字正與）
（明・南海人）
［道光］濟南 35/20
43 **鄧翹**（明・常熟人）
［萬曆］濮州 4/游寓 3
［康熙］濮州 4/27
［乾隆］濮州 4/41
［宣統］濮州 6/69
44 **鄧艾**（字士載）
（魏・義陽棘陽人）
［嘉靖］山東 27/2
［宣統］山東 66/33
［乾隆］沂州府 20/2
［康熙］莒州下/1
鄧懋（字黄庭）
（清・慶雲人）
［民國三年］慶雲 2/94
鄧苞瑞（字有九）
（清・聊城人）
［乾隆］東昌 40/9
［嘉慶］東昌 30/9
［宣統］聊城 8/30
鄧基聖（字思睿，號儒存，一作孺存）
（清・聊城人）
［乾隆］東昌 40/9
［嘉慶］東昌 30/9
［宣統］聊城 8/30
鄧其琰（清・遼陽人）
［乾隆］泰安府 15/33
［康熙］東平州續志 4/1
［乾隆］東平州 12/41
［道光］東平州 12/41
［光緒］東平州 14/41
［民國］東平縣 9/22
鄧萬斛（明・四川富順人）
［宣統］山東 73/17
［萬曆］青州 12/35
［康熙十五年］青州 12/35
［康熙四十八年］青州 12/35
［康熙六十年］青州 12/31
［咸豐］青州 36/9
［萬曆］諸城 4/22，5/13
［康熙］諸城 5/13
［乾隆］諸城 28/3
鄧其寬（清・陵縣人）
［光緒］陵縣 19/人物傳二 9
陵縣鄉土志/16
鄧桂林（明・新泰人）
［天啟］新泰 6/18
鄧林春（清・武定州人）
［乾隆］東昌 34/16
［嘉慶］東昌 22/7
［康熙十一年］莘縣 5/16
［康熙五十六年］莘縣 5/16
［光緒］莘縣 5/12
［民國］莘縣 3/7
莘縣鄉土志/政績 10
鄧基哲（字騫之，號嶧亭）
（清・聊城人）
［乾隆］東昌 40/8
［嘉慶］東昌 30/8
［宣統］聊城 8/82
鄧世昌（字光遠）
（清・高密人）
［光緒］高密 8/上 57
［民國］高密 14/上 67
高密縣鄉土志/上 49
鄧世明（東阿人）
［民國］東阿 15/2
鄧藩錫（字晉伯）
（明・南直金壇人）
［雍正］山東 27/40
［宣統］山東 72/3
［乾隆］兖州 22/20
45 **鄧棟**（清・臨邑人）
［道光］臨邑 9/21
46 **鄧壗**（字爲高）
（清・聊城人）
［乾隆］東昌 43/2
［嘉慶］東昌 32/27
［宣統］聊城 8/83
47 **鄧鶴**（字聞野）
（明・河南洛陽人）
光緒臨朐 13/8
鄧均（清・膠州人）
［道光］重修膠州 27/31
［民國］增修膠志 41/23
鄧馨（字椒園）
（清・河南洛陽人）
［光緒］壽張 5/12
壽張縣鄉土志/政績－去害
鄧朝江（明・陝西涇陽人）
［乾隆］嶧縣 7/27
50 **鄧書琴**（清・平原人）
［宣統］山東 170/26
［民國］續修平原 10/上 14
鄧中和（字維節）
（明・膠州人）
［萬曆］萊州 5/104
［康熙］萊州 10/31
［乾隆］萊州 10/17
［康熙］膠州 5/24
［乾隆］膠州 4/32
［道光］重修膠州 25/9
［民國］增修膠志 40/8
膠州直隸州鄉土志 4/事功
鄧書業（字耀先）
（南皮縣人）
［民國］長清 4/10
51 **鄧振**（明・進賢人）
［嘉靖］濮州 7/20
［萬曆］濮州 3/名宦 28
57 **鄧邦**（字子正，號中宇）
（明・聊城人）
［乾隆］東昌 39/36
［嘉慶］東昌 29/15
［宣統］聊城 8/56
60 **鄧昇**（明）
［康熙］郯城 6/2
鄧國球（清・鉅野人）
［乾隆］泰安府 15/27

[嘉慶]肥城 15/37
[光緒]肥城 7/51
鄧景山(唐・曹州人)
[嘉靖]山東 25/4,30/38
[康熙]山東 31/5,40/38
[雍正]山東 28/人物二 13
[宣統]山東 156/14
[道光]濟南 72/18
[嘉靖]青州 13/22
[萬曆]青州 12/13
[康熙十五年]青州 12/13
[康熙四十八年]青州 12/13
[康熙六十年]青州 12/8
[萬曆元年]兗州 40/政績 8
[萬曆二十四年]兗州 34/8
[康熙]兗州 26/40
[康熙]曹州志 15/42
[乾隆]曹州府 14/14
[光緒]益都縣圖志 16/12
[光緒]菏澤 15/43
菏澤縣鄉土志/16
鄧景舒(元)
[光緒]嶧縣 19/95
鄧躋堂(字敬齋)
(臨邑人)
[民國]續修臨邑 3/7
71 **鄧長信**(字璧園)
(清・湖南新化人)
[宣統]山東 76/35
鄧雁齡(字來賓)
(清・歷城人)
[民國]續修歷城 44/36
77 **鄧鵬翥**(字萬九)
(清・膠州人)
[道光]重修膠州 30/6
[民國]增修膠志 47/6
鄧鳳泰(清・菏澤人)
[光緒]新修菏澤 11/75
鄧際昌(清・如皋人)
[民國]齊河 22/9
80 **鄧公**(漢・成固人)
[民國]重修莒志 57/1
鄧令(明・廬江歲貢)
[同治]重修寧海州 12/12
[民國]牟平 6/72
鄧羨(北魏・安定人)
[宣統]山東 67/15
鄧鏞(明・沁源人)
[萬曆]諸城 4/22
鄧毓元(清・牟平人)
[同治]重修寧海州 21/7
[民國]牟平 7/89
82 **鄧釗**(字剛峯)
(清・陵縣人)
[光緒]陵縣 19/人物傳二 15
鄧鍾一(字紫垣)
(清・聊城人)
[乾隆]東昌 43/4
[嘉慶]東昌 32/30
[宣統]聊城 8/84
鄧鍾岳(字東長,號悔廬)
(清・聊城人)
[宣統]山東 174/4
[乾隆]東昌 40/11
[嘉慶]東昌 30/11
[宣統]聊城 8/31,耆獻文徵/又下 9
聊城縣鄉土志/23
88 **鄧篤**(明・觀城人)
[康熙]觀城 4/12
89 **鄧鏻**(字公遴)
(清・慶雲人)
[嘉慶]慶雲 9/30
[咸豐]慶雲 2/68
[民國三年]慶雲 2/50,2/94
90 **鄧堂**(明・江西南城人)
[乾隆]東昌 33/31
[嘉慶]東昌 20/43
鄧光玉(字溫伯,一字瑤夫)
(清・濟陽人)
[道光]濟南 56/26
[乾隆]東昌 34/16
[嘉慶]東昌 22/7
[乾隆]濟陽 8/26
[民國]濟陽 11/36,17/23
[光緒]莘縣 5/12
[民國]莘縣 3/7
莘縣鄉土志/政績 10
鄧光岳(字岱東)
(清・膠州人)
[道光]重修膠州 27/33
[民國]增修膠志 41/25
91 **鄧炳契**(字天敘)
(清・聊城人)
[宣統]聊城 8/90
93 **鄧熾昌**(清・江西人)
[民國]濰縣志稿 20/23
95 **鄧性**(字屺瞻)
(清・江西南昌人)
[宣統]山東 77/4
[康熙六十年]青州 12/42
[咸豐]青州 37/7
[康熙]臨淄 8/9
[民國]臨淄 18/11
96 **鄧煜**(字含黎)
(清・慶雲人)
[康熙]慶雲 8/26
[嘉慶]慶雲 9/15
[咸豐]慶雲 2/65
[民國三年]慶雲 2/30

邳

36 **邳湯**(東漢)
[乾隆]樂陵 2/26

耶

25 **耶律天祐**(元)
[萬曆]武定州 10/8
[崇禎]武定州 7/18
耶律伯堅(字壽之)
(元・桓州人)
[嘉靖]山東 26/27
[康熙]山東 34/7
[雍正]山東 27/46
[宣統]山東 69/11,69/32
[乾隆]東昌 33/23
[嘉慶]東昌 20/34
[嘉靖]恩縣 7/5
[萬曆]恩縣 4/6
[宣統]重修恩縣 6/48
[民國]重修恩縣 10/64
恩縣鄉土志/9
耶律之文(字天章)
(元)
[嘉靖]山東 26/14
[康熙]山東 33/17
[宣統]山東 69/31
[萬曆二十四年]兗州 28/17

［康熙］兗州 22/16
［乾隆］曹州府 12/13
［隆慶］單縣上/32
［康熙］單縣 6/8
［隆慶］單縣上/32
［乾隆］單縣 4/54
［民國］單縣 6/宦蹟 14
耶律有尚（字伯強，一字伯彊）
（元・東平人）
［嘉靖］山東 30/56
［康熙］山東 40/54
［雍正］山東 28/人物二 61
［宣統］山東 162/31
［乾隆］泰安府 18/9
［萬曆元年］兗州 40/文苑 16
［萬曆二十四年］兗州 35/28
［康熙］兗州 27/26
［康熙］東平州 4/10
［乾隆］東平州 14/6
［道光］東平州 14/6
［光緒］東平州 15/中 6
［民國］東平縣 11/上 30
東平州鄉土志上/耆舊錄 40
耶律鑄（字成仲）
（元）
［光緒］益都縣圖志 17/23
耶律懷義（金）
［光緒］莘縣 5/3
［民國］莘縣 3/2

郅

10 **郅雲鵬**（清・惠民人）
［光緒］惠民 20/9
惠民縣鄉土志/耆舊錄 5
18 **郅玠**（清・蒲州人）
［乾隆］濮州 3/33
［宣統］濮州 4/33
24 **郅佐清**（字靜齋）
（清・惠民人）
［光緒］惠民 23/14
惠民縣鄉土志/耆舊錄 23
30 **郅永清**（清・惠民人）
［光緒］惠民 20/9
惠民縣鄉土志/耆舊錄 5
33 **郅述中**（明・蒲州人）
［順治］堂邑 2/職官 10
［康熙］堂邑 10/4
47 **郅都**（漢・河東大陽人）
［嘉靖］山東 27/19
［道光］濟南 33/5
［崇禎］歷乘 16/24
77 **郅興**（清・惠民人）
［光緒］惠民 20/9
88 **郅敏學**（清・新泰人）
［乾隆］新泰 17/人物上增 1
新泰縣鄉土志/26

1720_7 了

33 **了心和尚**（清）
［民國］濰縣志稿 36/10

弓

40 **弓奎文**（字聯璧）
（清・觀城人）
觀城縣鄉土志/耆舊
80 **弓會文**（字濟仁）
（清・觀城人）
觀城縣鄉土志/耆舊

1721_4 翟

00 **翟齊**（字表海，號青野）
（清・掖縣人）
［民國］四續掖縣 4/75
翟賡謨（字殿颺）
（清・商河人）
［民國］重修商河 8/19，9/20
翟文深（明・臨海人）
［嘉靖］朝城志 5/17
翟文賁（號羲圖）
（清・博山人）
［康熙］顏神鎮志 4/下 5
10 **翟三俊**（元・嘉祥人）
［順治］嘉祥 4/28
［乾隆］嘉祥 3/19
［光緒］嘉祥 3/19
翟元佐（字丹衷）
（清・博山人）
［乾隆］博山 7/上 4
［民國］續修博山 11/18
翟云升（字舜堂，號文泉）
（清・掖人）
［宣統］山東 177/18
［光緒］三續掖縣 4/16
［民國］黃縣志稿 11/宦績
翟正坤（字順之）
（清・平陰人）
［光緒］平陰 5/18
11 **翟珂**（字荊陽）
（明・益都人）
［咸豐］青州 51/5
［康熙］益都/補遺
［乾隆］博山 7/下 17
［民國］續修博山 12/68
12 **翟登巍**（字梅峰）
（清・章邱人）
章邱縣鄉土志/上 52
翟延祉（字介庵）
（清・博山人）
［乾隆］博山 7/上 24
［民國］續修博山 12/46
翟延初（號岱麓）
（清・博山人）
［康熙］顏神鎮志 4/下 5
翟孔道（字泗瀾）
（明・博山人）
［康熙］顏神鎮志 4/下 8
13 **翟瓊玉**（字佩菴）
（清・博興人）
［咸豐］青州 50/14
［道光］博興 11/33
［民國］重修博興 13/31
14 **翟瓚**（明・昌邑人）
［雍正］山東 28/人物三 30
［宣統］山東 160/16
［萬曆］萊州 5/106
［康熙］萊州 10/32
［乾隆］萊州 10/18
［康熙］昌邑 6/6
［乾隆］昌邑 6/179
15 **翟建書**（字笏山，號松軒）
（清・淄川人）
［道光］濟南 54/67
［乾隆］淄川 5/又 53－1
［宣統］三續淄川 9/55
翟建鉞（字西堂）
（清・淄川人）
［乾隆］淄川 5/又 53－1

17 **翟璨**(字光斗)
(清・東明人)
[民國]東明縣新誌 11/45
東明縣志料/藝術門
翟子英(見狄子英)
翟習中(字孚公)
(清・菏澤人)
[乾隆]曹州府 15/27
[光緒]菏澤 15/66
[光緒]新修菏澤 10/48
翟豫年(字仲游)
(清・益都人)
[咸豐]青州 47/14
[乾隆]淄川 5/18,5/39,6/上 79
[乾隆]博山 7/上 25
[民國]續修博山 12/47
20 **翟鯨**(字巨鯨)
(明・嘉祥人)
[乾隆]嘉祥 2/38
21 **翟能**(字平善)
(明・河間人)
[嘉靖]章丘 3/5
翟衍濂(字蓮溪)
(掖縣人)
[民國]四續掖縣 6/49
翟占梅(清・黄縣人)
[民國]黄縣志稿 13/清懿行
翟師軻(元・嘉祥人)
[順治]嘉祥 4/28
[乾隆]嘉祥 3/19
[光緒]嘉祥 3/19
翟卓焱(清・淄川人)
[乾隆]淄川 5/30
22 **翟鑾**(字仲鳴,號石門)
(明・諸城人)
[萬曆]青州 13/46
[康熙十五年]青州 13/46
[康熙四十八年]青州 13/事功 29
[康熙六十年]青州 16/18
[咸豐]青州 44/6
[萬曆]諸城 6/12
翟崇崧(字峻西)
(清・曲阜人)
[民國]續修曲阜 5/23
翟鼎升(字小峰)
(清・淄川人)
[宣統]三續淄川 9/64
翟胤植(字蘭谷)
(清・博山人)
[康熙]顔神鎮志 4/下 9
翟豐年(清・恩縣人)
[宣統]重修恩縣 8/38
[民國]重修恩縣 11/鄉賢 43
恩縣鄉土志/25
23 **翟弁**(字文冕)
(明・陝西涇陽人)
[嘉靖]山東 26/19
[康熙]山東 33/22
[雍正]山東 27/39
[宣統]山東 72/4
[萬曆元年]兗州 38/循吏 44
[萬曆二十四年]兗州 29/2
[康熙]兗州 22/23
[康熙]兗州續編 14/4
[乾隆]兗州 22/22
[康熙四十一年]寧陽 3/16
[乾隆]寧陽 3/3
[咸豐]寧陽 11/9
[光緒]寧陽 11/9
寧陽縣鄉土志/9
翟駿(號竹坡)
(清・淄川人)
[宣統]三續淄川 9/57
24 **翟勉**(字克勤)
(明・陽穀人)
[康熙十二年]陽穀 3/27
[康熙]陽穀 3/24
[光緒]陽穀 6/24
[民國]增修陽穀人物/仕宦 3
翟德先(字祇台)
(清・昌邑人)
[光緒]昌邑縣續志 6/28
翟先樹(字介人)
(清・淄川人)
[宣統]三續淄川 9/64
翟先籙(字桐君)
(清・淄川人)
[宣統]三續淄川 9/61
淄川縣鄉土志/鄉宦耆舊
翟先箴(字星輔)
(清・淄川人)
[宣統]三續淄川 9/96
27 **翟翱**(原名鴻翱,字飛卿)
(清・掖人)
[宣統]山東 177/23
[光緒]三續掖縣 2/5
翟修來(清・恩縣人)
[宣統]重修恩縣 8/45
[民國]重修恩縣 11/鄉賢 52
28 **翟牧**(漢・沛東海人)
[光緒]嶧縣 21/鄉賢 23
翟復卿(清・長清人)
[民國]長清 13/17
30 **翟安**(明・廣東人)
[道光]濟南 36/28
[康熙四十三年]長山 3/宦績
[康熙五十五年]長山 3/31
[嘉慶]長山 5/39
翟濟(唐)
[萬曆]滕志 6/55
[康熙]滕志 6/26
[康熙]滕縣志 6/宦業 23
翟良(字玉華)
(清・博山人,一作益都人)
[康熙]山東 49/4
[雍正]山東 31/11
[康熙四十八年]青州 17/方技 6
[康熙六十年]青州 20/8
[咸豐]青州 51/6,64/35
[康熙]益都 10/21
[康熙]顔神鎮志 4/下 14
[乾隆]博山 7/下 16
[民國]續修博山 12/67
翟瀛(字懌堂)
(清・掖縣人)
[民國]四續掖縣 6/25
翟宗仁(字希元)
(明・陽穀人)
[康熙十二年]陽穀 3/27
[康熙]陽穀 3/25
[光緒]陽穀 6/24
[民國]增修陽穀人物/仕宦 3

翟進宗(五代梁)
［嘉靖］山東 25/19
［康熙］山東 32/7
［雍正］山東 27/21
［宣統］山東 68/19
［康熙］濟南 24/12
［道光］濟南 33/30
［咸豐］青州 64/22
［嘉靖］淄川 6/76
［康熙］淄川 4/4
［乾隆］淄川 4/4
翟宗道(明・博野人)
［康熙］嶧縣 3/32
［乾隆］嶧縣 7/14
翟守素(字昭儉)
(宋・任城人)
［嘉靖］山東 30/44
［康熙］山東 40/43
［雍正］山東 28/人物二 21
［宣統］山東 157/35
［萬曆元年］兗州 40/武功 18
［萬曆二十四年］兗州 35/20
［康熙］兗州 27/18
［乾隆］兗州 23/28
［康熙］濟寧州 6/14
［乾隆］濟寧直隸州 23/25,31/9
［道光］濟寧直隸州 8/2－12,9/4－207
濟寧州鄉土志 2/耆舊
［康熙］滋陽 4/上 17
翟良田(清・單縣人)
［民國］單縣 12/鄉賢 8
翟良勝(清・臨邑人)
［道光］濟南 72/45
［順治］臨邑 12/10
［康熙］重修臨邑 10/10
［道光］臨邑 9/11
［同治］臨邑 9/孝義 2
翟永常(清・新城人)
［康熙］濟南 46/4
［道光］濟南 72/41
［康熙］新城 7/51
［康熙］新城縣續志/義夫
［民國］重修新城 16/3
31 **翟灝**(字笠山)
(清・淄川人)
［道光］濟南 54/65
［宣統］三續淄川 9/56
淄川縣鄉土志/鄉宦耆舊
翟迺俊(字調元)
(清・城武人)
［康熙九年］城武 3/58
33 **翟溥福**(字德本)
(明・東莞莒人)
［民國］重修莒志 63/1
34 **翟漢**(清・淄川人)
［道光］濟南 54/65
［宣統］三續淄川 9/55
淄川縣鄉土志/鄉宦耆舊
翟潢(字天五,號澄齋)
(清・淄川人)
［道光］濟南 54/67
翟濤(字伯海)
(清・淄川人)
［道光］濟南 54/67
［宣統］三續淄川 9/57
淄川縣鄉土志/鄉宦耆舊
翟汝文(字公巽)
(宋・潤州丹陽人)
［嘉靖］山東 27/6
［康熙］山東 35/7
［雍正］山東 27/69
［宣統］山東 68/50
［嘉靖］青州 13/27
［萬曆］青州 12/20
［康熙十五年］青州 12/20
［康熙四十八年］青州 12/20
［康熙六十年］青州 12/13
［咸豐］青州 35/10
［道光］濟寧直隸州 6/6－10
［乾隆］諸城 27/8
諸城縣鄉土志/上 6
翟汝冀(明・富平人)
［康熙］兗州府曹縣 9/21
［光緒］曹縣 9/典史 3
35 **翟迪**(明・淄川人)
［宣統］山東 161/33
［嘉靖］淄川 5/74
［萬曆］淄川 30/9
［康熙］淄川 5/3
［乾隆］淄川 5/3
37 **翟凝**(字鱗江)
(清・歷城人)
［民國］續修歷城 41/17
翟鴻儀(字雲史)
(清・掖縣人)
［光緒］三續掖縣 2/10
38 **翟淦**(清・淄川人)
［道光］濟南 54/65
［宣統］三續淄川 9/55
淄川縣鄉土志/鄉宦耆舊
翟祥(明・嘉祥人)
［順治］嘉祥 4/42
［乾隆］嘉祥 3/36
［光緒］嘉祥 3/44
翟肇适(字步伯)
(掖縣人)
［民國］重修博興 10/2
40 **翟大順**(宋)
［宣統］山東 68/32
［道光］濟南 34/9
［康熙四十三年］長山 3/宦績
［康熙五十五年］長山 3/28
［嘉慶］長山 5/36
翟來豐(字瑞齋)
(清・陽穀人)
［民國］增修陽穀人物/師道 21
翟克岐(清・昌邑人)
［光緒］昌邑縣續志 6/14
翟堯佐(字亮工)
(清・浙江秀水人)
［宣統］山東 76/30
［康熙］單縣 6/14
［乾隆］單縣 4/59,11/50
［民國］單縣 6/宦蹟 20,21/6
翟來修(字德軒)
(清・陽穀人)
［民國］增修陽穀人物/師道 22
翟來甸(明・齊東人)
［道光］濟南 51/46
［康熙］新修齊東 6/6
［民國］齊東 5/3
翟克通(清・昌邑人)
［光緒］昌邑縣續志 5/62

翟志堯(清・商河人)
[民國]重修商河 8/55
商河縣鄉土志 3/耆舊 -
學問
翟來燕(字宜亭)
(清・陽穀人)
[民國]增修陽穀人物/善
行 42
翟士炯(清・濟寧人)
[民國]濟寧直隸州續志
14/31
44 **翟艾**(明・齊河人)
[道光]濟南 51/43
[康熙]齊河 7/9
[雍正]齊河 8/11
[民國]齊河 26/2
齊河縣鄉土志忠義祠/19
翟蕃(字坤成,號竹溪)
(清・博山人)
[乾隆]博山 7/上 26
[民國]續修博山 12/47
翟芳(字春華)
(明・城武人)
[康熙九年]城武 3/57
翟茳(清・淄川人)
[道光]濟南 54/65
[宣統]三續淄川 9/54
淄川縣鄉土志/鄉宦耆舊
翟其元(清・掖縣人)
[道光]再續掖縣上/54
翟華琳(字崑圃)
(清・商河人)
[民國]重修商河 8/49
商河縣鄉土志 2/耆舊 -
事業
翟世琪(字湛持)
(清・益都人)
[宣統]山東 175/45
[康熙]顏神鎮志 4/下 5
翟葆德(陽穀人)
[民國]增修陽穀人物/仕
宦 25
翟協恭(清・陽穀人)
[民國]增修陽穀人物/仕
宦 20
翟葆中(字聖耀,號立齋)
(清・淄川人)
[乾隆]淄川 5/48,6/上又
20 - 3
翟茂嗣(字青紋,號潋亭)
(清・齊河人)
[道光]濟南 56/5
45 **翟楝**(字礪砢,號柱宸,一字
林寰)
(明・陝西朝邑人)
[宣統]山東 71/27
[康熙]濟南 25/70
[道光]濟南 36/52
[康熙]陵縣 4/23,6/下 19
[光緒]陵縣 16/38,18/13
陵縣鄉土志/9
47 **翟超**(漢)
[雍正]山東 27/30
[宣統]山東 66/19
[萬曆二十四年]兗州 26/8
[康熙]兗州 21/7
[乾隆]兗州 22/3
[乾隆]濟寧直隸州 22/56
[道光]濟寧直隸州 6/6 - 3
[乾隆]金鄉 17/3
[咸豐]金鄉縣志略 7/3
金鄉縣鄉土志/政績錄
[光緒]魚臺 2/45
翟朝仕(字龍田)
(明・陽穀人)
[民國]增修陽穀人物/師
道 13
翟朝相(明・陽穀人)
[民國]增修陽穀人物/仕宦
11,人物/忠烈 20
翟好義(清・嘉祥人)
[光緒]嘉祥 3/44
50 **翟中策**(字殿颺,號清溪)
(清・章邱人)
[道光]濟南 54/11
[道光]章邱 11/46
60 **翟昇**(明・城武人)
[康熙九年]城武 3/16
[康熙四十一年]城武 5/上
懿行 4
[道光]城武 9/下 9
翟晸(字麗東)
(清・掖縣人)
[道光]再續掖縣上/54
翟思誠(元)
[康熙]濟南 44/4
[道光]濟南 48/53
[嘉靖]淄川 6/80
[萬曆]淄川 32/1
[康熙]淄川 6/16
[乾隆]淄川 6/上 16
淄川縣鄉土志/耆舊錄 -
孝友
翟因培(清・博山人)
[乾隆]博山 7/上 5
[民國]續修博山 11/19
翟因錡(字信昭)
(清・博山人)
[乾隆]博山 7/上 5
[民國]續修博山 11/19
63 **翟貽驊**(字左宸)
(清・掖縣人)
[民國]四續掖縣 4/77
64 **翟曉林**(字旭初)
(清・陽穀人)
[民國]增修陽穀人物/仕
宦 18
67 **翟嗣祖**(元)
[光緒]嶧縣 19/94
73 **翟院深**(宋・營丘人)
[宣統]山東 168/13
[咸豐]青州 51/4
[光緒]益都縣圖志 46/1
[民國]昌樂縣續志 35/3
[民國]濰縣志稿 32/1
77 **翟際麟**(清・博興人)
[民國]重修博興 13/38
翟熙工(字虞臣)
(清・掖縣人)
[光緒]三續掖縣 1/48
[民國]四續掖縣 6/18
翟鳳翀(字爾騰,號浚元)
(明・益都人)
[康熙]山東 42/28
[雍正]山東 28/人物三 59
[宣統]山東 160/1
[康熙十五年]青州 13/76
[康熙四十八年]青州 13/

事功 60
[康熙六十年]青州 16/31
[咸豐]青州 45/18
[康熙]益都 7/42
[康熙]顏神鎮志 4/下 3
[乾隆]博山志稿/17
[乾隆]博山 6/上 9
[民國]續修博山 11/8
翟鳳翽(明・博山人)
[康熙]顏神鎮志 4/下 7
翟鳳羽(明・博山人)
[康熙]顏神鎮志 4/下 7
翟興業(清・淄川人)
[宣統]三續淄川 9/84
翟熙敬(清・掖縣人)
[道光]再續掖縣上/54
80 翟鏡(明・洛陽人)
[崇禎]武定州 7/19
翟義(字文仲)
(漢・汝南上蔡人)
[嘉靖]山東 26/20
[康熙]山東 34/1
[雍正]山東 27/85
[宣統]山東 66/9
[萬曆元年]兗州 38/武功 1
[萬曆]東昌 18/5
[乾隆]東昌 33/3
[嘉慶]東昌 20/4
[乾隆]曹州府 12/2
[嘉靖]濮州 7/2
[萬曆]濮州 3/名宦 2
[康熙]濮州 3/2
[乾隆]濮州 3/2
[宣統]濮州 4/2
翟鏞(字韶堂)
(清・掖縣人)
[民國]四續掖縣 6/9
翟公碩(字遜甫)
(清・臨淄人)
[民國]臨淄 30/38
翟養儒(明・齊河人)
[民國]齊河 23/78
翟毓嵐(字晴峯)
(清・陽穀人)
[民國]增修陽穀人物/師道 18
翟毓嶠(字東瀛)
(清・陽穀人)
[民國]增修陽穀人物/武功 12
翟入道(字靜吾)
(明・博山人)
[乾隆]博山 7/上 22
[民國]續修博山 12/44
翟普林(南北朝・楚丘人)
[康熙]山東 45/7
[雍正]山東 28/人物一 61
[宣統]山東 165/6
[萬曆元年]兗州 40/孝友 4
[萬曆二十四年]兗州 37/1
[康熙]兗州 28/30
[康熙]曹州志 16/1
[乾隆]曹州府 16/1
[康熙]曹縣 12/9
[康熙]兗州府曹縣 12/9
[光緒]曹縣 12/8
曹縣鄉土志/耆舊錄
86 翟錫九(清・金鄉人)
[民國]濟寧直隸州續志 14/31
[咸豐]金鄉縣志略 9/中忠義傳 5
[民國]金鄉 14/20
87 翟鈞(字者生,號伯坪)
(清・掖縣人)
[民國]四續掖縣 4/71
90 翟尚文(字宗周)
(明・嘉祥人)
[乾隆]嘉祥 2/35
翟光達(字子才)
(清・禹城人)
[民國]禹城 6/74
翟光鄴(字化基)
(五代・濮州鄄城人)
[嘉靖]山東 31/16
[康熙]山東 41/14
[宣統]山東 156/22
[萬曆]東昌 19/27
[嘉靖]武定州下/48
[萬曆]武定州 10/4
[崇禎]武定州 7/2
[乾隆]曹州府 14/17
[嘉靖]濮州 5/15
[萬曆]濮州 3/鄉賢 13
[康熙]濮州 3/43
[乾隆]濮州 3/44
[宣統]濮州 4/50
[光緒]益都縣圖志 16/20
97 翟燦(見翟璨)
翟輝(明・博平人)
[正德]博平 4/64
翟翱(清・直隸饒陽人)
[宣統]山東 75/15
[道光]濟南 38/23
[道光]新城/名宦
[民國]重修新城 11/19
新城縣鄉土志/政績－清知縣
翟燿(字汝大,號念川)
(明・商河人)
[乾隆]武定府 24/27
[咸豐]武定府 24/循良 17
[道光]商河 7/13,8/下 19
[民國]重修商河 8/11,13/藝文志四墓表 2
商河縣鄉土志 2/耆舊－事業

1722$_7$ 邴

00 邴意茲(周)
[民國]臨淄 23/6
10 邴夏(春秋)
[萬曆]青州 15/14
[康熙四十八年]青州 15/武功 1
[康熙六十年]青州 16/43
20 邴采芹(字泮池)
(清・德平人)
[民國]德平縣續志 6/11
30 邴宛麟(字臥雲)
(清・莒縣人)
[民國]重修莒志 62/15
34 邴漢(字火臣)
(漢・琅邪人)
[嘉靖]山東 30/7
[康熙]山東 40/8
[雍正]山東 28/人物一 14
[宣統]山東 167/2

[咸豐]青州 38/5
[萬曆元年]兗州 40/隱逸 3
[萬曆二十四年]兗州 31/19
[康熙]兗州 24/18
[萬曆]沂州志 6/33
[康熙]沂州志 5/13
[乾隆]沂州府 25/4
[康熙]諸城 9/1
47 **邴郁**(字宏文)
(晉・城陽人)
[宣統]山東 167/4
[民國]重修莒志 65/1
50 **邴春**(三國・安丘人)
[萬曆]安丘 27/56
67 **邴歜**(春秋・齊人)
[嘉靖]山東 33/12
[嘉靖]青州 16/58
[萬曆]青州 20/外傳 2
[康熙十五年]青州 20/外傳 2
[康熙四十八年]青州 20/外傳 2
71 **邴原**(字根矩)
(三國・北海朱虛人)
[至元]齊乘 6/14
[嘉靖]山東 32/5
[康熙]山東 42/5
[雍正]山東 28/人物一 28
[宣統]山東 162/15
[嘉靖]青州 15/52
[萬曆]青州 15/44
[康熙十五年]青州 15/44
[康熙四十八年]青州 15/卓行 4
[康熙六十年]青州 18/11
[咸豐]青州 39/2
[康熙]萊州 10/83
[嘉靖]臨朐 3/2
[康熙]臨朐縣志書 3/8
光緒臨朐 14/上 3
[萬曆]安丘 18/9
安丘縣鄉土志 8/耆舊錄 5
[萬曆]濰縣 8/5
[康熙]濰縣 5/人物 4
[乾隆]濰縣 4/33
濰縣鄉土志/42
77 **邴丹**(字曼容)
(漢・琅邪人)
[至元]齊乘 6/11
[宣統]山東 153/15
[嘉靖]青州 15/22
[萬曆]青州 13/7
[康熙十五年]青州 13/7
[康熙四十八年]青州 13/經師 2
[康熙六十年]青州 15/2
[萬曆二十四年]兗州 31/19
[康熙]兗州 24/18
[萬曆]沂州志 6/33
[康熙]沂州志 5/14
[萬曆]諸城 7/3
[康熙]諸城 7/3

酈

35 **酈清吉**(清・茌平人)
[宣統]茌平 16/2
[民國]茌平 3/17
38 **酈遵元**(字鍾山)
(清・茌平人)
[宣統]茌平 11/10
[民國]茌平 3/57
酈道約(字善禮)
(北魏・范陽涿郡人)
[宣統]山東 67/8
[萬曆二十四年]兗州 27/5
[康熙]兗州 21/19
[乾隆]兗州 22/8
萊州府鄉土志/上 8
[光緒]三續掖縣 1/45
46 **酈埧**(明・丹徒人)
[萬曆二十四年]兗州 29/13
[康熙]兗州 22/34
[康熙十二年]陽穀 3/2
[康熙]陽穀 3/2
[光緒]陽穀 5/1
[民國]增修陽穀名宦/2
88 **酈範**(字世則)
(南北朝・范陽涿鹿人)
[嘉靖]青州 13/19
[萬曆]青州 12/12
[康熙十五年]青州 12/12
[康熙四十八年]青州 12/12
[康熙六十年]青州 12/7
[咸豐]青州 34/13

胥

10 **胥可貞**(明・臨朐人)
[嘉靖]臨朐 3/11
13 **胥琬**(字麓菴)
(清・濰縣人)
[民國]濰縣志稿 28/6
25 **胥純**(明・陽穀人)
[康熙十二年]陽穀 3/14
27 **胥勿佞**(明・陽穀人)
[康熙十二年]陽穀 3/17
[康熙]陽穀 3/14
[民國]增修陽穀人物/仕宦 13
28 **胥倫**(號芰塘)
(清・濰縣人)
[民國]濰縣志稿 32/9
34 **胥洪誥**(明・陽穀人)
[康熙十二年]陽穀 3/5
[康熙]陽穀 3/5
[民國]增修陽穀人物/仕宦 5
36 **胥泗起**(字鳳喈)
(清・歷城人)
[宣統]山東 170/17
[道光]濟南 53/36
[民國]續修歷城 42/5
40 **胥吉泰**(清・萊蕪人)
[民國]萊蕪 19/3
[民國]續修萊蕪 25/3
萊蕪縣鄉土志/10
43 **胥戴禮**(字鎮南)
(清・恩縣人)
[宣統]重修恩縣 10/19
[民國]重修恩縣 11/鄉賢 53
44 **胥菩**(字天然)
(明・陽穀人)
[康熙十二年]陽穀 4/3
[康熙]陽穀 4/2
[光緒]陽穀 7/2
[民國]增修陽穀人物/孝義 3
47 **胥穀**(元・莘縣人)
[正德]莘縣 6/5

［康熙十一年］莘縣 7/4
［康熙五十六年］莘縣 7/4
77 **胥殿選**（清·陽穀人）
［民國］增修陽穀人物/善行 45
80 **胥介**（明·陽穀人）
［康熙十二年］陽穀 3/33
［康熙］陽穀 3/29
［光緒］陽穀 6/32

1723_2 承

00 **承慶**（金）
［萬曆二十四年］兗州 9/29
［康熙］兗州 10/29
30 **承宮**（字少子）
（漢·琅邪姑幕人）
［至元］齊乘 6/13
［嘉靖］山東 32/3
［雍正］山東 28/人物一 17
［宣統］山東 153/30,154/14
［嘉靖］青州 14/4
［萬曆］青州 13/24
［乾隆］沂州府 27/1
［光緒］費縣 11/71
［康熙］莒州下/32
［雍正］莒州 8/1,9/2
［嘉慶］莒州 9/2
［民國］重修莒志 59/4
［康熙十一年］蒙陰 2/61,2/65
［康熙二十四年］蒙陰 4/19
［宣統］蒙陰 4/流寓
［康熙］沂水 4/47
［道光］沂水 7/33
67 **承暉**（字維明,本名福興）
（金·中都人）
［嘉靖］山東 25/7
［康熙］山東 31/9
［雍正］山東 27/7
［宣統］山東 69/2
［康熙］濟南 24/14
［道光］濟南 72/18
［光緒］益都縣圖志 17/9

豫

22 **豫山**（字東屏）
（清·滿洲正黃旗人）
［宣統］山東 77/22
53 **豫咸**（清·漢軍旗人）
［民國］茌平 8/69
［民國］冠縣 6/50

1732_7 鄢

00 **鄢文輝**（清·即墨人）
［同治］即墨 9/28
即墨縣鄉土志/耆舊－事業四
60 **鄢思誠**（清·平陰人）
［光緒］平陰 6/72

1734_6 尋

00 **尋方瀚**（字若林,號穎川）
（清·金鄉人）
［道光］濟寧直隸州 8/4－27
［咸豐］金鄉縣志略 9/中列傳二 10
［民國］金鄉 13/20
金鄉縣鄉土志/耆舊錄上
01 **尋龍閶**（字允升,一字雲從）
（清·金鄉人）
［民國］濟寧直隸州續志 13/12
［民國］金鄉 13/續增 9
10 **尋一鳴**（明·金鄉人）
［民國］金鄉 14/16
17 **尋珮**（字鳴阜）
（明·金鄉人）
［康熙十二年］金鄉 5/13
［康熙五十一年］金鄉 5/6
［民國］金鄉 13/10
21 **尋衍枘**（清·濟寧人）
［道光］濟寧直隸州 8/4－41
尋衍樽（字又陳）
（清·金鄉人）
［咸豐］濟寧直隸州續志 3/9
［民國］濟寧直隸州續志 14/29
［咸豐］金鄉縣志略 9/中忠義傳 3
［民國］金鄉 14/18
27 **尋佩**（見尋珮）
尋紹舞（字虞夔,號濂亭）
（清·金鄉人）
［道光］濟寧直隸州 8/4－24
［咸豐］金鄉縣志略 9/中列傳二 5
金鄉縣鄉土志/耆舊錄上
尋紹益（字謙齋,號靜怡）
（清·金鄉人）
［道光］濟寧直隸州 8/4－26
［咸豐］金鄉縣志略 9/中列傳二 11
［民國］金鄉 14/5
金鄉縣鄉土志/耆舊錄上
28 **尋以增**（字賛山）
（清·金鄉人）
［民國］金鄉 14/12
36 **尋遇春**（字陶我）
（清·金鄉人）
［咸豐］金鄉縣志略 9/中列傳二 15
［民國］金鄉 13/13
40 **尋九苞**（字儀軒,號墨莊）
（清·濟寧人）
［民國］濟寧直隸州續志 13/5
54 **尋持均**（號英泉）
（清·金鄉人）
［民國］金鄉 13/續增 2
57 **尋邦凝**（避改號永安）
（清·金鄉人）
［咸豐］金鄉縣志略 9/中列傳二 5
［民國］金鄉 14/4
75 **尋體恕**（號洓濱）
（清·金鄉人）
［民國］金鄉 13/續增 5
77 **尋與灶**（字炬娘）
（清·金鄉人）
［民國］濟寧直隸州續志 13/11
［民國］金鄉 13/續增 4
79 **尋騰鳳**（清·金鄉人）
［咸豐］金鄉縣志略 9/中列傳二 14
［民國］金鄉 13/23

1740_7 子

00 **子襄**（春秋·南武城人）

［嘉靖］山東 24/10
［康熙］山東 29/10
［萬曆元年］兗州 7/71
［萬曆二十四年］兗州 7/24
［康熙］兗州 8/25
［萬曆］沂州志 6/24
［康熙］沂州志 5/6
［乾隆］沂州府 25/2
［道光］濟寧直隸州 8/1－70
［康熙］費縣 7/4
［光緒］嘉祥 3/9
［道光］鉅野 12/4

23 子臧（見公子欣時）

27 子叔聲伯（見公孫嬰）

子叔嬰齊（見公孫嬰）

28 子鮮（春秋・衛人）
［嘉靖］山東 28/16
［康熙］山東 38/16

30 子家懿伯（見子家羈）

子家羈（春秋・魯人）
［嘉靖］山東 28/13
［康熙］山東 38/13
［萬曆元年］兗州 40/忠直 1
［萬曆二十四年］兗州 30/11
［康熙］兗州 23/11
［乾隆］兗州 23/3
［乾隆］曲阜 68/5

32 子淵棲（春秋）
［民國］臨淄 22/59

子淵捷（春秋）
［民國］臨淄 21/42

40 子奇（周・齊人）
［至元］齊乘 6/6
［嘉靖］山東 26/1
［康熙］山東 33/1
［嘉靖］青州 14/1
［萬曆］青州 13/22
［康熙十五年］青州 13/22
［康熙四十八年］青州 13/事功 6
［康熙六十年］青州 16/3
［康熙］臨淄 9/10
臨淄縣鄉土志/耆舊錄

子囊帶（周）
［萬曆］青州 15/14
［康熙四十八年］青州 15/武功 1
［康熙六十年］青州 16/43

44 子蘭子（周・齊人）
［萬曆］青州 15/41
［康熙十五年］青州 15/41
［康熙四十八年］青州 15/卓行 1
［康熙六十年］青州 18/1

60 子思（見孔伋）

子思子（見孔伋）

67 子路（見仲由）

77 子桑伯子（周・魯人）
［萬曆元年］兗州 40/隱逸 1
［萬曆二十四年］兗州 30/13
［康熙］兗州 23/13
［乾隆］兗州 23/4

子服敬子（名叔弓）
（周）
［萬曆元年］兗州 40/士行 3
［萬曆二十四年］兗州 30/11
［康熙］兗州 23/11
［乾隆］兗州 23/3

子服惠伯（名椒）
（春秋・魯人）
［嘉靖］山東 28/12
［康熙］山東 38/12
［萬曆元年］兗州 40/謀略 4
［萬曆二十四年］兗州 30/9
［康熙］兗州 23/9
［乾隆］兗州 23/3

子服景伯（名何）
（春秋・魯人）
［嘉靖］山東 28/12
［康熙］山東 38/13
［萬曆元年］兗州 40/謀略 5
［萬曆二十四年］兗州 30/10
［康熙］兗州 23/10
［乾隆］兗州 23/3

79 子隣（見子鄰）

97 子鄰（姓范）
（唐・兗州人）
［嘉靖］山東 34/11
［康熙］山東 47/4
［雍正］山東 30/11
［萬曆元年］兗州 46/6
［萬曆二十四年］兗州 52/25
［乾隆］兗州 31/11
［康熙］滋陽 4/上 59

1742_7 邢

00 邢賡虞（字寅五，號襄哉）
（清・臨邑人）
［同治］臨邑 9/忠蓋 2

邢文津（字問禹）
（清・聊城人）
［宣統］聊城 8/87

邢文彬
［民國］朝城縣續志 1/26

邢文芳（字志卿）
（清・長清人）
［民國］長清 11/31

邢文敷（字教五）
（清・禹城人）
［民國］禹城 6/32

邢文舉（明・東阿人）
［乾隆］泰安府 17/24
［康熙五十四年］東阿 7/19
［道光］東阿 14/人物下 25
［光緒］東阿縣鄉土志 4/7

02 邢端（明・陵縣人）
［道光］濟南 52/32
［康熙］陵縣 5/21
［光緒］陵縣 19/人物傳一 12
陵縣鄉土志/13

07 邢郊（明・汾西人）
［萬曆］蒲臺志 8/7
［康熙］重修蒲臺 5/8

邢詔恩（字錫三）
（清・臨邑人）
［同治］臨邑 9/文苑 5

08 邢敦彝（清・菏澤人）
［光緒］菏澤 15/31
［光緒］新修菏澤 10/42

10 邢元醇（號亦齋）
（清・無棣人）
［民國］無棣 13/15

邢王稱（號玉衡子）
（明・臨邑人）
［道光］臨邑 9/9
［同治］臨邑 9/忠蓋 2

邢王佐（字可陳）
（清・臨邑人）

[康熙]濟南 32/8
[道光]濟南 56/42
[順治]臨邑 12/又又 14－3
[道光]臨邑 9/18
[同治]臨邑 9/文苑 4
[民國]濰縣志稿 20/19
邢三省(明)
[嘉慶]慶雲 7/36
11 **邢碩輔**(清・賓坻人)
[乾隆]東昌 35/8
12 **邢聯慶**(字棣園)
(清・直隸萬全人)
[光緒]鄆城 6/14
邢孔誘(字體任)
(清・丘縣人)
[乾隆]東昌 40/32
邢發才(清・陵縣人)
[光緒]陵縣 19/人物傳二 23
13 **邢瑄**(明・武定州人)
[嘉靖]武定州下/76
14 **邢瓘**(明・昌邑人)
[康熙]萊州 10/29
[乾隆]萊州 10/16
[康熙]昌邑 6/5
[乾隆]昌邑 6/179
邢琦(明・北直開州人)
[宣統]山東 73/22
[順治]登州 11/25
[光緒]增修登州 26/2
[康熙]蓬萊 3/4
[道光]重修蓬萊 6/6
[光緒]蓬萊縣續志 6/文秩 1
邢劭(見邢邵)
17 **邢玿**(字召石)
(清・臨邑人)
[道光]濟南 56/43
邢邵(一作劭,字子才)
(北齊・河間鄚人)
[嘉靖]山東 26/5
[康熙]山東 33/6
[雍正]山東 27/86
[宣統]山東 67/22
[咸豐]青州 34/15
[萬曆元年]兗州 38/循吏 19
[萬曆二十四年]兗州 27/6
[康熙]兗州 21/20
[康熙]曹州志 7/37
[乾隆]曹州府 12/5
[光緒]益都縣圖志 15/15
[光緒]菏澤 7/名宦 2
[光緒]新修菏澤 8/4
菏澤縣鄉土志/8
[康熙]兗州府曹縣 10/5
[光緒]曹縣 10/4
18 **邢玠**(字搢伯,一字式如,號崑田)
(明・益都人)
[康熙]山東 42/25
[雍正]山東 28/人物三 49
[宣統]山東 160/32
[萬曆]青州 13/57
[康熙十五年]青州 13/57
[康熙四十八年]青州 13/事功 41
[康熙六十年]青州 16/21
[咸豐]青州 44/55
[康熙]益都 7/28
[光緒]益都縣圖志 36/4
邢政(明・臨邑人)
[康熙]濟南 41/14
[道光]濟南 52/11
[順治]臨邑 12/7
[康熙]重修臨邑 10/7
[道光]臨邑 9/2
[同治]臨邑 9/循異 2
20 **邢維**(清・海陽人)
[光緒]海陽縣續志 4/32
邢維經(字子正)
(清・桓臺人)
[民國]桓臺 3/21
邢維垣(字星海)
(臨邑人)
[民國]續修臨邑 3/8
邢秉善(字復初)
(元・冀州信都人)
[宣統]山東 69/20
[道光]濟南 34/32
21 **邢師晢**(字古狂)
(明・臨邑人)
[道光]臨邑 9/18
[同治]臨邑 9/文苑 4
邢師長(字宗冶)
(清・臨邑人)
[道光]濟南 56/43
[道光]臨邑 9/13
[同治]臨邑 9/孝義 4
22 **邢鑾**(字金坡)
(清・海陽人)
[光緒]海陽縣續志 5/25
邢循庸(清・濟陽人)
[乾隆]濟陽 8/20
[民國]濟陽 11/25
邢峯雲(字沛遠)
(清・禹城人)
[民國]禹城 6/23
23 **邢臧**(字子良)
(北魏・河間鄚人)
[嘉靖]山東 27/10
[康熙]山東 36/1
[雍正]山東 27/62
[宣統]山東 67/17
[泰昌]登州 9/8
[順治]登州 11/6
[光緒]增修登州 24/2
[嘉靖]寧海州下/4
[康熙]寧海州 7/2
[同治]重修寧海州 12/1
[民國]牟平 6/64
邢允襄(清・長清人)
[道光]濟南 56/52
[道光]長清 12/23
邢俊三(字惟式)
(清・直隸文安人)
[光緒]陵縣 20/1
邢允升(清・陽信人)
[康熙]陽信 9/33
[乾隆]陽信 7/57
[民國]陽信 5/人瑞 68
信邑志稿 7/耆碩
邢允吉(清・長清人)
[道光]濟南 56/52
[道光]長清 12/23
邢允貴(清・長清人)
[道光]濟南 56/52
[道光]長清 12/23
24 **邢化**(明・臨邑人)
[康熙]重修臨邑 9/2
邢峙(字士峻)

（北齊・河間鄚人）
［宣統］山東 67/22
邢德元（清・無棣人）
［民國］無棣 13/13
海豐縣鄉土志/耆舊－事業五
邢德懋（元）
［乾隆］淄川 4/又 28－1
邢化成（字次平）
（長清人）
［民國］長清 12/8,13/21
邢化鵬（清・德平人）
［康熙］濟南 38/18
［道光］濟南 56/86
［康熙］德平 3/34
［乾隆］德平 3/13
［嘉慶］德平 7/14
［光緒］德平 7/24
德平縣鄉土志/耆舊錄
25 **邢純全**（字一軒）
（清・寧津人）
寧津縣志料 3/人物－孝行
26 **邢崲**（字休阜）
（清・臨邑人）
［道光］濟南 56/43
27 **邢侗**（字子愿）
（明・臨邑人）
［康熙］山東 39/28
［雍正］山東 28/人物三 50
［宣統］山東 163/30
［康熙］濟南 42/15
［道光］濟南 52/12
［崇禎］歷乘 16/64
［崇禎］歷城 10/30
［順治］臨邑 12/12,15/31
［康熙］重修臨邑 10/14,14/7
［道光］臨邑 9/16,15/81
［同治］臨邑 9/文苑 2,15/81
州乘餘聞/5
邢侯玄（明・昌邑人）
［康熙］昌邑 6/35
［乾隆］昌邑 6/165
邢侯孫（明・昌邑人）
［康熙］昌邑 6/35
邢侯福（明・昌邑人）
［康熙］昌邑 6/35
［乾隆］昌邑 6/167
邢修業（明・清平人）
［乾隆］東昌 44/15
［嘉慶］東昌 34/13
［嘉慶］清平 14/48
［宣統］增輯清平 12/64
［民國］清平/人物 58
邢侯嗣（明・昌邑人）
［康熙］昌邑 6/34
［乾隆］昌邑 6/164,6/166
28 **邢儉**（清・歷城人）
［民國］續修歷城 42/15
邢倫（字伯明）
（明・東昌府人）
［乾隆］東昌 39/15
邢從禮（明・陝西通渭人）
［康熙十二年］陽穀 2/22
［康熙］陽穀 2/17
［光緒］陽穀 4/8
30 **邢汴**（字帶梁,號清漪）
（明・濮州人）
［康熙］濮州 2/87
［乾隆］濮州 2/67
邢之襄（字贊廷）
（河北南宮人）
［民國］清平/秩官 32
邢審容（字惟肖）
（唐）
［嘉靖］山東 26/7
［康熙］山東 33/9
［雍正］山東 27/34
［宣統］山東 68/12
［乾隆］兗州 22/10
［萬曆］汶上 5/1
邢憲祖（字倬章）
（清・新城人）
［宣統］新城縣後志 2/宦績
［民國］桓臺 3/20
邢寧昌（清・長清人）
［道光］濟南 56/62
［道光］長清 12/30
31 **邢灝**（明・平原人）
［嘉靖］山東 29/23
邢源（字泉若）
（清・臨邑人）
［同治］臨邑 9/孝義 5
邢福元（字壽先）
（清・新城人）
［宣統］新城縣後志 2/善行
［民國］重修新城 18/2
邢濬卿（字源澄）
（清・寧津人）
寧津縣志料 3/人物－循良
32 **邢沂**（字企曾）
（明）
［順治］臨邑 15/27
［康熙］重修臨邑 14/4
［道光］臨邑 11/64
［同治］臨邑 11/64
34 **邢祐**（字宗祐）
（北魏・河間人）
［雍正］山東 27/19
［宣統］山東 67/7
［道光］濟南 72/16
［康熙］陵縣 4/2
邢汝烈（清・新城人）
［道光］濟南 55/79
［宣統］新城縣後志 2/善行
［民國］重修新城 17/18
邢法祖（字子度）
（清・新城人）
［宣統］新城縣後志 3/文苑
邢洪照（字化普）
（清・無棣人）
［民國］無棣 13/17
海豐縣鄉土志/耆舊－事業六
35 **邢清源**（清・菏澤人）
［光緒］菏澤 16/13
［光緒］新修菏澤 11/71
菏澤縣鄉土志/27
36 **邢泗**（明・洛陽人）
［乾隆］陽信 5/3
信邑志稿 5/職官－知縣
［民國］陽信 2/23
37 **邢潤**（明・諸城人）
［萬曆］青州 14/8
［康熙十五年］青州 14/8
［康熙四十八年］青州 14/忠義 8
［康熙六十年］青州 17/5
［咸豐］青州 43/3

［萬曆］諸城 6/10,7/13
［康熙］諸城 7/11
［乾隆］諸城 38/5
諸城縣鄉土志/上 20
邢通（明・直隸人）
［康熙］黄縣 5/13
［民國］黄縣志稿 11/宦績
邢洛書（字龍圖）
（清・海陽人）
［光緒］增修登州 44/6
［光緒］海陽縣續志 4/32，5/13
38 **邢裕**（明・南陽貢生）
［道光］觀城 6/22
邢啟明（字東有）
（清・文登人）
［光緒］文登 10/上 11
邢滋棠（字召園）
（清・利津人）
［光緒］利津 7/忠節 1
40 **邢奎**（明・湖廣黄梅人）
［宣統］山東 71/18
［道光］濟南 36/54
［康熙］德州 7/26
［乾隆］德州 8/7
［民國］德縣 9/8
邢奇（字彦美）
（明・長清人）
［嘉靖］山東 29/24
［康熙］山東 39/23
［雍正］山東 28/人物三 39
［宣統］山東 163/32
［康熙］濟南 42/11
［道光］濟南 52/25
［康熙］長清 9/52
［道光］長清 11/5
邢友齊（字夷行）
（清・寧津人）
［光緒］寧津 8/28
寧津縣志料 3/人物－孝行
邢大任（字昔寵）
（清・歷城人）
［道光］濟南 53/49
［乾隆］歷城 43/7
邢九齡（字孟與）
（清・臨邑人）
［民國］續修臨邑 3/29
邢有忭（明・昌邑人）
［康熙］昌邑 6/8
邢希載（宋・歷城人）
［康熙］濟南 38/4
［道光］濟南 72/31
［崇禎］歷城 10/17
邢有邦（明）
［乾隆］嶧縣 7/27
邢克昌（字景文）
（清・平度人）
［民國］平度縣續志 7/33
邢士旺（清・新城人）
［宣統］新城縣後志 3/耆壽
邢士範（明・禹城人）
［民國］禹城 6/34
42 **邢蒯聵**（春秋）
［嘉靖］山東 25/1
［康熙］山東 31/2
［嘉靖］青州 15/1
［萬曆］青州 14/2
［康熙十五年］青州 14/2
［康熙四十八年］青州 14/忠義 2
［康熙六十年］青州 17/1
［康熙］臨淄 10/1
［民國］臨淄 22/57
44 **邢懋**（明・武定州人）
［嘉靖］山東 29/23
［嘉靖］武定州下/79
邢其諫（字信卿，號蔚山）
（明・濟陽人）
［道光］濟南 51/50
［乾隆］濟陽 8/12
［民國］濟陽 11/11
邢其任（號仔予）
（明・東昌府人）
［乾隆］東昌 39/11
［康熙］臨清州 3/人物 9
［乾隆］臨清州 9/31
［乾隆］臨清直隸州 8/上 19
邢萬林（字茂泉）
（清・臨淄人）
［民國］臨淄 30/38
邢蓮炬（字鑾坡）
（清・陵縣人）
陵縣鄉土志/18
46 **邢覲**（清・濮州人）
［乾隆］濮州 4/92
［宣統］濮州 6/8
邢恕（字和叔）
（宋・鄭州原武人）
［光緒］益都縣圖志 16/33
邢如約（字信甫，號邑涯）
（明・臨邑人）
［康熙］濟南 47/11
［道光］濟南 52/12
［康熙］重修臨邑 10/11
［道光］臨邑 9/10,15/59
［同治］臨邑 9/孝義 1,15/59
邢如默（明・臨邑人）
［康熙］濟南 39/4
［道光］濟南 52/11
［順治］臨邑 12/7
［康熙］重修臨邑 10/8
［道光］臨邑 9/3
［同治］臨邑 9/循異 3
47 **邢起龍**（清・歷城人）
［道光］濟南 53/48
［乾隆］歷城 42/6
50 **邢本**（字子仁）
（清・海陽人）
［光緒］增修登州 43/50
［光緒］海陽縣續志 5/25
邢表（明・禹城人）
［康熙］濟南 44/13
［道光］濟南 52/3
［康熙］禹城 5/18
［嘉慶］禹城 9/11
［民國］禹城 6/9
禹城縣鄉土志/15
邢本端（清・歷城人）
［民國］續修歷城 43/5
邢奉天（字清告）
（清・朝城人）
［康熙］朝城 8/36
邢素位（字居易）
（清・曹縣人）
［康熙］兖州續編 16/25
［康熙］兖州府曹縣 14/7
［光緒］曹縣 14/人物 6
邢惠祖（字愛亭）

(清・桓臺人)
[民國]桓臺 3/27
邢泰吉(字有象,號大來)
(明・臨清人)
[雍正]山東 28/人物三 65
[宣統]山東 160/36
[乾隆]東昌 39/12
[乾隆]臨清州 9/34
[乾隆]臨清直隸州 8/上 21
51 邢振緯(字五輝)
(清・臨邑人)
[道光]濟南 56/43
57 邢邦(號少巖)
(明・臨清人)
[乾隆]東昌 39/6
[康熙]臨清州 3/人物 8
[乾隆]臨清州 9/27
[乾隆]臨清直隸州 8/上 13
[民國]臨清縣/人物 6
邢邦彥(明・浙江錢塘人)
[宣統]山東 71/12
[康熙]濟南 25/51
[道光]濟南 36/25
[康熙四十三年]長山 3/宦績
[康熙五十五年]長山 3/35
[嘉慶]長山 5/43
60 邢昂(字千里)
(清・文安人)
[道光]濟南 62/8
[道光]臨邑 9/22
[同治]臨邑 9/流寓 1
邢昺(字叔明)
(宋・曹州濟陰人)
[嘉靖]山東 30/45
[康熙]山東 40/44
[雍正]山東 28/人物二 24
[宣統]山東 162/26
[萬曆元年]兗州 40/儒林 9
[萬曆二十四年]兗州 35/16
[康熙]曹州志 15/11
[乾隆]曹州府 14/20
[康熙]曹縣 12/14
[康熙]兗州府曹縣 12/14
[光緒]曹縣 12/12
曹縣鄉土志/耆舊錄
[光緒]菏澤 15/11
菏澤縣鄉土志/16
邢固(字安石,號疏之)
(清・臨邑人)
[道光]濟南 56/43
邢晏(北魏・河間鄚人)
[宣統]山東 67/8
邢禺(字子昂)
(魏・河間鄚人)
[宣統]山東 66/31
[道光]濟南 33/11
邢國璽(字韞斯,號瑞石)
(明・河南長葛人)
[康熙]山東 37/5
[雍正]山東 27/72
[宣統]山東 70/27,73/35
[道光]濟南 35/39
[康熙]萊州 8/51
[乾隆]萊州 9/21
[乾隆]濰縣 3/44
[民國]濰縣志稿 20/17
濰縣鄉土志/10
邢國瑞(清・海陽人)
[光緒]海陽縣續志 4/32
邢曰玫(字退菴)
(清・歷城人)
[乾隆]歷城 42/6
邢思樂(明・南宮舉人)
[萬曆]濮州 3/名宦 31
[康熙]觀城 3/3
[道光]觀城 6/6
邢國傑(字漢三,號鐵僧)
(長清人)
[民國]長清 12/28
邢曰泰(字來旃)
(清・泰安人)
[民國]重修泰安縣 8/30
邢曰體(清・萊蕪人)
[民國]續修萊蕪 25/7
64 邢時舉(明・昌邑人)
[康熙]昌邑 6/21,6/24
71 邢長麟(清・長清人)
[民國]長清 11/35
邢長發(清・清平人)
[民國]清平/人物 69
邢長春(清・長清人)
[民國]長清 11/29
邢長明(清・臨邑人)
[道光]臨邑 9/14
[同治]臨邑 9/孝義 6
77 邢月膺(明・昌邑人)
[康熙]昌邑 6/35
[乾隆]昌邑 6/165
邢月堦(明・昌邑人)
[康熙]昌邑 6/35
[乾隆]昌邑 6/165
邢鳳林(長清人)
[民國]長清 13/28
邢同泰(字東屏)
(濟寧廩生)
[民國]重修商河 6/75
[民國]濟寧縣 3/5
[民國]朝城縣續志 1/25
邢月陞(明・昌邑人)
[康熙]昌邑 6/35
[乾隆]昌邑 6/165
80 邢善(明・歷城人)
[崇禎]歷城 16/30
邢義(字介夫,號東厓)
(明・濟陽人)
[道光]濟南 51/49
[乾隆]濟陽 8/9
[民國]濟陽 11/9,17/41
邢義元(見臨濟)
邢金車(字維麟)
(清・博平人)
[光緒]博平縣續志 10/50
邢慈靜(明・臨邑人)
[康熙]濟南 52 上/4
[崇禎]武定州 19/3
[道光]臨邑 9/30
[同治]臨邑 9/節婦 2
[光緒]惠民 25/3
82 邢釗(五代・棣州人)
[雍正]山東 28/人物二 18
[宣統]山東 165/7
[康熙]濟南 44/2
[萬曆]武定州 13/2
[崇禎]武定州 21/2
[乾隆]武定府 25/2
[咸豐]武定府 25/孝友 2
[乾隆]惠民 5/51

［光緒］惠民 21/2
惠民縣鄉土志/耆舊錄 6
84 **邢錡**（字湘南）
（清・新城人）
［宣統］新城縣後志 3/文苑
［民國］桓臺 3/36
85 **邢鑣**（明・直隸濬縣人）
［嘉靖］朝城志 5/15
［康熙］朝城 7/26
86 **邢智**（明・文登人）
［雍正］文登 8/6
［道光］文登 5/10
［光緒］文登 8/上 13
88 **邢第**（字進卿）
（明・北直長垣人）
［宣統］山東 71/23
［康熙］濟南 25/43
［道光］濟南 36/45
［順治］臨邑 11/3
［康熙］重修臨邑 8/2
［道光］臨邑 7/24,15/25
［同治］臨邑 7/28,15/25
邢敏政（字道子）
（清・夏津人）
［乾隆］東昌 43/43
［乾隆］臨清直隸州 8/下 16
［民國］夏津續編 8/11
90 **邢尚寬**（明・昌邑人）
［康熙］昌邑 6/16
邢尚簡（明・昌邑人）
［康熙］昌邑 6/7
［乾隆］昌邑 6/179
93 **邢悰**（號怡亭）
（清・臨邑人）
［道光］臨邑 9/19
［同治］臨邑 9/文苑 5
94 **邢慎言**（字養敏，號默菴）
（明・益都人）
［康熙］山東 42/28
［康熙十五年］青州 13/77
［康熙四十八年］青州 13/事功 61
［康熙六十年］青州 16/31
［咸豐］青州 45/21
［康熙］益都 7/44
97 **邢耀祖**（字顯宗）
（清・莒縣人）
［嘉慶］莒州 10/10
［民國］重修莒志 65/15
98 **邢悦然**（清・臨邑人）
［同治］臨邑 9/忠藎 7

勇

67 **勇明綬**（字印堂）
（牟平人）
［民國］牟平 7/28
94 **勇慎**（明・霸州人）
［順治］堂邑 2/職官 6
［康熙十一年］堂邑 2/名宦 4
［康熙］堂邑 11/9

1750_6 鞏

10 **鞏于沚**（字蘩圃，號聚齋）
（清・東平人）
［光緒］東平州 15/中 11
［民國］東平縣 11/上 33
東平州鄉土志上/耆舊錄 42
鞏雲梯（明・青城人）
［萬曆］青城 1/62
12 **鞏延桂**（號蘭亭）
（清・章邱人）
［道光］濟南 54/19
［道光］章邱 11/67
鞏廷相（清・章邱人）
［道光］章邱 10/36
鞏延年（清・樂安人）
［雍正］樂安 12/26
［民國］續修廣饒 19/37
17 **鞏承先**（字復裕）
（清・樂安人）
［民國］續修廣饒 19/67
20 **鞏維清**（清・博興人）
［民國］重修博興 13/36
24 **鞏德玉**（字蘊山）
（清・濮州人）
［宣統］濮州 6/15
鞏德宣（清・濮州人）
［宣統］濮州 5/39
27 **鞏象珊**（字鐵舫）
（東平人）
［民國］東平縣 11/中 17
鞏象臨（字星堂）
（清・東平人）
［民國］東平縣 11/下 28
30 **鞏宗玉**（明・莒州人）
［萬曆］青州 15/51
［康熙十五年］青州 15/51，15/55
［康熙四十八年］青州 15/卓行 11,15/義民 20
［康熙六十年］青州 18/13
［咸豐］青州 53/12
［乾隆］沂州府 26/28
［康熙］莒州下/44
［雍正］莒州 9/38
［嘉慶］莒州 9/24
［民國］重修莒志 65/1
［乾隆］諸城 44/2
鞏永洺（字名川）
（清・東平人）
［光緒］東平州 15/下 16
［民國］東平縣 11/中 32
38 **鞏道岩**（見鞏道巖）
鞏道巖（明・滋陽人）
［雍正］山東 30/21
［乾隆］兖州 31/12
［康熙］滋陽 4/上 61
鞏肇笏（字搢之）
（清・新城人）
［宣統］新城縣後志 2/善行
［民國］重修新城 18/6
40 **鞏存政**（見鞏成政）
44 **鞏蓬瀛**（清・膠州人）
［民國］增修膠志 43/8
鞏萬清（字价甫）
（清・桓臺人）
［民國］桓臺志略 3/15
［民國］桓臺 3/25
鞏世祿（清・臨沂人）
［民國］臨沂 10/53
鞏世祿（清・寧陽人）
［咸豐］寧陽 15/23
［光緒］寧陽 15/39
47 **鞏超勳**（清・高唐人）
［光緒］高唐州 5/2－30
［民國］高唐縣 12/48
鞏鶴騰（字鳴寰，號翼雲）
（明・濮州人）

[宣統]濮州 4/107

53 **鞏成政**(明・新城人)
[道光]濟南 51/37
[天啟]新城 8/孝友
[崇禎]新城 8/孝友
[康熙]新城 8/5
[民國]重修新城 15/7

57 **鞏邦榮**(字蔚卿)
(清・濮州人)
[宣統]濮州 6/15

60 **鞏思容**(明・東平人)
東平州鄉土志上/耆舊錄 34

鞏思憲(字廷章)
(明・東平人)
[康熙]東平州 3/42

66 **鞏晛光**(清・城武人)
[道光]城武 9/下 35

67 **鞏嗣**(清・新城人)
[宣統]新城縣後志 3/耆壽

77 **鞏學湯**(字敬躋)
(清・章邱人)
[道光]濟南 54/22
[道光]章邱 10/36
章邱縣鄉土志/上 21

鞏聞墀(字朝顯)
(清・濮州人)
[宣統]濮州 5/36

86 **鞏錦**(字素絲,號雲裳)
(清・濮州人)
[宣統]山東 173/24
[宣統]濮州 4/109

88 **鞏鎰**(字北岡)
(明・解州人)
[乾隆]東昌 35/20
[嘉慶]東昌 22/24
[嘉靖]高唐州 5/8
[康熙十二年]高唐州 7/12
[康熙五十一年]高唐州 7/12
[道光]高唐州 7/1-13
[光緒]高唐州 7/1-13
[民國]高唐縣 9/5-7

99 **鞏榮德**(清・章邱人)
[道光]濟南 54/18
[道光]章邱 11/63

1750_7 尹

00 **尹亮**(明)
[民國]高唐縣 9/5-17

尹齊(漢・東郡茌平人)
[嘉靖]山東 33/15
[雍正]山東 28/人物一 5
[萬曆]東昌 19/88
[乾隆]東昌 36/1
[康熙二年]茌平 2/40
[康熙四十九年]茌平 2/40
[宣統]茌平 25/4
[民國]茌平 3/5

尹庭(明・肥城人)
[康熙]山東 39/27
[雍正]山東 28/人物三 42
[宣統]山東 161/47
[康熙]濟南 37/10
[乾隆]泰安府 17/39
[康熙]肥城書下/12
[嘉慶]肥城 17/19
[光緒]肥城 9/2
肥城縣鄉土志 5/15

尹言(字德甫)
(明・威縣人)
[萬曆]濮州 3/名宦 21
[康熙]濮州 3/20
[乾隆]濮州 3/20
[宣統]濮州 4/20

尹文麒(字紹陵)
(清・肥城人)
[嘉慶]肥城 17/29
[光緒]肥城 9/9
肥城縣鄉土志 5/16

尹序誥(字孜庸)
(清・泰安平陰人)
[宣統]三續淄川 9/50

尹應三(字商聘)
(清・東平人)
[光緒]東平州 15/下 53
[民國]東平縣 11/下 21

尹立功(清・濱州人)
[咸豐]濱州 10/耆壽 7

尹文子(春秋)
[萬曆]青州 14/44
[康熙十五年]青州 14/44
[康熙四十八年]青州 14/儒行 1
[康熙]臨淄 10/5
[民國]臨淄 22/75

尹文香(號松谷)
(清・鄒縣人)
[光緒]鄒縣續志 12/中 18

尹文德(字懋修)
(清・日照人)
[光緒]日照 8/41

尹文浦(清・歷城人)
[道光]濟南 53/52
[民國]續修歷城 44/11

尹方遠(字樂朋)
(清・鄒縣人)
[民國]續修鄒縣志稿/人物-耆舊

尹文澤(字湘南)
(清・肥城人)
[嘉慶]肥城 17/29
[光緒]肥城 9/9
肥城縣鄉土志 5/16

尹六有(字篤行)
(清・金鄉人)
[道光]濟寧直隸州 8/4-41
[咸豐]金鄉縣志略 9/中列傳二 12
[民國]金鄉 13/22

尹文翰(字式甫,亦字鶴田)
(清・臨沂人)
[民國]臨沂 10/26

尹序長(字西庚)
(清・肥城人)
肥城縣鄉土志 5/17

尹文炳(清・江西人)
[宣統]山東 77/6
[咸豐]青州 37/22
[道光]博興 10/7
[民國]重修博興 12/6

尹文恒(字懷方)
(清・肥城人)
[嘉慶]肥城 17/30
[光緒]肥城 9/15
肥城縣鄉土志 5/28

01 **尹龍**(字舜臣)
(明・歷城人)

［道光］濟南 49/4
尹諧（字龍峯）
（明・臨朐人）
［康熙］臨朐縣志書 3/39
光緒臨朐 14/下 8
02 尹新（字維周）
（清・日照人）
［光緒］日照 8/21
03 尹就湯（明・遼陽人）
［乾隆］泰安府 15/23
［順治］新泰 4/23
［乾隆］新泰 11/10
尹就湯（明・興縣人）
［道光］濟寧直隸州 6/6－37
［康熙］魚臺 15/17
［乾隆］魚臺 9/40
［光緒］魚臺 2/50
10 尹霆（明・莘縣人）
［正德］莘縣 6/36
尹元（元・寧陽人）
［咸豐］寧陽 13/49
［光緒］寧陽 13/61
尹可謨（字憲庵）
（清・壽光人）
［民國］壽光 12/人物志一 37
尹天麟（明・萊陽人）
［泰昌］登州 11/40
［順治］登州 17/17
［康熙］黃縣 6/22
［康熙］萊陽 8/22
［民國］萊陽 3/1 中 13，3/1 中 71
尹玉珩（清・禹城人）
［民國］禹城 6/34
尹玉璇（清・泗水人）
［光緒］泗水 11/8
［光緒］泗水縣鄉土志/14
尹天民（字宗伊）
（明・肥城人）
［嘉慶］肥城 19/39
［光緒］肥城 9/7
肥城縣鄉土志 5/15
尹天民（字先之）
（清・惠民人）
［康熙］濟南 42/32
［乾隆］武定府 25/55
［咸豐］武定府 25/文苑 15
［乾隆］惠民 6/11
［光緒］惠民 23/9
惠民縣鄉土志/耆舊錄 21
尹西銘（清・禹城人）
［民國］禹城 6/29
尹三省（明・臨朐人）
［康熙］臨朐縣志書 3/41
光緒臨朐 14/下 8
11 尹珩（明・曹縣人）
［康熙］曹縣 11/16
［康熙］兗州府曹縣 11/16
［光緒］曹縣 11/選舉 27
尹璿（清・諸城人）
［光緒］增修諸城縣續志 16/19
12 尹烈（字丕承）
（清・壽光人）
［民國］壽光 12/人物志二 78
尹飛龍（清・濱州人）
［咸豐］濱州 10/耆壽 7
尹廷詔（清・諸城人）
［光緒］增修諸城縣續志 17/16
尹廷蘭（字畹階）
（清・歷城人）
［民國］續修歷城 41/11
［民國］高唐縣 9/5－12
尹廷相（字仲伊，號莘野）
（清・臨朐人）
臨朐縣鄉土志 1/耆舊
13 尹珴（字奉璋）
（清・日照歲貢）
［道光］冠縣 6/32
［光緒］冠縣 6/宦績
［民國］冠縣 6/42
［光緒］日照 8/16
14 尹瑾（明・莒州人）
［宣統］山東 161/52
［民國］重修莒志 63/2
尹琪（清・濟陽人）
［道光］濟南 56/30
［乾隆］濟陽 8/27
［民國］濟陽 11/36
16 尹聖墉（清・東平人）
［光緒］東平州 15/中 38
［民國］東平縣 11/中 8
17 尹璐（字美玉）
（清・諸城人）
［乾隆］諸城 40/3
［道光］重修膠州 31/6
［民國］增修膠志 48/9
尹羣龍（字乘六）
（清・壽光人）
［嘉慶］壽光 13/31
［民國］壽光 12/人物志一 85
尹翠峰（清・高唐人）
［光緒］高唐州 5/2－32
［民國］高唐縣 12/17
尹子奇（周・千乘人）
［康熙］濟南 41/1
［萬曆元年］兗州 38/循吏 1
［萬曆二十四年］兗州 26/2
［康熙］兗州 21/2
［乾隆］武定府 24/12
［咸豐］武定府 24/循良 1
［乾隆］惠民 5/24
［康熙］陽信 9/2
［乾隆］陽信 7/1
［民國］陽信 5/宦蹟 1
信邑志稿 7/名臣
陽信縣鄉土志上/耆舊－鄉賢祠
［道光］東阿 11/2
［光緒］東阿縣鄉土志 2/6
尹子銘（字丹書）
（清・利津人）
［民國］利津縣續志 7/義行 7
20 尹統（字子元）
（清・肥城人）
［嘉慶］肥城 17/28
［光緒］肥城 9/14
肥城縣鄉土志 5/27
尹秉衡（明・齊河人）
［民國］齊河 23/17，33/11
尹秀生（清・臨朐人）
臨朐縣鄉土志 1/耆舊
尹受曾（字魯菴）
（清・商河人）
［民國］重修商河 8/68
21 尹倬（明・曹縣人）
［康熙］曹縣 11/18

［康熙］兗州府曹縣 11/18
［光緒］曹縣 11/選舉 16
尹行鐸（字醒斯）
（清・肥城人）
［光緒］肥城 9/9
肥城縣鄉土志 5/16
22 **尹任**（清・直隸棗強人）
［宣統］山東 75/40
［乾隆］泰安府 15/32
［康熙］肥城書上/36
［嘉慶］肥城 15/34
［光緒］肥城 7/49
肥城縣鄉土志 3/4
尹崇珂（宋・秦州天水人）
［嘉靖］山東 25/20
［康熙］山東 32/7
［雍正］山東 27/21
［宣統］山東 68/30
［康熙］濟南 25/8
［道光］濟南 34/7
［嘉靖］淄川 6/76
［萬曆］淄川 27/5
［康熙］淄川 4/4
［乾隆］淄川 4/4
淄川縣鄉土志/政績錄
尹利用（元）
［嘉靖］山東 26/27
［道光］高唐州 7/1－4
［光緒］高唐州 7/1－4
［民國］高唐縣 9/5－3
高唐州鄉土志/6
尹繼美（字湜軒）
（清・江西永新人）
［宣統］山東 77/24
［光緒］增修登州 27/6
［民國］續修鉅野 3/16
［民國］黃縣志稿 11/宦績
23 **尹獻謨**（清・臨朐人）
［康熙］臨朐縣志書 3/48
光緒臨朐 14/中 7
尹允孔（清・新泰人）
［乾隆］新泰 17/人物上增 4
24 **尹化**（明・壽光人）
［康熙十五年］青州 14/26
［康熙四十八年］青州 14/孝友 16
［康熙六十年］青州 17/16
［咸豐］青州 45/37
［康熙］壽光 25/1
［嘉慶］壽光 13/2
［民國］壽光 12/人物志一 56
尹勷（明・肥城人）
［嘉慶］肥城 17/21
［光緒］肥城 9/14
肥城縣鄉土志 5/26
尹先知（明・濟寧人）
［康熙］濟寧州 7/52
［乾隆］濟寧直隸州 27/8
［道光］濟寧直隸州 8/4－32
25 **尹傑**（明・夏邑人）
［萬曆］寧津 5/19
尹仲良（明・濟寧人）
［康熙］濟寧州 7/51
26 **尹侃**（元・寧陽人）
［咸豐］寧陽 13/49
［光緒］寧陽 13/61
尹和龍（字融九）
（清・壽光人）
［乾隆］續壽光 25/8
［嘉慶］壽光 14/10
［民國］壽光 12/人物志二 10
27 **尹彝**（字大倫）
（明・平陰人）
［乾隆］泰安府 17/8
［順治］平陰 8/上 57
［光緒］平陰 4/10，8/7
28 **尹綸**（明・德州人）
［道光］濟南 52/45
［嘉靖］德州 3/6
［萬曆］德州 9/44
［康熙］德州 8/34
［乾隆］德州 9/60
［民國］德縣 11/5
尹綸（字汝漁，號渭濱）
（明・齊河人）
［康熙］濟南 47/10
［道光］濟南 51/39
［康熙］齊河 6/31
［雍正］齊河 7/2
［民國］齊河 24/1，33/5，33/11
齊河縣鄉土志耆舊錄/10
尹從王（字含美，或作含英，一字約齋）
（清・樂安人）
［咸豐］青州 46/28
［雍正］樂安 12/20
［民國］樂安 10/17
［民國］續修廣饒 19/32
尹牧民（字司牧）
（明・濟寧人）
［道光］濟南 36/9
［康熙］濟寧州 7/24
［乾隆］濟寧直隸州 25/3
［道光］濟寧直隸州 8/3－2
30 **尹宏**（字克寬）
（明・歷城人）
［宣統］山東 161/35
［道光］濟南 49/2
［乾隆］歷城 37/4
尹寧（明・萊陽人）
［民國］萊陽 3/1 中 11
尹宗舜（明・陽信人）
［康熙］濟南 44/16
［乾隆］武定府 25/7
［咸豐］武定府 25/孝友 7
［康熙］陽信 9/17
［乾隆］陽信 7/24
［民國］陽信 5/孝友 49
信邑志稿 7/孝友
尹濟源（字東沇，號竹農）
（清・歷城人）
［宣統］山東 169/11
［道光］濟南 53/62
［民國］續修歷城 39/29
尹良輔（明・臨朐人）
［康熙］臨朐縣志書 4/3
光緒臨朐 14/上 44
32 **尹兆祿**（字綏軒）
（清・日照人）
［光緒］日照 8/42
34 **尹達**（字時亨）
（明・莘縣人）
［正德］莘縣 6/26
尹凌（明・京山人）
［嘉靖］夏津 3/35
尹禧（明・德州人）
德州鄉土志/耆舊 3

尹汝郊(清・肥城人)
[乾隆]泰安府 18/57
[嘉慶]肥城 17/23
[光緒]肥城 9/3
肥城縣鄉土志 5/20
36 **尹洄**(字漁村)
(東平人)
[民國]東平縣 11/上 23
37 **尹通**(字永常)
(明・利津人)
[康熙]濟南 37/8
[乾隆]武定府 24/19
[咸豐]武定府 24/循良 9
[康熙]利津縣新志 8/7
[光緒]利津 7/宦蹟 7
尹鴻謨(明・臨朐人)
[康熙]臨朐縣志書 3/52
尹逢酉(字書林)
(清・禹城人)
[民國]禹城 6/74
尹鴻璐(字德圃)
(清・肥城人)
[光緒]肥城 9/9
肥城縣鄉土志 5/16
尹鴻儒(字近伊)
(清・莘縣人)
[乾隆]高密 6/21
[光緒]高密 6/25
[民國]高密 12/26
高密縣鄉土志/上 10
尹鴻榆(字颺廷)
(清・肥城人)
[光緒]肥城 9/10
肥城縣鄉土志 5/17
尹鴻擴(字恢亭)
(清・肥城人)
[宣統]山東 171/13
[光緒]肥城 9/10
肥城縣鄉土志 5/18
38 **尹道**(字本中)
(明・利津人)
[康熙]濟南 41/20
[乾隆]武定府 24/20
[咸豐]武定府 24/循良 10
[康熙]利津縣新志 8/10
[光緒]利津 7/宦蹟 7
尹洽(字化行)
(清・濟陽人)
[道光]濟南 56/33
[乾隆]濟陽 8/38
[民國]濟陽 11/52
尹肇秀(字秋實)
(清・平陰人)
[光緒]東平州 15/下 68
[民國]東平縣 11/下 36
[光緒]平陰 5/15
尹肇溎(字芳圃)
(清・肥城人)
[嘉慶]肥城 17/30
[光緒]肥城 9/4
肥城縣鄉土志 5/23
尹肇棨(字戟門)
(清・肥城人)
[光緒]肥城 9/13
肥城縣鄉土志 5/23
尹肇曾(字亦魯)
(清・平陰人)
[光緒]平陰 5/16
尹肇錦(清・平陰人)
[光緒]平陰 5/37
尹肇竺(字竹坪)
(清・肥城人)
[光緒]肥城 9/5
肥城縣鄉土志 5/24
尹肇烜(字子耀)
(清・平陰人)
[光緒]平陰 5/17
40 **尹校**(號印石)
(明・錦衣衛人)
[康熙四十一年]寧陽 3/18
[乾隆]寧陽 3/7
[咸豐]寧陽 11/11
[光緒]寧陽 11/11
寧陽縣鄉土志/8
尹志(明・廣東人)
[康熙十二年]陽穀 2/17
[康熙]陽穀 2/13
[光緒]陽穀 4/3
尹志平(字清和,一作太和)
(元・滄州人,遷東萊)
[雍正]山東 30/16
[康熙]萊州 10/98
[乾隆]萊州 12/仙釋 2
[康熙]濰縣 5/仙釋 1
[乾隆]濰縣 6/51
[民國]濰縣志稿 36/5,41/11
[乾隆]掖縣 5/3
尹士瑞(字輯之)
(清・寧陽人)
[光緒]寧陽 15/37
尹志登(字望菴)
(清・滋陽人)
[乾隆]兗州 23/64
[康熙]滋陽 4/上 36
[光緒]滋陽 9/1
尹希聖(字景宣)
(平原人)
[民國]續修平原 8/27
尹大川(清・平原人)
[民國]續修平原 10/上 7
尹士俍(字子元,號東泉)
(清・濟寧人)
[乾隆]濟寧直隸州 25/33
[道光]濟寧直隸州 8/3-17
尹大容(明・曹縣人)
[康熙]曹縣 11/29
[康熙]兗州府曹縣 11/29
尹嘉棟(清・禹城人)
[道光]濟南 56/39
[民國]禹城 6/34
尹大本(字體乾)
(清・肥城人)
[嘉慶]肥城 17/23
[光緒]肥城 9/11
肥城縣鄉土志 5/21
尹克成(字九韶)
(清・丹徒人)
[民國]重修泰安縣 6/65
尹希閔(清・泰安人)
泰安縣鄉土志/耆舊 26
尹存義(清・博興人)
[道光]博興 11/36
[民國]重修博興 13/35
尹希善(明・東平人)
[乾隆]東平州 14/13
[道光]東平州 14/13
[光緒]東平州 15/中 18
[民國]東平縣 11/上 37

43 **尹式舜**(字際唐)
(清・新泰人)
[乾隆]新泰 17/人物上增 1
新泰縣鄉土志/26
尹式芳(字菊田)
(清・歷城人)
[宣統]山東 169/36
[民國]續修歷城 40/9
44 **尹桂**(清・齊河人)
[民國]齊河 23/18
尹蘭(清・利津人)
[乾隆]利津縣志補 4/28
[光緒]利津 8/孝友 3
尹攀龍(字振麟,號敬菴)
(清・曹縣人)
[光緒]曹縣 14/行誼 8,17/
藝文墓表 8
尹考槃(見尹考盤)
尹考盤(清・博興人)
[咸豐]青州 46/44
[康熙六十年]博興 7/28
[道光]博興 11/28
[民國]重修博興 13/26
尹林菴(明・濟南人)
[雍正]山東 31/8
[道光]濟南 61/3
[乾隆]歷城 46/3
尹世熙(清・惠民人)
[宣統]山東 171/48
[光緒]惠民 20/8
惠民縣鄉土志/耆舊錄 4
46 **尹相**(字君佐,號慕拙)
(明・淄川人)
[嘉靖]淄川 6/84
尹相序(清・肥城人)
[光緒]肥城 9/11
肥城縣鄉土志 5/18
47 **尹杞泰**(字壽甫)
(清・樂安人)
[民國]樂安 10/31
[民國]續修廣饒 19/63,21/2
48 **尹敬仁**(清・莒縣人)
[民國]重修莒志 62/9
50 **尹忠可**(清・諸城人)
[光緒]增修諸城縣續志
17/5

尹泰恭(字敬亭)
(清・掖縣人)
[民國]四續掖縣 4/68
尹奉書(清・壽張人)
[光緒]壽張 7/30
尹東周(明・肥城人)
[乾隆]泰安府 17/39
[康熙]肥城書下/13
[嘉慶]肥城 17/20
[光緒]肥城 9/2
肥城縣鄉土志 5/15
51 **尹振彪**(清・惠民人)
[光緒]惠民 20/7
惠民縣鄉土志/耆舊錄 4
53 **尹成**(字實甫)
(元・下邳人)
[咸豐]青州 42/16
57 **尹邦麒**(字廷祥)
(明・曹縣人)
[康熙]兗州續編 15/20
[康熙]兗州府曹縣 13/18
[光緒]曹縣 13/17
尹邦麟(字廷瑞)
(明・曹縣人)
[康熙]兗州續編 15/20
[康熙]兗州府曹縣 13/18
[光緒]曹縣 13/18
尹邦奇(明・新泰人)
[康熙]濟南 48/9
[乾隆]泰安府 18/66
[順治]新泰 5/24
[乾隆]新泰 16/10
尹邦梅(字調甫)
(清・臨朐人)
[民國]臨朐續志 20/20
60 **尹昌**(字景文)
(金・厭次人)
[乾隆]武定府 25/67
[咸豐]武定府 25/武功 3
[乾隆]惠民 5/42
[光緒]惠民 19/22
尹旻(字同仁)
(明・歷城人)
[嘉靖]山東 29/24
[康熙]山東 39/23
[雍正]山東 28/人物三 11

[宣統]山東 160/16
[康熙]濟南 35/10
[崇禎]歷乘 16/17
[崇禎]歷城 10/12
[乾隆]歷城 17/35,37/5
尹思貞(唐・京兆長安人)
[嘉靖]山東 27/3
[康熙]山東 35/4
[雍正]山東 27/54
[宣統]山東 68/16
[嘉靖]青州 13/22
[萬曆]青州 12/13
[康熙十五年]青州 12/13
[康熙四十八年]青州 12/13
[康熙六十年]青州 12/8
[咸豐]青州 34/18
[康熙六十年]博興 7/4
[光緒]益都縣圖志 16/1
尹足法(字從之)
(清・肥城人)
[宣統]山東 171/5
[乾隆]泰安府 17/44
[康熙]肥城書下/13,下/25
[嘉慶]肥城 17/20
[光緒]肥城 9/8
尹圓長(號祝順子)
(清・惠民人)
[民國]陽信 5/仙釋 88
65 **尹畊**(清・歷城人)
[光緒]壽張 5/40
66 **尹嚴維**(字彭水)
(清・德州人)
州乘餘聞/2
德州鄉土志/耆舊 29
67 **尹昭**(字曦之)
(明・莘縣人)
[正德]莘縣 6/26
尹照(明・萊陽人)
[民國]萊陽 3/1 中 17
71 **尹匯瀛**(字福山)
(清・肥城人)
[光緒]肥城 9/17
肥城縣鄉土志 5/29
尹長祐(字靜西,一字雪崖)
(清・樂安人)
[雍正]樂安 12/25

72 尹所遴(清・臨朐人)
光緒臨朐 14/中 10
77 尹熙(宋・濟南人)
[咸豐]金鄉縣志略 7/4
金鄉縣鄉土志/政績錄
尹同仁(明・歷城人)
[道光]濟南 49/3
尹開勳(字素書)
(清・臨沂人)
[民國]臨沂 10/26
尹鵬南(字程九)
(清・禹城人)
[民國]禹城 6/33
尹開甲(清・萊陽人)
[民國]萊陽 3/1 中 67
80 尹公(明・商河人)
[道光]商河 7/55
[民國]重修商河 9/24
商河縣鄉土志 3/仙釋
尹鏡(字照遠)
(清・平陰人)
[光緒]平陰 5/27
尹善平(明・永寧選貢)
[康熙十一年]莘縣 5/7
[康熙五十六年]莘縣 5/7
[光緒]莘縣 5/19
[民國]莘縣 3/13
尹翁歸(字子兄)
(漢・河東陽平人)
[嘉靖]山東 26/1
[康熙]山東 33/2
[雍正]山東 27/76
[宣統]山東 66/7
[萬曆元年]兗州 39/名宦 3
[萬曆二十四年]兗州 26/3
[康熙]兗州 21/3
[萬曆]沂州志 6/2
[康熙]沂州志 3/38
[乾隆]沂州府 20/1
[康熙]郯城 6/23
[乾隆]郯城 7/22
[光緒]嶧縣 19/8
尹益堂(字友三)
(清・茌平人)
[宣統]茌平 15/9
[民國]茌平 3/110
尹養精(字粹寰)
(清・壽光人)
[乾隆]續壽光 24/2
[嘉慶]壽光 13/23
[民國]壽光 12/人物志一 68
86 尹錫成(字卓泉)
(清・茌平人)
[民國]茌平 3/45
88 尹鑑(字清遠)
(清・平陰人)
平陰縣鄉土志/11
90 尹焞(字彥明,一字德充)
(宋・洛人)
[雍正]山東 11/闕里二 28
[乾隆]兗州 7/40
尹惟謙(字六吉)
(清・肥城人)
[宣統]山東 171/17
[嘉慶]肥城 19/65
[光緒]肥城 9/12
肥城縣鄉土志 5/22
尹尚志(字如甫)
(明・臨朐人)
[康熙]臨朐縣志書 4/1
光緒臨朐 14/下 11
尹懔恪(清・日照人)
[宣統]山東 173/18
96 尹煜(清・長山人)
[嘉慶]長山 9/13
97 尹輝宗(字潤山)
(清・諸城人)
[光緒]增修諸城縣續志 12/30

1752_7 那

40 那木合(本姓金)
(明・山後人)
[萬曆]諸城 4/43

1760_2 召

10 召平(漢・齊人)
[宣統]山東 66/1
[萬曆]青州 13/23
[康熙十五年]青州 13/23
[康熙四十八年]青州 13/事功 7
[康熙六十年]青州 16/4
[咸豐]青州 34/2
[康熙]臨淄 10/3
27 召忽(春秋・齊人)
[萬曆]青州 14/1
[康熙十五年]青州 14/1
[康熙四十八年]青州 14/忠義 1
[康熙六十年]青州 17/1
[康熙]臨淄 10/1
[民國]臨淄 22/55
77 召歐(漢)
[嘉靖]青州 12/23
[康熙十五年]青州 8/11
[光緒]益都縣圖志 47/1

1762_0 司

00 司庠(字公序)
(元・恩州人)
[嘉靖]山東 31/26
[康熙]山東 46/4
[萬曆]東昌 19/46
[乾隆]東昌 37/29
[嘉慶]東昌 27/27
[嘉靖]恩縣 6/4
[民國]重修恩縣 11/鄉賢 16
司廙(字彥恭)
(元・恩州人)
[嘉靖]恩縣 6/4
[萬曆]恩縣 4/12
司文玉(字子美)
(清・陽信人)
[民國]陽信 5/耆碩 59
01 司龍元(字海門)
(清・樂安人)
[民國]續修廣饒 19/56,21/2
05 司講(明・恩縣人)
[雍正]恩縣續志 3/18
07 司韶(明・日照人)
[康熙四十八年]青州 14/孝友 19
[康熙六十年]青州 17/18
10 司天爵(明・太原人)
[萬曆]青城 1/36
司天秩(清・禹城人)
[道光]濟南 56/39

[嘉慶]禹城 9/20
[民國]禹城 6/16
司元直(字伯貞)
(明・平陰人)
[乾隆]泰安府 17/42
[光緒]平陰 5/3
司天開(字統周,一字宇周,號般源)
(清・淄川人)
[宣統]三續淄川 9/69
17 司承禎(字介臣)
(清・長清人)
[民國]長清 13/11
18 司玠(明・壽張人)
[雍正]山東 28/人物三 28
[宣統]山東 164/44
[康熙]兗州續編 15/27
[乾隆]兗州 23/42
[康熙五十六年]壽張 7/30
[光緒]壽張 7/27
壽張縣鄉土志/耆舊－附忠孝祠
20 司秉文(字修菴)
(清・陽信人)
[民國]陽信 5/清介 74
司秉禮(字立庵)
(清・陽信人)
[民國]陽信 5/任恤 39
22 司繼周(字封東)
(清・陽信人)
[民國]陽信 5/孝友 62
23 司允德(字執中)
(元・東阿人)
[康熙]山東 45/8
[乾隆]泰安府 18/33
[萬曆二十四年]兗州 37/2
[康熙]兗州 28/31
[康熙四年]東阿 6/23
[康熙五十四年]東阿 6/23
[道光]東阿 14/人物下 23
[光緒]東阿縣鄉土志 4/3
24 司徒珍(清・江蘇溧水人)
[宣統]山東 75/19
[道光]濟南 38/31
[乾隆]濟陽 6/33
[民國]濟陽 9/39
司德潤(東阿人)
[民國]東阿 15/5
25 司仲可(元)
[嘉靖]山東 27/8
[康熙]山東 35/9
[雍正]山東 27/58
[宣統]山東 69/34
[嘉靖]青州 13/35
[萬曆]青州 12/26
[咸豐]青州 35/19
[康熙]臨淄 8/4
[民國]臨淄 18/6
28 司以昌(清・博平人)
[光緒]博平縣續志 10/55
博平縣鄉土志/耆舊－忠節
30 司進(明・澤州人)
[順治]堂邑 2/職官 4
司進選(清・寧陽人)
[康熙]兗州續編 16/7
[乾隆]兗州 23/64
[乾隆]寧陽 7/孝子 2
[光緒]寧陽 15/4
寧陽縣鄉土志/21
司富貴(字榮春)
(平原人)
[民國]續修平原 8/26
司空圖(字表聖)
(唐)
[民國]臨淄 22/63
31 司福(明・日照人)
[雍正]山東 28/人物三 28
[宣統]山東 164/45
[萬曆]青州 14/9
[康熙十五年]青州 14/9
[康熙四十八年]青州 14/忠義 9
[康熙六十年]青州 18/12
[乾隆]沂州府 26/3
[康熙]日照 9/7
[光緒]日照 8/5
35 司迪(明・山西澤州人)
[宣統]山東 73/27
[光緒]增修登州 31/2
[康熙]萊陽 4/6
[民國]萊陽 3/1 上 7
司清和(清・陽穀人)
[民國]增修陽穀人物/忠烈 23
司連禎(清・陽穀人)
[民國]增修陽穀人物/忠烈 23
司清洛(清・陽穀人)
[光緒]陽穀 7/4
[民國]增修陽穀人物/孝義 11
36 司視(明・曲周貢生)
[康熙]觀城 3/12
[道光]觀城 6/17
40 司嘉賓(清・曹縣人)
[光緒]曹縣 14/行誼 35
44 司荔(字挺之)
(清・平原人)
[民國]續修平原 10/上 3
司莅(明・內黃人)
[康熙]嶧縣 3/30
[乾隆]嶧縣 7/13
[光緒]嶧縣 19/職官下 7
51 司軻(明・陽信人)
[雍正]山東 31/9
[康熙]陽信 9/36
[乾隆]陽信 7/59
[民國]陽信 5/方技 80
信邑志稿 7/藝術
71 司馬可速(明・臨沂人)
[萬曆]沂州志 7/36
[康熙]沂州志 6/7
[乾隆]沂州府 26/9
[民國]臨沂 10/48
司馬覃(晉・河內溫縣人)
[宣統]重修恩縣 6/6
司馬天助(北魏)
[光緒]益都縣圖志 15/14
司馬季德(漢・山陽人)
[道光]濟寧直隸州 6/6－3
司馬穰苴(春秋・齊人)
[至元]齊乘 6/6
[嘉靖]山東 28/5
[康熙]山東 38/6
[嘉靖]青州 15/42
[萬曆]青州 15/16
[康熙十五年]青州 15/16
[康熙四十八年]青州 15/

武功 3
［康熙六十年］青州 16/43
［康熙］臨淄 9/8
［民國］臨淄 21/42
司馬允（晉・河内溫縣人）
［萬曆］東昌 5/4
司馬伷（字子將）
（漢）
［嘉靖］青州 12/28
［康熙十五年］青州 8/14
［萬曆元年］兗州 2/45
［萬曆二十四年］兗州 9/19
［康熙］兗州 10/18
［萬曆］沂州志 7/60
司馬倫（漢）
［嘉靖］青州 12/28
［康熙十五年］青州 8/14
司馬攸（三國）
［民國］臨淄 21/39
司馬遷（漢・龍門人）
［萬曆元年］兗州 42/8
［康熙］嶧縣 3/55
［光緒］嶧縣 21/流寓 2
［萬曆］滕志 6/78
［康熙］滕志 6/56
［康熙］滕縣志 6/賓客 8
［道光］滕縣志 6/僑寓 7
［萬曆］汶上 6/19
司馬池（字和中）
（宋・夏縣人）
［康熙］德州 7/25
［民國］德縣 9/5
司馬朗（字伯達）
（魏・河内溫人）
［雍正］山東 27/31
［宣統］山東 66/32
［萬曆元年］兗州 38/循吏 13
［萬曆二十四年］兗州 26/14
［康熙］兗州 21/14
［乾隆］兗州 22/4
司馬遐（晉・河内溫縣人）
［萬曆］東昌 5/4
［宣統］重修恩縣 6/6
司馬道（晉）
［光緒］益都縣圖志 15/2
司馬遂（晉・河内人）
［崇禎］歷城 3/7
司馬乂（春秋・齊人）
［萬曆］青州 13/22
［康熙十五年］青州 13/22
［康熙四十八年］青州 13/
事功 6
司馬越（字元超）
（晉）
［萬曆二十四年］兗州 9/18
［康熙］兗州 10/18
［萬曆］沂州志 7/60
司馬苞（字仲成）
（漢・山陽東緡人）
［民國］金鄉 13/2
司馬楙（字孔偉）
（晉）
［乾隆］泰安府 5/7
［萬曆二十四年］兗州 9/18
［康熙］兗州 10/18
［乾隆］東平州 10/52
［道光］東平州 10/下 2
［光緒］東平州 12/10
司馬芝（字子華）
（漢・河内溫人）
［宣統］山東 66/14
［道光］濟南 33/9
［道光］章邱 9/2
章邱縣鄉土志/上 7
司馬均（字少賓）
（漢・東萊曲成人）
［至元］齊乘 6/13
［嘉靖］山東 33/1
［康熙］山東 44/2,46/7
［雍正］山東 28/人物一 21
［宣統］山東 167/3
［萬曆］萊州 5/86
［康熙］萊州 10/16
［乾隆］萊州 10/3
萊州府鄉土志/下 1
［泰昌］登州 11/27
［順治］登州 17/1
［光緒］增修登州 38/2
［乾隆］掖縣 4/16
［順治］招遠 9/3
司馬泰（字子舒）
（晉・溫縣人）
［道光］重修膠州 21/1
［民國］增修膠志 16/1
司馬泰（清・濟寧人）
［乾隆］濟寧直隸州 27/22
［道光］濟寧直隸州 8/1－38
濟寧州鄉土志 2/賢裔
司馬耕（字子牛，一名犂）
（春秋・宋人）
［嘉靖］山東 24/7
［康熙］山東 29/7
［雍正］山東 11/闕里二 16
［萬曆］青州 13/21
［萬曆元年］兗州 7/45
［萬曆二十四年］兗州 7/19
［康熙］兗州 8/20
［乾隆］兗州 7/27
［道光］濟寧直隸州 8/1－36
［乾隆］曲阜 59/5
司馬固（晉・河内人）
［崇禎］歷城 3/7
司馬駿（字子臧）
（漢）
［嘉靖］寧海州下/4
［康熙］寧海州 7/1
［同治］重修寧海州 11/3
司馬陵（字子山）
（晉）
［萬曆二十四年］兗州 9/19
［康熙］兗州 10/19
司馬符（明・會稽人）
［乾隆］武定府 16/37
［咸豐］武定府 19/利津 1
［康熙］利津縣新志 7/1
司馬光（字君實）
（宋・陝州夏縣人）
［嘉靖］山東 26/11
［康熙］山東 33/13
［雍正］山東 11/闕里二 26,
27/90
［乾隆］泰安府 14/19
［萬曆元年］兗州 39/名宦 13
［萬曆二十四年］兗州 28/3
［康熙］兗州 22/3
［乾隆］兗州 7/38
［康熙］東平州 4/44
［乾隆］東平州 12/15

［道光］東平州 12/15
［光緒］東平州 14/15
［民國］東平縣 9/8
東平州鄉土志上/政績錄 11
司馬恬（晉・河内溫人）
［光緒］益都縣圖志 15/2
77 **司居政**（見司居敬）
司居敬（字仲可）
（元・恩州人）
［嘉靖］山東 26/16
［康熙］山東 33/18
［雍正］山東 28/人物二 62
［宣統］山東 161/20
［萬曆二十四年］兖州 28/20
［康熙］兖州 22/20
［乾隆］兖州 22/16
［嘉慶］東昌 27/28
［嘉靖］鄒縣地理誌 1/30，2/5
［萬曆］鄒志 2/10
［康熙十二年］鄒縣志 3/12
［康熙五十五年］鄒縣志 2/43
［民國］續修鄒縣志稿/名宦
鄒縣鄉土志政績錄/5
［萬曆］恩縣 4/13
［宣統］重修恩縣 8/20
［民國］重修恩縣 11/鄉賢 16
司鳳喈（清・博平人）
［光緒］博平縣續志 10/58
86 **司鐸**（明・單縣人）
［順治］單縣 2/40
司鐸（清・高唐人）
［道光］高唐州 5/1－43
［光緒］高唐州 5/1－45
［民國］高唐縣 12/84
司鐸（清・日照人）
［乾隆］沂州府 26/16
［康熙］日照 9/10
91 **司恒心**（字任遠）
（清・滕縣人）
［道光］滕縣志 8/儒林 40

1762_7 邵

00 **邵亢**（字興宗）
（宋・丹陽人）
［康熙］東平州 3/7
［乾隆］東平州 12/20
［道光］東平州 12/20
［光緒］東平州 14/20
邵雍（字堯夫）
（宋・河南人）
［雍正］山東 11/闕里二 22
［乾隆］兖州 7/34
邵方巖（字魯瞻）
（清・寧陽人）
［咸豐］寧陽 15/17
［光緒］寧陽 15/24
邵應生（明・城武人）
［康熙九年］城武 3/22
［康熙四十一年］城武 5/下義烈 6
［道光］城武 9/下 46
邵立綱（東阿人）
［民國］東阿 15/2
邵廣澤（字恩普）
（清・鄒縣人）
［民國］續修鄒縣志稿/人物－耆舊
邵文振（明・南直江寧人）
［宣統］山東 73/22
［同治］黄縣 6/4
［民國］黄縣志稿 11/宦績
邵庚曾（字南俶，號湘芷）
（清・順天人）
［宣統］山東 75/1
［道光］濟南 72/22
邵文煥（清・文登人）
［光緒］增修登州 46/11
［雍正］文登 8/9
［道光］文登 5/18
［光緒］文登 10/上 3
02 **邵新**（字循善）
（明・堂邑人）
［順治］堂邑 2/人物 5
［康熙］堂邑 12/3
03 **邵誼**（字友堂）
（清・淄川人）
［宣統］三續淄川 9/101
09 **邵麟勳**（字文騏，譜名炳南）
（高密人）
［民國］高密 10/7
10 **邵璋**（字宜卿，一字宗器）
（明・朝城人）
［康熙］山東 45/15
［萬曆］東昌 19/63
［乾隆］曹州府 16/4
［萬曆］濮州 4/孝友 4
［康熙］濮州 4/3
［乾隆］濮州 4/3
［宣統］濮州 5/3
［康熙］朝城 8/11
朝城縣鄉土志/13
邵元亨（明・直隸崑山人）
［光緒］增修登州 28/1
［萬曆］福山 4/3
［康熙］福山 7/8
［乾隆］福山 7/9
邵元章（清・順天宛平人）
［道光］高唐州 7/1－16
［光緒］高唐州 7/1－16
［民國］高唐縣 9/5－13
邵元章（字米叔，一作米升，號粟園）
（清・安徽休寧人）
［宣統］山東 75/22
［道光］濟南 38/44
［民國］德縣 9/16
邵可誨（字式穀）
（廣饒人）
［民國］續修廣饒 21/4
邵百發（字育萬）
（清・禹城人）
［道光］濟南 56/37
［嘉慶］禹城 9/25
［民國］禹城 6/21
邵可繼（明・城武人）
［康熙九年］城武 3/59
邵晉蕃（字錫臣）
（齊河人）
［民國］齊河 23/83
邵元燕（字念翼）
（清・濟寧人）
［乾隆］濟寧直隸州 27/20
［道光］濟寧直隸州 8/3－24
邵雲輯（字龍村）
（膠東人）
［民國］齊東 5/62

邵丙午(清・朝城人)
[民國]朝城縣續志 1/37
12 **邵瑀**(字廷玉)
(明・盱眙人)
[正德]博平 5/85
邵弘文(字筵堂)
(明・諸城人)
[康熙]諸城 7/51
[乾隆]諸城 42/2
邵登雲(清・直隸深州武進士)
[乾隆]嶧縣 7/44
[光緒]嶧縣 19/武職 32
邵廷獻(字家修)
(清・曹縣人)
[光緒]曹縣 14/行誼 22
邵登凱(字俊卿)
(平原人)
[民國]續修平原 8/22
邵廷楠(清・費縣人)
[光緒]費縣 11/39
邵發振(清・昌邑人)
[乾隆]昌邑 6/177
邵延曾(清・順天大興人)
樂陵縣鄉土志 2/9
13 **邵瓚**(清・順天大興人)
[宣統]山東 77/39
[乾隆]昌邑 5/108
邵瑄(明・北直盧龍人)
[嘉靖]朝城志 5/7
[康熙]朝城 7/5
16 **邵璟**(字姚仲)
(清・淄川人)
[道光]濟南 54/72
[乾隆]淄川 6/下又 13
17 **邵琚**(字濳菴)
(清・城武人)
[道光]城武 9/下 28
邵君儀(明・文登人)
[雍正]文登 8/9
[道光]文登 5/17
[光緒]文登 10/上 2
邵翼之(清・朝城人)
[民國]朝城縣續志 1/36
邵承恩(清・濟寧人)
[民國]濟寧直隸州續志 14/21
邵承照(字香聽)
(清・順天大興人,原籍浙江餘姚)
[宣統]山東 76/21
肥城縣鄉土志 3/5
邵子美(字中亟)
(明・城武人)
[康熙九年]城武 5/16
20 **邵信之**(清・朝城人)
[民國]朝城縣續志 1/37
邵秉忠(字憲思)
(清・文安人)
[民國]樂安 8/21
[民國]續修廣饒 17/6
21 **邵貞一**(唐・濟南人)
[雍正]山東 28/人物二 7
[宣統]山東 167/8
[康熙]濟南 48/3
[道光]濟南 47/18
[乾隆]歷城 44/2
[順治]鄒平 6/9
[康熙]鄒平 6/29
[嘉慶]鄒平 16/44
[康熙五十五年]長山 6/50
[嘉慶]長山 10/29
[道光]章邱 11/71
邵貞元(字春舫)
(清・文登人)
[光緒]文登 9/下 2－13
邵虎臣(清・招遠人)
[光緒]增修登州 44/4
邵虎臣(臨邑人)
[民國]續修臨邑 3/17
邵肯堂(字楹五)
(清・平原人)
[民國]續修平原 10/上 2
22 **邵鼎彝**
[民國]朝城縣續志 1/25
邵繼成(字繕性)
(明・河南舞陽人)
[宣統]山東 72/44
[萬曆]東昌 18/38
[乾隆]東昌 34/20
[嘉慶]東昌 22/10
[嘉靖]冠縣 2/8
[萬曆]冠縣 2/20
[道光]冠縣 6/24
[光緒]冠縣 6/宦績
[民國]冠縣 6/34
23 **邵允中**(字心齋,號竹西)
(清・齊河人)
[民國]齊河 26/27,32/83,33/64
24 **邵續**(字嗣祖)
(晉・魏郡安陽人)
[嘉靖]山東 25/17
[康熙]山東 32/3
[雍正]山東 27/73
[宣統]山東 66/35
[康熙]濟南 24/5
[道光]濟南 33/13
[嘉靖]武定州下/45
[萬曆]武定州 12/1
[崇禎]武定州 15/2
[乾隆]武定府 16/2
[咸豐]武定府 19/2
[嘉靖]德州 3/4
[萬曆]德州 8/26
[康熙]德州 7/22
[民國]德縣 9/3
[康熙]陵縣 4/2
[順治]樂陵 4/1
[乾隆]樂陵 4/44
樂陵縣鄉土志 2/6
[康熙]陽信 7/22
[乾隆]陽信 5/23
信邑志稿 5/宦蹟－駐防
[民國]陽信 2/50
[乾隆]平原 6/25
平原縣鄉土志輯稿/政蹟
[乾隆]惠民 5/8
[光緒]惠民 18/2
惠民縣鄉土志/政績錄 2
邵德志(清・臨沂人)
[民國]續修臨沂 16/13
邵壯猷(字泰華)
(明・朝城人)
[康熙]朝城 8/23
25 **邵練**(見邵鍊)
邵繡(明・城武人)
[康熙九年]城武 5/17
邵仲名(明・金鄉人)

［康熙十二年］金鄉 5/18
［康熙五十一年］金鄉 7/25
邵紳書（字誠一）
（清・文登人）
［光緒］增修登州 43/41
［光緒］文登 9/下 1－9
26 **邵自修**（字朂齋）
（清・樂安人）
［民國］續修廣饒 19/75
邵自修（原名家齊，字洗凡）
（長清人）
［民國］長清 12/10
邵伯成（字文起，號奎樓）
（明・城武人）
［康熙九年］城武 3/63
邵伯悌（字本敬）
（明・貴溪人）
［道光］濟寧直隸州 6/6－52
邵伯營（字經南）
（清・城武人）
［道光］城武 9/下 4
27 **邵侯**（元・城武人）
［萬曆元年］兖州 40/武功 19
［康熙九年］城武 3/4，3/62
［康熙四十一年］城武 5/下
武將 2
［道光］城武 9/上 37
邵紓（字元敬，號次塘）
（明・城武人）
［康熙九年］城武 3/14
［康熙四十一年］城武 5/上
懿行 1
［道光］城武 9/下 7
28 **邵儀**（明・湯陰人）
［萬曆］福山 4/3
30 **邵沆**（字季仲）
（清・鄞縣舉人）
［光緒］文登 7/下 3
［民國］文登 7/下 3
邵扂（明・黃縣人）
［乾隆］黃縣 12/5
［同治］黃縣 9/1
［民國］黃縣志稿 13/人物－
死難
邵宗（清・廣東花縣人）
［宣統］山東 77/24
［光緒］增修登州 27/4
［同治］黃縣 6/10
［民國］黃縣志稿 11/宦績
邵安之（清・朝城人）
［民國］朝城縣續志 1/37
邵永祺（字天壽）
（清・金鄉人）
［乾隆］金鄉 18/83
［咸豐］金鄉縣志略 9/中列
傳二 6
［民國］金鄉 14/4
金鄉縣鄉土志/耆舊錄上
邵永清（字天賜）
（清・曹縣人）
［光緒］曹縣 14/行誼 11
邵永清（清・臨清人）
［民國］臨清縣/人物 30
邵良大（明・禹城人）
［道光］濟南 52/6
［嘉慶］禹城 9/8
［民國］禹城 6/6
邵永春（字奐東）
（清・淄川人）
［宣統］三續淄川 9/64
31 **邵禎**（明・益都人）
［光緒］益都縣圖志 41/6
34 **邵灊**（陽羨人）
［康熙］嶧縣 3/15
［光緒］嶧縣 19/89
邵汝礪（清・魚臺人）
［光緒］魚臺 3/文行又 6
邵汝爲（清・招遠人）
［光緒］增修登州 40/22
邵汝賢（清・餘姚監生）
［康熙］鄒平 4/20
［嘉慶］鄒平 14/19
［道光］鄒平 14/19
［民國］鄒平 14/19
35 **邵連捷**（字拙齋）
（清・陽穀人）
［光緒］陽穀 6/18
［民國］增修陽穀人物/師
道 21
37 **邵祿**（字廷賜）
（明・寧陽人）
［康熙十一年］寧陽 7/12
［康熙四十一年］寧陽 7/12
［乾隆］寧陽 7/師範 1
［咸豐］寧陽 14/2
［光緒］寧陽 14/2
邵遐舉（明・城武人）
［康熙九年］城武 3/22
［康熙四十一年］城武 5/下
義烈 4
［道光］城武 9/下 45
40 **邵核**（字青由）
（清・平原人）
［民國］續修平原 10/上 24
邵奎（宋）
［康熙］淄川 4/4
［乾隆］淄川 4/4，4/又 28－1
邵木（清・諸城人）
［光緒］增修諸城縣續志
17/16
邵培（清・城武人）
［康熙］兖州續編 16/15
［康熙四十一年］城武 5/上
懿行 14
［道光］城武 9/下 17
邵士（清・浙江蕭山人）
［宣統］山東 76/12
［康熙］沂州志 3/52
［乾隆］沂州府 20/13
［民國］臨沂 7/75
邵梓（清・臨沂人）
［民國］臨沂 10/64
邵士彥（字秀儒）
（清・曹縣人）
［光緒］曹縣 14/行誼 17
邵大武（字揚烈）
（清・茌平人）
［宣統］茌平 28/6
［民國］茌平 3/78
邵存仁（清・東平人）
［光緒］東平州 15/下 40
［民國］東平縣 11/下 14
東平州鄉土志上/耆舊錄 37
邵大緯（清・惠民人）
［咸豐］武定府 25/文苑 30
［光緒］惠民 23/14
惠民縣鄉土志/耆舊錄 23
邵有道（明・都昌人）

[乾隆]東平州 10/27
邵士標(字仲褒)
(清・濟寧人)
[康熙]山東 40/64
[雍正]山東 28/人物四 13
[宣統]山東 172/37
[乾隆]兗州 23/62
[康熙]濟寧州 6/56
[乾隆]濟寧直隸州 25/6
[道光]濟寧直隸州 8/3－4
邵喜起(清・城武人)
[康熙四十一年]城武 5/上懿行 18
[道光]城武 9/下 19
邵大松(字凌閣,號柳溪)
(清・濟寧人)
[道光]濟寧直隸州 8/4－20
邵士梅(字嶧暉)
(清・濟寧人)
[乾隆]濟寧直隸州 25/15
[道光]濟寧直隸州 8/3－9
44 **邵苾**(明・陝西寧州人)
[宣統]山東 71/12
[道光]濟南 36/25
[康熙四十三年]長山 3/宦績
[康熙五十五年]長山 3/35
[嘉慶]長山 5/43
邵莪(明・朝城人)
[康熙]朝城 8/12
邵芪(清・平原人)
[民國]續修平原 10/上 24
邵英(明・郯城人)
[康熙]郯城 8/14
邵其琰(清・奉天人)
[康熙]東平州續志 4/1
45 **邵椿**(清・朝城人)
[康熙]朝城 8/37
46 **邵觀**(清・蘇州人)
[宣統]山東 75/53
[乾隆]武定府 16/15
[咸豐]武定府 19/青城 2
[乾隆]青城 7/3
[民國]青城續修 4/名宦 13
邵如芝(明・禹城人)
[康熙]禹城 2/13

邵加鳳(清・壽光人)
[乾隆]續壽光 24/8
邵如鳳(清・壽光人)
[嘉慶]壽光 13/28
[民國]壽光 12/人物志一 77
47 **邵格**(字去非)
(清・朝城人)
[康熙]朝城 8/24
邵桐(字迎旭)
(清・金鄉人)
[民國]濟寧直隸州續志 14/32
[咸豐]金鄉縣志略 9/中忠義傳 6
[民國]金鄉 14/21
邵鶴齡(清・招遠人)
[宣統]山東 176/39
[光緒]增修登州 44/4
[道光]招遠縣續志 2/37
邵懿辰(清・仁和人)
[咸豐]濟寧直隸州續志 2/14
48 **邵敬之**(清・朝城人)
[民國]朝城縣續志 1/37
邵敬銘(清平人)
[民國]清平/人物 75
50 **邵推**(字秀夫)
(清・城武人)
[康熙九年]城武 3/58
[道光]城武 9/下 3
邵奉詔(清・費縣人)
[光緒]費縣 11/43
邵青雲(清・曹縣人)
[光緒]曹縣 14/行誼 34
51 **邵振亭**(清・蒙陰人)
[宣統]蒙陰 4/名獻
邵振之(清・朝城人)
[民國]朝城縣續志 1/37
52 **邵播**(唐)
[嘉靖]山東 25/19
[康熙]山東 32/7
[雍正]山東 27/73
[宣統]山東 68/10
[康熙]濟南 24/11
[嘉靖]武定州下/47
[乾隆]武定府 16/4

[咸豐]武定府 19/4
[乾隆]惠民 5/11
[光緒]惠民 18/4
惠民縣鄉土志/政績錄 3
57 **邵擢**(字者超,號六優)
(清・城武人)
[康熙九年]城武 3/45
[康熙四十一年]城武 5/上宦蹟 7,8/下 16
[道光]城武 9/上 22,11/下 20
60 **邵旻**(明・單縣人)
[隆慶]單縣下/5
[順治]單縣 2/36,3/57
[康熙]單縣 7/25
邵景雍(字印洛)
(明・城武人)
[康熙九年]城武 3/50
邵見三(清・茌平人)
[民國]茌平 3/109
邵景魁(明・城武人)
[康熙九年]城武 3/22
[康熙四十一年]城武 5/下義烈 4
[道光]城武 9/下 45
邵景周(字憲章)
(清・定陶人)
[民國]定陶 6/36
邵景鋐(清・招遠人)
[光緒]增修登州 43/24
61 **邵顯堯**(字仁普)
(清・城武人)
[康熙九年]城武 3/51
[康熙四十一年]城武 5/上宦蹟 8
[道光]城武 9/上 23
62 **邵則修**(字希叔)
(清・嶧縣人)
[乾隆]兗州 23/74
[乾隆]嶧縣 8/37,10/下 19
[光緒]嶧縣 21/孝友 6
64 **邵時育**(字萬民)
(清・城武人)
[道光]城武 9/下 21
邵時薦(號槐亭)
(清・城武人)

［道光］城武 9/上 25
邵時敷(字寬五)
(清・城武人)
［道光］城武 9/下 21
67 邵嗣堯(清・猗氏人)
［康熙］臨淄 8/8
74 邵陵(字青門)
(清・城武人)
［康熙四十一年］城武 5/下隱逸 3
［道光］城武 9/下 4
77 邵鳳高(清・蒙陰人)
［宣統］蒙陰 4/武功
邵學詩(字信吾)
(明・城武人)
［康熙九年］城武 3/60
邵周達(明・禹城人)
［道光］濟南 52/2
［康熙］禹城 5/18
［嘉慶］禹城 9/10
［民國］禹城 6/8
禹城縣鄉土志/14
邵履均(莒縣人)
［民國］重修博興 10/3
邵鵬圖(字羽南)
(明・城武人)
［康熙九年］城武 3/9,3/50,4/34
［康熙四十一年］城武 5/下隱逸 2
［道光］城武 9/下 2,11/下 17
邵際辰(清・朝城人)
［民國］朝城縣續志 1/40
邵鵬舉(明・城武人)
［康熙九年］城武 3/21
［康熙四十一年］城武 5/下義烈 3
［道光］城武 9/下 44
邵鳳翔(字儀亭)
(清・東阿人)
［民國］續修東阿 11/15
80 邵善君(漢・平原濕陰人)
［道光］濟南 72/25
邵義棫(字薪之)
(清・山陰人)
［道光］濟南 62/10
邵美恒(清・昌邑人)
［乾隆］昌邑 6/177
85 邵錬(明・城武人)
［康熙九年］城武 3/15
［康熙四十一年］城武 5/上懿行 2
［道光］城武 9/下 8
87 邵錄(明・城武人)
［康熙九年］城武 3/59
90 邵光廷(字亮工)
(清・膠州人)
［道光］重修膠州 29/30
［民國］增修膠志 45/15
邵懷之(清・朝城人)
［宣統］山東 173/35
［民國］朝城縣續志 1/37
邵懷堂(見邵懷棠)
邵懷棠(明・南直隸人)
［宣統］山東 73/26
［光緒］增修登州 30/2
［順治］招遠 7/5
97 邵惲(明)
［嘉靖］山東 25/25
［雍正］山東 27/83
［康熙］濟南 25/25
［天啟］新泰 5/21
［順治］新泰 4/18
［乾隆］新泰 11/1

1771_0 乙

00 乙帝山(清・高唐人)
［乾隆］東昌 43/33
［嘉慶］東昌 32/50
［乾隆］高唐州續志 2/9
［道光］高唐州 5/2－14
［光緒］高唐州 5/2－17
［民國］高唐縣 12/11
14 乙瑛(字少卿)
(漢・高唐人)
［嘉慶］東昌 26/5
［道光］高唐州 5/1－2
［光緒］高唐州 5/1－2
［民國］高唐縣 12/2
高唐州鄉土志/14
25 乙佛弘禮(隋・高唐人)
［嘉靖］山東 33/28
［雍正］山東 31/5
［宣統］山東 168/10
［萬曆］東昌 22/12
［乾隆］東昌 44/14
［嘉慶］東昌 34/13
［康熙十二年］高唐州 9/14
［康熙五十一年］高唐州 9/26
［道光］高唐州 5/2－24
［光緒］高唐州 5/2－40
37 乙逸(晉・平原人)
［道光］濟南 45/42
［乾隆］平原 8/17
平原縣鄉土志輯稿/循吏
44 乙地山(見乙帝山)
57 乙邦才(字奇山)
(明・青州人)
［宣統］山東 164/36
［康熙六十年］青州 16/47
［咸豐］青州 45/56
［光緒］益都縣圖志 40/4
［民國］濰縣志稿 32/31

1790_4 朵

44 朵落(元・肅慎人)
［宣統］山東 69/30
［道光］濟寧直隸州 6/6－21
［順治］嘉祥 4/34
［乾隆］嘉祥 3/29
［光緒］嘉祥 3/36
60 朵羅歹(元)
［雍正］山東 27/37
［宣統］山東 69/30
［乾隆］泰安府 16/38
［乾隆］兗州 22/17
［乾隆］濟寧直隸州 22/50
［道光］濟寧直隸州 6/6－22
［康熙］魚臺 15/9
［乾隆］魚臺 9/32
［光緒］魚臺 2/46

1918_0 耿

00 耿京(宋・山東人)
［乾隆］泰安府 14/23
［康熙］東平州 3/10
［乾隆］東平州 12/22

[道光]東平州 12/22
[光緒]東平州 14/22
[民國]東平縣 9/11
耿庸(字大用)
(唐・高陽人)
[光緒]益都縣圖志 27/33
耿京元(明・博興人)
[康熙十二年]博興 6/12
耿慶元(明・博興人)
[康熙十二年]博興 6/12
耿慶祥(清・青城人)
[民國]青城續修 4/藝文上 27
耿庭杰(字超然)
(明・新城人)
[道光]濟南 51/7
[宣統]新城縣後志 2/忠義
[民國]重修新城 15/5
耿庭柱(字伯鎮)
(明・新城人)
[道光]濟南 51/7
[崇禎]新城 7/武秩
[康熙]新城 8/4
[民國]重修新城 15/6
新城縣鄉土志/耆舊－明
耿庭梓(明・新城人)
[道光]濟南 51/7
[康熙]新城 8/3
[民國]重修新城 15/3
新城縣鄉土志/耆舊－明
耿庭機(字四周)
(清・新城人)
[康熙]新城 7/48
[民國]重修新城 16/3
耿庭栻(字玉衡)
(明・新城人)
[道光]濟南 51/7
[民國]重修新城 15/5
耿庭琳(字暢然)
(清・新城人)
[道光]濟南 55/38
[康熙]新城 8/6
[宣統]新城縣後志 3/孝友
[民國]重修新城 16/7
新城縣鄉土志/耆舊－清
耿庭懋(見耿庭琳)
耿文蔚(清・萊陽人)
[民國]萊陽 3/1 中 34
耿庭柏(字惟芬)
(明・新城人)
[道光]濟南 51/6
[康熙]新城 7/26
[民國]重修新城 14/8
新城縣鄉土志/耆舊－明
耿庭楫(字濟然)
(清・新城人)
[道光]濟南 55/38
[康熙]新城 7/49
[民國]重修新城 16/3
新城縣鄉土志/耆舊－明
耿文起(字煥齋)
(恩縣人)
[民國]重修恩縣 11/鄉賢 88
耿方田(字澍梅)
(清・霑化人)
[民國]霑化 2/50
耿章光(字玄度,初字闇生,號徂徠)
(明・館陶人)
[雍正]山東 28/人物四 6
[乾隆]東昌 41/34
[嘉慶]東昌 31/10
[康熙]聊城 3/26
[宣統]聊城 8/67,耆獻文徵/中 16
02 耿端義(字仲嗣)
(金・博州博平人)
[嘉靖]山東 31/25
[康熙]山東 41/21
[雍正]山東 28/人物二 52
[宣統]山東 158/5
[萬曆元年]兗州 40/諫議 12
[萬曆]東昌 19/42
[乾隆]東昌 37/18
[嘉慶]東昌 27/16
[乾隆]東平州 10/15
[正德]博平 4/62
[康熙]博平 3/50
[道光]博平 4/15
04 耿諶(字修野)
(清・新城人)
[道光]濟南 55/74
[宣統]新城縣後志 3/孝友
[民國]重修新城 17/1
新城縣鄉土志/耆舊－清
10 耿元海(字曙東)
(清・淄川人)
[宣統]三續淄川 10/18
耿天九(字鶴皋)
(清・直隸阜城人)
[宣統]山東 75/61
[光緒]鄒縣續志 7/9
鄒縣鄉土志政績錄/4
耿玉相(恩縣人)
[民國]重修恩縣 11/鄉賢 64
耿百成(清・菏澤人)
[光緒]菏澤 16/15
[光緒]新修菏澤 11/73
耿玉戈(原名宗灝,字崑圃)
(清・新城人)
[道光]濟南 55/82
[宣統]新城縣後志 3/耆壽
[民國]重修新城 18/22
耿元拱(字子珏)
(清・桓臺人)
[民國]桓臺志略 3/14
[民國]桓臺 3/25
12 耿廷柏(字惟菉,別字華平)
(明・新城人)
[康熙]濟南 36/16
[康熙]新城縣續志/人物
耿弘煒(字映明)
(明・新城人)
[康熙]新城 8/1
[民國]重修新城 15/1
耿廷恢(清・青城人)
[民國]青城續修 4/藝文上 27
13 耿瑄(明・蘭州人)
[萬曆]青城 1/37
14 耿瑾(清・霑化人)
[光緒]霑化 8/7
[民國]霑化 2/36
15 耿珠(清・鄒平人)
[康熙]鄒平 6/12
17 耿翼(字展秋)
(清・桓臺人)
[民國]桓臺 3/20

耿珊如(清・新城人)
[民國]濰縣志稿 35/15
19 **耿琰**(字知謹)
(清・東平人)
[乾隆]東平州 15/10
[道光]東平州 15/10
[光緒]東平州 15/下 10
[民國]東平縣 11/中 28
20 **耿位**(字素其)
(清・新城人)
[道光]濟南 55/39
[宣統]新城縣後志 3/文苑
[民國]重修新城 17/7
新城縣鄉土志/耆舊－清
耿秉方(清・直隸定興人)
[宣統]山東 76/24
[乾隆]曹州府 12/23
[乾隆]濮州 3/33
[宣統]濮州 4/33
耿季璋(清・新城人)
[道光]濟南 55/80
[宣統]新城縣後志 3/孝友
[民國]重修新城 17/10
耿維震(字雨辰,號春霆)
(清・新城人)
[宣統]新城縣後志 3/文苑
耿維孚(清・桓臺人)
[民國]桓臺 3/32
耿維雋(字季英,號偉堂)
(清・新城人)
[宣統]新城縣後志 3/孝友
[民國]重修新城 18/15
新城縣鄉土志/耆舊－清
耿維俸(字錫廷)
(清・新城人)
[宣統]新城縣後志 2/宦績
耿維澐(字雨亭)
(清・新城人)
[宣統]新城縣後志 3/文苑
[民國]重修新城 18/7
耿維漢(字匯東)
(清・桓臺人)
[民國]桓臺志略 3/19
[民國]桓臺 3/29
耿維祜(字封于,號顯亭)
(清・新城人)
[道光]濟南 55/71
[宣統]新城縣後志 2/宦績
[民國]重修新城 17/12
耿維淋(字步千)
(清・新城人)
[宣統]新城縣後志 2/善行
耿維祐(字天相)
(清・新城人)
[宣統]新城縣後志 2/善行
[民國]重修新城 18/2
耿維祿(字受之,號敬齋)
(清・新城人)
[宣統]新城縣後志 3/孝友
耿維莘(字希尹,號竹君)
(清・新城人)
[宣統]新城縣後志 3/文苑
[民國]重修新城 18/20
耿維萸(字芳九,號秋岩)
(清・新城人)
[宣統]新城縣後志 3/文苑
[民國]重修新城 18/16
耿孚泰(字叶中)
(清・博平人)
[光緒]博平縣續志 10/51
博平縣鄉土志/耆舊－事業
耿雙成(清・平度人)
[民國]平度縣續志 7/29
平度鄉土志 4 上/鄉賢
耿維點(清・桓臺人)
[民國]桓臺志略 3/21
[民國]桓臺 3/23
耿維益(字友三)
(清・新城人)
[宣統]新城縣後志 3/文苑
[民國]桓臺 3/34
耿重光(明・武定州人)
[順治]堂邑 2/職官 12
[康熙]堂邑 10/8
21 **耿儒**(明・平原人)
[道光]濟南 52/60
[乾隆]平原 8/3
平原縣鄉土志輯稿/鄉賢
22 **耿繼武**(明・沂水人)
[乾隆]沂州府 25/22
[道光]沂水 7/15
耿繼業(明・沂水人)
[道光]沂水 7/1
耿繼祖(元・深州人)
[道光]濟南 34/32
[萬曆]章丘 21/70
[康熙]章丘 4/24
[乾隆]章邱 7/3
[道光]章邱 9/3
章邱縣鄉土志/上 8
耿樂南(清・莘縣人)
[光緒]莘縣 7/50
[民國]莘縣 7/36
耿胤樓(明・北直靈壽人)
[康熙]臨淄 8/7
[民國]臨淄 18/9
耿幾父(宋)
[嘉靖]山東 26/25
[康熙]山東 34/6
[雍正]山東 27/45
[宣統]山東 68/46
[乾隆]東昌 33/39
[嘉慶]東昌 21/7
[順治]堂邑 2/職官 2
[康熙十一年]堂邑 2/名宦 2
[康熙]堂邑 11/4
堂邑縣鄉土志/政績錄
23 **耿俊**(字儲秀)
(明・寧津人)
[萬曆]寧津 7/10
耿峻(宋・高密人)
[嘉靖]山東 33/8
[康熙]山東 44/7
[雍正]山東 28/人物二 21
[宣統]山東 161/13
[萬曆]青州 12 又/8
[康熙十五年]青州 12 又/8
[康熙四十八年]青州 12 又/8
[咸豐]青州 35/12
[萬曆]萊州 5/93
[康熙]萊州 10/22
[乾隆]萊州 10/9
[康熙]昌樂 1/33
[嘉慶]昌樂 19/3
[康熙]高密 8/3
[乾隆]高密 8/上 9
[光緒]高密 8/上 11

[民國]高密14/上11
高密縣鄉土志/上18
耿獻珠(清・萊陽人)
[民國]萊陽3/1中64
耿允修(清・新城人)
[宣統]新城縣後志3/耆壽
[民國]重修新城17/7
耿允樓(明・北直靈壽人)
[宣統]山東73/6
[咸豐]青州36/39
24 **耿德聚**(字素涵)
(清・東平人)
[乾隆]東平州14/17
[道光]東平州14/17
[光緒]東平州15/中22
[民國]東平縣11/上40
耿德興(字道隆)
(清・鉅野人)
[道光]鉅野13/39
25 **耿純**(字伯山)
(漢・鉅鹿宋子人)
[嘉靖]山東26/20
[康熙]山東34/1
[雍正]山東27/85
[宣統]山東66/22
[萬曆]東昌18/6
[乾隆]東昌33/4
[嘉慶]東昌20/6
[乾隆]曹州府12/2
[萬曆]濮州3/名宦3
[康熙]濮州3/3
[乾隆]濮州3/3
[宣統]濮州4/3
耿純(明・寧津人)
[光緒]寧津8/25
寧津縣志料3/人物－孝行
耿純一(字復元)
(清・桓臺人)
[民國]桓臺志略3/19
[民國]桓臺3/26
耿純玉(字輝山)
(清・昌邑人)
[光緒]昌邑縣續志6/2
27 **耿名忠**(字君輔)
(清・東平人)
[乾隆]東平州15/29
[道光]東平州15/29
[光緒]東平州15/下37
[民國]東平縣11/下11
耿歸辰(字星垣)
(清・慶雲人)
[民國三年]慶雲2/27
28 **耿從仕**(字君寵)
(清・霑化人)
[光緒]霑化10/14
[民國]霑化2/87
30 **耿宗譚**(字桓東)
(清・新城人)
[道光]濟南55/41
[民國]重修新城17/10
耿宗璋(字禮南)
(清・新城人)
[道光]濟南55/41
[宣統]新城縣後志2/善行
[民國]重修新城17/11
耿宏烈(字承武)
(明・新城人)
[道光]濟南51/7
[民國]重修新城15/5
耿憲武(字漢冲)
(清・霑化人)
[光緒]霑化9/11
[民國]霑化2/64
耿宏勳(字丙旺)
(清・新城人)
[道光]濟南55/39
[民國]重修新城17/11
耿安之(字磻溪)
(清・陽信人)
[民國]陽信5/任恤40
耿宗宣(字旬來,號東溪)
(清・新城人)
[道光]濟南55/39
[宣統]新城縣後志2/宦績
[民國]重修新城16/18
新城縣鄉土志/耆舊－清
耿宏啟(字承哲)
(清・新城人)
[道光]濟南55/38
[民國]重修新城17/9
耿宗捷(清・新城人)
[道光]濟南55/78
[民國]重修新城17/15
耿宏昌(明・新城人)
[道光]濟南51/7
耿宏圖(字元錫)
(明・新城人)
[道光]濟南51/7
耿宏雅(明・新城人)
[道光]濟南51/7
耿宏煒(字映明)
(明・新城人)
[道光]濟南51/8
新城縣鄉土志/耆舊－明
31 **耿福公**(清・萊蕪人)
[民國]續修萊蕪25/5
34 **耿漢光**(號秋河)
(清・霑化人)
[光緒]霑化7/25
[民國]霑化2/28
36 **耿況**(漢・茂陵人)
[嘉靖]寧海州下/3
[康熙]寧海州7/1
[同治]重修寧海州11/2
[道光]長清11/3
耿溫(明・新城人)
[康熙]濟南47/9
[道光]濟南51/4
[天啟]新城8/善行
[崇禎]新城8/善行
[民國]重修新城14/2
新城縣鄉土志/耆舊－明
37 **耿通**(明・齊東人)
[嘉靖]山東29/23
[康熙]山東39/22
[雍正]山東28/人物三4
[宣統]山東164/28
[康熙]濟南37/5
[道光]濟南51/44
[康熙]新修齊東6/4
[民國]齊東5/2
齊東縣鄉土志/耆舊錄12
耿逢泰(清・濱州人)
[乾隆]武定府25/15
[咸豐]武定府25/孝友15
[康熙]濱州7/19
[咸豐]濱州10/23
濱州鄉土志/耆舊錄

38 **耿肇嶙**(字峨山,一作莪山,
號太滄)
(清・新城人)
[宣統]山東 170/28
[宣統]新城縣後志 3/孝友
[民國]重修新城 18/16
耿肇權(字秉鈞)
(清・新城人)
[宣統]新城縣後志 3/文苑
[民國]重修新城 18/20
耿肇坦(字履平)
(清・新城人)
[宣統]新城縣後志 3/耆壽
耿肇相(字際平)
(清・新城人)
[宣統]新城縣後志 3/耆壽
耿棨昌(字遇春)
(清)
[民國]陵縣續志 4/13
[光緒]莘縣 5/25
[民國]莘縣 3/17
莘縣鄉土志/政績 10
耿肇堂(字仲升,一字明廷)
(清・新城人)
[道光]濟南 55/71
[宣統]新城縣後志 3/耆壽
[民國]重修新城 18/22
40 **耿壽平**(字玉衡)
(清・館陶人)
[宣統]山東 174/12
[嘉慶]東昌 30/14
[宣統]聊城 8/34
耿士玫(字文卿)
(清・桓臺人)
[民國]桓臺志略 3/19
[民國]桓臺 3/18
耿克仁(字錫祉,號岱巖)
(清・新城人)
[道光]濟南 55/40
[宣統]新城縣後志 2/宦績
[民國]重修新城 16/17
耿嘉樂(清・直隸平谷人)
[宣統]山東 77/38
[乾隆]萊州 9/34
[康熙]昌邑 5/8
[乾隆]昌邑 5/107
耿士偉(字鶴峯)
(清・桓臺人)
[民國]桓臺志略 3/22
[民國]桓臺 3/18
耿南仲(宋)
[康熙]鉅野 13/5
[道光]鉅野 24/5
耿志漣(字濟北)
(清・新城人)
[道光]濟南 55/39
[宣統]新城縣後志 2/善行
[民國]重修新城 16/14
耿志遂(字縣五)
(清・新城人)
[道光]濟南 55/40
[宣統]新城縣後志 2/善行
[民國]重修新城 17/11
耿奇芳(清・綏德人)
[乾隆]夏津 6/20
耿壽增(字汝南)
(清・霑化人)
[民國]霑化 2/51
耿志展(清・新城人)
[宣統]新城縣後志 3/孝友
[民國]重修新城 18/16
41 **耿樞**(元・長清人)
[嘉靖]山東 26/16
[康熙]山東 33/19
[萬曆元年]兗州 38/循吏 39
[萬曆二十四年]兗州 28/17
[康熙]兗州 22/17
[康熙]曹州志 7/51
[乾隆]曹州府 12/12
[光緒]菏澤 7/宦蹟 19
[光緒]新修菏澤 8/8
耿楨(字子幹)
(清・定興人)
[康熙九年]城武 3/40
[康熙四十一年]城武 5/
上宦蹟 11
[道光]城武 9/下 51
42 **耿機**(清・聊城人)
[宣統]聊城 8/70
耿斯沛(字蘭章)
(清・新城人)
[宣統]新城縣後志 2/善行
[民國]重修新城 16/14
44 **耿懋禐**(字仲玖)
(清・桓臺人)
[民國]桓臺志略 3/21
[民國]桓臺 3/29
46 **耿如桂**(字友蜍)
(明・館陶人)
[乾隆]東昌 42/24
[嘉慶]東昌 32/20
耿如杞(字楚材)
(明・館陶人)
[康熙]山東 41/29
[雍正]山東 28/人物三 64
[乾隆]東昌 39/23
[嘉慶]東昌 29/7
[康熙]聊城 3/24
[宣統]聊城 8/16,耆獻文
徵/中 4
47 **耿墀**(字近陛)
(清・新城人)
[康熙]新城 7/51
[民國]重修新城 16/4
新城縣鄉土志/耆舊-清
耿鶴年(清)
[民國]重修商河 7/3
50 **耿惠遠**(明・滕縣人)
[康熙]兗州續編 15/8
[乾隆]兗州 23/55
[康熙]滕志 8/人物 11
[康熙]滕縣志 8/孝行 10
[道光]滕縣志 9/孝義 2
滕縣鄉土志/29
耿本棋(清・惠民人)
[光緒]惠民 24/5
51 **耿振基**(字起原)
(清・霑化人)
[光緒]霑化 10/13
[民國]霑化 2/86
57 **耿邦禮**(字履卿)
(清・霑化人)
[民國]霑化 3/10
60 **耿曰章**(字貞園)
(清・新城人)
[民國]重修新城 18/7
耿思愛(明・滑縣人)
[光緒]增修登州 27/2

[同治]黄縣 6/4
耿曰侗(字仲愚)
(清・桓臺人)
[民國]桓臺 3/37
耿思濟(清・新城人)
[道光]濟南 55/41
[民國]重修新城 17/11
耿思恭(明・寧津人)
[萬曆]寧津 7/6
[光緒]寧津 8/31,12/7
寧津縣志料 3/人物-義行
寧津縣鄉土志/耆舊
耿思碁(明・寧津人)
[康熙]寧津縣志稿 7/6
耿曰恭(字肅齋,號奉菴)
(清・新城人)
[宣統]新城縣後志 2/宦績
耿曰椿(字壽彭,號雨橋)
(清・新城人)
[宣統]山東 169/35
[宣統]新城縣後志 2/宦績
[民國]重修新城 18/10
耿曰桐(字琴軒)
(清・新城人)
[宣統]新城縣後志 2/善行
[民國]重修新城 18/5
耿曰本(字立堂)
(清・新城人)
[宣統]山東 170/22
[宣統]新城縣後志 2/忠義
[民國]重修新城 18/13
耿思躅(字輝菴)
(清・新城人)
[道光]濟南 55/41
[宣統]新城縣後志 3/文苑
[民國]重修新城 17/12
耿曰棠(字仲蘭)
(清・歷城人)
[民國]續修歷城 40/25
耿曰慎(字謹齋)
(清・桓臺人)
[民國]桓臺 3/21
耿曰恂(字知圃)
(清・新城人)
[宣統]新城縣後志 2/宦績
[民國]重修新城 18/10

62 耿則天(字辰輝)
(清・莘縣人)
[光緒]莘縣 6/41
[民國]莘縣 6/35
67 耿明(字晦之)
(明・館陶人)
[康熙]山東 41/24
[雍正]山東 28/人物三 20
[宣統]山東 161/38
[萬曆]東昌 19/56
[乾隆]東昌 39/39
[嘉慶]東昌 29/17
[康熙]聊城 3/22
[宣統]聊城 8/8
聊城縣鄉土志/19
耿鳴雷(號省亭)
(明・新城人)
[康熙]山東 61/24
[道光]濟南 51/5
[天啟]新城 13/傳
[崇禎]新城 13/傳
[康熙]新城 7/31
[民國]重修新城 14/9
新城縣鄉土志/耆舊-明
耿路烈(清・長清人)
[民國]長清 13/2
耿鳴世(字茂謙,號敬亭)
(明・新城人)
[康熙]濟南 41/26
[道光]濟南 51/4
[天啟]新城 13/傳
[崇禎]新城 13/傳
[康熙]新城 7/15
[民國]重修新城 14/6
新城縣鄉土志/耆舊-明
耿鳴陽(字爾楷,一作爾喈,號向亭)
(清・新城人)
[道光]濟南 55/38
[康熙]新城 7/50
[民國]重修新城 14/2
新城縣鄉土志/耆舊-清
71 耿臣(明・膠州人)
[康熙]膠州 6/53
耿長謨(清・平原人)
[民國]續修平原 10/上 9

耿願魯(字公望,一字又樸)
(清・聊城人)
[雍正]山東 28/人物四 37
[宣統]山東 174/16
[乾隆]東昌 40/34
[宣統]聊城 8/57
聊城縣鄉土志/23
耿願愚(字又柴)
(清・館陶人)
[乾隆]武定府 16/40
[咸豐]武定府 19/利津 5
[乾隆]利津縣志續編 7/33
耿雁舉(字行臣)
(清・聊城人)
[乾隆]東昌 43/4
[嘉慶]東昌 32/30
[宣統]聊城 8/84
77 耿學山(字少峯)
(清・霑化人)
[民國]霑化 2/51
耿舉賢(字幼朋,號香畹)
(清・新城人)
[宣統]新城縣後志 2/宦績
[民國]桓臺 3/21
耿賢舉(字升書)
(清・館陶人)
[宣統]聊城 8/58
80 耿錞(明・新城人)
[康熙]山東 45/4
[道光]濟南 51/4
[天啟]新城 7/歲貢,13/傳
[崇禎]新城 13/傳
[民國]重修新城 14/2
耿介(明・湖廣武昌人)
[道光]濟南 36/53
[光緒]陵縣 18/14
耿全(字大成)
(元・濰縣人)
[民國]濰縣志稿 30/52,40/43
耿弇(字伯昭)
(漢・扶風茂陵人)
[乾隆]續壽光 14/100
[道光]長清 11/3
耿羨祖(字欽宗)
(清・恩縣人)

［宣統］重修恩縣 8/49
［民國］重修恩縣 11/鄉賢 68
恩縣鄉土志/17,/20
耿金殿（清・莘縣人）
［宣統］山東 174/21
耿含光（字美中）
（清・館陶貢生）
［乾隆］東昌 40/34
［康熙］高密 6/27
［乾隆］高密 6/20
［光緒］高密 6/24
［民國］高密 12/25
高密縣鄉土志/上 9
［宣統］聊城 8/83
耿介堂（恩縣人）
［民國］重修恩縣 11/鄉賢 87
87 耿翔儀（字雯帆，號鴻翱）
（清・霑化人）
［民國］霑化 2/67
88 耿箕（漢・茂陵人）
［同治］重修寧海州 11/2
90 耿懷亮（清・霑化人）
［光緒］霑化 10/9
［民國］霑化 2/82
耿懷仁（字麟徵）
（清・霑化人）
［乾隆］武定府 25/22
［咸豐］武定府 25/孝友 22
［光緒］霑化 8/9
［民國］霑化 2/37
耿光祐（字篤卿）
（清・隆昌人）
［民國］夏津續編 6/32
耿惟直（字中庭）
（明・霑化人）
［乾隆］武定府 23/47
［咸豐］武定府 23/忠節 17
［光緒］霑化 7/7
［民國］霑化 2/19
耿尚忠（明・鄒平人）
［道光］濟南 50/6
［道光］鄒平 15/30
［民國］鄒平 15/30
耿惟常（明・長山人）
［道光］濟南 50/51
［嘉慶］長山 8/16
耿惟慎（字永亭）
（明・霑化人）
［光緒］霑化 7/13
［民國］霑化 2/7
91 耿恒志（字尚久）
（清・霑化人）
［光緒］霑化 10/21
［民國］霑化 2/95
97 耿煥（明・萊陽人）
［民國］萊陽 3/1 中 8
耿熠（字肖橋）
（明・歷城人）
［道光］濟南 49/40
耿耀南（清・莘縣人）
［光緒］莘縣 7/47
［民國］莘縣 7/35
耿煥光（字佩烈）
（清・曹縣人）
［光緒］曹縣 14/行誼 20
耿耀堂（清・莘縣人）
［光緒］莘縣 7/47
［民國］莘縣 7/34

2010_4 重

10 重耳（周）
［康熙］兗州府曹縣 14/72
［光緒］曹縣 14/游寓 1
30 重寶（宋）
［康熙］曹州志 20/3
［康熙］兗州府曹縣 14/77
［光緒］曹縣 14/仙釋 7
［光緒］菏澤 20/3
40 重喜（元・蒙古人）
［雍正］山東 27/78
［乾隆］沂州府 20/5
［民國］重修莒志 57/7
76 重陽子（見王重陽）

2021_7 禿

33 禿梁（張姓）
（清・梁乞人）
［乾隆］萊州 11/善行 4
［乾隆］高密 10/35
［光緒］高密 10/46
高密縣鄉土志/上 40
34 禿滿臺（元）
［道光］鉅野 20/46

2021_8 位

10 位至高（明・萊陽人）
［泰昌］登州 11/39
［順治］登州 17/17
［光緒］增修登州 43/30
［康熙］萊陽 8/22
［民國］萊陽 3/1 中 71
30 位永通（清・萊陽人）
［民國］萊陽 3/1 中 75
40 位克正（清・萊陽人）
［民國］萊陽 3/1 中 75

2022_7 喬

00 喬育（明・章邱人）
［宣統］山東 161/33
喬文蔚（字豹園）
（清・高密人）
［光緒］高密 8/上 21
［民國］高密 14/上 20
高密縣鄉土志/上 29
喬應觀（清・泗水人）
［光緒］泗水 11/28
喬立泰（字宗五）
（清・平原人）
［民國］續修平原 10/上 26
喬方興（明・泗水人）
［光緒］泗水 10/29
03 喬就（元・曹縣人）
［康熙］曹縣 11/21
10 喬璽（明・山西山陰人）
［康熙］東明 4/21
［乾隆］東明 4/21
［民國］東明縣新誌 11/4
喬天真（元・泗水人）
［光緒］泗水 11/4
喬丕若（清・壽張人）
［光緒］壽張 7/19
12 喬發（字長生，號菊農）
（清・濟寧人）
［乾隆］兗州 23/67
［道光］濟寧直隸州 8/3－15
喬廷魁（字星垣）
（清・昌邑人）
［光緒］昌邑縣續志 6/23

喬廷輔(字予思)
(清・滋陽人)
[光緒]滋陽 8/64
滋陽縣鄉土志 1/耆舊－文學
喬登甲(清・臨邑人)
[同治]臨邑 9/忠藎 7
14 喬瑾(字彥華)
(明・齊東人)
[道光]濟南 51/45
[康熙]新修齊東 6/5
[民國]齊東 5/2
15 喬建才(字漢臣)
(鄒縣人)
[民國]續修曲阜 3/45
喬建合(字符節)
(清・定陶人)
[民國]定陶 6/69
17 喬子忠(字藎臣)
(清・泰安人)
[道光]泰安縣 9/上 86
[民國]重修泰安縣 8/41
泰安縣鄉土志/耆舊 18
22 喬崑(明・滎陽人)
[康熙]觀城 3/5
[道光]觀城 6/6
觀城縣鄉土志/政績
喬崙(明・大同衛人)
[康熙]嶧縣 3/36
[乾隆]嶧縣 7/17
[光緒]嶧縣 19/職官下 11
喬嵩(明・撫寧人)
[道光]濟南 36/24
[康熙四十三年]長山 3/宦績
[康熙五十五年]長山 3/32
[嘉慶]長山 5/40
喬穩(明・章丘人)
[嘉靖]山東 29/23
[康熙]山東 39/21
[道光]濟南 49/45
[嘉靖]章丘 3/65
[萬曆]章丘 24/21
[康熙]章丘 6/20
[乾隆]章邱 9/15
[道光]章邱 11/25
喬嶽(字松石)
(清・歷城人)
[民國]續修歷城 41/19
23 喬岱(字希申,號龍溪)
(明・章邱人)
[道光]濟南 49/55
[道光]章邱 11/26
24 喬壯受(字漢傳)
(清・山西猗氏人)
[雍正]山東 27/106
[宣統]山東 75/44
[乾隆]武定府 16/22
[咸豐]武定府 19/陽信 6
[乾隆]陽信 5/38
信邑志稿 5/宦蹟
[民國]陽信 2/26,2/64
陽信縣鄉土志上/政績－去害,耆舊－名宦祠
25 喬仲(元・楚丘人)
[康熙]曹縣 12/26
[康熙]兗州府曹縣 12/26
[光緒]曹縣 12/24
28 喬儉(清・萊陽人)
[民國]萊陽 3/1 中 68
喬從厚(明・萊陽人)
[民國]萊陽 3/1 中 11
喬從善(明・萊陽人)
[光緒]增修登州 43/27
[康熙]萊陽 8/22
[民國]萊陽 3/1 中 79
30 喬宦(字巨卿)
(清・堂邑人)
[康熙]堂邑 13/13
喬守仁(清・萊陽人)
[民國]萊陽 3/1 中 39
喬永俊(清・單縣人)
[順治]單縣 3/8
喬宗啟(字養恬)
(明・東阿人)
[乾隆]泰安府 17/37
[康熙五十四年]東阿 7/35
[道光]東阿 13/鄉賢 16
[光緒]東阿縣鄉土志 4/20
喬永勤(臨邑人)
[民國]續修臨邑 3/35
喬之墀(清・東平人)
[乾隆]東平州 15/32
[道光]東平州 15/32
[光緒]東平州 15/下 39
[民國]東平縣 11/下 13
31 喬遷(字于木,一作子木)
(明・定陶人)
[康熙]兗州續編 15/21
[乾隆]曹州府 15/15
[順治]定陶 5/13
[乾隆]定陶 6/13
[民國]定陶 6/14
喬遷岐(明・山西安邑人)
[宣統]山東 71/11
[道光]濟南 36/24
[康熙四十三年]長山 3/宦績
[康熙五十五年]長山 3/33
[嘉慶]長山 5/41
長山縣鄉土志/政績錄
37 喬通(字世亨)
(明・臨清人)
[萬曆]東昌 19/55
[乾隆]東昌 39/3
[康熙]臨清州 3/人物 14
[乾隆]臨清州 9/23
[乾隆]臨清直隸州 8/上 7
[民國]臨清縣/人物 4
40 喬克諶(清・博山人)
[民國]續修博山 12/28
喬志德(明・費縣人)
[乾隆]沂州府 26/10
[康熙]費縣 7/13
喬大凱(字頤菴,一作恬齋)
(清)
[宣統]山東 172/28
[乾隆]兗州 23/88
[乾隆]濟寧直隸州 25/41
[道光]濟寧直隸州 8/3－20
濟寧州鄉土志 2/耆舊
[光緒]滋陽 8/33
滋陽縣鄉土志 1/耆舊－名臣
喬嘉棟(明・洛陽舉人)
[乾隆]東昌 35/2
44 喬若雯(字章甫)
(明・臨城人)

［雍正］山東 27/40
［宣統］山東 72/3
［康熙］兗州 22/36
［乾隆］兗州 22/20
喬萬濟（清・山西人）
［光緒］增修登州 36/12
［道光］重修蓬萊 6/36
［光緒］蓬萊縣續志 13/傳 6
喬世禎（明・萊陽人）
［民國］萊陽 3/1 中 14
喬桂森（清・高密人）
［宣統］山東 177/53
喬執中（字希聖）
（宋・高郵人）
［嘉靖］山東 26/12
［康熙］山東 33/15
［雍正］山東 27/82
［宣統］山東 68/37
［乾隆］泰安府 14/21
［萬曆元年］兗州 38/循吏 31
［萬曆二十四年］兗州 28/7
［康熙］兗州 22/7
［康熙］東平州 4/41
［乾隆］東平州 12/20
［道光］東平州 12/20
［光緒］東平州 14/20
［民國］東平縣 9/11
東平州鄉土志上/政績錄 12
喬世臣（字丹葵，號蓼圃）
（清・濟寧人）
［宣統］山東 172/28
［乾隆］兗州 23/79
［乾隆］濟寧直隸州 25/28
［道光］濟寧直隸州 8/3－15
濟寧州鄉土志 2/耆舊
［光緒］滋陽 8/32
滋陽縣鄉土志 1/耆舊－名臣
喬世輝（明・萊陽人）
［民國］萊陽 3/1 中 20
46 喬旭（清・萊陽人）
［民國］萊陽 3/1 中 68
48 喬檜（元）
［順治］嘉祥 3/38
［乾隆］嘉祥 2/45
［光緒］嘉祥 2/62
喬松（元）
［順治］嘉祥 3/38
［乾隆］嘉祥 2/45
［光緒］嘉祥 2/62
60 喬國芳（字馨邦）
（清・平度人）
［民國］平度縣續志 8/3
72 喬剛（明）
［雍正］山東 27/71
［乾隆］萊州 9/26
萊州府鄉土志/上 24
［乾隆］濰縣 3/42
［民國］濰縣志稿 20/15
濰縣鄉土志/51
77 喬學詩（字言卿，別號皓畦）
（明・東阿人）
［乾隆］泰安府 17/33
［康熙五十四年］東阿 7/33
［道光］東阿 13/鄉賢 15
喬鳳墀（清・高密人）
［光緒］高密 8/上 40
［民國］高密 14/上 43
80 喬仝（宋）
［萬曆］諸城 9/3
［康熙］諸城 9/4
［乾隆］諸城 43/2
喬公孫（明・樂平人）
［正德］博平 5/87
喬毓灃（字潤芑）
（清・滋陽人）
滋陽縣鄉土志 1/耆舊－鄉賢
喬毓泰（字被海）
（清・滋陽人）
滋陽縣鄉土志 1/耆舊－忠義
86 喬智（清・新泰人）
［乾隆］新泰 17/人物上增 4
87 喬鈅（字振常）
（清・歷城人）
［道光］濟南 53/58
［民國］續修歷城 44/15
喬欽（更名守忠）
（明・泗水人）
［光緒］泗水 10/29
90 喬懷祖（字令思，號寧甫）
（清・濟寧人）
［道光］濟寧直隸州 8/4－5
喬光錂（清・泗水人）
［宣統］山東 172/22
［光緒］泗水 11/9
［光緒］泗水縣鄉土志/14
98 喬悅曾（清・無棣人）
［民國］無棣 13/33
99 喬榮（清・夏津人）
［民國］夏津續編 8/37

雋

10 雋不疑（字曼倩）
（漢・渤海人）
［嘉靖］山東 25/2，29/2
［康熙］山東 31/2，39/2
［雍正］山東 27/50，28/人物一6
［康熙］濟南 35/1
［嘉靖］青州 13/6
［萬曆］青州 12/6
［康熙十五年］青州 12/6
［康熙四十八年］青州 12/6
［康熙六十年］青州 12/2
［咸豐］青州 34/4
［乾隆］武定府 23/2
［咸豐］武定府 23/名臣 2
［康熙］臨淄 8/2
［民國］臨淄 18/2
［乾隆］惠民 5/24
［光緒］惠民 19/2
惠民縣鄉土志/耆舊錄 24
［光緒］寧津 8/1
寧津縣志料 3/人物－循良
寧津縣鄉土志/耆舊

2024₇ 愛

60 愛星阿（字景齋）
（清・滿洲鑲黃旗人）
［宣統］山東 77/42
［光緒］增修登州 32/5
［道光］重修膠州 23/15
［民國］增修膠志 18/14
膠州直隸州鄉土志 3/政績－愛民
［同治］重修寧海州 12/14

[民國]牟平 6/78
[民國]臨清縣/秩官 66

2025$_2$ 舜

舜
[嘉靖]山東 23/3
[康熙]山東 28/2
[萬曆元年]兖州 1/帝王 7
[萬曆二十四年]兖州 5/3
[康熙]兖州 6/2
[乾隆]兖州 6/2
[嘉靖]濮州 8/1
[萬曆]濮州 1/帝 4
[康熙]濮州 1/56
[乾隆]濮州 1/64
[宣統]濮州 1/94
[康熙]諸城 7/1
[光緒]曹縣 8/1
[光緒]菏澤 4/1

2026$_1$ 信

00 **信立**(明・齊東人)
[民國]齊東 5/8
信讓(字遜齋)
(清・無棣人)
[民國]無棣 13/30
10 **信一**(俗姓李)
(清・曹州人)
[民國]續修歷城 45/4
27 **信多仁**(字長元)
(清・無棣人)
[民國]無棣 13/29
海豐縣鄉土志/耆舊－事業六
35 **信連捷**(字杏園)
(清・汶上人)
[宣統]四續汶上稿/人物－文學傳
40 **信大忠**(清)
[民國三年]慶雲 2/77
44 **信世昌**(字雲甫,一作雲父,號中隱)
(元・東平人)
[宣統]山東 168/16
[乾隆]東平州 14/11
[道光]東平州 14/11
[光緒]東平州 15/中 16
東平州鄉土志上/耆舊錄 40
[民國]東平縣 11/上 36

2033$_1$ 焦

00 **焦亮**(字仲熙)
(清・膠州人)
[乾隆]膠州 5/21
焦庸(明・日照人)
[康熙]日照 10/16
焦章(明・青城人)
[萬曆]青城 1/61
焦文俊(明・日照人)
[康熙]日照 10/16
焦文傑(明・日照人)
[萬曆]青州 15/50
[康熙十五年]青州 15/49
[康熙四十八年]青州 15/卓行 9
[康熙六十年]青州 18/16
[康熙]日照 10/16
[光緒]日照 8/7
焦立奎(字聚五)
(清・黄縣人)
[民國]黄縣志稿 13/人物－鄉賢祠
焦文舉(明・日照人)
[康熙]日照 10/16
焦應年(字聲胥)
(清・章邱人)
[道光]章邱 11/44
焦文炳(元・青城人)
[康熙]山東 45/1
[雍正]山東 28/人物二 70
[宣統]山東 165/12
[康熙]濟南 44/4
[乾隆]武定府 25/3,35/1
[咸豐]武定府 25/孝友 3,35/碑 1
[萬曆]青城 2/1
[乾隆]青城 8/7,11/18
[民國]青城續修 4/人物 19,4/藝文下 6
04 **焦竑**(字弱侯)
(明・日照人)
[宣統]山東 163/29
[康熙]日照 8/15,9/6
[光緒]日照 8/8
焦詵桂(字慕郄)
(清・平度人)
[光緒]平度志要/人物
[民國]平度縣續志 8/16
焦詵曾(字又詵,號若林)
(清・章邱人)
[道光]章邱 10/50
05 **焦靖**(明・日照人)
[康熙]日照 10/16
10 **焦玉**(明・汶上人)
[宣統]山東 164/42
焦可育(字英我)
(明・濟寧人)
[康熙]濟寧州 7/30
[乾隆]濟寧直隸州 28/5
[道光]濟寧直隸州 8/2－49
焦雲龍(字雨田)
(清・長山人)
[宣統]山東 169/39
長山縣鄉土志/耆舊錄
焦雲從(字士龍)
(元・單父人)
[隆慶]單縣下/14
[順治]單縣 3/1,3/56
[康熙]單縣 7/21
[乾隆]單縣 12/1
焦爾啟(字文發)
(清・章邱人)
[道光]濟南 54/4
[道光]章邱 10/35
焦爾厚(字孔俾,號樸村)
(清・章邱人)
[道光]濟南 54/5
[道光]章邱 11/45
焦爾煜(字麗千)
(清・東平人)
[民國]東平縣 11/下 27
13 **焦武**(明・日照人)
[康熙]日照 10/16
14 **焦瑾**(元・青城人)
[康熙]濟南 47/3
[乾隆]武定府 26/2
[咸豐]武定府 26/義行 2
[萬曆]青城 2/1

[乾隆]青城 8/7
[民國]青城續修 4/人物 19
焦瑾(字良玉)
(明・諸城人)
[嘉靖]青州 14/27
[萬曆]青州 13/42
[康熙十五年]青州 13/42
[康熙四十八年]青州 13/事功 25
[康熙六十年]青州 16/13
[咸豐]青州 43/5
[萬曆]諸城 7/15
[乾隆]諸城 30/2
諸城縣鄉土志/上 24
15 **焦建中**(字正萬)
(清・樂安人)
[民國]樂安 10/24
[民國]續修廣饒 19/44
16 **焦現**(清・章邱人)
[道光]濟南 61/7
[道光]章邱 11/75
焦聖詠(字永言)
(清・博山人)
[民國]續修博山 11/33
17 **焦丞曾**(字敬齡,號紀堂)
(清・章邱人)
[乾隆]章邱 9/又 40
[道光]章邱 10/48
焦孟竹(清・直隸長垣人)
[宣統]山東 77/6
[咸豐]青州 37/29
[道光]博興 10/7
[民國]重修博興 12/7
18 **焦政**(元・長山人)
[道光]濟南 48/28
20 **焦受晉**(字葵臣)
(清・平度人)
[民國]平度縣續志 8/18
焦秉貞(清・濟寧人)
[宣統]山東 172/45
[乾隆]濟寧直隸州 28/39
[道光]濟寧直隸州 8/4－51
濟寧州鄉土志 2/技術
焦重祿(清・章邱人)
[道光]章邱 11/69
焦維垣(明・長清人)
[道光]濟南 52/27
[康熙]長清 9/71
[道光]長清 13/3
焦受全(字鶴峯)
(清・平度人)
[民國]平度縣續志 8/15
21 **焦步濂**(字理源,號雲溪)
(清・平度人)
[光緒]平度志要/人物
[民國]平度縣續志 8/11
22 **焦鼎**(字德元)
(元・單父人)
[隆慶]單縣下/5
[順治]單縣 2/35
[康熙]單縣 7/24
焦綏祚(清・章邱人)
[道光]濟南 54/3
[乾隆]章邱 9/25
[道光]章邱 11/40
23 **焦綰祚**(字翰臣,號如圃)
(清・章邱人)
[道光]濟南 54/3
[乾隆]章邱 9/40
[道光]章邱 10/47
焦纘祚(字嗣宗,號鶴野)
(清・章邱人)
[道光]濟南 54/3
[乾隆]章邱 9/41
[道光]章邱 10/47
24 **焦德芳**(元・堂邑人)
[康熙]堂邑 14/1
26 **焦和**(漢)
[嘉靖]山東 27/20
[咸豐]青州 55/4
[民國]臨淄 18/4
27 **焦繩祚**(字其武)
(清・章邱人)
[乾隆]章邱 9/又 33
焦象賢(字公上)
(清・青城人)
[乾隆]武定府 25/18
[咸豐]武定府 25/孝友 18
28 **焦復亨**(字七來)
(清・膠州人)
[乾隆]膠州 4/70
[道光]重修膠州 28/8
[民國]增修膠志 42/8
膠州直隸州鄉土志 4/文學
焦從訓(清・東平人)
[乾隆]東平州 15/24
[道光]東平州 15/24
[光緒]東平州 15/下 32
[民國]東平縣 11/下 8
焦從政(明・鎮原人)
[隆慶]單縣上/重 36
焦以潤(字玉甫,號綠軒)
(清・章邱人)
[道光]濟南 54/5
[道光]章邱 11/48
焦從善(明・諸城人)
[萬曆]諸城 6/22
30 **焦守已**(明・青城人)
[萬曆]青城 1/62
[乾隆]青城 8/4
[民國]青城續修 4/人物 18
焦之藩(字价人)
(清・昌邑人)
[光緒]昌邑縣續志 6/12
焦宦昇(字遴選)
(清・濮州人)
[宣統]濮州 6/95
焦宏年(字公遠)
(清・章邱人)
[道光]章邱 11/44
31 **焦源清**(字湛一)
(明・三原人)
[道光]濟南 35/22
[乾隆]德州 8/9
[民國]德縣 9/9
32 **焦祈年**(字穀貽)
(清・章邱人)
[宣統]山東 169/6
[道光]濟南 54/3
[乾隆]章邱 9/26
[道光]章邱 11/43
章邱縣鄉土志/上 34
34 **焦汝謙**(字韋思)
(清・章邱人)
[道光]章邱 11/69
焦汝爲(清・章邱人)
[道光]濟南 54/4
[道光]章邱 10/37

焦汝桂(清・章邱人)
[道光]章邱 11/75
焦汝均(清・章邱人)
[道光]章邱 11/68
章邱縣鄉土志/上 21
焦汝益(字未始)
(清・章邱人)
[道光]濟南 54/4
[乾隆]章邱 9/33
[道光]章邱 10/32
35 焦清強(清・章邱人)
[道光]章邱 11/82
焦連捷(字獻之)
(清・長清人)
[民國]長清 13/17
焦迪曾(清・章邱人)
[道光]章邱 10/50
36 焦澤(明・北直永年人)
[嘉靖]濮州 7/21
[萬曆]濮州 3/名宦 33
[嘉靖]朝城志 5/6
[康熙]朝城 7/5
焦澤久(明・北直廣平人)
[康熙]昌邑 5/21
[乾隆]昌邑 5/124,6/163
37 焦運(宋)
[康熙]嶧縣 3/14
[光緒]嶧縣 19/88
焦潤生(明・日照人)
[乾隆]沂州府 26/4
焦祁年(見焦祈年)
38 焦肇駿(號友鴻)
(清・章邱人)
章邱縣鄉土志/上 37
40 焦士龍(金・睢陽人)
[民國]單縣 22/1
焦希程(字師正)
(明・泌陽人)
[光緒]增修登州 32/7
[嘉靖]寧海州下/20
[康熙]寧海州 7/4
[同治]重修寧海州 13/8
[民國]牟平 6/73
焦真人(單縣人)
[順治]單縣 4/16
[康熙]單縣 8/64
焦大銓(字衡公)
(清・平度人)
[道光]重修平度州 19/21,19/36
41 焦桓(字瑞五)
(清・博山人)
[民國]續修博山 12/11
42 焦壛(清・諸城人)
[光緒]增修諸城縣續志 17/10
43 焦式沖(字懷谷)
(清・章邱人)
[道光]濟南 54/4
[道光]章邱 11/46
焦式泰(字舒菴)
(清・章邱人)
[道光]濟南 54/18
[道光]章邱 11/64
44 焦若霖(一作汝霖)
(明・諸城人)
[萬曆]青州 14/15
[康熙十五年]青州 14/15
[康熙四十八年]青州 14/孝友 5
[康熙六十年]青州 17/10
[萬曆]諸城 7/23
[康熙]諸城 7/38
[乾隆]諸城 39/2
焦其仁(字治菴)
(清・昌邑人)
[乾隆]昌邑 6/183
焦花女(唐)
[乾隆]魚臺 13/8
焦執中(字子允)
(清・樂安人)
[民國]樂安 10/24
[民國]續修廣饒 19/44
焦萬里(清・臨清人)
[民國]臨清縣/人物 68
焦世榮(清・諸城人)
[咸豐]青州 47/40
[乾隆]諸城 40/5
46 焦相(明・隴州人)
[道光]濟南 36/38
[康熙]新修齊東 4/19
[民國]齊東 3/60
47 焦馨(字寧考,號蘅沚,一作蘅芷)
(明・章邱人)
[康熙]山東 39/30
[雍正]山東 28/人物三 58
[宣統]山東 160/36
[康熙]濟南 35/25
[道光]濟南 49/54
[康熙]章丘 6/28,9/25
[乾隆]章邱 9/22,11/70
[道光]章邱 10/18
章邱縣鄉土志/上 44
48 焦梅清(字夢花)
(廣饒人)
[民國]續修廣饒 19/83
50 焦忠(元・長山人)
[道光]濟南 48/29
焦貴昌(清・菏澤人)
[光緒]菏澤 20/23
51 焦振(清・章邱人)
[道光]章邱 11/70
焦振麟(清・濟寧人)
[民國]濟寧直隸州續志 14/21
58 焦掄元(字品一)
(清・黃縣人)
[光緒]增修登州 43/13
[同治]黃縣 8/18
[民國]黃縣志稿 13/清懿行
60 焦杲(明・日照人)
[康熙]日照 10/16
焦國璲(字玉佩)
(清・平度人)
[道光]重修平度州 19/41
焦日培(號心植)
(明・章邱人)
[道光]濟南 49/55
[乾隆]章邱 9/22
[道光]章邱 10/20
章邱縣鄉土志/上 45
焦墨林(字西園)
(清)
[光緒]增修登州 34/6
[道光]榮成 6/28
焦墨林(字書府)
(清・陽穀人)

[民國]增修陽穀人物/仕宦17,人物/師道14

焦日芬(字雨若)(清・章邱人)
[康熙]濟南40/15
[道光]濟南72/42

焦思蘭(清・黄縣人)
[同治]黄縣9/2
[民國]黄縣志稿13/人物-死難

焦思忠(清・茌平人)
[宣統]茌平16/10
[民國]茌平3/42

61 **焦顯**(明・德州人)
[康熙]濟南37/5
[道光]濟南52/34
[萬曆]德州9/36
[康熙]德州8/10
[乾隆]德州9/7
德州鄉土志/耆舊1
[民國]德縣10/7

71 **焦長庚**(字西白)(清・東明人)
[民國]東明縣新誌11/62

77 **焦興廷**(清・黄縣人)
[同治]黄縣9/4
[民國]黄縣志稿13/人物-死難

焦學騫(清・東阿人)
[民國]續修東阿11/29

焦學范(明・諸城人)
[咸豐]青州45/41
[萬曆]諸城6/27
[乾隆]諸城30/3

80 **焦毓慶**(字善餘)(清・章丘人)
[雍正]山東28/人物四9
[宣統]山東170/15
[康熙]濟南38/20
[道光]濟南54/3
[康熙]章丘6/30
[乾隆]章邱9/29
[道光]章邱10/26
章邱縣鄉土志/上31

焦毓瑞(字輯五,號石虹)(清・章丘人)
[雍正]山東28/人物四17,35/傳45
[宣統]山東169/3
[康熙]濟南35/29
[道光]濟南54/1
[康熙]章丘6/28,9/29
[乾隆]章邱9/23
[道光]章邱10/22
章邱縣鄉土志/上47

焦毓鼎(字象九,號訒庵)(清・章邱人)
[道光]濟南54/2
[道光]章邱11/38

焦養直(字無咎)(元・東昌堂邑人)
[嘉靖]山東31/26
[雍正]山東28/人物二60
[宣統]山東158/11
[乾隆]東昌37/28
[嘉慶]東昌27/26
[順治]堂邑2/人物1
[康熙十一年]堂邑2/人物1
[康熙]堂邑15/1
堂邑縣鄉土志/耆舊錄

焦毓棟(字立庵,號吉雲)(清・章邱人)
[道光]濟南54/2
[乾隆]章邱9/24
[道光]章邱11/37

焦毓鶴(字雲翔)(清・東平人)
[道光]東平州14/27
[光緒]東平州15/中53
[民國]東平縣11/中20

86 **焦錫麟**(清・茌平人)
[宣統]茌平21/1
[民國]茌平12/85

88 **焦敏中**(字達卿)(元・單父人)
[隆慶]單縣下/14
[順治]單縣3/2
[康熙]單縣7/22
[乾隆]單縣11/6
[民國]單縣9/12,20/7

焦敏學
[道光]濟南36/29
[崇禎]新城6/知縣
[民國]重修新城10/4

90 **焦懷琴**(清・鄆城人)
[光緒]鄆城5/32
鄆城縣鄉土志/耆舊錄-事業

焦常蔭(字力民)(莘縣人)
[民國]莘縣3/18

96 **焦煜**(字旭谷,號松石)(清・章邱人)
[道光]章邱10/50

99 **焦榮**(字榮卿)(元・青城人)
[雍正]山東28/人物二60
[宣統]山東161/20
[康熙]濟南41/7
[乾隆]武定府24/13
[咸豐]武定府24/循良2
[萬曆]青城1/56
[乾隆]青城8/1
[民國]青城續修4/人物16

焦榮祖(元・長山人)
[康熙]濟南39/2
[道光]濟南48/29
[康熙四十三年]長山5/仕業
[康熙五十五年]長山6/2
[嘉慶]長山7/4,14/32

2040_0 千

47 **千奴**(元)
[嘉靖]山東34/6
[康熙]山東48/5
[萬曆]濮州1/帝21
[康熙]濮州1/73
[乾隆]濮州1/77
[宣統]濮州1/107

千努(見千奴)

55 **千農**(見千奴)

2040_7 季

00 **季充**(稱負圖先生)(秦)
[道光]濟南71/1

季庭璋(元・莒縣人)

[民國]重修莒志 52/6
季康子(名肥)
(春秋・魯人)
[嘉靖]山東 28/13
季文子(名行父)
(周)
[萬曆二十四年]兗州 30/6
[康熙]兗州 23/6
[乾隆]兗州 23/2
季文繡(清・昌樂人)
[民國]昌樂縣續志 27/3
季方壺(明)
[光緒]冠縣 10/12
10 季元方(字叔度)
(清・利津人)
[咸豐]武定府 25/武功 11
[光緒]利津 7/宦蹟 23
季平子(名意如)
(春秋・魯人)
[嘉靖]山東 28/13
[康熙]山東 38/13
[萬曆元年]兗州 41/2
[萬曆二十四年]兗州 37/33
[康熙]兗州 28/74
季雲揚(字夏鑾)
(清・利津人)
[光緒]利津 8/孝友 5
季元昌(字振西)
(清・利津人)
[咸豐]武定府 26/義行 31
[光緒]利津 8/義行 5
12 季孫意如(見季平子)
季孫行父(春秋・費縣人)
[嘉靖]山東 28/9
[康熙]山東 38/9
[萬曆元年]兗州 40/相業 4
[萬曆]沂州志 6/20
[康熙]沂州志 5/5
[康熙]費縣 7/1
季廷銓(字冰壺)
(清・泰興人)
[咸豐]寧陽 11/17
[光緒]寧陽 11/17
寧陽縣鄉土志/8
13 季武子(名宿)
(春秋・費縣人)
[嘉靖]山東 28/10
[康熙]山東 38/11
[萬曆二十四年]兗州 30/7
[康熙]兗州 23/7
[康熙]費縣 7/2
17 季子(春秋)
[康熙]單縣 6/2
22 季任(周・濟寧人)
[康熙]濟寧州 6/2
[乾隆]濟寧直隸州 23/1
23 季佗(姓己)
(周・莒人)
[民國]重修莒志 56/2
24 季德(字慎先)
(清・壽張人)
[光緒]壽張 7/20
季德禎(字祥雲)
(清・商河人)
[民國]重修商河 9/17,13/
藝文志四墓誌 30
季德甫(字竹隅)
(明・南直太倉人)
[宣統]山東 71/45
[乾隆]武定府 16/35
[咸豐]武定府 19/濱州 3
[萬曆]濱州 3/21
[康熙]濱州 5/19
[咸豐]濱州 8/5
濱州鄉土志/政績錄
[康熙]重修蒲臺 9/11
25 季倖常(字祿門)
(清・歷城人)
[民國]續修歷城 44/27
26 季得忠(元・棣州人)
[雍正]山東 28/人物二 67
[宣統]山東 167/13
[康熙]濟南 48/5
[萬曆]武定州 13/5
[崇禎]武定州 23/2
[乾隆]武定府 26/23
[咸豐]武定府 26/隱逸 1
[乾隆]惠民 6/16
[光緒]惠民 24/1
27 季佩蓮(字愛亭)
(清・鄒平人)
[民國]鄒平 15/128
29 季儐(唐・曲阜人)
[乾隆]曲阜 83/3
30 季永康(字丁溪)
(明・直隸滄州人)
[咸豐]青州 36/19
[萬曆]諸城 4/25
[康熙]諸城 4/16
[乾隆]諸城 28/6
季之秀(字苞來)
(清・長清人)
[康熙]長清 9/65
[道光]長清 12/11
34 季汝基(字肇堂)
(清・清平人)
[民國]清平/人物 41
35 季清(明・蒙陰人)
[萬曆]青州 14/9
[康熙十五年]青州 14/9
[康熙四十八年]青州 14/忠
義 9
[康熙六十年]青州 17/5
[乾隆]沂州府 26/3
[康熙二十四年]蒙陰 4/12
[宣統]蒙陰 4/孝義
37 季遐齡(字壽卿)
(明・夏津人)
[乾隆]夏津 7/10
38 季肇祥(字瑞堂)
(河北滄縣人)
[民國]重修商河 6/61
季道泰(清・樂安人)
[民國]樂安 10/30
40 季布(漢・楚人)
[嘉靖]濮州 8/2
季友(春秋・魯人,一作齊人)
[嘉靖]山東 28/8
[康熙]山東 38/8
[萬曆]青州 13/18
[康熙十五年]青州 13/又 19
[康熙四十八年]青州 13/事
功 2
[康熙六十年]青州 16/1
[萬曆元年]兗州 40/相業 2
[乾隆]沂州府 25/1
[乾隆]曲阜 66/1
[民國]臨淄 23/3

41 **季桓子**(名斯)
(春秋·魯人)
[嘉靖]山東 28/13
42 **季札**(春秋)
[萬曆元年]兗州 42/2
44 **季荊**(虞)
[嘉靖]青州 12/8
[康熙十五年]青州 8/1
[康熙四十八年]青州 8/1
[康熙六十年]青州 10/1
季蓁(字香坪)
(清·浙江紹興人)
[宣統]三續淄川 9/49
淄川縣鄉土志/政績錄
[光緒]高密 6/27
[民國]高密 12/28
季世法(清·奉天鐵嶺人)
[宣統]山東 75/37
[道光]東阿 11/19
[光緒]東阿縣鄉土志 2/21
季桂芬(字蕙靈)
(清)
[民國]高密 12/28
季樹梅(字逸山)
(利津人)
[民國]利津縣續志 7/宦蹟 3
季芝昌(字仙九)
(清·江蘇江陰人)
[宣統]山東 74/36
47 **季起元**(清·大興人)
[乾隆]東昌 44/25
[乾隆]臨清直隸州 8/上 83
季好問(字則裕)
(清·莒縣人)
[民國]重修莒志 65/37
48 **季敬姜**(見魯敬姜)
50 **季東魯**(字國望,號岱石)
(明·德平人)
[道光]濟南 52/53
[康熙]德平 3/17
[嘉慶]德平 7/13
[光緒]德平 7/11
60 **季景原**(明·蒙陰人)
[康熙十一年]蒙陰 2/49
67 **季路**(見仲由)
80 **季姜**(周)
[萬曆二十四年]兗州 5/9
季金和(清·夏津人)
[民國]夏津續編 8/29
86 **季錫魯**(字海門)
(清·鄆城人)
[光緒]鄆城 10/3
季錫鉞(字秉虔,號鈇堂)
(清·鄆城人)
[光緒]鄆城 5/13

雙

09 **雙麟**(字又昭)
(清·滋陽人)
[光緒]滋陽 8/67
10 **雙一水**(字木天)
(清·滋陽人)
[光緒]滋陽 9/5
28 **雙以翰**(字蕃東)
(清·滋陽人)
[光緒]滋陽 8/67
滋陽縣鄉土志 1/耆舊-文學

2042_7 禹

04 **禹詵**(字致堂)
(清·樂陵人)
樂陵縣鄉土志 3/61
15 **禹建鈞**(字仲甫)
(清·樂陵人)
樂陵縣鄉土志 3/36
24 **禹德傑**(字漢三)
(清·樂陵人)
樂陵縣鄉土志 3/49
64 **禹時行**(清·蒙陰人)
[康熙十一年]蒙陰 2/53
禹時泰(明·蒙陰人)
[康熙十一年]蒙陰 2/36
禹時臣(明·蒙陰人)
[康熙十一年]蒙陰 2/53

2043_0 奚

00 **奚康生**(北魏·河南洛陽人)
[宣統]山東 67/13
10 **奚玉瑚**(字象彝,號仲華)
(清·鉅野人)
[民國]續修鉅野 8/上 7
25 **奚仲**(商·亳人)
[萬曆]滕志 6/32
[康熙]滕志 6/4
[康熙]滕縣志 6/宦業 3
滕縣鄉土志/4
[康熙]曹縣 12/1
[康熙]兗州府曹縣 12/1
[光緒]曹縣 12/1
26 **奚和觀**(北魏·代人)
[光緒]益都縣圖志 15/13
30 **奚容蒧**(字子晳)
(春秋·魯人,一作衛人)
[嘉靖]山東 24/8
[康熙]山東 29/8
[雍正]山東 11/闕里二 18
[宣統]山東 153/8
[萬曆元年]兗州 7/53
[萬曆二十四年]兗州 7/22
[康熙]兗州 8/23
[乾隆]兗州 7/29
[崇禎]曲阜 4/11
[康熙]曲阜 4/11
[乾隆]曲阜 59/7
32 **奚兆鰲**(清·鉅野人)
[道光]鉅野 13/70
39 **奚泮林**(清·鉅野人)
[道光]鉅野 13/61
40 **奚真**(明·江南常熟人)
[乾隆]沂州府 17/33
44 **奚夢芝**(明·華亭人)
[康熙]兗州府曹縣 9/24
[光緒]曹縣 9/教諭 3
52 **奚哲**(字仲明)
(明·冠縣人)
[嘉靖]冠縣 4/2
[萬曆]冠縣 4/8
53 **奚拔**(北魏)
[崇禎]武定州 14/3
75 **奚體乾**(字善元)
(清·鉅野人)
[民國]續修鉅野 5/上 17
80 **奚善元**(字體乾)
(清·鉅野人)
[民國]續修鉅野 7/下 59,8/上 6
87 **奚銘**(字克新)

(明・宛平人)
[嘉靖]山東 27/10
[康熙]山東 35/11
[雍正]山東 27/60
[宣統]山東 73/9
[嘉靖]青州 13/43
[萬曆]青州 12/30
[康熙十五年]青州 12/30
[康熙四十八年]青州 12/30
[康熙六十年]青州 12/26
[咸豐]青州 36/7
[萬曆]樂安 13/3
[雍正]樂安 11/3
[民國]樂安 8/19
[民國]續修廣饒 17/3

2044_7 爰

08 爰旌目(漢・齊人)
[萬曆]青州 15/43
[康熙十五年]青州 15/43
[康熙四十八年]青州 15/卓行 3
[康熙六十年]青州 18/11
50 爰盎(字絲)
(漢・楚人)
[宣統]山東 66/2
[道光]濟南 33/2
53 爰拔(北魏)
[乾隆]惠民 5/3
[乾隆]樂陵 2/26
91 爰類(漢)
[崇禎]武定州 14/1
[乾隆]武定府 15/1
[咸豐]武定府 15/1
[乾隆]惠民 5/1
[光緒]惠民卷末/1
[乾隆]樂陵 2/25

2060_9 香

50 香車(春秋)
[康熙]臨淄 10/5
[民國]臨淄 22/75
77 香居(周・齊人)
[至元]齊乘 6/5
[萬曆]青州 14/29
[康熙十五年]青州 14/29
[康熙四十八年]青州 14/隱逸 3

2061_4 雒

23 雒獻圖(字錫文)
(清・膠州人)
[雍正](膠州)州志別本/人物－隱德
[乾隆]膠州 5/23
[道光]重修膠州 29/14
[民國]增修膠志 45/1
膠州直隸州鄉土志 4/篤行
37 雒鴻賓(字來亭)
(寧津人)
寧津縣志料 3/人物－忠勇
77 雒際隆(字興譜)
(清・寧津人)
寧津縣志料 3/人物－孝行
80 雒會堂(字雲升)
(寧津人)
寧津縣志料 3/人物－義行

2071_4 毛

00 毛亨(漢・魯人)
[宣統]山東 153/25
[康熙]滋陽 4/上 9
[乾隆]曲阜 69/3
毛堃(清・歷城人)
[道光]濟南 53/31
毛文龍(明・仁和人)
[光緒]增修登州 36/3
毛立政(字相周)
(清・陽信人)
[民國]陽信 5/篤行 38
毛文魁(字星樓,一字煥章)
(莒縣人)
[民國]重修莒志 66/12
毛立本(字道生)
(清・陽信人)
[民國]陽信 5/忠義 65
毛立中(字允執)
(清・陽信人)
[民國]陽信 5/文學 27
毛充學(字惟一)
(明・陽信人)
[乾隆]陽信 7/19
[民國]陽信 5/文學 3
信邑志稿 7/文苑
陽信縣鄉土志上/耆舊－學問
毛充善(明・長垣人)
[乾隆]陽信 5/16
[民國]陽信 2/42
毛文煥(清・即墨人)
[同治]即墨 9/51
即墨縣鄉土志/耆舊－事業四
07 毛韶芳(字含英)
(清・山陽人)
[乾隆]泰安府 15/40
[乾隆]東平州 12/41
[道光]東平州 12/41
[光緒]東平州 14/41
[民國]東平縣 9/22
東平州鄉土志上/政績錄 16
[光緒]壽張 5/8
[民國]濰縣志稿 20/21
08 毛效祖(明・會稽人)
[崇禎]歷乘 16/66
毛效直(字子溫)
(明・陽信人)
[乾隆]陽信 7/18
[民國]陽信 5/文學 2
信邑志稿 7/文苑
陽信縣鄉土志上/耆舊－學問
10 毛霦(字荊石)
(清・掖縣人)
[乾隆]掖縣 4/65
毛貢(字九來)
(清・掖縣人)
[乾隆]萊州 10/37
[乾隆]掖縣 4/35
毛雷(字聲遠)
(清・寧陽人)
[宣統]山東 172/26
[咸豐]寧陽 20/8
[光緒]寧陽 20/8
毛璋(字禮南)
(清・濰縣人)
[民國]濰縣志稿 28/37
濰縣鄉土志/39

毛玉成(字希銘)
(清·歷城人)
[民國]續修歷城 42/11
毛三省(清·掖縣人)
[乾隆]掖縣 3/83
11 毛碩(字仲權,一字仲叔)
(金·甘陵人)
[嘉靖]山東 26/13
[康熙]山東 33/16
[雍正]山東 27/91
[宣統]山東 69/9
[萬曆元年]兗州 38/循吏 33
[萬曆二十四年]兗州 28/11
[康熙]兗州 22/11
[康熙]曹州志 7/50
[乾隆]曹州府 12/12
[光緒]菏澤 7/宦蹟 18
[光緒]新修菏澤 8/8
12 毛廷弼(字叔隣,一作夢徵)
(清·高密人)
[光緒]高密 8/上 39
[民國]高密 14/上 42
高密縣鄉土志/上 37
毛廷芳(明·掖縣人)
[乾隆]掖縣 5/3
毛廷籌(字次典)
(清·陽信人)
[民國]陽信 5/文學 25
14 毛琦(字季溫)
(明·臨汾人)
[道光]濟南 52/5
[康熙]禹城 6/1
[嘉慶]禹城 9/2
[民國]禹城 6/1,8/38
禹城縣鄉土志/10
17 毛聚(字德玄)
(明·掖人)
[嘉靖]山東 35/8,38/67
[康熙]山東 45/22
[雍正]山東 28/人物三 28
[宣統]山東 165/17
[萬曆]萊州 6/8
[康熙]萊州 10/64
[乾隆]萊州 11/孝義 3
[同治]重修寧海州 21/9
[乾隆]掖縣 4/47
[道光]掖乘 4
[民國]牟平 7/116
毛玘(字國珍)
(明·北直任丘人)
[雍正]山東 27/79
[宣統]山東 72/23
[乾隆]沂州府 20/11
毛羽皇(清·河南貢生)
[康熙]寧海州 7/11
[同治]重修寧海州 13/10
[民國]牟平 6/81
20 毛秉正(明·掖縣人)
[乾隆]掖縣 4/44
[道光]掖乘 4
毛維驌(明·薊州人)
[宣統]山東 73/4
[萬曆]青州 12 又/又 19
[康熙十五年]青州 12 又/19
[康熙四十八年]青州 12 又/19
[康熙六十年]青州 12/23
[咸豐]青州 36/31
[康熙]益都 5/21
[光緒]益都縣圖志 18/36
21 毛綽(清·陽穀人)
[民國]增修陽穀人物/武學師 30
毛紫登(字丹厓)
(清·掖縣人)
[嘉慶]續掖縣 3/10
22 毛循(字善堂)
(清·掖縣人)
[嘉慶]續掖縣 2/36
24 毛纘(字丕承)
(莒縣人)
[民國]重修莒志 66/1
毛德祖(南朝宋)
[康熙]萊陽 5/2
毛先智(字慧卿)
(清·德平人)
[民國]德平縣續志 6/7
25 毛健(字子剛)
(清·歷城人)
[宣統]山東 170/19
[民國]續修歷城 42/10
毛紳(清·陽穀人)
[民國]增修陽穀人物/武功 8
毛繡(明·莒州人)
[雍正]山東 28/人物三 26
[宣統]山東 164/43
[萬曆]青州 14/9
[康熙十五年]青州 14/9
[康熙四十八年]青州 14/忠義 9
[康熙六十年]青州 17/5
[乾隆]沂州府 26/2
[康熙]莒州下/41
[雍正]莒州 9/25
[嘉慶]莒州 9/22
[民國]重修莒志 61/1
毛純卿(字藎臣)
(清·陽信人)
[民國]陽信 5/篤行 42
26 毛伯雍(清·濮州人)
[乾隆]濮州 4/19
[宣統]濮州 5/20
毛自道(明·平原人)
[萬曆]平原上/50
27 毛紀(字維之)
(明·掖縣人)
[康熙]山東 44/10
[雍正]山東 28/人物三 18,35/傳 24
[宣統]山東 159/13
[萬曆]萊州 5/83
[康熙]萊州 10/9
[乾隆]萊州 10/16
萊州府鄉土志/下 10
[乾隆]掖縣 4/11
[道光]掖乘 4
[光緒]三續掖縣 4/6
毛色彩(字凝白)
(清·濮州人)
[宣統]濮州 8/112
毛佩萱(清·濮州人)
[宣統]濮州 6/16
28 毛佺(金·恩州人)
[嘉靖]山東 31/25
[雍正]山東 28/人物二 54
[宣統]山東 164/21
[萬曆]東昌 19/43

［乾隆］東昌 41/26
［嘉慶］東昌 31/4
［嘉靖］恩縣 6/3
［宣統］重修恩縣 8/19,8/36
［民國］重修恩縣 11/鄉賢 41
毛徵（見毛禎）
毛似徐（字柏臺，一字仲子）
（明・掖縣人）
［乾隆］武定府 16/35
［咸豐］武定府 19/濱州 4
［康熙］濱州 5/22
［咸豐］濱州 8/5
［乾隆］掖縣 4/58
［道光］掖乘 4
毛似蘇（字鐘眉）
（明・掖縣人）
［乾隆］掖縣 3/54
30 **毛憲**（明・絳州人）
［乾隆］曹州府 12/17
［崇禎］鄆城 4/16
［康熙］鄆城 4/16
［光緒］鄆城 6/23,6/36
毛注（字聖可）
（宋・衢州西安人）
［嘉靖］山東 27/6
［康熙］山東 35/7
［雍正］山東 27/57
［宣統］山東 68/52
［嘉靖］青州 13/29
［萬曆］青州 12/21
［康熙十五年］青州 12/22
［康熙四十八年］青州 12/22
［康熙六十年］青州 12/13
［咸豐］青州 35/11
［康熙］高苑 3/14
［乾隆］高苑 3/19
毛寅亮（清・濮州人）
［宣統］濮州 3/67
毛宗孔（字景尼）
（清・陽信人）
［民國］陽信 5/文學 20
毛宗魯（字師曾）
（明・平度人）
［康熙］平度州 4/6
［道光］重修平度州 22/1
［光緒］平度志要/人物
毛永齡（清・順天大興人）
［宣統］山東 77/4
［咸豐］青州 37/1
［康熙］臨淄 8/7
［民國］臨淄 18/10
毛良梓（清・掖縣人）
［乾隆］掖縣 3/83
毛永柏（清・奉天金州人）
［光緒］益都縣圖志 18/53
31 **毛渠**（字世澤）
（明・掖縣人）
［乾隆］掖縣 3/44
毛禎（明・臨汾人）
［雍正］山東 31/17
［宣統］山東 200/11
［道光］濟南 62/6
［康熙］禹城 6/1
［嘉慶］禹城 9/27
［民國］禹城 6/76
33 **毛溥**（號梅谷）
（明・崑山人）
［道光］濟南 36/28
［康熙四十三年］長山 3/宦績
［康熙五十五年］長山 3/36
［嘉慶］長山 5/45
34 **毛澍**（清・濮州人）
［宣統］濮州 6/34
毛漪秀（字公衞，別號文濤）
（清・掖縣人）
萊州府鄉土志/下 19
［乾隆］掖縣 4/34,7/57
毛汝勗（見毛汝勖）
毛汝勖（字慎修，號魯齋）
（清・齊河人）
［民國］齊河 23/15,27/24
37 **毛鴻賓**（字寄雲）
（清・歷城人）
［宣統］山東 169/11
［民國］續修歷城 40/3
38 **毛澂**（字蜀雲）
（清・四川仁壽人）
［光緒］益都縣圖志 18/71
［民國］重修泰安縣 6/64
泰安縣鄉土志/政績 3
［民國］續滕縣志 1/28
［民國］定陶 4/30
諸城縣鄉土志/上 13
毛遂（戰國・薛人）
［萬曆二十四年］兗州 30/17
［康熙］兗州 23/17
［乾隆］兗州 23/5
［萬曆］滕志 8/44
［康熙］滕志 8/人物 1
［康熙］滕縣志 8/武功 1
滕縣鄉土志/15
毛遵謙（字子授）
（清・掖縣人）
［乾隆］掖縣 4/35
毛啟元（清・長山人）
［道光］濟南 55/33
［嘉慶］長山 10/6
毛遵恕（字惟一）
（清・掖縣人）
［乾隆］掖縣 3/82
40 **毛杰**（字春田）
（明・掖縣人）
［乾隆］掖縣 4/25
毛在（明・南直太倉人，一作吳郡人）
［宣統］山東 70/15
［道光］濟南 35/17
［崇禎］歷乘 16/63
毛有爲（明・莒縣人）
［康熙］莒州下/44
［嘉慶］莒州 9/25
［民國］重修莒志 65/2
毛克生（清）
［民國三年］慶雲 2/104
毛士奇（清・掖縣人）
［乾隆］掖縣 4/55
毛在梧（字鳳巢）
（清・掖縣人）
［道光］再續掖縣上/58
毛九華（字含章）
（清・掖縣人）
［乾隆］掖縣 4/31
毛九思（明・臨汾人）
［康熙］禹城 6/1
41 **毛楷**（字貢植）
（清・即墨人）
［同治］即墨 9/48

即墨縣鄉土志/耆舊－事業二
毛楨(見毛禎)
42 毛圻(字一亭)
(清・歷城人)
[道光]濟南 53/31
[民國]續修歷城 39/9
43 毛栻(字鳳巖,號西林)
(清・即墨人)
[同治]即墨 9/23
即墨縣鄉土志/耆舊－事業二
毛式玉(字其人)
(清・掖縣人)
[乾隆]掖縣 3/49
[嘉慶]續掖縣 3/16
毛式郇(字伯雨)
(清・歷城人)
[宣統]山東 169/10
[民國]續修歷城 39/10
44 毛萇(漢・廬江舒人,一作趙人)
[嘉靖]山東 27/1
[康熙]山東 35/1
[雍正]山東 11/闕里二 24,27/50
[嘉靖]青州 13/10
[萬曆]青州 12/9
[康熙十五年]青州 12/9
[康熙四十八年]青州 12/9
[康熙六十年]青州 12/2
[乾隆]兗州 7/35
[康熙]萊州 8/4
[民國]濰縣志稿 20/2
毛芬(明・陝西漢中人)
[宣統]山東 72/20
[乾隆]沂州府 20/8
[康熙]郯城 6/6
[乾隆]郯城 7/25
毛英(字雄風)
(明・掖縣人)
[康熙]萊州 10/47
[乾隆]萊州 11/忠節 8
[乾隆]掖縣 4/39
[道光]掖乘 4
毛贄(字師陸,號勺亭)
(清・掖縣人)
[嘉慶]續掖縣 3/14
毛莫如(字少路)
(漢・泰山人)
[宣統]山東 153/15
[萬曆]青州 15/58
[康熙十五年]青州 15/又 58
[康熙四十八年]青州 15/僑寓 5
[康熙六十年]青州 20/16
[乾隆二十五年]泰安縣 12/2
[乾隆四十七年]泰安縣 10/上 18
[道光]泰安縣 9/上 70
[民國]重修泰安縣 8/23
毛英如(字少路)
(漢・泰山人)
泰安縣鄉土志/耆舊 18
46 毛架(字世高)
(明・掖縣人)
[萬曆]萊州 5/107
[康熙]萊州 10/63
[乾隆]萊州 10/18
[乾隆]掖縣 4/47
毛觀文(清・鄞縣拔貢)
[道光]冠縣 6/33
[民國]冠縣 6/43
毛如瑜(字貴甫)
(明・陽信人)
[雍正]山東 28/人物三 73
[宣統]山東 167/14
[康熙]濟南 48/12
[乾隆]武定府 25/51
[咸豐]武定府 25/文苑 11
[康熙]陽信 9/15
[乾隆]陽信 7/53
[民國]陽信 5/文學 5
信邑志稿 7/文苑
陽信縣鄉土志上/耆舊－學問
毛如珍(字玉堂)
(清・掖縣人)
[乾隆]掖縣 4/64
50 毛貴(元)
膠州直隸州鄉土志 5/兵事
毛貴(明・復州人)
[萬曆]諸城 4/42
毛忠(字廷諫)
(明・掖縣人)
[乾隆]掖縣 4/21
毛貴一(清・莒縣人)
[民國]重修莒志 66/7
毛貴甫(清・陽信人)
[乾隆]武定府 35/33
[咸豐]武定府 35/誌銘 33
[乾隆]陽信 8/傳銘 12
[民國]陽信 8/藝文下 52
51 毛振翰(字羽公)
(清・魚臺人)
[乾隆]魚臺 11/35
[光緒]魚臺 3/21
55 毛摶霄(明・曲阜人)
[崇禎]曲阜 4/104
[康熙]曲阜 4/104
[乾隆]曲阜 80/12
60 毛晟(字汝明)
(明・浙江秀水人)
[嘉靖]山東 26/29
[雍正]山東 27/92
[宣統]山東 72/28
[萬曆]東昌 18/33
[乾隆]曹州府 12/15
[嘉靖]濮州 7/14,10/9
[萬曆]濮州 3/名宦 17,6/30
[康熙]濮州 3/16,6/20
[乾隆]濮州 3/16,6/20
[宣統]濮州 4/16,8/20
毛邑(清・貴州平越人)
[宣統]山東 75/5
[道光]濟南 38/10
[乾隆]武定府 16/41
[咸豐]武定府 19/利津 5
[乾隆]章邱 7/7
[道光]章邱 9/11
[乾隆]利津縣志續編 7/32
毛思義(字繼賢,初號介菴)
(明・陽信人)
[宣統]山東 159/18
[康熙]濟南 35/11
[乾隆]武定府 23/14
[咸豐]武定府 23/名臣 14
[康熙]陽信 9/6

［乾隆］陽信 7/5
［民國］陽信 5/宦蹟 7,8/藝文下 4,藝文下 49
信邑志稿 7/名臣
陽信縣鄉土志上/耆舊－事業,耆舊－鄉賢祠

64 **毛暐**（字復元）（明・陽信人）
［康熙］陽信 9/37
［乾隆］陽信 7/60
［民國］陽信 5/方技 81
信邑志稿 7/藝術

71 **毛槩**（字世節）（明・掖縣人）
［乾隆］掖縣 3/44

毛驥（字仲德）（明・陝西長安人）
［宣統］山東 72/36
［萬曆］東昌 18/35
［乾隆］東昌 33/34
［嘉慶］東昌 21/1
［宣統］聊城 6/2－1
聊城縣鄉土志/5

72 **毛剛**（字福英）（明・掖縣人）
［乾隆］掖縣 4/47

77 **毛開泰**（字雲谷,號曉堂）（清・濮州舉人）
［光緒］增修登州 34/6
［道光］榮成 6/28

毛鳳鳴（明・西平人）
［康熙］嶧縣 3/27
［乾隆］嶧縣 7/11
［光緒］嶧縣 19/職官下 4

毛鳳舞（清・高密人）
［光緒］高密 8/上 69
［民國］高密 14/上 80
高密縣鄉土志/上 41

毛鵬翔（清・平度人）
［道光］重修平度州 19/20
平度鄉土志 4 上/鄉賢

80 **毛鏞**（元・掖人）
［萬曆］萊州 6/24
［康熙］萊州 10/94
［康熙］平度州 5/3
［道光］重修平度州 22/1
［民國］平度縣續志 7/1

毛公符（字金章）（明・濮州人）
［康熙］濮州 2/98
［乾隆］濮州 2/79
［宣統］濮州 3/58

毛公簪（明・濮州人）
［康熙］濮州續志下/5
［宣統］濮州 5/15

86 **毛智**（明・浙江杭州人）
［宣統］山東 73/37
［萬曆］萊州 5/75
［康熙］萊州 8/53
［乾隆］萊州 9/23
［康熙］膠州 5/5
［乾隆］膠州 4/8
［道光］重修膠州 22/2
［民國］增修膠志 17/2
膠州直隸州鄉土志 3/政績－聽訟

87 **毛欽**（漢）
［雍正］山東 27/62
［宣統］山東 66/29
［乾隆］續登州 8/1
［光緒］增修登州 24/1
［民國］黃縣志稿 11/宦績

88 **毛敏**（明・掖縣人）
［萬曆］萊州 5/101
［乾隆］萊州 10/14
［乾隆］掖縣 4/21

89 **毛鐙**（明・直隸太康人）
［萬曆］青州 12 又/又 14
［康熙十五年］青州 12 又/又 14
［康熙四十八年］青州 12 又/又 14
［康熙六十年］青州 12/38
［萬曆］諸城 4/37
［乾隆］諸城 28/3

90 **毛尚義**（清・膠州人）
［民國］增修膠志 44/16

91 **毛煒**（字升明,號仰泰）（明・陽信人）
［萬曆］青州 12/52
［康熙十五年］青州 12/52
［康熙四十八年］青州 12/52
［康熙六十年］青州 12/37
［咸豐］青州 36/34
［康熙］益都 5/24
［光緒］益都縣圖志 18/42
［民國］陽信 8/藝文下 53

97 **毛輝祖**（字鏡浦）（清・歷城人）
［宣統］山東 169/8
［道光］濟南 53/30
［民國］續修歷城 39/9

2110_0 上

30 **上官應鳳**（明・沂州衛人）
［康熙］沂州志 4/24

上官雲廷（字魯卿）（商河人）
［民國］重修商河 7/35

上官雲相（字寄青）（商河人）
［民國］重修商河 7/42

上官雲明（字俊青）（商河人）
［民國］重修商河 7/43

上官維（字文階）（清・商河人）
［民國］重修商河 8/29,14/33

上官安（漢）
［嘉靖］青州 12/25
［康熙十五年］青州 8/12

上官邁（清・歷城人）
［民國］續修歷城 46/1

上官有儀（字公度）（清・陝西朝邑人）
［宣統］山東 75/17
［道光］濟南 38/27
［民國］齊河 22/6

上官均（字彥衡）（宋・邵武人）
［光緒］益都縣圖志 16/42

50 **上忠**（明・陝西朝邑人）
［道光］濟南 36/60

2120_1 步

00 **步文政**（清・乾州人）
［道光］濟南 38/28
［民國］齊東 3/61

12 **步登瀛**(字筱蓬,別號伴石居士)
(壽光人)
[民國]壽光 12/人物志二 68
21 **步熊**(字叔羆)
(晉・陽平發干人)
[嘉靖]山東 33/20
[宣統]山東 168/6
[萬曆元年]兖州 43/7
[萬曆]東昌 22/11
[乾隆]東昌 44/12
[嘉慶]東昌 34/11
[順治]堂邑 3/襍志 2
[康熙十一年]堂邑 3/襍志 2
[康熙]堂邑 17/3
23 **步允遷**(高苑人)
[康熙]高苑 5/2
[乾隆]高苑 5/2
27 **步叔乘**(字子車)
(春秋・齊人)
[至元]齊乘 6/4
[嘉靖]山東 24/9
[康熙]山東 29/9
[雍正]山東 11/闕里二 19
[宣統]山東 153/10
[康熙]濟南 32/2
[道光]濟南 72/23
[嘉靖]青州 12/6
[萬曆]青州 13/4
[康熙十五年]青州 13/4
[康熙四十八年]青州 13/4
[萬曆元年]兖州 7/58
[萬曆二十四年]兖州 7/20
[康熙]兖州 8/21
[乾隆]兖州 7/30
[萬曆]萊州 5/51
[崇禎]歷城 10/1
[乾隆]曲阜 59/8
[康熙]臨淄 9/1
[民國]臨淄 21/35
40 **步大綸**(明・廣德人)
[嘉靖]夏津 3/43
步大汗薩(北齊・太安狄那人)
[順治]登州 11/4
[康熙]萊陽 5/3
58 **步掄典**(字有常)
(清・無棣人)
[民國]無棣 13/15

2121_0 仁

87 **仁欽**(宋・閩人)
[道光]濟南 60/9
[道光]長清 13/16

2121_1 能

26 **能和**(俗姓譚)
(清・濰縣人)
[民國]濰縣志稿 36/12

2121_7 盧

00 **盧亨**(金・臨漢人)
[康熙]莒州下/4
盧亨(字永泰)
(明・商河人)
[康熙]濟南 36/8
[乾隆]武定府 24/3
[咸豐]武定府 24/清介 3
[萬曆]商河 7/3
[道光]商河 7/3,8/41
[民國]重修商河 8/3
商河縣鄉土志 2/耆舊－事業
盧應龍(清・泗水人)
[光緒]泗水 10/26
盧童子(晉・黃縣人)
[嘉靖]山東 34/16
[康熙]山東 47/8
[雍正]山東 30/6
[宣統]山東 200/21
[泰昌]登州 11/59
[順治]登州 18/19
[康熙]黃縣 6/36
[乾隆]黃縣 8/42
[同治]黃縣 9/31
[民國]黃縣志稿 13/人物－釋道
盧文偉(字休族)
(北魏・范陽涿人)
[宣統]山東 67/17
[光緒]益都縣圖志 15/12
盧慶綸(字理堂,號伴鶴)
(清・德州人)
[民國]德縣 10/55
盧應禎(明・肥城人)
[康熙]濟南 40/7
[乾隆]泰安府 17/15
[康熙]肥城書下/12
[嘉慶]肥城 17/19
[光緒]肥城 9/7
肥城縣鄉土志 5/14
盧文溶(清・夏津人)
[民國]夏津續編 8/10
盧應楨(明・長清人)
[民國]長清 11/32
盧度世(字子遷)
(北魏・范陽涿人)
[宣統]山東 67/6
[道光]濟南 33/17
[乾隆]東昌 33/10
[嘉慶]東昌 20/17
盧廣盛(字瑞昌)
(東阿人)
[民國]東阿 16/4
盧文典(字其慎)
(清・膠州人)
[民國]增修膠志 43/9
盧文周(字維東)
(清・膠州人)
[民國]增修膠志 43/9
盧廣勝(字發祥)
(長清人)
[民國]長清 12/17
盧文錫(清・德州人)
州乘餘聞/5
盧文煥(字倬菴)
(清・齊河人)
[民國]齊河 27/10
04 **盧詵**(原名崑,字詵圃,號雲樵)
(清・單縣人)
[民國]單縣 11/26
08 **盧謙**(字撝吉)
(清・德州人)
[道光]濟南 56/74
德州鄉土志/耆舊 48
盧於陛(清・清平人)
[乾隆]臨清直隸州 8/下 67
10 **盧霖**(字子惠)
(明・博平人)
[正德]博平 4/70

盧一儒(字純齋)
(清·禹城人)
[道光]濟南 56/38
[嘉慶]禹城 9/18
[民國]禹城 6/15
禹城縣鄉土志/19
盧雲升(字瑞庭)
(清·昌邑人)
[光緒]昌邑縣續志 6/30
盧元培(字鵾颺)
(清·仁和人)
[嘉慶]慶雲 7/30
[咸豐]慶雲 2/28
[民國三年]慶雲 1/86
盧丙垣(原名樹,字德田,號南軒)
(清·蓬萊人)
[光緒]增修登州 39/7
[光緒]蓬萊縣續志 9/行誼 5
[民國]蓬萊縣志合編人物志/行誼
盧玉堂(字韞生)
(清·臨邑人)
[民國]續修臨邑 3/41
12 盧瑞(明·廣東香山人)
[嘉靖]高唐州 5/8
盧珽(唐)
[康熙]臨清州 3/名宦 7
[乾隆]臨清州 9/2
[乾隆]臨清直隸州 6/70
[民國]臨清縣/秩官 58
盧廷彥(清·長清人)
[民國]長清 11/31
盧廷相(字上卿)
(明·霑化人)
[康熙]濟南 38/13
[乾隆]武定府 23/46
[咸豐]武定府 23/忠節 16
[萬曆]新修霑化 6/115
[光緒]霑化 7/6
[民國]霑化 2/18
盧廷器(明·昌樂人)
[咸豐]青州 44/48
[康熙]昌樂 4/6
[嘉慶]昌樂 21/2
13 盧琮(元·膠州人)
[道光]重修膠州 24/3
[民國]增修膠志 39/3
盧琮(字蒼璧)
(清·餘姚人)
[乾隆]東昌 34/16
[嘉慶]東昌 22/6
[康熙五十六年]莘縣 5/13
[光緒]莘縣 5/11
[民國]莘縣 3/6
盧戩(字希祥)
(明·齊東人)
[康熙]濟南 45/2
[道光]濟南 51/45
[康熙]新修齊東 6/5
[民國]齊東 5/8
盧瑄(明·肥城人)
[雍正]山東 28/人物三 32
[宣統]山東 165/19
[康熙]濟南 44/9
[乾隆]泰安府 18/36
[康熙]肥城書下/14
[嘉慶]肥城 17/18
[光緒]肥城 9/3
肥城縣鄉土志 5/19
15 盧璉(清·錢塘人)
[乾隆]昌邑 5/108
16 盧聖存(清·廣東東莞人)
[宣統]山東 75/40
[嘉慶]肥城 15/35
[光緒]肥城 7/50
肥城縣鄉土志 3/4
17 盧豫(清·鑲紅旗籍舉人)
[雍正]山東 27/110
[宣統]山東 77/38
[乾隆]萊州 9/35
[乾隆]濰縣 3/44
[民國]濰縣志稿 20/20
濰縣鄉土志/8
盧承瓚(清·奉天人)
[宣統]山東 76/38
盧承琰(字禹錫)
(清·奉天人)
[乾隆]東昌 33/43
[嘉慶]東昌 21/12
[康熙]堂邑 8/9
盧承綸(清·滿洲鑲黃旗人)
[宣統]山東 77/23
[光緒]增修登州 27/4
[同治]黃縣 6/10
[民國]黃縣志稿 11/宦績
盧瓊東(字酌亭)
(清·商河人)
商河縣鄉土志 2/耆舊-事業
盧子成(明·河南開封人,一作祥符人)
[光緒]增修登州 25/8
[道光]重修蓬萊 9/42
[民國]蓬萊縣志合編人物志/寓賢
18 盧珍(明·昌樂人)
[康熙]昌樂 4/8
[嘉慶]昌樂 22/4
19 盧琰(字錫圭)
(宋·淄州淄川人)
[嘉靖]山東 29/14
[宣統]山東 157/22
[康熙]濟南 40/3
[乾隆]歷城 34/1
[嘉靖]淄川 6/79
[萬曆]淄川 30/6
[康熙]淄川 6/21
[乾隆]淄川 6/上 21
20 盧秉(字仲甫)
(宋·湖州德清人)
[光緒]益都縣圖志 16/39
盧億(五代漢·河內人)
[嘉靖]山東 25/5,26/8
[康熙]山東 31/6,33/9
[宣統]山東 68/20
[乾隆]泰安府 14/13
[萬曆元年]兗州 38/循吏 25
[萬曆二十四年]兗州 27/13
[康熙]東平州 4/31
[乾隆]東平州 12/10
[道光]東平州 12/10
[光緒]東平州 14/10
東平州鄉土志上/政績錄 10
[民國]東平縣 9/5
盧嶂(字真圃)
(清·單縣人)
[民國]單縣 12/鄉賢 3

盧秉厚(字仁浦)
(清・禹城人)
[民國]禹城 6/23
盧維屏(字介菴)
(清・德州人)
[民國]德縣 11/10
盧喬年(清・平原人)
[道光]濟南 56/108
[民國]續修平原 10/上 5
21 盧頔(字汝昌)
(明・蓬萊人)
[泰昌]登州 11/45
[順治]登州 17/24
[光緒]增修登州 46/5
[道光]重修蓬萊 9/30
[民國]蓬萊縣志合編人物志/行誼
盧行(清・濟寧人)
[乾隆]濟寧直隸州 27/16
[道光]濟寧直隸州 8/3-23
盧熊(字公武)
(明・南直崑山人)
[雍正]山東 27/37
[宣統]山東 72/1
[乾隆]兗州 22/18
盧貞一(字起元)
(清・臨邑人)
[同治]臨邑 9/孝義 10
盧經邦(清・霑化人)
[乾隆]武定府 25/13
[咸豐]武定府 25/孝友 13
[光緒]霑化 8/5
[民國]霑化 2/33
盧經閣(清・東明人)
[宣統]東明續縣志 3/3
[民國]東明縣新誌 11/53
22 盧繼宗(字紹先)
(明・即墨人)
[萬曆]即墨志 8/5
[康熙]纂修即墨/下 20
[乾隆]即墨 9/29
[同治]即墨 9/41
即墨縣鄉土志/耆舊-事業二
盧樂戌(字和堂)
(清・萊蕪人)
[宣統]山東補遺/34
[民國]重修泰安縣 8/54
[民國]萊蕪 17/13
[民國]續修萊蕪 22/13
盧繼昌(字紹庭)
(清・平度人)
[民國]平度縣續志 8/15
23 盧紘(號澹巖)
(清・湖北蘄州人)
[宣統]山東 75/38
[康熙]濟南 26/11
[乾隆]泰安府 15/26
[順治]新泰 4/20
[乾隆]新泰 11/6
新泰縣鄉土志/4
盧獻(字世賢)
(明・歷城人)
[道光]濟南 49/7
[乾隆]歷城 37/11
盧岱雲(字鎮東)
(清・樂安人)
[民國]樂安 10/31
[民國]續修廣饒 19/59
盧允通(清・禹城人)
[道光]濟南 56/37
盧允肅(字葉雝,號野亭)
(清・禹城人)
[道光]濟南 56/36
[嘉慶]禹城 9/22
[民國]禹城 6/19
禹城縣鄉土志/13
25 盧傳(明・山西晉州人)
[宣統]山東 71/24
[康熙]濟南 25/80
[道光]濟南 36/47
[順治]臨邑 11/6
[康熙]重修臨邑 8/4
[道光]臨邑 7/25
[同治]臨邑 7/29
盧純(字又誠,又字君一)
(明・莒縣人)
[民國]重修莒志 67/3
盧傑(明・商河人)
[萬曆]商河 7/4
[道光]商河 7/12
[民國]重修商河 8/10
盧傳綸(字仲言)
(清・長清人)
[民國]長清 11/30
盧生甫(字仲山)
(清・浙江平湖人)
[宣統]山東 76/33
[乾隆]曹州府 12/25
[乾隆]定陶 4/22
[民國]定陶 4/22
盧傳陛(明・恩縣人)
[雍正]恩縣續志 3/19
盧傳印(字綬青)
(長清人)
[民國]長清 12/25
26 盧保塄(字崇臺)
(清・德州人)
[民國]德縣 11/10
27 盧磐(明・東光人)
[道光]濟南 36/27
[康熙四十三年]長山 3/宦績
[康熙五十五年]長山 3/31
[嘉慶]長山 5/39
盧盤(明・汝陽人)
[康熙]嶧縣 3/27
[乾隆]嶧縣 7/11
[光緒]嶧縣 19/職官下 4
盧紹基(字磁雲)
(清・商河人)
[民國]重修商河 8/89
盧修本(字貫一)
(清・東平人)
[民國]東平縣 11/上 19
28 盧儉(明・臨朐人)
[嘉靖]臨朐 3/13
盧綸(明・山西洪洞人)
[萬曆]鉅野 6/7
[康熙]鉅野 10/7
[道光]鉅野 10/23
盧作楝(字柱臣)
(清・東阿人)
[民國]續修東阿 11/27
30 盧淮(明・東陽人)
[正德]博平 5/81
盧守元(字統天)
(清・商河人)

[道光]商河 7/51
[民國]重修商河 9/9
盧守仁(清·商河人)
[道光]商河 7/48
[民國]重修商河 8/75
盧宏允(明·北直廣平人)
[康熙]平度州 3/5
[道光]重修平度州 16/19
盧進偉(清·泰安人)
[道光]泰安縣 9/上 86
[民國]重修泰安縣 8/40
泰安縣鄉土志/耆舊 18
盧守約(明·滁州歲貢)
[道光]商河 5/29
[民國]重修商河 6/67
盧寶瀛(清·恩縣人)
[宣統]重修恩縣 8/52
[民國]重修恩縣 11/鄉賢 70
盧宗洓(字單波)
(單縣人)
[民國]單縣 12/鄉賢 27
盧守禮(字儀文)
(清·商河人)
[道光]商河 7/47
[民國]重修商河 8/75
盧永祥(字子嘉)
(濟陽人)
[民國]濟陽 16/90,18/50
[民國]長清 13/30
盧宗坊(清·商河人)
[民國]重修商河 9/9
盧之藩(字屏侯)
(清·蓬萊人)
[道光]重修蓬萊 11/15
盧憲觀(字石林)
(清·浙江仁和人)
[宣統]山東 76/11
[乾隆]沂州府 20/13
[民國]臨沂 7/75
盧之塄(字柳村)
(博興人)
[民國]重修博興 13/63
盧宗哲(字濬卿)
(明·德州人)
[康熙]山東 39/26
[道光]濟南 52/36
[萬曆]德州 9/42
[康熙]德州 8/13
[乾隆]德州 9/11
州乘餘聞/8
德州鄉土志/耆舊 4
[民國]德縣 10/11
31 **盧源**(字東渠)
(明·北直易州人)
[宣統]山東 73/7
[咸豐]青州 36/21
[道光]博興 10/3
[民國]重修博興 12/3
32 **盧淵**(字伯源)
(北魏·范陽涿人)
[宣統]山東 67/13
盧業高(清·博平人)
[乾隆]東昌 43/7
[嘉慶]東昌 32/33
[道光]博平 4/26
博平縣鄉土志/耆舊－事業
盧兆綸(字繩甫)
(清·德州人)
[民國]德縣 10/66
34 **盧漢倬**(字星舫,號詩樵)
(清·泰安人)
[民國]重修泰安縣 8/29
盧浡生(字茂叢)
(清·高唐人)
[嘉慶]東昌 30/30
[康熙五十一年]高唐州 8/29
[道光]高唐州 5/1－39
[光緒]高唐州 5/1－41
[民國]高唐縣 12/84
盧汝遷(字鳴喬)
(清·高唐人)
[道光]濟南 38/33
[乾隆]東昌 40/36
[嘉慶]東昌 30/30
[康熙五十一年]高唐州 8/29
[道光]高唐州 5/1－39
[光緒]高唐州 5/1－41
[民國]高唐縣 12/74
35 **盧清健**(清·定陶人)
[民國]定陶 6/66
37 **盧洵**(字紹蘇)
(清·莒縣人)
[嘉慶]莒州 10/2
盧淑泗(字聖源)
(清·高唐人)
[乾隆]東昌 43/34
[嘉慶]東昌 32/51
[乾隆]高唐州續志 2/11
[道光]高唐州 5/2－18
[光緒]高唐州 5/2－21
[民國]高唐縣 12/42
盧冠軍(清·長清人)
[民國]長清 11/32
盧鴻甲(霑化人)
[民國]霑化 4/登進 50
盧運昌(號駿公)
(清·陵縣人)
[雍正]山東 28/人物四 21
[宣統]山東 169/20
[康熙]濟南 44/34
[道光]濟南 56/63
[康熙]陵縣 5/21
[光緒]陵縣 19/人物傳二 1
盧氾昭(字興先)
(漢)
[道光]重修平度州 16/13
盧運常(字彝卿)
(清·泰安人)
[民國]重修泰安縣 8/29
盧祖尚(字季良)
(唐·光州樂安人)
[嘉靖]山東 33/5
[康熙]山東 44/6
38 **盧道統**(字善繼)
(清·禹城人)
[民國]禹城 6/31
盧道和(字顧也)
(清·德州人)
[道光]濟南 71/35
[康熙]兗州府曹縣 9/40
盧道約(字季恭)
(北魏·范陽涿人)
[宣統]山東 67/9
[萬曆二十四年]兗州 27/4
[康熙]兗州 21/19
[乾隆]兗州 22/7

[光緒]益都縣圖志 15/14
盧肇煦(清・蓬萊人)
[光緒]蓬萊縣續志 9/仕績 3
[民國]蓬萊縣志合編人物志/仕續
盧道悦(字善臣)(清・德州衛人)
[雍正]山東 28/人物四 38
[宣統]山東 169/24
[道光]濟南 56/73
[乾隆]德州 9/39
[民國]德縣 10/27
德州鄉土志/耆舊 33
39 **盧泮**(字芹圃)(清・清平人)
[民國]清平/人物 43
40 **盧士亨**(清・長清人)
[道光]濟南 56/55
[道光]長清 13/3
盧九一(清・禹城人)
[道光]濟南 56/38
[嘉慶]禹城 9/25
[民國]禹城 6/20
禹城縣鄉土志/13
盧奎元(字竹岑)(清・上饒監生)
[民國]福山縣志稿 3/2－13
盧士琮(字公彥)(宋・淄川人)
[宣統]山東 162/30
盧柱礎(字礎石,號勷明)(明・景州人)
[康熙]兖州府曹縣 9/10
[光緒]曹縣 9/縣令 5
盧士珠(清・萊蕪人)
[民國]續修萊蕪 27/18
盧士倫(宋・長山人)
[道光]濟南 47/22
盧士宗(字公彥)(宋・昌樂人)
[嘉靖]山東 27/5,32/15
[康熙]山東 35/7,42/16
[雍正]山東 27/56
[嘉靖]青州 15/30
[萬曆]青州 13/9
[康熙十五年]青州 13/9
[康熙四十八年]青州 13/經師 4
[咸豐]青州 41/12
[嘉靖]昌樂 3/47
[康熙]昌樂 4/11
[嘉慶]昌樂 25/2
[光緒]益都縣圖志 16/30
盧培源(字壽泉)(長清人)
[民國]長清 12/10
盧克治(字仲敬)(元・濮陽人)
[乾隆]曹州府 14/33
[萬曆]濮州 3/鄉賢 27
[康熙]濮州 3/57
[乾隆]濮州 3/58
[宣統]濮州 4/64
盧在泮(清・平度人)
[道光]重修平度州 19/35
盧培英(字育臣)(長清人)
[民國]長清 12/8
盧大本(明・青城人)
[萬曆]青城 1/72
盧大本(清・長清人)
[道光]濟南 56/60
[道光]長清 13/8
盧大中(明・永年人)
[乾隆]東昌 35/34
[順治]武城 2/9
[乾隆]武城 9/3
盧克惠(清・夏津人)
[民國]夏津續編 8/10
42 **盧彬**(字仲文)(明・商河人)
[萬曆]商河 10/71
[道光]商河 7/37,8/下 21
[民國]重修商河 9/2,13/藝文志四墓表 3
商河縣鄉土志 2/耆舊－事業
44 **盧莪**(字敬業)(清・平原人)
[民國]續修平原 10/上 24
盧芳(明・陽穀人)
[民國]增修陽穀人物/仕宦 10
盧恭(明・江西萍鄉人)
[宣統]山東 71/25
[道光]濟南 36/63
[萬曆]平原下/13
[乾隆]平原 6/26
平原縣鄉土志輯稿/政蹟
盧茂(明・昌邑人)
[康熙]昌邑 6/4
盧茂(清・德州人)
州乘餘聞/17
盧英(明)
[康熙]濟南 25/26
[乾隆]泰安府 15/2
[康熙]肥城書下/11
[嘉慶]肥城 15/33
[光緒]肥城 7/49
盧英(明・博平人)
[正德]博平 4/65
盧蔭文(字景范,號海門)(清・德州人)
[民國]德縣 10/47
盧蒲就魁(春秋)
[嘉靖]青州 13/4
[萬曆]青州 13/21
[康熙十五年]青州 13/21
[康熙四十八年]青州 13/事功 5
[康熙六十年]青州 16/2
盧夢麟(明・洪洞人)
[光緒]益都縣圖志 18/10
盧薪孺(字鏡湖)(清・福建侯官人)
[康熙五十五年]鄒縣志 2/57
盧蔭千(清・商河人)
[民國]重修商河 8/22
商河縣鄉土志 2/耆舊－事業
盧世傑(元・膠州人)
[道光]重修膠州 24/4
盧孝儉(金・宣德州人)
[光緒]益都縣圖志 17/6
盧蔭溥(字霖生,號南石)(清・德州人)
[宣統]山東 169/9

[道光]濟南 56/84,68/61－又1
[光緒]德州志略/人物傳略
[民國]德縣 10/47
德州鄉土志/耆舊 53
盧世漼(字德水)(明・德州人)
[宣統]山東 167/15
[康熙]濟南 42/19
[道光]濟南 52/37
[康熙]德州 8/25
[乾隆]德州 9/21
州乘餘聞/2
[民國]德縣 10/18
德州鄉土志/耆舊 18
盧樹瀾(字海如)(清・黄岡人)
[民國]陽信 2/70
[民國]夏津續編 6/34
盧蔭惠(字東橋,號荷亭)(清・德州人)
[民國]德縣 10/45
盧世昌(元・膠州人)
[道光]重修膠州 24/4
盧萬足(清・寧津人)
[光緒]寧津 8/20
寧津縣志料 3/人物－義烈
寧津縣鄉土志/耆舊
盧蔭長(字西有,號怡亭)(清・德州人)
[民國]德縣 10/48
盧其慎(字敬之)(清・臨沂人)
[民國]續修臨沂 16/25
盧世榮(元・膠州人)
[道光]重修膠州 24/4
[民國]增修膠志 39/3
46 **盧柏東**(字鶴亭)(清・商河人)
[道光]商河 7/34
[民國]重修商河 8/54
商河縣鄉土志 3/耆舊－學問
47 **盧好誠**(清・壽光人)
[咸豐]青州 49/42
[嘉慶]壽光 13/9
[民國]壽光 12/人物志一 70
壽光縣鄉土志/耆舊
盧朝安(號曉亭)(清・廣東新會人)
[宣統]山東 76/4
[民國]濟寧直隸州續志 10/45
[民國]單縣 6/宦蹟 25
50 **盧忠**(明・直隸通州人)
[萬曆]福山 4/27
[康熙]福山 7/43
[乾隆]福山 7/51
盧中倫(字仲言)(德縣人)
[民國]德縣 10/79
盧惠菴(清・泰安人)
[乾隆四十七年]泰安縣 10/上 31
[道光]泰安縣 9/上 83
[民國]重修泰安縣 8/38
泰安縣鄉土志/耆舊 17
盧泰履(清・平度人)
[民國]平度縣續志 7/29
平度鄉土志 4 上/鄉賢
51 **盧振**(字文敷)(明・博平人)
[正德]博平 4/71
盧振源(字左之)(濟陽人)
[民國]濟陽 11/18
盧振華(長清人)
[民國]長清 12/15
盧振鐸(字元徇)(清・濮州人)
[宣統]濮州 5/31
57 **盧抱珍**(清・濮州人)
[宣統]濮州 5/24
58 **盧敖**(字士放)(秦・燕人)
[雍正]山東 30/2
[萬曆]青州 15/58
[康熙十五年]青州 15/又 58
[康熙四十八年]青州 15/僑寓 5
[康熙六十年]青州 20/16
[萬曆]諸城 7/46
[康熙]諸城 7/84,9/1
[乾隆]諸城 44/1
60 **盧昂**(明・亳州人)
[康熙九年]城武 2/48
盧昌(明・萊陽人)
[光緒]增修登州 50/1
[康熙]萊陽 8/20
[民國]萊陽 3/1 中 56
盧昇(明・博平人)
[正德]博平 4/65
盧昌詒(字栗甫,初名英偘)(清・黄岡人)
[宣統]山東補遺/53
盧昌衡(字子均)(隋・范陽人)
[宣統]山東 67/29
盧曰德(字長民)(清・南昌人)
[民國]單縣 19/49
盧甲寅(清・高唐人)
[光緒]高唐州 5/2－38
[民國]高唐縣 12/48
盧思孝(明・新蔡人)
[萬曆]青州 12 又/又 16
[康熙十五年]青州 12 又/又 16
[康熙四十八年]青州 12 又/又 16
[康熙六十年]青州 12/34
盧見曾(字抱孫,號澹園,别號雅雨山人)(清・德州人)
[宣統]山東 170/10
[道光]濟南 56/74
[民國]德縣 10/29
德州鄉土志/耆舊 42
64 **盧時**(字聖居)(清・蓬萊人)
[道光]重修蓬萊 9/36
[民國]蓬萊縣志合編人物志/行誼
77 **盧鵬飛**(清・莒縣人)
[民國]重修莒志 67/7
盧鳳翽(字雲軒)(清・德州人)
[民國]德縣 10/74

盧殿安(清・齊東人)
齊東縣鄉土志/兵事錄 4
盧學之(明・朔州人)
[萬曆]泗水 4/9
[順治]泗水 4/9
[光緒]泗水 4/2
[光緒]泗水縣鄉土志/8
盧學禮(明・東明人)
[乾隆]泰安府 15/23
[萬曆二十四年]兗州 29/13
[康熙]兗州 22/34
[道光]東阿 11/16
80 盧毓(字子家)
(三國・涿郡人)
[萬曆二十四年]兗州 26/15
[乾隆]曹州府 12/4
[康熙]兗州府曹縣 10/3
[光緒]曹縣 10/3
盧毓靈(清・臨沂人)
[民國]臨沂 10/70
盧金魁(清・泰安人)
[道光]泰安縣 9/上 85
[民國]重修泰安縣 8/39
盧善揚(清・霑化人)
[民國]霑化 2/99
84 盧銑(字澤久)
(清・長清人)
[道光]濟南 56/46
[道光]長清 12/15
盧鑄(字鼎臣,號象九)
(清・單縣人)
[康熙]單縣 8/35
[乾隆]單縣 6/35
[民國]單縣 9/63
盧鑄鼎(清・禹城人)
禹城縣鄉土志/12
86 盧錫晉(字晉侯)
(清・單縣人)
[乾隆]曹州府 15/25
[康熙]單縣 7/26,8/50
[乾隆]單縣 6/36
[民國]單縣 9/63
盧錫圭(宋・淄州人)
[道光]濟南 34/6,47/22
盧知原(字行之)
(宋・湖州德清人)
[光緒]益都縣圖志 16/42
盧錫範(清・諸城人)
[光緒]增修諸城縣續志 17/8
87 盧欽(字子若)
(魏・范陽涿人)
[宣統]山東 66/33
88 盧鑑(明・北直東明人)
[宣統]山東 72/9
[萬曆二十四年]兗州 29/13
[康熙]兗州 22/34
[康熙]兗州續編 14/27
[乾隆]兗州 22/31
[康熙十二年]陽穀 3/2
[康熙]陽穀 3/2
[光緒]陽穀 5/1
[民國]增修陽穀名宦/2
盧鈞(北魏・范陽涿人)
[光緒]益都縣圖志 15/17
盧銓(字枚簡)
(清・高唐人)
[乾隆]東昌 43/32
[嘉慶]東昌 32/49
[康熙五十一年]高唐州 9/10
[道光]高唐州 5/2-14
[光緒]高唐州 5/2-17
[民國]高唐縣 12/10
盧鎰(明・咸寧人)
[萬曆]濟陽 6/4
90 盧懷(明・夏津人)
[雍正]山東 28/人物三 27
[宣統]山東 166/10
[嘉靖]夏津 4/11
[康熙]夏津 5/9
[乾隆]夏津 8/15
盧光澍(字雨亭,號笠農)
(清・德州人)
[民國]德縣 10/65
91 盧焯(字漢亭)
(清・漢軍鑲藍旗人)
[宣統]山東 74/48
[道光]濟南 37/71
[乾隆]東昌 33/33
[嘉慶]東昌 20/45
[乾隆]德州 8/21
94 盧慎(字惟謹)
(明・冠縣人)
[嘉靖]冠縣 4/10
[萬曆]冠縣 4/8
[道光]冠縣 8/上 2
[光緒]冠縣 8/鄉賢
[民國]冠縣 8/人物志 2
97 盧燿(明・貴陽人)
[康熙]重修清平下/3
盧炤(字宣子)
(清・長山人)
[嘉慶]長山 8/13

伍

10 伍可教(字養虛)
(明・濟寧人)
[康熙]濟寧州 6/51
[乾隆]濟寧直隸州 24/37
[道光]濟寧直隸州 8/2-42
17 伍承風(清・濟寧人)
[宣統]山東 172/45
31 伍福(明・江西臨川人)
[萬曆二十四年]兗州 29/8
[康熙]兗州 22/29
35 伍禮(字天秩)
(明・江西臨川人)
[嘉靖]山東 25/26,26/19
[康熙]山東 32/14,33/22
[雍正]山東 27/84
[宣統]山東 71/36,72/25
[康熙]濟南 25/29
[乾隆]泰安府 15/5
[萬曆元年]兗州 38/節義 4
[康熙]兗州續編 14/17
[康熙]曹州志 7/51
[乾隆]曹州府 12/15
[嘉靖]萊蕪 5/9
[康熙]新修萊蕪 5/23
[民國]萊蕪 9/3
[民國]續修萊蕪 15/5
[光緒]菏澤 7/宦蹟 19
[光緒]新修菏澤 8/13
60 伍員(戰國・吳人)
[萬曆]青州 15/57
[康熙十五年]青州 15/58
[康熙四十八年]青州 15/僑

寓 4
[康熙六十年]青州 20/15
77 伍誾(字太和,一作廷和,號近川)
(明・廣東增城人)
[宣統]山東 72/36
[萬曆]東昌 18/35
[乾隆]東昌 33/34
[嘉慶]東昌 21/1
[乾隆]曹州府 12/18
[康熙]聊城 2/2,4/12
[宣統]聊城 6/2-1,10/3-18
聊城縣鄉土志/5
[康熙九年]城武 2/29
[康熙四十一年]城武 3/下名宦 13
[道光]城武 6/25
80 伍善(字元善)
(明・四川合州人)
[萬曆]東昌 18/41
[乾隆]東昌 35/33
[順治]武城 2/9
[乾隆]武城 9/2
武城縣鄉土志略/政績錄
94 伍煒(清・江西安福人)
[宣統]山東 77/24
[光緒]增修登州 27/4
[乾隆]黄縣 6/名宦 7
[同治]黄縣 6/10
[民國]黄縣志稿 11/宦績

僊

47 僊桐道人(明)
[雍正]山東 30/22
[康熙]曹州志 20/4
[乾隆]曹州府 16/21
[康熙]兗州府曹縣 14/78
[光緒]曹縣 14/仙釋 7
[光緒]菏澤 20/4

2122_0 何

00 何廣(字環珠)
(清・汶上人)
[雍正]山東 28/人物四 29
[宣統]山東 172/25
[康熙]兗州續編 16/30
[乾隆]兗州 23/65
[康熙]續修汶上 4/人物 11
何亮(字文明)
(明・登州衛人)
[嘉靖]山東 32/24
[康熙]山東 43/4
[雍正]山東 28/人物三 22
[宣統]山東 161/39
[泰昌]登州 11/6
[順治]登州 16/6
[光緒]增修登州 39/2
[康熙]蓬萊 5/13
[道光]重修蓬萊 9/3,9/8
[民國]蓬萊縣志合編人物志/功業
何言(明・平度人)
[道光]重修平度州 18/13
何文章(清・諸城人)
[光緒]增修諸城縣續志 16/31
何庠元(清・東明人)
[宣統]東明續縣志 3/3
[民國]東明縣新誌 11/52
何廣廷(清・鑲黄旗人)
[乾隆]膠州 4/22
何應瑞(字聖符,號大瀛)
(明・曹州人)
[康熙]山東 40/63
[雍正]山東 28/人物三 62
[宣統]山東 164/49
[康熙]兗州 28/26
[康熙]曹州志 15/64
[乾隆]曹州府 15/18
[光緒]菏澤 15/28
[光緒]新修菏澤 10/29
菏澤縣鄉土志/20
何立經(清・廣東南海人)
[宣統]山東 77/26
[光緒]增修登州 29/6
[光緒]棲霞縣續志 5/循吏小傳 1
何彥先(唐・齊州全節人)
[雍正]山東 28/人物二 7
[宣統]山東 166/6
[康熙]濟南 46/2
[道光]濟南 47/8
[崇禎]歷城 10/3
何文偉(字元敬,號東浦)
(明・侯官人)
[康熙]濟南 25/51
[萬曆]武定州 12/14
[崇禎]武定州 15/17
[乾隆]武定府 16/10
[咸豐]武定府 19/10
[乾隆]惠民 5/17
[光緒]惠民 18/10
惠民縣鄉土志/政績錄 5
何立安(字泰階)
(清・博平人)
[光緒]博平縣續志 10/63
何文澄(清・遼東人)
[康熙]嶧縣 3/38
[乾隆]嶧縣 7/18
[光緒]嶧縣 19/職官下 13
何文淵(明・江西廣昌人)
[嘉靖]山東 25/11
[康熙]山東 31/14
[雍正]山東 27/11
[宣統]山東 70/13
[康熙]濟南 24/19
[道光]濟南 35/15
[崇禎]歷乘 16/29
[崇禎]歷城 6/11
何文選(字登庸)
(清・陽信人)
[民國]陽信 5/耆碩 62
何應運(字際昌)
(清・定陶人)
[民國]定陶 6/30
何慶祥(字履甫,一字履福)
(清・吳縣人)
[宣統]三續淄川 9/45
淄川縣鄉土志/政績錄
[民國]齊東 3/65
[民國]壽光 6/25
何彥猷(字叔遠)
(宋・高唐人)
[萬曆]東昌 19/41
[乾隆]東昌 37/16
[嘉慶]東昌 27/15
[道光]高唐州 5/1-5
[光緒]高唐州 5/1-5

［民國］高唐縣 12/63
高唐州鄉土志/16
何文耀（字振光，號鏡堂）
（清・菏澤人）
［光緒］菏澤 15/68
［光緒］新修菏澤 11/55
03 **何斌**（明）
［嘉靖］淄川 6/77
10 **何晉**（明・泰州人）
［光緒］文登 5/36
何平（明・順天人）
［康熙］高密 6/26
［乾隆］高密 6/19
［光緒］高密 6/23
［民國］高密 12/24
高密縣鄉土志/上 9
何瑭（字粹夫）
（明・懷慶人，一作武陟人）
［雍正］山東 27/49
［宣統］山東 72/35
［萬曆］東昌 18/32
［乾隆］東昌 33/29
［嘉慶］東昌 20/41
何爾震（明・蓬萊人）
［康熙］山東 46/8
［順治］登州 17/2
［光緒］增修登州 40/3
［道光］重修蓬萊 9/31
［民國］蓬萊縣志合編人物志/行誼
何一蜚（號西軒）
（清・江西金谿人）
［宣統］山東 75/36
［乾隆］泰安府 15/35
［康熙五十四年］東阿 3/42
［道光］東阿 11/18
［光緒］東阿縣鄉土志 2/19
何一飛（見何一蜚）
何五子（明・長山人）
［道光］濟南 60/14
［嘉慶］長山 10/37
何玉德（字彥貴）
（明・北直雄縣人）
［宣統］山東 72/5
［萬曆二十四年］兗州 29/2
［康熙］兗州 22/23
［乾隆］兗州 22/22
［康熙］兗州府曹縣 9/9
［康熙四十一年］寧陽 3/17
［乾隆］寧陽 3/7
［咸豐］寧陽 11/11
［光緒］寧陽 11/11
寧陽縣鄉土志/10
何爾健（字乾室，號明甫）
（明・曹州人）
［康熙］山東 40/62
［雍正］山東 28/人物三 55
［宣統］山東 161/51
［康熙］曹州志 15/26
［乾隆］曹州府 15/16
［順治］定陶 5/15
［乾隆］定陶 6/8
［民國］定陶 6/10
［光緒］菏澤 15/25
［光緒］新修菏澤 10/28
菏澤縣鄉土志/19
何一傑（字彥修）
（清・陝西涇陽人）
［宣統］山東 76/36
［乾隆］東昌 33/36
［嘉慶］東昌 21/3
［宣統］聊城 6/2－4
聊城縣鄉土志/7
何元倫（一名尚孔）
（清・定陶人）
［民國］定陶 6/55
何一賓（字玉川）
（明・武定人）
［康熙］濟南 45/6
［崇禎］武定州 18/2
［乾隆］武定府 25/37
［咸豐］武定府 25/儒林 7
［乾隆］惠民 6/10
［光緒］惠民 23/8
惠民縣鄉土志/耆舊錄 20
何玉潤（字溫如）
（清・霑化人）
［民國］霑化 3/11
何正芳（清・雄縣人）
［道光］濟寧直隸州 6/7－88
［康熙］魚臺 15/21
［乾隆］魚臺 9/43
［光緒］魚臺 2/53
何可量（字汝器，號玉谿）
（明・平陰人）
［乾隆］泰安府 17/41
［順治］平陰 7/6，7/25
［光緒］平陰 4/16
何一鳳（明・高苑人）
［萬曆］青州 14/40
［康熙十五年］青州 14/40
［康熙四十八年］青州 14/隱逸 14
［康熙六十年］青州 20/8
［咸豐］青州 51/6
［康熙］高苑 6/6
［乾隆］高苑 6/8
何元熙（字師竹）
（清・江西臨川人）
［宣統］山東 75/25
［光緒］德平 5/18
德平縣鄉土志/政績錄
何玉光（字鏡如）
（清・霑化人）
［民國］霑化 8/66
12 **何聯祥**（清・高苑人）
［乾隆］嶧縣 7/37
何廷韶（號連卿）
（清・沈陽人）
［康熙五十六年］壽張 4/8
何廷槐（字蔭堂）
（清・霑化人）
［光緒］霑化 10/22
［民國］霑化 2/97
13 **何琮**（舊作宗）
（明・膠州人）
［道光］重修膠州 25/6
［民國］增修膠志 40/5
何武（字君公）
（漢・郫人）
［宣統］山東 66/7
［萬曆］東昌 18/5
［乾隆］東昌 33/3
［嘉慶］東昌 20/4
［萬曆］恩縣 4/1
［宣統］重修恩縣 6/36
［民國］重修恩縣 10/54
何瑄（明・高苑人）

[康熙]高苑 5/9
[乾隆]高苑 5/16
14 **何瑾**(字子敬)
(明・岢嵐州人)
[崇禎]歷城 6/2
何琦(字世美,別號集義)
(明・平陰人)
[順治]平陰 8/上 62
[光緒]平陰 8/6
何琦(明・湖廣彝陵人)
[順治]樂陵 4/3
[乾隆]樂陵 4/49
何琦(字友韓,號幾軒)
(清・滕縣人)
[道光]滕縣志 8/儒林 28
滕縣鄉土志/26
15 **何珠**(字明庵)
(明・鄒人)
[雍正]山東 28/人物三 67
[宣統]山東 161/57
[康熙]兗州續編 15/6
[乾隆]兗州 23/52
[康熙十二年]鄒縣志 2/39
[康熙五十五年]鄒縣志 2/35
[民國]續修鄒縣志稿/人物－耆舊
鄒縣鄉土志耆舊錄/16
16 **何聰**(字原德)
(明・淮安府人)
[道光]濟南 36/50
[康熙]長清 8/48
[道光]長清 3/15
何現龍(清・博平人)
博平縣鄉土志/耆舊－事業
17 **何琚**(明・莒縣人)
[民國]重修莒志 61/4
何鼐(字冠九)
(清・新城人)
[宣統]新城縣後志 2/宦績
何承天(南北朝・東海郯人)
[嘉靖]山東 30/26
[康熙]山東 40/28
[雍正]山東 28/人物一 43
[宣統]山東 163/5
[萬曆元年]兗州 40/文苑 6
[萬曆二十四年]兗州 33/4
[康熙]兗州 26/4
[萬曆]沂州志 6/66
[乾隆]沂州府 27/2
[康熙]郯城 7/3
[乾隆]郯城 9/11
何子朗(字世明)
(南北朝・郯人)
[萬曆二十四年]兗州 33/21
[康熙]兗州 26/21
[萬曆]沂州志 7/9
[乾隆]沂州府 27/5
[乾隆]郯城 9/5
何瑤堦(號崑軒)
(清・新城人)
[道光]濟南 55/67
[宣統]新城縣後志 3/孝友
[民國]重修新城 17/13
何承矩(字正則)
(宋・河南人)
[嘉靖]山東 25/20
[康熙]山東 32/8
[萬曆]武定州 12/5
[崇禎]武定州 15/7
18 **何政**(明・武城人)
[宣統]山東 161/33
20 **何維**(字張甫,別號杏村)
(明・河南太康人)
[宣統]山東 72/45
[乾隆]東昌 34/21
[嘉慶]東昌 22/11
[萬曆]冠縣 2/5,6/37
[道光]冠縣 6/25,9/46
[光緒]冠縣 6/宦績,9/50
[民國]冠縣 6/35,9/46
何維堃(清・安徽廬江例監)
[民國]濟陽 9/41
[民國]福山縣志稿 3/2－11
臨朐縣鄉土志 1/政績
何維縉(清・新城人)
[道光]濟南 55/67
[宣統]新城縣後志 3/孝友
[民國]重修新城 17/13
何維紱(字印章,號雪村)
(清・新城人)
[宣統]新城縣後志 2/宦績
何維紡(字勳臣)
(清・新城人)
[道光]濟南 55/68
[民國]重修新城 17/15
何維綺(號穎川)
(清・新城人)
[道光]濟南 55/67
[宣統]新城縣後志 2/宦績
[民國]重修新城 17/12
何秉綸(字彝齋)
(清・菏澤武生)
[咸豐]金鄉縣志略 7/18
[民國]金鄉 11/23
[光緒]菏澤 16/11
[光緒]新修菏澤 9/69,11/69
何秉綸(字彝齋)
(清・菏澤人)
[民國]濟寧直隸州續志 10/53
21 **何倬**(字淵泉)
(明・河南杞縣人)
[道光]濟南 36/59
[康熙]德平 3/3
[嘉慶]德平 5/9
[光緒]德平 5/9
何經永(清・靖州舉人)
[乾隆]泰安府 15/37
[嘉慶]肥城 15/34
[光緒]肥城 7/49
何仁華(昌樂人)
[民國]昌樂縣續志 21/22
22 **何繼宗**(字少津)
(明・德州人)
[雍正]山東 28/人物三 6
[宣統]山東 165/14
[康熙]濟南 44/25
[道光]濟南 52/46
[康熙]德州 8/36
[乾隆]德州 9/62
德州鄉土志/耆舊 11
[民國]德縣 11/6
何繼志(清・奉天金州舉人)
[民國三年]慶雲 1/88
何繼周(明・福建閩縣人)
[嘉靖]山東 25/27
[康熙]山東 32/16

[雍正]山東 27/84
[宣統]山東 71/36
[乾隆]泰安府 15/7
[嘉靖]萊蕪 5/9,7/19
[康熙]新修萊蕪 5/23
[民國]萊蕪 9/3
[民國]續修萊蕪 15/5
何樂善(字同人)
(清・河南濟源人)
[咸豐]青州 37/22
[光緒]增修登州 28/5
[道光]諸城縣續志 12/1
[乾隆]福山 7/20
[民國]福山縣志稿 3/2-10
何繼筠(字化龍,一作化榮)
(宋・河南人)
[嘉靖]山東 25/20
[康熙]山東 32/7
[雍正]山東 27/74
[宣統]山東 68/37
[康熙]濟南 25/8
[嘉靖]武定州下/49
[萬曆]武定州 12/5
[崇禎]武定州 7/3,15/6
[乾隆]武定府 16/5
[咸豐]武定府 19/5
[乾隆]曹州府 12/8
[嘉靖]濮州 7/10
[萬曆]濮州 3/名宦 12
[康熙]濮州 3/12
[乾隆]濮州 3/12
[宣統]濮州 4/12
[乾隆]惠民 5/12
[光緒]惠民 18/5
惠民縣鄉土志/政績錄 3
23 何允升(字西園)
(清・東明人)
[民國]東明縣新誌 11/62
何允安(字靜農)
(清・湖北江夏人)
[宣統]山東 76/29
[光緒]鄆城 6/13
何允濟(明・吳縣人)
[康熙]嶧縣 3/34
[乾隆]嶧縣 7/16
[光緒]嶧縣 19/職官下 9
何允龠(清・高苑人)
[乾隆]高苑 5/16
24 何休(字劭公)
(漢・任城樊人)
[嘉靖]山東 30/11
[康熙]山東 40/12
[雍正]山東 28/人物一 21
[宣統]山東 153/30,162/13
[萬曆元年]兗州 40/儒林 6,43/5
[萬曆二十四年]兗州 31/30
[康熙]兗州 24/29
[乾隆]兗州 23/15
[康熙]濟寧州 6/5
[乾隆]濟寧直隸州 26/3
[道光]濟寧直隸州 8/2-2
濟寧州鄉土志 2/耆舊
何德芳(字馨吾)
(濟陽人)
[民國]濟陽 18/49
25 何紳(號子晉)
(清)
[道光]鉅野 22/9
何傳興(字筱軒)
(清・河南封丘人)
[宣統]山東 75/37
[光緒]增修登州 27/6
[光緒]東阿縣鄉土志 2/24
[民國]續修東阿 9/2
[同治]黃縣 6/11
26 何繹保(字次凫)
(清・新城人)
[宣統]新城縣後志 2/忠義
[民國]重修新城 18/8
何侃如(清・汶上人)
[宣統]四續汶上稿/人物-文學傳
27 何魯(字素臣)
(後唐・益都人)
[雍正]山東 28/人物一 55
[宣統]山東 167/8
[嘉靖]青州 15/53
[萬曆]青州 14/37
[康熙十五年]青州 14/37
[康熙四十八年]青州 14/隱逸 11
[康熙六十年]青州 20/3
[咸豐]青州 40/10
[萬曆]益都 6/89
[康熙]益都 9/43
[光緒]益都縣圖志 45/1
何向(字符卿,號九峯)
(清・龍游人)
[乾隆]沂州府 27/15
[康熙]嶧縣 3/56
[乾隆]嶧縣 8/53
[光緒]嶧縣 21/流寓 11
[康熙]費縣 7/34
[光緒]費縣 11/72
何多學(字未非,號灘舟)
(清・廣東連平人)
[宣統]山東 76/38
[乾隆]東昌 33/43
[嘉慶]東昌 21/12
28 何復(字見元,一字貞子)
(明・平度人)
[康熙]山東 44/12
[雍正]山東 28/人物三 74
[宣統]山東 164/41
[康熙]萊州 10/53
[乾隆]萊州 11/忠節 5
萊州府鄉土志/下 17
[康熙]平度州 4/10
[道光]重修平度州 18/16
[光緒]平度志要/人物
平度鄉土志 4 上/事業
30 何進(明・滁州人)
[乾隆]沂州府 17/31
何宙(字孟弘,號琴溪)
(明・新昌人)
[嘉靖]武定州下/61
何之廣(清・掖縣人)
[乾隆]掖縣 4/49
何家珍(清・河南封邱監生)
[民國]萊陽 3/1 上 32
何宗岱(字東生)
(明・滕縣人)
[康熙]滕志 8/人物 22
[康熙]滕縣志 8/貞夫 1
[道光]滕縣志 9/忠節 2
何濟舟(清・甘肅禮縣人)
[宣統]山東 77/8

[咸豐]青州 37/29
[道光]濟寧直隸州 6/7－87
[光緒]嘉祥 3/40
何宗魯(明・福清人)
[乾隆]東昌 34/20
[嘉慶]東昌 22/11
[萬曆]冠縣 2/5
[道光]冠縣 6/25
[光緒]冠縣 6/宦績
[民國]冠縣 6/35
何之良(字司彦)
(清・仁和人)
[康熙]兖州續編 14/18
[康熙]曹州志 7/57
[光緒]菏澤 7/宦蹟 25
[光緒]新修菏澤 9/4
何永沆(字東川)
(清・菏澤人)
[乾隆]曹州府 16/22
何永清(明・山西褒城人)
光緒臨朐 16/3
[民國]臨朐續志 22/23
何宏潤(清・新城人)
[宣統]新城縣後志 3/耆壽
何家駒(字春谷)
(清・安徽廬江進士)
章邱縣鄉土志/上 6
何實同(明・廣昌人)
[乾隆]陽信 5/16
[民國]陽信 2/42
31 **何遷**(字貞子)
(清・菏澤人)
[光緒]菏澤 20/14
何源(明・南直吳江人)
[雍正]山東 27/26
[宣統]山東 71/17
[道光]濟南 36/53
何源澄(明・鄒人)
[雍正]山東 28/人物三 67
[宣統]山東 165/23
[康熙]兖州 28/37
[乾隆]兖州 23/52
[康熙十二年]鄒縣志 2/48
[康熙五十五年]鄒縣志 2/70
鄒縣鄉土志耆舊錄/17

32 **何澄**(明・莒縣人)
[康熙]莒州下/45
[雍正]莒州 9/38
何遜(字仲言)
(南北朝・東海郯人)
[嘉靖]山東 30/26
[康熙]山東 40/28
[雍正]山東 28/人物一 49
[宣統]山東 163/6
[萬曆元年]兖州 40/文苑 6
[萬曆二十四年]兖州 33/21
[康熙]兖州 26/21
[萬曆]沂州志 7/9
[乾隆]沂州府 27/4
[康熙]郯城 7/8
[乾隆]郯城 9/5
何業賁(字叔起)
(清・新城人)
[宣統]新城縣後志 2/宦績
何澄清(清・東明人)
[宣統]東明續縣志 3/3
何淵美(字靜士)
(清・莒縣人)
[雍正]莒州 9/39
33 **何泳清**(清・東明人)
東明縣志料/藝術－文藝
34 **何洪**(明・山西守禦千戶所人)
[咸豐]青州 36/13
[嘉慶]昌樂 19/4
[嘉靖]德州 2/12
[乾隆]德州 8/6
[民國]德縣 9/7
何遠(字義方)
(南北朝・東海郯人)
[嘉靖]山東 30/31
[康熙]山東 40/33
[宣統]山東 161/8
[萬曆二十四年]兖州 33/22
[康熙]兖州 26/21
[萬曆]沂州志 7/3
[乾隆]沂州府 25/14
[康熙]郯城 7/4
[乾隆]郯城 9/4
[光緒]菏澤 15/65
何遠(字維重)
(清・菏澤人)

[光緒]菏澤 15/65
何凌霄(明・泗水人)
[光緒]泗水 10/24
何汝霖(字潤生)
(清・莒縣人)
[乾隆]沂州府 26/14
[雍正]莒州 9/33
[嘉慶]莒州 9/30
[民國]重修莒志 62/4
何汝璿(清・汶上人)
[宣統]四續汶上稿/人物－施濟傳
何汝健(明・無錫人)
[萬曆]濮州 3/名宦 20
[康熙]濮州 3/19
[乾隆]濮州 3/19
[宣統]濮州 4/19
何淩漢(字雲門,一字仙槎)
(清・湖南道州人)
[宣統]山東 74/36
何汝蘭(字素軒)
(清・博平人)
[光緒]博平縣續志 10/62
何汝璧(字仰衛)
(清・汶上人)
[宣統]四續汶上稿/人物－文學傳
何達善(字子兼)
(清・河南濟源人)
[宣統]山東 76/16
[乾隆]沂州府 20/15
[嘉慶]莒州 7/10
[民國]重修莒志 58/4
何漢光(清・新城人)
[道光]濟南 55/63
[宣統]新城縣後志 2/善行
[民國]重修新城 16/10
新城縣鄉土志/耆舊－清
何汝恆(清・日照人)
[光緒]日照 8/31
35 **何迪**(明・金鄉人)
[康熙十二年]金鄉 5/17
[康熙五十一年]金鄉 7/25
何清(明・許州人)
[順治]堂邑 2/職官又 9
[康熙]堂邑 10/1

何清元(清・汶上人)
[宣統]四續汶上稿/人物－忠烈傳
何清澄(字月波)
(平原人)
[民國]續修平原 8/24
36 何迴生(字又人)
(清・菏澤人)
[光緒]菏澤 15/70
[光緒]新修菏澤 11/57
37 何深(清)
[光緒]陵縣 18/16
陵縣鄉土志/10
何逢青(清・江西新城進士)
[光緒]增修登州 30/4
[道光]招遠縣續志 2/14
38 何滄(明・順德人)
[嘉靖]高唐州 5/9
何裕誠(字福田,一作福天)
(清・浙江山陰人)
[宣統]山東 74/49
[道光]濟南 37/73
何道柔(號全陽子)
(元・景州人)
[雍正]山東 30/17
[崇禎]新城 11/仙釋
[康熙]新城 8/15
[民國]重修新城 26/5
何海晏(字治象,號敬菴)
(明・平陰人)
[乾隆]泰安府 17/23
[萬曆二十四年]兗州 36/22
[康熙]兗州 28/20
[順治]平陰 7/3
[光緒]平陰 4/10
平陰縣鄉土志/13
39 何淡(明・北直順德人)
[嘉靖]山東 25/26
[康熙]山東 32/14
[雍正]山東 27/75
[宣統]山東 71/44
[康熙]濟南 25/30
[乾隆]武定府 16/33
[咸豐]武定府 19/濱州 2
[康熙]濱州 5/18
[咸豐]濱州 8/3
濱州鄉土志/政績錄
40 何杰(字林符)
(清・德州人)
[道光]濟南 56/84
[乾隆]德州 9/67
[民國]德縣 10/32
何奎(明・新城人)
[天啟]新城 8/壽耆
[崇禎]新城 8/壽耆
[康熙]新城 8/19
[民國]重修新城 15/10
何培(字元植)
(清・菏澤人)
[光緒]新修菏澤 11/54
何憙(明・蓬萊人)
[道光]重修蓬萊 9/9
[民國]蓬萊縣志合編人物志/鄉賢
何大功(明・唐山貢生)
[道光]觀城 6/22
何有壬(字次辛)
(平原人)
[民國]續修平原 8/28
何九經(字龍閣)
(清・博平人)
[光緒]博平縣續志 10/52
何志仁(清・新城人)
[宣統]新城縣後志 3/孝友
何志嶠(宋・恩州人)
[雍正]山東 30/21
[乾隆]東昌 44/7
[嘉慶]東昌 34/16
[康熙二年]茌平 2/59
[康熙四十九年]茌平 2/59
[宣統]茌平 22/1
[宣統]重修恩縣 8/93
何太深(號清真大師)
(元・景州人)
[崇禎]新城 11/仙釋
[康熙]新城 8/15
[民國]重修新城 26/5
何存有(字文明)
(清・汶上人)
[宣統]四續汶上稿/人物－施濟傳
何士奇(字魯齋)
(清・遼東舉人)
[乾隆]嶧縣 7/20
[光緒]嶧縣 19/職官下 15
何士華(見何世華)
何士楨(明)
[萬曆]青州 12 又/又 10
何有典(字慎五)
(平原人)
[民國]續修平原 8/28
何大印(號月霽)
(清・冀州人)
[民國]重修莒志 58/1
何希曾(字以魯)
(清・陽信人)
[民國]陽信 5/任恤 39
41 何樞(明・懷遠人)
[萬曆]蒲臺志 8/16
[康熙]重修蒲臺 5/19
[乾隆]蒲臺 2/45
何垣(清・蕭山人)
[咸豐]青州 37/14
[乾隆]高苑 3/23
何楨(清・浙江錢塘監生)
高密縣鄉土志/上 10
42 何棉(明・莒縣人)
[民國]重修莒志 61/4
何機(晉・陽夏人)
[順治]鄒平 4/3
[康熙]鄒平 4/3
[嘉慶]鄒平 14/1
[道光]鄒平 14/1
[民國]鄒平 14/1
43 何式(明・寧海人)
[康熙]寧海州 9/5
[同治]重修寧海州 21/3
[民國]牟平 6/75
何載(唐・德州安德縣人)
[光緒]寧津 10/14
何式珍(清・漢軍進士)
冠縣鄉土志/政績－去害,政績－聽斷
何式珍(字秀臣)
(清・侯官人)
[光緒]曹縣 9/縣令 10
[光緒]壽張 5/12
何式箴(字蔭庭)

（清・漢軍旗人）
［民國］冠縣 6/48,9/32,9/50
44 **何桂**（清・新城人）
［道光］濟南 55/66
［宣統］新城縣後志 2/宦績
［民國］重修新城 17/17
何基（字子恭）
（宋・金華人）
［雍正］山東 11/闕里二 31
［乾隆］兗州 7/43
何老（元・新城人）
［雍正］山東 30/18
［道光］濟南 60/10
何夢度（字謹侯）
（清・汶上人）
［宣統］四續汶上稿/人物－耆德傳
何其高（字仰之）
（明・四川閬中人）
［宣統］山東 70/28
［道光］濟南 35/42
何夢麟（字瑞我）
（清・汶上人）
［宣統］四續汶上稿/人物－文學傳
何世璂（字澹菴，一字坦園，號鐵山）
（清・新城人）
［雍正］山東 28/人物四 51
［宣統］山東 169/6
［道光］濟南 55/63
［宣統］新城縣後志 2/宦績
［民國］重修新城 16/16
新城縣鄉土志/耆舊－清
何世璜（字盭邕）
（清・新城人）
［道光］濟南 55/65
［宣統］新城縣後志 2/宦績
［民國］重修新城 16/16
新城縣鄉土志/耆舊－清
何著功（字魁一）
（清・東阿人）
［乾隆］泰安府 18/60
［道光］東阿 14/人物下 32
何其俟（明・大興籍，嘉定人）
［順治］堂邑 2/職官 6
［康熙五十六年］壽張 4/7
何其健（清・汶上人）
［康熙］續修汶上 4/人物 18
何世忭（清・新城人）
［宣統］新城縣後志 3/耆壽
何其源（明・高唐人）
［道光］高唐州 5/1－12
［光緒］高唐州 5/1－12
何世華（清・浙江新昌人）
［宣統］山東 77/10
［咸豐］青州 37/15
［乾隆］續壽光 18/1
［嘉慶］壽光 10/30
［民國］壽光 6/20
何夢觀（清・汶上人）
［宣統］四續汶上稿/人物－忠烈傳
何夢枚（字又袁）
（清・汶上人）
［宣統］四續汶上稿/人物－文學傳
何其成（字元功）
（濟陽人）
［民國］濟陽 11/67
何萬鰲（明）
［康熙］朝城 7/19
何世臣（字天職）
（明・曲阜人）
［嘉靖］山東 35/4
［康熙］山東 45/9
［萬曆二十四年］兗州 37/4
［康熙］兗州 28/33
［乾隆］兗州 23/42
［崇禎］曲阜 4/105
［康熙］曲阜 4/105
［乾隆］曲阜 81/2
曲阜縣鄉土志/耆舊－事業
何其賢（明・南直休寧人）
［宣統］山東 71/9
［道光］濟南 36/20
［乾隆］淄川 4/11
何世問（清・新城人）
［宣統］新城縣後志 2/善行
新城縣鄉土志/耆舊－清
46 **何覲**（字天咫，號岱輿）
（清・曹縣人）
［雍正］山東 28/人物四 35
［宣統］山東 173/37
［康熙］曹州志 12/6
［乾隆］曹州府 15/24
［光緒］菏澤 15/31
［光緒］新修菏澤 10/42
菏澤縣鄉土志/21
何相（明・汝州人）
［萬曆］濮州 3/名宦 30
何如龍（別字二巖）
（清・歙縣人）
［康熙四十一年］寧陽 3/19
［乾隆］寧陽 3/10
［咸豐］寧陽 11/16
［光緒］寧陽 11/16
寧陽縣鄉土志/8
何如苓（字維馨，一字瞻奉）
（清・福建連江人）
［宣統］山東 77/13
［康熙六十年］青州 12/43
［咸豐］青州 37/8
光緒臨朐 13/15
何觀光（字子尚，號太癡）
（清・新城人）
［道光］濟南 61/9
［宣統］新城縣後志 3/方技
47 **何格**（字惟誠）
（明・瑞安人）
［康熙］兗州續編 14/28
［萬曆］沂州志 6/13
［康熙］沂州志 3/45
［民國］臨沂 7/72
何媚（號紫仙姑，字麗卿）
（唐・萊陽人）
［康熙］萊陽 9/5
［民國］萊陽 3/1 中 97
何枬（字汝峰）
（清）
［光緒］高唐州 7/1－17
［民國］高唐縣 9/5－15
何朝聘（清・奉天人）
［雍正］恩縣續志 3/5
何朝臣（字子忠）
（明・定陶人）
［民國］定陶 6/8
48 **何敬叔**（南北朝・東海郯人）

[嘉靖]山東 30/33
[康熙]山東 40/35
[宣統]山東 161/9
[萬曆元年]兗州 40/政績 7
[萬曆二十四年]兗州 33/21
[康熙]兗州 26/20
[萬曆]沂州志 7/8
[乾隆]沂州府 25/14
[康熙]郯城 7/9
[乾隆]郯城 9/5
49 何棪(字芷庭)
(清・汲縣人)
[民國]黄縣志稿 11/宦績
50 何本(清)
[民國]福山縣志稿 7/7 - 2
何春(明・儀真人)
[萬曆]諸城 4/42
何貴(明・高陽人)
[道光]濟南 36/50
[康熙]長清 8/47
[道光]長清 3/14
何東魯(明・泰安人)
[康熙]濟南 47/13
[康熙]泰安州 3/28
[乾隆]泰安府 18/39
[乾隆二十五年]泰安縣 12/15
何婁光(字牧齋,一作木齋)
(清・新城人)
[乾隆]東昌 35/14
[嘉慶]東昌 22/19
[宣統]新城縣後志 3/文苑
56 何揚(明・高苑人)
[萬曆]青州 14/40
[康熙十五年]青州 14/40
[康熙四十八年]青州 14/隱逸 14
[康熙]高苑 6/6
[乾隆]高苑 6/8
57 何邦龍(清・新城人)
[宣統]新城縣後志 3/耆壽
何邦玉(明・莒縣人)
[萬曆]青州 14/19
[康熙十五年]青州 14/19
[康熙四十八年]青州 14/孝友 9
[康熙六十年]青州 17/13
[乾隆]沂州府 26/10
[康熙]莒州下/42
[雍正]莒州 9/30
[嘉慶]莒州 9/23
[民國]重修莒志 62/1
58 何鰲(字巨卿,號沅溪)
(明・山陰人)
[雍正]山東 35/碑 48
[康熙]兗州 32/32
[康熙]濟寧州 4/6
[順治]單縣 3/51,3/54
何撫(清・高苑人)
[康熙十五年]青州 15/53
[康熙四十八年]青州 15/義民 21
[康熙六十年]青州 18/17
[咸豐]青州 47/29
[康熙]高苑 6/5
[乾隆]高苑 6/5
60 何勗(字旃臣)
(清・莒縣人)
[乾隆]沂州府 26/28
[雍正]莒州 9/41
[民國]重修莒志 65/4
何見龍(清・博平人)
[乾隆]東昌 43/6
[嘉慶]東昌 32/32
[道光]博平 4/27
何思謹(號沐濱)
(明・莒縣人)
[乾隆]沂州府 25/21
[康熙]莒州下/39
[雍正]莒州 9/24
[嘉慶]莒州 9/20
[民國]重修莒志 63/2
何景仁(金)
[光緒]益都縣圖志 17/5
何國鼎(字有實)
(清・新城人)
[康熙]新城 7/50
[民國]重修新城 16/2
新城縣鄉土志/耆舊 - 清
何思澄(字元靜)
(南北朝・東海郯人)
[嘉靖]山東 30/29
[康熙]山東 40/31
[宣統]山東 163/12
[萬曆二十四年]兗州 33/21
[康熙]兗州 26/20
[萬曆]沂州志 7/8
[乾隆]沂州府 27/5
[康熙]郯城 7/9
[乾隆]郯城 9/5
何國華(濟寧人)
[民國]濟寧縣 3/7
何思鰲(明・桐城人)
[泰昌]登州 9/41
[順治]登州 11/21
[光緒]增修登州 29/2
[康熙]棲霞 4/6
[乾隆]棲霞 5/28
何呈圖(明・滕縣人)
[康熙]滕志 8/人物 23
何景釗(字紹康,號曉村)
(清・菏澤人)
[光緒]菏澤 15/69
[光緒]新修菏澤 11/56
何易簡(字衍坤)
(清・汶上人)
[宣統]四續汶上稿/人物 - 孝弟傳
何景燦(見何景爍)
何景爍(字蓼斐,一作蓼傒)
(清・浙江武義人)
[宣統]山東 75/43
[康熙]濟南 26/15
[乾隆]武定府 16/13
[咸豐]武定府 19/13
[乾隆]惠民 5/22
[光緒]惠民 18/15
惠民縣鄉土志/政績錄 8
67 何鳴高(明・陝西盩厔人)
[康熙]昌邑 5/7
[乾隆]昌邑 5/106
何鳴講(明・高苑人)
[萬曆]青州 14/51
[康熙十五年]青州 14/51
[康熙四十八年]青州 14/儒行 8
[康熙六十年]青州 15/10
[咸豐]青州 44/11

［康熙］高苑 6/3
［乾隆］高苑 6/3
71 **何原**（明）
［乾隆］德州 8/4
［民國］德縣 9/7
何長瑜（南北朝・東海郯人）
［宣統］山東 163/7
75 **何體仁**（字西銘）
（清・新城人）
［道光］濟南 55/65
［宣統］新城縣後志 2/宦績
［民國］重修新城 17/16
77 **何問**（明・泗水人）
［康熙］山東 45/11
［萬曆二十四年］兗州 37/8
［康熙］兗州 28/37
［乾隆］兗州 23/42
［萬曆］泗水 6/9
［順治］泗水 6/9
［光緒］泗水 11/20
［光緒］泗水縣鄉土志/10
何興（明・安邑人）
［嘉靖］夏津 3/36
［乾隆］夏津 6/13
何學謙（字吉人）
（平原人）
［民國］續修平原 8/26
何殿魁（字星五）
（清・新城人）
［道光］濟南 55/67
［宣統］新城縣後志 2/善行
［民國］重修新城 16/13
何際逑（清・聞縣人）
［乾隆］泰安府 15/40
［乾隆］東平州 12/42
［道光］東平州 12/42
［光緒］東平州 14/42
［民國］東平縣 9/22
何際泰（字半千）
（清・廣東番禺人）
［宣統］山東 77/25
［光緒］增修登州 29/3
［康熙］棲霞 4/9，8/29 之 2
［乾隆］棲霞 5/28，5/31
何殿邦（字來朝）
（清・新城人）
［道光］濟南 55/66
［宣統］新城縣後志 2/武功
［民國］重修新城 16/21
何鳳鳴（清・東明人）
［宣統］東明續縣志 3/3
何殿颺（字昌言）
（清・新城人）
［道光］濟南 55/67
［宣統］新城縣後志 2/善行
［民國］重修新城 16/13
新城縣鄉土志/耆舊－清
何學周（字景元）
（清・禹城人）
［民國］禹城 6/22
禹城縣鄉土志/13
80 **何夔**（字叔龍）
（漢・陽夏人）
［嘉靖］山東 27/2
［康熙］山東 35/2
［雍正］山東 27/52
［宣統］山東 66/29
［嘉靖］青州 13/13
［萬曆］青州 12/10
［康熙十五年］青州 12/10
［康熙四十八年］青州 12/10
［康熙六十年］青州 12/5
［萬曆元年］兗州 2/45
［泰昌］登州 9/31
［順治］登州 11/6
［光緒］增修登州 24/1
［康熙六十年］博興 7/3
［康熙］萊陽 4/4
［民國］萊陽 3/1 上 2
何美（字荊石）
（清・益都人）
［康熙］益都 10/21
何鏞（字右笙）
（清・新城人）
［宣統］新城縣後志 2/宦績
何毓珩（清・萊蕪人）
［宣統］山東 171/14
［民國］萊蕪 19/3
［民國］續修萊蕪 25/4
何公珣（清・高苑人）
［咸豐］青州 47/2
［康熙］高苑縣續志 6/1
［乾隆］高苑 6/5
何無忌（晉・東海郯人）
［嘉靖］山東 30/21
［康熙］山東 40/23
［雍正］山東 28/人物一 40
［宣統］山東 164/5
［萬曆元年］兗州 40/節義 15
［萬曆二十四年］兗州 32/29
［康熙］兗州 25/24
［萬曆］沂州志 6/59
［乾隆］沂州府 26/1
［康熙］郯城 7/3
［乾隆］郯城 9/3
何公玠（字美含）
（清・高苑人）
［康熙］高苑縣續志 6/1
［乾隆］高苑 6/5
何金齡（清・貴州荔波人）
蒲臺縣鄉土志/6
何毓福（字松亭）
（清・漢軍鑲紅旗人）
［民國］重修泰安縣 6/64
泰安縣鄉土志/政績 3
何兌吉（字振先）
（清・德州人）
［道光］濟南 71/25
［乾隆］德州 12/92
［民國］德縣 15/36
德州鄉土志/耆舊 21
何毓蘭（字畹田）
（清・歷城人）
［民國］續修歷城 43/5
何毓楠（字配梓）
（清・陽信人）
［民國］陽信 5/任恤 39
何毓杞（字壽山）
（清・陽信人）
［民國］陽信 5/耆碩 62
何毓光（字仲弢）
（清・新城人）
［道光］濟南 55/63
［宣統］新城縣後志 2/善行
［民國］重修新城 17/10
何益爈（霑化人）
［民國］霑化 4/登進 45
82 **何鎧**（清・涪州人）

［乾隆］夏津 6/12
83 何鈂（明・河南靈寶人）
［嘉靖］山東 27/10
［宣統］山東 73/6
［嘉靖］青州 13/44
［萬曆］青州 12/30
［康熙十五年］青州 12/30
［康熙四十八年］青州 12/30
［康熙六十年］青州 12/24
［咸豐］青州 36/9
［康熙十二年］博興 6/1
［康熙六十年］博興 7/12
［道光］博興 10/2
［民國］重修博興 12/2
84 何鎮（字東峰）
（清・新城人）
［宣統］新城縣後志 3/文苑
［民國］重修新城 18/8
86 何錕（字冶田）
（清・新城人）
［宣統］新城縣後志 2/宦績
何鎤（字子和）
（清・新城人）
［宣統］新城縣後志 2/忠義
［民國］重修新城 18/13
何鍚光（清・新城人）
［宣統］新城縣後志 3/方技
88 何鑑（明・江南合肥人）
［乾隆］沂州府 17/28
何鑑（字世光）
（明・浙江新昌人）
［宣統］山東 70/7
［道光］濟南 35/4
何鐩（明・莒縣人）
［民國］重修莒志 61/4
何鑰（明・莒州人）
［康熙］昌邑 5/20
［乾隆］昌邑 5/124
90 何粹然（清・直隸正定人）
［民國］昌樂縣續志 25/2
何尚之（南北朝・廬江灊縣人）
［萬曆］寧津 5/14
何光裕（明・合肥人）
［萬曆］沂州志 4/50
91 何恒（明）
［乾隆］武定府 16/26
［咸豐］武定府 19/樂陵 1
［乾隆］樂陵 4/51
96 何熠（字謙之）
（清・浙江山陰人）
［宣統］山東 74/23
［道光］濟南 37/30
［道光］濟寧直隸州 6/7－68
97 何鄰泉（字岱麓，號苹野）
（清・歷城人）
［民國］續修歷城 41/21
98 何敞（字文高）
（漢・扶風平陵人）
［嘉靖］山東 25/15
［康熙］山東 32/2
［雍正］山東 27/18
［宣統］山東 66/14
［康熙］濟南 25/1
［道光］濟南 33/7
［崇禎］歷城 6/7
何燧（字儒園）
（清・鳳陽進士）
［光緒］文登 7/下 9
［民國］文登 7/下 9
99 何榮（元・鄄城人）
［萬曆］東昌 19/44
［乾隆］曹州府 14/33
［萬曆］濮州 3/鄉賢 31
［康熙］濮州 3/61
［乾隆］濮州 3/62
［宣統］濮州 4/68
何榮祖（字繼先）
（元・廣平人）
［嘉靖］山東 25/9
［康熙］山東 31/11
［雍正］山東 27/9
［宣統］山東 69/15
［道光］濟南 34/26

2122_1 行

15 行融（字徹也，一作澈也）
（清・雲南臨安人）
［宣統］山東 200/40
［乾隆］濟寧直隸州 28/33
［道光］濟寧直隸州 10/2－20
80 行全（姓方）
（元・清河人）
［宣統］山東 200/29
［乾隆四十七年］泰安縣卷之末/12
［道光］泰安縣卷之末/12
［民國］重修泰安縣 10/72

衡

00 衡方（字興祖）
（漢・平陸人）
［雍正］山東 35/墓碑 5
［宣統］山東 150/24
［萬曆］汶上 6/1，8/11
［道光］重修平度州 16/13，24/2
衡立（字元節）
（後漢）
［宣統］山東 149/35
21 衡虞衡（字汝諧）
（清・汶上人）
［康熙］續修汶上 4/人物 9
47 衡胡（漢・莒人）
［宣統］山東 153/14
［嘉靖］青州 15/23
［萬曆］青州 13/7
［康熙十五年］青州 13/7
［康熙四十八年］青州 13/經師 2
［康熙六十年］青州 15/3
［乾隆］沂州府 27/1
［康熙］莒州下/32
［雍正］莒州 9/1
［嘉慶］莒州 9/2
［民國］重修莒志 67/1
［萬曆］諸城 7/48
53 衡咸（字長賓）
（漢・齊人）
［宣統］山東 153/15

衛

00 衛康叔（上古）
［萬曆元年］兖州 3/24
［萬曆］東昌 5/1
［萬曆］濮州 1/帝 6
［康熙］濮州 1/58
［乾隆］濮州 1/66
［宣統］濮州 1/96

10 衛一鳳(明・山西陽城人)
[宣統]山東 73/2
[萬曆]青州 12/41
[康熙十五年]青州 12/41
[康熙四十八年]青州 12/41
[康熙六十年]青州 12/19
[咸豐]青州 36/28
[康熙六十年]博興 7/9
[光緒]益都縣圖志 18/10
衛三省(字儆予)
(明・陝州人)
[乾隆]掖縣 3/32
14 衛瓘(字伯玉)
(晉・河東安邑人)
[嘉靖]山東 25/3
[康熙]山東 31/4
[雍正]山東 27/52
[宣統]山東 66/39
[萬曆]青州 12 又/3
[康熙十五年]青州 12 又/3
[康熙四十八年]青州 12 又/3
[康熙六十年]青州 12/5
[咸豐]青州 34/10
[康熙]嶧縣 3/7
[光緒]嶧縣 18/5
[康熙]臨淄 8/3
[民國]臨淄 18/5
15 衛融(字明遠)
(五代・博興人)
[咸豐]青州 54/12
[康熙六十年]博興 7/30
[道光]博興 11/13
[民國]重修博興 13/10
21 衛術(見衛述)
22 衛岑(明・韓城人)
[康熙]朝城 7/9
23 衛綰(漢・代大陵人)
[康熙]嶧縣 3/3
[乾隆]嶧縣 7/3
[光緒]嶧縣 18/1
30 衛宏(字敬仲)
(漢・東海人)
[至元]齊乘 6/12
[嘉靖]山東 30/8
[康熙]山東 40/8
[雍正]山東 28/人物一 16
[宣統]山東 153/21,153/26,153/35,162/9
[萬曆元年]兗州 40/儒林 5
[萬曆二十四年]兗州 31/29
[康熙]兗州 24/28
[萬曆]沂州志 6/35
[康熙]沂州志 5/15
[乾隆]沂州府 27/1
[康熙]滋陽 4/上 10
[光緒]嶧縣 21/鄉賢 24
衛守度(宋)
[民國]牟平 6/67
33 衛述(明・山西蒲州人)
[嘉靖]山東 25/27,27/9
[康熙]山東 32/15,35/10
[雍正]山東 27/75
[宣統]山東 72/21
[嘉靖]青州 13/42
[萬曆]青州 12/29
[康熙十五年]青州 12/29
[康熙四十八年]青州 12/29
[康熙六十年]青州 12/34
[乾隆]沂州府 20/9
[康熙]莒州下/6
[嘉慶]莒州 7/5
[民國]重修莒志 57/10
33 衛心(明・山西陽城人)
[萬曆]青州 12 又/8
[康熙十五年]青州 12 又/8
[康熙四十八年]青州 12 又/8
[康熙六十年]青州 12/24
[咸豐]青州 36/20
[康熙]臨淄 8/5
[民國]臨淄 18/8
34 衛洪亮(字明宇)
(清・濟陽人)
[民國]濟陽 11/50,17/46
38 衛肇榮(字向齋,號藹亭)
(清・洪洞人)
[光緒]滋陽 9/59
40 衛培鼎(字象九,號荊山)
(清・歷城人)
[道光]濟南 53/34
[民國]續修歷城 39/6
41 衛姬(周・齊人)
[萬曆]青州 16/2
[民國]臨淄 31/45
44 衛蕒(字慕蓏)
(清・韓城舉人)
[乾隆]泰安府 15/37
衛英(明・山西洪洞人)
[嘉靖]山東 25/26
[康熙]山東 32/15
[雍正]山東 27/27
[宣統]山東 71/2
[康熙]濟南 25/33
[道光]濟南 36/4
[崇禎]歷乘 16/31
[崇禎]歷城 6/13
50 衛青(字明德)
(明・南直華亭人)
[嘉靖]山東 25/11
[康熙]山東 31/13
[雍正]山東 27/10
[宣統]山東 70/38
[道光]濟南 35/46
[光緒]增修登州 36/1
[乾隆]歷城 17/25
[康熙]蓬萊 5/20
[道光]重修蓬萊 9/6,13/碑銘 1
[民國]蓬萊縣志合編人物志/功業
[光緒]重修蒲臺 4/56
衛東泉(長清人)
[民國]長清 12/19
52 衛哲治(清・河南濟源人)
[宣統]山東 74/58
萊州府鄉土志/上 26
[嘉慶]續掖縣 2/16
60 衛曰儀(字芝菴)
(清・文登人)
[光緒]文登 10/上 19
64 衛時春(明・蓬萊人)
[康熙]蓬萊 5/21
[道光]重修蓬萊 9/7
[民國]蓬萊縣志合編人物志/功業
71 衛既齊(清・山西猗氏人)
[康熙六十年]青州 12/41

[康熙]濮州續志上/23
[光緒]菏澤7/名宦8
77 衛民(明・陝西甘泉人)
[嘉靖]朝城志5/11

2123₄ 虞

虞
[康熙]兗州府曹縣8/1
08 虞放(字子仲)
(漢・東昏人)
[康熙]東明6/6
[乾隆]東明6/6
[民國]東明縣新誌11/11
12 虞延(字子大)
(漢・東昏人)
[康熙]東明6/4
[乾隆]東明6/4
[民國]東明縣新誌11/11
東明縣志料/人物門
23 虞俊(明・浙江山陰人)
[萬曆二十四年]兗州29/7
[康熙]兗州22/28
[康熙]兗州續編14/15
[康熙]鉅野10/8
[道光]鉅野10/23
24 虞德隆(明・南直金壇人)
[宣統]山東73/15
[萬曆]青州12又/又18
[康熙十五年]青州12又/18
[康熙四十八年]青州12又/18
[康熙六十年]青州12/30
[咸豐]青州36/33
[康熙]續安丘16/1
安丘縣鄉土志2/政績錄
30 虞之臣
[民國]朝城縣續志1/27
31 虞禎(明・吳縣人)
[正德]博平5/80
33 虞溥(字允源)
(晉・高平昌邑人)
[嘉靖]山東30/16
[康熙]山東40/18
[雍正]山東28/人物一29
[宣統]山東162/18
[萬曆元年]兗州40/政績6
[萬曆二十四年]兗州32/29
[康熙]兗州25/24
[乾隆]兗州23/18
[乾隆]曹州府14/10
[乾隆]濟寧直隸州23/16
[道光]濟寧直隸州8/2－9
[萬曆]鉅野7/12
[康熙]鉅野11/9
[道光]鉅野12/18
[康熙十二年]金鄉5/24
[康熙五十一年]金鄉10/14
[乾隆]金鄉18/23
[咸豐]金鄉縣志略9/上5
[民國]金鄉13/4
34 虞汝襄(字贊臣)
(清・臨沂人)
[民國]臨沂10/39
38 虞道慶(見虞道隆)
虞道隆(明・慈溪人)
[萬曆]東昌18/43
[嘉靖]濮州7/20
[萬曆]濮州3/名宦33
[嘉靖]朝城志5/5
[康熙]朝城7/4
40 虞有光(字熙陽)
(明・直隸三河人)
[萬曆]沂州志4/50
[乾隆]沂州府26/4
[民國]臨沂9/56
41 虞姬(名娟之)
(周・齊人)
[嘉靖]山東23/6
[嘉靖]青州16/15
[萬曆]青州16/3
[康熙十五年]青州16/3
[康熙四十八年]青州16/3
[民國]臨淄31/49
55 虞典(清・臨沂人)
[乾隆]沂州府26/19
[民國]臨沂10/51
60 虞昺(字子文)
(晉・會稽餘姚人)
[嘉靖]山東26/4
[康熙]山東33/4
[雍正]山東27/86
[宣統]山東66/38
[萬曆元年]兗州38/循吏15
[萬曆二十四年]兗州26/16
[康熙]兗州21/15
[康熙]曹州志7/43
[康熙]兗州府曹縣10/3
[光緒]曹縣10/3
[光緒]菏澤7/宦蹟11
[光緒]新修菏澤8/3
虞昇(明・北直三河人)
[乾隆]沂州府17/28
72 虞丘進(字豫之)
(南北朝・東海郯人)
[嘉靖]山東30/21
[康熙]山東40/23
[雍正]山東28/人物一42
[宣統]山東155/19
[萬曆元年]兗州40/武功12
[萬曆二十四年]兗州33/8
[康熙]兗州26/7
[萬曆]沂州志6/59
[乾隆]沂州府25/9
[康熙]郯城7/3
[乾隆]郯城9/3
77 虞際昌(字采臣)
(清・仁和人)
[道光]冠縣6/32
[民國]冠縣6/42
80 虞鎬(明・浙江餘姚人)
[嘉靖]山東26/29
[康熙]山東34/8
[雍正]山東27/48
[宣統]山東72/51
[萬曆]東昌18/39
[乾隆]東昌35/1
虞鎬(清・紹興人)
[同治]重修寧海州13/18
[民國]牟平6/81
虞人(春秋)
[民國]臨淄22/58
88 虞策(字經臣)
(宋・錢塘人)
[光緒]益都縣圖志16/34

2124₁ 處

77 處興(漢)
[民國]濰縣志稿20/2

2126_6 傴

76 傴陽主(春秋)
[康熙]嶧縣 3/1
[乾隆]嶧縣 7/2

2128_6 須

10 須震(明・常熟人)
[道光]濟南 36/35
[康熙]新修齊東 4/15
[民國]齊東 3/56
77 須用掄(明・南直武進人)
[宣統]山東 73/3
[康熙六十年]青州 12/21
[咸豐]青州 36/41
[光緒]益都縣圖志 18/24

顓

11 顓項(姬姓)
(上古)
[嘉靖]山東 23/2
[康熙]山東 28/2
[乾隆]東昌 19/1
[嘉靖]濮州 4/1
[萬曆]濮州 1/帝 3
[康熙]濮州 1/55
[乾隆]濮州 1/63
[宣統]濮州 1/93
12 顓孫師(字子章,一作子張)
(春秋・陳人)
[嘉靖]山東 24/6
[康熙]山東 29/5
[雍正]山東 11/闕里二 11
[萬曆元年]兗州 7/34
[康熙]兗州 8/16
[乾隆]兗州 7/21
[乾隆]曲阜 59/3
77 顓臾(上古)
[嘉靖]青州 12/16
[康熙十五年]青州 8/6
[康熙四十八年]青州 8/6
[康熙六十年]青州 10/4
[嘉靖]濮州 4/1

2131_7 虢

18 虢珍(字聘卿)
(清・莒縣人)
[民國]重修莒志 67/8

2133_1 熊

00 熊方受(字介茲,號夢菴)
(清・永康州人)
[宣統]山東補遺/51
02 熊新書(清・朝城人)
[民國]朝城縣續志 1/35
10 熊元(字子貞)
(明・河南光州人)
[宣統]山東 73/15
[康熙十五年]青州 12/26
[咸豐]青州 36/26
[康熙]續安丘 16/1
安丘縣鄉土志 2/政績錄
熊天爵(字子榮)
(清・堂邑人)
[康熙]堂邑 13/13
熊貢忱(字一巽,號芼儒)
(清・朝城人)
[康熙]朝城 8/25
12 熊璞(明・江西人)
[嘉靖]寧海州下/17
[同治]重修寧海州 12/10
熊列獻(明・黃陂人)
[道光]濟南 36/4
20 熊爵(明・祥符人)
[萬曆]寧津 5/17
[光緒]寧津 6/27
寧津縣志料 3/人物－名宦
寧津縣鄉土志/政績
21 熊衍文(字墨仙)
(清・平陰人)
[光緒]平陰 5/15
22 熊鼎(字伯穎)
(明・江西臨川人)
[嘉靖]山東 25/10
[康熙]山東 31/12
[雍正]山東 27/10
[宣統]山東 70/22
[道光]濟南 35/36
[崇禎]歷乘 16/27
[崇禎]歷城 6/11
熊胤豐(明・四川富順人)
[康熙十二年]陽穀 2/19
[康熙]陽穀 2/14
[光緒]陽穀 4/4
24 熊佑(字良佐)
(明・博興人)
[康熙]山東 42/22
[雍正]山東 28/人物三 14
[宣統]山東 161/36
[康熙十五年]青州 13/86
[康熙四十八年]青州 13/事功 70
[康熙六十年]青州 16/15
[咸豐]青州 44/2
[康熙十二年]博興 6/4
[康熙六十年]博興 7/31
[道光]博興 11/15
[民國]重修博興 13/12
熊仕昌(字熾民)
[民國]莘縣 3/8
25 熊仲龍(清・湖北漢陽人)
[宣統]山東 76/27
[道光]觀城 6/8
熊健五(字靜山)
(清・平陰人)
[光緒]平陰 5/17
27 熊紹謖(字美臣)
(清・陽穀人)
[民國]增修陽穀人物/善行 51
熊紹訥(字文淦)
(清・陽穀人)
[民國]增修陽穀人物/仕宦 19,人物/文苑 5
熊紹周(字文淦)
(清・陽穀人)
[光緒]陽穀 5/7
28 熊以淵(明・靖安人)
[宣統]山東 71/29
[康熙]濟南 25/24
[弘治]泰安州 3/9
[康熙]泰安州 2/45
[乾隆]泰安府 15/1
[乾隆二十五年]泰安縣 10/30
[乾隆四十七年]泰安縣 8/26
[道光]泰安縣 10/3

［民國］重修泰安縣 6/58
32 熊兆（字起渭）
（清・臨沂人）
［民國］臨沂 10/17
36 熊渭徵（字瑞西）
（清・平陰人）
［光緒］平陰 4/25
熊遇泰（字東嵓）
（清・新建進士）
［光緒］增修登州 25/14
［民國］臨沂 7/76
40 熊培元（明・江西豐城人）
［康熙］朝城 7/9
熊士偉（字卓然）
（清・濟寧人）
［康熙］濟寧州 6/62
［乾隆］濟寧直隸州 27/14
［道光］濟寧直隸州 8/2－48,8/3－22
熊志冲（明・遂寧人）
［嘉靖］朝城志 5/15
［康熙］朝城 7/26
熊奮渭（明・河南息縣人）
［雍正］山東 27/67
［乾隆］續登州 8/3
［光緒］增修登州 36/8
［乾隆］黄縣 12/5
［同治］黄縣 9/1
［民國］黄縣志稿 13/人物－附錄
44 熊茂（明・江西安義人）
［宣統］山東 73/7
［萬曆］青州 12 又/7
［康熙十五年］青州 12 又/7
［康熙四十八年］青州 12 又/7
［康熙六十年］青州 12/25
［咸豐］青州 36/20
［康熙十二年］博興 6/2
［康熙六十年］博興 7/13
［道光］博興 10/4
［民國］重修博興 12/3
熊夢來（字西生）
（清・陽穀人）
［民國］增修陽穀人物/仕宦 19
46 熊觀（明）
［道光］濟南 36/8
［乾隆］歷城 34/3
47 熊起蘭（清・陽穀人）
［民國］增修陽穀人物/善行 44
48 熊翰（別字五山）
（明・崇仁人）
［光緒］滋陽 7/7
55 熊捷飛（明・濮州人）
［康熙］濮州續志下/2
［乾隆］濮州 4/12
［宣統］濮州 5/12
73 熊駿（明・河南固始人）
［嘉靖］山東 25/28
［康熙］山東 32/16
［雍正］山東 27/84
［宣統］山東 71/36
［康熙］濟南 25/41
［乾隆］泰安府 15/9
［嘉靖］萊蕪 5/10
［康熙］新修萊蕪 5/24
［民國］萊蕪 9/3
［民國］續修萊蕪 15/5
熊毓和（字介堂）
（清・濟寧人）
［民國］濟寧直隸州續志 12/53
熊養性（字恒綏）
（清・齊河人）
［民國］齊河 27/8
84 熊鎮湘（字秋帆）
（清・江西人）
［宣統］茌平 8/11
［民國］茌平 8/67
87 熊欽（明・原籍廬陵,徙臨清）
［乾隆］東昌 44/23
［康熙］臨清州 3/人物 28
［乾隆］臨清州 12/7
［乾隆］臨清直隸州 8/上 82
［民國］臨清縣/人物 89
88 熊銓（字司衡）
（清・貴州龍里人）
［宣統］山東 77/32
［乾隆］掖縣 3/35
［咸豐］寧陽 11/17
［光緒］寧陽 11/17
寧陽縣鄉土志/8
91 熊炳琦（濟寧人）
［民國］濟寧縣 3/4

2140₆ 卓

10 卓爾昌（明・仁和人）
［崇禎］歷乘 16/67
44 卓茂（漢・南陽宛人）
［嘉靖］山東 27/14
［康熙］山東 37/1
［雍正］山東 27/67
［宣統］山東 66/30
［康熙］高密 6/2,6/23
60 卓思誠（元）
［嘉靖］鄒縣地理誌 1/25
［康熙五十五年］鄒縣志 2/9
［光緒］益都縣圖志 17/15
80 卓公祥（清・范縣人）
［康熙］鄒平 4/21
［嘉慶］鄒平 14/20
［道光］鄒平 14/20
［民國］鄒平 14/20
［乾隆］嶧縣 7/37

2160₀ 占

58 占鰲（清・聊城人）
［康熙］山東 46/5
［乾隆］東昌 41/21
［嘉慶］東昌 33/17
［宣統］聊城 8/89

2160₁ 訾

00 訾文實（清・陽穀人）
［民國］增修陽穀人物/武功 11
訾文幹（字伯楨）
（清・陽穀人）
［民國］增修陽穀人物/善行 50
34 訾汝道（元・齊河人）
［雍正］山東 28/人物二 71
［宣統］山東 165/11
［道光］濟南 48/47
［民國］齊河 26/7
77 訾鳳城（字儀廷）
（清・陽穀人）

［民國］增修陽穀人物/善行 50

2164_7 皈

48 **皈敬**(姓張)
(唐・文登人)
［光緒］文登 12/1

2172_7 師

00 **師襄**(春秋・魯人)
［康熙］山東 49/1
［萬曆元年］兗州 43/2
［乾隆］曲阜 93/3
師慶長(字芳遠)
(清・東阿人)
［道光］東阿 14/人物下 33
02 **師端**(字秉正)
(清・壽張人)
［光緒］壽張 7/21
17 **師乙**(春秋・魯人)
［乾隆］曲阜 93/2
20 **師重九**(字華峯)
(清・東阿人)
［民國］續修東阿 11/25
24 **師佶**(字墨林)
(清・歷城人)
［道光］濟南 53/56
［民國］續修歷城 44/13
33 **師必大**(字東津)
(明・歷城人)
［道光］濟南 49/29
［乾隆］歷城 37/35
34 **師逵**(字九達)
(明・東阿人)
［嘉靖］山東 30/58
［康熙］山東 40/56
［雍正］山東 28/人物三 2
［宣統］山東 159/2
［萬曆元年］兗州 40/政績 14
［萬曆二十四年］兗州 36/2
［康熙］兗州 28/2
［乾隆］泰安府 17/3,27/61
［康熙］張秋志 7/19,8/6,11/4
［康熙五十四年］東阿 7/2,12/1
［道光］東阿 13/鄉賢 1,21/19
［光緒］東阿縣鄉土志 4/4
36 **師涓**(春秋・衛人)
［雍正］山東 31/1
［萬曆］東昌 22/11
［萬曆］濮州 4/衛人 10
［康熙］濮州 4/87
［乾隆］濮州 4/127
［宣統］濮州 6/86
41 **師鞭法師**(唐・齊州人)
［乾隆］歷城 45/5
44 **師摯**(一名乙)
(春秋・魯人)
［萬曆］青州 15/55
［康熙十五年］青州 15/57
［康熙四十八年］青州 15/僑寓 2
［萬曆元年］兗州 43/3
［乾隆］曲阜 93/2
48 **師翰庭**(字衛堂)
(清・滋陽人)
［光緒］滋陽 8/64
滋陽縣鄉土志 1/耆舊－文學
60 **師曠**(字子野)
(周・新泰人)
［嘉靖］山東 28/2
［康熙］山東 38/2,49/1
［康熙］濟南 49/1
［乾隆］泰安府 18/72,27/95
［天啟］新泰 6/21
［順治］新泰 5/1,6/56
［乾隆］新泰 16/15,19/27
新泰縣鄉土志/21
［康熙十一年］蒙陰 2/61
［康熙二十四年］蒙陰 4/18
［宣統］蒙陰 4/流寓
師冕(春秋・魯人)
［萬曆元年］兗州 43/3
77 **師丹**(字仲公)
(漢・琅邪東武人)
［至元］齊乘 6/11
［嘉靖］山東 26/2,32/2
［康熙］山東 33/2,42/2
［雍正］山東 28/人物一 11
［宣統］山東 153/24,154/11
［嘉靖］青州 14/3
［萬曆］青州 13/24
［咸豐］青州 38/4
［乾隆］泰安府 14/3
［萬曆元年］兗州 38/循吏 2
［萬曆二十四年］兗州 26/4
［康熙］兗州 21/4
［康熙］東平州 4/24
［乾隆］東平州 12/2
［道光］東平州 12/2
［光緒］東平州 14/2
［民國］東平縣 9/1
東平州鄉土志上/政績錄 8
［萬曆］諸城 7/3
［康熙］諸城 7/3
［乾隆］諸城 35/2
諸城縣鄉土志/上 23
94 **師懽**(晉・茌平人)
［康熙］山東 46/4
［乾隆］東昌 44/2
［嘉慶］東昌 34/2
［康熙二年］茌平 2/57
［康熙四十九年］茌平 2/57
［宣統］茌平 18/1
［民國］茌平 3/隱逸 104

2180_6 貞

80 **貞姜**(周・齊人)
［嘉靖］山東 23/5
［康熙］山東 28/4
［嘉靖］青州 16/14
［萬曆］青州 16/3
［康熙十五年］青州 16/3
［康熙四十八年］青州 16/3
［康熙］臨淄 9/5

2190_3 紫

00 **紫衣大師**(見劉普受)
10 **紫霞道士**(明)
［同治］重修寧海州 26/15

2190_4 柴

07 **柴望**(字秩于)
(清・浙江仁和人)
［宣統］山東 77/31

［康熙］萊州 8/43
［乾隆］萊州 9/31
萊州府鄉土志/上 27
［嘉慶］續掖縣 2/21
10 **柴雲龍**(霑化人)
［民國］霑化 4/登進 51
柴震龍(清・章丘人)
［道光］濟南 54/15
［康熙］章丘 6/30
［乾隆］章邱 9/30
［道光］章邱 10/26
章邱縣鄉土志/上 49
柴天因(宋・開封人)
［光緒］益都縣圖志 16/35
柴一貫(清・晉人)
［民國］續修鄒縣志稿/人物－耆舊附高僧
柴天錫(字睨來)
(清・鄒縣人)
［光緒］鄒縣續志 12/上 4
鄒縣鄉土志耆舊錄/18
11 **柴璠**(字榮郎)
(清・滕縣人)
［道光］滕縣志 9/孝義 31
12 **柴廷琦**(字子韓)
(清・長清人)
［民國］長清 11/6,13/22
柴廷和(字次協)
(清・歷城人)
［民國］續修歷城 44/27
15 **柴珠**(清・禹城人)
［道光］濟南 56/36
［嘉慶］禹城 9/19
［民國］禹城 6/16
17 **柴玘**(明・昌樂人)
［萬曆］青州 13/50
［康熙十五年］青州 13/50
［康熙四十八年］青州 13/事功 33
［康熙六十年］青州 16/17
［咸豐］青州 43/6
［嘉靖］昌樂 3/44
［康熙］昌樂 4/4
［嘉慶］昌樂 23/7
20 **柴禹錫**(字元圭)
(宋・大名人)
［嘉靖］山東 26/24
［康熙］山東 34/5
［雍正］山東 27/44
［宣統］山東 68/44
［乾隆］東昌 33/17
［嘉慶］東昌 20/29
［嘉靖］恩縣 7/4
［萬曆］恩縣 4/5
［宣統］重修恩縣 6/45
［民國］重修恩縣 10/61
21 **柴衍洞**(字鹿門)
(清・泰安人)
［道光］泰安縣 9/上 95
［民國］重修泰安縣 8/51
25 **柴積功**(字勳銘)
(清・長清人)
［民國］長清 13/20
26 **柴自新**(字鼎臣)
(清・濟南人)
［宣統］山東 169/41
［道光］濟南 53/3
［乾隆］歷城 38/3
柴自牧(宋・濟陰人)
［康熙］曹州志 15/46
［光緒］菏澤 15/45
［康熙］曹縣 12/14
［康熙］兗州府曹縣 12/14
［光緒］曹縣 12/12
30 **柴宗聖**(霑化人)
［民國］霑化 4/登進 51
柴寅賓(明・北直長垣人)
［宣統］山東 73/3
［萬曆］青州 12/又 44
［康熙十五年］青州 12/又 44
［康熙四十八年］青州 12/又 44
［康熙六十年］青州 12/19
［咸豐］青州 36/36
［康熙六十年］博興 7/11
［光緒］益都縣圖志 18/11
柴宗道(元・燕山人)
［乾隆］即墨 8/4
［同治］即墨 8/4
柴家聲(字森林)
(長清人)
［民國］長清 12/10
柴永盛(字茂修)
(長清人)
［民國］長清 13/28
柴宗義(明・山西人)
［道光］長清 3/11
32 **柴兆麟**(字瑞紱)
(清・濰縣人)
［民國］濰縣志稿 29/36
34 **柴汝蘭**(清・鄒縣人)
［康熙五十五年］鄒縣志 2/14
35 **柴清漣**(恩縣人)
［民國］重修恩縣 11/鄉賢 58
40 **柴墉**(字次垣)
(清・濰縣人)
［民國］濰縣志稿 29/26
柴希孟(字淑尼)
(清・泰安人)
［道光］濟南 38/31
［道光］泰安縣 9/上 75
［民國］重修泰安縣 8/27
泰安縣鄉土志/耆舊 21
柴大本(字立齋)
(清・貴州貴筑人)
［宣統］山東 76/30
［乾隆］單縣 4/60
［民國］單縣 6/宦蹟 21,21/30
柴大鏞(清・濰縣人)
［民國］濰縣志稿 31/16
41 **柴楨**(字君正,號適齋)
(元・東平人)
［宣統］山東 168/16
44 **柴勤唐**(原名維桐)
(膠州人)
［民國］增修膠志 46/11
柴世需(字元功)
(明・陽穀人)
［萬曆二十四年］兗州 36/13
［康熙］兗州 28/12
［乾隆］兗州 23/39
［康熙］張秋志 7/21
［康熙十二年］陽穀 3/29,5/10
［康熙］陽穀 3/26
［光緒］陽穀 6/25

［民國］增修陽穀人物/仕宦5,人物/文苑1
柴世利(字名遠)
(清・東平人)
［乾隆］東平州15/32
［道光］東平州15/32
［光緒］東平州15/下39
［民國］東平縣11/下13
柴蘭皋(字紉秋)
(清・泰安人)
［民國］重修泰安縣8/28
柴世用(明・陽穀人)
［康熙十二年］陽穀3/13
［康熙］陽穀3/11
47 柴朝禧(字翼周)
(清・鄒縣人)
［光緒］鄒縣續志12/上4
鄒縣鄉土志耆舊錄/18
50 柴青(元・濰州人)
［民國］濰縣志稿40/25
柴忠(字以誠)
(明・陽穀人)
［康熙十二年］陽穀3/27
［康熙］陽穀3/24
［光緒］陽穀6/24
［民國］增修陽穀人物/仕宦3
柴本立(元)
［道光］重修膠州21/5
［民國］增修膠志16/4
53 柴成務(字寶臣)
(宋・曹州濟陰人)
［嘉靖］山東30/46
［康熙］山東40/44
［雍正］山東28/人物二21
［宣統］山東157/26
［萬曆元年］兗州40/文苑13
［萬曆二十四年］兗州35/13
［康熙］兗州27/12
［康熙］曹州志15/46
［乾隆］曹州府14/21
［康熙］曹縣12/14
［康熙］兗州府曹縣12/14
［光緒］曹縣12/12
［光緒］菏澤15/45
菏澤縣鄉土志/16
60 柴國柱(清・平陰人)
［光緒］平陰5/37
柴思友(字信吾)
(明・鄒縣人)
［光緒］鄒縣續志12/上3
鄒縣鄉土志耆舊錄/17
64 柴時寧(明・江山人)
［天啟］新泰6/18
［順治］新泰5/33
77 柴興(元・高密人)
高密縣鄉土志/上18
80 柴全游(清・長清人)
［民國］長清13/8
99 柴瑩(字季烺,號松阿)
(清・滕縣人)
［道光］滕縣志9/孝義37

2200_0 川

72 川岳解(見伯岳解)

2220_0 制

72 制氏(漢・魯人)
［乾隆］曲阜69/6
80 制念(明・商河人)
［道光］商河7/55
［民國］重修商河9/24
商河縣鄉土志3/仙釋

2220_7 岑

50 岑東曙(明)
［咸豐］青州36/31
［康熙］昌樂1/35
［嘉慶］昌樂19/5
77 岑熙(漢・棘陽人)
［宣統］山東66/25
［嘉慶］東昌20/10

2221_4 崔

00 崔辯(字神通)
(南北朝・清河東武城人)
［道光］濟南46/11
崔廣(字少通,號夏黃公)
(漢)
［至元］齊乘6/8
［雍正］山東28/人物一2
［嘉靖］青州15/50
［萬曆］青州14/32
［康熙十五年］青州14/32
［康熙四十八年］青州14/隱逸6
［康熙六十年］青州20/1
［民國］臨淄29/16
崔廓(字士元)
(隋・博陵安平人)
［道光］濟南46/36
博平縣鄉土志/耆舊－名儒
崔立(字本之)
(宋・開封鄢陵人)
［嘉靖］山東26/10
［康熙］山東33/12
［雍正］山東27/34
［宣統］山東68/38
［乾隆］泰安府14/15
［萬曆元年］兗州38/循吏29
［萬曆二十四年］兗州28/6
［康熙］兗州22/6
［乾隆］兗州22/12
［嘉靖］武定州下/49
［萬曆］武定州10/5
［崇禎］武定州7/3
［康熙］東平州4/42
［乾隆］東平州12/13
［道光］東平州12/13
［光緒］東平州14/13
東平州鄉土志上/政績錄10
［民國］東平縣9/7
崔立(金・將陵人)
［嘉靖］山東33/32
崔亮(字敬儒)
(北魏・清河東武城人)
［嘉靖］山東31/6
［康熙］山東41/5
［雍正］山東28/人物一52
［宣統］山東155/28
［咸豐］青州39/17,64/16
［萬曆］東昌19/12
［乾隆］東昌36/18
［嘉慶］東昌26/19
［嘉靖］武城7/48
［順治］武城2/14
［乾隆］武城10/9
武城縣鄉土志略/耆舊錄

[乾隆]夏津 8/5,10/下 13
[光緒]益都縣圖志 30/1
[宣統]重修恩縣 8/10
[民國]重修恩縣 11/鄉賢 8
恩縣鄉土志/17
崔亮(明・江西弋陽人)
[嘉靖]山東 25/24
[康熙]山東 32/13
[雍正]山東 27/25
[宣統]山東 71/1
[康熙]濟南 25/23
[道光]濟南 36/1
[崇禎]歷乘 16/28
[崇禎]歷城 6/11
崔立方(字仲矩)
(清・茌平人)
[民國]茌平 3/44
崔玄亮(字晦叔)
(唐・磁州昭義人)
[宣統]山東 68/16
[嘉靖]青州 13/22
[萬曆]青州 12/14
[康熙十五年]青州 12/14
[康熙四十八年]青州 12/14
[康熙六十年]青州 12/9
[萬曆]諸城 5/4
[康熙]諸城 5/5
[乾隆]諸城 27/4
諸城縣鄉土志/上 4
崔應登(明・棲霞人)
[順治]登州 16/19
[光緒]增修登州 40/18
[康熙]棲霞 6/7
[乾隆]棲霞 6/34
崔文子(漢・泰山人)
[嘉靖]山東 34/9
[康熙]山東 47/1
[雍正]山東 30/2
[宣統]山東 200/19
[乾隆]泰安府 18/76
[乾隆二十五年]泰安縣 12/40
[乾隆四十七年]泰安縣卷之末/10
[道光]泰安縣卷之末/10
[民國]重修泰安縣 10/68
崔立德(清・平度人)
[光緒]平度志要/人物
崔應先(清・茌平人)
[民國]茌平 3/58
崔文仲(南齊・東武城人)
[乾隆]東昌 36/9
[嘉慶]東昌 26/10
[乾隆]武城 10/3
武城縣鄉土志略/耆舊錄
[宣統]重修恩縣 8/4
崔彥穆(字彥穆)
(後周・貝邱人,一作東武城人)
[嘉靖]山東 31/9
[康熙]山東 41/7
[雍正]山東 28/人物一 57
[萬曆]東昌 19/16
[乾隆]東昌 36/25
[嘉慶]東昌 26/26
[嘉靖]武城 7/64
[順治]武城 2/15
[乾隆]武城 10/13
武城縣鄉土志略/耆舊錄
[宣統]重修恩縣 8/12
[民國]重修恩縣 11/鄉賢 10
崔應冬(字和庭)
(明・茌平人)
[宣統]茌平 14/2
[民國]茌平 3/68
崔文渠(清・棲霞人)
[光緒]棲霞縣續志 6/忠義 2
崔文源(字冕臣)
(清・東平人)
[民國]東平縣 11/上 19
崔文禧(字含光)
(清・堂邑人)
[康熙]堂邑 14/5
崔文奎(字應宿,號松溪)
(明・新泰人)
[康熙]山東 39/24
[雍正]山東 28/人物三 17
[宣統]山東 160/20
[康熙]濟南 36/8
[乾隆]泰安府 17/8
[天啟]新泰 6/34
[順治]新泰 5/10
[乾隆]新泰 15/26
新泰縣鄉土志/18
崔文韜(字志展)
(清・東明人)
[民國]東明縣新誌 11/62
崔方謦(字馥堂)
(清・臨沂人)
[民國]臨沂 10/27
崔文教(字振鐸)
(清・東阿人)
[民國]續修東阿 11/23
崔廣田(高密人)
[民國]高密 14/上 34
崔玄暐(唐・博平人)
[道光]博平 4/30
崔彥昭(字思文)
(唐・清河人)
[嘉靖]山東 31/15
[康熙]山東 41/13
[雍正]山東 28/人物二 15
[宣統]山東 156/13
[萬曆]東昌 19/26
[乾隆]東昌 36/44
[嘉靖]武城 7/68
[順治]武城 2/17
[乾隆]武城 10/19
武城縣鄉土志略/耆舊錄
崔應階(字吉升,號拙圃)
(清・湖北江夏人)
[宣統]山東 74/21
[道光]濟南 37/26
崔立岳(字東峯)
(清・茌平人)
[民國]茌平 3/105
崔庚午(字南金)
(清・寧津人)
[光緒]寧津 8/45
崔彥曾(唐・齊州全節人)
[道光]濟南 47/10
[乾隆]歷城 41/3
崔文光(清・平度人)
[民國]平度縣續志 8/17
崔文煥(字執中)
(清・堂邑人)
[康熙十一年]堂邑 2/選舉 24

［康熙］堂邑 14/7

01 **崔諲**（南北朝・清河人）
［宣統］山東 161/7
［光緒］益都縣圖志 15/3

02 **崔誕**（晉）
［光緒］益都縣圖志 15/2

03 **崔斌**（唐・清河郡人）
［乾隆］東昌 36/44
［嘉慶］東昌 26/38
［萬曆］恩縣 4/10
［宣統］重修恩縣 8/14
［民國］重修恩縣 11/鄉賢 12

崔斌（字仲文）
（元・馬邑人）
［嘉靖］山東 26/15
［康熙］山東 33/18
［雍正］山東 27/83
［宣統］山東 69/25
［乾隆］泰安府 14/33
［萬曆元年］兗州 38/循吏 37
［萬曆二十四年］兗州 28/16
［康熙］兗州 22/16
［乾隆］兗州 22/14
［康熙］東平州 4/50
［乾隆］東平州 12/31
［道光］東平州 12/31
［光緒］東平州 14/31
［民國］東平縣 9/16

崔詠（元・臨清人）
［萬曆］東昌 19/46
［乾隆］東昌 37/30
［康熙］臨清州 3/人物 14
［乾隆］臨清州 9/20
［乾隆］臨清直隸州 8/上 4
［民國］臨清縣/人物 49

崔誼之（字子明）
（清・平度人）
［道光］重修平度州 19/1

05 **崔講**（字汝習）
（明・新城人）
［崇禎］新城 7/舉人
［宣統］新城縣後志 2/宦績
［民國］重修新城 14/11

07 **崔毅**（字彥宏）
（明・堂邑人）
［順治］堂邑 2/人物 7
［康熙］堂邑 12/6

崔詔之（字夫尺）
（清・平度人）
［道光］重修平度州 19/1

08 **崔說**（南北朝・清河東武城人）
［道光］濟南 46/12

崔詳之（字子博）
（清・平度人）
［道光］重修平度州 19/15

崔敦素（明・濱州人）
［乾隆］武定府 24/4
［咸豐］武定府 24/清介 4
［康熙］濱州 7/22
［咸豐］濱州 10/厚德 2

09 **崔麟仁**（字輔卿）
（清・利津人）
［民國］利津縣續志 7/義行 6

崔麟閣（字漢庭）
（清・茌平人）
［民國］茌平 3/91

10 **崔晉**（明・單縣人）
［順治］單縣 2/41

崔璽（字廷用，一作延用）
（明・通州人）
［宣統］山東 71/39
［嘉靖］武定州下/55
［萬曆］武定州 12/10
［崇禎］武定州 15/12
［乾隆］武定府 16/8
［咸豐］武定府 19/8
［乾隆］東昌 44/23
［康熙］臨清州 3/人物 28
［乾隆］臨清州 12/7
［乾隆］臨清直隸州 8/上 82
［民國］臨清縣/人物 4
［乾隆］惠民 5/16
［光緒］惠民 18/9
惠民縣鄉土志/政績錄 5

崔璋（明・高唐人）
［乾隆］東昌 41/20
［嘉慶］東昌 33/16
［道光］高唐州 5/1－23
［光緒］高唐州 5/1－23
［民國］高唐縣 12/82

崔不意（漢・濟南人）
［道光］濟南 45/13
［乾隆］歷城 35/4

崔元亮（見崔玄亮）

崔可訓（字秀卿）
（清・章邱人）
［道光］濟南 54/10
［道光］章邱 11/42
章邱縣鄉土志/上 49

崔函三（清・寧津人）
［光緒］寧津 8/23
寧津縣志料 3/人物－義烈

崔一元（明・靈川人）
［萬曆］蒲臺志 8/15

崔天胤（明・濱州人）
［乾隆］武定府 25/10
［咸豐］武定府 25/孝友又 10
［康熙］濱州 7/18
［咸豐］濱州 10/22
濱州鄉土志/耆舊錄

崔玉崙（清・商河人）
［民國］重修商河 9/14

崔玉峰（清・陝西大荔供事）
［光緒］嶧縣 19/職官下 23

崔雲從（明・蒙陰人）
［康熙十一年］蒙陰 2/53

崔元祖（南齊・武城人）
［乾隆］東昌 36/8
［嘉慶］東昌 26/9
［乾隆］武城 10/3
武城縣鄉土志略/耆舊錄

崔吾道（明・朝邑舉人）
［康熙］博平 3/4

崔五祥（清・茌平人）
［宣統］茌平 28/5
［民國］茌平 3/77

崔雲祥（清・臨淄人）
［民國］臨淄 22/68

崔一士（字豪千）
（清・陽信人）
［民國］陽信 5/文學 13

崔元吉（明・開州人）
［咸豐］金鄉縣志略 7/7

崔玉藻（字馨浦）
（清・利津人）
［光緒］利津 8/義行 8

崔可觀（清・鄒平人）
［民國］鄒平 15/138

崔雲鶴(明・濟寧人)
[康熙]濟寧州 6/26
[乾隆]濟寧直隸州 24/10
[道光]濟寧直隸州 8/2－26
濟寧州鄉土志 2/耆舊
崔玉素(字璇如)
(明・茌平人)
[宣統]茌平 11/3
[民國]茌平 3/50
崔天盛(字隆春)
(平原人)
[民國]續修平原 8/24
崔元甫(一作元福)
(元・萊陽人)
[民國]萊陽 3/1 中 6
崔靈恩(南北朝・清河東武城人)
[嘉靖]山東 31/7
[康熙]山東 41/5
[雍正]山東 28/人物一 48
[宣統]山東 162/21
[萬曆]東昌 19/10
[乾隆]東昌 41/1
[嘉慶]東昌 33/2
[順治]武城 2/10
[乾隆]武城 10/4
武城縣鄉土志略/耆舊錄
[宣統]重修恩縣 8/27
[民國]重修恩縣 11/鄉賢 29
崔元暐(唐・安平人)
[道光]濟南 47/10
崔元略(唐・博州人)
[嘉靖]山東 33/29
[萬曆]東昌 19/89
崔雲階(字雪門)
(清・臨淄人)
[咸豐]青州 49/36
[民國]臨淄 24/23
崔天印(見崔天胤)
崔云公(清・長清人)
[民國]長清 13/9
崔雲會(字萬清)
(清・歷城人)
[道光]濟南 53/35
[乾隆]歷城 38/26
崔雲輝(字倬人)
(清・歷城人)
[道光]濟南 53/50
[民國]續修歷城 44/26
11 **崔班**(字拙侯,號定遠)
(清・茌平人)
[宣統]茌平 18/2
[民國]茌平 3/隱逸 105
崔磦(清・樂安人)
[民國]樂安 10/34
[民國]續修廣饒 19/67
崔珏(唐・濰州人)
[民國]濰縣志稿 40/37
12 **崔廷**(明・通州人)
[萬曆]青州 12 又/又 6
[康熙十五年]青州 12 又/又 6
[康熙四十八年]青州 12 又/又 6
崔珽(清・臨沂人)
[民國]臨沂 10/56
崔瑗(字子玉)
(漢・涿郡安平人)
[嘉靖]山東 27/20
[道光]濟南 45/24
[萬曆元年]兗州 39/外傳 5
[乾隆]東昌 44/19
[康熙]堂邑 17/5
崔延慶(明・城武人)
[康熙九年]城武 3/55
[康熙四十一年]城武 5/上懿行 6
[道光]城武 9/下 11
崔廷訓(字聖傳)
(清・臨沂人)
[民國]臨沂 10/23
崔弘烈(清・直隸天津歲貢)
[乾隆]嶧縣 7/22
[光緒]嶧縣 19/職官下 18
崔延伯(南北朝・博平人)
博平縣鄉土志/耆舊－名將
崔弘禮(字從周)
(唐・博平人)
[嘉靖]山東 25/5
[康熙]山東 31/5
[雍正]山東 28/人物二 15
[宣統]山東 68/5
[乾隆]泰安府 14/12
[萬曆元年]兗州 38/節義 3,38/武功 11
[萬曆二十四年]兗州 27/8
[康熙]兗州 21/22
[康熙]東平州 3/3
[乾隆]東平州 12/6
[道光]東平州 12/6
[光緒]東平州 14/6
[康熙]曹州志 7/45
[民國]東平縣 9/4
[光緒]菏澤 7/宦蹟 13
崔廷選(字吟皋)
(清・利津人)
[民國]利津縣續志 7/儒行 3
崔延壽(北魏・清河郡人)
[乾隆]東昌 36/12
[嘉慶]東昌 26/13
[乾隆]武城 10/6
武城縣鄉土志略/耆舊錄
[宣統]重修恩縣 8/7
[民國]重修恩縣 11/鄉賢 5
崔廷桂(字公芳,號梅莊)
(明・平度人)
[道光]重修平度州 14/50
崔廷棟(字隆吉)
(清・博興人)
[民國]重修博興 13/51
崔廷柏(清・萊陽人)
[民國]萊陽 3/1 中 75
崔廷槐(字公桃,號樓溪)
(明・平度人)
[雍正]山東 28/人物三 35
[宣統]山東 163/31
[萬曆]萊州 6/12
[康熙]萊州 10/77
[乾隆]萊州 11/文學 2
[康熙]平度州 4/8
[道光]重修平度州 18/10
平度鄉土志 4 下/學問
崔廷楓(字公宸)
(明・平度人)
[道光]重修平度州 18/10
崔登鼇(字仙洲)
(清・壽張人)
[光緒]壽張 6/52

崔聯景(字星橋)
(臨沂人)
[民國]續修臨沂 16/16
崔孔昕(字晉明)
(明・濱州人)
[乾隆]武定府 24/22
[咸豐]武定府 24/循良 12
[萬曆]濱州 3/27
[康熙]濱州 7/7
[咸豐]濱州 10/7
濱州鄉土志/耆舊錄
崔登陵(清・壽張人)
[光緒]壽張 7/20
崔瑞卿(字麟符)
(清・新城人)
[宣統]新城縣後志 2/善行
[民國]重修新城 18/5
崔廷鎮(明・樂安人)
[雍正]樂安 19/3
[民國]樂安 10/37
[民國]續修廣饒 19/89
14 崔功(元・萊陽人)
[民國]萊陽 3/1 中 6
崔珙(南北朝・博平人)
博平縣鄉土志/耆舊－名將
崔瓘(唐・博平人)
[道光]博平 4/21
博平縣鄉土志/耆舊－循史
崔瑾(明・新泰人)
[天啟]新泰 6/12
崔琳(唐・貝州武城人)
[嘉靖]山東 31/13
[康熙]山東 41/10
[雍正]山東 28/人物二 8
[宣統]山東 156/6
[乾隆]東昌 36/32
[嘉靖]武城 7/55
[乾隆]武城 10/16
武城縣鄉土志略/耆舊錄
崔勔(字彥儒)
(南北朝・清河人)
[光緒]益都縣圖志 29/15
崔琦(字子瑋)
(漢・涿郡安平人)
[道光]濟南 45/25
[萬曆]青州 12 又/1
[康熙十五年]青州 12 又/1
[康熙四十八年]青州 12 又/1
[康熙六十年]青州 12/4
[咸豐]青州 64/6
[康熙]高苑 3/3
[乾隆]高苑 3/3
[道光]新城/名宦
[民國]重修新城 10/2
崔瑛(字漢卿)
(清・新城人)
[宣統]新城縣後志 3/文苑
15 崔建(明・通州舉人)
[康熙]沂水 4/23
[道光]沂水 5/24
崔璉(字商玉)
(清・慶雲人)
[嘉慶]慶雲 9/16
[咸豐]慶雲 2/65
[民國三年]慶雲 2/30
崔融(字安成)
(唐・齊州全節人)
[至元]齊乘 6/20
[嘉靖]山東 29/11
[宣統]山東 163/18
[康熙]濟南 37/3
[道光]濟南 47/8
[崇禎]歷乘 16/6
[崇禎]歷城 10/4,10/25
[乾隆]歷城 35/8
[萬曆]章丘 28/49
[康熙]章丘 6/36
[乾隆]章邱 9/36
[道光]章邱 11/7
章邱縣鄉土志/上 25
崔聘三(字儒珍)
(清・商河人)
[民國]重修商河 9/14
崔建忠(長清人)
[民國]長清 12/18
16 崔環(明・莱縣人)
[道光]濟南 36/17
[嘉慶]鄒平 14/7
[道光]鄒平 14/7
[民國]鄒平 14/7
崔碣(唐・安平人)
[道光]濟南 47/12
17 崔玘(字玉軒)
(清・齊河人)
[民國]齊河 27/19
崔珝(字珍乙)
(清・壽張人)
[乾隆]兗州 23/88
[光緒]壽張 7/25
壽張縣鄉土志/耆舊－事業
崔珣(字廷珪)
(明・東阿人)
[乾隆]泰安府 17/14
[康熙五十四年]東阿 7/14
[道光]東阿 13/鄉賢 2
[光緒]東阿縣鄉土志 4/36
崔珣(字伯玉)
(明・堂邑人)
[乾隆]東昌 38/14
[嘉慶]東昌 28/14
[順治]堂邑 2/人物 2
[康熙]堂邑 16/2
崔承謨(字子嘉)
(清・壽光人)
[民國]壽光 12/人物志二 61
崔承先(清・城武人)
[康熙四十一年]城武 5/上文學 5
[道光]城武 9/下 4
崔子約(北齊・貝邱人)
[乾隆]東昌 36/22
[嘉慶]東昌 26/23
[乾隆]武城 10/11
武城縣鄉土志略/耆舊錄
[宣統]重修恩縣 8/11
[民國]重修恩縣 11/鄉賢 9
博平縣鄉土志/耆舊－事業
崔承濰(字箕泉)
(清・茌平人)
[民國]茌平 12/88
崔承宗(南北朝・齊州人)
[宣統]山東 165/5
[道光]濟南 46/36
[乾隆]歷城 42/1
崔承沂(字鎮青,號東畠)
(清・茌平人)
[民國]茌平 3/20
崔承泗(字文波)

（清・茌平人）
［宣統］茌平 13/3
［民國］茌平 3/12
崔子忠（字開予，一名丹，字道母，別字青蚓）
（明・萊陽人）
［宣統］山東 163/35
［民國］萊陽 3/3 上傳志上 18
平度鄉土志 4 下/學問
18 崔群（字敦詩）
（唐・貝州武城人）
［嘉靖］山東 31/15
［康熙］山東 41/12
［雍正］山東 28/人物二 15
［宣統］山東 156/9
［萬曆］東昌 19/25
［乾隆］東昌 36/35，36/41
［嘉慶］東昌 26/31
［嘉靖］武城 7/58
［順治］武城 2/11
［乾隆］武城 10/19，14/49
武城縣鄉土志略/耆舊錄
崔政（字星垣）
（清・高密人）
［民國］高密 14/上 50
崔致中（明・蒲臺人）
［康熙］濟南 44/12
［乾隆］武定府 25/7
［咸豐］武定府 25/孝友 7
［萬曆］蒲臺志 9/4
［康熙］重修蒲臺 7/10
［乾隆］蒲臺 3/48
蒲臺縣鄉土志/11
19 崔琰（字季珪）
（三國・清河東武城人）
［嘉靖］山東 33/18
［雍正］山東 28/人物一 28
［宣統］山東 154/23
［萬曆］沂州志 6/38
［萬曆］東昌 19/6
［乾隆］東昌 36/3
［嘉慶］東昌 26/6
［嘉靖］武城 7/45
［順治］武城 2/12
［乾隆］武城 10/2
武城縣鄉土志略/耆舊錄
［光緒］益都縣圖志 31/3
［宣統］重修恩縣 8/2
［民國］重修恩縣 11/鄉賢 1
恩縣鄉土志/16
［民國］夏津續編 8/1
20 崔儦（字岐叔）
（隋・武城人）
［嘉靖］山東 31/9
［康熙］山東 41/7
［雍正］山東 28/人物一 60
［宣統］山東 163/16
［道光］濟南 46/28
［萬曆］東昌 19/17
［乾隆］東昌 41/13
［嘉慶］東昌 33/12
［嘉靖］武城 7/52
［順治］武城 2/15
［乾隆］武城 10/15
武城縣鄉土志略/耆舊錄
崔秉（南北朝・清河東武城人）
［道光］濟南 46/9
崔孚（唐・博平人）
［乾隆］東昌 36/38
［嘉慶］東昌 26/34
崔秉文（清・昌樂人）
［咸豐］青州 49/45
［嘉慶］昌樂 22/11
崔依謙（東平人）
［民國］東平縣 11/中 16
崔季珪（漢・清河東武城人）
［道光］濟南 45/31
崔季重（唐）
［嘉靖］濮州 7/6
崔維葎（字雲漣，一字雲璉）
（明・平度州人）
［雍正］山東 28/人物三 77
［宣統］山東 164/55
［康熙］萊州 10/50
［乾隆］萊州 11/忠節 7
萊州府鄉土志/下 16
［康熙］平度州 4/9
［道光］重修平度州 18/17
平度鄉土志 4 上/事業
崔依華（東平人）
［民國］東平縣 11/中 16
崔信明（唐・青州益都人）
［至元］齊乘 6/21
［雍正］山東 28/人物二 4
［宣統］山東 163/17
［嘉靖］青州 15/36
［萬曆］青州 15/6
［康熙十五年］青州 15/6
［康熙四十八年］青州 15/文學 6
［康熙六十年］青州 18/3
［咸豐］青州 54/10
［萬曆］益都 6/89
［康熙］益都 9/29
［光緒］益都縣圖志 38/1
崔季舒（字叔正）
（南北朝・清河東武城人）
［道光］濟南 46/16
21 崔綽（南北朝・博平人）
博平縣鄉土志/耆舊－名儒
崔衡（字伯玉）
（北魏・清河郡人）
［雍正］山東 28/人物一 56
［乾隆］東昌 36/11
［嘉慶］東昌 26/11
［乾隆］武城 10/6
武城縣鄉土志略/耆舊錄
［宣統］重修恩縣 8/6
［民國］重修恩縣 11/鄉賢 5
崔能（字子才）
（唐・齊州全節人）
［道光］濟南 47/9
［崇禎］歷城 10/4
［乾隆］歷城 35/12
［道光］章邱 11/11
章邱縣鄉土志/上 17
崔仁（元・牟平人）
［嘉靖］寧海州下/14
［同治］重修寧海州 17/6
崔仁（字祥如）
（清・益都人）
［雍正］山東 28/人物四 54
［宣統］山東 175/52
［咸豐］青州 48/1
［光緒］益都縣圖志 41/11
崔頎（北魏・清河東武城人）
［宣統］山東 151/33

［咸豐］青州 39/19
［民國］續修歷城 31/25
［光緒］益都縣圖志 30/6
崔衍（明・膠州人）
［嘉靖］山東 33/12
［康熙］山東 44/10
［萬曆］萊州 5/97
［康熙］萊州 10/25
［乾隆］萊州 10/12
［康熙］膠州 5/23
［乾隆］膠州 4/28
［道光］重修膠州 25/1
［民國］增修膠志 40/1
膠州直隸州鄉土志 4/事功
崔步雲（清・高唐人）
［道光］高唐州 5/1－50
崔儒秀（字景初）
（明・河南陝州人）
［宣統］山東 73/32
［乾隆］萊州 9/16
［乾隆］掖縣 3/32
崔占魁（清・萊陽人）
［民國］萊陽 3/1 中 75
崔衍潔（字靜山）
（清・壽張人）
［光緒］壽張 10/1
22 **崔trinsic**（字天柱）
（清・直隸長垣人）
［宣統］山東 76/17
［康熙六十年］青州 12/44
［乾隆］沂州府 20/16
［康熙二十四年］蒙陰 3/12
［宣統］蒙陰 3/宦績
崔鸞（字鳳佐）
（清・茌平人）
［民國］茌平 3/101
崔巍（明・城武人）
［康熙九年］城武 3/15
［康熙四十一年］城武 5/上懿行 3
［道光］城武 9/下 9
崔胤（字垂休）
（唐）
［道光］濟南 71/6
崔嶽峯（清・鄒平人）
［民國］鄒平 15/143
崔繼之（號亦軒）
（清・茌平人）
［民國］茌平 3/35
崔繼适（清・萊陽人）
［民國］萊陽 3/1 中 76
崔繼祥（清・鄒平人）
［民國］鄒平 15/127
崔崇恩（清・鄆城人）
［光緒］鄆城 16/29
崔稱嗣（元・萊陽人）
［光緒］增修登州 38/15
［民國］萊陽 3/1 中 5
崔繼光（清・膠州人）
［宣統］山東 177/53
［光緒］增修諸城縣續志 14/9
［民國］增修膠志 43/10
23 **崔俊**（字傑菴）
（清・遼陽人）
［宣統］山東 76/15
［康熙四十八年］青州 12/又 25
［康熙六十年］青州 12/41
［乾隆］沂州府 20/15
［康熙］莒州下/11
［民國］重修莒志 58/2
崔獻（《山東通志》作崔獻成）
（明・鄒平人）
［道光］濟南 50/14
［道光］鄒平 15/28
［民國］鄒平 15/28
崔允（字垂休）
（唐・全節人）
［道光］濟南 71/6
［乾隆］歷城 35/13
崔允貞（字介石，號訥菴）
（清・慶雲人）
［嘉慶］慶雲 9/17
［咸豐］慶雲 2/67
［民國三年］慶雲 2/49
崔岱峯（字松崖）
（清・茌平人）
［宣統］茌平 16/7
［民國］茌平 3/40
崔允恭（萊陽人）
［民國］萊陽 3/1 中 50
24 **崔勉**（明・東阿人）
［雍正］山東 31/10
［萬曆二十四年］兗州 52/30
［道光］東阿 24/8
崔偉（字濟夫）
（清・膠州人）
［道光］重修膠州 27/44
［民國］增修膠志 41/36
崔休（字惠盛）
（南北朝・清河東武城人）
［嘉靖］山東 25/17，27/3，31/5
［康熙］山東 32/4，41/4
［雍正］山東 28/人物一 53
［宣統］山東 155/29
［康熙］濟南 24/7
［道光］濟南 46/27
［嘉靖］青州 13/19
［萬曆］青州 12/12
［康熙十五年］青州 12/12
［康熙四十八年］青州 12/12
［康熙六十年］青州 12/7
［咸豐］青州 34/14
［萬曆］東昌 19/14
［乾隆］東昌 36/15
［嘉慶］東昌 26/16
［嘉靖］武城 7/47
［順治］武城 2/13
［乾隆］武城 10/10
武城縣鄉土志略/耆舊錄
［光緒］益都縣圖志 15/10
［宣統］重修恩縣 8/9
［民國］重修恩縣 11/鄉賢 7
崔佑（字汝翼）
（明・臨淄人）
［民國］臨淄 28/4
崔佑（字相民）
（清・臨沂人）
［民國］臨沂 10/27
崔贊襄（字予思）
（清・壽光人）
［民國］壽光 12/人物志二 30
崔德容（字慎九）
（清・茌平人）
［民國］茌平 3/58
崔化宇（字乘乾）

（恩縣人）
［民國］重修恩縣 11/鄉賢 65
崔勳之（晉）
［順治］鄒平 4/4
［康熙］鄒平 4/3
崔化南（字紹伯）
（清・寧津人）
［光緒］寧津 8/49
崔祐甫（字貽孫）
（唐・博平人）
博平縣鄉土志/耆舊－名臣
崔德晟（字長臨）
（清・平度人）
［道光］重修平度州 19/17
崔德曜（字仲吉）
（清・平度人）
［道光］重修平度州 19/7
25 **崔仲**（清・臨清人）
［乾隆］東昌 43/22
［乾隆］臨清州 9/57
［乾隆］臨清直隸州 8/上 45
［民國］臨清縣/人物 59
崔仲方（字不齊）
（南北朝・清河東武城人）
［道光］濟南 46/14
崔仲文（南北朝・東武城人）
［嘉靖］山東 31/8
［雍正］山東 28/人物一 58
［宣統］山東 163/16
［道光］濟南 46/28
［萬曆］東昌 19/16
［乾隆］東昌 36/22
［嘉慶］東昌 26/23
［嘉靖］武城 7/48
［順治］武城 2/13
［乾隆］武城 10/12
武城縣鄉土志略/耆舊錄
［乾隆］夏津 8/6
［宣統］重修恩縣 8/11
［民國］重修恩縣 11/鄉賢 9
崔傳瑞（字玉榻）
（清・商河人）
［民國］重修商河 9/22
26 **崔繹**（字敷軒）
（清・黃縣人）
［民國］黃縣志稿 13/清懿行

崔伯章（清・寧陽人）
［咸豐］寧陽 20/5，20/6
［光緒］寧陽 20/5，20/6
崔伯謙（字士遜）
（北齊・博陵人）
［嘉靖］山東 26/5
［康熙］山東 33/6
［雍正］山東 27/81
［宣統］山東 67/20
［道光］濟南 46/10
［萬曆元年］兗州 38/循吏 20
［乾隆］東昌 33/13
［嘉慶］東昌 20/20
崔穆之（字清如，號肅堂）
（清・茌平人）
［宣統］茌平 10/14
［民國］茌平 3/29
27 **崔綱**（字肅常）
（清・霑化人）
［光緒］霑化 10/31
［民國］霑化 3/10
崔凱（清・博興人）
［民國］重修博興 13/64
崔岷（字繡屏）
（清・平度人）
［道光］重修平度州 19/3
平度鄉土志 4 上/鄉賢
崔嶼（字十洲）
（明・膠州人）
［康熙］膠州 5/39
［乾隆］膠州 4/45
［道光］重修膠州 25/29
［民國］增修膠志 40/26
崔約（南北朝・清河東武城人）
［道光］濟南 46/29
崔侗立（字木天）
（清・平度人）
［道光］重修平度州 19/17
崔身發（字中式）
（清・武城人）
［道光］武城續編 14/雜記 1
崔象珽（字搢卿）
（清・臨淄人）
［民國］臨淄 27/65
崔叔瓚（南北朝・清河東武城人）

［道光］濟南 46/10
崔紹先（明・新泰人）
［天啟］新泰 6/12
新泰縣鄉土志/19
崔象程（號雪門，自號喜泥老人）
（清・茌平人）
［民國］茌平 3/34
崔龜從（字元吉）
（唐・清河人）
［宣統］山東 162/25
［乾隆］東昌 36/35
［嘉慶］東昌 26/32
崔象儀（字仲威，號可亭）
（清・茌平人）
［宣統］茌平 14/12
［民國］茌平 3/28
崔仰宸（清・利津人）
［民國］利津縣續志 7/孝友 3
崔象坤（字厚圃，號簡齋）
（清・新城人）
［宣統］新城縣後志 2/善行
［民國］重修新城 18/5
崔名教（明）
［光緒］惠民卷末/3
崔象賢（字伯嗣，號硯農）
（清・茌平人）
［宣統］茌平 15/5
［民國］茌平 3/113
28 **崔從**（字子乂）
（唐・齊州全節人）
［嘉靖］山東 29/11
［康熙］山東 39/10
［雍正］山東 28/人物二 14
［宣統］山東 156/11
［康熙］濟南 35/1
［道光］濟南 47/8
［崇禎］歷乘 16/7
［崇禎］歷城 10/4
［乾隆］歷城 35/10
［道光］章邱 11/9
章邱縣鄉土志/上 17
崔徽（字元猷）
（南北朝・清河東武城人）
［嘉靖］山東 31/9
［康熙］山東 41/7
［宣統］山東 155/27

［道光］濟南 46/8
［萬曆］東昌 19/11
［乾隆］東昌 36/10
［嘉慶］東昌 26/12
［順治］武城 2/15
［乾隆］武城 10/5
武城縣鄉土志略/耆舊錄
［宣統］重修恩縣 8/4
［民國］重修恩縣 11/鄉賢 3
恩縣鄉土志/16
崔倫(唐・博平人)
博平縣鄉土志/耆舊－忠節
崔儀(明・高唐人)
［民國］高唐縣 12/82
崔縱(唐・安平人)
［道光］濟南 47/11
博平縣鄉土志/耆舊－事業
崔縱(宋・歷城人)
［雍正］山東 28/人物二 48
［康熙］濟南 38/4
［道光］濟南 47/41
［崇禎］歷乘 16/11
［崇禎］歷城 10/17
崔復信(清・鄒平人)
［民國］鄒平 15/129
崔僧淵(北魏・清河東武城人)
［光緒］益都縣圖志 15/17, 30/10
崔徵璧(清・直隸長垣進士)
［康熙］棲霞 4/9
崔似駉(清・直隸冀州人)
［宣統］山東 76/15
［乾隆］沂州府 20/15
［康熙］莒州下/10
［嘉慶］莒州 7/7
［民國］重修莒志 58/1
崔以鏐(字麗澤)
(清・茌平人)
［宣統］茌平 28/2
［民國］茌平 3/75
崔以筠(字竹苞)
(清・茌平人)
［宣統］茌平 28/7
［民國］茌平 3/79
崔徵餘(清・萊陽人)
［光緒］增修登州 43/32

30 崔安(清・泰安人)
［道光］泰安縣 9/上 87
［民國］重修泰安縣 8/41
崔賓(字筠青)
(清・平度人)
［道光］重修平度州 19/17
崔淳(字仲素,號蘭溪)
(明・平度人)
［康熙］平度州 4/8
［道光］重修平度州 18/10
崔渡(字臨川)
(清・陽信人)
［民國］陽信 5/方技 84
崔宏(字玄伯)
(南北朝・清河東武城人)
［嘉靖］山東 31/4
［康熙］山東 41/3
［雍正］山東 28/人物一 51
［宣統］山東 155/26
［道光］濟南 46/7
［萬曆］東昌 19/11
［乾隆］東昌 36/9
［嘉慶］東昌 26/10
［嘉靖］武城 7/46
［順治］武城 2/12
［乾隆］武城 10/5
武城縣鄉土志略/耆舊錄
［宣統］重修恩縣 8/4
［民國］重修恩縣 11/鄉賢 3
恩縣鄉土志/16
崔宏(字盛吾)
(清・利津人)
［乾隆］利津縣志續編 8/50
［光緒］利津 8/義行 3
崔寬(字景人,一作景仁)
(南北朝・清河東武城人)
［嘉靖］山東 33/27
［宣統］山東 161/10
［道光］濟南 46/8
［乾隆］東昌 36/11
［嘉慶］東昌 26/11
［乾隆］武城 10/6
武城縣鄉土志略/耆舊錄
［宣統］重修恩縣 8/5
［民國］重修恩縣 11/鄉賢 4
崔寬(明・高苑人)

［萬曆］青州 14/17
［康熙十五年］青州 14/17
［康熙四十八年］青州 14/孝友 7
［康熙六十年］青州 17/12
［康熙］高苑 6/4
［乾隆］高苑 6/4
崔寔(字子真)
(漢・涿郡安平人)
［道光］濟南 45/24
崔寅(清・黃縣人)
［民國］黃縣志稿 13/清懿行
崔瀛(字蓬嵐)
(清・日照人)
［光緒］日照 8/33
崔寘(清・平度人)
平度鄉土志 4 上/鄉賢
崔準(清・茌平人)
［宣統］茌平 14/2
［民國］茌平 3/58, 3/71
崔宏度(字麼訶)
(南北朝・清河東武城人)
［道光］濟南 46/12
崔永延(字封來)
(清・靖海衛人)
［光緒］文登 10/上 16
崔永承(清・茌平人)
［民國］茌平 3/58
崔寶信(字侯符)
(清・臨淄人)
［民國］臨淄 24/26
崔寶岱(字魯瞻)
(清・臨淄人)
［民國］臨淄 25/40
崔寶和(字用齋)
(清・臨淄人)
［民國］臨淄 30/37
崔永紹(清・茌平人)
［民國］茌平 3/58
崔寶綸(字言如)
(清・臨淄人)
［民國］臨淄 27/65
崔守宋(清・鄒平人)
［民國］鄒平 15/145
崔宗憲(字紹原)
(清・濮州人)

［宣統］濮州 5/34

崔安潛（字進之）

（唐・齊州全節人）

［康熙］濟南 35/2

［道光］濟南 47/9，71/6

［崇禎］歷城 10/5

［乾隆］歷城 35/13

崔宏遠（字象溥）

（清・膠州人）

［道光］重修膠州 28/20

［民國］增修膠志 42/18

膠州直隸州鄉土志 4/文學

崔宏禮（見崔弘禮）

崔永壽（明・茌平人）

［萬曆］青州 12 又/9

［康熙十五年］青州 12 又/9

［康熙四十八年］青州 12 又/9

［康熙］臨淄 8/10

［民國］臨淄 18/10

［民國］茌平 3/58

崔宗蘭（字馨齋）

（清・桓臺人）

［民國］桓臺 3/31

崔永幹（字寧堂）

（清・壽光人）

［民國］壽光 12/人物志一 84

崔富貴（清・菏澤人）

［光緒］菏澤 16/12

［光緒］新修菏澤 11/70

崔宜春（字紹山）

（明・益都人）

［萬曆］青州 14/56

［康熙十五年］青州 14/56

［康熙四十八年］青州 14/儒行 13

［咸豐］青州 44/51

［康熙］益都 7/25

［光緒］益都縣圖志 36/1

崔永年（清・博興人）

［民國］萊陽 3/1 中 93

崔永益（清・汶上人）

［宣統］四續汶上稿/人物－孝弟傳

崔寶恒（清・臨淄人）

［民國］臨淄 22/65

崔宗恒（清・棲霞人）

［光緒］棲霞縣續志 7/義行 4

31 **崔沔**（字善沖）

（唐・京兆長安人）

［宣統］山東 68/14

［嘉慶］東昌 20/26

崔江龍（清・萊蕪人）

［民國］續修萊蕪 27/17

崔福貴（字素之）

（清・濟南人）

［民國］冠縣 9/10

崔福泰（字青嶽）

（清・菏澤人）

［光緒］菏澤 15/81

［光緒］新修菏澤 11/67

菏澤縣鄉土志/22

32 **崔州平**（漢・安平人）

［道光］濟南 45/31

崔兆儒（清・益都人）

［康熙］郯城 6/17

崔近德（清・無棣人）

［民國］無棣 13/29

崔近思（明・濱州人）

［萬曆］濱州 3/27

33 **崔演**（明・澤州人）

［宣統］山東 72/17

［道光］濟寧直隸州 6/6－35

［康熙］魚臺 15/12

［乾隆］魚臺 9/35

［光緒］魚臺 2/48

崔心廉（字清如）

（清・惠民人）

［光緒］惠民 24/6

崔心德（清・惠民人）

［光緒］惠民 24/6

34 **崔浩**（字伯淵，一字伯深）

（南北朝・清河東武城人）

［嘉靖］山東 31/4

［雍正］山東 28/人物一 51

［宣統］山東 155/27

［道光］濟南 46/8

［萬曆］東昌 19/11

［乾隆］東昌 36/10

［嘉慶］東昌 26/12

［嘉靖］武城 7/46，7/66

［順治］武城 2/10

［乾隆］武城 10/5

武城縣鄉土志略/耆舊錄

［宣統］重修恩縣 8/5

［民國］重修恩縣 11/鄉賢 4

恩縣鄉土志/16

崔洪（字良伯）

（晉・博平人）

博平縣鄉土志/耆舊－名臣

崔澍（元・平度人）

［嘉靖］山東 33/9

［康熙］山東 44/8

［萬曆］萊州 6/15

［康熙］萊州 10/81

［乾隆］萊州 11/武功 2

［康熙］平度州 4/4

崔遠（元・萊陽人）

［民國］萊陽 3/1 中 5

崔凌霄（明・鄒平人）

［道光］濟南 50/15

［道光］鄒平 15/47

［民國］鄒平 15/47

崔凌霄（字伊鵰）

（清・鉅野人）

［民國］續修鉅野 5/上 14

崔汝聽（字聰菴）

（清・東明人）

［宣統］東明續縣志 3/2

［民國］東明縣新誌 11/51

崔漢衡（唐・博州博平人）

［嘉靖］山東 31/14

［康熙］山東 41/12

［雍正］山東 28/人物二 12

［萬曆］東昌 19/24

［乾隆］東昌 36/39

［嘉慶］東昌 26/35

［正德］博平 4/58

［康熙］博平 3/48

［道光］博平 4/13

崔汝舟（字蘭楫）

（平原人）

［民國］續修平原 8/27

崔禧祥（字瑞臨）

（清・壽張人）

［光緒］壽張 7/9，8/65

壽張縣鄉土志/耆舊－事業

崔汝蘇（字新齋）

（清・平度人）

［道光］重修平度州 19/43
平度鄉土志 4 下/學問
崔汝梅（清・慶雲人）
［民國三年］慶雲 2/78
35 **崔迪**（字惟吉）
（明・益都人）
［嘉靖］青州 16/7
［萬曆］青州 14/49
［康熙十五年］青州 14/49
［康熙四十八年］青州 14/儒行 6
［康熙六十年］青州 15/8
［咸豐］青州 43/1
［萬曆］益都 6/91
［康熙］益都 9/13
［光緒］益都縣圖志 18/41,38/9
崔神慶（唐・武安人，一作貝州武城人）
［嘉靖］山東 27/15,31/12
［雍正］山東 28/人物二 7
［萬曆］東昌 19/21
［乾隆］東昌 36/31
［萬曆］萊州 5/61
［康熙］萊州 8/21
［乾隆］萊州 9/6
萊州府鄉土志/上 9
［嘉靖］武城 7/55
［順治］武城 2/16
［乾隆］武城 10/16
武城縣鄉土志略/耆舊錄
崔沖霄（明・鄒平人）
［康熙］顏神鎮志 4/下 17
崔清儒（明・濮州人）
［康熙］濮州續志下/2
［乾隆］濮州 4/12
［宣統］濮州 5/12
崔迪吉（字山公）
（清・茌平人）
［雍正］山東 28/人物四 28
［宣統］山東 174/10
［乾隆］東昌 40/23
［嘉慶］東昌 30/24
［康熙四十九年］茌平 5/5
［宣統］茌平 11/4
［民國］茌平 3/51
崔沖鶴（字伊蒿）
（清・臨淄人）
［咸豐］青州 46/7
［康熙］臨淄 10/6
［民國］臨淄 29/17
臨淄縣鄉土志/耆舊錄
36 **崔逞**（字叔祖）
（南北朝・清河東武城人）
［嘉靖］山東 31/4
［道光］濟南 46/26
［乾隆］東昌 36/11
［嘉慶］東昌 26/11
［嘉靖］武城 7/47
［順治］武城 2/13
［宣統］重修恩縣 8/6
［民國］重修恩縣 11/鄉賢 5
崔暹（字元欽，一作季倫）
（南北朝・東武城人）
［萬曆］東昌 19/88
博平縣鄉土志/耆舊－名臣
崔澤（唐・清河人）
［宣統］重修恩縣 10/2
崔澤遠（字星垣）
（清・莒縣人）
［民國］重修莒志 65/31
崔澤芬（字菱舟）
（清・清平人）
［民國］清平/人物 67
37 **崔鴻**（字彥鸞）
（南北朝・清河鄃人）
［嘉靖］山東 31/6
［康熙］山東 41/4
［雍正］山東 28/人物一 54
［宣統］山東 163/16
［道光］濟南 46/25
［乾隆］東昌 41/12
［嘉慶］東昌 33/11
［嘉靖］夏津 4/6
［康熙］夏津 5/4
［乾隆］夏津 8/6,10/下 10
［乾隆］平原 8/35
平原縣鄉土志輯稿/文學
［光緒］益都縣圖志 29/16
［民國］桓臺志略 3/12
［民國］桓臺 3/16
崔渙（唐・安平人）
［道光］濟南 47/11
崔潤（元・壽光人）
［康熙］平度州 4/4
崔鴻訓（清・奉天旗籍）
［宣統］山東 75/53
［乾隆］武定府 16/31
［咸豐］武定府 19/商河 3
［道光］商河 5/32
［民國］重修商河 6/69
商河縣鄉土志 1/政績
崔冠玉（清・茌平人）
［民國］茌平 3/58
崔朗山（清・鉅野人）
［民國］續修鉅野 7/下 52
崔祖培（字蘭坪）
（清・臨沂人）
［民國］續修臨沂 16/7
崔祖虬（陳・清河人）
［乾隆］東昌 36/11
［嘉慶］東昌 26/11
［乾隆］武城 10/6
武城縣鄉土志略/耆舊錄
崔次恩（北魏）
［光緒］益都縣圖志 15/17
崔鴻圖（字荷泉）
（清・慶雲人）
［民國三年］慶雲 2/95
崔祖思（字敬元）
（南北朝・清河東武城人）
［嘉靖］山東 27/3,31/8
［康熙］山東 35/3
［雍正］山東 28/人物一 45
［宣統］山東 155/22
［道光］濟南 46/4
［嘉靖］青州 13/17
［萬曆］青州 12 又/4
［康熙十五年］青州 12/4,又 12/4
［康熙四十八年］青州 12 又/4
［萬曆］東昌 19/9
［乾隆］東昌 36/8
［嘉慶］東昌 26/9
［嘉靖］武城 7/52
［順治］武城 2/15
［乾隆］武城 10/3
武城縣鄉土志略/耆舊錄

[宣統]重修恩縣 8/3
[民國]重修恩縣 11/鄉賢 3

38 **崔導**(元·萊陽人)
[民國]萊陽 3/1 中 6

崔洽(清·城武人)
[乾隆]曹州府 16/10
[道光]城武 9/上 45

崔遵度(字堅白)
(宋·江陵人,徙淄川)
[嘉靖]山東 29/10
[康熙]山東 39/11
[雍正]山東 31/14
[宣統]山東 163/22
[康熙]濟南 50/4
[道光]濟南 62/4,72/31
[嘉靖]淄川 6/81
[萬曆]淄川 34/1
[康熙]淄川 6 下/59
[乾隆]淄川 6/下 59

崔祥雲(清·臨淄人)
[民國]臨淄 28/11

崔肇師(南齊·清河東武城人)
[嘉靖]青州 15/4
[萬曆]青州 12/11
[康熙十五年]青州 12/11
[康熙四十八年]青州 12/11
[康熙六十年]青州 12/6
[乾隆]東昌 36/23
[嘉慶]東昌 26/24
[光緒]益都縣圖志 44/2
[乾隆]武城 10/12
武城縣鄉土志略/耆舊錄

崔道演(字元甫,號真靜)
[道光]長清 13/13

崔道遠(號驥雲)
(清·茌平人)
[民國]茌平 12/87

崔道南(字鹿門)
(清·臨淄人)
[民國]臨淄 27/52

崔漾東(原名漢清,字嶓源)
(清·壽光人)
[民國]壽光 12/人物志二 63

崔道固(字季堅)
(北魏·清河人)
[嘉靖]山東 31/5
[宣統]山東 161/7
[咸豐]青州 64/13
[乾隆]夏津 10/下 20
[光緒]益都縣圖志 15/6,52/1,53/4

崔道恒(清·順天人)
[光緒]益都縣圖志 18/79

39 **崔洋林**(字芹堂)
(清·齊河人)
[民國]齊河 23/83,27/32

40 **崔杰**(字俊生,號選堂)
(清·東明人)
[宣統]東明續縣志 3/1
[民國]東明縣新誌 11/40
東明縣志料/人物門

崔燾(晉·博陵安平人)
[順治]定陶 5/4
[乾隆]定陶 4/16
[民國]定陶 4/16

崔克讓(明·廣宗人)
[光緒]三續掖縣 4/3

崔志高(字凌雲)
(清·茌平人)
[宣統]茌平 14/15
[民國]茌平 3/83

崔士謙(南北朝·清河東武城人)
[道光]濟南 46/12

崔大武(清·茌平人)
[宣統]茌平 28/8
[民國]茌平 3/80

崔克己(明·新泰人)
[康熙]濟南 44/19
[乾隆]泰安府 18/40
[天啟]新泰 6/20
[順治]新泰 5/23
[乾隆]新泰 16/3
新泰縣鄉土志/24

崔志仁(字敬齋)
(明·膠州人)
[乾隆]膠州 4/34
[道光]重修膠州 25/9
[民國]增修膠志 40/8

崔奇峰(字鶴泉)
(清·濮州人)
[宣統]濮州 6/37
[光緒]增修登州 36/15
[光緒]蓬萊縣續志 6/武秩 3

崔大瀛(字蓬洲)
(清·桓臺人)
[民國]桓臺志略 3/23
[民國]桓臺 3/33

崔士治(清·諸城人)
[宣統]山東 175/54
[咸豐]青州 49/49
[道光]諸城縣續志 19/12
諸城縣鄉土志/上 48

崔士棨(字樅窗)
(明·河南安陽人)
[宣統]山東 71/20
[道光]濟南 36/59
[康熙]德平 3/3
[乾隆]德平 2/26
[嘉慶]德平 5/9
[光緒]德平 5/9

崔嘉桓(清·直隸獻縣監生)
[民國]牟平 6/80

崔大本(字道源)
(清·慶雲人)
[咸豐]慶雲 2/64
[民國三年]慶雲 2/42

崔有哲(明·平度人)
[康熙]山東 45/24
[康熙]萊州 10/67
[乾隆]萊州 11/善行 2
[康熙]平度州 5/6
[道光]重修平度州 18/20
平度鄉土志 4 上/鄉賢

崔克昌(清·平度人)
[民國]平度縣續志 7/27
平度鄉土志 4 上/鄉賢

崔大用(字霖舟)
(清·東平人)
[光緒]東平州 15/下 43
[民國]東平縣 11/下 16

崔希周(字兼三)
(清·茌平人)
[宣統]茌平 14/10
[民國]茌平 3/90

崔真人(宋)
[道光]濟南 60/10

崔有忱(清·長山人)

[道光]濟南 55/28
[康熙五十五年]長山 6/38
[嘉慶]長山 9/10
41 **崔柄**(明・永寧人)
[同治]重修寧海州 12/11
崔壝(清・安徽太平人)
[宣統]山東 76/47
[道光]高唐州 7/1－16
[光緒]高唐州 7/1－16
[民國]高唐縣 9/5－13
崔桓(字叔武)
(明・平度人)
[康熙]平度州 4/8
[道光]重修平度州 18/15
崔楷(字季則)
(南北朝・清河東武城人)
[道光]濟南 46/11
崔楷(字澄章)
(清・膠州人)
[道光]重修膠州 29/33
[民國]增修膠志 45/18
崔樞(唐)
[嘉靖]武定州下/47
崔楨(唐・貝州武城人)
[嘉靖]武城 7/58
崔楨(字幹臣)
(清・桓臺人)
[民國]桓臺志略 3/18
[民國]桓臺 3/26
42 **崔彭**(字子彭)
(南北朝・清河東武城人)
[道光]濟南 46/12
崔斯美(字憲西)
(清・平度人)
[民國]平度縣續志 8/5
43 **崔式堅**(字詩孫,號肖庭)
(清・茌平人)
[民國]茌平 3/37
44 **崔恭**(字克讓,一字德讓)
(明・北直廣宗人)
[嘉靖]山東 27/18
[雍正]山東 27/71
[宣統]山東 73/30
[萬曆]萊州 5/68
[康熙]萊州 8/27
[乾隆]萊州 9/12
萊州府鄉土志/上 14
[嘉慶]續掖縣 2/18
崔恭(明・堂邑人)
[順治]堂邑 3/襍志 3
[康熙十一年]堂邑 3/襍志 3
崔華(字鎮西)
(清・臨淄人)
[民國]臨淄 24/23
崔華(清・樂安人)
[民國]續修廣饒 19/69
崔劼(字彥先,一字彥玄)
(北齊・清河人)
[雍正]山東 28/人物一 58
[宣統]山東 67/21
[道光]濟南 46/25
[萬曆]東昌 19/15
[乾隆]東昌 36/20
[嘉慶]東昌 26/21
[嘉靖]寧海州下/5
[嘉靖]夏津 4/6
[康熙]夏津 5/5
[乾隆]夏津 8/6,10/下 9
[光緒]益都縣圖志 44/1
[民國]桓臺志略 3/12
[民國]桓臺 3/16
崔林(字德儒)
(三國・東武城人)
[嘉靖]山東 31/2
[康熙]山東 35/3
[雍正]山東 28/人物一 30
[宣統]山東 154/22
[道光]濟南 45/35
[萬曆]東昌 19/6
[乾隆]東昌 36/4
[嘉慶]東昌 26/6
[嘉靖]武城 7/45
[順治]武城 2/11
[乾隆]武城 10/2
武城縣鄉土志略/耆舊錄
[宣統]重修恩縣 8/2
[民國]重修恩縣 11/鄉賢 2
恩縣鄉土志/16
崔林(元・萊陽人)
[民國]萊陽 3/1 中 4
崔懋(字黍谷)
(清・奉天遼陽人)
[宣統]山東 75/14
[道光]濟南 38/22
[康熙]新城 5/13,12/19
[道光]新城/名宦
[民國]重修新城 11/2,11/5,11/6
新城縣鄉土志/政績－清知縣
崔模(字叔軌)
(南北朝後魏・清河東武城人)
[道光]濟南 46/11
崔模(字思範)
(南北朝後魏・清河東武城人)
[嘉靖]青州 15/62
[萬曆]青州 15/60
[康熙十五年]青州 15/60
[康熙四十八年]青州 15/僑寓 7
[光緒]益都縣圖志 53/5
崔協(字思化)
(五代・清河人)
[道光]濟南 72/30
博平縣鄉土志/耆舊－循史
崔壦(字和⿰言英)
(清・東明人)
[宣統]東明續縣志 3/3,3/28,3/42
[民國]東明縣新誌 11/53,12/64
崔鬱(後魏)
[嘉靖]濮州 7/4
崔若諾(明・高唐人)
[乾隆]東昌 44/15
[嘉慶]東昌 34/14
[康熙十二年]高唐州 9/15
[康熙五十一年]高唐州 9/27
[道光]高唐州 5/2－24
[光緒]高唐州 5/2－40
[民國]高唐縣 12/82
崔若岱(明・萊陽人)
[民國]萊陽 3/1 中 20
崔孝偉(南北朝・清河東武城人)

[道光]濟南 46/15
崔萬仞(明・內丘人)
[康熙五十六年]壽張 4/7
崔懋宸(字梅生)
(清・膠州人)
[民國]增修膠志 47/9
崔世安(清・濰縣人)
[乾隆]濰縣 4/37
[民國]濰縣志稿 29/18
崔夢吉(清・平原人)
[民國]續修平原 6/13
崔蘊韜(字志展)
(清・東明人)
東明縣志料/藝術－文藝
崔華林(清・壽光人)
[民國]壽光 12/人物志二 79
崔孝芬(字恭梓)
(北魏・清河東武城人)
[道光]濟南 46/14
[道光]博平 4/30
博平縣鄉土志/耆舊－事業
[光緒]益都縣圖志 15/15
崔協恭(字和衷)
(清・新城人)
[道光]濟南 55/81
[宣統]新城縣後志 3/孝友
[民國]重修新城 17/2
新城縣鄉土志/耆舊－清
崔執中(元・萊陽人)
[民國]萊陽 3/1 中 4
崔夢昌(字仙九)
(清・鉅野人)
[民國]續修鉅野 5/上 24
崔蔭田(字樾村)
(平原人)
[民國]續修平原 8/22
崔莊兒(明・山東武定人)
[乾隆]沂州府 17/30
崔莊臨(字敬孚,號莅堂)
(清・荏平人)
[宣統]荏平 10/11
[民國]荏平 3/26
崔世榮(元・壽光人)
[萬曆]萊州 6/24
[康熙]萊州 10/94
[康熙]平度州 4/4,5/3
[道光]重修平度州 17/16,
22/1,24/15
平度鄉土志 4 上/事業
[民國]壽光 16/8
46 **崔旭**(字曉林,號念堂)
(清・慶雲人)
[咸豐]慶雲 2/60
[民國三年]慶雲 2/22,2/
96,4/38
崔韞(字輝之)
(明・東明人)
[康熙]東明 7/30
[乾隆]東明 7/30
東明縣志料/人物門
47 **崔起**(清・高唐人)
[道光]高唐州 5/2－6
[光緒]高唐州 5/2－6
崔杼(謚武子)
(春秋・齊人)
[嘉靖]山東 33/12
[嘉靖]青州 16/57
[康熙十五年]青州 20/外
傳 1
[康熙四十八年]青州 20/
外傳 1
崔楓林(清・膠州人)
[民國]增修膠志 43/6
48 **崔敬**(字伯恭)
(元・惠州人)
[宣統]山東 69/18
[道光]濟南 34/45
[乾隆]德州 8/3
[民國]德縣 9/6
[光緒]益都縣圖志 17/24
崔松(字子茂)
(明・壽光人)
[康熙十五年]青州 14/10
[康熙四十八年]青州 14/
忠義 10
[康熙六十年]青州 17/5
[咸豐]青州 45/58
[康熙]壽光 24/1
[嘉慶]壽光 12/20
[民國]壽光 12/人物志二 69
崔敬禹(清・鄒平人)
[民國]鄒平 15/143
崔敬邕(北魏・清河東武城
人,一作博陵安平人)
[宣統]山東 151/26
[道光]濟南 46/16
50 **崔接**(字顯賓)
(北魏)
[嘉靖]武定州下/45
[崇禎]武定州 7/1
崔中立(字化倚)
(清・平原人)
[民國]續修平原 6/19
崔中言(字綸卿)
(東平人)
[民國]東平縣 11/中 16
崔書雲(字雨村)
(清・新城人)
[宣統]新城縣後志 3/孝友
[民國]重修新城 18/17
崔中洽(清・東平人)
[民國]東平縣 11/中 35
崔東陽(字旭初)
(清・黃縣人)
[民國]黃縣志稿 13/清文學
51 **崔振**(字延根)
(南北朝・清河東武城人)
[道光]濟南 46/15
崔振綱(字彝常)
(清・新城人)
[道光]濟南 55/79
[宣統]新城縣後志 2/善行
[民國]重修新城 17/17
崔振東(清・博興人)
[民國]重修博興 13/45
52 **崔挺**(字雙根)
(北魏・博陵安平人)
[嘉靖]山東 27/15
[康熙]山東 37/2
[雍正]山東 28/人物一 55
[宣統]山東 67/18
[道光]濟南 46/13
[萬曆]萊州 5/57
[康熙]萊州 8/17
[乾隆]萊州 9/5
萊州府鄉土志/上 7
[嘉慶]續掖縣 2/10
博平縣鄉土志/耆舊－循史

崔靜山(字曉嵐)
(恩縣人)
[民國]重修恩縣 11/鄉賢 88
崔靜溪(東阿人)
[民國]東阿 15/21
53 **崔輔**(字君佐)
(明・膠州人)
[康熙]膠州 5/28
[乾隆]膠州 4/35
[道光]重修膠州 26/6
[民國]增修膠志 40/33
膠州直隸州鄉土志 4/篤行
崔咸(字重易)
(唐・博州博平人)
[嘉靖]山東 31/15
[康熙]山東 41/12
[雍正]山東 28/人物二 15
[宣統]山東 156/11
[萬曆]東昌 19/26
[乾隆]東昌 36/41
[嘉慶]東昌 26/36
[正德]博平 4/58
[康熙]博平 3/48
[道光]博平 4/13
崔彧(字文若)
(北魏・河東武城人)
[嘉靖]山東 33/26
[康熙]山東 49/3
[雍正]山東 31/5
[宣統]山東 168/9
[道光]濟南 46/27
[嘉靖]青州 16/43
[康熙十五年]青州 17/3
[康熙四十八年]青州 17/方技 3
[萬曆元年]兗州 43/8
[萬曆]東昌 22/12
[乾隆]東昌 44/14
[嘉慶]東昌 34/13
[乾隆]濮州 3/7
[光緒]益都縣圖志 48/13
[順治]武城 2/13
[乾隆]武城 14/雜記 2
[民國]增訂武城續編 15/2
[宣統]重修恩縣 8/92
[民國]重修恩縣 11/鄉賢 85

崔成霖(字沐汝)
(清・臨沂人)
[民國]臨沂 10/31
崔成震(字寅賓)
(清・臨沂人)
[民國]臨沂 10/32
54 **崔披雲**(清・堂邑人)
堂邑縣鄉土志/耆舊錄
57 **崔邦亮**(字德嚴,號際虞)
(明・東明人)
[康熙]東明 6/20
[乾隆]東明 6/20
[民國]東明縣新誌 11/32
58 **崔敷極**(字御六)
(清・膠州人)
[乾隆]膠州 5/16
[道光]重修膠州 28/4
[民國]增修膠志 42/3
膠州直隸州鄉土志 4/篤行
60 **崔昂**(字懷遠)
(南北朝・清河東武城人)
[道光]濟南 46/15
崔旦(字伯東)
(明・平度人)
[民國]平度縣續志 8/10
平度鄉土志 4 下/學問
崔杲(明・濱州人)
[萬曆]濱州 3/26
崔國(見崔冏)
崔冕(明・蘇州人)
[乾隆]泰安府 15/10
崔旻(明・直隸香河人)
[萬曆]青州 12 又/又 11
[康熙十五年]青州 12/又 11
[康熙四十八年]青州 12/又 11
[康熙六十年]青州 12/33
[萬曆]諸城 4/22
[康熙]諸城 4/13
[乾隆]諸城 28/3
崔昇(清・奉天遼陽舉人)
[宣統]山東 75/2
[康熙]濟南 26/11
[道光]濟南 38/5
[崇禎]歷城 6/又 4
[民國]續修歷城 38/1

崔圓(字有裕)
(唐・貝州武城人)
[嘉靖]山東 31/13
[康熙]山東 41/11
[雍正]山東 28/人物二 8
[宣統]山東 156/6
[萬曆]東昌 19/23
[乾隆]東昌 36/37
[嘉慶]東昌 26/33
[嘉靖]武城 7/57
[順治]武城 2/17
[乾隆]武城 10/17
武城縣鄉土志略/耆舊錄
[光緒]益都縣圖志 31/1
[宣統]重修恩縣 8/15
[民國]重修恩縣 11/鄉賢 12
恩縣鄉土志/17
崔景儁(南北朝・清河東武城人)
[道光]濟南 46/11
崔昌齡(清・臨淄人)
[民國]臨淄 30/37
崔景徽(字文叡)
(北魏)
[光緒]益都縣圖志 15/15
崔思遠(清・棲霞人)
[光緒]棲霞縣續志 6/武臣 1
崔目連(南北朝・益都人)
[光緒]益都縣圖志 15/6
崔思祖(南北朝)
[康熙六十年]青州 12/7
崔國祥(清・臨淄人)
[民國]臨淄 25/36
崔景真(南北朝・清河東武城人)
[嘉靖]山東 27/3,31/8
[康熙]山東 35/3
[宣統]山東 161/7
[道光]濟南 46/4
[嘉靖]青州 13/18
[萬曆]青州 12/11
[康熙十五年]青州 12/11
[康熙四十八年]青州 12/11
[康熙六十年]青州 12/6
[乾隆]東昌 36/8

[嘉慶]東昌 26/9
[嘉靖]武城 7/52
[順治]武城 2/15
[乾隆]武城 10/3
武城縣鄉土志略/耆舊錄
[民國]夏津續編 8/1
崔景春(明・濱州人)
[萬曆]濱州 3/47
崔景凰(字鸞叔)
(北齊・武城人)
[乾隆]武城 14/雜記 2
[民國]增訂武城續編 15/2
崔昌年(字兆五)
(清・東平人)
[光緒]東平州 15/中 45
[民國]東平縣 11/中 13
崔星符(字信齋)
[民國]重修博興 10/3
66 **崔暘**(字時林,號月沾)
(清・慶雲人)
[民國三年]慶雲 2/52
67 **崔鄲**(唐・貝州武城人)
[嘉靖]武城 7/60
[順治]武城 2/17
崔明(明・直隸香河人)
[咸豐]青州 36/10
崔贍(字彥通)
(南北朝・清河東武城人)
[道光]濟南 46/28
[嘉靖]武城 7/48
[順治]武城 2/13
崔瞻(字彥通)
(南北朝・東武城人)
[嘉靖]山東 31/6
[康熙]山東 41/4
[雍正]山東 28/人物一 58
[宣統]山東 163/16
[萬曆]東昌 19/14
[乾隆]東昌 36/23
[嘉慶]東昌 26/24
[乾隆]武城 10/11
武城縣鄉土志略/耆舊錄
[乾隆]夏津 8/6,10/下 21
崔嗣統(字紹先,號漢西)
(清・膠州人)
[乾隆]膠州 5/28
[道光]重修膠州 29/3
[民國]增修膠志 44/2
崔鳴鑾(清・臨淄人)
[民國]臨淄 28/11
崔昭緯(字蘊曜)
(唐・全節人)
[道光]濟南 71/8
[乾隆]歷城 35/18
崔路常(字德農)
(清・慶雲人)
[民國三年]慶雲 2/54
71 **崔頤**(字太沖)
(南北朝・清河東武城人)
[嘉靖]山東 31/4
[道光]濟南 46/27
[嘉靖]武城 7/47
[順治]武城 2/13
[宣統]重修恩縣 6/8
博平縣鄉土志/耆舊－學問
崔頤正(宋・河南封丘人)
[嘉靖]山東 27/16
[康熙]山東 37/3
[雍正]山東 27/69
[宣統]山東 68/54
[萬曆]萊州 5/63
[康熙]萊州 8/23
[康熙]高密 6/24
[乾隆]高密 6/16
[光緒]高密 6/20
[民國]高密 12/22
崔陟崑(字望山)
(明・慶雲人)
[嘉慶]慶雲 9/26
[咸豐]慶雲 2/66
[民國三年]慶雲 2/102
崔巨倫(字孝宗)
(北魏・博陵安平人)
[宣統]山東 67/14
[道光]濟南 46/11
崔長式(字敦和)
(清・茌平人)
[民國]茌平 3/58
崔長增(字益亭)
(清・齊河人)
[民國]齊河 26/28
72 **崔隱甫**(唐・貝州武城人)
[嘉靖]山東 31/13
[康熙]山東 41/11
[雍正]山東 28/人物二 8
[宣統]山東 156/6
[萬曆]東昌 19/22
[乾隆]東昌 36/33
[嘉靖]武城 7/57
[順治]武城 2/11
[乾隆]武城 10/17
武城縣鄉土志略/耆舊錄
[宣統]重修恩縣 6/10
74 **崔勵**(字彥德)
(南北朝・清河人)
[光緒]益都縣圖志 29/15
崔陞(字廷進)
(明・樂安人)
[宣統]山東 161/27
崔慰祖(字悅宗)
(南北朝・清河東武城人)
[嘉靖]山東 31/9
[康熙]山東 41/7
[雍正]山東 28/人物一 46
[宣統]山東 163/9
[道光]濟南 46/5
[萬曆]東昌 19/9
[乾隆]東昌 41/11
[嘉慶]東昌 33/10
[嘉靖]武城 7/52,7/66
[順治]武城 2/15
[乾隆]武城 10/3
武城縣鄉土志略/耆舊錄
[宣統]重修恩縣 8/29
[民國]重修恩縣 11/鄉賢 29
崔陸莊(字康衢)
(清・壽光人)
[民國]壽光 12/人物志二 27
75 **崔賾**(字祖濬)
(隋・博陵安平人)
[道光]濟南 46/37
76 **崔駰**(字亭伯)
(漢・涿郡安平人)
[道光]濟南 45/22
77 **崔丹**(字開予,後改名子忠,
號青蚓,又號道母)
(清・萊陽人)
[民國]萊陽 3/1 中 87

崔冏(字法峻)
(南北朝・清河東武城人)
[道光]濟南 46/27
[乾隆]東昌 36/20
[嘉慶]東昌 26/21
[乾隆]武城 14/雜記 2
[民國]增訂武城續編 15/2
崔熙(字樂庵)
(清・平度人)
[道光]重修平度州 19/42
崔鄖(字廣略)
(唐・貝州武城人)
[嘉靖]山東 31/15
[康熙]山東 41/13
[雍正]山東 28/人物二 15
[宣統]山東 156/11
[萬曆]東昌 19/25
[乾隆]東昌 36/40
[嘉靖]武城 7/59
[順治]武城 2/17
[乾隆]武城 10/18
武城縣鄉土志略/耆舊錄
[乾隆]夏津 8/7
崔譽(字鳴謙,號草亭居士)
(明・滕縣人)
[萬曆]滕志 7/34
[康熙]滕志 7/33
[康熙]滕縣志 7/29
[道光]滕縣志 8/儒林 2
滕縣鄉土志/22
崔周度(五代・齊州人)
[宣統]山東 164/13
崔殿一(字鼎臣)
(清・濮州人)
[宣統]濮州 6/18
崔學信(字季言)
(平原人)
[民國]續修平原 8/24
崔貫鼎(字銘三)
(清・臨沂人)
[民國]續修臨沂 16/10
崔居儉(五代・清河郡人)
[乾隆]東昌 36/44
[嘉慶]東昌 26/38
[嘉靖]恩縣 6/4
[萬曆]恩縣 4/33
[宣統]重修恩縣 8/16
[民國]重修恩縣 11/鄉賢 13
崔隆宗(南北朝・清河東武城人)
[宣統]山東 161/11
[乾隆]東昌 36/12
[嘉慶]東昌 26/13
[乾隆]武城 10/7
武城縣鄉土志略/耆舊錄
[宣統]重修恩縣 8/7
[民國]重修恩縣 11/鄉賢 5
崔學密(清・平度人)
[道光]重修平度州 19/26
平度鄉土志 4 上/鄉賢
崔鳳沼(字鑑塘)
(清・臨邑人)
[民國]續修臨邑 3/38
崔學海(字百川)
(清・寧津人)
[光緒]寧津 8/12
寧津縣志料 3/人物－循良
崔學海(字景瑞)
(清・滋陽人)
滋陽縣鄉土志 1/耆舊－忠義
崔鳳藻(字筱樓)
(清・利津人)
[民國]利津縣續志 7/義行 1
崔鳳桐(濟寧人)
[民國]濟寧縣 3/6
崔居易(字香山)
(清・膠州人)
[乾隆]膠州 5/17
[道光]重修膠州 28/4
[民國]增修膠志 42/4
崔殿兒(明・濮州人)
[嘉靖]濮州 6/10
崔鳳岡(清・高唐人)
[道光]高唐州 5/2－22
[光緒]高唐州 5/2－25
[民國]高唐縣 12/51
崔鳳年(清・鉅野人)
[道光]鉅野 13/61
崔鳳舞(清・蒙陰人)
[宣統]蒙陰 4/武功
崔學篤(明・臨淄人)
[民國]臨淄 23/11
78 **崔鑒**(字神具)
(北魏・博陵安平人)
[宣統]山東 67/9
[道光]濟南 46/9
崔愍(字長謙)
(北齊・貝邱人)
[咸豐]青州 64/16
[乾隆]東昌 36/24
[嘉慶]東昌 26/25
[光緒]益都縣圖志 15/16, 53/4
[乾隆]武城 10/12
武城縣鄉土志略/耆舊錄
[宣統]重修恩縣 8/12
[民國]重修恩縣 11/鄉賢 9
79 **崔騰**(字鵬搏)
(明・茌平人)
[康熙二年]茌平 2/49
[宣統]茌平 11/3
[民國]茌平 3/50
崔騰(字雲鵬)
(明・蒲臺人)
[康熙]濟南 46/3
[乾隆]武定府 26/4
[咸豐]武定府 26/義行 4
[萬曆]蒲臺志 9/4
[康熙]重修蒲臺 7/10
[乾隆]蒲臺 3/45
蒲臺縣鄉土志/10
80 **崔鉉**(字台碩)
(唐・博州人)
[嘉靖]山東 31/15
[康熙]山東 41/13
[雍正]山東 28/人物二 16
[萬曆]東昌 19/26
[嘉慶]東昌 26/35
崔益(宋)
[嘉慶]德平 5/4
[光緒]德平 5/4
崔曾註(清・臨淄人)
[民國]臨淄 28/8
崔義玄(唐・貝州武城人)
[嘉靖]山東 31/12
[康熙]山東 41/9
[雍正]山東 28/人物二 3

[宣統]山東 156/4
[萬曆]東昌 19/19
[乾隆]東昌 36/30
[嘉靖]武城 7/65
[順治]武城 2/16
[乾隆]武城 10/16
武城縣鄉土志略/耆舊錄
崔義元(見崔義玄)
崔人玕(清・萊陽人)
[民國]萊陽 3/1 中 75
崔善爲(唐・貝州武城人)
[嘉靖]山東 31/10
[康熙]山東 41/8
[雍正]山東 28/人物二 1
[宣統]山東 156/3
[萬曆]東昌 19/18
[乾隆]東昌 36/27
[嘉靖]武城 7/54
[順治]武城 2/16
[乾隆]武城 10/15
武城縣鄉土志略/耆舊錄
崔養重(字莊伯,號鹿門)
(清・慶雲人)
[嘉慶]慶雲 9/8
[咸豐]慶雲 2/59
[民國三年]慶雲 2/21
崔含實(字虛谷)
(清・濰縣人)
[民國]濰縣志稿 31/19
崔金藻(清・利津人)
[光緒]利津 8/孝友 7
崔毓桂(字月巖,號馥園)
(清・壽光人)
[民國]壽光 12/人物志一 92
崔毓芝(清・茌平人)
[宣統]茌平 16/7
[民國]茌平 3/39
崔毓桐(字椅園,號陶廬)
(清・壽光人)
[民國]壽光 12/人物志二 27
壽光縣鄉土志/耆舊
崔金陵(字臨江)
(清・清平人)
[宣統]增輯清平 12/50
[民國]清平/人物 32
清平縣鄉土志/耆舊

崔曾譽(清・臨淄人)
[民國]臨淄 24/26
崔金鑑(字吉人)
(清・博興人)
[民國]重修博興 13/54
崔曾省(字佩三)
(清・臨淄人)
[民國]臨淄 27/58
81 **崔鐠**(字印乾)
(清・平度人)
[民國]平度縣續志 8/18
82 **崔鍾芳**(字蔭海)
(清・利津人)
[光緒]利津 7/文苑 2
崔鍾善(字子萬,號晉生)
(清・慶雲人)
[民國三年]慶雲 2/24
83 **崔鑛**(字龍青)
(清・平度人)
[道光]重修平度州 19/7
崔猷(字宣猷)
(南北朝・清河東武城人)
[道光]濟南 46/14
84 **崔銑**(字子鍾,一字仲凫)
(明・樂安人)
[宣統]山東 162/33
[雍正]樂安 19/2
[民國]樂安 10/36
[民國]續修廣饒 19/88
崔鑄(明・臨朐人)
[嘉靖]臨朐 3/11
崔鎮川(字封濬)
(清・壽光人)
[民國]壽光 12/人物志二 19
85 **崔鑽**(清)
[宣統]山東 77/10
[咸豐]青州 37/18
[乾隆]續壽光 18/3
[嘉慶]壽光 10/31
[民國]壽光 6/21
86 **崔知載**(字垕山)
(清・平度人)
[光緒]平度志要/人物
崔錫朋(字信卿)
(平原人)
[民國]續修平原 6/16

崔錫榮(清・廣寧人)
[道光]長清 4/2
87 **崔邠**(字處仁)
(唐・貝州武城人)
[嘉靖]山東 31/15
[康熙]山東 41/12
[宣統]山東 156/10
[萬曆]東昌 19/25
[乾隆]東昌 36/39
[嘉靖]武城 7/67
[順治]武城 2/17
[乾隆]武城 10/18
武城縣鄉土志略/耆舊錄
崔鄯(唐・夏津人)
[嘉靖]山東 31/15
[康熙]山東 41/13
[乾隆]夏津 8/7
崔銘心(字惺源)
(清・臨淄人)
[民國]臨淄 27/61
崔銘善(字子新,號雲浦)
(清・慶雲人)
[民國三年]慶雲 2/26
88 **崔篆**(漢・安平人)
[萬曆]青州 12/6
[康熙十五年]青州 12/6
[康熙四十八年]青州 12/6
[康熙六十年]青州 12/3
崔纂(字叔則)
(南北朝・清河東武城人)
[道光]濟南 46/16
90 **崔光**(本名孝伯,字長仁)
(南北朝・清河鄃人,一作南平原貝丘人)
[嘉靖]山東 31/6
[康熙]山東 41/4
[雍正]山東 28/人物一 54
[宣統]山東 155/27
[道光]濟南 46/24
[萬曆]東昌 19/11
[乾隆]東昌 36/12
[嘉慶]東昌 26/13
[嘉靖]夏津 4/5
[康熙]夏津 5/4
[乾隆]夏津 8/5,10/下 1
[光緒]益都縣圖志 29/1

［乾隆］平原 8/35
平原縣鄉土志輯稿/文學
［民國］桓臺志略 3/12
［民國］桓臺 3/16
崔堂（字升菴）
（清・臨清人）
［民國］臨清縣/人物 65
崔炎（漢）
［道光］榮成 8/8
崔光韶（南北朝・清河東武城人）
［嘉靖］山東 27/3，31/6
［康熙］山東 35/3，41/5
［雍正］山東 28/人物一 56
［宣統］山東 155/28
［嘉靖］青州 13/20
［萬曆］青州 12/12
［康熙十五年］青州 12/12
［康熙四十八年］青州 12/12
［康熙六十年］青州 12/7
［咸豐］青州 34/15
［萬曆］東昌 19/12
［乾隆］東昌 36/13
［嘉慶］東昌 26/14
［乾隆］夏津 8/5，10/下 17
［光緒］益都縣圖志 15/14，30/6
［嘉靖］武城 7/49
［順治］武城 2/10
［乾隆］武城 10/9
武城縣鄉土志略/耆舊錄
崔光琛（字栗卿）
（清・陽穀人）
［民國］增修陽穀人物/武功 11
崔懷順（南北朝・東武城人）
［嘉靖］山東 31/6
［康熙］山東 41/5
［萬曆］東昌 19/9
［嘉靖］武城 7/66
［順治］武城 2/14
崔光伯（南北朝・清河東武城人）
［嘉靖］山東 27/15
［康熙］山東 37/2
［雍正］山東 28/人物一 56
［嘉靖］青州 13/20
［萬曆］青州 12/12
［康熙十五年］青州 12/12
［康熙四十八年］青州 12/12
［康熙六十年］青州 12/7
［乾隆］東昌 36/13
［嘉慶］東昌 26/14
［萬曆］萊州 5/57
［康熙］萊州 8/17
［乾隆］萊州 9/5
萊州府鄉土志/上 7
［光緒］益都縣圖志 15/16
［康熙］濰縣 5/名宦 2
［乾隆］濰縣 3/38
［民國］濰縣志稿 20/6
濰縣鄉土志/50
［乾隆］武城 10/10
武城縣鄉土志略/耆舊錄
崔光宗（字臥廬）
（清・平度人）
［道光］重修平度州 19/7
崔尚禮（明・安肅人）
［道光］濟寧直隸州 6/6－36
［康熙］魚臺 15/15
［乾隆］魚臺 9/38
［光緒］魚臺 2/49
［康熙］肥城書上/32
崔光祿（字一卿）
（清・博興人）
［民國］重修博興 13/61
崔光祖（字纘先）
（清・鄆城人）
［光緒］鄆城 16/19
崔光裕（字子餘）
（清・汶上人）
［宣統］四續汶上稿/人物－耆德傳
崔惟孝（元・寧海人）
［同治］重修寧海州 21/5
［民國］牟平 7/85
崔光明（清・莒縣人）
［民國］重修莒志 61/9
崔光璧（字蘊山）
（清・歷城人）
［民國］續修歷城 44/43
崔光第（字振甫）
（清・慶雲人）
［民國三年］慶雲 2/52
崔光箕（字雅甫，號梅港）
（清・慶雲人）
［民國三年］慶雲 2/53
崔光篪（字仲甫）
（清・慶雲人）
［民國三年］慶雲 2/98
崔光笏（字正甫，號惠田）
（清・慶雲人）
［民國三年］慶雲 2/23
崔懷慎（南北朝・清河東武城人）
［雍正］山東 28/人物一 52
［宣統］山東 165/4
［乾隆］東昌 42/2
［嘉慶］東昌 32/2
［乾隆］武城 10/3
武城縣鄉土志略/耆舊錄
［宣統］重修恩縣 8/39
［民國］重修恩縣 11/鄉賢 47
91 **崔灯**（清・汶上人）
［宣統］四續汶上稿/人物－施濟傳
92 **崔忻**（字伯悅）
（南北朝・清河東武城人）
［道光］濟南 46/10
93 **崔悛**（字長儒）
（南北朝・清河東武城人）
［乾隆］東昌 36/21
［嘉慶］東昌 26/21
［嘉靖］武城 7/47
［順治］武城 2/13
武城縣鄉土志略/耆舊錄
94 **崔燽**（字盤龍）
（明・平度人）
［康熙］平度州 4/9
［道光］重修平度州 18/10
［光緒］平度志要/人物
崔㥄（字長孺）
（南北朝・清河東武城人）
［嘉靖］山東 33/26
［道光］濟南 46/28
［萬曆］東昌 19/89
［乾隆］武城 10/11
崔慎五（東阿人）

［民國］東阿 15/9
崔慎由（字敬止）
（唐・齊州全節人）
［嘉靖］山東 29/12
［康熙］山東 39/11
［康熙］濟南 36/2
［道光］濟南 47/9
［崇禎］歷乘 16/7
［崇禎］歷城 10/5
［乾隆］歷城 35/12
97 **崔燦**（清・河南輝縣人）
［宣統］山東 76/41
崔煥文（清・漢軍旗人）
新城縣鄉土志/政績－清知縣
崔煥章（字鷺坡）
（清・寧陽人）
［光緒］寧陽 15/34
99 **崔榮**（字壽甫）
（元・章邱人）
［道光］濟南 48/45
［道光］章邱 11/54,14/55
［民國］鄒平 17/60
崔榮（明・新泰人）
［天啟］新泰 6/12

任

00 **任諒**（字子諒）
（宋・眉山人）
［雍正］山東 27/7
［宣統］山東 68/27
［光緒］益都縣圖志 16/42
任讓（明・南宮人）
［萬曆］青州 12 又/18
［康熙十五年］青州 12 又/18
［康熙四十八年］青州 12 又/18
［康熙六十年］青州 12/26
［咸豐］青州 36/25
［民國］樂安 8/20
［民國］續修廣饒 17/4
任賡唐（字贊襄）
（清・魚臺人）
［民國］濟寧直隸州續志 14/15
［光緒］魚臺 3/耆碩又 2
任文獻（字國光）
（明・郯人）
［康熙］兗州續編 15/28
［萬曆］沂州志 7/29
［康熙］郯城 7/10
［乾隆］郯城 9/8
任立勳（字果齋）
（清・武城人）
［道光］武城續編 10/5
任立志（字正圖）
（清・歷城人）
［道光］濟南 53/49
［乾隆］歷城 43/6
任彥蘗（明・濟寧人）
［乾隆］濟寧直隸州 24/26
［道光］濟寧直隸州 8/2－36
任立柚（字端方）
（清・長清人）
［民國］長清 13/13
任唐臣（字歷山）
（清・掖縣人）
［乾隆］掖縣 4/61
任方同（字鳳崗）
（歷城人）
［民國］牟平 6/82
任文炳（字燦亭）
（清・寧陽人）
［咸豐］寧陽 14/29
［光緒］寧陽 14/29
04 **任護**（字子咸）
（南北朝・樂安人）
［咸豐］青州 64/17
任塾（清）
［光緒］菏澤 7/名宦 8
05 **任謜**（字景畧）
（元・大名人）
［萬曆二十四年］兗州 28/17
［康熙］兗州 22/17
［乾隆］兗州 22/15
［康熙］嶧縣 3/18
［光緒］嶧縣 19/93
07 **任詢**（字君謨）
（金・易州軍市人）
［光緒］益都縣圖志 17/8
08 **任旄**（字子旟）
（漢・樂安博昌人）
［至元］齊乘 6/14
［嘉靖］山東 32/4
［康熙］山東 42/4
［雍正］山東 28/人物一 26
［宣統］山東 166/4
［嘉靖］青州 15/50
［萬曆］青州 14/35
［康熙十五年］青州 14/35
［康熙四十八年］青州 14/隱逸 9
［康熙六十年］青州 20/2
［康熙十二年］博興 6/3
［康熙六十年］博興 7/17
［道光］博興 11/2
10 **任三**（清・莘縣人）
［光緒］莘縣 7/50
［民國］莘縣 7/36
任璽（清・平度人）
［民國］平度縣續志 7/15
平度鄉土志 4 上/事業
任不齊（字子選）
（春秋・楚人）
［嘉靖］山東 24/8
［康熙］山東 29/8
［雍正］山東 11/闕里二 18
［萬曆元年］兗州 7/51
［萬曆二十四年］兗州 7/22
［康熙］兗州 8/23
［乾隆］兗州 7/29
［康熙］濟寧州 5/12
［道光］濟寧直隸州 8/1－43
［乾隆］曲阜 59/6
任天瑞（明・貴州舉人）
［萬曆］福山 4/17
［康熙］福山 7/29
任元登（清・堂邑人）
堂邑縣鄉土志/耆舊錄
任天琛（清・高密人）
［光緒］高密 8/上 20
［民國］高密 14/上 19
高密縣鄉土志/上 28
任玉玲（清・泗水人）
［光緒］泗水 11/25
［光緒］泗水縣鄉土志/12
任元勳（字魯齋）
（清・武城人）

［道光］武城續編 10/5
任天寵（字清叔，一作清淑）
（金・曹州定陶人）
［嘉靖］山東 30/53
［康熙］山東 40/51
［雍正］山東 28/人物二 53
［宣統］山東 164/19
［萬曆元年］兖州 40/政績 14
［萬曆二十四年］兖州 35/25
［康熙］兖州 27/23
［康熙］曹州志 15/52
［乾隆］曹州府 14/29
［順治］定陶 5/12
［乾隆］定陶 6/6
［民國］定陶 6/7
任一進（字居易）
（清・鄆城人）
［光緒］鄆城 8/16
任天柱（字丹林）
（清・高密人）
［光緒］高密 8/上 20
［民國］高密 14/上 19
高密縣鄉土志/上 28
任于莘（字夢尹）
（清・平原人）
［民國］續修平原 6/20
任玉桂（東阿人）
［民國］東阿 15/4
任百如（清・汶上人）
［宣統］四續汶上稿/人物－施濟傳
任元相（字台三）
（清・寧陽人）
［咸豐］寧陽 14/27
［光緒］寧陽 14/27
任天桐（字秋圃）
（清・高密人）
［光緒］高密 8/上 57
［民國］高密 14/上 66
任丙午（字載陽）
（清・恩縣人）
［民國］重修恩縣 11/鄉賢 52
任元善（字體乾）
（清・寧陽人）
［咸豐］寧陽 14/34
［光緒］寧陽 14/34
任三知（清・堂邑人）
堂邑縣鄉土志/耆舊錄
12 任璣（字淑源，號訒菴）
（清・陝西涇陽人）
［宣統］山東 75/62
［乾隆］濟寧直隸州 22/33
［道光］濟寧直隸州 6/7－70
［康熙］滕縣志 6/宦業 43
［道光］滕縣志 6/宦績 34
滕縣鄉土志/7
任烈（明・濟寧人）
濟寧州鄉土志 2/賢裔
任延（明・濮州人）
［萬曆］濮州 4/隱德 1
［康熙］濮州 4/48
［乾隆］濮州 4/85
［宣統］濮州 6/1
任瑗（字衛玉）
（清・高密人）
［光緒］高密 8/上補遺 2
［民國］高密 14/上 79
任廷文（字煥章，號炳軒）
（清・平原人）
［民國］續修平原 10/上 1
任登雲（字月梯）
（清・莒縣人）
［民國］重修莒志 62/17
任廷璽（字玉章，號璞菴）
（清・平原人）
［民國］續修平原 10/上 1
任弘烈（明・長治人）
［乾隆］泰安府 15/18
［乾隆二十五年］泰安縣 10/33
［乾隆四十七年］泰安縣 8/30
［道光］泰安縣 10/7
［民國］重修泰安縣 6/60
泰安縣鄉土志/政績 2
任廷瑄（清・鉅野人）
［道光］鉅野 13/51
任登瀛（明・歷城人）
［崇禎］歷乘 16/53
［崇禎］歷城 10/26
任孔禮（清・歷城人）
［民國］續修歷城 45/1
任發祥（字文庵）
（清・齊東人）
［民國］齊東 5/52
任廷樟（字豫章）
（清・高密人）
［光緒］高密 8/上 47
［民國］高密 14/上 55
高密縣鄉土志/上 47
任廷槐（字蔭堂）
（清・寧陽人）
［光緒］寧陽 13/45
任孔昭（字潛夫）
（清・濟寧人）
［康熙］兖州續編 16/20
［乾隆］兖州 23/66
［康熙］濟寧州 6/58
［乾隆］濟寧直隸州 25/16
［道光］濟寧直隸州 8/1－49
濟寧州鄉土志 2/賢裔
任廷鈞（字公權）
（清・濟寧人）
［乾隆］濟寧直隸州 27/19
［道光］濟寧直隸州 8/1－50
任孔當（字任之，一字貞野）
（明・濟寧人）
［雍正］山東 28/人物四 8
［宣統］山東 167/16，172/47
［康熙］兖州續編 15/29
［乾隆］兖州 23/53，23/60
［康熙］濟寧州 6/50
［乾隆］濟寧直隸州 24/36
［道光］濟寧直隸州 8/1－48
濟寧州鄉土志 2/賢裔
［民國］續修鄒縣志稿/人物－耆舊附方技
任廷榮（字華堂）
（清・歷城人）
［民國］續修歷城 46/3
14 任琳（清・平原人）
［道光］濟南 56/104
［乾隆］平原 8/14
平原縣鄉土志輯稿/孝義
任琪（字仲玉）
（清・高密人）
［乾隆］高密 8/上 13
［光緒］高密 8/上 15

［民國］高密 14/上 14
高密縣鄉土志/上 23
任琦(字子韓)
(明・濟寧人)
濟寧州鄉土志 2/賢裔
任瓚(字錫文)
(清・滕縣人)
［道光］滕縣志 9/孝義 38
15 任建之(清・魚臺人)
［乾隆］魚臺 13/11
任建準(清・鄆城人)
［光緒］鄆城 16/28
16 任珅(字崙玉)
(清・歷城人)
［道光］濟南 53/59
［民國］續修歷城 44/16
17 任玥(字希菴)
(清・高密人)
［雍正］山東 28/人物四 27
［宣統］山東 177/41
［康熙］萊州 10/47
［乾隆］萊州 10/32
［康熙］高密 8/8
［乾隆］高密 8/上 13
［光緒］高密 8/上 15
［民國］高密 14/上 14
高密縣鄉土志/上 23
19 任耿昉(字覲源)
(清・聊城人)
［乾隆］東昌 40/43
［嘉慶］東昌 30/34
［宣統］聊城 8/29
20 任爵(字天祿)
(明・歷城人)
［道光］濟南 49/39
［乾隆］歷城 43/2
任維秀(字美公)
(清・長清人)
［道光］濟南 56/59
［道光］長清 13/7
任受知(清)
［康熙］新修齊東 4/22
21 任經(明・陝西商州人)
［嘉靖］山東 27/18
［萬曆］萊州 5/70
［康熙］萊州 8/28
［乾隆］萊州 9/15
萊州府鄉土志/上 23
［嘉慶］續掖縣 2/24
任順(明)
［乾隆］沂州府 20/9
任顓(字誠之)
(宋・青州壽光人)
［嘉靖］山東 32/16
［康熙］山東 42/17
［雍正］山東 28/人物二 36
［宣統］山東 157/23
［嘉靖］青州 14/19
［萬曆］青州 13/38,15/7
［康熙十五年］青州 13/38
［康熙四十八年］青州 13/事功 21,15/文學 7
［康熙六十年］青州 16/10
［咸豐］青州 41/11
［康熙］壽光 21/6
［嘉慶］壽光 12/8
［民國］壽光 12/人物志一 14
任占一(清・東明人)
東明縣志料/藝術－算術
任肯艧(清・壽光人)
［咸豐］青州 48/14
［嘉慶］壽光 13/27
［民國］壽光 12/人物志一 76
壽光縣鄉土志/耆舊
任貞福(字澤長)
(清・平陰人)
［光緒］平陰 5/26
任熊祥(字子仁)
(金)
［光緒］益都縣圖志 17/6
任步月(字紹文,號西坪)
(清・臨清人)
［民國］臨清縣/人物 85
22 任川(元・高密人)
［乾隆］高密 8/上 18
［光緒］高密 8/上 23
［民國］高密 14/上 24,15/上 23
高密縣鄉土志/上 19
任鼎(清)
［嘉慶］慶雲 7/35
［咸豐］慶雲 2/31
［民國三年］慶雲 1/93
任山(明・范縣人)
［雍正］山東 30/21
任豐亭(清・新城人)
［宣統］新城縣後志 3/耆壽
任繼文(字在茲)
(清・魚臺人)
［光緒］魚臺 3/耆碩又 1
任繼宗(明・蒲臺人)
［嘉靖］山東 35/2
［康熙］山東 45/3
［康熙］濟南 44/12
［乾隆］武定府 25/7
［咸豐］武定府 25/孝友 7
［萬曆］濱州 4/59
［萬曆］蒲臺志 9/5
［康熙］重修蒲臺 7/10
［乾隆］蒲臺 3/45
蒲臺縣鄉土志/10
23 任儨(字六息)
(清・掖縣人)
［乾隆］掖縣 4/66
任允(允一作充)(元・嶧州人)
［康熙］嶧縣 4/69
［乾隆］嶧縣 8/17
［光緒］嶧縣 21/鄉賢 62
任俊昉(清・聊城人)
［嘉慶］東昌 30/36
［宣統］聊城 8/29
24 任秥(明・河南陝州人)
［萬曆］青州 12/35
任稜(明・臨海人)
［乾隆］武定府 16/42
［咸豐］武定府 19/霑化 1
［萬曆］新修霑化 6/109
［光緒］霑化 5/16
［民國］霑化 4/職官 34
任佑(明・靈寶人)
［雍正］山東 27/59
［康熙十五年］青州 12/35
［康熙四十八年］青州 12/35
［康熙六十年］青州 12/31
［咸豐］青州 36/3
［萬曆］諸城 4/21,5/13
［康熙］諸城 4/12,5/13

［乾隆］諸城 28/2
任化一（字貞甫）
（清・齊河人）
［民國］齊河 23/38
任科聯（字登甲）
（清・鉅野人）
［道光］鉅野 13/48
任德鴻（字逵吉）
（清・費縣人）
［光緒］費縣 11/41
任魁揚（字梅坡）
（清・利津人）
［民國］禹城 3/56
25 **任傑**（明・通州人）
［康熙］棲霞 4/28
任傳綸（字子經）
（清・平原人）
［民國］續修平原 6/20
任傳藻（豐城人）
［民國］東明縣新誌 12/153
任續春（字成章）
（清・壽光人）
［民國］壽光 12/人物志一 89,12/人物志二 91
26 **任和清**（字仲時）
（清・清平人）
［民國］清平/人物 69
任得昇（清・高唐人）
［光緒］高唐州 5/2－31
［民國］高唐縣 12/17
27 **任修**（字暉吉）
（清・昌邑人）
［光緒］昌邑縣續志 6/5
任繩一（清・鉅野人）
［道光］鉅野 17/67
任歸一道人（清）
［民國］重修莒志 69/2
任名臣（清・鎮寧人）
［道光］長清 4/2
任象賢（字竹齋）
（齊東人）
［民國］齊東 5/47
任象益（字子謙）
（清・壽光人）
［民國］壽光 12/人物志二 66
28 **任復**（字來一）
（清・高密人）
［康熙］高密 8/6
［乾隆］高密 8/上 36
［光緒］高密 8/上 61
［民國］高密 14/上 73
任綸（明・北直隸元城人）
［萬曆］萊州 5/76
［康熙］萊州 8/55
［乾隆］萊州 9/24
［康熙］膠州 5/13
［乾隆］膠州 4/8
［道光］重修膠州 22/1
［民國］增修膠志 17/1
任作霖（清・博山人）
［民國］續修博山 13/31
任作乂（字書升,一字德三）
（清・平原人）
［道光］濟南 56/101
［民國］續修平原 10/上 17
30 **任安**（清・利津人）
［咸豐］武定府 25/孝友又 42
［光緒］利津 8/孝友 4
任淳（字原樸,一作元樸）
（明・堂邑人）
［乾隆］東昌 41/21
［嘉慶］東昌 33/16
［康熙］聊城 3/23
［宣統］聊城 8/89
［順治］堂邑 2/人物 4
［康熙十一年］堂邑 2/人物 4
［康熙］堂邑 16/12
堂邑縣鄉土志/耆舊錄
任瀛（字汝登）
（明・堂邑人）
［順治］堂邑 2/人物 16
任瀛（別字嶧峯）
（明・滋陽人）
［萬曆二十四年］兗州 36/19
［康熙］兗州 28/18
［乾隆］兗州 23/44
［康熙］滋陽 4/上 20
［光緒］滋陽 8/28
滋陽縣鄉土志 1/耆舊－名臣
任宗（宋・博平人）
［嘉靖］山東 26/13
［康熙］山東 33/16
［雍正］山東 28/人物二 45
［宣統］山東 68/40
［萬曆元年］兗州 38/循吏 33
［萬曆］沂州志 6/8
［康熙］沂州志 3/43
［乾隆］沂州府 20/3
［乾隆］東昌 37/16
［嘉慶］東昌 27/14
［康熙］博平 3/51
［道光］博平 4/16
博平縣鄉土志/耆舊－循史
［民國］臨沂 7/68
任守三（清・魚臺人）
［光緒］魚臺 3/耆碩又 2
任之璿（字子睿）
（清・濟寧人）
［康熙］兗州續編 16/20
［乾隆］兗州 23/76
［乾隆］濟寧直隸州 25/20
任宏烈（見任弘烈）
任之琦（字子韓）
（明・濟寧人）
［乾隆］濟寧直隸州 27/12
［道光］濟寧直隸州 8/1－49
任之琦（清・山西河津人）
［宣統］山東 77/32
［乾隆］萊州 9/33
［乾隆］掖縣 3/34
任守爵（字惟五）
（清・濟寧人）
［民國］濟寧直隸州續志 14/16
任永繼（字希逸,一作希夷）
（清・高密人）
［光緒］高密 8/上 41
［民國］高密 14/上 44
高密縣鄉土志/上 37
任宏業（清・浙江紹興人）
［乾隆］沂州府 27/15
任宗湯（字始吾）
（明・蕭山人）
［光緒］增修登州 27/2
［同治］黃縣 6/4
［民國］黃縣志稿 11/宦績
任永祿（清・章邱人）

［道光］濟南 54/25
［道光］章邱 11/83
任之杰（字鍾嶽）
（明・高密人）
［光緒］高密 8/上補遺 2
［民國］高密 14/上 36
高密縣鄉土志/上 33
任寶書（字石泉）
（清・掖縣人）
［民國］四續掖縣 4/75
任富春（清・夏津人）
［民國］夏津續編 8/5
任良金（字季眉）
（清・高密人）
［民國］高密 14/上 22
任宗美（明・曲周人）
［道光］濟南 36/42
［嘉慶］禹城 7/29
［民國］禹城 3/46
禹城縣鄉土志/7
任宣錫（字价藩）
（清・聊城人）
［乾隆］東昌 41/21
［嘉慶］東昌 33/17
［宣統］聊城 8/59
31 **任濬**（字海王，號汶水）
（明・博山人）
［康熙］顏神鎮志 4/下 4
［乾隆］博山志稿/20
［乾隆］博山 6/下 5
［民國］續修博山 12/16
任濬（字文水）
（明・益都人）
［康熙十一年］蒙陰 2/62
［康熙二十四年］蒙陰 4/20
［宣統］蒙陰 4/流寓
任福臻（清・壽光人）
［民國］壽光 12/人物志一 85
任福東（清・寧陽人）
［光緒］寧陽 13/78
32 **任兆嶽**（字崧高）
（清・高密人）
［光緒］高密 8/上 42
［民國］高密 14/上 45
任兆鯤（字北溟）
（清・聊城人）
［嘉慶］東昌 30/36
［宣統］聊城 8/30
任兆祥（字吉符）
（清・博平人）
［光緒］博平縣續志 10/50
任兆堅（字賁臺）
（清・高密人）
［宣統］山東 177/37
［光緒］高密 8/上 11
［民國］高密 14/上 11
高密縣鄉土志/上 28
任兆熙（字上林，一字滄廬）
（清・聊城人）
［嘉慶］東昌 30/34
［宣統］聊城 8/35
任兆炯（字曉林）
（清・聊城人）
［宣統］聊城 8/35
33 **任溥**（字伯公）
（明・堂邑人）
［順治］堂邑 2/人物 16
［康熙十一年］堂邑 2/選舉 13
任心清（字冰如）
（清・壽光人）
［民國］壽光 12/人物志一 88
34 **任渤**（明・濮州人）
［康熙］濮州續志下/4
［乾隆］濮州 4/14
［宣統］濮州 5/14
任祐（見任佑）
任遠（字毅我）
（明・四川陰平舉人，一作陝西文縣人）
［康熙］臨朐縣志書 1/37
光緒臨朐 13/11
任漢亭（清・陽曲舉人）
［光緒］德平 5/17
任漢權（五代周・蜀國人）
［宣統］山東 68/21
［乾隆］曹州府 21/36
［道光］濟寧直隸州 6/6－6
任斗昱（明・臨沂人）
［康熙］沂州志 6/11
［乾隆］沂州府 26/9
［民國］臨沂 10/48
35 **任清**（清・濱州人）
［乾隆］武定府 25/14
［咸豐］武定府 25/孝友 14
［康熙］濱州 7/19
［咸豐］濱州 10/23
濱州鄉土志/耆舊錄
任速哥（元・棣州人）
［乾隆］武定府 23/10
［咸豐］武定府 23/名臣 10
［咸豐］濱州 10/3
濱州鄉土志/耆舊錄
［乾隆］惠民 5/29
［光緒］惠民 19/6
惠民縣鄉土志/耆舊錄 26
36 **任昶**（明・武邑人）
［宣統］山東 72/29
［康熙］兗州續編 14/13
［乾隆］曹州府 12/16
［崇禎］鄆城 4/4
［康熙］鄆城 4/3
［光緒］鄆城 6/35
任溫（明・莘縣人）
［康熙］山東 45/14
［乾隆］東昌 42/17
［正德］莘縣 6/31
［康熙十一年］莘縣 7/10
［光緒］莘縣 7/39
［民國］莘縣 7/29
任遏雲（清・博平人）
［光緒］博平縣續志 10/54
博平縣鄉土志/耆舊－忠節
37 **任罕**（字子倫）
（晉）
［萬曆二十四年］兗州 27/1
任遐（字景遠）
（南朝齊・樂安博昌人）
［嘉靖］山東 32/10
［康熙］山東 42/10
［雍正］山東 28/人物一 50
［嘉靖］青州 14/11
［萬曆］青州 13/33，14/47
［康熙十五年］青州 13/33，14/47
［康熙四十八年］青州 13/事功 16，14/儒行 4
［康熙六十年］青州 15/6

［康熙十二年］博興 6/6
［康熙六十年］博興 7/17
［道光］博興 11/5
［民國］重修博興 13/6
任遙（南北朝）
［康熙六十年］博興 7/24
［道光］博興 11/5
任鴻文（字焕章）
（清・濟寧人）
［民國］濟寧直隸州續志 14/16
任逢聖（清・濟陽人）
［乾隆］濟陽 8/20
［民國］濟陽 11/25
任祖虞（字德升）
（清・齊東人）
［民國］齊東 5/25
任逢運（舊名天元，字午橋）
（清・聊城人）
［宣統］聊城 8/36
任祖瀾（字紫溟）
（清・高密人）
［民國］高密 14/上 21
任祖光（字紹光）
（牟平人）
［民國］牟平 7/29
38 **任海**（明・壽光人）
［民國］壽光 16/14
任敞（明・掖縣人）
［萬曆］萊州 6/15
［康熙］萊州 10/81
［乾隆］萊州 11/武功 3
［乾隆］掖縣 4/72
任祥文（字玉章）
（清・東平人）
［光緒］東平州 15/下 46
［民國］東平縣 11/下 17
任肇元（字青來）
（清・會稽人）
［道光］滕縣志 6/宦績 46
任道遠（字子重）
（利津人）
［民國］利津縣續志 7/義行 8
任道明（字熙齋）
（清・陽穀人）
［光緒］陽穀 6/31
40 **任垓**（字鶴亭）
（清・高密人）
［乾隆］高密 8/上 38
［光緒］高密 8/上 62
［民國］高密 14/上 73
高密縣鄉土志/上 41
任墉（字霞高）
（清・高密人）
［光緒］高密 8/上 38
［民國］高密 14/上 41
任直（字行坦）
（清・平原人）
［道光］濟南 56/106
［乾隆］平原 8/41
任梓（元・萊州人）
［宣統］山東 165/10
任大文（字星子，號東亭）
（清・高密人）
［光緒］高密 8/上 48
［民國］高密 14/上 55
高密縣鄉土志/上 46
任九一（清・莘縣人）
［民國］莘縣 7/32
任希孔（清・即墨人）
［同治］即墨 9/37
即墨縣鄉土志/耆舊－事業四
任士理（字匯懿）
（清・聊城人）
［乾隆］東昌 40/43
［嘉慶］東昌 30/34
［宣統］聊城 8/33
任大統（字惟一）
（清・臨邑人）
［同治］臨邑 9/忠藎 6
任大經（明・魚臺人）
［康熙］魚臺 17/14
［乾隆］魚臺 11/12
［光緒］魚臺 3/7
任希能（清・長清人）
［道光］長清 13/9
任南峯（自號南峯和尚）
（明・陽信人）
［康熙］濟南 51/10
［萬曆］東昌 22/10
［乾隆］東昌 44/9
［嘉慶］東昌 34/17
［乾隆］武定府 26/40
［咸豐］武定府 26/仙釋 5
［康熙］陽信 9/36
［乾隆］陽信 7/59
［民國］陽信 5/方技 80
信邑志稿 7/寓賢
任士先（明・亳州人）
［康熙］兗州府曹縣 9/13
［光緒］曹縣 9/縣丞 3
任希德（清・長清人）
［道光］濟南 56/61
［道光］長清 13/9
任大純（字精一）
（清・臨邑人）
［同治］臨邑 9/忠藎 6
任大凱（字平南）
（清・泰安人）
［宣統］山東 171/11
［道光］泰安縣 9/上 68
［民國］重修泰安縣 8/17
泰安縣鄉土志/耆舊 25
任去疑（字確亭）
（清・平原人）
［民國］續修平原 6/9
任九齡（清・諸城人）
［光緒］增修諸城縣續志 17/7
任士審（字汝問）
（明・平原人）
［道光］濟南 52/63
［乾隆］平原 8/11
平原縣鄉土志輯稿/孝義
任士憑（字可依）
（明・平原人）
［道光］濟南 52/59
［萬曆］平原上/50
［乾隆］平原 8/2
平原縣鄉土志輯稿/鄉賢
任克測（字維江）
（清・高密人）
［光緒］高密 8/上 65
［民國］高密 14/上 76
高密縣鄉土志/上 49
任希淵（字汝賢）
（明・堂邑人）

[康熙]堂邑 13/6
任克溥(字海眉)
(清・聊城人)
[雍正]山東 28/人物四 17
[宣統]山東 174/2
[乾隆]東昌 40/42
[嘉慶]東昌 30/32
[宣統]聊城 8/25
聊城縣鄉土志/25
任志道(元・嶧州人)
[康熙]嶧縣 4/68
[乾隆]嶧縣 8/17
[光緒]嶧縣 21/鄉賢 61
任壽吉(清・萊陽人)
[民國]萊陽 3/1 中 75
任大奉(清・東明人)
[民國]東明縣新誌 11/63
東明縣志料/藝術-拳術
任友田(清・夏津人)
[民國]夏津續編 8/15
任有剛(字無慾)
(清・平原人)
[道光]濟南 56/96
[乾隆]平原 8/5
平原縣鄉土志輯稿/鄉賢
任克篤(字君實)
(清・陽穀人)
[民國]增修陽穀人物/師道 21
任有鑑(字子鏡)
(清・平原人)
[道光]濟南 56/96
[乾隆]平原 8/27
平原縣鄉土志輯稿/循吏
41 任坪(字雨若,一字萊峰)
(清・高密人)
[乾隆]萊州 10/36
[乾隆]高密 8/上 16
[光緒]高密 8/上 18
[民國]高密 14/上 16
高密縣鄉土志/上 23
42 任圻興(字竹溪)
(清・聊城人)
[宣統]聊城 8/62
43 任載(宋・濟陰人)
[康熙]曹州志 15/47
[康熙]曹縣 12/14
[康熙]兗州府曹縣 12/14
[光緒]曹縣 12/12
[光緒]菏澤 15/46
44 任芳(明・清河人)
[嘉靖]山東 26/29
[雍正]山東 27/47
[宣統]山東 72/41
[萬曆]東昌 18/37
[乾隆]東昌 34/8
[嘉慶]東昌 21/26
[康熙]重修清平下/1
[嘉慶]清平 13/2
[宣統]增輯清平 11/2
[民國]清平/秩官 27
清平縣鄉土志/政績
任恭(清・樂安人)
[康熙十五年]青州 15/55
[康熙四十八年]青州 15/卓行 11
[康熙六十年]青州 18/14
[咸豐]青州 46/45
[雍正]樂安 12/19
[民國]樂安 10/19
[民國]續修廣饒 19/36
任薦(明・萊陽人)
[民國]萊陽 3/1 中 18
任芹(明・萊陽人)
[民國]萊陽 3/1 中 16
任苘(明・萊陽人)
[民國]萊陽 3/1 中 18
任蕭亭(字子九)
(平原人)
[民國]續修平原 8/30
任世職(字永弼)
(清・魚臺人)
[光緒]魚臺 3/12
任蘭祐(字醴渠)
(清・聊城人)
[宣統]山東 174/13
[宣統]聊城 8/38
聊城縣鄉土志/24
任萬清(清・寧陽人)
[咸豐]寧陽 13/52
[光緒]寧陽 13/64
任萬址(清・諸城人)
[光緒]增修諸城縣續志 17/7
任芳林(字杏園)
(清・歷城人)
[民國]續修歷城 43/8
任萬里(字圖南)
(明・掖人)
[雍正]山東 28/人物三 37
[宣統]山東 165/21
[萬曆]萊州 5/107
[康熙]萊州 10/33
[乾隆]萊州 10/19
[乾隆]掖縣 4/22
[道光]掖乘 4
任夢陽(清・魚臺人)
[康熙]魚臺 17/25
[乾隆]魚臺 11/27
[光緒]魚臺 3/16
任萬民(字念岩,一作念巖)
(明・山西太原人,一作陽曲人)
[雍正]山東 27/49
[宣統]山東 72/32
[乾隆]曹州府 12/22
[康熙九年]城武 2/46,3/18
[康熙四十一年]城武 3/下治績 4
[道光]城武 6/30
任茂令(明・高密人)
[咸豐]青州 53/12
[康熙]諸城 7/41
[乾隆]諸城 44/2
任萬鏞(字韻伯)
(牟平人)
[民國]牟平 7/109
任桂桀(清・汶上人)
[宣統]四續汶上稿/人物-施濟傳
45 任棟(明・陝西永壽人)
[雍正]山東 27/72
[宣統]山東 73/32
[嘉慶]續掖縣 2/24
萊州府鄉土志/上 21
任榛(字振彪)
(清・鄆城人)
[光緒]鄆城 5/38

46 任柏(字新甫)
(清·會稽人)
[光緒]文登 7/下 10
[民國]文登 7/下 10
任恕(清)
[康熙]新修齊東 4/22
任相(字興伯)
(清·淮安人)
[民國]續修歷城 39/8
任如斗(清·齊河人)
[道光]濟南 56/15
[民國]齊河 26/15
任如春(清·安邱人)
[康熙六十年]青州 17/21
[咸豐]青州 47/36
[道光]安邱新志 23/4
安丘縣鄉土志 6/耆舊錄 3
47 任嘏(字昭先,一作昭光)
(三國·樂安博昌人)
[至元]齊乘 6/14
[雍正]山東 28/人物一 29
[宣統]山東 154/26
[嘉靖]青州 14/6
[萬曆]青州 14/46
[康熙十五年]青州 14/46
[康熙四十八年]青州 14/儒行 3
[康熙六十年]青州 15/5
[咸豐]青州 39/7
[康熙十二年]博興 6/10
[康熙六十年]博興 7/17
[道光]博興 11/3
[民國]重修博興 13/1
任朝舉(清·濮州人)
[宣統]濮州 6/16
任鶴舉(字立亭,號憩皋)
(清·高唐人)
[光緒]高唐州 5/1－39,8/1－105
[民國]高唐縣 12/85,15/25
48 任增(清·河南永城人)
[宣統]山東 75/26
[道光]濟南 38/33
[嘉慶]禹城 7/34
[民國]禹城 3/50
禹城縣鄉土志/8
任敬臣(字希古)
(唐·棣州人)
[至元]齊乘 6/19
[嘉靖]山東 29/11
[康熙]山東 39/10
[雍正]山東 28/人物二 10
[宣統]山東 165/7
[康熙]濟南 44/2
[嘉靖]武定州下/64
[萬曆]武定州 13/1
[崇禎]武定州 21/1
[乾隆]武定府 25/1
[咸豐]武定府 25/孝友 1
[乾隆]惠民 5/50
[光緒]惠民 21/1
惠民縣鄉土志/耆舊錄 6
50 任惠(明·涿州人)
[宣統]山東 72/17
[道光]濟寧直隸州 6/6－35
[康熙]魚臺 15/13
[乾隆]魚臺 9/36
[光緒]魚臺 2/48
任忠(字元孝)
(明·蓬萊人)
[康熙]山東 43/4
[雍正]山東 28/人物三 22
[泰昌]登州 11/7
[順治]登州 16/7
[光緒]增修登州 39/2
[康熙]蓬萊 5/13
[道光]重修蓬萊 9/3,9/8
[民國]蓬萊縣志合編人物志/功業,人物志/鄉賢
任中麟(明·陝西臨潼人)
[光緒]增修登州 27/3
[康熙]黃縣 5/12
[乾隆]黃縣 6/名宦 5
[同治]黃縣 6/5
[民國]黃縣志稿 11/宦績
任中元(清·高密人)
[乾隆]高密 8/上 29
[光緒]高密 8/上 37
[民國]高密 14/上 39
高密縣鄉土志/上 35
任中正(字慶之)
(宋·曹州濟陰人)
[嘉靖]山東 30/46
[康熙]山東 40/45
[雍正]山東 28/人物二 27
[宣統]山東 157/25
[萬曆元年]兗州 40/政績 10
[萬曆二十四年]兗州 35/7
[康熙]兗州 27/7
[萬曆]東昌 18/23
[康熙]曹州志 15/12
[乾隆]曹州府 14/22
[嘉靖]濮州 7/11
[萬曆]濮州 3/名宦 14
[康熙]濮州 3/14
[乾隆]濮州 3/14
[宣統]濮州 4/14
[康熙]曹縣 12/17
[康熙]兗州府曹縣 12/17
[光緒]曹縣 12/15
[光緒]菏澤 15/12
任中師(字祖聖,一作聖祖,號大塊翁)
(宋·曹州濟陰人)
[嘉靖]山東 30/46
[康熙]山東 40/45
[雍正]山東 28/人物二 27
[宣統]山東 157/25
[萬曆元年]兗州 40/政績 10
[萬曆二十四年]兗州 35/8
[康熙]曹州志 15/12,20/3
[乾隆]曹州府 14/22
[康熙]曹縣 12/17
[康熙]兗州府曹縣 12/17,14/77
[光緒]曹縣 12/16,14/仙釋 6
[光緒]菏澤 15/12,20/3
任中傑(字孟晉)
(清·寧津人)
[康熙]寧津縣志稿 6/2
任貴春(清·夏津人)
[民國]夏津續編 8/6
任東里(南北朝)
[康熙六十年]博興 7/18
53 任盛雲(鄒縣人)
[民國]續修鄒縣志稿/人物－耆舊附忠烈

56 任擇善(元・滕縣人)
滕縣鄉土志/16
60 任昉(字文始)
(漢・成都人)
[宣統]山東 66/26
任昉(字彥昇)
(南北朝・樂安博昌人)
[至元]齊乘 6/17
[嘉靖]山東 32/10
[康熙]山東 42/10
[雍正]山東 28/人物一 48
[宣統]山東 163/9
[嘉靖]青州 15/35
[萬曆]青州 15/5
[康熙十五年]青州 15/5
[康熙四十八年]青州 15/文學 5
[康熙六十年]青州 18/2
[咸豐]青州 54/6
[康熙十二年]博興 6/6
[康熙六十年]博興 7/17
[道光]博興 11/5
[民國]重修博興 13/7
[雍正]樂安 12/4
[民國]樂安 10/3
[民國]續修廣饒 19/5
[民國]壽光 12/人物志二 40
任易(清・臨沂人)
[乾隆]沂州府 27/7
[民國]臨沂 10/61
任景唐(字繼盛)
(清・魚臺人)
[光緒]魚臺 3/耆碩又 1
任曰琚(字君佩)
(清・平原人)
[民國]續修平原 10/上 23
任昌齡(字壽峰)
(清・平原人)
[民國]續修平原 6/6
任曰瀛(字芳洲)
(平原人)
[民國]續修平原 6/16
任曰清(清・平原人)
[民國]續修平原 6/2
任國選(清・夏津人)
[民國]夏津續編 8/15
任國柱(字宇泰)
(清・齊東人)
[康熙]濟南 45/13
[道光]濟南 56/17
[康熙]新修齊東 6/9
[民國]齊東 5/51
齊東縣鄉土志/耆舊錄 6
任曰杰(字偉堂,號少梁)
(清・平原人)
[民國]續修平原 6/1
任躋莘(字耕南,號虛谷)
(清・長清人)
[道光]長清 12/5
[民國]長清 13/4
任景陽(明・昌邑人)
[康熙]昌邑 6/27
[乾隆]昌邑 6/169
任思義(清・章邱人)
[道光]濟南 54/21
[道光]章邱 11/70
任曰光(字內含,別號斗垣)
(明・濟陽人)
[乾隆]濟陽 12/40
[民國]濟陽 17/16
任星煒(字曜青)
(清・高密人)
[光緒]高密 8/上補遺 3
[民國]高密 14/上 65
63 任貽和(字美庵)
(清・濟寧人)
[民國]濟寧直隸州續志 14/16
任貽杰(字奇偉,號樵山)
(清・滕縣人)
[道光]滕縣志 9/孝義 27
任貽模(字楷亭)
(清・滕縣人)
[道光]滕縣志 9/孝義 28
67 任嗣章(清・河東人)
[民國]續修歷城 41/5
任昭先(初名椵,見任椵)
任昭暄(字曉光)
(清・寧陽人)
[光緒]寧陽 13/73
72 任阡(明・濟源人)
[乾隆]陽信 5/9
73 任駿聲(字適文)
(清・高密人)
[民國]高密 14/上 71
74 任勵(明・金鄉人)
[萬曆二十四年]兗州 36/25
[康熙]兗州 28/23
[康熙]兗州續編 15/11
[乾隆]兗州 23/37
[乾隆]濟寧直隸州 24/38
[道光]濟寧直隸州 8/2-50
[康熙十二年]金鄉 5/28
[康熙五十一年]金鄉 11/2
[乾隆]金鄉 18/52
[咸豐]金鄉縣志略 9/上 12
[民國]金鄉 13/9
金鄉縣鄉土志/耆舊錄上
77 任熙(字光甫)
(清・江蘇華亭人,一作吳江人)
[宣統]山東 76/31
[康熙]兗州續編 14/13
[乾隆]曹州府 12/23
[康熙]單縣 6/14,8/61,11/62
[乾隆]單縣 4/59,11/47
[民國]單縣 6/宦蹟 19,21/3
任民育(字時澤,一字厚生)
(明・濟寧人)
[雍正]山東 28/人物三 68
[宣統]山東 164/37
[乾隆]兗州 23/51
[康熙]濟寧州 7/6
[乾隆]濟寧直隸州 26/32
[道光]濟寧直隸州 8/1-54,9/4-226
濟寧州鄉土志 2/賢裔
任尼亭(清・新城人)
[宣統]新城縣後志 3/耆壽
任鳳元(字翰五)
(臨邑人)
[民國]續修臨邑 3/9
任風子(金・萊陽人)
[嘉靖]山東 34/14
[雍正]山東 30/15
[泰昌]登州 11/63
[順治]登州 18/22

［康熙］萊陽 9/5
［民國］萊陽 3/1 中 97
任風子（諱山，號清虛，小字喜見）
（明・范縣人）
［康熙］山東 47/6
［宣統］山東 200/32
［萬曆二十四年］兗州 52/28
［乾隆］兗州 31/12
［萬曆］東昌 22/9
［乾隆］曹州府 16/22
［乾隆］東平州 15/43
［道光］東平州 15/43
［光緒］東平州 15/下 73
［萬曆］濮州 4/仙釋 3
［康熙］張秋志 8/7，11/31
［康熙五十四年］東阿 8/28
［道光］東阿 24/5
任周鼎（字玉鉉）
（清・陝西涇州人）
［宣統］山東 77/15
［咸豐］青州 37/3
［康熙］續安丘 16/4
安丘縣鄉土志 2/政績錄
任學魁（清・惠民人）
［光緒］惠民 20/9
任郿祐（字淑渠）
（清・聊城人）
［宣統］聊城 8/37
任殿槃（清・滋陽人）
［宣統］山東 172/18
任居敬（元・薛人）
［萬曆］滕志 7/25
［康熙］滕志 7/24
［康熙］滕縣志 7/21
［道光］滕縣志 7/19
滕縣鄉土志/15
任鵬舉（字扶九）
（清・莘縣人）
［民國］莘縣 7/20
任鵬展（字海嵒）
（清・博平人）
［光緒］博平縣續志 10/62
任學金（字習卿）
（清・高密人）
［民國］高密 14/上 83

79 任騰蛟（清）
［宣統］山東 76/28
80 任公（漢・淄川人）
［至元］齊乘 6/11
［宣統］山東 153/29
［宣統］三續淄川 9/92
任人（周・濟寧人）
［康熙］濟寧州 6/2
［乾隆］濟寧直隸州 23/1
任善廉（字潔臣）
（平原人）
［民國］續修平原 8/24
任毓采（明・濮州人）
［康熙］濮州續志下/4
［乾隆］濮州 4/14
［宣統］濮州 5/14
任毓秀（字伯起）
（清・費縣人）
［光緒］費縣 11/43
任今俊（字邁千）
（清・平原人）
［民國］續修平原 6/14
任今才（字幹忱）
（平原人）
［民國］續修平原 8/24
任毓桂（清・費縣人）
［光緒］費縣 11/41
任今哲（字明軒）
（平原人）
［民國］續修平原 8/29
任今第（字鏡蓉）
（平原人）
［民國］續修平原 8/22
82 任鎧（字竹軒）
（明・高密人）
［康熙］高密 8/6
［乾隆］高密 8/上 11
［光緒］高密 8/上 13
［民國］高密 14/上 12
高密縣鄉土志/上 20
86 任錫麟（字瑞紱）
（萊蕪人）
［民國］重修商河 6/60
87 任欽（字惟寅）
（清・魚臺人）
［光緒］魚臺 3/24

88 任簡（明）
［萬曆］青州 12 又/又 22
［康熙十五年］青州 12 又/又 22
［康熙四十八年］青州 12 又/又 22
［康熙六十年］青州 12/40
［咸豐］青州 36/34
任筠（字竹孫）
（清・高密人）
［乾隆］高密 8/上 29
［光緒］高密 8/上 37
［民國］高密 14/上 39
高密縣鄉土志/上 35
90 任光（字內含，號斗垣）
（明・濟陽人）
［道光］濟南 51/50
［乾隆］濟陽 8/10
［民國］濟陽 11/10，17/16
任懷璋（清・濮州人）
［宣統］濮州 5/39
任光統（明・山西芮城人）
［宣統］山東 72/23
［乾隆］沂州府 20/10
［康熙］沂水 4/25
［道光］沂水 5/27
任光偉（字駿公）
（清・東平人）
［乾隆］東平州 14/17
［道光］東平州 14/17
［光緒］東平州 15/中 22
［民國］東平縣 11/上 40
任尚德（字淳古，號崃村）
（清・濟陽人）
［民國］濟陽 11/40，17/43
任尚才（清・淄川人）
［宣統］三續淄川 10/13
92 任愷（字元褒）
（晉・樂安博昌人）
［至元］齊乘 6/15
［嘉靖］山東 32/6，33/20
［康熙］山東 42/6
［雍正］山東 28/人物一 33
［宣統］山東 155/5
［嘉靖］青州 14/8
［萬曆］青州 13/31

［康熙十五年］青州 13/31
［康熙四十八年］青州 13/事功 14
［咸豐］青州 39/10
［康熙十二年］博興 6/10
［康熙六十年］博興 7/17
［道光］博興 11/3
［民國］重修博興 13/3

95 任情（字道生）（清・歷城人）
［道光］濟南 53/56

97 任煥（三國魏・樂安人）
［康熙六十年］博興 7/3

任煥（清・濮州人）
［乾隆］濮州 3/96
［宣統］濮州 4/102

任燠（三國・樂安人）
［雍正］山東 28/人物一 31
［宣統］山東 161/5
［嘉靖］青州 13/13
［萬曆］青州 12/10
［康熙十五年］青州 12/10
［康熙四十八年］青州 12/10
［康熙六十年］青州 12/6

98 任敞（字子扉，號閑之）（清・聊城人）
［宣統］山東 174/14
［宣統］聊城 8/42

99 任榮（清・茌平人）
［乾隆］東昌 43/12
［嘉慶］東昌 32/38
［康熙二年］茌平 4/34
［康熙四十九年］茌平 2/52
［宣統］茌平 14/7
［民國］茌平 3/74

2223_4 僕

48 僕散安貞（本名阿海）（金）
［雍正］山東 27/58
［宣統］山東 69/11
［道光］濟南 72/18
［光緒］益都縣圖志 17/9
［同治］黃縣 14/10

僕散渾坦（金・蒲與路挾懣人）
［乾隆］濟寧直隸州 21/12
［道光］濟寧直隸州 6/6－10
［道光］鉅野 10/13

僕散忠義（金・上京拔盧古河人）
［嘉靖］山東 26/26
［康熙］山東 34/6
［雍正］山東 27/46
［宣統］山東 69/10
［萬曆］東昌 18/25
［乾隆］東昌 33/21
［嘉慶］東昌 20/32

2227_0 仙

07 仙韶煥（字堯章）（清・濟寧人）
［道光］濟寧直隸州 8/4－15

10 仙璋（字朝用）（明・濟寧人）
［乾隆］濟寧直隸州 27/9

20 仙豸（字直卿）（明・濟寧人）
［康熙］濟寧州 6/37
［乾隆］濟寧直隸州 24/16
［道光］濟寧直隸州 8/2－30

26 仙得春（明・淳化人）
［正德］博平 5/80

34 仙汝恂（字訥卿）（清・濟寧人）
［民國］濟寧直隸州續志 15/7

47 仙桐道人（見僊桐道人）

仙鶴林（字鳴皋，別字湘南）（清・滋陽人）
［宣統］山東 172/5
［光緒］滋陽 8/34
滋陽縣鄉土志 1/耆舊－名將
［光緒］壽張 5/38

2250_0 犁

11 犁彌（春秋）
［康熙］臨淄 9/20
［民國］臨淄 21/42

87 犁鉏（見犂鉏）

2277_0 山

00 山應瑞（明・鄆縣人）
［道光］濟南 36/29
［康熙四十三年］長山 3/宦績
［康熙五十五年］長山 3/36
［嘉慶］長山 5/44

13 山琮（元・朝城人）
［康熙］朝城 8/6

23 山峻（明・秀水人）
［道光］觀城 6/14

25 山仲甫（字樊侯，號補職）（清・朝城人）
［民國］朝城縣續志 1/26

30 山之環（明・黃縣人）
［康熙］黃縣 6/35
［乾隆］黃縣 12/1
［同治］黃縣 9/1
［民國］黃縣志稿 13/人物－死難

山永峻（字屹巖）（明・黃縣人）
［順治］登州 17/12
［光緒］增修登州 41/16
［乾隆］黃縣 8/36
［同治］黃縣 9/1
［民國］黃縣志稿 13/明
［道光］冠縣 6/30
［光緒］冠縣 6/宦績
［民國］冠縣 6/40

34 山斗北（字星拱）（清・朝城人）
［康熙］朝城 8/25

67 山曜（晉・河內懷人）
［雍正］山東 27/86
［宣統］山東 66/38

77 山民（字導江）（清・黃縣人）
［民國］黃縣志稿 13/清懿行

幽

00 幽文星（字炳若）（清・陽信人）
［民國］陽信 5/忠義 65

2290_1 崇

00 崇亮（清・滿洲鑲黃旗人）
［宣統］山東 76/46，77/30

〔光緒〕增修登州 34/3
〔宣統〕重修恩縣 6/51
〔民國〕重修恩縣 10/66
恩縣鄉土志/10

31 **崇福**(清・滿洲鑲白旗人)
〔宣統〕山東 74/47
〔道光〕濟南 37/69

2290_4 巢

30 **巢之梁**(字伯楨)
(明・武進人)
〔康熙〕曹州志 7/55
〔光緒〕菏澤 7/宦蹟 23
〔光緒〕新修菏澤 8/16

欒

00 **欒庚**(字希白)
(清・膠州人)
〔道光〕重修膠州 29/31
〔民國〕增修膠志 45/16

欒亨(明・福山人)
〔泰昌〕登州 11/38
〔順治〕登州 17/15
〔康熙〕福山 9/10
〔乾隆〕福山 9 上/49
〔民國〕福山縣志稿 7/3－1

04 **欒誥**(明・益都人)
〔康熙〕山東 46/6
〔咸豐〕青州 45/33
〔康熙〕益都 9/45
〔乾隆〕博山 7/下 8
〔民國〕續修博山 12/36

欒塾(清・棲霞人)
〔光緒〕增修登州 43/23
〔光緒〕棲霞縣續志 7/義行 1

08 **欒施**(春秋)
〔萬曆〕青州 13/22
〔康熙十五年〕青州 13/22
〔康熙四十八年〕青州 13/事功 6
〔康熙六十年〕青州 16/3

10 **欒丕建**(清・夏津人)
〔民國〕夏津續編 8/91

欒一位(明・鉅野人)
〔道光〕鉅野 13/64

欒可則(字行遠)
(清・博山人)
〔乾隆〕博山 7/上 12
〔民國〕續修博山 11/24

12 **欒廷鈐**(字待卿,一字珠野)
(清・膠州人)
〔宣統〕山東 177/43
〔道光〕重修膠州 27/37
〔民國〕增修膠志 41/29
膠州直隸州鄉土志 4/事功

13 **欒瑄**(字廷玉)
(明・膠州人)
〔雍正〕山東 28/人物三 7
〔宣統〕山東 161/32
〔萬曆〕萊州 5/99
〔康熙〕萊州 10/26
〔乾隆〕萊州 10/13
〔康熙〕膠州 5/24
〔乾隆〕膠州 4/29
〔道光〕重修膠州 25/4
〔民國〕增修膠志 40/4
膠州直隸州鄉土志 4/事功

17 **欒羽**(明)
〔康熙〕兗州續編 14/18
〔康熙〕曹州志 7/55
〔光緒〕菏澤 7/宦蹟 23
〔光緒〕新修菏澤 8/21

18 **欒瑜**(字懷瑾)
(清・博興人)
〔咸豐〕青州 48/2
〔道光〕博興 11/28
〔民國〕重修博興 13/27

20 **欒維翰**(字屏山)
(牟平人)
〔民國〕牟平 7/97

21 **欒行言**(號訥庵)
(明・博山人)
〔康熙〕顏神鎮志 4/下 7

22 **欒峩**(清・棲霞人)
〔光緒〕棲霞縣續志 7/義行 3

欒崇吉(字世昌)
(宋・開封封邱人)
〔嘉靖〕山東 27/4
〔康熙〕山東 35/5
〔雍正〕山東 27/55
〔宣統〕山東 68/52
〔嘉靖〕青州 13/25
〔萬曆〕青州 12/18
〔康熙十五年〕青州 12/19
〔康熙四十八年〕青州 12/19
〔康熙六十年〕青州 12/10
〔咸豐〕青州 35/2
光緒臨朐 16/15
〔康熙〕臨淄 8/4
〔民國〕臨淄 18/6

23 **欒允謙**(字撝之)
(清・掖人)
〔宣統〕山東 177/22
〔光緒〕三續掖縣 2/5

欒允修(字叔歐)
(清・博興人)
〔道光〕博興 11/29
〔民國〕重修博興 13/27

27 **欒條**(字南枝,號憾夫)
(清・肥城人)
〔宣統〕山東 171/10
〔乾隆〕泰安府 17/51
〔嘉慶〕肥城 17/25
〔光緒〕肥城 9/14
肥城縣鄉土志 5/27

欒僎(字文臣)
(清・掖縣人)
〔民國〕四續掖縣 4/58

28 **欒作新**(字景命)
(清・博興人)
〔道光〕博興 11/29
〔民國〕重修博興 13/28

欒以紱(字曉坡)
(清・茌平人)
〔宣統〕茌平 10/18
〔民國〕茌平 3/33

33 **欒述祖**(字述齋)
(清・膠州人)
〔民國〕增修膠志 45/21

34 **欒濛**(唐)
〔宣統〕山東 68/10
〔乾隆〕武定府 16/4
〔咸豐〕武定府 19/4
〔乾隆〕惠民 5/10
〔光緒〕惠民 18/4
惠民縣鄉土志/政績錄 3

欒汝翼(元)

［嘉靖］山東 27/8
［康熙］山東 35/9
［雍正］山東 27/59
［宣統］山東 69/34
［嘉靖］青州 13/35
［萬曆］青州 12/25
［康熙十五年］青州 12/25
［康熙四十八年］青州 12/25
［康熙六十年］青州 12/16
［咸豐］青州 35/21
［康熙六十年］博興 7/8
［道光］博興 10/2
［民國］重修博興 12/1
40 **欒布**（漢・梁人）
［宣統］山東 154/2
［乾隆］夏津 6/6
欒大（漢・膠東宮人）
［萬曆］萊州 6/83
欒大道（明・膠州人）
［康熙］膠州 6/3
［乾隆］膠州 5/5
［道光］重修膠州 26/4
［民國］增修膠志 40/30
欒克敬（字敬夫）
（元・黃縣人）
［道光］重修膠州 24/3
欒克昌（清・博興人）
［康熙六十年］博興 7/22
［道光］博興 11/28
［民國］重修博興 13/26
欒克剛（字正夫）
（元・黃縣人）
［道光］重修膠州 24/3
42 **欒彬**（元・黃縣人）
［道光］重修膠州 24/3
［民國］增修膠志 39/2
膠州直隸州鄉土志 4/事功
44 **欒枝茂**（清・直隸天津人）
［宣統］山東 75/8
［康熙］濟南 26/16
［道光］濟南 38/12
［康熙］鄒平 4/20
［嘉慶］鄒平 14/19
［道光］鄒平 14/19
［民國］鄒平 14/19
欒葆中（號和軒）
（清・棲霞人）
［光緒］棲霞縣續志 10/9
46 **欒恕**（明・堂邑人）
［順治］堂邑 2/人物 23
［康熙］堂邑 14/2
47 **欒郁翹**（字曉谷）
（清・福山人）
［民國］福山縣志稿 7/4－11
48 **欒松雲**（清・高密人）
［光緒］高密 8/上 42
［民國］高密 14/上 45
51 **欒振清**（清・滋陽人）
［光緒］滋陽 8/75
滋陽縣鄉土志 1/耆舊－武功
60 **欒國安**（清・棲霞人）
［乾隆］棲霞 7/10
欒景泗（字杏園）
（清・膠州人）
［民國］增修膠志 45/20
64 **欒時春**（字寅堂）
（清・黃縣人）
［同治］黃縣 8/21
［民國］黃縣志稿 13/清文學
71 **欒巨金**（明・蓬萊人）
［順治］登州 17/12
［光緒］增修登州 37/2
［康熙］蓬萊 5/20
［道光］重修蓬萊 9/12
［民國］蓬萊縣志合編人物志/忠勇
77 **欒鳳**（字天祥）
（明・聊城人）
［康熙］聊城 3/12
［宣統］聊城 8/89
［乾隆］即墨 9/9
［同治］即墨 9/9
即墨縣鄉土志/耆舊－事業二
欒堅（字孟固）
（清・棲霞人）
［光緒］增修登州 39/24
［光緒］棲霞縣續志 6/宦績 1
欒鳳書（字儀亭，又字恩詔）
（清・博興人）
［民國］重修博興 13/51
80 **欒全**（明・福山人）
［康熙］福山 8/15
［乾隆］福山 8/45
欒龕（清・棲霞人）
［光緒］增修登州 43/21
［乾隆］棲霞 7/4
82 **欒鍾垚**（字星壑）
（清・棲霞人）
［民國］鄒平 14/37
86 **欒錦**（明・蘇州人）
［道光］長清 3/11
90 **欒尚桂**（字馨五）
（清・博山人）
［民國］續修博山 12/70
97 **欒惲**（明・齊河人）
［康熙］濟南 35/8
［道光］濟南 51/39
［康熙］齊河 6/31
［雍正］齊河 7/1
［民國］齊河 24/1
齊河縣鄉土志鄉賢祠/17

樂

07 **樂欬**（字子聲）
（春秋・魯人，一作秦人）
［嘉靖］山東 24/9
［康熙］山東 29/9
［雍正］山東 11/闕里二 19
［宣統］山東 153/9
［萬曆元年］兗州 7/55
［萬曆二十四年］兗州 7/22
［康熙］兗州 8/22
［乾隆］兗州 7/30
［乾隆］曲阜 59/8
樂毅（字永霸）
（戰國・靈壽人）
［嘉靖］淄川 6/75
［萬曆］淄川 27/2
［康熙］淄川 4/2
［乾隆］淄川 4/2
10 **樂正子**（周・齊人）
［萬曆元年］兗州 7/74
樂正子長（五代・即墨人）
［嘉靖］山東 34/18
［康熙］山東 47/10
［雍正］山東 30/4

［宣統］山東 200/24
［萬曆］萊州 6/70
［康熙］萊州 10/96
［乾隆］萊州 12/仙釋 2
［萬曆］即墨志 9/3
［康熙］纂修即墨/下 32
［同治］即墨 12/8
樂正子春（春秋・南武城人）
［嘉靖］山東 24/10
［康熙］山東 29/10
［萬曆元年］兗州 7/71
［萬曆二十四年］兗州 7/24
［康熙］兗州 8/25
［萬曆］沂州志 6/23
［康熙］沂州志 5/6
［乾隆］沂州府 25/2
［道光］濟寧直隸州 8/1－68
［康熙］費縣 7/4
［乾隆］嘉祥 3/7
［光緒］嘉祥 3/7
［道光］鉅野 12/3
樂正克（戰國・齊人）
［嘉靖］山東 24/11
［康熙］山東 29/11
［雍正］山東 11/闕里二 20
［宣統］山東 153/12
［乾隆］兗州 7/32
［民國］臨淄 21/36
［萬曆］鄒志 1/46
樂正裘（春秋・魯人）
［嘉靖］山東 28/10
［康熙］山東 38/10
28 樂徽聲（明・江西臨川人）
［宣統］山東 71/46
30 樂進（字文謙）
（三國・陽平衛國人）
［嘉靖］山東 31/2
［雍正］山東 28/人物一 28
［宣統］山東 154/25
［萬曆］東昌 19/6
［乾隆］曹州府 14/7
［嘉靖］濮州 5/4
［萬曆］濮州 4/武烈 1
［康熙］濮州 4/16
［乾隆］濮州 4/28
［宣統］濮州 6/22
［康熙］觀城 4/15
［道光］觀城 8/1
觀城縣鄉土志/耆舊
37 樂運（隋・淯陽人）
［嘉靖］山東 26/23
［康熙］山東 34/3
［雍正］山東 28/人物一 55
［萬曆］東昌 18/13
［乾隆］東昌 35/15
［嘉慶］東昌 22/20
［嘉靖］高唐州 5/2
［康熙十二年］高唐州 7/3
［康熙五十一年］高唐州 7/3
［道光］高唐州 5/1－4
［光緒］高唐州 5/1－4,7/1－2
［民國］高唐縣 9/5－2
高唐州鄉土志/5
［萬曆］恩縣 4/9
［民國］重修恩縣 11/鄉賢 12
樂祁犂（字子梁）
（春秋・宋人）
［嘉靖］山東 28/15
［康熙］山東 38/15
38 樂肇（字宏茂）
（晉・南陽淯陽人）
［光緒］嶧縣 19/37
40 樂喜（字子罕）
（春秋・宋人）
［嘉靖］山東 28/15
［康熙］山東 38/15
47 樂均用（字國賓）
（元・益都人）
［嘉靖］山東 38/67
［嘉靖］青州 15/56,18/58
［萬曆］青州 14/39,18/65
［康熙十五年］青州 14/39,18/65
［康熙四十八年］青州 14/隱逸 13,18/69
［康熙六十年］青州 20/4
［咸豐］青州 42/12
［萬曆］益都 6/90,9/129
［康熙］益都 9/43,11/46
［光緒］益都縣圖志 45/3
67 樂暉（明・浙江台州人）
［萬曆二十四年］兗州 29/3
［康熙］兗州 22/24
［乾隆］兗州 22/24
［嘉靖］鄒縣地理誌 1/30
［萬曆］鄒志 2/11
［康熙十二年］鄒縣志 3/17
71 樂臣公（周・高密人）
［乾隆］高密 8/上補遺 1
［光緒］高密 8/上補遺 1
［民國］高密 14/上 90
高密縣鄉土志/上 42
77 樂用（明・江浦人）
［光緒］文登 5/35
樂賢忠（明・歷城人）
［崇禎］歷城 10/17

2291_3 繼

34 繼達（姓田,字悟空,號素菴）
（明・膠州人）
［雍正］山東 30/20
［萬曆］萊州 6/72
［康熙］萊州 10/100
［乾隆］萊州 12/仙釋 4
［康熙］膠州 6/57
［乾隆］膠州 5/39
［道光］重修膠州 30/1
［民國］增修膠志 47/1

2291_4 種

80 種首（周）
［至元］齊乘 6/4
［嘉靖］青州 13/5
［萬曆］青州 13/22
［康熙十五年］青州 13/22
［康熙四十八年］青州 13/事功 6
［康熙六十年］青州 16/3
［民國］臨淄 23/6

2300_0 卜

00 卜商（字子夏）
（春秋・衛人）
［嘉靖］山東 24/5
［康熙］山東 29/5
［雍正］山東 11/闕里二 9
［嘉靖］青州 12/3
［康熙十五年］青州 12/5

[康熙四十八年]青州 12/5
[康熙六十年]青州 12/1
[萬曆元年]兗州 7/30
[萬曆二十四年]兗州 7/15
[康熙]兗州 8/15
[乾隆]兗州 7/19
[乾隆]沂州府 20/1
[萬曆]東昌 19/1
[乾隆]曲阜 59/3
[民國]重修莒志 57/1
[光緒]菏澤 17/95
[光緒]新修菏澤 11/77,17/77
菏澤縣鄉土志/14
卜應遠(字來庭)
(清・東平人)
[光緒]東平州 15/中 36
[民國]東平縣 11/中 7
卜應遴(字瑩陛)
(清・東平人)
[光緒]東平州 15/下 43
[民國]東平縣 11/下 15
10 **卜正龜**(見卜得熊)
卜元英(字彥才)
(元・燕人)
[宣統]山東 69/33
[咸豐]青州 35/20
[萬曆]諸城 5/12
[康熙]諸城 5/12
[乾隆]諸城 27/10
11 **卜珩**(清・東平貢生)
[宣統]山東 171/9
[乾隆]泰安府 17/51
[康熙]東平州續志 6/2
[乾隆]東平州 14/8
[道光]東平州 14/8
[光緒]東平州 15/中 8
[民國]東平縣 11/上 31
東平州鄉土志上/耆舊錄 42
20 **卜秉義**(字崇正)
(鉅野人)
[道光]鉅野 12/31
21 **卜仁**(字善長)
(鉅野人)
[道光]鉅野 12/31
卜穎(字晢生)
(清・揚州人)
[康熙]諸城 4/19
22 **卜彪**(字伯雲)
(鉅野人)
[道光]鉅野 12/31
卜崇高(鉅野人)
[道光]鉅野 12/31
23 **卜允中**(字執齋)
(壽光人)
[民國]壽光 12/人物志一 101
26 **卜得熊**(一名正龜,字時菴,號老陽子)
(清・高郵人)
[道光]濟南 60/16
[乾隆]東昌 44/11
[乾隆]臨清州 12/13
[乾隆]歷城 45/13
[民國]續修歷城 45/3
30 **卜甯一**(字中三)
(清・日照人)
[宣統]山東 173/5
[光緒]日照 8/21
卜之才(字藎臣)
(鉅野人)
[道光]鉅野 12/31
卜憲同(字官占)
(清・恩縣人)
[民國]重修恩縣 11/鄉賢 28
卜憲周(字佐臣)
(臨朐人)
[民國]臨朐續志 20/20
32 **卜兆樞**(字紫垣)
(清・東平人)
[乾隆]東平州 15/11
[道光]東平州 15/11
[光緒]東平州 15/下 10
[民國]東平縣 11/中 28
34 **卜汝正**(清・東平人)
[光緒]東平州 15/中 39
卜汝盤(字化殷)
(清・東平人)
[光緒]東平州 15/中 36
[民國]東平縣 11/中 7
卜汝隨(字心源)
(明・益都人)
[咸豐]青州 45/33
[光緒]益都縣圖志 36/20
卜祺光(字履安)
(清・日照人)
[光緒]日照 8/29
卜汝耀(字蓮村)
(東平人)
[民國]東平縣 11/上 23
37 **卜逢吉**(字藹亭,一作藹人)
(清・曹州鉅野人)
[宣統]三續淄川 9/51
[民國]續修鉅野 5/上 6,7/下 54
38 **卜祚光**(字凝子,一字質谷)
(清・日照人)
[光緒]日照 8/27
40 **卜希顏**(明・臨朐人)
[萬曆]青州 14/23
[康熙十五年]青州 14/23
[康熙四十八年]青州 14/孝友 13
[康熙六十年]青州 17/15
[咸豐]青州 45/38
[嘉靖]臨朐 3/15
[康熙]臨朐縣志書 3/36
卜有徵(明・上元人)
[康熙]昌邑 5/7
[乾隆]昌邑 5/106
43 **卜式**(字子伶)
(漢・河南人)
[嘉靖]山東 27/1
[康熙]山東 35/1
[雍正]山東 27/50
[宣統]山東 66/2
[道光]濟南 33/2
[嘉靖]青州 13/10
[萬曆]青州 12 又/1
[康熙十五年]青州 12 又/1
[康熙四十八年]青州 12 又/1
[康熙六十年]青州 12/2
[咸豐]青州 34/3
[康熙十二年]博興 6/1
[康熙六十年]博興 7/2
[康熙]臨淄 8/1
[民國]臨淄 18/2
[道光]鉅野 12/31

44 **卜蕙**(字紉菴)
(清・東平人)
[光緒]東平州 15/下 17
[民國]東平縣 11/中 33
卜薏(字秋園)
(清・東平人)
[光緒]東平州 15/中 36
[民國]東平縣 11/中 7
卜夢飛(字渭濱)
(清・東平人)
[康熙]東平州 4/71,4/73
[康熙]東平州續志 6/2
[乾隆]東平州 15/4
[道光]東平州 15/4
[光緒]東平州 15/下 3
[民國]東平縣 11/中 23
東平州鄉土志上/耆舊錄 34
卜夢弼(字象升)
(清・費縣人)
[道光]濟南 38/34
[嘉慶]禹城 7/35
[民國]禹城 3/51
[光緒]費縣 11/20
卜夢松(字玉振)
(清・東平人)
[光緒]東平州 15/下 49
[民國]東平縣 11/下 19
卜楚邱父(春秋・魯人)
[乾隆]曲阜 93/1
卜世隆(字子盛)
(鉅野人)
[道光]鉅野 12/31
52 **卜授**(字聖符)
(清・東平人)
[民國]東平縣 11/上 41
東平州鄉土志上/耆舊錄 42
53 **卜咸**(字先恒)
(鉅野人)
[道光]鉅野 12/31
62 **卜則聖**(字希之)
(鉅野人)
[道光]鉅野 12/31
71 **卜階**(字象升)
(鉅野人)
[道光]鉅野 12/31
卜馬僑(明・湖廣華容人)
[道光]濟南 36/65
77 **卜凡**(明・鄒縣人)
[嘉靖]鄒縣地理誌 1/25
80 **卜鏡**(字水心,號蓮友)
(清・東平人)
[乾隆]泰安府 18/51
[康熙]東平州 3/46,4/74
[乾隆]東平州 15/4
[道光]東平州 15/4
[光緒]東平州 15/下 4
[民國]東平縣 11/中 24
東平州鄉土志上/耆舊錄 34
卜令演(字人龍)
(鉅野人)
[道光]鉅野 12/31
卜并吉(字元善)
(清・鉅野人)
[道光]鉅野 12/31
卜尊賢(字雲子)
(清・鉅野人)
[道光]鉅野 13/35
82 **卜釗**(字景威)
(明・南直潁上人)
[宣統]山東 73/13
[萬曆]青州 12 又/又 15
[康熙十五年]青州 12 又/又 15
[康熙四十八年]青州 12 又/15
[康熙六十年]青州 12/28
[咸豐]青州 36/5
[嘉靖]臨朐 2/47
[康熙]臨朐縣志書 1/33
光緒臨朐 13/3
88 **卜鑑呈**(字竹南)
(清・日照人)
[光緒]日照 8/36
90 **卜懷**(字思敬)
(明・寧海人)
[康熙]山東 45/21
[泰昌]登州 11/40
[順治]登州 17/18
[光緒]增修登州 41/53
[嘉靖]寧海州下/35
[康熙]寧海州 9/6
[同治]重修寧海州 21/5
[民國]牟平 7/85
97 **卜煥**(字彤文)
(清・日照人)
[宣統]山東 173/18
[光緒]日照 8/19

2320_0 外

44 **外黃舍人兒**(漢・外黃人)
[康熙]東明 6/23
[乾隆]東明 6/23
東明縣志料/人物門

2323_4 伏

10 **伏靈梅**(恩縣人)
[民國]重修恩縣 11/鄉賢 55
16 **伏理**(字斿君,一作君斿、君游)
(漢・東武人)
[嘉靖]山東 27/13
[雍正]山東 28/人物一 12
[宣統]山東 153/24
[嘉靖]青州 15/26
[萬曆]青州 13/8
[康熙十五年]青州 13/8
[康熙四十八年]青州 13/經師 3
[康熙六十年]青州 15/4
[萬曆]萊州 5/54
[康熙]萊州 8/7
[康熙]高密 6/23
[乾隆]諸城 35/6
諸城縣鄉土志/上 23
20 **伏系之**(字敬魯)
(晉・安丘人)
[萬曆]青州 15/4
[康熙十五年]青州 15/4
[康熙四十八年]青州 15/文學 4
[康熙六十年]青州 18/2
[萬曆]安丘 20/23
22 **伏胤之**(南北朝・安丘人)
[萬曆]安丘 27/58
26 **伏儼**(漢・琅邪人)
[康熙]諸城 7/7
30 **伏完**(漢・濟南人)
[萬曆]青州 14/4
[康熙十五年]青州 14/4

［康熙四十八年］青州 14/忠義 4
［康熙六十年］青州 17/3
［崇禎］歷乘 16/3
32 伏滔（字玄度）
（晉・平昌安丘人）
［至元］齊乘 6/15
［嘉靖］山東 32/7
［康熙］山東 42/7
［雍正］山東 28/人物一 39
［宣統］山東 163/5
［嘉靖］青州 15/34
［萬曆］青州 15/4
［康熙十五年］青州 15/4
［康熙四十八年］青州 15/文學 4
［康熙六十年］青州 18/2
［咸豐］青州 39/13
［萬曆］安丘 20/23
安丘縣鄉土志 8/耆舊錄 5
34 伏湛（字惠公）
（漢・琅邪東武人，一作濟南人）
［至元］齊乘 6/12
［嘉靖］山東 25/15，32/2
［康熙］山東 32/1，42/3
［雍正］山東 28/人物一 14
［宣統］山東 66/13，153/24，154/12
［康熙］濟南 24/2
［道光］濟南 33/6
［嘉靖］青州 12/27，15/24
［萬曆］青州 13/8
［康熙十五年］青州 8/14，13/8
［康熙四十八年］青州 13/經師 3，16/4
［康熙六十年］青州 15/4
［咸豐］青州 38/7
［嘉慶］東昌 20/5
［崇禎］歷乘 16/3
［嘉靖］德州 3/3
［萬曆］德州 8/25
［康熙］德州 7/20
［民國］德縣 9/2
［康熙］陵縣 6/上 24
［萬曆］諸城 7/5
［康熙］諸城 7/5
［乾隆］諸城 29/3
［乾隆］平原 6/20
平原縣鄉土志輯稿/名宦
［萬曆］即墨志 6/10
［康熙］纂修即墨/下 6
40 伏壽（漢・瑯琊東武人）
［康熙］山東 28/5
［嘉靖］青州 16/16
［萬曆］青州 13/8
［康熙十五年］青州 13/8
［康熙四十八年］青州 13/經師 3，16/4
［康熙六十年］青州 15/4
［咸豐］青州 56/2
［萬曆元年］兗州 1/皇后 2
伏柱玖（字捷三）
（清・臨沂人）
［民國］臨沂 10/59
44 伏恭（字叔齊）
（漢・東武人）
［嘉靖］山東 27/1，32/3
［康熙］山東 35/1，42/3
［雍正］山東 28/人物一 16
［宣統］山東 153/24，162/11
［嘉靖］青州 15/24
［萬曆］青州 13/8
［康熙十五年］青州 13/8
［康熙四十八年］青州 13/經師 3
［康熙六十年］青州 15/4
［咸豐］青州 38/14
［萬曆］諸城 7/7
［康熙］諸城 7/6
［乾隆］諸城 35/6
［康熙］壽光 20/1
［嘉慶］壽光 10/22
［民國］壽光 6/11
壽光縣鄉土志/政績
［嘉慶］昌樂 19/2
50 伏書勳（字子銘）
（清・臨沂人）
［民國］臨沂 10/31
52 伏捶（南北朝・安丘人）
［萬曆］安丘 20/25
伏挺（字士標）
（南北朝・平昌安丘人）
［宣統］山東 162/20
［萬曆］青州 15/4
［康熙十五年］青州 15/4
［康熙四十八年］青州 15/文學 4
［康熙六十年］青州 18/2
［萬曆］安丘 20/24
安丘縣鄉土志 8/耆舊錄 5
60 伏黯（字稚文）
（漢・東武人）
［宣統］山東 153/24
［萬曆］青州 13/8
［康熙十五年］青州 13/8
［康熙四十八年］青州 13/經師 3
［康熙六十年］青州 15/4
［乾隆］諸城 35/6
伏曼容（字公儀）
（南北朝・平昌安丘人）
［至元］齊乘 6/18
［嘉靖］山東 32/10
［康熙］山東 42/10
［雍正］山東 28/人物一 50
［宣統］山東 162/20
［嘉靖］青州 15/28
［萬曆］青州 14/47
［康熙十五年］青州 14/47
［康熙四十八年］青州 14/儒行 4
［康熙六十年］青州 15/6
［咸豐］青州 54/8
［萬曆］安丘 18/11
安丘縣鄉土志 8/耆舊錄 5
61 伏暅（字玄曜）
（南北朝・平昌安丘人）
［嘉靖］山東 33/23
［雍正］山東 28/人物一 50
［宣統］山東 162/20
［嘉靖］青州 13/18
［萬曆］青州 13/32
［康熙十五年］青州 13/32
［康熙四十八年］青州 13/事功 15
［康熙六十年］青州 16/6

[萬曆]安丘 19/14
安丘縣鄉土志 4/耆舊錄 1
77 **伏隆**(字伯文)
(漢・琅邪東武人,一作濟南人)
[嘉靖]山東 32/3
[康熙]山東 42/3
[雍正]山東 28/人物一 15
[宣統]山東 154/12
[嘉靖]青州 15/3
[萬曆]青州 14/4
[康熙十五年]青州 14/4
[康熙四十八年]青州 14/忠義 4
[康熙六十年]青州 17/2
[崇禎]歷乘 16/3
[萬曆]諸城 7/6
[康熙]諸城 7/6
[乾隆]諸城 38/1
諸城縣鄉土志/上 20
79 **伏勝**(字子賤)
(漢・濟南人)
[至元]齊乘 6/8
[嘉靖]山東 29/1
[康熙]山東 39/1
[雍正]山東 11/闕里二 23,35/碑 29
[宣統]山東 149/24,153/17,162/1
[道光]濟南 45/11
[乾隆]兗州 7/35
[崇禎]歷乘 16/1
[民國]齊東 5/50,6/43,6/44
[順治]鄒平 6/1
[康熙]鄒平 6/15
[嘉慶]鄒平 15/14
[道光]鄒平 15/1
[民國]鄒平 15/1
80 **伏羲**(風姓)
[嘉靖]山東 23/1
[康熙]山東 28/1
[萬曆元年]兗州 1/帝王 1
[萬曆二十四年]兗州 5/1
[萬曆]沂州志 7/56
[嘉靖]濮州 4/1
伏無忌(漢・東武人)
[宣統]山東 153/24
[乾隆]諸城 36/1
86 **伏知命**(南北朝)
[咸豐]青州 55/12
[萬曆]安丘 28/61

2324_2 傅

00 **傅玄**(晉・寧州人)
[乾隆]臨清州 9/1
傅言(明・臨淄人)
[民國]臨淄 25/33
傅豪元(清・萊陽人)
[民國]萊陽 3/1 中 63
傅商弼(字湯霖)
(明・河南人)
[宣統]山東 71/42
[康熙]濟南 25/63
[乾隆]武定府 16/20
[咸豐]武定府 19/陽信 4
[康熙]陽信 7/30
[乾隆]陽信 5/32
信邑志稿 5/宦蹟
[民國]陽信 2/58
傅賡安(字祝山)
(清・聊城人)
[宣統]聊城 8/61
傅應兆(字文聘,一作廷聘)
(明・臨朐人)
[康熙十五年]青州 14/60
[康熙四十八年]青州 14/儒行 17
[咸豐]青州 44/48
[康熙]臨朐縣志書 3/32
光緒臨朐 14/上 30
傅稟初(字天隣)
(明・高密人)
[康熙]山東 45/24
[康熙]萊州 10/65
[康熙]高密 8/6,10/又 15
[乾隆]高密 8/上 25
[光緒]高密 8/上 33
[民國]高密 14/上 36
傅亶初(字上生)
(清・高密人)
[乾隆]高密 8/上 34
[光緒]高密 8/上 52
[民國]高密 14/上 62
高密縣鄉土志/上 44
傅慶初(字來章)
(清・高密人)
[乾隆]萊州 11/孝義 7
[乾隆]高密 8/上 27
[光緒]高密 8/上 35
[民國]高密 14/上 38
高密縣鄉土志/上 34
傅文通(明・武清人)
[乾隆]泰安府 15/5
[嘉慶]肥城 15/33
[光緒]肥城 7/49
傅應選(明・臨朐人)
[嘉靖]臨朐 3/13
傅慶壽(字介眉)
(清・霑化人)
[民國]霑化 2/99
傅文藻(字蓮漪)
(清・膠州人)
[道光]重修膠州 30/5
[民國]增修膠志 47/5
傅應昌(清・北直人)
[康熙]膠州 5/18
傅育邑(字品三,號近蘭)
(清・臨沂人)
[民國]續修臨沂 16/17
傅育器(字賜汝,號蘭峯)
(清・臨沂人)
[民國]續修臨沂 16/17
01 **傅評**(字月亭)
(清・高密人)
[光緒]高密 8/上 63
[民國]高密 14/上 74
高密縣鄉土志/上 49
03 **傅誠**(清・茌平人)
[宣統]茌平 16/10
[民國]茌平 3/42
傅詠(字元聲)
(清・高密人)
[宣統]山東 177/43
[光緒]高密 8/上 19
[民國]高密 14/上 18
高密縣鄉土志/上 25
傅誠友(字沁蘭,一字益三)
(清・鉅野人)

[民國]續修鉅野 5/上 15
04 傅訥(字默庵)
(清・武城人)
[道光]武城續編 10/6
傅䜖(字茂華)
(清・東平人)
[光緒]東平州 15/下 51
[民國]東平縣 11/下 20
07 傅記(明・曹縣人)
[康熙]曹縣 11/23
[康熙]兗州府曹縣 11/23
傅詔(字命侯)
(清・嶧縣人)
[乾隆]兗州 23/82
[乾隆]嶧縣 8/49
[光緒]嶧縣 21/孝友 9
08 傅諭(字汝克,號曉窗)
(明・聊城人)
[康熙]聊城 3/41
[宣統]聊城耆獻文徵/下 11
傅敦孝(字商卿,號復齋)
(清・高密人)
[光緒]高密 8/上 59
[民國]高密 14/上 68
10 傅霖(宋・青州人)
[至元]齊乘 6/23
[嘉靖]山東 32/13
[康熙]山東 42/13
[嘉靖]青州 15/53
[萬曆]青州 14/38
[康熙十五年]青州 14/37
[康熙四十八年]青州 14/隱逸 11
[康熙六十年]青州 20/3
[咸豐]青州 41/25
[光緒]益都縣圖志 45/3
傅霖(明・江西貴溪人)
[宣統]山東 72/12
[萬曆二十四年]兗州 29/6
[康熙]兗州 22/27
[乾隆]兗州 22/28
[康熙]濟寧州 4/54
[乾隆]濟寧直隸州 22/16
[道光]濟寧直隸州 6/6－24
傅正方(清・鉅野人)
[民國]續修鉅野 5/上 6
傅爾謙(字恭讓)
(明・聊城人)
[道光]濟南 36/5
[乾隆]東昌 41/32
[嘉慶]東昌 31/7
[宣統]聊城 8/67
聊城縣鄉土志/29
傅天爵(字台臣)
(清・蓬萊人)
[光緒]增修登州 43/2
[康熙]蓬萊 5/21
[道光]重修蓬萊 9/20
[民國]蓬萊縣志合編人物志/仕績
傅爾德(號金樵)
(清・鉅野人)
[道光]鉅野 12/28,17/59
[乾隆]嶧縣 7/34
[光緒]嶧縣 19/丞倅 15
傅一德(清・江西南昌人)
[康熙]膠州 5/18
[乾隆]膠州 4/18
[道光]重修膠州 23/4
[民國]增修膠志 18/4
傅爾繩(字孔直)
(清・鉅野人)
[道光]鉅野 13/40
傅于宣(字子方,號東山)
(清・招遠拔貢)
[乾隆]嶧縣 7/34
[光緒]嶧縣 19/丞倅 15
[道光]招遠縣續志 3/5
傅正法(清・濮州人)
[宣統]濮州 6/17
傅元海(霑化人)
[民國]霑化 4/登進 51
傅丙南(清・昌邑人)
[光緒]昌邑縣續志 5/39
傅正揆(字華瞻)
(清・聊城人)
[宣統]山東 174/11
[嘉慶]東昌 30/37
[宣統]聊城 8/26
傅三捷(字星函,一作惺函)
(清・平陰人)
[光緒]平陰 5/9,6/72,8/16
傅霖卿(字濟亭)
(清・新城人)
[宣統]新城縣後志 2/善行
[民國]重修新城 18/3
傅玉瓚(字信三)
(清・新城人)
[道光]濟南 55/82
[宣統]新城縣後志 3/耆壽
傅震曾(字麟生)
(清・膠州人)
[民國]增修膠志 42/28
傅丙鑑(字紹虞)
(清・高密人)
[民國]高密 14/上 58
傅爾恒(字純一)
(明・聊城人)
[乾隆]東昌 38/6
[嘉慶]東昌 28/6
[宣統]聊城 8/13
傅天榮(號肖臆)
(清・聊城人)
[康熙]聊城 3/41,4/21
11 傅琢(明・湖廣竹溪人)
[嘉靖]寧海州下/19
12 傅璠(清・招遠人)
[光緒]增修登州 43/27
傅弘(元・高苑人)
[康熙]高苑 5/2
[乾隆]高苑 5/2
傅弘京(字伯文)
(明・武定人)
[崇禎]武定州 17/9
[乾隆]武定府 24/28
[咸豐]武定府 24/循良 18
[乾隆]惠民 5/32
[光緒]惠民 19/8
惠民縣鄉土志/耆舊錄 27
傅廷訓(字誨我)
(清・東阿人)
[乾隆]泰安府 18/56
[道光]東阿 14/人物下 31
傅廷麟(清・茌平人)
[民國]茌平 3/97
傅廷琦(字伯韓)
(清・歷城人)
[民國]續修歷城 40/9

傅廷弼(字予良)
(壽光人)
[民國]壽光 12/人物志二 38
傅廷獻(字近墀)
(清·聊城人)
[乾隆]東昌 40/12
[嘉慶]東昌 30/12
[宣統]聊城 8/58
傅聯科(清·鉅野人)
[乾隆]曹州府 16/9
[道光]鉅野 13/54
傅廷豹(字雲峯)
(清·膠州人)
[道光]重修膠州 29/14
[民國]增修膠志 45/1
膠州直隸州鄉土志 4/篤行
傅延齡(清·無棣人)
[民國]無棣 13/31
傅登堦(清·茌平人)
[民國]茌平 3/97
傅廷橿(字棣園)
(清·無棣人)
[民國]無棣 12/16
海豐縣鄉土志/耆舊－事業五
傅廷蘭(字馨谷)
(清·濰縣人)
[民國]濰縣志稿 28/13
傅延耆(明·歷城人)
[道光]濟南 49/24
[乾隆]歷城 37/35
傅廷鍠(字聲立)
(清·高密人)
[乾隆]東昌 34/17
[嘉慶]東昌 22/8
[康熙五十六年]莘縣 5/19
[光緒]莘縣 5/13
[民國]莘縣 3/7
莘縣鄉土志/政績 11
傅延敘(清·濟寧人)
[道光]濟寧直隸州 8/4－40
傅廷輝(字映宸)
(清·聊城人)
[宣統]聊城耆獻文徵/中 32,耆獻文徵/又下 14
14 **傅瑾**(明·博平人)
[正德]博平 4/63
傅瑛石(字修元)
(清·鉅野人)
[道光]鉅野 13/34,19/38
傅琳森(字瑤庵)
(清·平度人)
[光緒]平度志要/人物
[民國]平度縣續志 7/6
15 **傅璉**(明·武定州人)
[嘉靖]武定州下/77
傅融(南北朝·清河人)
[咸豐]青州 64/12
[光緒]益都縣圖志 15/7
傅建塏(字景臣)
(清·清平人)
[宣統]增輯清平 12/46
16 **傅環芳**(清·高密人)
[光緒]高密 8/上 67
[民國]高密 14/上 79
17 **傅弼**(清·平陰人)
[康熙]兗州續編 15/25
[康熙]兗州 28/38
[順治]平陰 7/16
[光緒]平陰 5/22
傅承(元·齊東人)
[康熙]新修齊東 6/2
傅珉(字君器,一字天民,號質菴)
(明·武定人)
[萬曆]武定州 13/14
[崇禎]武定州 22/3
[乾隆]武定府 24/5
[咸豐]武定府 24/清介 5
[乾隆]惠民 5/31
[光緒]惠民 19/8
惠民縣鄉土志/耆舊錄 27
傅豫(字于石,號立菴)
(清·高密人)
[宣統]山東 177/43
[光緒]高密 8/上 47
[民國]高密 14/上 55
高密縣鄉土志/上 28
傅承勳(字拙軒)
(濟寧人)
[民國]濟寧縣 3/12
18 **傅玢石**(字嵩楠)
(清·鉅野人)
[道光]鉅野 13/36
傅玠石(字潤侯)
(清·鉅野人)
[道光]鉅野 13/32
20 **傅維鱗**(號掌雷)
(清·靈壽人)
[康熙]山東 31/19
[乾隆]東昌 33/32
[嘉慶]東昌 20/43
[康熙]臨清州 3/名宦 6
[乾隆]臨清州 9/12
[乾隆]臨清直隸州 6/78
[民國]臨清縣/秩官 63
傅維弼(清·天津鹽山縣進士)
[民國]朝城縣續志 1/22
傅維鱗(見傅維麟)
傅信之(明)
[宣統]山東 72/46
[萬曆]東昌 18/39
[乾隆]東昌 35/11
傅秉蘅(清·新城人)
[宣統]新城縣後志 3/文苑
傅維杞(清·靈壽人)
[康熙]昌邑 5/11
[乾隆]昌邑 5/112
傅秉鑒(字蘅塘)
(清·清平人)
[民國]清平/人物 45
傅喬年(字松亭)
(清·順天人)
[光緒]費縣 3/59
傅秉鉞(字孟虔)
(清·清平人)
[民國]清平/人物 72
21 **傅顥**(字靖堂)
(清·高密人)
[民國]高密 14/上 26
傅儒功(字建堂)
(清·膠州人)
[民國]增修膠志 41/44
傅儒蘭(字同言)
(清·膠州人)
[民國]增修膠志 45/24
傅儒芹(字小蓮)
(清·膠州人)

［民國］增修膠志 47/8
傅儷笙（明・清平人）
［民國］清平/藝文 36
傅儒忱（清・膠州人）
［道光］重修膠州 29/11
［民國］增修膠志 44/9
22 傅巖（元・高唐人）
［道光］高唐州 5/1－8
傅巖（字肖岩）
（清・廣東海陽人）
［民國］壽光 6/24
傅崇訓（字賡唐）
（清・博興人）
［民國］重修博興 13/44
傅繼菖（字馨齋）
（齊東人）
［民國］齊東 5/37
傅繼韓（字景愈）
（清・高密人）
［光緒］高密 8/上 18
［民國］高密 14/上 17
高密縣鄉土志/上 27
傅繇園（字飈園）
（清・膠州人）
［民國］增修膠志 47/8
傅繼勛（字玉溪，號湘屏）
（清・聊城人）
［宣統］山東 174/6
［宣統］聊城 8/45
23 傅伏（南北朝・泰安人）
［嘉靖］山東 29/8
［康熙］濟南 43/2
［弘治］泰安州 3/11
［康熙］泰安州 3/16
［乾隆］泰安府 16/31
傅允誠（字天玉）
（清・博平人）
［宣統］山東 174/10
［乾隆］東昌 40/18
［嘉慶］東昌 30/19
［道光］博平 4/23
博平縣鄉土志/耆舊－循史
傅岱石（字東觀）
（清・鉅野人）
［道光］鉅野 13/34
傅代鐸（清・貴州桐梓人）
［宣統］山東 77/14
光緒臨朐 13/18
24 傅皓（明・陽穀人）
［康熙十二年］陽穀 3/5
［康熙］陽穀 3/4
［民國］增修陽穀人物/仕宦 2
傅化民（字新公）
（清・招遠人）
［光緒］增修登州 43/26
［道光］招遠縣續志 3/5
25 傅傑（明・陽穀人）
［康熙十二年］陽穀 3/33
［康熙］陽穀 3/29
［光緒］陽穀 6/32
27 傅綱（明・鄒縣人）
［嘉靖］鄒縣地理誌 1/28
傅叔偉（南北朝・清河人）
［萬曆］恩縣 4/9
［嘉慶］清平 14/6
［宣統］增輯清平 12/6
［民國］清平/人物 5
清平縣鄉土志/耆舊
傅修德（字宗聖）
（清・無棣人）
［民國］無棣 13/31
傅繩基（字培深）
（清・博平人）
［道光］博平 4/又 32
傅繩勛（字接武，號秋屏）
（清・聊城人）
［宣統］山東 174/5
［宣統］聊城 8/44
傅屺瞻（字巳山）
（清・臨沂人）
［民國］續修臨沂 16/22
28 傅倫（字敦五）
（清・新城人）
［宣統］新城縣後志 3/耆壽
［民國］重修新城 18/23
傅綸（字世準）
（明・博平人）
［正德］博平 4/68
傅綸（字理之，號後泉）
（明・吉安人）
［宣統］聊城耆獻文徵/下 10
傅以鼎（字玉鉉）
（清・聊城人）
［乾隆］東昌 43/3
［嘉慶］東昌 32/29
［康熙］聊城 3/53
［宣統］聊城 8/94
傅以漸（字于磐，號星巖）
（清・聊城人）
［康熙］山東 41/29
［雍正］山東 28/人物四 1
［宣統］山東 174/1
［乾隆］東昌 40/1
［嘉慶］東昌 30/1
［康熙］聊城 3/10
［宣統］聊城 8/19，耆獻文徵中/19，耆獻文徵/下 10
聊城縣鄉土志/21
傅以道（字守常）
（明・嘉祥人）
［道光］濟寧直隸州 8/2－54
［順治］嘉祥 4/40
［乾隆］嘉祥 3/33
［光緒］嘉祥 3/41
傅儉堂（字叔勤）
（清・膠州人）
［民國］增修膠志 45/35
29 傅秋霖（字協豐）
（清平人）
［民國］清平/人物 78
30 傅察（字公晦）
（宋・莒人，一作濟源人）
［乾隆］沂州府 26/2
［雍正］莒州 9/23
［光緒］益都縣圖志 16/37
傅進（字時升）
（明・武定人）
［康熙］濟南 47/16
［萬曆］武定州 13/13
［崇禎］武定州 22/3
［乾隆］武定府 26/26
［咸豐］武定府 26/耆壽 1
［乾隆］惠民 6/17
［光緒］惠民 24/3
傅寬（漢）
［嘉靖］青州 15/44
［康熙］臨淄 8/1

傅寬(明・聊城人)
[乾隆]東昌 42/8
[嘉慶]東昌 32/8
[康熙]聊城 3/51
[宣統]聊城 8/92
傅宸(字蘭生,一字彤臣,號麗農)
(清・新城人)
[宣統]山東 169/3
[道光]濟南 55/48
[康熙]新城 7/36
[民國]重修新城 16/5
新城縣鄉土志/耆舊－清
傅永(字修期)
(南北朝・清河人)
[嘉靖]山東 31/5
[康熙]山東 41/3
[雍正]山東 28/人物一 52
[宣統]山東 155/30
[康熙]濟南 40/1
[道光]濟南 46/31
[萬曆]東昌 19/13
[乾隆]東昌 36/18
[嘉慶]東昌 26/19
[康熙]淄川 5/2,6/39
[乾隆]淄川 5/2,6/上 39
[嘉靖]恩縣 6/2
[萬曆]恩縣 4/8
[宣統]重修恩縣 8/9
[民國]重修恩縣 11/鄉賢 7
[嘉慶]清平 14/1
[宣統]增輯清平 12/1
[民國]清平/人物 1
清平縣鄉土志/耆舊
傅宏京(見傅弘京)
傅良弼(字安道)
(唐・清河人)
[雍正]山東 27/77
[乾隆]沂州府 20/3
[民國]臨沂 7/67
傅完貞(別號寵吾)
(明・聊城人)
[宣統]聊城耆獻文徵/中 9
傅濟川(清・恩縣人)
[宣統]重修恩縣 8/51
[民國]重修恩縣 11/鄉賢 70

傅宣化(字二公)
(清・定陶人)
[乾隆]定陶 6/22
[民國]定陶 6/44
傅永綍(字嵛西)
(清・聊城人)
[宣統]聊城 8/36
傅永淑(明・直隸靈壽歲貢)
[嘉慶]德平 5/11
[光緒]德平 5/11
傅宗堯(清・聊城人)
[嘉慶]東昌 32/57
[宣統]聊城 8/95
傅宸楹(字文友)
(清・高密人)
[乾隆]萊州 10/35
[乾隆]高密 8/上 15
[光緒]高密 8/上 17
[民國]高密 14/上 15
高密縣鄉土志/上 25
傅寶忠(字珍三)
(博興人)
[民國]重修博興 13/62
傅安民(字惠遠)
(清・陵縣人)
[道光]濟南 56/65
[光緒]陵縣 19/人物傳二 9
陵縣鄉土志/16
傅賓鳳(明・晉江人)
[道光]濟南 35/22
[康熙]德州 7/29
[乾隆]德州 8/7
[民國]德縣 9/8
德州鄉土志政績錄/1
傅守分(明・德平人)
[道光]濟南 52/53
傅守鈺(字明環)
(清・膠州人)
[乾隆]膠州 5/30
[道光]重修膠州 29/20
[民國]增修膠志 45/6
傅守節(明・濟寧人)
[康熙]濟寧州 7/51
傅宗耀(清・無棣人)
[民國]無棣 13/31
31 **傅濬**(明・博平人)
[康熙]博平 3/62
32 **傅澄亮**(清・茌平人)
[宣統]茌平 16/10
[民國]茌平 3/42
33 **傅梁**(清・昌邑人)
[康熙]昌邑 6/28
傅溥(字文博)
(明・博平人)
[正德]博平 4/70
34 **傅湊**(字靜溪)
(清・高密人)
[光緒]高密 8/上 67
[民國]高密 14/上 79
高密縣鄉土志/上 40
傅汝礪(元・茌平人)
[乾隆]東昌 37/27
[嘉慶]東昌 27/25
[康熙二年]茌平 2/41
[康熙四十九年]茌平 2/41
[宣統]茌平 11/1
[民國]茌平 3/48
傅汝礪(明・鄒縣人)
[嘉靖]鄒縣地理誌 1/28
傅逵鴻(字飛卿)
(清・高密人)
[光緒]高密 8/上 60
[民國]高密 14/上 70
傅汝祚(字子延)
(明・臨朐人)
光緒臨朐 14/上 42
傅洪都(字仲美)
(明・武定人)
[康熙]濟南 40/13
[乾隆]武定府 24/29
[咸豐]武定府 24/循良 19
[乾隆]惠民 5/33
[光緒]惠民 19/9
惠民縣鄉土志/耆舊錄 28
35 **傅連會**(清・茌平人)
[宣統]茌平 16/10
[民國]茌平 3/42
36 **傅澤澐**(清・三韓人)
[乾隆]萊州 9/32
[嘉慶]續掖縣 2/23
37 **傅鴻**(字翔起)
(明・曹縣人)

[康熙]兗州府曹縣 13/11
[光緒]曹縣 13/11
傅潤(明・陽穀人)
[民國]增修陽穀人物/仕宦 2
傅鴻誥(清・博平人)
[光緒]博平縣續志 10/53
傅鴻湘(字淩源)
(清・博平人)
[光緒]博平縣續志 10/50
博平縣鄉土志/耆舊－事業
傅運樞(清・臨朐人)
[民國]臨朐續志 20/21
38 **傅裕**(字克寬)
(明・泰安人)
[康熙]泰安州 3/27
[乾隆二十五年]泰安縣 12/15
[乾隆四十七年]泰安縣 10/上 11
[道光]泰安縣 9/上 60
[民國]重修泰安縣 8/10
泰安縣鄉土志/耆舊 11
傅道重(明・直隸滄州人)
[康熙十二年]陽穀 2/18
[康熙]陽穀 2/13
[光緒]陽穀 4/4
傅啟仁(明・湖廣人)
[康熙十二年]陽穀 2/17
[康熙]陽穀 2/12
[光緒]陽穀 4/3
傅啟佑(明・臨沂人)
[乾隆]沂州府 25/26
[民國]臨沂 9/55
傅道士(字芳圃)
(清・濰縣人)
[民國]濰縣志稿 36/11
40 **傅杰**(字中峯)
(清・新城人)
[宣統]新城縣後志 3/文苑
傅大方(字德隅)
(清・高密人)
[光緒]高密 8/上 44
[民國]高密 14/上 46
高密縣鄉土志/上 38
傅大亨(明・寧海人)
[康熙]寧海州 9/6
[同治]重修寧海州 21/5
[民國]牟平 7/86
傅希說(字某成)
(明)
[乾隆]東昌 39/35
[乾隆]武城 10/20
武城縣鄉土志略/耆舊錄
傅志尹(明・歷城人)
[崇禎]歷城 16/31
傅士珍(號雪樵)
(清・雲南昆明人)
[宣統]山東 76/43
[光緒]冠縣 6/宦績,9/傳
[民國]冠縣 6/46,9/4,9/6
傅太順(字適齋)
(清・臨朐人)
臨朐縣鄉土志 1/耆舊
傅吉先(字慶如)
(清・博平人)
[光緒]博平縣續志 10/64
傅士宏(字道遠)
(清・霑化人)
[光緒]霑化 10/22
[民國]霑化 2/97
傅大有(元)
[康熙]嶧縣 3/19
[光緒]嶧縣 19/93
傅士奎(字瘦石)
(清・浙江會稽人,一作大興人)
[宣統]山東 75/22
[道光]濟南 72/23
[道光]濟寧直隸州 6/7－86
[光緒]德州志略/宦績傳略
[民國]德縣 9/16
[道光]章邱 9/12
章邱縣鄉土志/上 10
[道光]滕縣志 6/宦績 42
滕縣鄉土志/11
傅九苞(字文藻)
(清・鄆城人)
[光緒]鄆城 16/22
傅希摯(字承弼)
(明・北直衡水人)
[宣統]山東 70/9
[道光]濟南 35/7
[康熙]濟寧州 4/9
傅大盛(清・高唐人)
[光緒]高唐州 5/2－9
傅九思(字睿凝)
(清・鄆城人)
[光緒]鄆城 5/31
傅來鵬(明・直隸邢臺人)
[萬曆]蒲臺志 8/7
[康熙]重修蒲臺 5/8
[乾隆]蒲臺 2/37
傅大全(明・安邱人)
[道光]安邱新志 25/1
傅嘉善(明・陽穀人)
[康熙十二年]陽穀 5/8
傅嘉善(字資元)
(清・歷城人)
[民國]續修歷城 44/42
[民國]高密 14/上 77
傅堯俞(字欽之)
(宋・鄆州須城人)
[嘉靖]山東 30/47
[康熙]山東 40/45
[雍正]山東 28/人物二 38
[宣統]山東 157/18
[乾隆]泰安府 16/51
[萬曆元年]兗州 40/忠直 13
[萬曆二十四年]兗州 35/6
[康熙]兗州 27/6
[乾隆]沂州府 25/17
[康熙]東平州 4/4
[乾隆]東平州 13/21
[道光]東平州 13/21
[光緒]東平州 15/上 21
[民國]東平縣 11/上 8
東平州鄉土志上/耆舊錄 28
[康熙]莒州下/38
[雍正]莒州 9/22
42 **傅斯忱**(字迪齋)
(清・聊城人)
[宣統]聊城 8/87
傅斯懌(字用之,一字豫齋)
(清・聊城人)
[宣統]山東 174/15
[宣統]聊城 8/51,耆獻文徵/又下 33

44 **傅芳**(字湘南)
(清・陵縣人)
[光緒]陵縣19/人物傳二17
傅荃(字香亭)
(清・陵縣人)
[光緒]陵縣19/人物傳二17
傅蘊(明・曹縣人)
[康熙]曹縣11/18
傅藻(清・恩縣人)
[宣統]重修恩縣10/19
[民國]重修恩縣11/鄉賢75,12/上64
傅攀龍(字次陽,號墨溪)
(清・高密人)
[光緒]高密8/上補遺3
[民國]高密14/上64
傅世烈(字恭菴)
(清・奉天人)
[雍正]山東27/105
[宣統]山東76/23
[乾隆]曹州府12/23
[康熙]兗州府曹縣10/20
[光緒]曹縣10/18
傅樹滋(清・河南登封拔貢)
[民國]濟陽9/39
傅樹蕃(字椒園)
(清・高密人)
[光緒]高密8/上58
[民國]高密14/上67
高密縣鄉土志/上49
傅芳圃(清・濰縣人)
[民國]濰縣志稿36/11
傅世則(清・東阿人)
[道光]東阿14/人物下又35
傅夢舉(號霖圖)
(清・新城人)
[宣統]新城縣後志2/宦績
[民國]重修新城18/21
新城縣鄉土志/耆舊-清
46 **傅相**(清・漢軍監生)
[乾隆]東昌33/50
[嘉慶]東昌21/18
[道光]博平4/8
傅相如(清・壽光人)
[民國]壽光12/人物志一77
傅觀光(字對揚)
(清・曹縣人)
[康熙]曹縣11/19
[康熙]兗州府曹縣11/19
[光緒]曹縣11/選舉18
47 **傅好禮**(字伯恭)
(明・北直固安人)
[宣統]山東70/15
[道光]濟南35/17
傅朝臣(號梧菴)
(明・武定人)
[崇禎]武定州18/2
[乾隆]武定府25/37
[咸豐]武定府25/儒林7
[乾隆]惠民6/9
[光緒]惠民23/7
惠民縣鄉土志/耆舊錄20
48 **傅翰章**(字墨卿)
(清・長清人)
[民國]長清13/14,13/23
傅敬和(北魏・磐陽人)
[光緒]益都縣圖志15/14
傅增明(莒縣人)
[民國]重修莒志61/14
50 **傅春**(明・林縣人)
[萬曆]福山4/6
傅書(字同文)
(明・嘉祥人)
[乾隆]嘉祥2/36
傅青峨(清・高密人)
[民國]高密14/上45
傅青嶧(清・高密人)
[宣統]山東177/54
[光緒]高密8/上43
[民國]高密14/上45
高密縣鄉土志/上38
傅申奇(清・鉅野人)
[道光]鉅野13/51
傅青箱(清・聊城人)
[乾隆]東昌43/4
[嘉慶]東昌32/30
[宣統]聊城8/94
51 **傅振霄**(字青九)
(清・平度人)
[道光]重修平度州19/41
傅振增(清・膠州人)
膠州直隸州鄉土志4/文學
傅振邦(字維屏,號梅村)
(清・昌邑人)
[宣統]山東177/8
[光緒]昌邑縣續志6/6,8/44
傅振鼇(字玉山)
(清・昌邑人)
[光緒]昌邑縣續志5/45
傅振甲(字鼎元)
(清・昌邑人)
[光緒]昌邑縣續志6/9
傅振銘(字鼎勳)
(清・昌邑人)
[光緒]昌邑縣續志5/45
53 **傅成**(元・齊東人)
[嘉靖]山東29/22
[康熙]山東39/20
[雍正]山東28/人物二67
[宣統]山東164/25
[康熙]濟南38/8
[道光]濟南48/53
[康熙]新修齊東6/2
[民國]齊東5/16
傅成(明・禹城人)
[康熙]濟南47/10
[道光]濟南52/7
[康熙]禹城5/21
[嘉慶]禹城9/15
[民國]禹城6/12
禹城縣鄉土志/18
54 **傅拱明**(明・曹縣人)
[康熙]兗州續編15/21
[康熙]兗州府曹縣13/55
[光緒]曹縣13/52
58 **傅掄秀**(字仙橋)
(清・福山人)
[民國]福山縣志稿7/4-14
60 **傅國**(字鼎卿,號丹水)
(明・臨朐人)
[康熙十五年]青州15/又12
[康熙四十八年]青州15/文學13
[康熙六十年]青州18/6
[咸豐]青州45/25
[康熙]臨朐縣志書3/51
光緒臨朐14/上48

［民國］臨朐續志 22/24
傅昇（清・招遠人）
［光緒］增修登州 43/26
［道光］招遠縣續志 3/19
傅曰璁（字叔平）
（清・高密人）
［民國］高密 14/上 23
傅曰翼（清・臨朐人）
［康熙］臨朐縣志書 4/2
光緒臨朐 14/下 13
傅國珍（清・東平人）
［乾隆］泰安府 18/48
［康熙］東平州 4/71
［乾隆］東平州 15/4
［道光］東平州 15/4
［光緒］東平州 15/下 3
［民國］東平縣 11/中 23
傅景舜（字虞廷）
（清・臨沂人）
［民國］續修臨沂 16/7
傅曰秀（清・臨淄人）
［民國］臨淄 22/69
傅景崙（清・新城人）
［宣統］新城縣後志 4/隱逸
傅思德（濟寧人）
［民國］濟寧縣 3/5
傅景堯（字紹唐）
（清・臨沂人）
［民國］續修臨沂 16/7
傅思敬（字心海）
（明・聊城人）
［康熙］聊城 3/41
［宣統］聊城耆獻文徵/下 11
傅思明（明・博平人）
［康熙］博平 3/23
［道光］博平 3/30
傅國璧（明・江西臨川人）
［宣統］山東 71/36
［康熙］濟南 25/55
［乾隆］泰安府 15/16
［康熙］新修萊蕪 5/24
［民國］萊蕪 9/4
［民國］續修萊蕪 15/6
萊蕪縣鄉土志/3
傅思義（字元貞）
（明・聊城人）
［乾隆］東昌 42/8
［嘉慶］東昌 32/8
［康熙］聊城 3/51,4/16
［宣統］聊城 8/79
61 **傅顯**（明・鄒平人）
［道光］濟南 50/5
67 **傅鳴巖**（明・平陰人）
［順治］平陰 7/15
［光緒］平陰 5/21
73 **傅駿名**（字得亭）
（清・高密人）
［民國］高密 14/上 88
77 **傅鳳**（明・陽穀人）
［民國］增修陽穀人物/仕宦 10
傅興（元・臨淄人）
［民國］臨淄 25/33
傅居正（清・臨沂人）
［民國］臨沂 10/53
傅學元（字穎伯）
（清・博平人）
［乾隆］東昌 40/16,43/7
［嘉慶］東昌 30/17,32/33
［道光］博平 4/22
傅鳳翼（明・恩縣人）
［雍正］恩縣續志 3/19
傅履重（明・泉州人）
［萬曆］青州 12/51
［康熙十五年］青州 12/51
［康熙四十八年］青州 12/51
［乾隆］沂州府 20/10
［康熙］沂水 4/29
［道光］沂水 5/30
傅鳳銜（清・博平人）
［光緒］博平縣續志 10/60
傅同祿（字登瀛）
（清・曹縣人）
［光緒］曹縣 14/行誼 16
傅居敬（明・洪洞人）
［宣統］山東 200/9
傅學易（字汝時,號肖巖）
（明・聊城人）
［乾隆］東昌 38/4
［嘉慶］東昌 28/4
［宣統］聊城 8/56
傅豎眼（南北朝・清河人）
［雍正］山東 28/人物一 53
［康熙］濟南 40/1
［道光］濟南 46/32
［咸豐］青州 39/20
［乾隆］東昌 36/18
［嘉慶］東昌 26/19
［康熙］淄川 5/2
［乾隆］淄川 5/2,6/上 42
光緒臨朐 14/上 8
［嘉靖］恩縣 6/2
［萬曆］恩縣 4/9
［宣統］重修恩縣 8/10
［民國］重修恩縣 11/鄉賢 8
［嘉慶］清平 14/6
［宣統］增輯清平 12/6
［民國］清平/人物 5
清平縣鄉土志/耆舊
傅隆阿（字立亭）
（清・滿洲鑲黃旗人）
［咸豐］青州 37/20
［嘉慶］昌樂 19/7
傅鳳翔（字蘭農）
（清・昌邑人）
［光緒］昌邑縣續志 6/11
傅履恆（清・直隸博野人）
［民國］昌樂縣續志 25/2
80 **傅鏞**（字儷笙）
（清・清平人）
［宣統］增輯清平 12/52
［民國］清平/人物 34
傅公讓（字子敬）
（元・益都人）
［嘉靖］青州 14/24
［萬曆］青州 13/41
［康熙十五年］青州 13/41
［康熙四十八年］青州 13/事功 24
［康熙六十年］青州 16/12
［咸豐］青州 42/17
［康熙］益都 7/7
［光緒］益都縣圖志 34/17
傅介壽（字眉卿）
（清・昌邑人）
［光緒］昌邑縣續志 5/45
傅曾陟（字希伊）
（清・高密人）

[光緒]高密 8/上 39
[民國]高密 14/上 42
81 傅矩曾(清・膠州人)
[民國]增修膠志 44/18
82 傅鍾靈(字九芝)
(清・高密人)
[乾隆]萊州 11/孝義 7
[乾隆]高密 8/上 37
[光緒]高密 8/上 66,8/上補遺 4
[民國]高密 14/上 78
高密縣鄉土志/上 39
傅鍾秀(字海峰)
(明・高密人)
[雍正]山東 28/人物三 70
[宣統]山東 164/52
[康熙]萊州 10/55
[乾隆]萊州 11/忠節 5
[康熙]高密 8/6,10/15
[乾隆]高密 8/上 22
[光緒]高密 8/上 28
[民國]高密 14/上 29
高密縣鄉土志/上 30
83 傅鉞(明・臨淄人)
[嘉靖]山東 35/6
[康熙]山東 45/16
[嘉靖]青州 15/17
[萬曆]青州 14/15
[康熙十五年]青州 14/15
[康熙四十八年]青州 14/孝友 5
[康熙六十年]青州 17/10
[咸豐]青州 44/4
[康熙]臨淄 9/22
臨淄縣鄉土志/耆舊錄
84 傅鎮邦(字定侯)
(清・遼陽人)
[宣統]山東 75/32
[乾隆]泰安府 15/25
[乾隆二十五年]泰安縣 10/33
[乾隆四十七年]泰安縣 8/30
[道光]泰安縣 10/7
[民國]重修泰安縣 6/61
泰安縣鄉土志/政績 3
86 傅錫田(字福臣)
(博興人)
[民國]重修博興 13/62
87 傅鈞(字闢石)
(清・無棣人)
[民國]無棣 13/17
90 傅米石(字立元,號練溪)
(清・鉅野人)
[宣統]山東 173/30
[乾隆]曹州府 15/25
[道光]鉅野 12/16
傅掌紘(清・高密人)
高密縣鄉土志/上 41
傅光宅(字伯俊,號金沙)
(明・聊城進士)
[康熙]山東 41/28
[雍正]山東 28/人物三 50
[宣統]山東 161/53
[乾隆]東昌 38/6
[嘉慶]東昌 28/6
[康熙]聊城 3/8
[宣統]聊城 8/12
傅光祚(明・濟寧人)
[康熙]濟寧州 7/9
[乾隆]濟寧直隸州 27/2
[道光]濟寧直隸州 8/4-30
92 傅炘(字照亭)
(清・清平人)
[民國]清平/人物 28
94 傅憒啟(清・平度人)
[道光]重修平度州 19/45
平度鄉土志 4 上/鄉賢
95 傅精業(清・商河人)
[民國]重修商河 8/20
97 傅煥(字陶文)
(清・昌邑人)
[光緒]昌邑縣續志 6/17
傅炯(字朝晉)
(明・進賢人)
[道光]濟南 35/20
傅恂初(字慄公)
(明・高密人)
[光緒]高密 9/補遺 19
[民國]高密 15/下补编 22
98 傅敞(字次張)
(宋・濰州人)
[嘉靖]山東 33/7
[萬曆]萊州 5/93
[康熙]萊州 10/22
[乾隆]萊州 10/9
[萬曆]濰縣 9/4
[康熙]濰縣 5/人物 11
[乾隆]濰縣 4/7
[民國]濰縣志稿 27/21,42/10
濰縣鄉土志/14
99 傅榮名(清・平度人)
[民國]平度縣續志 7/26
平度鄉土志 4 上/鄉賢

2325_0 臧

00 臧讓(明・萊陽人)
[民國]萊陽 3/1 中 10
臧彥秀(清・滋陽人)
[光緒]滋陽 9/50
滋陽縣鄉土志 1/耆舊-實行
臧彥勳(字麟閣)
(明・滋陽人)
[光緒]滋陽 8/73
滋陽縣鄉土志 1/耆舊-武功
臧文仲(名辰)
(春秋・魯人)
[嘉靖]山東 28/8
[康熙]山東 38/8
[萬曆元年]兗州 40/相業 3
[萬曆二十四年]兗州 30/2
[康熙]兗州 23/2
[乾隆]兗州 23/1
[乾隆]曲阜 63/1
臧哀伯(名達)
(春秋・魯人)
[嘉靖]山東 28/7
[康熙]山東 38/7
[萬曆元年]兗州 40/諫議 2
[萬曆二十四年]兗州 30/2
[康熙]兗州 23/2
[乾隆]兗州 23/1
[乾隆]曲阜 63/1
臧應詹(字枚吉)
(清・諸城人)

［道光］諸城縣續志 20/2
［光緒］增修諸城縣續志/方技補遺 1
諸城縣鄉土志/上 45
臧立中（清・諸城人）
［光緒］增修諸城縣續志 16/2
臧應鎬（字觀豐）（清・諸城人）
［道光］諸城縣續志 19/5
臧應鏸（字同穎）（清・諸城人）
［咸豐］青州 50/12
［道光］諸城縣續志 19/5
臧應錦（清・諸城人）
［道光］諸城縣續志 19/5
［光緒］增修諸城縣續志 20/2
臧應鈞（字龍閣）（清・諸城人）
［光緒］增修諸城縣續志 12/16
臧彥煥（清・滋陽人）
［光緒］滋陽 9/50
02 **臧新德**（字伯銘）（清・諸城人）
［乾隆］諸城 42/3
04 **臧詵**（明・萊陽人）
［民國］萊陽 3/1 中 7
10 **臧霸**（字宣高）（三國・泰山人）
［嘉靖］山東 26/4，29/4
［雍正］山東 28/人物一 28
［康熙］濟南 43/1
［嘉靖］青州 13/14
［萬曆］青州 12 又/3
［康熙十五年］青州 12 又/3
［康熙四十八年］青州 12 又/3
［康熙六十年］青州 12/5
［弘治］泰安州 3/10
［康熙］泰安州 3/4
［萬曆元年］兗州 38/武功 3
［萬曆二十四年］兗州 26/15
［萬曆］沂州志 6/5
［光緒］費縣 10/2
［乾隆二十五年］泰安縣 12/3
泰安縣鄉土志/耆舊 7
臧石（字在璞）（明・濟寧人）
［康熙］濟寧州 6/37
［乾隆］濟寧直隸州 24/18
［道光］濟寧直隸州 8/2－32
臧五（或云名虎）（明・諸城人）
［萬曆］青州 14/20
［康熙十五年］青州 14/20
［康熙四十八年］青州 14/孝友 10
［咸豐］青州 44/16
［萬曆］諸城 7/23
［康熙］諸城 7/38
［乾隆］諸城 39/2
臧璋（明・福山人）
［康熙］福山 8/19
［乾隆］福山 8/31
臧爾壽（字雲巖）（明・諸城人）
［咸豐］青州 45/64
［乾隆］諸城 38/6
臧爾勸（字九巖，一字仲升）（明・諸城人）
［雍正］山東 28/人物三 56
［宣統］山東 160/35
［康熙十五年］青州 13/83
［康熙四十八年］青州 13/事功 67
［康熙六十年］青州 16/34
［咸豐］青州 45/12
［萬曆］諸城 6/18
［康熙］諸城 7/21
［乾隆］諸城 31/7
臧爾昌（字盧岩）（清・諸城人）
［康熙十五年］青州 15/55
［康熙四十八年］青州 15/卓行 11
［康熙六十年］青州 18/17
［康熙］諸城 7/55
［乾隆］諸城 41/2
臧爾令（字玉嚴）（明・諸城人）
［康熙十五年］青州 13/84
［康熙四十八年］青州 13/事功 68
［康熙六十年］青州 16/35
［咸豐］青州 45/43
［康熙］諸城 7/26
［乾隆］諸城 38/6
諸城縣鄉土志/上 21
臧元錫（字葆初）（清・諸城人）
［光緒］增修諸城縣續志 12/15
11 **臧斐**（字文甫）（明・諸城人）
［乾隆］諸城 31/6
12 **臧廷彥**（清・諸城人）
［光緒］增修諸城縣續志 20/2
臧孫紘（見臧紘）
13 **臧琮**（字坤儀）（清・諸城人）
［咸豐］青州 47/23
［乾隆］諸城 31/9
臧武仲（見臧紘）
17 **臧珊**（字聲佩）（清・諸城人）
［道光］諸城縣續志 15/1
臧珣（見臧紘）
臧子彥（字兆雍）（清・濟寧人）
［乾隆］濟寧直隸州 26/20
［道光］濟寧直隸州 8/3－28
臧承會（清・諸城人）
［道光］諸城縣續志 15/2
18 **臧玫**（字士蘊）（清・諸城人）
［乾隆］諸城 39/7
臧政倬（字和軒）（清・諸城人）
［光緒］增修諸城縣續志 12/18
20 **臧維**（字中州）（清・諸城人）
［光緒］增修諸城縣續志 12/15
諸城縣鄉土志/上 40

臧爲寶(清·宿遷人)
[乾隆]夏津 6/18
臧維城(清·直隸樂亭舉人)
[民國]重修新城 11/26
21 **臧虎**(明·諸城人)
[雍正]山東 28/人物三 24
[宣統]山東 165/17
[康熙六十年]青州 17/13
臧師文(字竹亭)
(清·諸城人)
[光緒]增修諸城縣續志 13/4
22 **臧尌**(字俊峰)
(清·濟寧人)
[道光]濟寧直隸州 8/4-40
23 **臧俊千**(字官虞)
(清·諸城人)
[光緒]增修諸城縣續志 12/21
樂陵縣鄉土志 2/10
臧允德(字諧卿,號嵩石)
(明·諸城人)
[康熙四十八年]青州 15/卓行 18
[康熙六十年]青州 17/17
[康熙]諸城 7/36
[乾隆]諸城 31/8
24 **臧僖伯**(名彄)
(春秋·魯人)
[嘉靖]山東 28/7
[康熙]山東 38/7
[萬曆元年]兖州 40/諫議 1
[萬曆二十四年]兖州 30/2
[康熙]兖州 23/2
[乾隆]兖州 23/1
[乾隆]曲阜 63/1
25 **臧仲陽**(字九二)
(清·諸城人)
[光緒]增修諸城縣續志 13/3
26 **臧伯焘**(字孟儒)
(清·諸城人)
[道光]諸城縣續志 19/5
臧伯楫(清·諸城人)
[光緒]增修諸城縣續志 16/1
臧伯扶(字秋園)
(清·諸城人)
[光緒]增修諸城縣續志 16/31
臧和美(字惠亭)
(清·滋陽人)
[光緒]滋陽 8/61
滋陽縣鄉土志 1/耆舊-文學
臧伯棠(清·諸城人)
[光緒]增修諸城縣續志 14/11
27 **臧佩瑤**(字希舟)
(清·諸城人)
[光緒]增修諸城縣續志 14/1
臧紉九(莒縣人)
[民國]重修莒志 66/7
臧佩芬(字紉之)
(清·諸城人)
[光緒]增修諸城縣續志 20/2
28 **臧紇**(字武仲)
(周·魯人)
[嘉靖]山東 28/11,34/7
[康熙]山東 38/12,48/5
[嘉靖]青州 15/58
[萬曆]青州 15/55
[康熙十五年]青州 15/57
[康熙四十八年]青州 15/僑寓 2
[康熙六十年]青州 20/15
[萬曆元年]兖州 40/謀略 2
[萬曆二十四年]兖州 30/3
[康熙]兖州 23/3
[乾隆]兖州 23/1
[民國]臨淄 29/19
臧從龍(字雲軒)
(清·諸城人)
[光緒]增修諸城縣續志 13/3
30 **臧寅**(字士若)
(南朝宋·莒人)
[嘉慶]莒州 9/18
[民國]重修莒志 61/1
臧永和(清·莘縣人)
[光緒]莘縣 7/50
[民國]莘縣 7/36
臧宣叔(名許)
(春秋·魯人)
[嘉靖]山東 28/10
[康熙]山東 38/10
[萬曆元年]兖州 40/謀略 1
[萬曆二十四年]兖州 30/2
[康熙]兖州 23/2
[乾隆]兖州 23/1
[乾隆]曲阜 63/2
臧宸楝(字雲亭)
(清·諸城人)
[光緒]增修諸城縣續志 18/1
34 **臧洪**(字子源)
(漢·廣陵射陽人)
[嘉靖]山東 25/3,26/21
[康熙]山東 31/3,34/2
[雍正]山東 27/85
[宣統]山東 66/23
[嘉靖]青州 13/7
[萬曆]青州 12/8
[康熙十五年]青州 12/8
[康熙四十八年]青州 12/8
[咸豐]青州 34/8
[萬曆元年]兖州 38/節義 1
[萬曆]東昌 18/7,20/52
[乾隆]東昌 33/6
[嘉慶]東昌 20/14
[乾隆]曹州府 12/3
[嘉靖]濮州 7/2
[萬曆]濮州 3/名宦 5,6/58
[康熙]濮州 3/5
[乾隆]濮州 3/5
[宣統]濮州 4/5
[嘉靖]朝城志 5/2
[康熙]朝城 7/31
朝城縣鄉土志/2
[康熙]臨淄 8/3
[民國]臨淄 18/4
臧法高(字憲庭)
(清·諸城人)
[道光]諸城縣續志 19/5
臧汝明(字服鄰)
(清·諸城人)

［乾隆］諸城 39/7
36 **臧溫賢**(清・萊陽人)
［民國］萊陽 3/1 中 83
37 **臧凝之**(南朝宋・莒人)
［嘉慶］莒州 9/13
［民國］重修莒志 60/13
臧逢世(南北朝・東莞人)
［民國］重修莒志 67/1
臧淑如(字窈卿)
(清・諸城人)
［民國］濰縣志稿 35/15
38 **臧滋**(字天息)
(清・諸城人)
［光緒］增修諸城縣續志 12/17
臧祚鞏(字永叔)
(清・諸城人)
［道光］諸城縣續志 15/1
諸城縣鄉土志/上 37
臧啟模(字士楷)
(清・諸城人)
［咸豐］青州 49/49
［道光］諸城縣續志 20/1
40 **臧吉**(清・昌樂人)
［嘉慶］昌樂 22/8
臧檀(清・諸城人)
［光緒］增修諸城縣續志 16/1
臧燾(字德仁)
(南北朝・東莞莒人)
［至元］齊乘 6/18
［嘉靖］山東 32/8
［康熙］山東 42/8
［雍正］山東 28/人物一 40
［宣統］山東 155/14
［嘉靖］青州 15/14
［萬曆］青州 14/12
［康熙十五年］青州 14/13
［康熙四十八年］青州 14/孝友 2
［康熙六十年］青州 17/9
［乾隆］沂州府 25/10
［康熙］莒州下/35
［雍正］莒州 9/18
［嘉慶］莒州 9/13
［民國］重修莒志 60/3
臧熹(字義和)
(南北朝・東武莒人)
［嘉靖］山東 32/8
［康熙］山東 42/8
［雍正］山東 28/人物一 41
［宣統］山東 155/15
［嘉靖］青州 14/9
［萬曆］青州 13/32
［康熙十五年］青州 13/32
［康熙四十八年］青州 13/事功 15
［康熙六十年］青州 16/6
［乾隆］沂州府 25/10
［康熙］莒州下/36
［雍正］莒州 9/19
［嘉慶］莒州 9/14
［民國］重修莒志 60/6
［光緒］嶧縣 19/67
臧薾(字良器)
(明・昌樂人)
［萬曆］青州 14/51
［康熙十五年］青州 14/51
［康熙四十八年］青州 14/儒行 8
［康熙六十年］青州 15/10
［咸豐］青州 43/13
［嘉靖］昌樂 3/44
［康熙］昌樂 4/4
［嘉慶］昌樂 23/7
臧克文(清・高唐人)
［光緒］高唐州 5/2－9
［民國］高唐縣 12/50
臧克峻(字德明)
(清・浙江長興諸生)
［道光］濟南 62/9
臧奎勳(字堯翰)
(清・諸城人)
［道光］諸城縣續志 19/6
臧來儀(清・諸城人)
［光緒］增修諸城縣續志 16/3
諸城縣鄉土志/上 47
臧在泗(字魯川)
(清・諸城人)
［道光］諸城縣續志 19/5
臧太初(明・寧津人)
［光緒］寧津 8/7
寧津縣志料 3/人物－循良
臧希古(明・萊陽人)
［民國］萊陽 3/1 中 19
臧在莘(字阿客)
(清・諸城人)
［道光］諸城縣續志 15/1
諸城縣鄉土志/上 38
臧奎相(清・諸城人)
［道光］諸城縣續志 19/6
臧奎璧(字煥斗)
(清・諸城人)
［光緒］增修諸城縣續志 13/3
43 **臧域**(字子正)
(清・諸城人)
［光緒］增修諸城縣續志 16/1
44 **臧夢麒**(字耀宇)
(清・招遠人)
［光緒］增修登州 46/8
［道光］招遠縣續志 3/12
臧夢元(字肇奎)
(清・諸城人)
［咸豐］青州 49/29
［道光］諸城縣續志 17/2
臧懋禮(字敬之)
(清・膠州人)
［民國］增修膠志 47/14
臧藹吉(字梧岡)
(清・諸城人)
［光緒］增修諸城縣續志 13/4
臧華南(清・諸城人)
［光緒］增修諸城縣續志 14/13
臧植蓉(字少蓮)
(清・諸城人)
［光緒］增修諸城縣續志 12/16
47 **臧均之**(字可園)
(清・諸城人)
［光緒］增修諸城縣續志 12/20
諸城縣鄉土志/上 40
48 **臧翰**(字立齋)

(清・諸城人)
[光緒]增修諸城縣續志 12/17
50 臧奉文(清・諸城人)
[光緒]增修諸城縣續志 16/2
臧未甄(南北朝・東武莒人)
[宣統]山東 165/5
[嘉慶]莒州 9/14
[民國]重修莒志 60/22
51 臧振翼(字霞度)
(清・諸城人)
[乾隆]諸城 42/3
[光緒]增修諸城縣續志/隱逸補遺 1
臧振奇(字君平)
(清・諸城人)
[康熙六十年]青州 18/15
[咸豐]青州 47/37
臧振榮(字均人,一作均仁)
(清・諸城人)
[宣統]山東 175/22
[咸豐]青州 46/38
[乾隆]諸城 31/9
52 臧哲(明・諸城人)
[嘉靖]山東 32/20
[康熙]山東 42/20
[雍正]山東 28/人物三 3
[宣統]山東 160/15
[嘉靖]青州 14/25
[萬曆]青州 13/41
[康熙十五年]青州 13/41
[康熙四十八年]青州 13/事功 24
[康熙六十年]青州 16/12
[咸豐]青州 43/1
[萬曆]諸城 7/14
[乾隆]諸城 30/1
諸城縣鄉土志/上 24
58 臧敷偉(清・諸城人)
[光緒]增修諸城縣續志 16/2
60 臧炅(清・諸城人)
[光緒]增修諸城縣續志 16/1
臧思忠(字希亮)
(明・臨沂人)
[康熙]沂州志 6/9
[乾隆]沂州府 26/9
[民國]臨沂 9/56
66 臧嚴(字彥威)
(南北朝・東莞莒人)
[嘉靖]山東 32/9
[康熙]山東 42/9
[雍正]山東 28/人物一 47
[宣統]山東 155/25
[嘉靖]青州 15/35
[萬曆]青州 15/6
[康熙十五年]青州 15/6
[康熙四十八年]青州 15/文學 6
[康熙六十年]青州 18/2
[乾隆]沂州府 25/14
[康熙]莒州下/37
[雍正]莒州 9/20
[嘉慶]莒州 9/13
[民國]重修莒志 60/22
67 臧嗣德(字伯元)
(明・諸城人)
[乾隆]諸城 38/6
71 臧厥(字獻卿)
(南北朝・東莞莒人)
[雍正]山東 28/人物一 48
[宣統]山東 155/25
[乾隆]沂州府 25/14
[民國]重修莒志 60/25
72 臧盾(字宣卿)
(南北朝・東莞莒人)
[嘉靖]山東 32/10
[康熙]山東 42/11
[雍正]山東 28/人物一 49
[宣統]山東 155/25
[嘉靖]青州 15/15
[萬曆]青州 14/14
[康熙十五年]青州 14/14
[康熙四十八年]青州 14/孝友 4
[康熙六十年]青州 17/9
[乾隆]沂州府 25/14
[康熙]莒州下/37
[雍正]莒州 9/20
[嘉慶]莒州 9/14
[民國]重修莒志 60/20
臧岳(字括齋,一字視三)
(清・濮州人)
[道光]濟南 38/19
[乾隆]濮州 3/96
[宣統]濮州 4/102
[乾隆]淄川 4/又 28－4
[宣統]聊城 8/57
臧質(字含文)
(南北朝・東莞莒人)
[嘉靖]山東 33/24
[嘉靖]青州 16/61
[萬曆]青州 20/外傳 5
[康熙十五年]青州 20/外傳 5
[康熙四十八年]青州 20/外傳 5
[康熙]莒州下/66
[嘉慶]莒州 16/3
77 臧鳳(明・曲阜人)
[宣統]山東 161/37
臧學春(清・東平人)
[民國]東平縣 11/中 36
臧眉錫(字介子,號喟亭)
(清・長興人)
[康熙]兗州府曹縣 9/37
[光緒]曹縣 9/縣令 7
曹縣鄉土志/政績錄
80 臧善(明・萊陽人)
[民國]萊陽 3/1 中 7
臧養熙(清・遼東人)
[咸豐]青州 37/5
[康熙]臨淄 8/8
[民國]臨淄 18/11
88 臧節(字介夫)
(明・諸城人)
[萬曆]青州 15/50
[康熙十五年]青州 15/49
[康熙四十八年]青州 15/卓行 9
[萬曆]諸城 7/24
[康熙]諸城 7/39
[乾隆]諸城 39/3
諸城縣鄉土志/上 43
臧笙(字貫生)
(清・諸城人)

［光緒］增修諸城縣續志 13/4
90 臧惟一（字守中）（明・諸城人）
［康熙］山東 42/25
［雍正］山東 28/人物三 45
［萬曆］青州 13/61
［康熙十五年］青州 13/61
［康熙四十八年］青州 13/事功 45
［康熙六十年］青州 16/23
［咸豐］青州 44/44
［萬曆］諸城 6/16
［康熙］諸城 7/20
［乾隆］諸城 31/6
諸城縣鄉土志/上 27
臧惟允（明・濟寧人）
［康熙］濟寧州 7/28
［乾隆］濟寧直隸州 24/20
［道光］濟寧直隸州 8/2－32
臧懷恪（字貞節）（唐・東莞人）
［民國］重修莒志 60/25
94 臧熯（字和聲）（清・諸城人）
［道光］諸城縣續志 15/2
97 臧恂（字玗友）（清・諸城人）
［乾隆］東昌 34/16
［嘉慶］東昌 22/7
［康熙五十六年］莘縣 5/16
［光緒］莘縣 5/12
［民國］莘縣 3/7
莘縣鄉土志/政績 10
［乾隆］諸城 31/10
諸城縣鄉土志/上 33
99 臧榮緒（南北朝・東莞莒人）
［至元］齊乘 6/17
［嘉靖］山東 32/10
［康熙］山東 42/10
［雍正］山東 28/人物一 45
［宣統］山東 167/6
［嘉靖］青州 15/53
［萬曆］青州 14/37
［康熙十五年］青州 14/37
［康熙四十八年］青州 14/隱逸 11
［康熙六十年］青州 20/3
［乾隆］沂州府 27/3
［康熙］莒州下/36
［雍正］莒州 9/19
［嘉慶］莒州 9/17
［民國］重修莒志 60/17

2333_3 然

10 然雲（清・齊河人）
［民國］齊河 28/3
40 然友（戰國・滕人）
［嘉靖］山東 28/17
［康熙］山東 38/18
［萬曆］滕志 7/1
［康熙］滕志 7/1
［康熙］滕縣志 7/1
［道光］滕縣志 7/1

2350_0 牟

牟（三代）
［順治］登州 11/1
00 牟庭（字陌人，原名廷相，字默人）（清・棲霞人）
［宣統］山東 176/32
［光緒］增修登州 41/33
［光緒］棲霞縣續志 6/文學 2，9/56
牟應震（字寅同，號盧坡）（清・棲霞人）
［宣統］山東 176/32
［道光］濟南 38/34
［光緒］增修登州 40/19
［光緒］棲霞縣續志 6/文學 1，9/50
［民國］禹城 3/55
牟高仙（字蓬萊）（恩縣人）
［民國］重修恩縣 11/鄉賢 79
牟文禮（明・昌樂人）
［嘉靖］昌樂 3/41
牟庭芸（字香菴）（清・昌樂人）
［民國］昌樂縣續志 28/5
牟應極（明・福山人）
［康熙］福山 8/19
［乾隆］福山 8/32
09 牟麟（漢・安丘人）
［萬曆］安丘 27/56
10 牟雯（字雲圖）（清・棲霞人）
［光緒］增修登州 39/24
［光緒］棲霞縣續志 6/宦績 1
牟璋（元・濰州人）
［民國］濰縣志稿 40/34
牟正音（清・福山人）
［乾隆］福山 8/63
牟爾恭（字肅園）（清・昌樂人）
［民國］昌樂縣續志 27/5
牟元相（清・福山人）
［乾隆］福山 8/62
12 牟廷楹（字嘉言）（清・文登人）
［光緒］文登 10/上 8
牟孔教（明・博興人）
［咸豐］青州 45/56
［康熙十二年］博興 6/11
［民國］重修博興 13/16
14 牟珙（明・日照人）
［康熙］日照 8/13
15 牟融（字子優）（漢・北海安丘人）
［至元］齊乘 6/13
［嘉靖］山東 32/3
［康熙］山東 42/4
［雍正］山東 28/人物一 17
［宣統］山東 153/19，154/13，162/9
［嘉靖］青州 14/4
［萬曆］青州 13/9
［康熙十五年］青州 13/9
［康熙四十八年］青州 13/經師 4
［康熙六十年］青州 15/4
［咸豐］青州 38/9
［萬曆］安丘 18/6
安丘縣鄉土志 8/耆舊錄 5
［康熙］濰縣 5/人物 2
［乾隆］濰縣 4/1
17 牟承正（清・福山人）

[乾隆]福山 8/63
20 **牟綧**(清・棲霞人)
[光緒]棲霞縣續志 7/義行 1
牟爲鵬(清・棲霞人)
[光緒]棲霞縣續志 6/忠義 2
21 **牟紆**(漢・樂安人,一作高苑人)
[康熙]山東 46/5
[道光]濟南 45/30
[萬曆]青州 14/34
[康熙十五年]青州 14/34
[康熙四十八年]青州 14/隱逸 8
[康熙六十年]青州 20/2
[康熙]高苑 6/6
[乾隆]高苑 6/8
[民國]樂安 10/3
[民國]重修新城 13/2
牟師夏(字禹臣)
(壽光人)
[民國]壽光 1/10
牟貞相(字含章,號鶴崖)
(清・棲霞人)
[宣統]山東 176/23
[光緒]棲霞縣續志 6/宦績 1,9/57
22 **牟綬**(清・棲霞人)
[光緒]棲霞縣續志 7/孝友 1
牟豐烈(清・福山人)
[民國]福山縣志稿 7/4－7
牟峯生(清・福山人)
[乾隆]福山 8/62
牟崇賜(字退菴)
(清・日照人)
[光緒]日照 8/37
23 **牟岱**(清・棲霞人)
[光緒]棲霞縣續志 6/宦績 2
24 **牟偉**(字伯彦)
(清・日照人)
[光緒]日照 8/19
25 **牟俸**(明・四川巴縣人)
[嘉靖]山東 25/13
[康熙]山東 31/15
[雍正]山東 27/13
[宣統]山東 70/7
[康熙]濟南 24/22
[道光]濟南 35/3
[崇禎]歷乘 16/32
[崇禎]歷城 6/12
牟倩(清・日照人)
[道光]濟南 38/31
[民國]濟陽 9/44
牟仲山(清・棲霞人)
[光緒]增修登州 43/22
[光緒]棲霞縣續志 7/孝友 1
27 **牟魯**(明・烏程人)
[嘉靖]山東 27/9
[康熙]山東 35/9
[雍正]山東 27/78
[宣統]山東 72/22
[嘉靖]青州 15/10
[萬曆]青州 12/28
[康熙十五年]青州 12/28
[康熙四十八年]青州 12/28
[康熙六十年]青州 12/38
[乾隆]沂州府 20/9
[康熙]莒州下/12
[嘉慶]莒州 7/5
[民國]重修莒志 57/10
28 **牟作孚**(字信萬,號麟仲)
(清・棲霞人)
[雍正]山東 28/人物四 33
[宣統]山東 176/47
[康熙]棲霞 8/38 之 2,8/44 之 2,8/46 之 6,8/50 之 2
[乾隆]棲霞 9/16,9/32,9/38
牟作梓(字琴宜,號東山,别號少海)
(清・新城人)
[民國]重修新城 18/19
30 **牟房**(字農星)
(清・棲霞人)
[道光]濟南 38/40
[光緒]棲霞縣續志 6/宦績 2
牟寰(清・棲霞人)
[光緒]增修登州 43/23
[光緒]棲霞縣續志 7/義行 2
牟宸(清・棲霞人)
[乾隆]棲霞 7/9
牟之珂(字珊如)
(清・日照人)
[光緒]日照 8/31
牟之琬(字在西)
(清・日照人)
[光緒]日照 8/36
牟之儀(清・棲霞人)
[乾隆]棲霞 7/11
牟永澄(清・棲霞人)
[乾隆]利津縣志補 3/17
[光緒]棲霞縣續志 6/宦績 2
32 **牟适**(號九嶷)
(清・棲霞人)
[乾隆]泰安府 15/31
[順治]新泰 4/23
[乾隆]新泰 11/10
33 **牟心仰**(清・棲霞人)
[光緒]增修登州 43/21
[乾隆]棲霞 7/4
牟心海(清・棲霞人)
[光緒]增修登州 43/23
[光緒]棲霞縣續志 7/義行 5
34 **牟漢南**(清・臨淄人)
[民國]臨淄 22/69
牟洪範(清・福山人)
[乾隆]福山 8/62
35 **牟清**(明・霑化人)
[萬曆]新修霑化 6/121
[光緒]霑化 10/4
[民國]霑化 2/76
37 **牟鴻騫**(字雲程)
(清・日照人)
[光緒]日照 8/28
牟逢泰(清・棲霞人)
[光緒]增修登州 43/21
[光緒]棲霞縣續志 7/孝子 2
牟鴻舉(字雲秋)
(博興人)
[民國]重修博興 13/61
38 **牟道立**(字允修)
(明・棲霞人)
[光緒]增修登州 41/29
[康熙]棲霞 6/6
[乾隆]棲霞 6/34
牟道行(字兆可)
(明・棲霞人)
[光緒]增修登州 40/18
[康熙]棲霞 6/6
[乾隆]棲霞 6/34

40 牟志發(清・福山人)
[乾隆]福山 8/63
牟希睿(字聖圃)
(清・日照人)
[光緒]日照 8/32
牟杰生(清・福山人)
[乾隆]福山 8/62
牟希古(明・濰縣人)
[民國]濰縣志稿 27/55
牟克孝(元・濟南人)
[康熙]濟南 44/4
[道光]濟南 48/56,72/33
[崇禎]歷城 10/20
[乾隆]歷城 42/3
44 牟萇(一作牟長,字君高)
(漢・樂安人)
[嘉靖]山東 29/3
[康熙]山東 39/3
[雍正]山東 28/人物一 16
[宣統]山東 153/20,162/9
[康熙]濟南 32/5
[道光]濟南 45/30
[嘉靖]青州 15/26
[萬曆]青州 13/9
[康熙十五年]青州 13/9
[康熙四十八年]青州 13/經師 4
[康熙六十年]青州 15/4
[咸豐]青州 38/14
[萬曆]章丘 22/88
[康熙]章丘 6/5
[乾隆]章邱 9/4
[天啟]新城 8/名賢,13/傳
[崇禎]新城 8/名賢,13/傳
[康熙]新城 7/4
[民國]重修新城 13/2
新城縣鄉土志/耆舊 - 漢
[康熙]高苑 5/1
[乾隆]高苑 5/1
[雍正]樂安 12/4
[民國]樂安 10/2
[民國]續修廣饒 19/4
牟櫆(清・棲霞人)
[光緒]增修登州 43/21
[乾隆]棲霞 7/9
牟協(清・棲霞人)
[光緒]棲霞縣續志 7/義行 1
牟英韶(字儀階)
(清・福山舉人)
[民國]增訂武城續編 9/4
牟蔭喬(字梓南)
(清・福山人)
[宣統]山東 176/31
[民國]福山縣志稿 7/2 - 28
牟芳澤(霑化人)
[民國]霑化 4/登進 42
牟其樞(清・棲霞人)
[光緒]棲霞縣續志 7/義行 1
牟華野(明・章邱諸生)
[道光]濟南 49/65
[道光]章邱 10/25
牟若鑑(清・日照人)
[道光]觀城 6/19
46 牟如瑾(字子瑜)
(膠州人)
[民國]增修膠志 46/8
牟相翼(清・棲霞人)
[光緒]增修登州 43/23
[光緒]棲霞縣續志 7/義行 4
47 牟愨(字謹齋,一字印宗)
(清・棲霞人)
[宣統]山東 176/20
[光緒]增修登州 39/23
[乾隆]棲霞 6/36
牟朝立(字與參)
(清・日照人)
[光緒]日照 8/24
牟朝型(字儀孚,號東崖)
(清・日照人)
[乾隆]沂州府 26/22
[光緒]日照 8/21
牟朝宗(明・四川宜賓人)
[光緒]益都縣圖志 18/2
牟朝泗(字奎峯)
(清・日照人)
[光緒]日照 8/24
48 牟敬祖(明・公安人)
[泰昌]登州 9/29
[順治]登州 11/14
[光緒]增修登州 29/8
[康熙]棲霞 4/16
[乾隆]棲霞 5/28
[光緒]棲霞縣續志 10/1
50 牟東昇(清・福山人)
[乾隆]福山 8/63
牟春曦(清・棲霞人)
[光緒]增修登州 43/22
[光緒]棲霞縣續志 7/孝子 2
53 牟成功(字叙九)
(清・日照人)
[光緒]日照 8/37
60 牟署(清・棲霞人)
[光緒]棲霞縣續志 7/孝子 1
牟最(清・棲霞人)
[光緒]棲霞縣續志 6/宦績 2
牟喦(清・棲霞人)
[光緒]增修登州 43/23
[光緒]棲霞縣續志 7/義行 2
牟昱(清・福山人)
[民國]福山縣志稿 7/4 - 7
牟思霖(字澤阡)
(清・日照人)
[康熙四十八年]青州 15/卓行 16
牟國瓏(字作霖)
(清・棲霞人)
[光緒]增修登州 39/23
[康熙]棲霞 5/6
[乾隆]棲霞 6/35
牟國琛(字公寶)
(清・棲霞人)
[乾隆]棲霞 7/4
牟國玠(字錫韓,號鳳伯)
(清・棲霞人)
[康熙]棲霞 8/46 之 2
牟昌衡(字鈞和,一字松山)
(清・棲霞人)
[民國]樂安 8/22
[民國]續修廣饒 17/7
牟國衡(字任覺)
(清・日照人)
[光緒]日照 8/12
牟昌裕(字啟昆,號松巖)
(清・棲霞人)
[宣統]山東 176/9
[光緒]增修登州 39/23
[光緒]棲霞縣續志 6/宦績

1,9/47
牟國有(清・福山人)
[乾隆]福山 8/54
[民國]福山縣志稿 7/2-16
牟墨林(字松野)
(清・棲霞人)
[光緒]棲霞縣續志 10/11
牟曰旦(清・棲霞人)
[光緒]增修登州 43/22
[乾隆]棲霞 7/5
牟思戢(字用光)
(清・日照人)
[康熙四十八年]青州 15/卓行 17
[乾隆]沂州府 26/25
[光緒]日照 8/17
牟曰第(清・棲霞人)
[光緒]增修登州 43/23
[光緒]棲霞縣續志 7/孝友 1
牟曰箴(清・棲霞人)
[乾隆]棲霞 7/10
64 牟時發(清・福山人)
[乾隆]福山 8/72
71 牟長(見牟萇)
牟匡王(清・福山人)
[光緒]增修登州 43/18
[乾隆]福山 9 上/65
牟巨川(清・福山人)
[民國]福山縣志稿 10/14
牟願相(字亶夫,自號鐵李)
(清・文登人)
[宣統]山東 176/36
[光緒]增修登州 43/24
[光緒]棲霞縣續志 6/文學 1,10/6,10/37
72 牟所(字一樵)
(清・棲霞人)
[光緒]增修登州 40/19
[光緒]棲霞縣續志 7/文學 2
73 牟脉新(明・福山人)
[康熙]福山 8/6
[乾隆]福山 8/8
77 牟卿(漢・魯人)
[宣統]山東 153/18,162/7
牟周(清・樂安人)
[民國]樂安 10/28
[民國]續修廣饒 19/52
80 牟全(元・鐵口人)
[光緒]增修登州 38/12
[康熙]棲霞 6/10
[乾隆]棲霞 6/38
牟令儀(字漱芳)
(清・日照人)
[民國]濰縣志稿 35/15
牟含英(字連魁)
(清・利津人)
[光緒]利津 7/忠節 1
89 牟鎧(字夔田)
(清・棲霞人)
[光緒]增修登州 41/31
[康熙]棲霞 6/17
[乾隆]棲霞 7/8
90 牟惟(清・棲霞人)
[光緒]增修登州 41/32
[乾隆]棲霞 7/4
牟光信(清・膠州人)
[民國]增修膠志 43/8
牟尚信(字樸菴)
(清・新城人)
[宣統]新城縣後志 2/善行
牟惇儒(清・福山人)
[民國]福山縣志稿 7/2-21
牟光耀(霑化人)
[民國]霑化卷首/13
91 牟恒(字聖基)
(清・棲霞人)
[光緒]增修登州 39/23
[乾隆]棲霞 5/6,6/36,9/18
97 牟惛(清・棲霞人)
[光緒]增修登州 43/22
[乾隆]棲霞 7/5
牟耀珠(字玉堂)
(恩縣人)
[民國]重修恩縣 11/鄉賢 45
98 牟悌(清・棲霞人)
[光緒]增修登州 43/22
[乾隆]棲霞 7/10
99 牟榮(清・棲霞人)
[光緒]增修登州 43/21
[乾隆]棲霞 7/3

2360_4 昝

03 昝誠(明・高密人)
[萬曆]萊州 5/102
[康熙]萊州 10/29
[乾隆]萊州 10/15
[康熙]高密 8/4
[乾隆]高密 8/上 10
[光緒]高密 8/上 12,10/48
[民國]高密 14/上 12,16/37
高密縣鄉土志/上 20
46 昝如思(明・三原人)
[道光]濟南 36/10
[萬曆]章丘 21/74
[康熙]章丘 4/25
[乾隆]章邱 7/4
[道光]章邱 9/6
章邱縣鄉土志/上 12
77 昝居潤(宋・博州高唐人)
[嘉靖]山東 31/17
[康熙]山東 41/14
[雍正]山東 28/人物二 20
[宣統]山東 157/34
[萬曆]東昌 19/28
[乾隆]東昌 37/1
[嘉慶]東昌 27/1
[嘉靖]高唐州 5/17
[康熙十二年]高唐州 8/7
[康熙五十一年]高唐州 8/7
[道光]高唐州 5/1-4
[光緒]高唐州 5/1-4
[民國]高唐縣 12/30
高唐州鄉土志/15
[光緒]益都縣圖志 16/23

2390_0 秘

26 秘自謙(明・山西晉州人)
[康熙]山東 32/17
[雍正]山東 27/28
[宣統]山東 71/17
[道光]濟南 36/39
[萬曆]蒲臺志 8/8
[康熙]重修蒲臺 5/9
[乾隆]蒲臺 2/37
[萬曆]濟陽 6/4
[乾隆]濟陽 6/32
[民國]濟陽 9/38
[康熙十一年]莘縣 5/6
[康熙五十六年]莘縣 5/6

[光緒]莘縣 5/18
[民國]莘縣 3/12
30 秘官雲(字藎卿)
(恩縣人)
[民國]重修恩縣 11/鄉賢 57
34 秘凌雲(字漢卿,別號六安居士)
(恩縣人)
[民國]重修恩縣 11/鄉賢 38

2396_1 稽

17 稽承羣(見嵇承羣)
21 稽穎(字公實)
(宋・應天宋城人)
[光緒]益都縣圖志 16/37

2397_2 嵇

14 嵇璜(字尚佐,一字黼廷,一作黻庭,號拙修)
(清)
[宣統]山東 74/7
[道光]濟南 37/48
[道光]濟寧直隸州 6/7-60
17 嵇承羣(字久之,號應和)
(清・江蘇無錫人)
[宣統]山東 75/28
[道光]濟南 38/36
[道光]泰安縣 10/10,10/11
[民國]重修泰安縣 6/63
泰安縣鄉土志/政績 6
[光緒]菏澤 7/宦蹟 27
[光緒]新修菏澤 9/7
22 嵇巔(明・萊陽人)
[民國]萊陽 3/1 中 14
嵇嵐(字珊楓)
(明・鳳陽人)
[道光]濟南 49/42
[崇禎]歷城 10/19
[乾隆]歷城 41/10
30 嵇永福(字綺園)
(清・無錫人)
[道光]濟南 38/8
[乾隆]歷城 34/8
35 嵇連魁(清・萊陽人)
[民國]萊陽 3/1 中 75
80 嵇曾筠(字松友,號禮齋)
(清・江蘇常州人)
[宣統]山東 74/6
[道光]濟南 37/46
[道光]濟寧直隸州 6/7-58
88 嵇簡(明・萊陽人)
[民國]萊陽 3/1 中 20
99 嵇榮(元・諸城人)
[咸豐]青州 42/14
[乾隆]諸城 37/1

2420_0 斛

25 斛律平(北齊・朔州敕勒部人)
[光緒]益都縣圖志 15/18

2421_0 化

30 化之行(字孟川)
(明・湖廣蘄州人)
[宣統]山東 72/15
[康熙]兗州續編 14/17
[乾隆]兗州 22/29
[乾隆]濟寧直隸州 22/50
[道光]濟寧直隸州 6/6-33
[順治]嘉祥 4/36
[乾隆]嘉祥 3/30
[光緒]嘉祥 3/38

2421_7 仇

00 仇賡言(清・海陽人)
[光緒]增修登州 43/47
[光緒]海陽縣續志 5/17
仇文玉(清・膠州人)
[乾隆]膠州 5/9
[道光]重修膠州 29/2
[民國]增修膠志 44/1
仇應婁(明・魚臺人)
[康熙]兗州續編 15/11
[乾隆]兗州 23/55
[乾隆]濟寧直隸州 26/38
[道光]濟寧直隸州 8/3-36
[康熙]魚臺 17/7
[乾隆]魚臺 11/23
[光緒]魚臺 3/14
仇言慎(字金銘)
(清・滕縣人)
[民國]續滕縣志 2/16
10 仇玉(元・嘉祥人)
[順治]嘉祥 3/37
仇雲慶(字騰宇,號雪廬)
(明・郯城人)
[嘉慶]續修郯城 10/26
仇玉林(號翰亭)
(清・即墨人)
[同治]即墨 9/38
即墨縣鄉土志/耆舊-事業四
12 仇廷梁(清・魚臺人)
[光緒]魚臺 3/文行又 3
14 仇瑾(明・淄川人)
[嘉靖]淄川 5/74
20 仇維禎(見仇維楨)
仇維楨(字羽王,一字庸足,號齊礎)
(明・益都人)
[康熙]山東 42/31
[雍正]山東 28/人物四 3
[康熙十五年]青州 13/88
[康熙四十八年]青州 13/事功 72
[康熙六十年]青州 16/37
[康熙]顏神鎮志 4/下 4
[康熙]益都 8/1
[光緒]益都縣圖志 36/21
21 仇儒(明・山西聞喜人)
[嘉靖]朝城志 5/15
[康熙]朝城 7/26
仇儒楷(清・郯城人)
[宣統]山東 173/17
24 仇科(清・歷城人)
[道光]濟南 53/54
[民國]續修歷城 44/13
仇先登(字雙玉)
(清・魚臺人)
[光緒]魚臺 3/29
仇化璧(字榖藩)
(清・濟寧人)
[民國]濟寧直隸州續志 14/17
30 仇潼(明・淄川人)
[嘉靖]淄川 5/74
仇憲言(清・郯城人)
[乾隆]沂州府 26/13
[康熙]郯城 7/16
[乾隆]郯城 9/14

31 仇源(唐)
[嘉靖]山東 27/15
[康熙]山東 37/2
[雍正]山東 27/69
[宣統]山東 68/17
[萬曆]萊州 5/60
[康熙]萊州 8/20
[乾隆]萊州 9/6
[萬曆]即墨志 6/12
[康熙]纂修即墨/下 8
[乾隆]即墨 8/4
[同治]即墨 8/4
即墨縣鄉土志/政績錄
46 仇相(字君佐)
(明・淄川人)
[康熙]濟南 41/15
[道光]濟南 50/24
[萬曆]淄川 30/9
[康熙]淄川 6/58
[乾隆]淄川 6/上 58
淄川縣鄉土志/耆舊錄－循良
60 仇恩注(字叔漁)
(清・山西曲沃人)
[宣統]山東 77/19
[光緒]增修諸城縣續志 11/3
75 仇陳錫(字禹九)
(清・齊東人)
[民國]齊東 5/52
齊東縣鄉土志/耆舊錄 7
77 仇興詩(清・蒙陰人)
[宣統]蒙陰 4/武功
80 仇悆(字泰然)
(宋・青州益都人)
[嘉靖]山東 27/16,32/17
[康熙]山東 37/4,42/17
[雍正]山東 28/人物二 46
[宣統]山東 157/30
[嘉靖]青州 14/20
[萬曆]青州 13/39
[康熙十五年]青州 13/39
[康熙四十八年]青州 13/事功 22
[康熙六十年]青州 16/11
[咸豐]青州 41/18
[萬曆]萊州 5/64
[康熙]萊州 8/24
[乾隆]萊州 9/8
[康熙]益都 7/5
[光緒]益都縣圖志 33/7
[民國]高密 12/22
高密縣鄉土志/上 7
仇愈(宋・益都人)
[康熙]高密 6/24
[乾隆]高密 6/16
[光緒]高密 6/20
仇公著(字晦之)
(宋)
[光緒]益都縣圖志 27/74
仇毓藻(字仲琴)
(齊東人)
[民國]齊東 5/45
84 仇鎮(明・汾州人)
[嘉靖]山東 27/18
[雍正]山東 27/71
[宣統]山東 73/36
[萬曆]萊州 5/74
[乾隆]萊州 9/22
[康熙]膠州 5/5
[乾隆]膠州 4/8
[道光]重修膠州 22/2
[民國]增修膠志 17/1
膠州直隸州鄉土志 3/政績－聽訟
99 仇榮(明・淄川人)
[嘉靖]淄川 5/74

2423_1 德

00 德音(字孔昭)
(清・滿洲鑲藍旗人)
[宣統]山東 76/8
[道光]濟南 38/17
[道光]濟寧直隸州 6/7－86
[乾隆]淄川 4/又 28－2
淄川縣鄉土志/政績錄
[乾隆]嘉祥 3/32
[光緒]嘉祥 3/39
[光緒]嶧縣 19/職官下 19
10 德雲(俗姓王)
(元・金源人)
[乾隆]歷城 24/11,45/8
24 德稜額(字迪舟)
(清・青州鑲白旗進士)
[光緒]德平 5/17
德平縣鄉土志/政績錄
30 德宏(明・趙人)
[乾隆]曹州府 16/21
40 德友(姓王)
(元・雙郁人)
[宣統]山東 200/29
[乾隆四十七年]泰安縣卷之末/12
[道光]泰安縣卷之末/12
[民國]重修泰安縣 10/73
44 德林(清・歷城人)
[民國]續修歷城 45/2
47 德馨和尚
[民國]濟寧縣 4/69
48 德敬(俗姓趙)
(元)
[乾隆]歷城 24/26
60 德昌(清・鑲黃旗人)
[乾隆]嶧縣 7/45
[光緒]嶧縣 19/武職 33
77 德印林(字桂馨)
(清・漢軍鑲藍旗人)
[民國]增修膠志 37/49

2424_1 侍

44 侍其曙(宋・河內人)
[嘉靖]山東 27/11
[康熙]山東 36/2
[雍正]山東 27/63
[宣統]山東 68/53
[泰昌]登州 9/12
[順治]登州 11/9

2426_0 儲

30 儲進(字升之)
(金・泰安人)
[康熙]濟南 43/7
[乾隆]泰安府 16/69
[天啟]新泰 6/33
[順治]新泰 5/9
[乾隆]新泰 15/24
40 儲存(金・新泰人)
[乾隆]新泰 16/14

儲大義(清・德平人)
[光緒]德平 7/25
德平縣鄉土志/耆舊錄
80 **儲企范**(字天章)
(元・新泰人)
[嘉靖]山東 26/16
[康熙]山東 33/19
[雍正]山東 27/78
[宣統]山東 69/30
[康熙]濟南 40/4
[乾隆]泰安府 16/71
[萬曆二十四年]兗州 28/17
[康熙]兗州 22/16
[乾隆二十五年]泰安縣 10/30
[天啟]新泰 6/33
[順治]新泰 5/9
[乾隆]新泰 16/1
新泰縣鄉土志/18
90 **儲光羲**(唐・兗州人)
[宣統]山東 163/19
[康熙]滋陽 4/上 16
[光緒]滋陽 8/54
滋陽縣鄉土志 1/耆舊–文學

2426_5 僖

27 **僖負羈**(春秋・曹大夫)
[嘉靖]山東 28/17
[康熙]山東 38/17
[萬曆元年]兗州 40/諫議 5
[萬曆二十四年]兗州 30/15
[康熙]兗州 23/15
[康熙]曹州志 7/36
[乾隆]曹州府 14/1
[光緒]菏澤 7/名宦 1
[光緒]新修菏澤 8/1
[康熙]曹縣 12/2
[康熙]兗州府曹縣 12/2
[光緒]曹縣 12/2

2428_1 徒

66 **徒單繹**(本名朮輦)
(金・上京人,一作義州人)
[嘉靖]山東 25/22
[康熙]山東 32/10
[雍正]山東 27/23
[宣統]山東 69/4
[康熙]濟南 25/15
[道光]濟南 34/17
[康熙]泰安州 2/45
[乾隆]泰安府 14/24
[萬曆]武定州 10/7
[乾隆]武定府 16/7
[咸豐]武定府 19/7
[嘉靖]淄川 6/76
[萬曆]淄川 27/6
[乾隆]淄川 4/6
[乾隆]惠民 5/14
[光緒]惠民 18/7
惠民縣鄉土志/政績錄 4
徒單克寧(本名習顯)
(金・金源人,一作萊州人)
[嘉靖]山東 33/9,34/8
[康熙]山東 48/6
[雍正]山東 31/15
[宣統]山東 158/1
[萬曆]萊州 5/95,6/24
[康熙]萊州 10/23
[乾隆]萊州 10/10
[萬曆]滕志 6/57
[康熙]滕志 6/28
[康熙]滕縣志 6/宦業 25
[道光]滕縣志 6/宦績 17
[乾隆]掖縣 4/18,4/77
[道光]掖乘 4
[光緒]益都縣圖志 17/2
80 **徒人費**(春秋・齊人)
[至元]齊乘 6/3
[萬曆]青州 14/1
[康熙十五年]青州 14/1
[康熙四十八年]青州 14/忠義 1
[康熙六十年]青州 17/1
[民國]臨淄 22/55

2429_0 休

28 **休復**(五代・北海人)
[民國]濰縣志稿 36/3

2466_1 皓

60 **皓星公**(漢・魯人)
[宣統]山東 153/31
[萬曆二十四年]兗州 31/20
[康熙]兗州 24/19
[乾隆]兗州 23/8
[乾隆]曲阜 69/5

2472_7 帥

22 **帥嵩齡**(字仁山)
(清・江西奉新人)
[宣統]山東 75/28
[同治]臨邑 7/34
[光緒]高唐州 7/1–17
[民國]高唐縣 9/5–14

2480_6 贊

92 **贊燈**(明・東阿人)
[道光]東阿 24/7

2492_7 納

44 **納蘭胡魯剌**(金・大名路人)
[雍正]山東 27/91
[宣統]山東 69/10
[萬曆二十四年]兗州 28/11
[康熙]兗州 22/11
[康熙]曹州志 7/50
[乾隆]曹州府 12/12
[光緒]菏澤 7/宦蹟 18
[光緒]新修菏澤 8/7
菏澤縣鄉土志/9
80 **納合安遠**(金)
[崇禎]武定州 7/17

2496_1 結

03 **結試文**(明・臨淮人)
[萬曆]沂州志 4/58
50 **結貴**(明・臨淮人)
[乾隆]沂州府 17/34

2498_6 續

08 **續議**(元・平邑人)
[光緒]費縣 10/67
21 **續衍法**(清・寧陽人)
[咸豐]寧陽 15/13
[光緒]寧陽 15/13
25 **續生**(明・濮州人)
[宣統]山東 200/37

［乾隆］曹州府 16/21
［萬曆］濮州 4/仙釋 6
［康熙］濮州 4/78
［乾隆］濮州 4/118
［宣統］濮州 6/76
46 **續相如**（漢）
［順治］登州 11/3
50 **續本儒**（明・城武人）
［道光］城武 14/2

2500_0 牛

00 **牛諒**（字士良）
（明・東平人）
［雍正］山東 28/人物三 1
［宣統］山東 159/1
［乾隆］泰安府 17/1
［萬曆二十四年］兗州 36/1
［康熙］兗州 28/1
［乾隆］東平州 14/12
［道光］東平州 14/13
［光緒］東平州 15/中 18
［民國］東平縣 11/上 37
東平州鄉土志上/耆舊錄 41
牛文（字斐吾）
（清・新泰人）
［乾隆］泰安府 18/29
［順治］新泰 5/24
［乾隆］新泰 16/7
新泰縣鄉土志/26
牛文麟（清・蓬萊人）
［光緒］增修登州 43/7
牛文魁（字翰真）
（清・新城人）
［道光］濟南 55/79
［宣統］新城縣後志 2/忠義
［民國］重修新城 17/14
牛文仔（字肩吾）
（清・淄川人）
［宣統］三續淄川 9/90
牛文份（字郁堂）
（清・淄川人）
［道光］濟南 54/68
［宣統］三續淄川 9/58
牛慶祥（東阿人）
［民國］東阿 15/11
牛文盛（清・茌平人）
［民國］茌平 3/109
牛文明（字見龍）
（明・山西汾陽人）
［宣統］山東 72/18
［道光］濟寧直隸州 6/6－38
［康熙］魚臺 15/18
［乾隆］魚臺 9/41
［光緒］魚臺 2/50
10 **牛可鄜**（字太荒）
（清・新城人）
［宣統］新城縣後志 3/孝友
牛天麟（元）
［道光］濟寧直隸州 6/6－21
［咸豐］金鄉縣志略 7/5
金鄉縣鄉土志/政績錄
牛天麟（字文祥）
（明・聊城人）
［乾隆］東昌 38/3
［嘉慶］東昌 28/3
［康熙］聊城 3/6
［宣統］聊城 8/9
牛元弼（清・章邱人）
［道光］濟南 54/6
［道光］章邱 16/78
牛元佐（字紵扉）
（清・章邱人）
［道光］濟南 61/6
［道光］章邱 11/74
牛天宿（字覲薇，號次月）
（清・章丘人）
［康熙］濟南 41/40
［道光］濟南 54/6
［康熙］章丘 6/28，9/33
［乾隆］章邱 9/24
［道光］章邱 11/36
牛元愷（字際唐）
（清・桓臺人）
［民國］桓臺志略 3/22
［民國］桓臺 3/33
12 **牛廷式**（清・諸城人）
［光緒］增修諸城縣續志 17/2
牛廷槐（清・定陶人）
［乾隆］定陶 6/30
17 **牛琚**（明・單縣人）
［順治］單縣 2/40
18 **牛孜**（明・容城人）
［萬曆］濮州 3/名宦 28
20 **牛維斗**（清・海豐人）
［乾隆］武定府 26/30
［民國］無棣 13/28
22 **牛鸞**（字鳴世）
（明・北直獻縣人）
［雍正］山東 27/61
［宣統］山東 73/3
［嘉靖］青州 13/45
［萬曆］青州 12/31
［康熙十五年］青州 12/31
［康熙四十八年］青州 12/31
［康熙六十年］青州 12/16
［咸豐］青州 36/11
［萬曆二十四年］兗州 29/6
［康熙］兗州 22/28
［康熙］兗州續編 14/15
［萬曆］鉅野 6/7
［康熙］鉅野 10/7
［道光］鉅野 10/22
［康熙六十年］博興 7/8
［康熙］益都 5/18
［光緒］益都縣圖志 18/1，18/34
牛仙（明）
［雍正］山東 30/22
［道光］文登 10/2
牛龍高（字崑齋）
（清・定陶人）
［民國］定陶 6/67
牛山木（明・北直曲周人）
［宣統］山東 73/27
［光緒］增修登州 31/2
［康熙］萊陽 4/6
［民國］萊陽 3/1 上 8
牛仙柱（字國棟）
（清・東平人）
［光緒］東平州 15/中 35
［民國］東平縣 11/中 6
24 **牛峽**（字連山，號省菴）
（清・新泰人）
［乾隆］泰安府 17/52
［乾隆］新泰 16/4
新泰縣鄉土志/25
牛化麟（清・樂安人）

［雍正］樂安 12/20
［民國］樂安 10/19
［民國］續修廣饒 19/34
牛德貞（字元復）
（清・新泰人）
［乾隆］泰安府 18/68
牛化愚（清・陽信人）
［康熙］濟南 44/37
［乾隆］武定府 25/14
［康熙］陽信 9/17
［乾隆］陽信 7/25
［民國］陽信 5/孝友 50
信邑志稿 7/孝友
陽信縣鄉土志上/耆舊－事業
牛德隆（字翽升，號愚菴）
（清・新泰人）
［乾隆］泰安府 17/48
［乾隆］新泰 15/26
27 **牛象謙**（清・諸城人）
［光緒］增修諸城縣續志 16/25
28 **牛綸吉**（清・諸城人）
［光緒］增修諸城縣續志 16/23
牛作楝（字汝德，號松軒）
（清・淄川人）
［宣統］三續淄川 9/60
牛牧民（明・新河監生）
［道光］濟南 36/29
［康熙四十三年］長山 3/宦績
［康熙五十五年］長山 3/34
［嘉慶］長山 5/43
30 **牛寵**（清・平陰人）
［光緒］平陰 5/37
牛宗文（字吉人）
（清・山西高平人）
［宣統］山東 76/38
［乾隆］東昌 33/43
［嘉慶］東昌 21/12
［乾隆］郯城 7/28
［嘉慶］續修郯城 10/19
［民國］重修新城 11/19
牛永盈（字近泉）
（清・新城人）
［宣統］新城縣後志 2/善行
［民國］重修新城 16/13
牛宗信（清・鄆城人）
［光緒］鄆城 10/11
牛守典（清・濮州人）
［宣統］濮州 6/17
牛家鈺（字寶卿）
（清・新城人）
［宣統］新城縣後志 3/孝友
32 **牛兆錫**（清・濮州人）
［乾隆］濮州 4/91
［宣統］濮州 6/7
34 **牛斗**（明・修武人）
［嘉靖］山東 26/29
［萬曆］東昌 18/36
［康熙二年］茌平 2/36
［康熙四十九年］茌平 2/36
［宣統］茌平 8/1
［民國］茌平 8/58
牛濩（字彥博）
（明・新泰人）
［康熙］濟南 44/19
［乾隆］泰安府 17/30
［天啟］新泰 6/37
［順治］新泰 5/10
［乾隆］新泰 16/1
新泰縣鄉土志/19
牛漢文（字西郊）
（清・諸城人）
［道光］諸城縣續志 19/11
諸城縣鄉土志/上 46
牛漢卿（號倬雲）
（清・臨朐人）
臨朐縣鄉土志 1/耆舊
牛汝賢（清・定陶人）
［乾隆］定陶 6/29
［民國］定陶 6/64
35 **牛清和**（字霽園）
（清・桓臺人）
［民國］桓臺志略 3/18
［民國］桓臺 3/38
牛沛思（清・定陶人）
［乾隆］定陶 6/30
［民國］定陶 6/64
37 **牛運震**（字階平，號真谷）
（清・寧陽人）
［宣統］山東 172/14
［乾隆］兗州 23/84
［光緒］滋陽 8/21，11/26
滋陽縣鄉土志 1/耆舊－名儒
牛次暘（字曰乂）
（清・利津人）
［光緒］利津 8/義行 7
38 **牛肇統**（字承三）
（清・商河人）
［民國］重修商河 9/21
牛滋藍（字符光）
（清・淄川人）
［宣統］三續淄川 9/77
牛滋蒲（字鄰藻）
（清・淄川人）
［宣統］三續淄川 9/77
牛肇隆（清・新泰人）
［乾隆］泰安府 18/57
［乾隆］新泰 16/3
新泰縣鄉土志/25
牛啟篤（字誠甫）
（清・定陶人）
［民國］定陶 6/67
40 **牛嘉琛**（字獻亭）
（清・歷城人）
［民國］續修歷城 42/14
牛士瑜（字懷璞）
（清・新城人）
［宣統］新城縣後志 3/孝友
［民國］重修新城 18/17
牛希儒（明・北直欒城人）
［宣統］山東 71/13
［道光］濟南 36/30
［天啟］新城 6/知縣
［崇禎］新城 6/知縣
［康熙］新城 5/4
［道光］新城/名宦
［民國］重修新城 10/7
新城縣鄉土志/政績－明知縣
牛士俊（字秀亭）
（清・新城人）
［宣統］新城縣後志 2/宦績
牛存禮（五代梁・博昌人）
［康熙十二年］博興 6/10

牛克楨(字周生)
(清・即墨人)
[同治]即墨 9/51
牛克忠(字蘊玉)
(清・東阿人)
[民國]續修東阿 11/2
牛友月(字桂如)
(清・隰州人)
[雍正]山東 27/105
[宣統]山東 75/30
[康熙]濟南 26/9
[道光]濟南 38/38
[康熙]長清 8/47
[道光]長清 4/1
牛存節(初名禮,字贊正)
(五代梁・青州博昌人)
[嘉靖]山東 32/12
[雍正]山東 28/人物二 17
[宣統]山東 156/16
[嘉靖]青州 14/13
[萬曆]青州 15/20
[康熙十五年]青州 15/20
[康熙四十八年]青州 15/武功 7
[康熙六十年]青州 16/45
[咸豐]青州 40/8
[萬曆二十四年]兗州 27/12
[康熙]東平州 3/4
[乾隆]東平州 12/8
[道光]東平州 12/8
[光緒]東平州 14/8
[康熙六十年]博興 7/31
[道光]博興 11/11
[民國]重修博興 13/8
牛士範(字正儒,號椿園)
(清・新泰人)
[乾隆]新泰 16/9
44 **牛嵩**(字孔嘉,一字宏嘉,號松巖)
(清・新泰人)
[宣統]山東 171/16
[乾隆]泰安府 17/47
[乾隆]東昌 35/32
[乾隆]夏津 6/40
[乾隆]新泰 16/9
新泰縣鄉土志/20

牛夢瑞(字思然)
(清・滋陽人)
[乾隆]兗州 23/81
牛蒙昶(號愚溪)
(清・章邱人)
[道光]章邱 10/50
牛蘭芳(字畹秋)
(清・利津人)
[民國]利津縣續志 7/文苑 1
牛夢英(字卓然,別字眉村)
(清・滋陽人)
[宣統]山東 172/10
[乾隆]兗州 23/83
[光緒]滋陽 8/55
[光緒]滋陽 11/20
滋陽縣鄉土志 1/耆舊-文學
47 **牛起**(字邁倫)
(清・寧津人)
[光緒]寧津 8/49
牛好信(字繼軒)
(明・單縣人)
[康熙]兗州續編 15/15
[順治]單縣 3/3
[康熙]單縣 8/4
[乾隆]單縣 7/1
[民國]單縣 9/30
48 **牛松年**(字蔭亭,別字雪谷)
(清・滋陽人)
[光緒]滋陽 8/59
滋陽縣鄉土志 1/耆舊-文學
50 **牛青霄**(字月軒)
(清・利津人)
[民國]利津縣續志 7/文苑 1
牛中瀚(字滄若,號耐軒)
(清・章丘人)
[道光]濟南 54/6
[道光]章邱 11/48
牛書田(號子耕)
(清・臨朐人)
[民國]平度縣續志 7/4
臨朐縣鄉土志 1/耆舊
牛中開(字萬平)
(清・章邱人)
[道光]濟南 54/6

[道光]章邱 11/46
53 **牛成龍**(明・保安人)
[道光]濟南 36/12
[康熙]章丘 4/26
[乾隆]章邱 7/6
[道光]章邱 9/8
章邱縣鄉土志/上 5
牛盛霖(字美若)
(清・新城人)
[宣統]新城縣後志 2/善行
[民國]重修新城 18/1
54 **牛拱辰**(字衆星)
(清・武城人)
[民國]增訂武城續編 10/12
55 **牛扶霄**(號凌漢)
(高密人)
[民國]高密 10/8
57 **牛邦光**(宋・合肥人)
[康熙]嶧縣 3/15
[光緒]嶧縣 19/89
60 **牛思凝**(字裕川,一字方巖)
(清・直隸靜海人)
[宣統]山東 77/18
[乾隆]泰安府 15/39
[咸豐]青州 37/19
[乾隆]諸城 28/14
[嘉慶]肥城 15/35
[光緒]肥城 7/49
肥城縣鄉土志 3/5
67 **牛照顯**(清・諸城人)
[光緒]增修諸城縣續志 14/8
71 **牛長清**(字安寰)
(清・東阿人)
[民國]續修東阿 11/12
牛頤志(字汝立)
(清・滋陽人)
[光緒]滋陽 8/65
滋陽縣鄉土志 1/耆舊-文學
牛頤原(字叔次)
(清・滋陽人)
[光緒]滋陽 8/63
滋陽縣鄉土志 1/耆舊-文學
77 **牛覺**(字志倫)

(明・滋陽人,一作濟寧人)
[萬曆二十四年]兖州 37/4
[康熙]兖州 28/33
[乾隆]兖州 23/42
[康熙]濟寧州 7/11
[乾隆]濟寧直隸州 27/4
[道光]濟寧直隸州 8/4 –31
[康熙]滋陽 4/上 35
[光緒]滋陽 9/1
滋陽縣鄉土志 1/耆舊 – 忠義
牛學詩(清・城武人)
[道光]城武 9/上 29
牛卿雲(字希顔)
(清・掖縣人)
[民國]四續掖縣 4/64
牛興琜(字時珍)
(清・新城人)
[宣統]新城縣後志 3/耆壽
[民國]重修新城 18/26
牛問仁(明・定陶人)
[順治]定陶 6/10
牛履祥(字吉符)
(清・寧津人)
[光緒]寧津 8/49
牛同人(字應乾)
(清・章邱人)
[道光]章邱 10/51
牛興釗(字晴村)
(清・新城人)
[宣統]新城縣後志 3/孝友
78 **牛鑒章**(字鏡屏,號戒三)
(清・淄川人)
[宣統]三續淄川 10/15
80 **牛曾**(明)
禹城縣鄉土志/10
牛會詩(清・滋陽人)
[咸豐]青州 37/28
牛善均(清・博平人)
[光緒]博平縣續志 10/65
牛金罍(字酌堂)
(清・金鄉人)
[民國]濟寧直隸州續志 13/6
[民國]金鄉 13/續增 1
金鄉縣鄉土志/耆舊錄上
牛會賢(字百一)
(清・滋陽人)
[光緒]滋陽 9/15
滋陽縣鄉土志 1/耆舊 – 實行
88 **牛敏夫**(字叶商)
(清・滋陽人)
[光緒]滋陽 9/14
90 **牛尚文**(字星野)
(清・陽信人)
[民國]陽信 5/文學 20
牛光斗(字射奎)
(清・定陶人)
[民國]定陶 6/33
91 **牛炳璿**(字玉衡)
(清・無棣人)
[乾隆]武定府 25/18
[咸豐]武定府 25/孝友 18
[民國]無棣 13/3
海豐縣鄉土志/耆舊 – 事業五
99 **牛榮**(明)
[乾隆]東昌 39/14

2510_0 生

30 **生永錫**(字夢齡,號學海)
(清・平陰人)
[光緒]平陰 4/38
31 **生福維**(字範五)
(清・平度人)
平度鄉土志 4 下/學問
38 **生裕恂**(字德九)
(清・滕縣人)
[民國]續滕縣志 2/14
40 **生克中**(字允之)
(清・滕縣人)
[民國]續滕縣志 2/17
86 **生錫麟**(字瑞亭)
(清・濟陽人)
[民國]濟陽 11/61

2520_6 仲

00 **仲廣**(明・黄縣人)
[光緒]增修登州 38/17
[乾隆]黄縣 8/10
[同治]黄縣 8/3
[民國]黄縣志稿 13/明
仲康(夏・斟尋人)
[康熙]杞紀 18/1
仲文(字習儒)
(唐・濟寧人)
濟寧州鄉土志 2/賢裔
08 **仲謙**(明・黄縣人)
[泰昌]登州 11/21
[順治]登州 16/27
[光緒]增修登州 40/7
[康熙]黄縣 6/12
[乾隆]黄縣 8/9
[同治]黄縣 8/3
[民國]黄縣志稿 13/明
10 **仲三才**(清・黄縣人)
[同治]黄縣 9/27
仲于陛(字玉鉉)
(清・泗水人)
濟寧州鄉土志 2/賢裔
[光緒]泗水 11/2
12 **仲延仕**(字清臣)
(清・濟寧人)
[民國]濟寧直隸州續志 12/3
仲孫它(春秋・魯人)
[乾隆]曲阜 67/2
仲延宗(清・萊陽人)
[民國]萊陽 3/1 中 65
仲弘道(字開一)
(清・浙江桐鄉人)
[宣統]山東 75/65
[康熙]嶧縣 3/39
[乾隆]嶧縣 7/19
[光緒]嶧縣 19/職官下 14
[光緒]滋陽 9/56
仲孫湫(周・齊人)
[嘉靖]山東 28/1
[康熙]山東 38/1
[嘉靖]青州 13/1
[萬曆]青州 13/19
[康熙十五年]青州 13/20
[康熙四十八年]青州 13/事功 3
[康熙六十年]青州 16/2
[萬曆元年]兖州 42/5
[康熙]臨淄 9/18

［民國］臨淄 23/3
仲延榕（字蔭南）
（清・濟寧人）
［民國］濟寧直隸州續志 12/2
仲延昌（字賡堂）
（清・黄縣人）
［民國］黄縣志稿 13/清文學
仲延甲（字鼎臣）
（清・濟寧人）
［民國］濟寧直隸州續志 12/3
仲延明（字公亮）
（清・齊河人）
［民國］齊河 26/25
仲延年（字文齡，一字壽山）
（清・濟寧人）
［民國］濟寧直隸州續志 12/1
15 仲璉（見仲樋）
17 仲子（見仲由）
仲子崔（春秋・費人）
［乾隆］沂州府 25/2
［康熙］費縣 7/3
［光緒］費縣 10/1
［光緒］嘉祥 3/7
仲承述（字顯武，號鱗舟）
（清・泗水人）
［乾隆］濟寧直隸州 27/19
濟寧州鄉土志 2/賢裔
［光緒］泗水 11/2
仲承乾（字允健）
（清・濟寧人）
［乾隆］濟寧直隸州 27/20
［道光］濟寧直隸州 8/1－22
20 仲秉貞（清・泗水人）
［光緒］泗水 11/2
仲統仁（字壽山）
（清・平度人）
［民國］平度縣續志 7/33
仲統嵐（字雲蘢，號小山）
（清・泗水人）
［民國］濟寧直隸州續志 12/1
［光緒］泗水 11/2
仲統岐（字雍柱）
（清・寧陽人）
［光緒］寧陽 13/59
仲統幹（字國屏）
（清・齊河人）
［民國］齊河 25/3
仲統範（字模山）
（清・鉅野人）
［民國］續修鉅野 5/上 24
22 仲山甫（周・東海上人）
［至元］齊乘 6/2
［嘉靖］青州 12/48
［萬曆］青州 12/1
［康熙十五年］青州 12/1
［康熙四十八年］青州 12/1
［康熙］臨淄 9/7
24 仲緒堃（字載甫，號在田）
（清・泗水人）
［民國］濟寧直隸州續志 12/1
［光緒］泗水 11/2
仲緒塄（字曉青，號樾堂）
（清・濟寧人）
［道光］濟寧直隸州 8/1－23
仲緒鐸（字警世）
（清・濟寧人）
［民國］濟寧直隸州續志 12/3
25 仲純信（原名振信）
（清・萊陽人）
［民國］萊陽 3/1 中 38
26 仲伯順（清・平度人）
［道光］重修平度州 22/2
30 仲宏道（見仲弘道）
仲永檀（字樂園，號襄溪）
（清・濟寧人）
［宣統］山東 172/29
［乾隆］濟寧直隸州 25/38
［道光］濟寧直隸州 8/1－22
濟寧州鄉土志 2/賢裔
31 仲濬（晉・泗水人）
［光緒］鄒縣續志 12/上 11
38 仲肇瑞（字輯五）
（清・平度人）
［民國］平度縣續志 7/34
40 仲嘉（明・浙江秀水人）
［咸豐］青州 36/39
［康熙］昌樂 1/35
［嘉慶］昌樂 19/6
44 仲世德（漢・濟寧人）
濟寧州鄉土志 2/賢裔
仲蘊錦（字閶江，一作絅文）
（清・泗水人）
［乾隆］濟寧直隸州 26/21
濟寧州鄉土志 2/賢裔
［光緒］泗水 11/2
45 仲樋（清・鑲白旗舉人）
［宣統］山東 76/47
［乾隆］東昌 35/22
［嘉慶］東昌 22/26
［道光］高唐州 7/1－15
［光緒］高唐州 7/1－15
［民國］高唐縣 9/5－11
48 仲翰屏（字价藩）
（清・濟寧人）
［民國］濟寧直隸州續志 12/3
50 仲由（字子路，一字季路）
（春秋・卞人）
［嘉靖］山東 24/5
［康熙］山東 29/5
［雍正］山東 11/闕里二 8
［宣統］山東 153/4
［萬曆］青州 15/55
［康熙十五年］青州 15/57
［康熙四十八年］青州 15/僑寓 2
［康熙六十年］青州 20/15
［萬曆元年］兗州 7/25
［萬曆二十四年］兗州 7/12
［康熙］兗州 8/13
［乾隆］兗州 7/18
［萬曆］沂州志 6/25
［乾隆］沂州府 25/1
［萬曆］東昌 18/3
［嘉靖］濮州 4/15
［萬曆］濮州 4/衛人 9
［康熙］濮州 4/86
［乾隆］濮州 4/126
［宣統］濮州 6/84
［康熙］濟寧州 5/13
［道光］濟寧直隸州 8/1－17
［萬曆］泗水 6/1

［順治］泗水 6/1
［光緒］泗水 11/1,15/藝文三 7
［光緒］泗水縣鄉土志/9
［康熙］費縣 7/3
［光緒］費縣 10/1
［乾隆］曲阜 59/2
［民國］臨淄 31/49
仲忠（元・濰州人）
［民國］濰縣志稿 41/6
51 **仲振庶**（字警黎,號吉堂）（清・濟寧人）
［道光］濟寧直隸州 8/1－23
仲振宗（清・泗水人）
［光緒］泗水 11/2
63 **仲貽棨**（清・萊陽人）
［民國］萊陽 3/1 中 41
仲貽桂（清・萊陽人）
［民國］萊陽 3/1 中 41
仲貽熙（清・泗水人）
［光緒］泗水 11/2
仲貽範（字禹九）（清・寧陽人）
［光緒］寧陽 14/41
寧陽縣鄉土志/17
仲貽光（字警黎,號謙齋）（清・濟寧人）
［道光］濟寧直隸州 8/1－23
仲貽燮（字淑和,號理齋）（清・濟寧人）
［道光］濟寧直隸州 8/1－23
64 **仲時譽**（漢・曲阜人）
［乾隆］曲阜 80/1
71 **仲長統**（字公理）（漢・山陽高平人）
［嘉靖］山東 30/11
［康熙］山東 40/11
［雍正］山東 28/人物一 24
［宣統］山東 163/2
［萬曆元年］兗州 40/文苑 2
［萬曆二十四年］兗州 31/28
［康熙］兗州 24/26
［乾隆］兗州 23/17
［乾隆］曹州府 14/5
［康熙］濟寧州 6/3
［乾隆］濟寧直隸州 23/5
［道光］濟寧直隸州 8/2－4
［萬曆］鉅野 7/7
［康熙］鉅野 11/5
［道光］鉅野 12/6
［康熙十二年］金鄉 5/21
［康熙五十一年］金鄉 9/11
［乾隆］金鄉 18/8
［咸豐］金鄉縣志略 9/上 3
［民國］金鄉 13/2
［民國］續修鄒縣志稿/人物－耆舊
80 **仲念祖**（字松村）（清・濟寧人）
［乾隆］濟寧直隸州 28/40
［道光］濟寧直隸州 8/4－51
88 **仲簡**（字畏之）（宋・揚州江都人）
［光緒］益都縣圖志 16/38
97 **仲耀清**（清・泗水人）
［光緒］泗水 11/2

2522_7 佛

28 **佛倫**（清・滿洲正白旗人）
［雍正］山東 27/97
［宣統］山東 74/13
［道光］濟南 37/12
30 **佛寶**（元）
［道光］東阿 14/人物下 37
佛定（清）
［乾隆］曹州府 16/22
［道光］城武 13/10
［道光］鉅野 24/12
37 **佛初**（字鷺隱）（清・壽光人）
［民國］壽光 12/人物志二 89
佛潤（清・歷城人）
［民國］續修歷城 45/3

2590_0 朱

00 **朱袞**（明・上虞人）
［萬曆］沂州志 6/13
［康熙］沂州志 3/45
［乾隆］沂州府 20/6
［民國］臨沂 7/71
朱立（清・莒縣人）
［民國］重修莒志 61/7
朱廉（明・歷城人）
［崇禎］歷城 10/18
［乾隆］歷城 41/7
朱諒（明）
［乾隆］樂陵 4/51
朱序（字次倫）（晉・義陽人）
［萬曆元年］兗州 38/武功 4
朱衣（明・河南溫縣人）
［宣統］山東 71/38
［乾隆］泰安府 15/21
［康熙］肥城書上/33
［嘉慶］肥城 15/31
［光緒］肥城 7/47
［康熙］臨淄 8/5
［民國］臨淄 18/8
朱衣（字建侯,號塊阜山人）（清・費縣人）
［光緒］費縣 11/7
費縣鄉土志/耆舊錄－學問
朱庚辛（字麗水）（清・高唐人）
［道光］高唐州 5/1－46
［光緒］高唐州 5/1－48
［民國］高唐縣 12/13
朱應文（字倬菴）（清・漢軍鑲藍旗人）
［宣統］山東 77/28
［光緒］增修登州 33/4
［光緒］文登 7/下 4
朱文龍（字雲賓,一作雲濱）（清・陽信人）
［乾隆］武定府 24/42
［咸豐］武定府 24/循良 32
［乾隆］陽信 7/11
［民國］陽信 5/宦蹟 19
信邑志稿 7/循良
陽信縣鄉土志上/耆舊－事業
朱文麟（清・蓬萊人）
［道光］重修蓬萊 9/38
［民國］蓬萊縣志合編人物志/行誼
朱應麟（字石袍,號振公）（清・單縣人）
［雍正］山東 28/人物四 22

［宣統］山東 173/36
［康熙］兗州續編 16/17
［乾隆］曹州府 15/24
［康熙］單縣 7/17
［乾隆］單縣 6/30
［民國］單縣 9/50
朱應麟（字灰雪）
（清・萊蕪人）
［民國］萊蕪 20/3
［民國］續修萊蕪 27/8
萊蕪縣鄉土志/9
朱慶元（字梓楨）
（清・上元人）
［民國］利津縣續志 6/2
朱文震（字青雷）
（清・歷城人）
［宣統］山東 170/12
［乾隆］濟寧直隸州 15/30
［民國］續修歷城 41/12
朱應聘（明・聊城人）
［康熙］聊城 3/40
朱文聖（清・沂水人）
［道光］沂水 7/22
朱文秀（明・菏澤人）
［康熙］曹州志 16/6
［光緒］菏澤 16/8
［光緒］新修菏澤 10/38
朱應岱（清・新泰人）
［乾隆］新泰又 17/3
朱文科（號斗山）
（明・莆田人）
［康熙］東明 8/中 45
［乾隆］東明 8/中 45
［民國］東明縣新誌 12/81
朱奕勳（清・漢軍旗人）
［民國］黃縣志稿 11/宦績
朱文繡（字泰寰）
（明・濟寧人）
［康熙］濟寧州 7/32
［乾隆］濟寧直隸州 27/6
朱慶宜（字穀庭）
（清・平陰人）
［光緒］平陰 4/46
朱慶梁（字甸之）
（清・平陰人）
［光緒］平陰 5/30
朱應運（明・齊河人）
［順治］堂邑 2/職官 11
［康熙］堂邑 10/4
朱應吉（明・餘姚人）
［道光］濟南 36/13
［萬曆］章丘 21/72
［康熙］章丘 4/27
［乾隆］章邱 7/4
［道光］章邱 9/4
朱童蒙（明・萊蕪人）
［崇禎］歷乘 16/65
［康熙］新修萊蕪 6/2
［民國］續修萊蕪 22/7
朱文蔚（清・江南山陽人）
［道光］濟南 37/71
朱彥華（字文卿）
（清・江寧上元人）
［宣統］山東 75/66
［光緒］嶧縣 19/職官下 24
朱庭楹（字覺堂）
（清・陽信人）
信邑志稿 7/耆碩
朱應轂（字德載）
（明・河南濬縣人）
［宣統］山東 71/32
［乾隆］泰安府 15/21
［康熙五十四年］東阿 3/37
［道光］東阿 11/14
［光緒］東阿縣鄉土志 2/15
朱文翰（宋）
［道光］濟南 34/8
［康熙］淄川 4/5
［乾隆］淄川 4/5
［嘉慶］長山 7/3
朱立青（字海門）
（清・臨朐人）
臨朐縣鄉土志 1/耆舊
朱應捷（字子健，號鹿鳴）
（清・曹州人）
［康熙］曹州志 12/29
［光緒］菏澤 12/36
朱應昌（字會期，號敬齋）
（明・夏津人）
［萬曆］東昌 19/54
［乾隆］東昌 39/31
［嘉靖］夏津 4/9
［康熙］夏津 5/7
［乾隆］夏津 8/11
朱衣點（字試可，一字時可）
（清・嶧縣人）
［乾隆］嶧縣 8/48
［光緒］嶧縣 21/文苑 3
朱高煦（明・鳳陽人）
［崇禎］武定州 14/5
［乾隆］武定府 15/5
［咸豐］武定府 15/5
［乾隆］惠民 5/5
朱廣明（明・高安人）
［嘉靖］寧海州下/22
［同治］重修寧海州 14/2
［民國］牟平 6/74
朱應晦（明・東昌府人）
［乾隆］東昌 42/9
［嘉慶］東昌 32/9
朱慶駼（字襄服）
（清・平陰人）
［光緒］平陰 5/32
朱衣陽（明・恩縣人）
［雍正］恩縣續志 3/18
朱賡駒（字少白）
（清・滕縣人）
［民國］續滕縣志 2/11
朱立朐（字文山）
（清・臨朐人）
臨朐縣鄉土志 1/耆舊
朱文鵬（字圖南）
（清・陽信人）
［乾隆］陽信 7/17
［民國］陽信 5/篤行 31
信邑志稿 7/義行
朱文印（字漪霞）
（明・德平人）
［道光］濟南 52/53
［乾隆］德平 3/12
［嘉慶］德平 7/13
［光緒］德平 7/24
德平縣鄉土志/耆舊錄
朱康熺（字象炎）
（清・曲阜人）
［民國］續修曲阜 5/22
01 **朱龍光**（字壽鵬）
（清・長山人）

［道光］濟南 55/8
［嘉慶］長山 8/22
02 朱詘（漢）
［康熙］昌邑 5/3
朱訓詰（字季多，號訥庵）
（清・聊城人）
［康熙］聊城 3/10
04 朱謨（字宏臣）
（清・福建閩縣人）
［宣統］山東 75/24
［道光］濟南 38/47
［乾隆］德平 2/29
［嘉慶］德平 5/21
［光緒］德平 5/13
德平縣鄉土志/政績錄
朱詩（字正雅）
（清・單縣人）
［乾隆］單縣 7/37
［民國］單縣 9/82
07 朱翊鑠（明・鳳陽人）
［乾隆］武定府 15/6
朱翊鏤（明・鳳陽人）
［康熙十五年］青州 8/15
［康熙四十八年］青州 8/15
［康熙］益都 5/2
08 朱說詩（號頤亭）
（清・肥城人）
［光緒］肥城 9/13
肥城縣鄉土志 5/24
朱敦厚（字逸庵）
（清・直隸大興人）
［道光］濟南 62/7
［康熙］淄川 6 下/60
［乾隆］淄川 6/下 60
［民國］濰縣志稿 20/20
09 朱麟兆（字石安）
（清・盛京人）
［宣統］山東 75/33
［乾隆］泰安府 15/29
［乾隆二十五年］泰安縣 10/33
［乾隆四十七年］泰安縣 8/31
［道光］泰安縣 10/8
［民國］重修泰安縣 6/61
朱麟符（字陶菴，號青岩）
（清・長山人）
［道光］濟南 55/33
［嘉慶］長山 8/14
［光緒］壽張 5/26
10 朱琟（明・昌邑人）
［康熙］昌邑 6/5
［乾隆］昌邑 5/129
朱靈（字文博）
（三國・清河人）
［雍正］山東 28/人物一 27
［萬曆］東昌 19/7
［乾隆］東昌 36/4
［嘉慶］東昌 26/7
［嘉靖］恩縣 6/1
［萬曆］恩縣 4/8
［宣統］重修恩縣 8/3
［民國］重修恩縣 11/鄉賢 2
［乾隆］夏津 6/6
朱玉（字良璽）
（明・夏津人）
［乾隆］夏津 7/10
朱雲（字子游，一作子由）
（漢・魯人）
［嘉靖］山東 30/7
［康熙］山東 40/7
［雍正］山東 28/人物一 11
［宣統］山東 153/15，153/33，154/8
［康熙］濟南 50/1
［萬曆元年］兗州 40/諫議 7
［萬曆二十四年］兗州 31/7
［康熙］兗州 24/7
［乾隆］兗州 23/10
［崇禎］歷乘 16/60
［崇禎］歷城 10/28
［康熙］滋陽 4/上 11，4/29
［乾隆］曲阜 73/1
朱震（字伯厚）
（漢）
［宣統］山東 66/20
朱震（字東野）
（清・膠州人）
［道光］重修膠州 30/3
［民國］增修膠志 47/3
朱正（明・河南羅山人）
［嘉靖］朝城志 5/16
［康熙］朝城 7/27
朱天慶（清・冠縣人）
［民國］冠縣 8/人物志 23
冠縣鄉土志/耆舊－義士
朱正方（明・萊蕪人）
［民國］續修萊蕪 22/7
朱正誼（字子端）
（清・茌平人，後入聊城籍）
［宣統］聊城 8/63
［民國］茌平 3/21
朱正誼（字明甫）
（清・直隸順天庠生）
［宣統］山東 200/14
［康熙］濟南 50/9
［乾隆］武定府 26/44
［咸豐］武定府 26/寓賢 4
［康熙］陽信 9/34
［乾隆］陽信 7/58
［民國］陽信 5/流寓 90
信邑志稿 7/寓賢
朱天元（北齊・遼東人）
［康熙］萊陽 5/3
朱玉珩（清・高唐人）
［道光］高唐州 5/2－21
［光緒］高唐州 5/2－24
［民國］高唐縣 12/50
朱貢廷（字雍玉）
（清・高唐人）
［民國］高唐縣 12/54
朱爾融（字俶昭，號鋒雪）
（清・單縣人）
［康熙］單縣 8/58
［民國］單縣 9/52
朱正己（清・齊河人）
［民國］齊河 23/76
朱百川（清・菏澤人）
［光緒］菏澤 16/7
［光緒］新修菏澤 11/69
朱王佐（字贊明）
（明・單縣人）
［乾隆］曹州府 15/20
［順治］單縣 2/35，3/6
［康熙］單縣 7/7，7/23
［乾隆］單縣 6/18
［民國］單縣 9/31
朱正色（字海曙）

（明・南直上海人）
［宣統］山東 71/9
［康熙］濟南 25/62
［道光］濟南 36/21
［萬曆］淄川 27/11
［康熙］淄川 4/12
［乾隆］淄川 4/12
淄川縣鄉土志/政績錄
朱正色（清）
［嘉慶］慶雲 7/36
朱天安（明・臨朐人）
光緒臨朐 14/下 10
朱爾禧（字子佑）
（清・單縣人）
［康熙］單縣 8/58
［民國］單縣 9/52
朱正木（字子繩）
（清・聊城人）
［宣統］聊城 8/87
朱丕基（字弼卿）
（清・陽穀人）
［民國］增修陽穀人物/善行 49
朱玉林（字蔭塗）
（清・恩縣人）
［宣統］重修恩縣 8/25
［民國］重修恩縣 11/鄉賢 22
恩縣鄉土志/21
朱玉藻（字公釆，號香泉）
（清・平原人）
［道光］濟南 56/102
［民國］續修平原 10/上 18
朱元英（字彥軒）
（清・湖北南漳舉人）
［民國三年］慶雲 1/89
朱西槐（清・江西人）
［宣統］山東 200/14
［咸豐］武定府 26/寓賢 3
朱元旭（字君昇）
（北魏・樂陵人）
［咸豐］武定府 25/文苑 1
［乾隆］樂陵 6/4
樂陵縣鄉土志 3/16
朱平格（清・濰縣人）
［咸豐］武定府 19/樂陵 4
［乾隆］樂陵 4/56

朱一鶴（明・宛平人）
［雍正］山東 27/49
朱丙書（字獻之）
（清・肥城人）
［光緒］肥城 9/17
朱元厚（清・臨淄人）
［民國］臨淄 28/11
朱天鳳（清・黃縣人）
［同治］黃縣 9/27
朱一隆（清・臨淄人）
［民國］臨淄 28/11
朱爾介（字眉仲，號誠亭）
（清・單縣人）
［康熙］單縣 8/58
［民國］單縣 9/51
朱雲會（字霞三）
（清・單縣人）
［乾隆］單縣 7/25
［民國］單縣 9/60
朱雲會（恩縣人）
［民國］重修恩縣 11/鄉賢 76
朱三錻（明・祥符人）
［崇禎］新城 6/教諭
11 **朱張**（字子弓）
（周）
［康熙］沂州志 6/49
［乾隆］沂州府 27/8
12 **朱登**（字仲希）
（漢・樂陵人）
［乾隆］樂陵 6/25
朱璣（字在盤）
（清・泰安人）
［乾隆二十五年］泰安縣 12/42
［乾隆四十七年］泰安縣 10/上 38
［道光］泰安縣 9/上 94
［民國］重修泰安縣 8/50
朱璞（一名元正）
（明・即墨人）
［乾隆］即墨 9/9
［同治］即墨 9/9
即墨縣鄉土志/耆舊－事業二
朱瑞（字元龍）
（北魏・桑乾人）

［崇禎］武定州 14/3
［乾隆］武定府 15/3
［乾隆］惠民 5/3
［乾隆］樂陵 2/27
朱瑀（字介亭，號莪圃）
（清・歷城人）
［道光］濟南 53/7
［民國］續修歷城 44/11
朱廷瑁（字輯五，號信宸）
（清・曹縣人）
［康熙］兗州 28/38
［康熙］兗州府曹縣 14/13
［光緒］曹縣 14/人物 11
朱廷位（清・萊蕪人）
［康熙］新修萊蕪 6/3
［民國］續修萊蕪 22/8
朱登俊（字聖選）
（清・壽張人）
［光緒］壽張 7/20
朱廷緒（字承統）
（清・蒲臺人）
蒲臺縣鄉土志/17
朱廷佐（字君弼）
（清・歷城人）
［宣統］山東補遺/40
［民國］續修歷城 40/27
朱廷傑（宋・濰縣人）
［康熙］濰縣 5/名宦 3
［乾隆］濰縣 3/40
濰縣鄉土志/50
朱廷佺（字不凡）
（清・萊蕪人）
［民國］續修萊蕪 34/26
朱廷禎（見朱廷楨）
朱延禧（字允脩）
（明・聊城人）
［康熙］山東 41/28
［雍正］山東 28/人物三 56
［宣統］山東 160/35
［乾隆］東昌 38/9
［嘉慶］東昌 28/9
［康熙］聊城 3/9
［宣統］聊城 8/15
朱廷選（字慶榜）
（清・陽穀人）
［光緒］陽穀 6/27

[民國]增修陽穀人物/武學師 30
朱弘祚(字徽蔭,一字厚菴)(清・高唐人)
[雍正]山東 28/人物四 19
[宣統]山東 174/3
[道光]濟南 53/4
[乾隆]東昌 40/35
[嘉慶]東昌 30/29
[乾隆]歷城 38/5
[康熙五十一年]高唐州 8/26,11/35
[道光]高唐州 5/1－32,8/1－72
[光緒]高唐州 5/1－32,8/1－74
[民國]高唐縣 12/70
高唐州鄉土志/20
朱廷楨(清・漢軍鑲白旗人)
[宣統]山東 74/48
[道光]濟南 37/71
[乾隆]德州 8/13
[民國]德縣 9/11
[康熙六十年]博興 7/14
[光緒]菏澤 7/名宦 8
朱廷棕(字雲軒)(清・長山人)
[道光]濟南 55/33
[嘉慶]長山 10/6
長山縣鄉土志/耆舊錄
朱廷基(字樸士,號荊園)(清・益都人)
[咸豐]青州 49/25
[光緒]益都縣圖志 37/17
朱廷茂(清・臨淄人)
[民國]臨淄 22/69
朱延翰(清)
[崇禎]歷城 6/又 4
朱廷暘(清・黃岡人)
[康熙]濟南 50/9
[道光]濟南 62/6
[康熙]新修齊東 6/15
[民國]齊東 3/60
朱孔陽(明・單縣人)
[順治]單縣 3/6
朱孔陽(清・高密人)
[民國]高密 14/上 60
朱廷鑑(清・無錫人)
[乾隆]夏津 6/18
朱廷炳(字杼白)(清・單縣人)
[乾隆]單縣 7/17
[民國]單縣 9/37
朱廷煥(字衷白,一號中白)(明・單縣人)
[康熙]山東 40/64
[雍正]山東 28/人物三 74
[宣統]山東 164/33
[康熙]兗州 28/26
[康熙]兗州續編 15/14
[乾隆]曹州府 15/21
[順治]單縣 2/30,2/31,2/38
[康熙]單縣 7/8,7/26,8/4,11/78,11/80,11/82,11/85,12/7
[乾隆]單縣 6/18,11/62,11/64,11/67
[民國]單縣 9/32,20/52,21/20,21/22,21/25,21/26,22/5,23/50,23/56
13 朱瑄(唐・宋州下邑人)
[嘉靖]山東 27/21
[萬曆二十四年]兗州 29/16
[康熙]兗州 22/40
[萬曆]東昌 18/44
[嘉靖]濮州 7/9
[萬曆]濮州 3/名宦 11,4/雜記 4
[康熙]濮州 3/11,4/92
[乾隆]濮州 3/11,4/132
[宣統]濮州 4/11,6/90
14 朱珙(明・南直吳縣人)
[宣統]山東 71/28
[道光]濟南 36/48
朱珪(五代)
[光緒]益都縣圖志 16/16
朱珪(字輔之)(元・徂陽人)
[乾隆二十五年]泰安縣 12/14
[乾隆四十七年]泰安縣 10/上 11
[道光]泰安縣 9/上 60
[民國]重修泰安縣 8/10
泰安縣鄉土志/耆舊 11
朱璜(字蒼佩)(清・歷城人)
[道光]濟南 53/35
[民國]續修歷城 39/12
朱璜(字金土)(清・霑化人)
[光緒]霑化 10/15
[民國]霑化 2/88
朱瑾(唐・宋州人)
[萬曆二十四年]兗州 29/17
[康熙]兗州 22/40
朱琦(字景韓)(清・歷城人)
[道光]濟南 53/35
[民國]續修歷城 41/5
曹縣鄉土志/政績錄
朱琦(字又韓,號鶴聞)(清・上海人)
[康熙]兗州府曹縣 9/38
[光緒]曹縣 9/縣令 7
15 朱璉(明・臨淄人)
[民國]臨淄 23/11
朱建平(清・樂安人)
[民國]續修廣饒 19/77
朱建勳(清・鉅野人)
[民國]續修鉅野 5/上 24
16 朱理(字公琢,號魯村)(清・單縣人)
[康熙]單縣 8/52
[乾隆]單縣 6/31
[民國]單縣 9/50
朱現(金・樂安人)
[民國]樂安 10/4
[民國]續修廣饒 19/7
朱聖詩(字聲附)(清・單縣人)
[民國]單縣 12/鄉賢 1
朱碧山(清・鄒縣人)
[光緒]鄒縣續志 12/中 3
17 朱翼(號浯南)(明・雲南蒙化人)
[宣統]山東 71/24
[康熙]濟南 25/53

［道光］濟南 36/46
［順治］臨邑 11/4
［康熙］重修臨邑 8/3
［道光］臨邑 7/24
［同治］臨邑 7/28

朱勇(明)
［光緒］平陰 2/1

朱勇(明・堂邑人)
［順治］堂邑 2/人物 18
［康熙十一年］堂邑 2/選舉 23

朱璵(字寶瑛)(清・海鹽人)
［民國］續修曲阜 5/40

朱乃廣(清・臨淄人)
［民國］臨淄 28/12

朱孟可(明・霑化人)
［康熙］濟南 44/20
［乾隆］武定府 25/8
［咸豐］武定府 25/孝友 8
［光緒］霑化 8/2
［民國］霑化 2/30

朱予棟(清・聊城人)
［宣統］山東 174/18
［乾隆］東昌 40/3
［康熙］聊城 3/48
［宣統］聊城 8/22

朱承旭(字曦園)(清・陽信人)
［民國］陽信 5/宦蹟 21

朱予昇(清・聊城人)
［乾隆］東昌 41/35
［嘉慶］東昌 31/11
［宣統］聊城 8/68
聊城縣鄉土志/29

朱承煦(字天門,號海客)(清・益都人)
［光緒］益都縣圖志 39/6

朱承命(字雪沽)(清・天津人)
［康熙五十五年］鄒縣志 2/56
鄒縣鄉土志政績錄/6

朱乃鉞(字威廷)(清・曹縣人)
［光緒］曹縣 14/行誼 20

18 朱玷(明・福建龍溪人)
［嘉靖］山東 26/18
［康熙］山東 33/21
［雍正］山東 27/38
［宣統］山東 72/5
［萬曆元年］兗州 38/循吏 42
［萬曆二十四年］兗州 29/2
［康熙］兗州 22/24
［乾隆］兗州 22/23
［嘉靖］鄒縣地理誌 1/30
［萬曆］鄒志 2/11
［康熙十二年］鄒縣志 3/13
［康熙五十五年］鄒縣志 2/44
［民國］續修鄒縣志稿/名宦
鄒縣鄉土志政績錄/5

朱珍(五代梁・徐州豐人)
［嘉靖］山東 25/19
［康熙］山東 32/7
［雍正］山東 27/21
［宣統］山東 68/19
［康熙］濟南 24/11
［道光］濟南 33/29
［萬曆］淄川 27/4
［康熙］淄川 4/3

朱致中(字心齋)(清・博興人)
［民國］重修博興 13/58

20 朱儁(字公偉,一作仲偉)(漢・會稽上虞人)
［嘉靖］山東 26/3
［康熙］山東 33/4
［雍正］山東 27/30
［萬曆元年］兗州 38/武功 3
［康熙］兗州 21/13
［萬曆］沂州志 6/5
［康熙］沂州志 3/41
［光緒］嶧縣 19/28

朱爵(字藩室)(明・北直開州人)
［宣統］山東 72/41
［萬曆］東昌 18/37
［乾隆］東昌 34/3
［嘉慶］東昌 21/21
［康熙二年］茌平 2/37,3/40
［康熙四十九年］茌平 2/37,3/40
［宣統］茌平 8/5,23/25
［民國］茌平 8/62,12/46
［民國］莘縣 9/37

朱儁(字公偉)(漢・上虞人)
［宣統］山東 66/22
［萬曆二十四年］兗州 26/14
［乾隆］兗州 22/4
［乾隆］嶧縣 7/4
［光緒］嶧縣 19/28
［民國］臨沂 7/66

朱維(字義俶)(清・高唐人)
［道光］高唐州 5/2－14
［光緒］高唐州 5/2－17
［民國］高唐縣 12/9

朱紋(明・金鄉人)
［乾隆］濟寧直隸州 24/38
［道光］濟寧直隸州 8/2－51
［康熙十二年］金鄉 5/29
［康熙五十一年］金鄉 11/3
［乾隆］金鄉 18/53
［咸豐］金鄉縣志略 9/上 13
［民國］金鄉 14/1
金鄉縣鄉土志/耆舊錄上

朱紋(字漢襄)(清・高唐人)
［乾隆］高唐州續志 2/2
［道光］高唐州 5/1－33
［光緒］高唐州 5/1－33
［民國］高唐縣 12/85

朱季方(字德甫,一字星堂)(清・臨淄人)
［宣統］山東 175/47
［民國］臨淄 22/64

朱雙慶(字重熙)(清・平陰人)
［光緒］平陰 4/45

朱秉謙(字撝之)(清・掖縣人)
［民國］四續掖縣 4/60

朱季琬(字豈石)(清・單縣人)
［乾隆］單縣 6/22
［民國］單縣 9/39

朱維洺(清·汶上人)
[宣統]四續汶上稿/人物－施濟傳
朱孚吉(字平埜)
(清·江寧武舉)
[乾隆]威海衛志 6/12
[光緒]文登 7/下 14
[民國]文登 7/下 14
朱維增(字方川)
(清·陽信人)
[民國]陽信 5/任恤 36
朱舜民(字虞甫)
(明·齊東人)
[道光]濟南 51/47
[民國]齊東 5/3
21 朱衡(字士平,一作士南)
(明·江西萬安人)
[雍正]山東 27/15
[宣統]山東 70/4
[道光]濟南 35/6
[康熙]濟寧州 4/9
[道光]濟寧直隸州 6/6－48
[康熙]魚臺 15/14
[乾隆]魚臺 9/38
[光緒]魚臺 2/52
朱衡(字彦平)
(明·夏津人)
[乾隆]夏津 7/10
朱縉(明·泗水人)
[萬曆]泗水 6/8
[順治]泗水 6/8
[光緒]泗水 11/20
朱能(字時用)
(明·莘縣人)
[正德]莘縣 6/26
朱仁(明·沂州人)
[康熙]沂州志 6/10
朱虛(字若虛,號介菴)
(清·菏澤人)
[康熙]山東 40/64
[雍正]山東 28/人物四 12
[宣統]山東 173/25
[康熙]曹州志 15/29
[乾隆]曹州府 15/22
[光緒]菏澤 15/30
[光緒]新修菏澤 10/41
菏澤縣鄉土志/21
朱偃(漢)
[康熙]昌邑 5/3
朱貞(明·鄆城人)
[萬曆]福山 4/3
朱衍蠡(字仲范)
(清·平陰人)
[光緒]平陰 8/16
朱行祺(字吉甫)
(清·臨桂人)
高苑縣鄉土志/政績
朱衍濯(字漢以)
(清·平陰人)
[光緒]平陰 5/32
朱衍藎(字念臣)
(清·平陰人)
[光緒]平陰 5/17
朱仁揚(清·大興人)
[民國]重修新城 11/28
朱熊光(字渭占,號衡浦)
(清·平陰人)
[光緒]平陰 4/33
22 朱綵(字萊糯,號瞿亭)
(清·高唐人)
[宣統]山東 174/10
[道光]濟南 53/6
[嘉慶]東昌 30/30
[乾隆]歷城 38/8
[乾隆]高唐州續志 2/2
[道光]高唐州 5/1－30,8/1－79
[光緒]高唐州 5/1－31,8/1－81
[民國]高唐縣 12/74,15/19
高唐州鄉土志/21
朱鸞(字道儀)
(清·長山人)
[嘉慶]長山 9/19
朱綬(明·泗水人)
[萬曆]泗水 6/8
[順治]泗水 6/8
[光緒]泗水 11/20
[光緒]泗水縣鄉土志/10
朱綬(明·淄川人)
[嘉靖]淄川 5/74
朱嵩(明·太湖人)
[康熙]兖州府曹縣 9/23
朱纁(字武林)
(清·單縣人)
[雍正]山東 28/人物四 2
[宣統]山東 173/39
[康熙]兖州續編 16/17
[乾隆]曹州府 15/23
[康熙]單縣 7/19,8/48
[民國]單縣 9/40
朱巖(字在南)
(清·平原人)
[民國]續修平原 10/上 6
朱崇慶(字峻生)
(清·聊城人)
[宣統]聊城 8/41
朱繼立(字誠齋)
(清·滕縣人)
[宣統]滕縣續志稿 3/27
[民國]續滕縣志 2/9
朱緇衣(字展宜)
(清·泰安人)
[乾隆二十五年]泰安縣 12/20
[乾隆四十七年]泰安縣 10/上 13
[道光]泰安縣 9/上 62
[民國]重修泰安縣 8/12
泰安縣鄉土志/耆舊 15
朱彩雲(清·海豐人)
海豐縣鄉土志/耆舊－事業四
朱鼎延(字玄孚,一字嵩若)
(清·平陰人)
[雍正]山東 28/人物四 8
[宣統]山東 171/1
[乾隆]泰安府 17/45
[乾隆]東昌 40/1
[嘉慶]東昌 30/1
[康熙]聊城 3/26
[宣統]聊城 8/20
聊城縣鄉土志/22
[光緒]平陰 4/18
平陰縣鄉土志/13
朱鼎鼐(字說梅)
(清·平陰人)
[光緒]平陰 4/23,8/27

朱崇勳(字彝存)
(清・高唐人)
[宣統]山東 174/16
朱崇道(號前渠)
(明・費縣人,一作沂州人)
[康熙]山東 40/59
[萬曆]沂州志 7/33
[康熙]費縣 7/10
朱繼才(字元生)
(臨邑人)
[民國]續修臨邑 3/9
朱彩林(清・諸城人)
[光緒]增修諸城縣續志 15/6
朱崇英(字映陽)
(清・陽信人)
[乾隆]陽信 7/60
[民國]陽信 5/方技 82
信邑志稿 7/藝術
朱峯林(清・陽穀人)
[民國]增修陽穀人物/師道 29
朱繼韓(字宗文,一字崇文)
(明・菏澤人)
[康熙]曹州志 15/59
[光緒]菏澤 15/53
[光緒]新修菏澤 10/23
朱鼎盛(字仲器)
(清・費縣人)
[康熙]費縣 7/29
朱胤昌(明・單縣人)
[順治]單縣 3/4
[康熙]單縣 7/47
朱對璧(字荊山)
(清・單縣人)
[民國]單縣 12/鄉賢 19
朱鼎熙(清・平陰人)
[光緒]平陰 5/22
平陰縣鄉土志/10
朱繼榮(字芝階)
(清・臨朐人)
[民國]臨朐續志 20/18
23 朱紱(字方來)
(清・單縣人)
[康熙]單縣 8/43
[乾隆]單縣 6/21
[民國]單縣 9/38
朱紱(清・德平人)
[道光]濟南 56/88
[嘉慶]德平 7/17
[光緒]德平 7/16
朱嵇(字竹坪,又字菊雨,號此筠)
(清・單縣人)
[民國]單縣 10/1
朱嵇(字紹康,號鎮東)
(清・平原人)
[民國]續修平原 6/17
朱俊(字子位)
(明・德平人)
[康熙]山東 46/2
[雍正]山東 28/人物三 3
[宣統]山東 165/14
[康熙]濟南 44/20
[道光]濟南 52/53
[康熙]德平 3/29
[乾隆]德平 3/8
[嘉慶]德平 7/11
[光緒]德平 7/11
德平縣鄉土志/耆舊錄
朱俊(字子文)
(清・直隸樂亭舉人)
[民國]青城續修 4/名宦 15
朱獻廷(字家修)
(清・滕縣人)
[道光]滕縣志 8/武功 9
朱允升(字象六)
(清・單縣人)
[民國]單縣 9/57,22/13
朱允梴(明・濠州人)
[乾隆]德平 2/20
[嘉慶]德平 5/3
[光緒]德平 5/3
朱岱林(字君山)
(北齊・樂陵濕沃人)
[宣統]山東 151/40
[乾隆]續壽光 14/106
[民國]壽光 13/11
朱允莘(字孚若)
(清・單縣人)
[乾隆]單縣 6/34
[民國]單縣 9/58
朱允恭(本姓陳)
(明・陝西保安人)
[嘉靖]山東 27/9
[康熙]山東 35/10
[雍正]山東 27/60
[宣統]山東 73/16
[嘉靖]青州 13/39
[萬曆]青州 12/27
[康熙四十八年]青州 12/27
[康熙六十年]青州 12/31
[咸豐]青州 36/2
[萬曆]諸城 4/21,5/12
[康熙]諸城 5/13
諸城縣鄉土志/上 7
朱允泰(字象三)
(清・單縣人)
[乾隆]單縣 12/17
[民國]單縣 22/19
朱台符(字拱正)
(宋・眉州眉山人)
[光緒]益都縣圖志 16/36
朱允煌(字輝璧)
(清・濟寧人)
[道光]濟寧直隸州 8/4-22
24 朱皓(號一塵山人)
(明・濟寧人)
[雍正]山東 31/9
[康熙]濟寧州 7/35
[乾隆]濟寧直隸州 28/39
[道光]濟寧直隸州 8/4-51
朱紘(字維佩)
(明・濟寧人)
[康熙]濟寧州 6/45
[乾隆]濟寧直隸州 24/30
[道光]濟寧直隸州 8/2-39
朱勉(明・齊東人)
[民國]齊東 5/2
朱緯(字義假)
(清・高唐人)
[道光]濟南 53/7
[乾隆]東昌 43/32
[嘉慶]東昌 32/49
[乾隆]歷城 43/6
朱緯(清高唐,見朱維)
朱佑(見朱祐)
朱佐(元・德平人)

[康熙]濟南 43/13
[道光]濟南 48/18
[康熙]德平 3/27
朱纘京(字子祈,號夢霖)
(清・聊城人)
[宣統]聊城 8/58,耆獻文徵/又下 11
朱仕琪(清・福建建寧人)
[宣統]山東 75/14
[道光]濟南 38/23
[道光]新城/名宦
[民國]重修新城 11/19
新城縣鄉土志/政績-清知縣
朱纘孜(字無逸,號勉亭)
(清・平陰人)
[宣統]山東 171/8
[光緒]平陰 4/37
朱德貞(明・閩縣人)
[道光]長清 3/11
朱纘經(字青章,號豫堂)
(清・平陰人)
[光緒]平陰 4/30
朱德純(字子彝,號惺菴)
(清・濟寧人)
[道光]濟寧直隸州 8/3-37
朱纘傳(字魯堂)
(清・聊城人)
[乾隆]東昌 43/4
[嘉慶]東昌 32/30
[宣統]聊城 8/84
朱纘綸(字總章)
(清・平陰人)
[光緒]平陰 5/24
朱德裕(清・長山人)
長山縣鄉土志/耆舊錄
朱纘志(字念修)
(清・聊城人)
[乾隆]東昌 40/13
[嘉慶]東昌 30/13
[宣統]聊城 8/33
朱纘乾(字健行)
(清・平陰人)
[光緒]平陰 5/11
朱纘胄(字介亭)
(清・聊城人)
[宣統]聊城 8/59
朱緒振(字尋源)
(清・寧陽人)
[咸豐]寧陽 15/5
[光緒]寧陽 15/6
朱升甲(字卓廷)
(清・茌平人)
[宣統]茌平 13/4
[民國]茌平 3/13
朱纘覃(字方亭)
(清・聊城人)
[宣統]聊城 8/59
朱纘晫(字明遠,號近堂)
(清・平陰人)
[光緒]平陰 4/29
朱化鳳(明・滕縣人)
[宣統]滕縣續志稿 3/53
[民國]續滕縣志 3/8
朱化鈞(清・滋陽人)
[光緒]滋陽 9/52
滋陽縣鄉土志 1/耆舊-實行
朱纘焞(清・平陰人)
[光緒]平陰 5/24
25 **朱傳**(字唯一,又字聖紹)
(清・德平人)
[道光]濟南 56/又 85
[乾隆]德平 3/15
[嘉慶]德平 7/16
[光緒]德平 7/15
朱純(字我白)
(明・長清人)
[康熙]濟南 39/4
[道光]濟南 52/22
[康熙]長清 9/63
[道光]長清 11/10
朱紳(字大章)
(明・費縣人)
[萬曆]沂州志 7/29
[乾隆]沂州府 25/21
[康熙]費縣 7/10
[光緒]費縣 10/71
費縣鄉土志/耆舊錄-事業
朱紳(號次山)
(明・萊蕪人)
[康熙]新修萊蕪 6/31
[民國]萊蕪 17/3
[民國]續修萊蕪 22/3
朱鏞(字國章)
(明・德平人)
[道光]濟南 52/53
[乾隆]德平 3/11
[嘉慶]德平 7/13
[光緒]德平 7/11
德平縣鄉土志/耆舊錄
朱仲(清・臨清人)
[民國]臨清縣/人物 29
朱繡衣(字素菴)
(清・臨沂人)
[民國]臨沂 10/56
朱傳緒(字仲文)
(鄒縣人)
[民國]續修鄒縣志稿/人物-耆舊附忠烈
朱傳哲(字濬文)
(清・寧陽人)
[咸豐]寧陽 15/12
[光緒]寧陽 15/12
26 **朱和**(元・德平人)
[康熙]濟南 43/13
[道光]濟南 48/18
[嘉慶]德平 7/6
朱緗(字子青,別字橡村)
(清・歷城人)
[道光]濟南 53/6
[乾隆]東昌 41/22
[嘉慶]東昌 33/17
[乾隆]歷城 40/23
[乾隆]高唐州續志 2/2
[道光]高唐州 5/1-42,8/1-81
[光緒]高唐州 5/1-44,8/1-83
[民國]高唐縣 12/84,15/20
朱得辛(明・金鄉人)
[康熙十二年]金鄉 5/18
[康熙五十一年]金鄉 7/25
朱和元(元)
[光緒]德平 7/6
德平縣鄉土志/耆舊錄
朱伯琴(字叶菴)

（清・曹縣人）
［光緒］曹縣 14/行誼 34
朱伯琛（字琳長）
（清・單縣人）
［民國］單縣 9/38
朱得禹（號今揆）
（清・費縣人）
［康熙］費縣 6/12,7/30
朱伯魯（清・臨淄人）
［民國］臨淄 25/37
朱自牧（字好謙）
（金・棣州人）
［嘉靖］武定州下/65
［乾隆］武定府 25/45
［咸豐］武定府 25/文苑 5
［乾隆］惠民 6/7
［光緒］惠民 23/5
惠民縣鄉土志/耆舊錄 19
朱伯男（清・高唐人）
［嘉慶］東昌 32/66
［道光］高唐州 5/2－16
［光緒］高唐州 5/2－19
［民國］高唐縣 12/40
27 **朱綱**（字振甫）
（明・曹縣人）
［康熙］山東 40/60
［雍正］山東 28/人物三 42
［宣統］山東 161/47
［萬曆二十四年］兗州 36/22
［康熙］兗州 28/21
［乾隆］曹州府 15/13
［康熙］兗州府曹縣 13/26
［光緒］曹縣 13/25
曹縣鄉土志/耆舊錄
朱綱（字子聰，一字子驄，又字子常，號忝齋）
（清・歷城人，一作高唐人）
［雍正］山東 28/人物四 51
［宣統］山東 174/5
［道光］濟南 53/6
［乾隆］歷城 38/7
［乾隆］高唐州續志 2/2
［道光］高唐州 5/1－42,8/1－83
［光緒］高唐州 5/1－44,8/1－85
［民國］高唐縣 12/73,15/21
高唐州鄉土志/21
朱絳（字子垣，一作子恒）
（清・歷城人）
［道光］濟南 53/5
［乾隆］歷城 38/6
［乾隆］高唐州續志 2/2
［道光］高唐州 5/1－42
［光緒］高唐州 5/1－44,8/1－35
［民國］高唐縣 12/73,15/10
朱凱（字膺甫）
（清・歷城人）
［民國］續修歷城 41/27
朱約（清・江南寶應人）
［宣統］山東 76/14
［乾隆］沂州府 20/15
［光緒］費縣 3/56
費縣鄉土志/政績錄
朱約（清・泰安人）
［民國］重修泰安縣 8/52
朱組（明・崑山人）
［嘉靖］濮州 7/17
朱名立（字卓如）
（清・茌平人）
［民國］茌平 3/61
朱紀雲（明・曹縣人）
［康熙］兗州府曹縣 13/19
［光緒］曹縣 13/18
朱佩玉（字象五）
（清・寧陽人）
［光緒］寧陽 15/21
朱伊琇（字衛光）
（清・單縣人）
［民國］單縣 11/44
朱佩瑢（清・陵縣人）
［道光］濟南 56/66
［光緒］陵縣 19/人物傳二 18
朱叔琪（清・單縣人）
［乾隆］單縣 6/22
［民國］單縣 9/39
朱名山（清・樂陵人）
樂陵縣鄉土志 3/53
朱名得（清・莘縣人）
［光緒］莘縣 7/35
［民國］莘縣 7/19
朱名達（字擴如）
（清・茌平人）
［民國］茌平 3/61
朱名通（字暢如）
（清・茌平人）
［民國］茌平 3/61
朱紹祖（明・曲阜人）
［萬曆］青州 12 又/又 14
［康熙十五年］青州 12 又/又 14
［康熙四十八年］青州 12 又/又 14
［萬曆］諸城 4/38
朱象南（字禮堂）
（清・東平人）
［光緒］東平州 15/下 54
［民國］東平縣 11/下 22
朱包蒙（明・萊蕪人）
［雍正］山東 31/9
［康熙］濟南 49/3
［乾隆］泰安府 18/74
［康熙］新修萊蕪 6/60
［民國］萊蕪 20/10
［民國］續修萊蕪 28/2
朱僎世（明・泗水人）
［萬曆］泗水 6/12
［順治］泗水 6/12
［光緒］泗水 11/23
朱脩敬（清・朝城人）
［康熙］朝城 8/51
朱紹周（明・魚臺人）
［乾隆］魚臺 11/33
［光緒］魚臺 3/20
朱名焯（字闇如）
（平陰優貢）
［民國］重修博興 10/3
28 **朱倫**（字理齋）
（清・陽信人）
［乾隆］陽信 7/17
［民國］陽信 5/篤行 33
信邑志稿 7/義行
朱攸（字淵亭）
（清・歷城人）
［民國］續修歷城 39/12
朱徵（字晉卿）
（明・唐縣人）

［崇禎］歷城 6/3
朱縱（晉・蘭陵人）
［光緒］嶧縣 21/鄉賢 32
朱徵庸（清・陽穀人）
［民國］增修陽穀人物/仕宦 13
朱作謀（清・莒縣人）
［民國］重修莒志 66/9
朱作元（字方涵，號平郇）（清）
［宣統］山東 171/7
［乾隆］泰安府 17/54
［光緒］平陰 4/27
平陰縣鄉土志/14
朱作鼎（清・盛京義州人）
［民國］黄縣志稿 11/宦績
朱復宗（字賜臣）（清・霑化人）
［光緒］霑化 10/12
［民國］霑化 2/85
朱作肅（清・臨淄人）
［民國］臨淄 27/51
朱作忠（明・臨淄人）
［民國］臨淄 28/4
朱以恪（字原再）（清・曹縣人）
［光緒］曹縣 14/行誼 14
29 **朱嶸慶**（字次山）（清・茌平人）
［民國］茌平 3/22
30 **朱淮**（字又韓）（清・德平人）
［嘉慶］德平 7/18
朱家（漢・魯人）
［嘉靖］山東 33/14
［雍正］山東 28/人物一 2
［宣統］山東 166/1
［萬曆元年］兗州 41/28
［萬曆二十四年］兗州 31/20
［康熙］兗州 24/19
［乾隆］兗州 23/6
朱良（明・夏邑人）
［康熙］聊城 2/2
［宣統］聊城 6/2－1
朱良（明・江西新淦人）
［宣統］山東 71/25
［道光］濟南 36/63
［萬曆］平原下/14
［乾隆］平原 6/27
朱實（字若虛）（清・歷城人）
［道光］濟南 53/39
朱宣（見朱瑄）
朱扆（清・湖北拔貢）
［宣統］山東 77/45
［同治］即墨 8/9
即墨縣鄉土志/政績錄
朱永膺（字深玄）（明・寧陽人）
［乾隆］東昌 35/29
［康熙十一年］寧陽 7/17
［康熙四十一年］寧陽 7/17
［乾隆］寧陽 7/忠烈 3
［咸豐］寧陽 13/49
［光緒］寧陽 13/61
寧陽縣鄉土志/14
朱之裔（明・順天大興人）
［咸豐］青州 36/43
［光緒］益都縣圖志 18/4
朱之龍（明・德州人）
［康熙］濟南 44/28
［道光］濟南 52/46
［萬曆］德州 9/57
［康熙］德州 8/35
［乾隆］德州 9/61
德州鄉土志/耆舊 13
［民國］德縣 11/5
朱宏謀（明・魚臺人）
［乾隆］魚臺 11/34
［光緒］魚臺 3/20
朱定元（字象乾）（清・貴州黃平州人）
［宣統］山東 74/16
［道光］濟南 37/18
朱永元（清・費縣人）
［光緒］費縣 11/44
朱之璡（字次玉）（清・單縣人）
［乾隆］單縣 6/24
［民國］單縣 9/40
朱之玉（字席珍，號荊公）（清・魚臺人）
［乾隆］兗州 23/61
［乾隆］濟寧直隸州 27/33
［道光］濟寧直隸州 8/3－36
［康熙］魚臺 17/7
［乾隆］魚臺 11/15
［光緒］魚臺 3/8
朱之璁（清・莒州人）
［乾隆］沂州府 26/15
朱永功（清・吳縣人）
［乾隆］泰安府 15/26
［民國］萊蕪 9/6
［民國］續修萊蕪 15/8
萊蕪縣鄉土志/3
朱之珮（字爾鼎）（清・單縣人）
［乾隆］單縣 7/37
［民國］單縣 9/82
朱宏仁（字元一，一作完一，號靜菴）（清・直隸清豐人）
［宣統］山東 77/12
［咸豐］青州 37/15
［嘉慶］昌樂 19/7
朱守仁（字元夫）（明・徐州人）
［嘉靖］山東 26/28
［宣統］山東 72/47
［萬曆］東昌 18/32
［乾隆］東昌 35/17
［嘉慶］東昌 22/21
［嘉靖］高唐州 5/4
［康熙十二年］高唐州 7/6
［康熙五十一年］高唐州 7/6
［乾隆］高唐州續志 2/1
［道光］高唐州 7/1－7
［光緒］高唐州 7/1－7
［民國］高唐縣 9/5－4
高唐州鄉土志/6
朱守貞（俗名和興）（明・東蒙人）
［民國］重修莒志 69/2
朱之能（字幹臣）（清・陽信人）
［民國］陽信 5/任恤 35
朱之儒（明・臨淄人）
［康熙］山東 45/19

［康熙十五年］青州 13/79
［康熙四十八年］青州 13/事功 63
［康熙六十年］青州 16/32
［咸豐］青州 45/15
［康熙］臨淄 9/13
［民國］臨淄 23/12
臨淄縣鄉土志/耆舊錄
朱之生（明・沂水人）
［乾隆］沂州府 26/20
［道光］沂水 7/27
朱宗純（清・新城人）
［宣統］新城縣後志 3/耆壽
朱進修（長清人）
［民國］長清 13/28
朱永齡（字眉子）
（清・單縣人）
［乾隆］曹州府 21/61
［乾隆］單縣 6/22,12/16
［民國］單縣 9/39,22/16
朱永安（明・濟寧人）
［康熙］濟寧州 7/52
朱之良（清・順天宛平人）
［雍正］山東 27/115
［光緒］增修登州 37/21
［光緒］海陽縣續志 2/13
朱之馮（字樂三）
（明・順天大興人）
［雍正］山東 27/61
［宣統］山東 70/21
［道光］濟南 35/31
朱宏祚（見朱弘祚）
朱之才（字歸美）
（金・三鄉人）
［光緒］滋陽 9/56
朱之士（明・臨淄人）
［康熙］臨淄 9/24
［民國］臨淄 28/3
朱之蕃（字元升，一作元介，號蘭嵎）
（明・茌平人）
［宣統］山東 163/34
［乾隆］東昌 38/23
［嘉慶］東昌 28/23
［康熙二年］茌平 2/44
［康熙四十九年］茌平 2/44
［宣統］茌平 13/1
［民國］茌平 3/8
朱家相（明・萊蕪人）
［民國］續修萊蕪 27/4
朱容極（清・湖北漢陽人）
［宣統］山東 76/34
［道光］鉅野 10/28
［乾隆］利津縣志續編 7/33
朱宏振（清・定陶人）
［乾隆］定陶 6/28
［民國］定陶 6/50
朱守田（莒縣人）
［民國］重修莒志 66/7
朱宗時（明・寧陽人）
［咸豐］寧陽 13/5
［光緒］寧陽 13/5
朱家臣（明・萊蕪人）
［民國］續修萊蕪 27/4
朱之錫（字益九，一作孟九，號梅麓）
（清・浙江義烏人）
［康熙］山東 31/19
［宣統］山東 74/3
［康熙］濟南 26/2
［道光］濟南 37/44
［康熙］濟寧州 4/63
［乾隆］濟寧直隸州 22/26
［道光］濟寧直隸州 6/7－53
朱之光（明・臨邑人）
［道光］臨邑 9/18
［同治］臨邑 9/文苑 4
31 **朱福**（明・句容人）
［道光］濟南 36/28
［康熙四十三年］長山 3/宦績
［康熙五十五年］長山 3/33
［嘉慶］長山 5/42
32 **朱業**（清・城武人）
［康熙］兗州續編 16/15
［康熙四十一年］城武 5/上懿行 13
［道光］城武 9/下 16
33 **朱瓛**（明・臨清人）
［乾隆］東昌 39/1
［康熙］臨清州 3/人物 7
［乾隆］臨清州 9/20
［乾隆］臨清直隸州 8/上 5
［民國］臨清縣/人物 3
朱泌（字長源）
（清・單縣人）
［民國］單縣 9/59
朱治泰（清・豐潤人）
［順治］單縣 2/8
［康熙］單縣 6/27
34 **朱祐**（字仲先）
（東漢・南陽宛人）
［康熙］德平 3/26
［乾隆］德平 2/20
［嘉慶］德平 5/2
［光緒］德平 5/2
朱汝諧（元・濮州人）
［嘉靖］山東 31/26
［雍正］山東 28/人物二 55
［宣統］山東 165/11
［萬曆］東昌 19/44
朱法健（字清乾）
（清・壽張人）
［光緒］壽張 7/10
壽張縣鄉土志/耆舊－學問
朱漢生（字伯華）
（清・陽穀人）
［光緒］陽穀 6/31
［民國］增修陽穀人物/仕宦 22
朱洪遠（字儀公）
（清・長山人）
［道光］濟南 55/34
［嘉慶］長山 10/6
朱淇湛（清・齊河人）
［民國］齊河 27/37
朱祐㰘（明）
［萬曆］沂州志 7/62
朱祐橞（明・濠州人）
［乾隆］泰安府 5/13
朱汝桐（字鳳翽，號琴圃）
（清・齊東人）
［民國］齊東 5/53
齊東縣鄉土志/耆舊錄 8
朱祐楎（明・濠州鍾離人）
［嘉靖］青州 12/31,12/45
［康熙十五年］青州 8/15
［康熙四十八年］青州 8/15

[康熙]益都 5/2
[光緒]益都縣圖志 47/3
朱汝賢(字君贊)
(清・聊城人)
[宣統]聊城 8/95
35 **朱禮**(明・河南南陽人)
[宣統]山東 71/50
[乾隆]兗州 22/17
[乾隆]武定府 16/14
[咸豐]武定府 19/青城 1
[萬曆]青城 1/38
[乾隆]青城 7/2
[民國]青城續修 4/名宦 13
朱禮(明・濮州人)
[嘉靖]山東 35/6
[康熙]山東 45/14
[嘉靖]濮州 6/7
[萬曆]濮州 4/孝友 3
[康熙]濮州 4/3
[乾隆]濮州 4/3
[宣統]濮州 5/3
朱沛(字艮四)
(清・單縣人)
[乾隆]單縣 6/34
[民國]單縣 9/58,23/26
朱清(字熙之)
(明・濟寧人)
[康熙]濟寧州 6/21
[乾隆]濟寧直隸州 24/5
[道光]濟寧直隸州 8/2－24
朱清(清・安東人)
[乾隆]嶧縣 7/29
朱連溱(字武溪)
(曲阜人)
[民國]續修曲阜 5/25
36 **朱褀**(字純吾)
(明・單縣人)
[順治]單縣 4/33
[康熙]單縣 8/18
[民國]單縣 9/16
朱泗(明・河南郾城人)
[乾隆]嶧縣 7/26
朱泗川(清・茌平人)
[民國]茌平 3/107
朱泗濱(字賓玉)
(清・平原人)
[道光]濟南 56/98
[乾隆]平原 8/30
平原縣鄉土志輯稿/循吏
37 **朱祿**(明・魚臺人)
[康熙]魚臺 17/10
[乾隆]魚臺 11/9
[光緒]魚臺 3/5
朱潤(明・陽穀人)
[民國]增修陽穀人物/仕宦 10,人物/文苑 1
朱潤(字伯雨)
(明・益都人)
[嘉靖]青州 14/36
[萬曆]青州 13/49
[康熙十五年]青州 13/49
[康熙四十八年]青州 13/事功 32
[康熙六十年]青州 16/16
[咸豐]青州 44/19
[康熙]益都 7/15
[光緒]益都縣圖志 38/10
朱通(明・淄川人)
[嘉靖]淄川 5/74
朱鴻(清・大興人)
[道光]濟南 38/33
[嘉慶]禹城 7/35
[民國]禹城 3/51
朱瀾慶(字大觀)
(清・平陰人)
[道光]平陰續刻 2/74
[光緒]平陰 5/14
朱鴻謨(字文甫,號鑑唐)
(明・益都人)
[康熙]山東 42/25
[雍正]山東 28/人物三 49
[宣統]山東 159/29
[萬曆]青州 13/12
[康熙六十年]青州 16/21
[咸豐]青州 44/56
[康熙]益都 7/29
[光緒]益都縣圖志 36/5
朱淑謙(明・束鹿人)
[乾隆]寧陽 3/教諭 1
朱鴻翻(字際霄)
(單縣人)
[民國]單縣 12/鄉賢 26
朱潤身(霑化人)
[民國]霑化 4/登進 46
朱迴添(明・山西潞安人)
[雍正]山東 27/29
[宣統]山東 71/8
[道光]濟南 36/17
朱迴沃(明・潞安府歲貢)
[康熙五十五年]鄒縣志 2/55
[民國]續修鄒縣志稿/名宦
鄒縣鄉土志耆舊錄/附名宦 23
朱逢吉(明・秀州人)
[萬曆]寧津 5/15
[光緒]寧津 6/26
寧津縣志料 3/人物－名宦
寧津縣鄉土志/政績
朱逢昌(字慕黎,號義朋)
(清・單縣人)
[民國]單縣 10/37
朱逢昇(字朗廷,號良輔)
(清・單縣人)
[民國]單縣 11/37
朱運昌(清・順天宛平人)
[宣統]山東 76/35
[民國]續修鉅野 3/16
朱冠臣(清・齊河人)
[民國]齊河 23/75
朱朗鑅(明・陝西平涼人)
[道光]冠縣 6/29
[光緒]冠縣 6/宦績
[民國]冠縣 6/39
38 **朱淦**(明・泗水人)
[嘉靖]山東 35/3
[康熙]山東 45/9
[萬曆二十四年]兗州 37/4
[康熙]兗州 28/33
[乾隆]兗州 23/51
[萬曆]泗水 6/8
[順治]泗水 6/8
[光緒]泗水 11/20
[光緒]泗水縣鄉土志/10
朱瀚(字文浩)
(明・曹縣人)
[康熙]兗州府曹縣 13/9
[光緒]曹縣 13/8

朱祥(明・平陰人)
[康熙]兗州續編 15/25
[順治]平陰 7/14
[光緒]平陰 4/17
朱滋(字獲益)
(清・清平人)
[民國]清平/人物 36
朱遵度(宋・青州人)
[雍正]山東 28/人物二 18
[宣統]山東 163/21
[康熙六十年]青州 18/3
[光緒]益都縣圖志 38/2
朱啟蒙(明・萊蕪人)
[民國]續修萊蕪 22/7
朱肇東(清・曹縣人)
[光緒]曹縣 14/行誼 13
朱祚昌(明・魚臺人)
[乾隆]魚臺 11/33
[光緒]魚臺 3/20
朱海門(清・膠州人)
[民國]增修膠志 43/10
40 **朱木**(明・南直常熟人)
[宣統]山東 73/12
[咸豐]青州 36/16
[康熙]昌樂 1/34
[嘉慶]昌樂 19/5
朱培(字厚植)
(清・平原人)
[民國]續修平原 6/2
朱檀(明・鳳陽人)
[康熙]兗州 10/30
朱熹(字元晦,一字仲晦)
(宋・婺源人,一作新安人)
[雍正]山東 11/闕里二 11
[乾隆]兗州 7/22
[崇禎]歷乘 16/61
[崇禎]歷城 10/29
朱雄(明・泗水人)
[嘉靖]山東 35/3
[康熙]山東 45/9
[雍正]山東 28/人物三 17
[宣統]山東 165/16
[萬曆二十四年]兗州 37/4
[康熙]兗州 28/33
[乾隆]兗州 23/42
朱真(明)
[萬曆二十四年]兗州 29/11
[康熙]兗州 22/33
[乾隆]泰安府 15/3
[康熙五十四年]東阿 3/31
[道光]東阿 11/7
朱梓(明・濠州鍾離人)
[嘉靖]青州 12/29
[康熙十五年]青州 8/15
[康熙四十八年]青州 8/15
朱士亨(明・華亭人)
[萬曆]濱州 3/20
[康熙]濱州 5/18
[咸豐]濱州 8/3
朱士廉(明・松江人)
[乾隆]東昌 35/29
[乾隆]夏津 6/13
朱士廉(清・保德人)
[光緒]嘉祥 3/40
朱士廉(字介石)
(清・單縣人)
[康熙]單縣 8/48
[民國]單縣 9/57,23/16
朱友襄(清・臨沂人)
[乾隆]沂州府 27/6
[民國]臨沂 10/61
朱希顏(明・江都人)
[嘉靖]山東 27/12
[康熙]山東 36/3
[雍正]山東 27/65
[泰昌]登州 9/27
[順治]登州 11/14
[光緒]增修登州 25/8
朱士麟(清・浙江人)
[乾隆]臨清直隸州 8/下 67
朱志麟(字岐山)
(清・朝城人)
[康熙]朝城 8/35
朱士璉(字貴生)
(清・濟寧人)
[乾隆]濟寧直隸州 27/18
[道光]濟寧直隸州 8/3–23
朱克配(字堯天)
(清・寧陽人)
[雍正]山東 28/人物四 22
[宣統]山東 172/7
[康熙]兗州續編 16/7
[乾隆]兗州 23/59
[康熙四十一年]寧陽 7/18
[乾隆]寧陽 7/武功 2
[咸豐]寧陽 12/53
[光緒]寧陽 12/55
寧陽縣鄉土志/15
朱志尹(清・高唐人)
[乾隆]東昌 43/32
[嘉慶]東昌 32/49
[康熙五十一年]高唐州 9/10
[道光]高唐州 5/2–18
[光緒]高唐州 5/2–21
[民國]高唐縣 12/42
高唐州鄉土志/23
朱士秀(字宇望)
(清・平原人)
[道光]濟南 56/102
[民國]續修平原 10/上 17
朱有仁(清・陽穀人)
[民國]增修陽穀人物/忠烈 21
朱大嶺(清・長清人)
[民國]長清 13/6
朱士信(字于田)
(清・歷城人)
[道光]濟南 53/46
[民國]續修歷城 39/27
朱存德(明・南京錦衣衛人)
[咸豐]青州 36/24
朱克纘(字子繩)
(清・臨清人)
[乾隆]臨清直隸州 8/下 13
[民國]臨清縣/人物 62
朱士魁(字斗古)
(清・濰縣人)
[民國]濰縣志稿 32/3
朱堯佐(明・陽穀人)
[康熙]陽穀 4/1
朱大紀(字廷肅)
(明・中牟人)
[宣統]山東 71/42
[康熙]濟南 25/61
[乾隆]武定府 16/19
[咸豐]武定府 19/陽信 4
[康熙]陽信 7/30

［乾隆］陽信 5/31
信邑志稿 5/宦蹟
［民國］陽信 2/58
陽信縣鄉土志上/政績－
去害
朱大佺（清·德州人）
［康熙］德州 6/7
朱來宣（字澤普）
（清·河間獻縣人）
［民國三年］慶雲 1/92
朱有憑（字惟一）
（清·昌邑人）
［光緒］昌邑縣續志 5/63
朱志濬（字玉川）
（清·長清人）
［民國］長清 13/3
朱壽祺（字仁宇）
（清·濟寧人）
［民國］濟寧直隸州續志 14/1
朱克清（清·萊蕪人）
［民國］萊蕪 19/4
［民國］續修萊蕪 25/4
朱士連（見朱士璉）
朱士選（清·嵊縣人）
［康熙］東平州續志 4/3
朱喜祿（明·冠縣人）
［乾隆］東昌 42/18
［嘉慶］東昌 32/18
［萬曆］冠縣 4/37
［道光］冠縣 8/上 21
［光緒］冠縣 8/孝義
［民國］冠縣 8/人物志 26
朱嘉楨（字鳳儀）
（明·濟寧人）
［康熙］濟寧州 7/19
［乾隆］濟寧直隸州 28/2
［道光］濟寧直隸州 8/4－43
朱九如（字敘徵，號春江）
（清·長清人）
［民國］長清 13/14
朱堯相（明·陽穀人）
［康熙］陽穀 4/1
朱大典（字延之，號未孩）
（明·浙江金華人）
［雍正］山東 27/17
［宣統］山東 70/11
［道光］濟南 35/10，36/12
［乾隆］沂州府 32/24
萊州府鄉土志/上 21
［崇禎］歷乘 16/36
［乾隆］章邱 7/5
［道光］章邱 9/8
章邱縣鄉土志/上 9
［民國］臨沂 13/32
朱克昌（齊東人）
［民國］齊東 5/20
朱奎照（字光斗）
（清·陽信人）
［民國］陽信 5/忠義 64
朱希晦（明·聊城人）
［康熙］聊城 3/44
朱堯臣（明·陽穀人）
［康熙十二年］陽穀 4/1
［康熙］陽穀 4/1
［光緒］陽穀 7/1
朱希陞（字冠階）
（長清人）
［民國］長清 12/26
朱大用（明·南直句容人）
［嘉靖］山東 25/27
［康熙］山東 32/16
［雍正］山東 27/75
［宣統］山東 71/50
［康熙］濟南 25/36
［乾隆］武定府 16/14
［咸豐］武定府 19/青城 1
［萬曆］青城 1/36，2/17
［乾隆］青城 7/1，11/14
［民國］青城續修 4/名宦
12，4/藝文上 22
朱壽隆（字仲山）
（宋·密州諸城人）
［嘉靖］山東 32/15
［康熙］山東 42/16
［宣統］山東 161/17
［嘉靖］青州 14/18
［咸豐］青州 41/14
［萬曆］青州 13/38
［康熙四十八年］青州 13/
事功 21
［康熙六十年］青州 16/10
［萬曆］諸城 7/11
［康熙］諸城 7/10
［乾隆］諸城 29/5
諸城縣鄉土志/上 24
朱希閔（清·昌樂人）
［民國］昌樂縣續志 30/15
朱堯卿（明·陽穀人）
［康熙］陽穀 4/1
朱志鳳（字來儀）
（清·朝城人）
［康熙］朝城 8/35
朱士含（字鳳苞）
（清·平原人）
［宣統］山東 170/27
［道光］濟南 56/104
［乾隆］平原 8/15
平原縣鄉土志輯稿/孝義
朱希曾（明·聊城人）
［康熙］聊城 3/40
朱大猷（清·冠縣人）
［道光］冠縣 8/上 28
［光緒］冠縣 8/孝義
［民國］冠縣 8/人物志 33
朱在鐯（明·河南人）
［順治］登州 11/24
［光緒］增修登州 25/20
朱九錫（字照水）
（清·單縣人）
［民國］單縣 9/83
朱才光（清·平陰人）
［光緒］平陰 5/37
41 朱垠（明·鳳陽人）
［乾隆］武定府 15/6
朱杬（字豫章）
（清·單縣人）
［乾隆］單縣 6/34
［民國］單縣 9/57
42 朱彭年（字鶴舉）
（清·濟寧人）
［道光］濟寧直隸州 8/4－15
43 朱博（字子元）
（漢·杜陵人）
［嘉靖］山東 27/1
［康熙］山東 35/1
［雍正］山東 27/50
［宣統］山東 66/10
［嘉靖］青州 13/8

［萬曆］青州 12 又/1
［康熙十五年］青州 12 又/1
［康熙四十八年］青州 12 又/1
［康熙六十年］青州 12/2
［咸豐］青州 34/4
［萬曆］諸城 5/1
［康熙］諸城 5/1
［乾隆］諸城 27/1
諸城縣鄉土志/上 4
［咸豐］金鄉縣志略 7/2
金鄉縣鄉土志/政績錄
朱博(清・昌邑人)
［乾隆］昌邑 5/150
朱榑(明・濠州鍾離人)
［光緒］益都縣圖志 47/2
朱栻(字景南)
(清・恩縣人)
恩縣鄉土志/22
朱載壐(號誠軒)
(明)
［康熙四十八年］青州 15/文學 11
［康熙六十年］青州 18/6
［康熙］益都 9/34
朱載璟(明・濠州人)
［乾隆］德平 2/20
［嘉慶］德平 5/3
［光緒］德平 5/3
朱載圭(明・濠州鍾離人)
［嘉靖］青州 12/40
［康熙］益都 5/2
朱載埗(明・濠州鍾離人)
［嘉靖］青州 12/42
［康熙十五年］青州 8/16
［康熙四十八年］青州 8/16
朱載堋(明・濠州鍾離人)
［嘉靖］青州 12/43
朱載封(明・濠州鍾離人)
［嘉靖］青州 12/41
［康熙十五年］青州 8/15
［康熙四十八年］青州 8/15
［康熙］益都 5/2
朱載埭(明・濠州鍾離人,一作鳳陽人)
［嘉靖］青州 12/44
［康熙十五年］青州 8/16
［康熙四十八年］青州 8/16
［乾隆］武定府 15/6
朱載堭(明・濠州鍾離人)
［嘉靖］青州 12/43
朱載埏(明・濠州鍾離人)
［嘉靖］青州 12/42
［康熙十五年］青州 8/16
［康熙四十八年］青州 8/16
44 **朱藹**(字吉多)
(清・夏津人)
［乾隆］夏津 7/9
朱萼(字華補)
(清・菏澤人)
［光緒］菏澤 15/83
［光緒］新修菏澤 11/68
朱芾(宋・益都人)
［光緒］益都縣圖志 33/15
朱桂(字林一)
(清・寧陽人)
［光緒］寧陽 13/74
朱蕙(字友三)
(清・德平人)
［嘉慶］德平 7/17
朱莊(明・臨邑人)
［康熙］濟南 54/32
［順治］臨邑 12/5
［康熙］重修臨邑 10/6
［道光］臨邑 9/15
［同治］臨邑 9/文苑 1
朱萬慶(字遐齡)
(清・歷城人)
［道光］濟南 53/51
朱其夏(清・德平人)
［道光］濟南 61/11
朱世俊(字雲舫,一作筠舫)
(清・浙江仁和人,一作錢塘人)
［宣統］山東 75/54
［宣統］濮州 4/37
［民國］重修商河 6/71
商河縣鄉土志 1/政績
朱懋德(字調梅)
(清・江蘇靖江人)
［宣統］山東 75/30
［民國］長清 4/21
朱世德(字仁甫)
(清・單縣人)
［民國］單縣 12/鄉賢 16
朱世德(字海秋)
(清・德平人)
［民國］德平縣續志 6/8
朱蘭生(清・高唐人)
［道光］高唐州 5/1－37
朱世倫(字仲常)
(清・單縣人)
［民國］單縣 12/鄉賢 16
朱若賓(字敬夫,號草亭)
(清・濰縣人)
［乾隆］濰縣 4/27
［民國］濰縣志稿 30/21
濰縣鄉土志/44
朱世官(字德似)
(清・德平人)
［道光］濟南 56/86
［乾隆］德平 3/14
［嘉慶］德平 7/9
［光緒］德平 7/9
朱世家(字獻廷)
(清・臨淄人)
［民國］臨淄 22/68
朱孝祖(北魏・樂陵溼沃人)
［民國］濰縣志稿 20/6
朱桂楨(號樸菴)
(清・江蘇上元人)
［宣統］山東 74/2
朱若杜(字敬棠)
(清・濰縣人)
［民國］濰縣志稿 29/27
朱世楚(字子翹)
(清・曹縣人)
［光緒］曹縣 14/行誼 15
朱世馨(字德明)
(清・恩縣人)
恩縣鄉土志/19
朱蘭春(字會亭,號紫垣)
(清・聊城人)
［宣統］聊城 8/59
朱茹青(字松岩)
(長清人)
［民國］長清 12/26
朱萬春(明・桐鄉人)
［康熙］兗州府曹縣 9/22

［光緒］曹縣 9/典史 3
朱萬春(字長孺)
(明・南直無爲州人)
［宣統］山東 71/10
［道光］濟南 36/21
［康熙］淄川 4/13
［乾隆］淄川 4/13
朱萬春(字熙亭)
(清・掖縣人)
［民國］四續掖縣 4/65
朱世哲(清・恩縣人)
［乾隆］東昌 43/37
［嘉慶］東昌 32/54
［雍正］恩縣續志 3/32
［宣統］重修恩縣 8/47
［民國］重修恩縣 11/鄉賢 67
恩縣鄉土志/20
朱萬邦(明・武進人)
［萬曆］諸城 4/36
朱夢鰲(清・濰縣庠生)
［乾隆］萊州 11/善行 3
朱華國(清・河南祥符人)
［咸豐］青州 37/19
［道光］安邱新志 16/2
安丘縣鄉土志 2/政績錄
朱夢甲(清・長山人)
［嘉慶］長山 9/32
朱蔭昌(明・單縣人)
［康熙］單縣 8/32
［乾隆］單縣 7/15
［民國］單縣 9/31
朱世顯(字副蒼)
(清・單縣人)
［乾隆］單縣 6/33
朱世則(字慎恒)
(清・平原人)
［道光］濟南 56/105
［乾隆］平原 8/38
平原縣鄉土志輯稿/文學
朱桂丹(字小山)
(清・聊城人)
［宣統］山東 174/15
［宣統］聊城 8/52
朱其鏡(號陶峯)
(清・肥城人)
［光緒］肥城 9/15
肥城縣鄉土志 5/28
朱萬年(字鶴南)
(明・貴州黎平人)
［康熙］山東 37/4
［雍正］山東 27/72
［宣統］山東 73/32
［康熙］兗州續編 14/21
［康熙］萊州 8/35
［乾隆］萊州 9/14
萊州府鄉土志/上 17
［乾隆］曹州府 12/20
［順治］定陶 5/10
［乾隆］定陶 4/19
［民國］定陶 4/25
［嘉慶］續掖縣 2/20
［道光］再續掖縣下/65
朱萬年(字鶴齡,號春帆)
(清・歷城人)
［道光］濟南 53/51
［民國］續修歷城 44/7
朱萬錡(清・桐鄉人)
［順治］樂陵 4/5
［乾隆］樂陵 4/53
朱世光(字文徵)
(清・長山人)
［嘉慶］長山 8/22
朱若炳(字彤章,一字雲亭,號桐莊)
(清・廣西臨桂人)
［宣統］山東 75/4
［道光］濟南 38/7,38/42
［乾隆］歷城 34/11
［乾隆］德州 8/16
［民國］德縣 9/13
［乾隆］膠州 4/24
［道光］重修膠州 23/13
［民國］增修膠志 18/12
膠州直隸州鄉土志 3/政績－愛民
朱蘊輝(字含玉)
(清・陽穀人)
［光緒］陽穀 6/28
45 **朱坤**(字中黃,號正甫)
(清・浙江秀水人)
［宣統］山東 76/39
［乾隆］東昌 33/50
［嘉慶］東昌 21/18
［道光］博平 4/8
博平縣鄉土志/政績
朱枘(字讓木)
(清・單縣人)
［乾隆］單縣 6/44
［民國］單縣 9/81
朱榑(明)
［康熙］益都 5/1
朱坤剛(字次乾)
(平原人)
［民國］續修平原 8/27
46 **朱相**(字君枚)
(明・順天豐潤歲貢)
［嘉慶］德平 5/8
［光緒］德平 5/8
朱相(字君輔,號西溪)
(明・新城人)
［道光］濟南 51/8
［宣統］新城縣後志 2/宦績
［民國］重修新城 14/10
朱觀海(字會東)
(清・陽信人)
［民國］陽信 5/文學 23
朱相同(清・新泰人)
［乾隆］新泰 17/人物上增 3
47 **朱鋆**(清・安陽人)
［民國］齊河 22/9
朱鶴立(字子超)
(清・費縣人)
［光緒］費縣 11/52
朱朝聘(號任菴)
(明・臨清人)
［乾隆］東昌 39/8
［康熙］臨清州 3/人物 8
［乾隆］臨清州 9/28
［乾隆］臨清直隸州 8/上 15
［民國］臨清縣/人物 7
朱朝恩(明・順天人)
［嘉靖］寧海州下/18
［同治］重修寧海州 12/10
朱鶴年(清・曲阜人)
［民國］續修曲阜 5/24
48 **朱敬**(明・順天人)

［嘉靖］寧海州下/17
［同治］重修寧海州 12/10
朱松（字喬年）
（宋・婺源人）
［雍正］山東 11/闕里二 34
朱松（字秀嶺）
（清・臨朐人）
光緒臨朐 14/下 16
朱敬廷（字欽齋）
（恩縣人）
［民國］重修恩縣 11/鄉賢 45
朱增保（清・新泰人）
［乾隆］新泰 17/人物上增 1
新泰縣鄉土志/26
朱翰春（字鷹上，號雪崖）
（清・福建莆田人）
［宣統］山東 77/7
［咸豐］青州 37/7
［康熙］高苑縣續志 3/5
［乾隆］高苑 3/22
朱敬則（清・濮州人）
［宣統］濮州 5/30
朱增炎（清・費縣人）
［康熙］費縣 7/31
50 **朱奉**（清・章丘人）
［道光］章邱 11/80
朱貴（明・清江人）
［道光］濟南 36/28
［康熙四十三年］長山 3/宦績
［康熙五十五年］長山 3/31
［嘉慶］長山 5/39
朱惠（明・束鹿人）
［康熙］堂邑 10/6
朱惠（明・新城人）
［天啟］新城 8/壽耆
［崇禎］新城 8/壽耆
［康熙］新城 8/19
［民國］重修新城 15/10
朱申（字大申）
（清・單縣人）
［民國］單縣 12/鄉賢 2
朱泰（明・浙江鄞縣人）
［宣統］山東 72/2
［萬曆二十四年］兗州 29/1
［康熙］兗州 22/22
［乾隆］兗州 22/19
朱忠（字子忠）
（明・曹縣人）
［康熙］曹州志 15/57
［康熙］兗州府曹縣 13/3
［光緒］曹縣 13/3
朱忠（明・單縣人）
［順治］單縣 3/7
朱貴廷（字相臣）
（清・鄒縣人）
［民國］續修鄒縣志稿/人物－耆舊
朱本重（明・鉅鹿人）
［康熙］鄉城 6/18
朱泰祥（字瑞麟）
（清・齊河人）
［民國］齊河 23/75
朱泰墱（明）
［康熙］兗州 10/33
［道光］鉅野 24/3
朱泰垳（明・鳳陽人）
［康熙］兗州 10/34
朱青蓮（字紹李）
（清・高唐人）
［光緒］高唐州 5/2－32
［民國］高唐縣 12/17
朱素菴（清・江西人）
［宣統］山東 200/14
［乾隆］武定府 26/44
［咸豐］武定府 26/寓賢 3
［乾隆］樂陵 6/42
朱泰埜（明・鳳陽人）
［乾隆］泰安府 5/13
［康熙］兗州 10/34
［道光］東阿 9/5
朱東園（清・博興人）
［咸豐］青州 50/10
［道光］博興 11/33
［民國］重修博興 13/31
朱泰壆（明・鳳陽人）
［康熙］兗州 10/34
朱泰舉（明・鳳陽人）
［乾隆］武定府 15/6
［乾隆］樂陵 2/27
朱泰塍（明）
［康熙］兗州 10/33
［順治］鄒平 4/2
［康熙］鄒平 4/2
51 **朱據德**（字梧亭）
（寧津人）
寧津縣志料 3/人物－義行
朱振德（清・新泰人）
［乾隆］新泰 14/增 1
朱振緒（清・寧陽人）
寧陽縣鄉土志/21
朱振國（字輔臣）
（清・金鄉人）
［民國］濟寧直隸州續志 13/9
［民國］金鄉 14/11
朱振煒（字輝生）
（清・滋陽人）
［光緒］滋陽 9/2
53 **朱成元**（清・奉天蓋州人）
［乾隆］武定府 16/16
［咸豐］武定府 19/青城 3
［乾隆］青城 7/3
［民國］青城續修 4/名宦 13
朱成佩（字藍玉）
（清・滕縣人）
［康熙］滕縣志 7/94
［道光］滕縣志 9/孝義 12
朱成業（清・博平人）
［光緒］博平縣續志 10/48
博平縣鄉土志/耆舊－事業
54 **朱勳**（字伽波）
（清・聊城人）
［宣統］聊城 8/59
朱拱璧（字裴山）
（清・金鄉人）
［民國］金鄉 13/續增 11
57 **朱邦彥**（明・貴州恩州人）
［光緒］益都縣圖志 18/42
朱邦英（字子奇，號龍泉）
（明・莘縣人）
［正德］莘縣 6/10
［光緒］莘縣 6/5
朱邦臣（明・太倉人）
［康熙］嶧縣 3/30
［乾隆］嶧縣 7/13
［光緒］嶧縣 19/職官下 6

［同治］黄縣 6/4
朱邦舉（清・莘縣人）
［光緒］莘縣 7/45
［民國］莘縣 7/33
58 朱軫（漢）
［康熙］昌邑 5/2
［乾隆］昌邑 5/101
朱整（明・臨淄人）
［萬曆］青州 15/51
［康熙十五年］青州 15/51
［康熙四十八年］青州 15/義民 20
［康熙六十年］青州 18/16
［民國］臨淄 28/3
60 朱昂（字遠舉）
（清・單縣人）
［民國］單縣 12/鄉賢 2
朱杲（字寅谷，號晴旭）
（清・平原人）
［民國］續修平原 10/上 24
朱冕（明・順天大興人）
［宣統］山東 71/19
［道光］濟南 36/57
［康熙］德平 3/2
［乾隆］德平 2/24
［嘉慶］德平 5/7
［光緒］德平 5/7
德平縣鄉土志/政績錄
朱是（字去非）
（清・浙江杭縣人）
［民國］重修恩縣 12/上 52
朱嵒（字品山）
（清・寧陽人）
［光緒］寧陽 15/37
朱邑（字仲卿）
（漢・廬江舒人）
［嘉靖］山東 27/1
［康熙］山東 35/1
［雍正］山東 27/50
［宣統］山東 66/11
［咸豐］青州 34/4
［萬曆］萊州 5/54
［康熙］萊州 8/5
［乾隆］萊州 9/2
萊州府鄉土志/上 4
［萬曆］濰縣 7/1
［康熙］濰縣 5/名宦 1
［乾隆］濰縣 3/37
［民國］濰縣志稿 20/2
濰縣鄉土志/6
朱景雍（字南可，號魯齋）
（清・宿州人）
［宣統］山東 171/9
［乾隆］泰安府 18/14
朱思訪（字德我）
（清・寧陽人）
［咸豐］寧陽 13/45
［光緒］寧陽 13/56
朱見龍（字施普）
（清・定陶人）
［民國］定陶 6/37
朱晟彰（字亮甫）
（清・單縣人）
［民國］單縣 12/鄉賢 9
朱昌霖（清・蓬萊人）
［民國］蓬萊縣志合編人物志/行誼
朱景雲（字襄宸）
（清・平陰人）
［宣統］山東 171/1
［光緒］平陰 4/24
［宣統］聊城耆獻文徵/又下 7
朱國瑗（清・福山人）
［民國］福山縣志稿 7/4－4
朱思瑗（字伯玉）
（清・長山人）
［嘉慶］長山 8/14
朱思琪（清・長山人）
［道光］濟南 55/33
朱曰璉（清・肥城人）
［嘉慶］肥城 17/24
［光緒］肥城 9/9
肥城縣鄉土志 5/16
朱恩集（字紫封）
（清・平原人）
［民國］續修平原 6/8
朱星然（字光霽）
（清・魚臺人）
［光緒］魚臺 3/文行又 5
朱景岫（字曉雲）
（清・聊城人）
［宣統］聊城 8/91
朱景和（明・遂昌人）
［康熙二年］茌平 2/39
［康熙四十九年］茌平 2/39
［宣統］茌平 8/6
［民國］茌平 8/62
朱國禎（明・武功人）
［康熙］壽光 20/5
［嘉慶］壽光 10/26
［民國］壽光 6/16
朱曰湘（字衡浦）
（清・新城人）
［宣統］新城縣後志 3/耆壽
［民國］重修新城 18/27
朱暠初（見朱景初）
朱昌運（字懋生）
（清・菏澤人）
［光緒］新修菏澤 10/41
菏澤縣鄉土志/24
朱景初（元・樂安人）
［嘉靖］山東 32/20
［康熙］山東 42/20
［嘉靖］青州 15/17
［萬曆］青州 14/21
［康熙十五年］青州 14/21，15/51
［康熙四十八年］青州 14/孝友 11，15/義民 20
［康熙六十年］青州 17/10，18/15
［咸豐］青州 42/18
［雍正］樂安 12/8
［民國］續修廣饒 19/10
朱昌祚（字懋功，號雲門）
（清・高唐人）
［康熙］山東 41/30
［雍正］山東 27/95，28/人物四 2
［宣統］山東 174/2
［康熙］濟南 26/1
［道光］濟南 37/2，53/4
［乾隆］東昌 40/35
［嘉慶］東昌 30/29
［康熙十二年］高唐州 8/25，10/46，11/18
［康熙五十一年］高唐州

8/25,10/46,11/20
［道光］高唐州 5/1－28
［光緒］高唐州 5/1－28,5/2－6,8/1－79
［民國］高唐縣 12/69
高唐州鄉土志/20
［民國］續修歷城 39/4
［咸豐］寧陽 11/15
［光緒］寧陽 11/15
朱國祥(清)
［康熙］濮州續志上/23
朱國祥(清・漢軍鑲紅旗人,一作鑲黃旗人)
［雍正］山東 27/104
［宣統］山東 76/52
［乾隆］東昌 35/30
［乾隆］夏津 6/37
朱國柱(字磐石)(明・遼東人)
［順治］登州 11/25
［光緒］增修登州 25/7
［康熙］兗州府曹縣 9/35
［光緒］曹縣 9/官職 7
朱國梓(明・遼東人)
［宣統］山東 73/24
［光緒］增修登州 28/4
［康熙］福山 7/13
［乾隆］福山 7/7
［民國］福山縣志稿 3/2－6
朱思榜(字得標,一字誠庵)(清・東明人)
［宣統］東明續縣志 3/30
［民國］東明縣新誌 11/41,12/64 後
東明縣志料/人物門
朱國楨(見朱國禎)
朱昌基(字紹文)(清・肥城人)
［光緒］肥城 9/13
朱國棟(明・昌邑人)
［康熙］昌邑 6/35
［乾隆］昌邑 6/167
朱國泰(字宇熙)(清・滋陽人)
［光緒］滋陽 9/13
滋陽縣鄉土志 1/耆舊－忠義
朱景頤(字幼程)(清・平陰人)
［光緒］平陰 5/10
朱景夔(清・平陰人)
［光緒］平陰 5/10
朱思義(清・遼東人)
［康熙］寧海州 7/5
［同治］重修寧海州 13/10
［民國］牟平 6/81
朱國鎂(清・魚臺人)
［乾隆］魚臺 13/16
［光緒］魚臺 3/耆碩又 3
朱星耀(明・江西貴溪人)
［崇禎］鄆城 4/9
［康熙］鄆城 4/6
［光緒］鄆城 6/7
63 **朱畹**(字枚人,號虛谷)(清・歷城人)
［民國］續修歷城 41/15
64 **朱時**(字靈南)(清・膠州人)
［道光］重修膠州 29/22
［民國］增修膠志 45/7
朱時顯(字宗晦,一字文泉)(清・德平人)
［康熙］濟南 45/8
［道光］濟南 56/86
［康熙］德平 3/32
［乾隆］德平 3/13
［嘉慶］德平 7/14
［光緒］德平 7/13
德平縣鄉土志/耆舊錄
66 **朱賜柱**(清・新城人)
［宣統］新城縣後志 2/善行
67 **朱明**(字用陽)(明・濟寧人)
［康熙］濟寧州 7/27
［乾隆］濟寧直隸州 26/19
［道光］濟寧直隸州 8/3－27
朱照(字光藜)(清・金鄉人)
［道光］濟寧直隸州 8/4－41
［咸豐］金鄉縣志略 9/中列傳二 12
朱照(字曉村,號齊石)(清・歷城人)
［道光］濟南 53/7
［民國］續修歷城 41/6
朱瞻瑄(明・鳳陽人)
［康熙］滕志 6/20
［康熙］滕縣志 6/宦業 18
朱鶚祥(字薦菴)(清・陽信人)
［民國］陽信 5/忠義 50
朱明熙(字學純)(恩縣人)
［民國］重修恩縣 11/鄉賢 55
朱明善(明・魚臺人)
［康熙］兗州續編 15/10
［乾隆］兗州 23/43
［乾隆］濟寧直隸州 27/32
［道光］濟寧直隸州 8/2－56
［康熙］魚臺 17/6
［乾隆］魚臺 11/23
［光緒］魚臺 3/14
70 **朱璧**(字崑良,號習靜)(清・單縣人)
［康熙］單縣 8/41
［乾隆］單縣 6/31
［民國］單縣 9/50
朱辟彊(漢)
［康熙］昌邑 5/3
71 **朱厚**(明・項城人)
［嘉靖］濮州 7/22
［嘉靖］朝城志 5/10
朱驥(清・恩縣人)
［宣統］重修恩縣 7/51
朱長發(長清人)
［民國］長清 12/15
朱厚熉(明・濠州鍾離人)
［嘉靖］青州 12/39
朱頤埨(明・鳳陽人)
［康熙］兗州 10/35
朱長春(明・烏程人)
［乾隆］陽信 5/4
信邑志稿 5/職官－知縣
［民國］陽信 2/24
朱長泰(字大來,又字謙茹)(清・德平人)
［雍正］山東 28/人物四 14
［宣統］山東 169/20

[康熙]濟南 42/22
[道光]濟南 56/又 85,72/45
[康熙]德平 3/17
[乾隆]德平 3/12
[嘉慶]德平 7/8
[光緒]德平 7/8
[民國]德平縣續志 12/碑記 19
德平縣鄉土志/耆舊錄
朱辰昭(字北華)
(清・寧陽人)
[咸豐]寧陽 14/26
[光緒]寧陽 14/26
朱厚熑(明・濠州鍾離人)
[嘉靖]青州 12/36
[康熙十五年]青州 8/16
[康熙四十八年]青州 8/16
朱厚炳(明・濠州鍾離人)
[嘉靖]青州 12/37
[康熙十五年]青州 8/16
[康熙四十八年]青州 8/16
朱厚煙(明・濠州鍾離人)
[嘉靖]青州 12/34
[康熙十五年]青州 8/15
[康熙四十八年]青州 8/15
朱厚熇(明・濠州鍾離人)
[嘉靖]青州 12/33
[康熙十五年]青州 8/15
[康熙四十八年]青州 8/15
[康熙]益都 5/2
朱厚煌(明・濠州鍾離人)
[嘉靖]青州 12/38
[康熙十五年]青州 8/16
[康熙四十八年]青州 8/16
朱厚熯(明・濠州鍾離人)
[嘉靖]青州 12/36
[康熙十五年]青州 8/16
[康熙四十八年]青州 8/16
72 朱剛(號濟和翁)
(明・恩縣人)
[嘉靖]恩縣 8/15
朱剛(明・萊陽人)
[民國]萊陽 3/1 中 78
朱彤(字丹亭)
(清・歷城人)
[道光]濟南 53/35
[民國]續修歷城 39/12
朱脈延(明・長山人)
[道光]濟南 50/50
[嘉慶]長山 8/16
75 朱體巽(字武貞)
(清・寧陽人)
[乾隆]寧陽 7/文苑 3
[咸豐]寧陽 13/23
[光緒]寧陽 13/23
77 朱鳳(清・單縣人)
[康熙]單縣 8/11
[乾隆]單縣 7/7
[民國]單縣 9/41
朱舉(明・聊城人)
[嘉靖]山東 35/4
[康熙]山東 45/12
[萬曆]東昌 19/51
[乾隆]東昌 42/6
[嘉慶]東昌 32/6
[康熙]聊城 3/11,3/50
[宣統]聊城 8/78
朱隆(明・陽信人)
陽信縣鄉土志上/耆舊－事業
朱履(字侗齋)
(清・長山人)
[康熙四十三年]長山 5/高隱
[康熙五十五年]長山 6/52
[嘉慶]長山 10/30
朱鵬(字騰霄)
(明・陽朔人)
[崇禎]歷城 6/2
朱鵬(字枝山)
(清・濟寧人)
[民國]濟寧直隸州續志 15/7
朱鵬(清・陽信人)
[康熙]濟南 44/37
[乾隆]武定府 25/16
[咸豐]武定府 25/孝友 16
[康熙]陽信 9/18
[乾隆]陽信 7/26
[民國]陽信 5/孝友 51
信邑志稿 7/孝友
朱卿(明・山西長子人)
[光緒]益都縣圖志 18/1
朱卿(明・臨淄人)
[萬曆]青州 15/50
[康熙十五年]青州 15/50
[康熙四十八年]青州 15/卓行 10
[康熙六十年]青州 17/18
[民國]臨淄 25/34
朱興(明・江南常熟人)
[乾隆]沂州府 17/30
朱興(明・莘縣人)
[正德]莘縣 6/7
朱履慶(字其旋)
(清・德平人)
[道光]濟南 56/又 85
[乾隆]德平 3/14
[嘉慶]德平 7/15
[光緒]德平 7/14
德平縣鄉土志/耆舊錄
朱熙文(清・諸城人)
[光緒]增修諸城縣續志 17/2
朱學韶(東阿人)
[民國]東阿 15/2
朱卿雲(字虞村,号一鶴,又號肩劍道人)
(清・泰安人)
[民國]重修泰安縣 8/51
朱鵬瑞(字次祥)
(清・昌邑人)
[光緒]昌邑縣續志 6/14
朱鵬孫(字漢生)
(清・山陰人)
[光緒]費縣 3/56
朱同科(清・臨清人)
[民國]臨清縣/人物 89
朱學朱(明)
[光緒]菏澤 7/名宦 7
朱學漳(字仲清)
(清・平陰人)
[光緒]平陰 5/34
朱周業(字心印)
(明・陽信人)
陽信縣鄉土志上/耆舊－鄉賢祠
朱鵬祥(清・陽信人)
[民國]陽信 5/忠義 50
朱履恭(字篤中)

(清・德平人)
[民國]德平縣續志 12/碑記 8
朱同芳(號翠華)
(明・平陰人)
[順治]平陰 7/9
朱興林(清・定陶人)
[民國]定陶 6/66
朱履泰(字素軒)
(清・曹縣人)
[光緒]曹縣 14/行誼 29
朱興邦(清・費縣人)
[光緒]費縣 11/60
朱學質(清・平陰人)
[光緒]平陰 5/16
朱鳳舞(字瑞亭)
(清・濟陽人)
[民國]濟陽 11/22
朱學義(以字行)
(長清人)
[民國]長清 12/25
朱學篤(字實甫,一字祐堂)
(清・聊城人)
[宣統]山東 174/15
[宣統]聊城 8/49,耆獻文徵/又下 30
聊城縣鄉土志/27
79 朱勝(明・靈璧人)
[萬曆]青城 1/35
朱勝非(宋)
[康熙]鉅野 13/5
[道光]鉅野 24/5
80 朱缶(宋・邵武人)
[康熙十二年]鄒縣志 3/11
[康熙五十五年]鄒縣志 2/43
[民國]續修鄒縣志稿/名宦
鄒縣鄉土志政績錄/3
朱鏡(字以古)
(清・臨清人)
[民國]臨清縣/人物 64
朱全(明・東明人)
[康熙]東明 7/25
[乾隆]東明 7/25
朱義(明・仁和人)
[道光]長清 3/9
朱義(明・沂州人)
[康熙]沂州志 6/10
朱益齋(宋・青城人)
[康熙]濟南 48/5
朱曾武(字繩孫,號蒨圃)
(清・歷城人)
[道光]濟南 53/35
[民國]續修歷城 41/11
朱公珮(字伯璜)
(清・寧陽人)
[咸豐]寧陽 15/6
[光緒]寧陽 15/6
朱美先(字少川)
(清・歷城人)
[道光]濟南 53/4
[康熙十二年]高唐州 8/24,11/12
[康熙五十一年]高唐州 8/24,11/14
[道光]高唐州 5/2-9
[光緒]高唐州 5/2-12
[民國]高唐縣 12/7,12/35
朱曾傳(字式魯)
(清・歷城人)
[道光]濟南 53/7
[乾隆]歷城 40/24
[道光]章邱 11/90
朱義和(明・仁和人)
[道光]長清 3/14
朱養源(字印千)
(齊東人)
[民國]齊東 5/37
朱曾喆(字鈍甫)
(清・歷城人)
[道光]濟南 53/35
[民國]續修歷城 41/11
朱金聲(原名希成,字韶九)
(長清人)
[民國]長清 12/8
朱令昭(字次公)
(清・高唐人)
[宣統]山東 174/17
[道光]濟南 53/7
[乾隆]歷城 40/23
[民國]高唐縣 12/85
朱金印(明・德平人)
[道光]濟南 52/53
朱養氣(明・長清人)
[道光]長清 11/25
朱慈煥(清)
[宣統]四續汶上稿/祠墓
81 朱鈺(字子濤,自號一劍子)
(清・惠民人)
[康熙]濟南 45/14
[乾隆]武定府 25/54
[咸豐]武定府 25/文苑 14
[乾隆]惠民 6/10
[光緒]惠民 23/9
惠民縣鄉土志/耆舊錄 21
[康熙]陽信 9/14
[乾隆]陽信 7/20
[民國]陽信 5/文學 5
信邑志稿 7/文苑
陽信縣鄉土志上/耆舊-學問
82 朱鍾(清・涇縣人)
[咸豐]青州 37/29
[道光]諸城縣續志 12/1
新泰縣鄉土志/7
朱鍾琪(字養田)
(清・仁和人)
[光緒]壽張 5/12
壽張縣鄉土志/政績-聽訟
[宣統]增輯清平 11/10
[民國]清平/秩官 32
84 朱銑(清・冠縣人)
[道光]冠縣 8/上 32
[光緒]冠縣 8/文學
[民國]冠縣 8/人物志 41
冠縣鄉土志/耆舊-學問
朱錡(清・湯陰人)
[乾隆]利津縣志補 3/16
85 朱鈇(字汝威)
(明・魚臺人)
[康熙]魚臺 17/又 19
[乾隆]魚臺 11/9
[光緒]魚臺 3/5
86 朱鐸(明・莘縣人)
[正德]莘縣 6/37
朱錦(明・濟寧人)
[道光]濟寧直隸州 8/2-46
濟寧州鄉土志 2/耆舊

朱錦(明・順天順義人)
[宣統]山東 72/43
[乾隆]東昌 34/12
[嘉慶]東昌 22/3
[正德]莘縣 5/13
[康熙十一年]莘縣 5/4
[康熙五十六年]莘縣 5/4
[光緒]莘縣 5/6
[民國]莘縣 3/4
莘縣鄉土志/政績 5
朱錦(字怡綗,號伴荷)
(清・菏澤人)
[光緒]菏澤 15/78
[光緒]新修菏澤 11/64
朱鐲(清・臨邑人)
[道光]臨邑 9/21
[同治]臨邑 9/耆壽 1
朱錫瑞(字獻章)
(清・陽信人)
[民國]陽信 5/孝友 60
87 朱欽(明・聊城人)
[康熙]聊城 3/40
朱欽(字懋恭)
(明・福建邵武人)
[宣統]山東 70/8
[道光]濟南 35/4
88 朱策(字建東)
(清・臨清人)
[乾隆]臨清直隸州 8/下 13
[民國]臨清縣/人物 63
朱鑑(原名朱海)
(明・蕭縣人)
[萬曆]諸城 4/43
朱節(字守中)
(明・浙江山陰人)
[嘉靖]山東 25/14
[康熙]山東 31/17
[雍正]山東 27/15
[宣統]山東 70/14
[康熙]濟南 24/24
[道光]濟南 35/17
[崇禎]歷乘 16/33
[崇禎]歷城 6/13
朱鋭(字仲敏)
(元・楚丘人)
[康熙]曹州志 15/54
[康熙]曹縣 12/25
[康熙]兖州府曹縣 12/25
[光緒]曹縣 12/23
朱鋭(字文威)
(明・齊河人)
[康熙]濟南 44/8
[道光]濟南 51/41
[康熙]齊河 7/7
[雍正]齊河 8/9
[民國]齊河 26/1
齊河縣鄉土志耆舊錄/10
朱籍田(字書齊)
(長清人)
[民國]長清 12/27
89 朱鐙(明・昌邑人)
[康熙]昌邑 6/5
90 朱光(字六石)
(明・宣府保安州舉人)
[康熙]張秋志 5/24
朱光(號海曙)
(明・萊蕪人)
[康熙]濟南 40/15
[乾隆]泰安府 17/41
[康熙]新修萊蕪 6/32
[民國]萊蕪 17/6
[民國]續修萊蕪 22/7
朱裳(明・南直當塗人)
[道光]濟南 36/61
[康熙]德平 3/9
朱裳(字公垂)
(明・北直沙河人)
[宣統]山東 70/14
[道光]濟南 35/16
[康熙]濟寧州 4/4
朱炎(明・陽信人)
[咸豐]武定府 25/孝友 4
朱尚斌(清・濟陽人)
[道光]濟南 56/31
[乾隆]濟陽 8/40
[民國]濟陽 11/54
朱光雯(清・聊城人)
[宣統]聊城 8/59
朱光烈(字纘亭,號靜山)
(清・壽光人)
[民國]壽光 12/人物志二 32
朱常汴(明・鳳陽人)
[崇禎]歷城 10/18
[乾隆]歷城 41/8
朱光宗(清・漢軍正黃旗人)
[宣統]山東 77/5
[咸豐]青州 37/14
[康熙六十年]博興 6/5
[道光]博興 10/6
[民國]重修博興 12/5
朱當沘(明・鳳陽人)
[康熙]兖州 10/34
朱當沍(明・鳳陽人)
[康熙]兖州 10/35
朱當澐(明・鳳陽人)
[康熙]兖州 10/34
朱當浮(明・鳳陽人)
[康熙]兖州 10/35
朱當涾(明・鳳陽人)
[康熙]兖州 10/35
[乾隆]武定府 15/6
朱光斗(清・城武人)
[康熙九年]城武 3/13
[康熙四十一年]城武 5/上懿行 24
[道光]城武 9/上 43
朱當濆(明・鳳陽人)
[康熙]兖州 10/35
朱常泗(明・鳳陽人)
[道光]濟南 49/41
[同治]重修寧海州 11/4
[崇禎]歷城 10/18
[乾隆]歷城 41/8
[民國]牟平 6/87
朱懷泗(字文源)
(清・寧陽人)
[咸豐]寧陽 14/34
[光緒]寧陽 14/34
朱當漗(明・鳳陽人)
[康熙]兖州 10/34
朱當湄(明・鳳陽人)
[康熙]兖州 10/35
朱當濨(明・滋陽人)
[萬曆二十四年]兖州 37/3
[康熙]兖州 28/32
[乾隆]兖州 23/40
[光緒]滋陽 9/47
滋陽縣鄉土志 1/耆舊 -

實行
朱當滋(明)
[康熙]兗州 10/34
[萬曆]沂州志 7/62
朱光敀(明・陽穀人)
[康熙十二年]陽穀 4/2
[康熙]陽穀 4/2
[光緒]陽穀 7/1
朱光祚(字華胤)
(清・高唐人)
[康熙]山東 45/15
[康熙五十一年]高唐州 6/13
[道光]高唐州 5/1-47
[光緒]高唐州 5/1-52
[民國]高唐縣 12/36
朱常瀿(明・鳳陽人)
[崇禎]歷城 10/18
[乾隆]歷城 41/8
朱尚才(清・文登人)
[光緒]文登 10/上 14
朱惟吉(清・臨淄人)
[民國]臨淄 27/62
朱懷樸(字素存,號山民)
(清・歷城人)
[道光]濟南 53/7
[乾隆]歷城 40/23
[道光]高唐州 8/1-84
[光緒]高唐州 8/1-86
[民國]高唐縣 12/37
朱懷栻(字易林)
(清・高唐人)
[宣統]山東 174/12
[乾隆]東昌 40/37
[嘉慶]東昌 30/31
[道光]高唐州 5/1-28
[光緒]高唐州 5/1-28
[民國]高唐縣 12/38,12/74
高唐州鄉土志/21
朱光砉(字太石)
(清・聊城人)
[宣統]聊城 8/39
朱光晒(字肇南)
(清・平陰人)
[光緒]平陰 4/42
朱光照(號蓮亭)
(清・崇仁人)
[道光]城武 6/40
朱光熙(字淑晦,號滄崖)
(明・滋陽人)
[康熙]滋陽 4/上 24
[光緒]滋陽 8/39
滋陽縣鄉土志 1/耆舊-鄉賢
朱惟肖(字子孝)
(明・曹縣人)
[康熙]兗州府曹縣 13/32
[光緒]曹縣 13/30
朱光燦(字德華)
(明・魚臺人)
[康熙]魚臺 17/23
[乾隆]魚臺 11/11
[光緒]魚臺 3/6
朱光輝(清・奉天籍廕生,一作三韓人)
[宣統]山東 75/62
[康熙]滕縣志 6/宦業 44
[道光]滕縣志 6/宦績 35
滕縣鄉土志/10
91 朱恒(明・曹縣人)
[康熙]曹州志 15/57
[康熙]兗州府曹縣 13/3
[光緒]曹縣 13/2
[光緒]菏澤 15/51
[光緒]新修菏澤 10/17
朱恒(明)
[崇禎]武定州 7/4
92 朱愷(字澤遠)
(清・夏津人)
[民國]夏津續編 8/26
93 朱慱(漢,見朱博)
朱烒(字景南)
(清・恩縣人)
[宣統]重修恩縣 8/54
[民國]重修恩縣 11/鄉賢 85
97 朱炯(字皜如,號芸軒,別號心墅)
(清・陽信人)
[咸豐]武定府 24/循良 51
[民國]陽信 5/篤行 34
信邑志稿 7/循良
朱耀亭(清・茌平人)
[民國]茌平 3/94
朱輝珏(字合璧,號雪原)
(清・平陰人)
[乾隆]東昌 40/8
[嘉慶]東昌 30/8
[光緒]平陰 5/11
[宣統]聊城 8/57
朱輝璘(字青巖)
(清・平陰人)
[光緒]平陰 4/27
朱燦然(清・魚臺人)
[乾隆]魚臺 11/35
[光緒]魚臺 3/21
朱耀先(清・高唐人)
[嘉慶]東昌 32/64
[道光]高唐州 5/2-15
[光緒]高唐州 5/2-18
[民國]高唐縣 12/11
朱輝祥(清・新泰人)
[乾隆]新泰 17/人物上增 1
新泰縣鄉土志/26
99 朱榮(字仲華)
(明・沂人)
[雍正]山東 28/人物三 6
[宣統]山東 160/9
[民國]臨沂 9/43
朱瑩(明・鄞縣人)
[乾隆]沂州府 20/9
[康熙]莒州下/8
[嘉慶]莒州 7/6
[民國]重修莒志 57/12
朱榮先(清・高唐人)
[乾隆]東昌 43/27
[嘉慶]東昌 32/44
[道光]高唐州 5/2-9
[光緒]高唐州 5/2-12
[民國]高唐縣 12/7

2590_6 种

21 种經(字欽六)
(清・滕縣人)
[乾隆]兗州 23/79
22 种彪(字虎三,號恬居)
(清・滕縣人)
[道光]滕縣志 8/武功 8
滕縣鄉土志/20

44 **种若瀛**(字林洲)
(清・濟寧人)
[道光]濟寧直隸州 8/4－39
种楛楠(字方伯)
(清・滕縣人)
[道光]滕縣志 8/武功 8
滕縣鄉土志/20
种世榮(字奕簪,號鏡湖)
(清・滕縣人)
[道光]滕縣志 8/儒林 20
滕縣鄉土志/25
47 **种起鳳**(清・華州人)
[乾隆]寧陽 3/典史 2
寧陽縣鄉土志/19
51 **种振**(清・朝城人)
[民國]朝城縣續志 1/34
77 **种鳳詔**(字瑞我)
(明・濟寧人)
[乾隆]濟寧直隸州 27/11
[道光]濟寧直隸州 8/4－33
80 **种金枚**(清・滕縣人)
[民國]續滕縣志 2/16
90 **种尚賓**(字嘉士)
(清・濟寧人)
[乾隆]濟寧直隸州 25/32
[道光]濟寧直隸州 8/3－16

2591_7 純

60 **純只海**(元)
[光緒]益都縣圖志 17/12

2599_6 練

30 **練宗政**(明)
[宣統]山東 72/39
[萬曆]東昌 18/36
[嘉慶]東昌 21/13
[正德]博平 5/80
[康熙]博平 3/42
[道光]博平 4/3
博平縣鄉土志/政績
44 **練甘棠**(清・濰縣人)
[民國]濰縣志稿 35/15

2600_0 白

00 **白廣**(字六階)
(清・高唐人)
[乾隆]東昌 43/34
[嘉慶]東昌 32/51
[乾隆]高唐州續志 2/10
[道光]高唐州 5/2－15
[光緒]高唐州 5/2－18
[民國]高唐縣 12/39
白應乾(明・博興人)
[萬曆]青州 14/57
[康熙十五年]青州 14/57
[康熙四十八年]青州 14/儒行 14
[康熙六十年]青州 15/12
[咸豐]青州 44/52
[康熙六十年]博興 7/19
[道光]博興 11/17
[民國]重修博興 13/14
02 **白新成**(字德光)
(清・莘縣人)
[民國]莘縣 7/24
04 **白訥**(清・山西平定人)
[乾隆]陽信 5/6
信邑志稿 5/職官－知縣
[民國]陽信 2/26
白麒(字子仁)
(明・盧龍人)
[道光]濟南 36/10
[嘉靖]章丘 3/6
[萬曆]章丘 21/73
[康熙]章丘 4/25
[乾隆]章邱 7/4
[道光]章邱 9/5
章邱縣鄉土志/上 8
08 **白謙**(清・高唐人)
[道光]高唐州 5/2－22
[光緒]高唐州 5/2－25
09 **白麟**(明・北直盧龍人)
[宣統]山東 72/5
[萬曆二十四年]兗州 29/2
[康熙]兗州 22/23
[乾隆]兗州 22/22
[咸豐]寧陽 11/10
[光緒]寧陽 11/10
寧陽縣鄉土志/10
10 **白震**(明・堂邑人)
[順治]堂邑 2/人物 8
[康熙]堂邑 12/6
白一言(號恕齋)
(明・永年人)
[康熙]聊城 2/3
白可任(清・商河人)
[咸豐]武定府 25/孝友又 37
[道光]商河 7/27
[民國]重修商河 8/38
商河縣鄉土志 2/耆舊－事業
白玉泉(清・高唐人)
[乾隆]東昌 43/35
[嘉慶]東昌 32/52
[乾隆]高唐州續志 2/12
白雲從(清・正藍旗漢軍人)
[光緒]嶧縣 19/丞倅 6
白天祥(明・高苑人)
[康熙]高苑 6/4
[乾隆]高苑 6/4
白丕吉(清・高唐人)
[道光]高唐州 5/2－22
[光緒]高唐州 5/2－25
[民國]高唐縣 12/51
白三奇(字龍盤)
(清・商河人)
[民國]重修商河 8/78
商河縣鄉土志 2/耆舊－事業
白玉森(清・高唐人)
[乾隆]高唐州續志 2/13
[道光]高唐州 5/2－19
[光緒]高唐州 5/2－22
[民國]高唐縣 12/43
白玉喜(清・鄒縣人)
[民國]續修鄒縣志稿/人物－耆舊
白西成(字平秩)
(清・夏津人)
[民國]夏津續編 8/24
白一盛(明・河南閿鄉人)
[道光]濟南 36/61
白丕顯(清・高唐人)
[道光]高唐州 5/2－22
[光緒]高唐州 5/2－25
[民國]高唐縣 12/51
白元錫(清・曹縣人)
[光緒]曹縣 14/忠義 2

12 白聯芳(字孟起)
(明・真定衛人)
[康熙]淄川 4/13
[乾隆]淄川 4/13
14 白瓚(明・贊皇人)
[乾隆]泰安府 15/5
[天啟]新泰 5/28
[順治]新泰 4/23
[乾隆]新泰 11/10
白琳玉(字琅璽)
(清・寧津人)
[光緒]寧津 8/33
寧津縣志料 3/人物-義行
16 白現(清・昌邑人)
[光緒]昌邑縣續志 6/15
17 白琚(明・高苑人)
[康熙]高苑 6/5
[乾隆]高苑 6/5
白子友(漢・齊人)
[康熙]山東 46/1
[雍正]山東 28/人物一 11
[宣統]山東 162/6
[康熙]濟南 48/2
[道光]濟南 45/21,72/26
[崇禎]歷城 10/28
[道光]章邱 11/71
20 白采(字賢甫)
(明・莘縣人)
[康熙五十六年]莘縣 6/4
[光緒]莘縣 6/5
[民國]莘縣 6/4
白豸(字直卿,號硯峰)
(明・南鄭人)
[康熙]東明 8/中 41
[乾隆]東明 8/中 41
白受采(明・南宮舉人)
[康熙]觀城 3/16
白秀河(清・莘縣人)
[民國]莘縣 7/23
21 白行順(明・陝西清澗人)
[嘉靖]山東 25/26
[康熙]山東 32/15
[雍正]山東 27/27
[宣統]山東 71/1
[康熙]濟南 25/32
[道光]濟南 36/2
[崇禎]歷乘 16/31
[崇禎]歷城 6/12
白衍吉
[民國]朝城縣續志 1/27
22 白鸞(字孟禽)
(明・陝西人)
[嘉靖]章丘 3/5
23 白允升(明・北直柏鄉人)
[道光]濟南 36/53
[光緒]陵縣 18/14
24 白贇(明・東光人)
[正德]莘縣 5/6
白壯(明・綏德人)
[康熙]昌邑 5/7
白儲玿(明・南和人)
[順治]登州 11/20
[光緒]增修登州 25/22
白升嶺(字秀峰)
(清・商河人)
[民國]重修商河 8/82
商河縣鄉土志 2/耆舊-事業
25 白生(漢・魯人)
[雍正]山東 28/人物一 4
[乾隆]兗州 23/6
[乾隆]曲阜 69/4
白仲仁(明・色目人)
[乾隆]掖縣 4/39
26 白鯤(號沖寰)
(明・北直南和人)
[宣統]山東 71/15
[康熙]濟南 25/64
[道光]濟南 36/36
[康熙]東平州 5/35
[乾隆]東平州 19/48
[道光]東平州 19/48
[光緒]東平州 19/48
[民國]東平縣 17/22
[康熙]新修齊東 4/16
[民國]齊東 3/58
齊東縣鄉土志/政績錄 5
27 白兔公(周・居長白山中)
[雍正]山東 30/1
[道光]濟南 60/1
[康熙]鄒平 6/31,7/26
[嘉慶]鄒平 16/40
[道光]章邱 11/91
30 白宗元(清・高唐人)
[道光]高唐州 5/2-21
[光緒]高唐州 5/2-24
[民國]高唐縣 12/50
白之雋(清・臨沂人)
[乾隆]沂州府 26/24
[民國]臨沂 10/14
白永修(字澄泉,一字君慎,號曠廬)
(清・平度人)
[民國]平度縣續志 8/14,12/上 12
白宏憲(原名鴻憲,字來賓,號樸園)
(清・金鄉人)
[民國]濟寧直隸州續志 14/12
[民國]金鄉 13/續增 6
白永清(字佩玖)
(清・霑化人)
[民國]霑化 2/97
白宗清(清・高唐人)
[道光]高唐州 5/1-56
[光緒]高唐州 5/1-61
[民國]高唐縣 12/41
32 白淵之(北魏)
[萬曆]青州 15/12
[康熙十五年]青州 15/12
[康熙四十八年]青州 15/文學 12
33 白溥(字大濟)
(明・莘縣人)
[嘉靖]山東 35/5
[康熙]山東 45/13
[乾隆]東昌 42/17
[嘉慶]東昌 32/17
[正德]莘縣 6/31
[康熙十一年]莘縣 7/10
[康熙五十六年]莘縣 7/10
[光緒]莘縣 7/38
[民國]莘縣 7/29
莘縣鄉土志/孝友 22
34 白潢(字近薇)
(清・奉天人)
[宣統]山東 74/58

［乾隆］萊州 9/31
萊州府鄉土志/上 26
［嘉慶］續掖縣 2/16
白汝舟（明・祥符人）
［萬曆］青州 12/36
［康熙十五年］青州 12/36
［康熙四十八年］青州 12/36
［乾隆］沂州府 20/11
［康熙］日照 8/7
白法堯（字中聖）
（清・高唐人）
［乾隆］東昌 43/47
［嘉慶］東昌 32/55
［宣統］聊城 8/85
35 **白清**（字廉夫）
（明・陽信人）
［康熙］濟南 41/15
［乾隆］武定府 24/18
［咸豐］武定府 24/循良 8
［康熙］陽信 9/6
［乾隆］陽信 7/5
［民國］陽信 5/宦蹟 7
信邑志稿 7/清介
陽信縣鄉土志上/耆舊－鄉賢祠
白連慶（字捷元）
（清・博興人）
［民國］重修博興 13/46
37 **白潤**（明・濮州人）
［康熙］濮州續志下/3
［乾隆］濮州 4/13
［宣統］濮州 5/13
38 **白道隆**（清・濟寧人）
［乾隆］濟寧直隸州 25/20
［道光］濟寧直隸州 8/3－10
40 **白賁**（明・和州人）
［順治］堂邑 2/職官 3
［康熙十一年］堂邑 2/名宦 3
［康熙］堂邑 11/7
白圭（明・莘縣人）
［正德］莘縣 6/27
白士信（明・陝西合水人）
［萬曆］寧津 7/11
白希繡（號夢山）
（明・膚施人）
［道光］濟寧直隸州 6/6－37
［康熙］魚臺 15/16
［乾隆］魚臺 9/39
［光緒］魚臺 2/49
白培愚（清・汶上人）
［宣統］四續汶上稿/人物－忠烈傳
白士昌（字星衢，號儒鳴）
（清・單縣人）
［民國］單縣 11/41
白克敏（字捷千，號安遇）
（清・平度人）
［宣統］山東 177/27
［道光］重修平度州 14/57，14/59，19/39
平度鄉土志 4 上/鄉賢
42 **白彭珆**（清・汶上人）
［宣統］四續汶上稿/人物－忠烈傳
44 **白英**（明・代州人）
［崇禎］新城 6/知縣
［康熙］新城 5/3
白英（明・汶上人）
［雍正］山東 28/人物三 7
［宣統］山東 161/29
［乾隆］兗州 23/36
［萬曆］汶上 6/12
白萬程（字圖南）
（清・商河人）
商河縣鄉土志 2/耆舊－事業
白世儻（清・高唐人）
［道光］高唐州 5/1－51
白蘭春（字馨齋）
（清・茌平人）
［民國］茌平 12/86
45 **白棟**（字子隆，號吉軒）
（明・榆林人）
［乾隆］泰安府 15/16
［萬曆二十四年］兗州 29/12
［康熙］兗州 22/33，22/38
［康熙］沂州志 7/41
［康熙］張秋志 5/22
［康熙五十四年］東阿 3/36，11/5
［道光］東阿 11/12
［光緒］東阿縣鄉土志 2/13
46 **白相巘**（清・商河人）
［道光］商河 7/43
［民國］重修商河 8/71
商河縣鄉土志 2/耆舊－事業
47 **白楹**（字礎之，號擎宇）
（明・莘縣人）
［雍正］山東 28/人物三 67
［宣統］山東 164/50
［乾隆］東昌 41/30
［嘉慶］東昌 31/7
［康熙］臨清州 3/人物 28
［乾隆］臨清州 12/8
［乾隆］臨清直隸州 8/上 83
［康熙十一年］莘縣 7/7
［康熙五十六年］莘縣 7/7
［光緒］莘縣 7/18
［民國］莘縣 7/9
莘縣鄉土志/鄉宦
［宣統］聊城 8/65
50 **白本**（明・莘縣人）
［正德］莘縣 6/7
［康熙］聊城 3/27
白東（清・高唐人）
［嘉慶］東昌 32/65
白奉先（宋）
［民國］牟平 6/67
白東朱（清・高唐人）
［道光］高唐州 5/2－16
［光緒］高唐州 5/2－19
［民國］高唐縣 12/40
白書林（字筱西）
（清・廣西臨桂人）
［光緒］昌邑縣續志 5/18
白擴田（清・金鄉人）
［咸豐］金鄉縣志略 9/中忠義傳 4
［民國］金鄉 14/20
51 **白振魯**（清・禹城人）
［道光］濟南 56/41
白振宗（清・禹城人）
［民國］禹城 6/74
53 **白成明**（清・陽信人）
［民國］陽信 5/孝友 64
55 **白扶統**（清・莒縣人）

[民國]重修莒志 66/6
60 **白昂**(字廷儀)
(明·武進人)
[康熙]濟寧州 4/3
白杲(清·高唐人)
[道光]高唐州 5/2 - 18
[光緒]高唐州 5/2 - 21
[民國]高唐縣 12/40
白旻(宣統《山東通志》作白文)(字彥和)
(明·保安人,一作保定人)
[嘉靖]山東 25/26
[康熙]山東 32/14
[雍正]山東 27/75
[宣統]山東 71/41
[康熙]濟南 25/30
[乾隆]武定府 16/17
[咸豐]武定府 19/陽信 1
[康熙]陽信 7/26
[乾隆]陽信 5/28
信邑志稿 5/宦蹟
[民國]陽信 2/55
陽信縣鄉土志上/政績 - 興利,耆舊 - 名宦祠
61 **白顯**(字振先)
(清·高苑人)
[咸豐]青州 48/13
[乾隆]高苑 6/6
67 **白曜**(清·蓬萊人)
[光緒]增修登州 68/15
[道光]重修蓬萊 9/39
[民國]蓬萊縣志合編人物志/行誼
白昭炯(字耀軒)
(清·汶上人)
[宣統]四續汶上稿/人物 - 文學傳
72 **白所見**(清·磁州人)
[道光]濟寧直隸州 6/7 - 86
[康熙]魚臺 15/21
[乾隆]魚臺 9/43
[光緒]魚臺 2/53
白所見(字抒忱)
(清·定陶人)
[乾隆]定陶 6/18
[民國]定陶 6/24
77 **白同波**(字筱塘)
(清·莘縣人)
[民國]莘縣 7/23
白同貴(清·莘縣人)
[民國]莘縣 7/22
白居易(號樂天)
(唐·太原人)
[康熙十一年]蒙陰 2/61
[康熙二十四年]蒙陰 4/19
[宣統]蒙陰 4/流寓
白殿範(高唐人)
[民國]高唐縣 12/58
80 **白慈**(字祥符)
(清·商河人)
[民國]重修商河 8/44
商河縣鄉土志 2/耆舊 - 事業
白金珂(字鳴鑾)
(恩縣人)
[民國]重修恩縣 11/鄉賢 45
白金彪(字虎臣)
(清·齊河人)
[民國]齊河 23/20
白全德(字純修,號志隱)
(清·濟寧人)
[道光]濟寧直隸州 8/4 - 51
白善寶(字楚珍)
(清·博興人)
[民國]重修博興 13/50
白金貴(清·陽穀人)
[光緒]陽穀 9/4
81 **白釘**(明·莘縣人)
莘縣鄉土志/政績 4
82 **白鍾山**(字毓秀,號玉峰)
(清·漢軍正藍旗人)
[宣統]山東 74/20
[道光]濟南 37/22
[道光]濟寧直隸州 6/7 - 58
89 **白鏻**(清·聊城人)
[乾隆]東昌 40/43
[嘉慶]東昌 30/33
[宣統]聊城 8/28
90 **白光**(字少子)
(漢·東海蘭陵人)
[宣統]山東 153/14
[光緒]嶧縣 21/鄉賢 23
白肖吳(字慕札)
(清·陽穀人)
[民國]增修陽穀人物/武功 7
96 **白煌**(明·磁州人)
[萬曆]泗水 4/11
[順治]泗水 4/11
[光緒]泗水 4/4

自

23 **自然老僧**(明·濱州人)
[乾隆]武定府 26/40
[咸豐]武定府 26/仙釋 5
[康熙]濱州 7/38
[咸豐]濱州 10/仙釋 12
44 **自華和尚**(法名海近)
(明·夔州人)
[光緒]文登 12/5

2610_4 皇

53 **皇甫亨**(元·東原人)
[道光]濟寧直隸州 6/6 - 21
[咸豐]金鄉縣志略 7/5
金鄉縣鄉土志/政績錄
皇甫琰(字邦瑞)
(元)
[嘉靖]山東 26/27
[雍正]山東 27/91
[宣統]山東 69/31
[萬曆]東昌 18/29
[乾隆]曹州府 12/13
[嘉靖]濮州 7/14
[萬曆]濮州 3/名宦 16
[康熙]濮州 3/15
[乾隆]濮州 3/15
[宣統]濮州 4/15
皇甫容(字有量)
(清·菏澤人)
[光緒]菏澤 16/12
[光緒]新修菏澤 11/70
皇甫規(字威明)
(漢·安定朝那人)
[嘉靖]山東 25/15
[康熙]山東 32/2
[雍正]山東 27/80

［宣統］山東 66/15
［康熙］濟南 24/3
［弘治］泰安州 3/7
［康熙］泰安州 2/43
［乾隆］泰安府 14/5
［乾隆二十五年］泰安縣 10/27
泰安縣鄉土志/名宦 27
皇甫炎（見皇甫琰）

2620_0 伯

00 **伯靡**（夏・斟尋人）
［康熙］杞紀 18/3
01 **伯顏**（字宗道）
（元・濮陽人）
［嘉靖］山東 26/28
［雍正］山東 27/47,28/人物二 70
［宣統］山東 69/32
［萬曆］東昌 18/29,19/46
［乾隆］東昌 34/19
［嘉慶］東昌 22/9
［乾隆］曹州府 14/33
［嘉靖］濮州 8/2
［萬曆］濮州 3/鄉賢 32
［康熙］濮州 3/61
［乾隆］濮州 3/62
［宣統］濮州 4/68
［嘉靖］冠縣 2/7
［道光］冠縣 6/23
［光緒］冠縣 6/宦績
［民國］冠縣 6/33
伯顏察兒（元）
［道光］濟寧直隸州 6/6－19
21 **伯虔**（字子析，一作子晳，亦作子楷）
（春秋・魯人）
［嘉靖］山東 24/8
［康熙］山東 29/8
［雍正］山東 11/闕里二 17
［宣統］山東 153/7
［萬曆元年］兗州 7/49
［萬曆二十四年］兗州 7/22
［康熙］兗州 8/23
［乾隆］兗州 7/28
［崇禎］曲阜 4/11
［康熙］曲阜 4/11
［乾隆］曲阜 59/6
24 **伯德特離補**（金）
［宣統］山東 69/7
［乾隆］武定府 16/32
［咸豐］武定府 19/濱州 1
［咸豐］濱州 8/2
50 **伯夷**（商）
［萬曆］萊州 6/21
［康熙］萊州 10/90
［嘉靖］昌樂 3/40
［康熙］昌樂 5/2,6/1
72 **伯岳觧**（元・鄆城人）
［嘉靖］山東 26/16
［康熙］山東 33/19
［宣統］山東 161/22
［萬曆元年］兗州 38/循吏 38
［萬曆二十四年］兗州 28/20
［康熙］兗州 22/20
［乾隆］兗州 22/16
［乾隆］曹州府 14/32
［乾隆］濟寧直隸州 22/49
［道光］濟寧直隸州 6/6－21,9/4－217
［崇禎］鄆城 5/7
［康熙］鄆城 5/11
［光緒］鄆城 5/16
［順治］嘉祥 4/35
［乾隆］嘉祥 3/29
76 **伯陽**（周）
［光緒］曹縣 8/5
80 **伯禽**（周・魯人）
［崇禎］曲阜 4/3
［康熙］曲阜 4/1

2621_3 鬼

80 **鬼谷子**（戰國）
［嘉靖］淄川 6/88
［康熙十一年］蒙陰 2/65

2623_2 泉

40 **泉士諒**（元・商河人）
［道光］商河 7/11
［民國］重修商河 8/9
商河縣鄉土志 2/耆舊－事業

2629_4 保

09 **保麟**（字子良，號九真）
（清・江南通州人）
［宣統］山東 74/54
［道光］濟南 37/76
22 **保嶔**（明・湖廣永興人）
［康熙十一年］莘縣 5/5
44 **保恭**（崔姓）
（唐・青州人）
［雍正］山東 30/9
［嘉靖］青州 16/52
［萬曆］青州 17/11
［康熙十五年］青州 17/11
［康熙四十八年］青州 17/仙釋 6
［康熙六十年］青州 20/10
［咸豐］青州 52/3
［康熙］益都 10/26
［光緒］益都縣圖志 46/6

2641_3 魏

00 **魏該**（一名亥）
（晉・東阿人）
［嘉靖］山東 30/19
［康熙］山東 40/21
［雍正］山東 28/人物一 37
［乾隆］泰安府 16/21
［萬曆元年］兗州 40/武功 11
［萬曆二十四年］兗州 32/17
［康熙］兗州 25/13
［道光］東阿 13/人物上 8
［光緒］東阿縣鄉土志 4/2
魏玄（字僧知）
（北魏・任城人）
［萬曆二十四年］兗州 33/35
［康熙］兗州 26/33
［乾隆］兗州 23/24
魏應（字君伯）
（漢・任城人）
［嘉靖］山東 30/8
［康熙］山東 40/9
［雍正］山東 28/人物一 18
［宣統］山東 153/23
［萬曆元年］兗州 40/儒林 6
［萬曆二十四年］兗州 31/30

[康熙]兗州 24/28
[乾隆]兗州 23/13
[康熙]濟寧州 6/4
[乾隆]濟寧直隸州 26/1
[道光]濟寧直隸州 8/2－5
濟寧州鄉土志 2/耆舊
[康熙]滋陽 4/上 12
[康熙]兗州府曹縣 9/22
[光緒]曹縣 9/教諭 1
魏立端(清・惠民人)
[光緒]惠民 22/10
惠民縣鄉土志/耆舊錄 17
魏文誥(清・陽穀人)
[民國]增修陽穀人物/師道 14,人物/國術師 32
魏裔魯(清・真定柏鄉人)
[康熙]費縣 3/6
魏廖徵(號蒼石)
(清・溧陽人)
[宣統]山東 200/15
[乾隆]濟寧直隸州 28/18
[道光]濟寧直隸州 8/4－46
濟寧州鄉土志 2/流寓
魏文江(清・昌邑人)
[乾隆]昌邑 6/175
魏文深(字子靜)
(清・歷城人)
[乾隆]歷城 43/9
魏文翰(字綸閣)
(清・河南鄭州人)
[宣統]山東 76/47
[光緒]鄆城 6/12
[光緒]高唐州 5/2－6,7/1－17
[民國]高唐縣 9/5－18
高唐州鄉土志/9
[光緒]陽穀 4/6
魏應泰(字業宸)
(明・濟寧人)
[康熙]濟寧州 6/51
[乾隆]濟寧直隸州 24/37
[道光]濟寧直隸州 8/2－42
魏方回(唐・下曲陽人)
[乾隆]淄川 4/3
魏彥昭(字德輝,一字生輝)
(明・容城人)
[宣統]山東 71/47,72/17
[乾隆]武定府 16/38,35/5
[咸豐]武定府 19/利津 2,35/碑 5
[道光]濟寧直隸州 6/6－35
[康熙]魚臺 15/12
[乾隆]魚臺 9/36
[光緒]魚臺 2/48
[康熙]利津縣新志 7/3,10/18
[光緒]利津附利津文徵 2/碑記 7
魏文臣(明・合肥人)
[乾隆]陽信 5/19
[民國]陽信 2/45
魏高賢(陽穀人)
[民國]增修陽穀人物/忠烈 28
魏序周(清・濰縣人)
[民國]濰縣志稿 29/20
魏廉善(字元臣)
(清・鄆城人)
[光緒]鄆城 16/29
魏廣智(字覺軒,號若愚)
(清・德州人)
[道光]濟南 56/83
[乾隆]德州 9/65
[民國]德縣 11/8
德州鄉土志/耆舊 50
01 **魏譚**(字少聞)
(漢・琅邪人)
[宣統]山東 166/1
03 **魏謐**(明・汝寧人)
[乾隆]泰安府 15/9
[康熙]肥城書下/9
[嘉慶]肥城 15/30
[光緒]肥城 7/45
肥城縣鄉土志 3/6
魏誼(字義甫,號白泉)
(元・章丘人)
[道光]濟南 48/58
[嘉靖]章丘 3/64
[萬曆]章丘 23/19
[康熙]章丘 6/19
[乾隆]章邱 9/15
[道光]章邱 11/24
魏詠之(字長道)
(晉・任城人)
[嘉靖]山東 30/20
[康熙]山東 40/22
[雍正]山東 28/人物一 40
[宣統]山東 155/9
[萬曆元年]兗州 40/武功 12
[萬曆二十四年]兗州 32/30
[康熙]兗州 25/24
[乾隆]兗州 23/20
[乾隆]濟寧直隸州 23/15
[道光]濟寧直隸州 8/2－8
濟寧州鄉土志 2/耆舊
[康熙]滋陽 4/上 12
04 **魏麒**(明・蒙陰人)
[康熙十一年]蒙陰 2/44
魏塾(清・壽光人)
[民國]壽光 12/人物志一 78
07 **魏諷**(晉・濟陰人)
[康熙]曹州志 15/32
[光緒]菏澤 15/33
魏郊(字祁宋)
(清・利津人)
[乾隆]利津縣志續編 8/37
魏翊韶(東阿人)
[民國]東阿 15/9
魏詔爵(字巨菴)
(明・膠州人)
[康熙]膠州 6/6
[乾隆]膠州 5/8
[道光]重修膠州 26/5
[民國]增修膠志 40/32
魏翊鸞(東阿人)
[民國]東阿 15/6
魏翊崙(東阿人)
[民國]東阿 15/12
10 **魏霸**(字喬卿)
(漢・濟陰句陽人)
[嘉靖]山東 30/9
[康熙]山東 40/10
[雍正]山東 28/人物一 18
[宣統]山東 154/15
[萬曆元年]兗州 40/政績 3
[萬曆二十四年]兗州 31/23
[康熙]兗州 24/21
[康熙]曹州志 15/5

[乾隆]曹州府 14/4
[光緒]菏澤 15/5
[光緒]新修菏澤 10/1
菏澤縣鄉土志/14
[康熙]曹縣 12/4
[康熙]兖州府曹縣 12/4
[光緒]曹縣 12/4
[民國]定陶 6/4
魏丕(字齊物)
(五代後周·相州人)
[乾隆]東昌 34/17
[嘉慶]東昌 22/8
[萬曆]冠縣 2/1
[道光]冠縣 6/21
[光緒]冠縣 6/宦績
[民國]冠縣 6/31
魏璽(明·武功舉人)
[道光]商河 5/27
[民國]重修商河 6/66
魏元(字僧志)
(北周·任城人)
[乾隆]濟寧直隸州 23/21
[道光]濟寧直隸州 8/2 – 11
濟寧州鄉土志 2/耆舊
魏元(字景善)
(明·朝城人)
[嘉靖]山東 31/29,35/4
[康熙]山東 41/23,45/12
[宣統]山東 159/10
[萬曆]東昌 19/51
[乾隆]曹州府 15/4
[嘉靖]濮州 6/11
[萬曆]濮州 3/鄉賢 45,4/孝友 5
[嘉靖]朝城志 7/10,8/35
[康熙]朝城 8/58
朝城縣鄉土志/10
魏爾康(字蕃錫)
(清·濟寧人)
[康熙]兖州續編 16/19
[乾隆]兖州 23/62
[康熙]濟寧州 6/57
[乾隆]濟寧直隸州 25/11
[道光]濟寧直隸州 8/3 – 6
魏一龍(清·臨淄人)
[民國]臨淄 30/37
魏元丕(漢)
[宣統]山東 151/57
[民國]濰縣志稿 38/25
魏玉琢(清·陽穀人)
[民國]增修陽穀人物/善行 49
魏丕承(字憲武,號藿村)
(清·德州人)
[道光]濟南 56/75
[乾隆]德州 9/47
州乘餘聞/21
[民國]德縣 10/36
德州鄉土志/耆舊 39
魏玉珮(字蘭生)
(清·陽穀人)
[民國]增修陽穀人物/師道 20
魏玉珍(字嘉蔭)
(清·陽穀人)
[光緒]陽穀 6/18
[民國]增修陽穀人物/師道 20
魏爾秀(字天毓,號含元)
(清·德州人)
[光緒]德州志略/人物傳略
[民國]德縣 10/40
德州鄉土志/耆舊 51
魏天爵(字君誠)
(明·益都人)
[民國]續修博山 14/36
魏一德(字咸亭)
(清·鉅野人)
[民國]續修鉅野 5/上 3
魏玉佩(字蘭齋)
(清·陽穀人)
[光緒]陽穀 6/18
魏玉潤(滕縣人)
[民國]續滕縣志 4/36
魏正鴻(字少牧)
(昌黎人)
[民國]長清 4/24
[民國]重修恩縣 10/69
魏天壽(明·長清人)
[康熙]濟南 44/28
[道光]濟南 52/26
[康熙]長清 9/71
[道光]長清 13/3
魏可式(字子端,號樹亭)
(清·曲阜人)
[民國]續修曲阜 5/23,8/34
魏于桂(字丹叢)
(清·單縣人)
[民國]單縣 11/43
魏雲桂(字香嵒,號屏山)
(清·臨朐人)
臨朐縣鄉土志 1/耆舊
魏正藻(字文帆)
(清·直隸昌黎人)
[光緒]曹縣 9/縣令 10
魏三畏(字子敬)
(清·惠民人)
[咸豐]武定府 26/義行 26
[乾隆]惠民 5/63
[光緒]惠民 22/5
惠民縣鄉土志/耆舊錄 15
魏西昆(字懷珍)
(清·清平人)
[宣統]增輯清平 12/46
[民國]清平/人物 28
魏一品(字帥萬)
(明·樂安人)
[咸豐]青州 45/57
[雍正]樂安 12/17,20/67
[民國]樂安 10/15
[民國]續修廣饒 19/27,24/32
魏震田(字雨臣)
(東平人)
[民國]東平縣 11/上 21
魏一鳳(字書元)
(直隸人)
[民國]續修鉅野 3/15
魏二翁(宋·濮州雷澤人)
[嘉靖]山東 34/13
[康熙]山東 47/5
[雍正]山東 30/12
[宣統]山東 200/26
[萬曆]東昌 22/9
[乾隆]曹州府 16/19
[萬曆]濮州 4/仙釋 2
[康熙]濮州 4/76
[乾隆]濮州 4/116

［宣統］濮州 6/74
魏一翁（宋・雷澤人）
［萬曆元年］兖州 46/7
［萬曆二十四年］兖州 52/26
［康熙］曹州志 20/4
［光緒］菏澤 20/4
魏三錫（字迎旭）
（清・陽穀人）
［民國］增修陽穀人物/國術師 32
魏雲錦（字備綸）
（清・寧陽人）
［咸豐］寧陽 14/28
［光緒］寧陽 14/28
魏可簡（明・昌黎進士）
［萬曆］青州 12/48
［康熙十五年］青州 12/48
［康熙四十八年］青州 12/48
［道光］沂水 5/25
11 魏珩（清・東平人）
［乾隆］東平州 15/29
［道光］東平州 15/29
［光緒］東平州 15/下 37
［民國］東平縣 11/下 12
東平州鄉土志上/耆舊錄 37
魏項（明・萊縣人）
［隆慶］單縣上/34
12 魏延之（字森長）
（清・濰縣人）
［民國］濰縣志稿 30/33
魏廷選（清・東阿人）
［民國］續修東阿 11/7
魏弘道（明・汶上人）
［萬曆］汶上 6/13
魏登榜（字展雲）
（清・定陶人）
［民國］定陶 6/67
魏廷義（明・龍門衛舉人）
［乾隆］東昌 35/2
魏廷簡（清・陽穀人）
［民國］增修陽穀人物/孝義 10
13 魏瑄（字昭華）
（清・壽光人）
［康熙］山東 42/32
［康熙十五年］青州 13/90
［康熙四十八年］青州 13/事功 74
［康熙六十年］青州 16/38
［康熙］壽光 21/12
［嘉慶］壽光 12/16
［民國］壽光 12/人物志一 26
壽光縣鄉土志/耆舊
［康熙］昌樂 5/4
［嘉慶］昌樂 29/2
魏玧（清・陽穀人）
［民國］增修陽穀人物/仕宦 14
14 魏琪（字彥玉）
（清・陽穀人）
［民國］增修陽穀人物/孝義 8
魏劭（東漢・平原人）
［嘉慶］東昌 32/2
［乾隆］平原 8/8
魏瑛（字玉瓚）
（清・鄆城人）
［康熙］鄆城 6/22
［光緒］鄆城 8/11
魏瓚（明・涇陽人）
［乾隆］武定府 16/48
［咸豐］武定府 19/蒲臺 2
［萬曆］蒲臺志 8/3
［康熙］重修蒲臺 7/2
［乾隆］蒲臺 2/59
15 魏璉（清・東平人）
［乾隆］東平州 15/29
［道光］東平州 15/29
［光緒］東平州 15/下 37
［民國］東平縣 11/下 12
16 魏理（明・德州衛人）
［雍正］山東 28/人物三 70
［宣統］山東 165/23
［康熙］濟南 44/30
［道光］濟南 52/47
［乾隆］德州 9/62
［民國］德縣 11/6
德州鄉土志/耆舊 18
17 魏琛（清・鉅野人）
［民國］續修鉅野 5/上 7
魏瑚（清・萊蕪人）
［民國］續修萊蕪 27/20
魏羽（字垂天）
（宋・婺源人）
［嘉靖］武定州下/49
［萬曆］武定州 10/5
［崇禎］武定州 7/3
魏君謨（明・德州人）
德州鄉土志/耆舊 14
魏承烈（字繼武）
（清・茌平人）
［宣統］茌平 16/10
［民國］茌平 3/42
魏承卜（清・鉅野人）
［民國］續修鉅野 5/上 11
魏孟徵（字炯堂）
（陽穀人）
［民國］增修陽穀人物/仕宦 24
魏承業（清・陽信人）
信邑志稿 7/義行
魏乃來（字遜齋）
（清・陽穀人）
［民國］增修陽穀人物/師道 25
魏了翁（字華文）
（宋・蒲江人）
［雍正］山東 11/闕里二 30
［乾隆］兖州 7/43
魏承敘（明・咸陽人）
［萬曆］福山 4/8
19 魏琰（字子琬，號石盧）
（清・陽穀人）
［雍正］山東 28/人物四 47
［康熙］兖州續編 16/33
［乾隆］兖州 23/74
［康熙］陽穀 3/27
［光緒］陽穀 6/25
［民國］增修陽穀人物/仕宦 12
20 魏維（清・濱州人）
［咸豐］濱州 10/耆壽 7
魏秉彝（字本初）
（清・章邱人）
［道光］濟南 61/10
［道光］章邱 11/77
魏維翰（清・濱州人）
［咸豐］濱州 10/耆壽 7

魏秉周(清・諸城人)
[光緒]增修諸城縣續志 17/15
魏秉鈺(字鍾華)(清・鄒平人)
[道光]濟南 54/30
[嘉慶]鄒平 15/23
[道光]鄒平 15/86
[民國]鄒平 15/86
21 **魏能**(宋・鄆州人)
[嘉靖]山東 30/44
[雍正]山東 28/人物二 28
[宣統]山東 157/8
[乾隆]泰安府 16/41
[萬曆元年]兗州 40/武功 18
[萬曆二十四年]兗州 35/21
[康熙]兗州 27/19
[乾隆]曹州府 14/23
[康熙]東平州 4/60
[乾隆]東平州 14/25
[道光]東平州 14/25
[光緒]東平州 15/中 51
[民國]東平縣 11/中 18
[嘉靖]鄆城志下/7
[崇禎]鄆城 5/6
[康熙]鄆城 5/10
[光緒]鄆城 5/14
魏仁(明・朝城人)
[康熙]朝城 8/49
魏儒正(字端溪)(清・博興人)
[民國]重修博興 13/55
魏師孔(字景尼)(清・濮州人)
[宣統]濮州 5/33
魏占魁(東阿人)
[民國]東阿 15/5,15/20
魏經綸(字子言)(臨沂人)
[民國]續修臨沂 16/16
魏儒宗(清・陽穀人)
[民國]增修陽穀人物/仕宦 14
魏順之(晉・任城人)
[康熙]滋陽 4/上 12
魏處直(明・益都人)
[宣統]山東 161/30
魏儒成(字滌凡)(商河人)
[民國]重修商河 7/35
魏肯構(字子貢)(明・曲阜人)
[康熙]兗州續編 16/2
[乾隆]兗州 23/59
[乾隆]曲阜 85/6
魏占甲(字鼎臣)(清・禹城人)
[民國]禹城 6/24
22 **魏鑾**(字丹廷)(清・鉅野人)
[民國]續修鉅野 5/上 19
魏鸞(字曉巖)(清・鄆城人)
[光緒]鄆城 16/28
魏巍(字峻菴)(清・德州人)
[民國]德縣 10/37
德州鄉土志/耆舊 44
魏鼎新(字大來)(清・東阿人)
[康熙]兗州續編 16/32
[乾隆]泰安府 17/49
[康熙五十四年]東阿 7/43
[道光]東阿 14/人物下 30
[光緒]東阿縣鄉土志 4/24
魏繼宗(字繩先)(清・陽信人)
[民國]陽信 5/耆碩 59
魏鼎鎬(字令貽)(清・陽穀人)
[民國]增修陽穀人物/文苑 3
魏鼎鋅(清・陽穀人)
[民國]增修陽穀人物/孝義 5
魏鼎鑙(字耀楚)(清・陽穀人)
[民國]增修陽穀人物/師道 15
23 **魏俊**(字超千)(清・鉅野人)
[道光]鉅野 12/27
魏允亮(字雪亭)(清・桓臺人)
[民國]桓臺 3/37
魏允讓(清・陽穀人)
[民國]增修陽穀人物/師道 17
魏允忠(字藎臣)(清・新城人)
[宣統]新城縣後志 2/善行
魏允恂(字慎齋)(清・新城人)
[宣統]新城縣後志 2/善行
[民國]重修新城 18/7
24 **魏岐**(字天柱)(清・曹縣人)
[光緒]曹縣 11/選舉 39
魏勳(明・臨朐人)
[萬曆]青州 13/67
[康熙十五年]青州 13/67
[康熙四十八年]青州 13/事功 51
[咸豐]青州 44/43
光緒臨朐 14/上 29
魏德寶(字進卿)(元・恩縣人)
[乾隆]東昌 42/5
[嘉慶]東昌 32/5
[萬曆]恩縣 4/54
魏德深(隋・鉅鹿人,一作弘農人)
[嘉靖]山東 26/23
[康熙]山東 34/3
[雍正]山東 27/42
[宣統]山東 67/31
[萬曆]東昌 18/12
[乾隆]東昌 35/10
[嘉慶]東昌 22/14
魏化東(字興魯)(清・東平人)
[民國]東平縣 11/中 36
魏贊野(清・汶上人)
[宣統]四續汶上稿/人物－耆德傳
25 **魏純**(字希文)(明・高密人)
[康熙]高密 8/4

[乾隆]高密 9/補編 1
[光緒]高密 8/上 46,9/補編 1
[民國]高密 14/上 54,15/下补编 1
高密縣鄉土志/上 43
魏紳(字子書)
(明・萊蕪人)
[民國]續修萊蕪 27/7
魏紳(字廷佩,一作廷珮)
(明・曲阜人)
[嘉靖]山東 30/61
[康熙]山東 40/58
[雍正]山東 28/人物三 16
[宣統]山東 160/19
[萬曆元年]兖州 40/政績 15
[萬曆二十四年]兖州 36/8
[康熙]兖州 28/7
[乾隆]兖州 23/38
[崇禎]曲阜 4/103
[康熙]曲阜 4/103
[乾隆]曲阜 84/11
魏健康(字竹君)
(清・茌平人)
[民國]茌平 3/46
魏仲元(清・利津人)
[乾隆]利津縣志續編 6/29
魏仲安(字康亭)
(清・寧陽人)
[光緒]寧陽 14/50
魏純嘏(原名天錫,以字行,號福亭)
(清・新城人)
[宣統]新城縣後志 3/文苑
[民國]重修新城 18/18
新城縣鄉土志/耆舊-清
26 **魏自勵**(字警齋)
(清・鉅野人)
[民國]續修鉅野 5/上 24
27 **魏綱**(明・德州左衛人)
[康熙]濟南 46/3
[道光]濟南 52/39
[康熙]德州 8/19
[乾隆]德州 9/15
德州鄉土志/耆舊 6
[民國]德縣 10/10
魏紀(明・石泉人)
[嘉靖]濮州 7/22
[嘉靖]朝城志 5/13
魏名大(清・山西人)
[宣統]山東 77/38
[乾隆]萊州 9/34
[康熙]昌邑 5/8
[乾隆]昌邑 5/107
28 **魏倫**(字天秩)
(明・濮州人)
[嘉靖]濮州 6/8
[萬曆]濮州 3/鄉賢 47
[康熙]濮州 3/71
[乾隆]濮州 3/72
[宣統]濮州 4/78
魏綸(字利之,一字理之)
(明・利津人)
[乾隆]武定府 23/15
[咸豐]武定府 23/名臣 15
[康熙]利津縣新志 8/8
[光緒]利津 7/宦蹟 2
魏儀(字德隅)
(清・曲阜人)
[乾隆]曲阜 80/15
曲阜縣鄉土志/耆舊-事業
魏徵(字玄成)
(唐・北直晉州人)
[康熙]朝城 8/62
魏從海(字涵宇)
(清・日照人)
[宣統]山東 173/18
[光緒]日照 8/20
魏似荊(清・萊蕪人)
[乾隆]泰安府 17/43
魏似范(清・萊蕪人)
[乾隆]泰安府 18/62
[民國]萊蕪 20/7
魏似韓(字公度)
(清・萊蕪人)
[康熙]濟南 44/35
[康熙]新修萊蕪 6/3
[民國]萊蕪 17/8
[民國]續修萊蕪 34/4
萊蕪縣鄉土志/14
魏縱如(清・滋陽人)
滋陽縣鄉土志 1/耆舊-忠義
魏從貴(清・奉天人)
[宣統]山東 76/17
[乾隆]沂州府 20/16
[康熙二十四年]蒙陰 3/12
[宣統]蒙陰 3/宦績
魏僧智(北周・濟寧人)
[康熙]濟寧州 6/13
30 **魏進**(明・昌邑人)
[康熙]昌邑 6/3
魏瀛(字葵臣)
(清・湖南衡陽人)
[宣統]山東 76/34
[民國]濰縣志稿 20/23
魏之京(字元永)
(清・壽光人)
[康熙四十八年]青州 14/孝友 19
[康熙六十年]青州 17/19
[咸豐]青州 46/46
[康熙]壽光 25/4
[嘉慶]壽光 13/4
魏守謙(明・樂安人)
[民國]樂安 10/15
[民國]續修廣饒 19/28
魏寶麟(清・德州人)
[光緒]德州志略/孝行傳略
[民國]德縣 11/9
魏宗元(清・鄆城人)
[光緒]鄆城 10/11
魏賓廷(字襄陽)
(清・清平人)
[宣統]增輯清平 12/51
[民國]清平/人物 33
魏永璞(清・新城人)
[道光]濟南 55/83
[宣統]新城縣後志 3/耆壽
[民國]重修新城 17/19
魏宗武(明・諸城人)
[萬曆]青州 15/52
[康熙十五年]青州 15/52
[康熙四十八年]青州 15/義民 20
[康熙六十年]青州 18/16
[萬曆]諸城 7/31
[康熙]諸城 7/53

［乾隆］諸城 41/1
魏之鼐（明・費縣人）
［乾隆］沂州府 26/20
［光緒］費縣 10/80
魏之佳（字元襲）
（清・壽光人）
［康熙］壽光 25/4
［嘉慶］壽光 13/4
［民國］壽光 12/人物志一 59
壽光縣鄉土志/耆舊
魏家良（字君重）
（清・陵縣人）
［光緒］陵縣 19/人物傳二 24
魏寅初（清・壽光人）
［民國］壽光 12/人物志一 95
魏宏道（清・陽穀人）
［民國］增修陽穀人物/仕宦 14
魏永淦（清・鉅野人）
［民國］續修鉅野 5/上 23
魏之道（字萃真）
（清・鄒平人）
［道光］濟南 54/49
［道光］鄒平 15/102
［民國］鄒平 15/102
魏宗道（明・南直旌德人）
［宣統］山東 71/33
魏良栻（字協占）
（清・鉅野人）
［民國］續修鉅野 7/下 20
魏良槐（明・陝西三原舉人）
［道光］冠縣 6/28
［光緒］冠縣 6/宦績
［民國］冠縣 6/38
魏良貴（明・新建人）
［崇禎］歷乘 16/63
魏良貴（清・新城人）
［宣統］新城縣後志 3/耆壽
魏永泰（明・臨朐人）
臨朐縣鄉土志 1/耆舊
魏永暄（清・鉅野人）
［民國］續修鉅野 5/上 31
魏守厚（清・萊蕪人）
［民國］續修萊蕪 27/11
魏良質（字寧都）
（明・德州人）
德州鄉土志/耆舊 8
魏宏周（清・德州人）
德州鄉土志/耆舊 30
魏之令（字元長）
（明・壽光人）
［康熙］山東 45/19
［康熙十五年］青州 14/26
［康熙四十八年］青州 14/孝友 16
［康熙六十年］青州 17/18
［咸豐］青州 45/58
［康熙］壽光 24/2
［嘉慶］壽光 12/21
［民國］壽光 12/人物志二 70
魏良策（字士心）
（清・陽信人）
［康熙］濟南 45/14
［乾隆］武定府 25/41
［咸豐］武定府 25/儒林 11
［康熙］陽信 9/32
［乾隆］陽信 7/54
［民國］陽信 5/耆碩 52
信邑志稿 7/儒林
魏永鑑（字明遠）
（長清人）
［民國］長清 13/28
31 魏河（明・羅山人）
［乾隆］泰安府 15/11
［天啟］新泰 5/22
［順治］新泰 4/18
［乾隆］新泰 11/3
魏遷（明・濟寧人）
［康熙］濟寧州 7/51
魏源（明・商州人）
［嘉靖］濮州 7/22
［嘉靖］朝城志 5/10
魏迺勤（字吟舫）
（清・德州人）
［民國］德縣 10/63
33 魏浚（晉・東郡東阿人）
［嘉靖］山東 30/17
［康熙］山東 40/19
［雍正］山東 28/人物一 36
［宣統］山東 164/4
［萬曆元年］兗州 40/節義 13
［萬曆二十四年］兗州 32/17
［乾隆］泰安府 18/21
［康熙四年］東阿 6/8
［康熙五十四年］東阿 6/8
［道光］東阿 13/人物上 7
［光緒］東阿縣鄉土志 4/1
魏泌（字鄴亭）
（清・東阿人）
［宣統］山東 171/7
［乾隆］泰安府 17/50
［道光］東阿 14/人物下 20
［光緒］東阿縣鄉土志 4/27
魏述（明・山西蒲州人）
［宣統］山東 71/39
［康熙］濟南 25/31
［嘉靖］武定州下/54
［萬曆］武定州 12/9
［崇禎］武定州 15/11
［乾隆］武定府 16/7
［咸豐］武定府 19/7
［乾隆］惠民 5/14
［光緒］惠民 18/8
惠民縣鄉土志/政績錄 4
魏述（清・濱州人）
［乾隆］武定府 26/17
［咸豐］武定府 26/義行 17
［康熙］濱州 7/26
［咸豐］濱州 10/厚德 5
濱州鄉土志/耆舊錄
魏戢（字勳臣，號愷三）
（清・新城人）
［宣統］新城縣後志 3/孝友
新城縣鄉土志/耆舊－清
34 魏漢（字笑予）
（東平人）
［民國］東平縣 11/上 21
魏濤（字信卿）
（宋・彭城人）
［康熙］嶧縣 3/14
［光緒］嶧縣 19/88
魏湛（字雲溪，號崑峯）
（清・陽穀人）
［民國］增修陽穀人物/仕宦 17，人物/文苑 4，人物/師道 13
魏汝翼（金・濟南人）
［宣統］山東 162/31

魏汝贊(清・臨城人)
[嘉靖]夏津 3/42
[乾隆]夏津 6/23
魏汝松(明・德州左衛人)
[道光]濟南 52/40
[萬曆]德州 9/43
[康熙]德州 8/15
[乾隆]德州 9/13
德州鄉土志/耆舊 8
[民國]德縣 10/13
35 **魏溱**(字漪園,一字聖瑞,號月峯)
(清・東阿人)
[道光]東阿 14/人物下 5
魏清(明・昌邑人)
[康熙]昌邑 6/4
魏禮焯(字凜齋)
(清・直隸豐潤人)
[宣統]山東 77/12
[咸豐]青州 37/27
[嘉慶]昌樂 19/8
[民國]濟陽 9/40
36 **魏溫**(明・金鄉人)
[康熙十二年]金鄉 5/17
[康熙五十一年]金鄉 7/24
37 **魏淑汶**(字原山)
(清・萊蕪人)
[民國]續修萊蕪 34/41
魏涌濤(字海門)
(清・壽光人)
[民國]壽光 12/人物志二 26
魏鴻祚(字孝祉,號拙亭)
(清・萊蕪人)
[民國]萊蕪 18/10
[民國]續修萊蕪 24/2
魏逢泰(字階平)
(清・陽信人)
[民國]陽信 5/篤行 41
魏鴻猷(清・鄆城人)
[光緒]鄆城 16/29
38 **魏祥**(字致和)
(清・歷城人)
[道光]濟南 61/12
[民國]續修歷城 44/24
魏裕(字之問)
(元・嶧州人)
[康熙]嶧縣 4/70
[乾隆]嶧縣 8/18
[光緒]嶧縣 21/鄉賢 63
魏遵(明・魚臺人)
[嘉靖]山東 35/3
[康熙]山東 45/9
[雍正]山東 28/人物三 29
[宣統]山東 164/45
[萬曆二十四年]兗州 37/6
[康熙]兗州 28/34
[康熙]兗州續編 15/10
[乾隆]兗州 23/42
[乾隆]濟寧直隸州 27/31
[道光]濟寧直隸州 8/2-56
[康熙]魚臺 17/4
[乾隆]魚臺 11/21
[光緒]魚臺 3/13
魏肇慶(清・惠民人)
惠民縣鄉土志/耆舊錄 17
魏道修(清・新城人)
[宣統]新城縣後志 3/耆壽
魏遵光(字益卿)
(清・曹縣人)
[光緒]曹縣 14/仕蹟 11
40 **魏梓**(清・臨沂人)
[民國]續修臨沂 16/10
魏大方(字道範)
(清・博興人)
[民國]重修博興 13/48
魏吉慶(字端雲)
(清・惠民人)
[光緒]惠民 24/5
魏希亮(清・濰縣人)
[民國]濰縣志稿 29/21
魏希文(明・高密人)
[宣統]山東 162/33
魏希武(字詒堂)
(清・臨朐人)
光緒臨朐 14/下 19
臨朐縣鄉土志 1/耆舊
魏希舜(字虞亭)
(商河人)
[民國]重修商河 7/35
魏在此(清・陵縣人)
[光緒]陵縣 19/人物傳二 19
魏士峨(字月眉)
(清・齊河人)
[民國]齊河 23/16
魏克佳(見魏克家)
魏希徵(字子相)
(清・鄆城人)
[宣統]山東 173/30
[乾隆]曹州府 15/24
[康熙]鄆城 5/8,6/4
[光緒]鄆城 5/10
魏克家(明・南陽人,一作高陽人)
[宣統]山東 71/7
[道光]濟南 36/16
[康熙]鄒平 4/13
[嘉慶]鄒平 14/10
[道光]鄒平 14/10
[民國]鄒平 14/10
魏培之(字厚村)
(清・茌平人)
[宣統]茌平 13/5
[民國]茌平 3/16
魏士宏(字子浤)
(清・閩人)
[乾隆]即墨 9/33
[同治]即墨 9/49
魏來清(字鑑泉)
(清・德州人)
[民國]德縣 10/59
魏大初(元・嶧州人)
[康熙]嶧縣 4/69
[光緒]嶧縣 21/鄉賢 62
魏嘉祚(字防西)
(清・曲阜人)
[雍正]山東 28/人物四 53
[宣統]山東 172/25
[乾隆]兗州 23/83
[乾隆]曲阜 80/14
曲阜縣鄉土志/耆舊-事業
魏大志(字漢升)
(清・茌平人)
[宣統]茌平 15/10
[民國]茌平 3/107
魏克有(元・臨邑人)
[康熙]重修臨邑 9/2
魏培楠(字石村)
(清・寧陽人)

[光緒]寧陽 13/又 14 之 1
魏士起(字子正)
(清・齊河人)
[民國]齊河 27/32
魏有本(字伯深)
(明・餘姚人)
[道光]濟南 35/20
魏來田(字西園,號野修)
(清・壽光人)
[民國]壽光 12/人物志一 38
魏志厚(字實堂)
(清・濟寧人)
[民國]濟寧直隸州續志 12/45
魏壽彤(字仲鶴,號悔癡,又號夢夢生)
(德縣人)
[民國]德縣 10/75
魏來朋(字振遠,號槐菴)
(清・濰縣人)
[民國]濰縣志稿 30/22
魏士賢(明・堂邑人)
[順治]堂邑 2/人物 2
魏志同(字協衷)
(清・金鄉人)
[民國]金鄉 14/9
魏大鏞(字振東,號樸園)
(清・壽光人)
[民國]壽光 12/人物志二 54
魏希尚(清・河南輝縣人)
[宣統]山東 75/39
[乾隆]新泰 11/8
新泰縣鄉土志/4
42 **魏彭年**(明・萊蕪人)
[康熙]濟南 44/35
[乾隆]泰安府 18/40
[康熙]新修萊蕪 6/35
[民國]萊蕪 20/1
[民國]續修萊蕪 27/2
43 **魏博**(清・直隸南樂人)
[宣統]山東 75/28
[道光]濟南 38/36
[道光]臨邑 7/28
[同治]臨邑 7/32
44 **魏恭**(字敬一)
(清・商河人)
[道光]商河 7/51
[民國]重修商河 9/9
魏花(宋・歷城人)
[康熙]濟南 43/6
[道光]濟南 47/27
[崇禎]歷乘 16/9
[崇禎]歷城 10/6
[乾隆]歷城 35/28
魏華(字峰三)
(清・淄川人)
[宣統]三續淄川 9/60
魏基(明・博興人)
[康熙十二年]博興 6/12
[康熙六十年]博興 7/35
[道光]博興 11/38
[民國]重修博興 13/20
魏萬(號王屋山人)
(唐・聊城人)
[乾隆]東昌 44/3
[嘉慶]東昌 34/2
[宣統]聊城 8/88
魏薰(字賡南)
(清・利津人)
[民國]利津縣續志 7/義行 11
魏懋崇(字俊德)
(清・東阿人)
[民國]續修東阿 11/13
魏夢齡(字錫九)
(清・商河人)
[民國]重修商河 8/47
魏懋福(清・東阿人)
[民國]續修東阿 12/1
魏世達(明・山陰人)
[康熙]寧海州 7/2
[同治]重修寧海州 13/17,15/1
[民國]牟平 6/74
魏世道(清・豐潤人)
[同治]即墨 8/11
魏華存(字賢安)
(晉・任城人)
[宣統]山東 200/21
[康熙]濟寧州 7/52
[乾隆]濟寧直隸州 28/26
[道光]濟寧直隸州 10/2–16
魏樹藍(字玉圃)
(博山人)
[民國]續修博山 11/39
魏蕙田(字蘭坡)
(東平人)
[民國]東平縣 11/上 21
魏蒲田(字子政)
(東平人)
[民國]東平縣 11/上 21
46 **魏相**(字弱翁)
(漢・濟陰定陶人)
[嘉靖]山東 30/3
[康熙]山東 40/3
[雍正]山東 28/人物一 8
[宣統]山東 154/4
[萬曆元年]兗州 40/相業 9
[萬曆二十四年]兗州 31/2
[康熙]兗州 24/2
[康熙]曹州志 15/3
[乾隆]曹州府 14/3
[順治]定陶 5/10
[乾隆]定陶 6/4
[民國]定陶 6/4
[道光]鉅野 24/2
[光緒]菏澤 15/3
菏澤縣鄉土志/14
魏如徵(字宗元)
(清・鄆城人)
[康熙]鄆城 6/19
[光緒]鄆城 8/8
47 **魏朝**(字覲光)
(清・鉅野人)
[道光]鉅野 13/32
魏都(字美齊,一作美齋)
(清・利津人)
[乾隆]武定府 25/58
[咸豐]武定府 25/文苑 18
[乾隆]利津縣志續編 8/37
[光緒]利津 7/宦蹟 10
魏起麟(字仁趾)
(清・鉅野人)
[道光]鉅野 13/37
魏起睿(字若研,號蘭溪)
(清・鉅野人)
[道光]鉅野 12/30
[民國]續修鉅野 7/下 15

魏起山(字倩峰)
(清・曹縣人)
[光緒]曹縣 14/行誼 27
魏朝紳(字書卿)
(清・臨沂人)
[民國]續修臨沂 16/21
魏朝相(字見溪)
(明・北直薊州人)
[宣統]山東 72/18
[道光]濟寧直隸州 6/6－36
[乾隆]魚臺 9/39
[光緒]魚臺 2/49
魏起鳳(字九苞)
(清・鉅野人)
[道光]鉅野 13/57
魏起鵬(字少程,一作紹程)
(清・南昌人)
[民國]德縣 9/21
德州鄉土志政績錄/4
[民國]四續掖縣 4/24
堂邑縣鄉土志/政績錄
48 **魏翰**(明・壽光人)
[康熙]山東 45/18
[康熙十五年]青州 15/55
[康熙四十八年]青州 15/卓行 11
[康熙六十年]青州 18/16
[咸豐]青州 44/47
[康熙]壽光 26/2
[嘉慶]壽光 13/16
魏增(清・陽穀人)
[民國]增修陽穀人物/仕宦 18
50 **魏本**(明・河南偃師人)
[宣統]山東 72/23
[萬曆]青州 12/39
[康熙十五年]青州 12/39
[康熙四十八年]青州 12/39
[康熙六十年]青州 12/33
[乾隆]沂州府 20/11
[康熙十一年]蒙陰 2/23
[康熙二十四年]蒙陰 3/10
[宣統]蒙陰 3/宦績
魏冉(秦)
[順治]定陶 5/2
[乾隆]定陶 6/2
[民國]定陶 6/2
魏忠(明)
[乾隆]威海衛志 6/2
魏中立(字伯時)
(元・濟南人)
[嘉靖]山東 29/21
[康熙]山東 39/19
[雍正]山東 28/人物二 69
[宣統]山東 164/25
[康熙]濟南 38/8
[道光]濟南 48/55
[崇禎]歷乘 16/16
[崇禎]歷城 10/17
[乾隆]歷城 41/6
魏東乙(字柳村)
(清・齊河人)
[民國]齊河 26/26
魏忠傑(字漢臣)
(元・南宮人)
[萬曆]泗水 4/8,8/藝文志二 15
[順治]泗水 4/8,8/15
[光緒]泗水 4/1,15/二 13
[光緒]泗水縣鄉土志/3
魏泰來(字皞熙)
(清・陽穀人)
[康熙]兗州續編 16/33
[乾隆]兗州 23/61
[康熙十二年]陽穀 3/16
[康熙]陽穀 3/27
[光緒]陽穀 6/25
[民國]增修陽穀人物/仕宦 12
魏東都(字建洛)
(清・金鄉人)
[民國]金鄉 14/9
魏春泰(清・夏津人)
[民國]夏津續編 8/10
魏東青(恩縣人)
[民國]重修恩縣 11/鄉賢 78
魏春熙(清・高唐人)
[光緒]高唐州 5/2－8
[民國]高唐縣 12/49
魏夫人(晉・任城人)
[雍正]山東 30/5
[乾隆]兗州 31/9
魏惠饒(字心悌)
(清・東阿人)
[道光]東阿 14/人物下 34
[光緒]東阿縣鄉土志 4/30
魏申錫(字方來)
(清・利津人)
[光緒]利津 8/隱逸 1
51 **魏振勳**(號鶴汀)
(清・惠民人)
[光緒]惠民 23/15
惠民縣鄉土志/耆舊錄 23
魏振南(字嶺壽,號曉塘)
(清・齊東人)
[民國]齊東 5/53
齊東縣鄉土志/耆舊錄 9
魏振菖(字菊田)
(清・惠民人)
[光緒]惠民 22/8
惠民縣鄉土志/耆舊錄 16
魏振聲(字建業)
(清・陽穀人)
[光緒]陽穀 7/4
[民國]增修陽穀人物/文苑 6,人物/孝義 6
53 **魏成**(明・堂邑人)
[順治]堂邑 2/人物 18
[康熙十一年]堂邑 2/選舉 23
[康熙]堂邑 14/7
魏咸信(字國寶)
(宋・并州祁人,一作衛州汲人)
[嘉靖]山東 26/8
[康熙]山東 33/10
[雍正]山東 27/88
[宣統]山東 68/40
[萬曆元年]兗州 38/循吏 26
[萬曆二十四年]兗州 28/2
[康熙]兗州 22/2
[康熙]曹州志 7/38
[乾隆]曹州府 12/8
[光緒]菏澤 7/名宦 3
[光緒]新修菏澤 8/5
菏澤縣鄉土志/8
魏成基(字福坪)
(清・濟寧人)

［民國］濟寧直隸州續志 12/36
魏成恩（清・膠州人）
［民國］增修膠志 44/15
57 魏邦珣（清・順天大興歲貢）
［康熙］膠州 5/17
［乾隆］膠州 4/15
［道光］重修膠州 23/1
［民國］增修膠志 18/1
58 魏轍（明・蒙陰人）
［康熙十一年］蒙陰 2/50
魏撫璭（清・冠縣人）
［乾隆］東昌 43/16
［嘉慶］東昌 32/42
［道光］冠縣 8/上 23
［光緒］冠縣 8/孝義
［民國］冠縣 8/人物志 28
60 魏冒（字重光）
（清・利津人）
［康熙］濟南 41/40
［乾隆］武定府 24/33
［咸豐］武定府 24/循良 23
［康熙］利津縣新志 6/3
［光緒］利津 7/宦蹟 9
魏昇（宋）
［光緒］益都縣圖志 16/35
魏國彥（字美士）
（清・臨朐人）
臨朐縣鄉土志 1/耆舊
魏思齊（字子方）
（清・鉅野人）
［道光］鉅野 13/55
魏國禎（字華明）
（明・陽穀人，一作濟寧人）
［康熙］張秋志 7/28
［民國］增修陽穀人物/文苑 3，人物/師道 13
魏國祥（字瑞吾）
（清・陽信人）
［乾隆］武定府 26/30
［乾隆］陽信 7/57
［民國］陽信 5/人瑞 68
信邑志稿 7/耆碩
魏國楨（見魏國禎）
魏國棟（字少菴）
（明・陽穀人）
［民國］增修陽穀人物/善行 36
魏國輔（明・濰縣人）
［康熙］萊州 10/54
［乾隆］濰縣 4/17
［民國］濰縣志稿 31/26
濰縣鄉土志/19
魏景昉（字凝熙）
（清・惠民人）
［光緒］惠民 22/10
惠民縣鄉土志/耆舊錄 17
魏景暭（字際熙）
（清・惠民人）
［咸豐］武定府 26/義行 34，34/傳 9
［光緒］惠民 22/10，27/26
魏景曾（清・新城人）
［道光］濟南 55/83
［宣統］新城縣後志 3/耆壽
67 魏昭乘（明・滑縣人）
［乾隆］濟寧直隸州 22/46
魏照乘（明・滑人）
［道光］濟寧直隸州 6/6－32
［康熙五十一年］金鄉 8/19
［乾隆］金鄉 17/9
［民國］金鄉 11/20
［咸豐］金鄉縣志略 7/8
金鄉縣鄉土志/政績錄
魏明山（清・萊蕪人）
［民國］續修萊蕪 27/9
魏鳴鑾（清・鉅野人）
［民國］續修鉅野 5/上 31
魏明臣（明・封丘人）
［萬曆］沂州志 4/50
71 魏陛（字殿颺）
（清・鉅野人）
［道光］鉅野 13/35
魏匡（明・龍溪人）
［乾隆］泰安府 15/9
［天啟］新泰 5/28
［順治］新泰 4/24
［乾隆］新泰 11/11
魏長魯（字猷堂）
（陽穀人）
［民國］增修陽穀人物/仕宦 24
魏長祿（字壽卿）
（陽穀人）
［民國］增修陽穀人物/仕宦 24
72 魏剛（明・河南封邱人）
［乾隆］沂州府 17/27
74 魏陞（字揆百）
（清・利津人）
［乾隆］利津縣志續編 8/47
［光緒］利津 8/義行 2
75 魏體乾（明・陳州人）
［萬曆］青州 12 又/8
［康熙十五年］青州 12 又/8
［康熙四十八年］青州 12 又/8
［康熙六十年］青州 12/24
［咸豐］青州 36/27
［康熙］臨淄 8/6
［民國］臨淄 18/8
77 魏隆（字道崇）
（唐・任城人）
［乾隆］濟寧直隸州 28/27
［道光］濟寧直隸州 10/2－16
魏闕（字子瞻）
（明・利津人）
［康熙］濟南 45/4
［乾隆］武定府 24/5
［咸豐］武定府 24/清介 5
［康熙］利津縣新志 8/13
［光緒］利津 7/宦蹟 7
魏鵬霄（清・陵縣人）
［道光］濟南 56/65
［光緒］陵縣 19/人物傳二 22
魏學張（明・陜西人）
［咸豐］青州 36/34
［康熙］益都 5/23
［光緒］益都縣圖志 18/40
魏學聖（字占鼇）
（商河人）
［民國］重修商河 7/42
魏學信（字誠齋）
（清・歷城人）
［民國］續修歷城 43/5
魏學澄（號鏡秋）
（清・惠民人）

[光緒]惠民 23/15
惠民縣鄉土志/耆舊錄 23
魏殿奎(清・壽光人)
[民國]壽光 12/人物志二 58
魏開基(清・陵縣人)
[道光]濟南 56/65
[光緒]陵縣 19/人物傳二 25
魏興泰(清・汶上人)
[宣統]四續汶上稿/人物－藝術傳
魏鵬展(字雲程)
(清・萊蕪人)
[民國]續修萊蕪 22/13
魏興周(清・濟寧人)
[道光]濟寧直隸州 8/4－23
80 **魏毓讓**(字鳴謙)
(清・東阿人)
[道光]東阿 14/人物下 22
[民國]續修東阿 11/14
魏養化(明・鉅野人)
[道光]鉅野 13/52
魏公濟(字宗召,號沂野)
(明・費縣人)
[萬曆]沂州志 7/31
[乾隆]沂州府 25/21
[康熙]費縣 7/9
[光緒]費縣 10/71
費縣鄉土志/耆舊錄－事業
魏全勝(清・德州人)
[康熙]德州 6/7
82 **魏鑣**(字龍泉)
(明・德州人)
德州鄉土志/耆舊 9
83 **魏鉞**(字廷肅)
(明・堂邑人)
[康熙]堂邑 13/6
84 **魏鎮**(明・東昌府人)
[乾隆]東昌 39/16
86 **魏鈿**(字鍾華,號理齋)
(清・東阿人)
[宣統]山東 171/7
[乾隆]泰安府 17/54
[道光]東阿 14/人物下 21
魏鐸(字子木)
(元・濟寧人)
[康熙]濟寧州 7/18
[乾隆]濟寧直隸州 26/14
[道光]濟寧直隸州 8/2－20
濟寧州鄉土志 2/耆舊
魏錫齡(字夢九)
(清・陽穀人)
[民國]增修陽穀人物/師道 27
魏錫祚(字子晉)
(清・萊蕪人)
[宣統]山東 171/6
[乾隆]泰安府 17/52
[民國]萊蕪 17/8
[民國]續修萊蕪 22/10
萊蕪縣鄉土志/14
87 **魏銘**(清・臨清人)
[宣統]山東 174/30
[民國]臨清縣/人物 29
[民國]夏津續編 8/5
魏舒(字元陽,一作陽元)
(晉・任城樊人)
[嘉靖]山東 30/15
[康熙]山東 40/17
[雍正]山東 28/人物一 33
[宣統]山東 155/3
[萬曆元年]兗州 40/政績 5
[萬曆二十四年]兗州 32/15
[康熙]兗州 25/11
[乾隆]兗州 23/19
[康熙]濟寧州 6/8
[乾隆]濟寧直隸州 23/11
[道光]濟寧直隸州 8/2－7
濟寧州鄉土志 2/耆舊
魏欽(字敬庵)
(清・夏津人)
[民國]夏津續編 8/23
魏欽業(清・萊蕪人)
[民國]續修萊蕪 27/16
88 **魏篤**(字厚莽,號小鄰)
(清・鉅野人)
[民國]續修鉅野 5/上 1,5/上 17,7/下 17,8/上 23
魏鑑(明・臨邑人)
[康熙]重修臨邑 9/2
魏鑑(字鏡吾)
(清・鄆城人)
[光緒]鄆城 16/28
魏鈐(字印寰)
(明・德州人)
德州鄉土志/耆舊 9
魏鉁(字待聘)
(清・鉅野人)
[道光]鉅野 13/49
90 **魏炎**(明・費縣人)
[乾隆]沂州府 26/27
[康熙]費縣 7/29
[光緒]費縣 10/80
魏光武(字紹文)
(東平人)
[民國]東平縣 11/上 21
魏尚先(字聲甫)
(清・萊蕪人)
[民國]萊蕪 18/12
[民國]續修萊蕪 24/5
魏光宗(明・鉅野人)
[萬曆]鉅野 8/孝子
[康熙]鉅野 11/32
[道光]鉅野 13/43
魏尚寅(東阿人)
[民國]東阿 15/6
魏光耀(字炳文)
(清・鉅野人)
[道光]鉅野 13/41
91 **魏恆祚**(字文西,號穌菴)
(清・曲阜人)
[民國]續修曲阜 5/35
魏炳南(字文彪)
(清・商河人)
[民國]重修商河 8/26
92 **魏愷**(北齊・代人)
[萬曆]萊州 5/59
[康熙]萊州 8/19
[康熙]膠州 5/3
[乾隆]膠州 4/4
93 **魏焌**(字西洲)
(清・樂安人)
[民國]續修廣饒 19/67
[民國]樂安 10/34
魏怡(明・北直南樂人)
[咸豐]青州 36/16
[乾隆]博山 6/上 2
[乾隆]博山志稿/14

[光緒]益都縣圖志 18/17
96 **魏煜如**(字孟宣)
(清·曲阜人)
[道光]濟南 38/14
[康熙]鄒平 4/21,7/41
[嘉慶]鄒平 14/18
[道光]鄒平 14/18
[民國]鄒平 14/18
[乾隆]曲阜 86/5
97 **魏焕文**
[民國]朝城縣續志 1/26

2643_0 吴

00 **吴立**(唐)
[光緒]嶧縣 19/87
吴廉(字介夫)
(明·浙江歸安人)
[宣統]山東 73/38
[乾隆]萊州 9/25
[乾隆]即墨 8/6
[同治]即墨 8/6
即墨縣鄉土志/政績錄
吴音(明·莆田人)
[嘉靖]寧海州下/18
[康熙]寧海州 7/8
[同治]重修寧海州 12/10
吴應(晉·濟陰人)
[康熙]曹縣 12/5
[康熙]兖州府曹縣 12/5
[光緒]曹縣 12/5
吴章(漢·平陵人)
[宣統]山東 164/1
吴方序(字伯式)
(清·寧陽人)
[咸豐]寧陽 14/22
[光緒]寧陽 14/22
吴雍裔(字荊仲,號景仲)
(清·費縣人)
[乾隆]沂州府 26/14
[康熙]費縣 7/15
[光緒]費縣 11/3
費縣鄉土志/耆舊錄-事業
吴方晉(字旭初)
(清·寧陽人)
[咸豐]寧陽 14/7
[光緒]寧陽 14/7
吴慶雲(字從龍)
(清·武城人)
[乾隆]武城 10/31
吴衷一(字敬涵)
(清·嘉祥人)
[雍正]山東 28/人物四 21
[宣統]山東 172/38
[乾隆]兖州 23/63
[道光]濟寧直隸州 8/3-34
[順治]嘉祥 3/12
吴方琦(字奇玉)
(清·寧陽人)
[咸豐]寧陽 15/9
[光緒]寧陽 15/9
吴文魁(字龍渠)
(明·長山人)
[康熙]濟南 46/5
[道光]濟南 50/48
[康熙五十五年]長山 6/25
[嘉慶]長山 8/10
吴方穆(字肅莽)
(清·寧陽人)
[咸豐]寧陽 14/23
[光緒]寧陽 14/23
吴應穆(明·浙江歸安人)
[宣統]山東 72/28
[乾隆]曹州府 12/19
[萬曆]濮州 3/名宦 21
[康熙]濮州 3/19
[乾隆]濮州 3/19
[宣統]濮州 4/19
吴慶良(清·莒縣人)
[民國]重修莒志 62/14
吴慶之(字文悦)
(南北朝·濮陽人)
[嘉靖]山東 31/8
[萬曆]東昌 19/9
[乾隆]曹州府 16/1
[萬曆]濮州 3/鄉賢 7
[康熙]濮州 3/39
[乾隆]濮州 3/40
[宣統]濮州 4/46
吴應宣(清·寧陽人)
[乾隆]兖州 23/77
[乾隆]寧陽 7/孝子 2
[咸豐]寧陽 15/4
[光緒]寧陽 15/5
吴方迥(字軼亭)
(清·寧陽人)
[咸豐]寧陽 14/23
[光緒]寧陽 14/23
吴裔通(明·萊蕪人)
[康熙]濟南 38/22
[乾隆]泰安府 18/29
[康熙]新修萊蕪 6/43
[民國]萊蕪 19/2
[民國]續修萊蕪 25/2
萊蕪縣鄉土志/8
吴方南(清·朝城人)
[民國]朝城縣續志 1/29
吴應奎(字汝文)
(明·浙江錢塘人)
[嘉靖]章丘 3/8
吴慶垣(字仲藩)
(清·霑化人)
[民國]霑化 2/52
吴方札(字俊卿)
(清·寧陽人)
[咸豐]寧陽 13/26
[光緒]寧陽 13/26
吴文彬(字士雅)
(明·東阿人)
[康熙]張秋志 8/8
[道光]東阿 24/12
吴慶基(字丕始)
(霑化人)
[民國]霑化 3/12
吴慶萂(字子塗,號巨源)
(清·茌平人)
[民國]茌平 3/19
吴應棟(字柱石)
(明·寧陽人)
[咸豐]寧陽 15/30
[光緒]寧陽 15/50
吴應泰(明·寧陽人)
[咸豐]寧陽 12/48
[光緒]寧陽 12/50
吴方昭(字潛溪)
(清·寧陽人)
[咸豐]寧陽 15/32
[光緒]寧陽 15/52
吴文全(清·儀徵人)

[乾隆]夏津 6/18
吴應全(清・沂水人)
[乾隆]沂州府 26/16
[康熙]沂水 5/1
[道光]沂水 7/25
吴文錦(字繡亭)
(清・霑化人)
[光緒]霑化 10/18
[民國]霑化 2/93
吴庭箱(字萬倉)
(清・茌平人)
[民國]茌平 3/100
吴文光(字奎沖)
(明・武城人)
[順治]武城 2/20
[乾隆]武城 10/23
武城縣鄉土志略/耆舊録
02 吴端明(清・直隸賓坻舉人)
[道光]安邱新志 16/2
安丘縣鄉土志 2/政績錄
03 吴謐(字寧遠)
(清・濟寧人)
[民國]濟寧直隸州續志 12/33
吴賓(字鳳堂)
(清・湖南湘陰人)
[光緒]平度志要/職官
[民國]平度縣續志 7/2
07 吴韶(明・博興人)
[康熙十二年]博興 6/8
[康熙六十年]博興 7/26
[道光]博興 11/22
[民國]重修博興 13/19
09 吴麟(明・獲嘉人)
[乾隆]陽信 5/8
10 吴丙(明・歸德人)
[乾隆]蒲臺 2/39
吴璋(明・高唐人)
[嘉靖]山東 35/6
[康熙]山東 45/14
[乾隆]東昌 42/25
[嘉慶]東昌 32/21
[嘉靖]高唐州 5/23
[康熙十二年]高唐州 9/4
[康熙五十一年]高唐州 9/4
[道光]高唐州 5/2－8
[光緒]高唐州 5/2－11
[民國]高唐縣 12/5
吴璋(號香岫)
(清・浙江歸安人)
[宣統]山東 75/7
章邱縣鄉土志/上 13
吴玉亭(字瑞峰,號崑山)
(清・茌平人)
[民國]茌平 3/96
吴一龍(明・江西崇仁人)
[康熙]朝城 7/8
吴一元(明・萊陽人)
[民國]萊陽 3/1 中 20
吴一元(號見始)
(清・范縣人)
[康熙]山東 61/27
[康熙]張秋志 7/29,11/27
吴玉璋(字子珍)
(高唐人)
[民國]高唐縣 12/79
吴玉絃(清・昌樂人)
[嘉慶]昌樂 21/3
吴三樂(清・陽信人)
[咸豐]武定府 25/孝友 33
[乾隆]陽信 7/25
[民國]陽信 5/孝友 50
信邑志稿 7/孝友
吴雲岱(字魯瞻)
(清・無棣人)
[民國]無棣 13/33
吴天修(字遜來)
(清・德州人)
[康熙五十六年]壽張 4/27
[光緒]壽張 5/32
吴正儀(清・汶上人)
[宣統]四續汶上稿/人物－孝弟傳
吴可宗(字觀魯)
(清・滋陽人)
[乾隆]兖州 23/87
[光緒]滋陽 9/6
滋陽縣鄉土志 1/耆舊－忠義
吴于宣(號南嶼)
(清・浙江石門人)
[宣統]山東 75/28
[道光]濟南 38/36
[道光]臨邑 7/28
[同治]臨邑 7/32
吴元扆(字君華)
(宋・太原人)
[乾隆]泰安府 14/13
[萬曆二十四年]兖州 28/5
[康熙]兖州 22/5
[康熙]東平州 4/33
[乾隆]東平州 12/11
[道光]東平州 12/11
[光緒]東平州 14/11
[民國]東平縣 9/6
東平州鄉土志上/政績錄 10
吴百福(清・滋陽人)
[光緒]滋陽 9/53
滋陽縣鄉土志 1/耆舊－實行
吴正祥
[民國]朝城縣續志 1/25
吴三太(清・聊城人)
[嘉慶]東昌 31/15
[宣統]聊城 8/69
吴雲臺(明・莆田人)
[乾隆]寧陽 3/教諭 2
吴玉書(字景素)
(清・朝城人)
[民國]朝城縣續志 1/33,2/26
吴三戒(字裕菴)
(明・長山人)
[道光]濟南 50/48
[康熙五十五年]長山 6/25
[嘉慶]長山 8/10
吴三畏(字参二,號惺一)
(清・菏澤人)
[康熙]曹州志 15/71
[光緒]菏澤 15/63
[光緒]新修菏澤 10/40
菏澤縣鄉土志/27
吴爾煦(字子和)
(清・霑化人)
[民國]霑化 2/98
吴雲鶚(清・浙江金烏人)
[道光]高唐州 5/2－26

［光緒］高唐州 5/2－43
吳雲路（字漸鴻，號何衢）
（清・濮州人）
［宣統］濮州 3/91
吳西堂（清・東明人）
［民國］東明縣新誌 11/62
東明縣志料/藝術門
11 吳珏（明・朝城人）
［萬曆］濮州 3/鄉賢 35
［嘉靖］朝城志 7/6
吳珏（清・河南永城人）
［乾隆］嶧縣 7/26
吳珂（明・上杭人）
壽張縣鄉土志/政績－興利
吳珂（霑化人）
［民國］霑化 4/登進 44
吳璪（字澗菴）
（清・福山人）
［乾隆］東昌 33/44
［嘉慶］東昌 21/12，31/13
［民國］福山縣志稿 7/2－18，7/8－1
吳琴樂（字韻龤）
（清・濮州人）
［宣統］濮州 6/13
12 吳璀（字聿輝，號拙菴）
（清・單縣人）
［民國］單縣 11/37
吳璠（字魯玉）
（清・霑化人）
［光緒］霑化 10/17
［民國］霑化 2/91
吳璣（字隨玉）
（清・霑化人）
［光緒］霑化 10/17
［民國］霑化 2/91
吳瑞（清・茌平人）
［宣統］茌平 16/2
［民國］茌平 3/17
吳瓚（字重美）
（清・霑化人）
［乾隆］武定府 26/44
［咸豐］武定府 26/寓賢 4
［乾隆］陽信 7/58
［民國］陽信 5/僑寓 90
信邑志稿 7/寓賢
［光緒］霑化 10/10
［民國］霑化 2/83
吳廷瓚（明・欽天監人）
［崇禎］歷城 6/2
吳瑞占（清・鉅野人）
［民國］續修鉅野 5/上 24
吳廷鑾（字德輿）
（清・齊河人）
［民國］齊河 27/25
吳登科（明・蒙陰人）
［康熙十一年］蒙陰 2/51
吳廷贊（明・順天人）
［宣統］山東 72/6
［萬曆二十四年］兗州 29/2
［康熙］兗州 22/23
［乾隆］兗州 22/24
［萬曆］泗水 4/9
［順治］泗水 4/9
［光緒］泗水 4/2
［光緒］泗水縣鄉土志/7
吳瑞徵（字明村）
（霑化人）
［民國］霑化卷首/13
吳登瀛（字象乾）
（清・武城人）
［道光］武城續編 10/6
吳發業（清・霑化人）
［光緒］霑化 10/12
［民國］霑化 2/86
吳瑞洪（字儒範）
（霑化人）
［民國］霑化 2/69
吳延祚（字蓉村）
（清）
觀城縣鄉土志/政績
吳延祚（清・陽湖人）
［民國］牟平 6/80
吳廷棟（字彥甫，號竹如）
（清・安徽霍山人）
［宣統］山東 74/43
吳廷楫（字濟川）
（清・寧陽人）
［咸豐］寧陽 14/8
［光緒］寧陽 14/8
吳廷相（字頌賢）
（清・寧陽人）
［宣統］山東 172/11
［咸豐］寧陽 13/11
［光緒］寧陽 13/11
吳廷翰（字西園）
（清・寧陽人）
［光緒］寧陽 14/43
吳廷顯（明・臨潼人）
［萬曆］泗水 4/11
［順治］泗水 4/11
［光緒］泗水 4/4
吳孔輿（字聖欽）
（清・陵縣人）
［光緒］陵縣 19/人物傳二 16
吳瑞光（霑化人）
［民國］霑化 4/登進 45
13 吳琮（字抑之）
（清・霑化人）
［乾隆］武定府 26/14
［咸豐］武定府 26/義行 14
［光緒］霑化 10/8
［民國］霑化 2/80
吳瑄（字彥律）
（宋・濰州人）
［民國］濰縣志稿 30/17
吳瑄（字舜玉，號西濤）
（清・長山人）
［康熙］濟南 41/46
［道光］濟南 55/10
［康熙四十三年］長山 5/仕業
［康熙五十五年］長山 6/11
［嘉慶］長山 7/17，14/39
吳武元（清・濮州人）
［乾隆］濮州 4/91
［宣統］濮州 6/7
吳武陵（初名侃）
（唐・信州人）
［乾隆］曹州府 14/15
［萬曆］濮州 3/鄉賢 12
［康熙］濮州 3/42
［乾隆］濮州 3/43
［宣統］濮州 4/49
14 吳瑾（字願餘，別號紫石）
（清・廣濟人）
［康熙］萊陽 10/又 25
［民國］萊陽 3/1 上 24

吴琪(字公佩)
(清・仁和人)
鄒縣鄉土志耆舊録/附名宦 23
吴琦(字汝器)
(明・潞州人)
[崇禎]歷城 6/2
[乾隆]陽信 5/3
信邑志稿 5/職官－知縣
[民國]陽信 2/22
吴琦(字勉之)
(清・直隸房山人)
[宣統]山東 75/35
[光緒]東平州 14/45
[民國]東平縣 9/24
吴確(明・堂邑人)
[乾隆]東昌 41/29
[嘉慶]東昌 31/7
[順治]堂邑 2/人物 25
[康熙十一年]堂邑 2/選舉 33
[康熙]堂邑 16/8
堂邑縣鄉土志/耆舊録
吴瑛(字修玉)
(清・無棣人)
[民國]無棣 12/6
吴瓚(字臣助)
(清・霑化人)
[乾隆]武定府 25/55
[咸豐]武定府 25/文苑 15
[光緒]霑化 9/6
[民國]霑化 2/58
吴瑛山(清・朝城人)
[民國]朝城縣續志 1/29,2/38
15 吴珃(字弱玉)
(清・霑化人)
[乾隆]武定府 25/20
[咸豐]武定府 25/孝友 20
[光緒]霑化 8/7
[民國]霑化 2/35
16 吴聖有(清・鄆城人)
[光緒]鄆城 10/9
17 吴璨(字粲玉,一作燦玉)
(清・霑化人)
[宣統]山東 171/50
[乾隆]武定府 26/16
[咸豐]武定府 26/義行 16
[光緒]霑化 10/9
[民國]霑化 2/82
吴琛(清・福山歲貢)
[宣統]山東 76/38
吴琛(清・濟陽人)
[民國]濟陽 11/55
吴瓊(字彦琳)
(宋・北海人)
[民國]濰縣志稿 27/18
吴珎(明・范縣人)
[嘉靖]山東 35/5
[康熙]山東 45/14
[萬曆]濮州 4/孝友 4
吴承慶(明・恩縣人)
[雍正]恩縣續志 3/18
吴乃賡(原名廷獻,字月樵)
(清・濱州人)
[咸豐]濱州 10/又 16
吴承端(字立山)
(清・涇縣人)
[同治]重修寧海州 12/15
[民國]牟平 6/79
吴子元(名長裕)
(長清人)
[民國]長清 13/27
吴子珠(清・泰安人)
[民國]重修泰安縣 8/43
吴翼行(字玉山)
(清・湖南湘陰人)
[宣統]山東 75/36
吴承宗(字紹烈)
(清・壽光人)
[民國]壽光 12/人物志一 95
吴瓊富(明・萊蕪人)
[康熙]新修萊蕪 6/20
吴孟祺(字元壽)
(明・寧陽人)
[雍正]山東 28/人物三 35
[宣統]山東 161/42
[康熙]兗州續編 15/5
[乾隆]兗州 23/43
[康熙十一年]寧陽 7/13
[康熙四十一年]寧陽 7/13
[乾隆]寧陽 7/風節 4
[咸豐]寧陽 12/41
[光緒]寧陽 12/42
寧陽縣鄉土志/14
吴孟禄(字元學)
(明・寧陽人)
[咸豐]寧陽 15/2
[光緒]寧陽 15/2
吴乙林(字蓮舫)
(清・長清人)
[民國]長清 13/17
吴子蘭(漢・歷城人)
[雍正]山東 28/人物一 24
[宣統]山東 164/2
[康熙]濟南 38/1
[道光]濟南 45/22
[崇禎]歷乘 16/4
[崇禎]歷城 10/16
[乾隆]歷城 41/1
吴承周(清・新都人)
高苑縣鄉土志/政績
吴子鈺(字獻珍)
(清・堂邑人)
[康熙]堂邑 14/6
吴召棠(字蔭南)
(清・陽信人)
[咸豐]武定府 25/孝友 43
[民國]陽信 5/孝友 58
信邑志稿 7/孝友
18 吴玠(字如白)
(清・嘉祥人)
[乾隆]嘉祥 3/38
[光緒]嘉祥 3/46
吴璇(字世美,號莒峰)
(明・高唐人)
[乾隆]東昌 39/26
[嘉慶]東昌 29/10
[嘉靖]高唐州 5/23
[康熙十二年]高唐州 8/14
[康熙五十一年]高唐州 8/14
[道光]高唐州 5/1－14
[光緒]高唐州 5/1－14
[民國]高唐縣 12/66
20 吴爵(字世祿,號守齋)
(明・番禺人)
[嘉靖]濮州 7/18

［萬曆］濮州 3/名宦 22
［康熙］濮州 3/21
［乾隆］濮州 3/21
［宣統］濮州 4/21
吴伉(漢・甘陵人)
［嘉慶］東昌 34/11
吴爵元(清・臨沂人)
［民國］臨沂 10/53
吴秀嵐(霑化人)
［民國］霑化 4/登進 46
吴雙德(字麗明)
(清・霑化人)
［民國］霑化 2/100
吴秉彝(字蘊博)
(清・高唐人)
［光緒］高唐州 5/2－37
［民國］高唐縣 12/48
吴維綱(字紀甫)
(清・萊蕪人)
［民國］續修萊蕪 34/25
吴重憙(字仲飴)
(清・無棣人)
［民國］無棣 10/16
吴維姬(清・蓬萊人)
［乾隆］續登州 10/13
［雍正］文登 10/2
［道光］文登 5/27
［光緒］文登 10/下 4
吴維垣(清・冠縣人)
［道光］冠縣 8/上 27
［光緒］冠縣 8/孝義
［民國］冠縣 8/人物志 32
吴秉堅(字含真,號過亭)
(清・霑化人)
［民國］霑化 2/68
吴重周(字長飴)
(清・無棣人)
［民國］無棣 12/17
海豐縣鄉土志/耆舊－事業六
吴季翕(清・滋陽人)
［康熙］滋陽 4/上 32
［光緒］滋陽 9/48
吴重義(字宜菴)
(清・無棣人)
［民國］無棣 13/33

吴維焜(清・濮州人)
［宣統］濮州 6/18
21 **吴虔**(字子恪)
(三國・滋陽人)
［康熙］滋陽 4/上 38
吴衍(元・濮州鄄城人)
［嘉靖］濮州 5/32
吴嶀(字峻堂)
(清・濱州人)
［咸豐］濱州 10/厚德 6
濱州鄉土志/耆舊錄
吴貞(見吳禎)
吴衍庶(清)
［光緒］嶧縣 19/丞倅 6
吴仁山(清・萊陽人)
［民國］萊陽 3/1 中 83
吴貞祉(字介菴)
(單縣人)
［民國］單縣 12/鄉賢 26
吴上達(字章成)
(清・朝城人)
［康熙］朝城 8/25
吴步韓(字錦堂,號小巖)
(清・鄒城人)
［宣統］山東 173/8
吴順蓋(字肖臺)
(清・冠縣人)
［道光］冠縣 8/上 26
［光緒］冠縣 8/孝義
［民國］冠縣 8/人物志 31
吴儒光(明・長清人)
［道光］濟南 52/27
22 **吴岸**(字充右)
(清・濱州人)
［乾隆］武定府 26/32
吴豳(字稼生)
(清・無棣人)
［民國］無棣 11/16
吴鼎(字鼎臣)
(元・燕人)
［嘉靖］山東 25/10
［康熙］山東 31/12
［雍正］山東 27/9
［宣統］山東 69/16
［康熙］濟南 24/16
吴峩(字我山)

(清・濮州人)
［宣統］濮州 6/14
吴尌(字滇生)
(清・無棣人)
［民國］無棣 10/17
吴嵐(清・博興人)
［康熙六十年］博興 7/36
［道光］博興 11/34
［民國］重修博興 13/33
吴巒(字寶川)
(五代・鄆州盧縣人)
［嘉靖］山東 30/42
［雍正］山東 28/人物二 18
［宣統］山東 164/13
［乾隆］泰安府 16/34
［萬曆元年］兗州 40/節義 18
［萬曆二十四年］兗州 34/12
［康熙］兗州 26/44
［康熙］東平州 4/18
［嘉慶］肥城 17/16
［光緒］肥城 9/10
肥城縣鄉土志 5/17
［宣統］重修恩縣 6/44
［民國］重修恩縣 10/60
吴鑾(字廷和)
(明・堂邑人)
［順治］堂邑 2/人物 15
［康熙十一年］堂邑 2/選舉 13
［康熙］堂邑 13/7
吴鸞(字鏡生,號虛堂)
(清・臨沂人)
［民國］臨沂 10/33
吴嶠(字次峰)
(清・陽信人)
［民國］陽信 5/宦蹟 22
陽信縣鄉土志上/耆舊－事業
吴山(明・冠縣人)
［乾隆］東昌 42/18
［嘉慶］東昌 32/18
［嘉靖］冠縣 4/13
［萬曆］冠縣 4/36
［道光］冠縣 8/上 20
［光緒］冠縣 8/孝義
［民國］冠縣 8/人物志 25

吳嶽(字汝喬)
(明·汶上人)
[康熙]山東 40/59
[雍正]山東 28/人物三 35
[宣統]山東 159/22
[萬曆二十四年]兗州 36/16
[康熙]兗州 28/15
[乾隆]兗州 23/44
[萬曆]汶上 6/8
吳繼高(字筱亭)
(臨清人)
[民國]臨清縣/人物 20
吳山亭(清·茌平人)
[民國]茌平 3/97
吳繼震(字東皋)
(清·霑化人)
[光緒]霑化 9/9
[民國]霑化 2/62
吳崇儒(字女爲)
(明·嘉祥人)
[順治]嘉祥 3/40
吳種德(字乃賡)
(清·霑化人)
[光緒]霑化 8/17
[民國]霑化 2/47
吳崇禮(字彬卿,號節庵)
(明·寧陽人)
[康熙]山東 40/62
[雍正]山東 28/人物三 54
[宣統]山東 160/34
[乾隆]兗州 23/48
[康熙]兗州 28/26
[康熙十一年]寧陽 7/15
[康熙四十一年]寧陽 7/15
[乾隆]寧陽 7/良吏 4
[咸豐]寧陽 12/43
[光緒]寧陽 12/45
寧陽縣鄉土志/14
吳鼎臣(宋·棣州人)
[康熙]濟南 37/4
[萬曆]武定州 13/3
[乾隆]武定府 23/8
[咸豐]武定府 23/名臣 8
[康熙]陽信 9/3
[乾隆]陽信 7/2
[民國]陽信 5/宦蹟 4
信邑志稿 7/名臣
[乾隆]惠民 5/29
[光緒]惠民 19/5,卷末/2
惠民縣鄉土志/耆舊錄 26
23 **吳紘**(字映山)
(清·青陽人)
[宣統]山東 200/17
[乾隆]濟寧直隸州 28/20
[道光]濟寧直隸州 8/4–47
吳俊(明·江夏人)
[萬曆]諸城 4/37
吳俊(明·順天進士)
[康熙]鄒平 4/12
[嘉慶]鄒平 14/8
[道光]鄒平 14/8
[民國]鄒平 14/8
吳俊(清·萊陽人)
[光緒]增修登州 43/31
[民國]萊陽 3/1 中 73
吳俊(清·諸城人)
[道光]諸城縣續志 19/5
吳縯(字子長)
(金·東平人)
[民國]濰縣志稿 32/13
吳允謨(字嘉言,號訥菴,一作訥安)
(清·湖北黃岡人)
[宣統]山東 75/63
[康熙]滕縣志 6/宦業 46
[道光]滕縣志 6/宦績 36
滕縣鄉土志/7
吳獻西(清·鄒平人)
[道光]濟南 54/48
[道光]鄒平 15/97
[民國]鄒平 15/97
吳俊升(清·諸城人)
[光緒]增修諸城縣續志 16/27
吳俊芝(字秀三)
(清·長清人)
[民國]長清 13/9
吳允中(字衷白,一字百含,號見陶)
(明·曹州人)
[康熙]山東 40/62
[雍正]山東 28/人物三 57
[宣統]山東 161/53
[康熙]曹州志 15/28
[乾隆]曹州府 15/16
[光緒]菏澤 15/27
[光緒]新修菏澤 10/30
菏澤縣鄉土志/20
吳允中(清·濮州人)
[宣統]濮州 6/36
吳俊卿(字錫九)
(清·武定人)
[民國]續滕縣志 4/26
24 **吳紘**(見吳紘)
吳偉(字朝英)
(明·寧陽人)
[康熙十一年]寧陽 7/12
[康熙四十一年]寧陽 7/12
[乾隆]寧陽 7/師範 1
吳偉(字偉人)
(清·德平人)
[道光]濟南 56/87
[乾隆]德平 3/14
[嘉慶]德平 7/15
[光緒]德平 7/14
吳魁章(字次文)
(清·昌樂人)
[民國]昌樂縣續志 28/10
吳德新(字廣業)
(清·東明人)
[民國]東明縣新誌 11/42
吳德彰(金)
[嘉靖]山東 27/7
[康熙]山東 35/7
[雍正]山東 27/58
[嘉靖]青州 13/31
[萬曆]青州 12/23
[康熙十五年]青州 12/23
[康熙四十八年]青州 12/23
[康熙六十年]青州 12/14
[咸豐]青州 35/14
[嘉靖]臨朐 2/52
[康熙]臨朐縣志書 3/4
光緒臨朐 13/2
吳德謙(字益軒)
(清·茌平人)
[民國]茌平 3/102
吳纘姬(明·蓬萊人)

[康熙]山東 46/7
[順治]登州 17/2
[光緒]增修登州 40/3
[道光]重修蓬萊 9/32
[民國]蓬萊縣志合編人物志/行誼
吳德茂(清・黃縣人)
[同治]黃縣 9/28
吳德植(字樹滋)(清・霑化人)
[光緒]霑化 10/20
[民國]霑化 2/94
吳德成(清・恩縣人)
[宣統]重修恩縣 8/43
[民國]重修恩縣 11/鄉賢 50
恩縣鄉土志/23
吳待旦(明・臨淄庠生)
[萬曆]青州 15/13
[康熙十五年]青州 15/又 12
[康熙四十八年]青州 15/文學 13
吳德兒(清・平度人)
平度鄉土志 4 上/鄉賢
吳德曾(清・無棣人)
[民國]無棣 13/19
吳德普(字純仁)(清・陽信人)
[民國]陽信 5/孝友 64
吳侍曾(字泰孫)(清)
[宣統]山東 171/44
[民國]無棣 12/12
海豐縣鄉土志/耆舊－學問一
吳德烺
[民國]莘縣 3/8
25 **吳傳**(清・菏澤人)
[光緒]新修菏澤 11/74
吳俸(字廉夫)(明・黃巖人)
[康熙]濟南 25/49
[道光]濟南 36/22
[乾隆]淄川 4/18
吳傑(元・博興人)
[嘉靖]山東 32/20
[康熙]山東 42/20
[雍正]山東 28/人物二 57
[嘉靖]青州 15/17
[萬曆]青州 14/21
[康熙十五年]青州 14/21
[康熙四十八年]青州 14/孝友 11
[康熙六十年]青州 17/10
[咸豐]青州 42/18
[康熙十二年]博興 6/6
[康熙六十年]博興 7/24
[民國]重修博興 13/11
吳律(字伯義,一字伯儀)(元・濮陽人)
[萬曆]東昌 19/45
[乾隆]曹州府 14/33
[嘉靖]濮州 5/32
[萬曆]濮州 3/鄉賢 30
[康熙]濮州 3/60
[乾隆]濮州 3/61
[宣統]濮州 4/67
吳甡(字專愚,一字鹿友)(明・興化人)
[宣統]山東 73/35
[康熙]萊州 8/51
[乾隆]萊州 9/21
[乾隆]濰縣 3/43
[民國]濰縣志稿 20/17
濰縣鄉土志/7
吳純彥(字正修)(清・霑化人)
[光緒]霑化 8/16
[民國]霑化 2/46
吳仲元(字象坎)(清・茌平人)
[民國]茌平 3/59
吳仲和(元・嶧州人)
[康熙]嶧縣 4/69
[光緒]嶧縣 21/鄉賢 62
吳仲紀(字淑理)(明・寧陽人)
[咸豐]寧陽 15/30
[光緒]寧陽 15/50
吳純姬(字相文)(清・寧陽人)
[咸豐]寧陽 15/31
[光緒]寧陽 15/51
吳仲芳(明・濱州人)
[乾隆]武定府 24/15
[咸豐]武定府 24/循良 5
[萬曆]濱州 3/24
[康熙]濱州 7/4
[咸豐]濱州 10/7
濱州鄉土志/耆舊錄
吳純如(明・無錫人)
[崇禎]歷城 6/15
吳傳笏(字搢廷)(清・茌平人)
[民國]茌平 3/60
吳繡堂(清・濱州人)
[宣統]山東 171/49
26 **吳得虎**(字在山)(清・陽信人)
[民國]陽信 5/忠義 64
吳伯俊(字時貞)(明・滕縣人)
[康熙]滕志 8/人物 23
吳自然(明・濟寧人)
[康熙]山東 45/10
[雍正]山東 28/人物三 32
[宣統]山東 166/11
[乾隆]兗州 23/43
[康熙]曹州志 16/8
[乾隆]濟寧直隸州 27/8
[光緒]菏澤 16/9
[光緒]新修菏澤 10/38
吳保安(字靜齋)(清・鄆城人)
[光緒]鄆城 16/37
吳伯淳(明・四川人)
[乾隆]嶧縣 7/31
吳自沖(字雲洲)(清・無棣人)
[民國]無棣 12/3
吳自肅(字在公,號克菴)(清・海豐人)
[宣統]山東 171/32
[乾隆]武定府 23/34
[咸豐]武定府 23/名臣 34
[民國]無棣 10/6,22/19
海豐縣鄉土志/耆舊－事業
吳自成(明・單縣人)
[隆慶]單縣下/15

[順治]單縣 3/3
[康熙]單縣 7/23
吳得昌(字興周)
(清・齊河人)
[民國]齊河 23/74
吳自炳(字朗若)
(臨沂人)
[民國]續修臨沂 16/17
27 **吳凱**(字獻明,號旋公)
(明・長山人)
[康熙]濟南 46/6
[道光]濟南 50/49
[康熙四十三年]長山 5/卓行
[康熙五十五年]長山 6/41
[嘉慶]長山 8/16
吳紹(明・朝城人)
[康熙]朝城 8/27
吳峋(字庾生)
(清・海豐人)
[宣統]山東 171/26
[民國]無棣 10/16
海豐縣鄉土志/耆舊-事業
吳紹詩(字二南,號蟻園)
(清・海豐人)
[宣統]山東 171/19
[民國]無棣 10/7,22/21
海豐縣鄉土志/耆舊-事業
吳級三(霑化人)
[民國]霑化 4/登進 47
吳身正(字可範)
(明・滕縣人)
[康熙]滕志 8/人物 23
[康熙]滕縣志 8/貞夫 1
吳修雲(濟寧人)
[民國]濟寧縣 3/6
吳象弼(字似之,號康臣)
(清・無棣人)
[乾隆]武定府 34/46
[咸豐]武定府 34/傳 4
[民國]無棣 12/7,20/24
海豐縣鄉土志/耆舊-學問一
吳紹宗(字述之)
(明・博平人)
[正德]博平 4/68
吳象寬(字居之,號芝園)
(清・海豐人)
[宣統]山東 171/33
[乾隆]武定府 24/45
[咸豐]武定府 24/循良 35
[民國]無棣 11/7
海豐縣鄉土志/耆舊-事業
吳岷源(字笠江)
(清・利津人)
[光緒]利津 7/文苑 3
吳紹冶(字鑄南)
(清・無棣人)
[民國]無棣 12/7
吳紹禮(清・海豐舉人)
[乾隆]兗州 22/35
[乾隆]濟寧直隸州 22/48
[道光]濟寧直隸州 6/7-85
吳紹書(清・無棣人)
[民國]無棣 13/28
吳紹甲(字衣言,別號雪心)
(清・無棣人)
[民國]無棣 12/7
海豐縣鄉土志/耆舊-事業六
吳象默(字從之)
(清・無棣人)
[乾隆]武定府 25/63
[咸豐]武定府 25/文苑 23
[民國]無棣 12/6
海豐縣鄉土志/耆舊-學問一
吳名鳳(字竹庵)
(清・寧津人)
[光緒]寧津 8/10
寧津縣志料 3/人物-循良
寧津縣鄉土志/耆舊
吳修鳳(字夢亭)
(清・德州人)
[民國]德縣 10/65
吳象羲(字則之)
(清・無棣人)
[民國]無棣 13/5,20/21
海豐縣鄉土志/耆舊-事業五
28 **吳綸**(字次經)
(清・昌邑人)
[光緒]昌邑縣續志 6/32
吳嵰(字兼山)
(清・常熟人)
[咸豐]寧陽 11/21
[光緒]寧陽 11/21
吳以諒(字葵田)
(明・寧陽人)
[咸豐]寧陽 13/4
[光緒]寧陽 13/4
吳以詢(字師虞)
(明・寧陽人)
[咸豐]寧陽 12/48
[光緒]寧陽 12/49
吳從誨(明・安平人)
[光緒]菏澤 7/名宦 7
吳從孔(字幼鐸)
(平原人)
[民國]續修平原 8/27
吳作梅(字素亭)
(清・嶧縣人)
[光緒]嶧縣 21/耆舊 15
吳以辰(明・松江人)
[道光]濟南 36/9
[嘉靖]章丘 3/4
[道光]章邱 9/4
章邱縣鄉土志/上 3
吳作賢(清・茌平人)
[宣統]茌平 16/2
[民國]茌平 3/17
吳復金(明・大興人)
[康熙]臨朐縣志書 3/4
光緒臨朐 13/8
29 **吳倓**(字恬如)
(清・莒縣人)
[嘉慶]莒州 10/10
[民國]重修莒志 64/1
吳嶒(字一峰)
(清・陽信人)
[民國]陽信 5/文學 22
30 **吳賓**(明・單縣人)
[順治]單縣 3/5
吳賓(明・觀城人)
[康熙]觀城 4/2
吳淮(明・真定人)
[順治]堂邑 2/職官 10
[康熙]堂邑 10/2

吳進(字升臺)
(漢·東平陵人)
[道光]濟南 45/22
[乾隆]歷城 39/1
[道光]章邱 10/39
章邱縣鄉土志/上 25
吳寬(字原博)
(明·長洲人)
[咸豐]寧陽 18/27
吳良(字太儀)
(漢·臨淄人)
[至元]齊乘 6/12
[嘉靖]山東 32/3
[康熙]山東 42/3
[雍正]山東 28/人物一 17
[宣統]山東 153/19,154/14
[嘉靖]青州 14/4
[康熙十五年]青州 14/45
[康熙四十八年]青州 14/儒行 2
[康熙六十年]青州 15/3
[咸豐]青州 38/10
[康熙]臨淄 10/4
[民國]臨淄 22/78
吳之彥(字時譽)
(明·滕縣人)
[康熙]滕志 8/人物 22
[康熙]滕縣志 8/貞夫 1
[道光]滕縣志 9/忠節 1
吳之勷(字翊臣,號淦崖)
(清)
[宣統]山東 171/40
[民國]無棣 10/12,21/21
海豐縣鄉土志/耆舊－事業
吳之謙(字撝吉)
(清·無棣人)
[民國]無棣 11/22
海豐縣鄉土志/耆舊－事業四
吳寶三(字康之)
(清·安徽桐城人)
[光緒]鄆城 6/15
[光緒]重修蒲臺 2/20
蒲臺縣鄉土志/4
吳守一(宋·蘭陵人)
[嘉靖]山東 34/12
[康熙]山東 47/5
[雍正]山東 30/13
[宣統]山東 200/31
[萬曆元年]兗州 46/8
[萬曆二十四年]兗州 52/27
[萬曆]沂州志 7/77
[康熙]沂州志 6/53
[乾隆]沂州府 27/13
[康熙]嶧縣 4/114
[乾隆]嶧縣 8/54
[光緒]嶧縣 21/流寓 14
[民國]臨沂 10/66
[乾隆四十七年]泰安縣卷之末/12
[道光]泰安縣卷之末/3
[民國]重修泰安縣 10/71
吳守正(明·單縣人)
[順治]單縣 3/6
吳宗孔(字聖裔)
(清·莒州人)
[道光]濟南 38/9
[民國]續修歷城 38/2
[嘉慶]莒州 10/11
[民國]重修莒志 64/1
吳憲尹(字覺民)
(清·嘉祥人)
[道光]濟寧直隸州 8/4－42
吳永孕(字繩甫,晚號耐翁)
(清·無棣人)
[乾隆]武定府 26/29
[咸豐]武定府 26/耆壽 3
[民國]無棣 13/27,22/16
吳之承(字敬軒)
(清·無棣人)
[民國]無棣 11/7
海豐縣鄉土志/耆舊－事業
吳之珍(字西灞)
(清·湖北黃岡人)
[宣統]山東 77/17
[咸豐]青州 37/3
[乾隆]諸城 28/10
吳寶貞(霑化人)
[民國]霑化 4/登進 46
吳良能(字孩如)
(明·遼東蓋州人)
[雍正]山東 27/40
[宣統]山東 72/8
[康熙]兗州 22/36
[乾隆]兗州 22/25
[康熙]滕志 6/44
[康熙]滕縣志 6/宦業 39
[道光]滕縣志 6/宦績 31
滕縣鄉土志/10
吳準仁(字澤甫,號宅甫)
(清·江蘇陽湖人)
[宣統]山東 76/40
[光緒]增修登州 27/7
[光緒]博平縣續志 6/13
博平縣鄉土志/政績
[光緒]鄆城 6/13
[民國]黃縣志稿 11/宦績
吳之胤(字永錫)
(明·滕縣人)
[康熙]滕志 8/人物 23
[康熙]滕縣志 8/貞夫 1
吳之俊(清·遼陽人)
[宣統]山東 76/26
[康熙]觀城 3/7
[道光]觀城 6/8,9/52
觀城縣鄉土志/政績
吳守身(字若曾)
(清·無棣人)
[民國]無棣 12/15
吳永齡(字遜公)
(清·陵縣人)
[光緒]陵縣 19/人物傳二 8
陵縣鄉土志/19
吳瀛洲(字二橋)
(清·寧陽人)
[光緒]寧陽 13/47
寧陽縣鄉土志/18
吳永池(清·鄒縣人)
[光緒]鄒縣續志 12/上 8
鄒縣鄉土志耆舊錄/20
吳守禮(清·莒縣人)
[嘉慶]莒州 9/24
[民國]重修莒志 64/4
吳永裕(號弘軒)
(明·許昌人)
[萬曆]恩縣 6/29
[宣統]重修恩縣 9/36
[民國]重修恩縣 12/上 28

吴之裕(字問亭)
(清・無棣人)
[民國]無棣 12/9
海豐縣鄉土志/耆舊－學問一
吴宗堯(明・南直歙縣人)
[宣統]山東 73/4
[萬曆]青州 12/43
[康熙十五年]青州 12/43
[康熙四十八年]青州 12/43
[康熙六十年]青州 12/22
[咸豐]青州 36/29
[康熙]益都 5/21
[光緒]益都縣圖志 18/36
吴寶樹(霑化人)
[民國]霑化 4/登進 44
吴家桂(字一山)
(清・霑化人)
[光緒]霑化 10/27
[民國]霑化 3/5
吴守基(清・霑化人)
[民國]霑化 3/6
吴守蒙(明・歙縣人)
[乾隆]武定府 16/18
[咸豐]武定府 19/陽信 2
[康熙]陽信 7/38
[乾隆]陽信 5/42
信邑志稿 5/宦蹟－學官
[民國]陽信 2/72
吴之觀(清・湖北天門人)
[宣統]山東 75/54
吴永泰(清・菏澤人)
[光緒]新修菏澤 11/75
吴良輔(明・觀城人)
[嘉靖]濮州 7/44
[康熙]觀城 4/1
吴安邦(字磐石)
(明・歷城人)
[道光]濟南 49/42
[崇禎]歷城 10/20
[乾隆]歷城 41/11
吴宗器(明・福建莆田人)
[道光]濟南 36/30
[天啟]新城 6/知縣
[崇禎]新城 6/知縣
[康熙]新城 5/3
[民國]重修新城 10/6
吴之問(明・湖廣蘄州人)
[康熙]觀城 3/12
[道光]觀城 6/18
[康熙十二年]陽穀 2/18
[康熙]陽穀 2/13
[光緒]陽穀 4/3
吴之美(明・蓬萊人)
[光緒]增修登州 39/3
[道光]重修蓬萊 9/9
[民國]蓬萊縣志合編人物志/鄉賢
吴守節(號安齋)
(明・真定人)
[康熙]聊城 2/3
吴之鑰(字季彧)
(清・霑化人)
[光緒]霑化 8/17
[民國]霑化 2/47
吴進性(明・博平人)
[康熙]博平 3/58
31 **吴江**(字宗海)
(明・萊蕪人)
[康熙]濟南 42/11
[乾隆]泰安府 17/7
[康熙]新修萊蕪 6/24
[民國]萊蕪 18/1
[民國]續修萊蕪 23/1
吴江(明・睢州人)
[嘉靖]臨朐 2/48
吴江(字南川)
(清・霑化人)
[光緒]霑化 9/10
[民國]霑化 2/62
吴澮(字道元)
(元・濟南人)
[民國]續修歷城 41/3
吴澮(清・菏澤人)
[光緒]新修菏澤 11/75
吴禎(明・寧波人)
[順治]樂陵 4/2
[乾隆]樂陵 4/47
吴澮源(字惺堂)
(清・寧津人)
[光緒]寧津 8/11
寧津縣志料 3/人物－循良
吴江漢(字荊舫)
(臨淄人)
[民國]臨淄 27/67
吴福森(陽湖人)
[民國]齊河 22/10
[民國]長清 4/24
32 **吴澄**(明・陽穀人)
[康熙十二年]陽穀 3/32
[康熙]陽穀 3/29
[光緒]陽穀 6/32
吴遜齋(清・滕縣人)
[道光]滕縣志 9/孝義 43
吴兆熊(字渭涯)
(清・臨清人)
[民國]臨清縣/人物 15
吴澄源(清・萊陽人)
[民國]萊陽 3/1 中 64
吴兆基(清・浙江錢塘人)
[宣統]山東 76/8
[道光]濟寧直隸州 6/7－86
[乾隆]嘉祥 3/32
[光緒]嘉祥 3/39
吴兆鏃(字仲霖)
(清・丹徒人)
[民國]續安邱新志 15/1
33 **吴溥**(字公濟)
(明・德平人)
[康熙]德平 3/16
[乾隆]德平 3/6
[嘉慶]德平 7/10
吴治(明・山陽人)
[順治]登州 11/16
吴心剛(清・菏澤人)
[光緒]菏澤 16/7
34 **吴達**(字希賢)
(明・德平人)
[道光]濟南 52/51
[康熙]德平 3/16
[乾隆]德平 3/6
[嘉慶]德平 7/9
[光緒]德平 7/9
吴漢(字子顔)
(漢・南陽苑人)
[宣統]山東 66/11
[道光]濟南 33/6
[乾隆]德州 8/1

[民國]德縣 9/2
吴濤(清・安徽青陽人)
[宣統]山東 75/47
[咸豐]武定府 19/樂陵 4
[乾隆]樂陵 4/56
吴禧(明・蘭谿人)
[乾隆]泰安府 15/7
[天啟]新泰 5/22
[順治]新泰 4/18
[乾隆]新泰 11/2
吴祐(字季英)
(漢・陳留長垣人)
[嘉靖]山東 27/14
[康熙]山東 37/2
[雍正]山東 27/67
[宣統]山東 66/28
[萬曆]萊州 5/55
[康熙]萊州 8/9
[乾隆]萊州 9/3
萊州府鄉土志/上 5
[康熙]膠州 5/2
[乾隆]膠州 4/3
[康熙]平度州 3/2
[道光]重修平度州 16/11
平度鄉土志 2/政績
[萬曆]即墨志 6/11
[康熙]纂修即墨/下 7
[乾隆]即墨 8/3
[同治]即墨 8/3
[康熙]東明 6/5
[乾隆]東明 6/5
[民國]東明縣新誌 11/12
吴汝亮(字仲闇,號海嶠)
(清・霑化人)
[雍正]山東 28/人物四 49
[宣統]山東 171/29
[康熙]濟南 41/45
[乾隆]武定府 24/36
[咸豐]武定府 24/循良 26
[光緒]霑化 7/14
[民國]霑化 2/9
吴達三(字一卿)
(清・臨沂人)
[民國]續修臨沂 16/19
吴汝礪(號砥公)
(清・霑化人)
[光緒]霑化 8/8
[民國]霑化 2/36
吴汝弼(字心逸)
(清・霑化人)
[光緒]霑化 10/24
[民國]霑化 3/2
吴汝翼(字鈞衡,一字均衡)
(清・霑化人)
[乾隆]武定府 26/11
[咸豐]武定府 26/義行 11
[光緒]霑化 10/6
[民國]霑化 2/79
吴汝爲(字伯寅,一字康功,號盤陸)
(清・霑化人)
[宣統]山東 171/31
[康熙]濟南 41/41
[乾隆]武定府 24/33
[咸豐]武定府 24/循良 23
[光緒]霑化 7/14
[民國]霑化 2/9
吴汝繩(字詒甫)
(清・桐城人)
[宣統]四續汶上稿/宦績志
吴汝宗(明・福建寧洋人)
[雍正]山東 27/84
[宣統]山東 71/33
[乾隆]泰安府 15/25
[道光]東阿 11/17
吴汝楨(字瑤礎,號左石)
(清・霑化人)
[康熙]濟南 42/29
[乾隆]武定府 25/53
[咸豐]武定府 25/文苑 13
[光緒]霑化 9/2
[民國]霑化 2/54
吴汝昌(字孜亭)
(清・朝城人)
[民國]朝城縣續志 1/又 28
朝城縣鄉土志/13
吴汝惺(字匪席)
(清・德州人)
[道光]濟南 56/80
[乾隆]德州 9/48
[民國]德縣 10/40
35 吴湊(唐・濮州濮陽人)
[嘉靖]山東 31/14
[康熙]山東 41/12
[雍正]山東 28/人物二 12
[萬曆]東昌 19/24
[乾隆]曹州府 14/16
[嘉靖]濮州 5/10
[萬曆]濮州 1/帝 18
[康熙]濮州 1/70
[乾隆]濮州 1/74
[宣統]濮州 1/104
吴澧(字東注,號芑園)
(清・霑化人)
[光緒]霑化 7/19
[民國]霑化 2/14
吴禮(明・莒人)
[萬曆]青州 13/73
[康熙十五年]青州 13/73
[康熙四十八年]青州 13/事功 57
[乾隆]沂州府 25/20
吴清(字行旻)
(唐・渤海人)
[光緒]益都縣圖志 27/26
吴清杰(字漢三)
(清・山陰人,寄籍聊城)
[光緒]莘縣 5/42
[民國]莘縣 3/32
吴連捷(字月三)
(清・陽信人)
[民國]陽信 5/篤行 37
吴連欽(字敬齋)
(清・歷城人)
[民國]續修歷城 43/6
36 吴昶(明・登州衛人)
[康熙]山東 43/4
[雍正]山東 28/人物三 39
[宣統]山東 161/43
[泰昌]登州 11/7
[順治]登州 16/7
[光緒]增修登州 39/3
[康熙]蓬萊 5/14
[道光]重修蓬萊 9/4,9/9
[民國]蓬萊縣志合編人物志/功業,人物志/鄉賢
吴湘(字衡湘,號素軒)
(清・霑化人)

［宣統］山東 171/18
［光緒］霑化 7/3
［民國］霑化 2/8
吳遇張（字東渠）
（清・單縣人）
［民國］單縣 11/42
37 **吳潤**（字公擇）
（明・德平人）
［道光］濟南 52/51
［康熙］德平 3/16
［乾隆］德平 3/6
［嘉慶］德平 7/9
［光緒］德平 7/9
吳鴻章（字煥臣）
（清・撫寧人）
［光緒］壽張 5/12
吳鴻功（字文勳，號鳳岐）
（明・萊蕪人）
［康熙］新修萊蕪 6/2，6/26
［民國］萊蕪 17/4
［民國］續修萊蕪 22/5
萊蕪縣鄉土志/13
吳鴻賓
［民國］朝城縣續志 1/25，1/28，1/34
吳潯源（字棠湖）
（清・寧津人）
寧津縣志料 3/人物－道學
吳鴻漸（明・萊蕪人）
［康熙］新修萊蕪 6/12
吳鴻洙（字文衢，號鳳城）
（明・萊蕪人）
［乾隆］泰安府 17/35
［康熙］新修萊蕪 6/2，6/25
［民國］萊蕪 17/3
［民國］續修萊蕪 22/4
萊蕪縣鄉土志/13
吳冠軍（長清人）
［民國］長清 12/17
吳淑蕙（清・齊河人）
［民國］齊河 27/35
吳選東（字晉升）
（清・東平人）
［光緒］東平州 15/下 43
［民國］東平縣 11/下 15
38 **吳瀚**（字北溟）
（清・霑化人）
［光緒］霑化 8/16
［民國］霑化 2/45
吳祥（明・茌平人）
［嘉靖］山東 31/28
［康熙］山東 41/23
［雍正］山東 28/人物三 7
［宣統］山東 161/32
［康熙二年］茌平 2/42
［康熙四十九年］茌平 2/42
［宣統］茌平 11/2
［民國］茌平 3/49
吳溆（唐・濮陽人）
［嘉靖］山東 31/14
［康熙］山東 41/12
［雍正］山東 28/人物二 12
［萬曆］東昌 19/25
［乾隆］曹州府 14/16
［嘉靖］濮州 5/10
吳道充（清・德州人）
［康熙］德州 6/7
吳裕斐（字猗園）
（清・霑化人）
［光緒］霑化 10/20
［民國］霑化 2/94
吳道子（唐）
［崇禎］歷乘 16/55
吳遵禹（清平人）
［民國］清平/人物 84
吳道行（明・濱州人）
［萬曆］濱州 3/27
［康熙］濱州 6/5
吳道行（明・即墨人）
［萬曆］萊州 6/43
吳道傳（明・朝城人）
［康熙］朝城 8/13
吳道純（字誠之）
（明・信陽人）
［萬曆］東昌 18/39
［乾隆］東昌 35/1
吳肇郃（明・臨清州人）
［光緒］增修登州 28/16
［康熙］福山 7/30
［乾隆］福山 7/25
吳道凝（清・桐城人）
［道光］長清 4/1
吳道南（字文在，一字宗甫）
（明・江西貴溪人）
［宣統］山東 70/35
［萬曆］萊州 5/66
［康熙］萊州 8/30
［乾隆］萊州 9/10
萊州府鄉土志/上 12
［嘉慶］續掖縣 2/12
吳道南（明・吳會人）
［崇禎］歷乘 16/63
吳道姑（明）
［康熙］新修萊蕪 6/56
［民國］續修萊蕪 28/4
吳肇芓（字粒民）
（清・霑化人）
［光緒］霑化 9/11
［民國］霑化 2/65
吳遵世（字季緒）
（南北朝・渤海人）
［嘉靖］山東 33/27
［雍正］山東 31/5
［嘉靖］青州 16/43
［康熙十五年］青州 17/2
［康熙四十八年］青州 17/方技 2
［康熙］益都 10/19
［光緒］寧津 8/47
吳道東（明・薊州人）
［萬曆］青城 1/40
吳道東（明・寧陽人）
［康熙十一年］寧陽 7/19
［康熙四十一年］寧陽 7/21
［乾隆］寧陽 7/耆德 1
［咸豐］寧陽 14/2
［光緒］寧陽 14/2
寧陽縣鄉土志/20
吳道泰（明・大興人）
［康熙］濟寧州 7/4
［乾隆］濟寧直隸州 22/24
［道光］濟寧直隸州 6/6－30
吳道昌（字西河）
（明・寧陽人）
［咸豐］寧陽 13/4
［光緒］寧陽 13/4
吳道明（號通微大師）
（元・許州人）

［光緒］益都縣圖志 28/58
吳道明(字元闇)
(明・直隸邢臺人)
［康熙］兗州續編 14/14
［崇禎］鄆城 4/11
［康熙］鄆城 4/7
［光緒］鄆城 6/7
吳道煥(字文卿,號景留)
(清・菏澤人)
［康熙］曹州志 15/71
［光緒］菏澤 15/31
［光緒］新修菏澤 10/47
吳道榮(北齊・瑯邪人)
［萬曆元年］兗州 46/6
40 **吳埲**(字百川)
(清・東平人)
［道光］東平州 13/41
［光緒］東平州 15/上 41
［民國］東平縣 11/上 16
吳奎(字長文)
(宋・濰州北海人)
［嘉靖］山東 26/10,27/6,33/8
［康熙］山東 33/12,35/7,44/7
［雍正］山東 28/人物二 37
［宣統］山東 157/13
［嘉靖］青州 12/59
［萬曆］青州 12/17
［康熙十五年］青州 12/17
［康熙四十八年］青州 12/17
［康熙六十年］青州 12/12
［咸豐］青州 35/6
［乾隆］泰安府 14/16
［萬曆元年］兗州 39/名宦 12
［萬曆二十四年］兗州 28/4
［康熙］兗州 22/4
［萬曆］萊州 5/81
［康熙］萊州 10/5
［乾隆］萊州 10/9
萊州府鄉土志/下 8
［康熙］東平州 4/42
［乾隆］東平州 12/18
［道光］東平州 12/18
［光緒］東平州 14/18
［民國］東平縣 9/10
東平州鄉土志上/政績錄 11
［康熙六十年］博興 7/7
［嘉慶］昌樂 23/6
［萬曆］諸城 5/5
［康熙］諸城 5/5
［乾隆］諸城 27/5
諸城縣鄉土志/上 5
［萬曆］濰縣 9/4
［康熙］濰縣 5/人物 11
［乾隆］濰縣 4/7
［民國］濰縣志稿 27/15
濰縣鄉土志/15
［光緒］益都縣圖志 16/31
［道光］東阿 14/人物下又 35
吳奇(號振川)
(明)
［光緒］肥城 10/11
吳奇(字祝元,原名允祺,字竹源)
(清・濟寧人)
［民國］濟寧直隸州續志 15/7
吳壇(字紫庭,號椒堂)
(清・海豐人)
［宣統］山東 171/20
［民國］無棣 10/8,22/26
海豐縣鄉土志/耆舊－事業
吳士亶(字予信)
(清・霑化人)
［乾隆］武定府 25/23
［咸豐］武定府 25/孝友 23
［光緒］霑化 8/10
［民國］霑化 2/38
吳士亨(字咸若)
(清・霑化人)
［光緒］霑化 8/8
［民國］霑化 2/36
吳士京(清・霑化人)
［光緒］霑化 10/11
［民國］霑化 2/84
吳克諧(字順庭)
(清・濮州人)
［宣統］濮州 6/10
吳友三(霑化人)
［民國］霑化 4/登進 51
吳士瑄(字又白)
(清・寧陽人)
［咸豐］寧陽 14/7
［光緒］寧陽 14/7
吳士功(清・河南光州人)
［宣統］山東 74/47,74/57
［道光］濟南 37/68
吳來聘(字雲峰)
(明・朝城人)
［康熙］朝城 8/50
吳希孟(明・宿遷人)
［乾隆］泰安府 15/20
［天啟］新泰 5/28
［順治］新泰 4/24
［乾隆］新泰 11/11
吳大壯(清・登州人)
［光緒］增修登州 43/2
吳大壯(清・遵化人)
［康熙］莒州下/11
吳志德(字明揚)
(明・無棣人)
［民國］無棣 13/2
海豐縣鄉土志/耆舊－事業六
吳友名(清・河南商邱人)
［雍正］山東 27/115
［乾隆］萊州 9/36
［乾隆］膠州 4/18
［道光］重修膠州 23/3
［民國］增修膠志 18/3
吳壽齡(字眉卿)
(清・歷城人)
［宣統］山東 169/38
［民國］續修歷城 40/12
吳壽齡(字祝三)
(清・無棣人)
［民國］無棣 13/16
海豐縣鄉土志/耆舊－事業六
吳志淳(字主一)
(元・濟南人)
［道光］濟南 48/55
［乾隆］歷城 40/11
吳南江(明・觀城人)
［康熙］觀城 4/8
［道光］觀城 8/5
觀城縣鄉土志/耆舊

吳嘉兆(明・邵武人)
[萬曆]沂州志 4/57
吳大梁(清・三韓人)
[宣統]山東 75/39
[乾隆]泰安府 15/32
[乾隆]新泰 11/7
[民國]萊蕪 9/8
[民國]續修萊蕪 15/10
萊蕪縣鄉土志/5
吳志遠(字近修,一作毅陽)
(清・無棣人)
[民國]無棣 11/4
海豐縣鄉土志/耆舊－事業
吳志漣(字匯東)
(清・長山人)
[宣統]山東 170/27
[道光]濟南 55/10
[嘉慶]長山 9/35
吳志渭(字開周)
(清・嶧縣人)
[乾隆]嶧縣 8/47
[光緒]嶧縣 21/耆舊 7
吳大道(清・茌平人)
[民國]茌平 3/44
吳大奇(清・單縣人)
[乾隆]單縣 7/38
[民國]單縣 9/35
吳士奇(清・昌樂人)
[咸豐]青州 49/45
[嘉慶]昌樂 22/9
吳希堯(明・鄒縣人)
[康熙十二年]鄒縣志 2/47
[康熙五十五年]鄒縣志 2/69
鄒縣鄉土志耆舊錄/15
吳士標(字景範)
(明・濟寧人)
[康熙]濟寧州 7/37
[乾隆]濟寧直隸州 28/3
[道光]濟寧直隸州 8/4－43
吳士茂(字晉卿)
(清・義烏人)
[乾隆]東昌 44/26
[嘉慶]東昌 34/10
吳來朝(明・萊蕪人)
[康熙]新修萊蕪 6/12
[民國]萊蕪 17/3
[民國]續修萊蕪 22/4
吳士成(字秀實)
(清・章邱人)
[道光]濟南 54/16
[乾隆]章邱 9/33
[道光]章邱 10/32
吳克思(字禮堂)
(清・昌邑人)
[光緒]昌邑縣續志 6/28
吳大器(明・山陰人)
[萬曆]濮州 3/名宦 36
吳南陽(字龍灣)
(明・東阿人)
[雍正]山東 31/9
[康熙]張秋志 8/9
[道光]東阿 24/9
吳九鳳(清・朝城人)
[民國]朝城縣續志 1/40
吳來鳳(字舜儀,號柏坡)
(明・廬陵人)
[嘉靖]高唐州 5/9
吳友民(清・河南商丘人)
[宣統]山東 77/43
吳吉臨(字華軒)
(清・霑化人)
[光緒]霑化 8/18
[民國]霑化 2/47
吳來臨(字福堂)
(清・茌平人)
[民國]茌平 3/96
吳志欽(清・昌邑人)
[光緒]昌邑縣續志 5/40
吳士銓(字天衡)
(清・江寧人)
[康熙]堂邑 9/8
吳志尚(字越莽)
(清・章邱人)
[道光]濟南 54/19
[道光]章邱 11/66
吳士愷(字莘初)
(清・陽湖人)
[民國]齊東 3/65
齊東縣鄉土志/政績錄 2
[民國]重修商河 6/71
商河縣鄉土志 1/政績
吳克慎(字養粹)
(清・鉅野人)
[民國]續修鉅野 5/上 23
41 **吳壇**(字正域)
(清・霑化人)
[光緒]霑化 8/15
[民國]霑化 2/44
吳堦(字次升,晚號禮石)
(清・江蘇武進人)
[宣統]山東 76/21
[道光]濟寧直隸州 6/7－85
[嘉慶]續修郯城 10/19
[咸豐]金鄉縣志略 7/14
[民國]金鄉 11/21
金鄉縣鄉土志/政績錄
吳楷(號太軒)
(明・曹州人)
[康熙]曹州志 12/5
[光緒]菏澤 12/4
吳垣(字薇次,號樹堂,又號恕堂)
(清・海豐人)
[宣統]山東 171/19
[民國]無棣 10/8,22/24
海豐縣鄉土志/耆舊－事業
42 **吳彬**(舊名仰乾,字子健)
(清・聊城人)
[宣統]聊城 8/61
吳壎(號秋谿)
(清・無棣人)
[民國]無棣 12/9
吳荊玉(字湘瑤)
(清・安邱人)
[咸豐]青州 49/26
[民國]續安邱新志 18/2
安丘縣鄉土志 6/耆舊錄 3
43 **吳式訓**(字孔懷)
(清・無棣人)
[民國]無棣 11/12
吳式羣(字季文)
(清・無棣人)
[民國]無棣 12/14
海豐縣鄉土志/耆舊－學問一
吳載勳(字慕渠)
(清)

［宣統］三續淄川 9/43
淄川縣鄉土志/政績錄
吳式甡（字麓原，號又山）
（清・無棣人）
［民國］無棣 12/15
吳式儀（字棣臣）
（清・無棣人）
［民國］無棣 13/20
吳式芬（字子苾）
（清・海豐人）
［宣統］山東 171/25
［民國］無棣 10/14
海豐縣鄉土志/耆舊－事業
吳載興（清・濮州人）
［宣統］濮州 6/93
吳式敏（字平山）
（清・無棣人）
［宣統］山東 171/38
［民國］無棣 10/14
海豐縣鄉土志/耆舊－事業
44 **吳苞**（字天蓋）
（南北朝・濮陽鄄城人）
［嘉靖］山東 31/7
［康熙］山東 41/5
［雍正］山東 28/人物一 46
［宣統］山東 167/6
［萬曆］東昌 19/9
［乾隆］曹州府 16/13
［嘉靖］濮州 5/5
［萬曆］濮州 3/鄉賢 7
［康熙］濮州 3/39
［乾隆］濮州 3/40
［宣統］濮州 4/46
吳苞（字鳳輝）
（清・茌平人）
［民國］茌平 3/21
吳芳（清・淄川人）
［乾隆］夏津 6/30
吳恭（字敬叔）
（明・洛陽人）
［乾隆］武定府 16/37
［咸豐］武定府 19/利津 1
［康熙］利津縣新志 7/2
吳華（號松洲，一作松舟）
（清・浙江錢塘人）
［宣統］山東 75/63

［道光］滕縣志 6/宦績 39
滕縣鄉土志/8
吳蘭（明・南直霍山進士）
［民國］濰縣志稿 20/15
吳樹（字逸阜）
（清・石門人）
［乾隆］東昌 44/25
［嘉慶］東昌 34/10
吳壞（字明也）
（清・東平人）
［道光］東平州 13/41
［光緒］東平州 15/上 41
［民國］東平縣 11/上 16
吳蘇（字景三）
（清・濰縣人）
［乾隆］濰縣 4/39
［民國］濰縣志稿 29/17
濰縣鄉土志/22
吳茲（明・武昌人）
［乾隆］黃縣 12/4
［民國］黃縣志稿 11/宦績
吳攀龍（清・菏澤人）
［光緒］菏澤 16/6
［光緒］新修菏澤 11/68
吳夢麒（明）
［光緒］增修登州 37/29
［光緒］文登 7/下 11
［乾隆］威海衛志 6/11
吳夢麟（明・威海衛人）
［民國］文登 7/下 11
吳世雯（字華瞻）
（清・霑化人）
［光緒］霑化 9/10
［民國］霑化 2/63
吳世琦（字安貞）
（清・莒縣人）
［乾隆］沂州府 26/19
［雍正］莒州 9/34
［嘉慶］莒州 9/30
［民國］重修莒志 65/10
吳桂香（明・歷城人）
［崇禎］歷城 13/90
吳世爵（清・福山人）
［光緒］增修登州 43/18
［乾隆］福山 9 上/64
［民國］福山縣志稿 7/4－4

吳世傑（明・無棣人）
［民國］無棣 13/27
吳英傑（字秉鈞）
（清・湖南湘潭人）
［民國］重修恩縣 11/鄉賢 90
吳執御（明・黃巖人）
［崇禎］歷乘 16/66
吳夢齡（字子泉）
（清・歷城人）
［宣統］山東 170/32
［民國］續修歷城 40/12
吳世倫（清・寧陽人）
［咸豐］寧陽 15/24
［光緒］寧陽 15/40
吳茂實（字養初）
（清・霑化人）
［乾隆］武定府 25/15
［咸豐］武定府 25/孝友 15
［光緒］霑化 8/5
［民國］霑化 2/33
吳世賓（字汝嘉）
（明・北直衡水人）
［宣統］山東 71/42
［乾隆］武定府 16/19
［咸豐］武定府 19/陽信 3
［康熙］陽信 7/30
［乾隆］陽信 5/31
信邑志稿 5/宦蹟
［民國］陽信 2/57
吳世良（字邦貞）
（明・博平人）
［正德］博平 4/63
［康熙］博平 3/23
［道光］博平 3/30
吳橫渠（字西銘）
（清・濮州人）
［宣統］濮州 3/93
吳協禮（清・霑化人）
［咸豐］青州 37/17
吳協樞（字維辰）
（清・霑化人）
［光緒］霑化 10/17
［民國］霑化 2/91
吳協札（清・霑化舉人）
［乾隆］續壽光 18/4
［嘉慶］壽光 10/33

［民國］壽光 6/28
吴桂芳（字子實）
（明・進賢人）
［康熙］濟寧州 4/8
吴桂華（字秋輝）
（臨清人）
［民國］臨清縣/人物 86
吴茂華（字毓初）
（明・霑化人）
［康熙］濟南 42/14
［乾隆］武定府 25/48
［咸豐］武定府 25/文苑 8
［光緒］霑化 9/1
［民國］霑化 2/53
吴世華（字光復）
（清・寧陽人）
［咸豐］寧陽 14/24
［光緒］寧陽 14/24
吴樹基（莒縣人）
［民國］重修莒志 62/18
吴楚椿（字蔭華，號八千）
（清・德州人）
［乾隆］德州 12/45
［民國］德縣 10/42
德州鄉土志/耆舊 50
吴楚翹（字南多）
（清・霑化人）
［光緒］霑化 10/17
［民國］霑化 2/91
吴樹聲（字曉亭，一字筱亭，亦字鼎堂）
（清・雲南保山人）
［宣統］山東 75/41
［民國］壽光 6/24
壽光縣鄉土志/政績
［光緒］肥城 7/50
肥城縣鄉土志 3/4
［民國］續修東阿 9/2
吴樹梅（字燮臣）
（清・歷城人）
［民國］續修歷城 40/31
吴茂東（字樸園）
（清・東平人）
［光緒］東平州 15/中 12
［民國］東平縣 11/上 34
東平州鄉土志上/耆舊錄 42

吴其貴（字富堂）
（清・陽信人）
［民國］陽信 5/忠義 47
吴世泰（字靖遠）
（清・茌平人）
［民國］茌平 3/59
吴協冉（字紹庚）
（清・高唐人）
［民國］高唐縣 12/90
吴世揚（明・河南洛陽人）
［雍正］山東 27/67
［宣統］山東 73/23
［光緒］增修登州 27/3
［乾隆］續登州 8/3
［乾隆］黄縣 12/3
［同治］黄縣 6/5
［民國］黄縣志稿 11/宦績
吴世昌（清・臨淄人）
［康熙］臨淄 9/25
吴慕階（字仲台）
（清・霑化人）
［民國］霑化 2/63
吴世彤（清・齊東人）
［道光］濟南 56/22
吴華年（字杲仙，號峻峰）
（清・德州人）
［民國］德縣 10/62
吴若曾（字守身）
（清・海豐人）
海豐縣鄉土志/耆舊－事業六
吴世美（字邦彦）
（明・博平人）
［正德］博平 4/71
吴葆光（字子貞）
（清・博興人）
［民國］重修博興 13/52
吴蘭堂（字芝亭）
（臨朐人）
［民國］臨朐續志 20/46
吴樹棠（字召坡）
（清・臨朐人）
［民國］臨朐續志 20/31
吴芝煜（字耀卿）
（清・利津人）
［民國］利津縣續志 7/孝友 2

45 **吴棟**（明・東安人）
［隆慶］單縣上/35
吴椿齡（清・諸城人）
［光緒］增修諸城縣續志 16/28
46 **吴樫**（字清圻，一作清沂，號潛竹）
（清・浙江錢塘人）
［宣統］山東 76/1
［乾隆］濟寧直隸州 22/36，32/16
［道光］濟寧直隸州 6/7－73
濟寧州鄉土志 1/政績
吴觀（明・鄱陽人）
［弘治］泰安州 3/9
吴旭（字寅賓）
（清・無棣人）
［民國］無棣 13/5
海豐縣鄉土志/耆舊－事業五
吴觀立（字一峯）
（清・霑化人）
［光緒］霑化 9/10
［民國］霑化 2/63
吴如訓（清・蓬萊人）
［民國］蓬萊縣志合編人物志/忠勇
吴如諟（清・蓬萊人）
［民國］蓬萊縣志合編人物志/忠勇
吴觀孚（字竹泉）
（清・霑化人）
［光緒］霑化 9/12
［民國］霑化 2/65
吴坦安（清・山陰人）
［民國］樂安 8/21
［民國］續修廣饒 17/7
吴觀來（字海六）
（清・霑化人）
［光緒］霑化 8/16
［民國］霑化 2/45
吴相林（字岫雲）
（清・濮州人）
［宣統］濮州 6/39
吴觀敬（清・湖南湘陰監生）

臨朐縣鄉土志 1/政績
吳如松(清・直隸河間人)
[宣統]山東 76/17
[康熙六十年]青州 12/44
[乾隆]沂州府 20/16
[康熙]沂水 4/26
[道光]沂水 5/31
吳如顒(字養徽,號中涵)
(明・歙縣人)
[咸豐]寧陽 21/28
47 吳埠(字東陵)
(清・東平人)
[乾隆]東平州 15/27
[道光]東平州 15/27
[光緒]東平州 15/下 35
[民國]東平縣 11/下 10
吳超(字虛舟)
(清・直隸南皮人)
[宣統]山東 77/14
光緒臨朐 13/17
吳穀(明・高安舉人)
[乾隆]東昌 34/23
[嘉慶]東昌 22/13
[萬曆]冠縣 2/14
[道光]冠縣 6/30
[光緒]冠縣 6/宦績
[民國]冠縣 6/40
吳猛(字世雲)
(晉・濮陽人)
[嘉靖]山東 34/13
[康熙]山東 47/5
[宣統]山東 200/21
[萬曆]東昌 22/8
[乾隆]曹州府 16/17
[嘉靖]濮州 5/5
[萬曆]濮州 4/仙釋 1
[康熙]濮州 4/75
[乾隆]濮州 4/115
[宣統]濮州 6/73
吳起(周・衛人)
[嘉靖]山東 25/2
[康熙]山東 31/2
吳起巖(字泰來,一字大來)
(清・茌平人)
[乾隆]東昌 40/21
[嘉慶]東昌 30/22
[康熙四十九年]茌平 2/51
[宣統]茌平 14/3
[民國]茌平 3/72
48 吳敬(明)
[嘉靖]萊蕪 5/10
吳枚(清・大興人)
[乾隆]嶧縣 7/42
吳松(清・江南長洲人)
[光緒]平度志要/職官
[民國]平度縣續志 7/1
吳梯(字雲川,一字秋航)
(清・廣東順德人)
[宣統]山東補遺/56
[民國]濰縣志稿 20/23
[民國]禹城 3/53
吳增(明・河南陳州人)
[宣統]山東 73/23
[光緒]增修登州 28/1
[乾隆]福山 7/10
[民國]福山縣志稿 3/2-3
吳翰章(字六吉)
(清・錢塘人)
[咸豐]青州 37/17
[乾隆]高苑 3/24
吳敬齋(字熙堂)
(清・茌平人)
[民國]茌平 3/19
吳教傳(明・朝城人)
[康熙]朝城 8/8
吳敬安(字承堂)
(清・東阿人)
[光緒]東阿縣鄉土志 4/32
[民國]續修東阿 11/5
吳敬森(字蔚村)
(清・濟寧人)
[道光]濟寧直隸州 8/4-13
吳松年(字鶴巢)
(清・霑化人)
[光緒]霑化 10/18
[民國]霑化 2/92
吳敬銓(字均洽)
(清・嶧縣人)
[光緒]嶧縣 21/耆舊 16
49 吳妙音(別號古真)
(清・德州人)
[光緒]德州志略/方外傳略
50 吳惠(元・高苑人)
[萬曆]青州 15/51
[康熙十五年]青州 15/51
[康熙四十八年]青州 15/義民 20
[康熙六十年]青州 18/15
[咸豐]青州 42/16
[康熙]高苑 6/4
[乾隆]高苑 6/4
吳惠(明・江南江寧人)
[康熙]昌邑 5/5
[乾隆]昌邑 5/104
吳擴(字子允)
(明・朝城人)
[萬曆]濮州 3/鄉賢 62
吳泰(字安然)
(明・單縣人)
[隆慶]單縣下/14
[順治]單縣 3/3
[康熙]單縣 7/23
[民國]單縣 9/15
吳中(字思正)
(明・武城人)
[嘉靖]山東 31/28
[康熙]山東 41/23
[雍正]山東 28/人物三 5
[萬曆]東昌 5/7,19/48
[乾隆]東昌 39/34
[嘉靖]武城 7/61,8/43
[順治]武城 2/11
[乾隆]武城 10/20
武城縣鄉土志略/耆舊錄
吳中立(清・滋陽人)
[光緒]滋陽 8/75
吳春融(字和軒)
(霑化人)
[民國]霑化 3/11
吳中行(字信齋,一作心齋)
(清・即墨人)
[同治]即墨 9/38
即墨縣鄉土志/耆舊-事業四
吳東山(明・臨淄人)
[康熙]臨淄 9/14
吳奉先(清・平度人)
[民國]平度縣續志 8/8,

12/上 40
吳中傳(號巽菴)
(明・朝城人)
[康熙]朝城 8/60
朝城縣鄉土志/11
吳春梁(字柱卿)
(湖北江陵人)
[民國]黄縣志稿 11/宦績
吳事心(明・昆明人)
[宣統]山東 71/24
[道光]濟南 36/47
[順治]臨邑 11/5
[康熙]重修臨邑 8/3
[道光]臨邑 7/25
[同治]臨邑 7/29
吳春來(字梅村)
(清・滋陽人)
滋陽縣鄉土志 1/耆舊－忠義
吳中執(字公允,號野塘)
(清・陽信人)
[民國]陽信 5/文學 14
陽信縣鄉土志上/耆舊－學問
吳惠長(字子元,號逸山)
(清・陽信人)
[民國]陽信 8/藝文下 47
吳春全(清・滋陽人)
[光緒]滋陽 9/33
51 吳振山(清・歷城人)
[光緒]壽張 5/40
吳振清(清・滋陽人)
[光緒]滋陽 9/30
滋陽縣鄉土志 1/耆舊－忠節
吳振東(清・新城人)
[宣統]新城縣後志 2/忠義
[民國]重修新城 18/13
53 吳成(明・台州人)
[康熙]聊城 2/1
[宣統]聊城 6/2－1
吳盛(漢・任城人)
[乾隆]濟寧直隸州 26/2
[道光]濟寧直隸州 8/4－35
吳成(清・淄川人)
[宣統]三續淄川 10/14
吳盛祖(清・奉天人)
[宣統]山東 75/23
[道光]濟南 38/46
[乾隆]德平 2/27
[嘉慶]德平 5/19
[光緒]德平 5/11
德平縣鄉土志/政績錄
57 吳邦慶(字霽峰)
(清・直隸霸州人)
[宣統]山東 74/8
[道光]濟寧直隸州 6/7－64
吳邦靖(明・南直宜興人)
[宣統]山東 71/46
吳邦傑(金・登州軍事判官,寓居日照)
[嘉靖]山東 27/12
[康熙]山東 36/2
[雍正]山東 27/64
[宣統]山東 69/12,164/20
[嘉靖]青州 15/64
[萬曆]青州 15/61
[康熙十五年]青州 15/61
[康熙四十八年]青州 15/僑寓 8
[康熙六十年]青州 17/4
[乾隆]沂州府 27/15
[泰昌]登州 9/25
[順治]登州 11/12
[光緒]增修登州 24/11
[康熙]日照 10/13
[光緒]日照 8/52
吳邦安(清・江寧人)
[光緒]東平州 14/46
[民國]東平縣 9/25
吳邦直(明・濮州人)
[萬曆]濮州 4/孝友 5
[康熙]濮州 4/4
[乾隆]濮州 4/4
[宣統]濮州 5/4
吳邦相(字立甫,號對亭)
(明・杭州人,一作仁和人)
[康熙]山東 33/24
[宣統]山東 72/25
[康熙]兗州 22/37
[康熙]曹州志 7/41,17/77
[乾隆]曹州府 12/16
[光緒]菏澤 7/名宦 6,17/75
[光緒]新修菏澤 8/11,17/58
菏澤縣鄉土志/9
吳邦相(明・順義人)
[崇禎]歷乘 16/66
吳邦臣(清・浙江山陰人)
[宣統]山東 74/37
[道光]濟南 37/53
吳邦賢(字俊民)
(清・江寧人)
[民國]濟寧直隸州續志 15/10
58 吳軫(清・江蘇武進人)
[宣統]山東 75/20
[道光]濟南 38/41
[乾隆]德州 8/12
[民國]德縣 9/11
吳掄彥(清・萊陽人)
[民國]萊陽 3/1 中 82
60 吳昂(明・山西定襄人)
[嘉靖]山東 27/13
[康熙]山東 36/4
[宣統]山東 73/26
[泰昌]登州 9/40
[順治]登州 11/16
[光緒]增修登州 31/1
[康熙]萊陽 4/5
[民國]萊陽 3/1 上 7
吳旻(明・博平人)
[康熙]博平 3/62
吳旻(明・仁和人)
[正德]博平 5/86
吳昇(元・滕縣人)
[雍正]山東 28/人物二 63
[宣統]山東 165/12,200/7
[萬曆二十四年]兗州 37/2
[康熙]兗州 28/31
[乾隆]兗州 23/33
[萬曆]滕志 8/51
[康熙]滕志 8/人物 8
[康熙]滕縣志 8/孝行 8
[道光]滕縣志 9/孝義 1
滕縣鄉土志/29
吳景璘(清・淄川人)
[宣統]三續淄川 9/88

吴思信(字恩祥)
(清・長清人)
[民國]長清 11/30
吴景清(字春亭)
(清・濼口人)
[民國]續修歷城 40/30
吴國選(字心盤,號季升)
(明・菏澤人)
[光緒]新修菏澤 10/33
吴國培(字培生)
(清・嶧縣人)
[光緒]嶧縣 21/耆舊 20
吴國棟(字雲遲)
(清・歸安人)
[民國三年]慶雲 1/90
吴國棟(清・漢軍鑲黃旗人)
[宣統]山東 75/66
吴國相(明・蓬萊人)
[光緒]增修登州 39/3
[道光]重修蓬萊 9/9
[民國]蓬萊縣志合編人物志/鄉賢
吴思敬(清)
州乘餘聞/22
吴思忠(字輸忱)
(明・濮州人)
[萬曆]濮州 4/明經 4
[康熙]濮州 4/14
[乾隆]濮州 4/24
[宣統]濮州 3/86
吴思明(字顯章)
(清・齊河人)
[道光]濟南 56/9
吴國臣(清・冠縣人)
[道光]冠縣 8/上 28
[光緒]冠縣 8/孝義
[民國]冠縣 8/人物志 33
吴景臣(清・歷城人)
[民國]續修歷城 44/17
吴國屏(字憲辟)
(清・樂安人)
[雍正]樂安 12/23
[民國]樂安 10/19
[民國]續修廣饒 19/34
吴景閔(字松齋)
(明・莒縣人)
[民國]重修莒志 68/3
吴景堂(清・莘縣人)
[民國]莘縣 7/32
吴星耀(清)
[光緒]嶧縣 19/職官下 21
吴恩榮(字魯生)
(清・浙江歸安監生)
[民國]福山縣志稿 3/2-11
61 吴旺(明・恩縣人)
[宣統]重修恩縣 7/50
吴顯章(清・齊河人)
[民國]齊河 26/35
63 吴暄(字明也)
(明・滋陽人)
[康熙]兖州續編 15/2
[乾隆]兖州 23/55
[康熙]滋陽 4/上 25
[光緒]滋陽 8/54
滋陽縣鄉土志 1/耆舊-文學
吴暄(清・江蘇太倉人)
[宣統]山東 77/10
[咸豐]青州 37/13
[乾隆]續壽光 18/1
[嘉慶]壽光 10/30
[民國]壽光 6/20
64 吴暐(字中陽,號瞻城)
(明・萊蕪人)
[乾隆]泰安府 17/36
[康熙]新修萊蕪 6/2,6/26,8/53
[民國]萊蕪 17/4
[民國]續修萊蕪 34/1
萊蕪縣鄉土志/13
吴時新(清・霑化人)
[光緒]霑化 10/29
[民國]霑化 3/8
吴時行(字中可)
(清・濮州人)
[宣統]濮州 6/93
吴曉林(字亮甫)
(清・東阿人)
[民國]續修東阿 11/3
吴曉林(字曙亭)
(清・掖縣人)
[民國]四續掖縣 4/68
66 吴晛(字以暄)
(明・萊蕪人)
[康熙]濟南 38/22
[乾隆]泰安府 18/43
[康熙]新修萊蕪 6/34
[民國]萊蕪 20/1
[民國]續修萊蕪 27/2
萊蕪縣鄉土志/8
吴曙(字芸齋)
(清・浙江烏程人)
[宣統]山東 75/33
[乾隆]泰安府 15/35
[乾隆二十五年]泰安縣 10/34
[乾隆四十七年]泰安縣 8/32
[道光]泰安縣 10/9
[民國]重修泰安縣 6/62
泰安縣鄉土志/政績 5
67 吴嗣爵(字樹屏)
(清・浙江錢塘人)
[宣統]山東 74/7
[道光]濟寧直隸州 6/7-61
吴鳴崗(霑化人)
[民國]霑化 4/登進 46
吴鶚峙(字屹峯)
(清・霑化人)
[光緒]霑化 10/18
[民國]霑化 2/92
吴鳴岐(字文瑞)
(明・霑化人)
[乾隆]武定府 25/12
[咸豐]武定府 25/孝友 12
[光緒]霑化 8/4
[民國]霑化 2/32
吴鶚峒(字斗崖)
(清・霑化人)
[光緒]霑化 10/14
[民國]霑化 2/87
吴明昭(清)
[民國]陵縣續志 4/12
71 吴阿衡(字隆微,一作平子)
(明・河南裕州人)
[宣統]山東 71/4
[道光]濟南 36/7
[崇禎]歷城 6/4

［乾隆］歷城 34/6
［康熙］淄川 4/13
［乾隆］淄川 4/13
吳長齡（字壽錫，號磁山）
（清・長山人）
［嘉慶］長山 8/8
吳匡九（長清人）
［民國］長清 12/17
吳辰樞（明・宜興監生）
［乾隆］東昌 35/4
吳長榮（字仁居，號青立）
（清・長山人）
［康熙五十五年］長山 6/49
［嘉慶］長山 8/21
72 **吳質**（字季重）
（三國・濟陰人）
［嘉靖］山東 30/15
［康熙］山東 40/16
［宣統］山東 163/3
［萬曆元年］兗州 40/武功 9
［萬曆二十四年］兗州 32/6
［康熙］曹州志 15/31
［乾隆］曹州府 14/7
［光緒］菏澤 15/32
菏澤縣鄉土志/14
［康熙］曹縣 12/5
［康熙］兗州府曹縣 12/5
［光緒］曹縣 12/5
［民國］定陶 6/6
吳脈謍（字灌先）
（明・蓬萊人）
［宣統］山東 167/17
［順治］登州 17/2
［光緒］增修登州 41/7
［康熙］蓬萊 5/22
［道光］重修蓬萊 9/25
［民國］蓬萊縣志合編人物志/孝友
吳隱之（字處默）
（晉・濮陽鄄城人）
［嘉靖］山東 31/4
［康熙］山東 41/3
［雍正］山東 28/人物一 34
［萬曆］東昌 19/7
［乾隆］曹州府 14/8
［嘉靖］濮州 5/4
［萬曆］濮州 3/鄉賢 5
［康熙］濮州 3/37
［乾隆］濮州 3/38
［宣統］濮州 4/44
吳剛思（清・江南人）
［乾隆］武定府 16/36
［咸豐］武定府 19/濱州 5
［康熙］濱州 5/22
［咸豐］濱州 8/6
74 **吳陞陛**（清・霑化人）
［乾隆］武定府 26/12
［咸豐］武定府 26/義行 12
［光緒］霑化 10/7
［民國］霑化 2/80
75 **吳體元**（字子全）
（清・茌平人）
［民國］茌平 12/87
吳陳琰（見吳陳炎）
吳陳炎（字寶厓，一作寶崕，號芋町）
（清・浙江錢塘人）
［宣統］山東 76/41
［乾隆］東昌 34/6
［嘉慶］東昌 21/23
［宣統］茌平 8/8
［民國］茌平 8/64
77 **吳履**（字德基）
（明・浙江蘭谿人）
［雍正］山東 27/70
［宣統］山東 73/34
［乾隆］萊州 9/20
［乾隆］濰縣 3/41
［民國］濰縣志稿 20/11
濰縣鄉土志/9
吳鵬（字萬里）
（明・秀水人）
［康熙四十一年］寧陽 3/38
［乾隆］寧陽 3/分司 4
［咸豐］寧陽 11/8
［光緒］寧陽 11/8
吳鵬（清・長山人）
［宣統］山東 170/24
吳興（明・武城人）
［乾隆］武城 12/1
吳學（字遜之）
（明・南直無錫人）
［宣統］山東 70/33
［康熙］曹州志 7/52
［乾隆］曹州府 12/16
［光緒］菏澤 7/宦蹟 20
［光緒］新修菏澤 8/10
吳誾（明・丹徒人）
［康熙］海豐 9/9
吳誾（明・堂邑人）
［康熙］堂邑 13/1
吳殿交（字善卿）
（清・濮州人）
［宣統］濮州 6/95
吳聞詩（明・固始人）
［宣統］山東 73/24
［光緒］增修登州 28/4
［康熙］福山 7/14
［乾隆］福山 7/15
［民國］福山縣志稿 3/2－7
吳聞詩（號養齋）
（明・歷城人）
［康熙］濟南 42/17
［道光］濟南 49/20
［崇禎］歷城 10/14
［乾隆］歷城 37/30
吳鵬霄（字扶九）
（清・安丘人）
［道光］安邱新志 28/1
安丘縣鄉土志 9/耆舊錄 6
吳際經（清・陽穀人）
［民國］增修陽穀人物/善行 47
吳殿偉（字鴻猷）
（清・濮州人）
［宣統］濮州 5/32
吳鳳生（字儀卿）
（清・陽信人）
［民國］陽信 5/宦蹟 25
吳艮生（字山甫）
（清・霑化人）
［光緒］霑化 8/15
［民國］霑化 2/45
吳鵬程（字翔九）
（清・濱州人）
［咸豐］濱州 10/耆壽又 7
吳鳳翽（字羽卿）
（清・平度人）

［民國］平度縣續志 7/34
吳興祚（字伯成）
（清・遼陽貢生）
［宣統］山東 76/12
［康熙］兗州續編 14/28
［康熙］沂州志 3/50
［乾隆］沂州府 20/13
［民國］臨沂 7/74
吳興姬（字心周）
（清・寧陽人）
［康熙四十一年］寧陽 7/19
［乾隆］寧陽 7/師範 1
［咸豐］寧陽 13/22
［光緒］寧陽 13/22
寧陽縣鄉土志/18
吳殿英（字望樓）
（清・昌樂人）
［民國］昌樂縣續志 30/18
吳同芳（明・朝城人）
［康熙］朝城 8/37
朝城縣鄉土志/12
吳鳳椿（清・平度人）
［民國］平度縣續志 7/25
吳鳳起（清・陽穀人）
［光緒］陽穀 7/4
［民國］增修陽穀人物/孝義 6
吳月馨（字天香）
（清・鄆城人）
［光緒］鄆城 16/27
吳居敬（清・齊河人）
［民國］齊河 26/23
吳開增（清・陝西寧夏衛武進士）
［乾隆］嶧縣 7/45
［光緒］嶧縣 19/武職 33
吳同春（明・岳陽人）
［康熙］重修蒲臺 5/10
［乾隆］蒲臺 2/38
吳學耕（清・茌平人）
［宣統］山東 174/24
［宣統］茌平 28/2
［民國］茌平 3/75
吳學耜（見吳學耕）
吳居厚（字敦老）
（宋・洪州人）
［嘉靖］山東 27/22
［萬曆元年］兗州 39/外傳 6
［萬曆二十四年］兗州 29/17
［康熙］兗州 22/41
［光緒］益都縣圖志 16/39
吳學頤（明・北直灤州人）
［光緒］益都縣圖志 18/39
吳鳳閣（字儀亭，號桐軒）
（清・昌樂人）
［民國］昌樂縣續志 30/18
吳熙曾（字緝文）
（清・無棣人）
［民國］無棣 12/12
海豐縣鄉土志/耆舊－學問一
吳學智（字睿涵）
（清・陵縣人）
［光緒］陵縣 19/人物傳二 24
79 吳勝（明・福建邵武人）
［乾隆］沂州府 17/33
吳勝（字世卿）
（清・日照人）
［光緒］日照 8/17
吳勝祖（明・江西進賢人）
光緒臨朐 13/3
80 吳金（明・河南祥符人）
［道光］濟南 36/58
［嘉慶］德平 5/8
［光緒］德平 5/8
吳夔（字學夔）
（明・浙江西安舉人）
［萬曆］濰縣 7/4
［康熙］濰縣 5/名宦 4
［乾隆］濰縣 3/41
［民國］濰縣志稿 20/14
濰縣鄉土志/51
吳義（明・來安人）
［光緒］益都縣圖志 49/1
吳鏞（明・高苑人）
［萬曆］青州 15/51
［康熙十五年］青州 15/51
［康熙四十八年］青州 15/義民 20
［康熙六十年］青州 18/16
［咸豐］青州 43/12
［康熙］高苑 6/4
［乾隆］高苑 6/4
吳介石（字鐵山）
（清・萊蕪人）
［民國］萊蕪 18/11
［民國］續修萊蕪 24/3
吳金礪（字叶山）
（單縣人）
［民國］霑化卷首/11
吳毓珍（清・奉天人）
［康熙］濮州續志上/23
吳毓珍（字子重，號逸菴）
（清・萊蕪人）
［宣統］山東 171/10
［乾隆］泰安府 18/12
［民國］萊蕪 18/3
吳金鑾（霑化人）
［民國］霑化 4/登進 46
吳金祥（明・河南符縣人）
［康熙］德平 3/3
吳金臺（字仙洲，號少瀛）
（清・泰安人）
［民國］重修泰安縣 8/13
吳毓蘅（清・大興人）
［光緒］益都縣圖志 18/70
吳毓蘭（字次芝）
（清・博興人）
［民國］重修博興 13/57
吳毓春（字雨軒）
（清・歷城人）
［宣統］山東 170/14
［民國］續修歷城 40/16
吳人驥
［光緒］嶧縣 19/職官下 21
吳金煜（字盛光）
（清・臨清人）
［民國］臨清縣/人物 65
吳金輝（字蘊玉）
（清・臨清人）
［民國］臨清縣/人物 65
吳全榮（清・茌平人）
［宣統］茌平 16/8
［民國］茌平 3/40
82 吳鎧（字文濟）
（明・陽穀人）
［萬曆二十四年］兗州 36/15
［康熙］兗州 28/14

[康熙]兖州續編 15/26
[乾隆]兖州 23/41
[康熙十二年]陽穀 3/28，5/4，5/6
[康熙]陽穀 3/25
[光緒]陽穀 6/25
[民國]增修陽穀人物/仕宦 4
吴鍾崙(清・寧陽人)
[咸豐]寧陽 13/12
吴鍾安(字石亭)
(清・寧陽人)
[咸豐]寧陽 13/22
[光緒]寧陽 13/22
吴鍾賢(字希聖)
(清・寧陽人)
[光緒]寧陽 15/32
83 吴鉞(清・蓬萊人)
[光緒]增修登州 44/1
84 吴鑄(字孟冶)
(清・莒縣人)
[嘉慶]莒州 10/4
[民國]重修莒志 62/5
吴鎮東(字青嶽)
(清・德平人)
[光緒]德平 7/20
德平縣鄉土志/耆舊錄
86 吴錫仁(字善長)
(清・霑化人)
[光緒]霑化 10/14
[民國]霑化 2/87
吴錫光(歷城人)
[民國]重修博興 10/3
吴錫煜(字永舒)
(清・東平人)
[乾隆]東平州 15/22
[道光]東平州 15/22
[光緒]東平州 15/下 30
[民國]東平縣 11/下 6
東平州鄉土志上/耆舊錄 37
吴錫炯(清・東平人)
[乾隆]東平州 15/22
[道光]東平州 15/22
[光緒]東平州 15/下 30
[民國]東平縣 11/下 7
東平州鄉土志上/耆舊錄 37
吴錫炤(字泰來)
(明・東平人)
[乾隆]東平州 13/39
[道光]東平州 13/39
[光緒]東平州 15/上 39
[民國]東平縣 11/上 15
87 吴鈞(明・高郵人)
[萬曆]濮州 3/名宦 32
吴翔(明・大同人)
[嘉靖]山東 26/19
[康熙]山東 33/22
[雍正]山東 27/92
[萬曆元年]兖州 38/循吏 44
[萬曆二十四年]兖州 29/8
[康熙]兖州 22/29
[康熙]兖州府曹縣 10/9
[光緒]曹縣 10/9
吴翔(字振凫)
(清・嘉定人)
[乾隆]嶧縣 7/19
[光緒]嶧縣 19/職官下 14
吴欲立(字恕可)
(清・寧陽人)
[咸豐]寧陽 13/22
[光緒]寧陽 13/22
寧陽縣鄉土志/19
吴銘盤(清・陽信人)
[民國]陽信 5/方技 83
吴欲達(字行可)
(清・寧陽人)
[乾隆]寧陽 7/文苑 3
[咸豐]寧陽 13/22
[光緒]寧陽 13/22
寧陽縣鄉土志/19
吴欲錦(字蘊章)
(清・寧陽人)
[咸豐]寧陽 14/22
[光緒]寧陽 14/22
88 吴笠(字瞻淇)
(清・嘉祥人)
[乾隆]嘉祥 3/38
[光緒]嘉祥 3/46
吴紛(清・南昌人)
[道光]濟寧直隸州 6/7－83
吴箕(字億占)
(清・嘉祥人)
[乾隆]嘉祥 3/27
[光緒]嘉祥 3/27
吴鑑(字伯明)
(清・單縣人)
[乾隆]單縣 7/27
[民國]單縣 9/80
吴筠(字貞節)
(唐・魯人)
[宣統]山東 167/9
吴筮晉(字康侯)
(清・霑化人)
[光緒]霑化 8/19
[民國]霑化 2/48
90 吴堂(清・湖南華容人)
[宣統]山東 75/10
[乾隆]淄川 4/25
吴炎(字公執)
(清・霑化人)
[光緒]霑化 10/8
[民國]霑化 2/81
吴光盼(字耀林)
(清・江西湖口舉人)
[嘉慶]德平 5/21
[光緒]德平 5/14
吴光璧(清・定陶人)
[民國]定陶 6/57
吴光臨(清・陽信人)
[民國]陽信 5/忠義 64
吴懷義(字宜齊)
(清・茌平人)
[民國]茌平 3/97
吴懷義(字利貞，號希尚)
(清・霑化人)
[光緒]霑化 10/21
[民國]霑化 2/96
吴省曾(明・直隸懷來衛人)
[光緒]增修登州 28/3
[萬曆]福山 4/5
[康熙]福山 7/11
[乾隆]福山 7/13
91 吴炳照(字朗如)
(清・蘇州人)
[光緒]費縣 3/58
93 吴怡(明・山陽人)
[泰昌]登州 9/30
[光緒]增修登州 29/11

[康熙]棲霞 4/23
吴怡楷(字履仙)
(清・霑化人)
[光緒]霑化 10/17
[民國]霑化 2/92
吴怡穀(字梅和,號履庵)
(清・霑化人)
[乾隆]武定府 26/20
[咸豐]武定府 26/義行 20
[光緒]霑化 10/10
[民國]霑化 2/83
吴怡曾(字仲睦)
(清・無棣人)
[民國]無棣 11/9
海豐縣鄉土志/耆舊－事業
吴怡棠(字蔭思)
(清・霑化人)
[光緒]霑化 8/10
[民國]霑化 2/39
94 **吴煒**(字丙臣,一作炳臣)
(清・直隸清苑人)
[宣統]山東 75/35
[光緒]東平州 14/42
[民國]東平縣 9/23
東平州鄉土志上/政績錄 17
[光緒]壽張 5/11
壽張縣鄉土志/政績－聽訟
吴熯(清・錢塘人)
[嘉慶]慶雲 7/31
[咸豐]慶雲 2/29
[民國三年]慶雲 1/87
96 **吴煜**(字雲軒)
(清・濱州人)
[咸豐]濱州 10/耆壽又 7
97 **吴煥彩**(字蘊之)
(清・福建南安人)
[宣統]山東 76/26
98 **吴悌**(字思誠,一作順之)
(明・江西金谿人)
[宣統]山東 73/9
[萬曆]青州 12/37
[康熙十五年]青州 12/37
[康熙四十八年]青州 12/37
[康熙六十年]青州 12/26
[咸豐]青州 36/17
[萬曆]樂安 13/4
[雍正]樂安 11/4
[民國]樂安 8/19
[民國]續修廣饒 17/3
吴悅謙(字益仲)
(清・霑化人)
[光緒]霑化 10/15
[民國]霑化 2/88
99 **吴榮年**(字鳳巢)
(清・霑化人)
[光緒]霑化 10/18
[民國]霑化 2/92

2672_7 峒

50 **峒夷**(上古)
[順治]登州 11/1

2690_0 和

03 **和斌**(字勝之)
(宋・濮州鄄城人)
[嘉靖]山東 31/23
[康熙]山東 41/20
[雍正]山東 28/人物二 35
[宣統]山東 157/16
[萬曆]東昌 19/39
[乾隆]曹州府 14/26
[嘉靖]濮州 5/29
[萬曆]濮州 4/武烈 3
[康熙]濮州 4/17
[乾隆]濮州 4/29
[宣統]濮州 6/23
04 **和詵**(宋・濮州鄄城人)
[嘉靖]山東 31/23
[康熙]山東 41/20
[嘉靖]濮州 5/29
10 **和玉鼎**(清・丘縣人)
[乾隆]東昌 43/24
12 **和登泰**(字魯詹)
(明・東昌府人)
[乾隆]東昌 39/18
17 **和承芳**(明・平定人)
[雍正]山東 27/39
[乾隆]兗州 22/29
[乾隆]濟寧直隸州 22/17
[道光]濟寧直隸州 6/6－27
18 **和瑜**(明・新泰人)
[崇禎]鄆城 4/19
[康熙]鄆城 4/18
[光緒]鄆城 6/25
20 **和舜武**(字虞亭)
(清・滿洲鑲藍旗人)
[宣統]山東 74/28
[道光]濟南 37/42
23 **和俊**(明・獲嘉人)
[嘉靖]朝城志 5/14
26 **和峴**(字晦仁)
(宋)
[宣統]山東 163/20
30 **和安禮**(金)
[嘉靖]山東 25/22
[康熙]山東 32/10
[康熙]濟南 25/16
[弘治]泰安州 3/8
[康熙]泰安州 2/45
[乾隆]泰安府 14/25
[乾隆二十五年]泰安縣 10/30
泰安縣鄉土志/名宦 27
35 **和清**(明・山西平定人)
[民國]續修博山 9/1
和速嘉安里(字子敬)
(金・大名路人)
[宣統]山東 69/5
37 **和凝**(字成績)
(五代・鄆州須昌人)
[嘉靖]山東 30/42
[康熙]山東 40/42
[雍正]山東 28/人物二 17
[宣統]山東 156/22
[乾隆]泰安府 16/36
[萬曆元年]兗州 40/節義 18
[萬曆二十四年]兗州 34/13
[康熙]兗州 26/44
[康熙]東平州 4/20
[乾隆]東平州 13/8
[道光]東平州 13/8
[光緒]東平州 15/上 8
[民國]東平縣 11/上 4
38 **和道**(字祥卿)
(元・河南懷慶人,一作覃懷人)
[康熙]山東 32/12
[雍正]山東 27/83

[宣統]山東 69/26
[康熙]濟南 25/22
[乾隆]泰安府 14/27
[嘉靖]萊蕪 5/9,7/8
[康熙]新修萊蕪 5/22
[民國]萊蕪 9/3
[民國]續修萊蕪 15/4
萊蕪縣鄉土志/3
40 **和有禮**(字範六)
(明)
[乾隆]東昌 42/23
66 **和曙**(清・丘縣人)
[乾隆]東昌 43/24
72 **和剛中**(字健菴,一字寄園)
(清・陝西蒲城人)
[道光]重修膠州 31/5
[民國]增修膠志 48/9
80 **和公上人**(清・齊河人)
[民國]齊河 28/3

2691_4 程

00 **程文**(字天章)
(明・山西陽曲人)
[宣統]山東 72/15
[萬曆二十四年]兗州 29/7
[康熙]兗州 22/28
[康熙]兗州續編 14/16
[乾隆]兗州 22/29
[乾隆]濟寧直隸州 22/49
[道光]濟寧直隸州 6/6-33
[順治]嘉祥 4/36
[乾隆]嘉祥 3/30
[光緒]嘉祥 3/38
程文謨(字烈光)
(清・杭縣人)
[民國三年]慶雲 1/91
程立矩(明・宜都人)
[萬曆]沂州志 4/57
程彥穎(字叔異)
(清・德州人)
德州鄉土志/耆舊 38
程方德(號嘯岩)
(清・新建人)
[宣統]重修恩縣 6/52
[民國]重修恩縣 10/67
恩縣鄉土志/11
程文升(字允軒)
(臨朐人)
[民國]臨朐續志 20/28
程方秋(字肅齋)
(清・汶上人)
[宣統]四續汶上稿/人物-耆德傳
程彥賓(五代・臨淄人)
[萬曆]青州 15/45
[康熙十五年]青州 15/45
[康熙四十八年]青州 15/卓行 5
[康熙六十年]青州 18/11
程應河(清・東平人)
[道光]東平州 15/13
[光緒]東平州 15/下 12
[民國]東平縣 11/中 30
東平州鄉土志上/耆舊錄 35
程文斗(字柄魁,一字星垣)
(清・陽信人)
[民國]陽信 5/孝友 60
程文蔚(字萃亭)
(臨朐人)
[民國]臨朐續志 20/42
程文忠(清・恩縣人)
[民國]重修恩縣 11/鄉賢 42
02 **程端**(字本正)
(明・冠縣人)
[萬曆]東昌 19/53
[乾隆]東昌 38/29
[嘉慶]東昌 29/1
[嘉靖]冠縣 4/11
[萬曆]冠縣 4/9
[道光]冠縣 8/上 2
[光緒]冠縣 8/鄉賢
[民國]冠縣 8/人物志 2
03 **程謐**(字靜修)
(清・恩縣人)
[民國]重修恩縣 12/上 54
程試(明・北直沙河人)
[咸豐]青州 36/30
[康熙]壽光 20/4
[嘉慶]壽光 10/25
[民國]壽光 6/15
04 **程訥**(字季敏)
(明・德州左衛人)
[康熙]濟南 48/13
[道光]濟南 52/37
程熟(字吾潭)
(明・開州人)
[道光]濟南 36/10
[道光]章邱 9/6
章邱縣鄉土志/上 4
07 **程詡**(明・城武人)
[康熙九年]城武 3/14
[康熙四十一年]城武 5/上懿行 2
[道光]城武 9/下 8
08 **程敦元**(清・禹城人)
[民國]禹城 6/34
程敦復(字心初)
(清・禹城人)
[民國]禹城 6/22
程敦華(字翠亭)
(清・禹城人)
[民國]禹城 6/74
程效曾(字景參)
(清・莒縣人)
[民國]重修莒志 62/12
10 **程玉**(字佩之)
(清・樂安人)
[嘉靖]青州 15/20
[萬曆]青州 15/50
[康熙十五年]青州 15/49
[康熙四十八年]青州 15/卓行 9
[康熙六十年]青州 17/18
[咸豐]青州 47/31
[雍正]樂安 13/2
[民國]續修廣饒 19/35
程雲(字天翼,號松壺)
(清・萊蕪人)
[康熙]新修萊蕪 6/3
[民國]萊蕪 18/9
[民國]續修萊蕪 24/2
程正(明)
[萬曆]泗水 4/10
[順治]泗水 4/10
[光緒]泗水 4/3
程雪庭(字立齋)
(商河人)
[民國]重修商河 7/34

程雲步(清・錦州人)
[康熙五十六年]壽張 4/8
程玉崑(字楚西)
(清・曹縣人)
[光緒]曹縣 14/仕蹟 11
程雲溪(字竹齋)
(清・商河人)
[民國]重修商河 8/89,14/50,14/51,14/56,14/57
程西池(清・安徽桐城人)
[光緒]重修蒲臺 2/18
蒲臺縣鄉土志/6
程雲漢(清・單縣人)
[民國]單縣 12/鄉賢 3
程雲漢(字倬章)
(清・商河人)
[民國]重修商河 8/50
程百里(清・臨清人)
[民國]臨清縣/人物 85
程雲路(清・寧陽人)
[咸豐]寧陽 15/31
[光緒]寧陽 15/51
程正風(字剛中)
(清・汶上人)
[宣統]四續汶上稿/人物-忠烈傳
程雪堂(字誨齋)
(商河人)
[民國]重修商河 7/34
12 程登雲(清・臨朐人)
光緒臨朐 16/20
程登科(字步青)
(商河人)
[民國]重修商河 7/33
程發祥(字麟趾)
(清・夏津人)
[民國]夏津續編 8/22
程廷舉(明・陝西人)
[康熙]朝城 7/19
13 程戬(金)
[光緒]益都縣圖志 17/7
14 程珪(元・齊河人)
[宣統]山東 161/22
[光緒]增修登州 24/16
[康熙]萊陽 4/5
[民國]萊陽 3/1 上 4
程瑾(清・遼東杏山人)
[宣統]山東 76/43
[乾隆]東昌 35/12
[嘉慶]東昌 22/17
程琳(字天祿,一作天琳)
(宋・永寧博野人)
[嘉靖]山東 27/4
[康熙]山東 35/5
[雍正]山東 27/56
[宣統]山東 68/49
[嘉靖]青州 12/54
[萬曆]青州 12/15
[康熙十五年]青州 12/15
[康熙四十八年]青州 12/15
[康熙六十年]青州 12/10
[咸豐]青州 35/6
[康熙六十年]博興 7/5
[光緒]益都縣圖志 16/27
16 程瑒(字文在)
(清)
[康熙]兗州府曹縣 9/38
[光緒]曹縣 9/縣丞 4
17 程珦(字伯溫)
(宋・河南人)
[雍正]山東 11/闕里二 34
程瑤(見程琺)
程子(周・古郯國人)
[萬曆]沂州志 6/20
程子侃(明・南直休寧人)
[宣統]山東 73/27
[光緒]增修登州 31/3
[康熙]萊陽 4/6
[民國]萊陽 3/1 上 9
程務挺(名振子)
(唐・洺州平恩人)
[嘉靖]山東 31/11
[雍正]山東 28/人物二 8
[萬曆]東昌 19/20
[乾隆]東昌 36/29
[嘉慶]東昌 26/29
18 程琺(字子彬)
(明・德州左衛人)
[康熙]山東 39/26
[道光]濟南 52/37
[萬曆]德州 9/40
[康熙]德州 8/14
[乾隆]德州 9/12
德州鄉土志/耆舊 5
[民國]德縣 10/10
20 程信(字彥實)
(明・休寧人)
[宣統]山東 70/19
[道光]濟南 35/30
程受孚(字信堂)
(清・陽信人)
[民國]陽信 5/任恤 32
程維德(字子惠)
(清・新建人)
[乾隆]夏津 6/21
程受華(字榮甫)
(清・陽信人)
[民國]陽信 5/耆碩 60
程維幹(字振東)
(清・陽信人)
[民國]陽信 5/任恤 31
21 程儒(明・山西潞安人)
[嘉靖]朝城志 5/8
[康熙]朝城 7/6
程師孟(字公闢)
(宋・吳人)
[嘉靖]山東 27/6
[嘉靖]青州 13/26
[萬曆]青州 12/19
[光緒]益都縣圖志 16/31
程仁均(清・湖北黃岡人)
長山縣鄉土志/政績錄
程仁同(字子異)
(清・禹城人)
[民國]禹城 6/24
22 程邕之(南北朝宋・泰山人)
[宣統]山東 166/6
[乾隆二十五年]泰安縣 12/6
[乾隆四十七年]泰安縣 10/上 23
[道光]泰安縣 9/上 76
[民國]重修泰安縣 8/32
泰安縣鄉土志/耆舊 8
程豐厚(字芑孫,號筱芙)
(清・安徽休寧人)
[民國]昌樂縣續志 25/3
23 程允迪(字惠吉)

(清・金鄉人)
[道光]濟寧直隸州 8/3-34
[乾隆]金鄉 18/74
[咸豐]金鄉縣志略 9/中列傳二 4
[民國]金鄉 14/4
金鄉縣鄉土志/耆舊錄上
24 **程贊**(宋)
[康熙]嶧縣 3/14
[光緒]嶧縣 19/88
程魁麟(字瑞符)
(清・陽信人)
[民國]陽信 5/任恤 35
程待聘(字珍儒)
(清・寧陽人)
[乾隆]寧陽 7/篤誼 1
[咸豐]寧陽 15/5
[光緒]寧陽 15/5
寧陽縣鄉土志/20
程先貞(字正夫,別號葸菴)
(清・德州左衛人)
[道光]濟南 56/79
[康熙]德州 8/31
[乾隆]德州 9/27
[民國]德縣 10/20
州乘餘聞/7
德州鄉土志/耆舊 20
程德榮(字華亭)
(單縣人)
[民國]單縣 12/鄉賢 26,21/41
25 **程紳**(字伯書,號東溟)
(明・樂安人)
[康熙]山東 45/17
[嘉靖]青州 14/37
[萬曆]青州 13/50
[康熙十五年]青州 13/50
[康熙四十八年]青州 13/事功 33
[康熙六十年]青州 16/17
[咸豐]青州 44/22
[萬曆]樂安 15/10
[雍正]樂安 12/11,13/2
[民國]樂安 10/8
[民國]續修廣饒 19/15
26 **程鯤化**(見程鵾化)
程自邇(字扶九,號近齋)
(清・泰安人)
[乾隆]泰安府 18/20
[光緒]平陰 4/28
程和尚(清)
[康熙]高密 8/29
[乾隆]高密 10/33
27 **程紹**(字公業)
(明・德州人)
[康熙]山東 39/29
[雍正]山東 28/人物三 55
[宣統]山東 159/33
[康熙]濟南 37/11
[道光]濟南 52/38
[康熙]德州 8/20
[乾隆]德州 9/16
[民國]德縣 10/14
德州鄉土志/耆舊 10
[乾隆]掖縣 4/27
程僎(字獻素)
(清・濟寧人)
[乾隆]濟寧直隸州 27/14
[道光]濟寧直隸州 8/3-22
程繩武(號筱泉)
(清・江蘇武進人)
[宣統]山東 76/4
[民國]濟寧直隸州續志 10/46
[光緒]嶧縣 19/職官下 26
[民國]單縣 6/宦蹟 26
程佩瑜(字玉光)
(清・寧陽人)
[咸豐]寧陽 15/26
[光緒]寧陽 15/43
程名遠(字作哲)
(清・昌樂人)
[民國]昌樂縣續志 35/6
程伊湄(原名澐,號省齋)
(清・浙江錢塘人,入順天大興籍)
[宣統]山東 75/42
[咸豐]武定府 19/14
[光緒]惠民 18/17
惠民縣鄉土志/政績錄 9
程名振(唐・洺州平恩人)
[嘉靖]山東 31/11
[雍正]山東 28/人物二 1
[宣統]山東 156/5
[萬曆]東昌 19/18
[乾隆]東昌 36/28
[嘉慶]東昌 26/28
恩縣鄉土志/17
28 **程倫**(明・直隸任縣人)
[康熙十二年]陽穀 2/15
[康熙]陽穀 2/11
[光緒]陽穀 4/2
程作黻(清・鉅野人)
[民國]續修鉅野 5/上 15
程作梅(字友竹,一字嶺南)
(清・陽信人)
[民國]陽信 5/文學 14
陽信縣鄉土志上/耆舊-學問
30 **程安**(明・婺源人)
[嘉靖]朝城志 5/又 9
程良(明・陝西葭州人)
[嘉靖]夏津 3/35
[乾隆]夏津 6/9
程潼(清・菏澤人)
[光緒]新修菏澤 11/75
程準(明)
[乾隆]東昌 42/22
程宗(明・金鄉人)
[民國]金鄉 13/9
程憲文(字敬之)
(清・寧陽人)
[康熙]兗州續編 16/7
[乾隆]兗州 23/66
[康熙四十一年]寧陽 7/19
[乾隆]寧陽 7/良吏 8
[咸豐]寧陽 13/8
[光緒]寧陽 13/8
程良球(明・黃岡舉人)
[康熙]莒州下/10
[民國]重修莒志 57/13
程淳仁(明・開州人)
[嘉靖]寧海州下/17
[同治]重修寧海州 12/9
程永魁(字文閣)
(恩縣人)
[民國]重修恩縣 11/鄉賢 54
程濰生(字鶴齡)

（清）
[宣統]三續淄川 9/45
程宗洛（清・平度人）
[民國]平度縣續志 7/26
程安壽（晉・平度人）
[光緒]平度志要/人物
程守志（曲阜人）
[民國]續修曲阜 5/55
程永存（字心齋）
（清・鄒縣人）
[民國]續修鄒縣志稿/人物－耆舊
程守樓（字方所）
（清・東平人）
[光緒]東平州 15/中 53
[民國]東平縣 11/中 18
程良田（字勤耕）
（清・陽信人）
[民國]陽信 5/孝友 61
31 **程潭**（字月千）
（清・陽信人）
[民國]陽信 5/文學 13
32 **程沂**（字春野）
（明・湖廣咸寧人）
[康熙]德平 3/3
[嘉慶]德平 5/9
[光緒]德平 5/9
程洲（字芳杜）
（清・膠州人）
[道光]重修膠州 29/13
[民國]增修膠志 44/11
膠州直隸州鄉土志 4/孝友
程兆祥（字芝亭，一作芝庭）
（清・直隸清苑人）
[民國]德縣 9/22
[民國]青城續修 4/名宦 15
34 **程澇**（字箕山）
（清・直隸人）
[宣統]山東 77/17
[咸豐]青州 37/1
[康熙]諸城 5/18
[乾隆]諸城 28/10
諸城縣鄉土志/上 10
程邁（清・莒縣人）
[嘉慶]莒州 10/7
[民國]重修莒志 65/13

程遠（明・臨朐人）
[嘉靖]臨朐 3/11
程遠石（禹城人）
[民國]禹城 6/27
程法乾（字健行）
（清・歷城人）
[道光]濟南 53/53
[民國]續修歷城 41/16
35 **程禮**（字用和）
（明・冠縣人）
[嘉靖]冠縣 4/3
[萬曆]冠縣 4/8
程清（明・濮州人）
[康熙]濮州 4/9
[乾隆]濮州 4/9
[宣統]濮州 5/9
程連三（清・博興人）
[民國]重修博興 13/60
程連城（清・鉅野人）
[民國]續修鉅野 5/上 21
程清蘭（字畹九）
（清・陽信人）
[民國]陽信 5/任恤 32
36 **程湜**（清・儀徵進士）
[光緒]增修登州 27/4
程還樸（清・東平人）
[光緒]東平州 15/下 19
[民國]東平縣 11/中 34
37 **程選**（明・濟寧人）
[萬曆二十四年]兖州 37/6
[康熙]兖州 28/35
[乾隆]兖州 23/51
[康熙]濟寧州 7/8
程朗仲（明・新安人）
[康熙]濟寧州 7/54
程潤身（清・鉅野人）
[民國]續修鉅野 5/上 31
38 **程祚**（明・直隸績溪人）
[嘉靖]朝城志 5/16
[康熙]朝城 7/27
程道立（字景坡）
（清・武城人）
[道光]武城續編 10/6
程道南（清・武城人）
[道光]武城續編 12/貤封坊表 1

程肇舉（清・掖縣人）
[民國]四續掖縣 4/58
程啟忻（字衷樂）
（清・滋陽人）
[光緒]滋陽 11/16
40 **程森**（字思茂）
（金・清平人）
[乾隆]東昌 37/21
[嘉慶]東昌 27/19
[康熙]重修清平下/14
[嘉慶]清平 14/25
[宣統]增輯清平 12/25
程喜（三國）
[萬曆]青州 12 又/3
[康熙十五年]青州 12 又/3
[康熙四十八年]青州 12 又/3
[康熙六十年]青州 12/5
[咸豐]青州 55/5
程柱（清・泰安人）
[道光]泰安縣 9/上 86
[民國]重修泰安縣 8/41
程存謹（清・城武人）
[道光]城武 9/下 27
程大謨（清・湖北孝感人）
[宣統]山東 77/25
[光緒]增修登州 28/5
[乾隆]福山 7/19,11 上/64
[民國]福山縣志稿 3/2－9
程士珩（字珍楚）
（清・禹城人）
[民國]禹城 6/73
程友張（字濂儒）
（清・曹縣人）
[康熙]兖州府曹縣 14/22
[光緒]曹縣 14/人物 16
程希聖（字獻庭）
（平原人）
[民國]續修平原 8/29
程克允（字維明）
（清・堂邑人）
堂邑縣鄉土志/耆舊錄
程士俊（清・博興人）
[民國]重修博興 13/50
程九齡（字象元）
（清・儀封人）

［光緒］費縣 3/56
程大模（見程大謨）
程志隆（字韞山，一作蘊山）
（清・安徽休寧人）
［宣統］山東 75/33
［乾隆］淄川 4/又 28－3
［乾隆四十七年］泰安縣 8/33
［道光］泰安縣 10/10
［民國］重修泰安縣 6/63
程大猷（字允軒）
（明・江津人）
［乾隆］武定府 16/35
［咸豐］武定府 19/濱州 4
［康熙］濱州 5/20
［咸豐］濱州 8/5
程士範（字井野，一作作模）
（清・渭南人）
［咸豐］武定府 19/利津 5
［乾隆］利津縣志補 3/16
43 程式（字克文）
（明・冠縣人）
［嘉靖］冠縣 4/12
44 程恭（明・藁城人）
［道光］濟南 36/27
［康熙四十三年］長山 3/宦績
［康熙五十五年］長山 3/31
［嘉慶］長山 5/39
程林（見程森）
程權（唐）
［乾隆］德州 8/2
程埜（字抗魯，一字元魯）
（元）
［康熙］曹州志 7/51
［光緒］菏澤 7/宦蹟 19
［光緒］新修菏澤 8/8
程樹型（字聖模）
（清・東平人）
［光緒］東平州 15/中 42
［民國］東平縣 11/中 11
程蘭皋（清・夏津人）
［民國］夏津續編 8/25
程懋官（字德譜）
（清・齊東人）
齊東縣鄉土志/耆舊錄 18
程夢良（字仲新）
（清）
［宣統］三續淄川 9/46
［民國］續修曲阜 5/56
程懋泓（字潤萬，號陶山）
（清・休寧人）
［宣統］山東 174/27
［乾隆］東昌 40/31
［乾隆］臨清州 9/47，12/10
［乾隆］臨清直隸州 8/上 35，8/上 84
［民國］臨清縣/人物 13
程懋浤（見程懋泓）
程萬清（清・武城人）
［道光］武城續編 12/貤封坊表 1
程楠森（字春山）
（清・安徽霍邱人）
［光緒］昌邑縣續志 6/35
程世盛（字茂遠）
（清・膠州人）
［道光］重修膠州 29/22
［民國］增修膠志 45/8
程萬里（明・洪洞人）
［康熙］高密 6/26
［乾隆］高密 6/19
［光緒］高密 6/23
［民國］高密 12/24
高密縣鄉土志/上 9
程萬里（字扶上）
（清・城武人）
［康熙九年］城武 3/57
［道光］城武 9/下 2
程萬善（字元夫）
（清・城武人）
［順治］單縣 2/39
［康熙九年］城武 3/46
［康熙四十一年］城武 5/上宦蹟 7
［道光］城武 9/上 23
46 程觀（字文昇）
（明・寧陽人）
［康熙十一年］寧陽 7/11
［康熙四十一年］寧陽 7/11
［乾隆］寧陽 7/良吏 3
［咸豐］寧陽 13/3
［光緒］寧陽 13/3
47 程鋆（字仙九）
（清・臨沂人）
［民國］臨沂 10/63
48 程教之（字雨化）
（昌樂人）
［民國］昌樂縣續志 34/9
50 程泰（字仲來）
（明・德州左衛人）
［康熙］濟南 45/9
［道光］濟南 52/39
［康熙］德州 8/28
［乾隆］德州 9/23
［民國］德縣 10/18
程中立（字惟時）
（明・冠縣人）
［嘉靖］冠縣 4/3
［萬曆］冠縣 4/9
程素期（號霽江）
（清・江西繁昌人）
［宣統］山東 75/8
［道光］濟南 38/12
［康熙］鄒平 4/20
［嘉慶］鄒平 14/19
［道光］鄒平 14/19
［民國］鄒平 14/19
程惠民（明・新泰人）
［宣統］山東 161/31
51 程軏（字信甫，號右川）
（明・臨清人）
［乾隆］東昌 39/5
［康熙］臨清州 3/人物 15
［乾隆］臨清州 9/27
［乾隆］臨清直隸州 8/上 12
［民國］臨清縣/人物 5
程振（字伯起）
（宋・饒州樂平人）
［雍正］山東 27/7
［宣統］山東 68/27
［康熙十二年］鄒縣志 3/10
［康熙五十五年］鄒縣志 2/42
鄒縣鄉土志政績錄/3
程振聲（字克家）
（清・禹城人）
［民國］禹城 6/31

57 **程邦**(明・金鄉人)
[康熙十二年]金鄉 5/19
[康熙五十一年]金鄉 7/26
程邦彥(明・平陰人)
[康熙]山東 45/10
[康熙]兗州續編 15/25
[乾隆]泰安府 18/44
[順治]平陰 7/16
[光緒]平陰 5/6
60 **程昱**(字仲德)
(三國・東郡東阿人)
[嘉靖]山東 26/21,30/12
[康熙]山東 40/13
[雍正]山東 28/人物一 27
[宣統]山東 154/22
[乾隆]泰安府 16/7
[萬曆元年]兗州 40/武功 6
[萬曆二十四年]兗州 32/4
[萬曆]東昌 18/9
[康熙四年]東阿 6/4
[康熙五十四年]東阿 6/4
[道光]東阿 13/人物上 3
[光緒]東阿縣鄉土志 4/1
程昌弼(宋)
[光緒]益都縣圖志 16/39
程景孟(字淑尼)
(清・寧陽人)
[光緒]寧陽 15/47
程國仁(字鶴樵)
(清・河南商城人)
[宣統]山東 74/28
[道光]濟南 37/43
程甲化(字碧洲)
(清・福建莆田人)
[咸豐]青州 37/6
[康熙]諸城 4/19
[乾隆]諸城 28/11
程思溫(元・貝州武城人)
[乾隆]東昌 37/29
[嘉靖]武城 7/60,8/41
[順治]武城 2/18
[乾隆]武城 10/20,14/52
武城縣鄉土志略/耆舊錄
61 **程顥**(字伯淳)
(宋・河南人)
[雍正]山東 11/闕里二 21
[乾隆]兗州 7/33
程題雁(清・江西鄱陽進士)
長山縣鄉土志/政績錄
64 **程曉**(字季明)
(三國・東阿人)
[嘉靖]山東 30/13
[康熙]山東 40/14
[雍正]山東 28/人物一 30
[萬曆元年]兗州 40/諫議 10
[道光]東阿 13/人物上 7
程時言(明・休寧人)
[康熙四十一年]寧陽 3/28
[乾隆]寧陽 3/教諭 3
[咸豐]寧陽 11/13
[光緒]寧陽 11/13
程時建(明・韓城人)
[宣統]山東 73/27
[光緒]增修登州 31/3
[康熙]萊陽 4/6
[民國]萊陽 3/1 上 8
程時敏(明・聊城人)
[康熙]聊城 3/36
[宣統]聊城 8/56
67 **程明**(明・樂安人)
[康熙]山東 49/3
程鵾化(清・莆田人)
[雍正]山東 27/104
[宣統]山東 76/36
[乾隆]東昌 33/33
程鳴岐(字鳳洲)
(清・寧陽人)
[咸豐]寧陽 13/25
[光緒]寧陽 13/25
寧陽縣鄉土志/19
程鳴伊(明・樂安人)
[萬曆]青州 13/69
[康熙十五年]青州 13/69
[康熙四十八年]青州 13/事功 53
[康熙六十年]青州 16/27
[咸豐]青州 44/37
[雍正]樂安 13/2
[民國]樂安 10/9
[民國]續修廣饒 19/16
程嗣開(字子若)
(清・武城人)
[道光]武城續編 12/貤封坊表 1,14/雜記 1
70 **程驤**(字蟠之)
(唐・東平人)
[嘉靖]山東 30/41,38/63
[康熙]山東 40/41,61/17
[乾隆]泰安府 18/64,27/49
[萬曆元年]兗州 40/卓行 4
[乾隆]曹州府 21/20
[康熙]東平州 4/76
[乾隆]東平州 15/33,20/13
[道光]東平州 20/13
[光緒]東平州 20/13
[光緒]鄆城 14/8
71 **程頤**(字正叔)
(宋・河南人)
[雍正]山東 11/闕里二 22
[乾隆]兗州 7/33
[崇禎]歷乘 16/61
72 **程所好**(明・昌樂人)
[雍正]山東 28/人物三 24
[宣統]山東 165/17
[康熙十五年]青州 14/又 26
[康熙四十八年]青州 14/孝友 17
[康熙六十年]青州 17/16
[咸豐]青州 45/49
[康熙]昌樂 4/9
[嘉慶]昌樂 22/5
[民國]昌樂縣續志 16/19
77 **程朋**(元・樂安人)
[嘉靖]青州 16/44
[康熙十五年]青州 17/3
[康熙四十八年]青州 17/方技 3
程鵬(字萬里)
(元・樂安人)
[萬曆]青州 15/46
[康熙十五年]青州 15/46
[康熙四十八年]青州 15/卓行 6
[康熙六十年]青州 18/15
[咸豐]青州 42/14
[萬曆]樂安 15/7
[雍正]樂安 12/8
[民國]樂安 10/6

［民國］續修廣饒 19/10
程興（明・宜都人）
［乾隆］沂州府 17/34
程際雲（清・平陰人）
［雍正］山東 28/人物四 20
［宣統］山東 171/14
［康熙］兗州續編 16/33
［乾隆］泰安府 18/47
［乾隆］東昌 44/24
［嘉慶］東昌 34/9
［光緒］平陰 4/23
程鳳魁（清・高密人）
［民國］高密 14/上 51
程學博（字近約）
（明・湖廣孝感人）
［宣統］山東 72/2
［乾隆］兗州 22/19
［光緒］菏澤 7/名宦 7
程履坦（字誼明）
（清・曲阜人）
［民國］續修曲阜 5/41
程鵬起（明・新都人）
［崇禎］歷乘 16/65
80 **程全**（宋・濰州人）
［嘉靖］山東 33/9
［雍正］山東 28/人物二 47
［宣統］山東 164/15
［萬曆］萊州 6/3
［康熙］萊州 10/46
［乾隆］萊州 11/忠節 2
萊州府鄉土志/下 9
［萬曆］濰縣 9/5
［康熙］濰縣 5/人物 11
［乾隆］濰縣 4/17
［民國］濰縣志稿 31/23
濰縣鄉土志/15
程益（字光道）
（元・章邱人）
［嘉靖］山東 29/20
［康熙］山東 39/18
［雍正］山東 28/人物二 70
［宣統］山東 158/25
［康熙］濟南 37/4
［道光］濟南 48/51
［嘉靖］章丘 3/65
［萬曆］章丘 23/18
［康熙］章丘 6/19
［乾隆］章邱 9/14
［道光］章邱 11/24
程含章（清・雲南景東廳人）
［宣統］山東 74/28
程企朱（字景陽）
（明・鄒平人）
［道光］濟南 50/15
［嘉慶］鄒平 15/19
［道光］鄒平 15/45
［民國］鄒平 15/45
程金城（清・鉅野人）
［民國］續修鉅野 5/上 21
程義莊（字觀民，號棣村）
（清・湖北孝感人）
［宣統］山東 75/7，75/26
［道光］濟南 38/11，38/33
［道光］章邱 9/12
章邱縣鄉土志/上 10
［嘉慶］禹城 7/35
［民國］禹城 3/51
禹城縣鄉土志/8
程毓蕙（字芳心）
（清・夏津人）
［民國］夏津續編 8/22
程金鐸（清・臨清人）
［民國］臨清縣/人物 27
84 **程鎮西**（字嶽峙）
（清・禹城人）
［民國］禹城 6/75
85 **程鑢**（字象三）
（清・平陰人）
［光緒］平陰 5/11
86 **程錫文**（字海田）
（清・諸城人）
［光緒］增修諸城縣續志 12/32
程知節（本名齩金）
（唐・濟州東阿人）
［嘉靖］山東 30/36
［康熙］山東 40/37
［雍正］山東 28/人物二 3
［宣統］山東 156/4
［乾隆］泰安府 16/32
［萬曆元年］兗州 40/武功 15
［萬曆二十四年］兗州 34/2
［康熙］兗州 26/35
［康熙四年］東阿 6/9
［康熙五十四年］東阿 6/9
［道光］東阿 13/人物上 9
［光緒］東阿縣鄉土志 4/2
87 **程舒龍**（字展也）
（清・東平人）
［光緒］東平州 15/下 44
［民國］東平縣 11/下 16
88 **程餘慶**（字椒園）
（清・利津人）
［咸豐］武定府 25/文苑 28
90 **程尚謙**（字益卿）
（清・淄川人）
［宣統］三續淄川 9/64
程惟遠（明）
［萬曆］商河 7/5
［道光］商河 7/11
［民國］重修商河 7/2，8/10
商河縣鄉土志 2/耆舊－事業
程光前（字榮先）
（清・利津人）
［乾隆］利津縣志補 4/31
［光緒］利津 8/義行 6
91 **程焯**（字子亮）
（清・平陰人）
［乾隆］泰安府 17/50
［光緒］平陰 4/25
97 **程燦策**（字炳藜，號西山）
（清・泰安人）
［民國］重修泰安縣 8/13

2692_2 穆

00 **穆慶之**（號秋漁）
（清・肥城人）
［光緒］肥城 9/16
肥城縣鄉土志 5/29
穆文遠（清・陽穀人）
［民國］增修陽穀人物/國術師 32
穆方苞（字新竹）
（清・東明人）
［民國］東明縣新誌 11/63
穆文暐（字升公）
（清・淄川人）

[乾隆]淄川 5/30
穆文熙(字敬甫)
(明・東明人)
[康熙]東明 6/19
[乾隆]東明 6/19
[民國]東明縣新誌 11/31
02 穆端(字伯初)
(宋・章邱人)
[雍正]山東 28/人物二 27
[宣統]山東 165/9
[康熙]濟南 44/3
[道光]濟南 47/31
[萬曆]章丘 15/17
[康熙]章丘 8/13
[乾隆]章邱 9/30,11/19
[道光]章邱 10/26
章邱縣鄉土志/上 18
10 穆電龍(清・新城人)
[民國]重修新城 18/26
穆雲龍(清・新城人)
[宣統]新城縣後志 3/方技
穆爾謨(字賓石)
(清・直隸密雲人)
[宣統]山東 77/31
[乾隆]萊州 9/31
萊州府鄉土志/上 27
[嘉慶]續掖縣 2/21
穆雲山(清・平度人)
[民國]平度縣續志 7/30
平度鄉土志 4 上/鄉賢
12 穆廷秀(宋・河南人,遷居章丘)
[雍正]山東 31/14
穆登魁(清・歷城人)
[民國]續修歷城 42/14
穆孔暉(字伯潛)
(明・堂邑人)
[康熙]山東 41/26
[雍正]山東 28/人物三 23
[宣統]山東 162/34
[萬曆]東昌 19/57
[乾隆]東昌 41/5
[嘉慶]東昌 33/5
[順治]堂邑 2/人物 3
[康熙十一年]堂邑 2/人物 3
[康熙]堂邑 15/5
堂邑縣鄉土志/耆舊錄
20 穆維(清・直隸河間人)
[道光]重修膠州 23/14
[民國]增修膠志 18/13
穆雙慶(清・歷城人)
[民國]續修歷城 42/15
25 穆生(漢・魯人)
[雍正]山東 28/人物一 3
[宣統]山東 162/1
[乾隆]兗州 23/6
[乾隆]曲阜 69/4
27 穆修(見穆脩)
穆脩(字伯長)
(宋・鄆州汶陽人)
[嘉靖]山東 30/46
[康熙]山東 40/44
[雍正]山東 28/人物二 26
[宣統]山東 163/23
[萬曆元年]兗州 40/儒林 9
[萬曆二十四年]兗州 35/19
[康熙]兗州 27/18
[乾隆]泰安府 18/16
[乾隆]曹州府 14/21
[康熙]東平州 4/3
[乾隆]東平州 14/10
[道光]東平州 14/10
[光緒]東平州 15/中 15
東平州鄉土志上/耆舊錄 40
[萬曆]汶上 6/3
[崇禎]鄆城 5/5
[康熙]鄆城 5/13
[光緒]鄆城 5/23
[民國]東平縣 11/上 35
穆峰青(清・歷城人)
[民國]續修歷城 42/9
28 穆從墨(清・遵化人)
[雍正]山東 27/104
[宣統]山東 75/39
[康熙]濟南 26/8
[乾隆]泰安府 15/26
[康熙]新修萊蕪 5/27
[民國]萊蕪 9/6
[民國]續修萊蕪 15/7
萊蕪縣鄉土志/4
30 穆賓(字廷秀
(宋・河南人,遷居章丘)
[嘉靖]山東 34/5
[雍正]山東 28/人物二 22
[宣統]山東 167/12
[康熙]濟南 48/4
[道光]濟南 47/31
[萬曆元年]兗州 42/13
[萬曆二十四年]兗州 37/31
[康熙]兗州 28/72
[乾隆]兗州 23/90
[嘉靖]章丘 3/63
[萬曆]章丘 15/16,29/62
[康熙]章丘 6/42,8/12
[乾隆]章邱 9/44,11/18
[道光]章邱 11/71,14/37
[康熙]滋陽 4/上 56
[光緒]滋陽 9/55
穆永延(北魏・代人)
[光緒]益都縣圖志 15/16
34 穆遠(號南陽)
(明・歷城人)
[道光]濟南 49/34
[崇禎]歷城 10/19
[乾隆]歷城 41/9
35 穆禮(晉,一作隋・代州人)
[嘉靖]寧海州下/5
[同治]重修寧海州 12/1
[民國]牟平 6/64
36 穆遇春(清・章邱人)
[道光]濟南 54/22
[道光]章邱 16/80
37 穆深(號桂陽)
(明・歷城人)
[康熙]濟南 36/16
[道光]濟南 49/33
[崇禎]歷乘 16/22
[崇禎]歷城 10/15,16/30
[乾隆]歷城 37/40
穆鴻珍(霑化人)
[民國]霑化 4/登進 47
46 穆相(字伯寅)
(明・陝西三原人)
[雍正]山東 27/79
[宣統]山東 72/23
[萬曆]青州 12/38
[康熙十五年]青州 12/38

[康熙四十八年]青州 12/38
[乾隆]沂州府 20/10
[康熙]沂水 4/24
[道光]沂水 5/25
47 **穆朝慶**(清·歷城人)
[民國]續修歷城 42/14
穆朝棟(清·平度人)
[民國]平度縣續志 7/25
平度鄉土志 4 上/鄉賢
60 **穆景漢**(字雲章)
(清·陽信人)
[民國]陽信 5/篤行 44
75 **穆陳實**(字信卿)
(明·東明人)
[康熙]東明 8/下 3
[乾隆]東明 8/下 3
[民國]東明縣新誌 11/26，12/32
77 **穆殿甲**(字鼎臣)
(清·桓臺人)
[民國]桓臺志略 3/24
[民國]桓臺 3/30
80 **穆莫邦**(字治安)
(清·淮寧人)
[道光]濟寧直隸州 6/7－82
86 **穆鐸**(字汝振)
(明·高唐人)
[乾隆]東昌 39/24
[嘉慶]東昌 29/8
[康熙十二年]高唐州 8/13
[康熙五十一年]高唐州 8/13
[道光]高唐州 5/1－12
[光緒]高唐州 5/1－12
[民國]高唐縣 12/65
88 **穆策**(明·堂邑人)
[乾隆]東昌 44/3
[嘉慶]東昌 34/3
[康熙]堂邑 17/1
穆筌(明·堂邑人)
[康熙]堂邑 14/1
90 **穆光允**(明·歷城人)
[道光]濟南 49/34
99 **穆榮光**(字華庭)
(清·掖縣人)
[民國]四續掖縣 4/67

2692_7 綿

77 **綿駒**(春秋·高唐人)
[嘉靖]高唐州 5/23
[康熙十二年]高唐州 9/13
[康熙五十一年]高唐州 9/24
禹城縣鄉土志/10

2693_2 線

21 **線縉**(號小泉)
(清·奉天人)
[雍正]山東 27/105
[宣統]山東 76/22
[康熙]兗州續編 14/18
[康熙]曹州志 7/56
[乾隆]曹州府 12/22
[光緒]菏澤 7/宦蹟 24
[光緒]新修菏澤 9/2

2694_1 釋

40 **釋嘉納**(元)
[嘉靖]山東 27/17
[宣統]山東 69/35
[萬曆]萊州 6/4
[康熙]萊州 8/26
[乾隆]萊州 9/9
萊州府鄉土志/上 11
釋希桱(字廣玉)
(清)
[乾隆]歷城 46/4

2694_7 稷

72 **稷丘君**(漢·泰山人)
[嘉靖]山東 34/9
[康熙]山東 47/1
[雍正]山東 30/2
[宣統]山東 200/19
[乾隆]泰安府 18/76
[萬曆元年]兗州 46/5
[乾隆二十五年]泰安縣 12/40
[乾隆四十七年]泰安縣卷之末/10
[道光]泰安縣卷之末/10
[民國]重修泰安縣 10/70

2698_1 緹

99 **緹縈**(漢·臨淄人)
[至元]齊乘 6/10
[嘉靖]山東 35/20
[宣統]山東 178/1
[嘉靖]青州 16/23
[康熙十五年]青州 16/9
[康熙六十年]青州 19/5
[咸豐]青州 56/1
[康熙]杞紀 18/36
[民國]臨淄 32/1

2710_7 盤

00 **盤庚**(商)
[康熙]兗州府曹縣 8/2
[光緒]曹縣 8/2

2712_7 鄪

00 **鄪文昭**(字次原)
(清·濰人)
[宣統]山東 177/25
[民國]濰縣志稿 31/16

歸

27 **歸紹曾**(清·鄆城人)
[光緒]鄆城 10/12

2713_2 黎

00 **黎應元**(明·石埭吏員)
[康熙]觀城 3/10
[道光]觀城 6/14
黎應笙(清·湖廣人)
[康熙十五年]青州 14/12
[康熙四十八年]青州 14/忠義 12
[康熙六十年]青州 16/47
[乾隆]沂州府 26/5
10 **黎元卿**(明·進賢人)
[乾隆]武定府 16/19
[咸豐]武定府 19/陽信 4
[康熙]陽信 7/39
[乾隆]陽信 5/43
信邑志稿 5/宦蹟－學官
[民國]陽信 2/72
11 **黎彌**(周)

［康熙］重修臨邑 10/1
37 黎洛（字春帆）
（清・廣東舉人）
［民國］臨清縣/秩官 67
40 黎來（明・河南真陽人）
［光緒］增修登州 28/2
［萬曆］福山 4/5
［康熙］福山 7/10
［乾隆］福山 7/12
57 黎邦琰（明・廣東從化人）
［康熙］兗州續編 14/20
［順治］定陶 5/9
［乾隆］定陶 4/20
［民國］定陶 4/26
60 黎國器（明・河南睢州人）
［宣統］山東 71/4
［道光］濟南 36/7
［乾隆］泰安府 15/22
［崇禎］歷城 6/4
［乾隆］歷城 34/6
［道光］東阿 11/16
77 黎且（周・齊人）
［康熙］重修臨邑 10/1
黎民牧（字具瞻）
（清・鄆城人）
［康熙］兗州續編 16/20
［康熙］鄆城 5/8
［光緒］鄆城 5/9
黎民表（字惟敬）
（明・順德人）
［萬曆］濮州 4/游寓 4
［康熙］濮州 4/28
［乾隆］濮州 4/42
［宣統］濮州 6/70
黎鳳翔（明・博興人）
［康熙十二年］博興 6/5
［康熙六十年］博興 7/21
［道光］博興 11/21
［民國］重修博興 13/18
87 黎鈕（周）
［康熙］重修臨邑 10/1

2720_7 多

12 多瑞（字秀峰）
（清・鑲白旗滿洲人）
信邑志稿 5/宦蹟
［民國］陽信 2/67
21 多仁（字心農）
（清・蒙古人）
［宣統］三續淄川 9/44

2721_0 仉

21 仉經（明・高苑人）
［萬曆］青州 13/52
［康熙十五年］青州 13/52
［康熙四十八年］青州 13/事功 35
［康熙六十年］青州 16/13
［咸豐］青州 43/4
［康熙］高苑 5/2
［乾隆］高苑 5/2
31 仉江（字朝宗）
（明・壽光人）
［民國］壽光 12/人物志一 50

2721_2 危

32 危澄（明・侯官人）
［道光］濟南 36/28
［康熙四十三年］長山 3/宦績
［康熙五十五年］長山 3/32
［嘉慶］長山 5/40

2721_7 倪

00 倪立（明・河南人）
［康熙］堂邑 10/7
12 倪廷傑（字潔齋）
（清・夏津人）
［民國］夏津續編 8/6
倪廷揚（字君輔）
（清・夏津人）
［民國］夏津續編 8/7
14 倪瓚（見倪炎）
19 倪琰（見倪炎）
20 倪采（明・巴縣舉人）
［萬曆］濮州 3/名宦 24
［康熙］濮州 3/23
［乾隆］濮州 3/23
［宣統］濮州 4/23
［道光］長清 3/11
23 倪俊（明・禹城人）
［道光］濟南 52/5
［嘉慶］禹城 9/3
［民國］禹城 6/2
禹城縣鄉土志/10
26 倪繹經（清・上虞人）
［乾隆］東昌 35/8
28 倪復謙（字蘭亭）
（清・濟寧人）
［民國］濟寧直隸州續志 14/4
30 倪宏（明・日照人）
［康熙］日照 8/12
倪寬（見兒寬）
倪宗武（明・濟寧人）
［康熙］濟寧州 7/52
倪宗嶽（字鎮卿）
（明・濮人）
［雍正］山東 28/人物三 32
［宣統］山東 161/42
［萬曆］東昌 19/60
［乾隆］曹州府 15/14
［嘉靖］濮州 7/27
［萬曆］濮州 3/鄉賢 53
［康熙］濮州 3/77
［乾隆］濮州 3/78
［宣統］濮州 4/84
31 倪涽陽（清・莒縣人）
［民國］重修莒志 67/6
36 倪湯（字德遠）
（明・東昌府人）
［乾隆］東昌 39/22
［嘉慶］東昌 29/6
40 倪吉士（清・館陶人）
［乾隆］掖縣 3/37
倪在中（清・諸城人）
［道光］諸城縣續志 19/15
倪九成（明・臨沂人）
［康熙］沂州志 6/47
［乾隆］沂州府 26/27
［民國］臨沂 10/58
倪希臣（鉅野人）
［民國］續修鉅野 5/上 12
倪南金（清・聊城人）
［乾隆］東昌 43/47
［嘉慶］東昌 32/55
［宣統］聊城 8/94
44 倪夢麟（清・浙江蕭山人）

［宣統］山東 75/50
［咸豐］武定府 19/利津 7
［光緒］嶧縣 19/職官下 25
46 倪觀瀾(字文淵)
(清・江南進士)
［宣統］三續淄川 9/45
47 倪朝惠(明・廣西金州舉人)
［萬曆］青城 1/50
［乾隆］青城 7/5
［民國］青城續修 4/名宦 15
56 倪輯(清・寧海人)
［同治］重修寧海州 17/28
［民國］牟平 7/19
60 倪思問(清・高唐人)
［嘉慶］東昌 32/66
［道光］高唐州 5/2－16
［光緒］高唐州 5/2－19
［民國］高唐縣 12/11
72 倪彤書(字又鋤,一字珥臣)
(清・浙江仁和人)
［宣統］山東 77/42
［道光］重修膠州 23/16
［民國］增修膠志 18/15
［光緒］壽張 5/10
壽張縣鄉土志/政績－興利
77 倪鳳來(字韶九)
(清・曹縣人)
［光緒］曹縣 14/忠義 5
倪殿臣(字公輔)
(清・夏津人)
［民國］夏津續編 8/20
80 倪企望(清・安徽桐城人)
長山縣鄉土志/政績錄
倪金鐸(號煥甲)
(清・鉅野人)
［道光］鉅野 13/70
89 倪鏴(清・無錫人)
［民國］昌樂縣續志 25/1
90 倪炎(山東通志作倪瓚)
(明・河南祥符人)
［宣統］山東 72/44
［乾隆］東昌 34/20
［嘉慶］東昌 22/11
［嘉靖］冠縣 2/8
［萬曆］冠縣 2/20
［道光］冠縣 6/24
［光緒］冠縣 6/宦績
［民國］冠縣 6/34
倪光崑(清・高唐人)
［道光］高唐州 5/2－22
［光緒］高唐州 5/2－25
倪常吉(清・高密人)
［乾隆］新泰 11/11
倪尚志(明・北直天津人)
［宣統］山東 71/44
［乾隆］武定府 16/27
［咸豐］武定府 19/樂陵 3
［順治］樂陵 6/2
［乾隆］樂陵 4/50
樂陵縣鄉土志 2/7
97 倪燦(明・涞水人)
［萬曆］諸城 4/37

2722_0 向

00 向文璽(字國信)
(明・湖廣宜都人)
［宣統］山東 70/28
［道光］濟南 35/42
05 向靖(字奉仁,小字彌)
(晉・河內山陽人)
［嘉靖］青州 15/45
［咸豐］青州 34/11
［光緒］益都縣圖志 15/1
10 向璽(明・四川資縣人)
［光緒］增修登州 32/7
［嘉靖］寧海州下/19
［康熙］寧海州 7/4
［同治］重修寧海州 13/7
［民國］牟平 6/73
向天衢(清・鉅野人)
［道光］鉅野 13/62
17 向子
［嘉靖］青州 12/16
［康熙十五年］青州 8/6
向子韶(字和卿)
(宋・開封人)
［嘉靖］山東 25/6
［康熙］山東 31/8
［雍正］山東 27/6
［宣統］山東 68/26
［康熙］濟南 24/14
向君化(號相君)
(明・湖廣松滋人)
［康熙］膠州 5/9
［乾隆］膠州 4/14
［道光］重修膠州 22/7
［民國］增修膠志 17/6
21 向經(字審禮)
(宋・開封人)
［光緒］益都縣圖志 16/32
向上(明)
［光緒］文登 5/27
22 向崇道(宋)
［嘉靖］山東 25/21
［康熙］山東 32/9
［嘉靖］淄川 6/76
［萬曆］淄川 27/6
23 向綜(字君章)
(宋)
［嘉靖］武定州下/49
［萬曆］武定州 10/5
［崇禎］武定州 7/3
向傅範(字仲模)
(宋・開封人)
［康熙］東平州 3/8
［乾隆］東平州 12/20
［道光］東平州 12/20
［光緒］東平州 14/20
24 向化(明・靖海衛人)
［康熙］山東 45/21
［雍正］山東 28/人物三 60
［宣統］山東 165/21
［泰昌］登州 11/42
［順治］登州 17/19
［光緒］增修登州 43/39
［康熙］靖海衛志 7/23
［雍正］文登 8/5
［道光］文登 5/8
［光緒］文登 8/下 3
向緯(號麟野)
(清・鉅野人)
［道光］鉅野 13/69
30 向宗(見向綜)
向宗道(宋)
［雍正］山東 27/23
［宣統］山東 68/31
［康熙］濟南 25/11
［道光］濟南 34/7

［康熙］淄川 4/4
［乾隆］淄川 4/4
44 **向茂**（明·高安人）
［光緒］文登 5/27
向植（字竺生）
（清·沔陽人）
［民國］禹城 3/54
向慕閔（字閭如）
（清·遼陽衛人）
［宣統］山東 75/16
［康熙］濟南 26/9
［道光］濟南 38/25
［康熙］新城縣續志/名宦
［道光］新城/名宦
［民國］重修新城 11/29
52 **向挺**（清·鉅野人）
［道光］鉅野 13/66
53 **向戌**（春秋·宋人）
［嘉靖］山東 28/15
［康熙］山東 38/15
60 **向日美**（號東明）
（清·福建泉州人）
［道光］鉅野 13/67
77 **向學**（明·四川銅梁人）
［嘉靖］朝城志 5/15
［康熙］朝城 7/26
80 **向義**（明·黔陽人）
［嘉靖］濮州 7/20
［萬曆］濮州 3/名宦 28

御

12 **御孫**（名慶）
（周）
［萬曆元年］兗州 40/諫議 3
［萬曆二十四年］兗州 30/12
［康熙］兗州 23/12
［乾隆］兗州 23/4

2722_2 修

13 **修琮**（明·即墨人）
即墨縣鄉土志/耆舊－事業二
22 **修樂天**（清·聊城人）
［乾隆］東昌 43/1
［嘉慶］東昌 32/27
［宣統］聊城 8/81
聊城縣鄉土志/30
30 **修憲**（明·萊陽人）
［民國］萊陽 3/1 中 19
修寶貯（字石韞）
（清·海陽人）
［光緒］增修登州 43/47
［光緒］海陽縣續志 5/16
40 **修真**（臨邑人）
［民國］續修臨邑 3/34
44 **修苞**（字荔浦）
（清·海陽人）
［光緒］海陽縣續志 5/27
48 **修敬張**（字維欽，號荊山）
（清·海陽人）
［光緒］增修登州 43/48
［光緒］海陽縣續志 5/19
53 **修成快**（清·高密人）
［光緒］高密 8/上 40
［民國］高密 14/上 43
65 **修映辰**（字君錫，號鶴伍）
（清·單縣人）
［宣統］山東補遺/4
［康熙］單縣 8/56
67 **修路高道人**（清）
［道光］招遠縣續志 3/45
96 **修燭**（清·海陽人）
［光緒］增修登州 43/50

2722_7 脩

08 **脩敦儒**（字慕庭）
（清·單縣人）
［民國］單縣 12/鄉賢 4
10 **脩覃運**（字孚遠，號熙圃）
（清·單縣人）
［民國］單縣 11/37
12 **脩廷獻**（字芥吾，一字芹我）
（清·濟寧人）
［乾隆］曹州府 15/24
［乾隆］濟寧直隸州 24/35
［道光］濟寧直隸州 8/2－42
［順治］單縣 2/38
［康熙］單縣 7/30，8/26
［乾隆］單縣 6/24
［民國］單縣 9/41
17 **脩翼**（字凌碧，號培園）
（清·單縣人）
［民國］單縣 12/鄉賢 12
26 **脩佃良**（清·單縣舉人）
［光緒］嶧縣 19/丞倅 16
34 **脩汝初**（字福安）
（清·單縣人）
［民國］單縣 10/6
脩汝樸（字尚質，號簡村）
（清·單縣人）
［民國］單縣 10/3
47 **脩朝極**（清·海陽人）
［乾隆］續登州 10/8
［乾隆］海陽 6/18

2723_2 衆

25 **衆仲**（名益）
（春秋·魯人）
［嘉靖］山東 28/7
［康熙］山東 38/8
［萬曆元年］兗州 40/諫議 1
［萬曆二十四年］兗州 30/13
［康熙］兗州 23/13
［乾隆］兗州 23/4
［乾隆］曲阜 68/1

2723_3 佟

21 **佟仁隆**（清·高密人）
［民國］高密 14/上 52
30 **佟淮年**（清·奉天人）
［宣統］山東 75/20
［道光］濟南 38/41
［乾隆］德州 8/12
［民國］德縣 9/11
37 **佟逢年**（清·鑲紅旗滿洲人）
［乾隆］陽信 5/6
信邑志稿 5/職官－知縣
［民國］陽信 2/26
42 **佟彭年**（字壽民）
（清·遼東人）
［宣統］山東 76/46
［乾隆］東昌 35/21
［嘉慶］東昌 22/25
［康熙十二年］高唐州 7/12
［康熙五十一年］高唐州 7/12
［道光］高唐州 7/1－13
［光緒］高唐州 7/1－13

[民國]高唐縣 9/5－9
44 佟世慶(字謇吉)
(清·遼東人)
[乾隆]嶧縣 7/29
[光緒]嶧縣 19/丞倅 5
佟世祿(字季廉)
(清·奉天撫順人)
[宣統]山東 76/48
[乾隆]東昌 34/27
[康熙]臨清州 1/54
[乾隆]臨清州 9/13
[乾隆]臨清直隸州 6/79
[民國]臨清縣/秩官 63
佟黄中(清·河間人)
[康熙]德州 6/6
53 佟輔聖(清·奉天人)
[乾隆]膠州 4/19
[道光]重修膠州 23/4
[民國]增修膠志 18/4
佟成年(清·遼東人)
[康熙十二年]陽穀 2/20
[康熙]陽穀 2/15
[光緒]陽穀 4/5
60 佟國瓏(字信侯)
(清·遼東人)
[宣統]山東 77/28
[光緒]增修登州 33/4
[光緒]文登 7/下 4
佟國瓚(清·滿洲人)
[宣統]山東 76/19
[康熙六十年]青州 12/44
[乾隆]沂州府 20/17
81 佟鉅(清·遼東人)
[乾隆]沂州府 26/16
[民國]臨沂 10/50

2723_4 侯

00 侯度(字憲甫,號介潭)
(明·東阿人)
[康熙]山東 40/59
[雍正]山東 28/人物三 37
[宣統]山東 161/43
[乾隆]泰安府 17/19,27/67
[萬曆二十四年]兗州 36/20
[康熙]兗州 28/19
[康熙]張秋志 7/22,11/6
[康熙五十四年]東阿 7/11,12/9
[道光]東阿 14/人物下 16,21/29
[光緒]東阿縣鄉土志 4/14
侯度(字範臣)
(清·遵化人)
[道光]冠縣 6/32
[光緒]冠縣 6/宦績
[民國]冠縣 6/42
侯慶(字景祥)
(明·嘉祥人)
[萬曆二十四年]兗州 37/7
[康熙]兗州 28/35
[乾隆]兗州 23/38
[乾隆]濟寧直隸州 27/31
[道光]濟寧直隸州 8/4－34
[順治]嘉祥 4/40
[乾隆]嘉祥 3/33
[光緒]嘉祥 3/41
侯庸(字景中)
(明·平度人)
[嘉靖]山東 33/10
[康熙]山東 44/9
[雍正]山東 28/人物三 2
[宣統]山東 165/14
[萬曆]萊州 5/97
[康熙]萊州 10/62
[乾隆]萊州 10/11
萊州府鄉土志/下 17
[康熙]平度州 4/5
[道光]重修平度州 18/1
平度鄉土志 4 上/鄉賢
[乾隆]即墨 9/3
[同治]即墨 9/3
即墨縣鄉土志/耆舊－事業一
侯章(清·文登人)
[道光]文登 5/10
[光緒]文登 10/上 2
侯文聰(字光敏)
(明·臨清人)
[乾隆]臨清直隸州 8/下 1
[民國]臨清縣/人物 51
侯應瑜(字佩之,一作珮之)
(明·杞縣人)
[康熙]濟南 25/70
[康熙]泰安州 2/52
[乾隆]泰安府 15/18
[乾隆二十五年]泰安縣 10/33,13/4－2
[乾隆四十七年]泰安縣 8/30
[道光]泰安縣 10/7,12/藝文三 21,12/藝文三 23
[民國]重修泰安縣 6/60
泰安縣鄉土志/政績 2
侯亮采(字庶明)
(清·鄆城人)
[康熙]鄆城 6/又 23
[光緒]鄆城 7/17
侯應儒(字發菴)
(明·陽穀人)
[康熙]陽穀 4/16
[光緒]陽穀 9/1
[民國]增修陽穀人物/善行 34
侯文和(南北朝)
[嘉靖]武定州下/45
[萬曆]武定州 10/2
[崇禎]武定州 7/1
[光緒]益都縣圖志 15/8
侯應侯(字彤赤)
(清·單縣人)
[民國]單縣 9/78
侯文齡(字夢九,號鐵翁)
(清·鄒縣人)
[民國]續修鄒縣志稿/人物－耆舊
侯慶遠(字公善,號樂菴)
(明·滕縣人)
[康熙]山東 40/62
[雍正]山東 28/人物三 53
[宣統]山東 160/33
[康熙]兗州 28/26
[乾隆]兗州 23/48
[康熙]滕志 7/49
[康熙]滕縣志 7/44
[道光]滕縣志 7/37
滕縣鄉土志/18
侯度沖(清·壽光人)
[咸豐]青州 47/3

[康熙]壽光25/5
[嘉慶]壽光13/5
[民國]壽光12/人物志一73
壽光縣鄉土志/耆舊
侯方坤(字靜翕)
(清・濟陽人)
[民國]濟陽17/56
侯文會(字集思)
(清・鉅野人)
[道光]鉅野13/62
04 侯謨(清・菏澤人)
[光緒]菏澤16/15
05 侯靖(字獻可)
(清・堂邑人)
[乾隆]東昌41/23
[嘉慶]東昌30/16,33/17
侯靖宸(字肖梅,一作存棐)
(清・鉅野人)
[宣統]山東173/24
[康熙]兗州續編16/22
[光緒]增修登州37/22
[康熙]鉅野11/28
[道光]鉅野12/26
侯靖節(清・堂邑人)
堂邑縣鄉土志/耆舊錄
07 侯毅(元・東阿人)
[道光]東阿14/人物下8
08 侯效忠(字康南)
(明・堂邑人)
[乾隆]東昌38/18
[嘉慶]東昌28/18
[乾隆]武定府16/24
[咸豐]武定府19/海豐2
[康熙]海豐9/9
[民國]無棣9/8
海豐縣鄉土志/政績
[康熙]堂邑16/13
10 侯晉廉(字勵臣)
(清・鄆城人)
[光緒]鄆城7/21
侯晉庚(字小倉)
(清・鄆城人)
[光緒]鄆城16/23
侯一元(字應乾)
(明・陝西秦安人)
[道光]濟寧直隸州6/6-51
侯玉瑾(字蘊輝)
(清・東阿人)
[民國]續修東阿11/27
侯丕承(字烈臣)
(清・壽張人)
[光緒]壽張7/17
壽張縣鄉土志/耆舊-學問
侯于魯(字文周,號樂蓮)
(清・東平人)
[光緒]東平州15/上47
[民國]東平縣11/上17
侯正鵠(字中鵠)
(明・鄆城人)
[康熙]兗州續編15/16
[崇禎]鄆城6/3
[康熙]鄆城5/7
[光緒]鄆城5/8
侯元宰(清・陽穀人)
[康熙]陽穀4/3
[光緒]陽穀7/2
[民國]增修陽穀人物/孝義4
侯正宗(明・鄆城人)
[崇禎]鄆城6/20
[康熙]鄆城6/28
[光緒]鄆城16/3
侯丕模(號梅溪)
(清・平度人)
[民國]平度縣續志8/16
侯元泰(字會一)
(清・掖縣人)
[嘉慶]續掖縣3/13
侯醇美(清・陽穀人)
[康熙]陽穀4/3
[光緒]陽穀7/2
[民國]增修陽穀人物/孝義3
侯雲裳(清・博平人)
[光緒]博平縣續志10/54
博平縣鄉土志/耆舊-忠節
11 侯璿(清・掖縣人)
[乾隆]掖縣4/50
12 侯廷訓(明・浙江人)
[萬曆]萊州5/71
[康熙]萊州8/45
[乾隆]萊州9/17
[乾隆]掖縣3/36
侯登武(清・高唐人)
[光緒]高唐州5/2-8
[民國]高唐縣12/49
侯登岸(字穆止,號華樓山人)
(清・掖縣人)
[光緒]三續掖縣2/15
侯廷佐(明・魚臺人)
[康熙]魚臺17/10
[乾隆]魚臺11/11
[光緒]魚臺3/6
侯登良(字率其)
(清・掖縣人)
[道光]再續掖縣上/53
侯廷柱(字子任,號密坡)
(明・諸城人)
[萬曆]青州13/69
[康熙十五年]青州13/69
[康熙四十八年]青州13/事功53
[康熙六十年]青州16/28
[咸豐]青州44/35
[萬曆]諸城6/15,7/21
[康熙]諸城7/18
[乾隆]諸城30/5
諸城縣鄉土志/上25
侯延爽(字雪舫)
(東平人)
[民國]東平縣11/上21
侯廷相(字子忠)
(明・諸城人)
[乾隆]諸城30/6
侯延敬(字德輿)
(清・齊河人)
[民國]齊河26/28
13 侯琮(字宗玉)
(清・城武人)
[道光]城武9/下22
侯琮(清・陽穀人)
[民國]增修陽穀人物/仕宦12
14 侯琳(明・清平人)
[宣統]增輯清平12/61
[民國]清平/人物56
侯瑛(明・交河人)

[天啟]新泰 5/27
[順治]新泰 4/22
[乾隆]新泰 11/9
侯瓚(明・內黃人)
[康熙]兗州府曹縣 10/12
[光緒]曹縣 10/11
侯功震(字百里)
(清・歷城人)
[民國]續修歷城 41/25
15 侯建韶(清・東平人)
[乾隆]東平州 15/25
[道光]東平州 15/25
[光緒]東平州 15/下 33
[民國]東平縣 11/下 8
侯建預(字文侯)
(清・東平人)
[乾隆]東平州 15/27
[道光]東平州 15/27
[光緒]東平州 15/下 35
[民國]東平縣 11/下 10
侯建業(清・東平人)
[乾隆]東平州 15/19
[道光]東平州 15/19
[光緒]東平州 15/下 27
[民國]東平縣 11/下 4
17 侯君禮(字紀峯)
(明・臨朐人)
臨朐縣鄉土志 1/耆舊
侯承恩(明・齊河人)
[雍正]山東 28/人物三 76
[宣統]山東 164/54
[康熙]濟南 44/27
[道光]濟南 51/43
[康熙]齊河 7/7
[雍正]齊河 8/10
[民國]齊河 26/2
齊河縣鄉土志忠義祠/19
18 侯玠(明・平度人)
[道光]重修平度州 18/21
平度鄉土志 4 上/鄉賢
20 侯爵(字廷臣)
(明・寧津人)
[萬曆]寧津 7/3
[康熙]寧津縣志稿 7/3
[光緒]寧津 8/5
寧津縣志料 3/人物－循良
侯维(字文纪)
(明・鄆城人)
[嘉靖]鄆城志下/9
侯位(明・平溪衛進士)
[乾隆]東昌 35/1
侯位(字宜在)
(清・濟寧人)
[乾隆]濟寧直隸州 26/25
[道光]濟寧直隸州 8/3－30
侯秉健(清・博興人)
[民國]重修博興 13/45
侯秉恭(明・滕縣人)
[道光]滕縣志 9/忠節 6
侯維藩(號藍田)
(明・滕縣人)
[道光]滕縣志 8/吏治 3
滕縣鄉土志/18
侯維屏(清・臨清人)
[宣統]山東 174/32
[民國]臨清縣/人物 46
21 侯穎(字脫之)
(明・滕縣人)
[康熙]滕志 8/人物 22
[康熙]滕縣志 8/貞夫 1
[道光]滕縣志 9/忠節 1
滕縣鄉土志/29
侯貞(字含章)
(清・掖縣人)
[光緒]三續掖縣 2/11
侯師顏(明・邢臺人)
[康熙]泰安州 2/51
[乾隆]泰安府 15/17
[乾隆二十五年]泰安縣 10/32
[乾隆四十七年]泰安縣 8/28
[道光]泰安縣 10/5
[民國]重修泰安縣 6/59
侯步瀛(字仙洲,號橘村)
(清・臨沂人)
[民國]臨沂 10/43
22 侯幽(清・臨清人)
[民國]臨清縣/人物 67
侯繼宗(字慎五)
(清・平度人)
[道光]重修平度州 19/36
平度鄉土志 4 上/鄉賢
侯樂同(清・淄川人)
[宣統]三續淄川 9/84
23 侯允武(清・單縣人)
[康熙]單縣 7/23
[乾隆]單縣 7/15
[民國]單縣 9/33
侯獻功(明・鄆城人)
[崇禎]鄆城 5/16
[康熙]鄆城 5/17
[光緒]鄆城 5/25
鄆城縣鄉土志/耆舊錄－事業
侯允清(清・鄆城人)
[光緒]鄆城 16/30
侯允成(清・陽穀人)
[民國]增修陽穀人物/武功 15
侯允鋒(字健亭)
(東平人)
[民國]東平縣 11/上 23
侯允符(清・東平人)
[光緒]東平州 15/中 44
[民國]東平縣 11/中 13
侯允炎(字耀南)
(清・東平人)
[民國]東平縣 11/上 20
24 侯德山(元・汶上人)
[萬曆]汶上 5/2
侯德懋(明・金鄉人)
[康熙十二年]金鄉 5/1
侯德剛(字養源)
(清・臨清人)
[民國]臨清縣/人物 75
侯德慰(元・東阿人)
[道光]東阿 14/人物下 7
[光緒]東阿縣鄉土志 4/3
25 侯傳文(清・陽穀人)
[民國]增修陽穀人物/國術師 32
26 侯保(明・贊皇舉人)
[萬曆]青州 12 又/又 22
[康熙十五年]青州 12 又/又 22
[康熙四十八年]青州 12 又/又 22

［康熙六十年］青州 12/25
［咸豐］青州 36/3
［道光］博興 10/2
［民國］重修博興 12/2
侯儀（字士儀）
（明・莘縣人）
［正德］莘縣 6/8
侯得功（清・德州人）
［康熙］德州 6/6
27 **侯佩**（字天和）
（明・范縣人）
［萬曆］濮州 3/鄉賢 59
侯紀雲（字縉傳）
（清・平度人）
［民國］平度縣續志 8/12
侯修德（清・平度人）
［民國］平度縣續志 8/3
侯紉蘭（字佩躬）
（清・壽張人）
［光緒］壽張 7/10
侯象成（清・平度人）
［民國］平度縣續志 7/27
28 **侯秎**（清・招遠人）
［宣統］山東 176/17
［道光］招遠縣續志 3/3
侯復（清・定陶人）
［乾隆］定陶 6/30
侯復位（清・定陶人）
［民國］定陶 6/64
侯作肅（字臨遠）
（清・東平人）
［光緒］東平州 15/中 10
［民國］東平縣 11/上 33
東平州鄉土志上/耆舊錄 42
29 **侯秋實**（清・鄆城人）
鄆城縣鄉土志/耆舊錄－事業
30 **侯寧**（字懷德）
（明・東平人）
［康熙］東平州 3/43
侯宣（字文著）
（明・河南封丘人）
［嘉靖］山東 25/26
［康熙］山東 32/14
［雍正］山東 27/26
［宣統］山東 71/2
［康熙］濟南 25/29
［道光］濟南 36/5
［崇禎］歷乘 16/31
［崇禎］歷城 6/18
［乾隆］歷城 34/3
侯家庚（東平人）
［民國］東平縣 11/中 16
侯濟平（字冶溥）
（清・鄆城人）
［光緒］鄆城 7/19
侯家璋（字雲嶺）
（清・湖北公安人）
［民國］續修鉅野 3/15
侯宜正（字汝立）
（明・河南洛陽人）
［嘉靖］山東 26/30
［雍正］山東 27/49
［宣統］山東 72/34
［萬曆］東昌 18/30
［乾隆］東昌 33/26
［嘉慶］東昌 20/38
侯寶鼎（字雨亭）
（清・定陶人）
［民國］定陶 6/53
侯安然（字樂育）
（清・泰安人）
［乾隆四十七年］泰安縣 10/上 31
［道光］泰安縣 9/上 83
［民國］重修泰安縣 8/38
泰安縣鄉土志/耆舊 17
侯憲禮（清・菏澤人）
［光緒］菏澤 16/8
［光緒］新修菏澤 10/48
侯之胄（明・東阿人）
［道光］東阿 14/人物下 8
侯安國（明・北直雄縣人）
［宣統］山東 72/22
［康熙六十年］青州 12/34
［乾隆］沂州府 20/9
［嘉慶］莒州 7/5
［民國］重修莒志 57/11
侯之屏（明・臨朐人）
［康熙］臨朐縣志書 4/2
侯宗周（明・單縣人）
［萬曆二十四年］兗州 37/5
［康熙］兗州 28/34
［隆慶］單縣下/17
［順治］單縣 3/10
［康熙］單縣 8/2
［乾隆］單縣 7/4
［民國］單縣 9/17
32 **侯祈**（明・鄆城人）
［宣統］山東 161/45
侯淵（南北朝）
［光緒］益都縣圖志 15/12
33 **侯述職**（明・掖縣人）
［乾隆］掖縣 4/29
35 **侯沖度**（明・壽光人）
［康熙四十八年］青州 14/孝友 19
［康熙六十年］青州 17/19
37 **侯洞**（字雲亭）
（清・平度人）
［道光］重修平度州 19/45
侯潞（字江亭）
（清・平度人）
［道光］重修平度州 19/38
侯祁（字應文）
（明・鄆城人）
［崇禎］鄆城 6/2
［康熙］鄆城 6/2
［光緒］鄆城 5/11
侯深（北魏・光山人）
［崇禎］武定州 14/3
［乾隆］武定府 15/3
［咸豐］武定府 15/3
［乾隆］惠民 5/3
［光緒］惠民卷末/1
侯潤生（字澤蒼，號澍農）
（清・泰安人）
［民國］重修泰安縣 8/19
38 **侯祚**（字延亭）
（明・雲南昆明人）
［宣統］山東 72/38
［萬曆］東昌 18/35
［乾隆］東昌 33/41
［嘉慶］東昌 21/10
［順治］堂邑 2/職官 5
［康熙十一年］堂邑 2/名宦 3
［康熙］堂邑 11/9

侯逾瑾(字軼光)
(清・東平人)
[乾隆]東平州 15/25
[道光]東平州 15/25
[光緒]東平州 15/下 33
[民國]東平縣 11/下 9
侯啟乾(字函三)
(清・掖縣人)
[道光]再續掖縣上/53
40 侯嘉(漢・濟陰人)
[康熙]曹州志 15/31
[乾隆]曹州府 14/4
[康熙]曹縣 12/4
[康熙]兗州府曹縣 12/4
[光緒]曹縣 12/4
[光緒]菏澤 15/32
菏澤縣鄉土志/14
侯來召(明・諸城人)
[萬曆]諸城 6/27
侯大經(字太素,號魯瞻)
(明・東平人)
[康熙]東平州 4/64
侯大勳(字玉符)
(明・臨沂人)
[民國]續修臨沂 16/2
侯來之(字德軒)
(清・高唐人)
[民國]高唐縣 12/20
侯九澤(清・高唐人)
[道光]高唐州 5/2－25
[光緒]高唐州 5/2－41
[民國]高唐縣 12/86
侯希逸(唐・平盧人,一作營州人)
[雍正]山東 27/2
[宣統]山東 68/1
[咸豐]青州 34/19
[光緒]益都縣圖志 16/5
侯克勤(清・掖縣人)
[民國]四續掖縣 4/65
侯森如(字松茂)
(清・鄒縣人)
[民國]續修鄒縣志稿/人物－耆舊附方技
侯士坦(清・鄆城人)
[光緒]鄆城 16/9
侯克勝(字丹從)
(清・鄆城人)
[光緒]鄆城 16/6
侯志勝(明・章丘人)
[康熙]山東 45/1
[雍正]山東 28/人物三 9
[宣統]山東 166/11
[康熙]濟南 47/4
[道光]濟南 49/64
[萬曆]章丘 27/47
[康熙]章丘 6/34
[乾隆]章邱 9/34
[道光]章邱 11/71
侯士燦(字子持)
(清・鄆城人)
[光緒]鄆城 16/6
41 侯獳(周)
[萬曆二十四年]兗州 30/15
[康熙]兗州 23/15
[康熙]曹州志 15/30
[乾隆]曹州府 14/1
[光緒]菏澤 15/32
侯垣(字星野)
(清・鄆城人)
[光緒]鄆城 7/5
侯楨周(清・平度人)
[民國]平度縣續志 7/30
43 侯式玉(字漢京)
(清・掖縣人)
[道光]再續掖縣上/53
44 侯封(明・恩縣人)
[雍正]恩縣續志 3/18
侯封(字价藩)
(清・掖縣人)
[乾隆]掖縣 3/48
侯林(元・濟南人)
[道光]濟南 48/48
侯林(字龍穴)
(清・東平人)
[光緒]東平州 15/下 39
[民國]東平縣 11/下 2
侯蒙(字元功,一作元初)
(宋・密州高密人)
[嘉靖]山東 33/8
[康熙]山東 44/7
[雍正]山東 28/人物二 45
[宣統]山東 157/27
[萬曆]萊州 5/94
[康熙]萊州 10/23
[乾隆]萊州 10/9
[康熙]高密 8/3
[乾隆]高密 8/上 2,10/後 1
[光緒]高密 8/上 2,10/54
[民國]高密 14/上 1
高密縣鄉土志/上 18
侯勤(清・鄆城人)
[光緒]鄆城 5/27,16/11
鄆城縣鄉土志/耆舊錄－事業
侯荃(清・掖縣人)
[同治]黃縣 6/13
[民國]黃縣志稿 11/宦績
侯英(見侯瑛)
侯芝(字芳谷)
(明・膠州人)
[乾隆]膠州 5/21
[道光]重修膠州 25/30
[民國]增修膠志 40/27
侯摯(初名師尹,字莘卿)
(金・東阿人)
[嘉靖]山東 30/53
[康熙]山東 40/52
[雍正]山東 28/人物二 52
[宣統]山東 158/4
[乾隆]泰安府 14/25,16/66
[萬曆元年]兗州 40/諫議 18
[萬曆二十四年]兗州 35/24
[康熙]兗州 27/21
[康熙]東平州 3/11
[乾隆]東平州 12/23
[道光]東平州 12/23
[光緒]東平州 14/23
[嘉靖]章丘 3/2
[康熙四年]東阿 6/14
[康熙五十四年]東阿 6/14
[道光]東阿 13/人物上 14
[光緒]東阿縣鄉土志 4/2
侯莊(清・臨清人)
[民國]臨清縣/人物 91
侯封晉(清・東平人)
[道光]東平州 13/41
[光緒]東平州 15/上 41

［民國］東平縣 11/上 17
侯夢彪（清・鄆城人）
［光緒］鄆城 8/22
侯世祚（清・福山人）
［乾隆］福山 8/63
侯芳苞（字蘭臯）
（清・泰安人）
［民國］重修泰安縣 8/30
侯世華（字西岳）
（清・平度人）
［民國］平度縣續志 7/26
侯世持（清・章邱人）
［道光］章邱 11/83
侯世屏（明）
［嘉慶］慶雲 7/36
侯封公（字价藩）
（清・陽信人）
［乾隆］武定府 25/58
［咸豐］武定府 25/文苑 18
［乾隆］惠民 6/12
［乾隆］陽信 7/21
［民國］陽信 5/文學 7
信邑志稿 7/文苑
陽信縣鄉土志上/耆舊－學問
侯世簪（字賢裔，號宗蕃）
（明・淄川人）
［康熙］淄川 5/15
侯燕怡（字蓴亭）
（清・文登人）
［光緒］文登 10/上 17
45 侯坤（字仲輿）
（清・鄆城人）
［光緒］鄆城 7/18
46 侯如琇（清・臨清人）
［民國］臨清縣/人物 77
侯相武（字紹周）
（清・平原人）
［民國］續修平原 11/藝文上 39
侯加乘（明・山西解州人）
［宣統］山東 71/17
［道光］濟南 36/40
［乾隆］濟陽 6/32
［民國］濟陽 9/38
侯相芝（字蘭江，原名綬燦，字紫若）
（清・掖縣人）
［光緒］三續掖縣 2/17
［民國］四續掖縣 6/5
47 侯鶴齡（字松磐）
（明・河津人）
［宣統］山東 73/36
［萬曆］東昌 18/43
［康熙］萊州 8/48
［乾隆］萊州 9/19
［萬曆］濮州 3/名宦 32
［康熙］昌邑 5/6
［乾隆］昌邑 5/105，8/273
［道光］觀城 6/2
侯朝貴（清・陽穀人）
［民國］增修陽穀人物/善行 46
48 侯敬（明・河南靈寶人）
［宣統］山東 73/5
［萬曆］青州 12 又/6
［康熙十五年］青州 12 又/又 6
［康熙四十八年］青州 12 又/又 6
［康熙六十年］青州 12/24
［咸豐］青州 36/8
［康熙］臨淄 8/5
［民國］臨淄 18/7
侯敬軒（字欽書）
（清・鉅野人）
［道光］鉅野 13/60
侯增嗣（清・博平人）
［嘉慶］東昌 32/58
［道光］博平 4/31
博平縣鄉土志/耆舊－事業
侯乾符（清・淄川人）
［宣統］三續淄川 9/96
50 侯書訓（字惺堂）
（清・金鄉人）
［民國］金鄉 13/續增 5
金鄉縣鄉土志/耆舊錄上
侯東萊（字儒完）
（明・掖縣人）
［乾隆］掖縣 4/23
侯中林（清・博平人）
［光緒］博平縣續志 10/54
博平縣鄉土志/耆舊－忠節
侯奉宸（字魯封）
（清・郯城人）
［嘉慶］續修郯城 7/20
侯夷門（清・章邱人）
［道光］濟南 61/6
［康熙］章丘 6/57
［乾隆］章邱 9/47
［道光］章邱 11/74
侯史光（字孝明）
（晉・東萊掖人）
［至元］齊乘 6/13
［嘉靖］山東 33/3
［康熙］山東 44/4
［雍正］山東 28/人物一 34
［宣統］山東 155/4
［萬曆］萊州 5/88
［康熙］萊州 10/18
［乾隆］萊州 10/5
萊州府鄉土志/下 3
［乾隆］掖縣 4/17
［道光］掖乘 4
51 侯振川（清平人）
［民國］清平/人物 85
52 侯哲衡（字伯平）
（清・泰安人）
［民國］重修泰安縣 8/28
53 侯成（字伯盛）
（漢・山陽人）
［雍正］山東 35/墓碑 7
［宣統］山東 151/9
［萬曆二十四年］兗州 40/8
［康熙］兗州 30/8
［乾隆］濟寧直隸州 17/45
［道光］濟寧直隸州 6/6－3，9/2－66
［乾隆］金鄉 20/26
［咸豐］金鄉縣志略 7/3，10/下 3
［民國］金鄉 17/3
［民國］單縣 9/4
侯輔（明・洛陽人）
［嘉靖］冠縣 2/5
［萬曆］冠縣 2/13
［道光］冠縣 6/29
［民國］冠縣 6/40

侯輔世(清・汶上人)
[康熙]續修汶上 4/孝義 2
56 **侯提封**(字伯鼇)
(明・鄆城人)
[崇禎]鄆城 6/4
[康熙]鄆城 6/3
[光緒]鄆城 5/11
57 **侯抒愫**(字爾謨,號古渠)
(清・河南襄城人)
[民國]濰縣志稿 20/19
60 **侯昱**(明・汶上人)
[嘉靖]山東 35/3
[康熙]山東 45/8
[萬曆二十四年]兗州 37/7
[康熙]兗州 28/36
[乾隆]兗州 23/35
[萬曆]汶上 6/13
侯思部(字均一)
(清・即墨人)
[同治]即墨 9/37
即墨縣鄉土志/耆舊－事業四
侯景班(字振遠)
(清・寧津人)
[光緒]寧津 8/41
寧津縣志料 3/人物－道學
侯思儒(明・費縣人)
[乾隆]沂州府 26/9
[康熙]費縣 7/12
[光緒]費縣 10/81
侯國安(明・雄縣人)
[雍正]山東 27/79
[康熙十五年]青州 12/37
[康熙四十八年]青州 12/37
[萬曆]青州 12/37
[乾隆]東昌 35/2
[康熙]莒州下/7
侯甲瀛(字筱巢)
(清・上元人)
[宣統]茌平 8/11
[民國]茌平 8/67
侯國翰(字翼宸)
(清・鄆城人)
[康熙]鄆城 6/19
侯國屏(明・濮州人)
[康熙]濮州續志下/5
[宣統]濮州 5/15
侯國範(清・陽穀人)
[康熙]陽穀 4/3
[光緒]陽穀 7/2
[民國]增修陽穀人物/孝義 3
66 **侯賜樂**(字六希)
(清・掖縣人)
[乾隆]泰安府 15/39
[乾隆]新泰 11/11
[乾隆]掖縣 3/49
[嘉慶]續掖縣 3/14
侯賜履(字希尚,號漸悔)
(清・掖縣人)
[乾隆]掖縣 3/48
[嘉慶]續掖縣 3/4
67 **侯明善**(清・鄆城人)
[光緒]鄆城 10/11
70 **侯璧**(字君器)
(明・諸城人)
[萬曆]諸城 6/12
71 **侯陟**(宋・長山人)
[嘉靖]山東 27/22
[萬曆]東昌 18/45
[乾隆]曹州府 12/9
[嘉靖]濮州 7/12
[萬曆]濮州 3/名宦 14
[康熙]濮州 3/14
[乾隆]濮州 3/14
[宣統]濮州 4/14
[嘉靖]淄川 6/79
[萬曆]淄川 30/5
[宣統]東明續縣志 2/5
[民國]東明縣新誌 11/2
侯原洲(字瀛濱)
(清・東平人)
[民國]東平縣 11/上 19
侯長熺(字功安,一字梅亭)
(清・郯城人)
[宣統]山東 173/5
[嘉慶]續修郯城 10/33,10/35
77 **侯居廣**(清)
[光緒]菏澤 7/名宦 8
侯殿元(清・魚臺人)
[光緒]魚臺 3/耆碩又 2
侯學正(字具瞻)
(清・濰縣人)
[民國]濰縣志稿 31/11
侯居仁(元・鄆城人)
[光緒]文登 7/上 3
[民國]文登 7/上 3
侯居貞(明・堂邑人)
[乾隆]東昌 44/3
[嘉慶]東昌 34/3
[康熙]堂邑 17/1
侯聞行(清・即墨人)
[同治]黃縣 6/16
[民國]黃縣志稿 11/宦績
侯服休(字允亮)
(明・東阿人)
[道光]東阿 22/39
侯居岐(清・泗水人)
[光緒]泗水 11/25
侯學齡(明・河津人)
[康熙]觀城 3/4
[道光]觀城 6/6
侯居良(明・山西解州人)
[宣統]山東 71/9
[康熙]濟南 25/52
[道光]濟南 36/20
[康熙]淄川 4/11
[乾隆]淄川 4/11
淄川縣鄉土志/政績錄
侯鳳林(字巢閣,號南郵)
(清・城武人)
[道光]城武 9/上 32
侯學林(清・陽穀人)
[民國]增修陽穀人物/忠烈 24
侯學中(字文和)
(清・濰縣人)
[民國]濰縣志稿 31/11
侯興隆(清・壽張人)
[光緒]壽張 10/1
80 **侯義**(宋・楚丘人)
[康熙]山東 45/8
[宣統]山東 165/9
[萬曆元年]兗州 40/孝友 5
[萬曆二十四年]兗州 37/1
[康熙]兗州 28/30
[康熙]曹州志 16/1

[乾隆]曹州府16/1
[康熙]曹縣12/18
[康熙]兗州府曹縣12/18
[光緒]曹縣12/16
曹縣鄉土志/耆舊錄
侯玆(字美來,號東海)
(清・掖縣人)
[乾隆]掖縣3/48
[嘉慶]續掖縣3/4
侯益謙(字若谷)
(清・恩縣人)
[宣統]重修恩縣8/52
[民國]重修恩縣11/鄉賢71
侯公贊(明・鄆城人)
[康熙]山東45/10
侯無假(清・汶上人)
[宣統]四續汶上稿/人物－孝弟傳
侯毓漢(清・商河人)
[咸豐]武定府25/孝友32
[道光]商河7/26
[民國]重修商河8/37
侯谷神(宋,一作明・沂州人)
[嘉靖]山東34/12
[康熙]山東47/4
[雍正]山東30/13
[宣統]山東200/31
[萬曆元年]兗州46/8
[萬曆二十四年]兗州52/27
[萬曆]沂州志7/77
[康熙]沂州志6/53
侯尊祖(字祉文)
(清・濟寧人)
[道光]濟寧直隸州8/4－39
侯念玆(清・商河人)
[道光]商河7/42
[民國]重修商河9/7
侯毓蘋(字采南)
(清・平度人)
[民國]平度縣續志8/3
侯公棟(字秉衡)
(清・臨朐人)
臨朐縣鄉土志1/耆舊
83 侯鉞(字義甫,號鷹泉)
(明・東阿人)
[雍正]山東28/人物三39,31/10
[宣統]山東160/27
[乾隆]泰安府17/20
[萬曆二十四年]兗州36/21
[康熙]兗州28/20
[康熙五十四年]東阿7/6
[道光]東阿13/鄉賢7,24/9
[光緒]東阿縣鄉土志4/12
86 侯錫琦(字君健,號希韓)
(清・東平人)
[康熙]東平州續志6/2
[道光]東平州14/26
[光緒]東平州15/中52
[民國]東平縣11/中19
侯錫瑍(字炳文)
(清・東平人)
[乾隆]東平州15/28
[道光]東平州15/28
[光緒]東平州15/下36
[民國]東平縣11/下10
東平州鄉土志上/耆舊錄37
87 侯鈞(字易倉)
(清・定陶人)
[民國]定陶6/29
侯銘策(字勳庭)
(清・齊河人)
[民國]齊河23/76
88 侯節(明・滕縣人)
[道光]滕縣志9/忠節7
89 侯鎧(字鳴遠)
(明・鄆城人)
[康熙]兗州續編15/15
[嘉靖]鄆城志下/9
[崇禎]鄆城5/12
[康熙]鄆城5/4
[光緒]鄆城5/5
90 侯省(字慎三,號魯齋)
(清・東平人)
[光緒]東平州15/中11
[民國]東平縣11/上33
侯尚文(明・掖縣人)
[萬曆]萊州5/102
[康熙]萊州10/29
[乾隆]萊州10/16
[乾隆]掖縣4/21
侯堂玉(清・陽信人)
[乾隆]武定府25/30
[咸豐]武定府25/孝友30
[乾隆]陽信7/29
[民國]陽信5/孝友69
信邑志稿7/孝友
侯懷信(字誠一)
(清・寧陽人)
[咸豐]寧陽15/20
[光緒]寧陽15/27
侯光宇(清・單縣人)
[乾隆]單縣7/18
[民國]單縣9/43,21/36
92 侯燈生(清・江南人)
[康熙]鄆城4/10
93 侯怡庭(字季泰)
(清・東平人)
[光緒]東平州15/下41
[民國]東平縣11/下14
99 侯榮(明・即墨人)
[萬曆]即墨志8/4
[康熙]纂修即墨/下19
侯燮堂(字理亭,一作理庭)
(清・河南杞縣人)
[民國]續修歷城38/3
[民國]臨清縣/秩官67

偰

26 偰伯寮遜(元)
[隆慶]單縣上/32
[康熙]單縣6/10
[乾隆]單縣4/56
[民國]單縣6/宦蹟15
42 偰斯高(明・昌黎人)
[弘治]泰安州3/8
47 偰朝吾(字世則)
(元・枝江人)
[道光]濟寧直隸州6/6－17

2724_7 殷

00 殷序(明・無錫人)
[嘉靖]山東26/29
[康熙]山東34/8
[雍正]山東27/47
[乾隆]東昌35/17

［嘉慶］東昌 22/22
［嘉靖］高唐州 5/4
［康熙十二年］高唐州 7/7
［康熙五十一年］高唐州 7/7
［道光］高唐州 7/1－7
［光緒］高唐州 7/1－7
［民國］高唐縣 9/5－4
殷序（明・雲南人）
［康熙］膠州 5/10
［乾隆］膠州 4/14
［道光］重修膠州 22/9
［民國］增修膠志 17/8
殷高齡（字碩年）（清・滕縣人）
［道光］滕縣志 9/孝義 30
殷應寅（清・陵縣人）
［宣統］山東 169/23
殷應寅（字濟元）（清・滕人）
［康熙］兗州續編 16/9
［乾隆］兗州 23/72
［康熙］滕縣志 7/74
［道光］滕縣志 8/吏治 4
滕縣鄉土志/20
殷慶譽（清・德州人）
州乘餘聞/3
10 **殷瓌**（字龍章）（清・寧陽人）
［咸豐］寧陽 14/28
［光緒］寧陽 14/28
殷瑭（字同章）（清・滕縣人）
［道光］滕縣志 9/孝義 31
殷雲霄（字近夫，號石川）（明・壽張人）
［嘉靖］山東 30/61
［康熙］山東 40/58
［雍正］山東 28/人物三 23
［宣統］山東 163/28
［萬曆元年］兗州 40/文苑 18
［萬曆二十四年］兗州 36/9
［康熙］兗州 28/8
［乾隆］兗州 23/40
［康熙］張秋志 7/21，11/9，11/11
［康熙六年］壽張 7/10
［康熙五十六年］壽張 7/10
［光緒］壽張 7/5
壽張縣鄉土志/耆舊－事業
殷丕瑗（萊陽人）
［民國］萊陽 3/1 中 50
殷玉琇（清・滕縣人）
滕縣鄉土志/28
殷玉琛（字實亭，號菊泉）（清・滕縣人）
［道光］滕縣志 8/儒林 30
滕縣鄉土志/27
殷可勤（清・濮州人）
［乾隆］濮州 4/90
［宣統］濮州 6/6
殷正居（清・高唐人）
［民國］高唐縣 12/55
12 **殷璞**（明・安慶舉人）
［嘉慶］慶雲 7/33
［民國三年］慶雲 1/91
殷廷（字文後）（明・臨朐人）
臨朐縣鄉土志 1/耆舊
殷廷玉（清・臨沂人）
［民國］臨沂 10/56
［民國］續修臨沂 16/9
殷廷吉（字祥瑞）（清・夏津人）
［民國］夏津續編 8/36
15 **殷璉**（見殷漣）
17 **殷玘**（字佩玉）（明・壽張人）
［康熙六年］壽張 7/9
［康熙五十六年］壽張 7/9
［光緒］壽張 6/45
壽張縣鄉土志/耆舊－事業
殷承業（字劍池）（明・臨朐人）
［康熙］臨朐縣志書 3/46
光緒臨朐 14/上 38
殷承業（字紹先）（清・清平人）
［嘉慶］清平 14/48
［宣統］增輯清平 12/62
［民國］清平/人物 56
20 **殷維緘**（東阿人）
［民國］東阿 16/4
殷重禮（字憲章）（清・滕縣人）
［康熙］滕縣志 7/93
［道光］滕縣志 9/隱逸 8
21 **殷衡**（字克平，號蠢菴）（明・武定州人，一作曹州人）
［雍正］山東 28/人物三 12
［宣統］山東 163/30
［康熙］濟南 45/2
［道光］濟南 49/21
［萬曆］武定州 13/9
［崇禎］武定州 18/1
［乾隆］武定府 25/35
［咸豐］武定府 25/儒林 5
［乾隆］惠民 6/8
［光緒］惠民 23/6
惠民縣鄉土志/耆舊錄 20
殷師膠（明・淄川人）
［乾隆］淄川 6/下 65
22 **殷崇**（漢・琅邪人）
［宣統］山東 153/19
［嘉靖］青州 15/22
［萬曆］青州 13/6
［康熙十五年］青州 13/6
［康熙四十八年］青州 13/經師 1
［康熙六十年］青州 15/2
［咸豐］青州 38/6
［萬曆］諸城 7/3
［康熙］諸城 7/3
殷繼淑（清・金鄉人）
［民國］金鄉 13/續增 13
23 **殷然超**（字修齡）（清・菏澤人）
［光緒］菏澤 16/18
殷獻昌（清・滕縣人）
［民國］續滕縣志 2/7
殷允鐸（清・東阿人）
［民國］續修東阿 11/12，14/19
殷允符（字揆一）（清・東阿人）
［民國］續修東阿 11/6

24 **殷侑**(唐・陳州人)
［康熙］山東 31/6
［雍正］山東 27/3
［宣統］山東 68/4
［乾隆］泰安府 14/11
［萬曆元年］兗州 38/循吏 24
［萬曆二十四年］兗州 27/8
［康熙］兗州 21/23
［康熙］曹州志 7/45
［乾隆］曹州府 12/7
［康熙］東平州 4/28
［乾隆］東平州 12/7
［道光］東平州 12/7
［光緒］東平州 14/7
［光緒］菏澤 7/宦蹟 13
25 **殷傑**(字萬賓)
(清・東阿人)
［道光］東阿 24/10
殷仲馳(唐・滕縣人)
［民國］續滕縣志 2/1
殷秩徵(字聞孟,號敘堂)
(清・滕縣人)
［道光］滕縣志 8/儒林 20
滕縣鄉土志/25
26 **殷儼**(字望之)
(清・歷城人)
［民國］續修歷城 43/3
27 **殷躬逮**(字懷古)
(清・滕縣人)
［道光］滕縣志 8/儒林 22
滕縣鄉土志/25
28 **殷作謀**(字貽徵,號韋軒)
(清・滕縣人)
［道光］滕縣志 8/吏治 8
滕縣鄉土志/20
殷復禮(字克之)
(清・滕縣人)
［康熙］滕縣志 7/92
［道光］滕縣志 9/孝義 14
殷作忠(字移可)
(清・滕縣人)
［乾隆］兗州 23/83
［道光］滕縣志 9/孝義 11
30 **殷淳**(明・文登人)
［泰昌］登州 11/48
［順治］登州 17/27
［雍正］文登 8/8
［道光］文登 5/17
［光緒］文登 10/上 1
殷家讓(字簡香)
(清・天津人)
［同治］重修寧海州 12/15
殷之璋(字搢廷)
(清・金鄉人)
［民國］濟寧直隸州續志 14/32
［咸豐］金鄉縣志略 9/中忠義傳 6
［民國］金鄉 14/21
殷實發(清・寧陽人)
［乾隆］兗州 23/80
［乾隆］寧陽 7/孝子 3
［咸豐］寧陽 15/5
［光緒］寧陽 15/5
殷守信(清・鄒平人)
［民國］鄒平 15/142
殷之俊(字必招)
(清・諸城人)
［康熙］諸城 7/52
［乾隆］諸城 42/3
殷永祚(東阿人)
［民國］東阿 15/7
殷宗輔(明・鄞縣人)
［乾隆］泰安府 15/22
［道光］東阿 11/16
［光緒］東阿縣鄉土志 2/17
31 **殷遷**(明・江南監生)
［天啟］新城 6/教諭
［崇禎］新城 6/教諭
［民國］重修新城 10/16
32 **殷兆坤**(清・高唐人)
［民國］高唐縣 12/24
34 **殷汝麟**(字致瑞,號信軒)
(明・歷城人,一作武定人)
［道光］濟南 49/22
［崇禎］武定州 23/2
［乾隆］武定府 25/9
［咸豐］武定府 25/孝友 9
［乾隆］歷城 25/5,42/4
［乾隆］惠民 5/51
［光緒］惠民 21/2
惠民縣鄉土志/耆舊錄 7
殷汝孝(明・江蘇華亭人)
［萬曆］鉅野 6/9
［康熙］鉅野 10/9
［道光］鉅野 10/25
殷汝楫(明・歷城人)
［道光］濟南 49/37
［乾隆］歷城 37/43
35 **殷禮**(明・堂邑人)
［康熙］堂邑 12/6
殷漣(字相霖)
(清・陽穀人)
［光緒］陽穀 6/17
［民國］增修陽穀人物/善行 40
38 **殷海社**(清・昌邑人)
［光緒］昌邑縣續志 6/11
殷啟賢(明・歷城人)
［道光］濟南 49/23
40 **殷嘉**(藝文志作段嘉)
(漢・東海人)
［宣統］山東 153/15
［光緒］嶧縣 21/鄉賢 21
殷士(清・清平人)
［康熙］重修清平下/40
［嘉慶］清平 14/32
［宣統］增輯清平 12/32
［民國］清平/人物 19
殷大文(字煥章)
(清・禹城人)
［民國］禹城 8/44
殷培塾(字序堂)
(清・東阿人)
［民國］東阿 18/10
［民國］續修東阿 11/25
殷士儋(字正甫)
(明・武定人,徙歷城)
［康熙］山東 39/27
［雍正］山東 28/人物三 42
［宣統］山東 159/22
［康熙］濟南 34/8
［道光］濟南 49/22
［乾隆］武定府 23/20
［咸豐］武定府 23/名臣 20
［崇禎］歷乘 16/20
［崇禎］歷城 10/14

[乾隆]歷城 25/12,37/32
[民國]長清 13/31
殷克裕(清·瀋陽人)
[乾隆]武定府 16/31
[咸豐]武定府 19/商河 2
[道光]商河 5/31
[民國]重修商河 6/68
商河縣鄉土志 1/政績
殷嘉樹(字雨帆)
(清·直隸天津進士)
[民國]壽光 6/23
莘縣鄉土志/政績 9
殷士喆(字槐村)
(清·江南桐城監生)
[嘉慶]德平 5/20
[光緒]德平 5/13
殷士哲(字子濬)
(清·東阿人)
[道光]東阿 14/人物下 34
殷來鳳(明·沂州人)
[萬曆]沂州志 7/36
[康熙]沂州志 6/7
[乾隆]沂州府 26/8
[民國]臨沂 10/47
殷才智(清·諸城人)
[光緒]增修諸城縣續志 14/10
44 殷苞(字筠圃,號鞏菴)
(清·滕縣人)
[道光]滕縣志 8/儒林 32
滕縣鄉土志/27
殷桂(清·諸城人)
[光緒]增修諸城縣續志 17/10
殷荃(字香洲)
(清·滕縣人)
[道光]滕縣志 8/儒林 33
滕縣鄉土志/27
殷莊(字儀齋)
(清·金鄉人)
[咸豐]金鄉縣志略 9/中列傳二 17
[民國]金鄉 14/6
金鄉縣鄉土志/耆舊錄上
殷孝祖(南朝宋·陳郡長平人)
[嘉靖]山東 26/4
[康熙]山東 33/5
[雍正]山東 27/86
[宣統]山東 67/2
[乾隆]泰安府 14/8
[萬曆元年]兗州 38/武功 10
[萬曆二十四年]兗州 27/4
[康熙]兗州 21/18
[乾隆]兗州 22/7
[康熙]曹州志 7/43
[康熙]東平州 4/26
[乾隆]東平州 12/4
[道光]東平州 12/4
[光緒]東平州 14/4
[民國]東平縣 9/2
[光緒]菏澤 7/宦蹟 11
[光緒]新修菏澤 8/3
[康熙]兗州府曹縣 10/4
[光緒]曹縣 10/4
50 殷書升(清·膠州人)
[民國]增修膠志 43/7
52 殷哲(明·膠州人)
[嘉靖]山東 33/10
[康熙]山東 44/8
[萬曆]萊州 5/96
[康熙]萊州 10/24
[乾隆]萊州 10/11
[康熙]膠州 5/22
[乾隆]膠州 4/28
[道光]重修膠州 25/1
[民國]增修膠志 40/1
膠州直隸州鄉土志 4/事功
殷哲(字子濬)
(明·歷城人)
[道光]濟南 49/37
[乾隆]歷城 37/43
53 殷成德(清·沂水人)
[宣統]山東 173/13
57 殷輅(字子樸)
(清·寧陽人)
[光緒]寧陽 14/39
63 殷畯(明·武定人,流寓歷城)
[康熙]濟南 50/8
[道光]濟南 49/21
[乾隆]歷城 39/2
殷畹(明·武定州人)
[嘉靖]武定州下/69
71 殷長立(字樹範,號微峯)
(清·滕縣人)
[宣統]山東 172/11
[道光]滕縣志 8/吏治 8
滕縣鄉土志/20
殷長端(字正夫)
(清·滕縣人)
[道光]滕縣志 9/孝義 38
殷長經(字東彥)
(清·滕縣人)
[道光]滕縣志 8/掾曹 19
殷長任(字阿亭)
(清·滕縣人)
[道光]滕縣志 9/隱逸 9
77 殷學(字時敏,號虛川)
(明·東阿人)
[雍正]山東 28/人物三 36
[宣統]山東 160/26
[乾隆]泰安府 17/18
[萬曆二十四年]兗州 36/17
[康熙]兗州 28/16
[康熙五十四年]東阿 7/9
[道光]東阿 13/鄉賢 4
[光緒]東阿縣鄉土志 4/11
80 殷美璪(字燦眉)
(清·東阿人)
[道光]東阿 14/人物下 34
殷金鐸(清·高唐人)
[民國]高唐縣 12/24
87 殷銘(字伯新)
(清·滕人)
[康熙]滕縣志 7/76
88 殷築(字良仲)
(清·滕人)
[康熙]滕縣志 7/76
93 殷怡(字克和)
(明·臨朐人)
臨朐縣鄉土志 1/耆舊
96 殷煜(字中涵)
(明·東阿人)
[道光]東阿 14/人物下 28
[光緒]東阿縣鄉土志 4/22

假

80 假倉(字子驕)

（漢・陳留人）
［嘉靖］山東 27/13
［萬曆］萊州 5/54
［康熙］萊州 8/5
萊州府鄉土志/上 5
［康熙］平度州 3/1
［道光］重修平度州 16/5
［乾隆］即墨 8/3
［同治］即墨 8/3

2725_2 解

00 **解廣平**（字子寬）
（東平人）
［民國］東平縣 11/上 26
解廣漢（字潔塵）
（東平人）
［民國］東平縣 11/上 25
04 **解麒祥**（字子符）
（清・淄川人）
［宣統］三續淄川 9/64
10 **解元才**（字法周）
（清・江西吉水人，一作朔州人）
［宣統］山東 75/19
［康熙］濟南 26/8
［道光］濟南 38/30
［順治］濟陽縣續志 1
［乾隆］濟陽 6/32
［民國］濟陽 16/54
解三藏（東明人）
［民國］東明縣新誌 11/56
解一貫（明）
［萬曆］濟陽 6/3
解元會（字統章，號克亭）
（清・東平人）
［乾隆］淄川 4/又 28－4
11 **解班**（字祥瑞）
（清・鉅野人）
［道光］鉅野 13/77
12 **解孔訓**（字泗濱）
（明・鉅野人）
［乾隆］曹州府 16/5
［萬曆］鉅野 8/孝子
［康熙］鉅野 11/33
［道光］鉅野 12/14
解延年（漢・齊人）
［宣統］山東 153/26
解延年（字世紀）
（明・棲霞人）
［嘉靖］山東 32/24
［康熙］山東 43/3
［雍正］山東 28/人物三 9
［宣統］山東 161/34
［泰昌］登州 11/14
［順治］登州 16/18
［光緒］增修登州 39/22
［康熙］棲霞 6/5
［乾隆］棲霞 6/33
13 **解琬**（明・萊陽人）
［民國］萊陽 3/1 中 8
14 **解瑛**（字尚珍）
（清・鉅野人）
［道光］鉅野 13/46
17 **解璐**（字琢章，號柳溪）
（清・即墨人）
［同治］即墨 9/44
即墨縣鄉土志/耆舊－學問
解豫天（字時乘）
（清・鉅野人）
［道光］鉅野 13/56
解子愚（明・即墨人）
［乾隆］樂陵 4/53
20 **解系**（字少連）
（晉・濟南人）
［至元］齊乘 6/15
［嘉靖］山東 29/6
［康熙］山東 39/5
［雍正］山東 28/人物一 35
［宣統］山東 155/6
［康熙］濟南 36/1
［道光］濟南 45/40
［崇禎］歷乘 16/4
［乾隆］濟陽 8/7
［民國］濟陽 11/8
21 **解衍渟**（字鷺洲）
（清・東平人）
［光緒］東平州 15/下 58
［民國］東平縣 11/下 25
解經世（字洛康）
（清・東平人）
［乾隆］東平州 15/7
［道光］東平州 15/7
［光緒］東平州 15/下 7
［民國］東平縣 11/中 26
東平州鄉土志上/耆舊錄 35
解經邦（字嵩盤）
（明・韓城人）
［康熙］山東 33/23
［雍正］山東 27/40
［宣統］山東 72/9
［康熙］兗州 22/36
［康熙］兗州續編 14/8
［乾隆］兗州 22/26
［康熙］嶧縣 3/33
［乾隆］嶧縣 7/15
［光緒］嶧縣 19/職官下 8
22 **解崇福**（字秉善）
（明・濮州人）
［萬曆］濮州 4/隱德 3
［康熙］濮州 4/50
［乾隆］濮州 4/87
［宣統］濮州 6/3
24 **解結**（字叔連）
（晉）
［道光］濟南 45/41
［乾隆］濟陽 8/7
［民國］濟陽 11/8
解化龍（清・蓬萊人）
［道光］重修蓬萊 9/15
［民國］蓬萊縣志合編人物志/忠勇
解德斐（宋・太原人）
［泰昌］登州 11/57
［順治］登州 18/1
［光緒］增修登州 38/7
［同治］黃縣 9/31
［民國］黃縣志稿 13/人物－寓賢
解佑啓（字咸以）
（清・韓城監生）
［嘉慶］德平 5/20
［光緒］德平 5/13
26 **解得斐**（宋・黃縣人）
［乾隆］黃縣 8/41
解保恭（字和菴）
（清・堂邑人）
堂邑縣鄉土志/耆舊錄
27 **解修**（魏・泰山人）

［嘉靖］山東 26/4
［萬曆元年］兗州 38/循吏 14
［萬曆］沂州志 6/5
［康熙］沂州志 3/41
［乾隆］沂州府 20/2
［順治］鄒平 4/1
［康熙］鄒平 4/2
［民國］臨沂 7/66
解脩（見解修）
解紹修（字思永）
（清・淄川人）
［宣統］三續淄川 9/64
解紹曾（清・東平人）
［康熙］兗州續編 16/27
［乾隆］泰安府 18/55
［康熙］東平州續志 6/5
［乾隆］東平州 15/5
［道光］東平州 15/5
［光緒］東平州 15/下 4
［民國］東平縣 11/中 24
30 **解之培**（清・東平人）
［康熙］東平州 4/71
［乾隆］東平州 15/4
［道光］東平州 15/4
［光緒］東平州 15/下 3
［民國］東平縣 11/中 24
解永盛（字賡堂）
（清・東平人）
［光緒］東平州 15/下 19
［民國］東平縣 11/中 34
解守全（清・鉅野人）
［民國］續修鉅野 5/上 20
解永年（字鶴齡）
（清・東平人）
［道光］東平州 15/32
［光緒］東平州 15/下 39
［民國］東平縣 11/下 13
34 **解汝修**（字懋軒）
（清・鉅野人）
［民國］續修鉅野 5/上 6
解汝楫（字來茲）
（清・鉅野人）
［道光］鉅野 13/36
37 **解迎春**（清・莘縣人）
［光緒］莘縣 7/50
［民國］莘縣 7/36
38 **解啟衷**（字宅平）
（明・山西稷山人）
［宣統］山東 73/30
［光緒］增修登州 33/3
［雍正］文登 6/37
［道光］文登 5/23
［光緒］文登 7/上 8
40 **解坊**（字春岩）
（清・鉅野人）
［道光］鉅野 13/47
解巾（明・東平人）
［康熙］東平州 3/50
［乾隆］東平州 11/11
解堯璿（字舜衡）
（清・東平人）
［乾隆］東平州 14/16
［道光］東平州 14/16
［光緒］東平州 15/中 21
［民國］東平縣 11/上 39
解大經（清・霑化人）
［光緒］霑化 10/7
［民國］霑化 2/79
解克順（字備堂）
（清・濟寧人）
［民國］濟寧直隸州續志 12/39
解大有（清・霑化人）
［乾隆］武定府 26/12
［咸豐］武定府 26/義行 12
［光緒］霑化 10/7
［民國］霑化 2/79
解有才（清・蓬萊人）
［康熙］蓬萊 5/25
［道光］重修蓬萊 9/33
［民國］蓬萊縣志合編人物志/行誼
解堯都（清・東平人）
［道光］濟南 72/23
解大本（字淵齋，號允中）
（清・鉅野人）
［道光］鉅野 13/36
解堯成（字冀之）
（清・東平人）
［乾隆］東平州 14/15
［道光］東平州 14/15
［光緒］東平州 15/中 20
［民國］東平縣 11/上 39
東平州鄉土志上/耆舊錄 42
解希楊（字仰廉）
（清・鉅野人）
［民國］續修鉅野 5/上 31
解大簡（號迪中）
（清・鉅野人）
［道光］鉅野 13/38
43 **解越千**（字子雋，一字臨溪，別號堯麓居士）
（清・臨朐人）
［民國］臨朐續志 20/25
臨朐縣鄉土志 1/耆舊
44 **解其理**（明・即墨人）
［萬曆］福山 4/17
［康熙］福山 7/30
解萬清（清・鉅野人）
［道光］鉅野 13/62
解茂英（字育之）
（清・淄川人）
［宣統］三續淄川 9/90
46 **解恕**（字紉芳，號遽亭）
（清・即墨人）
［同治］即墨 9/50
即墨縣鄉土志/耆舊－事業四
解如樸（明・東平人）
［乾隆］東平州 15/3
［道光］東平州 15/3
［光緒］東平州 15/下 3
［民國］東平縣 11/中 23
東平州鄉土志上/耆舊錄 33
解如桐（字龍嶔）
（明・東平人）
［乾隆］泰安府 17/36
［康熙］東平州 3/45，5/54
［乾隆］東平州 15/3，20/9
［道光］東平州 15/3，20/8
［光緒］東平州 15/下 2
［民國］東平縣 11/中 23
東平州鄉土志上/耆舊錄 33
50 **解書林**（清）
［民國三年］慶雲 2/73
51 **解振瀛**（字峻源）
（清・鉅野人）

［道光］鉅野 13/49
60 **解四端**（清・霑化人）
［乾隆］武定府 25/16
［咸豐］武定府 25/孝友 16
［光緒］霑化 8/6
［民國］霑化 2/34
解星科（鉅野人）
［民國］續修鉅野 5/上 13
66 **解嚴標**（鉅野人）
［民國］續修鉅野 5/上 13
67 **解鳴謙**（字叔亭）
（清・慶雲人）
［民國三年］慶雲 2/26,2/52
解明瑞（字希父,號春宇）
（明・莘縣人）
［光緒］莘縣 6/2
77 **解際唐**（清・平度人）
［民國］平度縣續志 7/14
解鳳岡（字桐軒）
（清・慶雲人）
［咸豐］慶雲 2/69
［民國三年］慶雲 2/53
解學烒（字再瞻）
（清・鉅野人）
［道光］鉅野 13/36
80 **解入聖**（字超凡）
（明・霑化人）
［乾隆］武定府 23/48
［咸豐］武定府 23/忠節 18
［光緒］霑化 7/7
［民國］霑化 2/19
解入室（字緯白,一作緯伯）
（明・霑化人）
［乾隆］武定府 23/48
［咸豐］武定府 23/忠節 18
［光緒］霑化 7/7
［民國］霑化 2/19
82 **解鍾祥**（字麟符）
（清・淄川人）
［宣統］三續淄川 9/74
解鍾祚（字錫菴）
（清・淄川人）
［宣統］三續淄川 9/75
84 **解饒**（宋・汶上人）
［宣統］四續汶上稿/人物－孝弟傳
解銑（壽光人）
［民國］壽光 12/人物志一101
86 **解錫祿**（字百荷,號藜閣）
（清・鉅野人）
［民國］續修鉅野 5/上 15
88 **解節亨**（字安卿）
（元・濱州渤海人）
［乾隆］武定府 25/46
［咸豐］武定府 25/文苑 6
［萬曆］濱州 3/25
［康熙］濱州 7/29
［咸豐］濱州 10/27
濱州鄉土志/學問
91 **解悟奇**（字研真）
（明・章邱人）
［道光］章邱 16/80
92 **解忻**（字煥若）
（清・慶雲人）
［嘉慶］慶雲 9/30
［咸豐］慶雲 2/68
［民國三年］慶雲 2/50
95 **解情**（字仲約）
（明・東平人）
［乾隆］東平州 11/12
97 **解灼**（字燭蘊）
（清・鉅野人）
［道光］鉅野 13/59
99 **解榮之**（南北朝）
［光緒］益都縣圖志 15/6

2725_7 伊

00 **伊廣**（唐・兗州人）
［宣統］山東 164/11
伊應鼎（字元吉,別字戒平）
（清・新城人）
［宣統］新城縣後志 2/宦績
［民國］重修新城 16/19
新城縣鄉土志/耆舊－清
伊應徵（字建五）
（清・新城人）
［道光］濟南 61/9
伊應泰（字保宇）
（清・寧陽人）
［咸豐］寧陽 15/30
［光緒］寧陽 15/50
16 **伊聖瑞**（字麟趾,號居易）
（清・濟寧人）
［乾隆］淄川 4/又 28－4
17 **伊尹**（名摯）
（商・莘人）
［康熙］曹州志 15/1
［正德］莘縣 6/1
［康熙十一年］莘縣 7/1,8/又 109
［康熙五十六年］莘縣 7/1
［光緒］莘縣 7/1
［民國］莘縣 7/1
［康熙］曹縣 12/1
［康熙］兗州府曹縣 12/1
［光緒］曹縣 12/1
［光緒］菏澤 15/1
23 **伊巘**（字允陟,號聽菴）
（清・新城人）
［雍正］山東 28/人物四 28
［宣統］山東 169/4
［道光］濟南 55/43
［宣統］新城縣後志 2/宦績
［民國］重修新城 16/15
伊允濤（字松亭）
（清・桓臺人）
［民國］桓臺志略 3/18
［民國］桓臺 3/22
伊允楨（字樹人）
（清・新城人）
［宣統］新城縣後志 2/宦績
［民國］重修新城 18/11
新城縣鄉土志/耆舊－清
25 **伊仲豫**（字建侯）
（清・新城人）
［宣統］新城縣後志 3/方技
27 **伊叔謙**（字六吉）
（清・新城人）
［宣統］新城縣後志 2/善行
［民國］桓臺 3/31
28 **伊作楫**（字利川）
（清・新城人）
［道光］濟南 55/43
［宣統］新城縣後志 2/善行
［民國］重修新城 17/12
31 **伊江阿**（清・滿洲正白旗人）
［宣統］山東 74/26

［道光］濟南 37/37

34 **伊洪袞**（清・博山人）

［民國］續修博山 12/69

37 **伊祁玄解**（唐）

［萬曆］青州 15/65

40 **伊畬**（字合浦）

（清・新城人）

［道光］濟南 55/82

［宣統］新城縣後志 2/宦績

［民國］重修新城 17/15

44 **伊桂**（字丹木，號鳳翥）

（清・新城人）

［宣統］山東 169/30

［道光］濟南 55/43

［宣統］新城縣後志 2/宦績

［民國］重修新城 16/18

新城縣鄉土志/耆舊－清

伊林（清・新城人）

［宣統］新城縣後志 3/孝友

伊若松（字春園，號了一）

（清・博山人）

［民國］續修博山 11/35

伊若棠（字化南）

（清・齊東人）

［民國］齊東 5/56

48 **伊松**（字友三，號雪門）

（清・新城人）

［宣統］新城縣後志 2/宦績

50 **伊拉齊**（字序堂）

（清・漢軍鑲白旗人）

［道光］再續掖縣上/36

58 **伊整**（元・費縣人）

［光緒］費縣 15/18

71 **伊陟**（商・莘人）

［康熙］曹州志 15/2

［康熙］曹縣 12/1

［康熙］兗州府曹縣 12/1

［光緒］曹縣 12/1

［光緒］菏澤 15/2

77 **伊闢**（字盧源，號翁菴）

（清・新城人）

［雍正］山東 28/人物四 19

［宣統］山東 169/4

［道光］濟南 55/42

［民國］重修新城 16/4

新城縣鄉土志/耆舊－清

伊覺民（字效吾）

（明・新城人）

［康熙］濟南 44/32

［道光］濟南 51/36

［康熙］新城 7/46

［康熙］新城縣續志/人物，藝文

［民國］重修新城 14/3

新城縣鄉土志/耆舊－明

81 **伊矩**（字均方，號洗心居士）

（清・新城人）

［道光］濟南 55/43

［宣統］新城縣後志 2/善行

［民國］重修新城 16/11

新城縣鄉土志/耆舊－清

86 **伊鐸**（字相文）

（清・新城人）

［道光］濟南 55/83

［宣統］新城縣後志 2/宦績

［民國］重修新城 17/19

新城縣鄉土志/耆舊－清

88 **伊籍**（字機伯）

（三國・山陽人）

［嘉靖］山東 30/15

［康熙］山東 40/16

［雍正］山東 28/人物一 27

［宣統］山東 154/21

［萬曆元年］兗州 40/武功 9

［萬曆二十四年］兗州 32/3

［康熙］兗州 25/3

［乾隆］兗州 23/17

［乾隆］曹州府 14/5

［乾隆］濟寧直隸州 23/10

［道光］濟寧直隸州 8/2－6

［萬曆］鉅野 7/8

［康熙］鉅野 11/5

［道光］鉅野 12/6

［康熙十二年］金鄉 5/22

［康熙五十一年］金鄉 9/25

［乾隆］金鄉 18/13

［咸豐］金鄉縣志略 9/上 3

［民國］金鄉 13/3

金鄉縣鄉土志/耆舊錄上

伊敏生（字子蒙）

（明・應天人）

［宣統］山東 70/33

［康熙］曹州志 7/41

［乾隆］曹州府 12/16

［光緒］菏澤 7/名宦 6

［光緒］新修菏澤 8/11

90 **伊光啟**（字開雍，一字純仁）

（清・新城人）

［雍正］山東 28/人物四 6

［康熙］濟南 47/28

［道光］濟南 55/42

［康熙］新城 7/47

［康熙］新城縣續志/人物

［民國］重修新城 16/1

新城縣鄉土志/耆舊－清

伊常吉（清・高密人）

［乾隆］泰安府 15/39

伊光前（字覲文，號太恒）

（清・新城人）

［康熙］山東 45/7

［康熙］濟南 47/28

［道光］濟南 55/41

［康熙］新城 7/47

［康熙］新城縣續志/人物，藝文

［民國］重修新城 16/1

新城縣鄉土志/耆舊－清

94 **伊慎**（字寡悔）

（唐・兗州人）

［嘉靖］山東 30/38

［康熙］山東 40/38

［雍正］山東 28/人物二 11

［宣統］山東 156/9

［萬曆元年］兗州 40/武功 15

［康熙］兗州 26/39

［乾隆］兗州 23/26

［康熙］濟寧州 6/13

［乾隆］濟寧直隸州 23/23

［康熙］滋陽 4/上 38

［光緒］滋陽 8/70

滋陽縣鄉土志 1/耆舊－名將

2726_1 詹

01 **詹龍翔**（號雲巒）

（清・湖北黃陂人）

［宣統］山東 76/17

［乾隆］沂州府 20/16

［康熙二十四年］蒙陰 3/12
［宣統］蒙陰 3/宦績
10 **詹三省**（明・河南固始人）
［乾隆］嶧縣 7/27
17 **詹子仲**（明・福建舉人）
［康熙］沂水 4/29
［道光］沂水 5/30
22 **詹崇廉**（明・常山人）
［隆慶］單縣上/重 36
25 **詹仲**（明・貴州清浪衛人）
［康熙］濟南 25/74
［乾隆］泰安府 15/24
［康熙］新修萊蕪 5/26
［民國］萊蕪 9/6
［民國］續修萊蕪 15/7
38 **詹瀚**（字汝約）
（明・玉山人）
［康熙］濟寧州 4/6
［道光］濟寧直隸州 6/6－48
42 **詹彬**（清・宣城人）
［乾隆］利津縣志補 3/16
50 **詹事講**（明・樂安人）
［宣統］山東 161/52
［民國］續修廣饒 19/21
86 **詹錦堂**（字曉齋）
（清・寧津人）
［光緒］寧津 8/43
90 **詹惟聖**（字希菴，一作尼菴）
（清・浙江建德人）
［宣統］山東 75/23
［道光］濟南 38/46
［康熙］德平 3/4
［乾隆］德平 2/28
［嘉慶］德平 5/19
［光緒］德平 5/12
［民國］德平縣續志 12/碑記 21

2726_2 貂

44 **貂勃**（周）
［萬曆］青州 15/28
［康熙十五年］青州 15/28
［民國］臨淄 22/77

2727_7 佀

12 **佀璞**（字獻之）
（明・鄆城人）
［嘉靖］山東 35/3
［康熙］山東 45/9
［萬曆二十四年］兗州 37/6
［康熙］兗州 28/35
［嘉靖］鄆城志下/13，下/15
［崇禎］鄆城 5/15，6/8
［康熙］鄆城 5/16，6/8
［光緒］鄆城 5/25
佀聯芳（明・鄆城人）
［崇禎］鄆城 6/17
［康熙］鄆城 6/17
38 **佀海清**（字永若）
（明・鄆城人）
［崇禎］鄆城 6/11
［康熙］鄆城 6/10
［光緒］鄆城 7/10
82 **佀鍾**（字大器）
（明・鄆城人）
［康熙］山東 40/58
［雍正］山東 28/人物三 14
［宣統］山東 159/11
［萬曆元年］兗州 40/政績 16
［萬曆二十四年］兗州 36/7
［康熙］兗州 28/7
［康熙］兗州續編 15/15
［乾隆］曹州府 15/5
［嘉靖］鄆城志下/9
［崇禎］鄆城 5/12，8/7
［康熙］鄆城 5/4
［光緒］鄆城 5/5

2731_2 鮑

00 **鮑牽**（春秋・齊人）
［萬曆］青州 13/21
［康熙十五年］青州 13/21
［康熙四十八年］青州 13/事功 5
［康熙六十年］青州 16/3
鮑文繟（字子卿）
（明・臨清人）
［萬曆］東昌 19/64
［乾隆］東昌 39/6
［康熙］臨清州 3/人物 9
［乾隆］臨清州 9/27
［乾隆］臨清直隸州 8/上 13
［民國］臨清縣/人物 6
鮑文達（字鴻起，號野雲）
（清・丹徒人）
［光緒］海陽縣續志 10/73
鮑彥敬（明・錢塘人，一作平湖人）
［順治］單縣 2/9
［康熙］單縣 6/11
［民國］單縣 6/宦蹟 16
鮑齊賢（明・東昌人）
［乾隆］臨清州 12/8
［乾隆］臨清直隸州 8/上 82
鮑立焜（清・嶧縣人）
［光緒］嶧縣 21/孝友 15
01 **鮑龍**（字雲瑞）
（明・藁城人）
［嘉靖］夏津 3/35
10 **鮑霦**（明・青陽人）
［康熙］棲霞 4/5
鮑雲鳳（號雲峰先生）
（明・德州人）
［雍正］山東 28/人物三 37
［宣統］山東 167/14
［康熙］濟南 48/10
［道光］濟南 52/33
［嘉靖］德州 3/8
［萬曆］德州 9/45
［康熙］德州 8/9
［乾隆］德州 9/6
德州鄉土志/耆舊 3
［民國］德縣 10/7
14 **鮑劭**（三國・泰山平陽人）
［康熙］濟南 43/1
［乾隆］泰安府 16/11
［天啟］新泰 6/22
［順治］新泰 5/2
［乾隆］新泰 15/4
新泰縣鄉土志/12
17 **鮑承試**（清・福山人）
［康熙］福山 8/26
［乾隆］福山 8/37
20 **鮑信**（字允誠）
（漢・泰山平陽人）
［嘉靖］山東 26/4，29/4
［康熙］山東 33/4
［雍正］山東 28/人物一 24

[宣統]山東 164/2
[康熙]濟南 38/1
[萬曆元年]兗州 38/節義 1
[康熙]泰安州 3/3
[乾隆]泰安府 16/5
[乾隆二十五年]泰安縣 12/3
[天啟]新泰 6/22
[順治]新泰 5/2
[乾隆]新泰 15/3
新泰縣鄉土志/11
鮑季詳(北齊・渤海人)
[嘉靖]山東 29/10
[康熙]山東 39/9
[雍正]山東 28/人物一 59
[康熙]濟南 42/3
[乾隆]武定府 25/44
[咸豐]武定府 25/文苑 4
[乾隆]惠民 6/6
[光緒]惠民 23/4
惠民縣鄉土志/耆舊錄 19
鮑季祥(見鮑季詳)
21 **鮑行卿**(南北朝・東海人)
[嘉靖]山東 30/32
[康熙]山東 40/34
[萬曆]沂州志 7/9
24 **鮑化龍**(字沖宇)(清・長山人)
[雍正]山東 28/人物四 22
[道光]濟南 55/7
[康熙五十五年]長山 6/34
[嘉慶]長山 9/6
鮑偉名(字徵實)(清・臨清人)
[民國]臨清縣/人物 71
鮑偉哲(清・臨清人)
[民國]臨清縣/人物 85
25 **鮑傳德**(清・鄒縣人)
[民國]續修鄒縣志稿/人物-耆舊
26 **鮑泉**(字閏岳)(南北朝・東海人,一作郯人)
[嘉靖]山東 33/26
[萬曆元年]兗州 41/32
[乾隆]沂州府 27/5
[乾隆]郯城 9/6
27 **鮑叔牙**(春秋)
[至元]齊乘 6/2
[嘉靖]山東 25/1
[康熙]山東 31/1
[嘉靖]青州 12/48
[萬曆]青州 13/17
[康熙十五年]青州 13/19
[康熙四十八年]青州 13/事功 1
[康熙六十年]青州 16/1
[崇禎]歷乘 16/23
[崇禎]歷城 6/7
[康熙]臨淄 9/9
[民國]臨淄 23/2
臨淄縣鄉土志/耆舊錄
鮑象賢(明・南直歙人)
[道光]濟南 35/6
28 **鮑復相**(字枚臣)(清・漢軍正紅旗人)
[道光]濟南 37/70
[乾隆]蒲臺 3/9
30 **鮑宏**(字潤身)(南北朝・東海郯人)
[嘉靖]山東 30/35
[雍正]山東 28/人物一 61
[宣統]山東 155/38
[萬曆元年]兗州 40/文苑 8
[萬曆二十四年]兗州 33/35
[萬曆]沂州志 7/16
[乾隆]沂州府 27/5
[康熙]郯城 7/9
[乾隆]郯城 9/6
鮑宣(字子都)(漢・渤海人)
[至元]齊乘 6/12
[雍正]山東 28/人物一 13
[乾隆]武定府 23/37
[咸豐]武定府 23/忠節 1
[乾隆]惠民 5/44
[光緒]惠民 20/1
惠民縣鄉土志/耆舊錄 1
鮑永(字君長)(漢・上黨屯留人)
[康熙]山東 33/3
[雍正]山東 27/29
[宣統]山東 66/17
[萬曆元年]兗州 38/武功 2
[萬曆二十四年]兗州 26/5
[康熙]兗州 21/5
[乾隆]兗州 22/2
[崇禎]曲阜 4/93
[康熙]曲阜 4/93
[康熙]滋陽 3/78
[光緒]嶧縣 19/11
鮑宣安(明)
[道光]濟南 36/23
[康熙五十五年]長山 3/30
[嘉慶]長山 5/39
鮑宜安(見鮑宣安)
33 **鮑治**(字邦正,別號巽水)(明・直隸無錫人)
[萬曆]鉅野 6/8
[康熙]鉅野 10/8
[道光]鉅野 10/24,21/12
34 **鮑洪瀾**(清・江南青陽人)
[咸豐]青州 37/16
[乾隆]續壽光 18/3
[嘉慶]壽光 10/33
[民國]壽光 6/27
40 **鮑杜**(明・文登人)
[光緒]文登 8/下 4
42 **鮑韜**(漢・泰山平陽人)
[康熙]濟南 38/1
44 **鮑樹銘**(濟寧人)
[民國]濟寧縣 3/5
50 **鮑東萊**(明・滋陽人)
[雍正]山東 28/人物三 37
[萬曆二十四年]兗州 37/3
[康熙]兗州 28/32
[乾隆]兗州 23/45
[乾隆]濟寧直隸州 22/24
[道光]濟寧直隸州 6/6-30
[康熙]滋陽 4/上 39
[光緒]滋陽 8/72
56 **鮑靚**(字太玄)(晉・東海人)
[嘉靖]山東 33/23
[雍正]山東 30/5
[宣統]山東 168/6
[萬曆]沂州志 7/74
[康熙]沂州志 6/51

[乾隆]沂州府 27/12
60 **鮑國**(春秋·齊人)
[萬曆]青州 13/21
[康熙十五年]青州 13/21
[康熙四十八年]青州 13/事功 5
[康熙六十年]青州 16/3
[民國]臨淄 22/75
61 **鮑點**(春秋)
[康熙]臨淄 10/3
64 **鮑勛**(字叔業)
(三國·泰山平陽人)
[嘉靖]山東 29/4
[雍正]山東 28/人物一 29
[宣統]山東 164/2
[康熙]濟南 37/2
[弘治]泰安州 3/10
[康熙]泰安州 3/3
[乾隆]泰安府 16/11
[天啟]新泰 6/22
[順治]新泰 5/2
[乾隆]新泰 15/4
新泰縣鄉土志/12
67 **鮑照**(字明遠)
(南北朝·東海郯人)
[宣統]山東 163/7
[萬曆二十四年]兗州 33/7
[康熙]兗州 26/7
[萬曆]沂州志 6/70
[乾隆]沂州府 27/4
[乾隆]郯城 9/4
[光緒]嶧縣 21/鄉賢 44
77 **鮑丹**(東漢·泰山平陽人)
[順治]新泰 5/2
[乾隆]新泰 15/3
新泰縣鄉土志/22
鮑興(字熊飛,一作雄飛)
(元·鄒平人)
[嘉靖]山東 29/21,38/64
[康熙]山東 39/20,61/19
[雍正]山東 28/人物二 70,35/傳 6
[宣統]山東 165/13
[康熙]濟南 44/4
[道光]濟南 72/32
[順治]鄒平 6/10
[康熙]鄒平 6/2
[嘉慶]鄒平 15/2
[道光]鄒平 15/20
[民國]鄒平 15/20
鮑鳳仞(字鐵巖)
(清·無錫人)
[康熙六十年]青州 12/42
[咸豐]青州 37/2
[雍正]樂安 11/6
[民國]樂安 8/20
[民國]續修廣饒 17/5
鮑開茂(字夏生,別字素垣)
(清·長山人)
[宣統]山東 169/18
[道光]濟南 55/7
[康熙四十三年]長山 5/仕業
[康熙五十五年]長山 6/10
[嘉慶]長山 7/15,14/48
80 **鮑金堂**(曲阜人)
[民國]續修曲阜 5/55
86 **鮑鐸**(清·山西人)
[宣統]山東 76/18
[乾隆]沂州府 20/16
91 **鮑恆斌**(霑化人)
[民國]霑化 4/登進 50

2732_7 烏

00 **烏應翼**(清·博平人)
[光緒]博平縣續志 10/51
烏應斗(字仙槎)
(清·博平人)
[光緒]博平縣續志 10/64
烏應昌(字文垣)
(清·博平人)
[光緒]博平縣續志 10/64
10 **烏玉田**(字藍圃)
(清·博平人)
[光緒]博平縣續志 10/50
博平縣鄉土志/耆舊－事業
12 **烏延鋭**(金·隆州人)
[宣統]山東 69/8
[道光]濟寧直隸州 6/6－12
[康熙]單縣 6/20
[康熙]魚臺 15/7,18/26
[乾隆]魚臺 9/32,13/18
[光緒]魚臺 2/46,4/15
20 **烏重尹**(見烏重胤)
烏重胤(字保君,一作君保)
(唐·張掖人)
[嘉靖]山東 25/4
[康熙]山東 31/5
[宣統]山東 68/6
[乾隆]泰安府 14/11
[萬曆二十四年]兗州 27/8
[康熙]兗州 21/22
[乾隆]兗州 22/9
[康熙]曹州志 7/45
[乾隆]曹州府 12/7
[康熙]東平州 4/28
[乾隆]東平州 12/6
[道光]東平州 12/6
[光緒]東平州 14/6
[民國]東平縣 9/4
[光緒]菏澤 7/宦蹟 13
烏重允(見烏重胤)
27 **烏魯論德升**(本名魯爾錦,又名六斤。一作烏庫哩德升、烏古論德升)
(金·益都路猛安人)
[宣統]山東 164/18
[光緒]益都縣圖志 48/18
28 **烏從善**(字汝登,號龍江)
(明·博平人)
[乾隆]東昌 38/20
[嘉慶]東昌 28/20
[康熙]博平 3/23
[道光]博平 3/30,4/18,5/48
博平縣鄉土志/耆舊－名臣
38 **烏啟文**(字開之)
(清·博平人)
[乾隆]東昌 43/6
[嘉慶]東昌 32/32
[道光]博平 4/11
博平縣鄉土志/耆舊－事業
40 **烏古論德升**(見烏魯論德升)
烏古論禮(金·益都路猛安人)
[光緒]益都縣圖志 48/19
烏古論阿海(金·振遠人)
[咸豐]金鄉縣志略 7/5
烏古論榮祖(本名福興)
(金·河間人)

［雍正］山東 27/64
［宣統］山東 69/12
［光緒］增修登州 24/12
［嘉靖］寧海州下/9
［同治］重修寧海州 12/4
［民國］牟平 6/68

44 烏枝鳴（春秋）
［萬曆］青州 15/14
［康熙四十八年］青州 15/武功 1
［康熙六十年］青州 16/43
［康熙］臨淄 9/20
［民國］臨淄 21/40

烏林答石家奴（金）
［民國］福山縣志稿 3/2-1

烏林答與（本名合住）（金）
［乾隆］東平州 10/14
［道光］東平州 10/上 14

58 烏掄元（字秀先，號桂圃）（清・博平人）
［道光］博平 5/50
［光緒］博平縣續志 10/60

70 烏雅沃哩布（金・海蘭路禪嶺人）
［咸豐］青州 64/30

77 烏鳳來（清・博平人）
［乾隆］東昌 43/6
［嘉慶］東昌 32/32
［道光］博平 4/12
博平縣鄉土志/耆舊-事業

80 烏慈（字惠心，一字澹軒）（清・博平人）
［光緒］博平縣續志 10/48
博平縣鄉土志/耆舊-學問

82 烏釗（明・博平人）
［康熙］博平 3/62

88 烏竹芳（字筠林）（清・博平人）
［道光］博平 4/19
博平縣鄉土志/耆舊-循史

鄔

10 鄔正階（字斗華）（清・諸城人）
［道光］諸城縣續志 16/7

24 鄔德泰（字潤田，號晴園）（清・濟寧人）
［道光］濟寧直隸州 8/4-22

80 鄔畲經（清・浙江奉化人）
［宣統］山東 75/52
蒲臺縣鄉土志/7

2733_2 忽

17 忽玘（明・新城人）
［天啟］新城 8/善行
［崇禎］新城 8/善行
［康熙］新城 7/46
［民國］重修新城 14/2
新城縣鄉土志/耆舊-明

27 忽魯忽都（元・東阿人）
［萬曆二十四年］兗州 35/35
［康熙四年］東阿 6/21
［康熙五十四年］東阿 6/21
［道光］東阿 14/人物下 36

47 忽都納（元・朔方人）
［嘉靖］山東 26/26
［康熙］山東 34/7
［雍正］山東 27/46
［宣統］山東 69/32
［乾隆］東昌 35/16
［嘉慶］東昌 22/20
［嘉靖］高唐州 5/2
［康熙十二年］高唐州 7/4
［康熙五十一年］高唐州 7/4
［道光］高唐州 7/1-3
［光緒］高唐州 7/1-3
［民國］高唐縣 9/5-2
高唐州鄉土志/5

60 忽里忽都（見忽魯忽都）

2733_6 魚

12 魚孫欽（漢・北海人）
［民國］濰縣志稿 31/1

77 魚周詢（字裕之）（宋・開封雍丘人）
［宣統］東明續縣志 2/6
［民國］東明縣新誌 11/3

2742_7 鄒

00 鄒充（明・江南興化舉人）
［天啟］新城 6/知縣
［崇禎］新城 6/知縣
［康熙］新城 5/4
［民國］重修新城 10/7
新城縣鄉土志/政績-明知縣

鄒齊（明・浙江錢塘人）
［道光］重修平度州 16/17

鄒立文（字憲章）（清・平度人）
平度鄉土志 4 下/學問

鄒廣居（字仁岩）（清・莘縣人）
［民國］莘縣 7/20

01 鄒襲（字繼芳）（明・濟南衛人）
［嘉靖］山東 29/24
［康熙］山東 39/22
［康熙］濟南 36/7
［道光］濟南 49/7
［崇禎］歷乘 16/17
［崇禎］歷城 10/12
［乾隆］歷城 37/12

02 鄒新第（清・淄川人）
［宣統］三續淄川 9/78

04 鄒勷（字扶皇）（清・北直撫寧人）
［乾隆］嶧縣 7/29
［光緒］嶧縣 19/丞倅 5

08 鄒旗（清・四川涪州舉人）
［乾隆］嶧縣 7/22
［光緒］嶧縣 19/職官下 18

10 鄒元（字乾初）（清・鉅野人）
［道光］鉅野 13/38

鄒石麟（字叔東，一字翼生）（清・聊城人）
［宣統］聊城 8/61

鄒元鼎（字獻藎）（清・堂邑人）
［康熙十一年］堂邑 2/選舉 25
［康熙］堂邑 14/5

鄒元升（字掄書）（清・黃縣人）
［同治］黃縣 8/13

[民國]黄縣志稿 13/清懿行
鄒元祥(字維商)
(清・榮成人)
[道光]榮成 8/5
鄒元培(清・黄縣人)
[光緒]增修登州 43/12
[同治]黄縣 8/13
[民國]黄縣志稿 13/清孝友
鄒元標(字爾瞻,別號義翁)
(明・吉水人)
[嘉慶]慶雲 9/29
[民國三年]慶雲 2/103
11 鄒麗中(字暾東)
(清・鉅野人)
[宣統]山東 173/30
[乾隆]曹州府 15/26
[道光]鉅野 12/16
12 鄒瑞清(清・泗水人)
[光緒]泗水 11/19
鄒廷槐(清・高唐人)
[光緒]高唐州 5/2－29
[民國]高唐縣 12/15
16 鄒聖裔(字魯煇,一作魯輝)
(清・膠州人)
[乾隆]膠州 5/38
[道光]重修膠州 30/5
[民國]增修膠志 47/5
17 鄒子峻(字嵩崖)
(清・蓬萊人)
[民國]蓬萊縣志合編人物志/行誼
鄒子溫(字荊璞)
(清・黄縣人)
[同治]黄縣 8/13
[民國]黄縣志稿 13/清孝友
鄒孟臣(清・福山人)
[乾隆]福山 9 上/66
18 鄒璲(清・四川人)
[宣統]山東 75/46
[咸豐]武定府 19/樂陵 4
[乾隆]樂陵 4/55
樂陵縣鄉土志 2/9
20 鄒禹(字虞臣)
(清・高苑人)
高苑縣鄉土志/耆舊
鄒維新(元・莒人)
[嘉靖]青州 15/17
[萬曆]青州 14/49
[康熙十五年]青州 14/49
[康熙四十八年]青州 14/儒行 6
[康熙六十年]青州 15/8
[乾隆]沂州府 27/6
[康熙]莒州下/39
[雍正]莒州 9/24
[嘉慶]莒州 9/20
[民國]重修莒志 67/2
鄒維新(元・陽城人)
[康熙]新城 5/1
新城縣鄉土志/政績－元知縣
鄒秉綬(字因陳)
(牟平人)
[民國]牟平 7/26
21 鄒衍(見騶衍)
鄒衍玠(字楚玉)
(清・寧陽人)
[光緒]寧陽 14/43
鄒仁宇(清・湖南靖州人)
[光緒]鄆城 6/14
鄒衍洙(明・濟寧人)
[康熙]濟寧州 7/9
[乾隆]濟寧直隸州 27/3
[道光]濟寧直隸州 8/4－30
鄒行溫(清・福山人)
[乾隆]福山 8/63
鄒行乾(清・福山人)
[光緒]增修登州 43/18
[乾隆]福山 9 上/62
22 鄒崑(明・蒙城人)
[乾隆]泰安府 15/7
[嘉慶]肥城 15/33
[光緒]肥城 7/49
鄒山立(字松崖)
(清・茌平人)
[宣統]茌平 11/10
[民國]茌平 3/56
鄒崇孟(字煦谷)
(清・廣西臨桂人)
[宣統]山東 77/20
[光緒]增修諸城縣續志 11/4
諸城縣鄉土志/上 13
[咸豐]金鄉縣志略 7/15
[民國]續滕縣志 1/27
滕縣鄉土志/12
[光緒]嶧縣 19/職官下 25
[民國]臨淄 18/13
23 鄒允中(字心一)
(武昌舉人)
[民國]牟平 6/82
[民國]壽光 6/30
[民國]臨朐續志 19/4
24 鄒德莘(清・茌平人)
[民國]茌平 3/64
鄒德羲(字易源)
(清・茌平人)
[宣統]茌平 15/10
[民國]茌平 3/111
25 鄒純信(字成之)
(清・夏津人)
[民國]夏津續編 8/14
26 鄒伯顏(字從吉)
(元・高唐人)
[雍正]山東 28/人物二 67
[宣統]山東 161/19
[乾隆]東昌 37/26
[嘉慶]東昌 27/24
[道光]高唐州 5/1－8
[光緒]高唐州 5/1－8
[民國]高唐縣 12/65
鄒嶧陽(字鶴齡)
(清・膠州人)
[民國]增修膠志 47/12
27 鄒魯(明・江津人)
[萬曆二十四年]兗州 29/8
[康熙]兗州 22/29
[康熙]兗州續編 14/18
[康熙]兗州府曹縣 9/7,10/10
[光緒]曹縣 10/9
曹縣鄉土志/政績錄
鄒魯(清・即墨人)
[同治]即墨 9/28
即墨縣鄉土志/耆舊－事業四
鄒多聞(字伯朋)

(清・茌平人)
[宣統]茌平 15/10
[民國]茌平 3/111
28 **鄒以德**(清・茌平人)
[宣統]茌平 16/3
[民國]茌平 3/18
30 **鄒濟**(明・浙江錢塘人)
[嘉靖]山東 27/18
[宣統]山東 73/33
[萬曆]萊州 5/71
[康熙]萊州 8/46
[乾隆]萊州 9/17
[康熙]平度州 3/3
鄒良(明・樂安人)
[宣統]山東 161/33
[民國]續修廣饒 19/11
鄒準(字元標)
(清・江南山陽人)
[宣統]山東 77/16
[咸豐]青州 37/12
[道光]安邱新志 16/1
安丘縣鄉土志 2/政績錄
鄒寶庚(字少白)
(平原人)
[民國]續修平原 8/22
[民國]霑化 4/職官 40
鄒之璜(字惕庵)
(清・江南寶應人)
[宣統]山東 76/40
[乾隆]東昌 34/5
[嘉慶]東昌 21/23
[宣統]茌平 8/7
[民國]茌平 8/64
鄒永頟(清・福山人)
[乾隆]福山 8/63
鄒永馥(清・福山人)
[道光]濟南 38/31
[光緒]增修登州 43/14
[乾隆]福山 8/53
[民國]福山縣志稿 7/2－16
鄒寶聲(字澄甫)
(平原人)
[民國]續修平原 8/24
鄒守忠(明・棲霞人)
[光緒]增修登州 43/20
[康熙]棲霞 6/20
[乾隆]棲霞 7/2
鄒宗夔(清・寧海人)
[光緒]增修登州 44/5
[同治]重修寧海州 20/2，21/4
[民國]牟平 7/84
32 **鄒兆誠**(清・茌平人)
[民國]茌平 3/118
鄒兆訥(字拙言)
(清・茌平人)
[宣統]山東補遺/43
[宣統]茌平 11/11
[民國]茌平 3/57
34 **鄒湛**(字潤甫)
(晉・南陽新野人)
[雍正]山東 27/73
[宣統]山東 66/36
[乾隆]武定府 16/2
[咸豐]武定府 19/2
[乾隆]惠民 5/8
[光緒]惠民 18/2
惠民縣鄉土志/政績錄 2
鄒汝檀(號慎堂)
(清・鉅野人)
[道光]鉅野 13/39
35 **鄒迪**(字履道)
(明・莘縣人)
[正德]莘縣 6/8
[康熙五十六年]莘縣 6/3
[民國]莘縣 6/3
36 **鄒湘臯**(字衡臺)
(清・茌平人)
[宣統]山東 174/19
[宣統]茌平 15/9
[民國]茌平 3/110
37 **鄒冠**(見鄒充)
鄒逢吉(明・江西九江人)
[宣統]山東 73/6
[咸豐]青州 36/42
[康熙]臨淄 8/7
[民國]臨淄 18/9
鄒鴻聲(字蓬西)
(清・黄縣人)
[光緒]增修登州 43/12
[同治]黄縣 8/14
[民國]黄縣志稿 13/清孝友
鄒逢年(清・濮州人)
[宣統]濮州 6/34
38 **鄒祥**(明・德州人)
[康熙]濟南 41/13
[道光]濟南 52/35
[萬曆]德州 9/37
[康熙]德州 8/11
[乾隆]德州 9/8
德州鄉土志/耆舊 2
[民國]德縣 10/8
40 **鄒柱**(字石臣)
(清・茌平人)
[民國]茌平 3/110
鄒培若(字順卿)
(清・福山人)
[光緒]增修登州 43/19
[民國]福山縣志稿 7/5－7
鄒存惠(清・平度人)
[道光]重修平度州 19/25
平度鄉土志 4 上/鄉賢
鄒志原(字紫峰)
(清・鉅野人)
[道光]鉅野 13/41
鄒大賢(明・館陶人)
[乾隆]東昌 42/24
[嘉慶]東昌 32/19
44 **鄒茗亭**(清・茌平人)
[民國]茌平 3/65
鄒孝行(清・棲霞人)
[光緒]增修登州 43/21
[乾隆]棲霞 7/3
鄒世安(明・茌平人)
[康熙]山東 45/15
[雍正]山東 28/人物三 32
[宣統]山東 165/19
[乾隆]東昌 42/13
[嘉慶]東昌 32/13
[康熙二年]茌平 2/50
[康熙四十九年]茌平 2/50
[宣統]茌平 15/1
[民國]茌平 3/67
鄒蘭沚(字湘坡)
(清・茌平人)
[宣統]茌平 15/7
[民國]茌平 3/114
鄒桂林(字一枝)

（清・茌平人）
［宣統］茌平 16/2
［民國］茌平 3/17
鄒世聞（字聞達）
（元・黃縣人）
［宣統］山東 164/25
［光緒］增修登州 38/12
［乾隆］黃縣 8/36
［同治］黃縣 9/1
［民國］黃縣志稿 13/元
46 鄒楫（清・蒙陰人）
［康熙十一年］蒙陰 2/39
48 鄒梅（清・諸城人）
［光緒］增修諸城縣續志 14/5
50 鄒東魯（明・牟平人）
［同治］重修寧海州 17/8
［民國］牟平 7/9
鄒本善（字毅忱）
（牟平人）
［民國］牟平 7/26
51 鄒振歧（字文康）
（清・茌平人）
［宣統］茌平 15/5
［民國］茌平 3/112
鄒振岳（字岱東）
（清・淄川人）
［宣統］山東 169/37
［宣統］三續淄川 10/4
淄川縣鄉土志/鄉宦耆舊
53 鄒成功（清・黃縣人）
［同治］黃縣 9/3
［民國］黃縣志稿 13/人物－死難
60 鄒國儒（明・福山人）
［康熙］福山 8/21
［乾隆］福山 8/33
鄒墨池（字蓮渠）
（清・安丘人）
［民國］續安邱新志 18/9
鄒昌洙（清・福山人）
［乾隆］福山 9 上/66
［民國］福山縣志稿 7/4－3
鄒國基（字開從）
（清・黃縣人）
［乾隆］黃縣 8/42
［同治］黃縣 9/30
［民國］黃縣志稿 13/清藝術
鄒國英（清・南昌人）
［康熙］嶧縣 3/44
［乾隆］嶧縣 7/29
［光緒］嶧縣 19/丞倅 5
鄒景興（字農恬）
（清・四川威遠人）
［民國］夏津續編 6/30,9/30
鄒曰灼（清・鉅野人）
［道光］鉅野 13/40
66 鄒暘（明・江西新淦人）
［宣統］山東 72/17
［道光］濟寧直隸州 6/6－36
［康熙］魚臺 15/13
［乾隆］魚臺 9/37
［光緒］魚臺 2/48
71 鄒長（見鄒良）
鄒臣（字汝忠,號柏菴）
（明・安陽舉人）
［同治］即墨 8/7
鄒長倩（漢・淄川同里人）
［至元］齊乘 6/9
［嘉靖］山東 29/1
［康熙］山東 39/2
［康熙］濟南 46/1
［道光］濟南 45/16
［嘉靖］淄川 6/78
［萬曆］淄川 30/2
［康熙］淄川 6/4
［乾隆］淄川 6/上 4
淄川縣鄉土志/耆舊錄－歷代名儒
鄒頤賢（字蘆南）
（明・德州人）
［康熙］濟南 41/17
［道光］濟南 52/35
［萬曆］德州 9/38
［康熙］德州 8/12
［乾隆］德州 9/10
德州鄉土志/耆舊 3
［民國］德縣 10/9
76 鄒陽（漢・齊人）
［至元］齊乘 6/8
［嘉靖］山東 32/1
［康熙］山東 42/1
［雍正］山東 28/人物一 3
［宣統］山東 163/1
［嘉靖］青州 15/33
［萬曆］青州 15/3
［康熙十五年］青州 15/3
［康熙四十八年］青州 15/文學 3
［康熙六十年］青州 18/10
［康熙］臨淄 9/16
［民國］臨淄 25/41
77 鄒學詩（明・上寧衛人）
［康熙］肥城書上/40,下/10
［嘉慶］肥城 15/33
［光緒］肥城 7/48
鄒學曾（明・武進人）
［乾隆］寧陽 3/8
鄒鳳翔（清・榮成人）
［光緒］增修登州 44/6
80 鄒谷（字應仲,一作應中）
（金・密州諸城人）
［嘉靖］山東 26/13,32/18
［康熙］山東 33/16,42/18
［宣統］山東 158/7
［嘉靖］青州 14/24
［萬曆］青州 13/39
［康熙十五年］青州 13/39
［康熙四十八年］青州 13/事功 22
［康熙六十年］青州 16/11
［咸豐］青州 42/3
［萬曆元年］兖州 38/循吏 33
［萬曆二十四年］兖州 28/12
［康熙］兖州 22/12
［萬曆］沂州志 6/8
［康熙］曹州志 7/50
［乾隆］曹州府 12/12
［萬曆］諸城 7/13
［康熙］諸城 7/11
［乾隆］諸城 29/9
諸城縣鄉土志/上 24
［民國］臨沂 7/69
［光緒］菏澤 7/宦蹟 18
［光緒］新修菏澤 8/7
鄒善（明・江西安福人,一作江右人）
［宣統］山東 70/30

[康熙]濟南 24/25
[道光]濟南 35/40
[崇禎]歷乘 16/39,16/63
[崇禎]歷城 6/14
86 **鄒知新**(清・湖廣麻城舉人)
[民國]萊陽 3/1 上 24
87 **鄒銘**(明)
[乾隆]德州 8/5
[民國]德縣 9/7
90 **鄒尚志**(字嶧山)
(清・廣東茂名人)
[宣統]山東 75/53
[咸豐]武定府 19/青城 3
[乾隆]青城 7/4
[民國]青城續修 4/名宦 14
鄒懷勤(清・茌平人)
[宣統]茌平 16/3
[民國]茌平 3/18
94 **鄒慎言**(字遜齊)
(清・茌平人)
[民國]茌平 3/110
99 **鄒熒**(字耀堂)
(清・樂陵人)
[宣統]山東 171/38

郓

24 **郓休**(字公彥)
(晉・東萊曲成人)
[宣統]山東 151/58
[道光]掖乘 6

2743_0 奧

40 **奧來**(字伯昇)
(元・金寧人)
[萬曆]泗水 4/8,8/藝文志二 16
[順治]泗水 4/8,8/16
[光緒]泗水 4/1,15/二 16
[光緒]泗水縣鄉土志/4
50 **奧屯忠孝**(字全道,本名牙哥)
(金・懿州胡土猛安人)
[嘉靖]寧海州下/9
[同治]重修寧海州 12/4

2750_2 犂

21 **犂比公**(姓己,名密州,字買朱鉏)
(周・莒人)
[民國]重修莒志 56/2
87 **犂鉏**(春秋・魯人)
[萬曆二十四年]兗州 30/16
[康熙]兗州 23/16
[乾隆]兗州 23/5
[乾隆]曲阜 68/11

2760_3 魯

00 **魯應纁**(字文叔)
(明・莒縣人)
[民國]重修莒志 65/3
魯文鵬(字北海)
(清・豐潤人)
[乾隆]東昌 33/36
[嘉慶]東昌 21/4
[康熙]聊城 2/5
[宣統]聊城 6/2-4
聊城縣鄉土志/18
魯應弟(字文仲)
(明・莒縣人)
[民國]重修莒志 65/3
09 **魯麟**(字文瑞)
(明・棲霞人)
[康熙]山東 46/7
[泰昌]登州 11/28
[順治]登州 17/2
[光緒]增修登州 41/29
[康熙]棲霞 6/12
[乾隆]棲霞 6/33
10 **魯丕**(字淑陵,一作叔陵)
(漢・平陵人)
[嘉靖]山東 25/2,26/21
[康熙]山東 31/3,34/1
[雍正]山東 27/51
[宣統]山東 66/24,66/27
[嘉靖]青州 13/7
[萬曆]青州 12/8
[康熙十五年]青州 12/8
[康熙四十八年]青州 12/8
[康熙六十年]青州 12/3
[萬曆元年]兗州 38/循吏 8
[萬曆]東昌 18/7
[乾隆]東昌 33/6
[嘉慶]東昌 20/9
[乾隆]曹州府 12/2
[嘉靖]濮州 7/2
[萬曆]濮州 3/名宦 2
[康熙]濮州 3/2
[乾隆]濮州 3/2
[宣統]濮州 4/2
[民國]臨淄 18/3
魯元正(清・莒縣人)
[民國]重修莒志 66/6
魯兩生(漢)
[嘉靖]山東 30/1
[康熙]山東 40/1,46/3
[萬曆元年]兗州 40/隱逸 3
[崇禎]曲阜 4/113
魯可英(清・新城人)
[宣統]新城縣後志 3/耆壽
魯石公(春秋・魯人)
[乾隆]曲阜 93/3
12 **魯廷彥**(明・山西舉人,一作垣曲人)
[宣統]山東 73/21
[順治]登州 11/23
[光緒]增修登州 25/11
13 **魯武周**(高唐人)
[民國]高唐縣 12/58
15 **魯璉**(明・沔陽人)
[康熙]重修清平下/2
20 **魯垂紳**(清・南昌進士)
[民國]德縣 9/17
魯秉鈞(字施平)
(清・平原人)
[民國]續修平原 6/1
22 **魯繼祖**(字念劬)
(清・益都人)
[咸豐]青州 49/38
[光緒]益都縣圖志 37/18
23 **魯峻**(字仲嚴)
(漢・昌邑人)
[宣統]山東 150/75,153/23
[乾隆]濟寧直隸州 16/43,23/6
[道光]濟寧直隸州 8/2-4,9/2-51
[咸豐]金鄉縣志略 10/下 1
[民國]金鄉 13/3,17/1
[道光]鉅野 12/18

25 魯積行(清・莒縣人)
[民國]重修莒志 65/38
魯仲連(戰國・齊人)
[至元]齊乘 6/6
[嘉靖]山東 28/6
[康熙]山東 38/7
[康熙]濟南 50/1
[道光]濟南 45/7
[嘉靖]青州 16/6
[萬曆]青州 15/42
[康熙十五年]青州 15/42
[康熙四十八年]青州 15/卓行 2
[康熙六十年]青州 18/1
[萬曆]東昌 19/3
[乾隆]東昌 44/1
[嘉慶]東昌 34/1
[萬曆]萊州 6/21
[康熙]萊州 10/90
[泰昌]登州 11/25
[順治]登州 18/1
[崇禎]歷乘 16/58
[天啟]新城 8/名賢,13/傳
[崇禎]新城 8/名賢,13/傳
[康熙]新城 7/1
[民國]重修新城 13/2
新城縣鄉土志/耆舊－戰國
[康熙]高苑 6/2,8/1
[乾隆]高苑 6/2
[宣統]聊城 8/87
[康熙二年]茌平 2/40,4/1
[康熙四十九年]茌平 2/40,4/1
[宣統]茌平 10/1
[民國]茌平 3/1
[民國]臨淄 28/1
[康熙]蓬萊 6/1
[道光]重修蓬萊 9/41
[民國]蓬萊縣志合編人物志/寓賢
26 魯伯(漢・琅邪人)
[至元]齊乘 6/11
[宣統]山東 153/15
[嘉靖]青州 15/22
[萬曆]青州 13/6
[康熙十五年]青州 13/6
[康熙四十八年]青州 13/經師 1
[康熙六十年]青州 15/2
[咸豐]青州 38/6
[萬曆二十四年]兗州 31/19
[康熙]兗州 24/18
[萬曆]沂州志 6/34
[康熙]沂州志 5/14
[萬曆]諸城 7/3
[康熙]諸城 7/3
魯得珪(字禹錫)
(清・即墨人)
[同治]即墨 9/38
即墨縣鄉土志/耆舊－事業四
魯伯姬(春秋戰國・魯人)
[萬曆二十四年]兗州 37/8
[康熙]兗州 28/41
27 魯嶼(字煥若)
(清・長清人)
[道光]濟南 56/46
[道光]長清 12/18
魯仔(金)
[嘉靖]冠縣 2/2
[萬曆]冠縣 2/2
[道光]冠縣 6/22
[光緒]冠縣 6/宦績
[民國]冠縣 6/32
魯紹曾(清・臨清人)
[乾隆]東昌 43/20
[乾隆]臨清州 9/56
[乾隆]臨清直隸州 8/上 44
[民國]臨清縣/人物 58
28 魯從鈞(字鴻一)
(莒縣人)
[民國]重修莒志 61/13
30 魯宣(明・長清人)
[道光]長清 11/26
魯宗文(字東嵒)
(明・長清人)
[康熙]濟南 38/12
[道光]濟南 52/24
[康熙]長清 9/63
[道光]長清 11/24
魯宗孔(字璧山)
(清・德平人)
[道光]濟南 56/89
[乾隆]德平 3/13
[嘉慶]德平 7/14
[光緒]德平 7/13
魯宗孔(清・遼東人)
[乾隆]東昌 44/26
[乾隆]臨清州 12/9
[乾隆]臨清直隸州 8/上 84
魯宗道(字貫之)
(宋・青州人)
[咸豐]青州 41/3
魯寶貴(清・費縣人)
[光緒]費縣 15/23
魯永昌(明・長清人)
[道光]長清 11/26
魯宗賢(清・濟陽人)
[乾隆]濟陽 8/41
[民國]濟陽 11/55
35 魯清(明・長清人)
[道光]長清 11/26
37 魯運東(字廷英)
(清・滕縣人)
[道光]滕縣志 8/儒林 38
39 魯遴(清・鉅野人)
[道光]鉅野 13/62
魯泮芹(字檻泉)
(清・益都人)
[光緒]益都縣圖志 40/11
40 魯克仁(字育庵)
(清・冠縣人)
[道光]冠縣 8/上 37
[光緒]冠縣 8/僑寓
[民國]冠縣 8/人物志 11
魯士衡(字道銓)
(清・濮州人)
[宣統]濮州 3/93
魯克勉(字勵齋)
(清・平度人)
[道光]重修平度州 19/33
魯克儉(字廉甫)
(清・冠縣人)
[嘉慶]東昌 32/63
[道光]冠縣 8/上 11
[光緒]冠縣 8/卓行
[民國]冠縣 8/人物志 11
冠縣鄉土志/耆舊－學問

魯有開(字元翰)
(宋・青州人)
[咸豐]青州 41/25
42 **魯機**(明・全椒人)
[道光]濟南 36/32
[天啟]新城 6/縣丞
[崇禎]新城 6/縣丞
[民國]重修新城 10/13
44 **魯恭**(字仲康)
(漢・扶風平陵人)
[嘉靖]山東 27/1
[康熙]山東 35/1
[雍正]山東 27/51
[宣統]山東 66/28
[嘉靖]青州 13/11
[萬曆]青州 12/8
[康熙十五年]青州 12/8
[康熙四十八年]青州 12/8
[康熙六十年]青州 12/3
[咸豐]青州 34/7
[康熙六十年]博興 7/2
魯芝(晉・扶風人)
[嘉靖]山東 25/3
[康熙]山東 31/4
魯夢鹿(字莘野)
(明・廣西融縣舉人)
[嘉慶]德平 5/8
[光緒]德平 5/8
魯芮元(字彪卿,一字文峰)
(清・滕縣人)
[民國]陵縣續志 4/11
[民國]續滕縣志 2/10
48 **魯敬姜**(號戴已)
(周・莒人)
[康熙十五年]青州 16/4
[康熙四十八年]青州 16/6
[萬曆元年]兗州 44/2
[萬曆二十四年]兗州 37/9
[康熙]兗州 28/41
[崇禎]曲阜 4/107
[康熙]曲阜 4/107
[乾隆]曲阜 94/2
[民國]重修莒志 70/1
50 **魯東周**(明・睢州人)
[康熙]寧海州 7/3
[同治]重修寧海州 12/11
[民國]牟平 6/72
51 **魯振基**(字挹菴,一作育菴)
(清・長清人)
[道光]濟南 56/46
[道光]長清 12/26
58 **魯整**(明・范縣人)
[乾隆]曹州府 16/3
60 **魯男子**(春秋・魯人)
[嘉靖]山東 28/15
[康熙]山東 38/14
[萬曆元年]兗州 40/卓行 1
[萬曆二十四年]兗州 30/14
[康熙]兗州 23/14
[崇禎]曲阜 4/96
[康熙]曲阜 4/96
[乾隆]曲阜 83/1
魯國男(字挹庵)
(清・長清人)
[道光]濟南 56/45
[康熙]長清 9/67
[道光]長清 12/26
66 **魯賜**(漢・碭山人)
[宣統]山東 66/7
[萬曆二十四年]兗州 26/3
[康熙]兗州 21/2
[萬曆]沂州志 6/2
[康熙]沂州志 3/38
[乾隆]沂州府 20/1
[光緒]嶧縣 19/11
77 **魯殿元**(清・長清人)
[民國]長清 11/30
魯熙元(清・滕縣人)
滕縣鄉土志/29
魯鳳翔(明・福山人)
[康熙]福山 8/24
[乾隆]福山 8/36
80 **魯令彥**(字湄公)
(清・章邱人)
[民國]重修莒志 58/4
魯全福(清・莒縣人)
[民國]重修莒志 65/29
魯義姑姊(戰國)
[康熙]山東 61/16
[萬曆二十四年]兗州 37/12
[康熙]兗州 28/42
[康熙]兗州續編 19/1
[萬曆]寧陽 3/22
[康熙十一年]寧陽 7/21,8/下 1
[康熙四十一年]寧陽 7/24,8/下 1
[乾隆]寧陽 7/義婦 1,8/傳 1
[光緒]寧陽 20/1
86 **魯鐸**(明・徽寧人,一作撫寧進士)
[宣統]山東 72/22
[萬曆]青州 12 又/又 6
[康熙十五年]青州 12 又/又 6
[康熙四十八年]青州 12 又/又 6
[乾隆]沂州府 20/10
[康熙]沂水 4/24
[道光]沂水 5/24
87 **魯鈞**(字廷和)
(明・進賢人)
[康熙]濟寧州 4/7
魯欽(字承宇)
(明・長清人)
[宣統]山東 160/13
[康熙]濟南 38/11
[道光]濟南 52/23
[康熙]長清 9/62
[道光]長清 11/24
90 **魯懷文**(字志道)
(清・莒縣人)
[民國]重修莒志 61/8
魯小階(清・諸城人)
[光緒]增修諸城縣續志 17/17

2762_0 句

50 **句中正**(宋・益州華陽人)
[康熙]曹州志 7/48
[光緒]菏澤 7/宦蹟 16
55 **句井疆**(字子野,一曰子疆)
(春秋・衛人)
[嘉靖]山東 24/8
[康熙]山東 29/8
[雍正]山東 11/闕里二 18
[萬曆元年]兗州 7/53

［萬曆二十四年］兖州 7/22
［康熙］兖州 8/23
［乾隆］兖州 7/29
［嘉靖］寧海州下/7
［嘉靖］濮州 4/15
［萬曆］濮州 4/衛人 10
［康熙］濮州 4/87
［宣統］濮州 6/85
［乾隆］曲阜 59/7

旬

80 旬公(元・齊河人)
［民國］齊河 28/1,33/1

2762_7 郜

20 郜秀春(清・朝城人)
［民國］朝城縣續志 1/37
23 郜獻珂(字德璋,號潛菴)
(明・長垣人)
［康熙］兖州府曹縣 9/10
［光緒］曹縣 9/縣令 6
46 郜相(字立之)
(明・山西澤州人)
［宣統］山東 72/10,72/19
［萬曆二十四年］兖州 29/14
［康熙］兖州 22/35
［康熙］兖州續編 14/23
［乾隆］兖州 22/30
［萬曆］沂州志 6/13
［康熙］沂州志 3/45
［乾隆］沂州府 20/6
［萬曆］汶上 5/3
［民國］臨沂 7/71
90 郜光逸(宋)
［康熙］嶧縣 3/14
［光緒］嶧縣 19/88

郇

40 郇存正(字方平)
(明・益都人)
［萬曆］青州 14/58
［康熙十五年］青州 14/58
［康熙四十八年］青州 14/儒行 15
［康熙六十年］青州 15/13
［咸豐］青州 44/38
［康熙］益都 7/24
［光緒］益都縣圖志 35/16

部

31 部福兌(清・諸城人)
［光緒］增修諸城縣續志 14/6
35 部清泉(字文淵)
(清・曹縣人)
［光緒］曹縣 14/行誼 7
61 部顯士(明・濮州人)
［天啟］新泰 6/18
［順治］新泰 5/33

郇

77 郇岡(字臥龍)
(清・益都人)
［光緒］益都縣圖志 41/31

2771_2 包

00 包文達(明・當塗人)
［嘉靖］冠縣 2/3
包文卿(元・蒙陰人)
［康熙十一年］蒙陰 2/42
12 包孔教(字洙源)
(明・蒙陰人)
［康熙十一年］蒙陰 2/16
包孔時(清・蒙陰人)
［康熙十一年］蒙陰 2/54
16 包聖訓(字誨生,一字泗濱)
(清・單縣人)
［民國］單縣 11/49
17 包聚(元・蒙陰人)
［康熙十一年］蒙陰 2/42
［康熙二十四年］蒙陰 4/18
［宣統］蒙陰 4/武功
包承訓(清・臨邑人)
［同治］臨邑 9/忠藎 4
18 包瑜(字希賢)
(明・浙江青田人)
［萬曆］青州 12 又/9
［康熙十五年］青州 12 又/9
［康熙四十八年］青州 12 又/9
［康熙六十年］青州 12/37
［咸豐］青州 36/34
［康熙］臨淄 8/10
［民國］臨淄 18/8,18/10
26 包得仁(明・蒙陰人)
［康熙十一年］蒙陰 2/5
包得勝(清・德州人)
［康熙］德州 6/7
30 包守曾(清・福山人)
［康熙］福山 9/23
［乾隆］福山 9 上/61
［民國］福山縣志稿 7/4－3
33 包溥(字民敬)
(明・浙江鄞縣人)
［雍正］山東 27/84
［宣統］山東 71/34
［康熙］濟南 25/36
［乾隆］泰安府 15/6
［天啟］新泰 5/21
［順治］新泰 4/18
［乾隆］新泰 11/2
新泰縣鄉土志/2
44 包桂(字南洲)
(清・浙江錢塘人)
［宣統］山東 77/30
［光緒］增修登州 35/1
［乾隆］海陽 5/9
［光緒］海陽縣續志 2/17
包萬象(明・江夏人)
［萬曆］蒲臺志 8/16
［康熙］重修蒲臺 5/19
［乾隆］蒲臺 2/45
47 包朝魁(字占梅)
(清)
［光緒］壽張 5/40
53 包咸(字子良)
(漢・會稽曲阿人)
［光緒］嶧縣 21/鄉賢 27
57 包拯(字希仁)
(宋・廬州合肥人)
［雍正］山東 27/6
［宣統］山東 68/24
［乾隆二十五年］泰安縣 10/29
［乾隆四十七年］泰安縣 8/25
［道光］泰安縣 10/2

[民國]重修泰安縣6/57
泰安縣鄉土志/政績4

77 包鳳竹(清·蒙陰人)
[康熙十一年]蒙陰2/55

86 包鐸(清·應州人)
[宣統]蒙陰3/宦績

88 包節(字允達)
(明·華亭籍,嘉興人)
[雍正]山東27/49
[宣統]山東72/36
[萬曆]東昌18/32
[乾隆]東昌33/30
[嘉慶]東昌20/42

92 包愷(字和樂)
(南北朝·東海人)
[嘉靖]山東30/36
[雍正]山東28/人物一61
[萬曆元年]兗州40/文苑8
[萬曆二十四年]兗州33/35
[康熙]兗州26/33
[萬曆]沂州志7/18
[康熙]沂州志5/58
[乾隆]沂州府27/6

2772_0 勾

28 勾復華(清·東明人)
[民國]東明縣新誌11/63

2780_6 負

27 負芻(春秋·曹人)
[嘉靖]山東33/14
[光緒]曹縣8/5

2790_1 祭

72 祭彤(字次孫)
(漢·潁川潁陽人)
[雍正]山東27/76
[宣統]山東66/22
[萬曆元年]兗州38/循吏4
[萬曆二十四年]兗州26/12
[康熙]兗州21/12
[乾隆]沂州府20/2

2791_7 紀

00 紀文圻(字甸菴)
(清·利津人)
[咸豐]武定府26/義行27
[光緒]利津8/義行3

紀文坦(清·利津人)
[乾隆]利津縣志續編8/50

07 紀誦(明·恩縣人)
[雍正]恩縣續志3/18

08 紀敦睦(字敘九)
(清·膠州人)
[宣統]三續淄川9/50
[民國]增修膠志48/13

10 紀雲龍(字化東)
(清·博興人)
[咸豐]青州49/41
[道光]博興11/36
[民國]重修博興13/34

紀雲旂(字昭青)
(清·博興人)
[咸豐]青州49/41
[道光]博興11/36
[民國]重修博興13/34

紀丕烈(字繩武)
(明·膠州人)
[康熙]膠州5/33
[乾隆]膠州4/44

紀元復(字德貞,號朴菴)
(清·新泰人)
[宣統]山東171/15
[乾隆]泰安府18/61
[乾隆]新泰16/5
新泰縣鄉土志/23

紀雲階(字枚臣)
(清·利津人)
[光緒]利津7/文苑1

紀天錫(字齊卿)
(金·泰安人)
[雍正]山東31/7
[宣統]山東168/15
[乾隆二十五年]泰安縣12/42
[乾隆四十七年]泰安縣10/上37
[道光]泰安縣9/上93
[民國]重修泰安縣8/50

紀爾鑑(字千秋)
(清·利津人)
[光緒]利津7/宦蹟16

紀五常(字一元,一字鑑塘)
(明·膠州人)
[康熙]膠州5/28
[乾隆]膠州4/37
[道光]重修膠州25/14
[民國]增修膠志40/13

11 紀瑨(字晉玉)
(清·利津人)
[乾隆]武定府26/13
[咸豐]武定府26/義行13
[乾隆]利津縣志續編6/29,8/51
[光緒]利津8/義行3

16 紀璤(字淑子)
(清·利津人)
[乾隆]武定府26/21

紀聖謨(字蕘谷)
(清·膠州人)
[道光]重修膠州28/21
[民國]增修膠志37/25,42/19
膠州直隸州鄉土志4/文學

紀聖選(字青子)
(清·膠州人)
[民國]增修膠志42/22

17 紀璁(見紀熜)

20 紀季(周·酅人)
[民國]臨淄29/19

紀維正(清·恩縣人)
[宣統]重修恩縣7/51

紀秉禮(字魯瞻)
(清·利津人)
[民國]利津縣續志7/孝友1

21 紀仁山(字壽如)
(清·茌平人)
[民國]茌平12/86

紀縉光(字黼文)
(清·慶雲人)
[民國三年]慶雲2/54

22 紀任(字道遠)
(清·利津人)
[咸豐]武定府25/孝友37
[乾隆]利津縣志續編8/49
[光緒]利津8/孝友2

紀豐元(字薌南)

（利津人）
［民國］利津縣續志 7/宦蹟 2
24 紀化魯（清・海陽人）
［光緒］海陽縣續志 5/16
紀岐鳳（清・惠民人）
［光緒］惠民 24/5
25 紀律（明・寧陽人）
［康熙］兗州續編 15/5
［乾隆］兗州 23/35
［康熙十一年］寧陽 7/10
［康熙四十一年］寧陽 7/10
［乾隆］寧陽 7/良吏 3
［咸豐］寧陽 13/2
［光緒］寧陽 13/2
紀繡（字思絅）
（明・利津人）
［雍正］山東 28/人物三 34
［宣統］山東 161/42
［康熙］濟南 37/8
［乾隆］武定府 23/18
［咸豐］武定府 23/名臣 18
［康熙］利津縣新志 8/12
［光緒］利津 7/宦蹟 3
紀伸甲（字騰三，號乙梯）
（清・利津人）
［民國］利津縣續志 7/儒行 2
26 紀穆（字宗敬）
（清・利津人）
［康熙］利津縣新志 8/15
［光緒］利津 7/宦蹟 24
紀伯瑜（一名繩武，字肖亭）
（清・寧陽人）
［咸豐］寧陽 14/25
［光緒］寧陽 14/25
紀保泰（字平山）
（清・慶雲人）
［民國三年］慶雲 2/78
27 紀綱（明・臨邑人）
［康熙］濟南 54/32
［道光］濟南 71/47
［順治］臨邑 12/又 14－5，16/6
［道光］臨邑 9/25
［同治］臨邑 9/佞幸附
紀綱（清・新城人）
［道光］濟南 55/83
［宣統］新城縣後志 2/忠義
紀叔姬（周・魯人）
［康熙十五年］青州 16/9
［康熙六十年］青州 19/1
［萬曆元年］兗州 1/后妃 7
［乾隆］曲阜 94/1
［康熙十二年］博興 6/13
［民國］臨淄 32/1
［民國］壽光 12/人物志三 1
28 紀儉（字慎之）
（清・膠州人）
［道光］重修膠州 29/25
［民國］增修膠志 45/10
29 紀秋水（原名萬清）
（清・益都人）
［光緒］益都縣圖志 40/11
30 紀之石（字友麓）
（清・膠州人）
［民國］增修膠志 42/22
紀之行（字友筠，號德園）
（清・膠州人）
［民國］增修膠志 42/22
紀寶鼎（字銘之）
（清・膠州人）
［民國］增修膠志 42/28
膠州直隸州鄉土志 4/文學
紀之健（字秉乾，號野亭）
（清・利津人）
［乾隆］武定府 24/40
［咸豐］武定府 24/循良 30
［乾隆］利津縣志續編 8/36
［光緒］利津 7/宦蹟 9
紀之從（字巽甫，號忍堂）
（清・利津人）
［咸豐］武定府 25/孝友 36
［乾隆］利津縣志續編 8/44
［光緒］利津 8/孝友 2
紀之復（字脩甫，號愛廬）
（清・利津人）
［乾隆］利津縣志續編 8/37
［光緒］利津 7/宦蹟 10
紀永思（清・膠州人）
［民國］增修膠志 44/18
紀永全（清・膠州人）
［民國］增修膠志 44/18
紀之竹（字友筠）
（明・膠州人）
膠州直隸州鄉土志 4/文學
32 紀浵（字淵若）
（清・章邱人）
［道光］章邱 10/49
33 紀逡（字王思）
（漢・琅邪人）
［萬曆］青州 14/34
［康熙十五年］青州 14/34
［康熙四十八年］青州 14/隱逸 8
［咸豐］青州 55/2
34 紀渤（清・利津人）
［咸豐］武定府 26/義行 29
［光緒］利津 8/義行 6
紀洪（字宗周）
（明・綏德人，一作榆林人）
［宣統］山東 72/32
［萬曆二十四年］兗州 29/9
［康熙］兗州 22/30
［康熙］兗州續編 14/20
［乾隆］曹州府 12/17
［順治］定陶 5/6，8/17
［乾隆］定陶 4/18
［民國］定陶 4/24
［康熙四十一年］寧陽 3/16
［乾隆］寧陽 3/5
［咸豐］寧陽 11/10
［光緒］寧陽 11/10
寧陽縣鄉土志/8
紀法元（字鴻健）
（清・茌平人）
［宣統］茌平 28/9
［民國］茌平 3/88
紀法程（字憲書）
（清・茌平人）
［宣統］茌平 21/1
［民國］茌平 12/85
紀邁宜（字偲亭）
（清・直隸文安人）
［宣統］山東 75/33
［乾隆］泰安府 15/36

［乾隆二十五年］泰安縣
10/35
［乾隆四十七年］泰安縣
8/32
［道光］泰安縣 10/9
［民國］重修泰安縣 6/62
泰安縣鄉土志/政績 3
紀汝遷（清・膠州人）
［乾隆］膠州 5/17
紀法柱（字幹卿）
（清・茌平人）
［民國］茌平 3/98
紀汝奭（字景召）
（清・膠州人）
［道光］重修膠州 28/8
［民國］增修膠志 42/8
35 **紀連桂**（字月攀）
（清・夏津人）
［民國］夏津續編 8/90
紀連茹（清・茌平人）
［宣統］茌平 28/10
［民國］茌平 3/89
紀連甲（清・茌平人）
［宣統］茌平 16/10
［民國］茌平 3/42
37 **紀資**（明・北直任丘人）
［宣統］山東 73/2
［嘉靖］青州 13/47
［萬曆］青州 12/32
［康熙四十八年］青州 12/32
［康熙六十年］青州 12/18
［咸豐］青州 36/14
［康熙六十年］博興 7/10
［光緒］益都縣圖志 18/8
紀逢聚（清・曹縣人）
［光緒］曹縣 14/忠義 7
紀冠軍（清・海陽人）
［宣統］山東 176/40
［光緒］增修登州 44/6
［光緒］海陽縣續志 5/16
38 **紀淦**（字秋水）
（清・直隸文安人）
［宣統］山東 75/40
［民國］萊蕪 9/8
［民國］續修萊蕪 15/10
萊蕪縣鄉土志/5

紀澓治（明・恩縣人）
［雍正］恩縣續志 3/19
紀道學（清・臨朐人）
臨朐縣鄉土志 1/耆舊
39 **紀遴宜**（清・文安人）
［乾隆］陽信 5/6
信邑志稿 5/職官－知縣
［民國］陽信 2/26
40 **紀在譜**（字瑤編）
（清・膠州人）
［道光］重修膠州 27/36
［民國］增修膠志 41/28
紀才俊（字傑臣）
（清・恩縣人）
［宣統］重修恩縣 7/48
恩縣鄉土志/23
紀大奎（字晉齋）
（清・江西臨川人）
［咸豐］青州 37/26
［嘉慶］昌樂 19/8
紀才思（清・樂安人）
［民國］續修廣饒 19/30
紀有堂（字屏南）
（清・膠州人）
［道光］重修膠州 27/36
［民國］增修膠志 41/28
膠州直隸州鄉土志 4/事功
44 **紀堪瑜**（字佩臣）
（清・直隸獻縣人）
［光緒］鄆城 6/14
鄆城縣鄉土志/政績錄－
除害
紀夢傅（字築巖）
（清・利津人）
［咸豐］武定府 25/孝友 37
［乾隆］利津縣志續編 8/49
［光緒］利津 8/孝友 2
紀懋勳（字參乾）
（明・膠州人）
［雍正］山東 28/人物三 71
［宣統］山東 164/52
［康熙］萊州 10/49
［乾隆］萊州 11/忠節 5
［康熙］膠州 5/35
［雍正］（膠州）州志別本/
人物－忠節

［乾隆］膠州 5/2,7/27
［道光］重修膠州 26/2
［民國］增修膠志 40/28
膠州直隸州鄉土志 4/忠烈
紀夢祥（字幼占）
（清・利津人）
［咸豐］武定府 25/孝友 37
［乾隆］利津縣志續編 8/47
［光緒］利津 8/孝友 2
紀蔭南（字樾亭）
（清・博興人）
［民國］重修博興 13/51
46 **紀坦**（清・恩縣人）
［雍正］恩縣續志 3/22
紀如山（清・曹縣人）
［光緒］曹縣 14/忠義 7
紀如松（字茂山）
（清・茌平人）
［宣統］茌平 28/8
［民國］茌平 3/80
紀旭撰（清・膠州人）
［民國］增修膠志 43/3
膠州直隸州鄉土志 4/忠烈
47 **紀鶴**（明・恩縣人）
［宣統］重修恩縣 7/49
紀好賢（字幹臣）
（清・茌平人）
［民國］茌平 12/86
50 **紀泰治**（清・恩縣人）
［雍正］恩縣續志 3/20
51 **紀振甲**（清・鄆城人）
［光緒］鄆城 10/12
60 **紀喑**（清・高密人）
［光緒］高密 8/上 39
［民國］高密 14/上 43
高密縣鄉土志/上 39
紀恩詩（字歌起）
（清・利津人）
［乾隆］利津縣志補 4/27
紀國珍（清・貴池人）
［乾隆］泰安府 15/27
［乾隆］東平州 12/39
［道光］東平州 12/39
［光緒］東平州 14/39
［民國］東平縣 9/21
67 **紀明古**（字石渠）

（清・平原人）
［道光］濟南 56/102
［道光］滕縣志 6/宦績 45
滕縣鄉土志/9
紀明照（字象離）
（恩縣人）
［民國］重修恩縣 11/鄉賢 60
71 紀長泰（清・茌平人）
［宣統］茌平 13/5
［民國］茌平 3/15
72 紀岳（字藻江）
（清・膠州人）
［道光］重修膠州 27/34
［民國］增修膠志 41/26
75 紀體乾（字法天）
（清・寧陽人）
［乾隆］寧陽 7/孝子 3
［咸豐］寧陽 15/7
［光緒］寧陽 15/7
77 紀開方（字茂廷，一作茂亭）
（清・恩縣人）
［宣統］重修恩縣 7/48
恩縣鄉土志/23
紀鳳詔（字紫綸）
（清・膠州人）
［民國］增修膠志 42/30
紀卯元（字茂甫，號苔岑）
（清・膠州人）
［道光］重修膠州 27/44
［民國］增修膠志 41/35，47/7
［光緒］東平州 14/46
紀殿儀（一名綱，字子宏）
（清・寧陽人）
［咸豐］寧陽 14/24
［光緒］寧陽 14/24
紀熙瀛（字秋溪）
（清・膠州人）
［道光］重修膠州 28/21
［民國］增修膠志 42/19
紀學瀚（清・膠州人）
［道光］重修膠州 29/9
［民國］增修膠志 44/7
膠州直隸州鄉土志 4/孝友
紀開泰（字來西）
（清・寧陽人）
［咸豐］寧陽 15/25
［光緒］寧陽 15/42
寧陽縣鄉土志/19
78 紀臨治（明・恩縣人）
［乾隆］東昌 42/29
［嘉慶］東昌 32/24
［雍正］恩縣續志 3/31
［宣統］重修恩縣 8/41
［民國］重修恩縣 11/鄉賢 48
79 紀騰蛟（字兆虬）
（明・膠州人）
［道光］重修膠州 25/26
［民國］增修膠志 4
膠州直隸州鄉土志 4/文學
80 紀公（姓己，名庶其）
（周・莒人）
［萬曆元年］兗州 41/8
［民國］重修莒志 56/2
紀公巡（字行道，號省吾）
（明・恩縣人）
［乾隆］東昌 39/30
［嘉慶］東昌 29/14
［雍正］恩縣續志 3/2
［宣統］重修恩縣 7/7，8/23
［民國］重修恩縣 11/鄉賢 20
恩縣鄉土志/19
紀公遜（明・恩縣人）
［雍正］恩縣續志 3/30
［宣統］重修恩縣 7/50
紀介若（清・膠州人）
［民國］增修膠志 45/37
90 紀常（明・博平人）
［正德］博平 4/63
紀尚賢（明・魚臺人）
［康熙］魚臺 17/24
［乾隆］魚臺 11/12
［光緒］魚臺 3/7
91 紀炳章（字文若）
（清・恩縣人）
［民國］重修恩縣 12/上 79
94 紀煐迴（字慧庵）
（清・直隸獻縣人）
［民國］濟寧直隸州續志 10/48
97 紀熤（字淑子）
（清・利津人）
［咸豐］武定府 26/義行 21
［乾隆］利津縣志續編 8/46
［光緒］利津 8/義行 2

繩

13 繩武（清・滿洲正黃旗人）
［宣統］山東 76/19
［道光］濟南 38/23
［乾隆］沂州府 20/18
［道光］新城/名宦
［民國］重修新城 11/19
新城縣鄉土志/政績－清知縣

2792_2 繆

01 繆襲（字熙伯）
（三國・東海蘭陵人）
［宣統］山東 163/3
［康熙］嶧縣 4/16
［光緒］嶧縣 21/鄉賢 32
08 繆施（晉・東海人）
［光緒］嶧縣 21/鄉賢 33
11 繆斐（字文雅）
（三國・東海蘭陵人）
［康熙］嶧縣 4/16
［光緒］嶧縣 21/鄉賢 26
17 繆尹（見繆胤）
22 繆胤（字休祖）
（晉・東海蘭陵人）
［嘉靖］山東 30/18
［康熙］山東 40/20
［萬曆二十四年］兗州 32/17
［康熙］兗州 25/13
［乾隆］兗州 23/19
［萬曆］沂州志 6/56
［康熙］沂州志 5/32
［乾隆］沂州府 25/6
［康熙］嶧縣 4/17
［乾隆］嶧縣 8/10
［光緒］嶧縣 21/鄉賢 34
［民國］臨沂 9/10
25 繆生（漢・蘭陵人）
［宣統］山東 153/22
［康熙］嶧縣 4/9
［乾隆］嶧縣 8/2

［光緒］嶧縣 21/鄉賢 22
［民國］臨沂 9/4
28 **繆倫**（字叔彝）
（元・東平人）
［宣統］山東 165/12
［乾隆］泰安府 18/32
［萬曆二十四年］兗州 37/2
［康熙］兗州 28/31
［乾隆］東平州 15/2
［道光］東平州 15/2
［光緒］東平州 15/下 1
［民國］東平縣 11/中 22
東平州鄉土志上/耆舊錄 30
繆徵（晉・蘭陵人）
［光緒］嶧縣 21/鄉賢 33
37 **繆潤紱**（字東麟）
（清・奉天漢軍正白旗人）
［民國］陽信 2/69
［民國］牟平 6/80
［民國］齊東 3/67
齊東縣鄉土志/政績錄 2
［民國］臨清縣/秩官 73
［民國］齊河 22/10
繆潤黻（見繆潤紱）
41 **繆樗**（明・直隸溧陽人）
［嘉靖］青州 13/43
［萬曆］青州 12/30
［康熙十五年］青州 12/30
［康熙四十八年］青州 12/30
［康熙六十年］青州 12/38
44 **繆世祥**（清・山陰人）
［康熙］嶧縣 3/38
［乾隆］嶧縣 7/18
［康熙四十一年］寧陽 3/40
48 **繆增仁**（字洪恩）
（清・魚臺人）
［光緒］魚臺 3/12
繆增智（字善藏）
（清・魚臺人）
［民國］濟寧直隸州續志 15/3
［光緒］魚臺 3/文行又 2
52 **繆播**（字宣則）
（晉・蘭陵人）
［至元］齊乘 6/15
［嘉靖］山東 30/18
［康熙］山東 40/20
［雍正］山東 28/人物一 36
［宣統］山東 155/6
［萬曆元年］兗州 40/節義 13
［萬曆二十四年］兗州 32/16
［康熙］兗州 25/12
［乾隆］兗州 23/19
［萬曆］沂州志 6/56
［康熙］沂州志 5/32
［乾隆］沂州府 25/6
［乾隆］嶧縣 8/9
［光緒］嶧縣 21/鄉賢 33
［民國］臨沂 9/10
80 **繆公**（東漢・蘭陵人）
［萬曆二十四年］兗州 31/20
［康熙］兗州 24/18
［乾隆］兗州 23/7
［萬曆］沂州志 6/34
［康熙］沂州志 5/14
［乾隆］沂州府 25/4
97 **繆煥**（字星南）
（清・昆明人）
［道光］濟南 37/71
［乾隆］蒲臺 3/9
繆恂（字魯安）
（清・魚臺人）
［乾隆］魚臺 11/32
［光緒］魚臺 3/19
98 **繆燧**（清・江蘇江陰人）
［宣統］山東 76/17
［乾隆］沂州府 20/16
［道光］沂水 5/31
繆悅（字孔懌）
（晉・蘭陵人）
［光緒］嶧縣 21/鄉賢 33

2792_7 邾

24 **邾俠**（周）
［光緒］鄒縣續志 11/上 1
27 **邾叔術**（周）
［萬曆元年］兗州 40/卓行 1
44 **邾茅彝鴻**（見邾茅夷鴻）
邾茅夷鴻（周）
［萬曆元年］兗州 40/謀略 8
［萬曆二十四年］兗州 30/15
［康熙］兗州 23/15
［乾隆］兗州 23/5

移

52 **移剌福僧**（金・猛安人）
［萬曆］滕志 6/59
［康熙］滕志 6/29
［康熙］滕縣志 6/宦業 26
［道光］滕縣志 6/宦績 20
移剌道（本名趙三）
（金・乙室部人）
［嘉靖］山東 25/7
［康熙］山東 31/8
［雍正］山東 27/7
［宣統］山東 69/1
［康熙］濟南 24/14
［道光］濟南 34/14
移剌古泥（一作伊喇古泥，或作移剌古輿涅）
（金）
［宣統］山東 69/3
［咸豐］青州 35/15
［乾隆］諸城 27/10
諸城縣鄉土志/上 7
移剌帖木兒（元）
［道光］濟南 72/19
［康熙］淄川 4/7
［乾隆］淄川 4/7
淄川縣鄉土志/政績錄
移剌益（字子遷）
（金・中都路胡魯土猛安人）
［雍正］山東 27/8
［宣統］山東 69/2
［道光］濟南 34/13

鄆

66 **鄆單**（字子家）
（春秋・魯人）
［嘉靖］山東 24/8
［康熙］山東 29/8
［雍正］山東 11/闕里二 18
［宣統］山東 153/8
［萬曆元年］兗州 7/53

［萬曆二十四年］兖州 7/22
［康熙］兖州 8/23
［乾隆］兖州 7/29
［乾隆］曲阜 59/6

2793_3 終

37 終軍（字子雲）
（漢・濟南人）
［至元］齊乘 6/10
［嘉靖］山東 29/2
［康熙］山東 39/2
［雍正］山東 28/人物一 5
［宣統］山東 154/4
［康熙］濟南 42/1
［道光］濟南 45/16
［崇禎］歷乘 16/2
［崇禎］歷城 10/2
［乾隆］歷城 35/1
［道光］章邱 11/1
章邱縣鄉土志/上 17
臨淄縣鄉土志/耆舊錄

2794_0 叔

00 叔齊（商）
［嘉靖］昌樂 3/40
［康熙］昌樂 5/2
12 叔孫建（北魏・代人）
［宣統］山東 67/12
［萬曆元年］兖州 38/武功 8
叔孫得臣（春秋・魯人）
［嘉靖］山東 28/8
［康熙］山東 38/9
［萬曆元年］兖州 40/武功 2
叔孫豹（春秋・魯人）
［嘉靖］山東 28/10
［康熙］山東 38/10
［萬曆元年］兖州 40/節義 1
［萬曆二十四年］兖州 30/4
［康熙］兖州 23/4
［乾隆］兖州 23/2
叔孫通（漢・薛人）
［至元］齊乘 6/8
［嘉靖］山東 30/1
［康熙］山東 40/1
［雍正］山東 28/人物一 2
［宣統］山東 153/35,154/1
［萬曆元年］兖州 40/文苑 1
［萬曆二十四年］兖州 31/1
［康熙］兖州 24/1
［乾隆］兖州 23/6
［萬曆］滕志 7/2
［康熙］滕志 7/2
［康熙］滕縣志 7/2
［道光］滕縣志 7/3
滕縣鄉土志/15
叔孫婼（春秋・魯人）
［嘉靖］山東 28/12
［康熙］山東 38/12
［萬曆元年］兖州 40/節義 5
［萬曆二十四年］兖州 30/5
［康熙］兖州 23/5
［乾隆］兖州 23/2
17 叔弓（見子服敬子）
25 叔仲會（字子期）
（春秋・魯人）
［嘉靖］山東 24/8
［康熙］山東 29/8
［雍正］山東 11/闕里二 19
［宣統］山東 153/9
［萬曆元年］兖州 7/55
［萬曆二十四年］兖州 7/21
［康熙］兖州 8/22
［乾隆］兖州 7/30
［崇禎］曲阜 4/10
［康熙］曲阜 4/10
［乾隆］曲阜 59/7
［康熙］滋陽 4/上 4
33 叔梁紇（春秋）
［萬曆元年］兖州 4/2,5/1
［嘉靖］鄒縣地理誌 1/30
［康熙五十五年］鄒縣志 2/19
［康熙］嶧縣 3/54
［光緒］嶧縣 21/流寓 1
71 叔牙（春秋・魯人）
［乾隆］曲阜 65/1
78 叔肸（春秋・魯人）
［嘉靖］山東 28/9
［康熙］山東 38/9
［萬曆元年］兖州 40/節義 1
［萬曆二十四年］兖州 30/10
［康熙］兖州 23/10
［乾隆］兖州 23/3
［乾隆］曲阜 67/1

2822_7 倫

05 倫諫（明・直隸合肥人）
［萬曆］青州 12 又/又 13
［康熙十五年］青州 12 又/又 13
［康熙四十八年］青州 12 又/又 13
［萬曆］諸城 4/35
27 倫彝（明・滑縣人）
［康熙］濟南 25/80
44 倫樹功（字建亭）
（壽光人）
［民國］壽光 12/人物志二 38

2824_0 仵

10 仵正臣（字真卿）
（元・樂安人）
［嘉靖］山東 32/19
［康熙］山東 42/19
［嘉靖］青州 15/16
［萬曆］青州 14/15
［康熙十五年］青州 14/15
［康熙四十八年］青州 14/孝友 5
［康熙六十年］青州 17/10
［咸豐］青州 42/18
［萬曆］樂安 16/1
［雍正］樂安 12/8
［民國］樂安 10/6
［民國］續修廣饒 19/10
21 仵仁潔（清・沂水人）
［道光］沂水 7/1
40 仵士魁（字盈升，號椒菴）
（清・曹縣人）
［光緒］曹縣 14/行誼 32

徵

12 徵瑞（字時若）
（清・滿洲正白旗人）
［宣統］山東 74/39
［道光］濟南 37/55

微

17 微子（春秋・滕人）

[道光]滕縣志 12/藝文上 83
25 微生高(一名尾生)
(周)
[萬曆元年]兗州 40/士行 3
[萬曆二十四年]兗州 30/14
[康熙]兗州 23/14
微生畝(周)
[萬曆元年]兗州 40/隱逸 1

徹

27 徹的里迷失(見撒的里迷失)
28 徹徹禿(元)
[萬曆二十四年]兗州 9/29
[康熙]兗州 10/29
[萬曆]沂州志 7/62

2825_3 儀

35 儀灃源(字東注)
(清・高密人)
[民國]高密 14/上 82
37 儀通(字士亨)
(明・高密人)
[康熙]高密 8/5
[乾隆]高密 8/上 10
[光緒]高密 8/上 12
[民國]高密 14/上 12
高密縣鄉土志/上 43
50 儀泰(字景和)
(明・高密人)
[康熙]高密 8/4
[乾隆]高密 8/上 10
[光緒]高密 8/上 12
[民國]高密 14/上 11
高密縣鄉土志/上 19
60 儀國祚(明・高密人)
[乾隆]萊州 11/忠節 9
[康熙]高密 8/又 12
[乾隆]高密 8/上 21
[光緒]高密 8/上 26
[民國]高密 14/上 28
高密縣鄉土志/上 30
67 儀昭(明・絳州人)
[正德]博平 5/86
86 儀智(字居真,一作居貞)
(明・高密人,一作高平舉人)
[嘉靖]山東 33/10
[康熙]山東 44/9
[雍正]山東 28/人物三 1
[宣統]山東 159/4
[萬曆]萊州 5/83
[康熙]萊州 10/8
[乾隆]萊州 10/12
[康熙]高密 8/4,10/9
[乾隆]高密 8/上 3
[光緒]高密 8/上 3
[民國]高密 14/上 3
高密縣鄉土志/上 19
[康熙十一年]莘縣 5/14
[康熙五十六年]莘縣 5/14
[光緒]莘縣 5/31
[民國]莘縣 3/24
87 儀銘(字子新)
(明・高密人)
[嘉靖]山東 33/11
[雍正]山東 28/人物三 11
[萬曆]萊州 5/83
[康熙]萊州 10/8
[乾隆]萊州 10/14
[康熙]高密 8/4,10/10
[乾隆]高密 8/上 5
[光緒]高密 8/上 5
[民國]高密 14/上 4
高密縣鄉土志/上 19
88 儀銳(字宗敏)
(明・濮州人)
[萬曆]濮州 4/隱德 2
[嘉靖]濮州 6/7
[康熙]濮州 4/49
[乾隆]濮州 4/86
[宣統]濮州 6/2

2826_6 僧

00 僧意(南北朝)
[雍正]山東 30/7
[康熙]濟南 51/4
[道光]濟南 60/4
[崇禎]歷城 10/32
[乾隆]歷城 45/2
[道光]長清 13/15
22 僧巖(俗姓趙)
(南朝齊・北海人)
[雍正]山東 30/7
[萬曆]青州 17/11
[康熙十五年]青州 17/11
[康熙四十八年]青州 17/仙釋 6
[民國]濰縣志稿 36/2
24 僧化(見孫僧化)
僧德清(字憨山)
(明)
[宣統]山東 200/34
[同治]即墨 12/11
26 僧自華(俗姓談)
(明・四川奉節人)
[宣統]山東 200/34
[同治]即墨 12/11
32 僧淵(唐)
[嘉靖]青州 15/63
[萬曆]青州 15/60
[康熙十五年]青州 15/60
[康熙四十八年]青州 15/僑寓 7
[康熙]益都 10/1
34 僧遠(南北朝)
[嘉靖]青州 16/52
[萬曆]青州 17/11
[康熙十五年]青州 17/11
44 僧世(隋・青州人)
[雍正]山東 30/8
[嘉靖]青州 16/50
[萬曆]青州 17/10
[康熙十五年]青州 17/10
[康熙四十八年]青州 17/仙釋 5
[康熙]益都 10/24
[光緒]益都縣圖志 46/4
僧世霖(俗姓劉)
(清・萊陽人)
[民國]萊陽 3/1 中 93
47 僧格林沁(清・蒙古人)
[民國]續修鉅野 3/13
[民國]臨朐續志 17/38
60 僧杲成(號顯玉)
(清・膠州人)
[民國]平度縣續志 8/19
82 僧鍾(姓孫)
(南北朝・魯郡人)

［雍正］山東 30/6
［萬曆二十四年］兗州 52/23
［乾隆］兗州 31/9
95 **僧性香**（明・即墨人）
［同治］即墨 12/32

2828_1 從

08 **從諗**（唐・臨淄人）
［嘉靖］青州 16/50
［萬曆］青州 17/10
［康熙十五年］青州 17/10
［康熙四十八年］青州 17/仙釋 5
［民國］臨淄 30/42
10 **從百斗**（清・陽穀人）
［民國］增修陽穀人物/善行 41
30 **從守臣**（明・萊陽人）
［民國］萊陽 3/1 中 7
72 **從所蘊**（清・恩縣人）
［嘉慶］東昌 32/68
［宣統］重修恩縣 8/42

2829_4 徐

00 **徐度**（字孝節）（南朝陳・安陸人）
［光緒］嶧縣 19/84
徐廣（字野民）（晉・東莞姑幕人）
［至元］齊乘 6/18
［嘉靖］山東 32/7
［康熙］山東 42/7
［雍正］山東 28/人物一 40
［宣統］山東 162/19
［嘉靖］青州 15/28
［萬曆］青州 14/46
［康熙十五年］青州 14/46
［康熙四十八年］青州 14/儒行 3
［康熙六十年］青州 15/6
［乾隆］沂州府 27/2
［康熙］莒州下/35
［雍正］莒州 9/17
［嘉慶］莒州 9/9
［民國］重修莒志 60/1
［康熙］沂水 4/49
［道光］沂水 7/33
徐廣（字居仁）（明・菏澤人）
［康熙］曹州志 15/59
［光緒］菏澤 15/53
［光緒］新修菏澤 10/21
徐廣（明・蒙城人）
［萬曆］諸城 4/40
徐立（元・濟陰人）
［康熙］曹州志 15/53，16/9
［康熙］曹縣 11/38，12/23
［康熙］兗州府曹縣 11/48，12/23
［光緒］曹縣 11/封贈 1，12/21
［光緒］菏澤 15/49，16/17
徐廉（字介臣）（清・河南祥符人）
［民國］金鄉 11/23
徐讓（清・長山人）
［嘉慶］長山 9/35
徐文（字彥武）（宋，一作金・掖縣人）
［嘉靖］山東 33/4
［萬曆］萊州 6/85
［乾隆］濟寧直隸州 21/12
［道光］濟寧直隸州 6/6－10
［乾隆］掖縣 5/62
［道光］再續掖縣上/59
［道光］重修膠州 21/3
［民國］增修膠志 16/3
［道光］鉅野 10/13
徐文（清・高唐人）
［道光］高唐州 5/2－21
［光緒］高唐州 5/2－24
［民國］高唐縣 12/50
徐言（號聯洲）（明・單縣人）
［順治］單縣 3/4
［康熙］單縣 7/47
徐兗（明・商河人）
［宣統］山東 161/35
徐夜（字嵇菴，又字東癡）（清・新城人）
［雍正］山東 28/人物三 74
［宣統］山東 170/4
［康熙］濟南 42/33
徐弈（見徐奕）
徐奕（字彥才，一作季才）（三國・東莞人）
［嘉靖］山東 32/5
［雍正］山東 28/人物一 28
［宣統］山東 154/23
［嘉靖］青州 14/6
［萬曆］青州 13/30
［康熙十五年］青州 13/30
［康熙四十八年］青州 13/事功 13
［康熙］沂水 4/48
［乾隆］沂州府 25/5
［道光］沂水 7/13
徐意（明・應城人）
［萬曆］蒲臺志 8/8
［康熙］重修蒲臺 5/9
徐庸（清・城武人）
［道光］城武 9/下 34
徐章（清・冠縣人）
［道光］冠縣 8/上 29
［光緒］冠縣 8/孝義
［民國］冠縣 8/人物志 34
徐廣立（字卓庵）（清・平度人）
［道光］重修平度州 19/22
徐立亭（字愷臣）（長清人）
［民國］長清 12/12
徐文亮（唐・無棣人）
［雍正］山東 28/人物二 5
［宣統］山東 165/7
［康熙］濟南 44/2
［乾隆］武定府 25/1
［咸豐］武定府 25/孝友 1
［康熙］海豐 10/24
海豐縣鄉土志/耆舊－事業五
［民國］無棣 13/1
［嘉慶］慶雲 9/11
［咸豐］慶雲 2/62
［民國三年］慶雲 2/40
徐言亭（清・壽張人）
壽張縣鄉土志/耆舊－事業
徐彥方（字邦傑）

（清・壽光人）
［嘉慶］壽光 13/31
［民國］壽光 12/人物志一 85
徐庭訓（字繩先）
（清・新城人）
［道光］濟南 55/82
［宣統］新城縣後志 3/耆壽
徐文施（明・寶豐人）
［乾隆］陽信 5/9
徐方震（清・膠州人）
［民國］增修膠志 45/31
徐應元（明・滄州人）
［雍正］恩縣續志 3/4
徐廣勇（清）
［民國］臨清縣/秩官 72
徐慶豐（字玉年）
（清・齊河人）
［民國］齊河 23/37
徐廣獻（滕縣人）
［民國］續滕縣志 4/35
徐文勳（字彬溪）
（清・諸城人）
［宣統］山東補遺/25
徐應魁（明・蓬萊人）
［泰昌］登州 11/36
［順治］登州 17/13
［光緒］增修登州 43/5
［康熙］蓬萊 5/孝友 21
［道光］重修蓬萊 9/24
［民國］蓬萊縣志合編人物志/孝友
徐文伯（字德秀）
（南北朝・錢塘人）
［康熙］嶧縣 3/9
徐彥伯（見徐洪）
徐立身（清・博平人）
［光緒］博平縣續志 10/55
博平縣鄉土志/耆舊－忠節
徐方實（字信齋）
（清・齊河人）
［民國］齊河 23/82
徐立之（字植夫）
（宋・登州人）
［嘉靖］山東 32/23
［康熙］山東 43/2
［泰昌］登州 11/19
［順治］登州 16/25
［光緒］增修登州 38/6
［民國］黃縣志稿 13/宋
徐應宗（明・江都人）
［萬曆］沂州志 4/58
徐方遠（字朋然）
（清・歷城人）
［道光］濟南 53/57
［乾隆］歷城 43/7
徐文遠（名曠）
（唐・東海郯人）
［宣統］山東 162/24
徐廣清（字碧溪）
（清・鄒縣人）
［光緒］鄒縣續志 12/中 5
徐文鴻（明・莆田人）
［萬曆］萊州 5/74
［康熙］萊州 8/49
［乾隆］萊州 9/20
［康熙］昌邑 5/18
［乾隆］昌邑 5/122
徐慶祥（字吉人）
（長清人）
［民國］長清 11/16
徐文啟（字肇生）
（清・諸城人）
［道光］諸城縣續志 19/4
徐應吉（字利九）
（清・膠州人）
［民國］增修膠志 44/15
膠州直隸州鄉土志 4/篤行
徐應奎（明・蓬萊人）
［雍正］山東 28/人物三 33
［宣統］山東 165/19
徐文彬（清・汶上人）
［宣統］四續汶上稿/人物－藝術傳
徐文蕙（字蘭圃）
（清・陽信人）
［民國］陽信 5/任恤 35
徐文藻（字玉煇，一作玉輝）
（清・膠州人）
［乾隆］膠州 5/30
［道光］重修膠州 29/4
［民國］增修膠志 44/3
膠州直隸州鄉土志 4/篤行
徐文藻（字樂生）
（清・陽信人）
［民國］陽信 5/孝友 61
徐彥英（字少庚）
（莒縣人）
［民國］重修莒志 66/8
徐文中（清・平度人）
［道光］重修平度州 19/41
徐應默（清・膠州人）
［民國］增修膠志 44/16
徐鹿鳴（字燕許）
（清・長山人）
［嘉慶］長山 10/32
徐文驥（字子耘）
（清・長山人）
［道光］濟南 55/26
徐應驥（字子良）
（清・膠州人）
膠州直隸州鄉土志 4/文學
徐立尚（元・菏澤人）
［光緒］新修菏澤 10/17
徐文炳（清・陽信人）
［民國］陽信 5/孝友 69
徐文煒（明・溧水人）
［康熙］兗州府曹縣 9/25
［光緒］曹縣 9/教諭 3
徐文煌（清・文登人）
［光緒］文登 9/上 3－3
徐文煜（清・福建建陽人）
［宣統］山東 77/18
［咸豐］青州 37/13
［乾隆］諸城 28/12
徐文燦（字錦堂）
（清・濟陽人）
［民國］濟陽 11/45
徐文煥（明・福建莆田人）
［萬曆］東昌 18/43
［嘉靖］濮州 7/22
［萬曆］濮州 3/名宦 35
［嘉靖］朝城志 5/10
［康熙］朝城 7/12
徐文煥（清・萊陽人）
［光緒］增修登州 43/31
［民國］萊陽 3/1 中 83
01 徐龍化（清・蒙陰人）
［康熙十一年］蒙陰 2/54

03 徐斌(明・莘縣人)
[民國]莘縣 6/40
徐誼(明・長山人)
[道光]濟南 50/41
[康熙四十三年]長山 5/仕業
[康熙五十五年]長山 6/3
[嘉慶]長山 7/4
04 徐讀(明・黄縣人)
[順治]登州 17/21
[光緒]增修登州 43/11
[乾隆]黄縣 8/35
徐讚(字朝儀)
(明・永康人)
[道光]濟南 35/20
05 徐講(明・貴陽人)
[道光]濟南 36/65
06 徐謂(清・鉅野人)
[民國]續修鉅野 5/上 15
徐謂弟(見徐謂第)
徐謂第(字子遜)
(清・直隸長垣人)
[宣統]山東 77/15
[咸豐]青州 37/3
[康熙]續安丘 16/3
安丘縣鄉土志 2/政績錄
07 徐毅(元・蒙陰人)
[康熙十一年]蒙陰 2/2
08 徐敦(字叔厚)
(明・南直太倉人)
[宣統]山東 71/41
[乾隆]武定府 16/18
[咸豐]武定府 19/陽信 2
[康熙]陽信 7/28
[乾隆]陽信 5/30
信邑志稿 5/宦蹟
[民國]陽信 2/56
陽信縣鄉土志上/政績－聽訟
徐誨(字鳳亭)
(明・掖縣人)
[乾隆]掖縣 4/59
徐謙(明)
[乾隆]福山 7/38
徐謙(字自牧)
(清・歷城人)
[民國]續修歷城 44/25
09 徐讜(明・鉅野人)
[萬曆]鉅野 8/隱逸
[康熙]鉅野 13/5
徐麟經(清・汶上人)
[宣統]四續汶上稿/人物－藝術傳
10 徐賈(晉・安丘人)
[萬曆]安丘 27/57
[康熙]杞紀 18/25
徐吾(戰國・齊人)
[嘉靖]青州 16/22
[康熙六十年]青州 19/4
徐元方(晉・北海人)
[民國]濰縣志稿 42/2
徐雲龍(字耀庭)
(清・昌樂人)
[民國]昌樂縣續志 30/18
徐雲龍(字騰霄)
(清・招遠人)
[道光]招遠縣續志 3/6
徐正誠(字善堂)
(懷寧人)
[民國]東阿 16/6
徐而栗(字載寛)
(清・陽穀人)
[民國]增修陽穀人物/師道 13
徐可元(清・海陽人)
[乾隆]海陽 6/22
徐天平(清・歷城人)
[宣統]山東 170/16
[道光]濟南 53/8
[乾隆]歷城 41/15
徐元璋(字廷玉,號湡齋)
(清・長清人)
[道光]濟南 56/50
[道光]長清 12/13
[民國]齊河 23/29,23/79
徐元震(清・膠州人)
[民國]增修膠志 44/14
徐天瑞(字清一)
(清・蒲臺人)
蒲臺縣鄉土志/16
徐元瑞(清・寧津人)
[光緒]寧津 8/50
徐正己(字敬修)
(清・汶上人)
[宣統]四續汶上稿/人物－施濟傳
徐石峯(字雲衢,號鐵崖)
(清・鉅野人)
[道光]鉅野 12/29
徐玉山(字涵璧)
(清・雲南人)
海豐縣鄉土志/政績
徐雲峯(字干霄,號北海)
(清・招遠人)
[道光]招遠縣續志 3/4
徐可先(清・江蘇武進人)
[宣統]山東 77/21
徐元勳(清・臨沂人)
[乾隆]沂州府 25/30
[民國]臨沂 10/14
徐正科(清・歷城人)
[民國]續修歷城 42/15
徐天秩(明・直隸人)
[萬曆]濮州 3/名宦 36
徐元伸(清)
[乾隆]即墨 9/38
[同治]即墨 9/58
徐一濂(明・江西人)
[萬曆]福山 4/19
徐元之(宋・建昌人)
[康熙]曹州志 7/49
[光緒]菏澤 7/宦蹟 17
徐元祺(明・新城人)
[道光]濟南 51/30
徐可洙(字南魯)
(清・高唐人)
[光緒]高唐州 5/2－38
[民國]高唐縣 12/86
徐天祥(字梅鄰,改名天民,自號鐵筆山人)
(清・安丘人)
[道光]安邱新志 11/19,21/3
徐可大(清・海陽人)
[乾隆]海陽 6/20
徐元吉(清・平原人)
[民國]續修平原 10/上 26
徐一范(清・膠州人)

[乾隆]膠州 5/11
[道光]重修膠州 29/3
[民國]增修膠志 44/2
徐玉楹(字丹陛)
(清・寧津人)
[光緒]寧津 8/29
寧津縣志料 3/人物－孝行
徐三黑(清・臨沂人)
[民國]臨沂 10/60
徐丙原(字旭巖)
(清・鄆城人)
[康熙]鄆城 6/22
[光緒]鄆城 8/11
徐雲階(字春亭)
(清・壽張人)
[光緒]壽張 10/2
壽張縣鄉土志/耆舊－學問
徐天民(明・蘇州人)
[宣統]山東 200/10
徐天民(字梅鄰)
(清・安丘人)
安丘縣鄉土志 8/耆舊錄 5
徐一夔(字聞達)
(元・黄縣人)
[同治]黄縣 14/20
徐元善(字長公)
(清・新城人)
[道光]濟南 55/74
[康熙]新城 8/13
[民國]重修新城 15/12
新城縣鄉土志/耆舊－清
11 **徐項**(明)
[道光]濟寧直隸州 6/6－39
[乾隆]魚臺 9/35
[光緒]魚臺 2/51
徐琴聲(字鑑堂)
(牟平人)
[民國]牟平 7/109
12 **徐璞**(明・威海衛人)
[乾隆]威海衛志 8/4
[道光]文登 5/18
[光緒]文登 10/上 2
徐璞(字萬鎰)
(清・長山人)
[嘉慶]長山 10/7
徐珽(清・臨淄人)
[民國]臨淄 27/61
徐瓆(字質玉)
(清・膠州人)
[道光]重修膠州 27/34
[民國]增修膠志 41/26
膠州直隸州鄉土志 4/事功
徐飛龍(字騰軒)
(清・曹縣人)
[光緒]曹縣 14/行誼 5
徐廷旃(字庶欽)
(清・嶧縣人)
[光緒]嶧縣 21/耆舊 14
徐登三(字果仙)
(清・慶雲人)
[民國三年]慶雲 2/52
徐廷玉(明・唐縣人)
[萬曆]諸城 4/37
徐廷元(清・臨清人)
[民國]臨清縣/人物 30
徐廷弼(清・蒲臺人)
[光緒]重修蒲臺 3/6
蒲臺縣鄉土志/14
徐登進(字賓吾)
(明・遼陽人)
[乾隆]泰安府 15/24
[順治]新泰 4/23
[乾隆]新泰 11/10
徐廷宗(字季曾)
(明・會稽人)
[宣統]山東 70/34
[乾隆]東昌 33/25
[嘉慶]東昌 20/37
[乾隆]臨清州 9/11
[乾隆]臨清直隸州 6/77
[民國]臨清縣/秩官 62
徐廷樞(清・浙江會稽人)
[咸豐]青州 37/6
[康熙]高苑縣續志 3/6
[乾隆]高苑 3/24
徐弘基(明・朝邑人)
[康熙]嶧縣 3/35
[乾隆]嶧縣 7/17
[光緒]嶧縣 19/職官下 10
徐聯芳(字攀九)
(清・黄縣人)
[同治]黄縣 8/20
[民國]黄縣志稿 13/清文學
徐廷棟(字柏如)
(清・江蘇元和人)
[光緒]鄆城 6/21
徐延旭(字曉山)
(清・臨清人)
[宣統]山東 174/26
[民國]臨清縣/人物 18
徐登朝(字鳳陞)
(陽穀人)
[光緒]陽穀 9/7
[民國]增修陽穀人物/仕宦 23
徐廷松(字少泉)
(明・掖縣人)
[雍正]山東 28/人物三 58
[宣統]山東 161/54
[乾隆]萊州 10/24
[乾隆]掖縣 4/29
[道光]掖乘 4
徐廷臣(清・長山人)
[嘉慶]長山 10/8
徐廷銓(明・郯城人)
[康熙]郯城 8/10
13 **徐琅**(字廷玉)
(明・浙江開化人)
[嘉靖]山東 26/29
[雍正]山東 27/48
[宣統]山東 72/33
[萬曆]東昌 18/30
[乾隆]東昌 33/25
[嘉慶]東昌 20/37
徐強興(清・齊河人)
[民國]齊河 26/27
14 **徐珪**(明・應城人)
[萬曆]東昌 18/34
[嘉靖]濮州 7/17
[萬曆]濮州 3/名宦 22
[康熙]濮州 3/21
[乾隆]濮州 3/21
[宣統]濮州 4/21
徐璜(字幼文)
(漢・梁鄒人)
[道光]鄒平 15/2
[民國]鄒平 15/2

徐瑾(字握瑜)
(清·嶧縣人)
[光緒]嶧縣21/耆舊16
徐琳(明·華亭人)
[崇禎]歷乘16/65
徐璹(字吟臯)
(清·臨清人)
[民國]臨清縣/人物19
徐瓚(明·鄒縣人)
[嘉靖]鄒縣地理誌1/26
15 徐建文(清·德平人)
[民國]德平縣續志6/9
徐翀霄(字濳夫)
(明·堂邑人)
[康熙]堂邑12/7
徐建業(字裕昆)
(明·滕縣人)
[康熙]滕志8/人物22
[康熙]滕縣志8/貞夫1
[道光]滕縣志9/忠節2
16 徐聰(明·昌邑人)
[嘉靖]山東35/8
[康熙]山東45/22
[萬曆]萊州6/18
[康熙]萊州10/66
[乾隆]萊州11/善行1
萊州府鄉土志/下19
[康熙]昌邑6/29
[乾隆]昌邑6/173
徐聰(字亮聞)
(明·平度人)
[嘉靖]山東35/8
[康熙]山東45/22
[萬曆]萊州6/8
[康熙]萊州10/63
[乾隆]萊州11/孝義4
[康熙]平度州4/6,5/6
[道光]重修平度州18/20
平度鄉土志4上/鄉賢
徐硯田(清·諸城人)
[光緒]增修諸城縣續志15/2
17 徐弼(字良輔)
(明·益都人)
[嘉靖]青州16/8
[萬曆]青州13/52
[康熙十五年]青州13/52
[康熙四十八年]青州13/事功35
[康熙六十年]青州16/18
[咸豐]青州43/7
[萬曆]益都6/91
[康熙]益都7/8
[光緒]益都縣圖志35/1
徐琛(字國寶)
(元·新泰人)
[乾隆]泰安府16/70
[天啟]新泰6/33
[順治]新泰5/9
[乾隆]新泰15/25
新泰縣鄉土志/18
徐璐(字殿選)
(清·壽光人)
[嘉慶]壽光13/13
[民國]壽光12/人物志一82
徐璆(字孟玉,一作孟平)
(漢·廣平人,一作廣陵海西人)
[宣統]山東66/21
[康熙十五年]青州14/46
[康熙四十八年]青州14/儒行3
[萬曆二十四年]兖州26/10
[康熙]兖州21/10
[光緒]嶧縣19/34
徐羣(清·臨朐人)
[民國]臨朐續志20/23
徐邵(三國·安丘人)
[萬曆]安丘27/57
[康熙]杞紀18/24
徐召(清·曹縣人)
[康熙]兖州府曹縣11/20
徐子(周·外黃人)
[康熙]東明6/1
[乾隆]東明6/1
徐子廣(清·膠州人)
[民國]增修膠志43/6
徐子廉(東阿人)
[民國]東阿15/6
徐孟龍(明·東阿人)
[道光]東阿14/人物下18
徐子延(清·海陽人)
[光緒]增修登州43/46
[乾隆]海陽6/22
徐承珪(宋·萊州掖人)
[嘉靖]山東33/8
[康熙]山東44/7
[雍正]山東28/人物二20
[宣統]山東165/8
[萬曆]萊州6/6
[康熙]萊州10/61
[乾隆]萊州11/孝義2
萊州府鄉土志/下10
[乾隆]掖縣4/46
[道光]掖乘4
徐子瑜(字詩航)
(清·諸城人)
[光緒]增修諸城縣續志12/33
徐承勳(明·直隸人)
[萬曆]沂州志4/55
徐子勉(清·海陽人)
[光緒]增修登州43/49
[乾隆]海陽6/17
徐承宗(字寶堂)
(清·江南宜興人)
[康熙]臨清州1/56
徐瓊林(字宴春)
(清·濰縣人)
[民國]濰縣志稿32/8
徐璵林(字國瑞)
(清·高密人)
[民國]高密14/上82
徐子肅(字德寅)
(明·長山人)
[康熙]濟南45/6
[道光]濟南50/46
[康熙四十三年]長山5/卓行
[康熙五十五年]長山6/25
[嘉慶]長山8/10
徐子盛(漢·姑幕人)
[宣統]山東153/30
[嘉靖]青州15/23
[萬曆]青州13/9
[康熙十五年]青州13/9
[康熙四十八年]青州13/經師4

[康熙六十年]青州 15/4
[乾隆]沂州府 27/1
[雍正]莒州 9/2
[民國]重修莒志 67/1
[康熙]沂水 4/47
[道光]沂水 7/33
徐子威(字雲樵,號野泉)
(清·歷城人)
[民國]續修歷城 41/19
徐子招(清·膠州人)
[民國]增修膠志 43/6
徐承恩(清·蓬萊人)
[康熙]高密 6/29
徐承錫(明·益都人)
[咸豐]青州 45/55
[康熙]益都 9/8
[光緒]益都縣圖志 41/7,
54/11
18 **徐瑜**(字冠玉)
(清·長山人)
[道光]濟南 55/26
[康熙五十五年]長山 6/27
[嘉慶]長山 8/11
徐政(清·江蘇太倉人)
[宣統]山東 75/7
[康熙]濟南 26/12
[道光]濟南 38/12
[康熙]鄒平 4/20
[嘉慶]鄒平 14/16
[道光]鄒平 14/16
[民國]鄒平 14/16
徐孜(清·福山人)
[乾隆]福山 9 上/57
[民國]福山縣志稿 7/5-1
徐致愉(字子怡)
(清·宛平人)
新泰縣鄉土志/6
徐致愉(清·江南宜興舉人)
[民國]青城續修 4/名宦 15
19 **徐琰**(元)
[嘉靖]萊蕪 7/9
徐琰(元·東平人)
[宣統]山東 161/20
徐琰(元·新泰人)
[順治]新泰 5/9
[乾隆]新泰 15/25
新泰縣鄉土志/18
20 **徐鯨**(字南泉)
(明·莒縣人)
[嘉慶]莒州 9/23
[民國]重修莒志 65/1
徐秀(南北朝·東海剡人)
[雍正]山東 35/墓碑 17
徐季彥(北魏·樂安博昌人)
[光緒]益都縣圖志 15/14
徐重飛(博山人)
[民國]續修博山 12/66
徐孚遠(清·大興人)
[康熙]高苑縣續志 3/6
徐維城(字固菴)
(清·臨清人)
[民國]臨清縣/人物 16
徐維藩(字价人)
(清·諸城人)
[咸豐]青州 46/30
[乾隆]諸城 37/4
徐維成(字固庵)
(清·高唐人)
[民國]高唐縣 12/88
徐乘時(清·黃縣人)
[同治]黃縣 9/2
[民國]黃縣志稿 13/人物-
死難
徐爲卿(清·遼陽人)
[乾隆]泰安府 15/28
[乾隆]東平州 12/38
[道光]東平州 12/38
[光緒]東平州 14/38
[民國]東平縣 9/20
東平州鄉土志上/政績錄 16
21 **徐步**(字允進,號芳洲)
(明·單縣人)
[乾隆]曹州府 15/20
[順治]單縣 2/29
[康熙]單縣 7/7
[乾隆]單縣 6/16
[民國]單縣 9/23
徐衝(字達之)
(明·冠縣人)
[嘉靖]冠縣 4/3
[萬曆]冠縣 4/9
徐行(明·單縣人)
[隆慶]單縣下/5
[順治]單縣 2/36
[康熙]單縣 7/25
徐縉(明·南直江都人)
[宣統]山東 73/1
[嘉靖]青州 13/46
[萬曆]青州 12/31
[康熙十五年]青州 12/31
[康熙四十八年]青州 12/31
[康熙六十年]青州 12/18
[咸豐]青州 36/13
[康熙六十年]博興 7/9
[光緒]益都縣圖志 18/7
徐經(明·諸暨人)
[隆慶]單縣上/重 36
[順治]單縣 2/12
徐仁(字君美)
(元·濟陰人)
[康熙]曹州志 15/53
[光緒]菏澤 15/49
[光緒]新修菏澤 10/15
[康熙]曹縣 12/23
[康熙]兖州府曹縣 12/23
[光緒]曹縣 12/21
徐仁(明·江都人)
[乾隆]沂州府 17/35
徐順(明·膠州人)
[乾隆]膠州 5/8
[道光]重修膠州 26/5
[民國]增修膠志 40/32
徐順(明·武進人)
[萬曆]諸城 4/22
徐偃(漢·蘭陵人)
[宣統]山東 153/22
[乾隆]膠州 4/2
徐貞(明·徐州人)
[崇禎]歷乘 16/65
徐縉文(字星衢,號松皋)
(清·滕縣人)
[道光]滕縣志 9/孝義 40
滕縣鄉土志/28
徐步雲(字騰霄)
(清·濮州人)
[宣統]濮州 3/93
徐步聯(字珠軒)
(清·博山人)

[民國]續修博山 9/9
徐虛己(字仲涵)
(清・金鄉人)
[民國]濟寧直隸州續志 14/10
[民國]金鄉 14/11
徐處仁(字擇之)
(宋・應天穀熟人)
[嘉靖]山東 26/13
[康熙]山東 33/15
[雍正]山東 27/35
[宣統]山東 68/40
[萬曆元年]兗州 38/循吏 32
[萬曆二十四年]兗州 28/9
[康熙]兗州 22/8
[乾隆]兗州 22/13
[康熙]東平州 4/33
[乾隆]東平州 12/22
[道光]東平州 12/22
[光緒]東平州 14/22
[乾隆]濟寧直隸州 22/42
[道光]濟寧直隸州 6/6－10
[康熙五十一年]金鄉 8/10
[乾隆]金鄉 17/4
[咸豐]金鄉縣志略 7/4
[民國]金鄉 11/18
金鄉縣鄉土志/政績錄
[光緒]益都縣圖志 16/34
徐占魁(一名風梅)
(清・新泰人)
[乾隆]新泰 17/人物上增 1
新泰縣鄉土志/27
徐行修(字慎齋)
(清・臨淄人)
[宣統]山東 175/48
[民國]臨淄 22/63
徐步瀛(號仙洲)
(明・曹縣人)
[康熙]兗州府曹縣 13/56
[光緒]曹縣 13/53
徐步瀛(字伯士)
(清・博山人)
[民國]續修博山 12/62
徐仁達(宋・寧海人)
[同治]重修寧海州 17/4
徐衍泗(字孔源)
(明・武城人)
[順治]武城 2/20
[乾隆]武城 10/23
武城縣鄉土志略/耆舊錄
徐步初(字慎廷)
(清・博山人)
[民國]續修博山 9/28
徐衡南(字祝峰,號戒靡)
(清・長山人)
[嘉慶]長山 8/25
徐經世(字大經)
(清・齊河人)
[民國]齊河 26/23
徐仁恭(恩縣人)
[民國]重修恩縣 11/鄉賢 78
徐睿藻(清・濮州人)
[宣統]濮州 6/17
徐順昌(字子信)
(清・順天宛平人)
[光緒]益都縣圖志 18/69
徐處闇(字見區,原名之邈,字遠公)
(明・長山人)
[道光]濟南 50/56
[康熙五十五年]長山 6/48
[嘉慶]長山 8/20
22 徐彪(明・商河人)
[宣統]山東 161/31
徐川(明・單縣人)
[萬曆二十四年]兗州 37/5
[康熙]兗州 28/33
[隆慶]單縣下/17
[順治]單縣 3/9
[康熙]單縣 8/2
[乾隆]單縣 7/3
[民國]單縣 9/15
徐鼎(金・新泰人)
[順治]新泰 5/8
[乾隆]新泰 15/24
徐鸞(明・陽穀人)
[民國]增修陽穀人物/仕宦 9
徐鸞(清・海陽人)
[光緒]增修登州 46/12
[乾隆]海陽 6/20
徐山(清・平山人)
[康熙]聊城 3/49
徐繼孺(字又穉)
(清・曹縣人)
[光緒]曹縣 11/選舉 20
徐豐烈(清・莘縣人)
[光緒]莘縣 7/45
[民國]莘縣 7/33
徐仙洲(字蓬賓)
(清・東平人)
[民國]東平縣 11/上 19
徐任禮(明・鉛山人)
[乾隆]武定府 16/33
[咸豐]武定府 19/濱州 2
[萬曆]濱州 3/21
[康熙]濱州 5/21
[咸豐]濱州 8/3
徐繼志(字克孝)
(明・嘉祥人)
[乾隆]嘉祥 2/35
徐繼世(清・高唐人)
[民國]高唐縣 12/25
徐綏邦(清・齊河人)
[道光]濟南 56/6
[雍正]齊河 6/39
徐繼曾(字兆孟,號麟巖)
(清・長清人)
[道光]濟南 56/55
[道光]長清 12/8
徐繼善(清・膠州人)
膠州直隸州鄉土志 4/篤行
23 徐佖(明・興化人)
[正德]莘縣 5/7
[康熙十一年]莘縣 5/14
[康熙五十六年]莘縣 5/14
[光緒]莘縣 5/31
[民國]莘縣 3/24
[道光]商河 5/27
[民國]重修商河 6/65
徐俟成(清・禹城人)
[康熙]禹城 2/13
徐允擢(清・城武人)
[道光]城武 9/下 41
徐牖民(清・濟陽人)
[道光]濟南 56/34
[乾隆]濟陽 8/43
[民國]濟陽 11/56

徐稼堂(字芸其)
(清・曹縣人)
[光緒]曹縣 14/行誼 4
24 徐勉(字修仁)
(南北朝・東海郯人)
[嘉靖]山東 30/30
[康熙]山東 40/32
[雍正]山東 28/人物一 47
[宣統]山東 155/23
[萬曆二十四年]兗州 33/22
[康熙]兗州 26/22
[萬曆]沂州志 7/8
[乾隆]沂州府 25/14
[康熙]郯城 7/4
[乾隆]郯城 9/4
徐勉(清・臨清人)
[乾隆]臨清直隸州 8/下 5
[民國]臨清縣/人物 61
徐仕(明・濟寧人)
[康熙]濟寧州 7/51
徐倚(元)
[宣統]山東 200/7
[康熙]曹州志 16/14
[康熙]兗州府曹縣 14/75
[光緒]曹縣 14/游寓 3
[光緒]菏澤 16/22
[光緒]新修菏澤 11/78
徐化龍(清・臨淄人)
[民國]臨淄 28/11
徐化龍(字凌雲)
(清・齊河人)
[民國]齊河 33/54
徐佐夏(廣饒人)
[民國]續修廣饒 28/15
徐德武(字益侯)
(清・江蘇金壇人)
[宣統]山東 76/54
[乾隆]東昌 35/6
徐偉行(字長倩)
(清・郯城人)
[嘉慶]續修郯城 10/34
徐休復(字廣初)
(宋・鄄城人)
[嘉靖]山東 33/31
[萬曆元年]兗州 41/33
[萬曆]東昌 19/90
[乾隆]曹州府 22/16
[嘉靖]濮州 5/30
[萬曆]濮州 3/鄉賢 30
[康熙]濮州 3/59
[乾隆]濮州 3/60
[宣統]濮州 4/66
徐升之(清・齊河人)
[道光]濟南 56/2
[雍正]齊河 7/8
[民國]齊河 24/6
齊河縣鄉土志鄉賢祠/18
徐偉堉(字冶民,號拙修)
(清・博山人)
[民國]續修博山 9/28,12/27
徐偉域(字商肇)
(清・博山人)
[民國]續修博山 12/62
徐德明(清・朝鮮人)
寧津縣志料 3/人物－外僑
徐德昭(清・棲霞人)
[光緒]棲霞縣續志 7/方技 1
徐偉驥(字北野)
(清・博山人)
[民國]續修博山 12/62
徐化民(字皞如)
(清・三韓人,一作遼陽人)
[宣統]山東 76/30
[康熙]兗州續編 14/13
[順治]單縣 2/8,4/31
[康熙]單縣 6/14,11/57
[乾隆]單縣 4/59,11/45
[民國]單縣 6/宦蹟 19,21/1
徐化同(清・寧陽人)
[光緒]寧陽 13/80
徐偉烱(字電如)
(清・博山人)
[民國]續修博山 12/32
25 徐績(清・漢軍正藍旗人)
[宣統]山東 74/23
[道光]濟南 37/30
[道光]濟寧直隸州 6/7－77
徐牛(清・桓臺人)
[民國]桓臺志略 3/20
[民國]桓臺 3/23
新城縣鄉土志/耆舊－清
徐伸(明,見徐申)
徐伸(清・莒縣人)
[乾隆]沂州府 26/14
[康熙]莒州下/43
[雍正]莒州 9/32
[嘉慶]莒州 9/28
[民國]重修莒志 62/3
徐伸(清・文登人)
[道光]文登 5/10
[光緒]文登 10/上 6
徐生(漢・魯人)
[宣統]山東 153/27
[萬曆二十四年]兗州 31/20
[康熙]兗州 24/18
[乾隆]兗州 23/6
[乾隆]曲阜 69/6
徐繡(明・河南舞陽人)
[正德]莘縣 5/3
[康熙十一年]莘縣 5/4
[康熙五十六年]莘縣 5/4
[光緒]莘縣 5/16
[民國]莘縣 3/11
莘縣鄉土志/政績 5
徐仲理(元・曹縣人)
[康熙]曹縣 11/21
[康熙]兗州府曹縣 11/又 21
徐純儒(字映雪)
(清・茌平人)
[民國]茌平 3/59
徐純如(明・新城人)
新城縣鄉土志/耆舊－明
徐純椵(清・鄒平人)
[民國]鄒平 15/138
徐仲呂(字品和)
(清・曹縣人)
[光緒]曹縣 14/行誼 11
徐律時(明・南直隸宣城人)
[康熙]膠州 5/11
[乾隆]膠州 4/15
[道光]重修膠州 22/9
[民國]增修膠志 17/9
膠州直隸州鄉土志 3/政績－聽訟
徐傳毓(清・江南崑山人)
[光緒]平度志要/職官

[民國]平度縣續志 7/1
26 徐伯(漢·臨淄人)
[咸豐]青州 64/4
[康熙]臨淄 10/9
徐自立(字義所)
(清·夏津人)
[乾隆]東昌 43/37
[乾隆]夏津 8/18
徐伯爲(清·諸城人)
[光緒]增修諸城縣續志 16/19
徐和逸(名維介)
(清·莒縣人)
[民國]重修莒志 67/4
徐伯蕃(字調元)
(清·臨朐人)
臨朐縣鄉土志 1/耆舊
徐伯恭(明)
[康熙十一年]莘縣 5/3
徐自超(字化洽)
(清·陽穀人)
[民國]增修陽穀人物/仕宦 18,人物/師道 17
徐伯陽(字隱忍)
(南北朝·東海郯人)
[嘉靖]山東 30/33
[康熙]山東 40/35
[萬曆二十四年]兗州 33/23
[康熙]兗州 26/23
[萬曆]沂州志 7/14
[乾隆]沂州府 27/5
[康熙]郯城 7/9
[乾隆]郯城 9/6
27 徐舟(字楫之,號元獻)
(明·菏澤人)
[康熙]曹州志 15/20
[乾隆]曹州府 15/5
[光緒]菏澤 15/19
[光緒]新修菏澤 10/20
菏澤縣鄉土志/18
徐紹文(字駿聲)
(清·陽穀人)
[民國]增修陽穀人物/師道 22
徐佩玉(清·膠州人)
膠州直隸州鄉土志 4/文學
徐象震(字純生)
(清·德州人)
[民國]德縣 10/68
徐仔正(恩縣人)
[民國]重修恩縣 11/鄉賢 56
徐繩武(清·章邱人)
[道光]濟南 61/8
[道光]章邱 11/76
徐仔經(字興仁)
(清·恩縣人)
[民國]重修恩縣 11/鄉賢 72
徐紹先(清·齊河人)
[道光]濟南 56/2
[雍正]齊河 7/8
[民國]齊河 24/6
齊河縣鄉土志耆舊錄/12
徐紹勳(清·諸城人)
[光緒]增修諸城縣續志 14/11
徐修道(字象先)
(清·長山人)
[康熙]濟南 49/4
[道光]濟南 61/4
[康熙四十三年]長山 5/高隱
[康熙五十五年]長山 6/52
[嘉慶]長山 10/30
徐紹薪(字樵丹,一字蘇亭)
(清·直隸撫寧人)
[宣統]山東 75/22
[道光]濟南 38/43
[咸豐]青州 37/28
[道光]諸城縣續志 12/1
諸城縣鄉土志/上 12
[光緒]陵縣 18/18
陵縣鄉土志/10
[民國]德縣 9/16
徐紹藻(字泮英)
(清·東平人)
[光緒]東平州 15/中 10
[民國]東平縣 11/上 32
徐名臣(字彤宣)
(清·壽光人)
[民國]壽光 12/人物志二 22
徐紹陵(字石麒)
(清·利津人)
[民國]利津縣續志 7/義行 4
徐紹曾(字仲吉)
(清·長清人)
[道光]濟南 56/54
[道光]長清 13/4
28 徐份(南北朝·東海郯人)
[嘉靖]山東 30/31
[康熙]山東 40/33
[萬曆二十四年]兗州 33/28
[康熙]兗州 26/27
[萬曆]沂州志 7/13
[乾隆]沂州府 26/7
[康熙]郯城 7/15
[乾隆]郯城 9/13
徐紇(字武伯)
(南北朝·樂安博昌人)
[嘉靖]青州 15/35
[萬曆]青州 15/6
[康熙十五年]青州 15/6
[康熙四十八年]青州 15/文學 6
[康熙六十年]青州 18/3
[咸豐]青州 55/9
[康熙六十年]博興 7/18
[道光]博興 13/10
[民國]重修博興 17/4
[民國]壽光 16/5
徐儉(南北朝·東海郯人)
[嘉靖]山東 30/31
[康熙]山東 40/32
[萬曆二十四年]兗州 33/28
[康熙]兗州 26/27
[萬曆]沂州志 7/13
[乾隆]沂州府 25/15
[康熙]郯城 7/9
[乾隆]郯城 9/6
徐綸(字湛如)
(清·齊河人)
[民國]齊河 26/8
徐牧(字舜咨,號吉謙)
(明·霑化人)
[乾隆]武定府 24/29
[咸豐]武定府 24/循良 19
[萬曆]新修霑化 5/94
[光緒]霑化 7/22
[民國]霑化 2/24

徐作新(清・諸城人)
[康熙]諸城 7/55
[乾隆]諸城 41/3
徐從謹(字幼恭,號繼溪)
(明・濰縣人)
[乾隆]濰縣 4/36
[民國]濰縣志稿 29/15
徐以貞(字本良)
(明・長山人)
[康熙]濟南 35/10
[道光]濟南 50/41
[康熙四十三年]長山 5/仕業
[康熙五十五年]長山 6/3
[嘉慶]長山 7/4
長山縣鄉土志/耆舊錄
徐從治(字仲華,號肩虞)
(明・浙江海鹽人)
[雍正]山東 27/16
[宣統]山東 70/11
[道光]濟南 35/9,36/3
[康熙]兗州續編 14/1
[乾隆]兗州 22/18
[康熙]沂州志 3/48
[乾隆]沂州府 20/5,32/30
[康熙]萊州 8/34
[乾隆]萊州 9/28
萊州府鄉土志/上 18
[乾隆]武定府 16/11
[咸豐]武定府 19/11
[崇禎]歷乘 16/34
[崇禎]歷城 6/17,16/30
[乾隆]掖縣 5/65
[乾隆]惠民 5/20
[光緒]惠民 18/12
惠民縣鄉土志/政績錄 7
[光緒]費縣 3/68
[民國]臨沂 13/28
徐復初(字見素)
(清・長山人)
[道光]濟南 55/25
[康熙五十五年]長山 6/27
[嘉慶]長山 8/11
徐作楫(字巨川)
(清・商河人)
[民國]重修商河 8/34
徐復陽(號太和子)
(元)
[萬曆]即墨志 9/5
[同治]即墨 12/9
徐從義(清・滋陽人)
[光緒]滋陽 9/23
30 **徐安**(明)
[嘉靖]山東 25/24
[康熙]山東 32/14
[雍正]山東 27/25
[康熙]濟南 25/25
[道光]濟南 72/20
[崇禎]歷乘 16/28
[崇禎]歷城 6/11
徐安(明・單縣人)
[順治]單縣 2/40
徐安(字玄川)
(明・莘縣人)
[民國]莘縣 6/4
莘縣鄉土志/鄉宦 18
徐房(漢・北海人)
[康熙]山東 46/8
[雍正]山東 28/人物一 14
[萬曆]萊州 6/16
[康熙]萊州 10/82
[乾隆]萊州 11/隱逸 1
[康熙]濰縣 5/人物 2
[乾隆]濰縣 4/31
濰縣鄉土志/42
徐沆(明・蓬萊人)
[道光]重修蓬萊 9/13
[民國]蓬萊縣志合編人物志/忠勇
徐宏(清・清苑人)
[康熙]嶧縣 3/38
[乾隆]嶧縣 7/18
[光緒]嶧縣 19/職官下 13
徐淮(字必東)
(明・東昌府人)
[乾隆]東昌 39/35
[乾隆]武城 10/21
武城縣鄉土志略/耆舊錄
徐淮(字百川,一作栢川)
(明・湖廣襄陽人)
[宣統]山東 72/40
[乾隆]東昌 34/1
[嘉慶]東昌 21/19
[康熙二年]茌平 2/37,3/38
[康熙四十九年]茌平 2/37,3/38
[宣統]茌平 8/2,23/23
[民國]茌平 8/59,12/24
徐賫(字成伯,一作伯成)
(南北朝・東莞人)
[康熙]山東 49/2
[雍正]山東 31/5
[宣統]山東 168/7
[嘉靖]青州 16/43
[康熙十五年]青州 17/3
[康熙四十八年]青州 17/方技 3
[康熙六十年]青州 20/6
[乾隆]沂州府 27/10
[康熙]莒州下/47
[雍正]莒州 11/1
[民國]重修莒志 68/1
[道光]沂水 8/61
徐良(字斿卿,一字遊卿)
(漢・琅邪人)
[至元]齊乘 6/11
[雍正]山東 28/人物一 10
[宣統]山東 153/27
[嘉靖]青州 15/22
[萬曆]青州 13/6
[康熙十五年]青州 13/6
[康熙四十八年]青州 13/經師 1
[康熙六十年]青州 15/2
[咸豐]青州 38/7
[萬曆二十四年]兗州 31/20
[康熙]兗州 24/18
[萬曆]沂州志 6/30
[康熙]沂州志 5/11
[乾隆]沂州府 27/1
[萬曆]諸城 7/2
[康熙]諸城 7/2,7/7
徐寧(晉・東海郯人)
[嘉靖]山東 30/16
[康熙]山東 40/17
[雍正]山東 28/人物一 38
[宣統]山東 161/5
[萬曆元年]兗州 40/政績 5

［萬曆二十四年］兗州 32/27
［康熙］兗州 25/22
［萬曆］沂州志 6/53
［乾隆］沂州府 25/9
［康熙］郯城 7/8
［乾隆］郯城 9/2
徐宣（字寶堅）
（魏・廣陵海西人）
［宣統］山東 66/31
［道光］濟南 33/11
［康熙］堂邑 8/1
徐寅（字協恭）
（宋・登州人）
［嘉靖］山東 32/23
［康熙］山東 43/2
［雍正］山東 28/人物二 49
［宣統］山東 161/17
［泰昌］登州 11/3
［順治］登州 16/4
［光緒］增修登州 38/6
［同治］黄縣 8/2
［民國］黄縣志稿 13/宋
徐瀛（字唐洲）
（清・膠州人）
膠州直隸州鄉土志 4/事功
徐瀛（字大環，號立峯）
（清・濰縣人）
［民國］濰縣志稿 31/36
徐準（字子式）
（明・新城人）
［道光］濟南 51/2
［康熙］新城 7/26
［民國］重修新城 14/7
新城縣鄉土志/耆舊－明
徐守京（清・膠州人）
膠州直隸州鄉土志 4/孝友
徐守諒（字簡堂）
（清・膠州人）
［宣統］山東 177/55
［民國］增修膠志 45/28
膠州直隸州鄉土志 4/篤行
徐憲文（字郁亭，號石渠）
（清・滕縣人）
［道光］滕縣志 8/吏治 12
滕縣鄉土志/21
徐憲章（字煥卿）
（清・臨沂人）
［民國］續修臨沂 16/3
徐永康（清・齊河人）
［民國］齊河 23/69
徐永康（字道五）
（清・新城人）
［宣統］新城縣後志 2/善行
徐宏謨（見徐洪謨）
徐永謙（清・齊河人）
齊河縣鄉土志耆舊錄/14
徐守元（字善卿）
（清・濟寧人）
［民國］濟寧直隸州續志 12/42
徐宗正（明・朝城人）
［萬曆］濮州 4/孝友 5
［康熙］朝城 8/60
朝城縣鄉土志/13
徐守武（清・膠州人）
膠州直隸州鄉土志 4/孝友
徐憲武（清・山陰人）
［乾隆］東昌 44/26
［乾隆］臨清州 12/10
［乾隆］臨清直隸州 8/上 85
徐守己（明・泗水人）
［萬曆二十四年］兗州 37/4
［康熙］兗州 28/33
［萬曆］泗水 6/8
［順治］泗水 6/8
［光緒］泗水 11/20
［光緒］泗水縣鄉土志/10
徐之鼐（清・大興人）
［康熙］東平州續志 4/3
徐安仁（清・城武人）
［康熙］兗州續編 16/16
［康熙四十一年］城武 5/上懿行 15
［道光］城武 9/下 18
徐守仁（明・新都人）
［崇禎］歷乘 16/64
徐永順（清・淄川人）
［宣統］三續淄川 9/78
徐宗勉（字景修）
（清・膠州人）
［民國］增修膠志 45/28
徐家傑（字偉侯）
（清・順天宛平人）
［民國］陽信 2/67
徐永泉（清・汶上人）
［宣統］四續汶上稿/人物－施濟傳
徐密修（清・齊河人）
［道光］濟南 56/14
［民國］齊河 26/11
徐宗稺（字友蕃）
（清・膠州人）
［民國］增修膠志 42/28
徐守繕（明・濟寧人）
［康熙］濟寧州 7/9
徐之儀（字桂山）
（明・新泰人）
［乾隆］泰安府 18/66
［乾隆］新泰 16/10
徐之淮（字桐柏）
（清・文登人）
［道光］文登 5/9
［光緒］文登 9/上 3－4
徐永福（字慶堂）
（明・堂邑人）
［康熙十一年］堂邑 2/選舉 19
［康熙］堂邑 13/11
徐宗禋（字仲康）
（清・博山人）
［民國］續修博山 9/28
徐宏業（清・漢軍鑲白旗人）
［宣統］山東 74/48
［道光］濟南 37/71
［乾隆］德州 8/12
［民國］德縣 9/11
徐之禕（清・齊河人）
［道光］濟南 56/8
［雍正］齊河 8/19
［民國］齊河 26/7
齊河縣鄉土志忠義祠/20
徐宗漢（字利涉）
（清・高唐人）
［光緒］高唐州 5/2－37
［民國］高唐縣 12/47
徐守祖（字裕光）
（清・奉天人）
［宣統］山東 77/26

［光緒］增修登州 30/3
［順治］招遠 7/6
［康熙］棲霞 4/9,8/29 之 5
［乾隆］棲霞 5/28
徐之鴻（清・鄞縣人）
［康熙］兗州續編 14/9
［乾隆］兗州 22/35
［乾隆］濟寧直隸州 22/52
［道光］濟寧直隸州 6/7－87
徐進才（清・棲霞人）
［乾隆］棲霞 6/26
徐永壽（清・無棣人）
［民國］無棣 13/31
徐之才（北齊・東莞人）
［雍正］山東 31/5
［道光］沂水 8/61
徐宗堯（以字行）
（牟平人）
［民國］牟平 7/81
徐安基（字磐石）
（清・清平人）
［民國］清平/人物 65
徐之蒙（明・濱州人）
［萬曆］濱州 3/31
徐之薰（字友琴）
（清・霑化人）
［民國］霑化 2/67
［民國］續修曲阜 5/55
徐之英（字樂育）
（清・泰安人）
［道光］泰安縣 9/上 75
［民國］重修泰安縣 8/27
泰安縣鄉土志/耆舊 21
徐淳如（明・新城人）
［道光］濟南 51/3
［康熙］新城 8/3
［民國］重修新城 15/3
徐之鶴（清・浙江鄞縣人）
［宣統］山東 76/9
［康熙］魚臺 15/23
［乾隆］魚臺 9/44
［光緒］魚臺 2/53
徐宗幹（字伯楨,號樹人）
（清・江蘇通州人）
［宣統］山東 76/3
［民國］濟寧直隸州續志 10/42
濟寧州鄉土志 1/政績
［民國］增訂武城續編 9/2
［道光］泰安縣 10/12
［民國］重修泰安縣 6/64
泰安縣鄉土志/政績 3
［光緒］高唐州 7/1－16
［民國］高唐縣 9/5－14
高唐州鄉土志/9
［道光］武城續編 9/1
武城縣鄉土志略/政績錄
徐進忠（明・單縣人）
［康熙］兗州 28/37
［乾隆］曹州府 16/7
［順治］單縣 3/44
［康熙］單縣 8/21
［民國］單縣 9/26
徐守忠（字子厚）
（清・膠州人）
膠州直隸州鄉土志 4/孝友
徐之蛟（字大朋）
（明・掖縣人）
［乾隆］掖縣 3/46
徐寶貝（見徐有山）
徐寶田（字蘭生）
（博山人）
［民國］續修博山 12/28
徐宏量（清・新城人）
［宣統］新城縣後志 3/耆壽
徐永昌（字占五）
（清・淄川人）
［宣統］三續淄川 10/10
徐永年（明・曹縣人）
［康熙］曹縣 11/15
［康熙］兗州府曹縣 11/15
徐寶鉞（字紹青）
（天津人）
［民國］德縣 10/81
徐安節（字石林）
（清・金陵人）
［道光］濟南 62/7
［康熙］鄒平 6/28
［嘉慶］鄒平 16/39
31 **徐潛**（明）
［萬曆］青城 1/37
徐福臻（字小鶴）
（清・直隸天津人）
［民國］續修鉅野 3/16
徐江績（清・新城人）
［宣統］新城縣後志 3/孝友
［民國］重修新城 18/17
徐福甯（字配三）
（明・曹縣人）
［光緒］曹縣 11/耆老 3
徐河清（原名鑌,字華野,一作華冶）
（清・昌邑人）
［宣統］山東 177/23
［光緒］昌邑縣續志 6/3
32 **徐遁**（字正權）
（宋・齊州人）
［道光］濟南 61/2
［乾隆］歷城 46/1
徐浮（晉）
［雍正］山東 27/53
［宣統］山東 66/39
［咸豐］青州 34/11
［民國］臨淄 18/5
徐巡（漢・濟南人）
［宣統］山東 153/21,162/10
［乾隆］歷城 39/1
徐業（漢・琅邪人）
［宣統］山東 162/10
徐浙（字蕉鹿）
（清・陽信人）
［民國］陽信 5/忠義 45
徐洲（明・單縣人）
［民國］單縣 9/16
徐淵儒（字東冠）
（清・茌平人）
［民國］茌平 3/59
徐州儒（明・固原舉人）
［乾隆］東昌 35/3
徐州傑（字樾芊）
（清・臨清人）
［道光］滕縣志 6/宦績 45
滕縣鄉土志/9
徐州牧（明・豐城人）
平陰縣鄉土志/4
徐州牧（清・濟寧人）
［嘉慶］慶雲 7/30
［咸豐］慶雲 2/28

徐兆祥(字瑞五)
(清・濟陽人)
[民國]濟陽 11/61
徐兆林(清・新城人)
[宣統]新城縣後志 3/孝友
[民國]重修新城 18/16
徐州桐(字嶧亭)
(清・樂安人)
[民國]續修廣饒 19/71
徐近陛(字海望)
(清・嶧縣人)
[光緒]嶧縣 21/耆舊 13
徐業鈞(清・浙江會稽人)
[宣統]山東 77/5
[咸豐]青州 37/30
[民國]臨淄 18/13
33 徐濱(明・蓬萊人)
[康熙]蓬萊 5/孝友 21
[道光]重修蓬萊 9/24,13/傳 9
[民國]蓬萊縣志合編人物志/孝友
徐濱(字映溟)
(明・四明人)
[道光]重修蓬萊 13/傳 9
徐浦(清・文登人)
[光緒]文登 10/上 18
34 徐達(明・直隸遵化人)
[乾隆]武城 14/48
徐洪(字彥伯)
(唐・兗州瑕丘人)
[嘉靖]山東 25/19,30/37
[康熙]山東 32/6,40/37
[宣統]山東 163/18
[康熙]濟南 24/10
[道光]濟南 33/25
[萬曆元年]兗州 40/文苑 9
[萬曆二十四年]兗州 34/6
[康熙]兗州 26/38
[乾隆]兗州 23/25
[崇禎]歷城 6/8
[康熙]滋陽 4/上 14
[光緒]滋陽 8/23
滋陽縣鄉土志 1/耆舊–名臣
徐洪(明・臨清人)
[乾隆]東昌 42/19
徐洪(清・歷城人)
[道光]濟南 53/39
徐逵(明・金谿人)
[康熙]兗州府曹縣 9/23
[光緒]曹縣 9/教諭 2
徐法顏(清・陽穀人)
[民國]增修陽穀人物/善行 45
徐洪謨(字九疇)
(清・紹興武進士)
[光緒]增修登州 37/30
[康熙]寧海州 7/5
[乾隆]威海衛志 6/12
[光緒]文登 7/下 14
[民國]文登 7/下 14
徐汝正(明・宣城人)
[道光]濟南 36/61
[乾隆]德平 2/27
徐汝冀(明・上海人)
[乾隆]寧陽 3/8
[咸豐]寧陽 21/26
徐汝嶧(字泗瞻)
(清・浙江烏程人)
[宣統]山東 76/52
[乾隆]東昌 35/31
[乾隆]夏津 6/41
徐洪客(見徐鴻客)
徐湛之(字孝源)
(南北朝・東海郯人)
[嘉靖]山東 33/24
[萬曆二十四年]兗州 33/4
[康熙]兗州 26/4
[萬曆]沂州志 6/67
[乾隆]沂州府 25/12
[乾隆]郯城 9/3
徐漢福(清・齊河人)
[民國]齊河 23/74
徐汝清(字鏡海)
(清・陽穀人)
[民國]增修陽穀人物/師道 28
徐洪初(清・歷城人)
[民國]續修歷城 39/34
徐汝芳(字紹南)
(明・寧陽人)
[咸豐]寧陽 13/51
[光緒]寧陽 13/63
徐達乾(字易若)
(清・雲南楚雄人)
[宣統]山東 77/7
[咸豐]青州 37/8
[康熙]高苑縣續志 3/6
[乾隆]高苑 3/22
徐邁眾(清・東平人)
[乾隆]東平州 15/19
[道光]東平州 15/19
[光緒]東平州 15/下 27
[民國]東平縣 11/下 5
徐湛恩(字沛潢)
(清・漢軍正藍旗人)
[宣統]山東 74/52
[乾隆]濟寧直隸州 22/32
[道光]濟寧直隸州 6/7–67
徐汝明(字曉窗)
(明・南直沭陽歲貢)
[嘉慶]德平 5/8
[光緒]德平 5/8
徐汝鐸(見徐汝嶧)
35 徐迪(清・陽穀人)
[民國]增修陽穀人物/仕宦 16
徐禮(明・來安人)
[乾隆]沂州府 17/32
徐沛(明・商河人)
[萬曆]商河 6/48
[民國]重修商河 9/2
徐連方(字子正)
(清・濟陽人)
[民國]濟陽 11/60
徐清泉(清・汶上人)
[宣統]四續汶上稿/人物–施濟傳
徐清遠(字金門)
(清・壽張人)
[光緒]壽張 6/59
[民國]增修陽穀人物/仕宦 20
徐清祥(字瑞符)
(清・濟寧人)
[民國]濟寧直隸州續志 12/40

徐連鑣(字伯陽)
(清・濰縣人)
[民國]濰縣志稿 29/34
徐神公
[嘉靖]昌樂 3/48
[康熙]昌樂 5/3
36 徐彔(明・福山人)
[康熙]福山 8/16
[乾隆]福山 8/29
徐邈(字仙民,一作僊民)
(晉・東莞姑幕人)
[至元]齊乘 6/16
[康熙]山東 42/7
[雍正]山東 28/人物一 39
[宣統]山東 162/18
[嘉靖]青州 15/28
[萬曆]青州 14/46
[康熙十五年]青州 14/46
[康熙四十八年]青州 14/儒行 3
[康熙六十年]青州 15/6
[乾隆]沂州府 27/4
[康熙]莒州下/34
[嘉慶]莒州 9/9
[民國]重修莒志 59/22
[康熙]沂水 4/48
[道光]沂水 7/34
徐暹(字進甫)
(明・歷城人)
[嘉靖]山東 29/26
[康熙]山東 39/25
[雍正]山東 28/人物三 21
[宣統]山東 159/17
[康熙]濟南 36/10
[道光]濟南 49/16
[崇禎]歷乘 16/19
[崇禎]歷城 10/13
[乾隆]歷城 37/25
徐湘(清・漢陽人)
[宣統]四續汶上稿/宦績志
徐澤(清・膠州人)
[民國]增修膠志 43/6
徐渭芹(清・平陰人)
[光緒]平陰 5/41
徐洄坤(清・淄川人)
[宣統]三續淄川 9/84
37 徐祁(字晉占)
(清・曹縣人)
[光緒]曹縣 14/行誼 15
徐潤(明・商河人)
[乾隆]武定府 25/72
[咸豐]武定府 25/武功 8
[萬曆]商河 6/48
[道光]商河 7/37
[民國]重修商河 9/2
徐資(元・東武人)
[萬曆]福山 4/2
徐資(字宗元,一作宗原)
(明・鄆城人)
[嘉靖]鄆城志下/14
[崇禎]鄆城 6/8
[康熙]鄆城 6/8
[光緒]鄆城 7/8
徐逢亨(明・單縣人)
[順治]單縣 3/6
徐逢聘(字德敷,號海山)
(明・蓬萊人)
[順治]登州 16/13
[光緒]增修登州 39/4
[康熙]蓬萊 5/15
[道光]重修蓬萊 9/9,9/19
[民國]蓬萊縣志合編人物志/鄉賢,人物志/仕績
徐淑召(清・莒縣人)
[民國]重修莒志 66/6
徐鴻賓(濟寧人)
[民國]濟寧縣 3/6
徐鴻客(唐・齊人,一作隋泰山人)
[宣統]山東 167/8
[康熙]濟南 48/3
[道光]濟南 72/28
[弘治]泰安州 3/18
[康熙]泰安州 3/17
[乾隆]泰安府 18/64
[崇禎]歷城 10/28
[乾隆]歷城 44/1
[乾隆二十五年]泰安縣 12/38
[乾隆四十七年]泰安縣 10/上 33
[道光]泰安縣 9/上 89
[民國]重修泰安縣 8/48
徐潤澤(清・昌邑人)
[光緒]昌邑縣續志 6/25
徐冠杰(霑化人)
[民國]霑化 4/登進 43
徐淑翰(清・郯城人)
[宣統]山東 173/16
徐鴻勛(商河人)
[民國]重修商河 7/40
38 徐瀓(字臨清)
(清・臨淄人)
[民國]臨淄 27/56
徐道(明・樂安人)
[萬曆]青州 14/22
[康熙十五年]青州 14/22
[康熙四十八年]青州 14/孝友 12
[康熙六十年]青州 17/15
[咸豐]青州 44/16
[萬曆]樂安 16/2
[雍正]樂安 12/10
[民國]樂安 10/8
[民國]續修廣饒 19/14
徐道(字敬修)
(清・壽光人)
[民國]壽光 12/人物志一 85
徐海(明・常山人)
[宣統]山東 73/8
[萬曆]青州 12/39
[康熙十五年]青州 12/39
[康熙四十八年]青州 12/39
[康熙六十年]青州 12/25
[咸豐]青州 36/9
[康熙]高苑 3/15
[乾隆]高苑 3/20
徐豁(字萬同)
(南朝宋・東莞姑幕人)
[嘉慶]莒州 9/10
[民國]重修莒志 60/12
徐滋(明・臨海人)
[乾隆]武定府 16/39
[咸豐]武定府 19/利津 4
[康熙]利津縣新志 7/5
徐道度(南北朝・錢塘人)
[康熙]嶧縣 3/8
徐啟新(字左翼,號煥章)

（清・長山人）
［道光］濟南 55/25
［嘉慶］長山 8/5
長山縣鄉土志/耆舊錄
徐啟元（明・高唐人）
［乾隆］東昌 44/15
［嘉慶］東昌 34/14
［康熙十二年］高唐州 9/16
［康熙五十一年］高唐州 9/28
［道光］高唐州 5/2－24
［光緒］高唐州 5/2－40
［民國］高唐縣 12/82
徐肇修（清・魚臺人）
［光緒］魚臺 3/26
徐啟宇（字東侯）
（清・濰縣人）
［民國］濰縣志稿 30/33
徐海瀾（清・金鄉人）
［咸豐］金鄉縣志略 9/中列傳二 17
［民國］金鄉 14/6
徐海潤（字潮信）
（清・恩縣人）
［民國］重修恩縣 12/上 71
徐肇基（字梅生）
（廣饒人）
［民國］續修廣饒 28/13
徐肇顯（字宜菴）
（清・浙江山陰人）
［宣統］山東 75/33
［乾隆］泰安府 15/29
［乾隆二十五年］泰安縣 10/34
［乾隆四十七年］泰安縣 8/31
［道光］泰安縣 10/8
［民國］重修泰安縣 6/61
泰安縣鄉土志/政績 3
徐遵明（字子判）
（南北朝・華陰人）
［嘉靖］山東 34/4
［康熙］山東 48/3
［雍正］山東 31/13
［宣統］山東 162/23
［萬曆元年］兗州 42/11
［萬曆二十四年］兗州 37/31
［康熙］兗州 28/72
［乾隆］兗州 23/89
［乾隆］濟寧直隸州 26/4
［道光］濟寧直隸州 8/4－36
［康熙］滋陽 4/上 54
徐肇銘（字容齋，原名可選）
（清・陽穀人）
［光緒］陽穀 6/15
［民國］增修陽穀人物/仕宦 19，人物/文苑 5

40 **徐榜**（明・南直涇縣人，一作宛陵人）
［宣統］山東 71/1
［康熙］濟南 25/61
［道光］濟南 36/2
［崇禎］歷乘 16/41，16/63
［崇禎］歷城 6/14
徐賁（字幼文）
（明・郯城人）
［萬曆］沂州志 7/24
徐坊（字士言，號梧生）
（清・臨清人）
［民國］臨清縣/人物 19
［民國］濰縣志稿 32/37
徐吉（字孔修）
（明・濟寧人）
［康熙］濟寧州 7/28
［乾隆］濟寧直隸州 28/3
［道光］濟寧直隸州 8/4－43
徐吉（號可亭）
（清・淳安人）
［宣統］山東 200/17
［乾隆］濟寧直隸州 28/23
［道光］濟寧直隸州 8/4－48
徐奇（宋）
［民國］牟平 6/67
徐奇（明）
［宣統］山東 71/10
［道光］濟南 36/23
［康熙四十三年］長山 3/宦績
［康熙五十五年］長山 3/30
［嘉慶］長山 5/38
徐爽（宋）
［嘉靖］山東 26/25
［康熙］山東 34/6
［雍正］山東 27/45
［宣統］山東 68/45
［萬曆］東昌 18/24
［乾隆］東昌 33/20
［嘉慶］東昌 20/31
徐檀（清・城武人）
［道光］城武 9/下 6
徐大應（明・樂陵人）
［乾隆］樂陵 6/28
樂陵縣鄉土志 3/24
徐來庭（明・新城人）
［道光］濟南 51/3
［康熙］新城 8/5
［民國］重修新城 15/7
新城縣鄉土志/耆舊－明
徐來章（清・莒縣人）
［雍正］莒州 9/42
徐士龍（字騰潞）
（清・鉅野人）
［道光］鉅野 19/14
徐希龍（字夔咨）
（清・直隸宛平人）
［康熙］德平 3/5
［嘉慶］德平 5/20
［光緒］德平 5/12
徐克誠（字子慊）
（恩縣人）
［民國］重修恩縣 11/鄉賢 55，11/鄉賢 76
徐士訥（字恂若，一作詢之）
（清・淳安人）
［乾隆］濟寧直隸州 22/36
［道光］濟寧直隸州 6/7－73
徐圭璋（字珏亭）
（清・慶雲人）
［咸豐］慶雲 2/69
［民國三年］慶雲 2/53，2/94
徐希震（明・江西人）
［萬曆］青州 15/64
［康熙十五年］青州 15/64
［康熙四十八年］青州 15/僑寓 11
［崇禎］歷乘 16/67
徐友三（清・商河人）
［道光］商河 7/53

[民國]重修商河 9/19
徐大珩(清・鉅野人)
[民國]續修鉅野 5/上 21
徐大發(清・掖縣人)
[乾隆]掖縣 4/50
徐士廷(清・寧陽人)
[光緒]寧陽 15/47
徐志發(清・福山人)
[乾隆]福山 8/11
徐士瑄(字景薛)
(清・高密人)
[光緒]高密 8/上 68
[民國]高密 14/上 79
高密縣鄉土志/上 40
徐奇功(字震峰)
(明・曹縣人)
[光緒]曹縣 14/行誼 1
徐有功(唐・郯人)
[乾隆]沂州府 25/16
[乾隆]郯城 9/6
徐來聘(字楚和)
(明・泰安人)
[乾隆]泰安府 18/26
[乾隆二十五年]泰安縣 12/19
[乾隆四十七年]泰安縣 10/上 17
[道光]泰安縣 9/上 67
[民國]重修泰安縣 8/17
泰安縣鄉土志/耆舊 24
徐士行(字端方)
(清・臨朐人)
臨朐縣鄉土志 1/耆舊
徐士穎(清・恩縣人)
[雍正]恩縣續志 3/24
徐有仁(字堯夫)
(明・東平人)
[乾隆]東平州 11/12
徐有貞(字元武,初名理,字元玉)
(明・南直蘇州人)
[雍正]山東 27/12
[宣統]山東 70/3
[道光]濟南 35/12
[萬曆]濮州 4/雜記 4
[康熙]濟寧州 4/50
[乾隆]濟寧直隸州 22/6
[道光]濟寧直隸州 6/6－42
徐有山(清・滋陽人)
[光緒]滋陽 8/73
滋陽縣鄉土志 1/耆舊－名將
[光緒]鄒縣續志 11/中 16,12/中 1
鄒縣鄉土志耆舊錄/26
徐有俊(清・臨汾人)
[乾隆]嶧縣 7/42
徐克岐(字茂生,號右釁)
(清・金鄉人)
[道光]濟南 38/25
[康熙五十一年]金鄉 11/19
[乾隆]金鄉 18/69
[咸豐]金鄉縣志略 9/中列傳二 3
[民國]金鄉 13/15
徐培德(清・膠州人)
[乾隆]膠州 5/30
[道光]重修膠州 29/20
[民國]增修膠志 45/6
膠州直隸州鄉土志 4/篤行
徐有德(明・陝西靜寧人)
[萬曆]東昌 18/43
[嘉靖]濮州 7/22
[萬曆]濮州 3/名宦 35
[嘉靖]朝城志 5/10
[康熙]朝城 7/12
朝城縣鄉土志/4
徐九皋(字遠卿)
(明・餘姚人)
[宣統]山東 71/41
[康熙]濟南 25/44
[乾隆]武定府 16/17
[咸豐]武定府 19/陽信 2
[康熙]陽信 7/27
[乾隆]陽信 5/29
信邑志稿 5/宦蹟
[民國]陽信 2/56
陽信縣鄉土志上/政績－興利
徐九峰(清・汶上人)
[宣統]四續汶上稿/人物－施濟傳
徐壽名(字介堂,號眉洲,別號笠農)
(清・江都人)
[光緒]增修登州 40/4
[道光]重修蓬萊 13/傳 25
徐克倫(清・淄川人)
[宣統]三續淄川 9/96
徐大賓(清・臨淄人)
[康熙]臨淄 9/25
徐大容(字筱山,一作小山)
(清・江蘇金匱人)
[光緒]鄆城 6/13
鄆城縣鄉土志/政績錄－除害
[宣統]三續淄川 9/45
徐克容(清・恩縣人)
[宣統]重修恩縣 8/94
徐來賓(明・新城人)
[道光]濟南 51/3
[民國]重修新城 15/8
徐志達(字彥方)
(清・膠州人)
膠州直隸州鄉土志 4/文學
徐吉祥(字錦堂,號雲庵)
(清・高唐人)
[民國]高唐縣 12/89
徐士吉(清・海陽人)
[光緒]增修登州 46/9
[乾隆]海陽 6/20
徐友直(字質君)
(清・膠州人)
[道光]重修膠州 30/6
[民國]增修膠志 47/6
膠州直隸州鄉土志 4/藝術
徐大榕(字向之)
(清・江蘇武進人,一作陽湖人)
[宣統]山東 75/32
萊州府鄉土志/上 28
徐培基(字泰維)
(明・郯城人)
[康熙]郯城 8/11
[嘉慶]續修郯城 10/29
徐培基(字養樸)
(清・河間貢生)
[民國]高唐縣 9/5－9

徐士林(字式孺)
(清・文登人)
[宣統]山東 176/4
[光緒]增修登州 39/43
[雍正]文登 7/4
[道光]文登 5/5
[光緒]文登 9/上 3-4
徐來賀(清・莘縣人)
[民國]莘縣 7/31
徐大鶴(字鳴臯)
(清・蓬萊人)
[光緒]增修登州 43/6
[道光]重修蓬萊 9/27
[民國]蓬萊縣志合編人物志/孝友
徐士楹(清・文登人)
[光緒]增修登州 39/44
徐希增(字仲儒)
(清・長清人)
[道光]濟南 56/47
[道光]長清 12/26
[民國]齊河 23/71
徐有幹(字慶年)
(清・陽穀人)
[民國]增修陽穀人物/師道 24
徐培成(字茂生)
(清・汶上人)
[宣統]四續汶上稿/人物-施濟傳
徐在邦(字聞達)
(清・諸城人)
[道光]諸城縣續志 19/13
徐吉昌(清・高唐人)
[民國]高唐縣 12/26
徐九思(明・貴溪人)
[雍正]山東 27/15
[道光]濟南 72/20
徐克昌(元・秦臺人)
[康熙九年]城武 2/30
[康熙四十一年]城武 3/下治績 1
[道光]城武 6/31
徐嘉嗣(明・臨淄人)
[康熙十五年]青州 17/又 5
[康熙四十八年]青州 17/方技 6
[康熙]臨淄 10/8
[民國]臨淄 30/36
徐克明(清・臨淄人)
[民國]臨淄 30/38
徐克明(字龍光)
(清・諸城人)
[光緒]增修諸城縣續志/文苑補遺 1
徐士雅(字淡如)
(明・長清人)
[康熙]濟南 38/18
[道光]濟南 52/23
[康熙]長清 9/67
[道光]長清 11/18
徐士駿(字履貞)
(恩縣人)
[民國]重修恩縣 11/鄉賢 38
徐克助(清・東平人)
[光緒]東平州 15/中 43
[民國]東平縣 11/中 12
徐大用(字器之)
(清・鐵嶺人)
[雍正]山東 27/98
[宣統]山東 74/57
[康熙]萊州 8/41
[乾隆]萊州 9/30
萊州府鄉土志/上 24
[康熙]膠州 6/1
[乾隆]膠州 4/16
[嘉慶]續掖縣 2/15
徐九同(字盛友)
(清・茌平人)
[民國]茌平 3/59
徐士開(清・德平人)
[道光]濟南 56/87
[嘉慶]德平 7/18
[光緒]德平 7/17
徐士銘(字公監)
(明・嶧縣人)
[乾隆]嶧縣 8/19
[光緒]嶧縣 21/鄉賢 64
徐士銘(字警盤)
(清・滕縣人)
[宣統]滕縣續志稿 4/66
[民國]續滕縣志 2/13
徐克敏(字紹勤)
(清・掖縣人)
[民國]四續掖縣 4/63
徐友竹(清・膠州人)
[民國]增修膠志 44/16
膠州直隸州鄉土志 4/孝友
徐吉堂(清・鄒縣人)
[光緒]鄒縣續志 12/中 5
41 **徐標**(字準明,號鶴州)
(明・濟寧人)
[康熙]山東 40/63
[雍正]山東 28/人物三 68
[宣統]山東 164/32
[乾隆]兗州 23/52
[乾隆]東昌 39/42
[嘉慶]東昌 29/20
[乾隆]曹州府 16/15
[康熙]濟寧州 7/4
[乾隆]濟寧直隸州 26/30
[道光]濟寧直隸州 8/2-43
濟寧州鄉土志 2/耆舊
[康熙四十一年]城武 5/下流寓 1
[道光]城武 9/下 49
徐杆(清・蓬萊人)
[道光]重修蓬萊 9/10,9/20
[民國]蓬萊縣志合編人物志/鄉賢
徐桓(字翩柯,號梅岑)
(清・城武人)
[道光]城武 9/下 6
42 **徐彬**(字文中)
(明・嘉祥人)
[道光]濟寧直隸州 8/2-54
[順治]嘉祥 4/30
[乾隆]嘉祥 3/20
[光緒]嘉祥 3/20
徐杆(清・蓬萊人)
[宣統]山東 176/17
[光緒]增修登州 39/5
[民國]蓬萊縣志合編人物志/鄉賢,人物志/仕績
徐彭齡(清・恩縣人)
[宣統]重修恩縣 7/51
43 **徐越**(明・菏澤人)
[康熙]曹州志 16/2

［光緒］菏澤 16/1
［光緒］新修菏澤 10/35
徐戴堯（清・諸城人）
［光緒］增修諸城縣續志 15/7
徐式圜（字允躋）
（清・鄆城人）
［康熙］鄆城 6/20
44 **徐莘**（字元伯）
（清・順天人）
［乾隆］東昌 40/27
［乾隆］臨清直隸州 8/下 67
［民國］臨清縣/人物 10
徐杜（清・諸城人）
［光緒］增修諸城縣續志 16/18
徐芳（明・蓬萊人）
［泰昌］登州 11/36
［順治］登州 17/13
［光緒］增修登州 43/5
［康熙］蓬萊 5/孝友 21
［道光］重修蓬萊 9/24
［民國］蓬萊縣志合編人物志/孝友
徐芳（字德馨）
（清・莒縣人）
［乾隆］沂州府 26/28
［雍正］莒州 9/39
［民國］重修莒志 65/4
徐恭（明・蒙陰人）
［萬曆］青州 13/53，14/50
［康熙十五年］青州 13/53，14/50
［康熙四十八年］青州 13/事功 36，14/儒行 7
［康熙六十年］青州 15/9
［康熙十一年］蒙陰 2/36
徐桂（清・諸城人）
［道光］諸城縣續志 19/13
徐華（三國・安丘人）
［萬曆］安丘 27/57
［康熙］杞紀 18/24
徐劫（周・盧人）
［道光］濟南 45/7
徐懋（清・諸城人）
［光緒］增修諸城縣續志 16/18
徐苗（字叔胄）
（晉・高密淳于人）
［至元］齊乘 6/13
［嘉靖］山東 33/4
［康熙］山東 44/4
［雍正］山東 28/人物一 35
［宣統］山東 162/17
［咸豐］青州 39/12
［萬曆］萊州 5/89
［康熙］萊州 10/75
［乾隆］萊州 10/4
［萬曆］安丘 18/10
［康熙］杞紀 18/24
安丘縣鄉土志 8/耆舊錄 5
［康熙］高密 8/27
高密縣鄉土志/上 42
［民國］昌樂縣續志 30/4
徐蔚（字人文）
（清・莒縣人）
［嘉慶］莒州 10/9
［民國］重修莒志 65/13
徐蔚（字季修）
（清・諸城人）
［光緒］增修諸城縣續志/孝義補遺 3
徐英（明・諸城人）
［萬曆］青州 13/51
［康熙十五年］青州 13/51
［康熙四十八年］青州 13/事功 34
［萬曆］諸城 7/16
［康熙］諸城 7/14
［乾隆］諸城 30/2
徐萬言（清・長山人）
［康熙五十五年］長山 6/37
［嘉慶］長山 9/9
徐恭新（清・長山人）
［道光］濟南 55/36
［嘉慶］長山 10/20
徐萬平（字晏如）
（清・高唐人）
［民國］高唐縣 12/53
徐夢熊（清・蘭山人）
［宣統］山東 173/2
［乾隆］沂州府 25/31
［民國］臨沂 10/15
徐世仁（清・新城人）
［宣統］新城縣後志 3/孝友
［民國］重修新城 17/4
新城縣鄉土志/耆舊－清
徐樹勳（字黼臣）
（清・蓬萊人）
［民國］蓬萊縣志合編人物志/孝友
徐世傑（字俊卿）
（清・莒縣人）
［民國］重修莒志 65/34
徐世和（字卓庵）
（清・壽光人）
［民國］壽光 12/人物志一 85
徐茂修（東平人）
［民國］東平縣 11/上 25
徐若魯（清・齊河人）
［民國］齊河 23/71
徐夢齡（清・無棣人）
［民國］無棣 13/20
徐芳秋（字善香）
（清・汶上人）
［宣統］四續汶上稿/人物－文學傳
徐蕃實（字桂林）
（清・東平人）
［光緒］東平州 15/下 44
［民國］東平縣 11/下 16
徐堪之（字孝源）
（南北朝・東海郯人）
［萬曆元年］兗州 41/27
徐萬甯（清・濟寧人）
［道光］濟寧直隸州 8/4－18
徐芳洲（字蘭汀）
（清・鉅野人）
［民國］續修鉅野 5/上 7
徐蔭溥（字梅坪）
（清・清平人）
［宣統］增輯清平 12/53
［民國］清平/人物 34
清平縣鄉土志/耆舊
徐華清（字際唐）
（清・臨淄人）
［宣統］山東 175/17
［民國］臨淄 21/51

臨淄縣鄉土志/耆舊錄
徐萬凝(清・濟寧州人)
[宣統]山東 172/45
徐世雄(元)
[宣統]山東 69/21
[康熙]濟南 25/19
[道光]濟南 34/34,72/20
[康熙]淄川 4/8
[乾隆]淄川 4/8
徐世雄(元・高唐人)
[道光]高唐州 5/1－8
徐孝克(南北朝・東海郯人)
[嘉靖]山東 30/31
[康熙]山東 40/32
[雍正]山東 28/人物一 50
[宣統]山東 165/4
[萬曆元年]兗州 40/孝友 4
[萬曆二十四年]兗州 33/29
[康熙]兗州 26/27
[萬曆]沂州志 7/12
[乾隆]沂州府 26/7
[康熙]郯城 7/4
[乾隆]郯城 9/13,12/35
徐蘭桂(清・蘭山人)
[宣統]山東 173/15
徐蔭菖(字薌蘅)
(清・清平人)
[宣統]增輯清平 12/53
[民國]清平/人物 34
徐藹如(字吉岑)
(明・新城人)
[道光]濟南 51/3
[宣統]新城縣後志 3/隱逸
[民國]重修新城 15/10
徐芳桐(字葉封)
(清・濟陽人)
[民國]濟陽 11/59
徐夢起(鉅野人)
[民國]續修鉅野 5/上 12
徐世恩(字惠菴)
(清・膠州人)
[道光]濟南 38/46
[乾隆]德州 8/17
[民國]德縣 9/13
[道光]重修膠州 27/32
[民國]增修膠志 41/24
膠州直隸州鄉土志 4/事功
徐芝田(字華谷)
(清・滕縣人)
[宣統]滕縣續志稿 3/28
[民國]續滕縣志 2/11
滕縣鄉土志/30
徐孝嗣(字始昌)
(南朝齊・東海郯人)
[嘉靖]山東 30/26
[康熙]山東 40/28
[雍正]山東 28/人物一 43
[萬曆元年]兗州 41/16
[萬曆]沂州志 6/74
[康熙]沂州志 5/45
[乾隆]沂州府 25/14
[康熙]郯城 7/8
[乾隆]郯城 9/4,12/35
徐世隆(字威卿)
(元・陳州西華人)
[嘉靖]山東 25/9
[康熙]山東 31/11,34/7
[雍正]山東 27/46
[宣統]山東 69/15,69/25
[道光]濟南 34/26
[萬曆二十四年]兗州 28/18
[康熙]兗州 22/18
[乾隆]泰安府 14/32
[萬曆]東昌 18/26
[乾隆]東昌 33/22
[嘉慶]東昌 20/34
[乾隆]東平州 12/29
[道光]東平州 12/29
[光緒]東平州 14/29
[民國]東平縣 9/15
徐世隆(號復齋)
(元・東平人)
[嘉靖]山東 26/26
[雍正]山東 30/18
[康熙]東平州 4/59
[乾隆]東平州 15/42
[道光]東平州 15/42
[光緒]東平州 15/下 72
[乾隆二十五年]泰安縣 12/41
[乾隆四十七年]泰安縣卷之末/13
[道光]泰安縣卷之末/13
[民國]重修泰安縣 10/71
徐萬且(漢・即墨人)
[道光]重修平度州 17/4
平度鄉土志 4 下/學問
[乾隆]即墨 9/29
[同治]即墨 9/41
徐蔭周(字堇原)
(清・德平人)
[民國]德平縣續志 6/7
徐蔭鎬(字繼武)
(清・德平人)
[民國]德平縣續志 6/6
徐懋猷(清・臨清人)
[乾隆]東昌 43/20
[乾隆]臨清州 9/56
[乾隆]臨清直隸州 8/上 45
[民國]臨清縣/人物 58
徐若敏(號文海)
(明・曹縣人)
[康熙]兗州府曹縣 13/54
[光緒]曹縣 13/51
徐蔭棠(字憩南)
(清・清平人)
[宣統]增輯清平 12/53
[民國]清平/人物 34
清平縣鄉土志/耆舊
45 **徐楝**(字梁卿)
(清・諸城人)
[道光]諸城縣續志 19/4
徐枘(明・泰安人)
[乾隆二十五年]泰安縣 12/22
[乾隆四十七年]泰安縣 10/上 17
[道光]泰安縣 9/上 67
[民國]重修泰安縣 8/17
泰安縣鄉土志/耆舊 24
徐榛(字荃齋)
(清・慶雲人)
[民國三年]慶雲 2/103
徐榛(字誰西)
(清・招遠人)
[道光]招遠縣續志 3/16
徐棣林(字鄂齋)
(清・濰縣人)

［民國］濰縣志稿 30/41
46 徐坦(清・蓬萊人)
［康熙］陽穀 2/28
［光緒］陽穀 4/20
徐相純(字崇素,別號鈍翁)
(清・在平人)
［民國］在平 3/59
徐旭齡(字元文,號畯菴,一作敬菴)
(清・浙江錢塘人)
［雍正］山東 27/96
［宣統］山東 74/12
［康熙］濟南 26/4
［道光］濟南 37/10
［康熙六十年］青州 12/40
徐柏林(清・壽張人)
［光緒］壽張 7/31
47 徐超(字右班)
(清・寧陽人)
［咸豐］寧陽 15/32
［光緒］寧陽 15/52
徐超(字鳳章)
(清・夏津人)
［乾隆］東昌 40/39
［乾隆］夏津 8/16
徐鶴(清・萊陽人)
［光緒］增修登州 41/49
［乾隆］海陽 6/19
［民國］萊陽 3/1 中 32
徐起(字豫之)
(宋・濮州鄄城人)
［嘉靖］山東 26/11,31/19
［康熙］山東 33/13,41/16
［雍正］山東 28/人物二 35
［宣統］山東 157/27,161/18
［萬曆元年］兗州 38/循吏 30
［萬曆二十四年］兗州 28/5
［康熙］兗州 22/5
［乾隆］兗州 22/12
［萬曆］東昌 19/34
［乾隆］曹州府 14/26
［嘉靖］濮州 5/27
［萬曆］濮州 3/鄉賢 28
［康熙］濮州 3/59
［乾隆］濮州 3/60
［宣統］濮州 4/66
徐起(字立行)
(清・蒲臺人)
蒲臺縣鄉土志/16
徐瑴(戰國・齊人)
［康熙］濟南 48/1
［道光］濟南 72/24
［康熙］長清 9/68
［道光］長清 13/1
徐瑴(字文濟)
(明・長清人)
［道光］濟南 52/22
［康熙］長清 9/69
［道光］長清 13/2
徐垠(見徐琅)
徐朝亮(字嚴六)
(清・文登人)
［光緒］文登 9/上 3－15
徐鶴立(字卓菴)
(清・莒縣人)
［民國］重修莒志 65/30
徐朝元(明・汲縣人)
［萬曆］商河 5/23
［道光］商河 5/28
［民國］重修商河 6/66
商河縣鄉土志 1/政績
徐起元(字望仁)
(明・遼陽人)
［道光］濟南 36/23
［乾隆］淄川 4/20
徐起元(字貞軒)
(清・牟平人)
［民國］牟平 7/22
徐鶴羣(一名昂霄,字駿千)
(清・莒縣人)
［民國］重修莒志 65/31
徐懿德(字詩苔)
(清・鄒縣人)
［民國］續修鄒縣志稿/人物－耆舊
鄒縣鄉土志耆舊錄/21
徐朝陽(字東旭)
(恩縣人)
［民國］重修恩縣 11/鄉賢 38
48 徐幹(字偉長)
(三國・北海劇人)
［嘉靖］山東 33/3
［康熙］山東 44/3
［雍正］山東 28/人物一 27
［宣統］山東 163/3
［嘉靖］青州 15/33
［萬曆］青州 14/45
［康熙十五年］青州 14/45
［康熙四十八年］青州 14/儒行 2
［康熙六十年］青州 15/5
［萬曆］萊州 5/87
［康熙］萊州 10/70
［乾隆］萊州 11/文學 1
萊州府鄉土志/下 24
［萬曆］濰縣 8/7
［康熙］濰縣 5/人物 6
［乾隆］濰縣 4/25
濰縣鄉土志/42
［康熙］壽光 22/1
［嘉慶］壽光 14/16
［民國］壽光 12/人物志二 1
壽光縣鄉土志/耆舊
［嘉慶］昌樂 25/2
［民國］昌樂縣續志 26/1
徐翰(明・睢州貢生)
［道光］觀城 6/22
徐敬(明・新城人)
［天啟］新城 7/進士
［崇禎］新城 7/進士
徐松(字汝節)
(明・長清人)
［康熙］濟南 45/5
［道光］濟南 52/22
［康熙］長清 9/60
［道光］長清 11/15
徐敷(宋・鄒縣人)
［康熙十二年］鄒縣志 2/44
［康熙五十五年］鄒縣志 2/66
［民國］續修鄒縣志稿/人物－耆舊
鄒縣鄉土志耆舊錄/13
徐敬齋(字心一)
(清・寧陽人)
［光緒］寧陽 15/34
徐敬業(唐・曹州離狐人)
［雍正］山東 28/人物二 6

［萬曆二十四年］兗州 34/9
［康熙］兗州 26/42
［康熙］曹州志 15/38
［光緒］菏澤 15/39
徐松年（字貞甫）
（明・曹縣人）
［康熙］兗州府曹縣 13/27
［光緒］曹縣 13/26
50 **徐表**（字龍章）
（明・新城人）
［宣統］新城縣後志 2/善行
新城縣鄉土志/耆舊－明
徐擿（字士秀）
（南北朝・東海郯人）
［嘉靖］山東 30/30
［康熙］山東 40/32
［雍正］山東 28/人物一 49
［宣統］山東 163/10
［萬曆二十四年］兗州 33/23
［康熙］兗州 26/22
［萬曆］沂州志 7/11
［乾隆］沂州府 25/14
［康熙］郯城 7/4
［乾隆］郯城 9/5
徐申（字健吾）
（明・景州人）
［咸豐］青州 36/25
［康熙］壽光 20/3
［嘉慶］壽光 10/24
［民國］壽光 6/15
徐推（明・長山人）
［康熙］濟南 41/14
［道光］濟南 72/40
徐本立（清・大興人）
［乾隆］泰安府 15/33
［康熙］東平州續志 4/2
［乾隆］東平州 12/41
［道光］東平州 12/41
［光緒］東平州 14/41
［民國］東平縣 9/22
徐忠許（字太愫）
（清・霑化人）
［乾隆］武定府 24/10
［咸豐］武定府 24/清介 10
［光緒］霑化 7/23
［民國］霑化 2/26
徐奉璞（清・諸城人）
［光緒］增修諸城縣續志 15/6
徐東漸（明・齊河人）
［萬曆］青州 12 又/又 13
［康熙十五年］青州 12 又/又 13
［康熙四十八年］青州 12 又/又 13
［康熙六十年］青州 12/38
［咸豐］青州 36/39
［萬曆］諸城 4/36
［乾隆］諸城 28/9
徐奉祿（清・歷城人）
［民國］續修歷城 44/15
徐本榦（字立齋）
（清・曹縣人）
［光緒］曹縣 14/行誼 18
徐中晟（字晶岩）
（臨沂人）
［民國］霑化卷首/11，4/職官 41
徐本令（字善亭）
（清・膠州人）
［民國］增修膠志 44/19
徐書年（字佩琴）
（清・鄒縣人）
［民國］續修鄒縣志稿/人物－耆舊
51 **徐輻**（字仲達）
（清・掖縣人）
［道光］再續掖縣上/61
徐振（清・膠州人）
［乾隆］萊州 11/孝義 9
［乾隆］膠州 5/9
［道光］重修膠州 29/3
［民國］增修膠志 44/2
膠州直隸州鄉土志 4/孝友
徐振文（號理鉉）
（清・汶上人）
［康熙］兗州續編 16/29
［乾隆］兗州 23/68
［康熙］續修汶上 4/人物 10
徐振強（字健亭）
（清・德平人）
［民國］德平縣續志 6/1
徐振先（字公麟）
（清・齊河人）
［道光］濟南 56/3
［雍正］齊河 6/28
［民國］齊河 23/30，33/35
徐振甸（字禹田）
（清・淄川人）
［宣統］三續淄川 9/63
徐振宗（字敦卿）
（清・高密人）
［民國］高密 14/上 59
徐振清（字澄源）
（清・德平人）
［光緒］德平 7/21
德平縣鄉土志/耆舊錄
徐振清（清・恩縣人）
［宣統］重修恩縣 8/48
［民國］重修恩縣 11/鄉賢 68
恩縣鄉土志/20
徐振芳（字太拙）
（明・樂安人）
［康熙］山東 45/17
［雍正］山東 28/人物三 67
［宣統］山東 163/35
［康熙十五年］青州 14/60
［康熙四十八年］青州 14/儒行 17
［康熙六十年］青州 18/6
［咸豐］青州 46/8
［雍正］樂安 12/11
［民國］樂安 10/12
［光緒］日照 8/52
［民國］續修廣饒 19/23，21/1，24/28
52 **徐援**（字扶翰）
（清・膠州人）
膠州直隸州鄉土志 4/事功
徐哲（字晦夫）
（明・汶上人）
［萬曆］汶上 6/9
徐靜埜（字莘軒）
（清・鉅野人）
［民國］續修鉅野 5/上 31，7/下德望碑又 2，7/下德望碑又 3，7/下德望碑又 4

53 **徐成**(明・陽穀人)
[光緒]陽穀 9/6
[民國]增修陽穀人物/仕宦 12
徐盛(字文嚮)
(三國・琅邪莒人)
[至元]齊乘 6/14
[嘉靖]山東 32/5
[雍正]山東 28/人物一 32
[宣統]山東 154/28
[嘉靖]青州 14/7
[萬曆]青州 13/30
[康熙十五年]青州 13/30
[康熙四十八年]青州 13/事功 13
[康熙六十年]青州 16/5
[乾隆]沂州府 25/6
[康熙]莒州下/33
[雍正]莒州 9/15
[嘉慶]莒州 9/7
[民國]重修莒志 59/18
徐咸(宋)
[順治]新泰 5/7
徐成文(明・江西人)
[乾隆]東平州 12/34
[道光]東平州 12/34
[光緒]東平州 14/34
徐輔廷(字君弼)
(清・齊河人)
[民國]齊河 23/15
徐成琰(清・汶上人)
[康熙]續修汶上 4/孝義 6
徐成兒(明・諸城人)
[咸豐]青州 43/4
[乾隆]諸城 39/2
諸城縣鄉土志/上 42
55 **徐捷三**(字勛臣)
(清・高唐人)
[民國]高唐縣 12/53
57 **徐招**(字思賢)
(南北朝・高平金鄉人)
[宣統]山東 155/34
[乾隆]曹州府 14/11
[萬曆]鉅野 7/13
[康熙]鉅野 11/10
[道光]鉅野 12/8
[民國]金鄉 13/7
徐邦寧(明・觀城人)
[康熙]觀城 4/9
徐邦達(清・高唐人)
[光緒]高唐州 5/2－32
[民國]高唐縣 12/13
徐邦用(字仁源)
(明・臨沂人)
[康熙]沂州志 6/10
[乾隆]沂州府 26/11
[民國]臨沂 10/48
59 **徐攜**(字扶青)
(清・膠州人)
[乾隆]膠州 5/18
[道光]重修膠州 27/20
[民國]增修膠志 41/15
膠州直隸州鄉土志 4/事功
60 **徐晃**(北魏・東陽平人)
[光緒]莘縣 5/2
[民國]莘縣 3/1
徐曠(字文遠)
(隋・東海郯人)
[雍正]山東 28/人物二 1
[乾隆]沂州府 27/3
[乾隆]郯城 9/6
徐冕(字服周)
(清・招遠人)
[光緒]增修登州 43/26
[道光]招遠縣續志 3/7
徐昇(明・江西豐城人)
[宣統]山東 71/48
[乾隆]武定府 16/47
[咸豐]武定府 19/蒲臺 1
徐晟(號歎菴)
(清・郯城人)
[乾隆]郯城 11/補編 31
徐思(明・新泰人)
[天啟]新泰 6/12
徐田(字若木)
(清・諸城人)
[咸豐]青州 47/5
[乾隆]諸城 36/11
徐圖(字君猷)
(明・掖縣人)
[乾隆]掖縣 3/45
[道光]再續掖縣上/48
徐晏(字孟平)
(漢・泰山剛人)
[光緒]寧陽 12/18
徐暐(清・恩縣人)
[宣統]重修恩縣 8/31
[民國]重修恩縣 11/鄉賢 33
恩縣鄉土志/21
徐昌文(清・齊河人)
[道光]濟南 56/6
[雍正]齊河 8/18
[民國]齊河 26/6
徐國詔(字承憲,號南洲,又號耐軒)
(清・曲阜人)
[民國]續修曲阜 5/16
徐國平(字治堂)
(清・恩縣人)
[宣統]重修恩縣 7/48
徐國璋(字奉公)
(清・長清人)
[道光]濟南 56/51
[道光]長清 13/6
徐國璋(清・泰安人)
[道光]泰安縣 9/上 86
[民國]重修泰安縣 8/40
徐昌琦(字盛如)
(清・長山人)
[道光]濟南 55/26
[嘉慶]長山 9/23
徐國弼(字賓良)
(清・汶上人)
[康熙]兗州續編 16/29
[乾隆]兗州 23/67
[康熙]續修汶上 4/人物 10
徐國珍(清・貴州貴陽人)
[宣統]山東 75/18
[道光]濟南 38/28
[康熙]新修齊東 4/18
[民國]齊東 3/62
齊東縣鄉土志/政績錄 3
徐國政(字伯詩)
(清・定陶人)
[民國]定陶 6/55
徐景舜(清・齊河人)
[民國]齊河 26/22
徐思信(字原修)

（清・城武人）
［道光］城武 9/下 23
徐思禹（字仲華）
（清・陽信人）
［民國］陽信 5/文學 13
陽信縣鄉土志上/耆舊－學問
徐日升（字孟明,一字海樹）
（明・長山人）
［康熙］山東 39/31
［雍正］山東 28/人物三 63
［宣統］山東 161/55
［康熙］濟南 42/18
［道光］濟南 50/46
［康熙四十三年］長山 5/仕業
［康熙五十五年］長山 6/7
［嘉慶］長山 7/8
長山縣鄉土志/耆舊錄
徐景皋（字蒲亭）
（清・高唐人）
［民國］高唐縣 12/91
徐國賓（清・萊陽人）
［民國］萊陽 3/1 中 68
徐國祺（字明士）
（清・夏津人）
［民國］夏津續編 8/29
徐景達（字鑑泉,又號成章）
（清・高唐人）
［民國］高唐縣 12/25
徐思迪（清・高唐人）
［光緒］高唐州 5/2－38
［民國］高唐縣 12/48
徐圓朗（隋・兗州人）
［嘉靖］山東 33/28
［萬曆元年］兗州 41/外傳 18
［萬曆二十四年］兗州 37/35
［康熙］兗州 28/76
徐墨海（字崑隅）
（清・德平人）
［民國］德平縣續志 6/5
徐昌葵（字果如）
（清・長山人）
［道光］濟南 55/27
徐國華（明・奉新人）
［萬曆］蒲臺志 8/15
［康熙］重修蒲臺 5/18
［乾隆］蒲臺 2/44
徐思恭（清・郯城人）
［嘉慶］續修郯城 7/20
徐甲相（字季卜）
（清・滕縣人）
［民國］續滕縣志 2/10
徐景東（字魯山）
（清・濰縣人）
［民國］濰縣志稿 30/24
徐星照（字辰居）
（清・茌平人）
［乾隆］東昌 41/9
［嘉慶］東昌 33/8
［宣統］茌平 12/4
徐景鳳（字丹峰）
（清・高唐人）
［光緒］高唐州 5/2－37
［民國］高唐縣 12/88
徐景尼（清・觀城人）
觀城縣鄉土志/耆舊
徐景學（明・濮州人）
［康熙］濮州續志下/21
［宣統］濮州 6/55
徐思學（字崇志）
（明・蘇州人）
［康熙］曹州志 15/19
［乾隆］曹州府 15/5
［光緒］菏澤 15/18
［光緒］新修菏澤 10/20
菏澤縣鄉土志/18
61 **徐曜**（清・城武人）
［康熙］兗州續編 16/15
［康熙四十一年］城武 5/上懿行 12
［道光］城武 9/下 15
徐旺梅（字靖亭）
（清・長山人）
［道光］濟南 55/27
［嘉慶］長山 9/24
徐顯明（清・恩縣人）
［雍正］恩縣續志 3/30
［宣統］重修恩縣 7/50
62 **徐則**（南北朝・東海郯人）
［至元］齊乘 6/18
［嘉靖］山東 34/11
［康熙］山東 47/3
［雍正］山東 28/人物一 61,30/7
［宣統］山東 167/8,200/23
［萬曆元年］兗州 46/6
［萬曆二十四年］兗州 52/22
［萬曆］沂州志 7/74
［乾隆］沂州府 27/9
［乾隆］郯城 9/17
64 **徐時霑**（清・會稽人）
［乾隆］臨清州 12/10
［乾隆］臨清直隸州 8/上 85
65 **徐映淮**（字桐昭）
（清・單縣人）
［民國］單縣 9/83
徐映蘭（字臨書）
（清・陽信人）
［民國］陽信 5/孝友 57
陽信縣鄉土志上/耆舊－事業
67 **徐明謨**（字惠可）
（清・高密人）
［光緒］高密 8/上 41
［民國］高密 14/上 44
高密縣鄉土志/上 37
徐昭琳（字鑒泉）
（清・東平人）
［民國］東平縣 11/上 20
徐鳴珮（清・單縣人）
［雍正］山東 28/人物四 46
［宣統］山東 173/27
［康熙］兗州續編 16/17
［乾隆］曹州府 15/23
［康熙］單縣 7/10
［乾隆］單縣 6/19
［民國］單縣 9/46
徐嗣愛（字允德）
（明・郯城人）
［嘉慶］續修郯城 10/29
徐路修（清・臨淄人）
［民國］臨淄 22/65
徐明河（清・陽穀人）
［民國］增修陽穀人物/善行 46
徐暉吉（號羲上）
（明・歷城人）

［道光］濟南 49/42
［崇禎］歷城 10/19
［乾隆］歷城 41/10
徐鳴陽（明・浙江建德人）
［萬曆］東昌 18/39
［乾隆］東昌 35/2
70 **徐防**（字謁卿）
（漢・沛國銍人）
［宣統］山東 66/25
徐辟（戰國）
［嘉靖］山東 24/12
［萬曆元年］兗州 7/75
［萬曆］鄒志 1/47
徐雅範（字模亭）
（清・寧陽人）
［光緒］寧陽 13/72
71 **徐原**（元・壽光人）
［民國］壽光 12/人物志二 41
徐長龍（清・長清人）
［民國］長清 13/11
徐階生（清平人）
［民國］清平/人物 86
徐既同（明・昌邑人）
［乾隆］昌邑 6/170
徐長銀（字漢卿）
（清・東平人）
［民國］東平縣 11/上 20
72 **徐岳**（字公河）
（三國・掖縣人）
萊州府鄉土志/下 28
［乾隆］掖縣 4/56,8/3
74 **徐陵**（字孝穆）
（南北朝・東海郯人）
［嘉靖］山東 30/31
［康熙］山東 40/32
［雍正］山東 28/人物一 50
［宣統］山東 163/11
［萬曆二十四年］兗州 33/27
［康熙］兗州 26/26
［萬曆］沂州志 7/12
［乾隆］沂州府 27/5
［康熙］郯城 7/9
［乾隆］郯城 9/5
77 **徐鳳**（漢・北海人）
［萬曆］青州 14/34
［康熙十五年］青州 14/34
［康熙四十八年］青州 14/隱逸 8
徐貫（明・昌邑人）
［康熙］昌邑 6/4
徐鵬（明・曹縣人）
［康熙］兗州府曹縣 13/19
［光緒］曹縣 13/18
徐卿（明・建昌衞人）
［萬曆］泗水 4/10
［順治］泗水 4/10
［光緒］泗水 4/3
［光緒］泗水縣鄉土志/7
徐問（字用中）
（明・南直武進人）
［雍正］山東 27/65
［宣統］山東 73/20
［泰昌］登州 9/27
［順治］登州 11/15
［光緒］增修登州 25/9
徐興（宋・青州人）
［嘉靖］山東 32/12
［康熙］山東 42/12
［嘉靖］青州 15/46
［萬曆］青州 15/20
［康熙十五年］青州 15/20
［康熙四十八年］青州 15/武功 7
［康熙六十年］青州 16/45
［咸豐］青州 41/3
［光緒］益都縣圖志 32/2
徐興（明・合肥人）
［萬曆］諸城 4/42
徐丹亭（字次霄）
（清・鄒平人）
［民國］鄒平 15/127
徐用方（明・濱州人）
［乾隆］武定府 24/21
［咸豐］武定府 24/循良 11
［康熙］濱州 7/5
［咸豐］濱州 10/7
濱州鄉土志/耆舊錄
徐履端（字北陽）
（清・鄒縣人）
鄒縣鄉土志耆舊錄/17
徐學詩（字聖可）
（清・膠州人）
膠州直隸州鄉土志 4/文學
徐貫一（字恕堂）
（清・濟寧人）
［道光］濟寧直隸州 6/7－83,8/4－23
濟寧州鄉土志 2/耆舊
徐際平（字星階）
（清・濰縣人）
［民國］濰縣志稿 28/42
徐際雲（字梯青）
（清・濰縣人）
［民國］濰縣志稿 30/46
徐興可（清・臨清人）
［民國］臨清縣/人物 89
徐學采（清・臨清人）
［民國］臨清縣/人物 16
徐印綬（字紫服）
（清・歷城人）
［民國］續修歷城 43/1
徐殿魁（清・陽穀人）
［民國］增修陽穀人物/武功 15
徐殿傑（清・諸城人）
［光緒］增修諸城縣續志 15/4
徐關寶（清）
［光緒］蓬萊縣續志 6/文秩 1
徐民安（字敬修）
（清・曹縣人）
［光緒］曹縣 14/行誼 27
徐興遠（清・城武人）
［道光］城武 14/1
徐風清（字泛芷）
（清・諸城人）
［光緒］增修諸城縣續志/文苑補遺 1
徐殿選（字文元）
（清・齊河人）
［民國］齊河 23/80
徐際鴻（字實秋）
（清・河南羅山廩貢生）
高密縣鄉土志/上 12
徐民治（清・單縣人）
［乾隆］單縣 7/34
［民國］單縣 9/53

徐問真(宋・濰州人)
[至元]齊乘 6/27
[嘉靖]山東 34/18
[康熙]山東 47/10
[宣統]山東 200/24
[萬曆]萊州 6/70
[康熙]萊州 10/97
[乾隆]萊州 12/仙釋 2
[康熙]濰縣 5/仙釋 1
[乾隆]濰縣 6/50
[民國]濰縣志稿 36/3
徐鳳起(字威如,一字丹山)
(清・高唐人)
[光緒]高唐州 5/1－49,8/1－104
[民國]高唐縣 12/14,15/24
徐開泰(清・京衛人)
[康熙]德州 6/5
徐月素(清・昌邑人)
[乾隆]昌邑 6/173
徐鳳喈(清)
[民國]增修陽穀名宦/9
徐民瞻(明・鄒縣人)
[康熙十二年]鄒縣志 2/38
[康熙五十五年]鄒縣志 2/33
[民國]續修鄒縣志稿/人物－耆舊
鄒縣鄉土志耆舊錄/24
徐又陵(清・直隸舉人)
[道光]鄒平 14/28
[民國]鄒平 14/28
徐興周(字召庭)
(清・昌樂人)
[民國]昌樂縣續志 28/9
徐鳳翔(清・魚臺人)
[乾隆]魚臺 11/44
[光緒]魚臺 3/28
徐鳳翔(清・鄒縣人)
[光緒]鄒縣續志 12/中 5
徐開第(字星聚)
(清・保德州人)
[乾隆]東明 4/又 24
[民國]東明縣新誌 11/7
東明縣志料/人物門
78 **徐臨階**(字君宜)
(清・莒縣人)
[民國]重修莒志 65/30
79 **徐騰吉**(號楓村)
(清・金鄉人)
[民國]金鄉 13/25
徐騰驤(字步衢)
(清・寧陽人)
[咸豐]寧陽 13/31
[光緒]寧陽 13/31
80 **徐曾**(字曾華)
(漢・營陵人)
[康熙]杞紀 18/11
徐錞(明・萊陽人)
[民國]萊陽 3/1 中 11
徐兌(明・諸城人)
[萬曆]青州 15/48
[康熙十五年]青州 15/48
[康熙四十八年]青州 15/卓行 8
[康熙六十年]青州 18/17
[咸豐]青州 44/50
[萬曆]諸城 7/31
[康熙]諸城 7/54
[乾隆]諸城 41/1
徐鎬(字武遷)
(清・莒縣人)
[嘉慶]莒州 10/10
[民國]重修莒志 65/15
徐龕(晉)
[嘉靖]山東 27/20
[萬曆元年]兗州 39/外傳 2
徐義(明・滕縣人)
[萬曆二十四年]兗州 37/4
[康熙]兗州 28/33
[康熙]兗州續編 15/8
[乾隆]兗州 23/47
[萬曆]滕志 8/53
[康熙]滕志 8/人物 9
[康熙]滕縣志 8/孝行 9
[道光]滕縣志 9/孝義 2
滕縣鄉土志/29
徐鏞(明・鄒縣人)
[嘉靖]鄒縣地理誌 1/又 25
徐金石(字子振)
(清・齊河人)
[民國]齊河 26/38,33/69
徐養純(字魯唯)
(清・莒縣人)
[雍正]莒州 8/6
[嘉慶]莒州 10/12
[民國]重修莒志 67/4
徐介宜(字祉繁)
(清・鉅野人)
[道光]鉅野 19/22
徐鏡宇(明・齊河人)
[民國]齊河 23/79
徐羨之(字宗文)
(南北朝・東海郯人)
[嘉靖]山東 33/25
[萬曆元年]兗州 41/15
[萬曆]沂州志 10/54
[康熙]郯城 7/13
[乾隆]郯城 9/3
徐會灃(字東甫)
(清・諸城人)
[宣統]山東 175/16
諸城縣鄉土志/上 41
徐金池(莘縣人)
[民國]莘縣 7/37
徐念祖(清・鄒平人)
[道光]鄒平 15/105
[民國]鄒平 15/105
徐養奇(清・遼東錦州人)
[光緒]增修登州 28/4
[康熙]福山 7/14
[乾隆]福山 7/15
徐金相(字麗生)
(清・濰縣人)
[民國]濰縣志稿 29/30
徐益哲(字晝巖,一作晝屏)
(清・江南徐州人)
[宣統]山東 75/40
[乾隆]泰安府 15/32
[嘉慶]肥城 15/34
[光緒]肥城 7/49
肥城縣鄉土志 3/6
82 **徐鍰**(明・蓬萊人)
[順治]登州 16/13
[光緒]增修登州 39/4
[康熙]蓬萊 5/15
[道光]重修蓬萊 9/18
[民國]蓬萊縣志合編人物

志/仕績
84 徐鎮(清・江西南昌人)
[宣統]山東 76/9
[康熙]兗州續編 14/9
[乾隆]兗州 22/36
[乾隆]濟寧直隸州 22/52
[民國]濟寧直隸州續志 10/54
[康熙]魚臺 15/24
[乾隆]魚臺 9/45
[光緒]魚臺 2/54
徐鈷(字銘常)
(清・夏津人)
[乾隆]夏津 7/9
徐鎮清(清・莘縣人)
[光緒]莘縣 7/48
[民國]莘縣 7/35
86 徐鐸(字振文)
(宋・莆田人)
[光緒]益都縣圖志 16/34
徐鐸(明・江西豐城人)
[嘉靖]山東 25/10
[康熙]山東 31/12
[宣統]山東 70/16
[道光]濟南 35/23
[崇禎]歷乘 16/28
[崇禎]歷城 6/11
徐鐸(字文升)
(明・新泰人)
[天啟]新泰 6/19
[順治]新泰 5/24
[乾隆]新泰 16/6
新泰縣鄉土志/23
徐錦(明・公安人)
[嘉靖]夏津 3/39
[乾隆]夏津 6/16
徐錦(明・福建南詔人)
[崇禎]鄆城 4/19
[康熙]鄆城 4/18
[光緒]鄆城 6/25
徐智(字景哲)
(明・范縣人)
[萬曆]濮州 3/鄉賢 40
徐鏓(字既平)
(清・諸城人)
[道光]諸城縣續志 19/13
徐知與(清・濟陽人)
[乾隆]濟陽 8/41
[民國]濟陽 11/55
87 徐銘(明・萊陽人)
[嘉靖]山東 35/6
[康熙]山東 45/20
[雍正]山東 28/人物三 26
[宣統]山東 164/44
[泰昌]登州 11/15
[順治]登州 16/21
[光緒]增修登州 41/42
[康熙]萊陽 8/9,8/20
[民國]萊陽 3/1 中 11,3/1 中 55
徐舒(明・蒙陰人)
[康熙十一年]蒙陰 2/9
徐郤(戰國・茌平人)
[康熙]山東 46/4
[乾隆]東昌 44/1
[康熙二年]茌平 2/57
[康熙四十九年]茌平 2/57
[宣統]茌平 18/1
[民國]茌平 3/隱逸 104
徐鈅(清・無棣人)
[民國]無棣 13/16
海豐縣鄉土志/耆舊－事業六
徐欽承(清・南昌人)
[光緒]嶧縣 19/丞倅 9
徐釣者(明・蓬萊人)
[道光]重修蓬萊 2/34
[民國]增修蓬萊 2/仙釋
徐羅東(字小瀛)
(東平人)
[民國]東平縣 11/上 24
徐銘符(字賡書)
(清・夏津人)
[民國]夏津續編 8/14
88 徐篤(字墨莊)
(明・曹縣人)
[康熙]兗州府曹縣 13/38
[光緒]曹縣 13/36
徐鈖(字石生)
(清・清河人)
[道光]濟寧直隸州 6/7－91
徐節(明・鄱陽人)
[道光]冠縣 6/30
[光緒]冠縣 6/宦績
[民國]冠縣 6/40
徐鋭(明・直隸永年人)
[宣統]山東 72/30
[乾隆]曹州府 12/16
[崇禎]鄆城 4/4
[康熙]鄆城 4/4
[光緒]鄆城 6/35
徐敏武(清・浙江人)
[乾隆]東昌 44/26
[乾隆]臨清州 12/10
[乾隆]臨清直隸州 8/上 84
徐敏政(字衣德,號春蒲)
(清・夏津人)
[民國]夏津續編 8/83
90 徐常(字彥和)
(宋・建安人)
[民國]萊陽 3/1 上 3
徐惇(字睦齋)
(清・諸城人)
[道光]諸城縣續志 19/13
徐炎(字子方)
(元・東平人)
[道光]東平州 13/34
[光緒]東平州 15/上 34
[民國]東平縣 11/上 12
東平州鄉土志上/耆舊錄 29
徐懷玉(五代梁・亳州焦夷人)
[嘉靖]山東 26/7
[康熙]山東 33/9
[宣統]山東 68/18
[萬曆元年]兗州 38/武功 12
[萬曆二十四年]兗州 27/13
[萬曆]沂州志 6/7
[康熙]沂州志 3/42
[康熙]曹州志 7/47
[光緒]菏澤 7/宦蹟 15
[民國]臨沂 7/67
徐懷珍(字聘之)
(清・壽張人)
[光緒]壽張 7/33
徐光佐(清・無棣人)
[民國]無棣 13/29
徐光遠(宋・寧海人)
[同治]重修寧海州 17/4

［民國］牟平 6/67
徐懷禮（清・東平人）
［乾隆］東平州 15/28
［道光］東平州 15/28
［光緒］東平州 15/下 36
［民國］東平縣 11/下 11
徐懷恭（字慎齋）
（清・膠州人）
［民國］增修膠志 45/31
徐尚椿（字蔭庭）
（清・寧陽人）
［光緒］寧陽 13/73
徐光照（清・東平人）
［宣統］山東 171/14
徐光前（字裕伯，一字匪莪，
號養充）
（明・新泰人）
［康熙］濟南 42/18
［乾隆］泰安府 17/38
［天啟］新泰 6/37
［順治］新泰 5/10
［乾隆］新泰 16/2
新泰縣鄉土志/19
徐懷慎（字樂輪）
（清・膠州人）
［民國］增修膠志 45/31
92 徐忻（字樂然）
（清・諸城人）
［道光］諸城縣續志 19/4
94 徐恢（字廓若）
（清・商河人）
［道光］商河 7/18
［民國］重修商河 8/15
商河縣鄉土志 2/耆舊－
事業
徐慎獨（號蘭石）
（明・朝城人）
［康熙］朝城 8/13
96 徐惺（字子星）
（清・江寧進士）
［宣統］山東 74/55
［康熙］沂州志 3/49
［乾隆］沂州府 20/13
［光緒］費縣 3/73
徐煜（字含光）
（清・膠州人）
膠州直隸州鄉土志 4/文學
97 徐炯（字章仲）
（清・江蘇崑山人）
［雍正］山東 27/101
［宣統］山東 74/34
［道光］濟南 37/51
徐烱（清）
［光緒］菏澤 7/名宦 8
徐灼（號景華）
（清・鉅野人）
［民國］續修鉅野 7/下懿
行碑又 1
徐煥縉（清・黃縣人）
［同治］黃縣 9/26
徐耀衢（字滋甫）
（清・金鄉人）
［民國］金鄉 13/續增 10
徐耀宗（明・蒙陰人）
［康熙十一年］蒙陰 2/3
徐耀堂（字苑華）
（清・汶上人）
［宣統］四續汶上稿/人物－
耆德傳

2854_0 牧

25 牧仲（春秋・魯人）
［嘉靖］山東 28/10
［康熙］山東 38/10

2891_7 紇

10 紇石烈延年（名延年，字九齡）
（元）
［宣統］山東 69/24
［康熙］濟南 25/21
［道光］濟南 34/46
［萬曆］平原下/12，下 23
［乾隆］平原 6/26，10/藝文
上 40
平原縣鄉土志輯稿/政蹟
紇石烈醜漢（金）
［萬曆］武定州 10/7
［崇禎］武定州 7/7
紇石烈定速（金）
［光緒］益都縣圖志 17/5
紇石烈邈（金）
［同治］重修寧海州 13/3
紇石烈執中（金）
［光緒］益都縣圖志 17/8
紇石烈胡刺（金・晦發川唵
敦河人）
［乾隆］濟寧直隸州 21/13
［道光］濟寧直隸州 6/6－11
［道光］鉅野 10/14

2998_0 秋

47 秋胡（春秋・南武城人）
［嘉靖］山東 33/14
［萬曆元年］兗州 41/28
［光緒］嘉祥 4/48

3010_6 宣

00 宣文（字成章）
（明・安丘人）
［民國］續安邱新志 18/1
安丘縣鄉土志 4/耆舊錄 1
12 宣廷式（明・雲南人）
［乾隆］昌邑 5/120
［嘉慶］慶雲 7/28
［民國三年］慶雲 1/85
44 宣蘊（字又陸）
（清・陝州人）
［宣統］山東 76/46
［乾隆］東昌 35/21
［嘉慶］東昌 22/25
［康熙十二年］高唐州 7/12
［康熙五十一年］高唐州
7/12
［道光］高唐州 7/1－13
［光緒］高唐州 7/1－13
［民國］高唐縣 9/5－9
高唐州鄉土志/8
53 宣輔民（清・滋陽人）
［光緒］滋陽 9/11
80 宣姜（周・齊人）
［嘉靖］山東 23/4
［康熙］山東 28/3
［嘉靖］青州 16/11
［萬曆］青州 16/1
［康熙十五年］青州 16/1
［康熙四十八年］青州 16/1
［康熙六十年］青州 19/1
［康熙］臨淄 9/4

3010_7 宜

30 宜永貴(字小泉)
(清・遼東人)
[乾隆]東昌 34/29
[康熙]臨清州 1/69,3/名宦 6
[乾隆]臨清州 9/12
[乾隆]臨清直隸州 6/78
[民國]臨清縣/秩官 62
32 宜兆公(清・正白旗人)
[乾隆]利津縣志續編 7/33

3014_7 淳

10 淳于亨(明・黄縣人)
[光緒]增修登州 38/17
[乾隆]黄縣 8/9
[同治]黄縣 8/2
[民國]黄縣志稿 13/明
淳于意(漢・臨淄人)
[嘉靖]山東 33/15
[康熙]山東 49/1
[雍正]山東 31/3
[宣統]山東 168/1
[嘉靖]青州 16/42
[康熙十五年]青州 17/1
[康熙四十八年]青州 17/方技 1
[康熙六十年]青州 20/6
[咸豐]青州 51/1
[康熙]臨淄 10/8
[民國]臨淄 30/36
[康熙]杞紀 18/10
淳于雍(宋・密州人)
[嘉靖]山東 32/22
[康熙]山東 43/1
[雍正]山東 28/人物二 30
[宣統]山東 165/9
[泰昌]登州 11/11
[順治]登州 16/15
[光緒]增修登州 38/7
[康熙]黄縣 6/13
[乾隆]黄縣 8/30
[同治]黄縣 8/10
[民國]黄縣志稿 13/宋
淳于天奉(字荷軒)
(清・黄縣人)
[同治]黄縣 8/20
[民國]黄縣志稿 13/清文學
淳于登(字登成)
(漢・營陵人)
[康熙]杞紀 18/12
淳于衍(漢・杞人)
[康熙]杞紀 18/37
淳于崇(漢・安丘人)
[萬曆]安丘 27/56
[康熙]杞紀 18/8
淳于俊(三國・黄縣人)
[光緒]增修登州 38/4
淳于岐(晉・東海人)
[宣統]山東 162/19
[乾隆]泰安府 18/6
[康熙]東平州 4/3
[乾隆]東平州 14/4
[道光]東平州 14/4
[光緒]東平州 15/中 4
[民國]東平縣 11/上 28
東平州鄉土志上/耆舊録 40
淳于綱(五代)
[光緒]增修登州 38/5
[康熙]黄縣 6/25
淳于儉(字德素)
(隋・冀州清河人)
[宣統]山東 149/11
淳于永(漢・黄縣人)
[康熙]黄縣 6/13
淳于福(元・樂陵人)
[乾隆]歷城 45/8
淳于朗(唐・黄縣人)
[康熙]黄縣 6/13
[乾隆]黄縣 7/2
[嘉慶]續掖縣 2/17
淳于難(唐・黄縣人)
[嘉靖]山東 32/22
[康熙]山東 43/1
[雍正]山東 28/人物二 2
[宣統]山東 161/12
[泰昌]登州 11/30
[順治]登州 17/6
[光緒]增修登州 24/3
[康熙]黄縣 6/13
[乾隆]黄縣 7/2
[民國]黄縣志稿 13/唐,14/金石
[光緒]文登 7/上 1
淳于越(春秋・齊人)
[至元]齊乘 6/7
[嘉靖]山東 32/21
[康熙]山東 43/1
[嘉靖]青州 15/50
[泰昌]登州 11/10
[順治]登州 16/14
[光緒]增修登州 38/1
[康熙]黄縣 6/11
[乾隆]黄縣 8/2
[同治]黄縣 8/1
[民國]黄縣志稿 13/秦
淳于棼(漢・安邱人)
[康熙]杞紀 18/9
淳于恭(字孟孫)
(漢・北海淳于人)
[至元]齊乘 6/13
[嘉靖]山東 32/5
[康熙]山東 42/5
[雍正]山東 28/人物一 18
[宣統]山東 165/1
[嘉靖]青州 15/12
[萬曆]青州 14/11
[康熙十五年]青州 14/又 12
[康熙四十八年]青州 14/孝友 1
[康熙六十年]青州 17/8
[咸豐]青州 38/12
[萬曆]萊州 6/5
[康熙]萊州 10/60
[乾隆]萊州 11/孝義 1
[康熙]東平州 4/3
[萬曆]安丘 23/36
安丘縣鄉土志 4/耆舊録 1
[康熙]杞紀 18/8
[嘉靖]昌樂 3/46
[康熙]昌樂 4/7
[嘉慶]昌樂 22/2
[民國]昌樂縣續志 30/3
[萬曆]濰縣 8/1
[康熙]濰縣 5/人物 1
[乾隆]濰縣 4/19

［康熙］高密 8/2
高密縣鄉土志/上 32
［道光］重修膠州 31/1
［民國］增修膠志 48/1
［康熙］黄縣 6/13
［乾隆］黄縣 8/8
淳于孝（漢・安丘人）
［萬曆］安丘 27/56
［康熙］杞紀 18/9
淳于構（宋・寧海人）
［同治］重修寧海州 17/3
淳于量（字思明）
（南北朝）
［萬曆二十四年］兖州 33/29
［康熙］兖州 26/28
淳于晏（五代・登州人）
［宣統］山東 166/6
［泰昌］登州 11/33
［順治］登州 17/22
［光緒］增修登州 38/5
［乾隆］黄縣 8/37
［民國］黄縣志稿 13/五代
［光緒］益都縣圖志 16/18
淳于長（漢・元城人）
［康熙］杞紀 18/12
淳于髡（戰國・齊人）
［至元］齊乘 6/4
［嘉靖］山東 28/6
［康熙］山東 38/6
［雍正］山東 31/11
［嘉靖］青州 16/3
［萬曆］青州 15/26
［康熙十五年］青州 15/26
［康熙四十八年］青州 15/說士 2
［萬曆］東昌 19/3
［泰昌］登州 11/9
［順治］登州 16/14
［康熙］臨淄 10/9
［民國］臨淄 29/25
［嘉靖］昌樂 3/49
［康熙］昌樂 5/3
［嘉慶］昌樂 29/1
［康熙］杞紀 18/7
［萬曆］滕志 6/77
［康熙］滕志 6/55
［康熙］滕縣志 6/賓客 7
［道光］滕縣志 6/僑寓 6
［宣統］聊城 10/2－9
［康熙二年］茌平 4/5
［康熙四十九年］茌平 4/5
［宣統］茌平 25/1
［民國］茌平 3/5
［康熙］黄縣 6/11
［乾隆］黄縣 8/1
［同治］黄縣 8/1
［民國］黄縣志稿 13/周
淳于闓（字久宗）
（漢・平壽人）
［康熙］杞紀 18/12
淳于隣（字季遺）
（漢・泰安人）
［康熙］杞紀 18/12
淳于智（字叔平）
（晉・濟北盧人）
［嘉靖］山東 33/22
［雍正］山東 31/4
［宣統］山東 168/5
［道光］濟南 45/42
［乾隆］泰安府 18/73
［萬曆元年］兖州 43/6
［道光］長清 13/11
淳于黨（字季遼）
（漢・泰安人）
［康熙］杞紀 18/12

3019_6 涼

44 **涼茂**（字伯方）
（三國魏・山陽昌邑人）
［嘉靖］山東 25/16，30/12
［康熙］山東 32/3，40/13
［雍正］山東 28/人物一 28
［宣統］山東 161/5
［康熙］濟南 24/4
［萬曆元年］兖州 40/政績 4
［萬曆二十四年］兖州 32/8
［乾隆］兖州 23/18
［弘治］泰安州 3/7
［康熙］泰安州 2/43
［乾隆］泰安府 14/7
［乾隆］曹州府 14/6
［乾隆］濟寧直隸州 23/10
［道光］濟寧直隸州 8/2－6
［乾隆二十五年］泰安縣 10/28
［萬曆］鉅野 7/9
［康熙］鉅野 11/6
［道光］鉅野 12/7
［康熙十二年］金鄉 5/21
［康熙五十一年］金鄉 9/16
［乾隆］金鄉 18/13
［咸豐］金鄉縣志略 9/上 4
［民國］金鄉 13/3
金鄉縣鄉土志/耆舊錄上

3020_1 寧

50 **寧泰**（清・滿洲正紅旗人）
［乾隆］利津縣志補 3/16
77 **寧賢貴**（清・寧陽人）
［民國］平度縣續志 8/19

3021_1 完

01 **完顔京**（本名忽魯）
（金）
［光緒］益都縣圖志 17/1
完顔齊（本名埽合）
（金）
［光緒］益都縣圖志 17/11
完顔衷（本名醜漢）
（金）
［雍正］山東 27/64
［宣統］山東 69/12
［順治］登州 11/12
［光緒］增修登州 24/12
［康熙］寧海州 7/3
［同治］重修寧海州 12/3
［民國］牟平 6/68
完顔訛可（金）
［康熙］兖州府曹縣 8/10
［光緒］曹縣 8/9
完顔烏祿（金）
［光緒］曹縣 8/9
完顔霆（金・中都寶坻人）
［萬曆］武定州 10/6
［崇禎］武定州 7/17
［咸豐］青州 35/15
［光緒］益都縣圖志 17/12
完顔璋（本名胡麻愈）

（金）
［光緒］益都縣圖志 17/2
完顏弼（本名達吉不）
（金・蓋州猛安人）
［嘉靖］山東 26/14
［康熙］山東 33/17
［雍正］山東 27/82
［宣統］山東 69/5
［道光］濟南 34/19
［乾隆］泰安府 14/25
［萬曆二十四年］兗州 28/12
［康熙］兗州 22/11
［康熙］東平州 4/45
［乾隆］東平州 12/23
［道光］東平州 12/23
［光緒］東平州 14/23
［民國］東平縣 9/12
東平州鄉土志上/耆舊錄 42
［光緒］陵縣 18/8
完顏君佐（金）
［嘉靖］青州 13/31
［萬曆］青州 12/23
［康熙十五年］青州 12/23
［康熙四十八年］青州 12/23
［康熙六十年］青州 12/14
［咸豐］青州 35/18
完顏重節（唐）
［順治］登州 11/4
完顏岱（清・滿洲人）
［嘉慶］慶雲 7/32
［民國三年］慶雲 1/88
完顏偉（字清逸）
（清・滿洲鑲黃旗人）
［宣統］山東 74/6
［道光］濟南 37/47
［乾隆］濟寧直隸州 22/28
［道光］濟寧直隸州 6/7－55
完顏仲元（金・中都人）
［宣統］山東 69/2
［道光］濟南 34/14
完顏伯嘉（字輔之）
（金・北京路人）
［嘉靖］山東 27/7
［康熙］山東 35/8
［雍正］山東 27/78
［宣統］山東 69/8
［嘉靖］青州 13/29
［萬曆］青州 12/21，12 又/5
［康熙十五年］青州 12/22，
12 又/5
［康熙四十八年］青州 12/
22，12 又/5
［康熙六十年］青州 12/13
［乾隆］沂州府 20/4
［康熙］莒州下/4
［嘉慶］莒州 7/3
［民國］重修莒志 57/5
完顏從善（字擇卿）
（元・燕人，一作蒙古人）
［嘉靖］山東 25/24
［康熙］山東 32/12
［雍正］山東 27/25
［宣統］山東 69/21
［康熙］濟南 25/22
［道光］濟南 34/33
［康熙］鄒平 7/39
［嘉慶］鄒平 14/2
［道光］鄒平 14/2
［民國］鄒平 14/2
完顏寓（見完顏寓）
完顏寓（本名恩楚）
（金・西南路明安人）
［宣統］山東 69/3
［咸豐］青州 35/16
［萬曆］諸城 5/10
［康熙］諸城 5/10
［乾隆］諸城 27/10
諸城縣鄉土志/上 6
完顏永元（字敦禮，一作惇禮）
（金）
［宣統］山東 69/3，69/7
［道光］濟南 34/14
［乾隆］武定府 16/6
［咸豐］武定府 19/6
［乾隆］惠民 5/14
［光緒］惠民 18/7
惠民縣鄉土志/政績錄 4
完顏宗尹（本名阿里罕）
（金）
［光緒］益都縣圖志 17/8
完顏守貞（本名左）
（金）
［嘉靖］山東 26/14
［康熙］山東 33/16
［雍正］山東 27/82
［宣統］山東 69/6
［乾隆］泰安府 14/25
［萬曆元年］兗州 38/循吏 34
［萬曆二十四年］兗州 28/11
［康熙］兗州 22/11
［康熙］東平州 4/45
［乾隆］東平州 12/22
［道光］東平州 12/22
［光緒］東平州 14/22
［民國］東平縣 9/11
完顏守純（金）
［萬曆］東昌 5/6
完顏宗浩（字師孟）
（金）
［光緒］益都縣圖志 17/3
完顏守真（見完顏守貞）
完顏宗哲（金）
［光緒］益都縣圖志 17/1
完顏宗敏（金）
［康熙］兗州府曹縣 8/9
［光緒］曹縣 8/8
完顏福（明・合肥人）
［光緒］文登 5/33
完顏沂（元・高唐人）
［道光］高唐州 5/1－8
完顏帖兀（元・鉅野人）
［民國］續修鉅野 7/下 1
完顏邦用（金）
［嘉靖］青州 13/31
［萬曆］青州 12 又/5
［康熙十五年］青州 12 又/5
完顏昂（本名奔睹）
（金）
［光緒］益都縣圖志 17/1
完顏思敬（本名撒改押）
（金・嬾河人）
［光緒］益都縣圖志 17/1
完顏阿喜（金）
［宣統］山東 69/3
［道光］濟南 34/15
完顏阿合速（金・朔郡人）

［咸豐］寧陽 11/5
［光緒］寧陽 11/5
完顔阿鄰（金）
［光緒］益都縣圖志 17/1
完顔問（金・中都人）
［康熙］濟南 25/15
［道光］濟南 34/16
［嘉靖］章丘 3/2
［萬曆］章丘 21/69
［康熙］章丘 4/23
［乾隆］章邱 7/2
［道光］章邱 9/3
章邱縣鄉土志/上 11
完顔鄭家（金）
［光緒］益都縣圖志 17/2
完顔懷德（字輔之）
（金）
［宣統］山東 69/12
［萬曆］青州 12/25
［咸豐］青州 35/14
［康熙］臨淄 8/4
［民國］臨淄 18/6
10 **完不花**（元）
［康熙］淄川 4/8
［乾隆］淄川 4/8

3021_2 宛

44 **宛茷**（周・齊大夫）
［嘉靖］青州 13/2
［萬曆］青州 15/14
［康熙四十八年］青州 15/武功 1
［康熙六十年］青州 16/43
［康熙］臨淄 9/18
［康熙］高苑 6/1
［乾隆］高苑 6/1
50 **宛春**（春秋・魯人）
［乾隆］曲阜 68/10

3021_4 寇

05 **寇靖**（明・安定人）
［萬曆］寧津 5/19
21 **寇仁秀**（清・安邱人）
［道光］安邱新志 23/5
23 **寇參**（字仲連）
（宋・濱州人）
［乾隆］武定府 25/45
［咸豐］武定府 25/文苑 5
［萬曆］濱州 3/25
［康熙］濱州 7/28
［咸豐］濱州 10/27
濱州鄉土志/學問
24 **寇化**（明・榆次人）
萊州府鄉土志/上 21
［嘉慶］續掖縣 2/22
30 **寇準**（字平仲）
（宋・華州下邽人）
［嘉靖］山東 26/8，27/4
［康熙］山東 33/10，35/4
［雍正］山東 27/55
［宣統］山東 68/47
［嘉靖］青州 12/52
［萬曆］青州 12/15
［康熙十五年］青州 12/15
［康熙四十八年］青州 12/15
［康熙六十年］青州 12/10
［咸豐］青州 35/1
［萬曆元年］兖州 39/名宦 9
［萬曆二十四年］兖州 28/1
［康熙］兖州 22/1
［乾隆］泰安府 14/14
［康熙］濮州 4/22
［乾隆］濮州 4/36
［宣統］濮州 6/64
［康熙］東平州 4/43
［乾隆］東平州 12/11
［道光］東平州 12/11
［光緒］東平州 14/11
東平州鄉土志上/政績錄 10
［民國］東平縣 9/6
［康熙六十年］博興 7/5
［光緒］益都縣圖志 16/24
31 **寇源**（明・唐縣舉人）
［萬曆］商河 5/23
［道光］商河 5/27
［民國］重修商河 6/66
商河縣鄉土志 1/政績
32 **寇兆行**（字篤敬）
（清）
［民國三年］慶雲 2/77
35 **寇清元**（清・壽張人）
壽張縣鄉土志/耆舊－附忠孝祠
40 **寇來賀**（字鳳梧）
（明・濟寧人）
［乾隆］濟寧直隸州 24/20
［道光］濟寧直隸州 8/2－33
寇希賢（字思齊）
（清・慶雲人）
［民國三年］慶雲 2/77
寇嘉會（字崇禮）
（明・諸城人）
［萬曆］諸城 6/17
44 **寇蘭亭**（字序堂）
（清・齊東人）
［民國］齊東 5/18
齊東縣鄉土志/兵事錄 4
寇英傑（字永初）
（陽穀人）
［光緒］陽穀 9/7
［民國］增修陽穀人物/仕宦 24
77 **寇興言**（清・新城人）
［民國］重修新城 18/12
寇與言（清・新城人）
［宣統］新城縣後志 2/忠義
寇民安（清・齊東人）
［民國］齊東 5/40

3021_7 扈

10 **扈三槐**（字蔭庭）
（清・臨淄人）
［康熙］臨淄 9/24
［民國］臨淄 25/36，28/4
12 **扈孔山**（字守高）
（清）
［民國］臨淄 29/18
扈廷美（字成之）
（清・臨淄人）
［萬曆］青州 15/50
［康熙十五年］青州 15/49
［康熙四十八年］青州 15/卓行 9
［康熙六十年］青州 18/16
［康熙］臨淄 9/24
［民國］臨淄 25/36，28/3
22 **扈胤**（字續堂）
（明・臨淄人）

［民國］臨淄 23/10

24 扈德(字德甫)
(元・臨淄人)
［民國］臨淄 30/36

扈偉(字碩公)
(清・臨淄人)
［民國］臨淄 25/35

30 扈永通(字一貫)
(明・曹縣人)
［雍正］山東 28/人物三 36
［宣統］山東 160/26
［萬曆二十四年］兗州 36/20
［康熙］兗州 28/19 曹縣鄉土志/耆舊錄
［乾隆］曹州府 15/12
［康熙］兗州府曹縣 13/23
［光緒］曹縣 13/22

32 扈泓(字子湛)
(清・濟寧人)
［康熙］濟寧州 6/60
［乾隆］濟寧直隸州 25/13
［道光］濟寧直隸州 8/3－7

33 扈心舒(清・鄆城人)
［光緒］鄆城 10/11

40 扈大文(清・平陰諸生)
［宣統］山東 171/11
［乾隆］泰安府 18/49

扈有盛(清・臨淄人)
［民國］臨淄 25/38

扈九常(清・臨淄人)
［民國］臨淄 28/7

41 扈標(字莊臨)
(清・臨淄人)
［康熙十五年］青州 13/91
［康熙四十八年］青州 13/事功 75
［康熙六十年］青州 16/38
［咸豐］青州 46/20
［康熙］臨淄 9/15
［民國］臨淄 24/15
臨淄縣鄉土志/耆舊錄

51 扈振南(字威遠)
(清・濰縣人)
［民國］濰縣志稿 29/33

53 扈拭(字與新)
(明・曹縣人)
［康熙］曹縣 11/31

54 扈持(明・曹縣人)
［康熙］曹縣 11/31
［康熙］兗州府曹縣 11/31

57 扈邦直(字文豹)
(明・北直南樂人)
［宣統］山東 71/21
［道光］濟南 36/60
［康熙］德平 3/4
［乾隆］德平 2/27
［嘉慶］德平 5/10
［光緒］德平 5/10
德平縣鄉土志/政績錄

60 扈國仁(字介菴)
(明・臨淄人)
［民國］臨淄 23/10

扈國安(字世靖)
(明・曹縣人)
［康熙］曹縣 11/39
［康熙］兗州府曹縣 11/49

扈墨林(字翰卿)
(清・利津人)
［民國］利津縣續志 7/宦蹟 2

61 扈顯祖(字象先)
(清・曹縣人)
［康熙］兗州府曹縣 14/26
［光緒］曹縣 14/人物 21

67 扈嗣信(字心一)
(清)
［民國］臨淄 24/23

99 扈榮訓(字聖傳)
(清・利津人)
［民國］利津縣續志 7/義行 4

3022_7 扁

47 扁鵲(姓秦,名越人)
(戰國・渤海鄚人)
［嘉靖］山東 34/1
［康熙］山東 48/1
［雍正］山東 31/2
［康熙］濟南 50/1
［道光］濟南 61/1
［萬曆］青州 15/57
［康熙十五年］青州 15/58
［康熙四十八年］青州 15/僑寓 4
［康熙六十年］青州 20/15
［崇禎］歷乘 16/55
［崇禎］歷城 10/28
［康熙］長清 14/131
［道光］長清 13/11
［順治］平陰 7/24
［康熙］臨淄 10/10
［民國］臨淄 29/19

房

00 房亮(字景高)
(南北朝・清河東武城人)
［嘉靖］山東 25/17
［康熙］山東 32/4
［雍正］山東 28/人物一 53
［康熙］濟南 24/6
［道光］濟南 46/23
［萬曆］東昌 19/15
［康熙］陵縣 4/2
［嘉靖］恩縣 6/2
［萬曆］恩縣 4/9
［民國］重修恩縣 11/鄉賢 8
［乾隆］平原 8/20
平原縣鄉土志輯稿/循吏

房彥詡(隋・東清河繹幕人)
［道光］濟南 46/39
［光緒］益都縣圖志 15/20

房彥詢(隋・東清河繹幕人)
［道光］濟南 46/39

房彥翊(南北朝・清河東武城人)
［咸豐］青州 34/16
［雍正］樂安 11/1
［民國］樂安 8/18
［民國］續修廣饒 17/1

房彥謙(字孝沖,一作孝仲,亦作孝宗)
(隋・清河繹幕人)
［嘉靖］山東 25/18,31/10
［康熙］山東 32/5,41/8,59/11
［雍正］山東 28/人物一 60,35/墓碑 15
［宣統］山東 67/19,149/

16,155/38
[康熙]濟南 41/4
[道光]濟南 33/19,46/37
[萬曆]東昌 19/17
[崇禎]歷乘 16/25
[崇禎]歷城 6/8
[康熙]臨淄 9/11
[民國]臨淄 23/8
[萬曆]章丘 15/8,22/89
[康熙]章丘 6/6,8/6
[乾隆]章邱 9/4,11/7
[道光]章邱 11/4,14/2
章邱縣鄉土志/上 17
[嘉靖]武城 7/53,7/67
[順治]武城 2/16
[乾隆]武城 10/14,14/50
武城縣鄉土志略/耆舊錄
房文登(清・遼東人)
[咸豐]青州 37/2
[康熙]昌樂 1/35
[嘉慶]昌樂 19/6
房文烈(陳・武城人)
[乾隆]武城 10/8
武城縣鄉土志略/耆舊錄
房玄齡(本名喬,字喬彥)
(唐・臨淄人)
[至元]齊乘 6/19
[嘉靖]山東 32/11
[康熙]山東 42/11
[雍正]山東 28/人物二 2
[宣統]山東 156/1
[康熙]濟南 33/2
[道光]濟南 47/2
[嘉靖]青州 12/51
[萬曆]青州 13/34
[康熙十五年]青州 13/34
[康熙四十八年]青州 13/事功 17
[康熙六十年]青州 16/7
[咸豐]青州 40/2
[萬曆]章丘 22/92
[康熙]章丘 6/7
[乾隆]章邱 9/6
[道光]章邱 10/1
章邱縣鄉土志/上 39
[康熙]臨淄 9/11
[民國]臨淄 23/8
房應斗(字聯箕)
(清・魚臺人)
[康熙]魚臺 17/27
[乾隆]魚臺 11/27
[光緒]魚臺 3/16
房應壽(明・單縣人)
[順治]單縣 2/41
房彥博(字約齋)
(清・壽光人)
[民國]壽光 12/人物志一 91
房慶柚(字獻南)
(清・長清人)
[民國]長清 13/17
房應辰(字樞天,一作天樞)
(清・菏澤人)
[宣統]山東 173/30
[乾隆]曹州府 21/30
[光緒]菏澤 15/64
[光緒]新修菏澤 10/42
房慶餘(長清人)
[民國]長清 12/20
04 房謨(字敬放)
(北魏・河南洛陽人)
[嘉靖]山東 26/5
[康熙]山東 33/6
[宣統]山東 67/10
[萬曆元年]兗州 38/循吏 19
[萬曆二十四年]兗州 27/5
[康熙]兗州 21/19
[乾隆]兗州 22/8
[康熙]滋陽 3/79
07 房毅斯(字近仁)
(清・齊河人)
[民國]齊河 27/10
08 房詮(字鳳舉)
(南北朝・清河東武城人)
[道光]濟南 46/24
房旅亨(清・齊河人)
[道光]濟南 56/12
[民國]齊河 27/2
10 房玉(清・膠州人)
[道光]重修膠州 29/21
[民國]增修膠志 45/7
膠州直隸州鄉土志 4/篤行
房元慶(南北朝・清河人)
[咸豐]青州 34/13
[光緒]益都縣圖志 15/5
房天受(清・霑化人)
[光緒]霑化 8/4
[民國]霑化 2/32
房天樂(南北朝・清河人)
[光緒]益都縣圖志 15/5
房可壯(字陽初,一字海客)
(清・益都人)
[康熙]山東 42/31
[雍正]山東 28/人物四 3
[宣統]山東 175/2
[康熙十五年]青州 13/88
[康熙四十八年]青州 13/事功 72
[康熙六十年]青州 16/37
[康熙]益都 8/2
[光緒]益都縣圖志 44/7
房元齡(見房玄齡)
房天驅(清・汶上人)
[康熙]續修汶上 4/人物 20
房三益(字敬安)
(南北朝・清河繹幕人)
[嘉靖]山東 26/5
[康熙]山東 33/5
[宣統]山東 161/11
[道光]濟南 46/23
[萬曆元年]兗州 38/循吏 17
[萬曆二十四年]兗州 27/5
[康熙]兗州 21/19
[乾隆]兗州 22/8
11 房璿(字齊之)
(明・齊河人)
[民國]齊河 26/8,32/49
12 房延道(清・高唐人)
[光緒]高唐州 5/2-9
[民國]高唐縣 12/50
房瑞軒(字子昂)
(清・齊河人)
[民國]齊河 23/75
房廷錫(清・新泰人)
[乾隆]泰安府 18/61
[乾隆]新泰 16/8
13 房琯(字次律)
(唐・河南河内人)

[宣統]山東 68/12
15 房建新(明・日照人)
[光緒]日照 8/10
房建業(字存興)
(清・東阿人)
[民國]續修東阿 11/18
房建極(字秉中)
(明・陝西三原人)
[宣統]山東 73/16
[咸豐]青州 36/42
[康熙]續安丘 16/2
安丘縣鄉土志 2/政績錄
17 房翼(北魏・清河東武城人)
[光緒]益都縣圖志 15/17
房瑚璉(後魏・清河人)
[康熙]萊陽 5/4
18 房致中(字位公,號戒菴)
(清・樂陵人)
[乾隆]樂陵 6/26
樂陵縣鄉土志 3/24
20 房維楨(字周卿)
(金・濟南人)
[道光]濟南 47/49
[民國]續修歷城 39/2
房爲櫓(字樸菴)
(清・齊河人)
[民國]齊河 26/9
房重耀(字華亭)
(清・樂陵人)
樂陵縣鄉土志 3/43
21 房熊(字子威)
(陳)
[乾隆]武城 10/8
武城縣鄉土志略/耆舊錄
房衍俊(清・長清人)
[民國]長清 13/6
22 房嵩(字申公)
(清・東阿人)
[雍正]山東 28/人物四 44
[宣統]山東 171/15
[康熙]兗州續編 16/30
[乾隆]泰安府 18/50
[康熙五十四年]東阿 7/39
[道光]東阿 13/鄉賢 18
[光緒]東阿縣鄉土志 4/25
房巍(字子高)
(清・齊河人)
[民國]齊河 27/1
房繼伯(唐・東清河繹幕人)
[康熙]濟南 38/3
[道光]濟南 47/2
[崇禎]歷城 10/16
[乾隆]歷城 41/2
房崇吉(南北朝・清河東武城人)
[道光]濟南 46/22
[光緒]益都縣圖志 15/7
23 房棫(清・霑化舉人)
[光緒]嶧縣 19/丞倅 16
房獻五(清・汶上人)
[宣統]四續汶上稿/人物－耆德傳
24 房魁英(字俊仟)
(清・東阿人)
[光緒]東阿縣鄉土志 4/35
[民國]續修東阿 11/11
房壯墀(清・霑化人)
[乾隆]武定府 25/16
[咸豐]武定府 25/孝友 16
[光緒]霑化 8/6
[民國]霑化 2/34
25 房仲和(元・兗州人)
[嘉靖]山東 26/28
[康熙]山東 34/8
[宣統]山東 161/24
[乾隆]曹州府 12/13
[嘉靖]濮州 7/14
[康熙]觀城 3/20
[道光]觀城 6/4
觀城縣鄉土志/政績
26 房伯祖(北魏・清河東武城人)
[光緒]益都縣圖志 15/17
27 房豹(字仲幹)
(南北朝・清河繹幕人)
[嘉靖]山東 25/17,31/6
[康熙]山東 32/5,41/5
[雍正]山東 28/人物一 41
[宣統]山東 161/10
[康熙]濟南 24/8,41/4
[道光]濟南 46/21
[萬曆]東昌 19/16
[嘉靖]武定州下/46
[萬曆]武定州 12/2
[崇禎]武定州 15/3
[乾隆]武定府 16/3
[咸豐]武定府 19/3
[嘉靖]武城 7/50
[順治]武城 2/14
[乾隆]武城 10/12
武城縣鄉土志略/耆舊錄
[乾隆]平原 8/21,47/1
平原縣鄉土志輯稿/循吏
[順治]樂陵 4/2
[乾隆]樂陵 4/46
樂陵縣鄉土志 2/6
[乾隆]惠民 5/9
[光緒]惠民 18/3
惠民縣鄉土志/政績錄 2
房象穎(字岸山)
(清・齊河人)
[民國]齊河 26/10
房叔安(字子仁)
(南北朝・清河東武城人)
[嘉靖]山東 27/2
[道光]濟南 46/24
[嘉靖]青州 13/17
[萬曆]青州 12 又/4
[康熙十五年]青州 12/4,12 又/4
[康熙四十八年]青州 12 又/4
[萬曆]東昌 19/10
[乾隆]東昌 41/24
[嘉慶]東昌 31/2
[光緒]益都縣圖志 15/5
[嘉靖]恩縣 6/1
[萬曆]恩縣 4/8
[宣統]重修恩縣 8/34
[民國]重修恩縣 11/鄉賢 40
房象宏(字文山)
(清・齊河人)
[民國]齊河 27/8
房象寧(字遠山)
(清・齊河人)
[民國]齊河 27/8
房象渠(字大山)

（清・齊河人）
［民國］齊河 27/7
房叔祖（後魏・清河繹幕人）
［康熙］萊陽 5/4
房侯世（字仲和）
（元・兗州人）
［嘉靖］濮州 10/14
［萬曆］濮州 6/17
［道光］觀城 6/2，6/4
房象楚（字翹菴）
（清・齊河人）
［民國］齊河 27/9
房象英（字傑山）
（清・齊河人）
［民國］齊河 27/9
房象中（字凝山）
（清・齊河人）
［民國］齊河 26/14
房象成（字集菴）
（清・齊河人）
［道光］濟南 56/12
［民國］齊河 27/6，32/60
房象圖（字岳山）
（清・齊河人）
［民國］齊河 27/9
房象隆（字儒菴）
（清・齊河人）
［道光］濟南 56/12
［民國］齊河 27/7
房象會（字聚山）
（清・齊河人）
［民國］齊河 27/10
30 **房安**（明・河南汝陽人）
［嘉靖］山東 25/11
［康熙］山東 31/13
［雍正］山東 27/10
［宣統］山東 70/18
［道光］濟南 35/30
［崇禎］歷乘 16/28
［崇禎］歷城 6/11
房宏（字振寰）
（清・長清人）
［民國］長清 13/24
房淮（清・諸城人）
［光緒］增修諸城縣續志 14/7
房寬（字敷五）
（清・泰安人）
［乾隆二十五年］泰安縣 12/25
［乾隆四十七年］泰安縣 10/上 21
［道光］泰安縣 9/上 73
［民國］重修泰安縣 8/25
泰安縣鄉土志/耆舊 21
房瀛（字登之）
（明・費縣人）
［萬曆］沂州志 7/29
［乾隆］沂州府 25/21
［康熙］費縣 7/9
［光緒］費縣 10/70
費縣鄉土志/耆舊錄－事業
房守士（字升甫，號備吾）
（明・齊河人）
［康熙］濟南 34/8
［道光］濟南 51/39
［康熙］齊河 6/31
［雍正］齊河 7/2
［民國］齊河 23/2，24/2，32/50，33/7
齊河縣鄉土志耆舊錄/11
房宿垣（明・蒙陰人）
［康熙十一年］蒙陰 2/53
房之騏（字昇若，一作昂若）
（清・順天人）
［雍正］山東 31/17
［康熙四十八年］青州 15/僑寓 11
［康熙六十年］青州 20/17
［咸豐］青州 53/12
［光緒］益都縣圖志 44/9
房永舉（清・臨沂人）
［民國］續修臨沂 16/25
房永奠（字鞏國）
（清・齊河人）
［民國］齊河 26/21
31 **房濬**（明・長清人）
［道光］濟南 52/25
［道光］長清 11/24
34 **房滿**（明・濮州人）
［萬曆］濮州 4/貨殖 7
［康熙］濮州 4/73
［乾隆］濮州 4/113
［宣統］濮州 6/63
房法壽（小名烏頭）
（南北朝・清河東武城人）
［嘉靖］山東 31/6
［康熙］山東 41/5
［雍正］山東 28/人物一 53
［宣統］山東 155/31
［道光］濟南 46/21
［嘉靖］武城 7/49
［順治］武城 2/14
［乾隆］武城 10/7
武城縣鄉土志略/耆舊錄
［乾隆］平原 8/19
平原縣鄉土志輯稿/循吏
35 **房迪**（明・齊河人）
［民國］齊河 26/8
房清泰（清・泰安人）
泰安縣鄉土志/耆舊 26
房清竹（清・鄆城人）
［光緒］鄆城 5/29
鄆城縣鄉土志/耆舊錄－事業
37 **房初興**（字詩臣）
（清・益都人）
［光緒］益都縣圖志 41/27
40 **房士達**（北魏・清河繹幕人）
［嘉靖］山東 25/17
［康熙］山東 32/4
［雍正］山東 28/人物一 57
［宣統］山東 161/11
［康熙］濟南 24/7
［道光］濟南 33/17，46/23
［萬曆］德州 8/27
［康熙］德州 7/22
［民國］德縣 9/4
［康熙］陵縣 4/2
［順治］鄒平 4/6
［康熙］鄒平 4/5
［嘉慶］鄒平 14/1
［道光］鄒平 14/1
［民國］鄒平 14/1
［乾隆］平原 8/20
平原縣鄉土志輯稿/循吏
房有祜（字惠宇）

(清·益都人)
[康熙四十八年]青州 15/義民 22
房大彬(字均山)
(清·齊河人)
[道光]濟南 56/13
[民國]齊河 27/11
房友箕(字金銘)
(清·齊河人)
[民國]齊河 23/28,27/2
42 房桃(清·長清人)
[民國]長清 13/11
房彬繼(清·商河人)
[道光]商河 7/30
[民國]重修商河 8/41
44 房茂(清·魚臺人)
[康熙]魚臺 17/28
[乾隆]魚臺 11/27
[光緒]魚臺 3/16
房楠(字國柱,號潭柘)
(明·益都人)
[雍正]山東 28/人物三 58
[宣統]山東 161/53
[康熙十五年]青州 13/75
[康熙四十八年]青州 13/事功 59
[康熙六十年]青州 16/31
[咸豐]青州 45/17
[康熙]益都 7/42
[光緒]益都縣圖志 36/16
房芝(明·益都人)
[萬曆]青州 14/59
[康熙十五年]青州 14/59
[康熙四十八年]青州 14/儒行 16
[萬曆]益都 6/94
[康熙]益都 9/19
房植(字伯武)
(漢·東武城人)
[乾隆]東昌 36/3
[嘉慶]東昌 26/4
[萬曆]恩縣 4/8
[宣統]重修恩縣 8/1
[民國]重修恩縣 11/鄉賢 1
恩縣鄉土志/16
房其巖(字魯詹)
(清·齊河人)
[民國]齊河 27/36
房世安(字仁山)
(長清人)
[民國]長清 12/10
房萬達(字君如)
(清·遼東人)
[乾隆]東昌 35/35
[乾隆]武城 9/4
武城縣鄉土志略/政績錄
房萬海(恩縣人)
[民國]重修恩縣 11/鄉賢 65
房萬祚(明·高唐人)
[乾隆]東昌 42/27
[嘉慶]東昌 32/22
[康熙十二年]高唐州 9/3
[康熙五十一年]高唐州 9/3
[道光]高唐州 5/2-2
[光緒]高唐州 5/2-2
[民國]高唐縣 12/33
房其相(字竹君)
(清·齊河人)
[民國]齊河 26/34
房恭懿(字慎言)
(隋·河南洛陽人)
[嘉靖]山東 25/18
[康熙]山東 32/5
[雍正]山東 28/人物一 61
[宣統]山東 67/26
[康熙]濟南 25/5
[道光]濟南 33/22
[乾隆]東昌 35/1
[嘉靖]德州 3/4
[萬曆]德州 8/27
[康熙]德州 7/22
[民國]德縣 9/4
[康熙]陵縣 4/2
[光緒]陵縣 18/1
陵縣鄉土志/5
房藝極(清·魚臺人)
[乾隆]魚臺 11/28
[光緒]魚臺 3/16
房燕臣(字梅卿)
(清·東阿人)
[民國]續修東阿 11/10
46 房相堯(清·汶上人)
[宣統]四續汶上稿/人物-孝弟傳
房如式(字憲甫,號吉源)
(明·益都人)
[雍正]山東 28/人物三 46
[宣統]山東 160/31
[萬曆]青州 13/63
[康熙十五年]青州 13/63
[康熙四十八年]青州 13/事功 47
[康熙六十年]青州 16/24
[咸豐]青州 44/53
[康熙]益都 7/25
[光緒]益都縣圖志 36/1
房輼昺(字皓公)
(清·齊河人)
[民國]齊河 26/9
房輼晟(字靖公)
(清·齊河人)
[民國]齊河 23/30,27/3
房輼疊(清·齊河人)
[道光]濟南 56/8
[雍正]齊河 8/16
[民國]齊河 26/5
房輼昱(字曙公)
(清·齊河人)
[民國]齊河 27/3
房如矩(明·益都人)
[萬曆]青州 14/59
[康熙四十八年]青州 14/儒行 16
[康熙六十年]青州 15/13
[咸豐]青州 45/32
[萬曆]益都 6/94
[康熙]益都 9/18
[光緒]益都縣圖志 38/14
47 房朝瑞(字輯五)
(清·濮州人)
[宣統]濮州 5/40
48 房增偉(明)
[康熙]平度州 3/5
[道光]重修平度州 16/20
50 房貴(明·長清人)
[民國]長清 10/26
房泰亨(字豫陽)

（明・齊河人）
［道光］濟南 51/39
［康熙］齊河 7/3
［雍正］齊河 8/4
［民國］齊河 26/8
房東第（字輝瀛）
（清・齊河人）
［道光］濟南 56/12
［民國］齊河 27/11
53 **房成德**（字子脩）
（明・齊河人）
［民國］齊河 32/49
54 **房拱極**（字御羅）
（清・東阿人）
［道光］東阿 18/37
房拱辰（明・蒙陰人）
［康熙十一年］蒙陰 2/45
60 **房星**（字景璧）
（清・濟寧人）
［康熙］濟寧州 7/8
［乾隆］濟寧直隸州 26/36
［道光］濟寧直隸州 8/3－22
房岳（明・北直隸滑縣人）
［嘉靖］山東 26/18
［康熙］山東 33/21
［雍正］山東 27/38
［宣統］山東 72/6
［萬曆元年］兖州 38/循吏 43
［萬曆二十四年］兖州 29/3
［康熙］兖州 22/24
［乾隆］兖州 22/21
［嘉靖］鄒縣地理誌 1/30
［萬曆］鄒志 2/11
［康熙十二年］鄒縣志 3/13
［康熙五十五年］鄒縣志 2/44
鄒縣鄉土志政績錄/7
房甲山（字一峰）
（清・東阿人）
［光緒］東阿縣鄉土志 4/33
［民國］續修東阿 11/4
房景先（字光胄）
（南北朝・清河東武城人）
［嘉靖］山東 31/7
［康熙］山東 41/6
［雍正］山東 28/人物一 54
［宣統］山東 155/32
［道光］濟南 46/22
［萬曆］東昌 19/14
［嘉靖］武城 7/50
［順治］武城 2/14
［乾隆］武城 10/7
武城縣鄉土志略/耆舊錄
［乾隆］平原 8/35
平原縣鄉土志輯稿/文學
房思魁（字得元）
（清・濰縣人）
［民國］濰縣志稿 29/34
房景伯（字良卿，一作長暉）
（南北朝・清河東武城人）
［嘉靖］山東 26/22，31/7
［康熙］山東 34/2，41/6
［雍正］山東 28/人物一 54
［宣統］山東 155/32
［康熙］濟南 24/8
［道光］濟南 46/22
［萬曆］東昌 18/11
［乾隆］東昌 33/10
［嘉慶］東昌 20/18
［康熙］淄川 4/2
［乾隆］淄川 4/2
［嘉靖］武城 7/67
［順治］武城 2/14
［乾隆］武城 10/7
武城縣鄉土志略/耆舊錄
［乾隆］平原 8/19
平原縣鄉土志輯稿/循吏
［嘉靖］恩縣 7/2
［萬曆］恩縣 4/2
［宣統］重修恩縣 6/39
［民國］重修恩縣 10/56
恩縣鄉土志/8
房星兆（字垣三）
（清・泰安人）
［乾隆二十五年］泰安縣 12/25
［乾隆四十七年］泰安縣 10/上 21
［道光］泰安縣 9/上 73
［民國］重修泰安縣 8/26
房景遠（字叔遐）
（南北朝・清河東武城人）
［嘉靖］山東 31/7
［康熙］山東 41/6
［雍正］山東 28/人物一 55
［宣統］山東 166/6
［康熙］濟南 47/1
［道光］濟南 46/22
［乾隆］淄川 6/上 76
［嘉靖］武城 7/72
［順治］武城 2/14
［乾隆］武城 10/7
武城縣鄉土志略/耆舊錄
［萬曆］平原上/65
［乾隆］平原 8/9
平原縣鄉土志輯稿/孝義
房星朗（字孔昭）
（清・益都人）
［康熙四十八年］青州 14/孝友 20
［康熙六十年］青州 17/20
［咸豐］青州 47/28
房星顯（字樞輔）
（清・益都人）
［康熙］益都 9/37
［光緒］益都縣圖志 39/6
房星長（字無疆）
（清・益都人）
［康熙四十八年］青州 13/事功 81
［康熙六十年］青州 16/41
［咸豐］青州 47/1
［光緒］益都縣圖志 37/10
67 **房明**（明・長清人）
［道光］濟南 52/27
房昭魁（字象斗）
（長清人）
［民國］長清 12/16
房昭奎（字星五）
（清・長清人）
［民國］長清 11/30
房明尼（字繼統）
（清・魚臺人）
［光緒］魚臺 3/文行又 5
71 **房辰**（字子龍）

（清・魚臺人）
［雍正］山東 28/人物四 5
［宣統］山東 172/46
［乾隆］兗州 23/71
［乾隆］濟寧直隸州 27/34
［道光］濟寧直隸州 8/3－36
［乾隆］魚臺 11/36
［光緒］魚臺 3/22
77 **房鳳**（字子元）
（漢・不其人）
［至元］齊乘 6/11
［嘉靖］山東 33/2
［康熙］山東 44/2
［雍正］山東 28/人物一 12
［宣統］山東 153/32
［咸豐］青州 64/5
［萬曆］萊州 6/11
［康熙］萊州 10/69
［乾隆］萊州 11/儒林 1
［康熙］諸城 7/7
［萬曆］即墨志 8/3
［康熙］纂修即墨/下 18
［同治］即墨 9/39
即墨縣鄉土志/耆舊－學問
房堅（字千秋）
（南北朝・清河繹幕人）
［雍正］山東 28/人物一 53
［宣統］山東 161/11
［道光］濟南 72/27
［乾隆］平原 8/19
平原縣鄉土志輯稿/循吏
房月庭（字蘭升）
（濰縣人）
［民國］濰縣志稿 29/37
房興瑞（清・鄒縣人）
［民國］續修鄒縣志稿/人物－耆舊
房興安（長清人）
［民國］長清 13/29
房周陀（字仁師）
（北齊・益都人）
［咸豐］青州 39/22
［光緒］益都縣圖志 26/金石志上 25,38/1
房殿卿（清・長清人）
［民國］長清 11/30
房周卿（金）
［嘉靖］山東 27/17
［康熙］山東 37/4
［雍正］山東 27/70
［宣統］山東 69/13
［萬曆］萊州 5/64
［康熙］萊州 8/25
［乾隆］萊州 9/8
［康熙］膠州 5/4
［乾隆］膠州 4/6
［道光］重修膠州 21/3
［民國］增修膠志 16/3
房周陁（見房周陀）
80 **房鏞**（明・聊城人）
［乾隆］東昌 42/33
［嘉慶］東昌 32/25
［康熙］聊城 3/51
［宣統］聊城 8/93
房普三（原名昭岱，字子雲）
（清・長清人）
［民國］長清 11/30
房金華（霑化人）
［民國］霑化 4/登進 46
房毓櫺（字如瑤，號惺齋）
（清・菏澤人）
［乾隆］曹州府 15/26
［光緒］菏澤 15/65
［光緒］新修菏澤 10/43
房美輪（字汝周）
（清・齊河人）
［民國］齊河 27/2
房金鳳（霑化人）
［民國］霑化 4/登進 48
83 **房鈫**（字汝中）
（明）
［宣統］山東 159/8
84 **房鎮**（明・聊城人）
［嘉靖］山東 35/4
［康熙］山東 45/12
［乾隆］東昌 42/33
［嘉慶］東昌 32/25
［康熙］聊城 3/50
［宣統］聊城 8/77
86 **房知溫**（字伯玉）
（後唐・瑕丘人）
［嘉靖］山東 33/30
［咸豐］青州 55/17
［萬曆元年］兗州 41/20
［萬曆二十四年］兗州 37/36
［康熙］兗州 28/77
［光緒］益都縣圖志 16/18，16/19
［康熙］滋陽 4/上 38
［光緒］滋陽 8/71
滋陽縣鄉土志 1/耆舊－名將
房錦菴（清・陽穀人）
［光緒］陽穀 7/4
［民國］增修陽穀人物/孝義 7
90 **房棠**（清・樂陵人）
［康熙］兗州府曹縣 9/40
房常久（清・單縣人）
［順治］單縣 3/46
［康熙］單縣 8/35
［民國］單縣 9/36
92 **房愷**（清・齊河人）
［民國］齊河 23/31
97 **房輝**（明・湖廣襄陽人）
［乾隆］沂州府 17/29
98 **房悌**（字子元）
（清・齊河人）
［民國］齊河 27/6
房悅（字季欣）
（後魏・清河人）
［康熙十二年］高唐州 7/2
［康熙五十一年］高唐州 7/2
［道光］高唐州 7/1－2
［光緒］高唐州 7/1－2
［民國］高唐縣 9/5－1
［光緒］益都縣圖志 15/17

甯

00 **甯廉**（字介堂）
（清・寧陽人）
［光緒］寧陽 13/50
甯立純（字粹軒）
（清・寧陽人）
［咸豐］寧陽 14/32
［光緒］寧陽 14/32
04 **甯訥**（字子敏）

（清・寧陽人）
［咸豐］寧陽 13/20
［光緒］寧陽 13/21
寧陽縣鄉土志/18
10 甯雷（字龍音）
（清・寧陽人）
［光緒］寧陽 14/47
甯霖（字庚詔）
（清・寧陽人）
［咸豐］寧陽 14/16
［光緒］寧陽 14/16
寧陽縣鄉土志/21
甯天章（字耀寰）
（清・寧陽人）
［咸豐］寧陽 13/32
［光緒］寧陽 13/32
甯天瑞（字輯五）
（清・寧陽人）
［光緒］寧陽 13/又 53 之 1
甯天瑞（字聚五）
（清・章邱人）
［道光］濟南 54/10
［乾隆］章邱 9/41
［道光］章邱 10/48
甯雲程（字鵬九）
（清・寧陽人）
［宣統］山東 172/12
［咸豐］寧陽 13/10
［光緒］寧陽 13/10
寧陽縣鄉土志/17
甯雲鶴（字晉驂）
（清・寧陽人）
［光緒］寧陽 14/40
寧陽縣鄉土志/21
甯天肅（字雨田）
（清・寧陽人）
［光緒］寧陽 14/47
甯雲鵬（字搏九，號瀛海）
（清・蓬萊人）
［宣統］山東 176/24
［光緒］增修登州 39/6
［道光］重修蓬萊 9/22，13/傳 19
［民國］蓬萊縣志合編人物志/仕績
甯元猷（字璨辰）
（清・寧陽人）
［咸豐］寧陽 14/16
［光緒］寧陽 14/16
12 甯聯璔（字位五）
（清・寧陽人）
［咸豐］寧陽 14/31
［光緒］寧陽 14/31
甯孔儒（字仲思）
（清・寧陽人）
［咸豐］寧陽 14/16
［光緒］寧陽 14/16
甯廷莊（字肅堂）
（清・章邱人）
［光緒］曹縣 9/教諭 5
13 甯武子（名俞）
（春秋・衛人）
［嘉靖］山東 28/16
［康熙］山東 38/15
14 甯殖（謚惠子）
（周・衛人）
［嘉靖］濮州 4/12
［萬曆］濮州 4/衛人 5
［康熙］濮州 4/84
［乾隆］濮州 4/124
［宣統］濮州 6/82
17 甯予慶（字大履）
（明・穎州人）
［宣統］山東 73/33
［乾隆］萊州 9/17
［乾隆］掖縣 3/33
18 甯璇（明・淄川人）
［乾隆］淄川 5/12
20 甯秀（元・河間人）
［嘉靖］山東 34/8
［康熙］山東 48/6
［雍正］山東 31/16
［宣統］山東 200/5
［泰昌］登州 11/57
［順治］登州 18/2
［康熙］蓬萊 6/1
［道光］重修蓬萊 9/42
［民國］蓬萊縣志合編人物志/寓賢
21 甯衛聘（字魯賓）
（清・寧陽人）
［乾隆］寧陽 7/耆德 1
［咸豐］寧陽 14/9
［光緒］寧陽 14/9
甯拜住（明・樂安人）
［萬曆］諸城 4/42
22 甯仙（元・奉符人）
［咸豐］寧陽 13/44
［光緒］寧陽 13/55
甯嵩麟（字珍嶽）
（清・寧陽人）
［咸豐］寧陽 14/13
［光緒］寧陽 14/13
甯繼騫（字闇含）
（清・寧陽人）
［光緒］寧陽 14/48
甯繼瀛（清・寧陽人）
［光緒］寧陽 13/77
甯繼楨（字幹臣）
（清・寧陽人）
［光緒］寧陽 13/49
甯繼陞（字雲高）
（清・寧陽人）
［咸豐］寧陽 13/39
［光緒］寧陽 13/40
甯繼駒（字魯干）
（清・寧陽人）
［光緒］寧陽 14/48
甯繼範（清・寧陽人）
［光緒］寧陽 13/73
甯繼光（字慶餘）
（清・河南人）
［民國］利津縣續志 6/2
23 甯岱峯（字象巖）
（清・寧陽人）
［光緒］寧陽 14/48
甯允濟（字泽寰）
（清・寧陽人）
［乾隆］寧陽 7/文苑 1
［咸豐］寧陽 13/17
［光緒］寧陽 13/18
寧陽縣鄉土志/20
25 甯傑（清・長清人）
［民國］長清 11/11
甯傳敦（字臨圃）
（清・寧陽人）
［光緒］寧陽 13/70，14/40
甯傳瑺（字佩和）

（清・寧陽人）
［光緒］寧陽 14/43
寧陽縣鄉土志/18
甯傳容（字海涵）
（清・寧陽人）
［咸豐］寧陽 15/10
［光緒］寧陽 15/10
甯傳灝（字沂亭）
（清・寧陽人）
［光緒］寧陽 15/53
甯傳櫺（字星垣）
（清・寧陽人）
［咸豐］寧陽 13/39
［光緒］寧陽 13/39
甯傳敩（字學圃）
（清・寧陽人）
［光緒］寧陽 13/70
甯傳鎬（字懷西）
（清・寧陽人）
［光緒］寧陽 15/32
甯傳鈞（字化陶）
（清・寧陽人）
［咸豐］寧陽 13/30
［光緒］寧陽 13/30
26 **甯伯洛**（字文渠）
（清・寧陽人）
［咸豐］寧陽 13/36
［光緒］寧陽 13/36
寧陽縣鄉土志/18
甯自學（字殖亭）
（清・章邱人）
［道光］濟南 54/13
［道光］章邱 11/51
30 **甯憲**（字時田）
（清・寧陽人）
［宣統］山東 172/13
［咸豐］寧陽 13/10
［光緒］寧陽 13/10
甯之瑚（字夏公）
（清・寧陽人）
［乾隆］寧陽 7/文苑 2
［咸豐］寧陽 13/21
［光緒］寧陽 13/21
甯之鸞（字儀九）
（清・寧陽人）
［咸豐］寧陽 13/18
［光緒］寧陽 13/18
甯永禕（字肇先）
（清・章邱人）
［道光］濟南 54/22
［道光］章邱 11/60
甯之焱（字赤生）
（清・章邱人）
［道光］濟南 54/9
［道光］章邱 11/41
甯守默（明・永平人）
［萬曆］福山 4/27
甯之鳳（字德九）
（清・寧陽人）
［雍正］山東 28/人物四 11
［宣統］山東 172/7
［乾隆］兗州 23/61
［康熙四十一年］寧陽 7/18
［乾隆］寧陽 7/良吏 6
［咸豐］寧陽 12/51
［光緒］寧陽 12/52
寧陽縣鄉土志/15
甯宣猷（字勳臣）
（清・寧陽人）
［咸豐］寧陽 15/11
［光緒］寧陽 15/11
甯之鐸（字天木）
（清・寧陽人）
［乾隆］寧陽 7/耆德 1
［咸豐］寧陽 13/21
［光緒］寧陽 13/22
寧陽縣鄉土志/21
31 **甯河**（字伯東）
（明・順天通州人）
［宣統］山東 71/17
［道光］濟南 36/54
［嘉靖］德州 2/12
［萬曆］德州 12/75
［康熙］德州 7/26
［乾隆］德州 8/6
［民國］德縣 9/7
德州鄉土志/政績 1
甯湝（字淮源）
（清・寧陽人）
［咸豐］寧陽 14/33
［光緒］寧陽 14/33
甯福臻（清・清平人）
［宣統］增輯清平 12/60
［民國］清平/人物 54
34 **甯渤**（字珊波）
（清・寧陽人）
［咸豐］寧陽 13/39
［光緒］寧陽 13/39
甯汝環（明・濰縣人）
［康熙］萊州 10/54
［乾隆］萊州 11/忠節 7
［乾隆］濰縣 4/17
［民國］濰縣志稿 31/26
濰縣鄉土志/19
甯汝翼（字敬亭）
（清・寧陽人）
［咸豐］寧陽 15/17
［光緒］寧陽 15/24
甯汝嵩（字品山）
（清・寧陽人）
［咸豐］寧陽 13/19
［光緒］寧陽 13/20
甯汝柱（字柱山）
（清・寧陽人）
［咸豐］寧陽 13/20
［光緒］寧陽 13/20
甯遠岫（字嵐峯）
（清・寧陽人）
［咸豐］寧陽 13/32
［光緒］寧陽 13/32
35 **甯速**（謚莊子）
（周・衛人）
［嘉靖］濮州 4/11
［萬曆］濮州 4/衛人 4
［康熙］濮州 4/83
［乾隆］濮州 4/123
［宣統］濮州 6/81
37 **甯鴻儒**（字文亭）
（清・寧陽人）
［咸豐］寧陽 14/16
［光緒］寧陽 14/16
38 **甯裕煌**（字照彤）
（清・寧陽人）
［咸豐］寧陽 13/19
［光緒］寧陽 13/19
甯裕炯（字贊彤）
（清・寧陽人）
［咸豐］寧陽 13/19

［光緒］寧陽 13/19
40 甯直（明・滕人）
［宣統］山東 161/34
［萬曆二十四年］兗州 36/1
［康熙］兗州 28/1
［乾隆］兗州 23/35
［萬曆］滕志 7/33
［康熙］滕縣志 7/28
［道光］滕縣志 8/吏治 1
甯梓華（字粹南）
（清・寧陽人）
［咸豐］寧陽 14/9
［光緒］寧陽 14/9
甯梓曄（字翠南）
（清・寧陽人）
［乾隆］寧陽 7/師範 1
甯嘉猷（號屏穀）
（明・考城人）
［萬曆］諸城 4/26
［康熙］諸城 4/16
甯志榮（字君顯）
（清・章邱人）
［道光］濟南 54/22
［道光］章邱 16/75
41 甯楨（字幹臣）
（清・清平人）
［宣統］增輯清平 12/60
［民國］清平/人物 55
甯橿齡（一名樞齡，別字大千）
（清・寧陽人）
［咸豐］寧陽 13/18
［光緒］寧陽 13/18
44 甯世平（字際昇）
（清・寧陽人）
［咸豐］寧陽 15/8
［光緒］寧陽 15/8
甯世璐（字錢溪）
（清・寧陽人）
［咸豐］寧陽 15/17
［光緒］寧陽 15/24
甯世佺（字堯叟）
（清・寧陽人）
［咸豐］寧陽 15/9
［光緒］寧陽 15/9
甯世基（字冠華）
（清・寧陽人）
［咸豐］寧陽 13/20
［光緒］寧陽 13/20
甯世乾（字統元）
（清・寧陽人）
［咸豐］寧陽 14/32
［光緒］寧陽 14/32
寧陽縣鄉土志/17
甯世質（字華野）
（清・寧陽人）
［咸豐］寧陽 13/20
［光緒］寧陽 13/20
甯葆惺（原名天峻，字星坡）
（清・寧陽人）
［咸豐］寧陽 13/又 41
［光緒］寧陽 13/42
47 甯朝亮（字伏菴）
（清・金州衛人）
［咸豐］青州 37/12
［道光］安邱新志 16/2
安丘縣鄉土志 2/政績錄
甯朝秀（字俊卿）
（清・桓臺人）
［民國］桓臺 3/32
甯欄齡（字馨恒，別字適菴）
（清・寧陽人）
［乾隆］寧陽 7/文苑 3
［咸豐］寧陽 13/18
［光緒］寧陽 13/18
48 甯松亭（字文濤，原名傳磊）
（清・寧陽人）
［光緒］寧陽 15/18
甯梅齡（字遐林）
（清・寧陽人）
［咸豐］寧陽 13/18
［光緒］寧陽 13/19
50 甯貴雲（清・寧陽人）
［光緒］平度志要/人物
甯青甲（清・寧陽人）
［光緒］寧陽 13/77
51 甯振世（清・章邱人）
［道光］章邱 16/81
53 甯成（漢・南陽穰人）
［嘉靖］山東 27/19
［道光］濟南 33/5
甯戚（周・萊之棠邑人）
［嘉靖］山東 28/4
［康熙］山東 38/4
［道光］濟南 45/2
［嘉靖］青州 12/49
［萬曆］青州 12/4
［康熙四十八年］青州 12/4
［康熙六十年］青州 12/1
［萬曆］萊州 5/85
［康熙］萊州 10/16
［乾隆］萊州 10/1
萊州府鄉土志/下 1
［崇禎］歷乘 16/59
［萬曆］章丘 30/66
［康熙］章丘 6/45
［乾隆］章邱 9/48
［嘉靖］淄川 6/78
［萬曆］淄川 30/1
［康熙］淄川 6/3
［乾隆］淄川 6/上 3
淄川縣鄉土志/耆舊錄－歷代名儒
［康熙］臨淄 9/9
［民國］臨淄 23/3
臨淄縣鄉土志/耆舊錄
［康熙］平度州 3/6，4/1
［道光］重修平度州 17/2
58 甯鰲（字冠東）
（清・寧陽人）
［宣統］山東 172/12
［咸豐］寧陽 13/9，21/8
［光緒］寧陽 13/9，21/9
寧陽縣鄉土志/16
60 甯國珍（清・浙江蘭谿人）
［宣統］山東 76/14
［乾隆］沂州府 20/14
［康熙］費縣 3/7
［光緒］費縣 3/56
費縣鄉土志/政績錄
甯國珍（清・直隸永年人）
［宣統］山東 74/37
［道光］濟南 37/53
甯恩綬（字印若）
（清・寧陽人）
［光緒］寧陽 13/50
64 甯曉亭（清・臨邑人）
［民國］續修臨邑 3/32

77 **甯屏**(字闔仙)
(清・寧陽人)
[咸豐]寧陽 15/31
[光緒]寧陽 15/51
甯興元
[民國]朝城縣續志 1/25
79 **甯勝**(明・臨淮人)
[嘉靖]朝城志 5/又 9
80 **甯義**(元・奉符人)
[咸豐]寧陽 15/1
[光緒]寧陽 15/1
甯義(明・直隸永平人)
[萬曆]福山 4/26
[康熙]福山 7/42
[乾隆]福山 7/51
甯俞(謚武子)
(周・衛人)
[萬曆元年]兗州 40/忠直 3
[萬曆]東昌 18/2
[乾隆]曹州府 14/2
[嘉靖]濮州 4/10
[萬曆]濮州 4/衛人 3
[康熙]濮州 4/82
[乾隆]濮州 4/122
[宣統]濮州 6/80
菏澤縣鄉土志/14
甯毓典(字茂南)
(清・寧陽人)
[咸豐]寧陽 14/25
[光緒]寧陽 14/25
甯養氣(字子直)
(清・奉天人)
[宣統]山東 75/38
[康熙]濟南 26/15
[乾隆]泰安府 15/30
[順治]新泰 4/20
[乾隆]新泰 11/6
新泰縣鄉土志/4
甯毓敏(字瑞軒)
(清・寧陽人)
[咸豐]寧陽 14/18
[光緒]寧陽 14/18
84 **甯錡**(明・福山人)
[康熙]福山 8/16
[乾隆]福山 8/29
86 **甯錦陸**(字阡平)
(清・寧陽人)
[咸豐]寧陽 14/13
[光緒]寧陽 14/13
甯錦隚(字文邑)
(清・寧陽人)
[咸豐]寧陽 14/24
[光緒]寧陽 14/24
90 **甯粹然**(明・臨邑人)
[道光]濟南 52/13
[萬曆]青州 15/23
[康熙十五年]青州 15/22
[康熙四十八年]青州 15/武功 9
[順治]臨邑 12/又 14－3
[康熙]重修臨邑 10/14
[道光]臨邑 9/20
[同治]臨邑 9/武功 1
甯光先(字忠門)
(明・章邱人)
[道光]濟南 49/58
[道光]章邱 10/18
章邱縣鄉土志/上 44
91 **甯炳文**(字蔚卿)
(清・直隸樂亭人)
[民國]利津縣續志 6/1
97 **甯煥**(清・諸城人)
[光緒]增修諸城縣續志 14/6

3023_2 家

00 **家文慶**(明・宛平人)
[嘉靖]濮州 7/23

永

30 **永濟**(小字興勝,初諱允濟)
(金)
[萬曆]滕志 6/47
[康熙]滕志 6/18
[康熙]滕縣志 6/宦業 16
[道光]滕縣志 6/宦績 15
40 **永壽真人**(金・日照人)
[雍正]山東 30/17
[萬曆]青州 17/9
[康熙十五年]青州 17/9
[康熙四十八年]青州 17/仙釋 4
[康熙六十年]青州 20/11
[乾隆]沂州府 27/13
[康熙]莒州下/48
[雍正]莒州 11/2
[民國]重修莒志 69/1
[康熙]日照 10/14
44 **永林上人**(清)
[光緒]文登 12/8
62 **永蹈**(本名銀术可,初名石狗兒)
(金)
[萬曆]滕志 6/48
[康熙]滕志 6/19
[康熙]滕縣志 6/宦業 17
90 **永常**(金・福山人)
[民國]福山縣志稿 6/2－6

3026_1 宿

00 **宿度**(字二山,一字元周)
(明・掖縣人)
[康熙]萊州 10/35
[乾隆]萊州 10/21
[乾隆]掖縣 4/22
[道光]掖乘 4
宿應麟(字槐亭)
(明・掖縣人)
[乾隆]掖縣 3/44
宿瘤女(周・齊人)
[嘉靖]山東 23/5
[康熙]山東 28/4
[嘉靖]青州 16/16
[萬曆]青州 16/4
[康熙十五年]青州 16/4
[康熙四十八年]青州 16/4
[康熙六十年]青州 19/4
[康熙]臨淄 9/6
12 **宿孔暐**(字艮墟)
(清・掖縣人)
[乾隆]掖縣 4/62
27 **宿繩武**(清・掖縣人)
[道光]再續掖縣上/52
34 **宿漢倬**(字天章)
(清・掖縣人)
[嘉慶]續掖縣 3/13
35 **宿清烈**(清・高唐人)
[光緒]高唐州 5/2－35

［民國］高唐縣 12/43
60 **宿旦**(字復公)
(清・掖縣人)
［乾隆］掖縣 4/65
宿羅心(字星源)
(清・掖縣人)
［民國］四續掖縣 4/59
77 **宿鳳翀**(字翼之)
(清・掖縣人)
［乾隆］掖縣 4/59
宿鳳翀(字輔之,號六翮)
(清・掖縣人)
［嘉慶］續掖縣 3/19
宿鳳翥(字孟威)
(明・掖縣人)
［道光］再續掖縣上/56
［道光］掖乘 4
90 **宿省**(字吾三)
(清・掖縣人)
［乾隆］掖縣 4/68
97 **宿燦**(字漢音)
(清・即墨人)
［乾隆］萊州 11/善行 3
［乾隆］即墨 9/32
［同治］即墨 9/48
即墨縣鄉土志/耆舊－事業四

3030_1 進

38 **進道人**(名守忠,字望山)
(清)
［民國］長清 15/45

3030_3 寒

07 **寒邙**(夏)
［萬曆］萊州 1/52
［康熙］萊州 6/1
36 **寒浞**(夏)
［萬曆］萊州 1/52
［康熙］萊州 6/1
37 **寒朗**(字伯奇)
(漢・魯國薛人)
［至元］齊乘 6/12
［嘉靖］山東 26/3,30/9
［康熙］山東 33/4,40/9
［雍正］山東 28/人物一 17
［宣統］山東 153/20,154/14
［萬曆元年］兗州 40/忠直 7
［萬曆二十四年］兗州 26/14,31/22
［康熙］兗州 21/14,24/21
［乾隆］兗州 23/13
［萬曆］東昌 18/7
［乾隆］東昌 33/5
［嘉慶］東昌 20/8
［康熙］曹州志 7/42
［乾隆］曹州府 12/4
［萬曆］滕志 7/16
［康熙］滕志 7/16
［康熙］滕縣志 7/14
［道光］滕縣志 7/14
滕縣鄉土志/15
［萬曆］恩縣 4/1
［宣統］重修恩縣 6/37
［民國］重修恩縣 10/55
［光緒］菏澤 7/宦蹟 10
［康熙］兗州府曹縣 10/2
［光緒］曹縣 10/2

3032_7 騫

65 **騫味道**(唐)
［光緒］益都縣圖志 16/1

3033_2 宓

10 **宓不齊**(字子賤)
(周・魯人)
［嘉靖］山東 24/6,26/1
［康熙］山東 29/6,33/1
［雍正］山東 11/闕里二 13
［宣統］山東 153/5
［萬曆元年］兗州 7/37,38/循吏 1
［萬曆二十四年］兗州 7/16
［康熙］兗州 8/17,30/21
［乾隆］兗州 7/24
［崇禎］曲阜 4/9
［乾隆］曲阜 59/3
［隆慶］單縣上/29
［康熙］單縣 6/2,11/39
［乾隆］單縣 4/44,6/1,7/11,11/33
［民國］單縣 6/宦蹟 1

3034_2 守

38 **守道**(金)
［咸豐］青州 64/31
40 **守志**(姓吳)
(元・信陽軍人)
［道光］濟南 60/12
［道光］章邱 11/91
50 **守忠**(俗姓霍)
(宋・沂水人)
［光緒］益都縣圖志 27/66
守忠(姓楊氏)
(金)
［乾隆］曹州府 16/20

3040_1 宇

00 **宇文弢**(字公輔)
(隋・洛陽人)
［康熙］德平 3/27
［乾隆］德平 2/20
［嘉慶］德平 5/2
［光緒］德平 5/2
宇文虚中(字叔通)
(宋・華陽人)
［光緒］益都縣圖志 16/35
宇文允(南北朝)
［光緒］曹縣 8/7
宇文逌(字爾固)
(南北朝・滕縣人)
［萬曆］滕志 6/40
［康熙］滕志 6/12
［康熙］滕縣志 6/宦業 10
［道光］滕縣志 6/宦績 11
宇文神舉(北周)
［康熙］東平州 6/39
［乾隆］東平州 10/54
［光緒］東平州 12/12
［道光］重修平度州 15/6
宇文昌齡(字伯修)
(宋・成都雙流人)
［嘉靖］山東 27/5
［康熙］山東 35/6
［雍正］山東 27/57
［宣統］山東 68/50
［嘉靖］青州 13/26
［萬曆］青州 12/19

[光緒]益都縣圖志 16/34
宇文景(字法珍)
(後周)
[光緒]壽張 5/2
宇文顯和(後魏・代武川人)
[康熙]萊陽 5/2
宇文鍾(字伯秀)
(明・陝西乾州人)
[道光]濟南 35/19
宇文愷(字安樂)
(隋・京兆人)
[嘉靖]山東 27/15
[康熙]山東 37/2
[雍正]山東 27/68
[宣統]山東 67/32
[萬曆]萊州 5/60
[康熙]萊州 8/20
[光緒]增修登州 24/3
35 **宇清真人**(清・陽信人)
[民國]陽信 5/仙釋 87

宰

17 **宰予**(字子我)
(春秋・魯人)
[嘉靖]山東 24/4
[康熙]山東 29/4
[雍正]山東 11/闕里二 7
[宣統]山東 153/3
[嘉靖]青州 12/3
[萬曆]青州 12/5
[康熙十五年]青州 12/5
[康熙四十八年]青州 12/5
[康熙六十年]青州 12/1
[萬曆元年]兗州 7/17
[萬曆二十四年]兗州 7/10
[康熙]兗州 8/11
[乾隆]兗州 7/16
[崇禎]曲阜 4/9
[乾隆]曲阜 59/1
72 **宰質睢**(春秋・魯人)
[乾隆]曲阜 68/10
77 **宰殿元**(清・齊河人)
[道光]濟南 56/10

準

50 **準泰**(字健齋)
(清・正黃旗人)
[宣統]山東 74/19
[道光]濟南 37/55

3040_4 安

00 **安童**(姓扎剌爾氏)
(元・蒙古人)
[嘉靖]山東 38/16
安文亮(字貞淑)
(清・鉅野人)
[道光]鉅野 13/32
安慶瀾(字晏海)
(清・博興人)
[民國]重修博興 13/49
安慶瀾(字雲階)
(清・濟陽人)
[民國]濟陽 11/65
安慶瀾(字子恬,號鏡秋)
(清・聊城人)
[宣統]山東 174/14
[宣統]聊城 8/48
安文郁(清・福山人)
[光緒]增修登州 43/19
安文昇(字從斯)
(清・長山人)
[嘉慶]長山 8/22
10 **安雲龍**(清・泰安人)
[民國]重修泰安縣 8/20
安玉衡(字星齋)
(清・壽光人)
[民國]壽光 12/人物志二 65
安玉魁(清・德州人)
[光緒]德州志略/忠節傳略
[民國]德縣 11/2
安天申(清・霑化人)
[光緒]霑化 9/13
[民國]霑化 2/66
安于拙(字去巧)
(清・淄川人)
[康熙]淄川 6 下/3
[乾隆]淄川 6/下 3
[宣統]三續淄川 10/6
12 **安砥如**(字岐東,號道蒸)
(清・淄川人)
[康熙]淄川 6 下/2
[乾隆]淄川 6/下 2
17 **安承訓**(明・直隸邯鄲舉人)
[光緒]增修登州 28/3
[康熙]福山 7/12
[民國]福山縣志稿 3/2-6
18 **安致遠**(字靜子,一名如磐,別號拙石老人)
(清・壽光人)
[宣統]山東 175/40
[康熙四十八年]青州 15/文學 15
[康熙六十年]青州 18/7
[咸豐]青州 46/30
[乾隆]續壽光 20/1
[嘉慶]壽光 14/19
[民國]壽光 12/人物志二 43
壽光縣鄉土志/耆舊
20 **安重**(號生白)
(明・日照人)
[康熙]山東 45/17
[雍正]山東 28/人物三 61
[宣統]山東 165/22
[萬曆]青州 14/21
[康熙十五年]青州 13/87,14/21
[康熙四十八年]青州 13/事功 71,14/孝友 11
[康熙六十年]青州 16/37,17/15
[乾隆]沂州府 26/11
[康熙]日照 8/13,8/16
[光緒]日照 8/10
安維洪(見安惟洪)
安受善(明・北直邯鄲人)
[宣統]山東 71/18
[道光]濟南 36/55
[康熙]德州 7/27
[乾隆]德州 8/9
[民國]德縣 9/9
21 **安衡**(明・莘縣人)
[民國]莘縣 6/35
安仁(明・城武人)
[康熙九年]城武 3/42
[康熙四十一年]城武 5/上宦蹟 3
[道光]城武 9/上 19
安仁(日照人)

[民國]萊陽 3/1 上 38
安順理(見安順禮)
安師儒(唐)
[光緒]益都縣圖志 16/10
安順禮(明・淄川人)
[康熙]山東 45/5
[康熙]濟南 47/7
[道光]濟南 72/37
[康熙]淄川 5/34
[乾隆]淄川 5/34
安處士(名宅,字仁甫)
(元・鄒平人)
[道光]濟南 48/48
安仁甫(元・鄒平人)
[雍正]山東 28/人物二 64
[宣統]山東 167/13
[康熙]濟南 48/5
[順治]鄒平 6/9
[康熙]鄒平 6/29
安仁義(唐)
[光緒]益都縣圖志 16/11
22 安岧(字崑阜)
(清・長山人)
[嘉慶]長山 8/23
安嶽(字天錫)
(清・淄川人)
[康熙]淄川 5/17
[乾隆]淄川 5/17
安樂雍(清・莘縣人)
[光緒]莘縣 7/30
[民國]莘縣 7/16
莘縣鄉土志/事業 26
安嶽雲(清・寧津人)
[光緒]寧津 8/22
寧津縣志料 3/人物－義烈
安繼振(字幼癡)
(清・淄川人)
[乾隆]淄川 5/46
23 安紱(字帶河)
(清・長山人)
[嘉慶]長山 9/34
安傅(字執中)
(明・淄川人)
[康熙]濟南 40/12
[道光]濟南 72/36
[康熙]淄川 5/13
[乾隆]淄川 5/13
安然(明・南直穎州人,一作祥符人)
[嘉靖]山東 25/10
[康熙]山東 31/12
[雍正]山東 27/10
[宣統]山東 70/5
[道光]濟南 35/22
[崇禎]歷乘 16/27
[崇禎]歷城 6/10
安峵(字肅青,號竹逸)
(清・長山人)
[嘉慶]長山 10/32
安峻山(清・寧陽人)
[光緒]寧陽 13/76
安允中(字衷一)
(清・日照人)
[康熙]日照 8/13
24 安科(明・泰安人)
[康熙]山東 39/27
[康熙]濟南 41/22
[康熙]泰安州 3/28
[乾隆]泰安府 17/24
[乾隆二十五年]泰安縣 12/16
[乾隆四十七年]泰安縣 10/上 12
[道光]泰安縣 9/上 61
[民國]重修泰安縣 8/11
泰安縣鄉土志/耆舊 12
安偉(字藿盟)
(明・淄川人)
[康熙]山東 45/5
[康熙]濟南 47/24
[道光]濟南 72/38
[乾隆]淄川 5/45
安佑(字子吉)
(明・嘉定州人)
[萬曆]濰縣 7/3
[康熙]濰縣 5/名宦 4
[乾隆]濰縣 3/41
[民國]濰縣志稿 20/14
濰縣鄉土志/51
安魁遠(清・寧津人)
寧津縣志料 3/人物－義行
安德裕(字益之,一字師皋)
(宋・河南人)
[嘉靖]山東 26/8
[康熙]山東 33/10
[雍正]山東 27/88
[萬曆元年]兗州 38/循吏 27
[萬曆二十四年]兗州 28/1
[康熙]兗州 22/1
[康熙]曹州志 7/48
[光緒]菏澤 7/宦蹟 16
[萬曆]鉅野 6/5
[康熙]鉅野 10/4
[道光]鉅野 10/5
安矱曾(字星霞)
(清・日照人)
[光緒]日照 8/34
25 安傳(見安傅)
安伸(字振屈,號葵盟)
(明・淄川人)
[康熙]濟南 37/13
[道光]濟南 50/22
[康熙]淄川 5/14
[乾隆]淄川 5/14,6/上 36
淄川縣鄉土志/耆舊錄－歷代名臣
安仲(明・淄川人)
[康熙]淄川 5/6,6/36
[乾隆]淄川 5/6
安仲節(元)
[光緒]嶧縣 19/95
27 安盤(明・武邑人)
[萬曆]青州 12 又/7
[康熙十五年]青州 12 又/7
[康熙四十八年]青州 12 又/7
[咸豐]青州 36/6
[康熙]高苑 3/16
[乾隆]高苑 3/21
安紹先(明・陝西延安人)
[宣統]山東 72/11
28 安僧(元)
[道光]東阿 14/人物下 38
30 安宅(字仁甫)
(元・鄒平人)
[嘉慶]鄒平 15/53
安宅(字子仁,號似山)
(明・冠縣人)

［嘉靖］冠縣 4/3
［萬曆］冠縣 4/9
［道光］冠縣 8/上 9,9/59
［光緒］冠縣 8/卓行,9/56
［民國］冠縣 8/人物志 9,9/59
安宙(明・新泰人)
［天啟］新泰 6/18
安宏慶(字瑞堂)(清・濟陽人)
［民國］濟陽 11/62
安審琦(字國瑞)(五代・沙陀部人)
［光緒］益都縣圖志 16/23
安守緒(字錫之)(清・日照人)
［光緒］日照 8/35
安良澤(明・霑化人)
［萬曆］新修霑化 6/109
安良棟(明・錢塘人)
［隆慶］單縣上/重 36
安守忠(字信臣)(宋・并州晉陽人)
［嘉靖］山東 26/24
［康熙］山東 34/5
［雍正］山東 27/88
［宣統］山東 68/40
［乾隆］曹州府 12/8
［萬曆］濮州 3/名宦 12
［康熙］濮州 3/12
［乾隆］濮州 3/12
［宣統］濮州 4/12
安永憘(字振庭)(清・日照人)
［光緒］日照 8/29
34 **安祐**(字子吉)(明・眉州人)
［萬曆］萊州 5/74
［康熙］萊州 8/49
［乾隆］萊州 9/20
安汝明(元・寧津人)
［光緒］寧津 8/3
寧津縣志料 3/人物－循良
寧津縣鄉土志/耆舊
37 **安祿爵**(清・莘縣人)
莘縣鄉土志/事業 28
40 **安圭**(字伯玉)(元・歷城人)
［乾隆］歷城 24/6
安赤紱(明・并州晉陽人)
［雍正］山東 28/人物三 6
［宣統］山東 164/42
［乾隆］東昌 33/31,41/27
［嘉慶］東昌 20/42,31/5
［康熙］聊城 3/46
［宣統］聊城 8/64
安士傑(清・濟陽人)
［民國］濟陽 11/69
安壽椿(字亞千)(清・博興人)
［民國］重修博興 13/53
安大觀(字賓王)(清・日照人)
［乾隆］沂州府 26/28
［光緒］日照 8/13
安嘉會(字素中,一作素仲)(清・長山人)
［道光］濟南 72/44
［康熙四十三年］長山 5/文學
［康熙五十五年］長山 6/48
［嘉慶］長山 8/21
44 **安恭**(字翼軒)(明・蓬萊人)
［嘉慶］續掖縣 4/53
安萃梧(字蔭堂)(清・曹縣人)
［光緒］曹縣 14/仕蹟 9
安萬邦(清・莘縣人)
［民國］莘縣 7/22
46 **安如山**(字子靜)(明・南直無錫人)
［宣統］山東 72/49
［乾隆］東昌 35/20
［嘉慶］東昌 22/24
［嘉靖］高唐州 5/7
［康熙十二年］高唐州 7/11
［康熙五十一年］高唐州 7/11
［道光］高唐州 7/1－12
［光緒］高唐州 7/1－12
［民國］高唐縣 9/5－7
47 **安期生**(秦・琅琊人)
［至元］齊乘 6/7
［嘉靖］山東 34/14
［康熙］山東 47/6,59/10
［雍正］山東 30/2
［宣統］山東 200/18
［康熙］濟南 51/1
［嘉靖］青州 16/46
［康熙十五年］青州 17/6
［康熙四十八年］青州 17/仙釋 1
［康熙六十年］青州 20/9
［乾隆］泰安府 18/76
［萬曆元年］兗州 43/4,46/4
［萬曆二十四年］兗州 52/20
［萬曆］沂州志 7/72
［康熙］沂州志 6/50
［乾隆］沂州府 27/11
［泰昌］登州 11/59
［順治］登州 18/19
［萬曆］諸城 9/1
［康熙］諸城 9/1
［乾隆］諸城 43/1
［康熙］嶧縣 3/55
［光緒］嶧縣 21/流寓 2
［康熙］蓬萊 6/3,6/55
［道光］重修蓬萊 2/32
［民國］蓬萊縣志合編人物志/仙釋
［民國］增修蓬萊 2/仙釋
［順治］招遠 9/29
［民國］續修萊蕪 28/3
［民國］臨沂 14/2
48 **安塔哈**(又名鄂勒歡)(金)
［光緒］嶧縣 18/15
50 **安忠**(宋・洛陽人)
［嘉靖］山東 26/24
［康熙］山東 34/5
［雍正］山東 27/43
［宣統］山東 68/43
［萬曆］東昌 18/19
［乾隆］東昌 33/17
［嘉慶］東昌 20/29
［嘉靖］恩縣 7/4
［萬曆］恩縣 4/5

[宣統]重修恩縣 6/44
[民國]重修恩縣 10/61
恩縣鄉土志/9
57 **安邦**(明·茌平人)
[康熙二年]茌平 2/42
[康熙四十九年]茌平 2/42
[宣統]茌平 11/3
[民國]茌平 3/50
安邦憲(字文典)
(清·日照人)
[光緒]日照 8/35
60 **安思**(字曰睿)
(明·長山人)
[康熙]濟南 45/6
[道光]濟南 50/50
[康熙四十三年]長山 5/文學
[康熙五十五年]長山 6/47
[嘉慶]長山 8/19
長山縣鄉土志/耆舊錄
安國珍(清·肥城人)
[嘉慶]肥城 17/21
[光緒]肥城 9/14
肥城縣鄉土志 5/27
安景伊(字莘公)
(清·長山人)
[道光]濟南 55/37
[嘉慶]長山 10/20
安思善(字樂之)
(清·泰安人)
[民國]重修泰安縣 8/47
67 **安躍拔**(字文華)
(清·聊城人)
[雍正]山東 28/人物四 35
[宣統]山東 174/7
[乾隆]東昌 40/6
[嘉慶]東昌 30/6
[宣統]聊城 8/27
聊城縣鄉土志/22
68 **安曦**(字元旭)
(明·長山人)
[康熙]山東 39/30
[雍正]山東 28/人物三 61
[宣統]山東 161/55
[道光]濟南 50/46
[康熙四十三年]長山 5/仕業
[康熙五十五年]長山 6/6
[嘉慶]長山 7/8
長山縣鄉土志/耆舊錄
71 **安臣**(明·河南郾城人)
[萬曆]青州 12 又/又 12
[康熙十五年]青州 12 又/又 12
[康熙四十八年]青州 12 又/又 12
[康熙六十年]青州 12/39
[咸豐]青州 36/17
[萬曆]諸城 4/28
[乾隆]諸城 28/4
安厥修(字修來,號慊齋)
(清·長山人)
[嘉慶]長山 8/23
77 **安鳳**(明·新泰人)
[康熙]濟南 49/3
[天啟]新泰 6/18
[順治]新泰 5/33
[乾隆]新泰 16/15
安同(北魏·遼東胡人)
[光緒]益都縣圖志 15/13
安學泗(字道源)
(莘縣人)
[民國]莘縣 7/25
安又民(清·蒙陰人)
[民國]臨沂 10/68
80 **安毓慤**(字習董)
(清·長山人)
[雍正]山東 28/人物三 73
[康熙]濟南 48/8
[道光]濟南 72/41
[康熙四十三年]長山 5/高隱
[康熙五十五年]長山 6/52
[嘉慶]長山 10/30
安全義(清·山西并州人)
[宣統]山東 77/10
[咸豐]青州 37/16
[嘉慶]壽光 10/30
[民國]壽光 6/20
83 **安鑌**(字冶亭)
(清·日照人)
[光緒]日照 8/38
86 **安錦雲**(清·寧津人)
寧津縣志料 3/人物-孝行
安錫齡(改名慶瀾,字子恬,號鏡秋)
(清·聊城人)
[宣統]聊城耆獻文徵/又下 23
安錫祚(清·章邱人)
[道光]濟南 54/7
[道光]章邱 11/37
88 **安簣**(字青士)
(清·壽光人)
[乾隆]續壽光 20/2
[嘉慶]壽光 14/19
[民國]壽光 12/人物志二 45
安笏(清·壽光人)
[民國]壽光 12/人物志一 74
安銳(清·淄川人)
[康熙]淄川 5/7
[乾隆]淄川 5/7
90 **安惟洪**(字仲達)
(元·濟南人)
[宣統]山東 161/20
[道光]濟南 34/36
[康熙五十五年]長山 3/28
[嘉慶]長山 5/37
安惟恒(明·山西臨汾舉人)
[萬曆]青城 1/36
[乾隆]青城 7/2
[民國]青城續修 4/名宦 12
91 **安恒**(字永之)
(明·壽光人)
[康熙四十八年]青州 14/儒行 18
[康熙六十年]青州 15/14
[咸豐]青州 45/58
[康熙]壽光 12/56,27/2
[嘉慶]壽光 14/2
[民國]壽光 12/人物志二 2

3060_6 宮

00 **宮庭**(元·萊陽人)
[民國]萊陽 3/1 中 3
宮文信(元·萊陽人)
[泰昌]登州 11/31
[順治]登州 17/8

［光緒］增修登州 38/14
［康熙］萊陽 8/25
［民國］萊陽 3/1 中 4
宮應蛟（字雲池）
（明・寧海人）
［同治］重修寧海州 21/3
［民國］牟平 7/83
宮文雅（字馴章）
（清・利津人）
［乾隆］利津縣志續編 8/40
［光緒］利津 7/宦蹟 11
宮文賢（明・萊陽人）
［民國］萊陽 3/1 中 13
03 宮誠（金・萊陽人）
［民國］萊陽 3/1 中 3
04 宮詵（金・萊陽人）
［民國］萊陽 3/1 中 3
06 宮謂（宋・萊陽人）
［民國］萊陽 3/1 中 2
10 宮玠（元・萊陽人）
［民國］萊陽 3/1 中 3
宮元鼐（字和齋）
（清・寧海人）
［同治］重修寧海州 19/3
宮可初（明・萊陽人）
［民國］萊陽 3/1 中 8
宮雲祥（字集堂）
（清・莘縣人）
［民國］莘縣 7/21
宮爾勸（字九敘，號怡雲）
（清・高密人）
［宣統］山東 177/42
［光緒］高密 8/上 54
［民國］高密 14/上 64
高密縣鄉土志/上 25
宮丕基（字蒳亭，號交山）
（清・牟平人）
［民國］牟平 7/17
11 宮珏（元・萊陽人）
［民國］萊陽 3/1 中 4
宮珂（元・萊陽人）
［民國］萊陽 3/1 中 3
12 宮瑞（元・萊陽人）
［民國］萊陽 3/1 中 4
宮延慶（清・昌邑人）
［乾隆］昌邑 5/147，6/174
宮廷桐（清・萊陽人）
［民國］萊陽 3/1 中 63
13 宮瑄（元・萊陽人）
［民國］萊陽 3/1 中 3
14 宮璹（元・萊陽人）
［民國］萊陽 3/1 中 4
宮瓚（明・昌邑人）
［康熙］昌邑 6/3
16 宮理（明）
［康熙］德平 3/16
18 宮璲（元・萊陽人）
［民國］萊陽 3/1 中 4
21 宮儒紳（曲阜人）
［民國］續修曲阜 5/24
22 宮嵩（漢・瑯邪人）
［雍正］山東 30/4
宮仙（名頤儒，字得先，號四智）
（元）
［道光］文登 10/2
［光緒］文登 12/5
宮繼蘭（明）
［宣統］山東 72/3
［乾隆］兗州 22/20
23 宮獻廷（字敬修）
（清・臨朐人）
臨朐縣鄉土志 1/耆舊
宮卜萬（字壽卿，號香海）
（清・牟平人）
［光緒］增修登州 43/36
［民國］牟平 7/113，9/31
24 宮德安（元・萊陽人）
［民國］萊陽 3/1 中 4
宮德輝（清・萊陽人）
［民國］萊陽 3/1 中 76
28 宮復（明・萊陽人）
［民國］萊陽 3/1 中 8
宮儀（元・萊陽人）
［民國］萊陽 3/1 中 6
宮從龍（清・昌邑人）
［乾隆］昌邑 5/143
30 宮安（清・益都人）
［光緒］益都縣圖志 41/25
31 宮禎（元・萊陽人）
［民國］萊陽 3/1 中 6
34 宮沈修（清・東平人）
［光緒］東平州 15/下 40
［民國］東平縣 11/下 14
宮汝幹（字秀巖）
（清・莘縣人）
［民國］莘縣 7/21
35 宮禮（金・萊陽人）
［光緒］增修登州 38/10
［民國］萊陽 3/1 中 3
36 宮澤遠（清・夏津人）
［民國］夏津續編 8/26
40 宮志（明・河南安陽人）
［嘉靖］山東 26/18
［康熙］山東 33/21
［雍正］山東 27/38
［宣統］山東 72/17
［萬曆元年］兗州 38/循吏 42
［萬曆二十四年］兗州 29/6
［康熙］兗州 22/27
［乾隆］兗州 22/27
［乾隆］濟寧直隸州 22/51
［道光］濟寧直隸州 6/6－34
［康熙］魚臺 15/10
［乾隆］魚臺 9/33
［光緒］魚臺 2/47
宮有琦（字玉潤）
（清・平原人）
［民國］續修平原 6/7
宮去矜（字伯申）
（清・高密人）
［道光］諸城縣續志 21/1
［光緒］高密 8/上 63
［民國］高密 14/上 74
44 宮英（明・新城人）
［天啟］新城 8/善行
［崇禎］新城 8/善行
［康熙］新城 7/46
［民國］重修新城 14/2
宮懋讓（字杜州）
（清・江南泰州人）
［宣統］山東 77/19
［咸豐］青州 37/19，37/21
［乾隆］諸城 28/15
［乾隆］續壽光 18/3
［嘉慶］壽光 10/31
［民國］壽光 6/21
壽光縣鄉土志/政績

[乾隆]利津縣志續編 7/32
諸城縣鄉土志/上 12
宮其順(字運隆)
(清・利津人)
[光緒]利津 8/孝友 6
宮若峘(明・寧海人)
[同治]重修寧海州 21/3
[民國]牟平 7/83
宮樹德(字務滋,號敏齋)
(清・牟平人)
[民國]牟平 7/21
宮慕九(字景虞,號竹圃)
(清・東平人)
[光緒]東平州 15/上 42
[民國]東平縣 11/上 17
東平州鄉土志上/耆舊錄 38
50 **宮肅**(明・萊陽人)
[民國]萊陽 3/1 中 9
宮中栢(字伊真)
(清・膠州人)
[民國]膠澳志 10/13
60 **宮曰立**(字子昱,號景三)
(牟平人)
[民國]牟平 7/99
宮國謹(字涵璞)
(清・利津人)
[乾隆]利津縣志續編 8/42
[光緒]利津 8/隱逸 1
宮國勳(清・蓬萊人)
[光緒]蓬萊縣續志 9/仕績 3
[民國]蓬萊縣志合編人物志/仕績
宮國楨(清・蓬萊人)
[光緒]蓬萊縣續志 9/仕績 3
[民國]蓬萊縣志合編人物志/仕績
宮國煦(清・蓬萊人)
[光緒]蓬萊縣續志 9/仕績 3
[民國]蓬萊縣志合編人物志/仕績
77 **宮學山**(字鎮藩)
(清・即墨人)
[同治]即墨 9/37
即墨縣鄉土志/耆舊－事業四
宮開科(字捷南)
(東平人)
[民國]東平縣 11/上 20
宮殿甯(清・臨朐人)
光緒臨朐 14/下 22
宮興禮(東阿人)
[民國]東阿 16/5
79 **宮勝律**(字鉉玉)
(清・高密人)
[光緒]高密 8/上補遺 2
[民國]高密 14/上 64
80 **宮鏡**(元・萊陽人)
[民國]萊陽 3/1 中 4
86 **宮鐸**(元・萊陽人)
[民國]萊陽 3/1 中 50
87 **宮欽**(字子敬)
(元・東萊人)
[嘉靖]山東 26/16
[康熙]山東 33/19
[雍正]山東 28/人物二 64
[宣統]山東 161/23
[乾隆]泰安府 14/35
[萬曆元年]兗州 38/循吏 39
[萬曆二十四年]兗州 28/20
[康熙]兗州 22/20
[康熙五十四年]東阿 3/29
[道光]東阿 11/5
[光緒]東阿縣鄉土志 2/7
[乾隆]掖縣 4/20
[民國]萊陽 3/1 中 5
88 **宮鑑**(元・萊陽人)
[民國]萊陽 3/1 中 4
宮鑰(元・萊陽人)
[同治]重修寧海州 13/3
[民國]萊陽 3/1 中 4
89 **宮錟**(元・萊陽人)
[民國]萊陽 3/1 中 5
97 **宮煥**(元・萊陽人)
[民國]萊陽 3/1 中 6
宮耀月(字竹樓)
(清・山西繁峙人)
[民國]齊東 3/66
齊東縣鄉土志/政績錄 2

富

17 **富弼**(字彦國)
(宋・河南洛陽人)
[嘉靖]山東 26/10,27/5
[康熙]山東 33/12,35/5
[雍正]山東 27/55
[宣統]山東 68/48
[嘉靖]青州 12/56
[萬曆]青州 12/16
[康熙十五年]青州 12/16
[康熙四十八年]青州 12/16
[康熙六十年]青州 12/11
[咸豐]青州 35/4
[乾隆]泰安府 14/16
[萬曆元年]兗州 39/名宦 12
[萬曆二十四年]兗州 28/3
[康熙]兗州 22/3
[康熙]東平州 4/35
[乾隆]東平州 12/14
[道光]東平州 12/14
[光緒]東平州 14/14
東平州鄉土志上/政績錄 11
[民國]東平縣 9/8
[康熙六十年]博興 7/6
[光緒]益都縣圖志 16/28
24 **富德庸**(元・濟南人)
[道光]濟南 48/42
[乾隆]歷城 36/25
30 **富察琦**(見蒲察琦)
67 **富明**(字遠峰)
(清・京旗蒙古人)
[民國]德縣 9/18
富明安(清・滿洲鑲紅旗人)
[宣統]山東 74/22
[道光]濟南 37/28

3060_8 容

60 **容昺**(清・竇雞人)
[道光]新城/名宦

3060_9 審

17 **審配**(字正南)
(漢・魏郡人)
[嘉慶]東昌 26/5
40 **審友**(戰國・齊人)

［萬曆］青州 13/19
［康熙十五年］青州 13/20
［康熙四十八年］青州 13/事功 3
60 審晃（字元讓）
（漢・魏郡陰安人）
［嘉靖］山東 26/3
［康熙］山東 33/4
［宣統］山東 66/24
［萬曆元年］兗州 38/循吏 12
［萬曆二十四年］兗州 26/12
［康熙］兗州 21/12
［康熙］曹州志 7/37
［乾隆］曹州府 12/3
［萬曆］濮州 3/名宦 5
［康熙］濮州 3/5
［乾隆］濮州 3/5
［宣統］濮州 4/5
［光緒］菏澤 7/名宦 2
［光緒］新修菏澤 8/2
菏澤縣鄉土志/7
［康熙］兗州府曹縣 10/2
［光緒］曹縣 10/1

3077_2 密

02 **密訓**（字明宇）
（明・臨沂人）
［康熙］沂州志 4/24
［乾隆］沂州府 25/25
［民國］臨沂 9/54
10 **密雲路**（字仙坡，號得軒）
（清・蘭山人）
［宣統］山東 173/9
［民國］臨沂 10/29
16 **密聰**（明・陽穀人）
［康熙十二年］陽穀 3/11
18 **密珍**（元・沂州人）
［民國］臨沂 9/43，12/40
24 **密佑**（宋・密州人）
［嘉靖］山東 32/17
［嘉靖］青州 15/8
［萬曆］青州 14/6
［康熙十五年］青州 14/6
［康熙四十八年］青州 14/忠義 6
［康熙六十年］青州 17/4
［萬曆］諸城 7/12
［康熙］諸城 7/11
［乾隆］諸城 38/3
諸城縣鄉土志/上 20
25 **密仲輕**（明）
［乾隆］沂州府 17/31
34 **密祐**（見密佑）
37 **密鴻印**（字子綬）
（清・臨沂人）
［民國］臨沂 10/30
密鴻錫（字福鄉）
（清・臨沂人）
［民國］臨沂 10/29
44 **密菴大師**（清）
［乾隆］昌邑 7/212
46 **密觀光**（清・臨沂人）
［民國］臨沂 10/30
51 **密振元**（清・臨沂人）
［乾隆］沂州府 26/18
［民國］臨沂 10/52
80 **密鏞**（明・陽穀人）
［康熙十二年］陽穀 3/6
［康熙］陽穀 3/6

3077_7 官

00 **官廉**（字汝清）
（明・平度人）
［雍正］山東 28/人物三 13
［宣統］山東 161/36
［萬曆］萊州 5/101
［康熙］萊州 10/28
［乾隆］萊州 10/15
萊州府鄉土志/下 11
［康熙］平度州 4/7，10/10
［道光］重修平度州 14/46，18/5
平度鄉土志 4 上/事業
官應震（字暘初，一作陽初）
（明・湖廣黃岡人）
［宣統］山東 73/35
［康熙］萊州 8/50
［乾隆］萊州 9/21
［乾隆］濰縣 3/43
［民國］濰縣志稿 20/16
濰縣鄉土志/9
05 **官靖共**（字衷寅，號方山，別號藏真居士）
（清・平度人）
［道光］重修平度州 19/1，19/13
06 **官諤**（字軼千）
（清・平度人）
［道光］重修平度州 19/27
平度鄉土志 4 上/鄉賢，4/下
10 **官一夔**（字舜鳴）
（明・平度人）
［康熙］平度州 4/8
［道光］重修平度州 18/7
12 **官延澤**（字潤只）
（明・平度人）
［乾隆］泰安府 15/15
［天啟］新泰 5/28
［順治］新泰 4/23
［乾隆］新泰 11/10
［康熙］平度州 4/9
［道光］重修平度州 18/8
平度鄉土志 4 上/事業
20 **官爵**（字天祿，自號逸休居士）
（明・平度人）
［康熙］平度州 4/6
40 **官希伯**（明・平度人）
［道光］重修平度州 18/7
官去惑（字通皆）
（清・平度人）
［光緒］平度志要/人物
44 **官夢麟**（字性慈）
（清・平度人）
［民國］平度縣續志 8/11
官華堂（清・臨清人）
［民國］臨清縣/人物 28
50 **官青田**（字鶴皋）
（清・平度人）
［光緒］平度志要/人物
［民國］平度縣續志 7/14，12/上 31
53 **官成**（字經邦）
（明・平度人）
［康熙］平度州 4/9
［道光］重修平度州 18/14
57 **官擢午**（字清甫，原名起南）
（清・平度人）

［民國］平度縣續志 7/13
60 官晟先（字明齋）
（清・平度人）
［民國］平度縣續志 8/6
66 官暠先（字蓮峯）
（清・平度人）
［民國］平度縣續志 7/30
77 官熙（上蔡人）
［康熙］平度州 5/3
［道光］重修平度州 22/1
官賢（字汝俊）
（明・平度人）
［萬曆］萊州 5/103
［康熙］萊州 10/30
［乾隆］萊州 10/17
［道光］重修平度州 18/7
官居正（清・招遠人）
［光緒］增修登州 43/26
［道光］招遠縣續志 3/7
官熙載（字舜揆）
（明・平度人）
［道光］重修平度州 18/7
80 官善（清・平度人）
［道光］重修平度州 19/44
86 官錦堂（字春山）
（清・平度人）
［民國］平度縣續志 7/9
88 官箴（明・平度人）
［道光］重修平度州 18/14
官篆（字澤嶼）
（明・膠州人）
［雍正］山東 28/人物三 77
［宣統］山東 164/40
［乾隆］萊州 11/忠節 8
［道光］重修平度州 18/18
平度鄉土志 4 上/事業
90 官尚錫（清・平度人）
［道光］重修平度州 19/29
平度鄉土志 4 上/鄉賢
91 官炡（字麗南）
（清・平度人）
［道光］重修平度州 19/8

3080_1 蹇

00 蹇文昌（字秀峯）
（清・蒙陰人）
［康熙十一年］蒙陰 2/15
［宣統］蒙陰 4/隱德
04 蹇謨（明・蒙陰人）
［康熙十一年］蒙陰 2/37
08 蹇謐（明・蒙陰人）
［乾隆］沂州府 26/4
［康熙二十四年］蒙陰 4/14
［宣統］蒙陰 4/孝義
蹇謐（明・蒙陰人）
［康熙十一年］蒙陰 2/45
蹇議（清・蒙陰人）
［康熙十一年］蒙陰 2/42
17 蹇孟泗（明・蒙陰人）
［康熙十一年］蒙陰 2/50
蹇孟懷（明・蒙陰人）
［康熙十一年］蒙陰 2/52
24 蹇升（清・蒙陰人）
［康熙十一年］蒙陰 2/42
44 蹇執敬（清・蒙陰人）
［康熙十一年］蒙陰 2/41
47 蹇桶（清・蒙陰人）
［乾隆］沂州府 26/18
［宣統］蒙陰 4/孝義
50 蹇泰（清・蒙陰人）
［康熙十一年］蒙陰 2/39

定

80 定姜（周・齊人）
［嘉靖］山東 23/4
［康熙］山東 28/3
［嘉靖］青州 16/12
［萬曆］青州 16/1
［康熙十五年］青州 16/1
［康熙四十八年］青州 16/1
［萬曆元年］兗州 1/后妃 8
［康熙］臨淄 9/4

3080_6 賓

04 寶誌（俗姓朱）
（梁・金城人）
［順治］鄒平 8/1，8/27
寶琦（明）
［民國］禹城 8/72
17 寶瓊（俗姓主）
（宋）
［民國］臨沂 12/33
27 寶魯（元・河東高平人）
［嘉靖］山東 26/17
［康熙］山東 33/20
［乾隆］泰安府 14/34
［康熙］東平州 4/57
［乾隆］東平州 12/31
［道光］東平州 12/31
［光緒］東平州 14/31
寶峰僧（名楊守忠）
（金・嶧人）
［雍正］山東 30/16
［康熙］曹州志 20/4
46 寶如（姓于）
（清・文登人）
［雍正］山東 30/25
［道光］文登 10/2
［光緒］文登 12/6
77 寶興（清・滿洲正藍旗人）
［乾隆］利津縣志補 3/16
92 寶燈（姓楊）
（明・東阿人）
［雍正］山東 30/25
［萬曆二十四年］兗州 52/28

賓

17 賓胥無（見賓須無）
21 賓須無（周・齊人）
［萬曆］青州 13/18
［康熙十五年］青州 13/又 19
［康熙四十八年］青州 13/事功 2
［康熙六十年］青州 16/1
［康熙］臨淄 9/9
［民國］臨淄 23/4
23 賓牟賈（春秋・魯人）
［乾隆］曲阜 93/2

竇

00 竇卞（字彥法）
（宋・曹州冤句人）
［嘉靖］山東 30/49
［康熙］山東 40/48
［雍正］山東 28/人物二 40
［宣統］山東 157/36
［萬曆元年］兗州 40/政績 12

[萬曆二十四年]兖州 35/13
[康熙]兖州 27/12
[康熙]曹州志 15/13
[乾隆]曹州府 14/27
[光緒]菏澤 15/12
[光緒]新修菏澤 10/12
菏澤縣鄉土志/16
[康熙]曹縣 12/18
[康熙]兖州府曹縣 12/18
[光緒]曹縣 12/16
[康熙]東明 6/15
[乾隆]東明 6/15
[民國]東明縣新誌 11/23
竇慶(字樂彝)
(明・臨朐人)
[咸豐]青州 44/9
[嘉靖]臨朐 3/11
[康熙]臨朐縣志書 3/36
光緒臨朐 14/下 3
竇廣國(字少君)
(漢・觀津人)
[萬曆]濮州 1/帝 15
[康熙]濮州 1/67
竇應時(清・遵化人)
[康熙]德州 6/3
03 **竇誠**(明・諸城人)
[萬曆]諸城 6/25
04 **竇詵**(字瑤圃)
(清・諸城人)
[道光]諸城縣續志 17/1
諸城縣鄉土志/上 18
10 **竇五龍**(字秋實)
(清・曹縣人)
[康熙]兖州府曹縣 14/9
[光緒]曹縣 14/人物 7
竇三樂(字君性)
(明・嘉祥人)
[乾隆]嘉祥 2/38
竇爾坃(清・聊城人)
[乾隆]東昌 43/3
[嘉慶]東昌 32/29
[宣統]聊城 8/84
竇可楠(清・諸城人)
[光緒]增修諸城縣續志 17/1
12 **竇廷宰**(字冠百)
(清・臨朐人)
[咸豐]青州 46/47
光緒臨朐 14/中 6
竇廷柱(字子中)
(清・陽信人)
[民國]陽信 5/方技 84
竇廷桂(字馥齋)
(清・諸城人)
[道光]諸城縣續志 19/12
13 **竇瑄**(字廷璧)
(明・曹縣人)
[康熙]兖州府曹縣 13/20
[光緒]曹縣 13/19
14 **竇瑾**(字道瑜)
(北魏・頓丘衛國人)
[宣統]山東 155/31
[道光]觀城 8/1
觀城縣鄉土志/耆舊
15 **竇建德**(隋・貝州人)
[嘉靖]山東 33/28
17 **竇鞏**(字友封)
(唐・扶風平陵人)
[光緒]益都縣圖志 16/13
19 **竇琰**(唐・洛陽人)
[嘉靖]山東 27/15
[雍正]山東 27/69
[宣統]山東 68/17
[萬曆]青州 12/11
[康熙十五年]青州 12/11
[康熙四十八年]青州 12/11
[康熙六十年]青州 12/6
[咸豐]青州 34/19
[萬曆]萊州 5/61
[康熙]萊州 8/21
[乾隆]萊州 9/6
[康熙]昌樂 1/33
[萬曆]濰縣 7/2
[康熙]濰縣 5/名宦 2
[乾隆]濰縣 3/39
[民國]濰縣志稿 20/7
濰縣鄉土志/7
20 **竇喬**(明・平度人)
[康熙]平度州 5/7
[道光]重修平度州 18/20
竇舜卿(字希元)
(宋・相州安陽人)
[嘉靖]山東 27/5
[康熙]山東 35/6
[雍正]山東 27/56
[宣統]山東 68/52
[嘉靖]青州 13/29
[萬曆]青州 12/21
[康熙十五年]青州 12/21
[康熙四十八年]青州 12/21
[康熙六十年]青州 12/12
[咸豐]青州 35/10
[嘉靖]淄川 6/76
[康熙六十年]博興 7/7
21 **竇仁宇**(清・安丘人)
[道光]安邱新志 24/1
安丘縣鄉土志 8/耆舊錄 5
22 **竇偁**(宋・漁陽人)
[康熙]單縣 6/6
竇嶺(明・諸城人)
[萬曆]諸城 6/26
24 **竇魁**(字占鰲)
(清・高唐人)
[民國]高唐縣 12/91
竇贊機(字元輔)
(明・諸城人)
[乾隆]諸城 30/7
26 **竇儼**(字望之)
(後晉・漁陽人)
[康熙]東平州 3/11
[道光]東平州 10/上 8
28 **竇儀**(字可像)
(五代・漁陽人)
[乾隆]泰安府 14/13
[康熙]東平州 3/11
[乾隆]東平州 12/10
[道光]東平州 12/10
[光緒]東平州 14/10
竇作相(字悅朋,一字傳巖,晚號具川)
(清・臨朐人)
光緒臨朐 14/中 14
臨朐縣鄉土志 1/耆舊
竇作杞(字莿甫)
(清・臨朐人)
光緒臨朐 14/中 15
29 **竇倓**(唐)
[嘉慶]昌樂 19/3

30 **竇進祿**(清・陜西西寧衛人)
[康熙]高苑縣續志 3/6
竇宏祚(清・諸城人)
[咸豐]青州 47/38
[道光]諸城縣續志 19/1
竇安常(字舒齋)
(清・德平人)
[光緒]德平 7/23
31 **竇濬**(字子哲)
(清・博平人)
[嘉慶]東昌 30/37
[道光]博平 4/24
博平縣鄉土志/耆舊－學問
竇福興(字建邦)
(莘縣人)
[民國]莘縣 7/25
33 **竇心恆**(字健行)
(清・寧陽人)
[咸豐]寧陽 14/17
[光緒]寧陽 14/17
34 **竇浩**(清・商河人)
[道光]商河 7/28
[民國]重修商河 8/39
竇汝翼(字右民)
(清・諸城人)
[道光]諸城縣續志 13/15
竇汝江(清・黃縣人)
[光緒]增修登州 44/2
竇汝鉤(字子鈞)
(清・諸城人)
[道光]諸城縣續志 13/15
35 **竇清翰**(字幹周)
(東平人)
[民國]東平縣 11/上 21
竇清哲(字濬源)
(清・陵縣人)
[民國]陵縣續志 4/17
竇連甲(字仲三)
(清・齊河人)
[民國]齊河 26/33
38 **竇啟先**(字毅所)
(明・平度州人)
[雍正]山東 28/人物三 73
[宣統]山東 164/52
[康熙]萊州 10/47
[乾隆]萊州 11/忠節 8
萊州府鄉土志/下 14
[康熙]平度州 5/7,10/8
[道光]重修平度州 14/35,
18/18
平度鄉土志 4 上/事業
40 **竇森**(字金聲)
(清・茌平人)
[宣統]茌平 13/4
[民國]茌平 3/13
竇克順(清・聊城人)
[乾隆]東昌 40/12
[嘉慶]東昌 30/12
[宣統]聊城 8/94
竇志仁(清・商河人)
[民國]重修商河 8/77
竇來賓(清・齊河人)
[民國]齊河 27/17
竇喜貴(清・莘縣人)
[民國]莘縣 7/31
41 **竇墳**(清・聊城人)
[嘉慶]東昌 32/56
[宣統]聊城 8/94
43 **竇棖**(清・諸城人)
[乾隆]諸城 39/8
44 **竇莘**(字子野)
(元・汶上人)
[萬曆]汶上 6/7
竇夢岐(字鳳山)
(清・博興人)
[民國]重修博興 13/50
45 **竇棟**(字瑞堂)
(清・諸城人)
[乾隆]諸城 37/5
諸城縣鄉土志/上 19
竇椿齡(字筠坡)
(清・諸城人)
[道光]諸城縣續志 13/15
46 **竇如洙**(字樂源)
(明・諸城人)
[乾隆]諸城 30/7
50 **竇奉節**(唐)
[同治]黃縣 6/1
53 **竇成功**(字煥章)
(清・齊河人)
[民國]齊河 27/17
竇盛勳(字鴻績)
(清・莘縣人)
[光緒]莘縣 7/47
[民國]莘縣 7/34
57 **竇邦彥**(宋)
[光緒]嶧縣 19/89
60 **竇昂**(字時舉)
(明・諸城人)
[萬曆]青州 14/57
[康熙十五年]青州 14/57
[康熙四十八年]青州 14/
儒行 14
[萬曆]諸城 6/25,7/19
[康熙]諸城 7/17
[乾隆]諸城 30/6
諸城縣鄉土志/上 25
竇晟(明・博平人)
[正德]博平 4/66
竇景燕(字馥昆)
(清・臨朐人)
[宣統]山東 175/29
[咸豐]青州 49/33
光緒臨朐 14/中 16
竇景夔(字公諧)
(清・茌平人)
[宣統]茌平 13/4
[民國]茌平 3/13
64 **竇時中**(清・青城人)
[乾隆]青城 8/11
[民國]青城續修 4/人物 22
66 **竇嬰**(漢)
[萬曆]濮州 1/帝 16
[康熙]濮州 1/68
[康熙]觀城 4/20
[道光]觀城 8/1
71 **竇長琰**(字石卿)
(明・諸城人)
[乾隆]諸城 30/8
竇長清(字蒼若)
(清・齊河人)
[民國]齊河 26/32
77 **竇鳳玉**(字鳳崗)
(清・齊河人)
[民國]齊河 26/30
竇欣祖(字悅先)
(清・章邱人)
[道光]章邱 11/81

竇聞道(元・新城索鎮人)
[乾隆]淄川 6/下 65
竇學篤(字子厚)
(清・高唐人)
[民國]高唐縣 12/55
竇學敏(字捷三)
(清・高唐人)
[民國]高唐縣 12/92
79 **竇騰蛟**(明・黄縣人)
[康熙]黄縣 6/36
[乾隆]黄縣 12/2
[同治]黄縣 9/1
[民國]黄縣志稿 13/人物－死難
80 **竇益**(宋・泰山乾封人)
[雍正]山東 28/人物一 38
[宣統]山東 165/4
[乾隆]泰安府 18/31
[乾隆二十五年]泰安縣 12/27
86 **竇錫躬**(字蔭棠)
(清・諸城人)
[光緒]增修諸城縣續志 14/13
竇錫類(字思穎)
(清・諸城人)
[光緒]增修諸城縣續志 13/9
諸城縣鄉土志/上 19
87 **竇欽**(字肅恭)
(明・齊東人)
[康熙]濟南 39/2
[道光]濟南 51/45
[康熙]新修齊東 6/5
[民國]齊東 5/7
竇欽(字子敬)
(明・諸城人)
[萬曆]諸城 6/26
[乾隆]諸城 30/7
竇銘西(字頑齋)
(清・臨朐人)
[民國]臨朐續志 20/29
竇銘東(字少愚)
(清・臨朐人)
[民國]臨朐續志 20/29
90 **竇炎**(見竇琰)
竇光鼐(字元調,號東皋)
(清・諸城人)
[宣統]山東 175/10
[咸豐]青州 49/12
[道光]諸城縣續志 13/13
諸城縣鄉土志/上 36
竇惟經(字大理)
(清・諸城人)
[乾隆]諸城 30/8
竇光彝(字敦古)
(清・諸城人)
[道光]諸城縣續志 20/2
諸城縣鄉土志/上 45
竇光遠(清・東平人)
[乾隆]泰安府 18/51
[康熙]東平州 5/53
[乾隆]東平州 15/4
[道光]東平州 15/4
[光緒]東平州 15/下 4
[民國]東平縣 11/中 24, 17/56
東平州鄉土志上/耆舊錄 34
[康熙]張秋志 8/2
[民國]增修陽穀人物/孝義 6
竇光迪(字惠吉)
(清・諸城人)
[道光]諸城縣續志 20/2
竇少展(字惠卿)
(清・齊河人)
[民國]齊河 23/73
竇光鉞(字西堂)
(清・諸城人)
[道光]諸城縣續志 13/15
93 **竇熾**(隋・扶風人)
[乾隆]樂陵 2/27
99 **竇榮組**(字冠藻)
(清・博平人)
[光緒]博平縣續志 10/62

賽

10 **賽璋**(字德公)
(清・靖海衛人)
[雍正]山東 28/人物四 37
[宣統]山東 176/18
[乾隆]續登州 10/5
[光緒]增修登州 39/42
[雍正]文登 7/4
[道光]文登 5/5
[光緒]文登 9/上 2－12
賽玉紘(字冠夫)
(清・文登人)
[雍正]山東 28/人物四 36
[乾隆]續登州 10/5
[光緒]增修登州 39/42
[康熙]靖海衛志 7/25
[雍正]文登 8/7
[道光]文登 5/5,5/13
[光緒]文登 9/上 2－11
12 **賽延任**(字世宜)
(明・威海衛人)
[光緒]文登 8/下 4
賽延胤(號景樸)
(明・威海衛人)
[康熙]靖海衛志 7/24
賽延祺(字海嶠)
(明・威海衛人)
[康熙]靖海衛志 7/24
[光緒]文登 8/下 4
15 **賽珠**(字合浦)
(清・文登人)
[光緒]文登 9/上 2－13
17 **賽瑶**(字鳳厓)
(清・文登人)
[光緒]文登 9/上 2－12
20 **賽維垣**(號盤石)
(明・靖海衛人)
[康熙]靖海衛志 7/23
賽維藩(字价卿,一字柱石)
(明・威海衛人)
[康熙]靖海衛志 7/24
[雍正]文登 8/8
[道光]文登 5/17
[光緒]文登 8/下 4
28 **賽從儉**(字宗禹,號時菴)
(明・威海衛人)
[康熙]靖海衛志 7/23,怪異/42
[雍正]文登 7/20
[光緒]文登 8/下 4
44 **賽枝大**(字可園,號雲耕)
(清・靖海衛人)

[雍正]山東 28/人物四 53
[宣統]山東 176/37
[乾隆]續登州 10/5
[光緒]增修登州 38/20
[道光]文登 5/6
[光緒]文登 9/上 2 – 14

3090_1 宗

00 宗立本(宋・黃縣人)
[宣統]山東 200/25
07 宗望先(字顯揚)
(清・金鄉人)
[乾隆]兗州 23/61
[乾隆]濟寧直隸州 25/44
[道光]濟寧直隸州 8/3 – 31
[乾隆]金鄉 18/64
[咸豐]金鄉縣志略 9/中 列傳二 1
[民國]金鄉 13/13
金鄉縣鄉土志/耆舊錄上
08 宗謙(清・濟寧人)
[乾隆]夏津 6/26
10 宗元醇(清・河南魯山人)
[宣統]山東 75/47
樂陵縣鄉土志 2/9
宗玉崑(清・利津人)
[民國]利津縣續志 7/文苑 2
宗一邦(明・江西臨川人)
[道光]重修膠州 22/6
[民國]增修膠志 17/6
20 宗雋(本名阿魯觀)
(金)
[萬曆二十四年]兗州 9/28
[康熙]兗州 10/28
宗信(字誠之)
(明・平度人)
[宣統]山東 161/37
[萬曆]萊州 5/101
[康熙]萊州 10/28
[乾隆]萊州 10/15
[康熙]平度州 4/6
[道光]重修平度州 18/5
平度鄉土志 4 上/事業
宗維章(字錦衷)
(明・慶雲人)
[嘉慶]慶雲 9/7
[咸豐]慶雲 2/66
[民國三年]慶雲 2/21, 2/102
宗維城(清・濟寧人)
[民國]濟寧直隸州續志 14/22
宗維質(清・黃縣人)
[同治]黃縣 9/3
[民國]黃縣志稿 13/人物 – 死難
21 宗衡(字斗五)
(清・慶雲人)
[嘉慶]慶雲 9/30
[民國三年]慶雲 2/31
22 宗崇典(字敬存,號雪山)
(清・金鄉人)
[民國]金鄉 14/7
24 宗偉川(字修源)
(清・金鄉人)
[咸豐]金鄉縣志略 9/中 列傳二 11
[民國]金鄉 13/21
金鄉縣鄉土志/耆舊錄上
宗緒雅(清・新城人)
[宣統]新城縣後志 3/耆壽
26 宗稷辰(字滌甫,一作笛樓,又字雪廬)
(清・浙江會稽人)
[宣統]山東 74/53
[咸豐]濟寧直隸州續志 2/14
[民國]濟寧直隸州續志 10/41
濟寧州鄉土志 1/政績
27 宗彝(字友六,一作有六)
(清・順天大興人)
[宣統]山東 76/36
[乾隆]東昌 33/33
[嘉慶]東昌 20/45
30 宗之璠(字旭先,號玉崖,一作玉厓,別號意園)
(清・四川宜賓人,原籍南昌)
[宣統]山東 75/38
[乾隆]泰安府 15/30
[順治]新泰 4/20
[乾隆]新泰 11/7,18/40
新泰縣鄉土志/4
34 宗泐(號季潭,姓周)
(明・臨海人)
[順治]鄒平 8/1
36 宗湯(明・蕭山舉人)
[康熙]黃縣 5/2
宗澤(字汝霖)
(宋・婺州義烏人)
[嘉靖]山東 26/25,27/11,27/16
[康熙]山東 34/6,37/4
[雍正]山東 27/45
[宣統]山東 68/46
[萬曆]東昌 18/22
[乾隆]東昌 35/10
[嘉慶]東昌 22/15
[泰昌]登州 9/19
[順治]登州 11/11
[光緒]增修登州 24/9
[萬曆]萊州 5/64
[康熙]萊州 8/24
[乾隆]萊州 9/8
[乾隆]掖縣 3/30
[光緒]文登 7/上 1
[康熙]鉅野 13/5
[道光]鉅野 24/5
38 宗啟昌(字莪田)
(清・膠州人)
[道光]重修膠州 29/13
[民國]增修膠志 44/11
39 宗泮芹(字子英)
(清・新城人)
[宣統]新城縣後志 2/善行
40 宗壽齡(清・黃縣人)
[同治]黃縣 9/3
[民國]黃縣志稿 13/人物 – 死難
宗志濬(清・新城人)
[宣統]新城縣後志 2/善行
[民國]重修新城 18/3
宗吉祥(清・慶雲人)
[民國三年]慶雲 2/78
宗大成(字維孔)
(清・新城人)

［宣統］新城縣後志 3/孝友
［民國］重修新城 18/18
宗克隆(清・黄縣人)
［同治］黄縣 9/3
［民國］黄縣志稿 13/人物－死難
44 宗其彥(字潞公)
(清・膠州人)
［道光］重修膠州 28/20
［民國］增修膠志 42/18
膠州直隸州鄉土志 4/文學
宗若愚(明・武定人)
［康熙］臨清州 3/人物 28
［乾隆］臨清州 12/8
［乾隆］臨清直隸州 8/上 82
45 宗樓(春秋)
［民國］臨淄 22/59
48 宗敬之(元・鄒平人)
［康熙］鄒平 5/20
50 宗泰(清・膠州人)
［乾隆］膠州 4/69
［道光］重修膠州 27/21
［民國］增修膠志 41/16
53 宗成(俗姓劉,名一成)
(清・萊陽人)
［民國］萊陽 3/1 中 96
60 宗冕(字郁文)
(清・膠州人)
［道光］重修膠州 29/13
［民國］增修膠志 44/11
宗羆(晉)
［乾隆］萊州 9/4
萊州府鄉土志/上 6
77 宗興(明)
［萬曆］青州 17/14
［康熙十五年］青州 17/14
［康熙四十八年］青州 17/仙釋 9
［康熙六十年］青州 20/11
［咸豐］青州 52/5
［光緒］益都縣圖志 46/9
宗周(字維翰,號履菴)
(明・興化舉人)
［康熙五十一年］金鄉 13/18
［民國］金鄉 11/19
宗興詩(字誦三)
(清・金鄉人)
［民國］金鄉 14/22
88 宗敏(本名阿魯補)
(金)
［萬曆二十四年］兖州 9/29
［康熙］兖州 10/28

察

00 察童(明・河南陳州人)
［嘉靖］濮州 7/21
［嘉靖］朝城志 5/7
［康熙］朝城 7/5
37 察罕帖木兒(字廷瑞)
(元・潁州沈邱人)
［道光］濟南 34/21

3090_4 宋

00 宋廣(明・冠縣人)
［道光］冠縣 8/上 15
［光緒］冠縣 8/忠勤
［民國］冠縣 8/人物志 16
宋京(字中州)
(清・膠州人)
［道光］重修膠州 29/23
［民國］增修膠志 45/8
宋亮(字均禮,初名克剛,字毅夫)
(明・魚臺人)
［嘉靖］山東 30/58
［康熙］山東 40/56
［雍正］山東 28/人物三 1
［宣統］山東 161/31
［萬曆元年］兖州 40/儒林 12
［萬曆二十四年］兖州 36/2
［康熙］兖州 28/2
［乾隆］兖州 23/35
［乾隆］濟寧直隸州 26/10
［道光］濟寧直隸州 8/3－35
［康熙］魚臺 17/9
［乾隆］魚臺 11/6
［光緒］魚臺 3/3
宋慶(字祝三)
(清・蓬萊人)
［宣統］山東 176/14
［光緒］增修登州 46/5
［光緒］蓬萊縣續志 8/武宦 5,13/序 17
［民國］蓬萊縣志合編人物志/功業
宋讓(明・江寧人)
［隆慶］單縣上/34
宋襄(字匡齋)
(清・東明人)
［民國］東明縣新誌 11/61
宋庠(字公序)
(宋・安州安陵人,一作雍丘人)
［嘉靖］山東 26/10
［康熙］山東 33/12
［雍正］山東 27/89
［宣統］山東 68/33
［乾隆］泰安府 14/17
［萬曆元年］兖州 39/名宦 13
［萬曆二十四年］兖州 28/6
［康熙］兖州 22/6
［康熙］東平州 4/37
［乾隆］東平州 12/16
［道光］東平州 12/16
［光緒］東平州 14/16
［民國］東平縣 9/9
東平州鄉土志上/政績錄 11
宋意(意一作邑,漢・臨淄人)
［康熙］臨淄 10/8
［民國］臨淄 30/36
宋雍(明・寧德人)
［正德］博平 5/85
宋雍(清・文登人)
［康熙］陽穀 2/32
［光緒］陽穀 4/25
宋應亨(字嘉甫,號長元,一作具元)
(明・萊陽人)
［康熙］山東 43/5
［光緒］增修登州 39/29
［康熙］萊陽 8/7
［民國］萊陽 3/1 中 23,3/1 中 58,3/3 上傳志上 17
［光緒］海陽縣續志 10/72
宋慶麟(清・蒲臺人)
［光緒］重修蒲臺 3/4
蒲臺縣鄉土志/13

宋應麟(明・樂陵人)
[康熙]濟南 44/14
[乾隆]武定府 25/6
[咸豐]武定府 25/孝友 6
[順治]樂陵 6/7
[乾隆]樂陵 6/22
樂陵縣鄉土志 3/22
宋方震(字子青)
(商河人)
[民國]重修商河 7/39
宋立正(清・萊陽人)
[民國]萊陽 3/1 中 63
宋文登(清・德州人)
[康熙]德州 6/8
宋齊翼(清・河南商丘人)
[宣統]山東 76/16
[嘉慶]莒州 7/10
[民國]重修莒志 58/5
宋慶和(字育堂)
(清・濰縣人)
[民國]濰縣志稿 28/16
濰縣鄉土志/27
宋彥賓(清・樂安人)
[咸豐]青州 46/45
[雍正]樂安 12/21
[民國]樂安 10/19
[民國]續修廣饒 19/35
宋廣業(清)
[光緒]菏澤 7/名宦 8
宋慶禮(唐・洺州永平人,一作永年人)
[雍正]山東 27/42
[宣統]山東 68/14
[乾隆]東昌 33/15
[嘉慶]東昌 20/25
[宣統]重修恩縣 6/42
[民國]重修恩縣 10/59
宋襄清(清・泗水人)
[光緒]泗水 10/29
宋文運(字開之)
(清・直隸南宮人)
[宣統]山東 75/55
[康熙]兗州續編 14/4
[乾隆]兗州 22/33
[康熙]滋陽 3/86
[光緒]滋陽 7/7
滋陽縣鄉土志 1/政績
宋文華(清・清平人)
[民國]清平/人物 74
宋立楫(字仙舟)
(清・臨邑人)
[民國]續修臨邑 3/37
宋立本(宋・黃縣人)
[乾隆]黃縣 12/26
[同治]黃縣 14/9
宋應春(字含初)
(清・平原人)
[道光]濟南 56/105
[乾隆]平原 8/38
平原縣鄉土志輯稿/文學
宋方軫(清・臨淄人)
[民國]臨淄 25/39
宋亮國(金)
[康熙]萊陽 5/5
宋文昌(明・寧海人)
[同治]重修寧海州 17/7
宋應昌(明・浙江仁和人)
[宣統]山東 71/1
[康熙]濟南 25/57
[道光]濟南 36/2
[崇禎]歷乘 16/35
[崇禎]歷城 6/14
宋文明(明・北直永平人,一作永年人)
[宣統]山東 71/27
[康熙]濟南 25/50
[道光]濟南 36/52
[康熙]陵縣 4/23
[光緒]陵縣 18/13
陵縣鄉土志/7
宋序鷺(字次卿)
(清・長清人)
[民國]長清 11/8
宋廣勝(鄒縣人)
[民國]續修鄒縣志稿/人物－耆舊附忠烈
宋康年(字用昭)
(清・臨沂人)
[乾隆]沂州府 26/25
[民國]臨沂 10/13
宋康錫(清・諸城人)
[光緒]增修諸城縣續志 16/25
宋文錦(清・鑲紅旗漢軍人)
[乾隆]福山 7/19
宋慶餘(元・章邱人)
[道光]章邱 11/71
宋慶賞(字旭亭)
(清・文登人)
[光緒]文登 9/下 2－12
宋文煜(字迪光)
(長清人)
[民國]長清 12/26
01 **宋龍甲**(字子騰)
(清・長清人)
[民國]長清 11/36
02 **宋端**(明・陽信人)
[康熙]陽信 8/3
宋彰(字顯之)
(元・景州蓨縣人)
[嘉靖]山東 26/16
[康熙]山東 33/19
[雍正]山東 27/36
[宣統]山東 69/28
[萬曆元年]兗州 38/循吏 39
[萬曆二十四年]兗州 28/20
[康熙]兗州 22/20
[乾隆]兗州 22/16
[嘉靖]鄒縣地理誌 1/30,2/5
[萬曆]鄒志 2/10
[康熙十二年]鄒縣志 3/11
[康熙五十五年]鄒縣志 2/43
[民國]續修鄒縣志稿/名宦
鄒縣鄉土志政績錄/4
03 **宋誼**(字正甫)
(明・城武人)
[康熙九年]城武 3/56,5/4
[康熙四十一年]城武 5/上懿行 22
[道光]城武 9/上 41
04 **宋謹**(明・鄒縣人)
[嘉靖]鄒縣地理誌 1/又 25
宋謹(字慎五)
(清・壽張人)
[光緒]壽張 6/54

宋詩(字言臣)
(清・陽信人)
[民國]陽信 5/任恤 30
陽信縣鄉土志上/耆舊－事業
05 宋諫(明・德州人)
[道光]濟南 52/33
[乾隆]德州 9/66
[民國]德縣 10/12
07 宋毅(元・壽光人)
[民國]壽光 13/31
宋調元(清・山西洪洞舉人)
[嘉慶]德平 5/19
[光緒]德平 5/11
宋望祖(宋)
[光緒]嶧縣 19/89
宋詢普(清・郯城人)
[乾隆]沂州府 26/13
[康熙]郯城 7/16
[乾隆]郯城 9/14
08 宋朌(明・德州人)
[道光]濟南 52/33
[嘉靖]德州 3/9
[萬曆]德州 9/46
10 宋霈(字念春)
(明・城武人)
[康熙九年]城武 3/45
[康熙四十一年]城武 5/上宦蹟 6
[道光]城武 9/上 22
宋霒(清・城武人)
[康熙]兗州續編 16/16
[康熙四十一年]城武 5/上懿行 15
[道光]城武 9/下 17
宋晉(字升聞)
(清・膠州人)
[道光]重修膠州 29/23
[民國]增修膠志 45/8
宋霝(清・城武人)
[康熙]兗州續編 16/16
[康熙四十一年]城武 5/上懿行 17
[道光]城武 9/下 19
宋玟(字文玉)
(明・萊陽人)
[宣統]山東 164/33
宋霓(明・河南確山人)
[道光]濟南 36/60
宋霑(字憶春)
(清・城武人)
[康熙九年]城武 3/51
[道光]城武 9/下 2
宋爾慶(字子餘,號荻浦)
(清・長清人)
[民國]長清 13/2
宋三廩(明・城武人)
[康熙九年]城武 3/22
[康熙四十一年]城武 5/下義烈 6
[道光]城武 9/下 46
宋元亨(明・昌邑人)
[康熙]昌邑 6/35
[乾隆]昌邑 6/166
宋雲霄(字奎光,號霽寰)
(明・淄川人)
[康熙]濟南 41/32
[道光]濟南 50/36
[康熙]淄川 6/59
[乾隆]淄川 5/13,6/上 59
淄川縣鄉土志/耆舊錄－循良
宋玉珂(字次山)
(清・濰縣人)
[民國]濰縣志稿 28/17
宋爾璣(清・膠州人)
[道光]重修膠州 29/12
[民國]增修膠志 44/10
膠州直隸州鄉土志 4/孝友
宋可發(字艾石)
(清・膠州人)
[雍正]山東 28/人物四 21
[宣統]山東 177/40
[康熙]萊州 10/46
[乾隆]萊州 10/31
[乾隆]膠州 4/50
[道光]重修膠州 27/9
[民國]增修膠志 41/7
膠州直隸州鄉土志 4/事功
宋爾瑛(字介西)
(清・膠州人)
[民國]增修膠志 42/22
宋天儒(清・蓬萊人)
[光緒]蓬萊縣續志 8/武宦 6
宋一貞(明・奉新人)
[康熙]濟南 25/80
宋雲衢(清・泰安人)
泰安縣鄉土志/耆舊 25
宋天任(清・蓬萊人)
[光緒]蓬萊縣續志 8/武宦 6
宋西峯(清・萊陽人)
[民國]萊陽 3/1 中 67
宋元胤(明・昌邑人)
[康熙]昌邑 6/35
[乾隆]昌邑 6/166
宋玉德(明・恩縣人)
[乾隆]東昌 42/29
[雍正]恩縣續志 3/32
[宣統]重修恩縣 8/47
[民國]重修恩縣 11/鄉賢 66
宋雲程(字鵬南)
(清・臨朐人)
臨朐縣鄉土志 1/耆舊
宋可久(字柱石)
(明・膠州人)
[康熙]萊州 10/43
[乾隆]萊州 10/27
[康熙]膠州 5/35
[乾隆]膠州 4/44
[道光]重修膠州 25/16
[民國]增修膠志 40/15
膠州直隸州鄉土志 4/事功
宋雲鵠(字舉一)
(清・恩縣人)
[宣統]重修恩縣 8/32
[民國]重修恩縣 11/鄉賢 33
恩縣鄉土志/22
宋元徵(字鶴岑)
(清・安徽廬江人)
[雍正]山東 27/113
[宣統]山東 76/52
[乾隆]東昌 35/31
[乾隆]夏津 6/38
宋震初(元・城父人)
[康熙]嶧縣 3/24
[乾隆]嶧縣 7/9

［光緒］嶧縣 19/98
宋三奇（明・城武人）
［康熙九年］城武 3/61
宋雲志（字沖霄）
（清・濰人）
［宣統］山東 177/24
［康熙］濰縣 5/孝行 1,8/20
［乾隆］濰縣 4/22,5/55
［民國］濰縣志稿 31/3
濰縣鄉土志/21
宋一范（明・山西高平人）
［宣統］山東 73/25
［光緒］增修登州 30/2
［順治］招遠 7/4
宋玉桂（清・汶上人）
［宣統］四續汶上稿/人物－孝弟傳
宋一鶴（字鶴峰）
（明・順天宛平人，一作清苑舉人）
［宣統］山東 72/51
［乾隆］東昌 35/3
宋丕振（字家聲）
（清・陵縣人）
［光緒］陵縣 19/人物傳二 14
陵縣鄉土志/21
宋可賢（字翼真）
（明・滋陽人）
［乾隆］兖州 23/58
［乾隆］濟寧直隸州 27/12
［道光］濟寧直隸州 8/4－33
［光緒］滋陽 8/73
滋陽縣鄉土志 1/耆舊－武功
宋一騰（字雲軒）
（明・城武人）
［道光］城武 9/上 22
宋雲會（字沛蒼）
（清・膠州人）
［宣統］山東 177/42
［乾隆］膠州 4/67
［道光］重修膠州 27/30
［民國］增修膠志 41/22
膠州直隸州鄉土志 4/事功
宋云鈊（字凝西）
（清・歷城人）
［道光］濟南 53/52
［乾隆］歷城 40/25
宋三省（明・泗水人）
［光緒］泗水 11/2
［光緒］泗水縣鄉土志/14
11 宋珏（字廷玉）
（明・德平人）
［嘉靖］山東 35/2
［康熙］山東 45/3
［康熙］德平 3/33
［乾隆］德平 3/8
［光緒］德平 7/23
宋璿（字吉占）
（清・莒縣人）
［民國］重修莒志 65/17
12 宋延（字笠山）
（清・萊陽人）
［民國］萊陽 3/1 中 90
宋廷訓（字仰宇，號正吾）
（明・靖海衛人）
［順治］登州 16/24
［光緒］增修登州 39/41
［雍正］文登 7/3
［道光］文登 5/3
［光緒］文登 8/下 8
［康熙］靖海衛志 4/6
宋廷錫（明・文登人）
［光緒］文登 8/下 20
宋廷琦（字國賢，號部原）
（明・城武人）
［康熙九年］城武 3/48
［康熙四十一年］城武 5/上宦蹟 5,8/下 14
［道光］城武 9/上 21,11/下 6
宋廷重（清・聊城人）
［乾隆］東昌 43/46
［嘉慶］東昌 32/55
［宣統］聊城 8/94
宋登先（字遇文）
（清・樂陵人）
樂陵縣鄉土志 3/56
宋延德（字玉亭）
（清・單縣人）
［民國］單縣 11/31
宋廷儀（字鳳來）
（清・膠州人）
［道光］重修膠州 29/8
［民國］增修膠志 44/7
膠州直隸州鄉土志 4/孝友
宋延齡（字菊圃）
（禹城人）
［民國］禹城 6/29
宋延清（號鳳嶺）
（清・招遠人）
［宣統］山東 176/38
［光緒］增修登州 44/3
［道光］招遠縣續志 3/3
宋廷九（字蔭卿）
（清・夏津人）
［民國］夏津續編 8/28
宋延極（清・恩縣人）
［雍正］恩縣續志 3/20
宋登春（明・新河人）
［乾隆］曹州府 16/16
［萬曆］濮州 4/游寓 5
［康熙］濮州 4/29
［乾隆］濮州 4/43
［宣統］濮州 6/71
宋登甲（清・樂陵人）
樂陵縣鄉土志 3/44
宋廷鳳（明・介休人）
［乾隆］泰安府 15/2
［康熙］肥城書下/10
［嘉慶］肥城 15/32
［光緒］肥城 7/48
宋延年（字仁夫，號一川）
（明・益都人）
［嘉靖］青州 14/36
［萬曆］青州 14/53
［康熙十五年］青州 14/53
［康熙四十八年］青州 14/儒行 10
［康熙六十年］青州 15/10
［咸豐］青州 44/21
［康熙］益都 9/14
［光緒］益都縣圖志 38/10
宋瑞鈺（字孚尹）
（清・膠州人）
［乾隆］膠州 4/66
［道光］重修膠州 27/24
［民國］增修膠志 41/19
宋瑞鉽（字珂江，一字珂亭）

（清・膠州人）
［乾隆］膠州 5/19
［道光］重修膠州 27/23
［民國］增修膠志 41/18
膠州直隸州鄉土志 4/事功
宋廷榮（字業卿）
（清・寧津人）
寧津縣志料 3/人物－孝行
13 **宋琮**（號五河）
（明・萊陽人）
［光緒］增修登州 39/29
［康熙］萊陽 8/15
［民國］萊陽 3/1 中 24，3/3 上傳志上 14
宋琬（字玉叔，號荔裳）
（清・萊陽人）
［康熙］山東 43/6
［雍正］山東 28/人物四 17
［宣統］山東 176/34
［乾隆］續登州 10/4
［光緒］增修登州 39/33
［民國］萊陽 3/1 中 28
［民國］萊陽 3/3 上傳志下 25
宋瑄（明・萊陽人）
［民國］萊陽 3/1 中 8
14 **宋璜**（字玉仲，號䈉昊）
（清・萊陽人）
［光緒］增修登州 39/33
［康熙］萊陽 8/7
［民國］萊陽 3/1 中 27，3/3 上傳志上 43
宋瑾（字君玉）
（元・壽光人）
［民國］壽光 13/41
宋琳（清・泗水人）
［光緒］泗水 11/21
宋琪（南北朝・幽州人）
［道光］觀城 6/1
宋琦（清・博興人）
［咸豐］青州 46/44
［康熙六十年］博興 7/35
［道光］博興 11/34
［民國］重修博興 13/32
宋琦（清・東阿人）
［乾隆］泰安府 18/56
［道光］東阿 14/人物下 31
宋瑋（明・北直慶都人）
［宣統］山東 71/7
［道光］濟南 36/15
［康熙］鄒平 4/12
［嘉慶］鄒平 14/9
［道光］鄒平 14/9
［民國］鄒平 14/9
15 **宋璉**（明・直隸清苑人）
［乾隆］武定府 16/26
［咸豐］武定府 19/樂陵 1
［順治］樂陵 6/2
［乾隆］樂陵 4/52
樂陵縣鄉土志 2/7
宋璉（字曉園，一字林寺）
（清・萊陽人）
［民國］萊陽 3/1 中 86
［光緒］海陽縣續志 10/72
宋融（明・河間人）
［康熙十二年］鄒縣志 3/16
宋建立（字無功）
（清・臨沂人）
［乾隆］沂州府 27/8
［民國］臨沂 10/13
宋建業（清・濟寧人）
［乾隆］陽信 5/24
［民國］陽信 2/51
宋建祥（清・平原人）
［民國］續修平原 6/19
宋臻美（清・恩縣人）
［雍正］恩縣續志 3/25
宋建智（東阿人）
［民國］東阿 15/5
16 **宋璟**（字廣平）
（唐・邢州南和人）
［嘉靖］山東 26/6，26/23
［康熙］山東 33/8，34/3
［雍正］山東 27/33
［宣統］山東 68/11
［萬曆元年］兗州 39/名宦 8
［萬曆二十四年］兗州 27/9
［康熙］兗州 21/24
［乾隆］兗州 22/10
［萬曆］東昌 18/14
［乾隆］東昌 33/15
［嘉慶］東昌 20/25
［嘉靖］恩縣 7/3
［宣統］重修恩縣 6/42
［民國］重修恩縣 10/59
［康熙］滋陽 3/80
宋璟（字明宇）
（清・益都人）
［咸豐］青州 46/42
［乾隆］博山 7/上 25
［民國］續修博山 12/47
［光緒］益都縣圖志 41/8
宋珀（字伯虎）
（清・城武人）
［康熙九年］城武 5/17
宋聖祥（長清人）
［民國］長清 12/18
17 **宋弼**（字仲良，號蒙泉）
（清・德州人）
［宣統］山東 170/11
［道光］濟南 56/77
［乾隆］德州 9/53
［民國］德縣 10/41
［光緒］德州志略/人物傳略
德州鄉土志/耆舊 48
宋琛（明・陽穀人）
［康熙十二年］陽穀 4/4
宋瑚（號柳村）
（明・萊陽人）
［康熙］萊陽 8/15
宋瑤（清・城武人）
［康熙四十一年］城武 5/上懿行 16
［道光］城武 9/下 18
宋承膺（字紹德）
（明・鉅野人）
［萬曆］鉅野 7/25
［康熙］鉅野 11/25
［道光］鉅野 12/15
宋承訓（明・邯鄲人）
［乾隆］福山 7/14
宋孟塾（字對詳）
（清・城武人）
［道光］城武 9/上 49
宋孟可（明・霑化人）
［萬曆］新修霑化 6/122
宋子延（字繼來）
（清・昌樂人）
［民國］昌樂縣續志 31/19

宋子貞(字周臣)
(元・潞州長子人)
[嘉靖]山東 25/8
[康熙]山東 31/10
[雍正]山東 27/82
[宣統]山東 69/25
[乾隆]泰安府 14/30
[萬曆二十四年]兗州 28/18
[康熙]兗州 22/17
[康熙]東平州 4/48
[乾隆]東平州 12/28
[道光]東平州 12/28
[光緒]東平州 14/28
[民國]東平縣 9/14
東平州鄉土志上/政績錄 13
[光緒]益都縣圖志 17/19
宋承德(字純齋)
(清・滋陽人)
[光緒]滋陽 8/77
滋陽縣鄉土志 1/耆舊－忠節
[光緒]泗水 10/29
宋承勳(清・聊城人)
[嘉慶]東昌 31/15
[宣統]聊城 8/69
宋尹賓(字簡在)
(清・夏津人)
[民國]夏津續編 8/18
宋子安(清・掖縣人)
[民國]四續掖縣 4/61
宋孟清(字元潔)
(明・萊陽人)
[康熙]萊陽 8/7
[民國]萊陽 3/1 中 12
宋聚奎(字煥宇)
(明・山西定襄人)
[宣統]山東 72/18
[道光]濟寧直隸州 6/6－37
[康熙]魚臺 15/16
[乾隆]魚臺 9/39
[光緒]魚臺 2/49
宋邢臺(明・萊陽人)
[光緒]增修登州 43/30
宋予棟(清・聊城人)
[嘉慶]東昌 30/3
宋君泰(字舒齋)
(清・東平人)
[乾隆]東平州 15/30
[道光]東平州 15/30
[光緒]東平州 15/下 38
[民國]東平縣 11/下 12
宋子春(明・乾州人)
[道光]長清 3/12
宋翼明(字以之,號長公,別號囂囂子)
(明・濰縣人)
[民國]濰縣志稿 27/55
宋子質(明・昌邑人)
[康熙]萊州 10/67
[康熙]昌邑 6/8
[乾隆]昌邑 5/130,6/174
宋豫卿(字子樂)
(明・四川富順人)
[宣統]山東 72/35
[萬曆]東昌 18/31
[乾隆]東昌 33/28
[嘉慶]東昌 20/40

18 **宋玫**(字文玉,號九青)
(明・萊陽人)
[雍正]山東 28/人物三 69
[光緒]增修登州 39/29
[康熙]萊陽 8/15
[民國]萊陽 3/1 中 24,3/1 中 58,3/3 上傳志上 15
宋珍(金・東平壽張人)
[康熙]曹州志 16/14
[順治]定陶 5/24
[乾隆]定陶 6/31
[民國]定陶 6/71

19 **宋琰**(明・陽信人)
[乾隆]武定府 25/4
[康熙]陽信 9/16
[乾隆]陽信 7/24
[民國]陽信 5/孝友 48
信邑志稿 7/孝友
陽信縣鄉土志上/耆舊－事業
宋琰(字九玉)
(清・城武人)
[康熙四十一年]城武 5/上宦蹟 9
[道光]城武 9/上 24

20 **宋信**(元・吉水人)
[乾隆]續登州 10/12
[雍正]文登 10/1
[道光]文登 5/26
[光緒]文登 10/下 1
宋秉建(字康年)
(清・東平人)
[光緒]東平州 15/下 57
[民國]東平縣 11/下 24
宋季子(改名恩溥,字幼海)
(清・膠州人)
膠州直隸州鄉土志 4/文學
宋季豐(字小南)
(清・膠州人)
[民國]增修膠志 42/25
膠州直隸州鄉土志 4/文學
宋秉彝(字葆初)
(清・汶上人)
[宣統]四續汶上稿/人物－孝弟傳
宋統殷(字獻徵,號瀛渚)
(明・即墨人)
[康熙]山東 44/11
[康熙]萊州 10/14
[乾隆]萊州 10/25
[乾隆]即墨 9/12
[同治]即墨 9/13
即墨縣鄉土志/耆舊－事業一
宋維坤(清・萊陽人)
[民國]萊陽 3/1 中 84
宋維曾(清・恩縣人)
[宣統]重修恩縣 10/19
[民國]重修恩縣 11/鄉賢 75
宋秀光(字華東)
(清・桓臺人)
[民國]桓臺志略 3/16
[民國]桓臺 3/28

21 **宋經**(明・萊陽人)
[民國]萊陽 3/1 中 14,3/1 中 80
宋儒(字汝真,號臨臺)
(明・河南裕州人)
[宣統]山東 71/21
[康熙]濟南 25/50
[道光]濟南 36/41

[康熙]禹城 5/6
[嘉慶]禹城 7/25
[民國]禹城 3/43
禹城縣鄉土志/6
宋儒(清・樂安人)
[民國]續修廣饒 19/62
宋行可(字希孔)
(明・嘉祥人)
[乾隆]嘉祥 2/36
宋行秀(字俊五)
(清・濰縣人)
[民國]濰縣志稿 30/22
宋占魁(清・昌邑人)
[光緒]昌邑縣續志 5/41
宋師程(明・永年人)
[道光]濟南 35/22
[乾隆]德州 8/9
[民國]德縣 9/9
宋熊圖(字興渭)
(清・臨沂人)
[民國]續修臨沂 16/12
22 **宋鼎**(明・陝西鄜州人)
[宣統]山東 72/14
[萬曆二十四年]兗州 29/5
[康熙]兗州 22/26
[乾隆]兗州 22/27
[乾隆]濟寧直隸州 22/43
[道光]濟寧直隸州 6/6-30
[康熙五十一年]金鄉 8/15
[乾隆]金鄉 17/5
[咸豐]金鄉縣志略 7/7
[民國]金鄉 11/19
金鄉縣鄉土志/政績錄
宋鑾(明・河南陳州人)
[嘉靖]朝城志 5/10
宋綉(明・寧海人)
[宣統]山東 166/10
[同治]重修寧海州 17/8
[民國]牟平 7/9
宋嵩慶(字少汀)
(清・膠州人)
[民國]增修膠志 41/44
宋繼誥(字蘭齋)
(清・淄川人)
[宣統]三續淄川 10/20
宋樂韶(字虞庭)
(長清人)
[民國]長清 12/13
宋繼登(字先之,號淥溪)
(明・萊陽人)
[光緒]增修登州 39/28,40/24
[康熙]萊陽 8/14
[民國]萊陽 3/1 中 20,3/3 上傳志上 14
宋繼發(字華之)
(明・萊陽人)
[光緒]增修登州 39/29
[康熙]萊陽 8/14
[民國]萊陽 3/1 中 25,
宋嵩巘(字幽峰)
(清・鄆城人)
[光緒]鄆城 7/5
宋繼先(明・濰縣人)
[萬曆]濰縣 10/2
宋繼澄(字澄嵐,號淥溪,又號萬柳)
(清・萊陽人)
[宣統]山東 162/39
[光緒]增修登州 40/24
[乾隆]即墨 9/38
[同治]即墨 9/59
[康熙]萊陽 8/26
[民國]萊陽 3/1 中 86,3/3 上傳志上 27
宋繼祖(明・濮州人)
[宣統]山東 161/45
宋鸞舉(字雲閣)
(清・嘉祥人)
[光緒]嘉祥 3/32
宋樂鈞(字紹衡)
(長清人)
[民國]長清 12/13
23 **宋參**(明・昆陵人)
[康熙四十一年]寧陽 3/28
[乾隆]寧陽 3/教諭 1
[咸豐]寧陽 11/13
[光緒]寧陽 11/13
宋參(字次魯)
(清・淄川人)
[康熙]淄川 6 下/5
[乾隆]淄川 6/下 5
宋獻章(字蘊亭)
(清・臨沂人)
[民國]臨沂 10/20
宋允睿(字墨莊)
(清・長洲人)
[咸豐]青州 37/21
[道光]安邱新志 16/2
宋允和(字繼正)
(清・文登人)
[光緒]增修登州 43/41
[光緒]文登 9/下 2-19
宋岱齡(字魯瞻)
(清・膠州人)
[民國]增修膠志 41/48
宋俊起(字贊侯,號鶴汀)
(清・臨沂人)
[民國]臨沂 10/19
宋獻璧(明・膠州人)
[康熙]膠州 6/5
[乾隆]膠州 5/8
[道光]重修膠州 26/5
[民國]增修膠志 40/32
24 **宋德**(明・萊陽人)
[民國]萊陽 3/1 中 11
宋德(字致遠)
(清・新泰人)
[乾隆]新泰又 17/14
宋仕(明・北直開州人)
[道光]濟南 36/46
宋仕(字原學,號可泉)
(明・平原人)
[康熙]山東 39/28
[道光]濟南 52/58
[萬曆]平原上/51
[乾隆]平原 8/3
平原縣鄉土志輯稿/鄉賢
宋偉(明・唐縣人)
[萬曆]萊州 5/76
[康熙]萊州 8/55
[乾隆]萊州 9/23
[康熙]膠州 5/12
[乾隆]膠州 4/11
[道光]重修膠州 22/4
[民國]增修膠志 17/4
宋緯(字武侯)
(清・蒙陰人)

［康熙十一年］蒙陰 2/17
宋勳（明）
［嘉慶］慶雲 7/24
［咸豐］慶雲 2/22
［民國三年］慶雲 1/82
宋佐（元・萊陽人）
［光緒］增修登州 24/18
［同治］重修寧海州 12/6
［民國］萊陽 3/1 中 6
宋德方（號披雲子）
（元・掖縣人）
［道光］掖乘 11
宋先立（字心唯）
（清・臨沂人）
［乾隆］沂州府 26/16
［民國］臨沂 10/12
宋佐三（萊陽人）
［民國］萊陽 3/1 中 55
宋科久（字道恆）
（清・壽光人）
［民國］壽光 12/人物志二 21
宋德馥（清・恩縣人）
［乾隆］東昌 40/38
［雍正］恩縣續志 3/30
［宣統］重修恩縣 7/50
宋德馥（清泰和知縣，見宋得馥）
宋德徵（字天錫）
（清・茌平人）
［乾隆］東昌 43/13
［嘉慶］東昌 32/39
［宣統］茌平 15/3
［民國］茌平 3/85
宋德嘉（字篤庵）
（清・萊陽人）
［民國］萊陽 3/1 中 89
宋德成（字元脩）
（明・臨清人）
［雍正］山東 28/人物三 65
［宣統］山東 164/50
［乾隆］東昌 41/31
［康熙］臨清州 3/人物 10
［乾隆］臨清州 9/33
［乾隆］臨清直隸州 8/上 20
［民國］臨清縣/人物 24
宋化邦（字明遠）
（清・陽穀人）
［民國］增修陽穀人物/武功 13
宋德明（字新齋）
（臨邑人）
［民國］續修臨邑 3/17
宋化鳳（字鳴歧）
（清・東阿人）
［民國］續修東阿 11/7
宋德慎（字惟恭，號墨菴）
（清・即墨人）
［乾隆］即墨 9/23
［同治］即墨 9/29
即墨縣鄉土志/耆舊－事業四
25　宋積（明・萊陽人）
［泰昌］登州 11/47
［順治］登州 17/27
［康熙］黃縣 6/22
［康熙］萊陽 8/22
［民國］萊陽 3/1 中 78
宋健（字姚侶）
（清・膠州舉人）
［民國］臨清縣/秩官 69
［道光］重修膠州 29/24
［民國］增修膠志 45/10
宋傳訓（字式庭）
（清・平原人）
［民國］續修平原 6/3
宋傳習（字子唯）
（清・平原人）
［民國］續修平原 10/上 3
宋仲祥（明・范縣人）
［萬曆］東昌 19/48
［乾隆］曹州府 15/2
［萬曆］濮州 3/鄉賢 41
宋傳梓（清・泰安人）
［民國］重修泰安縣 8/20
宋傳桂（清・泰安人）
［民國］重修泰安縣 8/20
宋傳學（字百川）
（清・平原人）
［民國］續修平原 6/9
宋仲愷（清・萊陽人）
［民國］萊陽 3/1 中 65
26　宋伯顏不花（字國英）
（元・阜城人）
［道光］濟寧直隸州 6/6－19
宋皇訓（清・城武人）
［道光］城武 9/下 27
宋伯玉（清・城武人）
［道光］城武 9/下 38
宋和承（字履菴）
（清・臨沂人）
［民國］續修臨沂 16/20
宋保和（字復元）
（清・膠州人）
［道光］重修膠州 30/6
［民國］增修膠志 47/6
宋得馥（清・恩縣人）
［嘉慶］東昌 30/31
［雍正］恩縣續志 3/16
［宣統］重修恩縣 8/24
［民國］重修恩縣 11/鄉賢 21
宋伯祥（清・城武人）
［康熙四十一年］城武 5/上懿行 10
［道光］城武 9/下 14
宋伯姬（周・魯人）
［康熙］山東 28/3
宋伯華（字汝含，號鑑弦）
（明・益都人）
［萬曆］青州 13/61
［康熙十五年］青州 13/61
［康熙四十八年］青州 13/事功 45
［康熙六十年］青州 16/23
［咸豐］青州 44/52
［康熙］益都 7/26
［光緒］益都縣圖志 36/2
宋和泰（字秉謙）
（清・昌邑人）
［光緒］昌邑縣續志 6/23
宋皇恩（明・恩縣人）
［雍正］恩縣續志 3/19
宋稷學（字禹友）
（清・臨沂人）
［乾隆］沂州府 27/7
［民國］臨沂 10/12
27　宋豹（字子武，號一泉）
（明・濰縣人）
［民國］濰縣志稿 29/15

宋俶(字大塗,號敷庵)
(清・萊陽人)
[民國]萊陽 3/1 中 81
宋綱(清・臨沂人)
[民國]臨沂 10/53
宋紀(明・洛陽人)
[康熙]東平州 4/55
[乾隆]東平州 12/35
[道光]東平州 12/35
[光緒]東平州 14/35
[民國]東平縣 9/19
東平州鄉土志上/政績錄 14
宋凱(見宋愷)
宋魯(明・河南葉縣人)
[萬曆]濮州 3/名宦 34
[康熙]朝城 7/7
宋槃(字念莪,號懋吾)
(明・樂陵人)
[康熙]濟南 35/25
[乾隆]武定府 23/24
[咸豐]武定府 23/名臣 24
[順治]樂陵 6/5,8/114
[乾隆]樂陵 6/9,8/3
樂陵縣鄉土志 3/18
宋名立(字令聞,一字補齋)
(清・臨沂人)
[乾隆]沂州府 25/31
[民國]臨沂 10/13
宋佩玉(字鳴之,號茄園)
(清・日照人)
[光緒]日照 8/33
宋御璽(清・恩縣人)
[雍正]恩縣續志 3/21
[宣統]重修恩縣 7/24
宋名儒(清・蒙陰人)
[康熙十一年]蒙陰 2/17
宋繩先(字步武)
(清・膠州人)
[宣統]山東 177/50
[光緒]增修登州 34/6
[道光]榮成 6/27
宋侯禮(字節齋)
(清・齊東人)
[民國]齊東 5/26
宋繩祖(字步武)
(清・膠州人)
[道光]重修膠州 28/23
[民國]增修膠志 42/20
膠州直隸州鄉土志 4/文學
宋名郁(元・蒙陰人)
[康熙十一年]蒙陰 2/49
宋名忠(字國柱)
(明・淄川人)
[嘉靖]淄川 6/80
宋紹明(元・鄒平人)
[道光]濟南 48/52
[康熙]鄒平 5/19
[嘉慶]鄒平 15/32
[道光]鄒平 15/18
[民國]鄒平 15/18
宋躬璧(清・四川犨人)
[乾隆]兗州 22/36
宋紹賢(長清人)
[民國]長清 12/19
宋紹美(字光本)
(明・嘉祥人)
[乾隆]嘉祥 2/35
28 **宋從**(元)
[光緒]嶧縣 19/94
宋徽(明・陽穀人)
[嘉靖]山東 35/4
[康熙]山東 45/9
[萬曆二十四年]兗州 37/7
[康熙]兗州 28/36
[乾隆]兗州 23/40
宋綸(明・陽信人)
[康熙]陽信 8/18
宋徵(明・陽穀人)
[康熙十二年]陽穀 3/11,4/1
[康熙]陽穀 3/9,4/1
[光緒]陽穀 7/1
宋徽章(清・臨沂人)
[民國]臨沂 10/20
宋作賓(字松友)
(清・宛平人)
[民國]福山縣志稿 3/2-12
宋復興(明・樂陵人)
[乾隆]武定府 26/30
[乾隆]樂陵 6/44
30 **宋安**(明・邳州人)
[光緒]文登 5/31
宋宷(明・城武人)
[康熙九年]城武 3/16
[康熙四十一年]城武 5/上懿行 5
[道光]城武 9/下 10
宋宏(字仲和)
(漢・長安人)
[乾隆]東平州 10/1
宋進(明・博興人)
[康熙六十年]博興 7/58
宋寧(明・萊陽人)
[民國]萊陽 3/1 中 10
宋宜(字在中,號蔭堂)
(清・萊陽人)
[光緒]增修登州 43/29
[民國]萊陽 3/1 中 40
宋瀛(字士洲)
(清・臨沂人)
[民國]續修臨沂 16/1
宋準(明・萊陽人)
[民國]萊陽 3/1 中 9
宋準(字哲衡,號菊堂)
(清・萊陽人)
[民國]萊陽 3/1 中 41
宋憲章(字斌甫)
(菏澤人)
[民國]牟平 6/84
宋宏毅(字若士,號木菴)
(清・膠州人)
[宣統]山東 177/55
[道光]重修膠州 29/15
[民國]增修膠志 45/1
宋之郊(字萬生)
(清・沂州人)
[康熙]兗州續編 16/36
[乾隆]沂州府 25/27
宋之麟(字仁趾)
(明・膠州人)
[道光]重修膠州 25/30
[民國]增修膠志 40/27
宋賓王(清・寧津人)
[光緒]寧津 8/27
寧津縣志料 3/人物-孝行
寧津縣鄉土志/耆舊
宋守璽(字璧軒)
(平原人)

[民國]續修平原 8/25
宋宗璋(字玉符)
(清・淄川人)
[宣統]三續淄川 9/86
宋之張(字景渠)
(清・莒縣人)
[乾隆]沂州府 26/16
[雍正]莒州 9/36
[民國]重修莒志 62/8
宋良砥(字吉山)
(清・蓬萊人)
[光緒]蓬萊縣續志 9/忠勇 9
[民國]蓬萊縣志合編人物志/忠勇
宋憲儒(字洙水)
(清・膠州人)
[道光]重修膠州 29/1
[民國]增修膠志 43/1
膠州直隸州鄉土志 4/忠烈
宋寶山(字鑑堂)
(清)
[民國]重修商河 7/3
宋淮川(清・蒙陰人)
[康熙十一年]蒙陰 2/54
宋之侃(字忠銘)
(清・泰安人)
[乾隆四十七年]泰安縣 10/上 20
[道光]泰安縣 9/上 72
[民國]重修泰安縣 8/25
宋守約(宋・開封酸棗人)
[宣統]山東 68/45
[萬曆]東昌 18/22
[乾隆]東昌 33/19
[嘉慶]東昌 20/30
[宣統]重修恩縣 6/46
[民國]重修恩縣 10/62
宋寅清(清・城武人)
[康熙四十一年]城武 5/上懿行 13
[道光]城武 9/下 15
宋之渭(字清浦)
(清・新城人)
[宣統]新城縣後志 3/孝友
[民國]桓臺 3/24
宋安凝(字鳳池)
(清・恩縣人)
[宣統]重修恩縣 8/39
[民國]重修恩縣 11/鄉賢 43
宋守志(字貞甫)
(明・延津人)
[宣統]山東 72/34
[萬曆]東昌 18/31
[乾隆]東昌 33/27
[嘉慶]東昌 20/39
[道光]觀城 6/3
宋之尤(字仲邁)
(明・泰安人)
[乾隆二十五年]泰安縣 12/42
[乾隆四十七年]泰安縣 10/上 37
[道光]泰安縣 9/上 93
[民國]重修泰安縣 8/50
宋永桂(字立天)
(清・商河人)
[民國]重修商河 9/9
宋之韓(字奇玉)
(清・臨沂人)
[康熙]沂州志 5/76
[乾隆]沂州府 27/6
[民國]臨沂 10/12
宋之樹(字鶴千)
(清・文登人)
[雍正]文登 7/5
[光緒]文登 9/上 2－2
宋之蘇(明・蒙陰人)
[乾隆]沂州府 26/11
[康熙十一年]蒙陰 2/41
[康熙二十四年]蒙陰 4/14
[宣統]蒙陰 4/孝義
宋之英(清・武城人)
[道光]武城續編 10/6
宋良棟(清・鑲紅旗漢軍舉人)
[光緒]嶧縣 19/職官下 21
宋富春(字文山,號柳泉)
(廣饒人)
[民國]續修廣饒 19/81
宋良貴(字德卿)
(清・德州人)
[民國]德縣 10/73
宋守忠(見宋守志)
宋永貴(清・長清人)
[民國]長清 13/7
宋之旺(字洪宇)
(清・德平人)
[道光]濟南 56/87
[乾隆]德平 3/15
[嘉慶]德平 7/16
[光緒]德平 7/15
德平縣鄉土志/耆舊錄
宋良臣(明・招遠人)
[泰昌]登州 11/39
[順治]登州 17/17
[光緒]增修登州 43/24
[順治]招遠 9/19
宋家興(字振卿)
(平原人)
[民國]續修平原 8/29
宋之屏(清・開平人)
[宣統]山東 77/43
[康熙]萊州 8/58
[乾隆]萊州 9/36
[康熙]高密 6/26
[乾隆]高密 6/19
[光緒]高密 6/23
[民國]高密 12/25
高密縣鄉土志/上 9
宋宗賢(清・膠州人)
[咸豐]青州 37/15
[乾隆]續壽光 18/4
[嘉慶]壽光 10/34
[民國]壽光 6/29
宋之曾(字文山)
(明・膠州人)
[康熙]膠州 5/32
[乾隆]膠州 4/41
[道光]重修膠州 26/7
[民國]增修膠志 40/33
宋之美(明・莒縣人)
[民國]重修莒志 61/3
宋之劍(字仙水)
(清・膠州人)
[乾隆]膠州 5/21
[道光]重修膠州 28/5
[民國]增修膠志 42/4

宋寶鍔(字少泉)
(長清人)
[民國]長清 12/10
31 宋江(宋·鄆人)
[萬曆元年]兗州 41/20
[光緒]鄆城 15/50
宋沅(字芷浦,號小橋)
(清·臨沂人)
[民國]臨沂 10/70
宋澐(清·膠州人)
[民國]增修膠志 43/4
膠州直隸州鄉土志 4/忠烈
宋沾(字復宇)
(明·河南商丘人)
[宣統]山東 73/24
[順治]登州 11/25
[光緒]增修登州 28/3
[萬曆]福山 4/5
[康熙]福山 7/6,7/11
[乾隆]福山 7/6,11 上/41,11 上/54
[民國]福山縣志稿 3/2-4,6/2-27
宋祉(明·許昌人)
[道光]濟寧直隸州 6/6-28
宋源郊(字聯標)
(清·諸城人)
[光緒]增修諸城縣續志 13/9
宋福田(昌樂人)
[民國]昌樂縣續志 21/22
宋酒全(字子備)
(清·城武人)
[道光]城武 9/下 22
32 宋澄(字源潔)
(明·嘉祥人)
[道光]濟寧直隸州 8/2-54
[順治]嘉祥 4/30
[乾隆]嘉祥 3/21
[光緒]嘉祥 3/21
宋沂(明·昌邑人)
[康熙]萊州 10/67
[乾隆]萊州 11/善行 2
[康熙]昌邑 6/29
[乾隆]昌邑 6/173
宋沂(明·直隸靜海人)
[康熙十二年]陽穀 2/16
[康熙]陽穀 2/12
[光緒]陽穀 4/2
宋沂(字溫泉)
(清·臨邑人)
[民國]續修臨邑 3/37
宋浥(字霖蒼)
(明·沈陽人)
[宣統]山東 200/13
[乾隆]濟寧直隸州 28/15
[道光]濟寧直隸州 8/4-45
宋兆麟(字仲紱,號聖徵)
(清·膠州人)
[民國]增修膠志 43/21
宋兆雲(字見五,號柳村)
(清·陽信人)
[民國]陽信 5/文學 12
宋兆祥(字伯興,號翀寰)
(明·萊陽人)
[康熙]山東 43/5
[光緒]增修登州 40/23
[康熙]萊陽 8/14
[民國]萊陽 3/1 中 18,3/1 中 87
宋兆李(字紫函,號省菴)
(清·德州人)
[乾隆]郯城 11/補編 32
宋兆彤(字采臣)
(清·膠州人)
[民國]增修膠志 42/22
33 宋瀫(字景章)
(明·萊陽人)
[康熙]山東 43/3
[泰昌]登州 11/23
[順治]登州 16/28
[光緒]增修登州 39/26
[康熙]萊陽 8/6
[民國]萊陽 3/1 中 10,3/3 上傳志上 3
宋浚(字春麓)
(明·城武人)
[康熙九年]城武 3/49
[康熙四十一年]城武 5/上宦蹟 6
[道光]城武 9/上 21
宋述(明·萊陽人)
[康熙]萊陽 8/17
宋治(明)
[康熙十二年]陽穀 2/17
[康熙]陽穀 2/12
[光緒]陽穀 4/3
宋述英(字廷秀)
(金·嘉祥人)
[順治]嘉祥 3/37
[乾隆]嘉祥 2/45
[光緒]嘉祥 2/61
34 宋漢(字仲和)
(漢·長安人)
[乾隆]泰安府 14/5
[萬曆二十四年]兗州 26/7
[康熙]兗州 21/7
[康熙]東平州 3/2
[乾隆]東平州 12/2
[道光]東平州 12/2
[光緒]東平州 14/2
[民國]東平縣 9/2
宋漢(字天章)
(明·膠州人)
[萬曆]萊州 5/102
[康熙]萊州 10/29
[乾隆]萊州 10/16
[康熙]膠州 5/25
[乾隆]膠州 4/31
[道光]重修膠州 25/6
[民國]增修膠志 40/5
[萬曆]慶雲 3/14
[嘉慶]慶雲 7/25
[咸豐]慶雲 2/22
[民國三年]慶雲 1/83
宋洪(字巨川)
(清·臨沂人)
[民國]臨沂 10/70
宋潢(字星溪,號小嵐)
(清·臨沂人)
[民國]臨沂 10/18
宋汭(字清溪)
(清·臨邑人)
[民國]續修臨邑 3/37
宋澍(字潤生)
(清·花縣舉人)
[光緒]高密 6/26
[民國]高密 12/26
高密縣鄉土志/上 12

［民國］無棣 9/5
海豐縣鄉土志/政績
宋澍(清・靈山衛人)
［道光］重修膠州 29/13
［民國］增修膠志 44/11
宋澍(字沛青,號小坡)
(清・臨沂人)
［民國］臨沂 10/17
宋造(字道卿,號月潭)
(明・城武人)
［乾隆］曹州府 16/13
［康熙九年］城武 3/9,3/50
［康熙四十一年］城武 5/下隱逸 2
［道光］城武 9/下 2
宋漢章(東阿人)
［民國］東阿 15/19
宋汝廉(見宋汝濂)
宋汝諧(元・濮州人)
［嘉靖］濮州 5/32
宋汝濂(明・河南武陟人)
［宣統］山東 72/37
［乾隆］東昌 33/41
［嘉慶］東昌 21/9
［順治］堂邑 2/職官 4
［康熙十一年］堂邑 2/名宦 3
［康熙］堂邑 11/8
堂邑縣鄉土志/政績錄
宋漢池(字沼若)
(清・泰安人)
［乾隆二十五年］泰安縣 12/31
［乾隆四十七年］泰安縣 10/上 29
［道光］泰安縣 9/上 81
［民國］重修泰安縣 8/36
泰安縣鄉土志/耆舊 16
宋汝潔(字伯謙)
(明・城武人)
［康熙九年］城武 5/15
宋洪道(字修之)
(清・陽信人)
［民國］陽信 5/文學 12
宋達孝(字仰周)
(清・膠州人)
［道光］重修膠州 28/23
［民國］增修膠志 42/21
宋汝蕙(字雪樵)
(清・聊城人)
［宣統］聊城 8/補 3
宋汝梅(字蘭友)
(清・濰縣人)
［乾隆］濰縣 4/24
［民國］濰縣志稿 31/7
濰縣鄉土志/24
宋汝增(清・膠州人)
［民國］增修膠志 44/14
35 **宋禮**(明・恩縣人)
［宣統］重修恩縣 7/49
宋禮(明・直隸撫寧人)
［嘉靖］山東 25/12
［康熙］山東 31/14
［康熙］濟南 24/19
［萬曆元年］兗州 39/名宦 16
宋禮(字以和)
(明・河南葉縣人)
［嘉靖］山東 27/18
［雍正］山東 27/72
［宣統］山東 73/34
［萬曆］萊州 5/72
［康熙］萊州 8/47
［乾隆］萊州 9/18
［康熙］平度州 3/4
宋禮(字大本)
(明・河南永寧人)
［雍正］山東 27/11
［宣統］山東 70/1
［道光］濟南 35/11
［康熙］兗州 22/21
［乾隆］兗州 22/17
［康熙］濟寧州 4/49
［乾隆］濟寧直隸州 22/1
［道光］濟寧直隸州 6/6－39
［乾隆］德州 8/5
［民國］德縣 9/7
宋連元(字仲三)
(臨邑人)
［民國］續修臨邑 3/8
宋連璧(明・青州人)
［康熙］山東 49/4
宋連璧(字玉梧)
(明・樂安人)
［民國］續修廣饒 19/24,27/1
［民國］樂安 10/13,13/13
宋清善(清・濰縣人)
［民國］濰縣志稿 36/10
［光緒］文登 12/7
36 **宋昶**(字仲和)
(清・高密人)
［光緒］高密 8/上 40
［民國］高密 14/上 43
高密縣鄉土志/上 37
宋渭(清・齊東人)
［民國］齊東 5/39
宋湘龍(清・恩縣人)
［宣統］重修恩縣 10/19
［民國］重修恩縣 11/鄉賢 79
37 **宋渾**(唐・邢州南和人)
［宣統］山東 68/8
［道光］濟南 33/26
［光緒］陵縣 18/1
宋汲(字泠泉)
(清・萊陽人)
［民國］萊陽 3/1 中 88
宋湄(字秦川)
(清・樂陵人)
樂陵縣鄉土志 3/51
宋通(明・直隸延慶州人)
［正德］莘縣 5/3
［康熙十一年］莘縣 5/5
［康熙五十六年］莘縣 5/5
宋潤章(本名調梅,字和亭)
(清・聊城人)
［宣統］聊城 8/46
宋運新(清・蒙陰人)
［康熙十一年］蒙陰 2/38
宋淑琬(清・汶上人)
［康熙］續修汶上 4/孝義 2
宋祖乙(字成六)
(明・東平人)
［康熙］山東 40/64
［雍正］山東 28/人物三 74
［宣統］山東 161/58
［康熙］東平州 3/46
［乾隆］東平州 13/39
［道光］東平州 13/39
［光緒］東平州 15/上 39

[民國]東平縣 11/上 15
東平州鄉土志上/耆舊錄 32
[康熙]張秋志 7/27
宋祖舜(字淑哲,號鹿遊子,別號紫霜道士)
(明·東平人)
[乾隆]泰安府 17/32
[康熙]東平州 3/45,5/49
[乾隆]東平州 15/38,20/29
[道光]東平州 15/38,20/29
[光緒]東平州 15/下 67,20/29
[民國]東平縣 11/下 35
東平州鄉土志上/耆舊錄 32
[康熙]張秋志 7/25,11/20
宋冠儒(清·樂安人)
[民國]續修廣饒 19/62
宋鴻儒(字子白)
(長清人)
[民國]長清 12/17
宋通儒(清·蒙陰人)
[康熙十一年]蒙陰 2/35
宋祖法(字允繩)
(明·河南新蔡人)
[宣統]山東 71/5
[康熙]濟南 25/79
[道光]濟南 36/8
[崇禎]歷城 6/19
[乾隆]歷城 34/8
宋運昌(明·濮州人)
[乾隆]濮州 4/15
[宣統]濮州 5/16
宋祖駿(字偉度)
(清·江蘇長洲人)
[宣統]山東 75/35
[光緒]東平州 14/44
[民國]東平縣 9/23
東平州鄉土志上/政績錄 17
38 宋滄(字伯清,一作伯濤,號有臺)
(明·鉅野人)
[雍正]山東 28/人物三 23
[宣統]山東 160/22
[萬曆二十四年]兗州 36/14
[康熙]兗州 28/13
[乾隆]曹州府 15/10
[萬曆]鉅野 7/22
[康熙]鉅野 11/21
[道光]鉅野 12/11,18/37,19/4
宋道(明·介休貢生)
[道光]觀城 6/22
宋裕(字文饒)
(明·鳳陽人)
[光緒]平度志要/人物
[民國]平度縣續志 7/5
宋啟亨(明·蒙陰人)
[康熙十一年]蒙陰 2/37
宋啟元(清·蒙陰人)
[康熙十一年]蒙陰 2/54
宋啟元(字子開)
(清·威海衛人)
[光緒]文登 9/上 2-2
宋肇元(字會昌)
(清·城武人)
[道光]城武 9/上 51
宋啟先(明·膠州人)
[康熙]膠州 6/56
[乾隆]膠州 5/36
膠州直隸州鄉土志 4/藝術
宋啟福(字嚮五)
(清·掖縣人)
[光緒]三續掖縣 2/11
宋啟心(明·旌德人)
[隆慶]單縣上/重 36
宋啟禮(明·新城人)
[康熙]濟南 45/5
[道光]濟南 51/32
[天啟]新城 8/隱逸
[崇禎]新城 8/隱逸
[康熙]新城 8/12
[民國]重修新城 15/10
宋瀲濁(清·朝城人)
[民國]朝城縣續志 1/27
宋海月(明)
[同治]即墨 12/32
宋遵周(明·棲霞人)
[光緒]增修登州 38/18
[康熙]棲霞 6/16
[乾隆]棲霞 6/1,7/8
宋祚興(清·博興人)
[康熙六十年]博興 7/32
[道光]博興 11/23
[民國]重修博興 13/21
40 宋存(清·鄒縣人)
[康熙五十五年]鄒縣志 2/74
鄒縣鄉土志耆舊錄/18
宋森(字肅文)
(清·泰安人)
[乾隆四十七年]泰安縣 10/上 32
[道光]泰安縣 9/上 84
[民國]重修泰安縣 8/39
泰安縣鄉土志/耆舊 18
宋森(字棻村)
(清·淄川人)
[宣統]三續淄川 10/26
宋檀(字允緻)
(清·城武人)
[道光]城武 9/上 46
宋塘(字守唐)
(明·濟寧人)
[康熙]濟寧州 7/18
[乾隆]濟寧直隸州 26/15
[道光]濟寧直隸州 8/4-37
宋燾(字岱視,別號繹田)
(明·泰安人)
[宣統]山東 159/35
[康熙]濟南 36/17
[康熙]泰安州 3/27
[乾隆]泰安府 17/36
[乾隆二十五年]泰安縣 12/18,13/3-92
[乾隆四十七年]泰安縣 10/上 5,12/藝文三 40
[道光]泰安縣 9/上 53,12/藝文錄 40
[民國]重修泰安縣 8/5,12/57
泰安縣鄉土志/耆舊 12
宋燾(清·靖海衛人)
[道光]濟南 38/28
宋志(明·博興人)
[康熙十二年]博興 6/11
[康熙六十年]博興 7/34
宋梓(字琴可,一作艾北)
(清·膠州人)

[道光]重修膠州 30/5
[民國]增修膠志 47/4
膠州直隸州鄉土志 4/藝術
宋克讓(字謙堂)
(平原人)
[民國]續修平原 8/23
宋來章(明・城武人)
[康熙九年]城武 3/21
[康熙四十一年]城武 5/下義烈 3
[道光]城武 9/下 44
宋希文(明・黃岡人)
[道光]濟寧直隸州 6/6－39
[康熙]魚臺 15/13
[光緒]魚臺 2/51
宋友亮(明・濰縣人)
[民國]濰縣志稿 29/14
宋士毅(字仁菴)
(清・陽信人)
[民國]陽信 5/任恤 29
宋士正(字砥柱)
(清・濟寧人)
[乾隆]濟寧直隸州 27/19
[道光]濟寧直隸州 8/3－23
宋嘉禾(字卓英)
(牟平人)
[民國]牟平 7/28
宋大經(清・陽穀人)
[康熙十二年]陽穀 4/4
[康熙]陽穀 4/3
[光緒]陽穀 7/2
[民國]增修陽穀人物/孝義 3
宋大儒(字伊伯)
(清・蒙陰人)
[康熙十一年]蒙陰 2/16,2/42
宋真儒(字濂生)
(清・蒙陰人)
[康熙十一年]蒙陰 2/16
宋志熊(清・樂陵人)
樂陵縣鄉土志 3/61
宋存德(字惟一)
(明・錦衣衛人)
[宣統]山東 73/15
[萬曆]青州 12/52
[康熙十五年]青州 12/52
[康熙四十八年]青州 12/52
[康熙六十年]青州 12/30
[萬曆]安丘 17/5
安丘縣鄉土志 2/政績錄
宋嘉德(字會廷)
(清・濟寧人)
[道光]濟寧直隸州 8/4－5
宋士份(明・諸城人)
[咸豐]青州 45/65
[康熙]諸城 7/43
[乾隆]諸城 39/4
宋希濂(字近溪,號盧峯)
(清・新城人)
[宣統]新城縣後志 2/宦績
宋有守(字青蓮)
(清・博山人)
[康熙]顏神鎮志 4/下 8
宋希渠(字子厚,號鶴菴)
(清・新城人)
[宣統]新城縣後志 2/宦績
宋大奎(明・陝西延長人)
[宣統]山東 73/24
[光緒]增修登州 28/3
[萬曆]福山 4/6
[康熙]福山 7/12
[乾隆]福山 7/14
[民國]福山縣志稿 3/2－5
宋九嘉(字飛卿)
(金・夏津人)
[嘉靖]山東 31/25
[康熙]山東 41/20
[雍正]山東 28/人物二 54
[宣統]山東 163/25
[萬曆]東昌 19/43
[乾隆]東昌 37/21
[嘉靖]夏津 4/8
[康熙]夏津 5/6
[乾隆]夏津 8/9
宋奇士(字平仲)
(明・昌邑人)
[康熙]昌邑 6/27
[乾隆]昌邑 6/166
宋希堯(字欽如)
(明・山西長治人)
[雍正]山東 27/29
[宣統]山東 71/24
[道光]濟南 36/47
[康熙]重修臨邑 8/4
[道光]臨邑 7/25
[同治]臨邑 7/29
宋奇英(明・昌邑人)
[康熙]昌邑 6/35
[乾隆]昌邑 6/167
宋森蔭(字豫堂)
(清・樂亭人)
[宣統]蒙陰 3/宦績
[民國]德縣 9/23
宋士芳(字禎菴)
(清・膠州人)
[乾隆]膠州 4/64
[道光]重修膠州 27/10
[民國]增修膠志 41/8
宋士華(清・泰安人)
[道光]泰安縣 9/上 88
[民國]重修泰安縣 8/42
宋士英(霑化人)
[民國]霑化 4/登進 47
宋士藻(字鑑如)
(明・濰縣人)
[民國]濰縣志稿 30/52
宋有蘭(字香亭)
(平原人)
[民國]續修平原 6/16
宋大相(字元勳)
(清・陵縣人)
[光緒]陵縣 19/人物傳二 22
宋大乾(清・城武人)
[康熙四十一年]城武 5/上懿行 11
[道光]城武 9/下 14
宋大本(清・臨清人)
[民國]臨清縣/人物 90
宋大成(字集堂)
(清・德平人)
[光緒]德平 7/21
德平縣鄉土志/耆舊錄
宋培啍(字雅川)
(清・魚臺人)
[光緒]魚臺 3/孝義又 1
宋壽昌(清・禹城人)
[民國]禹城 6/73

宋大啞(清・海上人)
[同治]即墨 9/36
即墨縣鄉土志/耆舊－事業四
宋奎曜(字魯分)
(清・濱州人)
[乾隆]武定府 25/52
[咸豐]武定府 25/文苑 12
[康熙]濱州 7/30
[咸豐]濱州 10/29
濱州鄉土志/學問
宋奎閣(字少游)
(清・膠州人)
[民國]增修膠志 44/14
宋希周(字淑濂)
(清・膠州人)
[民國]增修膠志 44/14
宋克智(字貞子,號壘川)
(清・牟平人)
[民國]牟平 7/112
41 **宋垤**(字鳴鶴)
(清・泰安人)
[道光]泰安縣 12/選輯補遺 34
宋桱(字子楝)
(明・嘉祥人)
[乾隆]嘉祥 2/36
宋楨(清・諸城人)
[光緒]增修諸城縣續志 14/7
宋垣苗(晉)
[順治]鄒平 4/3
42 **宋彬**(明・萊陽人)
[民國]萊陽 3/1 中 9
宋橙(字怡泉)
(清・滋陽人)
[光緒]滋陽 9/7
宋圻(清・高唐人)
[嘉慶]東昌 32/67
43 **宋娥**(漢)
[道光]鉅野 24/2
44 **宋桂**(清・樂安人)
[民國]續修廣饒 19/42
宋荷(字伊任)
(清・城武人)
[康熙九年]城武 5/17
宋蕙(一作朱蕙,字友三)
(清・德平人)
[道光]濟南 56/89
[嘉慶]德平 7/17
宋基(字子厚)
(清・樂安人)
[咸豐]青州 47/30
[雍正]樂安 12/22
[民國]續修廣饒 19/38
宋薦(明・肥城人)
[咸豐]青州 36/30
[康熙]壽光 20/4
[嘉慶]壽光 10/25
[民國]壽光 6/15
宋蘭(明・萊陽人)
[民國]萊陽 3/1 中 15
宋芹(明・禹城人)
[道光]濟南 52/8
[嘉慶]禹城 9/18
[民國]禹城 6/14
禹城縣鄉土志/19
宋權(字雨恭)
(清・商丘人,一作歸德府人)
[乾隆]曹州府 16/16
[康熙九年]城武 3/39
[康熙四十一年]城武 5/下流寓 2
[道光]城武 9/下 49
宋芸(字裛香)
(清・臨淄人)
[民國]臨淄 27/60
宋植(清・恩縣人)
[雍正]恩縣續志 3/30
[宣統]重修恩縣 7/50
宋芷(清・樂陵人)
樂陵縣鄉土志 3/43
宋著(清・樂陵人)
樂陵縣鄉土志 3/42
宋其端(字伯莊,一字墨莊)
(清・樂安人)
[民國]樂安 10/34
[民國]續修廣饒 19/68,21/2
宋孝誠(字莪園)
(清・膠州人)
[道光]重修膠州 29/21
[民國]增修膠志 45/7
宋其詩(明)
[嘉慶]慶雲 7/36
宋若郊(明・蒙陰人)
[康熙十一年]蒙陰 2/37
宋茂孚(字次中)
(清・新城人)
[宣統]新城縣後志 2/善行
[民國]重修新城 18/4
新城縣鄉土志/耆舊－清
宋世峻(榜名世藩,字東峯)
(清・膠州人)
[乾隆]濟寧直隸州 22/37
[道光]濟寧直隸州 6/7－77
[乾隆]膠州 4/62
[道光]重修膠州 28/12
[民國]增修膠志 42/11
膠州直隸州鄉土志 4/文學
宋萬程(字鵬九)
(清・益都人)
[咸豐]青州 50/8
宋萬修(清・泗水人)
[光緒]泗水 11/27
[光緒]泗水縣鄉土志/13
宋世良(字元友)
(後魏・廣平人,一作介休人)
[嘉靖]山東 26/22
[康熙]山東 34/2
[雍正]山東 27/42
[萬曆]東昌 18/11
[乾隆]東昌 33/11
[嘉慶]東昌 20/19
[嘉靖]高唐州 5/1
[康熙十二年]高唐州 7/2
[康熙五十一年]高唐州 7/2
[道光]高唐州 7/1－2
[光緒]高唐州 7/1－2
[民國]高唐縣 9/5－1
高唐州鄉土志/4
[嘉靖]恩縣 7/2
[萬曆]恩縣 4/2
[宣統]重修恩縣 6/39
[民國]重修恩縣 10/57
恩縣鄉土志/8

宋蘭洲(字香遠)
(清・樂安人)
[民國]續修廣饒 19/73
宋世遠(字驥千)
(清・膠州人)
[乾隆]膠州 4/58
[道光]重修膠州 27/10
[民國]增修膠志 41/8
宋懋祁(字華仙,號蔗田)
(清・江蘇長洲人)
[道光]濟南 72/23
宋若祁(號小齋)
(明・蒙陰人)
[康熙十一年]蒙陰 2/15
宋孝真(字棣郇)
(清・膠州人)
[道光]重修膠州 30/4
[民國]增修膠志 47/4
膠州直隸州鄉土志 4/藝術
宋萼芳(字華軒)
(清・樂安人)
[民國]樂安 10/23
[民國]續修廣饒 19/43
宋蘭芳(字木舟,一字伯舟)
(清・樂安人)
[民國]樂安 10/28
[民國]續修廣饒 19/50
宋若芹(字魯林,號二泉)
(清・新城人)
[宣統]新城縣後志 3/孝友
宋若蓉(字鏡林)
(清・新城人)
[宣統]新城縣後志 2/宦績
[民國]重修新城 18/12
宋蔚芳(字豹人)
(清・新城人)
[宣統]新城縣後志 3/孝友
宋其桐(字鳳棲,號柳浦)
(清・江西贛州人)
[道光]濟南 56/78
[乾隆]德州 9/52
[民國]德縣 10/38
德州鄉土志/耆舊 46
宋世顯(字翼公)
(清・膠州人)
[乾隆]膠州 4/60
[道光]重修膠州 27/10
[民國]增修膠志 41/7
宋若昭(唐・貝州人)
[宣統]重修恩縣 6/13
宋世厚(字載公)
(清・膠州人)
[乾隆]膠州 4/60
[道光]重修膠州 27/10
[民國]增修膠志 41/8
宋其光(榜名鴻儒,字錫箴,一作錫珍,一字席珍)
(長清人)
[民國]長清 11/5, 12/7, 13/23
46 宋欙(清・山東人)
[宣統]山東 170/26
宋柏(字累千)
(清・魚臺人)
[乾隆]魚臺 11/31
[光緒]魚臺 3/18
宋坦(號舒菴)
(清・城武人)
[道光]城武 9/下 23
宋如峩(字奉璋,號孤松)
(清・夏津人)
[民國]夏津續編 8/18
宋如濂(字子溪)
(清・招遠人)
[道光]招遠縣續志 3/17
宋旭春(字香坡)
(長清人)
[民國]長清 12/8
宋觀煒(原名恩溥,榜名季子,字潤生,號幼海)
(清・膠州人)
[民國]增修膠志 42/24
膠州直隸州鄉土志 4/文學
47 宋格(字維研)
(清・嶧縣人)
[光緒]嶧縣 21/耆舊 16
宋垌(清・諸城人)
[光緒]增修諸城縣續志 17/15
宋橘(清・莒縣人)
[民國]重修莒志 66/6
宋均(字叔庠)
(漢・南陽安眾人)
[宣統]山東 66/21
[萬曆元年]兗州 39/名宦 4
[萬曆二十四年]兗州 26/9
[康熙]兗州 21/9
[光緒]嶧縣 19/16
宋桐(清・樂安人)
[民國]續修廣饒 19/62
宋朝立(字言安)
(清・臨沂人)
[乾隆]沂州府 25/32
[民國]臨沂 10/13
宋朝璋(清・陽穀人)
[康熙十二年]陽穀 3/19
宋朝宗(明・陽穀人)
[康熙十二年]陽穀 3/33
[康熙]陽穀 3/29
[光緒]陽穀 6/32
宋朝棟(明・魚臺人)
[乾隆]魚臺 10/27
宋起蛟(字龍友)
(清・膠州人)
[道光]重修膠州 29/25
[民國]增修膠志 45/10
宋鶴年(明・高陽人)
[乾隆]濟寧直隸州 22/44
[道光]濟寧直隸州 6/6－32
[康熙五十一年]金鄉 8/16
[乾隆]金鄉 17/6
[咸豐]金鄉縣志略 7/9
[民國]金鄉 11/20
48 宋梯(字子昇)
(明・沂人)
[萬曆]沂州志 7/38
[康熙]沂州志 6/7
[乾隆]沂州府 26/9
宋敬之(元・鄒平人)
[嘉靖]山東 29/20
[康熙]濟南 43/15
[道光]濟南 72/32
[順治]鄒平 8/4
宋檢若(清・萊陽人)
[民國]萊陽 3/1 中 83
宋梅村(原名綉春,字雪庵)
(長清人)
[民國]長清 12/11

50 宋推(明・新城人)
[雍正]山東 28/人物三 33
[宣統]山東 165/20
[道光]濟南 51/36
[天啟]新城 8/孝友
[崇禎]新城 8/孝友
[康熙]新城 8/4
[民國]重修新城 15/6
新城縣鄉土志/耆舊－明
宋忠(元・新泰人)
[順治]新泰 5/8
[乾隆]新泰 15/24
宋貴誠(元・江西吉水人)
[雍正]山東 31/15
[泰昌]登州 11/58
[順治]登州 18/2
[光緒]增修登州 38/17
[康熙]蓬萊 6/2
[道光]重修蓬萊 9/42
[民國]蓬萊縣志合編人物志/寓賢
宋本正(明・城武人)
[康熙九年]城武 3/18
[康熙四十一年]城武 5/下義烈 1
[道光]城武 9/下 42
宋書雲(清・濮州人)
[宣統]濮州 6/12
宋中孚(字誠齋)(清・鄆城人)
[光緒]鄆城 10/8
宋書升(字晉之,號旭齋)(清・濰縣人)
[民國]濰縣志稿 29/6
宋泰阿(字劍秋)(清・聊城人)
[宣統]聊城 8/補 5
宋泰階(字星符)(清・聊城人)
[宣統]聊城 8/補 4
51 宋振三(清・鄒平人)
[民國]鄒平 15/145
宋振鯨(字星石)(清・齊東人)
[民國]續修曲阜 5/55
宋振甲(字逸上)(清・膠州人)
[乾隆]膠州 5/17
[道光]重修膠州 28/10
[民國]增修膠志 42/9
宋振榮(清・招遠人)
[道光]招遠縣續志 2/35
52 宋虬(字旬伯,一作旬伯)(清・文登人)
[康熙]靖海衛志 9/27
[雍正]文登 8/11
[道光]文登 5/20
[光緒]文登 10/上 8
宋哲(明・恩縣人)
[宣統]山東 161/46
[乾隆]東昌 39/28
[嘉慶]東昌 29/12
[宣統]重修恩縣 8/21
[民國]重修恩縣 11/鄉賢 17
宋挺芳(字邁千)(清・新城人)
[宣統]新城縣後志 3/孝友
宋靜中(字椿圃)(清・諸城人)
[道光]諸城縣續志 16/7
53 宋摶(宋・濰縣人)
濰縣鄉土志/50
宋輔(元・萊陽人)
[民國]萊陽 3/1 中 6
宋威(唐)
[光緒]益都縣圖志 16/10
宋成立(字仙源,一字人也)(清・臨沂人)
[乾隆]沂州府 25/32
[民國]臨沂 10/13
宋甫友(字南周)(清・陵縣人)
[光緒]陵縣 19/人物傳二 25
宋盛基(字鴻業)(清・清平人)
[宣統]增輯清平 12/62
[民國]清平/人物 56
55 宋摶(字鵬舉)(宋・萊州掖人)
[嘉靖]山東 33/7
[康熙]山東 44/6
[雍正]山東 28/人物二 25
[宣統]山東 157/22
[萬曆]萊州 5/92
[康熙]萊州 10/21
[乾隆]萊州 10/8
萊州府鄉土志/下 8
[康熙]濰縣 5/名宦 3
[乾隆]濰縣 3/40
[乾隆]掖縣 4/11
[道光]掖乘 4
宋井南(明・膠州人)
[道光]重修膠州 25/27
[民國]增修膠志 40/25
56 宋擇(唐・長安人)
[同治]重修寧海州 12/2
[民國]牟平 6/65
57 宋邦瑞(明・侯官人)
[嘉靖]寧海州下/22
[同治]重修寧海州 14/2
宋邦強(字朝剛)(明・泰安人)
[康熙]濟南 47/13
[康熙]泰安州 3/30
[乾隆]泰安府 18/38
[乾隆二十五年]泰安縣 12/28
宋邦質(明・淄川人)
[乾隆]淄川 5/35
58 宋掄秀(字朝選)(清・嘉祥人)
[光緒]嘉祥 3/32
60 宋恩(清・諸城人)
[光緒]增修諸城縣續志 16/20
宋果(號衡星)(明・萊陽人)
[光緒]增修登州 39/29
[康熙]萊陽 8/18
[民國]萊陽 3/3 上傳志上 11
宋景(漢・清河人)
[嘉慶]東昌 34/11
[宣統]重修恩縣 8/92
[民國]重修恩縣 11/鄉賢 85
宋男(字少乾)

（清・膠州人）
［道光］重修膠州 29/8
［民國］增修膠志 44/6
宋羆（晉・萊州人）
［嘉靖］山東 27/14
［雍正］山東 27/68
［宣統］山東 66/40
［萬曆］萊州 6/1
［康熙］萊陽 5/4
宋晟（宋）
［康熙］東明 4/20
［乾隆］東明 4/20
［民國］東明縣新誌 11/3
東明縣志料/人物門
宋曇（字瞿雲）
（清・膠州人）
［道光］重修膠州 29/7
［民國］增修膠志 44/5
宋昱（字屏南）
（清・膠州人）
［道光］重修膠州 27/35
［民國］增修膠志 41/27
宋昌言（字仲謨）
（宋・趙州平棘人）
［雍正］山東 27/90
［宣統］山東 68/42
［嘉靖］濮州 7/10
［萬曆］濮州 3/名宦 13
［康熙］濮州 3/13
［乾隆］濮州 3/13
［宣統］濮州 4/13
宋景唐（字賡堯）
（清・鉅野人）
［民國］續修鉅野 5/上 23
宋日章（字美中）
（清・歷城人）
［乾隆］歷城 42/7
宋日就（字克明）
（明・臨沂人）
［康熙］兗州續編 15/27
［康熙］沂州志 5/68,7/53
［乾隆］沂州府 25/23
［民國］臨沂 9/46
宋思誠（字濟明）
（清・城武人）
［道光］城武 9/下 29
宋甲元（字殿乙）
（清・東平人）
［民國］東平縣 11/上 19
宋景雲（明・博興人）
［咸豐］青州 45/30
［康熙十二年］博興 6/5
［康熙六十年］博興 7/21，7/58
［道光］博興 11/18
［民國］重修博興 13/15，16/25
宋星五（清・樂陵人）
樂陵縣鄉土志 3/56
宋國琦（字伯儒）
（清・鄆城人）
［康熙］鄆城 6/22
［光緒］鄆城 8/11
宋國珠（明・文登人）
［光緒］文登 10/上 1
宋國琛（字伯獻，號十州）
（清・東平人）
［光緒］東平州 15/中 22
［民國］東平縣 11/上 40
東平州鄉土志上/耆舊錄 41
宋曰尌（字龍峯）
（清・桓臺人）
［民國］桓臺 3/34
宋曰科（字榮第）
（平原人）
［民國］續修平原 8/28
宋景白（字蓮友）
（清・膠州人）
［乾隆］膠州 5/34
［道光］重修膠州 28/10
［民國］增修膠志 42/9
宋恩洍（字靜涵，號左海）
（清・膠州人）
［民國］增修膠志 44/14
宋景初（一名伯不花，字彥明）
（元・萊陽人）
［民國］萊陽 3/1 中 4
宋景祖（字振猷）
（清・臨沂人）
［乾隆］沂州府 27/7
［民國］臨沂 10/13
宋國祚（字修齡）
（清・德平人）
［道光］濟南 56/86
［乾隆］德平 3/14
［嘉慶］德平 7/14
［光緒］德平 7/13
宋國樞（明・東平人）
［康熙］東平州 5/49
［乾隆］東平州 20/29
［道光］東平州 20/29
［光緒］東平州 20/29
宋國博（宋）
［乾隆］諸城 27/7
宋昌基（清・恩縣人）
［雍正］恩縣續志 3/20
宋景華（長清人）
［民國］長清 12/17
宋思孝（字幹卿）
（清・桓臺人）
［民國］桓臺志略 3/17
［民國］桓臺 3/22
宋曰華（字榮菴）
（清・新城人）
［宣統］新城縣後志 2/善行
宋國相（明・濱州人）
［萬曆］濱州 3/27
［康熙］濱州 6/5
宋日乾（明・沂州人）
［乾隆］沂州府 26/10
宋日振（明・臨沂人）
［康熙］兗州續編 15/28
［康熙］沂州志 5/71
［乾隆］沂州府 25/24
［民國］臨沂 9/47
宋國典（字鼎書）
（清・益都人）
［光緒］益都縣圖志 39/14
宋思陟（清・萊陽人）
［光緒］增修登州 41/48
［民國］萊陽 3/1 中 32
宋國賢（清・黃縣人）
［同治］黃縣 9/4
［民國］黃縣志稿 13/人物－死難
宋國用（明・鈞州舉人）
［萬曆］濮州 3/名宦 31

[康熙]觀城 3/4
[道光]觀城 6/6
宋曰鎮(清・樂陵人)
樂陵縣鄉土志 3/60
宋曰智(明・恩縣人)
[乾隆]東昌 42/28
[嘉慶]東昌 32/23
[萬曆]恩縣 4/52
[宣統]重修恩縣 8/40
[民國]重修恩縣 11/鄉賢 48
宋曰輝(清・諸城人)
[光緒]增修諸城縣續志 16/20
61 宋顯(字仲華)
(北齊・燉煌人)
[萬曆元年]兗州 38/武功 10
宋顯章(字文光)
(明・濮州人)
[嘉靖]山東 35/5
[康熙]山東 45/14
[雍正]山東 28/人物三 28
[宣統]山東 165/13
[萬曆]東昌 19/58
[乾隆]曹州府 16/3
[萬曆]濮州 4/孝友 2
[康熙]濮州 4/1
[乾隆]濮州 4/1
[宣統]濮州 5/1
宋旺德(清・平原人)
[民國]續修平原 10/上 27
64 宋曉(字淑旦,號白雲)
(清・城武人)
[道光]城武 9/下 4
宋時儒(明・萊陽人)
[民國]萊陽 3/1 中 15
宋時獻(明・長治選貢)
[咸豐]金鄉縣志略 7/8
宋時中(清・諸城人)
[道光]諸城縣續志 19/12
65 宋映捷(字獻武)
(清・城武人)
[道光]城武 13/10
67 宋鳴珂(字泰始,號碧溪)
(明・臨沂人)
[康熙]沂州志 6/49
[乾隆]沂州府 27/10
[民國]臨沂 9/52
宋明德(明・祥符人)
[道光]濟南 36/54
[康熙]德州 7/26
[乾隆]德州 8/7
[民國]德縣 9/8
宋明佐(明・昌邑人)
[康熙]萊州 10/51
[乾隆]萊州 11/孝義 6
[康熙]昌邑 6/9
[乾隆]昌邑 6/170
宋瞻祖(字紹庭)
(清・臨沂人)
[乾隆]沂州府 25/31
[民國]臨沂 10/13
宋鳴梧(字泰侯,號泰斗)
(明・臨沂人)
[康熙]兗州 28/28
[康熙]沂州志 5/70
[乾隆]沂州府 25/24
[康熙十一年]蒙陰 2/62
[康熙二十四年]蒙陰 4/20
[宣統]蒙陰 4/流寓
[民國]臨沂 9/47
宋鳴鶚(字太躋)
(清・臨沂人)
[乾隆]沂州府 26/22
[民國]臨沂 10/11
71 宋厚(字德坤)
(明・定興縣人)
[嘉靖]臨朐 2/55
75 宋肆(明・冠縣人)
[道光]冠縣 8/上 15
[光緒]冠縣 8/忠勤
[民國]冠縣 8/人物志 16
77 宋開(字季壎)
(清・臨沂人)
[民國]續修臨沂 16/25
宋殿章(清・順天大興籍)
[光緒]寧津 8/51
宋學孔(清・淄川人)
[宣統]三續淄川 10/95
宋丹乙(清・博興人)
[民國]重修博興 13/57
宋學經(清・膠州人)
[民國]增修膠志 43/5
宋開勳(字蘊旃,號竹艇)
(清・臨沂人)
[民國]臨沂 10/19
宋學朱(字用晦)
(明・南直長洲人)
[雍正]山東 27/17
[宣統]山東 70/15
[康熙]濟南 24/30,25/75
[道光]濟南 35/18
[咸豐]寧陽 11/6
[光緒]寧陽 11/6
宋學洙(見宋學朱)
宋開運(字鼎新)
(清・滕縣人)
[康熙]滕縣志 7/86
[道光]滕縣志 8/儒林 9
滕縣鄉土志/23
宋鵬起(清・黃縣人)
[民國]黃縣志稿 13/人物－鄉賢祠
宋鵬起(字扶九,號亦弦)
(清・新城人)
[宣統]新城縣後志 2/宦績
宋賢都(清・滿洲旗人)
[康熙]山東 33/24
[雍正]山東 27/106
[宣統]山東 76/31
[康熙]兗州 22/39
[康熙]兗州續編 14/11
[乾隆]曹州府 12/23
[康熙九年]城武 3/24
[康熙四十一年]城武 3/下治績 5
[道光]城武 6/31
宋開春(字王初)
(明・平原人)
[道光]濟南 52/59
[乾隆]平原 8/26
平原縣鄉土志輯稿/循吏
宋殿圖(字廷良)
(清・陽穀人)
[民國]增修陽穀人物/武功 14
宋印晟(字燦明,號鏡渠)
(明・滋陽人)
[乾隆]兗州 23/58

[乾隆]濟寧直隸州 28/7
[道光]濟寧直隸州 8/2－50
[光緒]滋陽 8/73
滋陽縣鄉土志 1/耆舊－名將
宋興隆(清・樂陵人)
[咸豐]武定府 25/孝友 32
[乾隆]樂陵 6/23
樂陵縣鄉土志 3/23
宋鳳年(清・膠州人)
[民國]增修膠志 44/12
80 宋八(清・莘縣人)
[光緒]莘縣 7/50
[民國]莘縣 7/36
宋兌(明・湖廣麻城人)
[嘉靖]山東 27/18
[雍正]山東 27/71
[宣統]山東 73/35
[萬曆]萊州 5/74
[康熙]萊州 8/49
[乾隆]萊州 9/20
[萬曆]濰縣 7/3
[康熙]濰縣 5/名宦 4
[乾隆]濰縣 3/41
[民國]濰縣志稿 20/13
濰縣鄉土志/7
宋鎬(清・樂安人)
[民國]樂安 10/22
[民國]續修廣饒 19/41
宋全(清・諸城人)
[光緒]增修諸城縣續志 17/16
諸城縣鄉土志/上 48
宋愈(字慕韓,號松樵)
(清・膠州人)
[民國]增修膠志 45/28
宋益齋(元・青城人)
[雍正]山東 28/人物二 65
[宣統]山東 167/13
[乾隆]武定府 25/34
[咸豐]武定府 25/儒林 4
[萬曆]青城 1/56
[乾隆]青城 8/9
[民國]青城續修 4/人物 21
宋金台(字麗生,號小山)
(清・臨沂人)
[民國]續修臨沂 16/18
宋全齡(字錫九)
(清・東平人)
[民國]東平縣 11/上 42
宋企适(字南宮)
(清・膠州人)
[民國]增修膠志 41/46
膠州直隸州鄉土志 4/文學
宋念祖(字陟庭)
(清・臨沂人)
[康熙]兗州續編 16/36
[乾隆]沂州府 25/27
[民國]臨沂 10/12
宋鏡海(字鑑園)
(清・曲阜人)
[民國]續修曲阜 5/22
宋毓芹(清・泰安人)
[民國]重修泰安縣 8/46
宋會極(清・恩縣人)
[乾隆]東昌 40/38
[嘉慶]東昌 30/32
[雍正]恩縣續志 3/21
[宣統]重修恩縣 8/24
[民國]重修恩縣 11/鄉賢 21
宋義甫(清・海陽人)
[宣統]山東 176/37
[光緒]增修登州 46/12
[乾隆]海陽 6/23
宋金門(字子翰,族名維城)
(清・高唐人)
[民國]高唐縣 12/90
宋夔學(字益友)
(清・臨沂人)
[乾隆]沂州府 26/18
[民國]臨沂 10/12
82 宋鎧(號百拙)
(明・新城人)
[康熙]濟南 48/8
[道光]濟南 51/31
[天啟]新城 8/隱逸
[崇禎]新城 8/隱逸
[康熙]新城 8/12
[民國]重修新城 15/9
新城縣鄉土志/耆舊－明
宋鍾美(清・恩縣人)
[雍正]恩縣續志 3/22
83 宋鎔(元・彰德人)
[咸豐]金鄉縣志略 7/5
84 宋銑(字金聲)
(清・章邱人)
[道光]濟南 54/22
[道光]章邱 10/33
章邱縣鄉土志/上 20
宋鈷(清・泰安人)
[乾隆四十七年]泰安縣 10/上 31
[道光]泰安縣 9/上 83
[民國]重修泰安縣 8/38
泰安縣鄉土志/耆舊 17
宋鎮嶠(清・諸城人)
[光緒]增修諸城縣續志 16/21
諸城縣鄉土志/上 46
宋鎮南(清・平原人)
[民國]續修平原 10/上 15
宋鎮華(字紀堂)
(清・諸城人)
[光緒]增修諸城縣續志 13/10
86 宋鐸(明・聞喜人)
[乾隆]東昌 35/28
[嘉靖]夏津 4/3
[康熙]夏津 5/3
[乾隆]夏津 6/35
宋知方(字指南)
(清・平原人)
[民國]續修平原 6/9
宋錫齡(字文年)
(清・莒縣人)
[民國]重修莒志 65/19
87 宋欽(元・蒙陰人)
[康熙十一年]蒙陰 2/1
宋欽天(清・滕縣人)
[乾隆]兗州 23/77
[康熙]滕縣志 8/孝行 15
[道光]滕縣志 9/孝義 9
宋舒翹(字挹秀)
(清・膠州人)
[民國]增修膠志 43/3
88 宋範(字書丹)
(清・城武人)
[道光]城武 9/下 30

宋篪(明・陽穀人)
[康熙]陽穀 4/2
[光緒]陽穀 7/2
[民國]增修陽穀人物/善行 36
宋鋭(明・新城人,一作德州人)
[康熙]濟南 40/6
[道光]濟南 51/31,52/36
[天啟]新城 13/傳
[崇禎]新城 13/傳
[康熙]新城 7/8
[民國]重修新城 14/5
新城縣鄉土志/耆舊 - 明
宋箴(字書紳)
(清・城武人)
[道光]城武 9/下 30
宋敏中(明・濟寧人)
[乾隆]濟寧直隸州 24/1
[道光]濟寧直隸州 8/2-22
90 宋肖(明・萊陽人)
[民國]萊陽 3/1 中 18
宋懷忍(清・淄川人)
[宣統]三續淄川 9/69
宋光紹(宋・寧海人)
[同治]重修寧海州 17/4
宋尚寬(明・城武人)
[康熙九年]城武 5/16
宋尚考(字緗西)
(清・嘉祥人)
[光緒]嘉祥 3/30
宋懷忠(元・濟南人)
[康熙]濟南 44/3
[道光]濟南 48/56,72/33
[崇禎]歷城 10/20
[乾隆]歷城 42/3
宋懷金(字蘊行)
(清・商邱人)
[道光]濟南 37/71
[乾隆]蒲臺 3/9
91 宋恒熙(清・清平人)
[宣統]增輯清平 12/64
[民國]清平/人物 57
92 宋愷(明・蒙陰人)
[萬曆]青州 13/54
[康熙十五年]青州 13/54
[康熙四十八年]青州 13/事功 37
[康熙六十年]青州 16/19
[乾隆]沂州府 25/21
[康熙十一年]蒙陰 2/2
[康熙二十四年]蒙陰 4/3
[宣統]蒙陰 4/名獻
宋悛(清・恩縣人)
[嘉慶]東昌 32/67
[宣統]重修恩縣 8/42
[民國]重修恩縣 11/鄉賢 49
恩縣鄉土志/19
宋忻(清・恩縣人)
[宣統]重修恩縣 8/42
[民國]重修恩縣 11/鄉賢 49
94 宋煒圖(清・昆陽人)
[光緒]泗水縣鄉土志/7
95 宋性(明・德州人)
[嘉靖]山東 29/22
[康熙]山東 39/21
[雍正]山東 28/人物三 3
[宣統]山東 160/14
[康熙]濟南 34/5
[道光]濟南 52/32
[萬曆]德州 9/36
[康熙]德州 8/8
[乾隆]德州 9/5
德州鄉土志/耆舊 1
[民國]德縣 10/6
97 宋燦(清・萊蕪人)
[康熙]新修萊蕪 6/14
宋輝(字景昭)
(明・城武人)
[乾隆]曹州府 15/9
[康熙九年]城武 3/47
[康熙四十一年]城武 4/下 14
[道光]城武 9/上 14
宋炤(字闇如)
(清・平原人)
[乾隆]平原 8/37
平原縣鄉土志輯稿/文學
宋燦芳(清・濮州人)
[宣統]濮州 6/21
98 宋愉(字婉齋)
(清・濟寧人)
[乾隆]濟寧直隸州 27/21
99 宋犖(字牧仲,號漫堂,一號綿津山人)
(清・河南商丘人)
[雍正]山東 27/100
[宣統]山東 74/44
[道光]濟南 37/63
宋榮(字華服)
(清・泰安人)
[乾隆二十五年]泰安縣 12/32
[乾隆四十七年]泰安縣 10/上 30
[道光]泰安縣 9/上 82
[民國]重修泰安縣 8/37

3111_0 江

00 江產(清・平陰人)
[光緒]平陰 5/9
江文深(字有本)
(明・即墨人)
[同治]即墨 9/10
即墨縣鄉土志/耆舊 - 事業二
江文遙(北魏・濟陽考城人)
[宣統]山東 67/6
[道光]濟南 33/18
江文式(明・婺源人)
[康熙十一年]莘縣 5/5
01 江顔(字明齋)
(清・壽光人)
[咸豐]青州 46/10
[乾隆]續壽光 23/1
[嘉慶]壽光 13/6
[民國]壽光 12/人物志一 59
10 江二(明・當塗人)
[萬曆]諸城 4/42
江西(明・朝城人)
[康熙]朝城 8/51
江元(明・開化人)
[康熙]兗州續編 14/19
[康熙]兗州府曹縣 10/11
[光緒]曹縣 10/10
曹縣鄉土志/政績錄
江正誼(字亦醢)
(清・德州人)

[光緒]德州志略/人物傳略
[民國]德縣 10/67
江至順(號廗溪)
(明・朝城人)
[康熙]朝城 8/51,8/53
江天嶼(字山民,一作山名)
(清・淮陰人)
[宣統]山東 200/14
[乾隆二十五年]泰安縣 12/36
[乾隆四十七年]泰安縣 10/上 36
[道光]泰安縣 9/上 92
[民國]重修泰安縣 8/54
江一定(字懿卿)
(明・即墨人)
[乾隆]即墨 9/11
[同治]即墨 9/11
即墨縣鄉土志/耆舊-事業二
江百福(明・徽州人)
[康熙]東明 7/29
[乾隆]東明 7/29
東明縣志料/人物門
江雲漢(明・浙江人)
[道光]濟南 36/47
江至逌(字沖宇)
(明・朝城人)
[康熙]朝城 8/53
江至道(字濟宇)
(明・朝城人)
[康熙]朝城 8/53
江爾莊(清・平陰人)
[光緒]平陰 5/14
平陰縣鄉土志/11
江可觀(字智遠)
(唐・濟陽人)
[嘉靖]青州 15/63
[萬曆]青州 15/61
[康熙十五年]青州 15/61
[康熙四十八年]青州 15/僑寓 8
江至靜(字裕豁)
(明・朝城人)
[康熙]朝城 8/53
江丕燿(字顯先)
(清・即墨人)
[同治]即墨 9/53
即墨縣鄉土志/耆舊-事業四
12 江孔遂(見江孔燧)
江廷藻(明・南直旌德人)
[宣統]山東 72/33
[康熙]兗州續編 14/15
[乾隆]曹州府 12/18
[康熙]鉅野 10/8
[道光]鉅野 10/23
江孔燧(字心一)
(明・沂水人)
[康熙十五年]青州 14/44
[康熙四十八年]青州 14/隱逸 18
[康熙六十年]青州 17/17
[乾隆]沂州府 26/12
[康熙]沂水 4/51
[道光]沂水 7/24
17 江瓊(晉・濟陽人)
[雍正]山東 31/4
[道光]濟南 72/26
[乾隆]曹州府 16/17
江珊(明・望江人)
[光緒]益都縣圖志 18/7
江子一(字元亮)
(晉・濟陽人)
[雍正]山東 28/人物一 51
[道光]濟南 72/27
[康熙]曹州志 15/33
[康熙]曹縣 12/8
[康熙]兗州府曹縣 12/8
[光緒]曹縣 12/7
[光緒]菏澤 15/34
20 江航(字雲槎)
(清・金鄉人)
[乾隆]金鄉 18/79
[咸豐]金鄉縣志略 9/中列傳二 5
[民國]金鄉 14/4
江統(字應元)
(晉・陳留圉人)
[嘉靖]山東 25/3
[雍正]山東 27/31
[宣統]山東 66/37
[萬曆元年]兗州 39/名宦 7
[萬曆二十四年]兗州 27/1
[康熙]兗州 21/16
[乾隆]兗州 22/6
江秉鈺(清・即墨人)
[乾隆]即墨 9/33
[同治]即墨 9/49
即墨縣鄉土志/耆舊-事業四
21 江能(字大用)
(明・曹縣人)
[康熙]兗州續編 15/19
[康熙]兗州府曹縣 13/14
[光緒]曹縣 13/14
江衍汶(字孝尼)
(明・即墨人)
[乾隆]即墨 9/13
[同治]即墨 9/14
即墨縣鄉土志/耆舊-事業二
22 江山(字世瞻)
(明・朝城人)
[康熙]朝城 8/50
江巖(字舜岳)
(清・即墨人)
[乾隆]即墨 9/33
[同治]即墨 9/49
即墨縣鄉土志/耆舊-事業四
江繼爽(字塏軒)
(清・霍邱舉人)
[民國]無棣 9/6
海豐縣鄉土志/政績
江鼎金(清・湖北荊門人)
[宣統]山東 77/7
[咸豐]青州 37/10
[康熙]高苑縣續志 3/5
[乾隆]高苑 3/22
24 江緯(字天章,別字石天)
(清・歙縣人)
[光緒]滋陽 9/57
江峽(字靜寺)
(清・即墨人)
[同治]即墨 9/19
即墨縣鄉土志/耆舊-事業二

江休復(字鄰幾)
(宋・陳留人)
[雍正]山東 27/81
[宣統]山東 68/37
[乾隆二十五年]泰安縣 10/29
[乾隆四十七年]泰安縣 8/25
[道光]泰安縣 10/2
[民國]重修泰安縣 6/57
25 **江績**(清・湖廣舉人)
[嘉慶]德平 5/21
[光緒]德平 5/14
江健(清・歙縣人)
[咸豐]濟寧直隸州續志 2/14
26 **江自新**(字盤箴)
(清・濟寧人)
[咸豐]濟寧直隸州續志 3/3
[民國]濟寧直隸州續志 12/6
27 **江岷**(字百川)
(清・元和人)
[乾隆]夏津 6/18
30 **江憲**(字文泉)
(明・文登人)
[光緒]增修登州 41/64
[雍正]文登 7/9
[道光]文登 5/13
[光緒]文登 8/下 3
江宗望(字伯英)
(明・曹縣人)
[康熙]兗州府曹縣 13/30
[光緒]曹縣 13/29
江宗源(清・歷城人)
[宣統]山東 170/23
[民國]續修歷城 42/15
江之滏(字蓄德)
(明・即墨人)
[乾隆]即墨 9/13
[同治]即墨 9/14
即墨縣鄉土志/耆舊-事業二
江寶樹(字謝階,號東溪)
(清・泰安人)
[民國]重修泰安縣 8/13
江永謩(字聲有)
(清・泰安人)
[道光]泰安縣 9/上 75
[民國]重修泰安縣 8/27
泰安縣鄉土志/耆舊 21
31 **江溍**(字清水)
(清・即墨人)
[同治]即墨 9/50
即墨縣鄉土志/耆舊-事業四
江濬(字子泉)
(明・歷城人)
[康熙]山東 39/25
[雍正]山東 28/人物三 32
[宣統]山東 161/41
[康熙]濟南 41/19
[道光]濟南 49/17
[崇禎]歷城 10/13
[乾隆]歷城 37/27
江涯(明・婺源人)
[宣統]山東 72/41
[萬曆]東昌 18/37
[乾隆]東昌 34/2
[嘉慶]東昌 21/20
[康熙二年]茌平 2/37
[康熙四十九年]茌平 2/37
[宣統]茌平 8/3
[民國]茌平 8/60
江福津(清・歷城人)
[民國]續修歷城 42/13
江河清(清・福建上杭人)
[宣統]山東 77/24
[光緒]增修登州 27/4
[民國]黃縣志稿 11/宦績
32 **江逕**(明・婺源人)
[嘉靖]濮州 7/22
33 **江溥**(明・青城人)
[萬曆]青城 1/60
江溥(字海若)
(清・壽光人)
[乾隆]續壽光 26/1
[嘉慶]壽光 15/6
[民國]壽光 12/人物志二 85
江泳(清・郯城人)
[乾隆]郯城 11/補編 23
34 **江淹**(字文通)
(南朝・濟陽人)
[嘉靖]山東 29/7
[康熙]山東 39/6
[康熙]濟南 42/5
[道光]濟南 72/26
江汝龍(字文明,號鳳林)
(明・朝城人)
[嘉靖]朝城志 7/16
[康熙]朝城 8/33,8/50
江汝師(字錫三)
(清)
[道光]榮成 6/26
江湛然(明・新安人)
[崇禎]歷乘 16/65
江洪杰(清)
[宣統]三續淄川 9/48
36 **江湜**(明・歙縣人)
[乾隆]曲阜 92/2
37 **江湖**(字洞之)
(明・濟寧人)
[乾隆]濟寧直隸州 27/9
[道光]濟寧直隸州 8/4-32
江湖(字源楚)
(明・濮州人)
[嘉靖]濮州 6/10
江瀾(明・濟寧人)
[康熙]濟寧州 7/52
江祿(南北朝・齊州濟南人,一作濟陽人)
[嘉靖]山東 29/17
[康熙]山東 40/36
[康熙]濟南 42/8
[道光]濟南 72/26
[萬曆]濟陽 8/1
[乾隆]濟陽 8/1
[民國]濟陽 11/1
江淑榘(字慎斯,號抑堂)
(清・即墨人)
[同治]即墨 9/22
即墨縣鄉土志/耆舊-事業二
38 **江洽**(清・德州人)
[道光]濟南 56/82
[乾隆]德州 9/57
[民國]德縣 10/32
江浴日(明・太寧人)

［道光］濟南 36/28
［康熙五十五年］長山 3/36
［嘉慶］長山 5/44
40 **江左彥**(字有月)
(明・歙人,占籍濟寧)
［雍正］山東 31/8
［康熙］濟寧州 7/38
［乾隆］濟寧直隸州 28/39
［道光］濟寧直隸州 8/4－51
江克繼(臨清縣志作汪克繼)
(清・臨清人)
［乾隆］東昌 43/20
［乾隆］臨清州 9/55
［民國］臨清縣/人物 58
江克繩(臨清縣志作汪克繩)
(清・臨清人)
［乾隆］東昌 43/20
［乾隆］臨清州 9/55
［民國］臨清縣/人物 58
42 **江橋**(明・南充人)
［萬曆］冠縣 2/5
江荊金(明・金鄉人)
［乾隆］濟寧直隸州 27/28
［道光］濟寧直隸州 8/4－34
［康熙十二年］金鄉 5/11
［康熙五十一年］金鄉 11/12
［咸豐］金鄉縣志略 9/上 16
［民國］金鄉 14/2
金鄉縣鄉土志/耆舊錄上
44 **江革**(字次翁)
(漢・臨淄人)
［至元］齊乘 6/12
［嘉靖］山東 32/3
［康熙］山東 42/3
［雍正］山東 28/人物一 17
［宣統］山東 165/1
［嘉靖］青州 15/12
［萬曆］青州 14/11
［康熙十五年］青州 14/又 12
［康熙四十八年］青州 14/孝友 1
［康熙六十年］青州 17/8
［咸豐］青州 38/12
［康熙］臨淄 9/22
［民國］臨淄 25/32
江恭先(字敬齋,號蓮峯)
(清・即墨人)
［宣統］山東 177/54
［同治］即墨 9/24
即墨縣鄉土志/耆舊－事業三
江若練(明・文登人)
［光緒］文登 8/下 7
江萬秋(字仲兌)
(清・即墨人)
［同治］即墨 9/16
即墨縣鄉土志/耆舊－事業二
江世帶(字景榮)
(明・朝城人)
［康熙］朝城 8/53
江世茂(字因其,號鯤融)
(明・朝城人)
［康熙］朝城 8/14
朝城縣鄉土志/13
江世英(字冠海)
(明・朝城人)
［康熙］朝城 8/29
江世泰(字方嶽)
(清・泰安人)
［宣統］山東 200/12
［乾隆二十五年］泰安縣 12/29
［乾隆四十七年］泰安縣 10/上 26
［道光］泰安縣 9/上 78
［民國］重修泰安縣 8/34
泰安縣鄉土志/耆舊 13
江萬里(宋)
［崇禎］歷乘 16/61
47 **江起元**(字貞起,號泰隣)
(清・曹縣人)
［康熙］曹縣 11/5
［康熙］兗州府曹縣 11/5
［光緒］曹縣 11/選舉 7
［順治］單縣 2/38
［康熙］單縣 7/29
48 **江增**(字又損)
(明・臨清人)
［乾隆］東昌 42/20
［康熙］臨清州 3/人物 10
［乾隆］臨清州 9/51
［乾隆］臨清直隸州 8/上 39
［民國］臨清縣/人物 50
50 **江東**(明・霸州舉人)
［萬曆］濮州 3/名宦 31
［康熙］觀城 3/3
［道光］觀城 6/6
江東(字伯陽,一作朝陽,號芳溪)
(明・朝城人)
［雍正］山東 28/人物三 36,35/傳 21
［宣統］山東 160/25
［萬曆］東昌 19/61
［乾隆］曹州府 15/13
［萬曆］濮州 3/鄉賢 56
［康熙］朝城 8/6
朝城縣鄉土志/10
江中信(字成宇)
(明・臨清人)
［乾隆］東昌 39/9
［康熙］臨清州 3/人物 9
［乾隆］臨清州 9/28
［乾隆］臨清直隸州 8/上 15
［民國］臨清縣/人物 7
江中漢(明・濟寧人)
［康熙］濟寧州 7/52
［乾隆］濟寧直隸州 27/7
［道光］濟寧直隸州 8/4－32
53 **江成**(字振聲)
(清・即墨人)
［同治］即墨 9/19
即墨縣鄉土志/耆舊－事業二
60 **江景祥**(清・朝城人)
［民國］朝城縣續志 1/37
61 **江旰**(字季陽)
(梁・濟寧人)
［康熙］濟寧州 6/13
64 **江曉**(字無垢)
(明・即墨人)
［乾隆］即墨 9/32
［同治］即墨 9/47
即墨縣鄉土志/耆舊－事業四
66 **江曙**(字曉塘,號癡莽)
(清・滋陽人)

[光緒]滋陽 9/21

71 江原旻(明・浙江遂安人)
[萬曆]濮州 3/名宦 35
[嘉靖]朝城志 5/13
[康熙]朝城 7/22

77 江鵬(明・諸城人)
[萬曆]諸城 6/27
江同海(清・金鄉人)
[康熙十二年]金鄉 5/12

79 江騰蛟(字元宿)
(明・齊東人)
[康熙]濟南 42/18
[道光]濟南 51/46
[康熙]新修齊東 6/7
[民國]齊東 5/3
齊東縣鄉土志/耆舊錄 6

80 江公(漢・瑕丘人)
[嘉靖]山東 30/2
[康熙]山東 40/2
[雍正]山東 28/人物一 7
[宣統]山東 153/22,153/30,153/34
[萬曆元年]兗州 40/儒林 2
[萬曆二十四年]兗州 31/20
[康熙]兗州 24/19
[乾隆]兗州 23/7
[康熙]滋陽 4/上 9
[光緒]滋陽 8/20
滋陽縣鄉土志 1/耆舊-名儒

90 江惇(字思悛)
(晉・陳留圉人)
[嘉靖]山東 25/4
[康熙]山東 31/4
[萬曆元年]兗州 38/循吏 15
江光(字冶橋)
(清・安徽旌德人)
[宣統]山東 77/27
[光緒]增修登州 30/5
[道光]招遠縣續志 2/14
江光熙(字緝亭)
(清・歷城人)
[民國]續修歷城 44/29

97 江煥(明・嵩縣籍,徽州人)
[萬曆]青城 1/40

3111_4 汪

00 汪文慶(宋・恩州人)
[萬曆]恩縣 4/54
汪應望(清・原籍浙江,占籍臨清)
[民國]臨清縣/人物 85
汪應詔(明・館陶人)
[乾隆]東昌 42/24
[嘉慶]東昌 32/19
汪應科(明・濟寧人)
[乾隆]濟寧直隸州 26/30
[道光]濟寧直隸州 8/2-43
汪彥博(字厚夫)
(清・江蘇鎮洋人)
[宣統]山東 77/2
汪應泰(號和宇)
(明・臨清人)
[乾隆]東昌 39/9
[康熙]臨清州 3/人物 9
[乾隆]臨清州 9/29
[乾隆]臨清直隸州 8/上 16
[民國]臨清縣/人物 8
汪文明(明・霑化人)
[萬曆]新修霑化 6/109
汪應智(清・郯人)
[乾隆]沂州府 26/18
[乾隆]郯城 9/15
汪文燧(明・麻城人)
[康熙]堂邑 10/2

07 汪望庚(字佑青)
(清・浙江蕭山人)
[光緒]昌邑縣續志 5/18
金鄉縣鄉土志/政績錄

10 汪元(明・開化人)
[乾隆]曹州府 12/17
汪元度(字涵之)
(清・臨清人)
[雍正]山東 28/人物四 4
[乾隆]東昌 43/17
[乾隆]臨清州 9/42
[乾隆]臨清直隸州 8/上 29
[民國]臨清縣/人物 56
汪雲龍(明・合肥人)
[康熙]兗州府曹縣 9/13
[光緒]曹縣 9/縣丞 3
汪震元(清・休寧人)
[康熙]兗州續編 14/25
[乾隆]兗州 22/37
[康熙]續修汶上 4/宦績 2
汪晉吉(明・武昌舉人)
[康熙]鄒平 4/13
[嘉慶]鄒平 14/10
[道光]鄒平 14/10
[民國]鄒平 14/10
汪玉林(字蘭溪,號樸萕,一作璞菴)
(清・安徽霍山人)
[宣統]山東 74/50
[道光]濟南 37/74
[民國]德縣 9/16
汪雲蕚(字荷軒)
(清・高唐人)
[光緒]高唐州 5/2-30
[民國]高唐縣 12/16

11 汪珂(明・臨清人)
[乾隆]東昌 39/11
[康熙]臨清州 3/人物 10
[乾隆]臨清州 9/32
[乾隆]臨清直隸州 8/上 19
[民國]臨清縣/人物 51
汪麗金(字庚生)
(清・湖北黃陂監生)
[宣統]茌平 8/12
[民國]茌平 8/68
[民國]金鄉 11/22
[民國]霑化 4/職官 39
[民國]福山縣志稿 3/2-13

12 汪廷駿(字蔚雲,一作味雲)
(清・湖南長沙人)
[宣統]三續淄川 9/45
[光緒]鄆城 6/15

14 汪珙(字伯玉)
(明・臨清人)
[康熙]臨清州 3/人物 18
[乾隆]臨清直隸州 8/上 39
汪琳(字夏玉)
(清・魚臺人)
[乾隆]魚臺 11/28
[光緒]魚臺 3/17

18 汪政(明・浮梁人)
[光緒]文登 5/37

20 汪爲霖(字傅三,號春田)
(清・江南如皋人)
[宣統]山東 74/50
[道光]濟南 37/73
[民國]德縣 9/15
汪喬年(字歲星)
(明・浙江遂安人)
[康熙]山東 35/12
[雍正]山東 27/61
[宣統]山東 70/37
[康熙十五年]青州 12/又 24
[康熙四十八年]青州 12/又 24
[康熙六十年]青州 12/20
[咸豐]青州 36/40
[乾隆]萊州 9/11
萊州府鄉土志/上 13
[康熙六十年]博興 7/11
[嘉慶]續掖縣 2/14
[光緒]益都縣圖志 18/11
22 汪鑾(明・陝州舉人)
[乾隆]東昌 35/2
汪僑(字景國)
(清・長清人)
[民國]長清 13/8
汪繼芳(明・陽曲人)
[天啟]新城 6/教諭
[崇禎]新城 6/教諭
汪仙翁(金)
[嘉靖]山東 34/12
[康熙]山東 47/4
[雍正]山東 30/15
[宣統]山東 200/28
23 汪腕(字仙木,號坦齋)
(清・歷城人)
[道光]濟南 53/22
[乾隆]歷城 38/26
24 汪偉(明・江西歙縣人)
[道光]濟南 36/32
[天啟]新城 6/教諭
[崇禎]新城 6/教諭
[康熙]新城 5/9
[民國]重修新城 10/15
新城縣鄉土志/政績－儒學教諭
25 汪仲洵(字雪帆)
(清・歷城人)
[民國]續修歷城 40/10
26 汪保(字天佑,號聖山)
(明・徽州人,一作臨清人)
[康熙]山東 45/14
[乾隆]東昌 42/20
[康熙]臨清州 3/人物 18
[乾隆]臨清州 9/51
[乾隆]臨清直隸州 8/上 39,8/上 83
[民國]臨清縣/人物 50
汪伯翔(字扶九)
(清・直隸武清進士)
[嘉慶]德平 5/19
[光緒]德平 5/11
27 汪叔詹(字致道)
(宋・歙縣人)
[乾隆]泰安府 14/22
[康熙]東平州 4/56
[乾隆]東平州 12/21
[道光]東平州 12/21
[光緒]東平州 14/21
30 汪瀛(字登伯)
(清・錢塘人)
[宣統]山東 77/44
[光緒]高密 6/27
[民國]高密 12/27
高密縣鄉土志/上 11
[民國]續修臨邑 2/11
汪宗元(字子允)
(明・崇陽人)
[康熙]濟寧州 4/6
汪寶樹(字東渠)
(清・泰安人)
[民國三年]慶雲 1/90
31 汪灝(字文漪,別號畏菴,晚號天泉)
(清・臨清人)
[雍正]山東 28/人物四 47
[宣統]山東 174/25
[乾隆]東昌 40/28
[乾隆]臨清州 9/43
[乾隆]臨清直隸州 8/上 30
[民國]臨清縣/人物 12,藝文 56
32 汪澄(明・費縣人)
[康熙]費縣 7/29
[光緒]費縣 10/71
汪濮(明・城武人)
[康熙九年]城武 3/41
[康熙四十一年]城武 5/上宦蹟 2
[道光]城武 9/上 19
汪沂(明・館陶人)
[康熙]山東 45/14
[乾隆]東昌 42/23
[嘉慶]東昌 32/19
汪淵(明・江西上饒人)
[宣統]山東 72/22
[萬曆]青州 12/38
[康熙十五年]青州 12/38
[康熙四十八年]青州 12/38
[乾隆]沂州府 20/10
[康熙]沂水 4/24
[道光]沂水 5/25
汪淵(明・武定州人)
[嘉靖]武定州下/66
汪兆琛(清・歷城人)
[民國]續修歷城 42/14
汪兆熊(清・館陶人)
[嘉慶]東昌 32/63
汪兆侗(字滋厚)
(清・歷城人)
[民國]續修歷城 40/14
汪業芝(清・濟寧人)
[民國]濟寧直隸州續志 14/3
34 汪洪(明・臨清人)
[康熙]山東 45/14
汪汝霖(清・泰安人)
[民國]重修泰安縣 8/19
汪漢倬(清・安徽歙縣人)
[宣統]山東 74/49
[道光]濟南 37/72
[乾隆]德州 8/17
[民國]德縣 9/13
35 汪清(明・揚州人)
[崇禎]武定州 7/4
汪清(字宗源)
(明・淄川人)
[嘉靖]淄川 6/83
汪連萼(清・江蘇吳縣人)

[宣統]山東 76/14
[乾隆]沂州府 20/15
[乾隆]夏津 6/12
[光緒]費縣 3/57
費縣鄉土志/政績錄
36 **汪澤民**(字叔志)
(元·徽州婺源人)
[嘉靖]山東 26/16
[康熙]山東 33/19
[雍正]山東 27/36
[宣統]山東 69/27
[萬曆二十四年]兖州 28/17
[康熙]兖州 22/17
[乾隆]兖州 22/15
37 **汪鴻孫**(字雲賓)
(清·盱眙人)
[民國]重修恩縣 10/68
汪逢源(見汪逢淵)
汪逢淵(明·北直遵化人)
[宣統]山東 73/29
[光緒]增修登州 32/4
[康熙]寧海州 7/2
[同治]重修寧海州 12/13, 15/1
[民國]牟平 6/73
汪湧鼇(字坤維)
(清·寧陽人)
[乾隆]寧陽 7/篤誼 3
[咸豐]寧陽 14/6
[光緒]寧陽 14/6
38 **汪裕**(明·河南商城人)
[宣統]山東 73/22
[順治]登州 11/22
[光緒]增修登州 26/2
[康熙]蓬萊 3/3
[道光]重修蓬萊 6/6
40 **汪志誠**(字恕卿)
(清·平原人)
[民國]續修平原 6/16
汪克繼(見江克繼)
汪克繩(見江克繩)
汪士達(明·徽州人)
[萬曆]蒲臺志 8/11
[康熙]重修蒲臺 5/12
[乾隆]蒲臺 2/40
汪九思(明·南直貴池人)
[道光]濟南 36/46
汪大年(字未央)
(明·臨清人)
[乾隆]東昌 41/18
[康熙]臨清州 3/人物 11
[乾隆]臨清州 9/35
[乾隆]臨清直隸州 8/上 22
[民國]臨清縣/人物 83
41 **汪楷**(字式李)
(清·臨清人)
[乾隆]東昌 43/21
[乾隆]臨清州 9/57
[乾隆]臨清直隸州 8/上 45
[民國]臨清縣/人物 59
44 **汪菁**(字文藻)
(清·樂平舉人)
[嘉慶]慶雲 7/32
[咸豐]慶雲 2/30
[民國三年]慶雲 1/88
汪英(明·肇慶人)
[萬曆]福山 4/4
汪蕡(見汪菁)
汪懋琨(字瑤庭)
(清·歷城人)
[民國]續修歷城 40/41
汪世勳(明·石埭人)
[隆慶]單縣上/重 36
汪封渭(字竹千)
(清·湖北黃岡人)
[宣統]山東 77/19
[光緒]增修諸城縣續志 11/1
汪世樾(字遠亭)
(清·浙江秀水人)
[道光]濟南 38/8
[民國]續修歷城 38/3
汪桂林(字粟園)
(清·順天大興人)
[宣統]山東 75/64
[道光]滕縣志 6/宦績 41
滕縣鄉土志/11
汪桂茂(字月培)
(明·費縣人)
[康熙]費縣 6/8
[光緒]費縣 10/81
汪茂桂(字月培)
(明·費縣人)
費縣鄉土志/耆舊錄－學問
46 **汪槐**(明·昌平人)
[萬曆]諸城 4/35
汪如龍(字健川)
(清·安徽宣城人)
[宣統]山東 75/9
[康熙]濟南 26/16
[道光]濟南 38/15
[康熙]淄川 4/23
[乾隆]淄川 4/23
淄川縣鄉土志/政績錄
47 **汪起龍**(明·江陵人)
[萬曆]沂州志 4/55
汪期紳(字勳臣)
(清·歷城人)
[民國]續修歷城 40/30
50 **汪東魯**(字文望,號近泉)
(明)
[嘉靖]淄川 6/86
汪本莊(清·浙江仁和舉人)
[嘉慶]德平 5/22
[光緒]德平 5/15
60 **汪景堯**(字述齋)
(清·山陰人)
[民國]平度縣續志 7/4
汪星橋(清·浮梁舉人)
[光緒]德平 5/16
64 **汪踦**(春秋·滕人)
[萬曆二十四年]兖州 30/16
[康熙]兖州 23/16
[乾隆]兖州 23/5
[萬曆]滕志 8/44
[康熙]滕志 8/人物 1
[康熙]滕縣志 8/武功 1
[道光]滕縣志 9/忠節 1
滕縣鄉土志/29
[康熙]魚臺 17/29
71 **汪長齡**(字西庭,號學山)
(清·歷城人)
[道光]濟南 53/24
[民國]續修歷城 39/18
汪長洪(字仙奎)
(清·齊河人)
[民國]齊河 23/76
77 **汪鵬**(明·歙縣人)

[乾隆]東昌 44/24
[康熙]臨清州 3/人物 28
[乾隆]臨清州 12/8
[乾隆]臨清直隸州 8/上 83
汪興受(明・湖廣江陵人)
[乾隆]沂州府 17/32
汪居敬(字寅清,號竹亭)
(清・歷城人)
[道光]濟南 53/22
[民國]續修歷城 39/17
80 汪鏞(字東序,號芝田)
(清・歷城人)
[宣統]山東 169/8
[道光]濟南 53/23
[民國]續修歷城 39/17
汪善應(明)
[嘉靖]寧海州下/21
[同治]重修寧海州 13/15
[民國]牟平 6/74
汪含玉(清・嶧縣人)
[康熙]嶧縣 4/111
[乾隆]嶧縣 8/51
[光緒]嶧縣 21/孝友 10
82 汪鎧(字盧峯)
(清・膠州人)
[道光]重修膠州 29/6
[民國]增修膠志 44/5
膠州直隸州鄉土志 4/孝友
86 汪錫修(字晉侯)
(清・臨清人)
[乾隆]東昌 43/18
[乾隆]臨清州 9/52
[乾隆]臨清直隸州 8/上 41
[民國]臨清縣/人物 53
90 汪尚和(明)
[康熙]昌邑 5/10
[乾隆]昌邑 5/111
汪尚選(清・會稽人)
[乾隆]東昌 34/10
[嘉慶]東昌 21/29
[嘉慶]清平 13/7
[宣統]增輯清平 11/6
[民國]清平/秩官 34
汪惟善(明)
[宣統]山東 72/42
[萬曆]東昌 18/38
[乾隆]東昌 34/11
[嘉慶]東昌 22/2
[正德]莘縣 5/12
[康熙十一年]莘縣 5/3
[康熙五十六年]莘縣 5/3
[光緒]莘縣 5/5
[民國]莘縣 3/3
莘縣鄉土志/政績 4

3112_7 馮

00 馮廣(明・河南鄭州人)
[宣統]山東 73/16
[萬曆]青州 12 又/又 11
[康熙十五年]青州 12/又 11
[康熙四十八年]青州 12/又 11
[康熙六十年]青州 12/33
[咸豐]青州 36/8
[萬曆]諸城 4/22
[康熙]諸城 4/13
[乾隆]諸城 28/2
馮京(字當世)
(宋・鄂州江夏人)
[光緒]益都縣圖志 16/32
馮立(字聖卿)
(漢・上黨潞人)
[嘉靖]山東 26/2
[康熙]山東 33/2
[雍正]山東 27/76
[宣統]山東 66/8
[萬曆元年]兖州 38/循吏 3
[萬曆二十四年]兖州 26/4
[康熙]兖州 21/4
[萬曆]沂州志 6/3
[康熙]沂州志 3/39
[乾隆]沂州府 20/2
[乾隆]郯城 7/22
[光緒]嶧縣 19/11
馮慶(宋・濟陰人)
[康熙]曹縣 12/18
[康熙]兖州府曹縣 11/48,12/18
[光緒]曹縣 11/封贈 1,12/16
馮慶(元・曹縣人)
[康熙]曹州志 15/52
[康熙]曹縣 11/38
[光緒]菏澤 15/48
馮文(明・鄒縣人)
[嘉靖]鄒縣地理誌 1/26
馮章(明・禹城人)
[康熙]濟南 47/11
[道光]濟南 52/7
[康熙]禹城 5/21
[嘉慶]禹城 9/15
[民國]禹城 6/12
禹城縣鄉土志/18
馮方郭(字次汾)
(清・歷城人)
[道光]濟南 53/59
[民國]續修歷城 44/16
馮賡調(清・禹城人)
[道光]濟南 56/37
馮應麟(清・歷城人)
[道光]濟南 53/25
[民國]續修歷城 39/13
馮應晉(字伯昭)
(清・惠民人)
[乾隆]武定府 26/10
[咸豐]武定府 26/義行 10
[乾隆]惠民 5/60
[光緒]惠民 22/2
惠民縣鄉土志/耆舊錄 14
馮席聘(清・茌平人)
[民國]茌平 3/14
馮彥儔(清・諸城人)
[光緒]增修諸城縣續志 17/9
馮應漢(字銀堂,號秋槎)
(清・慶雲人)
[民國三年]慶雲 2/24
馮應渭(字兆璜)
(清・無棣人)
[民國]無棣 11/11
馮方鄴(字又李)
(清・歷城人)
[道光]濟南 53/42
[民國]續修歷城 39/11
馮文英(清・鄆城人)
[康熙]鄆城 6/29
[光緒]鄆城 16/9
馮文盛(明・浙江新昌人)

［宣統］山東 73/8
［萬曆］青州 12/49
［康熙十五年］青州 12/49
［康熙四十八年］青州 12/49
［康熙六十年］青州 12/25
［咸豐］青州 36/29
［康熙］高苑縣續志 3/5
［乾隆］高苑 3/21
馮應軫(字次翼)
（清・慶雲人）
［民國三年］慶雲 2/43
馮文顯(字西圃)
（清・鄒縣人）
［光緒］鄒縣續志 12/上 7
鄒縣鄉土志耆舊錄/20
馮彥昭(清平人)
［民國］清平/人物 79
馮賡颺(字子皋)
（清・廣東南海人）
［宣統］山東 77/24
［光緒］增修登州 27/5
［同治］黃縣 6/11
［民國］黃縣志稿 11/宦績
馮立堂(字搢升)
（清・高唐人）
［民國］高唐縣 12/27
馮文燿(清・聊城人)
［康熙］聊城 3/42
馮文炌(字伯章,號素齋)
（清・即墨人）
［同治］即墨 9/45
即墨縣鄉土志/耆舊－學問
02 **馮訓**(字蘭室)
（明・博平人）
［乾隆］東昌 38/22
［嘉慶］東昌 28/22
［康熙］博平 3/52
［道光］博平 4/17
馮彰(元・益都人)
［光緒］益都縣圖志 17/15
03 **馮誠憲**(清・臨沂人)
［乾隆］沂州府 26/19
［民國］臨沂 10/51
馮詠周(字西京)
（清・昌樂人）
［民國］昌樂縣續志 31/20
04 **馮謹**(字伯愿)
（清・昌樂人）
［嘉慶］昌樂 22/9
馮⿰言英(明・浮梁人)
［萬曆］沂州志 6/11
［康熙］沂州志 3/44
［乾隆］沂州府 20/6
［民國］臨沂 7/71
08 **馮謙**(明・嘉祥人)
［道光］濟寧直隸州 8/2－55
［乾隆］嘉祥 3/35
［光緒］嘉祥 3/42
09 **馮麟瑞**(字錫仁)
（清・昌樂人）
［民國］昌樂縣續志 31/20
10 **馮玉**(字良器)
（明・博平人）
［正德］博平 4/68
馮玉亮(清・蒙陰人)
［宣統］蒙陰 4/孝義
馮雲亭(字曉樓)
（清・嘉祥人）
［民國］濟寧直隸州續志 14/14
［光緒］嘉祥 3/49
馮雲龍(清・陝西長安人)
［乾隆］嶧縣 7/21
［光緒］嶧縣 19/職官下 16
馮一經(明・光州人)
［順治］堂邑 2/職官 6
［康熙十一年］堂邑 2/名宦 4
［康熙］堂邑 11/9
馮玉山(字秀嶺)
（清・高唐人）
［民國］高唐縣 12/27
馮可參(清・福建邵武人)
［宣統］山東 76/13
［乾隆］沂州府 20/14
［康熙］郯城 6/6
［乾隆］郯城 7/26
馮正緒(字繩武)
（清・諸城人）
［乾隆］諸城 34/3
馮元邁(字若渠,號培實)
（清・江蘇吳縣人）
［宣統］山東 76/10
［道光］濟寧直隸州 6/7－89
［乾隆］魚臺 9/50
［光緒］魚臺 2/56
馮丕溫(清・朝城人)
［民國］朝城縣續志 1/40
馮天祿(字學也)
（明・滋陽人）
［崇禎］歷城 10/30
馮雲鵷(字集軒)
（清・南通州人）
［宣統］山東 75/57
［光緒］滋陽 7/11
滋陽縣鄉土志 1/政績
［民國］續修曲阜 3/39
馮三接(明・河南衛輝人)
［宣統］山東 71/12
［道光］濟南 36/26
［康熙四十三年］長山 3/宦績
［康熙五十五年］長山 3/35
［嘉慶］長山 5/44
馮玉書(清・鄒平人)
［民國］鄒平 15/146
馮爾昌(字友文)
（清・安丘人）
［宣統］山東 175/16
［民國］續安邱新志 17/9
安丘縣鄉土志 7/耆舊錄 4
馮雲曙(字賓寅)
（清・惠民人）
［乾隆］武定府 25/23
［咸豐］武定府 25/孝友 23
［乾隆］惠民 5/54
［光緒］惠民 21/4
惠民縣鄉土志/耆舊錄 8
馮雲鵬(字宴海)
（清・曲阜人）
［民國］續修曲阜 5/34
馮雲會(字龍章)
（清・武定州人）
［乾隆］武定府 24/42
［咸豐］武定府 24/循良 32
［乾隆］惠民 5/39
［光緒］惠民 19/15
惠民縣鄉土志/耆舊錄 30

11 **馮班**(清・江蘇金壇人)
[宣統]山東 74/37
[道光]濟南 37/53
12 **馮瑞**(清・棲霞人)
[光緒]增修登州 43/23
[光緒]棲霞縣續志 7/孝友 2
馮瑗(字德韞,號栗菴)
(明・臨朐人)
[康熙十五年]青州 13/80
[康熙四十八年]青州 13/事功 64
[康熙六十年]青州 16/32
[咸豐]青州 45/13
[康熙]益都 7/38
[康熙]臨朐縣志書 3/19
光緒臨朐 14/上 40
馮廷檝(字大木)
(清・德州人)
[宣統]山東 170/9
[道光]濟南 56/70
[民國]德縣 10/27
馮聯松(字秀嶺)
(清・章邱人)
[道光]濟南 61/10
[道光]章邱 11/77
馮廷輔(清・山西汶水人)
[康熙五十六年]壽張 4/10
馮延卿(清・濰縣人)
[民國]濰縣志稿 31/22
13 **馮玳**(清・平原人)
[民國]續修平原 10/上 4
馮琬(號叔堅)
(明・臨朐人)
[康熙十五年]青州 14/60
[康熙四十八年]青州 14/儒行 17
[康熙]臨朐縣志書 3/33
馮瑄(清)
[乾隆]沂州府 20/16
[道光]沂水 5/32
14 **馮琦**(字用韞,號琢菴)
(明・臨朐人)
[康熙]山東 42/26
[雍正]山東 28/人物三 50,35/傳 35
[宣統]山東 159/30
[萬曆]青州 13/15
[康熙十五年]青州 13/15
[康熙四十八年]青州 13/理學 5
[康熙六十年]青州 16/27
[咸豐]青州 45/2
[康熙]益都 7/30
[光緒]益都縣圖志 49/8
[康熙]臨朐縣志書 3/16,3/53
光緒臨朐 14/上 35
馮瓚(字禮臣)
(宋・齊州歷城人)
[嘉靖]山東 29/12
[康熙]山東 39/11
[宣統]山東 161/14
[康熙]濟南 35/2
[道光]濟南 47/20
[崇禎]歷乘 16/8
[崇禎]歷城 10/5
[乾隆]歷城 35/20
馮瓚(字德元)
(明・臨朐人)
[康熙]臨朐縣志書 4/66
光緒臨朐 14/上 48
15 **馮建鎬**(字景武)
(清・益都人)
[光緒]益都縣圖志 41/24
16 **馮琨**(見馮崑)
馮理(字思明)
(明・冠縣人)
[嘉靖]冠縣 4/2
[萬曆]冠縣 4/7
馮瑨(明)
[乾隆]樂陵 4/52
馮聖教(明)
[康熙]寧海州 7/4
17 **馮玶**(清・平原人)
[民國]續修平原 10/上 4
馮聚(元・曹縣人)
[康熙]曹縣 11/38
[康熙]兗州府曹縣 11/48
[光緒]曹縣 11/封贈 1
馮珣(字季韞,號璞庵,亦作樸菴)
(明・益都人)
[康熙]山東 42/28
[雍正]山東 28/人物三 64
[宣統]山東 161/56
[康熙十五年]青州 13/79
[康熙四十八年]青州 13/事功 63
[康熙六十年]青州 16/32
[咸豐]青州 45/34
[康熙]益都 7/36
[光緒]益都縣圖志 36/12
[康熙]臨朐縣志書 3/18
光緒臨朐 14/上 41
馮翼(元・濟陰人)
[雍正]山東 28/人物二 68
[宣統]山東 161/25
[康熙]曹州志 15/54
[乾隆]曹州府 14/31
[康熙]曹縣 12/25
[康熙]兗州府曹縣 12/25
[光緒]曹縣 12/23
[光緒]菏澤 15/49
菏澤縣鄉土志/17
馮子矜(字慎庵)
(清・壽光人)
[嘉慶]壽光 13/13
[民國]壽光 12/人物志一 82
馮子敬(清・臨邑人)
[民國]續修臨邑 3/34
馮子咸(字受甫,一字貞甫,號本軒,別號望山)
(明・臨朐人)
[康熙]山東 42/26
[雍正]山東 28/人物三 50
[宣統]山東 162/35
[萬曆]青州 13/13
[康熙四十八年]青州 13/理學 3
[康熙六十年]青州 15/11
[咸豐]青州 45/1
[康熙]益都 9/17
光緒臨朐 14/上 34
馮君擢(字丹林)
(清・淄川人)
[道光]濟南 54/68
[宣統]三續淄川 9/54,9/76

淄川縣鄉土志/鄉宦耆舊
馮子履(字禮甫,號仰芹)
(明・臨朐人)
[康熙]山東 42/25
[萬曆]青州 13/64
[康熙十五年]青州 13/64
[康熙四十八年]青州 13/事功 48
[康熙六十年]青州 16/24
[咸豐]青州 44/54
[康熙]益都 7/27
[康熙]臨朐縣志書 3/13
光緒臨朐 14/上 32
18 馮珍(元・單父人)
[隆慶]單縣下/5
[順治]單縣 2/36
[康熙]單縣 7/24
馮珍(明・臨朐人)
[萬曆]青州 14/50
[康熙十五年]青州 14/50
[康熙四十八年]青州 14/儒行 7
[康熙六十年]青州 15/9
[咸豐]青州 43/10
[嘉靖]臨朐 3/8
[康熙]臨朐縣志書 3/32
光緒臨朐 14/上 19
19 馮琰(字叔白,號慎庵)
(明・臨朐人)
[康熙]臨朐縣志書 4/66
光緒臨朐 14/上 47
20 馮信(漢・臨淄人)
[康熙]臨淄 10/9
馮信(字君實)
(清・恩縣人)
[宣統]重修恩縣 8/32
[民國]重修恩縣 11/鄉賢 33
馮秉仁(字體元)
(清・歷城人)
[道光]濟南 53/25
[乾隆]歷城 38/23
馮維虞(東平人)
[民國]東平縣 11/上 24
馮爲德(字拱辰)
(清・鉅野人)
[民國]續修鉅野 5/上 28
馮舜漁(明・山西蒲州人)
[宣統]山東 73/5
[咸豐]青州 36/20
[康熙]臨淄 8/5
[民國]臨淄 18/8
馮秉忠(清・棲霞人)
[乾隆]棲霞 7/9
馮維本(清・壽光人)
[民國]壽光 12/人物志二 79
馮舜田(號歷山)
(明・山西蒲州人)
[宣統]山東 72/24
[萬曆]青州 12/39
[康熙十五年]青州 12/39
[康熙四十八年]青州 12/39
[乾隆]沂州府 20/11
[康熙]日照 8/7,11/18
[光緒]日照 10/10
21 馮熊(晉)
[宣統]山東 66/38
[嘉慶]東昌 20/17
[宣統]重修恩縣 6/38
[民國]重修恩縣 10/56
馮卓立(字景顔)
(清・莘縣人)
[光緒]莘縣 6/12
[民國]莘縣 6/9
馮經世(字抒平)
(清・慶雲人)
[嘉慶]慶雲 9/13
[咸豐]慶雲 2/63
[民國三年]慶雲 2/41
22 馮崑(明・蘇州人,一作昆山人)
[康熙]山東 36/4
[雍正]山東 27/66
[宣統]山東 73/20
[泰昌]登州 9/27
[順治]登州 11/17
[光緒]增修登州 25/9
馮繼聰(字作謀,號易泉)
(清・濟寧人)
[道光]濟寧直隸州 8/4-23
馮繼緒(明・蒙陰人)
[康熙十一年]蒙陰 2/53
馮繼勳(字振宇,號大海)
(清・聊城人)
[康熙]聊城 3/42
馮繼照(字麗南,號秋橋)
(清・淄川人)
[宣統]三續淄川 9/57
淄川縣鄉土志/鄉宦耆舊
馮巢閣(字桐軒)
(清・鉅野人)
[道光]鉅野 13/48
馮繼善(元)
[道光]濟南 34/46
23 馮允信(字篤齋)
(清・寧陽人)
[光緒]寧陽 13/78
馮允恭(字孚堂)
(清・臨朐人)
[民國]臨朐續志 20/23
馮允中(明・茌平人)
[康熙二年]茌平 2/42,2/46
[康熙四十九年]茌平 2/42
[宣統]茌平 11/2
[民國]茌平 3/49
24 馮紞(字少胄)
(晉・安平人)
[咸豐]青州 55/5
馮紡(清・冠縣人)
[道光]冠縣 8/上 18
[光緒]冠縣 8/忠勤
[民國]冠縣 8/人物志 19
馮魁(清・直隸興安人)
[乾隆]嶧縣 7/45
[光緒]嶧縣 19/武職 33
馮續(字承宗)
(明・昌邑人)
[嘉靖]山東 33/11
[康熙]山東 44/10
[雍正]山東 28/人物三 13
[宣統]山東 160/17
[萬曆]萊州 5/101
[康熙]萊州 10/28
[乾隆]萊州 10/15
[康熙]昌邑 6/5
[乾隆]昌邑 6/178
馮魁五(字善元)
(清・昌樂人)

[民國]昌樂縣續志 28/7
馮德馨(字桂山)
(清·濟寧人)
[宣統]山東 172/33
[民國]濟寧直隸州續志 12/16
馮魁軒(明·泰安人)
[乾隆四十七年]泰安縣 10/上 17
[道光]泰安縣 9/上 67
[民國]重修泰安縣 8/17
馮升甲(字秀東)
(清·陽信人)
[民國]陽信 5/篤行 44
25 馮傑(明·益都人)
[萬曆]青州 15/51
[康熙十五年]青州 15/51
[康熙四十八年]青州 15/義民 20
[康熙六十年]青州 12/31
[咸豐]青州 44/3
[萬曆]益都 6/91
[康熙]益都 9/47
[光緒]益都縣圖志 41/2
馮傑(字秀夫)
(明·順天涿州人)
[嘉靖]山東 26/30
[宣統]山東 72/50,73/16
[萬曆]青州 12/35
[康熙十五年]青州 12/35
[康熙四十八年]青州 12/35
[咸豐]青州 36/8
[萬曆]東昌 18/34
[乾隆]東昌 34/24
[康熙]臨清州 3/名宦 6
[乾隆]臨清州 9/10
[乾隆]臨清直隸州 6/76
[民國]臨清縣/秩官 61
[萬曆]諸城 5/13
[康熙]諸城 5/13
[乾隆]諸城 28/3
馮傑(字漢三)
(清·商河人)
[民國]重修商河 8/80
馮仲瑞(字養齋)
(清·鉅野人)
[道光]鉅野 13/58
26 馮穆(字允熙)
(清·鄆城人)
[康熙]鄆城 6/18
[光緒]鄆城 7/17
馮儼(字若思)
(明·金鄉人)
[康熙十二年]金鄉 5/1
[民國]金鄉 13/9
馮得仁(清·新泰人)
[乾隆]新泰 14/增 4
馮保崙(字西圃)
(牟平人)
[民國]牟平 7/28
27 馮綗(字錦文)
(清·昌樂人)
[民國]昌樂縣續志 31/20
馮解(晉)
[萬曆]鉅野 8/隱逸
馮紹京(字惠臣)
(清·夏津人)
[民國]夏津續編 8/85
馮修岐(字振西)
(清·昌樂人)
[嘉慶]昌樂 28/3
馮繩祖(字紹先)
(清·嘉祥人)
[乾隆]嘉祥 3/27
[光緒]嘉祥 3/27
馮名世(字泰交)
(清·朝城人)
[康熙]朝城 8/25
馮伊蔚(字蓼懷)
(清·無棣人)
[乾隆]武定府 25/25
[咸豐]武定府 25/孝友 25
[民國]無棣 13/5
海豐縣鄉土志/耆舊－事業五
馮象賢(字德甫)
(臨朐人)
[民國]臨朐續志 20/32
28 馮倫(明·茌平人)
[嘉慶]東昌 27/22
[康熙二年]茌平 2/42
[康熙四十九年]茌平 2/42
[道光]博平 4/21
馮作謀(清·定陶人)
[民國]定陶 6/69
馮作謀(原名傑,字漢三)
(清·商河人)
[民國]重修商河 8/85
馮似玠(字介玉,別號鐵菴)
(清·曹縣人)
[康熙]兗州府曹縣 14/21
[光緒]曹縣 14/人物 16
30 馮賓(漢·魯人)
[宣統]山東 153/18
[乾隆]曲阜 69/1
馮淳(字厚之)
(明·濮州人)
[萬曆]濮州 4/隱德 2
[康熙]濮州 4/49
[乾隆]濮州 4/86
[宣統]濮州 6/2
馮寰(字鎮卿)
(清·無棣人)
[乾隆]武定府 25/74
[咸豐]武定府 25/武功 10
[民國]無棣 11/19
馮良(明·通許人)
[光緒]文登 5/35
馮室(字東野)
(清·諸城人)
[道光]諸城縣續志 19/14
馮憲(明·博平人)
[正德]博平 4/64
馮宣(明·陝西膚施人)
[宣統]山東 71/49
[乾隆]武定府 16/48
[咸豐]武定府 19/蒲臺 2
[萬曆]蒲臺志 8/3
[康熙]重修蒲臺 7/2
[乾隆]蒲臺 2/57
蒲臺縣鄉土志/3
馮宣(字化南)
(清·諸城人)
[道光]諸城縣續志 16/4
馮守謙(清·費縣人)
[光緒]費縣 11/61
馮寶麟(字呈祥)
(清·鄆城人)

[光緒]鄆城 16/9
馮永登(明・德安人)
[萬曆]泗水 4/11
[順治]泗水 4/11
[光緒]泗水 4/4
馮守仁(明・高苑人)
[萬曆]青州 14/17
[康熙十五年]青州 14/17
[康熙四十八年]青州 14/孝友 7
[康熙六十年]青州 17/12
[咸豐]青州 44/47
[康熙]高苑 6/4
[乾隆]高苑 6/4
馮永我(清・清平人)
[民國]清平/人物 37
馮永禎(號介石)(清・博山人)
[康熙]顔神鎮志 4/下 5
馮守禮(明・山西猗氏人)
[雍正]山東 27/84
[宣統]山東 71/37
[康熙]濟南 25/80
[乾隆]泰安府 15/25
[康熙]新修萊蕪 5/27
[民國]萊蕪 9/6
[民國]續修萊蕪 15/7
萊蕪縣鄉土志/4
馮守邦(字紹冉)(清・鉅野人)
[民國]續修鉅野 5/上 21
馮永固(明・山西陽曲人)
[宣統]山東 71/36
[康熙]濟南 25/36
[乾隆]泰安府 15/7
[嘉靖]萊蕪 5/9,7/16
[康熙]新修萊蕪 5/23
[民國]萊蕪 9/3
[民國]續修萊蕪 15/5
萊蕪縣鄉土志/5
31 **馮源**(字白山)(清・諸城人)
[雍正]山東 28/人物四 50
[宣統]山東 175/56
[咸豐]青州 46/18
[乾隆]諸城 34/2
馮源華(清・臨朐人)
臨朐縣鄉土志 1/耆舊
33 **馮溥**(字孔博,一字易齋)(清・臨朐人)
[雍正]山東 28/人物四 15
[宣統]山東 175/3
[康熙四十八年]青州 13/事功 77
[康熙六十年]青州 16/39
[咸豐]青州 46/21
[光緒]益都縣圖志 37/1
光緒臨朐 14/中 3
馮逡(字子產)(漢・上黨潞人)
[宣統]山東 66/9
[萬曆]東昌 18/4
[乾隆]東昌 33/3
[嘉慶]東昌 20/3
[萬曆]恩縣 4/1
[宣統]重修恩縣 6/37
[民國]重修恩縣 10/55
恩縣鄉土志/8
馮治運(字肖峯)(明・壽光人)
[康熙四十八年]青州 15/卓行 14
[康熙六十年]青州 18/13
[咸豐]青州 45/57
[康熙]壽光 26/5,32/5
[嘉慶]壽光 13/19,20/7
[民國]壽光 12/人物志一 56
壽光縣鄉土志/耆舊
馮心合(清・東平人)
[民國]東平縣 11/中 36
34 **馮渤**(字滄若)(清・壽光人)
[乾隆]續壽光 23/7
[嘉慶]壽光 13/10
[民國]壽光 12/人物志一 80
馮達(字希上)(清・濮州人)
[宣統]山東 173/25
[乾隆]濮州 3/96
[宣統]濮州 4/103
馮澍(清・江蘇附生)
[光緒]德平 5/18
馮汝經(清・單縣人)
[康熙]單縣 8/10
[乾隆]單縣 7/7
[民國]單縣 9/49
馮汝華(清・海豐人)
海豐縣鄉土志/耆舊－事業四
馮汝騤(清・河南祥符人)
[光緒]益都縣圖志 18/54
馮汝騏(字亦驤)(清・濟寧人)
[民國]濟寧直隸州續志 15/7
35 **馮沛**(字雲生)(清・德州人)
[道光]濟南 56/70
[乾隆]德州 9/33
[民國]德縣 10/26
德州鄉土志/耆舊 29
馮清宇(字棟臣)(清・泰安人)
[民國]重修泰安縣 8/30
馮連會(清・清平人)
清平縣鄉土志/耆舊
36 **馮暹**(字仲昇)(明・臨朐人)
[嘉靖]臨朐 3/11
馮湘南(字竹溪)(清・昌樂人)
[民國]昌樂縣續志 30/16
馮溫堂(字如齋)(清・臨淄人)
[民國]臨淄 28/12
37 **馮潮**(清・浙江人)
[宣統]山東 75/64
[道光]滕縣志 6/宦績 41
滕縣鄉土志/11
馮通(明・泗水人)
[光緒]泗水 10/30
馮通(字貫一)(清・陵縣人)
[光緒]陵縣 19/人物傳二 28
馮澥(宋)
[康熙]鉅野 13/5
[道光]鉅野 24/5
馮運武(字健菴)(清・昌樂人)

[民國]昌樂縣續志 34/3
馮祖仁(字幼安)
(金壇人)
[民國]重修博興 10/3
[民國]臨朐續志 19/6
馮淑安(字靜君)
(元・大名人)
[乾隆]泰安府 27/50
[乾隆]東平州 20/18
[道光]東平州 20/18
[光緒]東平州 20/18
馮淑清(字性之,號春臺)
(清・德州人)
[光緒]德州志略/人物傳略
[民國]德縣 10/44
[民國]重修商河 6/70
馮運泰(明・灤州人)
[順治]堂邑 2/職官 6
[康熙]堂邑 8/6
38 **馮裕**(字伯順,號閶山)
(明・臨朐人)
[康熙]山東 42/22
[雍正]山東 28/人物三 24
[宣統]山東 161/28
[嘉靖]青州 14/31
[萬曆]青州 13/47
[康熙十五年]青州 13/47
[康熙四十八年]青州 13/事功 30
[康熙六十年]青州 16/15
[咸豐]青州 44/10
[嘉靖]臨朐 3/9
[康熙]臨朐縣志書 3/9
光緒臨朐 14/上 21
[康熙]益都 7/11
[光緒]益都縣圖志 49/1
馮肇元(霑化人)
[民國]霑化 4/登進 43
馮祥聘(字賡庭)
(清・山海衛人)
[雍正]山東 27/105
[宣統]山東 75/16
[康熙]濟南 26/9
[道光]濟南 38/25
[康熙]齊河 5/38
[雍正]齊河 5/37
[民國]齊河 22/4
齊河縣鄉土志兵事錄/8
馮道安(字達五)
(清・壽光人)
[民國]壽光 12/人物志二 36
馮啟宗(字耀先)
(清・昌樂人)
[民國]昌樂縣續志 31/6
40 **馮才**(字映斗)
(明・武定人)
[康熙]濟南 44/29
[崇禎]武定州 21/5
[乾隆]武定府 25/11
[咸豐]武定府 25/孝友 11
[乾隆]惠民 5/52
[光緒]惠民 21/3
惠民縣鄉土志/耆舊錄 7
馮杰(字木衷)
(明・高陽人)
[道光]濟南 36/12
[道光]章邱 9/9
馮友(明・高苑人)
[萬曆]青州 15/51
[康熙十五年]青州 15/51
[康熙四十八年]青州 15/義民 20
[康熙六十年]青州 18/17
[康熙]高苑 6/4
[乾隆]高苑 6/4
馮堉(字體中)
(清・江蘇人)
[宣統]山東 77/2
馮奎文(字星垣)
(清・臨朐人)
臨朐縣鄉土志 1/耆舊
馮士彥(字夢詹,號潛竹)
(清・濟寧人)
[乾隆]濟寧直隸州 27/26
[道光]濟寧直隸州 8/3－27
馮嘉謨(清・商河人)
[民國]重修商河 9/14
馮培元(霑化人)
[民國]霑化 4/登進 42
馮志禹(清・博興人)
[康熙六十年]博興 7/35
[道光]博興 11/34
[民國]重修博興 13/32
馮克儒(明・益都人)
[萬曆]青州 14/55
[康熙十五年]青州 14/55
[康熙四十八年]青州 14/儒行 12
[康熙六十年]青州 15/11
[咸豐]青州 44/45
[萬曆]益都 6/93
[康熙]益都 9/15
[光緒]益都縣圖志 38/12
馮士衡(字子平,號宗遠)
(明・益都人)
[康熙]山東 42/30
[雍正]山東 28/人物三 53
[宣統]山東 161/51
[康熙十五年]青州 13/80
[康熙四十八年]青州 13/事功 64
[康熙六十年]青州 16/32
[咸豐]青州 45/42
[康熙]益都 7/47
[光緒]益都縣圖志 36/20
[康熙]臨朐縣志書 3/20
光緒臨朐 14/上 47
馮士份(字于質,號質之)
(明・臨朐人)
[康熙]臨朐縣志書 3/54
光緒臨朐 14/上 50
馮堯安(明・歷城人)
[崇禎]歷乘 16/51
馮士清(清・莘縣人)
[光緒]莘縣 7/34
[民國]莘縣 7/19
馮士標(字端明,號宗尼)
(清・臨朐人)
[康熙十五年]青州 13/92
[康熙四十八年]青州 13/事功 76
[康熙六十年]青州 16/38
[咸豐]青州 46/11
[康熙]益都 8/7
[光緒]益都縣圖志 49/18
[康熙]臨朐縣志書 3/22
光緒臨朐 14/中 1
馮培基(字松齋)

（清・諸城人）
［光緒］增修諸城縣續志 15/4
馮李報（字司契）
（明・菏澤人）
［康熙］曹州志 15/67
［光緒］菏澤 15/60
［光緒］新修菏澤 10/37
馮士成（字聖域）
（明・沂水人）
［乾隆］沂州府 26/8
［道光］沂水 7/23
馮柱國（明・蒙陰人）
［康熙十一年］蒙陰 2/45
馮九岳（字湘寰）
（清・鉅野人）
［民國］續修鉅野 5/上 21
馮才興（元・臨朐人）
［嘉靖］臨朐 3/14
馮大勝（明・嘉祥人）
［道光］濟寧直隸州 8/4－34
馮大騰（明・嘉祥人）
［康熙］山東 45/10
［道光］濟寧直隸州 8/2－54
［順治］嘉祥 4/40
［乾隆］嘉祥 3/34
［光緒］嘉祥 3/42
馮大會（字孟津）
（臨邑人）
［民國］續修臨邑 3/36
馮嘉會（字禮亭）
（明・北直河間人）
［宣統］山東 72/46
［乾隆］東昌 34/22
［嘉慶］東昌 22/13，30/3
［萬曆］冠縣 2/6，6/44
［道光］冠縣 6/27，9/52
［光緒］冠縣 6/宦績，9/41
［民國］冠縣 6/37，9/52
馮嘉會（字仲亨）
（清・聊城人）
［宣統］山東 174/9
［乾隆］東昌 40/3
［嘉慶］東昌 30/3
［宣統］聊城 8/23
馮士鑄（字象九）
（清・章邱人）
［道光］濟南 54/11
［道光］章邱 11/44
44 **馮苾**（字馨圃）
（清・昌樂人）
［民國］昌樂縣續志 34/2
馮華（明・山西石州人）
［宣統］山東 72/30
［萬曆二十四年］兗州 29/8
［康熙］兗州 22/29
［乾隆］曹州府 12/19
［崇禎］鄆城 4/6
［康熙］鄆城 4/4
［光緒］鄆城 6/35
馮著（字明德）
（清・曹縣人）
［光緒］曹縣 14/行誼 3
馮世謹（字信公）
（清・諸城人）
［咸豐］青州 47/38
［乾隆］諸城 39/8
諸城縣鄉土志/上 44
馮甘霖（清・商河人）
［民國］重修商河 8/14
商河縣鄉土志 2/耆舊－事業
馮協一（字躬暨，號退菴）
（清・臨朐人）
［宣統］山東 175/4
［咸豐］青州 47/1
［光緒］益都縣圖志 37/11
光緒臨朐 14/中 9
馮萬化（清・鄆城人）
［光緒］鄆城 16/9
馮萬傑（字漢三）
（清・陽穀人）
［民國］增修陽穀人物/善行 39
馮華嵋（字鎮西）
（清・壽光人）
［嘉慶］壽光 14/33
［民國］壽光 12/人物志二 11
馮茂槐（字廷棘）
（清・鉅野人）
［道光］鉅野 13/60
馮桂增（清・臨朐人）
［宣統］山東 175/48
光緒臨朐 14/下 20
馮執中（明・廣東恩平人）
［宣統］山東 71/46
［康熙］濟南 25/65
［乾隆］武定府 16/39
［咸豐］武定府 19/利津 3
［康熙］利津縣新志 7/6
馮葆田（字稼軒）
（清・無棣人）
［民國］無棣 13/18
海豐縣鄉土志/耆舊－事業五
馮芸圃（字南溪）
（清・冠縣人）
［民國］冠縣 8/人物志 44
馮夢陽（清・臨朐人）
［咸豐］青州 46/52
［康熙］臨朐縣志書 4/4
光緒臨朐 14/下 13
45 **馮棣**（字尃亭）
（清・壽光人）
［民國］壽光 12/人物志二 29
馮棟（明・林縣人）
［萬曆］寧津 5/18
［光緒］寧津 6/28
寧津縣志料 3/人物－名宦
馮楝（清・涿州監生）
［光緒］嶧縣 19/丞倅 6
46 **馮楫**（字梁舟）
（清・平原人）
［民國］續修平原 10/上 8
馮坦（字子堅）
（元・壽光人）
［民國］壽光 12/人物志一 15，13/36
馮如升（字耀東）
（清・禹城人）
［民國］禹城 6/74
馮相如（名元淳，號小山）
（清・濱州人）
濱州鄉土志/耆舊錄
馮如璧（字秀玉）
（明・曹州人）
［康熙］曹州志 12/10
［光緒］菏澤 12/7

馮恕敏(字遜齋)
(清・泰安人)
[民國]重修泰安縣 8/52
47 馮起震(字青方)
(明・益都人)
[宣統]山東 168/17
[咸豐]青州 45/33
[康熙]益都 9/20
[光緒]益都縣圖志 38/15
馮鶴年(原名毓蘭)
(清・高唐人)
[民國]高唐縣 12/91
50 馮本(明・博平人)
[正德]博平 4/64
馮泰(清・泰安人)
[道光]泰安縣 9/上 85
[民國]重修泰安縣 8/40
馮東溪(字春浦)
(清・臨朐人)
[民國]臨朐續志 20/39
馮中州(字子京)
(明・景州人)
[康熙十二年]鄒縣志 3/14
[康熙五十五年]鄒縣志 2/45
[民國]續修鄒縣志稿/名宦
鄒縣鄉土志政績錄/3
馮中興(清・棲霞人)
[光緒]增修登州 43/22
[光緒]棲霞縣續志 7/孝友 2
馮春煊(字和圃)
(清・平原人)
[民國]續修平原 6/9
51 馮振(清・博平人)
[光緒]博平縣續志 10/63
馮振鴻(字仲舉)
(清・山西代州人)
[宣統]山東 76/10
[道光]濟寧直隸州 6/7 –90
[乾隆]魚臺 9/23
[光緒]魚臺 2/57
53 馮威(明・汶上人)
[嘉靖]山東 35/3
[康熙]山東 45/8
[萬曆二十四年]兗州 37/7
[康熙]兗州 28/36
[乾隆]兗州 23/37
馮成業(字建亭)
(清・無棣人)
[民國]無棣 13/11
馮盛時(明・北直清河人)
[康熙]聊城 2/2
馮盛明(字夢元,一字元夢)
(明・北直涿州人)
[宣統]山東 71/37
[康熙]濟南 25/69
[乾隆]泰安府 15/20
[康熙]新修萊蕪 5/25,8/37
[民國]萊蕪 9/5
[民國]續修萊蕪 15/6
萊蕪縣鄉土志/5
54 馮持衡(明・茌平人)
[康熙二年]茌平 2/43
[康熙四十九年]茌平 2/43
[宣統]茌平 12/4
60 馮昂(明)
[康熙]嶧縣 3/28
[乾隆]嶧縣 7/12
[光緒]嶧縣 19/職官下 5
馮恩(字子學,號益齋)
(明・宣府人)
[萬曆]德州 8/32
馮冕(字宗周)
(明・范縣人)
[乾隆]曹州府 15/2
[萬曆]濮州 3/鄉賢 36
馮昇(字滕霄)
(明・博平人)
[正德]博平 4/68
馮昱(字景陽)
(明・濮州人)
[嘉靖]山東 31/29
[康熙]山東 41/23
[雍正]山東 28/人物三 10
[宣統]山東 161/34
[萬曆]東昌 19/50
[乾隆]曹州府 15/7
[嘉靖]濮州 6/4
[萬曆]濮州 3/鄉賢 38
[康熙]濮州 3/65
[乾隆]濮州 3/66
[宣統]濮州 4/72
馮景夏(字樹齋,或作樹臣)
(清・浙江桐鄉人)
[宣統]山東 77/41
[乾隆]膠州 4/22
[道光]重修膠州 23/9
[民國]增修膠志 18/9
膠州直隸州鄉土志 3/政績 – 濬河
馮國禎(字幹卿)
(清・昌樂人)
[民國]昌樂縣續志 34/5
馮昌運(字泰邁)
(清・朝城人)
[康熙]朝城 8/56
馮恩培(字厚田,一作子厚)
(清・黔西人)
[宣統]蒙陰 3/宦績
[光緒]曹縣 9/縣令 10
[光緒]壽張 5/12
馮國藩(明・濮州人)
[康熙]濮州續志下/21
[宣統]濮州 6/55
馮國昇(字吉徵)
(清・陝西涼州人)
[康熙]鄆城 4/14
[光緒]鄆城 6/20
馮國用(明・蒙陰人)
[康熙十一年]蒙陰 2/44
馮國勝(明・蒙陰人)
[康熙十一年]蒙陰 2/44
61 馮顒(南朝宋・河東人)
[宣統]山東 67/1
[道光]濟南 33/14
[嘉慶]德平 5/3
[光緒]德平 5/3
德平縣鄉土志/政績錄
64 馮時(字景遇)
(明・博平人)
[正德]博平 4/70
馮時雍(字碧崖)
(明・交河人)
[嘉慶]續掖縣 2/12
馮時寵(明・河間人)
[嘉慶]德平 5/10
馮時英(字平庸)

（明・章邱人）
［道光］濟南 49/58
［道光］章邱 10/25
章邱縣鄉土志/上 49
66 **馮賜元**（清・鄆城人）
［光緒］鄆城 16/9
67 **馮野王**（字君卿）
（漢・上黨潞人）
［嘉靖］山東 27/1
［康熙］山東 35/1
［雍正］山東 27/50
［宣統］山東 66/11
［嘉靖］青州 13/8
［萬曆］青州 12/6
［康熙十五年］青州 12/6
［康熙四十八年］青州 12/6
［康熙六十年］青州 12/2
［咸豐］青州 34/4
［萬曆］諸城 5/1
［康熙］諸城 5/1
［乾隆］諸城 27/2
諸城縣鄉土志/上 4
馮鳴崗（字苞楊）
（清・鉅野人）
［道光］鉅野 13/47
馮鳴崙（清・鉅野人）
［道光］鉅野 13/70
馮照江（字印川）
（清・陽信人）
信邑志稿 7/文苑
70 **馮壁**（宋・濟陰人）
［康熙］曹縣 12/18
［康熙］兗州府曹縣 12/18
［光緒］曹縣 12/16
馮璧（字叔獻）
（金・濟陰人）
［康熙］曹州志 15/52
［光緒］菏澤 15/48
71 **馮辰**（字天章）
（明・博平人）
［正德］博平 4/70
馮愿（字端禮）
（清・益都人）
［光緒］益都縣圖志 37/13
馮長齡（清・東平人）
［光緒］東平州 15/中 42
［民國］東平縣 11/中 11
74 **馮驩**（戰國・齊人）
［康熙四十八年］青州 15/說士 5
［萬曆］滕志 6/72
［康熙］滕志 6/50
［康熙］滕縣志 6/賓客 3
77 **馮熙**（昌樂人）
［民國］昌樂縣續志 34/9
馮興（清・蒙陰人）
［宣統］蒙陰 4/武功
馮履謙（清・山西代州人）
［宣統］山東 77/16
馮居正（元・紀城人）
［乾隆］續壽光 28/1
［嘉慶］壽光 14/21
馮用清（字獻廷，號定軒）
（清・淄川人）
［宣統］三續淄川 9/76
馮學古（字獲訓）
（清・夏津人）
［民國］夏津續編 8/13
馮丹桂（字端芬）
（清・束鹿附貢）
［民國三年］慶雲 1/91
馮殿揚（字善賓）
（清・鄆城人）
［光緒］鄆城 8/22
馮殿甲（清・清平人）
［宣統］增輯清平 12/63
［民國］清平/人物 57
馮又興（字果卿）
（清・臨朐人）
［咸豐］青州 48/7
［光緒］益都縣圖志 37/14
80 **馮金**（明）
［康熙］日照 8/11
馮善（明・鄒縣人）
［嘉靖］鄒縣地理誌 1/25
馮仝（字荼人）
（清・歷城人）
［道光］濟南 53/45
［民國］續修歷城 39/25
馮義（明・昌樂人）
［嘉慶］昌樂 21/5
馮鐘（明・直隸亳州人）
堂邑縣鄉土志/政績錄
馮毓嶺（長清人）
［民國］長清 12/18
馮尊生（清・濮州人）
［康熙］濮州續志下/22
［宣統］濮州 6/56
馮金榜（字爵亭）
（清・金鄉人）
［民國］金鄉 13/續增 9
馮毓松（字鶴皋）
（清・高唐人）
［民國］高唐縣 12/92
馮金階（字子黻，號殿臣）
（清・清平人）
［民國］清平/人物 67
82 **馮鎧**（明・南直亳州人）
［宣統］山東 72/38
［乾隆］東昌 33/41
［嘉慶］東昌 21/10
［康熙十一年］堂邑 2/名宦 3
［康熙］堂邑 11/8
83 **馮錧**（明・益都人）
［宣統］山東 70/38
［康熙］濟南 24/31
［道光］濟南 35/46
［崇禎］歷城 6/18
［光緒］益都縣圖志 40/4
馮鈜（字金聲）
（清・臨清人）
［民國］臨清縣/人物 16
84 **馮鎮南**（字靜菴）
（清・昌樂人）
［民國］昌樂縣續志 28/11
86 **馮智**（字睿生）
（清・壽光人）
［乾隆］續壽光 24/3
［嘉慶］壽光 13/24
［民國］壽光 12/人物志一 77
馮錫介（字貞石）
（清・鉅野人）
［民國］續修鉅野 5/上 5
90 **馮惟訥**（字汝言，號少洲）
（明・臨朐人）
［康熙］山東 42/23
［雍正］山東 28/人物三 38
［宣統］山東 163/32

[萬曆]青州 15/9
[康熙十五年]青州 15/9
[康熙四十八年]青州 15/文學 9
[康熙六十年]青州 18/5
[咸豐]青州 44/23
[康熙]益都 9/32
[光緒]益都縣圖志 49/7
[嘉靖]臨朐 3/10
[康熙]臨朐縣志書 3/12,3/50
光緒臨朐 14/上 25
馮惟一(字日新)
(明・冠縣人)
[萬曆]冠縣 4/11
馮惟重(字汝威,號芹泉)
(明・臨朐人)
[康熙十五年]青州 13/73,13/79
[康熙四十八年]青州 13/事功 57,13/事功 63
[康熙六十年]青州 16/30
[咸豐]青州 44/21
[康熙]益都 9/31
[光緒]益都縣圖志 49/3
[嘉靖]臨朐 3/10
[康熙]臨朐縣志書 3/10
光緒臨朐 14/上 23
馮惟健(字汝至,一字汝強,又字冶泉,號陂門)
(明・臨朐人)
[雍正]山東 28/人物三 24
[宣統]山東 163/30
[嘉靖]青州 15/40
[萬曆]青州 15/8
[康熙十五年]青州 15/8
[康熙四十八年]青州 15/文學 8
[康熙六十年]青州 18/4
[咸豐]青州 44/19
[康熙]益都 9/30
[光緒]益都縣圖志 49/2
[康熙]臨朐縣志書 3/10
光緒臨朐 14/上 22
馮懷寶(字媚川)
(清・博平人)
[光緒]博平縣續志 10/51
馮尚寶(明・山東靈石人)
[乾隆]嶧縣 7/27
馮光國(明・陝西同官縣恩貢)
[康熙]福山 7/34
馮懷恩(字念昔)
(清・昌樂人)
[民國]昌樂縣續志 28/7
馮尚賢(明・濟寧人)
[康熙]濟寧州 7/51
馮光第(字擢堂)
(清・安丘人)
[民國]續安邱新志 17/7
安丘縣鄉土志 7/耆舊錄 4
馮惟敏(字汝行,號海浮)
(明・臨朐人)
[康熙]山東 42/25
[雍正]山東 28/人物三 37
[宣統]山東 163/32
[萬曆]青州 15/9
[康熙十五年]青州 15/9
[康熙四十八年]青州 15/文學 9
[康熙六十年]青州 18/5
[咸豐]青州 44/21
[康熙]益都 9/32
[光緒]益都縣圖志 49/6
[康熙]臨朐縣志書 3/11,3/50
光緒臨朐 14/上 24
臨朐縣鄉土志 1/耆舊
91 馮炳南(字普照)
(清・鉅野人)
[民國]續修鉅野 7/下 35
92 馮煖(戰國)
[萬曆]青州 15/29
[康熙十五年]青州 15/29
[康熙四十八年]青州 15/說士 5
[民國]臨淄 29/23
93 馮煊(清・江蘇金壇人)
[宣統]山東 76/17
[道光]沂水 5/32
馮怡(字和齋)
(清・惠民人)
[乾隆]武定府 24/44
[咸豐]武定府 24/循良 34
[乾隆]惠民 5/39
[光緒]惠民 19/15
惠民縣鄉土志/耆舊錄 30
馮愹(字大受)
(清・惠民人)
[乾隆]武定府 25/63
[咸豐]武定府 25/文苑 23
[乾隆]惠民 6/14
[光緒]惠民 23/11
惠民縣鄉土志/耆舊錄 22
97 馮耀璘(清・濮州人)
[宣統]濮州 5/32
馮耀南(字暉軒)
(清・鹽山人)
[光緒]曹縣 9/典史 7
98 馮愉(字慎思)
(清・惠民人)
[乾隆]武定府 25/63
[咸豐]武定府 25/文苑 23
[乾隆]惠民 6/13
[光緒]惠民 23/11
惠民縣鄉土志/耆舊錄 22
99 馮榮(元)
[民國]昌樂縣續志 17/40
馮榮(字殿華)
(清・商河人)
[民國]重修商河 8/80

3114_6 淖

21 淖齒(春秋)
[嘉靖]山東 33/13
[嘉靖]青州 16/59
[萬曆]青州 20/外傳 3
[康熙十五年]青州 20/外傳 3
[康熙四十八年]青州 20/外傳 3

3119_6 源

40 源雄(字世略)
(隋・西平樂都人)
[宣統]山東 67/29

3122_7 禰

21 禰衡(字正平)

（漢・平原般人）
［至元］齊乘 6/13
［嘉靖］山東 29/4
［康熙］山東 39/4
［雍正］山東 28/人物一 25
［宣統］山東 163/1
［康熙］濟南 42/2
［道光］濟南 45/29
［康熙］陵縣 6/上 34
［康熙］德平 3/30
［乾隆］德平 3/1
［嘉慶］德平 7/1,10/5
［光緒］德平 7/1,11/5
德平縣鄉土志/耆舊錄

3126_6 福

27 **福紹**（字錦溪）
（清・滿洲人）
［宣統］山東 77/38
［光緒］平度志要/職官
［民國］平度縣續志 7/2
30 **福寧**（清・滿洲鑲藍旗人）
［宣統］山東 74/25
［道光］濟南 37/35
49 **福妙**（俗姓楊）
（金・滕縣人）
［民國］臨沂 12/33
55 **福慧**（元）
［道光］滕縣志 11/釋道 4
60 **福昌**（清・滿州正黃旗人）
［光緒］壽張 5/8
壽張縣鄉土志/政績－去害

3128_6 顧

00 **顧廉**（字潔菴）
（清・博興人）
［道光］博興 11/37
［民國］重修博興 13/35
顧庭（明・霸州人）
［宣統］山東 71/38
［康熙］濟南 25/54
［乾隆］泰安府 15/16
［康熙］肥城書上/33,下/10
［嘉慶］肥城 15/31
［光緒］肥城 7/47
顧章（明・南直華亭人）
［宣統］山東 73/26
［光緒］增修登州 31/1
［康熙］萊陽 4/5
［民國］萊陽 3/1 上 6
顧文光（明・直隸阜平選貢）
［道光］商河 5/30
［民國］重修商河 6/68
商河縣鄉土志 1/政績
顧文光（清・東平人）
［民國］東平縣 11/中 6
01 **顧龍山**（號雲谷）
（明・博興人）
［康熙十二年］博興 6/8
［康熙六十年］博興 7/22
06 **顧韙**（明・膠州人）
［道光］重修膠州 25/28
［民國］增修膠志 40/25
07 **顧調**（字伯雍）
（清・商丘人）
［道光］安邱新志 26/1
顧翊朋（字來之）
（清・聊城人）
［乾隆］東昌 43/48
［嘉慶］東昌 32/56
［宣統］聊城 8/81
09 **顧麟書**（清・費縣人）
［光緒］費縣 11/43
10 **顧玉**（字廷器）
（明・博興人）
［萬曆］青州 14/50
［康熙十五年］青州 14/50
［康熙四十八年］青州 14/儒行 7
［康熙六十年］青州 15/9
［康熙十二年］博興 6/3
［康熙六十年］博興 7/19
［道光］博興 11/15
［民國］重修博興 13/12
顧震（見須震）
顧雲龍（字省菴）
（清・江蘇吳江人）
［宣統］山東 75/9
［道光］濟南 38/15
［康熙］淄川 4/22
［乾隆］淄川 4/22
淄川縣鄉土志/政績錄
顧函紫（清・博興人）
［民國］重修博興 13/46
顧天胤（明・普定舉人）
［康熙］觀城 3/12
［道光］觀城 6/18
13 **顧琮**（明・臨清人）
［乾隆］東昌 42/20
［康熙］臨清州 3/人物 18
［乾隆］臨清州 9/51
［乾隆］臨清直隸州 8/上 39
［民國］臨清縣/人物 50
顧瑄（明・潞州監生）
［嘉慶］鄒平 14/4
［道光］鄒平 14/4
［民國］鄒平 14/4
14 **顧瑛**（明・聊城人）
［乾隆］東昌 39/37
［嘉慶］東昌 29/15
［宣統］聊城 8/5
顧瓚（明・范縣人）
［乾隆］曹州府 16/3
［萬曆］濮州 4/孝友 3
［乾隆］濮州 4/2
［宣統］濮州 5/2
22 **顧彩**（字霞城）
（清・吳江人）
［宣統］茌平 8/7
［民國］茌平 8/64
顧彩（字天石）
（清・錫山人）
［民國］續修曲阜 5/55
顧巖（明・南直常熟人）
［宣統］山東 72/43
［正德］莘縣 5/12
［康熙十一年］莘縣 5/4
［康熙五十六年］莘縣 5/4
［光緒］莘縣 5/6
［民國］莘縣 3/4
莘縣鄉土志/政績 5
23 **顧俊**（明・吳縣人）
［嘉靖］山東 26/18
［康熙］山東 33/21
［雍正］山東 27/38
［萬曆元年］兗州 38/循吏 44
［萬曆二十四年］兗州 29/4
［康熙］兗州 22/25

[乾隆]兗州 22/25
[康熙]滕縣志 6/宦業 42
[道光]滕縣志 6/宦績 21
滕縣鄉土志/9

25 **顧仲安**(字笣庭)
(清・聊城人)
[宣統]聊城 8/53

27 **顧魯北**(清・曲阜人)
[民國]續修曲阜 5/41

顧紹成(字仲蘇)
(清・江蘇無錫人)
[宣統]山東 76/39

30 **顧汴**(明・德州人)
[雍正]山東 28/人物三 30
[宣統]山東 165/19
[康熙]濟南 44/15
[道光]濟南 52/45
[萬曆]德州 9/56
[康熙]德州 8/34
[乾隆]德州 9/61
德州鄉土志/耆舊 8
[民國]德縣 11/5

顧察(清)
[宣統]山東 75/25
[道光]濟南 38/32
[嘉慶]禹城 7/33
[民國]禹城 3/50

顧良(清・冠縣人)
[道光]冠縣 8/上 22
[光緒]冠縣 8/孝義
[民國]冠縣 8/人物志 27

顧良擎(清・樂安人)
[雍正]樂安 12/21
[民國]樂安 10/19
[民國]續修廣饒 19/34

32 **顧澄清**(字式平)
(清・臨淄人)
[民國]臨淄 25/39

34 **顧逵**(明・青城人)
[康熙]濟南 44/10
[乾隆]武定府 25/6
[咸豐]武定府 25/孝友 6
[萬曆]青城 2/3
[乾隆]青城 8/8
[民國]青城續修 4/人物 20

顧遠(明・博興人)
[咸豐]青州 45/55
[康熙六十年]博興 7/30
[道光]博興 11/21
[民國]重修博興 13/18

35 **顧迪**(明・青城人)
[萬曆]青城 1/70
[乾隆]青城 8/4
[民國]青城續修 4/人物 18

35 **顧連璧**(字曰溫,號文岡)
(明・博興人)
[康熙]山東 42/24
[萬曆]青州 13/70
[康熙十五年]青州 13/70
[康熙四十八年]青州 13/事功 54
[康熙六十年]青州 16/29
[咸豐]青州 44/36
[康熙十二年]博興 6/4
[康熙六十年]博興 7/20,7/57
[道光]博興 11/17
[民國]重修博興 13/14,16/18

36 **顧淯**(字克家)
(清・江蘇金匱人)
[宣統]山東 75/48
[光緒]增修登州 28/5
[乾隆]福山 7/19

38 **顧遵**(清・博興人)
[康熙六十年]博興 7/23
[道光]博興 11/26
[民國]重修博興 13/25

40 **顧友**(明・博興人)
[康熙六十年]博興 7/58

顧存仁(明・博興人)
[康熙六十年]博興 7/57

顧克基(字培田)
(清・齊河人)
[民國]齊河 27/21

41 **顧標**(明・福建莆田人)
[萬曆]青州 12/39
[康熙十五年]青州 12/39
[康熙四十八年]青州 12/39
[康熙六十年]青州 12/25
[咸豐]青州 36/11
[康熙]高苑 3/15
[乾隆]高苑 3/20

44 **顧蘭**(明・南直長洲人)
[宣統]山東 71/8
[道光]濟南 36/19
[乾隆]淄川 4/10
淄川縣鄉土志/政績錄

顧萬象(清・博興人)
[康熙六十年]博興 7/22
[道光]博興 11/21
[民國]重修博興 13/18

顧其惠(清・博興人)
[道光]博興 11/35
[民國]重修博興 13/34

46 **顧楫**(明・浙江仁和人)
[宣統]山東 73/7
[萬曆]青州 12/38
[康熙十五年]青州 12/38
[康熙四十八年]青州 12/38
[康熙六十年]青州 12/24
[咸豐]青州 36/20
[康熙十二年]博興 6/2
[康熙六十年]博興 7/13
[道光]博興 10/3
[民國]重修博興 12/2

50 **顧東方**(清・鄒縣人)
[光緒]鄒縣續志 12/中 2
鄒縣鄉土志耆舊錄/26

51 **顧振清**(清・東平人)
[光緒]東平州 15/下 60
[民國]東平縣 11/下 26

53 **顧成**(明・淮安人)
[萬曆]濮州 4/武烈 4
[康熙]濮州 4/18
[乾隆]濮州 4/30
[宣統]濮州 6/24

55 **顧扶綱**(字明倫)
(清・壽張人)
[民國]臨清縣/秩官 70
[光緒]壽張 6/60

57 **顧郕**(明・仁和人)
[萬曆]濮州 3/名宦 32
[康熙]觀城 3/8
[道光]觀城 6/13

60 **顧昂**(清・博興人)
[咸豐]青州 46/43
[康熙六十年]博興 7/27

[道光]博興 11/27
[民國]重修博興 13/25
顧曰琢(字玉成)
(清・臨淄人)
[民國]臨淄 30/37
顧思源(明・博興人)
[康熙六十年]博興 7/58
顧昌運(字奎五)
(清・湖南武陵人)
[宣統]山東 76/43
顧園林(清・菏澤人)
[光緒]菏澤 15/83
[光緒]新修菏澤 11/68
顧四明(號孝泉)
(明・利津人)
[康熙]濟南 41/32
[乾隆]武定府 24/7
[咸豐]武定府 24/清介 7
[康熙]利津縣新志 8/16
[光緒]利津 7/宦蹟 8
67 顧嗣霖(清・鄒縣人)
[光緒]鄒縣續志 12/中 5
顧嗣湞(清・鄒縣人)
[光緒]鄒縣續志 12/中 5
顧明範(明・直隸棗強人)
[萬曆]青州 12/49
[康熙十五年]青州 12/49
[康熙四十八年]青州 12/49
[康熙六十年]青州 12/21
[咸豐]青州 36/29
[光緒]益都縣圖志 18/13
71 顧頤(字以正,號寰清)
(明・博興人)
[雍正]山東 28/人物三 57
[宣統]山東 164/47
[咸豐]青州 45/14
[康熙十二年]博興 6/5,6/10
[康熙六十年]博興 7/20,7/30,7/57
[道光]博興 11/18
[民國]重修博興 13/15,16/21
77 顧巽(字與權)
(明・浙江慈谿人)
[雍正]山東 27/11
[宣統]山東 70/18
[道光]濟南 35/31
顧用聰(明・博興人)
[康熙十二年]博興 6/8
[康熙六十年]博興 7/26
80 顧金詔(原名文元)
(清・齊河人)
[民國]齊河 27/36
顧合璧(字曰潤)
(明・博興人)
[萬曆]青州 13/71
[康熙十五年]青州 13/71
[康熙四十八年]青州 13/事功 55
[康熙六十年]青州 16/29
[康熙六十年]博興 7/32
[道光]博興 11/17
[民國]重修博興 13/14
82 顧鋌(清・順天大興監生)
[光緒]嶧縣 19/職官下 26
顧釗(明・江南崑山人)
[乾隆]沂州府 17/30
86 顧鐸(字孔振)
(明・博興人)
[雍正]山東 28/人物三 32
[宣統]山東 161/41
[萬曆]青州 13/51
[康熙十五年]青州 13/51
[康熙四十八年]青州 13/事功 34
[康熙六十年]青州 16/17
[咸豐]青州 44/13
[康熙十二年]博興 6/4
[康熙六十年]博興 7/31,7/58
[道光]博興 11/15
[民國]重修博興 13/13
90 顧棠(明・蘇州人)
[萬曆]東昌 18/35
[乾隆]東昌 33/34
[嘉慶]東昌 21/1
[康熙]聊城 2/2
[宣統]聊城 6/2 – 1
顧炎武(字寧人)
(清・崑山人)
[道光]濟南 62/7
[道光]章邱 11/90
顧光祖(字耀之)
(明・平山衛人)
[雍正]山東 28/人物三 66
[宣統]山東 160/37
[乾隆]東昌 39/41
[嘉慶]東昌 29/19
[康熙]聊城 3/17
[宣統]聊城 8/19
顧光照(清・武進人)
[宣統]四續汶上稿/宦績志
97 顧恪(字肅齋)
(清・博興人)
[咸豐]青州 49/26
[道光]博興 11/30
[民國]重修博興 13/28
98 顧悅道(明・元城人)
[康熙六十年]青州 12/32
99 顧榮(字彥先)
(晉・吳國吳人)
[光緒]嶧縣 19/47

3130_3 逐

40 逐女(周・即墨人)
[康熙六十年]青州 19/4
[同治]即墨 12/30

3190_4 渠

12 渠廷輝(鄒縣人)
[民國]續修鄒縣志稿/人物 – 耆舊附忠烈
25 渠仲寧(明・滕縣人)
[嘉靖]山東 33/32
[雍正]山東 31/7
[萬曆元年]兗州 43/9
[萬曆二十四年]兗州 52/30
[乾隆]兗州 31/15
[萬曆]滕志 8/56
[康熙]滕志 8/人物 14
[康熙]滕縣志 8/方技 3
[道光]滕縣志 9/方術傳 3
77 渠邱公(姓己,名朱)
(周・莒人)
[民國]重修莒志 56/2
80 渠公大義(清・滕縣人)
[道光]滕縣志 9/孝義 16

3200_0 州

50 州泰(魏・南陽人)
[嘉靖]山東 25/3
[雍正]山東 27/31
[宣統]山東 66/33
[萬曆元年]兗州 38/武功 3
[乾隆]兗州 22/5

3210_0 淵

31 淵源(清・樂陵人)
[宣統]山東 200/41
[乾隆]樂陵 6/46

3211_8 澄

38 澄瀚(字郢子,一字印明)
(明・濟寧人)
[宣統]山東 200/36
[康熙]濟寧州 7/56
[乾隆]濟寧直隸州 28/31
[道光]濟寧直隸州 10/2-18

3213_4 沃

23 沃獻明(明・蓬萊人)
[順治]登州 17/12
[光緒]增修登州 37/2
[康熙]蓬萊 5/20
[道光]重修蓬萊 9/12
[民國]蓬萊縣志合編人物志/忠勇
60 沃田(明・蓬萊人)
[泰昌]登州 11/31
[順治]登州 17/10
[光緒]增修登州 37/3
[康熙]蓬萊 5/19
[道光]重修蓬萊 9/6
[民國]蓬萊縣志合編人物志/功業

濮

76 濮陽瑾(字良玉)
(明・廣德州人)
[雍正]山東 27/39
[乾隆]兗州 22/23
[咸豐]寧陽 11/12
[光緒]寧陽 11/12
77 濮賢恪(清・溧水監生)
[宣統]蒙陰 3/宦績
90 濮光明(字正遠)
(清平人)
[民國]清平/人物 85

3214_7 叢

00 叢文彩(字映遠)
(清・文登人)
[光緒]文登 10/上 14
叢文峯(清・文登人)
[光緒]文登 10/上 18
叢文蔚(明・文登人)
[雍正]文登 7/3
20 叢秉肅(字如齋)
(清・文登人)
[光緒]增修登州 43/41
[道光]文登 5/14
[光緒]文登 9/下 1-11
25 叢生(清・平度人)
[道光]重修平度州 19/26
叢仲楫(字文川)
(明・文登人)
[雍正]文登 7/9
[光緒]文登 8/中 15
26 叢伯棟(字汝吉)
(明・文登人)
[光緒]文登 8/中 14
27 叢磐(字益安)
(明・文登人)
[康熙]山東 46/7
[泰昌]登州 11/28
[順治]登州 17/2
[嘉靖]寧海州下/36
[雍正]文登 8/3
[道光]文登 5/3
[光緒]文登 8/中 11
28 叢儀鳳(字閬仙)
(清・文登人)
[光緒]文登 9/上 1-7
30 叢實(元・文登人)
[光緒]文登 8/上 8
叢永吉(字石公)
(清・文登人)
[光緒]文登 10/上 6
叢實榮(明・文登人)
[雍正]文登 8/7
[道光]文登 5/17
[光緒]文登 8/上 16
33 叢淙(字石甫)
(清・文登人)
[咸豐]青州 37/17
[道光]安邱新志 16/2
安丘縣鄉土志 2/政績錄
37 叢洞(字敬菴)
(清・文登人)
[雍正]文登 7/5
叢禄(明・蓬萊人)
[順治]登州 17/28
[道光]重修蓬萊 9/30
[民國]蓬萊縣志合編人物志/行誼
40 叢壇(清・文登人)
[光緒]增修登州 39/45
叢大爲(字祥子)
(清・文登人)
[宣統]山東 176/35
[光緒]增修登州 39/42
[雍正]文登 8/7
[道光]文登 5/13
[光緒]文登 9/上 1-6
叢希棫(清・文登人)
[道光]濟寧直隸州 6/7-90
[乾隆]魚臺 9/49
[光緒]魚臺 2/56
44 叢蘭(字廷秀)
(明・文登人)
[雍正]山東 28/人物三 18
[宣統]山東 159/15
[泰昌]登州 11/17
[順治]登州 16/24
[光緒]增修登州 39/40
[嘉靖]寧海州下/30
[雍正]文登 8/2
[道光]文登 5/1
[光緒]文登 8/中 1
叢蔭坤(字元子)
(清・文登人)
[光緒]文登 9/上 1-4
50 叢春(字元育)
(明・文登人)
[雍正]文登 8/7

[道光]文登 5/8
[光緒]文登 8/上 17
叢中芷(清・蓬萊人)
[光緒]增修登州 39/6
60 **叢思弘**(明・文登人)
[順治]登州 17/23
[光緒]增修登州 43/39
[雍正]文登 8/9
[道光]文登 5/17
[光緒]文登 10/上 2
叢思宏(見叢思弘)
61 **叢顯文**(字丕謨)
(清・文登人)
[光緒]文登 10/上 8
77 **叢鳳翔**(字仞千)
(清・昌樂人)
[民國]昌樂縣續志 34/7
80 **叢毓瑚**(清・文登人)
[雍正]文登 8/10
[道光]文登 5/19
[光緒]文登 9/上 1－7

潑

40 **潑皮**(元)
[萬曆二十四年]兗州 9/29
[康熙]兗州 10/29

浮

72 **浮丘伯**(姓李)
(漢,一作周・臨淄人,
一作東平陽人)
[至元]齊乘 6/11
[雍正]山東 30/1
[康熙]濟南 51/2
[嘉靖]青州 15/24
[萬曆]青州 13/8
[康熙十五年]青州 13/8
[康熙四十八年]青州 13/
經師 3
[康熙六十年]青州 15/4
[乾隆]泰安府 18/76
[乾隆]東平州 15/42
[道光]東平州 15/42
[光緒]東平州 15/下 72
[康熙]臨淄 9/3
[民國]臨淄 21/39
[天啟]新泰 6/39
[乾隆]新泰 16/16
72 **浮丘翁**(見浮丘伯)
77 **浮邱翁**(見浮丘伯)

3215_7 淨

00 **淨辯**(俗姓韋)
(隋・齊州人)
[康熙]濟南 51/4
[道光]濟南 60/5
[崇禎]歷城 10/31
[乾隆]歷城 45/4
22 **淨崑**(清・章邱人)
[道光]濟南 60/17
[道光]章邱 11/93

3216_3 淄

淄丘許(春秋・齊人)
[康熙]臨淄 9/20

3216_4 活

40 **活女**(金・完顏部人)
[道光]濟寧直隸州 6/6－11

3216_9 潘

00 **潘應旟**(字君畀)
(清・濟寧人)
[道光]濟寧直隸州 8/3－31
潘文彩(清・臨潁人)
[光緒]增修登州 32/4
[康熙]寧海州 7/5
[同治]重修寧海州 12/13
[民國]牟平 6/77
潘應賓(字鑾客,號雪石,又
號東岑)
(清・濟寧人)
[雍正]山東 28/人物四 44
[宣統]山東 172/44
[乾隆]兗州 23/71
[乾隆]濟寧直隸州 25/20,
32/14
[道光]濟寧直隸州 8/3－10
濟寧州鄉土志 2/耆舊
潘文英(明・福建侯官人)
[道光]濟南 36/61
[康熙]德平 3/9
潘育岳(清)
[道光]重修平度州 16/21
平度鄉土志 2/政績
潘文燦(明・浙江金華人)
[宣統]山東 72/20
[乾隆]沂州府 20/8
[康熙]郯城 6/6
[乾隆]郯城 7/25
01 **潘龍**(字子霖,號雲岡)
(明・夏津人)
[萬曆]東昌 19/63
[乾隆]東昌 41/20
[乾隆]夏津 8/12
潘龍(清・德州人)
[康熙]濟南 44/36
[道光]濟南 56/83
[康熙]德州 8/37
[乾隆]德州 9/63
[民國]德縣 11/6
潘龍(字在田)
(清・濟陽人)
[民國]濟陽 11/34
07 **潘毅**(元・碭山人)
[宣統]山東 200/6
[康熙]嶧縣 4/71
[乾隆]嶧縣 8/17
[光緒]嶧縣 21/鄉賢 64
[宣統]滕縣續志稿 4/62
10 **潘晉**(字翊庭)
(醴陵人)
[民國]無棣 9/7
潘璋(字文珪)
(吳・堂邑人)
[嘉靖]山東 31/2
[萬曆]東昌 19/88
[乾隆]東昌 36/5
[順治]堂邑 2/人物又 17
[康熙十一年]堂邑 2/選
舉 23
[康熙]堂邑 16/5
堂邑縣鄉土志/耆舊錄
潘雲龍(臨清人)
[民國]高唐縣卷首
潘五雲(字雨六)
(清・樂陵人)
[乾隆]樂陵 6/29

樂陵縣鄉土志 3/24
潘玉山(字培深)
(清・陽穀人)
[民國]增修陽穀人物/師道 22
潘可久(字純菴)
(明・樂陵人)
[順治]樂陵 8/120
[乾隆]樂陵 6/28
樂陵縣鄉土志 3/24
潘元瀚(明・廣東番禺人)
[宣統]山東 72/18
[道光]濟寧直隸州 6/6－37
[康熙]魚臺 15/15
[乾隆]魚臺 9/39
[光緒]魚臺 2/49
潘雲蒲(字振衢)
(清・恩縣人)
[民國]重修恩縣 11/鄉賢 74
潘元翰(見潘元瀚)
潘雲攀(字凌軒)
(清・寧陽人)
[光緒]寧陽 14/51
12 **潘瑞文**(字羲甫)
(清・壽光人)
[民國]壽光 12/人物志二 18
潘飛鴻(字雲衢)
(清・莒縣人)
[民國]重修莒志 62/13
潘廷槐(字廷三)
(清・冠縣人)
[道光]冠縣 8/上 29
[光緒]冠縣 8/孝義
[民國]冠縣 8/人物志 34
潘廷楫(明)
[乾隆]沂州府 20/12
潘登岳(字岱東)
(清・壽光人)
[民國]壽光 12/人物志二 36
13 **潘瑄**(清・城武人)
[康熙九年]城武 5/9
[康熙四十一年]城武 5/下義烈 5
[道光]城武 9/下 48
14 **潘勁**(字貞齋)
(清・樂陵人)
樂陵縣鄉土志 3/63
15 **潘建**(清・定陶人)
[乾隆]定陶 6/29
[民國]定陶 6/63
17 **潘玖**(明・壽光人)
[咸豐]青州 45/58
[康熙]壽光 25/3
[嘉慶]壽光 13/3
[民國]壽光 12/人物志一 52
潘子雨(字潤夫)
(明・歷城人)
[道光]濟南 49/28
[崇禎]歷乘 16/53
[崇禎]歷城 10/26
[乾隆]歷城 40/20
潘子震(明・歷城人)
[崇禎]歷乘 16/53
[崇禎]歷城 10/26
潘乃敬(字丹銘)
(清・齊東人)
[民國]齊東 5/36
潘子春(字元復)
(清・樂陵人)
樂陵縣鄉土志 3/65
潘承顥(字宏度)
(清・菏澤人)
[光緒]菏澤 16/14
[光緒]新修菏澤 11/72
潘承勛(明・靖海衛人)
[光緒]文登 8/下 20
潘承恂(清・鄒縣人)
[光緒]鄒縣續志 12/上 7
鄒縣鄉土志耆舊錄/20
18 **潘珍**(字玉卿)
(明・南直婺源人)
[雍正]山東 27/39
[宣統]山東 70/24
[道光]濟南 35/37
[乾隆]兗州 22/18
萊州府鄉土志/上 12
[嘉慶]續掖縣 2/12
20 **潘稿**(明・濰縣人)
[萬曆]濰縣 9/6
[康熙]濰縣 5/人物 13
[乾隆]濰縣 4/8
濰縣鄉土志/16
潘維高(明・龍門貢士)
[康熙]博平 3/5
[道光]博平 3/5
潘維水(清・壽光人)
[民國]壽光 12/人物志一 91
潘維信(清・長清人)
[道光]濟南 56/60
[道光]長清 13/7
潘重選(字君用)
(清・鄒縣人)
[康熙五十五年]鄒縣志 2/73
鄒縣鄉土志耆舊錄/17
潘維城(字修德)
(清・堂邑人)
堂邑縣鄉土志/耆舊錄
潘季馴(字時良)
(明・浙江烏程人)
[康熙]山東 31/17
[雍正]山東 27/15
[宣統]山東 70/4
[康熙]濟南 24/25
[道光]濟南 35/14
[康熙]濟寧州 4/9
[乾隆]濟寧直隸州 22/10
[道光]濟寧直隸州 6/6－43
潘維颺(清・惠安人)
[道光]濟南 38/9
[乾隆]章邱 7/7
[道光]章邱 9/11
章邱縣鄉土志/上 6
21 **潘虎**(字文炳)
(清・濟陽人)
[民國]濟陽 11/34
潘步雲(字霞景)
(明・朝城人)
[康熙]朝城 8/24
潘師正(唐・貝州人)
[萬曆]東昌 22/8
潘師旦(唐・貝州人)
[乾隆]東昌 44/7
[嘉慶]東昌 34/16
[宣統]重修恩縣 8/93
潘虎臣(清・鄒縣人)
[乾隆]兗州 23/85
23 **潘俊**(號海濱)

（明・霑化人）
［乾隆］武定府 26/5，34/43
［咸豐］武定府 26/義行 5，34/傳 1
［光緒］霑化 10/5，15/1
［民國］霑化 2/77，8/74
潘獻卿（明・福建人）
［宣統］聊城 6/2－3
［嘉慶］東昌 21/3
24 **潘德雋**（字味書）
（清・樂陵人）
樂陵縣鄉土志 3/63
潘德深（清・東平人）
［光緒］東平州 15/中 39
25 **潘純**（明・長洲人）
信邑志稿 5/職官－知縣
［民國］陽信 2/21
潘仲彬（明）
［乾隆］嶧縣 7/30
26 **潘伯壎**（字惠卿）
（清・膠州人）
［民國］增修膠志 45/28
潘得榮（字仁則）
（清・沈陽人）
［康熙］濟寧州 4/68
［乾隆］濟寧直隸州 22/34
［道光］濟寧直隸州 6/7－77
27 **潘綱**（清・城武人）
［乾隆］曹州府 16/9
潘綱（清・鄒縣人）
［康熙］觀城 3/16
［道光］觀城 6/23
觀城縣鄉土志/政績
潘修文（清・萊陽人）
［民國］萊陽 3/1 中 75
潘紹龍（字雲會）
（清・萊蕪人）
［民國］萊蕪 20/8
［民國］續修萊蕪 34/27
萊蕪縣鄉土志/11
潘叔正（一作時正）
（明・台州仙居人）
［宣統］山東 72/13
［萬曆元年］兗州 38/循吏 42
［康熙］濟寧州 4/54
［乾隆］濟寧直隸州 22/16
［道光］濟寧直隸州 6/6－27
濟寧州鄉土志 1/政績
潘紹烈（字子駿，號西郇）
（清・萊蕪人）
［民國］萊蕪 17/10
［民國］續修萊蕪 22/11
萊蕪縣鄉土志/15
潘紀錄（字石村）
（清・昌邑人）
［光緒］昌邑縣續志 6/30
28 **潘復**（濟寧人）
［民國］濟寧縣 3/4
潘從吉（字貞莪）
（明・安邱人）
［咸豐］青州 45/62
［民國］續安邱新志 19/1
安丘縣鄉土志 5/耆舊錄 2
潘從哲（清・大興人）
［乾隆］東昌 35/14
［嘉慶］東昌 22/18
30 **潘容**（明・直隸儀真人）
［萬曆二十四年］兗州 29/13
［康熙］兗州 22/34
潘宇（明・宜春人）
［乾隆］東昌 33/36
［嘉慶］東昌 21/3
［康熙］聊城 2/13
［宣統］聊城 6/2－3
潘宏言（字文齋）
（清・陽穀人）
［光緒］陽穀 6/17
潘守序（字仲泉）
（清・濟寧人）
［民國］濟寧直隸州續志 14/6
潘汴琅（字浴青）
（清・濟寧人）
［乾隆］濟寧直隸州 26/22
［道光］濟寧直隸州 8/3－29
［乾隆］樂陵 4/56
潘之彩（清・濟寧人）
［道光］濟寧直隸州 8/4－40
潘守勳（濟寧人）
［民國］濟寧縣 3/7
潘宗佑（字仲德）
（元・濟南人）
［道光］濟南 48/46
［道光］章邱 16/76
潘永清（清・臨清人）
［民國］臨清縣/人物 72
潘宗道（明・章丘人）
［嘉靖］章丘 3/65
潘守蒸（濟寧人）
［民國］濟寧縣 3/7
潘永基（字紹業）
（北魏・長樂廣宗人）
［宣統］山東 67/12
潘之芬（清・章邱人）
［道光］章邱 10/35
潘良貴（明・上虞人）
［康熙］觀城 3/4
［道光］觀城 6/2，6/6
觀城縣鄉土志/政績
潘守懐（號西村）
（清・廣東番禺人）
［康熙四十一年］寧陽 3/21
［乾隆］寧陽 3/11
31 **潘福**（明・山西定襄人）
［嘉靖］山東 26/29
［雍正］山東 27/92
［萬曆］東昌 18/43
［嘉靖］濮州 7/22
［嘉靖］朝城志 5/12
［康熙］朝城 7/14
潘濬（清・嶧縣人）
［乾隆］濟寧直隸州 26/19
［道光］濟寧直隸州 8/3－28
［乾隆］嶧縣 8/39
［光緒］嶧縣 21/孝友 7
潘濬（字文淵）
（清・樂陵人）
［乾隆］樂陵 6/40
潘汪（明・廣西武宣人）
［乾隆］嶧縣 7/32
潘福壽（字祝三）
（清・臨邑人）
［民國］續修臨邑 3/41
32 **潘沂**（字魯南）
（清・樂陵人）
［雍正］山東 28/人物四 45
［宣統］山東 171/33

[康熙]濟南 41/39
[乾隆]武定府 24/32
[咸豐]武定府 24/循良 22
[乾隆]樂陵 6/14
樂陵縣鄉土志 3/20
潘兆珪(清・浙江仁和人)
[宣統]山東 77/25
[光緒]增修登州 28/4
[康熙]福山 7/15
[乾隆]福山 7/17
[民國]福山縣志稿 3/2-9
潘兆遴(字恬公,號恬菴)
(清・濟寧人)
[宣統]山東 172/38
[乾隆]濟寧直隸州 25/21
[道光]濟寧直隸州 8/3-11
[民國]濟寧直隸州續志 20/3
濟寧州鄉土志 2/耆舊
34 **潘漢**(清・大興人)
[道光]觀城 6/9
潘滿(晉・滎陽中牟人)
[嘉靖]山東 25/17
[康熙]山東 32/3
[雍正]山東 27/19
[宣統]山東 66/35
[康熙]濟南 25/4
[道光]濟南 33/13
[萬曆]德州 8/27
潘淩雲(清・汶上人)
[宣統]四續汶上稿/人物-孝弟傳
潘凌鶴(字誨齋)
(清・樂陵人)
樂陵縣鄉土志 3/49
35 **潘清濤**(清・夏津人)
[民國]夏津續編 8/11
潘連清(清・齊東人)
[民國]齊東 5/40
齊東縣鄉土志/耆舊錄 8
潘沖靜(別號白前子)
(清・歷城人)
[民國]續修歷城 45/1
37 **潘潤**(字霖若)
(清・昌樂人)
[咸豐]青州 49/46
[嘉慶]昌樂 24/14
潘淑正(見潘叔正)
潘淑葛(字竹溪)
(清・濟寧人)
[乾隆]濟寧直隸州 26/21
[道光]濟寧直隸州 8/3-28
38 **潘道**(明・福山人)
[康熙]福山 8/3
[乾隆]福山 8/5
潘道(字大路)
(清・定陶人)
[乾隆]定陶 6/26
[民國]定陶 6/48
潘滋(字樹德)
(清・昌樂人)
[咸豐]青州 49/45
[嘉慶]昌樂 22/10
潘遵訓(字魯齋)
(清・濟寧人)
[民國]濟寧直隸州續志 12/31
潘遵誥(清・濟寧人)
[民國]濟寧直隸州續志 14/19
潘遵鼎(字鐵莽)
(清・濟寧人)
[民國]濟寧直隸州續志 12/30
潘遵涵(字鏡泉)
(清・濟寧人)
[民國]濟寧直隸州續志 12/54
潘遵啟(字右丞)
(清・濟寧人)
[民國]濟寧直隸州續志 12/42
40 **潘士謙**(字六吉)
(明・濟寧人)
[康熙]濟寧州 6/44
潘內召(字羹臣)
(清・樂陵人)
[乾隆]武定府 25/26
[咸豐]武定府 25/孝友 26
[乾隆]樂陵 6/30
樂陵縣鄉土志 3/25
潘大保(字仲白,一作衷白,又作中白)
(清・城武人)
[康熙九年]城武 3/57,5/4
[康熙四十一年]城武 5/下隱逸 3
[道光]城武 9/下 20
潘大保(見潘大保)
潘大倫(字拱南)
(明・城武人)
[康熙九年]城武 3/19,3/57
[康熙四十一年]城武 5/下義烈 1
[道光]城武 9/下 43
潘士安(明)
[乾隆]嶧縣 7/30
潘士良(字舜佐,號虞廷)
(清・濟寧人)
[康熙]兗州續編 16/18
[乾隆]兗州 23/58
[康熙]濟寧州 6/51
[乾隆]濟寧直隸州 25/1
[道光]濟寧直隸州 8/3-1
潘克溥(字霖洽,號澤農)
(清・夏津人)
[民國]夏津續編 8/88
潘九萬(字六羽)
(清・城武人)
[康熙九年]城武 3/58
[道光]城武 11/下 27
潘克莊(字遵禮)
(元・鉅野人)
[乾隆]濟寧直隸州 28/14
[道光]濟寧直隸州 8/4-45
[道光]鉅野 24/10
濟寧州鄉土志 2/流寓
潘志忠(唐・臨邑人)
[嘉靖]山東 29/12
[道光]濟南 47/18
[順治]臨邑 12/4
[康熙]重修臨邑 10/4
潘九思(明・新淦人)
[康熙]海豐 9/9
潘士美(字德卿)
(明・濟寧人)
[康熙]濟寧州 6/44
[乾隆]濟寧直隸州 24/31

[道光]濟寧直隸州 8/2－39
潘希曾(字仲魯)
(明・金華人)
[康熙]濟寧州 4/4
潘大悦(清・陽穀人)
[民國]增修陽穀人物/武功 8
44 潘苘(清・城武人)
[康熙九年]城武 5/7
[康熙四十一年]城武 5/上懿行 8
[道光]城武 9/下 12
潘勤(字逸亭)
(清・樂陵人)
樂陵縣鄉土志 3/32
潘英(字萬千,號撝庵)
(清・濟寧人)
[道光]濟寧直隸州 8/4－15
潘其慶(清・壽光人)
[民國]壽光 12/人物志一 94
潘夢麟(明・濟寧人)
[康熙]濟寧州 7/10
[乾隆]濟寧直隸州 27/3
[道光]濟寧直隸州 8/4－31
潘若蕙(清・鉅野人)
[民國]續修鉅野 5/上 26
潘若芹(清・鉅野人)
[民國]續修鉅野 5/上 30
潘世釗(清)
[宣統]濮州 4/35
45 潘榛(號茂昆)
(明・鄒縣人)
[康熙]兖州續編 15/6
[乾隆]兖州 23/49
[康熙十二年]鄒縣志 2/38
[康熙五十五年]鄒縣志 2/33
[民國]續修鄒縣志稿/人物－耆舊
鄒縣鄉土志耆舊錄/16
46 潘如(字乃平,號小魯)
(清・濟寧人)
[乾隆]濟寧直隸州 26/26
[道光]濟寧直隸州 8/3－30
47 潘均(明・浙江人)
[宣統]山東 200/9
潘好讓(字允恭,號仔菴)
(清・濟寧人)
[乾隆]濟寧直隸州 25/18
[道光]濟寧直隸州 8/3－9
潘超先(清)
[光緒]菏澤 7/名宦 8
潘好儉(字允慎)
(明・濟寧人)
[宣統]山東 165/24
[乾隆]濟寧直隸州 27/13
[道光]濟寧直隸州 8/2－47
[民國]濟寧直隸州續志 21/2,21/3
潘起鱗(字溥澍)
(清・濟寧人)
[乾隆]濟寧直隸州 27/14
[道光]濟寧直隸州 8/2－47
潘好禮(唐・清河郡人)
[萬曆]恩縣 4/10
[宣統]重修恩縣 8/15
[民國]重修恩縣 11/鄉賢 12
48 潘松嶺(字冬秀)
(清・夏津人)
[民國]夏津續編 8/90
50 潘春(明・新城人)
[康熙]新城 8/19
[民國]重修新城 15/10
潘泰(明・寧津人)
[萬曆]寧津 7/6
[康熙]寧津縣志稿 7/6
[光緒]寧津 8/25
寧津縣志料 3/人物－孝行
寧津縣鄉土志/耆舊
潘中(明・沁水人)
[嘉靖]山東 27/17
[雍正]山東 27/70
[宣統]山東 73/33
[萬曆]萊州 5/71
[康熙]萊州 8/46
[乾隆]萊州 9/17
[康熙]平度州 3/3
[道光]重修平度州 16/17
57 潘邦彦(字士奇)
(明・嘉祥人)
[乾隆]嘉祥 2/35
60 潘恩(字子仁)
(明・上海人)
[萬曆]萊州 5/66
[康熙]萊州 8/30
[乾隆]萊州 9/10
[嘉慶]續掖縣 2/12
潘昺(明・臨朐人)
[萬曆]青州 14/23
[康熙十五年]青州 14/23
[康熙四十八年]青州 14/孝友 13
[康熙六十年]青州 17/15
[咸豐]青州 45/38
[嘉靖]臨朐 3/15
[康熙]臨朐縣志書 3/36
光緒臨朐 14/下 6
潘愚(字顔泉)
(明・嶧縣人)
[康熙]嶧縣 4/80
[乾隆]嶧縣 8/25
[光緒]嶧縣 21/鄉賢 69,21/文苑 1
潘國詔(字雲留)
(清・永康人)
[咸豐]慶雲 2/30
[民國三年]慶雲 1/88
潘昂霄(字景梁,號蒼崖)
(元・濟南人)
[嘉靖]山東 29/20
[康熙]山東 39/18
[雍正]山東 28/人物二 64
[宣統]山東 163/27
[康熙]濟南 42/9
[道光]濟南 48/54
[崇禎]歷乘 16/14
[崇禎]歷城 10/9,10/26
[乾隆]歷城 40/10
潘國重(明・濰縣人)
[民國]濰縣志稿 27/41
潘思恩(字度河)
(明・朝城人)
[康熙]朝城 8/55
61 潘顯(明・福山人)
[康熙]福山 8/16
[乾隆]福山 8/29
64 潘勖(字元茂,初名芝)
(漢)

[光緒]嶧縣 19/35
潘時正(明・仙居人)
[嘉靖]山東 26/18
[康熙]山東 33/21
[雍正]山東 27/38
[萬曆二十四年]兗州 29/6
[康熙]兗州 22/27
[乾隆]兗州 22/29
潘時琮(字松甫)
(清・益陽人)
[民國]續修鉅野 7/上 48
潘曉林(字蔭圃)
(清・平原人)
[民國]續修平原 6/9
潘時見(字用之)
(清・濟寧人)
[民國]濟寧直隸州續志 12/24,20/1
67 潘明祚(字超菴)
(清・齊河人)
[宣統]山東 169/26
[道光]濟南 56/4
[雍正]齊河 7/9
[民國]齊河 23/4,24/7
齊河縣鄉土志耆舊錄/12
71 潘巨(字悉函)
(清・平原人)
[道光]濟南 56/96
[乾隆]平原 8/26
平原縣鄉土志輯稿/循吏
潘巨源(字冶峰)
(清・樂陵人)
樂陵縣鄉土志 3/55
潘原英(明・歷城人)
[道光]濟南 49/1
[乾隆]歷城 37/2
潘原璧(字東軒)
(清・濟寧人)
[民國]濟寧直隸州續志 12/33
72 潘剛(明・寧津人)
[光緒]寧津 8/6
潘質厚(字德載)
(清・濟寧人)
[乾隆]濟寧直隸州 25/30
[道光]濟寧直隸州 8/3-16
73 潘駿文(號彬卿)
(清・安徽涇縣人)
[宣統]山東 74/45
75 潘體震(字長元,號簡齋)
(清・樂陵人)
[乾隆]武定府 23/36
[咸豐]武定府 23/名臣 36
[乾隆]樂陵 6/12
樂陵縣鄉土志 3/19
潘體豐(字亨元)
(清・樂陵人)
樂陵縣鄉土志 3/29
潘體坤(明・昌邑人)
[康熙]昌邑 6/35
[乾隆]昌邑 6/167
潘體臨(字君宜)
(清・樂陵人)
樂陵縣鄉土志 3/58
76 潘颺言(字虞謨,一字陳伏,號韋菴)
(清・章邱人)
[道光]濟南 54/7
[乾隆]章邱 9/24
[道光]章邱 11/37
77 潘聞韶(字味斯)
(清・樂陵人)
樂陵縣鄉土志 3/50
潘鵬雲(字健六,號靜菴)
(清・樂陵人)
[雍正]山東 28/人物四 45
[宣統]山東 171/33
[乾隆]武定府 26/15
[咸豐]武定府 26/義行 15
[乾隆]樂陵 6/16
樂陵縣鄉土志 3/21
潘鳳翱(字羽伯)
(清・定陶人)
[乾隆]定陶 6/17
[民國]定陶 6/23
潘殿樞(字廷輔)
(清・武城人)
[民國]增訂武城續編 10/10
潘月桂(清・朝城人)
[民國]朝城縣續志 1/38
潘民表(字振聲)
(清・陽湖人,一作無錫人)
[宣統]山東補遺/61
[宣統]重修恩縣 6/53
[民國]重修恩縣 10/68
恩縣鄉土志/11
[民國]平度縣續志 7/4
平度鄉土志 2/政績
潘際恩(清・平原人)
[民國]續修平原 6/13
潘同善(字師虞)
(清・樂陵人)
樂陵縣鄉土志 3/29
78 潘臨池(清・汶上人)
[宣統]四續汶上稿/人物-孝弟傳
80 潘鉉(明)
[萬曆]青州 12 又/又 22
[康熙十五年]青州 12 又/又 22
[康熙四十八年]青州 12 又/又 22
潘毓海(長清人)
[民國]長清 12/16
潘會芳(字也園)
(清・樂陵舉人)
[宣統]濮州 4/38
樂陵縣鄉土志 3/52
81 潘矩健(字康甫,一字亢阜,別號斟秋)
(濟寧人)
[民國]濟寧縣 3/11
潘矩從(字景周,號佩蘧)
(清・濟寧人)
[民國]濟寧直隸州續志 12/44
潘矩楹(濟寧人)
[民國]濟寧縣 3/6
83 潘鋐(明)
[道光]博興 11/42
[民國]重修博興 12/3
潘釴(字希行,一字直原)
(明・婺源人)
[嘉靖]青州 13/48
[萬曆]青州 12/32
[康熙十五年]青州 12/32
[康熙四十八年]青州 12/32

［康熙六十年］青州 12/18
［咸豐］青州 36/18
［康熙六十年］博興 7/10
［乾隆］高苑 8/25
［光緒］益都縣圖志 18/8

86 **潘錫康**（字子駿）
（清・樂陵人）
樂陵縣鄉土志 3/61

潘錫侯（字子晉）
（清・樂陵人）
樂陵縣鄉土志 3/65

潘錫齡（字予年）
（清・莒縣人）
［民國］重修莒志 62/15

潘錫朋（清・樂陵人）
樂陵縣鄉土志 3/65

潘錫榮（字錦堂）
（清・樂陵人）
樂陵縣鄉土志 3/44

88 **潘蕢**（字明宇）
（明・濟寧人）
［康熙］濟寧州 6/37
［乾隆］濟寧直隸州 24/21
［道光］濟寧直隸州 8/2－33

潘鑑（明・江蘇華亭人）
［光緒］增修登州 32/14
［嘉靖］寧海州下/22
［同治］重修寧海州 14/2
［民國］牟平 6/74

潘敏中（元・濟南人）
［道光］濟南 48/54

90 **潘光弼**（清・臨朐人）
臨朐縣鄉土志 1/耆舊

潘尚德（字五惇）
（清・鉅野人）
［道光］鉅野 13/55

潘光組（字輔臣）
（清・浙江餘姚人）
［民國］朝城縣續志 1/19

潘尚忠（字藎卿）
（清・長清人）
［民國］長清 13/22

潘惟粹（字元用）
（元・鄆城人）
［宣統］山東 200/7
［乾隆］曹州府 14/33
［嘉靖］鄆城志下/14
［崇禎］鄆城 5/8
［康熙］鄆城 5/14
［光緒］鄆城 5/23

92 **潘忻**（清・平度人）
［光緒］平度志要/人物
［民國］平度縣續志 8/2

93 **潘怡興**（字樂亭）
（清・安邱人）
［民國］續安邱新志 20/6

97 **潘煥宿**（字明宇）
（明・上海貢生）
光緒臨朐 13/11

潘輝祖（清・長清人）
［道光］長清 12/16
［光緒］嶧縣 19/丞倅 16

3222_1 祈

35 **祈連城**（字璞山）
（清・茌平人）
［宣統］茌平 13/3
［民國］茌平 3/13

3260_0 割

10 **割耳僧**（明）
［乾隆］沂州府 27/13

3290_4 業

00 **業諦彌實**（元・定陶人）
［順治］定陶 5/12
［乾隆］定陶 6/13
［民國］定陶 6/14

3300_0 心

30 **心空**（見明開）

必

44 **必蘭阿魯帶**（金）
［光緒］益都縣圖志 17/3

60 **必里海**（元）
［宣統］山東 69/35
［光緒］增修登州 24/17
［同治］重修寧海州 12/6
［民國］牟平 6/69

3312_7 浦

21 **浦縉**（清・蓬萊人）
［道光］重修蓬萊 9/16
［民國］蓬萊縣志合編人物志/忠勇

24 **浦德**（號北海）
（明・蓬萊人，一作登州人）
［嘉靖］山東 35/7
［康熙］山東 45/20
［泰昌］登州 11/44
［順治］登州 17/23
［康熙］蓬萊 5/23
［道光］重修蓬萊 9/29
［民國］蓬萊縣志合編人物志/行誼

30 **浦之浩**（號北郭）
（明・蓬萊人）
［泰昌］登州 11/21
［順治］登州 16/26
［光緒］增修登州 39/3
［道光］重修蓬萊 9/9
［民國］蓬萊縣志合編人物志/鄉賢，人物志/仕績

44 **浦桂馨**（明・高唐人）
［康熙十二年］高唐州 11/30
［康熙五十一年］高唐州 11/32
［道光］高唐州 8/1－53
［光緒］高唐州 8/1－55
［民國］高唐縣 15/14

45 **浦坤賴**（清・蓬萊人）
［道光］重修蓬萊 13/傳 41

46 **浦楫**（字濟川）
（明・江陰人）
［嘉靖］青州 13/51
［萬曆］青州 12/34
［康熙十五年］青州 12/34
［康熙四十八年］青州 12/34
［康熙六十年］青州 12/37
［咸豐］青州 36/23
［光緒］益都縣圖志 18/28

60 **浦曰楷**（清・浙江嘉善庶吉士）
［民國］萊陽 3/1 上 25

浦國均（清・蓬萊人）
［光緒］增修登州 43/7
［道光］重修蓬萊 9/27

[民國]蓬萊縣志合編人物志/孝友
83 浦鉉(字汝器,號竹堂)(明·文登人)
[康熙]山東 43/4
[雍正]山東 28/人物三 22
[宣統]山東 164/30
[泰昌]登州 11/7
[順治]登州 16/7
[光緒]增修登州 39/2
[康熙]蓬萊 5/13
[道光]重修蓬萊 9/3,9/9,13/傳 1
[民國]蓬萊縣志合編人物志/功業,人物志/鄉賢

3314_2 溥

21 溥衡(明·臨淄人)
[萬曆]青州 13/73
[康熙十五年]青州 13/73
[康熙四十八年]青州 13/事功 57
[咸豐]青州 43/2
[康熙]臨淄 9/12
[民國]臨淄 23/10

3316_0 冶

71 冶區夫(春秋·魯人)
[乾隆]曲阜 68/4

3318_6 演

52 演靜(清)
[民國]無棣 24/9

3320_0 祕

26 祕自謙(見秘自謙)

3390_4 梁

00 梁方(清·嘉祥人)
[乾隆]東昌 34/7
[嘉慶]東昌 21/25
[宣統]茌平 8/9
[民國]茌平 8/65
梁文度(清)
州乘餘聞/22
梁廣順(清·滋陽人)
滋陽縣鄉土志 1/耆舊-實行
梁文升(清·壽張人)
[光緒]壽張 7/28
梁文憲(字秀水)(明·東平人)
[乾隆]東平州 20/22
[道光]東平州 20/22
[光緒]東平州 20/22
梁慶遇(字際堂,號庚溪)(清·壽光人)
[民國]壽光 12/人物志二 29
梁彥深(宋·東平人)
[康熙]東平州 5/44
梁彥通(字貫之)(宋·泰安人)
[嘉靖]山東 30/48
[乾隆]泰安府 16/44
[萬曆元年]兗州 40/政績 10
[萬曆二十四年]兗州 35/3
[康熙]兗州 27/3
[康熙]東平州 5/43
[乾隆]東平州 13/16,20/20
[道光]東平州 13/16,20/20
[光緒]東平州 15/上 16,20/20
[民國]東平縣 11/上 6
東平州鄉土志上/耆舊錄 28
梁彥祖(宋·須城人)
[康熙]東平州 5/44
[乾隆]東平州 20/20
[道光]東平州 20/20
[光緒]東平州 20/20
梁方基(字端夫)(清·嘉祥人)
[民國]濟寧直隸州續志 14/14
[光緒]嘉祥 3/49
梁彥昌(字得之)(宋·泰安人)
[嘉靖]山東 30/48
[康熙]山東 40/47
[雍正]山東 28/人物二 42
[乾隆]泰安府 16/44
[萬曆元年]兗州 40/政績 11
[萬曆二十四年]兗州 35/3
[康熙]兗州 27/3
[康熙]東平州 5/44
[乾隆]東平州 13/17,20/20
[道光]東平州 13/17,20/20
[光緒]東平州 15/上 17,20/20
[民國]東平縣 11/上 6
東平州鄉土志上/耆舊錄 28
梁文縣(字尹之)(明·堂邑人)
[乾隆]東昌 44/4
[嘉慶]東昌 34/4
[康熙]堂邑 17/2
梁廣美(清·泰安人)
[民國]重修泰安縣 10/75
梁文燦(字質生)(清·濰縣人)
[民國]濰縣志稿 30/45
02 梁端(字莊夫)(明·武城人)
[乾隆]東昌 39/35
[嘉靖]武城 7/61
[順治]武城 2/18
[乾隆]武城 10/22
武城縣鄉土志略/耆舊錄
03 梁試(字行可)(明·淄川人)
[康熙]濟南 45/8
[道光]濟南 72/36
[康熙]淄川 5/15
[乾隆]淄川 5/15
梁竣觀(清·濱州人)
[乾隆]武定府 25/64
[咸豐]武定府 25/文苑 24
[咸豐]濱州 10/30
濱州鄉土志/學問
04 梁謹(明·聊城人)
[乾隆]東昌 42/7
[嘉慶]東昌 32/7
[康熙]聊城 3/50
[宣統]聊城 8/78
聊城縣鄉土志/26
梁諸沇(原名亮,字時菴)(清·黃縣人)
[同治]黃縣 8/21
[民國]黃縣志稿 13/清文學

10 **梁璽**(字朝用)
(明・聊城人)
[嘉靖]山東 31/29
[康熙]山東 41/24
[雍正]山東 28/人物三 17
[宣統]山東 160/20
[萬曆]東昌 19/54
[乾隆]東昌 38/2
[嘉慶]東昌 28/2
[康熙]聊城 3/5
[宣統]聊城 8/7
梁雲(明・聊城人)
[萬曆]寧津 5/21
梁石君(號東郭先生)
(漢・齊人)
[至元]齊乘 6/7
[雍正]山東 28/人物一 3
[宣統]山東 167/1
[萬曆]青州 14/33
[康熙十五年]青州 14/33
[康熙四十八年]青州 14/隱逸 7
[康熙六十年]青州 20/2
[民國]臨淄 29/16
梁玉川(原名汝霖,字方紋)
(清・壽光人)
[民國]壽光 12/人物志二 78
梁雲仙(字汝霖)
(清・濟寧人)
[民國]濟寧直隸州續志 13/15
梁雲程(明・昌樂人)
[康熙]昌樂 4/11
[嘉慶]昌樂 24/2
梁元吉(字惠泉)
(清・淄川人)
[宣統]三續淄川 9/74
梁工求(字荊璞)
(清・嘉祥人)
[民國]濟寧直隸州續志 13/13
[光緒]嘉祥 3/28
梁可薦(清・沙河人)
[嘉慶]慶雲 7/34
[民國三年]慶雲 1/92
梁丕基(字植堂)
(清・無棣人)
[民國]無棣 12/14
梁石甫(字壽山)
(清・陳州人)
[民國]重修商河 6/73
商河縣鄉土志 1/政績
梁雲扶(清・香山進士)
[康熙]高密 6/26
[乾隆]高密 6/20
[光緒]高密 6/24
[民國]高密 12/25
高密縣鄉土志/上 12
梁震甲(字位東)
(清・泰安人)
[民國]重修泰安縣 8/6
梁雲會(字從龍)
(清・鄆城人)
[光緒]鄆城 7/15
12 **梁廷弼**(字子良,號野亭)
(清・曲阜人)
[民國]續修曲阜 5/35
梁廷藩(字金城)
(清・滋陽人)
[光緒]滋陽 9/4
梁廷揆(字和卿)
(清・紹興人)
[民國]重修博興 12/10
14 **梁珪**(金・無棣人)
[乾隆]武定府 26/1
[咸豐]武定府 26/義行 1
梁瑾(明・聊城人)
[嘉靖]山東 35/5
[康熙]山東 45/12
梁琦(字荊璞)
(清・黃縣人)
[光緒]增修登州 43/12
[同治]黃縣 8/12
[民國]黃縣志稿 13/清孝友
梁瓚(明・定陶人)
[民國]定陶 6/70
梁耐寒(字秀冬)
(清・陽穀人)
[民國]增修陽穀人物/善行 47
15 **梁璉**(字商彝)
(清・泰安人)
[乾隆二十五年]泰安縣 12/24
[乾隆四十七年]泰安縣 10/上 21
[道光]泰安縣 9/上 73
[民國]重修泰安縣 8/25
梁建章(字漢廷)
(禹城人)
[民國]霑化卷首/11
16 **梁迴**(宋・聊城人)
[萬曆]東昌 19/90
梁聖灝(清・漢軍鑲紅旗武舉人)
[民國]文登 7/下 16
17 **梁弼**(清・濟陽人)
[乾隆]濟陽 8/35
[民國]濟陽 11/50
梁聚(周・齊人)
[萬曆]青州 13/18
[康熙十五年]青州 13/又 19
[康熙四十八年]青州 13/事功 2
[康熙六十年]青州 16/2
[民國]臨淄 23/3
梁瓊(宋・寧海人)
[同治]重修寧海州 17/4
梁翼(字輔嗣)
(清・閩人)
[乾隆]福山 9 上/72
[民國]福山縣志稿 7/7 – 1
梁盈(字好謙)
(明・新泰人)
[康熙]濟南 45/2
[乾隆]泰安府 17/38
[天啟]新泰 6/34
[順治]新泰 5/9
[乾隆]新泰 15/26
梁承勳(清・定陶人)
[民國]定陶 6/30
梁承業(明・沂水人)
[萬曆]青州 14/26
[康熙十五年]青州 14/26
[康熙四十八年]青州 14/孝友 16
[康熙六十年]青州 17/16

［乾隆］沂州府 26/12
［道光］沂水 7/24
梁酌奏（明・臨沂人）
［康熙］兗州續編 16/37
［乾隆］沂州府 26/16
［康熙］郯城 7/7
［乾隆］郯城 9/13
［民國］臨沂 10/50
梁承學（字師顏）
（明・聊城人）
［康熙］山東 41/27
［雍正］山東 28/人物三 47
［宣統］山東 161/48
［康熙］聊城 3/7
梁子美（字才甫）
（宋・須昌人）
［嘉靖］山東 30/50
［康熙］山東 40/49
［雍正］山東 28/人物二 44
［萬曆元年］兗州 40/諫議 16
［康熙］東平州 5/44
［乾隆］東平州 13/17,20/21
［道光］東平州 13/17,20/21
［光緒］東平州 15/上 17,20/21
［民國］東平縣 11/上 7
東平州鄉土志上/耆舊錄 28
18 **梁玠**（字宗玉）
（明・鄆城人）
［康熙］鄆城 5/8
［光緒］鄆城 5/9
梁珍（字文重）
（明・長汀人）
［宣統］山東 71/31
［乾隆］泰安府 15/13
［康熙］東平州 4/54
［乾隆］東平州 12/37
［道光］東平州 12/37
［光緒］東平州 14/37
［民國］東平縣 9/20
東平州鄉土志上/政績錄 15
20 **梁鱣**（字叔魚）
（春秋・齊人）
［至元］齊乘 6/4
［嘉靖］山東 24/7
［康熙］山東 29/7
［雍正］山東 11/闕里二 17
［宣統］山東 153/6
［嘉靖］青州 12/5
［萬曆］青州 13/4
［康熙十五年］青州 13/4
［康熙四十八年］青州 13/4
［康熙六十年］青州 15/1
［萬曆元年］兗州 7/48
［萬曆二十四年］兗州 7/20
［康熙］兗州 8/21
［乾隆］兗州 7/28
［崇禎］曲阜 4/12
［康熙］曲阜 4/12
［乾隆］曲阜 59/5
［康熙］臨淄 9/1
［民國］臨淄 21/35
梁信（明・堂邑人）
［順治］堂邑 2/人物 2
［康熙十一年］堂邑 2/選舉 1
［康熙］堂邑 12/1
梁重寧（字汝均）
（清・魚臺人）
［乾隆］兗州 23/77
［乾隆］濟寧直隸州 27/34
［道光］濟寧直隸州 8/3－36
［乾隆］魚臺 11/27
［光緒］魚臺 3/16
梁秉禮（清・茌平人）
［民國］茌平 3/93
梁維樞（見梁惟樞）
梁秉忠（字葵明）
（清・蓬萊人）
［道光］重修蓬萊 9/25
［民國］蓬萊縣志合編人物志/孝友
21 **梁衡**（明・城固人）
［雍正］山東 27/67
［宣統］山東 73/27
［乾隆］續登州 8/3
［光緒］增修登州 31/4
［民國］萊陽 3/1 上 10
梁貞（明・聊城人）
［乾隆］東昌 42/7
［嘉慶］東昌 32/7
［康熙］聊城 3/50
［宣統］聊城 8/92
聊城縣鄉土志/26
梁上文（清・恩縣人）
［雍正］恩縣續志 3/29
梁步雲（清・壽張人）
［光緒］壽張 6/60
梁仁傑（號斗南）
（明・東明人）
［康熙］東明 8/下 19
［乾隆］東明 8/下 19
［民國］東明縣新誌 12/45
梁占鴻（清・德平人）
［光緒］德平 7/25
梁衍祚（明・聊城人）
［康熙］聊城 3/13
［宣統］聊城 8/79
22 **梁穩**（字仲端）
（明・東平人）
［乾隆］東平州 20/21
［道光］東平州 20/21
［光緒］東平州 20/21
梁畿千（號聖居）
（清・泰安人）
［民國］重修泰安縣 8/6
梁繼祖（清・壽張人）
壽張縣鄉土志/耆舊－學問
梁繼閔（清・諸城人）
［光緒］增修諸城縣續志 14/6
24 **梁升**（字晉甫）
（清・堂邑人）
［康熙］堂邑 13/13
梁偉（字碩士，號嶽峯）
（清・滕縣人）
［道光］滕縣志 8/吏治 7
滕縣鄉土志/20
梁纘素（清・山西永寧州人）
［宣統］山東 75/17
［道光］濟南 38/26
［雍正］齊河 5/40
［民國］齊河 22/5
齊河縣鄉土志政績錄/6
梁贊甫（清・汶上人）
［宣統］四續汶上稿/人物－孝弟傳
25 **梁朱珍**（唐・徐州豐人）
［乾隆］淄川 4/3

梁仲信(元・保定人)
[乾隆]東昌 35/26
[嘉靖]夏津 4/2
[康熙]夏津 5/2
[乾隆]夏津 6/33
26 梁得功(清・平原人)
[民國]續修平原 6/19
梁和中(字大本)
(濰縣人)
[民國]濰縣志稿 29/37
27 梁紹龍(明・東平人)
[乾隆]東平州 20/21
[道光]東平州 20/21
[光緒]東平州 20/21
梁紹尹(字聘可)
(清・冠縣人)
[民國]冠縣 7/53
梁紹儒(字存業)
(明・須城人)
[康熙]東平州 5/47
[乾隆]東平州 14/13,20/22
[道光]東平州 14/13,20/22
[光緒]東平州 15/中 18,20/22
[民國]東平縣 11/上 37
東平州鄉土志上/耆舊錄 41
梁紹允(字存嗣)
(明・東平人)
[乾隆]東平州 20/21
[道光]東平州 20/21
[光緒]東平州 20/21
梁紹寬(字容齋)
(清・陽穀人)
[民國]增修陽穀人物/師道 27
28 梁似(清・膠州人)
[道光]重修膠州 29/11
[民國]增修膠志 44/9
膠州直隸州鄉土志 4/孝友
梁儀卿(清・禹城人)
[民國]禹城 6/73
30 梁安(字以寧)
(明・鄆州須城人)
[乾隆]泰安府 17/6
[康熙]東平州 3/48,5/46
[乾隆]東平州 11/9,20/21
[道光]東平州 20/21
[光緒]東平州 20/21
梁淮(號會川)
(明・錦衣籍,金華人)
[萬曆]諸城 4/25
梁宦(字子成)
(明・冠縣人)
[嘉靖]冠縣 4/3
[萬曆]冠縣 4/9
梁進(後晋)
[道光]濟南 33/31
[乾隆]德州 8/2
[民國]德縣 9/5
梁寬(明・堂邑人)
[乾隆]東昌 42/10
[嘉慶]東昌 32/10
[順治]堂邑 2/人物 19
[康熙十一年]堂邑 2/人物 7
[康熙]堂邑 16/10
堂邑縣鄉土志/耆舊錄
梁適(字仲賢)
(宋・鄆州須城人)
[嘉靖]山東 30/46
[雍正]山東 28/人物二 31
[宣統]山東 157/14
[乾隆]泰安府 16/42
[萬曆元年]兗州 40/政績 9
[萬曆二十四年]兗州 35/2
[康熙]兗州 27/2
[康熙]東平州 5/42
[乾隆]東平州 13/14,20/20
[道光]東平州 13/14,20/20
[光緒]東平州 15/上 14,20/20
[民國]東平縣 11/上 6
東平州鄉土志上/耆舊錄 27
梁宣(清・郯人)
[乾隆]沂州府 26/18
[乾隆]郯城 9/15
梁宜(字頤齋,一字彥仲,亦作彥中、用中)
(元・茌平人)
[嘉靖]山東 26/16,31/26
[康熙]山東 33/19
[雍正]山東 27/37,28/人物二 67
[宣統]山東 69/28,161/24
[萬曆元年]兗州 38/循吏 39
[萬曆二十四年]兗州 28/17
[康熙]兗州 22/17
[乾隆]兗州 22/15
[萬曆]東昌 19/46
[乾隆]東昌 37/28
[嘉慶]東昌 27/26
[康熙二年]茌平 2/41,2/46
[康熙四十九年]茌平 2/41
[宣統]茌平 10/7,11/1
[民國]茌平 3/48
[乾隆]嶧縣 7/7
[光緒]嶧縣 19/95
梁永康(字壽菴,一字晉蕃)
(清・山西靈石人)
[宣統]山東 76/7
[道光]濟寧直隸州 6/7－86
[道光]冠縣 6/36
[光緒]冠縣 6/宦績
[民國]冠縣 6/45
梁宗孔(明・鄆城人)
[崇禎]鄆城 6/16
[康熙]鄆城 6/17
[光緒]鄆城 8/6
梁宜生(字際元)
(明・鄆城人)
[崇禎]鄆城 6/3
[康熙]鄆城 5/6
[光緒]鄆城 5/8
梁永修(清・鉅野人)
[民國]續修鉅野 5/上 25
梁永志(字敬成)
(清・魚臺人)
[光緒]魚臺 3/耆碩又 1
梁之垣(明・登州衛人)
[雍正]山東 28/人物三 61
[宣統]山東 163/35
[順治]登州 16/29
[光緒]增修登州 39/4
[道光]重修蓬萊 9/9,9/17
[民國]蓬萊縣志合編人物志/鄉賢,人物志/仕績
梁之翰(字伯憲)
(清・泰安人)
[乾隆二十五年]泰安縣

12/25
[乾隆四十七年]泰安縣10/上21
[道光]泰安縣9/上73
[民國]重修泰安縣8/26
泰安縣鄉土志/耆舊21
梁濟民(字時中)
(元・鄒平人)
[宣統]山東161/21
[乾隆]武定府16/29
[咸豐]武定府19/商河1
[萬曆]商河5/21
[道光]商河5/23
[民國]重修商河6/62
商河縣鄉土志1/政績
梁寶常(字楚香)
(清・直隸天津進士)
[光緒]嶧縣19/職官下23
新泰縣鄉土志/6
高苑縣鄉土志/政績
31 梁灝(字太素)
(宋・須城人)
[嘉靖]山東30/44
[康熙]山東40/43
[雍正]山東28/人物二22
[宣統]山東157/14
[乾隆]泰安府16/38
[萬曆元年]兗州40/忠直13
[萬曆二十四年]兗州35/2
[康熙]兗州27/2
[道光]濟寧直隸州6/6–10
[康熙]東平州5/40
[乾隆]東平州13/11,20/20
[道光]東平州13/11,20/20
[光緒]東平州15/上11,20/20
[民國]東平縣11/上5
東平州鄉土志上/耆舊錄27
[乾隆]魚臺9/32
[光緒]魚臺2/46
32 梁州彥(明・固始人)
[萬曆]鄒志2/13
[康熙十二年]鄒縣志3/14
[康熙五十五年]鄒縣志2/46
[民國]續修鄒縣志稿/名宦
鄒縣鄉土志政績錄/5
梁兆斗(明・延安人)
[順治]定陶4/6
梁兆祥(清・陽穀人)
[民國]增修陽穀人物/善行49
梁州杰(明・揚州人)
[康熙]兗州府曹縣9/10
梁兆枚(清・博山人)
[民國]續修博山12/62
33 梁心一(清・魚臺人)
[光緒]魚臺3/耆碩又3
梁心始(字元初)
(清・嘉祥人)
[雍正]山東28/人物四53
[宣統]山東172/46
[乾隆]兗州23/80
[乾隆]濟寧直隸州27/31
[道光]濟寧直隸州8/3–34
[乾隆]嘉祥3/27
[光緒]嘉祥3/26
梁心恒(字其道)
(明・嘉祥人)
[乾隆]嘉祥3/34
[光緒]嘉祥3/42
34 梁汝珏(字無瑕)
(清・禹城人)
[民國]禹城6/73
梁浩然(字培元)
(清・濱州人)
[宣統]山東171/29
[乾隆]武定府24/32
[咸豐]武定府24/循良22
[康熙]濱州7/11
[咸豐]濱州10/10
濱州鄉土志/耆舊錄
35 梁禮(清・萊蕪人)
[乾隆]泰安府18/62
[民國]萊蕪20/8
[民國]續修萊蕪27/11
37 梁鴻(字伯鸞)
(漢・扶風平陵人)
[雍正]山東31/12
梁迥(宋・聊城人)
[乾隆]東昌37/7
[嘉慶]東昌27/6
[宣統]聊城8/3
梁湄(清・昌樂人)
[嘉慶]昌樂24/13
梁潤(元・茌平人)
[康熙二年]茌平2/49
梁鴻庥(清・濟陽人)
[乾隆]濟陽8/20
[民國]濟陽11/25
梁祖珍(字幼之)
(清・博山人)
[民國]續修博山9/29
梁潤之(明・昌邑人)
[康熙]昌邑6/35
[乾隆]昌邑6/167
梁淑灝(字又程)
(清・鄆城人)
[康熙]鄆城6/21
[光緒]鄆城8/10
梁鴻翥(字志南)
(清・德州人)
[宣統]山東170/3
[道光]濟南56/80
[乾隆]德州9/54
[民國]德縣10/44
德州鄉土志/耆舊51
梁祖成(字世貽)
(清・嘉祥人)
[民國]濟寧直隸州續志13/13
[光緒]嘉祥3/28
38 梁洽(字化翔)
(清・魚臺人)
[民國]濟寧直隸州續志15/4
[光緒]魚臺3/文行又5
梁道成(字功修)
(清・泰安人)
[民國]重修泰安縣8/51
40 梁燾(字況之)
(宋・鄆州須城人)
[嘉靖]山東26/12,30/50
[康熙]山東33/15,40/49
[雍正]山東28/人物二41
[宣統]山東157/20
[乾隆]泰安府14/22,16/56
[萬曆元年]兗州40/諫議16

［萬曆二十四年］兗州 28/8,35/3
［康熙］兗州 22/8,27/3
［康熙］東平州 5/44
［乾隆］東平州 13/28,20/21
［道光］東平州 13/28,20/21
［光緒］東平州 15/上 28,20/21
［民國］東平縣 11/上 10
東平州鄉土志上/耆舊錄 28
梁喜(清・平原人)
［民國］續修平原 6/20
梁克襄(字君弼)
(清・昌邑人)
［光緒］昌邑縣續志 6/14
梁士彥(字相如)
(北周・安定烏氏人)
［宣統］山東 67/25
梁克玉(清・夏津人)
［民國］夏津續編 8/16
梁太平(清・平原人)
［民國］續修平原 6/20
梁士俊(字石民)
(清・歷城人)
［民國］續修歷城 39/31
梁大鯤(字伯修)
(清・文登人)
［乾隆］夏津 6/26
梁士治(字虞臣)
(清・直隸真定人)
［康熙］曹州志 13/5
梁士鴻(字東麓)
(清・黃縣人)
［民國］黃縣志稿 13/清文學
梁大木(字巨楨)
(清・泰安人)
［乾隆二十五年］泰安縣 12/23
［乾隆四十七年］泰安縣 10/上 20
［道光］泰安縣 9/上 72
［民國］重修泰安縣 8/25
梁棟才(見梁棟材)
梁奇才(字公美)
(清・趙州人)
［乾隆］東昌 35/29
［乾隆］夏津 6/11
梁培基(字蔭堂)
(清・冠縣人)
［民國］冠縣 8/人物志 36
梁士鶴(字雪亭)
(清・壽光人)
［民國］壽光 12/人物志二 60
梁希質(清・新泰人)
［乾隆］新泰 14/增 2
梁培公(清・惠民人)
［乾隆］惠民 6/18
［光緒］惠民 24/3
42 **梁圻**(字振千)
(清・武城人)
［道光］武城續編 10/4
［民國］增訂武城續編 10/4
武城縣鄉土志略/耆舊錄
43 **梁式**(字似之)
(明・冠縣人)
［乾隆］東昌 38/31
［嘉慶］東昌 29/2
［嘉靖］冠縣 4/4
［萬曆］冠縣 4/6,4/10
［道光］冠縣 8/上 10
［光緒］冠縣 8/卓行
［民國］冠縣 8/人物志 10
44 **梁林**(清・臨清人)
［民國］臨清縣/人物 67
梁苑(字上苑,號南圃)
(清・朝城人)
［康熙］朝城 8/15
梁夢龍(字乾吉)
(明・北直真定人)
［宣統］山東 70/9
［道光］濟南 35/6
梁華廷(清・萊陽人)
［民國］萊陽 3/1 中 89
梁蓮峯(清・泰安人)
［民國］重修泰安縣 8/51
梁世德(字勝先)
(清・長山人)
［道光］濟南 55/34
［嘉慶］長山 10/10
梁萬斛(明・平度人)
［康熙］山東 46/8
［雍正］山東 28/人物三 44
［宣統］山東 167/15
［萬曆］萊州 6/17
［康熙］萊州 10/85
［乾隆］萊州 11/隱逸 2
［康熙］平度州 6/9
［道光］重修平度州 18/15
梁世傑(清・泰安人)
［道光］泰安縣 9/上 85
［民國］重修泰安縣 8/40
梁萼涵(字心芳)
(清・榮成人)
［宣統］山東 176/11
［光緒］增修登州 39/45
［光緒］文登 10/下 4
梁世祿(清・泰安人)
［乾隆四十七年］泰安縣 10/上 32
［道光］泰安縣 9/上 84
［民國］重修泰安縣 8/39
梁蘭滋(清・榮成人)
［光緒］增修登州 40/36
［道光］榮成 8/4
梁萬書(清・朝城人)
朝城縣鄉土志/14
梁夢昇(宋)
［雍正］山東 27/21
［宣統］山東 68/31
［道光］濟南 34/9
［光緒］陵縣 18/5
陵縣鄉土志/8
梁世隆(字道亨)
(明・和順人)
［崇禎］歷城 6/2
梁樹恒(字永菴)
(清・冠縣人)
［民國］冠縣 8/人物志 34
45 **梁棟**(明・聊城人)
［乾隆］東昌 38/1
［嘉慶］東昌 28/1
［康熙］聊城 3/11
［宣統］聊城 8/5
梁棟(字世用,別號安定)
(明・平陰人)
［順治］平陰 8/上 60
［光緒］平陰 8/10
梁棟(明・同州吏員)

[康熙]觀城 3/7
梁棟(清・江都人)
[康熙]堂邑 9/5
梁棟材(字柱礎)
(明・嘉祥人)
[順治]嘉祥 4/44
[乾隆]嘉祥 3/38
[光緒]嘉祥 3/46
46 梁觀(字廷賓,一作廷實)
(明・東平人)
[嘉靖]山東 30/60
[康熙]山東 40/58
[萬曆元年]兗州 40/政績 16
[萬曆二十四年]兗州 36/6
[康熙]兗州 28/6
[康熙]東平州 3/49,5/46
[乾隆]東平州 11/9,20/21
[道光]東平州 20/21
[光緒]東平州 20/21
梁相(字惟賢)
(明・聊城人)
[康熙]聊城 3/12
47 梁格(明・山西稷山人)
[宣統]山東 71/16
[道光]濟南 36/39
[萬曆]濟陽 6/3
[乾隆]濟陽 6/31
[民國]濟陽 9/38
梁轂(字仲用)
(明・東平人)
[乾隆]泰安府 17/6
[康熙]東平州 3/40,5/47
[乾隆]東平州 14/13,20/21
[道光]東平州 14/13,20/21
[光緒]東平州 15/中 18,20/21
[民國]東平縣 11/上 37
東平州鄉土志上/耆舊錄 41
梁柳(晉)
[宣統]山東 66/38
[嘉慶]東昌 20/16
梁朝傑(清・鄆城人)
[光緒]鄆城 10/10
鄆城縣鄉土志/耆舊錄－忠義
梁起家(字世卿)
(明・東平人)
[乾隆]東平州 20/22
[道光]東平州 20/22
[光緒]東平州 20/22
50 梁本(字原德)
(明・滎成人)
[道光]滎成 8/4
梁肅(字伯恭)
(清・嘉祥人)
[乾隆]嘉祥 3/27
[光緒]嘉祥 3/27
梁泰和(清・濮州人)
[宣統]濮州 6/95
梁本恭(字味愚)
(清・聊城人)
[宣統]山東 174/13
[宣統]聊城 8/41,耆獻文徵/中 37
梁春芹(清・壽光人)
[民國]壽光 12/人物志一 93
梁肅公(字敬齋)
(清・昌樂人)
[嘉慶]昌樂 24/12
51 梁振先(字念素)
(清・東平人)
[道光]東平州 20/22
梁振魯(清・汶上人)
[宣統]四續汶上稿/人物－孝弟傳
梁振祚(字景先)
(清・鄆城人)
[康熙]鄆城 6/19
53 梁成(字公濟,號後川)
(明・平陰人)
[康熙]山東 40/60
[雍正]山東 28/人物三 39
[宣統]山東 167/15
[乾隆]泰安府 17/22
[萬曆二十四年]兗州 36/22
[康熙]兗州 28/20
[順治]平陰 7/4
[光緒]平陰 4/10
平陰縣鄉土志/13
梁盛倬(字漢章)
(清・嘉祥人)
[民國]濟寧直隸州續志 14/13
[光緒]嘉祥 3/48
梁盛欒(字敬業)
(清・嘉祥人)
[民國]濟寧直隸州續志 14/13
[光緒]嘉祥 3/48
梁盛運(字紹平)
(清・嘉祥人)
[道光]濟寧直隸州 8/4－42
57 梁翰(明・直隸邳州人)
[正德]博平 5/80
60 梁固(字仲堅)
(宋・泰安人,一作須城人)
[嘉靖]山東 30/45
[康熙]山東 40/44
[雍正]山東 28/人物二 26
[乾隆]泰安府 16/41
[萬曆元年]兗州 40/文苑 13
[萬曆二十四年]兗州 35/2
[康熙]兗州 27/2
[康熙]東平州 5/41
[乾隆]東平州 13/14,20/20
[道光]東平州 13/14,20/20
[光緒]東平州 15/上 14,20/20
[民國]東平縣 11/上 5
東平州鄉土志上/耆舊錄 27
梁昇(明・萊陽人)
[民國]萊陽 3/1 中 12
梁昱(金)
[嘉靖]山東 25/22
[康熙]山東 32/10
[雍正]山東 27/24
[宣統]山東 69/4
[康熙]濟南 25/16
[道光]濟南 34/17
[嘉靖]淄川 6/76
[乾隆]淄川 4/6
梁國柱(清・汶上人)
[康熙]續修汶上 4/賢忠 3
梁國棟(明・河南人)
[宣統]山東 70/32
[康熙]沂州志 3/48
[乾隆]沂州府 20/5

梁思敬(字慎修)
(清・冠縣人)
[民國]冠縣 7/53
梁思敬(清・堂邑人)
[嘉慶]東昌 32/57
梁景曾(字又魯)
(清・淄川人)
[宣統]三續淄川 9/98
61 梁顥(見梁灝)
64 梁時任(字景莘)
(清・魚臺人)
[康熙]魚臺 17/81
[乾隆]魚臺 11/21
[光緒]魚臺 3/12
梁時迪(字介祉,號常春)
(清・濟寧人)
[民國]濟寧直隸州續志 15/4
67 梁鶚(明・青城人)
[康熙]濟南 38/12
[乾隆]武定府 23/45
[咸豐]武定府 23/忠節 15
[萬曆]青城 2/4
[乾隆]青城 8/8
[民國]青城續修 4/人物 20
梁路(清・萊陽人)
[民國]萊陽 3/1 中 74
梁明化(明・山西介休人)
[民國]臨淄 18/10
71 梁驥(明・南直長洲人)
[嘉靖]山東 25/27
[康熙]山東 32/15
[雍正]山東 27/27
[宣統]山東 71/21
[康熙]濟南 25/35
[道光]濟南 36/40
[康熙]禹城 5/4
[嘉慶]禹城 7/23
[民國]禹城 3/41
禹城縣鄉土志/5
梁頎(字秀仲,別號神石道人)
(明・昌樂人)
[民國]昌樂縣續志 38/6
72 梁岳(明・蒙陰人)
[康熙十一年]蒙陰 2/52
梁丘賀(字長翁)
(漢・琅邪諸人)
[嘉靖]山東 32/2
[康熙]山東 42/2
[雍正]山東 28/人物一 9
[宣統]山東 153/14
[嘉靖]青州 15/24
[萬曆]青州 13/8
[康熙十五年]青州 13/8
[康熙四十八年]青州 13/經師 3
[康熙六十年]青州 15/4
[咸豐]青州 38/5
[萬曆]諸城 7/2
[康熙]諸城 7/2
[乾隆]諸城 35/1
諸城縣鄉土志/上 23
梁丘臨(漢・琅邪諸人)
[宣統]山東 153/15
[嘉靖]青州 15/24
[萬曆]青州 13/8
[康熙十五年]青州 13/8
[康熙四十八年]青州 13/經師 3
[康熙六十年]青州 15/4
[萬曆]諸城 7/2
[康熙]諸城 7/2
[乾隆]諸城 35/2
74 梁陞(字龍驂)
(清・魚臺人)
[民國]濟寧直隸州續志 14/16
[光緒]魚臺 3/孝義又 2
77 梁艮(清・高唐人)
[民國]高唐縣 12/90
梁履謙(字鍾祥)
(明・堂邑人)
[康熙十一年]堂邑 2/選舉 25
[康熙]堂邑 14/5
梁學孔(清・棲霞人)
[光緒]增修登州 43/20
[康熙]棲霞 6/21
[乾隆]棲霞 7/2
梁鳳彩(字華亭)
(清・黃縣人)
[同治]黃縣 8/16
[民國]黃縣志稿 13/清懿行
梁鳳彩(字桐菴)
(清・商河人)
[民國]重修商河 8/59
商河縣鄉土志 3/耆舊－學問
梁殿魁(清・平原人)
[民國]續修平原 6/20
梁鳳象(清・福山人)
[乾隆]福山 8/40
梁際澍(清・禹城人)
[民國]禹城 6/29,6/73
梁學古(字樸齋)
(清・高密人)
[民國]高密 14/上 77
梁殿英(字鼎臣)
(清・禹城人)
[民國]禹城 6/74
梁學敬(字禮庭)
(清・高密人)
[民國]高密 14/上 77
梁學固(字重軒)
(清・汶上人)
[宣統]四續汶上稿/人物－施濟傳
梁丹銘(字敬之)
(清・博山人)
[民國]續修博山 12/28
梁鳳翔(字梧亭)
(清・西安人)
[乾隆]萊州 9/32
萊州府鄉土志/上 28
[嘉慶]續掖縣 2/23
梁殿榮(字華卿)
(清・嘉祥人)
[光緒]嘉祥 3/34
79 梁勝灝(清・漢軍鑲紅旗武舉)
[光緒]文登 7/下 16
80 梁鐄(明・鹿邑人)
[順治]定陶 4/4
梁美(明・日照人)
[光緒]日照 8/8
梁善(明・臨川人)

［康熙］海豐 9/2
［民國］無棣 9/1
海豐縣鄉土志/政績
梁鏞（明・高唐人）
［道光］高唐州 5/1－10
梁善政（明・泰安人）
［雍正］山東 28/人物三 78
［宣統］山東 164/56
［康熙］濟南 38/14
［康熙］泰安州 3/35
［乾隆］泰安府 18/26
［乾隆二十五年］泰安縣 12/19
［乾隆四十七年］泰安縣 10/上 17
［道光］泰安縣 9/上 67
［民國］重修泰安縣 8/17
泰安縣鄉土志/耆舊 24
［光緒］滋陽 7/7
梁金相（清・高唐人）
［道光］高唐州 5/2－23
［光緒］高唐州 5/2－26
［民國］高唐縣 12/51
梁益長（明・樂陵人）
［康熙］濟南 46/4
［乾隆］武定府 26/7
［咸豐］武定府 26/義行 7
［順治］樂陵 6/8
梁毓美（清・齊河人）
［道光］濟南 56/9
梁善悟（清・泰安人）
［乾隆二十五年］泰安縣 12/23
［乾隆四十七年］泰安縣 10/上 26
［道光］泰安縣 9/上 78
［民國］重修泰安縣 8/34
82 **梁鍾傑**（字南一，號柱峯）
（清・曲阜人）
［民國］續修曲阜 5/32
84 **梁銑**（字蘊霞）
（清・武城人）
［道光］武城續編 10/6
86 **梁智**（字宗哲）
（明・高唐人）
［乾隆］東昌 44/4
［嘉慶］東昌 34/4
［嘉靖］高唐州 5/23
［康熙十二年］高唐州 9/13
［康熙五十一年］高唐州 9/24
［道光］高唐州 5/2－17
［光緒］高唐州 5/2－20
［民國］高唐縣 12/82
梁知先（字朗公，一作號郎公）
（清・鄒平人）
［道光］濟南 54/27
［嘉慶］鄒平 15/47
［道光］鄒平 15/54
［民國］鄒平 15/54
梁錫祜（字篤齋）
（清・河南鹿邑人）
［民國］昌樂縣續志 25/3
87 **梁欽彩**（清・陽穀人）
［宣統］聊城 8/34
88 **梁策**（明・河南鄢陵人）
［宣統］山東 73/21
［泰昌］登州 9/39
［順治］登州 11/21
［光緒］增修登州 25/11
梁鑑（明・萊陽人）
［民國］萊陽 3/1 中 79
梁餘亭（字綽然）
（清・泰安人）
［民國］重修泰安縣 8/30
梁敏政（字人道）
（明・房山人）
［崇禎］歷城 6/2
梁敏生（明・鄆城人）
［光緒］鄆城 10/2
90 **梁光彪**（字炳文）
（清・嘉祥人）
［光緒］嘉祥 3/47
梁光裕（明・關南人）
［崇禎］歷乘 16/65
梁惟樞（字慎可）
（清・直隸正定人）
［雍正］山東 27/98
［宣統］山東 74/54
［道光］濟南 37/74
［康熙］德州 7/29
［乾隆］德州 8/11
［民國］德縣 9/10
梁惟忠（五代・須城人）
［康熙］東平州 5/40
［乾隆］東平州 20/20
［道光］東平州 20/20
［光緒］東平州 20/20
梁光輿（字坤一，一字光一）
（清・嘉祥人）
［道光］濟寧直隸州 8/4－42
［民國］濟寧直隸州續志 13/13
［光緒］嘉祥 3/29
梁光第（字殿魁）
（清・嘉祥人）
［民國］濟寧直隸州續志 14/35
［光緒］嘉祥 3/32
91 **梁炳**（字自明）
（明・直隸容城人）
［崇禎］鄆城 4/11，8/13
［康熙］鄆城 4/8，8/14
［光緒］鄆城 6/8，6/36，13/32
92 **梁愷**（字樂只）
（清・甘肅皋蘭人）
［光緒］嶧縣 19/武職 28
97 **梁燦章**（清・郯城人）
［嘉慶］續修郯城 7/19
梁煥升（清・黃縣人）
［同治］黃縣 9/4
［民國］黃縣志稿 13/人物－死難
99 **梁榮進**（字秩徵）
（清・魚臺人）
［光緒］魚臺 3/文行又 6

3411_1 澆

澆（夏・斟尋人）
［康熙］杞紀 18/3

湛

34 **湛池**（字還無）
（明・濟寧人）
［雍正］山東 31/8
［乾隆］兗州 31/15
［康熙］濟寧州 7/59

[乾隆]濟寧直隸州 28/38
[道光]濟寧直隸州 8/4－51

3411_2 沈

00 **沈應文**(明・浙江餘杭人)
[萬曆]青州 12 又/又 16
[康熙十五年]青州 12 又/又 16
[康熙四十八年]青州 12 又/又 16
[康熙六十年]青州 12/21
[咸豐]青州 36/26
[光緒]益都縣圖志 18/23
沈文秀(字仲遠)
(南朝宋・吳興武康人)
[嘉靖]山東 27/2
[宣統]山東 67/3
[嘉靖]青州 13/16
[萬曆]青州 12 又/4
[康熙十五年]青州 12/4, 12 又/4
[康熙四十八年]青州 12 又/4
[咸豐]青州 55/10
[順治]鄒平 6/16
[光緒]益都縣圖志 15/4
沈應科(明・南直常熟人)
[宣統]山東 72/19
[萬曆]沂州志 6/15
[康熙]沂州志 3/45
[乾隆]沂州府 20/6
[民國]臨沂 7/72
沈立安(字宅仁)
(清・東阿人)
[民國]續修東阿 11/13
沈慶祜(見沈慶祐)
沈慶祐(清・新泰人)
[宣統]山東 171/13
[乾隆]新泰又 17/3
新泰縣鄉土志/20
沈庭芳(字惺吾)
(明・新城人)
[宣統]新城縣後志 2/宦績
沈庭英(明・新城人)
[道光]濟南 51/34
[宣統]新城縣後志 2/宦績
[民國]重修新城 14/10
沈文英(清・紹興人)
[光緒]費縣 11/72
沈庭枏(明・新城人)
[道光]濟南 51/34
[宣統]新城縣後志 2/宦績
[民國]重修新城 14/11
沈文靜(南朝宋・吳興武康人)
[嘉靖]山東 27/2
[康熙]山東 35/3
[宣統]山東 67/3
[嘉靖]青州 13/17
[萬曆]青州 12 又/4
沈方含(清・臨清人)
[乾隆]臨清直隸州 8/下 6
沈齊義(字立人,一字笠亭)
(清・浙江烏程人)
[光緒]壽張 5/9,8/40,8/42
壽張縣鄉土志/政績－去害
沈文炳(清・德州人)
[乾隆]續登州 10/12
[雍正]文登 10/2
[道光]文登 5/27
[光緒]文登 10/下 3
03 **沈誠**(明・臨淮人)
[順治]定陶 4/6
10 **沈震**(明・祥符人)
[康熙十二年]陽穀 2/35
[康熙]陽穀 2/29
沈正(字元直)
(南朝宋・吳興武康人)
[民國]濰縣志稿 20/6
沈正(明・當塗人)
陵縣鄉土志/7
沈玉衢(字九逵)
(清・錢塘人,寄籍大興)
[咸豐]武定府 19/青城 4
[乾隆]青城 7/5
[民國]青城續修 4/名宦 14
沈三變(字太和)
(明・淄川人)
[康熙]濟南 47/24
[道光]濟南 72/38
[康熙]淄川 5/36
[乾隆]淄川 5/36
沈靈芝(清・萊陽人)
[民國]萊陽 3/1 中 54
沈丙均(清・東明人)
東明縣志料/藝術－文藝
沈元鎮(明・浙江嘉興人)
[乾隆]嶧縣 7/40
12 **沈璣**(字天衡)
(清・江蘇武進人)
[宣統]山東 76/27
[道光]觀城 6/8
觀城縣鄉土志/政績
沈瑀(元)
[乾隆]東昌 35/11
[嘉慶]東昌 22/15
沈瑞雲(字星垣)
(清・莒縣人)
[民國]重修莒志 65/21
沈廷勳(字殿口)
(清・嶧縣人)
[光緒]嶧縣 21/耆舊 15
沈廷對(字君召)
(清・會稽人)
[乾隆二十五年]泰安縣 12/42
[乾隆四十七年]泰安縣 10/上 38
[道光]泰安縣 9/上 94
[民國]重修泰安縣 8/50
沈廷選(清・莘縣人)
[光緒]莘縣 7/46
[民國]莘縣 7/34
沈廷材(清・魚臺人)
[民國]濟寧直隸州續志 14/36
[光緒]魚臺 3/孝義又 2
沈廷芳(字椒園,號拙齋,一號晚芝)
(清・浙江仁和人)
[宣統]山東 74/58
[乾隆]濟寧直隸州 22/29
[道光]濟寧直隸州 6/7－55
萊州府鄉土志/上 26
[嘉慶]續掖縣 2/16
沈廷枚(清・山西寧朔人)
[宣統]山東 76/19
[乾隆]沂州府 20/17

沈廷鉫(字子珍)
(清・順義人)
[康熙]堂邑 9/9
13 沈瑊(清・浙江歸安人)
[光緒]陵縣 18/18
陵縣鄉土志/7
14 沈琦(字溫所,一作韞所)
(明・南直吳江人)
[宣統]山東 71/9
[康熙]濟南 25/64
[道光]濟南 36/21
[萬曆]淄川 27/12
[康熙]淄川 4/12
[乾隆]淄川 4/12
淄川縣鄉土志/政績錄
17 沈承杰(字炳臣)
(清・山陰人)
[民國]重修商河 6/74
商河縣鄉土志 1/政績
20 沈維璥(字竹友)
(清・天津人)
[民國]德縣 9/17
沈季佐(明)
[宣統]山東 73/7
[咸豐]青州 36/44
[康熙十二年]博興 6/10
[康熙六十年]博興 7/30
[道光]博興 10/5
[民國]重修博興 12/5
沈維基(字抑然,一字抑恭,
號心齋)
(清・浙江海寧人)
[宣統]山東 75/34
[乾隆]東平州 10/32
[道光]東平州 12/42
[光緒]東平州 14/42
[民國]東平縣 9/22
東平州鄉土志上/政績錄 16
沈舜年(明・汝寧人)
[道光]濟南 36/38
[康熙]新修齊東 4/20
[民國]齊東 3/61
21 沈經(明・通州人)
[道光]濟南 36/27
[康熙五十五年]長山 3/37
[嘉慶]長山 5/45
22 沈嵩(南北朝・吳興武康人)
[光緒]益都縣圖志 15/6
沈巖(清・莘縣人)
[光緒]莘縣 7/34
[民國]莘縣 7/19
莘縣鄉土志/事業 26
沈胤(明・曹縣人)
[康熙]曹縣 11/15
[康熙]兗州府曹縣 11/15
[光緒]曹縣 11/選舉 27
沈繼宗(字世卿)
(宋・開封太康人)
[嘉靖]山東 25/5
[康熙]山東 31/6
[雍正]山東 27/5
[宣統]山東 68/41
[乾隆]曹州府 12/9
[萬曆]濮州 4/雜記 4
[康熙]濮州 4/92
[乾隆]濮州 4/131
[宣統]濮州 6/90
[康熙]東平州 4/32
[乾隆]東平州 12/11
[道光]東平州 12/11
[光緒]東平州 14/11
[民國]東平縣 9/6
東平州鄉土志上/政績錄 10
[康熙]單縣 6/5
[乾隆]單縣 4/50
[民國]單縣 6/宦蹟 9
23 沈俊(字人傑)
(明・合肥人)
[宣統]山東 73/26
[泰昌]登州 9/30
[順治]登州 11/18
[光緒]增修登州 31/2
[康熙]萊陽 4/6,10/21
[民國]萊陽 3/1 上 7
沈允恭(明・杭州人)
[嘉靖]章邱 3/4
24 沈仕(字懋學)
(明・錢塘人)
[乾隆]曹州府 16/16
[萬曆]濮州 4/游寓 4
[康熙]濮州 4/28
[乾隆]濮州 4/42
[宣統]濮州 6/70
沈化龍(字雨生)
(清・寧陽人)
[光緒]寧陽 13/60
沈佐清(字覲光,號補堂)
(清・歷城人)
[道光]濟南 53/37
信邑志稿 5/宦蹟－學官
[民國]續修歷城 39/11
沈續成(清・萊陽人)
[民國]萊陽 3/1 中 82
沈先鳳(清・臨朐人)
臨朐縣鄉土志 1/耆舊
26 沈自彰(明・南直上元人)
[宣統]山東 73/12
[咸豐]青州 36/33
[康熙]昌樂 1/35
[嘉慶]昌樂 19/5
27 沈紹祖(明・連城人)
[順治]定陶 4/2
28 沈作肅(明・蒲臺人)
[康熙]濟南 44/25
[乾隆]武定府 25/9
[咸豐]武定府 25/孝友 9
[康熙]重修蒲臺 7/11
[乾隆]蒲臺 3/47
蒲臺縣鄉土志/10
30 沈淮(字臺簪)
(清・浙江桐鄉人)
[宣統]山東 75/28
[光緒]德平 5/17
[同治]臨邑 7/33,13/28
沈守經(清・濮州人)
[宣統]濮州 6/10
沈宗林(字木雙)
(清・萊陽人)
[宣統]山東 176/46
[民國]萊陽 3/1 中 73
沈之輔(清・桓臺人)
[民國]桓臺 3/37
沈守範(清・濮州人)
[宣統]濮州 6/33
31 沈福(字天祿)
(明・齊東人)
[康熙]濟南 45/2
[道光]濟南 51/45

[康熙]新修齊東 6/6
[民國]齊東 5/8
沈濬(字蘭秋)
(清·歷城人)
[宣統]山東 169/40
[民國]續修歷城 40/37
沈迓(明·萊陽人)
[民國]萊陽 3/1 中 60
沈源明(清·東阿人)
[民國]續修東阿 11/15
32 **沈淵**(字子靜,號澄川)
(明·新城人)
[康熙]濟南 42/15
[道光]濟南 51/33
[天啟]新城 13/傳
[崇禎]新城 13/傳
[康熙]新城 7/12
[民國]重修新城 14/5
新城縣鄉土志/耆舊－明
沈淵(字靜軒,號頤齋)
(清·浙江山陰人)
[宣統]山東 76/6
[乾隆]兗州 22/35
[乾隆]濟寧直隸州 22/47
[道光]濟寧直隸州 6/7－84
[康熙五十一年]金鄉 15/5
[咸豐]金鄉縣志略 7/13
[民國]金鄉 11/21
金鄉縣鄉土志/政績錄
沈沂如(字魯南)
(清·新城人)
[宣統]新城縣後志 3/孝友
新城縣鄉土志/耆舊－清
34 **沈浩**(字洪溪)
(清·寧晉人)
[道光]文登 10/2
[光緒]文登 10/下 2
沈祜(清·浙江仁和人)
[宣統]山東 77/43
[康熙]高密 6/26
[乾隆]高密 6/20
[光緒]高密 6/24
[民國]高密 12/25
高密縣鄉土志/上 9
沈淇(明·德清人)
[萬曆]諸城 4/38
沈汝霖(字澍卿)
(清·曹縣人)
[光緒]曹縣 14/忠義 2
沈洪仁(清·順天順義人)
[民國]萊陽 3/1 上 31
沈法會(北魏·兗州人)
[雍正]山東 31/5
[乾隆]兗州 31/14
沈汝鈐(字席之)
(清·歷城人)
[民國]續修歷城 44/30
35 **沈清**(字廉夫)
(明·浙江歸安人)
[嘉靖]山東 27/10
[康熙]山東 35/11
[雍正]山東 27/60
[宣統]山東 73/9
[嘉靖]青州 13/43
[萬曆]青州 12/30
[康熙十五年]青州 12/30
[康熙四十八年]青州 12/30
[康熙六十年]青州 12/26
[咸豐]青州 36/7
[萬曆]樂安 13/3
[雍正]樂安 11/4
[民國]樂安 8/19
[民國]續修廣饒 17/3
36 **沈澤**(明·莘縣人)
[正德]莘縣 6/36
沈溫祥(元·朔方人)
[嘉靖]山東 26/26
[嘉靖]高唐州 5/2
[民國]高唐縣 9/5－2
高唐州鄉土志/5
37 **沈潤**(字靜瀾)
(清·淄川人)
[道光]濟南 54/54
[康熙]淄川 5/7,6/17
[乾隆]淄川 5/7,6/上 17
淄川縣鄉土志/耆舊錄－孝友
沈迅(字羽公,號宙泉)
(明·萊陽人)
[宣統]山東 164/33
[光緒]增修登州 39/31
[民國]萊陽 3/1 中 25,3/1 中 59,3/3 上傳志上 23
沈資深(明·松江人)
[崇禎]新城 6/知縣
[民國]重修新城 10/4
沈凝祥(字德符)
(清·淄川人)
[乾隆]淄川 5/46
38 **沈瀚**(明·洛陽人)
[嘉靖]濮州 7/17
40 **沈奎**(明·歸安人)
[隆慶]單縣上/34
沈士龍(清·山陰拔貢)
[光緒]增修登州 27/4
沈大謀(清·陽信人)
[民國]陽信 5/忠義 48
沈奮翮(明·蒲臺人)
[康熙]濟南 44/28
[乾隆]武定府 25/10
[咸豐]武定府 25/孝友又 10
[康熙]重修蒲臺 7/11
[乾隆]蒲臺 3/47
沈大德(清·昌平人)
[順治]樂陵 4/5
沈克宏(字方大)
(清·寧陽人)
[咸豐]寧陽 15/19
[光緒]寧陽 15/26
寧陽縣鄉土志/17
沈有容(字士宏)
(明·宣城人)
[順治]登州 11/23
[光緒]增修登州 36/4
沈嘉祐(明·江西高安貢生)
[萬曆]青城 1/49
[乾隆]青城 7/5
[民國]青城續修 4/名宦 14
沈志達(字沛生)
(清·奉天人)
[宣統]山東 75/24
[道光]濟南 38/47
[乾隆]德平 2/28
[嘉慶]德平 5/20
[光緒]德平 5/12
德平縣鄉土志/政績錄
沈培基(字子厚)
(清·掖縣人)

[民國]四續掖縣 4/75
沈士英(字翰宸)
(清・歷城人)
[道光]濟南 53/20
[乾隆]歷城 38/23
沈大忠(明・浙江慈谿人)
[光緒]益都縣圖志 18/9
沈克忠(清・會稽人)
[乾隆]嶧縣 7/42
沈嘉顒(嘉一作加,號岫陽)
(明・河南河內人)
[宣統]山東 73/28
[光緒]增修登州 31/4
[康熙]萊陽 4/7,10/25
[民國]萊陽 3/1 上 10
沈九疇(字箕申)
(明・浙江鄞縣人)
[宣統]山東 70/36
[萬曆]萊州 5/67
[康熙]萊州 8/32
[乾隆]萊州 9/11
萊州府鄉土志/上 13
[嘉慶]續掖縣 2/13
41 沈楷(字端生)
(清・郯城人)
[乾隆]沂州府 26/18
[乾隆]郯城 9/15,11/補編 25
44 沈萃(字聚九)
(清・長山人)
[嘉慶]長山 9/13
沈韓(字師德,別號愛葵)
(明・南直常熟人)
[宣統]山東 72/25
[康熙]曹州志 7/41,17/57
[乾隆]曹州府 12/16
[光緒]菏澤 7/名宦 6,17/57
[光緒]新修菏澤 8/14,17/48
菏澤縣鄉土志/9
沈蓮(字搴芙,號退翁)
(清・江陰人)
[道光]招遠縣續志 2/20,3/18
沈楠(明・河間舉人)
[康熙]寧海州 7/3
[同治]重修寧海州 12/11
[民國]牟平 6/72
沈薈(字思旦,號長虛軒)
(明・臨朐人)
[嘉靖]青州 15/18
[萬曆]青州 14/16
[康熙十五年]青州 14/16
[康熙四十八年]青州 14/孝友 6
[康熙六十年]青州 17/11
[咸豐]青州 44/16
[嘉靖]臨朐 3/7
[康熙]臨朐縣志書 3/36
光緒臨朐 14/下 3
沈英(明・莘縣人)
[乾隆]東昌 42/16
[正德]莘縣 6/35
[康熙十一年]莘縣 7/15
莘縣鄉土志/事業 25
沈蘊章(字輝山,號石生)
(清・滋陽人)
[光緒]滋陽 8/68
滋陽縣鄉土志 1/耆舊－文學
沈夢麒(明・蓬萊人)
[乾隆]續登州 10/11
[康熙]萊陽 8/25
沈葆瓊(字左綬)
(清・浙江海寧人)
[民國]濰縣志稿 20/24
濰縣鄉土志/8
沈夢鯨(清・蓬萊人)
[雍正]山東 28/人物四 19
[乾隆]續登州 10/1
[光緒]增修登州 41/46
[道光]重修蓬萊 9/14
[民國]蓬萊縣志合編人物志/忠勇
[民國]萊陽 3/1 中 27,3/1 中 60
沈世魁(明)
[光緒]增修登州 36/5
沈孝先(字時慶,號湖東)
(明・章邱人)
[道光]章邱 11/59
沈桂清(字薌岩)
(清・宛平人)
[民國]重修泰安縣 8/55
沈葆深(清・海寧監生)
[宣統]蒙陰 3/宦績
沈葆澂(字璞人,號心槃)
(清・歷城人)
[宣統]山東 170/33
[民國]續修歷城 40/19
沈世華(茌平人)
[民國]茌平 8/69
沈萬春(明・仁和人)
[道光]濟南 36/9
沈萬青(清・高唐人)
[道光]高唐州 5/2－22
[光緒]高唐州 5/2－25
[民國]高唐縣 12/51
沈世銓(字子衡)
(清・江蘇陽湖人)
[宣統]山東 77/34
[光緒]三續掖縣 1/47
[民國]續修鉅野 3/2
47 沈起(字興宗)
(宋・明州鄞人)
[雍正]山東 27/6
[宣統]山東 68/26
[光緒]益都縣圖志 16/40
沈栩(宋)
[同治]重修寧海州 12/3
[民國]牟平 6/67
沈朝楷(清・山陰人)
[雍正]山東 27/114
[宣統]山東 77/23
[光緒]增修登州 26/7
[道光]重修蓬萊 6/12
48 沈猶行(春秋・南武城人)
[嘉靖]山東 24/10
[康熙]山東 29/10
[萬曆元年]兗州 7/72
[萬曆二十四年]兗州 7/25
[康熙]兗州 8/25
[萬曆]沂州志 6/24
[康熙]沂州志 5/6
[乾隆]沂州府 25/2
[道光]濟寧直隸州 8/1－69
[康熙]費縣 7/4
[順治]嘉祥 4/15
[乾隆]嘉祥 3/9

［光緒］嘉祥 3/9
［道光］鉅野 12/4
50 **沈較**（明・崇德人）
［崇禎］鄆城 4/22
［光緒］鄆城 6/30
沈肅（字用歛）
（明・山陰人）
［嘉靖］武定州下/54
［崇禎］武定州 7/4
51 **沈振**（字以成）
（明・鄆城人）
［崇禎］鄆城 6/9
［康熙］鄆城 6/9
［光緒］鄆城 7/9
52 **沈靜威**（清・福建人）
［乾隆］即墨 8/11
［同治］即墨 8/12
60 **沈固**（字仲威）
（明・南直丹徒人，一作丹陽人）
［嘉靖］山東 26/18
［雍正］山東 27/78
［宣統］山東 72/19
［萬曆元年］兖州 38/循吏 47
［萬曆］沂州志 6/10
［康熙］沂州志 3/44
［乾隆］沂州府 20/5
［民國］臨沂 7/70
沈晃（明・南直丹徒人）
［宣統］山東 71/51
［乾隆］武定府 16/30
［咸豐］武定府 19/商河 2
［萬曆］商河 5/23
［道光］商河 5/28
［民國］重修商河 6/67
商河縣鄉土志 1/政績
沈昱（字文明，一作又明）
（明・莘縣人）
［嘉靖］山東 35/5
［康熙］山東 45/13
［乾隆］東昌 42/16
［嘉慶］東昌 32/16
［正德］莘縣 6/31
［康熙十一年］莘縣 7/10
［康熙五十六年］莘縣 7/10
［光緒］莘縣 7/38
［民國］莘縣 7/29
莘縣鄉土志/孝友 22
沈昌齡（明・徐州人）
［萬曆］蒲臺志 8/11
沈國華（明・臨朐人）
臨朐縣鄉土志 1/耆舊
沈國忠（字子儀）
（清・吳縣人）
［乾隆］嶧縣 7/42
沈景同（字同人）
（清・新城人）
［宣統］新城縣後志 3/耆壽
62 **沈則文**（清・浙江仁和監生）
［光緒］嶧縣 19/職官下 20
64 **沈時化**（清・蓬萊人）
［宣統］山東 176/43
［民國］萊陽 3/1 中 72
沈時升（清・萊陽人）
［光緒］增修登州 40/25
67 **沈躍**（明・如皋人）
［道光］濟南 36/55
沈嗣茂（明・雲南舉人）
［康熙］沂水 4/30
［道光］沂水 5/31
77 **沈欣**（字樂天）
（清・新城人）
［宣統］新城縣後志 3/耆壽
沈周（明・鎮江丹徒人）
［萬曆二十四年］兖州 29/14
［康熙］兖州 22/35
沈興義（字秋亭）
（清・寧陽人）
［光緒］寧陽 14/42
80 **沈義**（明・德清人）
［咸豐］金鄉縣志略 7/6
沈曾育（字也魯）
（清・淄川人）
［乾隆］淄川 5/又 31－1
沈毓豐（清・新泰人）
［乾隆］新泰又 17/4
沈會齡（字與九）
（清・寧陽人）
［光緒］寧陽 15/21
沈毓寅（字賓谷）
（清・新泰人）
［乾隆］新泰又 17/2
新泰縣鄉土志/20
沈鉉吉（清・浙江平湖人）
［宣統］山東 76/9
［道光］濟寧直隸州 6/7－88
［康熙］魚臺 15/25
［乾隆］魚臺 9/46
［光緒］魚臺 2/54
82 **沈釗**（字康士）
（清・歷城人）
［民國］續修歷城 40/44
83 **沈鉍**（明・順天人）
［嘉靖］寧海州下/18
［同治］重修寧海州 12/10
85 **沈鍊**（明・撫州舉人）
［康熙］沂水 4/24
［道光］沂水 5/25
沈鍊（字純甫，一作純夫，號青霞）
（明・浙江會稽人）
［康熙］山東 34/9
［雍正］山東 27/49
［宣統］山東 72/41
［萬曆］東昌 18/37
［乾隆］東昌 34/2
［嘉慶］東昌 21/20
［康熙二年］茌平 2/37，4/19
［康熙四十九年］茌平縣 2/37，4/19
［宣統］茌平 8/4
［民國］茌平 8/61
［民國］莘縣 9/37
86 **沈鍠**（清・通州人）
［咸豐］濟寧直隸州續志 2/14
沈錫齡（字瑞九）
（清・寧陽人）
［光緒］寧陽 13/59
沈錫祺（字竹洲）
（清・順天大興舉人）
［民國］青城續修 4/名宦 15
87 **沈翔**（字鵬飛）
（明・鄆城人）
［乾隆］曹州府 12/15
［康熙］單縣 6/11
［民國］單縣 6/宦蹟 17
88 **沈節**（字符九）

（清・長山人）
［嘉慶］長山 9/12
90 沈裳（明・仁和人）
［乾隆］東昌 33/43
［嘉慶］東昌 21/11
［康熙］堂邑 10/4
95 沈燫（明・蘇州人）
［萬曆］青州 12/39
［康熙四十八年］青州 12/39

池

01 池龍（字文化）
（明・涿鹿人）
［崇禎］歷城 6/2
［乾隆］陽信 5/3
［民國］陽信 2/23

3411_4 灌

66 灌嬰（漢・睢陽人）
［康熙］濟寧州 7/39
［乾隆］濟寧直隸州 28/10
［道光］濟寧直隸州 9/4－224
濟寧州鄉土志 2/流寓
［康熙］臨淄 9/20

3411_6 淹

22 淹彪（字文宗）
（隋・河南洛陽人）
［康熙］莒州下/4

3412_7 滿

00 滿讓（字謙甫）
（明・嘉祥人）
［道光］濟寧直隸州 8/2－20
［順治］嘉祥 4/29
［乾隆］嘉祥 3/20
［光緒］嘉祥 3/20
滿廣益（字子謙）
（恩縣人）
［民國］重修恩縣 11/鄉賢 77
24 滿偉（字公衡）
（三國・山陽昌邑人）
［康熙五十一年］金鄉 9/24
［乾隆］金鄉 18/20
滿德安（字舒亭，號溪愚）
（清・滕縣人）
［道光］滕縣志 8/吏治 13
滕縣鄉土志/21
滿德坤（字載夫）
（清・滕縣人）
［道光］滕縣志 8/武功 12
滕縣鄉土志/21
25 滿純仁（字粹之）
（清・壽張人）
［光緒］壽張 6/52
滿仲俊（字少逸）
（清・淄川人）
［宣統］三續淄川 9/68
29 滿秋石（字碧山，別號若谷）
（清・滕縣人）
［道光］滕縣志 8/吏治 11
滕縣鄉土志/20
30 滿寵（字伯寧）
（三國・山陽昌邑人）
［嘉靖］山東 30/12
［康熙］山東 40/14
［雍正］山東 28/人物一 31
［宣統］山東 154/25
［萬曆元年］兗州 40/武功 7
［萬曆二十四年］兗州 32/6
［乾隆］兗州 23/18
［乾隆］曹州府 14/6
［乾隆］濟寧直隸州 23/11
［道光］濟寧直隸州 8/2－7
［萬曆］鉅野 7/9
［康熙］鉅野 11/7
［道光］鉅野 12/17
［康熙十二年］金鄉 5/22
［康熙五十一年］金鄉 9/19
［乾隆］金鄉 18/16
［咸豐］金鄉縣志略 9/上 4
［民國］金鄉 13/3
金鄉縣鄉土志/耆舊錄上
31 滿福周（一名甫生）
（明・章丘人）
［嘉靖］山東 29/23
［康熙］山東 39/21
［雍正］山東 28/人物三 2
［宣統］山東 161/31
［康熙］濟南 35/8
［道光］濟南 49/44
［萬曆］章丘 24/21
［康熙］章丘 6/19
［乾隆］章邱 9/15
［道光］章邱 11/25
章邱縣鄉土志/上 30
35 滿迪（元・嶧州人）
［康熙］嶧縣 4/71
［乾隆］嶧縣 8/17
［光緒］嶧縣 21/鄉賢 64
40 滿奮（晉・山陽昌邑人）
［乾隆］曹州府 14/10
［萬曆］鉅野 7/12
［康熙］鉅野 11/9
［道光］鉅野 12/18
滿來春（清・恩縣人）
［宣統］重修恩縣 8/53
［民國］重修恩縣 11/鄉賢 71
44 滿莘（元）
［光緒］嶧縣 19/98
滿華國（字舒文）
（清・壽張人）
［光緒］壽張 6/53
壽張縣鄉土志/耆舊－事業
47 滿朝選（字廷拔）
（清・壽張人）
［光緒］壽張 7/20
50 滿中行（字思復）
（宋・金鄉人）
［乾隆］濟寧直隸州 23/36
［道光］濟寧直隸州 8/2－19
［乾隆］金鄉 18/48
［咸豐］金鄉縣志略 9/上 11
［民國］金鄉 13/8
77 滿鳳藻（清・壽張人）
［光緒］壽張 7/30
86 滿鏆基（清・滕縣人）
［道光］滕縣志 9/孝義 39

3413_1 法

10 法雲禪師（姓田）
（元・營丘人）
［宣統］新城縣後志 3/仙釋
［民國］重修新城 26/7
14 法瓚（隋・齊州人）
［雍正］山東 30/8
［康熙］濟南 51/4
［道光］濟南 60/5

[乾隆]泰安府 18/78
[崇禎]歷城 10/31
[乾隆]歷城 45/5
20 **法住**(字了然)
(清・淄川人)
[宣統]三續淄川 10/59
法重輝(字旭升,一字闇齋)
(清・膠州人)
[道光]重修膠州 28/12
[民國]增修膠志 42/11
22 **法鸞堂**(清・膠州人)
[民國]增修膠志 44/19
24 **法偉堂**(字容叔,一字小山)
(清・膠州人)
[宣統]山東 177/48
[民國]增修膠志 42/27
26 **法和**(北魏・滎陽人)
[康熙]濟南 51/3
[道光]濟南 60/4
[崇禎]歷城 10/31
30 **法安**(姓畢)
(三國・東平人)
[萬曆二十四年]兗州 52/23
法安(姓彭)
(隋・安定鶉狐人)
[雍正]山東 30/8
[康熙]濟南 51/5
[道光]濟南 60/5
[崇禎]歷城 10/31
[乾隆]歷城 45/4
法官(字墨溪)
(明・膠州人)
[康熙]膠州 5/39
[乾隆]膠州 4/46
[道光]重修膠州 26/8
[民國]增修膠志 40/34
法寰(字開三,字怡雲)
(清・膠州人)
[雍正]山東 28/人物四 5
[宣統]山東 177/51
[康熙]萊州 10/59
[乾隆]萊州 11/忠節 10
[康熙]膠州 5/40
[乾隆]膠州 4/47
[道光]重修膠州 26/2
[民國]增修膠志 40/29
膠州直隸州鄉土志 4/忠烈
法寧(姓李)
(宋・莒縣人)
[雍正]山東 30/13
法定禪師(魏)
[雍正]山東 30/7
[道光]濟南 60/4
[康熙]長清 9/72
[道光]長清 13/15
法宗焞(字中黄)
(清・膠州人)
[道光]重修膠州 28/8
[民國]增修膠志 42/7
40 **法雄**(字文彊)
(漢・扶風郿人)
[嘉靖]山東 25/2
[康熙]山東 31/3
[雍正]山東 27/51
[宣統]山東 66/27
[嘉靖]青州 13/7
[萬曆]青州 12/8
[康熙十五年]青州 12/8
[康熙四十八年]青州 12/8
[康熙六十年]青州 12/4
[咸豐]青州 34/7
[康熙]臨淄 8/2
[民國]臨淄 18/3
法樟(字峴山)
(清・膠州人)
[乾隆]膠州 4/57
[道光]重修膠州 27/4
[民國]增修膠志 41/3
法士諤(字尺水)
(清・膠州人)
[道光]重修膠州 28/18
[民國]增修膠志 42/16
41 **法楷**(隋・青州人)
[雍正]山東 30/8
[嘉靖]青州 16/51
[萬曆]青州 17/10
[康熙十五年]青州 17/10
[康熙四十八年]青州 17/仙釋 5
[康熙]益都 10/25
[光緒]益都縣圖志 46/4
法檟(字興瞻,一字書山)
(清・膠州人)
[乾隆]膠州 4/56
[道光]重修膠州 28/7
[民國]增修膠志 42/7
膠州直隸州鄉土志 4/事功
44 **法若貞**(字玉符)
(清・膠州人)
[康熙]萊州 10/45
[乾隆]萊州 10/30
[乾隆]膠州 4/49
[道光]重修膠州 27/4
[民國]增修膠志 41/4
膠州直隸州鄉土志 4/事功
法若真(字漢儒,號黄石,別號黄山)
(清・膠州人)
[宣統]山東 177/48
[康熙]萊州 10/45
[乾隆]萊州 10/30
[乾隆]武定府 26/44
[咸豐]武定府 26/寓賢 4
[雍正](膠州)州志別本/人物－詩人
[乾隆]膠州 4/48
[道光]重修膠州 27/1
[民國]增修膠志 41/1
膠州直隸州鄉土志 4/事功
[光緒]海陽縣續志 10/72
[光緒]霑化 10/34
[民國]霑化 3/13
45 **法坤宏**(字直方,一字鏡野,號迂齋)
(清・膠州人)
[宣統]山東 177/46
[道光]重修膠州 28/15
[民國]增修膠志 42/14
膠州直隸州鄉土志 4/文學
法坤振(字蘭埜,一字怡齋)
(清・膠州人)
[道光]重修膠州 28/17
[民國]增修膠志 42/16
膠州直隸州鄉土志 4/文學
法坤厚(字南埜,一字黄裳)
(清・膠州人)
[宣統]山東 177/47

［道光］重修膠州 28/17
［民國］增修膠志 42/16
膠州直隸州鄉土志 4/文學
50 **法泰**（宋）
［道光］濟南 60/9
［道光］長清 13/16
51 **法振邦**（明・膠州人）
［乾隆］膠州 5/7
［道光］重修膠州 26/5
［民國］增修膠志 40/32
66 **法嚴**（清・膠州人）
［民國］增修膠志 54/10
80 **法慈**（金）
［民國］昌樂縣續志 17/22
法會（明・昌樂人）
［嘉慶］昌樂 21/5
88 **法敏**（字肇功）
（清・滿洲鑲藍旗人）
［宣統］山東 74/16
［道光］濟南 37/17
90 **法光祖**（字幼黄）
（清・膠州人）
［道光］重修膠州 28/8
［民國］增修膠志 42/7
97 **法煇祖**（字稚黄）
（清・膠州人）
［道光］重修膠州 28/8
［民國］增修膠志 42/7

3413_2 漆

27 **漆紹文**（字馥來）
（清・江西新昌人）
［宣統］山東 74/46
［道光］濟南 37/67
70 **漆雕徒父**（字固，一作子期，又作子有，或作子友）
（春秋・魯人）
［嘉靖］山東 24/8
［康熙］山東 29/8
［雍正］山東 11/闕里二 17
［宣統］山東 153/7
［萬曆元年］兗州 7/50
［萬曆二十四年］兗州 7/22
［康熙］兗州 8/23
［乾隆］兗州 7/28
［康熙］東平州 6/43
［崇禎］曲阜 4/10
［康熙］曲阜 4/10
［乾隆］曲阜 59/6
漆雕哆（字子斂）
（春秋・魯人）
［嘉靖］山東 24/8
［康熙］山東 29/8
［雍正］山東 11/闕里二 17
［宣統］山東 153/7
［萬曆元年］兗州 7/50
［萬曆二十四年］兗州 7/22
［康熙］兗州 8/23
［乾隆］兗州 7/28
［崇禎］曲阜 4/10
［康熙］曲阜 4/10
［乾隆］曲阜 59/6
漆雕開（字子開，一作子若）
（春秋・蔡人，一曰魯人）
［嘉靖］山東 24/7
［康熙］山東 29/7
［雍正］山東 11/闕里二 16
［宣統］山東 153/6
［萬曆元年］兗州 7/44
［萬曆二十四年］兗州 7/20
［康熙］兗州 8/21
［乾隆］兗州 7/27
［乾隆］曲阜 59/5

3414_0 汝

47 **汝郁**（字叔异）
（漢・陳國人）
［嘉靖］山東 26/3
［康熙］山東 33/4
［雍正］山東 27/30
［宣統］山東 66/12
［萬曆元年］兗州 38/循吏 9
［萬曆二十四年］兗州 26/11
［康熙］兗州 21/11
［乾隆］兗州 22/3
［崇禎］曲阜 4/94
［康熙］曲阜 4/94
［康熙］滋陽 3/78
50 **汝賁**（俗姓左）
（金・費縣人）
［光緒］費縣 14/下 26

3414_7 淩

00 **淩唐佐**（字公弼）
（宋・休寧人）
［萬曆］東昌 18/23
［乾隆］東昌 35/26
［嘉靖］夏津 4/2
［康熙］夏津 5/1
［乾隆］夏津 6/33
10 **淩雲瑞**（臨沂人）
［民國］續修臨沂 16/24
淩雲志（字有軒）
（清・臨沂人）
［民國］續修臨沂 16/18
20 **淩秉鑑**（字鏡亭，一字凌雲）
（清・濟陽人）
［民國］濟陽 17/47
21 **淩儒桐**（字鳳梧）
（清・齊河人）
［道光］濟南 56/16
［民國］齊河 27/13
29 **淩秋鵬**（明・上海人）
［嘉慶］德平 5/9
30 **淩準**（臨沂人）
［民國］續修臨沂 16/24
淩家緒（字基甫）
（臨沂人）
［民國］續修臨沂 16/21
35 **淩迪光**（臨沂人）
［民國］續修臨沂 16/24
40 **淩志魁**（字勝沙）
（明・新建人）
［康熙］嶧縣 3/33
［乾隆］嶧縣 7/15
［光緒］嶧縣 19/職官下 8
淩壽柏（字新甫）
（清・錢塘人）
菏澤縣鄉土志/10
淩壽柏（清・順天宛平人）
長山縣鄉土志/政績錄
44 **淩芬**（字紹周）
（清・廣西臨桂人）
［民國］濟寧直隸州續志 10/48
濟寧州鄉土志 1/政績
淩茂（字際雲）

（清・齊河人）
［民國］齊河 23/37,27/24
46 **淩相**（明・維揚人）
［萬曆］青州 12 又/又 6
［康熙十五年］青州 12 又/又 6
［康熙四十八年］青州 12 又/又 6
［乾隆］沂州府 20/10
［康熙］沂水 4/24
［道光］沂水 5/24
86 **淩錫祺**（字紹黼）
（清・宛平監生）
［光緒］德平 5/19
88 **淩策**（字子奇）
（宋・宣州涇人）
［嘉靖］山東 27/6
［康熙］山東 35/7
［雍正］山東 27/57
［宣統］山東 68/47
［嘉靖］青州 13/25
［萬曆］青州 12/19
［咸豐］青州 35/2
［光緒］益都縣圖志 16/25
97 **淩耀光**（字文里）
（清・臨沂人）
［民國］續修臨沂 16/10

3416₁ 浩

25 **浩生不害**（戰國・齊人）
［嘉靖］山東 24/11
［康熙］山東 29/11
［嘉靖］青州 12/7
［萬曆］青州 13/4
［康熙十五年］青州 13/4
［康熙四十八年］青州 13/4
［康熙六十年］青州 15/2
［萬曆元年］兗州 7/75
［康熙］臨淄 9/2

3418₁ 洪

00 **洪文烈**（清・冠縣人）
［道光］冠縣 8/上 18
［民國］冠縣 8/人物志 20
洪立卓（字道安）
（清・濟陽人）
［民國］濟陽 11/62
07 **洪調笙**（字南陔）
（清・湖北江夏人）
［宣統］山東 75/47
［民國］續滕縣志 1/27
20 **洪秀**（號天竺僧）
（明）
［嘉慶］慶雲 9/27
［民國三年］慶雲 2/104
洪禹浩（清・恩縣人）
［雍正］恩縣續志 3/25
22 **洪鑾**（清・安徽蕪湖人）
［宣統］山東 77/3
洪樂笙（字芹滸）
（清・河南商城舉人）
［民國］鄒平 14/36
27 **洪名**（又名嘉植,字去蕪）
（清・江都人）
［乾隆］諸城 44/4
洪紹哲（明・黃海人）
［康熙］聊城 2/6
洪修善（字玉吾）
（明・臨清人）
［乾隆］東昌 42/22
［乾隆］臨清直隸州 8/上 40
［民國］臨清縣/人物 52
洪象恒（清・濟陽人）
［民國］濟陽 17/42
28 **洪以業**（明・桂林人）
［崇禎］鄆城 4/17
［康熙］鄆城 4/16
［光緒］鄆城 6/24
34 **洪漢**（字天章,別號雲廣）
（明・章丘人）
［嘉靖］山東 29/26
［康熙］濟南 36/7
［道光］濟南 49/45
［萬曆］章丘 24/23
［康熙］章丘 6/20
［乾隆］章邱 9/15
［道光］章邱 10/13
章邱縣鄉土志/上 39
36 **洪遇**（明・歷城人）
［道光］濟南 49/21
［乾隆］歷城 37/31
37 **洪祿**（清・臨清人）
［宣統］山東 174/31
［民國］臨清縣/人物 46
40 **洪士果**（明・錢塘人）
［光緒］寧津 6/26
寧津縣志料 3/人物－名宦
寧津縣鄉土志/政績
洪大猷（字偉烈,晚號南林居士）
（清・齊河人）
［民國］齊河 27/22
［民國］濟陽 11/72,17/50
44 **洪夢齡**（字錫九）
（清・臨清人）
［民國］臨清縣/人物 17
47 **洪朝選**（號芳洲）
（明・福建同安人）
［康熙］昌邑 8/4
［乾隆］昌邑 8/238
60 **洪恩照**（見洪恩炤）
洪恩炤（字玉笥）
（明・河南息縣人）
［宣統］山東 73/32
［乾隆］萊州 9/17
萊州府鄉土志/上 21
［乾隆］掖縣 3/33
72 **洪隱君**（明・歷城人）
［康熙］山東 46/2
［康熙］濟南 48/5
［道光］濟南 49/40
［崇禎］歷城 10/28
［乾隆］歷城 44/4
77 **洪用舟**（字蘭楫）
（清・四川成都縣人）
［光緒］德平 5/18
［民國］續修歷城 38/5
［民國］續滕縣志 1/27
滕縣鄉土志/12
80 **洪毓琛**（字璟南）
（清・臨清人）
［宣統］山東 174/28
［民國］臨清縣/人物 17
82 **洪釗**（明）
［宣統］山東 71/17
［道光］濟南 36/53
［乾隆］德州 8/5

[民國]德縣 9/7
87 洪鈞(明·新城人)
[宣統]山東 161/33
88 洪範(清·宛平人)
[民國]無棣 9/7
洪敏(明·福建同安人)
[順治]定陶 5/9
[乾隆]定陶 4/21
[民國]定陶 4/27

3419₀ 牧

40 牧皮(春秋)
[雍正]山東 11/闕里二 20
[乾隆]兗州 7/32
[乾隆]曲阜 59/9

沐

80 沐並(字德信)
(魏·河間人)
[雍正]山東 27/86
[宣統]山東 66/34

3426₀ 褚

00 褚褒(字季野)
(晉)
[萬曆元年]兗州 38/武功 5
褚文翰(字廷卓)
(清·嶧縣人)
[乾隆]兗州 23/85
褚文炎(字麗中)
(清·嶧縣人)
[乾隆]嶧縣 8/36
[光緒]嶧縣 21/孝友 5
10 褚雲翔(清·禹城人)
[道光]濟南 56/38
[嘉慶]禹城 9/19
[民國]禹城 6/16
禹城縣鄉土志/19
12 褚廷霖(字武先,號冰廬)
(清·嶧縣人)
[乾隆]嶧縣 8/44
[光緒]嶧縣 21/宦績 4
褚登禄(明·濟寧人)
[康熙]濟寧州 7/52
褚廷樞(字武秘)
(清·嶧縣人)
[乾隆]嶧縣 8/36
[光緒]嶧縣 21/文苑 2
褚廷極(字北垣)
(清·嶧縣人)
[乾隆]嶧縣 8/38
[光緒]嶧縣 21/耆舊 5
13 褚珖(字南泉)
(明·嶧縣人)
[乾隆]嶧縣 8/26
[光緒]嶧縣 21/耆舊 1
24 褚德培(字嵩華)
(明·嶧縣人)
[康熙]嶧縣 4/83
[乾隆]嶧縣 8/27
[光緒]嶧縣 21/鄉賢 70
褚德壎(字旦旭)
(清·嶧縣人)
[康熙]嶧縣 4/88
[乾隆]嶧縣 8/33
[光緒]嶧縣 21/宦績 3
褚化鰲(字應龍)
(明·嶧縣人)
[康熙]嶧縣 4/81
[乾隆]嶧縣 8/26
[光緒]嶧縣 21/耆舊 2
27 褚修己(字敬堂)
(清·陽信人)
[民國]陽信 5/忠義 44
28 褚從化(清·沂州人)
[康熙]沂州志 4/25
30 褚寶(字光楚,一字鳳臺)
(明·南直懷遠人,一作鳳陽人,又作河南偃師人)
[宣統]山東 73/13
[嘉靖]青州 13/50
[萬曆]青州 12/34
[康熙十五年]青州 12/34
[康熙四十八年]青州 12/34
[康熙六十年]青州 12/29
[咸豐]青州 36/15
[嘉靖]臨朐 2/49,4/44,4/48
[康熙]臨朐縣志書 1/35,3/2
光緒臨朐 13/5
褚安民(字方從)
(清·嶧縣人)
[光緒]嶧縣 21/耆舊 17
37 褚鴻吉(清·臨朐人)
臨朐縣鄉土志 1/耆舊
褚鴻基(字耿光)
(清·臨朐人)
[民國]臨朐續志 22/33
40 褚大(字少孫)
(漢·蘭陵人)
[宣統]山東 153/28
[萬曆二十四年]兗州 30/20
[康熙]兗州 24/19
[乾隆]兗州 23/8
[萬曆]沂州志 6/30
[康熙]沂州志 5/11
[乾隆]沂州府 27/1
[康熙]嶧縣 4/9
[乾隆]嶧縣 8/2
[光緒]嶧縣 21/鄉賢 23
[民國]臨沂 9/3
褚太(見褚大)
褚士登(清·壽光人)
[乾隆]續壽光 23/9
[嘉慶]壽光 13/11
[民國]壽光 12/人物志一 81
褚真樸(明·陽信人)
[民國]陽信 5/義俠 75
44 褚懋(清·鉅野人)
[民國]續修鉅野 5/上 25
褚懋濬(字虞臣)
(清·嶧縣人)
[乾隆]兗州 23/68
[康熙]嶧縣 4/90
[乾隆]嶧縣 8/35
[光緒]嶧縣 21/孝友 5
褚懋浚(字錫功)
(清·嶧縣人)
[乾隆]嶧縣 8/35
[光緒]嶧縣 21/耆舊 4
褚莊持(清·嶧縣人)
[光緒]嶧縣 21/耆舊 15
48 褚松(清·高密人)
[康熙]高密 8/11
50 褚本經(字麟亭)
(清·陽信人)
[民國]陽信 5/文學 26
褚本選(清·陽信人)

[民國]陽信 5/忠義 45

53 褚成京(字慕仰)
(清・嶧縣人)
[光緒]嶧縣 21/耆舊 18,21/孝友 13

褚成璽(清)
[光緒]嶧縣 21/文苑 5

褚盛明(明・江都人)
[乾隆]掖縣 3/37

褚成炎(字璧九)
(清・嶧縣人)
[光緒]嶧縣 21/耆舊 17

60 褚景周(字鳳岐)
(清・濰縣人)
[民國]濰縣志稿 29/27

62 褚昕(字方升,號學徵)
(清・金鄉人)
[乾隆]金鄉 18/85
[咸豐]金鄉縣志略 9/中列傳二 7
[民國]金鄉 13/17

67 褚明龍(清・嶧縣人)
[光緒]嶧縣 21/孝友 15

褚明峻(字克一)
(清・嶧縣人)
[光緒]嶧縣 21/耆舊 18

褚明律(字協六)
(清・嶧縣人)
[光緒]嶧縣 21/耆舊 10

褚明寰(字鑑宇)
(清・嶧縣人)
[光緒]嶧縣 21/耆舊 15

褚明遷(清)
[光緒]嶧縣 21/文苑 5

褚明哲(字鑒遠)
(清・嶧縣人)
[光緒]嶧縣 21/宦績 6

褚明晰(字辨齋)
(清・嶧縣人)
[光緒]嶧縣 21/耆舊 18

褚明陞(字右遷)
(清・嶧縣人)
[光緒]嶧縣 21/孝友 14

77 褚學廉(字清溪)
(清・陽信人)
[民國]陽信 5/文學 22

褚鳳毛(原名成珉,以字行)
(清・嶧縣人)
[光緒]嶧縣 21/宦績 6

褚鳳巢(清・禹城人)
[道光]濟南 56/39

褚鳳年(字桐岡)
(清・陽信人)
[民國]陽信 5/孝友 66

80 褚毓瑾(清・禹城人)
[道光]濟南 56/39
[嘉慶]禹城 9/20
[民國]禹城 6/16

褚毓理(清・禹城人)
禹城縣鄉土志/19

87 褚欽(清・新泰人)
[乾隆]新泰 17/人物上增 4
新泰縣鄉土志/21

90 褚光翰(字君藩)
(清・嶧縣人)
[光緒]嶧縣 21/鄉賢又 77

褚光鉉(字鼎卿)
(明・嶧縣人)
[康熙]兗州續編 16/12
[乾隆]兗州 23/64
[康熙]嶧縣 4/89
[乾隆]嶧縣 8/33
[光緒]嶧縣 21/耆舊 4

褚光釗(字微水)
(清・嶧縣人)
[乾隆]嶧縣 8/33
[光緒]嶧縣 21/鄉賢 71

褚光鏌(字劍卿)
(清・嶧縣人)
[光緒]嶧縣 21/鄉賢又 77

褚光銑(字名卿)
(清・嶧縣人)
[乾隆]兗州 23/63
[光緒]嶧縣 21/鄉賢又 77

褚光鈴(字連卿)
(清・嶧縣人)
[光緒]嶧縣 21/鄉賢又 77

93 褚煊(清・汶上人)
[宣統]四續汶上稿/人物-孝弟傳

94 褚慎絅(字憲亭)
(清・嶧縣人)
[光緒]嶧縣 21/耆舊 11

3426_1 禧

60 禧果(明・壽光人)
[嘉靖]山東 34/17
[雍正]山東 30/20
[泰昌]登州 11/64
[順治]登州 18/24
[崇禎]歷城 10/33
[乾隆]歷城 45/9
[乾隆]續壽光 27/1
[嘉慶]壽光 15/8
[民國]壽光 12/人物志二 87

3430_5 達

34 達法(俗名李慧田,原號見龍)
(清・益都人)
[康熙]益都 10/28

77 達印(姓徐,名維深)
(清・廣寧人)
[光緒]文登 12/6

3510_6 沖

21 沖虛大師(姓趙)
(金)
[同治]黃縣 9/31
[民國]黃縣志稿 13/人物-釋道

3512_7 清

20 清信和尚(姓李,名實修)
(清)
[道光]文登 10/3
[光緒]文登 12/8

21 清虛大師(姓鞠)
(元)
[同治]黃縣 9/31
[民國]黃縣志稿 13/人物-釋道

3516_0 油

24 油德娘(字明復)
(清・菏澤人)
[光緒]菏澤 16/15
[光緒]新修菏澤 11/72

3520_6 神

55 神農(姜姓)
[嘉靖]山東 23/1
[康熙]山東 28/1
[萬曆元年]兖州 1/帝王 2
[萬曆二十四年]兖州 5/2
[康熙]兖州 6/1
[乾隆]兖州 6/1
[崇禎]曲阜 4/1
[康熙]曲阜 4/1

3521_8 禮

10 禮震(字仲威)
(漢・平原人)
[雍正]山東 28/人物一 16
[宣統]山東 153/20,162/9
[康熙]濟南 46/1
[道光]濟南 45/26
[嘉慶]東昌 32/1
[康熙]德州 8/2
[萬曆]平原上/65
[乾隆]平原 8/8
平原縣鄉土志輯稿/孝義

3530_0 連

00 連應鄭(清・樂安人)
[咸豐]青州 46/32
[民國]樂安 10/18
[民國]續修廣饒 19/32
12 連登(清・遼東人)
[雍正]山東 27/98
[宣統]山東 74/57
[光緒]增修登州 25/7
[道光]重修蓬萊 6/2
30 連守度(字志禹,號慎所)
(明・樂安人)
[康熙]山東 42/31
[雍正]山東 28/人物三 55
[宣統]山東 165/21
[康熙十五年]青州 13/85
[康熙四十八年]青州 13/事功 69
[康熙六十年]青州 16/35
[咸豐]青州 45/37
[康熙]樂安縣續志上/貤封 1
[雍正]樂安 12/16
[民國]樂安 10/14
[民國]續修廣饒 19/25
連守章(字敷所)
(明・樂安人)
[雍正]樂安 12/17
[民國]樂安 10/14
[民國]續修廣饒 19/25
38 連祥(明・河南鈞州人)
[宣統]山東 71/14
[康熙]濟南 25/26
[道光]濟南 36/33
[康熙]齊河 5/35
[雍正]齊河 5/34
[民國]齊河 22/2
齊河縣鄉土志名宦祠/16
40 連大(清・靖海衛人)
[光緒]增修登州 43/40
[光緒]文登 10/上 22
連壽(明・錢塘人)
[光緒]文登 5/28
連士章(明・陝西人)
[康熙]兖州續編 14/12
[康熙]單縣 6/13
[乾隆]單縣 4/59
[民國]單縣 6/宦蹟 19
連士雅(字鳳洲)
(明・樂安人)
[康熙]山東 45/19
[康熙十五年]青州 15/54
[康熙四十八年]青州 15/卓行 13
[康熙六十年]青州 15/12
[咸豐]青州 45/57
[民國]樂安 10/7
[民國]續修廣饒 19/12
53 連盛(明・永年人,一作永平人)
[宣統]山東 72/30
[乾隆]曹州府 12/16
[崇禎]鄆城 4/4
[康熙]鄆城 4/3
[光緒]鄆城 6/35
[萬曆]商河 5/23
[道光]商河 5/27
[民國]重修商河 6/66
67 連躍(明・靖海衛人)
[光緒]文登 8/下 8
70 連璧(明・靖海衛人)
[康熙]靖海衛志 7/24
[雍正]文登 7/25
80 連鑛(字伯金)
(明・永寧人)
[康熙]濟寧州 4/7

3530_3 迭

60 迭里威失(見迪哩彌實)

3530_6 迪

66 迪哩彌實(一作迭里威失)
(元)
[康熙]濟南 25/22
[道光]濟南 34/45
[康熙]德州 7/26
[乾隆]德州 8/3
[民國]德縣 9/6

3611_0 況

32 況澄(明・高安人)
[光緒]壽張 5/5
壽張縣鄉土志/政績－興利

3611_7 溫

00 溫彥博(唐・祁縣人)
[宣統]重修恩縣 6/10
溫文桂(清・廣東程鄉人)
[宣統]山東 77/35
[道光]重修平度州 16/21
平度鄉土志 2/政績
10 溫璽(明・堂邑人)
[康熙]聊城 3/27
[宣統]聊城 8/55
溫元(清・招遠人)
[光緒]增修登州 43/26
[道光]招遠縣續志 3/5
溫霑(明・招遠人)
[順治]招遠 8/10
溫而厲(清・招遠人)
[光緒]增修登州 43/27
[道光]招遠縣續志 3/13
溫可第(清・濟陽人)

[乾隆]濟陽 8/35
[民國]濟陽 11/50
17 **溫柔**(字立甫)
(明・堂邑人)
[萬曆]福山 4/17
[順治]堂邑 2/人物 16
[康熙十一年]堂邑 2/選舉 14
溫承惠(字景僑)
(清・太谷人)
[宣統]山東補遺/47
溫子昇(字鵬舉)
(北魏・太原人,一作濟陰冤句人)
[嘉靖]山東 30/33,34/4
[康熙]山東 40/35,48/3
[雍正]山東 31/13
[宣統]山東 163/14
[康熙]濟南 50/3
[道光]濟南 62/2
[萬曆元年]兗州 40/文苑 7,42/10
[萬曆二十四年]兗州 33/33
[康熙]兗州 26/31
[康熙]曹州志 16/11
[乾隆]曹州府 16/14
[崇禎]歷城 10/29
[康熙]東明 6/24
[乾隆]東明 6/24
[民國]東明縣新誌 11/98
東明縣志料/人物門
[光緒]菏澤 16/19
[光緒]新修菏澤 11/77
[康熙]曹縣 12/7
[康熙]兗州府曹縣 12/7
[光緒]曹縣 12/6
18 **溫璇**(明・堂邑人)
[康熙]聊城 3/27
20 **溫季和**(字義卿)
(明・堂邑人)
[順治]堂邑 2/人物 16
[康熙十一年]堂邑 2/選舉 14
溫秉忠(清・招遠人)
[道光]招遠縣續志 2/26
21 **溫穎**(清・陝西漢陰舉人)
[嘉慶]德平 5/22
[光緒]德平 5/15
溫行時(字化溥)
(清・陽信人)
[民國]陽信 5/文學 20
22 **溫綬章**(清・招遠人)
[宣統]山東 176/43
24 **溫德科**(字行修)
(清・冠縣人)
[民國]冠縣 8/人物志 37
25 **溫純**(明・陝西三原人)
[雍正]山東 27/61
[宣統]山東 73/10
[萬曆]青州 12/34
[康熙十五年]青州 12/34
[康熙四十八年]青州 12/34
[康熙六十年]青州 12/27
[咸豐]青州 36/22
[康熙]壽光 20/3
[嘉慶]壽光 10/24
[民國]壽光 6/14
壽光縣鄉土志/政績
溫仲謙(元)
[嘉靖]山東 26/27
[嘉慶]東昌 22/15
26 **溫自知**(明・三原人)
[崇禎]歷乘 16/66
30 **溫安**(明・肥城人)
[康熙]濟南 44/11
[乾隆]泰安府 18/36
[康熙]肥城書下/15
[嘉慶]肥城 17/18
[光緒]肥城 9/3
肥城縣鄉土志 5/20
溫良(明・陽曲人)
[乾隆]東昌 35/11
[嘉慶]東昌 22/16
溫憲(字郁亭)
(清・德州人)
[民國]德縣 10/49
溫良臣(清・陽信人)
信邑志稿 7/耆碩
31 **溫濡**(明・招遠人)
[光緒]增修登州 39/24
[順治]招遠 8/1
37 **溫潤**(字如玉,號荊山)
(明・阜城人)
[正德]莘縣 5/6
40 **溫壽**(漢・太原祁人)
[道光]濟南 33/7
[順治]鄒平 4/3
[康熙]鄒平 4/3
溫嘉謨(字顯甫)
(清・商河人)
[民國]重修商河 8/90
44 **溫萃**(字聚之)
(明・堂邑人)
[康熙]堂邑 12/2
[康熙]聊城 3/23
溫燕(字嘉賓)
(清・陵縣人)
[光緒]陵縣 19/人物傳二 17
溫萃升(清・招遠人)
[光緒]增修登州 43/26
溫其中(清・霑化人)
[光緒]霑化 10/26
[民國]霑化 3/4
溫萬泰(清・壽張人)
[光緒]壽張 7/15
46 **溫如玉**(字白雪,號伯堅)
(明・長州人)
[康熙]山東 49/4
[宣統]山東 200/11
[康熙]萊州 10/95
[康熙]膠州 6/52
[乾隆]膠州 5/36
[道光]重修膠州 31/1
[民國]增修膠志 48/1
膠州直隸州鄉土志 4/藝術
溫如玉(字孟醇)
(明・湖廣鄖陽人)
[雍正]山東 27/66
[宣統]山東 70/26
[道光]濟南 35/35
[乾隆]續登州 8/3
[光緒]增修登州 25/3
47 **溫都爾**(原作諳都剌,字瑞之,一作瑞芝)
(元・上都人)
[嘉靖]山東 27/7
[康熙]山東 35/8
[雍正]山東 27/58

[宣統]山東 69/33
[嘉靖]青州 13/34
[萬曆]青州 12/24
[康熙十五年]青州 12/24
[康熙六十年]青州 12/15
[康熙四十八年]青州 12/24
[咸豐]青州 35/22
[乾隆]東昌 35/1
[光緒]益都縣圖志 17/14
48 溫乾(字健之)
(明・堂邑人)
[康熙]聊城 3/27
[順治]堂邑 2/人物 9
[康熙]堂邑 12/7
50 溫中舒(清・冠縣人)
[乾隆]東昌 43/16
[嘉慶]東昌 32/42
[道光]冠縣 8/上 23
[光緒]冠縣 8/孝義
[民國]冠縣 8/人物志 28
60 溫曰道(清・招遠人)
[光緒]增修登州 43/27
溫景葵(字汝陽,號三山)
(明・山西大同人)
[宣統]山東 71/12
[康熙]濟南 25/45
[道光]濟南 36/25
[康熙四十三年]長山 3/宦績
[康熙五十五年]長山 3/34
[嘉慶]長山 5/42
67 溫明先(明・招遠人)
[泰昌]登州 11/47
[順治]登州 17/26
[光緒]增修登州 43/25
[順治]招遠 9/19
77 溫興習(清・樂安人)
[民國]續修廣饒 19/62
溫興始(字岷源)
(清・陽信人)
[民國]陽信 5/篤行 33
陽信縣鄉土志上/耆舊 - 學問
82 溫鍾洛(字聖涵)
(瑞安人)
[民國]重修商河 6/76
86 溫知新(清・招遠人)
[光緒]增修登州 43/26
90 溫粹(明・堂邑人)
[順治]堂邑 2/人物 4
94 溫恢(字曼基)
(魏・太原祁人)
[雍正]山東 27/31
[宣統]山東 66/33
[萬曆二十四年]兗州 26/15
[乾隆]兗州 22/5

浥

30 浥安(周)
[康熙]重修臨邑 10/1

3612_7 涓

17 涓子(春秋・齊人)
[雍正]山東 30/1
[道光]濟南 60/1
[嘉靖]青州 16/46
[康熙十五年]青州 17/6
[康熙四十八年]青州 17/仙釋 1
[康熙六十年]青州 20/9
[萬曆二十四年]兗州 52/21
[康熙]益都 10/23
[康熙]魚臺 17/74
[民國]臨淄 30/41

湯

00 湯文(明・揚州人)
[同治]重修寧海州 15/4
[民國]牟平 6/76
湯文瓚(字廷器)
(明・滋陽人)
[光緒]滋陽 11/47
07 湯詔(明・寧海人)
[康熙]寧海州 8/5
10 湯震(明・夏津人)
[乾隆]東昌 42/30
[嘉靖]夏津 4/10
[康熙]夏津 5/8
[乾隆]夏津 8/20
湯三俊(明・濟寧人)
[乾隆]濟寧直隸州 26/34
[道光]濟寧直隸州 8/2 - 45
湯于陛(見楊于陛)
17 湯豫誠(字素一,號川南)
(清・河南儀封人,一作睢州人)
[宣統]山東 74/48,75/46
[道光]濟南 37/71
[乾隆]武定府 16/25
[咸豐]武定府 19/海豐 3
[乾隆]德州 8/15
[民國]德縣 9/12
[民國]無棣 9/4
海豐縣鄉土志/政績
湯承寵(明・浙江嘉興人)
[康熙]膠州 5/11
[乾隆]膠州 4/12
[道光]重修膠州 22/5
[民國]增修膠志 17/5
20 湯維新(字惺心)
(明・濟寧人)
[崇禎]鄆城 6/5
[康熙]鄆城 6/3
[光緒]鄆城 7/4
22 湯任尹(字美商,號耕莘)
(清・清平人)
[宣統]增輯清平 12/40
[民國]清平/人物 22
27 湯侗存(字子愿)
(清・鄆城人)
[康熙]鄆城 6/4
[光緒]鄆城 7/4
28 湯儉(明・莘縣人)
[正德]莘縣 6/38
30 湯憲(字式九)
(清・茲陽人)
[康熙]鄆城 6/12
[光緒]鄆城 7/12
湯宗(字正傳)
(明・平陽人)
[道光]濟南 35/32
湯之任(明・濟寧人)
[康熙]濟寧州 7/8
湯之翰(清・文登人)
[道光]文登 5/10
[光緒]文登 10/上 6
湯永輝(字星南)
(清・長清人)

[民國]長清 13/2
31 湯澐(清・文登人)
[道光]文登 5/10
32 湯兆德(陽穀人)
[民國]增修陽穀人物/仕宦 24
34 湯浩(字仁甫)
(清・滋陽人)
滋陽縣鄉土志 1/耆舊-忠義
38 湯道衡(字平子,一字參宇)
(明・南直丹陽人)
[康熙]山東 31/18
[雍正]山東 27/16
[宣統]山東 70/31
[道光]濟南 35/41
[崇禎]武定州 15/22
[乾隆]武定府 16/11
[咸豐]武定府 19/11
[崇禎]歷乘 16/40
[乾隆]惠民 5/20
[光緒]惠民 18/12
惠民縣鄉土志/政績錄 6
湯啟業(明・宜興人)
[同治]黃縣 6/5
40 湯希范(明・睢陽人)
[萬曆]青城 1/45
41 湯楨(字維周)
(清・滋陽人)
[光緒]滋陽 8/67
滋陽縣鄉土志 1/耆舊-文學
44 湯世德(字心畬)
(清・安徽繁昌人)
[光緒]費縣 3/58
[光緒]增修諸城縣續志 11/6
湯茂峒(字同山)
(清・新城人)
[民國]重修新城 18/11
湯世寧(字民望)
(明・直隸盱眙人)
[嘉靖]朝城志 5/又 16
[康熙]朝城 7/28
湯萬選(字青銓)
(清・陽穀人)
[民國]增修陽穀人物/武學師 31
湯世培(字植齋)
(清・江西南豐人)
[民國]續修歷城 38/3
湯世典(字慎五)
(清・鄒縣人)
[民國]續修鄒縣志稿/人物-耆舊
46 湯楫(明・泗州人)
[乾隆]陽信 5/8
47 湯朝檍(字弓材)
(清・清平人)
清平縣鄉土志/耆舊
湯朝樞(清・清平人)
清平縣鄉土志/耆舊
50 湯中允(字臯問)
(清・滋陽人)
[乾隆]兗州 23/88
[乾隆]曲阜 92/3
[光緒]滋陽 9/6
滋陽縣鄉土志 1/耆舊-忠義
湯書田(字藝圃)
(清・壽光人)
[民國]壽光 12/人物志二 28
60 湯思恭(字居敬)
(明)
[宣統]山東 71/28
[道光]濟南 36/48
[康熙]長清 8/45
[道光]長清 3/9
湯甲第(字震東)
(清・清平人)
[民國]清平/人物 71
67 湯昭(元・曹縣人)
[康熙]曹縣 11/43
[康熙]兗州府曹縣 11/52
[光緒]曹縣 11/耆老 1
湯明善(字汝一)
(明・江陰人)
[宣統]山東 73/38
[萬曆]萊州 5/78
[康熙]萊州 8/57
[乾隆]萊州 9/25
[萬曆]即墨志 6/13,10/39,10/41
[康熙]纂修即墨/下 9
[乾隆]即墨 8/7
[同治]即墨 8/6,10/上 63
即墨縣鄉土志/政績錄
71 湯臣(明・福山人)
[康熙]福山 8/19
[乾隆]福山 8/32
湯長波(字子安)
(清・陽穀人)
[民國]增修陽穀人物/國術師 33
77 湯鳳樓(字修五)
(清・陽穀人)
[民國]增修陽穀人物/師道 28
80 湯合浦(長清人)
[民國]長清 12/27
湯毓曾(字蔚園)
(清・滋陽人)
[光緒]滋陽 9/16
82 湯釗(字繼康)
(明・清平人)
[嘉慶]清平 14/39
[宣統]增輯清平 12/39
[民國]清平/人物 21
清平縣鄉土志/耆舊
83 湯鋐(字東笙)
(清・宛平人)
[光緒]曹縣 9/縣令 10
湯鋐(字東笙)
(清・江蘇陽湖人)
[民國]臨淄 18/13
湯鐵(見湯鉄)
85 湯鉄(明・濟寧人)
[康熙]濟寧州 7/33
[乾隆]濟寧直隸州 28/1
[道光]濟寧直隸州 8/2-49
91 湯炳堃(清)
[宣統]三續淄川 9/45
湯炳宇(清・汶上人)
[宣統]四續汶上稿/人物-施濟傳

3621_0 祝

00 祝賡(字載颺,號合真)

（清・城武人）
［康熙九年］城武 3/51
［康熙四十一年］城武 5/上懿行 7
［道光］城武 9/下 12
祝慶（清・諸城人）
［乾隆］諸城 39/9
［道光］諸城縣續志 19/5
祝應晉（字蕃錫）
（清・恩縣人）
［雍正］恩縣續志 3/15
祝文華（明・常山人）
［正德］博平 5/81
祝應甫（字仲山）
（清・金鄉人）
［民國］金鄉 14/11
祝文質（字子野）
（清・鄒縣人）
［民國］續修鄒縣志稿/人物－耆舊
祝文冕（字宗周）
（明・德興人，一作興化人）
［康熙］濟南 25/43
［道光］濟南 36/10
［嘉靖］章丘 3/6
［萬曆］章丘 21/73
［康熙］章丘 4/25
［乾隆］章邱 7/4
［道光］章邱 9/5
章邱縣鄉土志/上 8
10 祝正詞（字訥齋）
（清・昌邑人）
［光緒］昌邑縣續志 6/28
祝三千（字建如）
（清・益都人）
［康熙四十八年］青州 15/義民 21
祝天保（字惟忠，號鳳石）
（明・北直唐山人）
［宣統］山東 73/17
［萬曆］青州 12/36
［康熙十五年］青州 12/36
［康熙四十八年］青州 12/36
［康熙六十年］青州 12/31
［咸豐］青州 36/17
［萬曆］諸城 4/24，5/16
［康熙］諸城 5/14
［乾隆］諸城 28/5
祝玉華（字光耀）
（清平人）
［民國］清平/人物 78
祝爾昌（清・城武人）
［康熙四十一年］城武 5/上懿行 17
［道光］城武 9/下 19
祝爾公（字斗南）
（清・城武人）
［康熙四十一年］城武 5/上懿行 9
［道光］城武 9/下 14
祝元敏（字駿公，號麻巖）
（清・牟平人）
［光緒］增修登州 41/57
［民國］牟平 7/15
18 祝敔（明・城武人）
［康熙九年］城武 3/52
20 祝維岳（見祝惟嶽）
21 祝鯁（字眉年）
（清・諸城人）
［咸豐］青州 46/52
［乾隆］諸城 39/6
諸城縣鄉土志/上 42
祝衍洙（字淮原）
（清・鄆城人）
［康熙］鄆城 6/12
［光緒］鄆城 7/12
22 祝鑾（明・山西襄陵人）
［嘉靖］朝城志 5/12
［康熙］朝城 7/15
祝繼元（明・海寧歲貢）
［嘉慶］慶雲 7/33
［咸豐］慶雲 2/25
［民國三年］慶雲 1/91
祝繼恩（明・寧海人）
［康熙］寧海州 9/3
23 祝獻（明・浙江蘭谿進士）
［萬曆］福山 4/3
［康熙］福山 7/8
［乾隆］福山 7/10
祝佗父（春秋）
［萬曆元年］兗州 40/謀略 6
［民國］臨淄 22/57
24 祝德行（字步雲）
（清・濟寧人）
［民國］濟寧直隸州續志 14/21
祝魁世（字憲一）
（清・鄆城人）
［康熙］鄆城 6/21
［光緒］鄆城 8/10
祝化普（清・金鄉人）
［民國］金鄉 14/10
25 祝紳（清・城武人）
［道光］城武 9/下 39
30 祝永孝（明・城武人）
［雍正］山東 28/人物三 75
［宣統］山東 164/53
［康熙九年］城武 3/12
［康熙四十一年］城武 5/上懿行 20
［道光］城武 9/上 39
祝良墀（字彤階）
（清・惠民人）
［光緒］惠民 21/16
惠民縣鄉土志/耆舊錄 13
33 祝溥（字濟遠）
（清・諸城人）
［道光］諸城縣續志 19/5
祝心銓（字文衡，號選樓）
（牟平人）
［民國］牟平 7/104
34 祝祺（清・諸城人）
［光緒］增修諸城縣續志 15/5
35 祝連登（字瀛洲）
（清・諸城人）
［道光］諸城縣續志 19/5
37 祝遐齡（明・城武人）
［康熙九年］城武 3/20
［康熙四十一年］城武 5/下義烈 3
［道光］城武 9/下 44
38 祝祥（明）
［宣統］山東 72/12
［康熙］兗州續編 14/13
［乾隆］兗州 22/28
［康熙］濟寧州 4/55

[乾隆]濟寧直隸州 22/17
[道光]濟寧直隸州 6/6－24
39 祝泮源(字聖溪,一字雍泉,號翰藻)
(清·濮州人)
[宣統]濮州 4/112,8/114
40 祝壽(字靜菴)
(明·歷城人)
[道光]濟南 49/17
[乾隆]歷城 37/26
祝壽(明·鄆城人)
[康熙]鄆城 5/7
[光緒]鄆城 5/9
祝樟(字秋泉)
(明·金鄉人)
[民國]金鄉 13/10
祝嘉行(明·城武人)
[康熙九年]城武 3/14
[康熙四十一年]城武 5/上懿行 1
[道光]城武 9/下 8
祝大猷(字輝生)
(清·城武人)
[道光]城武 9/下 5
祝奎光(清·諸城人)
[光緒]增修諸城縣續志 15/3
祝堯煥(字文徵)
(明·濮州人)
[宣統]濮州 4/105
44 祝芹(字彥學)
(明·城武人)
[萬曆二十四年]兗州 37/5
[康熙]兗州 28/34
[乾隆]東昌 39/36
[乾隆]曹州府 16/5
[康熙九年]城武 3/8
[康熙四十一年]城武 5/上宦蹟 3
[道光]城武 9/上 19
祝華先(清·鄆城人)
[光緒]鄆城 10/10
祝孝先(清·淄川人)
[宣統]三續淄川 10/13
祝孝憑(清·河南固始人)
[光緒]鄆城 6/12
鄆城縣鄉土志/政績錄－興利
祝萬壽(字嵩三)
(清·昌邑人)
[光緒]昌邑縣續志 6/4
祝茂松(字蔚嶽)
(清·金鄉人)
[民國]金鄉 13/續增 7
祝萬春(明·唐山人)
[乾隆]嶧縣 7/36
祝世美(明·湖廣黃岡人)
[宣統]山東 71/33
[乾隆]泰安府 15/24
[道光]東阿 11/16
祝世恒(字君錫)
(清·定陶人)
[乾隆]定陶 6/26
[民國]定陶 6/48
47 祝朝聘(明·陝西人)
[萬曆]濮州 3/名宦 37
48 祝增(字喻存)
(清·浙江海寧人)
[宣統]山東 76/29
[康熙]鄆城 4/11
[光緒]鄆城 6/10
鄆城縣鄉土志/政績錄－除害
祝敬熙(字正齋)
(清·平度人)
[民國]平度縣續志 8/14
50 祝春(字輔臣)
(清·曹縣人)
[光緒]曹縣 14/仕蹟 12
51 祝振武(字殿元)
(清·城武人)
[道光]城武 9/下 29
53 祝成(明·城武人)
[康熙九年]城武 3/62
55 祝捷(清·城武人)
[康熙九年]城武 3/13,5/5
[康熙四十一年]城武 5/上懿行 23
[道光]城武 9/上 42
58 祝掄升(清·城武人)
[道光]城武 9/下 35
60 祝思信(清·遼東人)
[宣統]山東 74/53
[道光]濟南 37/74
[乾隆]德州 8/10
[民國]德縣 9/10
64 祝睦(字元德)
(漢·濟陰人)
[道光]濟寧直隸州 6/6－3
[咸豐]金鄉縣志略 7/3
[民國]金鄉 11/18
金鄉縣鄉土志/政績錄
祝時雍(明·合肥人)
[萬曆]沂州志 4/55
68 祝喻(字完真)
(清·城武人)
[康熙]山東 40/64
[宣統]山東 173/25
[乾隆]曹州府 15/23
[康熙]單縣 7/30
[康熙九年]城武 3/8,3/45
[康熙四十一年]城武 4/下 16
[道光]城武 9/上 17
69 祝瞵(清·諸城人)
[道光]諸城縣續志 19/5
71 祝長春(昌樂人)
[民國]昌樂縣續志 27/7
祝長年(字鶴齡)
(清·臨朐人)
臨朐縣鄉土志 1/耆舊
77 祝鳳(明·曹縣人)
[康熙]曹縣 11/43
[康熙]兗州府曹縣 11/52
[光緒]曹縣 11/耆老 1
祝隆(明·莘縣人)
[正德]莘縣 6/36
祝興(明·江南合肥人)
[乾隆]沂州府 17/32
祝欣五(清·諸城人)
[光緒]增修諸城縣續志 16/32
祝用觀(清·諸城人)
[光緒]增修諸城縣續志 14/8
祝鳳喈(字棲桐)
(清·齊河人)
[宣統]山東 170/24

［民國］齊河 26/24
祝風同(見祝鳳同)
祝鳳同(字晝一)
(清・恩縣人)
［宣統］重修恩縣 8/49
［民國］重修恩縣 11/鄉賢 69
祝用履(清・諸城人)
［光緒］增修諸城縣續志 17/11
80 **祝鑫**(清・浙江仁和人)
［民國］昌樂縣續志 25/3
祝俞(字完真)
(清・城武人)
［順治］單縣 2/39
86 **祝錫廷**(清・濟寧人)
［民國］濟寧直隸州續志 14/4
87 **祝欽昊**(明・北直密雲人)
［康熙］昌邑 5/17
［乾隆］昌邑 5/119
88 **祝簡**(號靜菴)
(清・城武人)
［道光］城武 9/下 38
祝錀(字韻菴)
(清・濮州人)
［宣統］濮州 6/9
祝銓(字簡臣)
(清・城武人)
［康熙九年］城武 5/16
祝笠野
［乾隆］諸城 43/4
90 **祝堂**(明・新泰人)
［天啟］新泰 6/19
［順治］新泰 5/24
［乾隆］新泰 16/6
祝懷瑾(字璞菴)
(清・汶上人)
［宣統］四續汶上稿/人物－施濟傳
祝惟嶽(字同甫,一作周輔,又作國甫)
(宋・城武人)
［嘉靖］山東 30/45
［雍正］山東 28/人物二 30
［宣統］山東 161/14
［萬曆元年］兗州 40/武功 18
［萬曆二十四年］兗州 35/16
［康熙］兗州 27/15
［乾隆］曹州府 14/24
［康熙九年］城武 3/3
［康熙四十一年］城武 4/下 8
［道光］城武 9/上 9

3625_6 禪

88 **禪鑑大師**(姓王,法諱文宗)
(宋・登州人)
［嘉靖］山東 34/16
［康熙］山東 47/9
［宣統］山東 200/26
［泰昌］登州 11/60
［順治］登州 18/20
［康熙］蓬萊 6/3
［道光］重修蓬萊 2/32
［民國］增修蓬萊 2/仙釋
［民國］蓬萊縣志合編人物志/仙釋

3630_0 迴

90 **迴光和尚**(清・濰縣人)
［民國］濰縣志稿 36/11

3630_2 邊

00 **邊文秀**(字子章)
(長清人)
［民國］長清 12/20
邊度春(字芝圃)
(清・奉天錦州監生)
［民國］金鄉 11/22
邊康敷(清・濟南長清人)
［道光］重修平度州 16/24
［道光］長清 12/5
10 **邊貢**(字廷實,號華泉)
(明・歷城人)
［嘉靖］山東 29/26
［康熙］山東 39/25
［雍正］山東 28/人物三 20
［宣統］山東 163/28
［康熙］濟南 42/12
［道光］濟南 49/11
［崇禎］歷乘 16/19,16/52
［崇禎］歷城 10/13,10/26,13/69
［乾隆］歷城 17/38,40/13
邊雲(明・堂邑人)
［順治］堂邑 2/人物 18
［康熙十一年］堂邑 2/選舉 24
［康熙］堂邑 14/7
邊玉清(陽信人)
［民國］陽信 5/忠義 51
邊正志(字心農)
(臨淄人)
［民國］臨淄 24/30
12 **邊瑀**(字朝佩)
(明・霑化人)
［乾隆］武定府 24/4
［咸豐］武定府 24/清介 4
［萬曆］新修霑化 6/113
［光緒］霑化 7/21
［民國］霑化 2/23
邊廷楫(字蘭舫)
(長清人)
［民國］長清 12/20
15 **邊建勳**(字慕堯)
(清・長清人)
［民國］長清 11/31
17 **邊習**(字仲學)
(明・歷城人)
［道光］濟南 49/11
邊子元(字仲三)
(清・齊東人)
［民國］齊東 5/28
邊子申(字淦卿)
(齊東人)
［民國］齊東 5/38
22 **邊繼善**(清・臨淄人)
［民國］臨淄 28/10
25 **邊傑**(明・北直唐縣人)
［嘉靖］山東 26/18
［康熙］山東 33/21
［雍正］山東 27/78
［宣統］山東 72/19
［萬曆元年］兗州 38/循吏 43
［萬曆二十四年］兗州 29/14
［康熙］兗州 22/35
［萬曆］沂州志 6/10
［乾隆］沂州府 20/7

［康熙］郯城 6/23
［乾隆］郯城 7/24
27 **邊象曾**（清・任邱人）
［道光］招遠縣續志 2/15
30 **邊寧**（字靜之）
（明・膠州人）
［康熙］膠州 5/28
［乾隆］膠州 4/35
［道光］重修膠州 26/6
［民國］增修膠志 40/33
膠州直隸州鄉土志 4/篤行
邊永清（字震圉）
（清・保定滿城人）
［同治］即墨 12/34
邊宗奭（字蔭棠）
（清・齊東人）
［民國］齊東 5/23
齊東縣鄉土志/耆舊錄 4
31 **邊漑**（字雨田）
（明・任邱舉人）
［道光］濟寧直隸州 6/6–29
［咸豐］金鄉縣志略 7/7
［民國］金鄉 11/19
金鄉縣鄉土志/政績錄
邊源（元）
［道光］濟寧直隸州 6/6–18
34 **邊漢章**（明・鄆城人）
［崇禎］鄆城 6/15
［康熙］鄆城 6/16
［光緒］鄆城 8/5
37 **邊鴻達**（字凌雲）
（清・恩縣人）
［民國］重修恩縣 11/鄉賢 36
40 **邊希珍**（字聘卿）
（霑化人）
［民國］霑化卷首/12
邊在明（字德修）
（清・齊河人）
［民國］齊河 25/4
47 **邊朝衛**（號龍峯）
（明・壽陽人）
［康熙］聊城 2/8
50 **邊肅**（字安國）
（宋・應天楚丘人）
［雍正］山東 28/人物二 31
［宣統］山東 157/26
［萬曆二十四年］兗州 35/12
［康熙］兗州 27/11
［康熙］曹州志 15/49
［乾隆］曹州府 14/24
［康熙］曹縣 12/17
［康熙］兗州府曹縣 12/17
［光緒］曹縣 12/16
51 **邊振宗**（字輝祖）
（清・陽信人）
［民國］陽信 5/任恤 37
67 **邊明盛**（字興甫）
（清・長清人）
［民國］長清 11/31
77 **邊鳳**（五代・濱州人）
［至元］齊乘 6/21
［康熙］濟南 47/2
［乾隆］武定府 25/2
［咸豐］武定府 25/孝友 2
［康熙］濱州 7/23
［咸豐］濱州 10/20
濱州鄉土志/耆舊錄
邊同英（霑化人）
［民國］霑化 4/登進 48
邊鳳舉（唐・渤海人）
［宣統］山東 165/6
88 **邊鑑**（明・鄒縣人）
［嘉靖］鄒縣地理誌 1/26
邊節（字時中）
（明・歷城人）
［道光］濟南 49/10
［乾隆］歷城 37/20

遇

18 **遇珍**（元・掖縣人）
［泰昌］登州 11/57
［順治］登州 18/2
［光緒］增修登州 24/14
［乾隆］黃縣 8/41
［同治］黃縣 6/2
［民國］黃縣志稿 11/宦績
［乾隆］掖縣 4/19
33 **遇濱海**（字良鋆）
（黃縣人）
［民國］黃縣志稿 13/民國藝術
60 **遇國甯**（元・掖縣人）
［同治］黃縣 6/2
67 **遇昭武**（名珍）
（元・掖縣人）
［康熙］黃縣 5/12
［乾隆］黃縣 6/名宦 3
［民國］黃縣志稿 14/金石

3710_7 盜

60 **盜蹠**（周）
［萬曆元年］兗州 41/5
［萬曆二十四年］兗州 37/33
［康熙］兗州 28/73
［萬曆］章丘 33/85
［康熙］章丘 6/59

3711_2 氾

67 **氾昭**（字興先）
（漢・盧縣人）
肥城縣鄉土志 5/12
80 **氾毓**（字稚春）
（晉・濟北盧人）
［嘉靖］山東 29/6
［康熙］山東 39/5
［雍正］山東 28/人物一 35
［宣統］山東 162/17
［康熙］濟南 44/1
［道光］濟南 45/42
［嘉靖］青州 15/14
［萬曆］青州 14/12
［康熙十五年］青州 14/13
［康熙四十八年］青州 14/孝友 2
［康熙六十年］青州 17/9
［乾隆］泰安府 18/4
［萬曆二十四年］兗州 32/30
［康熙］兗州 25/25
［順治］平陰 7/1
［康熙］長清 9/68
［道光］長清 11/3
［嘉慶］肥城 17/15
［光緒］肥城 9/1
肥城縣鄉土志 5/12

3712_7 湧

30 **湧空禪師**（俗姓趙，名天得，字禮之）

（明）
［雍正］山東 30/25
［道光］濟南 60/14
［康熙］新城 8/16
［民國］重修新城 26/6

滑

40 滑壽（明・東平人）
［乾隆］東平州 15/40
［道光］東平州 15/40
［光緒］東平州 15/下 70
［民國］東平縣 11/下 37

3714_7 汲

60 汲黯（字長孺）
（漢・濮陽人）
［嘉靖］山東 26/1,31/1
［康熙］山東 33/1,41/1
［雍正］山東 28/人物一 4
［萬曆元年］兖州 39/名宦 2
［萬曆二十四年］兖州 26/2
［康熙］兖州 21/2
［萬曆］沂州志 6/2
［康熙］沂州志 3/38
［乾隆］沂州府 20/1
［萬曆］東昌 19/3
［乾隆］曹州府 14/3
［嘉靖］濮州 5/1
［萬曆］濮州 3/鄉賢 1
［康熙］濮州 3/33
［乾隆］濮州 3/34
［宣統］濮州 4/40
［康熙］郯城 6/23
［乾隆］郯城 7/22
［光緒］嶧縣 19/3
汲固（北魏・東郡梁城人）
［嘉靖］山東 26/4,31/8
［康熙］山東 33/5
［雍正］山東 27/32
［萬曆元年］兖州 38/循吏 18
［萬曆二十四年］兖州 27/5
［康熙］兖州 21/19
［乾隆］兖州 22/8
64 汲時學（明・邯鄲人）
［嘉靖］濮州 7/18
77 汲桑（晉・長清人）
［康熙］濟南 54/33
［康熙］長清 9/50
［道光］長清 13/1

3716_1 澹

40 澹臺滅明（字子羽）
（春秋・武城人）
［嘉靖］山東 24/6
［康熙］山東 29/6
［雍正］山東 11/闕里二 13
［宣統］山東 153/4
［萬曆元年］兖州 7/36
［萬曆二十四年］兖州 7/16
［康熙］兖州 8/17
［乾隆］兖州 7/23
［萬曆］沂州志 6/25
［康熙］沂州志 5/7
［乾隆］沂州府 25/1
［道光］濟寧直隸州 8/1－23
［康熙］費縣 7/3
［光緒］費縣 10/1
費縣鄉土志/耆舊錄－事業
［乾隆］曲阜 59/3
［順治］嘉祥 4/11,4/57
［乾隆］嘉祥 3/6
［光緒］嘉祥 3/6
［嘉靖］鄒縣地理誌 1/22
［順治］武城 2/10
［乾隆］武城 10/1
武城縣鄉土志略/耆舊錄
［萬曆］鉅野 7/2
［康熙］鉅野 11/2
［道光］鉅野 12/2,24/5

3719_3 潔

47 潔婦（春秋）
［光緒］費縣 12/1

3721_0 祖

12 祖珽（字孝徵）
（北齊・范陽遒人）
［宣統］山東 67/21
［民國］臨沂 7/66
祖廷璠（字魯玉）
（清・平原人）
［民國］續修平原 6/18
13 祖武（明）
［嘉靖］淄川 6/80
［萬曆］淄川 30/8
17 祖己（商）
［宣統］滕縣續志稿 3/49
18 祖珍（號古翁）
（清）
［雍正］山東 30/26
［乾隆］泰安府 18/80
［乾隆二十五年］泰安縣 12/41
21 祖能廉（字隅堂）
（清・平原人）
［民國］續修平原 6/18
27 祖伊（商）
［宣統］滕縣續志稿 3/49
30 祖之望（號舫齋）
（清・福建浦城人）
［道光］濟南 37/38
祖良禎（號維周）
（清・遼寧人,一作奉天寧遠人）
［道光］商河 5/31
［民國］重修商河 6/69
商河縣鄉土志 1/政績
32 祖兆禎（字祥亭）
（清・平原人）
［民國］續修平原 10/上 26
33 祖述（明・文水人）
［嘉靖］朝城志 5/12
36 祖澤溥（清・遼東人）
［雍正］山東 27/95
［宣統］山東 74/1
［康熙］濟南 26/2
［道光］濟南 37/2
［康熙六十年］青州 12/40
39 祖逖（字士雅）
（晉・范陽遒人）
［萬曆元年］兖州 39/名宦 6
祖逖（明・涞水人）
［嘉靖］濮州 7/22
40 祖克節（清・商河人）
［咸豐］武定府 25/孝友 36
［道光］商河 7/26
［民國］重修商河 8/37
商河縣鄉土志 2/耆舊－

事業
44 祖世昌(清・漢軍正藍旗人)
[乾隆]夏津 6/18

3722_0 初

00 初方(清・福山人)
[乾隆]福山 8/40
初文瑩(宋・寧海人)
[同治]重修寧海州 17/4
10 初元方(清・萊陽人)
[光緒]增修登州 39/36
[民國]萊陽 3/1 中 38
初元美(字在中,號蘊亭)
(清・萊陽人)
[民國]萊陽 3/1 中 37
12 初瑞(字金符)
(清・博平人)
[光緒]博平縣續志 10/65
初延年(清・蓬萊人)
[光緒]蓬萊縣續志 9/行誼 6
20 初喬齡(清・萊陽人)
[光緒]增修登州 39/37
[民國]萊陽 3/1 中 42
初秉樸(字素菴)
(清・博平人)
[光緒]博平縣續志 10/65
21 初貞(明・濱州人)
[嘉靖]山東 35/2
[康熙]山東 45/2
[雍正]山東 28/人物三 29
[宣統]山東 165/18
[康熙]濟南 44/10
[乾隆]武定府 25/5
[咸豐]武定府 25/孝友 5
[萬曆]濱州 3/47
[康熙]濱州 7/16
[咸豐]濱州 10/20
濱州鄉土志/耆舊錄
初步雲(清・萊陽人)
[民國]萊陽 3/1 中 66
27 初崛(字起郎)
(清・福山人)
[乾隆]福山 9 上/61
[民國]福山縣志稿 7/5－1
初凱(明・萊陽人)
[民國]萊陽 3/1 中 10
30 初永愛(明・濰縣人)
[康熙]山東 45/23
[康熙]濰縣 5/孝行 1,8/19
[乾隆]濰縣 4/21,5/54
[民國]濰縣志稿 31/2
初之樸(清・萊陽人)
[光緒]增修登州 43/28
[民國]萊陽 3/1 中 39
初永昌(明・濰人)
[康熙]山東 45/23
[宣統]山東 165/22
[康熙]濰縣 5/孝行 1,8/19
[乾隆]濰縣 4/21,5/54
[民國]濰縣志稿 31/2
濰縣鄉土志/17
35 初連城(字和玉)
(清・蓬萊人)
[道光]重修蓬萊 11/17
40 初才(字用之)
(元・福山人)
[康熙]福山 8/1
[乾隆]福山 8/1
[民國]福山縣志稿 2/2－4,7/1－4
初有功(清・蓬萊人)
[道光]重修蓬萊 9/15
[民國]蓬萊縣志合編人物志/忠勇
42 初彭齡(字頤園)
(清・萊陽人)
[宣統]山東 176/8
[光緒]增修登州 39/37
[民國]萊陽 3/1 中 41,3/3 上傳志上 50
44 初芾南(萊陽人)
[民國]萊陽 3/1 中 49
初茂榕(字芳林)
(清・博興人)
[民國]重修博興 13/47
60 初旦(字敢明)
(明・博興人)
[萬曆]青州 13/51
[康熙十五年]青州 13/50
[康熙四十八年]青州 13/事功 34
[康熙六十年]青州 16/18
[咸豐]青州 44/34
[康熙十二年]博興 6/6
[康熙六十年]博興 7/20
[道光]博興 11/16
[民國]重修博興 13/13
初景韓(字揖柳)
(清・博興人)
[民國]重修博興 13/37
[民國]重修新城 11/32
67 初鶚齡(清・萊陽人)
[道光]濟南 38/40
71 初長裕(清・福山人)
[民國]福山縣志稿 10/13
77 初賢(明・福山人)
[康熙]福山 8/4
[乾隆]福山 8/6
初殿文(字郁堂)
(清・昌邑人)
[光緒]昌邑縣續志 6/24
80 初毓樞(字星垣)
(清・博興人)
[民國]重修博興 13/48
90 初尚齡(清・萊陽人)
[光緒]增修登州 43/32

3722_7 祁

10 祁爾蕘(恩縣人)
[民國]重修恩縣 11/鄉賢 87
24 祁德徵(清・恩縣人)
[雍正]恩縣續志 3/20
26 祁鯤(明・北直阜城人)
[宣統]山東 73/27
[光緒]增修登州 31/3
[康熙]萊陽 4/6
[民國]萊陽 3/1 上 8
祁伯豸(清・陝西人)
[康熙五十六年]壽張 4/10
30 祁永潔(字殿選)
(清・平原人)
[民國]續修平原 6/8
40 祁壽麐(字瑞符)
(清・江蘇寶應進士)
[民國]高密 12/28
祁大任(字肩五)

(清・平原人)
[民國]續修平原 6/8
44 祁蘭臺(字秘省)
(清・茌平人)
[宣統]茌平 16/8
[民國]茌平 3/41
50 祁書銘(清・茌平人)
[民國]茌平 3/107
60 祁國祚(清・陝西涇陽人)
[宣統]山東 75/33
[乾隆]泰安府 15/29
[光緒]增修登州 28/5
[乾隆]福山 7/18
[乾隆二十五年]泰安縣 10/34
[乾隆四十七年]泰安縣 8/31
[道光]泰安縣 10/8
[民國]重修泰安縣 6/61
泰安縣鄉土志/政績 5
祁思兼(明・恩縣人)
[雍正]恩縣續志 3/19
64 祁暐(字坦之,一作垣之)
(宋・萊州膠水人)
[嘉靖]山東 33/8
[康熙]山東 44/7
[雍正]山東 28/人物二 27
[宣統]山東 165/8
[萬曆]萊州 6/6
[康熙]萊州 10/61
[乾隆]萊州 11/孝義 2
萊州府鄉土志/下 10
[康熙]膠州 5/22,6/3,6/9
[乾隆]膠州 5/5
[康熙]濰縣 5/名宦 3
[乾隆]濰縣 3/39
[民國]濰縣志稿 20/7
濰縣鄉土志/50
[康熙]平度州 5/5
[道光]重修平度州 17/12
平度鄉土志 4 上/鄉賢
祁時新(字敬齋)
(清・直隸蔚縣人)
[乾隆]東明 4/又 24
[民國]東明縣新誌 11/7
71 祁長順(字遜齋)
(清・茌平人)
[民國]茌平 3/65
80 祁金門(清・博平人)
[乾隆]東昌 44/16
[嘉慶]東昌 34/15

3730_2 過

00 過應麒(明・和州人)
[同治]重修寧海州 13/9
[民國]牟平 6/73

通

05 通訣(清・益都人)
[乾隆]掖縣 5/4
21 通師(明)
[萬曆元年]兗州 46/8
[乾隆]曹州府 16/20
[隆慶]單縣下/38
[順治]單縣 4/16
[康熙]單縣 8/64
[乾隆]單縣 7/46
[民國]單縣 12/隱逸 4
40 通大師(明)
[雍正]山東 30/20

3730_3 逯

10 逯元音(字鴻響)
(清・新城人)
[宣統]新城縣後志 3/耆壽
逯雲漢(清・鉅野人)
[民國]續修鉅野 5/上 6
16 逯聰(明・章邱人)
[萬曆]章丘 24/35
[康熙]章丘 6/26
[乾隆]章邱 9/21
[道光]章邱 11/26
22 逯巒(字德隅)
(明・嘉祥人)
[乾隆]嘉祥 2/35
逯山(字靜壽)
(清・新城人)
[道光]濟南 55/82
[宣統]新城縣後志 3/耆壽
24 逯佐(明・薊州人)
[道光]濟南 36/17
[嘉慶]鄒平 14/8
[道光]鄒平 14/8
[民國]鄒平 14/8
26 逯保信(清・鉅野人)
[宣統]山東 173/34
30 逯永攜(明・茌平人)
[康熙二年]茌平 2/50
[康熙四十九年]茌平 2/50
[民國]茌平 3/67
逯永錫(清・東明人)
[宣統]東明續縣志 3/2
[民國]東明縣新誌 11/51
37 逯選(字萬青,號野園)
(清・歷城人)
[道光]濟南 53/15
[乾隆]歷城 38/16
[道光]長清 12/9
50 逯中立(字與權)
(明・聊城人)
[康熙]山東 41/28
[雍正]山東 28/人物三 54
[宣統]山東 159/33
[乾隆]東昌 38/7
[嘉慶]東昌 28/7
[康熙]聊城 3/8
[宣統]聊城 8/13
51 逯振義(清・淄川人)
[宣統]三續淄川 9/91
67 逯鳴晏(明・蒙陰人)
[康熙十一年]蒙陰 2/51
77 逯學禮(字時敬)
(明・嘉祥人)
[順治]嘉祥 4/又 23
[乾隆]嘉祥 3/24
[光緒]嘉祥 3/24
95 逯精一(號天文)
(清・無棣人)
[民國]無棣 13/27

3730_5 遲

00 遲讓(明・萊陽人)
[民國]萊陽 3/1 中 9
遲應聘(明・萊陽人)
[民國]萊陽 3/1 中 13
遲方程(清・東阿人)
[民國]續修東阿 11/27
遲應舉(明・萊陽人)

[泰昌]登州 11/39
[順治]登州 17/17
[光緒]增修登州 43/30
[康熙]萊陽 8/23
[民國]萊陽 3/1 中 71
16 **遲瑝**(清・福山人)
[康熙]福山 8/26
[乾隆]福山 8/49
17 **遲配乾**(明・文登人)
[光緒]文登 8/下 14
遲乃光(清・寧海人)
[同治]重修寧海州 21/4
[民國]牟平 7/84
20 **遲維坤**(遲一作逯,字簡堂)
(清・漢軍正白旗人,一作廣寧人)
[雍正]山東 27/111
[宣統]山東 76/37
[乾隆]東昌 33/37
[嘉慶]東昌 21/5
[宣統]聊城 6/2－5
22 **遲崙源**(字星海,一字拙庵)
(清・臨朐人)
光緒臨朐 14/中 24
23 **遲允成**(字子登,號吳觀)
(明・萊陽人)
[民國]萊陽 3/1 中 87
27 **遲鵠**(明・萊陽人)
[民國]萊陽 3/1 中 80
遲阜成(明・萊陽人)
[民國]萊陽 3/1 中 59
30 **遲之清**(明・福山人)
[民國]福山縣志稿 7/8－1
遲之英(清・福山人)
[光緒]增修登州 43/18
[乾隆]福山 9 上/63
[民國]福山縣志稿 7/4－3
33 **遲必揚**(明・昌邑人)
[康熙]昌邑 6/35
[乾隆]昌邑 6/167
遲必昂(清・膠州人)
[乾隆]膠州 5/27
[道光]重修膠州 29/19
[民國]增修膠志 45/5
膠州直隸州鄉土志 4/篤行
34 **遲漢彝**(字叔倫)
(膠州人)
[民國]增修膠志 46/4
35 **遲清鍔**(清・東阿人)
[民國]續修東阿 11/12
37 **遲通**(明・福山人)
[康熙]福山 8/4
[乾隆]福山 8/5
遲逢元(字正初)
(清・萊陽人)
[乾隆]兗州 22/35
[乾隆]濟寧直隸州 22/48
[道光]濟寧直隸州 6/7－85
[乾隆]金鄉 17/12
[咸豐]金鄉縣志略 7/16
[民國]金鄉 11/23
40 **遲有爲**(明・福山人)
[康熙]福山 8/22
[乾隆]福山 8/34
遲九齡(清・掖縣人)
[乾隆]掖縣 4/54
遲嘉楨(字聖培)
(清・陵縣人)
[光緒]陵縣 19/人物傳二 9
遲士英(清・陵縣人)
[道光]濟南 56/66
[光緒]陵縣 19/人物傳二 21
陵縣鄉土志/20
遲大成(號之萊)
(明・萊陽人)
[光緒]增修登州 39/29
[康熙]萊陽 8/18
[民國]萊陽 3/1 中 23,
遲大器(明・萊陽人)
[民國]萊陽 3/1 中 12
遲士智(字鑑遠)
(清・陵縣人)
[光緒]陵縣 19/人物傳二 21
陵縣鄉土志/20
遲有光(明・福山人)
[康熙]福山 8/21
[乾隆]福山 8/33
48 **遲梅亭**(清・寧津人)
[光緒]寧津 8/29
寧津縣志料 3/人物－孝行
50 **遲忠**(元)
[同治]黃縣 6/3
60 **遲日震**(字蕃吾)
(清・廣寧人)
[康熙]濟寧州 4/66
[乾隆]濟寧直隸州 22/34
[道光]濟寧直隸州 6/7－70
遲曰震(字蕃吾)
(清・遼東廣寧人)
[宣統]山東 76/1
[乾隆]兗州 22/36
遲國栻(清・寧津人)
[光緒]寧津 8/33
寧津縣志料 3/人物－義行
65 **遲映雪**(字景康)
(清・冠縣人)
[道光]冠縣 8/上 32
[光緒]冠縣 8/文學
[民國]冠縣 8/人物志 40
67 **遲躍龍**(明・福山人)
[康熙]福山 8/24,9/11
[乾隆]福山 9 上/50
[民國]福山縣志稿 7/3－4
77 **遲殿魁**(清・夏津人)
[民國]夏津續編 8/5
遲際泰(字函三)
(清・陵縣人)
[光緒]陵縣 19/人物傳二 4
遲鳳翔(字德徵,號朐岡)
(明・臨朐人)
[萬曆]青州 14/51
[康熙十五年]青州 14/51
[康熙四十八年]青州 14/儒行 8
[康熙六十年]青州 15/9
[咸豐]青州 44/28
[嘉靖]臨朐 3/10
[康熙]臨朐縣志書 3/28
光緒臨朐 14/上 28
80 **遲鑛**(清・萊陽人)
[民國]萊陽 3/1 中 86

逢

02 **逢訢**(字輔成)
(漢・淳于人)
[康熙]杞紀 18/10
08 **逢於何**(周・臨淄人)
[萬曆]青州 14/24

[民國]臨淄 25/31
17 逄丑父(春秋・濟南人)
[嘉靖]山東 25/1
[康熙]山東 31/1
[萬曆]青州 14/2
[康熙十五年]青州 14/2
[康熙四十八年]青州 14/忠義 2
[康熙六十年]青州 17/2
[康熙]萊州 8/1
[崇禎]歷乘 16/24
[崇禎]歷城 6/7
[康熙]臨淄 10/1
[民國]臨淄 22/55
[嘉靖]昌樂 3/45
[康熙]昌樂 4/5
[嘉慶]昌樂 21/1
[康熙]昌邑 5/2
[乾隆]昌邑 5/100
26 逄伯陵(商)
[嘉靖]青州 12/9
[康熙十五年]青州 8/2
[康熙四十八年]青州 8/2
[康熙六十年]青州 10/1
[嘉靖]昌樂 3/39
[康熙]昌樂 5/1
37 逄潤古(字子政,號海珊)(清・膠州人)
[民國]增修膠志 41/45
44 逄萌(見逢萌)
53 逄盛(字伯彌)(漢・濰州人)
[宣統]山東 151/56
[民國]濰縣志稿 38/23

逢

00 逢文璸(清・黃縣人)
[同治]黃縣 9/27
10 逢玉瑞(清・膠州人)
[民國]增修膠志 44/17
12 逢瑗貞(字景玉,號仁復)(清・膠州人)
[民國]增修膠志 44/13
膠州直隸州鄉土志 4/孝友
14 逢琳(清・昌邑人)
[乾隆]昌邑 6/183
17 逢丑父(見逄丑父)
20 逢維烈(清・昌邑人)
[光緒]昌邑縣續志 6/15
25 逢傳祖(清・高密人)
[民國]高密 14/上 47
28 逢紛庸(漢・濰縣人)
[萬曆]濰縣 8/3
[康熙]濰縣 5/人物 2
[乾隆]濰縣 4/25
30 逢永瑞(清・膠州人)
[民國]增修膠志 44/20
35 逢迪遠(字惠可)(清・膠州人)
[道光]重修膠州 29/10
[民國]增修膠志 44/8
膠州直隸州鄉土志 4/孝友
37 逢潤古(字子政)(清・膠州人)
[宣統]山東 177/45
膠州直隸州鄉土志 4/事功
逢涵暉(清・諸城人)
[光緒]增修諸城縣續志 17/7
40 逢士和(清・高密人)
[民國]高密 14/上 32
逢克家(字季繩,一字介民)(清・膠州人)
[道光]重修膠州 28/23
[民國]增修膠志 42/21
膠州直隸州鄉土志 4/文學
逢希澄(字鏡秋)(清・黃縣人)
[光緒]增修登州 39/14
[同治]黃縣 8/10
[民國]黃縣志稿 13/人物－鄉賢祠
逢喜逵(清・黃縣人)
[同治]黃縣 9/3
[民國]黃縣志稿 13/人物－死難
44 逢萌(一作逄萌,字子慶,一作子康)(漢・北海都昌人)
[至元]齊乘 6/12
[康熙]山東 46/8
[雍正]山東 28/人物一 14
[宣統]山東 153/33,167/2
[嘉靖]青州 15/51
[萬曆]青州 14/34
[康熙十五年]青州 14/34
[康熙四十八年]青州 14/隱逸 8
[康熙六十年]青州 20/2
[萬曆]萊州 6/16
[康熙]萊州 10/82
[乾隆]萊州 11/隱逸 1
萊州府鄉土志/下 23
[嘉靖]昌樂 3/48
[康熙]昌樂 4/2
[嘉慶]昌樂 20/1
[康熙]杞紀 18/21
[康熙]濰縣 5/人物 2
[乾隆]濰縣 4/31
濰縣鄉土志/42
[萬曆]即墨志 8/6
[康熙]纂修即墨/下 20
[乾隆]即墨 9/35
[同治]即墨 9/56
即墨縣鄉土志/耆舊－學問
[康熙]昌邑 6/1
[乾隆]昌邑 6/185,8/236
逢世寬(字宏遠)(清・膠州人)
[道光]重修膠州 29/27
[民國]增修膠志 45/13
逢其悦(字心齋)(清・黃縣人)
[同治]黃縣 8/16
[民國]黃縣志稿 13/清懿行
52 逢靜穆(字鏡淵)(清・諸城人)
[光緒]增修諸城縣續志 13/7
60 逢恩承(字福陔)(膠州人)
[民國]增修膠志 46/1
77 逢興古(字子修,號海樓)(清・膠州人)
[民國]增修膠志 45/34
80 逢羡(晉・北海人)
[民國]濰縣志稿 42/3
88 逢鑑(明・昌邑人)

[康熙]昌邑 6/3
90 逄光廷(清·諸城人)
[光緒]增修諸城縣續志 17/6
99 逄瑩(清·黄縣人)
[光緒]增修登州 43/12
[同治]黄縣 8/12
[民國]黄縣志稿 13/清孝友

3740₁ 罕

80 罕父黑(字子索)
(春秋·魯人)
[嘉靖]山東 24/8
[康熙]山東 29/8
[雍正]山東 11/闕里二 18
[宣統]山東 153/8
[萬曆元年]兖州 7/53
[萬曆二十四年]兖州 7/22
[康熙]兖州 8/23
[乾隆]兖州 7/29
[崇禎]曲阜 4/11
[康熙]曲阜 4/11
[乾隆]曲阜 59/7

3772₇ 郎

08 郎謙牧(字左山)
(清·濰縣人)
[民國]濰縣志稿 28/11
10 郎一鳴(字次生)
(清·濰縣人)
[民國]濰縣志稿 29/18
12 郎廷槐(清·漢軍旗人)
[道光]濟南 38/22
[民國]重修新城 11/17
新城縣鄉土志/政績－清知縣
17 郎郡璋(字峨山)
(清·濰縣人)
[民國]濰縣志稿 30/40
20 郎維新(清·博平人)
博平縣鄉土志/耆舊－事業
郎維烈(清·博平人)
[光緒]博平縣續志 10/51
郎維翰(字瑞周)
(清·濰縣人)
[民國]濰縣志稿 29/26
21 郎顗(字雅光,一作稚光)
(漢·安丘人)
[至元]齊乘 6/13
[嘉靖]山東 32/4
[康熙]山東 42/4
[雍正]山東 28/人物一 19
[宣統]山東 153/16,162/12
[嘉靖]青州 16/41
[萬曆]青州 14/45
[康熙十五年]青州 14/45
[康熙四十八年]青州 14/儒行 2
[康熙六十年]青州 15/4
[咸豐]青州 38/10
[萬曆]安丘 18/8
安丘縣鄉土志 8/耆舊錄 5
[康熙]濰縣 5/人物 2
[乾隆]濰縣 4/25
濰縣鄉土志/42
23 郎岵(字沖霄)
(清·濰縣人)
[民國]濰縣志稿 32/3
26 郎覬(漢)
[萬曆]濰縣 8/3
27 郎佽(字抑之)
(明·館陶人)
[萬曆]東昌 19/48
[乾隆]東昌 39/20
[嘉慶]東昌 29/4
郎峒雲(字昇巖,號翥卿)
(清·德州人)
[民國]德縣 10/61
28 郎作霖(字雨林)
(清·浙江鎮海人)
[宣統]山東 75/19
[道光]濟南 38/31
[民國]濟陽 9/39
30 郎淳(字樸菴)
(清·濰縣人)
[民國]濰縣志稿 29/18
郎宗(字仲綏,一作仲緌)
(漢·北海安丘人)
[嘉靖]山東 34/14
[康熙]山東 47/7
[雍正]山東 28/人物一 19
[宣統]山東 153/16,162/12,168/3
[嘉靖]青州 16/48
[萬曆]青州 14/35
[康熙十五年]青州 14/35
[康熙四十八年]青州 14/隱逸 9
[康熙六十年]青州 20/2
[萬曆]安丘 22/32
安丘縣鄉土志 8/耆舊錄 5
[乾隆]濰縣 4/25
郎永清(字定菴)
(清·奉天廣寧人)
[雍正]山東 27/96
[宣統]山東 74/12
[康熙]濟南 26/6
[道光]濟南 37/11
34 郎澍(字作霖,號春谿)
(清·濰縣人)
[民國]濰縣志稿 28/11
40 郎大乾(字容岩)
(清·昌平州人)
[道光]濟南 62/8
41 郎樞斗(字星舫)
(清·濰縣人)
[民國]濰縣志稿 30/32
44 郎茂(字蔚之)
(北周·恒山新市人)
[嘉靖]山東 26/22
[康熙]山東 34/3
[宣統]山東 67/24
[道光]濟南 33/20
[萬曆]東昌 18/13
[乾隆]曹州府 12/6
[萬曆]濮州 3/名宦 9
[康熙]濮州 3/9
[乾隆]濮州 3/9
[宣統]濮州 4/9
[道光]章邱 9/2
章邱縣鄉土志/上 11
[道光]觀城 6/1
觀城縣鄉土志/政績
47 郎桐(明·壽光人)
[萬曆]青州 14/58
[康熙十五年]青州 14/58
[康熙四十八年]青州 14/儒行 15

[康熙六十年]青州 17/18
[咸豐]青州 45/38
[康熙]壽光 25/2
[嘉慶]壽光 13/3
[民國]壽光 12/人物志一 61

50 **郎奉典**(清・金鄉人)
[民國]濟寧直隸州續志 14/35
[民國]金鄉 14/23

郎春舒(字荔軒)(清・德州人)
[民國]德縣 10/75

60 **郎圖**(字謀周)(清・濰縣人)
[民國]濰縣志稿 30/54

郎國楨(清・滿洲旗人)
[宣統]山東 76/44
[乾隆]東昌 35/13
[嘉慶]東昌 22/17

67 **郎昀**(字曉屏)(清・濰縣人)
[民國]濰縣志稿 28/11

68 **郎昐**(字曉巖)(清・濰縣人)
[民國]濰縣志稿 28/11
濰縣鄉土志/33

77 **郎熙化**(清・滿洲正黄旗人)
[雍正]山東 27/109
[宣統]山東 77/40
[乾隆]萊州 9/35
[康熙]膠州 5/15
[乾隆]膠州 4/19
[道光]重修膠州 23/4
[民國]增修膠志 18/4
膠州直隸州鄉土志 3/政績－聽訟

郎鳳來(字儀亭)(清・清河人)
新泰縣鄉土志/6

郎鳳跡(字子文,以字行)(明・鐵嶺人)
[民國]濰縣志稿 32/30

80 **郎善繼**(字小屏)(清・濰縣人)
[民國]濰縣志稿 28/11

88 **郎簡**(元・掖縣人)
[乾隆]掖縣 4/71

99 **郎榮廷**(清・濰縣人)
[民國]濰縣志稿 31/37

3780_0 冥

47 **冥都**(漢・泰山人)
[宣統]山東 153/29
[乾隆二十五年]泰安縣 12/2
[乾隆四十七年]泰安縣 10/上 18
[道光]泰安縣 9/上 70
[民國]重修泰安縣 8/23
泰安縣鄉土志/耆舊 18

3813_7 冷

00 **冷文煒**(字艾西)(清・膠州人)
[民國]增修膠志 47/7
膠州直隸州鄉土志 4/文學

08 **冷敦智**(清・海陽人)
[光緒]海陽縣續志 5/24

10 **冷平**(南燕・臨淄人)
[咸豐]青州 64/12

冷雲揚(清・膠州人)
[民國]增修膠志 43/8
膠州直隸州鄉土志 4/忠烈

冷元煇(字明軒)(清・濟寧人)
[民國]濟寧直隸州續志 12/39

冷元燮(字理臣)(清・濟寧人)
[民國]濟寧直隸州續志 12/40

17 **冷孟鸞**(明・銅梁人)
[康熙]堂邑 10/4

20 **冷維焜**(字象南)(清・膠州人)
[道光]重修膠州 27/43
[民國]增修膠志 41/35

21 **冷仁德**(字藹亭,號曉村)(清・膠州人)
[民國]增修膠志 45/23

22 **冷豐**(字次君)(漢・淮陽人)
[嘉靖]山東 25/15
[康熙]山東 32/1
[宣統]山東 66/4
[道光]濟南 33/3
[嘉靖]淄川 6/75
[萬曆]淄川 27/3

冷鼎亨(字鎮雒)(清・招遠人)
[宣統]山東 176/30

24 **冷紘玉**(清・膠州人)
[民國]增修膠志 47/7
膠州直隸州鄉土志 4/文學

25 **冷繡瑞**(字軼園)(清・膠州人)
[民國]增修膠志 47/7
膠州直隸州鄉土志 4/文學

冷傳甲(清・長清人)
[民國]長清 13/20

26 **冷得中**(字薪傳,一字嵎谷)(清・招遠人)
[宣統]山東 176/47
[道光]招遠縣續志 3/10

30 **冷宗文**(長清人)
[民國]長清 12/25

冷之珉(字杞笙)(膠州人)
[民國]增修膠志 46/12

冷寶書(字森堂)(清・膠州人)
[民國]增修膠志 47/8

37 **冷潤德**(字玉山)(清・膠州人)
[民國]增修膠志 45/25

39 **冷洋林**(號嵎谷)(清・海陽人)
[光緒]增修登州 40/37
[光緒]海陽縣續志 5/12

40 **冷吉名**(清・寧陽人)
[光緒]寧陽 15/41

冷志權(清・膠州人)
[民國]增修膠志 43/5
膠州直隸州鄉土志 4/忠烈

44 **冷植元**(號養沖)(清・博山人)
[康熙]顔神鎮志 4/下 15

冷若虛(明・膠州人)

［康熙］膠州 5/29
［乾隆］膠州 4/39
［道光］重修膠州 26/6
［民國］增修膠志 40/32
膠州直隸州鄉土志 4/篤行
冷芸約(清・膠州人)
［道光］重修膠州 31/8
［民國］增修膠志 48/13
47 **冷起元**(字繼貞)
(明・益都人)
［嘉靖］青州 14/37
［萬曆］青州 14/54
［康熙十五年］青州 14/54
［康熙四十八年］青州 14/儒行 11
［康熙六十年］青州 15/11
［咸豐］青州 44/24
［康熙］益都 7/17
［光緒］益都縣圖志 35/7
冷超岩(見冷超巖)
冷超巖(元・登州人)
［雍正］山東 31/7
［康熙］膠州 5/22,6/52
［乾隆］膠州 5/35
［道光］重修膠州 30/2
［民國］增修膠志 47/2
膠州直隸州鄉土志 4/藝術
冷馨德(清・膠州人)
［民國］增修膠志 43/2
膠州直隸州鄉土志 4/忠烈
48 **冷枚**(字吉臣,別號金門畫史)
(清・膠州人)
［宣統］山東 177/56
［乾隆］膠州 5/37
［道光］重修膠州 30/2
［民國］增修膠志 47/2
膠州直隸州鄉土志 4/藝術
50 **冷中矩**(字聖翼)
(清・平度人)
［道光］重修平度州 19/25
平度鄉土志 4 上/鄉賢
53 **冷成**(清・諸城人)
［光緒］增修諸城縣續志 17/5
冷成顯(字信之)
(清・平度人)
［道光］重修平度州 19/17
平度鄉土志 4 上/鄉賢
60 **冷日升**(清・益都人)
［宣統］山東 175/50
［咸豐］青州 46/3
［康熙］益都 9/7
［乾隆］博山志稿/19
［乾隆］博山 7/上 2
［民國］續修博山 11/17
冷國治(明・膠州人)
［康熙］膠州 6/4
［乾隆］膠州 5/6
［道光］重修膠州 26/4
［民國］增修膠志 40/31
64 **冷時習**(明・平度人)
［道光］重修平度州 18/20
冷時泰(明・膠州人)
［康熙］膠州 6/4,6/9
［乾隆］膠州 5/5
［道光］重修膠州 26/4
［民國］增修膠志 40/30
67 **冷昀揚**(清・膠州人)
［民國］增修膠志 43/5
77 **冷印乾**(字君若)
(清・膠州人)
［道光］重修膠州 30/2
［民國］增修膠志 47/2
冷開泰(字謌雪,號霞洋)
(清・膠州人)
［雍正］(膠州)州志別本/人物－文學
［乾隆］膠州 4/50
［道光］重修膠州 27/8
［民國］增修膠志 41/6
膠州直隸州鄉土志 4/事功
80 **冷介瑞**(清・膠州舉人)
［宣統］聊城 6/2－6

3814_0 潡

80 **潡公宜**(戰國)
［萬曆元年］兗州 5/14

3814_7 湹

50 **湹中翁**(漢・東海人)
［宣統］山東 162/4
［光緒］嶧縣 21/鄉賢 23

游

00 **游文瀚**(清・章邱人)
［道光］章邱 11/87
02 **游新佑**(見游新祐)
游新祐(明・福建福清人)
［萬曆］青州 12 又/又 13
［康熙十五年］青州 12 又/又 13
［康熙四十八年］青州 12 又/又 13
［康熙六十年］青州 12/38
［咸豐］青州 36/23
［萬曆］諸城 4/35
10 **游百川**(字匯東)
(清・濱州人)
［宣統］山東 171/26
18 **游酢**(字定夫)
(宋・建州建陽人)
［雍正］山東 27/22
［道光］濟南 34/4
20 **游季勳**(字懋甫)
(明・江西豐城人)
［宣統］山東 72/2
［萬曆二十四年］兗州 29/1
［康熙］兗州 22/22
［乾隆］兗州 22/19
［康熙四十一年］寧陽 3/38
［乾隆］寧陽 3/分司 5
［咸豐］寧陽 11/8
［光緒］寧陽 11/8
21 **游儒**(明・福建莆田人)
［康熙五十六年］壽張 4/20
［光緒］壽張 5/23
26 **游得宜**(字聖衡)
(清・陝西大荔人)
［乾隆］東昌 34/6
［嘉慶］東昌 21/24
［宣統］茌平 8/8
［民國］茌平 8/65
30 **游寬**(明)
［道光］濟南 36/8
［乾隆］歷城 34/3
34 **游漢龍**(明・徽州人)
［道光］濟南 36/12

［道光］章邱 9/8
章邱縣鄉土志/上 5
38 游啟運（字孟熊，一作夢熊）
（清・湖北江陵人）
［宣統］山東 75/61
［康熙］兗州續編 14/7
［乾隆］兗州 22/34
［康熙］滕志 6/45
［康熙］滕縣志 6/宦業 41
［道光］滕縣志 6/宦績 33
滕縣鄉土志/10
44 游蓬萊（字一峰）
（清・定陶人）
［民國］定陶 6/39
50 游春霽（明・湖廣遠安歲貢）
［道光］商河 5/29
［民國］重修商河 6/67
57 游邦（明・簡州人）
［康熙十一年］莘縣 5/6
［康熙五十六年］莘縣 5/6
67 游明根（字志遠）
（北魏・廣平任人）
［嘉靖］山東 26/4
［康熙］山東 33/5
［雍正］山東 27/32
［宣統］山東 67/9
［萬曆元年］兗州 38/循吏 16
［萬曆二十四年］兗州 27/4
［康熙］兗州 21/19
［乾隆］兗州 22/7
77 游學（明・青城人）
［咸豐］武定府 25/孝友又 9
［萬曆］青城 2/4
［乾隆］青城 8/8
［民國］青城續修 4/人物 20
80 游金垣（字仲辰）
（清・泰安人）
［民國］重修泰安縣 8/28

3815_7 海

00 海應捷（明・禹城人）
禹城縣鄉土志/12
21 海貞（號空識）
（清・太原人）
［乾隆］續登州 11/1
［康熙］福山 9/37
［乾隆］福山 9 下/48
海上老人（明・海州人）
［嘉靖］山東 34/10
［康熙］山東 47/3
［雍正］山東 30/21
［宣統］山東 200/31
［崇禎］歷乘 16/56
［崇禎］歷城 10/33
［乾隆］歷城 45/10
28 海徹（字泰雨）
（明）
［康熙］諸城 9/5
30 海寬（清・陽信人）
［民國］陽信 5/仙釋 87
32 海澄（字桐坡）
（清・滿州人）
［民國］平度縣續志 7/3
77 海印（元・泰安人）
［嘉靖］山東 34/10
［康熙］山東 47/3
［雍正］山東 30/19
［宣統］山東 200/30
［弘治］泰安州 3/19
［乾隆］泰安府 18/79
［乾隆二十五年］泰安縣 12/41
［乾隆四十七年］泰安縣卷之末/13
［道光］泰安縣卷之末/13
［民國］重修泰安縣 10/73

3819_4 涂

27 涂紹光（字芝巖）
（清・南昌人）
高苑縣鄉土志/政績
31 涂禎（字賓賢）
（明・江西新淦人）
［道光］濟南 35/19
53 涂成文（明・江西人）
［乾隆］泰安府 15/7
［康熙］東平州 4/57
60 涂昇（明・江西豐城人）
［嘉靖］山東 25/27
［康熙］山東 32/16
［雍正］山東 27/76
［康熙］濟南 25/34
［萬曆］蒲臺志 8/2
［康熙］重修蒲臺 7/1
［乾隆］蒲臺 2/56
蒲臺縣鄉土志/2
涂昪（見涂昇）
71 涂原（號之瀾）
（明・四川梁山人）
［宣統］山東 70/31
［康熙］濟南 24/32
［道光］濟南 35/41
［崇禎］歷城 6/15

3823_1 褡

10 褡晉臣（字襄廷）
（清・滋陽人）
滋陽縣鄉土志 1/耆舊 – 忠義
24 褡德文（字煥章）
（清・鄒縣人）
［民國］續修鄒縣志稿/人物 – 耆舊
37 褡逢春（字柳橋）
（清・歷城人）
［民國］續修歷城 43/4

3825_1 祥

53 祥成（字瑞峯）
（清・四川駐防）
［民國］鄒平 14/34
60 祥恩（字雲五）
（清・滿洲旗籍進士）
［宣統］山東 77/19
［光緒］增修諸城縣續志 11/3
諸城縣鄉土志/上 13
［光緒］費縣 3/58
費縣鄉土志/政績錄
［光緒］嶧縣 19/職官下 24

3826_8 裕

27 裕凱（清・漢軍正黃旗人）
［民國］續修鉅野 3/2

3830_1 迮

35 迮連泰（字叔通）
（清・黃縣人）

[乾隆二十五年]泰安縣12/37
[乾隆四十七年]泰安縣10/上36
[道光]泰安縣9/上92
[民國]重修泰安縣8/54
77 迮居度(字觀宸)(清・臨淮人)
[康熙]兗州府曹縣9/38
[光緒]曹縣9/縣丞4

3830_4 遊

28 遊僧(明)
[雍正]山東30/25
53 遊盛(明・福建南平人)
[萬曆]福山4/28
[康熙]福山7/44
79 遊勝(見遊盛)

3830_6 道

00 道忞(清・廣東人)
[康熙]山東47/8
[雍正]山東30/25
[咸豐]青州52/6
[康熙]益都10/28
[光緒]益都縣圖志46/9
26 道和(姓李)(清・蒙陰人)
[宣統]山東200/39
[乾隆]沂州府27/14
[康熙十一年]蒙陰2/66
[康熙二十四年]蒙陰4/21
[宣統]蒙陰4/方外
30 道寂(俗名李仁萬)(唐)
[雍正]山東30/10
[道光]濟南60/6
[康熙]鄒平6/32
[嘉慶]鄒平16/41
道寬(金・濼州義豐人)
[乾隆]東昌44/7
[嘉慶]東昌34/17
[康熙二年]茌平2/60
[康熙四十九年]茌平2/60
[宣統]茌平22/2
道宣(元・密雲人)
[道光]鉅野20/34
37 道遐(明・滋陽人)
[康熙]滋陽4/上60
40 道希法師(唐・歷城人)
[乾隆]歷城45/5
48 道敬(南北朝・瑯邪人)
[雍正]山東30/6
50 道泰(明・陝西環縣舉人)
[光緒]寧津6/27
寧津縣志料3/人物－名宦
52 道哲(姓唐)(唐・臨邑人)
[雍正]山東30/10
[康熙]濟南54/30
[道光]濟南60/6
[順治]臨邑16/2
[康熙]重修臨邑10/17
[道光]臨邑9/23
[同治]臨邑9/方術1
53 道成(號鷲峰)(明・北平人)
[嘉靖]青州16/56
[萬曆]青州17/14
[康熙十五年]青州17/14
[康熙四十八年]青州17/仙釋9
[康熙六十年]青州20/11
[咸豐]青州52/5
[光緒]益都縣圖志46/8
60 道因(姓侯氏)(唐・濮陽人)
[雍正]山東30/10
[道光]濟南60/6
[萬曆]東昌22/8
[乾隆]曹州府16/18
[萬曆]濮州4/仙釋1
[康熙]濮州4/75
[乾隆]濮州4/115
[宣統]濮州6/73
[道光]長清13/16
道圓(宋)
[康熙]臨淄10/7
[民國]臨淄30/43
77 道興(俗姓馬)(元・臨邑人)
[道光]濟南60/11
[乾隆]歷城24/22,45/7
[道光]臨邑9/24
[同治]臨邑9/方術2

3912_0 沙

00 沙亮(字智公)(清・冠縣人)
[乾隆]東昌41/37
[嘉慶]東昌31/12
[道光]冠縣8/上18
[光緒]冠縣8/忠勤
[民國]冠縣8/人物志19
沙慶(明・寧海人)
[嘉靖]寧海州下/30
沙文玉(清・菏澤人)
[光緒]菏澤16/16
沙應鶴(清・蓬萊人)
[道光]重修蓬萊9/10
10 沙平野(清・冠縣人)
[道光]冠縣8/上17
[光緒]冠縣8/忠勤
[民國]冠縣8/人物志19
22 沙崙(清・臨清人)
[乾隆]臨清直隸州8/下7
26 沙稷(明・儀真人)
[萬曆]濮州3/名宦30
32 沙澄(字淵如,一字會清)(清・蓬萊人)
[宣統]山東176/1
[光緒]增修登州39/5
[康熙]蓬萊4/4
[光緒]蓬萊縣續志13/傳4
[民國]蓬萊縣志合編人物志/功業
[民國]萊陽3/1中28
沙兆洽(字德民)(清・蓬萊人)
[民國]蓬萊縣志合編人物志/行誼
40 沙士櫄(字筱研)(清・江陰人)
高苑縣鄉土志/政績
44 沙夢石(清・蓬萊人)
[康熙]蓬萊5/24
[道光]重修蓬萊9/10,9/32
50 沙泰昇(濟寧人)

［民國］濟寧縣 3/6

77 沙鵬（明）
［宣統］山東 71/44
［康熙］濟南 25/32
［乾隆］武定府 16/26
［咸豐］武定府 19/樂陵 1
［順治］樂陵 6/1
［乾隆］樂陵 4/47
樂陵縣鄉土志 2/7

81 沙鈺（字重光）
（清・冠縣人）
［道光］冠縣 8/上 24
［光緒］冠縣 8/孝義
［民國］冠縣 8/人物志 29

3918_9 淡

50 淡素（明・陝西涇陽人）
［宣統］山東 72/42
［萬曆］東昌 18/38
［乾隆］東昌 34/11
［嘉慶］東昌 22/2
［正德］莘縣 5/13
［康熙十一年］莘縣 5/3
［康熙五十六年］莘縣 5/3
［光緒］莘縣 5/5
［民國］莘縣 3/3
莘縣鄉土志/政績 4

4001_1 左

00 左彥（明・萊陽人）
［民國］萊陽 3/1 中 18

左文昇（明・萊陽人）
［泰昌］登州 11/47
［順治］登州 17/27
［光緒］增修登州 43/30
［康熙］黃縣 6/23
［康熙］萊陽 8/23
［民國］萊陽 3/1 中 79

左衷煒（字雪崖）
（清・萊陽人）
［民國］萊陽 3/1 中 90

08 左敦生（清・萊陽人）
［民國］萊陽 3/1 中 72

10 左正嵊（字峨山，號笠雲）
（清・萊陽人）
［民國］萊陽 3/1 中 43

11 左璿（字文衡）
（明・夏縣人）
［乾隆］東昌 35/21
［嘉慶］東昌 22/25
［嘉靖］高唐州 5/4
［康熙十二年］高唐州 7/7
［康熙五十一年］高唐州 7/7
［道光］高唐州 7/1－13
［光緒］高唐州 7/1－13

12 左瑞（清・高唐人）
［光緒］高唐州 5/1－49
［民國］高唐縣 12/13

左登雲（莘縣人）
［民國］莘縣 7/37

左登瀛（字松友）
（清・莘縣人）
［光緒］莘縣 6/44
［民國］莘縣 6/37

17 左承位（字廕甫）
（清・夏津人）
［乾隆］東昌 43/41
［乾隆］夏津 8/26

20 左季賢（字晉卿）
（明・東昌府人）
［乾隆］東昌 39/16

21 左經（明・陝西耀州人）
［宣統］山東 72/10
［康熙］兗州續編 14/23
［乾隆］兗州 22/30
［萬曆］汶上 5/3

左師顏（字有仁）
（明・莘縣人）
［乾隆］東昌 42/17
［嘉慶］東昌 32/17
［正德］莘縣 6/32
［康熙十一年］莘縣 7/10
［康熙五十六年］莘縣 7/10
［光緒］莘縣 7/39
［民國］莘縣 7/29
莘縣鄉土志/孝友 23

22 左欒（清・登州人）
［乾隆］泰安府 15/29

左川雲（字兼山）
（清・萊陽人）
［民國］萊陽 3/1 中 90

24 左皓（字長源）
（五代）
［嘉靖］武定州下/48

左仕可（清・萊陽人）
［民國］萊陽 3/1 中 82

25 左傑（明・恩縣人）
［嘉靖］恩縣 6/5
［宣統］重修恩縣 7/7

26 左伯（字子邑）
（漢・東萊人）
［嘉靖］山東 33/17
［萬曆］萊州 6/43
［康熙］萊州 10/88
［乾隆］萊州 12/方術 1
［乾隆］掖縣 4/80

左伯桃（周・燕人）
［乾隆］曹州府 16/14

27 左彝勗（字台垣，號東高）
（清・萊陽人）
［宣統］山東 176/22
［民國］萊陽 3/1 中 38

28 左復隆（清・洪洞人）
［乾隆］東昌 44/24

30 左之龍（字用化，號雲樓）
（明・萊陽人）
［光緒］增修登州 40/23
［康熙］萊陽 8/17
［民國］萊陽 3/1 中 17，3/1 中 87，3/3 上傳志上 9

左良玉（字崑山）
（明・臨清人）
［乾隆］東昌 39/13
［乾隆］臨清州 9/37
［乾隆］臨清直隸州 8/上 23
［民國］臨清縣/人物 9

左之武（明・萊陽人）
［民國］萊陽 3/1 中 52，3/1 中 59

左宜似（字瀛士）
（清・安徽桐城人）
［宣統］山東 75/35
［光緒］東平州 14/45
［民國］東平縣 9/24
新泰縣鄉土志/8
［宣統］四續汶上稿/宦績志
［民國］重修新城 11/26

左之似(明・萊陽人)
[民國]萊陽 3/1 中 20
左之宜(字用善,號海樓)
(明・萊陽人)
[光緒]增修登州 39/28
[康熙]萊陽 8/16
[民國]萊陽 3/1 中 17,3/3
上傳志下 12
左之楨(明・萊陽人)
[民國]萊陽 3/1 中 19
左寶貴(字冠亭,一作冠廷)
(清・費縣人)
[宣統]山東 173/14
[光緒]費縣 15/26
左良輔(號台平)
(清・萊陽人)
[康熙]萊陽 8/19
左永圖(明・耀州人)
[順治]登州 11/23
[光緒]增修登州 26/2
[康熙]蓬萊 3/4
31 左濬(明夏縣,見左璿)
左源(明・汲縣人)
[萬曆]濮州 3/名宦 30
[康熙]觀城 3/2
[道光]觀城 6/5
左福元(清・萊陽人)
[民國]萊陽 3/1 中 84
32 左兆科(清・朝城人)
[民國]朝城縣續志 1/36
33 左泌(字長源)
(金)
[萬曆]武定州 10/7
[崇禎]武定州 7/3
34 左達(字士亨)
(明・莘縣人)
[正德]莘縣 6/9
[康熙五十六年]莘縣 6/4
[光緒]莘縣 6/5
[民國]莘縣 6/4
左逵(明・恩縣人)
[宣統]重修恩縣 7/49
左汝翼(清・臨清人)
[乾隆]臨清直隸州 8/下 8
[民國]臨清縣/人物 26
37 左祿慶(清・萊陽人)
[民國]萊陽 3/1 中 92
38 左道元(元・嶧州人)
[康熙]嶧縣 4/69
[乾隆]嶧縣 8/17
[光緒]嶧縣 21/鄉賢 62
40 左奎(清・福山人)
[乾隆]福山 8/62
左希顔(字克愚)
(明・江西星子人)
[萬曆]東昌 18/43
[萬曆]濮州 3/名宦 34
[嘉靖]朝城志 5/9
[康熙]朝城 7/7
朝城縣鄉土志/4
左存生(莘縣人)
[民國]莘縣 7/38
左吉臨(原名兆祥)
(清・萊陽人)
[民國]萊陽 3/1 中 74
44 左芬(晉・臨淄人)
[宣統]山東 178/5
[嘉靖]青州 16/17
[康熙四十八年]青州 16/4
[咸豐]青州 56/2
[康熙]臨淄 9/7
[民國]臨淄 31/52
左基(字永圖)
(清・直隸滄州人)
[宣統]山東 76/16
左懋泰(清・萊陽人)
[光緒]增修登州 39/32
[民國]萊陽 3/1 中 27
左其人(明・萊陽人)
[民國]萊陽 3/1 中 26
左懋第(字蘿石,一字仲及)
(明・萊陽人)
[康熙]山東 43/5
[宣統]山東 164/37
[順治]登州 16/30
[光緒]增修登州 39/29
[康熙]萊陽 8/23
[民國]萊陽 3/1 中 25,3/1
中 59,3/3 上傳志上 19
左懋賞(號匯海)
(明・萊陽人)
[康熙]萊陽 8/24
[民國]萊陽 3/1 中 24,3/1
中 81
53 左咸(漢・琅邪人)
[至元]齊乘 6/11
[宣統]山東 153/30
[萬曆]青州 13/7
[康熙十五年]青州 13/7
[康熙四十八年]青州 13/
經師 2
[康熙六十年]青州 15/3
[咸豐]青州 38/7
[萬曆二十四年]兖州 31/20
[康熙]兖州 24/19
[萬曆]沂州志 6/30
[康熙]沂州志 5/11
[乾隆]沂州府 27/1
[萬曆]諸城 7/4
[康熙]諸城 7/4
60 左思(字太沖)
(晉・齊國臨淄人)
[至元]齊乘 6/16
[嘉靖]山東 32/6
[康熙]山東 42/6
[雍正]山東 28/人物一 36
[宣統]山東 163/4
[嘉靖]青州 15/34
[萬曆]青州 15/3
[康熙十五年]青州 15/3
[康熙四十八年]青州 15/
文學 3
[康熙六十年]青州 18/10
[咸豐]青州 39/12
[康熙]臨淄 9/16
[民國]臨淄 26/44
左思忠(明・陝西耀州進士)
[光緒]增修登州 31/2
[康熙]萊陽 4/6
[民國]萊陽 3/1 上 7
71 左原(明・臨朐人)
[嘉靖]臨朐 3/11
72 左彤九(清・萊陽人)
[民國]萊陽 3/1 中 82
左丘明(春秋・魯人)
[嘉靖]山東 24/9
[康熙]山東 29/9
[雍正]山東 11/闕里二 20

[宣統]山東 153/10
[萬曆元年]兗州 7/59
[萬曆二十四年]兗州 7/22
[康熙]兗州 8/23
[乾隆]兗州 7/31
[萬曆]汶上 6/1
[崇禎]曲阜 4/12
[康熙]曲阜 4/12
[乾隆]曲阜 59/8
[嘉慶]肥城 17/6
[光緒]肥城 9/1
肥城縣鄉土志 5/12
80 **左人子郢**(見左人郢)
左人德(清・福山人)
[乾隆]福山 8/62
左人郢(字子行,一作子衡)
(春秋・魯人)
[嘉靖]山東 24/9
[康熙]山東 29/8
[雍正]山東 11/闕里二 18
[宣統]山東 153/8
[萬曆元年]兗州 7/54
[萬曆二十四年]兗州 7/22
[乾隆]兗州 7/29
[崇禎]曲阜 4/11
[康熙]曲阜 4/11
[乾隆]曲阜 59/7
82 **左釗**(清・歷城人)
[光緒]壽張 5/40
84 **左鎮海**(清・萊陽人)
[民國]萊陽 3/1 中 76
86 **左錫齡**(字與三)
(清・陽穀人)
[民國]增修陽穀人物/師道 27
87 **左銘**(清・萊陽人)
[民國]萊陽 3/1 中 82
88 **左敏**(字文聰)
(明・莘縣人)
[正德]莘縣 6/26
左篤慶(清・高唐人)
[光緒]高唐州 5/2-30
[民國]高唐縣 12/45
91 **左恒**(字若日)
(清・湖南衡山人)
[乾隆]淄川 4/又 28-3

4001_7 九

40 **九九野人**(周)
[萬曆]青州 14/29
[康熙十五年]青州 14/29
[康熙四十八年]青州 14/隱逸 3
[民國]臨淄 30/35

4002_7 力

36 **力遷**(字武平)
(漢・營陵人)
[康熙]杞紀 18/12

4003_0 大

00 **大庭氏**
[嘉靖]山東 23/1
[康熙]山東 28/1
[萬曆元年]兗州 1/帝王 2
[萬曆二十四年]兗州 5/1
[崇禎]曲阜 4/1
[康熙]曲阜 4/1
21 **大行**(元・齊州人)
[雍正]山東 30/19
[道光]濟南 60/11
[乾隆]泰安府 18/78
[崇禎]歷城 10/32
[乾隆]歷城 45/6
[乾隆二十五年]泰安縣 12/41
[乾隆四十七年]泰安縣卷之末/13
[道光]泰安縣卷之末/13
[民國]重修泰安縣 10/73
30 **大空**(清・德州人)
[雍正]山東 30/25
[道光]濟南 60/15
35 **大禮普化**(元)
[康熙]嶧縣 3/17
[乾隆]嶧縣 7/9
[光緒]嶧縣 19/92
36 **大祝子游**(戰國・齊人)
[康熙十五年]青州 13/22
[康熙四十八年]青州 13/事功 6
40 **大士子牛**(戰國・齊人)
[康熙十五年]青州 13/21
47 **大都閭**(元)
[嘉慶]東昌 21/19
[康熙四十九年]茌平 2/36
[宣統]茌平 8/1
[民國]茌平 8/58

太

00 **太康**(夏・斟尋人)
[康熙]杞紀 18/1
10 **太平**(字允中,初姓賀氏,名惟一)
(元)
[雍正]山東 27/9
[光緒]益都縣圖志 17/23
21 **太師摯**(見師摯)
24 **太納**(元・濰州北海人)
[民國]昌樂縣續志 17/63
26 **太皥**(見太昊)
27 **太叔儀**(一名大叔文子)
(春秋・衛人)
[嘉靖]山東 28/16
[康熙]山東 38/16
[萬曆元年]兗州 40/忠直 4
[萬曆]東昌 18/2
[萬曆]濮州 4/衛人 2
50 **太史亨**(字元復)
(三國・東萊黄人)
[光緒]增修登州 38/4
[同治]黄縣 7/1
太史敫(戰國・莒人)
[至元]齊乘 6/6
[嘉靖]山東 28/17
[康熙]山東 38/18
[嘉靖]青州 16/3
[萬曆]青州 15/41
[康熙十五年]青州 15/41
[康熙四十八年]青州 15/卓行 1
[康熙六十年]青州 18/1
[康熙]莒州下/31
[雍正]莒州 9/1
[嘉慶]莒州 9/1
太史摯(周)
[康熙六十年]青州 20/15
太史慈(字子義)

（三國・東萊黄人）
［至元］齊乘 6/14
［嘉靖］山東 32/22
［康熙］山東 43/1
［雍正］山東 28/人物一 24
［宣統］山東 154/28
［康熙］萊州 10/92
［泰昌］登州 11/29
［順治］登州 17/4
［光緒］增修登州 38/3
［康熙］昌邑 7/3
［乾隆］昌邑 6/183，8/273
［康熙］黄縣 6/13
［乾隆］黄縣 8/4
［同治］黄縣 8/2
［民國］黄縣志稿 13/三國
60 **太昊**（見伏羲）
80 **太姜**（商・齊人）
［萬曆］青州 16/1
［康熙十五年］青州 16/1
［康熙四十八年］青州 16/1
［康熙六十年］青州 19/1
［嘉靖］昌樂 3/49
［康熙］昌樂 4/12
［民國］臨淄 31/45
太公望（見呂尚）
太倉公（見淳于意）

4003_4 爽

47 **爽鳩氏**（少昊）
［嘉靖］青州 12/8
［康熙十五年］青州 8/1
［康熙四十八年］青州 8/1
［康熙六十年］青州 10/1

4003_8 夾

10 **夾璋**（字德卿）
（明・嘉祥人）
［乾隆］嘉祥 2/35
80 **夾谷之奇**（字士常）
（元・女真加古部人）
［嘉靖］山東 34/6
［康熙］山東 48/4
［雍正］山東 28/人物二 61
［宣統］山東 158/11
［萬曆元年］兖州 42/15
［萬曆二十四年］兖州 35/30
［康熙］兖州 27/27
［乾隆］兖州 23/33
［乾隆］東平州 15/38
［道光］東平州 15/38
［光緒］東平州 15/下 67
［民國］東平縣 11/下 35
［乾隆］濟寧直隸州 21/21
［道光］濟寧直隸州 6/6－16
［萬曆］滕志 7/21
［康熙］滕志 7/21
［康熙］滕縣志 7/19
［道光］滕縣志 7/17

4010_0 士

15 **士建中**（宋・東平人）
［乾隆］東平州 14/11
［道光］東平州 14/11
［光緒］東平州 15/中 16
［民國］東平縣 11/上 35
27 **士匄**（春秋・晉國人）
［乾隆］曹州府 14/2
45 **士鞅**（春秋・晉國人）
［乾隆］曹州府 14/2
99 **士燮**（春秋・晉國人）
［乾隆］曹州府 14/2
士燮（字威彦）
（三國・汶陽人）
［萬曆二十四年］兖州 32/10
［康熙］兖州 25/6
［萬曆］汶上 6/2

4010_4 奎

26 **奎保**（清・鐵嶺漢軍鑲黄旗舉人）
［民國］牟平 6/80
［民國］萊陽 3/1 上 28
60 **奎昌**（字小泉）
（清・滿洲鑲白旗人）
萊州府鄉土志/上 26
［道光］再續掖縣上/34
90 **奎光**（字珠泉）
（清・遼陽人）
新泰縣鄉土志/8

臺

00 **臺文昭**（字光四）
（清・諸城人）
［道光］諸城縣續志 20/2
08 **臺謙**（明・諸城人）
［萬曆］諸城 6/21
27 **臺象賢**（字笠亭）
（清・諸城人）
［光緒］增修諸城縣續志 20/1
40 **臺存道**（字汝修）
（明・諸城人）
［萬曆］諸城 6/17
46 **臺柏紱**（字繡麟，一字綬卿）
（清・諸城人）
［宣統］山東補遺/42
67 **臺瞻斗**（字日靈）
（清・諸城人）
［宣統］山東 175/23
［咸豐］青州 46/30
［乾隆］諸城 34/2
77 **臺鳳儀**（清・定陶人）
［民國］定陶 6/61

4010_6 查

21 **查仁**（明・丹陽人）
［萬曆］沂州志 4/56
26 **查保**（明・丹陽人）
［乾隆］沂州府 17/33
30 **查宗仁**（字曉峯）
（清・銅陵人）
［光緒］寧津 6/31
寧津縣志料 3/人物－名宦
38 **查道**（字湛然）
（宋・休寧人）
［萬曆］東昌 18/19
［乾隆］東昌 35/10
［嘉慶］東昌 22/14
40 **查志立**（明・海寧人）
［乾隆］寧陽 3/東兖道 2
44 **查懋**（清・無棣人）
［民國］無棣 13/6
60 **查果**（清・北直天津人）
［道光］重修平度州 16/23
查景綬（字星階）
（宛平人）
［民國］濟寧縣 3/22
67 **查嗣馨**（清・海寧人）

［康熙］臨淄 8/8
88 查筠（原名以奎，字籜青，一字聲庭）
（清・順天宛平人）
［民國］濟寧直隸州續志 10/50

4010_7 直

78 直脫兒（元・蒙古氏）
［嘉靖］青州 15/48
［萬曆］青州 15/22
［康熙十五年］青州 15/21
［康熙四十八年］青州 15/武功 8
［康熙六十年］青州 16/46

4013_2 壞

76 壞駟赤（字子徒）
（春秋・秦人）
［嘉靖］山東 24/8
［康熙］山東 29/8
［雍正］山東 11/闕里二 17
［萬曆元年］兗州 7/51
［萬曆二十四年］兗州 7/22
［康熙］兗州 8/22
［乾隆］兗州 7/29
［乾隆］曲阜 59/6

4020_0 才

06 才謌（字邁千）
（清・恩縣人）
［民國］重修恩縣 12/上 77
30 才寬（明・北直遷安人）
［嘉靖］山東 25/26
［康熙］山東 32/14
［雍正］山東 27/75
［宣統］山東 71/51
［康熙］濟南 25/33
［乾隆］武定府 16/30
［咸豐］武定府 19/商河 2
［萬曆］商河 5/21
［民國］重修商河 6/62
50 才春元（字捷南）
（恩縣人）
［民國］重修恩縣 11/鄉賢 86
才春吉（清・恩縣人）
［宣統］重修恩縣 8/50
［民國］重修恩縣 11/鄉賢 69

4020_7 麥

12 麥瑞芳（字雪畦）
（清・廣東清遠人）
即墨縣鄉土志/政績錄
17 麥子淳（字葵江）
（清・廣東香山人）
［宣統］山東 76/6
［道光］濟寧直隸州 6/7－85
［咸豐］金鄉縣志略 7/13
［民國］金鄉 11/21
金鄉縣鄉土志/政績錄
44 麥丘封人（春秋・齊人）
商河縣鄉土志 2/耆舊－事業
72 麥丘邑人（春秋・齊人）
［至元］齊乘 6/3
［嘉靖］山東 28/4
［康熙］山東 38/4
［嘉靖］青州 15/49
［萬曆］青州 14/28
［康熙十五年］青州 14/28
［康熙四十八年］青州 14/隱逸 2
［康熙］臨淄 10/4
［民國］臨淄 29/13
商河縣鄉土志 2/耆舊－事業
77 麥邱邑人（見麥丘邑人）

4021_1 堯

23 堯允和（字肥泉）
（明・河南汲縣人）
［宣統］山東 71/22
［康熙］濟南 25/53
［道光］濟南 36/41
［康熙］禹城 5/8
［嘉慶］禹城 7/26
［民國］禹城 3/44
禹城縣鄉土志/6
25 堯傑（字壽性）
（北齊・上黨長子人）
［萬曆二十四年］兗州 27/5
［康熙］兗州 21/20
63 堯暄（字辟邪）
（北朝・上黨長子人）
［康熙］濟南 25/4
［道光］濟南 72/16
［順治］鄒平 4/5
［康熙］鄒平 4/4

4022_7 布

12 布延布哈（字希古）
（元・蒙古人）
［宣統］山東 69/18
布延布哈（元益都，見普顏不花）
21 布師方（字孝侯）
（陽穀人）
［民國］增修陽穀人物/仕宦 26
32 布兆騎（字駿卿）
（清・陽穀人）
［民國］增修陽穀人物/師道 28
44 布薩安貞（本名阿哈）
（金）
［咸豐］青州 35/14
51 布振標（清・陽穀人）
［民國］增修陽穀人物/武功 11
80 布命（清・陽穀人）
［民國］增修陽穀人物/仕宦 13

南

00 南文子（春秋）
［萬曆］東昌 18/3
南應辰（清・海豐人）
海豐縣鄉土志/耆舊－事業四
13 南強（宋・濮州鄄城人）
［宣統］山東 161/18
27 南紹達（字伯周）
（清・山西洪洞人，遷清平）
［嘉慶］清平 14/33
［宣統］增輯清平 12/33
［民國］清平/人物 20
南佩蘭（字紉秋）

（清・濮州人）
［宣統］濮州 3/93
28 **南儀**（明・陝西滑南人）
［康熙］郯城 6/7
30 **南之傑**（字頤園）
（清・湖廣蘄州人）
［宣統］山東 75/13
［道光］濟南 38/19
［乾隆］泰安府 15/31
［康熙］新修萊蕪 5/29
［民國］萊蕪 9/7
［民國］續修萊蕪 15/8
［康熙五十五年］長山 3/38
［嘉慶］長山 5/46
長山縣鄉土志/政績錄
南宮适（又名縚，字子容）
（春秋・魯人）
［康熙］山東 29/6
［雍正］山東 11/闕里二 14
［宣統］山東 153/5
［萬曆元年］兗州 7/40
［萬曆二十四年］兗州 7/18
［康熙］兗州 8/18
［乾隆］兗州 7/26
［崇禎］曲阜 4/9
［乾隆］曲阜 59/4
南宮邊子（春秋・魯人）
［乾隆］曲阜 68/11
南之英（字養素）
（明・濮州人）
［康熙］濮州 2/97
［乾隆］濮州 2/78
［宣統］濮州 3/57
南宮括（見南宮适）
32 **南兆**（字吉甫，號明郊）
（明・濮州人）
［宣統］濮州 4/106
34 **南漢**（明・渭南人）
［道光］濟南 36/28
［康熙四十三年］長山 3/宦績
［康熙五十五年］長山 3/33
［嘉慶］長山 5/41
35 **南洙源**（字生魯，號東山）
（清・濮州人）
［宣統］山東 173/24
［乾隆］曹州府 15/22
［康熙］濮州續志上/25
［乾隆］濮州 3/93
［宣統］濮州 4/99
40 **南士熠**（清・濮州人）
［乾隆］濮州 4/18
［宣統］濮州 5/19
41 **南樞**（清・濮州人）
［乾隆］濮州 4/18
［宣統］濮州 5/19
42 **南蒯**（春秋）
［萬曆元年］兗州 41/5
50 **南史氏**（周）
［嘉靖］青州 15/1
51 **南軒**（明・渭南人）
［乾隆］寧陽 3/東兗道 1
53 **南成烈**（字篤菴）
（清・無棣人）
［民國］無棣 11/14
54 **南拱極**（明・山西安邑人）
［雍正］山東 27/28
［宣統］山東 71/27
［康熙］濟南 25/69
［道光］濟南 36/52
［康熙］陵縣 4/23
［光緒］陵縣 18/13
陵縣鄉土志/9
72 **南岳**（字宮籙）
（清・濮州人）
［康熙］濮州 6/89
［乾隆］濮州 6/89
［宣統］濮州 8/89
77 **南風子**（俗姓王）
（清・浙人）
［道光］濟南 60/16
［乾隆］歷城 45/13
南風薰（清・泗水人）
［光緒］泗水 11/10
南賢舉（字書升）
（清・濮州人）
［宣統］濮州 6/14
80 **南公适**（見南宮适）

有

10 **有鬲氏**（夏）
［乾隆］德平 2/20
［嘉慶］德平 5/1
17 **有子**（見有若）
30 **有安仁**（字靜夫）
（清・肥城人）
肥城縣鄉土志 5/25
有安成（清・長清人）
［民國］長清 13/1
40 **有希孔**（字景尼）
（清・益都人）
［光緒］益都縣圖志 41/18
44 **有若**（字子有，一作子若）
（春秋・魯人）
［嘉靖］山東 24/7
［康熙］山東 29/7
［雍正］山東 11/闕里二 16
［宣統］山東 153/4
［萬曆元年］兗州 7/46
［萬曆二十四年］兗州 7/19
［康熙］兗州 8/20
［乾隆］兗州 7/22
［崇禎］曲阜 4/9
［乾隆］曲阜 59/3
［嘉慶］肥城 17/6
［光緒］平陰 2/1
［光緒］肥城 9/1
肥城縣鄉土志 5/12
有莘（商）
［萬曆二十四年］兗州 5/9

希

80 **希公戒師**（俗姓張）
（金・福山人）
［嘉靖］山東 34/17
［康熙］山東 47/10
［宣統］山東 200/29
［順治］登州 18/21
［康熙］福山 9/36
［乾隆］福山 9 下/47

4024_7 皮

30 **皮容**（漢・琅邪人）
［至元］齊乘 6/11
［宣統］山東 153/24
［咸豐］青州 38/7
［康熙］諸城 7/7
40 **皮大器**（號望海）

（明・遼東人）
［康熙］聊城 2/3

4033_1 赤

13 **赤琖顯忠**（字遂良）
（金・樸速府人）
［宣統］山東 200/8
［乾隆］兗州 23/90
［乾隆］濟寧直隸州 21/19
［道光］濟寧直隸州 6/6－14
［康熙］魚臺 17/71
［乾隆］魚臺 11/46
［光緒］魚臺 3/30
53 **赤盞暉**（字仲明）
（金・掖縣人）
［嘉慶］續掖縣 3/2，3/20
［道光］掖乘 4
74 **赤肚子**（元・壽光人）
［康熙］壽光 29/2
［嘉慶］壽光 15/8
［民國］壽光 12/人物志二 87
77 **赤腳王仙**（姓王）
（明・招遠人）
［康熙］山東 47/10
［雍正］山東 30/22
［泰昌］登州 11/65
［順治］登州 18/25
［順治］招遠 9/30
［同治］重修寧海州 26/15
［康熙］蓬萊 6/4
［道光］重修蓬萊 2/33
［民國］增修蓬萊 2/仙釋
［民國］蓬萊縣志合編人物志/仙釋
赤腳禪師（清）
［順治］新泰 6/45

志

24 **志德**（姓劉）
（元・聊城人）
［雍正］山東 30/19
34 **志湛**（南北朝）
［乾隆］歷城 45/3
60 **志昂**（號獨峯）
（明・濰縣人）
［乾隆］歷城 45/11
［民國］濰縣志稿 36/8

4040_0 女

20 **女奚烈守愚**（字仲晦，一作仲誨）
（金・真定路吾道克猛安人）
［嘉靖］山東 27/7
［康熙］山東 35/7
［雍正］山東 27/78
［宣統］山東 69/9
［嘉靖］青州 13/31
［萬曆］青州 12/23
［康熙十五年］青州 12/23
［康熙四十八年］青州 12/23
［康熙六十年］青州 12/14
［乾隆］沂州府 20/4
［民國］臨沂 7/69

4040_7 李

00 **李充**（號擴之）
（清・臨朐人）
臨朐縣鄉土志 1/耆舊
李高（明・商河人）
［民國］重修商河 8/71
商河縣鄉土志 2/耆舊－事業
李高（字志山）
（清・高密人）
［光緒］高密 8/上 11
［民國］高密 14/上 10
高密縣鄉土志/上 26
李庚（清・華州舉人）
金鄉縣鄉土志/政績錄
李亨（字嘉會）
（唐・姑臧人）
［乾隆］淄川 4/3
李康（清・萊陽人）
［民國］萊陽 3/1 中 38
李堃（字德厚）
（清・濟寧人）
［民國］濟寧直隸州續志 14/6
李廓（字容生，又字曉巖）
（清・益都人）
［咸豐］青州 49/36
［光緒］益都縣圖志 41/16
李亮（北魏・陽平館陶人，一作冠氏人）
［雍正］山東 31/4
［萬曆］冠縣 4/40
李諒（明・濰人）
［宣統］山東 161/30
［民國］濰縣志稿 27/29
李慶（唐・隴西人）
［同治］黄縣 6/1
李讓（元・蒙陰人）
［康熙十一年］蒙陰 2/43
李讓（明）
［光緒］嶧縣 19/職官下 3
李讓（明・榆社人）
［乾隆］東昌 44/23
［康熙］臨清州 3/人物 28
［乾隆］臨清州 12/7
［乾隆］臨清直隸州 8/上 82
李讓（字撝謙，號益軒）
（清・單縣人）
［民國］單縣 23/8
李庭（字勞山）
（元・金蒲察氏人，徙壽光）
［嘉靖］山東 32/18
［康熙］山東 42/19
［雍正］山東 28/人物二 57，31/15
［宣統］山東 158/10
［嘉靖］青州 15/64
［萬曆］青州 15/62
［康熙十五年］青州 15/62
［康熙四十八年］青州 15/僑寓 9
［康熙六十年］青州 20/17
［咸豐］青州 42/4
［康熙］壽光 30/1
［嘉慶］壽光 14/21
［民國］壽光 12/人物志一 15
壽光縣鄉土志/耆舊
［光緒］益都縣圖志 48/19
李文（明・睢州人）
［嘉靖］夏津 3/35
李文（字載道）
（明・堂邑人）

[乾隆]東昌 42/11
[嘉慶]東昌 32/11
[順治]堂邑 2/人物 13
[康熙十一年]堂邑 2/人物 5
[康熙]堂邑 16/12
堂邑縣鄉土志/耆舊錄
李襄(清・高唐人)
[乾隆]東昌 43/27
[嘉慶]東昌 32/44
[康熙十二年]高唐州 9/3
[道光]高唐州 5/2-3
[光緒]高唐州 5/2-3
[民國]高唐縣 12/35
高唐州鄉土志/22
李辛(宋・樂平人)
[雍正]山東 31/14
[宣統]山東 200/5
[萬曆]沂州志 7/40
[乾隆]沂州府 27/15
[康熙]費縣 7/29
[光緒]費縣 11/71
李言(字孔彰)
(清・濟寧人)
[宣統]山東 200/17
[乾隆]濟寧直隸州 28/17
[道光]濟寧直隸州 8/4-46
李彥(字次仲)
(北魏・隴西狄道人)
[宣統]山東 67/13
[光緒]益都縣圖志 15/14
李彥(字大美,號信菴)
(明・濟寧人)
[康熙]濟寧州 7/51
[乾隆]濟寧直隸州 24/22
[道光]濟寧直隸州 8/2-34
李膺(字元禮)
(漢・潁川襄城人)
[嘉靖]山東 25/3
[康熙]山東 31/3
[雍正]山東 27/51
[嘉靖]青州 13/6
[萬曆]青州 12/9
[康熙四十八年]青州 12/9
[康熙六十年]青州 12/4
[咸豐]青州 34/7
[康熙六十年]博興 7/2
[康熙]臨淄 8/2
[民國]臨淄 18/4
李庸(清・武城人)
[道光]武城續編 10/2
[民國]增訂武城續編 10/2
武城縣鄉土志略/耆舊錄
李章(字第公)
(漢・河內懷人)
[嘉靖]山東 27/19
[雍正]山東 27/41
[宣統]山東 66/26
[嘉靖]青州 13/9
[萬曆]青州 12/7
[康熙十五年]青州 12/7
[康熙四十八年]青州 12/7
[康熙六十年]青州 12/3
[咸豐]青州 34/5,64/6
[萬曆元年]兗州 39/外傳 4
[乾隆]東昌 34/10
[嘉慶]東昌 22/1
[萬曆]冠縣 2/1
[道光]冠縣 6/20
[光緒]冠縣 6/宦績
[民國]冠縣 6/31
[萬曆]諸城 5/3
[康熙]諸城 5/3
[乾隆]諸城 27/4
諸城縣鄉土志/上 4
[康熙十一年]莘縣 5/1
[康熙五十六年]莘縣 5/1
[光緒]莘縣 5/3
[民國]莘縣 3/2
莘縣鄉土志/政績 3
[康熙六十年]博興 7/2
李章(字君章)
(元・東平人)
[宣統]山東 168/16
李鷹(字方叔)
(宋・鄆州人)
[雍正]山東 28/人物二 44
[萬曆二十四年]兗州 35/17
[康熙]兗州 27/15
[乾隆]東平州 15/1
[崇禎]鄆城 5/3
[康熙]鄆城 5/12
[光緒]鄆城 5/21
李方堃(字秋泉,號夢覺)
(清・長清人)
[民國]長清 11/14
李方膺(字虬仲,號晴江)
(清・江南通州人)
[宣統]山東 76/12
[乾隆]沂州府 20/14
[嘉慶]莒州 7/9
[民國]重修莒志 58/3
[民國]臨沂 7/76
[民國]樂安 8/21
[民國]續修廣饒 17/6
李廣文(字煥章)
(清・泰安人)
[民國]重修泰安縣 8/19
李唐裔(號西林)
(清・棲霞人)
[光緒]增修登州 39/22
[康熙]棲霞 6/7
[乾隆]棲霞 6/35
李文高(清・昌樂人)
[咸豐]青州 49/2
[嘉慶]昌樂 22/7
李文慶(字吉之,號松石)
(明・章邱諸生)
[道光]濟南 49/65
[道光]章邱 10/28
李應庚(清・單縣人)
[康熙]單縣 8/9
[民國]單縣 9/48
李應鷹(字柱三,一字諫臣,又字愚菴)
(清・日照人)
[雍正]山東 28/人物四 42
[宣統]山東 173/1
[乾隆]沂州府 25/30
[光緒]日照 8/16
李文龍(清・長清人)
[民國]長清 11/31
李文龍(字鼎臣)
(清・霑化人)
[光緒]霑化 9/8
[民國]霑化 2/60
李應龍(明・安州人)
[道光]濟南 36/28

［康熙五十五年］長山 3/36
［嘉慶］長山 5/45
李應龍(清・順天人)
［康熙］曹州志 13/5
李庭訓(字文軒)
(清・壽光人)
［民國］壽光 12/人物志二 59
李應塾(清・諸城人)
［光緒］增修諸城縣續志 14/12
李文麟(字天閣)
(清・福建閩縣人)
［宣統］山東 75/51
［乾隆］武定府 16/46
［咸豐］武定府 19/霑化 5
［光緒］霑化 5/20
［民國］霑化 4/職官 38
李應麟(明・陽穀人)
［乾隆］東昌 42/8
［嘉慶］東昌 32/8
［康熙］聊城 3/51
［宣統］聊城 8/79
聊城縣鄉土志/30
［民國］增修陽穀人物/孝義 5
李應麟(清・濮州人)
［乾隆］濮州 3/95
［宣統］濮州 4/101
李充元(明・陝西肅州人)
［康熙］濟寧州 4/56
［乾隆］濟寧直隸州 22/19
［道光］濟寧直隸州 6/6－25
李方晉(字希度)
(清・金鄉人)
［民國］金鄉 13/續增 7
李方霈(字玉亭)
(清・陽信人)
［民國］陽信 5/耆碩 59
李方璽(清・鄒平人)
［民國］鄒平 15/126
李慶霖(清・鄒平人)
［民國］鄒平 15/132
李慶五(清・牟平人)
［民國］牟平 7/96
李文玉(字子璞)
(長清人)
［民國］長清 12/25
李文正(明・濰縣人)
［萬曆］濰縣 9/6
［康熙］濰縣 5/人物 13
［乾隆］濰縣 4/9
濰縣鄉土志/16
李應霖(清濮州，見李應麟)
李應璽(清・金鄉人)
［民國］金鄉 13/25
李應元(明・開州舉人)
［道光］濟南 36/55
［康熙］德州 7/27
［乾隆］德州 8/10
［民國］德縣 9/9
李文斐(清・費縣人)
［乾隆］沂州府 26/29
［光緒］費縣 11/5
李文琴(字揮遇)
(清・滋陽人)
［光緒］滋陽 9/8
李彥珂(清・三原人)
［順治］單縣 2/8
李彥碩(清・萊陽人)
［民國］萊陽 3/1 中 53
李慶瑞(清・牟平人)
［民國］牟平 7/96
李彥瑞(字德麟)
(元・保定人)
［宣統］山東 69/31
［乾隆］曹州府 12/13
［隆慶］單縣上/32
［康熙］單縣 6/10
［乾隆］單縣 4/56
［民國］單縣 6/宦蹟 16
李應登(清・沂州衛人)
［康熙］沂州志 4/25
李應璠(清・禹城人)
［民國］禹城 8/39
李章武(本名方古)
(唐)
［康熙］東平州 3/4
李文瑛(字琦亭)
(清・高唐人)
［光緒］高唐州 5/1－49
［民國］高唐縣 12/89
高唐州鄉土志/24
李應琦(字位西)
(清・菏澤人)
［光緒］菏澤 16/6
［光緒］新修菏澤 11/57
李方翀(清・海陽人)
光緒臨朐 13/18
李應聘(明・歷城人)
［崇禎］歷乘 16/53
李應琨(清・金鄉人)
［民國］濟寧直隸州續志 14/31
［咸豐］金鄉縣志略 9/中忠義傳 5
［民國］金鄉 14/20
李席珍(字春崗，一字前溪，號後湖)
(明・濟寧人)
［康熙］濟寧州 6/32
［乾隆］濟寧直隸州 24/18
［道光］濟寧直隸州 8/2－31
李競秀(字文卿)
(清・金鄉人)
［民國］金鄉 14/22
李文秀(明・掖人，一作昌邑人)
［嘉靖］山東 35/7
［康熙］山東 45/22
［雍正］山東 28/人物三 5
［宣統］山東 165/14
［萬曆］萊州 6/8
［康熙］萊州 10/63
［乾隆］萊州 11/孝義 3
［乾隆］掖縣 4/47
［康熙］昌邑 6/26
［乾隆］昌邑 6/169
李文秀(清・濰縣人)
［民國］濰縣志稿 29/30
李廣仁(清・諸城人)
［光緒］增修諸城縣續志 17/13
李文貞(清・臨淄人)
［民國］臨淄 27/66
李彥儒(字幼安)
(清・蒙陰人)
［乾隆］沂州府 26/28
［康熙十一年］蒙陰 2/50

[康熙二十四年]蒙陰 4/11
[宣統]蒙陰 4/隱德
李應虞(字咸五)
(清・東平人)
[宣統]山東 171/8
[道光]東平州 13/40
[光緒]東平州 15/上 40
[民國]東平縣 11/上 16
東平州鄉土志上/耆舊錄 35
李文鼎(字振九)
(清・章邱人)
[道光]章邱 11/81
李文鼎(濟寧人)
[民國]濟寧縣 3/4
李文綬(字若甫)
(清・利津人)
[宣統]山東 171/45
[咸豐]武定府 23/忠節 23
[光緒]利津 7/忠節 1
[光緒]陽穀 4/20,13/17
[民國]增修陽穀名宦/9
李文綬(字秉義)
(清・無棣人)
[民國]無棣 13/23
李應彪(字炳如)
(清・日照人)
[光緒]日照 8/17
李應彪(清・直隸武強舉人)
[光緒]泗水 15/三 10
[光緒]泗水縣鄉土志/6
李應彪(清・直隸人)
[民國]定陶 4/29
李廣佶(字伯溪)
(清・新城人)
[道光]濟南 55/82
[宣統]新城縣後志 2/善行
[民國]重修新城 18/1
李亨特(字曉園)
(清・漢軍正藍旗人)
[道光]濟寧直隸州 6/7－62
李慶緒(南北朝・廣漢郪人)
[嘉靖]青州 13/18
[萬曆]青州 12/11
[康熙十五年]青州 12/11
[康熙四十八年]青州 12/11
[康熙六十年]青州 12/7
李文德(明・臨沂人)
[萬曆]沂州志 7/39
[康熙]沂州志 6/8
[乾隆]沂州府 26/27
[民國]臨沂 9/57
李文德(字來之)
(清・昌樂人)
[民國]昌樂縣續志 35/9
李文科(字玉峰)
(清・江蘇長洲人)
[道光]濟南 56/81
[乾隆]德州 9/38
[民國]德縣 10/28
李應科(明・霍州人)
[萬曆]濮州 3/名宦 25
[康熙]濮州 3/23
[乾隆]濮州 3/23
[宣統]濮州 4/23
李方生(清・長安人)
[康熙]昌邑 7/3
李廣生(清・利津人)
[乾隆]利津縣志續編 8/45
[光緒]利津 8/義行 1
李廉仲(字墨源)
(明・諸城人)
[雍正]山東 28/人物三 74
[宣統]山東 164/53
[咸豐]青州 45/53
[康熙]諸城 7/27
[乾隆]諸城 30/14
李主和(號汀漁)
(明・濮州人)
[康熙]濮州 4/7
[乾隆]濮州 4/7
[宣統]濮州 5/7
李立身(字偉若)
(清・聊城人)
[宣統]聊城 8/61
李慶翱(原名綎,字公度,一字小湘)
(清・歷城人)
[宣統]山東 169/14
[民國]續修歷城 40/11
李褒齡(清・膠州人)
[乾隆]萊州 11/善行 3
[乾隆]膠州 5/27
[道光]重修膠州 29/21
[民國]增修膠志 45/6
膠州直隸州鄉土志 4/篤行
李褎齡(見李褒齡)
李文齡(字夢錫)
(清・高密人)
[光緒]高密 8/上 38
[民國]高密 14/上 42
李應微(字炳千,號滄波)
(清・嶧縣人)
[乾隆]嶧縣 8/42
[光緒]嶧縣 21/宦績 3
李應徵(字養晦)
(明・曹縣人)
[康熙]兖州府曹縣 13/29
[光緒]曹縣 13/28
李廣寒(清・濱州人)
[咸豐]濱州 10/厚德又 6
濱州鄉土志/耆舊錄
李廣濟(清・汶上人)
[宣統]四續汶上稿/人物－耆德傳
李應房(字駿千)
(清・嶧縣人)
[乾隆]嶧縣 8/37
[光緒]嶧縣 21/孝友 6
李應宗(字紹之)
(明・利津人)
[康熙]濟南 32/7
[乾隆]武定府 25/36
[咸豐]武定府 25/儒林 6
[康熙]利津縣新志 8/5
[光緒]利津 7/儒林 1
李文潭(別號學海)
(清・蓬萊人)
[光緒]增修登州 39/7
[道光]重修蓬萊 13/傳 24
李文源(字鏡泉)
(昌樂人)
[民國]昌樂縣續志 31/26
李文淵(清・文登人)
[道光]文登 5/19
[光緒]文登 10/上 10
李文淵(字靜叔)
(清・益都人)
[宣統]山東 175/54

［咸豐］青州 49/37
［光緒］益都縣圖志 39/7
李襄州（清・高唐人）
［康熙十二年］高唐州 9/3
［康熙五十一年］高唐州 9/2
李方泌（字衡修）
（清・章邱人）
［道光］濟南 54/10
［乾隆］章邱 9/27
［道光］章邱 11/43
李應心（清・嶧縣人）
［乾隆］嶧縣 8/49
［光緒］嶧縣 21/孝友 8
李文斗（字沖玄）
（明・茌平人）
［宣統］茌平 14/3
［民國］茌平 3/72
李文漢（清・平度人）
［民國］平度縣續志 7/34
李文遠（字伯含）
（清・新城人）
［道光］濟南 55/68
［宣統］新城縣後志 2/宦績
［民國］重修新城 16/17
李文遠（清・陽穀人）
［光緒］陽穀 6/29
李膺祺（字同皋）
（清・莒縣人）
［民國］重修莒志 67/11
李應斗（明・恩縣人）
［雍正］恩縣續志 3/19
李應斗（明・平定人）
［同治］重修寧海州 12/11
李文連（清・樂安人）
［民國］續修廣饒 21/3
李文清（東阿人）
［民國］東阿 15/19
李文選（字清濤）
（清・濟陽人）
［民國］濟陽 11/62
李應祖（字繩武）
（清・鐵嶺人）
［咸豐］寧陽 11/14
［光緒］寧陽 11/14
李應選（字膺甫，一字彰吾）
（明・臨朐人）
［咸豐］青州 45/39
［康熙］臨朐縣志書 3/43
光緒臨朐 14/上 43
李應選（字籲軒）
（明・臨沂人）
［康熙］沂州志 6/8
［乾隆］沂州府 26/8
［民國］臨沂 10/47
李應運（清・魚臺人）
［乾隆］魚臺 13/15
［光緒］魚臺 3/耆碩又 3
李文祥（字瑞臣）
（清・霑化人）
［民國］霑化 2/90
李應祥（字履堂）
（清・鄒平人）
［民國］鄒平 15/114
李慶吉（字瑞白）
（濰縣人）
［民國］濰縣志稿 29/36
李應吉（明・江南泗州人）
［萬曆］沂州志 4/49
李應奎（字文煥）
（明・白水人）
［宣統］山東 71/41
［乾隆］武定府 16/18
［咸豐］武定府 19/陽信 2
［康熙］陽信 7/28
［乾隆］陽信 5/30
信邑志稿 5/宦蹟
［民國］陽信 2/56
李慶彬（清・費縣人）
［光緒］費縣 11/56
李彥韜（字俊卿）
（濟陽人）
［民國］濟陽 11/67
李應圳（字楚江）
（清・商河人）
［道光］商河 7/28
［民國］重修商河 8/39
李應壎（字仲和）
（清・安邱人）
［民國］續安邱新志 21/6
李齊芳（字見直，一作見甫）
（明・北直成安人）
［宣統］山東 71/3
［道光］濟南 36/6
［崇禎］歷城 6/3
［乾隆］歷城 34/4
李慶棋（字壽甫）
（清・濟寧人）
［民國］濟寧直隸州續志 14/6
李亭蘭（清・汶上人）
［宣統］四續汶上稿/人物－施濟傳
李庭蕙（清・恩縣人）
［雍正］恩縣續志 3/25
李庭英（字石泉）
（清・金鄉人）
［咸豐］濟寧直隸州續志 3/8
［民國］濟寧直隸州續志 14/28
［咸豐］金鄉縣志略 9/中忠義傳 2
［民國］金鄉 14/18
李庭蓁（字茂才，號西菴）
（明・章邱人）
［道光］章邱 11/35
李文桂（字鏡秋）
（清・利津人）
［光緒］利津 7/宦蹟 18，附利津文徵 3/傳 13
李文華（清・博興人）
［道光］博興 11/26
［民國］重修博興 13/24
李文林（明・平度人）
［道光］重修平度州 18/10
李文茂（明・鉅野人）
［道光］鉅野 13/64
李文藻（字儀廷）
（清・長清人）
［民國］長清 13/14
李文藻（清・商河人）
［民國］重修商河 8/33
商河縣鄉土志 2/耆舊－事業
李文藻（字素伯，一字茝畹，號南澗）
（清・益都人）

［宣統］山東 175/35
［咸豐］青州 49/24
［光緒］益都縣圖志 37/14
李文芝(字元徵)
(明・東平人)
［乾隆］泰安府 17/16
［康熙］東平州 3/42
［乾隆］東平州 14/13
［道光］東平州 14/13
［光緒］東平州 15/中 18
［民國］東平縣 11/上 37
東平州鄉土志上/耆舊錄 41
李文玆(字念夫)
(清・諸城人)
［道光］諸城縣續志 16/7
李應薦(字縉郵)
(明・恩縣人)
［宣統］山東 164/38
［乾隆］東昌 42/29
［嘉慶］東昌 32/25
［雍正］恩縣續志 3/2,3/15
［宣統］重修恩縣 8/24,8/37
［民國］重修恩縣 11/鄉賢 21,11/鄉賢 42
恩縣鄉土志/19
李應茂(清・嶧縣人)
［光緒］嶧縣 21/忠義 6
李庸菴(明・陽穀人)
［民國］增修陽穀人物/仕宦 9
李育英(字樂三)
(清・霑化人)
［乾隆］武定府 25/55
［咸豐］武定府 25/文苑 15
［光緒］霑化 9/4
［民國］霑化 2/56
李應坤(明・寧海人)
［康熙］昌邑 5/20
［乾隆］昌邑 5/124
李應坤(字子厚)
(清・鄒平人)
［民國］鄒平 15/127
李文埸(明・蒲臺人)
［萬曆］蒲臺志 9/9
李文墀(清・榮成人)
［光緒］增修登州 43/43
李文郁(字盛周)
(清・高唐人)
［光緒］高唐州 5/2－32
［民國］高唐縣 12/17
李彥超(五代・陳州宛丘人)
［萬曆二十四年］兗州 27/12
李應期(號泰寰)
(明・臨沂人)
［康熙］沂州志 5/69
［乾隆］沂州府 25/23
［民國］臨沂 9/48
李文翰(明・臨朐人)
［嘉靖］臨朐 3/13
李文翰(字耀廷)
(清・金鄉人)
［宣統］山東 172/46
［民國］濟寧直隸州續志 14/32
［咸豐］金鄉縣志略 9/中忠義傳 6
［民國］金鄉 14/21
李慶貴(茌平人)
［民國］茌平 12/91
李讓中(字遜卿)
(清・諸城人)
［乾隆］諸城 36/13
李文貴(明・萊陽人)
［民國］萊陽 3/1 中 17
李文中(明・莘縣人)
［正德］莘縣 6/36
李文忠(明・鳳陽人)
［康熙］兗州府曹縣 8/10
［光緒］曹縣 8/9
李彥表(字儀伯)
(元・汴梁人)
［宣統］山東 69/21
［道光］濟南 34/33
［道光］章邱 9/4,14/76
章邱縣鄉土志/上 12
李廕春(字召亭)
(清・旗人廕生)
［嘉慶］德平 5/20
［光緒］德平 5/13
李主中(號浦鶴)
(明・濮州人)
［康熙］濮州 4/7
［乾隆］濮州 4/7
［宣統］濮州 5/7
李方振(字金聲)
(清・平原人)
［民國］續修平原 10/上 9
李文成(字陸海,號靜巖)
(清・長清人)
［道光］濟南 56/54
［道光］長清 12/5
李文甫(明・濟寧人)
［康熙］濟寧州 7/51
李高拱(清・牟平人)
［同治］重修寧海州 21/8
［民國］牟平 7/91
李文耕(字心田,號復齋,又字璽石)
(清・雲南昆明人)
［宣統］山東 74/44
［道光］濟南 37/65,38/14
［道光］重修膠州 23/15
［民國］增修膠志 18/14
膠州直隸州鄉土志 3/政績－濬河,3/政績－愛民
［道光］鄒平 14/25
［民國］鄒平 14/25
［道光］冠縣 6/34
［光緒］冠縣 6/宦績
［民國］冠縣 6/45
章邱縣鄉土志/上 6
李文暢(字和軒)
(清・高唐人)
［民國］高唐縣 12/55
李應軫(字宗白)
(清・江南高郵人)
［宣統］山東 76/53
［乾隆］東昌 35/4
李方彔(字化辰,號默齋)
(清・海陽人)
［光緒］海陽縣續志 5/20
李文田(字硯山)
(清・莒縣人)
［民國］重修莒志 65/32
李文田(字硯卿)
(博山人)
［民國］續修博山 12/66
李膺昱(字晝堂)

（清・莒縣人）
[民國]重修莒志 65/25
李應昌(字逢泰)
（清・無棣人）
[民國]無棣 13/3
李文顯(字振西)
（清・寧陽人）
[光緒]寧陽 14/51
李應時(字際可)
（明・平定人）
[崇禎]歷城 6/3
李應時(明・直隸蘇州人)
[萬曆]青州 12 又/又 12
[康熙十五年]青州 12 又/又 12
[康熙四十八年]青州 12 又/又 12
[萬曆]諸城 4/28
李應時(字春枝)
（清・城武人）
[康熙九年]城武 3/25,3/57
[康熙四十一年]城武 5/下義烈 7
[道光]城武 9/下 48
李膺晛(字暉吉)
（清・莒縣人）
[民國]重修莒志 65/18
李應暘(明・江都人,一作維揚人)
[道光]濟南 72/21
[順治]臨邑 11/4
[道光]臨邑 7/28
[同治]臨邑 7/32
李應暘(明・江陵歲貢)
[光緒]文登 7/上 13
[民國]文登 7/上 13
李充嗣(字士修)
（明・四川內江人）
[宣統]山東 70/34
[乾隆]東昌 33/25
[嘉慶]東昌 20/36
[康熙]臨清州 3/名宦 5
[乾隆]臨清州 9/9
[乾隆]臨清直隸州 6/75
[民國]臨清縣/秩官 61
李方明(清・汶上人)
[康熙]續修汶上 4/人物 18
李文明(明・武定州人)
[萬曆]濮州 3/名宦 36
李文曜(字奎章)
（清・博興人）
[道光]博興 11/29
[民國]重修博興 13/28
李文昭(字懿宋)
（清・博興人）
[道光]博興 11/29
[民國]重修博興 13/28
李文驤(字乘千)
（清・諸城人）
[道光]諸城縣續志 15/6
李庚長(字子耆)
（清・寧津人）
[光緒]寧津 8/37
寧津縣志料 3/人物－義行
李慶長(字裕福)
（清・夏津人）
[民國]夏津續編 8/8
李應辰(清・恩縣人)
[雍正]恩縣續志 3/30
[宣統]重修恩縣 7/50
李應辰(字西崖)
（清・高密人）
[光緒]高密 8/上 57
[民國]高密 14/上 67
高密縣鄉土志/上 47
李文質(字知白)
（清・寧津人）
[光緒]寧津 8/33
寧津縣志料 3/人物－義行
李方居(清・德州人)
德州鄉土志/耆舊 33
李訪賢(字渭村)
（清・利津人）
[民國]利津縣續志 7/義行 4
李亭居(清・茌平人)
[宣統]茌平 28/2
[民國]茌平 3/69
李文駒(字符千)
（清・諸城人）
[咸豐]青州 48/5
[乾隆]諸城 33/4
李文舉(清・聊城人)
[乾隆]東昌 43/2
[嘉慶]東昌 32/28
[宣統]聊城 8/93
李文熙(字野臣)
（清・長山人）
[道光]濟南 55/1
[康熙四十三年]長山 5/仕業
[康熙五十五年]長山 6/11
[嘉慶]長山 7/16
長山縣鄉土志/耆舊錄
李文學(清・奉天人)
[雍正]山東 27/107
[宣統]山東 76/33
[乾隆]曹州府 12/24
[順治]定陶 4/6
李文學(字說初)
（清・莒縣人）
[民國]重修莒志 65/6
李文周(字郁堂)
（清・淄川人）
[宣統]三續淄川 10/11
李應鳳(清・聊城人)
[康熙]山東 45/14
[乾隆]東昌 22/24
[嘉慶]東昌 41/24
[康熙]聊城 3/52
李應犀(清・日照歲貢)
[乾隆]嶧縣 7/38
李雍熙(字淦秋)
（清・長山人）
[康熙]濟南 47/27
[道光]濟南 55/2
[康熙四十三年]長山 5/孝義
[康熙五十五年]長山 6/33
[嘉慶]長山 9/5,14/14
長山縣鄉土志/耆舊錄
李育民(字德超)
（清・鄆城人）
[光緒]鄆城 16/26
李應臨(明・恩縣人)
[雍正]恩縣續志 3/19
李應臨(清・恩縣人)
[雍正]恩縣續志 3/30

[宣統]重修恩縣 7/50
李廣義(萊蕪人)
[民國]續修萊蕪 27/14
李康年(清・章邱人)
[道光]章邱 10/37
李慶善(清・棲霞人)
[乾隆]棲霞 7/10
李應曾(號渠堂)
(清・河南汝陽人)
[宣統]山東 75/31
[道光]濟南 38/38
[道光]長清 4/4
李文矩(宋・寧海人)
[同治]重修寧海州 17/4
李應矩(字輸坪)
(清・金鄉人)
[咸豐]金鄉縣志略 9/中列傳二 17
[民國]金鄉 13/25
金鄉縣鄉土志/耆舊錄上
李彥饒(五代)
[萬曆二十四年]兖州 27/14
[康熙]兖州 21/27
[康熙]曹州志 7/47
[光緒]菏澤 7/宦蹟 15
李廣智(清・汶上人)
[宣統]四續汶上稿/人物－忠烈傳
李文鐸(字東山)
(清・濮州人)
[宣統]濮州 6/17
李慶翔(字石瑚)
(清・歷城人)
[宣統]山東 169/15
[民國]續修歷城 40/16
[民國]青城續修 1/82
李應朔(字育元)
(清・鉅野人)
[道光]鉅野 13/58
李充符(字德徵)
(清・陽穀人)
[光緒]陽穀 6/27
李文範(字淑子)
(清・莒縣人)
[嘉慶]莒州 10/6
[民國]重修莒志 65/12
李文鑑(字鏡懸)
(清・鄆城人)
[光緒]鄆城 8/22
李文敏(明・河南汲縣人)
[宣統]山東 72/17
[道光]濟寧直隸州 6/6－35
[康熙]魚臺 15/12
[乾隆]魚臺 9/35
[光緒]魚臺 2/48
李應第(明・禹城人)
[道光]濟南 52/8
[民國]禹城 6/14
禹城縣鄉土志/19
李褒光(字坤含,號伊亭)
(清・德州人)
[道光]濟南 56/69
[乾隆]德州 9/64
[民國]德縣 11/7
德州鄉土志/耆舊 45
李文煜(清・平度人)
[道光]重修平度州 19/10
[光緒]平度志要/人物
李庭燦(字儀矩,號肖亭)
(清・德州人)
[道光]濟南 56/69
[乾隆]德州 9/55
[民國]德縣 10/44
李文煥(明・恩縣人)
[雍正]恩縣續志 3/18
李文輝(明・諸城人)
[萬曆]諸城 6/13
李文炯(清・博興人)
[道光]博興 11/25
[民國]重修博興 13/24
李文炯(清・濟寧人)
[宣統]山東 200/16
李文耀(號奕吾)
(明・濮州人)
[康熙]濮州 2/87
[乾隆]濮州 2/67
[宣統]濮州 3/41
李慶榮(字耀庵)
(清・茌平人)
[民國]茌平 3/117
01 李頏(字翔雲)
(清・東阿人)
[道光]東阿 14/人物下 7
[光緒]東阿縣鄉土志 4/28
李譚(漢)
[天啟]新城 8/封爵
[崇禎]新城 8/封爵
[康熙]高苑 3/2
李諒(字慎庵,號柳東,別號守拙)
(清・寧津人)
[光緒]寧津 8/44
李龍標(字錦卿)
(清・商河人)
[民國]重修商河 8/27
李龍威(字鎮宇)
(清・清平人)
[民國]清平/人物 70
李龍光(字雲驤)
(清・陽穀人)
[民國]增修陽穀人物/師道 16
02 李端(明・利津人)
[嘉靖]山東 35/2
[康熙]山東 45/3
[雍正]山東 28/人物三 50
[宣統]山東 165/21
[康熙]濟南 44/6
[乾隆]武定府 25/3
[咸豐]武定府 25/孝友 3
[萬曆]濱州 4/62
[康熙]利津縣新志 8/21
[光緒]利津 8/孝友 1
李端(明・歷城人)
[崇禎]歷乘 16/51
李端(明・莘縣人)
[正德]莘縣 6/36
李端(字宗正)
(明・冠縣人,一作堂邑)
[嘉靖]冠縣 4/2
[萬曆]冠縣 4/8
[康熙]堂邑 13/5
李端黼(清・鄒平人)
[道光]濟南 54/42
[道光]鄒平 15/86
[民國]鄒平 15/86
李端遇(字筱研,一作小研)

（清・安丘人）
［宣統］山東 175/16
［民國］續安邱新志 17/9
安丘縣鄉土志 7/耆舊錄 4
李端懿（字元伯，一作伯元）
（宋・上黨人）
［嘉靖］山東 26/9
［康熙］山東 33/11
［雍正］山東 27/5
［宣統］山東 68/23
［乾隆］泰安府 14/21
［萬曆元年］兗州 38/循吏 28
［萬曆二十四年］兗州 28/6
［康熙］兗州 22/6
［乾隆］兗州 22/12
［乾隆］曹州府 12/10
［乾隆］濟寧直隸州 21/4
［道光］濟寧直隸州 6/6－7
［康熙］東平州 4/36
［乾隆］東平州 12/19
［道光］東平州 12/19
［光緒］東平州 14/19
［民國］東平縣 9/10
［隆慶］單縣上/31
［康熙］單縣 6/6
［乾隆］單縣 4/52
［民國］單縣 6/宦蹟 10
［道光］鉅野 10/6
李新春（清・萊蕪人）
［民國］萊蕪 20/4
［民國］續修萊蕪 27/20
萊蕪縣鄉土志/9
李新猷（字盤右，號諟齋）
（清・霑化人）
［乾隆］武定府 24/45
［咸豐］武定府 24/循良 35
［光緒］霑化 7/18，13/18
［民國］霑化 2/13，8/33
李新銘（清・膠州人）
［民國］增修膠志 44/17
李端怡（字正甫）
（清・博山人）
［民國］續修博山 9/10
03 李斌（宋・青州人）
［嘉靖］山東 27/16，32/13
［康熙］山東 37/3，42/13
［宣統］山東 157/35
［嘉靖］青州 14/15
［萬曆］青州 13/36
［康熙十五年］青州 13/36
［康熙四十八年］青州 13/事功 19
［康熙六十年］青州 16/9
［咸豐］青州 41/25
［萬曆］萊州 5/62
［康熙］萊州 8/23
［乾隆］萊州 9/7
萊州府鄉土志/上 10
［光緒］益都縣圖志 32/2
李斌（元・章邱人）
［道光］章邱 10/24
李斌（字伯中）
（明・濟寧人）
［康熙］濟寧州 7/11，7/51
［乾隆］濟寧直隸州 27/4
［道光］濟寧直隸州 8/4－31
李斌（清・福山人）
［乾隆］福山 9 上/66
［民國］福山縣志稿 7/3－13
李誠（號迂齋）
（元）
［順治］嘉祥 3/38
［乾隆］嘉祥 2/46
［光緒］嘉祥 2/63
李誠（元・平陰人）
［乾隆］泰安府 16/70
［光緒］平陰 4/9
李誠（明・菏澤人）
［萬曆二十四年］兗州 37/6
［康熙］兗州 28/34
［康熙］曹州志 16/2
［乾隆］曹州府 16/2
［康熙］曹縣 11/38
［康熙］兗州府曹縣 11/48，13/1
［光緒］曹縣 11/封贈 1，13/1
［光緒］菏澤 16/1
［光緒］新修菏澤 10/34
菏澤縣鄉土志/25
李誠（明・宿州人）
［同治］重修寧海州 15/4
李就（蒙古）
［光緒］泗水 15/三 9
李謐（清・海陽人）
［光緒］增修登州 43/48
［光緒］海陽縣續志 5/20
李詠（清・萊陽舉人）
［道光］觀城 6/24
李詒瓚（清・高密人）
［光緒］高密 8/上 67
［民國］高密 14/上 79，15/下补编 43
李詒琚（字方中）
（清・高密人）
高密縣鄉土志/上 49
李詒經（字五星，號卓然）
（清・高密人）
［光緒］高密 8/上 49
［民國］高密 14/上 56
高密縣鄉土志/上 48
李誠保（字子如）
（清・上元人）
壽張縣鄉土志/政績－興利
李誠心（字一齋）
（清・臨沂人）
［民國］續修臨沂 16/25
李誠明（字思伯）
（明・德州人）
［康熙］山東 39/31
［雍正］山東 28/人物三 56
［宣統］山東 167/15
［康熙］濟南 46/4
［道光］濟南 52/43
［康熙］德州 8/24
［乾隆］德州 9/20
德州鄉土志/耆舊 12
［民國］德縣 10/15
［道光］商河 7/13
［民國］重修商河 7/2，8/11
商河縣鄉土志 2/耆舊－事業
04 李竑（明・青州左衛人）
［嘉靖］青州 15/56
［萬曆］青州 14/39
［康熙十五年］青州 14/39
［康熙四十八年］青州 14/隱逸 13

[康熙六十年]青州 20/5
[咸豐]青州 44/17
[康熙]益都 9/44
[光緒]益都縣圖志 45/4
李計(清・費人)
[乾隆]沂州府 26/27
[康熙]費縣 7/31
李謹(字慎修)
(明・鄒平人)
[民國]鄒平 15/106
李謨(字紹禹)
(清・濮州人)
[宣統]濮州 6/93
李謀(字文略)
(南北朝・遼東襄平人)
[民國]續修歷城縣志 31/16
[民國]臨朐續志 17/2
李訥(明・鄒縣人)
[嘉靖]鄒縣地理誌 1/25
李諾(字重然)
(清・鉅野人)
[民國]續修鉅野 5/上 15
李詩(字肇南)
(清・鉅野人)
[民國]續修鉅野 5/上 20
李講誏(字循農)
(清・蒲臺人)
蒲臺縣鄉土志/17
李讚明(清)
州乘餘聞/22
05 **李靖**(字藥師)
(唐・三原人)
[康熙]臨朐縣志書 2/19
李講讓(清・蒲臺人)
[光緒]重修蒲臺 3/10
李讚明(明・德州人)
德州鄉土志/耆舊 19
07 **李贛**(清・鄒平人)
[道光]鄒平 15/98
[民國]鄒平 15/98
李記(明・萊陽人)
[民國]萊陽 3/1 中 12
李毅(明・宿州人)
[同治]重修寧海州 15/4
李譔(唐・隴西人)
[同治]黃縣 6/1
李詢言(字徵甫)
(清・安丘人)
[民國]續安邱新志 21/3
安丘縣鄉土志 7/耆舊錄 4
李調元(明・新泰人)
[康熙]濟南 44/19
[乾隆]泰安府 18/39
[天啟]新泰 6/20
[順治]新泰 5/23
[乾隆]新泰 16/2
新泰縣鄉土志/24
李調元(字贊化)
(清・平度人)
[光緒]平度志要/人物
[民國]平度縣續志 7/28
李詭祖(北魏・淄川人)
[宣統]三續淄川 9/52
李韶九(字簫卿)
(清・利津人)
[民國]利津縣續志 7/文苑 2
08 **李敦**(字厚夫)
(清・鉅野人)
[宣統]山東 173/26
[乾隆]曹州府 15/25,21/64
[道光]鉅野 12/16,19/36
李謙(號野齋)
(金・恩州人)
[乾隆]東昌 41/17
[嘉慶]東昌 33/15
[嘉靖]恩縣 6/2
[萬曆]恩縣 4/11
[宣統]重修恩縣 8/19,8/31
[民國]重修恩縣 11/鄉賢 15,11/鄉賢 32
李謙(字受益)
(元・東阿人)
[嘉靖]山東 30/55
[康熙]山東 40/53
[雍正]山東 28/人物二 65
[宣統]山東 163/26
[乾隆]泰安府 14/33,16/73
[萬曆元年]兗州 40/文苑 15
[萬曆二十四年]兗州 28/19,28/20,35/27
[康熙]兗州 22/18,27/25
[康熙]東平州 4/56
[乾隆]東平州 12/30
[道光]東平州 12/30
[光緒]東平州 14/30
[民國]東平縣 9/16
[康熙四年]東阿 6/19
[康熙五十四年]東阿 6/19
[道光]東阿 13/人物上 19
[光緒]東阿縣鄉土志 4/2
李謙(字仲讓)
(元・東鹿人)
[嘉靖]山東 26/15
[康熙]山東 33/18
[雍正]山東 27/36
[宣統]山東 69/28
[萬曆元年]兗州 38/循吏 37
[康熙]兗州 22/19
[乾隆]兗州 22/16
[康熙十二年]陽穀 3/1,7/10
[康熙]陽穀 3/1,7/6
[光緒]陽穀 5/1,12/6
[民國]增修陽穀名宦/1,藝文/碑 2
李謙(字尊性)
(明・嶧縣人)
[光緒]嶧縣 21/宦績 1,24/12
李諭(明・平度人)
平度鄉土志 4 上/鄉賢
李敦一(清・鄆城人)
[光緒]鄆城 16/11
李謙緒(字相益)
(清・金鄉人)
[民國]金鄉 14/12
李效容(清・汶上人)
[宣統]四續汶上稿/人物－忠烈傳
李敦測(字勺海)
(清・高密人)
高密縣鄉土志/上 49
李敦業(字雪樵)
(清・齊東人)
[宣統]山東 170/18
[民國]齊東 5/5

齊東縣鄉土志/耆舊錄 15
李效蘭(清・汶上人)
[宣統]四續汶上稿/人物－忠烈傳
李於椿(字壽亭,號雪山)
(清・陽信人)
[民國]陽信 5/耆碩 58
李效曾(字魯齋)
(清・章邱人)
[道光]章邱 11/65
09 李麟(字文瑞)
(明・鉅野人)
[康熙]兗州續編 15/16
[萬曆]鉅野 7/22
[康熙]鉅野 11/21
[道光]鉅野 12/23
李麟(明・直隸樂亭人)
[萬曆]青州 12 又/又 12
[康熙十五年]青州 12 又/又 12
[咸豐]青州 36/8
[萬曆]諸城 4/35
李麟(清・濟寧人)
[乾隆]濟寧直隸州 27/24
[道光]濟寧直隸州 8/3－26
李麟瑞(字孔書)
(清・霑化人)
[光緒]霑化 10/25
[民國]霑化 3/3
李麟圃(字又昭)
(清・日照人)
[光緒]日照 8/28
李麟圖(字元閣)
(清・鞏縣舉人)
[道光]武城續編 9/1
[民國]增訂武城續編 9/2
武城縣鄉土志略/政績錄
李麟趾(清・惠民人)
[光緒]惠民 21/9
惠民縣鄉土志/耆舊錄 10
李麟閣(字名軒)
(清・東明人)
[民國]東明縣新誌 11/46
李麟興(字瑞周)
(昌樂人)
[民國]昌樂縣續志 34/9
10 李丁(號文堂)
(明・曹州人)
[康熙]曹州志 12/5
[光緒]菏澤 12/4
李亘(字可大)
(宋・兗州乾封人,一作泰山奉符人)
[嘉靖]山東 29/17
[雍正]山東 28/人物二 47
[宣統]山東 164/17
[康熙]濟南 38/4
[弘治]泰安州 3/11
[康熙]泰安州 3/23
[乾隆]泰安府 18/23
[乾隆二十五年]泰安縣 12/13
[乾隆四十七年]泰安縣 10/上 16
[道光]泰安縣 9/上 66
[民國]重修泰安縣 8/16
泰安縣鄉土志/耆舊 24
李亘(字元貞)
(清・臨朐人)
[康熙六十年]青州 18/15
[咸豐]青州 47/22
李可(清・濟陽人)
[民國]濟陽 11/22
李談(字中軒)
(清・臨沂人)
[民國]續修臨沂 16/17
李璮(小字松壽)
(宋・濰州人)
[嘉靖]山東 27/22
[道光]濟南 71/51
[嘉靖]青州 16/63
[萬曆]青州 20/7
[康熙十五年]青州 20/外傳 7
[康熙四十八年]青州 20/外傳 7
[萬曆]萊州 6/3
[康熙]萊州 10/46
[乾隆]萊州 11/忠節 2
[崇禎]歷城 16/22
[光緒]益都縣圖志 17/22,51/16
[乾隆]濰縣 4/17
[民國]濰縣志稿 31/23
濰縣鄉土志/15
[同治]黄縣 14/12
李璽(字印方)
(清・莒縣人)
[民國]重修莒志 67/7
李夏(明・城武人)
[康熙九年]城武 3/17
[康熙四十一年]城武 5/上懿行 6
[道光]城武 9/下 11
李瓌(字連璧)
(清・陽信人)
[民國]陽信 5/任恤 32
李玉(元・章丘人)
[道光]濟南 48/15
[道光]章邱 11/22
李玉(字美石)
(清・長山人)
[道光]濟南 55/31
[嘉慶]長山 9/28
李元(字善長)
(元・滕縣人)
[萬曆二十四年]兗州 35/36
[康熙]兗州 27/32
[乾隆]兗州 23/33
[萬曆]滕志 8/49
[康熙]滕志 8/人物 6
[康熙]滕縣志 8/武功 6
[道光]滕縣志 8/武功 5
滕縣鄉土志/16
李元(字捷三)
(清・長清人)
[民國]長清 11/28
李雲(漢)
[康熙]山東 46/1
[康熙]濟南 48/1
李雲(字行祖)
(漢・甘陵人)
[乾隆]東昌 36/3
[嘉慶]東昌 26/4
李雲(清・高密人)
[乾隆]高密 10/33
[光緒]高密 10/44
[民國]高密 16/34

高密縣鄉土志/上 32
李璋(字公明)
(宋・上黨人)
[嘉靖]山東 25/6,26/11
[康熙]山東 31/8,33/14
[雍正]山東 27/89
[宣統]山東 68/33,68/42
[乾隆]泰安府 14/18
[萬曆元年]兗州 38/循吏 30
[萬曆二十四年]兗州 28/4
[康熙]兗州 22/4
[康熙]東平州 4/37
[乾隆]東平州 12/15
[道光]東平州 12/15
[光緒]東平州 14/15
[民國]東平縣 9/9
李璋(明・新城人)
[康熙]濟南 48/8
[道光]濟南 51/37
[天啟]新城 8/隱逸
[崇禎]新城 8/隱逸
[康熙]新城 8/12
[民國]重修新城 15/9
李璋(明・東平人)
[乾隆]東平州 15/40
[道光]東平州 15/40
[光緒]東平州 15/下 70
[民國]東平縣 11/下 37
李震(字乾一)
(清・壽光人)
[康熙]壽光 25/3
[嘉慶]壽光 13/4
[民國]壽光 12/人物志二 48
李震(清・陽穀人)
[康熙]陽穀 4/4
[光緒]陽穀 7/3
[民國]增修陽穀人物/善行 37
李丙辛(字燮堂)
(清・定陶人)
[民國]定陶 6/54
李爾康(清・泰安人)
[道光]泰安縣 9/上 85
[民國]重修泰安縣 8/39
泰安縣鄉土志/耆舊 18
李爾立(字健如)
(清・高密人)
[乾隆]萊州 11/孝義 7
[乾隆]高密 8/上 28
[光緒]高密 8/上 36
[民國]高密 14/上 39
高密縣鄉土志/上 35
李天章(字化南)
(清・寧海人)
[民國]牟平 7/39
李五京(字宏甫)
(清・利津人)
[乾隆]利津縣志續編 8/38
[光緒]利津 7/宦蹟 15
李一廣(明・嶧縣人)
[雍正]山東 28/人物三 77
[宣統]山東 164/55
[乾隆]兗州 23/50
[乾隆]嶧縣 8/30
[光緒]嶧縣 21/忠義 2
李于京(字金臺)
(清・安邱人)
[咸豐]青州 49/26
[道光]安邱新志 19/9
安丘縣鄉土志 9/耆舊錄 6
李玉亭(清・莘縣人)
[光緒]莘縣 7/51
[民國]莘縣 7/37
李玉亭(原名思溫,字溫如)
(壽光人)
[民國]壽光 12/人物志二 37
李玉章(字琳先)
(明・樂安人)
[民國]樂安 10/14
[民國]續修廣饒 19/26
李雲慶(字瑞堂)
(清・濟陽人)
[民國]濟陽 11/33
李再膺(字龍門)
(清・壽光人)
[康熙四十八年]青州 15/卓行 14
[康熙六十年]青州 18/14
[咸豐]青州 46/11
[康熙]壽光 26/4
[嘉慶]壽光 13/18
[民國]壽光 12/人物志一 61
李元龍(霑化人)
[民國]霑化 4/登進 45
李雲龍(清・堂邑人)
堂邑縣鄉土志/耆舊錄
李再新(明・昌樂人)
[咸豐]青州 45/60
[康熙]昌樂 4/9
[嘉慶]昌樂 22/5
李元護(北魏・遼東襄平人)
[宣統]山東 67/6
[嘉靖]青州 15/61
[萬曆]青州 15/59
[康熙十五年]青州 15/59
[康熙四十八年]青州 15/僑寓 6
[康熙六十年]青州 20/16
[咸豐]青州 53/8
[道光]濟南 33/17
李元謨(清・聊城人)
[乾隆]東昌 43/2
[嘉慶]東昌 32/28
[宣統]聊城 8/83
李正謙(清・汶上人)
[宣統]四續汶上稿/人物-施濟傳
李霽霄(清・汶上人)
[康熙]續修汶上 4/孝義 1
李丕元(字振烈)
(清・莘縣人)
[光緒]莘縣 6/10
[民國]莘縣 6/8
李雨霑(字時若)
(清・泰安人)
[乾隆四十七年]泰安縣 10/上 13
[道光]泰安縣 9/上 62
[民國]重修泰安縣 8/12
李元瑨(清・德州人)
德州鄉土志/耆舊 37
李醉琴(清・濰縣人)
[民國]續修歷城 45/3
李元璞(清・慶雲人)
[民國三年]慶雲 2/74
李雲瑞(字元龍)
(明・臨沂人)
[康熙]沂州志 6/10

[乾隆]沂州府 26/10
[民國]臨沂 9/48
李玉瑛(字燦華)
(清·定陶人)
[民國]定陶 6/34
李元琳(號松崖)
(清·陽穀人)
[雍正]山東 28/人物四 33
[宣統]山東 172/8
[乾隆]兗州 23/68
[康熙]陽穀 3/27
[光緒]陽穀 6/25
[民國]增修陽穀人物/仕宦 14
李元璂(清·德州人)
[宣統]山東 169/27
[民國]德縣 10/36
李元瓚(字瑟庵)
(清·德州人)
德州鄉土志/耆舊 42
李玉珊(清·益都人)
[光緒]益都縣圖志 41/25
李玉瑤(字子佩)
(清·茌平人)
[民國]茌平 3/95
李元琛(字航石,號璞寧)
(清·德州人)
[康熙]鄆城 4/19
[光緒]鄆城 6/26
李正己(唐·高麗人)
[嘉靖]山東 27/21
[咸豐]青州 55/14
[萬曆元年]兗州 39/外傳 3
[萬曆二十四年]兗州 29/15
[康熙]兗州 22/39
[嘉靖]濮州 7/8
[萬曆]濮州 4/雜記 3
[康熙]濮州 4/91
[乾隆]濮州 4/131
[宣統]濮州 6/89
[光緒]益都縣圖志 16/6,51/1
李不矜(字儆甫,號虛菴)
(明·壽光人)
[康熙]壽光 21/11
[嘉慶]壽光 12/15
[民國]壽光 3/89,12/人物志一 25
李玉璲(字公佩)
(清·魚臺人)
[乾隆]魚臺 11/38
[光緒]魚臺 3/23
李玉珍(字韻山)
(清·直隸清苑人)
[民國]昌樂縣續志 25/2
李可愛(清·滿洲旗人)
[康熙]山東 33/24
[宣統]山東 75/66
[康熙]兗州 22/38
[康熙]兗州續編 14/27
[乾隆]兗州 22/37
[康熙十二年]陽穀 3/3
[康熙]陽穀 3/2
[光緒]陽穀 5/1
[民國]增修陽穀名宦/3
李三重(明·濟陽人)
[民國]濟陽 11/48,17/43
李天秀(字子俊,號焦婁)
(清·陝西華陰人)
[宣統]山東 75/3
[道光]濟南 38/6
[乾隆]歷城 34/10
李五爵(字錫卿)
(清·利津人)
[乾隆]利津縣志續編 8/48
[光緒]利津 8/義行 2
李一鯨(字天池)
(清·朝城人)
[康熙]朝城 8/25
李天經(明·吳橋人)
[康熙]山東 49/4
李天經(字孝庭)
(清·臨沂人)
[民國]臨沂 10/62
李于繙(字雲臺)
(清·金鄉人)
[咸豐]濟寧直隸州續志 3/6
[民國]濟寧直隸州續志 14/25
[咸豐]金鄉縣志略 9/中忠義傳 1
[民國]金鄉 14/17
李于上(字頓齋)
(清·鉅野人)
[民國]續修鉅野 5/上 21
李玉衡(字泰三)
(清·陽信人)
信邑志稿 7/藝術
李正倬(字漢章)
(清·安邱人)
[咸豐]青州 49/47
[民國]續安邱新志 20/3
安丘縣鄉土志 7/耆舊錄 4
李百豐(字樂亭)
(清·安邱人)
[民國]續安邱新志 20/8
李三樂(字怡軒)
(清·鄆城人)
[光緒]鄆城 8/18
李玉山(清·菏澤人)
[光緒]菏澤 16/13
[光緒]新修菏澤 11/71
李丕先(字有開)
(清·長山人)
[道光]濟南 55/10
[康熙五十五年]長山 6/11
[嘉慶]長山 7/17
李丕緒(字纘九)
(黃縣人)
[民國]黃縣志稿 13/民國懿行
李三仕(清·諸城人)
[康熙]諸城 7/56
[乾隆]諸城 41/2
李天佑(字吉甫)
(元·清平人)
[乾隆]東昌 19/13,37/27
[嘉慶]東昌 27/25,45/14
[嘉慶]清平 14/26
[宣統]增輯清平 12/27,16/5
[民國]清平/人物 15,藝文 23
清平縣鄉土志/耆舊
李天佑(字宗順,號慎庵)
(明·清平人)
[乾隆]東昌 38/25
[嘉慶]東昌 28/25
[嘉慶]清平 14/30

[宣統]增輯清平 12/31, 16/15
[民國]清平/人物 17
[民國]清平/藝文 28
清平縣鄉土志/耆舊
李一科(字登庸)
(明·東平人)
[康熙]東平州 3/45
[乾隆]東平州 15/3
[道光]東平州 15/3
[光緒]東平州 15/下 2
[民國]東平縣 11/中 23
東平州鄉土志上/耆舊錄 33
李元德(字天若)
(清·鄒平人)
[民國]鄒平 15/106
李元紘(唐·萬年人)
[嘉靖]山東 26/6
[康熙]山東 33/8
[萬曆元年]兖州 38/循吏 23
[萬曆二十四年]兖州 27/10
[康熙]兖州 21/24
[康熙]曹州志 7/45
[光緒]菏澤 7/宦蹟 13
[光緒]新修菏澤 8/4
菏澤縣鄉土志/8
[康熙]兖州府曹縣 10/6
[光緒]曹縣 10/6
李元偉(字儕英)
(清·福建安福人)
[宣統]山東 77/6
[咸豐]青州 37/14
[光緒]益都縣圖志 18/66
[康熙六十年]博興 6/6
[道光]博興 10/6
[民國]重修博興 12/6
李元勳(字揆輔)
(清·平度人)
[光緒]平度志要/人物
[民國]平度縣續志 8/11
李雲岫(字肖巖,號濟濱)
(清·濟陽人)
[民國]濟陽 11/43
李二白(清·陽穀人)
[光緒]陽穀 6/29
李丕和(字貴軒)
(黃縣人)
[民國]黃縣志稿 13/民國懿行
李于保(字清苑)
(清·安邱人)
[光緒]壽張 5/27
李元緗(字葉初,一字青函)
(清·章邱人)
[宣統]山東 170/4
章邱縣鄉土志/上 48
李再白(明·萊陽人)
[民國]萊陽 3/1 中 25
李醇修(字靜子)
(清·臨朐人)
光緒臨朐 14/中 12
李三綱(字瑞廷)
(清·莒縣人)
[民國]重修莒志 65/31
李于絳(字葆真)
(清·無棣人)
[咸豐]武定府 25/儒林 14
[民國]無棣 12/11
海豐縣鄉土志/耆舊－事業二
李玉佩(字蘭卿)
(清·陽穀人)
[民國]增修陽穀人物/善行 46
李玉佩(字琴堂)
(清平人)
[民國]清平/人物 79
李元凱(清·歷城人)
[民國]續修歷城 44/28
李天倫(字明之,號桂南)
(明·廣西宣化人)
[宣統]山東 73/36
[萬曆]萊州 5/73
[康熙]萊州 8/48
[乾隆]萊州 9/19
[康熙]昌邑 5/6,8/6
[乾隆]昌邑 5/104,8/239
李五倫(字慎之,別號北濱)
(明·聊城人)
[宣統]聊城耆獻文徵/下 7
李元齡(字用九)
(清·金鄉人)
[民國]金鄉 14/6
李雲從(清·茌平人)
[宣統]茌平 16/8
[民國]茌平 3/40
李正儀(清·洋縣進士)
[宣統]聊城 6/2－7
李百沆(字太初)
(清·霑化人)
[乾隆]武定府 25/73
[咸豐]武定府 25/武功 10
[光緒]霑化 9/14
[民國]霑化 2/71
李百澆(字子亮)
(清·霑化人)
[光緒]霑化 9/3
[民國]霑化 2/55
李爾良(字善吾)
(清·莒縣人)
[民國]重修莒志 65/5
李可淳(字完朴)
(清·長山人)
[嘉慶]長山 7/35
李可濟(字巨川)
(清·長山人)
[嘉慶]長山 9/13
李于沆(字凝度,一作完真)
(清·無棣人)
[咸豐]武定府 24/循良 38
[民國]無棣 11/11
海豐縣鄉土志/耆舊－事業
李元賓(明·莘縣人)
[民國]莘縣 6/34
李百濬(字子睿)
(清·霑化人)
[光緒]霑化 9/2
[民國]霑化 2/54
李百源(字孝先,號到翁)
(清·霑化人)
[光緒]霑化 10/23
[民國]霑化 3/1
李疏源(清·章邱人)
[道光]章邱 11/80
李于福(字幔亭)
(清·濟寧人)
[民國]濟寧直隸州續志 13/7

[民國]金鄉 14/26
李元祉(字泰五,一作奉五)
(清・淄川人)
[乾隆]東昌 34/16
[嘉慶]東昌 22/7
[康熙五十六年]莘縣 5/16
[光緒]莘縣 5/12
[民國]莘縣 3/7
莘縣鄉土志/政績 11
李丕業(字復先)
(黃縣人)
[民國]黃縣志稿 13/民國懿行
李元淛(字無懷)
(清・高密人)
[光緒]高密 8/上 54
[民國]高密 14/上 64
高密縣鄉土志/上 44
李再泌(清・東平人)
[乾隆]東平州 15/23
[道光]東平州 15/23
[光緒]東平州 15/下 31
[民國]東平縣 11/下 7
李百浩(字志充)
(清・霑化人)
[光緒]霑化 10/6
[民國]霑化 2/79
李百浹(字子夾)
(清・霑化人)
[乾隆]武定府 25/53
[咸豐]武定府 25/文苑 13
[光緒]霑化 9/2
[民國]霑化 2/55
李百沐(字子木)
(清・霑化人)
[光緒]霑化 9/2
[民國]霑化 2/55
李天逵(字鵬飛)
(清・博平人)
[光緒]博平縣續志 10/60
李天祐(見李天佑)
李玉池(字崑山)
(清・清平人)
[民國]清平/人物 62
李玉法(長清人)
[民國]長清 12/14
李元浩(清・蒲臺人)
[乾隆]蒲臺 3/56
李雲漢(字星垣)
(清・商河人)
[民國]重修商河 8/66
李至遠(名鵬)
(唐)
[乾隆二十五年]泰安縣 10/29
李雲清(清・諸城人)
[光緒]增修諸城縣續志 16/17
李疏泗(明・萊蕪人)
[民國]續修萊蕪 27/3,33/27
李雲澤(字夢瀛)
(清・平原人)
[民國]續修平原 10/上 25
李百涵(字子函)
(清・霑化人)
[光緒]霑化 9/15
[民國]霑化 2/72
李于涵(清・鉅野人)
[民國]續修鉅野 5/上 21
李于洵(字少泉)
(清・鉅野人)
[民國]續修鉅野 5/上 14
李元鴻(清・臨沂人)
[民國]臨沂 10/34
李丙祥(清・曲阜人)
[民國]續修曲阜 5/21
李可道(字南軒)
(清・長山人)
[嘉慶]長山 9/25
李可汾(清・長山人)
[嘉慶]長山 9/32
李元啟(字燕文)
(清・高密人)
[光緒]高密 8/上 38
[民國]高密 14/上 41
高密縣鄉土志/上 36
李可大(明・寧海人)
[光緒]增修登州 43/34
[康熙]寧海州 9/7
[同治]重修寧海州 21/6
[民國]牟平 7/86
李三奇(字素予)
(明・武城人)
[乾隆]東昌 41/30
[順治]武城 2/19
[乾隆]武城 10/22
武城縣鄉土志略/耆舊錄
李三友(字子益,號養謙)
(清・鉅野人)
[道光]鉅野 13/53
李天木(清・莒縣人)
[雍正]莒州 9/35
李天培(字因篤)
(清・定陶人)
[乾隆]定陶 6/20
[民國]定陶 6/26
李一才(字朝相)
(明・嘉祥人)
[順治]嘉祥 4/44
[乾隆]嘉祥 2/36
李一壺(清・萊陽人)
[乾隆]即墨 9/37
[同治]即墨 9/58
[道光]榮成 8/9
李于培(字因之,一字滋園)
(清・安邱人)
[咸豐]青州 50/1
[道光]安邱新志 18/10
安丘縣鄉土志 7/耆舊錄 4
李元吉(字守正)
(明・堂邑人)
[萬曆]東昌 19/57
[乾隆]東昌 38/12
[嘉慶]東昌 28/12
[順治]堂邑 2/人物 3
[康熙十一年]堂邑 2/人物 3
[康熙]堂邑 15/4
堂邑縣鄉土志/耆舊錄
李元吉(號履齋)
(明・同州人)
[康熙]聊城 2/3
李元吉(字虞風)
(明・彭城人,遷嶧縣)
[宣統]山東 200/11
[康熙]嶧縣 4/82
[乾隆]嶧縣 8/27
[光緒]嶧縣 21/孝友 2

李元士(字朝珍)
(清・鄆城人)
[光緒]鄆城5/36
鄆城縣鄉土志/耆舊錄-事業
李元直(字象先,號愚村)
(清・高密人)
[宣統]山東177/34
[光緒]高密8/上10
[民國]高密14/上9,15/下补编39
高密縣鄉土志/上26
李于垣(字薇仙)
(清・安邱人)
[咸豐]青州49/31
[道光]安邱新志18/10
安丘縣鄉土志6/耆舊錄3
李百藥(字重規)
(唐・定州安平人)
[道光]濟南72/28
博平縣鄉土志/耆舊-學問
李爾藩(字价人)
(清・章邱人)
[道光]濟南54/21
[道光]章邱16/75
李爾范(字既文)
(清・無棣人)
[民國]無棣12/4
李爾蘭(字雲佩)
(清・無棣人)
[乾隆]武定府25/20
[咸豐]武定府25/孝友20
[民國]無棣13/4
海豐縣鄉土志/耆舊-事業五
李爾蕰(字雲馥)
(清・無棣人)
[民國]無棣13/4
李可杜(字生周)
(清・長山人)
[嘉慶]長山9/17
李可芳(見李奇芳)
李可薦(字獻廷)
(清・齊河人)
[民國]齊河26/36
李可模(字作周)
(清・長山人)
[道光]濟南55/6
[嘉慶]長山9/25
李丕基(字鐘宜)
(清・德州人)
[光緒]德州志略/人物傳,人物傳略
[民國]德縣11/8,15/68
李丕基(字明弼)
(清・莒縣人)
[民國]重修莒志67/8
李天桂(字月丹)
(清・湖南湘陰人)
[宣統]山東75/52
李天植(字沖函,一作仲涵)
(明・南直廣德人)
[宣統]山東70/33
[康熙]曹州志7/53,17/74
[乾隆]曹州府12/19
[光緒]菏澤7/宦蹟21
[光緒]新修菏澤8/11
李五材(字棟甫)
(清・利津人)
[乾隆]利津縣志續編8/39
[光緒]利津7/宦蹟16
李亞桂(明・昌邑人)
[康熙]昌邑6/8
李于龐(字楚嵐)
(清・安邱人)
[民國]續安邱新志22/1
李于茜(字紫園)
(清・鉅野人)
[民國]續修鉅野7/下76,7/下墓誌又1
李玉華(字東來)
(清・鄒平人)
[民國]鄒平15/133
李元芳(初名春芳,字應元,號玉峯)
(明・膠州人)
[康熙]膠州5/29
[雍正](膠州)州志別本/人物-建白
[乾隆]膠州4/34
[道光]重修膠州25/11
[民國]增修膠志37/14,40/10
膠州直隸州鄉土志4/事功
李雲杜(清・鉅野人)
[民國]續修鉅野5/上15
李雲華(字西峯)
(清・寧陽人)
[光緒]寧陽13/52
李正華(字茂先)
(清・直隸獻縣人)
[宣統]山東77/24
[光緒]增修登州28/4
[康熙]濟寧州4/65
[乾隆]濟寧直隸州22/33
[道光]濟寧直隸州6/7-70
[康熙]福山7/14
[乾隆]福山7/15
[民國]福山縣志稿3/2-8
李正基(清・金鄉人)
[民國]濟寧直隸州續志14/31
[咸豐]金鄉縣志略9/中忠義傳5
[民國]金鄉14/20
李爾柟(字讓林)
(清・長山人)
[康熙四十三年]長山5/卓行
[康熙五十五年]長山6/42
[嘉慶]長山10/14
李可觀(字足詹)
(明・霑化人)
[光緒]霑化10/29
[民國]霑化3/7
李五觀(清・平度人)
[民國]平度縣續志7/29
平度鄉土志4上/鄉賢
李玉相(字琢修)
(清・博平人)
[光緒]博平縣續志10/50
李元坦(字雪汀,號念堂)
(清・濟寧人)
[道光]濟寧直隸州8/4-6
李爾馨(號小川)
(明・故城人)
[乾隆]東昌33/35
[嘉慶]東昌21/3

[康熙]聊城 2/8
[宣統]聊城 6/2－3
聊城縣鄉土志/6
李可起(字興東)
(清・齊東人)
[民國]齊東 5/126
齊東縣鄉土志/耆舊錄 16
李石榴(明・博平人)
[正德]博平 4/77
李玉聲(清・萊蕪人)
[民國]續修萊蕪 25/7
李元懿(唐・隴西人)
[萬曆]滕志 6/43
[康熙]滕志 6/14
[康熙]滕縣志 6/宦業 13
[道光]滕縣志 6/宦績 13
李雲翹(清・高密人)
[民國]濰縣志稿 35/15
李可敬(清・寧陽人)
[咸豐]寧陽 15/14
李一敬(明・華陽人)
[宣統]山東 73/39
[康熙]萊州 8/57
[乾隆]萊州 9/25
[康熙]纂修即墨/下 10
[乾隆]即墨 8/7
[同治]即墨 8/7,10/上 38
即墨縣鄉土志/政績錄
李二春(明・濮州人)
[康熙]濮州續志下/23
[乾隆]濮州 4/90
[宣統]濮州 6/6
李玉書(榜名玉璋,字達夫)
(清・金鄉人)
[民國]金鄉 14/13
李玉書(字寶臣)
(清・齊河人)
[民國]齊河 23/19
李元素(字其行)
(清・夏津人)
[民國]夏津續編 8/8
李元忠(北魏・趙郡柏人)
[宣統]山東 67/19
萊州府鄉土志/上 8
[嘉慶]續掖縣 2/11
李元忠(字誨甫,號稺銘)
(明・霑化人)
[乾隆]武定府 24/7
[咸豐]武定府 24/清介 7
[光緒]霑化 7/21
[民國]霑化 2/23
李雲青(字岱霖)
(清・掖縣人)
[道光]再續掖縣上/58
李正春(明・日照人)
[乾隆]沂州府 26/10
[康熙]日照 9/10
[光緒]日照 8/6
李正夫(失其名,字正夫)
(金・濟江人)
[光緒]費縣 3/52,3/59
費縣鄉土志/政績錄
李丕振(清・壽張人)
[光緒]壽張 7/17
李可托(字寄亭,號亮齋)
(清・長山人)
[嘉慶]長山 9/19
李三戒(明・蒙陰人)
[康熙十一年]蒙陰 2/52
李西成(字菊坡)
(清・平原人)
[民國]續修平原 6/1
李元軌(唐)
[光緒]益都縣圖志 16/1
李于敷(字覃遠)
(清・鉅野人)
[民國]續修鉅野 5/上 21
李三畏(字翼銘)
(明・長山人)
[道光]濟南 50/48
[康熙五十五年]長山 6/8
[嘉慶]長山 7/14
李一甲(字上元)
(清・滋陽人)
[光緒]滋陽 8/45
滋陽縣鄉土志 1/耆舊－鄉賢
李一足(明・徐人)
[宣統]山東 200/40
[乾隆]濟寧直隸州 28/32
[道光]濟寧直隸州 10/2－19
李玉田(長清人)
[民國]長清 12/19
李元甲(字莪亭)
(清・陵縣人)
[光緒]陵縣 19/人物傳二 23
李至果(字光陽)
(清・臨邑人)
[道光]濟南 61/12
[道光]臨邑 9/23
[同治]臨邑 9/方術 1
李正暄(清・寧海人)
[光緒]增修登州 41/60
李元嬰(唐・隴西人)
[萬曆二十四年]兗州 9/26
[康熙]兗州 10/26
[萬曆]滕志 6/43
[康熙]滕志 6/15
[康熙]滕縣志 6/宦業 13
李正嗣(清・章邱人)
章邱縣鄉土志/上 24
李天鷟(見李天隲)
李晉陽(鉅野人)
[民國]續修鉅野 5/上 12
李可舉(唐)
[萬曆]青州 12 又/5
[康熙十五年]青州 12 又/5
[康熙四十八年]青州 12 又/5
[康熙六十年]青州 12/7
[康熙]高苑 3/3
[乾隆]高苑 3/3
李元鳳(字圖南)
(清・博興人)
[咸豐]青州 49/40
[道光]博興 11/36
[民國]重修博興 13/34
李元履(南齊・東海丞人)
[康熙]嶧縣 4/21
[乾隆]嶧縣 8/12
[光緒]嶧縣 21/鄉賢 49
李云周(清・章邱人)
[道光]章邱 11/80
李天隲(清・太平人)
[光緒]增修登州 34/3
新泰縣鄉土志/5
李百年(字樹人)
(清・清平人)
[民國]清平/人物 42

李可金(清・寧陽人)
[咸豐]寧陽 15/14
李靈夔(唐)
[萬曆二十四年]兗州 9/26
[康熙]兗州 10/26
李元善(字括蒼)
(明・蓬萊人)
[光緒]增修登州 40/3
[康熙]蓬萊 5/17
[道光]重修蓬萊 9/9,9/19
[民國]蓬萊縣志合編人物志/鄉賢,人物志/仕績
李元善(字衢徹,號柳南)
(清・濟寧人)
[道光]濟寧直隸州 8/4-11
李元善(字仁圃)
(清・寧陽人)
[咸豐]寧陽 14/10
[光緒]寧陽 14/10
寧陽縣鄉土志/16
李至公(字伯平,一字伯華)
(清・昌樂人)
[民國]昌樂縣續志 16/31,34/5
李于鍇(字叔堅)
(清・武威人)
[民國]續修臨沂 2/19
泰安縣鄉土志/政績 3
李雲鍾(字扶九)
(清・陽信人)
[雍正]山東 28/人物四 30
[宣統]山東 171/50
[乾隆]武定府 25/38,26/13
[咸豐]武定府 25/儒林 8,26/義行 13
[乾隆]陽信 7/14
[民國]陽信 5/篤行 28
信邑志稿 7/義行
陽信縣鄉土志上/耆舊-事業,耆舊-鄉賢祠
李天錫(字與三,號玉山)
(清・山西安邑人)
[宣統]山東 76/20
[民國]臨清縣/秩官 67
德州鄉土志/政績 3
[光緒]平度志要/職官
[民國]平度縣續志 7/1
平度鄉土志 2/政績
[光緒]菏澤 7/名宦 9
[光緒]新修菏澤 9/5
菏澤縣鄉土志/10
[光緒]惠民 18/16
惠民縣鄉土志/政績錄 8
李天錫(字受菴)
(清・茌平人)
[乾隆]東昌 43/8
[嘉慶]東昌 32/34
[宣統]茌平 14/4
[民國]茌平 3/73
李正錦(字含貞)
(清・茌平人)
[宣統]茌平 28/9
[民國]茌平 3/88
李天敘(明・汲縣歲貢)
[康熙]觀城 3/5
[道光]觀城 6/7
李可範(清・陽信人)
[乾隆]武定府 25/27
[咸豐]武定府 25/孝友 27
[乾隆]陽信 7/28
[民國]陽信 5/孝友 69
信邑志稿 7/孝友
陽信縣鄉土志上/耆舊-事業
李天粹(明・蒙陰人)
[康熙十一年]蒙陰 2/37
李西堂(清・臨沂人)
[民國]臨沂 10/60
李西堂(字春池)
(清・滋陽人)
滋陽縣鄉土志 1/耆舊-忠義
李需光(明・廣東順德人)
[宣統]山東 73/29
[泰昌]登州 9/41
[順治]登州 11/21
[光緒]增修登州 33/2
[雍正]文登 6/36
[道光]文登 5/23
[光緒]文登 7/上 5
李玉堂(清・陽信人)
[民國]陽信 5/忠義 49
李爾炘(清・新城人)
[宣統]新城縣後志 3/孝友
李元熺(字耀廷)
(清・德州人)
[民國]德縣 10/60
李璋煜(字方赤)
(清・諸城人)
[光緒]增修諸城縣續志 12/13
諸城縣鄉土志/上 39
李正榮(清・福山人)
[康熙]福山 8/25
[乾隆]福山 8/37
11 **李班**(南北朝・衛國人)
[道光]觀城 8/24
李班(明)
[嘉靖]萊蕪 5/10
李珩(字文珮,別號埜雲)
(明・直隸文安人)
[萬曆二十四年]兗州 29/7
[康熙]兗州 22/29
[康熙]兗州續編 14/14
[嘉靖]鄆城志下/48
[崇禎]鄆城 4/5
[康熙]鄆城 4/4
[光緒]鄆城 6/5
鄆城縣鄉土志/政績錄-除害
李珩(清・商河人)
[民國]重修商河 8/50
李瑨(字韞輝)
(清・平度人)
[道光]重修平度州 19/25
平度鄉土志 4 上/鄉賢
李珏(字廷重)
(明・開州人)
[宣統]山東 73/1
[嘉靖]青州 13/45
[萬曆]青州 12/31
[康熙十五年]青州 12/31
[康熙四十八年]青州 12/31
[康熙六十年]青州 12/18
[咸豐]青州 36/13
[光緒]益都縣圖志 18/7
李珏(字斯五)
(清・諸城人)

［道光］諸城縣續志 15/5
李珂（明・黄巖人）
［萬曆］濮州 3/名宦 29
李璿（字玉衡）
（清・青城人）
［民國］青城續修 4/人物 23
李璿（字斯齊）
（清・諸城人）
［咸豐］青州 47/24
［乾隆］諸城 33/3
李玗（字漪園）
（清・無棣人）
［民國］無棣 12/12
李琢（唐・洮州臨潭人）
［光緒］益都縣圖志 16/11
李斐章（字茂先）
（明・樂安人）
［民國］樂安 10/14
［民國］續修廣饒 19/26
李冀千（明・招遠人）
［順治］招遠 8/1
李北山（字居石，號敬齋）
（清・陽穀人）
［康熙］張秋志 7/30
［康熙十二年］陽穀 7/34
［康熙］陽穀 7/21
［民國］增修陽穀藝文/序傳 8
李琢村（字佩五，號玉函）
（清・曹縣人）
［光緒］曹縣 14/行誼 36
李北垌（明・陽穀人）
［民國］增修陽穀人物/仕宦 9
12 **李璠**（清・寧陽人）
［光緒］寧陽 14/52
李璠（明・黄巖人）
［嘉靖］朝城志 5/17
李玶（明・新城人）
［道光］濟南 51/37
［天啟］新城 8/孝友
［崇禎］新城 8/孝友
［康熙］新城 8/4
［民國］重修新城 15/6
李烈（清・昌邑人）
［乾隆］萊州 11/善行 3
［乾隆］昌邑 6/172
李淼（字少游）
（清・曹縣人）
［光緒］曹縣 14/行誼 9
李璞（明・臨淄人）
［康熙］臨淄 9/14
［民國］臨淄 23/12
李瑞（明・河南林縣人）
［宣統］山東 71/7
［康熙］濟南 25/57
［道光］濟南 36/15
［康熙］鄒平 4/12
［嘉慶］鄒平 14/9
［道光］鄒平 14/9
［民國］鄒平 14/9
李瑞（清・濰縣人）
［民國］濰縣志稿 28/8
李瑞（字輯五）
（昌樂人）
［民國］昌樂縣續志 34/8
李珽（五代梁・燉煌人）
［嘉靖］山東 26/7
［康熙］山東 33/9
［雍正］山東 27/87
［宣統］山東 68/21
［萬曆元年］兖州 38/循吏 25
［萬曆二十四年］兖州 27/14
［康熙］兖州 21/27
［康熙］曹州志 7/46
［乾隆］曹州府 12/8
［康熙］兖州府曹縣 10/7
［光緒］曹縣 10/6
［光緒］菏澤 7/宦蹟 14
李珽（字搢玉）
（清・濟陽人）
［民國］濟陽 11/45
李珽（字斯搢）
（清・諸城人）
［乾隆］諸城 33/6
李琇（明・臨潁人）
［萬曆］諸城 4/23
李琇（字美公）
（清・齊河人）
［民國］齊河 27/13
李廷方（清・長清人）
［道光］長清 13/5
李廷賡（字君遇）
（清・臨沂人）
［乾隆］沂州府 26/5
［民國］臨沂 10/10
李延慶（字傳卿）
（清・茌平人）
［民國］茌平 3/96
李延慶（清・蒲臺人）
蒲臺縣鄉土志/18
李廷訓（明・萊陽人）
［民國］萊陽 3/1 中 7
李廷試（清・江南高郵人）
［宣統］山東 77/30
［光緒］增修登州 35/1
［光緒］海陽縣續志 2/18
李登雲（號小川）
（明・武定人）
［康熙］濟南 47/16
［乾隆］武定府 26/6
［咸豐］武定府 26/義行 6
［乾隆］惠民 5/60
［光緒］惠民 22/2
惠民縣鄉土志/耆舊錄 13
李登雲（字冲霄）
（清・平原人）
［民國］續修平原 6/17
李廷霖（清・鄒平人）
［道光］濟南 54/48
［嘉慶］鄒平 15/13
［道光］鄒平 15/96
［民國］鄒平 15/96
李廷瑗（字玉林）
（清・諸城人）
［乾隆］諸城 30/15
李廷璸（字石卿）
（清・金鄉人）
［民國］金鄉 14/10
李廷琳（字元璋）
（清・諸城人）
［乾隆］諸城 41/5
李廷瓚（字玉菴）
（清・博興人）
［道光］博興 11/37
［民國］重修博興 13/36
李廷瓚（字懷愉）
（清・臨朐人）

光緒臨朐 14/下 16
李瑞子(清·齊河人)
[道光]濟南 56/11
李廷珍(字謙思)
(清·歷城人)
[道光]濟南 53/39
李廷珍(清·諸城人)
[道光]諸城縣續志 19/3
李廷維(清·茌平人)
[民國]茌平 12/91
李弘仁(字希榮)
(明·東昌府人)
[乾隆]東昌 39/26
李瑞占(字雪樓)
(清·曲阜人)
[民國]續修曲阜 5/38
李廷仁(清·淄川人)
[宣統]三續淄川 9/100
李延順(字成章)
(清·濟寧人)
[民國]濟寧直隸州續志 14/11
[民國]金鄉 14/10
李登仙(字見田)
(利津人)
[康熙]山東 49/4
[乾隆]武定府 26/40
[咸豐]武定府 26/仙釋 5
[康熙]利津縣新志 8/29
[乾隆]利津縣志續編 10/55,10/77
[光緒]利津 8/仙蹟 1,利津文徵 3/傳 1
李廷俊(字軼千)
(清·鄒平人)
[道光]濟南 54/42
[嘉慶]鄒平 15/52
[道光]鄒平 15/85
[民國]鄒平 15/85
李廷獻(清·長清人)
[道光]濟南 56/57
[道光]長清 13/5
李登科(明·平原人)
[道光]濟南 52/62
[乾隆]平原 8/12
平原縣鄉土志輯稿/孝義
李登先(見李登仙)
李發魁(字經伯)
(清·定陶人)
[乾隆]定陶 6/15
[民國]定陶 6/16
李廷魁(清·東平人)
[道光]東平州 14/23
[光緒]東平州 15/中又 31
[民國]東平縣 11/中 4
李廷仕(字殿臣)
(清·茌平人)
[宣統]茌平 17/3
[民國]茌平 3/24
李廷佑(字孚民)
(清·鄒平人)
[道光]濟南 54/42
[嘉慶]鄒平 15/52
[道光]鄒平 15/85
[民國]鄒平 15/85
李廷贊(字愚若)
(清·臨沂人)
[乾隆]沂州府 26/12
[民國]臨沂 10/11
李廷傑(字錫九)
(清·恩縣人)
[民國]重修恩縣 11/鄉賢 73
李廷儀(字鳳喈,號棣生)
(清·濟寧人)
[民國]濟寧直隸州續志 12/29
李廷儀(清·平度人)
[光緒]平度志要/人物
[民國]平度縣續志 7/25
平度鄉土志 4 上/鄉賢
李延齡(明·新城人)
[道光]濟南 51/4
[天啟]新城 7/歲貢
[民國]重修新城 14/11
李延齡(字鶴仙)
(清·昌樂人)
[民國]昌樂縣續志 31/9
李延齡(字壽曼)
(清·金鄉人)
[民國]金鄉 14/13
李廷良(清·安邱人)
[民國]續安邱新志 21/8
李廷實(字簡白)
(宋·單父人)
[隆慶]單縣下/3
[順治]單縣 2/33
[康熙]單縣 7/22
李廷宰(清·鄒平人)
[道光]濟南 54/42
李延實(字禧)
(南北朝·隴西人)
[咸豐]青州 64/15
[康熙]臨清州 3/名宦 7
[乾隆]臨清州 9/1
[光緒]益都縣圖志 15/11,53/5
[光緒]莘縣 5/3
[民國]莘縣 3/2
李發禎(清·濰縣人)
[民國]濰縣志稿 31/37
李廷禎(明·鎮遠舉人)
[康熙]觀城 3/16
[道光]觀城 6/23
李延灝(字靜波)
(清·齊河人)
[民國]齊河 23/70,26/39
李廷祺(字百賓)
(明·莒縣人)
[民國]重修莒志 68/4
李發禩(清·夏津人)
[民國]夏津續編 8/28
李登祥(字陶津,號闇修)
(清·霑化人)
[光緒]霑化 10/9
[民國]霑化 2/82
李廷棨(字戟門)
(清·章邱人)
[宣統]山東 169/33
章邱縣鄉土志/上 35
李弧南(字星史)
(清·臨朐人)
光緒臨朐 14/中 26
李聯壇(字佑庭,號杏塀)
(清·濟寧人)
[民國]濟寧直隸州續志 12/26
李聯堉(字相庭)

（清・濟寧人）
［民國］濟寧直隸州續志12/26
李廷樟（字榕峯）
（清・合肥人）
［民國］禹城3/53
禹城縣鄉土志/6
李廷柱（字砥源）
（清・無棣人）
［民國］無棣13/33
李延壽（元・濟南縈浦人）
［康熙］黄縣5/13
［乾隆］黄縣6/名宦3
［同治］黄縣6/3
［民國］黄縣志稿11/宦績
李延壽（明・新城人）
［康熙］濟南37/6
［道光］濟南51/4
［天啟］新城13/傳
［崇禎］新城13/傳
［康熙］新城7/6
［民國］重修新城14/4
新城縣鄉土志/耆舊－明
李延熹（明・萊陽人）
［民國］萊陽3/1中23
李廷樞（字慎夫，一字憶圃，又字巨平）
（清・臨朐人）
光緒臨朐14/中21
李廷樞（字瑞林）
（清・樂安人）
［民國］樂安10/31
［民國］續修廣饒19/59
李廷樞（清・章邱人）
［道光］章邱10/36
李聯芳（明・亳州人）
［康熙］堂邑10/8
李聯芳（字琴友）
（明・博平人）
［乾隆］東昌38/21
［嘉慶］東昌28/21
［康熙］博平3/53，3/63
［道光］博平4/17
博平縣鄉土志/耆舊－學問
李聯芳（明・臨沂人）
［乾隆］沂州府26/17
［民國］臨沂10/48
李聯芳（字元白）
（清・城武人）
［康熙九年］城武3/51
李廷芳（字丹桑）
（清・單縣人）
［康熙］單縣7/56
［乾隆］單縣7/34
［民國］單縣9/36
李廷芳（字勉思，號湘浦）
（清・歷城人）
［道光］濟南53/40
［民國］續修歷城39/20
李廷芳（字蘭馨）
（清・陽信人）
［民國］陽信5/孝友63
李廷桂（字開圃）
（清・肥城人）
［光緒］肥城9/16
肥城縣鄉土志5/28
李廷桂（清・遼東衛人）
［康熙］德州6/4
李廷桂（字丹亭）
（清・鄒平人）
［道光］濟南54/43
［道光］鄒平15/87
［民國］鄒平15/87
李廷蘭（字友馨）
（清・歷城人）
［道光］濟南53/49
［乾隆］歷城43/7
李廷芹（字香圃）
（清・陽穀人）
［民國］增修陽穀人物/孝義9
李廷芝（清・恩縣人）
［雍正］恩縣續志3/24
［宣統］重修恩縣7/33
李廷芝（清・魚臺人）
［乾隆］魚臺11/37
［光緒］魚臺3/22
李延芳（明・陜西盩厔人）
［萬曆］青州12/又44
［康熙四十八年］青州12/又44
［康熙六十年］青州12/20
［咸豐］青州36/36
［乾隆］博山6/上2
［乾隆］博山志稿/14
［光緒］益都縣圖志18/20
李廷棟（字藹堂）
（清・長山人）
［道光］濟南55/24
［嘉慶］長山7/35
李廷棟（字南浦）
（清・掖縣人）
［道光］再續掖縣上/53
李廷柏（字冲雲）
（明・樂安人）
［雍正］樂安12/16
［民國］樂安10/14
［民國］續修廣饒19/25
李廷槐（清・長山人）
長山縣鄉土志/耆舊錄
李廷相（字夢弼）
（明・濮州人）
［康熙］山東41/25
［雍正］山東28/人物三21
［宣統］山東160/22
［萬曆］東昌19/56
［嘉靖］濮州7/26，10/24
［康熙］濮州3/70
［乾隆］濮州3/71
［宣統］濮州4/77
李廷幹（清・單縣人）
［民國］單縣12/鄉賢9
李廷幹（清・淄川人）
［宣統］三續淄川9/79
李延素（元・濟南人）
［泰昌］登州9/37
［順治］登州11/12
［光緒］增修登州24/14
李延忠（清・章邱人）
章邱縣鄉土志/上37
李廷揚（清・膠州人）
［宣統］山東177/38
李廷揚（長清人）
［民國］長清13/28
李發甲（明・雲南舉人）
［康熙六十年］青州12/41
李廷員（明・汾州人）
［隆慶］單縣上/重36

李延昌(東阿人)
[民國]東阿 15/18
李登明(字俊朗)
(清・菏澤人)
[光緒]新修菏澤 10/44
菏澤縣鄉土志/24
李孔曦(明・祥符人)
[康熙]嶧縣 3/29
[乾隆]嶧縣 7/12
[光緒]嶧縣 19/職官下 5
李廷璧(字省齋,又字惺哉)
(高密人)
[民國]高密 10/7
李聯原(字晴川)
(清・陵縣人)
[光緒]陵縣 19/人物傳二 20
李廷臣(清)
[道光]長清 4/2
李廷厚(字樵雲)
(明・新泰人)
[乾隆]泰安府 17/37
[乾隆]新泰 16/16
李廷階(字陞陛)
(清・霑化人)
[光緒]霑化 10/14
[民國]霑化 2/88
李孔陽(明・濮州人)
[康熙]濮州 4/56
[乾隆]濮州 4/96
[宣統]濮州 6/44
李廷殿(字鑾坡)
(清・桓臺人)
[民國]桓臺 3/34
李廷舉(字一臣)
(清・金鄉人)
[民國]金鄉 13/續增 10
李廷屏(字丹扆)
(清・鄒平人)
[道光]濟南 54/42
[嘉慶]鄒平 15/52
[道光]鄒平 15/84
[民國]鄒平 15/84
李廷閶(清・淄川人)
[宣統]三續淄川 10/29
李廷敘(字夢巖)
(清・鄒平人)
[嘉慶]鄒平 15/52
[道光]鄒平 15/85
[民國]鄒平 15/85
李廷銓(字蕙如)
(清・濟寧人)
[乾隆]濟寧直隸州 27/26
[道光]濟寧直隸州 8/3－27
李孔堂(字杏壇)
(清・商河人)
[民國]重修商河 9/4
李延賞(字肖株)
(明・高密人)
[乾隆]高密 8/上 32
[光緒]高密 8/上 50
[民國]高密 14/上 61
李孔煌(明・觀城人)
[道光]觀城 8/7
觀城縣鄉土志/耆舊
李發榮(清・臨清人)
[乾隆]東昌 43/22
[乾隆]臨清州 9/58
[乾隆]臨清直隸州 8/上 46
[民國]臨清縣/人物 59
13 **李珌**(字珮球)
(清・海陽人)
[光緒]增修登州 41/50
[乾隆]海陽 6/21
李瓚(字玉樹,號竹亭)
(清・長山人)
[嘉慶]長山 8/22
李瓚(字雲客)
(清・魚臺人)
[乾隆]魚臺 11/29
[光緒]魚臺 3/17
李琮(明・長清人)
[道光]長清 11/25
李琮(明・城武人)
[康熙九年]城武 3/49
[康熙四十一年]城武 5/上宦蹟 5
[道光]城武 9/上 21
李琮(字調初)
(清・濟寧人)
[民國]濟寧直隸州續志 12/29
李琮(字象坤)
(清・寧津人)
[光緒]寧津 8/35
寧津縣志料 3/人物－義行
寧津縣鄉土志/耆舊
李琯(明・新城人)
[天啟]新城 7/歲貢
李瑢(清・直隸高陽人)
[宣統]山東 75/29
[道光]濟南 38/48
[乾隆]平原 6/28
平原縣鄉土志輯稿/政蹟
李琬(字廷瑞,號德圃)
(清・利津人)
[乾隆]利津縣志續編 8/41
[乾隆]利津縣志補 4/19
[光緒]利津 7/宦蹟 12
李琬(字暉東,號蓮塘)
(清・壽光人)
[咸豐]青州 49/2
[嘉慶]壽光 12/17
[民國]壽光 3/100,12/人物志一 31
李琬(字公琰)
(清・鄆城人)
[康熙]鄆城 6/5
[光緒]鄆城 7/5
李瑄(明・長清人)
[道光]濟南 52/27
[道光]長清 11/25
李瑄(清・海陽人)
[乾隆]續登州 10/8
[乾隆]海陽 6/18
[光緒]海陽縣續志 4/27
李職(清・高唐人)
[乾隆]東昌 43/28
[嘉慶]東昌 32/45
[康熙五十一年]高唐州 9/6
[道光]高唐州 5/2－12
[光緒]高唐州 5/2－15
[民國]高唐縣 12/6
高唐州鄉土志/19
李武強(明・德州人)
德州鄉土志/耆舊 9
李武年(字秉颺)
(清・鉅野人)
[民國]續修鉅野 5/上 29

14 李磋(清·昌邑人)
[乾隆]昌邑 6/175
李功(明·萊蕪人)
[康熙]新修萊蕪 6/20
李珙(字敬之)
(明·濟南人)
[道光]濟南 49/17
[乾隆]歷城 37/26
李珙(明·日照人)
[萬曆]福山 4/19
[康熙]福山 7/33
李珙(字敬執)
(清·惠民人)
[宣統]山東 171/42
[乾隆]武定府 25/61
[咸豐]武定府 25/文苑 21
[乾隆]惠民 6/13
[光緒]惠民 23/11
惠民縣鄉土志/耆舊錄 21
李珙(字恭甫)
(清·濟寧人)
[民國]濟寧直隸州續志 12/29
李珪(金)
[嘉靖]山東 25/22
[康熙]山東 32/10
[雍正]山東 27/75
[宣統]山東 69/7
[康熙]濟南 25/14
[乾隆]武定府 16/32
[咸豐]武定府 19/濱州 1
[康熙]濱州 5/17
[咸豐]濱州 8/2
濱州鄉土志/政續錄
李珪(元·章丘人)
[道光]濟南 48/16
[道光]章邱 11/23
李瑾(明)
[咸豐]金鄉縣志略 7/9
李瑾(清·寧陽人)
[光緒]寧陽 14/52
李瑾(字懷庭)
(清·霑化人)
[光緒]霑化 9/4
[民國]霑化 2/56
李琳(明·城武人)
[康熙九年]城武 5/16
李琳(明·單縣人)
[順治]單縣 3/8
李琪(字樹香)
(清·濟寧人)
[民國]濟寧直隸州續志 14/18
李琦(明·北直霸州人)
[嘉靖]山東 26/19
[康熙]山東 33/22
[雍正]山東 27/79
[宣統]山東 72/19
[萬曆元年]兗州 38/循吏 45
[萬曆二十四年]兗州 29/14
[康熙]兗州 22/35
[康熙]兗州續編 14/28
[萬曆]沂州志 6/10
[乾隆]沂州府 20/7
[康熙]郯城 6/24
[乾隆]郯城 7/24
李瑱(明·山西解州人)
[萬曆]青州 12 又/又 16
[康熙十五年]青州 12 又/又 16
[康熙四十八年]青州 12 又/又 16
光緒臨朐 13/7
李瑋(明·河南南陽人)
[宣統]山東 71/34
[康熙]濟南 25/36
[乾隆]泰安府 15/7
[天啟]新泰 5/21
[順治]新泰 4/18
[乾隆]新泰 11/2
新泰縣鄉土志/2
李瑛(山東通志瑛作英)
(明·北直遷安人)
[嘉靖]山東 26/18
[康熙]山東 33/21
[雍正]山東 27/38
[宣統]山東 72/9
[萬曆元年]兗州 38/循吏 43
[萬曆二十四年]兗州 29/13
[康熙]兗州 22/34
[乾隆]兗州 22/31
[康熙十二年]陽穀 3/2
[康熙]陽穀 3/1
[民國]增修陽穀名宦/1
李瑛(字懷玉)
(清·魚臺人)
[乾隆]魚臺 11/39
[光緒]魚臺 3/24
李瓚(漢)
[康熙]東平州 3/2
[乾隆]東平州 10/1
李瓚(字宗器)
(明·濮州人)
[嘉靖]山東 31/30
[康熙]山東 41/24
[雍正]山東 28/人物三 20
[宣統]山東 160/22
[萬曆]東昌 19/55
[乾隆]曹州府 15/8
[康熙]濟寧州 4/4
[嘉靖]濮州 7/25
[萬曆]濮州 3/鄉賢 46
[康熙]濮州 3/70
[乾隆]濮州 3/71
[宣統]濮州 4/77
李瓚(字他石)
(明·鄆城人)
[崇禎]鄆城 6/21
[康熙]鄆城 5/7,6/29
[光緒]鄆城 5/9
李琦龍(字珍泉)
(清·曹縣人)
[光緒]曹縣 14/忠義 1
李功溥(字博泉)
(清·濟寧人)
[民國]濟寧直隸州續志 12/34
李耐補(清·鄆城人)
[光緒]鄆城 5/36
鄆城縣鄉土志/耆舊錄 - 事業
李功譽(字聞遠)
(清·章邱人)
[道光]章邱 11/85
15 李翀(字雲高,號樸齋)
(明·高唐人)
[乾隆]東昌 44/5
[嘉慶]東昌 34/4

［康熙十二年］高唐州 9/15
［康熙五十一年］高唐州 9/27
［道光］高唐州 5/1－13
［光緒］高唐州 5/1－13
［民國］高唐縣 12/82
李璉(字楚白)
(清・東明人)
［乾隆］東明 6/22 又 2,8/下又 24 之 4
［民國］東明縣新誌 11/37,12/51
李璉(字華周)
(清・莒縣人)
［民國］重修莒志 65/9
李聘(明・萊蕪人)
［民國］續修萊蕪 27/5
李珠(字品九)
(清・膠州人)
［道光］重修膠州 29/10
［民國］增修膠志 44/9
李融和(號介昭)
(清・博山人)
［康熙］顏神鎮志 4/下 7
李建中(明・蒙陰人)
［康熙十一年］蒙陰 2/52
李建中(字紹唐)
(清・日照人)
［光緒］日照 8/29
李建開(清・萊陽人)
［民國］萊陽 3/1 中 76
李建烺(字燦章)
(清・東平人)
［光緒］東平州 15/下 56
［民國］東平縣 11/下 23
李珠煜(清・昌邑人)
［乾隆］昌邑 5/135
16 **李理**(元)
［民國］濰縣志稿 20/10
李理(清・濰縣人)
［民國］濰縣志稿 30/53
李聰(字存智)
(明・利津人)
［康熙］濟南 45/1
［乾隆］武定府 25/34
［咸豐］武定府 25/儒林 4
［康熙］利津縣新志 8/2
［光緒］利津 7/宦蹟 15
李聰(明・夏津人)
［乾隆］東昌 42/30
［嘉靖］夏津 4/10
［康熙］夏津 5/8
［乾隆］夏津 8/20
李聰(字文慧)
(明・章邱人)
［道光］章邱 10/27,14/83
李環(明・諸城人)
［康熙］諸城 7/42
［乾隆］諸城 40/2
李環(清・清平人)
［康熙］重修清平下/40
［嘉慶］清平 14/32
［宣統］增輯清平 12/32
李珅(清・恩縣人)
［民國］重修恩縣 11/鄉賢 73
李璟(字方宋)
(清・章邱人)
［道光］章邱 11/84
李聖武(清・鄒平人)
［民國］鄒平 15/138
李環山(明・壽光人)
［康熙］壽光 12/38
［民國］壽光 12/人物志一 48
李聖傳(字宗魯)
(清・恩縣人)
［宣統］重修恩縣 8/92
［民國］重修恩縣 11/鄉賢 85
李碧泉(字蓮塘,號春華)
(清・茌平人)
［民國］茌平 3/46
李環瀛(明・壽光人)
［康熙］壽光 12/38
［民國］壽光 12/人物志一 48
李環洲(明・壽光人)
［康熙］壽光 12/38
［民國］壽光 12/人物志一 48
李理禮(字友三)
(清・滎成人)
［道光］滎成 10/7
李聰權(明・博興人)
［康熙六十年］博興 7/25
［道光］博興 11/20
［民國］重修博興 13/17
李硯田(字文畊)
(清・博平人)
［光緒］博平縣續志 10/50
博平縣鄉土志/耆舊－事業
李硯田(字藝圃)
(清・濟寧人)
［民國］濟寧直隸州續志 14/17
李硯田(字端溪)
(清・齊河人)
［民國］齊河 23/5,23/16,27/28
17 **李邴**(字漢老)
(宋・濟州任城人)
［嘉靖］山東 30/51
［康熙］山東 40/49
［雍正］山東 28/人物二 47
［宣統］山東 157/29
［萬曆元年］兗州 40/忠直 14
［萬曆二十四年］兗州 35/18
［乾隆］兗州 23/30
［乾隆］曹州府 14/29
［嘉靖］濮州 7/12
［萬曆］濮州 3/名宦 14
［康熙］濮州 3/14
［乾隆］濮州 3/14
［宣統］濮州 4/14
［康熙］濟寧州 6/16
［乾隆］濟寧直隸州 23/32
［道光］濟寧直隸州 8/2－16
濟寧州鄉土志 2/耆舊
［康熙］滋陽 4/上 17
［道光］鉅野 12/22,24/7
李璨(明・咸寧人,見李燦)
李丞(唐・館陶人)
［乾隆］東昌 36/44
［嘉慶］東昌 26/38
李翠(明・歷城人)
［崇禎］歷乘 16/45
李翮(字逸翰)
(清・金鄉人)
［宣統］山東 172/41
［民國］濟寧直隸州續志

13/2,21/7
[咸豐]金鄉縣志略 9/中列傳二 8,10/下 7
[民國]金鄉 13/18,17/29
金鄉縣鄉土志/耆舊錄上
李及(字幼幾)
(宋・范陽人,一作鄭州人)
[嘉靖]山東 26/10
[康熙]山東 33/13
[雍正]山東 27/89
[宣統]山東 68/41
[乾隆]泰安府 14/17
[萬曆元年]兗州 39/名宦 10
[萬曆二十四年]兗州 28/2
[康熙]兗州 22/2
[康熙]曹州志 7/38
[乾隆]曹州府 12/9
[康熙]東平州 4/37
[乾隆]東平州 12/13
[道光]東平州 12/13
[光緒]東平州 14/13
[民國]東平縣 9/7
[光緒]菏澤 7/名宦 3
[光緒]新修菏澤 8/5
李琚(字汝佩,一作汝珮)
(明・霑化人)
[康熙]濟南 47/19
[乾隆]武定府 26/5
[咸豐]武定府 26/義行 5
[萬曆]新修霑化 6/113
[光緒]霑化 10/1
[民國]霑化 2/73
李琚(字方佩)
(清・東平人)
[乾隆]東平州 15/30
[道光]東平州 15/30
[光緒]東平州 15/下 38
[民國]東平縣 11/下 12
李聚(元・濟陽人)
[道光]濟南 48/38
李均(清東明,見李君)
李君(清・東明人)
[民國]東明縣新誌 11/63 東明縣志料/藝術－槍術
李鼐(字大器)
(明・直隸井陘人)
[嘉靖]朝城志 5/13
[康熙]朝城 7/15
李瓊(五代晉・滄州饒安人)
[嘉靖]山東 25/19
[康熙]山東 32/7
[雍正]山東 27/74
[宣統]山東 68/20
[康熙]濟南 24/12
[嘉靖]武定州下/48
[萬曆]武定州 10/4
[崇禎]武定州 7/2
[乾隆]武定府 16/4
[咸豐]武定府 19/4
[乾隆]惠民 5/11
[光緒]惠民 18/5
惠民縣鄉土志/政績錄 3
李瓊(明・博平人)
[正德]博平 4/64
李珊(字良玉)
(明・德州人)
[康熙]濟南 44/15
[道光]濟南 52/45
[萬曆]德州 9/44
[康熙]德州 8/34
[乾隆]德州 9/60
德州鄉土志/耆舊 5
[民國]德縣 11/5
李珣(字五瑞)
(明・清平人)
[乾隆]東昌 38/26
[嘉慶]東昌 28/26
[康熙]重修清平下/14
[嘉慶]清平 14/30
[宣統]增輯清平 12/30
[民國]清平/人物 17,藝文 27
李尋(字子長)
(漢・平陵人)
[宣統]山東 66/4
李瑤(明・諸城人)
[萬曆]諸城 6/26
李翼(東明人)
[民國]東明縣新誌 11/56
李盈(明・長清人)
[康熙]山東 45/2
[康熙]濟南 44/16
[道光]濟南 52/26
[康熙]長清 9/70
[道光]長清 13/2
李璵(字道璠)
(北魏・隴西狄道人)
[宣統]山東 67/13
李承慶(字善徵)
(清・長山人)
[嘉慶]長山 9/11
李承慶(清・益都人)
[光緒]益都縣圖志 46/11
李承庥(清・海陽人)
[光緒]增修登州 38/20
[光緒]海陽縣續志 4/21
李孟言(字羅峯)
(清・曹縣人)
[光緒]曹縣 14/仕蹟 6
李子方(字端甫)
(清・睢州進士)
[民國]無棣 9/6
海豐縣鄉土志/政績
李承訓(清・昌邑人)
[康熙]山東 45/23
[康熙]昌邑 6/27
[乾隆]昌邑 6/170
李承訓(字誨先)
(清・新城人)
[宣統]新城縣後志 2/善行
[民國]重修新城 18/6
李子端(字心方)
(明・濮州人)
[宣統]濮州 6/19
李習斌(字憲章)
(清・長清人)
[民國]長清 11/8
李習誠(字明泉)
(長清人)
[民國]長清 12/9
李承誥(明・昌邑人)
[康熙]昌邑 6/35
[乾隆]昌邑 6/166
李承詔(明・昌邑人)
[康熙]昌邑 6/19
[乾隆]昌邑 5/142,6/164
李孟麟(明・萊陽人)

［民國］萊陽 3/1 中 15
李承霖(清・蘭山舉人)
［民國］臨清縣/秩官 69
［民國］續修臨沂 16/3
李孟晉(字以功)
(明・曹縣人)
［康熙］兗州府曹縣 13/45
［光緒］曹縣 13/43
李孟雨(字欽若)
(清・安邱人)
［咸豐］青州 46/24
［道光］安邱新志 18/3
安丘縣鄉土志 6/耆舊錄 3
李子雲(漢・平原人)
［雍正］山東 28/人物一 15
［道光］濟南 72/26
［嘉慶］東昌 34/2
［萬曆］平原上/63
［乾隆］平原 8/42
平原縣鄉土志輯稿/隱逸
李子璋(明陽穀,見李士璋)
李聚斐(字澳園)
(清・金鄉人)
［民國］濟寧直隸州續志 14/7
［民國］金鄉 14/8
李承瑞(清・海陽人)
［光緒］增修登州 39/46
李珣璀(明・義烏人)
［光緒］泗水縣鄉土志/3
李承武(字繩祖)
(清・博山人)
［民國］續修博山 12/28
李承武(清・海陽人)
［光緒］海陽縣續志 4/40
李君球(唐・齊州平陵人)
［康熙］山東 45/1
［雍正］山東 28/人物二 5
［宣統］山東 161/12
［康熙］濟南 38/3
［道光］濟南 47/1
［崇禎］歷城 10/16
［乾隆］歷城 35/5
［道光］章邱 11/6
章邱縣鄉土志/上 48
李承璉(字商珍)
(清・鄒縣人)
［民國］續修鄒縣志稿/人物－耆舊
李君聘(字綸徵)
(明・壽光人)
［民國］壽光 12/人物志二 4
李承弼(字翼君,號仁浦)
(清・海陽人)
［光緒］增修登州 40/36
［乾隆］利津縣志續編 7/35
［光緒］海陽縣續志 5/11
李孟貞(明・汝陽人)
［道光］濟南 36/40
［乾隆］濟陽 6/30
［民國］濟陽 9/44
李承偘(明・萊陽人)
［民國］萊陽 3/1 中 52
李君樂(字豫菴)
(清・費縣人)
［光緒］費縣 11/49
李承緒(字伯光,號任亭,一號念吾)
(明・莘縣人)
［嘉慶］東昌 28/27
［乾隆］東昌 38/27
［正德］莘縣 6/10
［康熙十一年］莘縣 7/6,8/92
［康熙五十六年］莘縣 7/6,8/92
［光緒］莘縣 7/17,8/中 52
［民國］莘縣 7/9,9/23
莘縣鄉土志/鄉宦 18
李承寵(清・海陽人)
［光緒］海陽縣續志 4/40
李承之(字奉世)
(宋・濮州人)
［嘉靖］山東 31/21
［康熙］山東 41/18
［雍正］山東 28/人物二 39
［宣統］山東 157/7
［乾隆］泰安府 14/20
［萬曆］東昌 19/38
［嘉靖］濮州 5/19
［康熙］濮州 3/51
［乾隆］濮州 3/52
［宣統］濮州 4/58
［康熙］東平州 4/40
［乾隆］東平州 12/18
［道光］東平州 12/18
［光緒］東平州 14/18
［光緒］益都縣圖志 16/33
李承宗(明・諸城人)
［萬曆］諸城 6/25
李及之(字公達)
(宋・濮州人)
［嘉靖］山東 31/23
［雍正］山東 28/人物二 43
［宣統］山東 157/7
［萬曆］東昌 19/38
［嘉靖］濮州 5/20
［康熙］濮州 3/52
［乾隆］濮州 3/53
［宣統］濮州 4/59
李君寵(明・膠州人)
［道光］濟南 36/9
［萬曆］諸城 4/37
李乃賓(字孟堅)
(清・章邱人)
［道光］濟南 54/23
［道光］章邱 10/46
李予之(字又何,號綬齋)
(清・長山人)
［道光］濟南 55/3
［康熙五十五年］長山 6/13
［嘉慶］長山 7/18,14/46
長山縣鄉土志/耆舊錄
李孟禎(明・汝陽人)
［康熙］濟南 25/51
［萬曆］濟陽 6/10
李孟浦(字博泉)
(清・聊城人)
［宣統］聊城 8/53
李乃沛(字若霖)
(清・濟陽人)
［民國］濟陽 11/32
李翼清(字念茲,一字念仔)
(清・江蘇武進人)
［民國］增修膠志 18/18
肥城縣鄉土志 3/6
李承祿(字雲籙)
(清・濮州人)

[康熙]濮州 4/24
[乾隆]濮州 4/38
[宣統]濮州 6/66
李承選(明・河南延津人)
[宣統]山東 73/20
[泰昌]登州 9/28
[順治]登州 11/19
[光緒]增修登州 25/10
李承祖(字繩武,號迂齋,別號抱甕生)
(清・海陽人)
[光緒]增修登州 43/48
[光緒]海陽縣續志 5/19,5/27
李子通(隋・沂州丞人)
[萬曆二十四年]兗州 37/35
[康熙]兗州 28/76
[光緒]嶧縣 25/5
李務滋(字景川)
(清・廣西臨桂人)
[民國]濰縣志稿 20/24
[民國]續滕縣志 1/28
曲阜縣鄉土志/政績錄
李柔克(字從仲)
(清・章邱人)
[乾隆]章邱 9/47
李豫吉(字介石)
(清・牟平人)
[民國]牟平 7/108
李子真(明・濮州人)
[雍正]山東 30/22
[萬曆]東昌 22/10
[乾隆]曹州府 16/20
[萬曆]濮州 4/仙釋 4
[康熙]濮州 4/77
[乾隆]濮州 4/117
[宣統]濮州 6/75
李子真(清・膠州人)
[民國]增修膠志 47/13
李君求(見李君球)
李孟博(字太和,號西圃)
(清・單縣人)
[民國]單縣 11/42
李承芳(明)
[雍正]山東 27/49
[宣統]山東 72/50
李承芳(字漱六,號谿南)
(清・海陽人)
[光緒]海陽縣續志 5/20,5/27
李承基(字青田)
(清・新城人)
[道光]濟南 55/79
[宣統]新城縣後志 2/善行
[民國]重修新城 17/18
李孟華(字汝實)
(明・霑化人)
[康熙]濟南 47/20
[萬曆]新修霑化 6/117
[光緒]霑化 10/2
[民國]霑化 2/74
李乃蘭(號明馨)
(明・招遠人)
[順治]招遠 8/1
李瓊林(號西圃)
(清・貴州興義人)
[宣統]山東 75/8
[道光]濟南 38/13
[嘉慶]鄒平 14/21
[道光]鄒平 9/59,14/21
[民國]鄒平 14/21
李子芳(清・商河人)
[民國]重修商河 8/75
李子恭(清・博平人)
[嘉慶]東昌 32/58
[道光]博平 4/32
李子英(明・安丘人)
[嘉靖]青州 15/19
[萬曆]青州 14/16
[康熙十五年]青州 14/16
[康熙四十八年]青州 14/孝友 6
[康熙六十年]青州 17/11
[咸豐]青州 44/49
[萬曆]安丘 24/42
安丘縣鄉土志 5/耆舊錄 2
李子馨(字香岩)
(清・無棣人)
[民國]無棣 13/33
李子乾(明・臨邑人)
[道光]臨邑 15/48
[同治]臨邑 15/48
李承泰(清・章邱人)
[道光]濟南 61/8
[道光]章邱 11/76
李孟春(清・陽信人)
[民國]陽信 5/忠義 50
李尹耕(字莘甫,號任齋)
(明・益都人)
[咸豐]青州 44/26
[康熙]益都 7/17
[光緒]益都縣圖志 35/7
李承恩(字雲坡)
(清・濟寧人)
[民國]濟寧直隸州續志 14/19
李承恩(清・順天人)
[雍正]山東 27/115
[乾隆]濟寧直隸州 22/40
[道光]濟寧直隸州 6/7－80
李乃果(字碩存,號東園)
(清・長山人)
[嘉慶]長山 8/24
李予昇(明・聊城人)
[康熙]聊城 3/42
李子昌(明・滄州人)
[康熙]山東 48/7
[雍正]山東 31/17
[宣統]山東 200/11
[萬曆]萊州 6/25
[康熙]萊州 10/94
李承勛(明)
[光緒]增修登州 36/3
李承暘(明・直隸薊州人)
[萬曆]福山 4/28
李承賢(字書升)
(清・臨邑人)
[民國]續修臨邑 3/37
李君用(清・清平人)
[嘉慶]清平 14/45
[宣統]增輯清平 12/58
[民國]清平/人物 53
李承前(字繩武)
(清・臨淄人)
[民國]臨淄 27/59
李子全(字體元)
(商河人)
[民國]重修商河 7/43

李承鈞(字師會,號藤岩)
(清・海陽人)
[光緒]海陽縣續志 5/27
李聚堂(字天秩)
(清・鄆城人)
[光緒]鄆城 16/4
李務光(唐・相州滏陽人,一作澧陽人)
[嘉靖]山東 25/19
[康熙]山東 32/6
[雍正]山東 27/21
[康熙]濟南 25/7
[崇禎]歷城 6/8
李君榮(名懷棟,以字行)
(清・臨邑人)
[同治]臨邑 9/孝義 11
18 李玠(字斯錫)
(清・諸城人)
[乾隆]諸城 33/5
諸城縣鄉土志/上 33
李玠(字錫公)
(清・淄川人)
[乾隆]淄川 5/又 53－4
李玲(字鳴玉)
(清・陽信人)
[民國]陽信 5/篤行 38
李珻(清・寧陽人)
[光緒]寧陽 14/52
李棨(字從質)
(明・北直任丘人)
[嘉靖]山東 27/18
[雍正]山東 27/71
[宣統]山東 73/31
[萬曆]萊州 5/69
[康熙]萊州 8/28
[乾隆]萊州 9/13
萊州府鄉土志/上 15
[嘉慶]續掖縣 2/19
李瑜(明・平度人)
[康熙]平度州 3/8
[道光]重修平度州 18/20
李瑜(清・寧陽人)
[光緒]寧陽 14/52
寧陽縣鄉土志/16
李瑨(字斯孚)
(清・諸城人)
[道光]諸城縣續志 15/6
李珍(字朐峯)
(明・臨朐人)
[康熙]臨朐縣志書 3/54
光緒臨朐 14/上 34
李珍(清・恩縣人)
[雍正]恩縣續志 3/29
李珍(清・濰縣人)
[乾隆]濰縣 4/38
[民國]濰縣志稿 29/17
李珍(字斯獻)
(清・諸城人)
[乾隆]諸城 33/1
李政(明・義烏人)
[乾隆]東昌 34/14
[嘉慶]東昌 22/4
[康熙十一年]莘縣 5/1
[康熙五十六年]莘縣 5/1
[光緒]莘縣 5/3
[民國]莘縣 3/2
李政(字懋堂)
(清・濟寧人)
[民國]濟寧直隸州續志 12/37
李致(清・掖縣人)
[乾隆]掖縣 4/51
李致和(明・薊州人)
[康熙]嶧縣 3/35
[乾隆]嶧縣 7/16
[光緒]嶧縣 19/職官下 10
李政修(字粹然)
(明・懷慶人)
[康熙]淄川 4/13
[乾隆]淄川 4/13
李致遠(清・昌邑人)
[光緒]昌邑縣續志 6/22
李政鐸(字木菴)
(清・安邱人)
[民國]續安邱新志 18/9
19 李耿(字道廉)
(明・順天大興人)
[雍正]山東 27/62
[宣統]山東 73/11
[咸豐]青州 36/44
[康熙]壽光 20/6
[嘉慶]壽光 10/27
[民國]壽光 6/18
壽光縣鄉土志/政績
李耿(清・鄆城人)
[光緒]鄆城 10/12
李璘(字廷獻,號東野)
(明・高唐人)
[乾隆]東昌 39/26
[嘉慶]東昌 29/9
[嘉靖]高唐州 5/22
[康熙十二年]高唐州 8/13
[康熙五十一年]高唐州 8/13
[道光]高唐州 5/1－21
[光緒]高唐州 5/1－21
[民國]高唐縣 12/66
李璘(明鉅野,見李麟)
李琰(唐・隴西人)
[崇禎]武定州 14/4
[乾隆]武定府 15/4
[咸豐]武定府 15/4
[乾隆]惠民 5/4
[光緒]惠民卷末/1
20 李秉(字執中)
(明・曹縣人)
[嘉靖]山東 30/60
[雍正]山東 28/人物三 9
[宣統]山東 159/5
[萬曆元年]兗州 40/忠直 15
[萬曆二十四年]兗州 36/5
[康熙]兗州 28/5
[康熙]曹州志 15/17
[乾隆]曹州府 15/2
[康熙]兗州府曹縣 13/4
[光緒]曹縣 13/4,15/勅褒 1
曹縣鄉土志/耆舊錄
[光緒]菏澤 15/16
[光緒]新修菏澤 10/18
菏澤縣鄉土志/17
李采(清・新城人)
[康熙]新城 8/6
[民國]重修新城 16/8
李垂(字舜工)
(宋・聊城人)
[嘉靖]山東 31/20
[康熙]山東 41/17
[雍正]山東 28/人物二 25

[宣統]山東 157/4
[萬曆]東昌 19/34
[乾隆]東昌 37/10
[嘉慶]東昌 27/9
[康熙]聊城 3/4
[宣統]聊城 8/3
李儁(字邁英)
(清・茌平人)
[宣統]茌平 15/2
[民國]茌平 3/112
李喬(字世臣)
(明・南直興化人)
[康熙]山東 31/18
[雍正]山東 27/16
[宣統]山東 70/30
[道光]濟南 35/41
李舜(字屏巖)
(明・章丘人)
[道光]濟南 61/4
李縉(明・北直隸棗強人)
[康熙]膠州 6/6
[乾隆]膠州 5/22
[道光]重修膠州 26/6
[民國]增修膠志 40/32
李維(字仲斗)
(清・德州人)
[民國]德縣 11/9
德州鄉土志/耆舊 34
李維(字心田)
(清・霑化人)
[光緒]霑化 9/12
[民國]霑化 2/66
李位(字建還)
(清・齊河人)
[民國]齊河 26/31
李重(明・魚臺人)
[乾隆]魚臺 10/27
李秉堃(清・海陽人)
[光緒]海陽縣續志 5/7
李維慶(清・長山人)
[嘉慶]長山 9/18
李維文(字彬菴)
(清・滕縣人)
[道光]滕縣志 8/儒林 35
滕縣鄉土志/28
李秀文(齊東人)
[民國]齊東 5/20
李禹言(字念鶴)
(清・歷城人)
[民國]續修歷城 40/43
李乘龍(字御天)
(清・博山人)
[咸豐]青州 49/1
[乾隆]博山 7/上 16
[乾隆]博山志稿/22
[民國]續修博山 11/27
李秉訓(字談經)
(清・鄆城人)
[光緒]鄆城 16/6
李維訓(字伊載)
(清・陽穀人)
[民國]增修陽穀人物/善行 38
李維誠(字恂伯)
(清・大興人)
[宣統]重修恩縣 6/54
[民國]重修恩縣 10/68
恩縣鄉土志/12
李維謨(清・陽穀人)
[光緒]陽穀 6/29
李秉元(清・霑化人)
[光緒]霑化 7/8
[民國]霑化 2/20
李維碩(字繩九)
(明・嘉祥人)
[康熙]山東 45/10
[順治]嘉祥 4/41
[乾隆]嘉祥 3/34
[光緒]嘉祥 3/42
李集瑞(字雲衢)
(清・壽張人)
[光緒]壽張 7/14
李秀瑗(字伯玉)
(清・陽信人)
[民國]陽信 5/耆碩 60
李禹珪(宋・寧海人)
[同治]重修寧海州 17/4
李季子(明・歷城人)
[崇禎]歷城 10/18
李維勇(清・淄川人)
[宣統]三續淄川 9/101
李秉瑜(字瑾齋)
(清・章邱人)
[道光]濟南 54/12
[道光]章邱 11/48
李儁珍(明・莘縣人)
[民國]莘縣 6/17
李爲信(清・齊東人)
[民國]齊東 5/19
李秉衡(字鑑堂)
(清・奉天海城人)
[光緒]寧津 6/30
寧津縣志料 3/人物－名宦
寧津縣鄉土志/政績
李維經(清・鄒平人)
[道光]鄒平 15/102
[民國]鄒平 15/102
李香山(字仙九)
(清・臨沂人)
[民國]臨沂 10/30
李秀峯(字蓉生)
(清・臨朐人)
臨朐縣鄉土志 1/耆舊
李維德(字士修)
(清・陽穀人)
[光緒]陽穀 6/30
[民國]增修陽穀人物/仕宦 22
李秉修(清・惠民人)
[光緒]惠民 22/7
惠民縣鄉土志/耆舊錄 15
李秉彝(字仲常)
(元・通州潞縣人)
[宣統]聊城耆獻文徵/中 1
[民國]平度縣續志 7/25
李秉彝(清・平度人)
平度鄉土志 4 上/鄉賢
李維綱(字陳常)
(清・商河人)
[民國]重修商河 8/54
李喬齡(字梓庭)
(清・汶上人)
[宣統]四續汶上稿/人物－文學傳
李采之(字郁臣)
(清・高唐人)
[光緒]高唐州 5/2－28

[民國]高唐縣 12/15
李重富(字肖華)
(清・歷城人)
[道光]濟南 53/8
[民國]續修歷城 39/1
李重進(五代・樂陵人)
[嘉靖]山東 29/12
[康熙]山東 39/11
[雍正]山東 28/人物二 19
[宣統]山東 164/14
[康熙]濟南 38/3
[乾隆]武定府 23/39
[咸豐]武定府 23/忠節 9
[順治]樂陵 6/3
[乾隆]樂陵 6/19
樂陵縣鄉土志 3/21
李重密(明・鄆城人)
[崇禎]鄆城 6/12
李重福(唐・扶風人)
[嘉靖]濮州 7/5
李維心(明・濟寧人)
[康熙]濟寧州 7/10
[乾隆]濟寧直隸州 27/3
[道光]濟寧直隸州 8/4 – 31
李秉直(明・禹城人)
[道光]濟南 52/8
[嘉慶]禹城 9/17
[民國]禹城 6/14
李維李(字仙禽)
(清・無棣人)
[民國]無棣 13/6
李維森(字夢序)
(清・無棣人)
[乾隆]武定府 25/22
[咸豐]武定府 25/孝友 22
[民國]無棣 13/5
海豐縣鄉土志/耆舊 – 事業五
李維梓(字雲肅)
(清・長山人)
[道光]濟南 55/6
[嘉慶]長山 7/35
李維樞(字左轄)
(清・無棣人)
[民國]無棣 12/6
李維樾(字仙蔭)
(清・無棣人)
[民國]無棣 13/5
李愛菊(清・樂陵人)
樂陵縣鄉土志 3/52
李采蘭(字秀揚,號癡叟)
(清・新城人)
[康熙]濟南 47/28
[道光]濟南 55/45
[康熙]新城 7/47
[康熙]新城縣續志/人物
[民國]重修新城 16/1
新城縣鄉土志/耆舊 – 清
李壬林(原名升階,字春卿)
(清・牟平人)
[光緒]增修登州 43/35
[同治]重修寧海州 21/7
[民國]牟平 7/91
李維楚(字子翹)
(清・無棣人)
[民國]無棣 13/6
李維藩(明・高唐人)
[乾隆]高唐州續志 2/6
[道光]高唐州 5/2 – 9
[光緒]高唐州 5/2 – 12
[民國]高唐縣 12/7
李維藩(萊陽人)
[民國]萊陽 3/1 中 55
李維恭(元・濟陽人)
[民國]濟陽 11/8
李秀蘭(齊東人)
[民國]齊東 5/20
李重芳(明・蒙陰人)
[康熙十一年]蒙陰 2/52
李重華(明・恩縣人)
[雍正]恩縣續志 3/18
李維棣(字鄂發)
(清・無棣人)
[民國]無棣 13/6
李孚格(字信以)
(清・牟平人)
[光緒]增修登州 43/35
[同治]重修寧海州 21/8
[民國]牟平 7/91
李秉乾(字清庵)
(清・博興人)
[民國]重修博興 13/41
李喬松(字商木)
(清・高密人)
[光緒]高密 8/上 56
[民國]高密 14/上 66
李維幹(字楨園)
(清・長山人)
[道光]濟南 55/6
[嘉慶]長山 9/26
李維翰(字西園)
(清・長山人)
[道光]濟南 55/6
[嘉慶]長山 9/25
李維翰(字月湖,號西園)
(清・膠州人)
[宣統]山東 177/37
[民國]增修膠志 41/39
膠州直隸州鄉土志 4/事功
李維翰(字西園)
(清・金鄉人)
[民國]金鄉 14/20
李維翰(字桂如)
(清・遼陽人)
[宣統]山東 75/30
[道光]濟南 38/38
[道光]長清 4/1
李維翰(字敬庭)
(清・壽光人)
[民國]壽光 12/人物志二 20
李維翰(清・陽信人)
[民國]陽信 5/忠義 44
李雙貴(清・堂邑人)
堂邑縣鄉土志/耆舊錄
李維忠(明・淄川人)
[嘉靖]淄川 6/80
[萬曆]淄川 30/8
李秉成(字子美)
(清・鉅野人)
[民國]續修鉅野 5/上 26
李維典(字虞載)
(清・陽穀人)
[民國]增修陽穀人物/善行 38
李喬揚(字玉似)
(清・泰安人)
[乾隆]泰安府 18/20
[乾隆二十五年]泰安縣

12/25
［乾隆四十七年］泰安縣 10/上 22
［道光］泰安縣 9/上 74
［民國］重修泰安縣 8/26
泰安縣鄉土志/耆舊 21
李秉甲（長清人）
［民國］長清 12/15
李維四（字統一）
（清・曹縣人）
［光緒］曹縣 14/仕蹟 2
李重圍（清・高密人）
［康熙］高密 8/10
［乾隆］高密 8/上 26
［光緒］高密 8/上 34
［民國］高密 14/上 37
高密縣鄉土志/上 38
李重顯（字隱之）
（宋・趙州人）
［至元］齊乘 6/27
［雍正］山東 30/13
［嘉靖］青州 16/54
［萬曆］青州 17/12
［康熙十五年］青州 17/12
［康熙四十八年］青州 17/仙釋 7
［康熙六十年］青州 20/10
［咸豐］青州 52/3
［萬曆］諸城 9/2
［康熙］諸城 9/3
［乾隆］諸城 43/2
李維則（明・利津人）
［康熙］濟南 44/12
［乾隆］武定府 25/6
［咸豐］武定府 25/孝友 6
［康熙］利津縣新志 8/22
［光緒］利津 8/孝友 1
李舜臣（字懋欽，一字夢虞，號愚谷）
（明・樂安人）
［康熙］山東 42/23
［雍正］山東 28/人物三 34
［宣統］山東 162/36
［嘉靖］青州 15/39
［萬曆］青州 13/9
［康熙十五年］青州 13/9
［康熙四十八年］青州 13/經師 4
［咸豐］青州 44/18
［萬曆］樂安 15/9，19/1
［雍正］樂安 12/10，13/1
［民國］樂安 2/16，10/8
［民國］續修廣饒 19/15
李維馭（字德轡，號毅亭）
（清・東明人）
［宣統］東明續縣志 3/1
［民國］東明縣新誌 11/41
東明縣志料/人物門
李重熙（字坤圖）
（清・長山人）
［康熙］濟南 47/26
［道光］濟南 55/1
［康熙四十三年］長山 5/孝義
［康熙五十五年］長山 6/32
［嘉慶］長山 9/4
長山縣鄉土志/耆舊錄
李秀含（字啟堂）
（清・茌平人）
［宣統］茌平 28/9
［民國］茌平 3/81
李維鐔（字廣漢）
（清・平度人）
［道光］重修平度州 19/21
李秉鈞（清・諸城人）
［康熙］諸城 7/44
［乾隆］諸城 40/4
諸城縣鄉土志/上 49
李秉鑑（清・安邱人）
［民國］續安邱新志 21/5
21 **李緋**（字廷章）
（明・固始人）
［康熙］濟寧州 4/4
李衡（明・聊城人）
［乾隆］泰安府 15/2
［康熙］肥城書下/11，下/50
［嘉慶］肥城 15/32
［光緒］肥城 7/48
肥城縣鄉土志 3/3
李衡（字虎門）
（明・章丘人）
［道光］濟南 49/63
［康熙］章丘 6/41
［乾隆］章邱 9/39
［道光］章邱 10/45
李衡（清・恩縣人）
［雍正］恩縣續志 3/19
李紅（清・城武人）
［康熙四十一年］城武 5/上懿行 12
［道光］城武 9/下 15
李虎（原名于墀，字步丹）
（清・金鄉人）
［民國］濟寧直隸州續志 14/33
［民國］金鄉 14/16
李縉（明・萊陽人）
［民國］萊陽 3/1 中 15
李經（唐）
［萬曆二十四年］兗州 9/27
［康熙］兗州 10/27
［萬曆］沂州志 7/62
李經（明・江西吉安人，一作吉水人）
［嘉靖］山東 25/25
［宣統］山東 71/25
［道光］濟南 36/62
［萬曆］平原下/13
［乾隆］平原 6/26
平原縣鄉土志輯稿/政蹟
李能（明・新城人）
［宣統］新城縣後志 2/善行
李虔（字叔恭）
（南北朝・隴西人）
［雍正］山東 27/41
［乾隆］東昌 33/11
［嘉慶］東昌 20/18
［宣統］重修恩縣 6/39
［民國］重修恩縣 10/57
李仁（字成巳）
（唐・滄州東光人）
［康熙］山東 59/17
［雍正］山東 35/碑 16
［萬曆］青州 12/13
［康熙十五年］青州 12/13
［康熙四十八年］青州 12/13
［康熙六十年］青州 12/8
［咸豐］青州 34/20

［康熙］高苑 3/14,8/2
［乾隆］高苑 3/19,8/19
李仁（字天爵）
（明・曹縣人）
［康熙］兗州府曹縣 13/8
［光緒］曹縣 13/8
李仁（字元夫）
（明・東阿人）
［康熙］山東 40/60
［雍正］山東 28/人物三 33
［宣統］山東 161/42
［萬曆二十四年］兗州 36/15
［康熙］兗州 28/27
［乾隆］泰安府 17/15
［康熙五十四年］東阿 7/8
［道光］東阿 14/人物下 15,22/47
［光緒］東阿縣鄉土志 4/13
李仁（明・寧海人）
［同治］重修寧海州 17/8
李仁（明・鄆城人）
［道光］濟南 36/29
［康熙四十三年］長山 3/宦績
［康熙五十五年］長山 3/31
［嘉慶］長山 5/40
李仁（字培元）
（清・曹縣人）
［光緒］曹縣 14/行誼 24
李仁（清・新城人）
［道光］濟南 55/82
［宣統］新城縣後志 3/耆壽
李儒（明・陝西涇陽人）
［嘉靖］山東 25/26
［康熙］山東 32/14
［雍正］山東 27/26
［康熙］濟南 25/31
［道光］濟南 36/14
［康熙］鄒平 4/11
［嘉慶］鄒平 14/4
［道光］鄒平 14/4
［民國］鄒平 14/4
李睿（字宗性）
（明・濟寧人）
［嘉靖］山東 30/60
［萬曆元年］兗州 40/武功 20
［康熙］濟寧州 6/20
［乾隆］濟寧直隸州 24/2
［道光］濟寧直隸州 8/2－22
李順（字服之）
（元・長清人）
［道光］長清 10/12,11/5
李衛（元・大名人）
［萬曆］福山 4/2
李綖（字玉藻）
（清・諸城人）
［道光］諸城縣續志 19/14
李衍（字仲達）
（元・高唐人）
［乾隆］東昌 37/30
［嘉慶］東昌 27/28
［康熙十二年］高唐州 8/10
［康熙五十一年］高唐州 8/10
［道光］高唐州 5/1－9
［光緒］高唐州 5/1－9
［民國］高唐縣 12/65
李潁（字止水,號濛波）
（明・金鄉人）
［民國］金鄉 13/13
李貞（明・鳳陽人）
［康熙］兗州府曹縣 8/10
［光緒］曹縣 8/9
李貞（字道一）
（清・齊河人）
［道光］濟南 56/14
［民國］齊河 26/22
李貞（字幹臣）
（清・霑化人）
［民國］霑化 2/90
李止（字心安）
（明・鄒平人）
［民國］鄒平 15/106
李倬（字卓人）
（清・長山人）
［康熙五十五年］長山 6/42
［嘉慶］長山 10/15
李倬（字漢昭）
（清・霑化人）
［光緒］霑化 9/7
［民國］霑化 2/59
李縉亨（字黃中）
（清・章邱人）
［康熙］兗州府曹縣 9/40
［光緒］曹縣 9/教諭 4
李經文（清・漢軍正黃旗人）
［宣統］山東 75/42
［咸豐］武定府 19/14
［光緒］惠民 18/15
惠民縣鄉土志/政績錄 8
李占文（字翰儒）
（清・滋陽人）
滋陽縣鄉土志 1/耆舊－文學
李衍謨（字丕顯）
（清・霑化人）
［民國］霑化 2/98
李步雲（字景峯）
（清・無棣人）
［民國］無棣 13/19
海豐縣鄉土志/耆舊－事業六
李儒元（字希文）
（清・商河人）
［民國］重修商河 8/55
李師正（字吉人）
（清・寧津人）
［光緒］寧津 8/38
寧津縣志料 3/人物－義行
寧津縣鄉土志/耆舊
李占元（清・長清人）
［民國］長清 11/34
李倬雲（清・茌平人）
［民國］茌平 3/20
李卓吾（字軼齋）
（清・禹城人）
［民國］禹城 6/29
李師琇（清・寧海副榜）
［民國］濟陽 9/44
李順孫（字繼先）
（明・利津人）
［康熙］濟南 41/18
［乾隆］武定府 23/16
［咸豐］武定府 23/名臣 16
［康熙］利津縣新志 8/10
［光緒］利津 7/宦蹟 4
李衍孫（字蕃升）
（清・惠民人）

[咸豐]武定府 25/文苑 25
[光緒]惠民 23/13
惠民縣鄉土志/耆舊錄 22
李穎發(明・洛陽人)
[順治]單縣 2/8
[康熙]單縣 6/27
李師琦(字同范)
(清・寧海人)
[民國]牟平 7/40
李儒珍(字席之)
(長清人)
[民國]長清 12/18
李貞仁(清・日照人)
[光緒]日照 8/31
李衍綬(字嵩屏)
(清・德州人)
[光緒]德州志略/人物傳略
[民國]德縣 10/68
德州鄉土志/耆舊 58
李儒偉(字行卓)
(清・金鄉人)
[咸豐]金鄉縣志略 9/中列傳二 10
[民國]金鄉 13/21
金鄉縣鄉土志/耆舊錄上
李能白(清・天津人)
[道光]濟南 38/30
李仁和(字育萬)
(清・章邱人)
[道光]濟南 54/23
[道光]章邱 10/38
李師白(字欲仙,號恕亭)
(清・江西峽江人)
[宣統]山東 75/3
[道光]濟南 38/6
[崇禎]歷城 6/又 5
[乾隆]歷城 34/9
李步魯(字瞻堂)
(清・霑化人)
[光緒]霑化 8/17
[民國]霑化 2/46
李步沆(字幼匏)
(清・金鄉人)
[民國]濟寧直隸州續志 13/12
[民國]金鄉 13/續增 9
李步瀛(清・濮州人)
[宣統]濮州 6/20
李步瀛(字海洲)
(清・淄川人)
[宣統]三續淄川 9/73
李衡福(清・諸城人)
[光緒]增修諸城縣續志 14/6
李衍福(字介堂)
(清・東平人)
[光緒]東平州 15/下 40
[民國]東平縣 11/下 14
李師泌(字賓友,號山衣)
(清・寧海人)
[民國]牟平 7/40
李上達(字達道)
(金・曹州濟陰人)
[嘉靖]山東 25/7,30/52
[康熙]山東 31/9,40/50
[雍正]山東 28/人物二 52
[宣統]山東 161/19
[康熙]濟南 24/15
[道光]濟南 34/13
[康熙]曹縣 12/21
[康熙]兗州府曹縣 12/21
[光緒]曹縣 12/19
李衍祺(字壽生)
(清・諸城人)
[光緒]增修諸城縣續志 13/10
李師渾(字中涵,號白泉)
(清・淄川人)
[宣統]三續淄川 10/17
李師道(唐・高麗人)
[嘉靖]山東 27/21
[萬曆元年]兗州 39/外傳 3
[嘉靖]濮州 7/9
[萬曆]諸城 5/4
[康熙]諸城 5/4
[光緒]益都縣圖志 16/8,51/3
李行志(字鵬南)
(明・河南項城人)
[宣統]山東 70/31,70/35
[道光]濟南 35/44
[崇禎]武定州 15/24,34/25
[乾隆]武定府 16/11
[咸豐]武定府 19/11
[順治]登州 11/23
[乾隆]惠民 5/20
[光緒]惠民 18/13
惠民縣鄉土志/政績錄 7
李師古(唐・高麗人)
[嘉靖]山東 27/21
[嘉靖]濮州 7/8
[康熙]濮州 4/91
[光緒]益都縣圖志 16/7,51/2
李師古(宋・楚丘人)
[嘉靖]山東 30/49
[康熙]山東 40/48
[康熙]曹縣 12/19
[康熙]兗州府曹縣 12/19
[光緒]曹縣 12/17
李師雄(字伯威)
(金・雁門人)
[嘉靖]山東 27/22
[萬曆]東昌 18/45
[康熙]曹州志 7/50
[嘉靖]寧海州下/9
[同治]重修寧海州 12/3
[光緒]菏澤 7/宦蹟 18
李貞吉(字慶寰)
(明・金鄉人)
[乾隆]濟寧直隸州 27/28
[道光]濟寧直隸州 8/4-34
[乾隆]金鄉 18/63
[咸豐]金鄉縣志略 9/上 16
[民國]金鄉 14/2
金鄉縣鄉土志/耆舊錄上
李處恭(字讓臣)
(元・高唐人)
[道光]高唐州 5/1-9
[光緒]高唐州 5/1-9
李經世(明・濟寧人)
[康熙]濟寧州 7/52
[乾隆]濟寧直隸州 27/8
[道光]濟寧直隸州 8/4-32
李經世(字定宇)
(明・臨清人)
[乾隆]東昌 39/12

[康熙]臨清州 3/人物 11
[乾隆]臨清州 9/35
[乾隆]臨清直隸州 8/上 22
[民國]臨清縣/人物 9
李儒林(字文亭)
(清・陽信人)
[民國]陽信 5/文學 27
李上林(字明戴,號後崗)
(明・南直如皋人)
[宣統]山東 71/34
[康熙]濟南 25/57
[乾隆]泰安府 15/19
[天啟]新泰 5/22,9/35
[順治]新泰 4/18
[乾隆]新泰 11/3
新泰縣鄉土志/3
李上林(字培之)
(清・安邱人)
[咸豐]青州 46/29
[康熙]續安丘 18/13
安丘縣鄉土志 6/耆舊錄 3
李仁貴(字性之)
(元・高密人)
[康熙]高密 8/7
[乾隆]高密 8/上 18
[光緒]高密 8/上 22
[民國]高密 14/上 24
高密縣鄉土志/上 19
李師中(字誠之)
(宋・楚丘人)
[嘉靖]山東 26/10,27/11,30/51
[康熙]山東 36/2,40/49
[雍正]山東 28/人物二 40
[宣統]山東 157/16
[萬曆元年]兗州 40/諫議 16
[萬曆二十四年]兗州 28/6,35/5
[康熙]兗州 22/6,27/5
[乾隆]兗州 22/12
[泰昌]登州 9/14,11/57
[順治]登州 11/9,18/1
[光緒]增修登州 24/8
[康熙]曹州志 15/12
[乾隆]曹州府 14/27
[乾隆]濟寧直隸州 21/6
[道光]濟寧直隸州 6/6－8
[康熙]蓬萊 6/1
[道光]重修蓬萊 9/41
[民國]蓬萊縣志合編人物志/寓賢
[道光]鉅野 10/11
[康熙]曹縣 12/19
[康熙]兗州府曹縣 12/19
[光緒]曹縣 12/17
曹縣鄉土志/耆舊錄
[隆慶]單縣下/5
[順治]單縣 2/35
[康熙]單縣 7/24
李師中(字正甫,號蝶園)
(清・高密人)
[光緒]高密 8/上 10
[民國]高密 14/上 9
高密縣鄉土志/上 23
李衍惠(字均沾)
(清・霑化人)
[民國]霑化 2/51
李處耘(宋)
[宣統]三續淄川 9/40
李經邦(清・汶上人)
[宣統]四續汶上稿/人物－孝弟傳
李經邦(清・雲南蒙自人)
[光緒]增修登州 28/5
[乾隆]福山 7/20
[民國]福山縣志稿 3/2－9
李占鼇(清・壽張人)
[光緒]壽張 7/29
李經國(清・南宮人)
[康熙十二年]博興 6/3
[康熙六十年]博興 7/15
[道光]博興 10/5
[民國]重修博興 12/5
李師易(字惕若)
(清・淄川人)
[乾隆]淄川 5/又 31－5
李順昌(字變五)
(清・直隸新安人)
[雍正]山東 27/108
[宣統]山東 76/1
[乾隆]兗州 22/36
[乾隆]濟寧直隸州 22/35
[道光]濟寧直隸州 6/7－71
李處默(北魏・陝西狄道人)
[光緒]益都縣圖志 15/17
李縉明(字仲卿)
(清・章丘人)
[道光]濟南 54/5
[康熙]章丘 6/28,9/33
[乾隆]章邱 9/23
[道光]章邱 11/36
章邱縣鄉土志/上 31
李縉驤(字日閑)
(明・章邱人)
[道光]章邱 11/59
李峴長(字仲峯)
(清・茌平人)
[民國]茌平 3/19
李處巽(元)
[道光]濟寧直隸州 6/6－18
李上賢(字希亭)
(清・利津人)
[光緒]利津 8/隱逸 1
李順興(清・臨沂人)
[民國]臨沂 10/57
李占勝(字奎武)
(恩縣人)
[民國]重修恩縣 11/鄉賢 45
李經畬(清・鄒平人)
[民國]鄒平 15/123
李仁全(明・寧海人)
[同治]重修寧海州 21/3
[民國]牟平 7/82
李睿年(字聖齡)
(清・惠民人)
[光緒]惠民 22/9
惠民縣鄉土志/耆舊錄 16
李師敏(字仲堅)
(清・惠民人)
[宣統]山東 171/40
[咸豐]武定府 24/循良 40
[光緒]惠民 19/18
惠民縣鄉土志/耆舊錄 32
李卓堂(字午亭)
(清・禹城人)
[民國]禹城 6/25
李仁煜(字書山,號溪亭)
(清・諸城人)

[光緒]增修諸城縣續志 13/2
諸城縣鄉土志/上 18
李仁榮(字少桓,號未村)
(清·濟寧人)
[民國]濟寧直隸州續志 12/51
22 李㙓(字大山)
(清·諸城人)
[光緒]增修諸城縣續志/文苑補遺 2
李彪(字道固)
(北魏·頓丘衛國人)
[嘉靖]山東 30/28,31/5
[康熙]山東 41/3
[雍正]山東 28/人物一 52
[宣統]山東 155/31
[萬曆]東昌 19/13
[乾隆]曹州府 14/11
[嘉靖]濮州 5/5
[萬曆]濮州 3/鄉賢 6
[康熙]濮州 3/38
[乾隆]濮州 3/39
[宣統]濮州 4/45
[康熙]觀城 4/21
[道光]觀城 8/1
觀城縣鄉土志/耆舊
李崇(字繼長)
(北魏·頓邱人)
[嘉靖]山東 26/5
[康熙]山東 33/6
[雍正]山東 27/32
[宣統]山東 67/9
[萬曆元年]兗州 38/循吏 17
[萬曆二十四年]兗州 27/4
[康熙]兗州 21/19
[乾隆]兗州 22/7
[康熙]滋陽 3/79
[民國]金鄉 13/7
李崇(字永隆)
(北周·高平人)
[雍正]山東 28/人物一 59
[乾隆]兗州 23/24
[乾隆]濟寧直隸州 23/22
[道光]濟寧直隸州 8/2-12
[咸豐]金鄉縣志略 9/上 10
[道光]鉅野 12/19
李崇(字嵩高)
(清·鉅野人)
[道光]鉅野 13/55
李鼎(五代·京兆長安人)
[嘉靖]青州 15/64
[萬曆]青州 15/61
[康熙十五年]青州 15/61
[康熙四十八年]青州 15/僑寓 8
[康熙六十年]青州 20/17
[萬曆]益都 6/95
李鼎(清·新城人)
[民國]青城續修 3/27
李峩(見李峨)
李豐(字樂亭)
(清·臨朐人)
光緒臨朐 14/下 19
臨朐縣鄉土志 1/耆舊
李豐(字博施)
(清·濰縣人)
[民國]濰縣志稿 29/27
李幾(南北朝,一作唐·博陵安平人)
[道光]濟南 46/21
[道光]博平 4/21
李巇(字曉山)
(清·諸城人)
[道光]諸城縣續志 19/3
李巒(字曉峯)
(清·臨淄人)
[民國]臨淄 27/61
李鑾(字君儀)
(明·東阿人)
[乾隆]泰安府 17/14
[康熙]張秋志 7/21
[康熙五十四年]東阿 7/14
[道光]東阿 13/鄉賢 2
[光緒]東阿縣鄉土志 4/5
李鸞(號東山)
(明·日照人)
[康熙]日照 8/12
李崙(字一峯)
(清·單縣人)
[民國]單縣 10/2
李僑(字子高)
(明·長清人)
[康熙]濟南 35/14
[道光]濟南 52/20
[康熙]長清 9/57
[道光]長清 11/9
李任(字式九)
(清·棲霞人)
[光緒]增修登州 41/31
[乾隆]棲霞 7/1,9/19
李山(金·章邱人)
[康熙]濟南 25/16
[道光]濟南 34/16
[萬曆]章丘 21/70
[康熙]章丘 4/24
[乾隆]章邱 7/3
[道光]章邱 9/3
章邱縣鄉土志/上 3
李山(元·萊陽人)
[民國]萊陽 3/1 中 51
李山(元·陽信人)
[宣統]山東 168/16
[康熙]濟南 49/3
[乾隆]武定府 26/33
[咸豐]武定府 26/藝術 1
[康熙]陽信 9/36
[乾隆]陽信 7/59
[民國]陽信 5/方技 80
信邑志稿 7/藝術
李岂(字元叔)
(清·洪洞人)
[宣統]山東 74/50
[康熙]濟寧州 7/7
[乾隆]濟寧直隸州 22/30
[道光]濟寧直隸州 6/7-66
李嵩(明·濱州人)
[萬曆]濱州 3/26
[康熙]濱州 6/4
李嵩(字中山)
(清·諸城人)
[咸豐]青州 49/48
[道光]諸城縣續志 15/7
李綏(字寧野)
(清·安丘人)
[道光]安邱新志 24/1
安丘縣鄉土志 8/耆舊錄 5
李崴(字象山)

（清・諸城人）
［道光］諸城縣續志 17/3
李嵬（清・霑化人）
［光緒］霑化 8/10
［民國］霑化 2/38
李岩（字子潛，號聖石，晚號山樵）
（明・萊陽人）
［民國］萊陽 3/1 中 26
李岩（清・汶上人）
［宣統］四續汶上稿/人物－藝術傳
李岩（清・陽穀人）
［民國］增修陽穀人物/文苑 4
李嵓（字研山）
（清・諸城人）
［道光］諸城縣續志 15/8
諸城縣鄉土志/上 37
李巖（明・博平人）
［乾隆］東昌 38/20
［嘉慶］東昌 28/20
［正德］博平 4/64
［康熙］博平 3/51
［道光］博平 4/16
博平縣鄉土志/耆舊－循史
李嶤（字作山）
（清・諸城人）
［道光］諸城縣續志 15/6
李邕（字泰和）
（唐・揚州江都人）
［嘉靖］山東 27/3
［康熙］山東 35/4
［雍正］山東 27/54
［宣統］山東 68/8
［康熙］濟南 24/9
［道光］濟南 33/26
［嘉靖］青州 13/23
［萬曆］青州 12/14
［康熙十五年］青州 12/14
［康熙四十八年］青州 12/14
［康熙六十年］青州 12/8
［萬曆］萊州 5/61
［康熙］萊州 8/21
［乾隆］萊州 9/6
萊州府鄉土志/上 9

［康熙］濰縣 5/名宦 2
［乾隆］濰縣 3/39
濰縣鄉土志/50
［光緒］益都縣圖志 16/3
［嘉靖］淄川 6/75
［萬曆］淄川 27/3
［康熙］淄川 4/3
［乾隆］淄川 4/3
［康熙六十年］博興 7/4
李崇廉（明・林縣監生）
［萬曆］冠縣 2/11
［道光］冠縣 6/29
［光緒］冠縣 6/宦績
［民國］冠縣 6/39
李繼高（字貽菴）
（清・金鄉人）
［民國］濟寧直隸州續志 13/5
［民國］金鄉 14/12
李繼唐（清・鑲紅旗人）
［康熙］東平州續志 4/2
李嵩麟（字斗書）
（清・惠民人）
［乾隆］武定府 25/58
［咸豐］武定府 25/文苑 18
［乾隆］惠民 6/12
［光緒］惠民 23/10
惠民縣鄉土志/耆舊錄 21
李繼夏（清・高唐人）
［乾隆］東昌 43/35
［嘉慶］東昌 32/52
［乾隆］高唐州續志 2/13
［道光］高唐州 5/2－18
［光緒］高唐州 5/2－21
［民國］高唐縣 12/42
李綬璽（字紱來）
（清・諸城人）
［乾隆］諸城 33/1
李繼琳（字玉峰）
（清・鄒縣人）
［民國］續修鄒縣志稿/人物－耆舊
李繼孜（明・章丘人）
［道光］濟南 49/57
［萬曆］章丘 25/40
［康熙］章丘 6/30

［乾隆］章邱 9/29
［道光］章邱 10/25
章邱縣鄉土志/上 48
李繼占（清・鄒平人）
［民國］鄒平 15/135
李仙鑾（字海峰）
（清・汶上人）
［宣統］四續汶上稿/人物－耆德傳
李樂山（清・陽穀人）
［民國］增修陽穀人物/武功 11
李樂山（清・諸城人）
［光緒］增修諸城縣續志 14/8
李稱先（字述亭）
（清・無棣人）
［民國］無棣 13/20
海豐縣鄉土志/耆舊－事業五
李崇德（明・臨清人）
［乾隆］東昌 39/5
［康熙］臨清州 3/人物 8
［乾隆］臨清州 9/26
［乾隆］臨清直隸州 8/上 11
［民國］臨清縣/人物 5
李繼德（鄒縣人）
［民國］續修鄒縣志稿/人物－耆舊附忠烈
李繼先（清・高唐人）
［道光］高唐州 5/2－22
［光緒］高唐州 5/2－25
李崇白（明・濮州人）
［康熙］濮州續志下/3
［乾隆］濮州 4/13
［宣統］濮州 5/13
李繼白（字敬仙）
（清・禹城人）
［道光］濟南 56/40
［嘉慶］禹城 9/13
［民國］禹城 6/11
禹城縣鄉土志/15
李仙舟（清・高唐人）
［光緒］高唐州 5/2－32
［民國］高唐縣 12/17
李崇倫（清・滕縣人）

［道光］滕縣志 9/孝義 38
李豐綸(字吉侯)
(清・掖縣人)
［宣統］山東補遺/30
［民國］濰縣志稿 32/34
李崇實(字光孚,號劍堂)
(清・金鄉人)
［咸豐］金鄉縣志略 9/中列傳二 11
金鄉縣鄉土志/耆舊錄上
李繼寧(清・恩縣人)
［宣統］重修恩縣 8/54
［民國］重修恩縣 11/鄉賢 85
李繼宗(明・朝城人)
［萬曆］濮州 3/鄉賢 58
［康熙］朝城 8/60
朝城縣鄉土志/11
李循宗(宋・登州人)
［光緒］增修登州 38/6
李仙洲(原名守瀛,以字行)
(長清人)
［民國］長清 12/11
李繼述(清・萊陽人)
［民國］萊陽 3/1 中 93
李繼漢(清・淄川人)
［宣統］三續淄川 9/95
李繼洙(清・淄川人)
［宣統］三續淄川 9/83
李綏祖(字寧甫)
(清・單縣人)
［民國］單縣 19/50
李崇道(清・東平人)
［光緒］東平州 15/中 44
［民國］東平縣 11/中 13
李崧祥(明・貴池人)
［崇禎］武定州 7/18
李崇志(字功載,號衡村)
(清・海陽人)
［光緒］增修登州 40/37
［光緒］海陽縣續志 5/12,8/48
李崇華(字美然)
(清・歷城人)
［道光］濟南 60/17
［乾隆］歷城 45/16
李繼芳(字懷白)
(清・莒縣人)
［民國］重修莒志 67/10
李繼華(明・晉江人)
［順治］堂邑 2/職官 10
李仙植(字卓凝)
(清・鄒平人)
［民國］鄒平 15/106
李樂基(壽光人)
［民國］壽光 12/人物志一 101
李仙如(字飛瓊)
(清・肥城人)
［光緒］肥城 9/4
肥城縣鄉土志 5/23
李鼎梅(字調卿)
(清・諸城人)
［康熙］諸城 7/44
［乾隆］諸城 39/4
李崇蟠(字仙根)
(清・歷城人)
［民國］續修歷城 40/3
李穩成(清・鄆城人)
［光緒］鄆城 5/39
李繼昌(字世長)
(宋・上黨人)
［嘉靖］山東 27/11
［雍正］山東 27/63
［宣統］山東 68/53
［泰昌］登州 9/35
［順治］登州 11/9
［光緒］增修登州 24/9
［光緒］益都縣圖志 16/24
李仙嵒(字曉嵐)
(清・鄒平人)
［民國］鄒平 15/107
李崇照(字宗山,號曉輪)
(清・利津人)
［咸豐］武定府 25/文苑 30
［光緒］利津 7/儒林 2,附利津文徵 3/傳 15
李崑岡(字玉山)
(清・博興人)
［民國］重修博興 13/43
李繼美(明・丹陽人)
［同治］重修寧海州 12/11
李繼美(字士清,一字世濟,號肖濱)
(明・北直開州人)
［宣統］山東 71/50
［康熙］濟南 25/55
［乾隆］武定府 16/14
［咸豐］武定府 19/青城 1
［萬曆］青城 1/39,2/25
［乾隆］青城 7/2,11/15
［民國］青城續修 4/名宦 13,4/藝文上 23
李繼善(明・晉江人)
［康熙］堂邑 10/3
李崇錫(字晉三)
(清・諸城人)
［光緒］增修諸城縣續志 13/3
李樂敏(字時菴)
(清・諸城人)
［光緒］增修諸城縣續志 20/4
23 李參(字清臣)
(宋・鄆州須城人)
［嘉靖］山東 26/25,30/44
［康熙］山東 34/6
［雍正］山東 28/人物二 39
［宣統］山東 157/27
［乾隆］泰安府 16/48
［萬曆元年］兖州 40/政績 9
［萬曆二十四年］兖州 35/13
［康熙］兖州 27/11
［乾隆］曹州府 12/10
［嘉靖］濮州 7/11
［萬曆］濮州 3/名宦 13
［康熙］濮州 3/13
［乾隆］濮州 3/13
［宣統］濮州 4/13
［康熙］東平州 4/13
［乾隆］東平州 13/26
［道光］東平州 13/26
［光緒］東平州 15/上 26
［民國］東平縣 11/上 9
東平州鄉土志上/耆舊錄 28
［光緒］新修菏澤 8/6
李岱(字震東)
(清・歷城人)
［民國］續修歷城 44/24

李岱(字泰宗)
(清・齊東人)
[民國]齊東 5/126
李峨(明・德州衛人)
[康熙]濟南 44/23
[道光]濟南 52/46
[萬曆]德州 9/56
[康熙]德州 8/35
[乾隆]德州 9/61
德州鄉土志/耆舊 11
[民國]德縣 11/5
李倫(金・厭次人)
[乾隆]武定府 26/1
[咸豐]武定府 26/義行 1
李俊(明・江西人)
[萬曆]濮州 3/名宦 35
李俊(明・金鄉人)
[康熙十二年]金鄉 5/16
[康熙五十一年]金鄉 7/24
李俊(明・臨朐人)
[嘉靖]臨朐 3/14
李俊(字秀儒)
(清・寧津人)
[光緒]寧津 8/38
寧津縣志料 3/人物－義行
李峻(清・淄川人)
[宣統]三續淄川 9/78
李馪(明・商河人)
[道光]商河 7/37
[民國]重修商河 9/1
李獻(明・萊陽人)
[民國]萊陽 3/1 中 7
李綜(明・河南武陟人)
[宣統]山東 72/24
[萬曆]青州 12/36
[康熙十五年]青州 12/36
[康熙四十八年]青州 12/36
[乾隆]沂州府 20/11
[康熙]日照 8/7
李允高(字坦之)
(明・壽光人)
[康熙]山東 45/19
[康熙十五年]青州 15/54
[康熙四十八年]青州 15/卓行 13
[康熙六十年]青州 18/14
[咸豐]青州 45/54
[康熙]壽光 26/4
[嘉慶]壽光 13/18
[民國]壽光 12/人物志一 60
壽光縣鄉土志/耆舊
李允謀(清・金鄉人)
[民國]金鄉 14/8
李允旃(字賁園,號西漁)
(清・濟寧人)
[道光]濟寧直隸州 8/4－21
李代霖(清・直隸清苑舉人)
章邱縣鄉土志/上 10
李岱霖(字伯敭)
(清・直隸清苑人,一作甘肅人)
[宣統]山東 77/37
[光緒]平度志要/職官
[民國]平度縣續志 7/1
[光緒]壽張 5/11
壽張縣鄉土志/政績－聽訟
李積貢(清・日照人)
[光緒]日照 8/28
李獻可(明・北直故城人)
[康熙]山東 35/11
[雍正]山東 27/60
[宣統]山東 73/2
[嘉靖]青州 13/46
[萬曆]青州 12/31
[康熙十五年]青州 12/31
[康熙四十八年]青州 12/31
[康熙六十年]青州 12/18
[咸豐]青州 36/13
[康熙六十年]博興 7/9
[光緒]益都縣圖志 18/7
李獻可(清・東阿人)
[民國]續修東阿 12/2
李允科(字東閣)
(清・臨邑人)
[同治]臨邑 9/孝義 11
李允升(字晉階,號藹溪)
(清・文登人)
[道光]濟南 38/5
[光緒]增修登州 39/44
[光緒]文登 9/下 2－1
李允升(清・諸城人)
[光緒]增修諸城縣續志 17/18
李岱生(字萊峰)
(清・高密人)
[宣統]山東 177/41
[乾隆]萊州 10/32
[乾隆]高密 8/上 13
[光緒]高密 8/上 15
[民國]高密 14/上 14
高密縣鄉土志/上 23
李允和(清・濟寧人)
[康熙]曹州志 13/5
李允修(字勿用)
(清・諸城人)
[光緒]增修諸城縣續志 20/5
李允徵(字徵甫)
(清・德州人)
[雍正]山東 28/人物四 4
李允徵(字遠公)
(清・曲阜人)
[雍正]山東 28/人物四 19
[宣統]山東 172/8
[乾隆]兗州 23/63
[乾隆]曲阜 86/5
李卜之(字開先)
(清・諸城人)
[咸豐]青州 47/11
[乾隆]諸城 33/1
李允禎(字貞甫,號修菴)
(清・德州人)
[康熙]山東 39/32
[宣統]山東 169/17
[康熙]濟南 41/37
[道光]濟南 56/67
[乾隆]德州 9/25
[康熙]德州 8/30
德州鄉土志/耆舊 23
[民國]德縣 10/21
李俊心(清・萊蕪人)
[民國]續修萊蕪 25/6
李台斗(字魁東)
(清・菏澤人)
[光緒]菏澤 16/13
[光緒]新修菏澤 11/71
李岱潤(清・高唐人)
[乾隆]東昌 43/36

[嘉慶]東昌 32/53
[道光]高唐州 5/2－15
[光緒]高唐州 5/2－18
[民國]高唐縣 12/11
李允吉(清・昌樂人)
[咸豐]青州 49/2
[嘉慶]昌樂 22/7
李允樟(字若楩)
(明・東明人)
[康熙]東明 8/下 16
[乾隆]東明 6/22 又 1,8/下 16
[民國]東明縣新誌 11/50,12/39
李俊英(字子旂)
(清・歷城人)
[民國]續修歷城 42/9
[民國]無棣 11/26
李允恭(字宗堯)
(明・平原人)
[宣統]山東 161/40
[康熙]濟南 41/16
[道光]濟南 52/56
[萬曆]平原上/61
[乾隆]平原 8/33
平原縣鄉土志輯稿/循吏
李允懋(明)
[乾隆]沂州府 20/9
[康熙]莒州下/18
李允若(清・城武人)
[康熙四十一年]城武 5/上懿行 14
[道光]城武 9/下 16
李允執(字景虞)
(清・金鄉人)
[咸豐]金鄉縣志略 9/中列傳二 13
[民國]金鄉 14/6
李岱東(字魯瞻)
(清・臨淄人)
[民國]臨淄 27/60
李允中(宋)
[康熙]高苑 3/3
李允中(字殿儀)
(清・樂安人)
[嘉慶]昌樂 29/3
李允哲(字文亭)
(清・齊河人)
[民國]齊河 23/82
李獻甫(字璞軒)
(清・陽信人)
[民國]陽信 5/文學 26
李允成(明・菏澤人)
[康熙]曹州志 15/29
[乾隆]曹州府 16/14
[光緒]菏澤 15/28
[光緒]新修菏澤 10/30
李允則(宋)
[崇禎]鄆城 4/2
[康熙]鄆城 4/2
[光緒]鄆城 6/2
鄆城縣鄉土志/政績錄－興利
李獻明(明・米脂人)
[宣統]山東 71/34
[康熙]濟南 25/61
[乾隆]泰安府 15/19
[天啟]新泰 5/23
[順治]新泰 4/19
[乾隆]新泰 11/4
李獻明(字思皇)
(明・壽光人)
[雍正]山東 28/人物三 70
[宣統]山東 164/32
[康熙十五年]青州 13/85
[康熙四十八年]青州 13/事功 69
[康熙六十年]青州 16/35
[咸豐]青州 45/50
[康熙]壽光 24/1
[嘉慶]壽光 12/20
[民國]壽光 12/人物志二 69
壽光縣鄉土志/耆舊
李俊民(字農山)
(臨淄人)
[民國]臨淄 27/66
24 李紞(明・樂安人)
[康熙]山東 46/6
[雍正]山東 28/人物三 39
[宣統]山東 167/15
[康熙十五年]青州 14/43
[康熙四十八年]青州 14/隱逸 17
[康熙六十年]青州 17/18
[咸豐]青州 47/31
[民國]續修廣饒 19/35
李德(元・濰州人)
[民國]濰縣志稿 41/27
李德(元・章邱人)
[道光]濟南 48/15
[道光]章邱 11/22
李德(明)
萊蕪縣鄉土志/5
李紘(字仲綱)
(宋・宋州楚丘人)
[嘉靖]山東 30/48
[康熙]山東 40/47
[雍正]山東 28/人物二 37
[宣統]山東 157/22
[萬曆元年]兗州 40/政績 11
[萬曆二十四年]兗州 35/5
[康熙]兗州 27/4
[康熙]曹州志 15/47
[乾隆]曹州府 14/26
[康熙]曹縣 12/16
[康熙]兗州府曹縣 12/16
[光緒]曹縣 12/14
曹縣鄉土志/耆舊錄
李佳(明・福山人)
[乾隆]福山 8/6
李科(明・蒙陰人)
[康熙十一年]蒙陰 2/52
李勉(明・陵縣人)
[光緒]陵縣 19/人物傳一 12
陵縣鄉土志/13
李勉(明・北直祁州人)
[嘉靖]山東 27/13
[康熙]山東 36/4
[雍正]山東 27/65
[宣統]山東 73/25
[泰昌]登州 9/40
[順治]登州 11/16
[光緒]增修登州 30/1
[順治]招遠 7/2
李勉(明・莘縣人)
[正德]莘縣 6/7
李納(唐・高麗人)
[嘉靖]濮州 7/8

[光緒]益都縣圖志 16/6
[宣統]三續淄川 9/40
李岐(字鳴崗)
(明・德州衛人)
[康熙]濟南 44/24
[道光]濟南 52/46
[康熙]德州 8/35
[乾隆]德州 9/61
德州鄉土志/耆舊 11
[民國]德縣 11/5
李岐(明・章丘人)
[康熙]濟南 44/18
[道光]濟南 72/34
[萬曆]章丘 26/44
[康熙]章丘 6/31
[乾隆]章邱 9/30
[道光]章邱 10/29
李岐(清・張秋人)
[民國]增修陽穀人物/孝義 6
李升(字階五,號槐村)
(清・德州人)
[道光]濟南 56/75
[乾隆]德州 9/46
州乘餘聞/1
[民國]德縣 10/35
德州鄉土志/耆舊 39
李仕(字離濳)
(明・慶雲人)
[康熙]慶雲 8/25
[嘉慶]慶雲 9/17
[民國三年]慶雲 2/49
李緯(字仲文)
(宋・宋州楚邱人)
[嘉靖]山東 30/49
[康熙]山東 40/47
[雍正]山東 28/人物二 39
[萬曆元年]兖州 40/武功 19
[萬曆二十四年]兖州 35/5
[康熙]兖州 27/4
[康熙]曹州志 15/47
[康熙]曹縣 12/16
[康熙]兖州府曹縣 12/16
[光緒]曹縣 12/14
李緯(字秋屏)
(清・歷城人)
[民國]續修歷城 41/22
李峮(字嶔山)
(清・樂安人)
[民國]續修廣饒 19/71
李㑽(字篔園,號海村)
(清・無棣人)
[民國]無棣 12/8,20/27
海豐縣鄉土志/耆舊－學問一
李勳(明・海陽人)
[光緒]增修登州 37/18
[康熙]黄縣 6/25
[光緒]海陽縣續志 5/14
李勳(明・萊蕪人)
[康熙]新修萊蕪 6/20
李勳(清・壽張人)
[康熙五十六年]壽張 7/29
[光緒]壽張 7/14
李勳(字龍湖)
(清・順天人)
[康熙]滋陽 4/上又 57
[光緒]滋陽 7/13
李縝(字伯玉)
(金・鉅野人)
[雍正]山東 35/墓碑 33
[乾隆]曹州府 21/51
[道光]鉅野 12/22,19/6
李壯(號螻菴)
(清・濟寧人)
[乾隆]濟寧直隸州 25/15
[道光]濟寧直隸州 8/3－8
李佐(明・萊陽人)
[民國]萊陽 3/1 中 23
李德立(字升齋)
(清・濟寧人)
[民國]濟寧直隸州續志 12/25
李德廉(字簡堂)
(清・淄川人)
[宣統]三續淄川 9/67
李付齊(明・蒙陰人)
[康熙十一年]蒙陰 2/52
李化京(清・陽信人)
[民國]陽信 5/方技 82
李化文(字覲光)
(清・齊河人)
[民國]齊河 26/29
李先文(字宜之)
(清・壽光人)
[康熙]壽光 26/7
[嘉慶]壽光 13/22
[民國]壽光 12/人物志二 91
李幼廉(南北朝・趙郡高邑人)
[嘉靖]青州 13/20
[萬曆]青州 12/12
[康熙十五年]青州 12/12
[康熙四十八年]青州 12/12
[康熙六十年]青州 12/7
[康熙六十年]博興 7/3
李德龍(清・聊城人)
[宣統]聊城 8/69
李化龍(字于田)
(明・北直長垣人)
[康熙]山東 31/18
[雍正]山東 27/16
[宣統]山東 70/5,70/30
[道光]濟南 35/41
[康熙]濟寧州 4/11
李化龍(明・北直大名人)
[康熙]濟南 24/26
[崇禎]歷乘 16/39
[崇禎]歷城 6/14
李化龍(字雷門)
(明・嶧縣人)
[康熙]兖州續編 15/10
[乾隆]兖州 23/46
[康熙]嶧縣 4/81
[乾隆]嶧縣 8/25
[光緒]嶧縣 21/鄉賢 69,21/宦績 10
李化龍(字禹門,號伏遠)
(清・齊東人)
[宣統]山東 170/16
[道光]濟南 56/19
[康熙]新修齊東續/21
[民國]齊東 5/16,5/126,6/71
齊東縣鄉土志/耆舊錄 14
李化龍(清・樂安人)
[雍正]樂安 12/24
[民國]樂安 10/21

[民國]續修廣饒 19/39
李德謙(清・泰安人)
[道光]泰安縣 9/上 86
[民國]重修泰安縣 8/40
李德麟(元)
[嘉靖]山東 26/16
[康熙]山東 33/19
[雍正]山東 27/92
[萬曆元年]兗州 38/循吏 39
[萬曆二十四年]兗州 28/17
[康熙]兗州 22/16
李德一(字懿齋)
(清・費縣人)
[光緒]費縣 11/51
李魁元(清・臨沂人)
[民國]臨沂 10/55
李贊元(字望石,一字公弼)
(清・海陽人)
[雍正]山東 28/人物四 25
[宣統]山東 176/3
[乾隆]續登州 10/6
[光緒]增修登州 39/34
[乾隆]海陽 6/14,7/13
[光緒]海陽縣續志 4/25,8/19,10/70
[民國]萊陽 3/1 中 30
李偉烈(字芳青)
(清・諸城人)
[道光]諸城縣續志 17/3
李德瑛(字青蓮)
(清・城武人)
[道光]城武 9/下 31
李待聘(字席珍)
(清・莘縣人)
[民國]莘縣 9/44
李德臻(清・汶上人)
[宣統]四續汶上稿/人物－耆德傳
李先現(字子敬,號聚斯)
(明・霑化人)
[光緒]霑化 10/3
[民國]霑化 2/75
李佐聖(字枚公)
(清・諸城人)
[咸豐]青州 46/26
[乾隆]諸城 34/1
李德聚(字敬齋)
(清・金鄉人)
[咸豐]金鄉縣志略 9/中列傳二 11
[民國]金鄉 13/21
李化鯨(號仁宇)
(清・城武人)
[康熙]曹州志 20/20
[乾隆]曹州府 22/26
[光緒]菏澤 20/21
李緒統(清・泰安人)
[道光]泰安縣 9/上 87
[民國]重修泰安縣 8/41
李仕衡(字天均,一作天鈞)
(宋・秦州成紀人)
[嘉靖]山東 25/6
[康熙]山東 31/7
[雍正]山東 27/74
[宣統]山東 68/25
[康熙]濟南 24/13
[嘉靖]青州 13/25
[萬曆]青州 12/19
[咸豐]青州 35/3
[乾隆]武定府 16/5
[咸豐]武定府 19/5
[光緒]益都縣圖志 16/25
[乾隆]惠民 5/12
[光緒]惠民 18/6
惠民縣鄉土志/政績錄 4
李魁先(字梅峯)
(清・平度人)
[民國]平度縣續志 8/9
李幼勳(字欽膺)
(清・壽光人)
[康熙]壽光 25/2
[嘉慶]壽光 13/2
[民國]壽光 12/人物志一 60
李德修(元)
[康熙]淄川 4/8
[乾隆]淄川 4/8
李魁忽(清・萊陽人)
[民國]萊陽 3/1 中 76
李仕魯(字宗孔)
(明・濮人)
[嘉靖]山東 31/28
[康熙]山東 41/22
[雍正]山東 28/人物三 1
[宣統]山東 164/27
[萬曆]東昌 19/47
[乾隆]曹州府 15/1
[萬曆]濮州 3/鄉賢 32
[康熙]濮州 3/61
[乾隆]濮州 3/62
[宣統]濮州 4/68
李德宋(字亮之)
(清・臨沂人)
[民國]續修臨沂 16/11
李德淳(清・長山人)
[嘉慶]長山 10/20
李德容(字敬齋)
(清・歷城人)
[宣統]山東 169/30
[道光]濟南 53/39
[民國]續修歷城 39/13
李德濬(字達泉)
(臨邑人)
[民國]續修臨邑 3/40
李德遠(清・汶上人)
[宣統]四續汶上稿/人物－忠烈傳
李化湛(清・金鄉人)
[乾隆]兗州 23/82
[乾隆]濟寧直隸州 27/29
[道光]濟寧直隸州 8/3－33
[康熙五十一年]金鄉 11/22
[乾隆]金鄉 18/71
[咸豐]金鄉縣志略 9/中列傳二 4
[民國]金鄉 14/3
金鄉縣鄉土志/耆舊錄上
李射斗(字龍光)
(清・諸城人)
[康熙六十年]青州 18/17
[咸豐]青州 47/4
[乾隆]諸城 41/4
李德清(字介石)
(清・博興人)
[民國]重修博興 13/40
李佐清(清・無棣人)
[咸豐]武定府 23/忠節 22
[民國]無棣 11/20
海豐縣鄉土志/耆舊－事

業四

李德澤(字潤生)
(清・臨邑人)
[民國]續修臨邑 3/41

李德潤(字儒泉)
(清・滋陽人)
[光緒]滋陽 9/17

李仕湄(清・新城人)
[宣統]新城縣後志 2/善行

李德洽(字霑亭)
(清・諸城人)
[道光]諸城縣續志 19/12

李德裕(字徽徵)
(清・惠民人)
[咸豐]武定府 25/孝友 34
[乾隆]惠民 5/56
[光緒]惠民 21/7
惠民縣鄉土志/耆舊錄 9

李德滋(字樹堂,號楓淇)
(清・掖縣人)
[嘉慶]續掖縣 3/16

李仕淦(字清源)
(清・新城人)
[宣統]新城縣後志 3/耆壽

李幼滋(字元樹)
(明・應城人)
[康熙]兗州府曹縣 9/3

李佑啟(清・高唐人)
[嘉慶]東昌 32/66
[道光]高唐州 5/2－20
[光緒]高唐州 5/2－23
[民國]高唐縣 12/40

李特遴(字林二,一作林一)
(清・無棣人)
[咸豐]武定府 25/孝友 40
[民國]無棣 13/10
海豐縣鄉土志/耆舊－事業五

李德志(字浚雲)
(清・淄川人)
[宣統]三續淄川 9/90

李魁奇(字冠時)
(清・高唐人)
[光緒]高唐州 5/2－35
[民國]高唐縣 12/43

李升吉(號慶宇)
(明・山西雁門人)
[宣統]山東 73/25
[光緒]增修登州 29/3
[康熙]棲霞 4/7,8/28
[乾隆]棲霞 5/28,5/30

李魁媛(清・寧陽人)
[民國]濰縣志稿 35/15

李德芳(字維馨)
(清・新泰人)
[乾隆]泰安府 18/53
[乾隆]新泰 16/4
新泰縣鄉土志/25

李德恭(字靜庵)
(清・鄒平人)
[民國]鄒平 15/113

李德基(清・直隸寶坻監生)
[光緒]增修登州 26/5
[光緒]蓬萊縣續志 6/文秩 5

李德基(字子筠)
(掖縣人)
[民國]高唐縣 9/5－15

李德林(字公輔)
(南北朝・博陵安平人)
[道光]濟南 46/35

李德林(字修齋)
(清・平度人)
[宣統]山東 177/15
[道光]重修平度州 19/5
[光緒]平度志要/人物
平度鄉土志 4 上/鄉賢

李德懋(字恕堂,號筠溪)
(清・歷城人)
[民國]續修歷城 44/20

李德懋(清・陽穀人)
[康熙十二年]陽穀 4/4
[康熙]陽穀 4/3
[光緒]陽穀 7/2
[民國]增修陽穀人物/孝義 3

李德薰(字陶軒,號郚南)
(清・鄆城人)
[光緒]鄆城 8/19

李魁英(字澤遠)
(清・菏澤人)
[光緒]新修菏澤 10/49

李綺蒼(號仙縹)
(清・掖縣人)
[民國]濰縣志稿 35/15

李偉英(清・滕縣人)
[道光]滕縣志 9/孝義 43

李先芳(字伯承)
(明・濮州人)
[康熙]山東 41/26
[雍正]山東 28/人物三 41
[宣統]山東 163/32
[乾隆]曹州府 15/18
[康熙]濮州 3/89,6/94
[康熙]濮州續志上/25
[乾隆]濮州 3/91,6/99,6/111
[宣統]濮州 4/97,8/99,8/135

李先芳(明・諸城人)
[萬曆]諸城 6/27

李先華(明・恩縣人)
[雍正]恩縣續志 3/18

李先華(字有實)
(明・沂州庠生)
[康熙]沂州志 6/12
[乾隆]沂州府 26/10

李緒恭(清・昌樂人)
[民國]昌樂縣續志 34/4

李先聲(字譽生)
(清・齊河人)
[民國]齊河 23/79

李先春(明・牟平人)
[同治]重修寧海州 21/3
[民國]牟平 7/82

李先素(字能白)
(清・陽信人)
[民國]陽信 5/文學 6

李化成(明・青城人)
[乾隆]青城 8/9
[民國]青城續修 4/人物 20

李仕昌(字壽亭)
(清・桓臺人)
[民國]桓臺志略 3/21
[民國]桓臺 3/30

李德明(字克齋)
(清・昌樂人)
[民國]昌樂縣續志 31/24

李德隆(清・博平人)
[道光]博平 4/20
李化熙(字五紘)
(清・長山人)
[康熙]山東 39/32
[雍正]山東 28/人物四 6
[宣統]山東 169/1
[康熙]濟南 34/11
[道光]濟南 55/1
[康熙四十三年]長山 5/仕業
[康熙五十五年]長山 6/9
[嘉慶]長山 7/14
長山縣鄉土志/耆舊錄
李幼輿(字琴舫)
(清・濟寧人)
[民國]濟寧直隸州續志 14/18
李佐賢(字仲敏,號竹朋)
(清・利津人)
[宣統]山東 171/44
[光緒]利津 7/文苑 2
李德全(清・益都人)
[光緒]益都縣圖志 40/7
李化普(清・臨朐人)
臨朐縣鄉土志 1/耆舊
李仕曾(字宗孔)
(明・濮州人)
[嘉靖]濮州 6/1
李緒曾(字蘭圃)
(清・高密人)
[光緒]高密 8/上 19
[民國]高密 14/上 18
高密縣鄉土志/上 23
李德錫(清・臨沂人)
[民國]續修臨沂 16/22
李德銘(字鑑齋)
(長清人)
[民國]重修商河 7/41
[民國]長清 12/11,13/31
李仕管(字笙甫)
(清・無棣人)
[民國]無棣 13/14
海豐縣鄉土志/耆舊－事業六
李先纂(字方于)
(明・濮州人)
[康熙]濮州 2/98
[乾隆]濮州 2/79
[宣統]濮州 3/58
李德恆(字聿修)
(清・壽張人)
[光緒]壽張 10/2
李德榮(清・商河人)
[民國]重修商河 9/16
李先榮(清・天津人)
[道光]濟南 38/28
[民國]齊東 3/62
25 李傳(清・無棣人)
[咸豐]武定府 26/義行 25
[民國]無棣 13/6
海豐縣鄉土志/耆舊－事業六
李純(漢)
[光緒]增修登州 38/2
李純(明・蒲城人)
[萬曆]濱州 3/20
[康熙]濱州 5/18
[咸豐]濱州 8/3
李純(明・浙江餘姚人)
[萬曆]青州 12 又/8
[康熙十五年]青州 12 又/8
[康熙四十八年]青州 12 又/8
[康熙]臨淄 8/9
[民國]臨淄 18/10
李純(清・平度人)
萊州府鄉土志/下 21
李純(字子潔)
(清・齊河人)
[民國]齊河 27/10
李純(字純一)
(清・武城人)
[乾隆]東昌 43/45
[乾隆]武城 10/31
李傳(字吉人,號鳳山)
(清・陝西華陰人)
[宣統]山東 74/30
李傑(本名務光)
(唐・相州滏陽人)
[雍正]山東 27/20
[宣統]山東 68/7
[道光]濟南 33/25
李傑(字國才)
(元・益都人)
[嘉靖]青州 14/24
[萬曆]青州 13/41
[康熙十五年]青州 13/41
[康熙四十八年]青州 13/事功 24
[康熙六十年]青州 16/12
[咸豐]青州 42/14
[康熙]益都 7/7
[光緒]益都縣圖志 34/9
李傑(字文英)
(明・高密人)
[康熙]高密 8/4
[乾隆]高密 8/上 10
[光緒]高密 8/上 12
[民國]高密 14/上 11
李傑(字國賢)
(明・諸城人)
[萬曆]青州 14/52
[康熙十五年]青州 14/52
[康熙四十八年]青州 14/儒行 9
[康熙六十年]青州 15/10
[咸豐]青州 44/20
[萬曆]諸城 6/24,7/18
[康熙]諸城 7/15
[乾隆]諸城 39/2
李傑(清・長清人)
[民國]長清 13/9
李傑(清・冠縣人)
[道光]冠縣 8/上 28
[光緒]冠縣 8/孝義
[民國]冠縣 8/人物志 33
李傑(字漢三)
(清・商河人)
[民國]重修商河 9/11
李倩(清・直隸曲周人)
[宣統]山東 75/18
[道光]濟南 38/28
[民國]齊東 3/62
李伸(明・東安人)
[萬曆]東昌 18/39
[乾隆]東昌 35/12
[嘉慶]東昌 22/16

李紳(字公垂,號雙堠)
(明·壽光人)
[嘉靖]青州 16/10
[萬曆]青州 15/48
[康熙十五年]青州 15/48
[康熙四十八年]青州 15/卓行 8
[康熙六十年]青州 18/16
[咸豐]青州 44/4
[康熙]壽光 26/2
[嘉慶]壽光 13/16
[民國]壽光 12/人物志一 46
李紳(明·東安人,見李伸)
李生(清·商河人)
[民國]重修商河 9/24
商河縣鄉土志 3/仙釋
李秩(明·孟津人)
[光緒]增修登州 27/2
[同治]黄縣 6/4
李甡麟(字丹書,號畏齋,號怡山)
(清·惠民人)
[乾隆]武定府 25/22,35/45
[咸豐]武定府 25/孝友 22,35/墓表 10
[乾隆]惠民 5/53,9/114,10/39
[光緒]惠民 21/4,27/23,29/30
惠民縣鄉土志/耆舊錄 8
李生麟(字赤紱,號蘭亭)
(清·濟陽人)
[民國]濟陽 11/39
[民國]齊東 5/14
李仲麟(字子麒)
(長清人)
[民國]長清 12/24
李傳玉(字藍珍)
(清·金鄉人)
[道光]濟寧直隸州 8/4-41
[咸豐]金鄉縣志略 9/中列傳二 12
[民國]金鄉 14/5
金鄉縣鄉土志/耆舊錄上
李純一(昌樂人)
[民國]昌樂縣續志 21/22
李純元(清·諸城人)
[光緒]增修諸城縣續志 16/15
李傳武(東阿人)
[民國]東阿 15/6
李仲璇(北魏·趙郡平棘人)
[嘉靖]山東 26/5
[康熙]山東 33/6
[宣統]山東 67/8
[萬曆二十四年]兗州 27/4
[康熙]兗州 21/18
[乾隆]兗州 22/7
李生香(明·樂安人)
[康熙]樂安縣續志上/貤封 1
李純仁(清·萊陽人)
[民國]萊陽 3/1 中 65
李純然(明·蒙陰人)
[康熙十一年]蒙陰 2/49
李傳德(東阿人)
[民國]東阿 15/12
李傳先(字紹亭)
(清·臨朐人)
臨朐縣鄉土志 1/耆舊
李仲傑(元)
[萬曆]寧津 5/15
[光緒]寧津 6/26
寧津縣志料 3/人物-名宦
李傳皋(字伯陶)
(臨沂人)
[民國]續修臨沂 16/23
李仲和(字環一,號菊田)
(清·昌樂人)
[民國]昌樂縣續志 31/8
李生之(字德生)
(清·長山人)
[康熙五十五年]長山 6/42
[嘉慶]長山 10/14
李仲通(字敏之)
(宋·濮州人)
[宣統]山東 162/31
李健培(字天行)
(清·霑化人)
[光緒]霑化 10/20
[民國]霑化 2/94
李傑士(清·章邱人)
[道光]章邱 11/81
李生楷(清·棲霞人)
[光緒]增修登州 43/22
[乾隆]棲霞 7/4
李純楠(清·萊陽人)
[民國]萊陽 3/1 中 68
李生材(清·榆林人)
[康熙]膠州 5/17
李生蕚(清·泰安人)
[民國]重修泰安縣 8/20
李生華(字子誠)
(明·德平人)
[道光]濟南 52/53
[乾隆]德平 3/12
[嘉慶]德平 7/13
[光緒]德平 7/24
德平縣鄉土志/耆舊錄
李繡林(字樸齋)
(清·東平人)
[光緒]東平州 15/下 40
[民國]東平縣 11/下 14
李仲芳(字秀之)
(宋·貝州人)
[雍正]山東 28/人物二 27
[萬曆]東昌 19/33
[乾隆]東昌 37/10
[嘉慶]東昌 27/8
[萬曆]恩縣 4/10
[宣統]重修恩縣 8/17
[民國]重修恩縣 11/鄉賢 14
恩縣鄉土志/18
李純忠(清·諸城人)
[光緒]增修諸城縣續志 16/17
李純忠(字信符)
(昌樂人)
[民國]昌樂縣續志 30/25
李生春(字震陽)
(明·無棣人)
[民國]無棣 12/1
李岫青(字江峯)
(清·臨朐人)
光緒臨朐 16/20
李傳煦(字和青)
(肥城人)
[民國]續修廣饒 17/10

[民國]單縣 6/宦蹟 30
李仲略(字簡之)
(金・澤州高平人)
[嘉靖]山東 25/7
[康熙]山東 31/9
[宣統]山東 69/1
[康熙]濟南 24/14
[道光]濟南 34/12
李仲驥(清・朝城人)
[民國]朝城縣續志 1/27
李仲賢(元・歷下人)
[萬曆]濮州 3/名宦 16
[嘉靖]朝城志 5/4
[康熙]朝城 7/4
李生煥(清・昌樂人)
[嘉慶]昌樂 30/1
26 李白(字太白)
(唐・隴西成紀人)
[崇禎]歷乘 16/60
[嘉靖]山東 34/2
[康熙]山東 48/1
[雍正]山東 31/13
[宣統]山東 200/2
[康熙]濟南 50/3
[道光]濟南 62/2
[弘治]泰安州 3/12
[乾隆]泰安府 18/69
[萬曆二十四年]兗州 34/9
[康熙]兗州 26/42
[乾隆]兗州 23/89
[乾隆]曹州府 16/14
[康熙]濟寧州 7/39,9/1
[乾隆]濟寧直隸州 28/10
[道光]濟寧直隸州 8/4-44
[崇禎]歷城 10/29
[天啟]新城 8/寓賢
[崇禎]新城 8/寓賢
[乾隆二十五年]泰安縣 12/35
[乾隆四十七年]泰安縣 10/上 35
[道光]泰安縣 9/上 91
[民國]重修泰安縣 8/53
[康熙]嶧縣 3/56
[乾隆]嶧縣 8/53
[光緒]嶧縣 21/流寓 10
[萬曆]汶上 6/19
[康熙]滋陽 4/上 55
[光緒]滋陽 9/54
[康熙]單縣 8/59
[乾隆]單縣 7/42
[民國]單縣 12/方技 2
[康熙]兗州府曹縣 14/73
[光緒]曹縣 14/游寓 1
[康熙]鄆城 5/37
[光緒]鄆城 5/41
李得(明)
[嘉靖]山東 25/25
[雍正]山東 27/83
[宣統]山東 71/36
[康熙]濟南 25/26
[乾隆]泰安府 15/1
[嘉靖]萊蕪 5/9
[康熙]新修萊蕪 5/23
[民國]萊蕪 9/3
[民國]續修萊蕪 15/4
李得(明・金鄉人)
[康熙十二年]金鄉 5/19
[康熙五十一年]金鄉 7/26
李崿(字雍巘)
(清・鉅野人)
[道光]鉅野 13/38
李皐(唐,見李臯)
李臯(號左川)
(明・壽光人)
[民國]壽光 12/人物志一 54
李臯(字鳴九)
(清・東平人)
[光緒]東平州 15/下 45
[民國]東平縣 11/下 17
東平州鄉土志上/耆舊錄 37
李臯(字子蘭)
(唐)
[嘉靖]山東 38/11
[雍正]山東 35/墓碑 21
[康熙]曹州志 17/13
[康熙]兗州府曹縣 17/2
[光緒]曹縣 17/藝文 2
[光緒]菏澤 17/13
李和(元・莒縣人)
[民國]重修莒志 52/8
李和(字雍熙)
(明・益都人)
[嘉靖]青州 16/9
[萬曆]青州 13/49
[康熙十五年]青州 13/49
[康熙四十八年]青州 13/事功 32
[咸豐]青州 44/15
[萬曆]益都 6/91
[康熙]益都 7/15
[光緒]益都縣圖志 35/6
李和(清・恩縣人)
[宣統]重修恩縣 8/48
[民國]重修恩縣 11/鄉賢 68
恩縣鄉土志/20
李絅(元,見李絅)
李緝(字繼明)
(明・餘干人)
[嘉靖]濮州 7/15
[萬曆]濮州 3/名宦 18
[康熙]濮州 3/17
[乾隆]濮州 3/17
[宣統]濮州 4/17
李稷(字孟豳)
(元・滕州人)
[嘉靖]山東 30/55
[康熙]山東 40/53
[雍正]山東 28/人物二 68
[宣統]山東 158/15
[萬曆元年]兗州 40/諫議 19
[萬曆二十四年]兗州 35/33
[康熙]兗州 27/30
[乾隆]兗州 23/34
[萬曆]滕志 7/30
[康熙]滕志 7/29
[康熙]滕縣志 7/26
[道光]滕縣志 7/23,12/藝文上 75
滕縣鄉土志/15
李侃(元・莘縣人)
[乾隆]東昌 37/30
[嘉慶]東昌 27/28
[正德]莘縣 6/6
[康熙十一年]莘縣 7/4
[康熙五十六年]莘縣 7/4
[光緒]莘縣 7/13
[民國]莘縣 7/7

莘縣鄉土志/鄉宦 17
李侃(明・高苑人)
[康熙]高苑 6/4
[乾隆]高苑 6/4
李侃(字相甫)
(清・堂邑人)
[康熙]堂邑 14/5
李鯤(字化鵬,號浩齋)
(清・濟寧人)
[道光]濟寧直隸州 8/4－17
李穆(宋・奉符人)
[乾隆二十五年]泰安縣 12/12
[乾隆四十七年]泰安縣 10/上 9
[道光]泰安縣 9/上 58
[民國]重修泰安縣 8/9
泰安縣鄉土志/耆舊 10
李穆(明・青城人)
[萬曆]青城 1/60
李穆(清・惠民人)
[乾隆]武定府 25/31
[咸豐]武定府 25/孝友 31
[乾隆]惠民 5/56
[光緒]惠民 21/7
惠民縣鄉土志/耆舊錄 9
李鱓(字宗楊,亦稱复堂,一作覆堂)
(清・揚州人)
[民國]臨淄 18/12
[道光]滕縣志 6/宦績 37
滕縣鄉土志/10
李偲(字子友)
(金・定州安喜人)
[雍正]山東 27/77
[宣統]山東 69/8
[萬曆二十四年]兖州 28/11
[康熙]兖州 22/11
[乾隆]沂州府 20/4
[民國]臨沂 7/68
李儼(明・陽穀人)
[民國]增修陽穀人物/仕宦 7
李繹(字縱之,一作從之)
(宋・京兆萬年人)
[雍正]山東 27/44
[宣統]山東 68/44
[乾隆]東昌 33/18
[嘉慶]東昌 20/30
[宣統]重修恩縣 6/46
[民國]重修恩縣 10/62
李繹(明・城武人)
[康熙九年]城武 3/52
[康熙四十一年]城武 5/上文學 2
[道光]城武 9/下 1
李縕(字仲淵)
(宋・濮州人)
[乾隆四十七年]泰安縣 8/25
[道光]泰安縣 10/2
[民國]重修泰安縣 6/57
李縕(字醇化)
(清・益都人)
[光緒]益都縣圖志 40/11
李伯豪(元・商河人)
[嘉靖]山東 27/8
[康熙]山東 35/8
[宣統]山東 161/24
[嘉靖]青州 13/36
[萬曆]青州 12/26
[咸豐]青州 35/22
[康熙]壽光 20/1
[民國]壽光 6/12
李自言(唐・濟陰人)
[萬曆二十四年]兖州 37/36
[康熙]兖州 28/77
[康熙]曹州志 20/17
[乾隆]曹州府 22/11
[光緒]菏澤 20/18
李伯平(字均也)
(清・永城人)
[光緒]曹縣 14/游寓 4
李得一(字景顏,號盈谷)
(清・博山人)
[民國]續修博山 12/62
李伯順(字遇鴻,號其愚)
(清・夏津人)
[民國]夏津續編 8/33
李伯貞(明・沛縣人)
[天啟]新泰 6/12
[順治]新泰 5/32
[乾隆]新泰 16/14
李自仁(字維公)
(清・惠民人)
[乾隆]武定府 26/22
[咸豐]武定府 26/義行 22
[乾隆]惠民 5/62
[光緒]惠民 22/4
惠民縣鄉土志/耆舊錄 14
李保山(清・高密人)
[光緒]高密 8/上補遺 4
[民國]高密 14/上 41
李伯川(字瀛海)
(清・寧海人)
[宣統]山東 176/48
[民國]牟平 7/95
李保和(字泰運)
(清・利津人)
[光緒]利津 8/孝友 6
李伯魚(唐・臨淄人)
[康熙六十年]青州 18/3
[咸豐]青州 40/6
[康熙]臨淄 9/17
[民國]臨淄 26/45
李伯徵(明・沛縣人)
[雍正]山東 31/16
李自牧(金・趙郡人)
[嘉靖]山東 27/12
[康熙]山東 36/2
[雍正]山東 27/64
[宣統]山東 69/12
[泰昌]登州 9/25
[順治]登州 11/11
[康熙]棲霞 4/3
李保之(字威公)
(清・濟南長山人)
[康熙五十六年]壽張 4/23
[光緒]壽張 5/26
李自良(唐・兖州泗水人)
[嘉靖]山東 30/40
[康熙]山東 40/40
[雍正]山東 28/人物二 11
[宣統]山東 156/9
[萬曆元年]兖州 40/武功 16
[萬曆二十四年]兖州 34/7
[康熙]兖州 26/40
[乾隆]兖州 23/25

［萬曆］泗水 6/6
［順治］泗水 6/6
［光緒］泗水 15/藝文三 8
李保祥（字虎臣）
（清）
［宣統］三續淄川 9/45
李自遂（清・蒲圻人）
［光緒］增修登州 37/22
［光緒］海陽縣續志 2/14
李伯越（字邁千）
（清・壽張人）
［光緒］壽張 7/20
李自博（字廣遠）
（清・陽信人）
［民國］陽信 5/任恤 30
李伯華（字新來）
（明・掖縣人）
［乾隆］掖縣 3/45
李伯華（字軼千）
（清・壽光人）
［民國］壽光 12/人物志二 25
李得芳（見李德芳）
李自芳（明・嘉善人）
［隆慶］單縣上/重 36
李自華（明・福山人）
［康熙］福山 8/22
［乾隆］福山 8/35
李自茂（明・直隸薊州人）
［萬曆］福山 4/28
李保中（字育德）
（清・夏津人）
［民國］夏津續編 8/29
李伯忠（以字行，號筠坨）
（清・日照人）
［光緒］日照 8/41
李得春（明・虞城人）
［順治］定陶 4/8
李自振（清・直隸南和貢生）
［康熙］新城 5/12
［民國］重修新城 11/1
李保成（鄒縣人）
［民國］續修鄒縣志稿/人物－耆舊附忠烈
李保昌（陽穀人）
［民國］增修陽穀人物/仕宦 24
李得眾（清・城武人）
［道光］城武 9/上 30
李伯臣（字柱星）
（清・沛郡人）
［康熙］兗州續編 16/27
［康熙］曹縣 11/5
［康熙］兗州府曹縣 14/14
［光緒］曹縣 14/人物 11
李伯驥（字幼龍）
（臨清人）
［民國］臨清縣/人物 77
李得賢（明・莘縣人）
［正德］莘縣 6/28
李伯善（元・河南人）
［光緒］益都縣圖志 28/8
27 李甸（清・蒙陰人）
［宣統］蒙陰 4/武功
李侗（字愿中）
（宋・南劍州劍浦人）
［雍正］山東 11/闕里二 28
［乾隆］兗州 7/41
李侗（字子愿）
（清・安邱人）
［民國］續安邱新志 18/7
李峒（字雲谷）
（清・諸城人）
［道光］諸城縣續志 19/9
李綱（字伯紀）
（宋・邵武人）
［萬曆二十四年］兗州 28/10
［康熙］兗州 22/10
［乾隆］曹州府 12/11
［隆慶］單縣上/31
［康熙］單縣 6/8
［乾隆］單縣 4/54
［民國］單縣 6/宦蹟 13
李綱（元・濟南人）
［嘉靖］山東 26/16
［康熙］山東 33/19
李綱（字大振）
（明・長清人）
［雍正］山東 28/人物三 13
［宣統］山東 160/17
李綱（字廷張）
（明・長清人）
［嘉靖］山東 29/24
［康熙］山東 39/23
［宣統］山東 159/10
［道光］濟南 52/17
［康熙］長清 9/54
［道光］長清 11/6
李綱（明・膠州人）
［嘉靖］山東 33/11
［康熙］山東 44/9
［萬曆］萊州 5/98
［康熙］萊州 10/26
［乾隆］萊州 10/13
［康熙］膠州 5/23
［乾隆］膠州 4/29
［道光］重修膠州 25/4
［民國］增修膠志 40/4
李綱（明・同州舉人）
［萬曆］商河 5/23
［道光］商河 5/28
［民國］重修商河 6/67
商河縣鄉土志 1/政績
李塈（字學海）
（牟平人）
［民國］牟平 7/97
李鵠（字鴻飛）
（清・諸城人）
［咸豐］青州 49/20
［道光］諸城縣續志 15/6
諸城縣鄉土志/上 37
李紀（明・陝西興平人）
［光緒］增修登州 32/2
［嘉靖］寧海州下/17
［同治］重修寧海州 12/10
李解（漢・苦縣人）
［雍正］山東 31/12
［萬曆］青州 15/58
［康熙十五年］青州 15/又 58
［康熙四十八年］青州 15/僑寓 5
［康熙六十年］青州 20/16
［萬曆］諸城 7/47
［康熙］諸城 7/84
李絅（字文惠，一作文晦）
（元・濟南人）
［雍正］山東 28/人物二 64
［宣統］山東 161/23
［道光］濟南 48/43

[萬曆元年]兗州 38/循吏 40
[萬曆二十四年]兗州 28/17
[康熙]兗州 22/17
[乾隆]兗州 22/15
[康熙]濟寧州 4/46
[乾隆]濟寧直隸州 21/21
[道光]濟寧直隸州 6/6－15
濟寧州鄉土志 1/政績
[崇禎]歷乘 16/15,16/61
[崇禎]歷城 10/11
[乾隆]歷城 36/28
[康熙]魚臺 15/9
李絅(清・諸城人)
[光緒]增修諸城縣續志 16/15
李綱(元,見李絅)
李綱(明・同州人)
[萬曆]濮州 3/名宦 32
[道光]觀城 6/22
李魯(字得之,號石鶴)
(清・無棣人)
[民國]無棣 12/8,20/26
海豐縣鄉土志/耆舊－學問一
李嵋(字青六)
(清・蓬萊人)
[道光]重修蓬萊 9/14
[民國]蓬萊縣志合編人物志/忠勇
李名(明・新城人)
[宣統]新城縣後志 3/孝友
[民國]重修新城 15/8
李佩(字斑麓)
(清・章邱人)
[道光]濟南 61/6
[乾隆]章邱 9/47
[道光]章邱 11/74
李倗(字良輔)
(清・歷城人)
[道光]濟南 53/21
[乾隆]歷城 38/25
李紹(明・長清人)
[道光]長清 11/25
李紹(明・霸州人)
[嘉靖]朝城志 5/13
李繩(明・曹縣人)
[康熙]曹縣 11/33
[康熙]兗州府曹縣 11/33
李倜(唐)
[萬曆二十四年]兗州 9/27
[康熙]兗州 10/27
李倜(字仲恂,號閒人)
(清・歷城人)
[民國]續修歷城 41/23
李象(字孟則)
(北魏・渤海蓨人)
[光緒]益都縣圖志 15/17
李修(字思祖)
(南北朝・陽平館陶人)
[嘉靖]山東 33/27
[康熙]山東 49/2
[宣統]山東 168/7
[萬曆]東昌 22/12
[乾隆]東昌 44/14
[嘉慶]東昌 34/12
[萬曆]冠縣 4/40
李脩(見李修)
李仰(明・曲沃人)
[康熙五十六年]壽張 4/7
李約(明・堂邑人)
[順治]堂邑 2/人物 2
李魯彥(字滄許)
(明・霑化人)
[光緒]霑化 8/3
[民國]霑化 2/31
李佩章(東平人)
[民國]東平縣 11/上 26
李紹亨(字次元)
(清・齊東人)
[民國]齊東 5/42
齊東縣鄉土志/耆舊錄 18
李紹膺(字楷元)
(清・金鄉人)
[民國]金鄉 13/續增 13
李魯望(字周許)
(明・霑化人)
[光緒]霑化 9/1
[民國]霑化 2/53
李佩麟(字伊卿)
(清・陽穀人)
[民國]增修陽穀人物/仕宦 22
李佩璽(字信之,號鑄村)
(清・陽信人)
[民國]陽信 5/文學 27
李佩璋(字玉甫)
(清・陽信人)
[民國]陽信 5/孝友 63
李象晉(字筠青)
(齊河人)
[民國]齊河 23/83
李伊晉(號退亭)
(清・鉅野人)
[道光]鉅野 13/40
李佩瑗(清・高密人)
[民國]高密 14/上 50
李仰聖(清・莘縣人)
[嘉慶]東昌 32/62
[光緒]莘縣 7/28
[民國]莘縣 7/15
莘縣鄉土志/事業 26
李魯儒(字祖尼)
(明・安丘人)
[咸豐]青州 45/63
[康熙]續安丘 23/37
安丘縣鄉土志 5/耆舊錄 2
李名儒(字杏林)
(清・安邱人)
[民國]續安邱新志 21/7
李叔虎(北魏・渤海蓨人)
[宣統]山東 67/7
李修行(字子乾)
(清・陽信人)
[乾隆]武定府 25/59
[咸豐]武定府 25/文苑 19
[乾隆]陽信 7/23
[民國]陽信 5/文學 9
信邑志稿 7/文苑
陽信縣鄉土志上/耆舊－學問
李紀崑(清・諸城人)
[光緒]增修諸城縣續志 17/18
李佩鸞(字在輿)
(清・惠民人)
[咸豐]武定府 25/孝友 38
[光緒]惠民 21/8
惠民縣鄉土志/耆舊錄 10

李紹先（清・菏澤人）
［光緒］菏澤 20/15
李叔佐（唐）
［光緒］益都縣圖志 16/14
李修德（字懿公）
（清・長清人）
［道光］濟南 56/51
［道光］長清 12/12
李魚化（明・臨邑人）
［萬曆］青州 12 又/又 14
［康熙十五年］青州 12 又/又 14
［康熙四十八年］青州 12 又/又 14
［萬曆］諸城 4/38
［乾隆］諸城 28/10
李魯生（字尊尼，號雲許）
（清・霑化人）
［萬曆］新修霑化 5/94
［民國］霑化 2/53
李奧魯赤（元）
［道光］濟寧直隸州 6/6－17
李名宦（明・濮州人）
［萬曆］濮州 4/貨殖 5
［康熙］濮州 4/71
［乾隆］濮州 4/111
［宣統］濮州 6/61
李紹富（字以鄰）
（清・湖南善化人）
［光緒］壽張 5/8
李紹宗（字會昌）
（清・鄒平人）
［民國］鄒平 15/113
李仔宏（金）
［康熙］濟南 25/16
［道光］濟南 34/16
［萬曆］章丘 21/69
［康熙］章丘 4/24
［乾隆］章邱 7/3
［道光］章邱 9/3
章邱縣鄉土志/上 8
李磐濱（字介湖）
（清・汶上人）
［宣統］四續汶上稿/人物－藝術傳
李象溥（字湘帆）
（清・長沙進士）
［光緒］增修登州 34/2
［道光］榮成 6/27
李色潤（清・臨清人）
［乾隆］東昌 43/19
［乾隆］臨清州 9/54
［民國］臨清縣/人物 54
李紹洛（清・棲霞人）
［光緒］增修登州 40/19
李魯杰（字漢許）
（明・霑化人）
［光緒］霑化 10/23
［民國］霑化 3/1
李魯士（字溟許）
（明・霑化人）
［光緒］霑化 7/12
［民國］霑化 2/6
李佩九（清・高密人）
［光緒］高密 8/上 40
［民國］高密 14/上 43
李叔布（晉）
［萬曆］青州 15/12
［康熙十五年］青州 15/12
［康熙四十八年］青州 15/文學 12
李向梧（清・滕縣人）
［民國］續滕縣志 2/17
李奂若（字躬禔）
（清・曹縣人）
［光緒］曹縣 14/忠義 4
李象萃（字奎五）
（清・德平人）
［民國］德平縣續志 6/4
李組基（清・鄒平人）
［民國］鄒平 15/143
李向春（清・朝城人）
［民國］朝城縣續志 1/36
李甸長（字禹峰，號竹農）
（清・博山人）
［民國］續修博山 9/10，12/52
李象辰（清・濟寧人）
［民國］濟寧直隸州續志 14/35
李紹聞（清・海陽人）
［光緒］增修登州 41/77
李魯年（清・日照人）
［乾隆］昌邑 5/121
李名第（字魁廷）
（清・濰縣人）
［民國］濰縣志稿 31/20
李伊堂（清・鉅野人）
［民國］續修鉅野 5/上 25
李象恒（字久也）
（清・博平人）
［光緒］博平縣續志 10/58
李組榮（字子華）
（清・齊東人）
［民國］齊東 5/27
28 **李復**（元）
［康熙］嶧縣 3/21
［乾隆］嶧縣 7/30
［光緒］嶧縣 19/95
李復（明・陽穀人）
［民國］增修陽穀人物/仕宦 9，人物/文苑 1
李徽（清・陵縣人）
［光緒］陵縣 19/人物傳二 18
李儉（清・淄川人）
［宣統］三續淄川 9/99
李倫（唐・趙郡人）
［萬曆］東昌 18/17
［萬曆］濮州 3/名宦 11
［康熙］濮州 3/11
［乾隆］濮州 3/11
［宣統］濮州 4/11
李倫（清・德平人）
［光緒］德平 7/21
李綸（字經五）
（清・益都人）
［光緒］益都縣圖志 39/14
李佺（清・安徽懷遠人）
［宣統］山東 75/30
［道光］濟南 38/38
［道光］長清 4/2
李稌（字豐多）
（清・嶧縣人）
［光緒］嶧縣 21/耆舊 15
李鮮（明・武定人）
［康熙］濟南 47/16
［乾隆］武定府 26/5
［咸豐］武定府 26/義行 5
［光緒］惠民 23/8

惠民縣鄉土志/耆舊錄 20
李巇(字方山)
(清・諸城人)
[道光]諸城縣續志 15/8
李從章(字存孺,號于壎)
(清・利津人)
[乾隆]武定府 26/19
[咸豐]武定府 26/義行 19
[乾隆]利津縣志續編 8/44
[光緒]利津 8/義行 1
李徵育(字萬涵,號南野)
(清・金鄉人)
[道光]濟南 38/48
[康熙五十一年]金鄉 11/22
[乾隆]金鄉 18/72
[民國]金鄉 13/16
[民國]續修平原 5/15
李復新(明・棲霞人)
[乾隆]棲霞 6/1
李復新(字養文)
(清・堂邑人)
堂邑縣鄉土志/耆舊錄
李作謀(清・恩縣人)
[宣統]重修恩縣 8/32
[民國]重修恩縣 11/鄉賢 33
恩縣鄉土志/22
李復望(清・諸城人)
[光緒]增修諸城縣續志 16/18
李倫望(清・黃縣人)
[光緒]增修登州 43/13
[同治]黃縣 8/17
[民國]黃縣志稿 13/清懿行
李以謙(字德光,一字從吉,號春臺)
(明・魚臺人)
[康熙]山東 40/61
[康熙]魚臺 17/43
[乾隆]魚臺 11/13
[光緒]魚臺 3/7
李作貢(清・平度人)
[道光]重修平度州 19/27
李作霖(濟寧人)
[民國]濟寧縣 3/5
李儀廷(字韶亭)
(清・淄川人)
[宣統]三續淄川 9/60
李作功(清・平度人)
[光緒]平度志要/人物
[民國]平度縣續志 7/28
李從政(明・堂邑人)
[順治]堂邑 2/人物 25
[康熙十一年]堂邑 2/選舉 33
李徵熊(字渭占)
(清・德州人)
[道光]濟南 56/70
李佺德(字仙洲)
(清・膠州人)
[民國]膠澳志 10/13
李儀伯(元・汴人)
[嘉靖]山東 25/24
[康熙]山東 32/13
[雍正]山東 27/25
[康熙]濟南 25/23
[嘉靖]章丘 3/4
[萬曆]章丘 21/70
[康熙]章丘 4/24
[乾隆]章邱 7/3
李作舟(字用汝,號晴麓)
(清・金鄉人)
[康熙五十一年]金鄉 11/19
[乾隆]金鄉 18/69
[咸豐]金鄉縣志略 9/中列傳二 4
[民國]金鄉 13/16
李從儉(明・華州人)
[乾隆]掖縣 3/36
李徵儀(號涵初)
(明・廣德州人)
[康熙]曹州志 17/81,17/83
李從宜(字宗賢)
(明・長垣人)
[崇禎]歷城 6/3
李作賓(字磻溪)
(清・魚臺人)
[光緒]魚臺 3/耆碩又 2
李作賓(字世卿)
(霑化人)
[民國]霑化卷首/13
李作禎(字幹材)
(清・陽穀人)
[光緒]陽穀 7/4
李以黻(明・吳會人)
[崇禎]歷乘 16/65
李以禮(字立齋)
(清・金鄉人)
[乾隆]金鄉 18/79
[咸豐]金鄉縣志略 9/中列傳二 5
[民國]金鄉 13/16
金鄉縣鄉土志/耆舊錄上
李作士(字少山)
(清・惠民人)
[宣統]山東 171/46
[光緒]惠民 19/20
惠民縣鄉土志/耆舊錄 33
李作乂(明・河南盧氏人)
[宣統]山東 71/17
[道光]濟南 36/40
[乾隆]濟陽 6/32
[民國]濟陽 9/38
李作柱(字夢礎)
(清・霑化人)
[光緒]霑化 10/25
[民國]霑化 3/3
李作楨(字藩周)
(清・日照人)
[光緒]日照 8/26
李從樸(字衷一)
(明・諸城人)
[咸豐]青州 45/50
[乾隆]諸城 37/3
諸城縣鄉土志/上 19
李似蘭(字敬甫)
(清・金鄉人)
[道光]濟寧直隸州 8/4-41
[咸豐]金鄉縣志略 9/中列傳二 12
[民國]金鄉 14/3
李以菁(字子莪,一字子峩)
(清・貴筑舉人)
[民國]無棣 9/6
莘縣鄉土志/政績 9
李以莊(字肅我)
(清・濟寧人)
[康熙]濟寧州 7/32
[乾隆]濟寧直隸州 27/7

[道光]濟寧直隸州 8/4－32
李作株(字茂三)
(清・陽信人)
[民國]陽信 5/孝友 58
李復起(清・陽穀人)
[康熙]陽穀 3/30
[光緒]陽穀 6/33
李作桐(字虞音)
(清・霑化人)
[光緒]霑化 10/27
[民國]霑化 3/5
李從教(清・齊河人)
[道光]濟南 56/5
[康熙]齊河 7/9
[雍正]齊河 8/11
[民國]齊河 26/2
李復泰(明・定陶人)
[順治]定陶 6/10
李徵事(元・交河人)
[嘉靖]山東 26/27
[雍正]山東 27/92
[宣統]山東 69/31
[乾隆]曹州府 12/13
[嘉靖]濮州 7/14,10/17
[萬曆]濮州 3/名宦 16,6/24
[康熙]觀城 3/19
[道光]觀城 6/1,6/4
觀城縣鄉土志/政績
李徵泰(字晦修)
(清・長山人)
[道光]濟南 55/8
[康熙四十三年]長山 5/仕業
[康熙五十五年]長山 6/11
[嘉慶]長山 7/17
李作肅(清・濮州人)
[宣統]濮州 5/21
李作哲(字似君)
(清・壽光人)
[嘉慶]壽光 14/14
[民國]壽光 12/人物志二 13
李作哲(字源溟)
(清・諸城人)
[道光]諸城縣續志 16/7
李以成(清・滕縣人)
[道光]滕縣志 9/孝義 43
李倫圃(清・黃縣人)
[光緒]增修登州 43/13
李以易(號希九)
(清・濟寧人)
[乾隆]濟寧直隸州 25/2
[道光]濟寧直隸州 8/3－2
李作則(清・諸城人)
[光緒]增修諸城縣續志 16/32
李作臣(清・昌樂人)
[民國]昌樂縣續志 30/20
李從質(明・任邱人)
[光緒]三續掖縣 4/3
李復興(字映斗,一作瑩斗)
(清・濱州人)
[雍正]山東 28/人物四 34
[宣統]山東 171/30
[乾隆]武定府 24/31
[咸豐]武定府 24/循良 21
[康熙]濱州 7/11
[咸豐]濱州 10/10
濱州鄉土志/耆舊錄
李徵臨(字鳳洲)
(清・德州人)
[宣統]山東 169/5
李從善(字景初)
(元・燕人)
[嘉靖]寧海州下/13
李徽猷(明・臨邑人)
[康熙]濟南 40/12
[道光]濟南 52/15
[順治]臨邑 12/14
[康熙]重修臨邑 10/13
[道光]臨邑 9/5
[同治]臨邑 9/循異 5
李從節(清・城武人)
[康熙九年]城武 5/6
[康熙四十一年]城武 5/上懿行 7
[道光]城武 9/下 12
29 **李嶙**(字峻峰)
(清・菏澤人)
[光緒]菏澤 16/14
[光緒]新修菏澤 11/72
李倓(字存雅)
(清・高唐人)
[道光]高唐州 5/1－45
[光緒]高唐州 5/1－47
[民國]高唐縣 12/13
李倓(字泌亭,號鶴溪)
(清・聊城人)
[宣統]聊城 8/41
30 **李安**(明・臨朐人)
[嘉靖]臨朐 3/11
李寶(宋・乘氏人)
[康熙]曹州志 15/51
[光緒]菏澤 15/47
[光緒]新修菏澤 10/12
李寶(字魯峰)
(明・博山人,一作益都人)
[康熙]山東 46/6
[康熙]益都 9/45
[乾隆]博山志稿/18
[民國]續修博山 12/36
李寶(明・歷城人)
[道光]濟南 49/26
[乾隆]歷城 25/10
李寶(號儒溪)
(明・歷城人)
[道光]濟南 49/37
[乾隆]歷城 37/43
李寶(明・武清人)
[康熙]濟南 25/46
[乾隆]武定府 16/39
[咸豐]武定府 19/利津 4
[康熙]利津縣新志 7/4
李寶(清)
[康熙六十年]青州 16/48
李賓(字敬之)
(明・四川人)
[道光]濟寧直隸州 6/6－28
李寵(清・諸城人)
[光緒]增修諸城縣續志 14/9
李淳(明・聊城人)
[乾隆]東昌 38/1
[嘉慶]東昌 28/1
[康熙]聊城 3/11
[宣統]聊城 8/5
李淳(字景清,號綠原)
(明・章丘人)

［康熙］濟南 45/3
［道光］濟南 49/62
［萬曆］章丘 24/32
［康熙］章丘 6/25
［乾隆］章邱 9/19
［道光］章邱 10/43，14/85
章邱縣鄉土志/上 25
李淳（字朴石）
（清・平度人）
［宣統］山東 177/26
［乾隆］萊州 11/孝義 9，14/28
［道光］重修平度州 19/15
平度鄉土志 4 上/鄉賢
李淳（清・吳縣人）
［康熙］東平州續志 4/3
李淳（字清臣）
（清・陽信人）
［民國］陽信 5/篤行 34
李定（宋・濟南人）
［道光］濟南 47/30
［乾隆］歷城 35/30
李定（字資深）
（宋・揚州人）
［光緒］益都縣圖志 16/33
李官（字公銓）
（明・堂邑人）
［乾隆］東昌 42/11
［嘉慶］東昌 32/11
堂邑縣鄉土志/耆舊錄
李濠（字知之）
（清・東阿人）
［道光］東阿 14/人物下 6
［光緒］東阿縣鄉土志 4/22
李宏（明・分宜人）
［光緒］文登 5/34
李宏（明・臨朐人）
［嘉靖］臨朐 3/13
李宏（字濟夫，一字用茲，號湛亭）
（清・漢軍正藍旗人）
［宣統］山東 74/7
［道光］濟寧直隸州 6/7－59
李淮（明・金鄉人）
［康熙十二年］金鄉 5/13
［康熙五十一年］金鄉 5/6
李進（元・歷山人）
［萬曆］寧津 5/15
［光緒］寧津 6/26
寧津縣志料 3/人物－名宦
李進（元・章邱人）
［道光］濟南 48/16
［道光］章邱 11/24
李扃（字寶鼎）
（南北朝・北海人）
［雍正］山東 28/人物一 59
李寬（字彥才）
（元・楚丘人）
［康熙］曹縣 12/24
［康熙］兗州府曹縣 12/24
［光緒］曹縣 12/22
［順治］定陶 5/5
［乾隆］定陶 4/17
［民國］定陶 4/23
李濂（明・長汀人）
［萬曆］青州 12 又/9
［康熙十五年］青州 12 又/9
［康熙四十八年］青州 12 又/9
［康熙］臨淄 8/10
［民國］臨淄 18/10
李濂（字舫齋）
（清・單縣人）
［民國］單縣 10/4
李濂（字源洙）
（清・濟寧人）
［宣統］山東 172/39
［乾隆］濟寧直隸州 25/23
［道光］濟寧直隸州 8/3－12
李良（字遂伯）
（明・長清人）
［康熙］濟南 35/13
［道光］濟南 52/19
［康熙］長清 9/55
［道光］長清 11/8
李良（明・山東人）
［宣統］山東 161/37
李密（隋・京兆長安人）
［萬曆］齊東 16/1
李容（字南宮）
（清・益都人）
［光緒］益都縣圖志 39/14
李實（元・高苑人）
［康熙］高苑 5/11
李實（明・博山人）
［乾隆］博山 7/下 7
李實（明・陽穀人）
［光緒］陽穀 9/6
［民國］增修陽穀人物/仕宦 11
李實（清・諸城人）
［光緒］增修諸城縣續志 14/11
李宋（字承殷）
（明・陳留人）
［嘉慶］慶雲 7/27
［咸豐］慶雲 2/24
［民國三年］慶雲 1/84
李汶（字宗來，號東溪）
（清・金鄉人）
［道光］濟寧直隸州 8/4－27
［咸豐］金鄉縣志略 9/中列傳二 8
［民國］金鄉 13/18
金鄉縣鄉土志/耆舊錄上
李憲（字循古）
（明・臨清人）
［康熙］臨清州 3/人物 7
［乾隆］臨清州 9/22
［乾隆］臨清直隸州 8/上 7
［民國］臨清縣/人物 4
李憲（明・青城人）
［萬曆］青城 1/60
李憲（字朝綱）
（明・修武人）
［萬曆］濮州 3/名宦 30
李憲（明・鄒縣人）
［嘉靖］鄒縣地理誌 1/又 25
李憲（字肅旃）
（清・陵縣人）
［光緒］陵縣 19/人物傳二 3
陵縣鄉土志/19
李憲（字聖時）
（清・寧津人）
［光緒］寧津 8/49
李憲（字王春）
（清・淄川人）
［道光］濟南 54/64
［康熙］淄川 5/7

［乾隆］淄川 5/7,6/上 92
李瀛（明・直隸薊州人）
［光緒］增修登州 37/10
［萬曆］福山 4/28
［康熙］福山 7/43
［乾隆］福山 7/52
李永（明・宿州人）
［同治］重修寧海州 15/4
［民國］牟平 6/75
李永（清・莒縣人）
［乾隆］沂州府 26/15
［雍正］莒州 9/35
李宥（字仲嚴）
（宋・益都人）
［嘉靖］山東 32/17
［康熙］山東 42/17
［嘉靖］青州 14/22
［萬曆］青州 13/40
［康熙十五年］青州 13/40
［康熙四十八年］青州 13/事功 23
［康熙六十年］青州 16/11
［康熙］益都 7/6
［光緒］益都縣圖志 33/1
李宗（漢）
［咸豐］青州 53/1
李宗（字紹榮）
（明・諸城人）
［萬曆］諸城 6/13
李宗（字式旃）
（清・陵縣人）
［光緒］陵縣 19/人物傳二 3
李寶裔（字監榆）
（清・惠民人）
［咸豐］武定府 25/文苑 26
［光緒］惠民 23/14
惠民縣鄉土志/耆舊錄 22
李進文（清・惠民人）
［光緒］惠民 21/16
惠民縣鄉土志/耆舊錄 13
李守文（字含章）
（清・臨邑人）
［民國］續修臨邑 3/40
李守章（字憲堂）
（清・金鄉人）
［民國］濟寧直隸州續志 14/33
［民國］金鄉 14/21
李憲唐（字華峰）
（利津人）
［民國］利津縣續志 7/義行 3
李憲章（清・鄆城人）
［光緒］鄆城 5/30
李永康（字翠石）
（清・淄川人）
［乾隆］淄川 6/上 83
李永廕（清・金鄉人）
金鄉縣鄉土志/耆舊錄上
李之庚（明・真定人）
［康熙］兗州續編 14/5
［康熙四十一年］寧陽 3/19
［乾隆］寧陽 3/9
［咸豐］寧陽 11/12
［光緒］寧陽 11/12
寧陽縣鄉土志/9
李之雍（字硯泉，號蓮舟）
（清・膠州人）
［民國］增修膠志 42/24
膠州直隸州鄉土志 4/文學
李之庚（明・北直真定人）
［宣統］山東 72/5
［乾隆］兗州 22/23
李宗慶（臨沂人）
［民國］續修臨沂 17/33
李永新（字名遠）
（清・膠州人）
［乾隆］膠州 5/38
［道光］重修膠州 30/4
［民國］增修膠志 47/4
李守誠（清・肥城人）
［嘉慶］肥城 17/22
［光緒］肥城 9/3
肥城縣鄉土志 5/20
李之毅（字衷乾）
（清・朝城人）
［康熙］朝城 8/24
李宗説（清・臨沂人）
［乾隆］沂州府 27/7
［民國］臨沂 10/61
李容麟（字受書）
（清・惠民人）
［乾隆］武定府 25/55
［咸豐］武定府 25/文苑 15
［乾隆］惠民 6/11
［光緒］惠民 23/9
惠民縣鄉土志/耆舊錄 21
李宜麟（字繡書）
（清・惠民人）
［乾隆］武定府 23/36
［咸豐］武定府 23/名臣 36
［乾隆］惠民 5/40
［光緒］惠民 19/16
惠民縣鄉土志/耆舊錄 31
李之麟（字玉書）
（清・章邱人）
［道光］濟南 54/22
［道光］章邱 11/60
李宏霄（字澄菴）
（清・鄆城人）
［康熙］鄆城 6/21
［光緒］鄆城 8/10
李宏霆（字澍庵）
（清・鄆城人）
［康熙］鄆城 6/21
［光緒］鄆城 8/10
李守正（字一之）
（明・禹城人）
［康熙］山東 39/25
［雍正］山東 28/人物三 24
［宣統］山東 162/36
［康熙］濟南 44/15
［道光］濟南 52/4
［康熙］禹城 5/14
［嘉慶］禹城 9/4
［民國］禹城 6/3
禹城縣鄉土志/11
李守正（字貞菴）
（清・陽穀人）
［民國］增修陽穀人物/仕宦 19,人物/師道 22
李憲噩（字懷民，號石桐）
（清・高密人）
［宣統］山東 177/35
［光緒］高密 8/上 55
［民國］高密 14/上 65
高密縣鄉土志/上 45
李永平（清・汶上人）

［宣統］四續汶上稿/人物
－施濟傳
李之珂（清・歷城歲貢）
［道光］冠縣 6/32
［民國］冠縣 6/43
李之碩（字鴻乙）
（明・無棣人）
［乾隆］武定府 26/25
［咸豐］武定府 26/隱逸 3
［民國］無棣 13/25
海豐縣鄉土志/耆舊－學問一
李官瑞（清・商河人）
［民國］重修商河 11/39
李進登（清・章邱人）
［道光］濟南 54/16
［乾隆］章邱 9/33
［道光］章邱 10/32
李瀛瑞（清・萊陽人）
［民國］萊陽 3/1 中 46
李永瑞（清・平度人）
［民國］平度縣續志 7/27
平度鄉土志 4 上/鄉賢
李之璠（清・鉅野人）
［道光］鉅野 17/70
李宗孔（號小菴）
（明・樂陵人）
［乾隆］樂陵 6/35
樂陵縣鄉土志 3/26
李宗延（號崧毓）
（明・汶寧人）
［宣統］山東 71/28
［康熙］濟南 25/62
［道光］濟南 36/49
［康熙］長清 8/46
［道光］長清 3/12
李宗武（字克誠）
（元・洛陽人）
［宣統］山東 69/28
［乾隆］濟寧直隸州 21/18
［道光］濟寧直隸州 6/6－15
李寶琳（清・新城人）
［宣統］新城縣後志 3/耆壽
李進瑋（明・萊蕪人）
［民國］續修萊蕪 27/5
李寶琛（原名毓琛，字琳卿，
又字蔗園）
（清・濟寧人）
［民國］濟寧縣 3/12
李家鼒（濟寧人）
［民國］濟寧縣 3/6
李寶玲（清・平度人）
［民國］平度縣續志 7/32
李完珍（明・山東人）
［宣統］山東 164/49
李容重（明・棗強人）
［萬曆］泗水 4/11
［順治］泗水 4/11
［光緒］泗水 4/4
李守信（明・濟寧人）
［萬曆二十四年］兗州 37/8
［康熙］兗州 28/37
［乾隆］兗州 23/41
［康熙］濟寧州 7/8
［乾隆］濟寧直隸州 27/2
［道光］濟寧直隸州 8/2－46
李憲喬（字子喬，號少鶴）
（清・高密人）
［宣統］山東 177/35
［光緒］高密 8/上 18
［民國］高密 14/上 17
李之秀（字苞來）
（清・長清人）
［康熙］濟南 38/19
［道光］濟南 56/45
李守經（明・金鄉人）
［乾隆］濟寧直隸州 27/28
［道光］濟寧直隸州 8/4－34
［康熙十二年］金鄉 5/11
［康熙五十一年］金鄉 11/12
［乾隆］金鄉 18/62
［咸豐］金鄉縣志略 9/上 15
［民國］金鄉 14/2
李守經（字秉彝）
（明・河南汝陽人）
［宣統］山東 73/32
［萬曆］萊州 5/70
［康熙］萊州 8/45
［乾隆］萊州 9/16
［乾隆］掖縣 3/30
李守仁（清・平度人）
［民國］平度縣續志 7/32
李守貞（五代・河陽人）
［萬曆二十四年］兗州 29/17
［康熙］兗州 22/41
李守貞（明・定州進士）
［萬曆］青州 12/39
［康熙十五年］青州 12/39
［康熙四十八年］青州 12/39
［康熙］沂水 4/25
［道光］沂水 5/26
李淯仁（號芳厓）
（清・江南江都人）
［宣統］山東 75/16
［道光］濟南 38/26
［雍正］齊河 5/39
［民國］齊河 22/5
齊河縣鄉土志政績錄/6
李安然（清・臨邑人）
［同治］臨邑 9/忠藎 6
李進狀（金・掖縣人）
［乾隆］掖縣 4/74
李之俊（清・高唐人）
［道光］高唐州 5/1－41
李守德（鉅野人）
［民國］續修鉅野 5/上 12
李守緒（明・金鄉人）
［道光］濟寧直隸州 8/4－34
李宗德（清・臨沂人）
［民國］臨沂 10/55
李守傑（霑化人）
［民國］霑化 4/登進 43
李之純（字端伯）
（宋・滄州無棣人）
［嘉靖］山東 29/15
［康熙］山東 39/12
［宣統］山東 157/21
［康熙］濟南 36/3，54/37
［乾隆］武定府 23/7
［咸豐］武定府 23/名臣 7
［康熙］海豐 7/2，10/3，11/1
［民國］無棣 10/1
海豐縣鄉土志/耆舊－事業
［康熙］慶雲 8/26
［嘉慶］慶雲 9/3
［咸豐］慶雲 2/55
［民國三年］慶雲 2/17
李之傑（清・霑化人）

[乾隆]武定府25/15
[咸豐]武定府25/孝友15
[光緒]霑化8/5
[民國]霑化2/34
李之紳(清·章邱人)
[道光]濟南54/15
[乾隆]章邱9/31
[道光]章邱10/30
章邱縣鄉土志/上20
李永和(明·益都人,見李用和)
李永和(字春煦)
(清·金鄉人)
[民國]濟寧直隸州續志13/8
[民國]金鄉13/25
李永和(清·汶上人)
[宣統]四續汶上稿/人物–藝術傳
李實約(明·嘉魚舉人)
[嘉慶]慶雲7/33
[民國三年]慶雲1/91
李永紹(字繩其)
(清·寧海人)
[宣統]山東176/4
[光緒]增修登州39/39
[同治]重修寧海州17/22
[民國]牟平7/14
李之紹(字伯宗)
(元·平陰人)
[嘉靖]山東30/56
[康熙]山東40/55
[雍正]山東28/人物二62
[宣統]山東163/26
[乾隆]泰安府16/74
[萬曆元年]兗州40/文苑16
[萬曆二十四年]兗州35/29
[康熙]兗州27/26
[順治]平陰7/2
[光緒]平陰4/9
李宗魯(清·陽穀人)
[民國]增修陽穀人物/師道18
李之儀(字端叔,自號姑溪居士)
(宋·無棣人)
[嘉靖]山東29/15
[康熙]山東39/12
[康熙]濟南42/8
[乾隆]武定府25/45
[咸豐]武定府25/文苑5
[嘉慶]慶雲9/4
[咸豐]慶雲2/56
[民國三年]慶雲2/18
[康熙]海豐7/2,10/5
海豐縣鄉土志/耆舊–學問一
[民國]無棣10/2
李宗儀(字友陶)
(明·掖縣人)
[乾隆]掖縣3/90
[道光]掖乘4
李安宅(字位三)
(清·商河人)
[民國]重修商河8/29
李賓寅(清·武城人)
[道光]武城續編12/貤封坊表1
李淮之(字韻琴)
(寧津人)
寧津縣志料3/人物–義行
李進之(清·高陵人)
[乾隆]嶧縣7/25
李容之(字性含)
(清·長山人)
[康熙]堂邑10/5
李守富(字義亭)
(清·長清人)
[民國]重修商河6/74
[民國]長清11/28
李憲宜(字德民,號北嚴)
(清·海陽人)
[光緒]增修登州43/45
[光緒]海陽縣續志5/15
[民國]萊陽3/1中38
李寅賓(明·直隸薊州人)
[康熙十二年]陽穀2/19
[康熙]陽穀2/14
[光緒]陽穀4/4
李寅賓(字宅東,別號暘谷道人)
(清·壽光人)
[民國]壽光12/人物志二55
李永寅(字賓暘)
(清·臨邑人)
[同治]臨邑9/孝義8
李之房(字紹齡)
(明·嶧縣人)
[乾隆]嶧縣8/30
[光緒]嶧縣21/鄉賢71
李之實(字蕡其)
(清·泰安人)
[宣統]山東171/16
[乾隆]泰安府17/48
[乾隆二十五年]泰安縣12/23
[乾隆四十七年]泰安縣10/上20
[道光]泰安縣9/上72
[民國]重修泰安縣8/24
泰安縣鄉土志/耆舊20
李宗之(清·恩縣人)
[宣統]重修恩縣8/43
[民國]重修恩縣11/鄉賢50
恩縣鄉土志/20
李進福(清·章邱人)
[乾隆]章邱9/45
[道光]章邱11/78
李永福(清·陽穀人)
[康熙]陽穀4/4
[光緒]陽穀7/2
[民國]增修陽穀人物/孝義4
李之濱(清·慶雲人)
[民國三年]慶雲2/39
李定濤(清·武進人)
[民國]禹城3/55
李永祺(清·安邱人)
[民國]續安邱新志21/8
李之斗(明·蒙陰人)
[康熙十一年]蒙陰2/41
李之漢(字南舟)
(清·膠州人)
[民國]增修膠志42/24
李永清(號靜山)
(清·萊蕪人)
[民國]續修萊蕪23/5
李之清(清·章丘人)

[道光]章邱 11/80
李良選(字少卿)
(廣饒人)
[民國]續修廣饒 19/84
李宏道(清·鄒平人)
[道光]濟南 54/50
[道光]鄒平 15/102
[民國]鄒平 15/102
李永祥(字仲簡)
(清·蓬萊人)
[民國]蓬萊縣志合編人物志/行誼
李永裕(字文饒)
(清·惠民人)
[乾隆]惠民 5/41
[光緒]惠民 19/17
惠民縣鄉土志/耆舊錄 31
李永裕(字賸菴)
(清·鄒縣人)
[民國]續修鄒縣志稿/人物－耆舊
李永祚(字澤遠)
(清·聊城人)
[乾隆]東昌 43/3
[嘉慶]東昌 32/29
[宣統]聊城 8/84
李宗道(清·安丘人)
[咸豐]青州 46/13
[康熙]續安丘 23/39
安丘縣鄉土志 5/耆舊錄 2
李宗道(字薪傳)
(清·歷城人)
[道光]濟南 53/58
[民國]續修歷城 44/15
李宗祥(清·臨沂人)
[乾隆]沂州府 27/3
李守真(明·滕人)
[雍正]山東 30/21
[萬曆二十四年]兗州 52/27
[乾隆]兗州 31/12
[萬曆]滕志 8/75
[康熙]滕志 8/人物 45
[康熙]滕縣志 8/釋道 3
[道光]滕縣志 11/釋道 3
李永培(字中陽)
(明·日照人)
[乾隆]沂州府 25/26
[光緒]日照 8/10
李永壽(字止山)
(明·無棣人)
[乾隆]武定府 24/22
[咸豐]武定府 24/循良 12
[康熙]海豐 10/9
[民國]無棣 11/2
海豐縣鄉土志/耆舊－事業
李之才(字挺之)
(宋·青州人)
[至元]齊乘 6/23
[嘉靖]山東 32/14
[康熙]山東 42/14
[雍正]山東 28/人物二 45
[宣統]山東 162/28
[嘉靖]青州 15/29
[萬曆]青州 13/11
[康熙十五年]青州 13/11
[康熙四十八年]青州 13/理學 1
[康熙六十年]青州 15/7
[咸豐]青州 41/22
[康熙]益都 9/11
[光緒]益都縣圖志 38/6
李之椁(字松實)
(清·萊蕪人)
[乾隆]泰安府 18/58
[民國]萊蕪 20/4
[民國]續修萊蕪 27/19
李之在(字念銘)
(明·河南洛陽人)
[宣統]山東 71/43
[康熙]濟南 25/59
[乾隆]武定府 16/24
[咸豐]武定府 19/海豐 1
[康熙]海豐 9/3
海豐縣鄉土志/政績
[民國]無棣 9/2
李宗古(清·鉅野人)
[民國]續修鉅野 5/上 21
李宗樞(明·陝西富平人)
[雍正]山東 27/61
[宣統]山東 73/17
[萬曆]青州 12/35
[康熙十五年]青州 12/35
[康熙四十八年]青州 12/35
[康熙六十年]青州 12/31
[咸豐]青州 36/17
[萬曆]諸城 4/23,5/15
[康熙]諸城 5/14
[乾隆]諸城 28/4
李之彬(字均宜)
(清·安丘人)
[道光]安邱新志 22/3
安丘縣鄉土志 6/耆舊錄 3
李之烋(見李之傑)
李安世(字少平)
(清·金鄉人)
[民國]金鄉 14/11
李寶林(字奇山)
(清·惠民人)
[光緒]惠民 22/6
惠民縣鄉土志/耆舊錄 15
李寶勤(字宜生)
(平原人)
[民國]續修平原 8/23
李寶樹(東平人)
[民國]東平縣 11/上 26
李進孝(明·新城人)
[康熙]山東 45/6
[康熙]濟南 47/9
[道光]濟南 72/41
李良模(字子型)
(清·單縣人)
[康熙]單縣 7/30
[乾隆]單縣 6/45
[民國]單縣 9/78
李宜蕃(字蔭軒)
(清·諸城人)
[咸豐]青州 49/20
[乾隆]東昌 34/7
[嘉慶]東昌 21/25
[乾隆]諸城 34/7
[宣統]茌平 8/9
[民國]茌平 8/65
李宜藩(見李宜蕃)
李宜芳(字梅村)
(清·諸城人)
[宣統]山東 175/25
[咸豐]青州 48/9
[道光]諸城縣續志 15/9

諸城縣鄉土志/上 35
李永芳(字馨五)
(明・德平人)
[道光]濟南 52/52
[康熙]德平 3/17
李永芳(清・臨清人)
[民國]臨清縣/人物 29
李永芳(字蘭亭)
(清・新城人)
[宣統]新城縣後志 3/孝友
[民國]重修新城 18/14
李之芳(字鄴園)
(清・武定人)
[雍正]山東 28/人物四 16,35/墓碑 44
[宣統]山東 171/17
[乾隆]武定府 23/31,35/9,35/27
[咸豐]武定府 23/名臣 31,35/碑 9,35/誌銘 27
[乾隆]惠民 5/35,9/80,9/90,9/101
[光緒]惠民 19/11,29/4,29/12,29/20
惠民縣鄉土志/耆舊錄 29
[道光]商河 7/48
李之芬(字馨之)
(清・德平人)
[道光]濟南 56/87
[嘉慶]德平 7/15
[光緒]德平 7/14
李之蕡(字實公)
(清・惠民人)
[乾隆]武定府 26/16
[咸豐]武定府 26/義行 16
[乾隆]惠民 5/61
[光緒]惠民 22/3
惠民縣鄉土志/耆舊錄 14
李之蘭(明・滕縣人)
[康熙]滕志 8/人物 23
李之茂(字七泉)
(明・山西屯留人)
[宣統]山東 72/3
[萬曆二十四年]兗州 29/1
[康熙]兗州 22/23
[康熙]兗州續編 14/3
[乾隆]兗州 22/21
[康熙]滋陽 3/83
[光緒]滋陽 7/3
滋陽縣鄉土志 1/政績
李之茂(字朱仲,號南居)
(明・萊州衛人)
[乾隆]掖縣 3/46
[嘉慶]續掖縣 3/3
李之英(字允達)
(元・鄒縣人)
[雍正]山東 28/人物二 66
[宣統]山東 162/33
[乾隆]兗州 23/33
[萬曆]鄒志 2/24
[康熙十二年]鄒縣志 2/36
[康熙五十五年]鄒縣志 2/30
[民國]續修鄒縣志稿/人物－耆舊
鄒縣鄉土志耆舊錄/13
李之藻(字振之)
(明・浙江仁和人)
[康熙]張秋志 5/22
李之藻(字澹菴)
(清・武定州人)
[乾隆]武定府 24/40
[咸豐]武定府 24/循良 30
[乾隆]惠民 5/38
[光緒]惠民 19/14
惠民縣鄉土志/耆舊錄 30
[乾隆]諸城 44/4
李之莊(字雪巖)
(清・惠民人)
[雍正]山東 28/人物四 18
[宣統]山東 171/18
[乾隆]武定府 26/15,35/44
[咸豐]武定府 26/義行 15,35/墓表 8
[乾隆]惠民 5/61,9/111
[光緒]惠民 22/3,29/29
惠民縣鄉土志/耆舊錄 14
李宗藩(清・蘭山人)
[乾隆]沂州府 26/15
李之棟(字隆吉)
(清・平度人)
[道光]重修平度州 19/2
平度鄉土志 4 上/鄉賢
李之楫(清・平度人)
[道光]重修平度州 19/3
李安朝(明・濮州人)
[康熙]濮州續志下/3
[乾隆]濮州 4/13
[宣統]濮州 5/13
李安都(字靜遠)
(清・金鄉人)
[道光]濟寧直隸州 8/4－41
[咸豐]金鄉縣志略 9/中列傳二 12
[民國]金鄉 14/5
李之均(字平子)
(清・長山人)
[康熙五十五年]長山 6/38
[嘉慶]長山 9/9
李守松(字封五)
(清・博興人)
[民國]重修博興 13/56
李永教(字魁武)
(清・夏津人)
[民國]夏津續編 8/11
李之翰(字用卿)
(金・濟南人)
[道光]濟南 47/43
[乾隆]歷城 40/6
李進忠(字勝功)
(清・歷城人)
[宣統]山東 169/41
[道光]濟南 53/40
[民國]續修歷城 39/16
李良貴(清・城武人)
[道光]城武 9/下 40
李守中(字時菴,亦字時安)
(清・博山人)
[民國]續修博山 12/8
李守忠(清・樂安人)
[民國]續修廣饒 19/36
李憲忠(字緘三)
(清・齊河人)
[民國]齊河 23/75
李宜春(字叔芳,號東亭)
(明・莘縣人)
[乾隆]東昌 38/28
[嘉慶]東昌 28/28

[康熙十一年]莘縣 7/6
[康熙五十六年]莘縣 6/2, 7/6
[光緒]莘縣 7/17, 8/中 63
[民國]莘縣 7/9, 9/28
莘縣鄉土志/鄉宦 18
李永春(清・福建人)
[乾隆]膠州 4/22
李永泰(字魯瞻)
(清・德平人)
[民國]德平縣續志 6/6
李永泰(清・濟寧人)
[道光]濟寧直隸州 8/4－18
李永泰(字昇平)
(清・商河人)
[道光]商河 7/44
[民國]重修商河 8/72
李永泰(清・汶上人)
[宣統]四續汶上稿/人物－忠烈傳
李宗泰(字少村)
(清)
[光緒]曹縣 9/教諭 5
李永哲(清・菏澤人)
[光緒]菏澤 16/13
[光緒]新修菏澤 11/71
李憲典(字屏堂)
(清・定陶人)
[民國]定陶 6/67
李安邦(字鎮國)
(清・鄆城人)
[光緒]鄆城 16/26
李家整(清・東平人)
[乾隆]泰安府 18/62
[康熙]東平州續志 6/9
[乾隆]東平州 15/17
[道光]東平州 15/17
[光緒]東平州 15/下 25
[民國]東平縣 11/下 3
李安國(字勳臣)
(清・商河人)
[民國]重修商河 8/72
李定國(字勳臣)
(清・商河人)
[道光]商河 7/45
商河縣鄉土志 2/耆舊－事業
李良田(字硯坡)
(清・禹城人)
[民國]禹城 6/22
李守愚(字移山)
(清・茌平人)
[民國]茌平 3/17
李憲暠(字叔白,號蓮塘)
(清・高密人)
[宣統]山東 177/35
[光緒]高密 8/上 48
[民國]高密 14/上 56
李永昌(字台衡)
(清・朝城人)
[康熙]朝城 8/25
李永固(字磐石)
(明・博山人)
[康熙]顏神鎮志 4/下 8
[民國]續修博山 9/14
李永固(字介孚)
(清・歷城人)
[民國]續修歷城 44/9
李之冕(明・臨淄人)
[康熙十五年]青州 13/78
[康熙四十八年]青州 13/事功 62
[康熙六十年]青州 15/13
[咸豐]青州 45/35
[康熙]臨淄 9/13
[民國]臨淄 23/12
李宗昂(清・長山人)
長山縣鄉土志/耆舊錄
李寶默(字敏叔)
(清・德州人)
[道光]濟南 56/70
李宗明(字聖圖)
(清・泰安人)
[民國]重修泰安縣 8/52
李家聰(字素青)
(清・長清人)
[道光]濟南 56/53
李安民(一名安人)
(南齊・蘭陵人)
[嘉靖]山東 30/28
[康熙]山東 40/30
[雍正]山東 28/人物一 46
[宣統]山東 155/23
[萬曆元年]兗州 40/武功 13
[萬曆二十四年]兗州 33/13
[康熙]兗州 26/13
[乾隆]兗州 23/22
[萬曆]沂州志 6/76
[康熙]沂州志 5/45
[乾隆]沂州府 25/15
[康熙]嶧縣 4/19
[乾隆]嶧縣 8/11
[光緒]嶧縣 21/鄉賢 45
李寶賢(字子安)
(清・滋陽人)
滋陽縣鄉土志 1/耆舊－忠義
李淳風(唐・新泰人)
新泰縣鄉土志/17
李宏興(清・清平人)
[宣統]增輯清平 12/60
[民國]清平/人物 55
李永譽(字雲石)
(清・淄川人)
[乾隆]淄川 5/48
李宇同(字掌平)
(清・霑化人)
[光緒]霑化 9/10
[民國]霑化 2/63
李之用(清・陽穀人)
[康熙]陽穀 4/4
[光緒]陽穀 7/3
[民國]增修陽穀人物/孝義 5
李宗賢(清・諸城人)
[光緒]增修諸城縣續志 17/15
李宗學(字致用)
(明・嶧縣人)
[康熙]嶧縣 4/72
[乾隆]嶧縣 8/19
[光緒]嶧縣 21/孝友 1
李安人(見李安民)
李寶善(字性齋)
(清・濰縣人)
[民國]濰縣志稿 29/31
李宏鏡(清・泰安人)
[道光]泰安縣 9/上 87

[民國]重修泰安縣8/41
李守義(明・平度人)
[宣統]山東161/32
[康熙]平度州4/6
[道光]重修平度州18/13
李之曾(字仁浦)
(清・膠州人)
[民國]增修膠志41/36
李之美(字在中)
(清・寧津人)
寧津縣志料3/人物－孝行
李之矩(字方甫)
(清・堂邑人)
[宣統]山東174/8
[乾隆]東昌40/14
[嘉慶]東昌30/15
[康熙十一年]堂邑2/選舉19
[康熙]堂邑12/8
李宣猷(明・臨邑人)
[康熙]重修臨邑9/7
李寶鑄(清・諸城人)
[光緒]增修諸城縣續志16/14
李永錦(字壽屏)
(清・陽穀人)
[民國]增修陽穀人物/師道21
李永錫(清・陽信人)
[民國]陽信5/忠義64
李宗智(字尚明)
(明・魚臺人)
[康熙]魚臺17/13
[乾隆]魚臺11/33
[光緒]魚臺3/20
李守節(宋・太原人)
[隆慶]單縣上/30
[康熙]單縣6/5
李之炤(字需水)
(明・金鄉人)
[道光]濟寧直隸州8/2－53
[康熙五十一年]金鄉11/17
[乾隆]金鄉18/68
[咸豐]金鄉縣志略9/上16
[民國]金鄉13/13
31 **李福**(明・豐城人)
[宣統]山東200/10
李灝(字濤遠)
(清・鄆城人)
[康熙]鄆城6/5
[光緒]鄆城7/5
李河(明・咸寧人)
[道光]濟南36/29
[康熙四十三年]長山3/宦績
[康熙五十五年]長山3/34
[嘉慶]長山5/42
李沔(明・曹縣人)
[康熙]曹縣11/8
李沔(清・金鄉人)
[康熙十二年]金鄉5/12
[乾隆]金鄉18/64
[咸豐]金鄉縣志略9/中列傳二1
[民國]金鄉13/13
李沂(字一生)
(清・長山人)
[道光]濟南55/12
[康熙五十五年]長山6/36
[嘉慶]長山9/7
李遷(明・武定州人)
[嘉靖]武定州下/79
李遷(字子安)
(明・江西新建人)
[宣統]山東71/1
[康熙]濟南25/55
[道光]濟南36/2
[康熙]濟寧州4/8
[崇禎]歷乘16/34
[崇禎]歷城6/14
李潛(字德昭,號北郊)
(明・陽穀人)
[民國]增修陽穀人物/仕宦3
李潛(字菊齋)
(清・單縣人)
[民國]單縣9/54
李渠(字漪園)
(清・諸城人)
[宣統]山東175/26
[道光]諸城縣續志15/9
李潭(明・城武人)
[康熙九年]城武3/17
[康熙四十一年]城武5/上懿行6
[道光]城武9/下11
李瀕(明・臨清人)
[乾隆]東昌39/1
[康熙]臨清州3/人物6
[乾隆]臨清州9/20
[乾隆]臨清直隸州8/上5
[民國]臨清縣/人物2
李澮(字伯淵)
(明・樂安人)
[嘉靖]山東29/24
[康熙]山東39/23
[雍正]山東28/人物三7
[宣統]山東160/15
[康熙]濟南35/8
[萬曆]武定州13/7
[崇禎]武定州17/3
[乾隆]武定府23/11,35/3
[咸豐]武定府23/名臣11,35/碑3
[乾隆]惠民5/30,9/75
[光緒]惠民19/7,27/18,29/1
惠民縣鄉土志/耆舊錄26
李澮(字澄涵,號澮崖)
(清・鉅野人)
[道光]鉅野13/39
李澮(字資深,號象峯)
(清・招遠人)
[光緒]增修登州41/39
[道光]招遠縣續志3/9
李源(字星來,一字江餘)
(清・德州人)
[宣統]山東169/19
[康熙]濟南41/38
[道光]濟南56/68
[乾隆]德州9/32
州乘餘聞/10
[民國]德縣10/22
德州鄉土志/耆舊24
李源(字巨濤)
(清・利津人)
[咸豐]武定府25/文苑27
[乾隆]利津縣志補4/19

［光緒］利津7/儒林1
李沾（字濡之）
（明・安丘人）
［康熙六十年］青州17/18
［康熙四十八年］青州14/孝友19
［咸豐］青州45/60
［康熙］續安丘23/37
安丘縣鄉土志5/耆舊錄2
李禎（明，見李楨）
李祉（字福一）
（清・魚臺人）
［乾隆］魚臺11/44
［光緒］魚臺3/28
李潛龍（字于田）
（清・聊城人）
［乾隆］東昌40/45
［嘉慶］東昌30/35
［康熙］聊城3/49
［宣統］聊城8/29
李福雲（字晉卿）
（清・東平人）
［民國］東平縣11/下30
李滙一（字瀛洲）
（清・金鄉人）
［民國］金鄉14/9
李禎吾（明・雲南人）
［道光］濟南36/44
［嘉慶］禹城7/31
［民國］禹城3/48
李福臻（清・平陰人）
［光緒］平陰5/28
李迺何（號西園）
（清・鉅野人）
［道光］鉅野13/41
李福嚮（字用五）
（清・商河人）
［道光］商河7/19
［民國］重修商河8/15
李溉之（字岱源）
（清・長山人）
［雍正］山東28/人物四31
［道光］濟南55/2
［康熙四十三年］長山5/孝義
［康熙五十五年］長山6/12
［嘉慶］長山7/17，14/52
李福沂（清・歷城人）
［宣統］山東169/15
李河清（清・諸城人）
［光緒］增修諸城縣續志14/7
李源潔（明・昌邑人）
［萬曆］萊州5/108
［康熙］萊州10/35
［乾隆］萊州10/21
［康熙］昌邑6/7
［乾隆］昌邑5/130
李福瀚（清・歷城人）
［宣統］山東169/15
李遷梧（字鳳岡，一字茂實）
（明・安丘人）
［萬曆］青州14/41
［康熙十五年］青州14/41
［康熙四十八年］青州14/隱逸15
［康熙六十年］青州16/22
［咸豐］青州44/37
［萬曆］安丘22/33
安丘縣鄉土志4/耆舊錄1
李福林（字壽山）
（清・德平人）
［民國］德平縣續志6/8
李迺賡（字桃仲）
（清・章邱人）
［道光］章邱11/51
李迺蕙（字東圃，號石峰）
（清・淄川人）
［宣統］三續淄川10/29
李遷英（明・嶧縣人）
［康熙］嶧縣4/110
［乾隆］嶧縣8/28
［光緒］嶧縣21/孝友3
李迺橘（號梅村）
（清・鉅野人）
［道光］鉅野12/30
李迺松（號佩弦）
（清・鉅野人）
［道光］鉅野13/50
李福泰（字星衢）
（清・濟寧人）
［宣統］山東172/34
［民國］濟寧直隸州續志12/17
李福同（字會同）
（清・茌平人）
［民國］茌平12/90
李福臨（小字鵜鶘）
（清・禹城人）
［道光］濟南56/41
李迺舒（清・章邱人）
［道光］濟南61/10
［道光］章邱11/77
32 **李澄**（宋・牟平人）
［民國］福山縣志稿2/2－2
李澄（清・承德拔貢）
［民國］無棣9/5
海豐縣鄉土志/政績
李澄（清・諸城人）
［光緒］增修諸城縣續志17/15
李潅（唐・隴西人）
［乾隆］泰安府5/10
［光緒］東平州12/13
李祗（唐・成紀人）
［乾隆］東平州12/4
［道光］東平州12/4
［光緒］東平州14/4
［民國］東平縣9/3
李适（字長倩）
（清・壽光人）
［康熙］山東42/33
［雍正］山東28/人物四13
［宣統］山東175/19
［康熙十五年］青州13/91
［康熙四十八年］青州13/事功75
［康熙六十年］青州16/38
［咸豐］青州46/21
［康熙］壽光23/2
［嘉慶］壽光12/23
［民國］壽光12/人物志一29
壽光縣鄉土志/耆舊
李添（字溶塘）
（清・寶坻人）
新泰縣鄉土志/5
李遜（字克讓，一名詭祖）
（宋・臨邑人，占籍汴京）

[康熙]濟南 54/31
[道光]濟南 71/65
[順治]臨邑 16/5
[道光]臨邑 16/14
[同治]臨邑 16/14
李遜(字敬之)
(明・陽信人)
[嘉靖]山東 29/25
[康熙]山東 39/24
[康熙]濟南 41/13
[乾隆]武定府 23/13
[咸豐]武定府 23/名臣 13
[康熙]陽信 9/5
[乾隆]陽信 7/4
[民國]陽信 5/宦蹟 6
信邑志稿 7/名臣
陽信縣鄉土志上/耆舊－事業,耆舊－鄉賢祠
李遜(明・招遠人)
[順治]招遠 8/4
李遜(字撝謙)
(清・章邱人)
[道光]章邱 11/65
李業(唐・隴西人)
[萬曆二十四年]兗州 9/27
[康熙]兗州 10/27
[萬曆]滕志 6/44
[康熙]滕志 6/15
[康熙]滕縣志 6/宦業 14
李業(字華甫,號朴齋)
(明・濮州人)
[乾隆]曹州府 21/57
[康熙]濮州 2/104,6/83
[乾隆]濮州 6/83
[宣統]濮州 3/66,8/83
李業(字文之,號建公)
(清・朝城人)
[康熙]朝城 8/25
李兆(字立民,號逸鶴)
(清・嶧縣人)
[光緒]嶧縣 21/宦績 9
李祗(唐)
[乾隆]泰安府 14/9
李兆庚(字夢白)
(清・陽穀人)
[民國]增修陽穀人物/師道 14
李兆霖(號雲生)
(清・直隸廣昌人)
[宣統]山東 75/58
[光緒]滋陽 7/17
滋陽縣鄉土志 1/政績
[民國]重修新城 11/27
新城縣鄉土志/政績－清知縣
李兆三(字竹軒,號竺玄)
(萊陽人)
[民國]萊陽 3/1 中 69
李兆元(字勺洋)
(清・掖縣人)
[道光]再續掖縣上/57
李叢生(字華青)
(清・利津人)
[乾隆]武定府 26/15
[咸豐]武定府 26/義行 15
[乾隆]利津縣志續編 8/38
[光緒]利津 7/宦蹟 15
李漸磐(字占吉)
(清・德州人)
德州鄉土志/耆舊 54
[民國]德縣 10/51
李溪清(清・諸城人)
[光緒]增修諸城縣續志 16/17
李兆壇(清・陽穀人)
[民國]增修陽穀人物/仕宦 16
李叢芳(明・樂安人)
[康熙]樂安縣續志上/貤封 1
李兆華(清・汶上人)
[宣統]四續汶上稿/人物－施濟傳
李兆蘭(字薌閣)
(清・高陽進士)
[民國]重修商河 6/73
商河縣鄉土志 1/政績
李兆梅(字和生)
(清・歷城人)
[宣統]山東 169/15
[民國]續修歷城 40/28
李澄中(字渭清,一字漁村)
(清・諸城人)
[雍正]山東 28/人物四 44
[宣統]山東 175/42
[康熙四十八年]青州 15/文學 16
[康熙六十年]青州 18/7
[咸豐]青州 47/13
[乾隆]諸城 36/10
諸城縣鄉土志/上 17
李濼書(字雪泉)
(清・單縣人)
[民國]單縣 11/48
李兆泰(清・臨邑人)
[同治]臨邑 9/孝義 6
李祈振(字千仞)
(清・鉅野人)
[道光]鉅野 13/41
李業賢(字大可)
(清・蓬萊人)
[光緒]增修登州 43/6
[道光]重修蓬萊 9/28
[民國]蓬萊縣志合編人物志/孝友
李兆鳳(字鳴祖)
(清・平原人)
[民國]續修平原 10/上 6
李兆隆(字長禎)
(明・鉅野人)
[道光]鉅野 13/43
33 **李濱**(字自源,號漣亭)
(清・單縣人)
[民國]單縣 12/鄉賢 11
李濱(字清溪)
(清・齊河人)
[民國]齊河 26/39
李濱(字質齋)
(清・濰縣人)
[民國]濰縣志稿 31/13
李迨(宋・東平人)
[嘉靖]山東 26/13,30/51
[雍正]山東 28/人物二 47
[宣統]山東 157/29
[乾隆]泰安府 16/57
[萬曆元年]兗州 40/政績 13
[萬曆二十四年]兗州 28/9,35/18

[康熙]兗州 22/9
[乾隆]兗州 22/13
[乾隆]曹州府 12/10
[康熙]濟寧州 4/44
[乾隆]濟寧直隸州 21/11
[道光]濟寧直隸州 6/6－8
[康熙]東平州 4/14
[乾隆]東平州 13/29
[道光]東平州 13/29
[光緒]東平州 15/上 29
[民國]東平縣 11/上 10
東平州鄉土志上/耆舊錄 29
[萬曆]鉅野 6/5
[康熙]鉅野 10/5
[道光]鉅野 10/12
李浝(字蜀江)
(清・利津人)
[光緒]利津 8/義行 8
李浣(字春池,號蓮舫)
(清・東明人)
[民國]東明縣新誌 11/43
李梁(明・河南磁州人)
[道光]濟南 36/52
[光緒]陵縣 18/12
陵縣鄉土志/7
李梁(明・新城人)
[道光]濟南 51/37
[天啟]新城 8/隱逸
[崇禎]新城 8/隱逸
[康熙]新城 8/12
[民國]重修新城 15/9
李溥(明・定州人)
[萬曆]青州 12/23
[康熙十五年]青州 12/23
[康熙四十八年]青州 12/23
[康熙六十年]青州 12/27
[咸豐]青州 36/10
[萬曆]樂安 13/3
[雍正]樂安 11/4
[民國]樂安 8/19
[民國]續修廣饒 17/3
李溥(字霖霆)
(清・安邱人)
[咸豐]青州 49/48
[道光]安邱新志 22/6
安丘縣鄉土志 7/耆舊錄 4
李溥(清・臨清人)
[乾隆]臨清直隸州 8/下 8
[民國]臨清縣/人物 26
李沁(字水心)
(清・安邱人)
[康熙四十八年]青州 15/卓行 19
[康熙六十年]青州 17/18
[咸豐]青州 46/12
[道光]安邱新志 23/2
安丘縣鄉土志 5/耆舊錄 2
李逡(字來軒)
(清・城武人)
[道光]城武 9/下 24
李述(明・武邑人)
[宣統]山東 73/7
[咸豐]青州 36/38
[康熙十二年]博興 6/2
[康熙六十年]博興 7/13
[道光]博興 10/4
[民國]重修博興 12/4
李演(字巨川)
(金・任城人)
[嘉靖]山東 30/54
[雍正]山東 28/人物二 53
[宣統]山東 150/88,164/18
[萬曆元年]兗州 40/節義 19
[萬曆二十四年]兗州 35/25
[康熙]兗州 27/23
[乾隆]兗州 23/31
[康熙]濟寧州 7/1,8/8
[乾隆]濟寧直隸州 17/30,26/28
[道光]濟寧直隸州 8/2－19,9/4－209
濟寧州鄉土志 2/耆舊
[民國]濟寧直隸州續志 19/1－36
[順治]嘉祥 4/27
[乾隆]嘉祥 3/18
[光緒]嘉祥 3/19
李治己(字燕蒼)
(明・長清人)
[道光]濟南 52/22
[康熙]長清 9/62
[道光]長清 11/17
李治躬(明・昌邑人)
[康熙]萊州 10/51
[康熙]昌邑 6/9
[乾隆]昌邑 6/163
李治心(清・昌邑人)
[康熙]昌邑 6/37
[乾隆]昌邑 6/182
李治清(清・諸城人)
[光緒]增修諸城縣續志 16/18
李述祖(元・高唐人)
[道光]高唐州 5/1－7
李必申(清・臨桂人)
[光緒]增修登州 29/4
[乾隆]棲霞 5/29
李祕書(字芸閣)
(清・德州人)
[光緒]德州志略/人物傳略
[民國]德縣 10/67
李心量(明・北直南和人)
[宣統]山東 71/48
[乾隆]武定府 16/44
[咸豐]武定府 19/霑化 3
[光緒]霑化 5/18
[民國]霑化 4/職官 36
李心田(字正齋)
(壽光人)
[民國]壽光 12/人物志一 100
李治國(字亮公)
(清・歷城人)
[道光]濟南 53/20
[乾隆]歷城 38/22
李述曾(字省三)
(清・曹縣人)
[光緒]曹縣 14/行誼 8
34 **李渤**(字澄清)
(清・商河人)
[民國]重修商河 8/28
李渤(字巨川)
(清・城武人)
[道光]城武 9/下 35
李漢(字東之)
(明・堂邑人)
[康熙]堂邑 13/7
李浩(宋)
[雍正]山東 27/44

[宣統]山東 68/44
[乾隆]東昌 33/18
[嘉慶]東昌 20/30
[宣統]重修恩縣 6/45
[民國]重修恩縣 10/62
李浩(元・臨淄人)
[萬曆]青州 14/42
[康熙十五年]青州 14/42
[康熙四十八年]青州 14/隱逸 16
[康熙]臨淄 10/6
[民國]臨淄 29/17
李浩(元・曲阜人,遷滕縣)
[雍正]山東 31/7
[萬曆二十四年]兗州 52/29
[乾隆]兗州 31/15
[萬曆]滕志 8/55
[康熙]滕志 8/人物 14
[康熙]滕縣志 8/方技 2
[道光]滕縣志 9/方術傳 2
李祜(字敘卿)
(清・江蘇陽湖人)
[宣統]山東 77/15
臨朐縣鄉土志 1/政績
李祜(字迎五)
(清・淄川人)
[乾隆]淄川 6/上 82
李潢(字銀河)
(清・肥城人)
[嘉慶]肥城 17/28
[光緒]肥城 9/4
肥城縣鄉土志 5/22
李浹(字孔皆,一字霖瞻)
(清・德州人)
[宣統]山東 169/19
[道光]濟南 56/67
[乾隆]德州 9/32
州乘餘聞/19
德州鄉土志/耆舊 24
[民國]德縣 10/21
李浹(字融齋)
(清・武城人)
[道光]武城續編 10/5
李逵(明・鄆城人)
[嘉靖]山東 35/3
[康熙]山東 45/8
[萬曆二十四年]兗州 37/6
[康熙]兗州 28/35
[嘉靖]鄆城志下/15
[崇禎]鄆城 5/15
[康熙]鄆城 5/16
[光緒]鄆城 5/25,13/4
鄆城縣鄉土志/耆舊錄 - 事業
李汝(元・長清人)
[道光]長清 11/5
李澍(字慰蒼,號半材)
(清・濟寧人)
[道光]濟寧直隸州 8/4 - 12
李澍(字時霖)
(清・平度人)
萊州府鄉土志/下 27
[道光]重修平度州 19/7
平度鄉土志 4 下/學問
李澍(字沛霖)
(清・日照人)
[光緒]日照 8/36
李澍(字用霖)
(清・招遠人)
[雍正]山東 28/人物四 32
[宣統]山東 176/18
[光緒]增修登州 40/21
[道光]招遠縣續志 3/2
李濤(字紫瀾)
(清・德州人)
[雍正]山東 28/人物四 41
[宣統]山東 169/5
[道光]濟南 56/67
[乾隆]德州 9/41
州乘餘聞/4
[民國]德縣 10/27
德州鄉土志/耆舊 34
李濤(清・順天宛平人)
[宣統]山東 77/1
[咸豐]青州 37/23
[光緒]益都縣圖志 18/50
李濤(清・鄒平人)
[民國]鄒平 15/112
李洧(號蓮齋)
(清・金鄉人)
[民國]金鄉 13/21
李洧(字又涉)
(清・樂安人)
[民國]續修廣饒 19/62
李遠(字致遠)
(宋・昌樂人)
[民國]昌樂縣續志 17/17
[民國]濰縣志稿 39/25
李湛(北魏)
[乾隆]濟寧直隸州 21/3
[道光]濟寧直隸州 6/6 - 4
李法文(字煥章)
(清・夏津人)
[民國]夏津續編 8/26
李法言(明・臨朐人)
[康熙十五年]青州 14/又 26
[康熙四十八年]青州 14/孝友 17
[康熙六十年]青州 17/17
[咸豐]青州 45/38
[康熙]臨朐縣志書 3/37
光緒臨朐 14/下 5
李禧高(清・諸城人)
[光緒]增修諸城縣續志 14/13
李汝謀(字清直)
(清・無棣人)
[民國]無棣 12/12
海豐縣鄉土志/耆舊 - 學問二
李汝訥(濟寧人)
[民國]濟寧縣 3/5
李洪望(清・諸城人)
[光緒]增修諸城縣續志 16/17
李汝謙(濟寧人)
[民國]濟寧縣 3/4
李達三(清・淄川人)
[宣統]三續淄川 9/64
李凌霄(字屏西)
(清・臨清人)
[民國]臨清縣/人物 80
李凌雲(明・南直華亭人,一作浙江人)
[宣統]山東 73/19
[萬曆]青州 12/49
[康熙十五年]青州 12/49

[康熙四十八年]青州 12/49
[康熙六十年]青州 12/32
[咸豐]青州 36/33
[康熙]諸城 5/17
[乾隆]諸城 28/8
諸城縣鄉土志/上 10
李凌雲(字步青)
(清・高唐人)
[民國]高唐縣 12/26
李凌雲(字扶清)
(清・平原人)
[民國]續修平原 6/17
李汝霦(字朗山,號藕君)
(清・聊城人)
[宣統]聊城 8/47
李汝霖(字雨巖)
(清・德州人)
[民國]德縣 10/61
李汝霖(字夢巖)
(清・濟陽人)
[民國]濟陽 11/44
[民國]重修商河 6/72
李汝霖(字澍卿,號筠舫)
(清・聊城人)
[宣統]山東 174/16
[宣統]聊城 8/47
李遠璽(字甸西)
(清・肥城人)
[宣統]山東 171/15
[嘉慶]肥城 19/67
[光緒]肥城 9/14
肥城縣鄉土志 5/27
李汝珏(字眘軒)
(清・惠民人)
[光緒]惠民 23/14
惠民縣鄉土志/耆舊錄 23
李汝瑛(字白華)
(清・海陽人)
[光緒]海陽縣續志 5/26
李汝翼(字宜民)
(清・單縣人)
[民國]單縣 12/鄉賢 10
李邁種(明・福建人)
[康熙]淄川 4/13
[乾隆]淄川 4/13
李汝崇(清・淄川人)
[宣統]三續淄川 9/79
李漢俊(清・平度人)
[民國]平度縣續志 7/32
李浩然(號養吾)
(清・莘縣人)
[光緒]莘縣 7/46
[民國]莘縣 7/34
李法仲(字允堂)
(清・魚臺人)
[民國]濟寧直隸州續志 15/3
[光緒]魚臺 3/文行又 2
李法泉(字方蘇)
(清・東平人)
[光緒]東平州 15/下 45
[民國]東平縣 11/下 17
李凌宵(字法夏)
(清・夏津人)
[民國]夏津續編 8/14
李汝沆(字芷泉)
(清・濟寧人)
[民國]濟寧直隸州續志 12/39
李祐之(字在公)
(清・長山人)
[道光]濟南 55/2
[康熙四十三年]長山 5/仕業
[康熙五十五年]長山 6/12
[嘉慶]長山 7/18
李汝治(字樂天)
(清・膠州人)
[乾隆]膠州 5/27
[道光]重修膠州 29/19
[民國]增修膠志 45/5
李汝清(明・泰安人)
[康熙]濟南 47/13
[康熙]泰安州 3/31
[乾隆]泰安府 18/39
[乾隆二十五年]泰安縣 12/28
[乾隆四十七年]泰安縣 10/上 25
[道光]泰安縣 9/上 77
[民國]重修泰安縣 8/33
泰安縣鄉土志/耆舊 12
李汝清(霑化人)
[民國]霑化 4/登進 47
李汝泗(清・費縣人)
[光緒]費縣 11/56
李凌奎(清・諸城人)
[光緒]增修諸城縣續志 16/33
李邁基(字陶甫)
(清・單縣人)
[民國]單縣 12/鄉賢 3
李祺芳(字壽三)
(長清人)
[民國]長清 12/19
李汝材(字化甫)
(明・德州衛人)
[道光]濟南 52/40
州乘餘聞/11
李汝桂(字還璞,一字少崖)
(明・泰安人)
[宣統]山東 162/37
[康熙]濟南 32/8
[康熙]泰安州 3/29
[乾隆]泰安府 18/12
[乾隆二十五年]泰安縣 12/16
[乾隆四十七年]泰安縣 10/上 5
[道光]泰安縣 9/上 53
[民國]重修泰安縣 8/4
泰安縣鄉土志/耆舊 20
李汝懋(字紹堂,號呆亭)
(清・單縣人)
[民國]單縣 10/7
李汝英(字超寰)
(明・壽光人)
[康熙]山東 46/7
[康熙十五年]青州 14/43
[康熙四十八年]青州 14/隱逸 17
[康熙六十年]青州 18/13
[咸豐]青州 45/44
[康熙]壽光 26/3
[嘉慶]壽光 13/17
壽光縣鄉土志/耆舊
李汝棟(明・德州人)
[康熙]山東 45/5

［康熙］濟南 44/17
［道光］濟南 72/42
李汝楫(明・汝陽人)
［萬曆］青州 12/38
［康熙十五年］青州 12/38
［康熙四十八年］青州 12/38
［乾隆］沂州府 20/10
［康熙］沂水 4/24
［道光］沂水 5/25
李汝相(字希說,號巖賓)
(明・臨邑人)
［康熙］濟南 36/15
［道光］濟南 52/12
［順治］臨邑 12/11
［康熙］重修臨邑 9/6,10/11
［道光］臨邑 9/4,15/72,15/81
［同治］臨邑 9/循異 4,15/72,15/81
李漢超(宋・雲州雲中人)
［嘉靖］山東 25/20
［康熙］山東 32/7
［雍正］山東 27/54
［宣統］山東 68/28
［康熙］濟南 25/8
［道光］濟南 34/1
［崇禎］歷乘 16/26
［崇禎］歷城 6/9
李邁超(五代・太原人)
［嘉靖］山東 27/11
［康熙］山東 36/1
李法中(字心傳,號樂天)
(清・德平人)
［宣統］山東補遺/17
［光緒］德平 7/20
德平縣鄉土志/耆舊錄
李洪本(清・泰安人)
［乾隆二十五年］泰安縣 12/30
［乾隆四十七年］泰安縣 10/上 27
［道光］泰安縣 9/上 79
［民國］重修泰安縣 8/35
泰安縣鄉土志/耆舊 14
李汝申(清・直隸交河監生)
［民國］萊陽 3/1 上 32
李洪圖(字呈河)
(清・滋陽人)
［光緒］滋陽 9/28
滋陽縣鄉土志 1/耆舊－忠節
李汝璧(字子相,號衛川)
(恩縣人)
［民國］重修恩縣 11/鄉賢 38
李漢卿(金・東平人)
［宣統］山東 168/15
李淩閣(清・鄆城人)
［光緒］鄆城 16/29
李沐民(字德明,別號寰愉)
(明・臨汾人)
［康熙四十一年］寧陽 3/18,8/64
［乾隆］寧陽 3/8
［咸豐］寧陽 11/12,21/23
［光緒］寧陽 11/12
寧陽縣鄉土志/9
李達善(字元長)
(清・莒縣人)
［民國］重修莒志 65/16
李洪義(五代・晉陽人)
［光緒］益都縣圖志 16/23
李汝榮(明・陝西涇陽人)
［萬曆］青州 12 又/8
［康熙十五年］青州 12 又/8
［康熙四十八年］青州 12 又/8
［康熙］臨淄 8/9
［民國］臨淄 18/10
李汝榮(字龍河)
(明・莒縣人)
［民國］重修莒志 61/5
35 **李沖**(五代)
［光緒］益都縣圖志 16/18
李沖(字雲九)
(清・嶧縣人)
［光緒］嶧縣 21/耆舊 8
李迪(字復古)
(宋・濮州鄄城人)
［嘉靖］山東 26/9,27/4,31/20
［康熙］山東 33/11,35/5,41/17
［雍正］山東 28/人物二 29
［宣統］山東 157/6
［嘉靖］青州 12/53
［萬曆］青州 12/15
［康熙十五年］青州 12/15
［康熙四十八年］青州 12/15
［康熙六十年］青州 12/10
［咸豐］青州 35/4
［萬曆元年］兗州 39/名宦 10
［萬曆二十四年］兗州 28/1
［康熙］兗州 22/1
［乾隆］泰安府 14/14
［萬曆］東昌 19/33
［乾隆］曹州府 14/23
［嘉靖］濮州 5/16
［萬曆］濮州 3/鄉賢 17
［康熙］濮州 3/47
［乾隆］濮州 3/48
［宣統］濮州 4/54
［康熙］東平州 4/34
［乾隆］東平州 12/12
［道光］東平州 12/12
［光緒］東平州 14/12
［民國］東平縣 9/7
［康熙六十年］博興 7/5
［光緒］益都縣圖志 16/26
李迪(字守道)
(明・嘉祥人)
［康熙］兗州續編 15/17
［乾隆］兗州 23/36
［乾隆］濟寧直隸州 24/41
［道光］濟寧直隸州 8/2－53
［順治］嘉祥 4/29
［乾隆］嘉祥 3/20
［光緒］嘉祥 3/20
李迪(字克修)
(清・壽光人)
［民國］壽光 12/人物志一 73
李津(明・廣東四會人)
［光緒］增修登州 32/2
［嘉靖］寧海州下/17
［同治］重修寧海州 12/9
［民國］牟平 6/71
李澧(字溁源)
(清・滿城人)
信邑志稿 5/宦蹟
李沛(清・棲霞人)

[光緒]增修登州 43/23
李清(唐・北海人)
[嘉靖]山東 34/15
[康熙]山東 47/7
[雍正]山東 30/8
[宣統]山東 200/22
[嘉靖]青州 16/53
[萬曆]青州 17/11
[康熙十五年]青州 17/11
[康熙四十八年]青州 17/仙釋 6
[康熙六十年]青州 20/10
[咸豐]青州 52/2
[嘉靖]昌樂 3/48
[康熙]昌樂 5/3
[民國]昌樂縣續志 38/1
[康熙]益都 10/26
[光緒]益都縣圖志 46/5
[乾隆二十五年]泰安縣 12/40
[乾隆四十七年]泰安縣卷之末/10
[道光]泰安縣卷之末/10
[民國]重修泰安縣 10/69
[民國]濰縣志稿 36/2
李清(字本澄)
(明・莘縣人)
[正德]莘縣 6/8
李清(字潤卿)
(清・莒縣人)
[民國]重修莒志 67/11
李清望(清・諸城人)
[光緒]增修諸城縣續志 16/18
李連玉(字金亭)
(長清人)
[民國]長清 13/30
李連元(字芳成)
(清・茌平人)
[宣統]茌平 16/3
[民國]茌平 3/17
李連元(清平人)
[民國]清平/人物 80
李沛霖(字雨臣)
(清・棲霞人)
[宣統]山東 176/17
[光緒]增修登州 41/31
[光緒]棲霞縣續志 6/宦績 1
李禮重(字沈肅)
(清・安邱人)
[道光]安邱新志 22/4
李連山(清・長清人)
[民國]長清 13/13
李清山(清・陽穀人)
[民國]增修陽穀人物/忠烈 22
李清然(清・臨邑人)
[康熙]濟南 44/34
[道光]濟南 56/42
[康熙]重修臨邑 10/15
[道光]臨邑 9/12
[同治]臨邑 9/孝義 3
李連魁(字冠軍)
(禹城人)
[民國]高唐縣 9/5－16
李清魁(清・寧陽人)
[光緒]寧陽 14/52
李清安(字荔村)
(清・商河人)
[民國]重修商河 8/62
李清濂(字少白)
(清・新泰人)
[宣統]山東 171/16
[乾隆]新泰 17/人物上增 5
新泰縣鄉土志/23
李清寅(原名鈞,以字行,又字襄衡)
(清・掖縣人)
[道光]再續掖縣上/56
李清江(清・鄆城人)
[光緒]鄆城 16/28
李清源(字左泉)
(清・商河人)
[民國]重修商河 8/22
李洙源(字景壇)
(清・齊河人)
[民國]齊河 26/30
李清洲(字仙瀛)
(清・陽穀人)
[民國]增修陽穀人物/師道 28
李清溥(字鏡遠)
(清・掖縣人)
[道光]再續掖縣上/56
李沖漢(明・丘縣庠生)
[康熙]山東 45/14
李沖漢(清・丘縣人)
[乾隆]東昌 43/23
李清漢(字倬雲)
(長清人)
[民國]長清 13/24
李清遠(清・寧陽人)
[光緒]寧陽 14/52
李清渭(字吏白)
(清・德州人)
[光緒]德州志略/人物傳略
[民國]德縣 10/51
德州鄉土志/耆舊 56
李清洵(字蘇泉)
(清・陽穀人)
[民國]增修陽穀人物/師道 26
李清運(字雨泉)
(清・金鄉人)
[民國]金鄉 13/23
李清濯(字澥三)
(清・高密人)
[光緒]高密 8/上 41
[民國]高密 14/上 43
高密縣鄉土志/上 37
李清裕(字沐齋)
(清・陽穀人)
[民國]增修陽穀人物/善行 50
李連奎(字聚五)
(清・陽信人)
[民國]陽信 5/清介 73
李清機(字奮侯,號芳園)
(清・安溪人)
[道光]濟寧直隸州 6/7－89
[乾隆]魚臺 9/49
[光緒]魚臺 2/56
李清基(清・臨沂人)
[民國]臨沂 10/55
李連朝(字俊昇)
(清・章邱人)
[道光]濟南 54/22

[道光]章邱 10/34
章邱縣鄉土志/上 21
李清幹(字濟亭)
(清・費縣人)
[光緒]費縣 11/19
李清泰(清・樂亭舉人)
[光緒]增修登州 30/5
[道光]招遠縣續志 2/15
李清輔(字世一)
(清・掖縣人)
[民國]四續掖縣 4/66
李連捷(清・鄆城人)
[光緒]鄆城 10/12
李清時(字授侯,號惠圃)
(清・福建安溪人)
[宣統]山東 74/52
[道光]濟南 37/48
[乾隆]濟寧直隸州 22/28
[道光]濟寧直隸州 6/7-65
李清照(號易安居士)
(宋・歷城人)
[雍正]山東 29/1
[宣統]山東 178/13
[道光]濟南 57/2
[崇禎]歷乘 16/54
[崇禎]歷城 10/25
[乾隆]歷城 40/5
[民國]續修歷城 51/6,51/13
[乾隆]諸城 36/3
[萬曆]章丘 28/52
[道光]章邱 12/91,16/28
李連璧(字相完)
(清・寧陽人)
[咸豐]寧陽 15/18
[光緒]寧陽 15/25
李清臣(字邦直)
(宋・魏人)
[光緒]益都縣圖志 16/41
李連陞(字級三)
(長清人)
[民國]長清 12/20
李清隆(清・高唐人)
[道光]高唐州 5/2-22
[光緒]高唐州 5/2-25
李清印(清・長清人)
[道光]濟南 56/62
[道光]長清 12/30
李連炳(字蔚堂)
(長清人)
[民國]長清 13/23
李連焜(字耀堂)
(長清人)
[民國]長清 12/19
36 **李昶**(北周・頓丘衛國人)
[宣統]山東 155/37
[道光]觀城 8/2
觀城縣鄉土志/耆舊
李昶(字士都)
(元・東平須城人)
[嘉靖]山東 25/9,30/56
[康熙]山東 31/11,40/54
[雍正]山東 28/人物二 56
[宣統]山東 158/11,162/32
[康熙]濟南 24/15
[道光]濟南 72/18
[乾隆]泰安府 18/10
[萬曆元年]兗州 40/諫議 20
[萬曆二十四年]兗州 35/27
[康熙]兗州 27/25
[康熙]東平州 4/9
[乾隆]東平州 14/6
[道光]東平州 14/6
[光緒]東平州 15/中 6
[民國]東平縣 11/上 30
東平州鄉土志上/耆舊錄 40
李邈(字彥思)
(宋・臨江清江人)
[嘉靖]山東 27/6
[雍正]山東 27/57
[宣統]山東 68/51
[嘉靖]青州 15/7
[萬曆]青州 12/22
[咸豐]青州 35/11
李泗(元・長清人)
[道光]長清 11/5
李渭(宋・河陽人)
[道光]東平州 10/上 13
李溫(字德潤)
(宋・嘉祥人)
[嘉靖]山東 30/52
[康熙]山東 40/50
[萬曆元年]兗州 40/政績 13
[萬曆二十四年]兗州 35/27
[康熙]兗州 27/24
[乾隆]兗州 23/31
[乾隆]濟寧直隸州 23/36
[道光]濟寧直隸州 8/2-19
[順治]嘉祥 4/27
[乾隆]嘉祥 3/18
[光緒]嘉祥 3/18
李溫(金・高苑人)
[康熙]高苑 5/8
[乾隆]高苑 5/10
李溫(明・菏澤人)
[康熙]曹州志 15/56
[康熙]兗州府曹縣 13/2
[光緒]曹縣 13/2
[光緒]菏澤 15/51
[光緒]新修菏澤 10/33
李暹(明・寧夏人)
[康熙六年]壽張 7/23
[康熙五十六年]壽張 7/43
[光緒]壽張 10/2
李暹(明・山西人)
[宣統]山東 71/13
[道光]濟南 36/27
[康熙四十三年]長山 3/宦績
[康熙五十五年]長山 3/33
[嘉慶]長山 5/42
李暹(明・揚州人)
[嘉靖]濮州 7/23
李湘(字永懷)
(明・江西廬陵人)
[萬曆二十四年]兗州 29/10
[康熙]兗州 22/31
[康熙]兗州續編 14/21
李湘(字永懷)
(明・南直泰和人)
[雍正]山東 27/84
[宣統]山東 71/30
[康熙]東平州 4/52
[乾隆]東平州 12/33
[道光]東平州 12/33
[光緒]東平州 14/33
[民國]東平縣 9/17
東平州鄉土志上/政績錄 14
李湘(字蓉州)

（清・長清人）
［民國］長清 11/16
李湘（字雲夢）
（清・武城人）
［民國］增訂武城續編 14/59
李湘（字際用）
（清・金鄉人）
［道光］濟寧直隸州 8/4－27
［咸豐］金鄉縣志略 9/中列傳二 14
［民國］金鄉 13/23
金鄉縣鄉土志/耆舊錄上
李湘（字楚航）
（清・歷城人）
［民國］續修歷城 41/13
李裀（字龍袞，一字澹園）
（清・高密人）
［宣統］山東 177/29
［乾隆］萊州 10/28
［康熙］高密 8/8，10/又 17
［乾隆］高密 8/上 9
［光緒］高密 8/上 9
［民國］高密 14/上 8
高密縣鄉土志/上 21
李澤（唐）
［萬曆］東昌 5/5
李澤（明・歷城人）
［宣統］山東 161/40
［道光］濟南 49/15
［乾隆］歷城 37/23
李澤（字春膏）
（清・霑化人）
［民國］霑化 3/10
李祝（唐）
［光緒］菏澤 4/3
李遇庚（字夢白）
（清・商河人）
［民國］重修商河 8/26
李遇丙（清・臨邑人）
［同治］臨邑 9/忠藎 5
李泗泉（字磐濱，號東山）
（清・茌平人）
［民國］茌平 3/16
李溫皋（字和公，號惕菴）
（清・濟寧人）
［宣統］山東 200/16
［乾隆］濟寧直隸州 28/20
［道光］濟寧直隸州 8/4－47
李澤宸（字潤民）
（清・利津人）
［民國］利津縣續志 7/宦蹟 2
李泗源（字芹香）
（清・齊河人）
［民國］齊河 26/41
李澤浩（字恩灣）
（清・夏津人）
［民國］夏津續編 8/26
李湘棻（字雲舫）
（清・安丘人）
［宣統］山東 175/14
［民國］續安邱新志 17/4
安丘縣鄉土志 7/耆舊錄 4
李湘茝（字春畹）
（清・安丘人）
［宣統］山東 175/30
［咸豐］青州 50/3
［民國］續安邱新志 17/1
安丘縣鄉土志 7/耆舊錄 4
李澤均（字育寰）
（清・夏津人）
［民國］夏津續編 8/8
李遇春（明・蒙陰人）
［康熙十一年］蒙陰 2/53
李遇春（明・英山人）
［隆慶］單縣上/重 36
［順治］單縣 2/11
李遇春（字逢時）
（清・鄆城人）
［光緒］鄆城 8/29
李遇泰（字詹亭）
（清・諸城人）
［光緒］增修諸城縣續志 12/30
李澤昌（字子文）
（清・利津人）
［民國］利津縣續志 7/義行 7
李澤長（字雨村，號春如）
（清・博山人）
［民國］續修博山 9/28，12/63
李澤普（字萬霑）
（清・壽光人）
［民國］壽光 12/人物志二 19
李澤棠（字惠南）
（德縣人）
［民國］德縣 10/79
李昶炘（清・齊東人）
［民國］齊東 5/31
齊東縣鄉土志/兵事錄 3
37 **李冠**（字元伯）
（宋・齊州歷城人）
［嘉靖］山東 29/14
［康熙］山東 39/12
［雍正］山東 28/人物二 22
［宣統］山東 163/23
［康熙］濟南 42/8
［道光］濟南 47/28
［崇禎］歷乘 16/9
［崇禎］歷城 10/6，10/25
［乾隆］歷城 40/3
李涵（字養徵，一字繩剛，一作繩岡）
（明・安丘人）
［雍正］山東 28/人物三 73
［宣統］山東 166/12
［康熙四十八年］青州 15/卓行 15
［康熙六十年］青州 18/14
［咸豐］青州 46/13
［康熙］續安丘 22/31
安丘縣鄉土志 5/耆舊錄 2
李涵（明・鳳翔人）
［宣統］山東 72/49
［乾隆］東昌 35/20
［嘉慶］東昌 22/24
［道光］高唐州 7/1－12
［光緒］高唐州 7/1－12
［民國］高唐縣 9/5－7
李涵（字宏蘊）
（清・武城人）
［道光］武城續編 10/5
李鴻（字聲遠）
（清・禹城人）
［道光］濟南 56/41
李鴻（清・鄒平人）
［民國］鄒平 15/109
李湖（字漫堂，一字又川，號

恕齋）
（清・江西南昌人）
［宣統］山東 76/50
［光緒］增修登州 32/4
［同治］重修寧海州 12/14
［乾隆］郯城 7/28
［民國］牟平 6/77
［道光］武城續編 9/2
［民國］增訂武城續編 9/1
武城縣鄉土志略/政績錄
李渾（字季初）
（北魏・趙郡柏人）
［雍正］山東 31/13
［宣統］山東 67/17
［嘉靖］青州 15/62
［萬曆］青州 15/60
［康熙十五年］青州 15/60
［康熙四十八年］青州 15/僑寓 7
［康熙六十年］青州 20/16
［咸豐］青州 53/8
［光緒］益都縣圖志 15/16
李潔（明・博平人）
［正德］博平 4/65
李迴（字奇生）
（清・德州人）
［光緒］德州志略/人物傳略
德州鄉土志/耆舊 56
李迴（字奉倩）
（清・壽光人）
［雍正］山東 28/人物四 34
［宣統］山東 175/6
［康熙四十八年］青州 15/卓行 17
［康熙六十年］青州 16/40
［咸豐］青州 47/6
［康熙］壽光 21/12
［嘉慶］壽光 12/16
［民國］壽光 12/人物志一 29
壽光縣鄉土志/耆舊
李洞（字溉之）
（元・滕州人）
［嘉靖］山東 30/57,34/3
［康熙］山東 40/55,48/2
［雍正］山東 28/人物二 66
［宣統］山東 163/27
［康熙］濟南 50/6
［道光］濟南 62/4
［萬曆元年］兗州 40/文苑 17
［萬曆二十四年］兗州 35/32
［康熙］兗州 27/30
［乾隆］兗州 23/34
［崇禎］歷乘 16/61
［崇禎］歷城 10/29
［乾隆］歷城 47/2
［萬曆］滕志 7/23
［康熙］滕志 7/22
［康熙］滕縣志 7/20
［道光］滕縣志 7/18
滕縣鄉土志/15
李泂（字伯遠,號稺石）
（明・萊陽人）
［康熙］萊陽 8/9
［民國］萊陽 3/1 中 14,
李瀾（清・鄒平人）
［民國］鄒平 15/115
李瀗（字若千）
（清・安丘人）
［宣統］山東 175/43
［咸豐］青州 49/7
［道光］安邱新志 19/4
安丘縣鄉土志 9/耆舊錄 6
李祿（字天爵）
（明・高苑人）
［萬曆］青州 14/17
［康熙十五年］青州 14/17
［康熙四十八年］青州 14/孝友 7
［康熙六十年］青州 17/12
［康熙］高苑 6/4
［乾隆］高苑 6/4
李祿（清・平度人）
［道光］重修平度州 19/40
李湄（字潛菴）
（清・膠州人）
［乾隆］膠州 4/65
［道光］重修膠州 28/1
［民國］增修膠志 42/1
膠州直隸州鄉土志 4/文學
李凝（唐）
［康熙］單縣 6/19
李凝（明・長清人）
［康熙］濟南 44/12
［道光］濟南 52/26
［康熙］長清 9/69
［道光］長清 13/2
李潤（唐・常山人）
［乾隆］淄川 4/3
李通（宋・蓬萊人）
［萬曆］青州 15/61
［康熙十五年］青州 15/61
［康熙四十八年］青州 15/僑寓 8
［嘉靖］昌樂 3/50
［康熙］昌樂 5/4
［嘉慶］昌樂 29/2
李通（明・樂安人）
［雍正］樂安 13/2
李渥（明）
［萬曆］青州 12 又/又 22
［康熙十五年］青州 12 又/又 22
［康熙四十八年］青州 12 又/又 22
李遐（字智遠）
（後魏・隴西狄道人）
［康熙］萊陽 5/2
李遐（五代・兗州人）
［宣統］山東 156/20
李栩（唐・隴西人）
［崇禎］武定州 14/5
［乾隆］武定府 15/5
［咸豐］武定府 15/5
［乾隆］惠民 5/4
［光緒］惠民卷末/2
李通（字惠倩）
（清・壽光人）
［民國］壽光 16/29
李沼（字君城）
（清・夏津人）
［民國］夏津續編 10/6
李濯（字澤亭）
（清・商河人）
［民國］重修商河 9/17
李洞庭（清）
［民國三年］慶雲 2/77
李逢文（霑化人）
［民國］霑化 4/登進 48

李鴻慶(字儀亭)
(臨邑人)
[民國]續修臨邑 3/8
李鴻謨(字虞臣)
(牟平人)
[民國]牟平 7/25
李資課(明・松江人)
[崇禎]新城 6/知縣
[民國]重修新城 10/4
李逢麟(字純仁)
(清・武城人)
[民國]增訂武城續編 10/8
李冠三(字巨卿)
(清・商河人)
[民國]重修商河 9/18
李鴻雷(字仲默,一作仲猷)
(清・新城人)
[道光]濟南 55/46
[宣統]新城縣後志 2/宦績
[民國]重修新城 16/15
新城縣鄉土志/耆舊－清
李鴻霆(字季霖,號厚餘)
(清・新城人)
[道光]濟南 55/46
[康熙]新城 7/40
[民國]重修新城 16/6
新城縣鄉土志/耆舊－清
李凝斐(字竹君)
(清・金鄉人)
[民國]金鄉 13/續增 4
李淑孔(字魯田)
(清・膠州人)
[道光]重修膠州 29/32
[民國]增修膠志 45/17
李祖登(清・桓臺人)
[民國]桓臺 3/36
李鴻功(字勛忱)
(高密人)
[民國]高密 10/10
李河酌(字愨齋)
(清・單縣人)
[民國]單縣 10/8
李淑孕(字孺真)
(清・安丘人)
[咸豐]青州 46/15
[康熙]續安丘 22/又 31
安丘縣鄉土志 6/耆舊錄 3
李淑虎(北魏・渤海蓚人)
[嘉靖]武定州下/46
[萬曆]武定州 10/2
[崇禎]武定州 7/7
[乾隆]武定府 16/2
[咸豐]武定府 19/2
[乾隆]樂陵 4/45
樂陵縣鄉土志 2/6
[乾隆]惠民 5/9
[光緒]惠民 18/3
惠民縣鄉土志/政績錄 2
李祿岑(清・平度人)
平度鄉土志 4 上/鄉賢
李凝德(字道叢)
(清・長山人)
[道光]濟南 55/35
[嘉慶]長山 8/27
李潤紳(字樹臣,一字書忱)
(牟平人)
[民國]牟平 7/26
李逢和(字融菴)
(清・博平人)
[光緒]博平縣續志 10/65
李凝和(字晴野,號素岑)
(清・閬中人)
[道光]濟寧直隸州 6/7－82
李瀾修(字馨儀)
(清・鉅野人)
[道光]鉅野 13/55
李鴻儀(霑化人)
[民國]霑化 4/登進 48
李遐齡(明・東昌府人)
[乾隆]東昌 39/32
李冠瀛(清・直隸人)
[宣統]山東 77/16
[咸豐]青州 37/23
[道光]安邱新志 16/2
安丘縣鄉土志 2/政績錄
李鴻賓(陽穀人)
[民國]增修陽穀人物/仕宦 25
李鴻禎(字瑞卿)
(清・桓臺人)
[民國]桓臺 3/31
李鴻漸(清・萊蕪人)
[民國]續修萊蕪 23/7
李鴻漸(字逵九)
(恩縣人)
[民國]重修恩縣 11/鄉賢 37
李溯清(字天一)
(清・嶧縣人)
[光緒]嶧縣 21/耆舊 16
李鴻祖(字誦亭)
(清・文登人)
[光緒]增修登州 39/44
[光緒]文登 9/下 2－1
李潤深(字滋甫)
(清・平原人)
[民國]續修平原 6/9
李資深(明・廣西人)
[乾隆]東昌 34/8
[嘉慶]東昌 21/26
[康熙]重修清平下/3
[嘉慶]清平 13/3
[宣統]增輯清平 11/2
[民國]清平/秩官 28
李鴻道(南北朝・濮陽人)
[嘉靖]濮州 5/6
李鴻祥(字夢符)
(清・桓臺人)
[民國]桓臺 3/27
李潤南(東阿人)
[民國]東阿 15/2
李瀨南(清・鄒平人)
[民國]鄒平 15/112
李初妍(字完白)
(清・寧海人)
[雍正]山東 28/人物四 51
[宣統]山東 176/50
[乾隆]續登州 10/5
[康熙]寧海州 9/8
[同治]重修寧海州 17/21
[民國]牟平 7/13
李逢英(字化瞻)
(清・濟寧人)
[道光]濟寧直隸州 8/4－27
金鄉縣鄉土志/耆舊錄上
李冠英(字伯豪)
(清・壽光人)
[民國]壽光 12/人物志一 97
李鴻基(字履軒,號菊坪)

（清・濱州人）
濱州鄉土志/耆舊錄
李鴻基(字培之)
（清・鉅野人）
［民國］續修鉅野 5/上 29
李鴻藻(字詞臣)
（清・歷城人）
［民國］續修歷城 42/13
［民國］無棣 11/26
李凝芳(字香珊)
（清・歷城人）
［民國］續修歷城 44/28
李祖樹(明・萊陽人)
［民國］萊陽 3/1 中 18
李祖植(明・萊陽人)
［民國］萊陽 3/1 中 18
李鴻聲(字鹿村)
（平原人）
［民國］續修平原 8/25
李深埠(字梅村,自號遂志)
（清・莒縣人）
［民國］重修莒志 67/11
李逢春(號雙橋)
（明・長清人）
［康熙］濟南 45/7
［道光］濟南 52/22
［康熙］長清 9/60
［道光］長清 11/21
李逢春(字少潭)
（清・定州人）
［民國］增訂武城續編 9/3
李逢春(字仲陽)
（清・陽穀人）
［民國］增修陽穀人物/武學師 30
李逢泰(字保齋)
（清・臨沂人）
［民國］續修臨沂 16/25
李鴻圖(見李洪圖)
李潤田(字紫橋)
（寧津人）
寧津縣志料 3/人物－義行
李淑甲(字東川,號五峯)
（清・霑化人）
［光緒］霑化 10/28
［民國］霑化 3/6
李運昌(字宸生)
（清・肥城人）
肥城縣鄉土志 5/27
李逢時(字化甫)
（明・德州人）
［康熙］山東 39/27
［雍正］山東 28/人物三 40
［宣統］山東 160/28
［道光］濟南 52/40
［康熙］德州 8/19
［乾隆］德州 9/16
州乘餘聞/8
德州鄉土志/耆舊 6
［民國］德縣 10/12
李鴻煦(字藝林)
（霑化人）
［民國］霑化 3/11
李淑明(濟寧人)
［民國］濟寧縣 3/6
李涵雅(字文山)
（清・德平人）
［民國］德平縣續志 6/3
李冠卿(字月軒)
（清・慶雲人）
［民國三年］慶雲 2/98
李潤民(明・山陽人)
［宣統］山東 71/33
［乾隆］泰安府 15/23
李逸民(元・寧海人)
［同治］重修寧海州 17/7
李鴻猷(清・高唐人)
［光緒］高唐州 5/2－37
［民國］高唐縣 12/47
李淑欽(清・浙江蘭溪人)
［乾隆］郯城 9/18
38 **李道**(字文明)
（明・章邱人）
［道光］章邱 16/79
李淦(字濟川)
（清・直隸滿城人）
［宣統］山東 76/11
［民國］濟寧直隸州續志 10/53
［光緒］魚臺 2/57
李海(字仲容)
（明・鄒平人）
［道光］濟南 50/5
［嘉慶］鄒平 9/38
［道光］鄒平 9/38,15/22
［民國］鄒平 15/22
李海(清・諸城人)
［光緒］增修諸城縣續志 14/7
李渰(宋)
［順治］鄒平 4/8
李瀚(清・東平人)
［乾隆］東平州 15/20
［道光］東平州 15/20
［光緒］東平州 15/下 28
［民國］東平縣 11/下 5
李瀚(字文瀾,一作瀾文)
（清・奉天漢軍鑲黃旗人）
［宣統］山東 77/29
［咸豐］青州 37/20
［光緒］增修登州 34/1
［道光］重修膠州 23/13
［民國］增修膠志 18/12
膠州直隸州鄉土志 3/政績－濬河
［乾隆］諸城 28/14
諸城縣鄉土志/上 11
［道光］榮成 6/25
李榮(字信亭)
（清・諸城人）
［道光］諸城縣續志 20/2
李縈(字戟門)
（清・高唐人）
［民國］高唐縣 12/89,15/79
李洽(唐・隴西人)
［崇禎］武定州 14/5
［乾隆］武定府 15/5
［咸豐］武定府 15/5
［乾隆］惠民 5/4
［光緒］惠民卷末/1
李洽(字廣容)
（清・歷城人）
［民國］續修歷城 44/29
李祥(明・夏津人)
［康熙］夏津 5/17
李溢(字守謙)

（明・利津人）
［嘉靖］山東 29/23
［康熙］山東 39/22
［雍正］山東 28/人物三 5
［宣統］山東 161/29
李裕（字好問）
（元・壽光人）
［嘉靖］青州 15/55
［萬曆］青州 14/39
［康熙十五年］青州 14/38
［康熙四十八年］青州 14/隱逸 12
［康熙六十年］青州 20/4
［咸豐］青州 42/17
［康熙］壽光 28/2
［嘉慶］壽光 15/2
［民國］壽光 12/人物志二 2
壽光縣鄉土志/耆舊
李裕（字資德）
（明・江西豐城人）
［雍正］山東 27/12
［宣統］山東 70/23
［道光］濟南 35/33
李瀹（明・北直永平人）
［宣統］山東 72/20
［萬曆］沂州志 6/14
［乾隆］沂州府 20/7
［康熙］郯城 6/4
［乾隆］郯城 7/25
李滋（字調元）
（清・霑化人）
［光緒］霑化 8/18
［民國］霑化 2/47
李道廣（清・臨朐人）
光緒臨朐 16/4
［民國］臨朐續志 22/28
李啟彥（字春山）
（清・淄川人）
［宣統］三續淄川 9/89
李裕方（字東白）
（清・德平人）
［民國］德平縣續志 6/13
李肇慶（字喬雲，號餘堂）
（清・歷城人）
［民國］續修歷城 39/31
李祥麟（清・堂邑人）
［乾隆］東昌 43/5
［嘉慶］東昌 32/31
李道一（字貫之）
（清・德州人）
［民國］德縣 10/71
李道元（號清貧）
（元・衛輝人）
［光緒］文登 12/3
李道恐（見李道空）
李啟秀（字文海）
（清・淄川人）
［宣統］三續淄川 9/91
李裕雋（字七復）
（清・鄆城人）
［康熙］鄆城 6/20
李裕後（字佑堂）
（清・歷城人）
［民國］續修歷城 40/23
李肇勳（字紀常，號小岑）
（清・濮州人）
［宣統］濮州 6/13
李肇勳（字放公）
（清・章邱人）
［道光］濟南 54/23
［道光］章邱 10/46
李道傳（蓬萊人）
［民國］蓬萊縣志合編人物志/忠勇
李祥生（清・莘縣人）
［光緒］莘縣 7/40
［民國］莘縣 7/30
莘縣鄉土志/孝友 23
李道修（字敬堂）
（清・博平人）
［光緒］曹縣 9/教諭 5
李道空（晉・陽信人）
［雍正］山東 30/6
［康熙］濟南 51/2
［乾隆］武定府 26/37
［咸豐］武定府 26/仙釋 2
［康熙］陽信 9/38
［乾隆］陽信 7/62
［民國］陽信 5/仙釋 86
信邑志稿 7/仙釋
李道宗（字承範）
（唐）
［萬曆二十四年］兗州 9/25
［康熙］兗州 10/25
李裕之（字問谷）
（清・壽光人）
［民國］壽光 12/人物志一 98
李肇淮（字均齋）
（清・諸城人）
［道光］諸城縣續志 19/12
李導江（字又東，一字岷源，號南村）
（清・淄川人）
［宣統］三續淄川 9/57
李肇源（字河先）
（清・諸城人）
［道光］諸城縣續志 15/8
李肇淮（字荊溪）
（清・諸城人）
［道光］諸城縣續志 15/6
李淪清（又名建行）
（清・昌樂人）
［民國］昌樂縣續志 35/10
李裕杰（字六超）
（清・鄆城人）
［康熙］鄆城 6/4
［光緒］鄆城 7/4
李裕奇（字大可）
（清・鄆城人）
［光緒］鄆城 5/24
李祥機（清・恩縣人）
［宣統］重修恩縣 8/48
［民國］重修恩縣 11/鄉賢 67
李肇華（字梅菴）
（清・德州人）
［民國］德縣 10/70
李肇基（清・膠州人）
［民國］增修膠志 44/16
李滋茂（字劍泉）
（清・金鄉人）
［民國］金鄉 14/13
李道泰（清・樂安人）
［民國］續修廣饒 19/55
李啟東（字伯生）
（明・堂邑人）
［順治］堂邑 2/人物 23
［康熙］堂邑 14/3
李肇春（字稼卿）

(清・清苑人)
[宣統]聊城 6/2－7
聊城縣鄉土志/8
李道昌(字大來,號匪莪)
(清・海豐人)
[雍正]山東 28/人物四 11
[宣統]山東 171/17
[康熙]濟南 35/29
[乾隆]武定府 23/30
[咸豐]武定府 23/名臣 30
[康熙]海豐 10/18
海豐縣鄉土志/耆舊－事業
[民國]無棣 10/5,22/9
李海晏(清・汶上人)
[宣統]四續汶上稿/人物－耆德傳
李啟昆(字紹先)
(清・齊河人)
[民國]齊河 23/82
李浴日(字滄初)
(清・掖縣人)
[乾隆]掖縣 4/34
李肇驥(清・諸城人)
[光緒]增修諸城縣續志 15/8
李啟賢(字汲滋)
(清・利津人)
[咸豐]武定府 26/義行 32
[光緒]利津 8/孝友 6
李啟美(字充實)
(清・陽信人)
[民國]陽信 5/耆碩 61
李道常(東阿人)
[民國]東阿 15/5
39 **李泮**(字樂思)
(清・日照人)
[光緒]日照 8/31
李濚(字禹門)
(清・高邑人)
[宣統]山東 75/56
[光緒]滋陽 7/8
滋陽縣鄉土志 1/政績
李泮池(清・鄆城人)
[光緒]鄆城 5/32
李泮林(字芹香)
(清・德平人)
[民國]德平縣續志 6/8
李泮林(清・費縣人)
[光緒]費縣 11/49
李泮林(字樂堂)
(清・陽信人)
[民國]陽信 5/篤行 41
李泮竹(字魯筠)
(清・金鄉人)
[民國]金鄉 13/續增 4
金鄉縣鄉土志/耆舊錄上
40 **李坊**(字枚珊)
(清・平度人)
[民國]平度縣續志 8/15,8/19
李境(清・河南人)
[康熙]膠州 5/17
李奎(明・安定人)
[康熙十一年]堂邑 2/職官 9
[康熙]堂邑 8/6
李木(字時升)
(明・曹縣人)
[萬曆二十四年]兗州 36/6
[康熙]兗州 28/5
[康熙]曹州志 15/58
[乾隆]曹州府 15/3
[康熙]兗州府曹縣 13/8
[光緒]曹縣 13/7
[光緒]新修菏澤 10/20
菏澤縣鄉土志/17
李奈(明・恩縣人)
[乾隆]東昌 42/28
[嘉慶]東昌 32/24
[宣統]重修恩縣 8/46
[民國]重修恩縣 11/鄉賢 66
李柰(字時珍)
(明・蒙陰人)
[嘉靖]青州 14/29
[萬曆]青州 13/43
[康熙十五年]青州 13/43
[康熙四十八年]青州 13/事功 26
[康熙六十年]青州 16/14
[乾隆]沂州府 27/3
[康熙十一年]蒙陰 2/2
[康熙二十四年]蒙陰 4/2
[宣統]蒙陰 4/名獻
李柰(字品珍)
(清・曹縣人)
[光緒]曹縣 14/行誼 30
李培(字少春)
(明・利津人)
[康熙]濟南 36/16
[乾隆]武定府 23/22
[咸豐]武定府 23/名臣 22
[康熙]利津縣新志 8/16
[光緒]利津 7/宦蹟 4
李培(明・新城人)
[道光]濟南 51/38
李培(字栽之,號雪堂)
(清・齊東人)
[民國]齊東 5/53,6/45
齊東縣鄉土志/耆舊錄 9
李培(字值庵)
(清・曲阜人)
[民國]續修曲阜 8/60
李培(字篤齋)
(清・樂安人)
[民國]樂安 10/34
[民國]續修廣饒 19/67
李培(清・鄒平人)
[民國]鄒平 15/112
李森(字時茂)
(明・歷城人)
[嘉靖]山東 29/25
[康熙]山東 39/23
[雍正]山東 28/人物三 12
[宣統]山東 159/10
[康熙]濟南 37/5
[道光]濟南 49/6
[崇禎]歷乘 16/17
[崇禎]歷城 10/12
[乾隆]歷城 37/8
李森(明・陝西同州人)
[順治]定陶 4/6
李眘(字思行,號緘菴)
(清・霑化人)
[光緒]霑化 7/16
[民國]霑化 2/11
李壽(字大年)
(明・范縣人)
[萬曆]濮州 3/鄉賢 40

李爽(清・商河人)
[民國]重修商河 9/20
商河縣鄉土志 3/耆舊-學問
李壇(見李壇)
李檀(字貞吉)
(清・鄆城人)
[康熙]鄆城 5/37
[光緒]鄆城 5/41,16/23
李塘(明・萊陽人)
[民國]萊陽 3/1 中 9
李燾(漢)
[宣統]山東 66/28
[咸豐]青州 34/9
[民國]臨淄 18/4
李雄(宋・北海人)
[民國]濰縣志稿 32/1
李雄(字世傑)
(明・堂邑人)
[乾隆]東昌 38/15
[嘉慶]東昌 28/15
[順治]堂邑 2/人物 7
[康熙十一年]堂邑 2/人物 3
[康熙]堂邑 16/3
堂邑縣鄉土志/耆舊錄
李堉(字石農)
(清・高密人)
[民國]高密 14/上 71
李真(明・臨朐人)
[嘉靖]臨朐 3/11
李志(晉)
[宣統]山東 66/38
李志(明・博平人)
[正德]博平 4/63
李志(明・莘縣人)
[嘉靖]山東 35/4
[康熙]山東 45/12
[乾隆]東昌 42/15
[嘉慶]東昌 32/15
[正德]莘縣 6/29
[康熙十一年]莘縣 7/9
[康熙五十六年]莘縣 7/9
[光緒]莘縣 7/37
[民國]莘縣 7/28
莘縣鄉土志/孝友 22
李梓(字友桐)
(清・霑化人)
[光緒]霑化 10/24
[民國]霑化 3/2
李大方(字鑑塘)
(清・平原人)
[民國]續修平原 10/上 25
李嘉言(字孔彰)
(清・利津人)
[光緒]利津 7/宦蹟 16
李九章(明・郯城人)
[康熙]郯城 8/10
李克廣(字德心)
(清・章邱人)
[道光]濟南 61/7
[道光]章邱 11/76
李南文(清・高密人)
[光緒]高密 8/上 42
[民國]高密 14/上 45
高密縣鄉土志/上 37
李士賡(字明揚)
(清・博興人)
[道光]博興 11/37
[民國]重修博興 13/35
李士康(清・平原人)
[民國]續修平原 10/上 12
李士彥(字應徵)
(清・東昌府人)
[乾隆]東昌 40/33
李有章(字斐文)
(清・壽張人)
[光緒]壽張 7/18
李杰龍(清・肥城人)
肥城縣鄉土志 5/16
李杰龍(字光四)
(清・汶上人)
[宣統]山東 172/5
[宣統]四續汶上稿/人物-忠烈傳
李士龍(字文燮)
(明・魚臺人)
[康熙]魚臺 17/45
[乾隆]魚臺 11/11
[光緒]魚臺 3/6
李希顏(字友仁,號靜山)
(元・滕州人)
[宣統]滕縣續志稿 3/53
[民國]續滕縣志 2/4
李希顏(清・臨淄人)
[康熙]臨淄 9/15
[民國]臨淄 24/15
李士端(清・平原人)
[民國]續修平原 10/上 12
李有誠(字桂枝)
(清・黃縣人)
[光緒]增修登州 43/8
[同治]黃縣 8/8
[民國]黃縣志稿 13/清仕續
李嘉謨(字告從)
(清・霑化人)
[光緒]霑化 8/13
[民國]霑化 2/41
李克訥(字敏齋)
(清・寧陽人)
[光緒]寧陽 15/21
李希靖(清・陽穀人)
[康熙]陽穀 4/19
[光緒]陽穀 9/4
李才望(號雙泉)
(清・惠民人)
[康熙]濟南 44/36
[乾隆]武定府 25/12
[咸豐]武定府 25/孝友 12
[乾隆]惠民 5/52
[光緒]惠民 21/3
惠民縣鄉土志/耆舊錄 7
李大韶(字夔業,號象軒)
(清・金鄉人)
[咸豐]金鄉縣志略 9/中列傳二 9
[民國]金鄉 13/19
李九韶(明・臨淄人)
[康熙]臨淄 9/24
[民國]臨淄 23/11
李嘉麟(字紱堂)
(清・聊城人)
[宣統]聊城 8/97
李培麟(字雲符)
(清・德州人)
[民國]德縣 10/75
李克釐(字欽符,一作欽敷)
(清・新城人)

[道光]濟南 55/76
[宣統]新城縣後志 2/善行
[民國]重修新城 16/13
新城縣鄉土志/耆舊－清
李培元(清・平度人)
[道光]重修平度州 19/18
平度鄉土志 4 上/鄉賢
李士元(字德一,一作得一,號青嶼)
(明・金鄉人)
[乾隆]濟寧直隸州 24/41
[道光]濟寧直隸州 8/2－52
[康熙十二年]金鄉 5/2
[康熙五十一年]金鄉 11/10
[乾隆]金鄉 18/61
[咸豐]金鄉縣志略 9/上 15
[民國]金鄉 13/12
金鄉縣鄉土志/耆舊錄上
李士元(字小溪)
(清・直隸通州人)
[康熙六十年]青州 16/47,22/58
[咸豐]青州 36/45
李士璋(明・陽穀人)
[康熙十二年]陽穀 3/32
[康熙]陽穀 3/29
[光緒]陽穀 6/32
李士璋(字奉峨)
(清・壽光人)
[民國]壽光 12/人物志二 20
李垚晉(字文圃)
(清・膠州人)
[民國]增修膠志 45/22
李培碩(字若谷)
(清・泰安人)
[民國]重修泰安縣 8/29
李嘉瑞(明・貴州貴陽人)
[道光]濟南 36/32
[天啟]新城 6/教諭
[崇禎]新城 6/教諭
[康熙]新城 5/9
[民國]重修新城 10/16
李克型(清・新城人)
[宣統]新城縣後志 3/孝友
李希孔(字泗傳)
(明・昌邑人)
[康熙]昌邑 6/27
[乾隆]昌邑 6/169
[光緒]昌邑縣續志 6/26
李希烈(唐・燕州遼西人)
[嘉靖]山東 27/22
李在廷(字升之)
(清・臨朐人)
光緒臨朐 14/下 13
李希武(字孝堂)
(清・臨朐人)
[民國]臨朐續志 20/24
李士瑾(字來章)
(清・鉅野人)
[康熙]兗州續編 16/21
[康熙]鉅野 11/28
[道光]鉅野 13/53
李士琳(字藍圃)
(清・歷城人)
[道光]濟南 53/34
[民國]續修歷城 39/8
李士琪(字石圃)
(清・歷城人)
[道光]濟南 53/34
[民國]續修歷城 39/8
李右瑾(清・濟寧人)
[民國]濟寧直隸州續志 14/9
[民國]金鄉 14/9
李士珠(字寶巖)
(清・歷城人)
[道光]濟南 53/33
[民國]續修歷城 39/7
李嘉理(號藍圃)
(清・鉅野人)
[道光]鉅野 13/38
李大盈(清・高唐人)
[宣統]山東 174/19
[嘉慶]東昌 31/15
[道光]高唐州 5/2－3
[光緒]高唐州 5/2－3
[民國]高唐縣 12/76
李奮翼(字雲若)
(明・金鄉人)
[民國]金鄉 13/14
李奎聚(字星五)
(清・東平人)
[光緒]東平州 15/下 46
[民國]東平縣 11/下 17
東平州鄉土志上/耆舊錄 38
李士琛(字獻南)
(清・歷城人)
[道光]濟南 53/34
[民國]續修歷城 39/8
李士璵(字耀閭)
(清・堂邑人)
[乾隆]東昌 43/5
[嘉慶]東昌 32/32
李希孟(清・平度人)
[民國]平度縣續志 7/26
李希孟(清・陽穀人)
[民國]增修陽穀人物/武功 8
李希孟(長清人)
[民國]長清 13/28
李在子(字尚友,號盤衢)
(清・鄆城人)
[康熙]鄆城 6/12
[光緒]鄆城 7/12
李存珍(字子玉)
(長清人)
[民國]長清卷首/史略 1,13/26
李奎珍(明・莘縣人)
[民國]莘縣 6/17
李奇珍(明・莘縣人)
[民國]莘縣 6/16
李士瑜(字丹崖)
(清・鉅野人)
[康熙]鉅野 11/28
[道光]鉅野 13/45
李士瑜(字荊圃)
(清・歷城人)
[道光]濟南 53/34
[民國]續修歷城 39/8
李在璇(字燦章)
(清・費縣人)
[光緒]費縣 11/43
李存仕(明・昌邑人)
[康熙]山東 45/23
[康熙]萊州 10/67
[乾隆]萊州 11/孝義 9

萊州府鄉土志/下 18
[康熙]昌邑 6/30
[乾隆]昌邑 6/174
李大受(字德涵)
(清・沂水人)
[道光]沂水 7/35
李克信(清・章邱人)
[道光]章邱 10/34
李培秀(字俊甫)
(清・掖縣人)
[民國]四續掖縣 6/23
李希禹(字景夏)
(清・壽張人)
[光緒]壽張 7/16
李大順(字時和)
(明・濟寧人)
[康熙]濟寧州 6/33
[乾隆]濟寧直隸州 24/17
[道光]濟寧直隸州 8/2-31
李大順(清・臨淄人)
[咸豐]青州 47/2
[民國]臨淄 25/35
臨淄縣鄉土志/耆舊錄
李嘉行(字伯敏)
(明・費縣人)
[康熙]兗州續編 16/37
[萬曆]沂州志 7/37
[乾隆]沂州府 26/8
[康熙]費縣 7/11
[光緒]費縣 10/81
費縣鄉土志/耆舊錄-事業
李克仁(字裕萬)
(清・金鄉人)
[道光]濟寧直隸州 8/4-41
[咸豐]金鄉縣志略 9/中列傳二 12
[民國]金鄉 14/5
李克順(字希文)
(清・臨淄人)
[民國]臨淄 25/37
李克順(字巽齋)
(清・平度人)
[民國]平度縣續志 8/9
李士衡(唐)
[順治]鄒平 4/8
[康熙]鄒平 4/7
李士衡(宋,見李仕衡)
李士儒(字聖傳)
(明・平原人)
[民國]續修平原 6/3
李太貞(清・高唐人)
[道光]高唐州 5/2-21
[光緒]高唐州 5/2-24
[民國]高唐縣 12/50
李希虞(清・汶上人)
[宣統]四續汶上稿/人物-孝弟傳
李友仁(清・東平人)
[光緒]東平州 15/中 39
李在仁(明・昌邑人)
[光緒]昌邑縣續志 6/17
李大山(清・博興人)
[道光]博興 11/37
[民國]重修博興 13/35
李大山(清・金鄉人)
[咸豐]金鄉縣志略 9/中列傳二 16
[民國]金鄉 14/6
李大崧(字尊五)
(清・臨沂人)
[民國]臨沂 10/57
李嘉樂(清・河南光州人)
[光緒]益都縣圖志 18/54
李有繼(字星垣)
(清・無棣人)
[民國]無棣 13/19
李在巒(字登石)
(清・日照人)
[光緒]日照 8/22
李在山(清・新城人)
[宣統]新城縣後志 3/耆壽
李士俊(明・臨朐人)
[康熙]臨朐縣志書 3/54
李士俊(清・臨淄人)
[康熙]山東 45/6
[道光]濟南 72/44
[民國]臨淄 30/38
李友參(字孝可,號可園)
(明・菏澤人)
[康熙]曹州志 12/19
[光緒]菏澤 12/19
[光緒]新修菏澤 10/39
李才魁(字首泉)
(清・惠民人)
[乾隆]武定府 26/12
[咸豐]武定府 26/義行 12
[乾隆]惠民 5/61
[光緒]惠民 22/3
惠民縣鄉土志/耆舊錄 14
李大德(清・朝城人)
[民國]朝城縣續志 1/36
李大德(清・德平人)
[光緒]德平 7/26
李大化(字時熙)
(明・濟寧人)
[康熙]濟寧州 6/34
[乾隆]濟寧直隸州 24/18
[道光]濟寧直隸州 8/2-31
李九德(明・金鄉人)
[民國]金鄉 14/3
李九科(清・陽信人)
[乾隆]武定府 26/28
[康熙]陽信 9/33
[乾隆]陽信 7/56
[民國]陽信 5/耆碩 56
信邑志稿 7/耆碩
李森先(字琳枝,一作琳之)
(清・平度人)
[康熙]山東 44/12
[雍正]山東 28/人物四 6
[宣統]山東 177/1
[康熙]萊州 10/44
[乾隆]萊州 10/29
[道光]重修平度州 18/12,22/2
[乾隆]掖縣 4/78
李堯佐(字友龍)
(清・淄川人)
[康熙]淄川 6 下/4
[乾隆]淄川 6/下 4
李志德(清・堂邑人)
[乾隆]東昌 43/5
[嘉慶]東昌 32/31
[康熙]聊城 3/53
李大生(字元籙)
(明・安丘人)
[道光]安邱新志 22/2
李吉生(清・滎成人)

［道光］榮成 8/6
李克傑（字子英）
（清・博山人）
［民國］續修博山 11/38
李奇生（清・濟陽人）
［道光］濟南 56/33
［乾隆］濟陽 8/42
［民國］濟陽 11/55
李士純（字厚堂）
（清・掖縣人）
［民國］四續掖縣 4/71
李士健（字天行）
（清・諸城人）
［道光］諸城縣續志 19/9
李希仲（清・汶上人）
［宣統］四續汶上稿/人物－施濟傳
李友和（字節之）
（清・高密人）
［民國］高密 14/上 77
李志和（元・高苑人）
［康熙］高苑 5/2
［乾隆］高苑 5/2
李志和（字鼎梅）
（清・博山人）
［康熙］顏神鎮志 4/下 9
李左泉（博山人）
［民國］續修博山 12/70
李大紹（字聞衣）
（清・濟寧人）
［道光］濟寧直隸州 8/4－17
李來綱（字提軒）
（滕縣人）
［宣統］滕縣續志稿 4/64
［民國］續滕縣志 4/37
李奇峰（字秀山）
（清・金鄉人）
［民國］濟寧直隸州續志 13/9
［民國］金鄉 13/續增 3
李士翺（字如翰，號長白）
（明・長山人）
［康熙］山東 39/25
［雍正］山東 28/人物三 33
［宣統］山東 160/25
［康熙］濟南 35/12
［道光］濟南 50/41
［康熙四十三年］長山 5/仕業
［康熙五十五年］長山 6/4
［嘉慶］長山 7/5
長山縣鄉土志/耆舊錄
李士翶（見李士翺）
李士凱（字良賡）
（清・濟寧人）
［乾隆］濟寧直隸州 26/21
［道光］濟寧直隸州 8/3－28
李希魯（清・諸城人）
［光緒］增修諸城縣續志 17/3
李在郛（字經五）
（清・日照人）
［光緒］日照 8/23
李九齡（清・諸城人）
［光緒］增修諸城縣續志 14/12
李來儀（明・濟源人）
［康熙］兗州府曹縣 9/16
李志倫（清・新城人）
［宣統］新城縣後志 3/耆壽
李存良（清・平度人）
［道光］重修平度州 19/20
李大寬（明・江南碭山人）
［宣統］重修恩縣 8/91
［民國］重修恩縣 11/鄉賢 89
李大宗（字衛宸）
（明・章邱人）
［道光］章邱 11/59
李九官（字相虞，號雍時）
（明・萊蕪人）
［康熙］濟南 35/26
［乾隆］泰安府 17/38
［康熙］新修萊蕪 6/2，6/29
［民國］萊蕪 17/5
［民國］續修萊蕪 22/5
萊蕪縣鄉土志/13
李克家（字季肖）
（明・茌平人）
［宣統］茌平 28/1
［民國］茌平 3/67
李克寬（清・鄆城人）
［光緒］鄆城 16/11
李克宣（字德三）
（利津人）
［民國］利津縣續志 7/忠烈 1
李培實（字若谷）
（清・恩縣人）
［雍正］恩縣續志 3/24
［康熙］單縣 6/47
李希沆（字清相）
（清・泰安人）
［乾隆二十五年］泰安縣 12/25
［乾隆四十七年］泰安縣 10/上 21
［道光］泰安縣 9/上 73
［民國］重修泰安縣 8/25
李有實（字太華）
（明・黃縣人）
［光緒］增修登州 39/10
［康熙］黃縣 6/19
［乾隆］黃縣 8/19
［同治］黃縣 8/5
［民國］黃縣志稿 13/明
李培源（明・井陘人）
［康熙］兗州續編 14/30
［康熙］費縣 3/6
李希沅（字清相）
（清・泰安人）
泰安縣鄉土志/耆舊 21
李培業（字有軒）
（清・招遠人）
［光緒］增修登州 43/26
［道光］招遠縣續志 3/14
李壽泓（字鳳洲）
（清・惠民人）
［乾隆］武定府 26/17
［咸豐］武定府 26/義行 17
［乾隆］惠民 5/62
［光緒］惠民 22/4
惠民縣鄉土志/耆舊錄 14
李壽澎（字眉洲）
（清・武定人）
［宣統］山東 171/33
［乾隆］武定府 24/45
［咸豐］武定府 24/循良 35
［乾隆］惠民 5/40
［光緒］惠民 19/16

惠民縣鄉土志/耆舊錄 31
李壽洂(字環洲)
(清・惠民人)
[乾隆]武定府 25/25
[咸豐]武定府 25/孝友 25
[乾隆]惠民 5/54
[光緒]惠民 21/5
惠民縣鄉土志/耆舊錄 8
李壽淵(字靜洲)
(清・惠民人)
[宣統]山東 171/43
[乾隆]武定府 25/62
[咸豐]武定府 25/文苑 22
[乾隆]惠民 6/13
[光緒]惠民 23/11
惠民縣鄉土志/耆舊錄 22
李壽演(字斌亭)
(清)
[宣統]山東 171/27
李克法(清・東平人)
[光緒]東平州 15/中 38
[民國]東平縣 11/中 9
李在沐(明・曹縣人)
[康熙]曹縣 11/23
李奇濤(字濬發)
(清・菏澤人)
[光緒]新修菏澤 11/75
李存禮(字敬之,號東墅)
(清・茌平人)
[民國]茌平 3/17
李吉清(清・博山人)
[民國]續修博山 12/73
李志清(字濱海)
(清・高密人)
[光緒]高密 8/上 68
[民國]高密 14/上 80
高密縣鄉土志/上 40
李士澤(清・四川瀘州人)
[宣統]山東 77/9
[咸豐]青州 37/6
[康熙]壽光 20/7
[嘉慶]壽光 10/28
[民國]壽光 6/19
李壽湜(字蘅州)
(清・惠民人)
[乾隆]武定府 25/56
[咸豐]武定府 25/文苑 16
[乾隆]惠民 6/12
[光緒]惠民 23/10
惠民縣鄉土志/耆舊錄 21
李士鴻(清・蓬萊人)
[民國]蓬萊縣志合編人物志/行誼
李希通(號興吾)
(清・武定人)
[乾隆]武定府 35/34
[咸豐]武定府 35/誌銘 34
[乾隆]惠民 9/93
[光緒]惠民 29/15
李存道(清・新城人)
[宣統]新城縣後志 3/耆壽
李士祥(字瑞先)
(明・臨朐人)
光緒臨朐 14/上 17
李壽瀚(字濬洲)
(清・惠民人)
[乾隆]武定府 24/47
[咸豐]武定府 24/循良 37
[乾隆]惠民 5/41
[光緒]惠民 19/17
惠民縣鄉土志/耆舊錄 31
李壽浤(字起洲)
(清・惠民人)
[乾隆]武定府 25/25
[咸豐]武定府 25/孝友 25
[乾隆]惠民 5/55
[光緒]惠民 21/5
惠民縣鄉土志/耆舊錄 8
李志道(字玄之)
(明・聊城人)
[乾隆]東昌 38/9
[嘉慶]東昌 28/9
[康熙]聊城 3/14
[宣統]聊城 8/15
李在泮(字文生)
(清・黃縣人)
[乾隆]黃縣 8/26
[同治]黃縣 8/19
李志泮(字向宣)
(清・泰安人)
[道光]泰安縣 9/上 86
[民國]重修泰安縣 8/41
泰安縣鄉土志/耆舊 14
李存柱(見李存住)
李大木(字豫章)
(清・安邱人)
[咸豐]青州 48/1
[民國]續安邱新志 20/1
安丘縣鄉土志 6/耆舊錄 3
李吉士(字勷相)
(清・霑化人)
[光緒]霑化 7/25
[民國]霑化 2/27
李士才(明・河南郟縣人)
[宣統]山東 72/18
[康熙]兗州續編 14/9
[乾隆]兗州 22/28
[乾隆]濟寧直隸州 22/51
[道光]濟寧直隸州 6/6-35
[康熙]魚臺 15/20
[乾隆]魚臺 9/42
[光緒]魚臺 2/47
李士奎(字星五)
(清・夏津人)
[民國]夏津續編 8/85
李友直(字正卿)
(元・冀州人)
[嘉靖]寧海州下/12
[同治]重修寧海州 12/7
[民國]牟平 6/69
李有才(字俊卿)
(清・無棣人)
[民國]無棣 13/19
海豐縣鄉土志/耆舊-事業六
李在坊(字慶子)
(清・日照人)
[光緒]日照 8/25
李大標(字斗樞)
(清・膠州人)
[道光]重修膠州 28/2
[民國]增修膠志 42/1
膠州直隸州鄉土志 4/文學
李嘉楨(明・黃縣人)
[康熙]黃縣 6/35
[乾隆]黃縣 12/2
李九標(字寶華)
(清・金鄉人)

[道光]濟寧直隸州 8/4－26
[咸豐]金鄉縣志略 9/中列傳二 14
[民國]金鄉 13/22
金鄉縣鄉土志/耆舊錄上
李士標(明・浙江人)
[同治]重修寧海州 13/9
[民國]牟平 6/74
李士楨(字毅可)
(清・昌邑人)
[康熙]萊州 10/44
萊州府鄉土志/下 19
[康熙]昌邑 6/9
[乾隆]昌邑 6/180
李太栢(號培元)
(清・嘉祥人)
[光緒]嘉祥 3/93
李去垢(明・章邱人)
[康熙]濟南 44/18
[道光]濟南 72/34
[萬曆]章丘 26/43
[康熙]章丘 6/31
[乾隆]章邱 9/30
[道光]章邱 10/29
李士韶(清・壽張人)
[光緒]壽張 7/27
李有梃(清・平度人)
[道光]重修平度州 19/18
李大載(字象坤)
(清・臨沂人)
[民國]續修臨沂 16/3
李九博(字秋潭)
(明・陽穀人)
[民國]增修陽穀人物/善行 37
李大華(明・德州人)
[道光]濟南 52/43
[乾隆]德州 12/63
德州鄉土志/耆舊 8
[民國]德縣 15/10
李大林(清・嘉祥人)
[道光]濟寧直隸州 8/4－42
[光緒]嘉祥 3/48
李克恭(字敬之)
(明・滋陽人)
[康熙]滋陽 4/上 19
[光緒]滋陽 8/37
滋陽縣鄉土志 1/耆舊－鄉賢
李克恭(清・鄒平人)
[道光]鄒平 15/97
[民國]鄒平 15/97
李克勤(清・博興人)
[道光]博興 11/37
[民國]重修博興 13/35
李南薰(字亮工)
(清・濟寧州舉人)
[光緒]增修登州 34/6
[道光]濟寧直隸州 8/4－23
[道光]榮成 6/29
李南英(字道南,號霽峯)
(清・霑化人)
[乾隆]武定府 25/19
[咸豐]武定府 25/孝友 19
[光緒]霑化 8/7
[民國]霑化 2/35
李南枝(字庚嶺)
(清・臨淄人)
[民國]臨淄 27/59
李培基(字晉侯)
(清・招遠人)
[道光]招遠縣續志 3/7
李培茂(號天棟)
(清・河南商丘人)
[康熙五十六年]莘縣 5/9
[光緒]莘縣 5/20
[民國]莘縣 3/14
李奇芳(字維常)
(清・高唐人)
[乾隆]東昌 43/32
[嘉慶]東昌 32/49
[乾隆]高唐州續志 2/7
[道光]高唐州 5/2－13
[光緒]高唐州 5/2－16
[民國]高唐縣 12/10
李森林(字竹溪)
(清・莘縣人)
[民國]莘縣 7/32
李士桂(清・曹縣人)
[光緒]曹縣 14/人物 35
李士林(字鴻儒)
(清・博平人)
[光緒]博平縣續志 10/59
李士模(字可菴)
(清・高密人)
[康熙]山東 44/13
[雍正]山東 28/人物四 24
[宣統]山東 177/40
[乾隆]萊州 10/31
[康熙]高密 8/8,10/18
[乾隆]高密 8/上 34
[光緒]高密 8/上 52
[民國]高密 14/上 62
高密縣鄉土志/上 44
李士茹(明・臨淄人)
[萬曆]青州 14/53
[康熙十五年]青州 14/53
[康熙四十八年]青州 14/儒行 10
[康熙]臨淄 9/13
[民國]臨淄 23/11
李士英(清・蓬萊人)
[乾隆]海陽 5/12
李士英(清・平原人)
[道光]濟南 56/108
[民國]續修平原 10/上 4
李士英(字千人)
(清・汶上人)
[宣統]四續汶上稿/人物－施濟傳
李希桂(字馨齋)
(清・新城人)
[宣統]新城縣後志 2/善行
李杏村(霑化人)
[民國]霑化 4/登進 42
李友桂(字月秋)
(清・恩縣人)
[宣統]重修恩縣 8/33
[民國]重修恩縣 11/鄉賢 34
李有基(字福生,號東圃)
(清・德州人)
[光緒]德州志略/人物傳略
[民國]德縣 10/46
德州鄉土志/耆舊 53
李在黃(清・日照人)
[光緒]日照 8/30
李志杜(清・館陶人)
[乾隆]東昌 43/26

［嘉慶］東昌 32/43
李志芳（字尚齋）
（清・嶧縣人）
［光緒］嶧縣 21/孝友 12
李大椿（字子幹）
（宋・楚丘人）
［康熙］曹州志 15/53
［康熙］曹縣 12/21
［康熙］兗州府曹縣 12/21
［光緒］曹縣 12/19
李培棟（字潤生）
（清・金鄉人）
［咸豐］金鄉縣志略 9/中列傳二 5
［民國］金鄉 13/16
李堯相（明・濮州人）
［萬曆］濮州 4/隱德 3
［康熙］濮州 4/50
［乾隆］濮州 4/87
［宣統］濮州 6/3
李大聲（字聞遠）
（清・嶧縣人）
［光緒］嶧縣 21/耆舊 14
李大桐（清・惠民人）
［咸豐］武定府 23/忠節 25
李九鶴（清・鉅野人）
［民國］續修鉅野 5/上 23
李志超（東阿人）
［民國］東阿 15/1
李大乾（清・章邱人）
［道光］濟南 54/18
［乾隆］章邱 9/46
［道光］章邱 11/62
李吉敬（清・濟陽人）
［乾隆］濟陽 8/35
［民國］濟陽 11/50
李克敬（字子凝，號小東）
（清・嶧縣人）
［乾隆］兗州 23/78
［乾隆］嶧縣 8/40
［光緒］嶧縣 21/鄉賢 71，21/文苑 1，24/19
李希增（清・新泰人）
［乾隆］新泰 17/人物上增 3
李存忠（清・商河人）
［民國］重修商河 9/9
李大本（字立齋）
（清・安丘人）
［宣統］山東 175/26
［咸豐］青州 48/11
［道光］安邱新志 18/7
安丘縣鄉土志 6/耆舊錄 3
李克忠（字公瑾，號麓泉）
（元・滕州人）
［宣統］滕縣續志稿 3/51
［民國］續滕縣志 2/3
李左車（漢・博昌人）
［康熙十二年］博興 6/9
［康熙六十年］博興 7/31
李希哲（明・河南鄭州人）
［宣統］山東 72/46
［乾隆］東昌 35/23
［嘉慶］東昌 22/27
［嘉靖］恩縣 7/5
［萬曆］恩縣 4/7
［宣統］重修恩縣 6/48
［民國］重修恩縣 10/64
恩縣鄉土志/9
李大成（金・聊城人）
［光緒］文登 7/上 2
李九成（明・遼人）
［乾隆］黄縣 12/16
［同治］黄縣 14/15
李克成（字集堂）
（清・臨淄人）
［民國］臨淄 25/39
李友成（明・嘉祥人）
［順治］嘉祥 4/42
［乾隆］嘉祥 3/36
［光緒］嘉祥 3/44
李士捷（字月三）
（清・壽張人）
［光緒］壽張 7/18
李奮揚（明・陽穀人）
［康熙十二年］陽穀 4/2
［康熙］陽穀 4/2
［光緒］陽穀 7/1
李支揚（字公遠）
（明・河南永城人）
［康熙］兗州府曹縣 9/9，10/16
［光緒］曹縣 10/15
曹縣鄉土志/政績錄
李在抱（字念劬）
（清・濱州人）
［咸豐］濱州 10/24
濱州鄉土志/耆舊錄
李大晟（字西平）
（清・嶧縣人）
［光緒］嶧縣 21/耆舊 17
李大田（清・菏澤人）
［光緒］新修菏澤 11/74
李士田（字經畬，號夢梨）
（清・博興人）
［民國］重修博興 13/51
李在田（字見龍）
（清・招遠人）
［道光］招遠縣續志 3/6
李九賦（清・鄆城人）
［光緒］鄆城 16/37
李柱明（明・高唐人）
［道光］高唐州 5/2－2
［光緒］高唐州 5/2－2
［民國］高唐縣 12/33
李十臣（字元魯）
（清・單縣人）
［民國］單縣 9/48
李壽長（南漢）
［萬曆］青州 12 又/5
［康熙十五年］青州 12 又/5
［康熙四十八年］青州 12 又/5
［康熙六十年］青州 12/9
［咸豐］青州 34/23
［康熙六十年］博興 7/4
李太阿（字秋溪）
（清・寧陽人）
［咸豐］寧陽 13/34
［光緒］寧陽 13/34
李堯臣（字希梅，號約庵）
（清・淄川人）
［道光］濟南 54/70
［康熙］淄川 6 下/4
［乾隆］淄川 6/上 98，6/下 4
李友驥（字余吾）
（清・惠民人）
［咸豐］武定府 25/孝友 38
［光緒］惠民 21/8

惠民縣鄉土志/耆舊錄 10
李來陽(明・趙州歲貢)
[乾隆]東昌 34/22
[嘉慶]東昌 22/13
[萬曆]冠縣 2/9
[道光]冠縣 6/29
[光緒]冠縣 6/宦績
[民國]冠縣 6/39
李大鵬(清・臨清人)
[乾隆]臨清直隸州 8/下 14
[民國]臨清縣/人物 63
李大用(字偉勳)
(清・城武人)
[道光]城武 9/下 38
李來周(清・鉅野人)
[康熙]兗州續編 16/23
[康熙]鉅野 11/33
[道光]鉅野 13/44
李十朋(字顯益,號梅溪)
(清・曹縣人)
[光緒]曹縣 14/行誼 36
李士騄(字逸九,號空北)
(清・金鄉人)
[康熙五十一年]金鄉 11/16
[乾隆]金鄉 18/65
[咸豐]金鄉縣志略 9/中列傳二 1
[民國]金鄉 13/14
李士鵬(清・高唐人)
[乾隆]東昌 42/26
[嘉慶]東昌 32/22
[康熙十二年]高唐州 9/4
[道光]高唐州 5/1-25,5/2-8
[民國]高唐縣 12/7
李希歐(明・河南胙城人)
[康熙十二年]陽穀 2/17
[康熙]陽穀 2/12
[光緒]陽穀 4/3
李希賢(字季廉)
(清・長壽人)
[民國]臨沂 7/75
李希周(明・濟陽人)
[崇禎]歷乘 16/51
李希周(名敦濂,以字行,號康廬)
(清・高密人)
[光緒]高密 8/上 59
[民國]高密 14/上 69
高密縣鄉土志/上 48
李堯民(字晧堯,號雍野)
(明・鄆城人)
[康熙]山東 40/61
[康熙]兗州續編 15/15
[乾隆]曹州府 15/18
[康熙]濟寧州 6/33
[乾隆]濟寧直隸州 24/21
[道光]濟寧直隸州 8/2-33
[崇禎]鄆城 5/14
[康熙]鄆城 5/6
[光緒]鄆城 5/7,13/5,14/20,14/28
李真卿(明・浙江永嘉人)
[嘉靖]山東 26/28
[雍正]山東 27/47
[宣統]山東 72/49
[萬曆]東昌 18/34
[乾隆]東昌 34/24
[康熙]臨清州 3/名宦 5
[乾隆]臨清州 9/6
[乾隆]臨清直隸州 6/73
[民國]臨清縣/秩官 59
李存義(字咸宜)
(清・鄆城人)
[光緒]鄆城 16/20
李嘉會(字維亨)
(明・鄆城人)
[崇禎]鄆城 6/12
[光緒]鄆城 7/17
李嘉善(字元良)
(清・商河人)
[道光]商河 7/39
[民國]重修商河 9/3
商河縣鄉土志 2/耆舊-事業
李士義(清・菏澤人)
[乾隆]曹州府 16/10
[光緒]菏澤 16/5
[光緒]新修菏澤 10/47
菏澤縣鄉土志/27
李希曾(清・臨淄人)
[康熙]臨淄 9/25
[民國]臨淄 28/4
李希曾(字貫一)
(清・齊河人)
[民國]齊河 23/11
李希曾(字蔚千)
(清・諸城人)
[乾隆]諸城 41/5
李希愈(字才卿)
(元・莘縣人)
[乾隆]東昌 42/4
[嘉慶]東昌 32/4
[正德]莘縣 6/27,9/15
[康熙十一年]莘縣 8/80
[康熙五十六年]莘縣 8/80
[光緒]莘縣 7/又 25,8/中 39
[民國]莘縣 7/14,9/16
莘縣鄉土志/事業 25
李堯年(明・山西渾源人)
[宣統]山東 72/17
[道光]濟寧直隸州 6/6-36
[康熙]魚臺 15/15
[乾隆]魚臺 9/38
[光緒]魚臺 2/49
李堯年(字華三)
(清・膠州人)
[道光]重修膠州 29/29
[民國]增修膠志 45/14
李有年(字松齡)
(清・東阿人)
[乾隆]泰安府 18/58
[道光]東阿 14/人物下 31
李有義(清・新泰人)
[乾隆]新泰 17/人物上增 4
李在公(字傑友)
(清・鄆城人)
[康熙]鄆城 6/23
李真人(明)
[雍正]山東 30/23
[萬曆]萊州 6/72
[康熙]萊州 10/100
[道光]重修平度州 22/方外 1
李大猷(字允升)
(清・章邱人)
[道光]章邱 11/67
李嘉猷(字廷颺)

（清・鉅野人）
［道光］鉅野 13/40
李嘉猷（字允升）
（清・利津人）
［光緒］利津 7/宦蹟 16
李士鑌（字鋒書）
（清・齊東人）
［民國］齊東 5/14
齊東縣鄉土志/耆舊錄 14
李士鍵（清・長山人）
［嘉慶］長山 10/10
李存智（明・萊蕪人）
［康熙］新修萊蕪 6/11
李奪錦（字繼盛，一作繼勝，號文華）
（明・金鄉人）
［康熙］兗州續編 15/12
［乾隆］兗州 23/52
［乾隆］濟寧直隸州 24/40
［道光］濟寧直隸州 8/2－52
［康熙十二年］金鄉 5/11
［康熙五十一年］金鄉 11/12
［咸豐］金鄉縣志略 9/上 15
［民國］金鄉 13/12
金鄉縣鄉土志/耆舊錄上
李奮錦（字繼勝）
（明・金鄉人）
［乾隆］金鄉 18/62
李士翔（見李士翺）
李克敏（字穎川）
（清・寧陽人）
［咸豐］寧陽 13/34
［光緒］寧陽 13/34
李士篤（字邁常）
（清・商河人）
［民國］重修商河 8/22
李友竹（字筠青）
（清・恩縣人）
［民國］重修恩縣 11/鄉賢 72
李志敏（號遜臣）
（霑化人）
［民國］霑化 3/12
李志鋭（清・聊城人）
［宣統］聊城 8/70
李九堂（字象乾）
（清・東平人）
［光緒］東平州 15/下 58
［民國］東平縣 11/下 25
李克省（清・諸城人）
［道光］諸城縣續志 19/13
李志常（字浩然）
（元・觀城人）
［嘉靖］山東 34/13
［康熙］山東 47/5
［雍正］山東 30/17
［宣統］山東 200/30
［萬曆］東昌 22/9
［康熙］萊州 10/98
［乾隆］曹州府 16/20
［萬曆］濮州 4/仙釋 3
［道光］觀城 8/24
李大煃（清・陽穀人）
［民國］增修陽穀人物/仕宦 20
李士悦（字馨遠）
（清・夏津人）
［民國］夏津續編 8/27
李士榮（字晉卿）
（清・夏津人）
［民國］夏津續編 8/27
李士榮（東阿人）
［民國］東阿 15/1
41 **李栢**（明・滋陽人）
［乾隆］陽信 5/20
李標（字育九）
（清・山陰武進士）
［光緒］增修登州 37/30
［乾隆］威海衛志 6/10
［光緒］文登 7/下 14
［民國］文登 7/下 14
李坫（明・南直儀真人）
［宣統］山東 72/25
［乾隆］沂州府 20/12
［康熙］日照 8/11
李桓（清・高密人）
［民國］高密 14/上 84
李楷（明・南直華亭人）
［嘉靖］山東 26/19
［康熙］山東 33/22
［雍正］山東 27/79
［宣統］山東 72/19
［萬曆元年］兗州 38/循吏 47
［萬曆二十四年］兗州 29/14
［康熙］兗州 22/35
［康熙］兗州續編 14/29
［萬曆］沂州志 6/11
［乾隆］沂州府 20/7
［康熙］郯城 6/24
［乾隆］郯城 7/24
李楷（字從模）
（清・黄縣人）
［同治］黄縣 8/22
［民國］黄縣志稿 13/清文學
李楷（字聖木）
（清・泰安人）
［乾隆二十五年］泰安縣 12/30
［乾隆四十七年］泰安縣 10/上 28
［道光］泰安縣 9/上 80
［民國］重修泰安縣 8/35
泰安縣鄉土志/耆舊 15
李楷（清・淄川典史）
［宣統］三續淄川 9/49
李柯（字知裁）
（清・壽光人）
［嘉慶］壽光 13/12
［民國］壽光 12/人物志一 81
李梗（字粱甫）
（清・霑化人）
［光緒］霑化 8/8
［民國］霑化 2/37
李坪（字棠階）
（清・齊東人）
［民國］齊東 5/59
李楨（明・金陵人）
［康熙四十一年］寧陽 3/28
［乾隆］寧陽 3/教諭 1
［咸豐］寧陽 11/13
［光緒］寧陽 11/13
李楨（字瑞公，號彤墀）
（清・濟寧人）
［乾隆］濟寧直隸州 25/21
［道光］濟寧直隸州 8/3－10
李楨（字玉菴）
（清・武進人）
［宣統］山東 200/14
［乾隆］濟寧直隸州 28/19

[道光]濟寧直隸州 8/4－47
濟寧州鄉土志 2/流寓
李極宸(清・棲霞人)
[乾隆]棲霞 7/3
李楷枬(字厚也)
(清・滋陽人)
[光緒]滋陽 9/14
滋陽縣鄉土志 1/耆舊－實行
李楨幹(原名廷幹,字立山)
(清・慶雲人)
[咸豐]慶雲 2/60
[民國三年]慶雲 2/23
李梧鳳(字陽崗)
(明・城武人)
[康熙九年]城武 5/16
李栖筠(見李棲筠)
42 **李彬**(字文質)
(明・莘縣人)
[正德]莘縣 6/25
李彬(字道莽)
(清・嶧縣人)
[光緒]嶧縣 21/宦績 7
李彬(字班堂)
(清・樂陵人)
樂陵縣鄉土志 3/46
李棟(字文眾)
(清・德州人)
[道光]濟南 56/69
[乾隆]德州 9/44
州乘餘聞/10
[民國]德縣 10/34,15/47
德州鄉土志/耆舊 37
李棟(字持齋)
(清・海陽人)
[光緒]海陽縣續志 4/28,8/34
李梃(字松谿,一字雨樵)
(清・諸城人)
[宣統]山東 175/26
[咸豐]青州 49/36
[道光]諸城縣續志 15/10
李垺(清・莒縣人)
[民國]重修莒志 62/15
李塏(清・鄆城人)
[光緒]鄆城 10/12

李柳(清・掖人)
[宣統]山東 177/25
[乾隆]萊州 11/孝義 7
[乾隆]掖縣 4/49
李樸(號質菴)
(明・菏澤人)
[光緒]菏澤 16/2
[光緒]新修菏澤 10/36
菏澤縣鄉土志/25
李樸(字兆懷,號悔道人)
(清・萊陽人)
[光緒]海陽縣續志 5/27
[民國]萊陽 3/1 中 89
李樸(字實菴)
(清・臨朐人)
臨朐縣鄉土志 1/耆舊
李樸(字若木)
(清・壽光人)
[咸豐]青州 47/2
[乾隆]續壽光 19/1
[嘉慶]壽光 12/17
[民國]壽光 12/人物志一 30
壽光縣鄉土志/耆舊
李樀(字梓薌)
(清・鄒平人)
[民國]鄒平 15/123
李析(字凝方)
(明・長山人)
[康熙]濟南 47/27
[道光]濟南 72/40
[康熙四十三年]長山 5/孝義
李壎(字伯吹)
(清・陽穀人)
[民國]增修陽穀人物/師道 17
李樸庵(明・德州人)
德州鄉土志/耆舊 9
李斯廉(清・安邱人)
[咸豐]青州 48/15
安丘縣鄉土志 8/耆舊錄 5
李斯建(字卓菴)
(清・長山人)
[嘉慶]長山 9/17
李斯珣(字純菴)
(清・長山人)

[嘉慶]長山 7/35
李斯勇(字勳臣)
(清・長山人)
[道光]濟南 55/6
[嘉慶]長山 10/5
李斯孚(字貞菴)
(清・長山人)
[道光]濟南 55/4
[康熙五十五年]長山 6/49
[嘉慶]長山 8/21
長山縣鄉土志/耆舊錄
李斯仁(字統四)
(清・長山人)
[道光]濟南 55/5
[康熙五十五年]長山 6/27
[嘉慶]長山 8/11
李斯佺(字松客)
(清・長山人)
[雍正]山東 28/人物四 50
[道光]濟南 55/3
[康熙五十五年]長山 6/18
[嘉慶]長山 7/24
長山縣鄉土志/耆舊錄
李斯觀(字東璽,一字顒若)
(清・長山人)
[道光]濟南 55/4
[康熙五十五年]長山 6/20
[嘉慶]長山 7/26
[乾隆]嶧縣 7/33
[光緒]嶧縣 19/丞倅 14
李斯援(字整齋,一作整菴)
(清・長山人)
[道光]濟南 55/5
[嘉慶]長山 8/4
長山縣鄉土志/耆舊錄
李彭年(唐・邢州柏人)
[萬曆二十四年]兗州 27/9
[康熙]兗州 21/24
[康熙]曹州志 7/45
[光緒]菏澤 7/宦蹟 13
[光緒]新修菏澤 8/4
菏澤縣鄉土志/8
[康熙]兗州府曹縣 10/6
[光緒]曹縣 10/5
李斯義(字賀君,號靜菴)
(清・長山人)

［雍正］山東 28/人物四 48
［宣統］山東 169/5
［道光］濟南 55/5
［康熙五十五年］長山 6/15
［嘉慶］長山 7/21
長山縣鄉土志/耆舊錄
李斯恒（字子常，號劬垣，又號侗菴）
（清・長山人）
［道光］濟南 55/4
［康熙五十五年］長山 6/15
［嘉慶］長山 7/21，14/16
43 **李杰**（清・諸城人）
［道光］諸城縣續志 19/5
李博（字景文）
（清・利津人）
［乾隆］利津縣志續編 8/42
李戴（字仁夫，號對泉）
（明・河南延津人）
［宣統］山東 70/10
［道光］濟南 35/7，71/44
［崇禎］歷乘 16/63
李朴（號貿菴）
（明・曹州人）
［康熙］曹州志 16/3
［乾隆］曹州府 16/4
李榕（字大木）
（清・諸城人）
［乾隆］諸城 36/13
李栻（字向南）
（清・文登人）
［乾隆］續登州 10/7
［光緒］增修登州 43/48
［乾隆］海陽 6/20，7/31
李域（字赤城）
（清・壽光人）
［嘉慶］壽光 14/14
［民國］壽光 12/人物志二 13
李樾（字果亭）
（清・雲南麗江人）
［民國］定陶 4/29
李載（字伯熙）
（宋・黎陽人）
［嘉靖］山東 26/25
［康熙］山東 34/5
［萬曆］東昌 18/21
［乾隆］東昌 34/17
［嘉慶］東昌 22/8
［嘉靖］冠縣 2/7
［萬曆］冠縣 2/2
［道光］冠縣 6/21
［光緒］冠縣 6/宦績
［民國］冠縣 6/31
李載（字從善）
（元・廣川人）
［嘉靖］山東 25/23
［康熙］山東 32/12
［雍正］山東 27/25
［康熙］濟南 25/21
［道光］濟南 34/42
［順治］臨邑 11/2，15/23
［康熙］重修臨邑 8/1，13/16
［道光］臨邑 7/23，14/25
［同治］臨邑 7/27，14/25
李栽章（清・日照人）
［光緒］日照 8/44
李榕林（字壽村）
（清・壽光人）
［民國］壽光 12/人物志二 36
李戴春（字星渠）
（清・江西鄱陽人）
［光緒］益都縣圖志 18/51
44 **李藹**（明・河南滎澤人）
［崇禎］鄆城 4/8
［康熙］鄆城 4/6
［光緒］鄆城 6/7
李苞（清・臨清人）
［乾隆］臨清直隸州 8/下 7
［民國］臨清縣/人物 61
李勃（清・昌樂人）
［民國］昌樂縣續志 35/9
李材（明・濟寧人）
［康熙］濟寧州 7/52
李萃（明・歷城人）
［康熙］山東 45/2
［道光］濟南 49/38
［崇禎］歷城 10/21
［乾隆］歷城 42/4
李萃（明・曲周人）
［乾隆］東昌 33/36
［嘉慶］東昌 21/3
［宣統］聊城 6/2－3
李杜（字鳳九）
（清・巴縣人）
［民國］單縣 6/宦蹟 29
李杜（清・費縣人）
［光緒］費縣 11/24
費縣鄉土志/耆舊錄－學問
李杜（字文在）
（清・高密人）
［光緒］高密 8/上 64
［民國］高密 14/上 75
高密縣鄉土志/上 49
李杜（字冕亭）
（清・平原人）
［民國］續修平原 6/8
李莪（明・解梁人）
［乾隆］沂州府 20/9
［康熙］莒州下/9
［嘉慶］莒州 7/7
［民國］重修莒志 57/12
李莪（字毓奇）
（清・臨沂人）
［民國］臨沂 10/24
李蕁（見李蕁）
李蕁（唐・清河人）
［雍正］山東 28/人物二 9
［乾隆］東昌 36/38
［嘉慶］東昌 26/34
［萬曆］恩縣 4/53
［宣統］重修恩縣 8/15
［民國］重修恩縣 11/鄉賢 12
［宣統］東明續縣志 2/5
［民國］東明縣新誌 11/1
李蕃（明・魚臺人）
［康熙］魚臺 17/42
［乾隆］魚臺 11/7
［光緒］魚臺 3/4
李蕃（字錫徵）
（清・四川通江人）
［宣統］山東 77/23
［光緒］增修登州 27/4
［乾隆］黃縣 6/名宦 6
［同治］黃縣 6/9
［民國］黃縣志稿 11/宦績
李范（字景純，號仁齋）
（清・利津人）
［乾隆］利津縣志續編 8/37

［光緒］利津 7/宦蹟 9
李芳（字德馨）
（明・利津人）
［嘉靖］山東 29/25
［康熙］山東 39/24
［雍正］山東 28/人物三 14
［宣統］山東 160/18
［康熙］濟南 36/7
［乾隆］武定府 23/12
［咸豐］武定府 23/名臣 12
［萬曆］濱州 4/60
［康熙］利津縣新志 8/4
［光緒］利津 7/宦蹟 1
李芳（字時馨）
（明・霑化人）
［乾隆］武定府 23/22
［咸豐］武定府 23/名臣 22
［萬曆］新修霑化 5/94
［光緒］霑化 7/2
［民國］霑化 2/3
李芳（清・高唐人）
［乾隆］高唐州續志 2/12
［道光］高唐州 5/2－19
［光緒］高唐州 5/2－22
［民國］高唐縣 12/42
李芳（字佳木，號順軒）
（清・濟寧人）
［乾隆］濟寧直隸州 25/16
［道光］濟寧直隸州 8/3－9
李芳（字德輝）
（清・淄川人）
［宣統］三續淄川 9/90
李芳（南昌人）
［民國］萊陽 3/1 上 38
李菲（字一墅）
（明・單縣人）
［順治］單縣 3/4
［康熙］單縣 7/47
李封（字紫綬，號松園）
（清・壽光人）
［宣統］山東 175/13
［咸豐］青州 49/19
［嘉慶］東昌 33/2
［嘉慶］壽光 11/10，12/18
［民國］壽光 3/103，12/人物志一 33
壽光縣鄉土志/耆舊
李恭（元・濟南人）
［道光］濟南 48/56，72/33
［乾隆］歷城 42/3
李恭（明・博平人）
［正德］博平 4/65
李恭（字崇敬）
（明・冠縣人）
［嘉靖］冠縣 4/12
李恭（明・武安人）
［康熙］海豐 9/9
李恭（明・陽信人）
［康熙］陽信 8/18
李桂（明・即墨人）
［康熙］棲霞 4/28
李桂（明・泰安人）
［康熙］濟南 44/25
［康熙］泰安州 3/47
［乾隆二十五年］泰安縣 12/22
［乾隆四十七年］泰安縣 10/上 26
［道光］泰安縣 9/上 78
［民國］重修泰安縣 8/33
泰安縣鄉土志/耆舊 13
李桂（清・臨邑人）
［同治］臨邑 9/忠藎 6
李華（字景新）
（明・莘縣人）
［正德］莘縣 6/28
李華（字西山）
（清・利津人）
［光緒］利津 7/宦蹟 17，附利津文徵 3/傳 11
李蕙（字百樹，號守拙居士）
（清・樂安人）
［民國］樂安 10/23
［民國］續修廣饒 19/43
李蕙（字樹百）
（清・淄川人）
［宣統］三續淄川 9/59
李基（清・菏澤人）
［光緒］新修菏澤 11/75
李莒（字茜原）
（清・歷城人）
［道光］濟南 53/46
［民國］續修歷城 39/35
李蘭（明・定州人）
［乾隆］樂陵 4/53
李蘭（字德馨，別號衛泉）
（明・商河人）
［雍正］山東 28/人物三 5
［宣統］山東 165/14
［康熙］濟南 44/25
［道光］濟南 52/43
［咸豐］武定府 25/孝友 9
［康熙］德州 8/35
［乾隆］德州 9/61
［民國］德縣 11/6
［道光］商河 7/25
［民國］重修商河 8/36
商河縣鄉土志 2/耆舊－事業
李蘭（號入軒）
（明・霑化人）
［乾隆］武定府 25/10
［咸豐］武定府 25/孝友又 10
［光緒］霑化 8/2
［民國］霑化 2/30
李林（宋・離狐人，一作曹州人）
［嘉靖］山東 27/4
［康熙］山東 35/4
［雍正］山東 27/55
［宣統］山東 161/14
［咸豐］青州 35/1
［雍正］樂安 11/2
［民國］樂安 8/18
［民國］續修廣饒 17/1
李林（明・濟陽人）
［康熙］濟南 44/9
［道光］濟南 51/52
［萬曆］濟陽 8/4
［乾隆］濟陽 8/19
［民國］濟陽 11/24
李林（字西園）
（清・諸城人）
［咸豐］青州 49/20
［道光］諸城縣續志 15/10
李茂（明・萊陽人）
［光緒］增修登州 43/31
［民國］萊陽 3/1 中 78

李茂(字盛吾)
　　(清・三韓人)
　[康熙]沂州志 3/49
　[乾隆]沂州府 20/12
李柣(字叢圃)
　　(清・慶雲人)
　[民國三年]慶雲 2/52
李懋(明・荏平人)
　[嘉靖]山東 31/28
　[康熙]山東 41/23
　[雍正]山東 28/人物三 39
　[宣統]山東 161/44
　[萬曆]東昌 19/48
　[乾隆]東昌 38/24
　[嘉慶]東昌 28/24
　[宣統]荏平 11/2
　[民國]荏平 3/49
李懋(字大木,號勉齋)
　　(清・壽光人)
　[乾隆]續壽光 25/1
　[嘉慶]壽光 14/5
　[民國]壽光 12/人物志二 49
　壽光縣鄉土志/耆舊
李模(字霞城)
　　(清・濟寧人)
　[宣統]山東 200/16
李模(字陳範)
　　(清・霑化人)
　[乾隆]武定府 25/21
　[咸豐]武定府 25/孝友 21
李芹(清・棲霞人)
　[光緒]棲霞縣續志 7/孝
　　子 1
李勤(明・鄒縣人)
　[嘉靖]鄒縣地理誌 1/27
李權(字阿輔)
　　(清・莒縣人)
　[嘉慶]莒州 10/10
　[民國]重修莒志 66/6
李苒(明・單縣人)
　[道光]濟南 36/32
　[順治]單縣 4/65
　[康熙]單縣 7/34
　[民國]單縣 9/28
　[崇禎]新城 6/教諭
　[康熙]新城 5/9

[民國]重修新城 10/16
李蘂(清・山西馬邑人)
　[宣統]山東 77/13
　光緒臨朐 13/14
李枡(字凝方)
　　(明・長山庠生)
　[道光]濟南 50/53
　[康熙五十五年]長山 6/35
　[嘉慶]長山 10/1
李㙔(字大生,號塏軒)
　　(清・壽光人)
　[乾隆]續壽光 24/2
　[嘉慶]壽光 13/23
　[民國]壽光 12/人物志一 73
李莰(字景葵)
　　(清・淄川人)
　[道光]濟南 54/65
　[宣統]三續淄川 9/54
　淄川縣鄉土志/鄉宦耆舊
李蔚(字豹嚴)
　　(清・慶雲人)
　[民國三年]慶雲 2/53
李蓆(清・蒙陰人)
　[康熙十一年]蒙陰 2/35
李孝(字樂陽)
　　(明・長山人)
　[道光]濟南 50/55
　[康熙四十三年]長山 5/
　　卓行
　[康熙五十五年]長山 6/40
　[嘉慶]長山 10/13
　長山縣鄉土志/耆舊錄
李薰(字解人)
　　(清・濟寧人)
　[民國]濟寧直隸州續志
　　14/8
李燕(清・河南洛陽人)
　[宣統]山東 75/21
　[道光]濟南 38/43
　[乾隆]德州 8/18
　[民國]德縣 9/14
李葉(字子蓁)
　　(明・日照人)
　[光緒]日照 8/9
李椅(字楚材)
　　(清・海陽人)

[宣統]山東 176/13
　[乾隆]續登州 10/7
　[光緒]增修登州 44/4
　[乾隆]海陽 6/21,7/39
　[民國]萊陽 3/1 中 53
李蔭(明・萊陽人)
　[民國]萊陽 3/1 中 20
李蔭(明・河南內鄉人)
　[萬曆]青州 12 又/9
　[康熙十五年]青州 12 又/9
　[康熙四十八年]青州 12
　　又/9
　[康熙六十年]青州 12/37
　[咸豐]青州 36/34
　[康熙]臨淄 8/10
　[民國]臨淄 18/8
　[康熙十二年]陽穀 2/17
　[康熙]陽穀 2/13
　[光緒]陽穀 4/3
李英(字子賢)
　　(金・遼陽人,徙益都)
　[嘉靖]山東 32/18
　[康熙]山東 42/18
　[雍正]山東 28/人物二 52
　[宣統]山東 164/19
　[嘉靖]青州 14/23
　[萬曆]青州 13/40
　[康熙十五年]青州 13/40
　[康熙四十八年]青州 13/
　　事功 23
　[康熙六十年]青州 16/12
　[咸豐]青州 42/2
　[萬曆]濰縣 9/5
　[康熙]益都 7/7
　[光緒]益都縣圖志 34/2
李英(字人千)
　　(清・榮成人)
　[光緒]增修登州 43/43
　[道光]榮成 8/6
李蘊(字愜真)
　　(清・日照人)
　[光緒]日照 8/41
　[光緒]泗水縣鄉土志/6
李藻(字子潔)
　　(元・潁川人)
　[嘉靖]山東 26/28

[康熙]山東 34/8
[雍正]山東 27/47
[宣統]山東 69/33
[萬曆]東昌 18/29
[乾隆]東昌 23/7,35/11
[嘉慶]東昌 22/15,42/5
李藻(字文馨)
(清・蒲臺人)
蒲臺縣鄉土志/17
李蓁(明・宜興人)
[嘉靖]寧海州下/19
李芝(宋・濟南人)
[康熙]濟南 42/8
[崇禎]歷城 10/25
李芝(明・臨邑人)
[康熙]濟南 47/11
[道光]濟南 52/16
[順治]臨邑 12/10
[康熙]重修臨邑 10/10
[道光]臨邑 9/10
[同治]臨邑 9/孝義 1
李芝(明・霑化人)
[光緒]霑化 8/3
[民國]霑化 2/31
李芝(清・四川人)
[宣統]山東 77/26
[光緒]增修登州 30/3
[道光]招遠縣續志 2/12
李芝(清・嶧縣人)
[乾隆]嶧縣 8/39
[光緒]嶧縣 21/文苑 3
李植(宋)
[康熙]鉅野 13/5
[道光]鉅野 24/4
李植(字函谷)
(清・膠州人)
[乾隆]膠州 5/37
[道光]重修膠州 30/4
[民國]增修膠志 47/4
李植(字燕翼,號鉉篤)
(清・利津人)
[雍正]山東 28/人物四 5
[宣統]山東 171/30
[康熙]濟南 39/5
[乾隆]武定府 23/29
[咸豐]武定府 23/名臣 29
[康熙]利津縣新志 6/3,8/18
[光緒]利津 7/宦蹟 4
李植(字培元)
(清・諸城人)
[乾隆]諸城 40/4
李贄(明・范縣人)
[萬曆]濮州 4/孝友 5
[康熙]濮州 4/4
[乾隆]濮州 4/4
[宣統]濮州 5/4
李著(字廷光)
(明・濮州人)
[嘉靖]山東 31/29
[萬曆]東昌 19/50
[嘉靖]濮州 6/2
李著(清・寶坻舉人)
[光緒]泗水縣鄉土志/6
李著(字則明)
(清・茌平人)
[宣統]茌平 28/5
[民國]茌平 3/78
李著(字誠夫)
(清・直隸舉人)
莘縣鄉土志/政績 9
李翿(字彦鴻)
(北齊・安邑人)
[嘉靖]山東 26/6
[康熙]山東 33/7
[雍正]山東 27/81
[宣統]山東 67/20
[乾隆]泰安府 14/9
[萬曆二十四年]兖州 27/6
[康熙]兖州 21/20,28/36
[康熙]東平州 4/27
[乾隆]東平州 12/4
[道光]東平州 12/4
[光緒]東平州 14/4
[民國]東平縣 9/2
東平州鄉土志上/政績錄 9
李翿(唐)
[康熙]單縣 6/19
李翿(明・郯城人)
[嘉靖]山東 35/3
[康熙]山東 45/9
[萬曆二十四年]兖州 37/7
[康熙]兖州 28/36
[萬曆]沂州志 7/37
[乾隆]沂州府 26/8
[康熙]郯城 7/15
[乾隆]郯城 9/13
李莊(號臨軒)
(明・霑化人)
[光緒]霑化 8/3
[民國]霑化 2/31
李茲(清・新城人)
[宣統]新城縣後志 3/孝友
[民國]重修新城 17/4
新城縣鄉土志/耆舊－清
李芳廣(字蓼墅)
(清・河南柘城人)
[宣統]山東 77/10
[咸豐]青州 37/9
[康熙]壽光 20/7
[嘉慶]壽光 10/29
[民國]壽光 6/19
李荷慶(字福五)
(清・茌平人)
[宣統]茌平 17/3
[民國]茌平 3/23
李華庭(字清遠,號蓮塘)
(清・昌樂人)
[民國]昌樂縣續志 29/12
李華文(字含貞)
(清・日照人)
[光緒]日照 8/35
李基亮(東平人)
[民國]東平縣 11/中 16
李夢庚(清・高唐人)
[光緒]高唐州 5/2－30
[民國]高唐縣 12/16
李蔚文(字豹人)
(清・益都人)
[咸豐]青州 50/9
[光緒]益都縣圖志 41/20
李英文(字俊周)
(清・長山人)
[道光]濟南 55/35
李芝庭(號蘭友)
(清・高密人)
[光緒]高密 8/上 60
[民國]高密 14/上 69

李芝庭(字蘭階)
(清・夏津人)
[民國]夏津續編 8/4
李著雍(恩縣人)
[民國]重修恩縣 11/鄉賢 88
李夢龍(字滄海)
(明・長山人)
[道光]濟南 50/54
[康熙五十五年]長山 6/41
[嘉慶]長山 10/5
李夢龍(明・蒙陰人)
[萬曆]青州 13/53
[康熙十五年]青州 13/53
[康熙四十八年]青州 13/事功 36
[康熙六十年]青州 16/19
[乾隆]沂州府 25/21
[康熙十一年]蒙陰 2/2
[康熙二十四年]蒙陰 3/15,4/3
[宣統]蒙陰 4/名獻
李攀龍(字于鱗,號滄溟)
(明・歷城人)
[康熙]山東 39/26
[雍正]山東 28/人物三 40,35/傳 8
[宣統]山東 163/29
[康熙]濟南 42/13
[道光]濟南 49/26
[崇禎]歷乘 16/20,16/52
[崇禎]歷城 10/13,10/26,13/85
[乾隆]歷城 17/43,17/45,40/17
[道光]長清 13/17
李攀龍(清・朝城人)
[民國]朝城縣續志 1/28
李世新(明・清苑人)
[康熙]聊城 2/9
李樹訓(字藝圃)
(清・茌平人)
[宣統]茌平 14/14
[民國]茌平 3/83
李若訥(字季重)
(明・臨邑人)
[康熙]濟南 42/17
[道光]濟南 52/15
[順治]臨邑 12/又 14－1
[康熙]重修臨邑 9/7
[道光]臨邑 9/17
[同治]臨邑 9/文苑 3
李夢說(字肖巖)
(清・陽穀人)
[光緒]陽穀 9/4
[民國]增修陽穀人物/仕宦 21
李苞露(字光著)
(清・寧陽人)
[咸豐]寧陽 13/28
[光緒]寧陽 13/29
李葆玉(字見麓)
(清・濰縣人)
[民國]濰縣志稿 28/3
濰縣鄉土志/20
李華西(字岳齡)
(清・膠州人)
[道光]重修膠州 29/29
[民國]增修膠志 45/14
李華元(字杏江)
(清・茌平人)
[宣統]茌平 13/4
[民國]茌平 3/13
李夢雷(字魚門)
(清・浙江長興人)
[宣統]山東 75/59
[光緒]寧陽 11/18
寧陽縣鄉土志/9
李夢西(字辛三)
(清・臨邑人)
[民國]續修臨邑 3/31
李樹耳(字伯聰)
(清・單縣人)
[民國]單縣 9/53,22/15
李樹元(清・鄒平人)
[民國]鄒平 15/111
李枝元(清)
[嘉慶]慶雲 7/36
李若璿(明・六合人)
[嘉靖]寧海州下/27
李若水(字清卿)
(宋・洺州曲周人)
[雍正]山東 27/23
[宣統]山東 68/30
[道光]濟南 34/5
李樹珽(字搢之)
(牟平人)
[民國]牟平 7/24
李芝型(清・膠州人)
[民國]增修膠志 45/33
李若琳(字淇篔)
(清・貴州古黔舉人)
[道光]濟寧直隸州 6/7－91
[民國]濟陽 9/41,16/78
李若琳(清・新城人)
[宣統]新城縣後志 2/宦績
[民國]桓臺志略 3/13
[民國]桓臺 3/17
李夢珠(字珍亭)
(清・壽光人)
[民國]壽光 12/人物志二 60
李若璉(明・新城人)
[雍正]山東 28/人物三 77
[宣統]山東 164/55
[道光]濟南 51/36
[康熙]新城 8/3
[民國]重修新城 15/4
李夢弼(字肖農)
(陽穀人)
[民國]增修陽穀人物/仕宦 24
李世弼(宋・陽穀人)
[光緒]陽穀 5/4
李世璐(字華紳)
(清・海陽人)
[光緒]增修登州 43/45
[光緒]海陽縣續志 5/12
李世瑜(清・高唐人)
[光緒]高唐州 5/2－30
[民國]高唐縣 12/16
李莘秀(明・東鹿人)
[康熙]昌邑 5/7
[乾隆]昌邑 5/106,6/162,8/270,8/274
李枝秀(字一桂)
(清・滋陽人)
[光緒]滋陽 8/66
滋陽縣鄉土志 1/耆舊－

文學
李葆睿(清・海陽人)
[光緒]增修登州 43/48
[乾隆]海陽 6/22
李葆貞(字起元)
(清・夏津人)
[民國]夏津續編 8/15
李林貞(字介臣)
(清・膠州人)
膠州直隸州鄉土志 4/孝友
李茂衡(明・蒙陰人)
[康熙十一年]蒙陰 2/37
李懋縉(字大紳)
(清・濟寧人)
[乾隆]濟寧直隸州 26/26
[道光]濟寧直隸州 8/3－30
李夢占(清・陽穀人)
[民國]增修陽穀人物/仕宦 21
李若衡(字萃農)
(清・淄川人)
[宣統]三續淄川 9/73
李若虛(字實菴)
(清・齊河人)
[民國]齊河 27/26
李世儒(字聖翀)
(清・東阿人)
[康熙]兗州續編 16/32
[乾隆]泰安府 18/62
[康熙五十四年]東阿 7/44
[道光]東阿 14/人物下 30
李華鑾(字玉軒,號彰五)
(清・恩縣人)
[民國]重修恩縣 11/鄉賢 36
李華山(字晉臺)
(清・莘縣人)
[光緒]莘縣 7/32
[民國]莘縣 7/18
莘縣鄉土志/事業 27
李蕢山(清・福山人)
[民國]福山縣志稿 9/3
李孝稱(字彥聞)
(宋・濮州鄄城人)
[嘉靖]山東 33/31
[萬曆元年]兗州 41/33
[萬曆]東昌 19/91
[嘉靖]濮州 5/30
[康熙]濮州 3/54
[乾隆]濮州 3/55
[宣統]濮州 4/61
李蔭綬(字寅軒)
(清・商河人)
[民國]重修商河 8/64
李蘊山(譜名時琨,字玉含)
(清・長清人)
[民國]長清 13/21
李夢卜(字瑞符)
(清・高唐人)
[光緒]高唐州 5/2－36
李攀岱(清・臨邑人)
[道光]臨邑 9/21
[同治]臨邑 9/耆壽 1
李蕭然(明・濟寧人)
[康熙]濟寧州 6/31
李華佐(字文襄)
(清・單縣人)
[民國]單縣 10/18
李世勳(明・威海衛人)
[乾隆]威海衛志 6/11
[光緒]文登 7/下 11
[民國]文登 7/下 11
李樹德(字滋圃)
(清・茌平人)
[宣統]茌平 14/14
[民國]茌平 3/83
李樹德(清・漢軍正黃旗人)
[宣統]山東 74/14
[道光]濟南 37/15
[乾隆]德州 8/13
[民國]德縣 9/11
李樹德(字植仁)
(河北雄縣人)
[民國]昌樂縣續志 25/5
李樹勳(字鼎臣)
(清・霑化人)
[光緒]霑化 7/9
[民國]霑化 2/21
李孝先(明・長清人)
[道光]長清 11/25
李蕃生(字錦如)
(清・無棣人)
[乾隆]武定府 25/19
[咸豐]武定府 25/孝友 19
[民國]無棣 13/3
海豐縣鄉土志/耆舊－事業五
李蓮生(昌樂人)
[民國]昌樂縣續志 21/21
李世傑(明・菏澤人)
[康熙]曹州志 16/3
[光緒]菏澤 16/2
[光緒]新修菏澤 10/36
李世傑(字士英)
(明・滕縣人)
[康熙]山東 46/3
[萬曆]滕志 8/61
[康熙]滕志 8/人物 19
[康熙]滕縣志 8/隱逸 8
[道光]滕縣志 9/隱逸 5
李世傑(清・淄川人)
[宣統]三續淄川 9/78
李權生(號參玄)
(清・萊蕪人)
[乾隆]泰安府 17/43
[康熙]新修萊蕪 6/14,6/32
[民國]萊蕪 18/9
[民國]續修萊蕪 24/1
李桂和(明・樂安人)
[民國]續修廣饒 19/17
李華白(字含芳)
(清・慶雲人)
[嘉慶]慶雲 9/15
[咸豐]慶雲 2/65
[民國三年]慶雲 2/30
李基和(號梅崖)
(清・奉天人)
[乾隆]東昌 34/28
[康熙]臨清州 1/44
[乾隆]臨清州 9/12
[乾隆]臨清直隸州 6/78
[民國]臨清縣/秩官 63
李夢白(明・昌邑人)
[康熙]昌邑 6/3
[乾隆]昌邑 5/127
李夢皋(清・湖北孝感舉人)
[光緒]嶧縣 19/職官下 22
李慕白(字步仙)
(清・金鄉人)

[道光]濟寧直隸州 8/4－18
[民國]濟寧直隸州續志 14/31
[咸豐]金鄉縣志略 9/中忠義傳 5
[民國]金鄉 14/20
李世保(字滋園,號柳亭)
(清・德州人)
[民國]德縣 10/40
李世和(字和卿)
(元・上京人)
[萬曆]寧津 5/15
[光緒]寧津 6/25,12/3
寧津縣志料 3/人物－名宦
寧津縣鄉土志/政績
李世名(明・嶧縣人)
[光緒]嶧縣 21/忠義 2
李世紹(字增公)
(清・寧海人)
[民國]牟平 7/39
李世繩(字德延)
(清・武城人)
[乾隆]東昌 44/16
[乾隆]武城 10/31
李芸修(字香圃)
(清・淄川人)
[宣統]三續淄川 9/86
李茂齡(字蔚園)
(清・金鄉人)
[民國]濟寧直隸州續志 14/31
[咸豐]金鄉縣志略 9/中忠義傳 5
[民國]金鄉 14/20
李夢齡(字與九)
(清・鄒平人)
[民國]鄒平 15/120
李其倫(字敦五)
(清・夏津人)
[民國]夏津續編 8/38
李葆實(字秋圃)
(清・歷城人)
[宣統]山東 170/14
[民國]續修歷城 40/41
李華之(字却屺)
(清・陽穀人)
[光緒]陽穀 6/27
李華之(字秀實,號邾芑)
(清・諸城人)
[雍正]山東 28/人物四 42
[宣統]山東 175/6
[康熙六十年]青州 16/41
[咸豐]青州 47/10
[乾隆]諸城 33/2
諸城縣鄉土志/上 32
李茂寔(明・陝西人)
[乾隆]博山志稿/14
李茂實(字生洲)
(明・館陶人)
[乾隆]東昌 42/25
[嘉慶]東昌 32/20
李茂實(明・陝西人)
[宣統]山東 73/3
[咸豐]青州 36/44
[乾隆]博山 6/上 2
[光緒]益都縣圖志 18/21
李茂實(字漢臣,號歙園)
(清・高密人)
[民國]高密 14/上 71
李慕淳(字尚質)
(清・樂安人)
[民國]續修廣饒 19/52
李芃之(字蒨原)
(清・諸城人)
[咸豐]青州 47/36
[乾隆]諸城 33/5
李世良(清・費縣人)
[光緒]費縣 11/43
李萬安(唐・趙郡鄗人)
[順治]鄒平 4/8
[康熙]鄒平 4/7
李植之(字伯柱)
(清・長山人)
[康熙四十三年]長山 5/孝義
[康熙五十五年]長山 6/35
[嘉慶]長山 9/7
李蘭溪(字佩秋)
(清・陽穀人)
[民國]增修陽穀人物/師道 25
李蔭澄(字平伯)
(清・韓城人)
[宣統]山東 77/28
[光緒]增修登州 33/4
[雍正]文登 6/37,9/18
[道光]文登 5/24,8/20
[光緒]文登 7/下 2
李世治(一名世淮,字堯農,號怡堂)
(清・壽光人)
[民國]壽光 12/人物志二 52
李基達(字德載)
(清・陵縣人)
[光緒]陵縣 19/人物傳二 11
陵縣鄉土志/17
李世達(字子成,別號漸菴)
(明・涇陽人)
[康熙]濟寧州 4/10
[光緒]費縣 3/67
李蘭津(字洞庭)
(清平人)
[民國]清平/人物 81
李世清(明・東安人)
[乾隆]泰安府 15/15
[道光]東阿 11/10
李世清(字昭明)
(清・商河人)
[道光]商河 7/29
[民國]重修商河 8/40
商河縣鄉土志 2/耆舊－事業
李執禮(明・商河人)
[道光]商河 7/50
李執禮(字東雅)
(清・鉅野人)
[道光]鉅野 13/58,19/39
李華遇(字尹亭)
(清・安邱人)
[宣統]山東 175/30
李樹澤(清・鄒平人)
[民國]鄒平 15/111
李葆初(字渾天)
(清・金鄉人)
[民國]金鄉 14/9
李懋祖(字裕昆)
(清・鐵嶺人)
[康熙]兗州續編 16/35

[康熙]沂州志 6/2
[乾隆]沂州府 26/5
[康熙]萊州 8/57
[乾隆]萊州 9/34
[康熙]平度州 3/5
[道光]重修平度州 16/20
李世湄(字潛菴)
(清・膠州人)
[道光]重修膠州 28/1
李蔭祖(字繩武)
(清・漢軍正黄旗人)
[雍正]山東 27/94
[宣統]山東 74/1
[康熙]濟南 26/1
[道光]濟南 37/1
[康熙六十年]青州 12/40
[光緒]菏澤 7/名宦 8
李蕃祚(字子介)
(清・陵縣人)
[光緒]陵縣 19/人物傳二 7
陵縣鄉土志/16
李蘭祥(清)
禹城縣鄉土志/7
李其祥(清・商河人)
[民國]重修商河 8/49
李其祥(字瑞軒,號丹溪居士)
(清・壽光人)
[民國]壽光 12/人物志二 33
李葆真(號山農)
(清・金鄉人)
[民國]濟寧直隸州續志 14/6
[咸豐]金鄉縣志略 9/中忠義傳 5
[民國]金鄉 14/6
李葆真(字樸村)
(清・鉅野人)
[民國]續修鉅野 5/上又 31
李芳塘(字恒沙)
(明・永年人)
[康熙]淄川 4/13
[乾隆]淄川 4/13
李蘴培(字西京)
(清・霑化人)
[光緒]霑化 9/9
[民國]霑化 2/62
李考士(清・章邱人)
[道光]章邱 11/83
李荃培(字思和)
(清・霑化人)
[光緒]霑化 10/16
[民國]霑化 2/89
李世培(清・諸城人)
[光緒]增修諸城縣續志 16/14
李樹培(號松泉)
(清・博山人)
[民國]續修博山 12/54
李樹培(字少泉)
(清・萊蕪人)
[民國]單縣 6/宦蹟 28
李孝壽(字景山)
(宋・濮州鄄城人)
[嘉靖]山東 33/31
[萬曆]東昌 19/90
[嘉靖]濮州 5/29
[康熙]濮州 3/53
[乾隆]濮州 3/54
[宣統]濮州 4/60
李萱培(字北樹)
(清・霑化人)
[光緒]霑化 8/13
[民國]霑化 2/42
李世垣(字星門)
(清・德州人)
[道光]濟南 56/75
德州鄉土志/耆舊 48
李基圻(字倬甫)
(清・陵縣人)
[光緒]陵縣 19/人物傳二 12
陵縣鄉土志/17
李其琛(清・臨朐人)
臨朐縣鄉土志 1/耆舊
李其彭(號果軒)
(清・鉅野人)
[道光]鉅野 13/36
李若桃(清・棲霞人)
[光緒]增修登州 43/24
[光緒]棲霞縣續志 7/義行 1
李萬機(字御九)
(清・泰安人)
[乾隆]泰安府 18/37
[乾隆二十五年]泰安縣 12/23
[乾隆四十七年]泰安縣 10/上 27
[道光]泰安縣 9/上 79
[民國]重修泰安縣 8/34
泰安縣鄉土志/耆舊 14
李蔭樾(字樹亭)
(禹城人)
[民國]禹城 6/25
李蒓芳(字秋圃)
(清・博興人)
[民國]重修博興 13/45
李莪華(清・壽光人)
壽光縣鄉土志/耆舊
李蕚芳(清・膠州人)
[民國]增修膠志 44/17
李芳桂(號秀軒)
(清・菏澤人)
[康熙]曹州志 16/10
[光緒]菏澤 16/18
李芳華(清・濱州人)
[咸豐]濱州 10/厚德又 6
濱州鄉土志/耆舊錄
李芳林(字曉園)
(清・濟陽人)
[民國]濟陽 11/45
李芳芑(字瑞芝)
(商河人)
[民國]重修商河 7/41
李芳若(字玉泉)
(清・齊東人)
[民國]齊東 5/33
齊東縣鄉土志/耆舊錄 17
李芳藴(字承蜩)
(明・永年人)
[康熙]兗州府曹縣 9/4
[光緒]曹縣 9/官職 5
李芬芳(明・直隸房山人)
[乾隆]東昌 35/34
[乾隆]武城 9/4
武城縣鄉土志略/政績錄
李桂芳(號秀軒)
(明・菏澤人)

［光緒］新修菏澤 10/40
海豐縣鄉土志/政績
李桂芳（字佳芝，一作嘉芝）
（明・北直密雲人）
［宣統］山東 71/43
［康熙］濟南 25/79
［乾隆］武定府 16/24
［咸豐］武定府 19/海豐 2
［康熙］海豐 9/5
［民國］無棣 9/2
李桂華（清・諸城人）
［光緒］增修諸城縣續志 14/11
李桂攀（字秋谷）
（清・順天寶坻人）
［宣統］山東 76/47
［光緒］高唐州 7/1－17
［民國］高唐縣 9/5－15
［民國］德縣 9/22
李華蕚（清・金鄉人）
［康熙五十一年］金鄉 5/7
李華林（字郁穠）
（清・定陶人）
［民國］定陶 6/38
李蘭芳（清・臨清人）
［民國］臨清縣/人物 67
李蘭芳（清・樂安人）
［咸豐］青州 48/13
［雍正］樂安 12/26
［民國］樂安 10/19
［民國］續修廣饒 19/35
李蘭坡（清・安邱人）
［民國］昌樂縣續志 38/7
李蘭枝（字馡園）
（清・樂安人）
［民國］續修廣饒 19/72
李蓮蕚（字蘭齋）
（清・清平人）
［宣統］增輯清平 12/53
［民國］清平/人物 34
李茂桂（字聞遠）
（清・濟寧人）
［乾隆］濟寧直隸州 27/22
［道光］濟寧直隸州 8/3－25
李茂林（明・黄縣人）
［順治］登州 17/14
［光緒］增修登州 43/11
［康熙］黄縣 6/27
［乾隆］黄縣 8/32
［同治］黄縣 8/11
［民國］黄縣志稿 13/明
李茂林（清・臨沂人）
［民國］續修臨沂 16/9
李懋桂（字月株）
（明・高密人）
［乾隆］高密 8/上 12
［光緒］高密 8/上 14
［民國］高密 14/上 13
高密縣鄉土志/上 20
李夢蘭（字瑞芝）
（清・威海衛人）
［乾隆］威海衛志 7/6
李夢蘭（字瑞符）
（清・鄆城人）
［光緒］鄆城 8/19
李其堪（清・臨朐人）
［民國］臨朐續志 20/34
李其茂（明・高唐人）
［道光］高唐州 5/1－11
李權莊（清・萊陽人）
［民國］萊陽 3/1 中 63
李蓉芬（字曉江）
（清・菏澤人）
［光緒］新修菏澤 11/74
李若蘭（字静以）
（清・棲霞人）
［康熙］棲霞 6/18
［乾隆］棲霞 7/8
李若楠（字喬林）
（清・陽信人）
［乾隆］武定府 26/31
［乾隆］陽信 7/55
［民國］陽信 5/耆碩 54
信邑志稿 7/耆碩
李若英（明・江西吉安人）
［道光］濟南 36/30
［天啟］新城 6/知縣
［崇禎］新城 6/知縣
［康熙］新城 5/3
［民國］重修新城 10/4
李世茂（明・新城人）
［天啟］新城 7/武秩
［崇禎］新城 7/武秩
李世模（字楷亭，一字昌皋，又號竹溪）
（清・臨朐人）
光緒臨朐 14/中 17
李世蔭（字燕庭，號拙園）
（清・諸城人）
［光緒］增修諸城縣續志 13/3
李世英（元・長清人）
［道光］長清 11/5
李世藻（明・寧海人）
［康熙］寧海州 9/6
［同治］重修寧海州 21/5
［民國］牟平 7/86
李樹芳（字椒珊）
（清・德平人）
［民國］德平縣續志 6/13
李樹芳（清・鄒平人）
［民國］鄒平 15/137
李樹芬（字蕉杉）
（清・長清人）
［民國］長清 11/8
李樹棻（字香圃）
（臨邑人）
［民國］續修臨邑 3/18
李樹蕡（清・費縣人）
［光緒］費縣 11/60
李樹基（字紹蓮）
（清・壽光人）
［民國］壽光 12/人物志一 42
李萬枝（號華李）
（清・博平人）
［道光］博平 4/32
李薌林（字清圃）
（清・無棣人）
［民國］無棣 13/21
李孝基（字伯始）
（宋・濮州人）
［嘉靖］山東 31/22
［康熙］山東 41/19
［雍正］山東 28/人物二 39
［萬曆］東昌 19/38
［嘉靖］濮州 5/20
［康熙］濮州 3/53
［乾隆］濮州 3/54

［宣統］濮州 4/60
李孝慕（清・蒙陰人）
［宣統］蒙陰 4/孝義
李英華（字春軒）
（清・高唐人）
［民國］高唐縣 12/21
李英林（又名應霖，字雨亭）
（清・昌樂人）
［民國］昌樂縣續志 30/12
李芝桂（清・杏山人）
［宣統］山東 75/34
［乾隆］泰安府 15/27
［乾隆］東平州 12/38
［道光］東平州 12/38
［光緒］東平州 14/38
［民國］東平縣 9/21
李枝蕃（明・蒲臺人）
［康熙］濟南 44/29
［乾隆］武定府 25/11
［咸豐］武定府 25/孝友 11
［康熙］重修蒲臺 7/11
［乾隆］蒲臺 3/48
蒲臺縣鄉土志/11
李枝茂（字蔚林）
（清・單縣人）
［民國］單縣 12/鄉賢 12
李芳椿（字壽圃）
（清・齊東人）
［民國］齊東 5/40
齊東縣鄉土志/耆舊錄 17
李堪棟（字濟宇）
（明・金鄉人）
［民國］金鄉 13/14
李芳馨（字桂山）
（清・章邱人）
章邱縣鄉土志/上 23
李蘭根（字本固）
（清・博平人）
［光緒］博平縣續志 10/65
李其桐（字鳳喈）
（清・章邱人）
［道光］章邱 10/33
李樹穀（清・鄒平人）
［民國］鄒平 15/111
李樹聲（字叔遠）
（清・單縣人）
［乾隆］單縣 6/21，12/13，
12/30
［民國］單縣 9/54，23/23
李樹聲（字駿階）
（昌樂人）
［民國］昌樂縣續志 27/7
李萬超（五代周・太原人）
［雍正］山東 27/63
［宣統］山東 68/22
［泰昌］登州 9/33
［順治］登州 11/8
［光緒］增修登州 24/7
李椅桐（字琴山）
（清・昌樂人）
［民國］昌樂縣續志 35/9
李其松（明・高唐人）
［乾隆］東昌 39/26
［嘉慶］東昌 29/10
［道光］高唐州 5/1－15
［光緒］高唐州 5/1－15
［民國］高唐縣 12/5
李其松（清・鄒平人）
［道光］濟南 54/49
［嘉慶］鄒平 15/13
［道光］鄒平 15/98
［民國］鄒平 15/98
李世敬（清・順天大興人）
［雍正］山東 27/103
［宣統］山東 75/55
［乾隆］兗州 22/33
［光緒］菏澤 7/名宦 9
李樹梅（字閣東）
（清・陽信人）
［民國］陽信 5/篤行 45
李芳春（字元馨）
（明・昌樂人）
［咸豐］青州 45/15
［康熙］昌樂 4/12
［嘉慶］昌樂 24/2
李芳春（明・萊蕪人）
［民國］續修萊蕪 22/8
李芳春（清・蓋州人）
［嘉慶］慶雲 7/29
［咸豐］慶雲 2/27
［民國三年］慶雲 1/86
李華春（明・臨沂人）
［康熙］沂州志 6/12
［乾隆］沂州府 26/10
［民國］臨沂 10/48
李黃中（字闊園）
（清・高密人）
高密縣鄉土志/上 49
李蘭春（字隆昇）
（清・陽穀人）
［民國］增修陽穀人物/武
功 8
李世忠（字藎臣）
（清・長山人）
［道光］濟南 55/34
［嘉慶］長山 10/8
李萬春（字昆圃）
（清・清平人）
［宣統］增輯清平 12/66
［民國］清平/人物 59
李萬青（字子中）
（清・諸城人）
［咸豐］青州 49/23
李蔚春（字芳宇）
（清・奉天蓋州人）
［宣統］山東 75/48
［乾隆］武定府 16/36
［咸豐］武定府 19/濱州 4
［康熙］濱州 5/22
［咸豐］濱州 8/6
濱州鄉土志/政績錄
李蘊東（字伯發）
（明・堂邑人）
［順治］堂邑 2/人物 9
［康熙］堂邑 12/7
李茂盛（字莪華）
（清・壽光人）
［民國］壽光 12/人物志二 90
李世威（字文蔚，號幼尚）
（清・莘縣人）
［宣統］山東 174/7
［乾隆］東昌 40/25
［嘉慶］東昌 30/26
［光緒］莘縣 7/20，8/中 69
［民國］莘縣 7/11，9/37
莘縣鄉土志/鄉宦 19
李芳園（字會春，號竹溪）
（清・濟陽人）

[光緒]莘縣 5/39
[民國]莘縣 3/30
[民國]濟陽 11/45
李華國(字端甫)
(清・高密人)
[乾隆]萊州 10/35
[乾隆]高密 8/上 15
[光緒]高密 8/上 17
[民國]高密 14/上 15,15/下补编 40
高密縣鄉土志/上 25
李蕙圃(清・霑化人)
[光緒]霑化 7/9
[民國]霑化 2/22
李蕙田(清・安邱人)
[民國]續安邱新志 21/5
李蘭田(清・高密人)
[光緒]高密 8/上 40
[民國]高密 14/上 43
高密縣鄉土志/上 37
李夢果(明・色目人)
[乾隆]掖縣 4/39
李夢愚(字潤堂,號南谷)
(清・博興人)
[民國]重修博興 13/37
李其昂(字子肅)
(清・安邱人)
[康熙六十年]青州 16/42
[咸豐]青州 47/14
[道光]安邱新志 18/4
安丘縣鄉土志 6/耆舊錄 3
李其昌(字寧侯,號澹菴)
(清・長山人)
[道光]濟南 55/12
[康熙五十五年]長山 6/16
[嘉慶]長山 7/22
李其旦(字旭菴)
(清・安邱人)
[咸豐]青州 46/48
[民國]續安邱新志 21/1
李世昌(清・博興人)
[康熙六十年]博興 7/58
李世昌(清・奉天鐵嶺人)
[宣統]山東 77/34
[道光]重修平度州 16/20
平度鄉土志 2/政績
李樹目(字仲明,號莪懷)
(清・單縣人)
[宣統]山東 173/36
[乾隆]曹州府 15/25
[康熙]單縣 7/26,8/53
[民國]單縣 9/53,23/18
李菘圃(清・茌平人)
[民國]茌平 3/14
李孝昌(宋)
[光緒]益都縣圖志 16/39
李孝思(清・蒙陰人)
[宣統]蒙陰 4/孝義
李世顯(字臨閣)
(清・濮州人)
[宣統]濮州 6/94
李茂時(清・直隸舉人)
[宣統]山東 77/40
[康熙]膠州 5/14
[乾隆]膠州 4/15
[道光]重修膠州 23/1
[民國]增修膠志 18/1
膠州直隸州鄉土志 3/政績-愛民
李樹勛(字子銘)
(高密人)
[民國]高密 14/上 33
李芳暉(號曉峯)
(清・臨朐人)
臨朐縣鄉土志 1/耆舊
李世畇(字稼民)
(清・金鄉人)
[咸豐]濟寧直隸州續志 3/7
[民國]濟寧直隸州續志 14/27
[咸豐]金鄉縣志略 9/中忠義傳 2
[民國]金鄉 14/17
李芳辰(清・莘縣人)
[康熙五十六年]莘縣 6/12
[光緒]莘縣 7/40
[民國]莘縣 7/30
莘縣鄉土志/孝友 23
李世臣(清・樂安人)
[民國]續修廣饒 19/37
李基熙(字止庵)
(清・肥城人)
[光緒]肥城 9/16
肥城縣鄉土志 5/29
李夢鳳(字見山)
(明・長山人)
[雍正]山東 28/人物三 76
[宣統]山東 165/23
[道光]濟南 50/52
[康熙五十五年]長山 6/31
[嘉慶]長山 9/3
長山縣鄉土志/耆舊錄
李其舉(清・夏津人)
[民國]夏津續編 8/16
李其賢(字崇德)
(清・夏津人)
[民國]夏津續編 8/23
李勤學(清・菏澤人)
[光緒]菏澤 16/16
[光緒]新修菏澤 11/73
李權周(明・博興人)
[康熙十二年]博興 6/7
李世熙(字坤儀)
(清・長山人)
[康熙]濟南 47/28
[道光]濟南 72/40
[康熙四十三年]長山 5/孝義
[康熙五十五年]長山 6/35
[嘉慶]長山 9/7
李世興(清・萊蕪人)
[民國]萊蕪 20/3
[民國]續修萊蕪 27/8
李世用(清・鄒平人)
[道光]鄒平 15/98
[民國]鄒平 15/98
李樹屏(號榴園)
(清・鉅野人)
[道光]鉅野 13/37
李樹賢(清・萊陽人)
[民國]萊陽 3/1 中 74
李萬民(字熙績)
(清・濰縣人)
[乾隆]濰縣 4/36
[民國]濰縣志稿 29/17
李慕覽(字佩呂)
(清・霑化人)
[光緒]霑化 9/9

[民國]霑化 2/62
李楚金(唐・隴西人)
[乾隆]東昌 33/16
[嘉慶]東昌 20/28
[嘉靖]恩縣 8/4
[宣統]重修恩縣 6/43
[民國]重修恩縣 10/60
李華年(清・金鄉人)
[咸豐]金鄉縣志略 9/中忠義傳 1
[民國]金鄉 14/17
李蓉鏡(字虛堂)
(清・延安舉人)
[民國三年]慶雲 1/89
李若谷(字子淵)
(宋・徐州豐人)
[雍正]山東 27/5
[宣統]山東 68/24
李世鎬(字西京)
(清・膠州人)
[道光]重修膠州 28/1
[民國]增修膠志 42/1
膠州直隸州鄉土志 4/文學
李萬年(清・臨清人)
[民國]臨清縣/人物 28
李葆鈺(字潤田)
(無棣人)
[民國]無棣 11/26
李世鈿(字霞渚)
(清・膠州人)
[乾隆]膠州 4/52
[道光]重修膠州 28/1
[民國]增修膠志 42/1
膠州直隸州鄉土志 4/文學
李世鐸(字伯端,號兼山)
(清・膠州人)
[康熙]膠州 5/41
[乾隆]膠州 4/48
[道光]重修膠州 27/6
[民國]增修膠志 41/4
膠州直隸州鄉土志 4/文學
李世錫(字帝侯,一字霞裳)
(清・膠州人)
[乾隆]膠州 5/14
[道光]重修膠州 28/1
[民國]增修膠志 42/1
膠州直隸州鄉土志 4/文學
李桂節(字宜之,號吉庵)
(明・直隸三河人)
[康熙]兗州府曹縣 9/9
李葆光(清・慶雲人)
[民國三年]慶雲 2/100
李甘棠(字蔭南)
(清・商河人)
[民國]重修商河 8/27
李華堂(字玉階)
(清・博平人)
[光緒]博平縣續志 10/64
李華堂(原名鴻林,字冠山,號書卿)
(清・平原人)
[民國]續修平原 10/上 9,11/藝文上 34
李華堂(清・莘縣人)
[民國]莘縣 9/45
莘縣鄉土志/事業 28
李黄裳(清・歷城人)
[雍正]山東 28/人物四 54
[宣統]山東 170/29
[道光]濟南 53/48
[乾隆]歷城 42/6
李茂棠(字召南)
(黄縣人)
[民國]黄縣志稿 13/民國文學
李其棠(字蔭南)
(長清人)
[民國]長清 12/16
李蔭棠(字翼召)
(清・齊東人)
[民國]齊東 5/15
齊東縣鄉土志/耆舊錄 15
李樹煌(字星垣)
(清・萊陽人)
[民國]萊陽 3/1 中 89
李桂榮(字香亭)
(清・慶雲人)
[民國三年]慶雲 2/100
李世榮(字茂遠)
(清・武城人)
[乾隆]東昌 43/46
[乾隆]武城 10/32
李樹榮(清・鉅野人)
[民國]續修鉅野 5/上 20
45 **李椿**(金)
[乾隆]章邱 9/11
李椿(字壽山)
(清・德州人)
[民國]德縣 10/73
李椿(字允久)
(清・東阿人)
[乾隆]泰安府 18/56
[道光]東阿 14/人物下 31
[光緒]東阿縣鄉土志 4/25
李椿(清・萊陽人)
[民國]萊陽 3/1 中 67
李椿(字壽南)
(清・齊東人)
[民國]齊東 5/14
李椿(清・壽光人)
[嘉慶]壽光 15/6
李楝(字直卿)
(明・壽張人)
[光緒]壽張 6/2
李楝(字清甫,號吉士)
(清・霑化人)
[光緒]霑化 10/7
[民國]霑化 2/80
李坤(字德載)
(明・中牟人)
[正德]博平 5/82
李坤(字萬生)
(清・武城人)
[乾隆]東昌 43/45
[乾隆]武城 10/31
李柟(字讓卿,號木齋)
(明・曹州人)
[康熙]曹州志 15/60
李柟(字讓木)
(清・蒲臺人)
[乾隆]武定府 23/35
[咸豐]武定府 23/名臣 35
[乾隆]蒲臺 3/49
[光緒]重修蒲臺 3/1
蒲臺縣鄉土志/23
李榛(明・高唐人)
[乾隆]東昌 42/25
[嘉慶]東昌 32/21

［康熙十二年］高唐州 9/5
［康熙五十一年］高唐州 9/4
［道光］高唐州 5/2－8
［光緒］高唐州 5/2－11
［民國］高唐縣 12/5
李株(明・蓬萊人)
［康熙］山東 45/21
［順治］登州 17/21
［康熙］蓬萊 5/22
［道光］重修蓬萊 9/25
［民國］蓬萊縣志合編人物志/孝友
李棟雲(字菊坪)
(清・茌平人)
［宣統］茌平 11/9
［民國］茌平 3/55
李坤配(清・章丘人)
［道光］章邱 11/82
李櫺生(見李櫺生)
李椿齡(字壽林)
(清・陽穀人)
［民國］增修陽穀人物/文苑 6
李棟朝(清・鄒平人)
［道光］濟南 54/41
李棲鳳(見李鳳棲)
李棲筠(字貞一)
(唐・趙人)
［嘉靖］山東 26/23
［康熙］山東 34/4
［雍正］山東 27/43
［萬曆］東昌 18/15
［乾隆］東昌 34/17
［嘉慶］東昌 22/8
［嘉靖］冠縣 2/7
［道光］冠縣 6/21
［光緒］冠縣 6/宦績
［民國］冠縣 6/31
46 **李樫**(字聖木)
(清・德州人)
［道光］濟南 56/69
李樫(字僊雨)
(清・霑化人)
［乾隆］武定府 25/21
［咸豐］武定府 25/孝友 21
［光緒］霑化 8/8
［民國］霑化 2/37
李觀(字洞開)
(明・章邱人)
［道光］濟南 61/4
［道光］章邱 11/73
李槐(清・博平人)
［光緒］博平縣續志 10/49
博平縣鄉土志/耆舊－事業
李楫(元・博平人)
［正德］博平 4/63
李楫(字皇舟,號愚東)
(明・樂安人)
［康熙］山東 42/29
［雍正］山東 28/人物三 65
［宣統］山東 161/56
［康熙十五年］青州 13/82
［康熙四十八年］青州 13/事功 66
［康熙六十年］青州 16/34
［咸豐］青州 45/31
［雍正］樂安 12/13
［民國］樂安 10/10
［民國］續修廣饒 19/20
李楫(清・長山人)
［道光］濟南 55/32
［嘉慶］長山 9/31
李楫(清・江西金谿人)
［宣統］山東 76/8
［道光］濟寧直隸州 6/7－86
［乾隆］嘉祥 3/32
［光緒］嘉祥 3/40
李駕(字方軌)
(清・無棣人)
［咸豐］武定府 26/義行 26
［民國］無棣 13/7
海豐縣鄉土志/耆舊－事業六
李恕(宋・趙州贊皇人)
［光緒］益都縣圖志 16/42,27/56
李恕(金・濟南歷山人)
［萬曆］寧津 7/10
李恕(字行齋)
(明・陝西富平人)
［嘉靖］山東 25/27
［康熙］山東 32/16
［雍正］山東 27/27
［宣統］山東 71/19
［道光］濟南 36/57
［康熙］德平 3/1,4/17
［乾隆］德平 2/24
［嘉慶］德平 5/7
［光緒］德平 5/6
德平縣鄉土志/政績錄
李恕(字道一,號荊菴,別號枕流)
(清・費縣人)
［光緒］費縣 11/11
費縣鄉土志/耆舊錄－學問
李坦(明・延津人)
［萬曆］汶上 5/5
李坦(字康莊)
(清・曹州人)
［康熙］曹州志 12/20
［光緒］菏澤 12/20
李坦(壽光人)
［民國］壽光 12/人物志二 94
李相(明・單縣人)
［順治］單縣 2/41
李相(明・鉅野人)
［雍正］山東 28/人物三 38
［宣統］山東 164/46
［乾隆］曹州府 16/5
［康熙］鉅野 11/34
［道光］鉅野 13/52
李相(字廷輔)
(明・北直隸棗強人)
［道光］重修膠州 26/6
［民國］增修膠志 40/32
李相(字君卿)
(明・諸城人)
［萬曆］青州 14/52
［康熙十五年］青州 14/52
［康熙四十八年］青州 14/儒行 9
［康熙六十年］青州 15/10
［咸豐］青州 44/5
［萬曆］諸城 7/17
［康熙］諸城 7/15
［乾隆］諸城 33/1
李柷(明・儀真人)

[崇禎]歷乘 16/65
李觀育(字如音)
(清・安邱人)
[咸豐]青州 46/51
[民國]續安邱新志 20/1
安丘縣鄉土志 6/耆舊錄 3
李槐亭(字殿三)
(恩縣人)
[民國]重修恩縣 11/鄉賢 77
李如璽(字贊庭,號綬仙)
(清・單縣人)
[民國]單縣 11/49
李如珩(清・雲南鶴慶州人)
[宣統]山東 76/3,77/27
[光緒]增修登州 30/4
[民國]濟寧直隸州續志 10/52
[道光]招遠縣續志 2/13
李相廷(字殿卿)
(清・壽張人)
[光緒]壽張 7/20
李如珠(號二泉)
(明・平度人)
[康熙]平度州 4/9
[道光]重修平度州 18/9
李觀政(字朝銓)
(清・鉅野人)
[道光]鉅野 13/69
李獨步(清・陽穀人)
[民國]增修陽穀人物/仕宦 13
李觀能(號國賓)
(清・福山人)
[民國]福山縣志稿 7/4－13
李如川(字砥柱)
(清・夏津人)
[民國]夏津續編 8/25
李如崑(清・滕縣人)
[道光]滕縣志 9/孝義 15
李如山(字福疆)
(清・高唐人)
[道光]高唐州 5/1－49
[光緒]高唐州 5/1－54
[民國]高唐縣 12/84
李如山(字邦贍)
(清・陽信人)
[民國]陽信 5/耆碩 60
李觀我(字素徵)
(清・堂邑人)
[康熙]堂邑 12/5
李加生(字渠南)
(清・諸城人)
[乾隆]諸城 41/3
李如阜(清・鉅野人)
[道光]鉅野 13/58
李觀瀛(字湘友,一字十洲)
(清・膠州人)
[宣統]山東 177/46
[道光]重修膠州 27/30
[民國]增修膠志 41/22
膠州直隸州鄉土志 4/事功
李坦之(字階平,號筠谷)
(清・長山人)
[道光]濟南 55/3
[康熙五十五年]長山 6/15
[嘉慶]長山 7/21
李觀洲(霑化人)
[民國]霑化 4/登進 49
李如湛(清・棲霞人)
[乾隆]棲霞 7/3
李觀海(字仙洲)
(清・齊東人)
[民國]齊東 5/29
齊東縣鄉土志/耆舊錄 2
李如圭(字國寶,號涔涯)
(明・澧州人)
[康熙]濟寧州 4/5
[道光]濟寧直隸州 6/6－47
李如堯(清・霸州舉人)
[乾隆]泰安府 15/37
[嘉慶]肥城 15/34
[光緒]肥城 7/49
李如楷(字子式)
(清・長山人)
[嘉慶]長山 10/8
李觀橋(字靖位)
(清・鉅野人)
[道光]鉅野 12/27
李如橋(字孝若)
(明・濮州人)
[萬曆]濮州 6/85
李楫求(字作舟)
(清・高密人)
[光緒]高密 8/上 63
[民國]高密 14/上 74
李如桂(字殿馨)
(清・陽信人)
[民國]陽信 5/篤行 36
李如蘭(字兼之,號瞻濤)
(明・汶上人)
[康熙]兗州續編 15/22
[乾隆]兗州 23/51
[康熙]續修汶上 4/人物 3
李相林(清・德州人)
[光緒]壽張 5/40
李如槐(明・蒙陰人)
[乾隆]沂州府 26/9
[康熙十一年]蒙陰 2/37
[康熙二十四年]蒙陰 4/13
[宣統]蒙陰 4/孝義
李如檜(字泰巖)
(明・陽信人)
[康熙]濟南 41/31
[乾隆]武定府 24/27
[咸豐]武定府 24/循良 17
[康熙]陽信 9/9
[乾隆]陽信 7/8
[民國]陽信 5/宦蹟 14
信邑志稿 7/循良
陽信縣鄉土志上/耆舊－事業,耆舊－鄉賢祠
李如松(清・曹縣人)
[光緒]曹縣 14/行誼 17
李如春(清・博平人)
[光緒]博平縣續志 10/60
李如夷(清・鄆城人)
[光緒]鄆城 5/37
李如杲(清・嶧縣人)
[光緒]嶧縣 21/耆舊 18
李如金(明・聞喜人)
[康熙]嶧縣 3/32
[乾隆]嶧縣 7/14
李觀光(號貞予)
(明・滄州人)
[萬曆]諸城 4/26
[康熙]肥城書上/33
李觀光(字賓王)
(清・堂邑人)

［康熙］堂邑 12/5

47 **李超**（字邁千）
（清・寧陽人）
［光緒］寧陽 14/51

李超（清・雲南蒙自人）
［乾隆］淄川 4/又 28－2

李墀（字丹庭）
（清・安邱人）
［民國］續安邱新志 21/2

李格（字至甫）
（清・曹縣人）
［光緒］曹縣 14/行誼 31

李根（南燕・遼東襄平人）
［咸豐］青州 64/12
［光緒］益都縣圖志 53/3

李根（字仙蟠）
（清・德平人）
［道光］濟南 56/86
［乾隆］德平 3/15
［嘉慶］德平 7/16
［光緒］德平 7/14
德平縣鄉土志/耆舊錄

李穀（字樂園）
（清・海陽人）
［光緒］增修登州 39/36
［乾隆］海陽 7/33
［光緒］海陽縣續志 5/19

李鶴（號野田）
（清・霑化人）
［光緒］霑化 9/11
［民國］霑化 2/64

李均（清・延安人）
［民國］齊河 22/8

李欄（字庭初）
（清・文登人）
［乾隆］續登州 10/8，11/17
［乾隆］海陽 6/20，7/25

李期（宋・青州人）
［宣統］山東 161/14

李桐（字雨琴）
（清・博興人）
［民國］重修博興 13/53

李桐（字琴齋）
（清・鉅野人）
［民國］續修鉅野 5/上 18

李桐（字東樊）
（清・萊陽人）
［乾隆］續登州 10/7
［光緒］增修登州 39/36
［乾隆］海陽 6/21
［民國］萊陽 3/1 中 37

李桐（字鳳樓）
（清・歷城人）
［民國］續修歷城 43/4

李馨（號德苑）
（明・博山人）
［康熙］顏神鎮志 4/下 7

李栩（字靜庵）
（清・海陽人）
［光緒］增修登州 43/48
［乾隆］海陽 6/21

李楹（字覺堂）
（清・高密人）
［宣統］山東 177/46
［光緒］高密 8/上 21
［民國］高密 14/上 20
高密縣鄉土志/上 29

李楹（字坫所）
（清・陽信人）
［民國］陽信 5/孝友 59
陽信縣鄉土志上/耆舊－事業

李郁（明・開州人）
［萬曆］濱州 3/21
［康熙］濱州 5/21
［咸豐］濱州 8/6

李郁（清・博興人）
［康熙六十年］博興 7/23
［道光］博興 11/27
［民國］重修博興 13/25

李椮（字纘公）
（清・霑化人）
［光緒］霑化 9/5
［民國］霑化 2/57

李都產（明・遼東人）
［光緒］增修登州 30/2
［順治］招遠 7/5

李好文（元・東明人）
［康熙］東明 6/17
［乾隆］東明 6/17
［民國］東明縣新誌 11/25

李鶴亭（字聲遠）
（清・新城人）
［宣統］新城縣後志 3/孝友
［民國］重修新城 18/14

李起庸（字雲子）
（清・安邱人）
［咸豐］青州 47/13
［道光］安邱新志 23/2
安丘縣鄉土志 6/耆舊錄 3

李趨庭（字宗魚）
（明・齊河人）
［民國］齊河 26/8

李郁文（字盛周）
（清・諸城人）
［道光］諸城縣續志 15/5

李好謙（元・臨邑人）
［順治］臨邑 15/20
［康熙］重修臨邑 9/2

李起元（清・大興人）
［乾隆］臨清州 12/9
［乾隆］臨清直隸州 8/上 83

李起元（字賡忱）
（香河人）
［民國］長清 4/25

李格非（字文叔）
（宋・濟南人）
［嘉靖］山東 29/16
［康熙］山東 39/14
［雍正］山東 28/人物二 45
［宣統］山東 163/24
［康熙］濟南 42/7
［道光］濟南 47/34
［乾隆］泰安府 14/22
［康熙］東平州 4/56
［乾隆］東平州 12/21
［道光］東平州 12/21
［光緒］東平州 14/21
［崇禎］歷乘 16/10
［崇禎］歷城 10/7，10/25
［乾隆］歷城 40/4
［萬曆］章丘 28/51
［康熙］章丘 6/36
［乾隆］章邱 9/37
［道光］章邱 10/42
章邱縣鄉土志/上 25
［萬曆］諸城 7/48
［光緒］益都縣圖志 16/42

李朝珍(字占元)
(清・鉅野人)
[民國]續修鉅野 5/上 12
李翹出(清・日照人)
[乾隆]沂州府 26/16
[光緒]日照 8/14
李超然(清・棲霞人)
[光緒]棲霞縣續志 6/忠義 1
李朝勳(清・陽穀人)
[民國]增修陽穀人物/師道 16
李楓德(清・萊陽人)
[民國]萊陽 3/1 中 93
李鶴泉(字雲巢)
(清・利津人)
[民國]利津縣續志 7/文苑 2
李朝綱(明・武功人)
[康熙]濟南 25/45
[道光]濟南 36/13
[萬曆]章丘 21/73
[康熙]章丘 4/27
[乾隆]章邱 7/4
[道光]章邱 9/7
李朝身(清・陽信人)
[民國]陽信 5/孝友 61
李朝儀(字公度,號鷺堂)
(清・單縣人)
[民國]單縣 11/40
李好復(字仲通)
(金・安喜人)
[宣統]山東 69/5
[道光]濟南 34/16
[乾隆]歷城 34/3
李鶴齡(字耐村)
(清・平度人)
[光緒]平度志要/人物
[民國]平度縣續志 7/28
李朝賓(字台輔)
(清・東平人)
[乾隆]泰安府 17/44
[康熙]東平州 4/63,5/51
[乾隆]東平州 14/25
[道光]東平州 14/25
[光緒]東平州 15/中 51
[民國]東平縣 11/中 19
李朝選(字孟公)
(明・高密人)
[康熙]高密 8/7
[乾隆]高密 8/上 33
[光緒]高密 8/上 51
[民國]高密 14/上 61
高密縣鄉土志/上 43
李朝選(字良弼)
(清・齊河人)
[民國]齊河 26/37
李根深(明・宛平舉人)
[宣統]山東 72/46
[乾隆]東昌 35/12
[嘉慶]東昌 22/16
李郁華(字棣香)
(清・高密人)
[民國]高密 14/上 60
李朝槐(字笏堂)
(清・鄒縣人)
[民國]續修鄒縣志稿/人物－耆舊
李朝幹(字廷弼)
(清・章邱人)
[道光]濟南 54/21
[道光]章邱 11/70
李朝肅(字賡臣)
(清・章邱人)
[道光]章邱 16/80
李起春(明・魚臺人)
[康熙]魚臺 17/25
[乾隆]魚臺 11/33
[光緒]魚臺 3/20
李超咸(字次班,號堌雲)
(清・單縣人)
[民國]單縣 11/25
李超眾(字邁千)
(清・壽光人)
[民國]壽光 12/人物志二 20
李超眾(字俊卿)
(清・壽張人)
[光緒]壽張 10/2
李朝恩(明・臨邑人)
[康熙]濟南 45/4
[道光]濟南 52/15
[順治]臨邑 12/9
[康熙]重修臨邑 10/9
[道光]臨邑 9/16
[同治]臨邑 9/文苑 2
李鶴鳴(明・城武人)
[康熙九年]城武 3/25
[康熙四十一年]城武 5/下義烈 6
[道光]城武 9/下 47
李朝陽(明・萊陽人)
[民國]萊陽 3/1 中 13
李朝鳳(字應韶)
(明・濮州人)
[萬曆]濮州 3/鄉賢 59
[康熙]濮州 3/80
[乾隆]濮州 3/81
[宣統]濮州 4/87
李朝用(明・安丘人)
[萬曆]青州 14/17
[康熙十五年]青州 14/17
[康熙四十八年]青州 14/孝友 7
[康熙六十年]青州 17/12
[咸豐]青州 44/49
[萬曆]安丘 24/42
安丘縣鄉土志 5/耆舊錄 2
李好賢(字德齋)
(清・昌邑人)
[康熙]昌邑 6/26
[乾隆]昌邑 5/154
李起鳳(明・衡水人)
[萬曆]福山 4/19
[康熙]福山 7/33
李朝會(明・廣東人)
[萬曆]東昌 18/38
[乾隆]東昌 34/23
[嘉靖]冠縣 2/8
[萬曆]冠縣 2/20
[道光]冠縣 6/29
[光緒]冠縣 6/宦績
[民國]冠縣 6/40
李鶴年(字子和)
(清・奉天義州人)
[光緒]海陽縣續志 10/73
48 **李樅**(明・金鄉人)
[康熙十二年]金鄉 5/15
[康熙五十一年]金鄉 5/7

李榦(明・高苑人)
[嘉靖]青州 15/19
[萬曆]青州 14/17
[康熙十五年]青州 14/17
[康熙四十八年]青州 14/孝友 7
[康熙六十年]青州 17/11
[咸豐]青州 43/6
[康熙]高苑 6/4
[乾隆]高苑 6/4
李榦(清・臨淄人)
[民國]臨淄 25/39
李敬(一曰李恭)(宋)
[宣統]山東 68/52
[萬曆]青州 12 又/又 15
[康熙十五年]青州 12 又/又 15
[康熙四十八年]青州 12 又/15
[咸豐]青州 35/10
[嘉靖]臨朐 2/46
[康熙]臨朐縣志書 1/32
光緒臨朐 13/2
李敬(字惟一)(明・山西大同人)
[嘉靖]山東 27/13
[康熙]山東 36/4
[雍正]山東 27/66
[宣統]山東 73/29
[泰昌]登州 9/40
[順治]登州 11/17
[光緒]增修登州 33/1
[嘉靖]寧海州下/24
[雍正]文登 6/35,9/15
[道光]文登 5/22,8/17
[光緒]文登 7/上 3
李敬(字克恭)(明・東昌府人)
[乾隆]東昌 39/21
[嘉慶]東昌 29/5
李枚(字我朴)(清・東平人)
[乾隆]東平州 15/10
[道光]東平州 15/10
[光緒]東平州 15/下 9
[民國]東平縣 11/中 27
東平州鄉土志上/耆舊錄 35
李枚(字靜夫)(清・鉅野人)
[道光]鉅野 17/64
李梅(字魁芳)(明・招遠人)
[光緒]增修登州 43/24
[順治]招遠 9/21
李乾(漢・山陽鉅野人)
[嘉靖]山東 30/14
[康熙]山東 40/15
[萬曆元年]兗州 40/武功 8
[萬曆二十四年]兗州 32/8
李檠(字承光)(明・金鄉人)
[乾隆]濟寧直隸州 24/38
[道光]濟寧直隸州 8/2－51
[康熙十二年]金鄉 5/30
[康熙五十一年]金鄉 11/4
[乾隆]金鄉 18/54
[咸豐]金鄉縣志略 9/上 13
[民國]金鄉 13/10
金鄉縣鄉土志/耆舊錄上
李擎(字翰周)(清・寧陽人)
[光緒]寧陽 13/51
李松(號鶴巢)(明・曹州人)
[康熙]曹州志 15/60
李松(明・順天大城人)
[萬曆]滕志 6/67
[康熙]滕志 6/37
[康熙]滕縣志 6/宦業 33
[道光]滕縣志 6/宦績 26
滕縣鄉土志/6
李松(字封五)(清・陝西興安人)
[宣統]山東 76/41
[乾隆]東昌 34/6,35/21
[嘉慶]東昌 21/24,22/26
[乾隆二十五年]泰安縣 10/35
[乾隆四十七年]泰安縣 8/32
[道光]泰安縣 10/9
[民國]重修泰安縣 6/62
泰安縣鄉土志/政績 6
[乾隆]高唐州續志 2/1
[道光]高唐州 7/1－15
[光緒]高唐州 7/1－15
[民國]高唐縣 9/5－11
[宣統]茌平 8/8
[民國]茌平 8/65
李栴(字檀甫)(清・壽光人)
[康熙]壽光 26/7
[嘉慶]壽光 13/22
[民國]壽光 12/人物志一 63
李敬五(字敷亭)(清・寧陽人)
[咸豐]寧陽 14/10
[光緒]寧陽 14/10
李敬一(字穆亭)(清・寧陽人)
[咸豐]寧陽 14/10
[光緒]寧陽 14/10
李松雲(字鶴亭)(牟平人)
[民國]牟平 7/109
李敬孔(字鍾魯)(清・掖縣人)
[民國]四續掖縣 4/64
李梅山(字馥岩)(齊東人)
[民國]齊東 5/44
李枚卜(字兆勳)(清・單縣人)
[民國]單縣 11/47
李敬身(字醒吾)(清・德平人)
[宣統]山東補遺/17
[民國]德平縣續志 6/13
李敬修(字寅迪)(清・博興人)
[咸豐]青州 47/8
[康熙六十年]博興 7/21,7/58
[道光]博興 11/25
[民國]重修博興 13/24
李敬修(字吟舫)(清・德平人)

[宣統]山東補遺/17
[民國]德平縣續志 6/12
李敬修(字欽齋,號蘭滋)
(清・陽信人)
[民國]陽信 5/文學 17
李敬修(清・霑化人)
[光緒]霑化 10/20
[民國]霑化 2/95
李梅冬(字德潤,號雪崖)
(清・壽光人)
[民國]壽光 12/人物志二 54
李翰宜(號西園)
(清・海陽人)
[光緒]海陽縣續志 5/27
李敬之(清・長山歲貢)
[乾隆]東昌 34/16
[嘉慶]東昌 22/7
[康熙五十六年]莘縣 5/16
[光緒]莘縣 5/12
[民國]莘縣 3/7
莘縣鄉土志/政績 10
李敬之(清・淄川人)
[宣統]山東 170/24
[宣統]三續淄川 9/94
李梅賓(清・廣西臨桂人)
[宣統]山東 74/46
[道光]濟南 37/68
李敬業(唐)
[嘉靖]山東 30/38
[康熙]山東 40/37
李梅村(清・掖縣人)
[民國]四續掖縣 4/64
李梅村(霑化人)
[民國]霑化 4/登進 42
李松蔭(字鶴坪)
(清・費縣人)
[光緒]費縣 11/39
李松柏(金・楚丘人)
[康熙]曹州志 15/53
[康熙]曹縣 12/23
[康熙]兗州府曹縣 12/23
[光緒]曹縣 12/20
李松鶴(字壽世)
(清・樂陵人)
樂陵縣鄉土志 3/51
李教典(字經寰)
(清・堂邑人)
[康熙]堂邑 13/13
李警晨(清・莘縣人)
[光緒]莘縣 7/47
[民國]莘縣 7/35
李敬熙(字文止)
(清・德平人)
[宣統]山東補遺/17
[民國]德平縣續志 6/13
李敬勝(清)
[乾隆]泰安府 15/32
[嘉慶]肥城 15/34
[光緒]肥城 7/49
李敬年(清・長山人)
[嘉慶]長山 9/33
李松年(清・濟寧人)
[道光]濟寧直隸州 8/4－41
李增毓(字隆卿)
(清・寧夏人)
[乾隆]沂州府 27/16
[宣統]蒙陰 5/流寓
[康熙]鄆城 4/14
[光緒]鄆城 6/22
李敬鑄(清・長山人)
長山縣鄉土志/耆舊錄
李敬簡(元・章丘人)
[嘉靖]山東 29/22
[康熙]山東 39/20
[康熙]濟南 45/1
[道光]濟南 48/58
[嘉靖]章丘 3/65
[萬曆]章丘 28/53
[康熙]章丘 6/37
[乾隆]章邱 9/38
[道光]章邱 10/43
49 **李榿**(清・黃縣人)
[乾隆]黃縣 8/35
[同治]黃縣 8/12
李櫟(字虛一)
(清・博山人)
[咸豐]青州 48/13
[乾隆]博山 7/上 13
[民國]續修博山 11/25
李妙秀(明・平原人)
[乾隆]平原 8/47
李狄門(字雲思)
(明・嶧縣人)
[康熙]嶧縣 4/86
[乾隆]嶧縣 8/31
[光緒]嶧縣 21/文苑 2
50 **李本**(明・萊蕪人)
[康熙]濟南 47/14
[嘉靖]萊蕪 6/3
[康熙]新修萊蕪 6/41
[民國]萊蕪 20/6
[民國]續修萊蕪 27/2
萊蕪縣鄉土志/10
李表(明)
[萬曆]青州 12 又/又 10
李春(字遇時)
(明・金鄉人)
[康熙]兗州 28/34
[乾隆]兗州 23/42
[萬曆二十四年]兗州 37/5
[萬曆]東昌 19/49
[乾隆]東昌 39/14
[乾隆]濟寧直隸州 27/27
[道光]濟寧直隸州 8/4－34
[康熙十二年]金鄉 5/30
[康熙五十一年]金鄉 11/3
[乾隆]金鄉 18/54
[咸豐]金鄉縣志略 9/上 13
[民國]金鄉 14/1
金鄉縣鄉土志/耆舊錄上
李春(明・萊陽人)
[民國]萊陽 3/1 中 8
李貴(元・萊陽人)
[民國]萊陽 3/1 中 51
李貴(字時顯)
(明・山後人)
[乾隆]歷城 17/32
李惠(南北朝・中山人)
[咸豐]青州 34/14
[光緒]益都縣圖志 15/8
李秦(字陽夏)
(清・單縣人)
[民國]單縣 9/53
李申(字振綱)
(清・鄆城人)
[光緒]鄆城 7/15
李書(字宜申)
(清・掖縣人)

[乾隆]掖縣 4/70
李素(清・高唐人)
[光緒]高唐州 5/2－42
[民國]高唐縣 12/87
李素(字衷淳,又字雪巖)
(清・泰安人)
[乾隆]泰安府 18/30
[乾隆二十五年]泰安縣 12/19
[乾隆四十七年]泰安縣 10/上 17
[道光]泰安縣 9/上 67
[民國]重修泰安縣 8/17
李肅(字季雍)
(宋・陽武人)
[嘉靖]濮州 7/12
李肅(字子莊,號甦菴)
(清・鉅野人)
[道光]鉅野 13/45
李泰(唐)
[萬曆]東昌 5/5
李泰(字希魯)
(元・魚臺人)
[康熙]魚臺 17/34
[乾隆]魚臺 11/5
[光緒]魚臺 3/3
李泰(明・湖廣郴州人)
[嘉靖]山東 25/26
[康熙]山東 32/14
[雍正]山東 27/26
[宣統]山東 71/21
[康熙]濟南 25/31
[道光]濟南 36/40
[康熙]禹城 5/4
[嘉慶]禹城 7/23
[民國]禹城 3/41
禹城縣鄉土志/5
李泰(明・河南人)
[康熙十二年]陽穀 2/26
[康熙]陽穀 2/19
[光緒]陽穀 4/11
李泰(明・聞喜人)
[乾隆]東昌 35/23
[嘉慶]東昌 22/27
[嘉靖]恩縣 7/5
[萬曆]恩縣 4/7
[宣統]重修恩縣 6/48
[民國]重修恩縣 10/64
恩縣鄉土志/9
李泰(明・新城人)
[道光]濟南 51/3
[民國]重修新城 14/11
李泰(明・宣城人)
[光緒]增修登州 31/1
[康熙]萊陽 4/5
[民國]萊陽 3/1 上 6
李泰(字陽復)
(清・單縣人)
[雍正]山東 28/人物四 49
[宣統]山東 173/36
[乾隆]曹州府 16/9
[康熙]單縣 7/11
[乾隆]單縣 6/19
[民國]單縣 9/53
李中(字子庸)
(明・江西吉水人)
[雍正]山東 27/15
[宣統]山東 70/8
[道光]濟南 35/5
李忠(字仲都)
(漢・東萊黃人)
[嘉靖]山東 32/21,33/2
[康熙]山東 44/3
[雍正]山東 28/人物一 14
[宣統]山東 154/13
[泰昌]登州 11/10
[順治]登州 16/14
[光緒]增修登州 38/1,65/2
[康熙]黃縣 6/12,6/25
[乾隆]黃縣 8/2
[同治]黃縣 8/1
[民國]黃縣志稿 13/漢
李忠(明・博平人)
[正德]博平 4/65
李忠(清・日照人)
[光緒]日照 8/44
李東章(清・安邱人)
[民國]續安邱新志 21/5
李書亭(字文軒)
(清・東阿人)
[民國]續修東阿 11/5
李忠誼(字正甫)
(清・滕縣人)
[民國]續滕縣志 2/16
李東望(字仲瞻,號魯山)
(明・濮州人)
[康熙]濮州 2/96
[乾隆]濮州 2/77
[宣統]濮州 3/56
李書麟(字聖占)
(清・恩縣人)
[民國]重修恩縣 11/鄉賢 35
李春元(字捷南)
(清・歷城人)
[宣統]山東 170/28
[民國]續修歷城 40/32
李奉耳(字龍卿)
(清・金鄉人)
[民國]濟寧直隸州續志 13/6
[民國]金鄉 13/續增 10
李奉石(字借山,號西橋)
(清・金鄉人)
[民國]金鄉 13/續增 7
李晝一(清・萊陽人)
[民國]萊陽 3/1 中 83
李青雲(明・招遠人)
[光緒]增修登州 41/40
李青雲(字士附,號致堂)
(清・金鄉人)
[民國]金鄉 13/續增 5
李青雲(字凌霄)
(清・清平人)
[宣統]增輯清平 12/44
[民國]清平/人物 26
李書雲(字相符)
(清・濟陽人)
[民國]濟陽 11/29
李東琪(字鐵橋)
(清・濟寧人)
濟寧州鄉土志 2/耆舊
李本聘(明・大興人)
[康熙]嶧縣 3/34
[乾隆]嶧縣 7/15
[光緒]嶧縣 19/職官下 8
李忠信(字景山)
(宋・巹邱人)
[乾隆]泰安府 27/81

[乾隆二十五年]泰安縣 13/2－67
[道光]泰安縣 3/51
[民國]重修泰安縣 12/55
李東儒(號振菴)
(清・棲霞人)
[康熙]棲霞 6/17
[乾隆]棲霞 7/8
李中行(字與之,號二水)
(明・樂安人)
[康熙]山東 42/28
[雍正]山東 28/人物三 63
[宣統]山東 161/55
[康熙十五年]青州 13/81
[康熙四十八年]青州 13/事功 65
[康熙六十年]青州 16/33
[咸豐]青州 45/23
[雍正]樂安 12/12
[民國]樂安 10/10,13/12
[民國]續修廣饒 19/19
李忠仁(字誠齋)
(長清人)
[民國]長清 12/26
李青山(明)
[道光]東阿 24/19
李青山(清・莘縣人)
[民國]莘縣 7/33
李惠我(字愛棠)
(清・金鄉人)
[民國]濟寧直隸州續志 14/11
[民國]金鄉 14/9
李本緯(明・錦衣衛進士)
[光緒]益都縣圖志 54/11
李本緒(字業園)
(清・無棣人)
[民國]無棣 13/14
李春魁(字星垣)
(恩縣人)
[民國]重修恩縣 11/鄉賢 39
李東先(字啟震)
(明・東阿人)
[乾隆]泰安府 17/27
[康熙五十四年]東阿 7/22
[道光]東阿 14/人物下 2,24/8
李奉先(清・長清人)
[民國]長清 13/5
李奉先(清・無棣人)
[民國]無棣 13/33
李奉先(恩縣人)
[民國]重修恩縣 11/鄉賢 46
李書升(字秀青)
(清・齊河人)
[民國]齊河 26/43,32/93
李東吳(字應福)
(明・嘉祥人)
[乾隆]嘉祥 2/36
李中和(清・茌平人)
[宣統]茌平 16/3
[民國]茌平 3/18
李中和(字春晴)
(清・滋陽人)
[光緒]滋陽 8/60
滋陽縣鄉土志 1/耆舊－文學
李春齡(字小仙)
(清・冠縣人)
[民國]冠縣 8/人物志 43
李本淳(字恪人)
(清・海陽人)
[光緒]海陽縣續志 5/27
李東瀛(字春洲)
(清・恩縣人)
[宣統]重修恩縣 8/27
[民國]重修恩縣 11/鄉賢 24
恩縣鄉土志/22
李東瀛(字仙洲)
(恩縣人)
[民國]重修恩縣 11/鄉賢 88
李東之(字公明)
(宋・濮州人)
[嘉靖]山東 31/21
[康熙]山東 41/18
[雍正]山東 28/人物二 38
[萬曆]東昌 19/37
[嘉靖]濮州 5/18
[康熙]濮州 3/49
[乾隆]濮州 3/50
[宣統]濮州 4/56
李肅之(字公儀)
(宋・濮州人)
[嘉靖]山東 26/24,31/21
[康熙]山東 34/5,41/18
[雍正]山東 28/人物二 39
[宣統]山東 157/7
[乾隆]泰安府 14/20
[萬曆二十四年]兗州 28/7
[康熙]兗州 22/7
[萬曆]東昌 19/37
[乾隆]東昌 34/18
[嘉慶]東昌 22/8
[康熙]東平州 4/40
[乾隆]東平州 12/18
[道光]東平州 12/18
[光緒]東平州 14/18
[嘉靖]濮州 5/19
[康熙]濮州 3/50
[乾隆]濮州 3/51
[光緒]益都縣圖志 16/31
[萬曆]冠縣 2/2
[道光]冠縣 6/21
[光緒]冠縣 6/宦績
[民國]冠縣 6/31
李泰源(字東石)
(清・濟寧舉人)
[宣統]三續淄川 9/50
李本澄(清・汶上人)
[宣統]四續汶上稿/人物－施濟傳
李本梁(字若木)
(清・武定人)
[宣統]山東 171/34
[咸豐]武定府 24/循良 39
[光緒]惠民 19/18
惠民縣鄉土志/耆舊錄 32
李本浩(字孟符,別號酒禪道人)
(清・海陽人)
[光緒]增修登州 43/49
[乾隆]海陽 6/21,7/15
李本潰(字仙門)
(清・海陽人)
[光緒]增修登州 41/50
[乾隆]海陽 6/23
李惠遠(字吉人,號海村)

（清・歷城人）
[民國]續修歷城 44/39
李中禮（字陶衡）
（清・茌平人）
[宣統]茌平 28/10
[民國]茌平 3/88
李春澤（字杏坪）
（清・嘉祥人）
[光緒]嘉祥 3/34
李本涵（字海若，號俟庵）
（清・海陽人）
[雍正]山東 28/人物四 48
[乾隆]續登州 10/7
[光緒]增修登州 39/35
[乾隆]海陽 6/17，7/14
[光緒]海陽縣續志 10/72
李本瀸（清・海陽人）
[乾隆]海陽 6/22
李本渥（字麟遠）
（清・萊陽人）
[乾隆]續登州 10/7
[光緒]增修登州 43/49
[乾隆]海陽 6/18
[民國]萊陽 3/1 中 81
李奉選（字文卿）
（清・鉅野人）
[民國]續修鉅野 5/上 10
李書潤（字雨軒）
（牟平人）
[民國]牟平 7/25
李泰運（字履安）
（清・高密人）
[民國]高密 14/上 59
李本澂（字鑑湖）
（清・海陽人，一作萊陽人）
[乾隆]續登州 10/7
[光緒]增修登州 40/26
[乾隆]海陽 6/17，7/17
[光緒]海陽縣續志 4/26
李本檍（清・惠民人）
[光緒]惠民 24/4
李本樟（字文木）
（清・武定人）
[宣統]山東 171/34
[咸豐]武定府 24/循良 39
[光緒]惠民 19/18
惠民縣鄉土志/耆舊錄 31
李惠吉（字迪亭）
（清・陽穀人）
[民國]增修陽穀人物/師道 19
李肅榜（榜名樹棠，字蔭伯）
（清・慶雲人）
[民國三年]慶雲 2/95
李泰來（字景符）
（清・博平人）
[光緒]博平縣續志 10/59
李本棪（字公度）
（清・惠民人）
[咸豐]武定府 25/文苑 25
[光緒]惠民 23/13
惠民縣鄉土志/耆舊錄 22
李本桂（字燕儀）
（清・惠民人）
[咸豐]武定府 25/文苑 24
[光緒]惠民 23/12
惠民縣鄉土志/耆舊錄 22
李春萼（字元輝，號韡林）
（明・北直永年人）
[宣統]山東 71/35
[康熙]濟南 25/73
[乾隆]泰安府 15/23
[天啟]新泰 5/26
[順治]新泰 4/20
[乾隆]新泰 11/5
新泰縣鄉土志/3
李春林（字幼青）
（明・昌邑人）
[康熙]昌邑 6/9
[乾隆]昌邑 5/131
李春茂（明・鄒縣人）
[康熙十二年]鄒縣志 2/50
[康熙五十五年]鄒縣志 2/71
鄒縣鄉土志耆舊錄/15
李春茂（清・菏澤人）
[光緒]菏澤 16/5
[光緒]新修菏澤 10/44
李春蓂（字堯階）
（清・樂安人）
[民國]續修廣饒 19/54
李春藻（開封人）
[民國]重修商河 6/60
李東莞（清・益都人）
[萬曆]青州 15/12
[康熙十五年]青州 15/12
[康熙四十八年]青州 15/文學 12
[康熙六十年]青州 18/6
[康熙]益都 9/35
李東孝（清・寧陽人）
[咸豐]寧陽 15/14
[光緒]寧陽 15/15
李書華（字墨園）
（清・金鄉人）
[民國]金鄉 13/續增 4
李書林（字藝園）
（清・清平人）
[民國]清平/人物 70
李本根（字務旃）
（清・德州人）
[民國]德縣 10/60
李本根（字蟠木）
（清・惠民人）
[咸豐]武定府 25/文苑 25
[光緒]惠民 23/13
惠民縣鄉土志/耆舊錄 22
李本栒（字荀城）
（清・惠民人）
[光緒]惠民 23/12
惠民縣鄉土志/耆舊錄 22
李東朝（恩縣人）
[民國]重修恩縣 11/鄉賢 66
李本敬（字龍友）
（清・平度人）
[道光]重修平度州 19/8
李本榆（清・長山人）
長山縣鄉土志/耆舊錄
李奉翰（清・漢軍正藍旗監生）
[道光]重修膠州 23/13
[民國]增修膠志 18/12
李春泰（字澤普）
（清・陽信人）
[民國]陽信 5/任恤 41
李貴春（清・汶上人）
[宣統]四續汶上稿/人物－孝弟傳

李書本(清・茌平人)
[宣統]茌平 16/4
[民國]茌平 3/18
李中泰(字清海)
(清・商河人)
[民國]重修商河 8/90
李本盛(字瞻明)
(清・定陶人)
[乾隆]定陶 6/17
[民國]定陶 6/23
李春盛(明・新城人)
[宣統]新城縣後志 2/忠義
[民國]重修新城 15/5
李書成(清・莘縣人)
[光緒]莘縣 7/42
[民國]莘縣 7/31
莘縣鄉土志/孝友 24
李東井(字應兆,號汲泉)
(明・莘縣人)
[正德]莘縣 6/10
[光緒]莘縣 6/5
李中捷(字月三)
(清・掖縣人)
[乾隆]掖縣 4/69
李中掄(字書升)
(清・掖縣人)
[嘉慶]續掖縣 3/14
李本固(字維寧)
(明・臨清人)
[乾隆]東昌 41/8
[康熙]臨清州 3/人物 9
[乾隆]臨清州 9/29
[乾隆]臨清直隸州 8/上 16
[民國]臨清縣/人物 8
李春圃(字協仲)
(清・金鄉人)
[咸豐]金鄉縣志略 9/中列傳二 17
[民國]金鄉 13/25
李春田(字芸生)
(清・昌樂人)
[民國]昌樂縣續志 28/6
李東岳(清・臨沂人)
[民國]續修臨沂 16/11
李書田(清・諸城人)
[光緒]增修諸城縣續志 17/15
李書田(字子畬)
(直隸棗強人)
[民國]壽光 6/30
李春暉(字晴村)
(清・高唐人)
[民國]高唐縣 12/26,15/82
李春煦(字和齋)
(清・霑化人)
[光緒]霑化 7/9
[民國]霑化 2/21
李春照(字景山)
(利津人)
[民國]利津縣續志 9/3
李東璧(清・益都人)
[光緒]益都縣圖志 46/3
李泰階(字六符)
(清・博平人)
[光緒]博平縣續志 10/51
李春陽(明・臨淄人)
[萬曆]青州 15/13
[康熙十五年]青州 15/又 12
[康熙四十八年]青州 15/文學 13
[康熙六十年]青州 18/6
[咸豐]青州 45/34
[康熙]臨淄 9/18
[民國]臨淄 26/48
臨淄縣鄉土志/耆舊錄
李春開(字泰寰)
(明・長山人)
[道光]濟南 50/46
[康熙四十三年]長山 5/仕業
[康熙五十五年]長山 6/6
[嘉慶]長山 7/7
李中履(字道坦)
(清・鉅野人)
[民國]續修鉅野 5/上 24
李中美(明・單縣人)
[順治]單縣 3/8
李春錦(字尚軒,號簡北)
(牟平人)
[民國]牟平 7/25
李春光(字霽陽)
(清・嶧縣人)
[光緒]嶧縣 21/孝友 12
李本性(明・長清人)
[萬曆]青州 12 又/又 15
[康熙十五年]青州 12 又/又 15
[康熙四十八年]青州 12 又/15
[萬曆]諸城 4/38
李奉恪(字東堂)
(清・金鄉人)
[民國]金鄉 14/26
51 **李軒**(明・河南通許人)
[咸豐]青州 36/49
[康熙]壽光 20/6
[嘉慶]壽光 10/27
[民國]壽光 6/18
李振(唐)
[光緒]益都縣圖志 16/12
李振(明・萊陽人)
[民國]萊陽 3/1 中 81
李振(字麟趾)
(清・臨邑人)
[道光]濟南 56/42
[道光]臨邑 9/6
[同治]臨邑 9/循異 6
李振(字家麟)
(清・商河人)
[民國]重修商河 8/88
李振慶(長清人)
[民國]長清 13/27
李振三(字如綱)
(清・臨沂人)
[民國]臨沂 10/41
李振元(字仁亭)
(清・膠州人)
[民國]增修膠志 45/31
李振璣(字正桓,一作正恒,又作正樞)
(清・金鄉人)
[雍正]山東 28/人物四 48
[宣統]山東 172/39
[乾隆]兗州 23/75
[乾隆]濟寧直隸州 25/45
[道光]濟寧直隸州 8/3-31
[康熙五十一年]金鄉 11/21
[乾隆]金鄉 18/71

[咸豐]金鄉縣志略 9/中列傳二 2
[民國]金鄉 13/14
李振羽(字孟飛,一作鴻飛)(清・金鄉人)
[康熙五十一年]金鄉 11/17
[乾隆]金鄉 18/68
[咸豐]金鄉縣志略 9/中列傳二 2
[民國]金鄉 13/14
李振秀(明・北直貢生)
[宣統]山東 73/25
[康熙]昌邑 5/13
[乾隆]昌邑 5/115
李振德(字覺斯)(清・霑化人)
[光緒]霑化 10/14
[民國]霑化 2/87
李振先(清・太湖人)
新城縣鄉土志/政績－清知縣
李振凱(清・高唐人)
[光緒]高唐州 5/2－9
[民國]高唐縣 12/50
李振綸(字慕廬)(濟寧人)
[民國]濟寧縣 3/16
李振淮(清・雲南人)
[嘉慶]肥城 15/35
[光緒]肥城 7/50
肥城縣鄉土志 3/4
李振家(清・高唐人)
[道光]高唐州 5/2－23
[光緒]高唐州 5/2－26
[民國]高唐縣 12/51
李振家(字書坡)(清・惠民人)
惠民縣志補遺/23
惠民縣鄉土志/耆舊錄 13
李振垣(字環宮)(清・德平人)
[民國]德平縣續志 6/3
李振芳(字子麟)(清・膠州人)
[民國]增修膠志 42/24
膠州直隸州鄉土志 4/孝友
李振基(字浴亭)(清・寧津人)
寧津縣志料 3/人物－孝行
李振藻(字仲璧)(清・陝西安定人)
[宣統]山東 75/9
[康熙]濟南 26/12
[道光]濟南 38/15
[康熙]淄川 4/22
[乾隆]淄川 4/22
淄川縣鄉土志/政績錄
李振都(字道坤)(清・金鄉人)
[康熙五十一年]金鄉 11/13
[乾隆]金鄉 18/66
[咸豐]金鄉縣志略 9/中列傳二 1
[民國]金鄉 13/14
李振椐(字壽先,號南溪)(清・壽光人)
[民國]壽光 12/人物志二 50
李振聲(字玉符)(清・利津人)
[乾隆]利津縣志續編 8/36
李振聲(清・掖縣人)
[光緒]三續掖縣 2/11
李振邦(清・冠縣人)
[道光]冠縣 8/上 18
[民國]冠縣 8/人物志 19
李振甲(字玉峯)(清・文登人)
[光緒]增修登州 45/9
[光緒]文登 9/下 2－10
李振甲(字乙山)(清・樂安人)
[民國]續修廣饒 19/73
李耘疇(字幽圖)(清・夏津人)
[民國]夏津續編 8/7
李振鵬(清・壽張人)
[乾隆]利津縣志補 3/17
李振熙(字翔鳴)(清・長山人)
[道光]濟南 55/1
[康熙四十三年]長山 5/孝義
[康熙五十五年]長山 6/33
[嘉慶]長山 9/5
李振興(字茂齋)(商河人)
[民國]重修商河 7/33
李振倉(清・長清人)
[民國]長清 13/15
52 **李靜**(一作季靜,字仁山)(清・江南泰興人)
[宣統]山東 75/23
[道光]濟南 38/46
[康熙]德平 3/5
[乾隆]德平 2/28
[嘉慶]德平 5/19
[光緒]德平 5/12
德平縣鄉土志/政績錄
李揆(明・同梁人)
[康熙]棲霞 4/5
[乾隆]棲霞 5/28
李挺(明・濟寧人)
[乾隆]濟寧直隸州 24/4
[道光]濟寧直隸州 8/2－23
李挺(字德直)(清・高唐人)
[光緒]高唐州 5/2－27
[民國]高唐縣 12/14
李哲(明・博平人)
[正德]博平 4/66
李哲(明・萊陽人)
[民國]萊陽 3/1 中 9
李揆方(字道一)(清・博山人)
[民國]續修博山 11/31
李挺生(字生生,號蔚霞)(清・寧海人)
[雍正]山東 28/人物四 31
[宣統]山東 176/44
[乾隆]續登州 10/5
[光緒]增修登州 41/56
[同治]重修寧海州 17/21
[民國]牟平 7/14
李靜修(字潛庵)(清・平度人)
[道光]重修平度州 19/33
平度鄉土志 4 上/鄉賢
李蟠根(清・任邱人)

[咸豐]寧陽 11/21
[光緒]寧陽 11/21
53 **李成**(字咸熙)
(宋・營丘人)
[嘉靖]山東 33/30
[康熙]山東 49/3
[宣統]山東 163/24
[嘉靖]青州 16/44
[康熙十五年]青州 17/3
[康熙四十八年]青州 17/方技 3
[康熙六十年]青州 18/3
[咸豐]青州 51/4
[萬曆]益都 6/105
[康熙]益都 10/20
[嘉靖]昌樂 3/48
[康熙]昌樂 4/17
[嘉慶]昌樂 30/1
[民國]昌樂縣續志 17/42
李成(元・濟陽人)
[道光]濟南 48/38
[乾隆]濟陽 8/19
[民國]濟陽 11/24
李成(明・茌平人)
[康熙二年]茌平 2/49
李成(明・蓬萊縣令)
[光緒]蓬萊縣續志 6/文秩 1
李輔(明・江西進賢人)
[宣統]山東 70/10
[道光]濟南 35/7
李輔(明・霑化人)
[乾隆]武定府 26/4
[咸豐]武定府 26/義行 4
[光緒]霑化 10/1
[民國]霑化 2/73
李感(唐・曹州離狐人)
[嘉靖]山東 30/37
[康熙]曹州志 15/38
[乾隆]曹州府 16/1
[光緒]菏澤 15/39
[光緒]新修菏澤 10/8
菏澤縣鄉土志/25
李軾(清・高平人)
[光緒]新修菏澤 10/48
李威(明・萊陽人)
[民國]萊陽 3/1 中 12
李成(字元卓)
(漢・汝南西平人)
[雍正]山東 27/67
[乾隆]高密 6/15
[光緒]高密 6/19
[民國]高密 12/21
高密縣鄉土志/上 6
李成龍(字雲浦)
(清・濟寧人)
[民國]濟寧直隸州續志 12/36
李成龍(字劍光)
(清・寧陽人)
[咸豐]寧陽 13/23
[光緒]寧陽 13/24
李成翼(字建翎)
(清・寧陽人)
[咸豐]寧陽 14/10
[光緒]寧陽 14/10
李成德(字星齋)
(清・密雲人)
[民國]無棣 9/7
海豐縣鄉土志/政績
李盛德(清・棲霞人)
[光緒]增修登州 43/22
[光緒]棲霞縣續志 7/孝友 1
李成業(臨清人)
[民國]臨清縣/人物 78
李搏九(清・東明人)
東明縣志料/藝術－戲術
李成喆(號晻道人)
(清・萊陽人)
[民國]萊陽 3/1 中 89
李盛枝(明・萊蕪人)
[康熙]新修萊蕪 6/3
李成英(字汝諧)
(清・霑化人)
[光緒]霑化 8/4
[民國]霑化 2/33
李成蛟(清)
[乾隆]膠州 4/18
[道光]重修膠州 23/4
[民國]增修膠志 18/4
李成中(字守軒)
(清・直隸人)
[光緒]冠縣 6/宦績
李成忠(字丹若)
(清・陽信人)
[民國]陽信 5/孝友 67
李咸中(字文軒)
(清・涿州拔貢)
[民國]冠縣 6/46
冠縣鄉土志/政績－興利
李盛時(字康侯)
(清・齊東人)
[民國]齊東 5/126
李成隆(字棟占)
(清・聊城人)
[宣統]山東 174/7
[宣統]聊城 8/40,耆獻文徵/中 22
李成鵬(字圖南)
(清・泰安人)
[乾隆四十七年]泰安縣 10/上 22
[道光]泰安縣 9/上 74
[民國]重修泰安縣 8/26
泰安縣鄉土志/耆舊 21
李甫興(字盛業)
(清・德平人)
[光緒]德平 7/28
李盛猷(清・章邱人)
[道光]濟南 54/24
[道光]章邱 11/79
李成性(清・遷安人)
[康熙]新城 5/12
54 **李持**(字確庵)
(清・四川江津人)
[乾隆]掖縣 4/78
李勳(字懋功)
(唐・曹州離狐人)
[嘉靖]山東 30/37
[雍正]山東 28/人物二 2
[宣統]山東 156/4
[萬曆二十四年]兗州 34/1
[康熙]兗州 26/33
[康熙]曹州志 15/36
[乾隆]曹州府 14/12
[道光]滕縣志 14/藝文補 17
[康熙]兗州府曹縣 8/9

[光緒]曹縣 8/8
[光緒]菏澤 15/37
[光緒]新修菏澤 10/7
菏澤縣鄉土志/15
[民國]東明縣新誌 11/15
李持平(明·嘉祥人)
[乾隆]嘉祥 2/38
55 **李典**(字曼成)
(三國·山陽鉅野人)
[嘉靖]山東 26/4,30/14
[康熙]山東 40/15
[宣統]山東 154/26
[萬曆元年]兗州 38/循吏 14,40/武功 8
[萬曆二十四年]兗州 26/16,32/8
[乾隆]曹州府 14/7
[萬曆]鉅野 7/11
[康熙]鉅野 11/8
[道光]鉅野 12/7
李扶(明·蘄州人)
[嘉慶]慶雲 7/28
[咸豐]慶雲 2/25
[民國三年]慶雲 1/85
李慧(字公德)
(明·平度人)
[道光]重修平度州 18/8
李摶(字九彪)
(明·蒙陰人)
[康熙十一年]蒙陰 2/13
李捷三(字子詩)
(清·齊東人)
[民國]齊東 5/25,5/126
齊東縣鄉土志/耆舊錄 16
李捷元(清·萊陽人)
[民國]萊陽 3/1 中 93
李典緒(字益亭)
(清·日照人)
[光緒]日照 8/39
李捷春(清·聊城人)
[乾隆]東昌 43/1
[嘉慶]東昌 32/27
[康熙]聊城 3/52
[宣統]聊城 8/81
李慧長(字濬軒)
(清·寧津人)
[光緒]寧津 8/39
寧津縣志料 3/人物－義行
57 **李邦彥**(字偉衆)
(清·益都人)
[康熙]山東 42/32
[雍正]山東 28/人物四 14
[宣統]山東 175/44
[康熙十五年]青州 14/又 11
[康熙四十八年]青州 14/忠義 12
[康熙六十年]青州 17/7
[咸豐]青州 46/2
[康熙]益都 9/3
[光緒]益都縣圖志 40/5
李邦珍(字子懷,别號同川)
(明·肥城人)
[康熙]濟南 35/15
[乾隆]泰安府 17/24
[康熙]肥城書下/12
[嘉慶]肥城 17/19,19/19
[光緒]肥城 9/2
肥城縣鄉土志 5/14
李邦魁(明·高密人)
[乾隆]高密 8/上 11
[光緒]高密 8/上 13
[民國]高密 14/上 12
高密縣鄉土志/上 20
李邦憲(字式侯)
(清·夏津人)
[民國]夏津續編 8/26
李邦瀆(字元派,號繩白)
(明·長山人)
[道光]濟南 50/42
[嘉慶]長山 7/11
李邦祥(明·高要人)
[康熙]棲霞 4/23
李邦直(明·曹州人)
[宣統]山東 161/38
李邦直(字汝思,號東洲)
(明·茂名人)
[道光]濟寧直隸州 6/6－51
李邦直(明·儀隴人)
[隆慶]單縣上/35
李邦器(明·高密人)
[康熙]高密 8/9
[乾隆]高密 8/上 20
[光緒]高密 8/上 26
[民國]高密 14/上 28
李邦臣(明·河南陽武人)
[順治]樂陵 4/3
[乾隆]樂陵 4/49
李邦鎮(字安民)
(元·滕人)
[雍正]山東 28/人物三 42
[宣統]山東 165/11
[乾隆]兗州 23/45
[萬曆]滕志 8/60
[康熙]滕志 8/人物 18
[康熙]滕縣志 8/隱逸 7
[道光]滕縣志 9/隱逸 5
58 **李揄**(清·直隸清豐人)
[宣統]山東 76/8
[道光]濟寧直隸州 6/7－88
[康熙]魚臺 15/22
[乾隆]魚臺 9/44
[光緒]魚臺 2/53
李整(明·曹縣人)
[康熙]曹縣 11/39
[康熙]兗州府曹縣 11/48
[光緒]曹縣 11/封贈 1
李敷榮(字春暉)
(清·歷城人)
[宣統]山東 170/35
[民國]續修歷城 46/1
60 **李昂**(字文舉)
(明·浙江仁和人)
[嘉靖]山東 27/9
[康熙]山東 35/10
[雍正]山東 27/60
[宣統]山東 73/1
[嘉靖]青州 13/41
[萬曆]青州 12/29
[康熙十五年]青州 12/29
[康熙四十八年]青州 12/29
[康熙六十年]青州 12/17
[咸豐]青州 36/6
[康熙六十年]博興 7/9
[光緒]益都縣圖志 18/6
李昂(明·陽信人)
[民國]陽信 5/孝友 49
李昂(清·長清人)
[道光]長清 12/16

李昂(清・蓬萊人)
[光緒]增修登州 41/9
李昂(字彥章)
(清・沂水人)
[萬曆]青州 15/47
[康熙十五年]青州 15/47
[康熙四十八年]青州 15/卓行 7
[乾隆]沂州府 26/28
[道光]沂水 7/32
李昂(清・鄒平人)
[道光]鄒平 15/98
[民國]鄒平 15/98
李昌(字振家,號塢岡)
(明・興濟人)
[宣統]山東 72/41
[乾隆]東昌 34/4
[嘉慶]東昌 21/22
[康熙二年]茌平 2/38,4/21
[康熙四十九年]茌平 4/21
[宣統]茌平 8/6
[民國]茌平 8/63
李晨(字曉瀛)
(清・朝城人)
[民國]朝城縣續志 1/32,2/33
李晨(字太占)
(清・館陶人)
[乾隆]東昌 43/26
[嘉慶]東昌 32/43
李旦(字子旭)
(明・諸城人)
[康熙]山東 42/26
[雍正]山東 28/人物三 50
[宣統]山東 161/49
[康熙十五年]青州 13/83
[康熙四十八年]青州 13/事功 67
[康熙六十年]青州 16/34
[咸豐]青州 45/2
[萬曆]諸城 6/17
[康熙]諸城 7/23
[乾隆]諸城 33/1
李恩(字德卿)
(元・嘉祥人)
[嘉靖]山東 26/14
[康熙]山東 33/17
[雍正]山東 27/36
[萬曆二十四年]兗州 28/21
[康熙]兗州 22/20
[乾隆]兗州 22/16
[乾隆]濟寧直隸州 22/49
[道光]濟寧直隸州 6/6－21
[順治]嘉祥 4/34
[乾隆]嘉祥 3/29
[光緒]嘉祥 3/37
李昉(明・昌黎舉人)
[嘉慶]鄒平 14/4
[道光]鄒平 14/4
[民國]鄒平 14/4
李杲(字曉初)
(清・莒縣人)
[民國]重修莒志 61/7
李杲(清・諸城人)
[道光]諸城縣續志 20/2
李固(字子堅)
(漢・漢中南鄭人)
[嘉靖]山東 25/15
[康熙]山東 32/2
[雍正]山東 27/80
[宣統]山東 66/15
[康熙]濟南 24/3
[萬曆元年]兗州 39/名宦 4
[弘治]泰安州 3/7
[康熙]泰安州 2/42
[乾隆]泰安府 14/5
[乾隆二十五年]泰安縣 10/27
泰安縣鄉土志/名宦 26
李國(字國清)
(唐・貝州臨清人)
[光緒]益都縣圖志 27/21
李果(明・萊蕪人)
[康熙]新修萊蕪 6/20
李果(字性敏)
(明・堂邑人)
[乾隆]東昌 38/11
[嘉慶]東昌 28/11
[順治]堂邑 2/人物又 6
[康熙]堂邑 15/4
堂邑縣鄉土志/耆舊錄
李果(字碩亭,一作芍亭)
(清・海陽人)
[乾隆]續登州 10/9
[光緒]增修登州 39/46
[光緒]海陽縣續志 5/11,5/27
李果(字敬公)
(清・霑化人)
[光緒]霑化 9/5
[民國]霑化 2/58
李甲(字龍其)
(清・臨淄人)
[咸豐]青州 47/19
[民國]臨淄 27/51
李昆(字承裕)
(明・高密人)
[雍正]山東 28/人物三 20
[萬曆]萊州 5/104
[康熙]萊州 10/30
[乾隆]萊州 10/17
[康熙]高密 8/5,10/12
[乾隆]高密 8/上 7
[光緒]高密 8/上 7
[民國]高密 14/上 5
高密縣鄉土志/上 19
李壘(字畏嵐,號固村,一作固邨)
(清・金鄉人)
[民國]濟寧直隸州續志 21/12
[咸豐]金鄉縣志略 9/中列傳二 18,11/事紀二 10
[民國]金鄉 17/32
李冕(字端甫,號脈泉)
(明・章丘人)
[康熙]濟南 35/14
[道光]濟南 49/49
[萬曆]章丘 24/27
[康熙]章丘 6/22
[乾隆]章邱 9/17
[道光]章邱 10/16,14/88,14/99
章邱縣鄉土志/上 42
李旻(明・長清人)
[康熙]濟南 47/12
[道光]濟南 52/26
[康熙]長清 9/70

［道光］長清 13/2
李旻（明・萊陽人）
［民國］萊陽 3/1 中 10
李旻（字同仁，一作同人，號雲山）
（明・益都人）
［嘉靖］青州 16/9
［萬曆］青州 13/52
［康熙十五年］青州 13/52
［康熙四十八年］青州 13/事功 35
［康熙六十年］青州 16/18
［康熙］益都 7/9
李昇（明・長清人）
［嘉靖］山東 29/23
［康熙］山東 39/21
［雍正］山東 28/人物三 2
［道光］濟南 52/25
［康熙］長清 9/53
［道光］長清 11/25
李昇（字翔漢）
（明・河南鈞州人）
［宣統］山東 71/31
［乾隆］泰安府 15/13
［萬曆二十四年］兗州 29/10
［康熙］兗州 22/31
［康熙］兗州續編 14/22
［康熙］東平州 4/53
［乾隆］東平州 12/36
［道光］東平州 12/36
［光緒］東平州 14/36
［民國］東平縣 9/19
東平州鄉土志上/政績錄 15
李昇（明・蘄水人）
［光緒］文登 5/37
李昇（字旭東）
（清・魚臺人）
［乾隆］魚臺 11/37
［光緒］魚臺 3/23
李晟（字孔陽，一作孔暘）
（明・濮州人）
［嘉靖］山東 31/29
［雍正］山東 28/人物三 15
［宣統］山東 161/36
［萬曆］東昌 19/52
［乾隆］曹州府 15/7
［嘉靖］濮州 6/5
［萬曆］濮州 3/鄉賢 42
［康熙］濮州 3/67
［乾隆］濮州 3/68
［宣統］濮州 4/74
李思（清・海陽人）
［光緒］海陽縣續志 5/21
李田（字見光，號存齊）
（清・濟寧人）
［咸豐］濟寧直隸州續志 3/2
［民國］濟寧直隸州續志 12/6
李圖（字少伯，原名同）
（清・掖縣人）
［民國］濰縣志稿 32/34
［光緒］三續掖縣 2/16
李勗（見李勖）
李異（字仲常）
（清・無棣人）
［咸豐］武定府 25/文苑 29
［民國］無棣 12/10
海豐縣鄉土志/耆舊－學問一
李愚（字子晦）
（五代・渤海無棣人）
［嘉靖］山東 29/12
［宣統］山東 156/18
［乾隆］武定府 23/6
［咸豐］武定府 23/名臣 6
［康熙］海豐 7/1，10/1
［民國］無棣 10/1
海豐縣鄉土志/耆舊－事業
［嘉慶］慶雲 9/1
［咸豐］慶雲 2/53
［民國三年］慶雲 2/16
李昱（元）
［民國］昌樂縣續志 17/44
李昱（明・合肥人）
［光緒］文登 5/36
李昱（清・諸城人）
［光緒］增修諸城縣續志 14/12
李昌文（字念周）
（清・長山人）
［嘉慶］長山 8/26
李國慶（清・歷城人）
［民國］續修歷城 39/22
李景康（清・東平人）
［光緒］東平州 15/下 14
［民國］東平縣 11/中 31
李景廉（字筠圃）
（明・陝西洋縣人）
［宣統］山東 71/48
［乾隆］武定府 16/44
［咸豐］武定府 19/霑化 3
［光緒］霑化 5/18
［民國］霑化 4/職官 36
李景讓（字後已）
（唐・并州文水人）
［嘉靖］山東 25/5
［康熙］山東 31/6
［雍正］山東 27/3
［宣統］山東 68/4
［乾隆］泰安府 14/11
［萬曆元年］兗州 38/循吏 25
［萬曆二十四年］兗州 27/9
［康熙］兗州 21/23
［康熙］曹州志 7/46
［乾隆］東平州 12/7
［道光］東平州 12/7
［光緒］東平州 14/7
［光緒］菏澤 7/宦蹟 14
李景商（字西河）
（清・陽信人）
［民國］陽信 5/耆碩 58
李景文（宋・恩州人）
［宣統］重修恩縣 10/5
李景文（明・濮州人）
［萬曆］濮州 4/孝友 4
［康熙］濮州 4/3
［乾隆］濮州 4/3
［宣統］濮州 5/3
李日文（號毓華）
（清・曹縣人）
［康熙］曹縣 11/19
［康熙］兗州府曹縣 11/19
李日章（字闇然，號美生）
（清・清平人）
［康熙］重修清平下/63
［嘉慶］清平 14/31
［宣統］增輯清平 12/32
［民國］清平/人物 18，藝文 41

李思讓(號仲謙)
(元・鄒縣人)
[光緒]鄒縣續志 12/上 2
[民國]續修鄒縣志稿/人物－耆舊
李思文(清・茌平人)
[宣統]茌平 16/2
[民國]茌平 3/17
李曰商(字賀堂)
(清・齊東人)
[民國]齊東 5/52
齊東縣鄉土志/耆舊錄 7
李曰廣(清・江南廬江人)
[民國]重修莒志 58/4
李見龍(字德中)
(清・蒙陰人)
[宣統]山東 173/4
[康熙十一年]蒙陰 2/4
李見龍(字在田)
(清・堂邑人)
[康熙十一年]堂邑 2/選舉 25
[康熙]堂邑 14/6
李景龍(清・陝西寧夏人)
濰縣鄉土志/52
李景顏(字祥霖)
(清・鄆城人)
[光緒]鄆城 8/30
李曰顏(字約齋)
(清・東明人)
[民國]東明縣新誌 11/45
李恩詔(清・濟陽人)
[民國]濟陽 11/45
李曰謙(字葆初)
(清・德州人)
[民國]德縣 10/75
李國璽(字玉符)
(清・高唐人)
[乾隆]東昌 43/35
[嘉慶]東昌 32/52
[乾隆]高唐州續志 2/12
[道光]高唐州 5/2－19
[光緒]高唐州 5/2－22
[民國]高唐縣 12/40
高唐州鄉土志/23
李日更(字皆仰,號再熙)
(清・棲霞人)
[宣統]山東 176/19
[光緒]增修登州 39/23
[乾隆]棲霞 6/36,9/20
李日登(清・臨沂人)
[乾隆]沂州府 27/11
[民國]臨沂 10/63
李足發(字學淵)
(明・長清人)
[康熙]濟南 44/20
[道光]濟南 52/26
[康熙]長清 9/70
[道光]長清 13/3
李思強(明・嶧縣人)
[康熙]嶧縣 4/110
[乾隆]嶧縣 8/23
[光緒]嶧縣 21/孝友 2
李壘珠(字端如)
(清・臨漳人)
[宣統]山東 75/24
[道光]濟南 38/47
[嘉慶]德平 5/21
[光緒]德平 5/13
李思聰(明・棠河人)
[光緒]增修登州 29/2
[康熙]棲霞 4/6
李思習(字時齋)
(清・鄒平人)
[民國]鄒平 15/130
李思豫(字敬一)
(明・淄川人)
[康熙]濟南 47/23
[道光]濟南 50/37
[乾隆]淄川 6/上 76
李日孜(清・臨清人)
[乾隆]臨清直隸州 8/下 19
[民國]臨清縣/人物 27
李曰玢(字文玉)
(清・德平人)
[光緒]德平 7/22
德平縣鄉土志/耆舊錄
李炅舜(字慕虞)
(清・曹縣人)
[光緒]曹縣 11/選舉 14,14/仕蹟 6
李國維(元・淄川人)
[至元]齊乘 6/29
[康熙]濟南 46/3
[道光]濟南 48/53
[萬曆]淄川 30/8
[康熙]淄川 5/2
[乾隆]淄川 5/2
李思舜(清・臨朐人)
[光緒]海陽縣續志 5/29
李思秀(字俊卿)
(明・臨淄人)
[萬曆]青州 15/52
[康熙十五年]青州 15/52
[康熙四十八年]青州 15/義民 21
[康熙六十年]青州 18/16
[民國]臨淄 28/4
李四維(字振亭)
(明・河南祥符人)
[萬曆]青州 12/51
[康熙十五年]青州 12/51
[康熙四十八年]青州 12/51
[康熙六十年]青州 12/37
[咸豐]青州 36/25
[崇禎]歷乘 16/65
[康熙]高苑 3/16
[乾隆]高苑 3/21
[康熙]德平 3/3
[嘉慶]德平 5/9
[光緒]德平 5/9
李呈睿(字正思)
(清・歷城人)
[民國]續修歷城 44/9
李國經(字君常)
(清・臨沂人)
[民國]臨沂 10/7
李國順(清・莒縣人)
[民國]重修莒志 66/8
李思仁(字繼元)
(明・鄆城人)
[嘉靖]鄆城志下/13
[崇禎]鄆城 5/14
[康熙]鄆城 5/5
[光緒]鄆城 5/7
李景崑(字鳳池)
(清・陽信人)
[民國]陽信 5/孝友 65

李景嵩(後改名震廷)
(清・鄒平人)
[道光]濟南 54/43
[道光]鄒平 15/89
[民國]鄒平 15/89
李思嶠(字十洲)
(清・海陽人)
[乾隆]海陽 6/19
[光緒]海陽縣續志 4/27
李晏峯(清・諸城人)
[光緒]增修諸城縣續志 14/8
李愚山(清・歷城人)
[民國]續修歷城 44/32
李景岱(清・鄒平人)
[道光]濟南 54/43
[道光]鄒平 15/88
[民國]鄒平 15/88
李景升(字恆齋)
(平原人)
[民國]續修平原 8/28
李日升(字中天)
(明・陵縣人)
[康熙]濟南 46/5
[道光]濟南 52/31
[康熙]陵縣 5/24
[光緒]陵縣 19/人物傳一 20
陵縣鄉土志/15
李品傑(清・濱州人)
[乾隆]武定府 26/18
[咸豐]武定府 26/義行 18
[咸豐]濱州 10/厚德 4
李景白(明・單縣人)
[順治]單縣 3/8
李景伯(唐・邢州相人)
[嘉靖]山東 26/6
[康熙]山東 33/8
[雍正]山東 27/87
[宣統]山東 68/13
[萬曆元年]兗州 38/循吏 23
李景和(清・鄆城人)
[光緒]鄆城 16/28
李景嶧(字葛峰)
(清・鄒平人)
[道光]濟南 54/43
[道光]鄒平 15/88
[民國]鄒平 15/88
李景綱(字少伯,號椿園)
(清・臨朐人)
[民國]臨朐續志 20/25
臨朐縣鄉土志 1/耆舊
李四勿(明・直隸濬縣人)
[康熙]兗州續編 14/21
[順治]定陶 5/9
[乾隆]定陶 4/20
[民國]定陶 4/26
李昌齡(字天錫)
(宋・楚丘人)
[萬曆二十四年]兗州 35/4
[康熙]曹州志 15/47
[乾隆]曹州府 14/23
[康熙]曹縣 12/15
[康熙]兗州府曹縣 12/15
[光緒]曹縣 12/14
李昌齡(字嵩年,號蓴村)
(清・菏澤人)
[光緒]菏澤 15/73
[光緒]新修菏澤 11/61
李昌齡(清・新泰菏澤人)
[乾隆]新泰 11/11
李曰秋(字佩蘭)
(壽光人)
[民國]壽光 1/11
李恩宣(號桂堂)
(清・海陽人)
[光緒]海陽縣續志 5/27
李國寧(明・滄州人)
[康熙]觀城 3/4
[道光]觀城 6/6
李國宰(明・壽光人)
[咸豐]青州 45/38
[康熙]壽光 26/2
[嘉慶]壽光 13/16
[民國]壽光 12/人物志一 50
李景沆(字端甫)
(清・壽光人)
[民國]壽光 12/人物志一 36
李景濂(明・洋縣人)
[道光]濟南 36/12
[康熙]章丘 4/26
[乾隆]章邱 7/6
[道光]章邱 9/10
章邱縣鄉土志/上 5
李因之(字玄錫)
(清・長山人)
[宣統]山東 170/16
[道光]濟南 55/3
[康熙五十五年]長山 6/45
[嘉慶]長山 8/18
長山縣鄉土志/耆舊錄
李國禎(明・觀城人)
[康熙]觀城 4/8
李呈禧(字元祉)
(清・東平人)
[康熙]東平州 3/47
李國祺(字吉有,號獻可)
(清・齊東人)
[民國]齊東 5/50
李景祜(字天申)
(清・東阿人)
[民國]續修東阿 11/23
李景清(字湘南)
(清・鄒平人)
[民國]鄒平 15/109
李思迪(明・濟南人)
[宣統]山東 161/30
[道光]濟南 49/1
[乾隆]歷城 37/1
李昌祖(字振先)
(清・濟寧人)
[道光]濟寧直隸州 8/3－11
李景洛(字次東)
(清・博山人)
[民國]續修博山 9/13
李呈祥(號吉津)
(清・霑化人)
[雍正]山東 28/人物四 9
[宣統]山東 171/50
[康熙]濟南 37/13
[乾隆]武定府 23/30
[咸豐]武定府 23/名臣 30
[光緒]霑化 7/3
[民國]霑化 2/8
李景道(金・河中人)
[宣統]山東 69/12
[光緒]增修登州 24/11
[康熙]棲霞 4/3
李思道(宋・泗水人)

［光緒］泗水 10/18
李思道（明・利津人）
［康熙］利津縣新志 6/2
李曰道（清）
［乾隆］濟寧直隸州 28/16
［道光］濟寧直隸州 8/4－45
李國柱（字秋厓）
（清・德州人）
［道光］濟南 56/67
［康熙］德州 6/8
德州鄉土志/耆舊 48
李國柱（字贊臣）
（清・濟寧人）
［乾隆］濟寧直隸州 27/7
［道光］濟寧直隸州 8/4－32
李果嘉（明・山西趙城人）
［宣統］山東 71/50
［乾隆］武定府 16/49
［咸豐］武定府 19/蒲臺 3
［萬曆］蒲臺志 8/9
［乾隆］蒲臺 2/58
蒲臺縣鄉土志/3
李圖南（字鵬九）
（清・德平人）
［道光］濟南 56/86
［乾隆］德平 3/14
［嘉慶］德平 7/15
［光緒］德平 7/14
李國樞（字斗南）
（清・齊東人）
［民國］齊東 5/41
齊東縣鄉土志/耆舊錄 9
李景妍（字明軒）
（清・無棣人）
［民國］無棣 13/18
海豐縣鄉土志/耆舊－事業五
李恩芳（字次芬）
（清・壽光人）
［民國］壽光 12/人物志二 67
李景蘧（清・鄒平人）
［道光］鄒平 15/98
［民國］鄒平 15/98
李墨林（清・臨清人）
［民國］臨清縣/人物 47
李思恭（字伯安，號涵默）
（明・長清人）
［康熙］濟南 40/12
［道光］濟南 52/21
［康熙］長清 9/61
［道光］長清 11/10
李思孝（明・曹州人）
［萬曆二十四年］兗州 37/6
［康熙十五年］青州 12/47
［康熙四十八年］青州 12/47
［康熙］兗州 28/35
［康熙］兗州府曹縣 13/1
［光緒］曹縣 13/1
曹縣鄉土志/耆舊錄
李思孝（明・昌邑人）
［康熙］昌邑 6/35
［乾隆］昌邑 6/167
李思孝（明・北直東明人）
［宣統］山東 73/12
［萬曆］青州 12/47
［康熙六十年］青州 12/28
［咸豐］青州 36/27
［康熙］昌樂 1/34
［嘉慶］昌樂 19/5
［康熙］東明 5/29
李園芳（字序倫）
（清・霑化人）
［光緒］霑化 8/19
［民國］霑化 2/48
李曰芳（清・高唐人）
［民國］高唐縣 12/53
李曰芳（字五玉）
（清・榮成人）
［道光］榮成 8/7
李曰桂（字丹一）
（清・榮成人）
［光緒］增修登州 39/42
［雍正］文登 7/4
［道光］榮成 8/7
李國棟（字念僑）
（清・齊東人）
［民國］齊東 5/127
齊東縣鄉土志/耆舊錄 14
李曰棟（清・茌平人）
［乾隆］東昌 43/14
［嘉慶］東昌 32/40
［宣統］茌平 14/5
［民國］茌平 3/71
李國相（字宰甫）
（清・高唐人）
［乾隆］東昌 43/35
［嘉慶］東昌 32/52
［乾隆］高唐州續志 2/12
［道光］高唐州 5/2－18
［光緒］高唐州 5/2－21
［民國］高唐縣 12/42
李國相（字翰公，號友鶴）
（清・鄆城人）
［光緒］鄆城 16/30
李景旭（字孟陽）
（清・武城人）
［道光］武城續編 10/5
李昌期（明・永年人）
［雍正］山東 27/40
［宣統］山東 72/3
［乾隆］兗州 22/20
李甲聲（清・潁州人）
［康熙五十六年］壽張 4/8
［光緒］壽張 5/7
壽張縣鄉土志/政績－去害
李國幹（明・昌邑人）
［康熙］昌邑 6/35
［乾隆］昌邑 6/164
李國翰（明・昌邑人）
［康熙］昌邑 6/35
［乾隆］昌邑 6/166
李思敬（字肅齋）
（清・陽信人）
［民國］陽信 5/孝友 65
李曰檎（字季友）
（清・安丘人）
［民國］續安邱新志 18/2
安丘縣鄉土志 9/耆舊錄 6
李國泰（明・通州舉人）
［咸豐］金鄉縣志略 7/8
［民國］金鄉 11/20
李甲東（字乙峯）
（清・鄒平人）
［民國］鄒平 15/118
李景春（恩縣人）
［民國］重修恩縣 11/鄉賢 46
李景泰（清・直隸河間武進士）
［乾隆］膠州 4/23

［道光］重修膠州 23/10
［民國］增修膠志 18/9
李思忠（字子言）
（清·壽光人）
［民國］壽光 12/人物志一 98
李墨拙（原名清琁，字協琠）
（清·金鄉人）
［民國］金鄉 13/續增 3
李曰成（明·招遠人）
［順治］招遠 8/2
李景星（字存仁）
（清·無棣人）
［民國］無棣 13/33
李墨園（字翰卿）
（清·高密人）
［民國］高密 14/上 88
李日昇（清·高苑人）
［咸豐］青州 47/30
［乾隆］高苑 6/6
李恩賜（濟寧人）
［民國］濟寧縣 3/4
李晨明（字曦初）
（清·陽信人）
［民國］陽信 5/方技 85
李思明（鄒縣人）
［民國］續修鄒縣志稿/人物－耆舊附忠烈
李景頤（清·鄒平人）
［民國］鄒平 15/109
李景岳（清·茌平人）
［宣統］茌平 16/6
［民國］茌平 3/39
李國鳳（元·濟南人）
［道光］濟南 48/55
［乾隆］歷城 40/10
李國用（元·登州人）
［雍正］山東 31/7
［泰昌］登州 11/64
［順治］登州 18/23
［康熙］蓬萊 6/4
［道光］重修蓬萊 2/33
［民國］增修蓬萊 2/仙釋
［民國］蓬萊縣志合編人物志/仙釋
李景鳳（清·陽穀人）
［民國］增修陽穀人物/仕宦 20
李景隆（字在岡，一字東岡）
（明·安丘人）
［咸豐］青州 45/61
［康熙］續安丘 20/24
安丘縣鄉土志 5/耆舊錄 2
李景隆（號柏庵）
（明·金鄉人）
［咸豐］金鄉縣志略 9/上 17
［民國］金鄉 14/1
金鄉縣鄉土志/耆舊錄上
李景尼（字聖時）
（清·蓬萊人）
［民國］蓬萊縣志合編人物志/忠勇
李景尼（字淑泗，號龍溪）
（清·滕縣人）
［道光］滕縣志 8/儒林 25
滕縣鄉土志/26
李昌會（原名澎）
（清·鄒平人）
［民國］鄒平 15/109
李昌年（字青巖）
（明·陝西富平人）
［宣統］山東 72/16
［道光］濟寧直隸州 6/6－34
［順治］嘉祥 4/38
［乾隆］嘉祥 3/31
［光緒］嘉祥 3/39
李思義（清·章邱人）
［道光］章邱 11/86
李景銘（字新齋）
（平原人）
［民國］續修平原 6/16，8/27
李日舒（明·棲霞人）
［光緒］增修登州 46/7
［康熙］棲霞 6/10
［乾隆］棲霞 6/38
李四箴（字雪齋）
（清·金鄉人）
［民國］金鄉 13/續增 8
李星鈴（清·金鄉人）
［民國］金鄉 14/23
李國愷（字典岑）
（清·黃陂人）
［光緒］壽張 5/12
［民國］齊東 3/66
齊東縣鄉土志/政績錄 4
李景輝（字中陽）
（清·濱州人）
［咸豐］濱州 10/32
濱州鄉土志/學問
61 **李旺**（金）
［道光］重修平度州 17/17
李顯白（字素子）
（清·樂安人）
［雍正］樂安 12/26
［民國］樂安 10/19
［民國］續修廣饒 19/35
李顯華（字太雅）
（明·章邱人）
［道光］章邱 11/35
62 **李旛**（字渭水）
（清·利津人）
［乾隆］利津縣志續編 8/37
［光緒］利津 7/宦蹟 15
李旛溪（字渭卿）
（清·齊東人）
［民國］齊東 5/33
63 **李畯**（字曼濬）
（清·陽信人）
［民國］陽信 5/文學 15
李默（字春蹊）
（清·費縣人）
［光緒］費縣 11/57
李晠（字東昇）
（清·鄒平人）
［道光］濟南 54/42
［嘉慶］鄒平 15/52
［道光］鄒平 15/84
［民國］鄒平 15/84
李賦三（平原人）
［民國］續修平原 8/22
李詒玢（字玉文）
（清·高密人）
高密縣鄉土志/上 49
李貽雋（字偉卿）
（清·利津人）
［民國］利津縣續志 7/儒行 3
李默傳（字憲章）
（清·濟陽人）

[民國]濟陽 11/71
李默修(清・博興人)
[康熙六十年]博興 7/35
[道光]博興 11/34
[民國]重修博興 13/32
李貽愷(字晏庭)
(清・利津人)
[民國]利津縣續志 7/文苑 2
64 李睦(戰國・齊人)
[萬曆]諸城 9/21
李晞(清・諸城人)
[光緒]增修諸城縣續志 14/8
李曉(字鶴汀)
(清・諸城人)
[光緒]增修諸城縣續志 12/22
諸城縣鄉土志/上 40
李勖(字勉之)
(明・德平人)
[道光]濟南 52/51
[康熙]德平 3/15
[乾隆]德平 3/6
[嘉慶]德平 7/9
[光緒]德平 7/9
德平縣鄉土志/耆舊錄
李勛(清・臨沂人)
[民國]續修臨沂 16/13
李叶庚(字少白)
(清・博平人)
[光緒]博平縣續志 10/64
李時新(明・商河人)
[康熙]濟南 38/15
[乾隆]武定府 23/45
[咸豐]武定府 23/忠節 15
[道光]商河 7/7
[民國]重修商河 8/5
商河縣鄉土志 2/耆舊－事業
李時謙(字吉爻)
(清・淮安山陽人)
[宣統]山東 75/46
[乾隆]武定府 16/28
[咸豐]武定府 19/樂陵 3
[乾隆]樂陵 4/54
樂陵縣鄉土志 2/8
李時發(清・福山人)
[乾隆]福山 8/11
李時珍(號少山)
(明・日照人)
[乾隆]沂州府 26/19
[康熙]日照 8/13,8/16
[光緒]日照 8/9
李時行(明・南直無錫人)
[宣統]山東 72/30
[萬曆二十四年]兗州 29/5
[康熙]兗州 22/26
[乾隆]曹州府 12/14
[隆慶]單縣上/32
[康熙]單縣 6/11
[民國]單縣 6/宦蹟 17
李時化(明・恩縣人)
[雍正]恩縣續志 3/19
李時白(字嘿庵)
(明・博山人)
[乾隆]博山 7/下 9
[民國]續修博山 12/37
李時馥(明・峽縣進士)
[乾隆]東昌 35/2
李時漸(字盤石,一作磐石)
(明・壽光人)
[萬曆]青州 13/68
[康熙十五年]青州 13/68
[康熙四十八年]青州 13/事功 52
[康熙六十年]青州 16/27
[咸豐]青州 44/34
[康熙]壽光 21/9
[嘉慶]壽光 12/13
[民國]壽光 12/人物志一 23
壽光縣鄉土志/耆舊
李時選(字彙征)
(清・臨邑人)
[民國]續修臨邑 3/37
李時芳(字國華)
(明・直隸淶水人)
[宣統]山東 71/49
[乾隆]武定府 16/49
[咸豐]武定府 19/蒲臺 3
[萬曆]蒲臺志 8/9
[康熙]重修蒲臺 5/9,9/13
[乾隆]蒲臺 2/58
蒲臺縣鄉土志/3
李時華(明・博山人)
[康熙]顏神鎮志 4/下 6
李時英(清・曲阜人)
[乾隆]陽信 5/21
[民國]陽信 2/48
李曉林(字春園)
(清・安邱人)
[民國]續安邱新志 21/6
李曉林(字春山)
(清・歷城人)
[道光]濟南 53/41
[民國]續修歷城 39/24
李時泰(字伯開)
(清・日照人)
[光緒]日照 8/13
李時颺(字舜卿,一字飛伯)
(明・益都人)
[嘉靖]青州 15/41
[萬曆]青州 15/12
[康熙十五年]青州 15/12
[康熙四十八年]青州 15/文學 12
[康熙六十年]青州 18/6
[咸豐]青州 44/14
[萬曆]益都 6/94
[康熙]益都 9/31
[光緒]益都縣圖志 38/10
李時鳳(字鳴岐,號儀山)
(明・蒲臺人)
[康熙]山東 45/5
[康熙]濟南 44/20
[乾隆]武定府 26/6
[咸豐]武定府 26/義行 6
[萬曆]蒲臺志 9/5
[康熙]重修蒲臺 7/10
[乾隆]蒲臺 3/47
蒲臺縣鄉土志/11
李時用(明・陽穀人)
[民國]增修陽穀人物/仕宦 6
李時敏(字修來,號務齋)
(清・德平人)
[光緒]德平 7/19
德平縣鄉土志/耆舊錄
李時輝(字惟青,一作維清)

（明・益都人）
［萬曆］青州 13/72
［康熙十五年］青州 13/72
［康熙四十八年］青州 13/事功 56
［康熙六十年］青州 16/30
［咸豐］青州 45/8
［康熙］益都 7/35
［康熙］顏神鎮志 4/下 3
［乾隆］博山志稿/16
［乾隆］博山 6/下 2
［民國］續修博山 12/13
65 **李晴嵐**（字岫仙）
（清・諸城人）
［光緒］增修諸城縣續志/孝義補遺 4
李映溪（字虎橋）
（清・安丘人）
［民國］續安邱新志 20/8
安丘縣鄉土志 7/耆舊錄 4
李映桃（清・永城縣舉人）
［民國］重修莒志 58/5
66 **李賜重**（明・臨邑人）
［康熙］濟南 44/34
［道光］濟南 52/15
［康熙］重修臨邑 10/15
［道光］臨邑 9/12
［同治］臨邑 9/孝義 3
李賜禎（字仲祥）
（清・齊河人）
［民國］齊河 23/75
李暘東（字夊亭）
（清・利津人）
［民國］利津縣續志 7/義行 3
67 **李暉**（字子微）
（明・東阿人）
［道光］東阿 14/人物下 2
李暉（字連曙）
（清・鄒平人）
［宣統］山東 169/29
［道光］濟南 54/41
［嘉慶］鄒平 15/51
［道光］鄒平 15/83
［民國］鄒平 15/83
李明（唐）
［萬曆二十四年］兗州 9/27
［康熙］兗州 10/27
李墅（字寄齋）
（清・齊東人）
［民國］齊東 5/33
齊東縣鄉土志/耆舊錄 3
李昫（清・昌邑人）
［乾隆］昌邑 5/149
李瞻（金・薊州玉田人）
［宣統］山東 69/4
［道光］濟南 34/18
［乾隆］濟寧直隸州 21/13
［道光］濟寧直隸州 6/6－11
［道光］鉅野 10/15
李瞻（清・即墨人）
［同治］即墨 9/53
李昭（宋・鄄城人）
［宣統］山東 168/14
李照（字容光）
（清・商河人）
［咸豐］武定府 25/孝友又 42
［民國］重修商河 8/43
李躍龍（字作霖）
（清・定陶人）
［乾隆］定陶 6/20
［民國］定陶 6/26
李躍龍（清・樂安人）
［雍正］樂安 12/25
［民國］樂安 10/20
［民國］續修廣饒 19/37
李鳴謙（字牧齋）
（清・城武人）
［道光］城武 9/上 46
李鳴謙（字貞甫）
（清・膠州人）
［道光］重修膠州 29/32
［民國］增修膠志 45/17
李明元（明・歷城人）
［道光］濟南 49/38
［乾隆］歷城 42/5
李鳴雷（明・濟寧人）
［康熙］濟寧州 7/9
李昭玘（字成季）
（宋・濟南人，一作濟州人）
［嘉靖］山東 29/16
［康熙］山東 39/13
［宣統］山東 157/24
［康熙］濟南 36/3
［道光］濟南 47/40
［乾隆］曹州府 14/29
［崇禎］歷乘 16/9
［崇禎］歷城 10/6
［光緒］益都縣圖志 16/42
［康熙］鉅野 11/18
［道光］鉅野 12/11
李鳴鑾（字吟軒）
（清・汶上人）
［宣統］四續汶上稿/人物－耆德傳
李暉先（見李暉光）
李明緒（字合璧）
（清・牟平人）
［光緒］增修登州 43/36
［同治］重修寧海州 21/7
［民國］牟平 7/90
李鳴岐（清・齊河人）
［民國］齊河 23/15
李鳴臯（字鶴九）
（清・陽穀人）
［光緒］陽穀 6/17
［民國］增修陽穀人物/師道 15
李鳴和（明・樂安人）
［民國］續修廣饒 19/17
李明倫（清・菏澤人）
［光緒］菏澤 16/7
［光緒］新修菏澤 11/69
李鳴儀（字祥臨）
（清・茌平人）
［宣統］茌平 28/10
［民國］茌平 3/89
李嗣宬（字韞玉）
（明・德州人）
［道光］濟南 71/25
［乾隆］德州 12/95
州乘餘聞/6
［民國］德縣 15/38
德州鄉土志/耆舊 22
李嗣沆（字汝修，號虛菴）
（清・鉅野人）
［宣統］山東 173/39

[乾隆]曹州府 21/63
[道光]鉅野 19/32
李嗣業(唐)
[光緒]益都縣圖志 16/13
李昭述(宋・饒陽人)
[嘉靖]山東 26/9
[康熙]山東 33/11
[雍正]山東 27/89
[宣統]山東 68/33
[乾隆]泰安府 14/16
[萬曆元年]兗州 38/循吏 28
[萬曆二十四年]兗州 28/9
[康熙]兗州 22/9
[乾隆]東平州 12/13
[道光]東平州 12/13
[光緒]東平州 14/13
[民國]東平縣 9/7
東平州鄉土志上/政績錄 10
李明遠(明・新泰人)
[康熙]濟南 49/3
[天啟]新泰 6/18
[順治]新泰 5/33
[乾隆]新泰 16/15
李瞻淇(字裴卿)
(清・陽穀人)
[民國]增修陽穀人物/師道 20
李明選(清・惠民人)
[光緒]惠民 20/11
惠民縣鄉土志/耆舊錄 6
李明海(清・莒縣人)
[民國]重修莒志 62/14
李嗣真(字愿中)
(清・新城人)
[道光]濟南 55/47
[康熙]新城 8/11
[民國]重修新城 16/9
新城縣鄉土志/耆舊－清
李照九(字輝普)
(清・壽光人)
[民國]壽光 12/人物志二 23
李鄂林(字棣園)
(清・無棣人)
[民國]無棣 12/17
李明藻(字嘉文)
(清・鄆城人)
[宣統]山東 173/34
[光緒]鄆城 10/9
李昭芳(字明華)
(清・萊蕪人)
[乾隆]泰安府 18/58
[民國]萊蕪 20/3
[民國]續修萊蕪 27/8
李明坤(字光遠)
(清・夏津人)
[民國]夏津續編 8/31
李曜桐(清・諸城人)
[光緒]增修諸城縣續志 14/10
李鳴忠(字葵陽)
(明・蒙陰人)
[康熙十一年]蒙陰 2/15
李曜東(字曉亭)
(清・利津人)
[民國]利津縣續志 7/儒行 6
李瞻泰(字運昌)
(清・陽穀人)
[民國]增修陽穀人物/師道 24
李明田(字倬甫)
(清・金鄉人)
[民國]濟寧直隸州續志 14/35
[民國]金鄉 14/22
李嗣昌(清・莒縣人)
[乾隆]沂州府 26/14
[雍正]莒州 9/33
[嘉慶]莒州 9/29
[民國]重修莒志 65/6
李嗣晟(見李嗣宬)
李鳴陽(明・館陶人)
[乾隆]東昌 39/24
[嘉慶]東昌 29/8
[康熙]聊城 3/36
[宣統]聊城 8/17
李鳴鳳(字桐岡)
(清・金鄉人)
[民國]金鄉 14/20
李鳴鳳(清・沂水人)
[道光]沂水 7/27
李嗣美(字胤方)
(明・德州人)
[康熙]濟南 45/8
[道光]濟南 52/47
州乘餘聞/13
德州鄉土志/耆舊 17
李暉光(字望瀛)
(明・恩縣人)
[道光]濟南 62/6
[雍正]恩縣續志 3/2
[宣統]重修恩縣 8/54
[民國]重修恩縣 11/鄉賢 84
[道光]長清 13/17
李明燦(字庭暉,一作廷暉)
(清・金鄉人)
[道光]濟寧直隸州 8/4－41
[咸豐]金鄉縣志略 9/中列傳二 12
[民國]金鄉 14/5
李嗣榮(字少華)
(清・莘縣人)
[民國]莘縣 7/24
68 **李暾**(字景林)
(北魏・趙郡平棘人)
[光緒]益都縣圖志 15/14
李璇(字含和,號東濱)
(清・日照人)
[光緒]日照 8/15
70 **李璧**(字元和)
(南北朝・勃海蓨縣人)
[民國]續修歷城 31/14
71 **李臣**(明・萊陽人)
[光緒]增修登州 50/1
[康熙]萊陽 8/20
[民國]萊陽 3/1 中 56
李厚(明・鄒城人)
[康熙]鄒城 8/8
李驥(字尚德)
(明・利津人)
[康熙]濟南 40/6
[萬曆二十四年]兗州 36/4
[乾隆]武定府 24/18
[咸豐]武定府 24/循良 8
[康熙]利津縣新志 8/6
[光緒]利津 7/宦蹟 6
李驥(字尚德)
(明・鄒城人)

[嘉靖]山東 30/59
[康熙]山東 40/57
[雍正]山東 28/人物三 4
[宣統]山東 161/26
[萬曆元年]兖州 40/諫議 21
[康熙]兖州 28/4
[萬曆]沂州志 7/25
[乾隆]沂州府 25/19
[康熙]郯城 7/5
[乾隆]郯城 9/7
李階(明・永嘉人)
[咸豐]青州 36/12
[康熙]壽光 20/2
[嘉慶]壽光 10/23
[民國]壽光 6/12
李敦(明・萊陽人)
[民國]萊陽 3/1 中 13
李頤(字惟貞)
(明・江西餘干人)
[道光]濟南 35/14
[康熙]濟寧州 4/10
[道光]濟寧直隸州 6/6－50
李長庚(字酉卿)
(明・湖廣麻城人)
[宣統]山東 70/10
[道光]濟南 35/8
李長慶(字善有)
(清・鄆城人)
[宣統]山東 173/26
[乾隆]曹州府 15/23
[康熙]鄆城 5/8,6/4
[光緒]鄆城 5/10
李厚望(字澹園)
(清・直隸蔚縣人)
[宣統]山東 77/44
[乾隆]高密 6/21
[光緒]高密 6/25
[民國]高密 12/26
高密縣鄉土志/上 10
李長霞(字德霄)
(清・掖縣人)
[民國]濰縣志稿 32/39
李辰五(霑化人)
[民國]霑化 4/登進 51
李長發(清・膠州人)
[乾隆]膠州 5/28
[道光]重修膠州 29/19
[民國]增修膠志 45/5
李驥千(字伯顏,别號友龍)
(明・招遠人)
[光緒]增修登州 39/24
[順治]招遠 9/9
李長豐(字伯隆)
(清・濰縣人)
[民國]濰縣志稿 31/17
李原岷(字麟徵,號景白)
(清・霑化人)
[光緒]霑化 9/11
[民國]霑化 2/64
李臣之(明・河南嵩縣人)
[宣統]山東 71/6
[康熙]濟南 25/57
[道光]濟南 36/11
[萬曆]章丘 21/75
[康熙]章丘 4/25
[乾隆]章邱 7/4
[道光]章邱 9/7
章邱縣鄉土志/上 4
李長清(字秋溪)
(清・金鄉人)
[民國]濟寧直隸州續志 13/4
[民國]金鄉 13/22
李長清(字蓮堂)
(清・禹城人)
[民國]禹城 6/32
李願潔(號清菴)
(清・臨邑人)
[道光]濟南 56/44
[道光]臨邑 9/7
[同治]臨邑 9/循異 7
李長祥(清・臨清人)
[民國]臨清縣/人物 66
李長壽(清・福山人)
[民國]福山縣志稿 7/8－1
李頤真(金・昌邑人)
[雍正]山東 30/16
[萬曆]萊州 6/70
[康熙]萊州 10/97
[乾隆]萊州 12/仙釋 2
[康熙]昌邑 7/7
[乾隆]昌邑 7/212
李長茂(字明南,號拙公)
(明・章邱人)
[道光]章邱 11/35
李長茂(字海源)
(清・鄆城人)
[康熙]鄆城 6/20
[光緒]鄆城 8/9
李長植(字柱天)
(清・鄆城人)
[康熙]鄆城 6/20
[光緒]鄆城 8/9
李厚枚(字廷卜)
(清・霑化人)
[光緒]霑化 9/4
[民國]霑化 2/57
李長春(字恒陽)
(明・興濟人)
[宣統]山東 73/5
[咸豐]青州 36/36
[康熙]嶧縣 3/35
[乾隆]嶧縣 7/16
[光緒]嶧縣 19/職官下 9
[康熙]臨淄 8/6
[民國]臨淄 18/8
李長春(明・魚臺人)
[康熙]魚臺 17/5
[乾隆]魚臺 11/22
[光緒]魚臺 3/13
李長春(清・濟陽人)
[宣統]山東 170/24
李長泰(字景運)
(清・長山人)
[嘉慶]長山 10/20
李長泰(字靜齋)
(清・陽穀人)
[民國]增修陽穀人物/師道 29
李長忠(清・寧津人)
[光緒]寧津 8/50
李雁書(字帛如)
(清・陽穀人)
[民國]增修陽穀人物/善行 46
李長昂(字曦升)
(清・鄆城人)
[康熙]鄆城 6/20

[光緒]鄆城 7/20
李長麟(字根田)
(清·高密人)
[光緒]高密 8/上 37
[民國]高密 14/上 40
李長義(清·平度人)
[道光]重修平度州 19/22
平度鄉土志 4 上/鄉賢
李長榮(字坡亭)
(清·博山人)
[民國]續修博山 12/63
李長榮(清·高唐人)
[光緒]高唐州 5/2－37
[民國]高唐縣 12/75
72 李剛(明·長清人)
[嘉靖]山東 29/23
[康熙]山東 39/21
[道光]濟南 52/25
[康熙]長清 9/53
[道光]長清 11/26
李剛(明·江南泗州人)
[乾隆]沂州府 17/26
李剛(明·會稽人)
[嘉靖]朝城志 5/17
李質醇(字厚菴)
(清·山西洪洞人)
[道光]濟南 62/7
[乾隆]淄川 6/下又 60
李質秀(清·諸城人)
[咸豐]青州 47/4
[乾隆]諸城 40/4
李氏鯉(清·鉅野人)
[民國]續修鉅野 5/上 32
李質彬(陽穀人)
[民國]增修陽穀人物/忠烈 29
李反觀(字守詹)
(明·霑化人)
[乾隆]武定府 26/6
[咸豐]武定府 26/義行 6
[萬曆]新修霑化 6/121
[光緒]霑化 10/3
[民國]霑化 2/75
73 李駿(唐)
博平縣鄉土志/政績
李駿德(字聘卿)
(長清人)
[民國]長清 11/18
74 李隨(唐)
[嘉靖]山東 25/19
[康熙]山東 32/6
[雍正]山東 27/21
[宣統]山東 68/7
[康熙]濟南 24/11
[道光]濟南 33/25
[崇禎]歷城 6/9
75 李體元(明·城武人)
[康熙九年]城武 3/19
[康熙四十一年]城武 5/下義烈 2
[道光]城武 9/下 43
李肆仁(唐·歷亭人)
[乾隆]東昌 42/3
[嘉慶]東昌 32/3
[民國]重修恩縣 11/鄉賢 47
李體乾(明·郯城人)
[康熙]郯城 8/9
76 李陽冰(唐)
[乾隆]淄川 4/3
[乾隆]博山 6/上 1
77 李闇(字子顯)
(清·諸城人)
[乾隆]諸城 39/8
李凡(唐·博平人)
博平縣鄉土志/耆舊－事業
李鳳(字秀成)
(唐)
[光緒]益都縣圖志 16/1
李鳳(明·昌邑人)
[萬曆]萊州 5/106
[康熙]萊州 10/32
[乾隆]萊州 10/18
[康熙]昌邑 6/6
[乾隆]昌邑 6/179
李鳳(字時儀,號梧岡,一作梧崗)
(明·菏澤人)
[康熙]曹州志 15/59
[光緒]菏澤 15/53
[光緒]新修菏澤 10/23
李鳳(明·陽穀人)
[康熙十二年]陽穀 3/11
李鳳(清·昌樂人)
[民國]昌樂縣續志 30/8
李岡(字梧峯)
(清·順天人)
[同治]重修寧海州 12/14
李貫(明·武定州人)
[嘉靖]武定州下/70
李貫(字一通)
(明·章邱人)
[道光]章邱 14/110
李几(見李幾)
李堅(號麻衣先生)
(宋·長清人)
[嘉靖]山東 34/10
[康熙]山東 47/2
[雍正]山東 30/18
[宣統]山東 200/30
[康熙]濟南 51/9
[道光]濟南 60/11,61/3
[道光]長清 13/11
[民國]長清 10/19,13/31
李堅(明·臨邑人)
[道光]臨邑 9/8
[同治]臨邑 9/忠藎 1
李駒(字千里,號松盤)
(明·歷城人)
[道光]濟南 49/28
李舉(字大聘)
(明·山西振武人)
[宣統]山東 72/34
[萬曆]東昌 18/30
[乾隆]東昌 33/26
[嘉慶]東昌 20/38
李舉(字選仲)
(清·博平人)
[光緒]博平縣續志 10/63
李覺(字仲明)
(宋·京兆長安人,一作益都人)
[至元]齊乘 6/27
[嘉靖]山東 32/13
[康熙]山東 42/13
[雍正]山東 28/人物二 22
[宣統]山東 162/26
[嘉靖]青州 15/29
[萬曆]青州 14/47

[康熙十五年]青州 14/47
[康熙四十八年]青州 14/儒行 4
[康熙六十年]青州 15/7
[咸豐]青州 41/21
[康熙]益都 9/12
[光緒]益都縣圖志 38/3
李隆(明・陽信人)
[康熙]濟南 44/27
[乾隆]武定府 25/10
[咸豐]武定府 25/孝友又 10
[康熙]陽信 9/17
[乾隆]陽信 7/25
[民國]陽信 5/孝友 49
信邑志稿 7/孝友
李民(字覺之)
(明・博平人)
[正德]博平 4/67
李民(字同人,避作李明)
(明・益都人)
[咸豐]青州 44/2
[光緒]益都縣圖志 35/2
李民(明・魚臺人)
[康熙]魚臺 17/5
[乾隆]魚臺 11/22
[光緒]魚臺 3/13
李鵬(明・朝城人)
[康熙]朝城 8/50
李鵬(字怡齋,號南池)
(清・鄒平人)
[道光]濟南 54/44
[道光]鄒平 15/87
[民國]鄒平 15/87
李同(字少白,后改名圖,字少伯)
(清・掖縣人)
[民國]重修博興 12/8
李問(字子大,一作子下,號元洲)
(明・東阿人)
[萬曆二十四年]兖州 36/26
[道光]東阿 14/人物下 4
[光緒]東阿縣鄉土志 4/21
李熙(明・昌邑人)
[康熙]昌邑 6/33
[乾隆]昌邑 6/168
李熙(字章菴)
(清・無棣人)
[民國]無棣 12/11
李賢(清・汶上人)
[宣統]四續汶上稿/人物-孝弟傳
李興(明・菏澤人)
[萬曆二十四年]兖州 37/6
[康熙]兖州 28/35
[康熙]曹州志 16/7
[康熙]曹縣 11/39
[康熙]兖州府曹縣 11/48
[光緒]曹縣 11/封贈 1
[光緒]新修菏澤 10/35
李興(明・金鄉人)
[康熙十二年]金鄉 5/17
[康熙五十一年]金鄉 7/24
李興(明・壽光人)
[萬曆]青州 15/22
[康熙]壽光 30/2
[嘉慶]壽光 14/22
李興(字伯敵,一作伯起)
(明・河南嵩縣人)
[嘉靖]山東 25/27,26/30
[康熙]山東 32/15,34/9
[雍正]山東 27/27,27/48
[宣統]山東 71/7,72/44
[康熙]濟南 25/34
[道光]濟南 36/14
[萬曆]東昌 18/38
[乾隆]東昌 34/19
[嘉慶]東昌 22/10
[嘉靖]冠縣 2/8
[萬曆]冠縣 2/20
[道光]冠縣 6/24
[光緒]冠縣 6/宦績
[民國]冠縣 6/34
[康熙]鄒平 4/11,7/39
[嘉慶]鄒平 14/4
[道光]鄒平 14/4
[民國]鄒平 14/4
李興(字時亨)
(明・陽信人)
[康熙]陽信 8/20
李學(明・河南涉人)
[嘉靖]濮州 7/21
[嘉靖]朝城志 5/7
[康熙]朝城 7/5
李居廣(號菊圃)
(清・直隸高陽進士)
[乾隆]嶧縣 7/22
[光緒]嶧縣 19/職官下 18
李同高(清・齊河人)
[道光]濟南 56/7
[雍正]齊河 8/14
[民國]齊河 26/4
李同唐(清・德平人)
[光緒]德平 7/25
李同文(清・諸城人)
[光緒]增修諸城縣續志 17/14
李聞衣(清・濰縣人)
[民國]濰縣志稿 31/6
李興唐(清・曲阜人)
[民國]續修曲阜 5/19
李學高(清・諸城人)
[光緒]增修諸城縣續志 16/32
李鳳訓(清・茌平人)
[民國]茌平 3/43
李學訓(字鏡芙)
(平原人)
[民國]續修平原 8/26
李鳳諾(字麟書)
(清・淄川人)
[宣統]三續淄川 10/17
淄川縣鄉土志/鄉宦耆舊
李學詩(字叔言,別號前峯)
(明・東阿人)
[乾隆]泰安府 17/25
[康熙五十四年]東阿 7/12
[道光]東阿 13/鄉賢 17,22/3
[光緒]東阿縣鄉土志 4/16
李學詩(字正夫)
(明・平度人)
[萬曆]萊州 7/97,7/100
[康熙]萊州 11/文類 9-7
[乾隆]萊州 14/74
萊州府鄉土志/下 11
[康熙]平度州 4/8,10/13

[道光]重修平度州 14/49，18/8
李學詩(字言志)(清・長清人)
[民國]長清 13/6
李又靖(字敬亭)(清・單縣人)
[民國]單縣 11/20
李鳳韶(號憩棠)(清・直隸人)
[宣統]山東 75/12
[宣統]三續淄川 9/44
李用謙(宋・滕縣人)
[宣統]滕縣續志稿 3/50
李殿元(字昭乾)(清・陽信人)
[民國]陽信 5/孝友 58
陽信縣鄉土志上/耆舊－事業
李鳳五(字德符)(清・高唐人)
[光緒]高唐州 5/2－34
[民國]高唐縣 12/44
李鳳五(字文宗)(沈邱人)
[民國]重修商河 6/76
李鳳元(字乾一)(清・陽信人)
[民國]陽信 5/孝友 65
李鳳元(字紀甫)(東平人)
[民國]東平縣 11/中 37
李貫一(清・濱州人)
[咸豐]濱州 10/厚德 6
濱州鄉土志/耆舊錄
李際平(清・泰安人)
[宣統]山東 171/13
泰安縣鄉土志/耆舊 26
李際元(字通甫)(明・陽穀人)
[康熙]兗州續編 15/26
[乾隆]兗州 23/41
[康熙十二年]陽穀 3/28，5/4
[康熙]陽穀 3/25
[光緒]陽穀 6/25
[民國]增修陽穀人物/仕宦 4
李居一(字元公)(清・岐山人)
[嘉慶]慶雲 7/30
[咸豐]慶雲 2/28
[民國三年]慶雲 1/87
李鵬霄(清・朝城人)
[民國]朝城縣續志 1/36
李鵬雲(字萬口)(清・武城人)
[道光]武城續編 10/6
李卿雲(清・雲南趙州人)
[民國]樂安 8/21
[民國]續修廣饒 17/7
李同雲
[民國]朝城縣續志 1/27
李殿瑞(字輯之)(清・臨沂人)
[民國]續修臨沂 16/9
李朋瑞(清・平度人)
[民國]平度縣續志 7/30
李鵬飛(字萬里)(清・陵縣人)
[光緒]陵縣 19/人物傳二 18
李鵬飛(字羽豐)(清・平原人)
[民國]續修平原 10/上 6
李學瑢(字鳴佩)(清・日照人)
[光緒]日照 8/37
李鳳翀(字尚義,一作尚儀)(清・恩縣人)
[宣統]重修恩縣 8/32
[民國]重修恩縣 11/鄉賢 34
恩縣鄉土志/22
李學聖(清・鄒平人)
[民國]鄒平 15/144
李鵬翮(清・博興人)
[民國]重修博興 13/54
李鵬翮(字健堂)(清・高密人)
[民國]高密 14/上 59
李鳳毛(改名汝霖,字澤時)(清・陽信人)
[民國]陽信 5/孝友 59
陽信縣鄉土志上/耆舊－事業
李學信(清・夏津人)
[民國]夏津續編 8/34
李居仁(明・觀城人)
[乾隆]曹州府 15/13
[康熙]觀城 3/22
[道光]觀城 8/4
觀城縣鄉土志/耆舊
李開仁(字心齋)(清・昌樂人)
[民國]昌樂縣續志 31/17
李鳳彩(字九苞,號紫庭)(清・東昌府人)
[乾隆]東昌 40/33
李印川(清・新泰人)
新泰縣鄉土志/27
李朋獻(清・臨沂人)
[民國]臨沂 10/7
李又馪(字伯馨)(臨淄人)
[民國]臨淄 27/66
李殿魁(字庭梅)(清・濰縣人)
[民國]濰縣志稿 30/55
李開先(字伯華)(明・章丘人)
[宣統]山東 163/28
[康熙]濟南 42/13
[道光]濟南 49/62
[萬曆]章丘 28/53
[康熙]章丘 6/37
[乾隆]章邱 9/38
[道光]章邱 10/44
章邱縣鄉土志/上 25
李興德(清・滕縣人)
[民國]續滕縣志 2/14
李殿傑(清・昌樂人)
[民國]昌樂縣續志 34/4
李學純(清・昌樂人)
[民國]昌樂縣續志 34/7
李鵬程(字溟南)(清・肥城人)
肥城縣鄉土志 5/27
李用和(字元樂,號陽坡)(明・益都人)

［萬曆］青州 13/54
［康熙十五年］青州 13/54
［康熙四十八年］青州 13/事功 37
［康熙六十年］青州 16/19
［咸豐］青州 44/22
［康熙］益都 7/16
［光緒］益都縣圖志 35/6
李鳳翽（字羽豐）（清・商河人）
［民國］重修商河 8/27
李鳳儀（清・臨沂人）
［民國］續修臨沂 16/7
李居復（字其見）（清・平度人）
［道光］重修平度州 19/7
李同倫（字中行，號至齋）（明・嘉祥人）
［道光］濟南 72/21
［順治］嘉祥 4/32
［乾隆］嘉祥 2/38，3/22
［光緒］嘉祥 3/22
李殿安（清・沂水人）
［道光］沂水 7/22
李鳳官（字鳴岐）（壽光人）
［民國］壽光 1/10
李饗宮（清・章邱人）
［道光］章邱 11/80
李履祉（字介蕃）（清・肥城人）
肥城縣鄉土志 5/18
李又适（字次伯）（清・商河人）
［道光］商河 7/30
［民國］重修商河 8/41
李展業（字寬甫）（清・齊東人）
［宣統］山東 170/33
［民國］齊東 5/6
齊東縣鄉土志/兵事錄 1
李鳳池（字竹亭）（明・鉅野人）
［道光］鉅野 12/13
李開清（清・平原人）
［民國］續修平原 10/上 10
李學禮（字生共）（明・曲阜人）
［康熙］張秋志 7/29，11/29
［道光］東阿 14/人物下 38
李學禮（字生共）（明・陽穀人）
［民國］增修陽穀人物/仕宦 9
［民國］增修陽穀人物/善行 37
李學禮（明・南直潁州人）
［宣統］山東 73/37
［萬曆］萊州 5/75
［康熙］萊州 8/54
［乾隆］萊州 9/23
［康熙］膠州 5/7
［乾隆］膠州 4/11
［道光］重修膠州 22/4
［民國］增修膠志 17/4
膠州直隸州鄉土志 3/政績－愛民
李學禮（號立齋）（清・城武人）
［道光］城武 9/下 28
李學禮（清・冠縣人）
［民國］冠縣 8/人物志 42
李用禮（清・臨淄人）
［民國］臨淄 28/8
李鳳選（字殿魁）（清・茌平人）
［民國］茌平 3/43
李興祖（字廣寧，號慎齋）（清・漢軍正黃旗人）
［雍正］山東 27/99
［宣統］山東 74/46
［道光］濟南 37/67
［乾隆］沂州府 20/13
［乾隆］郯城 7/27
［嘉慶］慶雲 7/30
［咸豐］慶雲 2/28
［民國三年］慶雲 1/87
李學洵（字冠英）（清・冠縣人）
［道光］冠縣 8/上 33
［光緒］冠縣 8/文學
［民國］冠縣 8/人物志 42
李鳳祥（字覽輝）（清・平原人）
［道光］濟南 56/107
［民國］續修平原 10/上 22
李學道（明・浙江人）
［宣統］山東 73/2
［萬曆］青州 12/41
［康熙十五年］青州 12/41
［康熙四十八年］青州 12/41
［康熙六十年］青州 12/19
［咸豐］青州 36/24
［康熙六十年］博興 7/10
［光緒］益都縣圖志 18/9
李學海（字百川）（清・夏津人）
［民國］夏津續編 8/88
李殿柱（字繼素）（清・滕縣人）
［康熙］兗州續編 16/11
［乾隆］兗州 23/74
［康熙］滕縣志 7/91
［道光］滕縣志 9/孝義 13
李開太（清・長山人）
［道光］濟南 55/33
［嘉慶］長山 9/32
李又存（字遐齡，號杞園）（清・商河人）
［民國］重修商河 8/55，13/藝文志四墓誌 23
李鳳梧（明・菏澤人）
［康熙］曹州志 16/3
［光緒］菏澤 16/2
［光緒］新修菏澤 10/36
李朋桓（字心芳）（清・平度人）
［民國］平度縣續志 8/12
李鳳城（字亦樓）（清・茌平人）
［民國］茌平 3/98
李熙載（字梅村）（清・樂陵人）
樂陵縣鄉土志 3/39
李學栻（字叔華）（清・濟寧人）
［民國］濟寧直隸州續志 12/42

李殿華(字宸章)
(清・濟寧人)
[民國]濟寧直隸州續志15/8
李殿英(字俊傑)
(清・臨邑人)
[民國]續修臨邑3/37
李殿英(清・嶧縣人)
[光緒]嶧縣21/忠義5
李鳳林(原名殿颺)
(清・陽信人)
[咸豐]武定府23/忠節25
信邑志稿7/忠節
李鳳翥(字丹亭)
(清・利津人)
[民國]利津縣續志7/義行6
李開芳(明・單縣人)
[康熙]單縣7/36
[乾隆]單縣7/23
[民國]單縣9/29
李鵬桂(清・曹縣人)
[光緒]曹縣14/行誼24
李陶村(字亦農,號柳川)
(清・泰安人)
[民國]重修泰安縣8/29
李同楠(字仙培,號乃樵)
(清・德平人)
[光緒]德平7/20
德平縣鄉土志/耆舊錄
李鳳棲(字瑞梧)
(清・遼東人)
[宣統]山東74/56
[乾隆]東昌33/31
[嘉慶]東昌20/43
[康熙]臨清州3/名宦6
[乾隆]臨清州9/11
[乾隆]臨清直隸州6/77
[民國]臨清縣/秩官62
李際觀(明・穎州人)
[萬曆]濮州3/名宦34
[康熙]朝城7/8
李鳳起(字海蓬)
(清・禹城人)
[民國]禹城6/26
禹城縣鄉土志/16
李鵬起(字扶搖)
(明・濮州人)
[康熙]濮州4/8
[乾隆]濮州4/8
[宣統]濮州5/8
李興起(字鳳翔)
(清・肥城人)
[光緒]肥城9/5
肥城縣鄉土志5/24
李用敬(字仲學,號雲坡)
(明・益都人)
[雍正]山東28/人物三38
[宣統]山東160/26
[萬曆]青州13/54
[康熙十五年]青州13/54
[康熙四十八年]青州13/事功37
[康熙六十年]青州16/19
[咸豐]青州44/24
[康熙]益都7/16
李鳳書(字管圃)
(清・莒縣人)
[民國]重修莒志67/13
李鳳書(字宣綸)
(清・文登人)
[道光]文登5/19
[光緒]文登9/下2-1
李閎中(字靜菴,一作訥菴)
(清・無棣人)
[咸豐]武定府24/循良38
[民國]無棣11/7
海豐縣鄉土志/耆舊-事業
李閎中(清・河南武安人)
[宣統]山東75/14
[道光]濟南38/22
[道光]新城/名宦
[民國]重修新城11/18
新城縣鄉土志/政績-清知縣
李際泰(清・臨清人)
[乾隆]東昌43/17
[康熙]臨清州3/人物19
[乾隆]臨清州9/52
[乾隆]臨清直隸州8/上41
[民國]臨清縣/人物53
李熙東(明・萊陽人)
[民國]萊陽3/1中14
李賢書(字鳴鹿)
(清・河南嵩陽人)
[光緒]東阿縣鄉土志2/23
[民國]續修東阿9/1
李欣貴(清・鄒平人)
[民國]鄒平15/139
李印泰(清・長清人)
[民國]長清13/10
李用中(明・樂安人)
[萬曆]青州13/73
[康熙十五年]青州13/73
[康熙四十八年]青州13/事功57
[咸豐]青州44/13
[雍正]樂安13/2
[民國]樂安10/8
[民國]續修廣饒19/14
李用中(字景濬)
(清・東平人)
[乾隆]東平州15/10
[道光]東平州15/10
[光緒]東平州15/下9
[民國]東平縣11/中27
東平州鄉土志上/耆舊錄35
李月東(清・夏津人)
[民國]夏津續編8/15
李學軾(字仲坡)
(清・長清人)
[道光]濟南56/53
李同捷(唐)
[光緒]陵縣22/10
李鳳揚(清・單縣人)
[民國]單縣12/鄉賢6
李鵬揚(字少文)
(膠州人)
[民國]增修膠志46/2
李聞揚(清・霑化人)
[光緒]霑化8/15
[民國]霑化2/44
李興邦(字振宇,一作鎮宇)
(明・濟南衛人)
[康熙]濟南38/20
[道光]濟南49/43
[乾隆]歷城41/12
李殿鰲(字魁軒)
(長清人)

［民國］長清 13/28
李殿鏊（字研農）
（清・臨沂人）
［民國］續修臨沂 16/6
李殿甲（萊陽人）
［民國］萊陽 3/1 中 50
李貫甲（字連元）
（清・濰縣人）
［民國］濰縣志稿 30/55
李學晟（字懷武）
（清・諸城人）
［光緒］增修諸城縣續志 13/10
李學易（字子平）
（清・陽穀人）
［光緒］陽穀 7/4
［民國］增修陽穀人物/孝義 6
李周冕（明・吉水人）
［乾隆］陽信 5/15
信邑志稿 5/職官－教諭
［民國］陽信 2/41
李鳳喈（字鳴熙）
（清・嘉祥人）
［光緒］嘉祥 3/33
李鳳喈（字桐庵，號丹崖）
（清・霑化人）
［光緒］霑化 10/27
［民國］霑化 3/5
李興旺（清・朝城人）
［民國］朝城縣續志 1/36
李用顯（清・棲霞人）
［光緒］棲霞縣續志 10/61
李鳳鳴（清・奉天舉人）
［宣統］山東 77/40
［康熙］膠州 5/14
［乾隆］膠州 4/15
［道光］重修膠州 23/1
［民國］增修膠志 18/1
李際明（號黛壑）
（清・臨清人）
［乾隆］東昌 44/5
［康熙］臨清州 3/人物 12
［乾隆］臨清州 9/38
［乾隆］臨清直隸州 8/上 24
［民國］臨清縣/人物 53
李鳳階（見李鳳喈）
李用質（字文含）
（清・濟寧人）
［康熙］山東 40/64
［康熙］兗州續編 16/18
［乾隆］兗州 23/60
［康熙］濟寧州 6/52
［乾隆］濟寧直隸州 25/4
［道光］濟寧直隸州 8/3－3
李殿颺（字述廷）
（清・陽信人）
［民國］陽信 5/忠義 44
陽信縣鄉土志上/耆舊－事業
李開陽（字曉亭）
（清・長清人）
［民國］長清 11/34
李鳳閣（字雲阿）
（清・商河人）
［民國］重修商河 8/67
李鳳舉（字挺芝）
（膠州人）
［民國］增修膠志 46/3
李興隆（臨淄人）
［民國］臨淄 35/64
李興周（字振文）
（清・平度人）
［民國］平度縣續志 12/上 44
李鳳舞（字臨池）
（清・商河人）
［民國］重修商河 8/26
李鳳舞（字奮翮）
（清・章丘人）
［道光］章邱 16/79
李鳳俞（字御諸）
（明・諸城人）
［康熙十五年］青州 15/55
［康熙四十八年］青州 15/卓行 11
［康熙六十年］青州 18/17
［乾隆］諸城 39/4
李學會（字宗賢）
（清・夏津人）
［乾隆］夏津 7/28
李與善（字子齊）
（明・長清人）
［康熙］濟南 35/15
［道光］濟南 52/18
［萬曆］寧津 5/18
［康熙］長清 9/58
［道光］長清 11/9
李鳳翔（字漢儀）
（明・東鹿人）
［康熙二年］茌平 2/38
［宣統］茌平 8/5
［民國］茌平 8/61
李鳳翔（明・威海衛人）
［光緒］文登 5/41
李同節（字大禮）
（清・城武人）
［道光］城武 9/上 26
李居恆（字建常）
（清・鄒縣人）
［光緒］鄒縣續志 12/上 9
鄒縣鄉土志耆舊錄/21
李月恒（清・陽穀人）
［民國］增修陽穀人物/仕宦 18
李鳳輝（清・商河人）
商河縣鄉土志 2/耆舊－事業
79 **李勝**（清・壽張人）
［光緒］壽張 7/14
李騰龍（清・漢軍正紅旗人）
［宣統］山東 77/25
［光緒］增修登州 28/4
［康熙］福山 7/14
［乾隆］福山 7/16
［民國］福山縣志稿 3/2－8
李騰宜（清・海陽人）
［光緒］海陽縣續志 4/28
李勝遠（字乾若）
（明・嶧縣人）
［康熙］兗州 28/26
［乾隆］兗州 23/52
［康熙］嶧縣 4/85
［乾隆］嶧縣 8/29
［光緒］嶧縣 21/忠義 1
80 **李鏞**（字戢庵，號南圃）
（清・金鄉人）
［乾隆］金鄉 18/81
［咸豐］金鄉縣志略 9/中列

傳二 6
［民國］金鄉 14/4
金鄉縣鄉土志/耆舊錄上
李鏕（清・莘縣人，見李鏞）
李錞（字伯和）
（明・通州人）
［嘉靖］濮州 7/21
［萬曆］濮州 3/名宦 33
李錞（字伯和）
（明・錦衣衛籍，鄞縣人）
［雍正］山東 27/93
［宣統］山東 72/29
［萬曆］青州 12 又/又 10
［康熙十五年］青州 12 又/又 10
［康熙四十八年］青州 12 又/又 10
［康熙六十年］青州 12/28
［咸豐］青州 36/15
［嘉靖］昌樂 2/30
［康熙］昌樂 1/34
［嘉慶］昌樂 19/5
［嘉靖］朝城志 5/7
［康熙］朝城 7/6
李錞（字和清）
（清・濟寧人）
［道光］濟寧直隸州 8/4－40
李錞（字復厚）
（清・夏津人）
［乾隆］臨清直隸州 8/下 16
［民國］夏津續編 8/11
李錞（字鳴和）
（清・魚臺人）
［光緒］魚臺 3/文行又 5
李兌（字子西）
（宋・許州臨潁人）
［宣統］山東 68/29
［道光］濟南 34/2
李鎬（明・濟寧人）
［萬曆二十四年］兗州 37/8
［康熙］兗州 28/37
［乾隆］兗州 23/51
［乾隆］濟寧直隸州 27/12
［道光］濟寧直隸州 8/4－34
［崇禎］鄆城 5/17
［康熙］鄆城 5/20
［光緒］鄆城 5/34
李鎬（明・清平人）
［康熙］重修清平下/14
［嘉慶］清平 14/27
［宣統］增輯清平 12/27
［民國］清平/人物 15
李介（字守貞，一作守正，別號貞菴）
（明・高密人）
［嘉靖］山東 33/11
［雍正］山東 28/人物三 15
［宣統］山東 159/12
［萬曆］萊州 5/102
［康熙］萊州 10/28
［乾隆］萊州 10/15
［康熙］高密 8/4，10/11
［乾隆］高密 8/上 6
［光緒］高密 8/上 6
［民國］高密 14/上 5，15/下补编 14
高密縣鄉土志/上 19
李鏞（字範我，號乘六）
（清・莘縣人）
［道光］濟南 38/49
［乾隆］東昌 38/29
［康熙十一年］莘縣 7/7
［康熙五十六年］莘縣 7/7
［光緒］莘縣 7/17
［民國］莘縣 7/9
莘縣鄉土志/鄉宦 18
［民國］續修平原 5/15
李全（元・濰州北海人）
［萬曆］萊州 6/86
［康熙］莒州下/67
［萬曆］諸城 9/22
［康熙］諸城 9/23
［光緒］益都縣圖志 51/7
［同治］黃縣 14/11
李善（字次孫）
（漢・淯陽人）
［嘉靖］山東 34/4
［康熙］山東 48/3
［雍正］山東 31/12
［萬曆二十四年］兗州 37/31
［康熙］兗州 28/71
［乾隆］兗州 23/89
［康熙］滋陽 4/上 54
［光緒］滋陽 9/54
李善（字長元）
（清・無棣人）
［民國］無棣 12/11
李仝（字仲和）
（宋・高唐人）
［乾隆］東昌 19/33
［嘉慶］東昌 45/41
［道光］高唐州 5/1－7，7/2－4
［光緒］高唐州 5/1－7，7/2－4
李鉉（元・壽光人）
［民國］壽光 12/人物志一 15
李鉉（明・北直鹽山人）
［嘉靖］山東 25/25
［宣統］山東 71/25
［道光］濟南 36/62
［乾隆］東昌 39/33
［萬曆］平原下/13
［乾隆］平原 6/27
平原縣鄉土志輯稿/政蹟
［道光］商河 5/27
［民國］重修商河 6/66
商河縣鄉土志 1/政績
李益（元・嘉祥人）
［順治］嘉祥 3/37
李益（字守謙）
（明・利津人）
［康熙］濟南 36/4
［乾隆］武定府 24/1
［咸豐］武定府 24/清介 1
［康熙］利津縣新志 8/1
［光緒］利津 7/宦蹟 5
李義（明・莘縣人）
［乾隆］東昌 42/16
［正德］莘縣 6/35
［康熙十一年］莘縣 7/15
莘縣鄉土志/事業 25
李義（字制宜）
（清・昌樂人）
［民國］昌樂縣續志 30/17
李義（清・東平人）
［乾隆］泰安府 18/51
［康熙］東平州 4/76
［乾隆］東平州 15/16
［道光］東平州 15/16

[光緒]東平州 15/下 24
[民國]東平縣 11/下 3
東平州鄉土志上/耆舊錄 36
李鏞(明·武定州人)
[嘉靖]武定州下/76
李鏞(字金良,號合浦)
(清·陵縣人)
[道光]濟南 56/65
[光緒]陵縣 19/人物傳二 16
李愈(字景韓)
(金·正平人)
[萬曆]武定州 10/6
[崇禎]武定州 7/17
李公諒(明·濰人)
[康熙]山東 44/9
[雍正]山東 28/人物三 30
[宣統]山東 161/41
[萬曆]萊州 5/99
[康熙]萊州 10/25
[乾隆]萊州 10/12
[萬曆]濰縣 9/6
[康熙]濰縣 5/人物 12
[乾隆]濰縣 4/8
濰縣鄉土志/15
李含章(字繪先,號浮玉)
(明·樂安人)
[民國]樂安 10/14
[民國]續修廣饒 19/25
李含章(字文密)
(清·陽穀人)
[民國]增修陽穀人物/師道 18
李金亭(字榜華)
(清·商河人)
[民國]重修商河 9/16
李首章(清·萊蕪人)
[乾隆]泰安府 18/53
[民國]萊蕪 20/2
[民國]續修萊蕪 27/8
李無言(清·齊河人)
[民國]齊河 23/70
李養廉(清·嘉祥人)
[宣統]山東 172/46
[民國]濟寧直隸州續志 14/35
[光緒]嘉祥 3/32
李義高(清·臨沂人)
[民國]臨沂 10/55
李會龍(字化雨)
(清·東平人)
[光緒]東平州 15/中 36
[民國]東平縣 11/中 7
李公麟(字振菴)
(清·無棣人)
[民國]無棣 12/16
李會霖(清·濮州人)
[乾隆]濮州 4/90
[宣統]濮州 6/6
李金三(字緘齋)
(清·臨沂人)
[民國]臨沂 10/63
李美玉(字璥銘)
(清·昌樂人)
[民國]昌樂縣續志 30/21
李益孟(字景山)
(清·茌平人)
[宣統]茌平 16/6
[民國]茌平 3/39
李毓璋(清·恩縣人)
[宣統]重修恩縣 8/44
[民國]重修恩縣 11/鄉賢 51
恩縣鄉土志/23
李毓璋(清·臨朐人)
臨朐縣鄉土志 1/耆舊
李毓珩(字韻珊)
(清·樂陵人)
樂陵縣鄉土志 3/55
李毓珂(恩縣人)
[民國]重修恩縣 11/鄉賢 83
李毓琈(字韞華)
(清·金鄉人)
[民國]金鄉 14/20
李毓琳(字子圭)
(清·樂陵人)
樂陵縣鄉土志 3/41
李善承(字屺山)
(清·潛江人)
[康熙五十五年]鄒縣志 2/57
鄒縣鄉土志耆舊錄/附名宦 23
李公衞(原名伯庸,號孅園)
(清·金鄉人)
[民國]金鄉 13/續增 5
李含貞(清·章邱人)
[道光]章邱 11/80
李金川(字澮源)
(清·博山人)
[民國]續修博山 12/63
李金鑾(字筱坡)
(清·陽穀人)
[民國]增修陽穀人物/師道 26
李普胤(字龍霞)
(清·定陶人)
[乾隆]定陶 6/23
[民國]定陶 6/45
李毓崙(清·無棣人)
[民國]無棣 13/21
李毓岱(清·四川長壽人)
[宣統]山東 77/8
[咸豐]青州 37/19
[乾隆]高苑 3/23
李金魁(清·定陶人)
[民國]定陶 6/56
李金先(霑化人)
[民國]霑化 4/登進 47
李養德(字懋修)
(清·汶上人)
[宣統]四續汶上稿/人物-孝弟傳
李毓魁(清·長清人)
[道光]濟南 56/52
[道光]長清 12/22
李益傳(字子範)
(清·茌平人)
[民國]茌平 3/95
李金盤(字盈庭)
(清·濰縣人)
[民國]濰縣志稿 31/38
李念魯(字鈍也)
(清·鄒縣人)
[民國]續修鄒縣志稿/人物-耆舊
李全修(字德備)
(清·金鄉人)
[咸豐]金鄉縣志略 9/中列傳二 13

[民國]金鄉 14/5
金鄉縣鄉土志/耆舊錄上
李益盤(號仙根,又號少孚)
(清・茌平人)
[民國]茌平 3/38
李毓岷(字民山)
(清・博興人)
[民國]重修博興 13/53
李義安(字方山)
(清・臨淄人)
[民國]臨淄 28/11
李毓寶(清・歷城人)
[民國]續修歷城 44/35
李毓之(字喆生)
(清・長山人)
[道光]濟南 55/3
[康熙五十五年]長山 6/42
[嘉慶]長山 10/14
長山縣鄉土志/耆舊錄
李養心(字純一)
(清・禹城人)
[民國]禹城 6/74
李義滿(唐・齊州平陵人)
[道光]濟南 47/1
[乾隆]歷城 35/5
李會清(清・黃縣人)
[同治]黃縣 9/4
[民國]黃縣志稿 13/人物－死難
李公祿(清・汶上人)
[宣統]四續汶上稿/人物－施濟傳
李會祥(字際唐)
(長清人)
[民國]長清 12/27
李毓祥(字鳳五)
(清・商河人)
[民國]重修商河 8/24
李會友(清・章邱人)
[道光]章邱 10/37
李金奎(霑化人)
[民國]霑化 4/登進 43
李善培(清・濰縣人)
[民國]濰縣志稿 31/35
李養才(明・鎮番衛人)
[宣統]山東 71/37
[乾隆]泰安府 15/20
[民國]萊蕪 9/5
[民國]續修萊蕪 15/7
李養志(明・北直永平人)
[宣統]山東 71/6
[康熙]濟南 25/66
[道光]濟南 36/12
[康熙]章丘 4/26
[乾隆]章邱 7/5
[道光]章邱 9/8
李毓奇(號襟卓)
(明・博山人)
[康熙]顏神鎮志 4/下 6
李舍樸(字湛一)
(明・房山人)
[康熙]濮州 3/28
[乾隆]濮州 3/28
[宣統]濮州 4/28
李毓桴(字濟聖)
(清・東平人)
[光緒]東平州 15/中 46
[民國]東平縣 11/中 14
李介蔭(字貞甫,號宣谷)
(清・諸城人)
[光緒]增修諸城縣續志 13/3
李金枝(字宮李,號山亭)
(清・博平人)
[道光]博平 4/24
博平縣鄉土志/耆舊－學問
李鏡蓉(字稚泉)
(清・長清人)
[民國]長清 13/22
李無夢(金)
[同治]重修寧海州 26/3
[民國]牟平 10/38
李毓莪(濟寧人)
[民國]濟寧縣 3/5
李毓藩(萊陽人)
[民國]萊陽 3/1 中 55
李毓芳(字同芬)
(清・商河人)
[民國]重修商河 8/24
李毓芳(字含章)
(明・章邱人)
[道光]章邱 11/59
李毓桂(字天香)
(清・齊東人)
[民國]齊東 5/13,5/127
齊東縣鄉土志/耆舊錄 14
李毓華(字協菴)
(清・商河人)
[民國]重修商河 9/22
李毓林(字翰卿)
(清・山西平城人)
[民國]壽光 6/29
李毓英(字鍾山)
(清・棲霞人)
[光緒]棲霞縣續志 9/61
李毓英(字實秋,號雪航)
(清・夏津人)
[民國]夏津續編 8/35,9/63
李毓藻(字樂泮)
(清・棲霞人)
[光緒]增修登州 43/23
[光緒]棲霞縣續志 7/義行 1,9/62
李毓藻(字春浦)
(清・商河人)
[民國]重修商河 8/64
李毓芝(字墨輔)
(清・齊東人)
齊東縣鄉土志/耆舊錄 17
李金聲(清・單縣人)
[民國]單縣 12/鄉賢 23
李全忠(唐・范陽人)
[嘉靖]山東 27/22
[宣統]山東 200/4
[嘉靖]武定州下/47
[萬曆]武定州 10/3
[崇禎]武定州 7/7
[光緒]惠民卷末/2
李毓泰(字子清)
(清・清苑人)
[同治]臨邑 7/34
李義軒(清・魚臺人)
[光緒]魚臺 3/29
李毓戊(字靜齋)
(清・恩縣人)
[民國]重修恩縣 11/鄉賢 26
李企契(字明倫,號敷寬)
(清・牟平人)

［光緒］增修登州 43/35
［同治］重修寧海州 21/7
［民國］牟平 7/91
李金鼇（字冠山）
（清・安邱人）
［民國］續安邱新志 17/8
李善思（清・高密人）
［光緒］高密 8/上補遺 3
［民國］高密 14/上 91
李毓昌（字皋言）
（清・即墨人）
［宣統］山東 177/51
［同治］即墨 9/7
即墨縣鄉土志/耆舊－事業一
李無骙（清・金鄉人）
［民國］金鄉 13/續增 4
李養默（清・蒙陰人）
［康熙十一年］蒙陰 2/38
李全略（原名王日簡）
（唐）
［嘉靖］山東 27/21
［崇禎］武定州 7/17
［光緒］陵縣 22/10
李金階（清・博平人）
［光緒］博平縣續志 10/63
李金階（字丹升）
（清・東平人）
［民國］東平縣 11/上 19
李命長（字佑之）
（清・寧津人）
［光緒］寧津 8/37
寧津縣志料 3/人物－義行
李全質（唐・隴西人）
［萬曆二十四年］兗州 52/19
［康熙］沂州志 8/74
李會卿（長清人）
［民國］長清 12/27
李善卿（元）
［宣統］山東 69/34
［嘉靖］青州 13/37
［萬曆］青州 12/26
［咸豐］青州 35/21
［嘉靖］臨朐 2/46
［康熙］臨朐縣志書 1/33
李益卿（清・陽穀人）
［光緒］陽穀 6/31
李金鏡（字心齋）
（清・淄川人）
［宣統］三續淄川 9/91
李金鏞（字序東，號容齋）
（清・鄆城人）
［光緒］鄆城 16/19
李念慈（清・陝西涇陽人）
［宣統］山東 75/14
［道光］濟南 38/22
［康熙］新城 5/12
［道光］新城/名宦
［民國］重修新城 11/1
新城縣鄉土志/政績－清知縣
李養曾（清・寧陽人）
［光緒］寧陽 15/22
李毓鑫（字品三）
（清・掖縣人）
［民國］四續掖縣 4/61
李金鋙（字導君）
（清・淄川人）
［宣統］三續淄川 9/88
李金鎧（清・陽穀人）
［民國］增修陽穀人物/師道 27
李金鈴（字韻堂）
（清・陽穀人）
［民國］增修陽穀人物/師道 26
李毓恒（字冬涵，一字勉齋）
（清・濟寧人）
［民國］濟寧直隸州續志 12/48
81 **李鈉**（字長源）
（清・漢軍正黄旗人）
［雍正］山東 27/97
［宣統］山東 74/14
［道光］濟南 37/13
［康熙六十年］青州 12/40
［康熙六十年］博興 7/14
［乾隆］新泰 18/42
［咸豐］寧陽 11/15
［光緒］寧陽 11/15
［光緒］菏澤 7/名宦 9
李矩（明・蒙陰人）
［萬曆］青州 14/9
［康熙十五年］青州 14/9
［康熙四十八年］青州 14/忠義 9
［康熙六十年］青州 18/12
［乾隆］沂州府 26/26
［康熙十一年］蒙陰 2/31
［康熙二十四年］蒙陰 4/12
［宣統］蒙陰 4/孝義
李頌（字西音，號惕菴）
（清・霑化人）
［乾隆］武定府 25/57
［咸豐］武定府 25/文苑 17
［光緒］霑化 7/16
［民國］霑化 2/12
李鉦（明・昌邑人）
［康熙］昌邑 6/27
［乾隆］昌邑 6/170
李頌吉（字奚臣）
（招遠附生）
［民國］濟陽 9/43
82 **李鋋**（字南金）
（清・壽光人）
［嘉慶］壽光 12/19
［民國］壽光 12/人物志一 34
壽光縣鄉土志/耆舊
李鎧（明・鄒縣人）
［康熙十二年］鄒縣志 2/41
［康熙五十五年］鄒縣志 2/37
［民國］續修鄒縣志稿/人物－耆舊
鄒縣鄉土志耆舊錄/16
李鑠（明・新城人）
［天啟］新城 8/壽耆
［崇禎］新城 8/壽耆
［康熙］新城 8/19
［民國］重修新城 15/10
李釗（明・榆林人）
［嘉靖］臨朐 2/48
李鍾廣（字心蓼）
（清・福建閩縣人）
［宣統］山東 75/25
［道光］濟南 38/32
［嘉慶］禹城 7/32

［民國］禹城 3/49
李鍾麟（字玉書）
（清・惠民人）
［乾隆］武定府 23/35
［咸豐］武定府 23/名臣 35
［光緒］惠民 19/15
惠民縣鄉土志/耆舊錄 31
李鍾麟（字瑞符）
（清・陽信人）
［民國］陽信 5/孝友 62
李鍾晉（字康如）
（陽穀人）
［民國］增修陽穀人物/仕宦 26
李鍾霖（字星階）
（清・歷城人）
［民國］續修歷城 44/40
李鍾靈（清・寧津人）
［光緒］寧津 8/23
寧津縣志料 3/人物－義烈
李鍾豫（字立如）
（清・陽穀人）
［光緒］陽穀 6/30
［民國］增修陽穀人物/仕宦 22
李鍾秀（字岱生）
（清・樂安人）
［咸豐］青州 47/31
［雍正］樂安 12/23
［民國］樂安 10/20
［民國］續修廣饒 19/37
李鍾嶠（號對庵）
（清・霑化人）
［光緒］霑化 9/10
［民國］霑化 2/63
李鍾嵩（字維嶽）
（清・菏澤人）
菏澤縣鄉土志/27
李鍾嶽（字崧生）
（清・安邱人）
［民國］續安邱新志 17/11
李鍾淳（字毓樸）
（清・濟寧人）
［民國］濟寧直隸州續志 12/25
李鍾沂（字岱源，號心雪）
（清・濟寧人）
［道光］濟寧直隸州 8/4－14
李鍾淑（字平侯）
（清・濟寧人）
［民國］濟寧直隸州續志 12/25
李鍾柏（字丕承，號文峰）
（清・濟寧人）
［乾隆］濟寧直隸州 25/38
［道光］濟寧直隸州 8/3－19
李鍾泰（字俊峯）
（清・聊城人）
［宣統］聊城 8/70
李鍾嵒（字品山）
（清・陽穀人）
［民國］增修陽穀人物/師道 25
李鍾頤（字貞如）
（陽穀人）
［民國］增修陽穀人物/仕宦 26
83 李鋐（字振聲）
（清・壽光人）
［民國］壽光 12/人物志一 34
壽光縣鄉土志/耆舊
李鎔（字西治，一作西冶，別字泉亭）
（清・滋陽人）
［乾隆］兗州 23/84
［光緒］滋陽 8/43
滋陽縣鄉土志 1/耆舊－鄉賢
李鋮（明・太平人）
［嘉靖］山東 27/13
［康熙］山東 36/4
［雍正］山東 27/65
［泰昌］登州 9/29
［順治］登州 11/17
［光緒］增修登州 25/16
［康熙］蓬萊 3/1
李鋮（字大器）
（明・樂安人）
［萬曆］樂安 19/1
［康熙］樂安縣續志上/藝文 4
［雍正］樂安 13/1
李銳（清・蒲臺人）
［光緒］重修蒲臺 3/7
蒲臺縣鄉土志/15
李鐵硯（清・淄川人）
［宣統］三續淄川 9/83
84 李鑛（字子亮）
（清・高密人）
［光緒］高密 8/上 66
［民國］高密 14/上 76
高密縣鄉土志/上 49
李銑（唐）
禹城縣鄉土志/4
李銑（字金華）
（清・壽張人）
［光緒］壽張 7/20
李鍈（字青萍，號端黼）
（清・掖人）
［宣統］山東 177/11
［嘉慶］續掖縣 3/7
李鎮（唐・隴西人）
［嘉靖］濮州 7/9
李鎮（字德威）
（明・濮州人）
［乾隆］曹州府 15/12
［萬曆］濮州 4/明經 3
［康熙］濮州 4/13
［乾隆］濮州 4/23
［宣統］濮州 3/85
李鎮西（清・恩縣人）
［宣統］重修恩縣 7/51
85 李鉢（字印尼，號竹島）
（明・莘縣人）
［康熙五十六年］莘縣 6/5
［光緒］莘縣 7/44
［民國］莘縣 6/5，7/33
李鐄（字金齋）
（清・寧津人）
［光緒］寧津 8/17
寧津縣志料 3/人物－循良
86 李鐸（元・般陽路人）
［嘉靖］山東 27/17
［宣統］山東 69/36
［康熙］濟南 41/8
［道光］濟南 48/53
［萬曆］萊州 5/65
［康熙］萊州 8/26

［乾隆］萊州 9/9
［康熙］平度州 3/2
［道光］重修平度州 16/16
［嘉靖］淄川 6/79
［萬曆］淄川 30/7
［康熙］淄川 5/2
［乾隆］淄川 5/2
李鐸（元・楚丘人）
［康熙］曹縣 12/23
［康熙］兗州府曹縣 12/23
［光緒］曹縣 12/21
李鐸（字孔教，號望石山人）
（明・萊陽人）
［嘉靖］山東 32/24
［泰昌］登州 11/16
［順治］登州 16/21
［光緒］增修登州 39/26
［康熙］萊陽 8/9
［民國］萊陽 3/1 中 12，3/3 上傳志下 5
李鐸（字振文，號琪園）
（清・壽光人）
［咸豐］青州 49/25
［嘉慶］壽光 11/10，14/19
［民國］壽光 12/人物志二 50
壽光縣鄉土志/耆舊
李鍔（字歛之，號拙軒）
（清・德州人）
［民國］德縣 10/69
李鍔（字蓮鋒，號柑園）
（清・東平人）
［光緒］東平州 15/中 8
［民國］東平縣 11/上 31
李錦（明・平度人）
［萬曆］萊州 6/19
［康熙］萊州 10/66
［乾隆］萊州 11/善行 1
［康熙］平度州 5/6
［道光］重修平度州 18/21
平度鄉土志 4 上/鄉賢
李錦（明・完縣人）
［萬曆］諸城 4/24
［康熙］諸城 4/15
李錦（字君衣）
（清・長清人）
［道光］濟南 56/59
［道光］長清 13/7
李錦（字尚絅）
（清・齊河人）
［道光］濟南 56/10
李錦（字簡中）
（清・鄒平人）
［道光］鄒平 15/76
［民國］鄒平 15/76
李錁（字劍峰）
（清・陽信人）
［民國］陽信 5/任恤 36
李錕（字韜鋒，號青岑，別號半檐居士）
（清・德州人）
［民國］德縣 10/45，15/70
李錫（明・知沂州）
［宣統］山東 72/19
［萬曆二十四年］兗州 29/14
［康熙］兗州 22/35
［康熙］兗州續編 14/28
［萬曆］沂州志 6/12
［康熙］沂州志 3/45
［乾隆］沂州府 20/6
［民國］臨沂 7/71
李錫（明・觀城人）
［康熙］觀城 4/7
李錫（字祐之，一作佑之）
（明・臨清人）
［乾隆］東昌 39/1
［康熙］臨清州 3/人物 6
［乾隆］臨清州 9/21
［乾隆］臨清直隸州 8/上 6
［民國］臨清縣/人物 3
李錫（明・臨沂人）
［民國］臨沂 9/46
李錫（號晉卿）
（明・臨邑人）
［康熙］濟南 39/4
［道光］濟南 52/13
［順治］臨邑 12/7
［康熙］重修臨邑 10/8
［道光］臨邑 9/8
［同治］臨邑 9/忠藎 1
李智（字文鑑）
（明・曹縣人）
［康熙］兗州府曹縣 13/10
［光緒］曹縣 13/10
李智（明・金鄉人）
［康熙十二年］金鄉 5/13
［康熙五十一年］金鄉 5/6
李智（明・萊蕪人）
［康熙］新修萊蕪 6/10
李智（字天錫）
（清・益都人）
［光緒］益都縣圖志 40/10
李鐲（清・諸城人）
［光緒］增修諸城縣續志 17/1
李錫瑾（清・金鄉人）
［民國］濟寧直隸州續志 14/31
［咸豐］金鄉縣志略 9/中忠義傳 5
［民國］金鄉 14/20
李錫琨（字嗣卿）
（清・江蘇陽湖人）
［宣統］山東 77/37
［光緒］平度志要/職官
［民國］平度縣續志 7/2
［民國］夏津續編 6/31，9/31
李知柔（號方齋）
（明・孟縣人）
［康熙］聊城 2/8
李錫玠（清・費縣人）
［光緒］費縣 11/21
李錫仁（清・費縣人）
［光緒］費縣 11/21
李錫峯（字振方）
（霑化人）
［民國］霑化卷首/12，4/登進 44
李錫崑（見李錫琨）
李錦江（字文泉）
（清・博山人）
［民國］續修博山 9/12
李錦溪（字柳泉）
（清・博山人）
［民國］續修博山 9/28
李錫鄹（字又侯）
（清・陽穀人）
［民國］增修陽穀人物/仕宦 22

李錫祚(清・博興人)
[道光]博興 11/32
[民國]重修博興 13/30
李知栽(清・壽光人)
[宣統]山東 175/54
[咸豐]青州 49/43
壽光縣鄉土志/耆舊
李錫蔭(清・諸城人)
[光緒]增修諸城縣續志 19/1
李錫椵(字純甫)
(清・金鄉人)
[民國]金鄉 13/續增 4
李錫梅(字簡羽)
(清・鄆縣人)
[嘉慶]清平 14/51
[宣統]增輯清平 12/67
[民國]清平/人物 60
李知本(唐・趙州元氏人)
[乾隆]東昌 35/26
[嘉慶]東昌 22/27
[嘉靖]夏津 4/2
[康熙]夏津 5/1
[乾隆]夏津 6/33
[宣統]重修恩縣 6/43
[民國]重修恩縣 10/60
李錫畯(字易農)
(清・陽穀人)
[光緒]陽穀 6/30
[民國]增修陽穀人物/仕宦 21
李錫朋(字集鳳)
(清・平度人)
[民國]平度縣續志 7/32, 12/上 41
李鐲年(字鳴節)
(清・臨沂人)
[民國]續修臨沂 16/24
李錫智(一名青選,字元哲)
(清・費縣人)
[光緒]費縣 11/47
李錦堂(字雙玉)
(清・曹縣人)
[光緒]曹縣 14/忠義 7
87 李邠(清・博平人)
[光緒]博平縣續志 10/63
李鋒(清・招遠人)
[光緒]增修登州 43/26
李鈞(字鼎言)
(清・東平州舉人)
[光緒]東平州 15/上 46
[民國]東平縣 11/上 17
[民國]鄒平 14/32
李鈞(字天樂,號幅齋)
(清・海陽人)
[光緒]海陽縣續志 5/20, 5/27
李鏗(清・壽光人)
[民國]壽光 12/人物志一 88
李錄(明・臨邑人)
[康熙]重修臨邑 9/5
李錄(字香厓)
(清・德州人)
德州鄉土志/耆舊 55
李銘(明・鄒平人)
[道光]濟南 50/5
[康熙]鄒平 5/20
李愬(字元直)
(唐・洮州臨潭人)
[雍正]山東 27/2
[宣統]山東 68/2
李欽(元・平陰人)
[乾隆]泰安府 18/33
[萬曆二十四年]兗州 37/3
[康熙]兗州 28/32
[順治]平陰 7/13
[光緒]平陰 5/19
李欽(明・濱州人)
[萬曆]濱州 3/26
李欽(字北崖)
(明・泰安人)
[康熙]濟南 47/13
[康熙]泰安州 3/27
[乾隆]泰安府 17/17
[乾隆二十五年]泰安縣 12/15
李欽(字敬之)
(清・諸城人)
[道光]諸城縣續志 19/3
李欽文(字敬齋)
(清・掖縣人)
[道光]再續掖縣上/63
李翔集(字梧軒)
(清・鄆城人)
[光緒]鄆城 16/28
李銘鼎(清・曹州人)
[康熙]單縣 8/38
[乾隆]單縣 7/33
[民國]單縣 9/35
李欽備(字念皆)
(明・嶧縣人)
[光緒]嶧縣 21/宦績 2
李銘盤(清・霑化人)
[光緒]霑化 10/20
[民國]霑化 2/95
李欽之(宋・丞人)
[光緒]嶧縣 21/鄉賢 60
李欽式(字肖巖)
(清・金壇人)
[乾隆]泰安府 15/32
[民國]萊蕪 9/8
[民國]續修萊蕪 15/9
李舒芳(字萬英)
(明・定陶人)
[乾隆]曹州府 15/16
[順治]定陶 5/16
[乾隆]定陶 6/14
[民國]定陶 6/15
李舒翹(字九標)
(清・貴縣人)
[民國]續修曲阜 3/40
李舒馨(字畹民)
(清・咸陽進士)
[民國]福山縣志稿 3/2－14
李鈞邦(清・莒縣人)
[民國]重修莒志 65/15
李鈞策(字惺原)
(清・惠民人)
[宣統]山東 171/39
[咸豐]武定府 24/循良 44
[光緒]惠民 19/19
惠民縣鄉土志/耆舊錄 32
88 李筌(金・濟南人)
[嘉靖]山東 34/10
[康熙]山東 47/2
[雍正]山東 30/16
[宣統]山東 200/27
李策(字仲方)

(清・安邱人)
[宣統]山東 175/28
[咸豐]青州 49/22
[道光]安邱新志 18/8
安丘縣鄉土志 6/耆舊錄 3
李第(明・長山人)
[雍正]山東 31/8
[道光]濟南 50/56,61/4
[康熙五十五年]長山 6/50
[嘉慶]長山 10/29
李第(字汝登,號逸軒)
(明・肥城人)
[嘉慶]肥城 19/16
李篤(漢・東萊人)
[雍正]山東 28/人物一 22
[宣統]山東 166/4
[乾隆]萊州 11/孝義 1
[順治]登州 17/22
[光緒]增修登州 38/2
[乾隆]黃縣 8/36
[同治]黃縣 8/14
[民國]黃縣志稿 13/後漢
李篤(字仁涵)
(清・博山人)
[康熙]顏神鎮志 4/下 8
李範(字守模)
(明・高密人)
[乾隆]高密 8/上 32
[光緒]高密 8/上 50
[民國]高密 14/上 61
高密縣鄉土志/上 43
李篁(字宗周)
(清・日照人)
[雍正]山東 28/人物四 22
[乾隆]沂州府 26/20
[光緒]日照 8/13
李笏(字播書)
(清・安邱人)
[咸豐]青州 49/4
[民國]續安邱新志 20/2
安丘縣鄉土志 6/耆舊錄 3
李篁(清・萊陽人)
[民國]萊陽 3/1 中 39
李簣(字以雅,一字鹿萍,號梅樓)
(清・單縣人)
[民國]單縣 10/4
李笈(南北朝,一作金,或作明・濟南人)
[康熙]濟南 51/4
[道光]濟南 60/9
[崇禎]歷乘 16/56
[崇禎]歷城 10/33
[乾隆]歷城 45/7
李簡(字蒙齋)
(元・東平信都人)
[宣統]山東 162/32
李簡(字守敬)
(明・高密人)
[萬曆]萊州 5/94
[康熙]萊州 10/22
[乾隆]萊州 10/9
[康熙]高密 8/5
[乾隆]高密 8/上 10
[光緒]高密 8/上 12
[民國]高密 14/上 12
高密縣鄉土志/上 20
李鑑(元・霑化人)
[康熙]濟南 44/4
[乾隆]武定府 25/3
[咸豐]武定府 25/孝友 3
[萬曆]新修霑化 6/119
[光緒]霑化 8/1
[民國]霑化 2/29
李鑑(字德明)
(明・濮州人)
[萬曆]濮州 6/64
[康熙]濮州 6/49
[乾隆]濮州 6/49
[宣統]濮州 8/49
李鑑(字玉藻,別字鏡軒)
(清・恩縣人)
[民國]重修恩縣 12/上 66
李鑑(字明遠)
(清・高唐人)
[民國]高唐縣 12/54
李鑑(清・棲霞人)
[光緒]棲霞縣續志 6/武臣 1
李鑑(字實三)
(清・鄆城人)
[康熙]鄆城 6/13
[光緒]鄆城 7/13
李節(明・堂邑人)
[順治]堂邑 2/人物 2
李節(明・陽穀人)
[康熙十二年]陽穀 3/13
李箖(字襄山)
(清・安邱人)
[咸豐]青州 49/4
[道光]安邱新志 22/4
安丘縣鄉土志 6/耆舊錄 3
李敏(明・長山人)
[雍正]山東 28/人物三 50
[宣統]山東 165/21
[康熙]濟南 44/10
[道光]濟南 50/52
[康熙四十三年]長山 5/孝義
[康熙五十五年]長山 6/29
[嘉慶]長山 9/2
李敏(字公勉)
(明・冠縣人)
[乾隆]東昌 19/24
[嘉靖]冠縣 5/21
[光緒]冠縣 9/24
[民國]冠縣 9/24
李敏(號逸菴)
(清・鉅野人)
[道光]鉅野 13/45
李銓(字少唐)
(清・天津進士)
[民國]重修博興 12/9
李鋭(明・蘭州人)
[弘治]泰安州 3/9
[康熙]泰安州 2/46
[乾隆二十五年]泰安縣 10/30
[乾隆四十七年]泰安縣 8/26
[道光]泰安縣 10/3
[民國]重修泰安縣 6/58
李鋭(清・東平人)
[光緒]東平州 15/中 45
[民國]東平縣 11/中 13
李鋭(字毅亭,別字淑峯)
(清・滋陽人)
[光緒]滋陽 8/45

滋陽縣鄉土志 1/耆舊 -
鄉賢
李鈐(字珍同)
(清・寧津人)
[光緒]寧津 8/50
李鑑亭(原名學典,號蒼苔,
一字也漁)
(清・鄒縣人)
[民國]續修鄒縣志稿/人
物 - 耆舊
李餘慶(金・臨淄人)
[雍正]山東 28/人物三 70
[萬曆]青州 15/12
[康熙十五年]青州 15/12
[康熙四十八年]青州 15/
文學 12
[康熙六十年]青州 18/6
[民國]臨淄 26/47
李篤之(字元根)
(明・長山人)
[宣統]山東 170/30
[道光]濟南 50/50
[康熙四十三年]長山 5/
孝義
[康熙五十五年]長山 6/31
[嘉慶]長山 10/2,14/50
長山縣鄉土志/耆舊錄
李敏之(字仲通)
(宋・濮州人)
[嘉靖]山東 31/23
[康熙]山東 41/20
[雍正]山東 28/人物二 43
[宣統]山東 161/16
[萬曆]東昌 19/38
[乾隆]曹州府 21/49
[嘉靖]濮州 5/24,10/22
[萬曆]濮州 6/8
[康熙]濮州 3/52,6/8
[乾隆]濮州 3/53,6/8
[宣統]濮州 4/59,8/8
李篤培(字汝植,別號仁宇)
(明・招遠人)
[光緒]增修登州 39/25
[順治]招遠 8/1,9/11
李敏樹(清・章邱人)
[道光]章邱 10/49
李竹茂(明・魚臺人)
[乾隆]魚臺 10/29
李符泰(字星樓)
(清・陽穀人)
[民國]增修陽穀人物/師
道 24
李篋書(字鼓亭)
(清・昌樂人)
[民國]昌樂縣續志 34/7
李銳昇(字鵬漢)
(清・金鄉人)
[道光]濟寧直隸州 8/4 - 41
[咸豐]金鄉縣志略 9/中
列傳二 12
[民國]金鄉 13/22
李節義(字方池)
(明・茌平人)
[乾隆]東昌 38/22
[嘉慶]東昌 28/22
[康熙二年]茌平 2/42,2/46
[康熙四十九年]茌平 2/42
[宣統]茌平 10/7
[民國]茌平 3/7
[道光]博平 4/21
李銓鏡(清・莘縣人)
[光緒]莘縣 7/50
李鑑堂(字葆三)
(清・平度人)
[民國]平度縣續志 8/6
李敘常(字守經)
(清・滋陽人)
滋陽縣鄉土志 1/耆舊 -
忠義
89 **李鏻**(字仲修)
(清・金鄉人)
[民國]濟寧直隸州續志
13/3
[咸豐]金鄉縣志略 9/中
列傳二 7
[民國]金鄉 13/17
李鏻(字健齋)
(清・諸城人)
[道光]諸城縣續志 15/9
李鎧(明・萊陽人)
[民國]萊陽 3/1 中 12
李鎧(明・新城人)
[宣統]山東 161/41
[康熙]濟南 41/14
[道光]濟南 51/31
[天啟]新城 13/傳
[崇禎]新城 13/傳
[康熙]新城 7/8
[民國]重修新城 14/4
新城縣鄉土志/耆舊 - 明
李鐙(清・高密人)
[民國]高密 14/上 26
90 **李常**(字公擇)
(宋・登州人)
[至元]齊乘 6/26
[嘉靖]山東 32/23
[康熙]山東 43/2
[雍正]山東 28/人物二 41
[宣統]山東 161/17
[泰昌]登州 11/43
[順治]登州 17/22
[光緒]增修登州 38/6
[崇禎]歷乘 16/26
李常(字公擇)
(宋・南康建昌人)
[嘉靖]山東 25/21
[康熙]山東 32/9
[雍正]山東 27/22
[宣統]山東 68/28
[康熙]濟南 25/11
[道光]濟南 34/2
[崇禎]歷城 6/9
李常(字遵道)
(宋・濮人)
[乾隆]泰安府 18/70
[乾隆二十五年]泰安縣
12/36
[乾隆四十七年]泰安縣
10/上 35
[道光]泰安縣 9/上 91
[民國]重修泰安縣 8/53
李嘗(宋,南康人,見李常)
李惇(清・利津人)
[乾隆]利津縣志補 4/31
[光緒]利津 8/義行 6
李棠(字宗召)
(明・陽信人)
[康熙]濟南 44/11

[乾隆]武定府 25/6
[咸豐]武定府 25/孝友 6
[康熙]陽信 9/17
[乾隆]陽信 7/24
[民國]陽信 5/孝友 49
信邑志稿 7/孝友
陽信縣鄉土志上/耆舊－事業
肥城縣鄉土志 5/15
李棠(清・海陽人)
[光緒]增修登州 38/19
[光緒]海陽縣續志 4/21,4/27
李焞(號鎮雅)
(明・北直長垣人)
[宣統]山東 73/3
[萬曆]青州 12/又 44
[康熙十五年]青州 12/又 44
[康熙四十八年]青州 12/又 44
[康熙六十年]青州 12/19
[咸豐]青州 36/35,64/32
[萬曆]鉅野 6/10
[道光]鉅野 10/25,21/21
[康熙六十年]博興 7/11
[光緒]益都縣圖志 18/11,54/10
李炫(明・直隸吳江人)
[嘉靖]朝城志 5/又 16
[康熙]朝城 7/28
李炎(唐,見李琰)
李炎(字昇東)
(清・壽光人)
[乾隆]續壽光 21/2
[嘉慶]壽光 12/24
[民國]壽光 12/人物志一 30
李光育(字象三)
(明・安丘人)
[咸豐]青州 45/63
[道光]安邱新志 23/1
安丘縣鄉土志 5/耆舊錄 2
李懷廣(號雲東)
(清・鄒平人)
[道光]濟南 54/44
[嘉慶]鄒平 15/51
[道光]鄒平 15/86
[民國]鄒平 15/86
李尚文(字駿之)
(清・陽信人)
[民國]陽信 5/宦蹟 21
李少康(唐)
[光緒]益都縣圖志 16/2
李光襲(宋・金鄉人)
[雍正]山東 28/人物二 22
[宣統]山東 165/8
[乾隆]兗州 23/28
[乾隆]濟寧直隸州 27/27
[乾隆]金鄉 18/48
李炎龍(清・汶上人)
[宣統]四續汶上稿/人物－耆德傳
李懷誠(字統一)
(清・商河人)
[民國]重修商河 8/46
李惟誠(字蓮如)
(清・安徽穎上人)
[光緒]鄆城 6/14
李光壐(宋・金鄉人)
[咸豐]金鄉縣志略 9/上 11
[民國]金鄉 14/1
李光霞(字蔚軒)
(清・寧陽人)
[光緒]寧陽 15/47
李光元(明・茌平人)
[宣統]茌平 16/2
[民國]茌平 3/10
李惟一(字文原,初名孟柟,字梓材)
(清・鉅野人)
[宣統]山東 173/26
[乾隆]曹州府 15/26
[道光]鉅野 12/16,19/17
李光烈(清・膠州人)
[民國]增修膠志 44/12
李光琳(河北人)
[民國]牟平 6/84
李常弼(字元輔)
(清・費縣人)
[光緒]費縣 11/51
李光弼(唐・營州柳城人)
[宣統]山東 68/15
[嘉慶]東昌 20/27
李少君(字雲翼)
(漢・臨淄人)
[嘉靖]山東 34/14
[康熙]山東 47/6
[雍正]山東 30/3
[宣統]山東 200/19
[道光]濟南 60/2
[嘉靖]青州 16/46
[康熙十五年]青州 17/4
[康熙四十八年]青州 17/方技 4
[康熙六十年]青州 20/6
[咸豐]青州 52/1
[萬曆元年]兗州 46/4
[康熙]臨淄 10/7
[民國]臨淄 30/41
[乾隆]諸城 43/1
李小羣(清・高密人)
[乾隆]高密 10/34
[光緒]高密 10/45
[民國]高密 16/35
高密縣鄉土志/上 39
李尚珍(清・江西瑞昌人)
[宣統]山東 76/9
[康熙]兗州續編 14/9
[乾隆]兗州 22/35
[乾隆]濟寧直隸州 22/52
[道光]濟寧直隸州 6/7－87
[康熙]魚臺 15/24
[乾隆]魚臺 9/45
[光緒]魚臺 2/54
李光衡(明・蒙陰人)
[康熙十一年]蒙陰 2/36
李尚仁(字仔任,一字仔拔)
(清・冠縣人)
[道光]冠縣 8/上 30
[光緒]冠縣 8/文學
[民國]冠縣 8/人物志 39
李光俊(字天極)
(清・長清人)
[道光]濟南 56/56
[道光]長清 13/4
李惟允(號升吉)
(清・鉅野人)
[道光]鉅野 13/45
李光先(字惟孝)

（明・山西代州人）
［光緒］增修登州 32/2
［嘉靖］寧海州下/18
［同治］重修寧海州 12/10
李光先（號西泉）
（明・盂縣人）
［道光］濟南 36/29
［康熙五十五年］長山 3/36
［嘉慶］長山 5/45
李光先（字卓然）
（明・鄆城人）
［康熙］鄆城 6/18
［光緒］鄆城 7/22
李尚和（字春融）
（清・濟陽人）
［民國］濟陽 11/60
李肖白（字印蓮）
（明・泰安人）
［乾隆二十五年］泰安縣 12/22
［乾隆四十七年］泰安縣 10/上 17
［道光］泰安縣 9/上 67
［民國］重修泰安縣 8/17
泰安縣鄉土志/耆舊 24
李光儀（字小岩）
（臨沂人）
［民國］續修臨沂 5/11
李光瀛（清・江陵進士）
［光緒］增修登州 34/2
［道光］榮成 6/27
李尚賓（明・廣宗進士）
［康熙］高密 6/25
［乾隆］高密 6/18
［光緒］高密 6/22
［民國］高密 12/24
高密縣鄉土志/上 8
李省之（字退菴，號柳園）
（清・單縣人）
［民國］單縣 11/50
李光業（字謹棠）
（清・齊東人）
［民國］齊東 5/15
李光瀜（字天祚）
（清・肥城人）
肥城縣鄉土志 5/21
李光漢（字傑三）
（清・濟陽人）
［民國］濟陽 11/72
李光遠（字四照）
（清・歷城人）
［民國］續修歷城 44/39
李尚達（金・濟陰人）
［乾隆］泰安府 14/26
［康熙］東平州 4/46
［乾隆］東平州 12/24
［道光］東平州 12/24
［光緒］東平州 14/24
［民國］東平縣 9/12
李惟洪（明・浮梁人）
［崇禎］武定州 7/7
李常清（明・陽穀人）
［萬曆二十四年］兗州 37/8
［康熙］兗州 28/37
［乾隆］兗州 23/41
［康熙十二年］陽穀 4/1
［康熙］陽穀 4/1
［光緒］陽穀 7/1
李惟清（字直臣）
（宋・下邑人，一作章丘人）
［嘉靖］山東 25/6，29/13
［康熙］山東 31/7，39/14
［雍正］山東 28/人物二 24
［宣統］山東 157/5
［康熙］濟南 35/2
［道光］濟南 47/23
［嘉靖］章丘 3/63
［萬曆］章丘 23/2
［康熙］章丘 6/12
［乾隆］章邱 9/8
［道光］章邱 11/15
章邱縣鄉土志/上 17
李光祖（字念甫）
（清・長山人）
［道光］濟南 55/23
［嘉慶］長山 7/44
李常有（本姓韓）
（清・德州人）
［光緒］德州志略/孝行傳略
［民國］德縣 11/9
德州鄉土志/耆舊 57
李焴南（字午樵）
（清・黃縣人）
［民國］黃縣志稿 13/清藝術
李尚彬（清・肥城人）
［光緒］肥城 9/5
肥城縣鄉土志 5/25
李光華（字太鉉）
（明・章邱人）
［道光］章邱 11/72
李光華（長清人）
［民國］長清 12/15
李少英（字俊傑）
（清・鄆城人）
［光緒］鄆城 8/30
李惟恭（元・濟陽人）
［道光］濟南 48/38
［萬曆］濟陽 9/30
［乾隆］濟陽 8/8，12/26
［民國］濟陽 17/6
李懷敬（字修齋）
（清・商河人）
［民國］重修商河 9/21
李惟敬（字百聚）
（明・安邱人）
［咸豐］青州 45/40
［道光］安邱新志 22/1
安丘縣鄉土志 5/耆舊錄 2
李光春（清・諸城人）
［光緒］增修諸城縣續志 18/2
李惟肅（元・真定人）
［嘉靖］山東 25/23
［康熙］山東 32/12
［雍正］山東 27/25
［宣統］山東 69/20
［康熙］濟南 25/21
［道光］濟南 34/32
［萬曆］章丘 21/70
［康熙］章丘 4/24
［乾隆］章邱 7/3
［道光］章邱 9/4
章邱縣鄉土志/上 11
李小東（清・嶧縣人）
［光緒］嶧縣 25/15
李尚思（字希聖）
（明・樂安人）

［康熙］山東 45/17
［萬曆］青州 15/50
［康熙十五年］青州 15/50
［康熙四十八年］青州 15/卓行 10
［康熙六十年］青州 18/13
［咸豐］青州 44/47
［康熙］樂安縣續志上/貤封 1
［雍正］樂安 12/11,13/3
［民國］樂安 10/9
［民國］續修廣饒 19/17

李掌圜(字十洲,號仙菴)(清・陽信人)
［乾隆］武定府 25/58
［咸豐］武定府 25/文苑 18
［乾隆］陽信 7/22,8/傳銘 7
［民國］陽信 5/文學 8,8/藝文下 40
信邑志稿 7/文苑
陽信縣鄉土志上/耆舊－學問,耆舊－鄉賢祠

李惟則(明・利津人)
［雍正］山東 28/人物三 18
［宣統］山東 165/16

李光時(字存謙,號靜亭)(清・濟寧人)
［宣統］山東 172/41
［道光］濟寧直隸州 8/4－10

李常明(清・陽信人,一作榮成人或即墨人)
［宣統］山東 200/37
［道光］文登 10/2
［道光］榮成 10/7
［同治］即墨 12/12

李光煦(字旭亭)(清・膠州人)
［民國］增修膠志 44/14

李惇頤(字子修)(宋・陽信人)
［嘉靖］山東 29/15
［康熙］山東 39/13
［康熙］濟南 41/6
［乾隆］武定府 24/13
［咸豐］武定府 24/循良 1
［康熙］陽信 9/4
［乾隆］陽信 7/3
［民國］陽信 5/宦蹟 4
信邑志稿 7/循良
陽信縣鄉土志上/耆舊－事業,耆舊－鄉賢祠

李光陛(字青霞)(清・鄆城人)
［宣統］山東 173/37
［乾隆］曹州府 15/24
［光緒］鄆城 5/12

李光岳(字石間)(清・鄆城人)
［光緒］鄆城 5/12

李尚質(明・堂邑人)
［嘉靖］山東 35/5
［康熙］山東 45/13
［乾隆］東昌 42/10
［嘉慶］東昌 32/10
［順治］堂邑 2/人物 19
［康熙十一年］堂邑 2/人物 7
［康熙］堂邑 10/7,16/10
堂邑縣鄉土志/耆舊錄

李尚卿(清・海陽人,寄籍直隸)
［光緒］增修登州 39/47

李尚賢(清・慶雲人)
［乾隆］沂州府 20/8
［嘉慶］慶雲 9/10
［咸豐］慶雲 2/61
［民國三年］慶雲 2/31

李光前(字裕甫)(清・高唐人)
［民國］高唐縣 12/89

李尚年(字東峰)(清・淄川人)
［宣統］三續淄川 9/90

李懷智(清・茌平人)
［宣統］山東 174/24
［嘉慶］東昌 32/61
［宣統］茌平 28/4
［民國］茌平 3/77

李尚智(號人泉)(明・屯留人)
［萬曆］青州 12/40
［康熙十五年］青州 12/40
［康熙四十八年］青州 12/40
［康熙六十年］青州 12/19
［咸豐］青州 36/20
［康熙六十年］博興 7/10
［光緒］益都縣圖志 18/9

李光鑑(字鏡亭)(清・汶上人)
［宣統］四續汶上稿/人物－施濟傳

李尚鑑(清・齊東人)
［民國］齊東 5/28

李尚節(字雪筠)(清・金鄉人)
［民國］濟寧直隸州續志 13/11
［民國］金鄉 13/續增 2

李光輝(清・德平人)
［光緒］德平 7/28

李光榮(明・蒙陰人)
［康熙十一年］蒙陰 2/51

91 **李炳**(字星漢)(清・無棣人)
［民國］無棣 13/7

李炳(清・河南武安人)
［宣統］山東 76/15
［乾隆］沂州府 20/15
［康熙］莒州下/10
［嘉慶］莒州 7/8
［民國］重修莒志 58/1

李焯(清・掖縣人)
［民國］四續掖縣 6/52

李焯(字燦文)(清・鄆城人)
［光緒］鄆城 10/3
鄆城縣鄉土志/耆舊錄－忠義

李恒(字德卿)(元)
［嘉靖］山東 27/17
［康熙］山東 37/4
［宣統］山東 69/20
［康熙］濟南 25/18
［道光］濟南 34/30
［萬曆］萊州 5/65
［康熙］萊州 8/25
［嘉靖］淄川 6/77

[萬曆]淄川 27/7
[康熙]淄川 4/7
[乾隆]淄川 4/7
李恒(明・淄川人)
[嘉靖]淄川 6/80
李恒(字恒占)
(清・武城人)
[乾隆]東昌 44/16
[乾隆]武城 10/32
李恆(字心一)
(清・東明人)
[宣統]東明續縣志 3/3,3/28,3/42
[民國]東明縣新誌 11/52,12/64
李炳文(字虎臣)
(臨淄人)
[民國]臨淄 27/66
李炳武(清・長清人)
[民國]長清 11/29
李恒貞(字壽珉)
(清・金鄉人)
[民國]金鄉 13/續增 12
李炳生(字耀如,號晦齋)
(清・岐山人)
[嘉慶]慶雲 7/31
[咸豐]慶雲 2/29
[民國三年]慶雲 1/87
李恆祥(字祝月)
(清・霑化人)
[光緒]霑化 7/24
[民國]霑化 2/26
李炳奎(明・堂邑人)
[順治]堂邑 2/人物 2
李恒標(清・茌平人)
[乾隆]東昌 43/14
[嘉慶]東昌 32/40
[宣統]茌平 14/5
[民國]茌平 3/71
李炳英(字競華)
(牟平人)
[民國]牟平 7/29
李恒恭(清・陽穀人)
[民國]增修陽穀人物/善行 41
李恆恭(字撝謙)
(清・陽穀人)
[光緒]陽穀 6/27
李炳燦(清・壽張人)
[光緒]壽張 7/27
壽張縣鄉土志/耆舊－附忠孝祠
李炳輝(清・長清人)
[民國]長清 11/29
92 **李憕**(唐・并州文水人)
[嘉靖]山東 26/23
[康熙]山東 34/4
[雍正]山東 27/43
[宣統]山東 68/15
[萬曆]東昌 18/14
[乾隆]東昌 33/16
[嘉慶]東昌 20/28
[嘉靖]恩縣 7/3
[宣統]重修恩縣 6/43
[民國]重修恩縣 10/60
李愷(字友元)
(清・金鄉人)
[民國]金鄉 13/續增 12
李愓(字漢璽,號文峯)
(清・海陽人)
[光緒]增修登州 39/35
[光緒]海陽縣續志 5/11
李恬(字儼若)
(清・城武人)
[道光]城武 9/上 36
李忻(明・平度人)
[康熙]山東 45/23
李惴(唐・隴西人)
[崇禎]武定州 14/5
[乾隆]武定府 15/5
[咸豐]武定府 15/5
[乾隆]惠民 5/4
[光緒]惠民卷末/2
李愷淵(字稺躍)
(清・霑化人)
[光緒]霑化 8/4
[民國]霑化 2/32
93 **李煊**(字曉生)
(清・河南延津人)
[康熙]沂州志 3/51
[乾隆]沂州府 20/13
李烺如(字明卿)
(清・霑化人)
[乾隆]武定府 26/18
[咸豐]武定府 26/義行 18
[光緒]霑化 10/10
[民國]霑化 2/83
李熾昌(清・鄆城人)
[光緒]鄆城 10/12
94 **李忱**(字信卿)
(明・莘縣人)
[嘉靖]山東 35/4
[康熙]山東 45/12
[正德]莘縣 6/6,6/30
[康熙十一年]莘縣 7/5,7/9
[康熙五十六年]莘縣 7/5,7/9
[光緒]莘縣 7/14
[民國]莘縣 7/8
莘縣鄉土志/鄉宦 17,孝友 22
李忱(號迪九)
(清・霑化人)
[光緒]霑化 9/6
[民國]霑化 2/59
李慎(清・蒙陰人)
[康熙十一年]蒙陰 4/44
李愇(字公碩)
(清・曹縣人)
[光緒]曹縣 14/仕蹟 3
李煒(字屏巖)
(明・章邱人)
[道光]章邱 11/73
李慎珍(清・定陶人)
[民國]定陶 6/58
李慎行(清・觀城人)
[康熙]觀城 4/11
李悕傑(北魏)
[嘉靖]武定州下/45
李慎修(字思永,號雪山)
(清・章丘人)
[宣統]山東 169/27
[道光]濟南 54/8
[乾隆]章邱 9/27
[道光]章邱 11/39
章邱縣鄉土志/上 32
李慎典(字徽五)

（清・膠州人）
［民國］增修膠志 42/23

95 李愫（字用情）
（清・陽穀人）
［民國］增修陽穀人物/文苑 3

李性（字惟善）
（明・安丘人）
［萬曆］青州 15/47
［康熙十五年］青州 15/47
［康熙四十八年］青州 15/卓行 7
［康熙六十年］青州 16/31
［咸豐］青州 44/14
［萬曆］安丘 23/38
安丘縣鄉土志 4/耆舊錄 1

李性（明・陵縣人）
［光緒］陵縣 19/人物傳一 12
陵縣鄉土志/13

李性（明・東鹿人）
［康熙］海豐 9/2
［民國］無棣 9/1
海豐縣鄉土志/政績

李性（明・魚臺人）
［康熙］魚臺 17/23
［乾隆］魚臺 11/12
［光緒］魚臺 3/7

李性育（明・城武人）
［康熙九年］城武 5/17

李精一（字薪傳）
（清・商河人）
［民國］重修商河 8/65

李精白（字對泉）
（明・杞縣人，一作潁川人）
［乾隆］東昌 35/29
［康熙］昌樂 1/35
［乾隆］夏津 6/10

李性淳（字復之）
（明・濮州人）
［康熙］濮州 2/98
［乾隆］濮州 2/79
［宣統］濮州 3/58

96 李煌（字新一）
（清・臨清人）
［道光］濟南 38/11
［乾隆］臨清直隸州 8/下 4
［民國］臨清縣/人物 60

李煌（清・安徽宣城人）
［雍正］山東 27/101
［宣統］山東 77/32
［乾隆］萊州 9/32
［乾隆］膠州 4/16
［道光］重修膠州 23/3
［民國］增修膠志 18/3
膠州直隸州鄉土志 3/政績－聽訟

李憬（字覺庵）
（清・寧津人）
［光緒］寧津 8/34
寧津縣志料 3/人物－義行

李懌（清・博平人）
［道光］博平 4/26
博平縣鄉土志/耆舊－事業

李懌（字悅庭，一字悅心，號緘庵）
（清・霑化人）
［乾隆］東昌 43/7
［嘉慶］東昌 32/33
［光緒］霑化 8/9
［民國］霑化 2/38

李煜（明・蒙陰人）
［康熙十五年］青州 14/11
［康熙四十八年］青州 14/忠義 11
［康熙六十年］青州 17/6
［乾隆］沂州府 26/4
［康熙十一年］蒙陰 2/31
［康熙二十四年］蒙陰 4/14
［宣統］蒙陰 4/孝義

李燭（字明遠）
（明・濟寧人）
［雍正］山東 28/人物三 71
［宣統］山東 164/52
［乾隆］兗州 23/53
［康熙］濟寧州 7/4
［乾隆］濟寧直隸州 26/34
［道光］濟寧直隸州 8/2－45

97 李燦（字星垣）
（明・濟寧人）
［康熙］山東 40/63
［雍正］山東 28/人物三 61
［宣統］山東 161/55
［乾隆］兗州 23/48
［康熙］濟寧州 6/35
［乾隆］濟寧直隸州 24/23
［道光］濟寧直隸州 8/2－34

李燦（字文玉）
（明・咸寧人）
［康熙］濟南 25/32
［道光］濟南 36/9
［嘉靖］章丘 3/4
［萬曆］章丘 21/72
［康熙］章丘 4/25
［乾隆］章邱 7/3
［道光］章邱 9/5
章邱縣鄉土志/上 3

李燦（字馥郁，號能白）
（清・濟寧人）
［乾隆］濟寧直隸州 25/24
［道光］濟寧直隸州 8/3－13
濟寧州鄉土志 2/耆舊

李燦（清・平陰人）
［光緒］平陰 5/27

李燦（字堯章）
（清・諸城人）
［光緒］增修諸城縣續志 12/24
諸城縣鄉土志/上 40

李燦（字芸軒）
（清・諸城人）
［光緒］增修諸城縣續志 12/22

李烱（清・諸城人）
［道光］諸城縣續志 19/5

李煥（字文昭）
（明・濟寧人）
［康熙］濟寧州 7/19
［乾隆］濟寧直隸州 26/15
［道光］濟寧直隸州 8/4－37

李煥（明・蒙陰人）
［康熙十五年］青州 14/11
［康熙四十八年］青州 14/忠義 11
［康熙六十年］青州 17/6
［康熙十一年］蒙陰 2/31

李煥（明・陽穀人）
［民國］增修陽穀人物/仕

宧 9
李煥(清・鉅野人)
[道光]鉅野 13/41
李輝(字繼先)
(清・諸城人)
[咸豐]青州 47/39
[乾隆]諸城 39/8
李炯(明・濟寧人)
[康熙]濟寧州 7/51
[乾隆]濟寧直隸州 27/7
[道光]濟寧直隸州 8/4－32
李烱(清・歷城人)
[道光]濟南 53/59
[民國]續修歷城 44/4
李恪(字伯毖,號三如)
(明・山西安邑人)
[宣統]山東 70/33,71/2
[康熙]濟南 25/78
[道光]濟南 36/3
[康熙]兗州續編 14/1
[康熙]曹州志 7/55
[乾隆]曹州府 12/22
[崇禎]歷城 6/16
[光緒]菏澤 7/宦蹟 23
[光緒]新修菏澤 8/12
肥城縣鄉土志 5/14
李恪(字中乾)
(清・膠州人)
[康熙]膠州 5/39
[乾隆]膠州 4/46
李恪(字洞巖)
(清・鉅野人)
[道光]鉅野 13/36
李恪(字敬臣)
(清・霑化人)
[乾隆]武定府 25/57
[咸豐]武定府 25/文苑 17
[光緒]霑化 9/4
[民國]霑化 2/56
李㥠(字豪舉)
(清・陵縣人)
[光緒]陵縣 19/人物傳二 8
李恂(字叔英)
(漢・安定臨涇人)
[嘉靖]山東 25/2
[康熙]山東 31/3
[雍正]山東 27/29
[宣統]山東 66/18
[萬曆元年]兗州 38/循吏 7
[萬曆二十四年]兗州 26/6
[康熙]兗州 21/6
[乾隆]兗州 22/2
李恂(字和皋,一作如皋)
(明・長山人)
[道光]濟南 50/55
[康熙五十五年]長山 6/40
[嘉慶]長山 10/13
長山縣鄉土志/耆舊錄
李燿(字宗光)
(清・招遠人)
[道光]招遠縣續志 3/10
李燿(清・諸城人)
[光緒]增修諸城縣續志 16/14
李燦章(清・樂安人)
[乾隆]諸城 44/4
李煥章(清・商河人)
[民國]重修商河 8/88
李煥章(字象先,號織齋)
(清・樂安人)
[宣統]山東 175/39
[康熙四十八年]青州 15/文學 14
[康熙六十年]青州 18/7
[咸豐]青州 46/9
[乾隆]諸城 44/4
[雍正]樂安 12/24
[民國]樂安 10/14
[民國]續修廣饒 19/26
李耀廷(字榮卿)
(東光拔貢)
[民國]重修博興 10/3
李耀彩(清・朝城人)
朝城縣鄉土志/14
李耀豐(清・齊東人)
[民國]齊東 5/31
齊東縣鄉土志/兵事錄 3
李燦然(明・蒙陰人)
[宣統]蒙陰 4/名獻
李煥然(字堯章)
(清・霑化人)
[乾隆]武定府 25/24
[咸豐]武定府 25/孝友 24
李烱然(明・蒙陰人)
[萬曆]青州 13/53
[康熙十五年]青州 13/53
[康熙四十八年]青州 13/事功 36
[康熙六十年]青州 16/18
[乾隆]沂州府 25/20
[康熙十一年]蒙陰 2/2
[康熙二十四年]蒙陰 4/2
[宣統]蒙陰 4/名獻
李耀祖(明・樂安人)
[雍正]樂安 12/14
[民國]續修廣饒 19/20
李耀恭(字肅堂)
(清・齊東人)
[民國]齊東 5/32
李煥如(字堯章)
(清・霑化人)
[光緒]霑化 8/10
[民國]霑化 2/39
李炯如(字和升)
(清・陽信人)
[乾隆]武定府 26/31
李烱如(字和升)
(清・霑化人)
[光緒]霑化 10/31
[民國]霑化 3/9
李耀昇(明・濟寧人)
[康熙]濟寧州 7/9
李燦顯(字煥章)
(清・長清人)
[民國]長清 13/27
李煥榮(字和春)
(清・陽穀人)
[民國]增修陽穀人物/孝義 9
98 李炌(字闇修)
(清・長山人)
[雍正]山東 28/人物四 13
[宣統]山東 169/19
[康熙]濟南 42/22
[道光]濟南 55/8
[康熙四十三年]長山 5/仕業
[康熙五十五年]長山 6/9

[嘉慶]長山 7/15
李燧(明·濟寧人)
[康熙]濟寧州 7/52
[乾隆]濟寧直隸州 27/7
[道光]濟寧直隸州 8/4-32
李燧(字晦夫)
(明·金鄉人)
[乾隆]濟寧直隸州 24/39
[道光]濟寧直隸州 8/2-51
[康熙十二年]金鄉 5/2,5/31
[康熙五十一年]金鄉 11/5
[乾隆]金鄉 18/55
[咸豐]金鄉縣志略 9/上 13
[民國]金鄉 13/11,17/15
金鄉縣鄉土志/耆舊錄上
李愉(字庭怡)
(清·利津人)
[乾隆]武定府 24/48
[咸豐]武定府 24/循良 39
[乾隆]利津縣志續編 8/38,10/79
[光緒]利津 7/宦蹟 10,附利津文徵 3/傳 6
[乾隆]昌邑 5/121
李悅山(字廷藹)
(清·濰縣人)
[民國]濰縣志稿 32/6
李悅心(字濟遠,號桐月)
(清·曹縣人)
[宣統]山東 173/25
[乾隆]曹州府 15/22
[康熙]兗州府曹縣 14/1
[光緒]曹縣 14/人物 1
[順治]單縣 2/39
李悅心(字景懿)
(清·鉅野人)
[康熙]兗州續編 16/21
[康熙]鉅野 11/26
[道光]鉅野 13/44
李悅曾(字希參)
(清·諸城人)
[道光]諸城縣續志 19/8
李恰光(字晦菴)
(清·壽光人)
[道光]濟南 38/34
[民國]禹城 3/49
99 李榮(字世昌)
(明·金鄉人)
[乾隆]金鄉 18/52
[咸豐]金鄉縣志略 9/上 12
[民國]金鄉 13/9
金鄉縣鄉土志/耆舊錄上
李榮(清·鉅野人)
[民國]續修鉅野 5/上 7
李榮(字次賓)
(清·平度人)
[光緒]平度志要/人物
[民國]平度縣續志 7/9
李燮(字台垣)
(明·濟寧人)
[康熙]濟寧州 7/28
[乾隆]濟寧直隸州 27/4
[道光]濟寧直隸州 8/4-31
李塋(字錦泉)
(清·濟寧人)
濟寧州鄉土志 2/耆舊
李鎣(明·鄒縣人)
[嘉靖]鄒縣地理誌 1/26
李榮宗(清·費縣人)
[宣統]山東 173/13
[乾隆]沂州府 26/6
[康熙]費縣 7/10
[光緒]費縣 11/1
費縣鄉土志/耆舊錄-事業
李榮湄(字煜階)
(清·茌平人)
[宣統]茌平 13/5
[民國]茌平 3/14
李榮梓(字敬堂)
(清·淄川人)
[宣統]三續淄川 9/74
李榮城(字少溪)
(明·臨沂人)
[民國]續修臨沂 16/2
李榮華(清·泰安人)
[道光]泰安縣 9/上 85
[民國]重修泰安縣 8/39
李榮基(字勗齋)
(清·歷城人)
[民國]續修歷城 40/33
李榮枝(字固山)
(清·鉅野人)
[民國]續修鉅野 5/上 10
李燮如(字理昭,號翕齋)
(清·霑化人)
[乾隆]武定府 25/60
[咸豐]武定府 25/文苑 20
[光緒]霑化 9/8
[民國]霑化 2/60
李燮如(字昌昭)
(清·霑化人)
[光緒]霑化 8/11
[民國]霑化 2/39
李燮均(清·萊陽人)
[民國]萊陽 3/1 中 45
李榮春(字泰宇)
(明·濟寧人)
[康熙]濟寧州 7/29
[乾隆]濟寧直隸州 27/5

孛

27 孛魯歡(元·泰安人)
[弘治]泰安州 3/11
43 孛朮魯德裕(本名蒲剌都)
(金·隆安路猛安人)
[光緒]增修登州 24/12
[嘉靖]寧海州下/9
[同治]重修寧海州 12/4
[光緒]益都縣圖志 17/3
孛朮魯阿魯歡(金)
[光緒]益都縣圖志 17/4
60 孛羅(元)
[道光]東阿 14/人物下 38

支

00 支文烈(清·曲阜人)
[乾隆]曲阜 80/14
31 支福(明)
[康熙六十年]青州 16/47
[乾隆]沂州府 26/3
60 支曇蘭(晉·青州人)
[嘉靖]青州 16/49
[萬曆]青州 17/9
[康熙十五年]青州 17/9
[康熙四十八年]青州 17/仙釋 4
[康熙]益都 10/24

4050_6 韋

00 **韋玄成**(字少翁)
(漢・鄒人)
[嘉靖]山東30/3
[康熙]山東40/3
[雍正]山東28/人物一9
[宣統]山東154/6
[萬曆元年]兗州40/相業8
[萬曆二十四年]兗州26/4,31/5
[康熙]兗州21/3,24/5
[乾隆]兗州23/9
[康熙]滋陽4/上52
[嘉靖]鄒縣地理誌1/23
[萬曆]鄒志2/19
[康熙十二年]鄒縣志2/32
[康熙五十五年]鄒縣志2/26
[民國]續修鄒縣志稿/人物-耆舊
鄒縣鄉土志耆舊錄/12
10 **韋震**(字東卿)
(五代・雍州萬年人)
[萬曆二十四年]兗州27/12
韋元珪(唐・京兆萬年人)
[雍正]山東27/33
[宣統]山東68/11
韋再衡(清・曹縣人)
[光緒]曹縣14/行誼22
韋雲奎(字六峯)
(清・齊河人)
[民國]齊河23/72
11 **韋預**(字亦杜)
(清・齊河人)
[民國]齊河23/16
12 **韋弘**(漢・鄒人)
[嘉靖]山東26/1
[康熙]山東33/2
[宣統]山東161/2
[萬曆元年]兗州38/循吏2
[萬曆二十四年]兗州26/4
[康熙]兗州21/3
[萬曆]沂州志6/3
[康熙]沂州志3/39
[乾隆]沂州府20/2
[光緒]嶧縣19/10
韋瑞(清・曹縣人)
[光緒]曹縣14/行誼27
17 **韋孟**(漢・魯國鄒人,一作彭城人)
[雍正]山東28/人物一3
[宣統]山東167/1
[萬曆二十四年]兗州31/2
[康熙]兗州24/2
[乾隆]兗州23/6
[萬曆]鄒志2/18
[康熙十二年]鄒縣志2/31
[康熙五十五年]鄒縣志2/25
[光緒]鄒縣續志12/上11
[民國]續修鄒縣志稿/人物-耆舊
鄒縣鄉土志耆舊錄/附流寓24
韋承慶(字延休)
(唐・河内陽武人)
[宣統]山東68/12
[萬曆二十四年]兗州27/9
[康熙]兗州21/24
22 **韋彪**(字孟達)
(漢・扶風平陵人)
[雍正]山東27/41
[宣統]山東66/26
[光緒]鄒縣續志12/上1
[民國]續修鄒縣志稿/人物-耆舊
鄒縣鄉土志耆舊錄/22
23 **韋俊**(唐)
[嘉靖]山東27/11
[宣統]山東68/17
[順治]登州11/7
[光緒]增修登州24/3
28 **韋以誠**(字立夫)
(明・定興人)
[萬曆]沂州志6/15
[康熙]沂州志3/46
[乾隆]沂州府20/6
[崇禎]歷城6/3
[民國]臨沂7/72
韋儆弦(明・深州人)
[萬曆]沂州志4/50
韋儆絃(字汲陽)
(明・沂州人)
[康熙]沂州志5/73
[乾隆]沂州府25/25
30 **韋濟**(唐・陽武人)
[嘉靖]山東26/23
[康熙]山東34/4
[雍正]山東27/87
[宣統]山東68/13
[萬曆]東昌18/15
[乾隆]曹州府12/7
[嘉靖]濮州7/7
[萬曆]濮州3/名宦10
[康熙]濮州3/10
[乾隆]濮州3/10
[宣統]濮州4/10
韋安石(唐・京兆萬年人)
[嘉靖]山東25/19
[康熙]山東32/6
[雍正]山東27/20
[宣統]山東68/8
[康熙]濟南24/9
[道光]濟南33/26
[弘治]泰安州3/8
[康熙]泰安州2/44
[嘉靖]德州3/4
[萬曆]德州8/27
[康熙]德州7/23
[民國]德縣9/4
[乾隆二十五年]泰安縣10/29
[乾隆四十七年]泰安縣8/25
[道光]泰安縣10/2
[民國]重修泰安縣6/56
[光緒]益都縣圖志16/1
[光緒]陵縣18/2
陵縣鄉土志/5
韋永智(清・汶上人)
[宣統]四續汶上稿/人物-藝術傳
33 **韋必賢**(明・上元籍,雲南人)
[萬曆]青城1/41
35 **韋湊**(字彥宗)
(唐・京兆萬年人)
[嘉靖]山東26/7
[康熙]山東33/8

［雍正］山東 27/43
［宣統］山東 68/15
［萬曆元年］兗州 38/循吏 23
［萬曆二十四年］兗州 27/10
［康熙］兗州 21/24
［康熙］曹州志 7/37
［乾隆］曹州府 12/6
［光緒］菏澤 7/名宦 2
［光緒］新修菏澤 8/4
菏澤縣鄉土志/8
［康熙］兗州府曹縣 10/6
［光緒］曹縣 10/6

37 **韋澳**(字子斐)
(唐・京兆杜陵人)
［雍正］山東 27/4
［宣統］山東 68/4
［光緒］益都縣圖志 16/9

韋朗(南北朝)
［光緒］益都縣圖志 15/3

韋逢甲(字毓春)
(清・齊河人)
［宣統］山東 170/19
［光緒］嶧縣 19/丞倅 16
［民國］齊河 23/4,25/3

38 **韋道福**(五代宋)
［康熙］高密 6/2

韋祚興(字宴虹,號心耕)
(明・淶水人)
［康熙］沂州志 4/24
［乾隆］沂州府 25/26
［民國］臨沂 9/55

40 **韋壽**(字世齡)
(隋・京兆杜陵人)
［宣統］山東 67/30

43 **韋博**(字大業)
(唐・京兆萬年人)
［光緒］益都縣圖志 16/9

44 **韋藝**(字世文)
(隋・京兆杜陵人)
［嘉靖］山東 25/18
［康熙］山東 32/5
［雍正］山東 27/19
［宣統］山東 67/25
［康熙］濟南 24/8
［道光］濟南 33/20
［崇禎］歷城 6/8

韋著(字休明)
(漢・京兆杜陵人)
［光緒］嶧縣 19/25

50 **韋奉五**(清・鄒平人)
［民國］鄒平 15/144

53 **韋成**(字少翁)
(漢)
［康熙］東平州 3/1

韋成(元・郯人)
［萬曆］沂州志 7/24
［乾隆］沂州府 25/18
［康熙］郯城 7/10
［乾隆］郯城 9/7

56 **韋操**(字元節)
(隋)
［光緒］益都縣圖志 15/21

60 **韋衆**(明・江南淶州人)
［乾隆］沂州府 17/27

韋羆(晉・杜陵人)
［民國］濰縣志稿 42/3

韋景元(明)
［宣統］山東 71/17
［道光］濟南 36/53
［乾隆］德州 8/5
［民國］德縣 9/7

韋國賢(明・福建晉江人)
［雍正］山東 27/66
［宣統］山東 73/23
［泰昌］登州 9/42
［順治］登州 11/21
［光緒］增修登州 28/3
［萬曆］福山 4/5
［康熙］福山 7/11
［乾隆］福山 7/13
［民國］福山縣志稿 3/2－5

67 **韋嗣立**(字延構)
(唐・河南陽武人)
［宣統］山東 68/10
［乾隆］泰安府 14/9
［康熙］新修萊蕪 5/21
［民國］萊蕪 9/2
［民國］續修萊蕪 15/3

77 **韋賢**(字長孺)
(漢・魯國鄒人)
［嘉靖］山東 30/2
［康熙］山東 40/3
［雍正］山東 28/人物一 7
［宣統］山東 153/22,154/6
［萬曆元年］兗州 40/相業 8
［萬曆二十四年］兗州 31/5
［康熙］兗州 24/5
［乾隆］兗州 23/8
［嘉靖］鄒縣地理誌 1/23
［萬曆］鄒志 2/18
［康熙十二年］鄒縣志 2/31
［康熙五十五年］鄒縣志 2/9,2/25
［民國］續修鄒縣志稿/人物－耆舊
鄒縣鄉土志耆舊錄/12
［康熙］滋陽 4/上 51
［光緒］滋陽 9/54

80 **韋義**(字季節)
(漢・京兆杜陵人)
［宣統］山東 66/26
［嘉慶］東昌 21/25

韋普霖(字沛之)
(清・江蘇山陽人)
［民國］濟寧直隸州續志 10/52

88 **韋簡**(晉)
［嘉靖］山東 26/4
［康熙］山東 33/5
［宣統］山東 66/35
［乾隆］泰安府 14/8
［萬曆元年］兗州 38/節義 2
［萬曆二十四年］兗州 27/2
［康熙］兗州 21/16
［康熙］東平州 4/26
［乾隆］東平州 12/3
［道光］東平州 12/3
［光緒］東平州 14/3
［民國］東平縣 9/2
［崇禎］鄆城 4/1
［康熙］鄆城 4/1
［光緒］鄆城 6/2
鄆城縣鄉土志/政績錄－除害

90 **韋賞**(漢・鄒人)
［萬曆二十四年］兗州 31/6
［康熙］兗州 24/6
［乾隆］兗州 23/10

［萬曆］鄒志 2/20
［康熙十二年］鄒縣志 2/33
［康熙五十五年］鄒縣志 2/27
［民國］續修鄒縣志稿/人物－耆舊
鄒縣鄉土志耆舊錄/12

4060_0 古

00 古文欽(明・陽曲人)
［隆慶］單縣上/重 36
10 古雲和尚(清)
［民國］無棣 24/9
古震宇(字朗漢)
(清・單縣人)
［民國］單縣 12/方技 2
20 古秉健(字御天)
(清・莒縣人)
［乾隆］沂州府 26/15
［雍正］莒州 9/36
［民國］重修莒志 62/7
33 古冶子(周・齊人)
［嘉靖］青州 16/2
［萬曆］青州 15/16
［康熙十五年］青州 15/16
［康熙四十八年］青州 15/武功 3
40 古奇(明・香河人)
［道光］濟南 60/15
［道光］長清 13/16
52 古拙(清)
［道光］濟南 60/17
［道光］章邱 11/92
80 古鏡(明・臨邑人)
［道光］濟南 60/15
［道光］臨邑 9/24
［同治］臨邑 9/方術 2
古今謦(字蜚聲)
(清・順天宛平人)
［宣統］山東 77/8
［咸豐］青州 37/12
［康熙］高苑縣續志 3/6
［乾隆］高苑 3/22
87 古銘(字訓三)
(清・魚臺人)
［乾隆］魚臺 11/41
［光緒］魚臺 3/25

4060_1 吉

00 吉慶(明・河南滎陽人)
［嘉靖］山東 26/29
［康熙］山東 34/8
［雍正］山東 27/47
［宣統］山東 72/40
［萬曆］東昌 18/36
［乾隆］東昌 34/1
［嘉慶］東昌 21/19
［康熙二年］茌平 2/36
［康熙四十九年］茌平 2/36
［宣統］茌平 8/2
［民國］茌平 8/59
12 吉孔嘉(明・洋縣舉人)
［光緒］寧津 6/28
寧津縣志料 3/人物－名宦
24 吉續釜(清・濰縣人)
［民國］濰縣志稿 35/15
25 吉紳(字書雲)
(清・玉田人)
［宣統］濮州 4/37
［宣統］茌平 8/12
［民國］茌平 8/68
30 吉永貞(明・臨沂人)
［康熙］沂州志 6/49
［乾隆］沂州府 27/9
［民國］臨沂 9/56
40 吉士瑛(字瑋堂)
(清・江蘇丹陽人)
［宣統］山東 75/15
［道光］濟南 38/24
［道光］冠縣 6/34
［光緒］冠縣 6/宦績
［民國］冠縣 6/44
［道光］新城/名宦
［民國］重修新城 11/25
吉士安(字仁甫)
(元・東陽人)
［嘉靖］山東 26/27
［雍正］山東 27/46
［宣統］山東 69/32
［萬曆］東昌 18/29
［乾隆］東昌 23/15，35/17
［嘉慶］東昌 22/21，42/13
［嘉靖］高唐州 5/3
［康熙十二年］高唐州 7/5，10/40
［康熙五十一年］高唐州 7/5，10/40
［道光］高唐州 7/1－5
［光緒］高唐州 7/1－5
［民國］高唐縣 9/5－3
高唐州鄉土志/6
吉士賁(明・濼州人)
［萬曆］福山 4/5
44 吉芳蘭(字鄭香)
(清・濰縣人)
［民國］濰縣志稿 29/27
48 吉翰(字休文)
(南北朝・池陽人)
［萬曆元年］兗州 38/武功 6
50 吉奉彥(清・臨朐人)
［咸豐］青州 46/47
［康熙］臨朐縣志書 4/3
光緒臨朐 14/下 13
60 吉思(字明卿)
(元)
［道光］濟寧直隸州 6/6－22
［乾隆］魚臺 9/32
［光緒］魚臺 2/46
80 吉人(字藹君)
(清・濟寧人)
［乾隆］濟寧直隸州 28/40
［道光］濟寧直隸州 8/4－51
97 吉燦升(字劒華)
(清・陝西韓城人)
［民國］增修膠志 18/18
［民國］平度縣續志 7/3
平度鄉土志 2/政績

4060_5 喜

34 喜湛(元)
［崇禎］新城 11/仙釋
［康熙］新城 8/16
［民國］重修新城 26/5
44 喜堪(見喜湛)
80 喜會(明・丹徒人)
［萬曆］濮州 3/名宦 25
［康熙］濮州 3/23
［乾隆］濮州 3/23

［宣統］濮州 4/23

4064_1 壽

10 **壽平**（明）
［嘉慶］慶雲 9/27
60 **壽呂勳**（清・山陰人）
［道光］濟南 38/24
［民國］重修新城 11/29

4071_2 乜

17 **乜承聖**（字希菴，號竹軒）
（清・歷城人）
［道光］濟南 53/10
乜承盛（字祈如）
（清・歷城人）
［道光］濟南 53/10
50 **乜春貴**（字培元）
（清・歷城人）
［道光］濟南 53/10
［乾隆］歷城 38/10

4073_1 去

77 **去留馨**（姓范）
（元・膠州人）
［雍正］山東 30/20
［萬曆］萊州 6/72
［康熙］萊州 10/100
［乾隆］萊州 12/仙釋 4
［康熙］膠州 6/57
［乾隆］膠州 5/39
［道光］重修膠州 30/1
［民國］增修膠志 47/1

4073_2 袁

00 **袁度**（字士常）
（元・歷下人）
［道光］濟南 48/45
［民國］續修歷城 44/1
袁亨（明・福山人）
［泰昌］登州 11/37
［順治］登州 17/15
［光緒］增修登州 43/17
［康熙］福山 9/10
［乾隆］福山 9 上/50
袁廓（宋・劍州梓潼人）
［萬曆二十四年］兗州 28/1
［康熙］兗州 22/1
［康熙］東平州 4/33
［民國］東平縣 9/6
東平州鄉土志上/政績錄 10
袁廉（字介公）
（清・惠民人）
［咸豐］武定府 25/孝友 33
［乾隆］惠民 5/57
［光緒］惠民 21/7
惠民縣鄉土志/耆舊錄 9
袁亮（明・陽穀人）
［康熙］山東 45/11
［康熙］張秋志 8/2
［康熙十二年］陽穀 4/2
［康熙］陽穀 4/1
［光緒］陽穀 7/1
袁慶（明・章丘人）
［道光］濟南 49/53
袁讓（明・淳化人）
［嘉靖］山東 26/20
［康熙］山東 33/23
［雍正］山東 27/39
［萬曆元年］兗州 38/循吏 45
［萬曆二十四年］兗州 29/11
［康熙］兗州 22/32
［乾隆］兗州 22/31
［萬曆］汶上 5/3
袁音（字爾金）
（清・曹縣人）
［光緒］曹縣 14/行誼 19
袁文衡（字宗儒）
（明・淄川人）
［康熙］濟南 47/7
［道光］濟南 50/37
［康熙］淄川 6/75
［乾隆］淄川 6/上 75
袁廣喜（鄒縣人）
［民國］續修鄒縣志稿/人物－耆舊附忠烈
袁章華（清・江西崇仁人）
［宣統］山東 75/31
［道光］濟南 38/39
袁立棟（字樹堂）
（清・魚臺人）
［光緒］魚臺 3/文行又 3
袁文棟（濟寧人）
［民國］濟寧縣 3/6
袁廣杞（字眉峰，號只南）
（清・曹縣人）
［光緒］曹縣 14/行誼 27
袁文翰（清・臨淄人）
［康熙］臨淄 9/18
袁應乾（明・茌平人）
［乾隆］東昌 42/13
［嘉慶］東昌 32/13
［康熙二年］茌平 2/50
［康熙四十九年］茌平 2/50
［宣統］茌平 14/1
［民國］茌平 3/67
袁立本（清・高唐人）
［光緒］高唐州 5/2－9
［民國］高唐縣 12/77
袁文思（字敬齋）
（清・莒縣人）
［民國］重修莒志 65/36
袁膺冕（明・榮成人）
［道光］榮成 8/4，10/8
袁文熻（字耀亭）
（清・壽光人）
［民國］壽光 12/人物志一 99
04 **袁韺**（一名氣，號泰烝）
（明・章邱人）
［道光］濟南 49/63
［道光］章邱 10/46
06 **袁韻**（號清越）
（明・章邱人）
［道光］濟南 49/63
［道光］章邱 10/46
07 **袁毅**（晉・陳郡人）
［嘉慶］德平 5/3
［光緒］德平 5/3
10 **袁可立**（明・河南睢州人）
［宣統］山東 70/12
［順治］登州 11/22
［光緒］增修登州 25/1
袁一康（字衷白，號雲鶴）
（明・曹縣人）
［康熙］兗州府曹縣 13/50
［光緒］曹縣 13/48
袁三子（清・膠州人）
膠州直隸州鄉土志 4/忠烈

袁玉山(東平人)
[民國]東平縣 11/上 23
袁一俊(明·祥符人)
[康熙]兖州府曹縣 9/24
[光緒]曹縣 9/教諭 3
袁丕齡(字績堂)
(黄縣人)
[民國]黄縣志稿 13/民國仕績
袁可準(清·博興人)
[咸豐]青州 50/13
[道光]博興 11/31
[民國]重修博興 13/30
袁一士(字譖菴)
(清·江寧人)
[宣統]山東 75/67
袁可式(字訓古)
(清·章邱人)
[道光]濟南 54/20
[道光]章邱 11/69
袁一桂(字季芳,號萌濱)
(清·淄川人)
[宣統]三續淄川 9/63
袁雲蒸(字桂芝)
(清·長山人)
[雍正]山東 28/人物四 49
[宣統]山東 170/30
[道光]濟南 55/16
[康熙五十五年]長山 6/38
[嘉慶]長山 9/9
長山縣鄉土志/耆舊錄
袁可觀(清·惠民人)
[光緒]惠民 24/4
袁一驥(明·江陰人)
[崇禎]歷乘 16/64
袁天敍(字惇五)
(清·黄縣人)
[同治]黄縣 8/18
[民國]黄縣志稿 13/清懿行
袁晉煃(清·雲南石屏州人)
[宣統]山東 75/52
[光緒]重修蒲臺 2/17
袁丕榮(字友桐)
(清·單縣人)
[民國]單縣 11/46
11 **袁榘**(見袁椝)
12 **袁登先**(清·博興人)
[道光]博興 11/31
[民國]重修博興 13/30
袁弘德(字執甫)
(明·北直曲州人)
[宣統]山東 71/20
[康熙]濟南 25/55
[道光]濟南 36/58
[康熙]德平 3/3,4/13
[乾隆]德平 2/25,4/21
[嘉慶]德平 5/9,10/13
[光緒]德平 5/9,11/15
[民國]德平縣續志 12/碑記 5
德平縣鄉土志/政績錄
袁廷富(清·諸城人)
[光緒]增修諸城縣續志 14/7
14 **袁瑾**(字重璧)
(清·壽光人)
[咸豐]青州 46/11
[乾隆]續壽光 26/1
[嘉慶]壽光 15/5
[民國]壽光 12/人物志二 84
袁瓚(明·膠州人)
[康熙]膠州 5/25
[乾隆]膠州 4/31
[道光]重修膠州 25/6
[民國]增修膠志 40/5
膠州直隸州鄉土志 4/事功
15 **袁建高**(字岱巖)
(清·章丘人)
[道光]濟南 54/1
[康熙]章丘 6/41
[乾隆]章邱 9/40
[道光]章邱 10/46
16 **袁聖調**(清·高唐人)
[光緒]高唐州 5/2–29
[民國]高唐縣 12/15
17 **袁弼**(明·章丘人)
[道光]濟南 49/60
袁瑤(明·成山衛人)
[雍正]山東 28/人物三 15
[宣統]山東 164/42
[泰昌]登州 11/32
[順治]登州 17/10
[光緒]增修登州 41/62
[雍正]文登 8/4
[道光]文登 5/5
[道光]榮成 8/2
袁承唐(清·長山人)
[嘉慶]長山 10/20
袁孟龍(字子雲)
(明·南直揚州人)
[宣統]山東 71/45
[乾隆]武定府 16/35
[咸豐]武定府 19/濱州 4
[康熙]濱州 5/20
[咸豐]濱州 8/5
袁承紱(字興冕,號松山)
(清·長山人)
[道光]濟南 55/18
[嘉慶]長山 7/36
長山縣鄉土志/耆舊錄
袁承紡(字懋嘉,號東山)
(清·長山人)
[道光]濟南 55/17
[嘉慶]長山 7/32
袁承績(字勛圃)
(清·長山人)
[嘉慶]長山 9/20
袁承寵(字天申,號丹圃)
(清·長山人)
[宣統]山東 169/15
[道光]濟南 55/18
[嘉慶]長山 7/33
袁承祖(字繩武)
(清·長山人)
[道光]濟南 55/18
[嘉慶]長山 9/19
袁承基(別號訪鵠散人)
(清·莘縣人)
[光緒]莘縣 7/32
[民國]莘縣 7/18
莘縣鄉土志/事業 27
袁孟樓(清·定陶人)
[民國]定陶 6/58
袁承焜(字天朗)
(清·長山人)
[道光]濟南 55/22
[嘉慶]長山 8/8
18 **袁珍**(字宗寶)

（明・陽穀人）
［康熙十二年］陽穀 3/27
［康熙］陽穀 3/24
［光緒］陽穀 6/24
［民國］增修陽穀人物/仕宦 3
20 袁舜裔（字石生）
（清・河南祥符人）
［宣統］山東 75/24
［道光］濟南 38/47
［嘉慶］德平 5/21
［光緒］德平 5/13
袁秉正（字中生，號梅村）
（清・長清人）
［民國］長清 11/4，13/22
袁秉禮（字復菴）
（清・茌平人）
［宣統］茌平 16/7
［民國］茌平 3/40
袁舜臣（字襄治）
（明・淄川人）
［宣統］三續淄川 10/23
21 袁綽（清・淄川人）
［康熙］淄川 5/9
［乾隆］淄川 5/9
袁岠（字雲峰）
（清・淄川人）
［道光］濟南 54/73
［乾隆］淄川 5/又 53－1
［宣統］三續淄川 9/99
袁倬（清・日照人）
［乾隆］沂州府 26/15
［光緒］日照 8/23
袁卓（明・分宜人）
［康熙］聊城 2/2
袁貞良（字吉人）
（清・單縣人）
［康熙］單縣 8/42
［乾隆］單縣 7/16
［民國］單縣 9/37
22 袁翩（字景翔）
（北魏・陳郡項人）
［宣統］山東 67/6
［道光］濟南 33/17
袁繼（明・武定州人）
［嘉靖］武定州下/70
袁崑（字玉藪）
（清・壽光人）
［乾隆］續壽光 25/8
［嘉慶］壽光 14/10
［民國］壽光 12/人物志二 10
袁繼綱（字耐菴）
（清・長山人）
［道光］濟南 55/21
袁繼儉（字晉南）
（清・長山人）
［道光］濟南 55/21
［嘉慶］長山 7/44
袁繼業（明・膠州人）
［康熙］膠州 5/27
［乾隆］膠州 4/34
［道光］重修膠州 25/6
［民國］增修膠志 40/5
袁繼祖（字承芳）
（明・膠州人）
［康熙］膠州 5/27
［乾隆］膠州 4/34
［道光］重修膠州 25/6
［民國］增修膠志 40/5
袁樂莘（清・諸城人）
［光緒］增修諸城縣續志 17/2
袁崇冕（字西野）
（明・章丘人）
［宣統］山東 163/33
［康熙］濟南 48/6
［道光］濟南 49/60
［萬曆］章丘 28/55
［康熙］章丘 6/38
［乾隆］章邱 9/38
［道光］章邱 10/44，16/70
袁繼頤（字正思）
（清・曹縣人）
［光緒］曹縣 14/行誼 11
袁嵩年（字維嶽）
（清・壽光人）
［乾隆］續壽光 24/2
［嘉慶］壽光 13/23
［民國］壽光 12/人物志一 71
23 袁俊德（字堯卿）
（臨沂人）
［民國］續修臨沂 17/34
24 袁勳（字康侯）
（明・武定人）
［乾隆］惠民 5/49
［光緒］惠民 20/6
惠民縣鄉土志/耆舊錄 3
袁勳（字無挾，號樂盤）
（明・章邱人）
［道光］濟南 49/53
［道光］章邱 11/27
袁佑（字杜少，號霽軒）
（清・東明人）
［乾隆］東明 8/下又 26 之 1
［民國］東明縣新誌 11/37，12/54
袁積（明・南直江浦人）
［道光］濟南 36/58
德平縣鄉土志/政績錄
袁德保（字子赤）
（清・直隸人）
［宣統］三續淄川 9/43
袁幼完（字復一）
（明・淄川人）
［康熙］淄川 5/25
［乾隆］淄川 5/25
袁偉才（清・博平人）
［乾隆］東昌 43/6
［嘉慶］東昌 32/32
［道光］博平 4/28
袁化中（字民諧，一作民協，號熙宇）
（明・武定人）
［康熙］山東 39/30
［雍正］山東 28/人物三 51
［宣統］山東 164/30
［康熙］濟南 38/12
［崇禎］武定州 20/2
［乾隆］武定府 23/44
［咸豐］武定府 23/忠節 14
［乾隆］惠民 5/47，10/35
［光緒］惠民 20/4，27/20
惠民縣鄉土志/耆舊錄 2
26 袁崐（見袁崑）
袁泉（字朝宗）
（清・齊河人）
［民國］齊河 27/9
袁綿祚（字周颸）

（清・曹縣人）
［光緒］曹縣 14/人物 34
袁保益（字石齋）
（清・曲阜人）
［民國］續修曲阜 5/38
27 **袁侗**（字清甫）
（清・壽張人）
［光緒］壽張 7/11
袁紹（字本初）
（漢・汝陽人）
［嘉靖］濮州 7/3
［萬曆］濮州 3/名宦 7
［康熙］濮州 3/7
［乾隆］濮州 3/7
［宣統］濮州 4/7
袁勿（明・德州人）
［道光］濟南 52/35
德州鄉土志/耆舊 5
袁向龍（字子雲）
（清・長清人）
［民國］長清 13/6
袁象先（五代・宋州下邑人）
［光緒］益都縣圖志 16/16
袁向榮（字子春）
（清・茌平人）
［宣統］茌平 13/3
［民國］茌平 3/12,12/90
28 **袁稔**（字大實）
（明・南直懷遠人）
［宣統］山東 73/8
［康熙］濟南 25/57
［萬曆］青州 12/39
［康熙十五年］青州 12/39
［康熙四十八年］青州 12/39
［康熙六十年］青州 12/25
［咸豐］青州 36/23
［康熙］泰安州 2/50,4/29
［乾隆］泰安府 15/17
［康熙］高苑 3/15
［乾隆］高苑 3/20
［乾隆二十五年］泰安縣 10/32,13/3－54
［乾隆四十七年］泰安縣 8/28
［道光］泰安縣 10/5
［民國］重修泰安縣 6/59
袁作孚（清・章邱人）
［道光］濟南 54/25
［道光］章邱 11/84
30 **袁安**（字邵公）
（漢・汝南汝陽人）
［嘉靖］山東 26/3
［康熙］山東 33/4
［雍正］山東 27/80
［宣統］山東 66/20
［乾隆］泰安府 14/4
［萬曆元年］兗州 38/循吏 4
［萬曆二十四年］兗州 26/13
［康熙］兗州 21/13
［乾隆］兗州 22/4
［康熙］濟寧州 4/42
［乾隆］濟寧直隸州 21/1
［道光］濟寧直隸州 6/6－1
［順治］平陰 5/21
［康熙］嶧縣 3/4
［乾隆］嶧縣 7/4
［光緒］嶧縣 19/18
袁良（清・禹城人）
禹城縣鄉土志/12
袁宣（南北朝・陳郡項人）
［光緒］益都縣圖志 15/7
袁準（字衡菴）
（清・曹縣人）
［光緒］曹縣 14/行誼 2
袁憲章（清）
［康熙］新修齊東 4/21
袁守誠（字孝本，號曙海）
（清・長山人）
［道光］濟南 55/20
［嘉慶］長山 7/41
袁守謙（字子益，一字六皆）
（清・長山人）
［道光］濟南 55/20
［嘉慶］長山 9/22
袁守珽（字笏山）
（清・長山人）
［道光］濟南 55/22
［嘉慶］長山 8/8
袁宗瑜（字紹廷，號星彩）
（清・曹縣人）
［光緒］曹縣 14/仕蹟 12
袁宏仁（清・即墨人）
［同治］即墨 9/48
袁之升（字吉南）
（清・章邱人）
［乾隆］章邱 9/40
［道光］章邱 10/47
章邱縣鄉土志/上 27
袁守仲（字孟班）
（清・長山人）
［嘉慶］長山 9/21
袁守侚（字介存，號春谷）
（清・長山人）
［道光］濟南 55/19
袁之和（字協惠）
（清・商河人）
［道光］商河 7/34
［民國］重修商河 8/54
袁守侗（字執沖，號愚谷）
（清・長山人）
［宣統］山東 169/7
［道光］濟南 55/19
［道光］濟寧直隸州 6/7－62
［嘉慶］長山 7/37
長山縣鄉土志/耆舊錄
袁守儀（字鳳翥）
（清・長山人）
［宣統］山東 169/7
［道光］濟南 55/20
［嘉慶］長山 7/40
袁宸黼（清・河南睢州人）
［宣統］山東 76/18
［乾隆］沂州府 20/16
［宣統］蒙陰 3/宦績
袁宗治（字仁溥，號理庭）
（清・曹縣人）
［光緒］曹縣 14/仕蹟 11
袁定遠（清・浙江秀水人）
［宣統］山東 77/34
［康熙］萊州 8/57
［乾隆］萊州 9/34
袁守莊（清・長山人）
［嘉慶］長山 9/33
袁永善（字樂真）
（清・茌平人）
［宣統］茌平 16/9
袁守鈿（字念貽）
（清・長山人）

［嘉慶］長山 9/22
31 袁潛(字潛齋,號石農)
(清・濟寧人)
［民國］濟寧直隸州續志 15/8
袁禎(字貞志,一作貞吉)
(明・菏澤人)
［康熙］曹州志 15/22
［乾隆］曹州府 15/7
［光緒］菏澤 15/21
［光緒］新修菏澤 10/21
菏澤縣鄉土志/23
32 袁州佐(字左公,一字秋水)
(清・濟寧人)
［康熙］濟寧州 6/61
［乾隆］濟寧直隸州 25/14
［道光］濟寧直隸州 8/3－7
袁澄觀(清・青城人)
［咸豐］武定府 23/忠節 21
袁兆甲(字幹初)
(清・濟寧人)
［民國］濟寧直隸州續志 12/53
33 袁梁(字子植)
(清・魚臺人)
［乾隆］魚臺 13/15
［光緒］魚臺 3/又 12
袁溥(字幼泉,號禮山)
(清・惠民人)
［光緒］惠民 19/19
惠民縣鄉土志/耆舊錄 32
袁述(清・淄川舉人)
［乾隆］膠州 4/20
［道光］重修膠州 23/6
［民國］增修膠志 18/6
袁治凱(清・朝城人)
［民國］朝城縣續志 1/36
袁泳錫(字祉軒,號雪舟)
(清・歷城人)
［民國］續修歷城 40/8
袁治性(字義從)
(清・長山人)
［嘉慶］長山 9/15
34 袁達(戰國・齊人)
［萬曆］諸城 9/21
袁洪(明)
［嘉靖］山東 25/10
［康熙］山東 31/13
［道光］濟南 35/45
袁潢(字景業)
(清・曹縣人)
［光緒］曹縣 14/行誼 27
袁邁(字異凡)
(清・陽信人)
［乾隆］武定府 26/32
［乾隆］陽信 7/55
［民國］陽信 5/耆碩 54
信邑志稿 7/耆碩
袁淩雲(字勝怠)
(清・曹縣人)
［光緒］曹縣 14/仕蹟 13
袁汝玶(字荔亭,一字西谷)
(清・曹縣人)
［光緒］曹縣 17/藝文墓表 4
袁汝弼(明・武定人)
［咸豐］武定府 25/孝友 10
［光緒］惠民 21/3
惠民縣鄉土志/耆舊錄 7
袁法伍(字而傳,號萌東)
(清・淄川人)
［宣統］三續淄川 10/24
袁汝虔(字敬一,又字奉山)
(清・滋陽人)
［光緒］滋陽 8/52
滋陽縣鄉土志 1/耆舊－鄉賢
袁法勉(清・滕縣人)
［民國］續滕縣志 2/17
袁淩漢(字仙槎)
(清・曹縣人)
［光緒］曹縣 14/仕蹟 13
袁法常(字慎齋)
(清・淄川人)
［宣統］三續淄川 10/25
袁汝煸(字熙廷)
(清・滋陽人)
滋陽縣鄉土志 1/耆舊－鄉賢
35 袁遺(字伯業)
(漢・汝陽人)
［嘉靖］山東 26/4
［康熙］山東 33/4
［雍正］山東 27/30
［宣統］山東 66/19
［萬曆元年］兗州 38/循吏 12
［萬曆二十四年］兗州 26/12
［康熙］兗州 21/11
［乾隆］兗州 22/4
袁沛霖(原名廣枚,字卜臣)
(清・曹縣人)
［光緒］曹縣 14/仕蹟 9
袁清秀(清・茌平人)
［宣統］茌平 28/1
［民國］茌平 3/68
36 袁沺(字沐群)
(清・曹縣人)
［光緒］曹縣 14/仕蹟 5
袁還樸(字白湖)
(清・石首人)
［嘉慶］莒州 7/9
37 袁鴻(字逵賓)
(清・濟寧人)
［民國］濟寧直隸州續志 12/27
袁潔(明・博平人)
［正德］博平 4/64
袁潔(字玉堂)
(清・江蘇桃源人)
［咸豐］金鄉縣志略 7/14
［民國］金鄉 11/21
袁逢吉(字延之)
(宋・開封人,一作鄢陵人)
［雍正］山東 27/5
［宣統］山東 68/24
袁淑長(字有恒)
(清・壽張人)
［光緒］壽張 7/11
壽張縣鄉土志/耆舊－事業
袁鴻舉(字逵賓)
(清・壽光人)
［民國］壽光 12/人物志二 35
38 袁海(字容谷)
(清・泰安人)
［民國］重修泰安縣 8/30
袁滸(明・臨朐人)
［嘉靖］臨朐 3/13
袁浴(字新甫)
(清・無棣人)

［乾隆］武定府 24/9
［咸豐］武定府 24/清介 9
［民國］無棣 11/5
海豐縣鄉土志/耆舊－事業
袁裕（字仲寬）
（元・洛陽人）
［嘉靖］山東 26/26,34/6
［康熙］山東 34/7,48/5
［雍正］山東 27/46,28/人物二 55,31/15
［宣統］山東 158/17
［萬曆］東昌 18/26
［乾隆］東昌 33/33
［嘉慶］東昌 21/1
［康熙］聊城 2/5
［宣統］聊城 6/2－1,8/3
聊城縣鄉土志/5,20
袁道弘（字復齋）
（清・榮成人）
［光緒］增修登州 43/41
［雍正］文登 8/9
［道光］文登 5/18
［道光］榮成 8/5
袁道宏（見袁道弘）
袁啟濬（清・長山人）
長山縣鄉土志/耆舊錄
袁啟塘（清・長山人）
長山縣鄉土志/耆舊錄
40 **袁克齊**（字潔萬）
（清・曹縣人）
［光緒］曹縣 17/藝文銘 1
袁希顏（明・陜西武功人，一作通州人）
［宣統］山東 73/24
［光緒］增修登州 28/3
［康熙］福山 7/12
［乾隆］福山 7/14
［民國］福山縣志稿 3/2－5
袁士琪（清・茌平人）
［乾隆］東昌 43/14
［嘉慶］東昌 32/40
［宣統］茌平 14/5
［民國］茌平 3/71
袁來順（明・昌邑人）
［康熙］昌邑 6/35
［乾隆］昌邑 6/165
袁士偉（明・肥城人）
肥城縣鄉土志 5/14
袁太和（清・諸城人）
［咸豐］青州 50/13
［道光］諸城縣續志 19/15
諸城縣鄉土志/上 48
袁大有（字際豐）
（清・嶧縣人）
［光緒］嶧縣 21/耆舊 11
袁士奇（明・肥城人）
肥城縣鄉土志 5/14
袁奇蘊（號海靈）
（明・章邱人）
［道光］濟南 49/63
［道光］章邱 10/46
袁奎東（明・昌邑人）
［康熙］昌邑 6/35
［乾隆］昌邑 6/165
袁培厚（字篤生）
（清・曹縣人）
［康熙］兗州府曹縣 14/36
袁大猷（清・滋陽人）
［乾隆］兗州 23/83
［光緒］滋陽 9/4
滋陽縣鄉土志 1/耆舊－忠義
袁志尚（字備仁）
（清・陽穀人）
［民國］增修陽穀人物/善行 43
41 **袁楨**（一作袁鎮）
（明・南直江浦人）
［宣統］山東 71/19
［康熙］德平 3/2
［乾隆］德平 2/25
［嘉慶］德平 5/8
［光緒］德平 5/8
42 **袁彬**（號從周）
（清・單縣人）
［康熙］單縣 8/40
［乾隆］單縣 7/16
［民國］單縣 9/34
袁塏（字曠岳）
（清・曹州人）
［乾隆］曹州府 21/32
袁斯顏（字潤田）
（清・博山人）
［民國］續修博山 11/36
袁斯魯（字愚溪）
（明・日照人）
［光緒］日照 8/12
袁斯彬（字子文）
（清・淄川人）
［宣統］三續淄川 10/25
44 **袁藩**（字松籬）
（清・淄川人）
［康熙］濟南 42/29
［道光］濟南 72/44
［乾隆］淄川 6/上 94
袁葵（字向一，別號河汭）
（明・東明人）
［康熙］東明 6/21,8/下 21
［乾隆］東明 6/21,8/下 21
［民國］東明縣新誌 11/34,12/47
袁其序（字效商）
（清・即墨人）
［同治］即墨 9/38
即墨縣鄉土志/耆舊－事業四
袁懋功（字九敘）
（清・順天香河籍，浙江餘姚人）
［宣統］山東 74/11
［道光］濟南 37/8
［康熙］寧海州 7/2
［康熙］濮州 3/29
［乾隆］濮州 3/29
［宣統］濮州 4/29
［康熙］昌樂 1/34
［康熙］諸城 5/18
［康熙］濰縣 5/名宦 4
［康熙十二年］博興 6/2
［康熙六十年］博興 7/14
［康熙十一年］莘縣 5/又 9
［康熙五十六年］莘縣 5/又 9
［光緒］莘縣 5/8
袁懋德（字六完）
（清・順天香河人）
［宣統］山東 75/2
［康熙］濟南 26/7

［道光］濟南 38/5
［崇禎］歷城 6/又 4
［乾隆］歷城 34/8
袁世緒（字配京）
（清・曹縣人）
［光緒］曹縣 14/仕蹟 1
袁世傑（字文鞹）
（清・淄川人）
［宣統］三續淄川 10/25
袁蘭祥（字穆菴）
（清・華亭人）
［民國］禹城 3/54，8/10
禹城縣鄉土志/7
［民國］平度縣續志 7/3
平度鄉土志 2/政績
袁夢吉（字兆南）
（清・成山衞人）
［宣統］山東 176/37
［雍正］文登 8/4
［道光］文登 5/6
［道光］榮成 8/3
袁茂英（明・慈溪人）
［崇禎］歷乘 16/64
袁茂柏（字新甫）
（清・濟寧人）
［道光］濟寧直隸州 8/4－18
袁葵軒（明・德州人）
德州鄉土志/耆舊 2
袁桂甲（字馥村）
（清・齊東人）
［民國］齊東 5/55
袁夢鳴（清・長山人）
長山縣鄉土志/耆舊錄
袁其智（清・滋陽人）
［光緒］嶧縣 19/武職 28
45 **袁坤**（字翼皇）
（清・曹州人）
［乾隆］曹州府 21/32
46 **袁楫**（字道濟）
（明・淄川人）
［宣統］三續淄川 9/53
袁旭（明・樂安人）
［宣統］山東 161/33
［民國］續修廣饒 19/11
袁柷（字大冲）
（明・武定人）
［乾隆］惠民 5/49
［光緒］惠民 20/6
惠民縣鄉土志/耆舊錄 3
袁如愚（字愚山）
（清・淄川人）
［宣統］三續淄川 9/86
47 **袁墀**（字威咫）
（清・曹州人）
［乾隆］曹州府 21/32
袁聲（號荊陽）
（清・章邱人）
［道光］濟南 54/1
［道光］章邱 10/21
章邱縣鄉土志/上 46
袁桐（字孟梧）
（清・漢軍鑲藍旗人）
［民國］濰縣志稿 20/25
［民國］增訂武城續編 14/34
袁均荷（字淨浦）
（清・曹縣人）
［光緒］曹縣 14/行誼 34
50 **袁貴**（清・章邱人）
［道光］章邱 10/35
袁泰（明・亳州人）
［乾隆］泰安府 15/13
［康熙］肥城書下/11
［嘉慶］肥城 15/32
［光緒］肥城 7/48
袁中立（字賓園，號惺齋）
（清・河南睢州人）
［宣統］山東 77/24
［光緒］增修登州 27/4
［同治］黄縣 6/10
［民國］黄縣志稿 11/宦績
袁奉天（清・高唐人）
［光緒］高唐州 5/2－8
［民國］高唐縣 12/50
袁青雲（清・壽張人）
［光緒］壽張 7/20
袁書鼎（字彝三）
（清・曲阜人）
［民國］續修曲阜 5/37
袁本澄（字湛如，號鑑眉）
（清・曹縣人）
［康熙］兗州府曹縣 14/10
［光緒］曹縣 14/人物 8，17/藝文墓表 7
袁中桀（字玄窽）
（明・遼東廣寧人）
［康熙］張秋志 5/24
51 **袁振**（明・鄒縣人）
［嘉靖］鄒縣地理誌 1/26
袁振維（字熙寰）
（清・淄川人）
［康熙］濟南 47/25
［道光］濟南 72/39
［乾隆］淄川 6/上 77
袁振緒（字燕昌，號芝庭）
（清・曹縣人）
［光緒］曹縣 14/仕蹟 2
曹縣鄉土志/耆舊錄
袁振瀛（清・沂水人）
［宣統］山東 173/13
53 **袁擯**（明・德州人）
［道光］濟南 52/35
［萬曆］德州 9/38
［康熙］德州 8/11
［乾隆］德州 9/9
州乘餘聞/4
德州鄉土志/耆舊 2
［民國］德縣 10/9
袁成能（明・福建侯官人）
［正德］莘縣 5/3
［康熙十一年］莘縣 5/5
［康熙五十六年］莘縣 5/5
［光緒］莘縣 5/17
［民國］莘縣 3/12
57 **袁邦賢**（明・臨沂人）
［民國］臨沂 10/58
60 **袁昺**（明・陽穀人）
［康熙十二年］陽穀 3/6
［康熙］陽穀 3/6
［民國］增修陽穀人物/仕宦 2
袁景文（字希周，號敬亭）
（清・長山人）
［道光］濟南 55/17
［嘉慶］長山 7/29
袁恩韶（字瑾堂）
（清・長山人）
［宣統］山東補遺/16
袁恩覃（字少海）

(清・濰縣人)
[民國]濰縣志稿 30/43
袁國平(清・即墨人)
[同治]即墨 9/37
即墨縣鄉土志/耆舊－事業四
袁景珂(字韻珊)
(清・濟寧人)
[民國]濟寧直隸州續志 15/1
袁景初(明・濟陽人)
[道光]濟南 51/53
[萬曆]濟陽 8/10
[乾隆]濟陽 8/34
[民國]濟陽 11/48
袁景芳(字蘭馥,號紫蘭)
(清・長山人)
[雍正]山東 28/人物四 52
[宣統]山東 169/29
[道光]濟南 55/16
[嘉慶]長山 7/28
袁日觀(字用王)
(明・淄川人)
[康熙]淄川 5/38
[乾隆]淄川 5/38
袁思忠(明・丹徒人)
[乾隆]東平州 10/23
[道光]東平州 10/上 23
袁思振(字惺堂)
(清・齊東人)
[民國]齊東 5/54
齊東縣鄉土志/耆舊錄 10
袁景昌(字又濱)
(清・長山人)
[嘉慶]長山 9/20
袁景熙(濟寧人)
[民國]濟寧縣 3/4
61 **袁顯業**(字著亭,號拙菴)
(清・長山人)
[道光]濟南 55/21
袁顯鋙(清・曹縣人)
[光緒]曹縣 14/行誼 17
袁顯鍔(清・曹縣人)
[光緒]曹縣 14/行誼 17
64 **袁叶熊**(清・長山人)
長山縣鄉土志/耆舊錄
68 **袁昣**(字昱昕)
(清・曹縣人)
[光緒]曹縣 14/行誼 34
74 **袁隨**(明・南直隸通州人)
[萬曆]萊州 5/76
[康熙]萊州 8/55
[乾隆]萊州 9/24
[康熙]膠州 5/12
[乾隆]膠州 4/10
[道光]重修膠州 22/3
[民國]增修膠志 17/3
袁勵杰(字寄萊)
(京兆人)
[民國]昌樂縣續志 25/5
77 **袁殿祿**(清・陽穀人)
[民國]增修陽穀人物/孝義 10
袁學道(字逢乙)
(清・陽穀人)
[光緒]陽穀 6/28
袁學古(字允獲,號耕陽)
(明・膠州人)
[康熙]膠州 5/33
[乾隆]膠州 4/39
[道光]重修膠州 26/7
[民國]增修膠志 40/33
79 **袁騰蛟**(字躍寰)
(明・朝城人)
[康熙]朝城 8/23
80 **袁鎬**(字西京)
(清・長山人)
[道光]濟南 55/21
[嘉慶]長山 7/43
袁年(明・吳縣人)
[萬曆]青州 12 又/又 16
[康熙十五年]青州 12 又/又 16
[康熙四十八年]青州 12 又/又 16
[康熙六十年]青州 12/20
[咸豐]青州 36/26
[康熙六十年]博興 7/12
[光緒]益都縣圖志 18/9
袁養(字大翀)
(清・單縣人)
[乾隆]單縣 7/23
[民國]單縣 9/48
袁會祺(清・曹縣人)
[光緒]曹縣 14/行誼 36
袁會禧(清・曹縣人)
[光緒]曹縣 14/忠義 7
袁公冕(字伯瞻,號西溪)
(明・章邱人)
[道光]濟南 49/60
[道光]章邱 10/44
81 **袁槊**(明・南直六合人)
[宣統]山東 72/7
[萬曆二十四年]兗州 29/2
[康熙]兗州 22/23
[康熙]兗州續編 14/6
[乾隆]兗州 22/24
[萬曆]泗水 4/9
[順治]泗水 4/9
[光緒]泗水 4/2
[光緒]泗水縣鄉土志/3
83 **袁鋐**(字律宣,號露坪)
(清・長山人)
[道光]濟南 55/21
86 **袁錫卣**(清・宣化舉人)
[道光]冠縣 6/34
[光緒]冠縣 6/宦績
[民國]冠縣 6/44
87 **袁翎**(明・湖廣平溪人)
[道光]濟南 36/50
[道光]長清 3/18
88 **袁籓**(見袁藩)
90 **袁光斗**(字文峯)
(清・齊東人)
[民國]齊東 5/54
齊東縣鄉土志/耆舊錄 9
袁懷南(字公璽)
(清・汶上人)
[宣統]四續汶上稿/人物－文學傳
91 **袁燸**(字雨人)
(清・曹縣人)
[光緒]曹縣 14/忠義 6
袁炳堃(清・沂水人)
[宣統]山東 173/14
92 **袁愷**(字伯順)
(明・聊城人)
[康熙]山東 41/29

［雍正］山東 28/人物三 72
［乾隆］東昌 38/10
［嘉慶］東昌 28/10
［康熙］聊城 3/10
［宣統］聊城 8/18

93　袁熩（字靜宇）
（清・曹縣人）
［光緒］曹縣 14/忠義 3

94　袁煃（字竹泉，號星衢，又號斗南）
（清・曹縣人）
［光緒］曹縣 11/選舉 19，14/行誼 16

95　袁精業（清・鄒平人）
［民國］鄒平 15/142

96　袁熼（字暉也）
（清・曹州人）
［乾隆］曹州府 21/32

97　袁燿然（字漢城）
（明・即墨人）
［同治］即墨 9/4
即墨縣鄉土志/耆舊－事業一

98　袁敞（字叔平）
（漢・汝陽人）
［嘉靖］濮州 7/2

99　袁榮（明・金鄉人）
［康熙十二年］金鄉 5/17
［康熙五十一年］金鄉 7/24

4080_1 真

24　真德秀（字景元）
（宋・浦城人）
［雍正］山東 11/闕里二 30
［乾隆］兗州 7/43

30　真實（號無相禪師）
（明）
［康熙十一年］蒙陰 2/66
［康熙二十四年］蒙陰 4/21
［宣統］蒙陰 4/方外

53　真成子（見戎體元）

77　真間（元・上都人）
［嘉靖］山東 27/7
［康熙］山東 35/8
［雍正］山東 27/70
［宣統］山東 69/34
［嘉靖］青州 13/34
［萬曆］青州 12/25
［康熙十五年］青州 12/25
［康熙四十八年］青州 12/25
［康熙六十年］青州 12/15
［咸豐］青州 35/22
［萬曆］諸城 5/11
［康熙］諸城 5/11
［乾隆］諸城 27/11
諸城縣鄉土志/上 7

4090_0 木

00　木章（清）
［道光］長清 16/21

47　木楹（字濟之）
（宋・濟南人）
［道光］濟南 47/41
［乾隆］歷城 35/38

90　木棠（字伯泉，號芾村）
（清・牟平人）
［民國］牟平 7/113

4090_3 索

00　索應運（清・德州人）
［宣統］山東 170/15

21　索盧放（字君陽）
（漢・東郡人，一作濮陽人）
［嘉靖］山東 31/1
［康熙］山東 41/1
［雍正］山東 28/人物一 13
［宣統］山東 161/2
［萬曆］東昌 19/4
［乾隆］東昌 42/1
［嘉慶］東昌 32/1
［乾隆］曹州府 14/4
［萬曆］濮州 3/鄉賢 4
［康熙］濮州 3/36
［乾隆］濮州 3/37
［宣統］濮州 4/43
［宣統］聊城 8/88

35　索清（明・金鄉人）
［康熙十二年］金鄉 5/17
［康熙五十一年］金鄉 7/24

36　索湘（字巨川）
（宋・滄州鹽山人）
［嘉靖］山東 26/8
［康熙］山東 33/10
［雍正］山東 27/5
［宣統］山東 68/24
［乾隆］泰安府 14/13
［萬曆元年］兗州 38/循吏 26
［萬曆二十四年］兗州 28/9
［康熙］兗州 22/9
［乾隆］兗州 22/13
［康熙］東平州 3/10
［乾隆］東平州 12/10
［道光］東平州 12/10
［光緒］東平州 14/10
［民國］東平縣 9/6
東平州鄉土志上/政績錄 10

46　索相久（清・莘縣人）
［光緒］莘縣 7/41
［民國］莘縣 7/30
莘縣鄉土志/孝友 23

51　索振（明・大興人，一作順義舉人）
［嘉靖］濮州 7/22
［康熙］觀城 3/2

60　索思聰（字明達）
（清・長清人）
［民國］長清 13/7

4090_8 來

00　來慶（字紀雲）
（清・鄒縣人）
［民國］續修鄒縣志稿/人物－耆舊

04　來護兒（字崇善）
（隋・揚州江都人）
［嘉靖］山東 27/15
［康熙］山東 37/2
［雍正］山東 27/68
［宣統］山東 67/33
［萬曆］萊州 5/60
［康熙］萊州 8/19
［泰昌］登州 9/33
［順治］登州 11/4
［光緒］增修登州 24/3
［同治］黃縣 6/1，14/9

10　來一鵰（字從溟）
（清・莒縣人）

［嘉慶］莒州 10/7
［民國］重修莒志 65/13
15 來聘（清・臨清人）
［民國］臨清縣/人物 60
20 來秀（字子俊）
（清・內務府正黃旗人）
［民國］濟寧直隸州續志 10/43
來秀田（字松亭）
（清・鄒縣人）
［民國］續修鄒縣志稿/人物－耆舊
23 來俊（明・博平人）
［正德］博平 4/66
26 來自田（字士甫,號杏農）
（清・鄒縣人）
［民國］續修鄒縣志稿/人物－耆舊
28 來儀（字爻先）
（明・臨朐人）
［康熙］山東 42/30
［雍正］山東 28/人物三 74
［宣統］山東 164/53
［康熙十五年］青州 14/10
［康熙四十八年］青州 14/忠義 10
［康熙六十年］青州 17/6
［咸豐］青州 45/54
［康熙］臨朐縣志書 3/23,3/52
光緒臨朐 14/下 11
30 來寅（字春谷,又字木臣）
（清・鄒縣人）
［民國］續修鄒縣志稿/人物－耆舊
37 來逢源（清・樂安人）
［民國］續修廣饒 19/55
［民國］樂安 10/35
38 來道士（清）
［道光］文登 10/3
［光緒］文登 12/7
42 來斯行（明・四川人）
［宣統］山東 70/31
［道光］濟南 35/44
［乾隆］德州 8/9
［民國］德縣 9/9
51 來振修（字奏廷）
（清・莒縣人）
［民國］重修莒志 62/9
58 來整（隋・江都人）
［道光］濟南 33/23
［順治］鄒平 4/7
［康熙］鄒平 4/7
71 來阿巴齊（見來阿巴赤）
來阿巴赤（元・寧夏人）
［嘉靖］山東 25/9
［康熙］山東 31/11
［雍正］山東 27/8
［宣統］山東 69/15
［嘉靖］青州 13/33
［萬曆］青州 12/24
［康熙十五年］青州 12/24
［康熙四十八年］青州 12/24
［康熙六十年］青州 12/15
［咸豐］青州 35/20
［光緒］益都縣圖志 17/20
來阿八赤（見來阿巴赤）
80 來益清（字企岳）
（清・浙江蕭山人）
［宣統］山東 76/45
［乾隆］東昌 35/14
［嘉慶］東昌 22/18
86 來錫田（字恩卿）
（清・鄒縣人）
［民國］續修鄒縣志稿/人物－耆舊
88 來鈞（字竹坪）
（清・鄒縣人）
［民國］續修鄒縣志稿/人物－耆舊

4091_4 柱

00 柱麋（字惟公）
（明・永年人）
［崇禎］歷城 6/3
71 柱厲叔（周・莒人）
［萬曆］青州 14/4
［康熙十五年］青州 14/4
［康熙四十八年］青州 14/忠義 4
［康熙六十年］青州 17/2
［民國］重修莒志 61/1

4091_6 檀

03 檀斌（晉・高平金鄉人）
［嘉靖］山東 25/4
［康熙］山東 31/4
［雍正］山東 28/人物一 41
［宣統］山東 66/37,164/4
［萬曆元年］兗州 38/節義 2
［萬曆二十四年］兗州 27/1
［康熙］兗州 21/16
［乾隆］兗州 22/6,23/21
［乾隆］濟寧直隸州 26/37
［道光］濟寧直隸州 8/2－10
［乾隆］金鄉 18/26
［咸豐］金鄉縣志略 9/上 8
［民國］金鄉 14/15
金鄉縣鄉土志/耆舊錄上
07 檀韶（字令孫）
（南朝宋・高平金鄉人）
［嘉靖］山東 30/22
［康熙］山東 40/24
［康熙五十一年］金鄉 10/22
［乾隆］金鄉 18/38
［咸豐］金鄉縣志略 9/上 9
［民國］金鄉 13/6
［光緒］嶧縣 19/68
13 檀琮（宋）
［康熙］高苑 3/3
17 檀子（周・齊人）
［至元］齊乘 6/4
［嘉靖］山東 26/1
［康熙］山東 33/1
［嘉靖］青州 13/5
［萬曆］青州 13/22
［康熙十五年］青州 13/22
［康熙四十八年］青州 13/事功 6
［康熙六十年］青州 16/3
［萬曆元年］兗州 38/循吏 1
［萬曆二十四年］兗州 26/2
［康熙］兗州 21/2
［萬曆］沂州志 6/2
［康熙］臨淄 9/10
［民國］臨淄 23/6
31 檀憑之（字慶子）
（晉・高平人）

[嘉靖]山東 30/22
[康熙]山東 40/24
[雍正]山東 28/人物一 40
[宣統]山東 164/6
[萬曆元年]兗州 40/節義 15
[萬曆二十四年]兗州 32/29
[康熙]兗州 25/24
[乾隆]兗州 23/20
[乾隆]曹州府 14/10
[康熙]濟寧州 6/9
[乾隆]濟寧直隸州 26/37
[道光]濟寧直隸州 8/2-10
[康熙十二年]金鄉 5/24
[康熙五十一年]金鄉 10/17
[乾隆]金鄉 18/37
[咸豐]金鄉縣志略 9/上 8
[民國]金鄉 14/15
[道光]鉅野 12/19

32 **檀祗**(字恭叔)
(南朝宋・高平金鄉人)
[嘉靖]山東 30/22
[康熙]山東 40/24
[雍正]山東 28/人物一 42
[萬曆二十四年]兗州 33/5
[康熙]兗州 26/5
[乾隆]兗州 23/21
[乾隆]濟寧直隸州 23/20
[道光]濟寧直隸州 8/2-11
[康熙十二年]金鄉 5/25
[康熙五十一年]金鄉 10/23
[乾隆]金鄉 18/39
[咸豐]金鄉縣志略 9/上 9
[民國]金鄉 13/6
金鄉縣鄉土志/耆舊錄上

38 **檀道濟**(南朝宋・高平金鄉人)
[嘉靖]山東 30/22
[康熙]山東 40/25
[雍正]山東 28/人物一 42
[宣統]山東 155/18
[萬曆元年]兗州 40/武功 12
[乾隆]兗州 23/21
[萬曆]沂州志 6/7
[康熙]沂州志 3/42
[康熙]濟寧州 6/11
[乾隆]濟寧直隸州 23/20
[道光]濟寧直隸州 8/2-11
[康熙十二年]金鄉 5/24
[康熙五十一年]金鄉 10/17
[乾隆]金鄉 18/41
[咸豐]金鄉縣志略 9/上 9
[民國]金鄉 13/6
金鄉縣鄉土志/耆舊錄上

44 **檀翥**(字鳳翔)
(北朝・高平金鄉人)
[民國]金鄉 13/7

47 **檀超**(字悦祖)
(南朝宋・高平金鄉人)
[嘉靖]山東 30/28
[康熙]山東 40/30
[雍正]山東 28/人物一 46
[宣統]山東 163/8
[萬曆二十四年]兗州 33/13
[康熙]兗州 26/12
[乾隆]兗州 23/22
[乾隆]濟寧直隸州 26/13
[道光]濟寧直隸州 8/4-37
[康熙十二年]金鄉 5/25
[康熙五十一年]金鄉 10/24
[乾隆]金鄉 18/45
[咸豐]金鄉縣志略 9/上 10
[民國]金鄉 14/25

58 **檀敷**(字文有)
(漢・山陽瑕丘人)
[嘉靖]山東 30/4
[康熙]山東 40/4
[雍正]山東 28/人物一 23
[宣統]山東 154/18
[萬曆]青州 12 又/4
[康熙十五年]青州 12/4,12 又/4
[康熙四十八年]青州 12 又/4
[康熙六十年]青州 12/5
[萬曆元年]兗州 40/文苑 1
[萬曆二十四年]兗州 31/26
[康熙]兗州 24/25
[乾隆]兗州 23/16
[萬曆]鉅野 7/8
[康熙]鉅野 11/5
[道光]鉅野 12/17
[康熙]滋陽 4/上 10
[光緒]滋陽 8/21
滋陽縣鄉土志 1/耆舊-名儒

4091_7 杭

23 **杭允和**(清・清平人)
[民國]清平/人物 81

42 **杭圻**(清・聊城人)
[宣統]山東 174/19
[嘉慶]東昌 31/15
[宣統]聊城 8/69
聊城縣鄉土志/29

46 **杭如蘇**(字長公)
(清・東昌人)
[康熙]聊城 3/22

60 **杭景蘇**(字眉士)
(清・聊城人)
[乾隆]東昌 43/46
[嘉慶]東昌 32/54
[宣統]聊城 8/81

4094_1 梓

00 **梓慶**(春秋・魯人)
[乾隆]曲阜 93/3

94 **梓慎**(春秋・魯人)
[嘉靖]山東 28/11
[康熙]山東 38/11
[雍正]山東 31/2
[萬曆元年]兗州 43/1
[萬曆二十四年]兗州 30/14,52/28
[康熙]兗州 23/14
[乾隆]兗州 23/5,31/13
[乾隆]曲阜 93/1

4111_6 垣

04 **垣護之**(字彥宗)
(南朝宋・略陽垣道人)
[宣統]山東 67/1
[道光]濟南 33/14
[萬曆元年]兗州 38/武功 5

22 **垣崇祖**(字敬遠,一字僧寶)
(南北朝)
[光緒]嶧縣 19/67

4121_4 狂

17 **狂子**(春秋・齊人)

［乾隆二十五年］泰安縣 12/38
［乾隆四十七年］泰安縣 10/上 33
［道光］泰安縣 9/上 89
［民國］重修泰安縣 8/48

4126_0 帖

40 **帖赤**（元・答答里帶人）
［光緒］益都縣圖志 17/23

4141_6 姬

00 **姬亹**（周・衞人）
［嘉靖］濮州 4/8
姬文尹（見姬文胤）
姬文胤（字士昌，號瑤林）
（明・華州人）
［康熙］山東 33/23
［雍正］山東 27/40
［宣統］山東 72/8
［康熙］兗州 22/36
［乾隆］兗州 22/25
［康熙］滕志 6/42
［康熙］滕縣志 6/宦業 38
［道光］滕縣志 6/宦績 30
［道光］滕縣志 12/藝文中 11，12/藝文中 30
姬文印（見姬文胤）
02 **姬訓**（周・衞人）
［嘉靖］濮州 4/8
10 **姬惡**（周・衞人）
［嘉靖］濮州 4/5
姬賈（周）
［崇禎］曲阜 4/5
姬元（周・衞人）
［嘉靖］濮州 4/5
［萬曆］濮州 1/帝 10
［康熙］濮州 1/62
［乾隆］濮州 1/70
［宣統］濮州 1/100
12 **姬剽**（周・衞人）
［嘉靖］濮州 4/5
20 **姬讐**（周）
［崇禎］曲阜 4/5
21 **姬衎**（周・衞人）
［嘉靖］濮州 4/4
［萬曆］濮州 1/帝 9
［康熙］濮州 1/61
［乾隆］濮州 1/69
［宣統］濮州 1/99
姬頽（周・衞人）
［嘉靖］濮州 4/8
姬衍莊（字端臨）
（清・泰安人）
［乾隆四十七年］泰安縣 10/上 38
［道光］泰安縣 9/上 94
［民國］重修泰安縣 8/51
22 **姬稱**（周）
［崇禎］曲阜 4/4
姬糾（周・衞人）
［嘉靖］濮州 4/8
姬佞（周）
［崇禎］曲阜 4/5
23 **姬戲**（周）
［崇禎］曲阜 4/4
姬允（周）
［崇禎］曲阜 4/4
姬臧（周・衞人）
［嘉靖］濮州 4/4
［萬曆］濮州 1/帝 8
［康熙］濮州 1/60
［乾隆］濮州 1/68
［宣統］濮州 1/98
24 **姬緒芳**（字紉蘭）
（清・汶上人）
［宣統］四續汶上稿/人物－耆德傳
25 **姬鱄**（周・衞人）
［嘉靖］濮州 4/10
［康熙］濮州 4/81
［乾隆］濮州 4/121
［宣統］濮州 6/79
26 **姬息**（周）
［崇禎］曲阜 4/4
27 **姬稠**（周）
［崇禎］曲阜 4/5
姬叔（周）
［崇禎］曲阜 4/5
28 **姬儀**（周・衞人）
［嘉靖］濮州 4/9
［康熙］濮州 4/81
［乾隆］濮州 4/121
［宣統］濮州 6/79
30 **姬寧**（周）
［崇禎］曲阜 4/5
姬宋（周）
［崇禎］曲阜 4/5
姬載（周）
［崇禎］曲阜 4/3
姬之策（字曙瀛）
（明・濱州人）
［康熙］濱州 7/9
［咸豐］濱州 10/9
濱州鄉土志/耆舊錄
32 **姬濞**（周）
［崇禎］曲阜 4/3
35 **姬潰**（周）
［崇禎］曲阜 4/3
姬速（周・衞人）
［嘉靖］濮州 4/8
37 **姬遬**（周・衞人）
［嘉靖］濮州 4/3
［萬曆］濮州 1/帝 8
［康熙］濮州 1/60
［乾隆］濮州 1/68
［宣統］濮州 1/98
40 **姬奮**（周）
［崇禎］曲阜 4/5
姬嘉（周）
［崇禎］曲阜 4/5
姬大明（字覽寰）
（清・山陰人）
［宣統］山東 200/13
［乾隆二十五年］泰安縣 12/30
［乾隆四十七年］泰安縣 10/上 27
［道光］泰安縣 9/上 79
［民國］重修泰安縣 8/34
42 **姬荊**（字南楚）
（周・衞人）
［嘉靖］濮州 4/10
［康熙］濮州 4/82
［乾隆］濮州 4/122
［宣統］濮州 6/80
姬蒯聵（周・衞人）
［嘉靖］濮州 4/6

［萬曆］濮州 1/帝 12
［康熙］濮州 1/64
［乾隆］濮州 1/72
［宣統］濮州 1/102

44 姬蔣（周）
［崇禎］曲阜 4/5

47 姬朝（周・衛人）
［嘉靖］濮州 4/10
［康熙］濮州 4/82
［乾隆］濮州 4/122
［宣統］濮州 6/80

姬鶴齡（清・臨清人）
［民國］臨清縣/人物 68

48 姬教（周）
［崇禎］曲阜 4/3

姬敬止（清・曹縣人）
［宣統］山東 173/34
［光緒］曹縣 14/忠義 6

50 姬申（周）
［崇禎］曲阜 4/4

姬屯（周）
［崇禎］曲阜 4/5

51 姬振鐸（周）
［順治］定陶 5/1
［乾隆］定陶 6/1
［民國］定陶 6/1
［康熙］兗州府曹縣 8/5
［光緒］曹縣 8/4

55 姬弗（周・衛人）
［嘉靖］濮州 4/8

姬弗湟（周）
［崇禎］曲阜 4/4

57 姬輒（周・衛人）
［嘉靖］濮州 4/7
［萬曆］濮州 1/帝 12
［康熙］濮州 1/64
［乾隆］濮州 1/72
［宣統］濮州 1/102

姬擢（周）
［崇禎］曲阜 4/3

60 姬黑肱（周）
［崇禎］曲阜 4/5

61 姬顯（周）
［崇禎］曲阜 4/5

68 姬黔（周・衛人）
［嘉靖］濮州 4/7
［萬曆］濮州 1/帝 13
［康熙］濮州 1/65
［乾隆］濮州 1/73
［宣統］濮州 1/103

71 姬匽（周）
［崇禎］曲阜 4/5

77 姬丹（戰國・燕人）
［萬曆］萊州 6/22

姬具（周）
［崇禎］曲阜 4/3

姬開（周）
［崇禎］曲阜 4/4

姬同（周）
［崇禎］曲阜 4/4

姬熙（周）
［崇禎］曲阜 4/3

姬興（周）
［崇禎］曲阜 4/4

姬隆春（陽穀人）
［民國］增修陽穀人物/仕宦 25

姬隆堂（字廉村）（清・汶上人）
［宣統］四續汶上稿/人物－耆德傳

80 姬午（周）
［崇禎］曲阜 4/5

姬毓齡（字夢九）（清・長清人）
［民國］長清 13/9

83 姬猷（周）
［崇禎］曲阜 4/3

87 姬鄭（周・衛人）
［嘉靖］濮州 4/3
［萬曆］濮州 1/帝 7
［康熙］濮州 1/59
［乾隆］濮州 1/67
［宣統］濮州 1/97

姮

43 姮娥（夏）
［康熙］杞紀 18/4

4188_6 顛

22 顛倒李（明・萊陽人）
［雍正］山東 30/23
［泰昌］登州 11/66
［順治］登州 18/25
［康熙］萊陽 9/5
［民國］萊陽 3/1 中 98

77 顛尼（清）
［光緒］海陽縣續志 5/28

4191_0 杌

37 杌氾（春秋・魯人）
［乾隆］曲阜 68/11

4191_6 桓

00 桓康（南齊・東海丞人）
［嘉靖］山東 30/28
［雍正］山東 28/人物一 45
［萬曆元年］兗州 40/武功 13
［萬曆二十四年］兗州 33/14
［康熙］兗州 26/13
［乾隆］兗州 23/22
［萬曆］沂州志 6/76
［康熙］沂州志 5/46
［乾隆］沂州府 25/13
［康熙］嶧縣 3/12，4/22
［乾隆］嶧縣 8/13
［光緒］嶧縣 21/鄉賢 53

10 桓焉（字叔元）（漢・沛郡龍元人）
［光緒］莘縣 5/2
［民國］莘縣 3/1
莘縣鄉土志/政績 3

36 桓溫（晉・譙國龍亢人）
［嘉靖］山東 27/20
［萬曆元年］兗州 39/外傳 1

40 桓嘉（魏・長沙臨湘人）
［雍正］山東 27/52
［宣統］山東 66/35

44 桓孝才（唐・禹城人）
［道光］濟南 47/6
［嘉慶］禹城 9/15
［民國］禹城 6/12
禹城縣鄉土志/18

52 桓哲（字明期）
［乾隆二十五年］泰安縣 14/36

80 桓會（三國・長沙臨湘人）
［咸豐］青州 34/10

98 桓廠(略陽狟道人)
[光緒]益都縣圖志 53/3
99 桓榮(東漢)
[道光]重修平度州 16/11

4192_0 柯

00 柯彥先(唐・齊州人)
[乾隆]歷城 42/1
10 柯一泉(明)
[嘉慶]肥城 15/32
[光緒]肥城 7/48
14 柯劭忞(字鳳孫)
(清・膠州人)
[民國]濰縣志稿 32/36
柯劭憼(字敬儒)
(清・膠州人)
[民國]濰縣志稿 32/36
[民國]增修膠志 48/14
柯劭慧(字稺筠)
(清・膠州人)
[民國]濰縣志稿 32/39
23 柯允升(字秀彰)
(清・寧陽人)
[咸豐]寧陽 15/12
[光緒]寧陽 15/12
寧陽縣鄉土志/21
30 柯永盛(清・奉天人)
[乾隆]膠州 4/15
[道光]重修膠州 23/1
[民國]增修膠志 18/1
40 柯培元(字易堂,號復生)
(清・膠州人)
[宣統]山東 177/44
[民國]增修膠志 41/42
膠州直隸州鄉土志 4/文學
44 柯蘅(字我蘭,號佩韋)
(清・膠州人)
[宣統]山東 177/50
[民國]濰縣志稿 32/34
[民國]增修膠志 42/24
膠州直隸州鄉土志 4/文學
46 柯相(明・池州進士)
[萬曆]商河 5/23
[道光]商河 5/28
[民國]重修商河 6/66
商河縣鄉土志 1/政績
88 柯鑑(明・建德人)
[康熙]兗州續編 14/28
[萬曆]沂州志 6/17
[康熙]沂州志 3/47
[乾隆]沂州府 20/6
[民國]臨沂 7/73
柯篍(字篍谷,號蕭亭)
(清・膠州人)
[民國]增修膠志 42/25

4192_7 樗

72 樗隱子
[康熙]平度州 10/4

4212_2 彭

00 彭交修(清・蒙陰人)
[宣統]蒙陰 4/孝義
彭應斗(明・濮州人)
[康熙]濮州 4/9
[乾隆]濮州 4/9
[宣統]濮州 5/9
彭文熹(字皡如)
(清・商河人)
[民國]重修商河 7/32
彭應捷(明・定興人)
[崇禎]歷城 6/3
彭庭堅(見彭廷堅)
彭文炳(字太巖)
(明・沂州人)
[雍正]山東 28/人物三 63
[宣統]山東 164/50
[康熙]沂州志 6/2
[乾隆]沂州府 26/3
[民國]臨沂 9/51
彭文炳(明・吉水人)
[萬曆]沂州志 4/51
彭文炳(字星如,號癡僧,別號梨園遯叟)
(清・商河人)
[民國]重修商河 8/68,14/29,14/32
彭文煒(清・上元舉人)
[道光]冠縣 6/31
[光緒]冠縣 6/宦績
[民國]冠縣 6/41
彭文煐(字尊素)
(明・臨沂人)
[康熙]沂州志 6/47
[乾隆]沂州府 26/27
[民國]臨沂 9/52
03 彭斌(字克明)
(清・滋陽人)
[光緒]滋陽 9/48
彭誼(字景宜)
(明・廣東東莞人)
[宣統]山東 70/19
[道光]濟南 35/23
彭誼(明・莒州人)
[宣統]山東 161/36
[民國]重修莒志 63/2
04 彭誥(明・江西豐城人)
[嘉靖]寧海州下/17
[同治]重修寧海州 12/9
07 彭翊(字松屏)
(清・福建閩縣進士)
[宣統]山東 76/19
[光緒]冠縣 6/宦績
[民國]冠縣 6/46
冠縣鄉土志/政績－興利
10 彭霫(字錫朋)
(清・滋陽人)
[乾隆]兗州 23/88
[乾隆]利津縣志補 3/17
[光緒]滋陽 9/5
彭更(戰國)
[嘉靖]山東 24/12
[萬曆元年]兗州 7/75
[萬曆]鄒志 1/47
彭琉(明・安福人)
[嘉靖]山東 26/29
[康熙]山東 34/8
[雍正]山東 27/47
[萬曆]東昌 18/35
[乾隆]東昌 34/26
[康熙]臨清州 3/名宦 5
[乾隆]臨清州 9/6
[乾隆]臨清直隸州 6/73
[民國]臨清縣/秩官 59
彭可謙(字益甫)
(清・奉天人)
[雍正]山東 27/107
[宣統]山東 76/38

[乾隆]東昌 33/43
[嘉慶]東昌 21/11
[順治]堂邑 2/職官又 6
[康熙十一年]堂邑 2/職官 11
[康熙]堂邑 8/7
堂邑縣鄉土志/政績錄
彭玉雯(字雲墀)
(清·寧都舉人)
[光緒]寧津 6/29
寧津縣志料 3/人物－名宦
寧津縣鄉土志/政績
彭雲翩(明·莘縣人)
[康熙五十六年]莘縣 6/16
彭玉虔(見彭玉雯)
彭一卣(江夏人)
[民國]長清 4/23
彭可有(清·杏山人)
[乾隆]陽信 5/6
信邑志稿 5/職官－知縣
[民國]陽信 2/26
彭雲鶴(字甸與,號秋浦)
(清·歷城人)
[道光]濟南 53/42
[民國]續修歷城 39/19
12 彭延慶(清·蒙陰人)
[康熙十一年]蒙陰 2/6
彭廷堅(字允誠)
(元·瑞安人)
[嘉靖]山東 26/17
[康熙]山東 33/20
[雍正]山東 27/78
[萬曆元年]兖州 38/循吏 41
[萬曆二十四年]兖州 28/20
[康熙]兖州 22/19
[萬曆]沂州志 6/9
[康熙]沂州志 3/43
[乾隆]沂州府 20/5
[民國]臨沂 7/70
14 彭瓚(見袁瓚)
15 彭璉(明·北直饒陽人)
[宣統]山東 73/8
[萬曆]青州 12/39
[康熙六十年]青州 12/25
[康熙十五年]青州 12/39
[康熙四十八年]青州 12/39
[咸豐]青州 36/7
[康熙]高苑 3/15
[乾隆]高苑 3/20
21 彭貞一(清·菏澤人)
[康熙]曹州志 16/6
[光緒]菏澤 16/8
[光緒]新修菏澤 10/47
彭占祺(字朝吉)
(明·費縣人)
[萬曆二十四年]兖州 36/13
[康熙]兖州 28/12
[康熙]兖州續編 15/29
[萬曆]沂州志 7/31
[乾隆]沂州府 25/20
[康熙]費縣 7/8
[光緒]費縣 10/70
費縣鄉土志/耆舊錄－事業
22 彭繼魯(字學曾)
(清·滋陽人)
[宣統]山東 172/18
[光緒]滋陽 8/74
彭崑齡(字西峰)
(清·歷城人)
[道光]濟南 53/42
彭繼業(見袁繼業)
彭繼祖(見袁繼祖)
彭繼賢(字緝芳)
(明·聊城人)
[乾隆]東昌 42/33
[嘉慶]東昌 32/26
[康熙]聊城 3/21
[宣統]聊城 8/67
彭繼輝(字錫朋)
(清·曲阜人)
[民國]續修曲阜 5/17
23 彭峻齡(清·湖廣人)
[乾隆]東昌 33/48
[嘉慶]東昌 21/16
[道光]博平 4/6
彭允壽(明·貴州人)
[萬曆]沂州志 6/18
[康熙]沂州志 3/47
[乾隆]沂州府 20/7
[民國]臨沂 7/74
24 彭科(字登及)
(清·貴州鎮遠人)
[宣統]山東 76/10
[道光]濟寧直隸州 6/7－89
[乾隆]魚臺 9/49
[光緒]魚臺 2/56
彭偉(字廷傑)
(明·掖縣人)
[嘉慶]續掖縣 3/2
彭化鳳(明·單縣人)
[乾隆]單縣 7/12
[民國]單縣 9/24
25 彭仲德(元·東明人)
[康熙]東明 7/24
[乾隆]東明 7/24
26 彭鯤(字扶九)
(清·齊東人)
[康熙]濟南 44/32
[道光]濟南 56/18
[康熙]新修齊東 6/10
[民國]齊東 5/21
齊東縣鄉土志/耆舊錄 1
彭鯤化(明·河南汝陽人)
[宣統]山東 72/15
[乾隆]濟寧直隸州 22/45
[道光]濟寧直隸州 6/6－31
[康熙五十一年]金鄉 8/18
[乾隆]金鄉 17/8
[咸豐]金鄉縣志略 7/8
[民國]金鄉 11/20
金鄉縣鄉土志/政績錄
彭伯祥(字瑞麟)
(清·濮州人)
[宣統]濮州 6/95
彭程九(字圖南)
(清·高唐人)
[乾隆]東昌 44/5
[嘉慶]東昌 34/5
[康熙五十一年]高唐州 9/24
[道光]高唐州 5/1－40
[光緒]高唐州 5/1－42
[民國]高唐縣 12/86
彭自勗(明·江西貴溪人)
[萬曆]青州 12又/又6
[康熙十五年]青州 12又/又6
[康熙四十八年]青州 12

又/又6
[康熙六十年]青州12/23
[咸豐]青州36/4
[康熙]臨淄8/4
[民國]臨淄18/7
彭鯤躍(字南溟)
(清・歷城人)
[宣統]山東170/35
[民國]續修歷城41/8
27 **彭紹謙**(清・江蘇元和人)
[宣統]山東75/15
[道光]濟南38/23
[道光]新城/名宦
[民國]重修新城11/19
新城縣鄉土志/政績–清知縣
彭修翼(字凌漢)
(明・長山人)
[道光]濟南50/48
[康熙四十三年]長山5/武功
[康熙五十五年]長山6/22
[嘉慶]長山8/2
長山縣鄉土志/耆舊錄
彭紹九(清・平度人)
[民國]平度縣續志7/26
28 **彭以進**(清・利津人)
[光緒]利津7/忠節2
彭作楨(四川開縣人)
[民國]陵縣續志4/13
彭以竺(字雪嵋)
(清・歷城人)
[民國]續修歷城40/2
30 **彭進**(明・鄒縣人)
[嘉靖]鄒縣地理誌1/27
彭良(明・安東人)
[康熙]肥城書上/30
[嘉慶]肥城15/30
[光緒]肥城7/45
彭宣(字子佩,一作子配)
(漢・淮陽陽夏人)
[嘉靖]山東26/2
[康熙]山東33/2
[雍正]山東27/80
[宣統]山東66/5
[乾隆]泰安府14/3
[萬曆元年]兖州38/循吏3
[萬曆二十四年]兖州26/5
[康熙]兖州21/4
[康熙]東平州4/24
[乾隆]東平州12/2
[道光]東平州12/2
[光緒]東平州14/2
[民國]東平縣9/1
彭瀛(字萊閣)
(清・商河人)
[民國]重修商河8/46
商河縣鄉土志2/耆舊–事業
彭永(明・江西吉水人)
[乾隆]沂州府17/28
彭永武(清・臨沂人)
[民國]臨沂10/35
彭守己(明・青城人)
[道光]濟寧直隸州6/6–39
[康熙]魚臺15/17
[乾隆]魚臺9/40
[光緒]魚臺2/51
彭宗孟(字孟公,號天承)
(明・浙江海鹽人)
[宣統]山東72/29
[乾隆]曹州府12/21
[康熙]滕志6/41
[康熙]滕縣志6/宦業37
[道光]滕縣志6/宦績29
[康熙]朝城7/32,9/39
朝城縣鄉土志/5
彭安仁(字元長)
(清・沂州衛人)
[康熙]沂州志4/25
彭守經(字達權)
(清・濮州人)
[宣統]濮州6/95
彭之歲(清・江西南昌人)
[民國]濰縣志稿32/2
彭守禮(字循規)
(清・濮州人)
[宣統]濮州6/94
彭宗古(字信亭)
(清・四川忠州人)
[宣統]山東75/24
[道光]濟南38/47
[嘉慶]德平5/22
[光緒]德平5/14
德平縣鄉土志/政績錄
彭永增(清平人)
[民國]清平/人物85
彭之惠(字學祖)
(清・江西南昌人)
[乾隆]濰縣6/49
[民國]濰縣志稿32/2
濰縣鄉土志/43
彭守剛(清・濮州人)
[宣統]濮州6/95
31 **彭福同**(高密人)
[民國]高密14/上34
32 **彭澄**(元・蒙陰人)
[康熙十一年]蒙陰2/42
34 **彭達**(一作逵)
(明・南直儀真人,一作儀徵人)
[宣統]山東72/39
[萬曆]東昌18/36
[乾隆]東昌33/46
[嘉慶]東昌21/13
[正德]博平5/80
[康熙]博平3/43
[道光]博平4/3
博平縣鄉土志/政績
彭洪(明・信陽人)
[乾隆]陽信5/15
信邑志稿5/職官–教諭
[民國]陽信2/41
彭汝玉(字韞山)
(清・淄川人)
[宣統]三續淄川9/68
彭斗山(字星垣,一字少韓)
(清・江西安義人)
[道光]滕縣志6/宦績43
滕縣鄉土志/9
[道光]鄒平14/29
[民國]鄒平14/29
[光緒]昌邑縣續志5/17
[光緒]壽張5/11
35 **彭連**(見彭璉)
36 **彭澤浤**(字惠遠)
(清・鄒縣人)
[民國]續修鄒縣志稿/人

物－耆舊
彭遇颿(字君萬)
(明・臨沂人)
[民國]臨沂 9/51
37 彭祿(清・禹城人)
[民國]禹城 6/33
彭洛(明・江西浮梁人)
[宣統]山東 71/47
[乾隆]武定府 16/42
[咸豐]武定府 19/霑化 2
[光緒]霑化 5/17
[民國]霑化 4/職官 35
彭淑(字仲儀)
(元・歷城人)
[道光]濟南 48/41
[民國]續修歷城 39/3
彭鴻逵(字儀吉)
(清・臨沂人)
[民國]臨沂 10/54
彭祖賢(字祝餘)
(清・北直盧龍貢生)
[乾隆]嶧縣 7/29
38 彭啟昆(字雨棠)
(清・分宜舉人)
[民國]壽光 6/24
40 彭壽(字汝延,號永年)
(明・聊城人)
[宣統]聊城 8/7
彭壽(明・平度人)
[光緒]平度志要/人物
彭梓(清・沂州人)
[宣統]山東 173/17
[康熙]沂州志 6/14
[乾隆]沂州府 26/13
[民國]臨沂 10/49
彭有謨(明・麻城人)
[康熙]萊州 8/39
[乾隆]萊州 9/29,14/64
萊州府鄉土志/上 20
[乾隆]掖縣 8/9
彭嘉緒(字碩宗)
(清・單縣人)
[民國]單縣 9/72
彭九齡(字子壽)
(清・臨漳縣進士)
[民國]重修莒志 58/6
[光緒]高唐州 7/1－17
[民國]高唐縣 9/5－15
彭大賓(清・雲南平彝人)
[民國]重修新城 11/26
彭嘉寅(字春園)
(清・許州人)
[民國]樂安 8/22
[民國]續修廣饒 17/7
[光緒]壽張 5/11
彭希彭(清・章邱人)
[道光]章邱 11/83
彭柱韓(字礎臣)
(清・聊城人)
[宣統]聊城 8/60
彭來時(清・章邱人)
[道光]章邱 11/83
彭堯俞(明・夏邑人)
[崇禎]歷乘 16/65
彭克敏(字欲訥)
(清・清平人)
[宣統]增輯清平 16/又 23
[民國]清平/人物 44
41 彭垣(號星橋)
(清・廣東陸豐人)
[宣統]山東 76/27
觀城縣鄉土志/政績
43 彭越(字仲,一作仲昌,一作仲常)
(漢・昌邑人)
[嘉靖]山東 30/1
[康熙]山東 40/1
[雍正]山東 28/人物一 2
[萬曆元年]兗州 2/33,51/63
[萬曆二十四年]兗州 9/9
[康熙]兗州 10/9
[康熙九年]城武 3/62
[康熙四十一年]城武 3/下名宦 1
[道光]城武 6/12
[順治]定陶 5/3
[乾隆]定陶 6/3
[民國]定陶 6/3
[萬曆]鉅野 7/2
[康熙]鉅野 11/2
[道光]鉅野 13/64
[康熙十二年]金鄉 5/20
[康熙五十一年]金鄉 9/1
[乾隆]金鄉 18/1
[咸豐]金鄉縣志略 9/上 1
[民國]金鄉 13/1
金鄉縣鄉土志/耆舊錄上
44 彭蘭琪(字玉華)
(清・臨沂人)
[民國]續修臨沂 16/18
彭藎臣(字語封)
(清・綿竹舉人)
[民國]壽光 6/26
彭華輝(明・河南杞縣人)
[宣統]山東 73/24
[順治]登州 11/25
[光緒]增修登州 28/3
[康熙]福山 7/6
[乾隆]福山 7/6
[民國]福山縣志稿 3/2－6
46 彭槐(清・蒙陰人)
[康熙十一年]蒙陰 2/54
48 彭梅(明・江西龍泉人)
[嘉靖]朝城志 5/16
[康熙]朝城 7/27
彭敬叔(字叔儀)
(元・章丘人)
[嘉靖]山東 29/22
[康熙]山東 39/20
[雍正]山東 28/人物二 67
[宣統]山東 164/25
[康熙]濟南 38/8
[道光]濟南 48/53
[嘉靖]章丘 3/65
[萬曆]章丘 25/40
[康熙]章丘 6/30
[乾隆]章邱 9/29
[道光]章邱 10/25
50 彭軌(字元車,號恪菴)
(清・聊城人)
[宣統]聊城 8/27
彭惠高(字子方)
(清・江蘇長洲人)
[宣統]山東 75/57
[光緒]滋陽 7/15
[光緒]曹縣 9/縣令 10
60 彭杲(字夢槎)
(明・廬陵人)

［咸豐］武定府 19/濱州 3
［萬曆］濱州 3/21
［康熙］濱州 5/19
［咸豐］濱州 8/4
彭甲聲（字春塘，號莪山，又號酉君）
（清・夏邑監生）
［民國］重修莒志 58/4
彭星焲（清・武城人）
［乾隆］寧陽 3/訓導 4
64 **彭時清**（清・四川忠州人）
［光緒］壽張 5/8
彭時中（明・江南石埭人）
［道光］濟南 36/58
［康熙］德平 3/3
［嘉慶］德平 5/8
［光緒］德平 5/8
65 **彭映旭**（清）
［宣統］濮州 4/34
67 **彭昭賢**（字君頤）
（牟平人）
［民國］牟平 7/25
77 **彭履謙**（字吉庵）
（清）
［民國］平度縣續志 7/3
彭興震（字立言）
（商河人）
［民國］重修商河 7/35
彭鳳翽（號竹坡）
（清・江南沛縣人）
［宣統］山東 76/32
彭興鐩（字筱如）
（商河人）
［民國］重修商河 7/42
79 **彭騰雲**（明・青城人）
［萬曆］青城 1/68
80 **彭金鑾**（清・鄆城人）
［光緒］鄆城 10/12
84 **彭鎮**（字奠邦）
（明・莘縣人）
［正德］莘縣 6/9
85 **彭鍵**（字季宿）
（清・膠州人）
［民國］增修膠志 45/27
膠州直隸州鄉土志 4/篤行
86 **彭錫瑞**（字舜廷）
（清・長沙人）
［宣統］濮州 4/37
彭錫純（字銳軒）
（清・聊城人）
［宣統］聊城 8/95
87 **彭欽**（字封若）
（清・江蘇嘉定人）
［宣統］山東 74/56
［康熙］曹州志 7/56
［光緒］菏澤 7/宦蹟 24
［光緒］新修菏澤 9/1
92 **彭愷**（漢）
［康熙］德平 3/26
［乾隆］德平 2/20
［嘉慶］德平 5/2
［光緒］德平 5/2
97 **彭輝廷**（清・商河人）
［民國］重修商河 8/81
商河縣鄉土志 2/耆舊－事業
99 **彭榮**（字景華）
（明・莘縣人）
［正德］莘縣 6/27

4220_0 蒯

09 **蒯麟生**（字祥徵）
（清・濰縣人）
［民國］濰縣志稿 29/29
37 **蒯通**（漢・范陽人）
［萬曆］青州 15/35
［康熙十五年］青州 15/35
［康熙四十八年］青州 15/說士 11
［咸豐］青州 53/1
［民國］臨淄 29/31
蒯退齡（字眉卿）
（清・濰人）
［宣統］山東 177/22
濰縣鄉土志/36
44 **蒯蘭**（字畹九）
（清・濰縣人）
［民國］濰縣志稿 30/27
濰縣鄉土志/47
48 **蒯榦**（字濰屏，一作維屏）
（清・濰縣人）
［民國］濰縣志稿 30/41
濰縣鄉土志/49
60 **蒯恩**（字道恩）
（南朝宋・東海丞人）
［嘉靖］山東 30/25
［康熙］山東 40/27
［萬曆元年］兗州 40/節義 16
［萬曆二十四年］兗州 33/8
［康熙］兗州 26/7
［乾隆］兗州 23/21
［萬曆］沂州志 6/65
［康熙］沂州志 5/39
［乾隆］沂州府 25/11
［康熙］嶧縣 4/34
［乾隆］嶧縣 8/10
［光緒］嶧縣 21/鄉賢 34

4223_0 瓠

77 **瓠巴**（春秋・魯人）
［乾隆］兗州 31/13

狐

61 **狐咺**（春秋）
［萬曆］青州 14/3
［康熙十五年］青州 14/3
［康熙四十八年］青州 14/忠義 3
［康熙六十年］青州 17/2
［康熙］臨淄 10/2
［民國］臨淄 22/75

4240_0 荊

00 **荊文康**（清・山西猗氏人）
［宣統］山東 76/13
［乾隆］沂州府 20/14
［乾隆］郯城 7/27
荊諄學（字諭章）
（清・新城人）
［宣統］新城縣後志 2/善行
24 **荊儲璽**（明・莒縣人）
［雍正］莒州 9/38
［嘉慶］莒州 9/25
［民國］重修莒志 65/2
25 **荊紳學**（清・桓臺人）
［民國］桓臺 3/27
27 **荊修傳**（字薪菴）
（清・新城人）

[宣統]新城縣後志3/耆壽

28 **荊綸**(明・萊陽人)

[民國]萊陽3/1中13

荊馥庭(清・高密人)

[民國]高密14/上52

荊徽學(清・新城人)

[宣統]新城縣後志2/善行

[民國]重修新城18/3

荊作屏(清・海陽人)

[光緒]增修登州43/47

[光緒]海陽縣續志5/17

30 **荊宗元**(字信齋)

(清・新城人)

[宣統]新城縣後志3/耆壽

荊宗嶧(字振魯)

(清・金鄉人)

[乾隆]濟寧直隸州27/30

[道光]濟寧直隸州8/3－33

[乾隆]金鄉18/84

[咸豐]金鄉縣志略9/中列傳二6

[民國]金鄉14/4

金鄉縣鄉土志/耆舊錄上

荊永清(字晏河)

(清・莒縣人)

[嘉慶]莒州10/5

[民國]重修莒志65/11

荊宇熏(清・萊陽人)

[民國]萊陽3/1中44

荊之芬(明・莒縣人)

[民國]重修莒志61/4

32 **荊州土**(明・山西臨晉人)

[宣統]山東73/14

[萬曆]青州12/45

[康熙十五年]青州12/45

[康熙四十八年]青州12/45

[康熙六十年]青州12/29

[咸豐]青州36/25

[康熙]臨朐縣志書1/36,3/3,4/43

光緒臨朐13/8

36 **荊澤臯**(清・夏津人)

[乾隆]東昌43/40

[乾隆]夏津8/22

38 **荊道乾**(清・山西臨晉人)

[宣統]山東74/44

[道光]濟南37/65

萊州府鄉土志/上26

[嘉慶]續掖縣2/16

40 **荊有慶**(字善堂)

(恩縣人)

[民國]重修恩縣11/鄉賢57

荊士莪(字奉璋)

(清・桓臺人)

[民國]桓臺志略3/22

[民國]桓臺3/19

50 **荊東江**(字海門)

(清・新城人)

[宣統]新城縣後志2/善行

[民國]重修新城18/9

51 **荊軻**(戰國・衛人)

[乾隆]曹州府22/4

[嘉靖]濮州4/17

[萬曆]濮州4/豪俠1

[康熙]濮州4/58

[乾隆]濮州4/98

[宣統]濮州6/46

荊振西(字嫩齋)

(清・平度人)

[民國]平度縣續志8/7

67 **荊嗣**(宋・冀州信都人)

[乾隆]東平州10/13

[道光]東平州10/上13

77 **荊民法**(字淑儀)

(清・莒縣人)

[乾隆]沂州府26/14

[雍正]莒州9/32

[嘉慶]莒州9/28

[民國]重修莒志65/7

荊同楨(字廷選,號秀峰)

(清・濟寧人)

[道光]濟寧直隸州8/4－25

荊與莘(字華亭)

(清・新城人)

[宣統]新城縣後志2/善行

[民國]重修新城18/5

87 **荊欲寬**(清・新城人)

[道光]濟南55/83

4241_3 姚

00 **姚亨**(明・鄒縣人)

[嘉靖]鄒縣地理誌1/25

姚章(字青崖)

(清・濰縣人)

[康熙]萊州10/78

[乾隆]萊州11/孝義8

[乾隆]濰縣4/27

[民國]濰縣志稿30/20

濰縣鄉土志/43

姚文元(字殿一)

(清・陽穀人)

[民國]增修陽穀人物/善行51

姚廣武(字止齋)

(清・滋陽人)

[宣統]山東172/5

滋陽縣鄉土志1/耆舊－名將

姚賡虞(字則恭)

(清・嶧縣人)

[乾隆]嶧縣8/32

[光緒]嶧縣21/孝友3

姚廣勳(清・滋陽人)

滋陽縣鄉土志1/耆舊－忠節

姚立德(字次功,號小坡)

(清・浙江仁和人)

[宣統]山東74/7

[道光]濟南37/49

[道光]濟寧直隸州6/7－62

姚文淵(字宗瀚,一作宗澣,號拙菴)

(明・平原人)

[道光]濟南52/55

[萬曆]平原上/48

[乾隆]平原8/33

[民國]續修平原11/藝文上35

平原縣鄉土志輯稿/循吏

姚應達(清・鉅野人)

[康熙十一年]莘縣5/18

[康熙五十六年]莘縣5/18

[光緒]莘縣5/37

[民國]莘縣3/29

姚應擢(字協志)

(清・曹縣人)

[光緒]曹縣14/行誼30

姚文明(明・山西潞州人,原

籍河南磁州)
[宣統]山東 73/13
[萬曆]青州 12/52
[康熙十五年]青州 12/52
[康熙四十八年]青州 12/52
[康熙六十年]青州 12/29
[咸豐]青州 36/14
[嘉靖]臨朐 2/48
[康熙]臨朐縣志書 1/34
光緒臨朐 13/4
姚文臨(明)
[宣統]山東 71/18
[道光]濟南 36/56
[康熙]德平 3/1
[乾隆]德平 2/24
[嘉慶]德平 5/6
[光緒]德平 5/6
德平縣鄉土志/政績錄
01 **姚龍光**(清・江南江都人)
[宣統]山東 77/2
[咸豐]青州 37/24
[光緒]益都縣圖志 18/67
[民國]臨淄 18/11
03 **姚誠立**(明・安邑進士)
[康熙]鄒平 4/13
[嘉慶]鄒平 14/9
[道光]鄒平 14/9
[民國]鄒平 14/9
姚誠身(字允合,號六階,別號悔軒)
(清・陽信人)
[民國]陽信 5/篤行 31,5/耆碩 57
04 **姚詩志**(字叔言,號耐園)
(清・番禺人)
[民國]重修商河 6/74,11/41
商河縣鄉土志 1/政績
[民國]續修平原 5/18,11/藝文上 25
07 **姚翊宸**(字襄紫)
(清・鉅野人)
[民國]續修鉅野 5/上 5
08 **姚謙夫**(字益齋,一作汝撝)
(明・洪洞人)
[乾隆]東昌 39/22
[嘉慶]東昌 29/6
[宣統]聊城耆獻文徵/又下 1
10 **姚天麟**(字瑞石)
(清・陝西渭南人)
[光緒]增修登州 27/11
[康熙]黃縣 5/7
[乾隆]黃縣 6/名宦 7
[同治]黃縣 6/15
[民國]黃縣志稿 11/宦績
姚玉瑞(清・鉅野人)
[道光]鉅野 13/59
姚雲集(清・黃縣人)
[同治]黃縣 9/3
[民國]黃縣志稿 13/人物-死難
姚一經(字含六)
(清・平原人)
[道光]濟南 56/99
[乾隆]平原 8/31
平原縣鄉土志輯稿/循吏
姚可崇(明・開原人)
[康熙]郯城 6/6
姚三變(字太和)
(清・滋陽人)
[光緒]滋陽 8/40
滋陽縣鄉土志 1/耆舊-鄉賢
姚而敬(字肅菴,號守拙)
(明・鉅野人)
[道光]鉅野 19/31
姚而賢(字秀菴)
(清・鉅野人)
[道光]鉅野 13/45
姚可榮(字寬宇)
(清・益都人)
[宣統]山東 175/51
[咸豐]青州 46/41
[乾隆]博山志稿/19
[乾隆]博山 7/上 11
[民國]續修博山 11/23
12 **姚璣**(字君實)
(元・文登人)
[光緒]文登 8/上 8
姚廷訓(字文溪)
(清・歷城人)
[宣統]山東 169/31
[道光]濟南 53/38
[民國]續修歷城 39/21
姚孔元(清・鉅野人)
[民國]續修鉅野 5/上 11
姚孔碩(號拙齋)
(清・鉅野人)
[民國]續修鉅野 5/上 18
姚廷琮(字向瑩)
(清・新城人)
[宣統]新城縣後志 3/耆壽
姚孔順(清・鉅野人)
[民國]續修鉅野 5/上 25
姚登瀛(字昇平)
(清・曹縣人)
[光緒]曹縣 14/行誼 24
姚延福(字介生)
(清・江蘇上元人)
[民國]臨朐續志 19/1
臨朐縣鄉土志 1/政績
姚廷蘭(清・新城人)
[宣統]新城縣後志 3/耆壽
姚廷輔(字美之)
(清・陽信人)
[民國]陽信 5/耆碩 57
15 **姚翀**(宋・四明人)
[光緒]益都縣圖志 16/35
姚璉(明・臨朐人)
[嘉靖]臨朐 3/11
姚建中(明・東明人)
[康熙]東明 7/25
[乾隆]東明 7/25
17 **姚君路**(清・滋陽人)
[光緒]滋陽 9/49
滋陽縣鄉土志 1/耆舊-實行
20 **姚信**(清・蓬萊人)
[同治]黃縣 6/16
姚豸(字小浦)
(清・鉅野人)
[民國]續修鉅野 5/上 3
姚維衡(清・鉅野人)
[民國]續修鉅野 5/上 5
姚重錫(字申之)
(清・鉅野人)
[道光]鉅野 13/34
21 **姚貞**(清・高唐人)

[乾隆]高唐州續志 2/14
[道光]高唐州 5/2－19
[光緒]高唐州 5/2－22
[民國]高唐縣 12/42
姚師謽(字達斯)
(清・湖北蘄水人)
[宣統]山東 76/32
[康熙]兗州續編 14/12
[康熙四十一年]城武 3/下治績 7
[道光]城武 6/36
22 **姚崇**(字元之)
(唐・陝州硤石人)
[嘉靖]山東 26/23
[康熙]山東 34/3
[雍正]山東 27/87
[宣統]山東 68/12
[萬曆元年]兗州 39/名宦 8
[萬曆]東昌 18/14
[乾隆]曹州府 12/7
[嘉靖]濮州 7/6
[萬曆]濮州 3/名宦 10
[康熙]濮州 3/10
[乾隆]濮州 3/10
[宣統]濮州 4/10
23 **姚我觀**(字省吾,號西池)
(清・鉅野人)
[民國]續修鉅野 5/上 17,7/下 40
24 **姚德重**(字懷軒)
(明・濰縣人)
[康熙]萊州 10/37
[乾隆]萊州 10/22
[乾隆]濰縣 4/10
[民國]濰縣志稿 27/36
濰縣鄉土志/16
姚德溥(明・河南臨潁人)
[宣統]山東 71/23
[道光]濟南 36/43
[嘉慶]禹城 7/32
[民國]禹城 3/48
25 **姚傑**(字文英)
(明・黃縣人)
[康熙]黃縣 6/16
[乾隆]黃縣 8/13
[同治]黃縣 8/3
[民國]黃縣志稿 13/明
姚仲孫(字茂宗)
(宋・曹南人)
[雍正]山東 28/人物二 35
26 **姚綿**(字懷遠)
(明・莆田人)
[乾隆]東昌 34/24
[康熙]臨清州 3/名宦 8
[乾隆]臨清州 9/8
[乾隆]臨清直隸州 6/73
[民國]臨清縣/秩官 59
姚和陽(一作姚鴻陽,別號春臺)
(明・高唐人)
[乾隆]東昌 39/26
[嘉慶]東昌 29/10
[康熙十二年]高唐州 8/16
[康熙五十一年]高唐州 8/16
[道光]高唐州 5/1－25
[光緒]高唐州 5/1－25
[民國]高唐縣 12/6
27 **姚紹修**(字雨亭)
(清・芷江人)
[民國]重修泰安縣 6/64
姚修身(字玉寰)
(明・鉅野人)
[康熙]鉅野 11/34
[道光]鉅野 12/15
姚紹祖(明・德州人)
[道光]濟南 52/40
[乾隆]德州 9/66
[民國]德縣 10/12
28 **姚牧**(字堯封)
(明・嶧縣人)
[康熙]嶧縣 4/87
[乾隆]嶧縣 8/29
[光緒]嶧縣 21/耆舊 3
姚徵俊(字瀛洲)
(清・鉅野人)
[道光]鉅野 13/54
姚作棟(字偉臣,號雁塔山人)
(清・歷城人)
[道光]濟南 53/31
[民國]續修歷城 44/10
姚作梅(清・黃縣人)
[同治]黃縣 9/3
[民國]黃縣志稿 13/人物－死難
30 **姚安**(明・鉅野人)
[萬曆]鉅野 7/22
[康熙]鉅野 11/21
[道光]鉅野 12/23
姚宏(明)
[道光]鉅野 24/9
姚宇(明・居庸關人)
[嘉靖]寧海州下/19
姚憲章(字法周)
(清・博興人)
[民國]重修博興 13/45
姚家緒(清・鉅野人)
[民國]續修鉅野 5/上 32
姚宗溫(字升之,號慕懷)
(明・濰縣人)
[民國]濰縣志稿 27/45
姚宗道(明・旌德人)
[乾隆]泰安府 15/23
姚良才(字梅岩)
(清・鉅野人)
[民國]續修鉅野 5/上 9
姚之英(字棐實,號麟藪)
(清・鉅野人)
[康熙]兗州續編 16/22
[康熙]鉅野 11/29
[道光]鉅野 12/26,19/30
姚之典(清・鉅野人)
[乾隆]曹州府 16/8
[康熙]鉅野 11/30
[道光]鉅野 13/52
姚永煦(字載照)
(清・宣化人)
[乾隆]濟寧直隸州 22/36
[道光]濟寧直隸州 6/7－73
姚永年(清・鉅野人)
[道光]鉅野 13/54
姚永錫(字受之,號拙叟)
(清・鉅野人)
[道光]鉅野 19/34
姚永錫(字序堂)
(清・聊城人)
[宣統]聊城 8/補 3

31 姚福祥(字麟瑞)
(清・夏津人)
[民國]夏津續編 8/34
32 姚逐(明・鳳翔人)
[嘉靖]武定州下/55
姚近韓(清・錢塘人)
[咸豐]濟寧直隸州續志 2/14
33 姚溶(字鏡渠)
(清・曹縣人)
[光緒]曹縣 14/行誼 19
姚述祖(字思乘)
(清・浙江會稽人)
[宣統]山東 75/3
[道光]濟南 38/7
[乾隆]歷城 34/10
[民國]濟陽 9/40
34 姚汝洋(清・曹縣人)
[光緒]曹縣 14/行誼 34
姚洪學(字大章)
(清・惠民人)
[乾隆]武定府 26/21
[咸豐]武定府 26/義行 21
[乾隆]惠民 5/62
[光緒]惠民 22/4
惠民縣鄉土志/耆舊錄 14
36 姚湘(明・直隸順義人)
[萬曆]青州 12 又/8
[康熙十五年]青州 12 又/8
[康熙四十八年]青州 12 又/8
[康熙六十年]青州 12/24
[咸豐]青州 36/9
[康熙]臨淄 8/5
[民國]臨淄 18/7
37 姚鴻烈(字躬政)
(清・鉅野人)
[光緒]嶧縣 19/武職 27
[民國]續修鉅野 5/上又 9
姚冠武(字漁村)
(清・鉅野人)
[民國]續修鉅野 5/上 18
姚祖武(字小軒)
(鉅野人)
[民國]續修鉅野 5/上 12
姚冠嵛(清・恩縣人)
[宣統]重修恩縣 8/44
[民國]重修恩縣 11/鄉賢 51
恩縣鄉土志/23
姚冠嶠(見姚冠嵛)
姚冠德(臨沂人)
[民國]續修臨沂 16/21
姚祿齡(清・蓬萊人)
[光緒]蓬萊縣續志 8/文宦 1
姚鴻杰(字仲英)
(清・鉅野人)
[民國]續修鉅野 5/上 2,7/下 55
姚祖蔭(字少筠)
(鉅野人)
[民國]續修鉅野 5/上 12
姚鴻陽(見姚和陽)
姚運熙(字孟襄)
(明・館陶人)
[雍正]山東 28/人物三 76
[宣統]山東 164/48
[乾隆]東昌 41/32
[嘉慶]東昌 31/8
[康熙]聊城 3/37
[宣統]聊城 8/68
姚咨羲(字歷旲)
(清・長清人)
[康熙]堂邑 10/10
40 姚志(字果行,别號心圃)
(明・鉅野人)
[道光]鉅野 19/9
姚克琦(清・鉅野人)
[民國]續修鉅野 5/上 7
姚大經(清・茌平人)
[民國]茌平 12/88
姚克德(清・茌平人)
[乾隆]東昌 43/13
[嘉慶]東昌 32/39
[康熙四十九年]茌平 2/53
[宣統]茌平 14/7
[民國]茌平 3/74
姚來旬(字運三)
(清・鉅野人)
[民國]續修鉅野 5/上 23
姚志寧(字孟安)
(明・蒲州人)
[乾隆]武定府 16/37
[咸豐]武定府 19/利津 1
[康熙]利津縣新志 7/1
姚培典(清・惠民人)
[光緒]惠民 20/8
惠民縣鄉土志/耆舊錄 4
姚大益(字養虛)
(明・鉅野人)
[萬曆]鉅野 8/孝子
[康熙]鉅野 11/31
[道光]鉅野 13/42
姚士恒(字秉南)
(清・嘉祥人)
[乾隆]嘉祥 3/35
[光緒]嘉祥 3/43
41 姚樞(字公茂)
(元・柳城人)
[嘉靖]山東 25/8
[康熙]山東 31/10
[雍正]山東 27/83
[宣統]山東 69/25
[乾隆]泰安府 14/27
[萬曆元年]兖州 38/循吏 35
[萬曆二十四年]兖州 28/15
[康熙]兖州 22/14
[康熙]東平州 4/48
[乾隆]東平州 12/24
[道光]東平州 12/24
[光緒]東平州 14/24
[民國]東平縣 9/12
東平州鄉土志下/耆舊錄 43
44 姚恭(字震暍)
(明・鉅野人)
[道光]鉅野 12/26
姚黃(字洛濱)
(明・鉅野人)
[乾隆]曹州府 16/6
[康熙]鉅野 11/25
[道光]鉅野 12/12
姚英(字君器,號用齋)
(明・濰縣人)
[民國]濰縣志稿 31/2
姚著(明・遷安人)
[萬曆]青州 12 又/又 6
[康熙十五年]青州 12 又/又 6

[康熙四十八年]青州 12
又/又 6
[康熙六十年]青州 12/23
[咸豐]青州 36/3
[康熙]臨淄 8/4
[民國]臨淄 18/7
姚芳亭(字麗軒)
(清・平原人)
[民國]續修平原 10/上 21
姚夢麟(清・夏津人)
[乾隆]東昌 43/39
[乾隆]夏津 8/23
姚黃一(明・鉅野人)
[康熙]山東 46/4
姚蘊瓚(字潤甫)
(清・鉅野人)
[民國]續修鉅野 5/上 26
姚世舜(明・山西人)
[乾隆]陽信 5/5
姚夢卜(字姬輔)
(清・陽信人)
[民國]陽信 5/耆碩 57
姚華宗(字三多)
(清・鉅野人)
[宣統]山東 173/39
[道光]鉅野 19/33
姚萬清(清・新城人)
[宣統]新城縣後志 3/耆壽
姚莊持(字亦臨)
(清・歷城人)
[民國]續修歷城 44/26
姚世榮(明・鎮原人)
[光緒]鄆城 6/17
45 姚棟(字朝柱)
(清・鉅野人)
[道光]鉅野 13/46
姚坤(字待君)
(清・濰縣人)
[民國]濰縣志稿 30/26
46 姚坦(字明白)
(宋・曹州濟陰人)
[嘉靖]山東 30/44
[康熙]山東 40/43
[雍正]山東 28/人物二 23
[宣統]山東 157/25
[萬曆元年]兗州 40/忠直 13
[萬曆二十四年]兗州 35/10
[康熙]兗州 27/8
[康熙]曹州志 15/46
[乾隆]曹州府 14/17
[康熙]曹縣 12/13
[康熙]兗州府曹縣 12/13
[光緒]曹縣 12/12
[光緒]菏澤 15/45
姚觀峒(清・直隸青城人)
朝城縣鄉土志/7
47 姚鸛(明・淮安鹽城人)
[康熙]濰縣 2/職官 8
[民國]濰縣志稿 20/15
48 姚松盛(字爾成)
(清・長清人)
[道光]濟南 56/56
[道光]長清 13/5
姚翰臣(清・鉅野人)
[民國]續修鉅野 5/上 7
50 姚本(字子元,一作子立,別號雪谿)
(明・南直旌德人)
[宣統]山東 72/45
[乾隆]東昌 34/20
[嘉慶]東昌 22/11
[萬曆]冠縣 2/4,6/35
[道光]冠縣 6/25,9/44
[光緒]冠縣 6/宦績,9/47
[民國]冠縣 6/35,9/44
姚貴(元・寧海人)
[道光]濟南 48/21
姚書麟(字仲紱)
(清・陽穀人)
[民國]增修陽穀人物/師道 21
姚奉逵(字漸九)
(清・昌樂人)
[民國]昌樂縣續志 28/6
姚本忠(字恕堂)
(清・陽信人)
[民國]陽信 5/篤行 37
姚春田(清・博山人)
[民國]續修博山 11/33
51 姚振(字興斯)
(清・鉅野人)
[道光]鉅野 13/36
姚振聲(字繩五)
(清・陽信人)
[民國]陽信 5/篤行 35
53 姚成(元・寧海人)
[道光]濟南 48/21,48/24
[道光]章邱 11/54
姚成立(見姚誠立)
54 姚拱極(字隨齋)
(清・鉅野人)
[道光]鉅野 13/34
58 姚掄(字俊廷)
(清・鉅野人)
[道光]鉅野 12/27
60 姚昇(明・鄒縣人)
[嘉靖]鄒縣地理誌 1/又 28
姚國慶(清・鉅野人)
[民國]續修鉅野 5/上 7
姚思誠(清・臨淄人)
[民國]臨淄 30/37
姚國旂(清・江蘇甘泉人)
[宣統]山東 76/23
[光緒]曹縣 10/19
曹縣鄉土志/政績錄
姚思睿(字景哲)
(清・曹縣人)
[光緒]曹縣 14/行誼 20
姚景崇(清・直隸清苑人)
[光緒]壽張 5/11
壽張縣鄉土志/政績－聽訟
姚景清(字秋澄)
(清・昌樂人)
[民國]昌樂縣續志 31/10
姚國樞(明・南直隸崑山人)
[康熙]膠州 5/8
[乾隆]膠州 4/13
[道光]重修膠州 22/6
[民國]增修膠志 17/5
膠州直隸州鄉土志 3/政績－愛民
姚國棟(字宁臣)
(清・歷城人)
[宣統]山東 170/17
[道光]濟南 53/32
[民國]續修歷城 42/3
[道光]重修膠州 23/14
[民國]增修膠志 18/13

姚恩甲(字東麓,號青震)
(清・歷城人)
[宣統]山東 170/35
[民國]續修歷城 41/24
61 **姚顯**(明・陝西咸寧人)
[嘉靖]山東 25/26,26/30
[康熙]山東 32/14
[雍正]山東 27/26
[宣統]山東 71/15,72/50
[康熙]濟南 25/30
[道光]濟南 36/35
[萬曆]東昌 18/41
[乾隆]東昌 35/33
[嘉靖]武城 3/16
[順治]武城 2/9
[乾隆]武城 9/2
武城縣鄉土志略/政績錄
[康熙]新修齊東 4/15
[民國]齊東 3/56
齊東縣鄉土志/政績錄 5
63 **姚默**(字緘堂)
(明)
[道光]鉅野 24/9
64 **姚時熙**(明・延津人)
[道光]濟南 36/27
[康熙四十三年]長山 3/宦績
[康熙五十五年]長山 3/36
[嘉慶]長山 5/44
67 **姚鳴庭**(字容臺,號梧園)
(清・鉅野人)
[道光]鉅野 12/28
71 **姚長齡**(字夢九)
(清・茌平人)
[宣統]茌平 28/7
[民國]茌平 3/79
75 **姚體俍**(字循菴)
(清・鉅野人)
[民國]續修鉅野 5/上 6
姚體備(字誠叔,一字萬子,號秋浦)
(清・鉅野人)
[宣統]山東 173/28
[民國]續修鉅野 5/上 1,7/下 5,8/上 1
姚體休(字逸軒,號荔山)
(清・鉅野人)
[宣統]山東 173/32
[民國]續修鉅野 5/上 18,7/下 9
姚體儼(字西樓)
(清・鉅野人)
[民國]續修鉅野 5/上 5
姚體份(字秩軒,號澥帆)
(清・鉅野人)
[宣統]山東 173/29
[民國]續修鉅野 5/上 1
77 **姚賢**(字良佐)
(明・山西徐溝人)
[乾隆]東昌 35/27
[嘉靖]夏津 4/3
[康熙]夏津 5/2
[乾隆]夏津 6/34
姚興(元・齊河人)
[道光]濟南 48/24
[道光]章邱 11/19
姚闇(唐・陝州平陸人)
[嘉靖]山東 26/7
[康熙]山東 33/8
[雍正]山東 27/81
[宣統]山東 68/9
[乾隆]泰安府 14/10
[萬曆元年]兖州 38/節義 3
[萬曆二十四年]兖州 27/10
[康熙]兖州 21/24
[康熙]東平州 4/30
[乾隆]東平州 12/5
[道光]東平州 12/5
[光緒]東平州 14/5
[民國]東平縣 9/3
姚際元(字長卿,號次西)
(清・陽信人)
[民國]陽信 5/篤行 43,8/藝文上 57
姚艮行(字汝止,號靜山)
(明・鉅野人)
[道光]鉅野 19/12
姚鳳魁(清・冠縣人)
[光緒]冠縣 9/傳
[民國]冠縣 8/人物志 36
冠縣鄉土志/耆舊 – 孝子
姚學乾(字恭甫)
(清・濰縣人)
[民國]濰縣志稿 32/9
姚用中(元・寧海人)
[道光]濟南 48/21
姚鵬圖(字柳坪)
(清・桐城人)
[民國]霑化 4/職官 40
姚學甲(字聯芳,號半塘)
(清・鉅野人)
[道光]鉅野 12/29
[民國]續修鉅野 7/下 37
姚鳳顯(清・鉅野人)
[道光]鉅野 13/59
80 **姚鉉**(字寶之)
(宋・合肥人)
[嘉靖]山東 26/9
[康熙]山東 33/10
[雍正]山東 27/34
[宣統]山東 68/32
[乾隆]泰安府 14/14
[萬曆元年]兖州 38/循吏 27
[萬曆二十四年]兖州 28/3
[康熙]兖州 22/3
[乾隆]兖州 22/11
[康熙]東平州 4/34
[乾隆]東平州 12/12
[道光]東平州 12/12
[光緒]東平州 14/12
[民國]東平縣 9/6
[乾隆]濟寧直隸州 21/5
[道光]濟寧直隸州 6/6 – 9
[道光]鉅野 10/6
姚鉉(字夢九)
(宋・濰州北海人)
[民國]濰縣志稿 27/27
姚義(隋・泰山人)
[乾隆]泰安府 18/6
[乾隆二十五年]泰安縣 12/9
[乾隆四十七年]泰安縣 10/上 2
[道光]泰安縣 9/上 50
[民國]重修泰安縣 8/2
泰安縣鄉土志/耆舊 19
姚金吾(字朝顯)
(清・曹縣人)

[光緒]曹縣 14/行誼 30
姚全身(字漢章)
(清・陽信人)
[民國]陽信 5/篤行 31
姚金選(字珍南)
(清・鉅野人)
[道光]鉅野 13/59
姚念祖(清・鉅野人)
[道光]鉅野 13/48
姚益恭(宋)
[嘉靖]山東 26/13
[康熙]山東 33/16
[雍正]山東 27/82
[宣統]山東 68/37
[乾隆]泰安府 14/22
[萬曆元年]兖州 38/循吏 33
[萬曆二十四年]兖州 28/10
[康熙]兖州 22/10
[康熙]東平州 4/45
[乾隆]東平州 12/21
[道光]東平州 12/21
[光緒]東平州 14/21
[民國]東平縣 9/11
姚會極(字向樞,號綏齋)
(明・鉅野人)
[道光]鉅野 19/10
81 **姚鉅鼎**(字非百)
(清・鉅野人)
[乾隆]淄川 4/又 28－4
[道光]鉅野 13/32
83 **姚鋐**(字元聲)
(明・館陶人)
[乾隆]東昌 39/23
[嘉慶]東昌 29/7
[康熙]聊城 3/23
[宣統]聊城 8/16
86 **姚錫華**(字曼伯)
(清・上元人)
[宣統]山東補遺/49
[民國]續安邱新志 15/1
安丘縣鄉土志 2/政績錄
87 **姚舒密**(字師雲,一字釋筠)
(清・鉅野人)
[民國]續修鉅野 5/上 1
姚舒鵬(清・鉅野人)
[民國]續修鉅野 5/上 10
88 **姚篪**(字仲和)
(清・鉅野人)
[道光]鉅野 12/28
90 **姚堂**(字爾升)
(清・壽光人)
[咸豐]青州 47/32
[乾隆]續壽光 28/1
[嘉慶]壽光 14/22
[民國]壽光 12/人物志一 29
壽光縣鄉土志/耆舊
姚光浚(字南泉)
(清・餘杭人)
[民國]齊河 22/9
[民國]濟寧縣 3/23
姚光澤(字膏如)
(清・莘縣人)
[民國]莘縣 7/25
姚光顯(明・旌德人)
[康熙]嶧縣 3/26
[乾隆]嶧縣 7/11
[光緒]嶧縣 19/職官下 3
92 **姚剡**(字雪芝)
(明・紹興山陰人)
[乾隆]沂州府 27/15
[乾隆]郯城 9/16
95 **姚精一**(原名精忠,字純堂)
(清・陽信人)
[民國]陽信 5/篤行 38
陽信縣鄉土志上/耆舊－事業
97 **姚恪**(字仲協,號醉鄉主人)
(清・鉅野人)
[道光]鉅野 17/62
姚灼(字石仙)
(清・費縣人)
[光緒]費縣 11/8
姚炤遠(字昌其)
(明・鉅野人)
[道光]鉅野 19/35
99 **姚榮琳**(清・沅陵人)
[道光]招遠縣續志 2/13

4252_1 靳

00 **靳高山**(字魯鄰)
(清・濟寧人)
[乾隆]濟寧直隸州 27/25
[道光]濟寧直隸州 8/3－27
靳亨運(字際熙)
(清・濟寧人)
[乾隆]濟寧直隸州 27/17
[道光]濟寧直隸州 8/3－23
靳文鍾(字振斯,號魯亭)
(清・聊城人)
[宣統]聊城 8/36
靳文鋭(字敏斯,號績山)
(清・聊城人)
[宣統]山東 174/13
[宣統]聊城 8/37,耆獻文徵/中 30
10 **靳于統**(字緒卿,號一吾)
(明・濟寧人)
[道光]濟寧直隸州 8/2－40
靳雲鶴(濟寧人)
[民國]濟寧縣 3/6
靳雲鶚(濟寧人)
[民國]濟寧縣 3/6
靳雲鵬(濟寧人)
[民國]濟寧縣 3/4
12 **靳登泰**(字子高,號穀民)
(清・聊城人)
[宣統]聊城 8/43
20 **靳秉瑞**(字輯五)
(清・濟寧人)
[乾隆]濟寧直隸州 27/21
[道光]濟寧直隸州 8/3－24
靳秉瑗(字復蘧)
(清・濟寧人)
[乾隆]濟寧直隸州 26/22
[道光]濟寧直隸州 8/3－29
靳維熙(字約齋)
(清・聊城人)
[民國]重修莒志 58/8
21 **靳睿**(明・德平人)
[道光]濟南 52/51
[康熙]德平 3/16
[乾隆]德平 3/7
[嘉慶]德平 7/10
[光緒]德平 7/10
德平縣鄉土志/耆舊錄
靳師孔(字景素)
(明・東昌府人)
[乾隆]東昌 39/20

22 靳鸞(字廷瑞)
(明・直隸東勝左衛人)
[正德]博平 5/87
靳綬熙(字佩如)
(清・聊城人)
[宣統]聊城 8/補 2
24 靳德誠(清・濟寧人)
[民國]濟寧直隸州續志 14/19
26 靳得文(清・高唐人)
[民國]高唐縣 15/81
27 靳紹謙(字愛之)
(明・安平人)
[崇禎]歷城 6/3
30 靳良弼(字夢臣)
(元)
[咸豐]寧陽 11/5
[光緒]寧陽 11/5
靳之藻(字仲潔)
(清・章邱人)
[康熙]堂邑 10/11
靳宗著(字叶兩)
(清・濟寧人)
[乾隆]濟寧直隸州 25/40
[道光]濟寧直隸州 8/3-19
靳永相(明・章邱人)
[康熙]濟南 45/5
[道光]濟南 72/34
[萬曆]章丘 24/36
[康熙]章丘 6/27
[乾隆]章邱 9/21
[道光]章邱 11/33
34 靳湝(字湘南)
(清・寧津人)
[光緒]寧津 8/36
寧津縣志料 3/人物-義行
靳漢章(明・平陰人)
[光緒]平陰 6/70
靳浩運(字際章)
(清・濟寧人)
[道光]濟寧直隸州 8/4-18
35 靳清(明・濟南人)
[道光]濟南 49/40
[乾隆]歷城 41/7
38 靳肇倓(字遇隆)
(清・濟寧人)
[道光]濟寧直隸州 8/4-40
40 靳希孔(字唐庚)
(清・章丘歲貢)
[乾隆]東昌 35/9
44 靳其貞(清・平陰人)
[乾隆]泰安府 18/58
[光緒]平陰 5/23
靳芳蘭(字馥公)
(清・東明人)
[民國]東明縣新誌 11/38
東明縣志料/人物門
靳樹聲(清・漢軍旗人)
[宣統]山東 76/18
[乾隆]沂州府 20/17
[宣統]蒙陰 3/宦績
48 靳松齡(清・汶上人)
[宣統]四續汶上稿/人物-施濟傳
50 靳忠(明・山西汾人)
[嘉靖]朝城志 5/16
靳春泰(字子俊,號東暘)
(清・聊城人)
[宣統]山東 174/23
[宣統]聊城 8/42,耆獻文徵/中 34
53 靳輔(字紫垣)
(清・漢軍鑲黃旗人)
[雍正]山東 27/96
[宣統]山東 74/4
[道光]濟南 37/44
[乾隆]兗州 22/32
[乾隆]濟寧直隸州 22/27
[道光]濟寧直隸州 6/7-54
濟寧州鄉土志 1/政績
60 靳昱(字寅谷)
(清・順天大興人)
[宣統]山東 76/23
[光緒]曹縣 10/19
61 靳顒(字孔彰)
(明・濟寧人)
[乾隆]濟寧直隸州 27/8
67 靳明(字彥輝)
(元・新泰人)
[乾隆]泰安府 16/72
[天啟]新泰 6/32
[順治]新泰 5/8
[乾隆]新泰 11/1
新泰縣鄉土志/18
77 靳用章(字民之)
(金・須城人)
[雍正]山東 30/12
[康熙]濟南 51/7
[乾隆]武定府 26/38
[咸豐]武定府 26/仙釋 3
[萬曆]濱州 3/56
[康熙]濱州 7/37
[咸豐]濱州 10/仙釋 11
[乾隆]東平州 15/42
[道光]東平州 15/42
[光緒]東平州 15/下 72
靳學顏(字子愚)
(明・濟寧人)
[康熙]山東 40/59
[雍正]山東 28/人物三 37,35/傳 26
[宣統]山東 159/22
[萬曆二十四年]兗州 36/19
[康熙]兗州 28/18
[乾隆]兗州 23/44
[乾隆]濟寧直隸州 24/10
[道光]濟寧直隸州 8/2-27
濟寧州鄉土志 2/耆舊
靳學程(明・濟寧人)
[乾隆]濟寧直隸州 24/20
[道光]濟寧直隸州 8/2-33
靳殿甲(字連第)
(清・夏津人)
[民國]夏津續編 8/24
靳學曾(字子魯)
(明・濟寧人)
[康熙]山東 40/60
[康熙]濟寧州 6/31
[乾隆]濟寧直隸州 24/14
[道光]濟寧直隸州 8/2-29
80 靳八公(宋・長清人)
[嘉靖]山東 34/9
[康熙]山東 47/2
[雍正]山東 30/12
[宣統]山東 200/25
[康熙]濟南 51/6
[道光]濟南 60/8
[康熙]長清 9/71

［道光］長清 13/13
靳含光（清・蒲臺人）
［光緒］重修蒲臺 3/3
蒲臺縣鄉土志/13
89 靳鐙（字宗鳴）
（明・濟寧人）
［道光］濟寧直隸州 8/2－26
90 靳堂（明・平陰人）
［乾隆］泰安府 18/26
［光緒］平陰 5/35
靳懷德（宋・博州高唐人）
［嘉靖］山東 25/20,31/19
［宣統］山東 157/26
［康熙］濟南 25/9
［道光］濟南 34/9
［萬曆］東昌 19/31
［乾隆］東昌 37/8
［嘉慶］東昌 27/7
［康熙］曹州志 7/48
［萬曆］德州 8/28
［康熙］德州 7/24
［民國］德縣 9/5
［嘉靖］高唐州 5/17
［康熙十二年］高唐州 8/8
［康熙五十一年］高唐州 8/8
［道光］高唐州 5/1－5
［光緒］高唐州 5/1－5
［民國］高唐縣 12/62
高唐州鄉土志/16
［康熙］陵縣 4/3
［光緒］陵縣 18/6
陵縣鄉土志/8
［光緒］菏澤 7/宦蹟 16
［光緒］新修菏澤 8/6
靳尚才（明・平陰人）
［雍正］山東 31/9
［乾隆］泰安府 18/75
［順治］平陰 7/25
［光緒］平陰 6/72
靳惟賢（明・南鄭人）
［萬曆］濟陽 6/5
［萬曆］蒲臺志 8/9
［康熙］重修蒲臺 5/9

4291_3 桃

00 桃應（戰國）
［嘉靖］山東 24/12
［萬曆］萊州 5/51
［萬曆］鄒志 1/47

4292_7 橋

00 橋庇（字子庸）
（春秋・魯人）
［乾隆］曲阜 69/1
橋玄（漢・睢陽人）
［宣統］山東 66/12
［康熙］臨淄 8/1
［民國］臨淄 18/4
16 橋瑁（字元瑋）
（漢・宜陽人）
［嘉靖］山東 26/21
［康熙］山東 34/2
［雍正］山東 27/85
［萬曆元年］兗州 38/武功 2
［萬曆二十四年］兗州 26/7
［康熙］兗州 21/7
［乾隆］兗州 22/3
［萬曆］東昌 18/7
［乾隆］東昌 33/8
［嘉慶］東昌 20/15
［乾隆］曹州府 12/3
［嘉靖］濮州 7/3
［萬曆］濮州 3/名宦 2
［康熙］濮州 3/2
［乾隆］濮州 3/2
［宣統］濮州 4/2

4300_0 弋

10 弋正（明・山西安邑人）
［宣統］山東 73/21
［泰昌］登州 9/29
［順治］登州 11/19
［光緒］增修登州 25/16

4301_0 尤

00 尤應魯（明・晉江進士）
［順治］泗水 12/13,12/14
［光緒］泗水 4/5,15/藝文二 46,藝文二 48
［光緒］泗水縣鄉土志/5
03 尤謚亭（字靜涵）
（清・嶧縣人）
［光緒］嶧縣 21/耆舊 14
10 尤三省（字克敬,號天一）
（清・大興人）
［乾隆］即墨 8/8
［同治］即墨 8/8
即墨縣鄉土志/政績錄
15 尤璉（明・直隸桃源人）
［嘉靖］山東 25/26
［康熙］山東 32/14
［宣統］山東 71/37
［乾隆］泰安府 15/6
［康熙］肥城書下/9
［嘉慶］肥城 15/30
［光緒］肥城 7/45
21 尤順（字靈雨）
（清・寧津人）
寧津縣志料 3/人物－孝行
23 尤峻峯（字眉村）
（清・曲阜人）
［民國］續修曲阜 5/29
30 尤實（明・成都人）
［崇禎］武定州 7/4
35 尤清泰（字安慶）
（清・臨沂人）
［民國］續修臨沂 16/5
37 尤淑孝（字孟仁）
（清・順天大興人）
［宣統］山東 77/46
［同治］即墨 8/10,10/中 13
即墨縣鄉土志/政績錄
40 尤克登（字承遠）
（清・臨沂人）
［民國］臨沂 10/52
尤大中（字允卿）
（清・樂陵人）
樂陵縣鄉土志 3/62
44 尤芳名（明・臨沂人）
［民國］續修臨沂 16/11
尤其潛（字淑光）
（清・武城人）
［道光］武城續編 10/2
［民國］增訂武城續編 10/2
武城縣鄉土志略/耆舊錄
尤葆辰（字紫垣）
（清・臨沂人）
［民國］續修臨沂 16/15

45 **尤槤**(見尤璉)
50 **尤春旺**(字秉陽)
(清・武城人)
[乾隆]東昌 43/45
[乾隆]武城 10/30
武城縣鄉土志略/耆舊錄
62 **尤則籲**(字欽生)
(清・泗水人)
[光緒]泗水 15/三 11
64 **尤時熙**(明・洛陽人)
[道光]濟南 36/13
[萬曆]章丘 21/74
[康熙]章丘 4/27
[乾隆]章邱 7/4
[道光]章邱 9/7
86 **尤錫觀**(清・永春州人)
[乾隆]東昌 34/6
[嘉慶]東昌 21/24
[宣統]茌平 8/8
[民國]茌平 8/65

4304_2 博

00 **博文**(字彬如)
(清・漢軍正藍旗人)
[宣統]山東 77/28
[光緒]增修登州 32/5
[同治]重修寧海州 12/15
[民國]牟平 6/79
60 **博羅驩**(元)
[道光]泰安縣 3/54

4345_0 娥

35 **娥清**(後魏・代人)
[康熙]東平州 6/40

4355_0 載

12 **載瑞**(清・壽昌人)
章邱縣鄉土志/上 12
46 **載塤**(字伯吹,號雲門)
(清・平度人)
[道光]重修平度州 19/2
平度鄉土志 4 上/事業

4373_2 裘

77 **裘鵬**(字南軒)
(清・江西新城人)
[宣統]山東 75/8
[道光]濟南 38/12
[嘉慶]鄒平 14/20
[道光]鄒平 14/20,14/23
[民國]鄒平 14/20,14/23

4380_5 越

10 **越石父**(春秋)
[萬曆]青州 14/44
[康熙十五年]青州 14/44
[康熙四十八年]青州 14/儒行 1
[康熙]臨淄 10/4

4385_0 戴

00 **戴慶廉**(字潔軒)
(長清人)
[民國]長清 12/25
戴文謨(字佑純)
(清・濟寧人)
[乾隆]濟寧直隸州 25/27
[道光]濟寧直隸州 8/3－14
戴應魁(清)
[民國]臨清縣/秩官 70
戴文郁(明)
[康熙二年]茌平 2/36
[康熙四十九年]茌平 2/36
[宣統]茌平 8/1
[民國]茌平 8/58
戴章甫(明・夏津人)
[康熙]夏津 5/11
戴應揚(明・南直婺源人)
[宣統]山東 72/9
[康熙]兗州續編 14/27
[乾隆]兗州 22/32
[康熙十二年]陽穀 3/3
[康熙]陽穀 3/2
[光緒]陽穀 5/1
[民國]增修陽穀名宦/3
戴京曾(字岵瞻)
(清・浙江仁和人)
[宣統]山東 74/33
[康熙]濟南 26/5
[道光]濟南 37/50
戴文光(字質生)
(清・昌樂人)
[民國]昌樂縣續志 27/3
02 **戴新**(字景一)
(明・平度人)
[嘉靖]山東 33/11
[康熙]山東 44/9
[萬曆]萊州 5/98
[康熙]萊州 10/26
[乾隆]萊州 10/13
[康熙]平度州 4/5
[道光]重修平度州 18/4
03 **戴誠**(字守一)
(明・淄川人)
[康熙]濟南 41/11
[道光]濟南 50/24
[萬曆]淄川 30/9
[康熙]淄川 6/58
[乾隆]淄川 6/上 58
淄川縣鄉土志/耆舊錄－循良
戴賓(明・昌邑人)
[康熙]昌邑 6/4
07 **戴記**(明・北直昌黎人)
[道光]濟寧直隸州 6/6－28
08 **戴施**(漢)
[嘉靖]濮州 7/4
10 **戴元歆**(元)
[雍正]山東 30/17
[萬曆]青州 17/12
[康熙十五年]青州 17/12
[康熙四十八年]青州 17/仙釋 7
[康熙六十年]青州 20/10
戴天翼(字行生)
(清・陽信人)
[康熙]濟南 48/14
[乾隆]武定府 26/31
[康熙]陽信 9/32
[乾隆]陽信 7/55
信邑志稿 7/耆碩
戴元弼(字儒宗)
(清・濟陽人)
[道光]濟南 56/30
[乾隆]濟陽 8/28
[民國]濟陽 11/37
戴玉縉(字紳黃)
(清・直隸滄州人)

[宣統]山東 75/23
[道光]濟南 38/46
[乾隆]德平 2/28
[嘉慶]德平 5/20
[光緒]德平 5/12
戴爾傳(明・鄆城人)
[康熙]鄆城 5/7
[光緒]鄆城 5/9
戴爾濟(明・鄆城人)
[光緒]鄆城 10/2
戴元祥(唐)
[嘉靖]山東 26/23
[康熙]山東 34/3
[宣統]山東 68/14
[萬曆]東昌 18/13
[乾隆]東昌 33/14
[嘉慶]東昌 20/22
[嘉靖]夏津 4/1
[康熙]夏津 5/1
[乾隆]夏津 6/32
[嘉靖]恩縣 7/3
[萬曆]恩縣 4/3
[宣統]重修恩縣 6/42
[民國]重修恩縣 10/59
戴元威(明・常熟人)
[咸豐]青州 36/36
[康熙]臨淄 8/6
[民國]臨淄 18/8
戴二雅(字芸心,號誠齋)(清・濟寧人)
[道光]濟寧直隸州 8/4-6
11 **戴預**(字杜公)(清・濟寧人)
[乾隆]濟寧直隸州 27/20
[道光]濟寧直隸州 8/3-24
12 **戴璠**(字奐若)(清・蓋州人)
[宣統]山東 169/5
[道光]濟南 53/12
[乾隆]歷城 38/11
戴瑞(清・浙江壽昌人)
[宣統]山東 75/5
[道光]濟南 38/9
[乾隆]章邱 7/7
[道光]章邱 9/10
戴瑞雪(清・金鄉人)
[民國]濟寧直隸州續志 14/8
[民國]金鄉 14/14
16 **戴聖**(字次君)(漢)
[萬曆]青州 15/57
[康熙十五年]青州 15/58
[康熙四十八年]青州 15/僑寓 4
[康熙六十年]青州 20/15
戴聖聰(字無聰)(清・登州人)
[宣統]山東 200/13
[道光]濟南 37/75,38/4
[乾隆]濟寧直隸州 28/17
[道光]濟寧直隸州 8/4-46
戴聖惠(清・復州衛人)
[乾隆]掖縣 4/64
戴琨輝(字次瑤)(清・高密人)
[民國]高密 14/上 83
17 **戴瑤**(明・河南汝寧人,一作汝陽人)
[嘉靖]山東 27/12
[康熙]山東 36/4
[雍正]山東 27/65
[宣統]山東 73/20,73/30
[萬曆]萊州 5/68
[康熙]萊州 8/28
[乾隆]萊州 9/12
萊州府鄉土志/上 15
[光緒]增修登州 25/8
[嘉慶]續掖縣 2/19
戴君佐(清・平度人)
[乾隆]萊州 11/善行 3
[道光]重修平度州 19/33
平度鄉土志 4 上/鄉賢
戴君恩(明・湖廣澧州人)
[宣統]山東 70/36
[康熙]萊州 8/40
[乾隆]萊州 9/11
萊州府鄉土志/上 13
[嘉慶]續掖縣 2/14
19 **戴琰**(明,見戴炎)
戴琰(清・朝城人)
[乾隆]濟寧直隸州 22/51
[民國]朝城縣續志 1/34
20 **戴維宗**(清・諸城人)
[道光]諸城縣續志 19/8
戴秉鈞
[民國]朝城縣續志 1/26
21 **戴經**(明・浙江嘉興人)
[宣統]山東 71/30
[康熙]濟南 25/42
[康熙]泰安州 2/47
[乾隆]泰安府 15/8
[乾隆二十五年]泰安縣 10/31
[乾隆四十七年]泰安縣 8/27
[道光]泰安縣 10/4
[民國]重修泰安縣 6/58
泰安縣鄉土志/政績 5
戴仁(清・諸城人)
[道光]諸城縣續志 19/8
戴貞(元・般陽人)
[道光]濟南 48/58
[康熙]淄川 6/17
[乾隆]淄川 6/上 17
戴仁行(字揆卜)(清・濟寧人)
[乾隆]濟寧直隸州 25/35
22 **戴繼**(字叔嗣)(明・曹縣人)
[雍正]山東 28/人物三 35
[宣統]山東 160/25
[萬曆二十四年]兗州 36/20
[康熙]兗州 28/18
[乾隆]曹州府 15/11
[康熙]兗州府曹縣 13/21
[光緒]曹縣 13/20
戴繼祚(字述堂,號梅坡)(清・平度人)
[民國]平度縣續志 8/7
23 **戴獻瑞**(清・平度人)
[光緒]平度志要/人物
24 **戴德**(字延若)(漢・信都人)
[雍正]山東 31/12
[萬曆]青州 15/57
[康熙十五年]青州 15/58
[康熙四十八年]青州 15/

僑寓 4
[康熙六十年]青州 20/15
戴偉(字道夫)
(明·鄆城人)
[崇禎]鄆城 6/9
[康熙]鄆城 5/7,6/9
[光緒]鄆城 5/8,7/9
戴儲文(號菊軒)
(元·新泰人)
[天啟]新泰 6/33
[順治]新泰 5/9
[乾隆]新泰 15/25
新泰縣鄉土志/18
戴儲汶(見戴儲文)
戴德裕(字容生)
(清·濟寧人)
[民國]濟寧直隸州續志 14/2
26 戴纓(明·南直如皋人)
[宣統]山東 71/18
[康熙]濟南 25/44
[道光]濟南 36/54
[嘉靖]德州 2/12
[萬曆]德州 12/77
[康熙]德州 7/26
[乾隆]德州 8/6
[民國]德縣 9/8
27 戴魯(字民望)
(明·當塗人)
[正德]莘縣 5/7
[康熙十一年]莘縣 5/14
[康熙五十六年]莘縣 5/14
[光緒]莘縣 5/31
[民國]莘縣 3/24
戴屺(字巳山)
(清·江蘇丹徒人)
[宣統]山東 77/43
[道光]濟寧直隸州 6/7-87
[道光]重修膠州 23/16
[民國]增修膠志 18/15
膠州直隸州鄉土志 3/政績-愛民
[光緒]嘉祥 3/40
戴名振(字奇珍,號蜀巖)
(清·汶上人)
[雍正]山東 28/人物四 38
[康熙]兗州 28/39
[乾隆]兗州 23/70
[康熙]續修汶上 4/人物 11
28 戴綸(明·高密人)
[嘉靖]山東 33/10
[康熙]山東 44/9
[雍正]山東 28/人物三 8
[宣統]山東 164/28
[萬曆]萊州 5/98
[康熙]萊州 10/26
[乾隆]萊州 10/13
[康熙]高密 8/4
[乾隆]高密 8/上 4
[光緒]高密 8/上 4
[民國]高密 14/上 3
高密縣鄉土志/上 19
戴儀(字文子)
(明·平度人)
[道光]重修平度州 18/8
戴作霖(字兩民)
(金鄉人)
[民國]金鄉 14/23
29 戴倓(字靜菴)
(清·濟陽人)
[道光]濟南 56/29
[乾隆]濟陽 8/16
[民國]濟陽 11/14
30 戴沇(字紫瀾)
(明·濟寧人)
[康熙]濟寧州 7/25
[乾隆]濟寧直隸州 26/18
[道光]濟寧直隸州 8/4-38
戴宏(字元襄)
(漢·濟北剛人)
[雍正]山東 28/人物一 18
[宣統]山東 161/2
[乾隆]兗州 23/13
[咸豐]寧陽 12/13
[光緒]寧陽 12/13
戴良(字廷貴)
(明·金鄉人)
[民國]金鄉 13/10
戴良(字叔能,一作淑能)
(明·浦江人)
[嘉慶]昌樂 29/2
[民國]昌樂縣續志 38/11
[道光]重修膠州 36/11
[民國]增修膠志 54/5
戴進忠(清)
[嘉慶]慶雲 7/37
戴憲明(明·江西舉人)
[宣統]山東 73/21
[順治]登州 11/24
[光緒]增修登州 25/11
32 戴澄(字憲清)
(明·浙江人)
[雍正]山東 27/48
34 戴浩(明·浙江鄞縣人)
[宣統]山東 72/36
[乾隆]東昌 33/30
[嘉慶]東昌 20/41
戴逵(字安道)
(晉·高密人)
[光緒]高密 10/48
[民國]高密 16/36
戴禧(明·單縣人)
[順治]單縣 2/40
戴汝棻(清·掖縣人)
[乾隆]掖縣 3/48
37 戴初(明·建安人)
[萬曆]青州 12 又/6
[康熙十五年]青州 12 又/又 6
[康熙四十八年]青州 12 又/又 6
[乾隆]沂州府 20/10
[康熙]沂水 4/23
[道光]沂水 5/24
戴祁(字子陵)
(漢·泰山剛人)
[光緒]寧陽 12/18
戴鴻德(金鄉人)
[民國]金鄉 14/23
戴鴻磐(字國石)
(清·昌樂人)
[民國]昌樂縣續志 27/5
戴鴻逵(字翔九)
(清·昌樂人)
[民國]昌樂縣續志 27/4
戴鴻舉(字德潛)
(清·昌樂人)
[民國]昌樂縣續志 27/5

38 **戴祚冕**(字冠周)
(清・平度人)
[道光]重修平度州 19/1
戴祚昇(字曙海)
(清・平度人)
[道光]重修平度州 19/1
平度鄉土志 4 上/事業
戴肇辰(字友梅)
(清・江蘇丹徒人)
[宣統]山東 77/22
[光緒]增修登州 25/15
40 **戴杰**(號樹人)
(清・江蘇丹徒人)
[宣統]山東 75/30
[民國]陵縣續志 4/11
戴大翼(字行生)
(清・陽信人)
[民國]陽信 5/耆碩 53
戴大川(清・濰縣人)
[民國]濰縣志稿 31/13
戴存心(字仁菴)
(清・齊河人)
[道光]濟南 56/16
[民國]齊河 27/12
戴大法(清・慶雲人)
[民國三年]慶雲 2/76
戴堯欽(字仲衢)
(明・濟寧人)
[康熙]濟寧州 7/28
[乾隆]濟寧直隸州 28/3
[道光]濟寧直隸州 8/4－43
44 **戴封**(字平仲)
(漢・濟北剛人)
[嘉靖]山東 30/9
[康熙]山東 40/10
[雍正]山東 28/人物一 19
[宣統]山東 166/2
[萬曆元年]兗州 40/卓行 2
[萬曆二十四年]兗州 31/23
[康熙]兗州 24/22
[乾隆]兗州 23/14
[康熙十一年]寧陽 7/3
[康熙四十一年]寧陽 7/3
[乾隆]寧陽 7/良吏 1
[咸豐]寧陽 12/12
[光緒]寧陽 12/12
戴芳齡(字季香)
(清・昌樂人)
[民國]昌樂縣續志 34/6
戴世寧(清・歙縣人)
[康熙]費縣 7/31
[光緒]費縣 3/55
戴世祥(清・慶雲人)
[民國三年]慶雲 2/75
戴華藻(清・壽州增貢生)
[宣統]東明續縣志 2/14
戴夢桂(明・濟陽人)
[康熙]山東 39/26
[雍正]山東 28/人物三 37
[宣統]山東 160/26
[康熙]濟南 40/8
[道光]濟南 51/48
[乾隆]濟陽 8/10
[民國]濟陽 11/6
戴世熙(字景和)
(清・鄆城人)
[光緒]鄆城 8/29
45 **戴坤**(清・陝西人)
[乾隆]膠州 4/23
[道光]重修膠州 23/10
[民國]增修膠志 18/9
46 **戴填**(字伯吹,號雲門)
(清・平度人)
[光緒]平度志要/人物
平度鄉土志 4 上/鄉賢
戴如星(明・鄆城人)
[崇禎]鄆城 6/18
[康熙]鄆城 6/25
[光緒]鄆城 8/23
47 **戴鶴敏**(字仙羽)
(清・濟寧人)
[民國]濟寧直隸州續志 14/12
48 **戴乾**(清・齊河人)
[道光]濟南 56/7
[雍正]齊河 8/14
[民國]齊河 26/4
戴翰宸(字西林)
(清・平度人)
[道光]重修平度州 19/17
平度鄉土志 4 上/鄉賢
戴增芳(字叢蘭,號心泉)
(清・平度人)
[道光]重修平度州 14/61
50 **戴中孚**(字木舟)
(清・昌樂人)
[民國]昌樂縣續志 27/4
戴春泉(字寅生)
(博興人)
[民國]重修博興 13/63
戴中倫(字伯常)
(清・博興人)
[民國]重修博興 13/58
戴中才(字養山)
(清・博興人)
[民國]重修博興 13/58
戴春成(字韶九)
(東平人)
[民國]東平縣 11/上 20
戴春顯(清・平度人)
[民國]平度縣續志 8/17,8/19
53 **戴盛聰**(字無聰)
(清・奉天人)
[宣統]山東 74/54
57 **戴邦寧**(字克靜)
(明・壽光人)
[民國]壽光 12/人物志一 49
60 **戴冕**(字從周)
(明・曹縣人)
[康熙]兗州府曹縣 13/9
[光緒]曹縣 13/8
戴田(字子方)
(清・冠縣人)
[道光]冠縣 8/上 26
[光緒]冠縣 8/孝義
[民國]冠縣 8/人物志 31
戴思訥(清・揚州人)
[乾隆]掖縣 3/48
戴景程(字雪門)
(清・博興人)
[民國]重修博興 13/58
戴景憑(字五席)
(清・濟寧人)
[乾隆]濟寧直隸州 26/22
[道光]濟寧直隸州 8/3－17
戴恩溥(字瞻原)
(清・平度人)

［宣統］山東補遺/15
［民國］平度縣續志 12/上 6,12/上 42
戴思遠（五代）
［光緒］益都縣圖志 16/16
戴國彬（清・鄆城人）
［光緒］鄆城 10/12
戴國杉（清・鄆城人）
［光緒］鄆城 8/29
戴國範（清・鄆城人）
［光緒］鄆城 16/28
62 **戴昕**（元・新泰人）
［天啟］新泰 6/19
［順治］新泰 5/24
［乾隆］新泰 16/5
64 **戴時**（元）
［康熙］嶧縣 3/17
［光緒］嶧縣 19/92
戴時宗（字宗道）（明・晉江人）
［康熙］濟寧州 4/4
67 **戴野**（漢・東郡人）
［崇禎］歷城 3/6
77 **戴隆**（字景昌）（明・金鄉人）
［民國］金鄉 13/9
戴賢（明・冠縣人）
［乾隆］東昌 42/18
［嘉慶］東昌 32/18
［嘉靖］冠縣 4/13
［萬曆］冠縣 4/36
［道光］冠縣 8/上 21
［光緒］冠縣 8/孝義
［民國］冠縣 8/人物志 26
戴鳳亭（字鳴岐）（清・鉅野人）
［民國］續修鉅野 5/上 25
戴居寶（字賢卿）（元・北海人）
［民國］濰縣志稿 30/49, 40/24
戴隆嘉（清・陽信人）
［康熙］濟南 48/14
［乾隆］武定府 26/30
［康熙］陽信 9/33
［乾隆］陽信 7/57
［民國］陽信 5/耆碩 56
信邑志稿 7/耆碩
戴用中（字朝萬）（清・金鄉人）
［民國］濟寧直隸州續志 14/10
［民國］金鄉 14/7
戴鳳翔（字仞千）（清・昌樂人）
［民國］昌樂縣續志 27/4
79 **戴勝**（明・朝城人）
［康熙］朝城 8/17
80 **戴養廉**（字靜嚴）（清・臨邑人）
［道光］臨邑 9/18
［同治］臨邑 9/文苑 4
戴金鼎（字調梅）（清・平度人）
［道光］重修平度州 19/9
［光緒］平度志要/人物
平度鄉土志 4 下/學問
戴金聲（清・朝城人）
［民國］朝城縣續志 1/32, 2/34
84 **戴鍈**（字柳泉）（清・濟寧人）
［宣統］山東 172/45
86 **戴錫泰**（字濟安）（臨沂人）
［民國］續修臨沂 5/11
87 **戴銘誥**（清・金鄉人）
［民國］濟寧直隸州續志 14/7
［民國］金鄉 14/8
88 **戴鑑**（字賦軒,號石坪）（清・濟寧人）
［宣統］山東 200/17
［道光］濟寧直隸州 8/4－23
［民國］濟寧直隸州續志 20/6
濟寧州鄉土志 2/耆舊
戴敏學（明・濟寧人）
［康熙］濟寧州 6/32
［乾隆］濟寧直隸州 24/32
［道光］濟寧直隸州 8/2－40
90 **戴炎**（明・澠池人）
［嘉靖］山東 26/19
［康熙］山東 33/22
［雍正］山東 27/39
［萬曆元年］兗州 38/循吏 46
［萬曆二十四年］兗州 29/6
［康熙］兗州 22/27
［乾隆］兗州 22/27
［道光］濟寧直隸州 6/6－34
［康熙］魚臺 15/12
［乾隆］魚臺 9/34
［光緒］魚臺 2/47
［嘉靖］冠縣 2/3
［萬曆］冠縣 2/3
［道光］冠縣 6/24
［光緒］冠縣 6/宦績
［民國］冠縣 6/34
戴惟中（元・蒲臺人）
［康熙］濟南 47/3
［乾隆］武定府 26/2
［咸豐］武定府 26/義行 2
［康熙］重修蒲臺 7/5
［乾隆］蒲臺 3/43
蒲臺縣鄉土志/21

4390_0 朮

17 **朮翼宗**（號石髮,又號雪崖子）（清・章邱人）
［乾隆］章邱 9/41
［道光］章邱 10/48
21 **朮虎高琪**（金）
［道光］章邱 13/23
朮虎通（金）
［康熙］濟南 50/5
［道光］濟南 47/49
［萬曆］章丘 30/68
［康熙］章丘 6/45
［乾隆］章邱 9/49
［道光］章邱 11/88
朮虎道（金）
［萬曆］章丘 30/68
［康熙］章丘 6/45
［乾隆］章邱 9/49
37 **朮潔**（字廉甫,號雙泉）（明・章邱人）
［道光］濟南 49/57

[道光]章邱 16/78

60 术甲良弼(金)

[宣統]山東 69/12

[嘉靖]青州 13/30

[萬曆]青州 12/22

[咸豐]青州 35/14

[康熙]益都 5/18

4395_3 棧

31 棧潛(字彥皇)

(魏・任城人)

[嘉靖]山東 30/30

[萬曆元年]兗州 40/諫議 11

[萬曆二十四年]兗州 32/7

[康熙]濟寧州 6/8

[乾隆]濟寧直隸州 23/8

[道光]濟寧直隸州 8/2－6

濟寧州鄉土志 2/耆舊

[康熙]滋陽 4/上 14

4410_0 封

00 封文林(清・費縣人)

[光緒]費縣 11/51

07 封詢(字景文)

(北齊・渤海蓨人)

[宣統]山東 67/19

10 封豆(北魏・代人)

[光緒]益都縣圖志 15/13

封元音(清・黃縣人)

[民國]黃縣志稿 13/清懿行

封元豫(字立齋)

(清・德州人)

[道光]濟南 56/80

德州鄉土志/耆舊 49

[光緒]德州志略/人物傳略

封靈祐(南北朝・渤海蓚人)

[光緒]益都縣圖志 15/6

12 封廷獻(字琛南)

(黃縣人)

[民國]黃縣志稿 13/民國懿行

封延伯(六朝・渤海人)

[乾隆]沂州府 27/14

[康熙]日照 10/13

封延之(字祖業)

(南北朝・渤海蓚人)

[光緒]益都縣圖志 15/12

17 封子繪(字仲藻)

(北魏・渤海蓨人)

[雍正]山東 27/73

[宣統]山東 67/7

[乾隆]武定府 16/3

[咸豐]武定府 19/3

[乾隆]惠民 5/9

[光緒]惠民 18/3

惠民縣鄉土志/政績錄 2

20 封孚(字處道)

(南燕・渤海蓚人)

[咸豐]青州 64/10

[光緒]益都縣圖志 53/1

22 封嵩(南燕・渤海人)

[咸豐]青州 64/11

[光緒]益都縣圖志 53/2

28 封從植(元・保定容城人)

[嘉靖]山東 26/15

[康熙]山東 33/18

[雍正]山東 27/36

[宣統]山東 69/29

[萬曆元年]兗州 38/循吏 38

[萬曆二十四年]兗州 28/20

[康熙]兗州 22/20

[乾隆]兗州 22/16

[乾隆]濟寧直隸州 22/49

[道光]濟寧直隸州 6/6－21

[順治]嘉祥 4/35

[乾隆]嘉祥 3/29

30 封宗良(字弼亭)

(清・德州人)

[民國]德縣 10/52

封永清(清・諸城人)

[光緒]增修諸城縣續志 18/4

封之旭(字曉東)

(清・德州人)

德州鄉土志/耆舊 51

封永年(字樂園)

(清・陽信人)

[民國]陽信 5/文學 13

封宗龠(字鄂亭)

(清・德州人)

[光緒]德州志略/人物傳略

[民國]德縣 10/55

德州鄉土志/耆舊 55

32 封兆衡(字夢禪)

(清・德州人)

[民國]德縣 10/60

35 封浩(字漢陽)

(清・陽信人)

[民國]陽信 5/文學 17

37 封洺(字易陽,號仲臨)

(清・陽信人)

[民國]陽信 5/文學 17

40 封希尹(字莘甫)

(清・德州人)

[光緒]德州志略/人物傳略

[民國]德縣 11/8

德州鄉土志/耆舊 54

封大受(字仲可,號棣堂,一號荻堂)

(清・德州人)

[光緒]德州志略/人物傳略

[民國]德縣 10/48

封大林(字鄧庵)

(清・德州人)

[光緒]德州志略/人物傳略

封嘉蕙(字蘭橋)

(清・德州人)

[民國]德縣 10/64

封大本(字授曾,號山木)

(清・德州人)

[民國]德縣 10/51

42 封壎之(字伯庵)

(清・陽信人)

[民國]陽信 5/文學 21

50 封肅(字元邕)

(北魏・渤海人)

[嘉靖]山東 29/8

[康熙]山東 39/7

[雍正]山東 28/人物一 61

[康熙]濟南 42/5

[乾隆]武定府 25/43

[咸豐]武定府 25/文苑 3

[萬曆]濱州 3/23

[康熙]濱州 7/28

濱州鄉土志/學問

[乾隆]惠民 6/4

[光緒]惠民 23/3

惠民縣鄉土志/耆舊錄 18

53 **封盛**(字景隆)
(明・博平人)
[正德]博平 4/68
58 **封敖**(字碩夫)
(唐・渤海蓚人)
[光緒]益都縣圖志 16/9
60 **封回**(字叔念)
(北朝・渤海蓚人)
[康熙]濟南 36/2
[道光]濟南 72/27
77 **封隆之**(字祖裔,小名皮)
(北魏・渤海蓚人)
[康熙]濟南 34/2
[道光]濟南 72/16
80 **封念祖**(清・德州人)
[光緒]德州志略/忠節傳略
[民國]德縣 11/2
86 **封錫輅**(字朝予,號盤嶼)
(清・陽信人)
[民國]陽信 5/文學 14
信邑志稿 7/文苑
陽信縣鄉土志上/耆舊－學問
99 **封瑩**(字襄陽)
(清・陽信人)
[民國]陽信 5/文學 17

4410_4 董

00 **董訪**(字季問)
(清・平原人)
[道光]濟南 56/91
[乾隆]平原 8/40
平原縣鄉土志輯稿/文學
董亮(明・陽穀人)
[光緒]陽穀 9/6
[民國]增修陽穀人物/仕宦 12
董讓(明・萊蕪人)
[民國]續修萊蕪 27/3
董辛(元・濟寧人)
[光緒]鄒縣續志 12/上 11
董應詔(明)
[萬曆]青州 12 又/又 10
董立元(字逢春)
(清・茌平人)
[宣統]茌平 18/2
[民國]茌平 3/隱逸 105
董應雷(字若水,號震澤)
(明・萊陽人)
[民國]萊陽 3/3 上傳志下 14
董文彩(字雲溪)
(明・順天人)
[宣統]山東 71/6
董文德(字伯潤)
(歷城縣人)
[民國]長清 4/11,12/26
董文化(字熙章)
(清・壽張人)
[道光]東阿 14/人物下 39
[光緒]壽張 6/54
董文偉(字虎章,號誠齋)
(清・壽張人)
[道光]東阿 14/人物下 39
[光緒]壽張 6/51
壽張縣鄉土志/耆舊－事業
董應魁(字殿元)
(清・長山人)
[嘉慶]長山 10/19
董文寀(字汝和,號澐溪)
(明・順天府人)
[康熙]濟南 25/51
[道光]濟南 36/11
[萬曆]章丘 21/74
[康熙]章丘 4/25
[乾隆]章邱 7/4
[道光]章邱 9/6,13/28
章邱縣鄉土志/上 8
董應祥(明・貴陽人)
[民國]續修鄒縣志稿/名宦
董文蔚(字彥華)
(元・真定藁城人)
[道光]濟南 34/23
董序蔚(字仲章)
(清・清平人)
[宣統]增輯清平 12/49
[民國]清平/人物 31
董序英(字育材)
(清・清平人)
[宣統]增輯清平 12/49
[民國]清平/人物 31
董應蒙(明・安丘人)
[康熙]續安丘 23/36
董京威(宋・衡陽人)
[嘉靖]山東 34/15
[康熙]山東 47/8
[雍正]山東 30/9
[宣統]山東 200/23
[嘉靖]青州 16/54
[萬曆]青州 17/11
[康熙十五年]青州 17/11
[康熙四十八年]青州 17/仙釋 6
[康熙六十年]青州 20/10
[乾隆]沂州府 27/12
[康熙十一年]蒙陰 2/65
[康熙二十四年]蒙陰 4/21
[宣統]蒙陰 4/方外
董文成(字魁章)
(長清人)
[民國]長清 12/14
董文思(字欽如)
(清・壽光人)
[嘉慶]壽光 14/14
[民國]壽光 12/人物志二 13
董廣居(清・茌平人)
[民國]茌平 3/106
董文用(字彥材)
(元・真定藁城人)
[嘉靖]山東 25/9
[康熙]山東 31/11
[雍正]山東 27/9
[康熙]濟南 24/16
[道光]濟南 34/23
董文炳(字彥明)
(元・真定藁城人)
[嘉靖]山東 25/9
[康熙]山東 31/10
[宣統]山東 69/14
[道光]濟南 34/22
[嘉靖]青州 13/31
[萬曆]青州 12/23
[康熙十五年]青州 12/23
[康熙四十八年]青州 12/23
[康熙六十年]青州 12/14
[咸豐]青州 35/19
[乾隆]沂州府 20/4
[萬曆二十四年]兗州 28/16

［康熙］兗州 22/16
［光緒］益都縣圖志 17/19
［民國］臨沂 7/69
董文炳（字蔚堂）
（長清人）
［民國］長清 4/17
03 **董誠**（元・青城人）
［乾隆］武定府 25/69
［咸豐］武定府 25/武功 5
［乾隆］青城 8/2
［民國］青城續修 4/人物 16
董誠（明・壽光人）
［嘉慶］壽光 13/2
董誠（明・壽光人）
［咸豐］青州 45/38
［康熙］壽光 25/2
［民國］壽光 12/人物志一 60
董謐（南北朝・東武城人）
［嘉靖］山東 31/5
［康熙］山東 41/4
04 **董訥**（字玆重，號默菴）
（清・平原人）
［雍正］山東 28/人物四 35
［宣統］山東 169/4
［道光］濟南 56/90
［乾隆］平原 8/6
平原縣鄉土志輯稿/鄉賢
07 **董調**（字玆鈞）
（清・平原人）
［道光］濟南 56/91
［乾隆］平原 8/39
平原縣鄉土志輯稿/文學
董諮（字克謀，一作克謨）
（明・壽光人）
［康熙］壽光 28/2
［嘉慶］壽光 15/2
［民國］壽光 12/人物志二 81
08 **董謙**（明・臨清人）
［乾隆］東昌 39/1
［康熙］臨清州 3/人物 7
［乾隆］臨清州 9/21
［乾隆］臨清直隸州 8/上 5
［民國］臨清縣/人物 3
董謙亨（字次元，號贅翁）
（清・壽光人）
［民國］壽光 12/人物志二 64
董效晉（東阿人）
［民國］東阿 15/18
董敦孝（清・章邱人）
［道光］章邱 11/83
09 **董麟**（明・萊陽人）
［民國］萊陽 3/1 中 10
10 **董雩**（字山南，一作山雲）
（清・鄞縣人）
［宣統］山東 77/32
萊州府鄉土志/上 29
［嘉慶］續掖縣 2/23
董瓌（清・茌平人）
［民國］茌平 3/94
董雲（明・恩縣人）
［宣統］重修恩縣 7/49
董三齊（字表渤，號膺賜）
（明・東明人）
［康熙］東明 6/22，8/下 12
［乾隆］東明 6/22，8/下 12
［民國］東明縣新誌 11/48，12/37
董元度（字曲江，號寄廬）
（清・平原人）
［宣統］山東 170/11
［道光］濟南 56/93
［民國］續修平原 10/上 22
董元亨（宋・東鹿人）
［嘉靖］山東 26/25
［康熙］山東 34/6
［雍正］山東 27/44
［宣統］山東 68/44
［萬曆］東昌 18/21
［乾隆］東昌 33/18
［嘉慶］東昌 20/30
［嘉靖］恩縣 7/4
［萬曆］恩縣 4/5
［宣統］重修恩縣 6/45
［民國］重修恩縣 10/61
董一元（元・宣府前衛人）
［民國］清平/藝文 38
清平縣鄉土志/耆舊
董玉琈（清・曹縣人）
［光緒］曹縣 14/行誼 34
董玉琳（明・陽穀人）
［康熙十二年］陽穀 3/7
［民國］增修陽穀人物/仕宦 5
董更化（清・高唐人）
［康熙十二年］高唐州 9/4
［康熙五十一年］高唐州 9/3
［民國］高唐縣 12/33
董一科（明・博興人）
［萬曆］福山 4/5
董賈侶（字同陽）
（清・濱州人）
［康熙］濱州 7/31
［咸豐］濱州 10/29
董雲程（字霽青）
（長清人）
［民國］長清 12/10
董三遷（明・昌邑人）
［康熙］昌邑 6/7
［乾隆］昌邑 5/134
董元福（清・東平人）
［乾隆］泰安府 18/60
［乾隆］東平州 15/6
［道光］東平州 15/6
［光緒］東平州 15/下 5
［民國］東平縣 11/中 25
董天裕（字星侯）
（清・涿州人，遷壽張）
［宣統］山東 200/14
［道光］東阿 14/人物下 39
［光緒］壽張 6/59
董元幨（字容萬）
（清・順天大興人）
［道光］東阿 14/人物下 39
董爾振（清・莒縣人）
［民國］重修莒志 66/7
董可成（字集大）
（清・威海衛人）
［光緒］增修登州 39/44
［乾隆］威海衛志 7/2
董可威（字嚴甫，號葆元）
（明・益都人）
［康熙十五年］青州 13/74
［康熙四十八年］青州 13/事功 58
［康熙六十年］青州 16/30
［康熙］益都 7/36
［光緒］益都縣圖志 36/11

董玉成(字允功)
(清・長清人)
[民國]長清 13/9
董丕昌(字紹敏)
(長清人)
[民國]長清 12/16
董丕恩(灌縣人)
[民國]長清 4/25
董玉民(清・滋陽人)
[宣統]山東 172/26
[乾隆]兗州 23/89
[康熙]滋陽 4/上 31
[光緒]滋陽 9/47
滋陽縣鄉土志 1/耆舊－實行
董元學(明・歷城人)
[道光]濟南 49/37
董雲興(字仁村)
(齊東人)
[民國]齊東 5/37
董天知(明・汶上人)
[萬曆]汶上 6/12
12 **董瑞玉**(字楚珍)
(清・臨沂人)
[乾隆]沂州府 27/7
[民國]臨沂 10/61
董廷獻(字伯宜)
(清・東平人)
[康熙]東平州續志 6/8
[乾隆]東平州 15/44
董瑞生(字少覃)
(清・鄒縣人)
[民國]續修鄒縣志稿/人物－耆舊
董延齡(清・茌平人)
[民國]茌平 3/106
董發祥(清・青城人)
[民國]青城續修 3/57
董發帷(字崇吾)
(明・定陶人)
[順治]定陶 5/18
[乾隆]定陶 6/12
[民國]定陶 6/16
董延楷(清・萊陽人)
[光緒]增修登州 39/36
[民國]萊陽 3/1 中 40
董廷楫(字松舟)
(清・博興人)
[民國]重修博興 13/39
13 **董琮**(明・蘭陽人)
[道光]濟南 36/29
[乾隆]淄川 4/又 28－1
[康熙四十三年]長山 3/宦績
[康熙五十五年]長山 3/31
[嘉慶]長山 5/40
董琮(清・茌平人)
[民國]茌平 3/93
董瑄(字獻白)
(清・茌平人)
[乾隆]東昌 43/9
[嘉慶]東昌 32/35
[宣統]茌平 15/1
[民國]茌平 3/111
董瑄(字又薛)
(清・章邱人)
[道光]濟南 54/13
[道光]章邱 11/50
14 **董璜**(清・長清人)
[道光]濟南 56/60
[道光]長清 13/8
董琦(明・恩縣人)
[乾隆]東昌 39/31
[嘉慶]東昌 29/15
[宣統]重修恩縣 8/24
[民國]重修恩縣 11/鄉賢 21
董琦(字天粹)
(明・陽信人)
[康熙]濟南 36/10
[乾隆]武定府 23/15
[咸豐]武定府 23/名臣 15
[康熙]陽信 9/6
[乾隆]陽信 7/5
[民國]陽信 5/宦蹟 8
信邑志稿 7/名臣
陽信縣鄉土志上/耆舊－事業,耆舊－鄉賢祠
15 **董建梅**(長清人)
[民國]長清 13/30
董建中(字湯民,號東岩)
(明・壽張人)
[康熙]兗州續編 15/26
[乾隆]兗州 23/40
[康熙六年]壽張 7/11
[康熙五十六年]壽張 7/11
[光緒]壽張 6/45
16 **董璟**(明・徽州人)
[宣統]山東 72/20
[萬曆]沂州志 6/13
[乾隆]沂州府 20/7
[康熙]郯城 6/4
[乾隆]郯城 7/24
董理(明・東阿人)
[乾隆]泰安府 18/38
[康熙五十四年]東阿 7/24
[道光]東阿 14/人物下 27
董理(字燮卿)
(明・新泰人)
[乾隆]泰安府 18/26
[乾隆]新泰 16/6
新泰縣鄉土志/24
董硯田(清・慶雲人)
[民國三年]慶雲 2/76
17 **董鼐**(明・通州人,一作同州人)
[嘉靖]山東 27/18
[雍正]山東 27/71
[宣統]山東 73/36
[萬曆]萊州 5/75
[康熙]萊州 8/53
[乾隆]萊州 9/23
[康熙]膠州 5/5
[乾隆]膠州 4/8
[道光]重修膠州 22/2
[民國]增修膠志 17/2
膠州直隸州鄉土志 3/政績－聽訟
董鼐(字梅公)
(清・江南江都人,一作奉天人)
[雍正]山東 27/112
[宣統]山東 75/43
[乾隆]武定府 16/13
[咸豐]武定府 19/13
[康熙]堂邑 8/8
堂邑縣鄉土志/政績錄
[乾隆]惠民 5/22
[光緒]惠民 18/15

惠民縣鄉土志/政績錄 8
董尋(三國・河東人)
[乾隆]東昌 34/7
[嘉慶]東昌 21/26
[嘉慶]清平 13/2
[宣統]增輯清平 11/1
[民國]清平/秩官 27
[宣統]三續淄川 9/40
董承孟(長清人)
[民國]長清 12/17
董子信(清・昌邑人)
[乾隆]萊州 11/善行 3
[乾隆]昌邑 6/176
董承寬(字容齋)
(清・清平人)
[民國]清平/人物 36
董子洱(字界清)
(清・壽光人)
[民國]壽光 12/人物志一 86
董君藩(字維卿)
(齊東人)
[民國]齊東 5/36
董瑤林(字瑞芝,別號柳湖)
(德縣人)
[民國]德縣 10/80
董子莊(明・樂安人)
[宣統]山東 161/30
[民國]續修廣饒 19/11
董召棠(字蔭南)
(清・高唐人)
[民國]高唐縣 12/21
20 董伉(字以巽)
(清・益都人)
[康熙]益都 9/9
[光緒]益都縣圖志 41/8
董維讓(清・諸城人)
[道光]諸城縣續志 19/14
董重儒(字楷生)
(清・陽信人)
[乾隆]陽信 7/28
[民國]陽信 5/孝友 68
信邑志稿 7/孝友
陽信縣鄉土志上/耆舊－事業
董維城(明・洛陽人)
[民國]增修陽穀名宦/3
董維城(明・城武人)
[康熙九年]城武 3/25
[康熙四十一年]城武 5/下義烈 5
[道光]城武 9/下 46
董集坤(香河人)
[民國]高唐縣卷首
董維幹(清・平原人)
[民國]續修平原 6/20
董維成(字立之)
(清・莒縣人)
[民國]重修莒志 65/6
董重捷(明・雄縣人)
[乾隆]博山志稿/14
21 董經(字秉哲)
(清・曹縣人)
[光緒]曹縣 14/行誼 32
董儒(明・清平人)
[乾隆]兗州 22/28
[乾隆]濟寧直隸州 22/51
[道光]濟寧直隸州 6/6－35
[乾隆]魚臺 9/43
[光緒]魚臺 2/47
董睿(字聖思)
(清・泰安人)
[乾隆二十五年]泰安縣 12/31
[乾隆四十七年]泰安縣 10/上 28
[道光]泰安縣 9/上 80
[民國]重修泰安縣 8/35
泰安縣鄉土志/耆舊 15
董貞(明・濟陽人)
[道光]濟南 51/52
[萬曆]濟陽 8/5
[乾隆]濟陽 8/20
[民國]濟陽 11/24
董上新(字奠素)
(清・臨清人)
[乾隆]東昌 41/22
[乾隆]臨清州 9/40
[乾隆]臨清直隸州 8/上 27
[民國]臨清縣/人物 89
董步雲(清・順天大興附貢)
[光緒]嶧縣 19/職官下 24
董行已(字大來)
(清・歷城人)
[乾隆]歷城 40/22
董衍昶(清・茌平人)
[民國]茌平 12/89
董衍祚(字在中,號需菴)
(清・三韓人)
[宣統]山東 75/13
[道光]濟南 38/20
[康熙五十五年]長山 3/39
[嘉慶]長山 5/47
董占鰲(字奎亭)
(清・恩縣人)
[宣統]重修恩縣 8/45
[民國]重修恩縣 11/鄉賢 52
22 董仙(金・高苑人)
[康熙]高苑 5/8
董繼聖(字仲良)
(清・茌平人)
[宣統]茌平 14/11
[民國]茌平 3/90
董繼禧(清・高唐人)
[民國]高唐縣 12/52
董繼志(清・費縣人)
[光緒]費縣 11/43
董繼志(字慰堂)
(清・寧陽人)
[光緒]寧陽 15/17
董樂中(清・諸城人)
[光緒]增修諸城縣續志 15/4
董繼昇(字鵬飛)
(元・順德路人)
[宣統]山東 69/27
[乾隆]泰安府 14/35
[順治]平陰 8/上 5
[光緒]平陰 4/3
平陰縣鄉土志/6
董繼曾(清・鉅野人)
[民國]續修鉅野 5/上 30
23 董傅(字良弼)
(清・平原人)
[道光]濟南 56/93
董俊(明・山西太原人)
[嘉靖]山東 27/17
[雍正]山東 27/70
[宣統]山東 73/30

[萬曆]萊州 5/68
[康熙]萊州 8/27
[乾隆]萊州 9/12
萊州府鄉土志/上 14
[嘉慶]續掖縣 2/18
董允正(見董允貞)
董允貞(字兆先)
(清・平原人)
[雍正]山東 28/人物四 32
[道光]濟南 56/90
[乾隆]平原 8/6
平原縣鄉土志輯稿/鄉賢
董允禎(見董允貞)
董允友(清・濮州人)
[宣統]濮州 6/11
董允茂(號豸章)
(明・浙江慈谿人)
[宣統]山東 70/27
[康熙]濟南 24/32
[道光]濟南 35/36
[崇禎]歷城 6/16
董允恩(明・蓬萊人)
[道光]重修蓬萊 9/6
[民國]蓬萊縣志合編人物志/功業
董獻策(明・萊陽人)
[康熙]萊陽 8/17
24 **董儲**(宋・安丘人)
[宣統]山東 161/14
[道光]濟南 34/5
[萬曆]青州 15/7
[康熙十五年]青州 15/7
[康熙六十年]青州 18/3
[咸豐]青州 41/29
[乾隆]歷城 34/2
[萬曆]安丘 27/59
安丘縣鄉土志 8/耆舊錄 5
董偉(字贊五)
(清・曹縣人)
[光緒]曹縣 14/行誼 25
董緒(明・濱州人)
[乾隆]武定府 24/20
[咸豐]武定府 24/循良 10
[康熙]濱州 7/5
[咸豐]濱州 10/7
濱州鄉土志/耆舊錄
董化貞(字兆先)
(清・浙江山陰人)
[雍正]山東 27/109
[宣統]山東 76/52
[乾隆]東昌 35/30
[乾隆]夏津 6/37
董化禎(見董化楨)
董化楨(清・山陰人)
[乾隆]東昌 33/37
[嘉慶]東昌 21/5
[康熙]聊城 2/7
[宣統]聊城 6/2－6
董德厚(東平人)
[民國]東平縣 11/上 25
25 **董純**(字元祖)
(漢・淳于人)
[康熙]杞紀 18/11
董純(字素村,號樸園)
(清・鄒縣人)
[宣統]山東 172/12
[光緒]鄒縣續志 12/上 6
鄒縣鄉土志耆舊錄/23
董伸(字超菴)
(清・曹縣人)
[光緒]曹縣 14/行誼 33
董种(漢・琅邪人)
[宣統]山東 66/30
董朱袞(字繡章)
(清・青城人)
[民國]青城續修 3/56,4/藝文下 15
董純一(明・合肥人)
[同治]重修寧海州 15/4
董積躬(字師道)
(金・青城人,一作濟南人)
[嘉靖]山東 25/22,29/17
[康熙]山東 32/10,39/15
[雍正]山東 28/人物二 50
[宣統]山東 161/19
[康熙]濟南 41/7
[道光]濟南 47/43
[康熙]泰安州 2/45
[乾隆]泰安府 14/25
[乾隆]武定府 24/13
[咸豐]武定府 24/循良 2
[崇禎]歷乘 16/12
[崇禎]歷城 10/8
[乾隆]歷城 36/2
[乾隆二十五年]泰安縣 10/30
[乾隆四十七年]泰安縣 8/26
[道光]泰安縣 10/3
[民國]重修泰安縣 6/57
[萬曆]青城 1/55
[乾隆]青城 8/1
[民國]青城續修 4/人物 16
董傳賢(清・茌平人)
[宣統]茌平 28/3
[民國]茌平 3/75
董仲舒(漢・廣川人)
[嘉靖]山東 27/13,29/2
[康熙]山東 37/1,39/2
[雍正]山東 11/闕里二 24,28/人物一 4
[宣統]山東 162/2
[康熙]濟南 32/4
[道光]濟南 45/13
[乾隆]兗州 7/36
[萬曆]萊州 5/53
[康熙]萊州 8/3
[乾隆]萊州 9/1
[康熙]膠州 5/1,7/15
[乾隆]膠州 4/1
[嘉靖]德州 3/1
[萬曆]德州 9/33
[康熙]德州 8/1
[民國]德縣 10/2
[萬曆]諸城 7/47
[康熙]諸城 7/84
26 **董峋**(字秀峯)
(清・嘉祥人)
[咸豐]濟寧直隸州續志 3/11
[民國]濟寧直隸州續志 14/13
[光緒]嘉祥 3/48
董得全(明・河間人)
[光緒]文登 5/35
27 **董侗**(長清人)
[民國]長清 13/28

董岣(號樵雲)
(清·直隸豐潤人)
[宣統]山東 76/32
[道光]城武 6/39
董叔度(清·歷城人)
[乾隆]歷城 42/7
董督正(字少平)
(長清人)
[民國]長清 12/24
董佩玉(字象文)
(清·惠民人)
[光緒]惠民 22/6
惠民縣鄉土志/耆舊錄 15
董仰吾(明·蒙陰人)
[康熙十一年]蒙陰 2/53
董象琚(清·諸城人)
[光緒]增修諸城縣續志 17/10
董佩衡(清·奉天人)
[道光]鉅野 10/28
董紹先(清·濮州人)
[宣統]濮州 6/19
董叔量(清·歷城人)
[乾隆]歷城 42/7
董向明(禹城人)
[民國]禹城 6/27
28 董從(字大同)
(明·萊蕪人)
[民國]萊蕪 20/9
[民國]續修萊蕪 34/11
董倫(字安常)
(明·恩縣人)
[宣統]山東 159/1
[萬曆]東昌 19/47
[乾隆]東昌 39/27
[嘉慶]東昌 29/11
[萬曆]恩縣 6/又 31
[宣統]重修恩縣 8/20,9/58
[民國]重修恩縣 11/鄉賢 17,12/上 80
恩縣鄉土志/18
董倫(明·范縣人)
[乾隆]曹州府 15/2
[萬曆]濮州 3/鄉賢 35
董儀(明·德平人)
[康熙]德平 3/19

董徵(字文發)
(南北朝·頓丘衛國人)
[嘉靖]山東 31/6
[康熙]山東 41/4
[雍正]山東 28/人物一 54
[宣統]山東 162/23
[乾隆]曹州府 14/11
[嘉靖]濮州 5/6
[萬曆]濮州 3/鄉賢 7
[康熙]濮州 3/38
[乾隆]濮州 3/39
[宣統]濮州 4/45
[康熙]觀城 4/21
[道光]觀城 8/2
觀城縣鄉土志/耆舊
董復亨(明·北直元城人)
[康熙]山東 32/17
[雍正]山東 27/28
[宣統]山東 71/6
[康熙]濟南 25/60
[道光]濟南 36/11
[康熙]章丘 4/26
[乾隆]章邱 7/5
[道光]章邱 9/7
章邱縣鄉土志/上 5
董作孚(清·牟平人)
[同治]重修寧海州 17/24
[民國]牟平 7/16
董以鏞(一名第恭)
(清·萊陽人)
[民國]萊陽 3/1 中 73
29 董倓(字默涵)
(清·曹縣人)
[光緒]曹縣 14/行誼 3
董秋原(清)
[道光]鉅野 24/8
30 董安(字時勉)
(明·嘉祥人)
[乾隆]嘉祥 2/36
董淳(字性樸)
(清·鄆城人)
[康熙]鄆城 6/21
[光緒]鄆城 8/10
董富(明·江南壽州人)
[乾隆]沂州府 17/29
董進(元·高苑人)

[萬曆]青州 15/22
[康熙十五年]青州 15/21
[康熙四十八年]青州 15/武功 8
[康熙六十年]青州 16/46
董進(元·即墨人)
[道光]重修膠州 21/4
[民國]增修膠志 16/3
[光緒]益都縣圖志 28/31,34/7
[同治]即墨 9/8
高密縣鄉土志/上 7
董進(元·新城人)
[嘉靖]青州 15/47
[咸豐]青州 42/4
[康熙]濟南 43/15
[道光]濟南 48/18
[康熙]高苑 5/8
[乾隆]高苑 5/10
[天啟]新城 7/武秩
[崇禎]新城 7/武秩
[民國]重修新城 13/4
董良(明·萊蕪人)
[康熙]新修萊蕪 6/8
董實(元)
[同治]黄縣 6/3
董宣(字少平)
(漢·陳留圉人)
[嘉靖]山東 25/15
[康熙]山東 32/2
[雍正]山東 27/51
[宣統]山東 66/28
[嘉靖]青州 13/10
[萬曆]青州 12 又/1
[康熙十五年]青州 12 又/1
[康熙四十八年]青州 12 又/1
[康熙六十年]青州 12/3
[咸豐]青州 34/5
[康熙]濰縣 5/名宦 1
[乾隆]濰縣 3/37
[民國]濰縣志稿 20/2
濰縣鄉土志/9
董宣(字朝用)
(明·菏澤人)
[康熙]曹州志 15/59
[光緒]菏澤 15/53

［光緒］新修菏澤 10/34
董永（漢・千乘人）
［嘉靖］山東 32/5
［康熙］山東 42/5
［雍正］山東 28/人物一 17
［嘉靖］青州 15/13
［萬曆］青州 14/11
［康熙十五年］青州 14/又 12
［康熙四十八年］青州 14/孝友 1
［康熙六十年］青州 17/8
［咸豐］青州 64/9
［乾隆］武定府 25/1
［咸豐］武定府 25/孝友 1
［萬曆］樂安 15/5
［雍正］樂安 12/4
［民國］樂安 10/2，13/11
［康熙十二年］博興 6/6
［康熙六十年］博興 7/24
［康熙五十五年］長山 6/28
［嘉慶］長山 9/1
［乾隆］惠民 5/50
［光緒］惠民 21/1
惠民縣鄉土志/耆舊錄 6
［民國］續修廣饒 19/3
董宇（明・莘縣人）
［乾隆］東昌 42/17
［嘉慶］東昌 32/17
［光緒］莘縣 7/39
［民國］莘縣 7/29
莘縣鄉土志/孝友 23
董憲章（明・陽穀人）
［康熙十二年］陽穀 4/2
［康熙］陽穀 4/2
［光緒］陽穀 7/1
［民國］增修陽穀人物/善行 36
董家訓（清・蒲臺人）
蒲臺縣鄉土志/18
董永正（見董永禎）
董富經（清・濮州人）
［宣統］濮州 6/32
董永和（字英華）（清平人）
［民國］清平/人物 80
董永禎（字康安，號西平）（清・新城人）
［道光］濟南 55/70
［宣統］新城縣後志 2/武功
董良法（清・鄆城人）
［光緒］鄆城 16/30
董良材（長清人）
［民國］長清 12/20
董之華（字夏衡）（清・樂陵人）
樂陵縣鄉土志 3/48
董家相（明・威海衞人）
［乾隆］威海衞志 7/4
董良幹（字子溫）（高密人）
［民國］高密 14/上 33
董守中（字君庸）（元・莘人）
［嘉靖］山東 27/17
［康熙］山東 37/4
［宣統］山東 161/24
［萬曆］萊州 5/65
［康熙］萊州 8/25
［乾隆］萊州 9/9
［萬曆］即墨志 6/12
［康熙］纂修即墨/下 8
［乾隆］即墨 8/4
［同治］即墨 8/4
即墨縣鄉土志/政績錄
董宗顒（明・廣靈人）
［乾隆］東昌 34/19，44/23
［嘉慶］東昌 22/10
［康熙］臨清州 3/人物 28
［乾隆］臨清州 12/7
［乾隆］臨清直隸州 8/上 82
［嘉靖］冠縣 2/2
［萬曆］冠縣 2/3
［道光］冠縣 6/24
［民國］冠縣 6/34
［光緒］冠縣 6/宦績
董良性（清・遼東人）
［嘉慶］慶雲 7/34
［咸豐］慶雲 2/30
［民國三年］慶雲 1/92
31 **董濬**（明・樂安人）
［康熙］濟南 25/41
［咸豐］武定府 19/利津 3
［康熙］利津縣新志 7/4
董濬（清・莒縣人）
［嘉慶］莒州 10/1
［民國］重修莒志 62/3
董逌（字彥遠）（明・東平人）
［道光］東平州 14/11
［光緒］東平州 15/中 16
［民國］東平縣 11/上 36
東平州鄉土志上/耆舊錄 40
董福祥（字瑞亭）（昌樂人）
［民國］昌樂縣續志 27/7
32 **董兆晉**（清・諸城人）
［光緒］增修諸城縣續志 14/5
董兆瑨（字瑞忱）（榮成人）
［民國］莘縣 3/18
董兆瑞（字子蘭）（清・陽穀人）
［民國］增修陽穀人物/善行 51
董兆鳳（字岐山）（清・陽信人）
［民國］陽信 5/文學 26
33 **董梁**（明・東阿人）
［道光］東阿 14/人物下 26
董心印（明・天津人）
［康熙］費縣 3/6
董心印（清・蓬萊人）
［康熙］蓬萊 5/24
［道光］重修蓬萊 9/33
［民國］蓬萊縣志合編人物志/行誼
34 **董法玉**（元・諸城人）
［康熙］諸城 7/58
董漢江（字濯亭）（清・莒縣人）
［民國］重修莒志 65/29
董汝瀚（字子匯，號西嶼）（明・益都人）
［康熙］山東 42/24
［萬曆］青州 13/56
［康熙十五年］青州 13/56
［康熙四十八年］青州 13/

事功 39
[康熙六十年]青州 16/19
[咸豐]青州 44/20
[康熙]益都 7/15
[光緒]益都縣圖志 35/6
35 **董連**(清・高唐人)
[嘉慶]東昌 31/14
[道光]高唐州 5/2－3
[光緒]高唐州 5/2－3
[民國]高唐縣 12/76
高唐州鄉土志/22
董清鸞(明)
[雍正]文登 8/10
[道光]文登 5/20
[光緒]文登 12/5
董清濯(清・清平人)
[民國]清平/人物 55
36 **董泗泉**(字筠青)
(長清人)
[民國]長清 12/8
董泗清(字秋泉)
(長清人)
[民國]長清 12/27
董澤蒲(字竹溪,號墅南)
(清・新城人)
[宣統]新城縣後志 3/文苑
新城縣鄉土志/耆舊－清
董遇春(明・平原人)
[道光]濟南 52/62
[乾隆]平原 8/12
平原縣鄉土志輯稿/孝義
董遇時(明・虹縣人)
[光緒]增修登州 37/28
[康熙]寧海州 9/3
[光緒]文登 7/下 11
[民國]文登 7/下 11
[乾隆]威海衛志 6/11
董祝令(清・長清人)
[道光]濟南 56/59
[道光]長清 12/14
37 **董涵**(字子枚)
(清・漢軍鑲藍旗人)
[宣統]山東 76/28
[民國]朝城縣續志 1/22,2/31
朝城縣鄉土志/6
董瀾(清・浙江鄞縣進士)
[光緒]寧津 6/29
寧津縣志料 3/人物－名宦
寧津縣鄉土志/政績
董潤(字濟時)
(明・濟寧人)
[康熙]濟寧州 6/36
[乾隆]濟寧直隸州 24/14
[道光]濟寧直隸州 8/2－30
董通(明・萊陽人)
[民國]萊陽 3/1 中 13
董漁(字海門)
(清・鄒縣人)
[光緒]鄒縣續志 12/中 18
董逢霖(字潤生)
(清平人)
[民國]清平/人物 75
董冠軍(清・昌邑人)
[光緒]昌邑縣續志 6/22
董淑昌(字景白,號蓮齋)
(清・滋陽人)
[宣統]山東 172/10
[乾隆]兗州 23/84
[光緒]滋陽 8/42
滋陽縣鄉土志 1/耆舊－鄉賢
董冠卿(清・魚臺人)
[光緒]魚臺 3/耆碩又 2
38 **董肇彰**(字進光)
(清・平原人)
[民國]續修平原 6/4
董祚豐(明・虹縣人)
[光緒]增修登州 37/28
[乾隆]威海衛志 6/11
董祚遠(字九如)
(清・威海衛人)
[光緒]增修登州 43/41
[乾隆]威海衛志 8/4
[道光]文登 5/19
[光緒]文登 8/下 21
董道東(自號不夜)
(清・萊陽人)
[光緒]增修登州 43/32
[同治]重修寧海州 21/9
[民國]牟平 7/117
[道光]文登 5/27
董祚昌(字克荷)
(清・曹縣人)
[光緒]曹縣 14/行誼 25
董肇彤(字龍光,號已堂)
(清・平原人)
[民國]續修平原 6/3
40 **董李**(字仲植)
(明・益都人)
[萬曆]益都 6/95
[康熙]益都 9/49
董樵(字亦樵,一字樵谷,原名震起)
(明・萊陽人)
[宣統]山東 167/17
[乾隆]續登州 10/12
[光緒]增修登州 43/32
[同治]重修寧海州 21/9
[雍正]文登 10/2
[道光]文登 5/27
[民國]萊陽 3/1 中 86,3/3 上傳志上 38
[民國]牟平 7/117
[道光]榮成 8/8,9/32
董檀(字樂園)
(清・壽光人)
[嘉慶]壽光 14/20
[民國]壽光 12/人物志二 13
董友(元・霑化人)
[光緒]增修登州 24/17
[康熙]寧海州 7/7
[同治]重修寧海州 12/5,17/6
[民國]牟平 7/7,9/19
董嘉謨(明・山西澤州人)
[宣統]山東 72/24
[萬曆]青州 12/49
[康熙十五年]青州 12/49
[康熙四十八年]青州 12/49
[康熙六十年]青州 12/34
[乾隆]沂州府 20/11
[康熙二十四年]蒙陰 3/11
[宣統]蒙陰 3/宦績
董大醇(字映珊)
(清・順天大興人)
[宣統]山東 75/8
[道光]濟南 38/13

［道光］鄒平 14/25
［民國］鄒平 14/25
董士玉（字縝堂，號蘊谷）
（清・樂安人）
［民國］續修廣饒 19/71
董士儐（明・萊陽人）
［民國］萊陽 3/1 中 71
董克忠（元・萊蕪人）
［康熙］濟南 40/4
［乾隆］泰安府 16/72
［嘉靖］萊蕪 6/2
［康熙］新修萊蕪 6/24
［民國］續修萊蕪 20/1
萊蕪縣鄉土志/13
董克長（清・博興人）
［民國］重修博興 13/56
董希賢（明・莒縣人）
［乾隆］沂州府 26/8
［雍正］莒州 9/30
［嘉慶］莒州 9/24
［民國］重修莒志 62/1
董大年（字眉叔）
（富陽人）
［民國］重修商河 6/76
董大智（長清人）
［民國］長清 13/29
董士欽（字敬亭）
（清・莒縣人）
［民國］重修莒志 67/11
董希舒（字蓬瀾）
（清・博平人）
［宣統］山東 174/21
［乾隆］東昌 40/21
［嘉慶］東昌 30/22
［宣統］茌平 14/8
［民國］茌平 3/74
董志舒（字漢亭，號汜東）
（清・淄川人）
［道光］濟南 54/76
41 **董柯**（清・鄒縣人）
［光緒］鄒縣續志 12/中 5
42 **董彬**（明・淄川人）
［嘉靖］淄川 5/74
44 **董藩**（字价人，號松溪）
（清・壽光人）
［民國］壽光 12/人物志二 49
董棨（明・東平人）
東平州鄉土志上/耆舊錄 40
董基（字巢雄）
（明・掖縣人）
［康熙］山東 44/11
［雍正］山東 28/人物三 51
［宣統］山東 159/31
［康熙］萊州 10/38
［乾隆］萊州 10/23
［乾隆］掖縣 4/26
［道光］掖乘 4
董楠（清・益都人）
［萬曆］青州 15/12
［康熙十五年］青州 15/12
［康熙四十八年］青州 15/
文學 12
［康熙六十年］青州 18/6
［萬曆］益都 6/94
［康熙］益都 9/35
董蘧（字知非）
（清・平原人）
［道光］濟南 56/93
［民國］續修平原 10/上 4
董芸（字香草，號書農）
（清・平原人）
［道光］濟南 56/94
［民國］續修平原 10/上 22
董植（字靜培）
（明・陽穀人）
［康熙］陽穀 4/16
［光緒］陽穀 9/1
［民國］增修陽穀人物/善
行 34
董世彥（明・鈞陽人）
［崇禎］歷乘 16/64
董樹立（字屏藩）
（清・曹縣人）
［光緒］曹縣 14/行誼 9
董世功（字懋修）
（清・長山人）
［嘉慶］長山 8/15
董世僖（字樂亭）
（清・寧陽人）
［咸豐］寧陽 13/35
［光緒］寧陽 13/35
董樹魁（清・新泰人）
［乾隆］新泰 17/人物上增 3
新泰縣鄉土志/21
董世傑（字漢三）
（清・寧陽人）
［咸豐］寧陽 13/38
［光緒］寧陽 13/38
董芳桂（清・蒲臺人）
［光緒］重修蒲臺 3/7
蒲臺縣鄉土志/14
董桂芳（明）
［萬曆］蒲臺志 8/12
董其振（字公麟）
（清・定陶人）
［乾隆］定陶 6/24
［民國］定陶 6/46
董其成（字欽鄰）
（明・寧陽人）
［咸豐］寧陽 13/44
［光緒］寧陽 13/55
董其成（字巍功）
（清・茌平人）
［宣統］茌平 15/1
［民國］茌平 3/111
董其昌（字元宰，號思白）
（明・華亭人）
［乾隆］武定府 26/43
［咸豐］武定府 26/寓賢 3
［光緒］霑化 10/33
［民國］霑化 3/13
董葵陽（明・威海衛人）
［光緒］增修登州 43/37
董夢曾（清・定陶拔貢）
［道光］武城續編 9/2
［民國］增訂武城續編 9/1
董萬鎰（字君平）
（清・惠民人）
［光緒］惠民 24/5
董世榮（金・高苑人）
［康熙］高苑 5/9
45 **董椿**（清・漢軍正黃旗人）
［宣統］山東 74/39
［道光］濟南 37/56
董坤（明・高唐人）
［乾隆］東昌 42/26
［嘉慶］東昌 32/22
［乾隆］高唐州續志 2/6

[道光]高唐州 5/2－9
[光緒]高唐州 5/2－12
[民國]高唐縣 12/7
46 **董槐**(明・萊陽人)
[民國]萊陽 3/1 中 11
董槐(字午卿)
(清・浙江秀水人)
[光緒]昌邑縣續志 5/17
董恕(字子行)
(清・樂陵人)
[乾隆]武定府 25/59
[咸豐]武定府 25/文苑 19
[乾隆]樂陵 6/30
樂陵縣鄉土志 3/25
董相(明・長清人)
[道光]長清 11/25
董槐庭(字蔚廬)
(清・滋陽人)
[光緒]滋陽 9/8
董如漪(清・青城人)
[民國]青城續修 3/58
董如威(字子儀)
(清・青城人)
[道光]濟南 62/7
[嘉慶]長山 10/36
47 **董朝紳**(字書農,號際虞)
(清・新城人)
[宣統]新城縣後志 2/宦績
[民國]桓臺 3/20
新城縣鄉土志/耆舊－清
董朝宗(明・青城人)
[乾隆]武定府 26/5
[咸豐]武定府 26/義行 5
[萬曆]青城 2/4
[乾隆]青城 8/10
[民國]青城續修 4/人物 21
董鶴年(字遐齡,號松谷)
(清・清平人)
[嘉慶]清平 14/36
[宣統]增輯清平 12/37
[民國]清平/人物 21,藝文 43
清平縣鄉土志/耆舊
48 **董敬**(明・萊蕪人)
[民國]續修萊蕪 27/3
董敬(清・齊河人)
[民國]齊河 23/70
董翰臣(明・壽光人)
[民國]壽光 12/人物志二 71
50 **董秦**(唐)
[嘉靖]濮州 7/8
董申(字重菴)
(清・掖縣人)
[光緒]三續掖縣 2/10
董素(字秋原)
(清・平原人)
[民國]續修平原 6/3
董泰(明・嘉祥人)
[順治]嘉祥 4/42
[乾隆]嘉祥 3/36
[光緒]嘉祥 3/44
董忠(元)
[乾隆]樂陵 4/46
董中言(明・蒙陰人)
[萬曆]青州 13/53
[康熙十五年]青州 13/53
[康熙四十八年]青州 13/事功 36
[康熙六十年]青州 18/5
[康熙十一年]蒙陰 2/2
董本仁(字季容)
(清・江蘇常州人)
[宣統]山東 76/27
觀城縣鄉土志/政績
董素書(字樸齋)
(清・壽光人)
[民國]壽光 12/人物志二 94
董中鰲(字巨一)
(清・齊河人)
[民國]齊河 26/36
董書田(長清人)
[民國]長清 12/17
董惠棠(字思普)
(清・高唐人)
[民國]高唐縣 12/23
51 **董振秀**(字健華)
(清・平原人)
[雍正]山東 28/人物四 31
[宣統]山東 169/17
[康熙]濟南 35/31
[道光]濟南 52/62,56/90
[乾隆]平原 8/4
平原縣鄉土志輯稿/鄉賢
董振鼇(清・平原人)
[民國]續修平原 10/上 11
董振民(明・肥城人)
[嘉慶]肥城 17/20
[光緒]肥城
肥城縣鄉土志 5/15
董振鐸(字竹樓)
(清・漢軍旗舉人)
[宣統]濮州 4/35
[光緒]嶧縣 19/職官下 28
[光緒]泗水縣鄉土志/6
52 **董揆一**(清・曹縣人)
[光緒]曹縣 14/行誼 34
53 **董摶霄**(見董摶霄)
55 **董摶霄**(字孟起)
(元・磁州人)
[嘉靖]山東 26/17
[康熙]山東 33/20
[雍正]山東 27/37
[宣統]山東 69/17
[道光]濟南 34/23
[萬曆元年]兖州 38/循吏 40
[萬曆二十四年]兖州 28/15
[康熙]兖州 22/15
[乾隆]兖州 22/14
[乾隆]曹州府 12/13
[康熙]濟寧州 7/1
[乾隆]濟寧直隸州 21/17
[道光]濟寧直隸州 6/6－14
[光緒]益都縣圖志 17/21
[萬曆]鉅野 6/6
[康熙]鉅野 10/6
[道光]鉅野 10/18
57 **董邦政**(字克平)
(明・陽信人)
[康熙]濟南 40/10
[乾隆]武定府 25/72
[咸豐]武定府 25/武功 8
[康熙]陽信 9/7
[乾隆]陽信 7/6
[民國]陽信 5/宦蹟 9
信邑志稿 7/武功
陽信縣鄉土志上/耆舊－事業
董蟾秋(字含香,一作寒香)

（清・壽光人）
［咸豐］青州 46/46
［康熙］壽光 23/3
［民國］壽光 12/人物志一 31
58 **董掄賢**（清・章邱人）
［道光］濟南 54/21
［道光］章邱 11/70
60 **董昌**（字文隆，號東溪）
（明・歷城人）
［道光］濟南 49/17
［乾隆］歷城 37/26
董思端（字履齋）
（清・平原人）
［道光］濟南 56/92
［乾隆］平原 8/41
平原縣鄉土志輯稿/文學
董唯一（字曉堂，號古愚，又號虛谷）
（清・博興人）
［民國］重修博興 13/42
董思瑞（字履齋）
（清・平原人）
［乾隆］平原 8/41
董國瓚（字在中，號清河）
（清・長清人）
［道光］濟南 56/52
［道光］長清 12/3
董思任（字予肩）
（清・平原人）
［道光］濟南 56/93
［乾隆］平原 8/32
平原縣鄉土志輯稿/循吏
董思儼（字維章）
（清・平原人）
［道光］濟南 56/92
［乾隆］平原 8/31
平原縣鄉土志輯稿/循吏
董思凝（字養齋）
（清・平原人）
［道光］濟南 56/91
［乾隆］平原 8/30
平原縣鄉土志輯稿/循吏
董國柱（字擎宇）
（明・廬江人）
［光緒］增修登州 37/9
［康熙］寧海州 9/5
［同治］重修寧海州 21/3
［民國］牟平 7/82
董恩懋（字勉齋）
（清・平原人）
［乾隆］平原 8/15
董思恭（字桂川，一字溎川，號雨亭）
（清・壽光人）
［咸豐］青州 47/27
［民國］壽光 12/人物志二 50
董思懋（字勉齋）
（清・平原人）
［道光］濟南 56/92
平原縣鄉土志輯稿/孝義
董思敬（字翼齋）
（清・平原人）
［道光］濟南 56/92
董思敬（字君修）
（清・諸城人）
［道光］諸城縣續志 19/13
董國光（字士彥，號翼明）
（明・滕縣人）
［康熙］滕志 7/55
［康熙］滕縣志 7/49
［道光］滕縣志 7/42
滕縣鄉土志/19
62 **董則喻**（字儆我，號心如）
（明・河南光州人）
［宣統］山東 72/13
［康熙］濟寧州 4/59
［乾隆］濟寧直隸州 22/19
［道光］濟寧直隸州 6/6－26
64 **董曉**（字震明）
（清・掖縣人）
［光緒］三續掖縣 2/11
董時升（字臬戀）
（清・麻城人）
［乾隆］夏津 6/11
董時達（明・萊陽人）
［民國］萊陽 3/1 中 9
65 **董映**（明・章邱人）
［道光］章邱 10/29
66 **董嚴**（明・臨清人）
［康熙］臨清州 3/人物 6
［乾隆］臨清州 9/21
［乾隆］臨清直隸州 8/上 5
［民國］臨清縣/人物 3
董貺璽（清・介休舉人）
［康熙］鄒平 4/20
［嘉慶］鄒平 14/16
［道光］鄒平 14/16
［民國］鄒平 14/16
67 **董昭**（字公仁）
（三國・濟陰定陶人）
［嘉靖］山東 30/12
［康熙］山東 40/13
［雍正］山東 28/人物一 27
［宣統］山東 154/21
［萬曆二十四年］兗州 32/4
［乾隆］曹州府 14/7
［順治］定陶 5/11
［乾隆］定陶 6/5
［民國］定陶 6/5
董昭（清・壽光人）
［民國］壽光 12/人物志一 88
董嗣諶（字疑始）
（明・萊陽人）
［光緒］增修登州 39/29
［康熙］萊陽 8/26
［民國］萊陽 3/1 中 23
董昭群（清・茌平人）
［宣統］茌平 15/10
［民國］茌平 3/111
董嗣樸（字長白）
（明・萊陽人）
［康熙］萊陽 8/26
［民國］萊陽 3/1 中 23，3/1 中 85
董昭坡（清・茌平人）
［民國］茌平 3/106
71 **董臣**（清・魚臺人）
［乾隆］魚臺 11/45
［光緒］魚臺 3/28
董厥修（明・長清人）
［宣統］山東 161/52
董長祥（清・寧津人）
［光緒］寧津 8/30
寧津縣志料 3/人物－孝行
董長楷（字聽泉）
（清・鄒縣人）
［光緒］鄒縣續志 12/上 7
鄒縣鄉土志耆舊錄/23

董長樞(字書門)
(清・鄒縣人)
[光緒]鄒縣續志 12/上 9
鄒縣鄉土志耆舊錄/21
董長栻(字羨門)
(清・鄒縣人)
[光緒]鄒縣續志 12/上 9
鄒縣鄉土志耆舊錄/21
董長春(字大椿)
(清・壽光人)
[民國]壽光 12/人物志一 36
董長榮(字向村)
(清・鄒縣人)
[光緒]鄒縣續志 12/上 6
鄒縣鄉土志耆舊錄/19
74 **董隨**(明・東平人)
[乾隆]泰安府 17/7
[康熙]東平州 3/49
[乾隆]東平州 14/25
[道光]東平州 14/25
[光緒]東平州 15/中 51
[民國]東平縣 11/中 18
77 **董卿**(字虞雲)
(明・浙江永嘉人)
[宣統]山東 71/46
[乾隆]武定府 16/35
[咸豐]武定府 19/濱州 4
[康熙]濱州 5/20
[咸豐]濱州 8/6
濱州鄉土志/政績錄
董興(明・諸城人)
[萬曆]青州 15/46
[康熙十五年]青州 15/46
[康熙四十八年]青州 15/卓行 6
[康熙六十年]青州 18/16
[咸豐]青州 43/3
[萬曆]諸城 7/27
[康熙]諸城 7/48
[乾隆]諸城 39/1
諸城縣鄉土志/上 42
董貫一(字曾唯)
(清・博興人)
[民國]重修博興 13/42
董居仁(金・寧海人)
[光緒]文登 8/上 3
董學健(字乾甫)
(清・陽穀人)
[民國]增修陽穀人物/師道 22
董鵬翱(字翔九)
(清・直隸昌黎人)
[宣統]山東 75/26
[道光]濟南 38/33
[道光]滕縣志 6/宦績 40
滕縣鄉土志/11
[民國]禹城 3/53
董同寅(字肅堂)
(清・益都人)
[光緒]益都縣圖志 41/23
董學安(清・魚臺人)
[光緒]魚臺 3/孝義又 1
董同心(字治臣)
(清・莒縣人)
[民國]重修莒志 65/33
董鳳翥(字雲翔)
(清・新城人)
[宣統]新城縣後志 3/耆壽
董殿揚(清・恩縣人)
[宣統]重修恩縣 8/37
[民國]重修恩縣 11/鄉賢 42
恩縣鄉土志/24
董學易(字義絢)
(牟平人)
[民國]牟平 7/25
78 **董鑒平**(字鏡如)
(清・諸城人)
[光緒]增修諸城縣續志 20/5
董臨莊(清・滋陽人)
[光緒]滋陽 9/23
80 **董並**(漢・陳留人)
[康熙]臨淄 8/1
[民國]臨淄 18/2
董善(明・合肥人)
[光緒]增修登州 37/10
[嘉靖]寧海州下/26
[同治]重修寧海州 15/3
[民國]牟平 6/75
董義(金・高苑人)
[康熙]高苑 5/8
董鏞(字亞笙)
(清・金鄉人)
[民國]金鄉 13/續增 5
董毓衡(字霍嵒)
(清・長清人)
[民國]長清 13/7
董義嶺(長清人)
[民國]長清 13/30
董全業(清・德州人)
[康熙]德州 6/9
董毓楠(字讓亭)
(清・壽光人)
[民國]壽光 12/人物志一 92
董毓英(清・鄒縣人)
[光緒]鄒縣續志 12/中 2
鄒縣鄉土志耆舊錄/27
董養中(字建公)
(清・樂陵人)
[乾隆]武定府 25/56
[咸豐]武定府 25/文苑 16
[乾隆]樂陵 6/28
董毓鎬(字鎮西)
(清・長清人)
[民國]長清 13/7
董養性(字邁公)
(清・樂陵人)
[康熙]濟南 42/32
[乾隆]武定府 25/39
[咸豐]武定府 25/儒林 9
[乾隆]樂陵 6/25,8/9,8/19
樂陵縣鄉土志 3/23
82 **董釗**(明・陽信人)
[康熙]陽信 8/20
董鍾(字希和)
(明・蕪湖人)
[民國]文登 7/上 12
83 **董鉞**(明・蒲州人)
[道光]濟南 36/29
[康熙五十五年]長山 3/31
[嘉慶]長山 5/40
84 **董鎮**(字仲威)
(明・萊陽人)
[嘉靖]山東 35/7
[康熙]山東 45/20
[泰昌]登州 11/39
[順治]登州 17/17
[光緒]增修登州 43/30

[康熙]萊陽 8/22
[民國]萊陽 3/1 中 70
董鎮華(字岳西)
(清・陽信人)
[民國]陽信 5/任恤 30
86 **董錦**(字君衣)
(明・北直東明人)
[宣統]山東 72/15
[乾隆]泰安府 15/14
[萬曆二十四年]兗州 29/12
[康熙]兗州 22/33
[康熙]兗州續編 14/16
[乾隆]兗州 22/29
[乾隆]濟寧直隸州 22/50
[道光]濟寧直隸州 6/6－33
[康熙]東明 6/18,8/下 1
[乾隆]東明 6/18,8/下 1
[民國]東明縣新誌 11/25,12/31
[康熙五十四年]東阿 3/34
[道光]東阿 11/10
[光緒]東阿縣鄉土志 2/11
[順治]嘉祥 4/36
[乾隆]嘉祥 3/30
[光緒]嘉祥 3/38
董智(明・陽穀人)
[光緒]陽穀 9/6
[民國]增修陽穀人物/仕宦 11
董錦章(字蔚堂,又字葦塘,號襄邨,又號寓園)
(掖縣人)
[民國]四續掖縣 4/70,6/43
董錫爵(字用賓)
(明・嘉祥人)
[康熙]山東 45/10
[順治]嘉祥 4/41
[乾隆]嘉祥 3/34
[光緒]嘉祥 3/42
董錫純(利津人)
[民國]利津縣續志 7/忠烈 1
董錫齡(字九我)
(清・孟縣舉人)
[民國]重修商河 6/70
商河縣鄉土志 1/政績
董錫蕃(字書卿,號椒生)
(清・鄒縣人)
[民國]續修鄒縣志稿/人物－耆舊
87 **董銘孝**(廣饒人)
[民國]續修廣饒 19/82
88 **董符**(字合一,一字合乙)
(清・壽光人)
[嘉慶]壽光 13/13
[民國]壽光 12/人物志一 83
董鑑道(字德新,號文波)
(清・德州人)
[民國]德縣 10/49
90 **董炫**(明・樂安人)
[萬曆]福山 4/19
[康熙]福山 7/33
董光純(明・安邱人)
[順治]登州 18/25
[康熙]蓬萊 6/5
[道光]重修蓬萊 2/34
[民國]蓬萊縣志合編人物志/仙釋
[民國]增修蓬萊 2/仙釋
董懷泉(明・真定人)
[康熙二十四年]蒙陰 4/21
董懷沆(字滄池)
(平原人)
[民國]續修平原 8/24
董光裕(明・高唐人)
[乾隆]東昌 43/27
[嘉慶]東昌 32/44
[乾隆]高唐州續志 2/5
[道光]高唐州 5/1－18
[光緒]高唐州 5/1－18
[民國]高唐縣 12/33
董惟城(明・洛陽人)
[康熙十二年]陽穀 3/3
[康熙]陽穀 3/2
[光緒]陽穀 5/1
董常泰(字履安)
(清・定陶人)
[民國]定陶 6/30
董光照(字樂天)
(清・高唐人)
[光緒]高唐州 5/2－36
[民國]高唐縣 12/45
董光輝(字文清)
(清・高唐人)
[民國]高唐縣 12/54
91 **董炳**(字其文)
(清・鄒縣人)
[民國]續修鄒縣志稿/人物－耆舊
鄒縣鄉土志耆舊錄/22
董恒(字新侯)
(清・青城人)
[咸豐]武定府 25/孝友 38
[乾隆]青城 8/12,12/22
[民國]青城續修 4/人物 22,4/藝文上 34
93 **董煊**(清・蒙陰人)
[康熙十一年]蒙陰 2/33
董煊(字仲宣,號梅溪)
(清・鄒縣人)
[民國]續修鄒縣志稿/人物－耆舊
董熔(清・昌邑人)
[乾隆]昌邑 6/176
97 **董燦**(字耀天)
(清・陽信人)
[民國]陽信 5/文學 17
董煥(明・陽穀人)
[康熙十二年]陽穀 3/11
董煥庚(字西橋)
(清・蓬萊人)
[民國]蓬萊縣志合編人物志/行誼
98 **董慊**(字靜巖)
(明・壽光人)
[嘉慶]壽光 13/28
[民國]壽光 12/人物志一 59
99 **董榮**(元)
[乾隆]淄川 4/又 28－1
董瑩(字會星)
(恩縣人)
[民國]重修恩縣 11/鄉賢 82

4410_7 蓋

00 **蓋玄齡**(明・萊陽人)
[民國]萊陽 3/1 中 20
蓋方泌(字季源,號春舫)
(清・蒲臺人)

[宣統]山東 171/41
[咸豐]武定府 25/武功 10,35/誌銘 37
[光緒]重修蒲臺 3/2,4/58
10 **蓋爾倬**(字卓人)(利津人)
[民國]利津縣續志 7/儒行 4
蓋爾佶(字吉人)(利津人)
[民國]利津縣續志 7/儒行 5
蓋爾佑(字右人)(利津人)
[民國]利津縣續志 7/儒行 5
蓋爾佐(字左人)(利津人)
[民國]利津縣續志 7/儒行 5
蓋天賜(清・萊陽人)
[民國]萊陽 3/1 中 27
12 **蓋瑞**(明・萊陽人)
[康熙]萊陽 8/20
[民國]萊陽 3/1 中 57
14 **蓋瑾**(明・三原人)
[乾隆]黃縣 12/4
[同治]黃縣 6/8
[民國]黃縣志稿 11/宦績
17 **蓋君玉**(元・嘉祥人)
[順治]嘉祥 4/28
[乾隆]嘉祥 3/19
[光緒]嘉祥 3/20
蓋子厚(明・博興人)
[康熙十五年]青州 14/18
[康熙四十八年]青州 14/孝友 8
[康熙六十年]青州 17/13
[康熙十二年]博興 6/6
[康熙六十年]博興 7/24
[道光]博興 11/20
[民國]重修博興 13/17
18 **蓋玠**(清・利津人)
[乾隆]利津縣志補 4/28
[光緒]利津 8/孝友 3
20 **蓋儁**(後魏・魯郡人)
[康熙]山東 45/7
[雍正]山東 28/人物一 55
[萬曆二十四年]兗州 37/1
[康熙]兗州 28/30
[乾隆]兗州 23/23
[乾隆]曲阜 80/3
蓋重熙(字皞臣)(清・利津人)
[民國]利津縣續志 7/儒行 3
21 **蓋仁**(明・萊陽人)
[泰昌]登州 11/40
[順治]登州 17/18
22 **蓋仙翁**(漢)
[民國]臨淄 30/42
23 **蓋允恭**(清・奉天海州人)
[宣統]三續淄川 9/48
25 **蓋傑**(明・萊陽人)
[光緒]增修登州 43/30
[民國]萊陽 3/1 中 78
27 **蓋象軾**(字小泉)(利津人)
[民國]利津縣續志 7/儒行 5
蓋象轍(字穎濱)(利津人)
[民國]利津縣續志 7/儒行 5
蓋紹曾(清・萊陽人)
[民國]萊陽 3/1 中 46
28 **蓋綸之**(字裕甫)(清・蒲臺人)
蒲臺縣鄉土志/19
30 **蓋進**(宋・臨淄人)
[道光]滕縣志 12/藝文上 73
蓋寬饒(字次公)(漢・魏郡人)
[道光]滕縣志 7/7
33 **蓋梁**(字虹江)(明・陵縣人)
[康熙]濟南 44/19
[道光]濟南 52/30
[康熙]德州 8/19
[乾隆]德州 9/15
德州鄉土志/耆舊 8
[民國]德縣 10/13
[光緒]陵縣 19/人物傳一 18
陵縣鄉土志/15
35 **蓋澧之**(字蘭洲)(清・蒲臺人)
[宣統]山東補遺/36
37 **蓋通**(金・萊陽人)
[民國]萊陽 3/1 中 2
蓋洵彥(萊陽人)
[民國]萊陽 3/1 中 55
38 **蓋祥**(明・博興人)
[康熙十五年]青州 14/18
[康熙四十八年]青州 14/孝友 8
[康熙六十年]青州 17/13
[康熙十二年]博興 6/6
[康熙六十年]博興 7/24
[道光]博興 11/20
[民國]重修博興 13/17
蓋道先(清・昌樂人)
[咸豐]青州 49/2
[嘉慶]昌樂 22/8
40 **蓋嘉賓**(字萬曉)(清・利津人)
[咸豐]武定府 26/義行 32
[光緒]利津 8/義行 5
蓋太祥(字建宇)(清・陽信人)
[乾隆]陽信 7/56
[民國]陽信 5/耆碩 54
信邑志稿 7/耆碩
44 **蓋苗**(字耘夫,一作芸夫)(元・大名元城人)
[嘉靖]山東 31/27
[康熙]山東 41/21
[雍正]山東 27/36
[宣統]山東 69/16,29/29
[道光]濟南 34/27
[嘉靖]青州 13/32
[萬曆]青州 12/24
[康熙十五年]青州 12/24
[康熙六十年]青州 12/14
[咸豐]青州 64/31
[萬曆二十四年]兗州 28/19
[康熙]兗州 22/19
[乾隆]兗州 22/15
[乾隆]曹州府 12/13

[康熙]臨清州 3/人物 14
[乾隆]臨清州 9/20
[乾隆]臨清直隸州 8/上 4
[道光]濟寧直隸州 6/6－17
[光緒]益都縣圖志 54/9
[康熙六十年]博興 7/8
[隆慶]單縣上/32
[康熙]單縣 6/9
[乾隆]單縣 4/55
[民國]單縣 6/宦蹟 15
[民國]臨清縣/人物 2

蓋世勳(清・萊陽人)
[光緒]增修登州 46/9
[民國]萊陽 3/1 中 53

蓋世福(清・博興人)
[咸豐]青州 46/43
[康熙六十年]博興 7/27
[道光]博興 11/27
[民國]重修博興 13/26

53 蓋威(明・萊陽人)
[光緒]增修登州 50/1
[康熙]萊陽 8/20
[民國]萊陽 3/1 中 57

蓋咸成(清・萊陽人)
[光緒]增修登州 68/16
[民國]萊陽 3/1 中 74

64 蓋時敏(字志學,號西村)
(金・臨清人)
[嘉靖]山東 34/13
[康熙]山東 47/5
[宣統]山東 200/28
[萬曆]東昌 22/9
[乾隆]東昌 44/8
[康熙]臨清州 3/人物 33
[乾隆]臨清州 12/12

80 蓋公(漢・膠西人)
[至元]齊乘 6/8
[嘉靖]山東 33/1
[康熙]山東 44/1
[宣統]山東 167/1
[萬曆]青州 14/33
[康熙十五年]青州 14/33
[康熙四十八年]青州 14/隱逸 7
[康熙六十年]青州 20/1
[萬曆]萊州 6/16
[康熙]萊州 10/82
[乾隆]萊州 11/隱逸 1
[康熙]膠州 5/21,6/14
[乾隆]膠州 5/33
[民國]臨淄 29/20
[萬曆]諸城 7/1
[康熙]諸城 7/1
[萬曆]安丘 22/32
[康熙]杞紀 18/12
安丘縣鄉土志 4/耆舊錄 1
高密縣鄉土志/上 42

81 蓋鉦(字式如,號怡人)
(清・蒲臺人)
[咸豐]武定府 34/傳 14
[光緒]重修蒲臺 3/5,4/61

83 蓋釴(明・博興人)
[康熙十二年]博興 6/7
[康熙六十年]博興 7/25
[道光]博興 11/21
[民國]重修博興 13/18

84 蓋錡(字毓奇)
(清・蒲臺人)
蒲臺縣鄉土志/20

86 蓋鈿(明・樂陵人)
[順治]樂陵 6/7

89 蓋鏻(字力旃)
(清・蒲臺人)
[宣統]山東 171/49
[光緒]重修蒲臺 4/72

藍

00 藍竟(清・即墨人)
[同治]即墨 9/33
即墨縣鄉土志/耆舊－事業四

藍章(字文繡,號大勞山翁)
(明・即墨人)
[嘉靖]山東 33/12
[康熙]山東 44/10
[雍正]山東 28/人物三 17
[宣統]山東 160/19
[萬曆]萊州 5/103
[康熙]萊州 10/29
[乾隆]萊州 10/16
[萬曆]即墨志 8/5
[康熙]纂修即墨/下 20
[乾隆]即墨 9/3
[同治]即墨 9/3
即墨縣鄉土志/耆舊－事業一

藍應桂(字芷林,號蘅墀)
(清・浙江定海人)
[宣統]山東 76/2
[道光]濟寧直隸州 6/7－77
濟寧州鄉土志 1/政績

10 藍再茂(字青初,號雨蒼)
(明・即墨人)
[乾隆]萊州 11/孝義 5
[乾隆]即墨 9/14
[同治]即墨 9/14
即墨縣鄉土志/耆舊－事業二

12 藍瑞(字珝同,號信庵)
(明・曹縣人)
[乾隆]曹州府 15/12
[康熙]兗州府曹縣 13/21,17/57
[光緒]曹縣 13/20,17/藝文 55

藍瑞(字伯麟)
(明・河南鄧州人)
[雍正]山東 27/61
[咸豐]青州 36/14
[光緒]益都縣圖志 18/22

20 藍秀(字文奇)
(明・曹縣人)
[康熙]兗州府曹縣 13/33
[光緒]曹縣 13/32

20 藍重蕃(字念宗,號半園)
(清・即墨人)
[同治]即墨 9/50
即墨縣鄉土志/耆舊－事業四

21 藍順方(字信甫)
(清・即墨人)
[同治]即墨 9/23
即墨縣鄉土志/耆舊－事業二

24 藍仕寀(字官九)
(清・即墨人)
[同治]即墨 9/35
即墨縣鄉土志/耆舊－事

業四
25 **藍縷道人**(明·高密人)
[雍正]山東 30/21
[康熙]高密 8/29
[乾隆]高密 10/32
[光緒]高密 10/43
[民國]高密 16/33
高密縣鄉土志/下 10
28 **藍復秦**(字子葉,號少庵)
(明·曹縣人)
[康熙]兗州府曹縣 13/39
[光緒]曹縣 13/37
31 **藍福盛**(字世榮)
(明·即墨人)
[乾隆]即墨 9/20
[同治]即墨 9/26
即墨縣鄉土志/耆舊-事業四
32 **藍近任**(字仲遜,號仁舉)
(明·曹縣人)
[乾隆]曹州府 15/19
[康熙]兗州府曹縣 13/46
[光緒]曹縣 13/44,17/藝文傳 1
曹縣鄉土志/耆舊錄
藍近倫(字明仲)
(清·曹縣人)
[康熙]兗州府曹縣 14/11
[光緒]曹縣 14/人物 9
藍近儀(字季政,號載抑)
(清·曹縣人)
[康熙]兗州府曹縣 14/33
[光緒]曹縣 14/人物 30
藍沂華(字孟題)
(清·浙江定海人)
[民國]臨淄 18/13
[民國]續修平原 5/17
37 **藍潤**(原名滋,字海重,號鳧渚)
(清·即墨人)
[康熙]山東 44/12
[雍正]山東 28/人物四 11
[宣統]山東 177/39
[康熙]萊州 10/46
[乾隆]萊州 10/30
[乾隆]即墨 9/16
[同治]即墨 9/17
即墨縣鄉土志/耆舊-事業一
藍深(字毓宗,號明水)
(清·即墨人)
[雍正]山東 28/人物四 39
[宣統]山東 177/39
[乾隆]萊州 10/33
[乾隆]即墨 9/15
[同治]即墨 9/17
即墨縣鄉土志/耆舊-事業二
38 **藍啟延**(字益元,號延陵)
(清·萊州人)
[乾隆]萊州 10/36
[乾隆]即墨 9/17
[同治]即墨 9/19
即墨縣鄉土志/耆舊-事業二
藍道行(明·膠州人)
[康熙]萊州 10/88
[乾隆]萊州 12/方術 1
[道光]重修膠州 31/6
[民國]增修膠志 48/12
[同治]即墨 12/6
藍啟肅(字恭元,號惕菴)
(清·萊州人)
[乾隆]萊州 11/孝義 10
[乾隆]即墨 9/24
[同治]即墨 9/30
即墨縣鄉土志/耆舊-事業四
藍啟晃(字復元,號惺菴)
(清·即墨人)
[乾隆]即墨 9/24
[同治]即墨 9/30
即墨縣鄉土志/耆舊-事業四
40 **藍志藎**(清·即墨舉人)
[宣統]蒙陰 3/宦績
44 **藍芝**(字子瑞,號鶴山)
(明·即墨人)
[乾隆]即墨 9/32
[同治]即墨 9/47
即墨縣鄉土志/耆舊-事業四
50 **藍中高**(字季登,號海莊)
(清·即墨人)
[同治]即墨 9/50
即墨縣鄉土志/耆舊-事業四
60 **藍國**(字京甫)
(明·即墨人)
[同治]即墨 9/10
藍田(字玉甫,號北泉)
(明·即墨人)
[康熙]山東 44/10
[雍正]山東 28/人物三 34
[宣統]山東 163/31
[萬曆]萊州 5/105
[康熙]萊州 10/32
[乾隆]萊州 10/19
[萬曆]即墨志 8/6
[康熙]纂修即墨/下 20
[乾隆]即墨 9/4
[同治]即墨 9/4
即墨縣鄉土志/耆舊-事業一
藍品(清·江西廬陵人)
[宣統]山東 76/18
[乾隆]沂州府 20/17
[宣統]蒙陰 3/宦績
藍因(字徵甫,號東泉)
(明·即墨人)
[乾隆]即墨 9/29
[同治]即墨 9/41
即墨縣鄉土志/耆舊-事業二
藍思繼(字克志,號述泉)
(明·即墨人)
[雍正]山東 28/人物三 69
[康熙]萊州 10/65
[乾隆]萊州 11/孝義 5
[乾隆]即墨 9/21
[同治]即墨 9/27
即墨縣鄉土志/耆舊-事業四
藍昌後(字斯頤,一作斯貽)
(清·即墨人)
[道光]濟南 38/45
[乾隆]德州 8/13
[民國]德縣 9/11

德州鄉土志政績錄/2
[乾隆]即墨 9/26
[同治]即墨 9/32
即墨縣鄉土志/耆舊-事業二

77 藍用和(字介軒)
(清·即墨人)
[同治]即墨 9/51
即墨縣鄉土志/耆舊-事業二

87 藍銅(字宗濟,號東村)
(明·即墨人)
[乾隆]即墨 9/20
[同治]即墨 9/26
即墨縣鄉土志/耆舊-事業四

4411_2 范

00 范廣(字嗣臯)
(明·霑化人)
[乾隆]武定府 24/25
[咸豐]武定府 24/循良 15
[光緒]霑化 7/10
[民國]霑化 2/4

范廣(字仲將)
(晉·南陽順陽人)
[嘉靖]山東 26/22
[康熙]山東 34/2
[雍正]山東 27/41
[宣統]山東 66/39
[乾隆]東昌 33/38
[嘉慶]東昌 21/7
[順治]堂邑 2/職官 2
[康熙十一年]堂邑 2/名宦 2
[康熙]堂邑 11/3

范廣(明·泰安人)
[乾隆四十七年]泰安縣 10/上 19
[道光]泰安縣 9/上 71
[民國]重修泰安縣 8/24

范康(見苑康)

范廉(明·黃縣人)
[乾隆]沂州府 26/12
[康熙]黃縣 6/23

范廉(清·費縣人)
[康熙]費縣 7/12

范彥(元·霑化人)
[光緒]霑化 9/14
[民國]霑化 2/71

范廕(字恪齋)
(明·霑化人)
[光緒]霑化 7/11
[民國]霑化 2/5

范廣讓(字佩瑾)
(清·日照人)
[光緒]日照 8/31

范文子(名燮)
(春秋·衛人)
[嘉靖]山東 28/17
[康熙]山東 38/17
[萬曆]東昌 18/1
[嘉靖]濮州 4/13
[萬曆]濮州 4/衛人 7
[康熙]濮州 1/66

范應侯(清·陝西富平人)
[宣統]山東 76/14
[康熙]費縣 3/6
[光緒]費縣 3/55

范應宣(明·高密人)
[乾隆]高密 8/上 32
[光緒]高密 8/上 50
[民國]高密 14/上 61
高密縣鄉土志/上 43

范慶祖(元·堂邑人)
[乾隆]東昌 42/4
[嘉慶]東昌 32/5
[順治]堂邑 2/人物 18
[康熙十一年]堂邑 2/人物 7
[康熙]堂邑 16/9
堂邑縣鄉土志/耆舊錄

范應選(字繼川)
(清·陽信人)
[民國]陽信 5/耆碩 58

范應奎(字賓陽)
(明·益都人)
[康熙]山東 45/19
[雍正]山東 28/人物三 13
[宣統]山東 165/16
[咸豐]青州 45/31
[康熙]益都 9/50
[光緒]益都縣圖志 41/6

范立權(字柄臣)
(寧津人)
寧津縣志料 3/人物-義行

范文華(字叔光)
(清·山西洪洞人)
海豐縣鄉土志/政績

范文若(明·上海人)
[宣統]山東 72/11
[康熙]兗州續編 14/24
[乾隆]兗州 22/31
[康熙]續修汶上 4/宦績 1

范應芳(明·莘縣人)
[民國]莘縣 6/16

范應林(清·高唐人)
[民國]高唐縣 12/35

范育時(字景運)
(清·黃縣人)
[同治]黃縣 8/20
[民國]黃縣志稿 13/清文學

范彥第(明·洛陽人)
[康熙]莒州下/18

范文煜(字鄰華)
(清·泰安人)
[乾隆四十七年]泰安縣 10/上 21
[道光]泰安縣 9/上 73
[民國]重修泰安縣 8/25

范文燦(清·泰安人)
[乾隆四十七年]泰安縣 10/上 32
[道光]泰安縣 9/上 84
[民國]重修泰安縣 8/38
泰安縣鄉土志/耆舊 17

01 范龍光(字五輝)
(清·諸城人)
[道光]諸城縣續志 19/10

02 范端(字簡夫)
(明·如臯人)
[康熙]兗州府曹縣 9/36
[光緒]曹縣 9/官職 8

03 范斌(明·榆次人)
[乾隆]東昌 35/18
[嘉慶]東昌 22/22
[嘉靖]高唐州 5/5
[康熙十二年]高唐州 7/7

[康熙五十一年]高唐州7/7
[道光]高唐州7/1－7
[光緒]高唐州7/1－7
[民國]高唐縣9/5－4
07 范諷(字補之)
(宋・齊州人)
[嘉靖]山東26/9
[康熙]山東33/11
[雍正]山東28/人物二36
[康熙]濟南35/5
[道光]濟南34/7,47/25
[乾隆]泰安府14/15
[咸豐]青州35/4
[萬曆元年]兗州38/循吏29
[萬曆二十四年]兗州28/2
[康熙]兗州22/2
[康熙]濟寧州6/16
[康熙]曹州志7/38
[乾隆]曹州府12/9
[乾隆]東平州12/12
[道光]東平州12/12
[光緒]東平州14/12
[崇禎]歷乘16/8
[崇禎]歷城10/5
[乾隆]歷城35/25
[順治]平陰5/21
[光緒]平陰4/1
平陰縣鄉土志/5
[康熙]淄川4/5
[乾隆]淄川4/5,4/又28－1
淄川縣鄉土志/政績錄
[民國]東平縣9/7
[光緒]益都縣圖志16/27
[光緒]菏澤7/名宦3
[光緒]新修菏澤8/5
[萬曆]鉅野7/18
[康熙]鉅野11/14
[道光]鉅野12/20
[順治]鄒平4/8
[康熙]鄒平4/7
08 范謙亨(明・魚臺人)
[康熙]兗州續編15/10
[乾隆]兗州23/55
[乾隆]濟寧直隸州26/38
[道光]濟寧直隸州8/3－36
[康熙]魚臺17/6
[乾隆]魚臺11/14
[光緒]魚臺3/8
范許珍(字聘席)
(清・浙江天臺人)
[宣統]山東75/48
樂陵縣鄉土志2/10
10 范正(明・濰縣人)
[乾隆]沂州府17/30
[民國]濰縣志稿32/19
范玉珍(清・濮州人)
[宣統]濮州3/91
范正辭(字直道)
(宋・齊州人)
[嘉靖]山東25/20,29/14
[康熙]山東32/8,39/15
[雍正]山東28/人物二23
[宣統]山東161/15
[康熙]濟南41/5
[道光]濟南34/6,47/24
[萬曆]武定州10/6
[崇禎]武定州7/7
[崇禎]歷乘16/8
[崇禎]歷城10/5
[乾隆]歷城35/23
[嘉靖]淄川6/76
[萬曆]淄川27/5
[康熙]淄川4/4
[乾隆]淄川4/4
范天息(明・商河人)
[咸豐]武定府25/孝友又9
[道光]商河7/24
[民國]重修商河8/36
商河縣鄉土志2/耆舊－事業
范于殷(字銘吾)
(明・霑化人)
[康熙]濟南38/17
[乾隆]武定府23/47
[咸豐]武定府23/忠節17
[光緒]霑化7/6
[民國]霑化2/18
范元寀(字念修)
(明・霑化人)
[光緒]霑化9/1
[民國]霑化2/53
范元甯(字乂甫)
(清・霑化人)
[光緒]霑化10/16
[民國]霑化2/89
范元憲(字載真)
(明・霑化人)
[光緒]霑化10/6
[民國]霑化2/78
范元澤(元・東平人)
[宣統]山東161/26
[嘉靖]青州13/34
[萬曆]青州12/25
[康熙十五年]青州12/25
[康熙四十八年]青州12/25
[康熙六十年]青州12/15
[咸豐]青州35/22
范三道人(清・寧津人)
寧津縣志料3/人物－方外
范玉林(清・無棣人)
[民國]無棣13/17
海豐縣鄉土志/耆舊－事業五
范可棟(字丈六)
(清・黃縣人)
[康熙]黃縣6/24
[民國]黃縣志稿13/明
范可畏(字勖吾)
(清・陽信人)
[康熙]濟南44/37
[乾隆]武定府25/15
[咸豐]武定府25/孝友15
[康熙]陽信9/17
[乾隆]陽信7/26
[民國]陽信5/孝友50
信邑志稿7/孝友
范天賜(見范天錫)
范元昭(字華普)
(清・陽信人)
[民國]陽信5/任恤32
范可興(字振吾)
(清・陽信人)
[民國]陽信5/義俠77
范雲會(字作霖)
(清・霑化人)
[光緒]霑化10/19
[民國]霑化2/93

范天錫(金・覃懷人)
[康熙]濟南 25/15
[道光]濟南 34/16
[嘉靖]章丘 3/2
[萬曆]章丘 21/69
[康熙]章丘 4/24
[乾隆]章邱 7/2
[道光]章邱 9/3
章邱縣鄉土志/上 11
范玉堂(字馨吾)
(長清人)
[民國]長清 12/25
11 范瑟(字孔和)
(明・歷城人)
[道光]濟南 49/19
[崇禎]歷乘 16/52
[崇禎]歷城 10/13,10/26
[乾隆]歷城 37/28
12 范廷文(清・即墨人)
[同治]即墨 9/54
范瑞元(清・山陰人)
[乾隆]歷城 43/9
范廷碩(明・黃縣人)
[乾隆]黃縣 12/5
范廷弼(字石弧,一作右弧,
別字夢南)
(明・滋陽人)
[康熙]山東 40/63
[雍正]山東 28/人物三 55
[宣統]山東 161/52
[康熙]兗州 28/25
[乾隆]兗州 23/48
[康熙]滋陽 4/上 21
[光緒]滋陽 8/29
滋陽縣鄉土志 1/耆舊-
名臣
范廷欒(字慶朝)
(清・陽穀人)
[民國]增修陽穀人物/武
學師 30
范瑞徵(字伯祥)
(清・霑化人)
[光緒]霑化 10/26
[民國]霑化 3/4
范廷柱(清・莘縣人)
莘縣鄉土志/事業 28
范廷楷(字端植)
(清・諸城人)
[宣統]山東 175/27
[咸豐]青州 49/8
[乾隆]諸城 34/5
諸城縣鄉土志/上 35
范延楷(見范廷楷)
范聯芳(號桂岑)
(明・黃縣人)
[光緒]增修登州 40/8
[康熙]黃縣 6/20
[乾隆]黃縣 8/22
[同治]黃縣 8/6
[民國]黃縣志稿 13/明
范廷英(字君擢,號挹秋)
(清・滋陽人)
[光緒]滋陽 8/63
滋陽縣鄉土志 1/耆舊-
文學
范廷榛(字懷西)
(清・諸城人)
[道光]諸城縣續志 16/3
范廷輔(字輅益,別字止軒)
(明・滋陽人)
[宣統]山東 161/58
[康熙]兗州續編 15/2
[乾隆]兗州 23/49
[康熙]滋陽 4/上 22
[光緒]滋陽 8/30
滋陽縣鄉土志 1/耆舊-
名臣
范延光(字子瓌)
(五代・相州臨漳人)
[萬曆二十四年]兗州 29/17
[康熙]兗州 22/41
[萬曆]東昌 18/45
[康熙]東平州 6/38
[乾隆]東平州 10/54
[光緒]東平州 12/13
[康熙]臨清州 3/名宦 7
[乾隆]臨清州 9/4
13 范武子(名會,一作士會)
(春秋・衛人)
[嘉靖]山東 28/17
[萬曆]東昌 18/1
[嘉靖]濮州 4/13
[萬曆]濮州 1/帝 13,4/衛
人 6
[康熙]濮州 1/65
17 范孖(字仲子)
(清・霑化人)
[道光]濟南 38/39
[乾隆]武定府 25/61
[咸豐]武定府 25/文苑 21
[光緒]霑化 9/4
[民國]霑化 2/57
范承霖(字沛三)
(清・東明人)
東明縣志料/藝術-文藝
范承露(字曉垣)
(清・東明人)
東明縣志料/藝術-文藝
范承綖(字壽峯)
(清・膠州人)
[民國]增修膠志 45/24
膠州直隸州鄉土志 4/文學
范承俊(字友泉,號蘇山)
(清・霑化人)
[光緒]霑化 9/11
[民國]霑化 2/64
范承寵(字秉義)
(明・山東人)
[宣統]山東補遺/65
范承宗(清・遼東人)
[康熙]臨清州 1/69
范承遜(字伯讓,號退軒)
(清・霑化人)
[咸豐]武定府 24/循良 43
[光緒]霑化 7/20
[民國]霑化 2/15
范乃蕃(清・黃縣人)
[康熙]黃縣 6/2
范承煦(字春旭)
(清・霑化人)
[光緒]霑化 10/19
[民國]霑化 2/94
范承愿(字謹叔)
(清・霑化人)
[光緒]霑化 7/26
[民國]霑化 2/28
范承鑑(字鏡秋)
(清・歷城人)

[民國]續修歷城 39/27
18 范璲(明・城武人)
[康熙九年]城武 3/16
[康熙四十一年]城武 5/上懿行 4
[道光]城武 9/下 10
20 范喬(字伯孫)
(晉・外黃人)
[乾隆]東明 7/23
范秉文(清・商籍生員)
[民國]續修歷城 41/6
范維爽(清・禹城人)
[民國]禹城 6/31
21 范縉(明・浙江秀水人)
[道光]濟南 36/57
[康熙]德平 3/1
[嘉慶]德平 5/6
[光緒]德平 5/6
范順(明・安徽休寧人)
[萬曆二十四年]兗州 29/6
[康熙]兗州 22/27
[萬曆]鉅野 6/7
[康熙]鉅野 10/7
[道光]鉅野 10/22
范經濟(字蘭泉)
(明・青城人)
[咸豐]武定府 25/孝友 10
[乾隆]青城 8/10
[民國]青城續修 4/人物 21
范衍宲(字榮長)
(清・陽穀人)
[民國]增修陽穀人物/師道 20
范衍嗣(字脉長)
(清・陽穀人)
[民國]增修陽穀人物/師道 17
范貞光(字河榮)
(齊東人)
[民國]齊東 5/60
22 范岸(字景廉)
(清・霑化人)
[光緒]霑化 9/6
[民國]霑化 2/58
范繼瑛(東平人)
[民國]東平縣 11/上 25
范繼儒(東平人)
[民國]東平縣 11/上 25
范崇德(清・費縣人)
[光緒]費縣 11/4
范繼先(字仲瑜)
(清・霑化人)
[民國]霑化 2/16
23 范峻(字景坡)
(清・霑化人)
[光緒]霑化 10/27
[民國]霑化 3/5
范允章(字君含)
(清・東平人)
[光緒]東平州 15/下 56
[民國]東平縣 11/下 24
東平州鄉土志上/耆舊錄 38
范允元(字會一)
(清・東平人)
[光緒]東平州 15/下 40
[民國]東平縣 11/下 14
范獻琳(字珍卿)
(清・陽穀人)
[光緒]陽穀 6/30
[民國]增修陽穀人物/仕宦 21
范獻子(名鞅)
(春秋・曹人)
[嘉靖]山東 28/18
[康熙]山東 38/17
范我良(字從善)
(清・夏津人)
[民國]夏津續編 8/90
范獻書(清・青城人)
[民國]青城續修 4/藝文上 35
范允燦(字章之)
(清・諸城人)
[咸豐]青州 46/52
[康熙]諸城 7/44
[乾隆]諸城 39/4
諸城縣鄉土志/上 42
24 范升(字辨卿)
(後漢・代郡人)
[乾隆]東昌 33/33
[嘉慶]東昌 21/1
[宣統]聊城 6/2－1
聊城縣鄉土志/5
范緒孔(字景聖)
(清・陽信人)
[民國]陽信 5/忠義 65
范魁士(字俊升)
(清・日照人)
[光緒]日照 8/35
范德如(字玉坡,號蟄廬)
(清・東平人)
[民國]東平縣 11/下 29
范德郁(元・濰人)
[嘉靖]山東 33/10
[康熙]山東 44/8
[雍正]山東 28/人物二 59
[宣統]山東 161/20
[萬曆]萊州 5/96
[康熙]萊州 10/24
[乾隆]萊州 10/10
[萬曆]濰縣 9/6
[康熙]濰縣 5/人物 12
[乾隆]濰縣 4/8
濰縣鄉土志/15
范德顯(字淑徵,一作淑微,號純如)
(明・即墨人)
[乾隆]萊州 10/28
[乾隆]即墨 9/13
[同治]即墨 9/14
即墨縣鄉土志/耆舊－事業二
25 范純(清・蒙陰人)
[康熙十一年]蒙陰 2/54
范甡(字伯生)
(清・霑化人)
[光緒]霑化 8/10
[民國]霑化 2/39
范紳(明・諸城人)
[萬曆]諸城 6/24
范岫(字懋賓)
(晉・濟陽人)
[康熙]曹州志 15/34
[光緒]菏澤 15/35
[康熙]曹縣 12/9
[康熙]兗州府曹縣 12/9
[光緒]曹縣 12/8
范仲謙(元・太原人)

[嘉靖]山東 26/17
[康熙]山東 33/20
[雍正]山東 27/83
[宣統]山東 69/27
[乾隆]泰安府 14/35
[萬曆元年]兖州 38/循吏 40
[萬曆二十四年]兖州 28/21
[康熙]兖州 22/20
[順治]平陰 5/22
[光緒]平陰 4/3

范仲三(清・陽信人)
[民國]陽信 5/義俠 77

范肄孔(字及之,號蘭亭)
(清・陽信人)
[民國]陽信 5/文學 22

范純仁(字堯夫)
(宋・蘇州吳縣人)
[嘉靖]山東 25/21
[康熙]山東 32/9
[雍正]山東 27/22
[宣統]山東 68/29
[康熙]濟南 25/12
[道光]濟南 34/2
[崇禎]歷乘 16/26
[崇禎]歷城 6/9

范純儒(字道遠)
(清・無棣人)
[民國]無棣 12/18

范仲淹(字希文)
(宋・邠州人,一作吳縣人)
[嘉靖]山東 27/5,34/2
[康熙]山東 35/5,48/2
[雍正]山東 11/闕里二 27,27/56,31/14
[宣統]山東 68/49,200/4
[康熙]濟南 50/5
[道光]濟南 62/3
[嘉靖]青州 12/55
[萬曆]青州 12/15
[康熙十五年]青州 12/15
[康熙四十八年]青州 12/15
[康熙六十年]青州 12/11
[咸豐]青州 35/6
[乾隆]兖州 7/39
[乾隆]曹州府 16/15
[萬曆]章丘 30/67
[康熙]章丘 6/45
[乾隆]章邱 9/49
[道光]章邱 11/88
[光緒]益都縣圖志 16/29
[康熙六十年]博興 7/5
[康熙四十三年]長山 5/仕業
[康熙五十五年]長山 6/54
[嘉慶]長山 10/34
[順治]鄒平 6/16
[康熙]鄒平 6/26
[嘉慶]鄒平 16/33
[道光]鄒平 16/流寓 3
[民國]鄒平 16/流寓 3
[康熙]顏神鎮志 4/下 17
[康熙]兖州府曹縣 14/73
[光緒]曹縣 14/游寓 1

26 范翻(字文茂)
(清・即墨人)
[乾隆]萊州 11/孝義 8
[乾隆]即墨 9/26
[同治]即墨 9/31
即墨縣鄉土志/耆舊 - 事業四

范程(字燦衡)
(清・陽信人)
[民國]陽信 5/篤行 36

范自重(字行玉)
(明・霑化人)
[光緒]霑化 7/22
[民國]霑化 2/24

范保民(東平人)
[民國]東平縣 11/上 25

范得輿(字靜軒)
(清・惠民人)
[光緒]惠民 21/11
惠民縣鄉土志/耆舊錄 11

27 范蠡(字少伯)
(春秋・楚人)
[嘉靖]山東 34/3
[康熙]山東 48/3
[雍正]山東 31/11
[宣統]山東 200/1
[萬曆]青州 15/34,15/55
[康熙十五年]青州 15/34
[康熙四十八年]青州 15/說士 10,15/僑寓 2
[康熙六十年]青州 20/15
[萬曆元年]兖州 42/5
[萬曆二十四年]兖州 37/30
[康熙]兖州 28/71
[康熙]曹州志 16/11
[乾隆]曹州府 16/14
[康熙]臨淄 9/10
[民國]臨淄 30/41
[乾隆]嶧縣 8/52
[光緒]嶧縣 21/流寓 2
[嘉慶]肥城 17/13
[光緒]肥城 9/17
肥城縣鄉土志 5/30
[民國]長清 13/31
[萬曆]滕志 6/70
[康熙]滕志 6/48
[康熙]滕縣志 6/賓客 1
[道光]滕縣志 6/僑寓 1
[光緒]菏澤 16/19
[光緒]新修菏澤 11/77
[順治]定陶 5/21
[乾隆]定陶 6/31
[民國]定陶 6/70

范紹(字汝繼)
(明・諸城人)
[乾隆]諸城 30/6

范繩武(字念銘)
(清・東明人)
[民國]東明縣新誌 11/44

范紹祖(字念菴)
(清・黃縣人)
[乾隆]黃縣 7/9

范修敬(清・霑化人)
[光緒]霑化 7/9
[民國]霑化 2/21

范名臣(明・歷城人)
[道光]濟南 49/38
[乾隆]歷城 37/43

28 范馥(字文莽)
(清・即墨人)
[同治]即墨 9/18

范復元(明・黃縣人)
[康熙]黃縣 6/25

范從簡(號可菴)

(明・黄縣人)
[康熙]黄縣 6/22,6/23
[乾隆]黄縣 8/23
[同治]黄縣 8/14
[民國]黄縣志稿 13/明
范復粹(字玉坡)
(明・黄縣人)
[宣統]山東 160/3
[光緒]增修登州 39/11
[康熙]黄縣 6/2,6/22
[乾隆]黄縣 8/24
[同治]黄縣 8/6
[民國]黄縣志稿 13/明
30 范淮(明・諸城人)
[萬曆]諸城 6/23
范濟(字伯康)
(明・夏津人)
[乾隆]夏津 7/10
范進(字柳溪)
(明・濟寧人)
[雍正]山東 31/8
[乾隆]兖州 31/15
[康熙]濟寧州 7/35
[乾隆]濟寧直隸州 28/39
[道光]濟寧直隸州 8/4–51
范濂(清・諸城人)
[光緒]增修諸城縣續志 17/12
范寧(字武子)
(晉)
[雍正]山東 11/闕里二 25
[乾隆]兖州 7/38
范寧(明・即墨人)
[乾隆]即墨 9/9
[同治]即墨 9/9
即墨縣鄉土志/耆舊–事業二
范汶(字澄吾)
(明・范人)
[康熙]山東 41/27
[雍正]山東 28/人物三 46
[宣統]山東 162/37
范宗文(字任吾)
(明・河南洛陽人)
[宣統]山東 72/9
[康熙]兖州續編 14/27
[乾隆]兖州 22/31
[康熙十二年]陽穀 3/2,6/27,7/14
[康熙]陽穀 3/2,6/19,7/9
[光緒]陽穀 5/1,12/9
[民國]增修陽穀名宦/2,藝文/碑 7
范宗文(字含章)
(清・泰安人)
[乾隆]泰安府 18/59
[乾隆二十五年]泰安縣 12/25
[乾隆四十七年]泰安縣 10/上 29
[道光]泰安縣 9/上 81
[民國]重修泰安縣 8/36
泰安縣鄉土志/耆舊 16
范永斕(字德純)
(清・惠民人)
[咸豐]武定府 26/義行 23
[光緒]惠民 22/5
惠民縣鄉土志/耆舊錄 15
范宣子(名句)
(春秋・范人)
[嘉靖]山東 28/18
[康熙]山東 38/17
范之升(字漢階)
(清・霑化人)
[光緒]霑化 10/21
[民國]霑化 2/95
范永齡(字錫九)
(清・臨沂人)
[民國]續修臨沂 16/8
范完澤(字謙之)
(元・東平人)
[嘉靖]山東 27/8
[康熙]山東 35/9
[光緒]益都縣圖志 17/14
范進喜(清・清平人)
[嘉慶]清平 14/50
[宣統]增輯清平 12/65
[民國]清平/人物 59
范宣華(字旬來,號愚山)
(清・霑化人)
[光緒]霑化 10/19
[民國]霑化 2/93
范宗華(明・諸城人)
[萬曆]青州 15/52
[康熙十五年]青州 15/52
[康熙四十八年]青州 15/義民 20
[康熙六十年]青州 18/16
[萬曆]諸城 7/31
[康熙]諸城 7/53
[乾隆]諸城 41/1
范永昌(字際明)
(明・堂邑人)
[乾隆]東昌 38/19
[嘉慶]東昌 28/19
[康熙十一年]堂邑 2/選舉 25
[康熙]堂邑 16/7
堂邑縣鄉土志/耆舊錄
范濟民(字巨卿)
(元・濰州人)
[民國]濰縣志稿 40/46
范宗周(清・陽穀人)
[民國]增修陽穀人物/善行 40
范宗智(清・濟陽人)
[乾隆]濟陽 8/35
[民國]濟陽 11/50
31 范灝(清・陽信人)
[民國]陽信 5/耆碩 60
范潭(字印千)
(清・陽信人)
[民國]陽信 5/耆碩 62
范福咏(字勸九)
(清・諸城人)
[乾隆]諸城 34/5
33 范溥(字天如)
(清・江蘇吳縣人)
[宣統]山東 75/34
[乾隆]泰安府 15/33
[康熙]東平州續志 4/1
[乾隆]東平州 12/41
[道光]東平州 12/41
[光緒]東平州 14/41
[民國]東平縣 9/22
[民國]萊蕪 9/8
[民國]續修萊蕪 15/9
范濱溜(字龍川)

（清・滋陽人）
［光緒］滋陽 8/55
34 范邁（字雲坡）
（清・諸城人）
［光緒］增修諸城縣續志 20/4
范渚（清・臨清人）
［乾隆］東昌 43/22
［乾隆］臨清直隸州 8/上 46
［民國］臨清縣/人物 59
范祺和（清・歷城人）
［民國］續修歷城 44/13
范汝愚（清・肥城人）
［嘉慶］肥城 17/30
［光緒］肥城 9/4
肥城縣鄉土志 5/22
35 范沛（明・黃縣人）
［康熙］黃縣 6/23
范清秀（字金華）
（清・夏津人）
［民國］夏津續編 8/28
范清乾（清・冠縣人）
［民國］冠縣 8/人物志 22
范連中（字掄升）
（清・陽信人）
［民國］陽信 5/耆碩 63
36 范溜（字芝泉）
（清・滋陽人）
［光緒］滋陽 8/56
37 范選（字繼泉）
（明・泰安人）
［乾隆］泰安府 18/29
［乾隆二十五年］泰安縣 12/29
［乾隆四十七年］泰安縣 10/上 17
［道光］泰安縣 9/上 67
［民國］重修泰安縣 8/17
泰安縣鄉土志/耆舊 25
范鴻儀（清・東明人）
東明縣志料/人物門
范淑泰（字通也，號木漸，別字大來）
（明・滋陽人）
［雍正］山東 28/人物三 71，35/傳 38
［宣統］山東 164/34
［康熙］兖州 28/25
［乾隆］兖州 23/53
［康熙］滋陽 4/上 23
［光緒］滋陽 8/30
滋陽縣鄉土志 1/耆舊－名臣
范逢恩（字紫泥，號蔭亭）
（清・東明人）
［宣統］東明續縣志 3/1
［民國］東明縣新誌 11/39
38 范道人（明・德州人）
［宣統］山東 200/32
范啟炳（清・棲霞人）
［光緒］增修登州 43/22
［光緒］棲霞縣續志 7/孝友 2
40 范李（字理人）
（清・歷城人）
［道光］濟南 53/44
［民國］續修歷城 39/23
范十（唐・蒙陰人）
［康熙十一年］蒙陰 2/48
范塘（字洪渠）
（清・濟寧人）
［乾隆］濟寧直隸州 27/20
［道光］濟寧直隸州 8/3－24
范爻（字宗易）
（明・濮州人）
［萬曆］濮州 3/鄉賢 62
［康熙］濮州 3/83
［乾隆］濮州 3/84
［宣統］濮州 4/90
范士廉（明）
［咸豐］金鄉縣志略 7/6
范希康（清・無棣人）
［乾隆］武定府 26/31
［民國］無棣 13/29
范九霄（明・堂邑人）
［順治］堂邑 2/人物 18
［康熙十一年］堂邑 2/選舉 24
范士丙（字麗唐）
（清・霑化人）
［光緒］霑化 8/17
［民國］霑化 2/46
范希正（字以貞，號恕齋）
（明・南直吳縣人）
［嘉靖］山東 26/18
［康熙］山東 33/21
［雍正］山東 27/92
［宣統］山東 72/25
［萬曆元年］兖州 38/循吏 43
［萬曆二十四年］兖州 29/8
［康熙］兖州 22/29
［康熙］兖州續編 14/18
［康熙］曹州志 7/39
［乾隆］曹州府 12/14
［光緒］菏澤 7/名宦 4
［光緒］新修菏澤 8/12
［康熙］兖州府曹縣 9/6，10/9
［光緒］曹縣 10/8
曹縣鄉土志/政績錄
范士瑾（清・青城人）
［雍正］山東 28/人物四 40
［宣統］山東 171/32
［乾隆］武定府 25/21
［咸豐］武定府 25/孝友 21
［乾隆］青城 8/6
［民國］青城續修 4/人物 19
范希孟（字禹同）
（清・寧陽人）
［咸豐］寧陽 14/15
［光緒］寧陽 14/15
寧陽縣鄉土志/19
范大儒（字子師）
（明・霑化人）
［康熙］濟南 40/9
［乾隆］武定府 23/21
［咸豐］武定府 23/名臣 21
［萬曆］新修霑化 6/115
［光緒］霑化 7/2
［民國］霑化 2/2
范克任（字繼宇）
（清・陽信人）
［乾隆］武定府 26/18
［咸豐］武定府 26/義行 18
［康熙］陽信 9/32
［乾隆］陽信 7/55
［民國］陽信 5/耆碩 53
信邑志稿 7/義行
陽信縣鄉土志上/耆舊－

事業
范九德(明・昌邑人)
[康熙]昌邑 6/4
范九臯(字莘田)
(清・即墨人)
[同治]即墨 9/44
即墨縣鄉土志/耆舊－學問
范大凱(字聿修)
(清・霑化人)
[光緒]霑化 10/18
[民國]霑化 2/93
范大木(字任之)
(清・青城人)
[乾隆]青城 8/12
[民國]青城續修 4/人物 22
范壽萱(長清人)
[民國]長清 12/20
范克恕(字如心)
(清・臨朐人)
臨朐縣鄉土志 1/耆舊
范克恕(字如心)
(清・齊河人)
[民國]齊河 26/27
范大田(字秋圃)
(清・陽信人)
[民國]陽信 5/文學 24
范有明(清・瀋陽人)
[宣統]山東 75/34
[乾隆]泰安府 15/27
[乾隆]東平州 12/39
[道光]東平州 12/39
[光緒]東平州 14/39
[民國]東平縣 9/21
東平州鄉土志上/政績錄 16
范士驥(字北埜,一字稱若,號北野)
(清・即墨人)
[乾隆]萊州 11/隱逸 2
[乾隆]即墨 9/31
[同治]即墨 9/43
即墨縣鄉土志/耆舊－學問
范希賢(明・昌黎人)
[嘉靖]朝城志 5/15
范希賢(字東圃)
(明・泰安人)
[康熙]濟南 44/18
[康熙]泰安州 3/36,3/46
[乾隆]泰安府 18/34
[乾隆二十五年]泰安縣 12/18
[乾隆四十七年]泰安縣 10/上 25
[道光]泰安縣 9/上 77
[民國]重修泰安縣 8/33
泰安縣鄉土志/耆舊 12
范希周(字懷東)
(清・寧津人)
寧津縣志料 3/人物－義行
范士鎔(清・磁州人)
[康熙]新城 5/12
范支光(字彤輝)
(清・諸城人)
[道光]諸城縣續志 19/10
41 范桓(字公播)
(清・泰安人)
[乾隆二十五年]泰安縣 12/24
范壚(字沽之)
(清・陽信人)
[民國]陽信 5/義俠 77
42 范栝(元・范縣人)
[萬曆]濮州 3/鄉賢 31
43 范式(字巨卿)
(漢・山陽金鄉人)
[嘉靖]山東 30/8
[康熙]山東 40/8
[雍正]山東 28/人物一 20
[宣統]山東 150/82,166/1
[萬曆元年]兗州 40/卓行 1
[萬曆二十四年]兗州 31/26
[康熙]兗州 24/25,32/55
[乾隆]兗州 23/14
[乾隆]濟寧直隸州 17/17,23/3
[道光]濟寧直隸州 8/2－3,9/2－67
[康熙十二年]金鄉 5/20
[康熙五十一年]金鄉 9/9
[乾隆]金鄉 18/5
[咸豐]金鄉縣志略 9/上 2,10/下 3
[民國]金鄉 13/1,17/4
金鄉縣鄉土志/耆舊錄上
[順治]嘉祥 4/20
[乾隆]嘉祥 3/13
[光緒]嘉祥 3/13,4/45
范栻(明・浙江鄞縣人)
[宣統]山東 72/12
[乾隆]濟寧直隸州 22/17
[道光]濟寧直隸州 6/6－25
范棶(字木柏,一作木柏)
(清・泰安人)
[乾隆]泰安府 18/57
[乾隆二十五年]泰安縣 12/31
[乾隆四十七年]泰安縣 10/上 29
[道光]泰安縣 9/上 81
[民國]重修泰安縣 8/36
范越(清・濮州人)
[乾隆]濮州 4/91
[宣統]濮州 6/7
44 范林(字茂輝)
(清・夏津人)
[民國]夏津續編 8/28
范茂(字興然)
(清・夏津人)
[民國]夏津續編 8/29
范燕(字召封)
(清・滋陽人)
[光緒]滋陽 9/22
滋陽縣鄉土志 1/耆舊－實行
范英(元・費縣人)
[光緒]費縣 10/68
范蒙亨(字子遂)
(明・魚臺人)
[康熙]魚臺 17/22
[乾隆]魚臺 11/23
[光緒]魚臺 3/14
范執要(字簡庵)
(清・齊東人)
[民國]齊東 5/52
齊東縣鄉土志/耆舊錄 7
范若水(清・無棣人)
[民國]無棣 13/10
范其聖(字凌霄)
(清・陽信人)

［民國］陽信 5/清介 73
陽信縣鄉土志上/耆舊－事業
范芹潤（字六含）
（清・霑化人）
［光緒］霑化 9/12
［民國］霑化 2/65
范協韓（清・濱州人）
［康熙］濱州 7/26
［咸豐］濱州 10/厚德 5
濱州鄉土志/耆舊錄
范慕愚（清・諸城人）
［光緒］增修諸城縣續志 17/12
范萬甲（字友韓）
（清・泰安人）
［乾隆二十五年］泰安縣 12/23
［乾隆四十七年］泰安縣 10/上 28
［道光］泰安縣 9/上 80
［民國］重修泰安縣 8/35
泰安縣鄉土志/耆舊 15
范其煃（字星耀）
（清・陽信人）
［民國］陽信 5/文學 24
46 范楫（元・北海人）
［萬曆］濰縣 9/6
［康熙］濰縣 5/人物 12
［民國］濰縣志稿 27/28，41/51
范恕（清）
［光緒］鄆城 6/12
鄆城縣鄉土志/政績錄－除害
47 范超（字茂先）
（清・濮州人）
［乾隆］濮州 4/16
［宣統］濮州 5/17
范穀（唐）
［民國］牟平 6/66
范坰（字伯野）
（清・歷城人）
［民國］續修歷城 41/20
范垺（字東堂，號伯垣）
（清・泰安人）
［道光］泰安縣 9/上 75
［民國］重修泰安縣 8/27
泰安縣鄉土志/耆舊 22
范起熊（字夢卜）
（清・陽穀人）
［民國］增修陽穀人物/師道 16
范穀貽（號硯齋）
（清・霑化人）
［宣統］山東 171/36
［咸豐］武定府 24/循良 42
［光緒］霑化 7/18
［民國］霑化 2/14
范起榮（清・新泰人）
［乾隆］新泰 17/人物上增 3
新泰縣鄉土志/21
48 范敬宣（字德興）
（清・霑化人）
［民國］霑化 2/49
50 范冉（字史雲）
（漢・陳留外黄人）
［萬曆］滕志 6/78
［康熙］滕志 6/56
［康熙］滕縣志 6/賓客 8
［道光］滕縣志 6/僑寓 7
［乾隆］博山 6/上 1
［民國］萊蕪 9/1
［民國］續修萊蕪 15/3
萊蕪縣鄉土志/3
范忠（字信甫）
（元・鄒平人）
［道光］濟南 48/53
［道光］鄒平 15/19
［民國］鄒平 15/19
范忠（字子恕）
（明・博平人）
［正德］博平 4/70
范中彥（字濂儒，一字季美）
（明・范縣人）
［乾隆］曹州府 15/17
［康熙］聊城 3/25
范奉璋（字峩亭，號曉園）
（清・汶上人）
［宣統］四續汶上稿/人物－文學傳
范書雲（字素軒）
（清・夏津人）
［民國］夏津續編 8/16
范中行（字復齋）
（清・無棣人）
［民國］無棣 11/12
海豐縣鄉土志/耆舊－事業
范中傑（明・范縣人）
［乾隆］曹州府 15/17
范中秋（字實齋）
（清・東平人）
［民國］東平縣 11/上 19
范春清（字守軒）
（清・濰縣人）
［民國］濰縣志稿 32/11
范東洋（字震海）
（清・曹州人）
［乾隆］曹州府 15/27
范中藴（字函文）
（清・即墨人）
即墨縣鄉土志/耆舊－學問
范中泰（字六安，號夢山）
（清・陽信人）
信邑志稿 7/文苑
［民國］陽信 5/文學 19
范書田（字耘經）
（陽穀人）
［光緒］陽穀 9/7
［民國］增修陽穀人物/仕宦 23，人物/善行 49
范由甲（清・慶雲人）
［民國三年］慶雲 2/73
范中岳（字少巒）
（清・無棣人）
［民國］無棣 13/33
范春駿（字倩美，號元度）
（明・東明人）
［康熙］東明 8/下 16
［乾隆］東明 6/22 又 1，8/下 16
［民國］東明縣新誌 11/50，12/39
范書堂（字升甫）
（清・陽信人）
［民國］陽信 5/文學 25
51 范振清（字秀山）
（商河人）

［民國］重修商河 7/39,8/35,14/54
53 范成進（金・莒人，後家濰州）
［嘉靖］山東 33/9
［康熙］山東 44/8
［雍正］山東 28/人物二 52
［宣統］山東 158/7
［乾隆］沂州府 26/26
［萬曆］萊州 6/15,6/24
［康熙］萊州 10/80
［乾隆］萊州 11/武功 2
［康熙］莒州下/39
［雍正］莒州 9/23
［萬曆］濰縣 9/6
［康熙］濰縣 5/人物 12
［乾隆］濰縣 4/29
［民國］濰縣志稿 31/25,41/51
濰縣鄉土志/15
54 范拱（字清叔）
（金・濟南人）
［嘉靖］山東 29/17
［康熙］山東 39/15
［宣統］山東 158/5
［康熙］濟南 42/9
［道光］濟南 34/17,47/42
［崇禎］歷乘 16/12
［崇禎］歷城 10/8
［乾隆］歷城 36/1
［嘉靖］淄川 6/76
［萬曆］淄川 27/7
［康熙］淄川 4/6
［乾隆］淄川 4/6
55 范捷（清・霑化人）
［光緒］霑化 10/31
［民國］霑化 3/9
58 范掄策（字擢林）
（清・泰安人）
［道光］泰安縣 9/上 63
［民國］重修泰安縣 8/12
泰安縣鄉土志/耆舊 17
60 范昂（明・魚臺人）
［康熙］魚臺 17/25
［乾隆］魚臺 11/33
［光緒］魚臺 3/20
范昺（字景南）
（清・霑化人）
［光緒］霑化 9/5
［民國］霑化 2/57
范恩（明・陝西鞏昌人）
［康熙］昌邑 5/5
［乾隆］昌邑 5/104
范景唐（字紀勳）
（清・堂邑人）
堂邑縣鄉土志/耆舊錄
范景文（字夢章，一作質公）
（明・吳橋人）
［康熙］山東 34/9
［雍正］山東 27/49
［宣統］山東 72/37
［乾隆］東昌 33/30
［嘉慶］東昌 20/42
范景豐（字稔圃）
（清・滋陽人）
［光緒］滋陽 9/32
范曰嶒（清・黃縣人）
［乾隆］黃縣 8/35
［同治］黃縣 8/12
范國卿（明・莒縣人）
［雍正］莒州 9/39
［嘉慶］莒州 9/23
［民國］重修莒志 61/2
61 范顯功（清・德平人）
［道光］濟南 56/89
［嘉慶］德平 7/18
64 范時育（號次風）
（清・霑化人）
［光緒］霑化 10/16
［民國］霑化 2/89
范時若（字毓卉）
（明・霑化人）
［光緒］霑化 8/3
［民國］霑化 2/32
67 范煦（明・諸城人）
［萬曆］諸城 6/27
范明徵（字仲亮）
（清・霑化人）
［雍正］山東 28/人物四 9
［宣統］山東 171/42
［乾隆］武定府 25/40
［咸豐］武定府 25/儒林 10
［光緒］霑化 9/3
［民國］霑化 2/56
71 范階（字景志，號惠泉）
（明・即墨人）
［萬曆］萊州 5/108
［康熙］萊州 10/34
［乾隆］萊州 10/20
［萬曆］即墨志 8/6
［康熙］纂修即墨/下 20
［乾隆］即墨 9/10
［同治］即墨 9/10
即墨縣鄉土志/耆舊－事業二
范長新（字紹文）
（清・陽信人）
［民國］陽信 5/孝友 57
范長壽（字靜生）
（清・陽信人）
［乾隆］陽信 7/55
［民國］陽信 5/耆碩 54
信邑志稿 7/耆碩
77 范丹（字史雲）
（漢・陳留外黃人）
［嘉靖］山東 25/16
［康熙］山東 32/3
［雍正］山東 27/80,31/12
［宣統］山東 66/16
［康熙］濟南 25/2
［乾隆］泰安府 14/5
［嘉靖］萊蕪 5/9,7/6
［康熙］新修萊蕪 5/20,8/70
范隆（明・隆慶州人）
［民國］黃縣志稿 11/宦績
范巽（金・濟南人）
［道光］濟南 47/43
［乾隆］歷城 36/1
范鳳岐（字瑞西）
（清・平原人）
［民國］續修平原 10/上 25
范居實（後梁・翼縣人）
［光緒］增修登州 24/5
范學泰（清・菏澤人）
［光緒］新修菏澤 11/74
菏澤縣鄉土志/27
范履慎（字敬修）
（齊東人）

［民國］齊東 5/45
范興榮(字仲華)
(清・畢節舉人)
［光緒］文登 7/下 9
［民國］文登 7/下 9
80 范善(明・餘杭人)
［光緒］益都縣圖志 18/10
范義(字義)
(唐・東平人)
［民國］東平縣 14/6
范毓岐(字夷亭)
(清・東阿人)
［民國］續修東阿 11/24
范全生(號清虛真人)
(清・濟南濟陽人)
［光緒］棲霞縣續志 7/仙釋 1,10/76
范毓才(字子英)
(清・東明人)
［民國］東明縣新誌 11/62
東明縣志料/藝術－文藝
范念茲(清・新泰人)
［乾隆］新泰 17/人物上增 4
新泰縣鄉土志/21
范養蒙(字正甫,號覺我)
(明・即墨人)
［乾隆］即墨 9/29
［同治］即墨 9/41
即墨縣鄉土志/耆舊－學問
范毓芹(字魯薌)
(清・滋陽人)
［光緒］滋陽 8/62
滋陽縣鄉土志 1/耆舊－文學
范毓英(字育三)
(長清人)
［民國］長清 12/10
范金鉉(字配鼎)
(清・費縣人)
［光緒］費縣 11/7
82 范鎧(字秋門)
(清・南通州拔貢)
［民國］壽光 6/27
83 范鋐(字琢舟)
(清・歷城人)
［民國］續修歷城 41/19
84 范鎮西(字次伯)
(清・陽信人)
［民國］陽信 5/文學 24
85 范鍊(明・招遠人)
［順治］招遠 8/12
范鍊金(字大冶)
(明・即墨人)
即墨縣鄉土志/耆舊－學問
86 范知堯(字景唐)
(清・陽信人)
［民國］陽信 5/孝友 57
范知鳳(字九苞)
(清・陽信人)
［民國］陽信 5/文學 22
88 范筠(字東美)
(清・滋陽人)
［光緒］滋陽 9/20
范鑰金(字雙南,號商山樓居士)
(清・滋陽人)
［光緒］滋陽 8/55
滋陽縣鄉土志 1/耆舊－文學
89 范鎧(宋)
［光緒］益都縣圖志 16/34
90 范少文(字希正)
(清・平原人)
［民國］續修平原 6/8
范懷廷(字潤生)
(清・高唐人)
［民國］高唐縣 12/89
范光遠(明・諸城人)
［萬曆］青州 14/42
［康熙十五年］青州 14/42
［康熙四十八年］青州 14/隱逸 16
［萬曆］諸城 7/30
［康熙］諸城 7/50
［乾隆］諸城 42/2
范常真(金・平度人)
［雍正］山東 30/17
［萬曆］萊州 6/71
［康熙］萊州 10/99
［乾隆］萊州 12/仙釋 3
［道光］重修平度州 22/方外 1
范惟垣(清・禹城人)
［宣統］山東 170/25
范惟粹(字完白)
(清・泰安人)
［乾隆二十五年］泰安縣 12/19
［乾隆四十七年］泰安縣 10/上 13
［道光］泰安縣 9/上 62
［民國］重修泰安縣 8/12
91 范炳南(字明陽)
(清・陽信人)
［民國］陽信 5/孝友 56
陽信縣鄉土志上/耆舊－事業
96 范懌(字壽卿,一字明叔)
(金・寧海人)
［光緒］增修登州 38/10
［同治］重修寧海州 17/5
［民國］牟平 7/5
97 范煥(字盛先)
(清・霑化人)
［光緒］霑化 10/17
［民國］霑化 2/91
范恪(字敬亭,號遙瞻)
(清・夏津人)
［民國］夏津續編 8/19
99 范燮(見范文子)

4412_7 蒲

00 蒲立德(字毅菴,號東谷)
(清・淄川人)
［宣統］三續淄川 10/16
02 蒲新(明・西河人)
［乾隆］陽信 5/20
［民國］陽信 2/46
12 蒲瑞(清・淄川人)
［康熙］淄川 5/9
［乾隆］淄川 5/9
25 蒲生汶(明・淄川人)
［雍正］山東 28/人物三 56
［宣統］山東 165/21
［康熙］濟南 44/26
［道光］濟南 50/38
［萬曆］淄川 32/1
［康熙］淄川 5/5,6/17

［乾隆］淄川 5/5,6/上 17
淄川縣鄉土志/耆舊錄－孝友
蒲生池(字無極)
(明・淄川人)
［道光］濟南 72/36
［康熙］淄川 5/23
［乾隆］淄川 5/23
27 **蒲槃**(字敏吾)
(清・淄川人)
［宣統］三續淄川 10/26
蒲魯渾(元)
［乾隆］淄川 4/8
30 **蒲察琦**(一作富察琦,本名阿憐,字仁卿)
(金・棣州陽信人)
［嘉靖］山東 29/17
［康熙］山東 39/16
［雍正］山東 28/人物二 54
［宣統］山東 164/20
［康熙］濟南 38/5
［乾隆］武定府 23/39
［咸豐］武定府 23/忠節 9
［康熙］陽信 9/4
［乾隆］陽信 7/3
［民國］陽信 5/宦蹟 5
信邑志稿 7/忠節
陽信縣鄉土志上/耆舊－事業,耆舊－鄉賢祠
蒲察蒲查(金)
［嘉靖］山東 27/17
［康熙］山東 37/4
［雍正］山東 27/70
［宣統］山東 69/13
［萬曆］萊州 5/64
［康熙］萊州 8/25
［乾隆］萊州 9/8
［萬曆］濰縣 7/3
［康熙］濰縣 5/名宦 3
［乾隆］濰縣 3/40
［民國］濰縣志稿 20/9
濰縣鄉土志/51
蒲察婁室(金・猛安部人)
［同治］重修寧海州 13/2
［民國］牟平 6/68
32 **蒲兆昌**(字文璧)
(明・淄川人)
［康熙］淄川 5/15
［乾隆］淄川 5/15
35 **蒲漣珍**(字清溪)
(清・淄川人)
［宣統］三續淄川 9/86
44 **蒲姑氏**(殷)
［嘉靖］青州 12/9
［康熙十五年］青州 8/2
［康熙四十八年］青州 8/2
［康熙六十年］青州 10/1
48 **蒲松齡**(字留仙,號柳泉)
(清・淄川人)
［宣統］山東 170/10
［道光］濟南 54/71
［乾隆］淄川 5/29,6/上 98
60 **蒲昌迪**(字履吉)
(清・四川渠縣人)
［康熙］鄆城 4/10
［光緒］鄆城 6/10
80 **蒲毓秀**(字嶽東)
(清・淄川人)
［宣統］三續淄川 10/24
蒲念祖(字惠文)
(清・淄川人)
［乾隆］淄川 5/19
88 **蒲箬**(字青笠)
(清・淄川人)
［乾隆］淄川 5/30

4414_2 薄

12 **薄延祺**(清・鄒縣人)
［民國］續修鄒縣志稿/人物－耆舊附方技
30 **薄官超**(字夢班)
(利津人)
［民國］利津縣續志 7/宦蹟 3
42 **薄韜**(清・山陽人)
［康熙］東平州續志 4/2
44 **薄英麟**(字得三)
(利津人)
［民國］利津縣續志 7/忠烈 2
67 **薄瞻淇**(字右川)
(利津人)
［民國］利津縣續志 7/忠烈 2
77 **薄馭麟**(字繡甫)
(清・鄒縣人)
［宣統］山東 172/21
［光緒］鄒縣續志 12/中 2
鄒縣鄉土志耆舊錄/27

4416_0 堵

12 **堵廷棻**(清・無錫人)
［宣統］山東 75/3
［康熙］濟南 26/11
［道光］濟南 38/5
［崇禎］歷城 6/又 4
［民國］續修歷城 38/1
22 **堵嶷**(字誕異)
(清・湖廣人)
［宣統］山東 76/39
［乾隆］東昌 33/48
［嘉慶］東昌 21/16
［康熙］博平 3/6
［道光］博平 3/7,4/6
博平縣鄉土志/政績
25 **堵仲陶**(以字行)
(清・膠州人)
［民國］增修膠志 47/13
60 **堵昇**(明・錦衣衛籍進士,山陰人)
［宣統］山東 72/46
［萬曆］東昌 18/40
［乾隆］東昌 35/23
［嘉慶］東昌 22/27
［嘉靖］恩縣 7/5
［萬曆］恩縣 4/7
［宣統］重修恩縣 6/48
［民國］重修恩縣 10/64
恩縣鄉土志/9

4416_1 塔

00 **塔齊爾**(元)
［光緒］益都縣圖志 17/20
10 **塔不歹**(元・牟平人)
［同治］重修寧海州 12/7
22 **塔出**(元・蒙古人)
［康熙］莒州下/4
［民國］重修莒志 57/8

43 **塔朮丁**(元・永平人)
[民國]濰縣志稿 20/11,41/3
44 **塔塔兒台**(元)
[嘉靖]山東 26/15
[康熙]山東 33/18
[雍正]山東 27/83
[宣統]山東 69/26
[乾隆]泰安府 14/34
[萬曆二十四年]兗州 28/16
[康熙]兗州 22/16
[康熙]東平州 4/50
[乾隆]東平州 12/24
[道光]東平州 12/24
[光緒]東平州 14/24
[民國]東平縣 9/13

4416_9 藩

27 **藩嚮**(見蕃嚮)

4421_2 苑

00 **苑康**(一作范康,字仲真,一作仲貞)
(漢・渤海重合人)
[嘉靖]山東 25/16
[康熙]山東 32/3
[雍正]山東 27/80
[宣統]山東 161/3
[康熙]濟南 24/3
[弘治]泰安州 3/7
[康熙]泰安州 2/43
[乾隆]泰安府 14/5
[萬曆元年]兗州 38/循吏 10
[乾隆]武定府 23/3
[咸豐]武定府 23/名臣 3
[乾隆二十五年]泰安縣 10/27
[乾隆]樂陵 5/1,6/2
樂陵縣鄉土志 3/16
苑亮(清)
[乾隆]惠民 10/31
苑文彬(字郁公)
(清・掖縣人)
[乾隆]掖縣 3/83
06 **苑韻古**(字際唐)
(清・寧津人)
[光緒]寧津 8/49
10 **苑丕顯**(字文周)
(清・無棣人)
[民國]無棣 13/22
12 **苑廷文**(字虎臣)
(明・臨沂人)
[民國]續修臨沂 16/2
21 **苑岠**(字大山)
(清・諸城人)
[道光]諸城縣續志 19/3
苑何忌(春秋・苑人)
[嘉靖]青州 13/5
[萬曆]青州 15/15
[康熙十五年]青州 15/15
[康熙四十八年]青州 15/武功 2
[康熙六十年]青州 16/43
[康熙]高苑 6/2
[乾隆]高苑 6/2
[康熙]臨淄 9/18
[民國]臨淄 21/42
苑處仁(字壽昌)
(元・朝城人)
[康熙]朝城 8/54
22 **苑嵩**(字轉三)
(清・寧陽人)
[咸豐]寧陽 15/17
[光緒]寧陽 15/24
24 **苑緒曾**(字佩宣)
(清・寧津人)
[光緒]寧津 8/49
25 **苑生瑞**(清・寧陽人)
[雍正]山東 28/人物四 9
[宣統]山東 172/24
[乾隆]兗州 23/60
[乾隆]寧陽 7/篤誼 2
[咸豐]寧陽 14/12
[光緒]寧陽 14/12
寧陽縣鄉土志/20
苑生彩(字建一)
(清・寧陽人)
[乾隆]寧陽 7/耆德 1
苑續修(字純一)
(清・齊河人)
[民國]齊河 27/27
苑純熙(字時齋,又字荊園)
(清・諸城人)
[光緒]增修諸城縣續志 20/1
26 **苑侃**(字德剛)
(明・寧津人)
[光緒]寧津 8/6
寧津縣志料 3/人物－循良
30 **苑家麟**(字華溪)
(清・齊河人)
[民國]齊河 27/37
31 **苑江**(字岷山)
(明・寧津人)
[光緒]寧津 8/31
寧津縣志料 3/人物－義行
35 **苑清元**(清・濮州人)
[宣統]濮州 6/35
苑清吉(清・諸城人)
[光緒]增修諸城縣續志 14/10
37 **苑鴻廷**(清・陽信人)
[民國]陽信 5/忠義 47
苑鴻緒(字麟瑞)
(清・諸城人)
[咸豐]青州 50/2
[道光]諸城縣續志 16/7
苑鴻選(字掄升)
(清・諸城人)
[道光]諸城縣續志 19/13
44 **苑茷**(見宛茷)
苑藩(別號石塘)
(明・北直隸武強舉人)
[康熙]膠州 5/12
[乾隆]膠州 4/9
[道光]重修膠州 22/3
[民國]增修膠志 17/3
苑華(元・獻陵人)
[嘉靖]山東 27/8
[雍正]山東 27/78
[宣統]山東 69/30
[嘉靖]青州 13/38
[萬曆]青州 12/27
[康熙四十八年]青州 12/27
[康熙六十年]青州 12/16
[乾隆]沂州府 20/5
[康熙]沂水 4/23
[道光]沂水 5/23
苑世鈞(字和亭)

（清・諸城人）
［道光］諸城縣續志 19/3
50 **苑東墅**（字再湄）
（清・齊河人）
［民國］齊河 23/37
苑本曾（字蘭孫，號蔭亭）
（清・寧津人）
［光緒］寧津 8/46
寧津縣志料 3/人物－高尚
60 **苑思順**（字煥初）
（清・寧津人）
［光緒］寧津 8/43
寧津縣志料 3/人物－道學
苑曰俞（字同然）
（清・商河人）
［咸豐］武定府 25/孝友 40
［民國］重修商河 8/42
75 **苑體曾**（字祚長）
（清・寧津人）
［光緒］寧津 8/42
77 **苑學**（字啟愚，一作啟予）
（明・鄆城人）
［康熙］兗州續編 15/15
［嘉靖］鄆城志下/13
［崇禎］鄆城 5/12
［康熙］鄆城 5/4
［光緒］鄆城 5/5
80 **苑羊牧之**（周）
［嘉靖］青州 13/4
［萬曆］青州 13/21
［康熙十五年］青州 13/21
［康熙四十八年］青州 13/事功 5
［康熙六十年］青州 16/3
［乾隆］沂州府 20/1
［康熙］莒州下/1
［嘉慶］莒州 7/1
［康熙］高苑 6/2
［乾隆］高苑 6/2

4421_4 莊

00 **莊慶豫**（字介貞）
（清・莒縣人）
［嘉慶］莒州 10/4
［民國］重修莒志 65/11
莊彥成（字立亭）
（清・莒縣人）
［民國］重修莒志 61/9
莊辛田（清・蓬萊人）
［光緒］蓬萊縣續志 7/1
莊亨陽（字復齋）
（清・福建靖南人）
［民國］濰縣志稿 20/20
莊文學（明・南陽舉人）
［康熙］鄒平 4/17
02 **莊新命**（明・昌邑人）
［康熙］昌邑 6/35
［乾隆］昌邑 6/166
03 **莊詠**（字賡堂）
（清・莒縣人）
［民國］重修莒志 64/3
07 **莊調之**（名鼐，以字行）
（明・莒縣人）
［民國］重修莒志 61/4
08 **莊許**（明・昌邑人）
［乾隆］昌邑 6/168
莊許（字隣燕，號沭川）
（清・莒縣人）
［民國］重修莒志 65/15
莊謙（字含光）
（明・莒縣人）
［嘉慶］莒州 9/22
［民國］重修莒志 63/2
09 **莊麟堂**（清・膠州人）
［民國］增修膠志 43/9
10 **莊一麟**（清・濰縣人）
［乾隆］濰縣 4/23
［民國］濰縣志稿 31/5
濰縣鄉土志/24
莊石齡（清・莒縣人）
［雍正］莒州 9/40
17 **莊瑤**（字琪園）
（清・莒州人）
［宣統］山東 173/6
［民國］重修莒志 64/4
莊璵（字瑞玉）
（清・長清人）
［道光］濟南 56/58
［道光］長清 13/6
莊予楨（字幹霖）
（清・莒縣人）
［民國］重修莒志 64/11
18 **莊珍**（字完璧）
（清・長清人）
［道光］濟南 56/57
［道光］長清 13/6
20 **莊重**（明・商河人）
［萬曆］沂州志 4/58
21 **莊能**（明・山東商河人）
［乾隆］沂州府 17/35
莊虎變（字炳文）
（清・莒縣人）
［嘉慶］莒州 10/4
［民國］重修莒志 65/11
23 **莊允升**（字猷菴）
（臨邑人）
［民國］續修臨邑 3/10
24 **莊佐**（明・京衛人）
［萬曆］濮州 3/名宦 25
27 **莊修額**（清・莒縣人）
［民國］重修莒志 62/11
28 **莊綸儀**（清・江蘇陽湖進士）
［民國］萊陽 3/1 上 28
莊以莅（字瀛洲）
（清・膠州人）
［民國］增修膠志 45/23
30 **莊宅中**（字宏圖）
（清・莒縣人）
［民國］重修莒志 65/12
31 **莊江**（清・嘉興監生）
［乾隆］掖縣 3/28
33 **莊述祖**（字葆琛，號珍藝）
（清・江蘇武進人）
［民國］濰縣志稿 20/22
34 **莊逵**（字蘭坪）
（清・莒縣人）
［民國］重修莒志 67/10
莊洪烈（字耀甫，一作曜甫）
（清・陽湖人）
［民國］臨清縣/秩官 73
［光緒］壽張 5/13
壽張縣鄉土志/政績－興利
莊汝藝（字君游）
（清・莒縣人）
［嘉慶］莒州 10/8
［民國］重修莒志 65/13
35 **莊禮**（明・福建長樂人）
［順治］定陶 5/8

[乾隆]定陶 4/21
[民國]定陶 4/27
莊沛思(字雲集)
(清・莒縣人)
[嘉慶]莒州 10/3
[民國]重修莒志 62/5
37 **莊鴻東**(清・長清人)
[民國]長清 11/30
40 **莊志奎**(長清人)
[民國]長清 12/18
43 **莊博**(唐・新泰人)
[順治]新泰 5/7
[乾隆]新泰 16/1
新泰縣鄉土志/17
44 **莊耆年**(字介卿)
(清・莒縣人)
[民國]重修莒志 64/11
50 **莊泰貴**(字文元,號樂靜)
[道光]長清 13/14
55 **莊捷**(字連飛)
(清・莒縣人)
[嘉慶]莒州 10/8
[民國]重修莒志 65/12
60 **莊景良**(明・揭陽人)
[康熙十二年]陽穀 2/35
[康熙]陽穀 2/29
莊曰箕(字斗南)
(清・莒縣人)
[嘉慶]莒州 10/4
[民國]重修莒志 62/5
67 **莊曜**(原名修協,字德星)
(清・莒縣人)
[民國]重修莒志 65/18
71 **莊槩**(宋・新泰人)
[順治]新泰 5/8
[乾隆]新泰 15/23
新泰縣鄉土志/18
77 **莊誾**(字德音)
(清・莒州舉人)
[道光]重修膠州 23/14
[民國]增修膠志 18/13
[民國]重修莒志 64/2
莊周(字子休)
(戰國・宋人,一作楚之蒙城人)
[嘉靖]山東 34/3
[康熙]山東 48/2
[宣統]山東 200/1
[萬曆元年]兗州 42/6
[萬曆二十四年]兗州 37/30
[康熙]兗州 28/71
[康熙]曹州志 16/9
[乾隆]曹州府 16/12
[嘉靖]濮州 8/1
[萬曆]濮州 4/游寓 2
[康熙]濮州 4/26
[乾隆]濮州 4/40
[宣統]濮州 6/68
[康熙十一年]蒙陰 2/65
[康熙]東明 6/23
[乾隆]東明 6/23
[民國]東明縣新誌 11/97
東明縣志料/人物門
[康熙]曹縣 12/4
[康熙]兗州府曹縣 12/4
[光緒]曹縣 12/3
[光緒]菏澤 16/17
[光緒]新修菏澤 11/77
莊鳳韶(字儀廷)
(清・莒縣人)
[民國]重修莒志 65/31
莊鵬翥(字荊西)
(清・莒縣人)
[民國]重修莒志 61/8
莊履中(字和庵)
(清・莒縣人)
[嘉慶]莒州 10/14
[民國]重修莒志 65/11
莊印銘(清・菏澤人)
菏澤縣鄉土志/27
78 **莊臨之**(字敬亭)
(清・濰縣人)
[民國]濰縣志稿 31/14
80 **莊姜**(周・衛人)
[嘉靖]山東 23/4
[康熙]山東 28/3
[嘉靖]青州 16/11
[萬曆]青州 16/1
[康熙十五年]青州 16/1
[康熙四十八年]青州 16/1
[康熙六十年]青州 19/1
[萬曆元年]兗州 1/后妃 8
[康熙]臨淄 9/4
[民國]臨淄 31/45
莊毓璋(長清人)
[民國]長清 12/16
莊余珍(字希堂)
(莒縣人)
[民國]重修莒志 66/3
86 **莊鋥**(清・棲霞人)
[乾隆]棲霞 5/29
莊錫經(字拜庚)
(清・莒縣人)
[民國]重修莒志 64/5
莊錫縝(清・莒縣人)
[民國]重修莒志 64/5
莊錫級(字晉階)
(清・莒縣人)
[民國]重修莒志 64/9
87 **莊銘訓**(字禮園)
(清・莒縣人)
[民國]重修莒志 64/8

花

03 **花詠春**(清・貴州貴筑進士)
[民國]臨沂 7/76
20 **花秀廷**(字楓臣)
(霑化人)
[民國]霑化 3/12
30 **花富春**(字祿逢)
(霑化人)
[民國]霑化 3/12
40 **花壽山**(字南村)
(清・歷城人)
[民國]續修歷城 41/18
70 **花雅各**(清・美國人)
[民國]福山縣志稿 7/7-2

薩

10 **薩靈阿**(清・滿洲鑲藍旗人)
[乾隆]臨清直隸州 6/85
[民國]臨清縣/秩官 66
17 **薩承鈺**(字玉衡)
(清・侯官人)
[民國]鄒平 14/34

4422_2 茅

00 **茅方廉**(字硯農)

(清・順天大興人)
[光緒]昌邑縣續志 5/18
20 **茅焦**(秦・齊人)
[至元]齊乘 6/7
[嘉靖]山東 29/1
[康熙]山東 39/1
[康熙]濟南 37/1
[道光]濟南 72/24
[萬曆]青州 15/34
[康熙十五年]青州 15/34
[康熙四十八年]青州 15/說士 10
[乾隆]武定府 23/37
[咸豐]武定府 23/忠節 1
[康熙]濱州 7/1
[咸豐]濱州 10/2
濱州鄉土志/耆舊錄
[崇禎]歷乘 16/43
[崇禎]歷城 10/1
[萬曆]蒲臺志 9/1
[康熙]重修蒲臺 7/5
[民國]臨淄 22/78
38 **茅祚宏**(字令聞)
(清・歷城人)
[道光]濟南 53/60
[民國]續修歷城 44/9
40 **茅志宣**(元・滕人)
[萬曆]滕志 8/74
[康熙]滕志 8/人物 45
[康熙]滕縣志 8/釋道 2
[道光]滕縣志 11/釋道 2
42 **茅塏**(字載青)
(清・歷城人)
[宣統]山東 170/31
[道光]濟南 53/60
46 **茅埧**(字聲伯,號藕亭)
(清・歷城人)
[民國]續修歷城 41/15
60 **茅國縉**(字薦卿)
(明・浙江歸安人)
[宣統]山東 71/6
[康熙]濟南 25/59
[道光]濟南 36/11
[萬曆]章丘 18/101,21/75
[康熙]章丘 4/25,8/46
[乾隆]章邱 7/5,11/46
[道光]章邱 9/7,13/31
章邱縣鄉土志/上 4
茅景熙(清)
[民國]莘縣 3/27

4422_7 萬

00 **萬言**(明・安陸人)
[康熙]濟南 25/54
[乾隆]泰安府 15/16
[康熙]肥城書下/11
[嘉慶]肥城 15/33
[光緒]肥城 7/48
萬章(戰國・滕人,一作齊人)
[至元]齊乘 6/4
[嘉靖]山東 24/11
[康熙]山東 29/11
[雍正]山東 11/闕里二 21
[宣統]山東 153/12
[道光]濟南 45/4
[嘉靖]青州 12/6
[萬曆]青州 13/4
[康熙十五年]青州 13/4
[康熙四十八年]青州 13/4
[萬曆元年]兗州 7/74
[乾隆]兗州 7/32
[嘉靖]鄒縣地理誌 1/22
[萬曆]鄒志 1/46
[萬曆]滕志 7/2
[康熙]滕志 7/2
[康熙]滕縣志 7/2
滕縣鄉土志/22
[天啟]新城 8/名賢
[崇禎]新城 8/名賢
[民國]重修新城 13/1
新城縣鄉土志/耆舊－戰國
萬文林(東阿人)
[民國]東阿 15/3
02 **萬訢**(漢)
[嘉慶]禹城 7/2
禹城縣鄉土志/4
萬新寬(清・萊陽人)
[民國]萊陽 3/1 中 75
10 **萬玉珍**(清・萊陽人)
[民國]萊陽 3/1 中 64
萬雲程(字馨齋)
(清・膠州人)
[民國]增修膠志 47/11
14 **萬琦**(字伯珍)
(清・臨清人)
[乾隆]臨清州 9/40
[乾隆]臨清直隸州 8/上 27
[民國]臨清縣/人物 54
17 **萬子可**(字汝簡)
(明・濟寧人)
[康熙]濟寧州 6/30
[乾隆]濟寧直隸州 24/16
[道光]濟寧直隸州 8/2－30
萬承紹(清・江西南昌進士)
[光緒]嶧縣 19/職官下 22
[宣統]增輯清平 11/8
[民國]清平/秩官 30
清平縣鄉土志/政績
19 **萬瑺**(唐・陽信人)
[乾隆]武定府 25/44
[咸豐]武定府 25/文苑 4
[康熙]陽信 8/2
[民國]陽信 5/文學 1
信邑志稿 7/文苑
陽信縣鄉土志上/耆舊－學問
20 **萬秉綬**(字綸紱)
(清・即墨人)
[同治]即墨 9/53
即墨縣鄉土志/耆舊－事業四
萬秉復(字禮堂)
(清・泰安人)
[民國]重修泰安縣 8/44
萬維壇(見萬惟檀)
萬愛民(字允濟)
(明・曹縣人)
[乾隆]曹州府 15/19
[康熙]兗州府曹縣 13/44
[光緒]曹縣 13/42
萬秉善(東阿人)
[民國]東阿 15/10
萬秉錡(清・即墨人)
[同治]即墨 9/38
即墨縣鄉土志/耆舊－事業四
22 **萬鼎亨**(金・陽信人)

[康熙]陽信 8/2
萬崇謙(字遜夫)
(清・曹縣人)
[光緒]曹縣 14/行誼 3
萬繇前(清・仁和人)
[民國]齊河 22/7
24 萬德洋(東平人)
[民國]東平縣 11/上 26
27 萬緡(初名識篤兒)
(元)
[道光]濟南 72/33
[康熙]德平 3/33
[乾隆]德平 3/5
[嘉慶]德平 7/5
[光緒]德平 7/5
德平縣鄉土志/耆舊錄
萬旬(字希齡)
(明・濟寧人)
[康熙]濟寧州 6/22
[乾隆]濟寧直隸州 24/3
[道光]濟寧直隸州 8/2－23
萬象春(字仁甫)
(明・南直無錫人)
[宣統]山東 70/10
[道光]濟南 35/7
[乾隆]寧陽 3/東兗道 1
[咸豐]寧陽 11/7
[光緒]寧陽 11/7
寧陽縣鄉土志/7
萬象辰(長清人)
[民國]長清 12/14
28 萬儀(字邦正,號可山)
(明・永城人,一作南昌人)
[宣統]山東 200/10
[康熙]兗州府曹縣 14/75
[光緒]曹縣 14/游寓 4
萬以敦(字復吉)
(清・阿迷州人)
[乾隆]泰安府 15/39
[嘉慶]肥城 15/35
[光緒]肥城 7/49
30 萬進忠(清・平度人)
[光緒]平度志要/人物
35 萬迪(明・東平人)
[宣統]山東 161/30

37 萬鴻圖(字儀堂)
(清・曹縣人)
[光緒]曹縣 14/行誼 22
40 萬士元(字懋德)
(清・南昌人)
[康熙]兗州續編 16/26
[康熙]兗州府曹縣 14/13
[光緒]曹縣 14/人物 10
萬士煉(字伯牙,別號公阮)
(清・曹縣人)
[康熙]兗州府曹縣 14/又 24
[光緒]曹縣 14/人物 19
44 萬恭(字肅卿)
(明・江西南昌人)
[宣統]山東 70/5
[道光]濟南 35/14
[康熙]濟寧州 4/9
[道光]濟寧直隸州 6/6－49
萬權(元・北海人)
[民國]濰縣志稿 41/42
萬林保(長清人)
[民國]長清 12/18
萬世馨(字德含)
(清・平度人)
[乾隆]膠州 4/60
[道光]重修膠州 31/5
[民國]增修膠志 48/8
[道光]重修平度州 19/16
平度鄉土志 4 上/鄉賢
萬世顯(明・陳州人)
[道光]濟南 36/12
[道光]章邱 9/10
45 萬椿年(字楚南)
(清・曹縣人)
[光緒]曹縣 14/行誼 23
47 萬朝京(字太元)
(明・濟寧人)
[康熙]濟寧州 7/23
[乾隆]濟寧直隸州 26/17
萬朝宗(字太元)
(明・濟寧人)
[道光]濟寧直隸州 8/4－38
48 萬松高(清・恩縣人)
[民國]重修恩縣 11/鄉賢 42
50 萬貴(明・諸城人)
[咸豐]青州 44/1

[乾隆]諸城 30/2
57 萬邦方(號聚洲)
(明・臨清人)
[乾隆]東昌 42/21
[康熙]臨清州 3/人物 11
[乾隆]臨清州 9/32
[乾隆]臨清直隸州 8/上 19
[民國]臨清縣/人物 51
萬邦維(清・麻城人)
[光緒]海陽縣續志 10/72
萬邦翰(清・景州吳橋人)
[順治]樂陵 4/5
60 萬景洙(清・禹城人)
[道光]濟南 56/40
[嘉慶]禹城 9/14
[民國]禹城 6/11
禹城縣鄉土志/15
71 萬長江(字道遠)
(清・陽信人)
[民國]陽信 5/耆碩 63
萬長清(長清人)
[民國]長清 12/11
萬長海(長清人)
[民國]長清 12/16
77 萬具(明・山西人)
[嘉靖]濮州 7/23
萬鳳泉(清・泰安人)
[道光]泰安縣 9/上 85
[民國]重修泰安縣 8/40
萬鵬程(號溟海)
(明・順義人)
[宣統]山東 71/38
[乾隆]泰安府 15/12
[康熙]肥城書下/10,下/60
[嘉慶]肥城 15/31,19/24
[光緒]肥城 7/46
肥城縣鄉土志 3/5
萬鳳濟(清・泰安人)
[道光]泰安縣 9/上 85
[民國]重修泰安縣 8/40
萬鳳沼(清・泰安人)
[道光]泰安縣 9/上 85
[民國]重修泰安縣 8/40
萬用中(清・泰安人)
[民國]重修泰安縣 8/52
萬鳳圖(字韻雲)

(清・曹縣人)
[光緒]曹縣 14/行誼 21
萬民命(字立吾)
(明・江西南昌人)
[崇禎]鄆城 4/9,8/10
[康熙]鄆城 4/6,8/11
[光緒]鄆城 6/7,6/35,13/26
80 萬人模(字景瞻)
(清・江西南城人)
[乾隆]淄川 4/又 28－3
萬毓盼(字景陽)
(清・曹縣人)
[光緒]曹縣 14/行誼 10
82 萬鎧(清・膠州人)
[道光]重修膠州 29/11
[民國]增修膠志 44/9
90 萬尚烈(明・江西新建人)
[乾隆]濟寧直隸州 22/18
萬惟檀(字子馨,號樂園,又號明庭)
(明・曹縣人)
[雍正]山東 28/人物三 66
[宣統]山東 164/41
[康熙]兗州 28/27
[乾隆]曹州府 15/19
[康熙]兗州府曹縣 13/58
[光緒]曹縣 13/55
萬惟樞(字區木,號瞻華)
(清・曹縣人)
[康熙]兗州府曹縣 14/1
[光緒]曹縣 14/人物 1
[順治]單縣 2/39
萬惟樸(字素先)
(明・曹縣人)
[康熙]曹縣 11/18
[康熙]兗州府曹縣 11/18
[光緒]曹縣 11/選舉 30
萬惟樅(明・曹縣人)
[康熙]曹縣 11/25
萬光全(清・蒲臺人)
[乾隆]蒲臺 3/52
蒲臺縣鄉土志/12
91 萬恒儒(長清人)
[民國]長清 12/16
萬恒升(長清人)
[民國]長清 12/18
萬恒祥(長清人)
[民國]長清 12/16
97 萬耀然(清・懷寧人)
[康熙]膠州 5/18

蕭

00 蕭該(隋・蘭陵人)
[嘉靖]山東 30/36
[萬曆元年]兗州 40/文苑 8
[萬曆]沂州志 7/18
[康熙]沂州志 5/57
[康熙]嶧縣 4/55
蕭廣(字德菴)
(清・日照人)
[光緒]日照 8/25
蕭廩(字富侯)
(唐)
[康熙]嶧縣 4/61
蕭序(南朝梁・蘭陵人)
[康熙]嶧縣 4/54
蕭衣(明・曹州人)
[道光]濟南 36/53
[光緒]陵縣 18/14
蕭育(字次君)
(漢・臨沂人)
[嘉靖]山東 25/15,30/5
[康熙]山東 32/1,40/6
[雍正]山東 28/人物一 12
[宣統]山東 161/1
[康熙]濟南 24/2
[弘治]泰安州 3/6
[康熙]泰安州 2/52
[萬曆元年]兗州 40/政績 2
[萬曆二十四年]兗州 31/10
[康熙]兗州 24/10
[乾隆]兗州 23/11
[萬曆]沂州志 6/29
[康熙]沂州志 5/11
[乾隆]沂州府 25/3
[康熙]嶧縣 4/11
[乾隆]嶧縣 8/4
[光緒]嶧縣 21/鄉賢 12
[乾隆二十五年]泰安縣 10/27
[民國]臨沂 9/2
蕭摩訶(字元胤)
(南朝陳・蘭陵人)
[嘉靖]山東 30/34
[康熙]山東 40/36
[萬曆二十四年]兗州 33/29
[康熙]兗州 26/28
[萬曆]沂州志 7/15
[康熙]沂州志 5/56
[乾隆]沂州府 25/16
[康熙]嶧縣 4/43
[光緒]嶧縣 21/鄉賢 55
[民國]臨沂 9/30
蕭文靈(字麟書)
(清・夏津人)
[民國]夏津續編 8/90
蕭文琰(南北朝・東海蘭陵人)
[萬曆]沂州志 6/79
[康熙]嶧縣 4/34
蕭文傑(清・濱州人)
[咸豐]濱州 10/耆壽又 7
蕭廣微(唐・蘭陵人)
[光緒]嶧縣 21/鄉賢 60
蕭文壽(南朝宋・蘭陵人)
[康熙]山東 28/6
[萬曆]沂州志 7/66
[康熙]沂州志 5/3
[乾隆]沂州府 28/1
蕭方茂(字和松)
(明・菏澤人)
[康熙]曹州志 15/69
[光緒]菏澤 15/63
[光緒]新修菏澤 10/39
菏澤縣鄉土志/24
蕭文芳(字茂元)
(明・霸州人)
[萬曆]沂州志 6/14
[康熙]沂州志 3/45
[乾隆]沂州府 20/6
[民國]臨沂 7/72
蕭文蔚(字不著,號絅菴)
(清・福山人)
[光緒]增修登州 40/13
[康熙]福山 8/7
[乾隆]福山 9 上/33
[民國]福山縣志稿 7/1－24
蕭應桂(清・湖南衡州人)

[宣統]山東 77/11
[咸豐]青州 37/21
[嘉慶]壽光 10/32
蕭彥起(清・惠民人)
[光緒]惠民 20/10
惠民縣鄉土志/耆舊錄 5
蕭育東(字震峰)
(清・永城人)
[光緒]曹縣 14/游寓 5
蕭文璧(字樸庵)
(明・陝西延安人)
[宣統]山東 71/22
[康熙]濟南 25/56
[道光]濟南 36/42
[康熙]禹城 5/9
[嘉慶]禹城 7/27
[民國]禹城 3/45
禹城縣鄉土志/6
蕭文璧(見蕭文璧)
蕭方駿(字龍友,號蟄公)
(清・四川拔貢士)
[宣統]三續淄川 9/48
03 **蕭斌**(南朝宋・南蘭陵人)
[宣統]山東 67/2
[光緒]益都縣圖志 15/4
04 **蕭諶**(南北朝・蘭陵人)
[萬曆]青州 12 又/4
[康熙十五年]青州 12/4,又 12/4
[康熙四十八年]青州 12 又/4
[康熙六十年]青州 12/6
[康熙]嶧縣 3/11
蕭勍(字長子)
(清・福山人)
[乾隆]福山 8/12
[民國]福山縣志稿 7/5－3
07 **蕭望之**(字長倩)
(漢・東海蘭陵人)
[至元]齊乘 6/10
[嘉靖]山東 25/14,30/5
[康熙]山東 32/1,40/5
[雍正]山東 28/人物一 9
[宣統]山東 153/24,153/33,154/7
[康熙]濟南 24/1
[道光]濟南 33/3
[萬曆元年]兗州 40/節義 11
[萬曆二十四年]兗州 31/8
[康熙]兗州 24/8
[乾隆]兗州 23/9
[萬曆]沂州志 6/28
[康熙]沂州志 5/10
[乾隆]沂州府 25/3
[嘉慶]東昌 20/2
[嘉靖]德州 3/3
[萬曆]德州 8/24
[康熙]德州 7/20
[民國]德縣 9/2
[康熙]嶧縣 4/9
[乾隆]嶧縣 8/3
[光緒]嶧縣 21/鄉賢 1
[乾隆]平原 6/20
平原縣鄉土志輯稿/名宦
[康熙]陵縣 6/上 23
[民國]臨沂 9/1
08 **蕭放**(字希夷)
(北齊・蘭陵人)
[嘉靖]山東 30/35
[萬曆]沂州志 7/11
[康熙]沂州志 5/55
[康熙]嶧縣 4/50
蕭詮(南朝・蘭陵丞人)
[康熙]嶧縣 4/53
10 **蕭平仲**(隋・蘭陵人)
[康熙]嶧縣 4/56
蕭元嘉(唐・蘭陵人)
[康熙]嶧縣 4/65
[光緒]嶧縣 21/鄉賢 60
蕭丕茂(字不貳,號洪澤)
(明・菏澤人)
[光緒]菏澤 16/10
蕭至忠(唐・蘭陵人)
[嘉靖]山東 33/28
[萬曆元年]兗州 41/18
[康熙]嶧縣 4/64
[乾隆]嶧縣 8/15
[光緒]嶧縣 21/鄉賢 58
蕭丕振(字鳳洲)
(清・福山人)
[康熙]福山 9/17
[乾隆]福山 9 上/23
[民國]福山縣志稿 7/3－13
蕭丕顯(字振世)
(清・陵縣人)
[光緒]陵縣 19/人物傳二 27
蕭丕冐(字洪澤,一字不二)
(明・菏澤人)
[康熙]曹州志 16/8
[乾隆]曹州府 16/6
[光緒]新修菏澤 10/38
菏澤縣鄉土志/26
12 **蕭引**(字淑休,一作叔休,又作升休)
(南北朝・東海蘭陵人)
[嘉靖]山東 30/34
[康熙]山東 40/35
[萬曆二十四年]兗州 33/27
[康熙]兗州 26/26
[萬曆]沂州志 7/5
[康熙]沂州志 5/51
[康熙]嶧縣 4/33
[民國]臨沂 9/33
蕭瑀(字時文)
(唐・蘭陵人)
[萬曆]沂州志 7/18
[康熙]沂州志 5/58
[康熙]嶧縣 4/56
蕭廷諫(字元輔)
(清・平原人)
[道光]濟南 56/105
[乾隆]平原 8/38
蕭廷槐(字蔭堂)
(清・歷城人)
[道光]濟南 38/21,53/43
[民國]續修歷城 42/7
[嘉慶]長山 5/49
蕭延賀(字髦宿)
(清・泰安人)
[乾隆二十五年]泰安縣 12/23
[乾隆四十七年]泰安縣 10/上 27
[道光]泰安縣 9/上 79
[民國]重修泰安縣 8/34
泰安縣鄉土志/耆舊 13
蕭廷鰲(字冠卿)
(清・慶雲人)

[民國三年]慶雲 2/57
蕭延年(字桂圓)
(清・膠州人)
[民國]增修膠志 42/25
13 蕭琮(字溫文)
(隋・蘭陵人)
[康熙]嶧縣 4/55
蕭琅(字大珍)
(隋・南蘭陵人)
[嘉靖]山東 27/3
[康熙]山東 35/3
[雍正]山東 27/53
[宣統]山東 67/32
[嘉靖]青州 13/21
[萬曆]青州 12/11
[康熙十五年]青州 12/11
[康熙四十八年]青州 12/11
[康熙六十年]青州 12/6
[咸豐]青州 34/17
[萬曆]樂安 13/1
[雍正]樂安 11/1
[民國]樂安 8/18
[康熙六十年]博興 7/4
[光緒]益都縣圖志 15/21
[民國]續修廣饒 17/1
14 蕭琳(南朝陳・蘭陵人)
[康熙]嶧縣 4/54
蕭瑱(字文容)
(南北朝・蘭陵丞人)
[康熙]嶧縣 4/53
蕭瑛(字廷瓚)
(明・堂邑人)
[乾隆]東昌 38/14
[嘉慶]東昌 28/14
[順治]堂邑 2/人物 7
[康熙]堂邑 16/2
15 蕭翀(字鵬舉)
(明・南直太和人)
[雍正]山東 27/10
[宣統]山東 70/28
[道光]濟南 35/42
17 蕭琛(字彥瑜)
(南北朝・東海蘭陵人)
[嘉靖]山東 30/28
[康熙]山東 40/30
[萬曆二十四年]兖州 33/16
[康熙]兖州 26/16
[萬曆]沂州志 6/77
[康熙]沂州志 5/46
[乾隆]沂州府 25/13
[康熙]嶧縣 4/28
[民國]臨沂 9/30
蕭珣(清・濟陽人)
[道光]濟南 56/34
[乾隆]濟陽 8/42
[民國]濟陽 11/55
蕭瑤(字篠莊)
(明・福山人)
[光緒]增修登州 43/18
[乾隆]福山 9 上/25
[民國]福山縣志稿 7/3-2
蕭翼(唐・蘭陵人)
[康熙]嶧縣 4/67
蕭子雲(字景喬)
(南北朝・東海蘭陵人)
[萬曆二十四年]兖州 33/16
[康熙]兖州 26/15
[萬曆]沂州志 7/2
[康熙]沂州志 5/48
[康熙]嶧縣 4/38
[民國]臨沂 9/32
蕭承弼(字右卿)
(長清人)
[民國]長清 12/7
蕭子安(清・濟陽人)
[民國]濟陽 18/14
蕭子良(字雲英)
(南朝齊・蘭陵人)
[康熙]嶧縣 4/51
蕭子懋(字雲昌)
(南北朝・東海蘭陵人)
[康熙]嶧縣 4/36
蕭子昌(清・泰安人)
[道光]泰安縣 9/上 86
[民國]重修泰安縣 8/40
蕭子顯(字景暘,一作景陽)
(南北朝・東海蘭陵人)
[雍正]山東 28/人物一 49
[萬曆二十四年]兖州 33/15
[康熙]兖州 26/15
[萬曆]沂州志 7/1
[康熙]沂州志 5/48
[康熙]嶧縣 4/37
[民國]臨沂 9/32
蕭子暉(字景光)
(南朝梁・蘭陵人)
[萬曆二十四年]兖州 33/16
[康熙]兖州 26/16
[萬曆]沂州志 7/2
[康熙]沂州志 5/49
[康熙]嶧縣 4/53
[民國]臨沂 9/32
蕭子隆(字雲興)
(南北朝・蘭陵人)
[康熙]嶧縣 4/51
蕭子美(唐)
[宣統]山東 200/3
[康熙]濟南 50/3
[道光]濟南 62/2
[崇禎]歷城 10/29
蕭子範(字景則,一字景模)
(南北朝・蘭陵人)
[雍正]山東 28/人物一 49
[萬曆二十四年]兖州 33/15
[康熙]兖州 26/15
[萬曆]沂州志 7/1
[康熙]沂州志 5/48
[康熙]嶧縣 4/50
[民國]臨沂 9/32
蕭子恪(字景沖)
(南北朝・東海蘭陵人)
[嘉靖]山東 30/24
[康熙]山東 40/26
[萬曆二十四年]兖州 33/15
[康熙]兖州 26/14
[萬曆]沂州志 7/1
[康熙]沂州志 5/48
[康熙]嶧縣 4/37
[民國]臨沂 9/31
18 蕭玠(字爾錫)
(清・鄆城人)
[康熙]鄆城 6/23
20 蕭統(字德施,小字維摩)
(南朝梁・蘭陵人)
[嘉靖]山東 30/34
[康熙]山東 40/36
[萬曆二十四年]兖州 33/14
[康熙]兖州 26/14

[萬曆]沂州志 7/10
[康熙]沂州志 5/53
[康熙]嶧縣 4/41
蕭秀(字彥達)
(南北朝・東海蘭陵人)
[康熙]嶧縣 4/41
蕭依庸(清・汶上人)
[宣統]四續汶上稿/人物－藝術傳
蕭禹言(清・浙江人)
[民國]續修歷城 47/1
蕭季卜(字六子,號幼宰)
(清・菏澤人)
[光緒]菏澤 15/75
[光緒]新修菏澤 11/62
蕭維宣(字宗文)
(清)
[道光]鉅野 24/11
蕭維漢(字倬章)
(清・濰縣人)
[民國]濰縣志稿 31/17
蕭悉達(北齊・蘭陵人)
[康熙]嶧縣 4/46
蕭維超(字邁千)
(清・鉅野人)
[道光]鉅野 13/39
蕭秉鑒(字蘊焯)
(清・鉅野人)
[道光]鉅野 13/62
21 **蕭衡**(字麗璇)
(清・歷城人)
[宣統]山東 170/33
[民國]續修歷城 40/17
蕭虎(明・新城人)
[天啟]新城 8/孝友
[崇禎]新城 8/孝友
[康熙]新城 8/4
[民國]重修新城 15/6
蕭頃(字子澄)
(後唐・萬年人)
[光緒]增修登州 24/6
蕭衍(字叔達)
(南朝齊・東海蘭陵人)
[嘉靖]山東 23/4
[康熙]山東 28/2
[萬曆元年]兗州 1/帝王 15
[萬曆]沂州志 7/64
[康熙]沂州志 5/2
[康熙]嶧縣 4/3
蕭貞(明・堂邑人)
[順治]堂邑 2/人物 2
蕭穎達(南北朝・蘭陵人)
[嘉靖]山東 30/32
[康熙]山東 40/33
[萬曆]沂州志 7/6
[康熙]沂州志 5/52
[乾隆]沂州府 25/15
[康熙]嶧縣 4/36
[民國]臨沂 9/31
蕭穎士(字茂挺)
(唐・蘭陵人)
[雍正]山東 31/14
[乾隆]曹州府 16/15
[嘉靖]濮州 8/2
[萬曆]濮州 4/游寓 2
[康熙]濮州 4/26
[乾隆]濮州 4/40
[宣統]濮州 6/68
[康熙]嶧縣 4/65
蕭儒林(字翰賓)
(清・泰安人)
[道光]泰安縣 9/上 75
[民國]重修泰安縣 8/27
泰安縣鄉土志/耆舊 22
蕭穎胄(字雲長)
(南北朝・東海蘭陵人)
[康熙]嶧縣 4/35
22 **蕭岑**(字智遠)
(隋・蘭陵人)
[康熙]嶧縣 4/55
蕭嵩(唐・蘭陵人)
[康熙]嶧縣 4/57
[光緒]益都縣圖志 16/2
蕭嵩(字伯企)
(明・堂邑人)
[順治]堂邑 2/人物 9
[康熙]堂邑 12/7
蕭嵩(掖縣典史)
(明)
[乾隆]掖縣 3/37
蕭巖(字魯瞻)
(清・長清人)
[道光]濟南 56/53
[道光]長清 12/11
蕭繇(漢・東海蘭陵人)
[雍正]山東 27/85
[宣統]山東 161/1
蕭嶷(字宣儼)
(南北朝・東海蘭陵人)
[康熙]嶧縣 4/36
23 **蕭允**(字叔佐,一作升佐)
(南北朝・東海蘭陵人)
[嘉靖]山東 30/31
[康熙]山東 40/33
[萬曆二十四年]兗州 33/26
[康熙]兗州 26/25
[萬曆]沂州志 7/5
[康熙]沂州志 5/51
[康熙]嶧縣 4/32
[民國]臨沂 9/33
蕭綜(字世廉)
(南朝梁・蘭陵人)
[康熙]嶧縣 4/54
[康熙]東明 7/24
[乾隆]東明 7/24
蕭獻廷(字猷升,原名學禮)
(清・陽穀人)
[民國]增修陽穀人物/師道 23
蕭俊士(明・曹州人)
[乾隆]樂陵 4/53
蕭獻捷(字仲默)
(明・堂邑人)
[康熙十一年]堂邑 2/選舉 15
[康熙]堂邑 13/10
24 **蕭特**(字世達)
(南北朝・東海蘭陵人)
[康熙]嶧縣 4/39
蕭德言(字文行)
(唐・蘭陵人)
[雍正]山東 28/人物二 5
[宣統]山東 156/2
[萬曆]沂州志 7/19
[康熙]沂州志 5/59
[乾隆]沂州府 27/6
[康熙]嶧縣 4/63
[光緒]嶧縣 21/鄉賢 57

25 **蕭仲印**(清·平原人)
[道光]濟南 56/105
[民國]續修平原 10/上 4
26 **蕭繹**(字世誠)
(南朝齊·東海蘭陵人)
[康熙]嶧縣 4/4
蕭程瑀(清·福山人)
[乾隆]福山 8/59
[民國]福山縣志稿 7/4-1
蕭程儼(字長經,號率菴)
(清·福山人)
[光緒]增修登州 40/14
[乾隆]福山 9 上/43
[民國]福山縣志稿 7/1-31
蕭程士(清·福山人)
[乾隆]福山 8/59
蕭和中(清·泰安人)
[康熙]泰安州 3/45
27 **蕭豹**(明·新城人)
[天啟]新城 8/孝友
[崇禎]新城 8/孝友
[康熙]新城 8/4
[民國]重修新城 15/6
蕭督(字理孫)
(南朝齊·東海蘭陵人)
[嘉靖]山東 23/4
[康熙]山東 28/2
[萬曆元年]兗州 1/帝王 13
[萬曆]沂州志 7/64
[康熙]沂州志 5/2
[康熙]嶧縣 4/4
蕭綱(字世纘)
(南朝齊·東海蘭陵人)
[康熙]嶧縣 4/4
蕭紀(南朝梁·蘭陵人)
[康熙]嶧縣 4/52
蕭凱(字虞佐)
(明·武定人)
[康熙]濟南 42/11
[嘉靖]武定州下/67
[萬曆]武定州 13/10
[崇禎]武定州 19/2
[乾隆]武定府 25/46
[咸豐]武定府 25/文苑 6
[乾隆]惠民 6/7
[光緒]惠民 23/6
惠民縣鄉土志/耆舊錄 20
蕭俛(字思謙)
(唐·蘭陵人)
[康熙]嶧縣 4/60
蕭彝元(三台人)
[民國]齊河 22/12
蕭叔達(梁·東海蘭陵人)
[萬曆二十四年]兗州 5/7
[康熙]兗州 6/6
蕭叡明(南朝齊·蘭陵人)
[嘉靖]山東 30/32
[康熙]山東 40/33
[萬曆二十四年]兗州 37/1
[康熙]兗州 28/30
[萬曆]沂州志 7/2
[康熙]沂州志 5/49
[乾隆]沂州府 26/7
[康熙]嶧縣 4/50
28 **蕭倣**(字思道)
(唐·蘭陵人)
[康熙]嶧縣 4/61
蕭復(字履初)
(唐·蘭陵人)
[康熙]嶧縣 4/58
蕭綸(南朝梁·蘭陵人)
[康熙]嶧縣 4/52
蕭僧珍(南北朝·東海蘭陵人)
[康熙]嶧縣 4/28
30 **蕭淳**(南朝陳·蘭陵人)
[萬曆]沂州志 7/15
[康熙]沂州志 5/56
[乾隆]沂州府 27/5
[康熙]嶧縣 4/53
蕭淳(字天民)
(明·代州進士)
[宣統]山東 72/41
[乾隆]東昌 34/4
[嘉慶]東昌 21/22
[康熙二年]茌平 2/38,3/42
[康熙四十九年]茌平 3/42
[宣統]茌平 8/4,23/26
[民國]茌平 8/61
蕭定(字梅臣)
(唐·蘭陵人)
[康熙]嶧縣 4/63
蕭濟(字孝康)
(南北朝·蘭陵人)
[嘉靖]山東 30/32
[康熙]山東 40/33
[宣統]山東 162/21
[萬曆二十四年]兗州 33/26
[康熙]兗州 26/25
[萬曆]沂州志 7/14
[康熙]沂州志 5/55
[乾隆]沂州府 25/15
[康熙]嶧縣 3/11
[乾隆]嶧縣 8/15
[光緒]嶧縣 21/鄉賢 57
[民國]臨沂 9/30
蕭寬(明·江西廬陵人)
[嘉靖]山東 26/17
[康熙]山東 33/20
[雍正]山東 27/37
[宣統]山東 72/1
[萬曆元年]兗州 38/循吏 41
[萬曆二十四年]兗州 29/1
[康熙]兗州 22/22
[乾隆]兗州 22/19
蕭密(字士幾)
(南北朝·東海蘭陵人)
[康熙]嶧縣 4/33
蕭寅龍(清·鄆城人)
[光緒]鄆城 16/11
蕭寶夤(字智亮)
(北魏)
[宣統]山東 67/12
[康熙]嶧縣 4/46
蕭永華(清·遼陽人)
[宣統]山東 77/9
[咸豐]青州 37/3
[雍正]樂安 11/6
[民國]樂安 8/20
[民國]續修廣饒 17/5
31 **蕭源**(清·福山人)
[乾隆]福山 9 上/65
[民國]福山縣志稿 7/4-3
蕭汪之(南朝宋)
[康熙]濰縣 5/名宦 2
[乾隆]濰縣 3/38
[民國]濰縣志稿 20/5
濰縣鄉土志/50

蕭源之(字君流)
(南北朝・東海蘭陵人)
[康熙]嶧縣 4/25
32 **蕭淵**(字文靜)
(明・堂邑人)
[萬曆]東昌 19/55
[乾隆]東昌 38/11
[嘉慶]東昌 28/11
[順治]堂邑 2/人物 3
[康熙十一年]堂邑 2/人物 3
[康熙]堂邑 15/4
堂邑縣鄉土志/耆舊錄
蕭祗(字敬式)
(南北朝・蘭陵人)
[嘉靖]山東 30/35
[萬曆]沂州志 7/10
[康熙]沂州志 5/54
[康熙]嶧縣 4/45
[宣統]重修恩縣 6/8
33 **蕭梁先**(字式仲)
(清・福山人)
[乾隆]福山 9 上/57
34 **蕭法**(字海章)
(清・泰安人)
[乾隆]泰安府 18/58
[乾隆二十五年]泰安縣 12/30
[乾隆四十七年]泰安縣 10/上 27
[道光]泰安縣 9/上 79
[民國]重修泰安縣 8/35
泰安縣鄉土志/耆舊 14
蕭祐(字祐之)
(唐・蘭陵人)
[宣統]山東 163/19
[民國]臨沂 9/41
蕭汝誦(字子容)
(清・平原人)
[民國]續修平原 10/上 20
蕭汝舟(字子利)
(明・堂邑人)
[順治]堂邑 2/人物 10
[康熙]堂邑 12/7
蕭斗南(明・儀真人)
[康熙]莒州下/18
35 **蕭遘**(字得聖)
(唐・蘭陵人)
[康熙]嶧縣 4/62
蕭清淑(清・陽穀人)
[民國]增修陽穀人物/師道 14
37 **蕭潤**(清・福山人)
[乾隆]福山 8/21
蕭退(字希夷)
(南朝梁・蘭陵人)
[嘉靖]山東 30/35
[萬曆]沂州志 7/11
[康熙]沂州志 5/54
[康熙]嶧縣 4/45
蕭遐齡(字福卿,號逸農)
(膠州人)
[民國]增修膠志 46/10
蕭遙欣(南北朝・蘭陵人)
[康熙]嶧縣 4/49
38 **蕭洽**(字宏稱)
(南北朝・北蘭陵人)
[雍正]山東 28/人物一 49
[宣統]山東 163/13
[萬曆二十四年]兗州 33/17
[康熙]兗州 26/17
[萬曆]沂州志 7/4
[康熙]沂州志 5/50
[康熙]嶧縣 4/30
[民國]臨沂 9/33
蕭祚(金・奚人)
[光緒]益都縣圖志 17/1
蕭啟祥(字子嘉)
(清・崇義人)
[民國]黃縣志稿 11/宦績
蕭道士(明・萊陽人)
[雍正]山東 30/22
[康熙]萊陽 9/6
蕭道成(字紹伯)
(南朝齊・東海蘭陵人)
[嘉靖]山東 23/3
[康熙]山東 28/2
[萬曆元年]兗州 1/帝王 12
[萬曆二十四年]兗州 5/6
[康熙]兗州 6/5
[萬曆]沂州志 7/63
[康熙]沂州志 5/1
[康熙]嶧縣 4/2
蕭道隆(字郢溪)
(陽穀人)
[民國]增修陽穀人物/仕宦 25
40 **蕭賁**(元・冠氏人)
[嘉靖]冠縣 4/2
蕭才(元)
[光緒]嶧縣 19/98
蕭奮(漢・瑕丘人)
[宣統]山東 153/27
[萬曆二十四年]兗州 31/20
[康熙]兗州 24/18
[乾隆]兗州 23/7
[康熙]滋陽 4/上 7
[光緒]滋陽 8/19
滋陽縣鄉土志 1/耆舊－名儒
蕭吉(字文休)
(南北朝)
[宣統]山東 168/9
蕭昚(隋・蘭陵人)
[康熙]嶧縣 4/55
蕭有(南北朝・蘭陵人)
[萬曆]沂州志 7/15
[乾隆]沂州府 27/5
[康熙]嶧縣 4/54
蕭大亨(字夏卿,號嶽峯)
(明・泰安人)
[康熙]山東 39/27
[雍正]山東 28/人物三 43
[宣統]山東 160/29
[康熙]濟南 34/8
[康熙]泰安州 3/31
[乾隆]泰安府 17/25
[乾隆二十五年]泰安縣 12/16
[乾隆四十七年]泰安縣 10/上 4
[道光]泰安縣 9/上 52
[民國]重修泰安縣 8/4
泰安縣鄉土志/耆舊 12
[康熙]新修萊蕪 8/39
蕭培諒(清・福山人)
[光緒]增修登州 43/19
蕭士廉(字節吾)

（清・夏津人）
［乾隆］東昌 43/41
［乾隆］夏津 8/28
蕭士望（清・恩縣人）
［雍正］恩縣續志 3/29
蕭培敦（字穀園）
（清・福山人）
［民國］福山縣志稿 7/5－6
蕭培元（號質齋）
（清・雲南昆明人）
［宣統］山東 74/55
蕭士登（字文全）
（明・泰安人）
［乾隆二十五年］泰安縣 12/29
［乾隆四十七年］泰安縣 10/上 25
［道光］泰安縣 9/上 77
［民國］重修泰安縣 8/33
泰安縣鄉土志/耆舊 13
蕭九湘（字芷南）
（清・永城人）
［宣統］山東 200/18
［光緒］曹縣 14/游寓 5
蕭大才（明・堂邑人）
［順治］堂邑 2/人物 5
［康熙］堂邑 12/3
蕭培蕃（字子衍）
（清・福山人）
［光緒］增修登州 43/18
［民國］福山縣志稿 7/4－6
蕭存靜（字景山）
（清・汶上人）
［宣統］四續汶上稿/人物－藝術傳
蕭九成（明・巴陵人）
［康熙］莒州下/12
蕭九成（字韶亭，號碧畦）
（清・日照人）
［宣統］山東 173/12
［咸豐］青州 37/22
［光緒］日照 8/27
蕭培暢（更名培森，字石舟）
（清・福山人）
［民國］福山縣志稿 7/5－7
蕭大圜（字仁顯）
（南北朝・蘭陵人）
［康熙］嶧縣 4/47
蕭克甲（清・鄆城人）
［光緒］鄆城 7/21
蕭培畛（號傑園）
（清・福山人）
［民國］福山縣志稿 7/5－6
蕭來鳳（明・太和人）
［民國］陽信 2/41
43 **蕭榕年**（清・福山人）
［乾隆］福山 8/22
44 **蕭芬**（字席珍）
（清・平原人）
［民國］續修平原 6/7
蕭恭（字敬之）
（金）
［萬曆］武定州 10/6
［崇禎］武定州 7/17
蕭華（唐・蘭陵人）
［萬曆］沂州志 7/21
［康熙］嶧縣 4/67
蕭劼（字崧齋，號春圃）
（清・福山人）
［宣統］山東 176/21
［光緒］增修登州 39/18
［乾隆］福山 8/20，9 上/46
［民國］福山縣志稿 7/1－32
蕭剌（字惟斗）
（元・奉元人）
［民國］濰縣志稿 32/13
蕭莓（字寄村）
（清・平原人）
［民國］續修平原 6/7
蕭勤（清・蒙陰人）
［宣統］蒙陰 4/孝義
蕭其廉（見蕭士廉）
蕭世廉（南北朝・蘭陵人）
［萬曆］沂州志 7/36
［康熙］沂州志 6/6
［乾隆］沂州府 26/7
［康熙］嶧縣 4/44
蕭其祥（字子嘉）
（清）
［民國］重修商河 6/72
蕭夢蘭（字湘浦）
（清・高安人）
［光緒］壽張 5/10
蕭協中（字公黼）
（明・泰安人）
［乾隆］泰安府 18/29
［乾隆四十七年］泰安縣 10/上 16
［道光］泰安縣 9/上 66
［民國］重修泰安縣 8/16
泰安縣鄉土志/耆舊 24
蕭綦隆（清・嘉祥人）
［順治］嘉祥 3/12
46 **蕭垍**（字山阜）
（清・菏澤人）
［乾隆］曹州府 16/23
蕭如尹（明・內江人）
［康熙］黃縣 5/14
［乾隆］黃縣 6/名宦 5
［同治］黃縣 6/7
［民國］黃縣志稿 11/宦績
蕭坦之（字君平）
（南齊・蘭陵人）
［康熙］嶧縣 3/10
［光緒］嶧縣 19/78
47 **蕭轂**（南朝梁・蘭陵人）
［康熙］嶧縣 4/51
蕭起（清・膠州人）
［民國］增修膠志 44/17
蕭慤（字仁祖）
（南朝梁・蘭陵人）
［萬曆］沂州志 7/16
［康熙］沂州志 5/56
［康熙］嶧縣 4/51
48 **蕭梅**（字耿夫）
（清・金鄉人）
［乾隆］兗州 23/85
［乾隆］濟寧直隸州 27/30
［道光］濟寧直隸州 8/3－33，8/4－39
［乾隆］金鄉 18/81
［咸豐］金鄉縣志略 9/中列傳二 5
［民國］金鄉 13/17
蕭乾（字思惕）
（南北朝・蘭陵人）
［嘉靖］山東 30/32
［康熙］山東 40/34

［萬曆］沂州志 7/2
［康熙］嶧縣 4/42
蕭栴年（清・福山人）
［光緒］增修登州 39/19
50 **蕭推**（南朝梁・蘭陵人）
［康熙］嶧縣 4/53
蕭由（字子驕）
（漢・東海蘭陵人）
［嘉靖］山東 26/2,30/5
［康熙］山東 33/2,40/6
［萬曆元年］兗州 40/政績 3
［萬曆二十四年］兗州 26/5,31/11
［康熙］兗州 21/5,24/10
［乾隆］兗州 23/11
［萬曆］沂州志 6/30
［康熙］沂州志 5/11
［乾隆］沂州府 25/3
［乾隆］曹州府 12/4
［康熙］嶧縣 4/12
［乾隆］嶧縣 8/5
［光緒］嶧縣 21/鄉賢 13
［順治］定陶 5/4
［乾隆］定陶 4/16
［民國］定陶 4/16
［民國］臨沂 9/2
蕭惠訓（南北朝・東海蘭陵人）
［康熙］嶧縣 4/28
蕭中經（字德卿）
（清・清平人）
［民國］清平/人物 73
蕭惠休（南北朝・東海蘭陵人）
［康熙］嶧縣 4/27
蕭惠朗（南北朝・東海蘭陵人）
［康熙］嶧縣 4/28
蕭書潤（字德徵）
（清・鄒縣人）
［民國］續修鄒縣志稿/人物－耆舊
蕭惠基（南北朝・東海蘭陵人）
［萬曆］沂州志 6/74
［康熙］沂州志 5/45
［康熙］嶧縣 4/27
蕭惠蒨（南北朝・東海蘭陵人）
［康熙］嶧縣 4/28
蕭惠明（南北朝・東海蘭陵人）
［康熙］嶧縣 4/27
蕭惠開（南北朝・東海蘭陵人）
［萬曆］沂州志 6/74
［康熙］沂州志 5/45
［康熙］嶧縣 4/26
51 **蕭振睿**（清・泰安人）
［乾隆四十七年］泰安縣 10/上 32
［道光］泰安縣 9/上 84
［民國］重修泰安縣 8/39
蕭振江（清・博平人）
［光緒］博平縣續志 10/55
博平縣鄉土志/耆舊－忠節
蕭振趾（清・堂邑人）
［乾隆］東昌 43/5
［嘉慶］東昌 32/31
52 **蕭撝**（字智遐）
（南北朝・蘭陵人）
［嘉靖］山東 30/33
［萬曆］沂州志 7/10
［康熙］沂州志 5/54
［康熙］嶧縣 4/43
蕭靜之（南北朝・蘭陵人）
［雍正］山東 30/9
［萬曆二十四年］兗州 52/22
［乾隆］兗州 31/9
［萬曆］沂州志 7/75
［康熙］沂州志 6/51
［乾隆］沂州府 27/12
［康熙］嶧縣 4/112
［乾隆］嶧縣 8/54
［光緒］嶧縣 21/流寓 12
［民國］臨沂 10/65
53 **蕭咸**（字仲爲）
（漢・東海蘭陵人）
［嘉靖］山東 30/5
［康熙］山東 40/6
［萬曆元年］兗州 40/政績 3
［萬曆二十四年］兗州 31/11
［康熙］兗州 24/10
［乾隆］兗州 23/11
［萬曆］沂州志 6/30
［康熙］沂州志 5/11
［乾隆］沂州府 25/3
［康熙］嶧縣 4/12
［乾隆］嶧縣 8/4
［光緒］嶧縣 21/鄉賢 13
［民國］臨沂 9/2
57 **蕭邦彥**（字炳魯）
（明・鄆城人）
［康熙］鄆城 6/14
蕭邦俊（明・臨海人）
［道光］濟南 36/44
［嘉慶］禹城 7/28
［民國］禹城 3/46
58 **蕭整**（字公齊）
（晉・蘭陵人）
［民國］臨沂 9/17
60 **蕭景**（字子照）
（南北朝・東海蘭陵人）
［康熙］嶧縣 4/40
蕭昱（字用光）
（明・浙江山陰人）
［宣統］山東 73/38
［萬曆］萊州 5/77
［康熙］萊州 8/56
［乾隆］萊州 9/24
［康熙］高密 6/24
［乾隆］高密 6/17
［光緒］高密 6/21
［民國］高密 12/23
高密縣鄉土志/上 7
蕭思話（南朝宋・南蘭陵人）
［宣統］山東 67/2
［咸豐］青州 64/13
［萬曆］沂州志 6/64
［康熙］沂州志 5/39
［康熙］嶧縣 4/25
［光緒］嶧縣 21/鄉賢 36
［光緒］益都縣圖志 15/3,53/4
蕭圓正（南朝梁・蘭陵人）
［康熙］嶧縣 4/53
蕭國遠（字寶之）
（明・南昌人）

[嘉靖]濮州 7/19
[萬曆]濮州 3/名宦 24
蕭曰芳(字梅村)
(清·長清人)
[民國]長清 11/9
蕭圓肅(字明恭)
(南北朝·蘭陵人)
[嘉靖]山東 30/35
[萬曆]沂州志 7/11
[康熙]沂州志 5/55
[康熙]嶧縣 4/45
61 **蕭眎素**(南北朝·東海蘭陵人)
[嘉靖]山東 30/32
[康熙]山東 40/34
[萬曆二十四年]兗州 33/17
[康熙]兗州 26/17
[萬曆]沂州志 7/6
[康熙]沂州志 5/51
[康熙]嶧縣 4/30
64 **蕭勖**(清·福山人)
[乾隆]福山 8/12
蕭時亨(字天衢,別號會寰)
(清·遼東鐵嶺人)
[康熙]濟南 50/10
[道光]濟南 56/68
[乾隆]德州 9/26
[康熙]德州 8/30
[民國]德縣 10/20
蕭時彥(清·遼東鐵嶺人)
[康熙]濟南 50/10
[道光]濟南 62/7
蕭時震(明·江西南昌人)
[康熙]兗州續編 14/14
[崇禎]鄆城 4/7
[康熙]鄆城 4/5
[光緒]鄆城 6/6
65 **蕭映**(字宣光)
(南北朝·東海蘭陵人)
[康熙]嶧縣 4/40
67 **蕭明**(南北朝·蘭陵人)
[嘉靖]山東 30/35
[康熙]嶧縣 4/44
蕭鳴虞(明·江夏舉人)
[康熙]觀城 3/11
[道光]觀城 6/17
71 **蕭長**(明·武強人)
[康熙]德平 3/3
72 **蕭彤**(南北朝·東海蘭陵人)
[康熙]嶧縣 4/33
75 **蕭曠**(字宣遠)
(南朝齊·東海蘭陵人)
[康熙]嶧縣 4/2
77 **蕭貫**(字貫之)
(宋·臨江新喻人)
[嘉靖]山東 25/6
[康熙]山東 31/7
[雍正]山東 27/6
[宣統]山東 68/26
[康熙]濟南 24/13
蕭譽(字與言,號歷室)
(明·北直大興進士)
[道光]冠縣 6/28
[光緒]冠縣 6/宦績
[民國]冠縣 6/38
[康熙]兗州府曹縣 9/10
[光緒]曹縣 9/縣令 5
蕭鵬程(字騰九)
(清·堂邑人)
[康熙]堂邑 12/5
蕭居之(字仲寬)
(金·大興人)
[光緒]益都縣圖志 17/5
蕭與澄(字練江,號秋查)
(清·德州人)
[民國]德縣 10/50
蕭隆祐(明·江西泰和人)
[康熙]新修萊蕪 5/29
[民國]萊蕪 9/4
[民國]續修萊蕪 15/6
蕭鳳樞(字仲翔)
(膠州人)
[民國]增修膠志 46/10
蕭際時(字行蘊)
(清·泰安人)
[乾隆]泰安府 18/59
[乾隆二十五年]泰安縣 12/30
[乾隆四十七年]泰安縣 10/上 28
[道光]泰安縣 9/上 80
[民國]重修泰安縣 8/35
蕭鵬舉(見蕭翀)
79 **蕭驎**(一作鄰)
(南朝陳·蘭陵人)
[康熙]嶧縣 4/54
蕭騰芳(字馨谷)
(清·福山人)
[乾隆]福山 9 上/28
[民國]福山縣志稿 7/3－16
80 **蕭介**(字茂鏡)
(南北朝·東海蘭陵人)
[嘉靖]山東 30/31
[康熙]山東 40/33
[萬曆二十四年]兗州 33/17
[康熙]兗州 26/16
[萬曆]沂州志 7/4
[康熙]沂州志 5/50
[康熙]嶧縣 4/31
[民國]臨沂 9/32
蕭今柳(字柳州)
(清·泰安人)
[乾隆四十七年]泰安縣 10/上 32
[道光]泰安縣 9/上 84
[民國]重修泰安縣 8/39
81 **蕭榘**(清·江西人)
[道光]泰安縣 10/11
[民國]重修泰安縣 6/64
泰安縣鄉土志/政績 6
蕭鍇(清·濟陽人)
[道光]濟南 56/34
[乾隆]濟陽 8/42
[民國]濟陽 11/55
84 **蕭鑛**(字宏聲)
(清·鄆城人)
[康熙]鄆城 6/36
87 **蕭鈞**(字宣禮)
(南北朝·東海蘭陵人)
[萬曆]沂州志 6/76
[康熙]沂州志 5/46
[康熙]嶧縣 4/35
蕭飲(南朝梁·蘭陵人)
[康熙]嶧縣 4/52
88 **蕭鑑**(字宣徹)
(南北朝·東海蘭陵人)
[康熙]嶧縣 4/40
蕭銳(字粹剛)

蔣廣漢(鄒縣人)
[民國]續修鄒縣志稿/人物－耆舊附忠烈
蔣高量(字華嶽)
(清・莘縣人)
[乾隆]東昌 43/16
[嘉慶]東昌 32/42
[康熙十一年]莘縣 7/16
[康熙五十六年]莘縣 7/16
[光緒]莘縣 7/27
[民國]莘縣 7/15
莘縣鄉土志/事業 25
蔣康國(明・蓬萊人)
[道光]重修蓬萊 9/14
[民國]蓬萊縣志合編人物志/忠勇
蔣離明(字南侯)
(清・陽信人)
[民國]陽信 5/宦蹟 24
蔣文學(清・郯城人)
[乾隆]沂州府 26/14
[康熙]郯城 7/17
[乾隆]郯城 9/14
蔣慶第(字箸生)
(清・直隸玉田人)
[宣統]山東補遺/57
[宣統]四續汶上稿/宦績志
[民國]濰縣志稿 20/24
濰縣鄉土志/9
章邱縣鄉土志/上 10
博平縣鄉土志/政績
蔣慶篪(字和塤)
(清・玉田人)
[光緒]嶧縣 19/職官下 26
[民國]金鄉 11/22
金鄉縣鄉土志/政績錄
蔣應恒(清・棲霞人)
[光緒]增修登州 43/20
[康熙]棲霞 6/21
[乾隆]棲霞 7/2
04 **蔣詵**(明・臨朐人)
[嘉靖]臨朐 3/13
07 **蔣詡**(字元卿)
(漢・杜陵人)
[嘉靖]山東 25/2
[康熙]山東 31/2
[雍正]山東 27/29
[宣統]山東 66/7
[萬曆元年]兗州 38/循吏 3
[萬曆二十四年]兗州 26/4
[康熙]兗州 21/4
[乾隆]兗州 22/1
08 **蔣於**(字伯林)
(清・棲霞人)
[宣統]山東 176/41
[光緒]增修登州 41/34
[光緒]棲霞縣續志 6/忠義 3,10/17
10 **蔣元彥**(清・江南上元人)
[宣統]山東 77/9
[咸豐]青州 37/2
[雍正]樂安 11/6
[民國]樂安 8/20
[民國]續修廣饒 17/5
蔣一正(字貫之,號瀧西釣叟)
(清・博山人)
[民國]續修博山 12/31
蔣玉珂(字佩卿)
(清・壽光人)
[民國]壽光 12/人物志一 95
蔣玉珍(字西甫)
(清・湖北隨州人)
[宣統]山東 77/30
[光緒]增修登州 35/2
[光緒]海陽縣續志 2/19
蔣天寅(清・金壇監生)
[民國]重修新城 11/18
蔣霖澤(字廣被)
(清・莘縣人)
[民國]莘縣 7/22
蔣天樞(字斗南,後改名湜)
(清・益都人)
[光緒]益都縣圖志 39/13
蔣一桂(字秋亭)
(明・臨沂人)
[康熙]沂州志 5/74
[乾隆]沂州府 26/19
[民國]臨沂 9/57
蔣正民(字化醇)
(清・陽穀人)
[民國]增修陽穀人物/師道 17
蔣天鈞(字仲甫,號鴻亭)
(清・博山人)
[民國]續修博山 12/51
蔣天篤(清・臨沂人)
[乾隆]沂州府 26/24
[民國]臨沂 10/14
蔣天鈐(字錫庭,號硯友)
(清・博山人)
[民國]續修博山 12/51
蔣三省(清・臨清人)
[民國]臨清縣/人物 77
12 **蔣璞**(字含輝)
(清・博山人)
[咸豐]青州 48/13
[乾隆]博山 7/上 26
[民國]續修博山 12/48
蔣弘憲(明・宜興人)
[崇禎]歷乘 16/64
13 **蔣琯**(字宮玉)
(清・東平人)
[乾隆]東平州 14/15
[道光]東平州 14/15
[光緒]東平州 15/中 20
[民國]東平縣 11/上 38
蔣瑄(字臣珍)
(清・陽信人)
[民國]陽信 5/任恤 36
蔣武烈(字元勳)
(明・象山人)
[道光]濟南 36/27
[康熙四十三年]長山 3/宦績
[康熙五十五年]長山 3/32
[嘉慶]長山 5/40
14 **蔣瓚**(明・高唐人,翼城知縣)
[嘉靖]高唐州 5/23
[道光]高唐州 5/1－15
[光緒]高唐州 5/1－15
蔣瓚(字君器)
(明・高唐人)
[乾隆]東昌 44/4
[嘉慶]東昌 34/4
[康熙十二年]高唐州 9/13
[康熙五十一年]高唐州 9/24

[道光]高唐州 5/2 - 17
[光緒]高唐州 5/2 - 20
[民國]高唐縣 12/82
15 **蔣建瀛**(字瑤峰)
(清・鉅野人)
[民國]續修鉅野 5/上 30
16 **蔣璟**(清・臨沂人)
[乾隆]沂州府 25/30
[民國]臨沂 10/14
蔣理(明・嘉定人)
[嘉靖]寧海州下/25
17 **蔣琚**(字楚玉)
(清・東平人)
[乾隆]東平州 15/21
[道光]東平州 15/21
[光緒]東平州 15/下 29
[民國]東平縣 11/下 6
蔣孟(明・威海衛人)
[泰昌]登州 11/42
[順治]登州 17/20
[康熙]靖海衛志 9/27
[雍正]文登 8/8
[道光]文登 5/8
[光緒]文登 10/上 1
蔣瓊(明・大興人)
[萬曆]青州 12 又/又 22
[康熙十五年]青州 12 又/又 22
[康熙四十八年]青州 12 又/又 22
[咸豐]青州 36/10
[嘉靖]臨朐 2/48
[康熙]臨朐縣志書 1/33
光緒臨朐 13/4
蔣瑤(清・聊城人)
[乾隆]東昌 43/47
[嘉慶]東昌 32/56
[宣統]聊城 8/85
蔣承恩(字西川)
(明・蓬萊人)
[道光]重修蓬萊 9/13
[民國]蓬萊縣志合編人物志/忠勇
蔣乙照(字藜軒)
(清・慶雲人)
[民國三年]慶雲 2/45
蔣子昭(明・南直蘇州人)
[嘉靖]山東 26/28
[宣統]山東 72/36
[萬曆]東昌 18/35
[乾隆]東昌 33/35
[嘉慶]東昌 21/2
[康熙]聊城 2/5
[宣統]聊城 6/2 - 3
蔣承周(字炳文)
(清・夏津人)
[乾隆]夏津 7/27
蔣承光(字丕顯)
(明・蓬萊人)
[順治]登州 17/又 12
[光緒]增修登州 37/5
[康熙]蓬萊 5/21
[道光]重修蓬萊 9/13
[民國]蓬萊縣志合編人物志/忠勇
18 **蔣瑜**(明・東陽人)
[萬曆]濮州 3/名宦 19
[康熙]濮州 3/18
[乾隆]濮州 3/18
[宣統]濮州 4/18
20 **蔣豸徵**(號紹山,字直甫)
(明・滋陽人)
[康熙]滋陽 4/上 22
蔣維藩(清・滿洲旗籍舉人)
[宣統]山東 77/5
[康熙六十年]青州 12/42
[咸豐]青州 37/5
[康熙十二年]博興 6/3
[康熙六十年]博興 6/5,7/15
[道光]博興 10/6
[民國]重修博興 12/5
21 **蔣熊**(明・蓬萊人)
[道光]重修蓬萊 9/12
[民國]蓬萊縣志合編人物志/忠勇
蔣貞(明・南直泗州人)
[嘉靖]山東 26/28
[宣統]山東 72/47
[乾隆]東昌 35/17
[嘉慶]東昌 22/22
[嘉靖]高唐州 5/4
[康熙十二年]高唐州 7/6
[康熙五十一年]高唐州 7/6
[道光]高唐州 7/1 - 7
[光緒]高唐州 7/1 - 7
[民國]高唐縣 9/5 - 4
蔣衍升(字錫蕃,又字洗凡)
(博山人)
[民國]續修博山 11/12
22 **蔣山**(明・蓬萊人)
[道光]重修蓬萊 9/30
[民國]蓬萊縣志合編人物志/行誼
蔣巖(字介堂,號約齋)
(清・濟寧人)
[道光]濟寧直隸州 8/4 - 22
蔣繼宗(字克紹)
(明・蓬萊人)
[順治]登州 17/又 12
[光緒]增修登州 37/5
[康熙]蓬萊 5/21
[道光]重修蓬萊 9/12
[民國]蓬萊縣志合編人物志/忠勇
蔣繼洙(字蕉林,號止盦)
(清・曲阜人)
[民國]續修曲阜 5/46,8/39
蔣繼祖(明・蓬萊人)
[道光]重修蓬萊 9/24
[民國]蓬萊縣志合編人物志/孝友
蔣繼祖(字紹宗)
(明・邱縣人)
[乾隆]東昌 39/19
蔣胤周(字伯袞)
(清・東昌府人)
[乾隆]東昌 40/32
23 **蔣岱**(清・南直人)
[康熙]沂水 4/27
24 **蔣偉**(明・江陰人)
[康熙五十六年]壽張 4/5
[光緒]壽張 5/4
壽張縣鄉土志/政績 - 去害
[萬曆]泗水 4/10
[順治]泗水 4/10
[光緒]泗水 4/2

[光緒]泗水縣鄉土志/8
蔣先(字元初)
(明・臨沂人)
[康熙]沂州志 5/63
[乾隆]沂州府 27/6
[民國]臨沂 9/44
蔣仕安(明・蓬萊人)
[光緒]增修登州 46/1
[道光]重修蓬萊 9/19
[民國]蓬萊縣志合編人物志/仕績
蔣德潤(字澤堂)
(清・樂安人)
[民國]續修廣饒 19/70
26 蔣伯榕(字蔭南)
(清・濟寧人)
[民國]濟寧直隸州續志 15/7
27 蔣紹英(清)
[光緒]嶧縣 19/丞倅 6
蔣向榮(清・慶雲人)
[民國三年]慶雲 2/74
28 蔣綸(字筆江)
(清・奉天人,一作全州舉人)
[宣統]山東 76/43
[乾隆]東昌 34/23
[嘉慶]東昌 22/14
[道光]冠縣 6/33
[民國]冠縣 6/43
蔣佺昌(字盛修)
(清・博山人)
[民國]續修博山 12/49
蔣作錦(字裁庵,號雲裳)
(清・東平人)
[光緒]東平州 15/上 47
[民國]東平縣 11/上 18
東平州鄉土志上/耆舊錄 39
30 蔣奭(明・高唐人)
[康熙十二年]高唐州 9/6
蔣濟(字子通)
(魏・楚國平阿人)
[乾隆二十五年]泰安縣 14/35
蔣寬(明・高唐人)
[嘉靖]山東 35/4
[康熙]山東 45/12
[乾隆]東昌 42/26
[嘉靖]高唐州 5/23
[康熙十二年]高唐州 9/6
[康熙五十一年]高唐州 9/8
[道光]高唐州 5/2-17
[光緒]高唐州 5/2-20
[民國]高唐縣 12/34
蔣密(字友琴,號九峯)
(清・博山人)
[民國]續修博山 12/51
蔣瀛(字春泉)
(清・曲阜人)
[民國]續修曲阜 3/44
蔣之元(明・壽光人)
[民國]壽光 12/人物志一 52
蔣宗魯(字希曾)
(清・慶雲人)
[民國三年]慶雲 2/79
蔣永申(字聖懷,號雲樵)
(清・東平人)
[宣統]山東 171/15
[光緒]東平州 15/中 23
[民國]東平縣 11/上 40
蔣宏抱(字毓奇)
(清・蓬萊人)
[道光]重修蓬萊 9/35
[民國]蓬萊縣志合編人物志/行誼
蔣寶善(字惟亭)
(清・臨沂人)
[民國]臨沂 10/43
31 蔣潛(晉・東海人)
[同治]即墨 12/31
蔣禎(明・濟寧人)
[萬曆二十四年]兗州 37/8
[康熙]兗州 28/37
[乾隆]兗州 23/42
[康熙]濟寧州 7/8
[乾隆]濟寧直隸州 27/2
[道光]濟寧直隸州 8/2-46
32 蔣兆鯤(清・豐縣人)
[咸豐]濟寧直隸州續志 2/14
33 蔣沇(唐・萊州膠水人)
[嘉靖]山東 33/6
[康熙]山東 44/6
[雍正]山東 28/人物二 13
[宣統]山東 161/13
[萬曆]萊州 5/91
[康熙]萊州 10/20
[乾隆]萊州 10/7
萊州府鄉土志/下 6
[康熙]平度州 4/2
[道光]重修平度州 17/11
蔣心謙(清・博山增生)
[光緒]嶧縣 19/丞倅 17
34 蔣浩(字自然)
(明・莘縣人)
[正德]莘縣 6/25
蔣祺(明・益都人)
[道光]濟南 36/38
[萬曆]青州 14/55
[康熙十五年]青州 14/55
[康熙四十八年]青州 14/儒行 12
[康熙六十年]青州 15/11
[咸豐]青州 44/45
[民國]齊東 3/60
[萬曆]益都 6/94
[康熙]益都 9/16
[光緒]益都縣圖志 38/13
蔣禧(清・樂安人)
[乾隆]嶧縣 7/37
蔣遠發(清・湖北江陵人)
[宣統]山東 76/22
[乾隆]曹州府 12/24
[光緒]菏澤 7/名宦 7
[光緒]新修菏澤 9/3
菏澤縣鄉土志/10
蔣汝勤(明)
[道光]長清 16/21
35 蔣清(唐・東萊人)
[嘉靖]山東 33/6
[康熙]山東 44/6
[雍正]山東 28/人物二 9
[宣統]山東 164/10
[萬曆]萊州 6/2
[康熙]萊州 10/45
[乾隆]萊州 11/忠節 1
萊州府鄉土志/下 6

[康熙]平度州 5/5
平度鄉土志 4 上/事業
蔣清(清・貴州舉人)
[宣統]山東 77/14
光緒臨朐 13/17
蔣清山(字雲石)
(清・江南人)
[宣統]山東 200/38
[同治]即墨 12/12
37 **蔣淑**(清・蓬萊人)
[光緒]增修登州 41/11
[光緒]蓬萊縣續志 9/行誼 5
[民國]蓬萊縣志合編人物志/行誼
蔣通(字達吾)
(清・浙江海寧人)
[宣統]山東 76/20
[民國]增修膠志 18/17
蔣資(字遂良)
(明・廣東電白人)
[宣統]山東 72/12
[萬曆二十四年]兗州 29/6
[康熙]兗州 22/27
[乾隆]兗州 22/28
[康熙]濟寧州 4/54
[乾隆]濟寧直隸州 22/17
[道光]濟寧直隸州 6/6 – 24
蔣鴻音(字諧菴)
(清・臨沂人)
[民國]臨沂 10/55
蔣潔章(武進人)
[民國]重修商河 6/75,11/50,14/42
[民國]齊東 3/69
蔣鴻瑞(字祥生)
(清・蓬萊人)
[宣統]山東 176/47
[乾隆]續登州 10/又 9
[光緒]增修登州 43/5
[康熙]蓬萊 5/22
[道光]重修蓬萊 9/26
[民國]蓬萊縣志合編人物志/孝友
蔣祖仁(字心泉)
(濟寧人)
[民國]濟寧縣 3/13
38 **蔣海**(明・樂安人)
[雍正]樂安 13/1
40 **蔣大慶**(字福安)
(清・泰安人)
[民國]重修泰安縣 8/27
蔣嘉訓(字宗道)
(明・臨清人)
[崇禎]鄆城 4/18
[康熙]鄆城 4/17
[光緒]鄆城 6/25
蔣大震(清・陽穀人)
[康熙十二年]陽穀 3/17
[民國]增修陽穀人物/仕宦 13
蔣希孔(字山賓,一作山溪)
(明・滋陽人)
[康熙]山東 40/59
[雍正]山東 28/人物三 47
[宣統]山東 166/9
[乾隆]兗州 23/47
[康熙]滋陽 4/上 21
[光緒]滋陽 8/38
滋陽縣鄉土志 1/耆舊 – 鄉賢
蔣希舜(明)
[乾隆]沂州府 20/10
[康熙]沂水 4/26
[道光]沂水 5/27
蔣臺鼎(清・單縣人)
[康熙]單縣 8/11
[乾隆]單縣 7/7
[民國]單縣 9/49
蔣士俊(字秀生)
(明・聊城人)
[乾隆]東昌 42/9
[嘉慶]東昌 32/9
[宣統]聊城 8/92
蔣壇岐(字樸菴)
(清・博山人)
[民國]續修博山 9/25
蔣克家(明・普安人)
[宣統]山東 72/43
[乾隆]東昌 34/13
[嘉慶]東昌 22/4
[康熙十一年]莘縣 5/7
[康熙五十六年]莘縣 5/7
[光緒]莘縣 5/8
[民國]莘縣 3/5
莘縣鄉土志/政績 6
蔣士邁(清・棲霞人)
[光緒]棲霞縣續志 7/孝子 1
蔣培初(明・平山衛人)
[乾隆]東昌 42/34
[嘉慶]東昌 32/26
[康熙]聊城 3/52
[宣統]聊城 8/80
聊城縣鄉土志/27
蔣培祚(明・聊城人)
[乾隆]東昌 39/41
[嘉慶]東昌 29/19
[宣統]聊城 8/18
蔣士萃(字拔其,號素菴)
(清・聊城人)
[宣統]山東 174/24
[乾隆]東昌 40/3
[嘉慶]東昌 30/3
[宣統]聊城 8/56
蔣克昌(字貽穀)
(清・博山人)
[民國]續修博山 12/42
蔣志堅(字虎臣)
(清・曲阜人)
[民國]續修曲阜 5/40
蔣大鏞(字和叔)
(清・無錫進士)
[光緒]寧津 6/30
寧津縣志料 3/人物 – 名宦
寧津縣鄉土志/政績
[民國三年]慶雲 1/89
蔣奇鐘(明・樂安人)
[萬曆]青州 14/22
[康熙十五年]青州 14/22
[康熙四十八年]青州 14/孝友 12
[康熙六十年]青州 17/15
[咸豐]青州 45/36
[萬曆]樂安 16/8
[雍正]樂安 12/12
[民國]樂安 10/9
[民國]續修廣饒 19/18
蔣奇鍾(見蔣奇鐘)

蔣奇鐏(字乘埜)
(明・樂安人)
[康熙]山東 46/6
[康熙十五年]青州 14/43
[康熙四十八年]青州 14/隱逸 17
[康熙六十年]青州 20/5
[雍正]樂安 12/11
[民國]樂安 10/9
[民國]續修廣饒 19/18

43 **蔣式玗**(字友山)
(清・直隸玉田人)
[宣統]三續淄川 9/46

44 **蔣蕚**(字素心)
(清・樂安人)
[雍正]樂安 12/25
[民國]續修廣饒 19/40

蔣芳(明・江南盱眙人)
[萬曆]青州 12 又/又 11
[康熙十五年]青州 12/又 11
[康熙四十八年]青州 12/又 11
[咸豐]青州 36/5
[嘉靖]昌樂 2/30
[康熙]昌樂 1/34
[嘉慶]昌樂 19/4

蔣芳(清・惠民人)
[宣統]山東 171/44

蔣桂(字攀三)
(清・魚臺人)
[乾隆]魚臺 11/41
[光緒]魚臺 3/26

蔣茂(明・泰安人)
[康熙]濟南 44/14
[康熙]泰安州 3/46
[乾隆]泰安府 18/34
[乾隆二十五年]泰安縣 12/28
[乾隆四十七年]泰安縣 10/上 25
[道光]泰安縣 9/上 77
[民國]重修泰安縣 8/33

蔣棋(明・益都人,見蔣祺)

蔣權(字子持,號丹山)
(清・樂安人)
[民國]樂安 10/23
[民國]續修廣饒 19/43,21/1

蔣孝(字希舜)
(明・聊城人)
[乾隆]東昌 42/6
[嘉慶]東昌 32/6
[宣統]聊城 8/91
聊城縣鄉土志/30

蔣英烈(字顯揚)
(清・夏津人)
[乾隆]夏津 7/27

蔣英俊(字甸民)
(清・陽信人)
[民國]陽信 5/篤行 36
陽信縣鄉土志上/耆舊-事業

蔣封岐(字祝伊,號雲谷)
(清・博山人)
[民國]續修博山 9/25

蔣茵沛(清・常熟人)
[民國]齊河 22/7

蔣芳辰(字星垣)
(清・慶雲人)
[民國三年]慶雲 2/37

蔣樹屏(字君山)
(清・江陰人)
[同治]臨邑 7/34
[光緒]德平 5/19

蔣桂榮(字華亭)
(清・新城人)
[宣統]新城縣後志 3/孝友

46 **蔣如苹**(字賓王,號少陽)
(明・益都人)
[咸豐]青州 45/33
[康熙]益都 7/49
[光緒]益都縣圖志 36/19

蔣覲昌(字會修,別號如心)
(清・博山人)
[民國]續修博山 12/50

蔣如範(明・益都人)
[康熙四十八年]青州 15/卓行 19
[康熙六十年]青州 18/17

47 **蔣桐森**(清・蓬萊人)
[民國]蓬萊縣志合編人物志/行誼

蔣超曾(字軼驤)
(清・吳縣人)
[咸豐]武定府 19/利津 6

48 **蔣松**(字宗夏)
(明・莘縣人)
[正德]莘縣 6/9

蔣松(明・郯城人)
[萬曆]沂州志 7/40

蔣增(清・莒縣人)
[康熙]莒州下/46
[雍正]莒州 9/39

50 **蔣貴**(明・蓬萊人)
[道光]重修蓬萊 9/20
[民國]蓬萊縣志合編人物志/仕績

蔣忠(明・莘縣人)
[正德]莘縣 6/37

蔣中孚(字信堂)
(清・臨朐人)
臨朐縣鄉土志 1/耆舊

蔣肅然(清・莘縣人)
[光緒]莘縣 7/42
[民國]莘縣 7/31
莘縣鄉土志/孝友 24

蔣奉魁(清・莘縣人)
[民國]莘縣 7/33

蔣聿修(字道軒)
(清・曲阜人)
[民國]續修曲阜 5/23

蔣泰坪(清・聊城人)
[嘉慶]東昌 32/56
[宣統]聊城 8/85

蔣春芳(字實伯,號元軒)
(明・益都人)
[萬曆]青州 13/72
[康熙十五年]青州 13/72
[康熙四十八年]青州 13/事功 56
[康熙六十年]青州 16/29
[咸豐]青州 45/6
[康熙]益都 7/31
[光緒]益都縣圖志 36/6

蔣春芳(字馨亭)
(清・齊河人)
[民國]齊河 33/63

蔣中桂(字露清)

（清・鄆城人）
［光緒］鄆城 5/38
鄆城縣鄉土志/耆舊錄－事業
蔣奉書（清・惠民人）
［宣統］山東 171/45
蔣書田（字芸生）
（清・齊河人）
［民國］齊河 23/81
51 蔣振清（字際隆）
（清・東平人）
［乾隆］東平州 15/28
［道光］東平州 15/28
［光緒］東平州 15/下 36
［民國］東平縣 11/下 10
60 蔣昂（明・蘇州人）
［乾隆］武定府 16/26
［咸豐］武定府 19/樂陵 1
［順治］樂陵 4/2
［乾隆］樂陵 4/47
蔣昺（明・浙江長興人）
［萬曆二十四年］兗州 29/13
［康熙］兗州 22/34
蔣昺（字克明）
（明・丘縣人）
［雍正］山東 28/人物三 14
［宣統］山東 160/18
［萬曆］東昌 19/53
［乾隆］東昌 39/14
蔣杲（字晞青）
（東平人）
［民國］東平縣 11/上 26
蔣曰可（字可大）
（清・莘縣人）
［乾隆］東昌 40/25
［嘉慶］東昌 30/26
［光緒］莘縣 7/19
［民國］莘縣 7/10
莘縣鄉土志/鄉宦 19
蔣國柱（字君砥）
（清・漢軍鑲白旗人，一作奉天廣寧人）
［雍正］山東 27/95
［宣統］山東 74/10
［康熙］濟南 26/2
［道光］濟南 37/6
蔣因培（字伯生）
（清・江蘇常熟人）
［宣統］山東 75/68
［道光］濟南 38/28
［道光］濟寧直隸州 6/7－85
［道光］泰安縣 10/11，10/12
［民國］重修泰安縣 6/63
［咸豐］金鄉縣志略 7/14
［民國］金鄉 11/21
蔣國幹（字禹臣）
（清・博山人）
［民國］續修博山 12/50
64 蔣時行（明・蓬萊人）
［光緒］增修登州 41/7
［道光］重修蓬萊 9/13
［民國］蓬萊縣志合編人物志/忠勇
蔣時材（明・泉州人）
［萬曆］青城 1/50
66 蔣暘（字文輝）
（明・樂安人）
［康熙］山東 42/23
［雍正］山東 28/人物三 32
［宣統］山東 161/42
［嘉靖］青州 14/33
［萬曆］青州 13/47
［康熙十五年］青州 13/47
［康熙四十八年］青州 13/事功 30
［康熙六十年］青州 16/15
［咸豐］青州 44/14
［萬曆］樂安 15/9
［雍正］樂安 12/9
［民國］樂安 2/15，10/7
［民國］續修廣饒 19/14
67 蔣鳴玉（清・江蘇金壇人）
［宣統］山東 74/55
［康熙］沂州志 3/49
［乾隆］沂州府 20/12
蔣明重（字道遠）
（清・菏澤人）
［光緒］菏澤 15/75
［光緒］新修菏澤 11/62
菏澤縣鄉土志/21
75 蔣陳錫（清・江蘇常熟人）
［宣統］山東 74/14
［道光］濟南 37/14
77 蔣鳳（明・北直肥鄉人）
［宣統］山東 73/5
［萬曆］青州 12 又/又 6
［康熙十五年］青州 12 又/又 6
［康熙四十八年］青州 12 又/又 6
［康熙六十年］青州 12/24
［咸豐］青州 36/6
［康熙］臨淄 8/4
［民國］臨淄 18/7
蔣鵬（字展修）
（清・博山人）
［民國］續修博山 12/51
蔣賢（明・南直武進人）
［嘉靖］山東 27/12
［康熙］山東 36/3
［雍正］山東 27/65
［宣統］山東 73/21
［泰昌］登州 9/40
［順治］登州 11/15
［光緒］增修登州 26/1
［康熙］蓬萊 3/1
蔣學朱（字逢源）
（清・蓬萊人）
［道光］重修蓬萊 11/16
［民國］蓬萊縣志合編人物志/行誼
蔣興祖（字聞衣）
（清・東平人）
［光緒］東平州 15/中 24
［民國］東平縣 11/上 41
蔣學乾（字惕若）
（清・魚臺人）
［乾隆］魚臺 11/39
［光緒］魚臺 3/23
78 蔣臨照（字普齋）
（清・慶雲人）
［民國三年］慶雲 2/64
80 蔣毓屾（字對山）
（清・東平人）
［民國］東平縣 11/下 27
蔣毓濂（字蓮生）
（清・東平人）
［民國］東平縣 11/上 18

蔣今懿(字淑臣)
(清·博山人)
[民國]續修博山 12/68
蔣今長(字西元,號道遠,別號潤園)
(清·博山人)
[民國]續修博山 12/50
蔣金鐵(字利先)
(清·鄆城人)
[光緒]鄆城 5/30
86 蔣知廉(清·鉛山人)
[民國]臨清縣/秩官 66
87 蔣欽(金·臨清人)
[嘉靖]山東 35/5
[康熙]山東 45/11
[萬曆]東昌 19/43
[乾隆]東昌 42/3
[康熙]臨清州 3/人物 17
[乾隆]臨清州 9/49
[乾隆]臨清直隸州 8/上 38
[民國]臨清縣/人物 49
蔣欽緒(唐·萊州膠水人)
[至元]齊乘 6/20
[嘉靖]山東 33/5
[康熙]山東 44/6
[雍正]山東 28/人物二 7
[宣統]山東 156/6
[萬曆]萊州 5/91
[康熙]萊州 10/20
[乾隆]萊州 10/6
萊州府鄉土志/下 5
[康熙]平度州 4/2
[道光]重修平度州 17/11
平度鄉土志 4 上/事業
90 蔣光嵋(字壽山)
(清·夏津人)
[民國]夏津續編 8/13
蔣少游(南北朝·樂安博昌人)
[嘉靖]山東 32/9
[康熙]山東 42/9
[雍正]山東 28/人物一 53
[宣統]山東 168/9
[嘉靖]青州 15/35
[萬曆]青州 15/6
[康熙十五年]青州 15/6
[康熙四十八年]青州 15/文學 6
[康熙六十年]青州 18/3
[咸豐]青州 51/3
[康熙六十年]博興 7/18
[道光]博興 11/40
[民國]重修博興 13/5
蔣尚思(字慎九)
(清·鑲紅旗人,一作奉天人)
[宣統]山東 75/21,75/32
[道光]濟南 38/42
[乾隆]泰安府 15/36
[乾隆]德州 8/16
[民國]德縣 9/13
97 蔣燦亭(清·寧陽人)
[光緒]寧陽 13/74
蔣耀章(字炳軒,號炤初)
(廣饒人)
[民國]續修廣饒 19/80
蔣燿奎(字冶亭)
(清·慶雲人)
[民國三年]慶雲 2/57
蔣耀東(字旭齋)
(清·陽信人)
[民國]陽信 5/宦蹟 22

4425_3 茂

22 茂彪(字宗彝)
(明·江都人)
[嘉靖]青州 15/66
茂鼎(明·陝西慶陽人)
[道光]濟南 36/60

4429_4 葆

40 葆真(明·陽信人)
[康熙]濟南 51/10
[乾隆]武定府 26/40
[咸豐]武定府 26/仙釋 5
[康熙]陽信 9/38
[乾隆]陽信 7/62
[民國]陽信 5/仙釋 86
信邑志稿 7/仙釋
90 葆光子(姓郭)
(元·章丘人)
[雍正]山東 30/18
[道光]濟南 60/11
[萬曆]章丘 32/83
[康熙]章丘 6/55
[乾隆]章邱 9/50
[道光]章邱 11/91

4430_3 蘧

12 蘧瑗(字伯玉)
(春秋·衛人)
[雍正]山東 11/闕里二 12
[萬曆元年]兗州 40/節義 8
[乾隆]兗州 7/23
[萬曆]東昌 18/1
[乾隆]曹州府 14/2
[嘉靖]濮州 4/9
[萬曆]濮州 4/衛人 1
[康熙]濮州 4/80
[乾隆]濮州 4/120
[宣統]濮州 6/78

4430_4 蓬

13 蓬球(晉·北海人)
[康熙十二年]博興 6/13

蓮

44 蓮菴(明·掖縣人)
[康熙]山東 47/11
[雍正]山東 30/24
[宣統]山東 200/34
[乾隆]掖縣 5/3

4432_0 薊

17 薊子訓(漢·濟陰人)
[嘉靖]山東 34/11
[康熙]山東 47/3
[宣統]山東 200/20
[萬曆元年]兗州 46/5
[萬曆二十四年]兗州 52/21
[康熙]曹州志 20/1
[乾隆]曹州府 16/17
[康熙]東明 7/27
[乾隆]東明 7/27
東明縣志料/人物門
[康熙]兗州府曹縣 14/76
[光緒]曹縣 14/仙釋 6
[光緒]菏澤 20/1

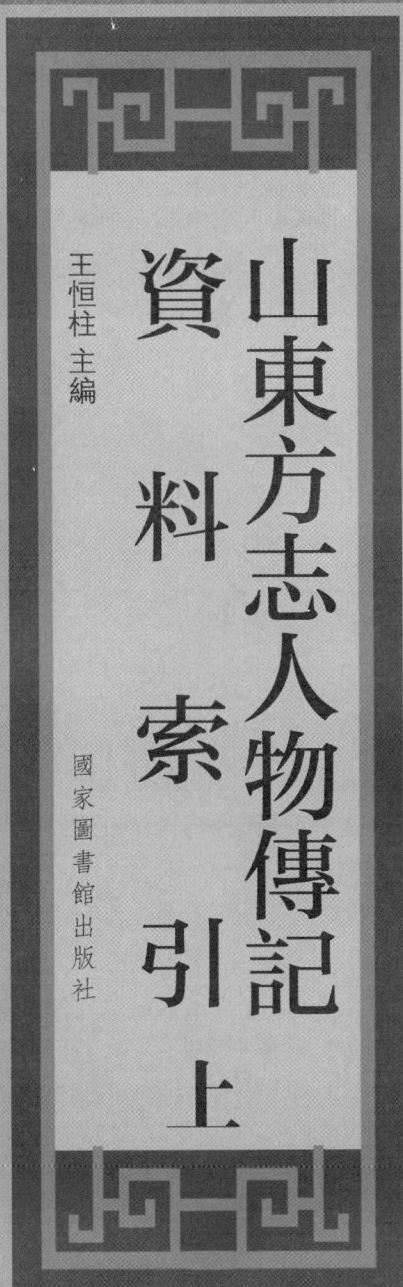

山東方志人物傳記資料索引

上

王恒柱 主編

國家圖書館出版社

圖書在版編目(CIP)數據

山東方志人物傳記資料索引:全三册/王恒柱主編.—北京:國家圖書館出版社,2018.8(2020.3 重印)
ISBN 978-7-5013-6561-6

Ⅰ.①山… Ⅱ.①王… Ⅲ.①歷史人物-列傳-山東 Ⅳ.①K820.852

中國版本圖書館 CIP 數據核字(2018)第 202456 號

書　　名	山東方志人物傳記資料索引(全三册)
著　　者	王恒柱　主編
責任編輯	陳瑩瑩
封面設計	得銘文化
出版發行	國家圖書館出版社(北京市西城區文津街 7 號　100034) (原書目文獻出版社　北京圖書館出版社) 010-66114536　63802249　nlcpress@nlc.cn(郵購)
網　　址	www.nlcpress.com
印　　裝	河北三河弘翰印務有限公司
版次印次	2018 年 8 月第 1 版　2020 年 3 月第 2 次印刷
開　　本	787×1092(毫米)　1/16
印　　張	120.5
字　　數	2930 千字
書　　號	ISBN 978-7-5013-6561-6
定　　價	960.00 圓

教育部人文社會科學研究規劃基金
《山東方志人物傳記資料索引》
（批准號：13YJA870017）項目資助

山東省一流學科山東師範大學文學院中國語言
文學學科建設經費資助

《山東方志人物傳記資料索引》編纂委員會

主　編：王恒柱

副主編：隋文慧　張海峰　逯銘昕　王曉蓓

前　言

《山東方志人物傳記資料索引》，是教育部人文社會科學研究項目《山東方志人物傳記資料索引》項目成果，全書收錄人物近6萬人，16萬條數據，歷時五年精心編纂而成。

地方志是按一定體例，全面記載某一時期某一地域社會政治、經濟、文化等方面情況的歷史文獻，有自己獨特的寫作體例和格式、嚴格的選材要求，是綜合反映一個地區自然與人文歷史發展狀況的百科全書。地方志中存有傳記的人物多爲一方名流，是對一個地區有重要影響的代表性人物，多數人物其他文獻不載，查找不易，急需索引以便查找。

地方志作爲記載古代地方歷史的百科全書，一直是文史研究的熱點之一。地方志人物傳記索引的編纂始於1934年商務印書館影印《嘉慶重修一統志》以及《山東通志》《湖北通志》等書時所附的人名索引。1937年石國柱、樓文釗修，許承堯纂《歙縣志》卷末附《人物志姓名備查表》，列姓名、類別、卷數、頁數，已具備現代索引的特徵和功用。1939年江蘇省立圖書館編纂委員會編《吳縣志列傳人名索引》，收錄5000餘人，以人物傳爲主體，以姓氏筆畫排序，人名下注明時代、地域、卷數及頁數，被視爲這一時期方志索引的典範。中華人民共和國成立後，方志傳記索引的編纂以中華書局1963年出版的朱士嘉編《宋元方志傳記索引》爲最早，它依據33種宋元方志人物傳記編輯而成，收錄3949人，除人物外，地方志中如職官、選舉、雜錄、拾遺等兼附傳記者也一并收錄。該索引以姓氏筆畫爲序，姓名下注別姓、別名、字號、別號、引用方志簡稱、卷數、頁數等，書後附有《人名四角號碼索引》。是書編纂體例完備、結構嚴謹，爲後來方志索引的編製奠定了良好的基礎。

1984年3月，中國地方志指導小組在天津召開全國舊方志整理工作會議，明確提出在舊志整理工作中要"編輯方志目錄、提要、專題索引"。以省份爲單位編寫的地方志人物傳記索引始於20世紀80年代，目前已經出版的以人物爲標目的地方志索引有《北京天津地方志人物傳記索引》,收錄北京、天津地方志 73 種。《東北方志人物傳記資料索引·黑龍江卷》《東北方志人物傳記資料索引·吉林卷》《東北方志人物傳記資料索引·遼寧卷》共收錄現屬東北地區方志 200 餘種。《廣西方志傳記人名索引》采錄廣西方志 204 種、《廣東地方志傳記索引》采錄廣東方志 11 種。此外,尚有未公開發行的方志人物索引有《福建通志列傳八種人名索引》《福建通志傳記兼藝文志索引》《福建省九十六種地方志傳記藝文志索引》《山西通志人物傳記索引》等。

山東省作爲文化大省,其地方志卷帙浩繁、種類繁多,據統計,現存 1949 年之前的山東省地方志有近六百種。由於數量龐大,查閱檢索費時費力,頗爲不便。這些歷史人物由於沒有一種適用的索引工具檢索,而被埋沒在繁冗的史料中,不能得到研究與重視,不利於齊魯文化的發掘與弘揚。《山東方志人物傳記資料索引》以 1949 年前編纂的山東地方志爲編纂對象,除無人物傳記、未定稿本及同一種方志不同版刻年外,基本收錄齊全。索引以省、府、縣志及鄉土志中人物、宦迹等志目爲中心,對有傳記的人物編纂人物姓名索引,藝文、雜錄等志目中的墓誌、碑銘、傳誄等傳記內容一并收錄;兼及選舉、職官、氏族、教育等類目,對其中事迹較詳的人物編製索引。每一人物兼及別名、字號、朝代、籍貫等內容,是山東方志人物索引的拓荒之作,可爲文史研究者提供便捷的人物檢索工具。

凡　例

本索引以1949年前編纂的山東地方志爲編纂對象,對其中省、府、縣志及鄉土志中所涉有傳記的人物編纂人物姓名索引。

一、本索引以姓名立目,以繁體中文著錄。

二、本索引所收條目,限於地方志人物有傳記資料者,包括名宦、宦迹、職官、氏族、教育、鄉賢、文學、藝術、方技、流寓、仙釋、孝友、義行等類,以及藝文中的墓誌、碑銘、傳誄等。烈女傳人物多標作某某氏,不標實名,對學術研究價值不大,故僅收錄有學術價值標有實名的著名人物。

三、地方志中各種表列人物,如職官表、選舉表等,不予收錄。因各志體例不一,職官、選舉等志中,類同表列、人物事迹簡略者,亦不收錄。

四、每傳依順序列姓名、字號、朝代、籍貫等。各項目未詳者,闕之。後列出處。

五、跨朝代人物,除學術界有約定俗成者外,一般著錄卒年時代。

六、人物籍貫指人物出生鄉里或所屬之職籍,一般按原傳文著錄,列至縣。如同一籍貫中同名人物,其他著錄項不能區別者,再列鄉里。原傳文如無里籍,而有選舉之鄉里,亦照錄,以便參考。

七、人物出處列方志名簡稱,後列卷數、頁數,卷數、頁數間以"/"間隔。如:閔損,[道光]濟南45/2,指[道光]《濟南府志》卷四十五第二頁。卷內又有分卷且頁碼單獨起訖者,"/"後列分卷號和頁碼。如宋玫,[民國]萊陽3/1中24,指[民國]《萊陽縣志》卷三之一中卷第二十四頁。分卷號如爲數字,分卷號和頁碼間以"-"分隔。如韓固,[民國]福山縣志稿7/1-1,指[民國]《福山縣志稿》卷七之一第一頁。原志僅標卷數而無頁碼者,著錄至卷、類。同一志書中人物多次出現,則於志名下續列卷頁數,中以逗號分隔。如[乾隆]東昌23/15,35/17,指[乾隆]《東昌府志》卷二十三之十五頁,卷三十五之十七頁。

八、兼有省、府、縣志多出處者，省志列前，府、縣志列後，各以時代先後排序。同一年號下如有兩種以上志書，則列具體版刻年區分。如[民國三年]《慶雲縣志》，[民國二十年]《慶雲縣志》。部分方志以前志雕版續增，前志人物出處卷數、頁碼與後志相同，爲免重複，合并至後志著録，出處簡稱不作區分。如[康熙]《嶧縣志》，康熙二十四年刻本以康熙十二年刻本雕版續增，統簡稱[康熙]《嶧縣》。

九、僧人法名前的"釋"字予以去除。

十、人物姓名以四角號碼排序。同姓名者，再依朝代、字號、籍貫區分，順序排列，朝代早者在前。

十一、地方志中，有些人物姓名，或因輾轉抄刻而致誤，如雷啟東寫作"雷起東"、鄧萬斛寫作"鄭萬斛"；或因避帝王之諱而更改，如房玄齡改爲"房元齡"，田弘正改爲"田宏正"，馬胤卿改寫"馬允卿"，王士禛寫作"王士禎""王士正"之類。經考證查對無誤，一律予以改正，合并出處，以正名立目。其他异名另立參見，如王士禎(見王士禛)。

十二、對於姓名有异而又無考者，合并録之，另一姓名後標以見某某。如丘應科，一作"丘盈科"，"丘盈科"條録作"丘盈科(見丘應科)"。

十三、一人多名并行，合并至正名或常見名，其餘名字後標以見某某。如"伏生(見伏勝)""八大山人(見朱耷)"。菏澤劉玉麟，乾隆年奉旨改名劉藻，則合并入劉玉麟條，"劉藻"條標作"劉藻(見劉玉麟)"。

十四、一些佚名人物，原佚其名，以別號稱者，録其別號標目。如"麻衣趙"。

索引後附"徵引山東地方志書目"，著録方志名稱、方志簡稱、纂修者、版本。

目　錄

前言 …… 1
凡例 …… 1
人名字頭筆畫四角號碼對照表 …… 1
人名字頭拼音四角號碼對照表 …… 11
人名字頭四角號碼檢字 …… 23
索引正文
　上册 …… 1
　中册 …… 597
　下册 …… 1227
徵引山東地方志書目 …… 1857
後記 …… 1887

人名字頭筆畫四角號碼對照表

一畫

一 1000_0
乙 1771_0

二畫

二 1010_0
丁 1020_0
卜 2300_0
八 8000_0
九 4001_7
刁 1712_0
了 1720_7
力 4002_7
乜 4071_2

三畫

三 1010_1
于 1040_0
士 4010_0
才 4020_0
大 4003_0
兀 1021_0
弋 4300_0
上 2110_0
小 9000_0
山 2277_0
千 2040_0
乞 8071_7
川 2200_0
弓 1720_7
子 1740_7
也 4471_2
女 4040_0

四畫

王 1010_4
亓 1022_1
井 5500_0
天 1043_0
元 1021_1
云 1073_1
木 4090_0
支 4040_7
太 4003_0
尤 4301_0
戈 5300_0
少 9020_0
中 5000_6
水 1223_0
牛 2500_0
毛 2071_4
仁 2121_0
仇 2421_7
仉 2721_0
化 2421_0
公 8073_2
月 7722_0
氏 7274_0
丹 7744_0
勾 2772_0
殳 7740_7
卞 0023_0
六 0080_0
文 0040_0
亢 0021_7
方 0022_7
火 9080_0
心 3300_0
尹 1750_7
丑 1710_5
孔 1241_0
巴 7771_7
毌 7777_5
毋 7755_0

五畫

玉 1010_3
正 1010_1
去 4073_1
甘 4477_0
艾 4440_0
古 4060_0
本 5023_0
术 4390_0
可 1062_0
丙 1022_7
左 4001_1
石 1060_0
布 4022_7
平 1040_9
北 1111_0
占 2160_0
目 6010_1
甲 6050_0
申 5000_6
田 6040_0
由 5060_0
只 6080_0
史 5000_6
冉 5044_7
生 2510_0
丘 7210_1
仙 2227_0
白 2600_0
仝 8010_1
佘 8090_0
令 8030_7
印 7772_0
句 2762_0
卯 7772_0

外	2320_{0}
包	2771_{2}
主	0010_{4}
立	0010_{8}
玄	0073_{2}
氾	3711_{2}
必	3300_{0}
永	3023_{2}
司	1762_{0}
尼	7721_{1}
弘	1223_{0}
召	1760_{2}
皮	4024_{7}
母	7750_{5}

六畫

匡	7171_{1}
邢	1742_{7}
戎	5340_{0}
吉	4060_{1}
托	5201_{4}
老	4471_{1}
共	4480_{1}
臣	7171_{7}
西	1060_{0}
有	4022_{7}
百	1060_{0}
匠	7171_{2}
成	5320_{0}
夷	5003_{2}
光	9021_{1}
吁	6104_{0}
吐	6401_{0}
曲	5560_{0}
同	7722_{0}
因	6043_{0}
回	6060_{0}
年	8050_{0}
朱	2590_{0}
休	2429_{0}
伍	2121_{7}
伏	2323_{4}
延	1240_{1}
仲	2520_{6}
作	2824_{0}
任	2221_{4}
自	2600_{0}
伊	2725_{7}
向	2722_{0}
后	7226_{1}
行	2122_{1}
全	8010_{4}
合	8060_{1}
危	2721_{2}
旬	2762_{0}
多	2720_{7}
交	0040_{8}
衣	0073_{2}
充	0021_{3}
羊	8050_{0}
米	9090_{4}
州	3200_{0}
江	3111_{0}
汲	3714_{7}
池	3411_{2}
汝	3414_{0}
忙	9001_{0}
宇	3040_{1}
守	3034_{2}
安	3040_{4}
祁	3722_{7}
那	1752_{7}
阮	7121_{1}
防	7022_{7}
朵	1790_{4}
如	4640_{0}
羽	1712_{0}
牟	2350_{0}

七畫

扶	5503_{0}
赤	4033_{1}
折	5202_{1}
孝	4440_{7}
抗	5001_{7}
志	4033_{1}
芙	4453_{0}
芮	4422_{7}
花	4421_{4}
杜	4491_{0}
杌	4191_{0}
巫	1010_{8}
杞	4791_{7}
李	4040_{7}
孛	4040_{7}
車	5000_{6}
東	5090_{6}
吾	1060_{1}
豆	1010_{8}
邴	1722_{7}
邳	1712_{7}
夾	4003_{8}
步	2120_{1}
貝	6080_{0}
里	6010_{4}
呂	6060_{0}
吳	2643_{0}
邑	6071_{7}
囤	6071_{7}
岑	2220_{7}
秃	2021_{7}
邱	7712_{7}
何	2122_{0}
侶	2727_{7}
伯	2620_{0}
佟	2723_{3}
位	2021_{8}
佛	2522_{7}
佘	8090_{1}
余	8090_{4}
希	4022_{7}
谷	8060_{8}
邸	7772_{7}
郇	2762_{7}
狂	4121_{4}
狄	4928_{0}
言	0060_{1}
庈	0022_{7}
冷	3813_{7}
辛	0040_{1}
冶	3316_{0}

汪 3111_4
沐 3419_0
沙 3912_0
沖 3510_6
沃 3213_4
沈 3411_2
忻 9202_1
完 3021_1
宋 3090_4
初 3722_0
罕 3740_1
即 7772_0
阿 7122_0
妙 4942_0
邵 1762_7
郚 2762_7

八畫

武 1314_0
青 5022_7
抹 5509_0
長 7173_2
邦 4712_7
拓 5106_0
拈 5106_0
抱 5701_2
招 5706_2
披 5404_7
耶 1712_7
若 4460_4
茂 4425_3
苗 4460_0
英 4453_0
苻 4424_0
苟 4462_7
茆 4472_7
苑 4421_2
范 4411_2
直 4010_7
茅 4422_2
林 4499_0
杵 4894_0
來 4090_8
松 4893_0
杭 4091_7
東 5090_6
臥 7870_0
郁 4722_7
郅 1712_7
叔 2794_0
卓 2140_6
尚 9022_7
果 6090_4
昆 6071_1
昌 6060_0
門 7722_0
昇 6044_0
明 6702_0
易 6022_7
迪 3530_6
忠 5033_6
呼 6204_9
帖 4126_0
邾 2792_7
制 2220_0
知 8640_0
迭 3530_3
迮 3830_1
牧 2854_0
和 2690_0
季 2040_7
竺 8810_1
侍 2424_1
岳 7277_2
兒 7721_7
郈 7722_7
所 7222_1
金 8010_9
郄 4742_7
念 8033_2
肹 7822_7
服 7724_7
周 7722_0
郇 2762_7
狐 4223_0
忽 2733_2
京 0090_6
庈 0023_7
庖 0021_2
郊 0742_7
炎 9080_9
炔 9583_0
法 3413_1
油 3516_0
況 3611_0
性 9501_0
怡 9306_0
宗 3090_1
定 3080_1
宜 3010_7
官 3077_7
宛 3021_2
宓 3033_2
郎 3772_7
房 3022_7
祈 3222_1
居 7726_4
屈 7727_2
弦 1023_2
承 1723_2
孟 1710_7
孤 1243_0
降 7725_4

九畫

封 4410_0
垣 4111_6
郝 4732_7
按 5304_4
荆 4240_0
莒 4460_6
茶 4490_4
荀 4462_7
胡 4762_0
茹 4446_0
南 4022_7
茲 4473_2
柯 4192_0
查 4010_6
相 4690_0
柏 4690_0

柳	4792_{0}
柱	4091_{4}
勃	4442_{7}
匽	7171_{4}
厙	7125_{6}
咸	5320_{0}
研	1164_{5}
厚	7124_{7}
要	1040_{4}
奎	4010_{4}
郟	4702_{7}
貞	2180_{6}
是	6080_{1}
盻	6802_{7}
冒	6060_{0}
昭	6706_{2}
哈	6806_{1}
咬	6004_{8}
迴	3630_{0}
幽	2277_{0}
郜	2762_{7}
香	2060_{9}
种	2590_{6}
秋	2998_{0}
重	2010_{4}
段	7744_{7}
修	2722_{2}
保	2629_{4}
信	2026_{1}
皇	2610_{4}
泉	2623_{2}
皈	2164_{7}
鬼	2621_{3}
禹	2042_{7}
侯	2723_{4}
帥	2472_{7}
俞	8022_{1}
郗	4722_{7}
俎	8781_{0}
郤	8762_{7}
爰	2044_{7}
郛	2742_{7}
食	8073_{2}
盆	8010_{7}
朐	7722_{0}
負	2780_{6}
風	7721_{0}
逄	3730_{5}
昝	2360_{4}
計	0460_{0}
度	0024_{7}
音	0060_{1}
帝	0022_{7}
施	0821_{2}
姜	8040_{4}
洪	3418_{1}
活	3216_{4}
恃	9404_{1}
恒	9101_{6}
恍	9901_{1}
宣	3010_{6}
扁	3022_{7}
祖	3721_{0}
神	3520_{6}
祝	3621_{0}
祕	3320_{0}
屋	7721_{4}
弭	1124_{0}
韋	4050_{6}
胥	1722_{7}
姮	4141_{6}
姚	4241_{3}
飛	1241_{3}
勇	1742_{7}
癸	1243_{0}
紇	2891_{7}
紀	2791_{7}

十畫

耘	5193_{1}
泰	5013_{2}
秦	5090_{4}
班	1111_{4}
敖	5824_{0}
馬	7132_{7}
貢	1080_{6}
袁	4073_{2}
都	4762_{7}
耿	1918_{0}
華	4450_{4}
莽	4444_{3}
莫	4443_{0}
真	4080_{1}
莊	4421_{4}
桂	4491_{4}
桓	4191_{6}
桃	4291_{3}
格	4796_{4}
索	4090_{3}
軒	5104_{0}
連	3530_{0}
栗	1090_{4}
夏	1024_{7}
原	7129_{6}
逐	3130_{3}
晉	1060_{1}
柴	2190_{4}
党	9021_{6}
時	6404_{1}
畢	6050_{4}
哮	6404_{7}
閃	7780_{7}
晁	6011_{3}
晏	6040_{4}
員	6080_{6}
恩	6033_{0}
剛	7220_{0}
秘	2390_{0}
郳	7722_{7}
脩	2722_{7}
倪	2721_{7}
倫	2822_{7}
烏	2732_{7}
師	2172_{7}
徒	2428_{1}
徐	2829_{4}
殷	2724_{7}
針	8410_{0}
奚	2043_{0}
倉	8060_{7}

翁	8012_{7}
逢	3730_{5}
留	7760_{2}
高	0022_{7}
郭	0742_{7}
席	0022_{7}
庫	0025_{6}
淨	3215_{7}
离	0022_{7}
唐	0026_{7}
旅	0823_{2}
益	8010_{7}
浦	3312_{7}
涓	3612_{7}
浥	3611_{7}
浩	3416_{1}
海	3815_{7}
涂	3819_{4}
浮	3214_{7}
悟	9106_{1}
家	3023_{2}
宮	3060_{6}
宰	3040_{1}
容	3060_{8}
祥	3825_{1}
冥	3780_{0}
書	5060_{1}
展	7723_{2}
陸	7421_{4}
陳	7529_{6}
孫	1249_{3}
陰	7823_{1}
陶	7722_{0}
姬	4141_{6}
娥	4345_{0}
通	3730_{2}
能	2121_{1}
桑	7790_{4}
純	2591_{7}
納	2492_{7}

十一畫

理	1611_{4}
堵	4416_{0}
教	4844_{0}
接	5004_{4}
探	5709_{4}
著	4460_{4}
萊	4490_{8}
勒	4452_{7}
菅	4477_{7}
菑	4460_{2}
梅	4895_{7}
麥	4020_{7}
梓	4094_{1}
曹	5560_{6}
區	7171_{6}
堅	7710_{4}
戚	5320_{0}
帶	4422_{7}
瓠	4223_{0}
匏	4721_{2}
爽	4003_{4}
盛	5310_{7}
雪	1017_{7}
處	2124_{1}
常	9022_{7}
畦	6401_{4}
野	6712_{2}
閆	7710_{1}
婁	5040_{4}
蚳	5214_{0}
鄂	6722_{7}
國	6015_{3}
崔	2221_{4}
崇	2290_{1}
過	3730_{2}
犁	2250_{0}
移	2792_{7}
笪	8810_{6}
符	8824_{3}
第	8822_{7}
偰	2723_{4}
偪	2126_{6}
進	3030_{1}
假	2724_{7}
從	2828_{1}
脫	7821_{6}
魚	2733_{6}
斛	2420_{0}
祭	2790_{1}
訥	0462_{7}
許	0864_{0}
麻	0029_{4}
庾	0023_{7}
康	0023_{2}
庸	0022_{7}
鹿	0021_{1}
章	0040_{6}
商	0022_{7}
敝	9824_{0}
清	3512_{7}
淩	3414_{7}
淹	3411_{6}
渠	3190_{4}
淖	3114_{6}
涼	3019_{6}
淳	3014_{7}
淡	3918_{9}
梁	3390_{4}
淄	3216_{3}
惟	9001_{4}
寇	3021_{4}
宿	3026_{1}
密	3077_{2}
扈	3021_{7}
逯	3730_{3}
尉	7420_{0}
屠	7726_{4}
張	1123_{2}
強	1323_{6}
隋	7422_{7}
陽	7622_{7}
隗	7621_{3}
隆	7721_{4}
貫	7780_{6}
終	2793_{3}
巢	2290_{4}

十二畫

琴	1120_{7}

斑	1111_{4}
堯	4021_{1}
塔	4416_{1}
項	1118_{6}
越	4380_{5}
提	5608_{1}
博	4304_{2}
揭	5602_{7}
喜	4060_{5}
彭	4212_{2}
達	3430_{5}
黄	4480_{6}
葉	4490_{4}
萬	4422_{7}
葛	4472_{7}
董	4410_{4}
葆	4429_{4}
敬	4864_{0}
棧	4395_{3}
惠	5033_{3}
覃	1040_{6}
粟	1090_{4}
棗	5090_{2}
棘	5599_{2}
殖	1421_{7}
雲	1073_{1}
斐	1140_{0}
紫	2190_{3}
開	7744_{1}
間	7760_{7}
閔	7740_{0}
遇	3630_{2}
景	6090_{6}
貴	5080_{6}
單	6650_{6}
喻	6802_{1}
喀	6306_{4}
買	6080_{6}
嵎	2672_{7}
黑	6033_{1}
無	8033_{1}
智	8660_{0}
嵇	2397_{2}
程	2691_{4}
犂	2750_{2}
喬	2022_{7}
答	8860_{1}
傅	2324_{2}
雋	2022_{7}
焦	2033_{1}
皓	2466_{1}
鄔	2732_{7}
衆	2723_{2}
御	2722_{0}
須	2128_{6}
舒	8762_{2}
鈔	8912_{0}
鈎	8712_{0}
鈕	8711_{5}
禽	8022_{7}
舜	2025_{2}
貂	2726_{2}
然	2333_{3}
鄒	2742_{7}
馮	3112_{7}
童	0010_{4}
遊	3830_{4}
善	8060_{5}
普	8060_{1}
道	3830_{6}
曾	8060_{6}
勞	9942_{7}
湛	3411_{1}
湯	3612_{7}
滑	3712_{7}
淵	3210_{0}
盗	3710_{7}
游	3814_{7}
湧	3712_{7}
割	3260_{0}
寒	3030_{3}
富	3060_{6}
甯	3022_{7}
裕	3826_{8}
尋	1734_{6}
費	5580_{6}
疎	1519_{6}
疏	1011_{3}
賀	4680_{6}
發	1224_{7}
結	2496_{1}

十三畫

瑞	1212_{7}
載	4355_{0}
鄢	1732_{7}
斟	4470_{0}
蓋	4410_{7}
蓮	4430_{4}
靳	4252_{1}
蒯	4220_{0}
蓬	4430_{4}
蒿	4422_{7}
蒲	4412_{7}
蒙	4423_{2}
幹	4844_{1}
椿	4596_{3}
楚	4480_{1}
楊	4692_{7}
裘	4373_{2}
甄	1111_{7}
賈	1080_{6}
雷	1060_{3}
訾	2160_{1}
虞	2123_{4}
業	3290_{4}
睢	6001_{4}
愚	6033_{2}
照	6733_{6}
路	6716_{4}
園	6023_{2}
圓	6080_{6}
筦	8821_{1}
鄲	2792_{7}
奧	2743_{0}
微	2824_{0}
鉉	8013_{2}
愛	2024_{7}
詹	2726_{1}
解	2725_{2}

詩	0464_{1}
誠	0365_{0}
廉	0023_{7}
鄘	0722_{7}
靖	0512_{7}
雍	0071_{4}
義	8055_{3}
羨	8018_{2}
豢	9023_{2}
慈	8033_{3}
溥	3314_{2}
源	3119_{6}
溫	3611_{7}
準	3040_{1}
慎	9408_{1}
褚	3426_{0}
福	3126_{6}
辟	7064_{1}

十四畫

趙	4980_{2}
臺	4010_{4}
赫	4433_{1}
壽	4064_{1}
綦	4490_{3}
慕	4433_{3}
蔡	4490_{1}
斡	4844_{0}
蔚	4424_{0}
蔣	4424_{7}
輔	5302_{7}
匱	7171_{8}
厲	7122_{7}
碩	1168_{6}
碭	1662_{7}
爾	1022_{7}
臧	2325_{0}
裴	1173_{2}
暢	5602_{7}
聞	7740_{1}
閭	7760_{6}
圖	6060_{4}
種	2291_{4}
管	8877_{7}
毓	8051_{3}
僖	2426_{5}
僊	2121_{7}
僕	2223_{4}
僧	2826_{6}
銚	8211_{3}
雒	2061_{4}
廣	0028_{6}
廛	0021_{4}
廖	0022_{2}
端	0212_{7}
齊	0022_{3}
鄭	8742_{7}
鄯	8762_{7}
榮	9990_{4}
滿	3412_{7}
漆	3413_{2}
演	3318_{6}
賓	3080_{6}
察	3090_{1}
寧	3020_{1}
禚	3823_{1}
隨	7423_{2}
翟	1721_{4}
熊	2133_{1}
鄧	1712_{7}
綿	2692_{7}

十五畫

慧	5533_{7}
髮	7244_{7}
撤	5804_{0}
駟	7630_{0}
鞏	1750_{6}
穀	4794_{7}
蕑	4422_{7}
蕃	4460_{9}
樗	4192_{7}
樓	4594_{4}
樊	4443_{0}
輪	5802_{7}
敷	5824_{0}
歐	7778_{2}
豎	7710_{8}
醉	1064_{8}
噶	6402_{7}
踏	6216_{3}
墨	6010_{4}
稽	2396_{1}
稷	2694_{7}
黎	2713_{2}
儀	2825_{3}
樂	2290_{4}
德	2423_{1}
徵	2824_{0}
徹	2824_{0}
盤	2710_{7}
虢	2131_{7}
滕	7923_{2}
魯	2760_{3}
劉	7210_{0}
請	0562_{7}
諸	0466_{0}
談	0968_{9}
慶	0024_{7}
潔	3719_{3}
澆	3411_{1}
澓	3814_{7}
潘	3216_{9}
澄	3211_{8}
潑	3214_{7}
審	3060_{9}
遲	3730_{5}
豫	1723_{2}
練	2599_{6}
緹	2698_{1}
線	2693_{2}

十六畫

駱	7736_{4}
操	5609_{4}
燕	4433_{1}
薛	4474_{1}
薊	4432_{0}
薄	4414_{2}
蕭	4422_{7}
薩	4421_{4}
樹	4490_{0}

橋 4292_7
賴 5798_6
霍 1021_4
冀 1180_1
盧 2121_7
縣 6299_3
曉 6401_1
曇 6073_1
閻 7777_7
戰 6355_0
黔 6832_7
穆 2692_2
舉 7750_8
興 7780_1
衡 2122_1
衞 2122_1
錢 8315_3
錫 8612_7
鴟 7772_7
鮑 2731_2
獨 4622_7
謀 0469_4
諶 0461_1
諳 0066_1
鄺 0722_7
廩 0029_4
辨 0044_1
辦 0044_1
龍 0121_1
嬴 0021_7
激 3814_0
澮 3716_1
禧 3426_1
禪 3625_6
隰 7623_3

十七畫

環 1613_2
戴 4385_0
聲 4740_1
鞠 4752_0
藍 4410_7
韓 4445_6
檀 4091_6
轅 5403_2
臨 7876_6
嚇 6403_1
闊 7716_4
矯 8242_7
魏 2641_3
儲 2426_0
鍾 8211_4
謝 0460_0
襄 0073_2
糜 0029_4
應 0023_1
濮 3213_4
賽 3080_6
蹇 3080_1
禮 3521_8
彌 1122_7
孺 1142_7
繆 2792_2

十八畫

聶 1014_1
藥 4490_4
藩 4416_9
轉 5504_3
叢 3214_7
題 6180_8
瞿 6621_4
闕 7748_2
蟲 5013_6
顓 2128_6
簡 8822_7
雙 2040_7
邊 3630_2
歸 2712_7
鎮 8418_1
鎖 8918_6
顏 0128_6
禰 3122_7

十九畫

騷 7733_6
蘧 4430_3
藺 4422_7
蘇 4439_4
顛 4188_6
麴 4722_0
鬷 1224_7
闞 7714_8
關 7777_2
嚴 6624_8
羅 6091_4
贊 2480_6
譚 0164_6
龐 0021_1
類 9148_6
懷 9003_2
繩 2791_7

二十畫

騶 7732_7
壤 4013_2
蘭 4422_7
霰 1024_8
酆 2712_7
黨 9033_1
籍 8896_1
覺 7721_6
鐔 8114_6
釋 2694_1
饒 8471_1
灌 3411_4
寶 3080_6
騫 3032_7
竇 3080_6
繼 2291_3

二十一畫

權 4491_4
酈 1722_7
鐵 8315_0
鐸 8614_1
辯 0044_1
顧 3128_6
鶴 4722_7
續 2498_6

二十二畫

籜 8854_1

聾 0140_1
龔 0180_1
襲 0173_2

二十三畫

蠱 5010_7
欒 2290_4
鱗 0925_9

二十四畫

觀 4621_0
鹽 7810_7
靈 1010_8
靄 1062_7
讓 0063_2

二十五畫

釁 7722_8

二十九畫

鬱 4472_2

人名字頭拼音四角號碼對照表

a

阿 7122_0

ai

靄 1062_7
艾 4440_0
愛 2024_7

an

安 3040_4
諳 0066_1
按 5304_4

ao

敖 5824_0
奧 2743_0

ba

八 8000_0
巴 7771_7

bai

白 2600_0
百 1060_0
柏 4690_0

ban

班 1111_4
斑 1111_4
辦 0044_1

bao

包 2771_2
保 2629_4
葆 4429_4
寶 3080_6
抱 5701_2
鮑 2731_2

bei

北 1111_0
貝 6080_0

ben

本 5023_0

bi

偪 2126_6
必 3300_0
畢 6050_4
祕 3320_0
秘 2390_0
敝 9824_0

bian

邊 3630_2
扁 3022_7
卞 0023_0
辨 0044_1
辯 0044_1

bin

賓 3080_6

bing

丙 1022_7
邴 1722_7

bo

伯 2620_0
孛 4040_7
勃 4442_7
薄 4414_2
博 4304_2

bu

卜 2300_0
布 4022_7
步 2120_1

cai

才 4020_0
蔡 4490_1

cang

倉 8060_7

cao

操 5609_4
曹 5560_6

cen

岑 2220_7

cha

茶 4490_4
察 3090_1

chai

柴 2190_4

chan

禪 3625_6

chang

昌 6060_0
常 9022_7
暢 5602_7

chao

鈔 8912_0
晁 6011_3
巢 2290_4

che

車 5000_6
徹 2824_0

chen

臣 7171_7
陳 7529_6
塵 0021_4
諶 0461_1

cheng

成 5320_0
承 1723_2
程 2691_4
誠 0365_0
澄 3211_8

chi

鴟 7772_7
池 3411_2
蚳 5214_0
遲 3730_5
赤 4033_1

chong

充 0021_3
沖 3510_6
重 2010_4
种 2590_6
種 2291_4
崇 2290_1
蟲 5013_6

chou

丑 1710_5

chu

初 3722_0
樗 4192_7
杵 4894_0
楚 4480_1
褚 3426_0
儲 2426_0
處 2124_1

chuan

川 2200_0

chun

椿 4596_3
純 2591_7
淳 3014_7

ci

慈 8033_3

cong

從 2828_1
叢 3214_7

cui

崔 2221_4

da

笪 8810_6
達 3430_5
答 8860_1
大 4003_0

dai

帶 4422_7
戴 4385_0

dan

丹 7744_0
淡 3918_9

dang

党 9021_6
黨 9033_1
碭 1662_7

dao

道 3830_6
盜 3710_7

de

德 2423_1

deng

鄧 1712_7

di

狄 4928_0
迪 3530_6
邸 7772_7
帝 0022_7
第 8822_7

dian

顛 4188_6

diao

刁 1712_0
貂 2726_2

die

迭 3530_3

ding

丁 1020_0
定 3080_1

dong

東 5090_6
董 4410_4

dou

豆 1010_8
竇 3080_6

du

都 4762_7
獨 4622_7
堵 4416_0
杜 4491_0
度 0024_7

duan

端 0212_7
段 7744_7

dun

囤 6071_7

duo

多 2720_7
鐸 8614_1
朵 1790_4

e

娥 4345_0
鄂 6722_7

en

恩 6033_0

er

尒 8090_0
爾 1022_7
二 1010_0

fa

發 1224_7
法 3413_1
髮 7244_7

fan

蕃 4460_9

藩 4416_{9}
樊 4443_{0}
氾 3711_{2}
范 4411_{2}

fang

方 0022_{7}
防 7022_{7}
房 3022_{7}

fei

飛 1241_{3}
斐 1140_{0}
費 5580_{6}

feng

封 4410_{0}
風 7721_{0}
酆 2712_{7}
逢 3730_{5}
馮 3112_{7}

fo

佛 2522_{7}

fu

鄜 0722_{7}
敷 5824_{0}
伏 2323_{4}
扶 5503_{0}
芙 4453_{0}
苻 4424_{0}
宓 3033_{2}
服 7724_{7}
郛 2742_{7}
浮 3214_{7}
符 8824_{3}
福 3126_{6}
澓 3814_{7}
輔 5302_{7}
負 2780_{6}
傅 2324_{2}
富 3060_{6}

gai

蓋 4410_{7}

gan

甘 4477_{0}
幹 4844_{1}

gang

剛 7220_{0}

gao

高 0022_{7}
郜 2762_{7}

ge

噶 6402_{7}
戈 5300_{0}
割 3260_{0}
格 4796_{4}
葛 4472_{7}

geng

耿 1918_{0}

gong

弓 1720_{7}
公 8073_{2}
宮 3060_{6}
龔 0180_{1}
共 4480_{1}
鞏 1750_{6}
貢 1080_{6}

gou

句 2762_{0}
勾 2772_{0}
鉤 8712_{0}
苟 4462_{7}

gu

孤 1243_{0}
古 4060_{0}
谷 8060_{8}
穀 4794_{7}
蠱 5010_{7}
顧 3128_{6}

guan

官 3077_{7}
關 7777_{2}
筦 8821_{1}
管 8877_{7}
毌 7777_{5}
貫 7780_{6}
觀 4621_{0}
灌 3411_{4}

guang

光 9021_{1}
廣 0028_{6}

gui

邽 4712_{7}
皈 2164_{7}
歸 2712_{7}
鬼 2621_{3}
癸 1243_{0}
桂 4491_{4}
貴 5080_{6}
炔 9583_{0}

guo

郭 0742_{7}
過 3730_{2}
國 6015_{3}
虢 2131_{7}
果 6090_{4}

ha

哈 6806_{1}

hai

海 3815_{7}

han

寒 3030_{3}
韓 4445_{6}
罕 3740_{1}

hang

杭 4091_{7}

hao

蒿 4422_{7}
郝 4732_{7}
浩 3416_{1}
皓 2466_{1}

he

合 8060_1
何 2122_0
和 2690_0
紇 2891_7
賀 4680_6
赫 4433_1
嚇 6403_1
鶴 4722_7

hei

黑 6033_1

heng

恒 9101_6
姮 4141_6
衡 2122_1

hong

弘 1223_0
洪 3418_1

hou

侯 2723_4
后 7226_1
郈 7722_7
厚 7124_7

hu

呼 6204_9
忽 2733_2
狐 4223_0
胡 4762_0
斛 2420_0
瓠 4223_0
扈 3021_7

hua

花 4421_4
滑 3712_7
華 4450_4
化 2421_0

huai

懷 9003_2

huan

桓 4191_6
環 1613_2
豢 9023_2

huang

皇 2610_4
黃 4480_6
恍 9901_1

hui

回 6060_0
迴 3630_0
惠 5033_3
慧 5533_7

huo

活 3216_4
火 9080_0
霍 1021_4

ji

姬 4141_6
嵇 2397_2
稽 2396_1
激 3814_0
吉 4060_1
汲 3714_7
即 7772_0
棘 5599_2
籍 8896_1
紀 2791_7
季 2040_7
計 0460_0
稷 2694_7
薊 4432_0
冀 1180_1
繼 2291_3

jia

家 3023_2
夾 4003_8
郟 4702_7
甲 6050_0
假 2724_7
賈 1080_6

jian

菅 4477_7
堅 7710_4
間 7760_7
蕑 4422_7
蹇 3080_1
簡 8822_7
騫 3032_7

jiang

江 3111_0
姜 8040_4
蔣 4424_7
匠 7171_2
降 7725_4

jiao

交 0040_8
郊 0742_7
焦 2033_1
澆 3411_1
矯 8242_7
教 4844_0

jie

接 5004_4
揭 5602_7
結 2496_1
潔 3719_3

jin

金 8010_9
晉 1060_1
進 3030_1
靳 4252_1

jing

京 0090_6
荆 4240_0
井 5500_0
景 6090_6
淨 3215_7
敬 4864_0
靖 0512_7

jiu

九 4001_7

ju

居 7726_4

鞠 4752_0
莒 4460_6
舉 7750_8
郇 2762_7

juan

涓 3612_7
雋 2022_7

jue

覺 7721_6

ka

喀 6306_4

kai

開 7744_1

kan

闞 7714_8

kang

康 0023_2
亢 0021_7
抗 5001_7

ke

柯 4192_0
可 1062_0

kong

孔 1241_0

kou

寇 3021_4

ku

庫 0025_6

kuai

蒯 4220_0

kuang

匡 7171_1
狂 4121_4
況 3611_0
鄺 0722_7

kui

奎 4010_4
匱 7171_8

kun

昆 6071_1

kuo

闊 7716_4

lai

來 4090_8
萊 4490_8
賴 5798_6

lan

藍 4410_7
蘭 4422_7

lang

郎 3772_7

lao

勞 9942_7
老 4471_1

le

勒 4452_7

lei

雷 1060_3
類 9148_6

leng

冷 3813_7

li

离 0022_7
犁 2250_0
犂 2750_2
黎 2713_2
李 4040_7
里 6010_4
理 1611_4
禮 3521_8
力 4002_7
立 0010_8
栗 1090_4
厲 7122_7
酈 1722_7

lian

連 3530_0
蓮 4430_4
廉 0023_7
練 2599_6

liang

涼 3019_6
梁 3390_4

liao

了 1720_7
廖 0022_2

lin

林 4499_0
臨 7876_6
麟 0925_9
廩 0029_4
藺 4422_7

ling

庈 0023_7
淩 3414_7
靈 1010_8
令 8030_7

liu

留 7760_2
劉 7210_0
柳 4792_0
六 0080_0

long

隆 7721_4
龍 0121_1
聾 0140_1

lou

婁 5040_4
樓 4594_4

lu

盧 2121_7
魯 2760_3
鹿 0021_1
逯 3730_3
陸 7421_4
路 6716_4

luan

欒 2290_4

lun

倫 2822_7
輪 5802_7

luo

羅 6091_4
雒 2061_4
駱 7736_4

lü

閭 7760_6
呂 6060_0
旅 0823_2

ma

麻 0029_4
馬 7132_7

mai

買 6080_6
麥 4020_7

man

滿 3412_7

mang

忙 9001_0
莽 4444_3

mao

毛 2071_4
茆 4472_7
茅 4422_2
卯 7772_0
茂 4425_3
冒 6060_0

mei

梅 4895_7

men

門 7722_0

meng

蒙 4423_2
孟 1710_7

mi

糜 0029_4
彌 1122_7
禰 3122_7
米 9090_4
弭 1124_0
密 3077_2

mian

綿 2692_7

miao

苗 4460_0
妙 4942_0
繆 2792_2

min

閔 7740_0

ming

明 6702_0
冥 3780_0

mo

抹 5509_0
莫 4443_0
墨 6010_4

mou

牟 2350_0
謀 0469_4

mu

母 7750_5
木 4090_0
目 6010_1
沐 3419_0
牧 2854_0
慕 4433_3
穆 2692_2

na

那 1752_7
納 2492_7

nai

能 2121_1

nan

南 4022_7

ne

訥 0462_7

ni

尼 7721_1
兒 7721_7
郳 7722_7
倪 2721_7

nian

拈 5106_0
年 8050_0
念 8033_2

nie

乜 4071_2
聶 1014_1

ning

甯 3022_7
寧 3020_1

niu

牛 2500_0
鈕 8711_5

ou

區 7171_6
歐 7778_2

pan

潘 3216_9
盤 2710_7

pang

逄 3730_5
龐 0021_1

pao

庖 0021_2
匏 4721_2

pei

裴 1173_2

pen

盆 8010_7

peng

彭 4212_{2}
蓬 4430_{4}

pi

邳 1712_{7}
披 5404_{7}
皮 4024_{7}
辟 7064_{1}

ping

平 1040_{9}

po

潑 3214_{7}

pu

蒲 4412_{7}
僕 2223_{4}
濮 3213_{4}
浦 3312_{7}
普 8060_{1}
溥 3314_{2}

qi

戚 5320_{0}
漆 3413_{2}
亓 1022_{1}
祁 3722_{7}
祈 3222_{1}
綦 4490_{3}
齊 0022_{3}
乞 8071_{7}
杞 4791_{7}

qian

千 2040_{0}
黔 6832_{7}
錢 8315_{3}

qiang

強 1323_{6}

qiao

喬 2022_{7}
鄡 2792_{7}
橋 4292_{7}

qie

郄 4742_{7}

qin

秦 5090_{4}
琴 1120_{7}
庈 0022_{7}
禽 8022_{7}
覃 1040_{6}

qing

青 5022_{7}
清 3512_{7}
請 0562_{7}
慶 0024_{7}

qiu

丘 7210_{1}
邱 7712_{7}
秋 2998_{0}
仇 2421_{7}
裘 4373_{2}

qu

曲 5560_{0}
屈 7727_{2}
麴 4722_{0}
朐 7722_{0}
渠 3190_{4}
瞿 6621_{4}
蘧 4430_{3}
去 4073_{1}

quan

全 8010_{4}
泉 2623_{2}
權 4491_{4}

que

闕 7748_{2}

ran

然 2333_{3}
冉 5044_{7}

rang

壤 4013_{2}
讓 0063_{2}

rao

饒 8471_{1}

ren

仁 2121_{0}
任 2221_{4}

rong

戎 5340_{0}
榮 9990_{4}
容 3060_{8}

ru

如 4640_{0}
茹 4446_{0}
孺 1142_{7}
汝 3414_{0}
女 4040_{0}

ruan

阮 7121_{1}

rui

芮 4422_{7}
瑞 1212_{7}

ruo

若 4460_{4}

sa

撒 5804_{0}
薩 4421_{4}

sai

賽 3080_{6}

san

三 1010_{1}

sang

桑 7790_{4}

sao

騷 7733_{6}

seng

僧 2826_{6}

sha

沙 3912_{0}

shan

山 2277_0
閃 7780_7
單 6650_6
善 8060_5

shang

商 0022_7
上 2110_0
尚 9022_7

shao

少 9020_0
召 1760_2
邵 1762_7

she

佘 8090_1
折 5202_1
厙 7125_6

shen

申 5000_6
神 3520_6
沈 3411_2
審 3060_9
慎 9408_1

sheng

生 2510_0
昇 6044_0
聲 4740_1
繩 2791_7
盛 5310_7

shi

施 0821_2
師 2172_7
詩 0464_1
石 1060_0
食 8073_2
時 6404_1
史 5000_6
士 4010_0
氏 7274_0
侍 2424_1
是 6080_1
恃 9404_1
釋 2694_1

shou

守 3034_2
壽 4064_1

shu

殳 7740_7
叔 2794_0
書 5060_1
舒 8762_2
疎 1519_6
疏 1011_3
束 5090_6
术 4390_0
豎 7710_8
樹 4490_0

shua

耍 1040_4

shuai

帥 2472_7

shuang

雙 2040_7
爽 4003_4

shui

水 1223_0

shun

舜 2025_2

shuo

碩 1168_6

si

司 1762_0
佀 2727_7
駟 7630_0

song

松 4893_0
宋 3090_4

su

蘇 4439_4
粟 1090_4
宿 3026_1

sui

眭 6401_4
睢 6001_4
隋 7422_7
隨 7423_2

sun

孫 1249_3

suo

所 7222_1
索 4090_3
鎖 8918_6

ta

塔 4416_1
踏 6216_3

tai

邰 2762_7
臺 4010_4
太 4003_0
泰 5013_2

tan

談 0968_9
曇 6073_1
檀 4091_6
譚 0164_6
鐔 8114_6
澹 3716_1
探 5709_4

tang

湯 3612_7
唐 0026_7

tao

桃 4291_3
陶 7722_0

teng

滕 7923_2

ti

提 5608_1

緹 2698_1
題 6180_8

tian

天 1043_0
田 6040_0

tie

帖 4126_0
鐵 8315_0

tong

通 3730_2
仝 8010_1
同 7722_0
佟 2723_3
童 0010_4

tu

禿 2021_7
徒 2428_1
涂 3819_4
屠 7726_4
圖 6060_4
吐 6401_0

tuo

托 5201_4
脫 7821_6
拓 5106_0
籜 8854_1

wai

外 2320_0

wan

完 3021_1
宛 3021_2
萬 4422_7

wang

汪 3111_4
王 1010_4

wei

危 2721_2
微 2824_0
韋 4050_6
惟 9001_4
隗 7621_3
位 2021_8
衛 2122_1
魏 2641_3

wen

溫 3611_7
文 0040_0
聞 7740_1

weng

翁 8012_7

wo

沃 3213_4
臥 7870_0
斡 4844_0

wu

巫 1010_8
屋 7721_4
烏 2732_7
鄔 2732_7
毋 7755_0
吾 1060_1
吳 2643_0
無 8033_1
伍 2121_7
仵 2824_0
武 1314_0
兀 1021_0
杌 4191_0
悟 9106_1

xi

西 1060_0
希 4022_7
肸 7822_7
郗 4722_7
奚 2043_0
僖 2426_5
錫 8612_7
席 0022_7
隰 7623_3
襲 0173_2
喜 4060_5
禧 3426_1
盻 6802_7
郤 8762_7

xia

夏 1024_7

xian

仙 2227_0
僊 2121_7
弦 1023_2
咸 5320_0
羨 8018_2
線 2693_2
縣 6299_3
霰 1024_8

xiang

相 4690_0
香 2060_9
襄 0073_2
祥 3825_1
向 2722_0
項 1118_6

xiao

蕭 4422_7
小 9000_0
曉 6401_1
孝 4440_7
哮 6404_7

xie

偰 2723_4
解 2725_2
謝 0460_0

xin

心 3300_0
辛 0040_1
忻 9202_1
信 2026_1
釁 7722_8

xing

興 7780_1

行 2122_1
邢 1742_7
性 9501_0

xiong

熊 2133_1

xiu

休 2429_0
修 2722_2
脩 2722_7

xu

吁 6104_0
胥 1722_7
須 2128_6
徐 2829_4
許 0864_0
續 2498_6

xuan

宣 3010_6
軒 5104_0
玄 0073_2
鉉 8013_2

xue

薛 4474_1
雪 1017_7

xun

旬 2762_0
郇 2762_7
荀 4462_7
尋 1734_6

yan

淹 3411_6
燕 4433_1
鄢 1732_7
延 1240_1
言 0060_1
炎 9080_9
研 1164_5
閆 7710_1
閻 7777_7
顏 0128_6
嚴 6624_8
鹽 7810_7
匽 7171_4
演 3318_6
晏 6040_4

yang

羊 8050_0
陽 7622_7
楊 4692_7

yao

姚 4241_3
堯 4021_1
銚 8211_3
咬 6004_8
藥 4490_4

ye

耶 1712_7
也 4471_2
冶 3316_0
野 6712_2
葉 4490_4
業 3290_4

yi

一 1000_0
伊 2725_7
衣 0073_2
夷 5003_2
怡 9306_0
宜 3010_7
移 2792_7
儀 2825_3
乙 1771_0
弋 4300_0
邑 6071_7
易 6022_7
益 8010_7
浥 3611_7
義 8055_3

yin

因 6043_0
音 0060_1
殷 2724_7
陰 7823_1
尹 1750_7
印 7772_0

ying

英 4453_0
應 0023_1
嬴 0021_7

yong

庸 0022_7
雍 0071_4
永 3023_2
勇 1742_7
湧 3712_7

you

幽 2277_0
尤 4301_0
由 5060_0
油 3516_0
遊 3830_4
游 3814_7
有 4022_7

yu

于 1040_0
余 8090_4
俞 8022_1
魚 2733_6
嵎 2672_7
虞 2123_4
愚 6033_2
宇 3040_1
羽 1712_0
禹 2042_7
庾 0023_7
尉 7420_0
蔚 4424_0
玉 1010_3
郁 4722_7
遇 3630_2
喻 6802_1
御 2722_0

裕 3826_8
毓 8051_3
豫 1723_2
鬱 4472_2

yuan

淵 3210_0
元 1021_1
垣 4111_6
爰 2044_7
袁 4073_2
原 7129_6
園 6023_2
圓 6080_6
源 3119_6
轅 5403_2
苑 4421_2

yue

月 7722_0
岳 7277_2
越 4380_5
樂 2290_4

yun

云 1073_1
耘 5193_1
雲 1073_1
員 6080_6

zi

菑 4460_2

zai

宰 3040_1
載 4355_0

zan

昝 2360_4
贊 2480_6

zang

臧 2325_0

zao

棗 5090_2

ze

迮 3830_1

zeng

曾 8060_6
鄫 8762_7

zha

查 4010_6

zhai

翟 1721_4
祭 2790_1

zhan

詹 2726_1
占 2160_0
展 7723_2
棧 4395_3
湛 3411_1
戰 6355_0

zhang

章 0040_6
張 1123_2
仉 2721_0
長 7173_2

zhao

招 5706_2
昭 6706_2
照 6733_6
趙 4980_2

zhen

貞 2180_6
真 4080_1
針 8410_0
斟 4470_0
甄 1111_7
鎮 8418_1

zheng

徵 2824_0
正 1010_1
鄭 8742_7

zhi

支 4040_7
只 6080_0
知 8640_0
直 4010_7
殖 1421_7
志 4033_1
郅 1712_7
制 2220_0
智 8660_0

zhong

中 5000_6
忠 5033_6
終 2793_3
鍾 8211_4
仲 2520_6
衆 2723_2

zhou

州 3200_0
周 7722_0

zhu

朱 2590_0
邾 2792_7
諸 0466_0
竺 8810_1
逐 3130_3
主 0010_4
柱 4091_4
祝 3621_0
著 4460_4

zhuan

顓 2128_6
轉 5504_3

zhuang

莊 4421_4

zhun

準 3040_1

zhuo

淖 3114_6
卓 2140_6
禚 3823_1

zi

淄 3216_3

訾	2160₁	緅	1224₇	祖	3721₀
兹	4473₂	**zou**		**zui**	
子	1740₇	鄒	2742₇	醉	1064₈
梓	4094₁	騶	7732₇	**zuo**	
紫	2190₃	**zu**		左	4001₁
自	2600₀	俎	8781₀		
zong					
宗	3090₁				

人名字頭四角號碼檢字

0010_4	主	1
	童	1
0010_8	立	1
0021_1	鹿	1
	龐	3
0021_2	庖	5
0021_3	充	5
0021_4	麈	5
0021_7	羸	5
	亢	5
0022_2	廖	5
0022_3	齊	6
0022_7	帝	9
	方	10
	高	12
	离	41
	庝	41
	商	41
	席	44
	庸	44
0023_0	卞	44
0023_1	應	46
0023_2	康	46
0023_7	廉	48
	庾	49
	庝	49
0024_7	慶	49
	度	49
0025_6	庫	50
0026_7	唐	50
0028_6	廣	56
0029_4	麻	56
	廪	56
	糜	57
0040_0	文	57
0040_1	辛	58
0040_6	章	62
0040_8	交	63
0044_1	辨	63
	辯	63
	辦	63
0060_1	音	63
	言	63
0063_2	讓	64
0066_1	諳	64
0071_4	雍	64
0073_2	襄	64
	玄	64
	衣	64
0080_0	六	64
0090_6	京	64
0121_1	龍	64
0128_6	顔	65
0140_1	聾	73
0164_6	譚	73
0173_2	襲	76
0180_1	龔	76
0212_7	端	77
0365_0	誠	78
0460_0	計	78
	謝	78
0461_1	諶	83
0462_7	訥	83
0464_1	詩	83
0466_0	諸	83
0469_4	諜	85
0512_7	靖	85
0562_7	請	86
0722_7	鄘	86
	鄺	86
0742_7	郊	86
	郭	86
0821_2	施	108
0823_2	旅	109
0864_0	許	109
0925_9	麟	121
0968_9	談	121
1000_0	一	121
1010_0	二	122
1010_1	三	122
	正	122
1010_3	玉	122
1010_4	王	122
1010_8	豆	312
	靈	312
	巫	312
1011_3	疏	313
1014_1	聶	313
1017_7	雪	314
1020_0	丁	314
1021_0	兀	326
1021_1	元	326
1021_4	霍	327
1022_1	亓	328
1022_7	丙	329
	爾	330
1023_2	弦	330
1024_7	夏	330
1024_8	霰	334
1040_0	于	334
1040_4	要	353
1040_6	覃	353
1040_9	平	353
1043_0	天	353
1060_0	百	353
	石	353
	西	362
1060_1	晉	362
	吾	362
1060_3	雷	362
1062_0	可	364
1062_7	靄	364
1064_8	醉	364
1073_1	雲	364
	云	364
1080_6	賈	364
	貢	373
1090_4	栗	373
	粟	374
1111_0	北	374
1111_4	班	374
	斑	374
1111_7	甄	374
1118_6	項	375
1120_7	琴	375
1122_7	彌	375
1123_2	張	375
1124_0	弭	525
1140_0	斐	525
1142_7	孺	525
1164_5	研	525
1168_6	碩	525
1173_2	裴	525
1180_1	冀	527
1212_7	瑞	528
1223_0	弘	528
	水	528
1224_7	發	528
	鬷	528
1240_1	延	528
1241_0	孔	528
1241_3	飛	548
1243_0	癸	548
	孤	548

1249_3 孫 548
1314_0 武 593
1323_6 強 596
1421_7 殖 596
1519_6 疎 596
1611_4 理 596
1613_2 環 596
1662_7 碭 596
1710_5 丑 597
1710_7 孟 597
1712_0 刁 610
羽 611
1712_7 鄧 611
邳 614
耶 614
郅 615
1720_7 了 615
弓 615
1721_4 翟 615
1722_7 鄏 619
酈 620
胥 620
1723_2 承 621
豫 621
1732_7 鄢 621
1734_6 尋 621
1740_7 子 621
1742_7 邢 622
勇 627
1750_6 鞏 627
1750_7 尹 628
1752_7 那 633
1760_2 召 633
1762_0 司 633
1762_7 邵 636
1771_0 乙 640
1790_4 朶 640
1918_0 耿 640
2010_4 重 646
2021_7 秃 646
2021_8 位 646
2022_7 喬 646
雋 648
2024_7 愛 648
2025_2 舜 649
2026_1 信 649
2033_1 焦 649
2040_0 千 652
2040_7 季 652
雙 654
2042_7 禹 654
2043_0 奚 654
2044_7 爰 655
2060_9 香 655
2061_4 雒 655
2071_4 毛 655
2110_0 上 659
2120_1 步 659
2121_0 仁 660
2121_1 能 660
2121_7 盧 660
伍 666
僊 667
2122_0 何 667
2122_1 行 676
衡 676
衞 676
2123_4 虞 678
2124_1 處 678
2126_6 偪 679
2128_6 須 679
顓 679
2131_7 虢 679
2133_1 熊 679
2140_6 卓 680
2160_0 占 680
2160_1 訾 680
2164_7 皈 681
2172_7 師 681
2180_6 貞 681
2190_3 紫 681
2190_4 柴 681
2200_0 川 683
2220_0 制 683
2220_7 岑 683
2221_4 崔 683
任 702
2223_4 僕 712
2227_0 仙 712
2250_0 犂 712
2277_0 山 712
幽 712
2290_1 崇 712
2290_4 巢 713
欒 713
樂 714
2291_3 繼 715
2291_4 種 715
2300_0 卜 715
2320_0 外 717
2323_4 伏 717
2324_2 傅 719
2325_0 臧 727
2333_3 然 732
2350_0 牟 732
2360_4 昝 735
2390_0 秘 735
2396_1 稽 736
2397_2 嵇 736
2420_0 斛 736
2421_0 化 736
2421_7 仇 736
2423_1 德 737
2424_1 侍 737
2426_0 儲 737
2426_5 僖 738
2428_1 徒 738
2429_0 休 738
2466_1 皓 738
2472_7 帥 738
2480_6 贊 738
2492_7 納 738
2496_1 結 738
2498_6 續 738
2500_0 牛 739
2510_0 生 742
2520_6 仲 742
2522_7 佛 744
2590_0 朱 744
2590_6 种 767
2591_7 純 768
2599_6 練 768
2600_0 白 768
自 771
2610_4 皇 771
2620_0 伯 772
2621_3 鬼 772
2623_2 泉 772
2629_4 保 772
2641_3 魏 772
2643_0 吳 784
2672_7 嵎 806
2690_0 和 806
2691_4 程 807
2692_2 穆 813
2692_7 綿 815
2693_2 線 815
2694_1 釋 815
2694_7 稷 815
2698_1 緹 815
2710_7 盤 815
2712_7 鄜 815
歸 815
2713_2 黎 815
2720_7 多 816
2721_0 仉 816
2721_2 危 816
2721_7 倪 816
2722_0 向 817
御 818
2722_2 修 818
2722_7 脩 818
2723_2 衆 818
2723_3 佟 818
2723_4 侯 819
偰 826
2724_7 殷 826
假 829
2725_2 解 830
2725_7 伊 832
2726_1 詹 833
2726_2 貂 834

2727_7 佀 834
2731_2 鮑 834
2732_7 烏 836
鄔 837
2733_2 忽 837
2733_6 魚 837
2742_7 鄒 837
郛 841
2743_0 奧 841
2750_2 犂 841
2760_3 魯 841
2762_0 句 843
旬 844
2762_7 部 844
郇 844
邰 844
郁 844
2771_2 包 844
2772_0 勾 845
2780_6 負 845
2790_1 祭 845
2791_7 紀 845
繩 848
2792_2 繆 848
2792_7 邾 849
移 849
鄒 849
2793_3 終 850
2794_0 叔 850
2822_7 倫 850
2824_0 作 850
徵 850
微 850
徹 851
2825_3 儀 851
2826_6 僧 851
2828_1 從 852
2829_4 徐 852
2854_0 牧 878
2891_7 紇 878
2998_0 秋 878
3010_6 宣 878
3010_7 宜 879
3014_7 淳 879
3019_6 涼 880
3020_1 寧 880
3021_1 完 880
3021_2 宛 882
3021_4 寇 882
3021_7 扈 882
3022_7 扁 883
房 883
甯 889
3023_2 家 893
永 893
3026_1 宿 893
3030_1 進 894
3030_3 寒 894
3032_7 騫 894
3033_2 宓 894
3034_2 守 894
3040_1 宇 894
宰 895
準 895
3040_4 安 895
3060_6 宮 898
富 900
3060_8 容 900
3060_9 審 900
3077_2 密 901
3077_7 官 901
3080_1 蹇 902
定 902
3080_6 竇 902
賓 902
竇 902
賽 905
3090_1 宗 906
察 907
3090_4 宋 907
3111_0 江 927
3111_4 汪 931
3112_7 馮 934
3114_6 淖 944
3119_6 源 944
3122_7 禰 944
3126_6 福 945
3128_6 顧 945
3130_3 逐 947
3190_4 渠 947
3200_0 州 948
3210_0 淵 948
3211_8 澄 948
3213_4 沃 948
濮 948
3214_7 叢 948
潑 949
浮 949
3215_7 淨 949
3216_3 淄 949
3216_4 活 949
3216_9 潘 949
3222_1 祈 955
3260_0 割 955
3290_4 業 955
3300_0 心 955
必 955
3312_7 浦 955
3314_2 溥 956
3316_0 冶 956
3318_6 演 956
3320_0 祕 956
3390_4 梁 956
3411_1 澆 964
湛 964
3411_2 沈 965
池 970
3411_4 灌 970
3411_6 淹 970
3412_7 滿 970
3413_1 法 970
3413_2 漆 972
3414_0 汝 972
3414_7 淩 972
3416_1 浩 973
3418_1 洪 973
3419_0 牧 974
沐 974
3426_0 褚 974
3426_1 禧 975
3430_5 達 975
3510_6 沖 975
3512_7 清 975
3516_0 油 975
3520_6 神 976
3521_8 禮 976
3530_0 連 976
3530_3 迭 976
3530_6 迪 976
3611_0 況 976
3611_7 溫 976
浥 978
3612_7 涓 978
湯 978
3621_0 祝 979
3625_6 禪 982
3630_0 迴 982
3630_2 邊 982
遇 983
3710_7 盜 983
3711_2 氾 983
3712_7 湧 983
滑 984
3714_7 汲 984
3716_1 澹 984
3719_3 潔 984
3721_0 祖 984
3722_0 初 985
3722_7 祁 985
3730_2 過 986
通 986
3730_3 逯 986
3730_5 遲 986
逢 987
逄 988
3740_1 罕 989
3772_7 郎 989
3780_0 冥 990
3813_7 冷 990
3814_0 激 991
3814_7 澓 991
游 991

3815_{7} 海 992
3819_{4} 涂 992
3823_{1} 祴 992
3825_{1} 祥 992
3826_{8} 裕 992
3830_{1} 迮 992
3830_{4} 遊 993
3830_{6} 道 993
3912_{0} 沙 993
3918_{9} 淡 994
4001_{1} 左 994
4001_{7} 九 996
4002_{7} 力 996
4003_{0} 大 996
太 996
4003_{4} 爽 997
4003_{8} 夾 997
4010_{0} 士 997
4010_{4} 奎 997
臺 997
4010_{6} 查 997
4010_{7} 直 998
4013_{2} 壤 998
4020_{0} 才 998
4020_{7} 麥 998
4021_{1} 堯 998
4022_{7} 布 998
南 998
有 999
希 999
4024_{7} 皮 999
4033_{1} 赤 1000
志 1000
4040_{0} 女 1000
4040_{7} 李 1000
孛 1139
支 1139
4050_{6} 韋 1140
4060_{0} 古 1142
4060_{1} 吉 1142
4060_{5} 喜 1142
4064_{1} 壽 1143
4071_{2} 乜 1143
4073_{1} 去 1143
4073_{2} 袁 1143
4080_{1} 真 1151
4090_{0} 木 1151
4090_{3} 索 1151
4090_{8} 來 1151
4091_{4} 柱 1152
4091_{6} 檀 1152
4091_{7} 杭 1153
4094_{1} 梓 1153
4111_{6} 垣 1153
4121_{4} 狂 1153
4126_{0} 帖 1154
4141_{6} 姬 1154
姮 1155
4188_{6} 顛 1155
4191_{0} 杌 1155
4191_{6} 桓 1155
4192_{0} 柯 1156
4192_{7} 樗 1156
4212_{2} 彭 1156
4220_{0} 蒯 1160
4223_{0} 瓠 1160
狐 1160
4240_{0} 荊 1160
4241_{3} 姚 1161
4252_{1} 靳 1167
4291_{3} 桃 1169
4292_{7} 橋 1169
4300_{0} 弋 1169
4301_{0} 尤 1169
4304_{2} 博 1170
4345_{0} 娥 1170
4355_{0} 載 1170
4373_{2} 裘 1170
4380_{5} 越 1170
4385_{0} 戴 1170
4390_{0} 术 1174
4395_{3} 棧 1175
4410_{0} 封 1175
4410_{4} 董 1176
4410_{7} 蓋 1188
藍 1190
4411_{2} 范 1192
4412_{7} 蒲 1202
4414_{2} 薄 1203
4416_{0} 堵 1203
4416_{1} 塔 1203
4416_{9} 藩 1204
4421_{2} 苑 1204
4421_{4} 莊 1205
花 1206
薩 1206
4422_{2} 茅 1206
4422_{7} 萬 1207
蕭 1209
帶 1218
蒿 1218
蘭 1218
藺 1218
蕳 1219
芮 1219
4423_{2} 蒙 1219
4424_{0} 荇 1219
蔚 1219
4424_{7} 蔣 1219
4425_{3} 茂 1226
4429_{4} 葆 1226
4430_{3} 蘧 1226
4430_{4} 蓬 1226
蓮 1226
4432_{0} 薊 1226
4433_{1} 赫 1227
燕 1227
4433_{3} 慕 1228
4439_{4} 蘇 1228
4440_{0} 艾 1237
4440_{7} 孝 1239
4442_{7} 勃 1239
4443_{0} 樊 1239
莫 1241
4444_{3} 莽 1242
4445_{6} 韓 1242
4446_{0} 茹 1261
4450_{4} 華 1261
4452_{7} 勒 1263
4453_{0} 英 1263
芙 1263
4460_{0} 苗 1263
4460_{2} 菑 1264
4460_{4} 若 1264
著 1264
4460_{6} 莒 1264
4460_{9} 蕃 1264
4462_{7} 苟 1265
荀 1265
4470_{0} 斟 1265
4471_{1} 老 1266
4471_{2} 也 1266
4472_{2} 鬱 1266
4472_{7} 葛 1266
茆 1269
4473_{2} 茲 1269
4474_{1} 薛 1269
4477_{0} 甘 1275
4477_{7} 菅 1276
4480_{1} 楚 1276
共 1277
4480_{6} 黃 1277
4490_{0} 樹 1291
4490_{1} 蔡 1291
4490_{3} 綦 1296
4490_{4} 葉 1297
茶 1299
藥 1299
4490_{8} 萊 1299
4491_{0} 杜 1300
4491_{4} 桂 1312
權 1313
4499_{0} 林 1313
4594_{4} 樓 1321
4596_{3} 椿 1321
4621_{0} 覲 1321
4622_{7} 獨 1322
4640_{0} 如 1322
4680_{6} 賀 1322
4690_{0} 柏 1324
相 1324
4692_{7} 楊 1325

4702_{7}	郟	1365
4712_{7}	邽	1365
4721_{2}	匏	1365
4722_{0}	麴	1365
4722_{7}	郗	1365
	郁	1366
	鶴	1366
4732_{7}	郝	1366
4740_{1}	聲	1372
4742_{7}	郄	1372
4752_{0}	鞠	1372
4762_{0}	胡	1374
4762_{7}	都	1389
4791_{7}	杞	1390
4792_{0}	柳	1390
4794_{7}	穀	1392
4796_{4}	格	1392
4844_{0}	斡	1392
	教	1392
4844_{1}	幹	1392
4864_{0}	敬	1392
4893_{0}	松	1392
4894_{0}	杵	1393
4895_{7}	梅	1393
4928_{0}	狄	1393
4942_{0}	妙	1394
4980_{2}	趙	1394
5000_{6}	史	1442
	車	1447
	申	1448
	中	1450
5001_{7}	抗	1450
5003_{2}	夷	1450
5004_{4}	接	1450
5010_{7}	蠱	1451
5013_{2}	泰	1451
5013_{6}	蟲	1451
5022_{7}	青	1451
5023_{0}	本	1451
5033_{3}	惠	1451
5033_{6}	忠	1451
5040_{4}	婁	1451
5044_{7}	冉	1452
5060_{0}	由	1453
5060_{1}	書	1453
5080_{6}	貴	1453
5090_{2}	棗	1453
5090_{4}	秦	1454
5090_{6}	東	1459
	柬	1460
5104_{0}	軒	1460
5106_{0}	拈	1460
	拓	1461
5193_{1}	耘	1461
5201_{4}	托	1461
5202_{1}	折	1461
5214_{0}	蚳	1461
5300_{0}	戈	1461
5302_{7}	輔	1462
5304_{4}	按	1462
5310_{7}	盛	1462
5320_{0}	成	1463
	咸	1467
	戚	1467
5340_{0}	戎	1469
5403_{2}	轅	1469
5404_{7}	披	1469
5500_{0}	井	1469
5503_{0}	扶	1470
5504_{3}	轉	1470
5509_{0}	抹	1470
5533_{7}	慧	1470
5560_{0}	曲	1470
5560_{6}	曹	1472
5580_{6}	費	1484
5599_{2}	棘	1485
5602_{7}	揭	1485
	暢	1485
5608_{1}	提	1485
5609_{4}	操	1485
5701_{2}	抱	1485
5706_{2}	招	1485
5709_{4}	探	1485
5798_{6}	賴	1485
5802_{7}	輪	1485
5804_{0}	撒	1485
5824_{0}	敷	1486
	敖	1486
6001_{4}	睢	1486
6004_{8}	咬	1486
6010_{1}	目	1486
6010_{4}	里	1486
	墨	1486
6011_{3}	晁	1486
6015_{3}	國	1487
6022_{7}	易	1488
6023_{2}	園	1488
6033_{0}	恩	1488
6033_{1}	黑	1489
6033_{2}	愚	1489
6040_{0}	田	1489
6040_{4}	晏	1502
6043_{0}	因	1503
6044_{0}	昇	1503
6050_{0}	甲	1503
6050_{4}	畢	1503
6060_{0}	呂	1509
	昌	1521
	回	1521
	冒	1521
6060_{4}	圖	1521
6071_{1}	昆	1521
6071_{7}	邑	1521
	囤	1521
6073_{1}	曇	1522
6080_{0}	貝	1522
	只	1522
6080_{1}	是	1522
6080_{6}	員	1522
	圓	1522
	買	1522
6090_{4}	果	1523
6090_{6}	景	1523
6091_{4}	羅	1523
6104_{0}	吁	1526
6180_{8}	題	1526
6204_{9}	呼	1526
6216_{3}	踏	1526
6299_{3}	縣	1526
6306_{4}	喀	1527
6355_{0}	戰	1527
6401_{0}	吐	1527
6401_{1}	曉	1527
6401_{4}	眭	1528
6402_{7}	噶	1528
6403_{1}	嚇	1528
6404_{1}	時	1528
6404_{7}	哮	1529
6621_{4}	瞿	1529
6624_{8}	嚴	1529
6650_{6}	單	1531
6702_{0}	明	1535
6706_{2}	昭	1537
6712_{2}	野	1537
6716_{4}	路	1537
6722_{7}	鄂	1541
6733_{6}	照	1541
6802_{1}	喻	1541
6802_{7}	盼	1542
6806_{1}	哈	1542
6832_{7}	黔	1542
7022_{7}	防	1542
7064_{1}	辟	1542
7121_{1}	阮	1542
7122_{0}	阿	1543
7122_{7}	厲	1543
7124_{7}	厚	1544
7125_{6}	厙	1544
7129_{6}	原	1544
7132_{7}	馬	1544
7171_{1}	匡	1571
7171_{2}	匠	1572
7171_{4}	匽	1573
7171_{6}	區	1573
7171_{7}	臣	1573
7171_{8}	匱	1573
7173_{2}	長	1573
7210_{0}	劉	1573
7210_{1}	丘	1678
7220_{0}	剛	1681
7222_{1}	所	1681
7226_{1}	后	1681

7244_{7} 髮 1681
7274_{0} 氏 1681
7277_{2} 岳 1681
7420_{0} 尉 1684
7421_{4} 陸 1684
7422_{7} 隋 1687
7423_{2} 隨 1689
7529_{6} 陳 1689
7621_{3} 隗 1730
7622_{7} 陽 1730
7623_{3} 隰 1730
7630_{0} 駟 1730
7710_{1} 閆 1730
7710_{4} 堅 1731
7710_{8} 豎 1731
7712_{7} 邱 1731
7714_{8} 闞 1733
7716_{4} 闊 1734
7721_{0} 風 1734
7721_{1} 尼 1734
7721_{4} 隆 1734
屋 1734
7721_{6} 覺 1734
7721_{7} 兒 1735
7722_{0} 周 1735
同 1761
月 1762
門 1762
朐 1762
陶 1762
7722_{7} 邴 1764
郈 1764
7722_{8} 釁 1765
7723_{2} 展 1765
7724_{7} 服 1765
7725_{4} 降 1765
7726_{4} 居 1765
屠 1765
7727_{2} 屈 1765
7732_{7} 驕 1766
7733_{6} 騷 1766
7736_{4} 駱 1766
7740_{0} 閔 1766
7740_{1} 聞 1767
7740_{7} 殳 1767
7744_{0} 丹 1767
7744_{1} 開 1767
7744_{7} 段 1767
7748_{2} 闕 1771
7750_{5} 母 1772
7750_{8} 舉 1772
7755_{0} 毋 1772
7760_{2} 留 1772
7760_{6} 閭 1772
7760_{7} 間 1772
7771_{7} 巴 1772
7772_{0} 卯 1773
印 1773
即 1773
7772_{7} 邸 1773
鴟 1773
7777_{2} 關 1773
7777_{5} 毌 1773
7777_{7} 閻 1774
7778_{2} 歐 1780
7780_{1} 興 1781
7780_{6} 貫 1781
7780_{7} 閃 1782
7790_{4} 桑 1782
7810_{7} 鹽 1783
7821_{6} 脫 1783
7822_{7} 肹 1783
7823_{1} 陰 1783
7870_{0} 臥 1783
7876_{6} 臨 1783
7923_{2} 滕 1783
8000_{0} 八 1786
8010_{1} 仝 1786
8010_{4} 全 1786
8010_{7} 益 1786
盖 1786
盆 1786
8010_{9} 金 1787
8012_{7} 翁 1791
8013_{2} 鉉 1791
8018_{2} 羨 1791
8022_{1} 俞 1791
8022_{7} 禽 1792
8030_{7} 令 1792
8033_{1} 無 1792
8033_{2} 念 1793
8033_{3} 慈 1793
8040_{4} 姜 1793
8050_{0} 羊 1802
年 1806
8051_{3} 毓 1806
8055_{3} 義 1806
8060_{1} 合 1806
普 1806
8060_{5} 善 1807
8060_{6} 曾 1808
8060_{7} 倉 1811
8060_{8} 谷 1811
8071_{7} 乞 1813
8073_{2} 公 1813
食 1819
8090_{0} 尒 1819
8090_{1} 佘 1819
8090_{4} 余 1819
8114_{6} 鐔 1821
8211_{3} 銚 1821
8211_{4} 鍾 1821
8242_{7} 矯 1824
8315_{0} 鐵 1824
8315_{3} 錢 1825
8410_{0} 針 1828
8418_{1} 鎮 1828
8471_{1} 饒 1828
8612_{7} 錫 1828
8614_{1} 鐸 1828
8640_{0} 知 1828
8660_{0} 智 1828
8711_{5} 鈕 1828
8712_{0} 鈞 1828
8742_{7} 鄭 1828
8762_{2} 舒 1842
8762_{7} 郤 1842
鄗 1842
8781_{0} 俎 1842
8810_{1} 竺 1843
8810_{6} 笪 1843
8821_{1} 筦 1843
8822_{7} 第 1843
簡 1843
8824_{3} 符 1844
8854_{1} 籜 1844
8860_{1} 答 1844
8877_{7} 管 1844
8896_{1} 籍 1846
8912_{0} 鈔 1846
8918_{6} 鎖 1846
9000_{0} 小 1846
9001_{0} 忙 1846
9001_{4} 惟 1846
9003_{2} 懷 1846
9020_{0} 少 1847
9021_{1} 光 1847
9021_{6} 党 1847
9022_{7} 常 1847
尚 1850
9023_{2} 豢 1852
9033_{1} 黨 1852
9080_{0} 火 1852
9080_{9} 炎 1852
9090_{4} 米 1852
9101_{6} 恒 1852
9106_{1} 悟 1852
9148_{6} 類 1852
9202_{1} 忻 1852
9306_{0} 怡 1852
9404_{1} 恃 1853
9408_{1} 慎 1853
9501_{0} 性 1853
9583_{0} 炔 1853
9824_{0} 敝 1853
9901_{1} 恍 1853
9942_{7} 勞 1853
9990_{4} 榮 1854

0010_4主

80 主父偃(漢・臨淄人)
[嘉靖]山東 32/1
[雍正]山東 28/人物一 6
[宣統]山東 153/14
[道光]濟南 33/2
[嘉靖]青州 15/33
[萬曆]青州 15/3
[康熙十五年]青州 15/3
[康熙四十八年]青州 15/文學 3
[康熙六十年]青州 18/10
[咸豐]青州 55/1
[萬曆]諸城 7/47
[康熙]諸城 7/84
[民國]臨淄 21/39

童

07 童翊(字漢文)
(漢・瑯琊人,一作姑幕人)
[嘉靖]山東 26/3
[康熙]山東 33/3
[萬曆]青州 14/12
[康熙十五年]青州 14/13
[康熙四十八年]青州 14/孝友 2
[康熙六十年]青州 17/8
[萬曆元年]兗州 38/循吏 8
[康熙]兗州 21/14
[嘉慶]莒州 9/4
[崇禎]鄆城 4/1
[康熙]鄆城 4/1
[光緒]鄆城 6/2
鄆城縣鄉土志/政績錄 - 興利
10 童丕勤(字煥文)
(清・寧陽人)
[咸豐]寧陽 15/19
[光緒]寧陽 15/26
17 童尹(明・臨海人)
[康熙]淄川 4/14
[乾隆]淄川 4/14
20 童信(明・三萬衛人)
[嘉靖]山東 33/11
21 童仁發(清・清平人)
[嘉慶]清平 14/43
[宣統]增輯清平 12/56
[民國]清平/人物 52
22 童鼎(明)
[乾隆]沂州府 20/12
24 童升(宋・兗州人)
[宣統]山東 165/9
[光緒]滋陽 9/46
25 童仲玉(漢・姑幕人)
[萬曆]青州 15/44
[康熙十五年]青州 15/44
[康熙四十八年]青州 15/卓行 4
[康熙六十年]青州 18/11
30 童宣(明・當塗人)
[康熙]兗州府曹縣 9/8
[光緒]曹縣 9/縣令 3
34 童汝淹(明)
[康熙]膠州 5/7
[乾隆]膠州 4/10
[道光]重修膠州 22/4
[民國]增修膠志 17/3
40 童杰(清・榆林衛人)
[康熙]德州 6/3
童大勝(清・淄川人)
[宣統]三續淄川 9/88
50 童携玉(清・漳州副貢)
[道光]冠縣 6/31
[光緒]冠縣 6/宦績
[民國]冠縣 6/41
57 童邦彥(字禹臣)
(清・會稽人)
[道光]觀城 6/3
71 童厚之(南北朝・東莞人)
[宣統]山東 164/7
77 童際昌(清・臨清人)
[民國]臨清縣/人物 79
79 童騰(北朝)
[雍正]山東 27/86
80 童毓秀(明)
[乾隆二十五年]泰安縣 13/3 - 90
90 童光祚(明)
[乾隆]昌邑 5/111
91 童恆(明・慈谿人)
[萬曆]濱州 3/22
[康熙]濱州 5/21
[咸豐]濱州 8/6
94 童恢(字漢宗)
(漢・琅邪姑幕人)
[至元]齊乘 6/13
[嘉靖]山東 27/14,32/4
[康熙]山東 37/1,42/4
[雍正]山東 28/人物一 18
[宣統]山東 150/81,161/4
[嘉靖]青州 13/12
[萬曆]青州 13/25
[康熙十五年]青州 13/24
[康熙四十八年]青州 13/事功 8
[康熙六十年]青州 16/4
[萬曆]沂州志 6/3
[康熙]沂州志 3/39
[乾隆]沂州府 25/4
[萬曆]萊州 5/55
[康熙]萊州 8/10
[乾隆]萊州 9/3
[康熙]莒州下/32
[雍正]莒州 9/3
[嘉慶]莒州 9/3
[民國]重修莒志 59/4
[康熙]沂水 4/47
[道光]沂水 7/11
[萬曆]即墨志 6/10,10/38
[康熙]纂修即墨/下 6
[乾隆]即墨 8/3,10/上 58
[同治]即墨 8/3,10/中 9
即墨縣鄉土志/政績錄

0010_8 立

17 立忍居(元)
[同治]黃縣 6/2

0021_1 鹿

12 鹿廷瑗(字聖友)
(清・福山人)
[乾隆]福山 9 上/56
[民國]福山縣志稿 7/5 - 2
鹿廷瓛(清・福山人)
[光緒]增修登州 43/18
[乾隆]福山 9 上/63

[民國]福山縣志稿 7/3－17
鹿廷瑄(字玉相,號東儒)
(清・福山人)
[雍正]山東 28/人物四 38
[宣統]山東 176/44
[乾隆]續登州 10/3
[光緒]增修登州 39/17
[康熙]福山 8/7
[乾隆]福山 8/19,9 上/19
[民國]福山縣志稿 7/1－26
鹿廷瑛(清・福山人)
[光緒]增修登州 39/16
[乾隆]福山 8/19
[民國]福山縣志稿 7/1－25
鹿廷瀣(清・福山人)
[乾隆]福山 8/9
[民國]福山縣志稿 7/2－14
鹿延春(清・福山人)
[康熙]福山 8/25
[乾隆]福山 8/37
20 鹿維新(字龍勷)
(清・肥城人)
肥城縣鄉土志 5/21
鹿重烈(清・福山人)
[乾隆]福山 8/59
鹿維甯(字懷岑)
(清・福山人)
[民國]福山縣志稿 7/5－4
鹿維基(清・福山人)
[民國]福山縣志稿 7/2－20
22 鹿樂山(字仁安)
(清・肥城人)
[嘉慶]肥城 17/27
[光緒]肥城 9/4
肥城縣鄉土志 5/22
24 鹿化彪(清・城武人)
[乾隆]曹州府 16/9
[道光]城武 9/上 44
25 鹿生(北魏・濟陰乘氏人)
[嘉靖]山東 25/17
[康熙]山東 32/4
[雍正]山東 28/人物一 54
[宣統]山東 161/10
[康熙]濟南 24/6
[道光]濟南 33/17
[萬曆元年]兗州 38/循吏 16
[萬曆二十四年]兗州 33/31
[康熙]兗州 26/30
[康熙]曹州志 15/34
[崇禎]歷城 6/7
[光緒]菏澤 15/35
[光緒]新修菏澤 10/6
[道光]鉅野 12/19
26 鹿伯鋆(清・福山人)
[民國]福山縣志稿 10/14
28 鹿儀靖(字慎菴)
(清・福山人)
[民國]福山縣志稿 10/12
30 鹿永鎬(清・福山人)
[乾隆]福山 8/40
鹿永鋐(清・福山人)
[光緒]增修登州 43/14
[乾隆]福山 8/53
[民國]福山縣志稿 7/1－33
32 鹿兆賡(清・福山人)
[康熙]福山 9/12
[乾隆]福山 8/38,9 上/51
[民國]福山縣志稿 7/3－17
鹿兆紳(清・福山人)
[康熙]福山 8/26
[乾隆]福山 8/38
[民國]福山縣志稿 7/1－25
鹿兆蟾(字桂賓)
(清・福山人)
[乾隆]福山 9 上/27
[民國]福山縣志稿 7/3－16
鹿兆甲(字鼎擢)
(清・福山人)
[宣統]山東 176/17
[光緒]增修登州 41/23
[康熙]福山 8/26
[乾隆]福山 8/47,9 上/32
[民國]福山縣志稿 7/1－25
鹿兆圖(清・福山人)
[宣統]山東 176/18
[光緒]增修登州 41/23
[康熙]福山 8/25
[乾隆]福山 8/36
[民國]福山縣志稿 7/1－24
36 鹿澤長(字春如)
(清・福山人)
[宣統]山東 176/25
[民國]福山縣志稿 7/2－22
40 鹿森(一名善森,字茂之)
(元・關中人)
[乾隆]泰安府 18/70
[乾隆二十五年]泰安縣 12/36
[乾隆四十七年]泰安縣 10/上 36
[道光]泰安縣 9/上 92
[民國]重修泰安縣 8/54
鹿存信(明・諸城人)
[乾隆]諸城 40/2
鹿皮公(漢・淄川人)
[嘉靖]山東 34/10
[康熙]山東 47/2
[雍正]山東 30/3
[宣統]山東 200/27
[道光]濟南 60/2
[嘉靖]淄川 6/88
[康熙]淄川 6 下/61
[乾隆]淄川 6/下 61
[乾隆]博山 7/下 19
[民國]續修博山 12/71
鹿皮翁(見鹿皮公)
42 鹿圻(字建都)
(清・城武人)
[道光]城武 9/上 33
44 鹿茂之(元・泰安人)
[雍正]山東 30/18
鹿樹連(清・福山人)
[民國]福山縣志稿 10/13
鹿林松(號雪樵)
(清・福山人)
[民國]福山縣志稿 7/5－5
鹿樹棠(字南亭)
(清・福山人)
[民國]福山縣志稿 7/4－7
50 鹿忠(明・福山人)
[康熙]福山 8/16
[乾隆]福山 8/28
[民國]福山縣志稿 7/3－1
60 鹿星垣(字少乙)
(清・肥城人)
[光緒]肥城 9/16
肥城縣鄉土志 5/29
61 鹿旺(金・泗水人)

[萬曆]泗水 6/14
[順治]泗水 6/14
[光緒]泗水 11/27
67 **鹿鳴燕**(清·商河人)
[宣統]山東 171/48
75 **鹿體仁**(明·福山人)
[康熙]福山 8/20
[乾隆]福山 8/32
77 **鹿同家**(字民胞)
(清·肥城人)
[光緒]肥城 9/4
肥城縣鄉土志 5/22
80 **鹿悆**(字永吉)
(南北朝·濟陰乘氏人)
[嘉靖]山東 30/33
[康熙]山東 40/35
[宣統]山東 155/34
[萬曆元年]兗州 40/武功 14
[萬曆二十四年]兗州 33/31
[康熙]兗州 26/30
[乾隆]曹州府 14/11
菏澤縣鄉土志/15
[道光]鉅野 12/7
[順治]定陶 5/4
[乾隆]定陶 6/4
[民國]定陶 6/4
鹿愈(字永吉)
(北魏·濟陰人)
[康熙]曹州志 15/34
[光緒]益都縣圖志 15/15
[光緒]菏澤 15/35
[光緒]新修菏澤 10/6
鹿養德(清·滕縣人)
[康熙]滕志 8/人物 25
[康熙]滕縣志 8/義夫 5
[道光]滕縣志 9/孝義 15
鹿令姑(清·嘉祥人)
[乾隆]嘉祥 4/48
[光緒]嘉祥 4/57
97 **鹿燦**(字冲乙)
(明·福山人)
[康熙]福山 8/22
[乾隆]福山 8/34,9 上/30
[民國]福山縣志稿 7/1－12
鹿煥(明·福山人)
[康熙]福山 8/23
[乾隆]福山 8/35
99 **鹿燮長**(字理堂)
(清·福山人)
[民國]福山縣志稿 7/5－7

龐

02 **龐端**(明·吉水人)
[嘉靖]高唐州 5/8
08 **龐許**(清·濰縣人)
[乾隆]濰縣 4/38
[民國]濰縣志稿 29/19
濰縣鄉土志/22
10 **龐正傳**(明·博興人)
[康熙十二年]博興 6/5
[康熙六十年]博興 7/21
[道光]博興 11/22
[民國]重修博興 13/18
龐天福(字培元)
(清·恩縣人)
[宣統]重修恩縣 8/53
[民國]重修恩縣 11/鄉賢 71
龐天池(號老匏)
(清·汶上人)
[宣統]四續汶上稿/人物－耆德傳
龐天祥(元)
[康熙]嶧縣 3/24
[乾隆]嶧縣 7/8
[光緒]嶧縣 19/98
12 **龐璣**(清·東平人)
[乾隆]東平州 14/16
[道光]東平州 14/16
[光緒]東平州 15/中 21
[民國]東平縣 11/上 39
14 **龐琳**(清·東平人)
[乾隆]東平州 15/31
[道光]東平州 15/31
[光緒]東平州 15/下又 38
[民國]東平縣 11/下 12
16 **龐璁**(明·恩縣人)
[嘉靖]恩縣 6/5
龐環(明·臨漳人)
[萬曆]濮州 3/名宦 36
[康熙]朝城 7/23
20 **龐伉**(晉)
[嘉靖]山東 27/10
[康熙]山東 36/1
[雍正]山東 27/62
[宣統]山東 66/39
[泰昌]登州 9/32
[順治]登州 11/6
[光緒]增修登州 24/2
[嘉靖]寧海州下/4
[同治]重修寧海州 12/1
[民國]牟平 6/64
龐信一(清·莒縣人)
[民國]重修莒志 66/7
龐秀福(清·茌平人)
[宣統]茌平 16/6
[民國]茌平 3/39
龐秉興(字震起)
(東阿人)
[民國]東阿 16/3
21 **龐峘**(字梅卿)
(明·汶上人)
[康熙]續修汶上 6/32
龐經(字正夫)
(明·嘉祥人)
[道光]濟寧直隸州 8/2－54
[順治]嘉祥 4/31
[乾隆]嘉祥 3/22
[光緒]嘉祥 3/22
龐師古(五代·曹州南華人)
[嘉靖]山東 30/42
[康熙]山東 40/42
[萬曆元年]兗州 40/政績 12,40/武功 17
[萬曆二十四年]兗州 34/11
[康熙]曹州志 15/44
[乾隆]曹州府 14/16
[乾隆]東平州 10/6
[光緒]菏澤 15/44
[光緒]新修菏澤 10/11
[康熙]東明 6/13
[乾隆]東明 6/13
[民國]東明縣新誌 11/47
東明縣志料/人物門
22 **龐樂文**(字仰西)
(清·濰縣人)
[民國]濰縣志稿 29/33
龐樂述(字小傳)
(清·濰縣人)

［民國］濰縣志稿 31/20
24 龐德（元・濰縣人）
［民國］濰縣志稿 30/50
龐德藩（清・高唐人）
［民國］高唐縣 12/93
30 龐永瑞（字仞表）
（清・新城人）
［宣統］新城縣後志 3/隱逸
［民國］重修新城 18/22
龐濟美（清・莒縣人）
［民國］重修莒志 66/7
龐永錫（清・茌平人）
［民國］茌平 3/60
31 龐福（明・昌樂人）
［嘉靖］昌樂 3/41
32 龐溪清（字竹堂）
（清・禹城人）
［民國］禹城 6/72
36 龐涓（戰國）
［道光］長清 13/17
龐湘（字南浦）
（清・商河人）
［道光］商河 7/33
［民國］重修商河 8/53
37 龐濯清（字浴德）
（恩縣人）
［民國］重修恩縣 11/鄉賢 87
龐逢辰（清・臨沂人）
［民國］臨沂 10/62
40 龐才（明・交河人）
［萬曆］蒲臺志 8/16
龐志壯（字琳之）
（清・壽光人）
［乾隆］續壽光 23/4
［嘉慶］壽光 13/8
［民國］壽光 12/人物志一 74
龐士英（清・大興人）
［康熙］膠州 5/18
44 龐萌（漢・山陽人）
［嘉靖］山東 33/17
［萬曆元年］兗州 41/9
［萬曆二十四年］兗州 37/34
［康熙］兗州 28/75
龐世（南燕）
［咸豐］青州 64/11
［光緒］益都縣圖志 53/3

龐夢帝（清・海豐人）
海豐縣鄉土志/耆舊－事業四
龐夢源（字文泉）
（清・桓臺人）
［民國］桓臺志略 3/24
［民國］桓臺 3/36
龐樹聲（字風遠）
（清・樂安人）
［咸豐］青州 49/41
［民國］樂安 10/25
［民國］續修廣饒 19/46
48 龐敬銘（字礪亭）
（清・博興人）
［民國］重修博興 13/56
50 龐肅（明・陽穀人）
［康熙十二年］陽穀 3/10，
人物/仕宦 8
龐東閣（字官梅）
（清・陽信人）
［民國］陽信 5/孝友 67
51 龐振清（清・汶上人）
［宣統］四續汶上稿/人物－
施濟傳
龐振華（東阿人）
［民國］東阿 15/7
57 龐招义（字泰徵）
（明・朝城人）
［康熙］朝城 8/24
60 龐旵（明・博平人）
［康熙］博平 3/23
［道光］博平 3/30
龐見龍（字潛之，號卧侯）
（清・聊城人）
［康熙］聊城 3/10
龐國英（字龍光）
（清・東阿人）
［光緒］東阿縣鄉土志 4/36
［民國］續修東阿 11/15
64 龐時雍（字堯封）
（明・汶上人）
［雍正］山東 28/人物三 55
［宣統］山東 160/1
［乾隆］兗州 23/49
［康熙］續修汶上 4/人物 1
77 龐朋（字君錫）
（清・寧津人）

［光緒］寧津 8/35
寧津縣志料 3/人物－道學
龐賢（明・山西人）
［宣統］山東 71/36
［乾隆］泰安府 15/16
［民國］萊蕪 9/4
［民國］續修萊蕪 15/6
龐際雲（字省三）
（清・寧津人）
［光緒］寧津 8/14
寧津縣志料 3/人物－循良
寧津縣鄉土志/耆舊
龐用信（字誠之）
（清・臨沂人）
［民國］續修臨沂 16/14
龐興漢（字傑三）
（商河人）
［民國］重修商河 7/42
龐居士（漢）
［康熙］東明 7/27
［乾隆］東明 7/27
龐履直（字砥軒）
（清・恩縣人）
［宣統］重修恩縣 8/93
［民國］重修恩縣 11/鄉賢 86
龐際咸（字濬卿）
（清・寧津人）
［光緒］寧津 8/45
80 龐鎬（明・商河人）
［康熙］濟南 44/12
［民國］重修商河 8/36
商河縣鄉土志 2/耆舊－事業
龐鐘（字聲遠）
（清・東阿人）
［民國］續修東阿 11/21
龐毓岱（字頡華）
（清・東阿人）
［民國］續修東阿 11/28
龐金聲（字玉振）
（清・高唐人）
［民國］高唐縣 12/54
84 龐錤（明・商河人）
［康熙］濟南 44/12
［乾隆］武定府 25/6
［咸豐］武定府 25/孝友 6
［萬曆］商河 7/7

［道光］商河 7/24
［民國］重修商河 8/36
商河縣鄉土志 2/耆舊－事業
86 龐鐸(字金達)
(清・東阿人)
［光緒］東阿縣鄉土志 4/37
［民國］續修東阿 11/16
88 龐籍(字醇之)
(宋・單州武城人)
［嘉靖］山東 26/10,27/4,30/47
［康熙］山東 33/12,35/5,40/46
［雍正］山東 28/人物二 35
［宣統］山東 157/9
［嘉靖］青州 12/55
［萬曆］青州 12/16
［康熙十五年］青州 12/16
［康熙四十八年］青州 12/16
［康熙六十年］青州 12/11
［咸豐］青州 35/4
［萬曆元年］兗州 40/相業 15
［萬曆二十四年］兗州 28/4,35/7
［康熙］兗州 22/4,27/7
［乾隆］泰安府 14/19
［乾隆］曹州府 14/25
［康熙］東平州 4/42
［乾隆］東平州 12/16
［道光］東平州 12/16
［光緒］東平州 14/16
東平州鄉土志上/政績錄 11
［民國］東平縣 9/9
［康熙六十年］博興 7/5
［光緒］益都縣圖志 16/29
［康熙九年］城武 3/1
［康熙四十一年］城武 4/下 2
［道光］城武 9/上 2
91 龐恒瑞(字長慶)
(清・高唐人)
［民國］高唐縣 12/53

0021_2 庖

28 庖犧氏(上古)
［嘉靖］濮州 4/1

0021_3 兖

21 兖虞(戰國・齊人)
［嘉靖］山東 24/12
［康熙］山東 29/11
［嘉靖］青州 12/7
［萬曆］青州 13/4
［康熙十五年］青州 13/4
［康熙四十八年］青州 13/4
［康熙六十年］青州 15/2
［萬曆］鄒志 1/47
［康熙］臨淄 9/2

0021_4 塵

86 塵鐸(明・單縣人)
［順治］單縣 2/39

0021_7 嬴

80 嬴公(漢・東平人)
［雍正］山東 28/人物一 6
［宣統］山東 153/28
［乾隆］泰安府 18/1
［萬曆二十四年］兗州 31/20
［康熙］兗州 24/19
［康熙］東平州 4/2
［乾隆］東平州 14/1
［民國］東平縣 11/上 26
東平州鄉土志上/政績錄 39

亢

10 亢霖雨(明)
［嘉慶］肥城 15/33
［光緒］肥城 7/48
44 亢懋修(字靜山)
(清・聊城人)
［宣統］聊城 8/97
47 亢起德(清・朝城人)
［民國］朝城縣續志 1/35
60 亢思謙(明・汾陽人)
［崇禎］歷乘 16/63
90 亢懷(字怡思)
(清・荊楚人)
［乾隆］沂州府 27/16
［民國］臨沂 10/68

0022_2 廖

00 廖應召(清・湖廣人)
［宣統］山東 77/13
［康熙六十年］青州 12/43
［咸豐］青州 37/7
［光緒］臨朐 13/14
廖文貴(明・曹縣人)
［康熙］曹縣 11/39
［康熙］兗州府曹縣 11/48,13/1
［光緒］曹縣 11/封贈 1,13/1
10 廖元發(字含章)
(清・東平人)
［康熙］東平州 3/46
14 廖瑛(字玉亭)
(清・南城舉人)
［同治］重修寧海州 12/15
［民國］牟平 6/79
31 廖福景(清・福建人)
［民國］陽信 2/68
40 廖士奇(清・貴州人)
［乾隆］樂陵 4/55
廖有恆(字柴坡)
(清・四川射洪人)
［宣統］山東 76/1
［乾隆］濟寧直隸州 22/35
［道光］濟寧直隸州 6/7－72
44 廖世家(明・道州人)
［隆慶］單縣上/重 36
50 廖本虛(字靜修)
(清・江西上高人)
［民國］無棣 24/9
60 廖曰敬(清・西寧人)
堂邑縣鄉土志/政績錄
77 廖興(明・曹縣人)
［雍正］山東 28/人物三 10
［宣統］山東 166/8
［乾隆］曹州府 16/3
廖際遇(一作際昌)
(清・福建龍岩人)
［道光］重修膠州 23/13
［民國］增修膠志 18/11
廖開春(清・福建閩縣人)
［宣統］山東 76/34
［道光］鉅野 10/28
80 廖金方(東平人)
［民國］東平縣 11/上 26

0022_3 齊

00 **齊高**(明・平原人)
[道光]濟南 52/55
[乾隆]平原 8/22
平原縣鄉土志輯稿/循吏
齊慶(清・齊河人)
[道光]濟南 56/10
齊應龍(清・濰縣人)
[康熙]濰縣 5/孝行 1
[乾隆]濰縣 4/37
[民國]濰縣志稿 29/17
濰縣鄉土志/22
齊應麟(字獻禎)
(明・臨淄人)
[康熙十五年]青州 13/87
[康熙四十八年]青州 13/事功 71
[康熙六十年]青州 16/36
[咸豐]青州 45/35
[康熙]臨淄 9/14
[民國]臨淄 23/12
臨淄縣鄉土志/耆舊錄
齊方舟(字作梅)
(清・定陶人)
[民國]定陶 6/65
齊彥名(明・諸城人)
[萬曆]諸城 9/27
[康熙]諸城 9/25
齊文郁(《元史類編》作齊郁)
(元・博興人)
[嘉靖]山東 32/20
[康熙]山東 42/20
[宣統]山東 164/26
[嘉靖]青州 15/10
[萬曆]青州 14/7
[康熙十五年]青州 14/7
[康熙四十八年]青州 14/忠義 7
[康熙六十年]青州 17/5
[咸豐]青州 42/12
[康熙十二年]博興 6/10
[康熙六十年]博興 7/29
[道光]博興 11/14
[民國]重修博興 13/11
齊鷹揚(金)
[宣統]山東 69/5
[康熙]濟南 25/16
[道光]濟南 34/17
[康熙]淄川 4/7,6/11
[乾隆]淄川 4/7,6/上 11
淄川縣鄉土志/耆舊錄－忠節
03 **齊斌越**(清・臨淄人)
[康熙]臨淄 9/18
08 **齊謙**(清・臨淄人)
[民國]臨淄 22/65
09 **齊麟**(明・陽穀人)
[光緒]陽穀 9/6
[民國]增修陽穀人物/仕宦 11
10 **齊可**(明・日照人)
[康熙]日照 10/16
齊平(字清齋)
(明・德平人)
[道光]濟南 52/52
[乾隆]德平 3/8
[嘉慶]德平 7/10
[光緒]德平 7/10
齊一(字九同)
(清・海豐人)
海豐縣鄉土志/耆舊－事業六
齊雲(明・河南新野人)
[宣統]山東 72/16
[道光]濟寧直隸州 6/6－33
齊更新(字鼎衡)
(清・蒙陰人)
[乾隆]沂州府 25/29
[康熙十一年]蒙陰 2/16,2/又 20,2/38,2/47
[康熙二十四年]蒙陰 4/9
[宣統]蒙陰 4/名獻
齊一經(明・濰人)
[雍正]山東 28/人物三 48
[宣統]山東 160/31
[康熙]萊州 10/37
[乾隆]萊州 10/22
[乾隆]濰縣 4/10
[民國]濰縣志稿 27/37
濰縣鄉土志/16
齊于安(元・平原人)
[康熙]濟南 41/9
齊正禮(清・東平人)
[光緒]東平州 15/中 40
[民國]東平縣 11/中 10
12 **齊登高**(字月湖)
(清・陽信人)
[民國]陽信 5/任恤 29
齊廷瑞(字兆祥)
(清・汶上人)
[宣統]四續汶上稿/人物－耆德傳
齊廷珪(明・陝西隆德人)
[道光]濟南 36/57
[康熙]德平 3/1
[嘉慶]德平 5/6
[光緒]德平 5/6
齊登山(字望亭)
(清・高唐人)
[民國]續滕縣志 4/23
齊登魁(清・樂陵人)
[宣統]山東 171/48
齊廷桂(明・隆德人)
德平縣鄉土志/政績錄
齊登輔(號伯菴)
(明・安徽桐城人)
[咸豐]青州 37/2
[乾隆]博山 6/上 3
[乾隆]博山志稿/14
[光緒]益都縣圖志 18/58
齊廷輔(號槐泉)
(明・費縣人)
[光緒]費縣 10/81
14 **齊珪**(元・蒲臺人)
[乾隆]武定府 25/68
[咸豐]武定府 25/武功 4
[乾隆]蒲臺 3/42
蒲臺縣鄉土志/21
15 **齊建讓**(字巽旃)
(清・寧陽人)
[光緒]寧陽 13/79
17 **齊瑁**(字莿山)
(清・昌樂人)
[嘉慶]昌樂 24/13
齊子安(元・平原人)
[道光]濟南 48/56
[萬曆]平原上/60

平原縣鄉土志輯稿/循吏
20 齊維新(清・蒙陰人)
[乾隆]沂州府 26/16
[康熙十一年]蒙陰 2/35
[康熙二十四年]蒙陰 4/17
[宣統]蒙陰 4/孝義
齊秉武(字佑武)
(長清人)
[民國]長清 12/12
齊爲連(字連玉)
(清・臨淄人)
[民國]臨淄 25/37
臨淄縣鄉土志/耆舊錄
齊秉節(字子度)
(元・濱州蒲臺人)
[嘉靖]山東 29/19
[康熙]山東 39/17
[雍正]山東 28/人物二 57
[宣統]山東 158/24
[康熙]濟南 43/10
[咸豐]武定府 25/武功 4
[萬曆]濱州 4/58
[康熙]重修蒲臺 7/6
[乾隆]蒲臺 3/42
蒲臺縣鄉土志/21
[嘉慶]慶雲 9/21
[咸豐]慶雲 2/72
[民國三年]慶雲 2/61
21 齊衛姬(周・衛人)
[康熙]山東 28/3
22 齊崑(字玉山)
(清・諸城人)
[光緒]增修諸城縣續志 18/3
23 齊獻可(明・臨漳人)
[康熙]昌邑 5/12
[乾隆]昌邑 5/114
齊卜年(清・清平人)
[乾隆]東昌 43/15
[嘉慶]東昌 32/41
[嘉慶]清平 14/43
[宣統]增輯清平 12/56
[民國]清平/人物 52
24 齊勉(明・陽穀人)
[宣統]山東 161/30
[民國]增修陽穀人物/仕宦 7
齊德一(見齊得一)
齊佳士(字彥明)
(清・臨淄人)
[宣統]山東 175/30
[咸豐]青州 49/39
[民國]臨淄 24/21
臨淄縣鄉土志/耆舊錄
齊德勝(清・平原人)
[民國]續修平原 6/19
齊德欽(字懿恭)
(清・博興人)
[咸豐]青州 50/13
[道光]博興 11/30
[民國]重修博興 13/28
26 齊和(明・單縣人)
[順治]單縣 3/11
[康熙]單縣 8/3
[乾隆]單縣 7/4
齊貌辨(戰國・齊人)
[宣統]山東 200/1
[萬曆]青州 15/28
[康熙十五年]青州 15/28
[康熙四十八年]青州 15/說士 4
[萬曆]滕志 6/71
[康熙]滕志 6/49
[康熙]滕縣志 6/賓客 2
[道光]滕縣志 6/僑寓 1
[民國]臨淄 29/22
齊得一(宋・密州諸城人)
[雍正]山東 28/人物二 21
[宣統]山東 165/8
[萬曆]青州 14/47
[康熙十五年]青州 14/47
[康熙四十八年]青州 14/儒行 4
[康熙六十年]青州 15/6
[咸豐]青州 41/24
[萬曆]諸城 7/11
[康熙]諸城 7/9
[乾隆]諸城 29/5
齊保基(字振嗣)
(清・魚臺人)
[光緒]魚臺 3/耆碩又 1
齊綿基(字瞰亭)
(清・魚臺人)
[民國]濟寧直隸州續志 15/2
[光緒]魚臺 3/文行又 1
齊得勝(字懷宇)
(清・堂邑人)
[康熙十一年]堂邑 2/選舉 24
[康熙]堂邑 14/7
27 齊象錫(字珍如)
(清・蒙陰人)
[康熙十一年]蒙陰 2/17
28 齊作志(清・魚臺人)
[光緒]魚臺 3/孝義又 1
30 齊完(明・濱州人)
[康熙]濱州 7/24
[咸豐]濱州 10/厚德 2
濱州鄉土志/耆舊錄
齊之龍(字雲從)
(明・茌平人)
[康熙]山東 46/5
[乾隆]東昌 42/14
[嘉慶]東昌 32/14
[康熙二年]茌平 2/58
[康熙四十九年]茌平 2/58
[宣統]茌平 14/1,18/1
[民國]茌平 3/66,3/隱逸 105
齊宗德(字慎公)
(清・直隸高陽人)
[宣統]山東 76/8
[道光]濟寧直隸州 6/7－86
[乾隆]嘉祥 3/31
[光緒]嘉祥 3/39
齊家修(字廷獻,號小齋)
(清・東阿人)
[民國]東阿 16/4,18/7
齊憲清(字宣章)
(清・寧陽人)
[光緒]寧陽 14/44
齊守英(清・汶上人)
[宣統]四續汶上稿/人物－施濟傳
齊良翰(字墨齋)
(恩縣人)
[民國]重修恩縣 11/鄉賢 39
31 齊福基(清・高密人)
[光緒]高密 8/上 68
[民國]高密 14/上 80

高密縣鄉土志/上 40
33 **齊治安**(字益齋)
(清・清平人)
[民國]清平/人物 32
34 **齊澍**(清・臨淄人)
[民國]臨淄 28/7
臨淄縣鄉土志/耆舊錄
齊沐清(字樂亭)
(清・寧陽人)
[光緒]寧陽 14/45
齊汝卿(明・新城人)
[康熙]濟南 44/13
[道光]濟南 51/37
[天啟]新城 8/善行
[崇禎]新城 8/善行
[康熙]新城 8/4
[民國]重修新城 15/6
38 **齊道徵**(字華廷)
(清・汶上人)
[宣統]四續汶上稿/人物－施濟傳
齊道人(明・壽光人)
[宣統]山東 200/33
[同治]即墨 12/10
齊肇敏(字廉洲)
(清・清平人)
[宣統]增輯清平 12/50
40 **齊希文**(字公翰,一作公幹)
(金・保州人)
[宣統]山東 69/7
[萬曆二十四年]兗州 28/13
[康熙]兗州 22/13
[乾隆]兗州 22/14
[康熙四十一年]寧陽 3/15
[乾隆]寧陽 3/2
[咸豐]寧陽 11/4
[光緒]寧陽 11/4
寧陽縣鄉土志/7
齊培元(字養和,號東野)
(清・濰縣人)
[民國]濰縣志稿 28/30
濰縣鄉土志/46
齊有威(字德符)
(清・蒲臺人)
蒲臺縣鄉土志/17
齊克昌(字駿發)
(清・新城人)
[宣統]新城縣後志 2/宦績
[民國]重修新城 16/19
新城縣鄉土志/耆舊－清
齊來臣(字海航)
(清・臨淄人)
[民國]臨淄 27/63
齊來同(字合甫)
(清・臨淄人)
[民國]臨淄 28/10
41 **齊樞**(明・單縣人)
[順治]單縣 3/11
[康熙]單縣 8/3
[乾隆]單縣 7/4
齊楷齡(清・齊河人)
[道光]濟南 56/10
齊桓公小白(春秋)
[至元]齊乘 6/2
[康熙]臨淄 9/3
[民國]臨淄 21/37
44 **齊蘊章**(字文農)
(清・曲阜人)
[民國]續修曲阜 5/42
齊著經(清・臨淄人)
[民國]臨淄 22/71
齊兢業(清・臨淄人)
[民國]臨淄 24/21
齊蘇勒(清・滿洲正白旗人)
[宣統]山東 74/5
[道光]濟南 37/45
[道光]濟寧直隸州 6/7－57
46 **齊觀經**(清・臨淄人)
[民國]臨淄 22/71
47 **齊郁**(見齊文郁)
齊都爾(元・蒙古氏)
[咸豐]青州 64/31
50 **齊肅**(明・臨淄人)
[康熙]臨淄 9/23
齊東震(清・臨淄人)
[咸豐]青州 46/42
[康熙]臨淄 9/15
[民國]臨淄 24/14
臨淄縣鄉土志/耆舊錄
齊中澄(字秋渠)
(清・臨淄人)
[民國]臨淄 27/59
齊擴基(清・魚臺人)
[民國]濟寧直隸州續志 15/3
[光緒]魚臺 3/文行又 2
齊東節(字子度)
(元・蒲臺人)
[乾隆]武定府 25/68
51 **齊振北**(字冠斗)
(清・汶上人)
[宣統]四續汶上稿/人物－耆德傳
齊振海(清・臨沂人)
[康熙]沂州志 6/5
[乾隆]沂州府 26/6
[民國]臨沂 10/7
57 **齊邦彥**(字殿英)
(無棣人)
[民國]無棣 13/24
齊邦典(明・濱州人)
[雍正]山東 28/人物三 28
[宣統]山東 164/45
[康熙]濟南 38/21
[乾隆]武定府 23/42
[咸豐]武定府 23/忠節 12,25/孝友又 9
[萬曆]濱州 3/52
[康熙]濱州 7/16
[咸豐]濱州 10/20
濱州鄉土志/耆舊錄
60 **齊見龍**(字在田)
(明・費縣人)
[光緒]費縣 10/82
齊恩聯(清・臨淄人)
[民國]臨淄 22/71
齊景嶷(字愛冬)
(清・定陶人)
[民國]定陶 6/62
齊昌緒(字茂倫)
(清・寧陽人)
[咸豐]寧陽 14/31
[光緒]寧陽 14/31
齊景運(字際昌)
(清・定陶人)
[民國]定陶 6/67
齊景昉(清・諸城人)
[光緒]增修諸城縣續志

16/25
齊國瞻(字魯仰,號儼然)
(清・鄒縣人)
[民國]續修鄒縣志稿/人物－耆舊
61 齊顯榮(見齊榮顯)
67 齊明旺(清・清平人)
[康熙]重修清平下/43
[嘉慶]清平 14/42
[宣統]增輯清平 12/55
[民國]清平/人物 51
68 齊盼子(見田盼子)
70 齊駿(清)
[乾隆]沂州府 26/16
齊馭(清・蒙陰人)
[康熙十一年]蒙陰 2/35
[康熙二十四年]蒙陰 4/17
[宣統]蒙陰 4/孝義
71 齊駬(號駿公)
(清・蒙陰人)
[康熙十一年]蒙陰 2/6
齊長春(字載陽)
(平原人)
[民國]續修平原 8/27
75 齊體物(清・滿洲人)
[道光]招遠縣續志 2/11
77 齊鳳(明・德平人)
[道光]濟南 52/51
[康熙]德平 3/20
[乾隆]德平 3/7
[嘉慶]德平 7/10
[光緒]德平 7/10
齊堅(字伯廉,一字仰岱)
(清・陽信人)
[康熙]陽信 9/29
[乾隆]陽信 7/52
[民國]陽信 5/義俠 76
信邑志稿 7/義行
陽信縣鄉土志上/耆舊－事業
齊賢(字宗聖)
(明・博平人)
[正德]博平 4/71
齊聞韶(字鳳儀)
(清・滕縣人)
[道光]滕縣志 9/隱逸 8
齊聞樂(字宗舜)
(明・濰縣人)
[民國]濰縣志稿 30/20
齊學朱(清・汶上人)
[宣統]四續汶上稿/人物－施濟傳
齊鳳奎(字仲元)
(清・濟陽人)
[民國]濟陽 11/71
齊殿揚(字顯堂)
(清・汶上人)
[宣統]四續汶上稿/人物－耆德傳
80 齊姜(周・齊人)
[嘉靖]青州 16/13
[萬曆]青州 16/2
[民國]臨淄 31/47
齊鑫(字品三)
(清・臨淄人)
[民國]臨淄 28/10
齊金誥(字維三)
(清・臨淄人)
[民國]臨淄 22/71
臨淄縣鄉土志/耆舊錄
齊八元(字舜卿)
(元)
[道光]濟南 34/45
[乾隆]德州 8/3
[民國]德縣 9/6
齊毓傑(清・清平人)
[民國]清平/人物 71
齊金鼇(清・諸城人)
諸城縣鄉土志/上 41
83 齊猷(清・蒙陰人)
[康熙十一年]蒙陰 2/54
86 齊錫智(字君一)
(清・陽信人)
[乾隆]陽信 7/12
[民國]陽信 5/宦蹟 20
信邑志稿 7/循良
87 齊銘泉(清・費縣人)
[光緒]費縣 11/61
88 齊鑑(字鏡懸)
(清・清平人)
[嘉慶]清平 14/44
[宣統]增輯清平 12/57
[民國]清平/人物 52
90 齊粹(清・齊河人)
[道光]濟南 56/10
齊懷魯(明・博興人)
[康熙十二年]博興 6/7
[康熙六十年]博興 7/25
[道光]博興 11/20
[民國]重修博興 13/17
齊光祿(清・莒縣人)
[民國]重修莒志 61/10
97 齊煥(字炳文)
(清・武城人)
[民國]增訂武城續編 10/10
齊耀珙(字襄屏)
(奉天人)
[民國]重修博興 10/2
齊煥然(清・陽信人)
[康熙]濟南 44/37
[乾隆]武定府 25/15
[咸豐]武定府 25/孝友 15
[康熙]陽信 9/17
[乾隆]陽信 7/26
[民國]陽信 5/孝友 51
信邑志稿 7/孝友
齊惲基(字華宇)
(清・魚臺人)
[光緒]魚臺 3/24
99 齊榮顯(字仁卿)
(元・聊城人)
[嘉靖]山東 26/14,31/26
[康熙]山東 33/17
[宣統]山東 158/21
[乾隆]泰安府 14/31
[萬曆元年]兗州 38/循吏 35
[萬曆二十四年]兗州 28/18
[康熙]兗州 22/17
[萬曆]東昌 19/43
[乾隆]東昌 37/22
[嘉慶]東昌 27/21
[康熙]東平州 4/49
[乾隆]東平州 12/29
[道光]東平州 12/29
[光緒]東平州 14/29
[康熙]聊城 3/5
[宣統]聊城 8/4

0022_7 帝

12 帝癸(夏・斟尋人)

［康熙］杞紀 18/1
20 帝舜（見舜）
40 帝堯（見陶唐氏）
46 帝相（上古・斟尋人）
［嘉靖］濮州 4/2
［萬曆］濮州 1/帝 5
［康熙］濮州 1/57
［乾隆］濮州 1/65
［宣統］濮州 1/95
［康熙］杞紀 18/1
77 帝嚳（上古）
［萬曆］濮州 1/帝 3
［康熙］濮州 1/55
［乾隆］濮州 1/63
［宣統］濮州 1/93

方

00 方文中（字彩三）
（清・夏津人）
［民國］夏津續編 8/32
方文顯（清・直隸北平舉人）
［宣統］三續淄川 9/42
淄川縣鄉土志/政績錄
02 方端（明・固城人）
［乾隆］嶧縣 7/31
07 方郭三（金）
［康熙］諸城 9/22
08 方詳（明・河南歸德人）
［乾隆］沂州府 17/34
10 方雲（元・蒙陰人）
［乾隆］沂州府 25/18
［康熙十一年］蒙陰 2/42
［康熙二十四年］蒙陰 4/17
［宣統］蒙陰 4/武功
方正（字廉隅）
（清・平原人）
［民國］續修平原 6/2
方天然（明・南直江都人）
［宣統］山東 73/12
［萬曆］青州 12 又/10
［康熙十五年］青州 12 又/10
［康熙四十八年］青州 12 又/又 10
［康熙六十年］青州 12/28
［咸豐］青州 36/8
［康熙］昌樂 1/33
［嘉慶］昌樂 19/4
方雲溪（字蕙菴）
（清・商河人）
［民國］重修商河 8/63
方震初（字石泉）
（清・桐城人）
［民國］濰縣志稿 20/22
方霖熙（字沛然）
（清・夏津人）
［民國］夏津續編 8/32
方元煥（字晦叔，號兩江）
（明・臨清人）
［乾隆］東昌 41/20
［康熙］臨清州 3/人物 8
［乾隆］臨清州 9/27
［乾隆］臨清直隸州 8/上 12
［民國］臨清縣/人物 83
11 方琢璞（字完太）
（清・文登人）
［光緒］文登 10/上 12
12 方弘靖（明・直隸徽州人）
［乾隆］泰安府 15/13
［萬曆二十四年］兗州 29/11
［康熙］兗州 22/32
［康熙］東平州 4/55
［乾隆］東平州 12/37
［道光］東平州 12/37
［光緒］東平州 14/37
［民國］東平縣 9/20
方弘基（字允大）
（清・臨清人）
［乾隆］東昌 43/21
［乾隆］臨清州 9/48
［乾隆］臨清直隸州 8/上 36
［民國］臨清縣/人物 57
方廷揚（清・陽穀人）
［光緒］陽穀 7/5
方廷賢（清・惠民人）
［咸豐］武定府 23/忠節 23
方廷舞（清・陽穀人）
［光緒］陽穀 7/5
方廷簡（明・浙江蘭溪人）
［萬曆］青州 12 又/9
［康熙十五年］青州 12 又/9
［康熙四十八年］青州 12 又/9
［康熙］臨淄 8/10
［民國］臨淄 18/10
17 方子明（明・浮梁人）
［萬曆］寧津 5/20
［光緒］寧津 6/28
寧津縣志料 3/人物－名宦
18 方璥（明・四川簡縣人）
［嘉靖］山東 27/10
［康熙］山東 35/10
［雍正］山東 27/60
［宣統］山東 73/10
［嘉靖］青州 13/43
［萬曆］青州 12/29
［康熙十五年］青州 12/29
［康熙四十八年］青州 12/29
［康熙六十年］青州 12/27
［咸豐］青州 36/7
［康熙］壽光 20/2
［嘉慶］壽光 10/23
［民國］壽光 6/12
方珍（清・聊城人）
［乾隆］東昌 43/3
［嘉慶］東昌 32/29
［康熙］聊城 3/53
［宣統］聊城 8/83
20 方重朗（清・臨清人）
［乾隆］東昌 41/36
［康熙］臨清州 3/人物 12
［乾隆］臨清州 9/37
［乾隆］臨清直隸州 8/上 24
［民國］臨清縣/人物 25
方維藩（見方維籓）
方秉鈞（清・臨清人）
［乾隆］臨清直隸州 8/下 7
［民國］臨清縣/人物 62
方維籓（明・婺源舉人）
［萬曆］濮州 3/名宦 32
［康熙］觀城 3/4
［道光］觀城 6/6
觀城縣鄉土志/政績
22 方山開（唐・城武人）
［萬曆二十四年］兗州 52/16
23 方俊（明・蓬萊人）
［泰昌］登州 11/45
［順治］登州 17/24
［光緒］增修登州 43/5

［康熙］蓬萊 5/23
［道光］重修蓬萊 9/31
［民國］蓬萊縣志合編人物志/行誼
25 **方純**（字仲敏）（明·巴陵人）
［康熙］濟寧州 4/6
方仲誠（明·婺源人）
［萬曆］福山 4/11
方傳堯（字紹唐）（清·茌平人）
［民國］茌平 3/119
方仲梓（清·江南人）
［光緒］費縣 3/57
方傳楙（清·懷遠人）
［光緒］曹縣 9/典史 7
方傳植（清·安徽桐城人）
［宣統］山東 77/26
［光緒］增修登州 29/5
［宣統］茌平 8/10
［民國］茌平 8/67
［光緒］棲霞縣續志 5/名宦 1
26 **方泉**（字仲年）（明·浙江淳安人）
平原縣鄉土志輯稿/政蹟
30 **方宏靖**（見方弘靖）
方良永（字壽卿）（明·福建莆田人）
［康熙］山東 31/17
［宣統］山東 70/19
［康熙］濟南 24/23
［道光］濟南 35/25
［崇禎］歷乘 16/32
［崇禎］歷城 6/13
方永澄（字衍泗）（清·河南封丘人）
［宣統］山東 75/56
［光緒］滋陽 7/9
滋陽縣鄉土志 1/政績
方宏基（見方弘基）
方宗惠（清·茌平人）
［民國］茌平 3/64
方守田（清·蓬萊人）
［道光］重修蓬萊 9/34
［民國］蓬萊縣志合編人物志/行誼
方之璧（清·膠州舉人）
［康熙］鄒平 4/21
［嘉慶］鄒平 14/20
［道光］鄒平 14/20
［民國］鄒平 14/20
32 **方兆及**（字蛟峰）（清·安徽桐城人）
［宣統］山東 74/50
［康熙］濟寧州 4/64
［乾隆］濟寧直隸州 22/30
［道光］濟寧直隸州 6/7－66
35 **方清**（明·江西浮梁人）
［咸豐］青州 36/49
［康熙］壽光 20/7
［嘉慶］壽光 10/28
［民國］壽光 6/18
方沛霖（字玉年）（清·江蘇人）
［宣統］三續淄川 9/44
淄川縣鄉土志/政績錄
36 **方昶**（字仲年）（明·浙江淳安人）
［雍正］山東 27/26
［宣統］山東 71/25
［道光］濟南 36/62
［乾隆］平原 6/26
37 **方運景**（字南星）（清·壽光人）
［民國］壽光 12/人物志二 58
方逢時（明·嘉魚人）
［萬曆］寧津 5/18
38 **方裕**（清·固始人）
［順治］樂陵 4/5
方肇鎬（字武遷）（清·昌邑人）
［光緒］昌邑縣續志 6/25
40 **方臺**（清·石埭人）
［乾隆］利津縣志補 3/17
方希齡（清·桐城人）
［民國］增修膠志 48/11
方友楨（清·山陰人）
［光緒］高密 6/27
［民國］高密 12/28
方克勤（字介軒，一字去矜）（明·浙江寧海人，一作臨海人）
［嘉靖］山東 26/17
［康熙］山東 33/20
［雍正］山東 27/37
［宣統］山東 72/11
［萬曆元年］兗州 39/名宦 15
［萬曆二十四年］兗州 29/6
［康熙］兗州 22/27
［乾隆］兗州 22/28
［康熙］濟寧州 4/47
［乾隆］濟寧直隸州 22/14
［道光］濟寧直隸州 6/6－23
［民國］濟寧直隸州續志 21/21
濟寧州鄉土志 1/政績
方大猷（號歐餘）（清·烏程人）
［宣統］山東 71/18，74/9，200/12
［康熙］濟南 25/80
［道光］濟南 36/55，37/4
［乾隆］濟寧直隸州 28/16
［道光］濟寧直隸州 8/4－46
濟寧州鄉土志 2/流寓
［康熙］德州 7/27
44 **方蘭石**（清·赤峰人）
［民國］壽光 16/32
方世平（清·歷城人）
［道光］濟南 53/50
方孝孺（字希直）（明·台州寧海人）
［康熙］濟寧州 7/47
［乾隆］濟寧直隸州 28/14
［道光］濟寧直隸州 8/4－45
方世壯（字正齋）（清·桐城人）
［乾隆二十五年］泰安縣 10/35
［乾隆四十七年］泰安縣 8/32
［道光］泰安縣 10/9
［民國］重修泰安縣 6/62
方世振（字滋齋，號夢石）（清·歷城人）
［民國］續修歷城 41/21
方世鳴（字九皋）

(清)
[光緒]高密 10/56
[民國]高密 16/42
46 **方觀承**(字遐穀,號問亭,又號宜田)
(清・安徽桐城人)
[宣統]山東 74/18
[道光]濟南 37/19
[咸豐]慶雲 2/26
[民國三年]慶雲 1/82
方觀本(字立岑)
(清・安徽桐城人)
[宣統]山東 77/46
[乾隆]即墨 8/10
[同治]即墨 8/9
方楫忱(清・茌平人)
[民國]茌平 3/64
47 **方圯**(明・福建莆田舉人)
[順治]定陶 5/9
[乾隆]定陶 4/20
[民國]定陶 4/26
方起英(字遇春)
(清・義烏人)
[道光]濟南 53/28,61/5,62/9
[乾隆]歷城 46/3
50 **方表**(明・吳縣人)
[乾隆]嶧縣 7/31
方惠整(隋)
[光緒]文登 5/1
方東省(字月岡)
(明・歷城人)
[道光]濟南 49/38
[乾隆]歷城 42/5
51 **方振**(清・浙江山陰人)
[康熙]昌邑 5/15
[乾隆]昌邑 5/117
方振寰(明・陝西城固人)
[宣統]山東 73/24
[光緒]增修登州 28/4
[康熙]福山 7/14
[乾隆]福山 7/15
[民國]福山縣志稿 3/2-7
方振揚(字石帆)
(清・寧陽人)
[光緒]寧陽 13/73
53 **方盛**(字盛如)
(清・泰安人)
[道光]泰安縣 9/上 87
[民國]重修泰安縣 8/41
方成德(清・昌邑人)
[光緒]昌邑縣續志 6/9
60 **方昂**(字叔駒,一字訒菴,號坳堂)
(清・歷城人)
[宣統]山東 169/30
[道光]濟南 53/28
[民國]續修歷城 39/14
方日新(字子振)
(明・揚州人)
[乾隆]東昌 44/24
[乾隆]臨清州 12/8
[乾隆]臨清直隸州 8/上 82
方思敬(明・歸德人)
[萬曆]沂州志 4/57
64 **方時化**(明・安徽歙縣舉人)
[康熙]朝城 7/8
[道光]鉅野 10/27
67 **方鳴球**(號椒園)
(清・直隸吳橋進士)
[乾隆]嶧縣 7/23
[光緒]嶧縣 19/職官下 19
方鳴皋(字鶴亭)
(清・湖北蘄水人)
[光緒]壽張 5/12
壽張縣鄉土志/政績-興利
[光緒]重修蒲臺 2/18,4/5
蒲臺縣鄉土志/5
72 **方岳**(字南湖)
(明・掖縣人)
[乾隆]掖縣 3/45
[道光]再續掖縣上/48
77 **方鳳**(字朝鳴)
(清・湖南巴陵人)
[宣統]山東 75/53
[咸豐]武定府 19/青城 3
[乾隆]青城 7/4
[民國]青城續修 4/名宦 13
方覺(姓孫)
(清・樂陵人)
[宣統]山東 200/41
方熙(字友山)
(清・安徽石埭人)
[宣統]山東 77/37
[道光]重修平度州 16/26
平度鄉土志 2/政績
方殿元(清・廣東番禺人)
[宣統]山東 76/13
[乾隆]沂州府 20/14
[乾隆]郯城 7/27
方鵬程(字冲霄)
(清・夏津人)
[民國]夏津續編 8/15
方學成(字武工,一字履齋,號松台居士)
(清・安徽旌德人)
[宣統]山東 76/52
[乾隆]東昌 35/32
[乾隆]夏津 6/12,6/42
方興公(漢・趙人)
[乾隆]魚臺 9/50
78 **方脫脫木兒**(元・朔方族人)
[宣統]山東 69/29
[道光]濟寧直隸州 6/6-16
濟寧州鄉土志 1/政績
80 **方鑛**(明・南直懷遠人)
[宣統]山東 71/51
[乾隆]武定府 16/15
[咸豐]武定府 19/青城 2
[萬曆]青城 1/41
[乾隆]青城 7/3
[民國]青城續修 4/名宦 13
方午(字卓亭)
(安徽桐城人)
[民國]清平/秩官 32
81 **方槼**(明・巢縣人)
[宣統]山東 71/33
[康熙]兗州續編 14/26
[乾隆]泰安府 15/15
82 **方穌**(字孟實)
(侯官人)
[民國]齊東 3/69
99 **方榮**(清・諸城人)
[光緒]增修諸城縣續志 16/15

高

00 **高諒**(字修賢)

(北魏・滄州人,一作渤海人)
[雍正]山東28/人物一57
[乾隆]武定府23/38
[咸豐]武定府23/忠節8
[乾隆]惠民5/45
[光緒]惠民20/2
惠民縣鄉土志/耆舊錄1
高諒(字宗益)
(明・魚臺人)
[康熙]魚臺17/4
[乾隆]魚臺11/7
[光緒]魚臺3/4
高彥(字懷彥)
(唐・渤海人)
[宣統]山東151/47
[光緒]益都縣圖志27/22
高應(字師仁)
(唐・渤海人)
[光緒]益都縣圖志27/5
高文誠(字樸公,一字璞公)
(清・無棣人)
[乾隆]武定府25/61
[咸豐]武定府25/文苑21
[民國]無棣12/7
海豐縣鄉土志/耆舊－學問一
高庭玉(字獻臣)
(金・恩州人)
[乾隆]東昌41/17
[嘉慶]東昌33/15
[宣統]重修恩縣8/31
[民國]重修恩縣11/鄉賢32
高文正(清・臨朐人)
臨朐縣鄉土志1/耆舊
高應元(清・山陰人)
[康熙十二年]陽穀2/29
[康熙]陽穀2/22
[光緒]陽穀4/14
高文登(明・浙江嘉興人)
[康熙]膠州5/8
[乾隆]膠州4/13
[道光]重修膠州22/5
[民國]增修膠志17/5
高應玘(明・章丘人)
[康熙]濟南42/15
[道光]濟南49/63
[萬曆]章丘28/58
[康熙]章丘6/40
[乾隆]章邱9/39
[道光]章邱10/45
高應玢(字明珍)
(清・安邱人)
[康熙六十年]青州16/42
[咸豐]青州46/28
[道光]安邱新志18/4
安丘縣鄉土志6/耆舊錄3
高文綺(清・陝西鄜州人)
[民國]重修新城11/26
新城縣鄉土志/政績－清知縣
高文保(字硯臣)
(清・浙江會稽人)
[宣統]山東75/58
[光緒]滋陽7/16
[民國]續滕縣志2/9
高市賓(北魏・渤海人)
[光緒]益都縣圖志15/15
高辛祜(字東園)
(清・膠州人)
[道光]重修膠州29/4
[民國]增修膠志44/3
膠州直隸州鄉土志4/孝友
高文清(字蔚華)
(清・平度人)
[民國]平度縣續志7/30
高應祿(字蓮野)
(明・鉅野人)
[萬曆]鉅野8/義士
[康熙]鉅野11/34
[道光]鉅野12/14
高廣基(字丕卿)
(清・鉅野人)
[民國]續修鉅野5/上6
高文本(元・章邱人)
[道光]章邱11/24
高立邦(字鞏圖)
(清・泰安人)
[乾隆二十五年]泰安縣12/43
[乾隆四十七年]泰安縣10/上30
[道光]泰安縣9/上82
[民國]重修泰安縣8/37
高廣嗣(字振聲)
(清・陽穀人)
[民國]增修陽穀人物/善行40
高應辰(字廷極,一字南珠)
(明・膠州人)
[康熙]膠州5/29
[乾隆]膠州4/39
高文學(清・泰安人)
[乾隆四十七年]泰安縣10/上30
[道光]泰安縣9/上82
[民國]重修泰安縣8/37
高文錦(清・濟陽人)
[民國]濟陽11/42
高文炳(清・鉅野人)
[民國]續修鉅野5/上30
高文熠(字旦復)
(清・膠州人)
[宣統]山東177/37
[乾隆]萊州11/武功3
[雍正](膠州)州志別本/人物－戰功
[乾隆]膠州7/30
[道光]重修膠州27/14
[民國]增修膠志41/11
膠州直隸州鄉土志4/事功
高文榮(字錫九)
(平原人)
[民國]續修平原8/29
01 **高龍**(字濟時)
(明・章邱人)
[道光]章邱11/56
02 **高新田**(清・利津人)
[光緒]利津7/忠節2
03 **高斌**(字文質)
(明・濮州人)
[嘉靖]濮州6/7
[萬曆]濮州6/又46
[康熙]濮州6/35
[乾隆]濮州6/35
[宣統]濮州8/35
高識(字明遠)
(清・章邱人)

[道光]濟南 54/17
[道光]章邱 11/63
04 高謹(明・聊城人)
[乾隆]東昌 42/6
[嘉慶]東昌 32/6
[宣統]聊城 8/78
05 高靖鎮(字梯山)
(清)
[民國]平度縣續志 7/3
07 高詡(字季回)
(漢・平原般人)
[嘉靖]山東 29/3
[康熙]山東 39/3
[雍正]山東 28/人物一 15
[宣統]山東 153/23,162/9
[康熙]濟南 32/4
[道光]濟南 45/25
[康熙]德州 8/2
[康熙]陵縣 5/1
[康熙]德平 3/32
[乾隆]德平 3/1
[嘉慶]德平 7/1
[光緒]德平 7/1
德平縣鄉土志/耆舊錄
[乾隆]平原 8/1
平原縣鄉土志輯稿/鄉賢
08 高誨(明・合肥人)
[萬曆]青城 1/37
[乾隆]青城 7/2
[民國]青城續修 4/名宦 12
高謙(字元讓)
(明・武城人)
[乾隆]東昌 42/31
[嘉靖]武城 7/68
[順治]武城 2/19
[乾隆]武城 10/22
武城縣鄉土志略/耆舊錄
高謙亨(字益之)
(元・直隸深州人)
[嘉靖]山東 25/23
[康熙]山東 32/11
[雍正]山東 27/75
[宣統]山東 69/27
[康熙]濟南 25/19
[乾隆]武定府 16/37
[咸豐]武定府 19/利津 1
[康熙]利津縣新志 7/1, 10/33
高謙承(字而光)
(清・淄川人)
[宣統]三續淄川 9/72
高效芳(清・城武人)
[道光]城武 9/下 38
高於翰(清・臨沂人)
[民國]續修臨沂 16/9
09 高麟臺(字蓮墀)
(清・德平人)
[民國]德平縣續志 6/10
高麟圃(清・昌樂人)
[民國]昌樂縣續志 35/10
10 高霸(唐)
[康熙]濟南 25/7
[道光]濟南 33/30
[乾隆]淄川 4/3
[乾隆]博山 6/上 1
高晉(清・漢軍鑲黃旗人)
[宣統]山東 77/30
[光緒]泗水縣鄉土志/3
[乾隆]海陽 5/9
[光緒]海陽縣續志 2/17
高霖(字子約)
(金・東平人)
[嘉靖]山東 30/52
[康熙]山東 40/51
[雍正]山東 28/人物二 53
[宣統]山東 164/18
[乾隆]泰安府 16/65
[萬曆二十四年]兗州 35/23
[康熙]兗州 27/21
[康熙]東平州 4/19,4/60
[乾隆]東平州 14/20
[道光]東平州 14/20
[光緒]東平州 15/中 29
東平州鄉土志上/耆舊錄 29
[民國]東平縣 11/中 2
[康熙四年]東阿 6/18
[康熙五十四年]東阿 6/18
[道光]東阿 13/人物上 17
[光緒]東阿縣鄉土志 4/2
高霖(字仲溥,號宗存)
(清・濟陽人)
[道光]濟南 56/28
[乾隆]濟陽 8/35
[民國]濟陽 11/50
高玉亭(莘縣人)
[民國]莘縣 7/38
高雲亭(清・濮州人)
[宣統]濮州 6/95
高雲龍(字蒼林)
(明・膠州人)
[道光]重修膠州 25/28
[民國]增修膠志 40/25
高丙謀(字載午,號澹齋)
(清・淄川人)
[宣統]三續淄川 10/2
淄川縣鄉土志/鄉宦耆舊
高爾謨(字飛虎)
(清・諸城人)
[乾隆]諸城 37/4
諸城縣鄉土志/上 19
高五雲(清・正藍旗人)
[乾隆]淄川 4/25
高玉璽(字篆銘)
(清・嘉祥人)
[光緒]嘉祥 3/30
高一登(明・清平人)
[康熙]重修清平下/15
[嘉慶]清平 14/30
[宣統]增輯清平 12/30
[民國]清平/人物 17
高一飛(字子翀)
(明・陽穀人)
[康熙十二年]陽穀 3/29
[康熙]陽穀 3/26
[光緒]陽穀 6/25
[民國]增修陽穀人物/仕宦 5,人物/文苑 1
高天瑾(字蒼藜)
(清・金鄉人)
[道光]濟寧直隸州 8/4-41
[咸豐]金鄉縣志略 9/中列傳二 12
[民國]金鄉 13/21
高三重(字體元)
(明・膠州人)
[康熙]山東 45/24
[萬曆]萊州 6/10
[康熙]萊州 10/65

［乾隆］萊州 11/孝義 5
［康熙］膠州 6/4
［乾隆］膠州 5/6
［道光］重修膠州 26/4
［民國］增修膠志 40/30
膠州直隸州鄉土志 4/孝友
高一峯（字淩漢）
（清・嘉祥人）
［光緒］嘉祥 3/48
高天佑（明・潁上人）
［康熙］觀城 3/5
［道光］觀城 6/7
高元勳（明・昌樂人）
［康熙］昌樂 4/12
［嘉慶］昌樂 24/4
高雲程（字應遴）
（清・長清人）
［道光］濟南 56/49
［道光］長清 12/12
高貢齡（字次封）
（清・利津人）
［光緒］利津 7/宦蹟 20
高可富（清・壽光人）
［嘉慶］壽光 13/12
［民國］壽光 12/人物志一 82
高天寵（字錫三）
（清・昌樂人）
［嘉慶］昌樂 22/8
高雲漢（字星槎，號菊圃）
（清・鄒平人）
［民國］鄒平 15/122
高玉清（清・濮州人）
［宣統］濮州 6/34
高天祥（字景星）
（清・壽張人）
［光緒］壽張 7/20
高元裕（字景圭）
（唐・渤海人）
［嘉靖］山東 29/12
［康熙］山東 39/11
［宣統］山東 156/12
［康熙］濟南 36/3
［乾隆］武定府 23/5
［咸豐］武定府 23/名臣 5
［乾隆］惠民 5/28
［光緒］惠民 19/5
惠民縣鄉土志/耆舊錄 25
高可嘉（清・章邱人）
［乾隆］章邱 9/45
［道光］章邱 9/45，11/78
高玉樹（字謝庭）
（清・黃縣人）
［同治］黃縣 8/18
［民國］黃縣志稿 13/清懿行
高三極（字元復）
（清・章邱人）
［道光］章邱 10/23
高百揚（字聲宇）
（清・滋陽人）
［光緒］滋陽 9/19
高玉田（齊東人）
［民國］齊東 5/20
高丕顯（清・淄川人）
［宣統］三續淄川 9/99
高天賦（一名之升）
（清・陽信人）
［民國］陽信 5/任恤 37
高百原（清・諸城人）
［光緒］增修諸城縣續志 17/2
高元質（字鶴汀）
（清・膠州人）
［道光］重修膠州 29/32
［民國］增修膠志 45/16
高元興（霑化人）
［民國］霑化 4/登進 46
高百年（北齊）
［崇禎］武定州 14/3
［乾隆］武定府 15/3
［咸豐］武定府 15/3
［乾隆］惠民 5/3
［乾隆］樂陵 2/27
高元美（字君實）
（清・河南開封人）
［宣統］山東 76/21
［康熙］兖州續編 14/2
［乾隆］曹州府 12/23
［康熙］兖州府曹縣 10/19
［光緒］曹縣 10/17
高霞錦（字仙峯）
（清・金鄉人）
［民國］濟寧直隸州續志 14/27
［咸豐］金鄉縣志略 9/中忠義傳 2
［民國］金鄉 14/17
高震錦（字仙峯）
（清・濟寧人）
［咸豐］濟寧直隸州續志 3/7
11 **高珩**（字蔥珮，號念東，別號紫霞居士）
（清・淄川人）
［宣統］山東 170/5
［道光］濟南 54/55
［康熙］淄川 5/7
［乾隆］淄川 5/7，6/上 53，7/下 94
［康熙十一年］蒙陰 2/4
高玶（字在衡）
（清・淄川人）
［康熙］濟南 37/14
［道光］濟南 54/56
［康熙］淄川 5/8，6/38
［乾隆］淄川 5/8，6/上 38
淄川縣鄉土志/耆舊錄－歷代名臣
高瑨（明・襄城人）
［道光］濟寧直隸州 6/6－39
［康熙］魚臺 15/13
［乾隆］魚臺 9/36
［光緒］魚臺 2/51
高瑨（字齊光）
（清・諸城人）
［乾隆］諸城 36/14
12 **高登**（字漸之）
（明・無棣人）
［民國］無棣 11/3
高登（明・魚臺人）
［康熙］魚臺 17/45
［乾隆］魚臺 11/8
［光緒］魚臺 3/5
高發（春秋）
［萬曆］青州 15/14
［康熙四十八年］青州 15/武功 1
［民國］臨淄 21/40
高珽方（字搢玉）
（清・膠州人）

［道光］重修膠州 28/23
［民國］增修膠志 42/21
高延文（濟寧人）
［民國］濟寧縣 3/4
高廷謨（清・臨朐人）
臨朐縣鄉土志 1/耆舊
高廷謀（字贊虞，號夢園）
（清・淄川人）
［道光］濟南 54/58
高發雲（清・寧津人）
［光緒］寧津 8/29
寧津縣志料 3/人物－孝行
寧津縣鄉土志/耆舊
高聯元（清・會稽人）
［光緒］嶧縣 19/丞倅 9
高廷璋（字襲山）
（明・臨潼人）
［乾隆］武定府 16/34
［咸豐］武定府 19/濱州 3
［萬曆］濱州 3/21
［康熙］濱州 5/19
［咸豐］濱州 8/4
高廷瑞（字西山）
（清・昌樂人）
［民國］昌樂縣續志 30/18
高廷魁（清・大興人）
［咸豐］武定府 19/利津 6
高瑞儀（膠州人）
［民國］增修膠志 46/9
高延齡（字星南）
（清・昌樂人）
［嘉慶］昌樂 25/7
高廷寶（明・海陽人）
［光緒］海陽縣續志 4/24
高延宗（北齊・渤海蓨人）
［光緒］陵縣 22/7
高廷吉（清・章邱人）
［道光］章邱 11/83
高廷標（字建霞）
（清・東明人）
［民國］東明縣新誌 11/40
高廷標（字彤瞻）
（清・濟陽人）
［道光］濟南 56/27
［乾隆］濟陽 8/22
［民國］濟陽 11/26
高廷樞（字景垣，一字挹岱）
（清・濟陽人）
［道光］濟南 56/27
［民國］濰縣志稿 20/21
［乾隆］濟陽 8/30，12/55
［民國］濟陽 11/38，17/32
高廷楨（字鼎臣）
（清・東明人）
［民國］東明縣新誌 11/41
高廷榕（字企南）
（清・濟陽人）
［道光］濟南 56/27
［乾隆］濟陽 8/19，8/22
［民國］濟陽 11/26
高聯芳（清・濟寧人）
［民國］濟寧直隸州續志 12/2
高廷芳（字仲芝）
（清・諸城人）
［宣統］山東 175/55
高廷芳（恩縣人）
［民國］重修恩縣 11/鄉賢 46
高廷模（字漢瞻，號潞潭）
（清・濟陽人）
［道光］濟南 56/27
［乾隆］濟陽 8/30，12/62
［民國］濟陽 11/39，17/37
高廷棟（字軼陵，又字肇岱）
（清・濟陽人）
［道光］濟南 56/27
［乾隆］濟陽 8/15，12/59
［民國］濟陽 11/14，17/35
高延春（字生之）
（清・膠州人）
［乾隆］膠州 5/29
［道光］重修膠州 29/20
［民國］增修膠志 45/6
高弘圖（字子猶，一字研文，又字硜齋）
（明・膠州人）
［康熙］山東 44/11
［宣統］山東 160/4
［康熙］萊州 10/54
［乾隆］萊州 11/忠節 3
［康熙］膠州 5/36
［雍正］（膠州）州志別本/人物－忠節
［乾隆］膠州 5/2，7/28
［道光］重修膠州 25/17
［民國］增修膠志 40/15
膠州直隸州鄉土志 4/忠烈
［乾隆］即墨 9/37
［同治］即墨 9/57
高登旺（字際九）
（清・章邱人）
［道光］濟南 54/17
［道光］章邱 11/61
［乾隆］章邱 9/36
高廷璧（字君實）
（清・諸城人）
［咸豐］青州 46/26
［乾隆］諸城 34/3
高延年（清・臨清人）
［民國］臨清縣/人物 90
高瑞光（字慶吾）
（明・嘉祥人）
［雍正］山東 28/人物三 76
［宣統］山東 164/54
［乾隆］兗州 23/54
［乾隆］濟寧直隸州 26/38
［道光］濟寧直隸州 8/3－34
［順治］嘉祥 4/又 44
［乾隆］嘉祥 3/24
［光緒］嘉祥 3/24
13 **高玠**（號石崖）
（清・海陽人）
［光緒］海陽縣續志 8/62
高瑄（字德獻）
（清・膠州人）
［乾隆］膠州 5/15
［道光］重修膠州 28/3
14 **高珙**（見高拱）
高瑾（字方貢）
（清・歷城人）
［道光］濟南 53/49
［乾隆］歷城 43/7
高璡（字公瑜）
（清・淄川人）
［道光］濟南 54/57
［乾隆］淄川 6/下 10
高琳（字紹堂）

(清・昌樂人)
[民國]昌樂縣續志 35/6
高琦(字玉峯)
(清・膠州人)
[道光]重修膠州 29/24
[民國]增修膠志 45/9
高琦(清・歷城人)
[民國]續修歷城 44/18
高瑋(字握之,號繩東)
(清・淄川人)
[道光]濟南 54/55
[康熙]淄川 5/7,6/92
[乾隆]淄川 5/7,6/上 92
高瑛(明・金鄉人)
[康熙十二年]金鄉 5/13
[康熙五十一年]金鄉 5/6
高瓚(明・城武人)
[康熙九年]城武 3/47
高功立(字書銘)
(清・濟陽人)
[民國]濟陽 11/44
15 **高聃**(清・昌邑人)
[乾隆]昌邑 5/144
高璉(明)
[宣統]山東 71/11
[道光]濟南 36/23
[康熙四十三年]長山 3/宦績
[康熙五十五年]長山 3/30
[嘉慶]長山 5/39
高璜(字孝酉)
(清・淄川人)
[乾隆]淄川 5/41
高建勳(明・昌樂人)
[康熙]昌樂 4/12
[嘉慶]昌樂 24/4
高建寅(清・鄆城人)
[光緒]鄆城 16/9
高建節(字立甫)
(明・膠州人)
[康熙]膠州 5/28
[乾隆]膠州 4/35
[道光]重修膠州 25/29
[民國]增修膠志 40/26
16 **高聰**(字僧智)
(北魏・渤海人)
[嘉靖]山東 33/27
[嘉靖]青州 16/62
[萬曆]青州 20/外傳 6
[康熙十五年]青州 20/外傳 6
[康熙四十八年]青州 20/外傳 6
[咸豐]青州 53/4
[乾隆]武定府 25/43
[咸豐]武定府 25/文苑 3
[乾隆]惠民 6/5
[光緒]惠民 23/3
惠民縣鄉土志/耆舊錄 18
[康熙]壽光 32/2
[嘉慶]壽光 20/2
[民國]壽光 16/4
高珅(字溫卿)
(明・臨朐人)
[康熙]臨朐縣志書 3/38
光緒臨朐 14/下 9
高瑆(字石房)
(清・海陽人)
[乾隆]海陽 6/15
高璪(字子素)
(清・膠州人)
[乾隆]膠州 5/14
[道光]重修膠州 28/3
[民國]增修膠志 42/3
高聖保(明・濟寧人)
濟寧州鄉土志 2/賢裔
17 **高弼**(字良佐)
(明・武城人)
[乾隆]東昌 39/35
[嘉靖]武城 7/62
[順治]武城 2/18
[乾隆]武城 10/21
武城縣鄉土志略/耆舊錄
高巩(字荊川)
(清・膠州人)
[道光]重修膠州 29/24
[民國]增修膠志 45/9
高翮(號逵南)
(明・膠州人)
[康熙]膠州 5/38
[乾隆]膠州 4/42
高聚(元・高唐人)
[道光]濟南 48/23
[道光]章邱 11/19
章邱縣鄉土志/上 19
高琭(字介如,一字石君,號振東)
(清・淄川人)
[道光]濟南 54/57
[康熙]淄川 5/10,6 下/9
[乾隆]淄川 6/下 9
高珉(明・魚臺人)
[康熙]魚臺 17/21
[乾隆]魚臺 11/7
[光緒]魚臺 3/4
高瓊(宋・燕人)
[嘉靖]山東 26/8
[康熙]山東 33/10
[雍正]山東 27/88
[萬曆元年]兗州 39/名宦 9
[萬曆二十四年]兗州 28/10
[康熙]兗州 22/10
[隆慶]單縣上/30
[康熙]單縣 6/6
[乾隆]單縣 4/50
[民國]單縣 6/宦蹟 9
高瓊(字金臺)
(清・遼東遼陽人)
[宣統]山東 77/17
[咸豐]青州 37/2
[乾隆]諸城 28/10
諸城縣鄉土志/上 10
高柔(字文惠)
(漢・陳留圉人)
[雍正]山東 27/18
[宣統]山東 66/14
[道光]濟南 33/8
[乾隆]章邱 7/2
[道光]章邱 9/1
章邱縣鄉土志/上 7
高珣(字紫陽)
(清・博興人)
[咸豐]青州 47/29
[道光]博興 11/28
[民國]重修博興 13/26
高翼(字次同)
(北魏・渤海蓨人)
[宣統]山東 67/7

高翼(明·棲霞人)
[嘉靖]山東 32/24
[康熙]山東 43/3
[雍正]山東 28/人物三 2
[宣統]山東 160/14
[泰昌]登州 11/4
[順治]登州 16/5
[光緒]增修登州 38/18
[康熙]棲霞 6/3
[乾隆]棲霞 6/1
高子(戰國·齊人)
[嘉靖]山東 24/11
[康熙]山東 29/11
[嘉靖]青州 12/7
[萬曆]青州 13/4
[康熙十五年]青州 13/4
[康熙四十八年]青州 13/4
[康熙六十年]青州 15/2
[萬曆元年]兗州 7/76
[萬曆]鄒志 1/46
[康熙]臨淄 9/2
高君狀(唐·齊州人)
[雍正]山東 28/人物二 5
[宣統]山東 164/8
[康熙]濟南 38/3
[道光]濟南 47/6
[崇禎]歷城 10/16
[乾隆]歷城 41/2
高承華(清·章丘人)
[道光]濟南 54/19
[道光]章邱 11/65
高承芹(清·章丘人)
[道光]章邱 11/86
高配坤(字順資,號蘇溪)
(清·曹縣人)
[光緒]曹縣 17/藝文墓表 10
高子愷(字樂亭)
(清·利津人)
[民國]利津縣續志 7/儒行 5
18 高瑊(字戒之)
(明·淄川人)
[乾隆]淄川 5/15
高政謀(字立常)
(清·淄川人)
[道光]濟南 54/78
[宣統]三續淄川 10/29
20 高爵(字天錫,號懷菴)
(明·嘉祥人)
[順治]嘉祥 4/32
[乾隆]嘉祥 3/22
[光緒]嘉祥 3/22
高信(先姓宋)
(元·章邱人)
[道光]濟南 48/9
[民國]續修歷城 39/2
[道光]章邱 11/23
高秀(明·諸城人)
[萬曆]青州 13/51
[康熙十五年]青州 13/51
[康熙四十八年]青州 13/事功 34
[萬曆]諸城 7/16
[康熙]諸城 7/14
[乾隆]諸城 30/2
高嶂(清·平原人)
[民國]續修平原 10/上 24
高豸(字子威)
(明·益都人)
[光緒]益都縣圖志 35/3
高信文(清·無棣人)
[民國]無棣 13/17
海豐縣鄉土志/耆舊-事業五
高重新(字肖初)
(清·膠州人)
[乾隆]膠州 5/24
[道光]重修膠州 29/17
[民國]增修膠志 45/3
高爲山(清·臨清人)
[宣統]山東 174/31
[民國]臨清縣/人物 28
高維嶽(字崧菴)
(清·陽穀人)
[民國]增修陽穀人物/武功 12
高維岱(字魯瞻)
(明·昌邑人)
[雍正]山東 28/人物三 77
[宣統]山東 164/39
[乾隆]萊州 11/忠節 8
[康熙]昌邑 6/19
[乾隆]昌邑 5/142,6/168
高佳緒(字於止,號齊峰)
(清·淄川人)
[道光]濟南 54/77
高維禮(清·平度人)
[民國]平度縣續志 7/35
高維清(字允平)
(清·滋陽人)
[光緒]滋陽 9/7
高集祥(字麟閣,號瑞峰)
(清·壽張人)
[光緒]壽張 7/12
壽張縣鄉土志/耆舊-事業,耆舊-學問
高季式(字子通)
(南北朝·渤海蓨人)
[嘉靖]山東 26/5
[康熙]山東 33/7
[雍正]山東 27/32
[宣統]山東 67/10
[道光]濟南 46/18
[萬曆元年]兗州 38/武功 10
[萬曆二十四年]兗州 27/6
[康熙]兗州 21/20
[乾隆]兗州 22/8
[道光]濟寧直隸州 6/6-5
[光緒]曹縣 8/7
高維藩(字介侯)
(清·濟陽人)
[民國]濟陽 11/28,17/65
高維蘭(字馨谷)
(清·桓臺人)
[民國]桓臺志略 3/16
[民國]桓臺 3/37
高季輔(見高馮)(本名馮,以字行)
高重光(明·保定人)
[雍正]山東 27/49
[宣統]山東 72/51
高重光(字煥宸)
(清·清苑歲貢)
[乾隆]東昌 35/4,40/34
[嘉慶]東昌 30/28
高維榮(字華菴)
(清·新城人)
[宣統]新城縣後志 2/善行

[民國]重修新城 18/9
21 高柴(字子羔,一作子臯、季高)
(春秋・齊人,一作衛人)
[至元]齊乘 6/3
[嘉靖]山東 24/7,26/1
[康熙]山東 29/6,33/1
[雍正]山東 11/闕里二 15
[宣統]山東 153/6
[嘉靖]青州 12/4
[萬曆]青州 13/3
[康熙十五年]青州 13/3
[康熙四十八年]青州 13/3
[康熙六十年]青州 15/1
[萬曆元年]兗州 7/43,38/循吏 1
[萬曆二十四年]兗州 7/18
[康熙]兗州 8/19
[乾隆]兗州 7/26
[萬曆]沂州志 6/1
[萬曆]東昌 19/2
[嘉靖]濮州 4/15
[康熙]濮州 4/87
[乾隆]濮州 4/127
[宣統]濮州 6/85
[康熙]濟寧州 5/14
[道光]濟寧直隸州 8/1-27
[民國]臨淄 21/35
[乾隆]曲阜 59/4
[康熙四十一年]寧陽 3/15
[乾隆]寧陽 3/1
[咸豐]寧陽 11/2
[光緒]寧陽 11/2
寧陽縣鄉土志/6
[民國]續修臨沂 16/1
[順治]嘉祥 4/15
[乾隆]嘉祥 3/9
[光緒]嘉祥 3/9
高綽(字僧裕)
(北魏・渤海人)
[雍正]山東 28/人物一 59
[乾隆]武定府 24/12
[咸豐]武定府 24/循良 1
[乾隆]惠民 5/27
[光緒]惠民 19/4
惠民縣鄉土志/耆舊錄 25
高衡(晉・樂安人)
[嘉靖]青州 15/45
[萬曆]青州 15/18
[康熙十五年]青州 15/18
[康熙四十八年]青州 15/武功 5
高衡(字洞十)
(清・濟寧人)
[乾隆]濟寧直隸州 26/23
[道光]濟寧直隸州 8/3-29
高能(字次賢,號東樓)
(明・章丘人)
[道光]濟南 49/64
[道光]章邱 10/28
高仁(元・萊陽人)
[民國]萊陽 3/1 中 6
高仁(字壽之)
(元・無棣人,一作濟南人)
[康熙]濟南 35/6
[道光]濟南 48/43
[乾隆]武定府 24/14
[咸豐]武定府 24/循良 4
[乾隆]歷城 36/27
[康熙]海豐 11/34
[民國]無棣 10/2,22/1
海豐縣鄉土志/耆舊-事業
高仁(清・濟陽人)
[乾隆]濟陽 8/37
[民國]濟陽 11/52
高儒(明・馬平人)
[萬曆]寧津 5/18
[光緒]寧津 6/28
寧津縣志料 3/人物-名宦
高熊(明・汶上人)
[康熙]兗州續編 15/23
[乾隆]兗州 23/50
[康熙]續修汶上 4/人物 4
高穎(清・沂水人)
[乾隆]淄川 4/又 28-4
高貞(字仁堅)
(北齊)
[光緒]益都縣圖志 15/19
高貞(字羽真)
(北魏・渤海脩人)
[宣統]山東 149/5
高術方(字仁堂)
(清・膠州人)
[宣統]山東 177/53
[民國]增修膠志 43/2
膠州直隸州鄉土志 4/忠烈
高衍慶(字沖暘)
(明・膠州人)
[康熙]膠州 5/43
[乾隆]膠州 4/45
[道光]重修膠州 25/26
[民國]增修膠志 40/23
高仁霑(字雲川)
(清・高密人)
[光緒]高密 8/上 58
[民國]高密 14/上 67
高占魁(字亭嵐)
(清・遷安人)
[光緒]霑化 5/20
[民國]霑化 4/職官 38
高倬緒(字彼雲)
(清・淄川人)
[道光]濟南 54/59
高順之(字彥則)
(清・膠州人)
[雍正](膠州)州志別本/人物-行誼
[乾隆]膠州 5/25
[道光]重修膠州 29/18
[民國]增修膠志 45/4
高頻濱(字清許)
(清・昌樂人)
[民國]昌樂縣續志 34/8
高經世(字寧遠)
(清・歷城人)
[道光]濟南 53/14
[乾隆]歷城 38/16
高衍成(字震武)
(清・長清人)
[民國]長清 11/31
高師臣(清・費縣人)
[光緒]費縣 11/61
高行周(字尚質)
(五代・嬀州人)
[萬曆二十四年]兗州 27/13
[康熙]兗州 21/27
[萬曆]東昌 5/5

[乾隆]臨清州 9/5
[康熙]東平州 4/31
[乾隆]東平州 12/10
[道光]東平州 12/10
[光緒]東平州 14/10
[民國]東平縣 9/5
高仁堂(字樂山)
(清・膠州人)
[民國]增修膠志 43/21
22 **高彪**(本名召和失)
(金・渤海人)
[萬曆]滕志 6/56
[康熙]滕志 6/26
[康熙]滕縣志 6/宦業 24
[道光]滕縣志 6/宦績 16
滕縣鄉土志/5
高彪(明・昌邑人)
[康熙]昌邑 6/34
[乾隆]昌邑 6/164
高崇(字維志)
(明・金鄉人)
[乾隆]濟寧直隸州 24/38
[道光]濟寧直隸州 8/2-50
[康熙十二年]金鄉 5/29
[康熙五十一年]金鄉 11/2
[乾隆]金鄉 18/52
[民國]金鄉 13/9
高出(字孩之,號懸圃)
(明・海陽人)
[光緒]增修登州 39/28
[光緒]海陽縣續志 4/24,10/70
[民國]萊陽 3/1 中 17
高出(字叠山)
(清・昌樂人)
[嘉慶]昌樂 24/13
高鼎(字凝圖)
(明・嘉祥人)
[康熙]山東 45/10
[道光]濟寧直隸州 8/2-55
[順治]嘉祥 4/41
[乾隆]嘉祥 3/34
[光緒]嘉祥 3/42
高尌(字龍門)
(清・歷城人)
[道光]濟南 53/19
[乾隆]歷城 38/22
高崗(清・灤州進士)
[光緒]增修登州 26/3
[道光]重修蓬萊 6/7
高欒(明・鄒平人)
[嘉靖]山東 35/1
[康熙]山東 45/2
[康熙]濟南 44/9
[道光]濟南 50/18
[順治]鄒平 6/11
[康熙]鄒平 6/3
[嘉慶]鄒平 15/7
[道光]鄒平 15/50
[民國]鄒平 15/50
高鑾(字敬輿)
(清・昌樂人)
[民國]昌樂縣續志 31/10
高鸞(字應治)
(明・京衛人)
[萬曆]濮州 3/名宦 19
[康熙]濮州 3/17
[乾隆]濮州 3/17
[宣統]濮州 4/17
高山(明・魚臺人)
[康熙]魚臺 17/6
[乾隆]魚臺 11/23
[光緒]魚臺 3/13
高山(字仰止)
(清・昌樂人)
[嘉慶]昌樂 22/7
高山(字居東)
(清・歷城人)
[宣統]山東 169/27
[道光]濟南 53/19
[乾隆]歷城 38/21
高嵩(明・安塞人)
[嘉靖]濮州 7/22
[嘉靖]朝城志 5/又 9
高巍(明・山西遼州人)
[嘉靖]山東 25/11
[康熙]山東 31/13
[宣統]山東 70/37
[道光]濟南 35/45
[崇禎]歷城 6/17
高傒(周・齊人)
[嘉靖]山東 28/1
[康熙]山東 38/1
[嘉靖]青州 13/1
[萬曆]青州 13/19
[康熙十五年]青州 13/20
[康熙四十八年]青州 13/事功 3
[康熙六十年]青州 16/2
[萬曆元年]兖州 42/6
[康熙]臨淄 9/7
[民國]臨淄 23/2
高嶽(清・臨沂人)
[乾隆]沂州府 25/30
[民國]臨沂 10/15
高崇高(字希羔)
(清・濮州人)
[宣統]濮州 3/91
高繼顏(字陋亭)
(清・鉅野人)
[民國]續修鉅野 5/上 23
高繼孔(學名炳勳)
(清・清平人)
[民國]清平/人物 73
高崇爵(字允修)
(清・堂邑人)
[康熙]堂邑 13/13
高樂山(清・汶上人)
[宣統]四續汶上稿/人物-施濟傳
高嵩嶸(清・鄆城人)
[光緒]鄆城 10/11
高繼凱(字我侗)
(明・黎平衛舉人)
[乾隆]東昌 35/3
高循恭(字伯允)
(清・昌樂人)
[民國]昌樂縣續志 28/12
高樂東(字熙臺)
(清・樂安人)
[民國]續修廣饒 19/61
高繼昌(字詹五)
(清・歷城人)
[宣統]山東補遺/39
[民國]續修歷城 40/36
高任隆(字伯武)
(清・海陽人)
[光緒]增修登州 43/44

［乾隆］海陽 6/16
高繼善（字性存）
（清・高唐人）
［民國］高唐縣 12/55
23 高弁（字公儀）
（宋・濮州雷澤人）
［嘉靖］山東 26/9,31/18
［康熙］山東 33/10,41/15
［宣統］山東 162/27
［萬曆元年］兗州 38/循吏 27,40/諫議 13
［萬曆二十四年］兗州 28/3
［康熙］兗州 22/2
［萬曆］東昌 19/31
［康熙］曹州志 15/47
［乾隆］曹州府 14/22
［嘉靖］濮州 5/22
［萬曆］濮州 3/鄉賢 25
［康熙］濮州 3/55
［乾隆］濮州 3/56
［宣統］濮州 4/62
［康熙］淄川 4/5
［乾隆］淄川 4/5
［隆慶］單縣上/30
［康熙］單縣 6/6
［乾隆］單縣 4/50
［民國］單縣 6/宦蹟 10
［光緒］菏澤 15/46
高卜（字景商）
（清・壽張人）
［光緒］壽張 7/15
高岱（明・石州舉人）
［萬曆］濮州 3/名宦 31
［康熙］觀城 3/2
［道光］觀城 6/5
高岱（明・山西盂縣人）
［嘉靖］德州 2/12
高岱（清・魚臺人）
［乾隆］魚臺 13/10
高俊（明・昌樂人）
［萬曆］青州 14/51
［康熙十五年］青州 14/51
［康熙四十八年］青州 14/儒行 8
［咸豐］青州 43/6
［嘉靖］昌樂 3/44
［康熙］昌樂 4/4
［嘉慶］昌樂 23/7
高俊（字仲英）
（明・費縣人）
［光緒］費縣 10/70
高俊（明・福建閩縣人）
［乾隆］郯城 7/24
高俊（明堂邑，見高峻）
高俊（明・無棣人）
［民國］無棣 13/27
高俊（清・棲霞人）
［乾隆］棲霞 7/4
高峻（字德隆）
（明・堂邑人）
［乾隆］東昌 38/15
［嘉慶］東昌 28/15
［順治］堂邑 2/人物 8
［康熙十一年］堂邑 2/人物 4
［康熙］堂邑 16/3
高允（字伯恭）
（北魏・渤海人）
［嘉靖］山東 29/9
［康熙］山東 39/8
［雍正］山東 28/人物一 51
［康熙］濟南 36/1
［乾隆］武定府 23/4
［咸豐］武定府 23/名臣 4
［順治］樂陵 6/3
［乾隆］惠民 5/26
［光緒］惠民 19/3
惠民縣鄉土志/耆舊錄 24
高岱武（字步峰）
（清・章邱人）
章邱縣鄉土志/上 38
高獻琛（字孔乾，號敬所）
（清・曹縣人）
［康熙］兗州府曹縣 14/56
高俊宸（鉅野人）
［民國］續修鉅野 5/上 12
高峻騫（字鶯喬）
（清・金鄉人）
［民國］濟寧直隸州續志 14/12
［民國］金鄉 14/12
高允奇（後梁）
［宣統］三續淄川 9/40
高允彭（字壽峯）
（清・桓臺人）
［民國］桓臺 3/39
高允茲（字不疑，一字雲岫）
（明・膠州人）
［雍正］（膠州）州志別本/人物－文學，人物－完名
［乾隆］膠州 4/47
［道光］重修膠州 26/3
［民國］增修膠志 40/30
膠州直隸州鄉土志 4/忠烈
高允中（明・太原人）
［萬曆］福山 4/15
［康熙］福山 7/28
［乾隆］即墨 8/6
［同治］即墨 8/6
即墨縣鄉土志/政績錄
24 高化（字斯和）
（明・新城人）
［道光］濟南 51/38
［宣統］新城縣後志 3/孝友
［民國］重修新城 15/8
新城縣鄉土志/耆舊－明
高佶（字正君，一字岱宗）
（清・濟陽人）
［宣統］山東 170/1
［道光］濟南 56/26
［乾隆］濟陽 8/28,12/14
［民國］濟陽 11/37,18/29
高魁（明・河南新鄭人）
［嘉靖］山東 26/19
［康熙］山東 33/22
［雍正］山東 27/39
［宣統］山東 72/14
［萬曆元年］兗州 38/循吏 47
［萬曆二十四年］兗州 29/5
［康熙］兗州 22/26
［乾隆］兗州 22/27
［乾隆］濟寧直隸州 22/44
［道光］濟寧直隸州 6/6－30
［康熙五十一年］金鄉 8/15
［乾隆］金鄉 17/5
［咸豐］金鄉縣志略 7/7
［民國］金鄉 11/19
金鄉縣鄉土志/政績錄

高僖(元,見高禧)
高勳謀(字孟昭)
(清・淄川人)
[道光]濟南 54/78
高魁元(清・壽張人)
[光緒]壽張 6/60
高德瑛(字玉峯)
(清・高密人)
[光緒]高密 8/上 41
[民國]高密 14/上 44
高密縣鄉土志/上 37
高升秀(清・章邱人)
[道光]濟南 54/17
[乾隆]章邱 9/35
[道光]章邱 11/60
高偉綬(清・大興人)
[乾隆]新泰 11/9
高佳緒(字邁亭)
(清・淄川人)
[道光]濟南 54/77
高緗緒(字龍文)
(清・淄川人)
[乾隆]淄川 6/上又 20－4
淄川縣鄉土志/耆舊錄－孝友
高贊堯(濟寧人)
[民國]濟寧縣 3/5
高德乾(北齊)
[萬曆元年]兗州 38/循吏 20
[萬曆二十四年]兗州 27/6
[康熙]兗州 21/20
高峴東(字震垣)
(清・昌樂人)
[民國]昌樂縣續志 28/9
高德範(北齊・渤海人)
[嘉靖]山東 26/5
[康熙]山東 33/7
[雍正]山東 27/32
[宣統]山東 67/22
[乾隆]兗州 22/9
[道光]濟寧直隸州 6/6－5
高化堂(清・壽張人)
[光緒]壽張 7/31
高升堂(字少由)
(臨朐人)
[民國]臨朐續志 20/40
高勳堂(字銘齋,一作銘甫)
(清・無棣人)
[民國]無棣 12/15
海豐縣鄉土志/耆舊－學問二
25 **高傑**(清・壽張人)
[光緒]壽張 7/28
高積旗(字繪隼,號輝齋)
(清・濟陽人)
[民國]濟陽 11/17
高健翮(字象乾)
(清・昌樂人)
[民國]昌樂縣續志 28/9
高伸緒(字屈夫)
(清・淄川人)
[道光]濟南 54/77
26 **高堡**(字保甫)
(清・膠州人)
[乾隆]膠州 5/26
[道光]重修膠州 29/18
[民國]增修膠志 45/4
高儼(字仁威)
(北齊)
[萬曆二十四年]兗州 9/23
[康熙]兗州 10/23
[萬曆]沂州志 7/61
高自新(字本澄)
(明・北直獲鹿人)
[宣統]山東 72/46
[萬曆]東昌 18/39
[乾隆]東昌 35/12
[嘉慶]東昌 22/16
高自訓(字稺修,號憶繩)
(清・濟陽人)
[道光]濟南 56/27
[乾隆]濟陽 8/14,12/49
[民國]濟陽 11/13,17/28
高自詣(字聖修,號存繩)
(明・濟陽人)
[道光]濟南 51/49
[乾隆]濟陽 8/13,12/43
[民國]濟陽 11/11,17/19
高自詠(清・濟陽人)
[道光]濟南 56/28
[乾隆]濟陽 8/27
高自靖(清・惠民人)
[光緒]惠民 24/4
高自謂(明・濟陽庠生)
[道光]濟南 51/53
[乾隆]濟陽 8/13
[民國]濟陽 11/20
高鯤化(字圖南)
(金・平原人)
[道光]濟南 47/49
[乾隆]平原 8/36
平原縣鄉土志輯稿/文學
高伯溫(字仲良)
(元・燕人)
[嘉靖]山東 25/23
[康熙]山東 32/11
[雍正]山東 27/24
[宣統]山東 69/23
[康熙]濟南 25/18
[道光]濟南 34/42
[康熙]長清 8/44,12/106
[道光]長清 3/5
高稷若(字郃卿)
(清・昌邑人)
[光緒]昌邑縣續志 6/24
高自成(字廣業)
(清・濟寧人)
[乾隆]濟寧直隸州 27/26
[道光]濟寧直隸州 8/1－31
高和鑑(字雲生)
(清・棲霞人)
[光緒]棲霞縣續志 7/仙釋 1
[同治]黃縣 9/31
[民國]黃縣志稿 13/人物－釋道
27 **高嵋**(字映峨)
(清・恩縣人)
[民國]重修恩縣 11/鄉賢 35
高殷(北齊・包頭人)
[崇禎]歷城 3/8
高嶼(明・北京錦衣衛人)
[宣統]山東 71/29
[康熙]泰安州 2/46,4/28
[乾隆]泰安府 15/8
[乾隆二十五年]泰安縣 10/30
[乾隆四十七年]泰安縣 8/27
[道光]泰安縣 10/4

［民國］重修泰安縣 6/58
泰安縣鄉土志/政績 4
高僎謀(字書升)
(清·淄川人)
［宣統］三續淄川 9/71
高仰醇(清·鉅野人)
［道光］鉅野 13/61
高紹配(清·泰安人)
［乾隆四十七年］泰安縣 10/上 32
［道光］泰安縣 9/上 84
［民國］重修泰安縣 8/39
泰安縣鄉土志/耆舊 17
高紹信(北齊)
［光緒］益都縣圖志 15/19
高名衡(字仲平)
(明·沂州人)
［康熙］山東 42/30
［雍正］山東 28/人物三 71
［宣統］山東 164/34
［康熙十五年］青州 13/85
［康熙四十八年］青州 13/事功 69
［康熙六十年］青州 16/35
［康熙］沂水 4/52
［道光］沂水 7/21
高奐峯(字曉山)
(清·淄川人)
［宣統］三續淄川 9/73
高倗緒(字可亭)
(清·淄川人)
［道光］濟南 54/60
高名達(清·章丘人)
［道光］章邱 11/84
高名圖(清·沂水人)
［乾隆］沂州府 25/31
［道光］沂水 7/18
高向璧(清·山西翼城舉人)
［乾隆］嶧縣 7/21
28 **高復**(字再興)
(明·臨邑人)
［嘉靖］山東 29/22
［康熙］山東 39/20
［康熙］濟南 41/10
［道光］濟南 52/9
［順治］臨邑 12/5
［康熙］重修臨邑 10/5
［道光］臨邑 9/2
［同治］臨邑 9/循異 2
高倫(字伯羣)
(清·濰縣人)
［民國］濰縣志稿 29/10
高攸(北齊)
［嘉靖］山東 25/18
［康熙］山東 32/5
［康熙］濟南 24/8
［嘉靖］武定州下/46
［乾隆］武定府 16/3
［咸豐］武定府 19/3
［順治］樂陵 6/1
［乾隆］樂陵 4/46
樂陵縣鄉土志 2/6
［乾隆］惠民 5/10
［光緒］惠民 18/3
高復亨(明)
［萬曆］青州 12 又/又 11
［康熙十五年］青州 12/又 11
［康熙四十八年］青州 12/又 11
［萬曆］諸城 4/21
［康熙］諸城 4/12
高復享(見高復亨)
高儀亭(字成九)
(清·齊東人)
［民國］齊東 5/49
高徽柔(字師文,號麓東)
(清·淄川人)
［宣統］三續淄川 9/75
高徽岐(清·膠州人)
［民國］增修膠志 44/17
高徽峒(字同山)
(清·膠州人)
［民國］增修膠志 42/23
高徽梓(字筱山)
(清·淄川人)
［宣統］三續淄川 9/61
高徽域(清·膠州人)
［民國］增修膠志 43/5
高從恭(字夷門)
(清·濟寧人)
［民國］濟寧直隸州續志 12/38
高徽杶(字樸庵)
(清·淄川人)
［宣統］三續淄川 10/25
高作楫(字竹航)
(清·膠州人)
［乾隆］膠州 5/19
高徽桐(字子琴)
(清·淄川人)
［宣統］三續淄川 9/84
高徽翰(字式南)
(清·膠州人)
［民國］增修膠志 41/43
膠州直隸州鄉土志 4/事功
高馥軒(字芸亭)
(清·魚臺人)
［光緒］魚臺 3/文行又 2
30 **高寶**(明·臨朐人)
［康熙］臨朐縣志書 3/40
高瀌(字澍之,一字心印)
(明·膠州人)
［雍正］山東 28/人物三 71
［宣統］山東 164/48
［康熙］萊州 10/49
［乾隆］萊州 11/忠節 8
［康熙］膠州 5/36
［乾隆］膠州 5/2
［道光］重修膠州 26/1
［民國］增修膠志 40/28
膠州直隸州鄉土志 4/忠烈
高進(元·高唐人)
［道光］濟南 48/24
［道光］章邱 11/19
章邱縣鄉土志/上 19
高濂(字洛賓)
(清·濟寧人)
［乾隆］濟寧直隸州 27/24
［道光］濟寧直隸州 8/3-26
高漉(字心印)
(明·膠州人)
［乾隆］膠州 5/2
［雍正］(膠州)州志別本/人物-忠節
高容(漢·德平人)
［康熙］濟南 42/3
高適(字達夫)
(唐·渤海人)

[至元]齊乘 6/21
[乾隆]武定府 23/5
[咸豐]武定府 23/名臣 5
[乾隆]樂陵 5/2,6/4
樂陵縣鄉土志 3/17
[乾隆]惠民 5/27
[光緒]惠民 19/4
惠民縣鄉土志/耆舊錄 25
[乾隆]單縣 7/42
[民國]單縣 12/方技 2
[康熙]鄆城 5/37
[光緒]鄆城 5/41
高憲(清・章邱人)
[道光]章邱 11/80
高寨(清・江南海州人)
[宣統]山東 75/7
[道光]濟南 38/11
[順治]鄒平 4/24
[康熙]鄒平 4/19
[嘉慶]鄒平 14/16
[道光]鄒平 14/16
[民國]鄒平 14/16,14/22
高注(字百川)
(清・章邱人)
[道光]濟南 54/24
[道光]章邱 11/84
高之彥(清・武城人)
[乾隆]武城 14/雜記 8
[民國]增訂武城續編 15/8
高守訓(字觀甫,號拙齋)
(清・濰人)
[宣統]山東 177/12
[民國]濰縣志稿 28/14
濰縣鄉土志/45
高宴謀(字�亭,一字杏江)
(清・淄川人)
[道光]濟南 54/59
[宣統]三續淄川 9/69
高永平(字星垣)
(清・濟寧人)
[民國]濟寧直隸州續志 12/52
高家瑞(字輯五)
(長清人)
[民國]長清 12/15
高宗武(清・歷城人)
[民國]續修歷城 45/2
高永樂(南北朝・渤海蓨人)
[道光]濟南 46/19
高永樂(字有三,又字長春)
(清・濟陽人)
[民國]濟陽 11/70
高宏繡(字子文)
(清・膠州人)
[乾隆]膠州 5/8
[道光]重修膠州 29/2
[民國]增修膠志 44/1
膠州直隸州鄉土志 4/孝友
高守和(字景惠)
(清・惠民人)
惠民縣鄉土志/耆舊錄 17
高宇之(滕縣人)
[民國]續滕縣志 4/36
高宏逵(字雲倩)
(清・膠州人)
[乾隆]膠州 4/54
[道光]重修膠州 28/3
[民國]增修膠志 42/2
高之灝(字梓岩)
(清・淄川人)
[乾隆]淄川 5/又 31－2
高良士(清・汶上人)
[康熙]續修汶上 4/人物 13
高永吉(清・德州左衛人)
[康熙]德州 6/9
高家材(字全子)
(清・濟陽人)
[乾隆]濟陽 8/36
[民國]濟陽 11/51
高家模(清・濟陽人)
[乾隆]濟陽 8/23
[民國]濟陽 11/27
高進孝(明・直隸定州人)
[萬曆]青州 12 又/又 13
[康熙十五年]青州 12 又/又 13
[康熙四十八年]青州 12 又/又 13
[萬曆]諸城 4/36
高容華(字重巍)
(清・利津人)
[咸豐]武定府 26/義行 32
[光緒]利津 8/義行 5
高之楫(明・恩縣人)
[雍正]恩縣續志 3/19
高容聲(字佩蒼)
(清・利津人)
[咸豐]武定府 24/循良 48
[光緒]利津 7/宦蹟 13
高永本(字貞一)
(清・利津人)
[光緒]利津 8/義行 8
高宗冉(清・寧陽人)
[光緒]寧陽 13/79
高宏圖(見高弘圖)
高宏暉(字暘谷)
(清・膠州人)
[乾隆]膠州 4/54
[道光]重修膠州 28/2
[民國]增修膠志 42/2
高之馞(字閑四,號萌瞻)
(清・淄川人)
[乾隆]淄川 6/上 19
淄川縣鄉土志/耆舊錄－孝友
高之驪(字良五)
(清・淄川人)
[乾隆]淄川 6/上 80
高之騤(字宛良)
(清・淄川人)
[乾隆]淄川 5/又 53－1
高之騕(字仲治,號思菴)
(清・淄川人)
[乾隆]淄川 6/上 81
高之馴(字伯良)
(清・淄川人)
[道光]濟南 54/58
[乾隆]淄川 6/下 3
高之駿(字兩如)
(清・淄川人)
[乾隆]淄川 5/46
高容闇(字丹華)
(清・利津人)
[咸豐]武定府 26/義行 33
[光緒]利津 8/義行 5
高永興(清・濟陽人)
[民國]濟陽 11/30
高之駒(清・淄川人)

[康熙]淄川 6 下/4
[乾隆]淄川 6/下 4
高之馴(字伯度)
(淄川人)
[道光]濟南 54/58
[康熙]淄川 5/18
[乾隆]淄川 5/18
高之騄(字安貞,號孄濱老人)
(清・淄川人)
[乾隆]淄川 6/上 81
高之駒(字冀良)
(清・淄川人)
[康熙]淄川 5/9
[乾隆]淄川 5/9
高宗周(清・臨淄人)
[民國]臨淄 22/69
高之騂(字千里,號勉庸)
(清・淄川人)
[康熙]淄川 6 下/3
[乾隆]淄川 6/下 3
高永光(號霽斗)
(明・單縣人)
[順治]單縣 4/43
[康熙]單縣 7/23
31 **高馮**(唐・渤海人)
[嘉靖]山東 26/7
[康熙]山東 33/9
[宣統]山東 68/13
[萬曆元年]兗州 38/節義 3
[康熙]曹州志 7/45
[乾隆]曹州府 12/6
[光緒]菏澤 7/宦蹟 13
[光緒]新修菏澤 8/4
高馮(字季輔)
(唐・平原人)
[嘉靖]山東 29/11
[康熙]山東 39/10
[雍正]山東 28/人物二 4
[宣統]山東 156/2
[康熙]濟南 37/2
[道光]濟南 47/13
[嘉靖]德州 3/1
[萬曆]德州 9/34
[康熙]德州 8/5
[民國]德縣 10/4
[萬曆]平原上/60
[乾隆]平原 8/21
平原縣鄉土志輯稿/循吏
[康熙]陵縣 5/4
高福(明・高唐人)
[道光]高唐州 5/1－27
高湝(北齊・渤海蓨人)
[宣統]山東 67/24
[咸豐]青州 34/16
[萬曆二十四年]兗州 9/23
[康熙]兗州 10/23
[光緒]益都縣圖志 15/19
高渭(字子汾)
(清・常州人,寄籍祥符)
[民國]夏津續編 6/31,9/32
高憑(唐・渤海人)
[萬曆二十四年]兗州 27/10
[康熙]兗州 21/25
高遷(字于喬)
(明・茌平人)
[乾隆]東昌 38/24
[康熙二年]茌平 2/42,2/47
[康熙四十九年]茌平 2/42
[宣統]茌平 11/2
[民國]茌平 3/49
高沅(清・鑲黃旗人)
[乾隆]昌邑 5/108
高源(字仲淵)
(元・晉州人,一作饒陽人)
[嘉靖]山東 25/23
[康熙]山東 32/12
[雍正]山東 27/24
[宣統]山東 69/23
[康熙]濟南 25/19
[道光]濟南 34/39
[康熙]齊河 5/34
[雍正]齊河 5/33
[民國]齊河 22/1
齊河縣鄉土志政績錄/4
高源(明・觀城人)
[嘉靖]山東 35/6
[康熙]山東 45/14
[萬曆]濮州 4/孝友 1
[道光]觀城 8/6
觀城縣鄉土志/耆舊
高河龍(清・汶上人)
[宣統]四續汶上稿/人物－施濟傳
高江城(字匯菴)
(清・章丘人)
[宣統]山東補遺/10
高福陞(字壽明)
(長清人)
[民國]長清 12/18
32 **高溪**(字注東)
(清・臨沂人)
[民國]續修臨沂 16/14
高業偉(字小堂)
(清・高密人)
[民國]增修膠志 48/14
[光緒]高密 8/上 70
[民國]高密 14/上 20
高沂賢(字希曾)
(清・長清人)
[民國]長清 13/13
33 **高浚**(字定樂)
(北齊・渤海蓨人)
[宣統]山東 67/23
[咸豐]青州 34/15
[光緒]益都縣圖志 15/12,15/18
高溥之(字鵬客)
(清・膠州人)
[乾隆]膠州 5/26,7/40
[道光]重修膠州 29/3
[民國]增修膠志 44/2
膠州直隸州鄉土志 4/孝友
高必大(清・遼東廣寧人)
[嘉慶]慶雲 7/24
[咸豐]慶雲 2/26
[民國三年]慶雲 1/82
高梁楹(明・清浪衞人)
[康熙]兗州府曹縣 9/25
34 **高達**(字上達)
(明・河南扶溝人)
[嘉靖]章丘 3/5
高沐(唐・渤海蓨人)
[至元]齊乘 6/21
[嘉靖]山東 26/24,29/11
[康熙]山東 34/4,39/10

[雍正]山東 28/人物二 10
[宣統]山東 68/10
[康熙]濟南 38/2
[道光]濟南 47/14
[萬曆]青州 14/5
[康熙十五年]青州 14/5
[康熙四十八年]青州 14/忠義 5
[康熙六十年]青州 17/3
[乾隆]泰安府 14/10,18/69
[萬曆元年]兗州 38/節義 3
[萬曆二十四年]兗州 27/11
[康熙]兗州 21/25
[萬曆]東昌 18/15
[乾隆]武定府 23/38
[咸豐]武定府 23/忠節 8
[嘉靖]濮州 7/6
[萬曆]濮州 3/名宦 10
[康熙]濮州 3/10
[乾隆]濮州 3/10
[宣統]濮州 4/10
[康熙]東平州 4/60
[乾隆]東平州 12/5,15/35
[道光]東平州 12/5,15/36
[光緒]東平州 14/5,15/下 65
[咸豐]濱州 10/17
濱州鄉土志/耆舊錄
[民國]東平縣 9/3,11/下 33
[萬曆]德州 9/35
[康熙]德州 8/6
[民國]德縣 10/4
[乾隆]惠民 5/45
[光緒]惠民 20/2
惠民縣鄉土志/耆舊錄 1
高禧(元・臨邑人)
[嘉靖]山東 25/22
[康熙]山東 32/11
[雍正]山東 28/人物二 64
[宣統]山東 161/22
[道光]濟南 34/39,72/32
[乾隆]武定府 16/29
[咸豐]武定府 19/商河 1
[康熙]新修齊東 4/14
[民國]齊東 3/55
齊東縣鄉土志/政績錄 3
[順治]臨邑 12/4
[康熙]重修臨邑 10/5
[道光]臨邑 9/1
[同治]臨邑 9/循異 1
[萬曆]新修霑化 6/106
[萬曆]商河 5/22
[道光]商河 5/26
[民國]重修商河 6/65
商河縣鄉土志 1/政績
高淹(字子邃)
(北齊)
[光緒]益都縣圖志 15/18
高祐(字子集)
(北魏・渤海人)
[嘉靖]山東 26/5,29/6
[康熙]山東 33/5,39/6
[雍正]山東 27/32
[宣統]山東 67/14
[康熙]濟南 42/5
[乾隆]兗州 22/7
[乾隆]武定府 25/42
[咸豐]武定府 25/文苑 1
[康熙]曹州志 7/44
[乾隆]曹州府 12/5
[光緒]菏澤 7/宦蹟 12
[光緒]新修菏澤 8/3
菏澤縣鄉土志/8
[康熙]兗州府曹縣 10/5
[光緒]曹縣 10/5
[乾隆]惠民 6/4
[光緒]惠民 23/3
惠民縣鄉土志/耆舊錄 18
高湛(字子澄)
(魏・渤海蓨人)
[光緒]德州志略/金石志
[民國]續修歷城縣志 31/22
高湛(北齊)
[順治]登州 11/4
[康熙]萊陽 5/3
高湛(清・山陰人)
[乾隆]泰安府 15/34
[康熙]東平州續志 4/3
[乾隆]東平州 12/40
[道光]東平州 12/40
[光緒]東平州 14/40
高漢文(清・海豐人)
海豐縣鄉土志/耆舊－事業四
高遠詢(字虞臣)
(清・淄川人)
[宣統]三續淄川 9/60
高凌雲(明・昌樂人)
[康熙]昌樂 4/11
[嘉慶]昌樂 25/3
高汝登(字自卑,號柳溪)
(明・淄川人)
[康熙]山東 45/6
[康熙]濟南 47/5
[道光]濟南 50/32
[萬曆]淄川 28/2,30/15
[康熙]淄川 5/33,6/71
[乾隆]淄川 5/33,6/上 71,7/上 42
高斗位(字仲仁,號宜菴)
(明・確山人)
[順治]單縣 4/24
[康熙]單縣 11/43
[乾隆]單縣 11/37
[民國]單縣 20/45
高汝爲(清・昌樂人)
[民國]昌樂縣續志 28/13
高遠岫(字澹雲)
(清・淄川人)
[宣統]三續淄川 9/97
高汝崐(見高如崐)
高達之(明・銅梁人)
[宣統]山東 71/33
[乾隆]泰安府 15/23
高遠業(字翔千)
(清・膠州人)
膠州直隸州鄉土志 4/文學
高凌漢(字抑之)
(明・東平人)
[康熙]東平州 3/42
高汝澥(字岱青)
(清・膠州人)
[道光]重修膠州 30/5
[民國]增修膠志 47/4
膠州直隸州鄉土志 4/藝術
高汝道(明・壽張人)
[康熙]兗州續編 15/27
[乾隆]兗州 23/50

[康熙六年]壽張 7/17
[康熙五十六年]壽張 7/31
[光緒]壽張 7/24
高遠塘(清・淄川人)
[宣統]三續淄川 9/61
高汝檟(字士喬)
(明・嘉祥人)
[乾隆]嘉祥 2/36
高汝樽(字北海)
(清・海陽人)
[光緒]增修登州 39/35
[乾隆]海陽 7/56
[光緒]海陽縣續志 5/10
高對揚(字藕塘)
(清・膠州人)
[民國]增修膠志 43/4
膠州直隸州鄉土志 4/忠烈
高遠猷(字臣軒)
(清・淄川人)
[宣統]三續淄川 9/72
高漢筠(字時英)
(五代・齊州歷城人)
[宣統]山東 156/20,200/3
[道光]濟南 72/29
[民國]續修歷城 39/1
高斗光(字拱辰,一作拱宸)
(明・嘉祥人)
[康熙]兗州續編 15/17
[乾隆]兗州 23/45
[乾隆]濟寧直隸州 24/42
[道光]濟寧直隸州 8/2－54
[順治]嘉祥 3/12,4/33
[乾隆]嘉祥 3/23
[光緒]嘉祥 3/22
高沐光(字鳳池)
(清・昌樂人)
[民國]昌樂縣續志 34/6
高汝常(清・無棣人)
[民國]無棣 13/18
海豐縣鄉土志/耆舊－事業五
高遠翻(清・淄川人)
[宣統]三續淄川 9/72
35 **高冲**(字仲青)
(清・章邱人)
[道光]濟南 54/16
[乾隆]章邱 9/33
[道光]章邱 10/31
章邱縣鄉土志/上 20
高迪(字允德)
(明・膠州人)
[雍正]山東 28/人物三 19
[宣統]山東 161/40
[萬曆]萊州 5/104
[康熙]萊州 10/31
[乾隆]萊州 10/17
[康熙]膠州 5/26
[乾隆]膠州 4/31
[道光]重修膠州 25/8
[民國]增修膠志 40/8
膠州直隸州鄉土志 4/事功
高清(明・莘縣人)
[正德]莘縣 6/35
高清誨(字獻可)
(清・東阿人)
[民國]續修東阿 12/1
高清雲(清・鄒平人)
[民國]鄒平 15/又 133
高連峻(清・益都舉人)
[光緒]嶧縣 19/丞倅 17
高連魁(字遜齋)
(清・昌樂人)
[民國]昌樂縣續志 35/10
高冲斗(字振北)
(明・無棣人)
[民國]無棣 11/20
海豐縣鄉土志/耆舊－事業四
高清淑(字驤凡,一字湘帆)
(清・東阿人)
[民國]續修東阿 11/14
高連城(清・平原人)
[民國]續修平原 10/上 15
高連陞(清・壽張人)
壽張縣鄉土志/耆舊－學問
36 **高澤**(明・范縣人)
[萬曆]濮州 3/鄉賢 38
高澤(字潤生)
(清・濟陽人)
[民國]濟陽 11/63
高澤(字惠普)
(清・寧津人)
[光緒]寧津 8/44
寧津縣志料 3/人物－道學
高澤霖(字雲森)
(清・齊河人)
[民國]齊河 23/77
高澤溥(字益亭)
(清・臨沂人)
[民國]續修臨沂 16/3
高澤履(字楚亭)
(清・潘陽人)
[道光]泰安縣 10/11
[民國]重修泰安縣 6/63
泰安縣鄉土志/政績 6
[光緒]德平 5/16
37 **高潔**(字賓宸)
(清・金鄉人)
[康熙]兗州續編 16/14
[乾隆]兗州 23/60
[乾隆]濟寧直隸州 27/29
[道光]濟寧直隸州 8/3－33
[康熙十二年]金鄉 5/12
[康熙五十一年]金鄉 11/16
[乾隆]金鄉 18/67
[咸豐]金鄉縣志略 9/中列傳二 2
[民國]金鄉 14/3
高潔(字靜遠)
(清・歷城人)
[民國]續修歷城 44/25
高迥(字廓菴)
(清・昌樂人)
[咸豐]青州 48/15
[嘉慶]昌樂 24/13
高迥(字越凡)
(清・惠民人)
[咸豐]武定府 26/義行 23
[光緒]惠民 22/5
惠民縣鄉土志/耆舊錄 15
高朗(明・萊蕪人)
[康熙]新修萊蕪 6/1
高朗(清・棲霞人)
[康熙]棲霞 6/24
高祿(明・莘縣人)
[乾隆]東昌 42/16
[嘉慶]東昌 32/16
[正德]莘縣 6/35

［康熙十一年］莘縣 7/15
莘縣鄉土志/事業 25
高深（明・萊陽人）
［民國］萊陽 3/1 中 11
高通（金）
［嘉靖］山東 27/8
［雍正］山東 27/58
［宣統］山東 69/12
［嘉靖］青州 13/31
［萬曆］青州 12/23
［康熙十五年］青州 12/23
［康熙四十八年］青州 12/23
［康熙六十年］青州 12/14
［咸豐］青州 35/13
［康熙六十年］博興 7/8
［康熙］高苑 3/14
［乾隆］高苑 3/19
高選（字朝用）
（明・陝西高陵人）
［宣統］山東 72/50
［萬曆］東昌 18/34
［乾隆］東昌 34/25
［康熙］臨清州 3/名宦 6
［乾隆］臨清州 9/10
［乾隆］臨清直隸州 6/76
［民國］臨清縣/秩官 61
高鴻文（字儀廷）
（清・桓臺人）
［民國］桓臺 3/20
高淑文（清・臨沂人）
［民國］臨沂 10/53
高鴻儒（字岐東）
（明・淄川人）
［康熙］濟南 45/7
［道光］濟南 50/38
［萬曆］淄川 30/22
［康熙］淄川 6/72
［乾隆］淄川 6/上 72
高鴻嶺（清・章丘人）
章邱縣鄉土志/上 23
高鴻漸（字晉生）
（清・莘縣人）
［光緒］壽張 5/33
［光緒］莘縣 6/8
［民國］莘縣 6/6
高逢吉（字斌人）
（長清人）
［民國］長清 12/9，12/15
高鴻裁（字翰生）
（清・濰縣人）
［民國］濰縣志稿 30/45
高鴻翥（霑化人）
［民國］霑化 4/登進 42
高祀恭（膠州人）
［民國］增修膠志 46/6
高鴻翰（字飛卿）
（清・平度人）
［民國］平度縣續志 8/11
高逢昌（清・高唐人）
［光緒］高唐州 5/2－8
［民國］高唐縣 12/49
高洞陽（明・東平人）
［宣統］山東 168/16
高鴻舉（字仞千）
（清・膠州人）
［道光］重修膠州 27/44
［民國］增修膠志 41/35
膠州直隸州鄉土志 4/事功
高淑曾（字魯如）
（清・沂水人）
［宣統］山東 173/4
38 **高滄**（字伯涵）
（明・膠州人）
［康熙］膠州 5/30
［乾隆］膠州 4/40
［道光］重修膠州 26/7
［民國］增修膠志 40/33
膠州直隸州鄉土志 4/篤行
高道（明）
［嘉慶］鄒平 14/8
［道光］鄒平 14/8
［民國］鄒平 14/8
高瀚（字演海）
（明・膠州人）
［康熙］膠州 5/41
［乾隆］膠州 4/41
［道光］重修膠州 26/7
［民國］增修膠志 40/34
高祥（明・范縣人）
［乾隆］曹州府 16/3
高溆（字子深）
（北魏）
［宣統］山東 67/8
高啟新（明・江西南昌人）
［崇禎］鄆城 4/7
［康熙］鄆城 4/5
［光緒］鄆城 6/6
高肇毅（字近庵）
（清・淄川人）
［乾隆］淄川 5/又 31－3
高啟元（清・萊陽人）
［雍正］山東 28/人物四 40
［宣統］山東 176/44，補遺/3
［乾隆］續登州 10/5
［光緒］增修登州 40/25
［乾隆］海陽 6/14
［光緒］海陽縣續志 10/70
［民國］萊陽 3/1 中 30
高肇豐（字繹常）
（清・淄川人）
［乾隆］淄川 5/又 53－1
高裕業（字德輿）
（清・膠州人）
［道光］重修膠州 28/20
［民國］增修膠志 42/18
高海清（清・鄆城人）
［光緒］鄆城 16/29
高肇模（字秋白）
（清・淄川人）
［乾隆］淄川 5/又 53－1
高肇馨（字寧齋）
（清・淄川人）
［乾隆］淄川 5/49
高肇翰（字百憲，號西林）
（清・淄川人）
［乾隆］淄川 5/又 31－3
高遵惠（字子育）
（宋）
［康熙］東平州 3/7
高肇勳（字勒卣）
（清・淄川人）
［乾隆］淄川 5/又 31－3
高肇昱（字燦庵）
（清・淄川人）
［乾隆］淄川 6/上又 20－4
高肇晊（字徑千）
（清・淄川人）
［乾隆］淄川 5/又 20

高肇愋(字武安)
(清・淄川人)
[乾隆]淄川 6/上又 83-1
高肇怡(字德和,號荊園)
(清・淄川人)
[乾隆]淄川 5/又 31-4
高肇恪(字德敬)
(清・淄川人)
[乾隆]淄川 5/29
39 **高遴**(字公選)
(清・惠民人)
[咸豐]武定府 25/孝友 35
[乾隆]惠民 5/57
[光緒]惠民 21/8
惠民縣鄉土志/耆舊錄 9
40 **高榜**(清・高密人)
[康熙]高密 8/又 12
高嘉(漢・平昌人)
[康熙]濟南 32/4
[康熙]德平 3/30
高奎(字文徵)
(明・長清人)
[雍正]山東 28/人物三 30
[宣統]山東 161/41
[康熙]濟南 37/7
[道光]濟南 52/19
[康熙]長清 9/57
[道光]長清 11/7
高奎(字星文)
(清・惠民人)
惠民縣鄉土志/耆舊錄 33
高奇(清・費縣人)
[康熙]費縣 7/30
[光緒]費縣 11/8
高士(字則可)
(清・鉅野人)
[宣統]山東 173/29
[乾隆]曹州府 16/9
[道光]鉅野 13/67
高壽(字伯齡)
(明・莘縣人)
[正德]莘縣 6/15
高墉(字固垣)
(清・滋陽人)
滋陽縣鄉土志 1/耆舊-實行
高梓(字木王)
(清・益都人)
[康熙四十八年]青州 14/儒行 19
[康熙六十年]青州 15/14
[咸豐]青州 47/28
[光緒]益都縣圖志 39/5
高培廉(字小圃)
(清・昌樂人)
[民國]昌樂縣續志 35/10
高嘉元(字士魁)
(明・武城人)
[乾隆]東昌 42/31
[嘉靖]武城 7/68
[順治]武城 2/19
[乾隆]武城 10/22
武城縣鄉土志略/耆舊錄
高士元(陽信人)
[民國]陽信 5/忠義 50
高在瑞(字輯五)
(清・茌平人)
[民國]茌平 3/117
高大經(字以仁)
(明・北直任縣人)
[宣統]山東 71/3
[康熙]濟南 25/44
[道光]濟南 36/5
[乾隆]武定府 16/48
[咸豐]武定府 19/蒲臺 2
[崇禎]歷城 6/2
[乾隆]歷城 34/4
[萬曆]蒲臺志 8/2
[康熙]重修蒲臺 7/2
[乾隆]蒲臺 2/57
蒲臺縣鄉土志/2
高士倬(字卓人)
(清・東阿人)
[民國]續修東阿 11/21
高志仁(字無尚)
(清・定陶人)
[乾隆]定陶 6/25
[民國]定陶 6/47
高大化(明・沂水人)
[乾隆]沂州府 25/24
[康熙]沂水 4/50
[道光]沂水 7/15
高士俁(字子毅,號梅村)
(清・新城人)
[宣統]新城縣後志 3/文苑
[民國]重修新城 18/19
高志先(清・淄川人)
[宣統]三續淄川 9/73
高九齡(明・陽穀人)
[民國]增修陽穀人物/仕宦 8
高士倫(字敦五,號樸村)
(清・新城人)
[宣統]新城縣後志 3/文苑
高克淳(字子質)
(清・濟陽人)
[民國]濟陽 11/72
高培官(字印堂,號海鶴)
(清・昌樂人)
[民國]昌樂縣續志 30/10
高士淳(字賁白)
(明・滋陽人)
[康熙]兖州續編 15/2
[乾隆]兖州 23/55
[康熙]滋陽 4/上 24
[光緒]滋陽 9/25
高士準(字仲繩)
(清・昌樂人)
[嘉慶]昌樂 23/9
高志禎(清・章邱人)
[乾隆]章邱 9/35
[道光]章邱 11/60
高士清(清・冠縣人)
[民國]冠縣 8/人物志 22
高志清(字還亭)
(清・膠州人)
[乾隆]膠州 5/25
[道光]重修膠州 29/17
[民國]增修膠志 45/3
膠州直隸州鄉土志 4/篤行
高赤城(字即霞)
(清・章邱人)
[宣統]山東 170/32
章邱縣鄉土志/上 22
高九芝(字畹馥)
(清・金鄉人)
[民國]金鄉 13/續增 8
高克謩(字敬持)

（清・江南江都人）
［宣統］山東 76/18
［乾隆］沂州府 20/17
［宣統］蒙陰 3/宦績
高南華（字仙峯）
（清・濟陽人）
［民國］濟陽 11/72
高志乾（清・壽張人）
［光緒］壽張 7/29
高在辰（字燦如）
（清・昌樂人）
［民國］昌樂縣續志 35/6
高克譽（清・江都舉人）
［乾隆］泰安府 15/37
［民國］萊蕪 9/8
［民國］續修萊蕪 15/10
萊蕪縣鄉土志/5
高士興（字軼凡）
（清・滕縣人）
［道光］滕縣志 8/儒林 36
滕縣鄉土志/28
高希歐（字景修，號廬峯）
（清・新城人）
［宣統］新城縣後志 3/文苑
高堯譽（字敬持）
（清・江蘇舉人）
［宣統］蒙陰 3/宦績
高有聞（字非耳，號谷虛）
（清・青州左衛人）
［康熙］山東 42/31
［康熙十五年］青州 13/89
［康熙四十八年］青州 13/事功 73
［康熙六十年］青州 16/37
［康熙］益都 8/4
［光緒］益都縣圖志 44/8
高大猷（字允升）
（清・高唐人）
［民國］高唐縣 12/53
高有智（字子明）
（清・陽信人）
［民國］陽信 5/耆碩 59
高志尚（字儀廷）
（清・鉅野人）
［民國］續修鉅野 5/上 20，7/下 62
高有恒（字維貞，號繩念）
（明・濟陽人）
［道光］濟南 51/49
［乾隆］濟陽 8/25
［民國］濟陽 11/35
高有愷（字維悌）
（明・濟陽人）
［道光］濟南 51/49
［乾隆］濟陽 8/13
［民國］濟陽 11/20
41 **高標**（明・臨朐人）
［康熙］臨朐縣志書 3/42
42 **高圩**（字倬田）
（清・昌樂人）
［民國］昌樂縣續志 34/6
43 **高博**（清・高密人）
［康熙］高密 8/又 12
高式（字敬夫）
（明・濮州人）
［嘉靖］濮州 7/25
高栻（明・臨朐人）
［康熙］臨朐縣志書 4/3
高越（明・鳳陽人）
［泰昌］登州 9/41
［順治］登州 11/18
［光緒］增修登州 28/15
［萬曆］福山 4/16
［康熙］福山 7/28
［乾隆］福山 7/22
［民國］福山縣志稿 3/2－3
高城方（字漢池）
（清・膠州人）
［民國］增修膠志 45/28
高式銘（字子箴）
（清・利津人）
［民國］利津縣續志 7/文苑 2
44 **高芳**（清・日照人）
［光緒］日照 8/42
高芬（字香谷）
（清・昌樂人）
［嘉慶］昌樂 28/2
高桂（明・泰安人）
［乾隆］泰安府 18/29
［乾隆二十五年］泰安縣 12/18
［乾隆四十七年］泰安縣 10/上 16
［道光］泰安縣 9/上 66
［民國］重修泰安縣 8/16
泰安縣鄉土志/耆舊 24
高桂（字鳳翥）
（明・濰縣人）
［康熙］萊州 10/37
［乾隆］萊州 10/23
［康熙］濰縣 5/人物 13
［乾隆］濰縣 4/10，5/49
［民國］濰縣志稿 27/39
濰縣鄉土志/17
高華（字君實）
（清・曹縣人）
［康熙］曹縣 11/19
［康熙］兗州府曹縣 11/19
［康熙］濱州 5/23
［咸豐］濱州 8/7
高華（字文典）
（清・利津人）
［咸豐］武定府 26/義行 29
［光緒］利津 8/義行 5
高林（明・茌平人）
［乾隆］東昌 41/29
［嘉慶］東昌 31/6
［康熙二年］茌平 2/52
［康熙四十九年］茌平 2/忠烈 2
［宣統］茌平 16/1
［民國］茌平 3/10
高勱（字敬德）
（隋・渤海蓨人）
［宣統］山東 67/33
［咸豐］青州 34/15
［乾隆］萊州 9/6
［光緒］益都縣圖志 15/18
高模（字彥範）
（清・歷城人）
［民國］續修歷城 41/5
高茸（明・單縣人）
［順治］單縣 2/40
高芝（字國瑞）
（元・濟南人）
［宣統］山東 161/22
［道光］濟南 48/43

［乾隆］歷城 36/27
高植（字子建）
（北魏・渤海蓨人）
［嘉靖］山東 26/5
［康熙］山東 33/6
［雍正］山東 27/19
［宣統］山東 67/10
［道光］濟南 46/20
［萬曆元年］兗州 38/循吏 18
［萬曆二十四年］兗州 27/4
［康熙］兗州 21/19
［乾隆］兗州 22/7
［光緒］益都縣圖志 15/9
高著（元・金鄉人）
［康熙］觀城 3/1
［道光］觀城 6/4
高翥（字仲翔）
（明・金鄉人）
［雍正］山東 28/人物三 30
［宣統］山東 165/18
［萬曆二十四年］兗州 37/5
［康熙］兗州 28/34
［乾隆］兗州 23/42
［乾隆］濟寧直隸州 27/27
［道光］濟寧直隸州 8/2－53
［康熙十二年］金鄉 5/27
［康熙五十一年］金鄉 11/1
［乾隆］金鄉 18/51
［咸豐］金鄉縣志略 9/上 12
［民國］金鄉 14/1
金鄉縣鄉土志/耆舊錄上
高翥（字時舉）
（明・魚臺人）
［康熙］魚臺 17/13
［乾隆］魚臺 10/26，11/7
［光緒］魚臺 3/4
高若亮（字明齋）
（平度人）
［民國］齊河 22/12
高世豪（清・淄川人）
［康熙］淄川 5/9
［乾隆］淄川 5/9
高攀龍（字天衢）
（清・濮州人）
［宣統］濮州 6/36
高芝龍（字雲亭）
（清・昌樂人）
［民國］昌樂縣續志 34/8
高若訥（字敏之）
（宋・并州榆次人）
［嘉靖］山東 25/20
［康熙］山東 32/8
［雍正］山東 27/75
［宣統］山東 68/38
［康熙］濟南 25/10
［乾隆］武定府 16/29
［咸豐］武定府 19/商河 1
［萬曆］商河 5/22
［道光］商河 5/26
［民國］重修商河 6/65
商河縣鄉土志 1/政績
高夢說（字元輔，號肖野）
（明・膠州人）
［康熙］膠州 5/30
［雍正］（膠州）州志別本/人物－隱德
［乾隆］膠州 4/38
膠州直隸州鄉土志 4/篤行
高夢說（字興嚴，號易菴）
（清・費縣人）
［宣統］山東 173/3
［乾隆］沂州府 25/29
［康熙］費縣 6/9，6/12，7/10
［光緒］費縣 11/1
費縣鄉土志/耆舊錄－事業
高夢麟（字石卿）
（清・濰縣人）
［民國］濰縣志稿 29/25
濰縣鄉土志/37
高執珂（字玉重）
（清・膠州人）
［乾隆］膠州 5/38
［道光］重修膠州 30/5
［民國］增修膠志 47/5
膠州直隸州鄉土志 4/藝術
高樹臻（清・沂水人）
［道光］沂水 7/26
高茂秀（清・鄒縣人）
［民國］續修鄒縣志稿/人物－耆舊附方技
高攀貞（字蘭圃）
（清・膠州人）
［道光］重修膠州 29/8
［民國］增修膠志 44/6
高攀嵩（字雲客）
（清・膠州人）
［乾隆］膠州 4/63
［道光］重修膠州 27/14
［民國］增修膠志 41/10
高蔚然（清・膠州人）
［道光］重修膠州 29/30
［民國］增修膠志 45/15
高英俊（字季秀）
（清・膠州人）
膠州直隸州鄉土志 4/文學
高其緒（字星衔）
（清・濰縣人）
［民國］濰縣志稿 29/25
濰縣鄉土志/33
高世魁（字紹甫）
（明・閩縣人）
［道光］濟南 35/20
高蕃仲（字南州）
（清・膠州人）
［道光］重修膠州 28/11
［民國］增修膠志 42/10
高萬仞（清・奉天人）
［宣統］山東 75/27
［道光］濟南 38/35
［道光］臨邑 7/26
［同治］臨邑 7/30
高攀鱗（字雷鯉）
（清・膠州人）
［道光］重修膠州 30/5
［民國］增修膠志 47/4
高蔚宸（字楓扆）
（清・膠州人）
［道光］重修膠州 27/34
［民國］增修膠志 41/26
膠州直隸州鄉土志 4/事功
高英之（字實中，號介石）
（清・泰安人）
［民國］重修泰安縣 8/6
高薰業（字又阜）
（清・膠州人）
［道光］重修膠州 27/41
［民國］增修膠志 41/32
高世祿（清・城武人）

［道光］城武 9/下 42
高萬選（字子中）
（清・濰縣人）
［民國］濰縣志稿 30/37
高萬海（恩縣人）
［民國］重修恩縣 11/鄉賢 62
高葆真（清・鉅野人）
［民國］續修鉅野 5/上 31
高桂森（清・膠州人）
［民國］增修膠志 43/7
高蔚桓（清・諸城人）
［光緒］增修諸城縣續志 17/1
高執柯（見高執珂）
高蔚越（字揚夫）
（清・膠州人）
［道光］重修膠州 28/18
［民國］增修膠志 42/16
高桂林（字子芳）
（清・直隸人）
［民國］續滕縣志 1/28
高桂枝（字香巖）
（清・壽光人）
［民國］壽光 12/人物志二 33
高蘭芹（字魯薌）
（清・昌樂人）
［民國］昌樂縣續志 28/13
高攀枝（明・臨邑人）
［康熙］重修臨邑 9/8
高世忠（金）
［光緒］益都縣圖志 17/7
高芳園（字蘭塘）
（清・博興人）
［民國］重修博興 13/38
高茗園（字竹農）
（清・博興人）
［民國］重修博興 13/38
高夢周（字錫岐）
（清・鄆城人）
［光緒］鄆城 10/10
高其閎（字容駟）
（清・高唐人）
［道光］高唐州 5/1－34
［光緒］高唐州 5/1－34
［民國］高唐縣 12/84
高世賢（字允修）
（清・濟寧人）
［道光］濟寧直隸州 8/4－40
高樹人（字松谷，一作嵩谷）
（清・壽張人）
［光緒］陽穀 6/30
［民國］增修陽穀人物/仕宦 19，人物/忠烈 23
［光緒］壽張 6/54
高其鎮（清・南皮進士）
［光緒］泗水縣鄉土志/8
高若錫（字朋百）
（清・膠州人）
［道光］重修膠州 30/5
［民國］增修膠志 47/5
高若銅（字同源）
（清・膠州人）
［道光］重修膠州 29/30
［民國］增修膠志 45/15
高樹棠（清・莘縣人）
莘縣鄉土志/事業 28
45 **高構**（字孝基）
（隋・北海人）
［嘉靖］山東 33/5
［康熙］山東 44/5
［宣統］山東 155/39
［嘉靖］青州 14/11
［萬曆］青州 13/33
［康熙十五年］青州 13/33
［康熙四十八年］青州 13/事功 16
［康熙六十年］青州 16/7
［萬曆］萊州 5/90
［康熙］萊州 10/19
［乾隆］萊州 10/6
萊州府鄉土志/下 4
［萬曆］濰縣 9/3
［康熙］濰縣 5/人物 9
［乾隆］濰縣 4/5
［民國］濰縣志稿 27/6
濰縣鄉土志/14
高槤（見高璉）
高椿嶺（字壽山）
（清・濟陽人）
［民國］濟陽 11/71
46 **高觀**（字我生）
（清・無棣人）
［民國］無棣 12/2
海豐縣鄉土志/耆舊－學問一
高覿（字會之）
（宋・宿州人）
［乾隆］單縣 4/51
［民國］單縣 6/宦蹟 14
高如玉（清・萊陽人）
［光緒］增修登州 43/31
［民國］萊陽 3/1 中 74
高如山（號鎮華）
（明・北直永年人）
［宣統］山東 71/35
［乾隆］泰安府 15/19
［天啟］新泰 5/23，9/39
［順治］新泰 4/19
［乾隆］新泰 11/4
新泰縣鄉土志/3
高如岱（字子積，號慊齋）
（清・濟寧人）
［道光］濟寧直隸州 8/1－32
濟寧州鄉土志 2/賢裔
高如崐（字峻甫）
（清・章邱人）
［道光］濟南 61/7
［道光］章邱 11/75
高如峋（清・章邱人）
［道光］濟南 54/24
［道光］章邱 11/79
高如岕（字陵生，一作峻生）
（清・章邱人）
［道光］濟南 54/17
［乾隆］章邱 9/35
［道光］章邱 11/61
高槐業（字午清）
（清・膠州人）
［道光］重修膠州 31/8
［民國］增修膠志 41/34
47 **高鵠**（清・清平人）
［乾隆］東昌 43/15
［嘉慶］東昌 32/41
［嘉慶］清平 14/43
［宣統］增輯清平 12/56
［民國］清平/人物 51
清平縣鄉土志/孝行

高鶴(字聲聞)
(明・茌平人)
[康熙四十九年]茌平 2/58
[宣統]茌平 18/2
[民國]茌平 3/隱逸 105
高猛(字豹兒)
(南北朝・渤海蓨人)
[道光]濟南 46/20
高桐(字嶧峰)
(清・齊東人)
[民國]齊東 5/56
齊東縣鄉土志/耆舊錄 3
高郁(明・魚臺人)
[乾隆]魚臺 10/26
高鶴程(字彭年)
(清・膠州人,嘉祥教諭)
[道光]重修膠州 28/13
[民國]增修膠志 42/12
高鶴程(清・膠州人,農家子)
[道光]重修膠州 29/11
[民國]增修膠志 44/9
膠州直隸州鄉土志 4/孝友
高鶴皋(字聞九)
(清・陽穀人)
[民國]增修陽穀人物/仕宦 22
高鶴齡(字鎮東)
(清・萊陽人)
[光緒]增修登州 44/5
[民國]萊陽 3/1 中 54,3/1 中 62,3/3 上傳志上 53
高朝選(字薦莪)
(清・德平人)
[道光]濟南 56/又 85
[乾隆]德平 3/13
[嘉慶]德平 7/14
[光緒]德平 7/13
高朝相(明・濱州人)
[康熙]濟南 44/27
[乾隆]武定府 25/10
[咸豐]武定府 25/孝友又 10
[萬曆]濱州 3/50
[康熙]濱州 7/17
[咸豐]濱州 10/20
濱州鄉土志/耆舊錄
48 高乾(字乾邕)
(南北朝・渤海蓨人)
[道光]濟南 46/16
高槃(清・直隸清苑人)
[宣統]山東 77/4
[咸豐]青州 37/6
[康熙]臨淄 8/8
[民國]臨淄 18/11
高擎(見高槃)
高敬天(清・定陶人)
[乾隆]定陶 6/29
[民國]定陶 6/64
高敬承(字克家)
(明・金鄉人)
[民國]金鄉 14/3
高增來(清・濟寧人)
[民國]濟寧直隸州續志 12/3
高幹臣(清・萊陽人)
[民國]萊陽 3/1 中 48
高翰閣(字墨林)
(清・濰縣人)
[宣統]山東補遺/23
49 高妙青(明・清平人)
[康熙]重修清平下/55,下/57
[民國]清平/藝文 40
50 高本(明・蒲州人)
[康熙]兗州府曹縣 9/11
[光緒]曹縣 9/縣丞 1
高奉(明・井陘人)
[乾隆]新泰 11/2
新泰縣鄉土志/2
高奉(字克敬)
(明・掖縣人)
[乾隆]掖縣 4/21
高擴(字和甫)
(元・金鄉人)
[康熙十二年]金鄉 5/16
[康熙五十一年]金鄉 7/23
高冉(清・臨邑人)
[民國]續修臨邑 3/34
高泰(字世威)
(明・冠縣人)
[嘉靖]冠縣 4/12
高推(字簡廷)
(明・寧晉人)
[康熙]淄川 4/13
[乾隆]淄川 4/13
高中(高苑人)
[康熙]高苑 5/2
[乾隆]高苑 5/2
高忠(明・莘縣人)
[正德]莘縣 6/37
高中立(清・東平人)
[康熙]兗州續編 16/27
[康熙]東平州續志 6/4
[乾隆]東平州 15/18
[道光]東平州 15/18
[光緒]東平州 15/下 26
[民國]東平縣 11/下 4
高中謀(字億堂,號鏡霞)
(清・淄川人)
[宣統]山東 169/33
[道光]濟南 54/58
[宣統]三續淄川 10/2
淄川縣鄉土志/鄉宦耆舊
高青雲(字心衢)
(清・東阿人)
[民國]續修東阿 11/17
高青選(字文若)
(清・昌樂人)
[咸豐]青州 49/2
[嘉慶]昌樂 22/8
高中奎(字星垣)
(清・汶上人)
[宣統]四續汶上稿/人物－文學傳
高中式(號奎陽)
(明・曹州人)
[康熙]曹州志 20/14
[乾隆]曹州府 22/21
[光緒]菏澤 20/13
高春藻(號菊隱)
(清・海陽人)
[光緒]增修登州 39/46
[光緒]海陽縣續志 5/21
高春暐(字亮甫)
(清・濰縣人)
[民國]壽光 6/29
高東明(字震光)

(清・濮州人)
[宣統]濮州 6/16
高東陽(字宗乾)
(清・萊陽人)
[光緒]海陽縣續志 8/68
高車兒(明・金鄉人)
[康熙十二年]金鄉 5/19
[康熙五十一年]金鄉 7/26
高東光(明・汲縣人)
[順治]堂邑 2/職官 5
高本性(號善養)
(清・文登人)
[光緒]文登 12/9
51 **高軒**(字克仁,一作克任)
(明・廬江人)
[萬曆]青州 12/22
[咸豐]青州 36/4
[萬曆]樂安 13/2
[雍正]樂安 11/3
[民國]樂安 8/19
[民國]續修廣饒 17/3
高振(字振六)
(清・昌樂人)
[嘉慶]昌樂 22/7
高振方(字休亭)
(清・章邱人)
[道光]濟南 61/8
[道光]章邱 11/77
高振儒(清・茌平人)
[民國]茌平 3/106
高振嶽(清・膠州人)
[民國]增修膠志 44/18
高振先(字法坤)
(清・章邱人)
[道光]濟南 54/20
[道光]章邱 11/69
高振紀(清・鄒平人)
[民國]鄒平 15/126
高振洛(清・河南鄧州人)
[宣統]山東 75/51
[光緒]霑化 5/21
[民國]霑化 4/職官 39
高振古(字少如,別號技蟲)
(清・膠州人)
[民國]增修膠志 47/9
高振如(清・冠縣人)
[道光]冠縣 8/上 18
[民國]冠縣 8/人物志 19
高振邦(清・平昌人)
[民國]德平縣續志 12/碑記 8
高振岳(清・膠州人)
膠州直隸州鄉土志 4/孝友
高振全(清・茌平人)
[民國]茌平 3/118
高振鐸(清・臨邑人)
[同治]臨邑 9/忠藎 6
高振鐸(字木齋)
(清・諸城人)
[道光]諸城縣續志 19/14
高振錫(清・高密人)
[民國]高密 14/上 41
52 **高挨**(元・北平人)
[康熙十二年]金鄉 5/16
[康熙五十一年]金鄉 7/23
[咸豐]金鄉縣志略 9/上 12
[民國]金鄉 13/9
金鄉縣鄉土志/耆舊錄上
高哲(清・臨沂人)
[民國]續修臨沂 16/20
高靜堂(原名修錄,字仁山)
(清・長清人)
[民國]長清 13/21
53 **高咸寧**(見高賢寧)
高輔辰(清・直隸灤州人)
[宣統]山東 76/25
54 **高拱**(字受之)
(清・淄川人)
[康熙]濟南 47/26
[道光]濟南 72/39
[乾隆]淄川 6/上 77
高軌(南燕・渤海蓨人)
[咸豐]青州 64/12
55 **高捷**(字中白)
(明・淄川人)
[雍正]山東 28/人物三 58
[宣統]山東 161/54
[道光]濟南 50/22
[康熙]淄川 5/6,6/60
[乾隆]淄川 5/6,6/上 60
淄川縣鄉土志/耆舊錄一
循良
56 **高擇**(清・章邱人)
[道光]濟南 61/7
[乾隆]章邱 9/35
[道光]章邱 11/75
57 **高拯**(字正甫)
(元・金鄉人)
[康熙十二年]金鄉 5/16
[康熙五十一年]金鄉 7/23
高撰(字柏垣)
(清・昌樂人)
[咸豐]青州 48/15
[嘉慶]昌樂 22/7
高邦佐(明・襄陽人)
[咸豐]青州 36/31
[康熙]壽光 20/4
[嘉慶]壽光 10/25
[民國]壽光 6/15
58 **高掄**(字銓甫)
(清・堂邑人)
[康熙]堂邑 13/13
堂邑縣鄉土志/耆舊錄
[民國]牟平 6/82
高敷政(字令寬)
(清・濟陽人)
[道光]濟南 56/28
[乾隆]濟陽 8/15
[民國]濟陽 11/13
60 **高昂**(字敖曹)
(南北朝・渤海蓨人)
[道光]濟南 46/17
高昂(字次軒)
(清・膠州人)
[民國]增修膠志 41/48
高杲(字景輝)
(明・益都人)
[康熙]山東 49/3
[雍正]山東 31/8
[嘉靖]青州 16/44
[康熙十五年]青州 17/3
[康熙四十八年]青州 17/方技 3
[康熙六十年]青州 20/7
[咸豐]青州 51/5
[萬曆]益都 6/105
[康熙]益都 10/20

［光緒］益都縣圖志 46/1
高杲(字仲昭)
(清・昌樂人)
［咸豐］青州 47/3
［嘉慶］昌樂 24/12
高固(周)
［萬曆］青州 15/14
［康熙四十八年］青州 15/武功 1
［康熙六十年］青州 16/43
［民國］臨淄 30/39
高壘(字岐陽)
(清・高唐人)
［道光］濟南 38/4
［乾隆］東昌 40/36
［嘉慶］東昌 30/30
［康熙五十一年］高唐州 8/29
［道光］高唐州 5/1－39
［光緒］高唐州 5/1－41
［民國］高唐縣 12/84
高昪(明・諸城人)
［萬曆］諸城 6/21
高尋(字殷宗,號仰覺)
(明・淄川人)
［道光］濟南 50/31
［乾隆］淄川 6/上 77
高邑(漢)
［嘉慶］禹城 7/2
禹城縣鄉土志/4
［道光］長清 16/19
高昱(字孟昌)
(明・青州左衛人)
［嘉靖］青州 14/35
［萬曆］青州 13/49
［康熙十五年］青州 13/49
［康熙四十八年］青州 13/事功 32
［康熙六十年］青州 16/16
［咸豐］青州 44/6
［康熙］益都 7/11
［光緒］益都縣圖志 35/3
高思雍(字仲和)
(清・定陶人)
［乾隆］定陶 6/16
［民國］定陶 6/18
高景雲(字龍舉)
(清・博興人)
［民國］重修博興 13/41
高曰聰(字作謀,一作作肅,號雲曙)
(清・膠州人)
［雍正］山東 28/人物四 39
［宣統］山東 177/32
［康熙］萊州 10/48
［乾隆］萊州 10/34
［雍正］(膠州)州志別本/人物－廉吏
［乾隆］膠州 4/55
［道光］重修膠州 27/22
［民國］增修膠志 41/17
膠州直隸州鄉土志 4/事功
高國瑚(清・臨清人)
［乾隆］東昌 43/22
［乾隆］臨清州 9/58
［乾隆］臨清直隸州 8/上 46
［民國］臨清縣/人物 59
高景瑤(字仙坡)
(東平人)
［民國］東平縣 11/上 25
高思禹(清・昌樂人)
［民國］昌樂縣續志 35/5
高昌仁(字子元,號貞松)
(清・金鄉人)
［康熙五十一年］金鄉 11/19
［乾隆］金鄉 18/69
［咸豐］金鄉縣志略 9/中列傳二 4
［民國］金鄉 14/3
金鄉縣鄉土志/耆舊錄上
高曰彩(見高月彩)
高國俊(字邁千)
(清・長清人)
［民國］長清 13/13
高星保(清・陽穀人)
［民國］增修陽穀人物/仕宦 19
高景安(明・膠州人)
［康熙］膠州 6/6
［乾隆］膠州 5/8
［道光］重修膠州 26/5
［民國］增修膠志 40/32
高昱之(清・膠州人)
［乾隆］夏津 6/25
［乾隆］膠州 5/14
［道光］重修膠州 27/19
［民國］增修膠志 41/15
高國柱(清・德州人)
［康熙］德州 6/6
高景樸(清・蒲臺人)
［光緒］重修蒲臺 3/6
高思恭(字凝止)
(明・歷城人)
［道光］濟南 49/43
［乾隆］歷城 41/12
高思孝(明・館陶人)
［乾隆］東昌 42/24
［嘉慶］東昌 32/20
高思孝(明・邢臺貢生)
［康熙］觀城 3/16
高曰恭(字作肅)
(清・膠州人)
［道光］濟南 38/18
［咸豐］青州 37/9
［乾隆］淄川 4/27
［乾隆］諸城 28/12
［乾隆］膠州 4/55
［道光］重修膠州 27/22
［民國］增修膠志 41/17
膠州直隸州鄉土志 4/事功
高國敬(清・諸城人)
［乾隆］諸城 41/5
高思肅(字伯嚴)
(清・定陶人)
［乾隆］定陶 6/26
［民國］定陶 6/48
高曰騤(字雁行)
(清・昌樂人)
［民國］昌樂縣續志 34/6
高思舉(明・邢臺貢生)
［道光］觀城 6/22
61 **高顥**(字門賢)
(北魏・渤海人)
［雍正］山東 28/人物一 55
［乾隆］武定府 23/4
［咸豐］武定府 23/名臣 4
［乾隆］惠民 5/26
［光緒］惠民 19/3

惠民縣鄉土志/耆舊錄 24
高顯(元)
[光緒]嶧縣 19/96
高顯(字耀卿)
(元・金鄉人)
[康熙十二年]金鄉 5/16
[康熙五十一年]金鄉 7/23
高顯(元・章邱人)
[道光]章邱 10/24
章邱縣鄉土志/上 18
高顯(字德章,一字德彰)
(明・濮州人)
[康熙]山東 41/26
[雍正]山東 28/人物三 22
[宣統]山東 161/38
[萬曆]東昌 19/56
[乾隆]曹州府 15/9
[嘉靖]濮州 7/26
[萬曆]濮州 3/鄉賢 48
[康熙]濮州 3/72
[乾隆]濮州 3/73
[宣統]濮州 4/79
63 高晙(字貞明,號蘊公)
(清・費縣人)
[乾隆]沂州府 25/30
[康熙]費縣 6/12
[光緒]費縣 11/9
費縣鄉土志/耆舊錄 - 學問
高默(明・汶上人)
[康熙]兗州續編 15/23
[乾隆]兗州 23/50
[康熙]續修汶上 4/人物 4
高貽樂(字益三,號蘭齋)
(清・淄川人)
[道光]濟南 54/59
高貽素(字少白)
(清・淄川人)
[道光]濟南 54/78
高貽揆(字心傳)
(清・淄川人)
[道光]濟南 54/77
高貽圃(字農如)
(清・淄川人)
[道光]濟南 54/77
高貽榮(字木欣)
(清・淄川人)
[乾隆]淄川 5/又 53 - 1
64 高時(字念吾,一字師孔)
(明・濟陽人)
[康熙]濟南 35/17
[道光]濟南 51/49
[萬曆]濟陽 9/39
[乾隆]濟陽 8/3,12/2
[民國]濟陽 11/3,18/20
高時新(清・臨朐人)
光緒臨朐 14/下 18
65 高踺(字捷行)
(清・昌樂人)
[民國]昌樂縣續志 28/7
66 高晅(字旭卿,號嶽東先生)
(清・萊陽人)
[光緒]增修登州 39/35
[乾隆]海陽 6/16,7/53
[民國]萊陽 3/1 中 34
67 高鄂(字秋卿)
(清・膠州人)
[民國]增修膠志 47/8
高明(字溪東)
(明・濰縣人)
[民國]濰縣志稿 27/31
高明(清・德州左衛人)
[康熙]德州 6/8
高明(字配天)
(清・直隸晉州人)
[宣統]山東 75/29
[道光]濟南 38/40
[光緒]陵縣 16/53,18/15
陵縣鄉土志/9
高嗣齊(字太初,一作愷初)
(明・無棣人)
[乾隆]武定府 25/38
[咸豐]武定府 25/儒林 8
[民國]無棣 13/25
海豐縣鄉土志/耆舊 - 事業二
高照磨(元・濰州人)
[民國]濰縣志稿 41/40
高明復(號樂平)
(明・濟寧人)
[乾隆]濟寧直隸州 27/11
[道光]濟寧直隸州 8/4 - 33
高嗣彔(字學晦)
(明・無棣人)
[乾隆]武定府 26/24
[咸豐]武定府 26/隱逸 2
[民國]無棣 13/25
高嗣呂(字清寰)
(明・膠州人)
[康熙]膠州 6/5
[乾隆]膠州 5/7
[道光]重修膠州 26/5
[民國]增修膠志 40/31
高鳴岡(字吉徵)
(明・武定人)
[乾隆]惠民 5/42
[光緒]惠民 19/22
68 高暿(清・費縣人)
[光緒]費縣 11/8
高晦(元・東昌人)
[乾隆]東昌 37/23
[嘉慶]東昌 27/21
[宣統]聊城 8/5
70 高防(字修己)
(宋)
[康熙]東平州 3/9
71 高厚(春秋・齊人)
[嘉靖]青州 16/57
[萬曆]青州 20/外傳 1
[康熙十五年]青州 20/外傳 1
[康熙四十八年]青州 20/外傳 1
高厚(字載之)
(元・遼人)
[康熙]曹州志 7/51
[光緒]菏澤 7/宦蹟 19
[光緒]新修菏澤 8/8
高頤(清・章邱人)
[康熙]章丘 6/32
[乾隆]章邱 9/31
[道光]章邱 10/30
高長恭(一名孝瓘)
(北齊)
[萬曆二十四年]兗州 9/24
[康熙]兗州 10/24
[萬曆]沂州志 7/61
[康熙]嶧縣 3/12
[光緒]嶧縣 18/13

[光緒]益都縣圖志 15/18
72 高岳(字洪略)
(北魏・渤海蓚人)
[宣統]山東 67/17
[咸豐]青州 34/15
[光緒]益都縣圖志 15/12
高所研(字敬室)
(明・淄川人)
[康熙]淄川 5/36
[乾隆]淄川 5/36
高彤瑄(字子衡,號叔玉,一號六齋)
(清・利津人)
[民國]利津縣續志 7/文苑 1
高彤琦(字鳳崗,號仲奇)
(清・利津人)
[民國]利津縣續志 7/儒行 1
高彤紱(字奉南,號伯友)
(清・利津人)
[民國]利津縣續志 7/宦蹟 1
高所向(清・武城人)
[乾隆]泰安府 15/27
[民國]萊蕪 9/6
[民國]續修萊蕪 15/8
高所蘊(字爾施,號宏室)
(明・淄川人)
[康熙]山東 45/7
[道光]濟南 50/34
[康熙]淄川 5/35
[乾隆]淄川 5/35
高所翻(字翼皇,號粹室)
(清・淄川人)
[道光]濟南 54/57
74 高勵(隋・渤海蓚人)
[嘉靖]山東 27/15
[康熙]山東 37/2
[萬曆]萊州 5/59
[康熙]萊州 8/19
76 高陽(字乾晞)
(清・金鄉人)
[康熙五十一年]金鄉 11/21
[乾隆]金鄉 18/71
高陽(清・新泰人)
[乾隆]泰安府 18/52
[乾隆]新泰 16/4
新泰縣鄉土志/25
77 高冊(字石函)
(清・膠州人)
[雍正](膠州)州志別本/人物－講師
[乾隆]膠州 5/15
[道光]重修膠州 28/3
[民國]增修膠志 42/3
高鳳(明・井陘人)
[宣統]山東 71/34,73/37
[康熙]濟南 25/33
[乾隆]泰安府 15/5
[萬曆]萊州 5/77
[康熙]萊州 8/55
[乾隆]萊州 9/24
[天啟]新泰 5/21
[順治]新泰 4/18
[康熙]高密 6/24
[乾隆]高密 6/17
[光緒]高密 6/21
[民國]高密 12/23
高密縣鄉土志/上 7
高風(明・曹縣人)
[康熙]曹縣 11/25
高岡(清・直隸灤州人)
[宣統]山東 77/22
高閎(南朝宋・蕃縣人)
[宣統]滕縣續志稿 3/49
高舉(字廷選)
(明・魯山人)
[崇禎]歷城 6/2
高舉(字鵬程,號東溟)
(明・淄川人)
[康熙]山東 39/29
[雍正]山東 28/人物三 52
[宣統]山東 160/33
[道光]濟南 50/32
[萬曆]淄川 29/3
[康熙]淄川 5/5,5/35,6/25
[乾隆]淄川 5/5,5/35,6/上 25
淄川縣鄉土志/耆舊錄－歷代名臣
高興(字啟元)
(明・魚臺人)
[康熙]魚臺 17/23
[乾隆]魚臺 11/7
[光緒]魚臺 3/4
高學(清・歷城人)
[康熙]德州 6/8
高譽(字鵾程,號南溟,一號鵬程)
(明・淄川人)
[康熙]濟南 42/16
[道光]濟南 50/34
[康熙]淄川 6/85
[乾隆]淄川 6/上 85
高展(明・景州吏員)
[康熙]觀城 3/10
[道光]觀城 6/14
高居廣(字心齋)
(清・臨朐人)
[民國]臨朐續志 20/39
高履方(清・膠州人)
[民國]增修膠志 42/23
高履謙(明・寶應人)
[萬曆]濮州 3/名宦 34
[康熙]朝城 7/7
高殿璽(字玉圃)
(清・臨沂人)
[民國]續修臨沂 16/4
高學元(字明吾)
(清・茌平人)
[乾隆]東昌 44/5
[嘉慶]東昌 34/5
[康熙四十九年]茌平 5/13
[宣統]茌平 17/1
[民國]茌平 3/11
高鵬翮(字雲程)
(清・膠州人)
[民國]增修膠志 45/29
高鵬翼(字伯舉)
(元・金鄉人)
[康熙十二年]金鄉 5/16
[康熙五十一年]金鄉 7/23
高殿珍(字廷璧)
(清・嘉祥人)
[光緒]嘉祥 3/31
高與能(字拙齋)
(清・昌樂人)

［民國］昌樂縣續志 35/5
高月彩（字光町，一作光庭）
（清・陽穀人）
［光緒］陽穀 6/31
［民國］增修陽穀人物/仕宦 22
高隆程（清・福建光澤人）
［道光］鉅野 10/30
高居盤（清・汶上人）
［宣統］四續汶上稿/人物－施濟傳
高居安（清・壽張人）
［光緒］壽張 7/31
高居寧（字靜菴）
（清・濟寧人）
［乾隆］濟寧直隸州 25/38
［道光］濟寧直隸州 8/3－18
高賢寧（明・濟陽人）
［康熙］山東 39/20
［雍正］山東 28/人物三 5
［宣統］山東 164/27
［康熙］濟南 38/10
［道光］濟南 51/48
［萬曆］濟陽 8/2
［乾隆］濟陽 8/2，12/2
［民國］濟陽 11/2，18/19
高鳳池（字協遠）
（清・章邱人）
［道光］濟南 54/17
［乾隆］章邱 9/36
［道光］章邱 11/62
高開道（唐・陽信人）
［民國］陽信 8/藝文下 36
高鵬南（字溟池，號養六）
（清・曹縣人）
［康熙］兗州府曹縣 14/17
［光緒］曹縣 14/人物 14
［順治］單縣 2/39
高熙柱（字友石）
（滕縣人）
［民國］續滕縣志 4/35
高鳳標（字建梁）
（東平人）
［民國］東平縣 11/上 25
高鳳城（字鳴岐）
（膠州人）
［民國］增修膠志 46/3，48/14
高鳳苞（字棲梧）
（清・金鄉人）
［咸豐］濟寧直隸州續志 3/7
［民國］濟寧直隸州續志 14/27
［咸豐］金鄉縣志略 9/中忠義傳 4
［民國］金鄉 14/19
高鳳翥（明・新城人）
［道光］濟南 51/29
［宣統］新城縣後志 2/忠義
［民國］重修新城 15/5
高艮英（字敦上）
（清・無棣人）
［乾隆］武定府 25/41
［咸豐］武定府 25/儒林 11
［民國］無棣 12/2
海豐縣鄉土志/耆舊－事業二
高熙喆（字仲瑊，號亦愚，亦字迪兹）
（清・滕縣人）
［宣統］滕縣續志稿 3/30，4/67
［民國］續滕縣志 1/29，4/56，4/藝文附 7，4/附 1
高鳳翰（字西園，號南阜山人）
（清・膠州人）
［宣統］山東 177/49
［民國］續安邱新志 23/1
［乾隆］膠州 4/68
［道光］重修膠州 28/10
［民國］增修膠志 42/9
膠州直隸州鄉土志 4/文學
高殿揚（清・沂水人）
［宣統］山東 173/14
高殿鼇（清・昌邑人）
［光緒］昌邑縣續志 5/41
高鳳辰（字會三）
（清・滋陽人）
滋陽縣鄉土志 1/耆舊－忠義
高印光（字月川）
（清・安丘人）
［民國］續安邱新志 18/5
78 **高騑**（字千里）
（唐・幽州人）
［萬曆二十四年］兗州 27/9
［康熙］兗州 21/23
79 **高隲**（清・新泰人）
［乾隆］泰安府 18/52
［乾隆］新泰 16/4
新泰縣鄉土志/25
高騰雲（清・汶上人）
［宣統］四續汶上稿/人物－耆德傳
高騰九（字冲蒼）
（清・高唐人）
［乾隆］東昌 43/28
［嘉慶］東昌 32/45
［康熙五十一年］高唐州 9/5
［道光］高唐州 5/2－11
［光緒］高唐州 5/2－14
［民國］高唐縣 12/6
高唐州鄉土志/19
高騰鳳（明・阜城人）
［乾隆］泰安府 15/12
［康熙］肥城書下/10
［嘉慶］肥城 15/32
［光緒］肥城 7/48
80 **高鏕**（清・昌樂人）
［嘉慶］昌樂 28/3
高美（字文中）
（明・樂平人）
［宣統］山東 71/45
［乾隆］武定府 16/34
［咸豐］武定府 19/濱州 3
［萬曆］濱州 3/21
［康熙］濱州 5/19
［咸豐］濱州 8/4
高全（元・臨邑人）
［嘉靖］山東 29/18
［康熙］山東 39/16
［康熙］濟南 43/7
［道光］濟南 48/17
［順治］臨邑 12/4
［康熙］重修臨邑 10/5
［道光］臨邑 9/20
［同治］臨邑 9/武功 1

高全(元・章邱人)
[道光]章邱 10/24
章邱縣鄉土志/上 19
高鏞(字在序,號金溪)
(清・昌樂人)
[嘉慶]昌樂 24/15
[民國]昌樂縣續志 16/44
高含章(字蘊堂,號嶧峯)
(清・膠州人)
[民國]增修膠志 41/43
高人龍(清・茌平人)
[康熙]單縣 6/46
高雉訓(字牟野)
(清・昌樂人)
[民國]昌樂縣續志 34/5
高奠謀(字佩禹,號蕙圃)
(清・淄川人)
[宣統]三續淄川 9/78
高益謙(字六吉)
(清・博興人)
[民國]重修博興 13/60
高毓秀(字雪竹)
(明・無棣人)
[康熙]濟南 42/17
[乾隆]武定府 24/28
[咸豐]武定府 24/循良 18
[康熙]海豐 10/13
[民國]無棣 11/4
海豐縣鄉土志/耆舊-事業
高毓義(清)
[道光]鉅野 24/10
高令德(清)
[嘉慶]慶雲 7/37
高益壯(清・金鄉人)
[民國]濟寧直隸州續志 14/33
[咸豐]金鄉縣志略 9/中忠義傳 4
[民國]金鄉 14/19
高鏡澄(字虛齋)
(清・無棣人)
[民國]無棣 11/13
海豐縣鄉土志/耆舊-事業
高曾啟(字夢先)
(清・昌樂人)
[嘉慶]昌樂 24/15

高金榜(字蕊齋)
(清・嘉祥人)
[民國]濟寧直隸州續志 13/14
[光緒]嘉祥 3/34
高金標(字裕錦)
(清・壽張人)
[光緒]壽張 7/21
高金城(字翰卿)
(清・金鄉人)
[民國]濟寧直隸州續志 14/9
[民國]金鄉 14/8
高金城(字子垣)
(清・濮州人)
[宣統]濮州 6/13
高金芝(字伯庚)
(清・黃縣人)
[民國]黃縣志稿 13/清懿行
高金聲(清・長山人)
[道光]濟南 55/32
[嘉慶]長山 9/29
81 **高鈺**(字仲堅)
(清・昌樂人)
[民國]昌樂縣續志 31/10
84 **高鎮岳**(字冠五)
(清・臨沂人)
[民國]續修臨沂 16/22
85 **高鑕**(字仲韜)
(清・昌樂人)
[民國]昌樂縣續志 31/8
86 **高錕**(字劍華)
(清・昌樂人)
[民國]昌樂縣續志 28/13
高錕(字銳莽,一作銳菴)
(清・直隸盧龍人)
[宣統]山東 76/44
[乾隆]東昌 35/13
[嘉慶]東昌 22/18
高智(字承慧)
(明・章邱人)
[道光]章邱 11/56
高知彰(字澹修,一作澹菴)
(明・無棣人)
[康熙]濟南 41/37
[乾隆]武定府 23/46
[咸豐]武定府 23/忠節 16
[康熙]海豐 10/15
海豐縣鄉土志/耆舊-事業四
[民國]無棣 11/20
高錫麟(字文圃)
(清・惠民人)
惠民縣鄉土志/耆舊錄 33
高知止(字明甫)
(明・平原人)
[道光]濟南 52/60
[乾隆]平原 8/37
平原縣鄉土志輯稿/文學
高知儉(明・直隸阜城舉人)
[萬曆]青城 1/41
[民國]青城續修 4/名宦 13
高知微(字澄江)
(明・無棣人)
[乾隆]武定府 23/46
[咸豐]武定府 23/忠節 16
[民國]無棣 11/19
海豐縣鄉土志/耆舊-事業四
高錫九(清・濱州人)
[咸豐]濱州 10/耆壽又 7
高知周(唐・晉陵人)
[嘉靖]山東 26/6
[康熙]山東 33/7
[萬曆元年]兗州 38/循吏 22
[萬曆]沂州志 6/6
高智周(唐・晉陵人)
[萬曆二十四年]兗州 27/11
[康熙]兗州 21/25
[光緒]費縣 3/52
87 **高鈞**(字韶青)
(武進人)
[民國]壽光 6/30
高鏐(明・沂水人)
[乾隆]沂州府 26/5
[道光]沂水 7/22
高鏘(字淑振,一字印南)
(明・膠州人)
[康熙]萊州 10/40
[乾隆]萊州 10/24
[康熙]膠州 5/34

［乾隆］膠州 4/39
［道光］重修膠州 25/15
［民國］增修膠志 40/14
［道光］觀城 6/2
觀城縣鄉土志/政績
高銅（字季參）
（清・昌樂人）
［民國］昌樂縣續志 30/24
高銅業（清・膠州人）
［民國］增修膠志 43/6
高錚符（字子相，號墨陽）
（清・膠州人）
［乾隆］膠州 4/65
［道光］重修膠州 28/11
［民國］增修膠志 42/10
膠州直隸州鄉土志 4/文學
88 高第（明・北直灤州人）
［宣統］山東 70/35
［萬曆］青州 12/47
［康熙十五年］青州 12/47
［康熙四十八年］青州 12/47
［康熙六十年］青州 12/17
［咸豐］青州 36/35
［乾隆］武定府 26/44
［咸豐］武定府 26/寓賢 3
［康熙六十年］博興 7/9
［光緒］益都縣圖志 18/4
高簡（明）
［順治］堂邑 2/人物又 6
高簡（字子靜）
（清・膠州人）
［宣統］山東 177/51
［道光］重修膠州 29/1
［民國］增修膠志 43/1
膠州直隸州鄉土志 4/忠烈
高鑑（字心水）
（清・濟寧人）
［乾隆］濟寧直隸州 26/24
［道光］濟寧直隸州 8/4－39
高節（字仲儀）
（明・博平人）
［正德］博平 4/70
高節（字德亨）
（明・常州人）
［隆慶］單縣上/34
［康熙］單縣 6/11
［民國］單縣 6/宦蹟 17
高節（明・河南祥符人）
［宣統］山東 73/11
［萬曆］青州 12/50
［康熙十五年］青州 12/50
［康熙四十八年］青州 12/50
［康熙六十年］青州 12/27
［咸豐］青州 36/32
［康熙十二年］博興 6/2
［康熙六十年］博興 7/13
［道光］博興 10/4
［民國］重修博興 12/4
［康熙］壽光 20/4
［嘉慶］壽光 10/25
［民國］壽光 6/16
高節（明・禹城人）
［道光］濟南 52/5
［嘉慶］禹城 9/5
［民國］禹城 6/4
禹城縣鄉土志/11
高節（清・河南開封進士）
［道光］重修膠州 23/6
［民國］增修膠志 18/6
高敏（宋・登州人）
［嘉靖］山東 32/23
［康熙］山東 43/2
［雍正］山東 28/人物二 36
［宣統］山東 164/14
［泰昌］登州 11/30
［順治］登州 17/6
［光緒］增修登州 38/6
［康熙］蓬萊 5/18
［道光］重修蓬萊 9/1
［民國］蓬萊縣志合編人物志/功業
惠民縣鄉土志/政績錄 3
高銓（字秀升）
（清・章邱人）
［乾隆］章邱 9/33
高笏承（字賀谷）
（清・淄川人）
［宣統］三續淄川 9/61
高箕承（字竹激）
（清・淄川人）
［宣統］三續淄川 9/61
高筠承（字師竹）
（清・淄川人）
［宣統］三續淄川 9/96
高簪纓（字路騫）
（清・泰州人）
［道光］濟南 37/71
高敏修（字舜若）
（清・惠民人）
［咸豐］武定府 25/孝友 39
［光緒］惠民 21/9
惠民縣鄉土志/耆舊錄 10
高敏學（號帶黃）
（明・膚施人）
［順治］單縣 2/8
［康熙］單縣 6/27
高敘常（字彝訓）
（清・膠州人）
［民國］增修膠志 47/11
90 高光烈（字承夫，一字玉泉）
（明・膠州人）
［宣統］山東 161/45
［康熙］膠州 5/26
［乾隆］膠州 4/33
［道光］重修膠州 25/10
［民國］增修膠志 40/9
高常順（字履垣）
（清・茌平人）
［民國］茌平 3/107
高尚處士（姓劉）
（宋・濱州人）
［雍正］山東 30/12
高炎緒（字麗明）
（清・淄川人）
［道光］濟南 54/77
高堂生（字伯漢，一作漢之）
（漢・魯人）
［嘉靖］山東 30/2
［康熙］山東 40/2
［雍正］山東 11/闕里二 24，28/人物一 4
［宣統］山東 153/26
［康熙］濟南 32/5
［乾隆］泰安府 18/1，27/96
［萬曆元年］兗州 40/儒林 2
［萬曆二十四年］兗州 31/20
［康熙］兗州 24/18
［乾隆］兗州 7/36，23/6

[天啟]新泰 6/又 21
[順治]新泰 5/1,6/60
[乾隆]新泰 16/9,19/29
新泰縣鄉土志/22
[康熙]滋陽 4/上 7
[崇禎]曲阜 4/12
[康熙]曲阜 4/12
[乾隆]曲阜 69/6
高尚絅(明・臨朐人)
[康熙]臨朐縣志書 3/40
高堂谿(漢)
[順治]新泰 5/2
高惟寅(清・昌樂人)
[嘉慶]昌樂 24/13
高光斗(字子文)
(清・膠州人)
[道光]重修膠州 29/12
[民國]增修膠志 44/10
膠州直隸州鄉土志 4/孝友
高堂沖(晉・新泰人)
[康熙]濟南 38/2
[天啟]新泰 6/25
[順治]新泰 5/3
[乾隆]新泰 15/7
新泰縣鄉土志/14
高尚真人(姓劉,名卞功,字子民)
(宋・徐州人)
[嘉靖]山東 34/10
[康熙]山東 47/2
[宣統]山東 200/25
[康熙]濟南 51/5
[乾隆]武定府 26/37
[咸豐]武定府 26/仙釋 2
[萬曆]濱州 3/53
[康熙]濱州 7/35
[咸豐]濱州 10/仙釋 10
高尚志(字德崇)
(明・冠縣人)
[嘉靖]冠縣 4/3
[萬曆]冠縣 4/9
[道光]冠縣 8/上 15
[光緒]冠縣 8/忠勤
[民國]冠縣 8/人物志 17
高尚志(字事備)
(清・壽張人)
[光緒]壽張 7/14
高懷芳(字文川)
(清・昌邑人)
[光緒]昌邑縣續志 6/22
高光甲(清・海陽人)
[道光]濟南 38/39
高光照(字明齋)
(清・濟陽人)
[民國]濟陽 11/69
高光照(清・臨朐人)
臨朐縣鄉土志 1/耆舊
高尚學(字希顏)
(明・曹縣人)
[康熙]兖州府曹縣 13/35
[光緒]曹縣 13/33
高堂隆(字升平)
(三國・泰山平陽人)
[嘉靖]山東 29/4
[康熙]山東 39/4
[雍正]山東 28/人物一 30
[宣統]山東 154/24
[康熙]濟南 37/2
[道光]濟南 33/11
[弘治]泰安州 3/10
[康熙]泰安州 3/3
[乾隆]泰安府 16/8
[乾隆二十五年]泰安縣 12/4
泰安縣鄉土志/耆舊 7
[天啟]新泰 6/23
[順治]新泰 5/2
[乾隆]新泰 15/4
新泰縣鄉土志/12
高尚智(字慧泉)
(清・禹城人)
[民國]禹城 6/34
91 **高恒齡**(字夢九)
(清・德平人)
[民國]德平縣續志 12/碑記 17
高恒觀(字賓王)
(清・昌樂人)
[咸豐]青州 48/14
[嘉慶]昌樂 24/12
92 **高爔**(清・沂水人)
[乾隆]沂州府 25/28
[康熙]沂水 4/53
[道光]沂水 7/17
94 **高慎**(字孝甫)
(漢・陳留圉人)
[宣統]山東 66/29
[乾隆]萊州 9/2
高慎(字仲密)
(南北朝・渤海蓨人)
[道光]濟南 46/17
97 **高燦**(清・清平人)
[乾隆]東昌 43/15
[嘉慶]東昌 32/41
[康熙]重修清平下/43
[嘉慶]清平 14/42
[宣統]增輯清平 12/55
[民國]清平/人物 51
高恪(字列三)
(清・新城人)
[宣統]新城縣後志 2/善行
高恂方(清・膠州人)
[民國]增修膠志 43/7
膠州直隸州鄉土志 4/忠烈
99 **高榮**(元・萊陽人)
[民國]萊陽 3/1 中 6
高榮(明・河州人)
[嘉靖]朝城志 5/12
高瑩(清・禹城人)
禹城縣鄉土志/12

离

22 **离峯子**(名道顯)
(金・文登人)
[光緒]文登 12/1

夸

80 **夸父**(春秋・費縣人)
[萬曆]沂州志 6/1
[康熙]費縣 7/1

商

04 **商詰**(字右川)
(明・平原人)
[道光]濟南 52/56
[萬曆]平原上/62
[乾隆]平原 8/33
平原縣鄉土志輯稿/循吏

09 商麟書(字瑞符)
(清·商河人)
[民國]重修商河 7/32
10 商玉琦(字上珍,號國華)
(清·陽穀人)
[民國]增修陽穀人物/師道 17
商醇儒(字載素)
(明)
[順治]武城 2/20
[乾隆]武城 10/22
武城縣鄉土志略/耆舊錄
商可達(清·商河人)
[民國]重修商河 9/5
商玉溫(清·陽穀人)
[民國]增修陽穀人物/孝義 11
商爾選(字甫謙)
(清·嘉祥人)
[光緒]嘉祥 3/31
商玉成(字西銘)
(清·陽穀人)
[民國]增修陽穀人物/文苑 4,人物/孝義 8
商至剛(明·寧陽人)
[萬曆二十四年]兗州 37/4
[康熙]兗州 28/33
[乾隆]兗州 23/37
[康熙十一年]寧陽 7/19
[康熙四十一年]寧陽 7/21
[乾隆]寧陽 7/義士 1
[咸豐]寧陽 14/2
[光緒]寧陽 14/2
寧陽縣鄉土志/20
11 商琥(字台符)
(元·濟陰人)
[嘉靖]山東 30/55
[康熙]山東 40/53
[雍正]山東 28/人物二 61
[萬曆元年]兗州 40/諫議 19
[康熙]曹州志 15/54
[乾隆]曹州府 14/31
[光緒]菏澤 15/49
[光緒]新修菏澤 10/15
[康熙]曹縣 12/25
[康熙]兗州府曹縣 12/25
[光緒]曹縣 12/22
12 商廷勳(清·陽信人)
[民國]陽信 5/忠義 48
商廷藻(字鑑明)
(清·清平人)
[民國]清平/人物 65
13 商瓛(明·觀城人,一作夏津人)
[嘉靖]山東 35/5
[康熙]山東 45/13
[雍正]山東 28/人物三 27
[宣統]山東 164/44
[萬曆]東昌 19/59
[乾隆]東昌 41/29
[嘉靖]夏津 4/10
[康熙]夏津 5/9
[乾隆]夏津 8/15
14 商琦(字德符)
(元·曹州濟陰人)
[宣統]山東 168/16
[康熙]曹州志 15/54
[康熙]曹縣 12/25
[康熙]兗州府曹縣 12/25
[光緒]曹縣 12/23
[光緒]菏澤 15/49
[光緒]新修菏澤 10/15
商琦(字步韓)
(清·陽穀人)
[光緒]陽穀 6/27
[民國]增修陽穀人物/善行 40
17 商琚(字禮符)
(元·菏澤人)
[光緒]新修菏澤 10/15
商瑤(宋·淄川人)
[道光]濟南 47/34
18 商玫(明·涇陽人)
[嘉慶]慶雲 7/35
[咸豐]慶雲 2/26
[民國三年]慶雲 1/93
20 商億(宋·濮陽人)
[康熙]淄川 4/6
[乾隆]淄川 4/6
21 商衡(字平叔)
(金·曹州濟陰人)
[嘉靖]山東 30/54
[雍正]山東 28/人物二 55
[宣統]山東 164/20
[萬曆元年]兗州 40/節義 20
[萬曆二十四年]兗州 35/26
[康熙]兗州 27/23
[康熙]曹州志 15/14
[乾隆]曹州府 14/30
[光緒]菏澤 15/13
[光緒]新修菏澤 10/13
菏澤縣鄉土志/17
[康熙]曹縣 12/21
[康熙]兗州府曹縣 12/21
[光緒]曹縣 12/19
商經(字貫道)
(明·陽信人)
信邑志稿 7/文苑
商能(明·沭陽人)
[光緒]文登 5/25
商顯(清·商河人)
[民國]重修商河 9/7
22 商繼先(字崇緒)
(清·陽穀人)
[光緒]陽穀 6/28
[民國]增修陽穀人物/善行 42
商繼魯(清·章邱人)
[道光]濟南 54/19
[道光]章邱 11/65
商繼浩(清·陽穀人)
[光緒]陽穀 7/4
23 商允濟(明·靖海衛人)
[光緒]文登 8/下 20
26 商得芳(字馨齋)
(清·陽信人)
[民國]陽信 5/忠義 46
27 商紀(明·陽穀人)
[光緒]陽穀 9/6
[民國]增修陽穀人物/仕宦 11
28 商作霖(字肖說)
(清·陽穀人)
[民國]增修陽穀人物/仕宦 18
30 商容(戰國·齊人)
[萬曆]青州 13/19
[康熙十五年]青州 13/20

［康熙四十八年］青州 13/事功 3
商宗禮(明・陽信人)
［康熙］濟南 44/19
［乾隆］武定府 25/7
［咸豐］武定府 25/孝友 7
［康熙］陽信 9/17
［乾隆］陽信 7/25
［民國］陽信 5/孝友 49
信邑志稿 7/孝友
陽信縣鄉土志上/耆舊－事業
33 商治(字公平)(清・陽信人)
［乾隆］陽信 7/53
［民國］陽信 5/隱逸 71
信邑志稿 7/隱逸
35 商禮(明・武城人)
［嘉靖］武城 7/73
［順治］武城 3/11
36 商澤(字子季,一作子秀)(春秋・魯人)
［嘉靖］山東 24/8
［康熙］山東 29/8
［雍正］山東 11/闕里二 16
［宣統］山東 153/7
［康熙］濟南 32/3
［萬曆元年］兗州 7/51
［萬曆二十四年］兗州 7/22
［康熙］兗州 8/23
［乾隆］兗州 7/27
［崇禎］曲阜 4/10
［康熙］曲阜 4/10
［乾隆］曲阜 59/5
商澤民(金・高唐人)
［道光］高唐州 5/1－6
37 商祖堯(明・威海衛人)
［雍正］文登 8/6
［道光］文登 5/9
［光緒］文登 8/下 1
40 商賚(字子均)(明・陽信人)
［乾隆］武定府 24/26
［咸豐］武定府 24/循良 16
［康熙］陽信 9/8
［乾隆］陽信 7/7
［民國］陽信 5/宦蹟 12
信邑志稿 7/循良
陽信縣鄉土志上/耆舊－事業,耆舊－鄉賢祠
商士珩(字楚白)(清・茌平人)
［宣統］茌平 28/5
［民國］茌平 3/78
商大儒(字載樸)(明・武城人)
［乾隆］東昌 42/32
［順治］武城 2/20
［乾隆］武城 10/23
武城縣鄉土志略/耆舊錄
商存恭(字近禮)(恩縣人)
［民國］重修恩縣 11/鄉賢 60
41 商標(清・無棣人)
［民國］無棣 11/21
47 商起(字云卿)(清・陽信人)
［民國］陽信 5/耆碩 60
50 商貴(明・單縣人)
［順治］單縣 3/7
52 商挺(字孟卿,一字時萃)(元・曹州濟陰人)
［嘉靖］山東 30/55
［康熙］山東 40/53
［雍正］山東 28/人物二 61
［宣統］山東 158/7
［乾隆］泰安府 18/71
［萬曆元年］兗州 40/儒林 11
［萬曆二十四年］兗州 35/34
［康熙］兗州 27/32
［康熙］曹州志 15/15
［乾隆］曹州府 14/31
［康熙］東平州 4/62
［乾隆］東平州 15/37
［道光］東平州 15/37
［光緒］東平州 15/下 66
［民國］東平縣 11/下 34
［光緒］菏澤 15/14
［光緒］新修菏澤 10/14
菏澤縣鄉土志/17
［康熙］曹縣 12/24
［康熙］兗州府曹縣 12/24
［光緒］曹縣 12/22
［民國］齊河 32/69
［道光］冠縣 8/上 34
［光緒］冠縣 8/僑寓
［民國］冠縣 8/人物志 45
53 商輔(清・陽穀人)
［康熙十二年］陽穀 3/19
商成文(字斐然)(清・樂安人)
［民國］續修廣饒 21/1
55 商典(號梅岩,一作梅巖)(明・臨清人)
［乾隆］東昌 39/9
［康熙］臨清州 3/人物 9
［乾隆］臨清州 9/29
［乾隆］臨清直隸州 8/上 16
［民國］臨清縣/人物 8
57 商輅(字宏載)(明・淳安人)
［咸豐］寧陽 18/22
60 商暠(明・定陶人)
［乾隆］曹州府 15/2
［順治］定陶 5/12
［乾隆］定陶 6/6
［民國］定陶 6/8
66 商瞿(字子木)(春秋・魯人)
［康熙］山東 29/6
［雍正］山東 11/闕里二 15
［宣統］山東 153/6
［萬曆元年］兗州 7/42
［萬曆二十四年］兗州 7/20
［康熙］兗州 8/21
［乾隆］兗州 7/26
［崇禎］曲阜 4/9
［乾隆］曲阜 59/4
［康熙］兗州府曹縣 8/9
［光緒］曹縣 8/8
71 商長慶(清・樂安人)
［民國］樂安 10/34
［民國］續修廣饒 19/66
72 商丘成(漢)
［康熙］兗州府曹縣 8/7
［光緒］曹縣 8/6
77 商際昌(清・陽信人)
［康熙］濟南 38/22

［乾隆］武定府 25/13
［咸豐］武定府 25/孝友 13
［康熙］陽信 9/17
［乾隆］陽信 7/25
［民國］陽信 5/孝友 50
信邑志稿 7/孝友
陽信縣鄉土志上/耆舊－事業
商丹恒（字慕仙）
（清・清平人）
［宣統］增輯清平 12/48
［民國］清平/人物 30
清平縣鄉土志/耆舊
80 商企澤（字賢期，號毋齋）
（清・菏澤人）
［光緒］新修菏澤 10/45
商企翁（字繼伯）
（元・菏澤人）
［光緒］新修菏澤 10/16

席

30 席守魯（字以得）
（明・定陶人）
［順治］定陶 5/20
［乾隆］定陶 6/11
［民國］定陶 6/42
34 席法友（北魏・安定人）
［嘉靖］山東 26/4
［康熙］山東 33/5
［宣統］山東 67/10
［萬曆元年］兗州 38/循吏 18
［道光］濟寧直隸州 6/6－4
44 席芬（清・江蘇吳縣人）
［宣統］山東 75/6
［道光］濟南 38/10
［道光］章邱 9/11，13/50
章邱縣鄉土志/上 6
50 席書（字文同，號元山）
（明・四川遂寧人）
［雍正］山東 27/79
［宣統］山東 71/23
［道光］濟南 36/43
［萬曆元年］兗州 39/名宦 16
［萬曆二十四年］兗州 29/14
［康熙］兗州 22/35
［康熙］兗州續編 14/29
［萬曆］沂州志 6/11
［乾隆］沂州府 20/7
［康熙］郯城 6/24，10/25
［乾隆］郯城 7/24，11/14
60 席曰芳（字芬圃）
（清・齊河人）
［民國］齊河 23/83
77 席丹成（清・陽穀人）
［民國］增修陽穀人物/武功 13
90 席光袓（清・陽穀人）
［民國］增修陽穀人物/孝義 6

庸

01 庸譚（漢・膠東人）
［嘉靖］山東 33/2
［康熙］山東 44/2
［雍正］山東 28/人物一 25
［宣統］山東 153/20
［萬曆］萊州 6/11
［乾隆］萊州 11/儒林 1
萊州府鄉土志/下 23
［康熙］膠州 5/21，6/又 11
［乾隆］膠州 4/27
［道光］重修膠州 24/2
［民國］增修膠志 39/1
膠州直隸州鄉土志 4/文學
［康熙］平度州 3/6，4/2
［道光］重修平度州 17/6
［光緒］平度志要/藝文
平度鄉土志 4 下/學問
［萬曆］即墨志 8/2
［同治］即墨 9/39
即墨縣鄉土志/耆舊－學問
25 庸生（見庸譚）

0023_0 卞

00 卞文明（明・滋陽人）
［乾隆］兗州 23/59
［康熙］滋陽 4/上 32
［光緒］滋陽 9/46
滋陽縣鄉土志 1/耆舊－實行
04 卞謨正（清・武進人）
［宣統］山東 75/53
［咸豐］武定府 19/青城 3
08 卞敦（字仲仁）
（晉・濟陰冤句人）
［嘉靖］山東 30/19
［康熙］山東 40/22
［雍正］山東 28/人物一 38
［萬曆元年］兗州 41/31
［康熙］曹州志 15/32
［乾隆］曹州府 14/9
［康熙］東明 6/7
［乾隆］東明 6/7
［光緒］新修菏澤 10/4
［光緒］菏澤 15/33
菏澤縣鄉土志/15
卞敦本（字立亭）
（清・鉅野人）
［民國］續修鉅野 5/上 14
10 卞一卜（字七晝）
（清・博興人）
［民國］重修博興 13/52
卞元成（清・莒縣人）
［民國］重修莒志 62/8
20 卞秉（三國・瑯琊開陽人）
［民國］臨沂 9/7
21 卞穎（字慧生）
（清・江南揚州人）
［宣統］山東 77/17
［咸豐］青州 37/7
［乾隆］諸城 28/12
22 卞循大（字偉臣）
（清・昌樂人）
［民國］昌樂縣續志 30/26
23 卞俊（晉・濟陰冤句人）
［嘉靖］山東 30/19
［康熙］山東 40/21
［雍正］山東 28/人物一 35
［宣統］山東 155/8
［康熙］曹州志 15/32
［光緒］新修菏澤 10/4
［光緒］菏澤 15/33
菏澤縣鄉土志/22
［康熙］東明 6/6
［乾隆］東明 6/6
［民國］東明縣新誌 11/13
24 卞德猷（字鴻業，號謹齋）
（清・鉅野人）

［道光］鉅野 12/30,13/又
41,19/24
26 **卞和**（春秋・襄陽南漳人）
［崇禎］歷乘 18/5
30 **卞永和**（清・濮州人）
［宣統］濮州 6/94
卞進之（宋）
［道光］重修膠州 21/3
［民國］增修膠志 16/3
33 **卞浚**（見卞俊）
34 **卞澍棻**（字馨齋）
（清・博興人）
［民國］重修博興 13/43
37 **卞洵**（字信侯）
（清・鉅野人）
［道光］鉅野 13/77
卞潤之（字東里）
（清・樂陵人）
樂陵縣鄉土志 3/56
卞鴻怡（字子和）
（蓬萊人）
［民國］重修商河 6/59
40 **卞壺**（字望之）
（晉・濟陰冤句人）
［嘉靖］山東 30/20
［康熙］山東 40/22
［雍正］山東 28/人物一 39
［宣統］山東 155/12
［萬曆元年］兗州 40/節義 14
［萬曆二十四年］兗州 32/22
［康熙］兗州 25/17
［康熙］曹州志 15/6
［乾隆］曹州府 14/8
［光緒］新修菏澤 10/2
［光緒］菏澤 15/6
菏澤縣鄉土志/15
［康熙］曹縣 12/6
［康熙］兗州府曹縣 12/6
［光緒］曹縣 12/5
［康熙］東明 6/7
［乾隆］東明 6/7
［民國］東明縣新誌 11/13
［光緒］嶧縣 21/流寓 3
卞吉（明・益都人）
［康熙四十八年］青州 15/
義民 21

［康熙六十年］青州 18/17
卞杰三（曹州人）
［民國］利津縣續志 9/2
卞士醇（見卞士淳）
卞士淳（清・樂陵人）
［咸豐］武定府 25/孝友 31
［乾隆］樂陵 6/23
樂陵縣鄉土志 3/23
42 **卞彬**（字士蔚）
（南齊・濟陰冤句人）
［嘉靖］山東 30/28
［康熙］山東 40/31
［宣統］山東 163/8
［萬曆二十四年］兗州 33/13
［康熙］兗州 26/12
［康熙］曹州志 15/32
［乾隆］曹州府 14/10
［光緒］新修菏澤 10/5
［光緒］菏澤 15/33
菏澤縣鄉土志/15
［康熙］曹縣 12/7
［康熙］兗州府曹縣 12/7
［光緒］曹縣 12/6
［康熙］東明 6/9
［乾隆］東明 6/9
［民國］東明縣新誌 11/14
44 **卞華**（字昭岳，一作昭立，又
作昭丘）
（南北朝・濟陰冤句人）
［嘉靖］山東 30/33
［康熙］山東 40/34
［雍正］山東 28/人物一 49
［宣統］山東 162/21
［萬曆二十四年］兗州 33/25
［康熙］兗州 26/24
［康熙］曹州志 15/33
［乾隆］曹州府 14/10
［康熙］東明 6/10
［乾隆］東明 6/10
［光緒］新修菏澤 10/6
［光緒］菏澤 15/34
菏澤縣鄉土志/15
［康熙］曹縣 12/7
［康熙］兗州府曹縣 12/7
［光緒］曹縣 12/6
卞蘭（三國・琅邪開陽人）

［民國］臨沂 9/8
卞莊子（周・魯人）
［萬曆元年］兗州 40/武功 4
［萬曆二十四年］兗州 30/9
［康熙］兗州 23/9
［乾隆］兗州 23/3
［萬曆］泗水 6/6
［順治］泗水 6/6
［光緒］泗水 11/3
［光緒］泗水縣鄉土志/4
卞樹梅（字鶴倖）
（清・博興人）
［民國］重修博興 13/51
53 **卞威**（明・昌樂人）
［嘉靖］昌樂 3/41
卞咸和（字屺山）
（清・江都人）
［道光］濟南 38/20
［康熙五十五年］長山 3/39
［嘉慶］長山 5/48
54 **卞持基**（字厚甫）
（清・樂陵人）
樂陵縣鄉土志 3/53
61 **卞盱**（晉）
菏澤縣鄉土志/25
東明縣志料/人物門
68 **卞眕**（晉）
菏澤縣鄉土志/25
東明縣志料/人物門
88 **卞範之**（字敬祖）
（晉・濟陰冤句人）
［萬曆元年］兗州 41/12
［萬曆二十四年］兗州 37/35
［康熙］兗州 28/76
［康熙］曹州志 20/16
［乾隆］曹州府 22/7
［康熙］東明 7/20
［乾隆］東明 7/20
［光緒］菏澤 20/17
90 **卞粹**（字玄仁，一作鉉仁，亦
作元任）
（晉・濟陰冤句人）
［嘉靖］山東 30/17
［康熙］山東 40/18
［雍正］山東 28/人物一 35
［宣統］山東 164/4

[萬曆元年]兗州 40/忠直 9
[萬曆二十四年]兗州 32/22
[康熙]兗州 25/17
[康熙]曹州志 15/32
[光緒]新修菏澤 10/5
[光緒]菏澤 15/33
菏澤縣鄉土志/22
[康熙]曹縣 12/5
[康熙]兗州府曹縣 12/5
[光緒]曹縣 12/5
[康熙]東明 6/7
[乾隆]東明 6/6
[民國]東明縣新誌 11/13

0023_1 應

00 應言(宋・鄆人)
[乾隆]東平州 15/42
[道光]東平州 15/42
[光緒]東平州 15/下 72
10 應震(字青陽)
(明・濮州人)
[乾隆]濮州 2/66
[宣統]濮州 3/40
14 應劭(字仲遠)
(漢・汝南南頓人)
[嘉靖]山東 25/16
[康熙]山東 32/3
[雍正]山東 27/81
[宣統]山東 66/15
[康熙]濟南 24/4
[康熙]泰安州 2/52
[乾隆]泰安府 14/6
[萬曆]青州 12/9
[康熙十五年]青州 12/9
[康熙四十八年]青州 12/9
[康熙六十年]青州 12/4
[萬曆元年]兗州 38/武功 1
[嘉靖]昌樂 2/30
[康熙]昌樂 1/33
[嘉慶]昌樂 19/3
[乾隆二十五年]泰安縣 10/28
17 應邵(見應劭)
21 應順(字仲華,一作華仲)
(漢・汝南南頓人)
[宣統]山東 66/17
[乾隆]泰安府 14/4
[康熙]東平州 3/1
[乾隆]東平州 12/2
[道光]東平州 12/2
[光緒]東平州 14/2
[民國]東平縣 9/2
東平州鄉土志上/政績錄 8
25 應純仁(字暢贊)
(清・慈溪進士)
[乾隆]東昌 33/36
[嘉慶]東昌 21/4
[康熙]聊城 2/5
[宣統]聊城 6/2－4
聊城縣鄉土志/18
27 應詹(字思遠)
(晉)
[康熙]萊陽 5/2
40 應大猷(明・仙居人)
[崇禎]歷乘 16/63
41 應檟(明・浙江遂昌人)
[宣統]山東 70/9
[康熙]濟南 24/25
[道光]濟南 35/6
[崇禎]歷乘 16/34
[崇禎]歷城 6/13

0023_2 康

00 康庸(字時中)
(元・延安人)
[嘉靖]山東 25/24
[康熙]山東 32/13
[雍正]山東 27/24
[宣統]山東 69/20
[康熙]濟南 25/23
[道光]濟南 34/35
[嘉靖]淄川 6/77
[萬曆]淄川 27/7
[康熙]淄川 4/8
[乾隆]淄川 4/8
淄川縣鄉土志/政績錄
康廉采(字計庸,號繼驤)
(清・陵縣人)
[宣統]山東 169/19
[光緒]陵縣 19/人物傳二 2
陵縣鄉土志/15,19
康文禮(字闇公,一字燦然)
(清・城武人)
[康熙九年]城武 3/61,5/5
[康熙四十一年]城武 5/上宦蹟 9,5/上懿行 24
[道光]城武 9/上 24
康立初(字公復)
(清・壽光人)
[民國]壽光 12/人物志一 63
04 康誥(明・福山人)
[康熙]福山 8/17
[乾隆]福山 8/45
08 康敦(字文山)
(清・商河人)
[民國]重修商河 9/21
10 康霖生(清・直隸磁州人)
[雍正]山東 27/110
[宣統]山東 77/45
[康熙]萊州 8/58
[乾隆]萊州 9/36
[乾隆]即墨 8/8
[同治]即墨 8/8,10/中 10,12/35
即墨縣鄉土志/政績錄
康平南(清・招遠人)
[光緒]增修登州 44/4
康丕揚(字士遇,號驤漢)
(明・陵縣人)
[道光]濟南 52/27
[康熙]陵縣 6/下 26
[光緒]陵縣 19/人物傳一 14
陵縣鄉土志/14
12 康烈(字藎臣)
(清・陝西藍田監生)
[嘉慶]德平 5/20
[光緒]德平 5/12
康延世(字可式)
(明・章丘人)
[道光]濟南 49/64
[道光]章邱 10/25
13 康武臣(字西侯)
(清・東平人)
[康熙]東平州續志 6/2
[道光]東平州 14/27
[光緒]東平州 15/中 53
[民國]東平縣 11/中 20
20 康舜民(清・城武人)

［康熙］兗州續編 15/13
［康熙九年］城武 5/7
［康熙四十一年］城武 5/上懿行 9
［道光］城武 9/下 13
22 **康崇宣**（字敬我）（清・鄆城人）
［光緒］鄆城 14/22
康鼎鉉（明・福山人）
［康熙］福山 8/24
［乾隆］福山 8/36
24 **康科**（明・江夏人）
［萬曆］蒲臺志 8/15
［康熙］聊城 2/2
27 **康修己**（清・黄縣人）
［同治］黄縣 8/18
［民國］黄縣志稿 13/清懿行
康紹宗（明・武定州人）
［嘉靖］山東 29/24
［嘉靖］武定州下/67
28 **康復恒**（明・河南舞陽人）
［道光］濟南 36/58
［康熙］德平 3/2
［嘉慶］德平 5/8
［光緒］德平 5/8
30 **康宸**（字君所）（明・章邱人）
［道光］章邱 10/29
康進爵（清・東平人）
［康熙］東平州續志 6/2
康永貞（字中宇）（明・淄川人）
［康熙］淄川 5/25
［乾隆］淄川 5/25
康永修（清・泰安人）
［民國］重修泰安縣 8/20
康家遜（字天敏，號雲菴）（清・淄川人）
［乾隆］淄川 5/19
康永祚（清）
［康熙］新修齊東 4/22
康濟民（字惠之，號懷朴）（明・章丘人）
［康熙］濟南 47/4
［道光］濟南 49/50
［萬曆］章丘 27/46
［康熙］章丘 6/33
［乾隆］章邱 9/34
［道光］章邱 11/55
31 **康灝**（字道充，號巘峯）（明・陵縣增生）
［道光］濟南 52/29
［康熙］陵縣 5/25
［光緒］陵縣 19/人物傳一 16
陵縣鄉土志/14
康福壽（字永年，號東陵）（明・陵縣人）
［康熙］濟南 47/13
［道光］濟南 52/31
［康熙］陵縣 5/22
［光緒］陵縣 19/人物傳一 14
陵縣鄉土志/14
33 **康溥**（字元明，號正峯）（清・陵縣人）
［咸豐］青州 36/44
［康熙］臨朐縣志書 3/5
光緒臨朐 13/14
［光緒］陵縣 19/人物傳二 1
陵縣鄉土志/19
34 **康湛**（字完盧，號遠峯）（清・陵縣人）
［光緒］陵縣 16/57，19/人物傳二 1
陵縣鄉土志/19
康汝綗（字持三，號秩倫）（清・章邱人）
［道光］濟南 54/19
［道光］章邱 11/67
35 **康瀜**（字孔昭，號晴峰）（明・陵縣人）
［康熙］濟南 49/6
［道光］濟南 52/29，61/11
［康熙］陵縣 5/25
［光緒］陵縣 19/人物傳一 15
康迪吉（字道夫，號右川）（明・章丘人）
［康熙］濟南 41/22
［道光］濟南 49/50
［萬曆］章丘 24/29
［康熙］章丘 6/24
［乾隆］章邱 9/18
［道光］章邱 11/32
37 **康淑身**（字錫爵）（清・鄆城人）
［光緒］鄆城 8/13
康逢吉（清・昌樂人）
［民國］昌樂縣續志 34/6
40 **康樵**（字友漁，號雪廬）（清・陵縣人）
［光緒］陵縣 19/人物傳二 5
陵縣鄉土志/19
康雄（明・順義人）
［光緒］文登 5/37
康梓（字大木）（清・陵縣人）
［光緒］陵縣 19/人物傳二 5
陵縣鄉土志/16
康士珩（字楚白）（清・章邱人）
［道光］濟南 61/8
［道光］章邱 11/76
康有爲（清・廣東南海人）
［民國］膠澳志 10/14
康大壯（字允剛，號續川）（明・章邱人）
［道光］濟南 49/51
［道光］章邱 11/34
康友惠（字濟民）（明・直隸全椒人）
［嘉靖］山東 26/20
［康熙］山東 33/23
［萬曆元年］兗州 38/節義 4
［萬曆二十四年］兗州 29/14
［康熙］兗州 22/35
［康熙］兗州續編 14/29
［萬曆］沂州志 6/13
［乾隆］沂州府 20/8
［康熙］郯城 6/24，10/27
［乾隆］郯城 7/24，11/15
康志睦（字得眾）（唐・靈州人）
［咸豐］青州 34/19
［光緒］益都縣圖志 16/8
康士驥（清・城武人）
［康熙］兗州續編 16/16
［康熙四十一年］城武 5/上懿行 16

［道光］城武 9/下 18
康大猷(字允升)
(明・章邱人)
［道光］濟南 49/51
［道光］章邱 11/35
康士粹(清・鄆城人)
［光緒］鄆城 10/9
44 **康懋采**(字勉公)
(清・陵縣人)
［光緒］陵縣 19/人物傳二 4
陵縣鄉土志/19
康若虛(唐)
［咸豐］金鄉縣志略 7/4
金鄉縣鄉土志/政績錄
康世純(見康世淳)
康世淳(字秉元)
(清・齊東人)
［民國］齊東 5/11
齊東縣鄉土志/耆舊錄 12
康若泰(元・費縣人)
［光緒］費縣 10/69
康基田(字仲耕,號茂園)
(清・山西太原人)
［宣統］山東 74/41
［道光］濟南 37/58
［道光］濟寧直隸州 6/7－62
康萬年(清・莘縣人)
［光緒］莘縣 7/47
［民國］莘縣 7/34
康世懷(字惠遠)
(清・鉅野人)
［民國］續修鉅野 5/上 18
48 **康敬**(明・山西岢嵐州人)
［嘉靖］寧海州下/17
［同治］重修寧海州 12/9
康枚(字文木)
(清・陵縣人)
［光緒］陵縣 19/人物傳二 5
50 **康惠民**(明・陝西郃陽人)
［宣統］山東 71/24
［道光］濟南 36/47
［順治］臨邑 11/5
［康熙］重修臨邑 8/3
［道光］臨邑 7/25
［同治］臨邑 7/29
60 **康國琇**(清・博山人)
［乾隆］博山 7/上 16
［民國］續修博山 11/28
康國墉(清・章邱人)
［道光］章邱 11/77
康星熹(字紫垣)
(清・章邱人)
［道光］濟南 54/19
［道光］章邱 16/80
64 **康曄**(字顯之,號澹軒)
(金・高唐人)
［嘉靖］山東 31/26
［萬曆］東昌 19/43
［嘉靖］高唐州 5/18
［康熙十二年］高唐州 8/9,10/11
［康熙五十一年］高唐州 8/9
［道光］高唐州 5/1－6
［光緒］高唐州 5/1－6
［民國］高唐縣 12/3,12/81
高唐州鄉土志/16
康時鼐(號石鐘)
(清・福建海澄人)
［康熙四十一年］寧陽 3/20,3/40
［乾隆］寧陽 3/縣丞 4
70 **康璧**(字叔瑗,號達莊)
(元・高唐人)
［乾隆］東昌 37/25
［嘉慶］東昌 27/24
［嘉靖］高唐州 5/19
［康熙十二年］高唐州 8/10
［康熙五十一年］高唐州 8/10
［道光］高唐州 5/1－7
［光緒］高唐州 5/1－7
［民國］高唐縣 12/4
高唐州鄉土志/17
77 **康堅**(字子固)
(清・陵縣人)
［光緒］陵縣 19/人物傳二 8
陵縣鄉土志/19
79 **康騰蛟**(字孟宗)
(清・章邱人)
［道光］章邱 10/51
80 **康毓傑**(清・泰安人)
［民國］重修泰安縣 8/20
康金榜(字臚宣)
(清・陵縣人)
［民國］陵縣續志 4/18
90 **康炎新**(字焕一)
(清・陵縣人)
［光緒］陵縣 19/人物傳二 6
康懷英(五代・兖州人)
［嘉靖］山東 33/29
［宣統］山東 156/15
［萬曆元年］兖州 41/20
［萬曆二十四年］兖州 34/11,37/37
［康熙］兖州 28/78
97 **康耀廷**(字榮堂)
(清平人)
［民國］清平/人物 80
康灼乾(字健行)
(清・陵縣人)
［光緒］陵縣 19/人物傳二 6

0023_7 廉

10 **廉一桂**(字馥亭)
(清・平陰人)
［光緒］平陰 5/37
17 **廉孟詳**(字說齋)
(清・汶上人)
［宣統］四續汶上稿/人物－文學傳
18 **廉政**(明・山西潞州人)
［宣統］山東 73/15
［萬曆］青州 12 又/又 15
［康熙十五年］青州 12 又/又 15
［康熙四十八年］青州 12 又/15
［康熙六十年］青州 12/30
［咸豐］青州 36/7
［萬曆］安丘 17/4
安丘縣鄉土志 2/政績錄
23 **廉峻峰**(清・平陰人)
［宣統］山東 171/14
28 **廉復**(宋・章丘人)
［嘉靖］山東 29/16
［康熙］山東 39/14
［雍正］山東 28/人物二 45

［宣統］山東 167/11
［康熙］濟南 48/3
［道光］濟南 47/32
［嘉靖］章丘 3/63
［萬曆］章丘 15/18,29/62
［康熙］章丘 6/42
［乾隆］章邱 9/44,11/19
［道光］章邱 10/4,14/33
章邱縣鄉土志/上 39

37 廉潔(字子庸,一作子曹)
(春秋・齊人,一作衛人)
［嘉靖］山東 24/9
［康熙］山東 29/9
［雍正］山東 11/闕里二 18
［宣統］山東 153/9
［萬曆元年］兗州 7/55
［萬曆二十四年］兗州 7/21
［康熙］兗州 8/22
［乾隆］兗州 7/30
［嘉靖］濮州 4/15
［萬曆］濮州 4/衛人 10
［乾隆］曲阜 59/7

61 廉顒(清・陽穀人)
［康熙］陽穀 4/4
［光緒］陽穀 7/2
［民國］增修陽穀人物/孝義 4

67 廉明遠(字視惟)
(清・平陰人)
［光緒］平陰 5/13
平陰縣鄉土志/11

77 廉鳳沼(清・無錫人)
［民國］齊河 22/8

80 廉公謂(宋・堂邑人)
［嘉靖］山東 25/21,31/21
［康熙］山東 32/9,41/18
［雍正］山東 28/人物二 43
［宣統］山東 161/16
［康熙］濟南 25/14
［乾隆］泰安府 14/24
［萬曆］東昌 19/36
［乾隆］東昌 37/16
［嘉慶］東昌 27/14
［嘉靖］萊蕪 5/9
［康熙］新修萊蕪 5/22
［順治］堂邑 2/人物 1
［康熙十一年］堂邑 2/人物 1
［康熙］堂邑 16/1
堂邑縣鄉土志/耆舊錄

庾

28 庾敳(字子嵩)
(晉・潁川鄢陵人)
［光緒］嶧縣 19/37

38 庾導(北魏・潁川人)
［嘉靖］青州 15/61
［萬曆］青州 15/59
［康熙十五年］青州 15/59
［康熙四十八年］青州 15/僑寓 6
［康熙六十年］青州 20/16
［咸豐］青州 53/8
［光緒］益都縣圖志 48/15

40 庾賁(字文明)
(唐・潁川人)
［嘉靖］山東 26/7
［康熙］山東 33/9
［雍正］山東 27/34
［宣統］山東 68/12,150/60
［萬曆元年］兗州 38/循吏 23
［萬曆二十四年］兗州 27/11
［康熙］兗州 21/26,30/25
［乾隆］兗州 22/10
［乾隆］濟寧直隸州 21/3
［道光］濟寧直隸州 6/6 - 6
［萬曆］寧陽 3/25
［康熙四十一年］寧陽 3/15
［乾隆］寧陽 3/2,8/頌 1
［咸豐］寧陽 11/3,21/7
［光緒］寧陽 11/3,21/7
寧陽縣鄉土志/6

庈

80 庈父(見庈父)

0024_7 慶

21 慶順(清)
［民國］臨清縣/秩官 70

22 慶仙和尚(清)
［民國］濰縣志稿 36/11

35 慶禮(宋)
［萬曆］東昌 18/24
［萬曆］恩縣 4/5
［宣統］重修恩縣 6/45
［民國］重修恩縣 10/61

37 慶鴻(字中)
(漢・營陵人)
［康熙］杞紀 18/11

44 慶封(春秋・齊人)
［嘉靖］山東 33/12
［嘉靖］青州 16/57
［萬曆］青州 20/外傳 1
［康熙十五年］青州 20/外傳 1
［康熙四十八年］青州 20/外傳 1

77 慶周(明・商河人)
［道光］商河 7/55
［民國］重修商河 9/24
商河縣鄉土志 3/仙釋

80 慶父(春秋・魯人)
［嘉靖］山東 33/13
［萬曆元年］兗州 41/2
［萬曆二十四年］兗州 37/32
［康熙］兗州 28/73
［乾隆］曲阜 64/1

慶普(字孝公)
(東漢・沛人)
［乾隆］泰安府 14/4
［乾隆］東平州 12/2
［道光］東平州 12/2
［光緒］東平州 14/2

度

90 度尚(字博平)
(漢・山陽湖陸人,一作湖陵人)
［嘉靖］山東 30/10
［康熙］山東 40/11
［雍正］山東 28/人物一 15
［宣統］山東 154/16
［萬曆元年］兗州 40/政績 4
［萬曆二十四年］兗州 31/24
［康熙］兗州 24/23
［乾隆］兗州 23/15
［乾隆］濟寧直隸州 23/6

［道光］濟寧直隸州 8/2－4
［萬曆］滕志 7/18
［康熙］滕志 7/17
［康熙］滕縣志 7/16
［道光］滕縣志 8/武功 1
［康熙］魚臺 17/30
［乾隆］魚臺 11/1
［光緒］魚臺 3/1

0025_6 庫

00 **庫庫楚**（見濶濶出）
10 **庫元**（清）
［嘉慶］慶雲 7/37
49 **庫狄盛**（字安盛）
（北齊・懷朔人）
［康熙］萊陽 5/3

0026_7 唐

00 **唐交**（字敬夫）
（明・東平人）
［乾隆］東平州 11/12
唐雍（明・萊陽人）
［民國］萊陽 3/1 中 7
唐慶璋（字禮南）
（長清人）
［民國］長清 12/8
唐文霖（字雨臣）
（清・高唐人）
［光緒］高唐州 5/1－39
［民國］高唐縣 12/91
唐慶珊（字奉珍）
（長清人）
［民國］長清 12/11
唐文沂（字浴濱）
（清・高唐人）
［光緒］高唐州 5/2－29
［民國］高唐縣 12/45
唐文華（明・河內人）
［康熙］兗州府曹縣 9/24
唐文華（明・河南懷慶人）
［宣統］山東 71/18
［道光］濟南 36/54
［康熙］德州 7/26
［乾隆］德州 8/7
［民國］德縣 9/8
唐文林（清・丘縣人）
［道光］濟南 38/9
［民國］續修歷城 38/2
唐文莊（清・鄆城人）
［光緒］鄆城 10/12
唐文學（明・福山人）
［康熙］福山 8/18
［乾隆］福山 8/30
唐彥猷（宋）
［康熙六十年］青州 12/13
唐文煥（明・陝西富平人）
［宣統］山東 73/19
［康熙十五年］青州 12/26
［康熙六十年］青州 12/33
［咸豐］青州 36/38
［康熙］諸城 5/17
［乾隆］諸城 28/9
諸城縣鄉土志/上 10
01 **唐龍**（字虞佐）
（明・浙江蘭谿人）
［雍正］山東 27/79
［宣統］山東 72/20
［萬曆元年］兗州 39/名宦 17
［萬曆二十四年］兗州 29/14
［康熙］兗州 22/35
［萬曆］沂州志 6/12
［乾隆］沂州府 20/7
［康熙］郯城 6/24
［乾隆］郯城 7/24
唐龍章（字雲從）
（清・陽穀人）
［民國］增修陽穀人物/善行 45
02 **唐新科**（字慶榜）
（清・陽穀人）
［民國］增修陽穀人物/善行 41
04 **唐詁**（字心巖）
（明・掖縣人）
［道光］再續掖縣上/48
唐詩（明・萊州衛人）
［乾隆］掖縣 3/56
07 **唐詢**（字彥猷）
（宋・錢塘人）
［光緒］益都縣圖志 16/30
唐詔（字廷宣）
（明・陽信人）
［康熙］濟南 41/12
［乾隆］武定府 24/16
［咸豐］武定府 24/循良 6
［康熙］陽信 9/5
［乾隆］陽信 7/4
［民國］陽信 5/宦蹟 6
信邑志稿 7/循良
陽信縣鄉土志上/耆舊－鄉賢祠
08 **唐敦化**（字崇禮）
（清・陽穀人）
［光緒］陽穀 14/6
［民國］增修陽穀人物/善行 39
10 **唐玉**（字子美）
（明・榮成人）
［泰昌］登州 11/32
［順治］登州 17/10
［光緒］增修登州 37/13
［雍正］文登 7/24
［道光］榮成 8/2
唐可立（字子奇）
（清・平度人）
［民國］平度縣續志 7/14
唐可愛（清・丘縣人）
［乾隆］東昌 43/25
唐可大（明・泰州人）
［康熙］淄川 4/11
［乾隆］淄川 4/11
唐正芳（明・費縣人）
［光緒］費縣 10/82
唐于周（清・莒縣人）
［民國］重修莒志 61/11
唐玉輝（清・邱縣人）
［民國］臨清縣/秩官 72，人物/45
11 **唐珩**（清・高唐人）
［道光］高唐州 5/2－23
［光緒］高唐州 5/2－26
［民國］高唐縣 12/51
12 **唐廷聘**（字應三）
（清・費縣人）
［光緒］費縣 11/61
唐廷相（明・廣西全州人）
［宣統］山東 71/11
［道光］濟南 36/25

［康熙四十三年］長山 3/宦績
［康熙五十五年］長山 3/34
［嘉慶］長山 5/42
唐廷相（字中復）
（明・鄆城人）
［崇禎］鄆城 6/12
［康熙］鄆城 6/18
［光緒］鄆城 7/17
唐延曾（字方魯）
（清・長清人）
［民國］長清 13/15
唐延錫（字守素）
（清・高唐人）
［光緒］高唐州 5/2－29
［民國］高唐縣 12/45
13 **唐瑄**（字六珍）
（清・肥城人）
［乾隆］泰安府 18/58
［嘉慶］肥城 17/24
［光緒］肥城 9/3
肥城縣鄉土志 5/21
14 **唐珪**（明・湖廣黄岡人）
［宣統］山東 71/50
［乾隆］武定府 16/14
［咸豐］武定府 19/青城 1
［萬曆］青城 1/38
［乾隆］青城 7/2
［民國］青城續修 4/名宦 13
唐瑾（字附璘）
（南北朝・北海平壽人）
［嘉靖］山東 33/4
［康熙］山東 44/4
［雍正］山東 28/人物一 60
［宣統］山東 155/37
［萬曆］萊州 5/90
［康熙］萊州 10/19
［乾隆］萊州 10/5
萊州府鄉土志/下 4
［萬曆］濰縣 9/2
［康熙］濰縣 5/人物 8
［乾隆］濰縣 4/5
［民國］濰縣志稿 27/3
濰縣鄉土志/13
唐瑾（清・河南光州進士）
［康熙］新城 5/12
［民國］重修新城 11/1
唐琦（字魏公）
（清・江南鹽城例監）
［乾隆］嶧縣 7/29
［光緒］嶧縣 19/丞倅 5
唐瓚（明・武昌人）
［嘉慶］慶雲 7/25
［民國三年］慶雲 1/83
17 **唐承烈**（字冕周）
（清・鄒縣人）
［宣統］山東補遺/37
［民國］續修鄒縣志稿/人物－耆舊
唐君顯（清・滕縣人）
［民國］續滕縣志 2/10
18 **唐玠**（字介玉）
（清・益都人）
［康熙九年］城武 5/4
［康熙四十一年］城武 3/下治績 7
［道光］城武 6/35
20 **唐皎**（唐・京兆長安人）
［民國］濰縣志稿 32/12，42/4
唐秀（明・高唐人）
［康熙十二年］高唐州 9/6
唐秉彝（清・浙江山陰人）
［宣統］山東 75/10
［道光］濟南 38/17
［乾隆］淄川 4/26
淄川縣鄉土志/政績錄
唐維城（明・福建莆田人）
［萬曆］青州 12/40
［康熙十五年］青州 12/40
［康熙四十八年］青州 12/40
［咸豐］青州 36/22
［康熙六十年］博興 7/10
［光緒］益都縣圖志 18/9
唐維明（清・遵義人）
［光緒］菏澤 7/宦蹟 27
［光緒］新修菏澤 9/6
21 **唐稽**（字端木）
（清・鉅野人）
［道光］鉅野 13/57
唐虞（後漢・即墨人）
［雍正］山東 30/4
［同治］即墨 12/6
唐貞（見唐禎）
唐虞讓（明・興安人）
［宣統］山東 71/33
［康熙］兖州續編 14/26
［乾隆］泰安府 15/25
平陰縣鄉土志/6
唐仁信（字秋泉）
（清・黄縣人）
［民國］黄縣志稿 13/清藝術
唐上衡（字尹孚）
（清・甘泉人）
［乾隆］夏津 6/18
唐貞休（唐・宜安人）
［乾隆］萊州 9/6
萊州府鄉土志/上 9
［光緒］三續掖縣 1/45
［民國］濰縣志稿 27/6
［道光］掖乘 7
唐虞治（明・觀城人）
［康熙］觀城 4/10
唐虞盛（明・觀城人）
［康熙］觀城 4/10
唐行學（字任躬）
（清・淄川人）
［乾隆］淄川 5/47
22 **唐繼元**（清・濟寧人）
［民國］濟寧直隸州續志 14/5
唐綬祖（字孺懷，號莪村）
（清・海陵人）
［宣統］山東 74/40
［道光］濟南 37/57
唐仙姑（金）
［雍正］山東 30/14
唐利興（字振軒）
（清・陽穀人）
［民國］增修陽穀人物/師道 16
23 **唐允中**（明・北直威縣人）
［宣統］山東 73/38
［康熙］萊州 8/56
［康熙］高密 6/25
［乾隆］萊州 9/25
［乾隆］高密 6/19
［光緒］高密 6/23
［民國］高密 12/24

高密縣鄉土志/上 8
24 **唐偉**(字超羣)
(清・高唐人)
[光緒]高唐州 5/2-31
[民國]高唐縣 12/45
唐魁元(清・萊陽人)
[道光]重修膠州 23/15
[民國]增修膠志 18/13
唐化存(清・高密人)
[民國]高密 14/上 52
25 **唐傳猷**(字晉徽)
(清・鄒縣籍,居濟寧)
[宣統]山東補遺/37
[民國]濟寧直隸州續志 12/23
[民國]續修鄒縣志稿/人物-耆舊
唐仲冕(字六枳,號陶山)
(清・湖南善化人)
[光緒]肥城 9/17
肥城縣鄉土志 5/30
26 **唐侃**(字延直,一字廷直,號默菴)
(明・丹徒人)
[宣統]山東 71/39
[康熙]濟南 25/46
[嘉靖]武定州下/55
[萬曆]武定州 12/13
[崇禎]武定州 15/16
[乾隆]武定府 16/9
[咸豐]武定府 19/9
[乾隆]惠民 5/17
[光緒]惠民 18/10
惠民縣鄉土志/政績錄 5
唐儼(字整之)
(北魏・宜安人)
[民國]濰縣志稿 27/2
27 **唐紹**(唐・京兆長安人)
[民國]濰縣志稿 32/13
唐紹卿(東平人)
[民國]東平縣 11/上 25
28 **唐儉**(唐・莒人)
[乾隆]沂州府 25/16
[雍正]莒州 9/21
唐倫(南北朝・北海人)
[萬曆]濰縣 9/1
[康熙]濰縣 5/人物 8
30 **唐安**(漢)
[康熙]臨淄 10/9
[民國]臨淄 30/36
唐賓(字敬所)
(明・滋陽人)
[康熙]兗州 28/38
[乾隆]兗州 23/56
[康熙]滋陽 4/上 30
[光緒]滋陽 9/26
滋陽縣鄉土志 1/耆舊-忠節
唐宸(字文明)
(周・博興人)
[康熙四十八年]青州 13/事功 57
[康熙六十年]博興 7/16
唐永(南北朝・北海平壽人)
[至元]齊乘 6/17
[嘉靖]山東 33/4
[康熙]山東 44/4
[宣統]山東 155/35
[萬曆]萊州 5/89
[康熙]萊州 10/18
[乾隆]萊州 10/5
萊州府鄉土志/下 3
[萬曆]濰縣 9/1
[康熙]濰縣 5/人物 8
[乾隆]濰縣 4/5
[民國]濰縣志稿 27/2
濰縣鄉土志/13
唐之奇(唐・京兆長安人)
[民國]濰縣志稿 32/12
唐宗堯(明・平溪人)
[康熙]郯城 6/19
唐之材(字盛周)
(清・高唐人)
[乾隆]東昌 43/29
[嘉慶]東昌 32/46
[康熙五十一年]高唐州 8/33
[道光]高唐州 5/1-31
[光緒]高唐州 5/1-31
[民國]高唐縣 12/8
唐之桂(字月修)
(清・滋陽人)
滋陽縣鄉土志 1/耆舊-忠義
唐進東(字小魯)
(清・濰縣人)
[民國]濰縣志稿 31/7
唐守忠(字堯臣)
(清・鉅野人)
[宣統]山東 173/33
[民國]續修鉅野 5/上 17
唐賽兒(明・蒲臺人)
[康熙]莒州下/68
[萬曆]諸城 9/25
[康熙]諸城 9/24
唐寶光(字金山)
(清・費縣人)
[宣統]山東 173/16
[光緒]費縣 11/60
31 **唐禎**(字延瑞,一作廷瑞)
(明・陝西金州人,一作涇州人)
[宣統]山東 72/48
[萬曆]東昌 18/39
[乾隆]東昌 35/18
[嘉慶]東昌 22/22
[嘉靖]高唐州 5/5
[康熙十二年]高唐州 7/8
[康熙五十一年]高唐州 7/8
[道光]高唐州志 7/1-7
[光緒]高唐州 7/1-7
[民國]高唐縣 9/5-4
高唐州鄉土志/6
32 **唐兆觀**(字小村)
(清・昌樂人)
[民國]昌樂縣續志 31/11
33 **唐溥**(清・湖南衡山人)
[道光]觀城 6/15
唐溶(字臣川)
(清・陽信人)
[民國]陽信 5/文學 19
陽信縣鄉土志上/耆舊-學問
37 **唐次**(字文編)
(唐・北海人)
[民國]濰縣志稿 30/2
唐鴻訓(字撫夏)

（清・清平人）
［民國］清平/人物 71
唐鴻謨（字封桐）
（清・清平人）
［民國］清平/人物 70
唐冠政（字清軒）
（清・掖縣人）
［民國］四續掖縣 4/76
唐逢舜（宋・寧海人）
［嘉靖］寧海州下/43
［同治］重修寧海州 17/3
38 **唐祚永**（明・濮州人）
［乾隆］濮州 4/16
［宣統］濮州 5/16
唐啟泰（明・掖縣人）
［雍正］山東 28/人物三 60
［宣統］山東 164/40
［乾隆］掖縣 4/41
［道光］掖乘 4
［民國］重修商河 6/67
40 **唐爽**（字伯亮）
（清・昌樂人）
［民國］昌樂縣續志 30/18
唐志章（字憲周）
（清・淄川人）
［道光］濟南 54/61
唐嘉禾（字性軒）
（牟平人）
［民國］牟平 7/80
唐有爲（明・福山人）
［泰昌］登州 11/46
［順治］登州 17/25
［康熙］福山 9/22
［乾隆］福山 9 上/60
［民國］福山縣志稿 7/3－4
唐壽山（清・慶雲人）
［民國三年］慶雲 2/46
唐大寬（字宏遠）
（清・陽穀人）
［民國］增修陽穀人物/孝義 8
唐士奇（清・觀城人）
［康熙］觀城 4/12
唐吉林（字善庭）
（清・高唐人）
［民國］高唐縣 12/52
唐九成（字景韶）
（廣饒人）
［民國］續修廣饒 19/82
唐有成（明・福山人）
［泰昌］登州 11/46
［順治］登州 17/25
［康熙］福山 9/22
［乾隆］福山 9 上/60
［民國］福山縣志稿 7/4－15
唐克明（合肥人）
［民國］高唐縣卷首
唐堯臣（明）
［乾隆］東昌 42/22
唐有智（明・福山人）
［泰昌］登州 11/46
［順治］登州 17/25
［康熙］福山 9/22
［乾隆］福山 9 上/60
［民國］福山縣志稿 7/3－4
唐有光（明・福山人）
［泰昌］登州 11/46
［順治］登州 17/25
［光緒］增修登州 43/17
［康熙］福山 9/22
［乾隆］福山 9 上/60
［民國］福山縣志稿 7/3－4
41 **唐楨**（見唐禎）
唐柯三（濟寧人）
［民國］濟寧縣 3/4
唐樞正（清・陽穀人）
［康熙］陽穀 4/3
［光緒］陽穀 7/2
［民國］增修陽穀人物/孝義 3
42 **唐彬**（字儒宗，一作儒林）
（晉・魯國鄒人）
［嘉靖］山東 30/15
［康熙］山東 40/17
［雍正］山東 28/人物一 33
［宣統］山東 155/3
［萬曆元年］兗州 40/武功 10
［萬曆二十四年］兗州 32/15
［康熙］兗州 25/11
［乾隆］兗州 23/19
［萬曆］鄒志 2/22
［康熙十二年］鄒縣志 2/35
［康熙五十五年］鄒縣志 2/29
［民國］續修鄒縣志稿/人物－耆舊
鄒縣鄉土志耆舊錄/12
43 **唐博遠**（字聖普）
（清・莒縣人）
［民國］重修莒志 65/17
44 **唐㭎**（清・益都人）
［民國］續修萊蕪 28/3
唐桂（字月賓）
（清・膠州人）
［道光］重修膠州 28/5
［民國］增修膠志 42/4
唐桂亭（字香閣）
（清・高唐人）
［民國］高唐縣 12/91
唐世謙（清・漢軍籍）
［道光］安邱新志 16/3
安丘縣鄉土志 2/政績錄
唐夢元（清・陽穀人）
［光緒］陽穀 6/27
唐夢豸（明・濮州人）
［康熙］濮州續志下/5
［宣統］濮州 5/15
唐世熊（明・廣西桂林人）
［宣統］山東 70/29
［康熙］濟南 24/31
［道光］濟南 35/43
［崇禎］歷城 6/18
唐世健（字巽菴）
（清・昌樂人）
［民國］昌樂縣續志 31/11
唐世澤（清・膠州人）
［乾隆］膠州 5/10
［道光］重修膠州 29/3
［民國］增修膠志 44/2
唐夢賚（字濟武，別字豹嵓）
（清・淄川人）
［雍正］山東 28/人物四 20
［宣統］山東 170/5
［道光］濟南 54/60
［康熙］淄川 5/8
［乾隆］淄川 5/8，6/上 54
唐世大（字于京）
（清・益都人）

[光緒]益都縣圖志 39/6
唐世柱(明・湖廣巴陵人)
[宣統]山東 72/13
[康熙]兖州 22/37
[乾隆]兖州 22/28
[康熙]濟寧州 4/56
[乾隆]濟寧直隸州 22/19
[道光]濟寧直隸州 6/6－25
唐世英(字冠干)
(清・益都人)
[光緒]益都縣圖志 41/13
唐樹榛(字琴材)
(清・陽穀人)
[民國]增修陽穀人物/師道 29
唐若時(清・浙江人)
[民國]續修臨沂 2/18
唐芳第(字睿玉,號綺園)
(清・會稽諸生)
[道光]濟南 62/9
唐樹棠(字芾卿)
(清・掖縣人)
[光緒]三續掖縣 1/68
47 唐起(字喜廷)
(清・昌樂人)
[民國]昌樂縣續志 28/9
48 唐松(清・萊蕪人)
[民國]續修萊蕪 27/21
50 唐本(字敬身)
(清・城武人)
[道光]城武 9/下 7
唐丰(清・膠州人)
[道光]重修膠州 29/12
[民國]增修膠志 44/10
唐素(字希文)
(明・東平人)
[康熙]張秋志 7/21
唐奉一(唐・齊州人)
[乾隆]歷城 40/3
唐忠孝(黃縣人)
[民國]黃縣志稿 13/民國懿行
唐書鑑(字觀五)
(清・平原人)
[民國]續修平原 10/上 25
51 唐振(字威仕,一作仕威)
(明・陽信人)
[乾隆]武定府 25/4
[咸豐]武定府 25/孝友 4
[康熙]陽信 9/16
[乾隆]陽信 7/24
[民國]陽信 5/孝友 48
信邑志稿 7/孝友
陽信縣鄉土志上/耆舊－事業
唐振采(清・陽穀人)
[康熙]陽穀 4/3
[光緒]陽穀 7/2
[民國]增修陽穀人物/孝義 4
52 唐揣(北魏・北海平壽人)
[萬曆]濰縣 9/1
[康熙]濰縣 5/名宦 2,5/人物 8
[乾隆]濰縣 3/38
[民國]濰縣志稿 20/6
濰縣鄉土志/50
唐括安禮(本名斡魯古,字子敬)
(金)
[光緒]益都縣圖志 17/2
53 唐咸和(字介石)
(清・滋陽人)
[光緒]滋陽 9/9
55 唐扶(字正南)
(東漢・潁川郾人)
[宣統]山東 151/14
[萬曆二十四年]兖州 40/5
[康熙]兖州 30/5
[康熙]曹州志 17/4
[乾隆]曹州府 20/1
[萬曆]濮州 6/4
[康熙]濮州 6/4
[乾隆]濮州 6/4
[宣統]濮州 8/4
[光緒]菏澤 17/4
唐慧(元・萊陽人)
[民國]萊陽 3/1 中 5
58 唐輪(字文轉)
(北魏)
[光緒]益都縣圖志 15/13
唐敷潤(清・蓬萊人)
[同治]黃縣 9/26
[民國]黃縣志稿 13/人物－附錄
[民國]蓬萊縣志合編人物志/忠勇
60 唐昂(明・江西人)
[康熙]山東 48/6
[雍正]山東 31/16
[宣統]山東 200/11
唐思仁(明・淄川人)
[康熙]濟南 47/6
[道光]濟南 50/39
[康熙]淄川 6/75
[乾隆]淄川 6/上 75
唐四仙姑(元・牟平人)
[光緒]增修登州 65/63
[同治]重修寧海州 26/14
[民國]牟平 10/44
唐國福(清・文登人)
[光緒]文登 10/上 21
唐曰俞(字彥開)
(明・淄川人)
[康熙]濟南 45/10
[道光]濟南 50/39
[康熙]淄川 5/37
[乾隆]淄川 5/37,6/上 94
71 唐臣(明・陝西平涼人)
[宣統]山東 71/19
[康熙]濟南 25/42
[道光]濟南 36/57
[康熙]德平 3/2
[乾隆]德平 2/25
[嘉慶]德平 5/7
[光緒]德平 5/7
德平縣鄉土志/政績錄
唐長賓(漢・東平人)
[宣統]山東 153/23
[乾隆]泰安府 18/4
[萬曆二十四年]兖州 31/20
[康熙]兖州 24/18
[康熙]東平州 4/2
[乾隆]東平州 14/3
[道光]東平州 14/3
[光緒]東平州 15/中 3
[民國]東平縣 11/上 28
東平州鄉土志上/耆舊錄 39

74 **唐陵**(字子雲)
(南北朝・宜安人)
[萬曆]濰縣 9/2
[康熙]濰縣 5/人物 8
[民國]濰縣志稿 27/3
75 **唐體仁**(清・陽穀人)
[光緒]陽穀 9/6
唐體益(明・全州人)
[康熙]聊城 2/3
77 **唐際**(字子盛)
(清・泰安人)
[民國]重修泰安縣 8/46
唐鵬(明・獻縣人)
[萬曆二十四年]兗州 29/5
[康熙]兗州 22/27
[乾隆]兗州 22/27
[乾隆]濟寧直隸州 22/43
[道光]濟寧直隸州 6/6-31
[康熙五十一年]金鄉 8/15
[乾隆]金鄉 17/5
[咸豐]金鄉縣志略 7/10
[民國]金鄉 11/20
唐鳳誥(字紫封)
(清・平原人)
[民國]續修平原 6/9
唐興峒(清・鄆城人)
[光緒]鄆城 5/29
唐鳳樓(字修五)
(清・平原人)
[民國]續修平原 10/上 25
唐際盛(字崑林)
(清・益都人)
[光緒]益都縣圖志 39/4
唐開陶(字晉公,號和菴)
(清・四川遂寧人)
[宣統]山東 75/27
[道光]濟南 38/35
[康熙]重修臨邑 8/5
[道光]臨邑 7/27
[同治]臨邑 7/31
78 **唐臨**(字本德)
(唐・京兆長安人)
[民國]濰縣志稿 27/8,32/12
80 **唐介**(字子方)
(宋・江陵人)
[嘉靖]山東 25/20
[康熙]山東 32/8
[雍正]山東 27/22
[宣統]山東 68/31
[康熙]濟南 25/10
[道光]濟南 34/9
[嘉靖]德州 3/5
[萬曆]德州 8/28
[康熙]德州 7/24
[民國]德縣 9/5
[康熙]陵縣 4/3,6/63
[光緒]陵縣 18/6
陵縣鄉土志/8
唐毓麟(字鳳遊)
(清・陽穀人)
[民國]增修陽穀人物/孝義 8
唐會極(清・福山人)
[光緒]增修登州 43/18
[乾隆]福山 9 上/63
唐全昌(字福五)
(清・高唐人)
[民國]高唐縣 12/91
唐義問(字士宣)
(宋・江陵人)
[嘉靖]山東 25/7
[康熙]山東 31/8
[雍正]山東 27/7
[宣統]山東 68/27
[康熙]濟南 24/14
[道光]濟南 34/4
[嘉靖]青州 13/24
[萬曆]青州 12/18
[康熙十五年]青州 12/19
[康熙四十八年]青州 12/19
[光緒]益都縣圖志 16/41
唐曾銘(字紀常)
(清・海寧人)
[道光]城武 9/下 51
82 **唐釗**(明・禹城人)
[嘉慶]禹城 9/15
[民國]禹城 6/12
禹城縣鄉土志/18
83 **唐鉞**(清・蓬萊人)
[光緒]增修登州 43/5
[康熙]蓬萊 5/24
[道光]重修蓬萊 9/33
[民國]蓬萊縣志合編人物志/行誼
唐鉞(明・常德府石門人)
[順治]登州 17/28
[乾隆]膠州 5/12
[道光]重修膠州 22/3
[民國]增修膠志 17/2
86 **唐鐸**(字化遠)
(清・濰縣人)
[民國]濰縣志稿 30/26
唐錦(明・江蘇上海人)
[康熙]東明 4/21
[乾隆]東明 4/21
[民國]東明縣新誌 11/4
東明縣志料/人物門
唐錫齡(字夢九)
(清・鉅野人)
[民國]續修鉅野 5/上 2
88 **唐鑑**(號鏡海)
(清・湖南善化人)
[光緒]肥城 9/18
肥城縣鄉土志 5/31
唐鑑(字鏡亭)
(清・濰縣人)
[民國]濰縣志稿 31/7
91 **唐炳文**(清・高唐人)
[道光]高唐州 5/2-23
[光緒]高唐州 5/2-26
[民國]高唐縣 12/51
92 **唐愷**(字虞卿)
(明・陽信人)
[康熙]濟南 36/8
[乾隆]武定府 24/3
[咸豐]武定府 24/清介 3
[康熙]陽信 9/5
[乾隆]陽信 7/4
[民國]陽信 5/宦蹟 6
信邑志稿 7/清介
陽信縣鄉土志上/耆舊-事業
94 **唐慎交**(清・壽光人)
[民國]壽光 12/人物志一 62
97 **唐煥**(字蘊華,號右文)
(明・益都人)
[咸豐]青州 45/28

[康熙]益都 7/47
[光緒]益都縣圖志 36/18
唐焕(字堯章)
(清・湖南善化人)
[宣統]山東 77/39
唐恂(清・高唐人)
[道光]高唐州 5/2-21
[光緒]高唐州 5/2-24
[民國]高唐縣 12/50
98 唐悦(字心傳)
(清・昌樂人)
[嘉慶]昌樂 28/4

0028_6 廣

03 廣就(俗姓李)
[光緒]肥城 10/10
25 廣傑(清・膠州人)
[民國]增修膠志 47/6
40 廣壽(清・滿洲鑲白旗人)
[宣統]山東 74/48
[道光]濟南 37/72
[乾隆]德州 8/15
[民國]德縣 9/12
廣柱(姓王,號大方)
(清・膠州人)
[民國]增修膠志 47/6
44 廣蓮(號禪性,俗姓管,名象福)
(清)
[民國]重修莒志 69/3
60 廣恩(賈姓)
(元・順德洺水人)
[嘉靖]山東 34/13
[康熙]山東 47/6
[雍正]山東 30/19
[宣統]山東 200/30
[萬曆]東昌 22/9
[乾隆]東昌 44/8
[康熙]臨清州 3/人物 33
[乾隆]臨清州 12/12
76 廣陽(金)
[萬曆]滕志 6/47
[康熙]滕縣志 6/宦業 17
98 廣悦(號無庵)
(明・堂邑人)
[乾隆]東昌 44/9
[嘉慶]東昌 34/18
[順治]堂邑 3/襍志 2
[康熙十一年]堂邑 3/襍志 2
[康熙]堂邑 17/8

0029_4 麻

00 麻衣趙(明・膠州人)
[雍正]山東 30/20
[萬曆]萊州 6/72
[康熙]萊州 10/99
[乾隆]萊州 12/仙釋 3
[康熙]膠州 6/57
[乾隆]膠州 5/39
[道光]重修膠州 30/1
[民國]增修膠志 47/1
23 麻紘(清・高唐人)
[道光]高唐州 5/1-50
24 麻緒(清・高唐人)
[道光]高唐州 5/1-50
25 麻仲英(宋・臨淄人)
[嘉靖]山東 32/14
[康熙]山東 42/14
[雍正]山東 28/人物二 33
[宣統]山東 167/12
[嘉靖]青州 15/36
[萬曆]青州 14/48
[康熙十五年]青州 14/48
[康熙四十八年]青州 14/儒行 5
[康熙六十年]青州 15/7
[咸豐]青州 41/28
[康熙]臨淄 10/6
[民國]臨淄 29/17
臨淄縣鄉土志/耆舊錄
40 麻希孟(宋・臨淄人,一作北海人)
[至元]齊乘 6/24
[嘉靖]青州 15/54
[萬曆]青州 14/48
[康熙十五年]青州 14/48
[康熙四十八年]青州 14/儒行 5
[咸豐]青州 41/26
[康熙]臨淄 10/6
[民國]臨淄 26/47
臨淄縣鄉土志/耆舊錄
[民國]濰縣志稿 42/8
[光緒]益都縣圖志 16/22
麻士進(清・高唐人)
[道光]高唐州 5/1-50
44 麻姑(漢・建昌人)
[嘉靖]山東 34/16
[康熙]山東 47/9
[雍正]山東 30/4
[宣統]山東 200/26
[道光]濟南 60/2
[泰昌]登州 11/59
[順治]登州 18/20
[嘉靖]寧海州下/45
[康熙]寧海州 10/1
[同治]重修寧海州 26/1
[康熙]新修齊東 6/15
[康熙]昌邑 7/7
[民國]牟平 10/37
46 麻如蘭(字芳亭)
(明・直隸魏縣人)
[崇禎]鄆城 4/13
[康熙]鄆城 4/9
[光緒]鄆城 6/8
50 麻中第(清・萊陽人)
[民國]萊陽 3/1 中 63
麻東輝(明・高唐人)
[康熙]山東 49/3
[雍正]山東 31/10
[萬曆]東昌 22/13
[乾隆]東昌 44/15
[嘉慶]東昌 34/14
[康熙十二年]高唐州 9/15
[康熙五十一年]高唐州 9/27
[道光]高唐州 5/2-24
[光緒]高唐州 5/2-40
[民國]高唐縣 12/82

麖

72 麖丘充(周・齊人)
[康熙]山東 46/5
[康熙十五年]青州 14/29
[康熙四十八年]青州 14/隱逸 3
[康熙]臨淄 10/6
[民國]臨淄 29/15

縻

88 **縻竺**(字子仲)
(漢・東海朐人)
[嘉靖]山東 25/16,30/14
[康熙]山東 32/3,40/16
[雍正]山東 28/人物一 26
[宣統]山東 66/16
[康熙]濟南 24/5
[乾隆]泰安府 14/7
[萬曆元年]兗州 40/武功 9

0040_0 文

00 **文廣**(明)
[宣統]山東 72/20
[乾隆]沂州府 20/7
[康熙]郯城 6/5
[乾隆]郯城 7/25
文立(字廣休)
(晉・臨江人)
[宣統]山東 66/38
[萬曆二十四年]兗州 27/3
[康熙]兗州 21/17
[乾隆]曹州府 12/5
[康熙]兗州府曹縣 10/4
[光緒]曹縣 10/4
[光緒]新修菏澤 8/3
文彥博(字寬夫)
(宋・汾州介休人)
[嘉靖]山東 25/6
[宣統]山東 68/25
[康熙]濟南 24/13
[萬曆]東昌 18/21
[乾隆]東昌 33/19
[嘉慶]東昌 20/31
[嘉靖]恩縣 7/4
[萬曆]恩縣 4/5
[民國]重修恩縣 10/62
恩縣鄉土志/9
[光緒]益都縣圖志 16/29
01 **文譚**(字燦章)
(清・陽信人)
信邑志稿 7/耆碩
10 **文不識**(漢・東海丞人)
[康熙]嶧縣 4/15
[乾隆]嶧縣 8/8
文玉先(字藍田)
(清・鉅野人)
[民國]續修鉅野 5/上 27
文天祥(宋)
[乾隆]曹州府 16/15
[萬曆]鉅野 8/隱逸
[康熙]鉅野 13/5
[道光]鉅野 24/5
[光緒]鄆城 5/42
文丕顯(清・蒙陰人)
[康熙十一年]蒙陰 2/39
12 **文瑞**(一作史文瑞)
(明・山西介休人)
[雍正]山東 27/13
[宣統]山東 70/13
[道光]濟南 35/16
15 **文璉**(字商玉)
(清・陽信人)
信邑志稿 7/耆碩
文殊奴(元)
[康熙]濟南 25/19
[道光]濟南 34/39
[康熙]齊河 5/35
[雍正]齊河 5/34
[民國]齊河 22/1
齊河縣鄉土志政績錄/4
17 **文子**(周・齊人)
[萬曆]青州 14/45
[康熙十五年]青州 14/45
[康熙四十八年]青州 14/儒行 2
21 **文穎**(字魯齋)
(清・漢軍正藍旗人)
[宣統]山東 75/67
[民國]重修商河 6/63
商河縣鄉土志 1/政績
[光緒]陽穀 4/6,13/15
[宣統]蒙陰 3/宦績
[光緒]陽穀 4/6
[民國]增修陽穀名宦/4
24 **文皓**(字孔暘)
(明・山西垣曲人)
[宣統]山東 71/25
[道光]濟南 36/63
[萬曆]平原下/14
[乾隆]平原 6/27
平原縣鄉土志輯稿/政蹟
文劭(字夙悟,姓徐)
(宋・淄州人)
[雍正]山東 30/13
[康熙]濟南 51/8
[道光]濟南 60/8
[康熙]淄川 6 下/63
[乾隆]淄川 6/下 63
30 **文宗**(姓王)
(宋・登州人)
[雍正]山東 30/13
32 **文淨**(自號無塵上人)
(元)
[康熙]濟寧州 7/54
[道光]濟寧直隸州 10/1–18
文淨(明・濟寧人)
[雍正]山東 30/24
[乾隆]兗州 31/12
[乾隆]濟寧直隸州 28/29
[道光]濟寧直隸州 10/2–18
文淵(清・高密人)
[乾隆]高密 10/33
[光緒]高密 10/44
[民國]高密 16/33
33 **文治光**(字潤圃)
(清・瑞昌人)
[道光]濟南 38/47
[嘉慶]德平 5/22
[光緒]德平 5/14
35 **文清瀾**(字澄源)
(清・陽信人)
信邑志稿 7/藝術
36 **文澤長**(字潤之)
(清・陽信人)
[民國]陽信 5/篤行 41
37 **文通慧**(宋)
[康熙]東明 7/27
[乾隆]東明 7/27
38 **文祥**(明・四川南溪人)
[宣統]山東 71/26
[道光]濟南 36/63
[萬曆]平原下/13
[乾隆]平原 6/26
平原縣鄉土志輯稿/政蹟
文道長(字靜軒,一名斌)
(清・陽信人)

［民國］陽信 5/義俠 75
40 **文森**（字宗嚴）
（明・南直長洲人）
［宣統］山東 72/30
［萬曆二十四年］兖州 29/7
［康熙］兖州 22/29
［乾隆］曹州府 12/16
［萬曆］慶雲 3/18
［嘉慶］慶雲 7/26
［咸豐］慶雲 2/23
［民國三年］慶雲 1/84
［嘉靖］鄆城志下/45
［崇禎］鄆城 4/5,8/8
［康熙］鄆城 4/4,8/10
［光緒］鄆城 6/35,13/24
42 **文彬**（字質夫）
（清・正白旗進士）
［民國］臨沂 7/76
文彬（字筠軒）
（清・諸城人）
［光緒］增修諸城縣續志 12/23
44 **文林**（字宗儒）
（明・南直長洲人）
［嘉靖］山東 26/30
［宣統］山東 72/39
［萬曆］東昌 18/36
［乾隆］東昌 33/46
［嘉慶］東昌 21/14
［正德］博平 5/81,7/29
［康熙］博平 3/43
［道光］博平 4/3
博平縣鄉土志/政績
文荃（字楚湘）
（清・滿洲正藍旗人）
［光緒］壽張 5/12
文華國（清・觀城人）
［道光］觀城 8/8
觀城縣鄉土志/耆舊
46 **文如瑩**（清・陽信人）
信邑志稿 7/耆碩
47 **文起**（明・館陶人）
［乾隆］東昌 42/23
［嘉慶］東昌 32/18
50 **文忠**（清・費縣人）
［民國］續修臨沂 17/33
文東瀛（字仙洲，號玉雨）
（清・陽信人）
信邑志稿 7/孝友
文中質（明・懷來人）
［萬曆］濟陽 6/4
53 **文成章**（字小泉）
（明・陽信人）
信邑志稿 7/耆碩
60 **文星高**（字景垣）
（明・濟寧人）
［康熙］濟寧州 7/37
［乾隆］濟寧直隸州 28/3
［道光］濟寧直隸州 8/4－43
文國禎（字龍圖，號六符）
（清・陽信人）
信邑志稿 7/循良
文國泰（字熙宇）
（明・館陶人）
［乾隆］東昌 42/24
［嘉慶］東昌 32/19
文昌時（明・全州人）
［雍正］山東 27/62
［宣統］山東 73/6
［咸豐］青州 36/42
［康熙］臨淄 8/7
［民國］臨淄 18/9
65 **文映朝**（清・直隸全州人）
［宣統］山東 77/27
［光緒］增修登州 32/4
［康熙］寧海州 7/5
［同治］重修寧海州 12/13
［民國］牟平 6/77
67 **文明**（明・清平人）
［嘉靖］山東 35/6
［康熙］山東 45/14
［乾隆］東昌 42/15
［嘉慶］東昌 32/15
［康熙］重修清平下/41
［嘉慶］清平 14/41
［宣統］增輯清平 12/54
［民國］清平/人物 50
文明（字峻皆）
（清・陽信人）
［民國］陽信 5/孝友 59
77 **文熙**（字浩如）
（清・漢軍正藍旗人）
［宣統］山東 77/44
［光緒］高密 6/26
［民國］高密 12/27
高密縣鄉土志/上 11
文興（明・館陶人）
［乾隆］東昌 42/23
［嘉慶］東昌 32/18
84 **文鎮**（明・濟寧人）
［康熙］濟寧州 7/34
［乾隆］濟寧直隸州 28/3
［道光］濟寧直隸州 8/4－43
87 **文翔鳳**（號太青）
（明・陝西三水進士）
［光緒］增修登州 31/3
［康熙］萊陽 4/7
［民國］萊陽 3/1 上 9
88 **文敏**（明・沔陽州人）
［康熙］膠州 5/5
［乾隆］膠州 4/7
［道光］重修膠州 22/1
［民國］增修膠志 17/1
95 **文忳**（漢・梓潼人）
［民國］濰縣志稿 20/2
97 **文煥儒**（字珍甫）
（清・新城人）
［宣統］新城縣後志 3/耆壽
［民國］重修新城 18/26

0040_1 辛

00 **辛廉**（明・鳳翔人）
［康熙］嶧縣 3/26
［乾隆］嶧縣 7/10
［光緒］嶧縣 19/職官下 3
辛棄疾（字幼安，號稼軒）
（宋・歷城人）
［至元］齊乘 6/28
［嘉靖］山東 26/13,29/17
［雍正］山東 28/人物二 49
［宣統］山東 157/31
［康熙］濟南 35/5
［道光］濟南 47/39
［乾隆］泰安府 14/24
［萬曆元年］兖州 38/循吏 33
［萬曆二十四年］兖州 28/9
［康熙］兖州 22/9
［乾隆］東平州 12/22

[道光]東平州 12/22
[光緒]東平州 14/22
[民國]東平縣 9/11
[崇禎]歷乘 16/11
[崇禎]歷城 10/7,10/25
[乾隆]歷城 35/33
辛廣濟(字被萬)
(清・金鄉人)
[民國]金鄉 14/10
辛文沚(字宗海,號雲洲)
(清・蓬萊人)
[宣統]山東 176/26
[光緒]增修登州 39/6
[道光]重修蓬萊 9/22,13/傳 14
[光緒]蓬萊縣續志 11/3
[民國]蓬萊縣志合編人物志/仕績
辛文藻(清・蓬萊人)
[民國]蓬萊縣志合編人物志/孝友
辛立棟(清・平陰人)
[光緒]平陰 5/33
辛應乾(初名子厚,字伯符)
(明・安丘人)
[雍正]山東 28/人物三 66
[宣統]山東 160/25
[康熙四十八年]青州 13/事功 51
[康熙六十年]青州 16/26
[咸豐]青州 44/39
[康熙]續安丘 18/9
安丘縣鄉土志 4/耆舊錄 1
辛彥忠(明・金鄉人)
[康熙十二年]金鄉 5/17
[康熙五十一年]金鄉 7/25
辛廣恩(字推子)
(明・東明人)
[乾隆]淄川 4/14
辛廣慈(字航海)
(明・東明人)
[康熙]東明 8/下 16
[乾隆]東明 6/22 又 1,8/下 16
[民國]東明縣新誌 11/50,12/39
09 辛讜(唐・蘭州金城人)
[萬曆元年]兗州 38/循吏 23
[萬曆二十四年]兗州 27/10
[康熙]兗州 21/25
[康熙]曹州志 7/46
[康熙]兗州府曹縣 10/6
[光緒]曹縣 10/6
[光緒]菏澤 7/宦蹟 14
10 辛雯(字天章)
(清・安丘人)
[宣統]山東 175/52
[咸豐]青州 49/47
[民國]續安邱新志 21/1
安丘縣鄉土志 6/耆舊錄 3
辛雲京(唐・蘭州金城人)
[嘉靖]山東 25/4
[康熙]山東 31/4
[宣統]山東 68/5
[乾隆]泰安府 14/10
[萬曆元年]兗州 38/武功 11
[萬曆二十四年]兗州 27/7
[康熙]兗州 21/21
[乾隆]兗州 22/9
[康熙]東平州 4/27
[乾隆]東平州 12/5
[道光]東平州 12/5
[光緒]東平州 14/5
[民國]東平縣 9/3
辛可選(字鄉屏)
(清・濰縣人)
[民國]濰縣志稿 29/35
辛于鏞(清・汶上人)
[宣統]四續汶上稿/人物－忠烈傳
12 辛登魁(字冠斗)
(清・濟寧人)
[民國]濟寧直隸州續志 13/10
辛廷選(清・汶上人)
[宣統]四續汶上稿/人物－施濟傳
辛廷桂(字小山)
(清・安丘人)
[民國]續安邱新志 21/3
安丘縣鄉土志 7/耆舊錄 4
辛發榮(清・沂水人)
[民國]萊陽 3/1 中 83
14 辛琦(字竹答)
(清・蓬萊人)
[民國]無棣 9/8
17 辛琡(清・菏澤人)
[光緒]菏澤 16/7
辛子馥(字元穎)
(北魏・隴西狄道人)
[宣統]山東 67/6
[道光]濟南 33/18
[康熙]陵縣 4/2
18 辛玢(清・蓬萊人)
[道光]重修蓬萊 9/16
[民國]蓬萊縣志合編人物志/忠勇
20 辛季慶(北魏・隴西狄道人)
[光緒]益都縣圖志 15/13
辛秉和(清・汶上人)
[康熙]續修汶上 4/賢忠 3
辛秉恒(清・汶上人)
[康熙]續修汶上 4/賢忠 3
21 辛術(字懷哲)
(北魏,一作北齊・隴西狄道人)
[嘉靖]山東 26/22
[康熙]山東 34/3
[宣統]山東 67/15
[萬曆]東昌 18/11
[乾隆]東昌 33/10
[嘉慶]東昌 20/18
[嘉靖]恩縣 7/2
[宣統]重修恩縣 6/39
[民國]重修恩縣 10/56
恩縣鄉土志/8
辛儒修(字珍亭)
(牟平人)
[民國]牟平 7/102
22 辛僑(字篁舲)
(清・蓬萊人)
[民國]蓬萊縣志合編人物志/行誼
辛樂(字宗韶)
(明・安丘人)
[嘉靖]青州 15/40
[萬曆]青州 14/49
[康熙十五年]青州 14/49

[康熙四十八年]青州 14/儒行 6
[康熙六十年]青州 15/8
[咸豐]青州 44/19
[萬曆]安丘 23/38
安丘縣鄉土志 4/耆舊錄 1
23 **辛俊廷**(字灼三)(平原人)
[民國]續修平原 8/23
辛我德(字元初)(明・山西曲沃人)
[宣統]山東 72/9
[康熙]兗州續編 14/8
[乾隆]兗州 22/26
[康熙]嶧縣 3/35
[乾隆]嶧縣 7/16
[光緒]嶧縣 19/職官下 10
24 **辛德潤**(字澤普)(平原人)
[民國]續修平原 8/26
25 **辛仲方**(唐・隴西人)
[光緒]益都縣圖志 27/29
辛仲甫(字之翰)(宋・汾州孝義人)
[嘉靖]山東 26/8
[康熙]山東 33/10
[雍正]山東 27/88
[乾隆]泰安府 14/13
[萬曆元年]兗州 38/循吏 27
[萬曆二十四年]兗州 28/9
[康熙]兗州 22/9
[康熙]東平州 4/32
[光緒]益都縣圖志 16/39
26 **辛得**(明・萊陽人)
[民國]萊陽 3/1 中 8
辛穆(字叔宗)(北魏・隴西狄道人)
[嘉靖]山東 25/17
[康熙]山東 32/4
[雍正]山東 27/19
[宣統]山東 67/6
[康熙]濟南 25/4
[道光]濟南 33/18
[萬曆]德州 8/26
[民國]德縣 9/3
[康熙]陵縣 4/2
辛自明(明・河南襄城人)
[宣統]山東 71/49
[康熙]濟南 25/56
[乾隆]武定府 16/49
[咸豐]武定府 19/蒲臺 3
[萬曆]蒲臺志 8/8
[康熙]重修蒲臺 5/9
[乾隆]蒲臺 2/58
蒲臺縣鄉土志/5
辛和羹(字調梅)(清・高唐人)
[乾隆]東昌 43/29
[嘉慶]東昌 32/46
[康熙五十一年]高唐州 8/33
[道光]高唐州 5/1－41
[光緒]高唐州 5/1－43
[民國]高唐縣 12/9
28 **辛從質**(字義甫)(清・膠州人)
[民國]增修膠志 47/8
30 **辛賓**(字邦彥)(明・濮州人)
[嘉靖]濮州 6/7
辛寬(字德宏)(明・濮州人)
[嘉靖]濮州 6/6
辛永和(清・陳州舉人)
[康熙]鄒平 4/20
[嘉慶]鄒平 14/19
[道光]鄒平 14/19
[民國]鄒平 14/19
辛宜岷(字江峰)(清・安丘人)
[宣統]山東 175/52
[咸豐]青州 49/3
[道光]安邱新志 22/4
安丘縣鄉土志 8/耆舊錄 5
辛永福(字錫榮)(清・陽穀人)
[民國]增修陽穀人物/善行 44
辛憲英(晉・新泰人)
[雍正]山東 29/1
[宣統]山東 178/5
[康熙]濟南 52 上/1
[天啟]新泰 6/40
[順治]新泰 5/26
辛良器(字彝章)(清・遼東歲貢)
[乾隆]東昌 35/8
34 **辛汝球**(清・海陽人)
[光緒]增修登州 43/49
[乾隆]海陽 6/22
37 **辛潤**(字公霖)(清・高唐人)
[乾隆]高唐州續志 2/3
[道光]高唐州 5/1－38
[光緒]高唐州 5/1－40
[民國]高唐縣 12/38
辛通(清・汶上人)
[宣統]四續汶上稿/人物－文學傳
辛次膺(字起季)(宋・萊州人)
[嘉靖]山東 33/7
[康熙]山東 44/7
[雍正]山東 28/人物二 49
[萬曆]萊州 5/82
[康熙]萊州 10/6
[乾隆]萊州 10/10
萊州府鄉土志/下 9
[隆慶]單縣上/31
[民國]單縣 6/宦蹟 13
[康熙]昌邑 6/2
[乾隆]昌邑 6/177
[嘉慶]續掖縣 3/1
[道光]掖乘 4
38 **辛道澄**(字景范)(清・膠州人)
[道光]重修膠州 30/5
[民國]增修膠志 47/5
40 **辛克鼎**(明・金鄉人)
[康熙十二年]金鄉 5/14
[康熙五十一年]金鄉 5/6
辛希祿(清・平原人)
[民國]續修平原 10/上 12
辛大成(字立九)(清・日照人)
[光緒]日照 8/27
辛志敏(字遜也)(清・汶上人)

[宣統]四續汶上稿/人物-耆德傳
辛有常(元・汶上人)
[萬曆]汶上6/7
辛有光(字厚餘)
(清・日照人)
[光緒]日照8/22
44 辛莊(清・歷城人)
[民國]續修歷城45/2
辛葆鼎(字鑄九)
(章丘人)
[民國]清平/秩官33
辛世顯(字伯榮)
(元・臨朐人)
[雍正]山東28/人物二70
[宣統]山東165/13
[嘉靖]青州15/17
[萬曆]青州14/21
[康熙十五年]青州14/21
[康熙四十八年]青州14/孝友11
[康熙六十年]青州17/10
[咸豐]青州42/19
[嘉靖]臨朐3/14
光緒臨朐14/上16
辛世猷(字鴻績)
(清・蓬萊人)
[光緒]增修登州43/6
[道光]重修蓬萊9/38
[民國]蓬萊縣志合編人物志/行誼
46 辛恕(字貫之)
(明・鄒平人)
[嘉靖]山東35/1
[康熙]山東45/2
[康熙]濟南44/8
[道光]濟南50/18
[順治]鄒平6/11
[康熙]鄒平6/3
[嘉慶]鄒平15/7
[道光]鄒平15/51
[民國]鄒平15/51
辛如金(明・恩縣人)
[宣統]重修恩縣7/8
50 辛本棨(清・蓬萊人)
[宣統]山東176/26
[光緒]增修登州39/7
[光緒]蓬萊縣續志8/文宦1,9/仕績2
[民國]蓬萊縣志合編人物志/仕績
辛本樞(字薇垣)
(清・蓬萊人)
[光緒]增修登州40/5
[光緒]蓬萊縣續志9/仕績3
[民國]蓬萊縣志合編人物志/仕績
辛本杶(清・蓬萊人)
[宣統]山東176/40
[光緒]增修登州41/11
[光緒]蓬萊縣續志9/忠勇1
[民國]蓬萊縣志合編人物志/忠勇
[民國]續修鉅野3/16
辛本檢(字少雲)
(清・蓬萊舉人)
[民國]壽光6/28
辛本栴(清・蓬萊人)
[宣統]山東176/40
[光緒]增修登州39/8
[光緒]蓬萊縣續志8/文宦1
[民國]蓬萊縣志合編人物志/忠勇
53 辛成(元・濰州人)
[民國]濰縣志稿40/40
57 辛邦鐸(字振卿)
(清・金鄉人)
[民國]濟寧直隸州續志13/10
[民國]金鄉13/續增10
60 辛景雲(字緩卿)
(清・東阿人)
[民國]續修東阿11/21
辛唯一(明・高唐人)
[道光]高唐州5/2-2
[光緒]高唐州5/2-2
[民國]高唐縣12/34
辛曰梅(號百占)
(清・東平人)
[乾隆]東平州15/13
[道光]東平州15/13
[光緒]東平州15/下12
[民國]東平縣11/中29
64 辛時震(字又起)
(清・安邱人)
[咸豐]青州49/48
[道光]安邱新志19/7
安丘縣鄉土志9/耆舊錄6
67 辛曜(字耿之)
(明・即墨人)
[萬曆]萊州5/97
[康熙]萊州10/25
[乾隆]萊州10/12
[萬曆]即墨志8/4
[康熙]纂修即墨/下19
[乾隆]即墨9/3
[同治]即墨9/3
即墨縣鄉土志/耆舊-事業一
77 辛民(明・樂陵人)
[康熙]濟南38/13
[乾隆]武定府23/49
[咸豐]武定府23/忠節19
[順治]樂陵6/9
[乾隆]樂陵6/19
樂陵縣鄉土志3/21
辛民(字先民)
(清・順天大興人)
[宣統]山東75/9
[康熙]濟南26/7
[道光]濟南38/15
[康熙]淄川4/22
[乾隆]淄川4/22
淄川縣鄉土志/政績錄
辛鵬衢(字秋程)
(清・臨朐人)
臨朐縣鄉土志1/耆舊
辛學嬋(牟平人)
[民國]牟平8/67
80 辛鏞(明・萊陽人)
[民國]萊陽3/1中9
辛養增(字月恒)
(清・歷城人)
[道光]濟南53/56
[民國]續修歷城44/4

辛公義(隋・隴西狄道人)
[嘉靖]山東 27/10
[康熙]山東 36/1
[雍正]山東 27/68
[宣統]山東 67/32
[泰昌]登州 9/9
[順治]登州 11/7
[光緒]增修登州 24/3
[嘉靖]寧海州下/5
[康熙]寧海州 7/2
[同治]重修寧海州 12/2,15/1
[民國]牟平 6/65
81 辛釿(一名計然)(春秋・濮州人)
[康熙]山東 38/18
[萬曆]東昌 19/2
[萬曆]濮州 4/兵家 1
[康熙]濮州 4/53
[乾隆]濮州 4/93
[宣統]濮州 6/41
[光緒]莘縣 7/1
[民國]莘縣 7/1
[民國]桓臺志略 3/11
[民國]桓臺 3/15
84 辛鎮(明)
[道光]濟南 49/40
辛鎮都(明・歷城人)
[崇禎]歷城 10/17
87 辛鈞(字有常)(元)
[嘉靖]山東 26/16
[康熙]山東 33/19
[雍正]山東 27/92
[宣統]山東 69/31
[萬曆元年]兗州 38/循吏 39
[萬曆二十四年]兗州 28/17
[康熙]兗州 22/16
[康熙]單縣 6/9
[乾隆]單縣 4/55
[民國]單縣 6/宦蹟 15
91 辛炳翰(明・陝西渭南人)
[咸豐]青州 36/43
[康熙]昌樂 1/35
[嘉慶]昌樂 19/6

0040_6 章

00 章文倫(字秀生)(清・濟寧人)
[乾隆]濟寧直隸州 27/36
[道光]濟寧直隸州 8/4-39
章文津(清・大興人)
[民國]長清 4/21
07 章諍(字正言)(明・太湖人)
[宣統]山東 73/29
[泰昌]登州 9/41
[順治]登州 11/18
[光緒]增修登州 32/2
[嘉靖]寧海州下/17
[康熙]寧海州 7/3
[同治]重修寧海州 12/9
[民國]牟平 6/71
08 章敦(明・鄒縣人)
[嘉靖]鄒縣地理志 1/又 25
10 章貢(明・莘縣人)
[正德]莘縣 6/27
章于天(字雲漢)(明・遼東人)
[康熙]兗州府曹縣 9/35
[光緒]曹縣 9/官職 7
章玉輅(清・山陰舉人)
[道光]商河 5/32
[民國]重修商河 6/69
商河縣鄉土志 1/政績
13 章琬(明・莘縣人)
[正德]莘縣 6/8
[康熙五十六年]莘縣 6/3
[民國]莘縣 6/3
17 章珉(明・蘇州人)
[崇禎]武定州 7/4
21 章貞(字載菴)(清・浙江會稽人)
[宣統]山東 77/9
[咸豐]青州 37/4
[康熙]壽光 20/7
[嘉慶]壽光 10/28
[民國]壽光 6/19
章倬(明・湖廣善化人)
[萬曆]青州 12/又 11
[康熙十五年]青州 12 又/又 11
[康熙六十年]青州 12/33
[咸豐]青州 36/7
[萬曆]諸城 4/22
[康熙]諸城 4/13
[乾隆]諸城 28/2
23 章紱(清・寧波人)
[乾隆]昌邑 5/108
24 章先庚(字巽貞)(清・清平人)
[民國]清平/人物 66
26 章得我(字希言)(宋・浦城人)
[光緒]益都縣圖志 16/38
27 章彝(明・蘇州人)
[萬曆]青州 12 又/又 11
[康熙十五年]青州 12/又 11
[康熙四十八年]青州 12/又 11
[咸豐]青州 36/5
[嘉靖]昌樂 2/30
[康熙]昌樂 1/34
[嘉慶]昌樂 19/4
28 章綸(字理之)(明・錦衣衛進士)
[萬曆]濰縣 7/4
[康熙]濰縣 5/名宦 4
[乾隆]濰縣 3/42
[民國]濰縣志稿 20/15
濰縣鄉土志/7
章儀和(字晴漁)(清・浙江人)
[宣統]山東 76/20
章儀林(字秋亭)(清・陽穀人)
[光緒]陽穀 6/28
[民國]增修陽穀人物/仕宦 15
30 章宏(字大維)(清・順天人)
[宣統]山東 76/34
[道光]鉅野 10/28,22/10
章進(清・浙江會稽人)
[道光]重修膠州 31/5
[民國]增修膠志 48/8
章寅(字直齋)

（清・江蘇人）
[民國]福山縣志稿 3/2－10
章寶綸(清)
[道光]榮成 6/28
33 **章溥**(字弘道)
（明・莘縣人）
[正德]莘縣 6/9
38 **章桀**(明・常熟人)
[隆慶]單縣上/35
[康熙]單縣 6/25
章道宣(字伯郇)
（清・大定府人）
[民國]夏津續編 6/30,9/31
40 **章大綱**(明・會稽人)
[萬曆]東昌 18/34
[萬曆]濮州 3/名宦 20
[康熙]濮州 3/18
[乾隆]濮州 3/18
[宣統]濮州 4/18
章九齡(明・臨清人)
[乾隆]東昌 42/20
[康熙]臨清州 3/人物 18
[乾隆]臨清直隸州 8/上 40
[民國]臨清縣/人物 52
章壽彭(長清人)
[民國]長清 12/21
章堯相(明・北直人)
[崇禎]歷乘 16/66
41 **章楷**(明・富陽舉人)
[同治]重修寧海州 12/11
[民國]牟平 6/71
47 **章起纓**(號周緒)
（明・會稽人）
[康熙]兗州府曹縣 9/14
53 **章甫**(字亦蘭)
（清・貴池人）
[光緒]曹縣 9/典史 7
57 **章拯**(字以進)
（明・蘭溪人）
[康熙]濟寧州 4/4
64 **章時鸞**(字孟泉)
（明・南直青陽人）
[宣統]山東 72/6
[萬曆二十四年]兗州 29/3
[康熙]兗州 22/24
[乾隆]兗州 22/23
[道光]濟寧直隸州 6/6－50
[萬曆]鄒志 2/12
[康熙十二年]鄒縣志 3/13
[康熙五十五年]鄒縣志 2/45
[民國]續修鄒縣志稿/名宦
鄒縣鄉土志政績錄/3
67 **章煦**(字桐門)
（清・錢塘人）
[道光]濟南 37/40
71 **章敦**(清・歸安人)
[宣統]聊城 6/2－7
86 **章錦麟**(清・會稽人)
[乾隆]淄川 4/又 28－4
90 **章粹**(字仲容)
（宋）
[雍正]山東 27/45
[宣統]山東 68/45
[乾隆]東昌 33/20
[嘉慶]東昌 20/32
[宣統]重修恩縣 6/47
[民國]重修恩縣 10/63
章光銘(安徽廣德人)
[民國]朝城縣續志 1/23
91 **章炳蘭**(字茶坪)
（清・丹徒人）
[光緒]文登 10/下 4
96 **章煜**(清・大興人)
[乾隆]嶧縣 7/42

0040_8 交

17 **交子**(春秋・楚人)
[乾隆二十五年]泰安縣 12/38
[乾隆四十七年]泰安縣 10/上 33
[道光]泰安縣 9/上 89
[民國]重修泰安縣 8/48

0044_1 辨

26 **辨和尚**(元)
[雍正]山東 30/19
[嘉靖]青州 16/55
[萬曆]青州 17/13
[康熙十五年]青州 17/13
[康熙四十八年]青州 17/仙釋 8
[康熙六十年]青州 20/11
[咸豐]青州 52/4
[康熙]益都 10/27
[光緒]益都縣圖志 46/7

辯

26 **辯和尚**(見辨和尚)

辦

26 **辦和尚**(見辨和尚)

0060_1 音

24 **音德**(清・滿洲正黃旗人)
[宣統]聊城 6/2－7
聊城縣鄉土志/7

言

21 **言偃**(字子游)
（春秋・吳人）
[嘉靖]山東 24/5,26/1
[康熙]山東 33/1
[雍正]山東 11/闕里二 9
[萬曆元年]兗州 7/29,38/循史 1
[萬曆二十四年]兗州 7/14
[康熙]兗州 8/15
[乾隆]兗州 7/19
[萬曆]沂州志 6/1
[乾隆]沂州府 20/1
[萬曆]鉅野 6/1
[康熙]鉅野 10/1
[道光]鉅野 10/1
[順治]武城 2/8
[乾隆]武城 9/2
武城縣鄉土志略/政績錄
[乾隆]曲阜 59/2
[順治]嘉祥 4/8
[乾隆]嘉祥 3/4
[光緒]嘉祥 3/4
44 **言芳**(明・鄒平人)
[道光]濟南 50/18
[康熙]鄒平 6/17
[嘉慶]鄒平 15/39
[道光]鄒平 15/28
[民國]鄒平 15/28

0063$_{2}$ 讓

44 讓芝田(清・鉅野人)
　[民國]續修鉅野 5/上 31

0066$_{1}$ 諳

47 諳都剌(見溫都爾)

0071$_{4}$ 雍

00 雍廩(春秋)
　[康熙]臨淄 9/18
　[民國]臨淄 22/55
21 雍齒(漢・長山人)
　[嘉靖]山東 29/1
　[康熙]山東 39/1
　[道光]濟南 72/25
　[康熙四十三年]長山 5/仕業
　[康熙五十五年]長山 6/21
77 雍門子狄(春秋・齊人)
　[萬曆]青州 15/15
　[康熙十五年]青州 15/15
　[康熙四十八年]青州 15/武功 2
　[康熙六十年]青州 16/43
　[民國]臨淄 22/59
雍門司馬(春秋・齊人)
　[至元]齊乘 6/6
　[萬曆]青州 13/23
　[康熙十五年]青州 13/23
　[康熙四十八年]青州 13/事功 7
　[民國]臨淄 22/77
雍門子周(見雍門周)
雍門周(周・齊人)
　[雍正]山東 31/2
　[民國]臨淄 30/35
　[萬曆]滕志 6/76
　[康熙]滕志 6/54
　[康熙]滕縣志 6/賓客 6
　[道光]滕縣志 6/僑寓 5

0073$_{2}$ 襄

25 襄仲遂(春秋・魯人)
　[嘉靖]山東 33/13
　[萬曆元年]兖州 41/1
　[萬曆二十四年]兖州 37/32
　[康熙]兖州 28/73
41 襄楷(字公矩)
　(漢・平原隰陰人)
　[嘉靖]山東 29/3
　[康熙]山東 39/4
　[雍正]山東 28/人物一 21
　[宣統]山東 168/3
　[康熙]濟南 37/1
　[道光]濟南 45/27
　[乾隆]武定府 25/32
　[咸豐]武定府 25/儒林 1
　[萬曆]商河 7/5
　[道光]商河 7/9
　[民國]重修商河 7/2,8/8
　商河縣鄉土志 3/耆舊－學問
　[順治]臨邑 12/1
　[康熙]重修臨邑 10/2
　[道光]臨邑 9/8
　[同治]臨邑 9/忠藎 1
　[康熙]陵縣 5/1
　[光緒]惠民 23/2
　惠民縣鄉土志/耆舊錄 18

玄

10 玄栗(明・范縣人)
　[萬曆]濮州 4/仙釋 4

衣

20 衣維彬(號素若)
　(清・臨朐人)
　臨朐縣鄉土志 1/耆舊
30 衣守信(號復齋)
　(明・棲霞人)
　[康熙]棲霞 6/16
　[乾隆]棲霞 7/7
衣永孝(恩縣人)
　[民國]重修恩縣 11/鄉賢 64
43 衣裘牧者(周)
　[萬曆]青州 14/29
　[康熙十五年]青州 14/29
　[康熙四十八年]青州 14/隱逸 3
　[康熙六十年]青州 20/1
　[民國]臨淄 29/14
47 衣桐(清・棲霞人)
　[光緒]增修登州 43/21
　[乾隆]棲霞 7/3
90 衣惟敬(字貞白)
　(清・棲霞人)
　[康熙]棲霞 6/17
　[乾隆]棲霞 7/8

0080$_{0}$ 六

46 六如老人(明)
　[道光]重修蓬萊 2/34
　[民國]增修蓬萊 2/仙釋

0090$_{6}$ 京

30 京房(漢・東郡頓丘人)
　[嘉靖]山東 25/15
　[康熙]山東 32/1
　[雍正]山東 28/人物一 10
　[嘉靖]青州 15/23
　[嘉慶]東昌 20/3

0121$_{1}$ 龍

00 龍文明(字君見,一字斗冲)
　(明・江西永新人)
　[康熙]山東 37/4
　[雍正]山東 27/72
　[宣統]山東 73/31
　[康熙]萊州 8/32
　[乾隆]萊州 9/13
　萊州府鄉土志/上 16
　[嘉慶]續掖縣 2/19
20 龍爲光(字顯賓,號起溟)
　(明・原籍郴州,徙滕縣)
　[康熙]滕志 7/61
　[康熙]滕縣志 7/55
　[道光]滕縣志 7/47
　滕縣鄉土志/19
22 龍嶺(字印麓,號東山)
　(清・滕縣人)
　[道光]滕縣志 8/儒林 29
　滕縣鄉土志/26
23 龍俊(見龍駿)
38 龍游(字兩溪)
　(明・嶧縣人)
　[康熙]嶧縣 4/80

［乾隆］嶧縣 8/25
［光緒］嶧縣 21/鄉賢 69
龍海見(字禹濤)
(清・廣東順德人)
［宣統］山東 75/45
［乾隆］武定府 16/22
［咸豐］武定府 19/陽信 7
［乾隆］陽信 5/39
信邑志稿 5/宦蹟
［民國］陽信 2/64
陽信縣鄉土志上/政績－去害
40 **龍垓**(明)
［嘉慶］清平 13/5
［宣統］增輯清平 11/5
［民國］清平/秩官 34
清平縣鄉土志/政績
44 **龍媒**(字素存)
(清・嶧縣人)
［光緒］嶧縣 21/耆舊 12
60 **龍田**(字存誠)
(清・嶧縣人)
［光緒］嶧縣 21/耆舊 13
龍圖躍(清・直隸天津人)
［宣統］山東 76/46
［乾隆］東昌 35/21
［嘉慶］東昌 22/25
［道光］高唐州 7/1－15
［光緒］高唐州 7/1－15
［民國］高唐縣 9/5－11
高唐州鄉土志/8
龍圖曜(見龍圖躍)
73 **龍駿**(明・江西萬載人)
［嘉靖］山東 26/19
［康熙］山東 33/22
［雍正］山東 27/39
［宣統］山東 72/14
［萬曆元年］兗州 38/循吏 45
［萬曆二十四年］兗州 29/5
［康熙］兗州 22/26
［乾隆］兗州 22/26
［乾隆］濟寧直隸州 22/43
［道光］濟寧直隸州 6/6－30
［康熙五十一年］金鄉 8/14
［乾隆］金鄉 17/5
［咸豐］金鄉縣志略 7/6
［民國］金鄉 11/19
金鄉縣鄉土志/政績錄
79 **龍勝**(明・蒙陰人)
［康熙十一年］蒙陰 2/44
［康熙二十四年］蒙陰 4/18
［宣統］蒙陰 4/武功

0128_6 顔

00 **顔產**(周・曲阜人)
［崇禎］曲阜 4/113
［康熙］曲阜 4/113
顔高(一作顔刻,字子驕)
(春秋・魯人)
［嘉靖］山東 24/8
［康熙］山東 29/8
［雍正］山東 11/闕里二 17
［宣統］山東 153/7
［萬曆元年］兗州 7/51
［萬曆二十四年］兗州 7/21
［康熙］兗州 8/22
［乾隆］兗州 7/28
［崇禎］曲阜 4/10
［康熙］曲阜 4/10
［乾隆］曲阜 59/6
［康熙］滋陽 4/上 4
顔庚(春秋)
［民國］臨淄 22/59
顔辛(見顔幸)
顔文秀(清・臨沂人)
［民國］臨沂 10/49
顔康成(唐・曲阜人)
［乾隆］曲阜 89/1
顔文威(後唐・曲阜人)
［光緒］鄒縣續志 12/上 11
鄒縣鄉土志耆舊錄/附流寓 24
顔文姜(周・齊人)
［康熙］濟南 52 上/1
［嘉靖］青州 16/22
［康熙六十年］青州 19/6
［萬曆二十四年］兗州 37/14
［萬曆］益都 6/96
［乾隆］博山志稿/24
［民國］續修博山 12/75
［崇禎］曲阜 4/108
［乾隆］曲阜 95/1
02 **顔刻**(見顔高)
03 **顔竣**(字士遜)
(南北朝・曲阜人)
［嘉靖］山東 30/25
［萬曆元年］兗州 40/諫議 10
［萬曆二十四年］兗州 8/8
［康熙］兗州 9/8
［乾隆］曲阜 77/2
07 **顔歆**(字子林)
(春秋・魯人)
［嘉靖］山東 28/14
［康熙］山東 38/14
［萬曆元年］兗州 7/68
顔詡(宋・曲阜人)
［乾隆］曲阜 80/9
曲阜縣鄉土志/耆舊－事業
顔毅(字允執)
(清・滕縣人)
［乾隆］兗州 23/86
［道光］滕縣志 9/孝義 11
10 **顔丁**(春秋・曲阜人)
［乾隆］曲阜 80/1
顔元孫(字章修)
(唐・費縣人)
［嘉靖］山東 30/38
［康熙］山東 40/38
［萬曆元年］兗州 40/文苑 9
［萬曆二十四年］兗州 8/14
［康熙］兗州 9/14
［萬曆］沂州志 7/21
［康熙］沂州志 5/60
［乾隆］沂州府 25/17
［康熙］費縣 7/7
［崇禎］曲阜 4/99
［乾隆］曲阜 88/3
［康熙］滋陽 4/上 15
顔三秀(字茂遠,號筠齋)
(清・滕縣人)
［康熙］滕縣志 8/孝行 13
［道光］滕縣志 9/孝義 5
顔五經(字統之)
(清・德州人)
［咸豐］青州 37/26
［嘉慶］壽光 10/35
11 **顔斐**(字文林)

（三國・濟北人）
[雍正]山東 28/人物一 31
[宣統]山東 161/4
12 顏延之(字延年)
（南北朝・琅邪臨沂人）
[至元]齊乘 6/19
[嘉靖]山東 30/25
[康熙]山東 40/27
[雍正]山東 28/人物一 44
[宣統]山東 163/6
[萬曆元年]兗州 40/文苑 5
[萬曆二十四年]兗州 8/7
[康熙]兗州 9/7
[萬曆]沂州志 6/66
[康熙]沂州志 5/40
[乾隆]沂州府 25/11
[乾隆]曲阜 77/1
[康熙]滋陽 4/上 13
[光緒]費縣 10/29
費縣鄉土志/耆舊錄－學問
[民國]臨沂 9/28
13 顏武(清・滋陽人)
[康熙]德州 6/4
16 顏理(字中理)
（漢・營陵人）
[康熙]杞紀 18/12
17 顏承章(清・歷城人)
[民國]續修歷城 42/13
顏習孔(字心卓)
（明・臨沂人）
[康熙]沂州志 5/72,7/54
[乾隆]沂州府 25/25
[民國]臨沂 9/55
顏承琦(字式韓)
（平原人）
[民國]續修平原 8/22
顏承德(清・泗水人)
[光緒]泗水 11/10
顏孕紹(見顏胤紹)
顏承典(字式型)
（清・鄆城人）
[光緒]鄆城 5/42
顏承周(字毓岐)
（平原人）
[民國]續修平原 8/25
18 顏瑜(字德潤)
（元・曲阜人）
[嘉靖]山東 30/57
[康熙]山東 40/55
[雍正]山東 28/人物二 70
[宣統]山東 164/23
[萬曆元年]兗州 40/節義 21
[萬曆二十四年]兗州 8/21
[康熙]兗州 9/21
[乾隆]兗州 23/34
[乾隆]曹州府 14/33
[萬曆]鄒志 2/10
[康熙十二年]鄒縣志 3/12
[康熙五十五年]鄒縣志 2/44
民國]續修鄒縣志稿/名宦
鄒縣鄉土志政績錄/3
[崇禎]曲阜 4/105
[康熙]曲阜 4/105
[乾隆]曲阜 81/1
[崇禎]鄆城 5/8
[康熙]鄆城 5/15
[光緒]鄆城 10/2
鄆城縣鄉土志/耆舊錄－忠義
20 顏秀(元・蒙陰人)
[康熙十一年]蒙陰 2/1
顏維和(字振寰)
（清・嶧縣人）
[乾隆]兗州 23/59
[乾隆]嶧縣 8/40
顏秀奇(字國華)
（清・安邱人）
[康熙六十年]青州 16/48
[咸豐]青州 47/4
[道光]安邱新志 20/1
安丘縣鄉土志 6/耆舊錄 3
顏秉孝(字順菴)
（清・惠民人）
[光緒]惠民 22/7
惠民縣鄉土志/耆舊錄 16
顏讐由(一名顏濁)
（周）
[萬曆元年]兗州 40/士行 4
顏季明(唐・費縣人)
[康熙]費縣 7/8
21 顏何(字子冉,一作冉)
（春秋・魯人）
[嘉靖]山東 24/9
[康熙]山東 29/9
[雍正]山東 11/闕里二 20
[宣統]山東 153/10
[萬曆元年]兗州 7/56
[萬曆二十四年]兗州 7/22
[康熙]兗州 8/23
[乾隆]兗州 7/31
[崇禎]曲阜 4/11
[康熙]曲阜 4/11
[乾隆]曲阜 59/8
[康熙]滋陽 4/上 5
顏衎(字祖德)
（五代唐・曲阜人）
[嘉靖]山東 30/42
[康熙]山東 40/42
[道光]濟南 33/30
[嘉靖]青州 13/23
[萬曆]青州 12/14
[康熙十五年]青州 12/14
[康熙四十八年]青州 12/14
[康熙六十年]青州 12/9
[咸豐]青州 54/11
[乾隆]泰安府 14/13
[萬曆元年]兗州 40/政績 8
[萬曆二十四年]兗州 8/17,28/1
[康熙]兗州 9/17,22/1
[萬曆]沂州志 6/6
[康熙]沂州志 3/41
[康熙]東平州 4/30
[乾隆]東平州 12/8
[道光]東平州 12/8
[光緒]東平州 14/8
[民國]東平縣 9/5
東平州鄉土志上/政績錄 9
[順治]鄒平 4/8
[康熙]鄒平 4/7
[嘉慶]鄒平 14/2
[道光]鄒平 14/2
[民國]鄒平 14/2
[崇禎]曲阜 4/103
[康熙]曲阜 4/103
[乾隆]曲阜 80/9
曲阜縣鄉土志/耆舊－事業

[康熙]高苑 3/14
[乾隆]高苑 3/19
[光緒]益都縣圖志 16/21
[民國]濰縣志稿 20/7
[道光]新城/名宦
[民國]重修新城 10/2
顏衍(五代・淄陽人)
[康熙]淄陽 4/上 29
顏師伯(字長淵,一作長深)
(南朝宋・臨沂人)
[嘉靖]山東 33/25
[萬曆元年]兗州 41/14
[光緒]費縣 10/41
顏師祖(字繩其)
(清・濰縣人)
[民國]濰縣志稿 30/38
顏師古(字籀,一作籀之)
(唐・臨沂人)
[至元]齊乘 6/20
[雍正]山東 28/人物二 4
[宣統]山東 162/24
[萬曆元年]兗州 40/文苑 10
[萬曆二十四年]兗州 8/13
[康熙]兗州 9/13
[萬曆]沂州志 7/18
[康熙]沂州志 5/58
[乾隆]沂州府 27/3
[康熙]郯城 7/5
[乾隆]郯城 9/12
[康熙]費縣 7/6
[光緒]費縣 10/53
費縣鄉土志/耆舊錄－學問
[萬曆]諸城 5/4
[康熙]諸城 5/4
[崇禎]曲阜 4/98
[康熙]曲阜 4/98
[乾隆]曲阜 78/1
[康熙]淄陽 4/上 15
[民國]臨沂 9/36
22 **顏畿**(瑯邪人)
[康熙]沂州志 8/72
顏崇政(字正也)
(清・淄陽人)
[乾隆]兗州 23/86
[光緒]淄陽 8/57
[民國]續修曲阜 5/28
淄陽縣鄉土志 1/耆舊－文學
顏崇勳(清・聊城人)
[宣統]聊城 8/46
顏胤紹(字賡明,一作永胤)
(明・曲阜人)
[雍正]山東 28/人物三 71
[宣統]山東 164/38
[康熙]兗州 28/28
[康熙]兗州續編 15/3
[乾隆]兗州 23/53
[乾隆]曲阜 81/3
曲阜縣鄉土志/耆舊－事業
[光緒]淄陽 8/31
淄陽縣鄉土志 1/耆舊－名臣
顏崇渦(字東虞,號酌山)
(清・曲阜人)
[民國]續修曲阜 5/32
顏崇湘(字蘭州,號荔村)
(清・曲阜人)
[民國]續修曲阜 5/31,5/43
顏繼祖(明・福建漳州人)
[宣統]山東 70/12
[道光]濟南 35/10
顏崇棻(字采荔,號椒岩)
(清・曲阜人)
[民國]續修曲阜 5/43
顏崇穀(字用冠)
(清・曲阜人)
[民國]續修曲阜 5/33
顏崇檢(字書成,號石冊)
(清・曲阜人)
[民國]續修曲阜 5/31,5/43
顏崇椝(字運生,號心齋)
(清・曲阜人)
[民國]續修曲阜 5/32
23 **顏俊**(明・高唐人)
[康熙十二年]高唐州 9/6
顏允臧(字季寧)
(唐・曲阜人)
[嘉靖]山東 30/39
[康熙]山東 40/39
[雍正]山東 28/人物二 8
[萬曆元年]兗州 40/政績 8
[萬曆二十四年]兗州 8/16
[康熙]兗州 9/16
[乾隆]兗州 23/25
[乾隆]曲阜 86/2
顏允南(字去惑)
(唐・曲阜人)
[嘉靖]山東 30/39
[康熙]山東 40/39
[雍正]山東 28/人物二 8
[萬曆元年]兗州 40/忠直 11
[萬曆二十四年]兗州 8/15
[康熙]兗州 9/15
[乾隆]兗州 23/25
[乾隆]曲阜 83/3
24 **顏德**(字惟純)
(明・文登人)
[光緒]文登 8/上 14
顏岐(字彝仲)
(宋)
[宣統]山東 200/4
[康熙]曹州志 16/13
[乾隆]曹州府 16/15
[康熙]兗州府曹縣 14/74
[光緒]曹縣 14/游寓 2
[光緒]菏澤 16/21
顏仕進(清・齊河人)
[民國]齊河 27/1
25 **顏純**(字太初)
(宋・鄒縣人)
鄒縣鄉土志耆舊錄/23
顏仲昌(宋・曲阜人)
[乾隆]曲阜 87/3
26 **顏伯璟**(字士瑩)
(清・曲阜人)
[宣統]山東 172/23
[康熙]兗州續編 16/3
[乾隆]兗州 23/59
[乾隆]曲阜 80/12
曲阜縣鄉土志/耆舊－事業
顏伯珣(字相叔)
(清・曲阜人)
[乾隆]兗州 23/67
[乾隆]曲阜 86/5
顏伯靴(字觀成)
(明・曲阜人)
[乾隆]曲阜 83/6
顏泉明(唐・臨沂人)

[雍正]山東 28/人物二 10
[宣統]山東 161/13,164/9
[乾隆]沂州府 25/17
[民國]臨沂 9/39
顏和尚(清・滋陽人)
[宣統]山東 200/37
[乾隆]濟寧直隸州 28/34
[道光]濟寧直隸州 10/2-21
27 **顏奐**(南北朝・曲阜人)
[乾隆]曲阜 77/4
顏紹發(字存齋)(清・曲阜人)
[民國]續修曲阜 5/54,8/30
顏叔子(春秋・魯人)
[崇禎]曲阜 4/96
[康熙]曲阜 4/96
[乾隆]曲阜 83/1
[康熙]滋陽 4/上 8
顏紹曙(字素子)(清・曲阜人)
[民國]續修曲阜 5/29,5/54
顏紹緒(字振宗,號硅世)(清・曲阜人)
[民國]續修曲阜 8/57
顏紹續(字承緒)(清・曲阜人)
[乾隆]曲阜 87/11
顏紹錫(字隆章)(清・曲阜人)
[乾隆]曲阜 83/7
28 **顏復**(字長道)(宋・魯人)
[嘉靖]山東 30/47
[康熙]山東 40/45
[雍正]山東 28/人物二 43
[宣統]山東 162/30
[萬曆元年]兗州 40/儒林 10
[萬曆二十四年]兗州 8/20
[康熙]兗州 9/20
[乾隆]兗州 23/30
[崇禎]曲阜 4/101
[康熙]曲阜 4/101
[乾隆]曲阜 87/4
[康熙]滋陽 4/上 18
30 **顏淳**(字太初)(宋・魯人)
[光緒]鄒縣續志 12/上 11
顏守一(字處和)(明・滕縣人)
[康熙]滕志 8/人物 22
[康熙]滕縣志 8/貞夫 1
[道光]滕縣志 9/忠節 2
顏安上(宋・費縣人)
[光緒]費縣 10/67
顏安樂(字公孫)(漢・魯國薛人)
[至元]齊乘 6/11
[嘉靖]山東 30/3
[康熙]山東 40/4
[雍正]山東 28/人物一 6
[宣統]山東 153/29
[道光]濟南 33/2
[咸豐]青州 64/4
[萬曆元年]兗州 40/儒林 4
[萬曆二十四年]兗州 31/20
[康熙]兗州 24/19
[乾隆]兗州 23/7
[嘉靖]淄川 6/81
[萬曆]淄川 34/1
[乾隆]曲阜 69/5
[萬曆]滕志 7/12
[康熙]滕志 7/12
[康熙]滕縣志 7/11
[道光]滕縣志 8/儒林 1
滕縣鄉土志/22
顏之僕(字子叔)(春秋・魯人)
[嘉靖]山東 24/9
[康熙]山東 29/8
[雍正]山東 11/闕里二 19
[宣統]山東 153/10
[萬曆元年]兗州 7/55
[萬曆二十四年]兗州 7/22
[康熙]兗州 8/23
[乾隆]兗州 7/30
[崇禎]曲阜 4/11
[康熙]曲阜 4/11
[乾隆]曲阜 59/8
[康熙]滋陽 4/上 5
顏之儀(字升,一作子升)(南北朝・琅邪臨沂人)
[嘉靖]山東 30/36
[康熙]山東 40/37
[宣統]山東 155/37
[萬曆元年]兗州 40/諫議 11
[萬曆二十四年]兗州 8/9
[康熙]兗州 9/9
[萬曆]沂州志 7/17
[康熙]沂州志 5/57
[乾隆]沂州府 25/16
[崇禎]曲阜 4/98
[康熙]曲阜 4/98
[乾隆]曲阜 77/4
[康熙]滋陽 4/上 14
[民國]臨沂 9/29
顏之推(字介,一作子介)(北齊・臨沂人)
[嘉靖]山東 30/36
[康熙]山東 40/36
[雍正]山東 28/人物一 60
[宣統]山東 163/16
[道光]濟南 33/19
[萬曆元年]兗州 40/文苑 8
[萬曆二十四年]兗州 8/10
[康熙]兗州 9/10
[萬曆]沂州志 7/17
[康熙]沂州志 5/57
[乾隆]沂州府 27/6
[乾隆]曲阜 80/3
[康熙]滋陽 4/上 13
[光緒]費縣 10/47
費縣鄉土志/耆舊錄-學問
[民國]臨沂 9/29
顏守耕(字心伊,號登恒)(明・滕縣人)
[康熙]滕縣志 7/61
[道光]滕縣志 8/吏治 3
31 **顏濳**(元)
[宣統]山東 69/19
[嘉靖]青州 13/33
[萬曆]青州 12/24
[康熙十五年]青州 12/24
[康熙四十八年]青州 12/24
[康熙六十年]青州 12/15
[咸豐]青州 35/24

[光緒]益都縣圖志 17/21
顏福玉(字璞菴,一字元炎)
(清・安丘人)
[雍正]山東 28/人物四 53
[宣統]山東 175/46
[康熙六十年]青州 16/48
[咸豐]青州 47/34
[道光]安邱新志 20/2
安丘縣鄉土志 6/耆舊錄 3
顏涿聚(春秋)
[萬曆]青州 14/2
[康熙十五年]青州 14/2
[康熙四十八年]青州 14/忠義 2
[康熙六十年]青州 17/2
[康熙]臨淄 10/2
34 顏浹(元・鳳陽人)
[康熙]嶧縣 3/19
[乾隆]嶧縣 7/30
[光緒]嶧縣 19/94
顏汝霖(元・高唐人)
[道光]高唐州 5/1-8
37 顏祖(字子襄)
(春秋・魯人,一作宋人)
[康熙]山東 29/8
[雍正]山東 11/闕里二 18
[宣統]山東 153/8
[萬曆元年]兗州 7/53
[萬曆二十四年]兗州 7/22
[康熙]兗州 8/23
[乾隆]兗州 7/29
[康熙]滋陽 4/上 5
[崇禎]曲阜 4/11
[康熙]曲阜 4/11
[乾隆]曲阜 59/7
顏逢祺(字眉徵)
(清・滕縣人)
[道光]滕縣志 9/隱逸 10
顏逢甲(字原美,號東田)
(清・滕縣人)
[道光]滕縣志 8/儒林 25
滕縣鄉土志/26
38 顏肇亮(字熙載)
(清・曲阜人)
[乾隆]曲阜 86/8
顏肇維(字肅之)
(清・曲阜人)
[乾隆]曲阜 86/7
顏游秦(唐・曲阜人)
[萬曆二十四年]兗州 8/13,27/9
[康熙]兗州 9/13,21/24
[乾隆]曲阜 86/2
40 顏吉(清・曲阜人,鄆城籍)
[康熙]鄆城 5/21
[光緒]鄆城 5/21
顏幸(字子柳,一字柳)
(春秋・魯人)
[嘉靖]山東 24/8
[康熙]山東 29/7
[雍正]山東 11/闕里二 17
[宣統]山東 153/7
[萬曆元年]兗州 7/49
[萬曆二十四年]兗州 7/22
[康熙]兗州 8/23
[乾隆]兗州 7/28
[康熙十二年]陽穀 3/32
[康熙]陽穀 3/29
[光緒]陽穀 6/32
[康熙]滋陽 4/上 4
[崇禎]曲阜 4/10
[康熙]曲阜 4/10
[乾隆]曲阜 59/5
顏士豪(字俠夫)
(清・鄆城人)
[光緒]鄆城 10/11
顏士璋(字聘卿)
(清・曲阜人)
[宣統]山東 172/13
[民國]續修曲阜 5/50,8/41
顏九碩(字萬介)
(清・滕縣人)
[道光]滕縣志 9/孝義 34
顏希聖(字振玉)
(清・德州人)
[道光]濟南 56/76
[乾隆]德州 9/49
州乘餘聞/10
[民國]德縣 10/33
德州鄉土志/耆舊 44
顏存信(明・曲阜人)
[萬曆二十四年]兗州 37/3
[康熙]兗州 28/32
[康熙]兗州續編 15/3
[乾隆]兗州 23/50
[崇禎]曲阜 4/104
[康熙]曲阜 4/104
[乾隆]曲阜 80/11
顏太初(字醇之)
(宋・彭城人)
[雍正]山東 28/人物二 22
[萬曆元年]兗州 40/儒林 10
[萬曆二十四年]兗州 8/20
[康熙]兗州 9/20
[乾隆]兗州 23/28
[嘉慶]莒州 7/3
[民國]重修莒志 57/4
[乾隆]曲阜 83/3
顏希深(清・廣東連平人)
[宣統]山東 74/49
[道光]濟南 37/72
[乾隆]德州 8/17
[民國]德縣 9/13
顏士鋆(字書村)
(清・曲阜人)
[民國]續修曲阜 5/38
顏士煛(字曉光)
(清・曲阜人)
[宣統]山東 172/21
[民國]續修曲阜 5/21
顏士鷴(清・鄒平人)
[民國]鄒平 15/114
顏真卿(字清臣)
(唐・琅邪臨沂人)
[至元]齊乘 6/20
[嘉靖]山東 25/19,30/39
[康熙]山東 32/6,40/39
[雍正]山東 28/人物二 9
[宣統]山東 164/9
[康熙]濟南 24/10
[道光]濟南 33/27,60/7
[萬曆元年]兗州 40/節義 17
[萬曆二十四年]兗州 8/15,52/24
[康熙]兗州 9/15
[萬曆]沂州志 7/20,7/75

［康熙］沂州志 5/60,6/52
［乾隆］沂州府 26/2
［嘉靖］德州 3/4
［萬曆］德州 8/27
［康熙］德州 7/23
［乾隆］德州 8/2
［民國］德縣 9/4
［康熙］費縣 7/7
［光緒］費縣 10/59,16/又 6
［崇禎］曲阜 4/99
［乾隆］曲阜 79/3
［康熙］滋陽 4/上 16
［康熙］陵縣 5/30,6/57
［光緒］陵縣 17/金石 1－54,17/金石 4－44,18/3
陵縣鄉土志/6
［民國］臨沂 9/40
［乾隆］平原 6/21
平原縣鄉土志輯稿/名宦
顏士錦（清・曲阜人）
［道光］安邱新志 16/4
顏士銀（字丹山）（清・曲阜人）
［民國］續修曲阜 5/36
43 **顏博文**（字持約）（宋・德州人）
［宣統］山東 168/14
44 **顏協**（字子和）（南北朝・琅邪臨沂人）
［嘉靖］山東 30/27
［康熙］山東 40/29
［雍正］山東 28/人物一 44
［宣統］山東 163/13
［萬曆元年］兗州 40/文苑 7
［萬曆二十四年］兗州 8/9
［康熙］兗州 9/9
［萬曆］沂州志 7/3
［康熙］沂州志 5/49
［乾隆］沂州府 27/4
［崇禎］曲阜 4/98
［康熙］曲阜 4/98
［乾隆］曲阜 80/3
曲阜縣鄉土志/耆舊－事業
［康熙］滋陽 4/上 13
［民國］臨沂 9/29
［光緒］費縣 10/46
顏懋僑（字幼客）（清・曲阜人）
［宣統］山東 172/17
［乾隆］曲阜 88/4
顏懋價（字質以）（清・曲阜人）
［民國］續修曲阜 5/32
顏懋价（字介子）（清・曲阜人）
［乾隆］曲阜 88/5
［嘉慶］肥城 15/36
［光緒］肥城 7/51
肥城縣鄉土志 3/6
顏懋齡（字引年,號山木）（清・曲阜人）
［民國］續修曲阜 5/32
顏懋倫（字樂清）（清・曲阜人）
［乾隆］曲阜 88/4
顏勤禮（字敬幼,一作敬之）（唐・費縣人）
［萬曆二十四年］兗州 8/13
［康熙］兗州 9/13
［乾隆］曲阜 88/2
［光緒］費縣 10/55
顏懋恕（字如仲,一字平叔）（清・曲阜人）
［民國］續修曲阜 5/32
顏世用（元・陽穀人）
［康熙］山東 46/3
［雍正］山東 28/人物二 67
［宣統］山東 165/12
［萬曆元年］兗州 40/隱逸 6
［乾隆］兗州 23/34
［康熙十二年］陽穀 4/13
［康熙］陽穀 4/16
［光緒］陽穀 9/1
［民國］增修陽穀人物/善行 34
顏懋企（字庶華）（清・曲阜人）
［乾隆］曲阜 88/5
顏懋仝（字異我,號穌道人）（清・曲阜人）
［民國］續修曲阜 8/32
顏世鐸（清・曲阜人）
［民國］續修曲阜 5/22
顏華堂（明・滋陽人）
［光緒］滋陽 9/25
滋陽縣鄉土志 1/耆舊－忠節
顏世榮（清・曲阜人）
［民國］續修曲阜 5/18
46 **顏相時**（字睿亦,一作睿思）（唐・臨沂人）
［萬曆二十四年］兗州 8/13
［康熙］兗州 9/13
［乾隆］曲阜 88/2
［民國］臨沂 9/37
50 **顏貴**（明・江南靈壁人）
［乾隆］沂州府 17/29
顏肅（明・廬陵舉人）
［嘉慶］慶雲 7/34
［民國三年］慶雲 1/92
顏春卿（唐・臨沂人）
［嘉靖］山東 30/38
［康熙］山東 40/38
［萬曆元年］兗州 40/文苑 9
［萬曆二十四年］兗州 8/14
［康熙］兗州 9/14
［萬曆］沂州志 7/20
［康熙］沂州志 5/59
［乾隆］沂州府 25/16
［康熙］費縣 7/7
［乾隆］曲阜 83/2
［民國］臨沂 9/39
51 **顏振文**（清・汶上人）
［宣統］四續汶上稿/人物－文學傳
顏振雷（字雨田）（清・東平人）
［光緒］東平州 15/中 40
［民國］東平縣 11/中 10
顏振傑（字漢三）（清・歷城人）
［民國］續修歷城 42/12
顏振宗（字光裔）（清・德州人）
［民國］德縣 10/71
德州鄉土志/耆舊 58
顏振江（清・歷城人）
［民國］續修歷城 42/12

顏振祿(字倖亭)
(清·歷城人)
[民國]續修歷城 42/12
顏振南(字午亭)
(清·東阿人)
[民國]續修東阿 11/10
顏振軒(曲阜人)
[民國]續修曲阜 5/55
顏振鐸(清·泗水人)
[光緒]泗水 11/10
53 **顏盛**(字叔臺)
(三國·費縣人)
[萬曆二十四年]兖州 8/3
[康熙]兖州 9/5
[乾隆]曲阜 80/1
曲阜縣鄉土志/耆舊-事業
[光緒]費縣 10/4
56 **顏蠋**(見顏斶)
60 **顏晃**(字元明)
(南北朝·琅邪臨沂人)
[嘉靖]山東 30/29
[宣統]山東 163/13
[萬曆元年]兖州 40/文苑 7
[萬曆二十四年]兖州 8/10
[康熙]兖州 9/10
[萬曆]沂州志 7/13
[康熙]沂州志 5/55
[乾隆]沂州府 25/15
[乾隆]曲阜 88/2
[民國]臨沂 9/29
顏回(字子淵)
(春秋·魯人)
[嘉靖]山東 24/3
[康熙]山東 29/3
[雍正]山東 11/闕里二 1
[宣統]山東 153/1
[萬曆元年]兖州 7/1
[萬曆二十四年]兖州 7/1
[康熙]兖州 8/1
[乾隆]兖州 7/10
[崇禎]曲阜 4/8
[康熙]曲阜 4/8
[乾隆]曲阜 58/1
[康熙]滋陽 4/上 2
[光緒]滋陽 8/19
滋陽縣鄉土志 1/耆舊-名儒
顏冕(南北朝·臨沂人)
[康熙]山東 40/31
顏異(漢·曲阜人)
[嘉靖]山東 25/14
[康熙]山東 32/1
[雍正]山東 28/人物一 5
[宣統]山東 66/4
[道光]濟南 33/3
[乾隆]兖州 23/7
[崇禎]歷城 6/7
[乾隆]淄川 4/又 28-1
顏景聖(字子希)
(清·歷城人)
[民國]續修歷城 43/8
顏思魯(字孔歸)
(唐·曲阜人)
[嘉靖]山東 30/36
[萬曆元年]兖州 40/儒林 9
[萬曆二十四年]兖州 8/13
[康熙]兖州 9/13
[乾隆]曲阜 88/2
曲阜縣鄉土志/耆舊-學問
顏見遠(字見遠)
(南朝齊·費縣人)
[至元]齊乘 6/17
[嘉靖]山東 30/26
[康熙]山東 40/28
[雍正]山東 28/人物一 47
[宣統]山東 164/7
[萬曆元年]兖州 40/節義 16
[萬曆二十四年]兖州 8/9
[康熙]兖州 9/9
[乾隆]兖州 23/22
[萬曆]沂州志 7/3
[康熙]沂州志 5/49
[乾隆]沂州府 26/1
[崇禎]曲阜 4/98
[康熙]曲阜 4/98
[乾隆]曲阜 77/4
[康熙]滋陽 4/上 13
[光緒]費縣 10/46
顏景堉(字養齋)
(清·曲阜人)
[民國]續修曲阜 5/39
顏思忠(字心葵)
(明·濰縣人)
[乾隆]濰縣 4/11
[民國]濰縣志稿 27/42
濰縣鄉土志/17
顏杲卿(字昕與,一作昕)
(唐·琅邪臨沂人)
[至元]齊乘 6/20
[嘉靖]山東 30/39
[康熙]山東 40/38
[雍正]山東 28/人物二 9,35/墓碑 17
[宣統]山東 164/8
[萬曆元年]兖州 40/節義 16
[萬曆二十四年]兖州 8/14
[康熙]兖州 9/14
[萬曆]沂州志 7/20
[康熙]沂州志 5/59
[乾隆]沂州府 26/2
[康熙]滋陽 4/上 15
[崇禎]曲阜 4/99
[乾隆]曲阜 79/1
[康熙]費縣 7/7
[光緒]費縣 10/56
費縣鄉土志/耆舊錄-事業
[民國]臨沂 9/38
顏景恆(霑化人)
[民國]霑化 4/登進 47
61 **顏顯**(字文明)
(明·陽信人)
[康熙]陽信 8/19
62 **顏則孔**(字泗源)
(明·沂州人)
[雍正]山東 28/人物三 67
[宣統]山東 164/47
[康熙]沂州志 6/2
[乾隆]沂州府 26/3
66 **顏嬰**(清·龍溪人)
[宣統]四續汶上稿/人物-忠烈傳
67 **顏躍**(南北朝·曲阜人)
[乾隆]曲阜 77/4
顏嗣溫(明·曲阜人)
[康熙]兖州續編 15/3
[乾隆]兖州 23/50
[崇禎]曲阜 4/104
[康熙]曲阜 4/104

[乾隆]曲阜 80/12
顏昭甫(字周卿)
(唐・費縣人)
[萬曆二十四年]兖州 8/14
[康熙]兖州 9/14
[乾隆]曲阜 88/3
[光緒]費縣 10/55
費縣鄉土志/耆舊錄－學問
68 顏噲(字子聲)
(春秋・魯人)
[嘉靖]山東 24/9
[康熙]山東 29/9
[雍正]山東 11/闕里二 20
[宣統]山東 153/10
[萬曆元年]兖州 7/59
[萬曆二十四年]兖州 7/21
[康熙]兖州 8/22
[乾隆]兖州 7/31
[崇禎]曲阜 4/11
[康熙]曲阜 4/11
[乾隆]曲阜 59/8
[康熙]滋陽 4/上 5
72 顏髦(字君道)
(晉,一作南北朝・曲阜人)
[嘉靖]山東 30/22
[康熙]山東 40/25
[雍正]山東 28/人物一 57
[萬曆元年]兖州 40/孝友 3
[萬曆二十四年]兖州 8/7
[康熙]兖州 9/7
[乾隆]兖州 23/24
[崇禎]曲阜 4/103
[康熙]曲阜 4/103
[乾隆]曲阜 80/2
曲阜縣鄉土志/耆舊－事業
76 顏斶(周・齊人)
[至元]齊乘 6/6
[嘉靖]山東 28/6
[康熙]山東 38/7
[道光]濟南 45/4
[嘉靖]青州 15/50
[萬曆]青州 14/31
[康熙十五年]青州 14/31
[康熙四十八年]青州 14/隱逸 5

[崇禎]歷乘 16/59
[康熙]臨淄 10/5
[民國]臨淄 29/15
[天啟]新城 8/名賢,13/傳
[崇禎]新城 8/名賢,13/傳
[康熙]新城 7/2
[民國]重修新城 13/1
新城縣鄉土志/耆舊－戰國
77 顏閾(見顏闔)
顏闔(周・魯人)
[萬曆二十四年]兖州 30/16
[康熙]兖州 23/16
[乾隆]兖州 23/5
[乾隆]曲阜 82/1
顏印紹(見顏胤紹)
79 顏騰之(字宏道)
(南朝宋・費縣人)
[光緒]費縣 10/46
80 顏曾(明・臨沂人)
[萬曆]沂州志 7/39
[康熙]沂州志 6/44
[民國]臨沂 9/57
顏含(字弘都)
(晉・琅邪莘人)
[至元]齊乘 6/15
[嘉靖]山東 30/16
[康熙]山東 40/18
[雍正]山東 28/人物一 34
[宣統]山東 165/2
[萬曆元年]兖州 40/孝友 3
[萬曆二十四年]兖州 8/6
[康熙]兖州 9/6
[萬曆]沂州志 6/52
[康熙]沂州志 5/29
[乾隆]沂州府 25/9
[崇禎]曲阜 4/97
[康熙]曲阜 4/97
[乾隆]曲阜 80/2
曲阜縣鄉土志/耆舊－事業
[康熙]滋陽 4/上 12
[民國]臨沂 9/16
[光緒]費縣 10/20
費縣鄉土志/耆舊錄－事業
顏無繇(字季路)
(春秋・魯人)
[嘉靖]山東 24/2

[康熙]山東 29/2
[雍正]山東 11/闕里二 34
[宣統]山東 153/1
[萬曆元年]兖州 5/11
[崇禎]曲阜 4/8
[康熙]曲阜 4/8
[乾隆]曲阜 59/3
[康熙]滋陽 4/上 2
86 顏錫斌(字子斑)
(清・鄒平人)
[民國]鄒平 15/124
顏錫爵(字周列)
(清・平原人)
[民國]續修平原 10/上 10
顏錫爵(清・樂安人)
[民國]續修廣饒 19/56
顏錫豐(字卣亭)
(清・滋陽人)
滋陽縣鄉土志 1/耆舊－忠義
顏錫嘏(字公純,號眉峯)
(清・曲阜人)
[民國]續修曲阜 5/33
顏錫均(字秋平)
(曲阜人)
[民國]續修曲阜 5/25,8/47
顏錫惠(清・曲阜人)
[民國]續修曲阜 5/46
顏錫忠(清・曲阜人)
[民國]續修曲阜 5/54
顏錫鑑(字鏡秋)
(曲阜人)
[民國]續修曲阜 5/24
顏錫敏(字勵堂)
(清・曲阜人)
[宣統]山東 172/21
[民國]續修曲阜 5/20
87 顏欽(字公若)
(晉,一作漢・魯人)
[萬曆二十四年]兖州 8/6
[康熙]兖州 9/6
[乾隆]曲阜 87/2
曲阜縣鄉土志/耆舊－學問
88 顏鑰(字仲溪,一作中溪)
(明・江西永新人)
[道光]濟南 36/30

［乾隆］東昌 34/5
［嘉慶］東昌 21/22
［康熙二年］茌平 2/39
［康熙四十九年］茌平 2/39
［宣統］茌平 8/4
［民國］茌平 8/61
［天啟］新城 6/知縣
［崇禎］新城 6/知縣
［康熙］新城 5/3
［道光］新城/名宦
［民國］重修新城 10/6
顔籀（見顔師古）
90 **顔懷秀**（字書升）
（清・汶上人）
［宣統］四續汶上稿/人物－施濟傳
顔光行（字躬懿）
（明・嶧縣人）
［光緒］嶧縣 21/忠義 3
顔惟貞（字叔堅）
（唐・曲阜人）
［萬曆二十四年］兗州 8/14
［康熙］兗州 9/14
［乾隆］曲阜 88/3
顔懷純（清・鄒縣人）
［光緒］鄒縣續志 12/中 3
顔懷憲（字思章，號蕉坪）
（清・曲阜人）
［民國］續修曲阜 5/43
顔光濬（字哲文）
（清）
［道光］濟南 38/21
［康熙五十五年］長山 3/40
［嘉慶］長山 5/48
顔懷禮（清・曲阜人）
［民國］續修曲阜 5/38
顔懷檡（字彤賓，號凫亭）
（清・曲阜人）
［民國］續修曲阜 8/60
顔懷柜（字予齋）
（清・曲阜人）
［民國］續修曲阜 5/41
顔懷蘭（字香圃）
（清・章邱人）
章邱縣鄉土志/上 51
顔懷孝（字順堂）
（清・寧陽人）
［光緒］寧陽 13/75
顔光朝（明・曲阜人）
［乾隆］曲阜 80/13
顔懷慤（字思誠）
（清・曲阜人）
［民國］續修曲阜 5/31
顔光昌（字方升）
（清・曲阜人）
［乾隆］兗州 23/80
［乾隆］曲阜 86/6
顔光是（字去非）
（清・滋陽人）
［乾隆］兗州 23/71
［乾隆］曲阜 86/6
［光緒］滋陽 8/42
滋陽縣鄉土志 1/耆舊－鄉賢
顔光岳（字雲谷）
（清・泗水人）
［光緒］泗水 10/上 7
顔光敩（字學山）
（清・曲阜人）
［雍正］山東 28/人物四 47，35/墓碑 45
［宣統］山東 172/9
［康熙］兗州續編 16/4
［乾隆］兗州 23/74
［乾隆］曲阜 87/10
［民國］續修曲阜 7/19
顔光猷（字秩宗，號澹園）
（清・曲阜人）
［宣統］山東 172/8
［康熙］兗州續編 16/5
［乾隆］兗州 23/70
［乾隆］曲阜 87/8
［民國］續修曲阜 7/17
曲阜縣鄉土志/耆舊－學問
顔光敏（字遜甫，更字修來，別號樂圃）
（清・曲阜人）
［宣統］山東 172/16
［康熙］兗州續編 16/4
［乾隆］兗州 23/70
［乾隆］曲阜 87/9
［民國］續修曲阜 7/18
曲阜縣鄉土志/耆舊－學問
92 **顔惻**（南北朝・曲阜人）
［乾隆］曲阜 77/4
97 **顔耀卿**（唐・瑯邪人）
［乾隆］淄川 4/又 28－1
98 **顔愉**（見顔瑜）
顔悦道（字君白，號琅邪）
（明・北直魏縣人，一作元城人）
［宣統］山東 73/19
［萬曆］青州 12 又/又 17
［康熙十五年］青州 12 又/又 17
［康熙四十八年］青州 12 又/又 17
［咸豐］青州 36/30
［萬曆］諸城 4/26
［乾隆］諸城 28/8
諸城縣鄉土志/上 9

0140$_1$ 聾

26 **聾和尚**（清）
［乾隆］武定府 26/41
［咸豐］武定府 26/仙釋 6

0164$_6$ 譚

00 **譚襄**（清・江西高安人）
［宣統］山東 75/10
［道光］濟南 38/16
［乾隆］淄川 4/25
淄川縣鄉土志/政績錄
譚章（字德輝）
（明・諸城人）
［萬曆］青州 14/52
［康熙十五年］青州 14/52
［康熙四十八年］青州 14/儒行 9
［康熙六十年］青州 15/10
［咸豐］青州 44/25
［萬曆］諸城 7/19
［康熙］諸城 7/16
［乾隆］諸城 30/5
諸城縣鄉土志/上 25
譚文魁（清・清平人）
［康熙］重修清平下/43
［嘉慶］清平 14/43

[宣統]增輯清平 12/56
[民國]清平/人物 51
譚應祿(清・濰縣人)
[民國]濰縣志稿 29/36
譚文光(明・廣西賓州人)
[萬曆]蒲臺志 8/16
[康熙]重修蒲臺 5/18
[乾隆]蒲臺 2/44
01 **譚龍甲**(字凌雲)
(清・東平人)
[光緒]東平州 15/中 37
[民國]東平縣 11/中 8
02 **譚訓**(明・恩縣人)
[乾隆]東昌 42/29
[嘉慶]東昌 32/24
[民國]重修恩縣 11/鄉賢 48
03 **譚誠言**(字心齋)
(明・淄川人)
[道光]濟南 50/37
[康熙]淄川 5/15
[乾隆]淄川 5/15,6/上 64
淄川縣鄉土志/耆舊錄 – 循良
[康熙]兗州府曹縣 9/25
04 **譚謨偉**(字貽堂)
(清・濰縣人)
[民國]濰縣志稿 32/4
07 **譚訊**(字景陶,一字泉亭)
(清・臨朐人)
光緒臨朐 14/中 23
10 **譚璽**(明・鄒縣人)
[嘉靖]鄒縣地理誌 1/26
譚雲龍(一名化龍)
(清・濰縣人)
[民國]濰縣志稿 32/4
譚玉峯(清・慶雲人)
[民國三年]慶雲 2/47
譚再生(字無競,號眉樵)
(清・淄川人)
[道光]濟南 54/64
[康熙]淄川 5/11
[乾隆]淄川 5/11,6/上又 69
淄川縣鄉土志/耆舊錄 – 循良
譚可大(明)
[乾隆]嶧縣 7/32
譚元吉(清・高密人)
[光緒]高密 8/上 30
[民國]高密 14/上 31
高密縣鄉土志/上 31
12 **譚廷榛**(清・萊蕪人)
[民國]續修萊蕪 27/18
譚孔教(字幼淑,號西石)
(明・萊蕪人)
[康熙]濟南 44/30
[乾隆]泰安府 18/44
[康熙]新修萊蕪 6/42
[民國]萊蕪 20/2
[民國]續修萊蕪 27/5
譚瑞璧(字蒲齋)
(清・臨朐人)
[民國]臨朐續志 20/19
譚廷颺(字乃賡)
(清・歷城人)
[民國]濰縣志稿 32/29
譚廷美(宋)
朝城縣鄉土志/9
譚延美(宋・大名朝城人)
[嘉靖]山東 31/18
[雍正]山東 28/人物二 24
[宣統]山東 157/35
[萬曆]東昌 19/30
[乾隆]曹州府 22/12
[嘉靖]濮州 5/28
[萬曆]濮州 4/武烈 2
[嘉靖]朝城志 7/4
[康熙]朝城 8/4
17 **譚承禮**(清・南豊人)
[民國]福山縣志稿 7/7 – 2
18 **譚璇**(清・淄川人)
[宣統]三續淄川 10/96
20 **譚維楨**(字幹臣)
(博山人)
[民國]續修博山 12/34
譚維鉞(清・諸城人)
[光緒]增修諸城縣續志 14/7
21 **譚處端**(初名玉,字伯玉,又字通正)
(金・寧海人)
[嘉靖]山東 34/17
[康熙]山東 47/10
[雍正]山東 30/14
[宣統]山東 200/29
[泰昌]登州 11/61
[順治]登州 18/21
[光緒]增修登州 38/4
[康熙]萊州 10/98
[嘉靖]寧海州下/46
[康熙]寧海州 10/1
[同治]重修寧海州 26/10
[民國]牟平 10/42
譚經三藏(宋)
[康熙]濟南 51/7
譚占元(清・濰縣人)
[民國]濰縣志稿 31/33
22 **譚崇**(字峻山)
(清・濰縣人)
[宣統]山東補遺/33
[民國]濰縣志稿 31/18
濰縣鄉土志/41
譚任(字汝尹)
(明・濰縣人)
[民國]濰縣志稿 27/36
28 **譚作德**(字逸齋,一作心逸)
(清・臨朐人)
[民國]臨朐續志 20/15
臨朐縣鄉土志 1/耆舊
譚以箎(字少沂)
(臨朐人)
[民國]臨朐續志 20/26
29 **譚峭**(字景昇)
(明・平陰人)
[順治]平陰 7/27
30 **譚永位**(清・萊陽人)
[民國]萊陽 3/1 中 75
譚安之(字克羞)
(明・濰縣人)
[民國]濰縣志稿 27/36
31 **譚江**(明・濮州人)
[宣統]濮州 4/105
33 **譚溥**(字澤民)
(明・昌邑人)
[康熙]山東 44/9
[萬曆]萊州 5/100
[康熙]萊州 10/27
[乾隆]萊州 10/14
[康熙]昌邑 6/4

[乾隆]昌邑 6/178
34 **譚洪**(字巨源)
(金・寧陽人)
[咸豐]寧陽 14/1
[光緒]寧陽 14/1
譚汝霖(字雨巖)
(清・濰縣人)
[民國]濰縣志稿 32/4
譚汝翼(字君輔)
(清・恩縣人)
[宣統]重修恩縣 8/33
[民國]重修恩縣 11/鄉賢 34
譚汝通(字慧子)
(清・濰縣人)
[民國]濰縣志稿 29/21
37 **譚冠**(明・萊蕪人)
[民國]續修萊蕪 27/3
譚凝德(字心一,號碧齋)
(清・臨朐人)
[民國]臨朐續志 20/26
譚郎宗(漢・濰縣人)
[萬曆]濰縣 8/3
[康熙]濰縣 5/人物 2
40 **譚友麟**(字瑞紱)
(濰縣人)
[民國]濰縣志稿 29/37
譚在丙(字青峯)
(清・濰縣人)
[民國]濰縣志稿 30/26
譚吉璁(字舟石)
(清・浙江嘉興人)
[宣統]山東 77/21
譚培隆(字存厚)
(清・東阿人)
[民國]續修東阿 12/1
42 **譚斯祜**(字峴良)
(清・淄川人)
[康熙]淄川 5/19
[乾隆]淄川 5/19
44 **譚薦**(字于天)
(清・淄川人)
[乾隆]淄川 5/又 39
譚植(字建侯)
(清・濰縣人)
[民國]濰縣志稿 32/4
譚其任(字覺斯)
(明・萊蕪人)
[康熙]濟南 38/18
[乾隆]泰安府 18/28
[康熙]新修萊蕪 6/42
[民國]萊蕪 19/2
[民國]續修萊蕪 25/2
萊蕪縣鄉土志/8
譚其志(字尚之)
(明・萊蕪人)
[乾隆]泰安府 18/66
[康熙]新修萊蕪 6/59
[民國]萊蕪 18/8
[民國]續修萊蕪 24/1
45 **譚柟**(字菊磵)
(清・鄆城人)
[康熙]鄆城 6/11
[光緒]鄆城 7/11
47 **譚好善**(明・邳州人)
[萬曆]泗水 4/10
[順治]泗水 4/10
[光緒]泗水 4/3
[光緒]泗水縣鄉土志/3
50 **譚肅**(字本恭)
(明・壽張人)
[康熙六年]壽張 7/9
[康熙五十六年]壽張 7/9
[光緒]壽張 6/45
譚申孝(字景輿)
(清・長清人)
[民國]長清 13/20
譚申忠(字幹臣)
(清・長清人)
[民國]長清 13/19
譚東昇(清・城武人)
[康熙九年]城武 5/8
[康熙四十一年]城武 5/上懿行 10
譚中興(清・濰縣人)
[民國]濰縣志稿 42/27
51 **譚振夏**(字錫九)
(清・博山人)
[民國]續修博山 11/29
53 **譚成爻**(字心易)
(清・諸城人)
[康熙]諸城 7/52
[乾隆]諸城 42/3
58 **譚拾子**(周・齊人)
[萬曆]青州 15/30
[康熙十五年]青州 15/30
[康熙四十八年]青州 15/說士 6
[民國]臨淄 22/75
60 **譚晏**(宋・寧海人)
[同治]重修寧海州 17/4
譚昌言(字聖諭,一作聖俞)
(明・浙江嘉興人)
[宣統]山東 70/36,補遺/65
[乾隆]萊州 9/11
萊州府鄉土志/上 13
[順治]登州 11/22
[光緒]增修登州 25/5
[嘉慶]續掖縣 2/13
譚景和(清・濰縣人)
[民國]濰縣志稿 31/13
譚曰選(明・新建人)
[萬曆]商河 5/23
譚國基(字丕周)
(清・即墨人)
[同治]即墨 9/37
即墨縣鄉土志/耆舊-事業四
譚曰都(清・陵縣人)
[光緒]陵縣 19/人物傳二 22
譚昺煦(字熙民)
(清・濰縣人)
[民國]濰縣志稿 32/8
67 **譚明**(明・萊蕪人)
[民國]續修萊蕪 27/1
71 **譚長**(唐・萊陽人)
[康熙]萊陽 8/2
[民國]萊陽 3/1 中 1
譚長真(見譚處端)
77 **譚興元**(清・東阿人)
[民國]續修東阿 12/2
譚與進(明・茌平人)
[康熙二年]茌平 2/50
[康熙四十九年]茌平 2/50
[宣統]茌平 14/2
[民國]茌平 3/67
80 **譚義**(明・昌邑人)
[康熙]昌邑 6/4
譚鐘(字金聲)

(清・聊城人)
[宣統]聊城 8/97
譚會讓(字遜齋)
(清・東阿人)
[民國]續修東阿 11/12
譚金詔(字仲宣)
(清・歷城人)
[宣統]山東 169/36
[民國]續修歷城 40/13
譚命教(字畏仲,號帶石)
(明・萊蕪人)
[康熙]濟南 38/18
[乾隆]泰安府 18/28
[康熙]新修萊蕪 6/42
[民國]萊蕪 19/1
[民國]續修萊蕪 25/1
86 **譚智**(明・壽張人)
[康熙五十六年]壽張 7/41
90 **譚尚忠**(字濬川)
(明・淄川人)
[康熙]淄川 5/35
[乾隆]淄川 5/35
95 **譚性教**(字生伯,號笠石,又稱黃雪居士)
(明・萊蕪人)
[康熙]濟南 36/18
[乾隆]泰安府 17/39
[康熙]新修萊蕪 6/2,6/30
[民國]萊蕪 17/5
[民國]續修萊蕪 22/6
97 **譚耀**(字章伯)
(明・廣東東莞人)
[道光]濟南 35/21

0173_2 襲

00 **襲方印**(字康侯)
(清・章邱人)
[道光]濟南 54/18
[道光]章邱 11/65
22 **襲彪**(明・章丘人)
[康熙]濟南 47/4
[道光]濟南 49/61
[萬曆]章丘 27/46
[康熙]章丘 6/33
[乾隆]章邱 9/34
[道光]章邱 11/56
26 **襲自牧**(清・章邱人)
[道光]章邱 10/35
60 **襲昜**(字懋卿)
(明・章丘人)
[雍正]山東 28/人物三 46
[宣統]山東 163/33
[康熙]濟南 42/13
[道光]濟南 49/62
[萬曆]章丘 28/57
[康熙]章丘 6/39,8/57
[乾隆]章邱 9/20
[道光]章邱 10/43,16/67
64 **襲勖**(見襲昜)
88 **襲策**(號米山)
(清・章邱人)
[道光]章邱 10/50

0180_1 龔

00 **龔諒**(明・山西蔚州人)
[雍正]山東 27/28
[宣統]山東 71/19
[康熙]濟南 25/41
[道光]濟南 36/57
[康熙]德平 3/2
[乾隆]德平 2/25
[嘉慶]德平 5/7
[光緒]德平 5/7
德平縣鄉土志/政績錄
龔讓(明・湖廣枝江人)
[正德]博平 5/81
龔文元(字魁亭)
(清・定陶人)
[民國]定陶 6/29
龔彥祿(字士福)
(清・濮州人)
[宣統]濮州 8/111
08 **龔敦仁**(字雲樵)
(清)
[民國]續修平原 5/18
10 **龔元友**(清・合肥人)
[民國]德縣 9/24
12 **龔弘**(字元之)
(明・嘉定人)
[康熙]濟寧州 4/53
[道光]濟寧直隸州 6/6－46
龔廷煌(字遵道,號廉白)
(清・華亭人)
[民國]重修商河 6/70,11/40
13 **龔強**(明・商河人)
[萬曆]商河 6/48
[民國]重修商河 9/2
14 **龔琦**(字代菴)
(清・滋陽人)
[乾隆]兗州 23/78
[光緒]滋陽 8/42
滋陽縣鄉土志 1/耆舊－鄉賢
16 **龔璁**(字玉亭)
(清・遵義人)
[宣統]山東 76/51
[道光]武城續編 9/1
[民國]增訂武城續編 9/2
[宣統]四續汶上稿/宦績志
20 **龔秀**(字德茂)
(元・平陰人)
[順治]平陰 8/上 76
[光緒]平陰 2/1,5/1,8/5
平陰縣鄉土志/9
龔秉德(字性之)
(明・濮州人)
[萬曆]濮州 3/鄉賢 60
[康熙]濮州 3/82
[乾隆]濮州 3/83
[宣統]濮州 4/89
21 **龔經遠**(清・監利人)
[光緒]菏澤 7/宦蹟 27
[光緒]新修菏澤 9/8
[民國]無棣 9/5
海豐縣鄉土志/政績
22 **龔鼎臣**(字輔之)
(宋・鄆州須城人)
[嘉靖]山東 26/12,30/47
[康熙]山東 33/14,40/46
[雍正]山東 28/人物二 33
[宣統]山東 157/19
[康熙]濟南 25/10
[咸豐]青州 35/6
[乾隆]泰安府 14/20
[萬曆元年]兗州 40/諫議 14
[萬曆二十四年]兗州 28/7,35/5
[康熙]兗州 22/7,27/5

［乾隆］兗州 22/12
［康熙］東平州 4/59
［乾隆］東平州 13/20
［道光］東平州 13/20
［光緒］東平州 15/上 20
東平州鄉土志上/耆舊錄 28
［民國］東平縣 11/上 7
［光緒］益都縣圖志 16/32
［順治］平陰 5/22
［光緒］平陰 4/1
平陰縣鄉土志/4
［康熙］新修萊蕪 5/21
［民國］萊蕪 9/2
［民國］續修萊蕪 15/4
［光緒］陽穀 5/4
龔繼榮(清・鄒縣人)
［光緒］鄒縣續志 12/上 8
鄒縣鄉土志耆舊錄/20
23 **龔参**(宋)
［順治］新泰 5/7
25 **龔仲敏**(明・湖廣公安人)
［宣統］山東 72/16
［道光］濟寧直隸州 6/6－34
［順治］嘉祥 4/37
［乾隆］嘉祥 3/30
［光緒］嘉祥 3/38
27 **龔紹昌**(字良若)
(清・江蘇武進人)
［宣統］山東 75/60
［光緒］寧陽 20/18
28 **龔徵**(宋・新泰人)
［順治］新泰 5/7
［乾隆］新泰 15/23
新泰縣鄉土志/17
34 **龔汝勤**(明・尉州人)
［康熙］嶧縣 3/29
［乾隆］嶧縣 7/12
［光緒］嶧縣 19/職官下 6
38 **龔洽**(明・堂邑人)
［順治］堂邑 2/人物 4
［康熙］堂邑 12/3
龔遂(字少卿)
(漢・山陽南平陽人)
［嘉靖］山東 25/14,30/4
［康熙］山東 32/1,40/5
［雍正］山東 27/72,28/人物一 7
［宣統］山東 66/6,161/1
［康熙］濟南 24/1
［萬曆元年］兗州 40/政績 2
［萬曆二十四年］兗州 31/19
［康熙］兗州 24/17
［乾隆］兗州 23/8
［乾隆］武定府 16/1
［咸豐］武定府 19/1
［乾隆］曹州府 12/1
［乾隆］濟寧直隸州 22/54
［道光］濟寧直隸州 6/6－2
［萬曆］濱州 3/8
［康熙］濱州 5/16
濱州鄉土志/政績錄
［順治］樂陵 6/1
［乾隆］樂陵 4/43
樂陵縣鄉土志 2/5
［康熙十二年］金鄉 5/20
［康熙五十一年］金鄉 9/3
［咸豐］金鄉縣志略 7/1
［民國］金鄉 11/17
［光緒］鄒縣續志 12/上 1
［民國］續修鄒縣志稿/人物－耆舊
鄒縣鄉土志耆舊錄/12
［光緒］魚臺 2/44
［萬曆］鉅野 6/2
［康熙］鉅野 10/2
［道光］鉅野 10/2
［乾隆］惠民 5/7
［光緒］惠民 18/1
惠民縣鄉土志/政績錄 2
40 **龔奮**(漢・魯人)
［宣統］山東 153/33
龔大良(字樸菴)
(清・仁和人)
［宣統］山東 77/41
［乾隆］萊州 9/35
［光緒］增修登州 32/8
［乾隆］膠州 4/21
［道光］重修膠州 23/8,39/29
［民國］增修膠志 18/8,37/4
膠州直隸州鄉土志 3/政績－防海,3/政績－聽訟
［同治］重修寧海州 13/10
［民國］牟平 6/81
44 **龔葆琛**(清・閩縣人)
［民國］續滕縣志 1/27
［光緒］重修蒲臺 2/19
蒲臺縣鄉土志/4
46 **龔如桂**(明・堂邑人)
［順治］堂邑 2/人物 18
［康熙十一年］堂邑 2/選舉 24
［康熙］堂邑 14/1
48 **龔敬**(明・通州人)
［嘉慶］東昌 21/27
［康熙］重修清平下/5
［嘉慶］清平 13/5
［宣統］增輯清平 11/4
［民國］清平/秩官 33
50 **龔忠良**(宋・新泰人)
［順治］新泰 5/7
［乾隆］新泰 15/23
新泰縣鄉土志/18
77 **龔殿安**(字良佐)
(清・歷城人)
［道光］濟南 53/36
［乾隆］歷城 41/16
龔履簡(元・平陰人)
［順治］平陰 7/12
80 **龔舍**(字君倩)
(漢・楚人)
［乾隆］泰安府 14/3
［乾隆二十五年］泰安縣 10/27
88 **龔鑑**(明・廣西全州人)
［宣統］山東 71/25
［道光］濟南 36/62
龔敏(明・桃源人)
［光緒］文登 5/33

0212_7 端

17 **端取友**(明・北直人)
［康熙］嶧縣 3/34
［乾隆］嶧縣 7/15
［光緒］嶧縣 19/職官下 9
38 **端道人**(名松)
［道光］臨邑 9/25
［同治］臨邑 9/方術 3
40 **端木萃**(明・曲阜人)

［宣統］山東 200/9
［乾隆］東昌 44/22
［嘉慶］東昌 34/9
［宣統］聊城 8/98
端木中允（清・鄆城人）
［光緒］鄆城 16/32
端木賜（字子貢）
（春秋・衛人）
［嘉靖］山東 24/4
［康熙］山東 29/4
［雍正］山東 11/闕里二 7
［嘉靖］青州 12/2
［萬曆］青州 15/54
［康熙十五年］青州 15/又 56
［康熙四十八年］青州 15/僑寓 1
［萬曆元年］兖州 7/19
［萬曆二十四年］兖州 7/11
［康熙］兖州 8/12
［乾隆］兖州 7/16
［萬曆］東昌 19/1
［嘉靖］濮州 4/14
［萬曆］濮州 4/衛人 8
［康熙］濮州 4/85
［乾隆］濮州 4/125
［宣統］濮州 6/83
［康熙］濟寧州 5/15
［道光］濟寧直隸州 8/1－65
［康熙］臨淄 9/1
［乾隆］曲阜 59/1

0365_0 誠

15 **誠臻**（字靜菴）
（明・博山人）
［民國］續修博山 12/72

0460_0 計

10 **計元勳**（明・浙江嘉興人）
［康熙］山東 31/18
［雍正］山東 27/28
［宣統］山東 70/27
［道光］濟南 35/35
13 **計瓆**（清・吴江人）
［咸豐］武定府 19/濱州 5
［咸豐］濱州 8/8
23 **計然**（見辛鈃）
32 **計澄**（明・江南浮縣人）
［道光］商河 5/27
［民國］重修商河 6/66
商河縣鄉土志 1/政績
60 **計昌**（明・浮梁人）
［嘉靖］武定州下/54
［崇禎］武定州 7/4

謝

00 **謝袞**（字文藻，號補之）
（清・單縣人）
［民國］單縣 10/7
謝亮（明・博平人）
［正德］博平 4/65
謝讓（字揖三）
（清・郯城人）
［嘉慶］續修郯城 7/18
謝文（明・江西龍泉人）
［萬曆］福山 4/28
［康熙］福山 7/44
謝玄（字幼度）
（晉・陽夏人）
［嘉靖］山東 25/4
［康熙］山東 31/4
［雍正］山東 27/31
［宣統］山東 66/37
［萬曆元年］兖州 39/名宦 7
［乾隆］兖州 22/6
謝雍（清・歷城人）
［民國］續修歷城 44/28
謝註（字汝集）
（明・朝城人）
［萬曆］濮州 3/鄉賢 61
謝京章（字斐卿）
（清・博山人）
［民國］續修博山 11/32
謝文斌（清・寧津人）
［光緒］寧津 8/21
寧津縣志料 3/人物－義烈
謝應誠（號佩軒）
（清・福山人）
［民國］福山縣志稿 7/4－14
謝應登（號瀛洲）
（明・招遠人）
［光緒］增修登州 43/25
［順治］招遠 9/20
謝文璀（字聖藻）
（宋・陳州人）
［雍正］山東 27/35
［乾隆］兖州 22/12
［乾隆］濟寧直隸州 21/7
［道光］濟寧直隸州 6/6－9
［道光］鉅野 10/11
謝方潤（字卓軒）
（清・陽穀人）
［光緒］陽穀 6/28
［民國］增修陽穀人物/仕宦 17，人物/忠烈 21
謝立吉（字東岳，號筠溪）
（清・德州人）
［民國］德縣 11/11
謝應奎（清・招遠人）
［康熙十一年］莘縣 5/16
［康熙五十六年］莘縣 5/16
［光緒］莘縣 5/33
［民國］莘縣 3/25
莘縣鄉土志/政績 10
謝應樞（字佑宸）
（德縣人）
［民國］德縣 10/79
謝庭芝（字佩孜）
（清・江蘇省城人）
新泰縣鄉土志/7
謝文林（字殿選）
（清・寧津人）
［光緒］寧津 8/40
寧津縣志料 3/人物－義行
謝庸熙（清・博羅人）
［民國］無棣 9/5
海豐縣鄉土志/政績
01 **謝龍文**（清・博平人）
［光緒］博平縣續志 10/64
02 **謝端翻**（字韶卿）
（清・福山人）
［民國］福山縣志稿 7/2－27
謝新壘（字譽成）
（清・曹縣人）
［光緒］曹縣 14/行誼 21
10 **謝璽**（明・山西代州人）
［宣統］山東 71/49
［乾隆］武定府 16/47

[咸豐]武定府 19/蒲臺 2
[萬曆]蒲臺志 8/2
[康熙]重修蒲臺 7/1
[乾隆]蒲臺 2/56
蒲臺縣鄉土志/2
謝元(見謝玄)
謝雲(清・福建同安人)
[乾隆]膠州 4/23
[道光]重修膠州 23/11
[民國]增修膠志 18/10
謝玉麟(清・浙江人)
[乾隆]昌邑 5/117
謝可英(清・休寧人)
[乾隆]泰安府 15/33
[康熙]東平州續志 4/1
[乾隆]東平州 12/41
[道光]東平州 12/41
[光緒]東平州 14/41
[民國]東平縣 9/22
謝天眷(字德徵)
(清・魚臺人)
[康熙]魚臺 17/17
[乾隆]魚臺 10/28,11/35
[光緒]魚臺 3/21
12 **謝廷珍**(字西序)
(清・招遠人)
[光緒]增修登州 43/27
[道光]招遠縣續志 3/13
謝廷楷(明・魚臺人)
[乾隆]魚臺 10/30
謝廷闓(清・城武人)
[道光]城武 9/下 33
謝廷鉞(清・諸城人)
[光緒]增修諸城縣續志 17/8
謝廷策(字正甫)
(明・德州衛人)
[康熙]山東 39/29
[康熙]濟南 37/11
[道光]濟南 52/41
[萬曆]德州 9/41
[康熙]德州 8/16
[乾隆]德州 9/14
州乘餘聞/4
德州鄉土志/耆舊 10
[民國]德縣 10/13

14 **謝瑋**(字珠軒)
(清・福山人)
[民國]福山縣志稿 7/6-2
謝功嚴(東阿人)
[民國]東阿 15/20
15 **謝璉**(字君實,一作韶石,號龍石)
(明・湖廣監利人)
[宣統]山東 70/13
[乾隆]萊州 9/28
萊州府鄉土志/上 19
[光緒]增修登州 25/1
[乾隆]掖縣 5/65
16 **謝聰**(明・光山人)
[萬曆]寧津 5/16
[光緒]寧津 6/26
寧津縣志料 3/人物-名宦
17 **謝弼**(字叔林,一作輔宣)
(漢・東郡武陽人)
[嘉靖]山東 31/2
[康熙]山東 41/2
[雍正]山東 28/人物一 22
[宣統]山東 154/18
[萬曆]東昌 19/5
[嘉慶]東昌 26/3
[乾隆]曹州府 14/4
[嘉靖]濮州 5/2
[萬曆]濮州 3/鄉賢 2
[康熙]濮州 3/34
[乾隆]濮州 3/35
[宣統]濮州 4/41
[嘉靖]朝城志 7/1
[康熙]朝城 8/57
朝城縣鄉土志/8
[康熙]東明 6/4
[乾隆]東明 6/4
[民國]東明縣新誌 11/12
東明縣志料/人物門
謝珊(字公貴)
(明・朝城人)
[嘉靖]朝城志 7/9
[康熙]朝城 8/49
謝乃實(字華函)
(清・福山人)
[光緒]增修登州 39/17
[乾隆]福山 8/19,9 上/37

[民國]福山縣志稿 7/1-27
謝乃果(字春函)
(清・福山人)
[宣統]山東 176/18
[光緒]增修登州 39/17
[乾隆]福山 8/20,9 上/38
[民國]福山縣志稿 7/1-28
19 **謝琰**(字連城,一字無瑕)
(清・福山人)
[雍正]山東 28/人物四 49
[宣統]山東 176/49
[乾隆]續登州 10/3
[乾隆]福山 9 上/20
[民國]福山縣志稿 7/3-14
20 **謝秉志**(清・高密人)
[乾隆]萊州 11/孝義 9
[乾隆]高密 8/上 28
[光緒]高密 8/上 36
[民國]高密 14/上 39
高密縣鄉土志/上 35
謝雋杭(號南川)
(清・福山人)
[民國]福山縣志稿 10/10
謝爲橘(字仙廬)
(清・鉅野人)
[民國]續修鉅野 5/上 17
謝重輝(字方山,號匏齋)
(清・德州人)
[宣統]山東 170/9
[道光]濟南 56/74
[乾隆]德州 9/38
州乘餘聞/3
[民國]德縣 10/26
德州鄉土志/耆舊 33
21 **謝經**(明・武安人)
[隆慶]單縣上/重 36
謝仁(明・單縣人)
[順治]單縣 3/7
謝師訓(號葵亭)
(清・滕縣人)
[康熙]滕志 7/79
[康熙]滕縣志 7/73
[道光]滕縣志 9/孝義 13
謝紫芝(字商隱,號松泉)
(清・德州人)
[道光]濟南 56/75

[民國]德縣 10/38
22 謝綬(字朝章)
(明・朝城人)
[嘉靖]山東 31/30
[康熙]山東 41/24
[雍正]山東 28/人物三 17
[宣統]山東 160/19
[萬曆]東昌 19/53
[乾隆]曹州府 15/10
[嘉靖]濮州 6/12
[萬曆]濮州 3/鄉賢 42
[嘉靖]朝城志 7/12
[康熙]朝城 8/59
朝城縣鄉土志/10
謝繼魁(字星五,號香山)
(清・博山人)
[民國]續修博山 12/32
謝繼遷(字禹門)
(明・掖縣人)
[乾隆]掖縣 4/31
23 謝允吉(字君宜)
(清・臨淄人)
[民國]臨淄 28/6
24 謝縝(字從栗)
(明・冀州人)
[宣統]山東 73/15
[咸豐]青州 36/5
[萬曆]安丘 17/3
安丘縣鄉土志 2/政績錄
謝德元(字春亭)
(清・平度人)
[宣統]山東 177/24
[民國]平度縣續志 7/14
謝德潤(字慎莊)
(清・寧津人)
[光緒]寧津 8/30
寧津縣志料 3/人物－孝行
25 謝續(明・冀州人)
[嘉靖]濮州 7/15
[萬曆]濮州 3/名宦 17
[康熙]濮州 3/16
[乾隆]濮州 3/16
[宣統]濮州 4/16
26 謝息(東周・魯人)
[咸豐]寧陽 11/1
[光緒]寧陽 11/1
27 謝粲(號小山)
(清・德州人)
[道光]濟南 56/75
謝彝吾(見謝夷吾)
28 謝微(南北朝・陳郡陽夏人)
[康熙]嶧縣 3/14
謝牧之(字準夫)
(清・福山人)
[光緒]增修登州 38/19
[民國]福山縣志稿 7/2－26
30 謝安(字安石)
(晉)
[萬曆元年]兗州 39/名宦 7
謝宜謙(字益亭)
(清・福山人)
[民國]福山縣志稿 7/5－2
謝賓王(字起東)
(清・臨淄人)
[咸豐]青州 46/21
[康熙]臨淄 9/18
[民國]臨淄 24/13
臨淄縣鄉土志/耆舊錄
謝良玉(清・郯城人)
[嘉慶]續修郯城 7/16
謝宜發(字尊亭)
(清・福山人)
[民國]福山縣志稿 7/2－18
謝安統(字超武)
(清・單縣人)
[康熙]單縣 8/45
[乾隆]單縣 6/36
[民國]單縣 9/64,22/9
謝安緒(清・單縣人)
[康熙]單縣 8/54
[乾隆]單縣 7/16
[民國]單縣 9/36
謝富德(字賓如)
(清・魚臺人)
[乾隆]兗州 23/85
[乾隆]濟寧直隸州 27/35
[道光]濟寧直隸州 8/3－37
[乾隆]魚臺 11/45
[光緒]魚臺 3/29
謝永傳(字薪庵)
(清・臨淄人)
[民國]臨淄 35/73
謝永甯(清・益都人)
[光緒]益都縣圖志 40/7
謝宗枋(清・大興人)
[乾隆]泰安府 15/33
[康熙]東平州續志 4/2
[道光]東平州 12/40
[光緒]東平州 14/40
謝寶樹
[民國]朝城縣續志 1/27
謝良翰(字戴扆,號憲南)
(清・曹縣人)
[康熙]兗州續編 16/24
[康熙]兗州府曹縣 14/3
[光緒]曹縣 14/人物 3
謝永春(清・郯城人)
[嘉慶]續修郯城 7/19,10/31
謝之振(字建齋)
(清・魚臺人)
[乾隆]魚臺 11/31
[光緒]魚臺 3/18
謝永昌(明・招遠人)
[順治]招遠 8/10
31 謝源(明・懷安人)
[萬曆]青城 1/37
[乾隆]青城 7/2
[民國]青城續修 4/名宦 12
謝澐(字岷源)
(清・郯城人)
[嘉慶]續修郯城 10/35
謝福源(字宏謨)
(明・曹縣人)
[光緒]曹縣 14/仕蹟 12
謝禎祥(字幹臣)
(清・歷城人)
[民國]續修歷城 44/27
34 謝祜(清・朝城人)
[民國]朝城縣續志 1/31
謝濤(宋・陽夏人)
[嘉靖]山東 26/9
[雍正]山東 27/88
[宣統]山東 68/41
[萬曆元年]兗州 38/循吏 28
[萬曆二十四年]兗州 28/2
[康熙]兗州 22/2
[康熙]曹州志 7/38
[乾隆]曹州府 12/9

[光緒]菏澤7/名宦3
[光緒]新修菏澤8/5
菏澤縣鄉土志/9
謝汝賢(清・朝城人)
[民國]朝城縣續志1/30
35 **謝連**(見謝璉)
謝洙(字文水)
(清・浙江會稽人)
[宣統]山東75/12
[道光]濟南38/18
[乾隆]淄川4/又28-3
淄川縣鄉土志/政績錄
謝沛棠(字蔭南)
(黄縣人)
[民國]黄縣志稿13/民國孝友
37 **謝逢春**(清・壽光人)
[民國]壽光12/人物志一88
謝逢昌(字泰初,號惠圃)
(清・臨邑人)
[民國]續修臨邑3/22
38 **謝啟亭**(見謝啟廷)
謝啟廷(明・浙江紹興人)
[宣統]山東72/22
[乾隆]沂州府20/9
[康熙]莒州下/9
[嘉慶]莒州7/7
[民國]重修莒志57/13
謝肇淛(字在杭)
(明・福建人)
[康熙]山東34/9
[雍正]山東27/49
[崇禎]歷乘16/66
[康熙]張秋志5/24
州乘餘聞/5
謝肇基(字胤岐)
(清・棲霞人)
[康熙]棲霞6/17
[乾隆]棲霞7/8
39 **謝遴**(字秉衡,號泗湄)
(清・魚臺人)
[乾隆]兖州23/66
[乾隆]濟寧直隸州25/48
[道光]濟寧直隸州8/3-35
[乾隆]魚臺11/16
[光緒]魚臺3/9

40 **謝來王**(字海亭)
(清・臨淄人)
[民國]臨淄27/50
謝存傑(清・臨沂人)
[民國]臨沂10/59
謝士傑(字俊卿)
(清・平度人)
[道光]重修平度州19/37
平度鄉土志4下/學問
謝九儀(明・章丘人)
[萬曆]章丘24/22
謝克家(宋)
[康熙]鉅野13/5
[道光]鉅野24/5
謝嘉淦(清・朝城人)
[民國]朝城縣續志1/29
謝九式(明・章邱人)
[萬曆]章丘28/60
[康熙]章丘6/41
[乾隆]章邱9/39
[道光]章邱10/44
謝克勤(清・直隸大興人)
[民國]陽信2/68
謝九錫(字綸齋,號雲村)
(清・德州人)
[光緒]德州志略/人物傳略
[民國]德縣10/49
41 **謝檟**(號念明)
(明・朝城人)
[康熙]朝城8/14
44 **謝薔**(清・單縣人)
[民國]單縣9/66
謝荔(字挺軒)
(清・博平人)
[光緒]博平縣續志10/50
謝夢旂(明・博平人)
[乾隆]東昌42/13
[嘉慶]東昌32/13
[道光]博平4/27
謝蓮峯(字華山)
(寧津人)
寧津縣志料3/人物-義行
謝蓬山(字一峯)
(莒縣人)
[民國]重修莒志61/11
謝世溥(字沛蒼,號岱樵)
(清・單縣人)
[民國]單縣10/6,18/21
謝茂迪(宋)
[嘉靖]山東26/25
[康熙]山東34/6
[萬曆]東昌18/24
[萬曆]濮州3/名宦15
謝英才(字子美)
(博山人)
[民國]續修博山12/70
謝世孝(清・朝城人)
[民國]朝城縣續志1/40,2/38
謝林春(清・博平人)
[道光]博平4/12
謝世惠(字迪吉)
(清・寧津人)
寧津縣志料3/人物-義行
謝世臣(明・崇善人)
[順治]堂邑2/職官10
[康熙]堂邑10/3
謝英賢(字次聖)
(清・博山人)
[民國]續修博山12/33
謝其煇(字光庭)
(清・博平人)
[光緒]博平縣續志10/61
45 **謝榛**(字茂秦,號四溟)
(明・臨清人)
[宣統]山東163/28
[乾隆]東昌41/18
[康熙]臨清州3/人物8
[乾隆]臨清州9/25
[乾隆]臨清直隸州8/上10
[民國]臨清縣/人物82
46 **謝觀**(明)
[光緒]增修登州37/1
謝如尚(明・萊陽人)
[宣統]山東161/58
47 **謝郁**(明・朝城人)
[嘉靖]朝城志7/7
[康熙]朝城8/18
謝柳東(原名金城,號棉村)
(清・單縣人)
[民國]單縣11/46
48 **謝敬詒**(字南坡)

（清·福山人）
［民國］福山縣志稿 7/6－1
50 謝表（明·昌邑人）
［康熙］昌邑 6/35
［乾隆］昌邑 6/166
謝肅（字原功）
（明·寧波人）
［民國］濰縣志稿 42/11
謝泰（號建侯）
（清·會稽人，順天籍）
［乾隆］東昌 44/25
［康熙］臨清州 3/人物 12，3/人物 29
［乾隆］臨清州 9/39，12/8
［乾隆］臨清直隸州 8/上 26，8/上 83
［民國］臨清縣/人物 11
謝中（明·廬陵人）
［萬曆］青州 12/22
［咸豐］青州 36/2
［萬曆］樂安 13/2
［雍正］樂安 11/3
［民國］樂安 8/18
［民國］續修廣饒 17/2
謝夷吾（字堯卿）
（漢·會稽山陰人）
［嘉靖］山東 26/3
［康熙］山東 33/3
［雍正］山東 27/80
［宣統］山東 66/20
［萬曆元年］兗州 38/循吏 6
［萬曆二十四年］兗州 26/14
［康熙］兗州 21/14
［乾隆］兗州 22/4
［康熙五十六年］壽張 4/2
［光緒］壽張 5/2
壽張縣鄉土志/政績－興利
謝書林（字道宗）
（清·博平人）
［光緒］博平縣續志 10/52
博平縣鄉土志/耆舊－事業
謝青墩（明·德州人）
德州鄉土志/耆舊 15
謝東陽（號西洲）
（明·閬中人）
［康熙六年］壽張 8/16
［康熙五十六年］壽張 8/24
［光緒］壽張 8/38
謝肅智（明·章丘人）
［道光］濟南 49/45
［萬曆］章丘 24/22
［康熙］章丘 6/20
［乾隆］章邱 9/15
［道光］章邱 11/28
53 謝成（明·單縣人）
［順治］單縣 3/7
57 謝輅（明·掖縣人）
［乾隆］掖縣 4/42
60 謝昂（明·江西安福人）
［嘉靖］朝城志 5/16
［康熙］朝城 7/27
謝暠（漢）
［宣統］山東 66/26
謝果（清·高唐人）
［民國］高唐縣 12/53
謝昊（明·永安人）
［隆慶］單縣上/35
謝昇（明·諸城人）
［乾隆］諸城 38/5
諸城縣鄉土志/上 21
謝景謨（清·福山人）
［光緒］增修登州 39/19
謝國詔（清·湖廣安陸人）
［康熙五十五年］鄒縣志 2/65
謝昌緒（明·直隸獲鹿舉人）
［康熙］福山 7/13
［乾隆］福山 7/14
謝國賓（字思敬）
（明·聊城人）
［萬曆］東昌 19/62
［乾隆］東昌 39/40
［嘉慶］東昌 29/18
［康熙］聊城 3/16
［宣統］聊城 8/78
謝景申（字鎮南）
（清·東阿人）
［民國］續修東阿 11/25
謝景成（明·諸城人）
［萬曆］青州 15/52
［康熙十五年］青州 15/52
［康熙四十八年］青州 15/義民 20
［康熙六十年］青州 18/16
［咸豐］青州 43/12
［萬曆］諸城 7/31
［康熙］諸城 7/53
［乾隆］諸城 41/1
諸城縣鄉土志/上 48
謝景周（清·鄒平人）
［民國］鄒平 15/132
61 謝顯謨（更名香開，字夢塘）
（清·福山人）
［民國］福山縣志稿 7/5－4
66 謝賜勅（明·博平人）
［乾隆］東昌 42/12
［嘉慶］東昌 32/12
［道光］博平 4/25
博平縣鄉土志/耆舊－事業
71 謝陛（明·德州人）
州乘餘聞/12
德州鄉土志/耆舊 20
謝原（明）
［順治］堂邑 2/職官又 6
［康熙］堂邑 9/1
謝長源（字星海）
（清·平度人）
平度鄉土志 4 下/學問
72 謝剛忠（明·曹縣人）
［光緒］曹縣 14/仕蹟 12
謝岳東（清·福山人）
［民國］福山縣志稿 7/4－8
謝彤恩
［民國］朝城縣續志 1/26
73 謝駿聲（字通卿）
（清·安徽定遠人）
［光緒］昌邑縣續志 5/17
惠民縣志補遺/23
惠民縣鄉土志/政績錄 9
謝駿臣（東阿人）
［民國］東阿 15/9
74 謝陞（字清義，一字伊晉）
（明·德州人）
［康熙］濟南 34/11
［道光］濟南 72/45
德州鄉土志/耆舊 15
77 謝賢（明·鎮江人）
［乾隆］樂陵 4/52

謝譽(明・山西安邑人)
[宣統]山東 73/12
[萬曆]青州 12/51
[康熙十五年]青州 12/51
[康熙四十八年]青州 12/51
[康熙六十年]青州 12/28
[咸豐]青州 36/11
[康熙]昌樂 1/33
[嘉慶]昌樂 19/4
謝用王(明・臨淄人)
[民國]臨淄 25/35
謝又徵(清・博平人)
[道光]博平 4/32
謝際泰(號運昌)
(明・曹縣人)
[康熙]兗州府曹縣 13/56
[光緒]曹縣 13/54
80 **謝命龍**(字雲從)
(清・連平州貢生)
[宣統]山東 76/36
[乾隆]東昌 33/36
[嘉慶]東昌 21/4
[康熙]聊城 2/5
[宣統]聊城 6/2－4
聊城縣鄉土志/7
謝念詒(字在之)
(清・福山人)
[民國]福山縣志稿 7/4－6
謝美生(字隆菴)
(明・湖廣孝感人)
[康熙]膠州 5/10
[乾隆]膠州 4/14
[道光]重修膠州 22/9
[民國]增修膠志 17/9
82 **謝鍾英**(字文石)
(清・招遠人)
[光緒]增修登州 43/27
[道光]招遠縣續志 3/9
83 **謝鉞**(字朝儀)
(明・博平人)
[正德]博平 4/71
84 **謝鎮西**(清・博興人)
[民國]重修博興 13/46
86 **謝鍠**(清・順天大興人)
[宣統]山東 77/10
[咸豐]青州 37/18
[乾隆]續壽光 18/3
[嘉慶]壽光 10/31
[民國]壽光 6/21
謝錫文(字彩章)
(德縣人)
[民國]夏津續編 6/35,9/28
[民國]高唐縣卷首
謝錫教(明・海鹽人)
[道光]濟南 36/54
[乾隆]德州 8/7
[民國]德縣 9/8
87 **謝欽寶**(字明安,別字石農)
(清・滕縣人)
[道光]滕縣志 8/吏治 14
88 **謝錀**(字殿選,號涑溪)
(清・臨沂人)
[民國]續修臨沂 16/3
謝銓(字汝衡)
(清・平度人)
[光緒]平度志要/人物
謝鎰(字萬卿)
(明・祁門人)
[崇禎]歷城 6/3
90 **謝光綎**(清・福山人)
[光緒]增修登州 43/15
[乾隆]福山 8/56
謝光紀(字星度)
(清・福山人)
[光緒]增修登州 39/18
[乾隆]福山 8/20
[民國]福山縣志稿 7/1－32
謝光組(清・福山人)
[乾隆]福山 8/12
[民國]福山縣志稿 7/4－1
謝光綸(清・福山人)
[乾隆]福山 8/11
[民國]福山縣志稿 7/1－33
謝惟材(字國器,號楹菴)
(明・朝城人)
[康熙]朝城 8/22
96 **謝焜**(字問山)
(清・浙江山陰人)
[民國]續修歷城 41/20
97 **謝耀**(字顯吾)
(明・臨淄人)
[咸豐]青州 45/56
[康熙]臨淄 9/24
[民國]臨淄 25/35
99 **謝榮**(清・茌平人)
[民國]茌平 12/59
謝榮紱(字來軒)
(清・寧津人)
寧津縣志料 3/人物－孝行
謝榮祖(明)
[宣統]山東 72/16
[道光]濟寧直隸州 6/6－35
[康熙]魚臺 15/10
[乾隆]魚臺 9/33
[光緒]魚臺 2/47

0461_1 諶

37 **諶祖舜**(字虞忱)
(東平人)
[民國]東平縣 11/上 22
諶祖堯(字化唐)
(東平人)
[民國]東平縣 11/上 22

0462_7 訥

44 **訥蘭胡魯剌**(見納蘭胡魯剌)
90 **訥懷**(元)
[隆慶]單縣上/32
[康熙]單縣 6/9
[乾隆]單縣 4/55

0464_1 詩

44 **詩蒙額**(清・滿洲鑲黃旗人)
[道光]觀城 6/9

0466_0 諸

37 **諸祖**(明・山陰人)
[乾隆]濟寧直隸州 22/44
[道光]濟寧直隸州 6/6－32
[康熙五十一年]金鄉 8/15
[乾隆]金鄉 17/5
[咸豐]金鄉縣志略 7/11
[民國]金鄉 11/20
金鄉縣鄉土志/政績錄
44 **諸葛亮**(字孔明)
(三國・琅邪陽都人)
[至元]齊乘 6/13
[嘉靖]山東 30/13

[康熙]山東 40/14
[雍正]山東 11/闕里二 25,28/人物一 25
[宣統]山東 154/20
[萬曆]青州 13/26
[康熙十五年]青州 13/26
[康熙四十八年]青州 13/事功 9
[康熙六十年]青州 16/5
[萬曆元年]兖州 40/相業 11
[萬曆二十四年]兖州 32/1
[康熙]兖州 25/1
[乾隆]兖州 7/37
[萬曆]沂州志 6/36
[康熙]沂州志 5/16
[乾隆]沂州府 25/5
[雍正]莒州 9/5
[嘉慶]莒州 9/4
[民國]重修莒志 59/5
[萬曆]諸城 7/8
[康熙]諸城 7/8
[天啟]新城 8/寓賢
[崇禎]新城 8/寓賢
[康熙]沂水 4/48
[道光]沂水 7/12
[民國]臨沂 9/5

諸葛京(字行宗)
(晉・莒縣人)
[民國]重修莒志 63/1

諸葛誕(字公休)
(三國・琅邪陽都人)
[至元]齊乘 6/14
[嘉靖]山東 33/18
[宣統]山東 164/3
[萬曆]青州 13/29
[康熙十五年]青州 13/29
[康熙四十八年]青州 13/事功 12
[康熙六十年]青州 16/6
[萬曆元年]兖州 41/10
[乾隆]沂州府 25/6
[雍正]莒州 9/14
[嘉慶]莒州 9/6
[民國]重修莒志 59/13
[萬曆]諸城 7/9
[康熙]諸城 7/8
[道光]沂水 7/13
[民國]臨沂 9/7

諸葛璩(字幼玟,一作幼文,又作幼琰)
(南朝梁・瑯琊陽都人)
[至元]齊乘 6/17
[雍正]山東 28/人物一 50
[宣統]山東 167/6
[萬曆]青州 14/37
[康熙十五年]青州 14/37
[康熙四十八年]青州 14/隱逸 11
[康熙六十年]青州 20/3
[萬曆二十四年]兖州 33/25
[康熙]兖州 26/24
[萬曆]沂州志 7/6
[康熙]沂州志 5/52
[乾隆]沂州府 27/9
[嘉慶]莒州 9/17
[民國]重修莒志 60/21
[萬曆]諸城 7/9
[康熙]諸城 7/8
[民國]臨沂 9/34

諸葛瑾(字子瑜)
(三國・琅邪陽都人)
[至元]齊乘 6/14
[嘉靖]山東 30/13
[康熙]山東 40/14
[雍正]山東 28/人物一 32
[宣統]山東 154/26
[萬曆]青州 13/28
[康熙十五年]青州 13/28
[康熙四十八年]青州 13/事功 11
[康熙六十年]青州 16/5
[萬曆元年]兖州 40/謀略 8
[萬曆二十四年]兖州 32/9
[康熙]兖州 25/5
[萬曆]沂州志 6/39
[康熙]沂州志 5/18
[乾隆]沂州府 26/1
[雍正]莒州 9/14
[嘉慶]莒州 9/5
[民國]重修莒志 59/16
[萬曆]諸城 7/8
[康熙]諸城 7/8
[道光]沂水 7/20
[民國]臨沂 9/6

諸葛融(字叔長)
(三國・瑯琊人)
[嘉靖]山東 33/19
[萬曆元年]兖州 41/29

諸葛喬(字仲慎,一字伯松)
(三國・琅邪陽都人)
[萬曆二十四年]兖州 32/10
[康熙]兖州 25/6
[康熙]沂州志 8/72
[民國]重修莒志 59/12
[民國]臨沂 9/6

諸葛豐(字少季)
(漢・琅邪諸城人)
[至元]齊乘 6/11
[嘉靖]山東 30/7
[康熙]山東 40/7
[雍正]山東 28/人物一 10
[嘉靖]青州 14/3
[萬曆]青州 13/25
[康熙十五年]青州 13/24
[康熙四十八年]青州 13/事功 8
[康熙六十年]青州 16/5
[咸豐]青州 38/3
[萬曆二十四年]兖州 31/17
[康熙]兖州 24/16
[萬曆]沂州志 6/32
[康熙]沂州志 5/13
[民國]重修莒志 59/2
[萬曆]諸城 7/3
[康熙]諸城 7/3
[乾隆]諸城 29/1
諸城縣鄉土志/上 23

諸葛爽(唐・青州博昌人)
[嘉靖]山東 32/12
[雍正]山東 28/人物二 16
[宣統]山東 156/14
[嘉靖]青州 14/13
[萬曆]青州 15/20
[康熙十五年]青州 15/20
[康熙四十八年]青州 15/武功 7
[咸豐]青州 55/14

［康熙十二年］博興 6/10
［康熙六十年］博興 7/18
諸葛樟（字香南）
（清・臨沂人）
［民國］臨沂 10/40
諸葛豊（字少季）
（漢・琅邪人）
［宣統］山東 154/7
諸葛靚（字仲思）
（三國・琅邪陽都人）
［嘉靖］山東 30/19
［康熙］山東 40/21
［雍正］山東 28/人物一 32
［萬曆］青州 13/29
［康熙十五年］青州 13/29
［康熙四十八年］青州 13/事功 12
［康熙六十年］青州 16/6
［萬曆元年］兖州 40/孝友 3
［萬曆二十四年］兖州 32/16
［康熙］兖州 25/12
［萬曆］沂州志 6/57
［乾隆］沂州府 26/1
［雍正］莒州 9/15
［嘉慶］莒州 9/6
［民國］重修莒志 59/15
［道光］沂水 7/21
［民國］臨沂 9/7
諸葛勗（南北朝・瑯琊人）
［民國］臨沂 9/34
諸葛瞻（字思遠）
（三國・琅邪陽都人）
［嘉靖］山東 30/13
［康熙］山東 40/14
［宣統］山東 154/21
［萬曆］青州 13/28
［康熙十五年］青州 13/28
［康熙四十八年］青州 13/事功 11
［康熙六十年］青州 16/6
［萬曆元年］兖州 40/節義 12
［萬曆二十四年］兖州 32/2
［康熙］兖州 25/2
［萬曆］沂州志 6/37
［康熙］沂州志 5/16
［乾隆］沂州府 26/1
［嘉慶］莒州 9/5
［民國］重修莒志 59/12
［道光］沂水 7/20
［民國］臨沂 9/6
諸葛長民（南北朝・瑯琊人）
［萬曆元年］兖州 41/16
諸葛尚（三國・琅琊人，一作沂水人，又作南陽人）
［嘉靖］山東 30/14
［康熙］山東 40/16
［萬曆元年］兖州 40/節義 12
［萬曆］沂州志 6/38
［康熙］沂州志 5/17
［乾隆］沂州府 26/1
［民國］重修莒志 59/13
［道光］沂水 7/21
諸葛恢（字道明）
（晉・琅邪陽都人）
［嘉靖］山東 26/4，30/20
［康熙］山東 33/5，40/22
［宣統］山東 66/38，155/8
［萬曆］青州 13/29
［康熙十五年］青州 13/29
［康熙四十八年］青州 13/事功 12
［康熙六十年］青州 16/6
［萬曆元年］兖州 40/政績 6
［萬曆二十四年］兖州 27/3，32/16
［康熙］兖州 21/18，25/12
［萬曆］沂州志 6/6，6/58
［康熙］沂州志 3/41，5/34
［乾隆］沂州府 20/3，25/9
［雍正］莒州 9/16
［嘉慶］莒州 9/7
［民國］重修莒志 59/19
［康熙］沂水 4/49
［道光］沂水 7/14
［民國］臨沂 7/66，9/11
諸葛恪（字元遜）
（三國・琅邪陽都人）
［嘉靖］山東 30/13
［康熙］山東 40/14
［萬曆］青州 13/28
［康熙十五年］青州 13/28
［康熙四十八年］青州 13/事功 11
［萬曆元年］兖州 40/武功 7
［萬曆二十四年］兖州 32/9
［康熙］兖州 25/5
［萬曆］沂州志 6/40
［康熙］沂州志 5/18
［乾隆］沂州府 25/6
［雍正］莒州 9/15
［道光］沂水 7/13
［民國］臨沂 9/7
50 **諸忠**（字允中）
（明・浙江餘姚人）
［宣統］山東 72/43
［萬曆］東昌 18/38
［乾隆］東昌 34/12
［嘉慶］東昌 22/3
［正德］莘縣 5/13
［康熙十一年］莘縣 5/4
［康熙五十六年］莘縣 5/4
［光緒］莘縣 5/6
［民國］莘縣 3/4
莘縣鄉土志/政績 5
57 **諸邦正**（明・崑山人）
［萬曆］寧津 5/17
［光緒］寧津 6/28
寧津縣志料 3/人物－名宦
80 **諸企范**（元）
［萬曆］沂州志 6/9
［康熙］沂州志 3/43
［乾隆］沂州府 20/5
［民國］臨沂 7/70
84 **諸鎮**（清・浙江錢塘人）
［宣統］山東 77/22
［光緒］增修登州 25/14

0469_4 謀

21 **謀衍**（金・完顏部人）
［道光］濟寧直隸州 6/6－11

0512_7 靖

00 **靖康功**（字治泰）
（清・臨沂人）
［民國］續修臨沂 16/6
23 **靖允讓**（字宗禮）
（清・臨沂人）
［民國］續修臨沂 16/8

30 **靖安**(明・淇縣人)
[萬曆]濮州 3/名宦 36
48 **靖幹**(清)
[光緒]嶧縣 21/孝友 14
60 **靖四方**(明・淇縣人)
[順治]堂邑 2/職官 5
[康熙]堂邑 8/5
靖思義(字方亭)
(清・章丘人)
[道光]章邱 11/83

0562_7 請

40 **請士**(周・齊人)
[萬曆]青州 13/18
[康熙十五年]青州 13/又 19
[康熙四十八年]青州 13/事功 2
[康熙六十年]青州 16/2
[民國]臨淄 23/3

0722_7 鄌

12 **鄌延春**(清・福山貢生)
[康熙]觀城 3/19

鄜

44 **鄜墊**(清・濟陽人)
[道光]濟南 56/34
[乾隆]濟陽 8/42
[民國]濟陽 11/55
44 **鄜世才**(字成吾)
(明・濟陽人)
[道光]濟南 51/51
[乾隆]濟陽 8/11
[民國]濟陽 11/10
71 **鄜頤**(明・南海人)
[萬曆]寧津 5/16
87 **鄜錄**(清・濟陽人)
[道光]濟南 56/34
[乾隆]濟陽 8/43
[民國]濟陽 11/56

0742_7 郊

80 **郊公**(姓己,名狂)
(周・莒人)
[民國]重修莒志 56/4

郭

00 **郭充**(元)
[嘉靖]山東 27/8
[宣統]山東 69/34
[嘉靖]青州 13/35
[萬曆]青州 12/25
[康熙十五年]青州 12/25
[康熙四十八年]青州 12/25
[康熙六十年]青州 12/16
[咸豐]青州 35/21
[康熙六十年]博興 7/8
[道光]博興 10/2
[民國]重修博興 12/2
郭充(字美之)
(明・堂邑人)
[乾隆]東昌 42/9
[嘉慶]東昌 32/9
[康熙]堂邑 16/9
堂邑縣鄉土志/耆舊錄
郭廣(字涵之)
(明・齊東人)
[康熙]濟南 35/27
[道光]濟南 51/46
[康熙]新修齊東 6/8
[民國]齊東 5/10,5/125
齊東縣鄉土志/耆舊錄 16
郭亨(元・新泰人)
[天啟]新泰 6/19
[順治]新泰 5/24
[乾隆]新泰 16/5
郭廉(江蘇江都人)
[民國]臨淄 18/14
郭麐(字子嘉)
(清・濰縣人)
[民國]濰縣志稿 29/13
濰縣鄉土志/48
郭袤(字林叔)
(晉・開封人)
[康熙]曹州志 7/37
郭讓(明・福山人)
[康熙]福山 8/24
[乾隆]福山 8/49
郭言(明・濮州人)
[康熙]濮州續志下/2
[乾隆]濮州 4/12
[宣統]濮州 5/12
郭言(字立言)
(清・濰縣人)
[民國]濰縣志稿 30/33
郭諄(字遜言)
(明・德平人)
[康熙]濟南 47/15
[道光]濟南 52/54
[乾隆]德平 3/9
[嘉慶]德平 7/11
[光緒]德平 7/11
德平縣鄉土志/耆舊錄
郭慶高(字孝元)
(清・費縣人)
[乾隆]沂州府 27/11
[康熙]費縣 7/29
郭文亮(字炳星)
(清・汶上人)
[雍正]山東 28/人物四 44
[宣統]山東 172/24
[乾隆]兗州 23/71
[康熙]續修汶上 4/人物 16
郭文龍(字君衡)
(清・齊東人)
[康熙]新修齊東 4/21
[民國]齊東 5/127
郭庭訓(明・隆平人)
[宣統]山東 72/42
[萬曆]東昌 18/37
[乾隆]東昌 34/8
[嘉慶]東昌 21/27
[康熙]重修清平下/4
[嘉慶]清平 13/3
[宣統]增輯清平 11/2
[民國]清平/秩官 28
清平縣鄉土志/政績
郭應登(明・萬全人)
[宣統]山東 71/43
[康熙]濟南 25/64
[乾隆]武定府 16/24
[咸豐]武定府 19/海豐 1
[康熙]海豐 9/4
[民國]無棣 9/2
海豐縣鄉土志/政績
郭應瑞(清・鉅野人)
[民國]續修鉅野 5/上 11

郭文理(字玉里)
(清・商河人)
[民國]重修商河 8/87
郭文秀(清・保定武進士)
[乾隆]威海衞志 6/12
[光緒]文登 7/下 13
[民國]文登 7/下 13
郭方嶒(字巡秋)
(清・滕縣人)
[道光]滕縣志 8/儒林 23
滕縣鄉土志/25
郭應經(清・高苑人)
[康熙]高苑 5/8
郭慶齡(字壽峯)
(清・利津人)
[光緒]利津 7/宦蹟 21
郭襄之(字匡侯)
(清・濰人)
[宣統]山東 177/14
[民國]濰縣志稿 28/36
濰縣鄉土志/36
郭慶福(東阿人)
[民國]東阿 15/2
郭文河(明・北直平鄉人)
[宣統]山東 71/49
[乾隆]武定府 16/48
[咸豐]武定府 19/蒲臺 2
[康熙]重修蒲臺 7/2
[乾隆]蒲臺 2/57
蒲臺縣鄉土志/5
郭文通(字斗瞻)
(清・陽信人)
[乾隆]武定府 25/21
[咸豐]武定府 25/孝友 21
[乾隆]陽信 7/27
[民國]陽信 5/孝友 53,5/清介 73
信邑志稿 7/孝友
陽信縣鄉土志上/耆舊-事業
郭文祥(明・福建福清人)
[康熙]膠州 5/11
[乾隆]膠州 4/15
[道光]重修膠州 22/10
[民國]增修膠志 17/9
郭文大(字堯瞻)
(清・威海衞人)
[光緒]文登 9/上 3-17
郭育才(字木初)
(清・濰縣人)
[民國]濰縣志稿 30/46
郭立基(字振聲)
(清・武城人)
[道光]武城續編 10/2
[民國]增訂武城續編 10/2
武城縣鄉土志略/耆舊錄
郭文藩(字沚亭)
(清・冠縣人)
[道光]冠縣 8/上 33
[光緒]冠縣 8/文學
[民國]冠縣 8/人物志 41
郭文芳(字友蘭)
(清・威海衞人)
[乾隆]威海衞志 7/2
郭文英(號雲程)
(明・曹州人)
[康熙]曹州志 12/12
[光緒]菏澤 12/9
郭文郁(字翼聖)
(清・汶上人)
[康熙]續修汶上 6/23
郭方翰(字憲甫)
(清・膠州人)
[道光]重修膠州 29/31
[民國]增修膠志 45/15
郭亮輔(濟陽人)
[民國]濟陽 17/53
郭文輔(明・順天府人)
[康熙十二年]陽穀 2/17
[康熙]陽穀 2/13
[光緒]陽穀 4/3
郭方杲(清・膠州人)
[民國]增修膠志 44/16
郭文顯(字德純,號古川)
(明・德平人)
[雍正]山東 28/人物三 8
[宣統]山東 165/15
[康熙]濟南 44/13
[道光]濟南 52/52
[康熙]德平 3/34
[乾隆]德平 3/10
[嘉慶]德平 7/12
[光緒]德平 7/12
德平縣鄉土志/耆舊錄
郭文榮(字耀廷)
(清・長清人)
[民國]長清 13/21

03 **郭鋆**(字全卿)
(明・曹縣人)
[康熙]兗州續編 15/20
[康熙]兗州府曹縣 13/24
[光緒]曹縣 13/23
郭斌(明・單縣人)
[順治]單縣 3/7
郭誠(字長元)
(清・利津人)
[咸豐]武定府 25/孝友 42
[光緒]利津 8/孝友 4

04 **郭諶**(字信夫)
(明・德平人)
[康熙]濟南 42/14
[道光]濟南 52/52
[乾隆]德平 3/9
[嘉慶]德平 7/12
[光緒]德平 7/12
德平縣鄉土志/耆舊錄
郭謨(明・福山人)
[光緒]增修登州 41/23
[康熙]福山 8/23
[乾隆]福山 8/46
郭詩(字懷素)
(清・福山人)
[光緒]增修登州 41/23
[康熙]福山 8/25
[乾隆]福山 8/37,9 上/31
[民國]福山縣志稿 7/1-17
郭謹修(字密公)
(清・齊河人)
[民國]齊河 26/22

05 **郭諫**(字懷蓋)
(清・福山人)
[光緒]增修登州 39/16
[康熙]福山 8/6,8/9
[乾隆]福山 8/18,9 上/30
[民國]福山縣志稿 7/1-16
郭靖(字小雷)
(清・嘉祥人)
[民國]濟寧直隸州續志 15/8

［光緒］嘉祥 3/31

07 **郭郊**（明・直隸肥鄉人）

［萬曆］青州 12 又/又 12

［康熙十五年］青州 12 又/又 12

［康熙四十八年］青州 12 又/又 12

［康熙六十年］青州 12/39

［咸豐］青州 36/13

［萬曆］諸城 4/27

［天啟］新城 6/知縣

［崇禎］新城 6/知縣

［康熙］新城 5/3

郭翊（字藎卿）

（清・歷城人）

［宣統］山東 170/14

［民國］續修歷城 41/26

郭諮（字仲謀）

（宋・趙州人）

［雍正］山東 27/89

［宣統］山東 68/43

［宣統］東明續縣志 2/6

［民國］東明縣新誌 11/3

08 **郭敦**（字仲厚）

（明・堂邑人）

［嘉靖］山東 31/28

［康熙］山東 41/22

［宣統］山東 159/4

［萬曆］東昌 19/48

［乾隆］東昌 38/10

［嘉慶］東昌 28/10

［順治］堂邑 2/人物又 6

［康熙十一年］堂邑 2/人物 2

［康熙］堂邑 15/2

堂邑縣鄉土志/耆舊錄

郭𡐍（明・德平人）

［道光］濟南 52/51

［康熙］德平 3/16

［乾隆］德平 3/7

［嘉慶］德平 7/10

［光緒］德平 7/10

德平縣鄉土志/耆舊錄

09 **郭麟**（字文祥）

（明・恩縣人）

［宣統］重修恩縣 7/49

［民國］重修恩縣 11/鄉賢 17

郭麟紱（清・汶上人）

［宣統］四續汶上稿/人物－忠烈傳

郭麟生（字子振）

（清・博平人）

［乾隆］東昌 40/19

［嘉慶］東昌 30/20

［道光］博平 4/24

博平縣鄉土志/耆舊－循史

10 **郭琉**（清・章丘人）

［乾隆］章邱 9/45

［道光］章邱 11/78

郭霖（字潤之）

（清・歷城人）

［民國］續修歷城 44/32

郭石（明・大同山陰人）

［萬曆二十四年］兗州 29/3

［康熙］兗州 22/25

［乾隆］兗州 22/25

［萬曆］滕志 6/64

［康熙］滕志 6/34

［康熙］滕縣志 6/宦業 31

［道光］滕縣志 6/宦績 24

滕縣鄉土志/6

郭璽（字文瑞）

（明・城武人）

［嘉靖］山東 30/61

［康熙］山東 40/58

［雍正］山東 28/人物三 13

［宣統］山東 160/17

［萬曆元年］兗州 40/忠直 17

［萬曆二十四年］兗州 36/7

［康熙］兗州 28/6

［乾隆］曹州府 15/4

［康熙九年］城武 3/6，3/44

［康熙四十一年］城武 4/下 12

［道光］城武 9/上 13

郭璽（明・滋陽人）

［康熙］兗州續編 16/1

［乾隆］兗州 23/58

［康熙］滋陽 4/上 31

［光緒］滋陽 9/46

滋陽縣鄉土志 1/耆舊－實行

郭玉（明・北南吳橋人）

［宣統］山東 73/23

［光緒］增修登州 28/2

［萬曆］福山 4/3

［康熙］福山 7/8

［乾隆］福山 7/10

郭雲（明・長山人）

［道光］濟南 50/51

［康熙四十三年］長山 5/孝義

［康熙五十五年］長山 6/29，9/41

［嘉慶］長山 9/2

郭璋（明・堂邑人）

［康熙］堂邑 14/1

郭一龍（字雲驤）

（明・曹縣人）

［康熙］兗州府曹縣 13/46

［光緒］曹縣 13/44

郭爾郊（明・福山人）

［宣統］山東 164/55

［康熙］福山 8/24

［乾隆］福山 8/36

［民國］福山縣志稿 7/8－1

［康熙］昌邑 5/20

［乾隆］昌邑 5/124，6/163

郭爾玉（清・嶧縣人）

［乾隆］兗州 23/82

［乾隆］嶧縣 8/49

［光緒］嶧縣 21/孝友 9

郭元登（清・日照人）

［光緒］日照 8/41

郭一琪（字東玉）

（清・濰縣人）

［民國］濰縣志稿 28/8

郭天璟（明・陽穀人）

［康熙十二年］陽穀 3/30

［康熙］陽穀 3/26

［光緒］陽穀 6/25

［民國］增修陽穀人物/仕宦 7

郭爾鞏（字巖甫，號瞻巖）

（明・福山人）

［光緒］增修登州 43/17

［康熙］福山 12/8

［乾隆］福山 11 下/16

［民國］福山縣志稿 7/3－4

郭一璐(字仲玉,别號藜齋)
(清・濰縣人)
[民國]濰縣志稿 28/13
濰縣鄉土志/21
郭三重(字有之)
(明・單縣人)
[康熙]單縣 8/19
[民國]單縣 9/23
郭正位(明・楚人)
[崇禎]歷乘 16/64
郭一經(字子學)
(明・曹縣人)
[康熙]兗州府曹縣 13/35
[光緒]曹縣 13/34
郭正經(清・聊城人)
[康熙]聊城 3/48
郭玉山(清・日照人)
[光緒]日照 8/31
郭于岐(清・博平人)
[光緒]博平縣續志 10/48
博平縣鄉土志/耆舊-事業
郭天秩(字庸禮)
(清・諸城人)
[光緒]增修諸城縣續志 13/9
郭元凱(元)
[康熙]嶧縣 3/23
[光緒]嶧縣 19/97
郭石宏(清・菏澤人)
菏澤縣鄉土志/27
郭元宰(清・諸城人)
[光緒]增修諸城縣續志 17/5
郭爾池(字深甫)
(明・福山人)
[光緒]增修登州 40/13
[康熙]福山 8/5,8/21
[乾隆]福山 8/7,9 上/29
[民國]福山縣志稿 7/1-12
郭雲淶(字天瑞)
(清・單縣人)
[乾隆]單縣 7/24
郭雲渭(字景西)
(清・單縣人)
[乾隆]單縣 7/24
[民國]單縣 9/49
郭玉潔(清・陽穀人)
[光緒]陽穀 9/6
郭天培(清)
[嘉慶]慶雲 7/36
郭元吉(清・臨朐人)
臨朐縣鄉土志 1/耆舊
郭一標(號次立)
(明・濟寧人)
[乾隆]濟寧直隸州 28/4
[道光]濟寧直隸州 8/2-49
郭元樞(清・福山人)
[乾隆]福山 8/38
郭雲標(字景上,號又林)
(清・陽穀人)
[光緒]陽穀 5/7
[民國]增修陽穀人物/文苑 4,人物/師道 14
郭元孝(明・磁州人)
[乾隆]泰安府 15/15
[道光]東阿 11/10
郭震樾(見郭振樾)
郭元馨(字芳儲)
(清・單縣人)
[民國]單縣 9/83
郭玉本(字敦原)
(清・寧陽人)
[光緒]寧陽 14/46
郭元振(唐・館陶人)
[乾隆]東昌 36/36
[嘉慶]東昌 26/33
郭玉甫(明・霑化人)
[光緒]霑化 10/26
[民國]霑化 3/4
郭爾田(字耘甫)
(明・福山人)
[民國]福山縣志稿 7/3-5
郭天旻(明・日照人)
[萬曆]寧津 5/21
郭玉田(見郝玉田)
郭一鶚(字裕光)
(清・洛陽人)
[乾隆]萊州 9/32
萊州府鄉土志/上 29
[嘉慶]續掖縣 2/24
郭元照(字南屏,一字春午)
(清・陽信人)
[民國]陽信 5/宦蹟 21,8/藝文下 58
郭于陵(清・菏澤人)
[光緒]菏澤 16/15
[光緒]新修菏澤 11/73
郭天民(清・曲阜人)
[民國]續修曲阜 8/59
郭雲馭(清・德平人)
[道光]濟南 56/87
郭玉鉉(清・東昌府人)
[乾隆]東昌 40/44
[嘉慶]東昌 30/35
郭天錫(金・牟平人)
[嘉靖]寧海州下/43
[同治]重修寧海州 17/5
[光緒]文登 8/上 2
郭天錫(字承之)
(明・福山人)
[雍正]山東 28/人物三 22
[宣統]山東 161/39
[泰昌]登州 11/13
[順治]登州 16/17
[光緒]增修登州 40/13
[康熙]福山 8/5,9/4
[乾隆]福山 8/7,9 上/4
[民國]福山縣志稿 7/1-6
郭玉鐸(字聖音)
(清・寧陽人)
[光緒]寧陽 14/46
郭晉光(字旭升)
(清・德平人)
[康熙]濟南 42/32
[道光]濟南 56/87
[乾隆]德平 3/14
[嘉慶]德平 7/15
[光緒]德平 7/14
11 **郭珩**(明・威海衛人)
[乾隆]威海衛志 8/4
[道光]文登 5/10
郭珩(字楚玉)
(清・夏津人)
[乾隆]東昌 43/41
[乾隆]夏津 8/26
12 **郭璠**(清・費縣人)
[康熙]費縣 7/30
郭琇(字瑞卿,號華野)

(清・即墨人)
[雍正]山東 28/人物四 36
[宣統]山東 177/31
[乾隆]萊州 10/33
[乾隆]即墨 9/6,10/下 28
[同治]即墨 9/6,10/下 7
即墨縣鄉土志/耆舊－事業一
郭瑗(字蘧如)
(清・安丘人)
[康熙]堂邑 10/5
郭瑗(字仲孺)
(清・冠縣人)
[道光]冠縣 8/上 30
[光緒]冠縣 8/文學
[民國]冠縣 8/人物志 38
郭廷訓(見郭庭訓)
郭聯五(字值星)
(清・濰縣人)
[民國]濰縣志稿 32/8
郭聯登(清・福山人)
[康熙]福山 9/22
郭廷翼(字虞鄰,號嘯莊)
(清・即墨人)
[同治]即墨 9/35
即墨縣鄉土志/耆舊－事業四
郭廷珍(字映賓)
(清・金鄉人)
[乾隆]兖州 23/81
[乾隆]濟寧直隸州 26/10
[道光]濟寧直隸州 8/3－32
[乾隆]金鄉 18/80
[咸豐]金鄉縣志略 9/中列傳二 5
[民國]金鄉 13/16
郭廷睿(明・滋陽人)
[光緒]滋陽 8/72
滋陽縣鄉土志 1/耆舊－名將
郭廷貞(見郭廷禎)
郭廷勳(字銘臣)
(清・曲阜人)
[民國]續修曲阜 5/18
郭廷佐(字仲輔)
(清・日照人)
[光緒]日照 8/16
郭延魯(五代晉・綿上人)
[宣統]山東 68/21
[萬曆二十四年]兖州 27/14
[康熙]兖州 21/27
[乾隆]曹州府 12/8
[康熙]魚臺 15/6
[光緒]魚臺 2/45
[康熙]單縣 6/5
[乾隆]單縣 4/48
[民國]單縣 6/宦蹟 7
郭廷禎(字用卿)
(明・河間人)
[宣統]山東 71/8
[康熙]濟南 25/49
[道光]濟南 36/19
[萬曆]淄川 27/9
[康熙]淄川 4/11
[乾隆]淄川 4/11
淄川縣鄉土志/政績錄
郭登奎(清・魚臺人)
[光緒]魚臺 3/又 12
郭廷翯(字虞翔)
(清・即墨人)
[宣統]山東 177/31
郭登契(清・濟寧人)
[民國]濟寧直隸州續志 14/15
郭廷龠(字虞受,號冷亭,一號根莽)
(清・即墨人)
[宣統]山東 177/32
[同治]即墨 9/45
即墨縣鄉土志/耆舊－學問
13 **郭琮**(清・菏澤人)
[光緒]菏澤 20/15
郭玳(明・番禺人)
[康熙]嶧縣 3/30
[乾隆]嶧縣 7/13
[光緒]嶧縣 19/職官下 7
郭強(明・棲霞人)
[泰昌]登州 11/38
[順治]登州 17/16
[光緒]增修登州 43/20
[康熙]棲霞 6/20
[乾隆]棲霞 7/1
郭武(字子峻)
(清・鉅野人)
[道光]鉅野 13/67
郭瑄(字仲玉)
(清・單縣人)
[康熙]單縣 8/46
[乾隆]單縣 7/24
[民國]單縣 9/49
郭瑄(清・東平人)
[光緒]東平州 15/下 17
[民國]東平縣 11/中 33
14 **郭琳**(清・鉅野人)
[道光]鉅野 13/76,24/9
郭琳(清・商河人)
[民國]重修商河 8/62
郭琦(字伯玉)
(清・齊河人)
[民國]齊河 27/14
郭璹(清・鉅野人)
[道光]鉅野 13/46
郭瑛(字蘊華)
(清・曹縣人)
[光緒]曹縣 14/行誼 7
15 **郭建**(金・義州弘政人)
[宣統]山東 69/12
[嘉靖]青州 13/30
[萬曆]青州 12/22
[咸豐]青州 35/13
[康熙]益都 5/18
[光緒]益都縣圖志 17/12,27/96,48/17
[民國]濰縣志稿 20/9
郭琠(字厚儒)
(明・冠縣人)
[道光]冠縣 8/上 29
[光緒]冠縣 8/文學
[民國]冠縣 8/人物志 38
郭聘三(字徵九)
(恩縣人)
[民國]重修恩縣 11/鄉賢 37
郭建崇(字景姚)
(清・高唐人)
[乾隆]東昌 43/30
[嘉慶]東昌 32/47
[康熙五十一年]高唐州

9/8
[道光]高唐州 5/2-13
[光緒]高唐州 5/2-16
[民國]高唐縣 12/10
郭珠泉(名聖環,以字行)
(長清人)
[民國]長清 12/7
郭建堵(清・臨邑人)
[同治]臨邑 9/忠藎 6
郭建邦(字雉雲)
(明・汝陽人)
[康熙]嶧縣 3/34
[乾隆]嶧縣 7/16
[光緒]嶧縣 19/職官下 9
郭建周(字景旦)
(清・高唐人)
[乾隆]東昌 43/31
[嘉慶]東昌 32/48
[康熙五十一年]高唐州 8/32
[道光]高唐州 5/1-40
[光緒]高唐州 5/1-42
[民國]高唐縣 12/39
16 **郭聰**(明・廣宗人)
[嘉靖]夏津 3/41
郭聰(字上達)
(明・寧津人)
[萬曆]寧津 7/3
[康熙]寧津縣志稿 7/3
[光緒]寧津 8/5
寧津縣志料 3/人物-循良
寧津縣鄉土志/耆舊
郭璟(字汝輝)
(明・山西霍州人)
[嘉靖]朝城志 5/11
[康熙]朝城 7/13
郭琨(字仲玉)
(清・齊河人)
[民國]齊河 27/14
17 **郭鼐**(明・陝西朝邑人)
[宣統]山東 72/26
[萬曆二十四年]兗州 29/8
[康熙]兗州 22/30
[康熙]兗州續編 14/19
[乾隆]曹州府 12/14
[康熙]兗州府曹縣 9/7,10/10
[光緒]曹縣 10/9
郭鼐(字調元)
(明・夏津人)
[宣統]山東 166/10
[乾隆]東昌 42/30
[嘉靖]夏津 4/11
[康熙]夏津 5/10
[乾隆]夏津 8/11,10/下 29
郭玘(清・費縣人)
[乾隆]沂州府 26/14
[康熙]費縣 7/14
[光緒]費縣 11/3
費縣鄉土志/耆舊錄-事業
郭瓊(五代漢・平州盧龍人)
[嘉靖]山東 25/20,26/8
[康熙]山東 32/7,33/9
[雍正]山東 27/21
[宣統]山東 68/19
[康熙]濟南 25/8
[道光]濟南 33/30
[萬曆元年]兗州 38/循吏 26
[萬曆二十四年]兗州 27/14
[康熙]兗州 21/28
[萬曆]沂州志 6/7
[康熙]沂州志 3/42
[崇禎]歷乘 16/25
[崇禎]歷城 6/9
[民國]臨沂 7/68
郭瓊(字完璞)
(清・菏澤人)
[光緒]菏澤 15/68
[光緒]新修菏澤 11/54
郭璵(字石含,號鍾靈)
(清・莘縣人)
[乾隆]東昌 40/24
[嘉慶]東昌 30/25
[康熙十一年]莘縣 7/8,7/16
[康熙五十六年]莘縣 7/8
[光緒]莘縣 7/19
[民國]莘縣 7/10
莘縣鄉土志/鄉宦 19
郭承讓(字遜齋)
(清・高密人)
[民國]高密 14/上 84
郭承謙(字益齋)
(清・高密人)
[民國]高密 14/上 84
郭聚升(字會一)
(清・利津人)
[民國]利津縣續志 7/孝友 1
郭承福(清・膠州人)
[民國]增修膠志 43/7
膠州直隸州鄉土志 4/忠烈
郭羽士(明)
[雍正]山東 31/9
郭羽明(字儀君)
(明・恩州人)
[民國]重修恩縣 11/鄉賢 84
郭子興(元・曹州人)
[萬曆二十四年]兗州 35/36
[康熙]兗州 27/33
[康熙]曹州志 15/55
[乾隆]曹州府 14/34
[光緒]菏澤 15/50
郭子智(明・遼東人)
[宣統]山東 71/34
[康熙]兗州續編 14/26
[乾隆]泰安府 15/25
18 **郭玠**(明・山西垣曲人)
[乾隆]嶧縣 7/36
郭敔(明・汲縣人)
[嘉靖]濮州 7/22
[嘉靖]朝城志 5/12
19 **郭璘**(字兆璜)
(清・德平人)
[道光]濟南 56/86
[乾隆]德平 3/14
[嘉慶]德平 7/15
[光緒]德平 7/14
郭琰(字懷寶)
(明・泰安人)
[乾隆四十七年]泰安縣 10/上 11
[道光]泰安縣 9/上 60
[民國]重修泰安縣 8/11
泰安縣鄉土志/耆舊 11
20 **郭秉**(明・郯城人)
[嘉靖]山東 35/3

［康熙］山東 45/9
［萬曆二十四年］兗州 37/7
［康熙］兗州 28/36
［萬曆］沂州志 7/36
［乾隆］沂州府 26/8
［康熙］郯城 7/15
［乾隆］郯城 9/13
郭航（唐・萊州人）
［嘉靖］山東 33/6
［康熙］山東 44/6
［宣統］山東 164/10
［道光］濟南 47/16
［萬曆］萊州 6/2
［乾隆］萊州 11/忠節 1
［乾隆］掖縣 4/38
［道光］掖乘 4
［民國］續修歷城 42/1
郭爵（明・東昌府人）
［乾隆］東昌 39/16
郭停（清・萊蕪人）
［民國］萊蕪 19/3
［民國］續修萊蕪 25/4
郭維（明・昌邑人）
［康熙］山東 45/24
［萬曆］萊州 6/9
［乾隆］萊州 11/孝義 4
［光緒］昌邑縣續志 6/16
郭香亭（字芸齋）
（清・齊東人）
［民國］齊東 5/32
郭維新（明・晉江人）
［康熙］堂邑 10/7
郭維新（清・利津人）
［乾隆］利津縣志續編 8/50
郭秉謙（明・恩縣人）
［雍正］恩縣續志 3/19
［民國］重修恩縣 11/鄉賢 19
郭垂嵩（清・鉅野人）
［民國］續修鉅野 5/上 11
郭維嵩（清・萊陽人）
［光緒］增修登州 43/31
郭維澄（明・南陽人）
［康熙］兗州續編 14/24
［萬曆］汶上 5/5
郭維垣（明・陽穀人）
［民國］增修陽穀人物/仕宦 6
郭維城（明・昌邑人）
［乾隆］昌邑 6/168
郭秉春（字寅堂）
（清・高唐人）
［民國］高唐縣 12/93
郭秉甲（字震東）
（恩縣人）
［民國］重修恩縣 11/鄉賢 81
郭爲則（清・高苑人）
［乾隆］高苑 6/6
郭季嗣（字開岐）
（清・恩縣人）
［民國］重修恩縣 11/鄉賢 35
郭舜臣（元）
［光緒］嶧縣 19/93
郭重金（清・山海關人）
［乾隆］泰安府 15/28
郭維領（清・禹城人）
［道光］濟南 56/40
［嘉慶］禹城 9/14
［民國］禹城 6/11
禹城縣鄉土志/15
郭秉鈞（清・菏澤人）
［光緒］菏澤 20/22
郭秉鈞（清・諸城人）
［光緒］增修諸城縣續志 17/12
郭維紛（字黎泉）
（清・福山人）
［光緒］壽張 5/33
21 **郭經**（字藏山）
（清・膠州人）
［乾隆］膠州 5/37
［道光］重修膠州 30/4
［民國］增修膠志 47/4
膠州直隸州鄉土志 4/藝術
郭仁（元・濰州人）
［民國］濰縣志稿 40/47
郭上（字慮下）
（明・陽穀人）
［康熙］陽穀 4/16
［光緒］陽穀 9/1
［民國］增修陽穀人物/善行 35
郭順（清・莒縣人）
［嘉慶］莒州 10/5
［民國］重修莒志 62/6
郭貞（明・福山人）
［康熙］福山 8/15
［乾隆］福山 8/28
郭步雲（霑化人）
［民國］霑化 4/登進 49
郭熊飛（字次虎，號蘭垞）
（清・濰縣人）
［民國］濰縣志稿 28/25，42/25
濰縣鄉土志/30
郭虔瓘（唐・齊州歷城人）
［至元］齊乘 6/20
［嘉靖］山東 29/11
［宣統］山東 156/13
［康熙］濟南 43/4
［道光］濟南 47/15
［崇禎］歷乘 16/6
［崇禎］歷城 10/4
［乾隆］歷城 35/18
郭貞復（字誠之）
（清・濟寧人）
［民國］濟寧直隸州續志 12/31
郭經棻（字蓮石）
（恩縣人）
［民國］重修恩縣 11/選舉 71
郭貞乾（字健堂，號柳渠）
（清・濟寧人）
［民國］濟寧直隸州續志 12/35
郭占鰲（清・菏澤人）
［光緒］菏澤 16/12
［光緒］新修菏澤 11/70
郭貞範（字界吾）
（清・汶上人）
［宣統］四續汶上稿/人物－文學傳
22 **郭崇**（宋・應州金城人）
［光緒］益都縣圖志 16/38
郭鼎（字自新）
（明・冠縣人）

［乾隆］東昌 38/30
［嘉慶］東昌 29/2
［嘉靖］冠縣 4/11
［萬曆］冠縣 4/33
［道光］冠縣 8/上 3
［光緒］冠縣 8/鄉賢
［民國］冠縣 8/人物志 3
郭嶺(字翠冬)
(清・博平人)
［光緒］博平縣續志 10/53
郭崙(明・陽穀人)
［康熙］陽穀 3/18
郭崙(字曉峯)
(清・濟陽人)
［民國］濟陽 11/58,17/51
郭任(清・高唐人)
［光緒］高唐州 5/2－9
郭綬(明・新鄭人)
［道光］濟南 36/24
［康熙四十三年］長山 3/宦績
［康熙五十五年］長山 3/32
［嘉慶］長山 5/41
郭任仁(清・陽穀人)
［宣統］山東補遺/3
［康熙十二年］陽穀 3/17
［康熙］陽穀 3/14
［光緒］陽穀 6/7
［民國］增修陽穀人物/仕宦 13
郭崇德(明・武定州人)
［嘉靖］武定州下/76
郭種德(字邁菴)
(清・恩縣人)
［宣統］山東補遺/9
［宣統］重修恩縣 8/26
［民國］重修恩縣 11/鄉賢 22
恩縣鄉土志/21
郭綏之(字靖侯)
(清・濰人)
［宣統］山東 177/28
［民國］濰縣志稿 30/38
濰縣鄉土志/47
郭崇韜(五代・代州雁門人)
［宣統］山東 200/4

［康熙］朝城 8/62
郭仙姑(名嬰,字鳳卿)
(魏)
［光緒］冠縣 10/11
郭仙芝(清・汶上人)
［宣統］四續汶上稿/人物－耆德傳
郭嵐曉(字東峯)
(清・夏津人)
［民國］夏津續編 8/34
郭綬光(清・吉水進士)
［光緒］泗水縣鄉土志/6
23 **郭岱**(清・陽穀人)
［康熙］陽穀 4/3
［光緒］陽穀 7/2
［民國］增修陽穀人物/孝義 4
郭牟(字浯濱)
(明・安丘人)
［道光］安邱新志 24/1
［乾隆］諸城 44/2
郭岱雲(字岳東)
(霑化人)
［民國］霑化卷首/13
郭允迪(字敬修)
(清・單縣人)
［民國］單縣 9/78
郭允執(清・章邱人)
［道光］濟南 61/10
［道光］章邱 11/77
郭允厚(字萬興,一作萬輿,號默千)
(明・曹州人)
［雍正］山東 28/人物三 60
［宣統］山東 161/54
［康熙］兗州 28/26
［康熙］曹州志 15/68
［光緒］菏澤 15/61
［光緒］新修菏澤 10/26
郭獻民(明・北直東明人)
［宣統］山東 71/47
［康熙］濟南 25/53
［乾隆］武定府 16/43
［咸豐］武定府 19/霑化 2
［萬曆］新修霑化 6/108
［光緒］霑化 5/17

［民國］霑化 4/職官 35
郭俊義(明・太原人)
［道光］濟南 36/8
［乾隆］歷城 34/6
24 **郭壯**(明・咸寧人)
［光緒］增修登州 28/3
［萬曆］福山 4/6
［乾隆］福山 7/13
郭德平(清・河南舞陽人)
［光緒］嶧縣 19/職官下 20
郭德震(字惠民)
(清・齊河人)
［民國］齊河 23/74
郭特璋(字伯樓)
(清・汶上人)
［宣統］四續汶上稿/人物－孝弟傳
郭偉勳(清・臨清人)
［民國］臨清縣/人物 85
郭纘緒(字繩武)
(清・壽張人)
壽張縣鄉土志/耆舊－事業
郭偉業(字貽昆)
(清・濰縣人)
［民國］濰縣志稿 30/22
郭射斗(字文光)
(恩縣人)
［民國］重修恩縣 11/鄉賢 36
郭德溟(字滙泉)
(清・鉅野人)
［道光］鉅野 13/49
郭續汾(清・恩縣人)
［宣統］重修恩縣 7/51
郭續汾(字京山)
(清・濰人)
［宣統］山東 177/25
［民國］濰縣志稿 30/27
濰縣鄉土志/45
郭魁林(清・汶上人)
［宣統］四續汶上稿/人物－耆德傳
郭緒楝(字粱丞)
(膠州人)
［民國］增修膠志 46/1
郭偉勳(字熙虞,號芝亭)
(清・濰人)

［宣統］山東 177/27
［民國］濰縣志稿 30/22
濰縣鄉土志/44
郭化昌(字長澤)
(清・臨清人)
［民國］臨清縣/人物 76
郭佑賢(字輔德)
(清・夏津人)
［民國］夏津續編 8/37
郭佳鎮(明・邯鄲人)
［宣統］山東 73/11
［萬曆］青州 12/50
［康熙十五年］青州 12/50
［康熙四十八年］青州 12/50
［康熙六十年］青州 12/27
［咸豐］青州 36/31
［康熙］壽光 20/4
［嘉慶］壽光 10/25
［民國］壽光 6/15
25 **郭純**(明)
［咸豐］青州 36/44
［康熙十二年］博興 6/10
［康熙六十年］博興 7/29
［道光］博興 10/5
［民國］重修博興 12/5
郭仲賓(見郭仲彬)
郭仲容(金・博平人)
［正德］博平 4/62
郭仲彬(元・良鄉人)
［嘉靖］山東 26/28
［康熙］山東 34/8
［雍正］山東 27/47
［宣統］山東 69/32
［萬曆］東昌 18/29
［乾隆］東昌 33/23,44/22
［嘉慶］東昌 20/35,34/8
［嘉靖］恩縣 7/5
［萬曆］恩縣 4/6,4/65
［宣統］重修恩縣 6/48,8/91
［民國］重修恩縣 10/64, 11/鄉賢 89
恩縣鄉土志/9
郭純熙(字晦甫)
(明・冠縣人)
［萬曆］冠縣 4/10
郭佛臨(清・文登人)
［宣統］蒙陰 4/流寓
26 **郭侃**(字仲和)
(元・華州鄭縣人)
［嘉靖］山東 26/27
［康熙］山東 36/3
［雍正］山東 27/46
［宣統］山東 69/33,69/36
［萬曆］東昌 18/27
［乾隆］東昌 35/16
［嘉慶］東昌 22/20
［泰昌］登州 9/37
［順治］登州 11/13
［光緒］增修登州 24/18
［嘉靖］寧海州下/12
［康熙］寧海州 7/3
［同治］重修寧海州 12/4
［順治］武城 2/8
［乾隆］武城 9/2
武城縣鄉土志略/政績錄
［乾隆］夏津 6/7
［萬曆］滕志 6/60
［康熙］滕志 6/30
［康熙］滕縣志 6/宦業 27
［道光］滕縣志 6/宦績 20
［康熙十二年］高唐州 7/4
［康熙五十一年］高唐州 7/4
［道光］高唐州 7/1－3
［光緒］高唐州 7/1－3
［民國］高唐縣 9/5－2
［民國］牟平 6/69
郭侃(清・高唐人)
［光緒］高唐州 5/2－36
［民國］高唐縣 12/86
高唐州鄉土志/5
郭崐(字映辰,號西峯)
(清・濰縣人)
［民國］濰縣志稿 29/17
郭鯤(明・博興人)
［萬曆］青州 15/50
［康熙十五年］青州 15/49
［康熙四十八年］青州 15/卓行 9
［康熙六十年］青州 18/16
［康熙十二年］博興 6/11
［康熙六十年］博興 7/34
［道光］博興 11/22
［民國］重修博興 13/19
郭鯤(清・沂水人)
［乾隆］沂州府 26/28
［道光］沂水 7/32
郭俁(字伯有)
(金・澤州人,一作潭州人)
［萬曆］滕志 6/59
［康熙］滕志 6/29
［康熙］滕縣志 6/宦業 26
［道光］滕縣志 6/宦績 19
［康熙］萊陽 5/5
［民國］萊陽 3/1 上 3
郭皇畿(字星鶉)
(清・滋陽人)
［康熙］兗州續編 16/1
［乾隆］兗州 23/60
［康熙］滋陽 4/上 26
［光緒］滋陽 8/39
滋陽縣鄉土志 1/耆舊－鄉賢
郭得學(字時敏)
(清・商河人)
［民國］重修商河 8/84
郭纓膠(明・膠州人)
［康熙］膠州 6/7
［道光］重修膠州 26/8
［民國］增修膠志 40/35
郭得勝(字凱臣)
(清・夏津人)
［民國］夏津續編 8/11
27 **郭郛**(明・武陟人)
［隆慶］單縣上/重 36
郭郛(字翰明,一作翰元)
(明・益都人)
［康熙］膠州 5/40
［乾隆］膠州 4/42
［道光］重修膠州 25/14
［民國］增修膠志 40/13
郭魯(明・東阿人)
［雍正］山東 28/人物三 2
［宣統］山東 165/13
［乾隆］泰安府 18/34
［萬曆二十四年］兗州 37/7
［康熙］兗州 28/35
［康熙五十四年］東阿 7/23

　[道光]東阿 14/人物下 23
　[光緒]東阿縣鄉土志 4/6
郭倜(明・城武人)
　[雍正]山東 28/人物三 29
　[宣統]山東 165/18
　[萬曆二十四年]兗州 37/5
　[康熙]兗州 28/34
　[乾隆]曹州府 16/3
　[康熙九年]城武 3/11
　[康熙四十一年]城武 5/上懿行 20
　[道光]城武 9/上 39
郭修(清・高密人)
　[光緒]高密 8/上 68
　[民國]高密 14/上 80
　高密縣鄉土志/上 40
郭脩(明・冠縣人)
　[萬曆]冠縣 4/11
郭絢(隋)
　[乾隆]德州 8/1
郭向丙(字丁辰)
　(清・齊河人)
　[民國]齊河 26/41
郭佩琳(字崑璞)
　(清・濮州人)
　[宣統]濮州 6/9
郭名崗(明・鉅野人)
　[康熙]鉅野 11/25
　[道光]鉅野 13/43
郭紹德(清・日照人)
　[宣統]山東 173/16
郭紹嵋(清・滋陽人)
　[光緒]滋陽 9/48
　滋陽縣鄉土志 1/耆舊－實行
郭象儀(字踰凡)
　(清・夏津人)
　[民國]夏津續編 8/5
郭紹汀(字子芳)
　(清・濰縣人)
　[民國]濰縣志稿 28/44
郭魯藩(字東垣)
　(清・鉅野人)
　[道光]鉅野 13/67
郭紹泰(字靜齋)
　(清・朝城人)
　[民國]朝城縣續志 1/27
　朝城縣鄉土志/15
郭紹曾(字魯堂)
　(清・蓬萊人)
　[光緒]增修登州 39/7
　[光緒]蓬萊縣續志 8/文宦 1,9/行誼 5,13/傳 12
　[民國]蓬萊縣志合編人物志/行誼
郭身範(字省三)
　(清・濮州人)
　[宣統]濮州 6/31
郭象恒(字菊畦,自號詩酒顛)
　(清・濰縣人)
　[道光]安邱新志 26/1
　[民國]濰縣志稿 30/29
郭向榮(字華堂)
　(清・陽穀人)
　[民國]增修陽穀人物/師道 26
28 **郭价**(宋)
　[康熙]高苑 3/3
郭綸(字理之)
　(明・博平人)
　[嘉靖]山東 35/5
　[康熙]山東 45/13
　[正德]博平 4/72,7/39
　[康熙]博平 3/55
　[道光]博平 4/25
　博平縣鄉土志/耆舊－事業
郭綸(明・昌邑人)
　[康熙]昌邑 6/4
郭綸(明・東昌府人)
　[道光]濟南 36/13
　[乾隆]東昌 42/12
　[嘉慶]東昌 32/12
　[萬曆]章丘 21/75
　[康熙]章丘 4/26
　[乾隆]章邱 7/5
　[道光]章邱 9/8
　章邱縣鄉土志/上 12
郭以嵐(字蒸潤)
　(清・滕縣人)
　[道光]滕縣志 8/儒林 16
　滕縣鄉土志/24
郭從朴(字文伯)
　(明・掖縣人)
　[乾隆]掖縣 3/44
郭馥林(清・濟寧人)
　[道光]濟寧直隸州 8/4－22
郭以敬(清・臨清人)
　[民國]臨清縣/人物 68
郭齡鰲(清・菏澤人)
　[光緒]菏澤 16/16
　[光緒]新修菏澤 11/73
郭徵明(字獻臣,號槐里)
　(清・益都人)
　[咸豐]青州 46/35
　[康熙]顏神鎮志 4/下 7
　[乾隆]博山志稿/22
　[乾隆]博山 6/下 15
　[民國]續修博山 12/23
30 **郭淳**(明・順天人)
　[萬曆]青城 1/37
郭涪(明・安丘人)
　[康熙六十年]青州 17/21
郭進(五代周・深州博野人)
　[嘉靖]山東 27/11
　[康熙]山東 36/1
　[雍正]山東 27/63
　[宣統]山東 68/22
　[泰昌]登州 9/12
　[順治]登州 11/8
　[光緒]增修登州 24/6
郭進(字明先)
　(明・無棣人)
　[民國]無棣 13/1
郭良(字克忠)
　(明・館陶人)
　[萬曆]東昌 19/51
　[乾隆]東昌 39/21
　[嘉慶]東昌 29/5
郭密(宋・貝州經城人)
　[嘉靖]山東 31/18
郭寧(宋・鄆州須城人)
　[康熙]萊陽 5/5
　[民國]萊陽 3/1 上 3
郭容(字子仁)
　(明・山西渾源人,一作洪洞人)
　[雍正]山東 27/65

［宣統］山東 73/28
［嘉靖］寧海州下/17
［乾隆］續登州 8/3
［光緒］增修登州 32/1
［民國］牟平 6/70
郭實（明・清苑人）
［泰昌］登州 9/40
［順治］登州 11/17
［光緒］增修登州 29/1
［康熙］棲霞 4/4
郭完（明・霸州人）
［宣統］山東 72/5
［康熙］兗州續編 14/4
［乾隆］兗州 22/22
［康熙四十一年］寧陽 3/17
［乾隆］寧陽 3/6
［咸豐］寧陽 11/10
［光緒］寧陽 11/10
寧陽縣鄉土志/8
郭完（字心全）
（明・恩縣人）
［宣統］重修恩縣 8/46
［民國］重修恩縣 11/鄉賢 66
郭永（宋・大名元城人）
［嘉靖］山東 26/13
［雍正］山東 27/82
［宣統］山東 68/36
［乾隆］泰安府 14/23
［萬曆元年］兗州 39/名宦 14
［萬曆二十四年］兗州 28/10
［康熙］兗州 22/10
［康熙］東平州 4/45
［乾隆］東平州 12/21
［道光］東平州 12/21
［光緒］東平州 14/21
郭永亮（清・汶上人）
［宣統］四續汶上稿/人物－施濟傳
郭永慶（字餘齋）
（清・平度人）
［民國］平度縣續志 7/16
郭家麟（字星石）
（清・宛平人）
［民國］重修商河 6/73
商河縣鄉土志 1/政績
郭守璞（字含澂）
（清・濰人）
［宣統］山東 177/12
［民國］濰縣志稿 28/9
濰縣鄉土志/23
郭宏德（明・江西萬安人）
［嘉靖］寧海州下/18
［同治］重修寧海州 12/10
郭宗皐（字君弼）
（明・福山人）
［雍正］山東 28/人物三 35
［宣統］山東 159/20
［泰昌］登州 11/13
［順治］登州 16/17
［光緒］增修登州 39/15
［康熙］福山 8/8，9/4，10/4
［乾隆］福山 8/17，9 上/5，11 下/14
［民國］福山縣志稿 7/1－7
郭宗伊（明・福山人）
［康熙］福山 8/17
［乾隆］福山 8/30
郭守憲（明）
［光緒］新修菏澤 8/15
郭宸黼（字彰樵）
（清・恩縣人）
［民國］重修恩縣 11/鄉賢 42
恩縣鄉土志/24
郭宸浚（字吟卿）
（清・恩縣人）
［民國］重修恩縣 11/鄉賢 53
郭定柱（字石臣）
（清・直隸臨榆人）
［民國］昌樂縣續志 25/2
郭宜直（號沸水）
（明・高邑人）
［民國］無棣 9/2
郭永芳（明・昌邑人）
［康熙］昌邑 6/35
［乾隆］昌邑 6/166
郭良相（明・定陶人）
［順治］定陶 5/19
［乾隆］定陶 6/11
［民國］定陶 6/42
郭守敬（字若思）
（元・邢臺人）
［萬曆元年］兗州 42/15
郭永泰（字大來）
（明・順天大興人）
［宣統］山東 71/4
［道光］濟南 36/7
［崇禎］歷城 6/4
［乾隆］歷城 34/7
［康熙］淄川 4/13
［乾隆］淄川 4/13
郭宗睦（清・諸城人）
［光緒］增修諸城縣續志 16/29
郭安民（金）
［崇禎］武定州 7/3
郭宸熙（字楓橋）
（清・恩縣人）
［民國］重修恩縣 11/鄉賢 75
郭之屏（明・金鄉人）
［康熙五十一年］金鄉 5/7
郭宗賢（明・恩縣人）
［宣統］重修恩縣 7/48
郭永鎮（字介眉）
（清・夏津人）
［乾隆］臨清直隸州 8/下 10
［乾隆］夏津 7/18
［民國］夏津續編 8/17
郭永輝（字彬如）
（平原人）
［民國］續修平原 8/25
31 **郭禎**（明・堂邑人）
［順治］堂邑 2/人物 2
郭福盛（字九如）
（清・德平人）
［民國］德平縣續志 6/3
郭源昌（字虹陽）
（膠州人）
［乾隆］膠州 5/40
［道光］重修膠州 30/1
［民國］增修膠志 47/2
32 **郭兆康**（字堯衢）
（清・金鄉人）
［咸豐］金鄉縣志略 9/中列傳二 13
［民國］金鄉 14/5
郭澄清（清・高唐人）
［光緒］高唐州 5/2－7

[民國]高唐縣 12/49,12/56
郭兆坦(字樞紫)
(清·汶上人)
[宣統]四續汶上稿/人物－忠烈傳
郭巡檢(失其名,以其官名之)
(明·掖縣人)
[光緒]三續掖縣 2/1
33 郭鵩(明·洛陽人)
[嘉靖]濮州 7/20
[萬曆]濮州 3/名宦 33
[嘉靖]朝城志 5/5
[康熙]朝城 7/4
朝城縣鄉土志/4
郭泌(字庸業,號懷村)
(清·菏澤人)
[光緒]菏澤 15/68
[光緒]新修菏澤 11/56
郭心印(字印月)
(清·樂安人)
[宣統]山東補遺/1
[咸豐]青州 46/45
[雍正]樂安 12/19
[民國]樂安 10/18
[民國]續修廣饒 19/33
34 郭達(明·商水人)
[康熙]兗州府曹縣 9/23
[光緒]曹縣 9/教諭 1
郭法(字知夢,號憲宇)
(明·單縣人)
[順治]單縣 4/42
[康熙]單縣 8/27
[乾隆]單縣 6/17
[民國]單縣 9/28
郭浩(字泰然)
(明·城武人)
[道光]城武 11/下 10
郭逵(字子由,別號默菴)
(明·東阿人)
[乾隆]泰安府 17/14
[康熙五十四年]東阿 7/15
郭逵(清·青城人)
[乾隆]東平州 12/39
[道光]東平州 12/39
[光緒]東平州 14/39
郭汝(字子稱,號西圃)
(明·濟寧人)
[康熙]濟寧州 6/29
[乾隆]濟寧直隸州 24/18
[道光]濟寧直隸州 8/2－32
濟寧州鄉土志 2/耆舊
郭汝章(字燦然)
(清·文登人)
[光緒]文登 10/上 7
郭汝龍(字乾五)
(清·濰縣人)
[民國]濰縣志稿 32/3
郭汝誠(字立菴,號葵圃)
(清·濟寧人)
[咸豐]濟寧直隸州續志 4/20
[民國]濟寧直隸州續志 21/17
郭漢鼎(字慶遠)
(清·汶上人)
[康熙]續修汶上 4/人物 15
郭祐之(字申堂)
(清·濰縣人)
[民國]濰縣志稿 30/36
郭斗南(字藎卿)
(明·齊東人)
[康熙]濟南 45/7
[道光]濟南 51/46
[康熙]新修齊東 6/7
[民國]齊東 5/10,5/125
郭汝森(清·平原人)
[民國]續修平原 10/上 15
郭汝鶴(號松臯)
(明·招遠人)
[光緒]增修登州 41/36
[順治]招遠 9/9
郭汝杞(清·章邱人)
[道光]章邱 10/51
郭祺增(字福山)
(臨淄人)
[民國]臨淄 27/66
郭洪圖(字肇基)
(清·樂安人)
[民國]樂安 10/25
[民國]續修廣饒 19/45
郭汝賢(明·元城人)
[宣統]山東 71/44
[乾隆]東昌 35/4
[乾隆]武定府 16/27,32/20
[咸豐]武定府 19/樂陵 2,32/記 19
[乾隆]樂陵 4/50,7/7
35 郭禮(明·陽穀人)
[民國]增修陽穀人物/仕宦 9
郭清(字仲厚)
(明·堂邑人)
[雍正]山東 28/人物三 2
郭連登(清·福山人)
[康熙]福山 9/22
[乾隆]福山 9 上/60
[民國]福山縣志稿 7/4－2
郭連科(字陞三,又字星珊)
(商河人)
[民國]重修商河 7/32,8/69,14/25,14/32
郭連生(霑化人)
[民國]霑化 4/登進 49
郭連城(字光璧)
(清·慶雲人)
[民國三年]慶雲 2/33
郭連泰(字鎮東)
(清·東阿人)
[民國]續修東阿 11/29
36 郭暹(字麗涵,號雲谷)
(清·菏澤人)
[光緒]菏澤 15/76
[光緒]新修菏澤 11/62
郭遇后(字稼軒)
(清·濰縣人)
[民國]濰縣志稿 32/5
37 郭洵(字誠也)
(清·茌平人)
[民國]茌平 3/100
郭選言(明·德平人)
[康熙]德平 3/34
郭淑謙(清·鉅野人)
[民國]續修鉅野 5/上 23
郭凝鼎(字開湝)
(明·汶上人)
[雍正]山東 28/人物三 70
[宣統]山東 164/51

[康熙]兖州續編 15/23
[乾隆]兖州 23/53
[康熙]續修汶上 4/人物 5
郭鴻磐(字安如)
(清・寧陽人)
[光緒]寧陽 13/72
郭鴻逵(字躋雲)
(清・汶上人)
[宣統]四續汶上稿/人物－耆德傳
郭鴻嘉(字渭孺,號巳軒)
(清・單縣人)
[雍正]山東 28/人物四 43
[宣統]山東 173/36
[康熙]兖州續編 16/17
[乾隆]曹州府 15/23
[康熙]單縣 7/13
[乾隆]單縣 6/27
[民國]單縣 9/35
郭鴻標(清・菏澤人)
[光緒]新修菏澤 11/74
郭鴻基(字碩甫,號巍齋)
(清・濟陽人)
[民國]濟陽 11/57,17/51
郭運昌(字亨五)
(清・無棣人)
[民國]無棣 12/5
郭潤畬(字芸樵)
(濟寧人)
[民國]濟寧縣 3/20
38 郭祚(字季祐)
(北魏・太原晉陽人)
[宣統]山東 67/16
[咸豐]青州 34/14
[光緒]益都縣圖志 15/9
郭豁巖(清・濰縣人)
[民國]濰縣志稿 29/25
郭啟魁(字伯翼,號香南)
(清・淄川人)
[宣統]三續淄川 9/60
郭祚昌(字永錫)
(清・無棣人)
[民國]無棣 13/7
郭啟鑑(字鏡堂)
(清・鄒平人)
[民國]鄒平 15/137
40 郭嘉(字元禮)
(元・濮陽人)
[嘉靖]山東 31/27
[雍正]山東 28/人物二 67
[萬曆]東昌 19/45
[乾隆]曹州府 14/32
[嘉靖]濮州 5/31
[萬曆]濮州 4/武烈 3
[康熙]濮州 4/18
[乾隆]濮州 4/30
[宣統]濮州 6/24
郭囊(字隱之)
(明・金鄉人)
[乾隆]濟寧直隸州 27/27
[康熙十二年]金鄉 5/14,5/30
[康熙五十一年]金鄉 5/6,11/4
[咸豐]金鄉縣志略 9/上 13
[民國]金鄉 14/1
金鄉縣鄉土志/耆舊錄上
郭培(字因篤)
(清・利津人)
[咸豐]武定府 25/孝友又 42
[光緒]利津 8/孝友 4
郭培(字篤生)
(清・招遠人)
[光緒]增修登州 43/26
[道光]招遠縣續志 3/6
郭森(字茂堂)
(清・長清人)
[民國]長清 11/5,13/22
郭壇(字岱封)
(清・濰人)
[宣統]山東 177/17
[民國]濰縣志稿 30/26
濰縣鄉土志/45
郭志高(宋)
[嘉靖]山東 27/11
[康熙]山東 36/2
[雍正]山東 27/63
[宣統]山東 68/53
[泰昌]登州 9/36
[順治]登州 11/9
郭存謙(字仲恭,一字光山)
(明・北直雄縣人)
[宣統]山東 73/35
[康熙]萊州 8/51
[乾隆]萊州 9/21
[乾隆]濰縣 3/43
[民國]濰縣志稿 20/16
濰縣鄉土志/10
郭克壐(清・臨沂人)
[民國]續修臨沂 16/7
郭培武(河北人)
[民國]牟平 6/83
郭有勇(字知方)
(清・無棣人)
[民國]無棣 13/14
海豐縣鄉土志/耆舊－事業六
郭存仁(字德元)
(清・汶上人)
[宣統]四續汶上稿/人物－文學傳
郭大經(明・垣曲人)
[康熙]濟南 25/41
[嘉靖]武定州下/61
[萬曆]武定州 12/10
[崇禎]武定州 15/12
[乾隆]武定府 16/8
[咸豐]武定府 19/8
[乾隆]惠民 5/15
[光緒]惠民 18/8
惠民縣鄉土志/政績錄 5
郭壽山(字仁卿,號少彭)
(清・陵縣人)
[民國]陵縣續志 4/15
郭去咎(字悔存,號震庵)
(清・濰縣人)
[民國]濰縣志稿 30/32
郭奇勳(字西川)
(清・無棣人)
[民國]無棣 13/4
海豐縣鄉土志/耆舊－事業六
郭九皋(字鶴鳴)
(清・冠縣人)
[民國]冠縣 9/35
郭希稷(清・齊東人)

［民國］齊東 5/127
郭在磐（字次泉，號午橋）
（清・歷城人）
［道光］濟南 53/42
［民國］續修歷城 39/15
郭杭之（字子方，一字湘帆）
（清・濰縣人）
［宣統］山東補遺/27
［民國］濰縣志稿 30/38
郭希濂（明・陝西安定人）
［正德］莘縣 5/3
［康熙十一年］莘縣 5/4
［康熙五十六年］莘縣 5/4
［光緒］莘縣 5/16
［民國］莘縣 3/7
莘縣鄉土志/政績 5
郭志淳（字去華）
（清・掖縣人）
［乾隆］掖縣 4/66
郭志空（字超然，號長春真人）
（元・章丘人）
［嘉靖］山東 34/10
［康熙］山東 47/2
［雍正］山東 30/16
［宣統］山東 200/27
［康熙］濟南 51/9
［道光］濟南 60/9
［萬曆］青州 17/12
［康熙十五年］青州 17/12
［康熙四十八年］青州 17/仙釋 7
［乾隆］武定府 26/39
［咸豐］武定府 26/仙釋 4
［萬曆］章丘 32/83
［康熙］章丘 6/55
［乾隆］章邱 9/50
［道光］章邱 11/91
［萬曆］蒲臺志 10/9
［康熙］重修蒲臺 8/2
［乾隆］蒲臺 4/6
郭志禮（清・新泰人）
［乾隆］新泰 17/人物上增 1
新泰縣鄉土志/26
郭大通（字解公）
（清・膠州人）
［乾隆］膠州 5/10
［道光］重修膠州 29/3
［民國］增修膠志 44/2
膠州直隸州鄉土志 4/孝友
郭士奇（字鉉圃）
（明・汶上人）
［康熙］兖州續編 15/24
［乾隆］兖州 23/56
［康熙］續修汶上 4/人物 7
郭士楨（字季雅）
（明・汶上人）
［雍正］山東 28/人物三 76
［宣統］山東 164/54
［乾隆］兖州 23/55
［康熙］續修汶上 4/人物 6
郭存莊（字秉初）
（清・汶上人）
［宣統］四續汶上稿/人物－忠烈傳
郭吉林（字江村）
（清平人）
［民國］清平/人物 80
郭克勤（清・滋陽人）
［光緒］滋陽 9/48
郭希莊（字敬臨）
（齊東人）
［民國］齊東 5/47
郭志茂（清・歷城人）
［道光］濟南 53/52
［乾隆］歷城 42/7
郭士棟（字隆基）
（明・汶上人）
［康熙］兖州續編 15/24
［乾隆］兖州 23/56
［康熙］續修汶上 4/人物 6
郭大鶴（字芝田）
（清・單縣人）
［乾隆］單縣 7/20
［民國］單縣 9/75
郭大夫（晉・齊人）
［萬曆］青州 12 又/4
［康熙十五年］青州 12/4，又 12/4
［康熙四十八年］青州 12 又/4
［康熙六十年］青州 20/6
［光緒］益都縣圖志 46/1
郭士泰（清・長山人）
［道光］濟南 55/23
［嘉慶］長山 8/13
郭希貴（字天爵）
（清・惠民人）
［光緒］惠民 24/6
郭志忠（明・北直宣化人）
［宣統］山東 71/21
［道光］濟南 36/41
［嘉慶］禹城 7/29
［民國］禹城 3/46
郭大成（字全三）
（清・東平人）
［乾隆］東平州 15/29
［道光］東平州 15/29
［光緒］東平州 15/下 37
［民國］東平縣 11/下 11
郭士原（明・泰安人）
［嘉靖］山東 29/22
［康熙］山東 39/21
［弘治］泰安州 3/11
［康熙］泰安州 3/26
郭希閔（改名繼閔）
（清・商河人）
［民國］重修商河 13/藝文志四墓表 24
郭堯民（金・清河人）
［萬曆］武定州 10/7
郭吉曾（清・泰安人）
［民國］重修泰安縣 8/44
郭有善（字同人）
（清・濰縣人）
［民國］濰縣志稿 32/5
郭大智（清・茌平人）
［宣統］茌平 16/2
［民國］茌平 3/17
41 **郭楨**（字鴻磐）
（明・恩縣人）
［民國］重修恩縣 11/鄉賢 18
郭墟野人（春秋・齊人）
［至元］齊乘 6/3
［嘉靖］青州 15/49
［萬曆］青州 14/28
［康熙十五年］青州 14/28
［康熙四十八年］青州 14/

隱逸 2
42 郭塏(清・長山人)
[嘉慶]長山 8/14
郭圩(字蘭畦)
(清・濰人)
[宣統]山東 177/25
[民國]濰縣志稿 30/28
濰縣鄉土志/45
郭樸山(字一峯)
(清・泰安人)
[民國]重修泰安縣 8/31
43 郭尤奇(字廻亭)
(清・單縣人)
[民國]單縣 9/69
44 郭藹(清・福山人)
[康熙]福山 8/27
[乾隆]福山 8/47
郭材(字書升)
(清・德平人)
[道光]濟南 56/88
[嘉慶]德平 7/17
[光緒]德平 7/16
德平縣鄉土志/耆舊錄
郭材(字篤生)
(清・冠縣人)
[道光]冠縣 8/上 27
[光緒]冠縣 8/孝義,9/傳
[民國]冠縣 8/人物志 32
郭堵(字宣澤)
(明・菏澤人)
[康熙]曹州志 15/25
[乾隆]曹州府 15/14
[光緒]菏澤 15/24
[光緒]新修菏澤 10/26
菏澤縣鄉土志/19
郭藩(字翰之)
(清・文登人)
[雍正]文登 8/9
[道光]文登 5/18
[光緒]文登 10/上 4
郭藩(字价人)
(清・新城人)
[道光]濟南 55/81
[宣統]新城縣後志 3/孝友
[民國]重修新城 17/13
郭桂(明・陝西咸寧人)
[宣統]山東 73/15
[萬曆]青州 12 又/又 15
[康熙十五年]青州 12 又/又 15
[康熙四十八年]青州 12 又/15
[康熙六十年]青州 12/30
[咸豐]青州 36/9
[萬曆]安丘 17/4
安丘縣鄉土志 2/政績錄
郭衡(字荊澤)
(清・濰縣人)
[民國]濰縣志稿 35/15
郭基(明・金華人)
[萬曆]青州 12 又/又 16
[康熙十五年]青州 12 又/又 16
[康熙四十八年]青州 12 又/又 16
[嘉靖]臨朐 2/54
光緒臨朐 13/4
郭基(字子瞻,一作子膽)
(清・夏津人)
[乾隆]東昌 43/41
[乾隆]夏津 8/27
郭蒙(漢・薛人)
[嘉靖]青州 12/24,15/44
[康熙十五年]青州 8/11
郭勸(字仲褒)
(宋・鄆州須城人)
[嘉靖]山東 27/16,30/48
[康熙]山東 37/3,40/46
[雍正]山東 28/人物二 32
[宣統]山東 157/19
[乾隆]泰安府 16/45
[萬曆元年]兗州 40/諫議 14
[萬曆二十四年]兗州 35/11
[康熙]兗州 27/10
[萬曆]萊州 5/63
[康熙]萊州 8/23
[乾隆]萊州 9/7
萊州府鄉土志/上 10
[康熙]東平州 4/8
[乾隆]東平州 13/17
[道光]東平州 13/17
[光緒]東平州 15/上 17
東平州鄉土志上/耆舊錄 28
[民國]東平縣 11/上 7
[康熙]淄川 4/4
[乾隆]淄川 4/4
[嘉慶]續掖縣 2/23
郭勸(明・高苑人)
[乾隆]高苑 5/16
郭埜(字綠郊)
(明・掖縣人)
[乾隆]掖縣 3/50
郭英(字仲傑)
(元・濟陽人)
[康熙]濟南 47/3
[道光]濟南 48/53
[萬曆]濟陽 8/9,9/13
[乾隆]濟陽 8/34
[民國]濟陽 11/48
郭英(字彥俊)
(明・鉅野人)
[民國]續修鉅野 5/上 7
郭著(明・單縣人)
[順治]單縣 2/41
郭夢顏(清・城武人)
[道光]城武 9/上 46
郭夢麟(清・臨邑人)
[同治]臨邑 9/忠藎 5
郭世玉(清・威海衛人)
[光緒]文登 10/上 8
郭英元(字超凡)
(清・恩縣人)
[宣統]重修恩縣 8/32
[民國]重修恩縣 11/鄉賢 33,12/上 63
恩縣鄉土志/22
郭夢仙(陽信人)
[民國]陽信 5/忠義 51
郭懋先(字紹庭)
(清・福山人)
[民國]福山縣志稿 10/12
郭樹德(字召棠)
(無棣人)
[民國]無棣 13/23
郭世傑(清・恩縣人)
[雍正]恩縣續志 3/26
郭芳泉(字浚卿)
(長清人)

［民國］長清 12/16
郭萬程（字孟白）
（明・汶上人）
［康熙］兖州 28/39
［康熙］兖州續編 15/24
［乾隆］兖州 23/57
［康熙］續修汶上 4/人物 5
郭孝穆（字繼菴）
（清・陝西人）
［宣統］山東 77/35
［道光］重修平度州 16/21
郭萬侯（清・鉅野人）
［宣統］山東 173/37
［乾隆］曹州府 15/25
［道光］鉅野 12/14
郭萬象（字一章）
（明・高陵人）
［康熙］兖州府曹縣 9/10
［光緒］曹縣 9/縣令 5
郭夢齡（字文與，號小房）
（清・濰人）
［宣統］山東 177/3
［民國］濰縣志稿 28/31
濰縣鄉土志/30
郭萬齡（字壽仙）
（清・高唐人）
［光緒］高唐州 5/2－28
［民國］高唐縣 12/14
郭薰之（字虞琴）
（清・濰縣人）
［民國］濰縣志稿 30/42
郭萬柱（字題橋）
（清・高唐人）
［光緒］高唐州 5/2－37
［民國］高唐縣 12/85
郭英才（字育堂）
（清・德平人）
［民國］德平縣續志 6/1
郭芳華（字曉春）
（清・長清人）
［民國］長清 11/30
郭攀桂（清・臨清人）
［民國］臨清縣/人物 74
郭其恭（字慎五）
（恩縣人）
［民國］重修恩縣 11/鄉賢 82
郭樹棻（字長清）
（清・長清人）
［民國］長清 11/35
郭藝林（清・齊河人）
［民國］齊河 27/37
郭藩都（清・臨清人）
［乾隆］東昌 43/21
［乾隆］臨清州 9/57
［乾隆］臨清直隸州 8/上 45
［民國］臨清縣/人物 59
郭夢起（元・燕人）
［萬曆］濮州 3/名宦 17
郭夢惠（字小連）
（清・濰縣人）
［民國］濰縣志稿 28/32
濰縣鄉土志/38
郭萬春（清・高唐人）
［光緒］高唐州 5/2－8
［民國］高唐縣 12/49
郭世揆（清・福山人）
［乾隆］福山 9 上/64
［民國］福山縣志稿 7/4－2
郭藍田（清・諸城人）
［光緒］增修諸城縣續志 15/5
郭夢星（字西垣）
（清・濰縣人）
［宣統］山東補遺/8
［民國］濰縣志稿 30/36
濰縣鄉土志/47
郭若愚（字慕皋）
（無棣人）
［民國］無棣 13/23
郭夢疇（明・濟陽人）
［康熙］濟南 47/10
［道光］濟南 51/52
［乾隆］濟陽 8/34，11/40
［民國］濟陽 11/48，16/36
郭權暉（見郭乾暉）
郭夢騏（明・涿州人）
［康熙］兖州府曹縣 9/7
［光緒］曹縣 9/縣令 3
郭孝恪（唐・許州陽翟人）
［嘉靖］山東 26/23
［康熙］山東 34/3
［雍正］山東 27/42
［萬曆］東昌 18/13
［嘉靖］恩縣 7/3
［萬曆］恩縣 4/3
郭桂榮（字輪芳）
（清・單縣人）
［民國］單縣 12/鄉賢 24
45 **郭棟**（字掄生）
（清・濰縣人）
［民國］濰縣志稿 29/17
郭坤（清・章邱人）
［乾隆］章邱 9/46
［道光］章邱 11/79
46 **郭觀**（明・南直武進人）
［嘉靖］山東 25/12
［康熙］山東 31/15
［雍正］山東 27/12
［宣統］山東 70/13
［康熙］濟南 24/20
［道光］濟南 35/15
［崇禎］歷乘 16/30
［崇禎］歷城 6/12
郭恕（唐）
［崇禎］歷乘 16/56
郭旭升（清・德平人）
［民國］德平縣續志 12/碑記 23
郭如儀（字明心，號松巖）
（清・菏澤人）
［乾隆］曹州府 16/22
［光緒］菏澤 16/9
［光緒］新修菏澤 10/41
郭如騫（字志閔）
（清・臨沂人）
［民國］續修臨沂 16/9
郭如核（字子仁）
（明・福山人）
［光緒］增修登州 41/22
［康熙］福山 8/20，9/8
［乾隆］福山 8/32，9 上/9
［民國］福山縣志稿 7/1－10
郭如泰（明・福山人）
［康熙］福山 8/24
［乾隆］福山 8/35
郭如欒（明・福山人）
［康熙］福山 8/21

［乾隆］福山 8/33
郭如竹（明·福山人）
［康熙］福山 8/19
［乾隆］福山 8/32
47 郭格（清·鄆城人）
［光緒］鄆城 10/11
郭欄（清·臨清人）
［民國］臨清縣/人物 65
郭郁（明·河南人）
［宣統］山東 71/23
［康熙］濟南 25/41
［道光］濟南 36/45
［順治］臨邑 11/3
［康熙］重修臨邑 8/2
［道光］臨邑 7/24
［同治］臨邑 7/28
郭朝賓（字尚甫）
（明·汶上人）
［萬曆二十四年］兖州 36/18
［康熙］兖州 28/17
［乾隆］兖州 23/44
［萬曆］汶上 6/11
郭翹楚（字紹庭，號醇菴）
（清·費縣人）
［光緒］費縣 11/15
費縣鄉土志/耆舊錄－學問
郭朝賢（字應甫）
（明·汶上人）
［康熙］續修汶上 4/人物 1
郭起隆（字南廬）
（清·濰縣人）
［民國］濰縣志稿 32/5
48 郭梅（明·高密人）
［乾隆］高密 8/上 25
［光緒］高密 8/上 32
［民國］高密 14/上 36
高密縣鄉土志/上 33
郭增（明·寧陽人）
［嘉靖］山東 35/3
［康熙］山東 45/9
［萬曆二十四年］兖州 37/4
［康熙］兖州 28/33
［乾隆］兖州 23/40
［康熙十一年］寧陽 7/19
［康熙四十一年］寧陽 7/21
［乾隆］寧陽 7/孝子 2
［咸豐］寧陽 15/2
［光緒］寧陽 15/2
寧陽縣鄉土志/20
郭增岐（明·滋陽人）
［康熙］滋陽 4/上 35
［光緒］滋陽 8/72
滋陽縣鄉土志 1/耆舊－武功
郭榆壽（字塞生）
（清·濰縣人）
［民國］濰縣志稿 32/5
郭翰邦（號中垣）
（明·招遠人）
［光緒］增修登州 40/21
［順治］招遠 9/17
郭敬敷（清·臨清人）
［民國］臨清縣/人物 29
郭乾暉（五代·營丘人）
［宣統］山東 168/12
［民國］昌樂縣續志 35/2
［民國］濰縣志稿 32/2
郭敬堂（字梓生）
（南陽人）
［民國］重修博興 10/3
郭增光（明·北直大名人）
［宣統］山東 72/14
［康熙］兖州 22/36
［乾隆］兖州 22/27
［乾隆］濟寧直隸州 22/45
［道光］濟寧直隸州 6/6－31
［康熙五十一年］金鄉 8/18
［乾隆］金鄉 17/8
［咸豐］金鄉縣志略 7/8
［民國］金鄉 11/19
金鄉縣鄉土志/政績錄
50 郭東（明·單縣人）
［康熙］嶧縣 4/115
［乾隆］嶧縣 8/53
［光緒］嶧縣 21/流寓 15
郭素（明·汾西人）
［康熙十一年］蒙陰 2/62
郭泰（字子安）
（清·長清人）
［民國］長清 13/12
郭中（字子立）
（明·河南祥符人）
［咸豐］青州 36/18
［萬曆］樂安 13/4
［雍正］樂安 11/4
［民國］樂安 8/19
［民國］續修廣饒 17/4
郭中立（清·單縣人）
［乾隆］武定府 16/22
［咸豐］武定府 19/陽信 6
［乾隆］陽信 5/43
信邑志稿 5/宦蹟－學官
［民國］陽信 2/73
郭中孚（字允齋）
（清·嘉祥人）
［光緒］嘉祥 3/30
郭中衛（字維四）
（清·單縣人）
［乾隆］單縣 7/38
［民國］單縣 9/81
郭東山（字魯瞻）
（明·掖人）
［雍正］山東 28/人物三 20
［宣統］山東 161/38
［萬曆］萊州 5/104
［康熙］萊州 10/31
［乾隆］萊州 10/17
［乾隆］掖縣 4/12，7/52
［道光］掖乘 4
郭東嶽（字魯瞻）
（清·陽穀人）
［光緒］陽穀 7/4
郭書俊（字遴甫）
（清·濰縣人）
［民國］濰縣志稿 28/24
郭奉先（清·平原人）
［民國］續修平原 10/上 11
郭書升（清·東平人）
［乾隆］東平州 15/6
［道光］東平州 15/6
［光緒］東平州 15/下 6
［民國］東平縣 11/中 25
郭東瀛（字仙洲）
（清·東阿人）
［民國］續修東阿 11/26
郭本祜（清）
［民國］濰縣志稿 36/11
郭東藩（字鎮夫）

（明・金鄉人）
［康熙］山東 40/58
［雍正］山東 28/人物三 41
［宣統］山東 163/32
［康熙］兖州 28/26
［乾隆］兖州 23/45
［乾隆］濟寧直隸州 24/40
［道光］濟寧直隸州 8/2－51
［康熙十二年］金鄉 5/2，5/32
［康熙五十一年］金鄉 11/7
［咸豐］金鄉縣志略 9/上 14
［民國］金鄉 13/11
郭忠恕（字恕先）
（宋・洛陽人）
［康熙］濟南 54/30
［道光］濟南 71/46
［乾隆］東昌 44/7
［乾隆］臨清州 12/12
［順治］臨邑 16/4
［道光］臨邑 16/13
［同治］臨邑 16/13
郭東盛（清・陽穀人）
［民國］增修陽穀人物/武功 14
郭申錫（字延之）
（宋・魏人）
［嘉靖］山東 26/25
［康熙］山東 34/5
［雍正］山東 27/44
［宣統］山東 68/41，68/44
［萬曆］東昌 18/20
［乾隆］東昌 33/18
［嘉慶］東昌 20/30
［乾隆］曹州府 12/9
［嘉靖］濮州 7/10
［萬曆］濮州 3/名宦 12
［康熙］濮州 3/12
［乾隆］濮州 3/12
［宣統］濮州 4/12
郭書堂（字靜軒）
（清・齊東人）
［民國］齊東 5/35
51 **郭振嵩**（字生甫）
（清・鄒平人）
［民國］鄒平 15/127
郭振清（字恢宇）
（清・鉅野人）
［民國］續修鉅野 5/上 14
郭振海（清・朝城人）
［民國］朝城縣續志 1/28，1/35
郭振[木幽]（字聚五）
（清・汶上人）
［雍正］山東 28/人物四 14
［宣統］山東 172/24
［道光］濟南 38/41
［乾隆］兖州 23/62
［康熙］續修汶上 4/人物 19
［光緒］陵縣 18/20
郭振藍（清・高唐人）
［道光］高唐州 5/2－21
［光緒］高唐州 5/2－24
［民國］高唐縣 12/50
52 **郭哲**（元）
［順治］堂邑 2/職官 3
53 **郭成龍**（字冲霄）
（清・漢軍鑲藍旗人）
［乾隆］威海衛志 7/10
郭咸休（明・單縣人）
［順治］單縣 2/42
郭成杲（清・諸城人）
［光緒］增修諸城縣續志 17/16
郭咸熙（明・單縣人）
［順治］單縣 2/42
54 **郭持平**（字守衡）
（明・萬安人）
［康熙］濟寧州 4/5
55 **郭慧人**（字聖一）
（清・德平人）
［道光］濟南 56/87
［乾隆］德平 3/15
［嘉慶］德平 7/16
［光緒］德平 7/15
56 **郭捍**（字衛城）
（清・鄭州人）
［宣統］山東 75/37
［宣統］聊城 6/2－6
［道光］東阿 11/20
［光緒］東阿縣鄉土志 2/21
郭揚（明・掖縣人）
［乾隆］掖縣 4/44
郭捍城（字維四）
（明・平鄉人）
［崇禎］歷城 6/4
［康熙］淄川 4/13
［乾隆］淄川 4/13
57 **郭撰**（字瀛南）
（清・直隸阜城人）
［宣統］山東 75/59
［咸豐］寧陽 11/18
［光緒］寧陽 11/18
寧陽縣鄉土志/9
郭邦光（字元賓，一字南卿）
（明・冠縣人）
［嘉靖］冠縣 4/3
［萬曆］冠縣 4/9
［道光］冠縣 8/上 15
［光緒］冠縣 8/忠勤
［民國］冠縣 8/人物志 17
58 **郭掄升**（清・歷城人）
［道光］濟南 53/59
［民國］續修歷城 44/16
60 **郭昌**（漢・東郡人）
［嘉慶］東昌 34/11
郭晨（字仲房，號曉坪）
（清・菏澤人）
［光緒］菏澤 15/74
［光緒］新修菏澤 11/61
郭曡（字西瞿）
（清・菏澤人）
［光緒］菏澤 15/83
［光緒］新修菏澤 11/68
郭最（周・臨淄人）
［康熙］臨淄 9/19
郭國章（字文標）
（清・惠民人）
［咸豐］武定府 26/義行 26
［乾隆］惠民 5/63
［光緒］惠民 22/5
惠民縣鄉土志/耆舊錄 15
郭見龍（字瑞埜，一作瑞野）
（清・章丘人）
［道光］濟南 54/7
［康熙］章丘 6/28
［乾隆］章邱 9/24
［道光］章邱 11/36

郭景三(霑化人)
[民國]霑化4/登進49
郭國瑞(清・章丘人)
[乾隆]章邱9/45
[道光]章邱11/78
郭曰璉(清・章邱人)
[乾隆]章邱9/46
[道光]章邱11/62
郭恩孚(字伯尹,號蓉汀,又號果園居士)
(清・濰縣人)
[民國]濰縣志稿30/44,42/26
郭四維(字汝張,號北野)
(明・夏津人)
[乾隆]東昌39/33
[康熙]夏津5/8
[乾隆]夏津8/13
郭景仁(元・雲南人)
[宣統]山東69/29
[道光]濟寧直隸州6/6－17
郭景川(字君璽)
(清・無棣人)
[民國]無棣11/21
海豐縣鄉土志/耆舊－事業四
郭四科(明・德平人)
[康熙]德平3/34
[嘉慶]德平7/11
郭景朱(字述文)
(清・德平人)
[道光]濟南56/88
[嘉慶]德平7/18
[光緒]德平7/16
德平縣鄉土志/耆舊錄
郭恩多(字濟衆)
(清・冠縣人)
[民國]冠縣8/人物志24,9/33
郭景修(字伯永)
(宋・汶人)
[民國]東平縣14/9
郭景儀(清・霑化人)
[乾隆]武定府25/23
[咸豐]武定府25/孝友23
[光緒]霑化8/9
[民國]霑化2/38
郭星垣(字樞辰)
(恩縣人)
[民國]重修恩縣11/鄉賢88
郭景乾(字子元)
(清・齊東人)
[民國]齊東5/43
齊東縣鄉土志/耆舊錄5
郭景申
[民國]朝城縣續志1/26
郭恩敷(字蔭汀)
(濰縣人)
[民國]濰縣志稿30/47
郭景昌(字仙岩)
(明・洛陽人)
[宣統]山東70/16
[康熙]濟南24/31
[道光]濟南35/19
[崇禎]歷城6/15
郭景思(清・德平人)
[嘉慶]德平7/18
郭景星(清・海豐人)
海豐縣鄉土志/耆舊－事業四
郭昌嗣(字永侯)
(清・威海衛人)
[光緒]增修登州43/41
[乾隆]威海衛志8/5
[道光]文登5/19
[光緒]文登10/上3
郭景曜(字普照)
(清・霑化人)
[民國]霑化3/6
郭思明(清・東平人)
[光緒]東平州15/中39
[民國]東平縣11/中9
郭景榮(字華堂)
(清・臨朐人)
臨朐縣鄉土志1/耆舊
61 郭顯度(清・高密人)
[民國]高密14/上32
62 郭則履(字坦夫)
(清・汶上人)
[宣統]四續汶上稿/人物－文學傳
63 郭昈(唐・齊州人)
[雍正]山東28/人物二12
[宣統]山東68/11
[道光]濟南47/15
[乾隆]歷城35/20
郭晥(字明卿)
(清・河南滎澤人)
[宣統]山東77/29
[光緒]增修登州34/1
[道光]榮成6/25
64 郭時亮(明・富順人)
[道光]濟南36/55
[康熙]德州7/27
[乾隆]德州8/10
[民國]德縣9/9
郭時憲(字祐孚,號思廬)
(清・菏澤人)
[光緒]菏澤15/69
[光緒]新修菏澤11/57
65 郭映圻
[民國]朝城縣續志1/26
郭映櫆
[民國]朝城縣續志1/26
郭映田
[民國]朝城縣續志1/27
67 郭明經(字紹尼)
(清・聊城人)
[康熙]聊城3/49
郭明睿(字侗孺)
(明・汶上人)
[康熙]續修汶上6/21
郭明富(長清人)
[民國]長清13/30
68 郭吃兒(明・金鄉人)
[康熙十二年]金鄉5/19
[康熙五十一年]金鄉7/26
71 郭槩(宋)
[康熙五十五年]長山3/1
郭巨(漢・長清人,一作河內人寓居肥城,或作東莞人)
[嘉靖]山東34/1
[康熙]山東48/1
[雍正]山東28/人物一14
[宣統]山東200/2
[康熙]濟南44/1
[道光]濟南45/32

［萬曆］青州 14/25
［康熙十五年］青州 14/25
［康熙四十八年］青州 14/孝友 15
［乾隆］泰安府 18/30
［乾隆］沂州府 26/6
［康熙］長清 9/68
［道光］長清 13/1
［康熙］沂水 5/1
［道光］沂水 7/23
［康熙十一年］蒙陰 2/34
［康熙］肥城書下/13
［嘉慶］肥城 17/15
［光緒］肥城 9/2
肥城縣鄉土志 5/19

郭長慶（清・諸城人）
［光緒］增修諸城縣續志 16/26

郭長端（字子方）（清・德平人）
［民國］德平縣續志 6/9

郭長峩（清・德平人）
［民國］德平縣續志 6/9

郭長倩（字曼卿）（金・文登人）
［嘉靖］山東 32/23
［康熙］山東 43/2
［雍正］山東 28/人物二 49
［宣統］山東 163/25
［泰昌］登州 11/17
［順治］登州 16/24
［光緒］增修登州 38/10
［嘉靖］寧海州下/29
［雍正］文登 8/2
［道光］文登 5/1
［光緒］文登 8/上 2

郭長齡（清・益都人）
［光緒］益都縣圖志 41/21

郭長富（字福先）（清・東平人）
［民國］東平縣 11/上 20

郭長清（清・德平人）
［光緒］德平 7/28
德平縣鄉土志/耆舊錄

郭陟青（長清人）
［民國］長清 12/28

72 **郭阡**（清・濰縣人，見郭圩）

77 **郭賢**（明・河南柘城人）
［萬曆］青州 12 又/又 14
［康熙十五年］青州 12 又/又 14
［康熙四十八年］青州 12 又/又 14
［萬曆］諸城 4/37

郭譽（字榕村）（清・濰縣人）
［民國］濰縣志稿 29/26
濰縣鄉土志/38

郭周（明・臨朐人）
［萬曆］諸城 4/40

郭同方（清・汶上人）
［宣統］四續汶上稿/人物－施濟傳

郭民望（字得已，號振幾）（清・菏澤人）
［康熙］曹州志 16/10
［光緒］菏澤 16/18
［光緒］新修菏澤 10/49

郭學正（清・鄒平人）
［民國］鄒平 15/144

郭印瑚（字樹珊，亦字寶琳）（清・滕縣人）
［宣統］滕縣續志稿 3/25
［民國］續滕縣志 2/6
滕縣鄉土志/21

郭居仁（元・陽穀人）
［康熙十二年］陽穀 3/26
［康熙］陽穀 3/24
［光緒］陽穀 6/24
［民國］增修陽穀人物/仕宦 1

郭同仁（字惠我）（清・濮州人）
［宣統］濮州 5/35

郭鳳彩（字九苞）（清・無棣人）
［民國］無棣 12/5

郭印川（字秋潭）（清・長山人）
［民國］昌樂縣續志 25/4

郭殿魁（字星南）（長清人）
［民國］長清 12/24

郭鳳侶（清・濱州人）
［乾隆］武定府 26/18
［咸豐］武定府 26/義行 18
［咸豐］濱州 10/厚德 4
濱州鄉土志/耆舊錄

郭學濂（字仲泉）（清・福山舉人）
［民國］續修臨沂 2/19

郭同源（字星溪）（清・膠州人）
［民國］增修膠志 45/29

郭學灝（清・福山人）
［民國］福山縣志稿 10/14

郭學業（明・日照人）
［乾隆］沂州府 26/9
［康熙］日照 9/9
［光緒］日照 8/6

郭殿清（陽信人）
［民國］陽信 5/忠義 51

郭興禮（字鳴謙）（清・嘉祥人）
［光緒］嘉祥 3/33

郭殿選（鄒縣人）
［民國］續修鄒縣志稿/人物－耆舊附忠烈

郭同芳（字希仲，號翊清）（清・濰縣人）
［民國］濰縣志稿 42/21

郭又林（清・陽穀人）
［光緒］陽穀 14/6

郭鵬起（字雲翮）（清・濰縣人）
［民國］濰縣志稿 30/55
濰縣鄉土志/25

郭民敬（明・山陰人）
［咸豐］青州 36/21
［康熙］壽光 20/3
［嘉慶］壽光 10/24
［民國］壽光 6/14

郭殿擢（字選公）（清・滕縣人）
［道光］滕縣志 9/孝義 29

郭居易（字效白，號兩峯）（明・益都人）
［康熙］膠州 5/29

［乾隆］膠州 4/36
［道光］重修膠州 25/13
［民國］增修膠志 40/12
郭屏國(字藩宸,號畿陽)
(明・菏澤人)
［康熙］兖州續編 15/18
［康熙］曹州志 15/69
［光緒］菏澤 15/62
［光緒］新修菏澤 10/31
郭鵬飀(字石農)
(清・膠州人)
［民國］增修膠志 44/16
郭鳳興(字來儀)
(清・無棣人)
［民國］無棣 13/3
海豐縣鄉土志/耆舊－事業六
78 郭臨泗(清・鄆城人)
［光緒］鄆城 16/22
80 郭曾(字三省)
(明・嘉祥人)
［乾隆］嘉祥 2/36
郭全(元・鉅野人)
［萬曆］鉅野 5/武功
［道光］鉅野 13/64
郭翁(元・曹州人)
［雍正］山東 31/7
郭義(字信之)
(元・太原人)
光緒臨朐 9/下 16,16/1
［民國］臨朐續志 17/13
郭義(明・濟寧人)
［宣統］山東 160/9
［咸豐］濟寧直隸州續志 3/1
［民國］濟寧直隸州續志 12/5
郭鏞(字振聲)
(清・無棣人)
［民國］無棣 13/29
郭毓堃(字秀峯)
(恩縣人)
［民國］重修恩縣 11/鄉賢 88
郭會子(一名思恭,字逢源)
(清・陽穀人)
［光緒］陽穀 6/28
［民國］增修陽穀人物/武功 12
郭毓珊(東阿人)
［民國］東阿 15/9
郭無爲(漢・青州千乘人)
［咸豐］青州 54/13
郭毓秀(清・高邑人)
［順治］堂邑 2/職官又 6
郭尊經(字洙源)
(清・平山人)
［康熙］聊城 3/49
郭金鼎(清・高唐人)
［道光］高唐州 5/1－59
［光緒］高唐州 5/1－66
［民國］高唐縣 12/8
郭人佐(清・膠州人)
［道光］重修膠州 29/11
［民國］增修膠志 44/9
膠州直隸州鄉土志 4/孝友
郭人傑(字偉亭,號一峯)
(清・滕縣人)
［道光］滕縣志 8/儒林 35
滕縣鄉土志/28
郭人傑(字又良)
(清・汶上人)
［宣統］四續汶上稿/人物－忠烈傳
郭金綱(霑化人)
［民國］霑化 4/登進 49
郭金湯(明・單縣人)
［順治］單縣 2/42
郭念祖(清・汶上人)
［宣統］四續汶上稿/人物－孝弟傳
郭念祖(字聿修)
(清・樂陵人)
樂陵縣鄉土志 3/49
郭人吉(明・太原人)
［康熙十五年］青州 12/26
［咸豐］青州 36/39
［康熙］臨朐縣志書 1/37
光緒臨朐 13/10
郭養直(清・寧津人)
寧津縣志料 3/人物－方外
郭金城(清・長清人)
［道光］長清 12/10
郭念始(清・陽穀人)
［民國］增修陽穀人物/孝義 8
郭會藻(清・朝城人)
［民國］朝城縣續志 1/40
郭會極(字錫九)
(清・日照人)
［乾隆］沂州府 27/6
［光緒］日照 8/16
郭善民(字得新)
(清・曹縣人)
［光緒］曹縣 14/行誼 31
郭養民(字政在,號太寰)
(明・舞陽人)
［康熙］兖州府曹縣 9/9
郭金鏞(字墍菴)
(清・臨沂人)
［民國］續修臨沂 16/8
81 郭鑩(清・濮州人)
［宣統］山東 173/38
［宣統］濮州 5/22
郭鈺(字子美)
(明・恩縣人)
［嘉靖］恩縣 6/5
［民國］重修恩縣 11/鄉賢 32,12/上 85
83 郭鋐(字汝器)
(明・聊城人,一作平山衛人)
［萬曆］東昌 19/62
［乾隆］東昌 39/39
［嘉慶］東昌 29/18
［康熙］聊城 3/19
［宣統］聊城 8/10
郭鋐(清・章丘人)
［道光］章邱 11/85
84 郭銑(自號臥雲)
(清・濰縣人)
［民國］濰縣志稿 32/4
郭錡(字玉相)
(清・無棣人)
［民國］無棣 12/11
郭鎮(明・北直雄縣人)
［宣統］山東 73/14
［萬曆］青州 12/50
［康熙十五年］青州 12/50
［康熙四十八年］青州 12/50
［康熙六十年］青州 12/29

[咸豐]青州 36/20
[康熙]臨朐縣志書 3/2,4/42
光緒臨朐 13/7
郭鎮東(字春芳)
(清·高唐人)
[民國]高唐縣 12/53
85 郭鉢(字世傳)
(清·無棣人)
[民國]無棣 13/9
86 郭錦(字蜀江)
(清·濰縣人)
[民國]濰縣志稿 30/33
郭錦(清·諸城人)
[光緒]增修諸城縣續志 14/7
郭知微(宋·單州人)
[康熙]單縣 8/17
[乾隆]單縣 7/11
[民國]單縣 9/10
郭知逕(字生白,號泰滄)
(清·濰縣人)
[乾隆]濰縣 4/14
[民國]濰縣志稿 28/3
濰縣鄉土志/43
郭錫嘏(清·萊陽人)
[民國]萊陽 3/1 中 68
郭錫公
[民國]朝城縣續志 1/26
87 郭鈞(字玉生)
(清·歷城人)
[道光]濟南 53/55
[乾隆]歷城 43/9
郭鈞(字詔書)
(清·濰縣人)
[民國]濰縣志稿 32/4
郭銘(明·邯鄲人)
[嘉靖]朝城志 5/16
[康熙]朝城 7/27
郭鏘(明·信陽人)
[康熙]昌邑 5/17
[乾隆]昌邑 5/119
郭欽(魏·北海人)
[民國]濰縣志稿 30/1
郭欽訓(清·昌邑人)
[光緒]昌邑縣續志 6/15
88 郭鑑(明·萊陽人)
[民國]萊陽 3/1 中 8
郭鑑(明·掖縣人)
[萬曆]萊州 6/19
[康熙]萊州 10/66
[乾隆]萊州 11/善行 1
[乾隆]掖縣 4/52
郭筠(元·臨朐人)
[咸豐]青州 42/19
[康熙]臨朐縣志書 3/45
光緒臨朐 16/2
郭敏(明·河南淇縣人)
[宣統]山東 73/26
[光緒]增修登州 31/1
[康熙]萊陽 4/5
[民國]萊陽 3/1 上 6
郭銓(字恕堂)
(清·菏澤人)
[光緒]菏澤 16/15
[光緒]新修菏澤 11/73
郭敏磐(字小華)
(清·歷城人)
[宣統]山東 170/13
[光緒]益都縣圖志 18/76
[民國]續修歷城 41/18
郭竹徵(字孝生)
(明·益都人)
[康熙]萊州 10/43
[乾隆]萊州 10/27
[康熙]膠州 5/又 28
[乾隆]膠州 4/43
[道光]重修膠州 25/14
[民國]增修膠志 40/12
膠州直隸州鄉土志 4/事功
郭簡之(字心臣)
(清·濰縣人)
[民國]濰縣志稿 29/26
濰縣鄉土志/39
郭篤禮(字子敬)
(清·德平人)
[民國]德平縣續志 6/14,12/碑記 15
郭餘芳(清·汶上人)
[宣統]四續汶上稿/人物－孝弟傳
89 郭鎧(字子聲)
(明·恩縣人)
[雍正]山東 28/人物三 14
[宣統]山東 160/18
[萬曆]東昌 19/52
[乾隆]東昌 39/28
[嘉慶]東昌 29/12
[嘉靖]恩縣 6/4,8/8
[宣統]重修恩縣 8/21
[民國]重修恩縣 11/鄉賢 17
恩縣鄉土志/18
90 郭光(字大之)
(明·堂邑人)
[乾隆]東昌 41/20
[嘉慶]東昌 33/16
[康熙]堂邑 16/11
郭惟慶(字西江)
(清·福山人)
[光緒]增修登州 43/19
[民國]福山縣志稿 7/5－6
郭懷西(清·諸城人)
[光緒]增修諸城縣續志 17/11
郭惟璡(清·福山人)
[民國]福山縣志稿 10/13
郭惟瑄(字達夫)
(清·福山人)
[民國]福山縣志稿 7/5－5
郭尚德(清·壽張人)
壽張縣鄉土志/耆舊－事業
郭尚純(清·寧陽人)
[光緒]寧陽 15/40
郭尚徵(清·浙江蘭谿拔貢)
[民國]濰縣志稿 20/20
郭光宇(清·福山人)
[民國]福山縣志稿 7/4－15
郭懷寶(字韞輝)
(清·博平人)
[光緒]博平縣續志 10/50
郭尚賓(字印之)
(清·長山人)
[康熙五十五年]長山 6/53
[嘉慶]長山 10/31
郭光斗(清·平陽人)
[乾隆]嶧縣 7/42
郭光裕(明·濟陽人)
[康熙]濟南 44/13

［道光］濟南 51/52
［萬曆］濟陽 8/4
［乾隆］濟陽 8/19
［民國］濟陽 11/25
郭尚友（字善儒，號瞻月）
（明・濰縣人）
［乾隆］濰縣 4/11
［康熙］萊州 10/40
［民國］濰縣志稿 27/44
濰縣鄉土志/17
郭光第（字善宗）
（清・菏澤人）
［光緒］菏澤 16/14
［光緒］新修菏澤 11/72
郭少棠（清・齊河人）
［民國］齊河 26/33
齊河縣鄉土志兵事錄/8
91 **郭炳**（字漢章）
（清・平原人）
［道光］濟南 56/108
［民國］續修平原 10/上 5
郭炳南（字星階）
（清・恩縣人）
［宣統］重修恩縣 8/49
［民國］重修恩縣 11/鄉賢 68
恩縣鄉土志/23
92 **郭恬**（號壺山）
（明・陝西人）
［道光］濟寧直隸州 6/6－37
［康熙］魚臺 15/14
［乾隆］魚臺 9/38
［光緒］魚臺 2/49
94 **郭忱**（字心泉，號印源）
（清・濟寧人）
［道光］濟寧直隸州 8/4－22
濟寧州鄉土志 2/耆舊
96 **郭煜文**（字質齋）
（清・德平人）
［民國］德平縣續志 6/4
97 **郭燦**（字丙章）
（清・濰縣人）
［民國］濰縣志稿 28/13
郭煥（明・魚臺人）
［道光］濟寧直隸州 8/2－58
［康熙］魚臺 17/6
［光緒］魚臺 3/14
郭鄰（明・陝西渭南人）
［宣統］山東 71/36
［康熙］濟南 25/60
［乾隆］泰安府 15/20
［康熙］新修萊蕪 5/25，8/34
［民國］萊蕪 9/5
［民國］續修萊蕪 15/6
萊蕪縣鄉土志/4
郭耀章（字景文）
（清・濰縣人）
［民國］濰縣志稿 29/17
郭輝照（字光世）
（明・平陰人）
［光緒］平陰 5/20
98 **郭悅**（清・陽穀人）
［康熙］陽穀 4/4
［光緒］陽穀 7/2
［民國］增修陽穀人物/孝義 4
99 **郭榮**（周・齊人）
［萬曆］青州 13/21
［康熙十五年］青州 13/21
［康熙四十八年］青州 13/事功 5
［康熙六十年］青州 16/3
［民國］臨淄 22/74
郭瑩（明・城武人）
［康熙九年］城武 3/47
郭榮祖（金・寧海人）
［光緒］文登 8/上 2
郭燮陽（清・昌邑人）
［乾隆］昌邑 6/174

0821_2 施

00 **施辨**（宋・常州人）
［宣統］山東 68/32
［道光］濟南 34/5
［乾隆］歷城 34/3
施辯（見施辨）
施文迪（明）
［萬曆］青州 12 又/又 12
［康熙四十八年］青州 12 又/又 12
［萬曆］諸城 4/27
10 **施霖**（清・福建閩縣人）
［宣統］山東 75/29
［道光］濟南 38/48
施元（明・河南光州人）
［道光］濟南 36/32
［天啟］新城 6/縣丞
［崇禎］新城 6/縣丞
［康熙］新城 5/6
［民國］重修新城 10/13
施天裔（字泰瞻）
（清・泰安人）
［宣統］山東 74/39，171/2
［康熙］濟南 26/5
［道光］濟南 37/56
［乾隆］泰安府 17/42
［康熙］濮州續志上/23
［乾隆二十五年］泰安縣 12/19
［乾隆四十七年］泰安縣 10/上 13
［道光］泰安縣 9/上 62
［民國］重修泰安縣 8/12
泰安縣鄉土志/耆舊 14
20 **施維翰**（號硯山）
（清・江蘇華亭人）
［宣統］山東 74/12
［康熙］濟南 26/4
［道光］濟南 37/9
［康熙六十年］青州 12/40
22 **施繼遠**（明・昆明人）
［乾隆］武定府 16/48
［咸豐］武定府 19/蒲臺 2
［萬曆］蒲臺志 8/6
［康熙］重修蒲臺 5/7
［乾隆］蒲臺 2/57
24 **施德**（明・秀水人）
［嘉靖］濮州 7/15
［萬曆］濮州 3/名宦 18
［康熙］濮州 3/16
［乾隆］濮州 3/16
［宣統］濮州 4/16
30 **施守正**（明・南直休寧人）
［嘉靖］山東 25/25
［雍正］山東 27/84
［宣統］山東 71/29
［弘治］泰安州 3/9
［乾隆］泰安府 15/5
［乾隆二十五年］泰安縣

10/30
［乾隆四十七年］泰安縣 8/26
［道光］泰安縣 10/3
［民國］重修泰安縣 6/58
施永盛（字茂堂）（清・蓬萊人）
［民國］蓬萊縣志合編人物志/行誼
施之常（字子恒）（春秋・魯人）
［嘉靖］山東 24/9
［康熙］山東 29/9
［雍正］山東 11/闕里二 19
［宣統］山東 153/10
［萬曆元年］兗州 7/59
［萬曆二十四年］兗州 7/22
［康熙］兗州 8/22
［乾隆］兗州 7/30
［崇禎］曲阜 4/12
［康熙］曲阜 4/12
［乾隆］曲阜 59/8
44 **施夢龍**（字伯雨，號嶼南）（明・南直無錫人）
［宣統］山東 71/40
［崇禎］武定州 15/19
［乾隆］武定府 16/10
［咸豐］武定府 19/10
［乾隆］惠民 5/19
［光緒］惠民 18/11
惠民縣鄉土志/政績錄 6
施其仁（清・泰安人）
［康熙］泰安州 3/45
施其禮（字因周）（清・奉天人）
［康熙］鄆城 4/10
［光緒］鄆城 6/10
施其志（清・泰安人）
［乾隆］東昌 34/7
［嘉慶］東昌 21/25
［宣統］茌平 8/9
［民國］茌平 8/65
48 **施乾**（明・秀水人）
［萬曆］濮州 3/名宦 25
［康熙］濮州 3/23
［乾隆］濮州 3/23
［宣統］濮州 4/23
50 **施泰**（清・大興人）
［道光］商河 5/31
［民國］重修商河 6/68
商河縣鄉土志 1/政績
60 **施是倫**（清・大興人）
［乾隆］夏津 6/21
77 **施聞章**（字尚白，號愚山）（清・安徽宣城人）
［雍正］山東 27/99
［宣統］山東 74/33
［康熙］濟南 26/6
［道光］濟南 37/50
［康熙六十年］青州 12/40
［康熙］濮州續志上/23
80 **施鐮**（字修漪）（清・烏程人）
［乾隆］泰安府 18/67
［乾隆二十五年］泰安縣 12/19
［乾隆四十七年］泰安縣 10/上 20
［道光］泰安縣 9/上 72
［民國］重修泰安縣 8/24
施鏡光（明・福建人）
［乾隆］陽信 5/17
［民國］陽信 2/43

0823_2 旅

77 **旅卿**（漢）
［嘉靖］青州 12/24
［康熙十五年］青州 8/12

0864_0 許

00 **許廣**（字遠思）（清・高唐人）
［乾隆］東昌 43/32
［嘉慶］東昌 32/49
［康熙五十一年］高唐州 9/9
［道光］高唐州 5/2－14
［光緒］高唐州 5/2－17
［民國］高唐縣 12/6
許廉（清・高唐人）
［乾隆］高唐州續志 2/13
［道光］高唐州 5/2－19
［光緒］高唐州 5/2－22
［民國］高唐縣 12/43
許讓（明・仁和人）
［正德］博平 5/83
許商（字長伯）（漢・長安人）
［宣統］山東 66/3
［乾隆］武定府 16/29
［咸豐］武定府 19/商河 1
［萬曆］商河 5/22
［道光］商河 5/23
［民國］重修商河 6/62
商河縣鄉土志 1/政績
許庠（明・聊城人）
［乾隆］東昌 42/33
［嘉慶］東昌 32/26
［康熙］聊城 3/51
［宣統］聊城 8/93
聊城縣鄉土志/26
許文謨（字丕顯）（清・高唐人）
［光緒］高唐州 5/2－36
［民國］高唐縣 12/18
許應元（明・浙江錢塘人）
［宣統］山東 71/30
［康熙］濟南 25/44
［康熙］泰安州 2/48
［乾隆］泰安府 15/10
［乾隆二十五年］泰安縣 10/31
［乾隆四十七年］泰安縣 8/27
［道光］泰安縣 10/4
［民國］重修泰安縣 6/58
許文烈（清・德州人）
［光緒］德州志略/忠節傳略
許應聘（字仲徵）（清・高唐人）
［乾隆］東昌 43/36
［嘉慶］東昌 32/53
［康熙五十一年］高唐州 9/25
［道光］高唐州 5/2－19
［光緒］高唐州 5/2－22
［民國］高唐縣 12/86
許賡歌（字際隆）

（清・定陶人）
［民國］定陶 6/66
許文秀（清・遼東義州人）
［宣統］山東 77/9
［咸豐］青州 37/4
［康熙］壽光 20/7
［嘉慶］壽光 10/28
［民國］壽光 6/18
許廣勳（字東野）
（清・長山人）
［嘉慶］長山 8/28
許文魁（字漢章）
（清・德州人）
［光緒］德州志略/忠節傳略
［民國］德縣 11/2
許文泉（清・平度人）
［民國］平度縣續志 7/33
許應兆（明・山陽人）
［崇禎］新城 6/教諭
許廣漢（漢・昌邑人）
［咸豐］金鄉縣志略 7/2
［萬曆］鉅野 7/5
［康熙］鉅野 11/2
［道光］鉅野 12/17
許應逵（明・嘉興人）
［乾隆］泰安府 15/16
［萬曆二十四年］兗州 29/11
［康熙］兗州 22/32
［康熙］兗州續編 14/22
［康熙］東平州 4/55
［乾隆］東平州 12/37
［道光］東平州 12/37
［光緒］東平州 14/37
［民國］東平縣 9/20
許文祚（明・蕪湖人）
［萬曆］諸城 4/28
許文壇（字杏村）
（清・高唐人）
［光緒］高唐州 5/2－30
［民國］高唐縣 12/16
許高彭（字商賢，號芝山）
（清・濟寧人）
［民國］濟寧直隸州續志 12/38
許文檢（清・堂邑人）
［乾隆］臨清直隸州 8/下 67

許立勛（字鼎臣，號仲銘）
（利津人）
［民國］利津縣續志 7/義行 10
許方艮（清・東平人）
［光緒］東平州 15/下 15
［民國］東平縣 11/中 32
東平州鄉土志上/耆舊錄 36
許彥餘（明・浙江人）
［嘉靖］山東 26/18
［康熙］山東 33/21
［雍正］山東 27/92
［宣統］山東 72/33
［萬曆元年］兗州 38/循吏 43
［萬曆二十四年］兗州 29/6
［康熙］兗州 22/27
［萬曆］鉅野 6/6
［康熙］鉅野 10/6
［道光］鉅野 10/21
01 許龍驤（清・德州人）
［光緒］德州志略/忠節傳略
04 許諾（明・高唐人）
［民國］高唐縣 12/6
許讃（明・河南靈寶人）
［宣統］山東 73/5
［萬曆］青州 12 又/7
［康熙十五年］青州 12 又/7
［康熙四十八年］青州 12 又/7
［康熙六十年］青州 12/24
［咸豐］青州 36/11
［康熙］臨淄 8/5
［民國］臨淄 18/7
許誌（明・河南靈寶人）
［宣統］山東 71/50
［乾隆］武定府 16/14
［咸豐］武定府 19/青城 1
［萬曆］青城 1/38，2/16
［乾隆］青城 7/2，11/13
［民國］青城續修 4/名宦 12，4/藝文上 21
06 許諤（字貞臣）
（清・高唐人）
［宣統］山東 174/8
［乾隆］東昌 40/36
［嘉慶］東昌 30/29

［康熙十二年］高唐州 8/26
［康熙五十一年］高唐州 8/27
［道光］高唐州 5/1－18
［光緒］高唐州 5/1－18
［民國］高唐縣 12/5
高唐州鄉土志/20
08 許謙（字益之）
（元・金華人）
［雍正］山東 11/闕里二 32
［乾隆］兗州 7/45
許謙（明・湖廣江夏人）
［宣統］山東 71/14
［道光］濟南 36/33
［康熙］齊河 5/36
［雍正］齊河 5/35
［民國］齊河 22/2
齊河縣鄉土志政績錄/6
09 許麟占（清・鉅野人）
［道光］鉅野 13/61
10 許琉（清・濮州人）
［乾隆］曹州府 16/23
［萬曆］濮州 4/隱德 5
［康熙］濮州 4/51
［乾隆］濮州 4/88
［宣統］濮州 6/4
許霓（明・聊城人）
［乾隆］東昌 42/33
［嘉慶］東昌 32/26
［康熙］聊城 3/51
［宣統］聊城 8/93
聊城縣鄉土志/27
許璋（明・河南固始人）
［萬曆］濮州 3/名宦 33
［嘉靖］朝城志 5/6
［康熙］朝城 7/5
許璋（字奉義）
（清・日照人）
［光緒］日照 12/2
許玉麟（字石生）
（清・利津人）
［民國］利津縣續志 9/4
許三行（字體乾）
（明・長山人）
［道光］濟南 50/52
［康熙五十五年］長山 6/31

[嘉慶]長山 9/3
許雲峯(清・恩縣人)
[宣統]重修恩縣 10/19
[民國]重修恩縣 11/鄉賢 75
許爾永(字永錫)
(清・高唐人)
[乾隆]東昌 43/31
[嘉慶]東昌 32/48
[康熙五十一年]高唐州 9/9
[道光]高唐州 5/2-13
[光緒]高唐州 5/2-16
[民國]高唐縣 12/40
許雲對(唐・任城人)
[雍正]山東 31/6
[乾隆]兗州 31/14
[康熙]濟寧州 7/59
[乾隆]濟寧直隸州 28/36
[道光]濟寧直隸州 8/4-50
許雲漢(清・壽張人)
[光緒]壽張 10/1
許雲濤(字時化)
(明・堂邑人)
[乾隆]東昌 38/17
[嘉慶]東昌 28/17
[順治]堂邑 2/人物 5
[康熙十一年]堂邑 2/人物 5
[康熙]堂邑 12/3,15/15
堂邑縣鄉土志/耆舊錄
許爾壽(清・高唐人)
[乾隆]東昌 43/28
[嘉慶]東昌 32/45
[康熙五十一年]高唐州 9/6
[道光]高唐州 5/2-12
[光緒]高唐州 5/2-15
[民國]高唐縣 12/9
許天載(清・濟寧人)
[乾隆]濟寧直隸州 27/24
[道光]濟寧直隸州 8/3-26
許爾昌(明・高唐人)
[雍正]山東 28/人物三 78
[宣統]山東 164/56
[乾隆]東昌 42/27
[嘉慶]東昌 32/22
[康熙十二年]高唐州 9/3
[康熙五十一年]高唐州 9/3
[道光]高唐州 5/2-2
[光緒]高唐州 5/2-2
[民國]高唐縣 12/33
高唐州鄉土志/19
許雲鵬(字時亨)
(明・堂邑人)
[康熙]山東 41/26
[雍正]山東 28/人物三 25
[宣統]山東 160/23
[乾隆]東昌 38/12
[嘉慶]東昌 28/12
[順治]堂邑 2/人物 4
[康熙十一年]堂邑 2/人物 4
[康熙]堂邑 15/6
堂邑縣鄉土志/耆舊錄
許正學(字子文)
(明・聊城人)
[康熙]聊城 3/21
11 **許玒**(字温如)
(明・濮州人)
[萬曆]濮州 3/鄉賢 60
[康熙]濮州 3/81
[乾隆]濮州 3/82
[宣統]濮州 4/88
許麗(號源長)
(明・固始人)
[道光]濟南 36/34
[康熙]齊河 5/37
[雍正]齊河 5/36
[民國]齊河 22/3,32/19
齊河縣鄉土志名宦祠/16
12 **許珽**(明・武清人)
[康熙十一年]莘縣 5/6
[康熙五十六年]莘縣 5/6
[民國]莘縣 3/12
許延慶(字上吉)
(清・平度人)
[光緒]平度志要/人物
[民國]平度縣續志 7/7
許廷瑞(字玉瓚)
(清・河南豐州人)
[民國]續修鉅野 3/16,7/上 43
許廷弼(清・濰縣人)
[乾隆]濰縣 4/38
[民國]濰縣志稿 29/17
許延壽(漢)
[萬曆]鉅野 7/5
[康熙]鉅野 11/3
[道光]鉅野 12/17
許廷輔(字弼君)
(清・陵縣人)
[光緒]陵縣 19/人物傳二 19
許廷用(字世賢)
(明・堂邑人)
[乾隆]東昌 38/15,40/44
[嘉慶]東昌 28/15
[順治]堂邑 2/人物 9
[康熙十一年]堂邑 2/人物 3
[康熙]堂邑 16/11
許廷用(清・聊城人)
[嘉慶]東昌 30/35
[康熙]聊城 3/48
[宣統]聊城 8/22
13 **許珹**(字方川)
(清・日照人)
[光緒]日照 8/39
許琮(元・章丘人)
[道光]濟南 48/23
[道光]章邱 11/18
14 **許琦**(字大器)
(明・寧陽人)
[康熙十一年]寧陽 7/12
[康熙四十一年]寧陽 7/12
[乾隆]寧陽 7/師範 1
[咸豐]寧陽 14/2
[光緒]寧陽 14/2
許琦(字景韓)
(清・平度人)
[道光]重修平度州 19/44
許功勝(字冠軍)
(清・夏津人)
[民國]夏津續編 8/7
16 **許聰**(明・泗水人)
[光緒]泗水 10/30
許聖朝(字虞廷)

(清・聊城人)
[宣統]山東 174/11
[乾隆]東昌 40/7
[嘉慶]東昌 30/7
[宣統]聊城 8/28

17 **許琛**(明・鄒縣人)
[嘉靖]鄒縣地理誌 1/又 25

許珣(清・平度人)
[民國]平度縣續志 8/3

許子綏(字漢珮)
(清・歷城人)
[乾隆]歷城 43/9

許承家(明・井陘人)
[康熙]濟南 25/60
[道光]濟南 36/13
[萬曆]章丘 21/76
[康熙]章丘 4/27
[乾隆]章邱 7/5
[道光]章邱 9/9
章邱縣鄉土志/上 12

許承蒼(字筠峙,一作雲士,亦字莪溪)
(清・武進進士)
[道光]濟南 38/48
[道光]重修膠州 23/14
[民國]增修膠志 18/12
膠州直隸州鄉土志 3/政績 – 聽訟
[嘉慶]德平 5/22
[光緒]德平 5/15
[光緒]壽張 5/8

許承芳(明・陽曲人)
[宣統]山東 72/8
[萬曆二十四年]兖州 29/4
[康熙]兖州 22/25
[乾隆]兖州 22/26
[康熙]嶧縣 3/27
[乾隆]嶧縣 7/11
[光緒]嶧縣 19/職官下 4

許弼乾(字紫垣)
(清・濟寧人)
[乾隆]濟寧直隸州 25/32
[道光]濟寧直隸州 8/3 – 16

許承乾(字用六)
(清・濟寧人)
[乾隆]濟寧直隸州 27/21

許尹成(字韶九)
(清・堂邑人)
堂邑縣鄉土志/耆舊錄

許乃恩(字則友)
(清・浙江仁和人)
[宣統]山東 77/34
[光緒]三續掖縣 1/46
[民國]無棣 9/5
海豐縣鄉土志/政績

許君賜(字良臣)
(清・新城人)
[宣統]新城縣後志 3/耆壽

18 **許玠**(字孟玉)
(明・濮州人)
[萬曆]濮州 3/鄉賢 61
[康熙]濮州 3/82
[乾隆]濮州 3/83
[宣統]濮州 4/89

許珍(元・章丘人)
[道光]濟南 48/22
[道光]章邱 11/17

許致和(字賡唐)
(清・日照人)
[光緒]日照 8/32

20 **許舜**(漢)
[萬曆]鉅野 7/5
[康熙]鉅野 11/3
[道光]鉅野 12/17

許信(明・潮陽人)
[道光]濟南 36/28
[康熙四十三年]長山 3/宦績
[康熙五十五年]長山 3/31
[嘉慶]長山 5/40

許信(明・臨朐人)
[咸豐]青州 43/2
[康熙]臨朐縣志書 3/27
光緒臨朐 14/上 16

許維新(字周翰,號茸齋)
(明・堂邑人)
[雍正]山東 28/人物三 54
[宣統]山東 160/34
[乾隆]東昌 38/17
[嘉慶]東昌 28/17
[順治]堂邑 2/人物 5
[康熙十一年]堂邑 2/人物 5
[康熙]堂邑 15/16
堂邑縣鄉土志/耆舊錄

許爲霖(字雲路)
(清・魚臺人)
[乾隆]魚臺 11/38
[光緒]魚臺 3/23

許爲川(清・蒙陰人)
[康熙十一年]蒙陰 2/54

許維官(清・海陽人)
[光緒]海陽縣續志 4/36

許秉初(字善成)
(清・曲阜人)
[民國]續修曲阜 5/42

許維翰(清・萊陽人)
[民國]萊陽 3/1 中 68

許維翰(字文彥)
(清・樂安人)
[民國]樂安 10/29
[民國]續修廣饒 19/53

許秉忠(字瑜璋,號南圃)
(清・壽光人)
[民國]壽光 12/人物志二 17

許舜民(字瞻蒲)
(明・濰縣人)
[乾隆]濰縣 4/11
[民國]濰縣志稿 27/43
濰縣鄉土志/17

許季翔(號翱卿)
(清・萊蕪人)
[民國]續修萊蕪 34/24

21 **許行**(戰國・楚人)
[萬曆元年]兖州 42/8
[萬曆]滕志 6/71
[康熙]滕志 6/49
[康熙]滕縣志 6/賓客 1

許衡(字仲平)
(元・河內人)
[嘉靖]山東 34/3
[康熙]山東 48/2
[雍正]山東 11/闕里二 31,31/14
[宣統]山東 200/5
[乾隆]兖州 7/44
[弘治]泰安州 3/12
[乾隆]泰安府 18/70

[乾隆二十五年]泰安縣12/36
[乾隆四十七年]泰安縣10/上36
[道光]泰安縣9/上92
[民國]重修泰安縣8/53
許衢(明·臨朐人)
[康熙]臨朐縣志書3/42
許仁(字性初)
(宋·金鄉人)
[民國]濟寧直隸州續志13/1
[民國]金鄉13/8
許衛(明·濮州人)
[萬曆]濮州4/貨殖6
[康熙]濮州4/72
[乾隆]濮州4/112
[宣統]濮州6/62
許虎夔(字炳文)
(清·河南考城進士)
[民國]金鄉11/22
許上通(字茲明)
(清·陵縣人)
[光緒]陵縣19/人物傳二2
陵縣鄉土志/16
許上林(清·冠縣人)
[民國]冠縣8/人物志35
冠縣鄉土志/耆舊-孝子
22 許豐(清·長洲人)
[乾隆]夏津6/18
許幾(字先之)
(宋·信州貴溪人)
[嘉靖]山東26/12
[康熙]山東33/15
[雍正]山東27/90
[宣統]山東68/34
[乾隆]泰安府14/19
[萬曆元年]兖州38/循吏32
[萬曆二十四年]兖州28/8
[康熙]兖州22/8
[康熙]東平州4/42
許崇謙(字子益,號海鴻山人)
(明·定陶人)
[康熙]單縣8/60
[民國]單縣12/方技3
許崇禮(清·遼東人)
[順治]鄒平4/24
許繼志(號心宇)
(明·高唐人)
[乾隆]東昌42/26
[嘉慶]東昌32/21
[康熙十二年]高唐州8/17
[康熙五十一年]高唐州8/17
[道光]高唐州5/2-8
[光緒]高唐州5/2-11
[民國]高唐縣12/5
許任奇(字華先)
(清·文登人)
[道光]文登5/9
[光緒]文登9/上2-1
許崇棫(字芃原)
(清·平度人)
[民國]平度縣續志8/19
許崇樾(清·平度人)
[民國]平度縣續志8/19
許崇乾(東阿人)
[民國]東阿15/9
許仙品(清·陽穀人)
[民國]增修陽穀人物/仕宦17
許繼光(明·聊城人)
[康熙]聊城3/51
23 許峻(宋)
[萬曆元年]兖州46/8
許允(字信卿,號畏軒)
(元·鄒人)
[萬曆]鄒志2/25
[康熙十二年]鄒縣志2/37
[康熙五十五年]鄒縣志2/9,2/32
[民國]續修鄒縣志稿/人物-耆舊
鄒縣鄉土志耆舊錄/13
許俊升(字灼三)
(廣饒人)
[民國]續修廣饒19/80
許俊生(東阿人)
[民國]東阿15/8
許卜年(字曆長)
(清·長山人)
[康熙五十五年]長山6/43
[嘉慶]長山10/15
24 許科(號朐原)
(明·臨朐人)
臨朐縣鄉土志1/耆舊
許魁(字修潔)
(清·海陽人)
[光緒]增修登州43/48
[乾隆]海陽6/21
許勉(字自強)
(明·濮州人)
[雍正]山東28/人物三7
[宣統]山東166/8
[乾隆]曹州府16/2
[嘉靖]濮州6/7
[萬曆]濮州4/隱德1
[康熙]濮州4/48
[乾隆]濮州4/85
[宣統]濮州6/1
許佑(金·肥城人)
[光緒]肥城8/1
肥城縣鄉土志5/13
許化麟(清·夏津人)
[乾隆]夏津8/23
許德一(字碩輔)
(清·陵縣人)
[道光]濟南56/64
[光緒]陵縣19/人物傳二16
許魁武(字殿元)
(清·武城人)
[道光]武城續編14/雜記2
許德峻(字景唐)
(清·臨淄人)
[民國]臨淄27/62
許德懋(字蒙臣)
(清·日照人)
[光緒]日照8/26
許德成(字質周)
(清·陵縣人)
[光緒]陵縣19/人物傳二14
陵縣鄉土志/17
許德明(字曜亭)
(清·臨淄人)
[民國]臨淄28/11

25 **許紳**(字縉之)
(清・臨邑人)
[道光]濟南 56/42
[康熙]重修臨邑 10/15
[道光]臨邑 9/12
[同治]臨邑 9/孝義 3
許生(漢・魯人)
[宣統]山東 153/22
[萬曆二十四年]兗州 31/19
[康熙]兗州 24/18
[乾隆]兗州 23/7
[乾隆]曲阜 69/4
許仲宣(字希粲)
(宋・青州人)
[嘉靖]山東 26/8,27/16,32/12
[康熙]山東 33/9,37/3,42/12
[雍正]山東 28/人物二 22
[宣統]山東 157/4
[康熙]濟南 25/8
[道光]濟南 33/30
[嘉靖]青州 14/15
[萬曆]青州 13/36
[康熙十五年]青州 13/36
[康熙四十八年]青州 13/事功 19
[康熙六十年]青州 16/8
[咸豐]青州 54/14
[萬曆元年]兗州 38/循吏 26
[萬曆]萊州 5/62
[康熙]萊州 8/22
[康熙]曹州志 7/47
[嘉靖]淄川 6/76
[萬曆]淄川 27/6
[康熙]淄川 4/4
[乾隆]淄川 4/4
[萬曆]濰縣 7/3
[康熙]濰縣 5/名宦 3
[乾隆]濰縣 3/39
[民國]濰縣志稿 20/7
濰縣鄉土志/7
[光緒]益都縣圖志 44/6
[光緒]菏澤 7/宦蹟 15
許仲翔(字仞千)
(清・萊蕪人)
[民國]續修萊蕪 24/4
26 **許侃**(明・臨邑人)
[康熙]濟南 39/2
[道光]濟南 52/14
[順治]臨邑 12/6
[康熙]重修臨邑 10/6
[道光]臨邑 9/2
[同治]臨邑 9/循異 2
許泉(元)
[順治]嘉祥 3/37
[乾隆]嘉祥 2/45
[光緒]嘉祥 2/62
許自安(明・臨邑人)
[康熙]濟南 47/12
[道光]濟南 52/16
[順治]臨邑 12/又 14-4
[康熙]重修臨邑 10/15
[道光]臨邑 9/12
[同治]臨邑 9/孝義 3
27 **許峒**(清・禹城人)
[道光]濟南 56/40
許將(字沖元)
(宋・福州閩縣人)
[嘉靖]山東 26/12
[康熙]山東 33/14
[雍正]山東 27/90
[宣統]山東 68/35
[乾隆]泰安府 14/20
[萬曆元年]兗州 38/循吏 31
[萬曆二十四年]兗州 28/7
[康熙]兗州 22/7
[康熙]東平州 4/39
[乾隆]東平州 12/18
[道光]東平州 12/18
[光緒]東平州 14/18
東平州鄉土志上/政績錄 12
[民國]東平縣 9/10
許叔冀(唐)
[光緒]益都縣圖志 16/2,16/5
許佩璜(清・江都人)
[道光]濟南 38/45
[乾隆]德州 8/15
[民國]德縣 9/12
許紹宗(字繩武)
(清・聊城人)
[乾隆]東昌 43/3
[嘉慶]東昌 32/29
[宣統]聊城 8/83
許修淳(字品石)
(清・平度人)
[民國]平度縣續志 8/18
28 **許綸**(字昌言,號雪峯,一作雲峯)
(明・滕縣人)
[萬曆]滕志 8/59
[康熙]滕志 8/人物 17
[康熙]滕縣志 8/隱逸 6
[道光]滕縣志 9/隱逸 4
許繕(明・臨清人)
[宣統]山東 164/46
[乾隆]東昌 41/29
[乾隆]臨清直隸州 8/上 14
[民國]臨清縣/人物 22
許以澄(字河清)
(清・高唐人)
[乾隆]東昌 43/33
[乾隆]高唐州續志 2/8
[道光]高唐州 5/2-14
[光緒]高唐州 5/2-17
[民國]高唐縣 12/11
許以溥(字滄州)
(明・高唐人)
[乾隆]東昌 44/16
[嘉慶]東昌 34/14
[康熙五十一年]高唐州 9/28
[道光]高唐州 5/2-25
[光緒]高唐州 5/2-41
[民國]高唐縣 12/82
許以漣(字秋潭)
(清・高唐人)
[乾隆]東昌 43/32
[嘉慶]東昌 32/49
[康熙五十一年]高唐州 9/10
[道光]高唐州 5/2-14
[光緒]高唐州 5/2-17
[民國]高唐縣 12/11
30 **許富**(明・文登人)
[光緒]增修登州 46/11
許寰(明・直隸丹徒人)

［嘉靖］寧海州下/18
［同治］重修寧海州 12/10
許進（字可昇）
（明・長山人）
［嘉靖］山東 35/1
［康熙］山東 45/2
［雍正］山東 28/人物三 17
［宣統］山東 166/9
［康熙］濟南 47/8
［道光］濟南 50/52
［康熙四十三年］長山 5/孝義
［康熙五十五年］長山 6/28
［嘉慶］長山 10/1
許進（字季升）
（明・河南靈寶人）
［嘉靖］山東 25/13
［康熙］山東 31/16
［雍正］山東 27/13
［宣統］山東 70/13
［康熙］濟南 24/22
［萬曆二十四年］兗州 29/1
［康熙］兗州 22/22
［乾隆］兗州 22/19
［崇禎］歷乘 16/31
［崇禎］歷城 6/12
許濂（明・濰縣人）
［萬曆］濰縣 9/6
［康熙］濰縣 5/人物 12
［乾隆］濰縣 4/8
濰縣鄉土志/16
許憲（明・霍丘人）
［康熙］嶧縣 3/29
［乾隆］嶧縣 7/12
［光緒］嶧縣 19/職官下 6
許宣（字右文）
（清・河南虞城人）
［乾隆］武定府 16/16
［咸豐］武定府 19/青城 3
［乾隆］青城 7/3，12/9
［民國］青城續修 4/名宦 13，4/藝文上 24
許宜亮（清・臨朐人）
光緒臨朐 16/21
許宣平（唐）
［萬曆］青州 15/64
［康熙十五年］青州 15/64
［康熙四十八年］青州 15/僑寓 11
［康熙六十年］青州 20/9
許安仁（元・淄川人）
［嘉靖］淄川 6/79
［萬曆］淄川 30/8
［康熙］淄川 5/2
［乾隆］淄川 5/2
許守仁（清・臨淮人）
［道光］高唐州 7/1－13
［光緒］高唐州 7/1－13
許定升（字升年）
（清・江蘇長洲人）
［宣統］山東 75/25
［民國］禹城 3/53
許寶名（字皖生）
（清・浙江仁和人）
堂邑縣鄉土志/政績錄
許濟清（字心廉）
（清・湖州人）
［咸豐］金鄉縣志略 7/15
許宸華（清・淄川人）
［宣統］三續淄川 9/96
許之蕃（清・定陶人）
［乾隆］定陶 6/29
［民國］定陶 6/64
許之翰（字襄明）
（清・定陶人）
［乾隆］定陶 6/20
［民國］定陶 6/26
許守忠（字敬臣）
（清・平度人）
［光緒］平度志要/人物
［民國］平度縣續志 7/30
許永成（字勉能）
（清・萊蕪人）
［民國］續修萊蕪 34/21
許守恩（明・陝西涇陽人）
［宣統］山東 72/6
［萬曆二十四年］兗州 29/3
［康熙］兗州 22/24
［乾隆］兗州 22/23
［萬曆］鄒志 2/12
［康熙十二年］鄒縣志 3/14
［康熙五十五年］鄒縣志 2/45
［民國］續修鄒縣志稿/名宦
鄒縣鄉土志政績錄/4
許宏義（清・福山人）
［民國］福山縣志稿 7/8－1
許守智（字聖儒）
（清・陵縣人）
［道光］濟南 56/65
［光緒］陵縣 19/人物傳二 22
許之鋾（字範一）
（清・堂邑人）
［康熙］堂邑 14/4
許守策（清・夏津人）
［乾隆］東昌 43/38
［康熙］夏津 5/11
［乾隆］夏津 8/16
許宗輝（清・夏津人）
［民國］夏津續編 8/10
31 **許源清**（清）
［民國］禹城 3/54
許州政（清・博興人）
［道光］博興 11/26
［民國］重修博興 13/24
許州牧（清・博興人）
［咸豐］青州 47/19
［康熙六十年］博興 7/22
［道光］博興 11/26
［民國］重修博興 13/24
34 **許逵**（字汝登，號su軒）
（明・固始人）
［嘉靖］山東 25/14
［康熙］山東 31/17
［宣統］山東 70/25
［康熙］濟南 24/23
［道光］濟南 35/37
［萬曆］武定州 12/10
［崇禎］武定州 7/18，15/13，34/6
［乾隆］武定府 16/8，16/26，31/29
［咸豐］武定府 19/8，19/樂陵 2，31/記 28，31/記 37
［乾隆］惠民 5/16，8/18
［光緒］惠民 18/9，28/7
惠民縣鄉土志/政績錄 5

［乾隆］利津縣志補 6/58
［順治］樂陵 6/1,8/3,8/9,8/10,8/14
［乾隆］樂陵 4/47,7/16,7/19,7/22,7/24
樂陵縣鄉土志 2/7
許汝(字潁南)
(明・鉅野人)
［康熙］兗州府曹縣 14/76
［光緒］曹縣 14/游寓 4
許汝琳(字秀瓊)
(清・高唐人)
［民國］高唐縣 12/53
許祺身(字子喬)
(清・仁和人)
［民國］東平縣 9/25
海豐縣鄉土志/政績
許汝圭(清・太倉人)
新泰縣鄉土志/5
許汝鵬(清・臨淄人)
［康熙］臨淄 9/25
［民國］臨淄 28/4
許法智(字樂菴)
(清・博平人)
［光緒］博平縣續志 10/58
博平縣鄉土志/耆舊－事業
35 許清文(清・鄆城人)
［光緒］鄆城 16/30
許清槐(清・諸城人)
［光緒］增修諸城縣續志 17/15
36 許遇春(字均美)
(清・聞縣人)
［光緒］霑化 10/34
［民國］霑化 3/13
37 許滁(字伯清)
(明・嘉祥人)
［乾隆］嘉祥 2/35
許潤(字攀龍)
(明・日照人)
［乾隆］沂州府 26/9
［康熙］日照 9/10
［光緒］日照 8/7
許通(明・冠縣人)
［嘉靖］山東 35/4
［康熙］山東 45/12
［乾隆］東昌 42/17
［嘉慶］東昌 32/17
［嘉靖］冠縣 4/13
［萬曆］冠縣 4/36
［道光］冠縣 8/上 20
［光緒］冠縣 8/孝義
［民國］冠縣 8/人物志 25
許潔齋(號蘭泉)
(清・夏津人)
［民國］夏津續編 8/35
許淑顏(清・長山人)
［道光］濟南 55/36
許淑仁(字壽山)
(清・鄒縣人)
［民國］續修鄒縣志稿/人物－耆舊
許鴻磐(字漸逵,號雲嶠)
(清・濟寧人)
［宣統］山東 172/43
［道光］濟寧直隸州 8/4－10
濟寧州鄉土志 2/耆舊
許鴻來(高唐人)
［民國］高唐縣 12/58
許鴻恩(字錫卿)
(清・平度人)
［民國］平度縣續志 8/9
許鴻年(字椿洲)
(清・高唐人)
［民國］高唐縣 12/24
許祖光(字傳芳)
(清・夏津人)
［民國］夏津續編 8/35
38 許瀚(字印林)
(清・日照人)
［宣統］山東 173/11
［光緒］日照 8/38
許遂(明・河南蘭陽人)
［宣統］山東 72/28
［乾隆］曹州府 12/19
［康熙］濮州 3/18
［乾隆］濮州 3/18
［宣統］濮州 4/18
許遵(字仲塗)
(宋・泗州人)
［嘉靖］山東 27/11
［康熙］山東 36/2
［雍正］山東 27/63
［宣統］山東 68/53
［泰昌］登州 9/36
［順治］登州 11/9
許道隆(明・懷寧人)
［康熙十一年］莘縣 5/5
40 許枋(清・平度人)
［民國］平度縣續志 7/31
許克亮(清・濮州人)
［乾隆］濮州 3/95
［宣統］濮州 4/101
許希孔(字仰尼)
(清・高唐人)
［光緒］高唐州 5/2－36
［民國］高唐縣 12/13
許志尹(清・博興人)
［咸豐］青州 46/42
［康熙十二年］博興 6/8
［康熙六十年］博興 7/26
［道光］博興 11/23
［民國］重修博興 13/22
許士貞(清・河南虞城人)
［宣統］山東 75/49
［乾隆］武定府 16/41
［咸豐］武定府 19/利津 5
［乾隆］利津縣志續編 7/31
許士進(明)
［嘉靖］冠縣 2/3
許希朱(字丹溪)
(清・新城人)
［宣統］新城縣後志 3/耆壽
許克修(字仲德)
(元・濟南人)
［道光］濟南 48/46
［道光］章邱 16/76
許來儀(字漢亭)
(清・濟陽人)
［民國］濟陽 11/66
許九官(字尚欽)
(明・長山人)
［道光］濟南 50/49
［康熙五十五年］長山 6/26
［嘉慶］長山 8/11
許士進(明)
［道光］冠縣 6/29
［光緒］冠縣 6/宦績

[民國]冠縣 6/39
許士準(字子程)
(清・武城人)
[道光]武城續編 10/4
[民國]增訂武城續編 10/4
武城縣鄉土志略/耆舊錄
許太清(清・博平人)
[光緒]博平縣續志 10/56
許大奎(字文宿)
(清・壽光人)
[民國]壽光 12/人物志二 21
許森林(字茂亭)
(清・利津人)
[民國]利津縣續志 7/孝友 1
許來春(明・泰安人)
[道光]泰安縣 9/上 67
[民國]重修泰安縣 8/17
許大成(字孔音,一作孔奇)
(清・利津人)
[乾隆]武定府 26/20
[咸豐]武定府 26/義行 20
[乾隆]利津縣志續編 8/44
[光緒]利津 8/義行 1
許壽棠(紹興人)
[民國]萊陽 3/1 上 38
許嘉榮(明・雲南臨安人)
[宣統]山東 71/15
[康熙]濟南 25/55
[道光]濟南 36/36
[康熙]新修齊東 4/15
[民國]齊東 3/57
齊東縣鄉土志/政績錄 1
[萬曆]鉅野 6/7
[康熙]鉅野 10/8
[道光]鉅野 10/23
42 許彬(字道中)
(明・寧陽人)
[嘉靖]山東 30/59
[雍正]山東 28/人物三 7
[萬曆元年]兗州 40/相業 15
[萬曆二十四年]兗州 36/4
[康熙]兗州 28/4
[乾隆]兗州 23/36
[康熙十一年]寧陽 7/9
[康熙四十一年]寧陽 7/9
[乾隆]寧陽 7/風節 3
[咸豐]寧陽 12/35
[光緒]寧陽 12/36
43 許博(字泉溥)
(清・定陶人)
[民國]定陶 6/20
許朴(明・濮州人)
[雍正]山東 30/23
[乾隆]曹州府 16/21
[萬曆]濮州 4/仙釋 5
[康熙]濮州 4/77
[乾隆]濮州 4/117
[宣統]濮州 6/75
許博學(清・平山衛人)
[乾隆]東昌 41/35
[嘉慶]東昌 31/11
[康熙]聊城 3/37,3/52
[宣統]聊城 8/68
44 許華(字含光)
(清・高唐人)
[康熙五十一年]高唐州 6/20
[道光]高唐州 5/1－50
[光緒]高唐州 5/1－55
[民國]高唐縣 12/75
許華(清・井陘人)
[康熙]兗州府曹縣 9/39
[光緒]曹縣 9/典史 4
許英(明・河南洛陽人)
[萬曆二十四年]兗州 29/6
[康熙]兗州 22/27
[康熙]兗州續編 14/15
[萬曆]鉅野 6/7
[康熙]鉅野 10/7
[道光]鉅野 10/22
許英(字俊之)
(明・寧陽人)
[康熙十一年]寧陽 7/11
[康熙四十一年]寧陽 7/11
[乾隆]寧陽 7/良吏 3
[咸豐]寧陽 13/2
[光緒]寧陽 13/2
許莊(明・定陶人)
[順治]定陶 6/10
許芸亭(字香齋)
(清・博興人)
[民國]重修博興 13/41
許夢麟(字采五)
(清・陵縣人)
[民國]陵縣續志 4/21
許樹德(字心吾)
(清・濟寧人)
[乾隆]濟寧直隸州 27/16
[道光]濟寧直隸州 8/2－48
許夢豹(明・高唐人)
[乾隆]東昌 42/26
[嘉慶]東昌 32/22
[乾隆]高唐州續志 2/6
[道光]高唐州 5/2－9
[光緒]高唐州 5/2－12
[民國]高唐縣 12/5
許其進(字孔與)
(明・東昌人)
[雍正]山東 28/人物三 66
[宣統]山東 161/57
[乾隆]東昌 38/9
[嘉慶]東昌 28/9
[康熙]聊城 3/9
[宣統]聊城 8/17
許世宗(南北朝・北海人)
[民國]濰縣志稿 42/3
許萬祿(清・壽張人)
[光緒]壽張 6/60
許莪華(濟寧人)
[民國]濟寧縣 3/5
許桂林(清・莒縣人)
[民國]重修莒志 62/8
許夢蘭(清・真定人)
[順治]新泰 4/22
[乾隆]新泰 11/9
許芹芳(字泮生)
(清・博平人)
[光緒]博平縣續志 10/61
許茂梅(明・河南靈寶人)
[康熙]德平 3/3
[嘉慶]德平 5/9
[光緒]德平 5/9
許樹勛(字伯捷,自號遠塵子)
(明・濟寧人)
[宣統]山東 200/32
[乾隆]濟寧直隸州 28/30

[道光]濟寧直隸州 10/2
-18
45 **許棟**(字珊林)
(清・浙江海寧人)
[宣統]山東 77/37
[光緒]平度志要/職官
[民國]平度縣續志 7/1
平度鄉土志 2/政績
46 **許楫**(字孟剡,號駿坡)
(清・霑化人)
[光緒]霑化 9/8
[民國]霑化 2/61
許相國(字虞臣)
(清・開原人)
齊河縣鄉土志政績錄/5
47 **許起崑**(見許起昆)
許朝保(清・南昌人)
[民國]齊河 22/8
許起運(清・夏津人)
[乾隆]東昌 43/39
[乾隆]夏津 8/21
許起昆(清・安徽歙縣人)
[宣統]山東 75/49
[乾隆]武定府 16/41
[咸豐]武定府 19/利津 5
[乾隆]利津縣志續編 7/31
許期頤(字克和)
(明・冠縣人)
[萬曆]冠縣 4/11
許好問(明)
[宣統]山東 71/37
[康熙]濟南 25/25
[乾隆]泰安府 15/1
[康熙]肥城書下/8
[嘉慶]肥城 15/30
[光緒]肥城 7/45
48 **許枌**(清・博興人)
[咸豐]青州 50/14
[道光]博興 11/32
[民國]重修博興 13/31
許樾(明・蘭陽人)
[萬曆]濮州 3/名宦 19
許增(明・定陶人)
[順治]定陶 5/19
[乾隆]定陶 6/11
[民國]定陶 6/42
許松友(字鶴亭)
(清・寧陽人)
[光緒]寧陽 15/46
許敬賢(清・鄆城人)
[光緒]鄆城 8/20
50 **許泰**(明・江都人)
[康熙]東明 4/21
[乾隆]東明 4/21
[民國]東明縣新誌 11/4
許泰(明・上蔡人)
[光緒]文登 5/36
許由(字仲武)
(陶唐・陽城槐里人)
[康熙]嶧縣 3/54
[光緒]嶧縣 21/流寓 1
許東望(字應魯)
(明・平山衛人)
[雍正]山東 28/人物三 37
[宣統]山東 161/43
[萬曆]東昌 19/62
[乾隆]東昌 39/40
[嘉慶]東昌 29/18
[康熙]聊城 3/16
[宣統]聊城 8/10
許中道(清・夏津人)
[民國]夏津續編 10/7
許春鶴(字季霄)
(清・定陶人)
[民國]定陶 6/54
許表民(宋・益都人)
[萬曆]青州 15/7
[康熙十五年]青州 15/7
[康熙四十八年]青州 15/
文學 7
[康熙六十年]青州 18/4
[萬曆]益都 6/94
[康熙]益都 9/29
許東光(明・聊城人)
[乾隆]東昌 42/33
[嘉慶]東昌 32/26
[康熙]聊城 3/50
[宣統]聊城 8/80
51 **許振文**(字光甲)
(清・夏津人)
[民國]夏津續編 8/90
許振峯(清・定陶人)
[民國]定陶 6/70
許振偉(清・臨邑人)
[康熙]重修臨邑 9/8
許振聲(字伯駿)
(清・博興人)
[民國]重修博興 13/54
53 **許成**(明・碭山人)
[咸豐]寧陽 21/32
[光緒]寧陽 21/24
許甫(見許輔)
許輔(字良佐)
(元・臨邑人)
[嘉靖]山東 29/21
[康熙]山東 39/19
[雍正]山東 28/人物二 69
[宣統]山東 164/26
[康熙]濟南 38/8
[道光]濟南 48/56
[咸豐]青州 35/22
[順治]臨邑 12/5
[康熙]重修臨邑 10/5
[道光]臨邑 9/8
[同治]臨邑 9/忠藎 1
[光緒]益都縣圖志 17/14
許成名(字思仁,號龍石)
(明・聊城人)
[康熙]山東 41/25
[雍正]山東 28/人物三 25
[宣統]山東 163/31
[萬曆]東昌 19/58
[乾隆]東昌 38/3
[嘉慶]東昌 28/3
[康熙]聊城 3/6
[宣統]聊城 8/55
聊城縣鄉土志/20
55 **許典學**(字遜志)
(明・聊城人)
[康熙]聊城 3/21
57 **許邦才**(字殿卿)
(明・歷城人)
[康熙]山東 39/27
[雍正]山東 28/人物三 39
[宣統]山東 163/29
[康熙]濟南 42/13
[道光]濟南 49/28
[崇禎]歷乘 16/52

［崇禎］歷城 10/26,16/30,40/19
60 許昌(恩縣人)
［民國］重修恩縣 11/鄉賢 61
許恩(明・山西絳州人)
［宣統］山東 72/5
［康熙］兖州續編 14/5
［乾隆］兖州 22/23
［康熙四十一年］寧陽 3/18
［乾隆］寧陽 3/7
［咸豐］寧陽 11/12
［光緒］寧陽 11/12
寧陽縣鄉土志/8
許杲(唐)
［光緒］益都縣圖志 16/13
許國(明・榮成人)
［光緒］增修登州 37/13
［道光］榮成 8/2
許景(字介甫)
(清・臨邑人)
［道光］濟南 61/11
［道光］臨邑 9/23
［同治］臨邑 9/方術 1
許景彦(清・樂安人)
［民國］續修廣饒 19/62
許國珍(清・寧陽人)
寧陽縣鄉土志/21
許景芳(字蘭亭)
(清・陵縣人)
［光緒］陵縣 19/人物傳二 23
許國相(字虞臣)
(清・奉天人)
［宣統］山東 75/16
［道光］濟南 38/26
［雍正］齊河 5/39
［民國］齊河 22/5
許曰都(字箴宸)
(清・長山人)
［康熙五十五年］長山 6/52
［嘉慶］長山 10/31
許國忠(明・宣城舉人)
［康熙］鄒平 4/12
［嘉慶］鄒平 14/9
［道光］鄒平 14/9
［民國］鄒平 14/9
許思忠(明・輝縣人)
［萬曆］濮州 3/名宦 25
許景陽(明・日照人)
［乾隆］沂州府 26/20
［康熙］日照 8/12,10/12
［光緒］日照 8/5
許國光(明・萊蕪人)
［康熙］濟南 44/24
［乾隆］泰安府 18/43
［康熙］新修萊蕪 6/37
［民國］萊蕪 20/1
［民國］續修萊蕪 27/2
62 許昕(明・長洲人)
［萬曆］萊州 5/70
［康熙］萊州 8/45
［乾隆］萊州 9/15
［乾隆］掖縣 3/30
64 許曉村(字昕山)
(長清人)
［民國］長清 12/27
67 許路(字由之)
(明・平山衛人)
［雍正］山東 28/人物三 24
［宣統］山東 161/39
［萬曆］東昌 19/55
［乾隆］東昌 39/39
［嘉慶］東昌 29/17
［康熙］聊城 3/15
［宣統］聊城 8/9
許嗣慶(明・長山人)
［道光］濟南 50/55
［康熙四十三年］長山 5/高隱
［康熙五十五年］長山 6/50
［嘉慶］長山 10/29
許躍龍(清・定陶人)
［民國］定陶 6/31
許嗣聰(明・長山人)
［康熙］濟南 44/15
［道光］濟南 50/51
［康熙四十三年］長山 5/孝義
［康熙五十五年］長山 6/29
［嘉慶］長山 9/2
許嗣國(清・奉天開原人)
［宣統］山東 75/20
［道光］濟南 38/41
［乾隆］德州 8/13
［民國］德縣 9/11
71 許長松(字萬年)
(清・高唐人)
［光緒］高唐州 5/2－29
［民國］高唐縣 12/16
75 許肫(字有仁)
(明・直隸黟人)
［嘉靖］朝城志 5/17
［康熙］朝城 7/19
76 許陽春(清・定陶人)
［民國］定陶 6/32
77 許興(原名張興)
(明・孟縣人)
［萬曆］諸城 4/43
許譽(明・長山人)
［宣統］山東 161/31
［康熙］濟南 41/10
［道光］濟南 50/40
［康熙四十三年］長山 5/仕業
［康熙五十五年］長山 6/3
［嘉慶］長山 7/4
許闇章(字文子)
(清・魚臺人)
［乾隆］魚臺 11/39
［光緒］魚臺 3/24
許用霖(清・高唐人)
［民國］高唐縣 12/26
許殿弼(字佐臣)
(清・臨淄人)
［民國］臨淄 25/37
許殿華(字覲卿)
(清・滋陽人)
［光緒］滋陽 9/27
滋陽縣鄉土志 1/耆舊－忠節
許用敬(字孟輿)
(明・臨邑人)
［康熙］濟南 48/9
［道光］濟南 52/16
［順治］臨邑 12/13
［康熙］重修臨邑 10/13
［道光］臨邑 9/16
［同治］臨邑 9/文苑 2
許印昌(字翊之)

(清・莒縣人)
[乾隆]沂州府 26/20
[雍正]莒州 9/41
許鳳鳴(明・壽張人)
[康熙六年]壽張 7/22
[康熙五十六年]壽張 7/43
許鳳年(字丹宸)
(清・利津人)
[民國]利津縣續志 7/儒行 5
79 **許勝**(原名許老哥)
(明・滁州人)
[光緒]文登 5/29
80 **許鏡**(字覺莽)
(清・清河人)
[光緒]陵縣 20/2
許益(字孟謙,號南齋)
(元・壽光人)
[嘉靖]青州 15/55
[萬曆]青州 14/39
[康熙十五年]青州 14/38
[康熙四十八年]青州 14/隱逸 12
[康熙六十年]青州 20/4
[咸豐]青州 42/17
[康熙]壽光 28/2
[嘉慶]壽光 15/2
[民國]壽光 12/人物志二 2
許養高(清・遼東人)
[宣統]山東 75/49
[康熙]濟南 26/9
[乾隆]武定府 16/40
[咸豐]武定府 19/利津 4
[康熙]利津縣新志 7/6
許善護(唐)
[嘉靖]山東 26/23
[康熙]山東 34/3
[雍正]山東 27/42
[宣統]山東 68/14
[萬曆]東昌 18/13
[乾隆]東昌 33/14
[嘉慶]東昌 20/23
[嘉靖]夏津 4/1
[康熙]夏津 5/1
[乾隆]夏津 6/32
[嘉靖]恩縣 7/3
[宣統]重修恩縣 6/42
[民國]重修恩縣 10/59
許養秀(字天鍾)
(清・滿洲旗人)
[宣統]山東 75/10,75/14
[道光]濟南 38/17,38/23
[乾隆]淄川 4/又 28－1
淄川縣鄉土志/政績錄
[道光]新城/名宦
[民國]重修新城 11/18
新城縣鄉土志/政績－清知縣
許毓秀(字韞芳)
(清・濟寧人)
[乾隆]濟寧直隸州 27/37
[道光]濟寧直隸州 8/4－39
許金柱(字良幹,號仙橋)
(清・夏津人)
[民國]夏津續編 8/30
許念敬(明・河南人)
[乾隆]續登州 10/12
[康熙]靖海衛志流寓/42
[雍正]文登 10/2
[道光]文登 5/26
[光緒]文登 10/下 2
許全臨(清・浙江海鹽人)
[宣統]山東 77/39
[康熙]萊州 8/58
[乾隆]萊州 9/35
[康熙]昌邑 5/8
[乾隆]昌邑 5/107
許金策(字玉賢)
(清・夏津人)
[民國]夏津續編 8/4
82 **許鋌**(號靜峰)
(明・武清進士)
[乾隆]即墨 8/7
[同治]即墨 8/7
即墨縣鄉土志/政績錄
許鍾璐(濟寧人)
[民國]濟寧縣 3/4
84 **許錡**(見許琦)
許鎮(明・高唐人)
[康熙十二年]高唐州 9/6
許鎮嵩(清・萊陽人)
[民國]萊陽 3/1 中 67
許鎮業(字靜齋,號象山)
(清・濟寧人)
[民國]濟寧縣 3/8
86 **許鍠**(清・饒陽舉人)
[光緒]增修登州 30/5
[道光]招遠縣續志 2/15
87 **許欽若**(字文明)
(清・陽穀人)
[民國]增修陽穀人物/師道 23
88 **許鋭**(明・登州衛人)
[嘉靖]山東 32/24
[康熙]山東 43/3
[雍正]山東 28/人物三 16
[宣統]山東 160/19
[泰昌]登州 11/5
[順治]登州 16/6
[光緒]增修登州 39/1
[康熙]蓬萊 5/12
[道光]重修蓬萊 9/2,9/8
[民國]蓬萊縣志合編人物志/功業,人物志/鄉賢
許敍居(字季友)
(清・長山人)
[嘉慶]長山 9/18
90 **許惇**(字季良)
(北齊・高陽新城人)
[宣統]山東 67/15
[道光]濟南 33/18
[萬曆元年]兗州 38/循吏 20
許堂(字升之)
(明・聊城人,一作平山衛人)
[萬曆]東昌 19/56
[乾隆]東昌 39/38
[嘉慶]東昌 29/16
[康熙]聊城 3/19
[宣統]聊城 8/8
許棠(明・利津人)
[嘉靖]山東 35/3
[康熙]山東 45/4
[康熙]濟南 44/9
[乾隆]武定府 25/5
[咸豐]武定府 25/孝友 5
[萬曆]濱州 4/62
[康熙]利津縣新志 8/22

[光緒]利津 8/孝友 1
許棠(清・平度人)
[民國]平度縣續志 7/31
許惟訥(字緘菴)
(清・利津人)
[咸豐]武定府 25/孝友 36
[乾隆]利津縣志續編 8/45
[光緒]利津 8/孝友 2
許光業(明・臨朐人)
[咸豐]青州 45/39
[康熙]臨朐縣志書 3/47
光緒臨朐 14/上 43
許光裕(字曜庭)
(清・東明人)
[民國]東明縣新誌 12/64 後
許光祚(字裕齋)
(清・樂安人)
[民國]樂安 10/29
[民國]續修廣饒 19/53
許尚忠(清・博山人)
[咸豐]青州 46/4
[乾隆]博山志稿/22
[乾隆]博山 7/上 19
[民國]續修博山 12/58
許光岳(明・臨朐人)
[康熙]臨朐縣志書 3/38
光緒臨朐 14/下 4
許光輝(字蘊山)
(清・淄川人)
[宣統]三續淄川 10/9
91 許恒業(字性齋,一號梅溪)
(清・濟寧人)
[民國]濟寧直隸州續志 12/40
許炳昕(字徵齋)
(清・平度人)
[民國]平度縣續志 7/31,12/上 47
92 許愷(明・江南滁州人)
[道光]濟南 36/33
[天啟]新城 6/訓導
[崇禎]新城 6/訓導
[康熙]新城 5/10
[民國]重修新城 10/17
94 許慎行(清・博興人)
[咸豐]青州 52/6
[道光]博興 11/41
[民國]重修博興 17/8
98 許熗(明・嘉興進士)
[民國]濰縣志稿 20/16
濰縣鄉土志/51
99 許榮昌(字復菴)
(清・浙江會稽人)
[宣統]山東 76/22
[康熙]兗州 22/38
[康熙]曹州志 7/58
[光緒]菏澤 7/宦蹟 26
[光緒]新修菏澤 9/2
菏澤縣鄉土志/10

0925_9 麟

53 麟盛(清・滿洲人)
[宣統]三續淄川 9/44

0968_9 談

06 談諤(清・丘縣人)
[乾隆]東昌 43/24
10 談震采(字偃之,一字滁山)
(明・全椒人)
[康熙]膠州 5/40
[乾隆]膠州 4/41
[道光]重修膠州 25/24
[民國]增修膠志 40/22
膠州直隸州鄉土志 4/事功
談天佑(字正寰)
(清・錦州人)
[宣統]山東 74/50
[順治]登州 11/25
[乾隆]曹州府 12/24
[康熙四十一年]城武 3/下名宦 14
[道光]城武 6/26
談天祐(見談天佑)
25 談紳(明・無錫人)
[嘉靖]濮州 7/17
26 談自省(字季曾,號中約)
(明・丹徒人)
[道光]冠縣 6/27,9/56
[光緒]冠縣 6/宦績,9/53
[民國]冠縣 6/38,9/56
33 談必達(字白復)
(明・膠州人)
[道光]重修膠州 25/30
[民國]增修膠志 40/27
談必揚(字暘若)
(明・全椒人)
[道光]重修膠州 25/25
[民國]增修膠志 40/23
談必昌(字禹臣)
(明・膠州人)
[道光]重修膠州 25/30
[民國]增修膠志 40/27
34 談汝瑛(字玉莽)
(清・漢軍旗人)
[宣統]山東 76/37
[咸豐]寧陽 11/17
[光緒]寧陽 11/17
寧陽縣鄉土志/8
40 談九疇(明・全椒人)
[康熙]膠州 6/13
[乾隆]膠州 4/41
[道光]重修膠州 22/6
[民國]增修膠志 17/6
50 談素敦(字復菴)
(清・丹徒人)
[民國]無棣 9/5
海豐縣鄉土志/政績
51 談振德(清・西寧衛人)
[順治]登州 11/26
[光緒]增修登州 36/9
66 談曙霞(清・德平人)
[民國]德平縣續志 6/5
83 談鎔(清・正白旗人)
[道光]高唐州 7/1-15
[光緒]高唐州 7/1-15
[民國]高唐縣 9/5-10

1000_0 一

00 一庵(元・懷來人)
[嘉靖]山東 34/18
[康熙]山東 47/10
[雍正]山東 30/20
[宣統]山東 200/34
[萬曆]萊州 6/71
[康熙]萊州 10/99
[乾隆]萊州 12/仙釋 3
[康熙]平度州 6/9
[道光]重修平度州 22/方

外 1

44 **一藏**(姓趙,名萬普)
(清·寧津人)
寧津縣志料 3/人物－方外

60 **一目九仙**(宋)
[泰昌]登州 11/60
[順治]登州 18/20
[康熙]蓬萊 6/3
[道光]重修蓬萊 2/32
[民國]增修蓬萊 2/仙釋
[民國]蓬萊縣志合編人物志/仙釋

1010_0 二

22 **二仙姑**(唐)
[雍正]文登 10/6
[道光]文登 10/1

1010_1 三

17 **三勇**(明·萊蕪人)
[民國]萊蕪 19/2
[民國]續修萊蕪 25/2

44 **三藏**(竇姓)
(明)
[道光]重修平度州 22/方外 2

正

30 **正寶**(俗名趙譚)
(元·長山人)
[雍正]山東 30/19
[道光]濟南 60/11
[崇禎]新城 11/仙釋
[康熙]新城 8/16
[民國]重修新城 26/5
[嘉慶]長山 10/37

77 **正輿子**(春秋·萊人)
[泰昌]登州 11/28
[順治]登州 17/3
[順治]招遠 9/1
[康熙]萊陽 8/20
[康熙]黃縣 6/25
[同治]黃縣 9/1
[民國]黃縣志稿 13/周

88 **正鑑**(元·太原人)
[康熙]臨清州 3/人物 28
[乾隆]臨清州 12/7

1010_3 玉

24 **玉德**(號達齋)
(清·滿洲正紅旗人)
[宣統]山東 74/26
[道光]濟南 37/36
玉牒子駿(唐)
[康熙]博平 3/41
[道光]博平 4/1

26 **玉和尚**(號寶如,姓于)
(清·文登人)
[乾隆]續登州 11/3
[雍正]文登 10/7

44 **玉植**(字槐三)
(清)
[乾隆]沂州府 20/14

45 **玉棟**(字雲浦)
(清·滿洲正黃旗人)
[宣統]山東 75/7
[道光]濟南 38/10
[道光]章邱 9/12
章邱縣鄉土志/上 6

85 **玉鉢**(清·陽信人)
[民國]陽信 5/仙釋 87

1010_4 王

00 **王褒**(字子深,一作子淵)
(南北朝·琅邪人)
[嘉靖]山東 30/32
[康熙]山東 40/34
[雍正]山東 28/人物一 59
[宣統]山東 163/15
[萬曆二十四年]兗州 33/34
[康熙]兗州 26/32
[萬曆]沂州志 7/13
[康熙]沂州志 5/55
[乾隆]沂州府 25/15
[民國]臨沂 9/20
王褒(宋)
[康熙十一年]寧陽 7/9
[康熙四十一年]寧陽 7/9
王裦(見王褒)
王度(明·深澤人)
[宣統]山東 73/4
[萬曆]青州 12 又/又 16
[康熙十五年]青州 12 又/又 16
[康熙四十八年]青州 12 又/又 16
[康熙六十年]青州 12/22
[咸豐]青州 36/22
[康熙]益都 5/19
[光緒]益都縣圖志 18/9,18/35
[乾隆]淄川 5/34
王度(明·淄川人)
[萬曆]淄川 28/3
[康熙]淄川 5/34
王度(字法臣)
(清·昌樂人)
[民國]昌樂縣續志 30/25
王度(字秋村)
(清·高密人)
[民國]高密 14/上 46
王度(字平子)
(清·泰安人)
[康熙]山東 39/32
[雍正]山東 28/人物四 10
[宣統]山東 171/1
[康熙]濟南 34/12
[乾隆]泰安府 17/46
[乾隆二十五年]泰安縣 12/19
[乾隆四十七年]泰安縣 10/上 12
[道光]泰安縣 9/上 61
[民國]重修泰安縣 8/11
泰安縣鄉土志/耆舊 13
王訪(明·蒙陰人)
[康熙十一年]蒙陰 2/53
王訪(字方言)
(清·東阿人)
[道光]東阿 14/人物下 35
王庚(字紫瀾,一字客星)
(明·利津人)
[康熙]山東 39/31
[康熙]濟南 42/19
[乾隆]武定府 24/8
[咸豐]武定府 24/清介 8
[康熙]利津縣新志 8/20
[光緒]利津 7/宦蹟 8

王廣(字道南,號嶺泉)
(清・歷城人)
[道光]濟南 53/43
[民國]續修歷城 44/6
王袞(字補之)
(明・曹縣人)
[雍正]山東 28/人物三 18
[宣統]山東 166/9
[乾隆]曹州府 15/15
[康熙]兗州府曹縣 13/27
[光緒]曹縣 13/26
曹縣鄉土志/耆舊錄
王袞(明・陽穀人)
[康熙十二年]陽穀 3/8
[民國]增修陽穀人物/仕宦 6
王袞(字補之)
(明・益都人)
[咸豐]青州 45/32
王袞(字錫九)
(清・淄川人)
[宣統]三續淄川 9/71
王京(明・繁峙縣人)
[嘉靖]濮州 7/22
[嘉靖]朝城志 5/12
王康(晉・東平人)
[康熙]東平州 4/3
王康(字文政)
(南北朝・臨沂人)
[民國]臨沂 9/28
王康(字丕基)
(清・順天大興人)
[宣統]山東 75/11
[道光]濟南 38/17
[乾隆]淄川 4/又 28-2
淄川縣鄉土志/政績錄
王立(明・河南懷慶人)
[康熙]膠州 5/13
[乾隆]膠州 4/10
[道光]重修膠州 22/3
[民國]增修膠志 17/3
王廉(號斗山)
(明・無棣人)
[康熙]濟南 40/13
[乾隆]武定府 24/26
[咸豐]武定府 24/循良 16
[康熙]海豐 10/11
海豐縣鄉土志/耆舊-事業
[民國]無棣 11/2
王亮(字奉叔)
(南北朝・臨沂人)
[嘉靖]山東 30/33
[康熙]山東 40/35
[萬曆元年]兗州 41/17
[萬曆二十四年]兗州 33/21
[康熙]兗州 26/20
[萬曆]沂州志 6/78
[康熙]沂州志 5/47
[乾隆]沂州府 25/13
[民國]臨沂 9/26
王亮(明・諸城人)
[萬曆]諸城 6/24
王諒(明)
[萬曆]福山 4/3
王廩(明・汶上人)
[萬曆二十四年]兗州 37/8
[康熙]兗州 28/36
[乾隆]兗州 23/40
[萬曆]汶上 6/13
王旒(字肖溪)
(清・陽信人)
[乾隆]武定府 26/13
[咸豐]武定府 26/義行 13
[康熙]陽信 9/32
[乾隆]陽信 7/54
[民國]陽信 5/耆碩 53
信邑志稿 7/耆碩
陽信縣鄉土志上/耆舊-事業
王旒(明・新泰人)
[天啟]新泰 6/12
王哀(字偉元)
(晉・城陽營陵人)
[嘉靖]山東 32/6
[康熙]山東 42/6
[雍正]山東 28/人物一 32
[宣統]山東 165/3
[嘉靖]青州 15/14
[萬曆]青州 14/12
[康熙十五年]青州 14/13
[康熙四十八年]青州 14/孝友 2
[康熙六十年]青州 17/8
[乾隆]沂州府 26/6
[咸豐]青州 39/11
[嘉靖]昌樂 3/46
[康熙]昌樂 4/2
[嘉慶]昌樂 20/1
[民國]昌樂縣續志 26/1
[康熙]杞紀 18/23
[康熙]莒州下/34
[雍正]莒州 9/16
[萬曆]濰縣 8/7
[康熙]濰縣 5/人物 6
[乾隆]濰縣 4/20
濰縣鄉土志/13
王慶(字宏慶)
(唐・掖縣人)
[康熙]寧海州 7/1
[道光]掖乘 7
王慶(字至善)
(明・莘縣人)
[正德]莘縣 6/26
王慶(字吉祥)
(明・鄒平人)
[道光]濟南 50/4
[道光]鄒平 15/29
[民國]鄒平 15/29
王讓(明・偃師人)
[雍正]山東 31/16
[康熙]魚臺 17/72
[乾隆]魚臺 11/6
[光緒]魚臺 3/4
王讓(字宗禮,一作秉遜)
(明・益都人)
[嘉靖]山東 32/20
[康熙]山東 42/21
[雍正]山東 28/人物三 4
[宣統]山東 160/15
[嘉靖]青州 14/25
[萬曆]青州 13/41
[康熙十五年]青州 13/41
[康熙四十八年]青州 13/事功 24
[康熙六十年]青州 17/10
[咸豐]青州 43/4
[康熙]益都 7/8

[康熙]顏神鎮志 4/下 2
[乾隆]博山志稿/16
[乾隆]博山 6/上 4
[民國]續修博山 11/5,14/36
王讜(明・鄒縣人)
[嘉靖]鄒縣地理誌 1/又 25
王讜(字遜齋)
(清・歷城人)
[民國]續修歷城 44/30
王讜(清・沂州人)
[乾隆]嶧縣 8/51
[光緒]嶧縣 21/孝友 11
王庭(明・肥城人)
[康熙]肥城書下/21
王庭(明・菏澤人)
[康熙]曹州志 16/4
[光緒]菏澤 16/3
[光緒]新修菏澤 10/37
王庭(字載陽)
(明・霑化人)
[乾隆]武定府 26/27
[咸豐]武定府 26/耆壽 1
[光緒]霑化 7/23
[民國]霑化 2/25
王襄(明・獲嘉人)
[萬曆]青州 12 又/又 14
[康熙四十八年]青州 12 又/又 14
[萬曆]諸城 4/38
王廞(南北朝・琅邪臨沂人)
[嘉靖]山東 33/24
[萬曆元年]兖州 41/31
王序(字儼齋)
(清・城武人)
[道光]城武 9/下 21
王言(字代言)
(明・蓬萊人)
[康熙]山東 43/4
[雍正]山東 28/人物三 39
[宣統]山東 160/27
[泰昌]登州 11/20
[順治]登州 16/12
[光緒]增修登州 39/3
[康熙]蓬萊 5/14
[道光]重修蓬萊 9/4,9/9
[民國]蓬萊縣志合編人物志/功業,人物志/鄉賢
王言(字如絲,號端嚴)
(明・章邱人)
[道光]章邱 10/28
王彥(清・汶上人)
[宣統]四續汶上稿/人物-孝弟傳
王衣(字子裳)
(宋・濟南歷城人)
[嘉靖]山東 29/16
[康熙]山東 39/14
[雍正]山東 28/人物二 47
[宣統]山東 157/32
[康熙]濟南 36/4
[道光]濟南 47/37
[崇禎]歷乘 16/11
[崇禎]歷城 10/7
[乾隆]歷城 35/37
王廙(字世將)
(晉・琅邪人)
[嘉靖]山東 33/21
[萬曆元年]兖州 41/12
[萬曆二十四年]兖州 37/34
[康熙]兖州 28/75
[萬曆]東昌 18/9
[乾隆]曹州府 12/5
[嘉靖]濮州 7/4
[萬曆]濮州 3/名宦 8
[康熙]濮州 3/8
[乾隆]濮州 3/8
[宣統]濮州 4/8
王音(明・高唐人)
[道光]高唐州 5/1-23
[光緒]高唐州 5/1-23
[民國]高唐縣 12/68
王應(字德鄰,號虛菴)
(明・朝城人)
[雍正]山東 28/人物三 33
[宣統]山東 160/24
[萬曆]東昌 19/60
[乾隆]曹州府 15/13
[萬曆]濮州 3/鄉賢 54
[康熙]朝城 8/11,9/38
王庸(字午庭)
(清・福山人)
[民國]福山縣志稿 7/5-9
王雍(字叔容)
(商河人)
[民國]重修商河 7/34
王壅(明・商河人)
[道光]商河 7/50
[民國]重修商河 9/8
王育(字伯春)
(晉・京兆人)
[萬曆元年]兖州 38/循吏 15
[光緒]費縣 3/52
費縣鄉土志/政績錄
王育(字養民)
(明・泰安人)
[弘治]泰安州 3/12
王章(字伯儀)
(漢・東萊曲成人)
[雍正]山東 28/人物一 22
[順治]登州 16/25
[光緒]增修登州 38/2
[順治]招遠 9/3
[乾隆]掖縣 4/52
[道光]掖乘 4
王章(字仲卿,一作文卿)
(漢・泰山鉅平人)
[嘉靖]山東 30/6
[康熙]山東 40/7
[雍正]山東 28/人物一 11
[宣統]山東 154/9
[康熙]濟南 37/1
[萬曆元年]兖州 40/忠直 6
[萬曆二十四年]兖州 31/16
[康熙]兖州 24/15
[乾隆]兖州 23/10
[弘治]泰安州 3/9
[康熙]泰安州 3/1
[乾隆二十五年]泰安縣 12/2
[乾隆四十七年]泰安縣 10/上 14
[道光]泰安縣 9/上 64
[民國]重修泰安縣 8/14
泰安縣鄉土志/耆舊 22
[康熙十一年]寧陽 7/2
[康熙四十一年]寧陽 7/2,7/9

[乾隆]寧陽 7/風節 1
[咸豐]寧陽 12/7
[光緒]寧陽 12/7
王章(宋・寧陽人)
[康熙十一年]寧陽 7/9
[康熙四十一年]寧陽 7/9
王章(字闇子,號西山)
(清・萊陽人)
[光緒]增修登州 39/33
[道光]掖乘 4
[民國]萊陽 3/1 中 29
王章(字闇然)
(清・榮成人)
[道光]榮成 8/5
王褒(字素含)
(明・長山人)
[道光]濟南 50/56
[康熙四十三年]長山 5/卓行
[康熙五十五年]長山 6/40
[嘉慶]長山 10/13
王方讓(字襄言,號遺逸子)
(清・鄒平人)
[民國]鄒平 15/117
王賡言(字贊虞,號篔山)
(清・諸城人)
[宣統]山東 175/29
[咸豐]青州 49/36
[道光]諸城縣續志 16/6
諸城縣鄉土志/上 38
王廣庚(清・陽穀人)
[民國]增修陽穀人物/孝義 10
王立庚(字文泉)
(東平人)
[民國]東平縣 11/上 23
王立文(字建章)
(清・歷城人)
[民國]續修歷城 43/5
王文廣(字藝林)
(清・東阿人)
[民國]續修東阿 11/27
王文亮(字明遠)
(清・章邱人)
[道光]章邱 11/83
王文章(字聖範)
(清・掖人)
[宣統]山東 177/20
[嘉慶]續掖縣 3/9
王彥章(字子明)
(五代梁・鄆州壽張人,一作壽昌人)
[嘉靖]山東 26/24,30/42,37/55
[康熙]山東 34/4,40/41
[雍正]山東 28/人物二 17,35/記上 20
[宣統]山東 164/11
[萬曆元年]兗州 40/節義 18
[萬曆二十四年]兗州 34/10,40/34
[康熙]兗州 26/43,30/34
[乾隆]兗州 23/27
[萬曆]東昌 18/17
[乾隆]曹州府 12/8
[嘉靖]濮州 7/9
[萬曆]濮州 3/名宦 11
[康熙]濮州 3/11
[乾隆]濮州 3/11
[宣統]濮州 4/11
[康熙]東平州 4/60
[萬曆]汶上 5/7
[康熙六年]壽張 7/4
[康熙五十六年]壽張 7/4
[光緒]壽張 7/2,8/34
壽張縣鄉土志/耆舊-事業
王彥章(明・濟寧人)
[康熙]濟寧州 7/33
[乾隆]濟寧直隸州 28/2
[道光]濟寧直隸州 8/4-42
王慶龍(清・高唐人)
[民國]高唐縣 12/55
王應龍(清・遼東人)
[乾隆]續登州 10/11
[康熙]福山 9/25
[乾隆]福山 9 上/72
[民國]福山縣志稿 7/7-1
王廣斌(字彬甫)
(清・聊城人)
[宣統]聊城 8/62
王立誠(清・滋陽人)
[光緒]滋陽 9/49
滋陽縣鄉土志 1/耆舊-實行
王慶詒(原名萬慶,字友農)
(清・壽光人)
[民國]壽光 12/人物志一 43
王文謨(清・東平人)
[乾隆]東平州 15/44
王文謨(字耿光)
(清・鉅野人)
[道光]鉅野 13/63
王文謨(字顯甫)
(清・濰縣人)
[民國]濰縣志稿 28/42
王應諫(清・樂安人)
[康熙十五年]青州 15/54
[康熙四十八年]青州 15/卓行 17
[康熙六十年]青州 18/16
[雍正]樂安 12/20
[民國]續修廣饒 19/35
王度詔(見王度昭)
王慶詔(字鴻禧)
(清・膠州人)
[民國]增修膠志 47/13
王應詔(明・恩縣人)
[雍正]恩縣續志 3/18
王六謙(字爻皆)
(清・鰲山衛人)
[民國]增修膠志 45/19,48/9
王文謙(字六吉)
(清・鄒平人)
[道光]濟南 54/47
[道光]鄒平 15/91
[民國]鄒平 15/91
王文麟(字曉巖)
(清・商河人)
[民國]重修商河 13/藝文志四墓表 14
王應麟(字少徐)
(清・臨邑人)
[民國]續修臨邑 3/32
王應麟(字毓奇)
(恩縣人)
[民國]重修恩縣 11/鄉賢 56
王慶霖(字潤圃)

（清・臨清人）
［民國］臨清縣/人物 74
王慶雲（字漢章）
（清・東平人）
［民國］東平縣 11/下 29
王文璡（字石卿）
（清・諸城人）
［道光］諸城縣續志 14/15
王席正（字子輿，號參寰）
（明・長山人）
［道光］濟南 50/47
［嘉慶］長山 7/12
王應霖（明・文安進士）
［康熙］觀城 3/5
［道光］觀城 6/6
王應元（明・通州人）
［雍正］恩縣續志 3/4
王應正（清・臨清人）
［乾隆］臨清直隸州 8/上 40
［民國］臨清縣/人物 52
王方瑞（字象符）
（清・鄒平人）
［民國］鄒平 15/147
王應孔（清）
［康熙］新修齊東 4/22
王文琙（字伯樂）
（清）
［宣統］三續淄川 9/48
王立功（字一軒）
（清・霑化人）
［光緒］霑化 9/13
［民國］霑化 2/66
王立功（清・諸城人）
［道光］諸城縣續志 19/15
王文珪（明・浙東人）
［咸豐］寧陽 11/9
［光緒］寧陽 11/9
寧陽縣鄉土志/7
王文建（明・江西舉人）
［道光］冠縣 6/30
［光緒］冠縣 6/宦績
［民國］冠縣 6/40
王文聘（字渭臣）
（清・陽穀人）
［民國］增修陽穀人物/師道 28
王應聘（清・嶧縣人）
［康熙］嶧縣 4/111
［乾隆］嶧縣 8/31
［光緒］嶧縣 21/耆舊 3
王方瑚（字海林）
（清・鄒平人）
［道光］濟南 54/30
［光緒］增修登州 34/6
［道光］榮成 6/28
［道光］鄒平 15/86
［民國］鄒平 15/86
王方珊（字擬陵）
（清・鄒平人）
［道光］濟南 54/29
［道光］鄒平 15/86
［民國］鄒平 15/86
王應召（明・肥城人）
［康熙］肥城書下/20
王應召（清・福山人）
［光緒］增修登州 43/17
［康熙］福山 9/12
［乾隆］福山 9 上/51
［民國］福山縣志稿 7/3－14
王文政（清）
［嘉慶］慶雲 7/37
王席珍（字聘三）
（清・招遠人）
［光緒］增修登州 43/26
［道光］招遠縣續志 3/6
王應珍（字天宿）
（明・寧陽人）
［康熙十一年］寧陽 7/19
［康熙四十一年］寧陽 7/21
［乾隆］寧陽 7/耆德 1
［咸豐］寧陽 15/16
［光緒］寧陽 15/23
寧陽縣鄉土志/20
王文耿（字熙甫，晚號伊嵩）
（清・無棣人）
［民國］無棣 12/14
海豐縣鄉土志/耆舊－學問一
王廣信（清・章邱人）
［民國］臨朐續志 20/14
王亮采（號蘭田）
（清・順天大興人）
［宣統］山東 75/67
［宣統］三續淄川 9/43
王文統（字以道）
（元・益都人）
［嘉靖］山東 33/32
［嘉靖］青州 16/63
［萬曆］青州 20/外傳 7
［康熙十五年］青州 20/外傳 7
［康熙四十八年］青州 20/外傳 7
［咸豐］青州 55/19
［光緒］益都縣圖志 52/5
王文秀（字美章）
（清・高苑人）
高苑縣鄉土志/耆舊
王文秀（清・臨沂人）
［乾隆］沂州府 26/29
［民國］臨沂 10/58
王應爵（明・合肥人）
［萬曆］沂州志 4/49
王應統（字緒光，號敏齋）
（清・長山人）
［道光］濟南 55/14
［康熙五十五年］長山 6/23
［嘉慶］長山 8/3
長山縣鄉土志/耆舊錄
王應豸（字惠文）
（明・掖縣人）
［康熙］萊州 10/42
［乾隆］萊州 10/26
［乾隆］掖縣 4/31
王方俳（南北朝）
［光緒］益都縣圖志 15/4
王廣順（清・安丘人）
［民國］續安邱新志 21/1
安丘縣鄉土志 6/耆舊錄 3
王應衙（字佩實）
（清・福山人）
［光緒］平度志要/職官
［民國］平度縣續志 7/3
王方崑（字玉山）
（清・嘉祥人）
［光緒］嘉祥 3/31
王文鼎（清・鑲白旗舉人）
高密縣鄉土志/上 10

王方允(字執中)
(清・鄒平人)
[民國]鄒平 15/125
王立績(字絢亭)
(清・新城人)
[宣統]新城縣後志 3/耆壽
[民國]重修新城 18/23
王文俊(清・章邱人)
[道光]章邱 11/81
王文獻(明・蒙陰人)
[康熙十一年]蒙陰 2/53
王文獻(清・無棣人)
[民國]無棣 13/18
海豐縣鄉土志/耆舊 - 事業五
王應台(字向辰)
(清・慶雲人)
[民國三年]慶雲 2/52
王方佐(字弼廷)
(清・鄒平人)
[民國]鄒平 15/110
王立德(清・寧津人)
[光緒]寧津 8/20
寧津縣志料 3/人物 - 義烈
王六德(字采臣)
(清・寧津人)
寧津縣志料 3/人物 - 道學
王文魁(字冠蓬)
(清・茌平人)
[民國]茌平 3/19
王文佐(字輔臣)
(元・鄆人)
[道光]鉅野 20/40
王彥先(宋・濰州人)
[民國]濰縣志稿 42/9
王應仕(清・郯城人)
[宣統]山東 173/17
[乾隆]沂州府 26/17
[乾隆]郯城 9/14
王底績(字筱徵)
(清・商河人)
[民國]重修商河 7/32
王慶積(字貽善)
(清・茌平人)
[宣統]茌平 28/2
[民國]茌平 3/75
王文傑(字俊臣)
(清・博山人)
[民國]續修博山 11/29
王文傑(字超儒)
(清・魚臺人)
[乾隆]魚臺 11/46
[光緒]魚臺 3/29
王亦純(字希文)
(清・日照人)
[乾隆]沂州府 27/8
[光緒]日照 8/21
王文程(清・諸城人)
[乾隆]諸城 34/7
王文泉(清・福山人)
[民國]福山縣志稿 7/4 - 12
王彥侃(字剛亭)
(清・安丘人)
[民國]續安邱新志 17/2
安丘縣鄉土志 7/耆舊錄 4
王立身(字思齊,一作思修)
(明・利津人)
[乾隆]武定府 24/23
[咸豐]武定府 24/循良 13
[康熙]利津縣新志 8/14
[光緒]利津 7/宦蹟 7
王庭侯(字紹公)
(清・高密人)
[光緒]高密 8/上 56
[民國]高密 14/上 66
高密縣鄉土志/上 45
王彥名(明・寧海人)
[康熙]寧海州 9/7
王彥舟(元・寧海人)
[同治]重修寧海州 17/6
王應修(字長孺,號丹霞)
(明・河南南陽人)
[宣統]山東 71/35
[乾隆]泰安府 15/19
[天啟]新泰 5/23,9/73
[順治]新泰 4/19
[乾隆]新泰 11/4
新泰縣鄉土志/3
王廣微(字哲堂)
(清・高密人)
[民國]高密 14/上 60
王慶儀(字鳳軒)
(清・茌平人)
[民國]茌平 3/118
王言從(字俞之)
(清・濟陽人)
[道光]濟南 56/30
[乾隆]濟陽 8/25
[民國]濟陽 11/35
[康熙]兗州府曹縣 9/40
王言綸(明・觀城人)
[康熙]觀城 4/9
王方濂(字道泉)
(清・鄒平人)
[民國]鄒平 15/110
王方永(字慎圖)
(清・鄒平人)
[民國]鄒平 15/又 133
王廣富(清・壽光人)
[嘉慶]壽光 13/27
[民國]壽光 12/人物志一 74
王廣寒(字桂府,號韶臣)
(清・壽張人)
[光緒]壽張 6/3,6/53
壽張縣鄉土志/耆舊 - 事業
王廣寅(清・肥城人)
[光緒]肥城 9/5
肥城縣鄉土志 5/24
王康之(清・霑化人)
[乾隆]武定府 26/22
[咸豐]武定府 26/義行 22
[光緒]霑化 10/13
[民國]霑化 2/86
王慶寧(字咸安)
(清・淄川人)
[宣統]三續淄川 9/81
王慶宇(清)
[民國]濰縣志稿 42/17
王庭安(莘縣人)
[民國]莘縣 7/37
王亦寬(字裕若)
(清・鉅野人)
[民國]續修鉅野 5/上 29
王育良(清・漢軍正黃旗人,一作三韓人)
[雍正]山東 27/113

[宣統]山東 75/35
[康熙]兗州續編 14/26
[乾隆]泰安府 15/34
[康熙五十四年]東阿 3/40
[道光]東阿 11/17
[光緒]東阿縣鄉土志 2/17
王文源(明・青城人)
[康熙]濟南 40/8
[乾隆]武定府 24/21
[咸豐]武定府 24/循良 11
[萬曆]青城 1/61
[乾隆]青城 8/3
[民國]青城續修 4/人物 17
王文禎(字法文)
(明・海豐人)
[萬曆]青州 15/63
[康熙十五年]青州 15/63
[康熙四十八年]青州 15/僑寓 10
[康熙]益都 10/4
[光緒]益都縣圖志 47/11
王應禎(清・臨清人)
[康熙]山東 45/14
[乾隆]東昌 43/17
[康熙]臨清州 3/人物 18
[乾隆]臨清州 9/52
王方洲(清・鄒平人)
[民國]鄒平 15/141
王廣業(清・鄒平人)
[宣統]山東 170/23
王廣業(清・壽光人)
[乾隆]續壽光 25/5
[嘉慶]壽光 14/8
[民國]壽光 12/人物志二 9
王文業(字章甫)
(元・鄒平人)
[康熙]山東 39/19
[道光]濟南 72/32
王文淵(明・東阿人)
[雍正]山東 28/人物三 27
[宣統]山東 164/44
[乾隆]泰安府 18/26
[康熙五十四年]東阿 7/25
[道光]東阿 14/人物下 27
[光緒]東阿縣鄉土志 4/8
王廣心(字子潤,一作子閏)
(清・新城人)
[道光]濟南 55/70
[宣統]新城縣後志 3/孝友
[民國]重修新城 17/12
王庚祺(字東明)
(清・諸城人)
[乾隆]諸城 32/22
王廣漢(字汶章)
(清・嶧縣人)
[光緒]嶧縣 21/忠義 7
王亨遠(字鴻軒)
(清・臨淄人)
[民國]臨淄 25/39
王立邁(字超羣)
(清・商河人)
[民國]重修商河 13/藝文志四墓誌 34
王慶遠(明・臨邑人)
[順治]臨邑 12/又 14－3
王慶遠(字百祿,一字伯祿)
(清・壽光人)
[乾隆]續壽光 24/8
[嘉慶]壽光 13/28
[民國]壽光 12/人物志一 83
王文濤(字觀亭)
(清・臨朐人)
[民國]臨朐續志 20/38
臨朐縣鄉土志 1/耆舊
王應斗(明・彭澤人)
[萬曆]諸城 4/35
王應斗(字文垣)
(清・萊州人)
[民國]四續掖縣 4/58
王文禮(清・福山人)
[民國]福山縣志稿 7/4－11
王文清(字鏡心)
(清・恩縣人)
[宣統]重修恩縣 8/33
[民國]重修恩縣 11/鄉賢 34
恩縣鄉土志/22
王廣運(字熙載)
(清・曹縣人)
[光緒]曹縣 14/行誼 9
王慶瀾(字觀卿)
(清・濟寧人)
[民國]濟寧直隸州續志 12/40
王應選(字文銓,號棨軒)
(明・泗水人)
[光緒]泗水 11/5
[光緒]泗水縣鄉土志/9
王應選(明・陽穀人)
[民國]增修陽穀人物/仕宦 6
王應選(字升書,別字未亭)
(清・滋陽人)
[光緒]滋陽 8/58
滋陽縣鄉土志 1/耆舊－文學
王應選(霑化人)
[民國]霑化 4/登進 44
王應逸(霑化人)
[民國]霑化 4/登進 48
王慶祥(清・陽穀人)
[民國]增修陽穀人物/善行 47
王慶祥(長清人)
[民國]長清 12/20
王文海(字景蘇)
(清・臨淄人)
[民國]臨淄 28/12
王文海(清平人)
[民國]清平/人物 84
王文棨(字柳莊)
(清・無棣人)
[民國]無棣 11/15
海豐縣鄉土志/耆舊－事業
王亦祥(原名祥因)
(清・陽穀人)
[光緒]陽穀 7/4
[民國]增修陽穀人物/孝義 7
王應祥(字和徵)
(明・德平人)
[道光]濟南 49/39
[乾隆]歷城 43/2
[嘉慶]德平 7/18
王立志(字竟成)
(清・齊河人)
[民國]齊河 26/32
王慶九(清・茌平人)
[民國]茌平 3/43

王慶來(字篤卿)
(清·臨沂人)
[民國]續修臨沂 16/25
王讓木(清·沂州人)
[乾隆]兗州 23/91
王文燾(字錫五)
(清·山西保德州人)
[宣統]山東 77/23
[光緒]增修登州 26/4,35/3
[光緒]蓬萊縣續志 6/文秩 4
[光緒]海陽縣續志 2/21
王彥士(字和音)
(清·濟陽人)
[民國]濟陽 11/40,17/46
王應吉(明·山西襄陵人)
[萬曆]青州 12/52
[康熙十五年]青州 12/52
[康熙四十八年]青州 12/52
[康熙六十年]青州 12/30
[咸豐]青州 36/22
[萬曆]安丘 17/4
安丘縣鄉土志 2/政績錄
王應奎(清·濰縣人)
[乾隆]濰縣 4/38
[民國]濰縣志稿 29/18
王應奎(字春溪)
(清·諸城人)
[道光]諸城縣續志 14/10
王文楷(字槐村)
(清·無棣人)
[民國]無棣 12/15
王文樞(清·諸城人)
[光緒]增修諸城縣續志 16/14
諸城縣鄉土志/上 45
王應樞(清·福山人)
[乾隆]福山 8/62
王應垣(字紫庭)
(清·諸城人)
[道光]諸城縣續志 14/11
王文彬(東光人)
[民國]長清 4/24
王文彬(字質均)
(徐水人)
[民國]續修廣饒 17/10
王文機(清·鄒平人)
[康熙]鄒平 6/4
王彥彬(字雅卿)
(清·東阿人)
[民國]續修東阿 11/7
王彥求(見王晏球)
王方韓(清·鄒平人)
[民國]鄒平 15/136
王立基(清·昌邑人)
[康熙]昌邑 6/28
王廉芳(清·博興人)
[道光]博興 11/32
[民國]重修博興 13/31
王庭芳(字郁階)
(清·平度人)
[光緒]平度志要/人物
王庭楠(見王廷楠)
王文華(字章甫)
(元·齊東人)
[康熙]濟南 42/10
[康熙]新修齊東 6/4
王文華(清·博平人)
[光緒]博平縣續志 10/56
博平縣鄉土志/耆舊－忠節
王文華(清·臨淄人)
[民國]臨淄 25/37
王文林(字煥章)
(清·商河人)
[民國]重修商河 8/27
王文蔚(字豹元)
(清·茌平人)
[宣統]茌平 17/3
[民國]茌平 3/23
王彥芹(明·陝西南鄭人)
[宣統]山東 71/14
[道光]濟南 36/31
[民國]重修新城 10/12
新城縣鄉土志/政績－明知縣
王應芬(字芳圃)
(清·諸城人)
[道光]諸城縣續志 14/10
王應蔚(字文堂)
(清·膠州人)
[民國]增修膠志 45/34
王應植(字嘉樹,號宜軒)
(清·章邱人)
[道光]濟南 54/20
[道光]章邱 10/51
章邱縣鄉土志/上 27
王立相(字君輔)
(清·諸城人)
[道光]諸城縣續志 19/3
王應槐(字汝旦)
(明·聞縣人)
[嘉靖]高唐州 5/9
王方穀(字書安)
(清·無棣人)
[民國]無棣 12/17
王立楹(字臨軒)
(清·長清人)
[民國]長清 13/8
王文聲(字鳳樓)
(平原人)
[民國]續修平原 8/22
王彥超(宋·大名臨清人)
[嘉靖]山東 31/16
[雍正]山東 28/人物二 20
[宣統]山東 157/33
[萬曆]東昌 19/28
[乾隆]東昌 37/1
[康熙]臨清州 3/人物 5
[乾隆]臨清州 9/19
[乾隆]臨清直隸州 8/上 3
[民國]臨清縣/人物 2
王應期(明·蓬萊人)
[道光]重修蓬萊 9/14
[民國]蓬萊縣志合編人物志/忠勇
王方坽(字靜齋)
(清·鉅野人)
[民國]續修鉅野 5/上 19
王立翰(清·臨朐人)
臨朐縣鄉土志 1/耆舊
王文翰(字西瀛,一字則野)
(明·汾州人)
[宣統]山東 70/36
[咸豐]青州 36/21
[康熙]萊州 8/30
[乾隆]萊州 9/10
萊州府鄉土志/上 12
[康熙]昌邑 8/5

［嘉慶］續掖縣 2/12
［康熙］壽光 20/3
［嘉慶］壽光 10/24
［民國］壽光 6/14
王文教（字伯因）
（明・聊城人）
［康熙］聊城 3/14
王應乾（明・南直睢寧人）
［宣統］山東 72/38
［乾隆］東昌 33/41
［嘉慶］東昌 21/10
［順治］堂邑 2/職官 6
［康熙十一年］堂邑 2/名宦 4
［康熙］堂邑 11/9
堂邑縣鄉土志/政績錄
王主敬（字從義）
（元・碣石人）
［乾隆］泰安府 14/33
［康熙］東平州 4/50
［乾隆］東平州 12/32
［道光］東平州 12/32
［光緒］東平州 14/32
［民國］東平縣 9/17
王褒泰（清・鄆城人）
［光緒］鄆城 5/28,14/12
王立本（字培元）
（清・莒縣人）
［嘉慶］莒州 10/11
［民國］重修莒志 64/3
王立本（長清人）
［民國］長清 12/26
王立中（字卓山）
（清・黃縣人）
［同治］黃縣 8/17
王文貴（明・四川中江人）
［嘉靖］山東 25/25
王文泰（名汝山,以字行）
（莒縣人）
［民國］重修莒志 64/19
王文中（清・福山人）
［民國］福山縣志稿 7/4－12
王言書（清・觀城人）
［康熙］觀城 4/19
［道光］觀城 8/7
觀城縣鄉土志/耆舊
王應中（清・萊陽人）
［民國］萊陽 3/1 中 40
王雍中（清・歷城人）
［民國］續修歷城 46/4
王文成（清・招遠人）
［光緒］增修登州 43/26
［道光］招遠縣續志 3/16
王玄甫（漢）
［萬曆元年］兗州 46/5
王彥威（唐）
［光緒］益都縣圖志 16/9
王章甫（元）
［乾隆］即墨 8/4
［同治］即墨 8/4
王應招（明・北直灤州人）
［乾隆］嶧縣 7/26
王應掄（字彥升）
（清・鄆城人）
［光緒］鄆城 5/12
王應軫（清・濟陽人）
［民國］濟陽 11/41
王方田（清・惠民人）
［光緒］惠民 20/11
惠民縣鄉土志/耆舊錄 6
王方田（清・齊東人）
［宣統］山東 170/22
［民國］鄒平 15/114
齊東縣鄉土志/兵事錄 2
王方田（禹城人）
［民國］禹城 6/28
王亮圖（字漢臣）
（清・齊東人）
［民國］齊東 5/27
齊東縣鄉土志/耆舊錄 2
王慶恩（字楚山）
（清・奉天舉人）
［宣統］山東 77/6
［民國］重修博興 12/8
王文昌（明）
［萬曆］東昌 18/41
［乾隆］東昌 35/33
［順治］武城 2/9
［乾隆］武城 9/3
武城縣鄉土志略/政績錄
王文田（字心農）
（清・黃縣人）
［宣統］山東 176/27
［光緒］增修登州 40/12
［同治］黃縣 8/10
［民國］黃縣志稿 13/清文學,13/人物－鄉賢祠
王文田（清・淄川人）
［宣統］三續淄川 9/95
王文星（清・黃縣人）
［同治］黃縣 9/28
王彥昌（牟平人）
［民國］牟平 7/99
王文顯（字達陛）
（清・魚臺人）
［民國］濟寧直隸州續志 14/14
［光緒］魚臺 3/孝義又 2
王庭器（明・直隸容城人）
［雍正］山東 27/48
王度昭（字玉其）
（清・諸城人）
［宣統］山東 175/7
［咸豐］青州 47/17
［乾隆］諸城 32/5
諸城縣鄉土志/上 34
王文明（元）
［光緒］嶧縣 19/95
王彥明（明・威海衛人）
［光緒］增修登州 43/40
［乾隆］威海衛志 8/3
［道光］文登 5/8
［光緒］文登 8/下 6
王文驤（字雲子）
（清・諸城人）
［咸豐］青州 50/5
［道光］諸城縣續志 14/15
諸城縣鄉土志/上 38
王應璧（字賓之）
（明・聊城人）
［康熙］聊城 3/6
王慶長（清・福山人）
［光緒］增修登州 40/15
［民國］福山縣志稿 7/2－19
王慶長（清・順天大興進士）
［宣統］三續淄川 9/42
淄川縣鄉土志/政績錄
王京周（字建鎬）

（清・臨朐人）
臨朐縣鄉土志 1/耆舊
王文鳳（清・臨淄人）
［民國］臨淄 28/11
王文隆（清・商河人）
［民國］重修商河 9/14
王文學（明・饒陽人）
［咸豐］金鄉縣志略 7/7
金鄉縣鄉土志/政績錄
王應熙（清・臨淄人）
［乾隆］淄川 4/又 28－4
王育賢（字憲予）
（明・蒙陰人）
［康熙十一年］蒙陰 2/15
王褒善（明・昌邑人）
［康熙］昌邑 6/8
王方義（字德宜）
（清・鄒平人）
［道光］濟南 54/30
［道光］鄒平 15/90
［民國］鄒平 15/90
王立命（字懋修）
（清・觀城人）
［道光］觀城 9/51
觀城縣鄉土志/耆舊
王立善（字卓峯）
（清・慶雲人）
［民國三年］慶雲 2/38
王六善（清・商河人）
［道光］商河 7/46
［民國］重修商河 8/73
王牽羊（明・高密人）
［乾隆］高密 10/後 1
王彥鏞（清・無棣人）
［民國］無棣 13/33
王應鍾（字懋復）
（明・侯官人）
［道光］濟南 35/21
王廣鎮（清・淄川人）
［乾隆］沂州府 27/15
王帝錫（字純嘏）
（清・平度人）
［民國］平度縣續志 7/24
平度鄉土志 4 上/鄉賢
王文錦（清・鄒平人）
［道光］鄒平 15/90
［民國］鄒平 15/90
王彥智（清・臨沂人）
［康熙］沂州志 6/14
［乾隆］沂州府 26/13
［民國］臨沂 10/50
王廣銓（字次公）
（清・淄川人）
［乾隆］淄川 6/上又 83－1
王庭筠（字子端）
（金・遼東人，一作河東人）
［嘉靖］山東 26/26
［康熙］山東 34/6
［雍正］山東 27/45
［宣統］山東 69/11
［乾隆］泰安府 18/72
［萬曆二十四年］兗州 37/31
［康熙］兗州 28/72
［萬曆］東昌 18/25
［乾隆］東昌 33/21
［嘉慶］東昌 20/33
［康熙］東平州 4/62
［乾隆］東平州 15/37
［道光］東平州 15/38
［光緒］東平州 15/下 67
［民國］東平縣 11/下 35
［嘉靖］恩縣 7/5
［萬曆］恩縣 4/6
［民國］重修恩縣 10/63
［宣統］重修恩縣 6/47
王文簡（號澹余）
（清・城武人）
［道光］城武 9/上 31
王文銳（字秋潭）
（清・諸城人）
［光緒］增修諸城縣續志 13/8
王膺符（號寶軒）
（清・泰安人）
［民國］重修泰安縣 8/30
王應第（字超然）
（清・諸城人）
［咸豐］青州 46/19
［乾隆］諸城 39/5
諸城縣鄉土志/上 42
王應箕（字維南）
（清・無棣人）
［民國］無棣 13/26
王應節（字調元）
（清・長山人）
［康熙五十五年］長山 6/49
［嘉慶］長山 8/22
王立恆（字心占）
（清・樂安人）
［民國］續修廣饒 19/86
王文烺（清・壽張人）
［康熙五十六年］壽張 7/29
［光緒］壽張 7/24
壽張縣鄉土志/耆舊－附忠孝祠
王文燁（字章甫）
（元・齊東人）
［嘉靖］山東 29/20
［順治］鄒平 6/4
［康熙］鄒平 6/17
［民國］齊東 5/2
王文燁（字郁甫，號鼎實）
（清・膠州人）
［民國］增修膠志 48/8
王立性（字太初）
（清・高密人）
［道光］諸城縣續志 21/1
［光緒］高密 8/上 55
［民國］高密 14/上 65
高密縣鄉土志/上 45
王文煌（字自昭）
（清・高密人）
［光緒］高密 8/上 20
［民國］高密 14/上 18
高密縣鄉土志/上 24
王文煜（字章甫）
（元・齊東人）
［道光］濟南 48/52
［嘉慶］鄒平 15/29
王文燭（字調元）
（清・膠州人）
［咸豐］青州 37/6
［康熙］昌樂 1/35
［嘉慶］昌樂 19/7
［民國］增修膠志 48/8
王文燦（字粹然）
（清・清平人）

[民國]清平/人物 91
王文煥(清・順天固安人)
[宣統]山東 75/43
[光緒]惠民 18/16
惠民縣鄉土志/政績錄 8
王文煥(字燦卿)
(清・壽張人)
[光緒]壽張 6/60
王文煥(字天章)
(清・淄川人)
[宣統]三續淄川 9/79
王文煥(字雲階)
(長清人)
[民國]長清 12/26
王文煥(字漢章)
(莒縣人)
[民國]重修莒志 62/18
王文恂(字賁園)
(清・淄川人)
[宣統]三續淄川 10/18
王文燿(字子明,號朗哉)
(明・膠州人)
[民國]增修膠志 48/7
王文熠(明・紹興人)
[崇禎]歷乘 16/67
王文炤(字熙哉)
(明・膠州人)
[康熙]山東 45/23
[雍正]山東 28/人物四 51
[宣統]山東 177/45
[乾隆]萊州 10/28
[康熙]膠州 5/31
[乾隆]膠州 4/43
[民國]增修膠志 48/5
[同治]即墨 9/35
即墨縣鄉土志/耆舊－事業四
01 **王龔**(字伯宗,一作宗伯)
(漢・山陽高平人)
[嘉靖]山東 25/2,30/9
[康熙]山東 31/3,40/10
[雍正]山東 28/人物一 19
[宣統]山東 154/16
[嘉靖]青州 13/7
[萬曆]青州 12/8
[康熙十五年]青州 12/8
[康熙四十八年]青州 12/8
[康熙六十年]青州 12/4
[咸豐]青州 34/7
[萬曆元年]兖州 40/諫議 8
[萬曆二十四年]兖州 31/24
[康熙]兖州 24/22
[乾隆]兖州 23/14
[乾隆]曹州府 14/4
[道光]濟寧直隸州 8/2－2
[萬曆]鉅野 7/6
[康熙]鉅野 11/3
[道光]鉅野 12/5
[康熙五十一年]金鄉 9/6
[乾隆]金鄉 18/3
[咸豐]金鄉縣志略 9/上 2
[民國]金鄉 13/1
金鄉縣鄉土志/耆舊錄上
[康熙]臨淄 8/2
[民國]臨淄 18/3
王龍(明・長清人)
[民國]長清 11/32
王龍(清・商河人)
[民國]重修商河 8/87
王評(字品軒,別號半塘)
(清・臨沂人)
[民國]臨沂 10/24
王譚(字世容)
(漢)
[宣統]山東 66/24
王襲(字念山)
(明・長清人)
[道光]濟南 52/25
[道光]長清 11/26
王龍章(字彤詔)
(清・商河人)
[道光]商河 7/34
[民國]重修商河 8/54
商河縣鄉土志 3/耆舊－學問
王龍池(字雲從)
(清・商河人)
[民國]重修商河 13/藝文志四墓表 22
王龍見(清・鄆城人)
[光緒]鄆城 16/30
王龍光(字體震)
(清・霑化人)
[光緒]霑化 8/19
[民國]霑化 2/48
02 **王誕**(字茂世)
(南朝宋・琅邪臨沂人)
[嘉靖]山東 30/25
[宣統]山東 161/6
[道光]濟南 33/14
[萬曆二十四年]兖州 33/2
[康熙]兖州 26/2
[萬曆]沂州志 6/62
[康熙]沂州志 5/37
[乾隆]沂州府 25/10
[民國]臨沂 9/25
王端(宋・山東人)
[宣統]山東 168/14
王端(明・萊陽人)
[民國]萊陽 3/1 中 10
王端(字莊夫,號愚菴)
(明・莘縣人)
[正德]莘縣 6/15
[光緒]莘縣 6/17
王端(清・長清人)
[民國]長清 11/35
王託(明・觀城人)
[道光]觀城 8/6
觀城縣鄉土志/耆舊
王訢(漢・濟南人)
[至元]齊乘 6/10
[嘉靖]山東 29/2
[康熙]山東 39/3
[康熙]濟南 39/1
[道光]濟南 45/20
[崇禎]歷乘 16/2
[崇禎]歷城 10/2
[乾隆]歷城 35/4
[道光]新城/名宦
[民國]重修新城 10/2
王訢(字坦夫)
(清・夏津人)
[乾隆]臨清直隸州 8/下 16
[民國]夏津續編 8/11
王訓(宋・山東人)
[宣統]山東 168/14
王訓(明・壽張人)

[光緒]壽張 10/2
王訓(字翰音)
(明・陽信人)
[康熙]濟南 36/9
[乾隆]武定府 24/3
[咸豐]武定府 24/清介 3
[康熙]陽信 9/6
[乾隆]陽信 7/5
[民國]陽信 5/宦蹟 7
信邑志稿 7/清介
陽信縣鄉土志上/耆舊－事業,耆舊－鄉賢祠
王訓(字敷彝)
(清・安丘人)
[宣統]山東 175/35
[康熙四十八年]青州 15/文學 14
[康熙六十年]青州 18/7
[咸豐]青州 46/25
[道光]安邱新志 19/1
安丘縣鄉土志 8/耆舊錄 5
王訓(清・臨清人)
[民國]臨清縣/人物 85
王訓(字象文)
(清・霑化人)
[光緒]霑化 7/8
[民國]霑化 2/21
王新讓(清・汶上人)
[宣統]四續汶上稿/人物－孝弟傳
王訓庭(號清峯)
(清・壽張人)
[光緒]壽張 7/11
王新之(字聖修)
(清・齊東人)
[康熙]新修齊東 6/14
[民國]齊東 5/58
王新桂(字小山)
(清・濟陽人)
[民國]濟陽 11/17
王新芝(字東園)
(清・汶上人)
[宣統]四續汶上稿/人物－文學傳
王端本(字子方)
(清・陽穀人)
[民國]增修陽穀人物/師道 24
王新田(字經畬)
(清・諸城人)
[光緒]增修諸城縣續志 12/34
王端辰(清・壽張人)
壽張縣鄉土志/耆舊－學問
王新命(清・漢軍鑲藍旗人)
[道光]濟寧直隸州 6/7－56
王新命(字翼籙)
(清・陽信人)
[乾隆]武定府 25/39
[咸豐]武定府 25/儒林 9
[乾隆]陽信 7/15
[民國]陽信 5/篤行 29
信邑志稿 7/儒林
王新堂(字清齋)
(清・桓臺人)
[民國]桓臺 3/27
03 王斌(元・北海人)
[民國]濰縣志稿 30/51,41/28
王斌(字文浩)
(明・膠州人)
[萬曆]萊州 6/19
[康熙]萊州 10/66
[康熙]膠州 6/6
[乾隆]膠州 5/22
[道光]重修膠州 26/6
[民國]增修膠志 40/32
王斌(明・江南睢寧人)
[乾隆]沂州府 17/31
王斌(字憲甫)
(清・龍門人)
[雍正]山東 28/人物四 34
[宣統]山東 176/44
[乾隆]續登州 10/6
[光緒]增修登州 44/4
[乾隆]海陽 6/15
[乾隆]嶧縣 7/44
[光緒]嶧縣 19/武職 32
[光緒]海陽縣續志 8/54
王斌(字憲章)
(清・齊河人)
[道光]濟南 56/15
[民國]齊河 27/4,32/66
王誠(字致堂)
(清・濟寧人)
[民國]濟寧直隸州續志 15/8
王謐(字稚遠)
(晉・臨沂人)
[嘉靖]山東 33/23
[乾隆]沂州府 25/9
[民國]臨沂 9/13
王詒新(字燕謀)
(清・商河人)
商河縣鄉土志 2/耆舊－事業
王就見(明・山西鄉寧人)
[康熙十一年]莘縣 5/8
[康熙五十六年]莘縣 5/8
[光緒]莘縣 5/19
[民國]莘縣 3/13
04 王諶(字仲和)
(南北朝・東海郯人)
[嘉靖]山東 30/27
[康熙]山東 40/29
[宣統]山東 155/18
[萬曆二十四年]兗州 33/12
[康熙]兗州 26/12
[萬曆]沂州志 6/75
[乾隆]沂州府 25/15
[康熙]郯城 7/8
[乾隆]郯城 9/4
王諶(清・諸城人)
[光緒]增修諸城縣續志 16/31
諸城縣鄉土志/上 47
王誥(清・齊河人)
[道光]濟南 56/2
[雍正]齊河 6/17
[民國]齊河 23/10
王謹(字伯醇)
(清・膠州人)
[道光]重修膠州 30/6
[民國]增修膠志 47/6
王謹(字敬軒,一字慎亭)
(清・臨朐人)
[民國]臨朐續志 20/33
王謨(字開之)

（明・德平人）
［道光］濟南 52/51
［乾隆］德平 3/7
［嘉慶］德平 7/10
［光緒］德平 7/10
德平縣鄉土志/耆舊錄
州乘餘聞/5
德州鄉土志/耆舊 18
王謨（字嘉甫）
（明・棲霞人）
［泰昌］登州 11/46
［順治］登州 17/26
［康熙］棲霞 6/15
［乾隆］棲霞 7/7
王謨（字經三）
（清・滋陽人）
滋陽縣鄉土志 1/耆舊－文學
王謀（字丹孚）
（清・陽信人）
［民國］陽信 5/任恤 30
王訥（宋・陽信人）
［雍正］山東 31/6
［康熙］濟南 49/3
［乾隆］武定府 26/33
［咸豐］武定府 26/藝術 1
［康熙］陽信 9/36
［乾隆］陽信 7/59
［民國］陽信 5/方技 80
信邑志稿 7/藝術
王麒（字子麒）
（明・曹縣人）
［康熙］曹州志 15/56
［康熙］兗州府曹縣 13/2
［光緒］曹縣 13/2
［光緒］菏澤 15/51
［光緒］新修菏澤 10/17
王麒（明・建州松花江人）
［嘉靖］山東 33/11
王詩（字興甫）
（明・平陰人）
［光緒］平陰 8/14
王塾（字元達）
（清・萊陽人）
［宣統］山東補遺/41
［民國］萊陽 3/1 中 47，3/3
上傳志下 47
王勷（清・濟寧人）
［道光］濟寧直隸州 8/3－27
王勷（字翼庵）
（清・武城人）
［道光］武城續編 10/5
王謹之（字聖維）
（清・曹縣人）
［光緒］曹縣 11/選舉 13
05 王諫（宋・濟陰人）
［康熙］曹縣 12/14
［康熙］兗州府曹縣 12/14
［光緒］曹縣 12/13
王諫（明・衡陽人）
［嘉靖］武定州下/54
王諫（字念華）
（清・陽信人）
［乾隆］武定府 26/20
［咸豐］武定府 26/義行 20
［乾隆］陽信 7/16
［民國］陽信 5/篤行 30
信邑志稿 7/義行
王講（明・魏縣貢生）
［道光］觀城 6/22
王靖（字詹叔）
（宋・莘人）
［嘉靖］山東 31/22
［康熙］山東 41/19
［雍正］山東 28/人物二 40
［宣統］山東 161/15
［萬曆］東昌 19/39
［乾隆］東昌 37/13
［嘉慶］東昌 27/12
［光緒］莘縣 7/11
［民國］莘縣 7/6
王靖（明・昌樂人）
［嘉靖］昌樂 3/41
王讃（清・蒙陰人）
［宣統］蒙陰 4/孝義
王靖東（字振海）
（明・無棣人）
［民國］無棣 11/19
06 王韻賡（字汝颺）
（清・樂安人）
［民國］續修廣饒 24/35
07 王郊（明・平陰人）
［順治］平陰 7/15
王訒（字景默）
（清・諸城人）
［道光］諸城縣續志 16/4
王韶（字虞廷）
（清・高密人）
［民國］高密 14/上 85
王望（字慈卿）
（漢・瑯琊人）
［至元］齊乘 6/13
［嘉靖］山東 25/2，30/8
［康熙］山東 31/2，40/8
［雍正］山東 28/人物一 15
［宣統］山東 154/14
［嘉靖］青州 13/6
［萬曆］青州 13/30
［康熙十五年］青州 13/30
［康熙四十八年］青州 13/事功 13
［康熙六十年］青州 16/4
［咸豐］青州 34/6
［萬曆元年］兗州 40/政績 3
［萬曆二十四年］兗州 31/24
［康熙］兗州 24/23
［萬曆］沂州志 6/34
［康熙］沂州志 5/14
［乾隆］沂州府 25/4
［萬曆］諸城 7/4
［康熙］諸城 7/4
［康熙］臨淄 8/2
［民國］臨淄 18/3
［民國］壽光 16/2
王詡（明・萊陽人）
［民國］萊陽 3/1 中 8
王詡（字輔公）
（清・菏澤人）
［宣統］山東 173/39
［乾隆］曹州府 15/27
［光緒］菏澤 15/65
［光緒］新修菏澤 10/44
王詢（字玄度，一字志充，號米山）
（明・蒙陰人）
［康熙四十八年］青州 13/事功 80
［康熙六十年］青州 16/37

[乾隆]沂州府 27/14
[康熙十一年]蒙陰 2/15，2/41
[康熙二十四年]蒙陰 4/8，7/5
[宣統]蒙陰 4/名獻,7/誌傳
王翊(字士游)
(南北朝·琅邪臨沂人)
[嘉靖]山東 26/5
[康熙]山東 33/6
[宣統]山東 161/11
[萬曆元年]兗州 38/循吏 19
[萬曆二十四年]兗州 27/4
[康熙]兗州 21/19
[乾隆]兗州 22/7
[道光]濟寧直隸州 6/6－4
王翊(明)
[乾隆]德州 8/6
[民國]德縣 9/7
王毅(金·京兆大興人)
[康熙]東明 4/20
[乾隆]東明 4/20
[民國]東明縣新誌 11/3
東明縣志料/人物門
王毅(字栗夫,一作粟夫)
(元·汶上人)
[嘉靖]山東 30/58
[萬曆元年]兗州 40/諫議 21
[萬曆二十四年]兗州 35/35
[萬曆]汶上 6/7
王毅(字鶡子)
(清·膠州人)
[道光]重修膠州 28/19
[民國]增修膠志 42/17
膠州直隸州鄉土志 4/文學
王毅(清嶧縣令)
[光緒]嶧縣 19/職官下 20
王訣(元·陽穀人)
[康熙]陽穀 7/14
王詔(字景獻)
(宋·正定人)
[雍正]山東 27/45
[宣統]山東 68/45
[乾隆]東昌 33/20
[嘉慶]東昌 20/31
王詔(明·觀城人)
[康熙]觀城 4/4
[道光]觀城 8/5
觀城縣鄉土志/耆舊
王詔(字孟宣,一作仲宣)
(明·歷城人)
[宣統]山東 161/44
[康熙]濟南 42/12
[道光]濟南 49/25
[崇禎]歷城 10/26
[乾隆]歷城 40/16
王詔(清·單縣人)
[康熙]單縣 8/53
王詔詔(清·棲霞人)
[光緒]增修登州 43/21
[乾隆]棲霞 7/5
王誦三(字宗詩)
(清·商河人)
[民國]重修商河 13/藝文志四墓表 18
王調鼎(字伯和,號我劬)
(明·濰縣人)
[民國]濰縣志稿 27/52
濰縣鄉土志/18
王韶之(字修泰,一作休泰)
(南北朝·臨沂人)
[嘉靖]山東 33/24
[萬曆元年]兗州 41/14
[民國]臨沂 9/24
王毅之(字果亭)
(清·無棣人)
[民國]無棣 13/11
王譖普(清·萊蕪人)
[民國]續修萊蕪 27/18
08 **王敦**(字處仲)
(晉·琅邪人)
[嘉靖]山東 33/21
[萬曆元年]兗州 41/11
[萬曆二十四年]兗州 37/34
[康熙]兗州 28/75
[萬曆]沂州志 10/52
王許(明·蒙陰人)
[康熙十一年]蒙陰 2/37
王誨(字孟堅)
(漢·東萊曲成人)
[宣統]山東 161/2
[光緒]增修登州 38/2
[道光]招遠縣續志 3/1
王謙(明·朝城人)
[康熙]朝城 8/49
王謙(明·南直山陽人)
[乾隆]嶧縣 7/31
王謙(明·壽張人)
[康熙五十六年]壽張 7/41
王謙(清·費縣人)
[康熙]費縣 7/29
王謙(清·平度人)
[道光]重修平度州 19/21
平度鄉土志 4 上/鄉賢
王謙(清·新城人)
[宣統]新城縣後志 3/耆壽
[民國]重修新城 17/7
王詮(清·蒙陰人)
[康熙十五年]青州 14/又 11
[康熙四十八年]青州 14/忠義 12
[康熙六十年]青州 17/7
[乾隆]沂州府 26/5
[康熙十一年]蒙陰 2/33
[康熙二十四年]蒙陰 4/15
[宣統]蒙陰 4/孝義
王謐(字稚遠)
(漢)
[萬曆元年]兗州 41/26
王詳(宋·北海人)
[萬曆]濰縣 9/2
王[言介](字嘉善)
(明·濱州人)
[嘉靖]山東 35/3
[康熙]山東 45/4
[康熙]濟南 47/18
[乾隆]武定府 26/4
[咸豐]武定府 26/義行 4
[康熙]濱州 7/24
[咸豐]濱州 10/厚德 1
王旋(字竹溪)
(明·太康人)
[宣統]山東 72/3
[萬曆二十四年]兗州 29/2
[康熙]兗州 22/23
[乾隆]兗州 22/21
[康熙]滋陽 3/83

［光緒］滋陽 7/3
滋陽縣鄉土志 1/政績
王諭（字滙湖）
（明・博興人）
［咸豐］青州 45/36
［康熙六十年］博興 7/20，7/58
［道光］博興 11/20
［民國］重修博興 13/17
王效文（字謨堂）
（清・臨朐人）
臨朐縣鄉土志 1/耆舊
王效廷（臨沂人）
［民國］續修臨沂 16/24
王敦仁（字德先，號壽山）
（清・霑化人）
［乾隆］武定府 26/20
［咸豐］武定府 26/義行 20
［光緒］霑化 10/11
［民國］霑化 2/84
王效淵（清・定陶人）
［民國］定陶 6/70
王謙祥（清・壽張人）
［光緒］壽張 7/12
王謙祥（清・汶上人）
［宣統］四續汶上稿/人物－耆德傳
王謙志（字六吉，一作六合）
（清・益都人）
［道光］濟寧直隸州 6/7－90
［乾隆］魚臺 9/46
［光緒］魚臺 2/55
［乾隆］博山 7/下 5
［民國］續修博山 12/4
王於藩（號野航）
（清・濱州人）
［咸豐］濱州 10/又 16
王敦善（清・黄縣人）
［光緒］增修登州 41/16
［同治］黄縣 8/7
［民國］黄縣志稿 13/清仕績
王謙益（清・福建人）
樂陵縣鄉土志 2/9
王效公（清・莘縣人）
［民國］莘縣 6/39
王效智（清・鄆城人）
［光緒］鄆城 5/30
鄆城縣鄉土志/耆舊錄－事業
王謙恒（字牧之，號遜卿）
（清・諸城人）
［光緒］增修諸城縣續志 12/24
09 王麟（元・東平人）
［乾隆］泰安府 18/11
［乾隆］東平州 14/7
［道光］東平州 14/7
［光緒］東平州 15/中 7
［民國］東平縣 11/上 31
東平州鄉土志上/耆舊錄 40
王麟（明・新城人）
［康熙］山東 45/4
［雍正］山東 28/人物三 39
［宣統］山東 162/37
［康熙］濟南 45/3
［道光］濟南 51/9
［天啟］新城 7/歲貢，13/傳
［崇禎］新城 13/傳
［民國］重修新城 14/1
王麟（字應隆）
（明・魚臺人）
［嘉靖］山東 30/58
［康熙］山東 40/56
［雍正］山東 28/人物三 3
［宣統］山東 161/30
［萬曆元年］兗州 40/武功 21
［萬曆二十四年］兗州 36/2
［康熙］兗州 28/2
［乾隆］兗州 23/35
［乾隆］濟寧直隸州 24/42
［道光］濟寧直隸州 8/2－56
［康熙］魚臺 17/34
［乾隆］魚臺 11/5
［光緒］魚臺 3/3
王麟（字兆祥）
（清・東平人）
［乾隆］東平州 15/25
［道光］東平州 15/25
［光緒］東平州 15/下 33
［民國］東平縣 11/下 9
東平州鄉土志上/耆舊錄 37
王麟度（清・河南許州人）
［宣統］山東 76/8
［道光］濟寧直隸州 6/7－86
［乾隆］嘉祥 3/31
［光緒］嘉祥 3/39
王麟正（霑化人）
［民國］霑化 4/登進 42
王麟瑞（字崇洋）
（清・福山人）
［民國］福山縣志稿 7/2－26
王麟之（字履仁）
（清・昌樂人）
［民國］昌樂縣續志 30/24
王麟禎（字聖符）
（清・菏澤人）
［光緒］菏澤 15/65
［光緒］新修菏澤 10/43
王麟洲（字經五）
（平原人）
［民國］續修平原 8/22
王麟書（字聖昭）
（清・滋陽人）
［光緒］滋陽 8/62
滋陽縣鄉土志 1/耆舊－文學
王麟趾（字明野）
（明・德平人）
［道光］濟南 52/51
［康熙］德平 3/17
［乾隆］德平 3/10
［嘉慶］德平 7/8
［光緒］德平 7/8
德平縣鄉土志/耆舊錄
王麟嗣（明・臨淄人）
［康熙］臨淄 9/23
王麟閣（清・鄆城人）
［光緒］鄆城 16/28
10 王琣（字佩瑤）
（清・安邱人）
［民國］續安邱新志 20/6
王亘（字邃古）
（清・膠州人）
［民國］增修膠志 45/19
膠州直隸州鄉土志 4/篤行
王靈（清・霑化人）
［光緒］霑化 10/8
［民國］霑化 2/81

王璡(元・高唐人)
[道光]高唐州 5/2 – 7
[光緒]高唐州 5/2 – 10
王璡(字器之)
(明・昌邑人)
[嘉靖]山東 33/10
[康熙]山東 44/9
[萬曆]萊州 5/96
[康熙]萊州 10/24
[乾隆]萊州 10/11
[康熙]昌邑 6/2
[乾隆]昌邑 5/122,6/178
王璡(字器之)
(明・日照人)
[雍正]山東 28/人物三 5
[宣統]山東 164/27
[嘉靖]青州 14/26
[萬曆]青州 13/42
[康熙十五年]青州 13/42
[康熙四十八年]青州 13/事功 25
[康熙六十年]青州 15/8
[康熙]日照 9/2
[光緒]日照 8/4
王晉(清・棲霞人)
[光緒]棲霞縣續志 7/孝友 1
王晉(字子晉)
(清・掖縣人)
[乾隆]掖縣 3/48
王霖(字儆恒)
(明・河南祥符人)
[康熙]山東 32/16
[雍正]山東 27/28
[宣統]山東 71/20
[道光]濟南 36/59
[康熙]德平 3/4
[乾隆]德平 2/26
[嘉慶]德平 5/10
[光緒]德平 5/10
德平縣鄉土志/政績錄
王霖(字喜亭)
(清・滕縣人)
[道光]滕縣志 8/儒林 31
滕縣鄉土志/27
王玟(明・費縣人)
[光緒]費縣 10/71
費縣鄉土志/耆舊錄 – 事業
王霈(字公美)
(清・費縣人)
[光緒]費縣 11/18
王霈(字樹棠,號癡雲)
(清・臨清人)
[民國]臨清縣/人物 86
王平(字鑑衡)
(清・高唐人)
[光緒]高唐州 5/2 – 37
[民國]高唐縣 12/47
王雯(字文洽)
(清・商河人)
[道光]商河 7/33
[民國]重修商河 8/53
王璽(明・東昌府人)
[乾隆]東昌 39/21
[嘉慶]東昌 29/5
王璽(明・諸城人)
[萬曆]諸城 6/25
王璽(明・淄川人)
[嘉靖]淄川 5/74
王璽(清・牟平人)
[同治]重修寧海州 21/8
[民國]牟平 7/107
王璽(字國契)
(清・諸城人)
[咸豐]青州 47/39
[乾隆]諸城 39/7
諸城縣鄉土志/上 44
王夏(字大村,一字蜀子)
(清・膠州人)
[道光]重修膠州 28/19
[民國]增修膠志 42/17
膠州直隸州鄉土志 4/文學
王玹(元・膠州人)
[道光]重修膠州 24/4
[民國]增修膠志 39/4
王堊(明)
[嘉慶]肥城 15/33
[光緒]肥城 7/48
王玉(清・館陶人)
[康熙]費縣 3/17
王元(清・昌邑人)
[光緒]昌邑縣續志 6/13,8/23
王元(清・商河人)
[民國]重修商河 8/46
王雲(字羅漢)
(南北朝・北海劇人)
[嘉慶]昌樂 23/4
王雲(明・東平人)
[乾隆]泰安府 18/36
[康熙]東平州 4/71
[乾隆]東平州 15/3
[道光]東平州 15/3
[光緒]東平州 15/下 2
[民國]東平縣 11/中 23
東平州鄉土志上/政績錄 33
王雲(字天章)
(明・諸城人)
[萬曆]諸城 6/12
[乾隆]諸城 32/1
王雲(清・臨清人)
[乾隆]臨清直隸州 8/下 5
[民國]臨清縣/人物 61
王霑(字霖普)
(清・陽穀人)
[民國]增修陽穀人物/孝義 11
王璋(漢・曲成人,見王章)
王璋(元・益都人)
[民國]昌樂縣續志 17/34
王璋(字廷璧)
(清・齊河人)
[民國]齊河 27/7
王震(金・文登人)
[嘉靖]山東 32/23
[康熙]山東 45/20
[雍正]山東 28/人物二 54
[宣統]山東 165/10
[泰昌]登州 11/35
[順治]登州 17/13
[光緒]增修登州 38/10
[嘉靖]寧海州下/28
[雍正]文登 8/5
[道光]文登 5/7
[光緒]文登 8/上 3
王震(明・萊蕪人)
[民國]續修萊蕪 27/6
王震(號春宇)

（明・蒙陰人）
［康熙十一年］蒙陰 2/16
王震（明・商河人）
［咸豐］武定府 25/孝友 10
王震（字中孚）
（清・臨清令）
［民國］臨清縣/秩官 67
王正（字幹臣）
（清・館陶人）
［乾隆］東昌 43/26
［嘉慶］東昌 32/43
王正（字坤生）
（清・淄川人）
［道光］濟南 54/68
［宣統］三續淄川 10/7
淄川縣鄉土志/鄉宦耆舊
王霆（字樹圃）
（清・茌平人）
［民國］茌平 3/60
王霆（清・諸城人）
［光緒］增修諸城縣續志 15/7
王丙堃（清・福山人）
［光緒］增修登州 43/16
王爾彥（字宗所）
（明・蒲臺人）
［乾隆］武定府 24/25
［咸豐］武定府 24/循良 15
［康熙］重修蒲臺 7/7
［乾隆］蒲臺 3/46
蒲臺縣鄉土志/22
王可立（明・北直真定人）
［乾隆］嶧縣 7/37
王丕襄（字贊甫）
（明・霑化人）
［乾隆］武定府 26/25
［咸豐］武定府 26/隱逸 3
［光緒］霑化 10/23
［民國］霑化 3/1
王天慶（字憲卿，號鶴峰）
（清・晉江人）
［宣統］山東 200/16
［乾隆］濟寧直隸州 28/23
［道光］濟寧直隸州 8/4－48
濟寧州鄉土志 2/流寓
王于京（字配公）
（清・城武人）
［康熙九年］城武 3/58
王玉亭（清・濟陽人）
［民國］濟陽 11/31
王玉亭（字藍田）
（清・慶雲人）
［民國三年］慶雲 2/32
王玉亭（字瑤階）
（清・鄆城人）
［光緒］鄆城 16/21
王元麃（清・諸城人）
［道光］諸城縣續志 14/2
王元度（字維貞）
（清・臨沂人）
［民國］續修臨沂 16/13
王元亨（清・齊河人）
［民國］齊河 27/2
王元讓（字均和）
（清・單縣人）
［民國］單縣 11/48
王元襄（字贊廷）
（清・單縣人）
［民國］單縣 11/30
王元庠（恩縣人）
［民國］重修恩縣 11/鄉賢 59
王元音（清・商河人）
商河縣鄉土志 3/耆舊－學問
王正言（五代・鄆州人）
［光緒］益都縣圖志 16/16
王正言（字最侯）
（臨朐人）
［民國］臨朐續志 20/52
王一龍（字在田）
（清・曹縣人）
［光緒］曹縣 17/藝文墓表 1
王一龍（字五雲）
（清・城武人）
［康熙九年］城武 3/57，5/5
［康熙四十一年］城武 5/上懿行 22
［道光］城武 9/上 42
王雲龍（字霖宇）
（明・山西襄垣人）
［宣統］山東 73/14
［萬曆］青州 12/48
［康熙十五年］青州 12/48
［康熙四十八年］青州 12/48
［康熙六十年］青州 12/29
［咸豐］青州 36/32
［康熙］臨朐縣 1/36，3/3
光緒臨朐 13/10
王雲龍（字竹村）
（清・濟寧人）
［民國］濟寧直隸州續志 12/39
王雲龍（清・鄆城人）
［光緒］鄆城 7/21
王一新（字元始）
（清・臨沂人）
［民國］臨沂 10/35
王再新（清・鄆城人）
［光緒］鄆城 16/32
王不誇（字心虛）
（清・壽光人）
［乾隆］續壽光 24/7
［嘉慶］壽光 13/26
［民國］壽光 12/人物志一 70
王元謨（字彥德）
（南北朝・太原祁人）
［光緒］益都縣圖志 15/5
王爾寶（字襄哉，號止菴，一號泡齋）
（清・掖人）
［宣統］山東 177/16
萊州府鄉土志/下 26
［道光］再續掖縣上/56
［光緒］三續掖縣 2/13
王玉麟（字緒書）
（清・費縣人）
［光緒］費縣 11/27
王玉麟（字石村）
（清・平原人）
［民國］續修平原 6/9
王百平（字聿恭）
（清・單縣人）
［民國］單縣 12/鄉賢 21
王霽雲（字曉嵐）
（清・臨淄人）
［咸豐］青州 49/33
王三元（清・浙江山陰人）

[宣統]山東 75/29
[康熙]濟南 26/7
[道光]濟南 38/40
[康熙]陵縣 4/23
[光緒]陵縣 18/15
陵縣鄉土志/7

王三元(清・滕縣人)
[康熙]滕志 8/人物 25
[康熙]滕縣志 8/義夫 5
[道光]滕縣志 9/孝義 13

王天一(字以清,一名好仁)
(清・商河人)
[民國]重修商河 8/81

王璽玉(清・諸城人)
[光緒]增修諸城縣續志 15/3

王一元(明・禹城人)
[道光]濟南 52/9
[康熙]禹城 2/9
[嘉慶]禹城 9/16
[民國]禹城 6/13

王一元(清・淄川人)
[康熙]淄川 5/11
[乾隆]淄川 5/11

王玉璋(字莪卿)
(清・東平人)
[民國]東平縣 11/下 27

王元醇(清・黄縣人)
[同治]黄縣 9/27

王元晉(清・齊河人)
[民國]齊河 23/15

王元一(平原人)
[民國]續修平原 8/26

王元震(清・膠州人)
膠州直隸州鄉土志 4/孝友

王元正(字馨園)
(清・掖縣人)
[嘉慶]續掖縣 3/11

王雲雷(明・蒙陰人)
[康熙十一年]蒙陰 2/45

王再雪(字新又)
(清・商河人)
[道光]商河 7/18
[民國]重修商河 8/15
商河縣鄉土志 2/耆舊-事業

王震一(字竹�)
(清・文登人)
[光緒]文登 10/上 23

王玉珏(清・高唐人)
[道光]高唐州 5/2-23
[光緒]高唐州 5/2-26
[民國]高唐縣 12/51

王玉珂(字相里)
(清・高密人)
[民國]高密 14/上 22

王玉琢(清・壽光人)
[乾隆]續壽光 27/2
[嘉慶]壽光 15/9
[民國]壽光 12/人物志二 89

王丕烈(字子承)
(清・霑化人)
[民國]霑化 2/98,8/73

王一飛(清・茌平人)
[嘉慶]東昌 32/59
[宣統]茌平 14/8
[民國]茌平 3/69

王玉璠(清・高唐人)
[民國]高唐縣 12/93

王玉璠(霑化人)
[民國]霑化 4/登進 49

王元登(字子高)
(明・曹縣人)
[乾隆]曹州府 16/7
[康熙]曹縣 11/32
[康熙]兖州府曹縣 13/36
[光緒]曹縣 13/35

王元烈(字承武)
(清・諸城人)
[咸豐]青州 47/25
[道光]諸城縣續志 14/4

王元瑞(濟寧人)
[民國]濟寧縣 3/4
[民國]萊陽 3/1 上 38

王雲瑞(字貞祥)
(清・鉅野人)
[民國]續修鉅野 5/上 28

王玉琅(字珠若)
(清・夏津人)
[民國]夏津續編 8/17

王元瓆(清・鄒平人)
[民國]鄒平 15/136

王玉琪(字華東)
(清・壽光人)
[乾隆]續壽光 23/4
[嘉慶]壽光 13/8
[民國]壽光 12/人物志一 75

王玉瓚(字黄中)
(清・樂安人)
[民國]續修廣饒 21/2

王元功(字子銘)
(清・臨沂人)
[民國]續修臨沂 16/13

王三聘(號莘野)
(清・費縣人)
[乾隆]沂州府 26/20
[康熙]費縣 7/27
[光緒]費縣 10/80
費縣鄉土志/耆舊錄-事業

王三聘(字伯衡)
(明・黄縣人)
[光緒]增修登州 39/10
[同治]黄縣 8/14
[民國]黄縣志稿 13/明

王玉珠(字還浦)
(長清人)
[民國]長清 13/30

王再聘(號莘川)
(明・臨邑人)
[道光]濟南 52/12
[順治]臨邑 12/14
[康熙]重修臨邑 9/6,10/13
[道光]臨邑 9/5
[同治]臨邑 9/循異 5

王五聰(字步千)
(清・茌平人)
[民國]茌平 3/60

王爾翼(明・南樂人)
[康熙]鄆城 4/9
[光緒]鄆城 6/9

王爾翼(字虞肱)
(清・諸城人)
[乾隆]諸城 39/8

王丕承(清・濟陽人)
[民國]濟陽 17/72

王元璐(濟寧人)
[民國]濟寧縣 3/4

王震乙(字藍田,原名基桂)

（清・黄縣人）
［民國］黄縣志稿 13/人物－鄉賢祠
王元耿（字曙華）
（清・諸城人）
［道光］諸城縣續志 17/1
王二禿（清・陽信人）
［民國］陽信 5/孝友 70
王三重（字咸恪，號翕墅）
（清・曹縣人）
［光緒］曹縣 14/行誼 12
王三重（字芳塘）
（明・單縣人）
［乾隆］單縣 7/32
［民國］單縣 9/30
王三重（清・肥城人）
［嘉慶］肥城 17/26
［光緒］肥城 9/15
肥城縣鄉土志 5/28
王天爵（字太素）
（清・曹縣人）
［康熙］兗州府曹縣 14/24
［光緒］曹縣 14/人物 18
王天秀（字旭升）
（清・山西定襄人）
［宣統］山東 76/7
［道光］濟寧直隸州 6/7－85
［咸豐］金鄉縣志略 7/14
［民國］金鄉 11/21
金鄉縣鄉土志/政績錄
王一鱸（號士奎）
（清・莘縣人）
［民國］莘縣 7/37
王一豸（清・濮州人）
［康熙］濮州 2/111
［乾隆］濮州 2/95
［宣統］濮州 3/73
王元信（字誠齋）
（平原人）
［民國］續修平原 8/26
王元熏（清・淄川人）
［宣統］三續淄川 9/55
王雲信（字公旬）
（清・商河人）
商河縣鄉土志 2/耆舊－事業
王晉儒（字昭侯）
（清・曹縣人）
［康熙］兗州府曹縣 14/25
［光緒］曹縣 14/人物 20
王石經（字西泉）
（清・濰縣人）
［民國］濰縣志稿 32/9
王天貞（清・寧津人）
［光緒］寧津 8/23
寧津縣志料 3/人物－義烈
王一經（明・莒州人）
［萬曆］青州 14/23
［康熙十五年］青州 14/23
［康熙四十八年］青州 14/孝友 13
［康熙六十年］青州 17/15
［乾隆］沂州府 26/8
［康熙］莒州下/43
［雍正］莒州 9/30
［嘉慶］莒州 9/24
［民國］重修莒志 62/2
王雲衢（清・招遠人）
［光緒］增修登州 46/8
王一峯（字雨嵐）
（清・臨沂人）
［民國］臨沂 10/40
王元山（字仁甫）
（牟平人）
［民國］牟平 7/98
王雲峩（字我山）
（清・臨淄人）
［民國］臨淄 27/57
王雲峯（字墨嵐）
（清・濰縣人）
［民國］濰縣志稿 29/21
王雲峯（清・無棣人）
［民國］無棣 13/21
王雲巒（字銳山）
（清・金鄉人）
［民國］金鄉 14/13
王雲崧（字申甫）
（清・臨淄人）
［民國］臨淄 25/39
王雲岩（見王雲巖）
王雲巖（明，一作元・魚臺人）
［雍正］山東 28/人物三 5
［宣統］山東 167/13
［乾隆］兗州 23/35
［乾隆］濟寧直隸州 28/9
［道光］濟寧直隸州 8/4－42
［康熙］魚臺 17/49
［乾隆］魚臺 11/40
［光緒］魚臺 3/25
王雲嶽（字峻峰）
（商河人）
［民國］重修商河 7/39
王爾德（字潤齋）
（清・無棣人）
［民國］無棣 13/21
王靈侑（金・單縣人）
［雍正］山東 28/人物二 51
［宣統］山東 165/10
［萬曆二十四年］兗州 37/2
［康熙］兗州 28/31
［乾隆］曹州府 16/2
［隆慶］單縣下/17
［順治］單縣 3/9
［康熙］單縣 8/1
［民國］單縣 9/12
王丕勳（字麟閣）
（清・商河人）
［民國］重修商河 8/25
王天佑（字錫齡）
（清・夏津人）
［民國］夏津續編 8/29
王一德（明・商河人）
［康熙］鄒城 6/19
王一化（清・新泰人）
［康熙］濟南 48/10
［乾隆］武定府 26/23
［咸豐］武定府 26/隱逸 1
［康熙］陽信 9/35
［乾隆］陽信 7/53
［民國］陽信 5/隱逸 70
信邑志稿 7/隱逸
王玉德（字恒圃）
（清・新城人）
［宣統］新城縣後志 2/善行
［民國］重修新城 18/4
王元佑（號藎吾）
（清・費縣人）

[康熙]費縣 7/31
王正勳(字載帛,號殿寰)
(明・莘縣人)
[乾隆]東昌 38/29
[康熙十一年]莘縣 7/7
[康熙五十六年]莘縣 7/7
[光緒]莘縣 7/18
[民國]莘縣 7/10
莘縣鄉土志/鄉宦 18
王至化(明・滋陽人)
[宣統]山東 72/44
[乾隆]東昌 34/14
[嘉慶]東昌 22/4
[康熙十一年]莘縣 5/16
[康熙五十六年]莘縣 5/16
[光緒]莘縣 5/12
[民國]莘縣 3/6
莘縣鄉土志/政績 7
王至勳(字堯岑)
(膠州人)
[民國]增修膠志 46/10
王可傑(清・商河人)
[咸豐]武定府 25/孝友又 37
[道光]商河 7/27
[民國]重修商河 8/38
商河縣鄉土志 2/耆舊 - 事業
王于紳(清・臨淄人)
[康熙]淄川 4/23
[乾隆]淄川 4/又 28 - 4
王玉生(字稺崑,一字稚崑)
(清・益都人)
[康熙]山東 45/19
[康熙]益都 8/8
[光緒]益都縣圖志 37/8
王元仲(字魁一)
(清・清平人)
[嘉慶]清平 14/49
[宣統]增輯清平 12/65
[民國]清平/人物 58
王雲岫(字雯谷)
(清・臨淄人)
[咸豐]青州 50/6
[民國]臨淄 24/24
臨淄縣鄉土志/耆舊錄
王晉伯(元・魏人)
[康熙]兗州府曹縣 14/75
[光緒]曹縣 14/游寓 3
王玉泉(字瑤臣)
(清・商河人)
[民國]重修商河 9/23
王丙彝(字子常)
(清・濰縣人)
[民國]濰縣志稿 32/9
王可久(明・萊陽人)
[民國]萊陽 3/1 中 14
王可久(明・偃師人)
[順治]堂邑 2/職官 10
[康熙]堂邑 10/3
王丕修(字如初)
(明・萊陽人)
[康熙]萊陽 8/10
[民國]萊陽 3/1 中 26
王元奐(字載融)
(清・諸城人)
[咸豐]青州 49/6
[道光]諸城縣續志 19/8
王元凱(字虞臣)
(清・樂陵人)
樂陵縣鄉土志 3/28
王元魯(號愚山)
(清・鄒平人)
[道光]濟南 54/29
[嘉慶]鄒平 15/22
[道光]鄒平 15/72
[民國]鄒平 15/72
王天倫(清・會稽人)
[乾隆]福山 9 上/73
[民國]福山縣志稿 7/7 - 2
王元復(字見心)
(明・歷城人)
[雍正]山東 28/人物三 59
[宣統]山東 162/38
[康熙]濟南 45/7
[道光]濟南 49/40
[崇禎]歷城 10/15
[乾隆]歷城 44/3
王雲從(字龍章)
(清・商河人)
[民國]重修商河 8/60
王正倫(字敦五)
(清・泰安人)
[民國]重修泰安縣 8/45
王爾進(清・壽光人)
[民國]壽光 12/人物志二 75
王靈寶(南朝梁・臨沂人)
[康熙]山東 28/6
[萬曆]沂州志 7/67
[康熙]沂州志 5/4
[乾隆]沂州府 28/2
王天寵(元・寧海人)
[同治]重修寧海州 17/6
王天寵(字戴霖)
(明・濟寧人)
[康熙]濟寧州 7/27
[乾隆]濟寧直隸州 26/19
[道光]濟寧直隸州 8/3 - 27
王一之(明・直隸肅寧人)
[康熙五十六年]壽張 4/6
[光緒]壽張 5/6
王元安(字寓靜)
(清・商河人)
[民國]重修商河 8/27
王元賓(字國賢,號對峰)
(明・滕縣人)
[康熙]山東 40/59
[康熙]滕志 7/41
[康熙]滕縣志 7/37
[道光]滕縣志 7/32
滕縣鄉土志/18
王元淳(字子厚,號冲樵)
(清・淄川人)
[乾隆]淄川 5/又 20
王元甯(明・商河人)
[咸豐]武定府 25/孝友 10
王元之(宋)
[道光]鉅野 24/6
王元之(萊陽人)
[民國]萊陽 3/1 中 49
王正容(字德輝)
(明・寧陽人)
[康熙]兗州續編 15/5
[乾隆]兗州 23/44
[康熙十一年]寧陽 7/13
[康熙四十一年]寧陽 7/13
[乾隆]寧陽 7/良吏 4
[咸豐]寧陽 13/3

[光緒]寧陽 13/3
寧陽縣鄉土志/18
王三遷(字養蒙,號紹庭)
(明・臨邑人)
[道光]濟南 52/10
[順治]臨邑 12/11
[康熙]重修臨邑 10/12
[道光]臨邑 9/10,15/69,15/72,15/75,15/77,15/81
[同治]臨邑 9/孝義 1,15/69,15/72,15/75,15/77,15/81
王天福(明・平陰人)
[光緒]平陰 6/70
王天福(清・蒲臺人)
[康熙]濟南 44/38
[乾隆]武定府 25/19
[咸豐]武定府 25/孝友 19
[康熙]重修蒲臺 7/12
[乾隆]蒲臺 3/49
蒲臺縣鄉土志/11
王五福(清・曹縣人)
[光緒]曹縣 14/忠義 8
王元福(清・長清人)
[道光]濟南 56/58
[道光]長清 13/6
王元福(字範五)
(平原人)
[民國]續修平原 8/26
王三近(字仲甫,號月蘆)
(明・淄川人)
[康熙]濟南 45/8
[道光]濟南 72/36
[康熙]淄川 5/25
[乾隆]淄川 5/25
王三洲(本名永淮,以字行)
(清・淄川人)
[宣統]三續淄川 9/74
王元澄(字宴波)
(清・淄川人)
[乾隆]淄川 5/又 31 -4
王一心(字太虛)
(明・城武人)
[康熙九年]城武 3/60
王元治(清・奉天海城人)
[民國]昌樂縣續志 25/2
王天池(清・陽穀人)
[民國]增修陽穀人物/孝義 7
王天祐(字元一)
(清・河南人)
[乾隆]濟寧直隸州 22/39
[道光]濟寧直隸州 6/7 -80
王天祐(字吉臣)
(清・會稽人)
[宣統]山東 200/17
[道光]冠縣 8/上 35
[光緒]冠縣 8/僑寓
[民國]冠縣 8/人物志 46
王于浩(清・鄆城人)
[光緒]鄆城 16/10
王玉法(字奉宸)
(清・桓臺人)
[民國]桓臺志略 3/24
王玉汝(金)
[嘉慶]肥城 15/29
王玉汝(字君璋,一作君章)
(元・鄆城人)
[嘉靖]山東 25/8,30/54
[康熙]山東 31/10,40/52
[雍正]山東 28/人物二 55
[宣統]山東 158/16
[乾隆]泰安府 14/26,16/71
[萬曆元年]兗州 40/政績 14
[萬曆二十四年]兗州 35/30
[康熙]兗州 27/28
[乾隆]曹州府 14/30
[康熙]東平州 4/16
[乾隆]東平州 15/14
[道光]東平州 15/14
[光緒]東平州 15/下 21
[民國]東平縣 11/下 1
東平州鄉土志上/耆舊錄 30
[嘉靖]鄆城志下/7
[崇禎]鄆城 5/6
[康熙]鄆城 5/11
[光緒]鄆城 5/15
[光緒]肥城 7/43
王玉汝(字雲霞)
(明・華州人)
[康熙]嶧縣 3/37
[乾隆]嶧縣 7/17
[光緒]嶧縣 19/職官下 11
王元達(字叔若,號坦夫)
(清・樂陵人)
[乾隆]樂陵 6/40
樂陵縣鄉土志 3/25
王元浩(字海如)
(清・膠州人)
[道光]重修膠州 27/31
[民國]增修膠志 41/23
膠州直隸州鄉土志 4/事功
王元濤(字松亭)
(清・奉天寧遠優貢)
[民國]續修歷城 38/3
[民國]濟陽 9/41
王元禧(字介祉)
(清・鄒平人)
[道光]濟南 54/28
王雲漢(字輝章)
(清・齊東人)
[道光]濟南 56/22
[民國]齊東 5/48
王可澤(明・新城人)
[民國]重修新城 15/4
王雲湘(字書田)
(清・諸城人)
[光緒]增修諸城縣續志 14/4
王雲湘(字瀟齋)
(壽光人)
[民國]壽光 12/人物志二 37
王丙運(字龍塘)
(長清人)
[民國]長清 12/25
王元祿(清・博興人)
[道光]博興 11/36
[民國]重修博興 13/34
王元潤(清・淄川人)
[乾隆]淄川 6/下又 13
王雲鴻(明・吉州人)
[道光]濟南 36/27
[康熙四十三年]長山 3/宦績
[康熙五十五年]長山 3/35
[嘉慶]長山 5/43

王天祥(元)
[康熙]嶧縣 3/21
[乾隆]嶧縣 7/7
[光緒]嶧縣 19/95
王一道(清・高唐人)
[道光]高唐州 5/2－21
[光緒]高唐州 5/2－24
[民國]高唐縣 12/50
王元祚(清・濟陽人)
[乾隆]濟陽 8/41
[民國]濟陽 11/54
王可嘉(明・淄川人)
[康熙]淄川 5/35
[乾隆]淄川 5/35
王丕杰(萊陽人)
[民國]萊陽 3/1 中 55
王三才(清・順天人)
[乾隆]陽信 5/24
信邑志稿 5/宦蹟－駐防
[民國]陽信 2/51
王天吉(明・臨朐人)
[康熙]臨朐縣志書 4/3
王元吉(清・濟陽人)
[民國]濟陽 18/15
王元吉(清・莒縣人)
[民國]重修莒志 61/7
王元吉(字其旋)
(清・霑化人)
[光緒]霑化 9/13
[民國]霑化 2/66
王元杰(清・霑化人)
[光緒]霑化 10/26
[民國]霑化 3/4
王元杰(字子俊)
(濟陽人)
[民國]濟陽 11/68
王元培(字篤生)
(清・滕縣人)
[道光]滕縣志 9/孝義 35
王元培(字均調)
(清・章邱人)
[道光]濟南 54/13
[道光]章邱 11/50
王元壽(清・博興人)
[咸豐]青州 49/40
[道光]博興 11/33
[民國]重修博興 13/32
王震吉(字警方)
(清・博興人)
[民國]重修博興 13/59
王爾垣(清・諸城人)
[光緒]增修諸城縣續志 14/14
王一楨(明・江南青陽人)
[萬曆]鄒志 2/13
[康熙十二年]鄒縣志 3/14
[康熙五十五年]鄒縣志 2/45
[民國]續修鄒縣志稿/名宦
鄒縣鄉土志政績錄/5
王玉梧(清・高唐人)
[民國]高唐縣 12/90
王元姬(晉・東海郯人)
[康熙]山東 28/5
[萬曆元年]兗州 1/皇后 2
[康熙]沂州志 5/2
[乾隆]沂州府 28/1
王元楷(字聖翼)
(清・諸城人)
[道光]諸城縣續志 17/4
王元樞(字斗南,號書門)
(清・濟寧人)
[宣統]山東 172/39
[乾隆]濟寧直隸州 25/34
[道光]濟寧直隸州 8/3－17
王雲樞(字星垣)
(商河人)
[民國]重修商河 7/40
王爾藩(字若屏)
(清・章邱人)
[乾隆]夏津 6/26
王爾英(清・黃縣人)
[康熙]黃縣 6/27
[乾隆]黃縣 8/33
[同治]黃縣 8/11
王爾植(字竹坡)
(清・蓬萊人)
[光緒]蓬萊縣續志 8/文宦 7
[民國]蓬萊縣志合編人物志/行誼
王丕藩(字俊屏)
(清・商河人)
[民國]重修商河 8/86
王天基(字方田)
(清・曲阜人)
[民國]續修曲阜 8/40
王玉藍(清・高苑人)
高苑縣鄉土志/耆舊
王元焱(字曉莊)
(清・諸城人)
[道光]諸城縣續志 17/2
王元者(本名元緒,字仁甫)
(清・臨沂人)
[民國]臨沂 10/25
王元坤(字厚菴)
(清・章邱人)
[道光]章邱 10/51
王天相(字爾吉)
(清・安邱人)
[咸豐]青州 47/36
[道光]安邱新志 28/1
安丘縣鄉土志 5/耆舊錄 2
王元相(號梅村)
(清・奉天海城人)
[宣統]山東 75/47
王平格(字壽山)
(清・淄川人)
[宣統]三續淄川 9/67
王天根(清・霑化人)
[乾隆]武定府 25/17
[咸豐]武定府 25/孝友 17
[光緒]霑化 8/6
[民國]霑化 2/35
王一鶴(字巢雲)
(清・聊城人)
[宣統]聊城 8/補 2
王一怒(原名祿勛,字伯銘,)
(清・陽穀人)
[民國]增修陽穀人物/仕宦 22
王玉欄(清・高唐人)
[民國]高唐縣 12/54
王震起(字省菴)
(清・濰縣人)
[宣統]山東補遺/2
[民國]濰縣志稿 28/3
王爾梅(字子和)

（清・無棣人）
［民國］無棣 12/3
海豐縣鄉土志/耆舊－學問二
王五教（字敬敷）
（清・壽張人）
［光緒］壽張 6/53
壽張縣鄉土志/耆舊－學問
王爾奉（清・壽光人）
壽光縣鄉土志/耆舊
王可中（清・鄒平人）
［道光］濟南 54/51
［道光］鄒平 15/99
［民國］鄒平 15/99
王三接（明・德州人）
［萬曆］諸城 4/38
王三接（號康侯）
（清・曹縣人）
［康熙］曹縣 11/5
［康熙］兗州府曹縣 11/5
［光緒］曹縣 11/選舉 7
王三接（清・莒縣人）
［乾隆］沂州府 26/14
［康熙］莒州下/45
［雍正］莒州 9/31
［嘉慶］莒州 9/28
［民國］重修莒志 62/3
王天貴（字存良）
（清・惠民人）
［光緒］惠民 21/15
惠民縣鄉土志/耆舊錄 12
王元書（清・淄川人）
［宣統］三續淄川 9/55
王雲青（字曉山）
（清・黃縣人）
［民國］黃縣志稿 13/清孝友
王震東（清・長清人）
［民國］長清 11/25
王玉振（清・慶雲人）
［民國三年］慶雲 2/75
王正軒（字意誠）
（清・鉅野人）
［民國］續修鉅野 5/上 24，7/下 36
王正軒（東阿人）
［民國］東阿 15/12
王于成父（春秋）
［康熙六十年］青州 16/43
王元感（唐・濮州鄄城人）
［嘉靖］山東 26/23，31/11
［康熙］山東 34/4，41/9
［雍正］山東 28/人物二 7
［宣統］山東 162/25
［萬曆］東昌 19/21
［乾隆］曹州府 14/14
［嘉靖］濮州 5/6
［萬曆］濮州 3/鄉賢 7
［康熙］濮州 3/39
［乾隆］濮州 3/40
［宣統］濮州 4/46
王正輔（字虛衷）
（明・曹縣人）
［康熙］山東 45/11
［康熙］兗州府曹縣 13/52，17/62
［光緒］曹縣 13/49
王可揚（清・諸城人）
［光緒］增修諸城縣續志 17/6
王元鵷（字振之）
（清・諸城人）
［道光］諸城縣續志 14/3
王丙田
［民國］朝城縣續志 1/26
王爾昌（字茂亭）
（清・曹縣人）
［光緒］曹縣 14/行誼 38
王丕顯（字紹文）
（臨清人）
［民國］臨清縣/人物 79
王元點（字子與）
（清・諸城人）
［道光］諸城縣續志 14/4
王元默（字聲四）
（清・諸城人）
［道光］諸城縣續志 17/1
王雨畦（原名茂霖）
（清・新城人）
［宣統］新城縣後志 3/孝友
［民國］重修新城 18/14
王玉映（清・黃縣人）
［光緒］增修登州 43/12
［乾隆］黃縣 8/38
［同治］黃縣 8/15
［民國］黃縣志稿 13/清懿行
王丕煦（萊陽人）
［民國］萊陽 3/1 中 49
王一鳴（字子默，號三溪）
（明・齊東人）
［道光］濟南 51/46
［萬曆］齊東 17/13
［康熙］新修齊東 7/39
［民國］齊東 5/9
王元鶚（字立齋）
（清・諸城人）
［道光］諸城縣續志 14/7
王元鷺（字仲序）
（清・諸城人）
［道光］諸城縣續志 14/3
王元曦（字伯馭）
（清・掖縣人）
［乾隆］掖縣 4/33
王元雅（字子文）
（清・安邱人）
［咸豐］青州 47/20
［民國］續安邱新志 21/1
安丘縣鄉土志 6/耆舊錄 3
王一驥（清・蓬萊人）
［康熙］蓬萊 4/4
王玉階（字伯平）
（聊城人）
［民國］霑化卷首/11
王元厚（字子載）
（清・諸城人）
［道光］諸城縣續志 19/10
王疏附（字貞子）
（清・博平人）
［乾隆］東昌 40/18
［嘉慶］東昌 30/19
［道光］博平 4/23
王雲陛（字鶴樵）
（長清人）
［民國］長清 12/8
王一體（字惟公，號同春）
（明・城武人）
［康熙］兗州 28/38

［康熙九年］城武 3/12，3/15，3/57
［康熙四十一年］城武 5/上懿行 3，5/上懿行 21
［道光］城武 9/上 40，9/下 9
王天馴（號松崖）
（清・雲南大姚諸生）
［宣統］山東 200/17
王玉陽（見王處一）
王百朋（字信陵）
（清・諸城人）
［道光］諸城縣續志 17/3
王可用（元）
［順治］平陰 8/上 20
王丕熙（字敬止）
（清・商河人）
［民國］重修商河 8/86
王一鳳（明）
［道光］濟南 60/15
王一鳳（字文鳴，別號岐山）
（明・澶淵人）
［康熙］萊陽 10/23
王一鳳（明・招遠人）
［順治］招遠 8/12
王一周（字建常）
（明・商河人）
［民國］重修商河 9/8，13/藝文志四墓誌 27
王于民（字子之，號近江）
（明・陝西漢中舉人）
［光緒］增修登州 31/2
［康熙］萊陽 4/6，10/22
［民國］萊陽 3/1 上 8
王雲鳳（字治祥）
（明・章邱人）
［道光］章邱 11/56
王雲閣（無棣人）
［民國］無棣 13/24
海豐縣鄉土志/耆舊－事業五
王雲鵬（明・霑化人）
［乾隆］武定府 26/4
［咸豐］武定府 26/義行 4
［萬曆］新修霑化 6/120
［光緒］霑化 10/3
［民國］霑化 2/75
王雲鵬（字凌霄）
（清・定陶人）
［民國］定陶 6/31
王再門（清・蓬萊人）
［光緒］增修登州 36/18
［道光］重修蓬萊 9/15
［民國］蓬萊縣志合編人物志/忠勇
王丕臨（字以莊）
（清・商河人）
［民國］重修商河 8/46
王玉臨（字梅樵）
（清・濰縣人）
［民國］濰縣志稿 29/11
王爾鐔（字素民，一字子先，又字和伯，號石佛，又號少微，晚號白龍居士）
（清・萊陽人）
［光緒］增修登州 43/32
［民國］萊陽 3/1 中 90
王三曾（字孝升）
（清・商河人）
［道光］商河 7/42
［民國］重修商河 9/6
王一夔（字虞音，號孟夫）
（清・大興人）
［宣統］山東 75/31
［乾隆］泰安府 15/35
［光緒］增修登州 33/4
［乾隆二十五年］泰安縣 10/35
［乾隆四十七年］泰安縣 8/32
［道光］泰安縣 10/9
［民國］重修泰安縣 6/62
［雍正］文登 6/38
［道光］文登 5/24
［光緒］文登 7/下 6
［民國］文登 7/下 6
王一夔（字諧倫）
（清・無棣人）
［民國］無棣 13/28
王雨合（字岱雲）
（清・新城人）
［宣統］新城縣後志 3/文苑
新城縣鄉土志/耆舊－清
王玉美（字松岩）
（清・莒縣人）
［民國］重修莒志 65/34
王玉鉉（字華鼎）
（清・陽信人）
［乾隆］陽信 7/14
［民國］陽信 5/篤行 28
信邑志稿 7/義行
王元羔（字纘卿）
（明・霑化人）
［康熙］山東 46/2
［乾隆］武定府 26/25
［咸豐］武定府 26/隱逸 3
［光緒］霑化 10/23
［民國］霑化 3/1
王元善（清・奉天海城人）
［民國］昌樂縣續志 25/2
王元鑄（字祇台）
（清・曹縣人）
［康熙］兗州府曹縣 14/32
［光緒］曹縣 14/人物 28
王三錫（字懷萬）
（明・福山人）
［光緒］增修登州 44/2
［康熙］福山 8/30
［乾隆］福山 8/68
［民國］福山縣志稿 7/1－13
王三錫（字承恩）
（明・菏澤人）
［康熙］曹州志 15/59
［光緒］菏澤 15/53
［光緒］新修菏澤 10/23
王三錫（字華巒）
（明・四川內江人）
［宣統］山東 73/18
［萬曆］青州 12/36
［康熙十五年］青州 12/36
［康熙四十八年］青州 12/36
［康熙六十年］青州 12/32
［咸豐］青州 36/23
［萬曆］諸城 4/25，5/18
［康熙］諸城 5/16
［乾隆］諸城 28/6
王三錫（明・商南貢生）
［萬曆］寧津 5/17
［光緒］寧津 6/27

寧津縣志料 3/人物－名宦
寧津縣鄉土志/政績
王天錫(字旭莊)
(清・甘肅皋蘭人)
[民國]濰縣志稿 20/23
濰縣鄉土志/8
王天錫(清・正黃旗監生)
[乾隆]東昌 35/36
王元智(字子彰)
(平原人)
[民國]續修平原 8/26
王雲錦(清・直隸舉人)
曲阜縣鄉土志/政績錄
王西銘(清・高唐人)
[道光]高唐州 5/2－21
[光緒]高唐州 5/2－24
王元鋼(字鐵崖)
(清・博興人)
[民國]重修博興 13/60
王雲銘(字寶文,號蕉坪)
(清・惠民人)
[咸豐]武定府 23/名臣 37
王爾鑑(字在茲,號熊峰)
(清・河南盧氏人)
[宣統]山東 75/63
[乾隆]濟寧直隸州 22/37
[道光]濟寧直隸州 6/7－75
[光緒]鄒縣續志 7/8
[民國]續修鄒縣志稿/名宦
鄒縣鄉土志政績錄/7
[道光]滕縣志 6/宦績 38
滕縣鄉土志/8
王丕鑑(字寶三)
(清・商河人)
[民國]重修商河 8/26
王天鑑(字近微)
(清・直隸宣化人)
[宣統]山東 76/45
[乾隆]東昌 35/24
[嘉慶]東昌 22/28
[雍正]恩縣續志 3/5
[宣統]重修恩縣 6/50
[民國]重修恩縣 10/65
恩縣鄉土志/10
王西鋭(字瑞之)
(黃縣人)
[民國]黃縣志稿 13/民國懿行
王玉符(長清人)
[民國]長清 12/17
王元策(清・淄川人)
[宣統]三續淄川 9/55
王元第(字試三)
(清・壽光人)
[嘉慶]壽光 13/13
[民國]壽光 12/人物志一 83
王元節(字子元)
(金・弘州人)
[咸豐]青州 64/30
[乾隆]諸城 27/10
王天眷(字龍錫,號魯源)
(清・濟寧人)
[雍正]山東 28/人物四 13
[宣統]山東 172/28
[乾隆]兗州 23/61
[乾隆]濟寧直隸州 25/7
[道光]濟寧直隸州 8/3－4
濟寧州鄉土志 2/耆舊
王西堂(原名廷標,號辛亭)
(清・淄川人)
[宣統]三續淄川 9/69
王元愷(字子仁)
(清・齊河人)
[民國]齊河 27/15
王元烺(字旭谷)
(清・諸城人)
[道光]諸城縣續志 14/5
王爾慎(字翼如)
(清・壽光人)
[嘉慶]壽光 13/29
[民國]壽光 12/人物志一 84
王元焜(字孟韜)
(清・諸城人)
[乾隆]諸城 32/14
王爾恂(字慎齋)
(清・昌樂人)
[民國]昌樂縣續志 35/5
王玉輝(字蘊山)
(清・商河人)
[民國]重修商河 8/25
王元煥(見王元奐)
王玉瑩(清・東平人)
[光緒]東平州 15/下 16
[民國]東平縣 11/中 32
11 **王棐**(字非木,號在旦)
(清・長山人)
[宣統]山東 170/15
[道光]濟南 55/14
[康熙五十五年]長山 6/45
[嘉慶]長山 8/17
王玕(字竹溪)
(清・膠州人)
[民國]增修膠志 41/36
王珩(字伯玉)
(金・黎陽人)
[嘉靖]山東 26/14
[康熙]山東 33/16
[雍正]山東 27/36
[宣統]山東 69/7
[萬曆元年]兗州 38/循吏 34
[萬曆二十四年]兗州 28/13
[康熙]兗州 22/13
[乾隆]兗州 22/14
[康熙四十一年]寧陽 3/15
[乾隆]寧陽 3/2
[咸豐]寧陽 11/4
[光緒]寧陽 11/4
寧陽縣鄉土志/10
王珩(明・交河人)
[康熙]兗州府曹縣 9/3
王疆(字玉京)
(清・諸城人)
[道光]諸城縣續志 16/4
王瑨(本名珍,字渤生)
(明・濰縣人)
[民國]濰縣志稿 27/46
王珏(字廷重)
(明・章邱人)
[道光]章邱 10/28
王珏(明・淄川人)
[康熙]濟南 44/17
[道光]濟南 72/36
[萬曆]淄川 28/1
[康熙]淄川 5/32
[乾隆]淄川 5/33
王珏(清・陝西人)
[乾隆]萊州 9/36

[乾隆]膠州 4/22
[道光]重修膠州 23/9
[民國]增修膠志 18/8
[乾隆]即墨 8/11
[同治]即墨 8/12
王珏(字荊生)
(清·滕縣人)
[康熙]滕縣志 7/91
[道光]滕縣志 9/孝義 14
王珂(字佩鳴)
(清·滋陽人)
[光緒]滋陽 8/44,11/25
滋陽縣鄉土志 1/耆舊－鄉賢
王彌(晉·東萊人)
[嘉靖]山東 33/20
[咸豐]青州 55/7
[萬曆]萊州 6/85
[乾隆]掖縣 5/60
王玶(字國瑞,別號瑯琊)
(明·寧津人)
[萬曆]寧津 7/4
[康熙]寧津縣志稿 7/4
[光緒]寧津 8/41,12/6
王栞(字桐木)
(清·諸城人)
[道光]諸城縣續志 14/7
王璿(字在璣)
(清·膠州人)
[康熙六十年]青州 17/19
[道光]重修膠州 29/32
[民國]增修膠志 45/17
王璿(清·莒州人)
[康熙四十八年]青州 14/孝友 20
[乾隆]沂州府 26/14
[雍正]莒州 9/33
[嘉慶]莒州 9/29
[民國]重修莒志 62/3
王琢(清·鄒平人)
[民國]鄒平 15/139
王麗正(字衮卿)
(清·陽穀人)
[民國]增修陽穀人物/師道 25
王琢玉(字文珍,號崑源)
(明·莘縣人)
[乾隆]東昌 38/28
[嘉慶]東昌 28/28
[康熙十一年]莘縣 7/5,8/95
[康熙五十六年]莘縣 6/2,7/5,8/95
[光緒]莘縣 7/15,8/中 54
[民國]莘縣 7/8,9/24
莘縣鄉土志/鄉宦 17
王璿璣(字玉衡)
(清·壽張人)
[光緒]壽張 7/15
王琢璞(字連城,一字無瑕)
(明·濟陽人)
[道光]濟南 51/53
[乾隆]濟陽 8/32
[民國]濟陽 11/4,17/25
王斐然(清·莘縣人)
[光緒]莘縣 7/45
[民國]莘縣 7/33
王琴堂(字笙三)
(齊東人)
[民國]齊東 5/48
12 **王璠**(字叔璵,一作叔輿)
(元·交河人,一作晉寧人)
[嘉靖]山東 26/15
[康熙]山東 33/18
[雍正]山東 27/92
[宣統]山東 69/31
[萬曆元年]兗州 38/循吏 47
[萬曆二十四年]兗州 28/20
[康熙]兗州 22/19
[乾隆]曹州府 12/12
[順治]定陶 5/4
[乾隆]定陶 4/16
[民國]定陶 4/16
王弘(字休元)
(南北朝·臨沂人)
[至元]齊乘 6/17
[嘉靖]山東 30/22
[康熙]山東 40/24
[雍正]山東 28/人物一 43
[宣統]山東 155/15
[萬曆二十四年]兗州 33/1
[康熙]兗州 26/1
[萬曆]沂州志 6/61
[康熙]沂州志 5/36
[乾隆]沂州府 25/10
[民國]臨沂 9/17
王弘(明·恩縣人)
[嘉靖]山東 35/4
[康熙]山東 45/12
[萬曆]恩縣 4/52
王璣(字用衡)
(明·東明人)
[康熙]東明 6/18
[乾隆]東明 6/18
[民國]東明縣新誌 11/26
王璣(字在叔,號在菴)
(明·陝西西安人)
[宣統]山東 70/26
[康熙]濟南 24/25
[道光]濟南 35/38
[萬曆]武定州 12/14
[崇禎]武定州 15/17
[乾隆]武定府 16/9
[咸豐]武定府 19/9
[乾隆]惠民 5/18
[光緒]惠民 18/11
惠民縣鄉土志/政績錄 6
王璣(字玉衡)
(清·齊東人)
[道光]濟南 56/18
[康熙]新修齊東 6/10
[民國]齊東 5/25
齊東縣鄉土志/耆舊錄 1
王璣(清·商河人)
[民國]重修商河 8/76
商河縣鄉土志 2/耆舊－事業
王烈(字彥方)
(漢·平原人)
[至元]齊乘 6/14
[雍正]山東 31/12
[宣統]山東 167/3
[嘉靖]青州 15/52
[康熙]萊州 10/93
[萬曆]濰縣 8/5
[康熙]濰縣 5/人物 4
[乾隆]濰縣 4/33

濰縣鄉土志/42
王烈(字丕承)
(清・平原人)
[道光]濟南 56/107
[民國]續修平原 10/上 5
王瑞(字應時)
(明・博平人)
[正德]博平 4/71
王瑞(明・萊陽人)
[民國]萊陽 3/1 中 10
王瑞(字介公)
(明・齊河人)
[道光]濟南 51/41
[康熙]齊河 6/14
[民國]齊河 23/9
王瑞(字冲華)
(清・汶上人)
[康熙]續修汶上 4/人物 12
王廷(字子正)
(明・南充人)
[康熙]濟寧州 4/7
王廷(明・陽信令)
[宣統]山東 71/40
[康熙]濟南 25/24
[乾隆]武定府 16/16
[咸豐]武定府 19/陽信 1
[康熙]陽信 7/26
[乾隆]陽信 5/27
信邑志稿 5/宦蹟
[民國]陽信 2/54
王廷(清・浙江人)
[順治]新泰 4/22
[乾隆]新泰 11/9
王珽(字化周,號心田)
(明・商河人)
[道光]商河 7/15
[民國]重修商河 8/12,13/藝文志四墓誌 13
商河縣鄉土志 2/耆舊－事業
王珽(字搢公)
(清・無棣人)
[民國]無棣 12/2
海豐縣鄉土志/耆舊－學問一
王琇(明・萊陽人)
[光緒]增修登州 50/1
[康熙]萊陽 8/20
[民國]萊陽 3/1 中 56
王琇(明・邳州人)
[崇禎]武定州 7/19
王延(字世美)
(唐・鄭州長豐人)
[乾隆]即墨 8/4
[同治]即墨 8/4
王瑀(字佩之)
(清・鉅野人)
[民國]續修鉅野 5/上 14
王登庸(明・北直文安人)
[宣統]山東 71/44
[乾隆]武定府 16/27
[咸豐]武定府 19/樂陵 2
[乾隆]樂陵 4/50
樂陵縣鄉土志 2/7
王孫慶(漢・東郡人)
[嘉慶]東昌 31/1
王廷慶(字荔塘)
(清・諸城人)
[光緒]增修諸城縣續志 12/5
王延慶(字北海,號白海)
(清・福山人)
[光緒]增修登州 39/20
[光緒]益都縣圖志 18/60
[民國]福山縣志稿 7/5－6
王瑞龍(清・海陽人)
[光緒]海陽縣續志 4/33
王弘訓(字百維)
(清・滕縣人)
[康熙]滕縣志 7/90
[道光]滕縣志 9/孝義 16
王廷斌(字均適)
(清・平度人)
[光緒]平度志要/人物
王廷詔(明・真定人)
[萬曆]濮州 3/名宦 25
王瑞麟(字呈祥)
(清・昌樂人)
[民國]昌樂縣續志 35/10
王孫賈(春秋)
[至元]齊乘 6/6
[嘉靖]山東 25/2
[康熙]山東 31/2
[嘉靖]青州 13/6
[萬曆]青州 14/3
[康熙十五年]青州 14/3
[康熙四十八年]青州 14/忠義 3
[康熙六十年]青州 17/2
[萬曆元年]兗州 40/武功 5
[康熙]臨淄 9/20
[民國]臨淄 22/60
臨淄縣鄉土志/耆舊錄
王廷玉(金)
[嘉靖]青州 15/46
王廷雲(清・菏澤人)
[光緒]菏澤 16/13
[光緒]新修菏澤 11/71
王廷棐(字景周)
(清・淄川人)
[道光]濟南 54/74
王登聯(字捷軒)
(清・茌平人)
[康熙]山東 41/30
[雍正]山東 28/人物四 9
[宣統]山東 174/4
[康熙]濟南 26/5
[道光]濟南 37/75
[乾隆]東昌 40/20
[嘉慶]東昌 30/21
[康熙二年]茌平 2/45,4/37
[康熙四十九年]茌平 2/45,4/37
[宣統]茌平 10/9
[民國]茌平 3/24
王發硎(清・寧津人)
[光緒]寧津 8/22
寧津縣志料 3/人物－義烈
王聯登(清・歷城舉人)
[光緒]嶧縣 19/丞倅 17
王瑞廷(字輯五)
(清・商河人)
[民國]重修商河 9/21
王孫延(號緜齋)
(清・城武人)
[道光]城武 9/上 24
王廷璠(字魯玉)
(清・寧陽人)

[光緒]寧陽 14/42
王廷瑞(字小白)
(清・齊東人)
[民國]齊東 5/126
王廷瑞(字子班)
(清・曲阜人)
[民國]續修曲阜 5/19,5/37
王珽瑞(清・諸城人)
[光緒]增修諸城縣續志 16/11
王廷礎(字國楹)
(清・曹縣人)
[康熙]兗州府曹縣 14/10
[光緒]曹縣 14/人物 8
王廷珪(明・臨清人)
[康熙]臨清州 3/人物 17
[乾隆]臨清州 9/50
[乾隆]臨清直隸州 8/上 38
[民國]臨清縣/人物 50
王廷弼(字清甫)
(清・鉅野人)
[民國]續修鉅野 5/上 24
王廷璨(字璀光)
(清・平度人)
[道光]重修平度州 19/34
王廷瑤(清・福山人)
[乾隆]福山 8/63
王廷珍(字獻甫)
(清・嘉祥人)
[光緒]嘉祥 3/49
王廷珍(字珠五)
(清・夏津人)
[民國]夏津續編 8/28
王廷珍(字令礎)
(清・鄆城人)
[康熙]鄆城 6/20
王弘仁(號西村)
(明・高唐人)
[乾隆]東昌 42/25
[嘉慶]東昌 32/20
[嘉靖]高唐州 5/23
[康熙十二年]高唐州 9/6
[康熙五十一年]高唐州 9/8
[道光]高唐州 5/2－17
[光緒]高唐州 5/2－20
[民國]高唐縣 12/33
高唐州鄉土志/19
王孔占(清・鄒平人)
[道光]濟南 54/51
[道光]鄒平 15/99
[民國]鄒平 15/99
王廷偕(清・即墨人)
[道光]重修膠州 31/4
[民國]增修膠志 48/6
王登岸(清・高唐人)
[民國]高唐縣 12/56
王登崑(字秋峯)
(清・高唐人)
[民國]高唐縣 12/55
王瑞然(清・章丘人)
[道光]章邱 11/79
王廷俊(明・夏津人)
[乾隆]東昌 42/30
[嘉靖]夏津 4/12
[康熙]夏津 5/10
[乾隆]夏津 8/15
王廷俊(字敬之)
(清・長山人)
[康熙五十五年]長山 6/43
[嘉慶]長山 10/15
王廷獻(明・費縣人)
[康熙]兗州續編 15/29
[乾隆]沂州府 26/11
[康熙]費縣 7/14
[光緒]費縣 10/81
王廷獻(字修裕)
(清・茌平人)
[乾隆]東昌 43/11
[嘉慶]東昌 32/37
[宣統]茌平 14/5
[民國]茌平 3/70
王登魁(清・臨淄人)
[民國]臨淄 28/11
王弘化(明・博山人)
[康熙]顏神鎮志 4/下 7
王廷魁(字梅臣)
(清・昌黎人)
[光緒]壽張 5/12
王廷偉(字相樞)
(清・即墨人)
[道光]重修膠州 31/4
[民國]增修膠志 48/6
[康熙十二年]博興 6/4
[康熙六十年]博興 7/19
[同治]即墨 9/33
即墨縣鄉土志/耆舊－事業四
王延德(宋)
[康熙]東平州 3/6
王瑞生(清・魚臺人)
[乾隆]魚臺 11/29
[光緒]魚臺 3/17
王登保(清・博平人)
[光緒]博平縣續志 10/56
博平縣鄉土志/耆舊－忠節
王瑞泉(字輯符,號礬溪)
(清・臨邑人)
[民國]續修臨邑 3/31
王孫紹(明・城武人)
[康熙九年]城武 3/22
[康熙四十一年]城武 5/下義烈 4
[道光]城武 9/下 45
王弘之(字方平)
(南北朝・臨沂人)
[嘉靖]山東 30/24
[康熙]山東 40/26
[萬曆元年]兗州 40/隱逸 4
[萬曆二十四年]兗州 33/8
[康熙]兗州 26/8
[萬曆]沂州志 6/60
[康熙]沂州志 5/35
[乾隆]沂州府 27/9
[民國]臨沂 9/23
王廷賓(清・滿洲人)
[康熙]昌邑 5/8
王廷賓(字子卿)
(清・濰縣人)
[民國]濰縣志稿 32/8
王延之(字希季)
(南北朝・臨沂人)
[嘉靖]山東 30/23
[康熙]山東 40/26
[萬曆二十四年]兗州 33/11
[康熙]兗州 26/10
[萬曆]沂州志 6/71
[康熙]沂州志 5/43

[乾隆]沂州府 25/12
[民國]臨沂 9/23
王引之(字伯申,號曼卿,原名述之)
(清・江南高郵人)
[宣統]山東 74/36
[道光]濟南 37/52
王廷禎(字瑞麟)
(清・夏津人)
[民國]夏津續編 8/36
王登州(明・直隸棗強人)
[萬曆]青州 12 又/9
[康熙十五年]青州 12 又/9
[康熙四十八年]青州 12 又/9
[康熙]臨淄 8/9
[民國]臨淄 18/10
王登洲(見王登州)
王廷梁(字茂齋)
(清・博山人)
[民國]續修博山 11/37
王廷對(字抒素)
(明・江西舉人)
[宣統]山東 72/28
[乾隆]曹州府 12/21
[康熙]濮州 3/27
[乾隆]濮州 3/27
[宣統]濮州 4/27
王廷對(字賡載)
(清・滕縣人)
[乾隆]兗州 23/73
[道光]滕縣志 9/孝義 19
王廷對(清・鄒平人)
[道光]濟南 54/28
王廷祐(明)
[萬曆]青州 12 又/又 10
王延禮(字孝可)
(清・諸城人)
[乾隆]諸城 32/11
王廷選(字虎山)
(清・文登人)
[光緒]文登 10/上 6
王延祿(字介錫,號梅村)
(清・高苑人)
高苑縣鄉土志/耆舊
王發祥(字其長)
(清・慶雲人)
[嘉慶]慶雲 9/30
[咸豐]慶雲 2/68
[民國三年]慶雲 2/50
王癸祥(字東品)
(清・諸城人)
[道光]諸城縣續志 14/10
王癸祚(字東圃)
(清・諸城人)
[道光]諸城縣續志 14/10
王弘道(字士達)
(明・霑化人)
[乾隆]武定府 24/6
[咸豐]武定府 24/清介 6
[萬曆]新修霑化 6/115
[光緒]霑化 7/21
[民國]霑化 2/23
王延祥(明・青城人)
[乾隆]青城 8/10
王延祥(清・淄川人)
[乾隆]淄川 8/7
王登奎(字曜五)
(清・齊東人)
[民國]齊東 5/55
王發志(字建勳)
(長清人)
[民國]長清 12/18
王廷杰(清・夏津人)
[光緒]寧津 8/49
王廷杰(清・陽信人)
[民國]陽信 5/方技 83
王廷柱(清・壽張人)
[光緒]壽張 7/27
王廷柱(字鼎臣,號繡鵠)
(清・淄川人)
[宣統]三續淄川 10/9
淄川縣鄉土志/鄉宦耆舊
王廷梓(明)
[乾隆]嶧縣 7/33
王廷梓(字少林,號守愚)
(清・淄川人)
[道光]濟南 54/74
[宣統]三續淄川 9/56
淄川縣鄉土志/鄉宦耆舊
王引杰(字卓亭)
(清・諸城人)
[道光]諸城縣續志 14/14
王引梓(字琴侶)
(清・諸城人)
[道光]諸城縣續志 14/12
王廷標(清・陽穀人)
[光緒]陽穀 6/27
王廷楷(東阿人)
[民國]東阿 15/7
王廷樞(清・浙江秀水人)
[民國]萊陽 3/1 中 53
王引楷(字式亭)
(清・諸城人)
[道光]諸城縣續志 14/14
王發越(清・黎城人)
清平縣鄉土志/政績
王廷栻(清・文登人)
[光緒]增修登州 43/41
[道光]文登 5/19
[光緒]文登 10/上 10
王聯芳(清・諸城人)
[光緒]增修諸城縣續志 16/27
王瑞藻(字子班,號春如)
(清・膠州人)
[民國]增修膠志 45/20
王孫蕃(字生洲)
(明・北直雄縣人)
[宣統]山東 72/13
[康熙]濟寧州 4/60
[乾隆]濟寧直隸州 22/21
[道光]濟寧直隸州 6/6-26
王孫菁(字莪公)
(清・霑化人)
[光緒]霑化 8/5
[民國]霑化 2/33
王孫蔚(清・陝西臨潼人)
[光緒]益都縣圖志 18/46
王孫鬱(明・雄縣人)
[康熙十一年]莘縣 5/7
王孫枝(字桐實,別字歷亭)
(清・長山人)
[宣統]山東 170/30
[道光]濟南 55/15
[乾隆]昌邑 5/125
[康熙五十五年]長山 6/37
[嘉慶]長山 9/8,14/43

王廷芳(字溢香)
(清・博興人)
[民國]重修博興 13/45
王廷芳(清・平度人)
平度鄉土志 4 上/鄉賢
王廷桂(清・壽張人)
壽張縣鄉土志/耆舊-附忠孝祠
王廷桂(字丹亭,號步蟾)
(清・淄川人)
[宣統]三續淄川 10/8
王廷薦(號華鉉)
(明・鄒平人)
[道光]濟南 50/8
[道光]鄒平 15/36
[民國]鄒平 15/36
王廷樾(字默齋)
(清・寧陽人)
[咸豐]寧陽 15/7
[光緒]寧陽 15/7
王廷蘭(明・南直婺源人)
[宣統]山東 71/11
[道光]濟南 36/24
[康熙四十三年]長山 3/宦績
[康熙五十五年]長山 3/33
[嘉慶]長山 5/42
王廷蘭(字紉秋)
(清・膠州人)
[民國]增修膠志 45/23
王廷林(字墨翰)
(清・陽信人)
[民國]陽信 5/任恤 34
王廷楠(明・魚臺人)
[道光]濟寧直隸州 8/2-58
[康熙]魚臺 17/40
[乾隆]魚臺 11/24
[光緒]魚臺 3/14
王廷楠(字楚材,號柳村)
(清・淄川人)
[道光]濟南 54/74
[乾隆]淄川 5/又 53-1
[宣統]三續淄川 10/8
淄川縣鄉土志/鄉宦耆舊
王廷英(字元育)
(清・臨淄人)
[民國]臨淄 27/50
王延桂(字秋巖)
(清・濟寧人)
[民國]濟寧直隸州續志 14/4
王延桂(字丹廷,一字丹亭)
(清・無棣人)
[民國]無棣 13/20
海豐縣鄉土志/耆舊-事業五
王延桂(字秋卿)
(清・諸城人)
[光緒]增修諸城縣續志 12/6
王延世(字長叔)
(漢・犍爲資中人)
[宣統]山東 66/3
王廷棟(字如菴)
(清・陝西三原人)
[康熙]鄆城 4/10
[光緒]鄆城 6/9
王廷棟(字雲浦)
(清・滕縣人)
[宣統]滕縣續志稿 3/27
[民國]續滕縣志 2/8
滕縣鄉土志/21
王廷坤(清・章丘人)
[道光]章邱 11/86
王引楗(字班瑚)
(清・諸城人)
[乾隆]膠州 4/24
[道光]重修膠州 23/11
[民國]增修膠志 18/10
[乾隆]諸城 32/3
王廷柏(字擎玉)
(清・曹縣人)
[康熙]兗州府曹縣 14/18
[光緒]曹縣 14/人物 14
王廷槐(字蔭三)
(清・福山人)
[民國]福山縣志稿 7/2-29
王廷相(字子衡)
(明・河南儀封人,一作浚川人)
[宣統]山東 70/30
[康熙]濟南 24/25
[道光]濟南 35/40
[崇禎]歷乘 16/34,16/62
[崇禎]歷城 6/13
王聯聲(字席珍)
(清・平原人)
[道光]濟南 56/108
[民國]續修平原 10/上 18
王廷橘(字揚貢)
(清・平度人)
[民國]平度縣續志 8/16
王廷幹(字西村)
(清・安丘人)
[宣統]山東 175/46
[民國]續安邱新志 17/8
安丘縣鄉土志 7/耆舊錄 4
王廷梅(清・天津武進士)
[乾隆]嶧縣 7/45
[光緒]嶧縣 19/武職 32
王廷梅(清・諸城人)
[光緒]增修諸城縣續志 17/3
王廷榆(字月笙)
(清・莒縣人)
[民國]重修莒志 62/16
王延乾(字健庵)
(清・臨朐人)
臨朐縣鄉土志 1/耆舊
王廷貴(字彝之)
(清・長山人)
[道光]濟南 55/28
[嘉慶]長山 9/10
長山縣鄉土志/耆舊錄
王廷貴(清・諸城人)
[光緒]增修諸城縣續志 17/18
王廷甫(明・單縣人)
[順治]單縣 2/41
王廷輔(字大任)
(明・德平人)
[嘉靖]山東 35/2
[康熙]山東 45/2
[雍正]山東 28/人物三 29
[宣統]山東 164/45
[康熙]濟南 38/17
[道光]濟南 52/54
[康熙]德平 3/33

［乾隆］德平 3/8
［嘉慶］德平 7/11
［光緒］德平 7/24
德平縣鄉土志/耆舊錄
王廷輔(明・利津人)
［康熙］利津縣新志 8/22
［光緒］利津 8/義行 1
王廷輔(字俊卿)
(清・桓臺人)
［民國］桓臺 3/37
王廷揚(明・臨海人)
［萬曆］萊州 6/24
［康熙］萊州 10/94
［乾隆］萊州 9/15
［乾隆］掖縣 4/77
王廷掄(號簡菴)
(清・山西澤州人)
［宣統］山東 74/46
［道光］濟南 37/67
王瑞田(字芝生)
(清・臨邑人)
［民國］續修臨邑 3/38
王廷甲(明・南直監生)
［康熙］沂水 4/27
［道光］沂水 5/28
王廷顯(清・茌平人)
［宣統］茌平 16/2
［民國］茌平 3/17
王廷器(明・直隸容城人)
［嘉靖］山東 26/29
［康熙］山東 34/8
［宣統］山東 72/42
［萬曆］東昌 18/37
［乾隆］東昌 34/8
［嘉慶］東昌 21/26
［康熙］重修清平下/2
［嘉慶］清平 13/2
［宣統］增輯清平 11/2
［民國］清平/秩官 27
王聯璧(清・曹縣人)
［光緒］曹縣 14/忠義 3
王聯璧(字星瑞,號蘭生)
(清・高密人)
［民國］高密 14/上 20
王廷臣(明・博平人)
［康熙］博平 3/63
王廷臣(字翠華)
(明・濟寧人)
［康熙］濟寧州 7/29
［乾隆］濟寧直隸州 27/5
王廷臣(明・陽曲人)
［光緒］費縣 3/53
王孫氏(戰國)
［康熙］臨淄 10/10
王廷驊(字仲房,號紫隄)
(清・觀城人)
［道光］觀城 9/50
觀城縣鄉土志/耆舊
王瑞陽(霑化人)
［民國］霑化 4/登進 48
王廷颺(字帝咨,號話山)
(清・滕縣人)
［道光］滕縣志 8/儒林 13
滕縣鄉土志/24
王廷鳳(清・臨淄人)
［康熙］臨淄 9/24
王廷舉(明・樂陵人)
［順治］樂陵 6/6
王廷賢(字序卿)
(清・陽穀人)
［民國］增修陽穀人物/武功 14
王延熙(字克敬)
(清・無棣人)
［民國］無棣 13/32
王瑞金(字秋浦)
(清・諸城人)
［道光］諸城縣續志 14/3
王瑞年(清・城武人)
［道光］城武 9/上 47
王延年(字橦侶,一作童侶)
(明・淄川人)
［雍正］山東 31/8
［道光］濟南 61/4
［乾隆］淄川 8/6
王延年(號綿周)
(清・城武人)
［道光］城武 9/上 36
王延年(清・濟陽人)
［道光］濟南 56/31
［乾隆］濟陽 8/43
［民國］濟陽 11/56
王延年(字壽山)
(清・歷城人)
［民國］續修歷城 43/8
王延年(原名溫,字和齋)
(清・陵縣人)
［光緒］陵縣 19/人物傳二 21
王延年(字緒遠,號鶴汀)
(清・濰縣人)
［民國］濰縣志稿 30/29
濰縣鄉土志/46
王延年(字春農)
(清・諸城人)
［道光］諸城縣續志 16/5
王廷鈺(字西岑)
(清・永昌保山舉人)
［光緒］寧津 6/32
寧津縣志料 3/人物－名宦
王延釗(字鏡航)
(清・濟寧人)
［民國］濟寧縣 3/8
王弘猷(字圖南)
(清・諸城人)
［乾隆］諸城 32/8
王廷猷(字丹愫)
(清・濰縣人)
［乾隆］濰縣 4/14
［民國］濰縣志稿 28/2
濰縣鄉土志/19
王廷錫(字滄蓀)
(明・浙江錢塘人)
［宣統］山東 72/31
［乾隆］曹州府 12/17
［康熙九年］城武 2/45
［康熙四十一年］城武 3/下名宦 12
［道光］城武 6/24
王孔範(字沚佐)
(明・淄川人)
［康熙］淄川 5/14
［乾隆］淄川 5/14
王廷銓(清・齊河人)
［道光］濟南 56/6
［雍正］齊河 6/38
王廷銓(清・鄒平人)
［道光］濟南 54/46

[康熙]鄒平 6/23
[嘉慶]鄒平 15/10
[道光]鄒平 15/70
[民國]鄒平 15/70
王廷鋭(字邁先)
(清・齊河人)
[道光]濟南 56/14
[民國]齊河 26/15
王廷光(字彤采)
(清・曹縣人)
[光緒]曹縣 14/行誼 12
王聯輝(字瑞緯)
(清・昌邑人)
[光緒]昌邑縣續志 6/又 15
王廷燮(字調元)
(清・東阿人)
[乾隆]泰安府 18/63
[道光]東阿 14/人物下 33
13 王琮(字廷器,號肖寅)
(明・長樂人)
[宣統]山東 71/8
[道光]濟南 36/19
淄川縣鄉土志/政績錄
王琮(明・萊陽人)
[民國]萊陽 3/1 中 11
王琮(字廷璋)
(明・莘縣人)
[正德]莘縣 6/9
[康熙五十六年]莘縣 6/3
[光緒]莘縣 6/4
[民國]莘縣 6/3
莘縣鄉土志/鄉宦 17
王琮(字良玉)
(明・堂邑人)
[順治]堂邑 2/人物 3
[康熙]堂邑 12/2
王琮(明・陽曲人)
[崇禎]歷城 6/12
王琮(字木石)
(明・掖縣人)
[乾隆]掖縣 4/43
王琮(清・齊河人)
[民國]齊河 26/8
王琮(字瑞玉)
(清・日照人)
[光緒]日照 8/35
王玳(明・北直容城人)
[乾隆]嶧縣 7/26
王琯(清・霑化人)
[光緒]霑化 10/31
[民國]霑化 3/9
王瓛(明・陽穀人)
[民國]增修陽穀人物/仕宦 3
王瓛(明・招遠人)
[嘉靖]山東 35/7
[康熙]山東 45/20
[泰昌]登州 11/38
[順治]登州 17/16
[光緒]增修登州 43/25
[順治]招遠 9/18
王琅(字次琳)
(清・濰縣人)
[民國]濰縣志稿 29/23
王強(明・直隸邢臺人)
[萬曆]青州 12 又/又 14
[康熙十五年]青州 12 又/又 14
[康熙四十八年]青州 12 又/又 14
[萬曆]諸城 4/37
王球(字蒨玉,一作倩玉)
(南北朝・琅邪臨沂人)
[嘉靖]山東 30/21
[康熙]山東 40/24
[宣統]山東 155/16
[萬曆元年]兗州 40/卓行 3
[萬曆二十四年]兗州 33/2
[康熙]兗州 26/2
[萬曆]沂州志 6/63
[康熙]沂州志 5/38
[乾隆]沂州府 25/11
[民國]臨沂 9/27
王瑢(字佩和)
(清・膠州人)
[道光]重修膠州 27/40
[民國]增修膠志 41/31
膠州直隸州鄉土志 4/事功
王琬(字君用)
(明・博平人)
[正德]博平 4/68
王瑄(元・博興人)
[康熙六十年]博興 7/32
王瑄(明・陽穀人)
[民國]增修陽穀人物/仕宦 7
王瑄(清・單縣人)
[宣統]山東 173/32
[民國]單縣 12/鄉賢 1
王武庫(字電青)
(清・商河人)
[民國]重修商河 9/3
王瑄璋(字玉隨)
(清・高唐人)
[乾隆]東昌 43/33
[嘉慶]東昌 32/50
[康熙五十一年]高唐州 8/32
[道光]高唐州 5/2－15
[光緒]高唐州 5/2－18
[民國]高唐縣 12/11
王戩穀(字竹嶼)
(清・無棣人)
[民國]無棣 11/14
王武曾(字子敬)
(清・浙江山陰人)
[宣統]山東 75/51
[乾隆]武定府 16/45
[咸豐]武定府 19/霑化 5
[光緒]霑化 5/19
[民國]霑化 4/職官 37
14 王礎(字柱石)
(明・新城人)
[道光]濟南 51/29
[民國]重修新城 14/9
王礎(清・福山人)
[康熙]福山 8/27
[乾隆]福山 8/49
[民國]福山縣志稿 7/2－14
王珙(明・黃縣人)
[康熙]觀城 4/31
[道光]觀城 8/23
王瓘(明・堂邑人)
[嘉靖]山東 35/5
[康熙]山東 45/13
[乾隆]東昌 42/10
[嘉慶]東昌 32/10
[順治]堂邑 2/人物 18

［康熙十一年］堂邑 2/人物 7
［康熙］堂邑 16/10
堂邑縣鄉土志/耆舊錄
王珪(明・合肥人)
［萬曆］沂州志 4/49
王璜(漢,見王横)
王璜(明・山陽人)
［嘉靖］濮州 7/15
王璜(字姜若)
(清・博平人)
［乾隆］泰安府 15/35
博平縣鄉土志/耆舊－事業
王璜(字姜若)
(清・聊城人)
［乾隆］東昌 40/19
［嘉慶］東昌 30/20
［康熙五十四年］東阿 3/41
［道光］東阿 11/19
［光緒］東阿縣鄉土志 2/20
［道光］博平 4/23
［宣統］聊城 8/30
王璜(清・蒙陰人)
［宣統］蒙陰 4/武功
王璜(字朝珍)
(清・霑化人)
［光緒］霑化 10/21
［民國］霑化 2/96
王瑾(元・章丘人)
［道光］濟南 48/22
［道光］章邱 11/16
王瑾(清・鄆城人)
［光緒］鄆城 5/28
鄆城縣鄉土志/耆舊錄－事業
王琳(字彥佩)
(明・安丘人)
［嘉靖］青州 14/28
［萬曆］青州 13/50
［康熙十五年］青州 13/50
［康熙四十八年］青州 13/事功 33
［康熙六十年］青州 16/17
［咸豐］青州 44/5
［萬曆］安丘 19/21
安丘縣鄉土志 4/耆舊錄 1
王琳(明・莘縣人)
［正德］莘縣 6/38
［康熙五十六年］莘縣 6/24
王琳(清・淮安人)
［嘉靖］夏津 3/42
［乾隆］夏津 6/24
王琳(清・萊蕪人)
［乾隆］泰安府 18/59
［民國］萊蕪 20/7
［民國］續修萊蕪 27/11
王琳(清・汶上人)
［宣統］四續汶上稿/人物－孝弟傳
王琦(清・福山人)
［乾隆］福山 8/38
王琦(字少韓)
(清・膠州人)
［道光］重修膠州 29/27
［民國］增修膠志 45/12
王琦(清・蓬萊人)
［道光］重修蓬萊 9/33
［民國］蓬萊縣志合編人物志/行誼
王琦(濟寧人)
［民國］濟寧縣 3/5
王劭(字敬倫)
(晉・臨沂人)
［嘉靖］山東 30/18
［康熙］山東 40/20
［萬曆二十四年］兗州 32/20
［萬曆］沂州志 6/49
［康熙］沂州志 5/26
［乾隆］沂州府 25/8
［民國］臨沂 9/13
王瑛(明・濱州人)
［康熙］濟南 47/18
［乾隆］武定府 26/3
［咸豐］武定府 26/義行 3
［萬曆］濱州 3/52
［康熙］濱州 7/24
［咸豐］濱州 10/厚德 1
濱州鄉土志/耆舊錄
王瑛(字子玉)
(明・冠縣人)
［乾隆］東昌 38/29
［嘉慶］東昌 29/1
［嘉靖］冠縣 4/10
［萬曆］冠縣 4/7,4/31
［道光］冠縣 8/上 1
［光緒］冠縣 8/鄉賢
［民國］冠縣 8/人物志 1
王瑛(明・郯城人)
［康熙］郯城 8/15
王瑛(字秉文)
(清・諸城人)
［道光］諸城縣續志 19/14
王碤(字修武)
(清・臨淄人)
［民國］臨淄 27/52
王瓚(明・萬全人)
［嘉靖］山東 27/19
［宣統］山東 73/38
［萬曆］萊州 5/77
［康熙］萊州 8/56
［乾隆］萊州 9/25
［萬曆］即墨志 6/13
［康熙］纂修即墨/下 9
［乾隆］即墨 8/6
［同治］即墨 8/6
即墨縣鄉土志/政績錄
王瓚(明・翼城舉人)
［萬曆］商河 5/23
［道光］商河 5/28
［民國］重修商河 6/66
商河縣鄉土志 1/政績
王琦慶(字景韓)
(清・諸城人)
［咸豐］青州 50/5
［光緒］增修諸城縣續志 12/1
諸城縣鄉土志/上 39
王璋慶(字藕塘)
(清・諸城人)
［宣統］山東 175/14
［光緒］增修諸城縣續志 12/3
諸城縣鄉土志/上 39
王功元(字伊侯)
(清・博平人)
［康熙］聊城 3/49
王珙璋(見王洪璋)
王功後(字弗矜,號復齋)

（清・高密人）
［光緒］高密 8/上 65
［民國］高密 14/上 76
高密縣鄉土志/上 49
王功清（字式廓）
（清・膠州人）
［乾隆］膠州 4/63
［道光］重修膠州 29/4
［民國］增修膠志 44/3
王功濯（字東田）
（清・膠州人）
［乾隆］膠州 4/64
［道光］重修膠州 29/5
［民國］增修膠志 44/3
王琦祥（字耀錫，號存樸，別號西岸）
（清・夏津人）
［乾隆］東昌 43/40
［乾隆］夏津 8/25
王功奇（清・高唐人）
［道光］高唐州 5/2－21
［光緒］高唐州 5/2－24
［民國］高唐縣 12/50
王功成（字允平，一作允大，號省齋）
（清・博平人）
［雍正］山東 28/人物四 21
［宣統］山東 174/9
［乾隆］東昌 40/17
［嘉慶］東昌 30/18
［道光］博平 3/30，4/23
博平縣鄉土志/耆舊－名臣
［宣統］聊城 8/26
15 **王翀**（明・陽穀人）
［民國］增修陽穀人物/仕宦 9
王璡（明・長山人）
［嘉靖］山東 29/22
［康熙］山東 39/21
［雍正］山東 28/人物三 1
［康熙］濟南 42/10
［道光］濟南 50/40
［康熙四十三年］長山 5/文學
［康熙五十五年］長山 6/47
［嘉慶］長山 8/19
王璡（字宗器）
（明・黃縣人）
［泰昌］登州 11/49
［光緒］增修登州 41/13
［康熙］黃縣 6/15
［乾隆］黃縣 8/12
［同治］黃縣 8/3
［民國］黃縣志稿 13/明
王璡（明・清苑人，見王槤）
王璡（字宗彝）
（清・濟寧人）
［乾隆］濟寧直隸州 25/24
王聘（字念覺）
（明・利津人）
［康熙］濟南 41/20
［乾隆］武定府 24/20
［咸豐］武定府 24/循良 10
［康熙］利津縣新志 8/11
［光緒］利津 7/宦蹟 3
王聘（字良相，號伊菴）
（明・莘縣人）
［康熙十一年］莘縣 8/105
［康熙五十六年］莘縣 8/105
［光緒］莘縣 8/中 45
［民國］莘縣 9/20
王聘（字席珍）
（清・壽光人）
［乾隆］續壽光 25/3
［嘉慶］壽光 14/6
［民國］壽光 12/人物志二 7
王聘（清・夏津人）
［乾隆］東昌 43/39
［乾隆］夏津 8/20
王融（字元長）
（南北朝・臨沂人）
［嘉靖］山東 30/29
［康熙］山東 40/31
［萬曆元年］兗州 41/15
王璘（清・臨朐人）
臨朐縣鄉土志 1/耆舊
王璘（字文珍）
（清・商河人）
［民國］重修商河 13/藝文志四墓誌 16
王臻（字及之）
（宋・潁州汝陰人）
［嘉靖］山東 26/9
［康熙］山東 33/11
［雍正］山東 27/34
［宣統］山東 68/38
［萬曆二十四年］兗州 28/2
［康熙］兗州 22/2
［乾隆］兗州 22/11
王臻（字文珍）
（明・商河人）
［乾隆］武定府 25/13
［咸豐］武定府 25/孝友 13
［道光］商河 7/24
［民國］重修商河 8/36
商河縣鄉土志 2/耆舊－事業
王磚（清・諸城人）
［光緒］增修諸城縣續志 18/3
王建亳（明・陝西鄜州人）
［康熙］費縣 3/5
王建立（五代・遼州榆社人）
［萬曆二十四年］兗州 27/13
［康熙］東平州 3/5
［乾隆］東平州 10/7
［光緒］益都縣圖志 16/17，16/19
王建旌（清・商河人）
［道光］商河 7/39
［民國］重修商河 9/3
王翀一（字魁選）
（清・恩縣人）
［宣統］重修恩縣 8/92
［民國］重修恩縣 11/鄉賢 85
王建元（字凝和，號蘿坪）
（清・單縣人）
［民國］單縣 11/35
王建烈（清・費縣人）
費縣鄉土志/耆舊錄－事業
王建德（字壽符）
（商河人）
［民國］重修商河 7/43
王建勳（字龍翰）
（清・諸城人）
［道光］諸城縣續志 20/2
［光緒］增修諸城縣續志 14/11

王建侯(明・靖海衞人)
[光緒]文登 8/下 20
王建寅(字夏正)
(清・昌邑人)
[光緒]昌邑縣續志 6/25
王珠裕(字還浦)
(清・章丘人)
[宣統]山東補遺/30
王建彬(清・陽穀人)
[民國]增修陽穀人物/孝義 9
王建都(清・城武人)
[道光]城武 9/下 41
王建都(清・鄆城人)
[光緒]鄆城 10/11
王建極(明・泗水人)
[光緒]泗水 10/30
王建本(字樹堂)
(清・淄川人)
[宣統]三續淄川 9/61
淄川縣鄉土志/鄉宦耆舊
王建東(字震笙)
(清・東阿人)
[民國]續修東阿 11/28
王建泰(字聖咨)
(明・陽信人)
[乾隆]武定府 23/27
[咸豐]武定府 23/名臣 27
[乾隆]陽信 7/10
[民國]陽信 5/宦蹟 17
信邑志稿 7/名臣
陽信縣鄉土志上/耆舊－事業
王建中(字於民,號栢石)
(明・陝西涇縣人)
[宣統]山東 71/51
[康熙]濟南 25/62
[乾隆]武定府 16/15
[咸豐]武定府 19/青城 2
[萬曆]青城 1/40,2/26
[乾隆]青城縣 7/2,11/15
[民國]青城續修 4/名宦 13,4/藝文上 23
王建中(字立極)
(明・淄川人)
[乾隆]淄川 5/又 31－2
王建中(清・黄縣人)
[民國]黄縣志稿 13/清孝友
王建中(字協公)
(清・臨淄人)
[民國]臨淄 24/16
16 王理(字元玉)
(明・諸城人)
[咸豐]青州 45/52
[乾隆]諸城 32/9
王理(清・諸城人)
[光緒]增修諸城縣續志 17/17
王聰(明・朝城人)
[康熙]朝城 8/19
王聰(明・萊陽人)
[民國]萊陽 3/1 中 9
王聰(明・蓬萊人)
[泰昌]登州 11/20
[順治]登州 16/12
[光緒]增修登州 41/2
[康熙]蓬萊 5/12
[道光]重修蓬萊 9/17
[民國]蓬萊縣志合編人物志/仕績
王聰(字彥達)
(明・掖縣人)
[萬曆]萊州 6/18
[康熙]萊州 10/66
[乾隆]萊州 11/善行 1
[乾隆]掖縣 4/52
王聰(字明菴)
(清・齊河人)
[民國]齊河 27/13
王環(字魯轍)
(明・平陰人)
[乾隆]泰安府 17/8
[順治]平陰 7/3
[光緒]平陰 4/10
王環(姓王,號成庵和尚)
(明・新城人)
[光緒]文登 12/6
王璟(明・保定人)
[康熙十一年]莘縣 5/4
王璟(字良玉)
(明・博平人)
[正德]博平 4/68
王璟(明・山西陽曲人)
[嘉靖]山東 25/26
[康熙]山東 32/15
[雍正]山東 27/27
[宣統]山東 71/2
[道光]濟南 36/3
王璟(字廷采)
(明・沂水人)
[雍正]山東 28/人物三 15
[宣統]山東 159/12
[萬曆二十四年]兗州 36/11
[康熙]兗州 28/10
[萬曆]沂州志 7/26
[康熙]沂州志 5/63,6/44
[乾隆]沂州府 25/20
[民國]臨沂 9/44
王琨(南北朝・臨沂人)
[嘉靖]山東 30/25
[康熙]山東 40/27
[萬曆二十四年]兗州 33/11
[康熙]兗州 26/10
[萬曆]沂州志 6/73
[康熙]沂州志 5/44
[乾隆]沂州府 25/11
[民國]臨沂 9/26
王琨(字友玉,號十城)
(明・商河人)
[康熙]濟南 35/27
[乾隆]武定府 23/27
[咸豐]武定府 23/名臣 27,35/誌銘 13
[道光]商河 7/6,8/下 14
[民國]重修商河 8/5,13/藝文志四墓誌 11
商河縣鄉土志 3/耆舊－學問
王琨(清・高唐人)
[乾隆]高唐州續志 2/13
[道光]高唐州 5/2－19
[光緒]高唐州 5/2－22
[民國]高唐縣 12/43
王瑁(明)
[道光]重修平度州 16/17
平度鄉土志 2/政績
王瑁(字海毓)
(清・無棣人)

［民國］無棣 13/3
王瑒(字子瑛,一字子璵)
(南北朝・臨沂人)
［嘉靖］山東 30/32
［康熙］山東 40/34
［萬曆二十四年］兗州 33/25
［康熙］兗州 26/25
［萬曆］沂州志 7/14
［康熙］沂州志 5/56
［乾隆］沂州府 25/16
［民國］臨沂 9/18
王聖清(清・商河人)
［道光］商河 7/49
［民國］重修商河 8/76
王環芳(清・齊東人)
［宣統］山東 170/24
王聖格(字麟紱)
(清・膠州人)
［民國］增修膠志 45/21
王硯田(清・濟寧人)
［民國］濟寧直隸州續志 14/33
王聖符(清・濰縣人)
［民國］濰縣志稿 31/34
王碧瑩(清・長山人)
［嘉慶］長山 14/31
17 **王砨**(清・諸城人)
［光緒］增修諸城縣續志 16/22
王弼(字輔嗣)
(三國・山陽人)
［嘉靖］山東 30/14
［康熙］山東 40/15
［雍正］山東 28/人物一 35,35/傳 1
［宣統］山東 162/16
［萬曆元年］兗州 40/儒林 8
［萬曆二十四年］兗州 32/5
［康熙］兗州 25/4
［乾隆］兗州 23/18
［乾隆］曹州府 14/7,21/18
［乾隆］濟寧直隸州 26/4
［道光］濟寧直隸州 8/4－36
［萬曆］鉅野 7/11
［康熙］鉅野 11/8
［道光］鉅野 24/5
［康熙十二年］金鄉 5/22
［康熙五十一年］金鄉 10/1
［乾隆］金鄉 18/21
［咸豐］金鄉縣志略 9/上 5
［民國］金鄉 14/24
［光緒］高密 10/47
［民國］高密 16/36
［民國］續修鄒縣志稿/人物－耆舊
王弼(明・光州人)
［嘉靖］濮州 7/23
王弼(明・陝西會寧人)
［乾隆］嶧縣 7/39
王弼(明・江西泰和人)
［嘉靖］山東 25/25
［宣統］山東 71/47
［乾隆］武定府 16/42
［咸豐］武定府 19/霑化 1
［萬曆］濱州 4/65
［萬曆］新修霑化 6/107
［光緒］霑化 5/16
［民國］霑化 4/職官 34
王琛(金・濟陽人)
［道光］濟南 72/31
王琛(明・廣西宜山人)
［正德］莘縣 5/3
［康熙十一年］莘縣 5/4
［康熙五十六年］莘縣 5/4
［光緒］莘縣 5/16
［民國］莘縣 3/11
莘縣鄉土志/政績 5
王琛(字雪峯)
(清・無棣人)
［民國］無棣 12/10
王琛(號加玉)
(清・樂陵人)
樂陵縣鄉土志 3/60
王承(字安期)
(南北朝・太原晉陽人)
［嘉靖］山東 26/4
［康熙］山東 33/5
［雍正］山東 27/77
［宣統］山東 66/37,161/7
［萬曆元年］兗州 38/循吏 15
［萬曆二十四年］兗州 27/2,33/19
［康熙］兗州 21/17,26/18
［萬曆］沂州志 6/5,7/8
［康熙］沂州志 3/41,5/53
［乾隆］沂州府 20/2,25/15
［乾隆］郯城 7/23
［光緒］嶧縣 19/36
［民國］臨沂 9/20
王瑍(字瑗公,號松石)
(清・滋陽人)
［光緒］滋陽 11/18
王晷(明・鄆縣人)
［道光］濟南 35/23
王琚(元・鄒平人)
［宣統］山東 161/22
王珺(字特達)
(清・臨沂人)
［民國］臨沂 10/62
王璐(字荊輝,號少圃)
(清・滕縣人)
［康熙］滕縣志 7/82
［道光］滕縣志 9/孝義 15
王珞(明・諸城人)
［萬曆］青州 15/52
［康熙十五年］青州 15/52
［康熙四十八年］青州 15/義民 21
［康熙六十年］青州 18/16
王珉(字季炎,一作季琰)
(晉・琅邪臨沂人)
［嘉靖］山東 30/19
［康熙］山東 40/21
［雍正］山東 28/人物一 40
［宣統］山東 163/5
［萬曆二十四年］兗州 32/20
［康熙］兗州 25/15
［萬曆］沂州志 6/50
［康熙］沂州志 5/27
［乾隆］沂州府 25/8
［民國］臨沂 9/12
王珉(明・直隸新樂人)
［同治］重修寧海州 14/7
［民國］牟平 6/75
王鼐(字國器)
(明・東明人)
［康熙］東明 6/17

[乾隆]東明 6/17
[民國]東明縣新誌 11/25
王鼐(字大器)
(明・棲霞人)
[康熙]山東 46/7
[泰昌]登州 11/27
[順治]登州 17/1
[康熙]棲霞 6/14
[乾隆]棲霞 7/6
王鼐(字允調)
(清・長治人)
[順治]登州 11/26
[光緒]增修登州 25/23
王鼐(清・歷城人)
[宣統]山東補遺/2
[民國]續修歷城 39/4
王玘(明・禹城人)
[康熙]濟南 47/11
[道光]濟南 52/8
[康熙]禹城 5/21
[嘉慶]禹城 9/16
[民國]禹城 6/13
王瓊(元)
[光緒]嶧縣 19/94
王忍(字百忍)
(清・章邱人)
[乾隆]章邱 9/45
[道光]章邱 11/78
王柔(字東牟)
(清・福山人)
[光緒]增修登州 43/14
[乾隆]福山 8/54
[民國]福山縣志稿 7/2－1
王珊(明・文登人)
[康熙]山東 45/21
[泰昌]登州 11/41
[順治]登州 17/19
[光緒]增修登州 43/39
[雍正]文登 8/5
[道光]文登 5/7
[光緒]文登 8/下 3
王瑕(清・濟陽人)
[民國]濟陽 20/6
王玥(明・河南許州人)
[嘉靖]德州 2/12
王玥(明・灤江人)
[崇禎]歷乘 16/65
王珣(字元琳)
(晉・琅邪臨沂人)
[嘉靖]山東 30/19
[康熙]山東 40/21
[雍正]山東 28/人物一 40
[宣統]山東 163/5
[萬曆二十四年]兖州 32/19
[康熙]兖州 25/15
[萬曆]沂州志 6/49
[康熙]沂州志 5/26
[乾隆]沂州府 25/9
[民國]臨沂 9/12
王珣(元・文登人)
[光緒]文登 8/上 6
王珣(字德潤)
(明・曹縣人)
[雍正]山東 28/人物三 14
[宣統]山東 163/30
[萬曆二十四年]兖州 36/8
[康熙]兖州 28/7
[乾隆]曹州府 15/6
[康熙]兖州府曹縣 13/9
[光緒]曹縣 13/9
曹縣鄉土志/耆舊錄
王瑤(明・城武人)
[康熙九年]城武 3/42
王瑤(明・高唐人)
[道光]高唐州 5/1－10
[光緒]高唐州 5/1－10
[民國]高唐縣 12/33
王翼(字翀翱)
(明・茌平人)
[康熙]山東 41/29
[雍正]山東 28/人物三 64
[宣統]山東 166/10
[乾隆]東昌 41/8
[嘉慶]東昌 33/8
[康熙二年]茌平 4/32
[康熙四十九年]茌平 4/32
[宣統]茌平 12/3
[民國]茌平 12/35
王翼(字廷輔)
(明・易州人)
[正德]博平 5/87
王翼(一作王頤,字貞觀)
(清・無棣人)
[民國]無棣 13/13
海豐縣鄉土志/耆舊－事業五
王勇(清・陽穀人)
[康熙]陽穀 4/4
[光緒]陽穀 7/3
[民國]增修陽穀人物/孝義 5
王璵(明・汶上人)
[嘉靖]山東 35/4
[康熙]山東 45/9
[萬曆二十四年]兖州 37/7
[康熙]兖州 28/36
[乾隆]兖州 23/37
[萬曆]汶上 6/13
王璵(清・高陽人)
[乾隆]夏津 6/21
王召(清・歷城人)
[道光]濟南 53/59
[民國]續修歷城 44/17
王承高(清・齊河人)
[道光]濟南 56/5
[雍正]齊河 6/36
王承廣(清・惠民舉人)
[民國]重修新城 11/30
王乃文(字襄武)
(清・博興人)
[民國]重修博興 13/55
王配京(字對三)
(清・高唐人)
[康熙十二年]高唐州 10/48
[康熙五十一年]高唐州 10/48
[道光]高唐州 5/1－39
[光緒]高唐州 5/1－41
[民國]高唐縣 12/68
王玥慶(清・諸城人)
[光緒]增修諸城縣續志 16/12
王珣慶(字蘅塘,一作東亭)
(清・諸城人)
[道光]諸城縣續志 14/11
[光緒]增修諸城縣續志 12/5
王豫章(字化南)

（清・莘縣人）
［民國］莘縣 7/24
王子京（明・汶上人）
［宣統］四續汶上稿/人物－文學傳
王子文（元・泗水人）
［光緒］泗水 10/18
王子章（明・浙江人）
［嘉靖］山東 26/18
［康熙］山東 33/21
［宣統］山東 72/29
［萬曆元年］兖州 38/循吏 41
［萬曆二十四年］兖州 29/7
［康熙］兖州 22/28
［乾隆］曹州府 12/14
［崇禎］鄆城 4/3
［康熙］鄆城 4/3
［光緒］鄆城 6/35
王子龍（字卿雲）
（清・高唐人）
［光緒］高唐州 5/1－30
王子顔（唐・臨沂人）
［萬曆］沂州志 7/22
［康熙］沂州志 5/61
［乾隆］沂州府 25/17
王承訓（字紹伊，號紹彝）
（清・東阿人）
［民國］續修東阿 11/9
王承訓（清・曲阜人）
［乾隆］兖州 23/84
［乾隆］曲阜 80/14
王子端（字開緒）
（清・冠縣人）
［道光］冠縣 8/上 28
［光緒］冠縣 8/孝義
［民國］冠縣 8/人物志 33
王子韶（字聖美）
（宋・太原人）
［道光］濟寧直隸州 6/6－9
王承露（字湛生）
（清・益都人）
［宣統］山東 175/23
［康熙四十八年］青州 13/事功 81
［康熙六十年］青州 16/41
［咸豐］青州 47/6
［光緒］益都縣圖志 37/11
王承元（唐・契丹人）
［嘉靖］山東 25/5
［康熙］山東 31/6
［雍正］山東 27/3
［宣統］山東 68/4
［嘉靖］青州 13/22
［萬曆］青州 12/13
［康熙十五年］青州 12/13
［康熙四十八年］青州 12/13
［康熙六十年］青州 12/9
［咸豐］青州 34/20
［嘉靖］淄川 6/75
［萬曆］淄川 27/4
［康熙六十年］博興 7/4
［光緒］益都縣圖志 16/8
王孟震（字筠蒼）
（明・淄川人）
［康熙］濟南 37/12
［道光］濟南 50/23，71/55
［萬曆］淄川 29/3
［康熙］淄川 5/5
［乾隆］淄川 5/5，6/上又 57－1，8/7
淄川縣鄉土志/耆舊錄－歷代名臣
王子玉（明・嘉祥人）
［康熙］山東 45/10
［康熙］兖州 28/38
［乾隆］兖州 23/51
［乾隆］濟寧直隸州 27/31
［道光］濟寧直隸州 8/3－34
［順治］嘉祥 4/44
［乾隆］嘉祥 3/38
［光緒］嘉祥 3/45
王子玉（字溫如）
（清・東阿人）
［民國］續修東阿 11/8
王子登（清・昌樂人）
［咸豐］青州 47/33
［嘉慶］昌樂 22/6
王子琳（字公珮）
（清・滄州人）
［康熙］堂邑 9/9
王子融（字熙仲）
（宋・益都人）
［宣統］山東 161/15
［光緒］益都縣圖志 16/42，32/17
王承聚（字和亭）
（清・桓臺人）
［民國］桓臺 3/32
王承珊（字樹海）
（清・滕縣人）
［宣統］滕縣續志稿 4/67
王子柔（明・長垣人）
［民國］東明縣新誌 11/98
王子玢（字理農）
（清・博興人）
［民國］重修博興 13/43
王子珍（字相玉）
（清・寧陽人）
［乾隆］寧陽 7/篤誼 4
［咸豐］寧陽 14/7
［光緒］寧陽 14/7
王君愛（明・蒙陰人）
［康熙十一年］蒙陰 2/53
王子孚（字惠菴）
（清・鉅野人）
［民國］續修鉅野 5/上 7
王子衡（字叔平）
（清・茌平人）
［民國］茌平 3/118
王子虛（字鏡堂）
（博興人）
［民國］重修博興 13/63
王翠巒（字曉層）
（清・曹縣人）
［光緒］曹縣 14/行誼 19
王承德（清・泗水人）
［光緒］泗水 11/8
［光緒］泗水縣鄉土志/14
王乃繹（字巽齋）
（牟平人）
［民國］牟平 7/80
王郡綱（清・濰縣人）
［民國］濰縣志稿 31/19
王孟冬（明・寧陽人）
［咸豐］寧陽 15/3
［光緒］寧陽 15/3
王子魯（明・高唐人）
［嘉靖］高唐州 5/20

［康熙十二年］高唐州 8/11
［康熙五十一年］高唐州 8/11
［道光］高唐州 5/1－9
［光緒］高唐州 5/1－9
［民國］高唐縣 12/81
王子魯（字景參）
（清・東阿人）
［民國］續修東阿 11/7
王孟復（字淡希）
（明・淄川人）
［乾隆］淄川 5/又 31－2
王務儉（字樸先）
（清・濟陽人）
［道光］濟南 56/32
［乾隆］濟陽 8/19,8/21
［民國］濟陽 11/26
王璵似（字魯珍）
（清・益都人）
［咸豐］青州 46/40
王豫徵（字和庭）
（清・諸城人）
［光緒］增修諸城縣續志/文苑補遺 2
王承寬（清・慶雲人）
［民國三年］慶雲 2/75
王承憲（字次原）
（清・慶雲人）
［民國三年］慶雲 2/26
王君寵（明・臨淄人）
［萬曆］青州 15/50
［康熙十五年］青州 15/49
［康熙四十八年］青州 15/卓行 9
［康熙六十年］青州 18/16
［民國］臨淄 28/4
王承業（字敬亭）
（清・淄川人）
［宣統］三續淄川 9/89
王承業（字瑞田）
（天津人）
［民國］重修商河 6/60
王務業（清・萊陽人）
［民國］萊陽 3/1 中 92
王聚斗（字光射）
（清・臨清人）
［乾隆］東昌 43/18
［乾隆］臨清州 9/53
［乾隆］臨清直隸州 8/上 41
［民國］臨清縣/人物 53
王承禮（明）
［嘉慶］肥城 15/32
［光緒］肥城 7/48
王子清（字蓮甫）
（長清人）
［民國］長清 12/25
王子溫（字爾雅）
（清・無棣人）
［咸豐］武定府 24/循良 38
［民國］無棣 11/7
海豐縣鄉土志/耆舊－事業
王乃祿（字廉泉）
（清・淄川人）
［宣統］三續淄川 9/68
王子潔（明・城武人）
［康熙九年］城武 3/15
［康熙四十一年］城武 5/上懿行 3
［道光］城武 9/下 8
王子通（字子懷,一作予懷）
（明・陽信人）
［康熙］濟南 47/17
［乾隆］武定府 26/9
［咸豐］武定府 26/義行 9
［康熙］陽信 9/12
［乾隆］陽信 7/13
［康熙二年］茌平 2/39
［康熙四十九年］茌平 2/39
［宣統］茌平 8/7
［民國］茌平 8/63
［民國］陽信 5/篤行 26
信邑志稿 7/義行
王承裕（字天宇）
（明・陝西三原人）
［雍正］山東 27/14
［宣統］山東 70/14
王承祚（明・華州人）
［康熙］鄒城 6/6
王乃直（明・東明人）
［萬曆］青州 12/51
［康熙十五年］青州 12/51
［康熙四十八年］青州 12/51
［康熙六十年］青州 12/38
［康熙］沂水 4/28
［道光］沂水 5/29
王予森（字持久）
（清・濟陽人）
［民國］濟陽 11/51
王召南（原名若棠）
（清・壽光人）
［民國］壽光 12/人物志一 37
王子森（字持久）
（清・濟陽人）
［道光］濟南 56/32
［乾隆］濟陽 8/36
王子城父（春秋）
［嘉靖］青州 15/42
［康熙四十八年］青州 15/武功 1
［康熙］臨淄 9/18
［民國］臨淄 21/40
王承芬（字誦清）
（清・樂陵人）
樂陵縣鄉土志 3/53
王承基（字藝田）
（清・益都人）
［光緒］益都縣圖志 39/13
王承蓋（號菊丞）
（清・樂陵人）
樂陵縣鄉土志 3/46
王孟蘭（莘縣人）
［民國］莘縣 7/37
王子芬（昌樂人）
［民國］昌樂縣續志 27/6
王子薪（東阿人）
［民國］東阿 15/6
王子旭（字建寅）
（清平人）
［民國］清平/人物 74
王翠翹（明・臨淄人）
［民國］臨淄 35/69
王承教（明・汲縣人）
［萬曆］濮州 3/名宦 25
王承乾（字元御）
（清・樂陵人）
［乾隆］樂陵 6/29
樂陵縣鄉土志 3/24

王子敬(字恪亭)
(東阿人)
[民國]東阿 16/1
王承事(元・新泰人)
[順治]新泰 5/9
[乾隆]新泰 15/26
王務本(明・萊陽人)
[光緒]增修登州 43/27
[民國]萊陽 3/1 中 6
王乙中(明・武清人)
[光緒]增修登州 37/10
[同治]重修寧海州 15/6
[民國]牟平 6/75
王君操(唐・即墨人)
[康熙]山東 45/21
[雍正]山東 28/人物二 4
[宣統]山東 165/7
[萬曆]萊州 6/5
[康熙]萊州 10/60
[乾隆]萊州 11/孝義 1
[萬曆]即墨志 8/3
[康熙]纂修即墨/下 18
[乾隆]即墨 9/20
[同治]即墨 9/26
即墨縣鄉土志/耆舊－事業四
王君揚(字聲聞)
(清・東平人)
[乾隆]東平州 15/26
[道光]東平州 15/26
[光緒]東平州 15/下 34
[民國]東平縣 11/下 9
東平州鄉土志上/耆舊錄 37
王子敷(字敬五)
(清・臨沂人)
[民國]續修臨沂 16/19
王承思(字子儼)
(臨沂人)
[民國]續修臨沂 17/34
王孟煦(字育明)
(明・安丘人)
[雍正]山東 28/人物三 54
[宣統]山東 163/33
[萬曆]青州 15/10
[康熙十五年]青州 15/10
[康熙四十八年]青州 15/文學 10
[康熙六十年]青州 18/5
[咸豐]青州 45/7
[康熙]續安丘 19/20
安丘縣鄉土志 8/耆舊錄 5
王子陽(字觀庭)
(清・商河人)
[民國]重修商河 8/21
王孟賢(元・洛陽人)
[泰昌]登州 11/58
[順治]登州 18/2
[康熙]蓬萊 6/2
[道光]重修蓬萊 9/42
[民國]蓬萊縣志合編人物志/寓賢
王翼周(字維之)
(清・膠州人)
[道光]重修膠州 28/22
[民國]增修膠志 42/20
王子輿(字希孟)
(宋・密州莒人)
[嘉靖]山東 32/13
[康熙]山東 42/13
[雍正]山東 28/人物二 28
[宣統]山東 157/21
[嘉靖]青州 14/16
[萬曆]青州 13/36
[康熙十五年]青州 13/36
[康熙四十八年]青州 13/事功 19
[康熙六十年]青州 16/9
[康熙]莒州下/38
[雍正]莒州 9/23
[嘉慶]莒州 9/19
[民國]重修莒志 60/27
[民國]濰縣志稿 20/7
王及善(唐・邯鄲人)
[嘉慶]東昌 20/24
王君公(漢・平原人)
[康熙]山東 46/1
[雍正]山東 28/人物一 14
[道光]濟南 45/27
[嘉慶]東昌 34/2
[萬曆]濰縣 8/3
[康熙]濰縣 5/人物 2
[乾隆]濰縣 4/31
王君美(清・堂邑人)
[嘉慶]東昌 32/57
王君美(清・浙江人)
[道光]濟南 38/30
王孟慈(字蔭谿,號念齋)
(清・無棣人)
[民國]無棣 13/10,22/29
王取善(字開衢)
(明・黃縣人)
[光緒]增修登州 43/11
[康熙]黃縣 6/34
[乾隆]黃縣 8/34
[同治]黃縣 8/11
[民國]黃縣志稿 13/清孝友
王子欽(清・諸城人)
[光緒]增修諸城縣續志 16/22
王翠光(長清人)
[民國]長清 12/20
王君賞(字汝懋,號四山)
(明・淄川人)
[康熙]濟南 40/9
[道光]濟南 50/21
[萬曆]淄川 29/2
[康熙]淄川 5/4
[乾隆]淄川 5/4,6/上 52
王君榮(字國慶,號會泉)
(明・益都人)
[萬曆]青州 15/22
[康熙十五年]青州 15/21
[康熙四十八年]青州 15/武功 8
[康熙六十年]青州 16/46
[咸豐]青州 44/35
[康熙]益都 7/29
[光緒]益都縣圖志 35/15
王君榮(字彩臣)
(清・昌邑人)
[光緒]昌邑縣續志 6/23
18 王玜(字公玉)
(清・濟寧人)
[乾隆]濟寧直隸州 25/26
[道光]濟寧直隸州 8/3－13
[乾隆二十五年]泰安縣 10/34

[乾隆四十七年]泰安縣 8/31
[道光]泰安縣 10/8
[民國]重修泰安縣 6/61
王玠(元・山西太原人)
[嘉靖]山東 27/8
[康熙]山東 35/8
[雍正]山東 27/59
[宣統]山東 69/35
[嘉靖]青州 13/36
[萬曆]青州 12/26
[咸豐]青州 35/24
[康熙]壽光 20/1
[嘉慶]壽光 10/22
[民國]壽光 6/11
王玠(明・濱州人)
濱州鄉土志/耆舊錄
王玠(明・東昌府人)
[乾隆]東昌 39/22
[嘉慶]東昌 29/6
王玠(明・青城人)
[康熙]濟南 38/10
[萬曆]青城 2/1
[乾隆]青城 8/7
[民國]青城續修 4/人物 20
壽光縣鄉土志/政績
王玠(字含璽,號冰壺)
(清・陽信人)
[民國]陽信 5/文學 16
王玠(字子霦)
(清・諸城人)
[道光]諸城縣續志 19/14
王玫(明・忻州舉人)
[光緒]增修登州 28/2
[萬曆]福山 4/4
[康熙]福山 7/9
[乾隆]福山 7/11
王玫(字文玉)
(清・壽光人)
[乾隆]續壽光 24/4
[嘉慶]壽光 13/24
[民國]壽光 12/人物志一 76
王玫(字文玉)
(清・霑化人)
[民國]霑化 2/100
王珻(字崑圃,一作琨圃)
(清・寧陽人)
[乾隆]寧陽 7/篤誼 3
[咸豐]寧陽 15/8
[光緒]寧陽 15/8
王璲(明・固安人)
信邑志稿 5/職官－知縣
王璲(字公佩)
(清・臨淄人)
[民國]臨淄 27/52
王琁(見王旋)
王璇(見王旋)
王瑜(字溫季)
(金・大定人)
[嘉靖]山東 27/12
[康熙]山東 36/2
[雍正]山東 27/64
[宣統]山東 69/13
[泰昌]登州 9/37
[順治]登州 11/12
[光緒]增修登州 24/12
[嘉靖]寧海州下/10
[雍正]文登 6/35,9/14
[道光]文登 5/22,8/16
[光緒]文登 7/上 2
王瑜(字白山)
(清・長山人)
[道光]濟南 55/24
[康熙五十五年]長山 6/24
[嘉慶]長山 8/2
王瑜(字瑾堂)
(清・臨朐人)
[民國]臨朐續志 20/36
王瑜(字公玉)
(清・夏津人)
[乾隆]臨清直隸州 8/下 10
[民國]夏津續編 8/18
王礎(清・諸城人)
[光緒]增修諸城縣續志 18/1
王珍(元・文登人)
[光緒]文登 8/上 7
王珍(元・滋陽人)
[光緒]滋陽 11/37
王珍(明・臨清人)
[乾隆]東昌 42/19
[康熙]臨清州 3/人物 17
[乾隆]臨清州 9/50
[乾隆]臨清直隸州 8/上 38
[民國]臨清縣/人物 50
王珍(字廷璧)
(清・曹縣人)
[光緒]曹縣 14/行誼 3
王珍(清・蒙陰人)
[康熙十一年]蒙陰 2/39
王政(字季醽)
(漢)
[乾隆]濟寧直隸州 16/31
[道光]濟寧直隸州 9/2－45
王政(宋・山東人)
[宣統]山東 164/17
王政(元・嘉祥人)
[順治]嘉祥 3/37
王政(明・高唐人)
[道光]高唐州 5/1－9
[光緒]高唐州 5/1－9
王政(字以德)
(明・靈壽人)
[順治]單縣 2/9
[康熙]單縣 6/30
王政(字治國)
(明・麻城人)
[民國]增修膠志 48/3
王政(明・河南睢州人)
[宣統]山東 71/36
[康熙]濟南 25/46
[乾隆]泰安府 15/11
[嘉靖]萊蕪 5/10
[康熙]新修萊蕪 5/24
[民國]萊蕪 9/4
[民國]續修萊蕪 15/5
王政(原名生哥)
(明・吳江人)
[光緒]文登 5/35
王政(明・淄川人)
[康熙]濟南 44/18
[道光]濟南 50/38
[萬曆]淄川 32/1
[康熙]淄川 6/16
[乾隆]淄川 6/上 16
淄川縣鄉土志/耆舊錄－孝友
王政(清・臨清人)

[乾隆]臨清直隸州 8/下 19
[民國]臨清縣/人物 27
王政(字又蒼)(清・商河人)
[道光]商河 7/29
[民國]重修商河 8/40
王政(字心仁,一作仁心)(清・陽信人)
[雍正]山東 28/人物四 29
[宣統]山東 171/32
[乾隆]武定府 24/36
[咸豐]武定府 24/循良 26
[康熙]陽信 9/10
[乾隆]陽信 7/11
[民國]陽信 5/宦蹟 18
信邑志稿 7/循良
陽信縣鄉土志上/耆舊－事業,耆舊－鄉賢祠
王政新(字敷五)(清・夏津人)
[宣統]山東 174/30
[乾隆]夏津 8/24
王致位(字協中)(清・滕縣人)
[道光]滕縣志 9/孝義 26
王致和(清・泗水人)
[光緒]泗水 11/26
[光緒]泗水縣鄉土志/11
王致微(元・恩縣人)
[康熙]山東 45/11
[雍正]山東 28/人物二 70
王致微(元,見王致徵)
王致徵(元・恩縣人)
[宣統]山東 165/13
[乾隆]東昌 42/5
[嘉慶]東昌 32/5
[萬曆]恩縣 4/52
王政容(見王正容)
王政溢(明・福山人)
[康熙]福山 8/22
[乾隆]福山 8/34
王致祥(字和亭)(清・商河人)
[民國]重修商河 8/88
王致中(長清人)
[民國]長清 12/15
王致翔(字履九)(清・濰縣人)
[民國]濰縣志稿 29/33
王政敏(明・費縣人)
[康熙]費縣 7/30
[光緒]費縣 10/82
費縣鄉土志/耆舊錄－學問
王政煥(字符丙)(清・東平人)
[光緒]東平州 15/中 25
[民國]東平縣 11/上 41
19 **王璘**(元・陽穀人)
[康熙十二年]陽穀 3/26
[康熙]陽穀 3/24,7/15
[光緒]陽穀 6/24
[民國]增修陽穀人物/仕宦 1
王璘(字廷玉)(明・棲霞人)
[泰昌]登州 11/46
[順治]登州 17/26
[康熙]棲霞 6/14
[乾隆]棲霞 7/6
王璘(字義正)(清・定陶人)
[民國]定陶 6/28
王璘(號古愚)(清・鉅野人)
[道光]鉅野 13/50
王琰(明・解州人)
[萬曆二十四年]兗州 29/4
[康熙]兗州 22/26
[康熙]兗州續編 14/7
[乾隆]兗州 22/26
[萬曆]萊州 5/75
[康熙]萊州 8/54
[乾隆]萊州 9/23
[康熙]寧海州 9/5
[康熙]膠州 5/7
[乾隆]膠州 4/11
[康熙]嶧縣 3/31
[乾隆]嶧縣 7/14
[光緒]嶧縣 19/職官下 7
王琰(明・臨朐人)
[嘉靖]臨朐 3/11
王琰(清・聞縣人)
[乾隆]昌邑 5/107
王琰(清・夏津人)
[乾隆]夏津 7/32
王耿如(字介臣)(清・黃縣人)
[光緒]鄆城 6/27
王耿光(明・新城人)
[康熙]濟南 44/16
[道光]濟南 51/11
[天啟]新城 8/孝友
[崇禎]新城 8/孝友
[康熙]新城 8/4
[民國]重修新城 15/6
新城縣鄉土志/耆舊－明
20 **王采**(清・山西沁源人)
[宣統]山東 75/17
[道光]濟南 38/27
[雍正]齊河 5/41
[民國]齊河 22/6
齊河縣鄉土志名宦祠/17
王紡(字績絲)(清・商河人)
[道光]商河 7/33
[民國]重修商河 8/53
王孚(字惠中)(清・鉅野人)
[民國]續修鉅野 5/上 6
王綜(清・陝西蒲城人)
[宣統]山東 77/2
[康熙六十年]青州 12/42
[咸豐]青州 37/2
[光緒]益都縣圖志 18/65
王統(清・大興人)
[乾隆]泰安府 15/28
[乾隆]東平州 12/39
[道光]東平州 12/39
[光緒]東平州 14/39
[民國]東平縣 9/21
王維(唐)
[天啟]新城 8/寓賢
[崇禎]新城 8/寓賢
王紘(見王鋐)
王香(清・陽穀人)
[光緒]陽穀 7/5
[民國]增修陽穀人物/忠

烈 23
王信(漢)
[嘉靖]青州 12/25
[康熙十五年]青州 8/12
王信(字公亮)
(宋・太原人)
[嘉靖]山東 26/25
[康熙]山東 34/6
[雍正]山東 27/44
[宣統]山東 68/44
[嘉靖]恩縣 7/4
[萬曆]恩縣 4/6
[宣統]重修恩縣 6/45
[民國]重修恩縣 10/61
王信(元・青城人)
[乾隆]武定府 25/68
[咸豐]武定府 25/武功 4
[乾隆]青城 8/2
[民國]青城續修 4/人物 16
王信(明)
[乾隆]東昌 34/24
[康熙]臨清州 3/名宦 8
[乾隆]臨清州 9/8
[乾隆]臨清直隸州 6/74
[民國]臨清縣/秩官 60
王信(清・茌平人)
[嘉慶]東昌 32/58
[宣統]茌平 14/12
[民國]茌平 3/91
王信(字孚萬)
(清・陽信人)
[民國]陽信 5/文學 10
王秀(字士英,號實齋)
(明・萊陽人)
[宣統]山東 161/41
[光緒]增修登州 39/27
[民國]萊陽 3/1 中 12
王秉亮(字興南,號耐可)
(清・鉅野人)
[乾隆]淄川 4/又 28－4
王季立(明・南直婺源人)
[嘉靖]山東 26/17
[康熙]山東 33/21
[雍正]山東 27/84
[宣統]山東 71/32
[乾隆]泰安府 15/3
[萬曆元年]兗州 38/循吏 42
[萬曆二十四年]兗州 29/12
[康熙]兗州 22/33
[康熙]兗州續編 14/25
[康熙五十四年]東阿 3/31
[道光]東阿 11/7
王統立(清・濮州人)
[宣統]濮州 5/26
王爲章(字榆村)
(清・菏澤人)
[光緒]菏澤 15/73
[光緒]新修菏澤 11/60
王維度(字仲常)
(清・新城人)
[宣統]新城縣後志 3/文苑
[民國]重修新城 18/4
新城縣鄉土志/耆舊－清
王維雍(清・鄆城人)
[光緒]鄆城 10/11
王維章(字闇生,號貞菴)
(清・高唐人)
[乾隆]東昌 43/31
[嘉慶]東昌 32/48
[康熙十二年]高唐州 8/26
[康熙五十一年]高唐州 8/28
[道光]高唐州 5/1－40
[光緒]高唐州 5/1－42
[民國]高唐縣 12/9
王秀文(清・臨清人)
[乾隆]臨清直隸州 8/下 8
[民國]臨清縣/人物 26
王重度(字復元)
(清・膠州人)
[道光]重修膠州 29/33
[民國]增修膠志 45/17
王乘龍(字御天)
(清・滕縣人)
[道光]濟南 38/48
[康熙]滕縣志 7/83
[道光]滕縣志 8/儒林 9
滕縣鄉土志/23
王受訓(清・膠州人)
[民國]增修膠志 44/12
膠州直隸州鄉土志 4/孝友
王維新(明)
[雍正]山東 27/40
[宣統]山東 70/32
[乾隆]兗州 22/18
王維新(明・城武人)
[康熙九年]城武 3/42
王維新(明・淄川人)
[康熙]濟南 47/25
[道光]濟南 72/38
[乾隆]淄川 5/44
王維新(清・奉天人)
[宣統]山東 77/20
[順治]登州 11/26
王維新(一名銘新,字盤誥)
(清・商河人)
[民國]重修商河 8/60
王維訓(清・濟陽人)
[民國]濟陽 11/21
王重望(字澄川)
(清・齊河人)
[民國]齊河 27/16
王受璋(字玉相)
(清・商河人)
[民國]重修商河 8/87
王爲霖(清・鉅野人)
[民國]續修鉅野 5/上 32
王秀三(字瑞芝)
(清・恩縣人)
[民國]重修恩縣 12/上 72
王維烈(清・清平人)
[乾隆]臨清直隸州 8/下 67
王維烈(字武若)
(清・滕縣人)
[道光]滕縣志 9/孝義 20
王秉武(字毅臣)
(清・東平人)
[民國]東平縣 11/上 20
王重僰(字又昌)
(清・無棣人)
[民國]無棣 13/7
海豐縣鄉土志/耆舊
王重瑄(清・茌平人)
[嘉慶]東昌 32/60
[宣統]茌平 14/9
[民國]茌平 3/70
王維聰(明・武邑人)
[康熙]郯城 6/5

[康熙十一年]莘縣 5/7
[康熙五十六年]莘縣 5/7
[民國]莘縣 3/13
王秉乙(清・蒲臺人)
[光緒]重修蒲臺 3/10
王維瑚(清・昌邑人)
[光緒]昌邑縣續志 6/30
王秉政(明・懷遠人)
[萬曆]沂州志 4/58
王秉政(清・恩縣人)
[宣統]重修恩縣 8/48
[民國]重修恩縣 11/鄉賢 67
恩縣鄉土志/20
王采珍(字獻廷,號崑岩)
(清・濱州人)
[宣統]山東 171/35
[咸豐]濱州 10/16
濱州鄉土志/耆舊錄
王秉爵(清・單縣人)
[民國]單縣 12/鄉賢 3
王垂重(字孟仁)
(清・諸城人)
[宣統]山東 175/46
[咸豐]青州 49/51
[道光]諸城縣續志 18/1
諸城縣鄉土志/上 21
王秉衡(明・臨沂人)
[康熙]沂州志 4/24
[乾隆]沂州府 25/25
[民國]臨沂 9/50
王秉衡(明・通州人)
[萬曆]沂州志 4/54
王垂經(字修五)
(黃縣人)
[民國]黃縣志稿 13/民國孝友
王維貞(字惺元)
(明・觀城人)
[道光]觀城 8/5
觀城縣鄉土志/耆舊
王依仁(字情田,一字純天,自號嬾讀齋主人)
(清・商河人)
[民國]重修商河 8/61,11/37,14/17
商河縣鄉土志 3/耆舊－學問
王重師(後梁・許州長社人)
[咸豐]青州 34/22
[光緒]益都縣圖志 16/12
王維幾(字子研)
(明・文安人)
[民國]樂安 8/19
王維崧(字峻生,號松巖)
(清・淄川人)
[宣統]三續淄川 9/74
王秀嵌(字清泉)
(清・商河人)
[民國]重修商河 8/86
王禹偁(字元之)
(宋・濟州鉅野人)
[嘉靖]山東 26/8,30/43
[康熙]山東 33/10,40/42
[雍正]山東 28/人物二 23
[宣統]山東 157/17
[萬曆元年]兗州 40/諫議 13
[萬曆二十四年]兗州 28/1,35/1
[康熙]兗州 22/1,27/1
[乾隆]曹州府 12/9,14/18,22/13
[萬曆]鉅野 7/15
[康熙]鉅野 11/12
[道光]鉅野 12/9,24/6
[順治]嘉祥 4/24
[乾隆]嘉祥 3/16
[光緒]嘉祥 3/17
[隆慶]單縣上/30
[康熙]單縣 6/5
[乾隆]單縣 4/49
[民國]單縣 6/宦蹟 9
[康熙九年]城武 2/23
[康熙四十一年]城武 3/下名宦 6
[道光]城武 6/19
王重山(字海峰)
(清・高唐人)
[民國]高唐縣 12/27
王秀然(清・蒙陰人)
[宣統]蒙陰 4/孝義
王秀升(字次掄,號蘅畦)
(清・高苑人)
高苑縣鄉土志/耆舊
王秀升(字晉卿)
(清・嘉祥人)
[民國]濟寧直隸州續志 13/14
[光緒]嘉祥 3/34
王維仲(清・章丘人)
[道光]章邱 11/81
王秉彝(明・太平人)
[乾隆]嶧縣 7/36
王垂紀(字肇修)
(清・諸城人)
[道光]諸城縣續志 14/3
王垂絡(字馭遠)
(清・諸城人)
[道光]諸城縣續志 14/5
王維盤(清・曹縣人)
[光緒]曹縣 14/忠義 7
王季寅(字石塢)
(清・福山人)
[民國]福山縣志稿 10/10
王維寧(明・興平人)
陽信縣鄉土志上/政績－聽訟
王維寅(字協齋)
(清・新城人)
[宣統]山東 170/21
[宣統]新城縣後志 2/忠義
[民國]重修新城 18/13
王秀之(字伯奮)
(南北朝・琅邪臨沂人)
[嘉靖]山東 30/26
[康熙]山東 40/28
[宣統]山東 155/21
[萬曆元年]兗州 40/隱逸 5
[萬曆二十四年]兗州 33/12
[康熙]兗州 26/11
[萬曆]沂州志 6/72
[康熙]沂州志 5/44
[乾隆]沂州府 25/13
[民國]臨沂 9/22
王受祉(字純公)
(明・魚臺人)
[康熙]魚臺 17/46
[乾隆]魚臺 11/33

[光緒]魚臺 3/20
王維濬(字陶仲,號菊溪)
(清・新城人)
[宣統]新城縣後志 3/孝友
[民國]重修新城 18/17
王統業(清・臨沂人)
[乾隆]沂州府 26/24
[民國]臨沂 10/14
王維浩(字頤元)
(清・新城人)
[宣統]新城縣後志 3/文苑
王維禧(字子綬)
(清・齊河人)
[道光]濟南 56/15
[民國]齊河 27/6
王秉禮(字魯菴)
(清・臨淄人)
[民國]臨淄 25/38
王維冲(字守謙)
(清・桓臺人)
[民國]桓臺 3/28
王秉洞(字敬止)
(清・茌平人)
[民國]茌平 3/106
王受祿(字伯荷)
(莘縣人)
[民國]莘縣 7/25
王舜漁(明・常熟人)
[崇禎]武定州 7/18
王秉道(清・單縣人)
[民國]單縣 12/鄉賢 11
王維祥(清・平度人)
[民國]平度縣續志 7/30
王爰瀚(字沛源)
(清・無棣人)
[民國]無棣 12/13
王采泮(字鵬程)
(清・商河人)
[民國]重修商河 8/56
商河縣鄉土志 3/耆舊－學問
王重遴(字廷升)
(清・茌平人)
[民國]茌平 3/58
王維塘(字春渠,號實齋)
(清・淄川人)
[宣統]三續淄川 9/79,10/19
王壬垣(字西崑)
(清・蓬萊人)
[光緒]增修登州 40/4
[道光]重修蓬萊 9/22,13/傳 17
[民國]蓬萊縣志合編人物志/仕績
王爲楨(字濟廷)
(清・諸城人)
[光緒]增修諸城縣續志 13/10
王維垣(字大師)
(清・齊河人)
[民國]齊河 23/72
王維垣(字象藩)
(清・諸城人)
[道光]諸城縣續志 14/6
王維墉(字仲堅)
(清・臨淄人)
[咸豐]青州 50/9
[民國]臨淄 28/8
王維城(字健齋)
(清・博平人)
[光緒]博平縣續志 10/52
王維城(字屏山)
(清・恩縣人)
[民國]重修恩縣 11/鄉賢 25
王秉枝(明・臨朐人)
光緒臨朐 14/下 11
王垂芳(字印中)
(清・諸城人)
[道光]諸城縣續志 14/4
王舜華(南朝齊・臨沂人)
[康熙]山東 28/6
[康熙]沂州志 5/4
[乾隆]沂州府 28/2
王維藩(字淮洲)
(明・河南信陽人)
[宣統]山東 71/26
[道光]濟南 36/64
[乾隆]平原 6/22
平原縣鄉土志輯稿/名宦
王維藩(字价人)
(清・陽信人)
[民國]陽信 5/文學 24
王維茂(明・江蘇吏員)
[康熙]觀城 3/10
[道光]觀城 6/14
王維荀(清・桓臺人)
[民國]桓臺志略 3/17
[民國]桓臺 3/25
王季槐(字植庭,別號三混道人)
(清・壽光人)
[民國]壽光 12/人物志二 54
王維楫(字巨川)
(清・新城人)
[宣統]新城縣後志 3/孝友
王秉慤(字湫泉)
(清・四川華陽縣人)
[宣統]三續淄川 9/46
淄川縣鄉土志/政績錄
王維極(清・恩縣人)
[雍正]恩縣續志 3/20
王秉敬(清・陵縣人)
[光緒]陵縣 19/人物傳二 30
王維幹(字筠庭)
(清・遂平人)
[光緒]文登 7/下 7
[民國]文登 7/下 7
王維翰(金・鉅野人)
[萬曆]鉅野 7/20
[康熙]鉅野 11/19
[道光]鉅野 12/22
王維翰(字之翰)
(金・龍山人)
萊州府鄉土志/上 11
[嘉慶]續掖縣 2/17
王維翰(字良卿)
(明・曹縣人)
[康熙]兗州府曹縣 13/32
[光緒]曹縣 13/31
王維翰(明・晉江人)
[康熙]費縣 3/14
[光緒]費縣 3/55
王維翰(字君柱)
(清・東平人)
[乾隆]東平州 15/21
[道光]東平州 15/21
[光緒]東平州 15/下 29

[民國]東平縣 11/下 5
王維翰(清・高唐人)
[乾隆]東昌 43/27
[嘉慶]東昌 32/44
[乾隆]高唐州續志 2/5
[道光]高唐州 5/2－3
[光緒]高唐州 5/2－3
[民國]高唐縣 12/35
王維翰(字召宣)
(清・鄆城人)
[康熙]鄆城 6/23
王信忠(字臨野)
(清・汶上人)
[宣統]四續汶上稿/人物－施濟傳
王秉哲(明・北直監生)
[康熙]沂水 4/27
[道光]沂水 5/28
王垂拱(字平章)
(明・菏澤人)
[光緒]菏澤 16/9
[光緒]新修菏澤 10/40
王舜耕(字于田)
(明・常熟人)
[道光]濟南 35/20
王舜耕(號南畝,又號養頤子)
(明・單縣人)
[隆慶]單縣下/4
[順治]單縣 2/34
[康熙]單縣 7/22,8/17
[民國]單縣 9/15
王統嗣(字紹一)
(清・濮州人)
[宣統]濮州 5/24
王重明(字翼卿)
(明・長山人)
[康熙]山東 45/5
[康熙]濟南 40/15
[道光]濟南 50/50
[康熙四十三年]長山 5/孝義
[康熙五十五年]長山 6/31
[嘉慶]長山 10/2
王維壁(字奎光)
(清・淄川人)
[宣統]三續淄川 10/27
王秉辰(字撫五)
(清・茌平人)
[民國]茌平 3/105
王受彤(清・淄川人)
[宣統]三續淄川 9/96
王重陽(姓王,名嚞)
(金・盩厔人)
[嘉靖]山東 34/16
[康熙]山東 47/9
[雍正]山東 30/14
[宣統]山東 200/28
[泰昌]登州 11/61
[順治]登州 18/21
[嘉靖]寧海州下/46
[康熙]寧海州 10/1
[同治]重修寧海州 26/5
[康熙]蓬萊 6/4
[道光]重修蓬萊 2/32
[民國]增修蓬萊 2/仙釋
[民國]蓬萊縣志合編人物志/仙釋
[雍正]文登 10/6
[道光]文登 10/1
[民國]牟平 10/38
王季賢(字仲友)
(清・濟寧人)
[道光]濟寧直隸州 8/4－40
王舜民(明・陳州人)
[嘉靖]臨朐 2/49
王舜興(明・濮州人)
[宣統]濮州 6/35
王維周(清・諸城人)
[光緒]增修諸城縣續志 15/5
王重賢(字子尚,號海舉)
(明・直隸交河人)
[康熙]濟南 25/51
[道光]濟南 36/4
[康熙]禹城 5/12
[嘉慶]禹城 7/24
[民國]禹城 3/41
禹城縣鄉土志/7
[萬曆]即墨志 6/13
[康熙]纂修即墨/下 9
[乾隆]即墨 8/6
[同治]即墨 8/6
王住兒(元・汶上人)
[乾隆]兗州 23/34
王秉義(清・膠州人)
[乾隆]膠州 5/29
[道光]重修膠州 29/4
[民國]增修膠志 44/2
膠州直隸州鄉土志 4/孝友
王秉義(字質菴)
(清・無棣人)
[咸豐]武定府 25/儒林 13
[民國]無棣 12/6
海豐縣鄉土志/耆舊－事業
王喬年(字耆卿)
(明・高密人)
[康熙]高密 8/5
[乾隆]高密 8/上 11
[光緒]高密 8/上 13
[民國]高密 14/上 12
高密縣鄉土志/上 20
王喬年(字豫章)
(清・濟陽人)
[道光]濟南 56/30
[乾隆]濟陽 8/28
[民國]濟陽 11/37
王舜年(字永祺,號孝源)
(清・掖縣人)
[乾隆]萊州 10/30
[乾隆]掖縣 4/33
[光緒]三續掖縣 4/13
王維金(清・諸城人)
[光緒]增修諸城縣續志 19/1
王秉鉞(明・城武人)
[康熙九年]城武 3/17
[康熙四十一年]城武 5/上懿行 5
[道光]城武 9/下 10
王秉範(清・博平人)
[光緒]博平縣續志 10/56
博平縣鄉土志/耆舊－忠節
王秉銓(字如符)
(清・城武人)
[康熙九年]城武 3/46
[康熙四十一年]城武 5/上宦蹟 8

[道光]城武 9/上 23
王秉籙(字鍾仙)
(明・諸城人)
[咸豐]青州 45/64
[乾隆]諸城 36/7
王秉惇(字侗初)
(明・濮州人)
[宣統]濮州 6/30
王重光(字海日)
(明・高密人)
[康熙]萊州 10/56
[乾隆]萊州 11/忠節 4
[康熙]高密 8/7,8/10,10/16
[乾隆]高密 8/上 22
[光緒]高密 8/上 27
[民國]高密 14/上 29
高密縣鄉土志/上 30
王重光(字廷宣)
(明・新城人)
[康熙]山東 39/26
[雍正]山東 28/人物三 40
[宣統]山東 161/46
[康熙]濟南 35/13
[道光]濟南 51/10
[天啟]新城 8/孝友,12/記,13/傳
[崇禎]新城 7/進士,8/孝友,12/記,13/傳
[康熙]新城 7/8
[道光]新城/藝文 – 傳
[民國]重修新城 14/5
新城縣鄉土志/耆舊 – 明
王重光(字伯明)
(清・昌樂人)
[民國]昌樂縣續志 34/5
王重熾(字又昌)
(清・海豐人)
[乾隆]武定府 26/22
[咸豐]武定府 26/義行 22
海豐縣鄉土志/耆舊 – 事業六
王爲熼(字藜光)
(清・諸城人)
[道光]諸城縣續志 16/4
王舜性(字仁甫,號安宇)
(明・臨沂人)
[康熙]沂州志 6/11
[乾隆]沂州府 26/9
[民國]臨沂 10/48
王秉耀(字運石)
(清・福建人)
[光緒]文登 7/下 12
[民國]文登 7/下 12
王乘燮(字理堂)
(清・福山人)
[民國]福山縣志稿 7/4 – 13
王維榮(字佐周)
(清・新城人)
[宣統]新城縣後志 2/宦績
21 **王衡**(字允平)
(明・莘縣人)
[正德]莘縣 6/25
王虎(明・棗強人,遷居陽信)
[宣統]山東 200/10
王虎(明・鄒人)
[萬曆二十四年]兖州 37/4
[康熙]兖州 28/33
[乾隆]兖州 23/40
[萬曆]鄒志 2/29
[康熙十二年]鄒縣志 2/46
[康熙五十五年]鄒縣志 2/68
王縉(明・山西大同人)
[宣統]山東 71/23
[康熙]濟南 25/33
[道光]濟南 36/45
[順治]臨邑 11/3
[康熙]重修臨邑 8/2
[道光]臨邑 7/23
[同治]臨邑 7/27
王縉(明・北直邢臺人)
[宣統]山東 71/17
[康熙]濟南 25/35
[道光]濟南 36/54
[嘉靖]德州 2/11
[康熙]德州 7/26
[乾隆]德州 8/5
德州鄉土志/政績 1
[民國]德縣 9/7
王縉(清・直隸滄州人)
[康熙]德平 3/5
王經(漢)
[道光]榮成 8/8
王經(字彥偉)
(三國・清河人)
[雍正]山東 28/人物一 32
王經(字用九)
(清・曹縣人)
[光緒]曹縣 14/仕蹟 12
王礪(明・夏縣人)
[宣統]山東 72/23
[萬曆]青州 12/38
[康熙十五年]青州 12/38
[康熙四十八年]青州 12/38
[康熙六十年]青州 12/33
[乾隆]沂州府 20/10
[康熙十一年]蒙陰 2/22
[康熙二十四年]蒙陰 3/9
[宣統]蒙陰 3/宦績
王緬(字勵之)
(明・浙江山陰人)
[宣統]山東 73/9
[萬曆]青州 12/23
[康熙十五年]青州 12/23
[康熙四十八年]青州 12/23
[康熙六十年]青州 12/26
[咸豐]青州 36/7
[萬曆]樂安 13/2
[雍正]樂安 11/3
[民國]樂安 8/19
[民國]續修廣饒 17/3
王能(宋・廣濟定陶人)
[嘉靖]山東 26/8,30/43
[雍正]山東 28/人物二 28
[宣統]山東 157/11
[萬曆元年]兖州 40/武功 17
[萬曆二十四年]兖州 28/10,35/21
[康熙]兖州 22/10,27/19
[康熙]曹州志 15/50
[乾隆]曹州府 14/23
[乾隆]濟寧直隸州 21/4
[道光]濟寧直隸州 6/6 – 7
[萬曆]鉅野 6/4
[康熙]鉅野 10/4
[道光]鉅野 10/4
[順治]定陶 5/11

［乾隆］定陶 6/5
［民國］定陶 6/7
王儒（字道甫）
（明・諸城人）
［萬曆］諸城 6/14
王儒（字含三）
（清・濰人）
［宣統］山東 177/10
［民國］濰縣志稿 28/1
王繻（清・河南睢州人）
［乾隆］東明 4/又 24
［民國］東明縣新誌 11/7
東明縣志料/人物門
王睿（明・曹縣人）
［光緒］曹縣 14/仕蹟 1
王順（元・濰州人）
［民國］濰縣志稿 41/22
王順（字致和）
（明・博平人）
［正德］博平 4/66
王衢（字淇泉）
（清・莒州人）
［宣統］山東 173/14
［民國］重修莒志 61/8
王伍（明・新城人）
［康熙］山東 45/4
［康熙］濟南 47/9
［道光］濟南 51/9
［天啟］新城 8/善行，13/傳
［崇禎］新城 8/善行，13/傳
［民國］重修新城 14/1
新城縣鄉土志/耆舊－明
王偕（明・曹縣人）
［康熙］曹縣 11/23
［康熙］兖州府曹縣 11/23
［光緒］曹縣 11/武職 47
王衍（字夷甫，一作彝甫，又作文舒）
（晉，一作南北朝・臨沂人）
［嘉靖］山東 30/17，33/22
［康熙］山東 40/19
［雍正］山東 28/人物一 57
［萬曆二十四年］兖州 32/13
［康熙］兖州 25/9
［萬曆］沂州志 6/45
［康熙］沂州志 5/23
［民國］臨沂 9/9
王衎（明・陽穀人）
［民國］增修陽穀人物/仕宦 8
王偃（字槃虎）
（魏・太原晉陽人）
［光緒］陵縣 16/增 3，17/金石志三 62
王卣（字美公）
（清・蘭山人）
［宣統］山東 173/18
［乾隆］沂州府 25/31
［民國］臨沂 10/10
王貞（字子守）
（漢・大名人）
［宣統］山東 66/7
［乾隆］武定府 16/16
［咸豐］武定府 19/陽信 1
［康熙］陽信 7/25
［乾隆］陽信 5/27
信邑志稿 5/宦蹟
［民國］陽信 2/54
王貞（字文舉）
（明・館陶人）
［乾隆］東昌 42/23
［嘉慶］東昌 32/19
王紅（明）
［康熙］新修齊東 4/21
王卓（字俊偉）
（清・曹縣人）
［光緒］曹縣 14/行誼 4
王卓（字立齋）
（清・費縣人）
費縣鄉土志/耆舊錄－學問
王步亭（清・諸城人）
［光緒］增修諸城縣續志 19/1
王衍慶（明・霑化人）
［康熙］濟南 46/4
［乾隆］武定府 25/8
［咸豐］武定府 25/孝友 8
［光緒］霑化 8/2
［民國］霑化 2/30
王衍慶（字慎初）
（清・聊城人）
［宣統］聊城 8/38
聊城縣鄉土志/26
王行端（字尹友，別號懶殘子）
（清・壽光人）
［民國］壽光 12/人物志二 55
王穎新（字銳甫）
（清・高唐人）
［光緒］高唐州 5/2－27
［民國］高唐縣 12/42
王行諫（清・濟陽人）
［道光］濟南 56/29
［乾隆］濟陽 8/15
［民國］濟陽 11/13
王衍謙（字蘊山，號竹樵）
（清・觀城人）
觀城縣鄉土志/耆舊
王處一（號玉陽）
（金・東牟人）
［嘉靖］山東 34/17
［康熙］山東 47/9
［雍正］山東 30/15
［宣統］山東 200/29
［泰昌］登州 11/61
［順治］登州 18/21
［嘉靖］寧海州下/46
［康熙］寧海州 10/1
［同治］重修寧海州 26/11
［康熙］靖海衛志流寓/42
［雍正］文登 10/6
［道光］文登 10/1
［民國］牟平 10/43
［道光］榮成 10/6
王衍霖（字雨青，號鹿村）
（清・長山人）
［道光］濟南 55/25
［嘉慶］長山 8/26
王占一（東阿人）
［民國］東阿 15/6
王占元（清・夏津人）
［民國］夏津續編 8/9
王貞一（字元敭）
（清・高唐人）
［乾隆］東昌 43/29
［嘉慶］東昌 32/46
［康熙五十一年］高唐州

9/8
[道光]高唐州 5/2－12
[光緒]高唐州 5/2－15
[民國]高唐縣 12/8
王貞玉(清・諸城人)
[光緒]增修諸城縣續志 17/2
王貞元(字化一)
(清・東平人)
[民國]東平縣 11/上 19
王卓吾(清・齊河人)
[民國]齊河 32/59
王儒烈(字繩武)
(清・商河人)
[道光]商河 7/51
[民國]重修商河 9/9
商河縣鄉土志 2/耆舊－事業
王縉珶(字昆圃,一作崑圃,或作琨圃)
(清・諸城人)
[咸豐]青州 49/32
[道光]諸城縣續志 14/9
諸城縣鄉土志/上 38
[道光]滕縣志 6/宦績 46
滕縣鄉土志/9
王衍豫(字順庵)
(清・觀城人)
觀城縣鄉土志/耆舊
王紫丞(汝南人)
[民國]莘縣 3/18
王秬香(號鼇廷)
(清・臨淄人)
[民國]臨淄 24/25
王步衢(清・朝城人)
朝城縣鄉土志/15
[民國]朝城縣續志 1/37
王儒行(字席珍)
(清・魚臺人)
[民國]濟寧直隸州續志 14/14
[光緒]魚臺 3/孝義又 2
王虞衡(字平仲)
(清・霑化人)
[光緒]霑化 10/30
[民國]霑化 3/9
王礪山(字岱如,號幼齋)
(清・恩縣人)
[民國]重修恩縣 12/上 119
王紫峯(字漢閣)
(清・商河人)
[民國]重修商河 8/22
王衡先(明・莘縣人)
[民國]莘縣 6/34
王衍緒(原名昌緒)
(清・福山人)
[光緒]增修登州 40/14
[民國]福山縣志稿 7/2－14
王占魁(字嶺先)
(清・霑化人)
[民國]霑化 2/49
王占魁(長清人)
[民國]長清 12/17
王虛白(字若谷)
(明・汶上人)
[康熙]續修汶上 4/人物 6
王衍綸(字合之)
(清)
[宣統]三續淄川 9/47
王儒宗(清・臨朐人)
臨朐縣鄉土志 1/耆舊
王衍福(字疇五)
(清・諸城人)
[咸豐]青州 49/31
[道光]諸城縣續志 14/7
王頻灝(字海亭)
(清・寧陽人)
[咸豐]寧陽 13/34
[光緒]寧陽 13/34
寧陽縣鄉土志/18
王經袖(字翊鄭,號尊圃)
(清・菏澤人)
[光緒]菏澤 15/77
[光緒]新修菏澤 11/63
王虔禮(唐)
[嘉靖]濮州 7/6
王虔裕(五代・琅邪人)
[宣統]山東 156/15
王仁洽(字輝公)
(清・齊河人)
[道光]濟南 56/14
[民國]齊河 26/21
王師道(字居中)
(宋・兗州人)
[嘉靖]山東 30/51
[康熙]山東 40/49
[雍正]山東 28/人物二 46
[宣統]山東 164/17
[萬曆元年]兗州 40/節義 19
[萬曆二十四年]兗州 35/19
[乾隆]兗州 23/30
[康熙]滋陽 4/上 39
[光緒]滋陽 9/25
滋陽縣鄉土志 1/耆舊－忠節
王順祥(字鴻九)
(清・博山人)
[民國]續修博山 9/25
[民國]濟陽 9/45
王衍祚(字錫祉)
(清・長山人)
[道光]濟南 55/24
[嘉慶]長山 9/27
王衍來(清・蒙陰人)
[宣統]蒙陰 4/名獻
王穎士(字慧先,一作樸菴)
(清・臨淄人)
[宣統]山東補遺/4
[咸豐]青州 47/12
[民國]臨淄 24/15
臨淄縣鄉土志/耆舊錄
王貞吉(清・城武人)
[道光]城武 9/下 21
王貞吉(字咸臨)
(清・慶雲人)
[民國三年]慶雲 2/35
王貞士(字松谿)
(清・膠州人)
[民國]增修膠志 43/10,47/9
王經世(明・膠州人)
[乾隆]膠州 5/32
[道光]重修膠州 25/28
[民國]增修膠志 40/25
王衍世(清・海陽人)
[光緒]海陽縣續志 4/34
王穎芳(字栗軒)
(清・臨清人)

［民國］臨清縣/人物 19
王綽如（東阿人）
［民國］東阿 15/3
王衍觀（字正甫，號蓮渠）
（清・觀城人）
觀城縣鄉土志/耆舊
王師威（唐・清河郡人）
［乾隆］東昌 42/2
［嘉慶］東昌 32/3
［宣統］重修恩縣 8/94
王經邦（字燮菴）
（清・濮州人）
［宣統］濮州 5/27
王經國（字子綽）
（清・歷城人）
［康熙］濟南 42/33
［道光］濟南 53/48
［乾隆］歷城 40/22
王經國（清・泗水人）
［光緒］泗水 11/21
［光緒］泗水縣鄉土志/12
王銜恩（牟平人）
［民國］牟平 7/28
王上聞（明・河南祥符人）
［宣統］山東 71/15
［康熙］濟南 25/62
［道光］濟南 36/36
［康熙］新修齊東 4/16
［民國］齊東 3/57
齊東縣鄉土志/政績錄 5
王貞風（南朝宋・臨沂人）
［康熙］山東 28/6
［萬曆］沂州志 7/66
［乾隆］沂州府 28/2
王步曾（字階先）
（清・臨沂人）
［民國］臨沂 10/21
王仁鎬（五代・邢州龍岡人）
［嘉靖］武定州下/48
［萬曆］武定州 10/4
［崇禎］武定州 7/17
［光緒］益都縣圖志 16/20
王仁義（元・寧海人）
［同治］重修寧海州 17/6
王師曾（字省三）
（清・安丘人）
［民國］續安邱新志 18/9
王師範（唐・青州人）
［至元］齊乘 6/21
［嘉靖］山東 27/22
［雍正］山東 27/4
［嘉靖］青州 15/5
［萬曆］青州 14/5
［康熙十五年］青州 14/5
［康熙四十八年］青州 14/忠義 5
［康熙六十年］青州 17/3
［萬曆］益都 6/又 89
［康熙］益都 9/1
［光緒］益都縣圖志 16/10，44/3
王衍惇（字秩五，號松坪）
（清・單縣人）
［民國］單縣 10/19
王衍恒（字毅庵，號雪堂）
（清・觀城人）
觀城縣鄉土志/耆舊
22 **王屮**（字簡棲）
（南朝・臨沂人）
［民國］臨沂 10/60
王岸（字先登）
（清・高唐人）
［光緒］高唐州 5/2－34
［民國］高唐縣 12/18
王彪（清）
［嘉慶］慶雲 7/37
王彩（字白卿）
（明・濰縣人）
［康熙］萊州 10/33
［乾隆］萊州 10/19
［乾隆］濰縣 4/9
［民國］濰縣志稿 27/30
濰縣鄉土志/16
王偁（明・曹縣人）
［康熙］曹縣 11/8
［康熙］兖州府曹縣 11/8
王崇（字德禮）
（漢・瑯邪臯虞人）
［嘉靖］山東 33/1
［康熙］山東 44/1
［雍正］山東 28/人物一 13
［萬曆］萊州 5/86
［康熙］萊州 10/16
［乾隆］萊州 10/3
［萬曆］即墨志 8/3
［康熙］纂修即墨/下 18
［乾隆］即墨 9/2
［同治］即墨 9/2
即墨縣鄉土志/耆舊－事業一
王崇（清・萊蕪人）
［民國］萊蕪 20/3
［民國］續修萊蕪 27/9
王鼎（字鼎臣）
（宋・館陶人）
［嘉靖］山東 31/21
［康熙］山東 41/18
［雍正］山東 28/人物二 35
［萬曆］東昌 19/37
［乾隆］東昌 37/12
［嘉慶］東昌 27/10
王鼎（明・安福舉人）
［正德］博平 5/81
［康熙］博平 3/3
［道光］博平 3/3
博平縣鄉土志/政績
王鼎（字自新）
（明・莘縣人）
［正德］莘縣 6/又 10
王鼎（清・東明人）
東明縣志料/人物門
王峩（字奉璋）
（清・陵縣人）
［光緒］陵縣 19/人物傳二 16
王崶（字龍門）
（清・膠州人）
［民國］增修膠志 45/23
王崶（清・臨淄人）
［民國］臨淄 22/68
王豐（唐・即墨人）
［同治］即墨 12/32
王豐（字尚培）
（明・商河人）
［民國］重修商河 13/藝文志四墓表 6
王嵐（字曉亭）
（清・寧津人）
［光緒］寧津 8/45

王利(字秉彝,一作秉義)
(明・陽信人)
[康熙]濟南 41/17
[乾隆]武定府 24/19
[咸豐]武定府 24/循良 9
[康熙]陽信 9/7
[乾隆]陽信 7/6
[民國]陽信 5/宦蹟 10
信邑志稿 7/循良
陽信縣鄉土志上/耆舊－事業
王嶠(字梅谷)
(清・臨淄人)
[民國]臨淄 22/67
王任(號聘吾)
(明・費縣人)
[光緒]費縣 15/21
王任(清・壽張人)
[光緒]壽張 7/28
壽張縣鄉土志/耆舊－附忠孝祠
王山(明・高密人)
[萬曆]萊州 6/19
[康熙]萊州 10/67
[乾隆]萊州 11/善行 1
[康熙]高密 8/9
[乾隆]高密 8/上 36
[光緒]高密 8/上 66
[民國]高密 14/上 78
王山(清・博興人)
[康熙十二年]博興 6/12
[康熙六十年]博興 7/35
王綬(字朝儀)
(明・濱州人)
[乾隆]武定府 25/47
[咸豐]武定府 25/文苑 7
[萬曆]濱州 3/26
[康熙]濱州 7/29
[咸豐]濱州 10/28
濱州鄉土志/學問
王綬(字紫紳,號萊峰)
(清・掖縣人)
[嘉慶]續掖縣 3/5
王崧(字壽茂)
(宋・濰州人)
[民國]濰縣志稿 30/18
王嵩(明・河南汲縣人)
[嘉靖]山東 25/27
[康熙]山東 32/15
[雍正]山東 27/75
[宣統]山東 71/50
[康熙]濟南 25/32
[乾隆]武定府 16/14
[咸豐]武定府 19/青城 1
[萬曆]青城 1/35
[乾隆]青城 7/1
[民國]青城續修 4/名宦 12
王嵩(明・蒙陰人)
[康熙十一年]蒙陰 2/49
王嵩(清・黄岡人)
[道光]長清 4/4
王綏(明・莒縣人)
[民國]重修莒志 61/3
王巍(字冲斗)
(明・慶雲人)
[嘉慶]慶雲 9/7
[咸豐]慶雲 2/67
[民國三年]慶雲 2/21,2/102
王巖(明・靈壁人)
[康熙十二年]陽穀 2/35
王嶷(字道長)
(北魏・北海劇人)
[嘉靖]山東 33/25
[嘉慶]昌樂 25/2
[康熙]壽光 32/2
[嘉慶]壽光 20/2
[民國]壽光 16/4
王嶽(字仰止)
(明・掖縣人)
[乾隆]掖縣 4/58
王崇文(字叔武)
(明・曹州人)
[雍正]山東 28/人物三 19
[宣統]山東 160/21
[萬曆二十四年]兗州 36/11
[康熙]兗州 28/11
[乾隆]曹州府 15/8
[康熙]兗州府曹縣 13/16
[光緒]曹縣 13/15
曹縣鄉土志/耆舊錄
王鼎廕(見王鼎胤)
王繼庭(字筠軒)
(清・順天武清人)
[宣統]山東補遺/52
[光緒]益都縣圖志 18/53
王繼文(字聲雅,號芑亭)
(清・臨清人)
[宣統]山東 174/28
[民國]臨清縣/人物 17
王山立(字肅然)
(清・新城人)
[康熙]新城 8/6
王幽亭(字稼軒)
(清・慶雲人)
[民國三年]慶雲 2/55
王循誥(字敷堂)
(清・東平人)
[光緒]東平州 15/下 18
[民國]東平縣 11/中 33
王崇正(明・鄆城人)
[康熙]鄆城 6/17
[光緒]鄆城 8/7
王鼎元(清・壽張人)
[光緒]壽張 6/60
王峯雲(字夏卿)
(清・膠州人)
[民國]增修膠志 43/20
王繼一(明・江南通州人)
[乾隆]沂州府 17/31
王崑玉(字西圃)
(清・商河人)
[民國]重修商河 9/13
王綎晉(清・諸城人)
[道光]諸城縣續志 17/4
王崇烈(字漢輔)
(清・福山人)
[民國]福山縣志稿 10/15
王繼烈(清・鄒平人)
[民國]鄒平 15/143
王繼武(字叔賢)
(清・蓬萊人)
[民國]蓬萊縣志合編人物志/仕績
王繼孟(霑化人)
[民國]霑化 4/登進 48
王鼎絃(見王鼎鉉)
王利孚(字豐澤)
(清・商河人)

[民國]重修商河 8/49
王崇仁(字仲安)
(明・曹州人)
[雍正]山東 28/人物三 23
[宣統]山東 160/21
[萬曆二十四年]兗州 36/11
[康熙]兗州 28/10
[乾隆]曹州府 15/8
[康熙]兗州府曹縣 13/15
[光緒]曹縣 13/14
王崇儒(字伯學)
(明・曹縣人)
[康熙]兗州府曹縣 13/15
[光緒]曹縣 13/14
王利貞(元・高唐人)
[道光]高唐州 5/1-8
王鼎豐(清・江寧舉人)
[宣統]山東 75/41
[嘉慶]肥城 15/36
[光緒]肥城 7/50
王鼎任(字玉調)
(清・福山人)
[乾隆]福山 9 上/56
[民國]福山縣志稿 7/5-2
王鼎胤(字六符)
(清・淄川人)
[康熙]濟南 41/39
[道光]濟南 54/62
[康熙]淄川 5/7
[乾隆]淄川 5/7,6/上 64
王崑山(清・海陽人)
[光緒]增修登州 43/49
[光緒]海陽縣續志 5/22
王嵩峯(字少瞻,號雪亭)
(清・菏澤人)
[光緒]菏澤 15/76
[光緒]新修菏澤 11/63
菏澤縣鄉土志/24
王仙嶠(字銳峯)
(清・商河人)
[民國]重修商河 9/15
王崇獻(字季徵)
(明・曹州人)
[雍正]山東 28/人物三 19
[宣統]山東 160/21
[萬曆二十四年]兗州 36/12
[康熙]兗州 28/11
[乾隆]曹州府 15/8
[康熙]兗州府曹縣 13/17
[光緒]曹縣 13/16
曹縣鄉土志/耆舊錄
王崇德(字徙義)
(清・高唐人)
[民國]高唐縣 12/91
王崇德(字象賢)
(清・商河人)
[民國]重修商河 8/89
王崇勳(字儒瞻)
(清・諸城人)
[道光]諸城縣續志 20/2
王繼先(明・黃人)
[宣統]山東 160/33
王繼先(清・昌樂人)
[民國]昌樂縣續志 27/3
王繼先(清・汶上人)
[宣統]四續汶上稿/人物-孝弟傳
王崇儉(字叔度)
(明・曹縣人)
[萬曆二十四年]兗州 36/19
[康熙]兗州 28/18
[康熙]兗州續編 15/19
[乾隆]曹州府 15/8
[康熙]兗州府曹縣 13/17
[光緒]曹縣 13/17
王嵩齡(明・莘縣人)
[民國]莘縣 6/26
王彪之(字叔武)
(晉・琅邪人)
[嘉靖]山東 30/20
[康熙]山東 40/22
[宣統]山東 155/10
[萬曆元年]兗州 40/忠直 8
[萬曆二十四年]兗州 32/25
[康熙]兗州 25/20
[萬曆]沂州志 6/51
[康熙]沂州志 5/28
[乾隆]沂州府 25/9
[光緒]嶧縣 19/61
[民國]臨沂 9/14
王繼良(字善甫)
(清・昌樂人)
[民國]昌樂縣續志 27/6
王繼良(清・武城人)
[民國]增訂武城續編 10/11
王繼瀛(字紫翰)
(清・福山人)
[民國]福山縣志稿 7/6-2
王繼宗(清・濱州人)
[咸豐]濱州 10/又 26
濱州鄉土志/耆舊錄
王綏之(字效宣)
(清・莒縣人)
[民國]重修莒志 65/26
王崇業(明・肥城人)
[康熙]肥城書下/20
王任遠(字恒初)
(清・菏澤人)
[光緒]菏澤 15/69
[光緒]新修菏澤 11/56
王利清(字清選)
(清・商河人)
[民國]重修商河 8/59
王繼湯(字警盤)
(清・茌平人)
[民國]茌平 3/109
王崇瀾(見王崇蘭)
王繼祖(明・寧夏人)
[崇禎]武定州 7/19
王繼祖(清・蓬萊人)
[光緒]蓬萊縣續志 8/文宦 7
王鼎祚(字定甫,號玉鉉)
(明・濮州人)
[康熙]濮州 3/87,6/80
[乾隆]濮州 3/88,6/80
[宣統]濮州 4/94,8/80
王崇古(明・陽穀人)
[萬曆二十四年]兗州 37/8
[康熙]兗州 28/37
[乾隆]兗州 23/43
王繼堯(清・壽張人)
[光緒]壽張 6/61
王循南(字化棠)
(清・壽光人)
[民國]壽光 12/人物志二 29
王彩桂(字灼廷)
(清・鄆城人)

［光緒］鄆城 10/9
王崇蘭（明・山西懷仁人）
［康熙］膠州 5/13
［乾隆］膠州 4/11
［道光］重修膠州 22/4
［民國］增修膠志 17/4
王崇燕（字翼伯）
（清・福山人）
［民國］福山縣志稿 7/5 – 9
王繼芳（明・歷城人）
［道光］濟南 72/33
［崇禎］歷乘 16/46
［崇禎］歷城 10/21
［乾隆］歷城 42/5
王穩基（清・鄒平人）
［道光］濟南 54/48
［嘉慶］鄒平 15/11
［道光］鄒平 15/94
［民國］鄒平 15/94
王仙姑（元・招遠人）
［雍正］山東 30/18
［泰昌］登州 11/63
［順治］登州 18/23
［順治］招遠 9/30
王樂英（字育才）
（清・清平人）
［民國］清平/人物 67
王幾坤（字書山）
（明・孟津人）
［乾隆］東昌 33/36
［嘉慶］東昌 21/3
［宣統］聊城 6/2 – 4
王任杞（清・大興人）
［順治］定陶 4/6
王崧翰（字子良）
（清・平度人）
［民國］平度縣續志 8/12
王豐泰（清・莘縣人）
［光緒］莘縣 7/45
［民國］莘縣 7/34
王繼忠（清・蓬萊人）
［民國］蓬萊縣志合編人物志/孝友
王利成（清・商河人）
［民國］重修商河 9/21
王鼎冕（字甲先，號海鄰）
（清・濱州人）
［康熙］濟南 42/30
［乾隆］武定府 25/54
［咸豐］武定府 25/文苑 14
［康熙］濱州 7/31
［咸豐］濱州 10/30
濱州鄉土志/學問
王繼恩（清・黃縣人）
［宣統］山東 176/47
王繼思（清・黃縣人）
［光緒］增修登州 43/11
［康熙］黃縣 6/28
［乾隆］黃縣 8/34
［同治］黃縣 8/12
［民國］黃縣志稿 13/清孝友
王胤昌（明・武進人）
［萬曆］青州 12/46
［康熙十五年］青州 12/46
［康熙四十八年］青州 12/46
［康熙六十年］青州 12/21
［光緒］益都縣圖志 18/24
王樂國（字舜宇）
（清・海陽人）
［光緒］增修登州 43/49
［光緒］海陽縣續志 5/25
王崇顯（明・山西澤州人）
［宣統］山東 72/19
［康熙］沂州志 3/48
［乾隆］沂州府 20/6
［民國］臨沂 7/73
王彩臣（清・堂邑人）
［乾隆］東昌 43/5
［嘉慶］東昌 32/31
［康熙］堂邑 16/13 堂邑縣鄉土志/耆舊錄
王鼎臣（元・真定人）
［嘉靖］山東 27/12
［康熙］山東 36/3
［雍正］山東 27/64
［宣統］山東 69/36
［泰昌］登州 9/26
［順治］登州 11/12
［光緒］增修登州 24/15
［康熙］棲霞 4/11
王崇賢（長清人）
［民國］長清 12/16
王繼賢（清・萊蕪人）
［民國］續修萊蕪 25/5
王繼賢（長清人）
［民國］長清 12/14
王繼賢（霑化人）
［民國］霑化 4/登進 45
王繼興（鄒縣人）
［民國］續修鄒縣志稿/人物 – 耆舊附忠烈
王繼學（字瀛川）
（清・霑化人）
［光緒］霑化 9/13
［民國］霑化 2/66
王繼周（清・長清人）
［道光］濟南 56/61
［道光］長清 13/9
王利用（字國賓）
（元・通州潞縣人）
［光緒］益都縣圖志 17/24
王巖叟（字彥霖）
（宋・大名清平人）
［嘉靖］山東 25/21，31/22
［康熙］山東 32/9，41/19
［雍正］山東 28/人物二 44
［宣統］山東 157/21
［康熙］濟南 25/12
［道光］濟南 34/3
［萬曆］東昌 19/39
［乾隆］東昌 19/12，37/14
［嘉慶］東昌 27/13，45/14
［崇禎］歷乘 16/26
［崇禎］歷城 6/9
［康熙］重修清平下/14
［嘉慶］清平 14/17
［宣統］增輯清平 12/17，16/4
［民國］清平/人物 9，藝文 30
清平縣鄉土志/耆舊
王崇義（字子由，號方田）
（明・淄川人）
［康熙］山東 39/26
［雍正］山東 28/人物三 38
［宣統］山東 161/43
［康熙］濟南 35/13
［道光］濟南 50/19
［萬曆］淄川 28/1
［康熙］淄川 5/4，6/22

[乾隆]淄川 5/4,6/上 22
淄川縣鄉土志/耆舊錄－歷代名臣
王鼎鉉(字尊帝)
(明·鄆城人)
[崇禎]鄆城 6/17
[康熙]鄆城 6/18
王繼曾(明·聊城人)
[萬曆]青州 15/64
[康熙十五年]青州 15/64
[康熙四十八年]青州 15/僑寓 11
[康熙]益都 10/4
[光緒]益都縣圖志 49/17
王繼曾(字秋莊)
(清·長山人)
[嘉慶]長山 8/24
王繼善(字孕乾)
(清·無棣人)
[乾隆]武定府 25/52
[咸豐]武定府 25/文苑 12
[民國]無棣 12/1
海豐縣鄉土志/耆舊－學問一
王崧年(字鶴村)
(清·諸城人)
[光緒]增修諸城縣續志 12/10
王胤前(字丕承)
(明·歷城人)
[崇禎]歷城 10/21
王樂善(清·范縣人)
[宣統]山東補遺/3
王繼猷(鄒縣人)
[民國]續修鄒縣志稿/人物－耆舊附忠烈
王崇智(字明夫)
(明·曹縣人)
[乾隆]曹州府 15/9
[康熙]兗州府曹縣 13/19
[光緒]曹縣 13/18
王鼎銘(字新之,號彝軒)
(清·嶧縣人)
[宣統]山東 172/19
[光緒]嶧縣 21/忠義 5,21/鄉賢 72,24/21
王崇簡(清·宛平人)
州乘餘聞/12
王繼策(明·昌邑人)
[康熙]昌邑 6/27
[乾隆]昌邑 6/169
王彩光(清·夏津人)
[宣統]山東 174/33
王繼光(字子善,號泉皋)
(明·黃縣人)
[康熙]山東 43/5
[雍正]山東 28/人物三 51
[順治]登州 16/16
[光緒]增修登州 39/10
[康熙]黃縣 6/21
[乾隆]黃縣 8/19
[同治]黃縣 8/5
[民國]黃縣志稿 13/明
王崇愷(清·濟陽人)
[民國]濟陽 17/62
王川榮(字涉凡)
(清·商河人)
[民國]重修商河 9/23
王綬榮(字華簪)
(清·恩縣人)
[民國]重修恩縣 11/鄉賢 28
23 **王參**(明·南直太平人)
[宣統]山東 72/21
[乾隆]沂州府 20/8
[康熙]費縣 3/6
[光緒]費縣 3/55
費縣鄉土志/政績錄
王侙(字守敬)
(明·曹縣人)
[康熙]曹縣 11/29
[康熙]兗州府曹縣 11/29
王傅(後漢)
[同治]即墨 12/31
王傅(明·北直寶坻人)
[宣統]山東 72/31
[乾隆]曹州府 12/16
[康熙九年]城武 2/31
[康熙四十一年]城武 3/下名宦 12
[道光]城武 6/24
王傅(字衍蒼)
(清·長清人)
[道光]濟南 56/57
[道光]長清 13/5
王稼(明·萊陽人)
[民國]萊陽 3/1 中 17
王緘(字銘三,號竹坡)
(清·嶧縣人)
[光緒]嶧縣 21/宦績 9
王俊(明·城武人)
[宣統]山東 165/13
[萬曆二十四年]兗州 37/5
[康熙]兗州 28/34
[乾隆]曹州府 16/3
[康熙九年]城武 3/10
[康熙四十一年]城武 5/上懿行 19
[道光]城武 9/上 39
王俊(明·莆田人)
[道光]濟寧直隸州 6/6－29
王俊(清·遼東蓋州人)
[康熙]朝城 7/9
王俊(字用章,號靜齋)
(清·齊河人)
[道光]濟南 56/3
[雍正]齊河 6/11
[民國]齊河 23/3,33/20
王俊(字松叔)
(清·江蘇太倉人)
[宣統]山東 76/48
[乾隆]東昌 34/28
[乾隆]臨清直隸州 6/83,8上/81
[民國]臨清縣/秩官 65
王峻(字茂遠)
(南北朝·臨沂人)
[嘉靖]山東 30/31
[康熙]山東 40/33
[萬曆二十四年]兗州 33/19
[康熙]兗州 26/19
[萬曆]沂州志 7/3
[康熙]沂州志 5/50
[乾隆]沂州府 25/14
[民國]臨沂 9/23
王牟(南燕·太原祁人)
[咸豐]青州 64/12
[光緒]益都縣圖志 53/3
王俟(字陶仲)

（清・長山人）
［雍正］山東 28/人物四 37
［宣統］山東 169/24
［道光］濟南 55/11
［康熙五十五年］長山 6/13
［嘉慶］長山 7/19
王巘（明・博平人）
［正德］博平 4/64
王巘（字惟臣）
（明・咸陽人）
［康熙］萊州 8/29
萊州府鄉土志/上 12
［嘉慶］續掖縣 2/12
王巘（見王瓛）
王崧（字又山，號省齋）
（清・茌平人）
［道光］濟南 62/8
［道光］臨邑 9/22
［同治］臨邑 9/流寓 1
［民國］茌平 3/61
王緘（清・萊陽人）
［民國］萊陽 3/1 中 64
王允（字子師）
（漢・太原祁人）
［萬曆元年］兗州 39/名宦 5
王允（字執中）
（明・歷城人）
［嘉靖］山東 29/24
［康熙］山東 39/23，45/2
［雍正］山東 28/人物三 10
［宣統］山東 161/35，165/15
［道光］濟南 49/5
［崇禎］歷乘 16/17，16/45
［崇禎］歷城 10/11，10/21
［乾隆］歷城 42/3
王臧（漢・蘭陵人）
［宣統］山東 153/22
［萬曆］沂州志 6/25
［康熙］沂州志 5/7
［康熙］嶧縣 4/8
［乾隆］嶧縣 8/2
［光緒］嶧縣 21/鄉賢 21
［民國］臨沂 9/3
王我康（清・淄川人）
［康熙］淄川 5/9
［乾隆］淄川 5/9
王允諧（清・福山人）
［康熙］福山 8/6，8/9
［乾隆］福山 8/17
［民國］福山縣志稿 7/1－16
王允諫（明・福山人）
［康熙］福山 8/22
［乾隆］福山 8/34
王岱雲（字燮雯）
（清・濟寧人）
［民國］濟寧直隸州續志 13/14
王允平（字石卿）
（清・金鄉人）
［民國］金鄉 14/9
王允元（字蓉鏡）
（清・嘉祥人）
［光緒］嘉祥 3/35
王紱疆（字象理）
（清・諸城人）
［道光］諸城縣續志 14/6
王允功（宋）
［嘉靖］青州 15/7
［萬曆］青州 12/22
［乾隆］濰縣 3/40
濰縣鄉土志/50
王我聘（字冷岑）
（明・淄川人）
［雍正］山東 28/人物三 41
［宣統］山東 167/14
［康熙］濟南 48/7
［道光］濟南 50/39
［康熙］淄川 6 下/8
［乾隆］淄川 6/下 8
王獻琛（字金南）
（清・莒縣人）
［民國］重修莒志 67/9
王俊千（本名鳳翔）
（清・平度人）
［民國］平度縣續志 8/4
王允信（字孚尹，號褒海）
（清・歷城人）
［道光］濟南 53/43
［民國］續修歷城 44/7
王俊儒（清・魚臺人）
［光緒］魚臺 3/19
王岱巖（清・利津人）
［咸豐］武定府 25/孝友又 42
［光緒］利津 8/孝友 4
王峻峯（字中五）
（清・黃縣人）
［同治］黃縣 8/16
［民國］黃縣志稿 13/清懿行
王允升（明・青城人）
［萬曆］青城 1/62
王允升（字吉甫）
（明・鄆城人）
［崇禎］鄆城 6/10
［康熙］鄆城 6/10
［光緒］鄆城 7/10
王允升（明・諸城人）
［咸豐］青州 45/63
［康熙］諸城 7/23
［乾隆］諸城 32/11
王允升（號伴鶴）
（清・費縣人）
［光緒］費縣 11/43
王允勳（字華亭，號際唐）
（清・新城人）
［宣統］新城縣後志 2/善行
王俊生（字亦傑）
（清・茌平人）
［宣統］茌平 14/14
［民國］茌平 3/82
王允傳（清・樂安人）
［民國］樂安 10/37
［民國］續修廣饒 19/69
王續之（明・正定人）
［康熙］昌樂 1/35
［嘉慶］昌樂 19/6
王獻之（字子敬）
（晉・臨沂人）
［嘉靖］山東 30/21
［康熙］山東 40/23
［萬曆元年］兗州 40/文苑 4
［萬曆二十四年］兗州 32/28
［康熙］兗州 25/23
［萬曆］沂州志 6/55
［康熙］沂州志 5/31
［乾隆］沂州府 27/4
［民國］臨沂 9/16
王允宋（字漁村）
（清・新城人）

［宣統］新城縣後志 3/文苑
王允之（字深猷）
（晉・臨沂人）
［嘉靖］山東 30/20
［康熙］山東 40/22
［萬曆元年］兗州 40/忠直 10
［萬曆二十四年］兗州 32/24
［康熙］兗州 25/19
［萬曆］沂州志 6/52
［康熙］沂州志 5/29
［乾隆］沂州府 25/9
［民國］臨沂 9/13
王允适（字次伯）
（清・新城人）
［宣統］新城縣後志 3/孝友
［民國］重修新城 18/14
王允治（字道平）
（清・新城人）
［宣統］新城縣後志 2/善行
王允灌（字愚泉，號荔鄉）
（清・新城人）
［宣統］新城縣後志 2/宦績
［民國］重修新城 18/10
新城縣鄉土志/耆舊－清
王允清（字國瀓）
（清平人）
［民國］清平/人物 79
王允深（清・鄱陽人）
信邑志稿 5/宦蹟
［民國］陽信 2/27
王俊乂（字舜臣）
（清・寧津人）
［光緒］寧津 8/30
寧津縣志料 3/人物－孝行
王獻吉（明・南直隸華亭人）
［康熙］膠州 5/11
［乾隆］膠州 4/14
［道光］重修膠州 22/7
［民國］增修膠志 17/6
膠州直隸州鄉土志 3/政績－防海
王允楨（清・諸城人）
［光緒］增修諸城縣續志/孝義補遺 4
王俊英（字升階）
（昌樂人）
［民國］昌樂縣續志 21/22
王我孝（明・濮州人）
［康熙］濮州續志下/1
［乾隆］濮州 4/11
［宣統］濮州 5/11
王允楚（字漢南）
（清・新城人）
［宣統］新城縣後志 2/宦績
［民國］重修新城 17/18
王允恭（清・福山人）
［乾隆］福山 8/62
王允懋（字有懷）
（明・樂安人）
［雍正］山東 28/人物三 77
［宣統］山東 164/55
［咸豐］青州 45/51
王允若（字德協）
（清・莘縣人）
［民國］莘縣 7/21
王允榛（字麓亭）
（清・新城人）
［宣統］新城縣後志 3/文苑
王允樽（字華岩）
（清・新城人）
［宣統］新城縣後志 3/文苑
王允中（字精一，號執軒）
（清・黃縣人）
［宣統］山東 176/25
［光緒］增修登州 39/12
［同治］黃縣 8/9
［民國］黃縣志稿 13/清仕績
王允中（字精一，號金巖）
（清・壽光人）
［宣統］山東補遺/4
［咸豐］青州 49/10
［乾隆］續壽光 25/9
［嘉慶］壽光 14/10
［民國］壽光 12/人物志二 11
壽光縣鄉土志/耆舊
王允中（字璇樞）
（清・陽信人）
［民國］陽信 5/文學 10
王允中（字執坪）
（清・滋陽人）
［光緒］滋陽 9/19
王允振（清・新城人）
［道光］濟南 55/61
［宣統］新城縣後志 2/善行
［民國］重修新城 17/12
王允成（字展村）
（清・莒縣人）
［民國］重修莒志 65/22
王允昌（明・武進人）
［咸豐］青州 36/31
王允明（明・鄒縣人）
［康熙十二年］鄒縣志 2/50
［康熙五十五年］鄒縣志 2/71
鄒縣鄉土志耆舊錄/25
王允明（清・福山人）
［乾隆］福山 8/63
王俊民（字康侯）
（宋・招遠人，一作掖人）
［嘉靖］山東 33/9
［萬曆］萊州 5/94
［康熙］萊州 10/23
［光緒］增修登州 38/7
［順治］招遠 8/1，9/7
［道光］招遠縣續志 3/1
王獻舉（明・萊陽人）
［民國］萊陽 3/1 中 18
王允熙（字敬止，號少海漁人）
（清・新城人）
［道光］濟南 55/61
［宣統］新城縣後志 3/文苑
［民國］重修新城 17/18
王卜年（字澤長）
（清・商河人）
［道光］商河 7/41
［民國］重修商河 8/55，9/6，14/11
商河縣鄉土志 3/耆舊－學問
王俊美（清・單縣人）
［康熙］單縣 7/49
王允曾（元・濱州渤海人）
［乾隆］武定府 24/15
［咸豐］武定府 24/循良 5
［萬曆］濱州 3/23
［康熙］濱州 7/3
［咸豐］濱州 10/4

濱州鄉土志/耆舊錄
[乾隆]惠民 5/29
[光緒]惠民 19/6
惠民縣鄉土志/耆舊錄 26
王允前(字丕承)
(明·歷城人)
[道光]濟南 49/42
[乾隆]歷城 41/11
王允善(字膺之,號雨艭)
(清·濟寧人)
[民國]濟寧直隸州續志 12/27
王我錫(字介侯)
(明·淄川人)
[康熙]淄川 5/14
[乾隆]淄川 5/14
王獻策(字笏臣)
(清·博興人)
[民國]重修博興 13/54
王允憺(字澹心)
(清·諸城人)
[乾隆]諸城 39/7
王允輝(字蘊之)
(清·歷城人)
[宣統]山東 169/10
[道光]濟南 53/44
[民國]續修歷城 39/24
24 **王儲**(金·中都人)
[康熙]濟南 25/16
[道光]濟南 34/16
[萬曆]章丘 21/69
[康熙]章丘 4/24
[乾隆]章邱 7/2
[道光]章邱 9/3
章邱縣鄉土志/上 11
王德(明·清平人)
[乾隆]東昌 42/15
[嘉慶]東昌 32/15
[康熙]重修清平下/42
[嘉慶]清平 14/41
[宣統]增輯清平 12/54
[民國]清平/人物 50
王德(字汝修)
(明·浙江永嘉人)
[宣統]山東 72/36
[萬曆]東昌 18/32
[乾隆]東昌 33/30
[嘉慶]東昌 20/42,32/15
王德(清·蓬萊人)
[道光]重修蓬萊 9/26
[民國]蓬萊縣志合編人物志/孝友
王皓(字季高)
(南北朝·北海劇人)
[嘉慶]昌樂 23/5
王皓(元)
[道光]濟寧直隸州 6/6-21
[咸豐]金鄉縣志略 7/5
金鄉縣鄉土志/政績錄
王紘(明·歷城人)
[民國]續修歷城 42/3
王紘(字德遠,號松軒)
(明·陵縣人)
[光緒]陵縣 17/49,19/人物傳一 13
陵縣鄉土志/14,19
王紘(字經千,號雲溪)
(清·膠州人)
[宣統]山東 177/33
[乾隆]膠州 4/61
[道光]重修膠州 27/28
[民國]增修膠志 41/21
膠州直隸州鄉土志 4/事功
王化(明·濱州人)
[乾隆]武定府 23/18
[咸豐]武定府 23/名臣 18
[萬曆]濱州 3/26
[康熙]濱州 6/4,7/5
[咸豐]濱州 10/4
濱州鄉土志/耆舊錄
王化(字愛山)
(明·長山人)
[道光]濟南 50/55
[康熙四十三年]長山 5/卓行
[康熙五十五年]長山 6/40
[嘉慶]長山 10/13
長山縣鄉土志/耆舊錄
王化(明·蕭縣人)
[萬曆]青州 12 又/7
[康熙十五年]青州 12 又/7
[康熙四十八年]青州 12 又/7
[咸豐]青州 36/22
[康熙]高苑 3/16
[乾隆]高苑 3/21
王化(清·黃縣人)
[光緒]增修登州 43/13
[同治]黃縣 8/18
王稄(字少綽,號稻村)
(清·歷城人)
[民國]續修歷城 40/23
王結(字儀伯)
(元·易州人)
[嘉靖]山東 26/27
[雍正]山東 27/47
[宣統]山東 69/32
[萬曆]東昌 18/26
[乾隆]東昌 33/23
[嘉慶]東昌 20/35
王稜(見王棱)
王勉(字介如)
(清·無棣人)
[乾隆]武定府 26/18
[咸豐]武定府 26/義行 18
[民國]無棣 13/4
海豐縣鄉土志/耆舊-事業六
王納(明·穀城人)
[嘉靖]山東 26/29
[宣統]山東 72/47
[乾隆]沂州府 26/9
[乾隆]東昌 35/18
[嘉慶]東昌 22/22
[嘉靖]高唐州 5/4
[康熙十二年]高唐州 7/7
[康熙五十一年]高唐州 7/7
[道光]高唐州 7/1-7
[光緒]高唐州 7/1-7
[民國]高唐縣 9/5-4
王納(清·費縣人)
[康熙]費縣 7/12
王穡(明·萊陽人)
[民國]萊陽 3/1 中 17
王仕(字少尹)
(清·膠州人)
[民國]增修膠志 42/22

王侍(字廷佐,號慕東)
(明・諸城人)
[萬曆]青州 14/57
[康熙十五年]青州 14/57
[康熙四十八年]青州 14/儒行 14
[康熙六十年]青州 15/12
[萬曆]諸城 7/21
[康熙]諸城 7/19
[乾隆]諸城 32/1
王帥(字日生)
(清・臨淄人)
[民國]臨淄 27/51
王倬(元・膠州人)
[道光]重修膠州 24/3
[民國]增修膠志 39/2
膠州直隸州鄉土志 4/文學
王倬(字价人)
(清・滕縣人)
[道光]滕縣志 9/隱逸 11
王倬(字傑生)
(清・無棣人)
[民國]無棣 13/31
王緯(明・鳳縣人)
[乾隆]續登州 10/11
[康熙]萊陽 8/25
[民國]萊陽 3/1 中 12
王先(明・湖廣羅田人)
[宣統]山東 71/16
[道光]濟南 36/37
[康熙]新修齊東 4/17
[民國]齊東 3/59
王緒(明・陝西華陰人)
[宣統]山東 73/17
[萬曆]青州 12/35
[康熙十五年]青州 12/35
[康熙四十八年]青州 12/35
[康熙六十年]青州 12/31
[咸豐]青州 36/12
[萬曆]諸城 4/23,5/14
[康熙]諸城 5/14
[乾隆]諸城 28/3
諸城縣鄉土志/上 7
王緒(字裕昆)
(清・平原人)
[道光]濟南 56/105
[乾隆]平原 8/16
平原縣鄉土志輯稿/孝義
王緒(字子承)
(清・濮州人)
[宣統]濮州 5/36
王勳(字鼎銘)
(明・博平人)
[正德]博平 4/64
王勳(字槐庭)
(明・沂州人)
[乾隆]沂州府 20/12
王勳(字建侯,號蒲溪)
(清・茌平人)
[乾隆]寧陽 3/訓導 4
[民國]茌平 3/60
王勳(字賡堂)
(清・臨淄人)
[咸豐]青州 49/15
[民國]臨淄 24/18
臨淄縣鄉土志/耆舊錄
王倚(字輔臣)
(元・萊州人)
[嘉靖]山東 33/10
[康熙]山東 44/8
[雍正]山東 28/人物二 59
[宣統]山東 158/18
[萬曆]萊州 5/95
[康熙]萊州 10/24
[乾隆]萊州 10/10
[乾隆]掖縣 4/19
王佑(字賢甫)
(元・滋陽人)
[光緒]滋陽 11/38
王佑(明・肥城人)
[乾隆]泰安府 17/8
[康熙]肥城書下/12
[嘉慶]肥城 17/18
[光緒]肥城 9/7
肥城縣鄉土志 5/14
王佑(明・金鄉人)
[乾隆]濟寧直隸州 24/38
[道光]濟寧直隸州 8/2-51
[康熙十二年]金鄉 5/28
[康熙五十一年]金鄉 11/2
[乾隆]金鄉 18/53
[咸豐]金鄉縣志略 9/上 12
[民國]金鄉 13/9
金鄉縣鄉土志/耆舊錄上
王佑(明・臨清人)
[嘉靖]山東 35/5
[康熙]山東 45/12
[乾隆]東昌 42/19
[康熙]臨清州 3/人物 17
[乾隆]臨清州 9/50
[乾隆]臨清直隸州 8/上 38
[民國]臨清縣/人物 50
王贇(唐)
[民國]濰縣志稿 20/7
王贇(宋・觀城人)
[嘉靖]山東 31/16
[康熙]山東 41/14
[宣統]山東 157/35
[乾隆]曹州府 14/19
[嘉靖]濮州 5/27
[萬曆]濮州 3/鄉賢 29
[康熙]觀城 4/15
[道光]觀城 8/3
觀城縣鄉土志/耆舊
王贇(清・曲阜人)
[光緒]鄒縣續志 12/上 12
[民國]續修鄒縣志稿/人物-耆舊
鄒縣鄉土志耆舊錄/25
王纘(字紹述)
(明・博興人)
[康熙十二年]博興 6/12
[康熙六十年]博興 7/35
[道光]博興 11/38
[民國]重修博興 13/20
王纘(明・黃縣人)
[光緒]增修登州 38/17
王纘(清・昌樂人)
[民國]昌樂縣續志 31/3
王纘(字孝若)
(清・新城人)
[康熙]新城 7/50
[民國]重修新城 16/4
王佐(元)
[康熙]重修清平下/1
王佐(元・山東宣慰使)
[光緒]益都縣圖志 17/21
王佐(明・昌樂人)

［康熙］高密 8/9
［康熙］昌樂 4/9
［嘉慶］昌樂 22/6
王佐（字良輔）
（明·福建人，徙居嶧）
［宣統］山東 200/9
［康熙］嶧縣 4/74
［乾隆］嶧縣 8/20
［光緒］嶧縣 21/孝友 1
王佐（字孟輔）
（明·海豐人）
［嘉靖］山東 29/23
［康熙］山東 39/22
［雍正］山東 28/人物三 6
［宣統］山東 164/29
［康熙］濟南 38/10
［乾隆］武定府 23/42
［咸豐］武定府 23/忠節 12
［康熙］海豐 10/7
［民國］無棣 10/2
海豐縣鄉土志/耆舊－事業四
王佐（明·黃巖人）
［康熙十二年］陽穀 2/15
［康熙］陽穀 2/11
［光緒］陽穀 4/2
王佐（明·平陰人）
［順治］平陰 7/14
王佐（明·陽信人）
［康熙］濟南 47/17
［康熙］陽信 9/29
［乾隆］陽信 7/13
［民國］陽信 5/清介 72
信邑志稿 7/義行
王佐（明·鄒縣人）
［嘉靖］鄒縣地理誌 1/又 25
王佐（清·恩縣人）
［雍正］恩縣續志 3/29
王佐（清·漢軍正黃旗人）
［宣統］山東 76/41
［乾隆］東昌 34/10
［嘉慶］東昌 21/29
［康熙］重修清平下/5
［嘉慶］清平 13/7，15/1
［宣統］增輯清平 11/6
［民國］清平/秩官 29
清平縣鄉土志/政績
王納言（明·冠縣人）
［道光］冠縣 8/上 17
［光緒］冠縣 8/忠勤
［民國］冠縣 8/人物志 18
王納言（字允忠）
（明·淄川人）
［康熙］濟南 41/18
［道光］濟南 50/34
［萬曆］淄川 29/2
［康熙］淄川 5/4，6/59
［乾隆］淄川 5/4，6/上 59
淄川縣鄉土志/耆舊錄－循良
王仕京（明·鄒縣人）
［雍正］山東 28/人物三 67
［宣統］山東 164/48
［乾隆］兗州 23/51
［康熙十二年］鄒縣志 2/50
［康熙五十五年］鄒縣志 2/71
鄒縣鄉土志耆舊錄/25
王德新（元·莘人）
［嘉靖］山東 31/26
［康熙］山東 45/11
［雍正］山東 28/人物二 59
［宣統］山東 165/12
［乾隆］東昌 42/4
［嘉慶］東昌 32/4
［正德］莘縣 6/5，6/29
［康熙十一年］莘縣 7/4，7/9
［康熙五十六年］莘縣 7/4，7/9
［光緒］莘縣 7/37
［民國］莘縣 7/28
莘縣鄉土志/鄉宦 16，孝友 22
王德新（明·寧海人）
［康熙］寧海州 9/3
［同治］重修寧海州 17/9
［民國］牟平 7/10
王德新（清·高唐人）
［嘉慶］東昌 32/65
［道光］高唐州 5/1－43
［光緒］高唐州 5/1－45
［民國］高唐縣 12/10
王德新（字躋聖）
（清·濟寧人）
［乾隆］濟寧直隸州 27/17
［道光］濟寧直隸州 8/3－23
王德訓（清·諸城人）
［光緒］增修諸城縣續志 14/7
王化端（清·清平人）
［康熙］重修清平下/43
［嘉慶］清平 14/42
［宣統］增輯清平 12/55
［民國］清平/人物 51
王化新（清·平原人）
［道光］濟南 56/98
［乾隆］平原 8/28
平原縣鄉土志輯稿/循吏
王納謨（明·萊陽人）
［民國］萊陽 3/1 中 15
王納諫（字青蒲）
（明·肥城人）
［乾隆］泰安府 17/32
［嘉慶］肥城 17/19
［光緒］肥城 9/2
肥城縣鄉土志 5/15
王德一（清·夏津人）
［乾隆］東昌 43/39
［乾隆］夏津 8/21
王德玉（清·鄆城人）
［光緒］鄆城 16/28
王德延（宋·東明人）
［康熙］東明 6/15
［乾隆］東明 6/15
［民國］東明縣新誌 11/23
王德瑛（字蓮墅）
（清·福山人）
［光緒］增修登州 39/20
［民國］福山縣志稿 7/2－21
王化孚（明·朝城人）
［康熙］朝城 8/51
王先孚（字夢周）
（清·單縣人）
［民國］單縣 12/鄉賢 18
王化行（號南國）
（清·高密人）
［民國］高密 14/上 84

王化行(清・萊蕪人)
[民國]續修萊蕪 27/10
王化行(字服南)
(清・夏津人)
[民國]夏津續編 8/17
王化貞(字肖乾,一作元起)
(明・諸城人)
[萬曆]諸城 6/18
[康熙]諸城 7/23
[乾隆]諸城 32/2
王勉仁(清・商河人)
[民國]重修商河 8/47
王峅山(見王峅生)
王結綬(清・齊河人)
[民國]齊河 27/18
王德我(清・濟陽人)
[道光]濟南 56/34
[乾隆]濟陽 8/42
[民國]濟陽 11/56
王儲佑(清・無棣人)
[民國]無棣 13/31
王德純(清・平原人)
[民國]續修平原 10/上 26
王峅生(字子涼)
(明・長山人)
[康熙]濟南 42/20
[道光]濟南 50/56
[康熙四十三年]長山 5/卓行
[康熙五十五年]長山 6/41
[嘉慶]長山 8/19
長山縣鄉土志/耆舊錄
王德修(元)
[宣統]山東 69/29
[道光]濟寧直隸州 6/6－17
王化豹(明・無棣人)
[民國]無棣 13/2
王化久(字召棠)
(清・商河人)
[民國]重修商河 8/28
王化久(東平人)
[民國]東平縣 11/上 24
王化魯(清・高唐人)
[民國]高唐縣 12/25
王德容(字體涵,號秋橋)
(清・歷城人)
[民國]續修歷城 41/19
王化宇(字寰仁)
(清・滕縣人)
[民國]續滕縣志 2/11
王佳賓(字巖客,號麗農)
(清・淄川人)
[宣統]三續淄川 10/17
王化源(字鏡堂)
(清・濟陽人)
[民國]濟陽 11/64
王化澄(字鳳岡)
(明・商河人)
[道光]商河 7/16
[民國]重修商河 8/13
商河縣鄉土志 2/耆舊－事業
王纘業(字肇茲)
(清・福山人)
[乾隆]沂州府 20/15
[嘉慶]莒州 7/11
[民國]重修莒志 58/5
[乾隆]福山 9 上/46
[民國]福山縣志稿 7/2－14
王化漢(字慶長)
(清・清平人)
[民國]清平/人物 62
王化遠(字滄若)
(明・長山人)
[康熙]濟南 40/12
[道光]濟南 50/49
[康熙四十三年]長山 5/卓行
[康熙五十五年]長山 6/30
[嘉慶]長山 9/3
長山縣鄉土志/耆舊錄
王化遠(字德來,一名文修)
(清・恩縣人)
[民國]重修恩縣 11/鄉賢 75
王化遠(清・蒲臺人)
蒲臺縣鄉土志/18
王射斗(清・商河人)
[道光]商河 7/33
[民國]重修商河 8/54
王特達(字公升)
(清・滕縣人)
[道光]滕縣志 8/儒林 15
滕縣鄉土志/24
王佐清(字殿弼)
(清・濟陽人)
[民國]濟陽 11/65
王佳鴻(清)
[宣統]三續淄川 9/46
王特逢(字雲會,號雅雲)
(清・滕縣人)
[道光]滕縣志 8/儒林 14
滕縣鄉土志/24
王特選(字策軒,一字仕可,亦作試可,號鳧南)
(清・滕縣人)
[乾隆]兗州 23/77
[道光]滕縣志 8/儒林 13
滕縣鄉土志/24
王化洽(字熙吾)
(明・濮州人)
[康熙]濮州 2/98
[乾隆]濮州 2/79
[宣統]濮州 3/58
王化洽(字寧遠,別字白癡,號息齋)
(清・壽光人)
[咸豐]青州 49/6
[乾隆]續壽光 25/6
[嘉慶]壽光 14/8
[民國]壽光 12/人物志二 49
王化洽(清・陽穀人)
[民國]增修陽穀人物/仕宦 14
王化南(字蔭堂)
(清・甘肅武威人)
[宣統]山東 77/35
[道光]重修平度州 16/22
平度鄉土志 2/政績
[民國]重修莒志 58/5
王化南(清・陽信人)
[民國]陽信 5/忠義 47
王化南(字蔭棠)
(清・沂州人)
[乾隆]沂州府 20/15
[嘉慶]莒州 7/10
王佐才(元・寧海人)
[同治]重修寧海州 17/6

王佐才(字志伊,號鑑衡)
(明・臨朐人)
[康熙十五年]青州 13/79
[康熙四十八年]青州 13/事功 63
[康熙六十年]青州 16/32
[咸豐]青州 45/22
[康熙]臨朐縣志書 3/30
光緒臨朐 14/上 39
王佐才(清・平湖人)
[康熙]東平州續志 4/3
王德芳(清・城武人)
[道光]城武 9/下 32
王德蘭(霑化人)
[民國]霑化 4/登進 50
王德懋(字官甫)
(清・鄆城人)
[光緒]鄆城 16/23
王魁林(字殿元)
(清・商河人)
[民國]重修商河 8/44
商河縣鄉土志 2/耆舊－事業
王先基(號墨耘,又號梅屋主人)
(清・單縣人)
[民國]單縣 12/鄉賢 14
王續藩(字念齋,號筱園)
(清・掖縣人)
[民國]四續掖縣 6/27
王德馨(字銘軒)
(清・寧津人)
寧津縣志料 3/人物－孝行
王德馨(字蘭圃)
(清・商河人)
[民國]重修商河 7/32,8/84
商河縣鄉土志 2/耆舊－事業
王德馨(字磐石,號蘭谷)
(清・武城人)
[民國]增訂武城續編 10/6
王勳朝
[民國]朝城縣續志 1/27
王德教(清・滿洲人)
[康熙]莒州下/10
王德敬(清・膠州人)
[民國]增修膠志 44/15
王德本(字清臣)
(清・湖北江夏人)
[光緒]鄆城 6/14
王德成(清・諸城人)
[光緒]增修諸城縣續志 14/7
王德成(陽穀人)
[民國]增修陽穀人物/忠烈 29
王德威(明)
[嘉慶]肥城 15/32
[光緒]肥城 7/48
王化成(清・壽光人)
[民國]壽光 12/人物志二 76
王化成(清・鄆城人)
鄆城縣鄉土志/耆舊錄－事業
王德慧(清・樂安人)
[民國]樂安 10/37
[民國]續修廣饒 19/69
王特掄(字元標)
(清・滕縣人)
[道光]滕縣志 9/孝義 20
王德昌(字心逸,號歷長,又號硯北老人)
(清・長山人)
[嘉慶]長山 8/24,14/20
王化昌(清・直隸宣化人)
[宣統]山東 77/13
[咸豐]青州 37/27
[嘉慶]昌樂 19/9
王壯圖(字爾居)
(清・掖縣人)
[乾隆]萊州 10/37
[乾隆]掖縣 4/35
王仕顯(明)
[宣統]山東 71/11
[道光]濟南 36/23
[康熙四十三年]長山 3/宦績
[康熙五十五年]長山 3/30
[嘉慶]長山 5/38
王德明(字熙庵)
(清・齊東人)
[民國]齊東 5/23
王德明(字景堯)
(長清人)
[民國]長清 13/29
王化明(字澤麟)
(清・陽穀人)
[民國]增修陽穀人物/武功 15
王德驥(字超凡)
(清・掖縣人)
[嘉慶]續掖縣 3/10
王化臣(長清人)
[民國]長清 12/18
王德兒(見王得兒)
王德用(字元甫,一作元輔)
(宋・鄭州人)
[嘉靖]山東 26/10
[康熙]山東 33/12
[雍正]山東 27/89
[宣統]山東 68/42
[萬曆元年]兗州 39/名宦 12
[萬曆二十四年]兗州 28/5
[康熙]兗州 22/5
[康熙]曹州志 7/38
[康熙]東平州 3/6
[乾隆]東平州 10/13
[道光]東平州 10/上 13
[光緒]益都縣圖志 16/28
[光緒]菏澤 7/名宦 3
[光緒]新修菏澤 8/5
王德用(字鳳山)
(清・壽光人)
[咸豐]青州 46/10
[乾隆]續壽光 23/2
[嘉慶]壽光 13/6
[民國]壽光 12/人物志一 55
王德用(清・夏津人)
[乾隆]東昌 43/39
[乾隆]夏津 8/20
王化鵬(字既遠)
(清・吳縣人)
[康熙]高苑 6/7
[康熙]高苑縣續志 5/4
[乾隆]高苑 6/8
王德全(字昌齡)
(清・壽張人)
信邑志稿 5/宦蹟－學官

[光緒]壽張 6/52

王德善(字誠一,號道明)
(清·淄川人)
[道光]濟南 54/75
[宣統]三續淄川 10/6

王化美(字俗醇)
(清·鄆城人)
[光緒]鄆城 5/38

王納善(字子陳,號冠峯)
(明·鰲山衛人)
[民國]增修膠志 48/4

王岐毓(字伯岐,號康山)
(清·膠州人)
[道光]重修膠州 27/23
[民國]增修膠志 41/18
膠州直隸州鄉土志 4/事功

王緒曾(字柳亭)
(清·臨淄人)
[民國]臨淄 24/26

王化光(清·壽光人)
[民國]壽光 12/人物志一 94

王仕常(字倬五)
(清·諸城人)
[道光]諸城縣續志 19/13

王德恒(字久成)
(清·鉅野人)
[民國]續修鉅野 5/上 29

王德恒(清·臨清人)
[民國]臨清縣/人物 67

王德鄉(清·黄縣人)
[民國]黄縣志稿 13/清懿行

王德榮(字叔銘)
(清·臨淄人)
[民國]臨淄 35/73

25 **王傳**(見王傅,明寶坻)

王傳(明·樂安令)
[萬曆]青州 12 又/9

王純(字伯敦)
(後漢)
[宣統]山東 150/20

王純(字文粹)
(明·錢塘人)
[嘉靖]寧海州下/15
[同治]重修寧海州 12/8

王純(字月磐)
(明·商河人)
[咸豐]武定府 25/孝友 10

王純(字厚之)
(明·莘縣人)
[光緒]莘縣 7/37
[民國]莘縣 7/28
莘縣鄉土志/孝友 22

王純(字畊陽)
(清·安徽南陵人)
[宣統]山東 77/45
[乾隆]即墨 8/10
[同治]即墨 8/9

王績(字叔素)
(南北朝·臨沂人)
[嘉靖]山東 30/27
[康熙]山東 40/29
[萬曆二十四年]兗州 33/13
[萬曆]沂州志 6/75
[康熙]沂州志 5/45
[乾隆]沂州府 25/13
[民國]臨沂 9/27

王績(字永修)
(清·海陽人)
[光緒]海陽縣續志 5/22

王績(字心臣)
(清·平原人)
[道光]濟南 56/106
[乾隆]平原 8/41
平原縣鄉土志輯稿/文學

王健(清·鄒平人)
[民國]鄒平 15/136

王傑(字國用)
(明·長清人)
[道光]長清 11/25
[民國]長清 10/22

王傑(明·海豐人)
[民國]無棣 12/1

王傑(明·修武人)
[萬曆]泗水 4/11
[順治]泗水 4/11
[光緒]泗水 4/4

王傑(明·南直潁上人)
[雍正]山東 31/16
[宣統]山東 71/44
[乾隆]武定府 16/26,26/43
[咸豐]武定府 19/樂陵 1,26/寓賢 3
[順治]樂陵 4/2,6/6
[乾隆]樂陵 4/46,6/42

王練(字澄江)
(清·莒縣人)
[宣統]山東補遺/28
[民國]重修莒志 64/10

王伸(明·恩縣人)
[雍正]恩縣續志 3/18

王伸(字密亭)
(清·諸城人)
[咸豐]青州 47/26
[道光]諸城縣續志 14/9
諸城縣鄉土志/上 37

王紳(明·博平人)
[正德]博平 4/65

王紳(字縉廷)
(清·無棣人)
[民國]無棣 13/16

王生(春秋·齊人)
[萬曆]青州 15/40
[康熙十五年]青州 15/40

王生(號得一子)
(清·即墨人)
[宣統]山東 200/38
[同治]即墨 12/13

王繡(明·萊陽人)
[民國]萊陽 3/1 中 9

王繡(明·青城人)
[萬曆]青城 1/74
[乾隆]青城 8/3
[民國]青城續修 4/人物 17

王仲(漢·琅邪不其人)
[嘉靖]山東 33/2
[康熙]山東 44/3,46/8
[雍正]山東 28/人物一 4,31/2
[宣統]山東 167/1
[萬曆]萊州 6/16
[康熙]萊州 10/82
[乾隆]萊州 11/隱逸 1
[萬曆]即墨志 8/3
[康熙]纂修即墨/下 18
[乾隆]即墨 9/34
[同治]即墨 9/55
即墨縣鄉土志/耆舊-學問

王仲(字威卿)
(元・夏津人)
[乾隆]東昌 37/29,42/4
[嘉靖]夏津 4/8
[康熙]夏津 5/7
[乾隆]夏津 8/9
[嘉靖]武城 7/72
[順治]武城 3/11
[乾隆]武城 10/20
武城縣鄉土志略/耆舊錄
王仲(清・蒙陰人)
[宣統]蒙陰 4/武功
王繡亭(字瀫侯)
(清・慶雲人)
[民國三年]慶雲 2/24
王傳誠(字信齋)
(清・茌平人)
[民國]茌平 3/93
王傳麟(昌樂人)
[民國]昌樂縣續志 21/22
王純玉(字岷山,號瑜菴)
(清・商河人)
[民國]重修商河 8/59
王純正(明・青城人)
[萬曆]青城 1/62
王傑三(字漢臣)
(清・齊河人)
[民國]齊河 23/77
王仲子(漢・東海人)
[光緒]嶧縣 21/鄉賢 24
王傳經(清・鄒平人)
[民國]鄒平 15/140
王傳紱(清・茌平人)
[民國]茌平 3/65
王仲倫(晉・衛國人)
[雍正]山東 30/5
[道光]觀城 8/24
王秩宗(字懷方)
(清・城武人)
[道光]城武 9/上 25
王仲寶(字器之)
(宋・密州高密人)
[嘉靖]山東 25/21,33/8
[康熙]山東 32/9
[雍正]山東 28/人物二 37
[宣統]山東 157/15
[康熙]濟南 25/9
[道光]濟南 34/6
[萬曆]萊州 6/14
[康熙]萊州 10/79
[乾隆]萊州 11/武功 1
[萬曆]章丘 21/69
[康熙]章丘 4/23
[乾隆]章邱 7/2
[道光]章邱 9/3
章邱縣鄉土志/上 7
[康熙]高密 8/3
[乾隆]高密 8/上 17
[光緒]高密 8/上 21
[民國]高密 14/上 23
高密縣鄉土志/上 18
王傳達(字豁忱)
(長清人)
[民國]長清 12/20
王積熹(清・福山人)
[乾隆]福山 8/50
王秩南(清・莒縣人)
[民國]重修莒志 65/35
王傳芳(明・順天大興人)
[宣統]山東 71/52
[乾隆]武定府 16/30
[咸豐]武定府 19/商河 2
[道光]商河 5/30
[民國]重修商河 6/68
商河縣鄉土志 1/政績
王傳薪(字衣亭)
(清・曹縣人)
[光緒]曹縣 14/行誼 4
王傳薪(字道源)
(清・鄒平人)
[民國]鄒平 15/119
[光緒]莘縣 5/40
[民國]莘縣 3/30
王續著(清・直隸武清人)
[宣統]山東 77/29
[光緒]增修登州 34/2
[道光]榮成 6/26
[光緒]泗水縣鄉土志/3
王仲芳(清・長清人)
[康熙]濟南 44/34
[道光]濟南 72/45
王仲桂(字步月)
(清・壽張人)
[乾隆]兗州 23/81
[光緒]壽張 6/52
王穗書(清・高苑人)
[咸豐]青州 50/15
王仲成(字美亭)
(清・寧陽人)
[咸豐]寧陽 15/20
[光緒]寧陽 15/27
王倩恩(清・陽穀人)
[康熙]陽穀 4/3
[光緒]陽穀 7/2
[民國]增修陽穀人物/孝義 3
王紳旦(字寅夫)
(清・諸城人)
[道光]諸城縣續志 17/4
王仲男(明・濟寧人)
[康熙]濟寧州 7/52
[乾隆]濟寧直隸州 27/7
王仲愚(字拙安,號蔭臺)
(清・濟寧人)
[宣統]山東補遺/5
[道光]濟寧直隸州 8/4－13
濟寧州鄉土志 2/耆舊
王仲昭(五代・登州人)
[嘉靖]山東 32/22
[康熙]山東 45/20
[雍正]山東 28/人物二 18
[宣統]山東 165/8
[泰昌]登州 11/35
[順治]登州 17/13
[光緒]增修登州 38/5
[康熙]蓬萊 5/孝友 21
[道光]重修蓬萊 9/23
[民國]蓬萊縣志合編人物志/孝友
[民國]黄縣志稿 13/五代
王純臣(明・萊陽人)
[民國]萊陽 3/1 中 19
王仲長(清・濱州人)
[咸豐]濱州 10/又 26
王仲丘(唐・沂州琅邪人)
[至元]齊乘 6/20
[嘉靖]山東 30/40
[康熙]山東 40/39

［雍正］山東 28/人物二 9
［宣統］山東 162/25
［萬曆］青州 14/45
［康熙十五年］青州 14/45
［康熙四十八年］青州 14/儒行 2
［康熙六十年］青州 15/2
［萬曆元年］兗州 40/文苑 10
［萬曆］沂州志 7/22
［康熙］沂州志 5/61
［乾隆］沂州府 25/17
［康熙］諸城 7/7
［民國］臨沂 9/37
王純熙(字時光)
(清・諸城人)
［道光］諸城縣續志 14/15
［光緒］嶧縣 19/丞倅 16
王生周(清・章邱人)
［道光］濟南 61/6
［乾隆］章邱 9/47
［道光］章邱 11/74
王傳曾(字心源)
(清・膠州人)
［民國］增修膠志 41/48
王傳鎬(字宅京)
(清・鄒平人)
［民國］鄒平 15/137
王積曾(清・茌平人)
［民國］茌平 3/65
王傳笏(字搢廷)
(清・鄒平人)
［民國］鄒平 15/147
王積光(字德輝)
(清・福山人)
［道光］濟南 38/34
［嘉慶］禹城 7/34
［民國］禹城 3/50
［乾隆］福山 8/50
王健堂(字伯乾)
(清・商河人)
［民國］重修商河 8/57
王生焠(字勖齋)
(清・陽信人)
［民國］陽信 5/方技 84
王仲常(元・臨清人)
［乾隆］東昌 37/26
［康熙］臨清州 3/人物 6
［乾隆］臨清州 9/20
［乾隆］臨清直隸州 8/上 4
［民國］臨清縣/人物 2
26 **王得**(明・大興人)
［光緒］文登 5/33
王得(原名得貴)
(明・合肥人)
［萬曆］諸城 4/41
王佃(明・新城人)
［康熙］新城 8/19
［民國］重修新城 15/10
王佃(字子野)
(清・益都人)
［光緒］益都縣圖志 41/20
王伽(隋・河間章武人)
［嘉靖］山東 25/18
［康熙］山東 32/5
［雍正］山東 27/20
［宣統］山東 67/26
［康熙］濟南 25/6
［道光］濟南 33/21
［崇禎］歷乘 16/25
［崇禎］歷城 6/8
王皞(字子融)
(宋・益都人)
［嘉靖］山東 32/15
［康熙］山東 42/15
［雍正］山東 28/人物二 32
［嘉靖］青州 14/17
［萬曆］青州 14/48
［康熙十五年］青州 14/48
［康熙四十八年］青州 14/儒行 5
［康熙六十年］青州 15/7
［康熙］益都 9/12
王皞(字仲民)
(商河人)
［民國］重修商河 7/34,8/51
王暤(見王皞)
王和(元・濰州人)
［民國］濰縣志稿 41/33
王稷(唐)
［嘉靖］武定州下/47
［萬曆］武定州 10/3
［崇禎］武定州 7/2
王穆(字敬仲,號臨溪)
(清・茌平人)
［民國］茌平 3/61,3/87
王泉(字永清)
(宋・鄒平人)
［道光］濟南 47/41
［順治］鄒平 8/4
［康熙］鄒平 6/20
［嘉慶］鄒平 9/15,16/45
［道光］鄒平 9/15
王儼(晉)
［嘉靖］山東 27/20
王儼(明)
［光緒］寧津 6/26
寧津縣志料 3/人物－名宦
王儼(字式儀)
(清・濟陽人)
［乾隆］濟陽 8/44
［民國］濟陽 11/57
王儼(字畏之)
(清・濰縣人)
［民國］濰縣志稿 29/19
王繹(字思善)
(明・安陽人)
［萬曆］濮州 3/名宦 30
王繹(字思淑)
(清・曹縣人)
［光緒］曹縣 14/仕蹟 8
王繹(清・臨沂蘭山人)
［乾隆］沂州府 27/11
［民國］臨沂 10/63
王嵎(字季夷,號貴英)
(宋・濰州人)
［萬曆］青州 15/7
［康熙十五年］青州 15/7
［康熙四十八年］青州 15/文學 7
［康熙六十年］青州 18/4
［萬曆］萊州 6/12
［乾隆］萊州 11/文學 1
［萬曆］濰縣 9/5
［康熙］濰縣 5/人物 12
［乾隆］濰縣 4/26
［民國］濰縣志稿 30/18
濰縣鄉土志/43
王嵎(明・萊陽人)

[民國]萊陽 3/1 中 8
王自立(清・陽穀人)
[民國]增修陽穀人物/孝義 10
王伯龍(金・濬州雙城人)
[光緒]益都縣圖志 17/1
王伯顏(名簡,字伯敬,以字行)
(元・霑化人)
[嘉靖]山東 29/21
[康熙]山東 39/19
[雍正]山東 28/人物二 69
[康熙]濟南 38/7
[乾隆]武定府 23/40
[咸豐]武定府 23/忠節 10
[萬曆]濱州 4/65
[光緒]霑化 7/5
[民國]霑化 2/17
王保訓(改名炅炎)
(清・福山人)
[民國]福山縣志稿 7/5－8
王自新(清・臨清人)
[乾隆]臨清直隸州 8/下 6
[民國]臨清縣/人物 61
王自謹(明・河南侑川人)
[康熙十二年]鄒縣志 3/14
王得霖(字汝弼)
(清・掖縣人)
[嘉慶]續掖縣 3/13
王和平(漢・北海人)
[嘉靖]山東 34/16
[康熙]山東 47/8
[雍正]山東 30/4
[宣統]山東 168/3,200/20
[道光]濟南 60/3,61/2
[嘉靖]青州 16/48
[萬曆]青州 17/9
[康熙十五年]青州 17/9
[康熙四十八年]青州 17/仙釋 4
[咸豐]青州 51/1
[萬曆]萊州 6/69
[康熙]萊州 10/96
[乾隆]萊州 12/仙釋 1
[泰昌]登州 11/59
[順治]登州 18/19
[康熙]益都 10/24
[康熙]壽光 29/1
[嘉慶]壽光 15/7
[民國]壽光 12/人物志二 86
[民國]濰縣志稿 36/1
[康熙]蓬萊 6/3
[道光]重修蓬萊 2/32
[民國]增修蓬萊 2/仙釋
[民國]蓬萊縣志合編人物志/仙釋
王自強(清・長清人)
[道光]濟南 56/48
[道光]長清 12/27
王伯子(字欽承)
(清・齊河人)
[民國]齊河 23/44,27/18
王程雋(黄縣人)
[民國]黄縣志稿 13/民國孝友
王和秬(字稟春,一作德春)
(明・膠州人)
[道光]重修膠州 26/6
[民國]增修膠志 40/32
王自行(清・章邱人)
[乾隆]章邱 9/31
[道光]章邱 10/30
王伯川(元・霑化人)
[康熙]濟南 35/7
[乾隆]武定府 23/10
[咸豐]武定府 23/名臣 10
[萬曆]新修霑化 6/110
[光緒]霑化 7/1
[民國]霑化 2/1
王得山(明)
[乾隆]東昌 42/22
王皞黎(清・壽光人)
[民國]壽光 16/24
王自修(字聿亭)
(清・陽信人)
[民國]陽信 5/孝友 65
王和齡(清・膠州人)
[民國]增修膠志 41/46
膠州直隸州鄉土志 4/事功
王伯達(明・觀城人)
[康熙]觀城 4/21
[道光]觀城 8/4
觀城縣鄉土志/耆舊
王保清(清・博山人)
[民國]續修博山 12/65
王伯潤(清・福山人)
[光緒]增修登州 43/16
王緝祖(字熙止)
(清・蓬萊人)
[道光]重修蓬萊 9/35
[民國]蓬萊縣志合編人物志/行誼
王保太(莘縣人)
[民國]莘縣 7/25
王保真(字伯良)
(清・寧津人)
寧津縣志料 3/人物－義行
王伯英(字彥長)
(清・費縣人)
[乾隆]沂州府 26/6
[光緒]費縣 11/7
王絪基(清・諸城人)
[道光]諸城縣續志 19/6
王伯槐(字寄園)
(清・濟寧人)
[民國]濟寧直隸州續志 12/39
王伯楫(清・肥城人)
[光緒]肥城 9/5
肥城縣鄉土志 5/25
王伯櫻(明・臨淄人)
[民國]臨淄 25/35
王保泰(明・昌邑人)
[康熙]昌邑 6/33
[乾隆]昌邑 6/168
王伯忠(清・歷城人)
[道光]濟南 53/58
[民國]續修歷城 44/16
王和軒(字養齋,號致堂)
(清・夏津人)
[民國]夏津續編 8/83
王得成(明)
[宣統]山東 71/14
[康熙]濟南 25/24
[道光]濟南 36/33
[康熙]齊河 5/35
[雍正]齊河 5/34
[民國]齊河 22/2

齊河縣鄉土志政績錄/4
王伯愚(字魯軒)
(清·濰縣人)
[嘉慶]昌樂 29/4
[民國]濰縣志稿 32/24
王綿昂(字書趙)
(清·單縣人)
[民國]單縣 11/43
王綿嗣(清·齊河人)
[雍正]齊河 6/39
王伯駿(字瞬及)
(清·曹縣人)
[康熙]曹縣 11/19
[康熙]兗州府曹縣 11/19
[光緒]曹縣 11/選舉 30
王保民(字惠彰)
(清·滕縣人)
[道光]滕縣志 9/孝義 24
王伯賢(號則聖)
(清·鄆縣人)
[康熙]兗州府曹縣 9/39
王得兒(明·長山人)
[康熙]濟南 44/10
[道光]濟南 50/51
[康熙四十三年]長山 5/孝義
[康熙五十五年]長山 6/28
[嘉慶]長山 9/1
長山縣鄉土志/耆舊錄
王皋門(字奠蕃)
(明·黃縣人)
[雍正]山東 28/人物三 60
[宣統]山東 164/48
[康熙]黃縣 6/35
[乾隆]黃縣 12/1
[同治]黃縣 9/1
[民國]黃縣志稿 13/明,13/人物－死難
王臯門(見王皋門)
王得勝(清·臨沂人)
[民國]臨沂 10/44
王得勝(字開臣)
(長清人)
[民國]長清 12/17
王細勝(明·滕縣人)
[康熙十一年]蒙陰 4/43
王保義(字湯臣)
(寧津人)
寧津縣志料 3/人物－義行
王繹曾(字子敷)
(清·臨淄人)
[民國]臨淄 27/64
王自省(字以約,號濰溪)
(明·菏澤人)
[康熙]兗州續編 15/18
[康熙]曹州志 15/61
[乾隆]曹州府 16/4
[光緒]菏澤 15/55
[光緒]新修菏澤 10/36
王自省(清·泗水人)
[光緒]泗水 11/10
27 **王翺**(字鶴皋)
(清·新城人)
[宣統]新城縣後志 2/宦績
[民國]重修新城 18/11
王翺(明·博平人)
[正德]博平 4/65
王粲(字仲宣)
(三國·山陽高平人)
[嘉靖]山東 30/12
[康熙]山東 40/13
[雍正]山東 28/人物一 27
[宣統]山東 163/2
[萬曆元年]兗州 40/文苑 3
[萬曆二十四年]兗州 32/5
[康熙]兗州 25/3
[乾隆]兗州 23/17
[乾隆]曹州府 14/5
[康熙]濟寧州 6/7
[乾隆]濟寧直隸州 26/11
[道光]濟寧直隸州 8/4－36
[萬曆]鉅野 7/8
[康熙]鉅野 11/6
[道光]鉅野 12/6,19/1
[康熙五十一年]金鄉 9/17
[乾隆]金鄉 18/14
[咸豐]金鄉縣志略 9/上 4
[民國]金鄉 14/25
[民國]續修鄒縣志稿/人物－耆舊
王彖(唐)
[民國]牟平 6/66
王甸(明)
[康熙]堂邑 11/11
王甸(字耕野)
(清·菏澤人)
[光緒]菏澤 12/36
王綱(字振紀)
(明·黃縣人)
[泰昌]登州 11/22
[順治]登州 16/27
[光緒]增修登州 39/9
[康熙]黃縣 6/14
[乾隆]黃縣 8/11
[同治]黃縣 8/3
[民國]黃縣志稿 13/明
王綱(明·河南鄢陵人)
[光緒]增修登州 28/1
[萬曆]福山 4/3
[康熙]福山 7/8
[乾隆]福山 7/9
王綱(清·膠州人)
[民國]增修膠志 44/18
王綱(字振沖)
(清·鄆城人)
[光緒]鄆城 8/28,13/7
王奐(字道明)
(南北朝·琅琊臨沂人)
[嘉靖]山東 33/26
[萬曆元年]兗州 41/32
王奐(清·江南南陵人)
[嘉慶]慶雲 7/24
[咸豐]慶雲 2/26
[民國三年]慶雲 1/82
王紀(字理卿,號順菴)
(明·南直泰州人)
[宣統]山東 72/48
[乾隆]東昌 35/19
[嘉慶]東昌 22/23
[嘉靖]高唐州 5/6
[康熙十二年]高唐州 7/10
[康熙五十一年]高唐州 7/10
[道光]高唐州 7/1－12
[光緒]高唐州 7/1－12
[民國]高唐縣 9/5－6
高唐州鄉土志/7
王紀(清·福山人)

［康熙］福山 9/12
［乾隆］福山 9 上/51
［民國］福山縣志稿 7/3－14
王獎(宋)
［萬曆］恩縣 4/5
［宣統］重修恩縣 6/45
［民國］重修恩縣 10/61
王綱(字尚之)
(明・濮州人)
［乾隆］曹州府 16/4
［萬曆］濮州 4/武烈 5
［康熙］濮州 4/19
［乾隆］濮州 4/31
［宣統］濮州 6/25
王峪(字各山,號雨匏,別號苦葉子)
(清・諸城人)
［光緒］增修諸城縣續志 20/1
王嵋(清・壽張人)
［康熙五十六年］壽張 7/27
［光緒］壽張 7/9
壽張縣鄉土志/耆舊－事業
王槃(字桓甫)
(清・泰安人)
［乾隆四十七年］泰安縣 10/上 27
［道光］泰安縣 9/上 79
［民國］重修泰安縣 8/35
泰安縣鄉土志/耆舊 15
王槃(字般木)
(清・諸城人)
［道光］諸城縣續志 14/2
王磐(字文炳)
(元・廣平永年人)
［嘉靖］山東 25/8,34/5
［康熙］山東 31/10,48/4
［雍正］山東 27/58,31/15
［宣統］山東 69/15
［康熙］濟南 50/5
［道光］濟南 62/5
［嘉靖］青州 13/33
［萬曆］青州 12/24
［康熙十五年］青州 12/24
［康熙四十八年］青州 12/24
［康熙六十年］青州 12/15
［咸豐］青州 35/18
［萬曆元年］兗州 42/14
［萬曆二十四年］兗州 28/20,37/32
［康熙］兗州 22/19,28/73
［乾隆］泰安府 14/33
［康熙］東平州 4/10,4/57
［乾隆］東平州 12/30,15/36
［道光］東平州 12/30
［光緒］東平州 14/30
［民國］東平縣 9/16
東平州鄉土志上/政績錄 13
［崇禎］歷乘 16/61
［崇禎］歷城 10/29
王磐(字鴻漸)
(清・臨清人)
［民國］臨清縣/人物 65
王盤(元)
［光緒］益都縣圖志 17/22
王盤(字日新)
(明・汶上人)
［康熙］嶧縣 3/25
［乾隆］嶧縣 7/10
［光緒］嶧縣 19/職官下 2
王盤(明・鄆城人)
［康熙］鄆城 5/7
［光緒］鄆城 5/8
王盤(字新亭)
(清・樂陵人)
樂陵縣鄉土志 3/65
王佩(字守玉)
(明・曹縣人)
［康熙］曹縣 11/29
［康熙］兗州府曹縣 11/29
王紉(字蘭谷)
(清・安邱人)
［民國］續安邱新志 18/2
王紹(字繼宗)
(明・曹州人)
［雍正］山東 28/人物三 19
［宣統］山東 160/21
［萬曆二十四年］兗州 36/27
［康熙］兗州 28/25
［康熙］曹州志 15/22
［乾隆］曹州府 15/6
［光緒］菏澤 15/21
［光緒］新修菏澤 10/21
菏澤縣鄉土志/18
王紹(明・猗氏人)
［乾隆］泰安府 15/15
［道光］東阿 11/10
王紹(字承烈)
(清・夏津人)
［民國］夏津續編 8/31
王紓(清・高唐人)
［嘉慶］東昌 32/66
［道光］高唐州 5/2－16
［光緒］高唐州 5/2－19
［民國］高唐縣 12/11
王倜(字守經)
(明・曹縣人)
［康熙］曹縣 11/33
［康熙］兗州府曹縣 11/33
王倜(見王無竟)
王修(字叔治)
(三國・北海營陵人)
［至元］齊乘 6/14
［嘉靖］山東 27/14,32/4
［康熙］山東 37/2,42/5
［雍正］山東 28/人物一 25
［宣統］山東 154/22
［嘉靖］青州 12/50
［萬曆］青州 13/31
［康熙十五年］青州 13/31
［康熙四十八年］青州 13/事功 14
［康熙六十年］青州 16/5
［咸豐］青州 39/1
［萬曆］萊州 5/56
［康熙］萊州 8/15
［乾隆］萊州 9/4
［康熙］莒州下/32
［雍正］莒州 9/4
［嘉靖］昌樂 3/45
［康熙］昌樂 4/5
［嘉慶］昌樂 22/2
［康熙］杞紀 18/21
［萬曆］濰縣 8/6
［康熙］濰縣 5/人物 5
［乾隆］濰縣 4/19
［民國］濰縣志稿 20/4
濰縣鄉土志/13

[康熙]高密 6/24
[乾隆]高密 6/16
[光緒]高密 6/20
[民國]高密 12/22
高密縣鄉土志/上 6
[萬曆]即墨志 6/11
[康熙]纂修即墨/下 7
[乾隆]即墨 8/3
[同治]即墨 8/3
[道光]重修平度州 16/13
平度鄉土志 2/政績
王修(明・曹縣人)
[康熙]曹縣 11/8
王脩(見王修)
王伊(字覺先)
(清・陽信人)
[乾隆]陽信 7/22
[民國]陽信 5/文學 9
信邑志稿 7/文苑
王仔(清・海陽人)
[光緒]增修登州 43/50
[光緒]海陽縣續志 5/26
王舟(字濟川)
(明・齊東人)
[康熙]濟南 41/10
[道光]濟南 51/45
[康熙]新修齊東 6/5
[民國]齊東 5/9
王峰立(字卓山)
(清・魚臺人)
[光緒]魚臺 3/文行又 4
王佩文(字韻軒)
(清・壽光人)
[民國]壽光 12/人物志一 42
王紹庭(字梓山)
(清・臨朐人)
[民國]臨朐續志 20/33
王紹庭(高唐人)
[民國]高唐縣 12/57
王紹衣(字公聞)
(清・高密人)
[光緒]高密 8/上 38
[民國]高密 14/上 42
高密縣鄉土志/上 36
王彝訓(清・高唐人)
[嘉慶]東昌 32/64
[道光]高唐州 5/2－16
[光緒]高唐州 5/2－19
[民國]高唐縣 12/41
王叔謙(字益山)
(清・膠州人)
[民國]增修膠志 41/47
膠州直隸州鄉土志 4/事功
王磐石(清・鄆城人)
[光緒]鄆城 5/27
鄆城縣鄉土志/耆舊錄－事業
王象晉(字子進,號康宇)
(明・新城人)
[康熙]山東 39/30
[雍正]山東 28/人物三 59
[宣統]山東 161/54
[康熙]濟南 35/25
[道光]濟南 51/21
[康熙]新城 7/31
[康熙]新城縣續志/人物
[民國]重修新城 14/9
新城縣鄉土志/耆舊－明
王象元(字用九)
(清・陽信人)
[民國]陽信 5/文學 10
王象雲(初名象需)
(明・新城人)
[雍正]山東 28/人物三 68
[宣統]山東 160/37
[道光]濟南 51/23
[康熙]新城 7/33
[民國]重修新城 14/9
王佩珩(字玉立)
(清・費縣人)
[乾隆]沂州府 26/22
[光緒]費縣 11/6
王佩璠(字玉珍)
(清・費縣人)
[乾隆]沂州府 27/7
[光緒]費縣 11/6
王佩瑀(清・臨沂人)
[乾隆]沂州府 26/13
[民國]臨沂 10/8
王繩武(字翼昭)
(清・濮州人)
[宣統]濮州 6/18
王繩武(清・齊河人)
[民國]齊河 26/15
王佩琦(字景韓)
(清・長山人)
[嘉慶]長山 8/25
王久理(字長明)
(清・淄川人)
[乾隆]淄川 6/上又 20－2
淄川縣鄉土志/耆舊錄－孝友
王紹理(清・諸城人)
[光緒]增修諸城縣續志 16/9
王佩琚(清・臨沂人)
[乾隆]沂州府 26/24
[民國]臨沂 10/9
王佩玿(清・臨沂人)
[民國]臨沂 10/9
王象瑜(字玉軒,號蓮洲)
(清)
[民國]濰縣志稿 42/25
王名香(清・濮州人)
[宣統]濮州 5/37
王叔重(清・諸城人)
[光緒]增修諸城縣續志 16/28
王仰維(字軼唐)
(清・茌平人)
[民國]茌平 3/60
王紹虞(字佑唐)
(清・臨沂人)
[民國]臨沂 10/28
王叔穎(字景夏)
(清・嘉祥人)
[咸豐]濟寧直隸州續志 3/11
[光緒]嘉祥 3/29
王久任(字鳳池)
(明・福山人)
[雍正]山東 28/人物四 31
[乾隆]續登州 10/2
[光緒]增修登州 41/22
[康熙]福山 8/20
[乾隆]福山 8/33,9 上/10
[民國]福山縣志稿 7/1－11
王紹嵩(字中嶽)

（清・臨沂人）
［民國］臨沂 10/29
王彝鼎（清・鄆城人）
［光緒］鄆城 16/26
王紹德（字伯潤）
（清・淄川人）
［宣統］三續淄川 9/68
王紹先（字揆一，一字大樽）
（清・臨朐人）
光緒臨朐 14/中 11
王紹緒（明・壽張人）
［萬曆］青州 12 又/又 13
［康熙十五年］青州 12 又/又 13
［康熙四十八年］青州 12 又/又 13
［咸豐］青州 36/39
［萬曆］諸城 4/36
［乾隆］諸城 28/10
王紹緒（字纘亭）
（清・高密人）
［光緒］高密 8/上 48
［民國］高密 14/上 56
高密縣鄉土志/上 46
王繩先（字箕遠）
（清・利津人）
［咸豐］武定府 25/孝友 37
［乾隆］利津縣志續編 8/47
［光緒］利津 8/孝友 2
王紹復（清・蓬萊人）
［光緒］增修登州 40/5
［光緒］蓬萊縣續志 8/文宦 2，9/仕績 1
［民國］蓬萊縣志合編人物志/仕績
王紹徽（明・三原人）
［康熙］濟南 25/65
［道光］濟南 36/16
［康熙］鄒平 4/13
［嘉慶］鄒平 14/9
［道光］鄒平 14/9
［民國］鄒平 14/9
王象復（字完初）
（明・新城人）
［康熙］山東 39/31
［雍正］山東 28/人物三 72
［宣統］山東 164/52
［康熙］濟南 38/14
［道光］濟南 51/23
［崇禎］新城 8/節義
［康熙］新城 8/1
［康熙］新城縣續志/忠烈
［民國］重修新城 15/1
新城縣鄉土志/耆舊－明
王嶼似（字魯珍）
（清・益都人）
［宣統］山東補遺/3
［乾隆］諸城 44/3
王紹宗（明・直隸鑫縣舉人）
［光緒］增修登州 28/1
［萬曆］福山 4/3
［康熙］福山 7/8
［乾隆］福山 7/9
王紹宗（字鴻緒）
（清・淄川人）
［宣統］三續淄川 9/90
王象寅（明・新城人）
［崇禎］新城 7/武秩
王紹業（明・壽張人）
［康熙五十六年］壽張 7/42
王名遠（清・費縣人）
［光緒］費縣 11/55
王紹漢（字存靈）
（清・鉅野人）
［道光］鉅野 13/77
王象斗（字子極，號瞻吾）
（明・新城人）
［康熙］濟南 41/31
［道光］濟南 51/24
［康熙］新城 7/29
［康熙］新城縣續志/人物
［民國］重修新城 14/8
新城縣鄉土志/耆舊－明
王繩祖（字嶧亭）
（清・濟寧人）
［乾隆］濟寧直隸州 25/40
［道光］濟寧直隸州 8/3－19
王紹奎（字聚五）
（清・臨沂人）
［民國］臨沂 10/28
王紹堯（明・大成人）
［康熙］觀城 3/5
［道光］觀城 6/6
王象賁（明・新城人）
［天啟］新城 9/錄廕
［崇禎］新城 9/錄廕
王佩坪（清・榮成人）
［光緒］增修登州 43/43
王龜蒙（明・吉水人）
［萬曆］諸城 4/24
王久慕（字孺懷）
（清・淄川人）
［宣統］三續淄川 9/79
王名世（清・德州人）
［康熙］德州 6/7
王佩蘭（字紉秋）
（清・清平人）
［宣統］增輯清平 12/50
［民國］清平/人物 31
王象蒙（字子正，號善吾，一作養吾）
（明・新城人）
［康熙］山東 39/29
［雍正］山東 28/人物三 52
［宣統］山東 161/50
［道光］濟南 51/23
［天啟］新城 13/傳
［崇禎］新城 13/傳
［康熙］新城 7/24
［民國］重修新城 14/7
新城縣鄉土志/耆舊－明
王稺恭（明・益都庠生）
［康熙六十年］青州 17/20
王象坤（字子厚，號中宇）
（明・新城人）
［康熙］山東 39/27
［雍正］山東 28/人物三 45
［宣統］山東 160/30
［康熙］濟南 35/16
［道光］濟南 51/17
［天啟］新城 13/傳
［崇禎］新城 13/傳
［民國］重修新城 14/6
新城縣鄉土志/耆舊－明
王紹乾（明・壽張人）
［光緒］壽張 10/2
王象乾（字子廓，號霽宇）
（明・新城人）

[康熙]山東 39/28
[雍正]山東 28/人物三 49
[宣統]山東 160/32
[康熙]濟南 35/18
[道光]濟南 51/19
[天啟]新城 12/記
[康熙]新城縣續志/人物
[民國]重修新城 14/6
新城縣鄉土志/耆舊－明
王象乾(字紹文)
(清・歷城人)
[道光]濟南 53/58
[民國]續修歷城 44/16
王紹貴(明・霑化人)
[嘉靖]山東 35/2
[康熙]山東 45/4
[康熙]濟南 38/13
[乾隆]武定府 23/43
[咸豐]武定府 23/忠節 13
[萬曆]濱州 4/65
[萬曆]新修霑化 6/120
[光緒]霑化 7/6
[民國]霑化 2/18
王象春(字季木)
(明・新城人)
[康熙]山東 39/31
[雍正]山東 28/人物三 62
[康熙]濟南 42/18
[道光]濟南 72/41
[崇禎]歷城 10/30
[康熙]新城縣續志/人物
[民國]重修新城 14/9
新城縣鄉土志/耆舊－明
王象泰(字子循,號冰濂)
(明・新城人)
[康熙]山東 46/2
[康熙]濟南 36/15
[道光]濟南 51/18
[崇禎]新城 7/舉人
[康熙]新城 8/7
[康熙]新城縣續志/人物
[民國]重修新城 15/8
新城縣鄉土志/耆舊－明
王佩搢(清・榮成人)
[光緒]增修登州 43/43
王象咸(號洞庭)
(明・新城人)
[道光]濟南 51/25
[民國]重修新城 15/9
[嘉慶]鄒平 16/39
[康熙]新城 8/8
[道光]鄒平 16/流寓 9
[民國]鄒平 16/流寓 9
王紹典(字慎夫)
(清・高密人)
[光緒]高密 8/上 48
[民國]高密 14/上 56
王象豊(明・新城人)
[天啟]新城 7/武秩
[崇禎]新城 7/武秩
王阜田(字封曲)
(清・齊河人)
[民國]齊河 26/34
王名甲(字振華)
(清・濰縣人)
[民國]濰縣志稿 42/27
王紹昆(清・諸城人)
[道光]諸城縣續志 17/4
王魯瞻(字鎮兗,號心齋)
(清・高苑人)
高苑縣鄉土志/耆舊
王象明(初名象履,字用晦,號雨蘿)
(明・新城人)
[道光]濟南 51/25
[康熙]新城 8/7
[民國]重修新城 15/9
新城縣鄉土志/耆舊－明
王嚮明(字見南)
(明・霑化人)
[乾隆]武定府 26/8
[咸豐]武定府 26/義行 8
[光緒]霑化 10/4
[民國]霑化 2/76
王嚮明(明・盩厔舉人)
[康熙]鄒平 4/13
王象隨(明・新城人)
[崇禎]新城 8/孝友
王綱舉(號蘭谷)
(明・歷城人)
[康熙]濟南 51/10
[道光]濟南 72/33
[崇禎]歷城 10/34
[乾隆]歷城 45/12
王名卿(明・昌邑人)
[康熙]昌邑 6/35
[乾隆]昌邑 6/166
王紹聞(字保嗣)
(清・章邱人)
[道光]章邱 16/81
王紹賢(明・浙江仁和人)
[康熙]膠州 5/12
[乾隆]膠州 4/12
[道光]重修膠州 22/5
[民國]增修膠志 17/5
王象艮(字伯石,一字思止,號定宇)
(明・新城人)
[康熙]濟南 42/20
[道光]濟南 51/24
[康熙]新城 8/7
[康熙]新城縣續志/人物
[民國]重修新城 15/8
新城縣鄉土志/耆舊－明
王象隆(字棟吉)
(清・臨淄人)
[民國]臨淄 27/65
王象巽(字季木)
(明・新城人)
[宣統]山東 163/35
王紹曾(字魯堂)
(清・長清人)
[民國]長清 13/10
王象兌(字子悅)
(明・新城人)
[康熙]山東 45/5,46/2
[道光]濟南 51/23
[康熙]新城 7/34
[康熙]新城縣續志/人物
[民國]重修新城 14/9
王象益(字沖孺,號鴻渚)
(明・新城人)
[道光]濟南 51/25
[咸豐]青州 36/44
[康熙]新城 8/7
[民國]重修新城 15/8
[康熙十二年]博興 6/10
[康熙六十年]博興 7/29

[道光]博興 10/5
[民國]重修博興 12/5
王繩矩(號墨莊)
(清・福山人)
[光緒]增修登州 40/15
[民國]福山縣志稿 7/2－20
王紹鑛(字聲之)
(清・泗水人)
[光緒]泗水 11/27
[光緒]泗水縣鄉土志/13
王紹智(清・惠民人)
[光緒]惠民 20/9
惠民縣鄉土志/耆舊錄 5
王名篪(字筠圃)
(清・慶雲人)
[民國三年]慶雲 2/51,2/97
王象節(字子度,號翼吾)
(明・新城人)
[康熙]濟南 42/16
[道光]濟南 51/24
[天啟]新城 13/傳
[崇禎]新城 13/傳
[康熙]新城 7/27
[民國]重修新城 14/8
新城縣鄉土志/耆舊－明
王紹棠(字文亭)
(黃縣人)
[民國]黃縣志稿 13/民國懿行
王象恒(字微貞,號立宇,一作玄宇)
(明・新城人)
[康熙]山東 39/29
[雍正]山東 28/人物三 56
[宣統]山東 160/32
[康熙]濟南 37/12
[道光]濟南 51/22
[天啟]新城 13/傳
[崇禎]新城 13/傳
[康熙]新城 7/29
[民國]重修新城 14/9
新城縣鄉土志/耆舊－明
王紹燦(字明齋)
(清・滋陽人)
滋陽縣鄉土志 1/耆舊－實行

28 **王徹**(五代・博州人)
[乾隆]東昌 41/3
[嘉慶]東昌 33/3
王份(字季文)
(南北朝・琅邪人)
[嘉靖]山東 30/27
[康熙]山東 40/29
王份(清・臨清人)
[民國]臨清縣/人物 67
王復(字景仁)
(宋・淄川人)
[雍正]山東 28/人物二 46
[宣統]山東 164/15
[康熙]濟南 38/4
[道光]濟南 47/37
[乾隆]淄川 6/上 47
王復(字見心)
(明・臨淄人)
[康熙]臨淄 9/14
[民國]臨淄 23/12
王徽(五代・密州莒人)
[雍正]山東 28/人物二 19
[宣統]山東 164/13
王徽(明・陽穀人)
[民國]增修陽穀人物/仕宦 8
王徽(字舜美)
(明・沁水人)
[嘉靖]朝城志 5/又 16
王繪(字質夫)
(金・濟南人)
[道光]濟南 47/44
[乾隆]歷城 40/7
王繪(字斂華)
(明・曹縣人)
[康熙]曹縣 11/18
[康熙]兗州府曹縣 11/18
[光緒]曹縣 11/選舉 29
王价(字介人)
(清・商河人)
[民國]重修商河 8/45
王儉(字仲寶)
(南北朝・琅邪臨沂人)
[嘉靖]山東 30/23
[康熙]山東 40/26
[雍正]山東 28/人物一 45

[宣統]山東 155/20
[萬曆二十四年]兗州 33/10
[康熙]兗州 26/9
[萬曆]沂州志 6/70
[康熙]沂州志 5/42
[乾隆]沂州府 25/12
[民國]臨沂 9/19
王儆(字守省)
(明・曹縣人)
[康熙]曹縣 11/42
[康熙]兗州府曹縣 11/52
王倫(字正道)
(宋・莘縣人)
[嘉靖]山東 31/24
[宣統]山東 164/16
[乾隆]東昌 41/26
[嘉慶]東昌 31/3
[正德]莘縣 6/4
[康熙十一年]莘縣 7/3
[康熙五十六年]莘縣 7/3
[光緒]莘縣 7/11
[民國]莘縣 7/6
莘縣鄉土志/鄉宦 16
王倫(明・城武人)
[康熙九年]城武 3/22
[康熙四十一年]城武 5/下義烈 6
[道光]城武 9/下 46
王綸(明・濱州人)
[萬曆]濱州 3/25
[康熙]濱州 6/3
王綸(明・滄州人)
[萬曆]青城 1/37
王牧(字汝謙)
(明・恩縣人)
[乾隆]東昌 39/30
[嘉慶]東昌 29/14
[萬曆]恩縣 4/14
[宣統]重修恩縣 8/23
[民國]重修恩縣 11/鄉賢 20
王佺(清・歷城人)
[民國]續修歷城 44/18
王繕(宋・濰州人)
[民國]濰縣志稿 27/21
王繕(清・陽穀人)
[康熙]陽穀 4/4

［光緒］陽穀 7/2
［民國］增修陽穀人物/孝義 4
王收(元)
［同治］黄縣 6/3
王微(字景玄)
(南北朝・臨沂人)
［嘉靖］山東 30/25
［康熙］山東 40/27
［宣統］山東 163/6
［萬曆元年］兗州 40/文苑 5
［萬曆二十四年］兗州 33/3
［康熙］兗州 26/3
［萬曆］沂州志 6/65
［康熙］沂州志 5/39
［乾隆］沂州府 27/9
［民國］臨沂 9/18
王微(明・萊陽人)
［民國］萊陽 3/1 中 9
王儀(字民表)
(三國・北海營陵人)
［嘉靖］山東 32/6
［康熙］山東 42/5
［雍正］山東 28/人物一 31
［嘉靖］青州 14/8
［萬曆］青州 13/31
［康熙十五年］青州 13/31
［康熙四十八年］青州 13/事功 14
［嘉靖］昌樂 3/46
［康熙］昌樂 4/6
［嘉慶］昌樂 21/1
［康熙］杞紀 18/22
［萬曆］濰縣 8/7
［康熙］濰縣 5/人物 6
［乾隆］濰縣 4/16
［康熙］莒州下/34
［雍正］莒州 9/16
王儀(明・湖廣漢陽舉人)
［萬曆］青城 1/41
［乾隆］青城 7/3
［民國］青城續修 4/名宦 13
王儀(明・新城人)
［道光］濟南 51/37
［康熙］新城 8/5
［民國］重修新城 15/7
王佾(宋・淄川人)
［道光］濟南 47/38
王徵(見王澂)
王作(清・順天大興人)
［宣統］山東 77/23
［光緒］增修登州 27/3
［民國］黄縣志稿 11/宦績
王作(清・蒙陰人)
［乾隆］沂州府 26/25
［宣統］蒙陰 4/孝義
王綸章(清・萊陽人)
［民國］萊陽 3/1 中 76
王儀亭(字鴻軒)
(清・慶雲人)
［民國三年］慶雲 2/55
王作亮(字畊南)
(清・淄川人)
［宣統］三續淄川 9/81
王從龍(字霈野)
(清・嘉祥人)
［乾隆］嘉祥 3/38
［光緒］嘉祥 3/46
王以誠(字公信)
(清・魚臺人)
［乾隆］魚臺 11/39
［光緒］魚臺 3/24
王以詩(字班商)
(清・膠州人)
［道光］重修膠州 29/27
［民國］增修膠志 45/12
王以旌(明・河南許州人)
［宣統］山東 71/33
［乾隆］泰安府 15/22
［道光］東阿 11/16
王以旂(字士昭)
(明・江寧人)
［道光］濟寧直隸州 6/6－49
王以諭(字俞亭)
(清・膠州人)
［道光］重修膠州 29/26
［民國］增修膠志 45/12
王從可(字德常)
(元・樂陵人)
［順治］樂陵 6/4
王復元(明・滿城人)
［乾隆］泰安府 15/23
［天啟］新泰 5/26
［順治］新泰 4/19
［乾隆］新泰 11/5
王復元(清・陽信人)
［民國］陽信 5/忠義 50
王作霖(字潤萬)
(清・惠民人)
［康熙］濟南 44/36
［乾隆］武定府 25/13
［咸豐］武定府 25/孝友 13
［乾隆］惠民 5/53
［光緒］惠民 21/4
惠民縣鄉土志/耆舊錄 8
王作霖(字雨生)
(清・金鄉人)
［民國］濟寧直隸州續志 14/11
［民國］金鄉 14/13
王作霖(字子京)
(清・蓬萊人)
［光緒］蓬萊縣續志 8/文宦 4,9/行誼 6
［民國］蓬萊縣志合編人物志/行誼
王作霖(字濟舟)
(清・汶上人)
［宣統］四續汶上稿/人物－施濟傳
王作霖(字雨亭)
(清・諸城人)
［光緒］增修諸城縣續志 15/5
王作霈(字潤亭)
(清・陽信人)
［民國］陽信 5/方技 83
王僧孺(字僧孺)
(南北朝・東海郯人)
［嘉靖］山東 30/30
［康熙］山東 40/32
［雍正］山東 28/人物一 44
［宣統］山東 163/10
［萬曆二十四年］兗州 33/23
［康熙］兗州 26/23
［萬曆］沂州志 6/79
［乾隆］沂州府 27/4
［康熙］郯城 7/3

[乾隆]郯城 9/4
[康熙]嶧縣 3/12
[光緒]嶧縣 19/81
王作礪(字相悅)
(清・曹縣人)
[光緒]曹縣 14/仕蹟 1
王作珮(清・壽光人)
[嘉慶]壽光 13/12
[民國]壽光 12/人物志一 82
王從政(字君王)
(元・樂陵人)
[康熙]濟南 39/1
[順治]樂陵 6/4
王僧綽(南北朝・琅邪臨沂人)
[嘉靖]山東 30/23
[康熙]山東 40/25
[雍正]山東 28/人物一 43
[宣統]山東 155/15
[萬曆元年]兖州 40/節義 16
[萬曆二十四年]兖州 33/7
[康熙]兖州 26/6
[萬曆]沂州志 6/68
[康熙]沂州志 5/40
[乾隆]沂州府 25/11
[民國]臨沂 9/19
王僧虔(南北朝・琅邪臨沂人)
[嘉靖]山東 30/23
[康熙]山東 40/25
[雍正]山東 28/人物一 45
[宣統]山東 155/20
[萬曆二十四年]兖州 33/9
[康熙]兖州 26/9
[康熙]沂州志 5/41
[民國]臨沂 9/21
王以仁(明・陝西寧羌人)
[宣統]山東 73/29
[光緒]增修登州 32/3
[康熙]寧海州 7/4
[同治]重修寧海州 12/12
[民國]牟平 6/72
王作廬(清・即墨人)
即墨縣鄉土志/耆舊 - 事業四
王作仁(字長公)
(清・臨淄人)
[民國]臨淄 28/11
王以纁(明・北直文安人)
[宣統]山東 73/21
[泰昌]登州 9/39
[順治]登州 11/19
[光緒]增修登州 25/10
王以俊(字在官)
(清・商河人)
[民國]重修商河 8/23
王徵烋(字明也)
(清・東平人)
[道光]東平州 13/41
[光緒]東平州 15/上 41
[民國]東平縣 11/上 16
王作綍(字子安)
(清・蓬萊人)
[民國]蓬萊縣志合編人物志/仕績
王以勳(見王以纁)
王從繩(字司直,一字大木)
(清・福山人)
[光緒]增修登州 45/4
[乾隆]福山 8/69
[民國]福山縣志稿 7/2 - 3
王作舟(字濟川)
(清・新城人)
[宣統]新城縣後志 2/宦績
王以似(字續古)
(清・陽穀人)
[民國]增修陽穀人物/師道 23
王從之(元)
[宣統]山東 200/36
[乾隆四十七年]泰安縣卷之末/12
[道光]泰安縣卷之末/12
[民國]重修泰安縣 10/71
王徽之(字子猷)
(晉・臨沂人)
[嘉靖]山東 30/21
[康熙]山東 40/23
[萬曆二十四年]兖州 32/28
[康熙]兖州 25/23
[萬曆]沂州志 6/55
[康熙]沂州志 5/31
[乾隆]沂州府 25/8
[民國]臨沂 9/15
王作賓(明・義烏人)
[道光]濟南 36/17
[順治]鄒平 4/19
[康熙]鄒平 4/14
[嘉慶]鄒平 14/12
[道光]鄒平 14/12
[民國]鄒平 14/12
王作賓(字嘉有)
(清・福山人)
[民國]福山縣志稿 7/4 - 4
王作賓(字敬輿)
(清・鉅野人)
[道光]鉅野 13/58
王以遜(明・朝城人)
[乾隆]曹州府 16/6
[康熙]朝城 8/37
朝城縣鄉土志/13
王從禧(字集堂)
(清・高密人)
[民國]高密 14/上 72
王僧達(南北朝・琅邪臨沂人)
[嘉靖]山東 33/25
[萬曆元年]兖州 41/31
王僧祐(字胤宗)
(南北朝・臨沂人)
[嘉靖]山東 30/24
[雍正]山東 28/人物一 47
[萬曆元年]兖州 40/孝友 4
[萬曆二十四年]兖州 33/12
[康熙]兖州 26/12
[萬曆]沂州志 6/71
[康熙]沂州志 5/43
[乾隆]沂州府 25/12
[民國]臨沂 9/17
王從禮(字公義)
(元・齊河人)
[康熙]濟南 47/3
[道光]濟南 48/47
[康熙]齊河 7/8
[雍正]齊河 8/11
[民國]齊河 26/1
齊河縣鄉土志忠義祠/19

王作楷(字繼周)
(清・海陽人)
[光緒]海陽縣續志 5/26
王以榕(字檜城)
(清・高唐人)
[乾隆]高唐州續志 2/13
[道光]高唐州 5/2－15
[光緒]高唐州 5/2－18
[民國]高唐縣 12/11
王復茂(字明霖)
(清・鄆城人)
[康熙]鄆城 6/19
王徵蘊(清・滕縣人)
[道光]滕縣志 9/孝義 37
王作桂(字丹林)
(清・淄川人)
[宣統]三續淄川 9/76
王作楫(字相廷)
(清・益都人)
[光緒]益都縣圖志 41/12
王作梅(字雪巖)
(清・陽穀人)
[民國]增修陽穀人物/仕宦 19
王作書(清・諸城人)
[光緒]增修諸城縣續志 14/9
王作肅(字恭若)
(清・海豐人)
[乾隆]武定府 26/30
[咸豐]武定府 25/文苑 27
[民國]無棣 12/4
海豐縣鄉土志/耆舊－學問一
王復振(字仍叔)
(清・諸城人)
[乾隆]諸城 41/5
王作哲(字覺先,號照峯)
(清・大嵩衛人)
[宣統]山東 176/19
[乾隆]續登州 10/9
[光緒]增修登州 41/49
[乾隆]海陽 6/16
[光緒]海陽縣續志 8/58
王作哲(字鑒普)
(清・魚臺人)
[民國]濟寧直隸州續志 14/15
[光緒]魚臺 3/又 12
王復成(清・長清人)
[民國]長清 11/30
王以成(字韶如)
(清・臨淄人)
[民國]臨淄 25/39
王徽典(字慎五)
(清・無棣人)
[民國]無棣 13/31
王僧慧(字無知,號覺西,別號松契子)
(清・壽張人)
[康熙五十六年]壽張 7/20
[光緒]壽張 7/7
王僧慧(字晉卿)
(清・直隸開州人)
[宣統]山東 75/39
[乾隆]泰安府 15/31
[乾隆]新泰 11/8
新泰縣鄉土志/7
王齡昌(字珊洲)
(清・黃縣人)
[同治]黃縣 8/22
[民國]黃縣志稿 13/清文學
王復顯(明・鄆城人)
[康熙]山東 45/11
[康熙]鄆城 5/17
[光緒]鄆城 5/26
王復興(字德馨)
(明・鄆城人)
[崇禎]鄆城 6/4
[康熙]鄆城 6/3
[光緒]鄆城 7/3
王復興(字鎮宗)
(清・堂邑人)
[康熙]堂邑 12/5
王儀鳳(字應和,號梧岡)
(明・章丘人)
[康熙]濟南 41/20
[道光]濟南 49/56
[萬曆]章丘 24/33
[康熙]章丘 6/25
[乾隆]章邱 9/20
[道光]章邱 11/31
王徵賢(字泰和)
(清・陝西人)
[宣統]山東 76/31
[康熙九年]城武 5/3
[康熙四十一年]城武 3/下治績 6
[道光]城武 6/35
王從善(宋・青州人)
[至元]齊乘 6/23
[萬曆]青州 14/47
[康熙十五年]青州 14/47
[康熙四十八年]青州 14/儒行 4
[咸豐]青州 64/28
[萬曆]益都 6/又 89
[康熙]益都 9/11
王從善(明・金鄉人)
[康熙十二年]金鄉 5/19
[康熙五十一年]金鄉 7/26
王復善(明・大都人)
[康熙]濟南 50/6
[道光]濟南 52/32,62/5
[嘉靖]德州 3/2
[萬曆]德州 8/31
[康熙]德州 8/9
[乾隆]德州 9/6
[民國]德縣 10/6
王价人(字介臣)
(清・福山人)
[民國]福山縣志稿 7/4－15
王作善(字祥伯)
(清・壽張人)
[乾隆]兗州 23/84
[光緒]壽張 6/51
王作猷(清・商河人)
[民國]重修商河 8/34
王綸錫(字澤生)
(清・海豐人)
[乾隆]武定府 26/29
[咸豐]武定府 26/耆壽 3
王以鈐(清・諸城人)
[光緒]增修諸城縣續志 16/10
王繪堂(字素園)
(清・臨淄人)
[民國]臨淄 27/65

王以焠(字廉鍔)
(清・曹縣人)
[光緒]曹縣 14/行誼 30
王以烱(清・膠州人)
[道光]重修膠州 29/10
[民國]增修膠志 44/9
29 **王嶙**(字廷檢,號朝輔)
(清・濟陽人)
[民國]濟陽 11/15
王嶙(字雲嶠)
(清・霑化人)
[乾隆]武定府 25/51
[咸豐]武定府 25/文苑 11
[光緒]霑化 9/1
[民國]霑化 2/54
王秋(恩縣人)
[民國]重修恩縣 11/鄉賢 63
王倓(明・寧海人)
[光緒]增修登州 37/10
[同治]重修寧海州 21/3
[民國]牟平 7/82
王儐麟(字子諾)
(清・費縣人)
[光緒]費縣 11/38
30 **王安**(明・聊城人)
[嘉靖]山東 35/4
[康熙]山東 45/12
[乾隆]東昌 42/7
[嘉慶]東昌 32/7
[康熙]聊城 3/50
王寶(字上位)
(元)
[道光]重修平度州 17/18
平度鄉土志 4 上/事業
王寶(明・館陶人)
[乾隆]東昌 42/23
[嘉慶]東昌 32/18
王汴(明・歷城人)
[崇禎]歷乘 16/51
王賓(宋・許州許田人)
[嘉靖]山東 25/5
[康熙]山東 31/6
[雍正]山東 27/5
[宣統]山東 68/23
[康熙]濟南 24/12
[萬曆]東昌 18/19
[乾隆]東昌 33/17
[嘉慶]東昌 20/29
[嘉靖]恩縣 7/4
[萬曆]恩縣 4/5
[宣統]重修恩縣 6/44
[民國]重修恩縣 10/61
王賓(元)
[順治]嘉祥 3/38
[乾隆]嘉祥 2/46
[光緒]嘉祥 2/63
王賓(明・城武人)
[康熙九年]城武 3/51
[康熙四十一年]城武 5/上宦蹟 4
[道光]城武 9/上 20
王賓(字陛客)
(清・泰安人)
[乾隆二十五年]泰安縣 12/25
[乾隆四十七年]泰安縣 10/上 30
[道光]泰安縣 9/上 82
[民國]重修泰安縣 8/37
王宸(字融若)
(清・新城人)
[宣統]新城縣後志 3/文苑,3/方技
王宸(字楓扆)
(清・諸城人)
[道光]諸城縣續志 14/12
王寵(字簡菴)
(清・鄆城人)
[光緒]鄆城 16/4
王寵(字仲錫)
(明・歙縣人)
[道光]濟寧直隸州 6/6－51
王淳(字厚之)
(明・莘縣人)
[嘉靖]山東 35/5
[康熙]山東 45/13
[乾隆]東昌 42/16
[嘉慶]東昌 32/16
[正德]莘縣 6/30
[康熙十一年]莘縣 7/10
[康熙五十六年]莘縣 7/10
王淳(明・南直徐州人)
[道光]濟南 36/53
[光緒]陵縣 18/15
王淳(字樸軒)
(清・陽信人)
[民國]陽信 5/耆碩 62
王渡(字濟若)
(清・高唐人)
[民國]高唐縣 12/88
王渡(字岸臨,號悅山)
(清・陽信人)
[民國]陽信 5/文學 16
王富(字海如)
(清・費縣人)
[光緒]費縣 11/18
王宏(字正宗)
(晉・高平人)
[嘉靖]山東 33/20
[宣統]山東 161/5
[萬曆二十四年]兗州 32/30
[乾隆]曹州府 14/10
[康熙]濟寧州 6/10
[乾隆]濟寧直隸州 23/18
[道光]濟寧直隸州 8/2－9
[乾隆]金鄉 18/23
[咸豐]金鄉縣志略 9/上 5
[民國]金鄉 13/4
金鄉縣鄉土志/耆舊錄上
[萬曆]鉅野 7/12
[康熙]鉅野 11/9
[道光]鉅野 12/19
王宏(唐・濟南人)
[雍正]山東 28/人物二 5
[宣統]山東 167/8
[道光]濟南 47/18
[乾隆]歷城 44/2
王宏(字彥博)
(金・章邱人)
[道光]濟南 47/50
[道光]章邱 11/53,14/39
章邱縣鄉土志/上 18
王宏(明・恩縣人)
[乾隆]東昌 42/28
[嘉慶]東昌 32/23
[宣統]重修恩縣 8/40
[民國]重修恩縣 11/鄉賢 48

王宏(字羽宸)
(清・城武人)
[康熙九年]城武 3/58
[道光]城武 9/下 3
王宏(字青海)
(清・濟寧人)
[康熙]兖州續編 16/19
[乾隆]兖州 23/74
[康熙]濟寧州 6/54
[乾隆]濟寧直隸州 25/10
[道光]濟寧直隸州 8/3－6
王淮(字濟川)
(元・東牟人)
[光緒]增修登州 38/16
[嘉靖]寧海州下/29
[同治]重修寧海州 13/5,17/6
[民國]牟平 7/8
王寶(明・陽穀人)
[民國]增修陽穀人物/仕宦 8
王濼(清・福山人)
[乾隆]福山 8/58
王濟(明・保定人)
[康熙]嶧縣
[乾隆]嶧縣 7/13
[光緒]嶧縣 19/職官下 6
王濟(字惠民)
(明・城武人)
[乾隆]曹州府 15/10
[康熙九年]城武 3/7,3/48,4/17
[康熙四十一年]城武 4/下 15
[道光]城武 9/上 15
王濟(明・臨朐人)
[嘉靖]臨朐 3/13
王進(金・歷城人)
[道光]濟南 71/68
[道光]長清 16/12
王進(明・單縣人)
[順治]單縣 2/40
王進(明・萊蕪人)
[康熙]濟南 44/11
[乾隆]泰安府 18/44
[康熙]新修萊蕪 6/41
[民國]萊蕪 20/2
[民國]續修萊蕪 27/6
王進(清・泰安人)
[道光]泰安縣 9/上 85
[民國]重修泰安縣 8/40
王進(清・禹城人)
[民國]禹城 6/74
王窩(字軼千)
(清・膠州人)
[乾隆]膠州 4/68
[道光]重修膠州 27/33
[民國]增修膠志 41/25
膠州直隸州鄉土志 4/事功
王客(明・城武人)
[康熙九年]城武 5/8
[康熙四十一年]城武 5/下義烈 7
[道光]城武 9/下 47
王寬(明・萊陽人)
[光緒]增修登州 50/1
[康熙]萊陽 8/20
[民國]萊陽 3/1 中 57
王寬(明・沁州人)
[道光]商河 5/28
[民國]重修商河 6/66
商河縣鄉土志 1/政績
王寬(清・陽穀人)
[民國]增修陽穀人物/武功 14
王濂(清・商河人)
[民國]重修商河 9/21
王濂(字稺濂,號樵嵐)
(清・章丘人)
[道光]濟南 54/7
[康熙]章丘 6/41
[乾隆]章邱 9/40
[道光]章邱 11/37
章邱縣鄉土志/上 31
王良(字仲子)
(漢・東海蘭陵人)
[至元]齊乘 6/12
[嘉靖]山東 30/8
[康熙]山東 40/8
[雍正]山東 28/人物一 14
[宣統]山東 153/18,154/13,162/9
[萬曆二十四年]兖州 31/21
[康熙]兖州 24/20
[乾隆]兖州 23/12
[萬曆]沂州志 6/34
[康熙]沂州志 5/14
[乾隆]沂州府 27/8
[康熙]嶧縣 4/16
[乾隆]嶧縣 8/9
[光緒]嶧縣 21/鄉賢 25
[民國]臨沂 9/5
王良(明・曹縣人)
[光緒]曹縣 11/封贈 1
王密(漢・荊州人)
[康熙]昌邑 5/3
[咸豐]金鄉縣志略 7/3
王密(字君德)
(明・北直唐山進士)
[康熙]濰縣 2/職官 3
[民國]濰縣志稿 20/15
濰縣鄉土志/51
王寧(明・高苑人)
[康熙]高苑 6/4
[乾隆]高苑 6/4
王寧(字仲坤)
(清・臨淄人)
[民國]臨淄 27/54
王容(清・商河人)
[道光]商河 7/32
[民國]重修商河 8/52
商河縣鄉土志 3/耆舊－學問
王室(字君寧)
(明・莘縣人)
[正德]莘縣 6/9
[康熙五十六年]莘縣 6/4
[光緒]莘縣 6/5
[民國]莘縣 6/4
王守(字履約)
(明・吳縣人)
[康熙]濟寧州 4/6
王憲(字顯則)
(北魏・北海劇人)
[嘉靖]山東 32/9
[康熙]山東 42/9
[雍正]山東 28/人物一 51
[宣統]山東 155/30

［嘉靖］青州 14/10
［萬曆］青州 13/33
［康熙十五年］青州 13/33
［康熙四十八年］青州 13/事功 16
［康熙六十年］青州 16/7
［咸豐］青州 39/14
［嘉靖］昌樂 3/43
［康熙］昌樂 4/3
［嘉慶］昌樂 23/3
［康熙］濰縣 5/人物 7
［康熙］壽光 21/5
［嘉慶］壽光 12/7
［民國］壽光 12/人物志一 10
王憲（字維綱）
（明・東平人）
［雍正］山東 28/人物三 18
［宣統］山東 159/15
［乾隆］泰安府 17/9
［萬曆二十四年］兗州 36/10
［康熙］兗州 28/9
［康熙］東平州 3/39
［乾隆］東平州 13/34
［道光］東平州 13/34
［光緒］東平州 15/上 34
東平州鄉土志上/耆舊錄 31
［民國］東平縣 11/上 13
王憲（明・江西人）
［嘉慶］慶雲 7/25
［咸豐］慶雲 2/22
［民國三年］慶雲 1/83
王憲（明・河南開封人）
［嘉靖］山東 26/29
［宣統］山東 72/50
［萬曆］東昌 18/41
［乾隆］東昌 35/32
［嘉靖］武城 3/又 15
［順治］武城 2/9
［乾隆］武城 9/2
武城縣鄉土志略/政績錄
王憲（明・蒙陰人）
［康熙十一年］蒙陰 2/2
王憲（明・沛縣人）
［順治］泗水 4/10
［光緒］泗水 4/3
王憲（清・膠州人）
［乾隆］膠州 5/7
［道光］重修膠州 31/6
［民國］增修膠志 48/12
王宣（字元威）
（漢・平原濕陰人）
［道光］濟南 72/25
王宣（字仲宣）
（元・長山人）
［道光］濟南 48/27
［康熙四十三年］長山 5/武功
［康熙五十五年］長山 6/21
［嘉慶］長山 8/1
王宣（明・金壇人）
［嘉靖］寧海州下/21
［同治］重修寧海州 14/1
［民國］牟平 6/74
王宣（明・河南內鄉人，一作河內人）
［宣統］山東 71/45
［乾隆］武定府 16/34
［咸豐］武定府 19/濱州 2
［萬曆］濱州 3/21
［康熙］濱州 5/18
［咸豐］濱州 8/3
濱州鄉土志/政績錄
［順治］堂邑 2/職官 4
［康熙十一年］堂邑 2/名宦 3
［康熙］堂邑 11/8
王宣（明・宣府人）
［乾隆］陽信 5/8
王宣（明・陽穀人）
［民國］增修陽穀人物/仕宦 8
王宣（明・玉田人）
［道光］濟南 36/28
［康熙四十三年］長山 3/宦績
［康熙五十五年］長山 3/31
［嘉慶］長山 5/39
王宣（字佐臣）
（清・益都人）
［光緒］益都縣圖志 41/11
王宜（明・新淦人）
［嘉靖］濮州 7/15
［萬曆］濮州 3/名宦 17
［康熙］濮州 3/16
［乾隆］濮州 3/16
［宣統］濮州 4/16
王寅（字甲木）
（清・濟寧人）
［道光］濟寧直隸州 8/4－41
王瀛（明・寧海衛人）
［光緒］文登 5/23
王瀛（字步洲）
（清・高唐人）
［光緒］高唐州 5/1－36
［民國］高唐縣 12/44
王瀛（字文洲）
（清・臨淄人）
［民國］臨淄 24/18
［嘉慶］續掖縣 2/25
王永（晉・壽光人）
［嘉慶］昌樂 23/3
［康熙］壽光 21/4
［嘉慶］壽光 12/6
［民國］壽光 12/人物志二 68
王永（明）
［萬曆］諸城 4/27
王永（字統遠）
（清・鄒平人）
［嘉慶］鄒平 15/49
王宥（元・東平人）
［乾隆］東平州 15/15
［道光］東平州 15/15
［光緒］東平州 15/下 23
［民國］東平縣 11/下 1
王宇（明・陝西西安人）
［嘉靖］德州 2/12
王宇（字仲宏）
（明・河南祥符人）
［嘉靖］山東 25/13
［康熙］山東 31/15
［雍正］山東 27/13
［宣統］山東 70/19
［康熙］濟南 24/21
［道光］濟南 35/24
［崇禎］歷城 6/12
王宇（明）
［崇禎］歷乘 16/30
王宗（明・洛陽人）
［萬曆］寧津 5/21

王察言(明・朝城人)
[萬曆]濮州 3/鄉賢 55
[康熙]朝城 8/8
王家慶(字友和)
(清・霑化人)
[民國]霑化 2/96
王家讓(清・觀城人)
[康熙]觀城 4/18
[道光]觀城 8/7
觀城縣鄉土志/耆舊
王家彥(明・新城人)
[道光]濟南 51/28
[宣統]新城縣後志 2/忠義
王家章(清・章邱人)
[乾隆]嶧縣 7/38
王守京(清・章邱人)
章邱縣鄉土志/上 50
王守亮(字熙采)
(清・鄒平人)
[民國]鄒平 15/142
王宜亭(字伯生)
(清・桓臺人)
[民國]桓臺志略 3/24
[民國]桓臺 3/23
王之度(明・商河人)
[民國]重修商河 8/31
王之方(清・新泰人)
[乾隆]新泰又 17/3
王之彥(明・濬縣人)
[乾隆]寧陽 3/8
王之彥(字好之)
(清・商河人)
[康熙]濟南 38/20
[乾隆]武定府 25/73
[咸豐]武定府 23/忠節 22
[道光]商河 7/39
[民國]重修商河 8/31
王宗褒(字美公)
(清・長山人)
[道光]濟南 55/23
[嘉慶]長山 8/12
王家訓(清・禹城人)
[民國]禹城 6/73
王守訓(字仲彝,別字松溪)
(清・黃縣人)
[宣統]山東補遺/32
[民國]黃縣志稿 13/人物－鄉賢祠
王家誠(字允明)
(清・觀城人)
觀城縣鄉土志/耆舊
王守訥(字士敏)
(清・昌樂人)
[民國]昌樂縣續志 30/22
王之謨(字丕顯)
(清・滕縣人)
[康熙]滕縣志 7/92
[道光]滕縣志 9/孝義 14
王宗望(字蟠叟)
(宋・固始人)
[康熙]東平州 3/8
[乾隆]東平州 12/20
[道光]東平州 12/20
[光緒]東平州 14/20
王安誨(字雪庭)
(商河人)
[民國]重修商河 7/35
王守謙(清・黃縣人)
[民國]黃縣志稿 13/清孝友
王守謙(字次山)
(清・平度人)
[民國]平度縣續志 7/34
王守謙(字益軒)
(清・齊河人)
[民國]齊河 26/39
王之麟(明・福山人)
[康熙]福山 8/16
[乾隆]福山 8/28
王之麟(字仁趾,號振菴)
(清・陽穀人)
[康熙]陽穀 3/5,3/28
[光緒]陽穀 6/26
[民國]增修陽穀人物/仕宦 12
王宗麟(清・濰縣人)
[民國]濰縣志稿 31/17
王宸玉(清・諸城人)
[光緒]增修諸城縣續志 18/2
王寵三(清・大荔人)
[咸豐]武定府 19/濱州 5
[咸豐]濱州 8/8
王官雲(字雨民)
(清・長清人)
[民國]重修商河 6/74
[民國]長清 13/22
王家霖(明・濟寧人)
[康熙十一年]莘縣 5/16
[光緒]莘縣 5/33
[民國]莘縣 3/25
王守正(字始軒)
(明・臨沂人)
[康熙]沂州志 5/67
[乾隆]沂州府 25/22
[民國]臨沂 9/45
王守正(字子存,號港西)
(明・濮州人)
[康熙]濮州 2/85
[乾隆]濮州 2/65
[宣統]濮州 3/39
王之霖(號鳳南)
(明)
[同治]即墨 12/6
王宗元(字健亭)
(清・濰縣人)
[民國]濰縣志稿 28/38
王之礪(明・萊陽人)
[民國]萊陽 3/1 中 21
王之瑞(清・昌樂人)
[嘉慶]昌樂 22/9
王宗弘(明・鄒城人)
[康熙]兗州續編 15/29
王宗孔(明・安陸選貢生)
[乾隆]東昌 35/3
王宗孔(清・樂陵人)
樂陵縣鄉土志 3/51
王憲武(字欽茲)
(清・霑化人)
[民國]霑化 2/43
王之瑄(字獻西)
(清・茌平人)
[乾隆]東昌 43/13
[嘉慶]東昌 32/39
[宣統]茌平 14/4
[民國]茌平 3/73
王容琪(宋・寧海人)

［嘉靖］寧海州下/43
［同治］重修寧海州 17/3
王之琳（清・博平人）
［乾隆］東昌 40/17
［嘉慶］東昌 30/18
［道光］博平 4/22
博平縣鄉土志/耆舊－名將
王宮臻（字符四，一字潔脩，別號瑞卿）
（明・齊河人）
［康熙］山東 39/31
［雍正］山東 28/人物三 70
［宣統］山東 161/58
［康熙］濟南 41/37
［道光］濟南 51/40
［康熙］齊河 6/8，8/30，8/33，8/35，8/37
［雍正］齊河 7/6，9/53
［民國］齊河 24/4，32/22，32/55
齊河縣鄉土志耆舊錄/11，耆舊錄/15
王之琫（字佩玉）
（清・陽信人）
［民國］陽信 5/孝友 56
王宸弼（字翊廷）
（清・新城人）
［宣統］新城縣後志 3/文苑
王良弼（明・北京人）
［康熙］重修清平下/5
［嘉慶］清平 13/5
［宣統］增輯清平 11/4
［民國］清平/秩官 34
王良弼（字希說，號黼臣）
（明・壽張人）
［康熙六年］壽張 7/10
［康熙五十六年］壽張 7/10
［光緒］壽張 6/45
王之政（清・東平人）
［乾隆］東平州 15/24
［道光］東平州 15/24
［光緒］東平州 15/下 32
［民國］東平縣 11/下 8
王守信（字繇含）
（清・商河人）
商河縣鄉土志 2/耆舊－事業
王之孚（字貞斯）
（清・長清人）
［道光］濟南 56/56
［道光］長清 13/4
王之孚（字信夫）
（清・濮州人）
［宣統］濮州 5/35
王之位（清・山陰人）
［康熙］聊城 2/7
王宗舜（明・襄垣舉人）
［康熙］博平 3/3
王宗禹（字拜言）
（清・商河人）
［民國］重修商河 9/21
王安仁（元・嶧州人）
［康熙］嶧縣 4/71
［光緒］嶧縣 21/鄉賢 63
王安仁（字樂元）
（清・壽光人）
［咸豐］青州 49/43
［嘉慶］壽光 13/12
［民國］壽光 12/人物志一 82
王寶仁（字晉賢）
（清・四川大竹人）
［民國］霑化 3/14
王宏仁（明・高唐人，見王弘仁）
王宏仁（清・膠州人）
［道光］重修膠州 29/10
［民國］增修膠志 44/8
王守仁（字伯安）
（明・餘姚人）
［雍正］山東 11/闕里二 32
［乾隆］兗州 7/45
［崇禎］歷乘 16/62
王永貞（字子幹）
（廣饒人）
［民國］續修廣饒 19/80
王宗仁（明・德平人）
［康熙］濟南 44/27
［道光］濟南 52/52
［康熙］德平 3/34
［光緒］德平 7/12
德平縣鄉土志/耆舊錄
王宗仁（字本元）
（明・館陶人）
［乾隆］東昌 42/24
［嘉慶］東昌 32/19
王宗儒（清・高唐人）
［乾隆］高唐州續志 2/13
［道光］高唐州 5/2－19
［光緒］高唐州 5/2－22
［民國］高唐縣 12/43
王宗儒（清・臨朐人）
臨朐縣鄉土志 1/耆舊
王寶山（清・高唐人）
［光緒］高唐州 5/2－8
［民國］高唐縣 12/77
王宸艗（字濬川）
（清・新城人）
［宣統］新城縣後志 2/善行
王官僑（字毅齋）
（清・慶雲人）
［民國三年］慶雲 2/56
王永綏（字吉安）
（清・齊東人）
［民國］齊東 5/17
齊東縣鄉土志/兵事錄 3
王之彩（清・汶上人）
［宣統］四續汶上稿/人物－耆德傳
王之任（字尹公）
（清・天津人）
［康熙］曹州志 13/5
王之胤（字永錫）
（清・滕人）
［康熙］滕縣志 7/76
王宗嶽（字卓五）
（清・平度人）
［道光］重修平度州 19/9
平度鄉土志 4 下/學問
王守紱（字孟端）
（清・鄒平人）
［民國］鄒平 15/118
王之允（字永錫）
（清・滕縣人）
［道光］滕縣志 8/吏治 5
王宗獻（字揖山）
（清・諸城人）
［道光］諸城縣續志 17/3
王宸佶（字吉人，號端谷）

（清・新城人）
［宣統］新城縣後志 2/宦績
新城縣鄉土志/耆舊－清
王宏緒（字孝升，號歷山）
（清・新城人）
［道光］濟南 55/62
［宣統］新城縣後志 2/宦績
［民國］重修新城 16/17
新城縣鄉土志/耆舊－清
王濟勳（字潤生）
（清・聊城人）
［宣統］聊城 8/52
王家魁（清・福山人）
［乾隆］福山 9 上/65
王進魁（號開先）
（清・奉天人）
［宣統］山東 77/4
［咸豐］青州 37/6
［康熙］臨淄 8/8，15/18
［民國］臨淄 18/11
王進魁（清・夏津人）
［康熙六十年］青州 12/42
［民國］夏津續編 10/6
王守德（字歷山）
（清・嶧縣人）
［光緒］嶧縣 21/宦績 11
王宣化（明・淄川人）
［康熙］濟南 40/10
［道光］濟南 72/35
［萬曆］淄川 29/2
［康熙］淄川 5/4
［乾隆］淄川 5/4
王宜緯（字星雯）
（清・茌平人）
［民國］茌平 3/61
王永德（字體誠）
（清・城武人）
［道光］城武 9/下 31
王永魁（清・德平人）
［光緒］德平 7/25
王宇偉（字駿公）
（清・商河人）
［咸豐］武定府 25/孝友 35
［道光］商河 7/25
［民國］重修商河 8/37
商河縣鄉土志 2/耆舊－
事業
王之佑（明・沂州歲貢）
［乾隆］東昌 35/4
王之佐（清・嶧縣人）
［乾隆］兗州 23/82
［乾隆］嶧縣 8/50
［光緒］嶧縣 21/孝友 10
王之佐（清・樂安人）
［雍正］樂安 12/20
［民國］樂安 10/20
［民國］續修廣饒 19/37
王宸倖（字鼎臣，號石祿，一
作百祿）
（清・新城人）
［道光］濟南 55/60
［民國］重修新城 17/15
王宸僡（清・新城人）
［道光］濟南 55/73
［宣統］新城縣後志 2/善行
王容伸（字子舒）
（清・諸城人）
［道光］諸城縣續志 19/10
王宜績（字凝只）
（清・茌平人）
［嘉慶］東昌 32/59
［宣統］茌平 14/9
［民國］茌平 3/61，3/70
王永積（字崇巖）
（明・南直無錫人）
［宣統］山東 71/40
［康熙］濟南 25/74
［崇禎］武定州 15/25
［乾隆］武定府 16/12
［咸豐］武定府 19/12
［乾隆］惠民 5/21
［光緒］惠民 18/13
惠民縣鄉土志/政績錄 7
王之律（明・商河人）
［民國］重修商河 8/31
商河縣鄉土志 2/耆舊－
事業
王宸儼（字若思）
（清・新城人）
［宣統］新城縣後志 2/善行
王永和（字志貞）
（清・嶧縣人）
［光緒］嶧縣 21/忠義 8
王宗程（明・福山人）
［康熙］福山 8/21
［乾隆］福山 8/34
王宸仔（字元弼，號竹坡）
（清・新城人）
［道光］濟南 55/60
［宣統］新城縣後志 2/宦績
［民國］重修新城 17/16
王宏修（清・萊陽人）
［民國］萊陽 3/1 中 82
王家修（清・益都人）
［光緒］益都縣圖志 41/28
王進解（字越凡）
（清・寧陽人）
［康熙］兗州續編 16/8
［乾隆］兗州 23/73
［康熙四十一年］寧陽 7/23
［乾隆］寧陽 7/義士 1
［咸豐］寧陽 14/8
［光緒］寧陽 14/8
寧陽縣鄉土志/21
王守身（明・萊蕪人）
［康熙］新修萊蕪 6/4
王守身（號平岡）
（明・上蔡人）
［康熙］兗州府曹縣 9/8
［光緒］曹縣 9/縣令 4
王宜紀（字仔友）
（清・茌平人）
［民國］茌平 3/61
王之綱（清・高唐人）
［道光］高唐州 5/2－21
［光緒］高唐州 5/2－24
［民國］高唐縣 12/50
王宗彝（字幼泉）
（清・濰縣人）
［民國］濰縣志稿 32/9
王家徵（清・樂安人）
［雍正］樂安 12/20
［民國］樂安 10/19
［民國］續修廣饒 19/34
王之儀（清・廣寧進士）
［光緒］增修登州 32/4
［康熙］寧海州 7/5
［同治］重修寧海州 12/13

[[民國]牟平 6/77
王宮寀(清・東平人)
[乾隆]東平州 15/20
[道光]東平州 15/20
[光緒]東平州 15/下 28
[民國]東平縣 11/下 5
東平州鄉土志上/耆舊錄 36
王宏之(字方平)
(南北朝・琅邪臨沂人)
[宣統]山東 167/5
王淮之(見王准之)
王家賓(明・北直定興人)
[宣統]山東 73/2
[萬曆]青州 12/42
[康熙十五年]青州 12/42
[康熙四十八年]青州 12/42
[康熙六十年]青州 12/19
[咸豐]青州 36/35
[康熙六十年]博興 7/11
[光緒]益都縣圖志 18/10
王家賓(字恪庭)
(清・臨朐人)
[民國]臨朐續志 22/28
王家永(字平垓)
(明・淄川人)
[康熙]淄川 5/14
王實之(字樸齋)
(清・高密人)
[民國]高密 14/上 60
王守宇(明・浙江西安人)
[隆慶]單縣上/重 36
王永安(清・聊城人)
[宣統]聊城 8/95
王永安(清・汶上人)
[宣統]四續汶上稿/人物－耆德傳
王永進(清・濱州人)
[乾隆]武定府 26/18
[咸豐]武定府 26/義行 18
[康熙]濱州 7/26
[咸豐]濱州 10/厚德 5
濱州鄉土志/耆舊錄
王永寧(字久正)
(清・諸城人)
[咸豐]青州 47/38
[乾隆]諸城 40/3
王之寀(字心一)
(明・關西佐輔人,一作朝邑人)
[嘉慶]慶雲 7/28
[咸豐]慶雲 2/25
[民國三年]慶雲 1/85,4/14,4/32
王之官(字晉卿)
(清・平度人)
[民國]平度縣續志 8/5
王准之(字元魯,一作元曾)
(南北朝・琅邪臨沂人)
[嘉靖]山東 30/24
[康熙]山東 40/26
[雍正]山東 28/人物一 43
[宣統]山東 155/17
[萬曆二十四年]兗州 33/3
[康熙]兗州 26/3
[萬曆]沂州志 6/71
[康熙]沂州志 5/43
[乾隆]沂州府 25/12
[民國]臨沂 9/24
王宗宏(明・郯城人)
[乾隆]沂州府 26/4
[乾隆]郯城 9/16
王宗淮(清・博山人)
[民國]續修博山 12/63
王宗淮(字雲帆)
(清・諸城人)
[光緒]增修諸城縣續志 20/4
王家福(字慶五)
(清・齊東人)
[民國]齊東 5/15
王家禎(明・福山人)
[康熙]福山 8/22
[乾隆]福山 8/34
王守源(清・鄒平人)
[民國]鄒平 15/137
王憲福(清・歷城人)
[道光]濟南 53/55
[乾隆]歷城 43/10
王永福(一名永祥,字子吉)
(明・東阿人)
[道光]東阿 14/人物下 9
王永福(字長慶)
(壽光人)
[民國]壽光 1/12
王永禎(明・博興人)
[萬曆]沂州志 4/49
王之禎(見王之楨)
王守業(明・臨淄人)
[康熙]臨淄 9/23
[民國]臨淄 28/3
王瀛洲(明・蒲州舉人)
[道光]濟南 36/15
[嘉慶]鄒平 14/7
[道光]鄒平 14/7
[民國]鄒平 14/7
王瀛洲(字登三)
(恩縣人)
[民國]重修恩縣 11/鄉賢 86
王家治(字理軒)
(清・直隸南宮進士)
[民國]壽光 6/23
王守溥(字梅溪)
(清・黃縣人)
[民國]黃縣志稿 13/清文學
王瀛濱(字翰仙)
(清・寧陽人)
[光緒]寧陽 13/78
王寧遠(字德音)
(清・淄川人)
[宣統]三續淄川 9/87
王守法(清・鄒平人)
[民國]鄒平 15/142
王永禧(字茀康)
(清・高唐人)
[乾隆]高唐州續志 2/4
[道光]高唐州 5/1－42
[光緒]高唐州 5/1－44
[民國]高唐縣 12/83
王永祐(字裕昆)
(清・高唐人)
[康熙五十一年]高唐州 6/13
[乾隆]高唐州續志 2/2
[道光]高唐州 5/1－36
[光緒]高唐州 5/1－38
[民國]高唐縣 12/74
王之澍(明・招遠人)
[順治]招遠 8/12

王宗漢(字化南,號清溪)
(清・博山人)
[民國]續修博山 12/9
王宗漢(字海亭)
(清・益都人)
[光緒]益都縣圖志 41/24
王宗沐(字新甫)
(明・浙江臨海人)
[宣統]山東 70/20
[道光]濟南 35/25
王安禮(字和甫)
(宋・臨川人)
[雍正]山東 27/57
[光緒]益都縣圖志 16/33
王宏禮(清・齊河人)
[民國]齊河 32/60
王守禮(字式文)
(清・掖縣人)
[民國]四續掖縣 4/66
王宜清(名繼曾)
(鉅野人)
[民國]續修鉅野 5/上 12
王永清(清・長清人)
[道光]長清 12/22
王永清(清・即墨人)
[同治]即墨 9/28
即墨縣鄉土志/耆舊 - 事業四
王永清(字用予)
(清・濟寧人)
[乾隆]濟寧直隸州 27/23
[道光]濟寧直隸州 8/3 - 25
王之禮(清・臨清人)
[民國]臨清縣/人物 67
王宗洙(字筆海)
(清・茌平人)
[民國]茌平 3/61
王家祿(明・蕭山人)
[光緒]增修登州 28/9
[萬曆]福山 4/11
王永淑(清・諸城人)
[光緒]增修諸城縣續志 16/13
王宇涵(字蘊眞)
(清・商河人)
[咸豐]武定府 25/孝友 32
[道光]商河 7/27
[民國]重修商河 8/38
商河縣鄉土志 2/耆舊 - 事業
王安道(明・金鄉人)
[康熙十二年]金鄉 5/18
[康熙五十一年]金鄉 7/25
王守道(號易齋)
(明・直隸沛縣人)
[康熙]濟南 25/54
[道光]濟南 36/44
[康熙]禹城 5/11
[嘉慶]禹城 7/26
[民國]禹城 3/44
王守海(清・鄒平人)
[民國]鄒平 15/141
王寅祚(號從徵)
(清・費縣人)
[乾隆]沂州府 26/14
[康熙]費縣 7/14
[光緒]費縣 11/4
王永祥(見王永福)
王永祚(字貞一)
(明・安邱人)
[道光]安邱新志 22/2
王宗啟(字迪齋)
(清・臨沂人)
[民國]臨沂 10/52
王寶森(字春園,號午橋)
(清・臨沂人)
[民國]臨沂 10/63
王家士(字汝希)
(明・河南光山人)
[宣統]山東 73/13
[咸豐]青州 36/17
[嘉靖]臨朐 2/50
[康熙]臨朐縣志書 3/3
[康熙]臨朐縣志書 1/35
光緒臨朐 13/6
王完真(字素還)
(清・商河人)
[民國]重修商河 8/81
王永吉(明・黃縣人)
[康熙]黃縣 6/26
王永吉(字丕緒)
(清・城武人)
[道光]城武 9/下 28
王永壽(字松齡)
(清・慶雲人)
[民國三年]慶雲 2/43
王永在(清・鉅野人)
[康熙]鉅野 11/34
[道光]鉅野 13/52
王之士(號少菴)
(明・鄒平人)
[道光]濟南 50/7
[嘉慶]鄒平 15/44
[道光]鄒平 15/35
[民國]鄒平 15/35
王之柱(字子任,別號繼山)
(明・棲霞人)
[光緒]棲霞縣續志 9/45
王宗古(清・德平人)
[民國]德平縣續志 6/8
王宗熹(字魯庭)
(清・廣西臨桂舉人)
[民國]金鄉 11/21
金鄉縣鄉土志/政績錄
王宗堯(字一中)
(明・魚臺人)
[康熙]魚臺 17/22
[乾隆]魚臺 11/12
[光緒]魚臺 3/7
王宮櫳(字靚臣)
(清・齊河人)
[民國]齊河 27/3
王家楨(明・歷城人)
[民國]續修歷城 42/3
王守楷(清・齊東人)
[民國]齊東 5/30
王憲嫄(南朝宋・臨沂人)
[康熙]山東 28/6
[萬曆]沂州志 7/66
[康熙]沂州志 5/3
[乾隆]沂州府 28/2
王之樞(字星垣)
(清・高密人)
[光緒]高密 8/上 29
[民國]高密 14/上 30
王之垣(字爾式,號見峰)
(明・新城人)
[康熙]山東 39/27

［雍正］山東 28/人物三 44
［宣統］山東 160/29
［道光］濟南 51/11
［天啟］新城 13/傳
［崇禎］新城 13/傳,13/序,14/誄
［康熙］新城 7/10
［民國］重修新城 14/6
新城縣鄉土志/耆舊－明
王之垣(清・即墨人)
［同治］即墨 9/28
即墨縣鄉土志/耆舊－事業四
王之垣(清・膠州人)
［乾隆］膠州 5/10
［道光］重修膠州 29/3
［民國］增修膠志 44/1
王之楨(字本叟,號木叟)(明・靈石人)
［乾隆］東昌 35/29
［乾隆］夏津 6/40,10/上 64
王家榕(字廣蔭,號容谷)(清・泗水人)
［宣統］山東 172/17
［光緒］泗水 10/27,15/藝文三 8
［光緒］泗水縣鄉土志/13
王之城(字爾守,號會峰)(明・新城人)
［康熙］山東 45/5
［道光］濟南 51/14
［天啟］新城 13/傳
［崇禎］新城 13/傳
［康熙］新城 7/22
［民國］重修新城 14/7
新城縣鄉土志/耆舊－明
王之埈(字企菴)(清・諸城人)
［乾隆］諸城 37/3
王之埴(明・諸城人)
［咸豐］青州 45/64
［乾隆］諸城 38/7
王宸桂(清・鄆城人)
［光緒］鄆城 16/37
王宸模(字君範)(清・新城人)
［宣統］新城縣後志 3/文苑
王宮材(字繕修)(清・齊河人)
［道光］濟南 56/13
［民國］齊河 27/3
王宮桂(明・齊河人)
［民國］齊河 23/17
王宏基(清・諸城人)
［光緒］增修諸城縣續志 17/12
王家栲(字景山)(清・商河人)
［民國］重修商河 9/4
王家植(字木仲)(明・濱州人)
［雍正］山東 28/人物三 59
［宣統］山東 163/35
［乾隆］武定府 25/49
［咸豐］武定府 25/文苑 9
［康熙］濱州 7/29
［咸豐］濱州 10/28
濱州鄉土志/學問
王守藩(字价亭)(清・單縣人)
［民國］單縣 12/鄉賢 13
王守基(字耀先)(清・齊河人)
［民國］齊河 23/72
王憲薄(明・恩縣人)
［乾隆］東昌 42/28
王宜劼(字汝毖)(清・滕縣人)
［民國］續滕縣志 2/11
王之萃(清・博興人)
［咸豐］青州 47/29
［康熙六十年］博興 7/27
［道光］博興 11/25
［民國］重修博興 13/23
王之莘(明・博興人)
［康熙十二年］博興 6/9
王之孝(字舜公)(清・城武人)
［康熙九年］城武 5/16
王宗蘇(明・福山人)
［康熙］福山 8/22
［乾隆］福山 8/34
王家楝(明・歷城人)
［民國］續修歷城 42/3
王家棟(明・沂州人)
［康熙］沂州志 6/13
王家棟(字峻衡)(明・諸城人)
［咸豐］青州 45/21
［康熙］諸城 7/25
［乾隆］諸城 32/2
諸城縣鄉土志/上 28
王家棟(字阿衡)(清・齊河人)
［民國］齊河 26/21
王永棟(清・青城人)
［乾隆］武定府 25/26
王永棟(清・青城人)
［咸豐］武定府 25/孝友 26
［乾隆］青城 8/12
［民國］青城續修 4/人物 23
王家相(明・北直平鄉人)
［宣統］山東 73/12
［咸豐］青州 36/27
［康熙］昌樂 1/34
［嘉慶］昌樂 19/5
王家相(字隆基)(清・鄆城人)
［光緒］鄆城 7/21
王良相(字篤貞,號理白)(明・濟陽人)
［道光］濟南 51/51
［乾隆］濟陽 8/12,12/7,12/37
［民國］濟陽 11/3,17/14,18/24
王良相(字景山)(明・諸城人)
［咸豐］青州 45/41
［萬曆］諸城 4/45
［乾隆］諸城 37/2
諸城縣鄉土志/上 19
王之相(號桂軒)(明・蒙陰人)
［康熙十一年］蒙陰 2/13,2/36
王宁桐(清・高唐人)

［道光］高唐州 5/2－21
［光緒］高唐州 5/2－24
［民國］高唐縣 12/50
王守桐（清・高唐人）
［嘉慶］東昌 32/64
［道光］高唐州 5/2－20
［光緒］高唐州 5/2－23
［民國］高唐縣 12/14
王之墀（字玉階）
（清・諸城人）
［乾隆］諸城 41/4
王之都（字爾章，號曙峰）
（明・新城人）
［道光］濟南 51/16
［天啟］新城 13/傳
［崇禎］新城 13/傳
［康熙］新城 7/28
［民國］重修新城 14/8
新城縣鄉土志/耆舊－明
王之杞（字菊圃）
（清）
［民國］重修商河 7/3
王宸幹（字國楨，號雨亭）
（清・新城人）
［宣統］新城縣後志 2/宦績
王宜檜（清・泗水人）
［光緒］泗水 11/24
［光緒］泗水縣鄉土志/12
王之幹（清・直隸寶坻人）
［光緒］鄆城 6/13
王之翰（號憲宇）
（明・蒙陰人）
［乾隆］沂州府 25/23
［康熙十一年］蒙陰 2/3
［康熙二十四年］蒙陰 4/5
［宣統］蒙陰 4/名獻
王之翰（字摩霄）
（清・長清人）
［民國］長清 11/8
王之翰（字衛南）
（清・齊河人）
［民國］齊河 27/3
王之翰（字次屏）
（清・濰人）
［宣統］山東 177/5
［民國］濰縣志稿 30/36
濰縣鄉土志/35
王之梅（字和雪，號庚嶺）
（清・招遠人）
［光緒］增修登州 41/39
［道光］招遠縣續志 3/3
王宗翰（字子卿，號無憂）
（清・德平人）
［光緒］德平 7/23
王進忠（清・壽張人）
［光緒］壽張 6/61
王良貴（字少思）
（明・寧津人）
［萬曆］寧津 7/1
［康熙］寧津縣志稿 6/1，7/1
［光緒］寧津 8/6，12/8
寧津縣志料 3/人物－循良
寧津縣鄉土志/耆舊
王宣惠（字平可）
（明・鄆城人）
［崇禎］鄆城 6/12
［康熙］鄆城 6/17
［光緒］鄆城 7/20，10/2
王宜申（清・鄒平人）
［嘉慶］鄒平 15/10
［道光］鄒平 15/74
［民國］鄒平 15/74
王宜肅（清・茌平人）
［乾隆］東昌 43/13
［嘉慶］東昌 32/39
［康熙四十九年］茌平 2/52
［宣統］茌平 15/2
［民國］茌平 3/112
王永泰（清・沂水人）
［道光］沂水 7/22
王永泰（膠州人）
［民國］增修膠志 46/8
王宇泰（字清野）
（清・德平人）
［道光］濟南 56/86
王注東（字澧源）
（清・商河人）
［民國］重修商河 8/67
王宗貴（清・平原人）
［民國］續修平原 10/上 26
王宜振（清・茌平人）
［乾隆］東昌 43/12
［嘉慶］東昌 32/38
［康熙四十九年］茌平 2/51
［宣統］茌平 14/6
［民國］茌平 3/71
王永振（清・鄒平人）
［道光］濟南 54/30
王進成（清・菏澤人）
［康熙］兗州續編 16/23
［康熙］曹州志 16/6
［光緒］菏澤 16/5
［光緒］新修菏澤 10/46
菏澤縣鄉土志/27
王良輔（明・河南獲嘉人）
［萬曆二十四年］兗州 29/7
［康熙］兗州 22/28
［康熙］鉅野 10/8
［道光］鉅野 10/22
王室輔（清・齊河人）
［道光］濟南 56/4
［雍正］齊河 8/17
［民國］齊河 26/6
王守甫（清・鄒平人）
［民國］鄒平 15/125
王永盛（字斯爲）
（清・棲霞人）
［光緒］增修登州 43/23
［光緒］棲霞縣續志 7/義行 2，10/14
王之輔（字爾任，號錦峯）
（明・新城人）
［康熙］山東 39/30
［雍正］山東 28/人物三 43
［宣統］山東 161/47
［道光］濟南 51/13
［天啟］新城 13/傳
［崇禎］新城 13/傳
［康熙］新城 7/13
［民國］重修新城 14/6
新城縣鄉土志/耆舊－明
王宏典（清・東平人）
［乾隆］東平州 15/8
［道光］東平州 15/8
［光緒］東平州 15/下 8
［民國］東平縣 11/中 27
王守典（字禮堂）

（清・鄒平人）
［民國］鄒平 15/120
王守典（霑化人）
［民國］霑化 4/登進 49
王安邦（字靖宇）
（清・夏津人）
［民國］夏津續編 8/9
王家靦（字利行）
（明・商河人）
［道光］商河 7/15
［民國］重修商河 8/13
商河縣鄉土志 2/耆舊－事業
王守轍（字淑同,號鳳川）
（明・黄縣人）
［光緒］增修登州 43/8
［乾隆］黄縣 8/33
［同治］黄縣 8/11
［民國］黄縣志稿 13/明
王安國（字熙寰）
（明・商河人）
［乾隆］武定府 23/46
［咸豐］武定府 23/忠節 16
［道光］商河 7/7
王寶甲（字乙山）
（清・樂安人）
［民國］樂安 10/29
［民國］續修廣饒 19/57
王定國（號雲盧）
（明・莘縣人）
［乾隆］東昌 42/16
［嘉慶］東昌 32/16
王定國（字錫三）
（清・無棣人）
［民國］無棣 12/7
海豐縣鄉土志/耆舊－學問一
王家昇（清・觀城人）
［康熙］觀城 4/19
［道光］觀城 8/7
觀城縣鄉土志/耆舊
王之甲（字玉寰）
（清・四川南部人）
［康熙］兗州府曹縣 9/37
［光緒］曹縣 9/縣令 6
王濟時（字宗道）
（明・堂邑人）
［康熙］堂邑 14/3
王永曙（清・鄒平人）
［道光］鄒平 15/90
［民國］鄒平 15/90
王寶明（南朝齊・臨沂人）
［萬曆］沂州志 7/67
［康熙］沂州志 5/4
［乾隆］沂州府 28/2
王宏嗣（字鶴年）
（清・鄆城人）
［光緒］鄆城 16/5
王永嗣（字子洽）
（清・齊河人）
［民國］齊河 27/10
王安雅（金）
［康熙］嶧縣 3/15
［光緒］嶧縣 19/90
王宏臣（清・萊陽人）
［民國］萊陽 3/1 中 73
王良臣（金・寧海人）
［光緒］文登 8/上 4
王良臣（字天民）
（明・陝西漢中人）
［道光］濟南 35/42
王良臣（明・祥符進士）
［康熙］益都 5/24
王良臣（元・文登人）
［嘉靖］寧海州下/43
王良臣（清・諸城人）
［光緒］增修諸城縣續志 17/17
王之阿（字臺衡）
（清・清平人）
［民國］清平/人物 38
清平縣鄉土志/耆舊
王之臣（號葵軒）
（明・蒙陰人）
［康熙十一年］蒙陰 2/14, 2/40
［康熙二十四年］蒙陰 4/5
［宣統］蒙陰 4/名獻
王之臣（字任吾）
（明・陝西潼關人）
［宣統］山東 71/48
［康熙］濟南 25/64
［乾隆］武定府 16/43
［咸豐］武定府 19/霑化 2
［萬曆］諸城 4/26
［萬曆］新修霑化 6/108
［光緒］霑化 5/18
［民國］霑化 4/職官 35
王家駿（清・諸城人）
［光緒］增修諸城縣續志 16/12
王宮助（字良輔）
（清・東平人）
［光緒］東平州 15/下 16
［民國］東平縣 11/中 32
王家騏（字翺六）
（清・諸城人）
［光緒］增修諸城縣續志 12/又 6
王家騎（清・諸城人）
諸城縣鄉土志/上 39
王家聰（清・諸城人）
［光緒］增修諸城縣續志 16/13
王癡兒（清・濟寧人）
［民國］濟寧直隸州續志 14/3
王定民（宋・掖縣人）
［光緒］增修登州 38/7
［乾隆］掖縣 4/57
王定民（字佐才）
（清・招遠人）
［道光］招遠縣續志 3/8
王家屏（見王家昇）
王進賢（字公選）
（明・德州人）
［康熙］濟南 41/19
［道光］濟南 52/36
［萬曆］德州 9/42
［康熙］德州 8/13
［乾隆］德州 9/11
州乘餘聞/5
德州鄉土志/耆舊 3
［民國］德縣 10/9
王進賢（明・樂陵人）
［康熙］濟南 44/24
［乾隆］武定府 25/9
［咸豐］武定府 25/孝友 9

［順治］樂陵 6/8
王良卿（清・恩縣人）
［雍正］恩縣續志 3/22
王甯闇（字子和）
（清・高密人）
高密縣鄉土志/上 49
王實民（霑化人）
［民國］霑化 4/登進 46
王永貫（明）
［萬曆］青州 12 又/又 12
［康熙十五年］青州 12 又/又 12
［康熙四十八年］青州 12 又/又 12
王永隆（字燦美）
（清・東平人）
［康熙］東平州續志 6/8
［乾隆］東平州 15/18
［道光］東平州 15/18
［光緒］東平州 15/下 26
［民國］東平縣 11/下 4
王永熙（字緝甫）
（明・鄆城人）
［崇禎］鄆城 6/12
［康熙］鄆城 6/18
［光緒］鄆城 7/17
王永熙（清）
［乾隆］郯城 12/36
王永熙（清・福山人）
［乾隆］福山 8/41
王永興（字恩明）
（長清人）
［民國］長清 12/19
王永譽（清・嶧縣人）
［光緒］嶧縣 21/忠義 12
王宇熙（字敬齋）
（清・高唐人）
［民國］高唐縣 12/92
王宇熙（字廓若）
（清・商河人）
［道光］商河 7/18
［民國］重修商河 8/15
商河縣鄉土志 3/耆舊－學問
王之屏（明・臨沂人）
［康熙］沂州志 5/67
［乾隆］沂州府 26/19
［民國］臨沂 9/45
王宗騄（濟寧人）
［民國］濟寧縣 3/5
王宗賢（明・錢塘人）
［嘉靖］高唐州 5/8
王宗賢（明・江南休寧人）
［乾隆］嶧縣 7/27
王宗周（字憲章）
（清・陽穀人）
［民國］增修陽穀人物/善行 40
王寶金（清・惠民人）
［光緒］惠民 20/10
惠民縣鄉土志/耆舊錄 5
王富年（清・陵縣人）
［光緒］陵縣 19/人物傳二 30
王濟美（明・和順人）
［乾隆］濟寧直隸州 22/44
［道光］濟寧直隸州 6/6－32
［康熙五十一年］金鄉 8/16
［乾隆］金鄉 17/6
［咸豐］金鄉縣志略 7/9
［民國］金鄉 11/20
王守分（字西安，一作西菴）
（明・無棣人）
［民國］無棣 13/27
海豐縣鄉土志/耆舊－學問二
王守義（清・陽信人）
［乾隆］武定府 26/30
［康熙］陽信 9/33
［乾隆］陽信 7/57
信邑志稿 7/耆碩
［民國］陽信 5/人瑞 68
王宣美（宋・太原人）
［咸豐］金鄉縣志略 7/4
王永合（字和堂）
（清・東平人）
［光緒］東平州 15/下 47
［民國］東平縣 11/下 18
王永年（字景星，一作景生）
（清・陽信人）
［咸豐］武定府 25/孝友 36
［乾隆］陽信 7/28
［民國］陽信 5/孝友 68
信邑志稿 7/孝友
陽信縣鄉土志上/耆舊－事業
王之鉉（清・恩縣人）
［乾隆］東昌 40/38
［嘉慶］東昌 30/32
［雍正］恩縣續志 3/21
［宣統］重修恩縣 8/25
［民國］重修恩縣 11/鄉賢 21
王宗義（字宜之）
（明・霸州人）
［康熙］濟南 25/45
［乾隆］泰安府 15/12
［康熙］新修萊蕪 5/29，8/13
［民國］萊蕪 9/3
［民國］續修萊蕪 15/5，35/39
萊蕪縣鄉土志/4
王永剑（字秋厓）
（清・福山人）
［民國］福山縣志稿 7/5－6
王宣猷（字甸旬）
（清・寧津人）
［光緒］寧津 8/41
王之猷（字爾嘉，號柏峰）
（明・新城人）
［康熙］濟南 35/19
［道光］濟南 51/15
［天啟］新城 13/傳
［崇禎］新城 13/傳
［康熙］新城 7/23
［民國］重修新城 14/7
新城縣鄉土志/耆舊－明
王之錡（字孔嘉）
（清・湖南湘陰人）
［宣統］山東 76/6
［乾隆］濟寧直隸州 22/48
［道光］濟寧直隸州 6/7－84
［乾隆］金鄉 17/11
［咸豐］金鄉縣志略 7/13
［民國］金鄉 11/21
金鄉縣鄉土志/政績錄
王永錫（字粹含）
（清・寧陽人）
［咸豐］寧陽 14/29
［光緒］寧陽 14/29
寧陽縣鄉土志/19

王宗錦(明・青城人)
[乾隆]青城 8/9
[民國]青城續修 4/人物 21
王寶鈞(字鼎臣)
(東平人)
[民國]東平縣 11/上 22
王宜銘(清・泗水人)
[光緒]泗水 11/26
[光緒]泗水縣鄉土志/11
王家範(字錫疇)
(清・觀城人)
觀城縣鄉土志/耆舊
王良策(明・樂陵人)
[順治]樂陵 6/7
王永籙(字卜年)
(清・單縣人)
[康熙]單縣 7/56,8/37
[民國]單縣 9/70
王之鑰(見王之爚)
王宗敏(清・平度人)
[民國]平度縣續志 8/3
王定光(字能一)
(清・齊河人)
[民國]齊河 27/7
王寧熾(字丹柱)
(清・高密人)
[民國]高密 14/上 67
王寧烆(字藴光)
(清・高密人)
[民國]高密 14/上 67
王宸恪(清・新城人)
[道光]濟南 55/73
[宣統]新城縣後志 3/耆壽
王寧焯(見王焯)
王之爚(字維北,又字起寰,一作啟寰)
(明・洛陽人)
[宣統]山東 73/31
[康熙]萊州 8/33
[乾隆]萊州 9/14
萊州府鄉土志/上 17
[泰昌]登州 9/39
[順治]登州 11/21
[光緒]增修登州 25/5
[嘉慶]續掖縣 2/20
31 **王邇**(字近宸,號念武)
(明・城武人)
[乾隆]曹州府 16/14
[康熙九年]城武 3/9,3/50
[康熙四十一年]城武 5/下隱逸 1
[道光]城武 9/上 41
王福(元)
[同治]黃縣 6/3
王福(明・鄒縣人)
[嘉靖]鄒縣地理誌 1/25
王福(清・博山人)
[民國]續修博山 11/34
王福(清・高唐人)
[道光]高唐州 5/2－22
[光緒]高唐州 5/2－25
[民國]高唐縣 12/51
王灝(字希程)
(明・平度人)
[康熙]平度州 4/7
[道光]重修平度州 18/5
平度鄉土志 4 上/事業
王沔(字楚望)
(宋・齊州人)
[嘉靖]山東 29/14
[宣統]山東 157/14
[康熙]濟南 37/4
[道光]濟南 47/23
[崇禎]歷乘 16/9
[崇禎]歷城 10/6
[乾隆]歷城 35/22
王迺(唐・臨沂人)
[乾隆]淄川 4/3
王憑(號月濱)
(明・臨邑人)
[康熙]濟南 45/6
[道光]濟南 52/14
[順治]臨邑 12/10
[康熙]重修臨邑 10/10
[道光]臨邑 9/15
[同治]臨邑 9/文苑 1
王汧(字蒲谷)
(清・益都人)
[光緒]益都縣圖志 41/20
王遷(宋・穀城人)
[乾隆]泰安府 18/31
[康熙四年]東阿 6/11
[康熙五十四年]東阿 6/11
[道光]東阿 13/人物上 11
[光緒]東阿縣鄉土志 4/2
王涉(宋)
[嘉靖]武定州下/49
[萬曆]武定州 10/5
[崇禎]武定州 7/3
王潭(字龍所)
(清・諸城人)
[乾隆]諸城 32/20
王濬(字文通)
(明・上元人)
[乾隆]萊州 9/26
[乾隆]即墨 8/5
[同治]即墨 8/5
即墨縣鄉土志/政績錄
王濬(明・鄒縣人)
[嘉靖]鄒縣地理誌 1/26
王濬(字子琚)
(清・魚臺人)
[乾隆]魚臺 11/38
[光緒]魚臺 3/23
王沅(字文沚)
(清・臨淄人)
[民國]臨淄 24/24
王沅(清・諸城人)
[光緒]增修諸城縣續志 16/13
王源(字宗海)
(清・壽光人)
[民國]壽光 12/人物志二 47
王禎(明・大名清豐舉人)
[道光]冠縣 6/28
[光緒]冠縣 6/宦績
[民國]冠縣 6/39
王禎(明・黃縣人)
[泰昌]登州 11/45
[順治]登州 17/25
[康熙]黃縣 6/16
[乾隆]黃縣 8/31
[同治]黃縣 8/11
[民國]黃縣志稿 13/明
王祉(明・樂陵人)
[康熙]濟南 44/14
[乾隆]武定府 25/5
[咸豐]武定府 25/孝友 5

[順治]樂陵 6/7
[乾隆]樂陵 6/21
樂陵縣鄉土志 3/22
王福延(字孝先,一作耀先)
(明·平陰人)
[乾隆]泰安府 27/51
[萬曆二十四年]兗州 37/7
[康熙]兗州 28/36
[順治]平陰 7/14,8/上 64
[光緒]平陰 5/19
平陰縣鄉土志/9
王福德(清·黄縣人)
[同治]黄縣 9/27
王禎之(字公幹)
(晉·琅邪人)
[嘉靖]山東 33/23
[萬曆元年]兗州 41/27
王源浙(字玉山)
(清·淄川人)
[道光]濟南 54/76
[宣統]三續淄川 10/26
王源灃(字鄠南)
(清·壽光人)
[嘉慶]壽光 14/14
[民國]壽光 12/人物志二 13
王福祿(清·齊河人)
[民國]齊河 27/26
王福運(字祝三)
(長清人)
[民國]長清 12/24
王江湄(字秋源)
(清·商河人)
[民國]重修商河 8/57
商河縣鄉土志 3/耆舊－學問
王源潔(明)
[萬曆]青州 12 又/又 22
[康熙十五年]青州 12 又/又 22
[康熙四十八年]青州 12 又/又 22
王源洛(字守程)
(清·淄川人)
[宣統]三續淄川 9/78
王源湧(字紫瀾)
(清·淄川人)
[道光]濟南 54/76
[宣統]三續淄川 9/75
王源楷(字範正)
(清·黄縣人)
[民國]黄縣志稿 13/清文學
王迺棟(字雲浦)
(諸城人)
[民國]高唐縣 9/5－17
王福東(清·益都人)
[光緒]益都縣圖志 41/23
王福貴(明·博平人)
[乾隆]東昌 42/12
[嘉慶]東昌 32/12
[道光]博平 4/27
博平縣鄉土志/耆舊－事業
王源中(字正蒙)
(唐)
[宣統]山東 68/6
王福成(清·諸城人)
[光緒]增修諸城縣續志 17/18
諸城縣鄉土志/上 48
王福田(字星甫)
(清·臨朐人)
[民國]臨朐續志 20/36
王福厚(字庸菴)
(清·青城人)
[民國]青城續修 4/人物 23
王福印(清·鄒平人)
[康熙]鄒平 5/21
王福勝(字海濤)
(東平人)
[民國]東平縣 11/上 25
王福全(明·莘縣人)
[正德]莘縣 6/36
王福錫(字全五)
(清·清平人)
[民國]清平/人物 63
王迺常(字徽之)
(清·鄆城人)
[光緒]鄆城 10/5
鄆城縣鄉土志/耆舊錄－忠義
32 **王澄**(字平子)
(晉·臨沂人)
[嘉靖]山東 33/20
[萬曆元年]兗州 41/29
[萬曆二十四年]兗州 32/14
[康熙]兗州 25/10
[萬曆]沂州志 6/46
[康熙]沂州志 5/23
[乾隆]沂州府 25/7
[民國]臨沂 9/10
王澄(明·安慶人)
[康熙十一年]蒙陰 4/43
王澄(字景昇,號野雲)
(明·高苑人)
高苑縣鄉土志/耆舊
王澄(明·招遠人)
[光緒]增修登州 43/25
[順治]招遠 9/20
王澄(字若水)
(清·東平人)
[康熙]東平州 3/46
王澄(字漪清,別字麟坡,一作麟波)
(清·曲阜人)
[宣統]山東 172/4
[乾隆]兗州 23/81
[乾隆]曲阜 90/1
[民國]續修曲阜 8/31
[道光]鉅野 13/68
王漼(清·安丘人)
[康熙六十年]青州 16/48
王逅(字在武)
(明·城武人)
[康熙九年]城武 3/56
[康熙四十一年]城武 5/上宦蹟 6
[道光]城武 9/上 22
王漸(明·濰縣人)
[萬曆]萊州 5/108
[康熙]萊州 10/34
[乾隆]萊州 10/21
[乾隆]濰縣 4/10
[民國]濰縣志稿 27/36
濰縣鄉土志/16
王澎(清·高唐人)
[道光]高唐州 5/2－22
[光緒]高唐州 5/2－25

[民國]高唐縣 12/51
王适(清・費縣人)
[乾隆]沂州府 26/29
[光緒]費縣 11/4
王适(清・商河人)
商河縣鄉土志 3/耆舊－學問
王浵(字緇來,號艾山)
(清・福山人)
[光緒]增修登州 43/15
[乾隆]福山 9 上/36
[民國]福山縣志稿 7/3－15
王溪(字竹舟)
(清・諸城人)
[光緒]增修諸城縣續志/文苑補遺 2
王業(明・金壇人,見王曄)
王業(字汝勤,號雲坡)
(明・鉅野人)
[乾隆]曹州府 15/13
[康熙]鉅野 11/23
[道光]鉅野 12/12
王沂(明・滋陽人)
[光緒]滋陽 8/37
滋陽縣鄉土志 1/耆舊－鄉賢
王淵(字澄谿)
(清・陵縣人)
[光緒]陵縣 19/人物傳二 9
王業廣(清・黃縣人)
[同治]黃縣 9/2
[民國]黃縣志稿 13/人物－死難
王淵度(字廓宇)
(清・即墨人,一作鰲山衛人)
[乾隆]膠州 4/60
[道光]重修膠州 31/4
[民國]增修膠志 48/6
[同治]即墨 9/33
即墨縣鄉土志/耆舊－事業四
王兆龍(字尚公)
(清・高苑人)
[乾隆]高苑 6/6
王兆龍(字瑞甫)
(平原人)
[民國]續修平原 8/27
王業弘(字又毅)
(明・安丘人)
[雍正]山東 28/人物三 54
[宣統]山東 160/35
[康熙十五年]青州 13/80
[康熙四十八年]青州 13/事功 64
[康熙六十年]青州 16/33
[咸豐]青州 45/8
[康熙]續安丘 18/10
安丘縣鄉土志 5/耆舊錄 2
王兆琳(清・福山人)
[光緒]增修登州 43/19
王兆聖(字念作)
(清・威海衛人)
[乾隆]威海衛志 7/2
王兆琛(字西坡)
(清・福山人)
[宣統]山東 176/10
[光緒]增修登州 39/20
[民國]福山縣志稿 7/2－23
王兆信(清・新城人)
[道光]濟南 55/77
[宣統]新城縣後志 2/善行
[民國]重修新城 16/12
王業縉(清・泗水人)
[宣統]山東 172/22
[光緒]泗水 11/9
[光緒]泗水縣鄉土志/15
王業倬(字仲昭)
(清・淄川人)
[乾隆]淄川 5/又 53－1
[宣統]三續淄川 9/60
王業豐(明・寧海人)
[同治]重修寧海州 21/3
[民國]牟平 7/83
王兆豐(清・黃縣人)
[同治]黃縣 9/26
[民國]黃縣志稿 13/人物－附錄
王兆穩(清・濟寧人)
[民國]濟寧直隸州續志 14/21
王兆酆(清・新城人)
[道光]濟南 55/57
[民國]重修新城 17/10
王兆齡(字壽亭)
(平原人)
[民國]續修平原 8/27
王兆注(字東川)
(清・新城人)
[道光]濟南 55/57
[宣統]新城縣後志 2/宦績
[民國]重修新城 16/20
新城縣鄉土志/耆舊－清
王沂源(清・寧津人)
[光緒]寧津 8/50
王漸鴻(字儀堂)
(清・黃縣人)
[宣統]山東 176/34
[民國]黃縣志稿 13/清文學
王兆邲(字又郭)
(清・新城人)
[道光]濟南 55/73
[宣統]新城縣後志 3/孝友
[民國]重修新城 17/13
王兆瀾(清・陽信人)
[民國]陽信 5/忠義 46
王兆祿(清・黃縣人)
[同治]黃縣 8/17
[民國]黃縣志稿 13/清懿行
王業葆(清・泗水人)
[光緒]泗水 10/29
王兆萬(字元方)
(清・新城人)
[道光]濟南 55/57
[宣統]新城縣後志 2/武功
[民國]重修新城 16/21
王兆墺(字臨溪)
(清・新城人)
[宣統]新城縣後志 3/文苑
王兆松
[民國]朝城縣續志 1/27
王兆哲(字敬基)
(明・費縣人)
[康熙]費縣 7/29
[光緒]費縣 10/82
王近思(明・曹縣人)
[康熙]曹縣 11/9
[康熙]兗州府曹縣 11/9

[光緒]曹縣 11/選舉 11
王業昌(明・諸城人)
[乾隆]諸城 32/3
王兆昌(清・黄縣人)
[同治]黄縣 9/4
[民國]黄縣志稿 13/人物－死難
王兆杲(字東暘)
(清・新城人)
[道光]濟南 55/72
[宣統]新城縣後志 3/文苑
[民國]重修新城 17/10
王兆鳳(字鳴岐)
(清・寧津人)
[光緒]寧津 8/36
寧津縣志料 3/人物－義行
王兆鳳(清・霑化人)
[光緒]霑化 10/6
[民國]霑化 2/79
王兆閬(清・新城人)
[道光]濟南 61/9
[宣統]新城縣後志 3/方技
王兆隆(字清吉)
(清・新城人)
[道光]濟南 55/72
[宣統]新城縣後志 3/文苑
[民國]重修新城 17/19
王兆鵬(字程九)
(清・文登人)
[光緒]文登 9/上 3－18
王兆鵬(字圖南)
(清・新城人)
[宣統]新城縣後志 3/文苑
王淵美(明・莒縣人)
[民國]重修莒志 62/2
王兆曾(清・淄川人)
[宣統]三續淄川 9/101
王兆曾(號墨池)
(清・鄒平人)
[民國]鄒平 15/117
王業燦(字景泉)
(明・安丘人)
[道光]安邱新志 22/2
王兆鄉(字聖從,號石耳山人)
(清・新城人)
[道光]濟南 55/57
[宣統]新城縣後志 2/善行
[民國]重修新城 16/12
新城縣鄉土志/耆舊－清
33 **王巇**(字文繡)
(明・河内人)
[康熙]嶧縣 3/25
[乾隆]嶧縣 7/10
[光緒]嶧縣 19/職官下 3
王鼬(明・河南懷慶人,一作河内人)
[嘉靖]山東 26/19
[康熙]山東 33/22
[雍正]山東 27/38
[宣統]山東 72/8
[萬曆元年]兗州 38/循吏 44
[萬曆二十四年]兗州 29/4
[康熙]兗州 22/25
[乾隆]兗州 22/25
王浣(字文芷)
(清・臨淄人)
[咸豐]青州 50/6
王梁(字君嚴)
(漢・漁陽安陽人)
[嘉靖]山東 26/2
[康熙]山東 33/2
[雍正]山東 27/29
[宣統]山東 66/17
[萬曆元年]兗州 38/武功 2
[萬曆二十四年]兗州 26/12
[康熙]兗州 21/11
[乾隆]兗州 22/4
[乾隆]濟寧直隸州 22/55
[道光]濟寧直隸州 6/6－2
[萬曆]汶上 5/7
[乾隆]金鄉 17/2
[咸豐]金鄉縣志略 7/3
[民國]金鄉 11/18
金鄉縣鄉土志/政績錄
[光緒]魚臺 2/44
王梁(字任甫)
(明・諸城人)
[雍正]山東 28/人物三 46
[宣統]山東 161/48
[萬曆]青州 13/71
[康熙十五年]青州 13/71
[康熙四十八年]青州 13/事功 55
[康熙六十年]青州 16/29
[咸豐]青州 44/52
[萬曆]諸城 6/16
[乾隆]諸城 32/1
諸城縣鄉土志/上 28
王溥(字齊物)
(宋・莘縣人)
[正德]莘縣 6/2
[康熙十一年]莘縣 7/2
[康熙五十六年]莘縣 6/1,7/2
[光緒]莘縣 7/5
[民國]莘縣 7/3
莘縣鄉土志/鄉宦 15
王溥(字時濟)
(明・觀城人)
[萬曆]濮州 4/隱德 5
[道光]觀城 8/6
觀城縣鄉土志/耆舊
王溥(明・萊陽人)
[泰昌]登州 11/33
[順治]登州 17/9
[康熙]萊陽 8/20
[民國]萊陽 3/1 中 56
王溥(字澹園)
(清・單縣人)
[康熙]單縣 8/47
[民國]單縣 9/81
[道光]冠縣 6/33
[民國]冠縣 6/43
王溥(字孟章,號聿堂)
(清・江南山陽人)
[宣統]山東 75/5
[道光]濟南 38/8
[咸豐]青州 37/22
[民國]續修歷城 38/2
[道光]冠縣 6/33
[民國]冠縣 6/43
[乾隆四十七年]泰安縣 8/33
[道光]泰安縣 10/10
[民國]重修泰安縣 6/63
泰安縣鄉土志/政績 6
[道光]博興 10/7

[民國]重修博興 12/6
王溥(清・諸城人)
[康熙]諸城 7/56
[乾隆]諸城 41/2
王溶(字春海)
(清・福山人)
[民國]福山縣志稿 7/4－15
王溶(清・鑲紅旗漢軍人)
[嘉慶]續掖縣 2/26
王心(字惟一,號南埠)
(明・新泰人)
[康熙]濟南 44/18
[乾隆]泰安府 17/30
[天啟]新泰 6/36
[順治]新泰 5/10
[乾隆]新泰 16/2
新泰縣鄉土志/20
王演(元・臨清人)
[乾隆]東昌 41/18
[康熙]臨清州 3/人物 6
[乾隆]臨清州 9/19
[乾隆]臨清直隸州 8/上 4
[民國]臨清縣/人物 82
王治(字德化,號復性)
(元・奉符人)
[康熙十一年]寧陽 7/19
[康熙四十一年]寧陽 7/21
[乾隆]寧陽 7/孝子 1
[咸豐]寧陽 15/1,21/1
[光緒]寧陽 15/1,21/1
寧陽縣鄉土志/13
王治(清・長清人)
[道光]濟南 56/58
王心廣(字誠齋)
(清・商河人)
[民國]重修商河 8/62
王心康(字濟民)
(清・商河人)
[民國]重修商河 8/63
王泳度(清・即墨人,一作鰲山衛人)
[道光]重修膠州 31/4
[民國]增修膠志 48/5
王心一(字環山)
(清・肥鄉人)
高苑縣鄉土志/政績
王心一(字印堂)
(清・新城人)
[宣統]新城縣後志 3/孝友
[民國]桓臺 3/28
王心一(字子正)
(清・陽信人)
[民國]陽信 5/孝友 66
王治平(字均堂)
(清・金鄉人)
[民國]金鄉 13/續增 7
王心順(清・東明人)
[宣統]東明續縣志 3/27
王治岐(字開一)
(清・商河人)
[民國]重修商河 9/7
商河縣鄉土志 2/耆舊－事業
王逡之(字宣約)
(南北朝・琅邪臨沂人)
[嘉靖]山東 30/24
[康熙]山東 40/27
[雍正]山東 28/人物一 45
[宣統]山東 162/19
[萬曆二十四年]兗州 33/13
[康熙]兗州 26/12
[萬曆]沂州志 6/72
[康熙]沂州志 5/44
[乾隆]沂州府 27/3
[民國]臨沂 9/25
王述宗(字孝儒)
(清・莒縣人)
[嘉慶]莒州 10/8
[民國]重修莒志 65/14
王泳淳(字熙隆)
(清・歷城人)
[道光]濟南 53/59
[民國]續修歷城 44/17
王治寧(字際泰)
(明・曹縣人)
[康熙]兗州府曹縣 13/43
[光緒]曹縣 13/41
王治心(明・沂州人)
[宣統]山東 164/48
王心清(字澄源)
(清・臨淄人)
[民國]臨淄 24/23
王述祖(字遠宗)
(清・滕縣人)
[道光]滕縣志 8/儒林 18
滕縣鄉土志/25
王心來(清・汶上人)
[宣統]四續汶上稿/人物－施濟傳
王治世(字久康)
(清・堂邑人)
[康熙]堂邑 12/9
王心如(清・諸城人)
[光緒]增修諸城縣續志 17/3
王心聲(字巽甫)
(清・單縣人)
[民國]單縣 11/44
王治馨(萊陽人)
[民國]萊陽 3/1 中 49
王治邦(字興一,號衣言,別號淡靜野人)
(清・商河人)
[康熙]濟南 41/39
[乾隆]武定府 24/32
[咸豐]武定府 24/循良 22
[道光]商河 7/8
[民國]重修商河 8/6,14/12
商河縣鄉土志 2/耆舊－事業
王浚明(宋・新泰人)
[天啟]新泰 6/31
[順治]新泰 5/8
[乾隆]新泰 15/24
新泰縣鄉土志/18
王心同(清・鄆城人)
[光緒]鄆城 5/36
王心學(字存吾,號少野)
(明・鰲山衛人)
[民國]增修膠志 48/4
王心學(字金斗)
(明・永昌衛人)
[宣統]山東 71/29
[康熙]濟南 25/79
[道光]濟南 36/49
[康熙]長清 8/46
[道光]長清 3/13
王黼曾(字西塘)

（清・掖縣人）
［民國］四續掖縣 4/75
王述善（號贍斗）
（明・蓬萊人）
［順治］登州 16/11
［光緒］增修登州 39/4
［康熙］蓬萊 5/16
［道光］重修蓬萊 9/10
王心鑑（字中清）
（清・濟寧人）
［道光］濟寧直隸州 8/4－40
王心恒（字立堂）
（清・桓臺人）
［民國］桓臺 3/35
34 **王涥**（字興若）
（清・關中蒲城人）
［乾隆］郯城 7/27
王渤（清・濰縣人）
［民國］濰縣志稿 32/5
王達（字子泉）
（明・濱州人）
［乾隆］武定府 23/18
［咸豐］武定府 23/名臣 18
［萬曆］濱州 3/26
［康熙］濱州 7/6
［咸豐］濱州 10/4
濱州鄉土志/耆舊錄
王達（字文逵）
（明・北直廣宗人）
［宣統］山東 72/31
［乾隆］曹州府 12/16
［康熙九年］城武 2/27
［康熙四十一年］城武 3/下名宦 10
［道光］城武 6/23
王達（明・諸城人）
［萬曆］諸城 6/22
王斗（春秋・齊人）
［至元］齊乘 6/5
［嘉靖］青州 15/50
［萬曆］青州 14/31
［康熙十五年］青州 14/31
［康熙四十八年］青州 14/隱逸 5
［康熙］臨淄 10/5
［民國］臨淄 29/15
王灌（字汝霖）
（明・濟寧人）
［康熙］濟寧州 7/34
［乾隆］濟寧直隸州 28/2
［道光］濟寧直隸州 8/4－43
王漢（字子房）
（明・掖縣人）
［康熙］山東 44/12
［雍正］山東 28/人物三 74
［宣統］山東 164/35
［康熙］萊州 10/51
［乾隆］萊州 11/忠節 6
萊州府鄉土志/下 12
［乾隆］掖縣 4/13
［道光］掖乘 4
［光緒］三續掖縣 4/8
王浩（字充伯）
（明・臨邑人）
［康熙］濟南 41/21
［道光］濟南 52/10
［順治］臨邑 12/13
［康熙］重修臨邑 10/12
［道光］臨邑 9/6
［同治］臨邑 9/循異 6
王逵（字仲達）
（宋・濮陽人）
［乾隆］泰安府 18/69
［康熙］東平州 4/61
［乾隆］東平州 15/35
［道光］東平州 15/36
［光緒］東平州 15/下 65
［民國］東平縣 11/下 33
王逵（明・直隸廣宗人）
［萬曆二十四年］兖州 29/5
［康熙］兖州 22/26
王逵（字士禮）
（明・淄川人）
［康熙］濟南 47/4
［道光］濟南 50/19
［萬曆］淄川 30/10
［康熙］淄川 6/70
［乾隆］淄川 6/上 70
王淩（字彦雲）
（魏・太原祁人）
［嘉靖］山東 25/3
［康熙］山東 31/3
［雍正］山東 27/52
［宣統］山東 66/34
［嘉靖］青州 13/12
［萬曆］青州 12/10
［康熙十五年］青州 12/10
［康熙四十八年］青州 12/10
［康熙六十年］青州 12/5
［咸豐］青州 55/5
［萬曆］東昌 18/9
［乾隆］東昌 33/38
［嘉慶］東昌 21/6
［康熙六十年］博興 7/2
［順治］堂邑 2/職官 1
［康熙十一年］堂邑 2/名宦 1
［康熙］堂邑 11/3
王淩（見王凌）
王淇（字子瞻，號漪園）
（清・高密人）
［光緒］高密 8/上 70
［民國］高密 14/上 69
王祺（明・武定州人）
［嘉靖］武定州下/76
王漼（字孔濩，一作孔獲）
（明・安丘人）
［咸豐］青州 45/60
［道光］安邱新志 20/1
安丘縣鄉土志 5/耆舊錄 2
王沈（字彦伯）
（晉・高平人）
［宣統］山東 163/5
［萬曆元年］兖州 40/隱逸 4
［萬曆二十四年］兖州 32/30
［康熙］兖州 25/25
［乾隆］兖州 23/21
［乾隆］曹州府 14/10
［乾隆］濟寧直隸州 26/13
［道光］濟寧直隸州 8/4－37
［乾隆］金鄉 18/38
［咸豐］金鄉縣志略 9/上 6
［民國］金鄉 14/25
金鄉縣鄉土志/耆舊錄上
［萬曆］鉅野 7/13
［康熙］鉅野 11/42
［道光］鉅野 12/19
王澍（字際清）

（清・歷城人）
［道光］濟南 60/17
［乾隆］歷城 45/15
王澍（字霖公）
（清・無棣人）
［宣統］山東補遺/4
［民國］無棣 11/5
王澍（字燕翔）
（清・鄆城人）
［光緒］鄆城 14/19,16/20
王濤（字文泉）
（清・諸城人）
［道光］諸城縣續志 19/12
王濤（字浴所）
（清・淄川人）
［乾隆］淄川 5/39
王潼（字韋谷）
（清・長山人）
［嘉慶］長山 9/15
王洧（字公濟，號謙齋）
（明・單縣人）
［順治］單縣 4/38
［康熙］單縣 8/22
［乾隆］單縣 7/31
［民國］單縣 9/27
王禧（明・黄縣人）
［泰昌］登州 11/37
［順治］登州 17/14
［光緒］增修登州 41/14
［康熙］黄縣 6/27
［乾隆］黄縣 8/31
［同治］黄縣 8/11
［民國］黄縣志稿 13/明
王祐（字景叔）
（宋・莘縣人）
［嘉靖］山東 31/18
［康熙］山東 41/15
［雍正］山東 28/人物二 21
［萬曆］東昌 19/29
［乾隆］東昌 37/2
［嘉慶］東昌 27/2
［正德］莘縣 6/2
［康熙十一年］莘縣 7/2
［康熙五十六年］莘縣 7/2
［光緒］莘縣 7/5
［民國］莘縣 7/3
莘縣鄉土志/鄉宦 15
王祐（字景福）
（元・高唐人）
［民國］高唐縣 12/64
王祐（明・臨清人，見王佑）
王遠（字方平）
（漢・東海人）
［嘉靖］山東 34/11
［康熙］山東 47/3
［雍正］山東 30/4
［宣統］山東 200/20
［萬曆元年］兗州 46/5
［萬曆二十四年］兗州 52/21
［萬曆］沂州志 7/73
［康熙］沂州志 6/50
［乾隆］沂州府 27/11
［乾隆］郯城 12/34
王遠（字壽官）
（清・齊河人）
［民國］齊河 27/2
王遭（唐・臨沂人）
［乾隆］淄川 4/3
王湛（字露斯）
（清・濟陽人）
［乾隆］濟陽 8/41
［民國］濟陽 11/55
王逵立（字竹坪）
（清・陽信人）
［民國］陽信 5/文學 16
王汝慶（字天佑）
（清・清平人）
［民國］清平/人物 71
王汝言（明・濱州人）
［萬曆］濱州 3/27
王祐慶（號子符）
（清・福山人）
［民國］福山縣志稿 7/2－27
王汝訓（字古師，一作師古，號泫陽）
（明・聊城人）
［康熙］山東 41/27
［雍正］山東 28/人物三 48
［宣統］山東 159/27
［乾隆］東昌 38/4
［嘉慶］東昌 28/4
［康熙］聊城 3/7
［宣統］聊城 8/10
王漢雲（字倬章）
（清・平度人）
［民國］平度縣續志 8/5
王洪璋（字大受）
（清・高唐人）
［乾隆］高唐州續志 2/3
［道光］高唐州 5/1－41
［光緒］高唐州 5/1－43
［民國］高唐縣 12/10
高唐州鄉土志/21
王淩雲（字漢階）
（清・壽張人）
［光緒］壽張 6/55
王汝霖（字雨岩）
（清・齊東人）
［民國］齊東 5/28
齊東縣鄉土志/耆舊錄 3
王汝霖（字潤齋）
（清・霑化人）
［民國］霑化 2/49
王禧霖（清・諸城人）
［光緒］增修諸城縣續志 15/5
王汝礪（清・考城人）
［乾隆］夏津 6/18
王汝璞（字含璋）
（清・夏津人）
［民國］夏津續編 8/16
王汝琦（字景韓）
（清・牟平人）
［民國］牟平 7/108
王汝琨（字玉甫）
（清・商河人）
［民國］重修商河 8/62
王汝弼（字彦輔）
（元・東莞人）
［光緒］益都縣圖志 28/48，34/15
王汝弼（明・福山人）
［康熙］福山 8/19
［乾隆］福山 8/31
王汝弼（字子亮）
（清・高苑人）
［康熙］高苑縣續志 6/1
［乾隆］高苑 6/5

王汝瑶(字維玉)
(清・諸城人)
[道光]諸城縣續志 16/7
王汝翼(明・福山人)
[康熙]福山 8/20
[乾隆]福山 8/32
王汝翼(字奈古)
(清・威海衛人)
[乾隆]續登州 10/8
[光緒]增修登州 40/25,43/41
[乾隆]威海衛志 8/5
[乾隆]海陽 6/17
[道光]文登 5/19
[光緒]文登 10/上 4
王斗維(清・諸城人)
[咸豐]青州 46/51
[康熙]諸城 7/44
[乾隆]諸城 40/3
諸城縣鄉土志/上 45
王汝爲(字振元)
(清・膠州靈山衛人)
[道光]重修膠州 29/13
[民國]增修膠志 44/11
王汝爲(字宣四)
(清・臨淄人)
[民國]臨淄 25/38
王汝秀(清・惠民人)
[康熙]濟南 38/22
[乾隆]武定府 25/14
[咸豐]武定府 25/孝友 14
[乾隆]惠民 5/53
[光緒]惠民 21/4
惠民縣鄉土志/耆舊錄 8
王汝經(明・萊陽人)
[民國]萊陽 3/1 中 13
王汝仁(清・膠州人)
[道光]重修膠州 29/21
[民國]增修膠志 45/7
王汝師(字嚴齋)
(清・昌樂人)
[民國]昌樂縣續志 31/18
王禧仁(字仲錫)
(清・聊城人)
[乾隆]東昌 44/16
王對山(字雙峯)
(清・濰縣人)
[民國]濰縣志稿 31/11
王汝巖(字友先)
(清・陽信人)
[民國]陽信 5/孝友 56
王汝魁(字文卿)
(清・商河人)
[民國]重修商河 8/56
王汝勉(字懋菴)
(清・魚臺人)
[乾隆]兖州 23/84
[乾隆]濟寧直隸州 27/35
[道光]濟寧直隸州 8/3－37
[乾隆]魚臺 11/31
[光緒]魚臺 3/18
王漢生(字星垣)
(清・高密人)
[民國]高密 14/上 50
王滿生(周・齊人)
[萬曆]青州 14/27
[康熙十五年]青州 14/27
[康熙四十八年]青州 14/隱逸 1
王汝郇(字雨臣)
(清・諸城人)
[光緒]增修諸城縣續志 12/8
王汝舟(明・華陽人)
[崇禎]武定州 7/18
王汝舟(字春舫)
(清・霑化人)
[民國]霑化 2/90,8/65
王汝舟(清・諸城人)
[光緒]增修諸城縣續志 16/28
王湝齡(字昆承)
(清・諸城人)
[光緒]增修諸城縣續志 13/8
王汝儉(字樸齋)
(清・高唐人)
[光緒]高唐州 5/2－33
[民國]高唐縣 12/41
高唐州鄉土志/23
王汝安(字邦輯)
(清・諸城人)
[道光]諸城縣續志 14/12
王汝富(字錫三)
(清・德平人)
[民國]德平縣續志 6/7
王澍之(字潤生)
(清・齊河人)
[民國]齊河 23/83
王遠宜(字汝致)
(明・直隸霸州人)
[康熙]兖州續編 14/14
[崇禎]鄆城 4/10,8/11
[康熙]鄆城 4/7,8/12
[光緒]鄆城 6/7,13/29
鄆城縣鄉土志/政績錄－興利
王淩漢(字卓雲)
(清・汶上人)
[宣統]四續汶上稿/人物－施濟傳
王汝漢(字卓雲)
(清・漢軍鑲黃旗人)
[民國]禹城 3/55
王法湯(明・魚臺人)
[康熙]兖州續編 15/11
[乾隆]兖州 23/55
[乾隆]濟寧直隸州 27/32
[道光]濟寧直隸州 8/4－34
[康熙]魚臺 17/8
[乾隆]魚臺 11/23
[光緒]魚臺 3/14
王汝淦(霑化人)
[民國]霑化 4/登進 45
王逵九(商河人)
[民國]重修商河 7/43
王汝來(字傅野)
(清・諸城人)
[乾隆]諸城 41/5
王斗樞(字均五)
(清・諸城人)
[宣統]山東 175/20
[康熙四十八年]青州 13/事功 80
[康熙六十年]青州 16/40
[咸豐]青州 46/27
[康熙]諸城 7/35
[乾隆]諸城 32/10
諸城縣鄉土志/上 29

王汝垣(字介衡,號匯川)
(清・昌樂人)
[民國]昌樂縣續志 28/12
王汝垣(字星史)
(清・肥城人)
肥城縣鄉土志 5/19
王汝桂(字丹亭)
(清・汶上人)
[宣統]四續汶上稿/人物-文學傳
王汝楠(清・昌樂人)
[民國]昌樂縣續志 28/5
王汝勤(字警昃)
(清・高唐人)
[光緒]高唐州 5/2-39
[民國]高唐縣 12/44
王汝孝(字紹甫)
(明・東平人)
[乾隆]泰安府 17/16
[萬曆二十四年]兗州 36/15
[康熙]兗州 28/14
[康熙]東平州 3/43
[民國]東平縣 11/上 13
王漢如(字在斗)
(清・壽張人)
[康熙]兗州續編 16/33
[乾隆]兗州 23/73
[康熙五十六年]壽張 7/24
[光緒]壽張 7/8
壽張縣鄉土志/耆舊-事業
王汝楫(明・福山人)
[康熙]福山 8/21
[乾隆]福山 8/33
王汝桐(字嶧南)
(清・費縣人)
[光緒]費縣 11/53
王汝栒(清・黃縣人)
[同治]黃縣 8/18
[民國]黃縣志稿 13/清懿行
王汝幹(字維禎)
(清・莘縣人)
[民國]莘縣 7/37
王汝翰(字晴川)
(明・博興人)
[康熙六十年]博興 7/20
[道光]博興 11/20
[民國]重修博興 13/17
王汝梅(明・安肅人)
[萬曆]青州 12/43
[康熙十五年]青州 12/43
[康熙四十八年]青州 12/43
[康熙六十年]青州 12/22
[咸豐]青州 36/25
[康熙]益都 5/19
[光緒]益都縣圖志 18/35
王漢東(字震符)
(清・商河人)
[民國]重修商河 8/85
王凌泰(清・汶上人)
[宣統]四續汶上稿/人物-文學傳
王汝振(明・安福人)
[康熙十二年]鄒縣志 3/14
王汝昇(字凌霄)
(清・長清人)
[民國]長清 13/4
王澍田(字潤圃)
(長清人)
[民國]長清 12/25
王汝器(清・諸城人)
[光緒]增修諸城縣續志 16/11
王汝嚴(字伯莊)
(清・諸城人)
[同治]重修寧海州 14/6
[乾隆]諸城 32/3
諸城縣鄉土志/上 33
[民國]牟平 6/81
王汝璧(清・四川銅梁人)
[道光]濟南 37/65
王汝鳳(字岐山)
(清・壽光人)
[嘉慶]壽光 13/29
[民國]壽光 12/人物志一 84
王法曾(清・博平人)
[光緒]博平縣續志 10/61
王汝錦(清・汶上人)
[宣統]四續汶上稿/人物-施濟傳
王遠知(唐・琅邪人)
[嘉靖]山東 34/15
[康熙]山東 47/7,49/3
[雍正]山東 30/9,31/6
[宣統]山東 168/11,200/23
[嘉靖]青州 16/53
[康熙十五年]青州 17/2
[康熙四十八年]青州 17/方技 2
[康熙六十年]青州 20/7
[萬曆]諸城 9/1
[康熙]諸城 9/2
[民國]臨沂 10/65
王漢光(字耀三)
(清・商河人)
[民國]重修商河 8/82
王汝慎(明・陽穀人)
[康熙十二年]陽穀 3/33
[康熙]陽穀 3/29
[光緒]陽穀 6/32
王汝惺(字敬一)
(清・諸城人)
[光緒]增修諸城縣續志 12/8
35 王沖(字長深)
(南北朝・臨沂人)
[嘉靖]山東 30/32
[康熙]山東 40/34
[萬曆二十四年]兗州 33/25
[萬曆]沂州志 7/14
[康熙]沂州志 5/56
[乾隆]沂州府 25/16
[萬曆]東昌 18/14
[民國]臨沂 9/18
王沖(唐)
[乾隆]東昌 33/14
[嘉慶]東昌 20/23
王沖(字禹三)
(清・陽信人)
[咸豐]武定府 25/孝友 36
[乾隆]陽信 7/28
信邑志稿 7/孝友
[民國]陽信 5/孝友 69
王津(字延平)
(清・商河人)
[民國]重修商河 9/12
王禮(元・淮州陳臺人)
[嘉靖]山東 26/15
[康熙]山東 33/18

[萬曆元年]兗州 38/循吏 37
[萬曆二十四年]兗州 28/21
[康熙]兗州 22/20
[乾隆]兗州 22/17
[乾隆]濟寧直隸州 22/49
[道光]濟寧直隸州 6/6–21
[順治]嘉祥 4/35
[乾隆]嘉祥 3/29
[光緒]嘉祥 3/37
王禮(明・博興人)
[乾隆]沂州府 17/26
王禮(明・朝城人)
[嘉靖]山東 35/5
[康熙]山東 45/13
[萬曆]東昌 19/54
[萬曆]濮州 4/孝友 3
[嘉靖]朝城志 7/10
[康熙]朝城 8/59
王禮(明・陝西鳳縣人)
[雍正]山東 31/16
[泰昌]登州 9/29,11/58
[順治]登州 11/16,18/3
[光緒]增修登州 31/6
[康熙]萊陽 4/5
[民國]萊陽 3/1 上 10
王禮(字仲文)
(明・海州人)
[萬曆]汶上 5/8
王禮(明・夏津人)
[康熙]夏津 5/18
王禮(明・諸城人)
[咸豐]青州 43/5
[萬曆]諸城 6/21
[乾隆]諸城 32/1
王連(字宗器)
(明・黃縣人)
[同治]黃縣 8/3
王連(字宗彝)
(清・濟寧人)
[道光]濟寧直隸州 8/3–12
王沛(唐・許州許昌人)
[嘉靖]山東 25/4
[康熙]山東 31/5
[雍正]山東 27/77
[宣統]山東 68/6
[萬曆元年]兗州 38/武功 11
[萬曆二十四年]兗州 27/8
[康熙]兗州 21/23
[乾隆]兗州 22/10
王溱(明・清苑人)
[康熙]聊城 2/8
王溱(清・博平人)
[光緒]博平縣續志 10/60
王清(明)
[咸豐]金鄉縣志略 7/6
王清(字寧一)
(明・濟寧人)
[雍正]山東 28/人物三 26
[宣統]山東 164/43
[乾隆]兗州 23/43
[康熙]濟寧州 7/3
[乾隆]濟寧直隸州 26/30
[道光]濟寧直隸州 8/2–43
王清(字漣漪)
(清・高苑人)
[乾隆]高苑 6/6
王清(字素修,號冰壺,又號思齋)
(清・無棣人)
[康熙]山東 39/32
[雍正]山東 28/人物四 20
[宣統]山東 171/18
[康熙]濟南 35/30
[乾隆]武定府 23/32
[咸豐]武定府 23/名臣 32
[康熙]海豐 11/51
海豐縣鄉土志/耆舊–事業
[民國]無棣 10/5,22/11
王洙(字毓泰)
(明・掖縣人)
[乾隆]掖縣 3/46
王連元(字中三)
(清・濟陽人)
[民國]濟陽 20/6
王連元
[民國]朝城縣續志 1/26
王沛霖(清)
[光緒]重修蒲臺 2/17
蒲臺縣鄉土志/7
王清雲(清・莘縣人)
莘縣鄉土志/事業 28
王清碩(清・濟寧人)
[民國]濟寧直隸州續志 14/19
王禮瑚(清・平度人)
[光緒]平度志要/人物
[民國]平度縣續志 8/2
王神愛(晉・臨沂人)
[康熙]山東 28/5
[萬曆元年]兗州 1/皇后 3
[康熙]沂州志 5/3
[乾隆]沂州府 28/1
王禮任(字訓術)
(明・朝城人)
朝城縣鄉土志/9
王連峯(字峻嶺)
(清・高唐人)
[光緒]高唐州 5/1–68
王連峯(字秀嶺)
(清・陽信人)
[民國]陽信 5/任恤 34
王連魁(清・高唐人)
[道光]高唐州 5/2–22
[光緒]高唐州 5/2–25
[民國]高唐縣 12/51
王連魁(字子捷)
(清・臨沂人)
[民國]續修臨沂 16/22
王速化(字德允)
(清・齊河人)
[民國]齊河 27/2
王沛生(字蘇萬)
(清・蓬萊人)
[乾隆]續登州 10/又 9
[光緒]增修登州 43/2
[道光]重修蓬萊 9/21
[民國]蓬萊縣志合編人物志/仕績
王清泉(字盥纓,號濟源)
(清・商河人)
[民國]重修商河 8/21
王連舟(清・蓬萊人)
[道光]重修蓬萊 9/14
王禮永(字允陶)
(清・霑化人)
[光緒]霑化 9/6
[民國]霑化 2/58
王連祉(字荊璞)

（寧津人）
寧津縣志料 3/人物－義行
王清浦（字春渠）
（清・臨淄人）
［民國］臨淄 28/8
王沛深（字東川）
（清・掖縣人）
［民國］四續掖縣 4/74
王清海（霑化人）
［民國］霑化 4/登進 48
王連奎（清・高唐人）
［光緒］高唐州 5/2－42
［民國］高唐縣 12/87
王連桂（清・萊陽人）
［民國］萊陽 3/1 中 77
王連茹（字柴村）
（清・臨淄人）
［民國］臨淄 30/37
王沛懋（字時勉）
（清・諸城人）
［咸豐］青州 47/38
［乾隆］諸城 32/13
王清蘭（字若蕙）
（清・高密人）
［光緒］高密 8/上 70
［民國］高密 14/上 89
王沛棣（字石汀）
（清・黃縣人）
［民國］黃縣志稿 13/清懿行
王清梅（字春圃）
（清・費縣人）
［光緒］費縣 11/48
費縣鄉土志/耆舊錄－學問
王連貴（字崇德）
（恩縣人）
［民國］重修恩縣 11/鄉賢 58
王連甲（字敏軒）
（清・福山人）
［民國］福山縣志稿 7/4－12
王沛思（字汝敬）
（清・諸城人）
［康熙六十年］青州 15/14
［咸豐］青州 47/14
［乾隆］諸城 36/13
諸城縣鄉土志/上 17
王清眼（字少荀）
（清・高密人）
［光緒］高密 8/上 56
［民國］高密 14/上 66
高密縣鄉土志/上 49
王連璧（字珏亭）
（清・陽信人）
［民國］陽信 5/文學 21
王禮質（清・聊城人）
［康熙］山東 45/15
［乾隆］東昌 43/1
［嘉慶］東昌 32/27
［康熙］聊城 3/52
［宣統］聊城 8/82
王連陞（清・博興人）
［民國］重修博興 13/64
王沛聞（清・河南睢州人）
［宣統］山東 77/5
［咸豐］青州 37/14
［康熙六十年］博興 6/5
［道光］博興 10/6
［民國］重修博興 12/6
王清同（清・平度人）
［民國］平度縣續志 7/33
王神念（南北朝梁・太原祈人）
［嘉靖］山東 27/3
［康熙］山東 35/3
［嘉靖］青州 13/18
［萬曆］青州 12/11
［康熙十五年］青州 12/11
［康熙四十八年］青州 12/11
［康熙六十年］青州 12/7
［康熙六十年］博興 7/4
王沛憻（字汝存）
（清・諸城人）
［雍正］山東 28/人物四 46
［宣統］山東 175/6
［咸豐］青州 47/15
［乾隆］諸城 32/16
王沛棠（清・黃縣人）
［光緒］增修登州 40/11
王沛憬（字沂來）
（清・諸城人）
［康熙六十年］青州 18/8
［乾隆］諸城 32/12
王沛恂（字汝如）
（清・諸城人）
［乾隆］諸城 32/19
36 王昶（字文舒）
（魏・太原晉陽人）
［雍正］山東 27/31
［宣統］山東 66/32
［萬曆元年］兗州 38/循吏 14
［康熙］兗州 21/14
［萬曆二十四年］兗州 26/15
［乾隆］兗州 22/5
王涓（清・高密人）
［乾隆］高密 10/34
［光緒］高密 10/45
［民國］高密 16/34
王溫（元・濰州人）
［民國］濰縣志稿 40/41
王溫（明・知高唐州）
［宣統］山東 72/47
［乾隆］東昌 35/18
［嘉慶］東昌 22/22
［嘉靖］高唐州 5/4
［康熙十二年］高唐州 7/7
［康熙五十一年］高唐州 7/7
［道光］高唐州 7/1－7
［光緒］高唐州 7/1－7
［民國］高唐縣 9/5－4
王溫（字景和）
（明・長清人）
［康熙］濟南 37/6
［道光］濟南 52/18
［康熙］長清 9/57
［道光］長清 11/7
王湘（字太清，號竹陽）
（明・濟寧人）
［雍正］山東 28/人物三 45
［宣統］山東 160/31
［萬曆二十四年］兗州 36/24
［康熙］兗州 28/23
［乾隆］兗州 23/46
［康熙］濟寧州 6/31
［乾隆］濟寧直隸州 15/17，24/17
［道光］濟寧直隸州 8/2－31
王湘（清・萊陽人）

[民國]萊陽 3/1 中 92
王湘(清·浙江山陰人)
[宣統]山東 77/37
[道光]重修平度州 16/26
王湘(字蘭皋)
(清·諸城人)
[光緒]增修諸城縣續志 20/3
王澤(明·山右人)
[嘉靖]濮州 7/23
王祝(字宛銘)
(清·福山人)
[康熙]濱州 5/23
[咸豐]濱州 8/8
[乾隆]福山 8/39
[民國]福山縣志稿 7/4－1
王視正(明·合肥人)
[萬曆]沂州志 4/59
王澤霈(明·齊河人)
[康熙]濟南 47/10
[道光]濟南 51/40
[康熙]齊河 6/32
[雍正]齊河 7/3
[民國]齊河 24/3
齊河縣鄉土志鄉賢祠/17
王澤霑(字雨田)
(清·觀城人)
觀城縣鄉土志/耆舊
王湘川(清·章邱人)
[道光]章邱 11/81
王澤鍊(字百精)
(清·觀城人)
觀城縣鄉土志/耆舊
王泗紹(字繼洙)
(清·茌平人)
[民國]茌平 3/104
王澤永(明·淄川人)
[康熙]淄川 5/6,5/14
[乾隆]淄川 5/6
王澤溥(字恩斯)
(清·海陽人)
[光緒]增修登州 43/46
[乾隆]海陽 7/48
[光緒]海陽縣續志 5/14
王視遠(字明之)
(清·濟陽人)
[乾隆]濟陽 8/26
[民國]濟陽 11/36
王澤泩(字巨川)
(清·蓬萊人)
[光緒]增修登州 43/7
[道光]重修蓬萊 9/35
[民國]蓬萊縣志合編人物志/行誼
王澤深(清·臨清人)
[民國]臨清縣/人物 67
王澤深(字沾仁)
(清·商河人)
[道光]商河 7/33
[民國]重修商河 8/54
王澤洽(字松壑)
(明·即墨人)
[乾隆]即墨 9/30
[同治]即墨 9/42
即墨縣鄉土志/耆舊－學問
王澤滋(字春暉)
(清·掖縣人)
[康熙]淄川 4/23
[乾隆]淄川 4/又 28－4
王澤林(清平人)
[民國]清平/人物 83
王湘圃(清·歷城人)
[民國]續修歷城 44/33
王遇明(字宜之)
(清·膠州人)
[乾隆]膠州 4/57
[道光]重修膠州 28/3
[民國]增修膠志 42/3
王湯臣(明·招遠人)
[嘉靖]山東 35/7
[康熙]山東 45/20
[雍正]山東 28/人物三 27
[宣統]山東 164/44
[泰昌]登州 11/33
[順治]登州 17/8
[順治]招遠 9/21
王澤厚(字仁宇)
(清·齊河人)
[民國]齊河 27/2
王澤民(明·保定人)
[咸豐]青州 36/49
[康熙]壽光 20/7
[嘉慶]壽光 10/28
[民國]壽光 6/18
王澤臨(字潤亭)
(清·山西垣曲人)
[宣統]山東 77/33
[嘉慶]續掖縣 2/27
王澤普(字潤生)
(惠民人)
[民國]高唐縣卷首
37 王溽(字元順)
(明·東阿人)
[乾隆]泰安府 17/24
[萬曆二十四年]兗州 36/25
[康熙]兗州 28/24
[康熙五十四年]東阿 7/18
[道光]東阿 14/人物下 25
[光緒]東阿縣鄉土志 4/7
王溽(明·上黨人)
[萬曆]東昌 18/41
[乾隆]東昌 35/33
[嘉靖]武城 3/16
[順治]武城 2/9
[乾隆]武城 9/3,14/41
武城縣鄉土志略/政績錄
王沉(見王沈)
王滌(宋·萊州人)
[宣統]山東 161/17
王洞(字鳳池)
(清·單縣人)
[乾隆]單縣 7/27
[民國]單縣 9/66
王涵(清·福山人)
[乾隆]福山 8/58
[乾隆]夏津 6/30
王涵(字蓮洲,號海上山人)
(清·臨淄人)
[民國]臨淄 30/37
王涵(字靜涵)
(清·嶧縣人)
[乾隆]嶧縣 8/39
[光緒]嶧縣 21/孝友 7
王涵(字蓮塘)
(博興人)
[民國]重修博興 13/61
王鴻(字鳴秋)
(明·固安人)

[正德]博平 5/82
王鴻(濟寧人)
[民國]濟寧縣 3/4
王渙(字稚子)
(漢・廣陵郪人)
[宣統]山東 66/18
[萬曆元年]兗州 38/循吏 9
[萬曆二十四年]兗州 26/6
[康熙]兗州 21/6
[乾隆]兗州 22/2
王潔(字靜菴,晚自號長樂老人)
(清・禹城人)
[道光]濟南 56/39
[嘉慶]禹城 9/20
[民國]禹城 6/16
王朗(字景興)
(三國・東海郯人)
[嘉靖]山東 30/13
[康熙]山東 40/15
[雍正]山東 28/人物一 30
[宣統]山東 154/21
[萬曆元年]兗州 40/諫議 10
[萬曆二十四年]兗州 32/3
[康熙]兗州 25/3
[萬曆]沂州志 6/38
[康熙]沂州志 5/17
[乾隆]沂州府 25/6
[康熙]郯城 7/8
[乾隆]郯城 9/2
[康熙]嶧縣 3/5
[乾隆]嶧縣 7/3
[光緒]嶧縣 21/鄉賢 27
王祿(字汝學)
(明・聊城人)
[乾隆]東昌 38/2
[嘉慶]東昌 28/2
[康熙]聊城 3/12
[宣統]聊城 8/9
王祿(明・新城人)
[宣統]山東 161/28
[民國]桓臺志略 3/13
[民國]桓臺 3/17
王鼐(清・濰縣人)
[康熙]濰縣 5/孝行 1
[乾隆]濰縣 4/24
[民國]濰縣志稿 31/6
濰縣鄉土志/25
王潤(明・北直大城人)
[宣統]山東 72/44
[乾隆]東昌 34/20
[嘉慶]東昌 22/11
[嘉靖]冠縣 2/8
[萬曆]冠縣 2/20
[道光]冠縣 6/25
[光緒]冠縣 6/宦績
[民國]冠縣 6/35
王深(明・魚臺人)
[乾隆]魚臺 11/22
[光緒]魚臺 3/13
王淑(字儀甫,號抑所)
(明・江西新建人)
[宣統]山東 71/49
[康熙]濟南 25/53
[乾隆]武定府 16/48
[咸豐]武定府 19/蒲臺 3
[萬曆]蒲臺志 8/7,11/11
[康熙]重修蒲臺 5/8,9/4
[乾隆]蒲臺 2/57,4/17
蒲臺縣鄉土志/5
王淑(清・單縣人)
[乾隆]單縣 7/10
[民國]單縣 9/66
王淘(字淨塘)
(清・臨淄人)
[民國]臨淄 27/59
王通(字公達)
(南北朝・臨沂人)
[民國]臨沂 9/35
王通(字仲淹)
(隋・龍門人)
[雍正]山東 11/闕里二 26
[乾隆]兗州 7/38
王通(元・高密人)
[康熙]高密 8/3
王通(字廷學,自號蘭谷)
(明・濟寧人)
[康熙]濟寧州 7/20
[乾隆]濟寧直隸州 26/14
[道光]濟寧直隸州 8/4－37
王通(明・寧津人)
[萬曆]寧津 7/6
[康熙]寧津縣志稿 7/6
[光緒]寧津 8/25
寧津縣志料 3/人物－孝行
王選(字維賢,號毅菴)
(明・麻城人)
[民國]增修膠志 48/3
王洵(清・蒲臺人)
[光緒]重修蒲臺 3/9
蒲臺縣鄉土志/15
王洵(字大允)
(清・濰縣人)
[乾隆]萊州 10/31
[乾隆]濰縣 4/14
[民國]濰縣志稿 28/1
濰縣鄉土志/20
王沿(字聖源)
(宋・館陶人)
[嘉靖]山東 31/21
[雍正]山東 28/人物二 33
[宣統]山東 157/18
[萬曆]東昌 19/35
[乾隆]東昌 37/11
[嘉慶]東昌 27/10
王迎(金・萊陽人)
[民國]萊陽 3/1 中 2
王運(明・商河人)
[道光]商河 7/53
[民國]重修商河 9/19
商河縣鄉土志 3/耆舊－學問
王沼(宋・寧海人)
[同治]重修寧海州 17/3
王洞庭(字君山)
(清・壽光人)
[嘉慶]壽光 14/20
[民國]壽光 12/人物志二 54
王鴻文(字恩甫)
(霑化人)
[民國]霑化 2/70
王淑京(明・高唐人)
[乾隆]東昌 42/27
[康熙十二年]高唐州 9/3
[康熙五十一年]高唐州 9/3
[道光]高唐州 5/2－2
王淑龍(字雲川)
(清・費縣人)

[光緒]費縣 11/19
王運新(字孚尹)
(清・濟陽人)
[乾隆]濟陽 8/40
[民國]濟陽 11/54
王冠石(字原洛,號筠園)
(清・臨淄人)
[民國]臨淄 27/56
王禄一(清・蓬萊人)
[道光]重修蓬萊 9/16
[民國]蓬萊縣志合編人物志/忠勇
王淑元(字聖陶)
(清・鉅野人)
[民國]續修鉅野 5/上 22
王迎雲(清・濟寧人)
[民國]濟寧直隸州續志 14/35
王祖璽(字君章)
(清・新城人)
[道光]濟南 55/59
[宣統]新城縣後志 2/善行
[民國]重修新城 16/11
新城縣鄉土志/耆舊-清
王祖珏(字合璧)
(清・新城人)
[道光]濟南 55/58
[宣統]新城縣後志 3/文苑
[民國]重修新城 17/6
王鴻發(清・福山人)
[光緒]增修登州 46/7
[民國]福山縣志稿 7/2-28
王鴻瑗(字書玉)
(清・萊蕪人)
[民國]萊蕪 18/12
[民國]續修萊蕪 24/5
王選登(清・諸城人)
[光緒]增修諸城縣續志 16/22
王資強(東平人)
[民國]東平縣 11/上 24
王祖瑋(清・新城人)
[宣統]新城縣後志 3/耆壽
王冠羣(字超凡)
(清・樂安人)
[民國]樂安 10/32
[民國]續修廣饒 19/61
王祖崇(字宗山,號東詹)
(清・新城人)
[宣統]新城縣後志 3/文苑
王鴻升(霑化人)
[民國]霑化 4/登進 48
王朗先(字雲章)
(清・臨沂人)
[民國]臨沂 10/8
王祀先(字典祐)
(清・夏津人)
[民國]夏津續編 8/6
王運升(字一復)
(清・金鄉人)
[乾隆]濟寧直隸州 26/38
[道光]濟寧直隸州 8/3-32
[乾隆]金鄉 18/64
[咸豐]金鄉縣志略 9/中列傳二 1
[民國]金鄉 14/16
金鄉縣鄉土志/耆舊錄上
王冠紳(字縉卿)
(清・臨朐人)
臨朐縣鄉土志 1/耆舊
王潤生(字子培)
(清・蓬萊人)
[乾隆]續登州 10/又又 9
[光緒]增修登州 41/10
[道光]重修蓬萊 9/21
[民國]蓬萊縣志合編人物志/仕績
王祖甡(字雙璧)
(清・新城人)
[道光]濟南 55/58
[宣統]新城縣後志 3/文苑
王深佩(字默生,號容川)
(清・淄川人)
[宣統]三續淄川 9/64
王淑躬(清・長山人)
[康熙]膠州 5/19
[乾隆]膠州 4/16
[道光]重修膠州 23/2
[民國]增修膠志 18/2
王淑凱(字化南)
(清・平陰人)
[光緒]平陰 5/41
王淑嵋(字靜山)
(清・桓臺人)
[民國]桓臺志略 3/23
[民國]桓臺 3/33
王鴻倫(字敘庭)
(清・濟寧人)
[民國]濟寧直隸州續志 14/3
王凝之(晉・琅邪人)
[嘉靖]山東 33/23
[萬曆元年]兗州 41/30
王淑宜(清・淄川人)
[宣統]三續淄川 10/29
王祖源(原名伯漮,字蓮塘)
(清・福山人)
[民國]福山縣志稿 10/9
王鴻漸(清・鄆城人)
[光緒]鄆城 8/25
王鴻業(字建堂)
(清・威海衛人)
[光緒]增修登州 46/10
[乾隆]威海衛志 7/10
王鴻業(字潤之)
(清・陽信人)
[民國]陽信 5/文學 24
王禄兆(字惟功,號敏齋)
(明・即墨人)
[乾隆]即墨 9/10
[同治]即墨 9/11
即墨縣鄉土志/耆舊-事業二
王鴻遠(字渚賓)
(臨淄人)
[民國]臨淄 27/68
王鴻澤(清・濮州人)
[宣統]濮州 5/26
王淑朗(字明臣)
(清・單縣人)
[乾隆]單縣 7/37
[民國]單縣 9/83
王遹祖(字駿聲)
(清・寧陽人)
[咸豐]寧陽 15/31
[光緒]寧陽 15/51
王逢祥(清・齊河人)
[民國]齊河 23/73
王鴻才(字鈞元)

（清・滋陽人）
滋陽縣鄉土志 1/耆舊－實行
王鴻來（字于逵）
（清・諸城人）
［光緒］增修諸城縣續志 13/5
諸城縣鄉土志/上 18
王洵才（字幼泉）
（牟平人）
［民國］牟平 7/27
王祖嫡（字允昌）
（明・德州人）
［道光］濟南 52/41
［乾隆］德州 9/30
德州鄉土志/耆舊 8
［民國］德縣 10/13
王鴻基（字碩亭）
（清・壽光人）
［嘉慶］壽光 14/33
［民國］壽光 12/人物志二 13
王鴻基（字振聲）
（清・嶧縣人）
［光緒］嶧縣 21/孝友 12
王凝芬（字桂峰）
（明・曹縣人）
［光緒］曹縣 11/耆老 3
王潤世（清・棲霞人）
［光緒］增修登州 43/23
［光緒］棲霞縣續志 7/義行 4
王淑艾（字裕光）
（清・鄆城人）
［光緒］鄆城 16/26
王祖蘭（清・濟陽人）
［民國］濟陽 11/72
王祖槐（清・新城人，一作長山人）
［道光］濟南 55/73
［嘉慶］長山 10/20
［宣統］新城縣後志 3/耆壽
［民國］重修新城 18/22
王鴻聲（字清譽）
（清・長山人）
［道光］濟南 55/13
［康熙五十五年］長山 6/43
［嘉慶］長山 10/16
王潔袍（字捷三）
（清・淄川人）
［乾隆］淄川 5/又 31－4
王淑均（字瀛軒）
（清・壽光人）
［民國］壽光 12/人物志一 39
王鴻中（清・黃縣人）
［光緒］增修登州 44/2
王洛書（清・高唐人）
［道光］高唐州 5/2－22
［光緒］高唐州 5/2－25
［民國］高唐縣 12/51
王凝中（字子端）
（清・新城人）
［宣統］新城縣後志 3/方技
王迎春（清・安邱人）
［民國］續安邱新志 21/5
王運泰（字際昌）
（清・寧津人）
［光緒］寧津 8/27
寧津縣志料 3/人物－孝行
寧津縣鄉土志/耆舊
王祖肅（字季龍，號敬亭）
（清・新城人）
［道光］濟南 55/59
［宣統］新城縣後志 2/宦績
［民國］重修新城 16/20
新城縣鄉土志/耆舊－清
王冠成（字次韓）
（清・寧陽人）
［咸豐］寧陽 13/11
［光緒］寧陽 13/11
王冠吳（字景言）
（清・平度人）
［民國］平度縣續志 8/4
王鴻恩（字錫三）
（清・博興人）
［民國］重修博興 13/51
王鴻甲（霑化人）
［民國］霑化 4/登進 51
王鴻圖（長清人）
［民國］長清 12/15
王鴻圖（夏邑人）
［民國］霑化 4/職官 41
王運昌（字燮臣）
（清・安邱人）
［民國］續安邱新志 18/8
王運昌（清・蒙陰人）
［康熙十一年］蒙陰 2/42
王運昇（清・蒙陰人）
［康熙十一年］蒙陰 2/17
王運晟（明・蒙陰人）
［宣統］蒙陰 4/武功
王運暐（清・蒙陰人）
［康熙十一年］蒙陰 2/38
［康熙二十四年］蒙陰 4/13
［宣統］蒙陰 4/孝義
王祖昌（字子文，號秋水漁人）
（清・長山人，一作新城人）
［宣統］山東 170/13
［道光］濟南 55/59
［宣統］新城縣後志 3/文苑
［民國］重修新城 17/14
王運昕（字和徵）
（清・蒙陰人）
［乾隆］沂州府 27/7
王祖眺（字小謝）
（清・新城人）
［道光］濟南 55/60
王冠勛（字介封）
（清・膠州人）
［民國］增修膠志 45/34
王潤璧（清・蒲臺人）
蒲臺縣鄉土志/18
王祿長（清・商河人）
［民國］重修商河 8/85
王鴻陸（字鹿泉）
（清・臨榆人）
［民國］續修臨沂 2/19
王資助（字良甫）
（東平人）
［民國］東平縣 11/上 24
王凝熙（清・齊河人）
［道光］濟南 56/2
［雍正］齊河 8/18
［民國］齊河 26/7
王運隆（明）
［康熙］寧海州 9/8

[乾隆]威海衛志 6/11
王祖熙(原名祖眷,字式廓,一名光祖,改名書,號餘人)
(清・新城人)
[道光]濟南 55/58
[宣統]新城縣後志 3/文苑
[民國]重修新城 17/6
王次翁(字慶曾)
(宋・濟南人)
[宣統]山東 161/17
[道光]濟南 71/12
[乾隆]歷城 35/35
王逢年(清・高唐人)
[道光]高唐州 5/2-22
[光緒]高唐州 5/2-25
[民國]高唐縣 12/51
王凝命(明・蒙陰人)
[康熙十一年]蒙陰 2/52
王凝命(字昌籙)
(清・陽信人)
[乾隆]武定府 24/11
[咸豐]武定府 24/清介 11
[乾隆]陽信 7/11
[民國]陽信 5/宦蹟 18
信邑志稿 7/清介
陽信縣鄉土志上/耆舊-事業
王凝命(清・猗氏人)
[康熙]兗州府曹縣 9/36
[光緒]曹縣 9/縣令 6
王鴻翔(字雁村)
(清・高唐人)
[民國]高唐縣 12/28
王淑箴(字禮銘,號農山)
(清・泰安人)
[民國]重修泰安縣 8/14
王逢炎(字煊庭)
(清・泰安人)
[民國]重修泰安縣 8/31
王運光(字肖卿)
(清・齊河人)
[民國]齊河 27/3
38 王澂(字子鏡)
(清・安仁人)
[光緒]壽張 5/12

[民國]莘縣 3/8
莘縣鄉土志/政績 10
王導(字茂弘)
(晉・瑯邪人)
[至元]齊乘 6/15
[嘉靖]山東 30/18
[康熙]山東 40/20
[雍正]山東 28/人物一 37
[宣統]山東 155/8
[萬曆元年]兗州 40/相業 13
[萬曆二十四年]兗州 32/17
[康熙]兗州 25/13
[萬曆]沂州志 6/46
[康熙]沂州志 5/24
[乾隆]沂州府 25/7
[光緒]嶧縣 19/39
[民國]臨沂 9/11
王導(字廷訓)
(明・曹縣人)
[康熙]曹縣 11/39
[康熙]兗州府曹縣 11/49
王道(字貴中)
(明・曹縣人)
[康熙]兗州府曹縣 13/14
[光緒]曹縣 13/13
王道(明・濟寧人)
[康熙]濟寧州 7/52
王道(明・文登人)
[光緒]文登 8/上 13
王道(字純甫)
(明・武城人)
[康熙]山東 41/25
[雍正]山東 28/人物三 25
[宣統]山東 162/36
[萬曆]東昌 19/57
[乾隆]東昌 41/6
[乾隆]臨清直隸州 8/下 9
[嘉靖]武城 7/63,8/50
[順治]武城 2/11,4/16
[乾隆]武城 10/21,14/44
武城縣鄉土志略/耆舊錄
王道(明・河南武涉人)
[萬曆]濮州 3/名宦 35
[嘉靖]朝城志 5/13
[康熙]朝城 7/22
王汾(字晉陽)

(清・海陽人)
[光緒]海陽縣續志 8/46
王澣(字徵遠,號溟波)
(清・福山人)
[宣統]山東 176/5
[光緒]增修登州 43/14
[乾隆]福山 8/53,9 上/39
[民國]福山縣志稿 7/1-34
王淦(清・臨淄人)
[民國]臨淄 24/23
王淦(字翼帆)
(清・山陰人)
[民國]增修膠志 48/10
王瀚(字朝宗)
(明・曹縣人)
[康熙]曹州志 15/57
[康熙]兗州府曹縣 13/3
[光緒]曹縣 13/3
[光緒]新修菏澤 10/18
王瀚(字憲方)
(清・東阿人)
[乾隆]泰安府 18/52
[康熙五十四年]東阿 7/又 43
[道光]東阿 14/人物下 30
[光緒]東阿縣鄉土志 4/25
王瀚(清・宜興人)
[乾隆]泰安府 15/33
[康熙]東平州續志 4/2
[乾隆]東平州 12/41
[道光]東平州 12/41
[光緒]東平州 14/41
[民國]東平縣 9/22
東平州鄉土志上/政績錄 16
王瀚(字友生)
(清・鄆城人)
[康熙]鄆城 6/24
[光緒]鄆城 8/21
王澮(字賢佐)
(金)
[乾隆]東昌 33/22
[嘉慶]東昌 20/33
王啟(號愛軒)
(清・章邱人)
[道光]濟南 54/15
[乾隆]章邱 9/31

［道光］章邱 10/30
王洽（字敬和）
（晉・臨沂人）
［嘉靖］山東 30/18
［康熙］山東 40/20
［萬曆二十四年］兖州 32/19
［康熙］兖州 25/15
［萬曆］沂州志 6/48
［康熙］沂州志 5/25
［乾隆］沂州府 25/8
［民國］臨沂 9/12
王洽（字和仲，一作涵仲）
（明・臨邑人）
［雍正］山東 28/人物三 59
［宣統］山東 160/2
［康熙］濟南 34/10
［道光］濟南 52/10
［順治］臨邑 12/又 14－1
［康熙］重修臨邑 9/7
［道光］臨邑 9/6
［同治］臨邑 9/循異 6
王洤（宋・齊州人）
［雍正］山東 28/人物二 29
［宣統］山東 165/8
［道光］濟南 47/33
［乾隆］歷城 42/2
王祥（字休徵）
（晉・琅邪人）
［嘉靖］山東 30/16
［康熙］山東 40/17
［雍正］山東 28/人物一 32
［宣統］山東 155/1
［萬曆元年］兖州 40/孝友 1
［萬曆二十四年］兖州 32/10
［康熙］兖州 25/7
［萬曆］沂州志 6/41
［康熙］沂州志 5/19
［乾隆］沂州府 26/6
［乾隆］武定府 26/42
［咸豐］武定府 26/寓賢 1
［萬曆］蒲臺志 9/7
［康熙］重修蒲臺 8/1
［乾隆］蒲臺 4/1
［康熙］濰縣 5/人物 8
［民國］臨沂 9/8
王祥（明・昌樂人）
［嘉靖］昌樂 3/41
王祥（清・單縣人）
［康熙］單縣 7/49
王祥（清・黄岡人）
［康熙五十六年］壽張 4/10
王游（字希偃）
（清・商河人）
［民國］重修商河 9/12
王滋（字敦修）
（清・無棣人）
［民國］無棣 12/2
王祚（宋・莘縣人）
［光緒］莘縣 7/5
［民國］莘縣 7/3
王祚（字振元）
（明・朝邑人）
［嘉慶］慶雲 7/28
［咸豐］慶雲 2/25
［民國三年］慶雲 1/85
王道亨（字應亭）
（清・江蘇吳縣人）
［宣統］山東 76/2
［咸豐］青州 37/27
［道光］濟寧直隸州 6/7－78
［光緒］益都縣圖志 18/68
［民國］德縣 9/14
王道玄（明）
［光緒］費縣 11/69
王啟亨（明・歷城人）
［道光］濟南 72/33
［崇禎］歷城 10/19
［乾隆］歷城 41/11
王啟文（字炳南）
（清・臨淄人）
［民國］臨淄 35/72
王啟文（清・鄒平人）
［民國］鄒平 15/146
王肇彥（清・鄒平人）
［民國］鄒平 15/138
王遵度（清・湖廣黄陂人）
［康熙五十六年］壽張 4/9
［光緒］壽張 5/7
王道新（字介公）
（清・濟寧人）
［乾隆］濟寧直隸州 25/9
［道光］濟寧直隸州 8/3－5
王道新（字敷三）
（清・夏津人）
［乾隆］東昌 43/40
［乾隆］夏津 8/24
王祥麟（字振卿）
（清・濟陽人）
［民國］濟陽 11/61，17/71
王祥麟（字次徵）
（清・商河人）
［民國］重修商河 14/36
王道平（明・高苑人）
［萬曆］青州 14/58
［康熙十五年］青州 14/58
［康熙四十八年］青州 14/儒行 15
［康熙］高苑 5/2
［乾隆］高苑 5/2
王道一（號萬川）
（明・黄縣人）
［康熙］山東 43/5
［雍正］山東 28/人物三 56
［宣統］山東 161/52
［泰昌］登州 11/12
［順治］登州 16/16
［光緒］增修登州 39/10
［康熙］黄縣 6/2，6/21
［乾隆］黄縣 8/20
［同治］黄縣 8/6
［民國］黄縣志稿 13/明
王道正（明・河南輝縣人）
［萬曆］青州 12 又/又 13
［康熙十五年］青州 12 又/又 13
［康熙四十八年］青州 12 又/又 13
［萬曆］諸城 4/35
王道正（字惟忠，號思泉）
（明・霑化人）
［萬曆］新修霑化 5/94
［光緒］霑化 7/11
［民國］霑化 2/5
王啟磊（字石文，號湘源，別號黄海山人）
（清・新城人）
［道光］濟南 55/56
［宣統］新城縣後志 3/文苑

[民國]重修新城 17/5
新城縣鄉土志/耆舊－清
王啟夏(字大夏)
(清・新城人)
[宣統]新城縣後志 3/文苑
王啟元(清)
[民國三年]慶雲 2/77
王啟正(字復吾)
(明・臨朐人)
[民國]臨朐續志 20/11
王溆玉(清・蒙陰人)
[宣統]蒙陰 4/孝義
王道瑞(字獻宸)
(東阿人)
[民國]東阿 16/4,18/8
王啟瑞(字麟章)
(清・威海衛人)
[乾隆]威海衛志 8/4
[光緒]文登 9/上 2－1
王遵職(明・江西人)
[萬曆二十四年]兗州 37/8
[康熙]兗州 28/37
[乾隆]曹州府 16/6
[崇禎]鄆城 5/17
[康熙]鄆城 5/19
[光緒]鄆城 5/33
王道行(字濟宇,號濟川)
(明・黃縣人)
[光緒]增修登州 41/15
[康熙]黃縣 6/20
[乾隆]黃縣 8/21
[同治]黃縣 8/6
[民國]黃縣志稿 13/明
王啟睿(見王啟叡)
王啟順(清・棲霞人)
[乾隆]棲霞 7/9
王啟卓(字文超,號醴山)
(清・鄒平人)
[道光]濟南 54/28
[嘉慶]鄒平 15/22
[道光]鄒平 15/73
[民國]鄒平 15/73
王裕經(字綸閣)
(蒙陰人)
[民國]續修鉅野 3/14,7/上 50
王海山(字仙洲)
(清・博興人)
[民國]重修博興 13/60
王海仙(清・莘縣人)
[民國]莘縣 7/23
王肇鼎(字象臺)
(清・費縣人)
[宣統]山東 173/13
[光緒]費縣 11/58
王肇豐(字文垣)
(清・益都人)
[光緒]益都縣圖志 41/18
王道然(名兆宏,字遠度,號桓坡)
(清・新城人)
[道光]濟南 55/58
[宣統]新城縣後志 3/文苑
[民國]重修新城 17/6
王啟俊(清・蓬萊人)
[光緒]增修登州 43/4
[光緒]蓬萊縣續志 8/文宦 5
王啟緒(清・福山人)
[宣統]山東 176/7
[光緒]增修登州 39/19
[乾隆]福山 8/22
[民國]福山縣志稿 7/2－15
王肇勳(字銘書)
(清・諸城人)
[道光]諸城縣續志 16/4
王遵德(字樂義)
(清・高唐人)
[民國]高唐縣 12/91
王道純(字懷鞠)
(明・陝西蒲城人)
[雍正]山東 27/17
[宣統]山東 70/15
[道光]濟南 35/17
王肇生(字子產)
(明・掖縣人)
[康熙]萊州 10/41
[乾隆]萊州 10/24
[乾隆]掖縣 4/30
[道光]掖乘 4
王啟叡(字玉栞,一字玉烟)
(明・淄川人)
[康熙]濟南 42/30
[道光]濟南 50/35
[康熙]淄川 6/88
[乾隆]淄川 6/上 88
王海齡(清・蓬萊人)
[光緒]增修登州 43/5
王道淳(清・鄒平人)
[道光]鄒平 15/101
[民國]鄒平 15/101
王道定(字懷田)
(明・濟陽人)
[道光]濟南 51/50
[乾隆]濟陽 8/11,14/3
[民國]濟陽 11/10,18/32
王啟汸(字思遠,別號崑崙山人)
(清・新城人)
[宣統]新城縣後志 2/宦績
王啟宗(字曉園)
(清・蓬萊人)
[光緒]增修諸城縣續志 11/5
王裕之(字敬弘)
(南北朝・臨沂人)
[嘉靖]山東 30/26
[康熙]山東 40/27
[萬曆]沂州志 6/64
[康熙]沂州志 5/38
[乾隆]沂州府 25/11
[民國]臨沂 9/22
王啟汧(字岐遠,別號蒲谷鄉人)
(清・新城人)
[宣統]新城縣後志 3/孝友
[民國]重修新城 18/14
王祥江(清・平度人)
[民國]平度縣續志 8/19
王浴源(清・霑化人)
[民國]霑化 2/44
王海澄(字靜遠,一作字靜源)
(清・諸城人)
[光緒]增修諸城縣續志 14/3
[光緒]日照 8/53
王瀚洲(清・茌平人)
[宣統]茌平 14/14

[民國]茌平 3/83
王啟沃(字心乃)
(清・新城人)
[宣統]新城縣後志 3/文苑
[民國]重修新城 17/5
王肇業(字新齋)
(明・蒙陰人)
[康熙十一年]蒙陰 2/15
王啟渲(字洪遠)
(清・新城人)
[宣統]新城縣後志 3/孝友
王啟溶(字顏遠)
(清・新城人)
[道光]濟南 55/73
[宣統]新城縣後志 3/文苑,3/耆壽
[民國]重修新城 17/7
王啟治(字曙暉)
(清・鄒平人)
[道光]濟南 54/29
[嘉慶]鄒平 15/22
[道光]鄒平 15/73
[民國]鄒平 15/73
王激浦(字鄰湘,號荊山)
(清・樂安人)
[民國]樂安 10/25
[民國]續修廣饒 19/45
王啟逵(字洞九)
(清・鄒平人)
[道光]濟南 54/29
[道光]鄒平 15/71
[民國]鄒平 15/71
王洽遠(字澤長)
(清・齊河人)
[道光]濟南 56/10
王海清(字蓬山,號瀚臣)
(清・商河人)
[民國]重修商河 9/3
商河縣鄉土志 2/耆舊 – 事業
王啟涑(字清遠,別號石琴山人)
(清・新城人)
[道光]濟南 55/57
[宣統]新城縣後志 3/文苑
[民國]重修新城 17/5

王啟澤(字湛遠)
(清・新城人)
[宣統]新城縣後志 3/孝友
新城縣鄉土志/耆舊 – 清
王道凝(字聚亭)
(清・鉅野人)
[民國]續修鉅野 5/上 5
王啟迥(字邁千)
(清・鄒平人)
[道光]濟南 54/29
[道光]鄒平 15/71
[民國]鄒平 15/71
王啟深(字滋遠)
(清・新城人)
[宣統]新城縣後志 3/孝友
[民國]重修新城 18/14
王啟運(清・鄒平人)
[道光]鄒平 15/105
[民國]鄒平 15/105
王啟祚(字承先,一字元錫)
(清・臨朐人)
[康熙]臨朐縣志書 3/31
光緒臨朐 14/中 8
王肇祚(字伯宣)
(清・即墨人)
[乾隆]萊州 11/孝義 8
[乾隆]即墨 9/27
[同治]即墨 9/33
即墨縣鄉土志/耆舊 – 事業四
王道南(清・齊東人)
[道光]濟南 56/22
[民國]齊東 5/22
王啟大(字東觀,號嵩菴)
(清・新城人)
[道光]濟南 55/72
[宣統]新城縣後志 3/文苑
[民國]重修新城 17/10
王啟樟(字文川)
(清・福山人)
[民國]福山縣志稿 10/14
王肇存(清・泗水人)
[光緒]泗水 11/10
王肇意(字公安)
(清・淄川人)
[乾隆]淄川 5/又 31 – 4

王遵古(字仲元)
(金・遼東人)
[嘉靖]山東 26/26
[康熙]山東 34/7
[宣統]山東 69/11
[萬曆]東昌 18/25
[乾隆]東昌 33/21
[嘉慶]東昌 20/32
王啟樾(字蔭坪)
(清・福山人)
[民國]福山縣志稿 7/4 – 14
王道蕩(字無偏,號鏡齋)
(清・淄川人)
[道光]濟南 54/68
[宣統]三續淄川 9/56
淄川縣鄉土志/鄉宦耆舊
王道蓋(晉・東莞人)
[宣統]山東 166/5
[嘉靖]青州 16/7
[萬曆]青州 15/51
[康熙十五年]青州 15/51
[康熙四十八年]青州 15/義民 20
[乾隆]沂州府 26/26
[康熙]莒州下/44
[雍正]莒州 9/37
[民國]重修莒志 65/1
[道光]沂水 7/32
王啟孝(清・茌平人)
[民國]茌平 3/97
王肇基(明・安丘人)
[康熙]續安丘 23/36
王肇基(字啟後)
(清・高唐人)
[乾隆]東昌 43/36
[嘉慶]東昌 32/53
[乾隆]高唐州續志 2/14
[道光]高唐州 5/2 – 19
[光緒]高唐州 5/2 – 22
[民國]高唐縣 12/42
王肇基(字省山)
(清・莒縣人)
[民國]重修莒志 65/21
王道楫(字濟川)
(元・嶧州人)
[康熙]嶧縣 4/70

［乾隆］嶧縣 8/18
［光緒］嶧縣 21/鄉賢 63
王遵坦（字太平）
（清・益都人）
［宣統］山東 175/38
［咸豐］青州 46/7
［光緒］益都縣圖志 39/3
王道增（字仰池）
（明・福山人）
［雍正］山東 28/人物三 75
［宣統］山東 166/12
［順治］登州 17/25
［光緒］增修登州 47/11
［康熙］福山 9/14
［乾隆］福山 9 上/12
［民國］福山縣志稿 7/3－5
王道增（明・潁州人）
［萬曆］青州 12/46
［康熙十五年］青州 12/46
［康熙四十八年］青州 12/46
［康熙六十年］青州 12/20
［咸豐］青州 36/26
［光緒］益都縣圖志 18/23
王裕春（清・棲霞人）
［光緒］棲霞縣續志 7/方技 1
王道盛（明・章邱人）
［道光］章邱 11/57
王海晏（清・臨淄人）
［民國］臨淄 30/38
王棨昌（清・福山人）
［民國］福山縣志稿 7/8－1
王祥昌（清）
［道光］沂水 5/32
王裕國（明・萊陽人）
［民國］萊陽 3/1 中 52
王肇甲（字啟元）
（清・諸城人）
［道光］諸城縣續志 16/4
王祚昌（清・邱縣人）
［乾隆］東昌 43/23
王祚昌（字錫公）
（清・壽光人）
［乾隆］續壽光 25/5
［嘉慶］壽光 14/8
［民國］壽光 12/人物志二 9
王祚昌（字延禧）
（清・汶上人）
［康熙］堂邑 10/5
王祚昌（清・沂水令）
［乾隆］沂州府 20/16
［道光］沂水 5/32
王道顯（明・同安人）
［光緒］益都縣圖志 18/3
王肇賜（字予菴）
（清・費縣人）
［宣統］山東 173/7
王道明（號燭我）
（明・海陽人）
［光緒］海陽縣續志 5/18
王道明（號雛崗）
（明・黃縣人）
［光緒］增修登州 40/8
［康熙］黃縣 6/19
［乾隆］黃縣 8/17
［同治］黃縣 8/5
［民國］黃縣志稿 13/明
王道明（字逸公）
（明・濟寧人）
［康熙］山東 46/4
［康熙］濟寧州 7/24
［乾隆］濟寧直隸州 26/18
［道光］濟寧直隸州 8/2－49
王道隆（清・恩縣人）
［雍正］恩縣續志 3/28
王道隆（字式南，號槐亭）
（清・浙江山陰人）
［宣統］山東 76/42
［乾隆］東昌 34/15
［嘉慶］東昌 22/6
［康熙五十六年］莘縣 5/9
［光緒］莘縣 5/10
［民國］莘縣 3/6
莘縣鄉土志/政績 8
王道同（字心宇）
（明・黃縣人）
［光緒］增修登州 41/15
［乾隆］黃縣 8/22
［同治］黃縣 8/6
［民國］黃縣志稿 13/明
王祚熙（字屆雍）
（清・慶雲人）
［嘉慶］慶雲 9/30
［民國三年］慶雲 2/50
王道盖（見王道蓋）
王道人（俗呼王四）
（明・德州人）
［道光］濟南 60/15
王道善（清・長山人）
長山縣鄉土志/耆舊錄
王海鏡（字蓉齋）
（清・掖縣人）
［民國］四續掖縣 4/79
王啟曾（字貽孫，號秋浦）
（清・蓬萊人）
［宣統］山東 176/27
［光緒］增修登州 39/7
［光緒］蓬萊縣續志 8/文宦 1，9/鄉賢 1，9/仕績 2，13/傳 18
［民國］蓬萊縣志合編人物志/仕績
王道光（清・福山人）
［乾隆］福山 8/38
王道光（清・齊河人）
［道光］濟南 56/4
［雍正］齊河 8/17
［民國］齊河 26/6
王道炷（字藻菴）
（清・掖縣人）
［乾隆］掖縣 4/66
王啟炳（字季海）
（清・蓬萊人）
［光緒］增修登州 41/11
［光緒］蓬萊縣續志 8/文宦 3，9/仕績 1，13/傳 15
［民國］蓬萊縣志合編人物志/仕績
王道燦（明・臨朐人）
［康熙］臨朐縣志書 4/2
39 **王湫**（周・萊人）
［康熙］萊陽 8/20
王灤（見王瀠）
王瀠（字帶如，號愚谷）
（明・益都人）
［康熙］益都 9/36
［康熙］顏神鎮志 4/下 17
［光緒］益都縣圖志 38/14

王瀅(清・福山人)
[乾隆]福山 8/49
王泮芹(字言采)
(清・東阿人)
[民國]續修東阿 11/28
王潾長(字仁普)
(清・安邱人)
[咸豐]青州 49/29
[民國]續安邱新志 20/3
安丘縣鄉土志 6/耆舊錄 3
40 **王賁**(明・浙江人)
[雍正]恩縣續志 3/7
王賁(字文明)
(明・鄒平人)
[道光]濟南 50/7
[嘉慶]鄒平 9/35
[道光]鄒平 9/35,15/27
[民國]鄒平 15/27
王存(字正仲)
(宋・潤州丹陽人)
[嘉靖]山東 27/5
[康熙]山東 35/6
[宣統]山東 68/52
[嘉靖]青州 13/28
[萬曆]青州 12/21
[康熙十五年]青州 12/21
[康熙四十八年]青州 12/21
[康熙六十年]青州 12/13
[咸豐]青州 35/5
王坊(字翼眉)
(清・齊河人)
[民國]齊河 27/9
王垓(字漢京,號巢雲)
(清・即墨人)
[宣統]山東 177/40
[乾隆]萊州 10/31
[乾隆]膠州 4/51
[道光]重修膠州 31/5
[民國]增修膠志 48/5
膠州直隸州鄉土志 4/事功
[同治]即墨 9/16
即墨縣鄉土志/耆舊 – 事業二
王古(字敏仲)
(宋・莘人)
[嘉靖]山東 33/31

王圭(字廷器)
(明・泰安人)
[康熙]濟南 46/4
[弘治]泰安州 3/12
[康熙]泰安州 3/26
[乾隆]泰安府 17/4
[乾隆二十五年]泰安縣 12/15
[乾隆四十七年]泰安縣 10/上 19
[道光]泰安縣 9/上 71
[民國]重修泰安縣 8/24
泰安縣鄉土志/耆舊 20
王吉(字子陽)
(漢・琅邪人)
[至元]齊乘 6/10
[嘉靖]山東 27/14,33/1
[康熙]山東 37/1,44/1
[雍正]山東 28/人物一 7
[宣統]山東 153/25,153/33,154/5
[萬曆元年]兗州 39/名宦 2
[萬曆二十四年]兗州 26/3
[康熙]兗州 21/3
[萬曆]萊州 5/79
[康熙]萊州 10/2
[乾隆]萊州 10/1
[乾隆]曹州府 12/1
[乾隆]濟寧直隸州 22/54
[道光]濟寧直隸州 6/6 – 2
[萬曆]鉅野 6/2
[康熙]鉅野 10/2
[道光]鉅野 10/3
[康熙]魚臺 15/3
[乾隆]魚臺 9/31
[光緒]魚臺 2/44
[萬曆]即墨志 8/2
[康熙]纂修即墨/下 17
[乾隆]即墨 9/2
[同治]即墨 9/2
即墨縣鄉土志/耆舊 – 事業一
[乾隆]金鄉 17/1
[咸豐]金鄉縣志略 7/1
[民國]臨沂 9/2

王吉(明・河南商水人)
[萬曆二十四年]兗州 29/6
[康熙]兗州 22/27
[康熙]兗州續編 14/15
[萬曆]鉅野 6/7
[康熙]鉅野 10/6
[道光]鉅野 10/21
王吉(字所珍)
(清・嶧縣人)
[乾隆]嶧縣 8/34
[光緒]嶧縣 21/宦績 3
王吉(清・霑化人)
[乾隆]武定府 25/26
[咸豐]武定府 25/孝友 26
[光緒]霑化 8/11
[民國]霑化 2/39
王嘉(字子善)
(清・黃縣人)
[民國]黃縣志稿 13/清藝術
王奎(字長文)
(宋・濰州北海人)
[道光]東阿 21/16
王培(字篤之)
(清・陽信人)
[乾隆]陽信 7/14
[民國]陽信 5/篤行 27
信邑志稿 7/義行
王培(號植園)
(清・樂陵人)
樂陵縣鄉土志 3/44
王培(清・招遠人)
[道光]招遠縣續志 2/32
王奇(字伯庸,號介夫)
(清・菏澤人)
[光緒]菏澤 15/69
[光緒]新修菏澤 11/57
王樵(字肩望)
(宋・淄州淄川人)
[至元]齊乘 6/24
[嘉靖]山東 29/15
[康熙]山東 46/1
[雍正]山東 28/人物二 31
[宣統]山東 167/11
[康熙]濟南 44/2
[道光]濟南 47/27

［嘉靖］淄川 6/79
［萬曆］淄川 30/6
［康熙］淄川 6/15
［乾隆］淄川 6/上 15
淄川縣鄉土志/耆舊錄－孝友
王森(清・臨淄人)
［民國］臨淄 22/68
王森(字再華)
(清・青城人)
［乾隆］武定府 26/21
［咸豐］武定府 26/義行 21
［乾隆］青城 8/11
［民國］青城續修 4/人物 22
王森(清・諸城人)
［光緒］增修諸城縣續志 18/2
王壽(字永平)
(明・文登人)
［光緒］文登 8/上 14
王壽(字海禪)
(清・臨沂人)
［民國］臨沂 10/24
王臺(字子端,號古柏)
(明・臨清人)
［乾隆］東昌 39/10
［乾隆］臨清州 9/29
［乾隆］臨清直隸州 8/上 16
［民國］臨清縣/人物 8
王檀(字眾美)
(五代・京兆人)
［嘉靖］山東 27/4
［康熙］山東 35/4
［嘉靖］青州 13/23
［萬曆］青州 12 又/5
［康熙十五年］青州 12 又/5
［康熙四十八年］青州 12 又/5
［康熙六十年］青州 12/9
［咸豐］青州 34/23
［萬曆二十四年］兗州 27/12
［萬曆］諸城 5/5
［康熙］諸城 5/5
王檀(清・蓬萊人)
［光緒］增修登州 43/7
王塘(明・無錫人)
［嘉靖］濮州 7/24
王槨(字召堂,號秋園)
(清・臨沂人)
［民國］臨沂 10/25
王希(字安道)
(金・滕縣人)
［道光］滕縣志 12/藝文上 75
王雄(字元伯)
(三國・臨沂人)
［萬曆二十四年］兗州 32/7
［康熙］兗州 25/5
［萬曆］沂州志 6/39
［康熙］沂州志 5/18
［乾隆］沂州府 25/6
王雄(字彥高)
(明・朝城人)
［嘉靖］朝城志 7/15
［康熙］朝城 8/50
王雄(明・臨朐人)
［萬曆］青州 15/51
［康熙十五年］青州 15/51
［康熙四十八年］青州 15/義民 20
［康熙六十年］青州 18/16
［嘉靖］臨朐 3/15
［康熙］臨朐縣志書 4/1
光緒臨朐 14/下 1
王雄(明・寧海衛人)
［光緒］文登 5/23
王雄(字鎮遠)
(明・夏津人)
［乾隆］東昌 39/31
［嘉靖］夏津 4/9
［康熙］夏津 5/7
［乾隆］夏津 8/10
王雄(字健圃)
(清・慶雲人)
［民國三年］慶雲 2/51
王埻(字爵生,一字覺生,號杏村,晚號昌陽)
(清・萊陽人)
［民國］萊陽 3/1 中 47,3/1 中 91,3/3 上傳志下 48
王堯(清・萬全人)
［民國］樂安 8/21
［民國］續修廣饒 17/6
王友(原名改僧)
(明・良鄉人)
［萬曆］諸城 4/41
王友(明・新安人)
［光緒］文登 5/26
王真(字德一)
(明・麻城人)
［嘉靖］山東 27/18
［雍正］山東 27/71
［萬曆］萊州 6/15
［康熙］萊州 10/81
［乾隆］萊州 9/26
［萬曆］即墨志 8/4
［康熙］纂修即墨/下 19
［乾隆］即墨 9/9
即墨縣鄉土志/耆舊－事業二
［同治］即墨 9/9
［民國］增修膠志 48/2
王志(字次道)
(南北朝・琅邪臨沂人)
［嘉靖］山東 30/29
［康熙］山東 40/31
［雍正］山東 28/人物一 47
［宣統］山東 155/24
［萬曆二十四年］兗州 33/18
［康熙］兗州 26/17
［萬曆］沂州志 6/70
［康熙］沂州志 5/42
［乾隆］沂州府 25/12
［民國］臨沂 9/21
王柱(字廷相,號立齋)
(明・觀城人)
［乾隆］曹州府 15/17
［康熙］觀城 3/23
［道光］觀城 8/5
觀城縣鄉土志/耆舊
王梓(字琴可)
(明・濟寧人)
［康熙］濟寧州 7/22
［乾隆］濟寧直隸州 26/16
［道光］濟寧直隸州 8/4－37
王梓(字孟周)
(清・博山人)
［民國］續修博山 12/52
王梓(清・博山人)

［民國］續修博山 11/34
王梓（字琴齋）
（清・費縣人）
［光緒］費縣 11/26
王賁亨（清・諸城人）
［光緒］增修諸城縣續志 16/23
王存廉（字潔菴）
（清・歷城人）
［民國］續修歷城 44/18
王大高（清・齊河人）
［民國］齊河 27/2
王大康（明・冀州人）
［萬曆］青城 1/40
王大章（清・霑化人）
［乾隆］武定府 25/27
［咸豐］武定府 25/孝友 27
［光緒］霑化 8/11
［民國］霑化 2/40
王吉亭（清・陵縣人）
［宣統］山東 170/25
王吉裔（字鳳翼）
（清・黃縣人）
［同治］黃縣 8/15
［民國］黃縣志稿 13/清懿行
王嘉亮（清・肥城人）
［嘉慶］肥城 17/22
［光緒］肥城 9/9
肥城縣鄉土志 5/15
王嘉言（字孔彰）
（明・東光人）
［萬曆］濮州 3/名宦 21
［康熙］濮州 3/20
［乾隆］濮州 3/20
［宣統］濮州 4/20
王嘉言（明・臨淄人）
［康熙］臨淄 9/13
［民國］臨淄 23/11
王克廣（字心亭，又字仲涵，號逸仙）
（清・高唐人）
［光緒］高唐州 5/2－34
［民國］高唐縣 12/19
王克讓（字允恭，號文思）
（清・臨淄人）
［民國］臨淄 24/16
王克序（字豫立）
（清・壽張人）
［光緒］壽張 6/52
王培賡（字廷颺）
（清・淄川人）
［宣統］三續淄川 9/90
王森文（字春林）
（清・諸城人）
［咸豐］青州 50/5
［道光］諸城縣續志 14/13
王士豪（字振方）
（清・鄆城人）
［光緒］鄆城 8/13
王士文（字斐然）
（清・茌平人）
［民國］茌平 3/95
王士庥（字蔭堂）
（清・膠州人）
［民國］增修膠志 45/24
王士序（字官宜）
（清・新城人）
［康熙］新城 8/6
［民國］重修新城 16/7
新城縣鄉土志/耆舊－清
王有康（清・鄒平人）
［民國］鄒平 15/130
王志摩（字又徐）
（清・寧津人）
［光緒］寧津 8/43
王士龍（字五雲）
（明・曹縣人）
［康熙］曹縣 11/17
［康熙］兗州府曹縣 11/17
［光緒］曹縣 11/選舉 18
王士龍（字子雲）
（清・慶雲人）
［民國三年］慶雲 2/36
王友譚（字效齋）
（清・臨淄人）
［民國］臨淄 27/51
王在諧（清・牟平人）
［民國］牟平 7/110
王雄誕（唐・曹州濟陰人）
［嘉靖］山東 30/37
［雍正］山東 28/人物二 1
［宣統］山東 164/7
［萬曆元年］兗州 40/武功 15
［萬曆二十四年］兗州 34/8
［康熙］兗州 26/41
［康熙］曹州志 15/8
［乾隆］曹州府 14/11
［康熙］曹縣 12/10
［康熙］兗州府曹縣 12/10
［光緒］曹縣 12/9
［光緒］菏澤 15/8
菏澤縣鄉土志/15
［民國］定陶 6/6
王友端（字盍簪）
（清・臨朐人）
光緒臨朐 14/中 8
王志新（字銘齋）
（清・諸城人）
［光緒］增修諸城縣續志 20/5
王士誠（字志軒）
（清・長清人）
［民國］長清 13/7
王嘉誥（字銘箴）
（夏津人）
［民國］夏津續編 8/88
王嘉謨（字仲陳）
（明・安丘人）
［萬曆］青州 13/50
［康熙十五年］青州 13/50
［康熙四十八年］青州 13/事功 33
［萬曆］安丘 19/21
安丘縣鄉土志 4/耆舊錄 1
王克謹（號春臺）
（明・長清人）
［康熙］濟南 47/12
［道光］濟南 52/23
［康熙］長清 9/63
［道光］長清 11/21
王奇謀（明・泰安人）
［乾隆］泰安府 18/26
［光緒］平陰 5/36
王大韶（字鳳儀）
（清・東平人）
［乾隆］東平州 14/16
［道光］東平州 14/16

[光緒]東平州 15/中 21
[民國]東平縣 11/上 39
王士毅(清・青城人)
[民國]青城續修 4/藝文下 19
王友詢(字梅若)
(清・臨淄人)
[咸豐]青州 47/24
[民國]臨淄 21/49
臨淄縣鄉土志/耆舊錄
王嘉麟(字孚吉,號金澤)
(清・費縣人)
[宣統]山東 173/7
[光緒]費縣 11/30
費縣鄉土志/耆舊錄-事業
王大要(清・海陽人)
[光緒]增修登州 43/47
[光緒]海陽縣續志 5/16,8/47
王大元(字文九)
(清・黄縣人)
[同治]黄縣 8/15
[民國]黄縣志稿 13/清懿行
王圭璋(字瑞五)
(清・高唐人)
[民國]高唐縣 12/22
王吉震(字海霆,號雨橋)
(清・膠州人)
[民國]增修膠志 42/28
王克醇(字懷厚)
(清・黄縣人)
[光緒]增修登州 40/9
[同治]黄縣 8/8
[民國]黄縣志稿 13/清仕績
王克震(字青伯)
(明・掖縣人)
[乾隆]掖縣 4/75
[道光]掖乘 4
[光緒]三續掖縣 2/19
王克正(字少川)
(明・嘉祥人)
[乾隆]嘉祥 3/37
[光緒]嘉祥 3/45
王來西(字復庵)
(清・諸城人)
[道光]諸城縣續志 19/11
王培元(字蘊生,號白雪)
(清・陽信人)
[民國]陽信 5/文學 10
信邑志稿 7/文苑
王士元(字堯佐)
(元・恩州人)
[嘉靖]山東 31/27
[康熙]山東 41/22
[雍正]山東 28/人物二 70
[宣統]山東 69/27,164/23
[萬曆]東昌 19/45
[乾隆]東昌 41/26
[嘉慶]東昌 31/5
[萬曆]武定州 12/8
[崇禎]武定州 15/10
[乾隆]武定府 16/7
[咸豐]武定府 19/7
[乾隆]惠民 5/14
[光緒]惠民 18/7
[嘉靖]恩縣 6/4
[萬曆]恩縣 4/12
[宣統]重修恩縣 8/20,8/36
[民國]重修恩縣 11/鄉賢 16,11/鄉賢 41
王士元(字軼凡)
(明・菏澤人)
[光緒]菏澤 16/5
[光緒]新修菏澤 10/40
王友元(字文會)
(清・商河人)
[民國]重修商河 8/79
王在晉(字明初)
(明・南直太倉人,一作大名人)
[康熙]山東 31/17
[康熙]濟南 24/26
[道光]濟南 35/8
王志玉(清・寧陽人)
[光緒]寧陽 13/79
[光緒]滋陽 9/51
滋陽縣鄉土志 1/耆舊-實行
王克預(字先吉,一字鳳岡)
(清・黄縣人)
[宣統]山東 176/23
[光緒]增修登州 40/10
[同治]黄縣 8/8
[民國]黄縣志稿 13/清仕績
王去非(字廣道)
(金・平陰人)
[嘉靖]山東 30/52
[康熙]山東 40/51
[雍正]山東 28/人物二 54,35/墓碑 36
[宣統]山東 166/7
[乾隆]泰安府 18/9,25/107,27/89
[萬曆元年]兖州 40/隱逸 6
[萬曆二十四年]兖州 35/26
[康熙]兖州 27/24
[順治]平陰 7/1,8/上 51
[光緒]平陰 5/1,8/1
平陰縣鄉土志/9
王士斐(字成章)
(清・費縣人)
[光緒]費縣 11/19
王士璿(明・新城人)
[道光]濟南 51/28
[民國]重修新城 15/5
王克登(字岸先)
(清・黄縣人)
[民國]黄縣志稿 13/清懿行
王士廷(金鄉人)
[民國]金鄉 14/23
王希孔(清・博興人)
[道光]博興 11/36
[民國]重修博興 13/34
王希孔(字心尼)
(清・商河人)
[民國]重修商河 9/10
王希孔(清・靖海衛人)
[康熙]靖海衛志 9/27
[光緒]文登 10/上 4
王在璣(東阿人)
[民國]東阿 15/7
王大武(字純岷)
(清・齊河人)
[民國]齊河 27/7
王奎武(字星五,號井文)
(清・濰縣人)
[民國]濰縣志稿 30/23
王士瑾(字瑗侶)

（清・鄆城人）
［光緒］鄆城 7/13
王士琪（字震華）
（清・濟陽人）
［道光］濟南 56/32
［乾隆］濟陽 8/40
［民國］濟陽 11/54
王士琦（明・新城人）
［道光］濟南 51/28
［康熙］新城 8/3
［民國］重修新城 15/3
王士瑛（明・保定舉人）
［道光］冠縣 6/28
［光緒］冠縣 6/宦績
［民國］冠縣 6/39
王來聘（字起莘）
（明・臨清人）
［乾隆］東昌 39/11
［康熙］臨清州 3/人物 10
［乾隆］臨清州 9/33
［乾隆］臨清直隸州 8/上 20
［民國］臨清縣/人物 9
王士珠（博興人）
［民國］重修博興 13/63
王嘉聖（字麟禎）
（清・泰安人）
［乾隆四十七年］泰安縣 10/上 32
［道光］泰安縣 9/上 84
［民國］重修泰安縣 8/39
王希聰（字慧生）
（明・無棣人）
［民國］無棣 13/25
王嘉璐（字東籬）
（清・文登人）
［光緒］文登 9/下 1－12
王賚翼（字朝端，號靜園）
（清・商河人）
［民國］重修商河 8/41
王培豫（字立齋）
（清・諸城人）
［光緒］增修諸城縣續志 18/1
王士琛（字獻甫）
（清・單縣人）
［民國］單縣 11/44
王士瑤（字邦獻）
（明・安邱人）
［道光］安邱新志 22/1
王希孟（清・博興人）
［咸豐］青州 49/40
［道光］博興 11/31
［民國］重修博興 13/29
王希孟（字養浩）
（清・濮州人）
［宣統］濮州 4/114
王堯弼（明・洛陽舉人）
［萬曆］冠縣 2/5
［道光］冠縣 6/25
［光緒］冠縣 6/宦績
［民國］冠縣 6/36
王右弼（清・萊陽人）
［民國］萊陽 3/1 中 38
王右弼（字萬長，號亮齋）
（清・齊東人）
［民國］齊東 5/13
齊東縣鄉土志/耆舊錄 13
王奇珍（字徵我）
（清・安邱人）
［咸豐］青州 46/48
［康熙］續安丘 22/32
安丘縣鄉土志 6/耆舊錄 3
王士璇（明・新城人）
［宣統］新城縣後志 2/忠義
［民國］重修新城 15/5
王士瑜（清・濟陽人）
［乾隆］濟陽 8/41
［民國］濟陽 11/55
王嘉信（字儀侯）
（明・菏澤人）
［康熙］曹州志 16/5
［光緒］菏澤 16/4
［光緒］新修菏澤 10/38
王克信（字誠庵）
（清・壽光人）
［乾隆］續壽光 24/6
［嘉慶］壽光 13/26
［民國］壽光 12/人物志一 70
王志信（字充實）
（清・商河人）
［民國］重修商河 8/41
王存仁（字壽容）
（清・長清人）
［民國］長清 11/32
王存仁（字志元）
（清・利津人）
［民國］利津縣續志 9/4
王大經（字禮之，一作理之）
（明・寧陽人）
［康熙十一年］寧陽 7/11
［康熙四十一年］寧陽 7/11
［乾隆］寧陽 7/良吏 3
［光緒］寧陽 12/36
王大儒（字汝爲）
（明・歷城人）
［道光］濟南 49/28，71/44
［崇禎］歷城 16/49
［乾隆］歷城 40/20
王大儒（明・歙縣人）
［乾隆］陽信 5/9
王大儒（臨朐人）
［民國］臨朐續志 20/45
王大順（明・江西南昌人）
［正德］莘縣 6/7，6/25
王嘉行（清・牟平人）
［民國］牟平 7/110
王克仁（字善長）
（清・臨淄人）
［民國］臨淄 27/51
王克順（字六吉）
（清・黃縣人）
［宣統］山東 176/49
［民國］黃縣志稿 13/清懿行
王士行（字晉庵）
（明・高苑人）
高苑縣鄉土志/耆舊
王士能（元・歷城人）
［乾隆］濟寧直隸州 28/29
［道光］濟寧直隸州 10/2－17
王士能（明・海州人）
［萬曆二十四年］兗州 52/28
［乾隆］兗州 31/12
［康熙］濟寧州 7/53
［道光］濟寧直隸州 10/1－17
王士貞（字淑子）
（清・淄川人）
［康熙］淄川 5/17
［乾隆］淄川 5/17

王士倬(字雲漢)
(清・商河人)
[民國]重修商河 8/83
王壽仁(清)
[宣統]四續汶上稿/宦績志
王大任(清・安徽池州人)
[光緒]壽張 5/8
壽張縣鄉土志/政績－去害
王大山(清・博興人)
[道光]博興 11/33
[民國]重修博興 13/31
王大綬(字子佩)
(清・濟寧人)
[乾隆]濟寧直隸州 25/26
[道光]濟寧直隸州 8/3－13
王九畿(字啓宇)
(清・恩縣人)
[宣統]重修恩縣 8/48
[民國]重修恩縣 11/鄉賢 68
恩縣鄉土志/20
王來豐(清・高唐人)
[道光]高唐州 5/2－22
[光緒]高唐州 5/2－25
[民國]高唐縣 12/51
王士任(字咸一)
(清・威海衛人)
[光緒]增修登州 39/43
[乾隆]威海衛志 7/2
王壽嶽(字牧園)
(濟寧人)
[民國]濟寧縣 3/15
王堉後(字尚農)
(清・高密人)
高密縣鄉土志/上 49
王柱峯(字廬瞻,號廻瀾)
(清・菏澤人)
[光緒]菏澤 15/76
[光緒]新修菏澤 11/62
王大俊(字胤山)
(明・嶧縣人)
[康熙]嶧縣 4/89
[乾隆]嶧縣 8/29
[光緒]嶧縣 21/耆舊 3
王士俊(清・貴州平越人)
[宣統]山東 74/2
[道光]濟南 37/4
王希俊(字君召)
(清・陽信人)
[民國]陽信 5/任恤 40
王大化(字玄成,號北湄)
(明・南直儀真人)
[宣統]山東 72/48
[萬曆]東昌 18/33
[乾隆]東昌 35/19
[嘉慶]東昌 22/23
[嘉靖]高唐州 5/6,6/35,6/37
[康熙十二年]高唐州 7/9,10/24
[康熙五十一年]高唐州 7/9,10/24
[道光]高唐州 7/1－11
[光緒]高唐州 7/1－11
[民國]高唐縣 9/5－6
高唐州鄉土志/7
王大壯(字孚若)
(清・鄆城人)
[康熙]鄆城 6/13
王克纘(清・蒲臺人)
[光緒]重修蒲臺 3/4
蒲臺縣鄉土志/14
王培佑(字保之)
(清・平度人)
[宣統]山東 177/7
[民國]平度縣續志 7/11
王壽先(字福初)
(清・安邱人)
[民國]續安邱新志 18/4
王在岐(字文峯)
(清・博興人)
[民國]重修博興 13/38
王志勳(字景堯)
(壽光人)
[民國]壽光 12/人物志一 101
王九純(明・浙江永嘉人)
[萬曆]青州 12 又/又 14
[康熙十五年]青州 12 又/又 14
[康熙四十八年]青州 12 又/又 14
[咸豐]青州 36/14
[萬曆]諸城 4/37
[乾隆]諸城 28/3
王克生(字孟楨,一字半石)
(清・山西陽城人)
[宣統]山東 77/9
[康熙六十年]青州 12/42
[咸豐]青州 37/4
[康熙]壽光 20/7,32/6
[嘉慶]壽光 10/28
[民國]壽光 6/19
王克生(字楨伯)
(清・掖縣人)
[乾隆]掖縣 3/60
王士純(字元生,一字孤絳)
(明・新城人)
[道光]濟南 51/28
[康熙]新城 8/8
[民國]重修新城 15/9
王士倩(字又東)
(清・商河人)
[民國]重修商河 8/83
王士伸(明・河南郾城人)
[宣統]山東 72/43
[乾隆]東昌 34/12
[嘉慶]東昌 22/3
[康熙十一年]莘縣 5/5
[康熙五十六年]莘縣 5/5
[光緒]莘縣 5/7
[民國]莘縣 3/4
莘縣鄉土志/政績 6
王希仲(清・濟陽人)
[民國]濟陽 11/63
王大程(清・黃縣人)
[光緒]增修登州 43/14
王克穆(字清遠)
(清・濟陽人)
[民國]濟陽 11/15
王難得(唐・沂州臨沂人)
[嘉靖]山東 30/39
[宣統]山東 156/13
[萬曆元年]兗州 40/武功 16
[萬曆二十四年]兗州 34/8
[康熙]兗州 26/41
[萬曆]沂州志 7/21
[康熙]沂州志 5/61
[乾隆]沂州府 25/17
王士和(字允協)

（明・新城人）
［康熙］濟南 38/21
［道光］濟南 51/28
［康熙］新城縣續志/孝義
新城縣鄉土志/耆舊－明
王太白（明・河南杞縣人）
［光緒］增修登州 28/2
［萬曆］福山 4/5
［康熙］福山 7/10
［乾隆］福山 7/12
王太和（清・壽張人）
［光緒］壽張 6/59
王希程（清・福山人）
［光緒］增修登州 43/18
［乾隆］福山 9 上/66
王志皋（明・黃縣人）
［光緒］增修登州 43/11
［康熙］黃縣 6/33
［乾隆］黃縣 8/33
［同治］黃縣 8/11
［民國］黃縣志稿 13/明
王志臯（見王志皋）
王志和（字介天）
（清・高苑人）
高苑縣鄉土志/耆舊
王大綱（字振之）
（明・寧陽人）
［康熙十一年］寧陽 7/11
［康熙四十一年］寧陽 7/11
［乾隆］寧陽 7/良吏 3
［光緒］寧陽 12/36
王克綱（明・臨淄人）
［萬曆］青州 13/73
［康熙十五年］青州 13/73
［康熙四十八年］青州 13/事功 57
［咸豐］青州 43/2
［康熙］臨淄 9/12
［民國］臨淄 23/10
王士鵠（字志千，號太液）
（清・新城人）
［道光］濟南 55/56
［康熙］新城 7/51
［民國］重修新城 16/4
新城縣鄉土志/耆舊－清
王士修（字粹巖）
（清・滋陽人）
［光緒］滋陽 9/10
滋陽縣鄉土志 1/耆舊－忠義
王希彝（見王希夷）
王在約（清・夏津人）
［民國］夏津續編 8/22
王大倫（清・高唐人）
［乾隆］東昌 42/26
［嘉慶］東昌 32/22
［康熙十二年］高唐州 9/5
［康熙五十一年］高唐州 9/4
［道光］高唐州 5/2－8
［民國］高唐縣 12/7
王大倫（字子言）
（清・濟寧人）
［乾隆］濟寧直隸州 25/18
［道光］濟寧直隸州 8/3－10
王大綸（明・寧陽人）
［光緒］寧陽 12/36
王九齡（字延年）
（明・高苑人）
［康熙］高苑 5/9
［乾隆］高苑 5/16
高苑縣鄉土志/耆舊
王九齡（字夢錫）
（清・商河人）
［民國］重修商河 9/22
王九齡（清・堂邑人）
堂邑縣鄉土志/耆舊錄
王九儀（字維邦）
（明・陝西長安人）
［宣統］山東 71/9
［康熙］濟南 25/58
［道光］濟南 36/20
［康熙］淄川 4/11
［乾隆］淄川 4/11
王克儉（明・寧陽人）
［康熙］重修清平下/11
王克儉（字樸菴）
（清・臨淄人）
［民國］臨淄 27/61
王來徵（字薦吾）
（明・濟寧人）
［道光］濟寧直隸州 8/2－46
濟寧州鄉土志 2/耆舊
王士徵（字西渠）
（清・單縣人）
［民國］單縣 11/43
王士儀（明・昌邑人）
［萬曆］萊州 6/18
［康熙］萊州 10/65
［乾隆］萊州 11/善行 1
［康熙］昌邑 6/29
［乾隆］昌邑 6/173
王喜齡（清・臨清人）
［民國］臨清縣/人物 66
王才安（清・霑化人）
［乾隆］武定府 26/21
［咸豐］武定府 26/義行 21
［光緒］霑化 10/12
［民國］霑化 2/85
王大賓（明・鄆城人）
［崇禎］鄆城 6/18
［康熙］鄆城 6/25
［光緒］鄆城 8/23
王大寬（字宏量）
（清・茌平人）
［民國］茌平 3/95
王嘉賓（明・沛縣人）
［萬曆］寧津 5/19
王嘉賓（字萍野）
（明・泰安人）
［康熙］山東 45/6
［雍正］山東 28/人物三 50
［宣統］山東 162/37
［康熙］濟南 32/9
［康熙］泰安州 3/34
［乾隆］泰安府 18/12
［乾隆二十五年］泰安縣 12/17
［乾隆四十七年］泰安縣 10/上 19
［道光］泰安縣 9/上 71
［民國］重修泰安縣 8/24
泰安縣鄉土志/耆舊 20
王嘉賓（字國光，號越峯）
（明・滕縣人）
［雍正］山東 28/人物三 44
［宣統］山東 160/29
［萬曆二十四年］兗州 36/24

［康熙］兗州 28/23
［乾隆］兗州 23/46
［萬曆］滕志 7/41
［康熙］滕志 7/39
［康熙］滕縣志 7/35
［道光］滕縣志 7/30
滕縣鄉土志/17
王嘉賓（字恪庭）
（清・臨朐人）
光緒臨朐 14/中 23
王克寬（字德涵）
（清・臨淄人）
［民國］臨淄 25/35
王木宗（字楷菴）
（清・安邱人）
［道光］安邱新志 22/8
王培永（清・壽光人）
［民國］壽光 12/人物志一 77
王培之（清・朝城人）
［民國］朝城縣續志 1/34，1/41
王培宗（字德厚）
（清・諸城人）
［咸豐］青州 47/22
［乾隆］諸城 32/21
諸城縣鄉土志/上 33
王士宏（字毅菴）
（清・濟陽人）
［道光］濟南 56/32
［乾隆］濟陽 8/22，12/8
［民國］濟陽 11/27，18/25
王右賓（號奚村）
（清・萊陽人）
［民國］萊陽 3/1 中 37
王志安（唐・博平人）
［乾隆］東昌 44/3
［嘉慶］東昌 34/3
［道光］博平 4/21
王志淳（元・南京人）
［光緒］費縣 11/68
王志寧（字道存）
（清・無棣人）
［乾隆］武定府 24/46
［咸豐］武定府 24/循良 36
［民國］無棣 11/6
海豐縣鄉土志/耆舊－事業
王培源（清・膠州人）
［民國］增修膠志 43/4
王士憑（明・新城人）
［崇禎］新城 7/武秩
王士禎（見王士禛）
王喜叢（清・曹縣人）
［光緒］曹縣 14/忠義 3
王有業（清・汶上人）
［宣統］四續汶上稿/人物－孝弟傳
王來祐（清・漢軍正黄旗人）
［乾隆］膠州 4/23
［道光］重修膠州 23/10
［民國］增修膠志 18/9
王士祜（字叔子，一字子側，號東亭）
（清・新城人）
［宣統］山東 170/7
［康熙］濟南 42/27
［道光］濟南 55/52
［康熙］新城 8/9
［民國］重修新城 16/8
新城縣鄉土志/耆舊－清
王士逵（明・淄川人）
［萬曆］淄川 28/1
［康熙］淄川 5/32
［乾隆］淄川 5/33
王士禧（字禮吉，一字仲受）
（清・新城人）
［宣統］山東 170/7
［道光］濟南 55/52
［宣統］新城縣後志 3/文苑
［民國］重修新城 17/4
王士禛（字子真，一字貽上，號阮亭，別號漁洋山人）
（清・新城人）
［雍正］山東 28/人物四 26
［宣統］山東 170/6
［道光］濟南 55/53
［宣統］新城縣後志 2/宦績
［民國］重修新城 16/15
新城縣鄉土志/耆舊－清
王壽祺（字鐵巖）
（清・臨淄人）
［民國］臨淄 24/24
王志浩（字集堂）
（清・諸城人）
［光緒］增修諸城縣續志 12/25
王太清（清・霑化人）
［乾隆］武定府 26/28
［咸豐］武定府 26/耆壽 2
［光緒］霑化 10/30
［民國］霑化 3/8
王有禮（清・章丘人）
［道光］濟南 54/19
［道光］章邱 11/66
王志沖（金・堂邑人）
［乾隆］東昌 44/8
［嘉慶］東昌 34/17
［順治］堂邑 3/襍志 2
［康熙十一年］堂邑 3/襍志 2
［康熙］堂邑 17/8
王嘉祿（元・新城人）
［雍正］山東 30/18
［道光］濟南 60/10
［康熙］新城 8/15
［民國］重修新城 26/6
［同治］即墨 12/9
王培潤（字雨之）
（清・淄川人）
［宣統］三續淄川 9/91
王士祿（字子底，號西樵）
（清・新城人）
［康熙］山東 39/32
［宣統］山東 170/7
［道光］濟南 55/51
萊州府鄉土志/上 29
［康熙］新城 7/37，12/22，12/又 25
［民國］重修新城 16/4
新城縣鄉土志/耆舊－清
［嘉慶］續掖縣 2/25
王存道（字脩之）
（清・高唐人）
［民國］高唐縣 12/26
王嘉祥（字兆興，號乾峯）
（明・莘縣人）
［萬曆］東昌 19/65
［乾隆］東昌 38/27
［嘉慶］東昌 28/27

[康熙十一年]莘縣 7/5,8/87
[康熙五十六年]莘縣 6/2,7/5,8/87
[光緒]莘縣 7/15,8/中 49
[民國]莘縣 7/8,9/21
莘縣鄉土志/鄉宦 17
王在泮(清・海陽人)
[光緒]增修登州 46/12
王大士(清・齊東人)
[民國]齊東 5/26
王大有(清・江蘇武進人)
[雍正]山東 27/112
[宣統]山東 77/22
[光緒]增修登州 26/3
[道光]重修蓬萊 6/2,6/7
王吉士(字鳳梧)
(明・朝城人)
[康熙]朝城 8/23
王吉士(字叔度)
(清・嶧縣人)
[光緒]嶧縣 21/耆舊 17
王女士(清・臨朐人)
[民國]臨朐續志 22/33
王士嘉(字道亨)
(明・武城人)
[嘉靖]山東 31/28
[康熙]山東 41/23
[雍正]山東 28/人物三 6
[宣統]山東 161/32
[萬曆]東昌 19/48
[乾隆]東昌 39/33
[嘉靖]武城 7/61,8/47
[順治]武城 2/11
[乾隆]武城 10/20
武城縣鄉土志略/耆舊錄
王希堯(字法仁)
(明・安化人)
[崇禎]歷城 6/3
王友奎(清・安邱人)
[民國]續安邱新志 21/2
王友直(字聖益)
(宋・博州高唐人)
[嘉靖]山東 31/23
[雍正]山東 28/人物二 48
[宣統]山東 157/31
[萬曆]東昌 19/41
[乾隆]東昌 37/17
[嘉慶]東昌 27/15
[正德]博平 4/71
[康熙]博平 3/54
[道光]博平 4/20
博平縣鄉土志/耆舊－名將
[民國]高唐縣 12/31
王友直(清・昌樂人)
[民國]昌樂縣續志 35/8
王有吉(清・蒙陰人)
[宣統]蒙陰 4/武功
王支灊(字青芝)
(明・濱州人)
[乾隆]武定府 25/73
[咸豐]武定府 25/武功 9
[康熙]濱州 7/10
[咸豐]濱州 10/9
濱州鄉土志/耆舊錄
王志南(清・泰安人)
[民國]重修泰安縣 8/45
王志友(清・臨沂人)
[乾隆]沂州府 26/17
[民國]臨沂 10/51
王存標(字德綽)
(清・金鄉人)
[民國]金鄉 14/9
王大堦(清・歷城人)
[民國]續修歷城 43/2
王奪標(字赤城)
(清・單縣人)
[順治]單縣 2/38
[康熙]單縣 7/26
[乾隆]單縣 6/26
[民國]單縣 9/34
王士楨(字衷一,號旭陽)
(明・泗水人)
[光緒]泗水 11/6
王培圻(字申甫)
(清・諸城人)
[光緒]增修諸城縣續志 12/33
王壽彭(字次籛)
(清・濰縣人)
[民國]濰縣志稿 30/39
王嘉棻(字馥菴)
(清・濟陽人)
[民國]濟陽 11/42
王嘉楠(字爾栄)
(明・掖縣人)
[乾隆]掖縣 4/25
王九苞(字伯羽)
(清・博興人)
[民國]重修博興 13/37
王九蘭(字南村)
(清・直隸交河人)
[宣統]山東 77/46
[同治]即墨 8/11
王克恭(元・昌樂人)
[嘉靖]青州 15/38
[萬曆]青州 14/49
[康熙十五年]青州 14/49
[康熙四十八年]青州 14/儒行 6
[康熙六十年]青州 15/8
[咸豐]青州 42/16
[嘉靖]昌樂 3/47
[康熙]昌樂 4/11
[嘉慶]昌樂 25/3
王克恭(字敬齋)
(清・利津人)
[咸豐]武定府 26/義行 30
[光緒]利津 8/義行 4
王克勤(字精軒)
(清・高唐人)
[民國]高唐縣 12/26
王克勤(字繼禹)
(清・聊城人)
[宣統]聊城 8/86
王克勤(字貫一)
(清・壽光人)
[嘉慶]壽光 15/6
[民國]壽光 12/人物志二 91
王克孝(字百原)
(清・海豐人)
[咸豐]青州 37/13
[乾隆]續壽光 18/4
[嘉慶]壽光 10/33
[民國]壽光 6/28
[民國]無棣 12/5
海豐縣鄉土志/耆舊－事業二

王奎芳(清·諸城人)
[光緒]增修諸城縣續志 14/11
王培基(清·萊蕪人)
[乾隆]泰安府 18/48
[民國]萊蕪 20/4
[民國]續修萊蕪 27/10
王培基(字立菴)
(清·諸城人)
[光緒]增修諸城縣續志 12/33
王培荀(字景叔,一作景淑,號雪嶠)
(清·淄川人)
[宣統]三續淄川 9/59
淄川縣鄉土志/鄉宦耆舊
王培芸(字避魚)
(清·曹縣人)
[光緒]曹縣 14/行誼 28
王去執(字明道)
(金·平陰人)
[嘉靖]山東 30/53
[康熙]山東 40/51
[乾隆]泰安府 18/9,27/92
[萬曆元年]兗州 40/文苑 14
[萬曆二十四年]兗州 35/26
[康熙]兗州 27/24
[順治]平陰 7/2,8/上 54
[光緒]平陰 8/3
王士芳(清·新城人)
[道光]濟南 55/56
[宣統]新城縣後志 2/善行
[民國]重修新城 16/14
新城縣鄉土志/耆舊–清
王士茭(字又韓)
(清·陵縣人)
[光緒]陵縣 19/人物傳二 9
王杏林(字春亭)
(清·恩縣人)
[宣統]重修恩縣 7/51,8/50
[民國]重修恩縣 11/鄉賢 69,12/上 117
恩縣鄉土志/23
王堉芳(清·諸城人)
[光緒]增修諸城縣續志 14/11
王在勃(清·陽信人)
[民國]陽信 5/義俠 77
王在芬(東阿人)
[民國]東阿 15/5
王大椿(字大生,號康水)
(清·高密人)
[康熙]高密 8/8
[乾隆]高密 8/上 33
[光緒]高密 8/上 51,9/下 4
[民國]高密 14/上 62,15/中 3
高密縣鄉土志/上 44
王士棟(字華東)
(清·膠州人)
[乾隆]膠州 5/26
[道光]重修膠州 29/18
[民國]增修膠志 45/5
王壽椿(清·長清人)
[民國]長清 11/24
王嘉根(學名盤瑞)
(清·濟陽人)
[民國]濟陽 17/68
王培均(清·安邱人)
[民國]續安邱新志 21/8
王士超(清·濮州人)
[宣統]濮州 6/93
王士鶴(字玉羽)
(清·曹縣人)
[康熙]兗州續編 16/24
[康熙]兗州府曹縣 14/5
[光緒]曹縣 14/人物 5
王士翹(字民瞻,號吾厓)
(明·安福人)
[康熙]濟寧州 4/8
[道光]濟寧直隸州 6/6–48
王有聲(字駿遹)
(清·黃縣人)
[光緒]增修登州 46/6
[同治]黃縣 8/15
[民國]黃縣志稿 13/清懿行
王志超(字立千)
(清·安丘人)
[民國]續安邱新志 18/3
王克敬(明·商河人)
[道光]商河 7/13
[民國]重修商河 8/11
商河縣鄉土志 2/耆舊–事業
王士敬(字熙墀)
(長清人)
[民國]長清 12/26
王大本(清·平原人)
[民國]續修平原 10/上 12
王大中(字悔菴)
(清·文登人)
[光緒]文登 9/下 2–10
王吉中(字至菴)
(清·諸城人)
[光緒]增修諸城縣續志 20/3
王來素(字樸菴)
(清·博山人)
[民國]續修博山 12/73
王士中(明·濰縣人)
[萬曆]濰縣 9/6
[康熙]濰縣 5/人物 12
[乾隆]濰縣 4/8
[民國]濰縣志稿 27/29
濰縣鄉土志/15
王壽春(清·高唐人)
[光緒]高唐州 5/2–32
[民國]高唐縣 12/17
王希冉(清·牟平人)
[民國]牟平 7/111
王希夷(唐·滕人)
[至元]齊乘 6/20
[嘉靖]山東 30/38
[康熙]山東 40/38,46/3
[雍正]山東 28/人物二 9,30/9
[宣統]山東 167/8
[乾隆]泰安府 18/69
[萬曆元年]兗州 40/隱逸 6
[萬曆二十四年]兗州 34/10
[康熙]兗州 26/43
[乾隆]兗州 23/25,31/10
[萬曆]滕志 8/57
[康熙]滕志 8/人物 15
[康熙]滕縣志 8/隱逸 4
[道光]滕縣志 9/隱逸 1
[乾隆二十五年]泰安縣

12/35,13/2－33
[乾隆四十七年]泰安縣10/上34
[道光]泰安縣9/上90
[民國]重修泰安縣8/48
王希由(清・濮州人)
[宣統]濮州5/38
王直夫(金・萊蕪人)
[康熙]濟南46/3
[嘉靖]萊蕪6/2
[康熙]新修萊蕪6/23
[民國]萊蕪20/5
[民國]續修萊蕪27/1
王志專(元・滕人)
[萬曆]滕志8/74
[康熙]滕志8/人物44
[康熙]滕縣志8/釋道2
[道光]滕縣志11/釋道2
王克振(清・費縣人)
[康熙]費縣7/30
[光緒]費縣11/8
王克振(字建興)
(清・陽穀人)
[民國]增修陽穀人物/善行40
王吉甫(字邦憲)
(宋・同州人)
[嘉靖]山東25/21
[康熙]山東32/9
[雍正]山東27/22
[宣統]山東68/29
[康熙]濟南25/11
[道光]濟南34/3
[崇禎]歷城6/10
王九成(明・蓬萊人)
[雍正]山東28/人物三10
[宣統]山東165/16
[順治]登州17/20
[光緒]增修登州43/24
[康熙]蓬萊5/孝友21
[道光]重修蓬萊9/24
[民國]蓬萊縣志合編人物志/孝友
王九成(清・棲霞人)
[光緒]增修登州43/5
[乾隆]棲霞7/10
王士成(明・淄川人)
[康熙]淄川5/38
[乾隆]淄川5/38
王士戎(字淑子)
(清・齊河人)
[民國]齊河27/9
王有成(字化行,號蘭汀)
(清・夏津人)
[民國]夏津續編8/1
王真成(號禹城道人)
(清)
[同治]即墨12/36
王存鰲(清・丘縣人)
[乾隆]東昌41/36
王克掞(字幼藻,一字至泉)
(清・膠州人)
[宣統]山東177/47
[道光]重修膠州28/18
[民國]增修膠志42/17
膠州直隸州鄉土志4/文學
王大恩(清・嘉祥人)
[咸豐]濟寧直隸州續志3/10
[民國]濟寧直隸州續志14/35
[光緒]嘉祥3/33
王九思(字敬夫,號西渟)
(明・鰲山衛選貢)
[民國]增修膠志48/3
王九思(明・高唐人)
[乾隆]東昌42/25,43/31
[嘉慶]東昌32/21,32/48
[康熙十二年]高唐州8/22,9/5
[康熙五十一年]高唐州8/22,9/4
[道光]高唐州5/2－8
[光緒]高唐州5/2－11
[民國]高唐縣12/6
高唐州鄉土志/18
王克昌(字燕及,號澹園)
(清・臨淄人)
[民國]臨淄24/16
王南圖(清・慶雲人)
[民國三年]慶雲2/33
王士果(字確亭)
(清・黃縣人)
[同治]黃縣8/20
王希旦(清・福山人)
[光緒]增修登州39/19
[乾隆]福山8/22
[民國]福山縣志稿7/2－18
王希果(清・諸城人)
[光緒]增修諸城縣續志14/5
王柱國(字振東)
(明・蒙陰人)
[康熙十一年]蒙陰2/45
[康熙二十四年]蒙陰4/18
[宣統]蒙陰4/武功
王士顯(見王仕顯)
王九疇(字仲敘)
(明・莘縣人)
[正德]莘縣6/10
[光緒]莘縣6/5
王吉嗣(字鳳翽)
(清・黃縣人)
[同治]黃縣8/12
[民國]黃縣志稿13/清孝友
王士鶚(字文斗,號燦東)
(清・單縣人)
[民國]單縣12/鄉賢18
王士瞻(明・新城人)
[道光]濟南51/28
[康熙]新城8/3
[民國]重修新城15/3
新城縣鄉土志/耆舊－明
王克臣(字子難)
(宋・洛陽人,一作南京虞城人)
[嘉靖]山東26/9
[康熙]山東33/11
[雍正]山東27/89
[宣統]山東68/34
[乾隆]泰安府14/18
[萬曆二十四年]兗州28/5
[康熙]兗州22/5
[康熙]東平州4/38
[乾隆]東平州12/17
[道光]東平州12/17
[光緒]東平州14/17
[民國]東平縣9/9

東平州鄉土志上/政續錄 12
王士驥(字隴西,又字杜稱)
(清・新城人)
[道光]濟南 55/55
[康熙]新城 7/41
[民國]重修新城 16/6
新城縣鄉土志/耆舊－清
王士驪(字貽西,號幔亭)
(清・新城人)
[道光]濟南 55/55
[康熙六十年]青州 12/44
[咸豐]青州 37/13
[乾隆]諸城 28/13
[宣統]新城縣後志 3/文苑
[民國]重修新城 17/4
王壽長(字靜山,號仁菴)
(清・安丘人)
[宣統]山東 175/53
[咸豐]青州 48/6
[道光]安邱新志 11/19,23/3
安丘縣鄉土志 6/耆舊錄 3
王堯臣(宋・洛陽人,見王克臣)
王堯臣(宋・南京虞城人)
[萬曆元年]兗州 39/名宦 10
王友臣(清・安定人)
[康熙]德州 6/4
王克剛(見王克綱)
王士騠(字宛西)
(清・新城人)
[道光]濟南 55/56
[康熙]新城 8/11
[民國]重修新城 16/9
新城縣鄉土志/耆舊－清
王大民(清・膠州人)
膠州直隸州鄉土志 4/孝友
王大鵬(字志遠)
(明・茌平人)
[民國]茌平 3/69
王大興(清・濮州人)
[宣統]濮州 5/30
王大用(明・濟陽人)
[道光]濟南 51/53
[萬曆]濟陽 8/10
[乾隆]濟陽 8/34
[民國]濟陽 11/48
王大用(明・盧龍人)
[乾隆]泰安府 15/16
[康熙]東平州 4/56
[乾隆]東平州 12/38
[道光]東平州 12/38
[光緒]東平州 14/38
[民國]東平縣 9/20
[萬曆]滕志 6/68
[康熙]滕志 6/39
[康熙]滕縣志 6/宦業 35
[道光]滕縣志 6/宦績 28
滕縣鄉土志/9
王來鳳(明・富平人)
[天啟]新泰 5/27
[順治]新泰 4/22
[乾隆]新泰 11/9
王來舉(字彥昇)
(清・三韓人)
[宣統]山東 75/12
[道光]濟南 38/19
[康熙五十五年]長山 3/38
[嘉慶]長山 5/46
王士駒(明・新城人)
[康熙]新城 8/3
王士熙(字繼學)
(元・東平人)
[宣統]山東 168/16
王士賢(字少台)
(清・無棣人)
[民國]無棣 13/28
王士譽(字令子,號筆山)
(清・新城人)
[道光]濟南 55/55
[康熙]新城 8/9
[民國]重修新城 16/8
王壽鵬(字程萬)
(清・諸城人)
[道光]諸城縣續志 19/3
王希閔(字闇如)
(清・東阿人)
[民國]續修東阿 11/23
王希賢(字伯舉)
(清・淄川人)
[宣統]山東補遺/29
[宣統]三續淄川 10/5
淄川縣鄉土志/鄉宦耆舊
王友開(見王興宗)
王有冊(字典齋)
(清・東阿人)
[民國]續修東阿 11/25
王有開(號歷亭野老)
(宋)
[乾隆]東昌 44/3
[嘉慶]東昌 34/3
王右民(字南洲)
(清・濰縣人)
[民國]濰縣志稿 32/4
王志舉(明・新城人)
[崇禎]新城 7/進士
王存義(字叔田)
(明・諸城人)
[萬曆]青州 14/41
[康熙十五年]青州 14/41
[康熙四十八年]青州 14/隱逸 15
[萬曆]諸城 7/28
[康熙]諸城 7/49
[乾隆]諸城 42/1
王大年(字稺生,號羲叟)
(明・壽張人)
[康熙]兗州 28/28
[乾隆]兗州 23/50
[康熙]張秋志 7/27
[康熙六年]壽張 7/16
[康熙五十六年]壽張 7/17
[光緒]壽張 6/49
壽張縣鄉土志/耆舊－事業
王吉人(清・江寧人)
[乾隆]東昌 34/9
[嘉慶]東昌 21/28
[康熙]重修清平下/5
[嘉慶]清平 13/6
[宣統]增輯清平 11/6
[民國]清平/秩官 29
王嘉會(字禮亭)
(清・泰安人)
[民國]重修泰安縣 8/28
王南金(清・諸城人)
[道光]諸城縣續志 19/14
王希曾(字道宗)
(明・懷寧人)
[康熙]嶧縣 3/32

［乾隆］嶧縣 7/14
王希曾（字少沂）
（清・臨淄人）
［民國］臨淄 27/64
王希曾（字惟一）
（清・商河人）
［道光］商河 7/45
［民國］重修商河 8/73
王有年（號豐周）
（清・城武人）
［道光］城武 9/上 34
王有年（字史占）
（清・觀城人）
觀城縣鄉土志/耆舊
王在鎬（字那居）
（明・寧海人）
［同治］重修寧海州 21/3
［民國］牟平 7/83
王在鎬（清・茌平人）
［宣統］茌平 28/7
［民國］茌平 3/80
王在鎬（字藻屏）
（清・商河人）
［民國］重修商河 8/67
王在公（明・南直崑山人）
［宣統］山東 73/8
［萬曆］青州 12 又/又 19
［康熙十五年］青州 12 又/19
［康熙四十八年］青州 12 又/19
［康熙六十年］青州 12/25
［咸豐］青州 36/37
［乾隆］高苑 3/21
王志曾（清・山西陽曲人）
［宣統］山東 77/18
［咸豐］青州 37/18
［乾隆］諸城 28/13
諸城縣鄉土志/上 11
王志全（號虛元大師）
（元・黃縣人）
［同治］黃縣 9/31
［民國］黃縣志稿 13/人物－釋道
王志益（清・定陶人）
［民國］定陶 6/69
王大猷（明・浙江臨海人）
［萬曆］青州 12 又/又 13
［康熙十五年］青州 12 又/又 13
［康熙四十八年］青州 12 又/又 13
［萬曆］諸城 4/36
王大猷（字允升）
（明・樂安人）
［咸豐］青州 46/9
［民國］樂安 10/16
［民國］續修廣饒 19/30
王大猷（號顯齋）
（清・濟寧人）
［民國］濟寧直隸州續志 12/54
王大猷（字允升）
（清・汶上人）
［宣統］四續汶上稿/人物－施濟傳
王嘉猷（明・東平人）
［乾隆］東平州 15/3
［道光］東平州 15/3
［光緒］東平州 15/下 3
［民國］東平縣 11/中 23
東平州鄉土志上/耆舊錄 33
王嘉猷（字秩安）
（曲阜人）
［民國］莘縣 3/18
王奇猷（清・諸城人）
［宣統］山東 175/7
王九錫（字春亭）
（清・汶上人）
［宣統］四續汶上稿/人物－孝弟傳
王志智（清・蓬萊人）
［光緒］增修登州 68/15
王大鑑（清・博興人）
［道光］博興 11/37
［民國］重修博興 13/35
王克篤（字菊逸）
（明・安丘人）
［道光］安邱新志 21/2
安丘縣鄉土志 8/耆舊錄 5
王士範（字子亮）
（清・魚臺人）
［乾隆］魚臺 11/39
［光緒］魚臺 3/23
王士範（清・諸城人）
［道光］諸城縣續志 19/10
王志範（字洪九）
（清・齊東人）
［民國］齊東 5/28
齊東縣鄉土志/耆舊錄 2
王志敏（清・觀城人）
［道光］觀城 9/49
觀城縣鄉土志/耆舊
王存常（清・泰安人）
［道光］泰安縣 9/上 87
［民國］重修泰安縣 8/41
王克省（字誠三）
（清・茌平人）
［宣統］茌平 13/4
［民國］茌平 3/13
王奎光（字凝堂，號鐵巖）
（清・滕縣人）
［道光］滕縣志 8/掾曹 19
王士尚（字月坡）
（明・高苑人）
高苑縣鄉土志/耆舊
王有光（寧津人）
寧津縣志料 3/人物－義行
王志愔（唐・博州聊城人）
［嘉靖］山東 25/19，31/13
［康熙］山東 32/6，41/10
［雍正］山東 28/人物二 7
［宣統］山東 156/6
［道光］濟南 33/24
［乾隆］東昌 36/37
［嘉慶］東昌 26/33
［崇禎］歷城 6/8
［康熙］聊城 3/3
［宣統］聊城 8/2
王士炳（字維章）
（清・掖縣人）
［宣統］山東補遺/2
［乾隆］萊州 10/37
［乾隆］掖縣 4/36
王有恒（字聖基）
（清・恩縣人）
［宣統］重修恩縣 8/51
［民國］重修恩縣 11/鄉賢 70
王有恬（字德安，別號寅菴）

(明)
[嘉靖]淄川 6/87
王志恢(清・紹興人)
[乾隆]陽信 5/11
信邑志稿 5/職官－主簿
[民國]陽信 2/34
王克灼(清・黄縣人)
[民國]黄縣志稿 13/清孝友
王士燦(字文斗)
(清・即墨人)
[同治]即墨 9/52
即墨縣鄉土志/耆舊－事業四
王希燦(字儀南)
(明・諸城人)
[乾隆]諸城 37/3
王吉榮(字仲仁)
(禹城人)
[民國]禹城 6/30
王志榮(清・膠州人)
[民國]增修膠志 43/9
膠州直隸州鄉土志 4/忠烈
41 **王柏**(明・浙江仁和人)
[乾隆]沂州府 20/7
[康熙]郯城 6/4
[乾隆]郯城 7/25
王標(明・牟平人)
[康熙]寧海州 8/5
[民國]牟平 7/11
王標(明・商河人)
[民國]重修商河 7/45,11/43
王姬(周)
[民國]臨淄 31/45
王樌(字芝房,別號龍鏡居士)
(明・寧海人)
[光緒]增修登州 40/29
[康熙]寧海州 9/7
[同治]重修寧海州 21/3
[民國]牟平 7/82
王壜(字鐵東)
(清・諸城人)
[咸豐]青州 46/18
[康熙]諸城 7/43
[乾隆]諸城 39/4
王堦(字尺我)
(清・掖縣人)
[康熙]兖州府曹縣 9/39
[光緒]曹縣 9/教諭 4
王楷(字魯齋)
(清・費縣人)
[光緒]費縣 11/26
王楷(清・海陽人)
[光緒]增修登州 43/50
王楷(清・臨沂人)
[乾隆]沂州府 26/25
[民國]臨沂 10/52
王楷(字端木)
(清・青州諸城人)
[康熙六十年]青州 18/15
[咸豐]青州 47/37
[乾隆]諸城 39/8
諸城縣鄉土志/上 44
王柯(字可木)
(清・諸城人)
[道光]諸城縣續志 14/2
王坪(清・高密人)
[光緒]高密 8/上 43
[民國]高密 14/上 45
王樞(金・益都人)
[宣統]山東 162/31
王樞(明・河南鈞州人)
[道光]濟南 36/50
王樞(明・泰和人,見王樾)
王樞(字建中)
(清・嘉祥人)
[乾隆]嘉祥 3/38
[光緒]嘉祥 3/46
王樞(字拱如)
(清・寧海人)
[光緒]增修登州 41/56
[同治]重修寧海州 17/21
[民國]牟平 7/13,9/22
王堰(字岸公)
(清・齊河人)
[民國]齊河 27/7
王垣(明・平原人)
[康熙]濟南 37/6
王楨(元・霑化人)
[乾隆]武定府 23/41
[咸豐]武定府 23/忠節 11
[光緒]霑化 7/5
[民國]霑化 2/17
王楨(明・黄縣人,見王禎)
王楨(字大山,一字大木,號雨嵐)
(清・長山人)
[宣統]山東 169/2
[康熙]濟南 39/5
[道光]濟南 55/9
[康熙四十三年]長山 5/仕業
[康熙五十五年]長山 6/10
[嘉慶]長山 7/16,14/8,14/40
長山縣鄉土志/耆舊錄
王址(清・齊河人)
[民國]齊河 27/9
王垣琮(字宗玉)
(清・臨淄人)
[民國]臨淄 22/65
王楨之(字幹岩)
(清・濮州人)
[康熙]濮州 2/99
[乾隆]濮州 2/80
[宣統]濮州 3/59
王垣軫(字巽菴)
(清・費縣人)
[光緒]費縣 11/55
王栖曜(唐・濮州濮陽人)
[嘉靖]山東 31/14
[康熙]山東 41/11
[雍正]山東 28/人物二 10
[萬曆]東昌 19/24
[乾隆]曹州府 14/15
[嘉靖]濮州 5/7
[萬曆]濮州 4/武烈 1
[康熙]濮州 4/16
[乾隆]濮州 4/28
[宣統]濮州 6/22
王楷年(清・陽信人)
[民國]陽信 5/忠義 64
42 **王彬**(字世儒)
(晉・臨沂人)
[嘉靖]山東 30/18
[康熙]山東 40/20
[雍正]山東 28/人物一 37
[宣統]山東 155/10

[萬曆元年]兖州 40/忠直 10
[萬曆二十四年]兖州 32/25
[康熙]兖州 25/19
[萬曆]沂州志 6/50
[康熙]沂州志 5/27
[乾隆]沂州府 25/7
[康熙]壽光 26/1
[民國]臨沂 9/14
王彬(字思文)
(南北朝・臨沂人)
[宣統]山東 155/24
[民國]臨沂 9/22
王彬(字世儒,一作世宗)
(元・壽光人)
[嘉靖]山東 32/19
[康熙]山東 42/20
[嘉靖]青州 16/7
[萬曆]青州 15/46
[康熙十五年]青州 15/46
[康熙四十八年]青州 15/卓行 6
[康熙六十年]青州 18/12
[咸豐]青州 42/17
[嘉慶]壽光 13/15
[民國]壽光 12/人物志一 45
王彬(字文質)
(明・東平人)
[雍正]山東 28/人物三 4
[宣統]山東 164/27
[乾隆]泰安府 18/25
[萬曆二十四年]兖州 36/2
[康熙]兖州 28/2
[康熙]東平州 4/19
[乾隆]東平州 14/21
[道光]東平州 14/21
[光緒]東平州 15/中 30
[民國]東平縣 11/中 3
東平州鄉土志上/耆舊録 31
王彬(清・大興人)
[道光]濟寧直隸州 6/7-89
[乾隆]魚臺 9/49
[光緒]魚臺 2/56
王彬(霑化人)
[民國]霑化 4/登進 44
王棣(明・寧海人)
[康熙]寧海州 9/6
[同治]重修寧海州 21/5
[民國]牟平 7/87
王埰(字永錫)
(清・城武人)
[康熙九年]城武 3/58
王埰(字方岳,號鶴山)
(清・即墨人)
[宣統]山東 177/39
[乾隆]膠州 4/49
[道光]重修膠州 31/4
[民國]增修膠志 48/5
膠州直隸州鄉土志 4/事功
[同治]即墨 9/16
即墨縣鄉土志/耆舊-事業二
王機(字研溪)
(清・福山人)
[光緒]增修登州 43/15
[乾隆]福山 8/56
[民國]福山縣志稿 7/2-5
王檻(明・江西泰和人)
[嘉靖]山東 25/27
[康熙]山東 32/15
[雍正]山東 27/75
[宣統]山東 71/39
[康熙]濟南 25/35
[乾隆]武定府 16/7
[咸豐]武定府 19/7
[乾隆]惠民 5/15
[光緒]惠民 18/8
惠民縣鄉土志/政績錄 5
王塏(字爽齋)
(清・定陶人)
[民國]定陶 6/20
王塏(號曉泉)
(清・膠州人)
[民國]增修膠志 41/42
王彭(見王澎)
王樸(字子素)
(明・海豐人)
[康熙]濟南 44/5
[乾隆]武定府 25/3
[咸豐]武定府 25/孝友 3
[民國]無棣 13/1,22/4
海豐縣鄉土志/耆舊-事業五
王樸(明・萊陽人)
[民國]萊陽 3/1 中 18
王樸(字文之)
(明・諸城人)
[雍正]山東 28/人物三 30
[宣統]山東 165/19
[萬曆]青州 14/20
[康熙十五年]青州 14/20
[康熙四十八年]青州 14/孝友 10
[康熙六十年]青州 17/13
[咸豐]青州 44/50
[萬曆]諸城 7/23
[乾隆]諸城 39/3
王圻(字元翰,號洪州)
(明・嘉定人)
[宣統]山東 72/27
[萬曆二十四年]兖州 29/9
[康熙]兖州 22/30
[乾隆]曹州府 12/20
[康熙]兖州府曹縣 9/9,10/13
[光緒]曹縣 10/12
曹縣鄉土志/政績錄
王圻(清・霑化人)
[乾隆]武定府 25/20
[咸豐]武定府 25/孝友 20
[光緒]霑化 8/7
[民國]霑化 2/36
王橋(字懷古,號知非)
(清・魚臺人)
[乾隆]魚臺 11/39
[光緒]魚臺 3/24
王埏(清・商河人,見王珽)
王韜(明・垣曲人)
[道光]濟南 36/45
[順治]臨邑 11/2
[康熙]重修臨邑 8/1
[道光]臨邑 7/23
[同治]臨邑 7/27
王壎(字仲和)
(清・齊河人)
[民國]齊河 27/8
王壎(字宜兄)
(清・沂州人)
[宣統]山東 173/18

［康熙］兗州續編 16/35
［乾隆］沂州府 25/29
［光緒］費縣 15/22
［民國］臨沂 10/8
王斯謀（字頌侯）
（清・江蘇秦州人）
［民國］鄒平 14/36
王斯惠（字濟泉）
（清・淄川人）
［宣統］三續淄川 9/79
王斯盛（字若松）
（清・章丘人）
［道光］章邱 16/81
王彭年（字壽卿）
（清・桓臺人）
［民國］桓臺志略 3/19
［民國］桓臺 3/18
王彭年（字昌齡）
（清・平陰人）
［光緒］平陰 5/13
平陰縣鄉土志/11
43 **王棳**（清・福山人）
［乾隆］福山 8/41
［民國］福山縣志稿 7/1－33
王棵（清・臨清人）
［民國］臨清縣/人物 28
王櫨（字馥亭）
（清・嶧縣人）
［光緒］嶧縣 21/耆舊 19
王朴（字文伯）
（五代・東平人）
［嘉靖］山東 30/42
［雍正］山東 28/人物二 19
［宣統］山東 156/23
［乾隆］泰安府 16/35
［萬曆元年］兗州 40/文苑 11
［萬曆二十四年］兗州 34/13
［康熙］兗州 26/44
［康熙］東平州 5/31
［乾隆］東平州 13/10
［道光］東平州 13/10
［光緒］東平州 15/上 10
［民國］東平縣 11/上 4
東平州鄉土志上/耆舊錄 27
王朴（明・無棣人，見王樸）
王朴（明・諸城人，見王樸）

王式（字翁思）
（漢・東平人）
［嘉靖］山東 30/2
［康熙］山東 40/3
［雍正］山東 28/人物一 7
［宣統］山東 153/22，162/3
［乾隆］泰安府 18/3
［萬曆元年］兗州 40/儒林 2
［萬曆二十四年］兗州 31/18
［康熙］兗州 24/17
［乾隆］曹州府 12/1
［康熙］東平州 4/1
［乾隆］東平州 13/1
［道光］東平州 13/1
［光緒］東平州 15/上 1
［民國］東平縣 11/上 1
東平州鄉土志上/耆舊錄 26
［乾隆］濟寧直隸州 22/54
［道光］濟寧直隸州 6/6－2
［萬曆］鉅野 6/1
［康熙］鉅野 10/2
［道光］鉅野 10/2
［乾隆］金鄉 17/1
［咸豐］金鄉縣志略 7/1
［光緒］魚臺 2/44
王栻（字靖四）
（清・齊河人）
［民國］齊河 26/30
王域（字弘之）
（明・淄川人）
［康熙］淄川 5/37
［乾隆］淄川 5/37
王越（字世昌）
（明・大名濬縣人）
［嘉靖］山東 25/13
［康熙］山東 31/15
［雍正］山東 27/13
［宣統］山東 70/23
［康熙］濟南 24/21
［道光］濟南 35/32
［崇禎］歷乘 16/31
［崇禎］歷城 6/13
［咸豐］寧陽 18/20
王載（字養厚）
（明・濮州人）
［康熙］濮州 2/96

［乾隆］濮州 2/77
［宣統］濮州 3/56
王博文（字仲明）
（宋・曹州濟陰人）
［嘉靖］山東 27/4，30/46
［康熙］山東 35/5
［雍正］山東 28/人物二 31
［宣統］山東 68/48，157/11
［嘉靖］青州 13/27
［萬曆］青州 12/20
［康熙十五年］青州 12/20
［康熙四十八年］青州 12/20
［康熙六十年］青州 12/10
［咸豐］青州 35/3
［萬曆元年］兗州 40/諫議 13
［萬曆二十四年］兗州 35/6
［康熙］兗州 27/6
［乾隆］曹州府 14/25
［萬曆］諸城 5/6
［康熙］諸城 5/6
［乾隆］諸城 27/5
諸城縣鄉土志/上 5
［康熙］曹縣 12/14
［康熙］兗州府曹縣 12/14
［光緒］曹縣 12/13
王博文（元・魯人）
［宣統］山東 163/27
王榕齡（字十蔭）
（清・諸城人）
［光緒］增修諸城縣續志 12/22
王榕吉（字蔭堂）
（清・長山人）
［宣統］山東 169/14
長山縣鄉土志/耆舊錄
王乾垣（號雪舫）
（清・蓬萊人）
［道光］重修蓬萊 9/39
［民國］蓬萊縣志合編人物志/行誼
王博勳（清・聊城人）
［宣統］聊城 8/91
王裁成（清・蓬萊人）
［道光］重修蓬萊 9/26
王式軾（字坡如）
（清・冠縣人）

［宣統］山東 174/23
［乾隆］東昌 40/26
［嘉慶］東昌 30/27
［道光］冠縣 8/上 10
［光緒］冠縣 8/卓行
［民國］冠縣 8/人物志 10
王載揚（字汝賓，號見山）
（明・淄川人）
［道光］濟南 50/36
［康熙］淄川 6/63
［乾隆］淄川 6/上 63
王博厚（字載臣）
（清・黄縣人）
［光緒］增修登州 40/9
［乾隆］黄縣 8/28
［同治］黄縣 8/7
［民國］黄縣志稿 13/清仕績
王式金（字用賓）
（清・曹縣人）
［光緒］曹縣 14/行誼 10
王博愨（清・聊城人）
［宣統］聊城 8/91
44 **王藹**（字吉士）
（清・霑化人）
［民國］霑化 2/43
王苞（清・齊東人）
［民國］齊東 5/41
王材（清・費縣人）
［光緒］費縣 11/60
王董（明・蒲臺人）
蒲臺縣鄉土志/21
王杜（字秋堂）
（清・高密人）
［民國］高密 14/上 26
王杜（字同甫）
（清・惠民人）
［光緒］惠民 21/13
惠民縣鄉土志/耆舊錄 12
王杜（字仲紀）
（清・無棣人）
［民國］無棣 12/15
海豐縣鄉土志/耆舊－事業五
王藩（清・海陽人）
［光緒］海陽縣續志 4/27
王藩（字晉卿，晚更字介一，名凡）
（清・諸城人）
［光緒］增修諸城縣續志 20/4
王芳（字汝馨）
（清・海陽人）
［光緒］增修登州 43/46
［光緒］海陽縣續志 5/14，8/37
王棻（字馨齋）
（清・臨清人）
［乾隆］臨清直隸州 8/下 14
［民國］臨清縣/人物 63
王革（元萊陽）
［康熙］萊陽 4/5
王革（字文蔚）
（元・蓬萊人）
［順治］登州 16/26
王恭（明・懷遠人）
［乾隆］沂州府 17/35
王恭（字子敬）
（清・陽穀人）
［光緒］陽穀 6/28
［民國］增修陽穀人物/善行 39
王桂（明・萊陽人）
［民國］萊陽 3/1 中 11
王桂（清・昌樂歲貢）
［乾隆］嶧縣 7/38
王桂（字丹木）
（清・諸城人）
［道光］諸城縣續志 14/2
王横（字平仲）
（漢・琅邪人）
［至元］齊乘 6/11
［宣統］山東 153/17
［萬曆］青州 14/45
［康熙十五年］青州 14/45
［康熙四十八年］青州 14/儒行 2
［咸豐］青州 55/2
［萬曆］諸城 7/5
［康熙］諸城 7/4
王花（明・臨朐人）
臨朐縣鄉土志 1/耆舊
王華（字子陵）
（南北朝・琅邪臨沂人）
［嘉靖］山東 30/24
［康熙］山東 40/27
［宣統］山東 155/16
［萬曆二十四年］兗州 33/3
［康熙］兗州 26/3
［康熙］沂州志 5/38
［乾隆］沂州府 25/11
［萬曆］沂州志 6/64
［民國］臨沂 9/26
王華（字文蔚，號怡軒）
（元・蓬萊人）
［嘉靖］山東 32/24
［雍正］山東 28/人物二 66
［宣統］山東 163/27
王華（清・招遠人）
［道光］招遠縣續志 2/25
王薈（字敬文）
（晉・臨沂人）
［嘉靖］山東 30/18
［康熙］山東 40/21
［萬曆二十四年］兗州 32/20
［康熙］兗州 25/15
［萬曆］沂州志 6/49
［康熙］沂州志 5/26
［乾隆］沂州府 25/8
［民國］臨沂 9/13
王獲（清・茌平人）
［宣統］茌平 28/10
［民國］茌平 3/88
王基（字伯輿）
（三國・東萊曲成人）
［至元］齊乘 6/14
［嘉靖］山東 25/3，32/22
［康熙］山東 31/3
［雍正］山東 28/人物一 29
［宣統］山東 154/24
［嘉靖］青州 13/14
［萬曆］青州 12 又/3
［康熙十五年］青州 12 又/3
［康熙四十八年］青州 12 又/3
［咸豐］青州 34/10
［萬曆］萊州 5/87
［康熙］萊州 10/17
［乾隆］萊州 10/4

萊州府鄉土志/下 2
[泰昌]登州 11/2
[順治]登州 16/2
[光緒]增修登州 38/4
[乾隆]掖縣 4/16
[順治]招遠 9/4
[民國]臨淄 18/4
王基(字啟亨,號對滄)
(明・益都青州人)
[康熙]山東 42/25
[雍正]山東 28/人物三 45
[宣統]山東 160/30
[萬曆]青州 13/60
[康熙十五年]青州 12 又/3,13/60
[康熙四十八年]青州 13/事功 44
[康熙六十年]青州 16/22
[咸豐]青州 44/42
[康熙]益都 7/24
[光緒]益都縣圖志 35/16
王基(清・蒙陰人)
[康熙十一年]蒙陰 2/55
王基(清・齊河人)
[道光]濟南 56/4
王薦(宋・濰縣人)
[康熙]濰縣 5/名宦 3
[乾隆]濰縣 3/40
濰縣鄉土志/51
王劼(字崑獻)
(清・鄆城人)
[康熙]鄆城 6/4
[光緒]鄆城 7/4
王禁(漢)
[光緒]莘縣 5/1
[民國]莘縣 3/1
王藎(字惟忠)
(明・濰縣人)
[萬曆]萊州 5/105
[康熙]萊州 10/30
[乾隆]萊州 10/18
[萬曆]濰縣 9/6
[康熙]濰縣 5/人物 13
[乾隆]濰縣 4/9
[民國]濰縣志稿 27/30
濰縣鄉土志/16
王考(字文祖)
(漢・壽張人)
[雍正]山東 28/人物一 23
[萬曆二十四年]兗州 31/26
[康熙]兗州 24/25
[乾隆]兗州 23/16
[康熙六年]壽張 7/1
[康熙五十六年]壽張 7/1
[光緒]壽張 7/1
壽張縣鄉土志/耆舊－事業
王蘭(字惟馨)
(明・曹縣人)
[雍正]山東 28/人物三 14
[宣統]山東 166/9
[康熙]兗州續編 15/18
[康熙]曹州志 15/57
[康熙]曹縣 11/39
[康熙]兗州府曹縣 11/49,13/3
[光緒]曹縣 13/3
[光緒]菏澤 15/51
[光緒]新修菏澤 10/37
菏澤縣鄉土志/25
王棱(字文子)
(晉・琅邪人)
[嘉靖]山東 30/18
[康熙]山東 40/20
[宣統]山東 155/11
[萬曆元年]兗州 40/忠直 10
[萬曆二十四年]兗州 32/26
[康熙]兗州 25/21
[萬曆]沂州志 6/51
[康熙]沂州志 5/28
[乾隆]沂州府 25/7
[民國]臨沂 9/14
王林(字翰園)
(清・膠州人)
[乾隆]膠州 5/26
[道光]重修膠州 29/18
[民國]增修膠志 45/4
膠州直隸州鄉土志 4/篤行
王勱(字公濟)
(南北朝・琅邪臨沂人)
[宣統]山東 161/8
[萬曆二十四年]兗州 33/26
[康熙]兗州 26/25
[民國]臨沂 9/35
王莽(字巨卿)
(漢・東平陵人)
[嘉靖]山東 33/16
[萬曆元年]兗州 41/9
王茂(字伯昌)
(元・曹州楚丘人)
[嘉靖]山東 30/57
[康熙]山東 40/55
[萬曆二十四年]兗州 35/35
[康熙]曹州志 15/16
[乾隆]曹州府 14/31
[康熙]曹縣 12/26
[康熙]兗州府曹縣 12/26
[光緒]曹縣 12/24
曹縣鄉土志/耆舊錄
[光緒]菏澤 15/15
[光緒]新修菏澤 10/16
王楙(字益之)
(清・齊河人)
[民國]齊河 23/14
王懋(字勉德)
(明・博平人)
[正德]博平 4/64
王懋(明・河南修武人)
[宣統]山東 71/43
[乾隆]武定府 16/23
[咸豐]武定府 19/海豐 1
[康熙]海豐 9/1
海豐縣鄉土志/政績
[民國]無棣 9/1
王懋(字德菴)
(清・臨沂人)
[民國]續修臨沂 16/13
王懋(字聖清)
(清・齊東人)
[康熙]新修齊東 6/14
[民國]齊東 5/57
王蒙(字叔明)
(明・湖州人)
[乾隆]泰安府 15/1
[乾隆二十五年]泰安縣 10/30
[乾隆四十七年]泰安縣 8/26
[道光]泰安縣 10/3

[民國]重修泰安縣 6/57
王蒙(字伯亨)
(明・商河人)
[道光]商河 7/14
[民國]重修商河 8/12
商河縣鄉土志 3/耆舊-學問
王模(字範木)
(清・諸城人)
[道光]諸城縣續志 14/1
王楠(字楚材)
(清・曹縣人)
[光緒]曹縣 14/行誼 10
王楠(字讓齋)
(清・費縣人)
[光緒]費縣 11/25
王蘧(字道長)
(南北朝・昌樂人)
[嘉靖]昌樂 3/47
[康熙]昌樂 4/11
王苹(字秋史,號蓼谷)
(清・歷城人,一作杭州人)
[雍正]山東 31/17
[宣統]山東 170/9
[道光]濟南 53/15
[乾隆]歷城 40/21
[道光]榮成 6/24,9/34
王芑(字新田)
(清・博興人)
[民國]重修博興 13/39
王勤(清・諸城人)
[雍正]山東 28/人物四 5
[宣統]山東 175/56
[咸豐]青州 47/6
王荃(清・臨淄人)
[民國]臨淄 22/69
王勸(字衮華)
(清・諸城人)
[咸豐]青州 46/25
[乾隆]諸城 32/4
諸城縣鄉土志/上 29
王蓀(字庭資)
(清・滕縣人)
[道光]滕縣志 8/儒林 18
滕縣鄉土志/25
王樹(字培之)
(清・歷城人)
[民國]續修歷城 42/13
王蘇(字眉三)
(清・陽信人)
[乾隆]陽信 7/15
[民國]陽信 5/篤行 28
信邑志稿 7/義行
陽信縣鄉土志上/耆舊-事業
王蔚(字紹山)
(明・真定人)
[康熙]滋陽 3/84
[光緒]滋陽 7/3
滋陽縣鄉土志 1/政績
王孝(字宗舜)
(明・長山人)
[道光]濟南 50/50
[康熙五十五年]長山 6/40
[嘉慶]長山 10/13
王協(字敬祖)
(晉・臨沂人)
[萬曆二十四年]兗州 32/20
[萬曆]沂州志 6/48
[康熙]沂州志 5/26
[乾隆]沂州府 25/8
[民國]臨沂 9/12
王薪(字雪樵)
(清・高密人)
[光緒]高密 8/上 69
[民國]高密 14/上 80
王荀(字楚卿)
(清・陽信人)
[乾隆]陽信 7/16
[民國]陽信 5/篤行 30
信邑志稿 7/義行
陽信縣鄉土志上/耆舊-事業
王英(宋・德平人)
[嘉慶]德平 7/9
[光緒]德平 7/9
王英(元・黃縣尹)
[宣統]山東 69/35
[光緒]增修登州 24/14
[康熙]黃縣 5/10
[乾隆]黃縣 6/名宦 3
[同治]黃縣 6/2
[民國]黃縣志稿 11/宦績
王英(字邦傑)
(元・益都人)
[嘉靖]山東 32/19
[康熙]山東 42/19
[雍正]山東 28/人物二 68
[宣統]山東 164/23
[嘉靖]青州 15/9
[萬曆]青州 14/7
[康熙十五年]青州 14/7
[康熙四十八年]青州 14/忠義 7
[康熙六十年]青州 17/4
[咸豐]青州 42/8
[乾隆]沂州府 20/4
[泰昌]登州 9/37
[順治]登州 11/12
[康熙]莒州下/5
[嘉慶]莒州 7/4
[民國]重修莒志 57/9
[萬曆]益都 6/90
[康熙]益都 9/2
[光緒]益都縣圖志 34/16
王英(明・福山人)
[康熙]福山 8/15
[乾隆]福山 8/28
王英(字彥華)
(明・利津人)
[康熙]濟南 41/10
[乾隆]武定府 24/2
[咸豐]武定府 24/清介 2
[康熙]利津縣新志 8/3
[光緒]利津 7/宦蹟 6
王英(字元英,一作字元爽,號世傑)
(明・泗水人)
[光緒]泗水 11/4
[光緒]泗水縣鄉土志/9
王英(明・郯城人)
[乾隆]郯城 9/9
王英(字彥實)
(明・山西陽曲人,一作太原人)
[嘉靖]山東 26/19
[康熙]山東 33/22

[雍正]山東 27/38
[宣統]山東 72/7
[萬曆元年]兗州 38/循吏 47
[萬曆二十四年]兗州 29/3
[康熙]兗州 22/24
[康熙]兗州續編 14/7
[乾隆]兗州 22/24
[萬曆]滕志 6/62
[康熙]滕志 6/32
[康熙]滕縣志 6/宦業 29
[道光]滕縣志 6/宦績 22
滕縣鄉土志/5
王英(清・長清人)
[民國]長清 11/32
王芸(清・嶧縣人)
[光緒]嶧縣 21/孝友 13
王埴(字寧一)
(清・寧海人)
[乾隆]夏津 6/30
王植(字槐三,號甎思)
(清・直隸深澤人)
[宣統]山東 76/14
[乾隆]郯城 7/27
王植(字繩木)
(清・諸城人)
[咸豐]青州 48/6
[乾隆]諸城 32/12
王櫧(字水因)
(明・淄川人)
[康熙]淄川 5/36
[乾隆]淄川 5/36
王著(字成象)
(宋・單州單父人)
[嘉靖]山東 27/7,30/43
[康熙]山東 40/42
[宣統]山東 163/20
[萬曆元年]兗州 40/文苑 11
[萬曆二十四年]兗州 35/16
[康熙]兗州 27/14
[乾隆]曹州府 14/21
[隆慶]單縣下/5
[順治]單縣 2/35
[康熙]單縣 7/21
[民國]單縣 9/9
王著(字子明)
(元・益都人)
[康熙]山東 35/8,61/20
[嘉靖]青州 15/10
[萬曆]青州 14/7
[康熙十五年]青州 14/7
[康熙四十八年]青州 14/忠義 7
[康熙六十年]青州 18/12
[咸豐]青州 42/9
[萬曆]益都 9/130
[康熙]益都 9/2,11/45
[光緒]益都縣圖志 40/1
王藹(字飛翁)
(清)
[民國]臨沂 10/69
王莊(字敬修)
(清・陵縣人)
[光緒]陵縣 19/人物傳二 13
王蒼亭(清・鄒平人)
[民國]鄒平 15/130
王棻亭(字香坡)
(清・茌平人)
[民國]茌平 3/116
王蘭亭(清・膠州人)
[民國]增修膠志 43/7
膠州直隸州鄉土志 4/忠烈
王蘭亭(字奉楷,號定武)
(清・夏津人)
[民國]夏津續編 8/27
王蘭亭(字香甫)
(清・陽信人)
[民國]陽信 5/方技 85
王夢亮(字耕南)
(清・寧陽人)
[乾隆]寧陽 7/師範 2
[咸豐]寧陽 14/12
[光緒]寧陽 14/12
王蘧亭(字景瑗)
(清・慶雲人)
[民國三年]慶雲 2/101
王世文(明・新泰人)
[康熙]濟南 44/19
[乾隆]泰安府 18/44
[天啟]新泰 6/19
[順治]新泰 5/23
[乾隆]新泰 16/2
新泰縣鄉土志/24
王世雍(字堯治)
(明・汶上人)
[萬曆]汶上 6/11
王樹意(字誠齋)
(清・桓臺人)
[民國]桓臺 3/28
王英庶(清・棲霞人)
[光緒]棲霞縣續志 7/義行 4
王慕韶(字希虞)
(黃縣人)
[民國]黃縣志稿 13/民國懿行
王者詔(字鳳諾,號西橋)
(清・濟陽人)
[民國]濟陽 11/16
王苞旃(見王芑旃)
王夢說(字象巖,號鶴菴)
(清・滕縣人)
[康熙]滕縣志 7/88
[道光]滕縣志 8/吏治 6
滕縣鄉土志/20
王其旋(字元吉)
(清・諸城人)
[道光]諸城縣續志 14/15
王芑旃(字貽昆)
(清・滕縣人)
[道光]滕縣志 8/儒林 24
滕縣鄉土志/26
王夢麟(清・平原人)
[民國]續修平原 6/17
王慕麟(字次厚,號雲錦)
(清・費縣人)
[宣統]山東 173/6
[光緒]費縣 11/28
王萃元(字精修,號其拔)
(清・商河人)
[民國]重修商河 8/20
商河縣鄉土志 2/耆舊 - 事業
王芳雲(清・高密人)
[光緒]高密 8/上補遺 4
[民國]高密 14/上 27
高密縣鄉土志/上 41
王甘霖(字化普)

（清・陽信人）
［民國］陽信 5/忠義 46
王桂元（清・諸城人）
［光緒］增修諸城縣續志 16/23
諸城縣鄉土志/上 46
王茂元（唐・濮陽人）
［嘉靖］山東 31/14
［康熙］山東 41/11
［雍正］山東 28/人物二 12
［嘉靖］濮州 5/12
王荃可（字遇符）
（清・益都人）
［康熙］山東 42/32
［雍正］山東 28/人物四 10
［宣統］山東 175/45
［康熙十五年］青州 14/又 11
［康熙四十八年］青州 14/忠義 12
［康熙六十年］青州 17/6
［咸豐］青州 46/20
［康熙］益都 9/3
［光緒］益都縣圖志 40/6
王世元（字臚傳）
（清・鄒平人）
［民國］鄒平 15/112
王芝玉（字芳德）
（陵縣人）
［民國］陵縣續志 4/22
王執玉（清・商河人）
［民國］重修商河 9/12
王茂瑨（清・諸城人）
［光緒］增修諸城縣續志 17/7
王華廷（字繡齋）
（清・博平人）
［光緒］博平縣續志 10/61
王夢瑞（清・慶雲人）
［民國三年］慶雲 2/44
王者瑞（清・費縣人）
［光緒］費縣 11/52
王世功（字九錫，原名朝鉞）
（清・正黃旗人）
［光緒］增修登州 43/38
［康熙］寧海州 8/2
［乾隆］威海衛志 7/1
王世琳（清・鄒平人）
［民國］鄒平 15/142
王英琳（字聘卿）
（清・夏津人）
［民國］夏津續編 8/90
王懋建（字九錫）
（清・泰安歲貢）
［道光］安邱新志 16/2
安丘縣鄉土志 2/政績錄
王者聘（字元調，號東隱）
（清・費縣人，一作沂州人）
［乾隆］沂州府 25/30
［光緒］費縣 11/12
王者聘（清・陽穀人）
［民國］增修陽穀人物/善行 45
王夢弼（明・代州人）
［宣統］山東 73/32
［萬曆］萊州 5/71
［康熙］萊州 8/45
［乾隆］萊州 9/16
［乾隆］掖縣 3/31
王夢弼（字枚兆）
（清・無棣人）
［民國］無棣 12/5
海豐縣鄉土志/耆舊－學問一
王夢尋（清・東平人）
［乾隆］東平州 15/9
［道光］東平州 15/9
［光緒］東平州 15/下 8
［民國］東平縣 11/中 27
王夢尹（明・寧晉人）
［康熙］山東 35/11
［雍正］山東 27/61
［宣統］山東 73/6
［康熙十五年］青州 12/又 24
［康熙四十八年］青州 12/又 24
［康熙六十年］青州 12/23
［咸豐］青州 36/37
［康熙］益都 5/22
［光緒］益都縣圖志 18/37
［康熙］臨淄 8/6
［民國］臨淄 18/9
王蒨孟（字青來）
（清・益都人）
［康熙四十八年］青州 15/卓行 15
［康熙六十年］青州 16/41
［咸豐］青州 46/41
［光緒］益都縣圖志 37/10
王世琛（字寶傳）
（清・江蘇長洲人）
［宣統］山東 74/34
王者弼（清・臨沂人）
［乾隆］沂州府 25/30
［民國］臨沂 10/10
王者弼（字夢我）
（清・滕縣人）
［乾隆］兗州 23/69
［康熙］滕縣志 7/91
［道光］滕縣志 9/孝義 12
王世珍（字崑圃）
（清・臨淄人）
［民國］臨淄 27/51
王世政（字輔卿，號勛臣）
（清・新城人）
［民國］青城續修 3/28
王者政（字春舫）
（清・文登人）
［宣統］山東 176/26
［光緒］增修登州 39/44
［光緒］文登 9/下 2－13
王其位（字素臣，號南村）
（清・長山人）
［道光］濟南 55/37
王世爲（字有成）
（清・濮州人）
［宣統］濮州 6/96
王樹香（清・膠州人）
［民國］增修膠志 44/17
王者香（清・浙江桐鄉人）
［宣統］山東 77/16
［咸豐］青州 37/14
［道光］安邱新志 16/2
安丘縣鄉土志 2/政績錄
王蒙貞（字童吉）
（清・霑化人）

[乾隆]武定府 26/28
[咸豐]武定府 26/耆壽 2
[光緒]霑化 10/30
[民國]霑化 3/8
王夢熊(清・臨淄人)
[萬曆]青州 14/59
[康熙十五年]青州 14/59
[康熙四十八年]青州 14/儒行 16
王世能(明・松滋人)
[雍正]恩縣續志 3/4
王世能(明・宣城人)
[光緒]益都縣圖志 18/9
王世儒(字文川)
(清・東平人)
[光緒]東平州 15/下 52
[民國]東平縣 11/下 21
王世儒(清・寧海人)
[同治]重修寧海州 17/30
王世睿(字道存,號龍溪)
(清・章邱人)
[道光]濟南 54/9
[乾隆]章邱 9/26
[道光]章邱 11/41
章邱縣鄉土志/上 33
王世貞(字元美)
(明・南直太倉人)
[宣統]山東 70/34
[嘉靖]青州 13/50
[萬曆]青州 12/33
[康熙十五年]青州 12/33
[康熙四十八年]青州 12/33
[康熙六十年]青州 12/17
[咸豐]青州 36/19
[崇禎]歷乘 16/62
[康熙六十年]博興 7/8
[乾隆]博山 6/上 2
[乾隆]博山志稿/14
[光緒]益都縣圖志 18/2
王芸經(字芝庭)
(清・濰縣人)
[民國]濰縣志稿 32/9
王葆崇(字小姚,號次山)
(清・膠州人)
[民國]增修膠志 45/19
王樊川(字少牧)
(清・平度人)
[民國]平度縣續志 7/25
王桂嶺(字秀峯)
(清・武城人)
[民國]增訂武城續編 10/5
王基崑(清・陽信人)
[民國]陽信 5/人瑞 68
王茂嶺(字盛林)
(清・恩縣人)
[宣統]重修恩縣 8/49
[民國]重修恩縣 11/鄉賢 68
恩縣鄉土志/21
王其峯(字翠巖)
(清・茌平人)
[宣統]茌平 28/9
[民國]茌平 3/88
王其山(清・肥城人)
[光緒]肥城 9/5
肥城縣鄉土志 5/24
王世鼎(明)
[嘉慶]慶雲 7/36
王世嵩(清・淄川人)
[道光]濟南 54/74
王樹鼎(字鑄九)
(清・桓臺人)
[民國]桓臺志略 3/22
[民國]桓臺 3/19
王者任(字元尹)
(清・費縣人)
[光緒]費縣 11/20
王桂岱(東阿人)
[民國]東阿 15/7
王考獻(字公睿)
(清・淄川人)
[乾隆]淄川 5/28
王蘭台(字晉卿)
(清・禹城人)
[民國]禹城 6/29
王茂峻(字超峯)
(清・新城人)
[宣統]新城縣後志 3/文苑
[民國]重修新城 18/22
王夢卜(字惠寰)
(清・德州衛人)
[康熙]濟南 44/35
[道光]濟南 56/82
[康熙]德州 8/36
[乾隆]德州 9/62
德州鄉土志/耆舊 14
[民國]德縣 11/6
王夢卜(清・冠縣人)
[道光]冠縣 8/上 28
[光緒]冠縣 8/孝義
[民國]冠縣 8/人物志 33
王世俊(清・武城人)
[道光]武城續編 10/5
王懋德(元・高唐人)
[嘉靖]山東 31/27
[康熙]山東 41/22
[雍正]山東 28/人物二 67
[宣統]山東 161/24
[萬曆]東昌 19/47
[乾隆]東昌 19/34,37/26
[嘉慶]東昌 27/24
[乾隆]武定府 24/14
[嘉靖]高唐州 5/19
[康熙十二年]高唐州 8/11
[康熙五十一年]高唐州 8/11
[道光]高唐州 5/1-8,7/2-12
[光緒]高唐州 5/1-8,7/2-12
[民國]高唐縣 12/64
高唐州鄉土志/17
[光緒]利津 7/宦蹟 5
王懋德(元・利津人)
[嘉靖]山東 25/23
[康熙]山東 32/11
[康熙]濟南 25/17
[道光]濟南 34/36
[萬曆]濱州 4/60
[康熙四十三年]長山 3/宦績
[康熙五十五年]長山 3/28
[嘉慶]長山 5/36
[康熙]利津縣新志 6/1
王懋德(清・恩縣人)
[雍正]恩縣續志 3/20
王懋德(清・商河人)
[咸豐]武定府 24/循良 4

［民國］重修商河 9/12
王懋魁（字梅占）
（清・商河人）
［民國］重修商河 8/60
王懋勳（清・膠州人）
［宣統］山東 177/53
［民國］增修膠志 43/2
膠州直隸州鄉土志 4/忠烈
王世德（字卓一）
（清・齊河人）
［道光］濟南 56/14
［民國］齊河 27/6
王世德（字允吉）
（清・曲阜人）
曲阜縣鄉土志/耆舊－學問
王世化（字風寰）
（明・慶雲人）
［嘉慶］慶雲 9/15
［民國三年］慶雲 2/30
王世佶（清・壽光人）
［咸豐］青州 47/3
［康熙］壽光 26/8
［嘉慶］壽光 13/22
［民國］壽光 12/人物志一 72
王世勳（清・德平人）
［光緒］德平 7/26
王樹勳（明・黃縣人）
［康熙］黃縣 6/35
［乾隆］黃縣 12/1
［同治］黃縣 9/1
［民國］黃縣志稿 13/人物－死難
王孝先（原名秉彝）
（清・莒縣人）
［民國］重修莒志 62/11
王燕緒（清・福山人）
［光緒］增修登州 39/19
［乾隆］福山 8/22
［民國］福山縣志稿 7/2－15
王英魁（字敏齋）
（清・臨朐人）
臨朐縣鄉土志 1/耆舊
王者佐（清・臨沂人）
［乾隆］沂州府 26/24
［民國］臨沂 10/9
王者佐（字良臣）
（清・齊河人）
［民國］齊河 27/11
王世傑（清・武城人）
［道光］武城續編 10/5
王夢鯉（字化龍）
（明・掖縣人）
［乾隆］掖縣 3/45
王華峰（字秀嶺）
（清・茌平人）
［嘉慶］東昌 32/60
［宣統］茌平 14/11
［民國］茌平 3/91
王蓮紹（字益卿）
（清・茌平人）
［民國］茌平 3/117
王樹的（字中甫）
（清・桓臺人）
［民國］桓臺志略 3/23
［民國］桓臺 3/33
王萬象（字新寰）
（明・掖縣人）
［乾隆］掖縣 3/47
王著名（字台範）
（清・臨朐人）
［咸豐］青州 46/12
［康熙］臨朐縣志書 3/55
光緒臨朐 14/中 2
王桂齡（清・棲霞人）
［光緒］棲霞縣續志 10/13
王華齡（字方琴）
（清・諸城人）
［光緒］增修諸城縣續志 13/8
王懋齡（清）
［嘉慶］慶雲 7/37
王夢齡（字春友）
（清・諸城人）
［光緒］增修諸城縣續志 12/9
諸城縣鄉土志/上 40
王夢牧（字御六）
（清・夏津人）
［乾隆］臨清直隸州 8/下 16
［民國］夏津續編 8/12
王夢徵（字太占）
（清・東平人）
［乾隆］東平州 14/15
［道光］東平州 14/15
［光緒］東平州 15/中 20
［民國］東平縣 11/上 39
王世肇（字和庭）
（清・觀城人）
觀城縣鄉土志/耆舊
王萬齡（字選青）
（清・商河人）
［民國］重修商河 9/16
王蕡實（字賡桃）
（清・高唐人）
［光緒］高唐州 5/2－33
［民國］高唐縣 12/44
王懋賓（明・茌平人）
［乾隆］東昌 42/14
［嘉慶］東昌 32/14
［宣統］茌平 16/1
［民國］茌平 3/10
王若之（初名廷召，字湘容，一字香叔）
（明・益都人）
［雍正］山東 28/人物三 78
［宣統］山東 164/56
［康熙四十八年］青州 14/忠義 11
［康熙六十年］青州 17/6
［咸豐］青州 45/30
［康熙］益都 9/36
［光緒］益都縣圖志 36/18
王世官（清・德平人）
［光緒］德平 7/27
王世寧（明・臨清人）
［民國］臨清縣/人物 25，藝文/100
王世憲（字慎齋）
（清・鄒平人）
［民國］鄒平 15/112
王樹安（字吉輔）
（清・新城人）
［宣統］新城縣後志 2/宦績
王樹寶（字楚珍）
（清・長清人）
［民國］長清 11/30
王萬安（字永康）

（清・昌樂人）
［民國］昌樂縣續志 30/19
王者賓（字寅谷）
（清・莒縣人）
［民國］重修莒志 61/11
王者寬（清・惠民人）
［光緒］惠民 24/6
王植宗（字古柏）
（明・壽光人）
［民國］壽光 12/人物志二 84
王葆源（字問渠）
（清・滕縣人）
［道光］滕縣志 9/孝義 44
王蘄灝（清・萊陽人）
［民國］萊陽 3/1 中 27
王世福（明・樂陵人）
［順治］樂陵 6/5
［乾隆］樂陵 6/9
樂陵縣鄉土志 3/18
王萬福（清・掖縣人）
［光緒］三續掖縣 2/6
王蘭洲（字秀菴）
（清・陽信人）
［民國］陽信補遺/人物志
王夢溪（字仲癡）
（清・博興人）
［民國］重修博興 13/40
王孝州（清・惠民人）
［乾隆］武定府 25/28
［咸豐］武定府 25/孝友 28
［乾隆］惠民 5/55
［光緒］惠民 21/6
惠民縣鄉土志/耆舊錄 9
王蕙溥（清・諸城人）
［光緒］增修諸城縣續志 16/13
王蔭遠（字樾園）
（清・臨朐人）
［民國］臨朐續志 20/34
王華清（清・東平人）
［康熙］東平州 4/76
［乾隆］東平州 15/44
王華清（清・利津人）
［光緒］利津 8/義行 7
王芷昶（字介繁）
（清・黃縣人）
［民國］黃縣志稿 13/清孝友
王世滃（字浯溪）
（清・無棣人）
［民國］無棣 12/11
海豐縣鄉土志/耆舊－學問一
王世祿（字君榮）
（明・蓬萊人）
［光緒］增修登州 37/1
［道光］重修蓬萊 9/19
［民國］蓬萊縣志合編人物志/仕績
王世祿（明・樂陵人）
［乾隆］武定府 25/9
［咸豐］武定府 25/孝友 9
［順治］樂陵 6/9
［乾隆］樂陵 6/23
樂陵縣鄉土志 3/22
王世祿（清・德平人）
［道光］濟南 56/87
［嘉慶］德平 7/16
［光緒］德平 7/15
王世祿（原名朝鎧）
（清・正黃旗人）
［光緒］增修登州 43/38
［乾隆］威海衛志 7/1
王萬軍（長清人）
［民國］長清 12/17
王者選（清・臨沂人）
［乾隆］沂州府 26/16
［民國］臨沂 10/9
王者選（字錫寵）
（清・齊河人）
［民國］齊河 27/27
王華海（字星波）
（清・濮州人）
［宣統］濮州 6/93
王考祥（清・淄川人）
［康熙］淄川 5/9
［乾隆］淄川 5/9
王世道（明・膠州人）
［康熙］膠州 6/6
［乾隆］膠州 5/23
［道光］重修膠州 26/6
［民國］增修膠志 40/33
王樹滋（清・蓬萊人）
［光緒］蓬萊縣續志 9/忠勇 8
［民國］蓬萊縣志合編人物志/忠勇
王藹吉（字鳳梧）
（清・諸城人）
［光緒］增修諸城縣續志 19/1
王基培（字經益）
（清・黃縣人）
［民國］黃縣志稿 13/清孝友
王老志（宋・濮州臨泉人）
［嘉靖］山東 34/13
［康熙］山東 47/5
［雍正］山東 30/12
［宣統］山東 168/13
［萬曆］東昌 22/9
［乾隆］曹州府 16/19
［康熙］濮州 4/76
［乾隆］濮州 4/116
［宣統］濮州 6/74
王蓮塘（字吏香）
（清・諸城人）
［光緒］增修諸城縣續志 12/11
諸城縣鄉土志/上 41
王茂才（清・夏津人）
［乾隆］夏津 8/23
王懋森（字斗寅）
（清・蓬萊人）
［光緒］蓬萊縣續志 9/行誼 6
［民國］蓬萊縣志合編人物志/行誼
王夢賚（字弼甫）
（清・陽信人）
［民國］陽信 5/文學 26
王世檀（清・鄒平人）
［民國］鄒平 15/140
王樹坊（清・鄒平人）
［民國］鄒平 15/139
王燕喜（字怡庵）
（清・陽信人）
信邑志稿 7/藝術
王英才（恩縣人）
［民國］重修恩縣 11/鄉賢 87

王英臺(字倍千)
(清・壽張人)
[光緒]壽張 7/18
王者士(字文寧)
(清・高唐人)
[乾隆]高唐州續志 2/3
[道光]高唐州 5/1－36
[光緒]高唐州 5/1－38
[民國]高唐縣 12/83
王芳標(字紫城)
(清・單縣人)
[康熙]單縣 8/44
[乾隆]單縣 7/9
[民國]單縣 9/47
王夢求(字聖輔)
(清・黃縣人)
[光緒]增修登州 40/10
[同治]黃縣 8/20
[民國]黃縣志稿 13/清文學
王藩樹(字介屏)
(清・諸城人)
[光緒]增修諸城縣續志 20/4
王芳桂(字實枝)
(清・淄川人)
[乾隆]淄川 6/上又 20－3
淄川縣鄉土志/耆舊錄－孝友
王芳林(字杏田,號少春)
(清・棲霞人)
[光緒]棲霞縣續志 6/忠義 1,10/19
王桂芳(清・長清人)
[道光]濟南 56/59
[道光]長清 13/7
王桂林(字漢津)
(清・臨淄人)
[民國]臨淄 28/7
王桂林(字海鰲)
(清・鄆城人)
[光緒]鄆城 16/29
王桂林(恩縣人)
[民國]重修恩縣 11/鄉賢 81
王華封(清・安陸人)
[道光]長清 4/4
王蕙蘭(字仲芳,號諟軒)
(清・長清人)
[民國]長清 11/2,13/22
王蕙蘭(字九畹,號馨菴)
(清・陽信人)
[民國]陽信 5/孝友 60
王蘭芳(清・夏津人)
[民國]夏津續編 8/6
王蘭芳(字仲香)
(壽光人)
[民國]萊陽 3/1 上 38
[民國]壽光 12/人物志一 44
王蘭芬(字韶庭)
(清・高密人)
[民國]高密 14/上 59
王蘭芬(字叔香)
(壽光人)
[民國]壽光 12/人物志二 67
王茂杜(字仲棠)
(清・桓臺人)
[民國]桓臺志略 3/17
[民國]桓臺 3/25
王茂蕙(字蘭友)
(清・新城人)
[宣統]新城縣後志 3/孝友
[民國]重修新城 18/18
新城縣鄉土志/耆舊－清
王茂林(清・昌樂人)
[咸豐]青州 49/45
[嘉慶]昌樂 22/9
王茂苓(字雲溪)
(清・新城人)
[宣統]新城縣後志 3/文苑
[民國]重修新城 18/21
王夢葱(號叢生)
(清・樂陵人)
樂陵縣鄉土志 3/58
王夢蘭(號瑞符)
(清・臨朐人)
臨朐縣鄉土志 1/耆舊
王楠村(字盧西)
(清・諸城人)
[道光]諸城縣續志 19/11
王攀桂(字龍甫)
(臨沂人)
[民國]續修臨沂 16/21
王其芸(字香閣)
(清・海陽人)
[光緒]增修登州 43/48
[光緒]海陽縣續志 5/18
王世藩(字价人)
(清・文登人)
[光緒]文登 9/下 1－9
王世芳(清・曲阜人)
[民國]續修曲阜 5/23
王世芳(字蘭谷)
(清・滕縣人)
[道光]滕縣志 8/儒林 38
王世芳(字蘭洲)
(清・掖縣人)
[乾隆]掖縣 4/68
王世基(字詒厚)
(清・齊河人)
[民國]齊河 27/4
王世基(字詒厚)
(清・掖人)
萊州府鄉土志/下 28
王世藎(明・順天平谷人)
[宣統]山東 72/18
[道光]濟寧直隸州 6/6－38
[康熙]魚臺 15/20
[乾隆]魚臺 9/42
[光緒]魚臺 2/51
王世蘭(字維馨)
(清・濮州人)
[宣統]濮州 5/22
王世蘭(清・鄒平人)
[民國]鄒平 15/125
王世英(元)
[萬曆]福山 4/2
王世英(字俊升)
(清・淄川人)
[宣統]三續淄川 9/78
王樹基(字德懋,號厚堂)
(清・泰安人)
[道光]泰安縣 9/上 75
[民國]重修泰安縣 8/27
泰安縣鄉土志/耆舊 22
王樹孝(字百原)
(清・諸城人)
[道光]諸城縣續志 17/3

王協恭(字寅甫)
(清・商河人)
[民國]重修商河 8/56
王協夢(字肖甫)
(明・利津人)
[康熙]濟南 40/11
[乾隆]武定府 24/7
[咸豐]武定府 24/清介 7
[康熙]利津縣新志 8/15
[光緒]利津 7/宦蹟 8
王藝林(霑化人)
[民國]霑化 4/登進 49
王芝萊(字北山)
(清・觀城人)
觀城縣鄉土志/耆舊
王芝蘭(字伯芳,號繩軒)
(清・長清人)
[宣統]山東 169/40
[民國]長清 11/2,13/22
王茂椿(字蔭長)
(清・淄川人)
[宣統]三續淄川 9/78
王世鞬(字屬君)
(清・觀城人)
觀城縣鄉土志/耆舊
王樹棣(霑化人)
[民國]霑化 4/登進 47
王者棟(清・臨沂人)
[乾隆]沂州府 26/17
[民國]臨沂 10/9
王者棟(字幹臣)
(長清人)
[民國]長清 12/27
王蘭如(清・齊河人)
[民國]齊河 27/9
王勱相(字勉臣)
(清・黃縣人)
[民國]黃縣志稿 13/清懿行
王夢槐(明・博興人)
[康熙六十年]博興 7/58
王夢旭(字渤水)
(清・陽信人)
[民國]陽信 5/篤行 29
王其恕(清・無棣人)
[民國]無棣 13/22
王者相(明・恩縣人)
[雍正]恩縣續志 3/19
王者相(字殿卿)
(清・商河人)
[民國]重修商河 8/57
商河縣鄉土志 3/耆舊 – 學問
王者相(字子勷)
(清・霑化人)
[光緒]霑化 8/14
[民國]霑化 2/43
王蘭墀(字幹卿)
(清・蒲臺人)
蒲臺縣鄉土志/18
王夢鶴(字會仙)
(清・夏津人)
[民國]夏津續編 8/25
王世韶(字慎之)
(清・觀城人)
觀城縣鄉土志/耆舊
王世桐(字楚巒)
(清・鄒平人)
[民國]鄒平 15/110
王世馨(字蘭渚,號復齋)
(清・漢軍鑲藍旗人)
[宣統]山東 75/13
[道光]濟南 38/20
[康熙五十五年]長山 3/39
[嘉慶]長山 5/47
王樹聲(字義山,以字行)
(清・寧海州人)
[民國]濰縣志稿 32/37
王華翰(字閬仙)
(清・臨淄人)
[民國]臨淄 25/36
王懋申(清・鄒平人)
[道光]濟南 54/28
王世泰(字平階)
(明・菏澤人)
[光緒]菏澤 15/62
[光緒]新修菏澤 10/34
菏澤縣鄉土志/23
王世泰(清・壽光人)
[民國]壽光 12/人物志一 90
王萬春(清・海陽人)
[光緒]海陽縣續志 4/34
王萬春(清・臨朐人)
臨朐縣鄉土志 1/耆舊
王蔚青(字化雨)
(清・安邱人)
[咸豐]青州 49/28
[民國]續安邱新志 18/2
安丘縣鄉土志 9/耆舊錄 6
王協中(明・即墨人)
[道光]濟南 36/33
[道光]新城/名宦
[乾隆]即墨 9/19
[同治]即墨 9/24
即墨縣鄉土志/耆舊 – 事業三
王者貴(清)
[民國]莘縣 3/27
王者貴(清・鄆城人)
[光緒]鄆城 10/11
王執中(清・城武人)
[康熙四十一年]城武 5/上懿行 16
[道光]城武 9/下 18
王夢輔(字箕巖)
(清・無棣人)
[民國]無棣 12/5
王者輔(字尹衡)
(清・齊河人)
[民國]齊河 26/21
王懋擢(字超薦)
(清・商河人)
[民國]重修商河 8/23,9/12
王萬邦(字協和)
(清・恩縣人)
[宣統]重修恩縣 8/93,10/7
[民國]重修恩縣 11/鄉賢 86
王甘敷(清・福山人)
[乾隆]福山 8/21
[民國]福山縣志稿 10/12
王芳田(清・齊東人)
[民國]齊東 5/17
王蘭昇(字芷庭)
(清・萊陽人)
[宣統]山東 176/36
[民國]萊陽 3/1 中 90,3/3 上傳志下 45
王蘭田(字晉卿)
(清・金鄉人)

[民國]金鄉 14/21
王其昌(字鳳占,號竹溆)
(清・淄川人)
[宣統]三續淄川 9/71
王其昌(昌樂人)
[民國]昌樂縣續志 21/22
王若愚(字慧堂)
(清・商河人)
[民國]重修商河 8/62
王世昌(元・文登人)
[嘉靖]寧海州下/43
[光緒]文登 8/上 3
王世昌(字歷山)
(明・山東人)
[宣統]山東 168/17
王世恩(字澤普)
(清・無棣人)
[民國]無棣 13/13
海豐縣鄉土志/耆舊 – 事業六
王世國(清・萊陽人)
[民國]萊陽 3/1 中 65
王萬里(字希江)
(清・高密人)
[光緒]高密 8/上 48
[民國]高密 14/上 56
高密縣鄉土志/上 46
王藝園(字善長)
(清・冠縣人)
[民國]冠縣 8/人物志 22
王芝田(字鳴鶴,號顧畦)
(清・菏澤人)
[光緒]菏澤 15/72
[光緒]新修菏澤 11/59
王茂勛(清・禹城人)
[道光]濟南 56/38
[康熙]禹城 5/22
[嘉慶]禹城 9/18
[民國]禹城 6/15
禹城縣鄉土志/19
王懋勛(清・膠州,見王懋勳)
王懋勛(清・臨沂人)
[民國]續修臨沂 16/15
王莘野(字樂天)
(清・蒲臺人)
蒲臺縣鄉土志/16
王懋昭(清・濰縣人)
[民國]濰縣志稿 31/11
王蒲璧(字君錫)
(清・晉江人)
[宣統]山東 200/16
王藎臣(字汝忠,號茶村)
(明・滕縣人)
[萬曆]滕志 7/39
[康熙]滕志 7/37
[康熙]滕縣志 7/34
[道光]滕縣志 7/29
滕縣鄉土志/17
王藎臣(字子賓)
(清・河南光州進士)
[宣統]三續淄川 9/47
王蘭階(清・寧津人)
寧津縣志料 3/人物 – 孝行
王世臣(明・昌邑人)
[萬曆]萊州 5/106
[康熙]萊州 10/32
[乾隆]萊州 10/19
[康熙]昌邑 6/6
[乾隆]昌邑 5/133
王世臣(明・薊縣直隸薊人)
[嘉靖]朝城志 5/16
[康熙]朝城 7/27
王世臣(號沙翁)
(明・夏津人)
[乾隆]東昌 39/32
[乾隆]夏津 8/12,10/下 28
王世臣(字介勳)
(清・奉天人)
[宣統]山東 76/41
[乾隆]東昌 34/5
[嘉慶]東昌 21/23
[宣統]茌平 8/7
[民國]茌平 8/64
王樹愿(字子厚)
(清・桓臺人)
[民國]桓臺 3/40
王者臣(字欽若)
(清・東平人)
[雍正]山東 28/人物四 45
[宣統]山東 171/16
[乾隆]泰安府 18/55
[康熙]東平州續志 6/2
[乾隆]東平州 15/16
[道光]東平州 15/16
[光緒]東平州 15/下 24
[民國]東平縣 11/下 2
東平州鄉土志上/耆舊錄 36
王者臣(字舜俞)
(清・高唐人)
[康熙五十一年]高唐州 8/34
[道光]高唐州 5/1 – 33
[光緒]高唐州 5/1 – 33
[民國]高唐縣 12/83
王者臣(字元燮,號岱麓)
(清・臨沂人)
[康熙]兖州續編 16/36
[乾隆]沂州府 25/30
[民國]臨沂 10/9
王藎卿(字晉臣)
(清・臨沂人)
[民國]臨沂 10/41
王夢賢(字良弼)
(明・夏津人)
[乾隆]東昌 39/31
[嘉靖]夏津 4/9
[康熙]夏津 5/8
[乾隆]夏津 8/10
王勤民(字兆懷)
(清・錦州人)
[宣統]山東 75/1
[康熙]濟南 26/7
[道光]濟南 38/2
王樹屏(清・諸城人)
[光緒]增修諸城縣續志 14/13
王者民(字培公)
(清・平陰人)
[光緒]平陰 5/24
王恭臨(字南軒,號海華子)
(明・滕縣人)
[道光]滕縣志 9/方術傳 4
王楚金(清・諸城人)
[光緒]增修諸城縣續志 16/11
王華年(清・濟陽人)
[道光]濟南 56/31

[乾隆]濟陽 8/38
[民國]濟陽 11/53
王檝年(字修齡)
(清・濟陽人)
[道光]濟南 56/31
[民國]濟陽 11/25,17/31
王懋公(明)
[康熙六十年]青州 12/39
王世美(明・北直深澤人)
[宣統]山東 73/28
[光緒]增修登州 31/6
[民國]萊陽 3/1 上 11
王萬年(明・臨汾人)
[順治]單縣 2/8
[康熙]單縣 6/27
王懋簡(明・萊陽人)
[民國]萊陽 3/1 中 20
王世銓(字宗元)
(清・鄆城人)
[光緒]鄆城 16/4
王孝籍(隋・平原人)
[嘉靖]山東 29/10
[康熙]山東 39/9
[宣統]山東 162/24
[康熙]濟南 42/6
[道光]濟南 46/40
[康熙]陵縣 5/3
[乾隆]平原 8/36
平原縣鄉土志輯稿/文學
王懋賞(清・福山人)
[宣統]山東 176/38
[光緒]增修登州 44/2
[民國]福山縣志稿 7/2－19,7/8－1
王芹堂(字翰藻)
(清・茌平人)
[民國]茌平 3/44
王蔭棠(清・安丘人)
[民國]續安邱新志 21/6
王蔭棠(字憩軒)
(牟平人)
[民國]牟平 7/103
王英堂(字仲華)
(清・商河人)
[民國]重修商河 8/57
王者堂(字柳丞)
(清・莒縣人)
[民國]重修莒志 64/18
王世焯(字俊卿)
(清・觀城人)
觀城縣鄉土志/耆舊
王其愼(字敬齋)
(清・寶坻人)
[民國]臨清縣/秩官 68
[民國]臨沂 7/77
王其愼(字子恪)
(清・膠州人)
[民國]增修膠志 44/13
膠州直隸州鄉土志 4/孝友
王其煇(字照乾)
(清・茌平人)
[宣統]茌平 11/6
[民國]茌平 3/53
王協燦(字冠文)
(清・江南人)
[乾隆]東昌 33/33
[嘉慶]東昌 20/45
[乾隆]臨清州 9/14
[乾隆]臨清直隸州 6/80
[民國]臨清縣/秩官 64
王芝榮(清・費縣人)
[康熙]費縣 7/31
45 **王椿**(字大春,一字靈株,號梅坡)
(清・河南輝縣人)
[宣統]山東 77/10
[咸豐]青州 37/20
[嘉慶]壽光 10/32
[民國]壽光 6/22
壽光縣鄉土志/政績
王椿(字春木)
(清・諸城人)
[道光]諸城縣續志 14/2
王棟(字雲溪)
(黃縣人)
[民國]黃縣志稿 13/民國懿行
王棟(明・福山人)
[康熙]福山 8/18
[乾隆]福山 8/30
王棟(明・臨邑人)
[康熙]濟南 41/22
[道光]濟南 52/15
[順治]臨邑 12/13
[康熙]重修臨邑 10/13
[道光]臨邑 9/5
[同治]臨邑 9/循異 5
王棟(字隆吉)
(明・四川南充人)
[雍正]山東 27/93
[宣統]山東 72/28
[萬曆]東昌 18/33
[乾隆]曹州府 12/18
[嘉靖]濮州 7/15
[萬曆]濮州 3/名宦 18
[康熙]濮州 3/16
[乾隆]濮州 3/16
[宣統]濮州 4/16
王棟(明・泰州人)
[康熙]濟南 25/49
[康熙]泰安州 2/49
[乾隆]泰安府 15/11
[乾隆二十五年]泰安縣 10/32
[乾隆四十七年]泰安縣 8/28
[道光]泰安縣 10/5
[民國]重修泰安縣 6/59
王棟(字隆吉)
(清・曹縣人)
[光緒]曹縣 14/行誼 28
王棟(字雲晉)
(清・壽張人)
[光緒]壽張 6/60
王構(字肯堂)
(元・東平人)
[嘉靖]山東 25/23,30/56
[康熙]山東 32/11,40/54
[雍正]山東 28/人物二 58,28/人物二 66
[宣統]山東 158/12
[康熙]濟南 25/17
[道光]濟南 34/28
[乾隆]泰安府 16/71
[萬曆元年]兗州 40/文苑 16
[萬曆二十四年]兗州 35/28
[康熙]兗州 27/26
[康熙]東平州 4/10

[乾隆]東平州 14/12
[道光]東平州 14/12
[光緒]東平州 15/中 17
[民國]東平縣 11/上 36
東平州鄉土志上/耆舊錄 41
[崇禎]歷乘 16/27
[崇禎]歷城 6/10
[民國]濰縣志稿 32/17
王構(明・魏縣貢生)
[康熙]觀城 3/16
王坤(清・城武人)
[康熙四十一年]城武 5/上懿行 14
[道光]城武 9/下 16
王棟(字宗器)
(明・北直清苑人)
[宣統]山東 71/16
[道光]濟南 36/39
[萬曆]濟陽 6/2
[乾隆]濟陽 6/31
[民國]濟陽 9/37
王枘(字汝良)
(宋・莘縣人)
[嘉靖]山東 31/24
[康熙]山東 41/20
[雍正]山東 28/人物二 49
[萬曆]東昌 19/41
[乾隆]東昌 37/17
[嘉慶]東昌 27/16
[正德]莘縣 6/4
[康熙十一年]莘縣 7/4
[康熙五十六年]莘縣 7/4
[光緒]莘縣 7/11
[民國]莘縣 7/6
莘縣鄉土志/鄉宦 16
王榛(字文木)
(明・諸城人)
[乾隆]諸城 32/20
王椿林(字壽千)
(清・慶雲人)
[民國三年]慶雲 2/58
王棟臣(清・東明人)
[民國]東明縣新誌 11/62
東明縣志料/藝術－文藝
王棟隆(明・高唐人)
[乾隆]東昌 44/15
[嘉慶]東昌 34/14
[康熙十二年]高唐州 9/16
[康熙五十一年]高唐州 9/28
[道光]高唐州 5/2－24
[光緒]高唐州 5/2－40
[民國]高唐縣 12/82
46 **王柏**(字會之)
(宋・金華人)
[雍正]山東 11/闕里二 31
[乾隆]兗州 7/44
王樫(字聖木)
(清・諸城人)
[乾隆]諸城 36/13
王觀(字偉臺)
(三國・東郡廩丘人)
[嘉靖]山東 31/2
[雍正]山東 28/人物一 29
[宣統]山東 154/22
[萬曆元年]兗州 40/政績 4
[萬曆二十四年]兗州 32/7
[康熙]兗州 25/4
[萬曆]東昌 18/9
[乾隆]東昌 35/15
[嘉慶]東昌 22/19
[乾隆]曹州府 14/7
[萬曆]濮州 3/鄉賢 5
[康熙]濮州 3/37
[乾隆]濮州 3/38
[宣統]濮州 4/44
[崇禎]鄆城 5/2
[康熙]鄆城 5/9
[光緒]鄆城 5/13
[康熙十二年]高唐州 7/2
[康熙五十一年]高唐州 7/2
[道光]高唐州 7/1－1
[光緒]高唐州 7/1－1
[民國]高唐縣 9/5－1
王賀(字翁孺)
(漢・平陵人)
[康熙]濟南 35/1
[道光]濟南 45/21
[崇禎]歷乘 16/3
[崇禎]歷城 10/2
[乾隆]歷城 35/4
[道光]章邱 11/3
王賀(明・莘縣人)
[民國]莘縣 6/15
莘縣鄉土志/鄉宦 17
王槐(字直三)
(清・歷城人)
[民國]續修歷城 44/17
王楫(字濟川,一字夢符)
(明・泰安人)
[康熙]濟南 38/14
[康熙]泰安州 3/34
[乾隆]泰安府 17/40
[乾隆二十五年]泰安縣 12/18
[乾隆四十七年]泰安縣 10/上 16
[道光]泰安縣 9/上 66
[民國]重修泰安縣 8/16
泰安縣鄉土志/耆舊 24
王楫(明・濰縣人)
[萬曆]萊州 6/9
[康熙]萊州 10/64
[乾隆]萊州 11/孝義 4
[乾隆]濰縣 4/21
[民國]濰縣志稿 31/2
濰縣鄉土志/19
王楫(字公濟)
(清・城武人)
[道光]城武 9/上 26
王楫(字濟之,號涵沖)
(清・膠州人)
[康熙]山東 45/23
[雍正]山東 28/人物四 43
[宣統]山東 177/45
[乾隆]膠州 4/43
[道光]重修膠州 31/2
[民國]增修膠志 48/4
[同治]即墨 9/16
即墨縣鄉土志/耆舊－事業二
王恕(明・長清人)
[宣統]山東 161/34
[康熙]濟南 45/1
[道光]濟南 52/16
[康熙]長清 9/52
[道光]長清 11/6

王恕(字宗貫)
(明・陝西三原人)
[道光]濟南 35/13
[康熙]濟寧州 4/3
[道光]濟寧直隸州 6/6-46
王坦(字彥平)
(明・平原人)
[道光]濟南 52/55
[萬曆]平原上/47,上 61
[乾隆]平原 8/22
平原縣鄉土志輯稿/循吏
王坦(明・商河人)
[咸豐]武定府 25/孝友 10
王坦(明・鄆城人)
[崇禎]鄆城 5/11
[康熙]鄆城 5/3
[光緒]鄆城 5/4
王坦(字易苑)
(清・大嵩衛人)
[宣統]山東 176/19
[乾隆]續登州 10/9
[光緒]增修登州 39/35
[乾隆]海陽 6/19,7/19
王坦(清・萊陽人)
[民國]萊陽 3/1 中 35
王相(元・霑化人)
[萬曆]新修霑化 6/119
[光緒]霑化 7/6
[民國]霑化 2/18
王相(字子鄰)
(明・博平人)
[正德]博平 4/71
王相(明・大興人)
[康熙]嶧縣 3/28
[乾隆]嶧縣 7/12
[光緒]嶧縣 19/職官下 5
王相(明・河南光山人)
[嘉靖]山東 25/14
[康熙]山東 31/17
[雍正]山東 27/15
[宣統]山東 70/14
[康熙]濟南 24/24
[道光]濟南 35/16
[崇禎]歷乘 16/33
[崇禎]歷城 6/13
王相(明・江都人)
[萬曆]諸城 4/38
王相(明・河南彰德府舉人)
[康熙]福山 7/29
王相(字天木)
(清・諸城人)
[咸豐]青州 47/23
[道光]諸城縣續志 14/1
王旭(唐)
[嘉靖]山東 27/21
[萬曆元年]兗州 39/外傳 5
王旭(字仲明)
(宋・大名莘縣人)
[嘉靖]山東 31/20
[康熙]山東 41/17
[雍正]山東 28/人物二 30
[宣統]山東 157/3
[乾隆]東昌 37/5
[嘉慶]東昌 27/4
[正德]莘縣 6/3
[康熙十一年]莘縣 7/3
[康熙五十六年]莘縣 7/3
[光緒]莘縣 7/8
[民國]莘縣 7/5
莘縣鄉土志/鄉宦 15
王旭(元・東平人)
[嘉靖]山東 30/56
[康熙]山東 40/54
[康熙]東平州 4/10
王旭(字輝第)
(明・黄縣人)
[光緒]增修登州 43/11
[康熙]黄縣 6/33
[乾隆]黄縣 8/37,12/27
[同治]黄縣 8/14
王旭(清・高苑人)
[乾隆]高苑 6/6
王旭(清・蘇州人)
[咸豐]青州 48/7
王埧(字伯和)
(明・福建永福人)
[嘉靖]朝城志 5/又 16
[康熙]朝城 7/28
王如堃(字子厚,號敦夫)
(清・武城人)
[民國]增訂武城續編 10/7
王如庠(字淑宋)
(清・金鄉人)
[乾隆]金鄉 18/83
[咸豐]金鄉縣志略 9/中列傳二 7
[民國]金鄉 13/17
王相齋(字靜修)
(長清人)
[民國]長清 12/20
王相珏(字雙璧)
(清・海陽人)
[光緒]增修登州 43/49
[光緒]海陽縣續志 5/25
王如璉(字宗器)
(清・黄縣人)
[民國]黄縣志稿 13/清懿行
王觀羣(見王冠羣)
王如絲(字木菴,一字巨西)
(清・壽光人)
[咸豐]青州 48/8
[乾隆]續壽光 25/6
[嘉慶]壽光 14/9
[民國]壽光 12/人物志二 10
王相鼎(字耳黄)
(清・掖縣人)
[乾隆]掖縣 4/64
王如升(字景曦)
(明・臨沂人)
[康熙]沂州志 5/75
[乾隆]沂州府 26/19
[民國]臨沂 9/57
王旭齡(字曉亭)
(清・臨沂人)
[民國]續修臨沂 16/13
王如彭(字绵亭)
(清・曹縣人)
[光緒]曹縣 14/行誼 26
王旭載(清・順天寶坻人)
[光緒]嶧縣 19/職官下 21
王樫林(字公鐸)
(清・長山人)
[道光]濟南 55/31
[嘉慶]長山 9/18
王幔坡(清・高唐人)
[光緒]高唐州 5/2-42
[民國]高唐縣 12/87

王如蘭（清・濟寧人）
［民國］濟寧直隸州續志 14/36
王如芝（清・魚臺人）
［民國］濟寧直隸州續志 14/36
［光緒］魚臺 3/孝義又 1
王相菴（清・陽穀人）
［光緒］陽穀 6/29
王如柏（字秉堅，號凝翠）（清・單縣人）
［民國］單縣 10/20
王如柏（字茂亭）（清・掖縣人）
［民國］四續掖縣 4/69
王如楫（字仙槎）（清・鄆城人）
［康熙］鄆城 6/20
［光緒］鄆城 8/9
王如春（字令始）（清・膠州人）
［乾隆］膠州 4/58
［道光］重修膠州 27/13
［民國］增修膠志 41/9
王觀國（清・寧津人）
［光緒］寧津 8/20
寧津縣志料 3/人物 - 義烈
王如愚（字希顔）（清・齊河人）
［道光］濟南 56/15
［民國］齊河 27/5
王旭昇（字麗峰）（清・寶坻人）
［道光］濟寧直隸州 6/7 - 78
王如辰（字中台，一字北埜）（清・膠州人）
［雍正］山東 28/人物四 25
［宣統］山東 177/41
［康熙］萊州 10/46
［乾隆］萊州 10/31
［乾隆］膠州 4/52
［道光］重修膠州 27/13
［民國］增修膠志 41/9
膠州直隸州鄉土志 4/事功
王如益（字虞臣）（清・鄆城人）
［康熙］鄆城 6/20
王相符（字立齋）（清・淄川人）
［宣統］三續淄川 9/76
王觀光（清・福山人）
［康熙］福山 8/26
［乾隆］福山 8/47
王觀光（字賓王）（清・陽信人）
［乾隆］武定府 26/13
［咸豐］武定府 26/義行 13
［康熙］陽信 9/15
［乾隆］陽信 7/14
［民國］陽信 5/篤行 27
信邑志稿 7/義行
陽信縣鄉土志上/耆舊 - 事業
王槐堂（字樹三）（恩縣人）
［民國］重修恩縣 11/鄉賢 79
47 **王超**（宋・趙州人）
［光緒］益都縣圖志 16/24
王墀（濟寧人）
［民國］濟寧縣 3/5
王椽（字鉅穎）（清・郯城舉人）
［光緒］增修登州 34/6
［道光］榮成 6/26
王都（號介清）（明・文登人，徙德州）
［康熙］濟南 40/14
［道光］濟南 52/44
［康熙］德州 8/26
［乾隆］德州 9/21
州乘餘聞/5
［民國］德縣 10/18
德州鄉土志/耆舊 17
王都（字維屏）（明・掖縣人）
［道光］再續掖縣上/48
王楓（明・觀城人）
［康熙］觀城 4/10
王格（明・湖廣人）
［宣統］山東 72/48
［萬曆］東昌 18/33
［乾隆］東昌 35/19
［嘉慶］東昌 22/24
［康熙十二年］高唐州 7/10
［康熙五十一年］高唐州 7/10
［道光］高唐州 7/1 - 12
［光緒］高唐州 7/1 - 12
［民國］高唐縣 9/5 - 7
王格（字壽平）（清・滋陽人）
［光緒］滋陽 8/58
滋陽縣鄉土志 1/耆舊 - 文學
王穀（明・章邱人）
［萬曆］章丘 24/35
［康熙］章丘 6/26
［乾隆］章邱 9/21
［道光］章邱 10/20
章邱縣鄉土志/上 42
王穀（字元淑）（清・茌平人）
［乾隆］東昌 43/11
［嘉慶］東昌 32/37
［宣統］茌平 14/7，16/2
［民國］茌平 3/74
王鶴（字松亭）（清・安邱人）
［宣統］濮州 4/38
［民國］續安邱新志 18/9
王鶴（字彥林）（清・膠州人）
［民國］增修膠志 43/9
王翃（字亦韓）（清・新城人）
［宣統］新城縣後志 3/文苑
王歡（字君厚）（晉・樂陵人）
［嘉靖］山東 32/8
［康熙］山東 42/7
［宣統］山東 162/19
［嘉靖］青州 15/28
［康熙四十八年］青州 14/儒行 3
［康熙六十年］青州 15/6
［嘉靖］昌樂 3/47
［康熙］昌樂 4/10

[嘉慶]昌樂 25/2
[康熙]杞紀 18/23
[乾隆]樂陵 6/25
樂陵縣鄉土志 3/23
王樛(字子下)
(清・淄川人)
[康熙]濟南 42/24
[道光]濟南 54/53
[康熙]淄川 6/90
[乾隆]淄川 5/40
王橘(字雪因)
(清・淄川人)
[乾隆]淄川 6/上 78
王均(明・浙江青田人)
[宣統]山東 71/45
[乾隆]武定府 16/33
[咸豐]武定府 19/濱州 2
[萬曆]濱州 3/20
[康熙]濱州 5/18
[咸豐]濱州 8/3
王均(字元和)
(清・齊河人)
[民國]齊河 27/9
王猛(春秋)
[康熙]臨淄 9/20
[民國]臨淄 21/42
王猛(字景略)
(晉・北海劇人)
[嘉靖]山東 32/7
[康熙]山東 42/7
[雍正]山東 28/人物一 41
[宣統]山東 155/13
[嘉靖]青州 12/51
[萬曆]青州 13/33
[康熙十五年]青州 13/33
[康熙四十八年]青州 13/事功 16
[康熙六十年]青州 16/7
[咸豐]青州 54/2
[萬曆]濰縣 8/8
[康熙]濰縣 5/人物 7
[乾隆]濰縣 4/4
[康熙]壽光 12/44,21/2,32/1
[乾隆]續壽光 14/102
[嘉慶]壽光 12/3
[民國]壽光 12/人物志一 5
壽光縣鄉土志/耆舊
[嘉靖]昌樂 3/43
[康熙]昌樂 4/3
[嘉慶]昌樂 23/3
王猛(字世雄,本名勇)
(南北朝・臨沂人)
[至元]齊乘 6/16
[嘉靖]山東 30/34
[康熙]山東 40/36
[萬曆]沂州志 7/16
[康熙]沂州志 5/56
[乾隆]沂州府 25/16
[民國]臨沂 9/25
王觳(字誠齋)
(清・恩縣人)
[宣統]重修恩縣 8/44
[民國]重修恩縣 11/鄉賢 51
恩縣鄉土志/19
王桐(明)
[康熙]海豐 9/8
海豐縣鄉土志/政績
[民國]無棣 9/7
王懿(字仲德)
(南北朝・太原祁人)
[萬曆元年]兗州 38/武功 5
王懿(字文德)
(宋・莘縣人)
[正德]莘縣 6/3
[康熙十一年]莘縣 7/3
[康熙五十六年]莘縣 7/3
[光緒]莘縣 7/6
[民國]莘縣 7/3
王懿(字文子,號巨峰)
(清・膠州人)
[宣統]山東 177/33
[乾隆]萊州 10/35
[乾隆]膠州 4/59
[道光]重修膠州 27/24
[民國]增修膠志 41/19
膠州直隸州鄉土志 4/事功
王懿(字德軒)
(牟平人)
[民國]牟平 7/27
王楹(字玉亭)
(清・膠州人)
[道光]重修膠州 28/21
[民國]增修膠志 42/19
王楹(清・棲霞人)
[光緒]棲霞縣續志 6/忠義 2
王郁(明・寧海人)
[嘉靖]寧海州下/38
[同治]重修寧海州 17/7
王棖(字猷遠)
(清・嶧縣人)
[光緒]嶧縣 21/耆舊 19
王杼(明・河南商丘人)
[宣統]山東 73/11
[咸豐]青州 36/37
[康熙]壽光 20/5
[嘉慶]壽光 10/26
[民國]壽光 6/16
王朝商(字紹湯)
(清・高唐人)
[民國]高唐縣 12/22
王鶴慶(字餘甫)
(清・樂陵人)
樂陵縣鄉土志 3/52
王朝麟(字帝禎)
(清・長山人)
[康熙五十五年]長山 6/53
[嘉慶]長山 10/31
王朝麟(清・商河人)
[民國]重修商河 13/藝文志四墓表 13
王格平(清・福山人)
[民國]福山縣志稿 10/13
王均一(字元明)
(清・單縣人)
[民國]單縣 11/45
王朝瑞(字吉人)
(清・曹縣人)
[康熙]兗州府曹縣 11/19
[光緒]曹縣 11/選舉 18
王朝瑞(字徵侯,號澹齋)
(清・長山人)
[道光]濟南 55/13
[康熙五十五年]長山 6/19
[嘉慶]長山 7/25
王起瑞(字麟章)
(清・文登人)

[道光]文登 5/19
王朝珙(明・黄縣人)
[康熙]黄縣 6/25
王朝翼(字勵臣)
(清・順天寶坻人)
[宣統]山東 76/23
[光緒]新修菏澤 9/8
菏澤縣鄉土志/10
[民國]金鄉 11/22
王懿行(字德卿)
(霑化人)
[民國]霑化卷首/12
王媚川(清・臨淄人)
[民國]臨淄 30/37
王超然(清・蒙陰人)
[宣統]蒙陰 4/孝義
王朝紱(字方來,號松田)
(清・臨淄人)
[民國]臨淄 27/54
王朝俊(明・鄆城人)
[崇禎]鄆城 6/18
[康熙]鄆城 6/25
[光緒]鄆城 8/23,10/2
王朝勳(字圖麟)
(清・諸城人)
[道光]諸城縣續志 14/14
王朝佐(明・臨清人)
[康熙]山東 45/15
[雍正]山東 28/人物三 65
[宣統]山東 166/11
[乾隆]東昌 42/21
[康熙]臨清州 3/人物 18
[乾隆]臨清州 9/34
[乾隆]臨清直隸州 8/上 21
[民國]臨清縣/人物 24
王朝佐(清・順天宛平人)
[宣統]山東 75/20
[道光]濟南 38/42
[乾隆]德州 8/13
[民國]德縣 9/11
王朝綱(明・山西太谷人)
[乾隆]嶧縣 7/36
王格物(明・恩縣人)
[雍正]恩縣續志 3/18
王鶴齡(明・莘縣人)
[民國]莘縣 6/26
王朝宗(清・寶坻監生)
[民國]萊陽 3/1 上 27
王起安(字興也)
(清・滋陽人)
[光緒]滋陽 9/19
王起寧(字靜菴)
(清・莒縣人)
[民國]重修莒志 67/7
王起濳(明・城武人)
[康熙九年]城武 3/22
[康熙四十一年]城武 5/下義烈 4
[道光]城武 9/下 45
王起濳(明・青城人)
[萬曆]青城 1/62
王好遜(元・牟平人)
[嘉靖]寧海州下/14
[同治]重修寧海州 12/6,17/6
王朝法(清・朝城人)
[民國]朝城縣續志 1/49
王朝選(清・奉天人)
[道光]濟南 38/4
[乾隆]德州 8/15
[民國]德縣 9/12
德州鄉土志政績錄/2
王起運(字盛之)
(清・齊河人)
[民國]齊河 27/15
王好古(字芹泉)
(清・齊河人)
[民國]齊河 27/2
王鶴來(字東山)
(清・諸城人)
[道光]諸城縣續志 17/4
王桐蔭(字午峯)
(霑化人)
[民國]霑化卷首/13,4/登進 43
王朝棟(字臣一)
(清・鰲山衛增生)
[道光]重修膠州 31/6
[民國]增修膠志 48/9
[同治]即墨 9/51
即墨縣鄉土志/耆舊－事業四
王朝棟(字振卿)
(平原人)
[民國]續修平原 8/24
王朝相(清・聊城人)
[康熙]山東 45/14
[乾隆]東昌 43/1
[嘉慶]東昌 32/27
[康熙]聊城 3/52
[宣統]聊城 8/82
聊城縣鄉土志/27
王朝旭(清・鄆城人)
[光緒]鄆城 16/29
王朝幹(字翰屏,號東圃)
(清・奉天承德人)
[宣統]山東 75/2
[道光]濟南 38/3
[道光]濟寧直隸州 6/7－78
[民國]單縣 6/宦蹟 24
王好書(明・新城人)
[雍正]山東 28/人物三 72
[宣統]山東 164/53
[康熙]濟南 47/33
[道光]濟南 51/39
[康熙]新城 8/3
[康熙]新城縣續志/義僕
[民國]重修新城 15/4
王起蛟(字河東)
(明・朝城人)
[康熙]朝城 8/33
王起蛟(字際雲)
(明・鄆城人)
[崇禎]鄆城 6/3
[康熙]鄆城 6/3
[光緒]鄆城 7/3
王起泰(清・文登人)
[光緒]增修登州 43/40
[雍正]文登 8/10
[道光]文登 5/18
[光緒]文登 9/上 2－1
王鶴成(清・夏津人)
[民國]夏津續編 8/37
王郁甫(恩縣人)
[民國]重修恩縣 11/鄉賢 79
王超眾(字軼羣)
(清・壽張人)
[光緒]壽張 7/20

王朝恩(清・江蘇婁縣人)
[宣統]山東 76/35
[道光]鉅野 10/29
王朝日(清・朝邑人)
[康熙十一年]莘縣 5/8
[康熙五十六年]莘縣 5/8
[光緒]莘縣 5/20
[民國]莘縣 3/14
王朝旺(字盛庭)
(清・莘縣人)
[民國]莘縣 7/20
王朝嚴(字翼公)
(清・臨沂人)
[民國]臨沂 10/51
王鶴鳴(清・鄆城人)
[光緒]鄆城 16/28
王起陽(明・益都人)
[雍正]山東 31/7
[康熙十五年]青州 17/4
[康熙四十八年]青州 17/方技 4
[康熙六十年]青州 20/7
[咸豐]青州 51/5
[光緒]益都縣圖志 46/2
王超凡(字經九)
(清・招遠人)
[光緒]增修登州 43/26
[道光]招遠縣續志 3/7
王朝駒(字逸駿)
(清・金鄉人)
[咸豐]金鄉縣志略 9/中列傳二 10
[民國]金鄉 13/21
王朝舉(字良佐)
(清・恩縣人)
[宣統]重修恩縣 8/34
[民國]重修恩縣 11/鄉賢 35
王朝屏(字翀宇)
(清・平陰人)
[光緒]平陰 5/8
王好善(明・寶坻人)
[萬曆]青州 12 又/又 17
[康熙十五年]青州 12 又/又 17
[康熙四十八年]青州 12 又/又 17
[康熙六十年]青州 12/21
[咸豐]青州 36/31
[康熙六十年]博興 7/12
[光緒]益都縣圖志 18/24
王朝鎮(清・德州人)
[康熙]德州 6/6,6/8
王懿榮(字廉生)
(清・福山人)
[宣統]山東 176/41
[民國]福山縣志稿 7/2-29,7/8-2

48 **王榦**(明・臨朐人)
[嘉靖]臨朐 3/11
王翰(字文卿)
(明・魚臺人)
[康熙]魚臺 17/10
[乾隆]魚臺 11/11
[光緒]魚臺 3/6
王翰(字杜麟)
(清・城武人)
[道光]城武 9/上 29
王檢(字思及)
(清・福山人)
[光緒]增修登州 39/18
[乾隆]福山 8/21
[民國]福山縣志稿 7/2-7
王教(元・陽穀人)
[康熙]陽穀 4/19,7/15
[光緒]陽穀 9/6,12/15
[民國]增修陽穀人物/仕宦 2
王教(明・臨清人)
[康熙]山東 45/15
王教(字子修,號秋澄)
(明・淄川人)
[道光]濟南 50/20
[萬曆]淄川 29/2
[康熙]淄川 5/4,6/23
[乾隆]淄川 5/4,6/上 23,7/上 44,7/上 47
淄川縣鄉土志/耆舊錄-歷代名臣
王敬(明・單縣人)
[萬曆二十四年]兗州 37/5
[康熙]兗州 28/33
[康熙]兗州續編 15/14
[乾隆]曹州府 16/2
[隆慶]單縣下/4,下/17
[順治]單縣 2/34,3/9
[康熙]單縣 7/29,8/1
[乾隆]單縣 7/3
[民國]單縣 9/14
王敬(清・福山人)
[乾隆]福山 8/71
王敬(原名自當)
(明・舞陽人)
[光緒]文登 5/35
王敬(明・平原人)
[康熙]濟南 47/15
[道光]濟南 52/61
[萬曆]平原上/66
[乾隆]平原 8/10
平原縣鄉土志輯稿/孝義
王敬(明・湯陰人)
[崇禎]歷乘 16/62
王敬(明・威海人)
[乾隆]威海衛志 8/4
[道光]文登 5/10
[光緒]文登 8/上 14
王敬(明・山西澤州人)
[崇禎]鄆城 4/8
[康熙]鄆城 4/5
[光緒]鄆城 6/6
鄆城縣鄉土志/政績錄-聽訟
王敬(明・淄川人)
[康熙]淄川 5/34
[乾隆]淄川 5/34
王枚(字吉臣)
(清・費縣人)
[光緒]費縣 11/27
王枚(清・汶上人)
[宣統]四續汶上稿/人物-耆德傳
王梅(明・萊陽人)
[民國]萊陽 3/1 中 16
王梅(明・新城人)
[康熙]新城 8/19
[民國]重修新城 15/10
王梅(字逢吉)
(清・商河人)
[民國]重修商河 8/21

王乾(清·膠州人)
[康熙]膠州 6/7
[乾隆]膠州 5/9
[道光]重修膠州 29/2
[民國]增修膠志 44/1
王乾(字健陽)
(清·益都人)
[光緒]益都縣圖志 46/3
王松(字耐寒)
(清·清平人)
[嘉慶]清平 14/45
[宣統]增輯清平 12/58
[民國]清平/人物 53
王增(清·博山人)
[民國]續修博山 11/34
王樽(清·惠民人)
[宣統]山東 171/44
王樽(字獻廷)
(清·嶧縣人)
[光緒]嶧縣 21/耆舊 19
王敬庭(東阿人)
[民國]東阿 15/3
王敬忞(字用涵,號雪澄,別號青渠)
(清·安邱人)
[民國]續安邱新志 22/1
王增立(清·嶧縣人)
[光緒]嶧縣 21/忠義 8
王猶龍(字霖野)
(清·嘉祥人)
[光緒]嘉祥 3/26
王敬謨(字贊虞,號懋績)
(清·單縣人)
[民國]單縣 11/28,23/30
王翰元(清·諸城人)
[康熙]諸城 7/33
[乾隆]諸城 32/4
王教玉(清·海陽人)
[光緒]海陽縣續志 5/26
王敬五(字慎徽)
(清·陽穀人)
[光緒]陽穀 6/28
王乾元(字大哉)
(明·平山人)
[康熙]聊城 3/21
王乾元(字健亭)
(清·嘉祥人)
[光緒]嘉祥 3/33
王乾正(清·樂陵人)
樂陵縣鄉土志 3/60
王敬弘(名裕)
(南北朝)
[萬曆二十四年]兗州 33/5
[康熙]兗州 26/5
王敬武(唐·青州人)
[嘉靖]山東 32/11
[嘉靖]青州 14/12
[萬曆]青州 15/20
[康熙十五年]青州 15/20
[康熙四十八年]青州 15/武功 7
[康熙六十年]青州 16/45
[咸豐]青州 55/15
[光緒]益都縣圖志 16/10
王敬儒
[民國]朝城縣續志 1/27
王敬衡(字子清)
(清·淄川人)
[宣統]三續淄川 9/62
王敬先(清·濮州人)
[宣統]濮州 6/19
王敬勳(清·清苑人)
[民國]齊河 22/8
王敬修(清·菏澤人)
[光緒]新修菏澤 11/74
菏澤縣鄉土志/27
王敬修(字敏書)
(清·濟寧人)
[道光]濟寧直隸州 8/4 –40
王梅峰(字百祥)
(清·丹徒人,寄籍順天大興)
[咸豐]武定府 19/青城 4
[乾隆]青城 7/4
[民國]青城續修 4/名宦 14
王增禧(字祺堂,號鳳橋)
(清·高苑人)
高苑縣鄉土志/耆舊
王增祿(清·德州人)
[道光]濟南 56/82
[乾隆]德州 9/58
[民國]德縣 10/33
王敬南(明·福山人)
[康熙]福山 4/3
[民國]福山縣志稿 7/1 –4
王翰英(明·威海衛人)
[光緒]增修登州 37/28
[光緒]文登 8/下 21
王敬蒲(字錫男)
(清·諸城人)
[道光]諸城縣續志 14/15
王翰東(字西林)
(清·商河人)
[民國]重修商河 8/33
王敬典(字式訓,別號尹東)
(清·單縣人)
[民國]單縣 11/28
王敬敷(字秩和,號澄菴)
(清·樂陵人)
[乾隆]樂陵 6/11
王翰甲(字拙菴)
(清·壽光人)
[民國]壽光 12/人物志一 87
王翰譽(字來章)
(清·濱州人)
[乾隆]武定府 25/26
[咸豐]武定府 25/孝友 26
[咸豐]濱州 10/23
濱州鄉土志/耆舊錄
王敬賢(號震陽)
(明·歷城人)
[道光]濟南 49/42
[崇禎]歷城 10/20
[乾隆]歷城 41/11
王增聞(清·諸城人)
[道光]諸城縣續志 14/1
王增賢(清·諸城人)
[道光]諸城縣續志 14/1
王檜年(字聖植)
(清·濟陽人)
[道光]濟南 56/31
[乾隆]濟陽 8/28
[民國]濟陽 11/37
王敬公(字爾成)
(清·商河人)
[乾隆]武定府 24/37
[咸豐]武定府 24/循良 27
[道光]商河 7/16

[民國]重修商河 8/13,13/藝文志四墓誌 19
商河縣鄉土志 3/耆舊－學問
王敬年(清・萊陽人)
[民國]萊陽 3/1 中 73
王敬鐸(字子木,號東山)(清・淄川人)
[宣統]三續淄川 9/75
王敬銘(字子新,號潤山)(清・淄川人)
[宣統]三續淄川 9/75
王梅堂(清・茌平人)
[民國]茌平 3/64
50 **王本**(字大木)(清・諸城人)
[乾隆]諸城 32/18
王表(明・福山人)
[康熙]福山 8/17
[乾隆]福山 8/30
王表(字左滄)(清・安東衛人)
[宣統]山東 75/25
[道光]濟南 38/32
[嘉慶]禹城 7/32
[民國]禹城 3/49
禹城縣鄉土志/6
王擒(南北朝・東海郯人)
[宣統]山東 163/7
王春(字載陽)(明・濟寧人)
[康熙]濟寧州 6/21
[乾隆]濟寧直隸州 24/4
[道光]濟寧直隸州 8/2－23
王春(明・萊陽人)
[民國]萊陽 3/1 中 80
王春(字和一)(明・蓬萊人)
[順治]登州 17/24
[道光]重修蓬萊 9/24
[民國]蓬萊縣志合編人物志/孝友
王春(字時正)(明・陽穀人)
[康熙]山東 46/3
[康熙十二年]陽穀 4/13
[康熙]陽穀 4/16
[光緒]陽穀 9/1
[民國]增修陽穀人物/善行 34
王春(字一和)(明・登州人)
[泰昌]登州 11/44
王奉(明・武城人)
[乾隆]東昌 42/31
[嘉靖]武城 7/68
[順治]武城 2/19
[乾隆]武城 10/22
武城縣鄉土志略/耆舊錄
王貴(宋・并州太原人)
[宣統]山東 68/30
[道光]濟南 34/7
[萬曆]淄川 27/5
[康熙]淄川 4/4
[乾隆]淄川 4/4
王貴(字道充)(明・江西清江人)
[道光]濟南 35/43
王惠(字令明)(南北朝・琅邪臨沂人)
[嘉靖]山東 30/21
[康熙]山東 40/23
[宣統]山東 155/16
[萬曆元年]兗州 40/卓行 3
[萬曆二十四年]兗州 33/2
[康熙]兗州 26/2
[萬曆]沂州志 6/63
[康熙]沂州志 5/37
[乾隆]沂州府 25/10
[民國]臨沂 9/26
王惠(明・博平人)
[正德]博平 4/66
王惠(明・淄川人)
[康熙]淄川 5/32
[乾隆]淄川 5/33
王擴(字充之)(金・中山永平人)
[嘉靖]山東 25/22
[康熙]山東 32/10
[雍正]山東 27/23
[宣統]山東 69/4
[康熙]濟南 25/15
[道光]濟南 34/18
[嘉靖]德州 3/4
[萬曆]德州 8/29
[康熙]德州 7/25
[民國]德縣 9/6
[康熙]陵縣 4/3
[光緒]陵縣 18/8
陵縣鄉土志/8
王青(字公然)(後漢・東郡聊城人)
[嘉靖]山東 31/1
[康熙]山東 41/1
[雍正]山東 28/人物一 15
[宣統]山東 164/1
[萬曆]東昌 19/4
[康熙]聊城 3/3
聊城縣鄉土志/19
王青(明・寧海人)
[同治]重修寧海州 21/4
[民國]牟平 7/83
王素(字休業)(南北朝・瑯邪臨沂人)
[至元]齊乘 6/17
[嘉靖]山東 30/27
[康熙]山東 40/29
[雍正]山東 28/人物一 44
[宣統]山東 167/5
[萬曆]青州 14/36
[康熙十五年]青州 14/36
[康熙四十八年]青州 14/隱逸 10
[萬曆二十四年]兗州 33/8
[康熙]兗州 26/8
[萬曆]沂州志 6/60
[康熙]沂州志 5/34
[乾隆]沂州府 27/8
[萬曆]諸城 7/9
[康熙]諸城 7/9
[民國]臨沂 9/25
王素(字仲義,一字仲儀)(宋・大名莘縣人)
[嘉靖]山東 26/24,31/21
[康熙]山東 34/5,41/18
[雍正]山東 28/人物二 33
[宣統]山東 157/3
[萬曆]東昌 19/35

[乾隆]東昌 37/12
[嘉慶]東昌 27/11
[嘉靖]濮州 7/10
[萬曆]濮州 3/名宦 13
[康熙]濮州 3/13
[乾隆]濮州 3/13
[宣統]濮州 4/13
[光緒]益都縣圖志 16/39
[正德]莘縣 6/4
[康熙十一年]莘縣 7/3
[康熙五十六年]莘縣 7/3
[光緒]莘縣 7/9
[民國]莘縣 7/5
莘縣鄉土志/鄉宦 16
王肅(字子雍)
(三國・東海郯人)
[嘉靖]山東 30/13
[康熙]山東 40/15
[雍正]山東 28/人物一 30
[宣統]山東 162/15
[萬曆元年]兗州 40/儒林 7
[萬曆二十四年]兗州 32/3,33/30
[康熙]兗州 25/3
[萬曆]沂州志 6/39
[康熙]沂州志 5/17
[乾隆]沂州府 27/2
[康熙]郯城 7/2
[乾隆]郯城 9/11,12/35
[康熙]嶧縣 3/6
[乾隆]嶧縣 7/3
[光緒]嶧縣 21/鄉賢 29
王肅(字恭懿)
(南北朝・琅邪臨沂人)
[嘉靖]山東 30/28
[康熙]山東 40/30
[雍正]山東 28/人物一 52
[宣統]山東 155/29
[康熙]兗州 26/29
[萬曆]沂州志 6/80
[乾隆]沂州府 25/11
[民國]臨沂 9/27
王肅(明・滑縣人)
[嘉靖]山東 26/20
[康熙]山東 33/23
[雍正]山東 27/93
[宣統]山東 72/27
[萬曆二十四年]兗州 29/8
[康熙]兗州 22/29
[康熙]兗州府曹縣 10/10
[光緒]曹縣 10/9
王肅(字雍齋)
(清・高唐人)
[光緒]高唐州 5/2－34
[民國]高唐縣 12/44
王泰(字仲通)
(南北朝・臨沂人)
[嘉靖]山東 30/30
[康熙]山東 40/31
[萬曆二十四年]兗州 33/20
[康熙]兗州 26/19
[萬曆]沂州志 7/7
[康熙]沂州志 5/52
[乾隆]沂州府 25/15
[民國]臨沂 9/21
王泰(明・江南合肥人)
[萬曆]沂州志 4/49
[乾隆]沂州府 17/26
王泰(明・濟寧人)
[嘉靖]山東 33/32
[萬曆元年]兗州 43/9
[萬曆二十四年]兗州 52/30
[乾隆]兗州 31/15
[康熙]濟寧州 7/58
[乾隆]濟寧直隸州 28/38
[道光]濟寧直隸州 8/4－50
王泰(字開三)
(清・招遠人)
[道光]招遠縣續志 3/15
王推(明・江都人)
[乾隆]沂州府 17/32
王由(字茂道)
(北魏・京兆霸城人)
[嘉靖]山東 27/15
[康熙]山東 37/2
[雍正]山東 27/68
[宣統]山東 67/19
[萬曆]萊州 5/58
[康熙]萊州 8/17
[乾隆]萊州 9/5
[光緒]增修登州 24/2
王中(漢・琅邪人)
[至元]齊乘 6/11
[宣統]山東 153/29
[嘉靖]青州 15/24
[萬曆]青州 13/7
[康熙十五年]青州 13/7
[康熙四十八年]青州 13/經師 2
[康熙六十年]青州 15/3
[咸豐]青州 38/7
[萬曆]諸城 7/4
[康熙]諸城 7/4
王忠(漢・北海營陵人)
[康熙]杞紀 18/22
王忠(元・渤海人)
[宣統]山東 161/26
[咸豐]武定府 24/循良 2
[萬曆]濱州 3/23
[康熙]濱州 7/3
[咸豐]濱州 10/4
濱州鄉土志/耆舊錄
王忠(字盡已)
(明・冠縣人)
[嘉靖]冠縣 4/12
王忠(明・雲南人)
[乾隆]福山 7/36
王冑(字承基)
(南北朝・琅邪人)
[嘉靖]山東 30/36
[宣統]山東 163/17
[萬曆元年]兗州 40/文苑 9
王惠京(清・高唐人)
[乾隆]東昌 42/27
[康熙十二年]高唐州 9/3
[康熙五十一年]高唐州 9/3
[道光]高唐州 5/2－1
王惠文(字美斯)
(清・歷城人)
[道光]濟南 53/55
[乾隆]歷城 43/8
王肅章(字雍周,號朴菴)
(清・單縣人)
[康熙]單縣 8/56
[乾隆]單縣 12/20
[民國]單縣 9/70,22/22
王泰亨(元・萊陽人)

[光緒]增修登州 38/14
[民國]萊陽 3/1 中 4
王中庭(東阿人)
[民國]東阿 15/4
王本端(號恭菴)
(明・黄縣人)
[康熙]黄縣 6/19
[乾隆]黄縣 8/32
[同治]黄縣 8/11
[民國]黄縣志稿 13/明
王聿新(清・膠州人)
[民國]增修膠志 43/5
膠州直隸州鄉土志 4/忠烈
王奉毅(字恒一)
(清・嶧縣人)
[光緒]嶧縣 21/耆舊 13
王春元(字子新)
(清・掖縣人)
[民國]四續掖縣 4/68
王晝一(字較若)
(清・直隸廣宗人)
[宣統]山東 77/27
[乾隆]東昌 34/5
[嘉慶]東昌 21/23
[光緒]增修登州 32/4
[康熙]寧海州 7/5
[同治]重修寧海州 12/13
[康熙二年]茌平 2/38
[康熙四十九年]茌平 3/44
[宣統]茌平 8/6
[民國]茌平 8/63,12/47
[民國]牟平 6/77
王肅五(字敬菴)
(清・慶雲人)
[民國三年]慶雲 2/29
王中夏(字注清)
(清・諸城人)
[光緒]增修諸城縣續志/文苑補遺 2
王青烈(字建常)
(清・清平人)
[民國]清平/人物 62
王書瑞(字蘭溪)
(清・諸城人)
[光緒]增修諸城縣續志 12/7
王奉琳(字馨圃)
(清・陽信人)
[民國]陽信 5/文學 20
王中孚(字木舟)
(清・諸城人)
[宣統]山東 175/44
[咸豐]青州 49/22
[乾隆]諸城 36/14
諸城縣鄉土志/上 44
王本仁(長清人)
[民國]長清 12/17
王春山(字小村)
(明・章丘人)
[道光]濟南 61/4
王春山(字笑峯)
(長清人)
[民國]長清 12/17
王春岩(清・昌邑人)
[光緒]昌邑縣續志 6/14
王東崑(字玉軒)
(清・商河人)
[民國]重修商河 8/88
王東嶽(字旗亭)
(清・商河人)
[民國]重修商河 8/48
王貴仙(高唐人)
[民國]高唐縣 12/58
王盡制(明・恩縣人)
[雍正]恩縣續志 3/19
王書山(清・宛平人)
[光緒]增修登州 33/11
[光緒]文登 7/下 10
[民國]文登 7/下 10
王中山(字次元)
(清・商河人)
[民國]重修商河 8/66
王東岱(清・陽穀人)
[民國]增修陽穀人物/忠烈 22
王春魁(字梅村)
(清・南城人)
[康熙]堂邑 9/9
王奉先(明)
[康熙]平度州 3/3
[道光]重修平度州 16/16
王奉先(明・陽穀人)
[民國]增修陽穀人物/仕宦 10
王書勳(字朝端)
(清・曹縣人)
[光緒]曹縣 14/行誼 37
王春生(字笑峯)
(長清人)
[民國]長清 12/16
王本和(字德謙)
(清・壽張人)
[光緒]壽張 7/20
王春和(字可久)
(清・陽信人)
[民國]陽信 5/耆碩 58
王東皋(博興人)
[民國]高唐縣 9/5－16
王本魯(字貫夫)
(清・無棣人)
[咸豐]武定府 25/儒林 14
[民國]無棣 12/10
海豐縣鄉土志/耆舊－事業二
王肅綱(字維三)
(清・單縣人)
[乾隆]單縣 7/37
[民國]單縣 9/82
王春永(字東波)
(壽光人)
[民國]壽光 12/人物志一 100
王奉宸(清・滕縣人)
[民國]續滕縣志 2/17
王春源(字震華)
(長清人)
[民國]長清 12/11
王東江(字岷源)
(清・齊河人)
[民國]齊河 26/42
王中溥(清・臨沂人)
[民國]臨沂 10/62
王奉沆(字滙東)
(清・鄒縣人)
[民國]續修鄒縣志稿/人物－耆舊
王惠遠(清・臨朐人)
[民國]臨朐續志 20/35
王中涥(字震川)

（清・臨沂人）
［民國］續修臨沂 16/13
王中逵（明・河南祥符人）
［宣統］山東 73/22
［光緒］增修登州 27/2
［同治］黄縣 6/4
［民國］黄縣志稿 11/宦績
王忠清（清・商河人）
［咸豐］武定府 25/孝友又 37
［道光］商河 7/29
［民國］重修商河 8/40
商河縣鄉土志 2/耆舊－事業
王書潤（字琴堂）
（恩縣人）
［民國］重修恩縣 11/鄉賢 58
王泰運（清・淄川人）
［乾隆］嶧縣 7/38
王東海（陽穀人）
［光緒］陽穀 9/7
［民國］增修陽穀人物/仕宦 23
王東洋（字瀛波）
（清・茌平人）
［宣統］茌平 17/2
王東洋（字海屏）
（清・商河人）
［民國］重修商河 8/86
王奉海（清・滋陽人）
［光緒］滋陽 9/13
滋陽縣鄉土志 1/耆舊－忠義
王中李（清・鉅野人）
［民國］續修鉅野 5/上 25
王春城（霑化人）
［民國］霑化 4/登進 49
王春芳（字芬如）
（清・臨沂人）
［民國］臨沂 10/42
王春桂（字秋馨）
（清・東阿人）
［光緒］東阿縣鄉土志 4/38
［民國］續修東阿 12/1
王春藻（字曉村）
（清・濟寧人）
［民國］濟寧直隸州續志 12/31
王東林（清・信陽州人）
［宣統］聊城 6/2－6
王東枝（明・臨朐人）
［咸豐］青州 45/39
［康熙］臨朐縣志書 3/37
王青藜（字仲向）
（清・新泰人）
［乾隆］新泰 17/人物上增 5
王東槐（字蔭之，又字樹聲，號次邨，原名樂箸）
（清・滕縣人）
［宣統］山東 172/20
［宣統］滕縣續志稿 3/23
［民國］續滕縣志 2/5
滕縣鄉土志/21
王青鶴（清・費縣人）
［光緒］費縣 11/42
王中穀（字既方）
（清・諸城人）
［光緒］增修諸城縣續志/文苑補遺 2
王肅貴（清・鄒平人）
［民國］鄒平 15/145
王中敷（字近光）
（清・鄆城人）
［光緒］鄆城 16/9
王本固（明・邢臺人）
［民國］樂安 8/19
［民國］續修廣饒 17/4
王東昇（原名凌旭）
（寧晉人）
［民國］夏津續編 6/36
王青田（字鶴溪）
（清・臨邑人）
［民國］續修臨邑 3/24
王書昌（清・高唐人）
［光緒］高唐州 5/2－38
［民國］高唐縣 12/18
王書田（清・淄川人）
［宣統］三續淄川 9/83
王由臬（明・歷城人）
［道光］濟南 72/33
王素明（明・萊陽人）
［民國］萊陽 3/1 中 9
王惠陽（三國・東平人）
［宣統］山東 166/5
王東興（字旭齋）
（清・濟陽人）
［民國］濟陽 11/30
王青熙（字春明，號心潭）
（清・清平人）
［宣統］增輯清平 12/41
［民國］清平/人物 23
清平縣鄉土志/耆舊
王中興（清・齊東人）
［康熙］新修齊東 4/21
王中興（字效宣）
（清・壽光人）
［民國］壽光 12/人物志一 90
王本善（字性原）
（清・商河人）
［民國］重修商河 9/4
王盡美（莒縣人）
［民國］重修莒志 24/4
王申年（號錫周）
（清・城武人）
［道光］城武 9/上 35
王書年（清・福山人）
［乾隆］福山 8/11
王中擇（清・萊陽人）
［民國］萊陽 3/1 中 66
王貴省（字子魯）
（清・茌平人）
［民國］茌平 3/60
王婁光（長清人）
［民國］長清 12/16
王書堂（字柳村）
（清・陽信人）
［民國］陽信 5/文學 27
王肅常（字陳夏）
（清・單縣人）
［民國］單縣 9/71
王書恂（字筱泉）
（清・博山人）
［民國］續修博山 11/34
51 **王輻**（號朴菴）
（明・東阿人）
［康熙五十四年］東阿 12/7
［道光］東阿 14/人物下 25，21/21

王軒(明・臨清人)
[乾隆]東昌 39/3
[乾隆]臨清直隸州 8/上 7
[民國]臨清縣/人物 4
王軒(字廷冕)
(明・牟平寧海人)
[光緒]增修登州 39/38
[嘉靖]寧海州下/30
[康熙]寧海州 8/3
[同治]重修寧海州 17/9
[民國]牟平 7/10
王振龍(寧津人)
寧津縣志料 3/人物－義行
王振北(清・禹城人)
[民國]禹城 6/30
王搢珽(字聖佩)
(清・曹縣人)
[光緒]曹縣 14/行誼 11
王振羽(字漢舉)
(清・滕縣人)
[道光]滕縣志 9/孝義 36
王振畿(字化東)
(清・滕縣人)
[宣統]山東補遺/66
[宣統]滕縣續志稿 3/29
[民國]續滕縣志 2/11
王振山(清・臨清人)
[民國]臨清縣/人物 28
王振山(字嶽齋)
(清・陽信人)
[民國]陽信 5/任恤 38
王振緒(霑化人)
[民國]霑化 4/登進 45
王振宗(明・慈溪人)
[乾隆]萊州 9/24
[萬曆]萊州 5/76
[康熙]萊州 8/55
[康熙]膠州 5/12
[乾隆]膠州 4/8
[道光]重修膠州 22/1
[民國]增修膠志 17/1
王振宗(字昌子)
(清・濟陽人)
[道光]濟南 56/33
[乾隆]濟陽 8/37
[民國]濟陽 11/52
王振宗(字維新)
(清・瑯琊人)
[康熙]滋陽 4/上 57
王振宗(清・魚臺人)
[光緒]魚臺 3/耆碩又 1
王振渠(字鑑堂)
(清・博興人)
[民國]重修博興 13/55
王振海(字鏡清)
(清・陽穀人)
[民國]增修陽穀人物/善行 47
王振南(字離侯)
(清・陽信人)
[民國]陽信 5/方技 85
王拓基(字理疆)
(明・諸城人)
[康熙]諸城 7/42
[乾隆]諸城 39/4
諸城縣鄉土志/上 43
王振基(明・睢寧人)
[萬曆]沂州志 4/54
王振英(字曜谷,號景熙)
(清・曹縣人)
[康熙]兗州府曹縣 14/19
[光緒]曹縣 14/人物 15
王振英(字子俊)
(清・濮州人)
[宣統]濮州 3/94
王振藻(號景明)
(明・曹縣人)
[康熙]曹縣 11/19
[康熙]兗州府曹縣 11/19
[光緒]曹縣 11/選舉 30
王振東(字寅谷)
(清・昌樂人)
[民國]昌樂縣續志 34/4
王振揚(清・陽穀人)
[民國]增修陽穀人物/武功 7
王振昇(清・萊陽人)
[民國]萊陽 3/1 中 65
王振鐸(字警軒)
(清・濮州人)
[宣統]濮州 3/92
王振籙(字撫五)
(清・易州人)
[民國]重修博興 12/9
52 王採(明・魚臺人)
[乾隆]魚臺 10/27
王挺(字元直)
(清)
[咸豐]青州 47/35
[民國]續安邱新志 20/2
安丘縣鄉土志 5/耆舊錄 2
王拙(一名卓,字立齋)
(清・費縣人)
[光緒]費縣 11/24
王靜一(名在密,以字行)
(諸城人)
[民國]高唐縣卷首
王靜安(字聖恭)
(清・堂邑人)
堂邑縣鄉土志/耆舊錄
王靜宇(字坤方)
(清・寧陽人)
[咸豐]寧陽 15/27
[光緒]寧陽 15/44
王靜波(字澄仙)
(清・商河人)
[民國]重修商河 8/29
王折桂(字林一)
(清・茌平人)
[民國]茌平 3/96
王靜軒(字仁山)
(清・高唐人)
[光緒]高唐州 5/2－36
[民國]高唐縣 12/87
[民國]德平縣續志 6/10
王哲臣(長清人)
[民國]長清 12/16,12/18
53 王搏(晉)
[民國]濰縣志稿 42/2
王成(漢・膠東相)
[嘉靖]山東 27/13
[宣統]山東 66/11
[萬曆]萊州 5/54
[康熙]萊州 8/6
[乾隆]萊州 9/2
萊州府鄉土志/上 4
[康熙]膠州 5/2
[乾隆]膠州 4/2

［康熙］平度州 3/1
［道光］重修平度州 16/5
［萬曆］即墨志 6/10
［康熙］纂修即墨/下 6
［乾隆］即墨 8/2
［同治］即墨 8/2
王成（漢・山陽人）
［宣統］山東 167/2
［乾隆］曹州府 16/12
［乾隆］濟寧直隸州 28/9
［乾隆］金鄉 18/3
［咸豐］金鄉縣志略 9/上 1
［民國］金鄉 14/27
金鄉縣鄉土志/耆舊錄上
［萬曆］鉅野 8/隱逸
［康熙］鉅野 11/42
［道光］鉅野 24/10
王成（元・懷遠大將軍）
［康熙］嶧縣 3/18
［光緒］嶧縣 19/93
王成（元・濰州人）
［民國］濰縣志稿 40/36
王成（元・章丘人）
［道光］濟南 48/24
［道光］章邱 11/20
王成（字韶九）
（清・昌樂人）
［民國］昌樂縣續志 35/8
王輔（字公助）
（漢・東平平陸人）
［嘉靖］山東 30/10
［康熙］山東 40/10
［宣統］山東 167/3
［萬曆元年］兖州 40/隱逸 4
［萬曆二十四年］兖州 31/31
［康熙］兖州 24/29
［乾隆］兖州 23/14
［康熙］東平州 4/59
［萬曆］汶上 6/1
王輔（字子翼）
（元・東平人）
［雍正］山東 28/人物二 66
［宣統］山東 161/24
［萬曆］濮州 3/鄉賢 31
［乾隆］東平州 13/34
［道光］東平州 13/34
［光緒］東平州 15/上 34
［民國］東平縣 11/上 12
東平州鄉土志上/耆舊錄 29
王輔（字持邦）
（明・單縣人）
［隆慶］單縣下/20
［順治］單縣 3/37
［康熙］單縣 8/17
［乾隆］單縣 7/14
［民國］單縣 9/26
王輔（號朴庵）
（明・東阿人）
［康熙五十四年］東阿 12/7
王輔（明・合肥人）
［乾隆］沂州府 17/35
王輔（字廷佐）
（明・河南河内舉人）
［乾隆］即墨 8/5
［同治］即墨 8/5
王輔（明・平定舉人）
［光緒］寧津 6/26
寧津縣志料 3/人物－名宦
王戎（字濬沖）
（晉・琅邪臨沂人）
［嘉靖］山東 33/20
［雍正］山東 28/人物一 35
［宣統］山東 155/3
［萬曆二十四年］兖州 32/13
［康熙］兖州 25/9
［萬曆］沂州志 6/44
［康熙］沂州志 5/22
［民國］臨沂 9/9
王或（字景文）
（南北朝・琅邪臨沂人）
［宣統］山東 155/17
［康熙］沂州志 5/44
［乾隆］沂州府 25/13
［民國］臨沂 9/27
王咸斌（明・諸城人）
［咸豐］青州 45/65
［康熙］諸城 7/43
［乾隆］諸城 39/4
諸城縣鄉土志/上 42
王咸謨（明・諸城人）
［乾隆］諸城 39/4
諸城縣鄉土志/上 42
王成謙（清・廣東舉人）
禹城縣鄉土志/8
王成謙（字伯尊）
（清・湖南武陵人）
［宣統］山東 76/15
［光緒］費縣 3/59
費縣鄉土志/政績錄
［宣統］蒙陰 3/宦績
王輔穎（字哲亭）
（清・茌平人）
［宣統］茌平 11/6
［民國］茌平 3/53
王成德（字象薇）
（明・臨清人）
［乾隆］東昌 39/9
［康熙］臨清州 3/人物 9
［乾隆］臨清州 9/29
［乾隆］臨清直隸州 8/上 16
［民國］臨清縣/人物 8
王成德（字仲明）
（清・鄆城人）
［光緒］鄆城 16/5
王盛德（清・鄒平人）
［民國］鄒平 15/135
王成修（字世璋）
（清・歷城人）
［民國］續修歷城 44/29
王成憲（字監亭）
（清・安邱人）
［民國］續安邱新志 18/7
王成業（霑化人）
［民國］霑化 4/登進 43
王威遠（號魯頑）
（清・汶上人）
［宣統］四續汶上稿/人物－耆德傳
王盛清（清・蓬萊人）
［光緒］增修登州 40/4
王戒游（字懋堅）
（清・壽張人）
［光緒］壽張 7/16
王成道（字通九）
（清・泗水人）
［光緒］泗水 11/24
［光緒］泗水縣鄉土志/11
王成柱（清・武城人）

[道光]武城續編 10/6
王咸奇(字淡只)
(清・諸城人)
[乾隆]諸城 36/12
王成林(清・膠州人)
[民國]增修膠志 45/26
王成林(清・商河人)
[民國]重修商河 9/21
王輔世(清・定陶人)
[乾隆]定陶 6/30
[民國]定陶 6/65
王輔坤(清・臨清人)
[乾隆]臨清直隸州 8/下 2
[民國]臨清縣/人物 14
王成甫(明・曹縣人)
[光緒]曹縣 11/選舉 22,14/行誼 1
王盛明(字世熙)
(清・高唐人)
[光緒]高唐州 5/2-33
[民國]高唐縣 12/18
王輔臣(明・河南陳留人)
[萬曆]青州 12 又/7
[康熙十五年]青州 12 又/7
[康熙四十八年]青州 12 又/7
[康熙]沂水 4/29
[道光]沂水 5/30
王甫興(字振子)
(清・樂陵人)
樂陵縣鄉土志 3/54
王咸炤(字闇思)
(清・諸城人)
[乾隆]諸城 36/12
54 王敕(字嘉俞,一作嘉諭,後改作懋倫,別號雲芝。)
(明・歷城人)
[嘉靖]山東 29/25
[康熙]山東 39/24
[雍正]山東 28/人物三 17,30/24
[宣統]山東 162/36
[道光]濟南 60/13,72/33
[崇禎]歷乘 16/19,16/53,18/1
[崇禎]歷城 10/12,10/34,13/83
[乾隆]歷城 45/11
王軌(北周・太原祁人)
[宣統]山東 67/25
王勳(字無功)
(明・汶上人)
[萬曆]汶上 6/12
王持經(字子賢)
(清・掖縣人)
[民國]四續掖縣 4/59
55 王典(字克從,號慎齋)
(明・霑化人)
[乾隆]武定府 24/23,35/51
[咸豐]武定府 24/循良 13,35/行狀 4
[光緒]霑化 7/10
[民國]霑化 2/4
王典(字泑山)
(清・福山人)
[乾隆]續登州 10/3
[光緒]增修登州 43/17
[乾隆]福山 9 上/52
[民國]福山縣志稿 7/3-12
王典(清・蒙陰人)
[康熙十一年]蒙陰 2/54
王扶(字子元)
(漢・東萊掖人,一作琅琊人)
[至元]齊乘 6/11
[嘉靖]山東 33/2
[康熙]山東 44/2
[雍正]山東 28/人物一 17
[宣統]山東 153/23,154/14
[萬曆]青州 14/45
[康熙十五年]青州 14/45
[康熙四十八年]青州 14/儒行 2
[康熙六十年]青州 15/3
[咸豐]青州 38/6
[萬曆]萊州 5/86
[康熙]萊州 10/17
[乾隆]萊州 10/3
萊州府鄉土志/下 1
[康熙]諸城 7/7
[萬曆]即墨志 8/7
[康熙]纂修即墨/下 21
[乾隆]即墨 9/35
[同治]即墨 9/56
即墨縣鄉土志/耆舊-事業一
[乾隆]掖縣 4/10
[道光]掖乘 4
王耕(明・單縣人)
[宣統]山東 161/33
王慧(明・昌邑人)
[康熙]昌邑 6/35
[乾隆]昌邑 6/165
王慧(清・福山人)
[乾隆]福山 8/63
王捷遇(字染翰)
(清・商河人)
商河縣鄉土志 2/耆舊-事業
王捷通(字天衢)
(清・商河人)
[民國]重修商河 9/7
王耕舉(清・費縣人)
[康熙]費縣 7/30
56 王暢(字叔茂)
(漢・山陽高平人)
[嘉靖]山東 30/10
[康熙]山東 40/10
[雍正]山東 28/人物一 20
[宣統]山東 154/16
[萬曆元年]兗州 40/政績 3
[萬曆二十四年]兗州 31/25
[康熙]兗州 24/24
[乾隆]兗州 23/15
[乾隆]濟寧直隸州 23/3
[道光]濟寧直隸州 8/2-2
[乾隆]金鄉 18/5
[咸豐]金鄉縣志略 9/上 2
金鄉縣鄉土志/耆舊錄上
[康熙]臨淄 8/1
[民國]臨淄 18/4
王規(字威明)
(南北朝・琅邪臨沂人)
[雍正]山東 28/人物一 48
[宣統]山東 155/24,163/12
[萬曆二十四年]兗州 33/18
[康熙]兗州 26/18
[萬曆]沂州志 7/7

[康熙]沂州志 5/53
[乾隆]沂州府 27/5
[民國]臨沂 9/20
王靚(宋)
[嘉靖]山東 26/13
[康熙]山東 33/16
[乾隆]泰安府 14/22
[萬曆元年]兗州 38/循吏 33
[萬曆二十四年]兗州 28/6
[康熙]兗州 22/6
[康熙]東平州 4/33
[乾隆]東平州 12/21
[道光]東平州 12/21
[光緒]東平州 14/21
王蠋(周・齊畫邑人)
[至元]齊乘 6/5
[嘉靖]山東 28/6,38/28
[康熙]山東 38/6
[道光]濟南 45/6
[嘉靖]青州 15/3,18/58
[萬曆]青州 14/3,18/64
[康熙十五年]青州 14/3,18/64
[康熙四十八年]青州 14/忠義 3,18/68
[康熙六十年]青州 17/2
[乾隆]沂州府 26/1
[萬曆]章丘 25/39
[康熙]章丘 6/29
[乾隆]章邱 9/29
[康熙]臨淄 10/2,15/3
[民國]臨淄 22/60
臨淄縣鄉土志/耆舊錄
[康熙]沂水 4/47
[道光]沂水 7/20
[民國]重修新城 13/2
王揚芳(字信余)
(清・湖南瀏陽人)
[民國]臨淄 18/14
王輯昌(字寅東)
(清・黄縣人)
[同治]黄縣 8/19
[民國]黄縣志稿 13/清懿行
王擇善(元)
[光緒]增修登州 24/16
[康熙]萊陽 4/5
[民國]萊陽 3/1 上 5
57 **王絜**(清・牟平人)
[光緒]增修登州 43/35
[同治]重修寧海州 21/8
[民國]牟平 7/92
王輅(字質菴)
(清・浙江慈谿人)
[宣統]山東 76/55
[乾隆]東昌 35/8
王輅(字孟載)
(清・諸城人)
[宣統]山東 175/7
[咸豐]青州 48/1
[乾隆]諸城 32/8
王抑(字理公)
(清・滕縣人)
[道光]滕縣志 9/隱逸 7
王轍(明・商河縣人)
[萬曆]福山 4/17
[康熙]福山 7/30
王撰(明・魚臺人)
[乾隆]魚臺 10/27
王擢(明・曹縣人)
[康熙]曹縣 11/31
[康熙]兗州府曹縣 11/31
王擢(字懷一)
(明・壽光人)
[康熙]壽光 32/4
[嘉慶]壽光 20/6
王擢庸(清・蘭陵人)
[民國]臨沂 10/56
王邦瑞(字鳳泉)
(明・宜陽人)
[宣統]山東 71/45
[乾隆]武定府 16/34
[咸豐]武定府 19/濱州 3
[萬曆]濱州 3/21
[康熙]濱州 5/19
[咸豐]濱州 8/4
濱州鄉土志/政績錄
王握珍(清・定陶人)
[乾隆]定陶 6/30
[民國]定陶 6/65
王邦偉(明・濱州人)
[咸豐]武定府 25/孝友又 9
[萬曆]濱州 3/49
[康熙]濱州 7/17
[咸豐]濱州 10/22
濱州鄉土志/耆舊錄
王邦寵(號南泉)
(明・濰縣人)
[民國]濰縣志稿 29/16
王邦憲(字時正)
(明・高密人)
[康熙]高密 8/5
[乾隆]高密 8/上 11
[光緒]高密 8/上 13
[民國]高密 14/上 12
高密縣鄉土志/上 20
王邦禮(字萬泉)
(明・長山人)
[道光]濟南 50/50
[康熙四十三年]長山 5/卓行
[康熙五十五年]長山 6/40
[嘉慶]長山 10/13
王邦裕(字子修,號雙泉)
(明・堂邑人)
[順治]堂邑 2/人物 4
[康熙]堂邑 12/3
[康熙]聊城 3/23
王邦直(字東溟,一字子魚)
(明・即墨人)
[雍正]山東 28/人物三 56
[宣統]山東 163/34
[萬曆]萊州 5/108
[康熙]萊州 10/34
[乾隆]萊州 10/22
[乾隆]即墨 9/29
[同治]即墨 9/41
即墨縣鄉土志/耆舊－學問
王邦直(明・臨朐人)
[康熙十五年]青州 14/54
[康熙四十八年]青州 14/儒行 11
[康熙六十年]青州 15/11
[咸豐]青州 44/28
光緒臨朐 14/上 29
王邦基(字尚質,號懷菴)
(明・莘縣人)
[乾隆]東昌 42/17
[嘉慶]東昌 32/17

[正德]莘縣5/11
[康熙十一年]莘縣7/10
[康熙五十六年]莘縣6/24,7/10
[光緒]莘縣7/39
[民國]莘縣7/29
莘縣鄉土志/孝友22
王邦東(明・陽穀人)
[民國]增修陽穀人物/仕宦11
王投閭(元・陽穀人)
[光緒]陽穀9/6
58 **王鰲**(見王鼇)
王鼇(字江濱)
(清・金谿人)
[道光]濟南38/38
[道光]長清4/2
王鏊(字濟之)
(明・蓬萊人)
[泰昌]登州11/44
[順治]登州17/24
[康熙]蓬萊5/23
[道光]重修蓬萊9/30
[民國]蓬萊縣志合編人物志/行誼
王敕(見王勅)
王敷政(字代工)
(清・淄川人)
[康熙]濟南42/28
[道光]濟南72/43
[乾隆]淄川5/40
王敷睿(清・黃縣人)
[光緒]增修登州43/13
[同治]黃縣8/18
[民國]黃縣志稿13/清懿行
王敷保(字佑之)
(清・黃縣人)
[宣統]山東176/50
[民國]黃縣志稿13/清懿行
王鰲永(字衡皋,一字潤溯,別號潤遡)
(清・淄川人)
[康熙]山東39/32
[雍正]山東28/人物四4
[宣統]山東170/14
[康熙]濟南33/4
[道光]濟南54/53
[康熙]淄川5/6,5/15,5/35,6/9
[乾隆]淄川5/6,6/上9
王鼇永(見王鰲永)
王鏖土(號小錡)
(明・朝城人)
[康熙]朝城8/9
王敷芳(又名服芳,字秋江)
(清・膠州人)
[民國]增修膠志47/8
王掄英(清・商河人)
[民國]重修商河8/83
商河縣鄉土志2/耆舊－事業
王掄普(字冠庭)
(清・高唐人)
[民國]高唐縣12/92
王揄善(字倩引)
(清・費縣人)
[道光]濟南38/39
[康熙]費縣6/12
60 **王昺**(字承晦,號杏里)
(明・章丘人)
[康熙]濟南35/14
[道光]濟南49/48
[萬曆]章丘24/26
[康熙]章丘6/22
[乾隆]章邱9/17
[道光]章邱11/29
王昌(明・萊陽人)
[民國]萊陽3/1中12
王昌(清・黃縣人)
[同治]黃縣9/3
[民國]黃縣志稿13/人物－死難
王昌(字德徵)
(清・章邱人)
[道光]濟南54/16
[乾隆]章邱9/32
[道光]章邱10/31
王旦(北齊・臨淄人)
[康熙]臨淄10/9
王旦(字子明)
(宋・大名莘縣人)
[嘉靖]山東31/19
[康熙]山東41/16
[雍正]山東28/人物二29
[宣統]山東157/3
[萬曆]東昌20/4,19/32
[乾隆]東昌19/16,37/3
[嘉慶]東昌27/2
[正德]莘縣6/3
[康熙十一年]莘縣7/3,8/70
[康熙五十六年]莘縣6/1,7/3,8/70
[光緒]莘縣7/6,8/中28
[民國]莘縣7/3,9/9
莘縣鄉土志/鄉宦15
王恩(字錫伯)
(清・長清人)
[道光]濟南56/48
[道光]長清12/27
王杲(宋・齊州人)
[嘉靖]山東29/13
[康熙]山東39/12
[雍正]山東28/人物二24
[宣統]山東157/35
[康熙]濟南43/4
[道光]濟南47/21
[崇禎]歷乘16/7
[崇禎]歷城10/5
[乾隆]歷城35/21
王杲(字景初)
(明・汶上人)
[雍正]山東28/人物三31
[宣統]山東159/18
[萬曆二十四年]兗州36/16
[康熙]兗州28/15
[乾隆]兗州23/41
[萬曆]汶上6/9
王杲(字方旭)
(清・福山人)
[光緒]增修登州43/15
[乾隆]福山8/56,9上/54
[民國]福山縣志稿7/2－12
王固(字子堅)
(南北朝・臨沂人)
[嘉靖]山東33/26
[萬曆二十四年]兗州33/26
[康熙]沂州志8/76

［民國］臨沂 9/35
王國（明・太平人）
［康熙］濟南 25/60
［道光］濟南 36/13
［萬曆］章丘 21/76
［康熙］章丘 4/27
［乾隆］章邱 7/5
［道光］章邱 9/9
章邱縣鄉土志/上 9
王果（明・濟寧人）
［康熙］濟寧州 7/8
王果（字碩夫）
（清・安邱人）
［咸豐］青州 49/46
［道光］安邱新志 22/3
安丘縣鄉土志 7/耆舊錄 4
王果（清・高唐人）
［道光］高唐州 5/2－22
［光緒］高唐州 5/2－25
［民國］高唐縣 12/51
王果（清・四川内江人）
［宣統］山東 75/42
［光緒］惠民 18/16
惠民縣鄉土志/政績錄 8
王黑（春秋）
［民國］臨淄 21/41
王甲（字第之）
（明・利津人）
［康熙］濟南 41/26
［乾隆］武定府 24/24
［咸豐］武定府 24/循良 14
［康熙］利津縣新志 8/14
［光緒］利津 7/宦蹟 7
王甲（字瀛洲）
（清・福山人）
［光緒］增修登州 43/18
［乾隆］福山 9 上/64
［民國］福山縣志稿 7/3－10
王景（字仲通）
（漢・樂浪詘邯人，一作
瑯邪不其人）
［雍正］山東 28/人物一 17
［宣統］山東 66/12
［萬曆元年］兖州 38/循吏 6
王景（五代・掖縣人）
［嘉靖］山東 33/6
［雍正］山東 28/人物二 19
［康熙］萊州 10/79
［乾隆］萊州 11/武功 1
［道光］再續掖縣上/59
王景（明・恩縣人）
［嘉靖］恩縣 6/5
王景（明・揚州人）
［萬曆］青州 12 又/7
［康熙十五年］青州 12 又/7
［康熙四十八年］青州 12
又/7
［康熙六十年］青州 12/38
［康熙］沂水 4/28
［道光］沂水 5/29
王壘（字輿圖）
（清・鉅野人）
［民國］續修鉅野 5/上 26
王冕（明・單縣人）
［順治］單縣 2/40
王冕（明・上饒人）
［乾隆］東昌 44/23
［康熙］臨清州 3/人物 28
［乾隆］臨清州 12/7
［乾隆］臨清直隸州 8/上 82
［民國］臨清縣/人物 82
王冕（字九軒）
（清・高唐人）
［乾隆］高唐州續志 2/4
［道光］高唐州 5/1－33
［光緒］高唐州 5/1－33
［民國］高唐縣 12/75
王旻（唐）
［同治］即墨 12/8
王昇（元・利津人）
［康熙］利津縣新志 6/1
王昇（明・恩縣人）
［宣統］重修恩縣 7/49
王昇（字舉之）
（明・侯官人）
［康熙五十六年］壽張 4/20
王昇（字約軒）
（清・山西翼城人，一作
武寨人）
［乾隆］利津縣志補 3/16
［乾隆］淄川 4/又 28－3
王晟（字景兆，一作景昭）
（明・鄆城人）
［嘉靖］山東 30/60
［康熙］山東 40/58
［雍正］山東 28/人物三 9
［宣統］山東 164/29
［萬曆元年］兖州 40/節義 21
［萬曆二十四年］兖州 36/6
［康熙］兖州 28/6
［康熙］兖州續編 15/15
［乾隆］曹州府 15/3
［嘉靖］鄆城志下/9
［崇禎］鄆城 5/11
［康熙］鄆城 5/3
［光緒］鄆城 5/5，13/4
王思（三國・濟陰人）
［宣統］山東 166/5
［康熙四十八年］青州 14/
隱逸 8
王田（字舜耕）
（明・濟南人）
［宣統］山東 163/36
［道光］濟南 49/25
［乾隆］歷城 40/14
王圖（字一之）
（清・南陵人）
［康熙］堂邑 9/10
王冣（明・諸城人）
［萬曆］諸城 6/27
王晏（字休默）
（南北朝・琅邪臨沂人）
［嘉靖］山東 33/25
［萬曆元年］兖州 41/14
王晏（宋・滕人）
［萬曆二十四年］兖州 35/20
［萬曆］滕志 8/46
［康熙］滕志 8/人物 3
［康熙］滕縣志 8/武功 3
［道光］滕縣志 8/武功 3
［民國］續滕縣志 2/2
王愚（號道源）
（明・商河人）
［康熙］濟南 41/30
［乾隆］武定府 24/26
［咸豐］武定府 24/循良 16
［道光］商河 7/14，7/50
［民國］重修商河 8/12，9/

8,11/20
商河縣鄉土志 2/耆舊－事業
王昱(隋・太原人)
[民國]濰縣志稿 20/7
王昱(明・絳州人)
[康熙]嶧縣 3/29
[乾隆]嶧縣 7/12
[光緒]嶧縣 19/職官下 6
王置(字仲安)
(宋・長清人)
[民國]長清 13/31
王昌廕(明・淄川人)
[康熙]淄川 5/6
[乾隆]淄川 5/6
王國慶(字雲吉)
(清・博興人)
[民國]重修博興 13/48
王國慶(清・掖縣人)
[宣統]山東 177/23
[光緒]三續掖縣 2/8
王國讓(字允恭)
(清・臨朐人)
[民國]臨朐續志 20/15
王見唐(清・霑化人)
[乾隆]武定府 25/28
[咸豐]武定府 25/孝友 28
[光緒]霑化 8/12
[民國]霑化 2/41
王景文(名彧)
(南北朝・東海郯人)
[嘉靖]山東 30/26
[康熙]山東 40/28
[萬曆二十四年]兗州 33/6
[萬曆]沂州志 6/73
王景文(字懷西)
(清・壽光人)
[嘉慶]壽光 13/30
王景章(字賡唐)
(清・茌平人)
[民國]茌平 3/60
王思齊(元)
[光緒]益都縣圖志 17/15
王思文(字奮武)
(清・壽光人)
[民國]壽光 12/人物志一 78
王星齋(字錫侯)
(清・商河人)
[民國]重修商河 7/32,8/23,13/藝文志四墓表 15
商河縣鄉土志 2/耆舊－事業
王曰高(字登孺,號北山)
(清・茌平人)
[雍正]山東 28/人物四 26
[宣統]山東 174/4
[乾隆]東昌 40/22
[嘉慶]東昌 30/23
[康熙二年]茌平 2/48
[康熙四十九年]茌平 5/3
[宣統]茌平 10/9,23/40
[民國]茌平 3/24,12/33
王曰賡(字紹南)
(清・臨淄人)
[道光]濟南 38/25
[咸豐]青州 49/16
[民國]臨淄 24/20
[民國]重修新城 11/30
王見龍(明・光州進士)
[康熙]沂水 4/25
[道光]沂水 5/26
王思顏(字子淵)
(清・德平人)
[民國]德平縣續志 6/5
王日新(字輯甫,一作缉甫)
(明・寧海人)
[康熙]山東 43/5
[雍正]山東 28/人物三 63
[宣統]山東 163/35
[順治]登州 16/23
[光緒]增修登州 41/55
[康熙]寧海州 9/2
[同治]重修寧海州 17/17,25/墓誌 3
[民國]牟平 7/11
王思誠(字致道)
(元・兗州滋陽人)
[嘉靖]山東 30/55
[康熙]山東 40/53
[雍正]山東 28/人物二 69
[宣統]山東 158/16
[萬曆元年]兗州 40/諫議 19
[萬曆二十四年]兗州 35/30
[康熙]兗州 27/28
[乾隆]兗州 23/34
[萬曆]汶上 6/6
[康熙]滋陽 4/上 18
[光緒]滋陽 8/27
滋陽縣鄉土志 1/耆舊－名臣
王景謨(字揚熙)
(清・諸城人)
[道光]諸城縣續志 19/8
王曰謹(明・陵縣人)
[康熙]濟南 49/5
[道光]濟南 52/31,61/5
[康熙]陵縣 5/22
[光緒]陵縣 19/人物傳一 19
王景韺(字琴生)
(清・黃縣人)
[民國]黃縣志稿 13/清文學
王思謙(字宥密)
(清・觀城人)
觀城縣鄉土志/耆舊
王呈麟(字星石)
(清・章邱人)
[道光]章邱 10/52
王景麟(清・即墨人)
[同治]即墨 9/54
王國璽(清)
[嘉慶]慶雲 7/37
王國璽(清・北京人)
[康熙]臨清州 1/69
王國璽(字海印)
(清・福建閩縣人)
[宣統]山東 76/53
[乾隆]東昌 35/5
王國正(清・江都人)
[乾隆]昌邑 5/109
王國正(明・安邑人,見王國政)
王甲干(字東初)
(清・陽信人)
[民國]陽信 5/孝友 60
王甲三(字鼎臣)
(清・平原人)
[民國]續修平原 6/19
王見晉(清・大興人)
[乾隆]昌邑 5/112

王景元(字卓英)
(清・曹縣人)
[光緒]曹縣 14/仕蹟 14
王景雲(字瀛仙)
(清・諸城人)
[光緒]增修諸城縣續志 15/7
王思貢(字仰賜)
(清・博平人)
[光緒]博平縣續志 10/65
王星五(原名穎魁,以字行,號聚之)
(清・膠州人)
[民國]增修膠志 45/21
王星一(字紫垣)
(清・單縣人)
[民國]單縣 12/鄉賢 8
王景武(字毅菴)
(清・壽張人)
[光緒]壽張 7/15
王思琅(字禹珍)
(清・淄川人)
[宣統]三續淄川 9/90
王思武(字修文)
(清・臨朐人)
臨朐縣鄉土志 1/耆舊
王晏球(字瑩之)
(五代唐・洛陽人)
[雍正]山東 27/4
[宣統]山東 68/18
[萬曆二十四年]兗州 27/13
[康熙]東平州 3/5
[乾隆]東平州 12/9
[道光]東平州 12/9
[光緒]東平州 14/9
[光緒]益都縣圖志 16/17
王曰琅(字環亭)
(清・昌樂人)
[民國]昌樂縣續志 35/5
王曰琳(字玉亭)
(清・昌樂人)
[民國]昌樂縣續志 31/22
王景聖(字豈凡)
(清・曹縣人)
[光緒]曹縣 14/行誼 27
王景聖(字宗賢)
(清・滕縣人)
[道光]滕縣志 9/孝義 42
王思理(字東泉)
(清・齊河人)
[民國]齊河 27/2
王四聰(字景虞,號朕耳)
(明・魚臺人)
[康熙]魚臺 17/43
[乾隆]魚臺 11/13
[光緒]魚臺 3/8
王曰璟(字華崑)
(清・淄川人)
[乾隆]淄川 5/又 57
王國弼(明・河南祥符人)
[宣統]山東 72/41
[乾隆]東昌 34/3
[嘉慶]東昌 21/21
[康熙二年]茌平 2/37
[康熙四十九年]茌平 2/37
[宣統]茌平 8/5
[民國]茌平 8/62
[乾隆]掖縣 3/37
王國璐(清・蓬萊舉人)
[光緒]嶧縣 19/丞倅 15
王國翼(明・北直遵化人)
[宣統]山東 73/9
[萬曆]青州 12/47
[康熙十五年]青州 12/47
[康熙四十八年]青州 12/47
[康熙六十年]青州 12/26
[咸豐]青州 36/29
[光緒]益都縣圖志 18/10
[民國]樂安 8/20
[民國]續修廣饒 17/4
王曰璐(字君武)
(清・臨沂人)
[乾隆]沂州府 27/6
[民國]臨沂 10/61
王國瑜(字器之)
(清・朝城人)
[康熙]朝城 8/35
王國珍(清・恩縣人)
[雍正]恩縣續志 3/29
王國政(明・山西安邑人)
[宣統]山東 73/11
[咸豐]青州 36/30
[嘉慶]壽光 10/25
王國政(明・費縣人)
[康熙]兗州續編 16/37
[乾隆]沂州府 26/10
[康熙]費縣 7/13
[光緒]費縣 10/81
王景爵(清・莒縣人)
[民國]重修莒志 61/6
王思舜(字蒲野)
(明・濰縣人)
[民國]濰縣志稿 27/55
王思禹(字石鄉)
(明・濰縣人)
[民國]濰縣志稿 27/55
王四維(字張數)
(清・黃縣人)
[乾隆]續登州 10/2
[光緒]增修登州 43/12
[乾隆]黃縣 8/39
[同治]黃縣 8/15
[民國]黃縣志稿 13/清懿行
王國儒(明・泗水人)
[光緒]泗水縣鄉土志/14
王景峘(字亘山)
(清・寧陽人)
[光緒]寧陽 15/16
王景仁(五代梁・廬州合淝人)
[咸豐]青州 64/23
王思仁(清・鄆城人)
[光緒]鄆城 5/37
王曰貞(清・棲霞人)
[宣統]山東 176/43
[光緒]棲霞縣續志 6/忠義 2
王曰倬(字甫田,別號軒渠)
(清・萊蕪人)
[民國]萊蕪 18/6
[民國]續修萊蕪 23/7
王昌豐(字注東)
(清・壽光人)
[嘉慶]壽光 13/30
王昌胤(字燕之)
(明・高密人)
[康熙]高密 8/10
高密縣鄉土志/上 30

王恩綬(字中舫)
(清·濟寧人)
[民國]濟寧直隸州續志12/40
王國山(恩縣人)
[民國]重修恩縣11/鄉賢61
王景崧(字芝馥,一字茲佛,號傻瓜生,一號垢道人)
(清·萊陽人)
[民國]萊陽3/1中91
王思崇(字峻嶺,號見山)
(清·滕縣人)
[道光]滕縣志8/儒林28
滕縣鄉土志/26
王星鑾(字步階)
(清·茌平人)
[民國]茌平3/64
王昌允(見王昌胤)
王國後(字龍門)
(明·武城人)
[乾隆]武城10/23
王國俊(字龍門)
(清·武城人)
[順治]武城2/20
武城縣鄉土志略/耆舊錄
王曰然(明·河南汲縣人,一作衛輝人)
[民國]濰縣志稿20/15
濰縣鄉土志/51
王國勳(字京文)
(清·諸城人)
[道光]諸城縣續志14/14
王黑魁(字星斗)
(清·膠州人)
[民國]增修膠志43/9
王景緒(字星瑞)
(清·福山人)
[光緒]增修登州40/15
[民國]福山縣志稿7/5-3
王四德(字彝元)
(清·單縣人)
[民國]單縣12/鄉賢8
王國傑(清·鑲白旗人)
[乾隆]昌邑5/112
王國紳(字慎行)
(清·黃縣人)
[光緒]增修登州43/14
[同治]黃縣8/21
[民國]黃縣志稿13/清文學
王國生(字楨甫,號冶山)
(明·章邱人)
[道光]濟南49/59
[道光]章邱11/30
王思傑(清·泗水人)
[光緒]泗水11/10
王曰悠(清·茌平人)
[嘉慶]東昌32/59
[宣統]茌平14/9
[民國]茌平3/70
王昌宏(明·高密人)
[乾隆]高密8/上23
[光緒]高密8/上28
[民國]高密14/上29
王國安(字熙寰)
(明·商河人)
[康熙]濟南38/15
[道光]商河8/上41
[民國]重修商河8/5
商河縣鄉土志2/耆舊-事業
王國安(字翊清)
(清·泰安人)
[道光]泰安縣9/上88
[民國]重修泰安縣8/42
王國賓(字正臣)
(元·亳州鹿邑人,一作觀城人)
[萬曆]濮州3/鄉賢32,6/18
[康熙]觀城4/30
[道光]觀城8/23
王國賓(明·茌平人)
[乾隆]東昌38/24
[嘉慶]東昌28/24
[康熙二年]茌平2/47
[宣統]茌平11/2
[民國]茌平3/49
王國賓(字正雅)
(明·濟寧人)
[康熙]濟寧州7/29
[乾隆]濟寧直隸州27/5
王國寧(明·江都人)
[萬曆]沂州志4/55
王國寧(明·鄆城人)
[崇禎]鄆城6/12
[光緒]鄆城7/20
王國憲(字又永)
(清·衡山人)
[乾隆]續登州10/13
[雍正]文登10/2
[道光]文登5/27
[光緒]文登7/下12,10/下4
[民國]文登7/下12
王見賓(字懋欽)
(明·濟南衛人)
[康熙]濟南40/11
[道光]濟南49/34
[崇禎]歷乘16/21
[崇禎]歷城10/15
[乾隆]歷城37/41
王景濂(清·曹縣人)
[光緒]曹縣14/忠義2
王景甯(清·即墨人)
[同治]即墨9/54
王景瀛(清·濮州人)
[宣統]濮州5/38
王國禎(明,見王國楨)
王思江(清·陽穀人)
[民國]增修陽穀人物/忠烈24
王恩溥(清·萊陽人)
[民國]萊陽3/1中92
王國梁(清·膠州人)
[民國]增修膠志43/2
王國梁(清·嶧縣人)
[光緒]嶧縣21/宦績12
王國治(長清人)
[民國]長清12/19
王景浦(清·諸城人)
[光緒]增修諸城縣續志14/11
王國對(字揚休)
(清·商河人)
[民國]重修商河8/20
商河縣鄉土志2/耆舊-事業
王甲祺(字引吉)
(清·諸城人)

[道光]諸城縣續志 14/11
王景祺(字伯壽)
(清・諸城人)
[道光]諸城縣續志 17/4
王思遠(南北朝・琅邪臨沂人)
[嘉靖]山東 30/29
[康熙]山東 40/31
[宣統]山東 155/21
[萬曆元年]兗州 40/忠直 11
[萬曆二十四年]兗州 33/11
[康熙]兗州 26/11
[萬曆]沂州志 6/78
[康熙]沂州志 5/47
[乾隆]沂州府 25/13
[民國]臨沂 9/23
王星淩(字迪齋)
(清・博興人)
[民國]重修博興 13/39
王思禮(字修五)
(清・高唐人)
[民國]高唐縣 12/54
王思禮(清・鄒縣人)
[光緒]鄒縣續志 12/中 5
王景初(字孟陽)
(明・東平人)
[嘉靖]山東 35/3
[康熙]山東 45/9
[萬曆二十四年]兗州 37/7
[康熙]兗州 28/35
[康熙]東平州 4/71
[乾隆]東平州 15/2
[道光]東平州 15/2
[光緒]東平州 15/下 2
[民國]東平縣 11/中 22
東平州鄉土志上/耆舊錄 33
王景運(字硯泉)
(清・安邱人)
[民國]續安邱新志 18/6
王圖鴻(字木青)
(清・新城人)
[康熙]新城 8/9
[民國]重修新城 16/8
新城縣鄉土志/耆舊－明
王昌祚(字元眉)
(清・臨邑人)
[民國]續修臨邑 3/22
王固祚(清・壽光人)
[民國]壽光 12/人物志一 62
王國祥(明・濮州人)
[康熙]濮州續志下/1
[乾隆]濮州 4/11
[宣統]濮州 5/11
王恩培(字韻笙)
(清・安徽太湖人)
[宣統]山東 76/5
[民國]濟寧直隸州續志 10/47
王國柱(清・益都人)
[乾隆]泰安府 15/31
[順治]新泰 4/23
[乾隆]新泰 11/10
王景堯(字少唐)
(清・濰縣人)
[民國]濰縣志稿 30/39
王思大(字左泉)
(清・齊河人)
[民國]齊河 27/2
王思古(字尚友)
(清・齊河人)
[民國]齊河 27/3
王思友(清・齊河人)
[民國]齊河 27/2
王思友(字季因)
(清・淄川人)
[乾隆]淄川 5/又 53－1
王思志(字希正,原名思賢)
(清・濟寧人)
[道光]濟寧直隸州 8/4－19
王圖南(字子鵬)
(清・桓臺人)
[民國]桓臺 3/38
王星奎(字聚五)
(清・濟寧人)
[民國]濟寧直隸州續志 15/2
王國楨(字翼廷)
(明・山西安邑人)
[宣統]山東 70/29
[康熙]濟南 24/28
[道光]濟南 35/43
[康熙]濟寧州 4/55
[乾隆]濟寧直隸州 22/13
[道光]濟寧直隸州 6/6－45
[萬曆]鉅野 6/9
[康熙]鉅野 10/9
[道光]鉅野 10/25,21/22
[康熙]壽光 20/4
王國楨(清・蒲臺人)
蒲臺縣鄉土志/16
王國楨(字鼎九)
(清・齊河人)
[道光]濟南 56/1
[康熙]齊河 6/9
[雍正]齊河 6/11
[民國]齊河 23/3
王思樞(字斗南)
(清・淄川人)
[宣統]三續淄川 9/76
王國城(字從文)
(清・臨淄人)
[民國]臨淄 25/39
王國樑(字勳臣)
(清・滋陽人)
[康熙]兗州續編 16/2
王曰博(字宏宇)
(清・茌平人)
[民國]茌平 3/87
王昌基(清・肥城人)
[乾隆]泰安府 18/49
[嘉慶]肥城 17/22
[光緒]肥城 9/3
肥城縣鄉土志 5/20
王國桂(字樹屏)
(清・文登人)
[光緒]文登 10/上 20
王景華(字嘉賓)
(清・濟陽人)
[民國]濟陽 18/47
王墨林(字玉條)
(清・寧津人)
[光緒]寧津 8/39
寧津縣志料 3/人物－義行
王墨莊(字墨莊)
(清・蘭陵人)
[民國]續修曲阜 5/41
王思芳(字友蘭)
(清・壽張人)

[光緒]壽張 10/1
王思恭(清・蓬萊人)
[民國]蓬萊縣志合編人物志/孝友
王星華(字巳山)(清・江蘇金壇人)
[宣統]山東 77/40
[康熙]膠州 5/14
[乾隆]膠州 4/16
[道光]重修膠州 23/2
[民國]增修膠志 18/2
膠州直隸州鄉土志 3/政績－愛民
王國棟(清・昌邑人)
[乾隆]昌邑 6/172
王國棟(號心海)(清・沂水人)
[康熙]沂州志 4/25
[康熙]重修清平下/52
[嘉慶]清平 14/51
[宣統]增輯清平 12/66
[民國]清平/人物 60
王國相(明・陝西高陵人)
[宣統]山東 73/11
[萬曆]青州 12/48
[康熙十五年]青州 12/48
[康熙四十八年]青州 12/48
[康熙六十年]青州 12/27
[咸豐]青州 36/33
[康熙]壽光 20/5
[嘉慶]壽光 10/26
[民國]壽光 6/16
壽光縣鄉土志/政績
王昌期(字鴻圖)(清・益都人)
[乾隆]泰安府 18/61
[乾隆二十五年]泰安縣 12/32
[乾隆四十七年]泰安縣 10/上 36
[道光]泰安縣 9/上 92
[民國]重修泰安縣 8/54
王國幹(清・平原人)
[民國]續修平原 6/2
王思敬(字芝亭)(清・昌樂人)
[民國]昌樂縣續志 30/11
王國秦(清・博平人)
[宣統]山東 174/23
[道光]博平 4/28
博平縣鄉土志/耆舊－事業
王國泰(清・博平人)
[乾隆]東昌 43/7
[嘉慶]東昌 32/33
王國泰(清・登州寧海人)
[同治]重修寧海州 21/4
[民國]牟平 7/84
王國泰(清・齊河人)
[民國]齊河 26/32
王日接(字康侯)(清・萊蕪人)
[康熙]濟南 48/10
[乾隆]泰安府 18/67
[康熙]新修萊蕪 6/59
[民國]萊蕪 20/8
[民國]續修萊蕪 28/1
王思惠(字希和)(明・沂州人)
[萬曆]沂州志 7/33
[康熙]沂州志 5/66
[乾隆]沂州府 25/21
王思惠(字希僑,號東里)(清・淄川人)
[宣統]三續淄川 9/86
王思忠(字子言)(明・曹縣人)
[光緒]曹縣 14/仕蹟 1
王曰盛(清・萊蕪人)
[民國]續修萊蕪 27/17
王國軸(字樞中,號西城)(明・滕縣人)
[康熙]兗州續編 15/7
[乾隆]兗州 23/51
[康熙]滕志 7/71
[康熙]滕縣志 7/66
[道光]滕縣志 9/忠節 4
王國昌(元・高密人)
[嘉靖]山東 33/9
[康熙]山東 44/8
[雍正]山東 28/人物二 59
[宣統]山東 158/25
[萬曆]萊州 6/15
[康熙]萊州 10/80
[乾隆]萊州 11/武功 2
[康熙]高密 8/3
[乾隆]高密 8/上 17
[光緒]高密 8/上 22
[民國]高密 14/上 24
高密縣鄉土志/上 18
[道光]重修膠州 21/3
[民國]增修膠志 16/3
王國昌(字春宇)(明・北直昌黎人)
[宣統]山東 71/47
[乾隆]武定府 16/40
[咸豐]武定府 19/利津 4
[康熙]利津縣新志 7/5
王國昌(清・漢軍正白旗人)
[宣統]山東 74/13
[道光]濟南 37/13
王景呂(字海濱)(清・寧津人)
[光緒]寧津 8/17
寧津縣志料 3/人物－循良
王日昇(字柘村)(清・臨朐人)
光緒臨朐 14/中 13
王昌時(字穉公)(明・臨沂人)
[康熙]沂州志 5/72
[乾隆]沂州府 25/25
[民國]臨沂 9/55
王景暉(南燕)
[咸豐]青州 64/12
[光緒]益都縣圖志 53/3
王思明(清・臨邑人)
[民國]續修臨邑 3/32
王日曦(見王曰曦)
王曰曦(字曉亭)(清・黃縣人)
[光緒]增修登州 43/13
[同治]黃縣 8/16
[民國]黃縣志稿 13/清懿行
王恩臣(字藎卿)(長清人)
[民國]長清 12/10
王星辰(清・費縣人)
[光緒]費縣 11/61

王最陛（見王勖陛）
王恩卿（字元儒）
（清・平度人）
［民國］平度縣續志 7/34
王國賢（字翰英）
（清・商河人）
［民國］重修商河 8/32
王黑兒（元・膠水人）
［康熙］山東 45/22
［萬曆］萊州 6/7
［康熙］萊州 10/62
［乾隆］萊州 11/孝義 2
［道光］重修平度州 17/18
平度鄉土志 4 上/鄉賢
王景輿（字敬亭）
（清・章邱人）
［道光］濟南 54/13
［道光］章邱 11/52
王景周（清・濰縣舉人）
［民國］濟陽 9/45
王思賢（字夢得，號武津）
（明・城武人）
［康熙九年］城武 3/49
［康熙四十一年］城武 5/上宦蹟 5
［道光］城武 9/上 21
王國鑒（清・福建安漢舉人）
［民國］重修新城 11/25
王恩普（清・商河人）
［民國］重修商河 9/23
王思曾（清・海陽人）
［光緒］海陽縣續志 4/33
王思曾（字省吾）
（清・諸城人）
［乾隆］諸城 32/4
王思全（字紹存，號余人）
（清・單縣人）
［民國］單縣 10/13
王曇首（南北朝・琅邪臨沂人）
［嘉靖］山東 30/23
［康熙］山東 40/25
［雍正］山東 28/人物一 43
［宣統］山東 155/15
［萬曆元年］兗州 40/忠直 11
［萬曆二十四年］兗州 33/1
［康熙］兗州 26/1
［萬曆］沂州志 6/62
［康熙］沂州志 5/36
［乾隆］沂州府 25/10
［民國］臨沂 9/18
王昌猷（字旂公）
（清・寧津人）
［光緒］寧津 8/26
寧津縣志料 3/人物－孝行
王恩錫（字百朋）
（清・商河人）
［民國］重修商河 8/23
王日知（明・黄縣人）
［康熙］山東 46/7
［泰昌］登州 11/27
［順治］登州 17/1
［光緒］增修登州 43/11
［同治］黄縣 8/11
［民國］黄縣志稿 13/明
王景銘（字仲丹）
（長清人）
［民國］長清 12/18
王昌箕（字體乾，號良工）
（清・鄆城人）
［康熙］鄆城 6/19
［光緒］鄆城 8/9
王恩銓（字鑑衡）
（清・商河人）
［民國］重修商河 8/60
商河縣鄉土志 2/耆舊－事業
王景鑑（清・汶上人）
［宣統］山東 172/22
王思簡（清・章邱人）
［道光］濟南 61/7
［乾隆］章邱 9/35
［道光］章邱 11/75
王曰光（清・禹城人）
［道光］濟南 56/40
［嘉慶］禹城 9/14
［民國］禹城 6/11
禹城縣鄉土志/15
王景熯（字霞光，號秉若）
（清・曹縣人）
［光緒］曹縣 14/仕蹟 14
王景輝（清・歷城人）
［光緒］莘縣 5/41
［民國］莘縣 3/32
王墨燦（字增彩）
（清・莘縣人）
［民國］莘縣 9/49
王思輝（清・淄川人）
［宣統］三續淄川 9/81
王恩榮（字仁菴）
（清・蓬萊人）
［宣統］山東 176/44
［光緒］增修登州 43/5
［道光］重修蓬萊 9/26，13/傳 32
［民國］蓬萊縣志合編人物志/孝友
王國榮（字泰徵）
（清・永平人）
［康熙］兗州續編 14/9
［乾隆］兗州 22/35
［乾隆］濟寧直隸州 22/52
［道光］濟寧直隸州 6/7－87
61 王點（明・魏縣進士）
［康熙］鄒平 4/13
［嘉慶］鄒平 14/10
［道光］鄒平 14/10
［民國］鄒平 14/10
王顥（後魏）
［康熙］臨清州 3/名宦 7
［乾隆］臨清州 9/2
王喈（字鳳翽）
（清・淄川人）
［宣統］三續淄川 10/28
王顯（字世榮）
（南北朝北魏・陽平樂平人）
［嘉靖］山東 33/26
［雍正］山東 31/5
［宣統］山東 168/8
［萬曆］東昌 22/12
［乾隆］東昌 44/13
［嘉慶］東昌 34/12
［正德］莘縣 6/1
［康熙十一年］莘縣 7/2，7/16
［康熙五十六年］莘縣 7/2，7/16

［光緒］莘縣 7/2
［民國］莘縣 7/1
莘縣鄉土志/鄉宦 15
［順治］堂邑 3/襍志 2
［康熙十一年］堂邑 3/襍志 2
［康熙］堂邑 17/3
堂邑縣鄉土志/耆舊錄
王顒(元・維陽人)
［民國］濰縣志稿 40/33
王顒(明・濮州人)
［康熙］濮州續志下/4
［乾隆］濮州 4/14
［宣統］濮州 5/14
王顒(字子明)
(清・齊東人)
［民國］齊東 5/40
王顒(清・日照人)
［乾隆］沂州府 26/16
王晅(字覲光,榜名暆)
(清・高密人)
［光緒］高密 8/上 56
［民國］高密 14/上 66
王顒立(清・肥城人)
［光緒］肥城 9/人物志補遺 1
肥城縣鄉土志 5/26
王顒吾(清・德州人)
［道光］濟南 56/83
［康熙］德州 8/37
［乾隆］德州 9/63
［民國］德縣 11/6
德州鄉土志/耆舊 27
王顒緒(字維章)
(清・福山人)
［光緒］增修登州 39/19
［乾隆］福山 8/21
［民國］福山縣志稿 7/2－16
王顒忠(元・新泰人)
［乾隆］泰安府 18/32
［天啟］新泰 6/19
［順治］新泰 5/24
［乾隆］新泰 16/5
新泰縣鄉土志/23
王顒鐸(清・黃縣人)
［光緒］增修登州 43/12
［同治］黃縣 8/14
［民國］黃縣志稿 13/清孝友
62 **王昕**(字元景)
(南北朝・北海劇人)
［嘉靖］山東 27/15,32/9
［康熙］山東 37/2,42/9
［雍正］山東 27/68,28/人物一 55
［宣統］山東 155/35
［嘉靖］青州 14/10
［萬曆］青州 13/33,14/47
［康熙十五年］青州 13/33,14/47
［康熙四十八年］青州 13/事功 16,14/儒行 4
［康熙六十年］青州 15/6,16/7
［萬曆］萊州 5/58
［康熙］萊州 8/18
［乾隆］萊州 9/5
萊州府鄉土志/上 8
［光緒］增修登州 24/2
［嘉靖］昌樂 3/43
［康熙］昌樂 4/3
［嘉慶］昌樂 23/4
［萬曆］濰縣 9/2
［康熙］濰縣 5/人物 8
［乾隆］濰縣 4/5
［康熙］壽光 27/1
［嘉慶］壽光 14/1
［民國］壽光 12/人物志二 1
壽光縣鄉土志/耆舊
［嘉慶］續掖縣 2/17
王昕(唐)
［嘉靖］青州 13/22
［萬曆］青州 12 又/5
［康熙十五年］青州 12 又/5
［康熙四十八年］青州 12 又/5
［康熙六十年］青州 12/9
王則聘(明・北直豐潤人)
［康熙］昌邑 5/17
［乾隆］昌邑 5/119
63 **王默**(號貴一)
(明・清苑舉人)
［道光］高唐州 7/1－13
［光緒］高唐州 7/1－13
［民國］高唐縣 9/5－8
高唐州鄉土志/8
王畎(字舜畊,號南畝)
(明・單父人)
［康熙］濟寧州 7/50
［乾隆］濟寧直隸州 28/14
［道光］濟寧直隸州 8/4－45
王暄(清・湖南人)
［宣統］山東 76/29
［光緒］鄆城 6/13,14/39
王貽永(字季長)
(宋・并州人)
［嘉靖］山東 26/9
［康熙］山東 33/11
［雍正］山東 27/89
［宣統］山東 68/32
［乾隆］泰安府 14/14
［萬曆元年］兗州 38/循吏 28
［萬曆二十四年］兗州 28/3
［康熙］兗州 22/3
［乾隆］曹州府 12/9
［康熙］東平州 4/36
［乾隆］東平州 12/13
［道光］東平州 12/13
［光緒］東平州 14/13
［民國］東平縣 9/7
［康熙］單縣 6/6
［乾隆］單縣 4/51
［民國］單縣 6/宦蹟 9
王貽桂(字丹圃,號瀛溪)
(清・濟寧人)
［道光］濟寧直隸州 8/4－13
王默臨(字訥菴)
(清・濰縣人)
［民國］濰縣志稿 29/11
64 **王疇**(字景彝)
(宋・濟陰人)
［嘉靖］山東 30/47
［康熙］山東 40/46
［雍正］山東 28/人物二 39
［萬曆元年］兗州 40/諫議 14
［萬曆二十四年］兗州 35/6
［康熙］兗州 27/6
［康熙］曹縣 12/15
［康熙］兗州府曹縣 12/15

[光緒]曹縣 12/13
王睹(字似田,一作嗣田)
(明・淄川人)
[康熙]濟南 45/7
[道光]濟南 72/36
[康熙]淄川 5/24
[乾隆]淄川 5/24
王唊(漢・朝鮮人)
[乾隆]泰安府 5/3
王晞(字叔朗,小字沙彌)
(北齊・北海劇人)
[嘉靖]山東 32/9
[康熙]山東 42/9
[雍正]山東 28/人物一 56
[宣統]山東 155/36
[嘉靖]青州 14/10
[萬曆]青州 13/33,14/47
[康熙十五年]青州 13/33,14/47
[康熙四十八年]青州 13/事功 16,14/儒行 4
[康熙六十年]青州 15/6,16/7
[咸豐]青州 64/15
[嘉靖]昌樂 3/46
[康熙]昌樂 4/7
[嘉慶]昌樂 22/3
[康熙]濰縣 5/人物 7
[乾隆]濰縣 4/4
[康熙]壽光 21/5,32/3
[嘉慶]壽光 12/7,20/3
[民國]壽光 12/人物志一 10
王曉(宋・泗水人)
[宣統]山東 168/14
王曉(明・淄川人)
[康熙]濟南 35/17
[道光]濟南 72/35
[萬曆]淄川 29/2
[康熙]淄川 5/4
[乾隆]淄川 5/4
王勛(字世臣,號歲寒軒老人)
(明・高苑人)
高苑縣鄉土志/耆舊
王勛(明・臨清人)
[乾隆]東昌 42/19
[康熙]臨清州 3/人物 17
[乾隆]臨清州 9/50
[乾隆]臨清直隸州 8/上 39
[民國]臨清縣/人物 50
王勛(明・蒙陰人)
[乾隆]沂州府 26/4
[康熙十一年]蒙陰 2/32
王曄(字韞孟,號樗菴)
(明・南直金壇人)
[宣統]山東 70/26
[康熙]濟南 24/25
[道光]濟南 35/38
[嘉靖]武定州下/63
[萬曆]武定州 12/15
[崇禎]武定州 7/19,15/18
[乾隆]武定府 16/9
[咸豐]武定府 19/9
[乾隆]惠民 5/18
[光緒]惠民 18/11
惠民縣鄉土志/政績錄 6
王時亮(字寅蒼)
(清・臨淄人)
[咸豐]青州 49/18
[民國]臨淄 24/20
臨淄縣鄉土志/耆舊錄
王時雍(明・垣曲人)
[萬曆]東昌 18/42
[乾隆]東昌 35/34
[順治]武城 2/9
[乾隆]武城 9/3
武城縣鄉土志略/政績錄
王時正(字禹夫,號月潭)
(明・黃縣人)
[泰昌]登州 11/37
[順治]登州 17/14
[光緒]增修登州 40/8
[康熙]黃縣 6/17
[乾隆]黃縣 8/30
[同治]黃縣 8/11
[民國]黃縣志稿 13/明
王時發(字崧齋,號春圃)
(清・臨淄人)
[民國]臨淄 24/23
王曉山(字曙雲)
(清・商河人)
[民國]重修商河 8/67
王時和(字念蓋)
(明・北直魏縣人)
[宣統]山東 71/10
[道光]濟南 36/21
[康熙]淄川 4/13
[乾隆]淄川 4/13
王時憲(明・曹縣人)
[康熙]曹縣 11/16
[康熙]兗州府曹縣 11/16
[光緒]曹縣 11/選舉 27
王時英(字千甫)
(明・章丘諸生)
[道光]濟南 49/63
[康熙]章丘 6/41,9/23
[乾隆]章邱 9/40
[道光]章邱 11/72
王時中(字道夫,號海山)
(明・黃縣人)
[雍正]山東 28/人物三 20
[宣統]山東 159/14
[泰昌]登州 11/12
[順治]登州 16/16
[光緒]增修登州 39/9
[康熙]黃縣 6/20
[乾隆]黃縣 8/15
[同治]黃縣 8/4
[民國]黃縣志稿 13/明
王時中(字道融)
(清・滕縣人)
[道光]滕縣志 9/孝義 34
王時掄(字際斯)
(清・利津人)
[咸豐]武定府 26/義行 30
[光緒]利津 8/義行 4
王勖陛(清・萊陽人)
[雍正]山東 28/人物四 39
[宣統]山東 176/19
[民國]萊陽 3/1 中 32
王曉榮(字春旭)
(清・臨沂人)
[民國]臨沂 10/25
65 **王暕**(字思晦)
(南北朝・臨沂人)
[萬曆二十四年]兗州 33/18
[康熙]兗州 26/18
[民國]臨沂 9/20

王映(字惟炳)
(明・齊東諸生)
[道光]濟南 51/47
[康熙]新修齊東 6/14
王映旭(字長明)
(清・菏澤人)
[光緒]菏澤 16/6
[光緒]新修菏澤 11/55
菏澤縣鄉土志/27
66 **王晲**(明・淄川人)
[康熙]淄川 5/34
[乾隆]淄川 5/34,5/35
王曙(字東明)
(清・濰縣人)
[民國]濰縣志稿 32/5
王暘(字明叔,號東谷)
(明・河南河內人)
[宣統]山東 70/26
[康熙]濟南 24/24
[道光]濟南 35/38
[萬曆]武定州 12/12
[崇禎]武定州 7/18,15/15
[乾隆]武定府 16/8
[咸豐]武定府 19/8
[乾隆]惠民 5/16
[光緒]惠民 18/9
惠民縣鄉土志/政績錄 5
王賜誌(清・鄒平人)
[道光]鄒平 15/86
[民國]鄒平 15/86
王賜信(清・益都人)
[光緒]益都縣圖志 41/17
王賜儒(清・新城人)
[宣統]新城縣後志 3/耆壽
王賜蒲(清・福山人)
[乾隆]福山 8/40
王賜穀(清・福山人)
[乾隆]福山 8/51
[民國]福山縣志稿 7/1－25
王賜命(號綍錫)
(明・費縣人)
[康熙]費縣 6/12,7/30
[光緒]費縣 10/82
王賜鏞(字稚川)
(清・鄒平人)
[道光]濟南 54/29
[道光]鄒平 15/73
[民國]鄒平 15/73
王嚴欽(清・諸城人)
[光緒]增修諸城縣續志 14/14
王賜錀(字鎮北,號九虬)
(清・鄒平人)
[道光]濟南 54/29
[嘉慶]鄒平 15/51
[道光]鄒平 15/85
[民國]鄒平 15/85
67 **王鶚**(字鶚鳴,一作伯一)
(元・東明人)
[嘉靖]山東 30/54
[康熙]山東 40/52
[雍正]山東 28/人物二 60
[萬曆元年]兗州 40/儒林 11
[康熙]東明 6/17
[乾隆]東明 6/17
[民國]東明縣新誌 11/24
王暉(字元旭)
(南北朝・北海劇人)
[嘉慶]昌樂 23/5
王明(明・福山人)
[康熙]福山 9/22
[乾隆]福山 9 上/60
王明(明・湖廣武陵人)
[乾隆]沂州府 17/31
王明(字彥昭,一作彥照)
(明・山西垣曲人)
[萬曆]即墨志 6/13,10/27
[康熙]纂修即墨/下 9
[乾隆]即墨 8/5
[同治]即墨 8/5
即墨縣鄉土志/政績錄
王明(字照乾)
(清・菏澤人)
[光緒]菏澤 16/10
[光緒]新修菏澤 10/47
王吸(漢)
[宣統]重修恩縣 6/4
王曜(字星含)
(清・膠州人)
[民國]增修膠志 45/19
王郢(清・高唐人)
[嘉慶]東昌 32/66
[道光]高唐州 5/2－20
[光緒]高唐州 5/2－23
[民國]高唐縣 12/41
王瞻(字思範)
(南北朝・臨沂人)
[嘉靖]山東 30/27
[康熙]山東 40/29
[萬曆二十四年]兗州 33/19
[康熙]兗州 26/19
[萬曆]沂州志 6/75
[民國]臨沂 9/18
王瞻(字雁溪)
(清・濰縣人)
[民國]濰縣志稿 32/5
王昭(字仲亮)
(南北朝・北海劇人)
[嘉慶]昌樂 23/5
王昭(明・單縣人)
[順治]單縣 2/40
王昭(字文著)
(明・淄川人)
[康熙]淄川 5/12
[乾隆]淄川 5/12
王照(明・商城進士)
[道光]冠縣 6/27
[光緒]冠縣 6/宦績
[民國]冠縣 6/38
王照(字暉吉)
(清・諸城人)
[道光]諸城縣續志 19/6
王明文(清・鄒平人)
[民國]鄒平 15/144
王昭序(字左輔)
(清・臨淄人)
[民國]臨淄 28/8
王明訓(清・鄒平人)
[民國]鄒平 15/144
王明誠(字實中)
(清・招遠人)
[道光]招遠縣續志 2/36
王鳴珂(字玉卿)
(清・茌平人)
[宣統]茌平 17/5
[民國]茌平 3/34
王鳴珂(字瑞亭)
(清・膠州人)

［民國］增修膠志 45/30
王嗣烈（字仲方）
（清・滕縣人）
［道光］滕縣志 9/孝義 41
王嗣珣（清・滕縣人）
［乾隆］兗州 23/80
［道光］滕縣志 9/孝義 10
王明重（字任吾）
（明・霑化人）
［光緒］霑化 8/3
［民國］霑化 2/31
王明儒（清・昌邑人）
［光緒］昌邑縣續志 6/12
王明山（清・新泰人）
［乾隆］新泰 14/增 4
王明德（字峻亭）
（清・昌樂人）
［民國］昌樂縣續志 28/13
王明德（字新民）
（清・莘縣人）
［民國］莘縣 9/48
王昭德（清・茌平人）
［民國］茌平 3/105
王昭佑（字輔廷）
（清・濟陽人）
［民國］濟陽 11/46
王嗣儼（明・寧海人）
［光緒］增修登州 43/34
［康熙］寧海州 9/6
［同治］重修寧海州 21/5
［民國］牟平 7/86
王明徹（字晦夫）
（明・濟南人，徙嶧縣）
［康熙］嶧縣 4/74
［乾隆］嶧縣 8/20
［光緒］嶧縣 21/鄉賢 65
王嗣佺（字幼蘭，號天全，別號東海逸民）
（清・牟平人）
［光緒］增修登州 40/30
［民國］牟平 7/12
王躍鱗（字龍池）
（清・東平人）
［光緒］東平州 15/下 57
［民國］東平縣 11/下 24
王明達（清・茌平人）
［宣統］茌平 16/4
王明遠（字睿堂）
（清・曹縣人）
［光緒］曹縣 14/行誼 32
王鳴鴻（清・利津人）
［乾隆］利津縣志續編 8/50
王鵾來（字軒飛）
（清・諸城人）
［光緒］增修諸城縣續志 13/5
王明萼（字棣軒）
（清・牟平人）
［民國］牟平 7/22，9/32
王昭華（字玉民）
（清・陽信人）
［民國］陽信 5/文學 20
王昭茂（字盛堂）
（清・茌平人）
［民國］茌平 3/105
王鶚表（號雲陸）
（清・濰縣人）
［民國］濰縣志稿 42/22
王嗣哲（字子明，道號松禪）
（濟陽人）
［民國］濟陽 11/66
王明輔（清・單縣人）
［康熙］單縣 7/49
王明易（字又弼，號勉齋）
（清・東平人）
［光緒］東平州 15/下 41
［民國］東平縣 11/下 15
王照圓（字婉佺）
（清・棲霞人）
［光緒］棲霞縣續志 7/賢媛 1
王明時（明・南直華亭人）
［宣統］山東 72/22
［萬曆］青州 12/50
［康熙十五年］青州 12/50
［康熙四十八年］青州 12/50
［康熙六十年］青州 12/34
［乾隆］沂州府 20/9
［康熙］莒州下/8
［嘉慶］莒州 7/6
［民國］重修莒志 57/11
王瞻辰（字驤衢）
（清・曹縣人）
［光緒］曹縣 14/行誼 17
王明鳳（字在竹）
（清・茌平人）
［民國］茌平 12/外集 1
王鳴岡（清・壽張人）
［光緒］壽張 7/27
壽張縣鄉土志/耆舊－附忠孝祠
王嗣周（清・黃縣人）
［同治］黃縣 8/19
［民國］黃縣志稿 13/清文學
王嗣繁（字介山，一字條遠）
（清・諸城人）
［道光］諸城縣續志 14/7
［民國］高唐縣 9/5－12
王昭鑑（字鏡源）
（清・濟寧人）
［民國］濟寧直隸州續志 14/1
68 王盼（字漢橋）
（清・諸城人）
［光緒］增修諸城縣續志 13/8
王暾（字卓午）
（清・黃縣人）
［光緒］增修登州 40/10
［同治］黃縣 8/9
［民國］黃縣志稿 13/清仕績
王曦如（字御赤）
（明・即墨人）
［康熙］山東 45/24
［雍正］山東 28/人物三 78
［宣統］山東 164/57
［康熙］萊州 10/57
［乾隆］萊州 11/忠節 9
［乾隆］即墨 9/19
［同治］即墨 9/24
即墨縣鄉土志/耆舊－事業三
70 王璧（明・河南商城人）
［嘉靖］朝城志 5/6
［康熙］朝城 7/5
王哼（原名式，字石文）
（清・福山人）

[雍正]山東 28/人物四 24
[乾隆]續登州 10/3
[乾隆]福山 9 上/21
[民國]福山縣志稿 7/3－11
王雅(字茂達)
(晉・琅邪臨沂人)
[嘉靖]山東 33/22
[萬曆元年]兗州 41/外傳 27
王雅(清・福山人)
[乾隆]福山 8/59
王辟疆(字羽修)
(清・汶上人)
[康熙]續修汶上 4/人物 15
王雅量(字有容,號左海,一作襟海)
(明・費縣人)
[康熙]兗州續編 15/29
[乾隆]沂州府 25/23
[康熙]費縣 7/10
[光緒]費縣 10/72
費縣鄉土志/耆舊錄－事業
71 **王陛**(明)
[嘉慶]肥城 15/32
王陛(清・樂陵人)
[乾隆]樂陵 6/36
樂陵縣鄉土志 3/27
王長(字仁風)
(清・陵縣人)
[光緒]陵縣 19/人物傳二 28
王臣(字朝用)
(明・聊城堂邑人)
[乾隆]東昌 38/15
[嘉慶]東昌 28/15
[康熙]聊城 3/27
[宣統]聊城 8/7
王臣(明・濮州人)
[康熙]濮州 2/101
[乾隆]濮州 2/84
[宣統]濮州 3/63
王臣(字尚忠)
(明・陝西蒲城人)
[宣統]山東 70/28
[道光]濟南 35/42
王臣(明・湖廣石首人)
[道光]東平州 10/上 22
王臣(字朝用)
(明・堂邑人)
[順治]堂邑 2/人物 8
[康熙]堂邑 12/6
王臣(字藎軒,號雪山)
(清・臨清人)
[民國]臨清縣/人物 84
王臣(清・臨沂人)
[乾隆]沂州府 26/22
[民國]臨沂 10/16
王槩(字成木)
(清・諸城人)
[宣統]山東 175/6
[咸豐]青州 48/15
王厈(明・蘭陽人)
[光緒]滋陽 7/4
滋陽縣鄉土志 1/政績
王驥(字北野,號遜圃,別號槐莊)
(清・淄川人)
[宣統]三續淄川 9/59
王階(字士登,號雲峯)
(明・章邱人)
[道光]章邱 11/58
王階(字尺我)
(清・掖縣人)
[乾隆]掖縣 3/60
王匡(字公節)
(漢・泰山人)
[乾隆二十五年]泰安縣 12/3
[乾隆四十七年]泰安縣 10/上 23
[道光]泰安縣 9/上 76
[民國]重修泰安縣 8/32
泰安縣鄉土志/耆舊 7
王驪(清・夏津人)
[乾隆]東昌 43/42
[乾隆]夏津 8/29
王厲(見王勵)
王陟(宋・潞州上黨人)
[嘉靖]武定州下/49
[萬曆]武定州 10/5
[崇禎]武定州 7/3
王騭(字辰嶽)
(清・福山人)
[雍正]山東 28/人物四 24
[宣統]山東 176/2
[光緒]增修登州 39/16
王長庚(清・恩縣人)
[民國]重修恩縣 11/鄉賢 27
王長慶(字壽仁)
(清・齊河人)
[民國]齊河 23/73
王厚慶(字幼海)
(清・福山人)
[光緒]增修登州 39/20
[民國]福山縣志稿 7/2－21
王原獻(清)
[光緒]海陽縣續志 8/41
王長德(字峻英)
(清・商河人)
[民國]重修商河 9/5
王長甯(清・壽張人)
[光緒]壽張 6/60
王長海(字子容)
(平原人)
[民國]續修平原 8/31
王長敬(字慎堂,號蕉亭)
(清・高唐人)
[光緒]高唐州 5/2－38
[民國]高唐縣 12/19
王長松(字封五)
(清・曹縣人)
[康熙]兗州府曹縣 14/30
[光緒]曹縣 14/人物 26
王長春(字應三)
(清・平原人)
[道光]濟南 56/107
[民國]續修平原 10/上 5
王長申(字重巽)
(清・高唐人)
[光緒]高唐州 5/1－36
[民國]高唐縣 12/16
王長泰(高唐人)
[民國]高唐縣 12/57
王臣忠(明・青城人)
[萬曆]青城 1/69
王原忠(唐)
[嘉靖]山東 25/4
[康熙]山東 31/5
[乾隆]泰安府 14/10
[萬曆元年]兗州 38/循吏 24

［萬曆二十四年］兗州 27/9
［康熙］兗州 21/23
［康熙］曹州志 7/45
［康熙］東平州 4/27
［乾隆］東平州 12/6
［道光］東平州 12/6
［光緒］東平州 14/6
［民國］東平縣 9/4
東平州鄉土志上/政績錄 9
［光緒］菏澤 7/宦蹟 13
王厚階（字夢泉）
（清・聊城人）
［宣統］聊城 8/48
王巨卿（字攸忱）
（平原人）
［民國］續修平原 8/22
王長義（清・濟陽人）
［道光］濟南 56/34
［乾隆］濟陽 8/43
［民國］濟陽 11/56
72 **王剛**（明・長清人）
［道光］濟南 52/25
［道光］長清 11/26
王所（字梅夫）
（清・玉田舉人）
［光緒］增修登州 34/2
［道光］榮成 6/26
王岳（字宗山）
（清・樂安人）
［民國］續修廣饒 19/77
王質（字子貞）
（南北朝・臨沂人）
［民國］臨沂 9/35
王質（字子野）
（宋・大名莘縣人）
［嘉靖］山東 31/22
［康熙］山東 41/18
［雍正］山東 28/人物二 40
［宣統］山東 157/4
［萬曆］東昌 19/35
［乾隆］東昌 37/5
［嘉慶］東昌 27/5
［正德］莘縣 6/4
［康熙十一年］莘縣 7/3
［康熙五十六年］莘縣 7/3
［光緒］莘縣 7/9
［民國］莘縣 7/5
莘縣鄉土志/鄉宦 16
王質（字景文）
（宋・鄆州人，徙博興，一作徙興國）
［嘉靖］山東 30/52
［康熙］山東 40/50
［萬曆元年］兗州 40/諫議 17
［萬曆二十四年］兗州 35/14
［康熙］兗州 27/12
［康熙］東平州 4/5
［乾隆］東平州 13/31
［道光］東平州 13/31
［光緒］東平州 15/上 31
［民國］東平縣 11/上 11
東平州鄉土志上/耆舊錄 29
王質（明・南直泰和人，一作鳳陽人）
［嘉靖］山東 25/12
［康熙］山東 31/14
［雍正］山東 27/11
［宣統］山東 70/18
［康熙］濟南 24/19
［道光］濟南 35/24
［崇禎］歷乘 16/29
［崇禎］歷城 6/11
王質（明・餘干人）
［光緒］文登 5/33
王所誌（字載府）
（清・高唐人）
［乾隆］東昌 44/6
［嘉慶］東昌 34/5
［康熙五十一年］高唐州 9/25
［道光］高唐州 5/1－40
［光緒］高唐州 5/1－42
王所諮（字夢求）
（明・安丘人）
［康熙十五年］青州 15/55
［康熙四十八年］青州 15/卓行 11
［康熙六十年］青州 20/5
［咸豐］青州 45/52
［康熙］續安丘 22/30
安丘縣鄉土志 5/耆舊錄 2
王彤一（字詔甫）
（清・博興人）
［民國］重修博興 13/46
王所甄（號陶村）
（清・樂陵人）
樂陵縣鄉土志 3/58
王所依（字鴻勳）
（清・直隸交河人）
［宣統］山東 75/33
［乾隆］泰安府 15/38
［乾隆二十五年］泰安縣 10/35
［乾隆四十七年］泰安縣 8/32
［道光］泰安縣 10/9
［民國］重修泰安縣 6/62
泰安縣鄉土志/政績 6
王所師（字範宸）
（明・無棣人）
［乾隆］武定府 26/11，35/25
［咸豐］武定府 26/義行 11，35/誌銘 25
［康熙］海豐 11/49
海豐縣鄉土志/耆舊－事業六
［民國］無棣 13/2，22/8
王所須（字衡吾，號幹宇）
（明・淄川人）
［道光］濟南 50/22
［康熙］淄川 5/14
［乾隆］淄川 5/14
王所徵（清・濮州人）
［康熙］濮州續志下/21
［宣統］濮州 6/55
王所賓（清・汶上人）
［康熙］兗州續編 16/30
［乾隆］兗州 23/67
［康熙］續修汶上 4/孝義 4
王所州（清・四川人）
［康熙］淄川 4/22
［乾隆］淄川 4/22
王所禮（號虛谷）
（清・樂陵人）
樂陵縣鄉土志 3/58
王馴超（字致千）
（清・安邱人）
［民國］續安邱新志 21/2

王所欽(字贊襄)
(清・霑化人)
[光緒]霑化 8/18
[民國]霑化 2/48
王所性(字喻亭)
(清・臨淄人)
[民國]臨淄 27/60
73 王騄(明・諸城人)
[萬曆]青州 14/22
[康熙十五年]青州 14/22
[康熙四十八年]青州 14/孝友 12
[康熙六十年]青州 17/15
[咸豐]青州 44/51
[萬曆]諸城 7/25
[康熙]諸城 7/40
[乾隆]諸城 40/2
王駿(字子政,一字偉山)
(漢・瑯邪皋虞人)
[嘉靖]山東 33/1
[康熙]山東 44/1
[雍正]山東 28/人物一 11
[宣統]山東 153/15,154/6
[萬曆]萊州 5/79
[康熙]萊州 10/3
[乾隆]萊州 10/2
[萬曆]即墨志 8/2
[康熙]纂修即墨/下 17
[乾隆]即墨 9/2
[同治]即墨 9/2
即墨縣鄉土志/耆舊－事業一
王駿烈(字勳臣)
(清・齊東人)
[民國]齊東 5/22
齊東縣鄉土志/耆舊錄 5
王駿聲(清・諸城人)
[光緒]增修諸城縣續志 15/2
74 王肱(字力道)
(宋・瑯邪臨沂諸生)
光緒臨朐 14/上 15
王肱(明・膠州人)
[康熙]膠州 6/4
[乾隆]膠州 5/6
[民國]增修膠志 40/31
王劢(字景聖)
(清・淄川人)
[乾隆]淄川 5/40
王勵(明・文登人)
[道光]文登 5/9
[光緒]文登 8/下 20
王陞(明)
[光緒]肥城 7/48
王隨元(清・平山人)
[康熙]聊城 3/49
王勵業(字仲乾)
(清・曹縣人)
[康熙]兗州續編 16/26
[康熙]兗州府曹縣 14/9
[光緒]曹縣 14/人物 7
王陞階(字躋遠)
(明・朝城人)
[康熙]朝城 8/55
75 王體元(字毅齋)
(清・臨淄人)
[民國]臨淄 27/65
王體元(清・泰安人)
[乾隆四十七年]泰安縣 10/上 32
[道光]泰安縣 9/上 84
[民國]重修泰安縣 8/39
王體仁(字依齋)
(清・滋陽人)
滋陽縣鄉土志 1/耆舊－實行
王體用(字崧中)
(清・高平人)
齊河縣鄉土志政績錄/5
王體節(明・費縣人)
[乾隆]沂州府 26/11
[康熙]費縣 7/14
[光緒]費縣 10/81
76 王陽(字道南)
(清・諸城人)
[道光]諸城縣續志 20/2
王颺(清・福山人)
[乾隆]福山 8/62
王颺昌(字子言)
(清・高密人)
[宣統]山東 177/31
[乾隆]萊州 10/32
[乾隆]高密 8/上 35
[光緒]高密 8/上 53
[民國]高密 14/上 63
高密縣鄉土志/上 23
王陽輝(號三陽)
(元・東平道士)
[乾隆四十七年]泰安縣卷之末/13
[道光]泰安縣卷之末/13
[民國]重修泰安縣 10/71
77 王殿(字金閣)
(清・滕縣人)
[道光]滕縣志 9/孝義 36
王鳳(明・平原人)
[康熙]濟南 44/9
[道光]濟南 52/61
[萬曆]平原上/66
[乾隆]平原 8/10
平原縣鄉土志輯稿/孝義
王貫(明・昌邑人)
[康熙]昌邑 6/3
王閎(漢・魏郡人)
[嘉靖]山東 26/2
[康熙]山東 33/2
[雍正]山東 27/51
[宣統]山東 66/9
[萬曆元年]兗州 38/武功 1
[萬曆二十四年]兗州 26/7
[康熙]兗州 21/7
[萬曆]沂州志 6/4
[康熙]沂州志 3/40
[乾隆]沂州府 20/2
[萬曆]東昌 18/5
[乾隆]東昌 33/4
[嘉慶]東昌 20/5
[乾隆]諸城 27/2
諸城縣鄉土志/上 4
王釁(明・觀城人)
[康熙]觀城 4/6
王釁(明・河南涉縣人)
[嘉靖]朝城志 5/17
王居(字隱庵)
(清・博興人)
[民國]重修博興 13/58
王舉(明・鄒縣人)
[嘉靖]鄒縣地理誌 1/又 28
王隆(漢・聊城人)

［乾隆］東昌 41/23
王隆（字世昌）
（明・般陽路人）
［嘉靖］淄川 6/83
王隆（字宗治，一作伯宗）
（明・鄆城人）
［嘉靖］鄆城志下/13
［崇禎］鄆城 5/14，6/8
［康熙］鄆城 5/6
［光緒］鄆城 5/8
王隆（明・諸城人）
［乾隆］諸城 32/1
諸城縣鄉土志/上 28
王間（南北朝・北海密州人）
［康熙］山東 45/16
［宣統］山東 165/6
［嘉靖］青州 15/15
［萬曆］青州 14/15
［康熙十五年］青州 14/15
［康熙四十八年］青州 14/孝友 5
［康熙六十年］青州 17/10
［萬曆］萊州 6/5
［康熙］萊州 10/60
［乾隆］萊州 11/孝義 1
［萬曆］諸城 7/22
［萬曆］濰縣 9/4
［康熙］濰縣 5/人物 10
［乾隆］濰縣 4/21
［民國］濰縣志稿 31/2
濰縣鄉土志/13
高密縣鄉土志/上 33
王民（明・宣府人）
［康熙］聊城 2/3
王尼（字孝孫）
（晉・城陽人）
［至元］齊乘 6/15
［嘉靖］山東 32/6
［康熙］山東 42/6
［嘉靖］青州 15/52
［萬曆］青州 14/36
［康熙十五年］青州 14/36
［康熙四十八年］青州 14/隱逸 10
［康熙六十年］青州 20/3
［乾隆］沂州府 25/7
［康熙］莒州下/34
［雍正］莒州 9/17
［民國］重修莒志 59/21
王朋（清・東平人）
［乾隆］泰安府 18/51
［康熙］東平州 4/76
［乾隆］東平州 15/16
［道光］東平州 15/16
［光緒］東平州 15/下 24
［民國］東平縣 11/下 3
東平州鄉土志上/耆舊錄 36
王卿（漢・琅邪人）
［宣統］山東 153/34
王卿（明・河南弘農衛人）
［道光］濟南 36/57
［康熙］德平 3/2
［嘉慶］德平 5/7
［光緒］德平 5/7
王閏（元・東平須城人）
［嘉靖］山東 30/54
［康熙］山東 45/8
［雍正］山東 28/人物二 66
［宣統］山東 165/10
［乾隆］泰安府 18/32
［萬曆元年］兗州 40/孝友 6
［萬曆二十四年］兗州 37/2
［康熙］兗州 28/31
［康熙］東平州 4/71
［乾隆］東平州 15/2
［道光］東平州 15/2
［光緒］東平州 15/下 1
［民國］東平縣 11/中 22
東平州鄉土志上/耆舊錄 30
王陶（五代・密州人）
［康熙］山東 45/16
［雍正］山東 28/人物二 19
［宣統］山東 165/8
［嘉靖］青州 15/16
［萬曆］青州 14/15
［康熙十五年］青州 14/15
［康熙四十八年］青州 14/孝友 5
［康熙六十年］青州 17/9
［咸豐］青州 64/23
［萬曆］諸城 7/22
［乾隆］諸城 39/1
諸城縣鄉土志/上 42
王同（字子中）
（漢・東武人）
［宣統］山東 153/13
［嘉靖］青州 15/21
［萬曆］青州 13/6
［康熙十五年］青州 13/6
［康熙四十八年］青州 13/經師 1
［康熙六十年］青州 15/2
［咸豐］青州 38/6
［萬曆］諸城 7/1
［康熙］諸城 7/2
［乾隆］諸城 35/1
諸城縣鄉土志/上 23
王同（清・商河人）
［民國］重修商河 9/16
王賢（字惟善）
（明・寧陽人）
［嘉靖］山東 30/59
［康熙］山東 40/57
［雍正］山東 28/人物三 6，31/7
［宣統］山東 161/32
［萬曆元年］兗州 40/忠直 15
［萬曆二十四年］兗州 36/6
［康熙］兗州 28/5
［康熙］兗州續編 15/4
［乾隆］兗州 23/36，31/15
［康熙十一年］寧陽 7/10
［康熙四十一年］寧陽 7/10
［乾隆］寧陽 7/風節 2
［咸豐］寧陽 12/33
［光緒］寧陽 12/33
寧陽縣鄉土志/13
鄒縣鄉土志耆舊錄/26
王賢（明・榮成人）
［泰昌］登州 11/42
［順治］登州 17/19
［道光］榮成 8/1
王賢（明・文登人）
［光緒］增修登州 41/61
［雍正］文登 8/8
［道光］文登 5/8
［光緒］文登 8/上 13
王賢（字蜀山）

（明・汶上人）
［萬曆］汶上 6/10
王賢（明・鄒縣人）
［雍正］山東 28/人物三 67
［宣統］山東 164/48
［乾隆］兗州 23/51
［康熙十二年］鄒縣志 2/50
［康熙五十五年］鄒縣志 2/71
王興（明・湖廣耒阳人）
［萬曆］沂州志 7/39
［康熙］沂州志 6/8
［乾隆］沂州府 17/32
王興（字起宗）
（明・麻城人）
［民國］增修膠志 48/2
王興（明・文登任丘人）
［光緒］文登 5/27
王興（清・茌平人）
［嘉慶］東昌 32/58
［宣統］茌平 14/8
［民國］茌平 3/82
王興（字繩武）
（清・肥城人）
［乾隆］泰安府 18/47
［嘉慶］肥城 17/21
［光緒］肥城 9/3
肥城縣鄉土志 5/20
王罡（字大石）
（清・萊陽人）
［民國］萊陽 3/1 中 86,3/3 上傳志上 42
王巽（字亦山）
（明・淄川人）
［乾隆］淄川 5/又 31－2
王閶（字曲峰）
（明・曹縣人）
［康熙］兗州府曹縣 13/34
［光緒］曹縣 13/33
王印（字繼宗）
（明・費縣人）
［光緒］費縣 15/21
王印（清・鄒平人）
［道光］濟南 54/49
［道光］鄒平 15/102
［民國］鄒平 15/102
王用（元・壽光人）
［嘉靖］山東 32/18,34/8
［康熙］山東 42/18
［嘉靖］青州 15/66
［咸豐］青州 53/10
［泰昌］登州 11/30
［順治］登州 17/6
［光緒］增修登州 38/10
［康熙］壽光 30/1
［嘉慶］壽光 14/21
［民國］壽光 16/8
［光緒］益都縣圖志 17/4
［康熙］萊陽 8/25
［民國］萊陽 3/1 中 50
王用（字士賢）
（明・安丘人）
［雍正］山東 28/人物三 17
［宣統］山東 160/20
［萬曆］青州 13/50
［康熙十五年］青州 13/50
［康熙四十八年］青州 13/事功 33
［康熙六十年］青州 16/17
［咸豐］青州 44/3
［萬曆］安丘 19/21
安丘縣鄉土志 4/耆舊錄 1
王用（明・萊陽人）
［萬曆］青州 15/62
［康熙十五年］青州 15/62
［康熙四十八年］青州 15/僑寓 9
［康熙六十年］青州 20/17
［光緒］增修登州 50/1
［康熙］益都 10/3
［康熙］萊陽 8/20
［民國］萊陽 3/1 中 56
王用（明・泰州人）
［嘉靖］寧海州下/26
王用（明・真定人）
［咸豐］青州 36/48
［康熙］壽光 20/6
［嘉慶］壽光 10/27
［民國］壽光 6/18
王譽（字稺樹）
（清・淄川人）
［宣統］三續淄川 9/68
王周（字尚文）
（明・陽穀人）
［康熙十二年］陽穀 3/28
［康熙］陽穀 3/25
［光緒］陽穀 6/24
［民國］增修陽穀人物/仕宦 4
王周（字子蘧）
（清・青州人）
［咸豐］青州 49/6
安丘縣鄉土志 6/耆舊錄 3
王丹亮（字熙載）
（清・淄川人）
［乾隆］淄川 5/又 31－5
王鳳文（字樸之,號丹峰）
（清・費縣人）
［光緒］費縣 11/23
王鳳文（字竹軒）
（清・諸城人）
［道光］諸城縣續志 14/13
王鳳章（字儀庭）
（清・濰縣人）
［民國］濰縣志稿 30/47
王開文（字惠田）
（清・牟平人）
［民國］牟平 7/93
王履亨（字升衢,號篠園）
（清・諸城人）
［宣統］山東 175/32
［光緒］增修諸城縣續志 12/26
王同方（字矩如）
（清・新城人）
［宣統］新城縣後志 2/宦績
王學方（字正甫）
（清・青城人）
［民國］青城續修 4/藝文上 41
王學文（字子章）
（清・陽信人）
［民國］陽信 5/孝友 67
王學襄（字琴圃）
（清・齊河人）
［民國］齊河 27/28
王用言（字松宇）
（明・臨淄人）

[康熙]臨淄 9/14
[民國]臨淄 23/11
王與廣(明・新城人)
[道光]濟南 51/27
[宣統]新城縣後志 2/忠義
[民國]重修新城 15/4
王與廉(明・新城人)
[崇禎]新城 7/武秩
王與襄(字龍師)
(清・新城人)
[宣統]新城縣後志 2/宦績
[民國]重修新城 16/16
王與章(明・新城人)
[崇禎]新城 7/武秩
王巴顏(字伯敬)
(元・濱州霑化人)
[宣統]山東 164/24
王學顏(字景賢)
(清・夏津人)
[民國]夏津續編 8/6
王與端(字方函)
(明・新城人)
[道光]濟南 51/27
[康熙]新城 8/8
[民國]重修新城 15/9
王學誠(清・萊陽人)
[民國]萊陽 3/1 中 82
王與斌(明・新城人)
[道光]濟南 51/27
[康熙]新城 8/3
王與試(明・新城人)
[道光]濟南 51/28
[宣統]新城縣後志 2/忠義
[民國]重修新城 15/5
王用謨(明・萊陽人)
[民國]萊陽 3/1 中 19
王與韻(清・長清人)
[道光]濟南 56/47
[道光]長清 12/4
王鳳詔(字奉書)
(清・濬山人)
[道光]東平州 12/42
[光緒]東平州 14/42
[民國]東平縣 9/23
王鳳詔(清・鄒平人)
[民國]鄒平 15/146
王民望(字士周)
(元)
[隆慶]單縣上/32
[康熙]單縣 6/9
[乾隆]單縣 4/55
[民國]單縣 6/宦蹟 14
王民望(字子瞻)
(清・齊河人)
[民國]齊河 26/8
王與論(字元公,號淩萬)
(清・滕縣人)
[康熙]兗州續編 16/10
[康熙]滕縣志 7/86
[道光]滕縣志 8/儒林 9
滕縣鄉土志/23
王殿麟(字伯鸞,號驤南)
(清・費縣人)
[宣統]山東 173/9
[光緒]費縣 11/35
費縣鄉土志/耆舊錄－事業
王興麟(字叔同,號定圃)
(清・費縣人)
[光緒]費縣 11/37
王殿元(字魁一)
(清・高唐人)
[民國]高唐縣 12/52
王殿元(字朝卿)
(清・清平人)
[民國]清平/人物 91
王貫一(字惜吾)
(平原人)
[民國]續修平原 8/30
王際正(清・齊河人)
[民國]齊河 26/18
王舉元(字懿臣)
(宋・真定人)
[順治]登州 11/8
[光緒]增修登州 24/9
[光緒]益都縣圖志 16/30
王開天(字建子)
(清・滕縣人)
[康熙]滕縣志 8/孝行 15
[道光]滕縣志 9/孝義 9
王履五(字錫九,號河陽)
(清・商河人)
[民國]重修商河 8/44
商河縣鄉土志 2/耆舊－事業
王履正(字成之)
(清・諸城人)
[光緒]增修諸城縣續志 12/27
王民正(元・廣平人)
[乾隆]東昌 35/27
[嘉靖]夏津 4/2
[乾隆]夏津 6/7,6/33
王卿雲(清・高唐人)
[光緒]高唐州 5/2－29
[民國]高唐縣 12/16
王問元(清・寧陽人)
[光緒]寧陽 15/20
王用霖(字靜莽)
(清・奉天廣寧人)
[宣統]山東 74/40
[道光]濟南 37/57
[光緒]菏澤 7/名宦 8
王用霖(字敬軒)
(清・榆社人)
[民國]樂安 8/23
[民國]續修廣饒 17/9
王與玫(字文玉)
(明・新城人)
[道光]濟南 51/26
[康熙]新城 8/8
[民國]重修新城 15/9
王用粜(字季輔)
(明・濟寧人)
[康熙]濟寧州 7/36
王又瑞(字亦甫)
(清・鄒平人)
[民國]鄒平 15/137
王殿弼(字皋諧)
(清・臨朐人)
臨朐縣鄉土志 1/耆舊
王風子(清・濟南人)
[道光]濟南 60/16
[乾隆]歷城 45/13
王用予(字汝善)
(明・堂邑人)
[順治]堂邑 2/人物 11
[康熙]堂邑 12/8

王殿珍(清・滿洲人)
[康熙]膠州 5/14
王居政(字大用)
(元・掖縣人)
[乾隆]掖縣 4/19
王居孜(字鶴洲)
(明・寧海人)
[順治]登州 17/18
[康熙]寧海州 9/6
[同治]重修寧海州 21/5
[民國]牟平 7/86
王與玫(明・新城人)
[康熙]山東 45/6
[雍正]山東 28/人物三 72
[宣統]山東 164/51
[康熙]濟南 38/21
王與珍(字玉汝)
(清・新城人)
[康熙]新城 8/6
[民國]重修新城 16/7
王殿爵(清・壽張人)
[光緒]壽張 6/60
王鳳采(見王鳳彩)
王服經(字獲古)
(清・陵縣人)
[宣統]山東 170/27
[道光]濟南 56/63
[光緒]陵縣 19/19
陵縣鄉土志/17
王際虞(東阿人)
[民國]東阿 15/6
王居仁(元・陽穀人)
[康熙十二年]陽穀 3/26,7/24
[康熙]陽穀 3/24,7/15
[光緒]陽穀 6/24
[民國]增修陽穀人物/仕宦 1
王居仁(字子靜)
(清・濮州人)
[宣統]濮州 6/21
王興仁(字秉元)
(清・東阿人)
[道光]東阿 14/人物下 35
王興仁(東平人)
[民國]東平縣 11/上 26
王與能(明・新城人)
[道光]濟南 51/28
[宣統]新城縣後志 2/忠義
[民國]重修新城 15/5
王鳳彩(清・茌平人)
[民國]茌平 3/38
王鳳彩(字桐軒)
(清・無棣人)
[民國]無棣 13/12
海豐縣鄉土志/耆舊－事業五
王與胤(字百斯)
(明・新城人)
[康熙]山東 39/31
[宣統]山東 164/51
[雍正]山東 28/人物三 70
[康熙]濟南 38/18
[道光]濟南 51/25
[崇禎]新城 7/進士
[康熙]新城 8/2,13/19
[康熙]新城縣續志/忠烈
[民國]重修新城 15/2
新城縣鄉土志/耆舊－明
王欣然(清・章邱人)
[道光]濟南 54/24
[道光]章邱 11/79
王學稼(明・濟陽人)
[道光]濟南 51/52
[萬曆]濟陽 8/5
[乾隆]濟陽 8/10
[民國]濟陽 11/10
王與允(見王與胤)
王殿魁(字對廷)
(清・臨淄人)
[民國]臨淄 28/9
王殿魁(清・鄒平人)
[民國]鄒平 15/144
王鳳德(清・臨沂人)
[民國]續修臨沂 17/34
王鳳綺(字桐君)
(清・蓬萊人)
[民國]濰縣志稿 35/15
王開勳(字肇文)
(清・諸城人)
[道光]諸城縣續志 19/8
王用先(字召前)
(清・寧津人)
寧津縣志料 3/人物－循良
王與緯(明・新城人)
[道光]濟南 51/28
[宣統]新城縣後志 2/忠義
[民國]重修新城 15/4
王學朱(字景文,號悔如)
(清・昌樂人)
[民國]昌樂縣續志 30/6
王鳳侶(字苞九)
(清・壽光人)
[乾隆]續壽光 24/6
[嘉慶]壽光 13/26
[民國]壽光 12/人物志一 70
王民皞(明・黃縣人)
[萬曆]青州 12 又/又 15
[康熙十五年]青州 12 又/又 15
[康熙四十八年]青州 12 又/15
[萬曆]諸城 4/38
[乾隆]諸城 28/10
王鵬程(字自溟)
(清・汶上人)
[康熙]續修汶上 4/人物 19
王與纓(明・新城人)
[道光]濟南 51/27
[康熙]新城 8/3
王鳳翱(清・壽光人)
[民國]壽光 12/人物志一 89
王聞多(清・朝城人)
[民國]朝城縣續志 1/40
王聞紹(字芑齋)
(清・茌平人)
[民國]茌平 3/118
王鳳儀(字韶度)
(清・膠州人)
[民國]增修膠志 43/5
王居微(明・寧海人)
[光緒]增修登州 43/34
[康熙]寧海州 9/8
[同治]重修寧海州 21/5
[民國]牟平 7/86
王鵬齡(字汝漸)
(明・夏津人)
[乾隆]夏津 7/10

王賢儀(字蘺樵)
(清・山陰人,寄居歷城)
[民國]續修歷城 40/8
王闢之(字聖涂)
(宋・臨淄人)
[嘉靖]青州 15/37
[康熙四十八年]青州 15/文學 7
[康熙六十年]青州 18/3
[咸豐]青州 41/30
[民國]臨淄 26/47
臨淄縣鄉土志/耆舊錄
王同寅(字仙橋)
(清・夏津人)
[民國]夏津續編 8/20
王同之(字淑虞,一字普庵)
(清・無棣人)
[道光]濟南 38/15
[咸豐]武定府 25/儒林 13
[道光]鄒平 14/24
[民國]鄒平 14/24
[民國]無棣 12/9
海豐縣鄉土志/耆舊－事業二
王問之(字堯衢)
(清・莒縣人)
[民國]重修莒志 65/21
王興賓(東阿人)
[民國]東阿 15/7
王興家(清・館陶人)
[宣統]山東 174/21
王興宗(字友開,自號歷亭野老)
(元・恩州人)
[康熙]山東 46/4
[乾隆]東昌 41/17
[嘉慶]東昌 33/15
[萬曆]恩縣 4/13,4/65
[宣統]重修恩縣 8/53
[民國]重修恩縣 11/鄉賢 84
王興宗(清・清平人)
[乾隆]東昌 43/15
[嘉慶]東昌 32/41
[嘉慶]清平 14/43
[宣統]增輯清平 12/56
[民國]清平/人物 52
王用安(清)
[民國]臨清縣/秩官 72
王用賓(清・高唐人)
[道光]高唐州 5/2－23
[光緒]高唐州 5/2－26
[民國]高唐縣 12/51
王用宏(字普存)
(清・無棣人)
[民國]無棣 13/8
王用之(字本恭)
(清・無棣人)
[民國]無棣 13/28
王履福(字蕉園)
(清・諸城人)
[光緒]增修諸城縣續志 12/28
王與禎(明・新城人)
[道光]濟南 51/28
[民國]重修新城 15/5
王學适(清・高密人)
[光緒]高密 8/上 29
[民國]高密 14/上 30
高密縣鄉土志/上 31
王學淵(清・諸城人)
[光緒]增修諸城縣續志 16/13
王殿黼(清・福山人)
[民國]福山縣志稿 7/5－8
王同心(字蘭如)
(清・新城人)
[宣統]新城縣後志 3/文苑
王鳳池(字鷺洲)
(清・惠民人)
[光緒]惠民 21/12
惠民縣鄉土志/耆舊錄 11
王鳳池(清・商河人)
[民國]重修商河 9/13
王鳳池(清・陽穀人)
[民國]增修陽穀人物/善行 50
王貫斗(清・汶上人)
[宣統]四續汶上稿/人物－藝術傳
王與滿(明・新城人)
[康熙]新城 8/3
王問禮(清・臨朐人)
[咸豐]青州 46/47
[康熙]臨朐縣志書 4/4
光緒臨朐 14/下 15
王殿選(字籽登)
(清・濟寧人)
[乾隆]濟寧直隸州 26/26
[道光]濟寧直隸州 8/3－30
王夙朗(字東昇)
(清・淄川人)
[乾隆]淄川 5/19,8/12
王興祖(明・高密人)
[泰昌]登州 11/58
[順治]登州 18/3
王鳳肇(清・蓬萊人)
[康熙]蓬萊 5/25
[道光]重修蓬萊 9/34
[民國]蓬萊縣志合編人物志/行誼
王際祥(字雲集)
(清・淄川人)
[宣統]三續淄川 9/73
王同瀚(字海門)
(清・諸城人)
[光緒]增修諸城縣續志 20/3
王興祚(字錫公)
(清・高密人)
[乾隆]高密 8/上 27
[光緒]高密 8/上 35
[民國]高密 14/上 38
高密縣鄉土志/上 34
王學海(清・諸城人)
[光緒]增修諸城縣續志 16/31
王殿才(字淦塵)
(昌樂人)
[民國]昌樂縣續志 21/22
王履吉(字貽穀)
(清・長山人)
[道光]濟南 55/27
[嘉慶]長山 10/16
王履奎(字文垣)
(清・諸城人)
[光緒]增修諸城縣續志 12/28
王鵬志(清・汶上人)

［宣統］四續汶上稿/人物－耆德傳
王同吉（字慶元）（清・淄川人）
［宣統］三續淄川 10/28
王用九（字如夏）（清・莒縣人）
［嘉慶］莒州 10/9
［民國］重修莒志 65/15
王與才（明・新城人）
［道光］濟南 51/27
［康熙］新城 8/3
［民國］重修新城 15/3
新城縣鄉土志/耆舊－明
王與鼐（字蘊生）（清・商河人）
［民國］重修商河 13/藝文志四墓誌 25
王月塘（清・汶上人）
［宣統］四續汶上稿/人物－藝術傳
王鳳楷（清・長清人）
［道光］長清 12/16
王鳳梧（字秋亭，號東厢）（清・費縣人）
［光緒］費縣 11/22
王同轂（清・膠州人）
［民國］增修膠志 43/8
王殿芳（東阿人）
［民國］東阿 15/19
王殿英（字延堂）（清・壽光人）
［民國］壽光 12/人物志二 29
王殿英（字越千）（清・章邱人）
［道光］章邱 16/81
王鳳英（字�青）（牟平人）
［民國］牟平 7/25
王鳳翥（字儀廷）（清・費縣人）
［光緒］費縣 11/20
王鳳翥（清・壽光人）
［民國］壽光 12/人物志一 89
王開基（字膴原）（明・諸城人）
［雍正］山東 28/人物三 65
［宣統］山東 166/11
［康熙十五年］青州 13/84
［康熙四十八年］青州 13/事功 68
［康熙六十年］青州 16/35
［咸豐］青州 46/16
［康熙］諸城 7/29
［乾隆］諸城 32/11
王開基（字承緒）（夏津人）
［民國］夏津續編 8/37
王開基（霑化人）
［民國］霑化 4/登進 43
王鵬翥（字雲程，號曉山）（清・臨沂人）
［民國］臨沂 10/23
王興基（字隆閣）（清・黄縣人）
［光緒］增修登州 43/12
［同治］黄縣 8/12
［民國］黄縣志稿 13/清孝友
王興基（清・汶上人）
［宣統］四續汶上稿/人物－藝術傳
王興芹（清・高密人）
［光緒］高密 8/上 41
［民國］高密 14/上 44
王學英（字漢三）（清・濰縣人）
［民國］濰縣志稿 29/18
王印懋（字有懷）（明・樂安人）
［咸豐］青州 64/33
［雍正］樂安 19/3
［民國］樂安 10/37
［民國］續修廣饒 19/89
王與蓋（明・新城人）
［道光］濟南 51/27
［康熙］新城 8/3
［民國］重修新城 15/3
王興坤（字子厚）（東平人）
［民國］東平縣 11/中 17
王開期（明・北直故城人）
［宣統］山東 73/22
［順治］登州 11/24
［光緒］增修登州 26/3
［康熙］蓬萊 3/4
［道光］重修蓬萊 6/6
王興朝（字盛世）（清・清平人）
［民國］清平/人物 70
王又埠（清・盛京人）
［宣統］東明續縣志 2/16
王馭超（字駕千）（清・安丘人）
［宣統］山東 175/29
［咸豐］青州 49/34
［道光］安邱新志 18/9
安丘縣鄉土志 6/耆舊錄 3
王居敬（元・長山人）
［嘉靖］山東 29/21
［康熙］山東 39/19
［道光］濟南 48/56
［康熙四十三年］長山 5/仕業
［康熙五十五年］長山 6/2
［嘉慶］長山 7/4
王居敬（元・萊陽人）
［民國］萊陽 3/1 中 4
王居敬（字鶴皋）（明・寧海人）
［光緒］增修登州 40/29
［康熙］寧海州 9/3
［同治］重修寧海州 21/5
［民國］牟平 7/86
王居敬（明・鄒縣人）
［嘉靖］鄒縣地理誌 1/25
王丹書（字敬勝）（清・新城人）
［宣統］新城縣後志 2/善行
［民國］重修新城 18/3
王鳳書（字羽如）（清・商河人）
［民國］重修商河 9/16
王鳳書（字紫庭）（清・諸城人）
［光緒］增修諸城縣續志 13/8
王際泰（清・霑化人）
［乾隆］武定府 26/30

王履中(字淑行)
(清·臨清人)
[乾隆]臨清直隸州 8/下 4
[民國]臨清縣/人物 60
王同春(字伯華,號渾浩)
(清·商河人)
[民國]重修商河 9/3,13/藝文志四墓表 17
王學書(字惟忠)
(明·濱州人)
[乾隆]武定府 23/21
[咸豐]武定府 23/名臣 21
[萬曆]濱州 3/27
[康熙]濱州 7/8
[咸豐]濱州 10/5
濱州鄉土志/耆舊錄
王月春(陽穀人)
[民國]增修陽穀人物/仕宦 24
王與盛(字崧生)
(明·新城人)
[道光]濟南 51/27
[康熙]新城 8/8
[民國]重修新城 15/9
王與勅(見王與敕)
王與慧(字僧眼,號雪潭)
(明·新城人)
[康熙]山東 45/6
[雍正]山東 28/人物三 72
[宣統]山東 165/23
[康熙]濟南 38/21
[道光]濟南 51/26
[崇禎]新城 8/孝友
[康熙]新城 8/5
[康熙]新城縣續志/孝義
[民國]重修新城 15/7
新城縣鄉土志/耆舊－明
王與耔(字鳳里)
(明·新城人)
[道光]濟南 51/27
[天啟]新城 9/錄廕
[崇禎]新城 9/錄廕
[康熙]新城 7/46
[民國]重修新城 14/2
王殿鰲(字亦農)
(清·濰縣人)
[民國]濰縣志稿 32/6
王與敕(字欽文,號匡廬)
(清·新城人)
[雍正]山東 28/人物四 1
[宣統]山東 170/26
[道光]濟南 55/51
[康熙]新城 7/48
[民國]重修新城 16/2
新城縣鄉土志/耆舊－清
王殿甲(字秋舫)
(清·聊城人)
[宣統]聊城 8/96
王殿甲(清·臨淄人)
[民國]臨淄 22/69
王殿甲(字超凡)
(恩縣人)
[民國]重修恩縣 11/鄉賢 39
王際昌(清·招遠人)
[光緒]增修登州 43/27
[道光]招遠縣續志 3/5
王居易(明·臨朐人)
[萬曆]青州 15/13
[康熙十五年]青州 15/又 12
[康熙四十八年]青州 15/文學 13
[康熙六十年]青州 18/13
[咸豐]青州 45/38
光緒臨朐 14/上 44
王興國(字吉言)
(清·海陽人)
[光緒]增修登州 43/49
[光緒]海陽縣續志 5/25
王學思(清·高唐人)
[道光]高唐州 5/2－22
[光緒]高唐州 5/2－25
[民國]高唐縣 12/51
王殿顯(字敷五)
(清·江南金壇人)
[乾隆]東昌 35/36
[乾隆]武城 9/5
武城縣鄉土志略/政績錄
王鳳喈(字升九)
(清·平度人)
[民國]平度縣續志 7/25
王鳳喈(字瑞源)
(清·滋陽人)
滋陽縣鄉土志 1/耆舊－忠義
王鳳鳴(字于岡)
(清·曹縣人)
[光緒]曹縣 14/行誼 31
王鳳鳴(字瑞岐)
(清·齊河人)
[民國]齊河 23/73
王興照(清·城武人)
[道光]城武 9/上 50
王用明(字采施)
(清·聊城人)
[宣統]聊城 8/36
王殿階(字子培)
(清·陽穀人)
[光緒]陽穀 9/7
[民國]增修陽穀人物/武功 10
王際辰(明·黃縣人)
[康熙]黃縣 6/36
[乾隆]黃縣 12/2
王際辰(東阿人)
[民國]東阿 15/18
王興陛(字子楓)
(清·臨淄人)
[民國]臨淄 27/66
王與階(初名與新,字菉澳)
(清·新城人)
[道光]濟南 55/51
[康熙]新城 7/49
[民國]重修新城 16/1
新城縣鄉土志/耆舊－明
王隆陛(清·泗水人)
[光緒]泗水 11/27
[光緒]泗水縣鄉土志/13
王用體(字毖中)
(清·山西高平人)
[雍正]山東 27/105
[宣統]山東 75/16
[康熙]濟南 26/11
[道光]濟南 38/26
[康熙]齊河 5/39
[雍正]齊河 5/38
[民國]齊河 22/4
王殿閣(清·禹城人)
[民國]禹城 6/34

王鳳岡(清・昌樂人)
[民國]昌樂縣續志 28/6
王鳳岡(字桐山)
(清・費縣人)
[光緒]費縣 11/23
王際隆(清・城武人)
[道光]城武 9/下 26
王居卿(字壽明)
(宋・蓬萊人,一作萊陽人)
[嘉靖]山東 25/7,32/22
[康熙]山東 31/8,43/2
[雍正]山東 28/人物二 40
[宣統]山東 161/15
[泰昌]登州 11/8
[順治]登州 16/12
[光緒]增修登州 38/7
[康熙]蓬萊 5/12
[道光]重修蓬萊 9/1
[民國]蓬萊縣志合編人物志/功業
[光緒]益都縣圖志 16/32
王隆熙(字黽承)
(清・齊河人)
[宣統]山東 169/20
[道光]濟南 56/1
[雍正]齊河 7/6
[民國]齊河 24/5
齊河縣鄉土志耆舊錄/12
王履興(字曇生,號芋園)
(清・諸城人)
[光緒]增修諸城縣續志 12/28
王問卿(字世槐)
(明・文登人)
[光緒]文登 8/下 5
王興隆(字盛齋)
(清・昌樂人)
[民國]昌樂縣續志 30/4
王興隆(清・萊蕪人)
[民國]萊蕪 19/3
[民國]續修萊蕪 25/3
王用賢(明・萊陽人)
[民國]萊陽 3/1 中 12
王用賢(字冠宇)
(明・蒙陰人)
[康熙十一年]蒙陰 2/15
王用賢(字汝薦)
(明・宿州人)
[宣統]山東 200/8
[康熙]嶧縣 4/76
[乾隆]嶧縣 8/22
[光緒]嶧縣 21/鄉賢 67
王與朋(明・新城人)
[道光]濟南 51/27
[康熙]新城 8/3
[民國]重修新城 15/3
王鳳舞(字瑞庭)
(清・東阿人)
[民國]續修東阿 11/7
王學曾(清・臨沂人)
[民國]臨沂 10/53
王學曾(霑化人)
[民國]霑化 4/登進 43
王學益(字虞卿)
(明・安福人)
[康熙]濟寧州 4/7
王印曾(字貫一)
(清・濟寧人)
[道光]濟寧直隸州 8/3－25
王與夔(字風虞)
(明・新城人)
[康熙]山東 39/31
[康熙]濟南 38/21
[道光]濟南 51/25
[崇禎]新城 8/孝友
[康熙]新城 8/1
[康熙]新城縣續志/孝義
[民國]重修新城 15/1
新城縣鄉土志/耆舊－明
王與美(明・新城人)
[宣統]新城縣後志 3/隱逸
[民國]重修新城 15/10
王居智(明・商河人)
商河縣鄉土志 2/耆舊－事業
王隆錫(字榮九)
(昌樂人)
[民國]昌樂縣續志 21/22
王問智(清・寧陽人)
[光緒]寧陽 15/21
王又鏵(清・高唐人)
[道光]高唐州 5/2－25
[光緒]高唐州 5/2－41
[民國]高唐縣 12/86
王與錦(清・新城人)
[宣統]新城縣後志 3/耆壽
[民國]重修新城 17/8
王鳳翔(清・長清人)
[道光]長清 12/15
王鳳竹(明・北直唐山人)
[宣統]山東 72/23
[萬曆]青州 12/46
[康熙十五年]青州 12/46
[康熙四十八年]青州 12/46
[乾隆]沂州府 20/10
[康熙]沂水 4/25
[道光]沂水 5/27
[道光]長清 3/12
王居敏(元・長山人)
[道光]濟南 48/56
[康熙四十三年]長山 5/孝義
[康熙五十五年]長山 6/28
[嘉慶]長山 9/1
長山縣鄉土志/耆舊錄
王與坐(字元公)
(清・滕縣人)
[康熙]兗州續編 16/11
[乾隆]兗州 23/75
[康熙]滕縣志 8/孝行 12
[道光]滕縣志 9/孝義 5
王熙光(字正卿)
(清・齊河人)
[民國]齊河 26/15
王又光(字晦圃,號裕泉)
(清・齊河人)
[宣統]山東 170/4
[民國]齊河 27/27
王月恒(字盈三)
(清・霑化人)
[民國]霑化 3/11
王風榮(字華軒)
(清・德平人)
[民國]德平縣續志 6/8
78 **王鑿**(字茂高)
(晉・堂邑人)
[嘉靖]山東 31/3

［康熙］山東 41/2
［雍正］山東 28/人物一 36
［順治］堂邑 2/人物 1
［康熙十一年］堂邑 2/人物 1
［康熙］堂邑 15/1
堂邑縣鄉土志/耆舊錄
王鑾（明・長子人）
［道光］濟寧直隸州 6/6－39
［康熙］魚臺 15/11
［乾隆］魚臺 9/34
［光緒］魚臺 2/51
王鑾（字朗亭）
（清・濟寧人）
［乾隆］濟寧直隸州 27/22
［道光］濟寧直隸州 8/3－25
王覽（字玄通）
（晉・琅邪人）
［嘉靖］山東 26/22,30/16
［康熙］山東 34/2,40/18
［雍正］山東 28/人物一 33
［宣統］山東 155/1
［萬曆元年］兗州 40/孝友 2
［萬曆二十四年］兗州 32/11
［康熙］兗州 25/7
［萬曆］沂州志 6/41
［康熙］沂州志 5/20
［乾隆］沂州府 26/7
［萬曆］東昌 18/9
［乾隆］東昌 33/8
［嘉慶］東昌 20/16
［嘉靖］恩縣 7/1
［萬曆］恩縣 4/1
［宣統］重修恩縣 6/38
［民國］重修恩縣 10/55
恩縣鄉土志/8
［民國］臨沂 9/8
王臨（清・福山人）
［乾隆］福山 8/63
王臨元（字介初）
（清・平山衛人）
［宣統］山東 174/18
［乾隆］東昌 41/36
［嘉慶］東昌 31/12
［宣統］聊城 8/69
王臨川（清・陵縣人）
［道光］濟南 56/64
［光緒］陵縣 19/人物傳二 25
王臨如（清・商河人）
［民國］重修商河 13/藝文志四墓誌 24
王鑾明
［民國］四續掖縣 6/82
79 **王勝**（明・濱州人）
［乾隆］武定府 25/5
［咸豐］武定府 25/孝友 5
［萬曆］濱州 3/51
［康熙］濱州 7/24
［咸豐］濱州 10/20
濱州鄉土志/耆舊錄
王勝（明・城武人）
［康熙九年］城武 3/41
［康熙四十一年］城武 5/上宦蹟 2
［道光］城武 9/上 19
王勝（明・黄縣人）
［光緒］增修登州 43/11
［康熙］黄縣 6/33
［乾隆］黄縣 8/38
［同治］黄縣 8/14
［民國］黄縣志稿 13/明
王勝（明・新泰人）
［天啟］新泰 6/19
［順治］新泰 5/24
［乾隆］新泰 16/6
新泰縣鄉土志/24
王勝（明・鄒平人）
［康熙］濟南 44/6
［道光］濟南 50/17
［順治］鄒平 6/10
［康熙］鄒平 6/2
［嘉慶］鄒平 15/7
［道光］鄒平 15/51
［民國］鄒平 15/51
王勝（清・禹城人）
［道光］濟南 56/38
［嘉慶］禹城 9/18
［民國］禹城 6/15
王勝（明・安丘人）
［嘉靖］山東 35/6
［康熙］山東 45/17
［雍正］山東 28/人物三 28
［宣統］山東 165/17
［嘉靖］青州 15/19
［萬曆］青州 14/16
［康熙十五年］青州 14/16
［康熙四十八年］青州 14/孝友 6
［康熙六十年］青州 17/11
［咸豐］青州 44/9
［萬曆］安丘 24/42
安丘縣鄉土志 4/耆舊錄 1
王隲（字相居，一字岳道，號人嶽）
（清・福山人）
［乾隆］續登州 10/2
［康熙］福山 8/6,8/9,8/25
［乾隆］福山 8/18,9 上/15
［民國］福山縣志稿 7/1－19
王騰甲（字墉甫，號蛟峯）
（清・牟平人）
［民國］牟平 7/114
王滕鳳（清・平度人）
［道光］重修平度州 19/12
王勝年（明・鄒平人，見王勝）
王騰輝（字蜚卿）
（清・商河人）
［民國］重修商河 9/14
80 **王曾**（字孝先）
（宋・青州益都人）
［至元］齊乘 6/23
［嘉靖］山東 26/9,32/14
［康熙］山東 33/11,42/14
［雍正］山東 28/人物二 32
［宣統］山東 157/8
［嘉靖］青州 12/53
［萬曆］青州 13/35
［康熙十五年］青州 13/35
［康熙四十八年］青州 13/事功 18
［康熙六十年］青州 16/8
［咸豐］青州 41/8
［乾隆］泰安府 14/16
［萬曆元年］兗州 39/名宦 11
［萬曆二十四年］兗州 28/3
［康熙］兗州 22/3
［乾隆］濟寧直隸州 21/10

[道光]濟寧直隸州 6/6－8
[康熙]東平州 4/43
[乾隆]東平州 12/13
[道光]東平州 12/13
[光緒]東平州 14/13
[民國]東平縣 9/8
東平州鄉土志上/政績錄 10
[康熙]益都 7/3
[光緒]益都縣圖志 16/26, 32/6
[萬曆]鉅野 6/5
[康熙]鉅野 10/5
[道光]鉅野 10/7
王慈(字伯寶)(南北朝・臨沂人)
[嘉靖]山東 30/30
[康熙]山東 40/30
[雍正]山東 28/人物一 45
[萬曆二十四年]兗州 33/10
[康熙]沂州志 5/42
[乾隆]沂州府 25/12
[民國]臨沂 9/21
王鍍(清・東平人)
[乾隆]東平州 15/19
[道光]東平州 15/19
[光緒]東平州 15/下 27
[民國]東平縣 11/下 5
東平州鄉土志上/耆舊錄 36
王鎬(字京夫)(明・即墨人)
[同治]即墨 9/11
即墨縣鄉土志/耆舊－事業二
王鎬(清・蒲臺人)
[光緒]重修蒲臺 3/1
蒲臺縣鄉土志/12
王剪(清・冠縣人)
[乾隆]東昌 43/16
[嘉慶]東昌 32/42
[道光]冠縣 8/上 23
[光緒]冠縣 8/孝義
[民國]冠縣 8/人物志 28
王翦(明・堂邑人)
[乾隆]東昌 42/11
[嘉慶]東昌 32/11
[康熙十一年]堂邑 2/人物 8
[康熙]堂邑 16/11
堂邑縣鄉土志/耆舊錄
王介(明・天長人)
[萬曆]鉅野 6/9
[康熙]鉅野 10/9
[道光]鉅野 10/24
[乾隆]夏津 6/36
王金(清・膠州人)
[道光]重修膠州 23/10
[民國]增修膠志 18/10
王令(字尺一)(清・諸城人)
[乾隆]諸城 32/21
王命(明・安邑人)
[乾隆]泰安府 15/15
[道光]東阿 11/10
王命(清・滕縣人)
[康熙]兗州續編 16/9
王僉(字公會)(南北朝・琅邪人)
[嘉靖]山東 30/27
[康熙]山東 40/30
[萬曆二十四年]兗州 33/21
[康熙]兗州 26/20
[萬曆]沂州志 6/80
王前(字觀宸)(清・汶上人)
[宣統]四續汶上稿/人物－施濟傳
王全(明・萊陽人)
[民國]萊陽 3/1 中 7
王全(明・山東人)
[宣統]山東 161/31
王善(元)
[光緒]嶧縣 19/94
王善(元・高唐人)
[道光]高唐州 5/2－7
[光緒]高唐州 5/2－10
王善(清・嶧縣人)
[光緒]嶧縣 21/忠義 5
王翁(漢・聊城人)
[嘉慶]東昌 31/1
[道光]商河 7/44
[宣統]聊城 8/63
聊城縣鄉土志/29
王鉉(元・博平人)
[正德]博平 4/63
王鉉(明・順天大寧衛人)
[宣統]山東 71/26
[道光]濟南 36/51
[康熙]陵縣 6/下 13
[光緒]陵縣 18/10
陵縣鄉土志/6
[康熙四十一年]寧陽 3/16
[乾隆]寧陽 3/4
[咸豐]寧陽 11/10
[光緒]寧陽 11/10
寧陽縣鄉土志/8
王鉉(字汝器)(明・魚臺人)
[道光]濟寧直隸州 8/2－57
[康熙]魚臺 17/34
[乾隆]魚臺 10/26,11/8
[光緒]魚臺 3/5
王益(字裕亭)(清・章邱人)
[道光]章邱 10/49
王義(字存仁)(明・鳳翔人)
[順治]定陶 4/2
王鏞(字聞遠)(清・順天房山人)
[宣統]山東 76/30
[康熙]單縣 6/17
[乾隆]單縣 4/60
[民國]單縣 6/宦蹟 21
王鏞(清・黃縣人)
[光緒]增修登州 43/13
王尊(字子贛,一作子貢)(漢・涿郡高陽人)
[嘉靖]山東 26/2
[康熙]山東 33/2
[雍正]山東 27/85
[宣統]山東 66/5
[乾隆]泰安府 14/2
[萬曆元年]兗州 38/循吏 2
[萬曆二十四年]兗州 26/4
[康熙]兗州 21/4
[乾隆]東昌 33/2
[嘉慶]東昌 20/3
[乾隆]曹州府 12/2

[嘉靖]濮州 7/1
[萬曆]濮州 3/名宦 1
[康熙]濮州 3/1
[乾隆]濮州 3/1
[宣統]濮州 4/1
[乾隆]東平州 12/1
[道光]東平州 12/1
[光緒]東平州 14/1
[民國]東平縣 9/1
東平州鄉土志上/政績錄 8
王會文(霑化人)
[民國]霑化 4/登進 46
王善慶(清・黄縣人)
[同治]黄縣 8/16
[民國]黄縣志稿 13/清懿行
王善慶(清・諸城人)
[光緒]增修諸城縣續志 16/22
王無竟(名儞,初號無競,以字行)
(明・膠州人)
[雍正](膠州)州志別本/人物－詩人
[乾隆]膠州 5/13
[道光]重修膠州 25/29,36/12
[民國]增修膠志 40/27,54/9
膠州直隸州鄉土志 4/文學
王無競(字仲烈,一作仲列)
(唐・東萊人)
[至元]齊乘 6/20
[嘉靖]山東 33/6
[康熙]山東 44/6
[雍正]山東 28/人物二 7
[宣統]山東 163/18
[萬曆二十四年]兖州 34/10
[康熙]兖州 26/42
[萬曆]沂州志 7/19
[康熙]沂州志 5/59
[萬曆]萊州 5/91
[康熙]萊州 10/21
[乾隆]萊州 10/7
[乾隆]掖縣 4/18
[道光]掖乘 4,掖乘 7
[道光]再續掖縣下/93
王義方(唐・泗州連水人)
[嘉靖]山東 27/15
[康熙]山東 37/3
[雍正]山東 27/69,31/13
[宣統]山東 68/17
[萬曆]青州 15/61
[康熙十五年]青州 15/61
[康熙四十八年]青州 15/僑寓 8
[康熙六十年]青州 20/17
[萬曆]萊州 5/61
[康熙]萊州 8/20
[康熙]昌樂 5/4
[嘉慶]昌樂 29/1
王義章(東阿人)
[民國]東阿 15/19
王金龍(字化成)
(清・冠縣人)
[民國]冠縣 8/人物志 37
冠縣鄉土志/耆舊－孝子
王夔龍(字殿虞)
(清・濮州人)
[宣統]濮州 6/32
王夔龍(號佐虞)
(清・霑化人)
[光緒]霑化 8/10
[民國]霑化 2/39
王命新(字又新,號坦山)
(明・汶上人)
[康熙]續修汶上 4/人物 2
王命新(清・陽穀人)
[民國]增修陽穀人物/仕宦 14
王金誥(字綸堂)
(清・臨淄人)
[民國]臨淄 24/25
王前詔(字枚臣)
(清・茌平人)
[民國]茌平 3/60
王命說(明・新興州人)
[乾隆]泰安府 15/20
[康熙]新修萊蕪 5/26
[民國]萊蕪 9/5
[民國]續修萊蕪 15/7
王毓謙(東阿人)
[民國]東阿 15/3
王公麟(字仁趾)
(清・濟陽人)
[乾隆]濟陽 8/36
[民國]濟陽 11/51
王公正(字端甫)
(清・臨淄人)
[民國]臨淄 27/61
王會元(清・膠州人)
[民國]增修膠志 43/7
膠州直隸州鄉土志 4/忠烈
王美璋(東阿人)
[民國]東阿 16/5
王益三(清・博興人)
[民國]重修博興 13/49
王毓璽(字印亭)
(清・無棣人)
[民國]無棣 13/32
王毓璋(字湘琬)
(清・桓臺人)
[民國]桓臺志略 3/20
[民國]桓臺 3/39
王毓珩(字子佩)
(清・無棣人)
[民國]無棣 12/18
王公瑞(字徵祥)
(清・禹城人)
[民國]禹城 6/30
王念孫(字懷祖,號石臞)
(清・江南高郵人)
[宣統]山東 74/53
[道光]濟寧直隸州 6/7－68
王毓珙(字樹彤)
(清・無棣人)
[民國]無棣 12/16
王毓璜(字公佩)
(清・章邱人)
[道光]章邱 11/69
王毓琪(字樹堂)
(清・無棣人)
[民國]無棣 13/18
王毓珠(字東牟)
(清・無棣人)
[民國]無棣 12/16
海豐縣鄉土志/耆舊－事業六

王毓琨(清·諸城人)
[光緒]增修諸城縣續志16/22
王養珍(清·臨清人)
[乾隆]臨清直隸州8/下13
[民國]臨清縣/人物62
王毓珍(字洛如)
(清·壽光人)
[民國]壽光12/人物志一71
王毓珍(字席菴)
(清·無棣人)
[民國]無棣11/22
海豐縣鄉土志/耆舊－事業四
王義信(字中孚)
(清·陽信人)
[民國]陽信5/任恤32
王金山(字華峰)
(清·東平人)
[民國]東平縣11/上19
王金山(字品三)
(長清人)
[民國]長清12/14
王金嶽(字霽光)
(恩縣人)
[民國]昌樂縣續志25/5
王毓俊(字傑公)
(清·東平人)
[道光]東平州13/40
[光緒]東平州15/上40
[民國]東平縣11/上16
王公佐(字淑亮)
(清·滕縣人)
[乾隆]兗州23/85
[道光]滕縣志9/孝義11
王金魁(東阿人)
[民國]東阿15/20
王毓生(字懋功)
(清·威海衛人)
[乾隆]威海衛志8/5
[道光]文登5/19
王公儼(後唐)
[光緒]增修登州24/6
王尊彝(字子重)
(清·濰縣人)
[民國]濰縣志稿32/9
王善從(字子簡)
(明·觀城人)
[乾隆]曹州府15/20
[康熙]觀城4/12
[道光]觀城8/5
觀城縣鄉土志/耆舊
王命寵(明·樂陵人)
[康熙]濟南47/18
[乾隆]武定府26/7
[咸豐]武定府26/義行7
[順治]樂陵6/9
[乾隆]樂陵6/35
王羲之(字逸少)
(晉·琅邪人)
[至元]齊乘6/15
[嘉靖]山東30/21
[康熙]山東40/23
[宣統]山東155/11
[萬曆元年]兗州40/文苑4
[萬曆二十四年]兗州32/27
[康熙]兗州25/22
[萬曆]沂州志6/54
[康熙]沂州志5/30
[乾隆]沂州府25/8
[民國]臨沂9/15
王毓寶(字蘭州)
(清·海豐人)
[宣統]山東171/48
[民國]無棣11/22
海豐縣鄉土志/耆舊－事業四
王介福(字備卿)
(清·費縣人)
[光緒]費縣11/24
費縣鄉土志/耆舊錄－學問
王善福(字希顏)
(清·臨沂人)
[民國]續修臨沂16/20
王公淵(字肯堂)
(元·東平人)
[雍正]山東28/人物二58
[乾隆]東平州15/2
[道光]東平州15/2
[光緒]東平州15/下2
[民國]東平縣11/中22
東平州鄉土志上/耆舊錄30
王善述(清·菏澤人)
[光緒]菏澤16/7
[光緒]新修菏澤11/69
王公達(元·昌邑人)
[康熙]山東45/22
[萬曆]萊州6/6
[康熙]萊州10/61
[乾隆]萊州11/孝義2
[康熙]昌邑6/26
[乾隆]昌邑6/169
王介禧(字綏甫,號澹亭)
(清·濟陽人)
[道光]濟南56/31
[乾隆]濟陽8/31,12/16
[民國]濟陽11/39,18/30
王善澤(字蘭居,別號穀山居士)
(清·東阿人)
[光緒]東阿縣鄉土志4/33
[民國]續修東阿11/6,14/15
王命選(明·樂陵人)
[乾隆]樂陵6/13
王念祖(字衣德)
(清·茌平人)
[乾隆]東昌43/11
[嘉慶]東昌32/37
[宣統]茌平15/3
[民國]茌平3/85
王曾裕(字菊人)
(清·濰縣人)
[民國]濰縣志稿30/44
王美海(字會川)
(清·博山人)
[民國]續修博山12/32
王金榜(字鼎臣)
(恩縣人)
[民國]重修恩縣11/鄉賢83
王金奎(字文甫,號石農)
(霑化人)
[民國]霑化2/69
王僉吉(清·浙江桐廬人)
[宣統]山東75/14
[道光]濟南38/22
[道光]新城/名宦
[民國]重修新城11/18
新城縣鄉土志/政績－清

知縣
王金堦(字子升)
(清・恩縣人)
[民國]重修恩縣12/上117
王金韜(字虎臣)
(河南虞城人)
[民國]續修鉅野3/15
王善塏(字金田)
(清・福山人)
[民國]福山縣志稿7/2-20
王毓樸(字子實)
(清・章邱人)
[道光]濟南61/7
[乾隆]章邱9/48
[道光]章邱11/75
王金城(本名鑄)
(清・諸城人)
[光緒]日照8/53
王金城(高密人)
[民國]高密14/上34
王公懋(明)
[嘉靖]山東27/9
[康熙]山東35/9
[雍正]山東27/59
[嘉靖]青州15/10
[萬曆]青州12/28
[康熙十五年]青州12/28
[康熙四十八年]青州12/28
[咸豐]青州36/1
[康熙]高苑3/16
[乾隆]高苑3/21
王會英(字薇卿,號愚村)
(清・利津人)
[民國]利津縣續志7/宦蹟1
王金林(字樹屏)
(清・陽穀人)
[民國]增修陽穀人物/師道22
王金坡(字雙南)
(清・商河人)
[民國]重修商河8/33
商河縣鄉土志2/耆舊-事業
王金芝(清・恩縣人)
[宣統]重修恩縣8/38
[民國]重修恩縣11/鄉賢43
恩縣鄉土志/25
王命世(字犀石)
(清・新城人)
[民國]重修新城18/17
王毓芳(字蕙圃)
(清・齊東人)
[民國]齊東5/15
王毓桂(清・鄆城人)
[光緒]鄆城10/11
王毓葵(字向忱)
(清・商河人)
[民國]重修商河7/32
王毓蘭(清・鉅野人)
[民國]續修鉅野5/上25
王毓楠(字東榮)
(清・陽信人)
[民國]陽信5/忠義65
王毓蒲(字敏甫)
(清・陽信人)
[民國]陽信5/孝友66
王毓蓴(字馨濤,又字幼徵)
(清・商河人)
[民國]重修商河7/32
王毓菴(字秀章)
(清・夏津人)
[民國]夏津續編8/30
王毓芝(濟寧人)
[民國]濟寧縣3/5
王鐘楠(清・禹城人)
[民國]禹城6/73
王金相(字蘊生)
(清・高唐人)
[民國]高唐縣12/22
王金相(字琢章)
(清・莒縣人)
[民國]重修莒志64/7
王金相(字麗珍)
(清・樂安人)
[民國]樂安10/31
[民國]續修廣饒19/63
王金聲(字玉振)
(清・禹城人)
[民國]禹城6/25
王無故(漢・涿郡蠡吾人)
[乾隆]德平2/20
王毓幹(濟寧人)
[民國]濟寧縣3/6
王美中(清・平度人)
[道光]重修平度州14/60,19/18
平度鄉土志4上/鄉賢
王前泰(清・茌平人)
[嘉慶]東昌32/59
[宣統]茌平14/8
[民國]茌平3/82
王義書(字晝一,號宗宓)
(清・霑化人)
[民國]霑化2/90
王義本(字維周)
(清・淄川人)
[宣統]三續淄川9/78
王毓哲(字鑑堂)
(清・桓臺人)
[民國]桓臺3/35
王公輔(清・嘉祥人)
[乾隆]嘉祥3/38
[光緒]嘉祥3/46
王人勱(字心一)
(清・高密人)
[光緒]高密8/上29
[民國]高密14/上30
高密縣鄉土志/上31
王令典(字書聞)
(清・諸城人)
[道光]諸城縣續志19/9
王命撰(明・滕縣人)
[康熙]滕志8/人物23
王金甲(字鼎臣)
(清・長清人)
[民國]長清13/16
王令甲(字冠亭)
(清・諸城人)
[道光]諸城縣續志16/4
王善昌(字炳臣)
(清・臨沂人)
[民國]續修臨沂16/25
王義昌(字治平)
(清・恩縣人)
[宣統]重修恩縣8/39
[民國]重修恩縣11/鄉賢43

恩縣鄉土志/24
王曾疇(字東野)
(清・高密人)
高密縣鄉土志/上 49
王人勛(見王人勳)
王善璧(字奎東)
(清・福山人)
[民國]福山縣志稿 7/2－22
王金階(清・茌平人)
[民國]茌平 3/107
王翕臣(字敬齋)
(恩縣人)
[民國]重修恩縣 11/鄉賢 81
王公鳳(字雝岐)
(清・濟陽人)
[道光]濟南 56/30
[乾隆]濟陽 8/27
[民國]濟陽 11/37
王會隆(字小峯)
(清・鄒縣人)
[光緒]鄒縣續志 12/上 5
鄒縣鄉土志耆舊錄/19
王會卿(名慧深,原名聚,以字行)
(掖縣人)
[民國]四續掖縣 4/73
王介眉(字鶴儕)
(清・寧津人)
[光緒]寧津 8/35
寧津縣志料 3/人物－義行
王企歐(明・鄆城人)
[崇禎]鄆城 5/16
[康熙]鄆城 5/17
[光緒]鄆城 5/25
鄆城縣鄉土志/耆舊錄－事業
王無間(字聖可)
(清・泰安人)
[康熙]泰安州 3/45
[乾隆二十五年]泰安縣 12/22
[乾隆四十七年]泰安縣 10/上 26
[道光]泰安縣 9/上 78
[民國]重修泰安縣 8/34
泰安縣鄉土志/耆舊 14
王養民(明・嶧縣人)
[乾隆]嶧縣 8/29
[光緒]嶧縣 21/忠義 1
王養民(字皞如)
(清・章丘人)
[乾隆]章邱 9/44
[道光]章邱 11/78
王養賢(清・章邱人)
[乾隆]章邱 9/35
[道光]章邱 11/60
王毓鳳(字岐峯)
(清・濟陽人)
[民國]濟陽 11/65
王毓履(東阿人)
[民國]東阿 15/2
王金鉉(清・長清人)
[道光]長清 12/9
王金鏞(字鐵錚)
(清・齊河人)
[民國]齊河 23/75
王金鏞(字序東,號麗生)
(清・武城人)
[民國]增訂武城續編 10/7
王義美(元・費縣人)
[光緒]費縣 10/69,15/10
王毓兌(字爽南)
(恩縣人)
[民國]重修恩縣 11/鄉賢 82
王毓美(明・滕縣人)
[道光]滕縣志 9/忠節 7
王毓美(清・霑化人)
[民國]霑化 2/99
王介錫(號振嶽)
(清)
[乾隆]東昌 40/27
[康熙]臨清州 3/人物 12
[乾隆]臨清州 9/38
王金策(字中之)
(清・諸城人)
[道光]諸城縣續志 14/9
王金範(字貢三)
(清・諸城人)
[光緒]增修諸城縣續志 20/2
王金範(字錫卿)
(壽光人)
[民國]壽光 12/人物志二 37
王金堂(字子鏡)
(清・陽穀人)
[民國]增修陽穀人物/師道 26
王金堂(黃縣人)
[民國]黃縣志稿 13/民國孝友
王普光(字照卿)
(清・齊河人)
[民國]齊河 27/7
王義恒(字殿遴)
(清・商河人)
[咸豐]武定府 25/孝友又 37
[道光]商河 7/26
[民國]重修商河 8/38
81 王頒(字景彥)
(隋・太原祁人)
[宣統]山東 67/27
[道光]濟南 33/23
王鈉(清・泰安人)
[道光]泰安縣 9/上 88
[民國]重修泰安縣 8/42
王矩(明・臨朐人)
[嘉靖]臨朐 3/11
王鉅(清・諸城人)
[光緒]增修諸城縣續志 16/10
王鐠(字作霖,號密源)
(清・蓬萊人)
[道光]重修蓬萊 9/35
[民國]蓬萊縣志合編人物志/行誼
王鑨(字汝器)
(清・淄川人)
[道光]濟南 54/76
王鈺(明・山東人)
[宣統]山東 164/49
王鈺(字和圃)
(清・平原人)
[民國]續修平原 10/上 23
王鈺(字席珍)
(清・掖縣人)
[乾隆]掖縣 4/72
王鉅寶(字稼軒)
(清・諸城人)

[光緒]增修諸城縣續志13/9

82 王鋌(字紫辰)
(清·萊陽人)
[光緒]增修登州39/36
[民國]萊陽3/1中38

王釗(字元子,號望岱)
(清·膠州人)
[乾隆]膠州5/10
[道光]重修膠州29/2
[民國]增修膠志44/1
膠州直隸州鄉土志4/孝友

王鍾襄(字贊廷)
(清·諸城人)
[光緒]增修諸城縣續志12/7

王鍾霖(字雨生)
(清·山陰人,寄居歷城)
[民國]續修歷城40/8

王鍾瑞(字符庭)
(清·諸城人)
[道光]諸城縣續志14/9

王鍾玫(清·淄川人)
[康熙]膠州5/19
[康熙]淄川5/9
[乾隆]淄川5/9

王鍾崙(字秉宿)
(明·臨邑人)
[道光]濟南52/12
[康熙]重修臨邑10/18
[道光]臨邑9/21
[同治]臨邑9/耆壽1

王鍾岱(號蓬岳)
(明·濮州人)
[乾隆]曹州府15/18
[康熙]濮州3/85
[乾隆]濮州3/86
[宣統]濮州4/92

王鎧之(清·鄆城人)
[光緒]鄆城7/22

王鍾沄(清·福山人)
[民國]福山縣志稿7/6-1

王鍾淮(字香海)
(清·福山人)
[民國]福山縣志稿7/2-27

王鍾連(清·諸城人)
[道光]諸城縣續志14/5

王鍾吉(字藹人)
(清·諸城人)
[咸豐]青州50/3
[道光]諸城縣續志14/8

王鍾泰(字瑞封)
(清·福山人)
[光緒]增修登州40/15
[民國]福山縣志稿7/5-3

王鍾泰(清·諸城人)
[光緒]增修諸城縣續志16/10

83 王鋐(清·即墨人,一作鰲山衛人)
[道光]重修膠州31/4
[民國]增修膠志48/5

王鎔(清·膠州人,見王瑢)

王鎔(字鵬程)
(清·商河人)
[民國]重修商河8/21

王鉽(字陶庵)
(清·壽光人)
[嘉慶]壽光13/13
[民國]壽光12/人物志一82

王鈊(清·東阿人)
[民國]續修東阿11/3

王猷(字嘉猷,號雲臺)
(明·趙州人)
[康熙]兗州府曹縣9/9
[光緒]曹縣9/縣令5

王鉞(明·莘縣人)
[正德]莘縣6/35

王鉞(字仲威)
(清·諸城人)
[康熙四十八年]青州15/文學15
[康熙六十年]青州16/39
[咸豐]青州46/33
[乾隆]諸城32/15
諸城縣鄉土志/上31

王鉞(字曼生)
(黃縣人)
[民國]黃縣志稿13/民國文學

王鉉(明·山西靈丘人)
[光緒]增修登州28/2
[萬曆]福山4/5
[康熙]福山7/10
[乾隆]福山7/12

王鎔經(字心海)
(清·黃縣人)
[民國]黃縣志稿13/清孝友

王猷遠(字燕貽,號靜叟)
(清·朝城人)
[康熙]朝城8/24

84 王銑(字潤成)
(清·費縣人)
[光緒]費縣11/19

王錡(清·城武人)
[康熙九年]城武5/6
[康熙四十一年]城武5/上懿行23
[道光]城武9/上43

王錡(字賦九)
(清·無棣人)
[民國]無棣12/8
海豐縣鄉土志/耆舊-學問一

王鍈(字伯和)
(清·諸城人)
[康熙]山東42/32
[雍正]山東28/人物四21
[宣統]山東175/20
[康熙四十八年]青州13/事功79
[康熙六十年]青州16/39
[咸豐]青州46/27
[康熙]諸城7/33
[乾隆]諸城32/13
諸城縣鄉土志/上29

王鎮(明·登封人)
[道光]濟寧直隸州6/6-39
[康熙]魚臺15/13
[乾隆]魚臺9/36
[光緒]魚臺2/51

王鎮(字景安)
(明·濟寧人)
[康熙]濟寧州6/24
[乾隆]濟寧直隸州24/4
[道光]濟寧直隸州8/2-23

王鎮(字中峰)
(清·順天大興人)

[宣統]山東 76/3
[民國]濟寧直隸州續志 10/41
[道光]安邱新志 16/3
王鎮(清・臨沂人)
[乾隆]沂州府 26/23
[民國]臨沂 10/17
王鑄(明・濱州人)
[康熙]濱州 7/23
[咸豐]濱州 10/厚德 1
濱州鄉土志/耆舊錄
王鑄(字鎔齋)
(清・樂亭人)
[民國]霑化 4/職官 40
王鑽(字大用,號芝峰)
(明・黃縣人)
[泰昌]登州 11/49
[康熙]黃縣 6/16
[乾隆]黃縣 8/13
[同治]黃縣 8/4
[民國]黃縣志稿 13/明
王鎮惡(南北朝・北海劇人)
[嘉靖]山東 32/7
[康熙]山東 42/7
[雍正]山東 28/人物一 42
[宣統]山東 155/18
[嘉靖]青州 15/45
[萬曆]青州 15/18
[康熙十五年]青州 15/18
[康熙四十八年]青州 15/武功 5
[康熙六十年]青州 16/44
[咸豐]青州 54/3
[嘉靖]昌樂 3/45
[康熙]昌樂 4/4
[嘉慶]昌樂 26/1
[萬曆]濰縣 8/8
[康熙]濰縣 5/人物 7
[康熙]壽光 21/4,32/2
[嘉慶]壽光 12/6
[民國]壽光 12/人物志一 7
壽光縣鄉土志/耆舊
王鎮之(字伯重)
(南北朝・琅邪臨沂人)
[嘉靖]山東 30/22
[康熙]山東 40/24
[雍正]山東 28/人物一 42
[宣統]山東 155/17
[萬曆元年]兗州 40/武功 12
[萬曆二十四年]兗州 33/6
[康熙]兗州 26/6
[萬曆]沂州志 6/60
[康熙]沂州志 5/35
[乾隆]沂州府 25/10
[民國]臨沂 9/23
王鎮江(字鳴皋)
(清・陽信人)
[民國]陽信 5/忠義 49
王鎮遠(字性生,號燕銘)
(清・曹縣人)
[康熙]兗州府曹縣 14/16
[光緒]曹縣 14/人物 13
王鎮東(字泰岩)
(恩縣人)
[民國]重修恩縣 11/鄉賢 80
王鎮常(清・文登人)
[光緒]文登 10/上 14
85 **王鏄**(明・濱州人)
[萬曆]濱州 3/51
86 **王鈿**(字讓廷)
(清・平原人)
[民國]續修平原 6/7
王鐸(明・鉅野人)
[萬曆]鉅野 7/21
[康熙]鉅野 11/20
[道光]鉅野 12/23
王鐸(明・陝西閿鄉人)
[嘉靖]山東 27/9
[康熙]山東 35/10
[雍正]山東 27/59
[宣統]山東 73/10
[嘉靖]青州 13/39
[萬曆]青州 12/27
[康熙四十八年]青州 12/27
[康熙六十年]青州 12/27
[咸豐]青州 36/2
[康熙]壽光 20/2
[嘉慶]壽光 10/23
[民國]壽光 6/12
王鍔(清・萊陽人)
[民國]萊陽 3/1 中 42
王錦(字世重)
(明・福山人)
[民國]福山縣志稿 7/3－2
王錦(字尚絅)
(明・寧津人)
[萬曆]寧津 7/3
[康熙]寧津縣志稿 7/3
[光緒]寧津 8/4
寧津縣志料 3/人物－循良
王錫(字公韍)
(南北朝・琅邪人)
[嘉靖]山東 30/27
[康熙]山東 40/30
[萬曆二十四年]兗州 33/21
[康熙]兗州 26/20
[萬曆]沂州志 6/80
王錫(字純韍)
(明・長山人)
[道光]濟南 50/50
[康熙五十五年]長山 6/28
[嘉慶]長山 9/1
長山縣鄉土志/耆舊錄
王錫(清・新城人)
[宣統]新城縣後志 3/耆壽
王錫(字叔晉)
(清・諸城人)
[乾隆]諸城 41/4
王智(字希哲)
(明・諸城人)
[萬曆]諸城 6/11
王錦亭(字果標)
(清・慶雲人)
[民國三年]慶雲 2/56
王錫蔭(清・聊城人)
[乾隆]東昌 43/2
[嘉慶]東昌 32/28
[宣統]聊城 8/81
聊城縣鄉土志/25
王知誨(宋・寧海人)
[同治]重修寧海州 17/3
王錫麟(字純甫)
(清・費縣人)
[光緒]費縣 11/27
王錫麟(字幼石)
(清・湖北孝感人)
[宣統]山東 76/5

[同治]重修寧海州 12/15
[民國]濟寧直隸州續志 10/46
[光緒]東平州 14/43
[民國]東平縣 9/23
[民國]鄒平 14/30
王錫三(字懷邦)
(清・恩縣人)
[民國]重修恩縣 12/上 69
王錫元(清・莒縣人)
[民國]重修莒志 62/5
王知貢(字縉卿)
(清・即墨人)
[民國]膠澳志 10/13
王錫珂(字觀宸)
(清・茌平人)
[民國]茌平 3/99
王錫瑞(字緝五)
(清・茌平人)
[民國]茌平 3/97
王錫瑞(字輯五)
(清・臨朐人)
[民國]臨朐續志 20/31
王錫瑛(東阿人)
[民國]東阿 15/2
王錫瓚(清・解州人)
[康熙]膠州 5/17
王錦理(清・諸城人)
[光緒]增修諸城縣續志 16/9
王錫璁(字荊璞)
(清・黃縣人)
[光緒]增修登州 40/10
[同治]黃縣 8/8
[民國]黃縣志稿 13/清仕績
王錫爵(清・菏澤人)
菏澤縣鄉土志/24
王錫胤(明・蒙陰人)
[康熙十一年]蒙陰 2/53
王錫胤(清・聊城人)
[康熙]聊城 3/53
王錫卜(清・齊河人)
[民國]齊河 27/29
王錫侯(清・齊河人)
[民國]齊河 27/29
王錫彝(清・新城人)
[道光]濟南 55/82
[宣統]新城縣後志 3/耆壽
王錫齡(字蘭谷)
(清・祥符人)
[民國]重修泰安縣 8/54
王錫綸(字澤生)
(清・無棣人)
[民國]無棣 13/27
王錫宗(字介如)
(明・安丘人)
[道光]安邱新志 21/1
王錫祉(字文子)
(清・齊河人)
[民國]齊河 27/10
王智深(字雲才)
(南北朝・琅邪臨沂人)
[嘉靖]山東 30/29
[康熙]山東 40/31
[宣統]山東 163/8
[萬曆]沂州志 6/80
[民國]臨沂 9/35
王錫棨(字戟門)
(清・諸城人)
[光緒]增修諸城縣續志 12/5
王錫祚(清・諸暨人)
[乾隆]東昌 35/8
王錫培(清・直隸深澤舉人)
[民國]重修新城 11/25
王錫墉(字維垣)
(清・東平人)
[光緒]東平州 15/下 48
[民國]東平縣 11/下 18
王知載(宋・青州人)
[雍正]山東 28/人物二 45
[康熙六十年]青州 18/4
王錫蕃(字季樵)
(清・黃縣人)
[光緒]增修登州 39/14
[民國]黃縣志稿 13/人物–鄉賢祠
王錫芾(字少章)
(清・諸城人)
[道光]諸城縣續志 17/4
王錫蒲(字次蒲)
(清・博興人)
[民國]重修博興 13/55
王錫嘏(原名立純,字眉壽,號儂山)
(清・新城人)
[宣統]新城縣後志 2/善行
[民國]重修新城 18/4
王知事(元・曹州人)
[萬曆元年]兗州 41/外傳 33
[光緒]菏澤 20/19
王錫成(字膺三)
(清・陽信人)
[民國]陽信 5/方技 84
王錫輔(清・鄆城人)
[光緒]鄆城 5/36
王錦園(字芳譜)
(清・博興人)
[民國]重修博興 13/44
王錫恩(明・茌平人)
[康熙二年]茌平 2/42
[康熙四十九年]茌平 2/42
[宣統]茌平 12/4
王錫恩(字晉三)
(清・莘縣人)
[民國]莘縣 7/24
王錫田(字駿三)
(清・臨朐人)
[民國]臨朐續志 20/36
王錫疇(字範初)
(清・諸城人)
[光緒]增修諸城縣續志 12/3
王錫隆(清・山西舉人)
[宣統]山東 77/27
[光緒]增修登州 32/4
[康熙]寧海州 7/5
[同治]重修寧海州 12/13
[民國]牟平 6/76
王錫朋(字綱承)
(清・海陽人)
[光緒]增修登州 43/48
[乾隆]海陽 7/43
[光緒]海陽縣續志 5/19
王錫朋(東平人)
[民國]東平縣 11/上 25
王智興(字匡諫)
(唐・懷州溫縣人)

［嘉靖］山東 26/7
［康熙］山東 33/9
［萬曆元年］兗州 38/武功 12
［萬曆二十四年］兗州 27/10
［康熙］兗州 21/25
［萬曆］沂州志 6/6
［康熙］沂州志 3/42
［乾隆］沂州府 20/3
［民國］臨沂 7/67
王錫命（字予藩）
（清・夏津人）
［宣統］山東 174/34
［乾隆］東昌 43/42
［乾隆］夏津 8/29
王錫鏞（字珠浦）
（清・諸城人）
［光緒］增修諸城縣續志 18/3
王錫鏞（字韻笙）
（清・濱州人）
濱州鄉土志/耆舊錄
王錫鏴（清・諸城人）
［光緒］增修諸城縣續志 16/23
王錫第（字杏樓）
（清・諸城人）
［光緒］增修諸城縣續志 12/2
王錫範（字洪業）
（清・莘縣人）
［民國］莘縣 7/24
王錫範（字樂真）
（清・諸城人）
［光緒］增修諸城縣續志 18/3
王錦堂（清・膠州人）
［民國］增修膠志 43/3
王錫棠（清・諸城人）
［光緒］增修諸城縣續志 16/13
王錫榮（字琴樵）
（清・黃縣人）
［民國］黃縣志稿 13/人物－鄉賢祠
87 **王鈞**（字化生）
（明・濟寧人）
［康熙］濟寧州 6/32
［乾隆］濟寧直隸州 24/17
［道光］濟寧直隸州 8/2－31
王鈞（明・青城人）
［萬曆］青城 1/57
王鈞（清・博興人）
［道光］博興 11/35
［民國］重修博興 13/33
王鈞（字允平，號一齋）
（清・濟寧人）
［宣統］山東 172/46
［乾隆］濟寧直隸州 27/23
［道光］濟寧直隸州 8/3－25
濟寧州鄉土志 2/耆舊
王鈞（清・蒙陰人）
［乾隆］沂州府 26/18
王鏗（唐・兗州人）
［乾隆］兗州 31/6
王錄（字子薦，號龍溪）
（明・壽張人）
［康熙六年］壽張 7/又 15
［康熙五十六年］壽張 7/16
［光緒］壽張 6/48
壽張縣鄉土志/耆舊－事業，耆舊－學問
王鏴（字玉輅）
（清・臨沂人）
［乾隆］沂州府 26/18
［民國］臨沂 10/51
王舒（字處明）
（晉・琅邪人）
［嘉靖］山東 30/20
［康熙］山東 40/22
［雍正］山東 28/人物一 37
［宣統］山東 155/10
［萬曆元年］兗州 40/武功 11
［萬曆二十四年］兗州 32/24
［康熙］兗州 25/19
［萬曆］沂州志 6/52
［康熙］沂州志 5/28
［乾隆］沂州府 25/7
［民國］臨沂 9/13
王欽（元・青城人）
［乾隆］青城 8/2
［民國］青城續修 4/人物 16
王欽（明・觀城人）
觀城縣鄉土志/耆舊
王翧（字雲圖）
（清・新城人）
［宣統］新城縣後志 3/文苑
［民國］重修新城 18/20
王銘新（字心齋）
（清・高密人）
［光緒］高密 8/上 44
［民國］高密 14/上 46
高密縣鄉土志/上 38
王銘新（字昭盤，一字盤誥）
（清・商河人）
［民國］重修商河 8/74，14/16
商河縣鄉土志 2/耆舊－事業
王翔雲（字仞千）
（清・黃縣人）
［民國］黃縣志稿 13/清懿行
王欽璽（清・淄川人）
［康熙］淄川 5/39
［乾隆］淄川 5/39
王舒型（字仲典）
（清・汶上人）
［宣統］四續汶上稿/人物－施濟傳
王銘琛（清・浙江錢塘監生）
［民國］萊陽 3/1 上 33
王欽瑜（清・諸城人）
［光緒］增修諸城縣續志 16/11
諸城縣鄉土志/上 45
王欽占（清・霑化人）
［乾隆］武定府 26/21
［咸豐］武定府 26/義行 21
［光緒］霑化 10/12
［民國］霑化 2/85
王銘盤（清・章邱人）
［道光］濟南 54/15
［乾隆］章邱 9/43
［道光］章邱 11/59
王欽禮（元）
［康熙］嶧縣 3/24
［光緒］嶧縣 19/98
王欽若（宋・臨江新喻人）
［萬曆二十四年］兗州 29/17
［康熙］兗州 22/41

王欽中(清・商河人)
[咸豐]武定府 26/義行 24
[民國]重修商河 8/77
王銘恩(牟平人)
[民國]牟平 7/26
王銘思(字敬齋)
(清・諸城人)
[光緒]增修諸城縣續志 17/6
王舒敏(字懋亭)
(清・寧陽人)
[咸豐]寧陽 15/13
[光緒]寧陽 15/13
88 王放(宋・鉅野人)
[道光]鉅野 12/22
王策(字我亮,號少方)
(明・淄川人)
[康熙]淄川 5/14
[乾隆]淄川 5/14
王篤(清・曹縣人)
[光緒]曹縣 14/人物 34
王範(明・北直開州人)
[嘉靖]山東 26/20
[康熙]山東 33/23
[雍正]山東 27/84
[宣統]山東 71/30
[乾隆]泰安府 15/6
[萬曆元年]兗州 38/循吏 46
[萬曆二十四年]兗州 29/10
[康熙]兗州 22/31
[康熙]兗州續編 14/21
[康熙]東平州 4/52
[乾隆]東平州 12/34
[道光]東平州 12/34
[光緒]東平州 14/34
[民國]東平縣 9/18
東平州鄉土志上/政績錄 14
王範(一名篔,字模山)
(清・安丘人)
[宣統]山東 175/37
[民國]續安邱新志 16/1
安丘縣鄉土志 9/耆舊錄 6
王篁(明・蒲臺人)
[康熙]濟南 41/11
[乾隆]武定府 24/15
[咸豐]武定府 24/循良 5
[萬曆]蒲臺志 9/4
[康熙]重修蒲臺 7/9
[乾隆]蒲臺 3/44
王籍(一名箐,字鏡山)
(清・安邱人)
[民國]續安邱新志 20/5
王籍(字涵相)
(清・濟寧人)
[道光]濟寧直隸州 8/4－17
王簡(字伯敬)
(元・霑化人)
[萬曆]新修霑化 6/111
王簡(明・真定趙州人)
[康熙五十六年]壽張 4/6
[光緒]壽張 5/5
壽張縣鄉土志/政績－聽訟
王簡(字素園)
(清・安邱人)
[宣統]山東 175/30
[咸豐]青州 50/8
[民國]續安邱新志 10/9,17/2
安丘縣鄉土志 7/耆舊錄 4
王簡(清・費縣人)
[乾隆]沂州府 27/7
[光緒]費縣 11/5
王簡(清・滿洲厢白旗人)
章邱縣鄉土志/上 13
王鑑(元・太原人,徙臨清)
[乾隆]東昌 44/22
[乾隆]臨清直隸州 8/上 81
[民國]臨清縣/人物 2
王鑑(明・鉅野人)
[萬曆二十四年]兗州 37/6
[康熙]兗州 28/35
王鑑(明・萊陽人)
[民國]萊陽 3/1 中 10
王鑑(字孔明)
(明・河南確山人)
[嘉靖]臨朐 2/55
光緒臨朐 13/4
王鑑(字汝明)
(明・南直無錫人)
[宣統]山東 71/40
[崇禎]武定州 15/19
[乾隆]武定府 16/9
[咸豐]武定府 19/9
[乾隆]惠民 5/18
[光緒]惠民 18/11
惠民縣鄉土志/政績錄 6
王鑑(清・萊陽人)
[民國]萊陽 3/1 中 54
王鑑(清・蒙陰人)
[康熙十一年]蒙陰 2/39
王節(明・新泰人)
[康熙]濟南 44/26
[乾隆]泰安府 18/40
[天啟]新泰 6/20
[乾隆]新泰 16/3
新泰縣鄉土志/24
王節(明・鄒平人)
[康熙]鄒平 5/20
王筠(字元禮)
(南北朝・臨沂人)
[嘉靖]山東 30/30
[康熙]山東 40/31
[雍正]山東 28/人物一 48
[宣統]山東 163/13
[萬曆元年]兗州 40/文苑 6
[萬曆二十四年]兗州 33/20
[康熙]兗州 26/19
[萬曆]沂州志 7/7
[康熙]沂州志 5/52
[乾隆]沂州府 27/5
[民國]臨沂 9/21
王筠(字端禮)
(宋・龔邱人)
[康熙十一年]寧陽 8/71
[康熙四十一年]寧陽 7/20,8/71
[乾隆]寧陽 7/孝子 1,8/記 46
[咸豐]寧陽 15/1,21/又 19
[光緒]寧陽 15/1,21/22
寧陽縣鄉土志/13
王筠(字貫山,號菉友)
(清・安丘人)
[宣統]山東 175/37
[咸豐]青州 50/7
[民國]續安邱新志 16/1
安丘縣鄉土志 9/耆舊錄 6
王箖(字竹菴)

（清・臨朐人）
［康熙六十年］青州 17/20
［咸豐］青州 47/26
光緒臨朐 14/下 16
王鈐（清・海陽人）
［光緒］增修登州 43/48
［乾隆］海陽 6/23
王籙（字玉簡）
（明・泰安人）
［乾隆二十五年］泰安縣 12/22
［乾隆四十七年］泰安縣 10/上 20
［道光］泰安縣 9/上 72
［民國］重修泰安縣 8/24
王敏（字功無）
（清・黄縣人）
［同治］黄縣 9/30
［民國］黄縣志稿 13/清懿行
王銓（字秉衡）
（明・諸城人）
［咸豐］青州 44/50
［萬曆］諸城 6/25
［乾隆］諸城 32/1
王銓（字君選）
（清・濟寧人）
［乾隆］濟寧直隸州 27/21
［道光］濟寧直隸州 8/3－25
王銓（清・蒙陰人，見王詮）
王銓（字衡若，號秦溪。原名前，字居先。）
（清・平度人）
［光緒］平度志要/人物
［民國］平度縣續志 7/6
平度鄉土志 4 上/鄉賢
王銓（字玉崑）
（清・掖縣人）
［嘉慶］續掖縣 3/17
王鋭（元）
［光緒］嶧縣 19/93
王鋭（字進卿）
（元・東原人）
［嘉靖］山東 26/27
［康熙］山東 34/7
［雍正］山東 27/46
［宣統］山東 69/32
［萬曆］東昌 18/27
［乾隆］東昌 33/45
［嘉慶］東昌 21/13
［正德］博平 5/79，7/21
［康熙］博平 3/42
［道光］博平 4/2
博平縣鄉土志/政績
王鋭（明・直隸遷安人）
［嘉靖］山東 25/25
［道光］濟南 36/30
［天啟］新城 6/知縣
［崇禎］新城 6/知縣
［康熙］新城 5/3
［道光］新城/名宦
［民國］重修新城 10/4
新城縣鄉土志/政績－明知縣
王鋭（字穎之）
（清・樂陵人）
樂陵縣鄉土志 3/60
王鏳（清・蒙陰人）
［康熙十一年］蒙陰 2/55
王鑰（明・朝邑人）
［康熙］續修汶上 4/宦績 1
王鑰（字北可）
（清・單縣人）
［順治］單縣 3/42
［康熙］單縣 8/32
［乾隆］單縣 7/32
［民國］單縣 9/33
王鎰（明・濟寧人）
［康熙］濟寧州 7/11
［乾隆］濟寧直隸州 27/4
［道光］濟寧直隸州 8/4－31
王簪（清・臨沂人）
［康熙］沂州志 6/14
［乾隆］沂州府 26/13
［民國］臨沂 10/50
王篤慶（字克六）
（清・惠民人）
［康熙］濟南 41/41
［乾隆］武定府 24/34
［咸豐］武定府 24/循良 24
［乾隆］惠民 5/37
［光緒］惠民 19/13
惠民縣鄉土志/耆舊錄 30
王篤慶（字省山）
（清・聊城人）
［宣統］聊城 8/38
王敏齋（字幼貞）
（博興人）
［民國］重修博興 13/62
王餘慶（宋・沂州永人）
［康熙］嶧縣 4/67
［乾隆］嶧縣 8/16
［光緒］嶧縣 21/鄉賢 60
王竹亭（字紫垣）
（清・曹縣人）
［光緒］曹縣 14/行誼 23
王籲俊（字泰來）
（清・夏津人）
［民國］夏津續編 8/19
王篤生（清・膠州人）
［康熙］膠州 6/7
［乾隆］膠州 5/9
［道光］重修膠州 29/2
［民國］增修膠志 44/1
王篤宗（字克前）
（清・諸城人）
［乾隆］諸城 32/21
王筊流（字乳稷）
（明・朝城人）
［康熙］朝城 8/23
王籙永（字蘭皋）
（明・淄川人）
［康熙］濟南 48/7
［道光］濟南 72/40
［康熙］淄川 5/36
［乾隆］淄川 5/36
王斂福（字凝箕）
（清・諸城人）
［咸豐］青州 47/28
［乾隆］諸城 32/3
王餘澤（明・四川南充監生）
［康熙］德平 3/2
［嘉慶］德平 5/8
［光緒］德平 5/8
王餘吉（清・蒙陰人）
［宣統］蒙陰 4/孝義，4/武功
王餘莒（字雪舫）
（清・福山拔貢）

[光緒]增修登州 40/15
[道光]冠縣 6/34
[光緒]冠縣 6/宦績
[民國]冠縣 6/44
王餘芊(字玉泉)
(清・福山人)
[光緒]增修登州 43/19
[民國]福山縣志稿 7/5-4
王餘英(號菊潭)
(清・福山人)
[民國]福山縣志稿 7/2-23
王篤敬(字樸齋)
(清・昌樂人)
[民國]昌樂縣續志 30/9
王餘枚(字个臣)
(清・福山人)
[咸豐]武定府 19/利津 6
王餘厚(字升慎)
(清・黃縣人)
[光緒]增修登州 40/11
[同治]黃縣 8/13
王銓賢(字校先)
(清・新城人)
[宣統]新城縣後志 3/文苑
[民國]重修新城 18/21
王範金(清・諸城人)
[光緒]增修諸城縣續志 20/2
王敏入(字子遜,號梓岩)
(清・淄川人)
[道光]濟南 54/69,72/45
[乾隆]淄川 6/上 18
淄川縣鄉土志/耆舊錄-孝友
王篤常(字慎五)
(東平人)
[民國]東平縣 11/上 26
89 **王鎖**(字北門)
(清・諸城人)
[乾隆]諸城 32/13
王鏜(明・城武人)
[康熙九年]城武 3/47
王鏜(字彥聲)
(明・順天平谷人)
[康熙]德平 4/16
王鏜(字彥聲)
(明・北直營州人)
[嘉靖]山東 25/27
[宣統]山東 71/19
[道光]濟南 36/57
[康熙]德平 3/2
[乾隆]德平 2/24
[嘉慶]德平 5/7
[光緒]德平 5/7
德平縣鄉土志/政績錄
王鏜(明・諸城人)
[萬曆]青州 15/48
[康熙十五年]青州 15/48
[康熙四十八年]青州 15/卓行 8
[康熙六十年]青州 18/17
[咸豐]青州 44/50
[萬曆]諸城 7/31
[康熙]諸城 7/53
[乾隆]諸城 41/1
90 **王常**(字顏卿)
(漢・潁川舞陽人)
[光緒]增修登州 38/2
[順治]招遠 9/1
王常(字肇生)
(明・臨淄人)
[民國]臨淄 25/35
王惇(字篤如)
(清・壽光人)
[乾隆]續壽光 24/1
[嘉慶]壽光 13/23
[民國]壽光 12/人物志一 69
王熇(字玉衡)
(清・濟陽人)
[民國]濟陽 11/28,17/60
王懷(字懷周)
(北齊)
[康熙]萊陽 5/3
王懷(字誠子)
(清・膠州人)
[乾隆]膠州 5/27
[道光]重修膠州 29/19
[民國]增修膠志 45/5
王省(字子職)
(明・江西吉水人)
[嘉靖]山東 25/25
[康熙]山東 32/14
[雍正]山東 27/26
[宣統]山東 71/17
[康熙]濟南 25/26
[道光]濟南 36/40
[萬曆]濟陽 6/10
[乾隆]濟陽 6/30,12/1
[民國]濟陽 9/44,18/19
王堂(字敬伯)
(漢・廣漢郪人)
[嘉靖]山東 26/2
[康熙]山東 33/3
[雍正]山東 27/29
[宣統]山東 66/16
[乾隆]泰安府 14/4
[萬曆元年]兗州 38/循吏 5
[萬曆二十四年]兗州 26/8
[康熙]兗州 21/7
[乾隆]兗州 22/3
[崇禎]曲阜 4/94
[康熙]曲阜 4/94
[康熙五十四年]東阿 3/25
[道光]東阿 11/3
王堂(字路升)
(清・陵縣人)
[光緒]陵縣 19/人物傳二 20
陵縣鄉土志/18
王棠(字蔭南)
(清・黃縣人)
[民國]黃縣志稿 13/人物-鄉賢祠
王棠(字尚木)
(清・諸城人)
[咸豐]青州 47/27
[乾隆]諸城 32/18
王焞(清・章邱人)
[道光]濟南 54/9
[乾隆]章邱 9/43
[道光]章邱 11/38
王惟(字相卿)
(清・萊陽人)
[民國]萊陽 3/1 中 82
王炎(金・濟南人)
[宣統]山東 161/19
[光緒]增修登州 24/11
[萬曆]福山 4/2
[乾隆]福山 7/8

王炎(明・山西解州人)
[宣統]山東 72/9,73/37
[道光]重修膠州 22/4
[民國]增修膠志 17/4
王常立(字象山)
(清・東平人)
[光緒]東平州 15/下 55
[民國]東平縣 11/下 22
王光庚(清・濟陽人)
[民國]濟陽 11/31
王少文(霑化人)
[民國]霑化 4/登進 42
王少玄(唐・博州聊城人)
[嘉靖]山東 31/11
[康熙]山東 41/9
[雍正]山東 28/人物二 4
[宣統]山東 165/6
[萬曆]東昌 19/18
[乾隆]東昌 42/2
[嘉慶]東昌 32/3
[康熙]聊城 3/3
[宣統]聊城 8/77
聊城縣鄉土志/19,聊城縣鄉土志/30
王惟廉(字澹泉,一作星坡)
(清・無棣人)
[民國]無棣 13/15
海豐縣鄉土志/耆舊－事業六
王惟新(明)
[道光]濟南 35/32
王惟誠(字孚遠,號逸齋)
(清・無棣人)
[宣統]山東 171/21
[咸豐]武定府 23/名臣 39
[民國]無棣 10/12
海豐縣鄉土志/耆舊－事業
王惟諶(字方子)
(清・無棣人)
[民國]無棣 12/16
王惟誥(字封田)
(清・無棣人)
[民國]無棣 13/31
王惟訥(字恂堂)
(清・臨朐人)
臨朐縣鄉土志 1/耆舊
王惟詢(號小華)
(清・海豐人)
[宣統]山東 171/42
[咸豐]武定府 23/名臣 40
[民國]無棣 10/13
海豐縣鄉土志/耆舊－事業
王懷玉(字璞菴)
(清・齊河人)
[民國]齊河 23/37
王懷玉(字美中)
(清・汶上人)
[宣統]四續汶上稿/人物－忠烈傳
王眷西(字顧堂)
(清・諸城人)
[道光]諸城縣續志 19/11
王少元(見王少玄)
王省三(恩縣人)
[民國]重修恩縣 11/鄉賢 64
王惟一(明)
[萬曆]泗水 4/11
[順治]泗水 4/11
[光緒]泗水 4/3
[光緒]泗水縣鄉土志/3
王惟一(號守中)
(明・靈山衛人)
[乾隆]膠州 5/32
王惟一(字意誠)
(清・博興人)
[民國]重修博興 13/38
王惟正(元・嘉祥人)
[順治]嘉祥 3/39
王光瑞(字輯五)
(清・茌平人)
[民國]茌平 3/16
王常珙(字聖村)
(黃縣人)
[民國]黃縣志稿 13/民國孝友
王光琳(濟陽人)
[民國]濟陽 11/66
王惟聰(明・直隸武邑人)
[萬曆]沂州志 6/16
王省已(字楙齋)
(清・嘉祥人)
[光緒]嘉祥 3/49
王光珍(字耀廷)
(清・鄆城人)
[光緒]鄆城 16/27
王懷瑜(清・濟陽人)
[道光]濟南 56/30
[乾隆]濟陽 8/27
[民國]濟陽 11/37
王尚信(清・商河人)
[民國]重修商河 9/13
王惟貞(明・觀城人)
[乾隆]曹州府 15/20
[康熙]觀城 4/3
王小衢(清・無棣人)
[民國]無棣 13/3
王光彩(清・汶上人)
[宣統]四續汶上稿/人物－施濟傳
王惟幾(字子研)
(明・順天文安人)
[宣統]山東 73/9
[萬曆]青州 12/37
[康熙十五年]青州 12/37
[康熙四十八年]青州 12/37
[康熙六十年]青州 12/26
[咸豐]青州 36/23
[萬曆]樂安 13/4
[雍正]樂安 11/5
[民國]續修廣饒 17/4
王粹然(清・高唐人)
[民國]高唐縣 12/91
王光備(宋・寧海人)
[同治]重修寧海州 17/4
王光化(字增生)
(清・臨沂人)
[民國]續修臨沂 16/8
王光緒(清・泗水人)
[康熙]棲霞 4/26
[光緒]泗水 10/26
王惟健(清・觀城人)
[康熙]觀城 4/18
[道光]觀城 8/7
觀城縣鄉土志/耆舊
王省身(明・長山人)
[康熙]濟南 44/16
[道光]濟南 50/51
[康熙四十三年]長山 5/

孝義
[康熙五十五年]長山 6/29
[嘉慶]長山 9/2
長山縣鄉土志/耆舊錄
王惟儉(字損仲,號符禹)
(明·河南祥符人,一作開封人)
[康熙]山東 31/18
[雍正]山東 27/16
[宣統]山東 70/11,73/35
[道光]濟南 35/9
[康熙]萊州 8/50
[乾隆]萊州 9/20
[乾隆]濰縣 3/43
[民國]濰縣志稿 20/16
濰縣鄉土志/9
王懷宗(唐)
[嘉慶]東昌 20/27
[宣統]重修恩縣 6/43
[民國]重修恩縣 10/59
王惟寧(明·興平人)
[宣統]山東 71/41
[康熙]濟南 25/51
[乾隆]武定府 16/18
[咸豐]武定府 19/陽信 3
[康熙]陽信 7/29
[乾隆]陽信 5/30
信邑志稿 5/宦蹟
[民國]陽信 2/57
王惟寅(明·耒陽人)
[萬曆]沂州志 4/55
王惟祗(明·北直文安人)
[宣統]山東 72/24
[萬曆]青州 12 又/又 18
[康熙十五年]青州 12 又/18
[康熙四十八年]青州 12 又/18
[康熙六十年]青州 12/34
[乾隆]沂州府 20/11
[康熙二十四年]蒙陰 3/11
[宣統]蒙陰 3/宦績
王常洪(字禹範)
(黃縣人)
[民國]黃縣志稿 13/民國藝術
王光漢(清·利津人)
[咸豐]武定府 26/義行 29
[光緒]利津 8/義行 4
王光祖(字子孝,號槐軒)
(明·魏縣人)
[乾隆]夏津 6/9,10/上 61
[康熙]陽信 10/43
[乾隆]陽信 5/3,8/56
信邑志稿 5/職官-知縣
[民國]陽信 2/23,8/藝文下 7
王少逸(霑化人)
[民國]霑化 4/登進 51
王光啟(字禹昆)
(清·博平人)
[乾隆]東昌 40/19
[嘉慶]東昌 30/20
[道光]博平 4/24
博平縣鄉土志/耆舊-循史
王焞祥(清·長山人)
長山縣鄉土志/耆舊錄
王光賁(字括蒼)
(明·觀城人)
[乾隆]曹州府 15/21
[康熙]觀城 4/2
[道光]觀城 8/5
觀城縣鄉土志/耆舊
王尚志(字登三)
(清·曹縣人)
[光緒]曹縣 14/行誼 33
王光楣(字耀廷)
(長清人)
[民國]長清 12/10
王光乾(字伯元)
(長清人)
[民國]長清 12/9
王惟翰(明·福建晉江人)
[萬曆]沂州志 6/18
王懷忠(唐)
[雍正]山東 27/43
[宣統]山東 68/16
[乾隆]東昌 33/16
王尚忠(明·新城人)
[宣統]新城縣後志 3/耆壽
[民國]重修新城 15/10
王小春(平原人)
[民國]續修平原 8/27
王尚輔(明·萊陽人)
[民國]萊陽 3/1 中 16
王光昱(字旭蒼)
(清·觀城人)
[宣統]山東 173/31
[乾隆]曹州府 16/8
[道光]觀城 8/8,9/46
觀城縣鄉土志/耆舊
王尚景(明·章邱人)
[康熙]濟南 44/19
[道光]濟南 72/34
[萬曆]章丘 26/44
[康熙]章丘 6/31
[道光]章邱 10/29
王光明(清·惠民人)
[光緒]惠民 21/14
惠民縣鄉土志/耆舊錄 12
王光岳(字覲五)
(清·滋陽人)
[光緒]滋陽 9/10
滋陽縣鄉土志 1/耆舊-忠義
王常熙(字緝甫)
(清·黃縣人)
[民國]黃縣志稿 13/清孝友
王光隆(清·觀城人)
[康熙]觀城 4/19
[道光]觀城 8/7
觀城縣鄉土志/耆舊
王尚卿(明·蒙陰人)
[康熙十一年]蒙陰 2/52
王尚賢(明·河南舉人)
[同治]重修寧海州 12/11
王尚周(字逢赤)
(清·恩縣人)
[民國]重修恩縣 11/鄉賢 73
王常益(字稱梅,一字贊甫)
(清·黃縣人)
[民國]黃縣志稿 13/清文學
王光前(清·臨淄人)
[民國]臨淄 28/8
王懷曾(字魯之)
(清·大竹進士)
[道光]長清 4/5
[光緒]冠縣 6/宦績

[民國]臨沂 7/77
王懷曾(字德亭)
(清・臨淄人)
[民國]臨淄 24/28
王懷義(明・萊陽人)
[泰昌]登州 11/33
[順治]登州 17/9
[康熙]萊陽 8/20
王少鉉(見王少玄)
王光鎮(長清人)
[民國]長清 12/19
王懷智(清・海陽人)
[光緒]增修登州 46/12
[光緒]海陽縣續志 5/24
王尚第(明・蒙陰人)
[康熙十一年]蒙陰 2/37
王惟精(明・陝西朝邑人)
[宣統]山東 71/39
[乾隆]泰安府 15/24
[康熙]肥城書上/34
[嘉慶]肥城 15/31
[光緒]肥城 7/47
肥城縣鄉土志 3/3
王光炯(字輝中)
(清・寧陽人)
[咸豐]寧陽 14/21
[光緒]寧陽 14/21
王光耀(清・福山人)
[乾隆]福山 8/43
91 王熛(字耀南)
(清・蘭陵人)
[民國]臨沂 10/49
王恒(明・博興人)
[康熙六十年]博興 7/58
王恒(清・商河人)
[民國]重修商河 8/26
王恒(字立齋)
(清・郯城人)
[嘉慶]續修郯城 6/4,7/20
王慄(字九卿)
(清・萊陽人)
[民國]萊陽 3/1 中 82
王烜(字耀瞻)
(清・費縣人)
[光緒]費縣 11/49
王炳文(清・膠州人)
[民國]增修膠志 43/6
王恒謙(字六皆)
(清・諸城人)
[光緒]增修諸城縣續志 13/9
王恒豫(字友鶴)
(明・益都人)
[萬曆]青州 14/57
[康熙十五年]青州 14/57
[康熙四十八年]青州 14/儒行 14
[咸豐]青州 45/4
[康熙]益都 7/30
[光緒]益都縣圖志 36/6
王炳衡(字欽夫)
(明・長洲人)
[崇禎]歷城 6/3
王恒嶽(字冀鎮)
(清・臨朐人)
光緒臨朐 14/中 19
王炳泉(字滌塵)
(霑化人)
[民國]霑化卷首/12,4/登進 47
王炳寰(字輝宇)
(清・濟寧人)
[民國]濟寧直隸州續志 14/2
王炳圻(字春臺)
(清・寧陽人)
[光緒]寧陽 13/75
王炳藻(字蓮塘,號石亭)
(清・臨淄人)
[民國]臨淄 27/62
王悟格(膠州人)
[民國]增修膠志 46/9
王炳婁(字星垣)
(清・寧津人)
寧津縣志料 3/人物－義行
王恒振(字鶩飛,號稽西)
(清・章邱人)
[道光]濟南 54/14
[道光]章邱 10/49
王炳昆(字虎文)
(清・掖縣人)
[康熙]山東 44/12
[宣統]山東 177/10
[乾隆]掖縣 4/33
王炳炎(霑化人)
[民國]霑化 4/登進 45
王炳炘(字位南)
(清・臨沂人)
[民國]臨沂 10/58
王炳焯(霑化人)
[民國]霑化 4/登進 51
王炳輝(字星垣)
(清・德平人)
[民國]德平縣續志 6/12
王炳燇(字謝陳)
(霑化人)
[民國]霑化 4/登進 41
92 王爔(字喬南)
(清・益都人)
[光緒]益都縣圖志 37/20
王愷(明)
[乾隆]威海衛志 6/3
王愷(明・茌平人)
[民國]茌平 3/60
王愷(清・陽信人)
[民國]陽信 5/文學 18
王恬(字敬豫)
(晉・臨沂人)
[萬曆二十四年]兗州 32/19
[萬曆]沂州志 6/48
[康熙]沂州志 5/25
[乾隆]沂州府 25/8
[民國]臨沂 9/12
王忻(清・章丘人)
[宣統]山東 169/18
王炘(字景炎)
(清・商河人)
[宣統]山東 171/35
[道光]商河 7/20
[民國]重修商河 8/16
商河縣鄉土志 2/耆舊－事業
王烻(字丹柱)
(清・高密舉人)
[宣統]聊城 6/2－7
[光緒]高密 8/上 57
高密縣鄉土志/上 48
93 王炶(字蘊光)

(清・高密人)
[光緒]高密 8/上 58
高密縣鄉土志/上 49
王煊(字迪齋,一作迪卿)
(清・湖南善化人)
[宣統]山東 77/6
[民國]重修博興 12/8
王怡(字樂亭)
(清・商河人)
[道光]商河 7/23
[民國]重修商河 8/18
商河縣鄉土志 3/耆舊 - 學問
王烺崑(字雲芝)
(清・掖縣人)
[乾隆]萊州 10/31
[乾隆]掖縣 4/33
王熾昌(字壽卿)
(清・臨汾進士)
[民國]重修博興 12/9
94 **王忱**(字若谷)
(清・諸城人)
[道光]諸城縣續志 19/1
諸城縣鄉土志/上 48
王爟(清・定陶人)
[民國]定陶 6/57
王熿(字爾亮)
(清・掖縣人)
[乾隆]掖縣 4/66
王慎(明・費縣人)
[光緒]費縣 10/72
費縣鄉土志/耆舊錄 - 事業
王慎(明・臨淄人)
[民國]臨淄 25/35
王慎(字永思,號欽哉)
(清・商河人)
[道光]商河 7/44
[民國]重修商河 8/72,13/藝文志四墓誌 21
商河縣鄉土志 2/耆舊 - 事業
王燁(明・金壇人,見王曄)
王慎交(清・滕縣人)
[道光]滕縣志 9/孝義 36
王慎言(明・福山人)
[康熙]福山 8/30
[乾隆]福山 8/68
王慎言(清・濮州人)
[宣統]濮州 6/95
王慎五(清・金鄉人)
[民國]金鄉 13/續增 9
王慎行(清・寧津人)
寧津縣志料 3/人物 - 孝行
王慎禮(清・城武人)
[道光]城武 9/下 41
王慎友(清・滋陽人)
[光緒]滋陽 9/51
滋陽縣鄉土志 1/耆舊 - 實行
王恢基(字弘圖)
(明・諸城人)
[雍正]山東 28/人物三 75
[宣統]山東 164/53
[康熙四十八年]青州 13/事功 78
[康熙六十年]青州 17/16
[康熙]諸城 7/27
[乾隆]諸城 32/13
95 **王愫**(清・益都人)
[康熙]膠州 5/19
王性河(字見恒)
(清・寧津人)
寧津縣志料 3/人物 - 循良
96 **王煬**(明)
[雍正]山東 27/49
[乾隆]東昌 34/26
王煜(字光含)
(清・商河人)
[民國]重修商河 8/58
97 **王燦**(字燦然)
(清・榮成人)
[道光]榮成 8/6
王燦(字光遠)
(清・壽光人)
[民國]壽光 12/人物志一 89
王焯(原名寧焯,字熙甫,號直庵)
(清・高密人)
[宣統]山東 177/36
[光緒]高密 8/上 11
[民國]高密 14/上 10
高密縣鄉土志/上 28
王煥(字堯文)
(清・濟寧人)
[乾隆]濟寧直隸州 25/27
[道光]濟寧直隸州 8/3 - 14
王煥(清・諸城人)
[光緒]增修諸城縣續志 17/5
王燀(字夢山)
(清・萊蕪人)
[乾隆]泰安府 18/48
[民國]萊蕪 20/7
[民國]續修萊蕪 27/10
王燀(字射普)
(牟平人)
[民國]牟平 7/27
王輝(宋・青州人)
[嘉靖]山東 32/17
[康熙]山東 42/17
[雍正]山東 28/人物二 46
[宣統]山東 164/17
[嘉靖]青州 15/7
[萬曆]青州 14/6
[康熙十五年]青州 14/6
[康熙四十八年]青州 14/忠義 6
[康熙六十年]青州 17/4
[咸豐]青州 41/26
[光緒]益都縣圖志 40/1
王烱(明,見王炯)
王烱(明・臨邑人)
[萬曆]青州 12 又/又 14
[康熙十五年]青州 12 又/又 14
[康熙四十八年]青州 12 又/又 14
[萬曆]諸城 4/38
[康熙]沂水 4/29
[道光]沂水 5/30
王烱(字備五)
(清・淄川人)
[乾隆]淄川 6/上 83
王恪(字慎甫)
(清・臨淄人)
[民國]臨淄 22/69
王恂(字子良)
(三國魏・東海郯人)

［雍正］山東 28/人物一 31
［乾隆］郯城 9/2
王恂（字良夫）
（晉）
［宣統］山東 155/6
［萬曆二十四年］兗州 32/31
［康熙］兗州 25/25
［萬曆］沂州志 6/59
［康熙］沂州志 5/34
［乾隆］沂州府 27/2
［乾隆］嶧縣 7/3
［光緒］嶧縣 21/鄉賢 32
王恂（字汝勤）
（明・費縣人）
［乾隆］沂州府 26/20
［康熙］費縣 7/28
［光緒］費縣 10/80
王恂（字誠菴，一作誠實）
（清・新城人）
［道光］濟南 61/9
［宣統］新城縣後志 3/方技
［民國］重修新城 26/8
王燿（明・夏邑人）
［萬曆］濮州 3/名宦 37
王熠（字顯東）
（清・黃縣人）
［光緒］增修登州 43/11
［乾隆］黃縣 8/35
［同治］黃縣 8/12
［民國］黃縣志稿 13/清孝友
王熤（清・濰縣人）
［乾隆］濰縣 4/23
［民國］濰縣志稿 31/5
濰縣鄉土志/24
王惲（字仲謀）
（元・汲縣人）
［嘉靖］山東 26/15
［康熙］山東 33/18
［雍正］山東 27/83
［宣統］山東 69/26
［乾隆］泰安府 14/35
［萬曆元年］兗州 38/循吏 37
［康熙］東平州 4/52
［乾隆］東平州 12/31
［道光］東平州 14/12
［光緒］東平州 15/中 17
［民國］東平縣 11/上 36
東平州鄉土志上/耆舊錄 41
王煥章（清・即墨人）
［乾隆］海陽 5/12
王煥章（清・臨淄人）
［民國］臨淄 22/69
王煥章（清・諸城人）
［光緒］增修諸城縣續志 15/8
王耀庭（清・新泰人）
［乾隆］新泰又 17/14
王輝琳（字玉圃）
（清・商河人）
［民國］重修商河 8/60
王煥然（清・蒙陰人）
［宣統］蒙陰 4/孝義
王耀先（字輝遠）
（清・商河人）
［民國］重修商河 9/15
王耀宗（清・長山人）
［嘉慶］長山 10/12
王燦斗（號文谷）
（明・曹縣人）
［康熙］曹縣 11/35
［康熙］兗州府曹縣 11/35
王輝祖（字爾充）
（清・濟寧人）
［民國］濟寧直隸州續志 15/1
王輝祖（字蘭洲）
（清・陽信人）
［乾隆］陽信 7/23
［民國］陽信 5/文學 11
信邑志稿 7/文苑
陽信縣鄉土志上/耆舊－學問
王耀奎（字輝五）
（清・臨沂人）
［民國］臨沂 10/33
王煥彬（清・諸城人）
［光緒］增修諸城縣續志 18/3
王輝基（字熙庭）
（清・諸城人）
［道光］諸城縣續志 14/15
王輝如（字顯廷）
（清・商河人）
［民國］重修商河 8/21
王耀時（字龍元）
（明・黃縣人）
［光緒］增修登州 41/15
［乾隆］黃縣 8/25
［同治］黃縣 8/7
98 **王敞**（字尚文）
（清・安邱人）
［民國］續安邱新志 18/8
王悦（字長豫）
（晉・臨沂人）
［萬曆二十四年］兗州 32/19
［萬曆］沂州志 6/48
［康熙］沂州志 5/25
［乾隆］沂州府 25/8
［民國］臨沂 9/12
王悦（明・合水人）
［光緒］增修登州 33/1
［光緒］文登 7/上 3
［民國］文登 7/上 3
王悦（字恭軒）
（明・威海衛人）
［乾隆］威海衛志 8/3
［道光］文登 5/13
［光緒］文登 8/上 15
王悦峯（字景高）
（清・鉅野人）
［道光］鉅野 13/59
王悦崑（字景崙）
（清・鉅野人）
［道光］鉅野 13/56
王悦之（字少明）
（南北朝・琅邪臨沂人）
［嘉靖］山東 30/24
［康熙］山東 40/26
［宣統］山東 155/17
［萬曆二十四年］兗州 33/6
［康熙］兗州 26/6
［萬曆］沂州志 6/72
［康熙］沂州志 5/43
［乾隆］沂州府 25/12
［民國］臨沂 9/24
王悦選（一名悦任，字重齋）
（清・商河人）
［民國］重修商河 8/34

王悅栻(清・高唐人)
[道光]高唐州 5/1－46
[光緒]高唐州 5/1－48
[民國]高唐縣 12/13
99 **王榮**(字華九)
(清・莒縣人)
[嘉慶]莒州 10/10
[民國]重修莒志 65/15
王變(字理菴)
(清・陽信人)
[民國]陽信 5/文學 13
信邑志稿 7/文苑
陽信縣鄉土志上/耆舊－學問
王瑩(字奉光,一作奉先)
(南北朝・臨沂人)
[嘉靖]山東 30/33
[康熙]山東 40/35
[萬曆二十四年]兖州 33/21
[康熙]兖州 26/20
[萬曆]沂州志 6/77
[康熙]沂州志 5/47
[乾隆]沂州府 25/13
[民國]臨沂 9/26
王瑩(字奇玉)
(明・齊東人)
[康熙]濟南 45/2
[道光]濟南 51/45
[康熙]新修齊東 6/5
[民國]齊東 5/8
王榮元(字華村)
(清・商河人)
[民國]重修商河 8/47
王變元(明・南直蘇州人)
[宣統]山東 72/44
[乾隆]東昌 34/13
[嘉慶]東昌 22/4
[康熙十一年]莘縣 5/7
[康熙五十六年]莘縣 5/7
[光緒]莘縣 5/8
[民國]莘縣 3/5
莘縣鄉土志/政績 6
王榮烈(字炳文)
(清・樂陵人)
[宣統]山東 171/47
樂陵縣鄉土志 3/38
王榮琯(字玉文)
(清・樂陵人)
樂陵縣鄉土志 3/37
王榮綬(清・樂陵舉人)
[光緒]泗水 15/三 11
[光緒]泗水縣鄉土志/7
王榮先(字東承)
(清・商河人)
[民國]重修商河 8/24
王縈緒(字成祉)
(清・諸城人)
[宣統]山東 175/28
[咸豐]青州 49/21
[道光]諸城縣續志 14/12
諸城縣鄉土志/上 36
王榮吉(字斌甫,號雙欒)
(長清人)
[民國]長清 13/23
王榮吉(字華亭)
(臨沂人)
[民國]續修臨沂 16/23
王榮壽(字鶴文)
(清・樂陵人)
樂陵縣鄉土志 3/39
王榮世(南北朝・陽平館陶人)
[嘉靖]山東 31/7
[康熙]山東 41/6
[雍正]山東 28/人物一 52
[宣統]山東 164/7
[萬曆]東昌 19/13
[乾隆]東昌 41/25
[嘉慶]東昌 31/2
[萬曆]冠縣 4/1
[道光]冠縣 8/上 12
[光緒]冠縣 8/忠勤
[民國]冠縣 8/人物志 14
王榮國(字泰徵)
(清・直隸永平人)
[宣統]山東 76/8
[康熙]魚臺 15/21
[乾隆]魚臺 9/43
[光緒]魚臺 2/53
王榮明(字鑑堂)
(清・新城人)
[宣統]新城縣後志 3/耆壽
王榮卿(臨朐人)
[民國]臨朐續志 20/41
王榮第(字雲楣)
(清・樂陵人)
[宣統]山東 171/28
樂陵縣鄉土志 3/36
王變堂(號雁九)
(清・福山人)
[民國]福山縣志稿 7/4－9
王榮煒(清・黄縣人)
[同治]黄縣 8/16
[民國]黄縣志稿 13/清懿行

1010_8 豆

23 **豆代田**(魏)
[道光]重修平度州 15/6
豆代興(後魏・代人)
[康熙]萊陽 5/2

靈

22 **靈嵐**(字仙林)
(清)
[民國]單縣 12/隱逸 5
25 **靈仲子**(周・齊人)
[嘉靖]山東 35/18
[嘉靖]青州 16/15
[萬曆]青州 16/3
[康熙]臨淄 9/6
31 **靈源姑**(姓唐括氏)
(金)
[雍正]山東 30/15
[民國]濰縣志稿 36/4
35 **靈神子**(姓孫,名彬)
(元・東牟人)
[光緒]文登 12/2

巫

30 **巫官變**(春秋・魯人)
[乾隆]曲阜 93/2
40 **巫希點**(字紹曾)
(清・濟寧人)
[民國]濟寧直隸州續志 15/8
71 **巫馬施**(字子期,一作子施)
(春秋・魯人,一作陳人)
[嘉靖]山東 24/7,26/1

[康熙]山東 29/7,33/1
[雍正]山東 11/闕里二 17
[萬曆元年]兗州 7/48,38/循吏 1
[萬曆二十四年]兗州 7/20
[康熙]兗州 8/21
[乾隆]兗州 7/28
[崇禎]曲阜 4/10
[康熙]曲阜 4/10
[乾隆]曲阜 59/5
[隆慶]單縣上/30
[康熙]單縣 6/4,11/39
[乾隆]單縣 11/33
[民國]單縣 6/5
巫馬期(見巫馬施)
90 **巫炎**(字子都)
(漢・北海人)
[嘉靖]山東 24/11
[雍正]山東 30/3
[咸豐]青州 52/1
[民國]濰縣志稿 36/1
91 **巫炳**(字旭南)
(清・濟寧人)
[乾隆]濟寧直隸州 27/24
[道光]濟寧直隸州 8/3-26

1011_3 疏

00 **疏廣**(字仲翁)
(漢・東海蘭陵人)
[至元]齊乘 6/10
[嘉靖]山東 30/4
[康熙]山東 40/5
[雍正]山東 28/人物一 9
[宣統]山東 153/29,162/6
[萬曆元年]兗州 40/隱逸 3
[康熙]兗州 24/4
[乾隆]兗州 23/9
[萬曆]沂州志 6/27
[康熙]沂州志 5/9
[乾隆]沂州府 25/3
[康熙]嶧縣 4/6
[乾隆]嶧縣 8/2
[光緒]嶧縣 21/鄉賢 16
[康熙]滋陽 4/上 53
[咸豐]寧陽 12/62
[民國]臨沂 9/1
20 **疏受**(字公子)
(漢・東海蘭陵人)
[至元]齊乘 6/10
[嘉靖]山東 30/4
[康熙]山東 40/5
[康熙]兗州 24/4
[康熙]嶧縣 4/6
[咸豐]寧陽 12/62

1014_1 聶

00 **聶庭**(字子清)
(清・長山人)
[嘉慶]長山 10/32
聶慶恭(濟寧人)
[民國]濟寧縣 3/6
聶文炤(明・新河人)
[順治]定陶 4/6
02 **聶訓**(字彥一)
(金・莘縣人)
[民國]莘縣 9/13
08 **聶許**(金・莘縣人)
[民國]莘縣 9/13
聶謙亨(字吉六)
(清・長山人)
[嘉慶]長山 9/16
10 **聶震**(明・長山人)
[嘉靖]山東 29/22
[康熙]山東 39/21
[康熙]濟南 34/5
[道光]濟南 50/41
[康熙四十三年]長山 5/仕業
[康熙五十五年]長山 6/3
[嘉慶]長山 7/4
聶雲峯(清・齊河人)
[民國]齊河 26/33
聶天祐(金・嵫陽人)
[宣統]山東 69/7
[萬曆二十四年]兗州 28/13
[康熙]兗州 22/13
[乾隆]兗州 22/14
[乾隆]濟寧直隸州 22/42
[道光]濟寧直隸州 6/6-12
[康熙五十一年]金鄉 8/13
[乾隆]金鄉 17/4
[咸豐]金鄉縣志略 7/5
[民國]金鄉 11/18
金鄉縣鄉土志/政績錄
聶三畏(字敬齋)
(明・長山人)
[道光]濟南 50/51
[康熙五十五年]長山 6/29
[嘉慶]長山 9/2
12 **聶聯**(字斯征)
(清・長山人)
[康熙五十五年]長山 6/53
[嘉慶]長山 10/31
聶瑞三(字玉村,一字梅芬,號古愚)
(清・臨朐人)
[民國]臨朐續志 22/25
臨朐縣鄉土志 1/耆舊
14 **聶珪**(元・淄川人)
[嘉靖]淄川 6/82
[萬曆]淄川 30/8
[乾隆]淄川 5/2
17 **聶承統**(字元一)
(清・長山人)
[嘉慶]長山 9/30
聶予式(字顯章)
(清・長山人)
[嘉慶]長山 9/30
18 **聶政**(戰國)
[萬曆]青州 15/58
[康熙十五年]青州 15/又 58
[康熙四十八年]青州 15/僑寓 5
[康熙六十年]青州 20/16
20 **聶維琦**(清・濟寧人)
[乾隆]夏津 6/30
21 **聶能遷**(明・清平人)
[萬曆]東昌 19/91
22 **聶繼增**(字益齋)
(清・禹城人)
[民國]禹城 6/24
27 **聶修治**(字新安)
(臨邑人)
[民國]續修臨邑 3/34
聶紹閔(字閭堂,號古愚)
(清・樂安人)
[民國]續修廣饒 19/71
28 **聶從政**(元・淄川人)

[嘉靖]淄川 6/79
[康熙]淄川 5/3
[乾隆]淄川 5/3
30 **聶宣**(明・平原人)
[萬曆]平原上/48
聶守訓(清・濱州人)
[乾隆]武定府 25/31
[咸豐]武定府 25/孝友 31
[咸豐]濱州 10/24,11/記 47
濱州鄉土志/耆舊錄
聶宗望(字希尚)
(清・泰安人)
[乾隆四十七年]泰安縣 10/上 30
[道光]泰安縣 9/上 82
[民國]重修泰安縣 8/37
聶宗宜(元・莘縣人)
[乾隆]東昌 42/5
[嘉慶]東昌 32/5
[正德]莘縣 6/5
[康熙十一年]莘縣 7/4
[康熙五十六年]莘縣 7/4
[光緒]莘縣 7/又 25
[民國]莘縣 7/14
莘縣鄉土志/事業 25
33 **聶心印**(字鏡潭)
(臨朐人)
[民國]臨朐續志 20/43
36 **聶澤遠**(字濯久)
(清・長山人)
[康熙五十五年]長山 6/又 39
[嘉慶]長山 9/11
38 **聶啟勇**(字鵬雲)
(清・泰安人)
[乾隆]泰安府 18/47
[乾隆二十五年]泰安縣 12/29
[乾隆四十七年]泰安縣 10/上 26
[道光]泰安縣 9/上 78
[民國]重修泰安縣 8/34
泰安縣鄉土志/耆舊 14
聶啟先(清・費縣人)
[光緒]費縣 15/26
40 **聶克勤**(字純修)
(清・臨朐人)
光緒臨朐 14/中 14
44 **聶蕙田**(字露馥)
(清・臨朐人)
臨朐縣鄉土志 1/耆舊
46 **聶相**(明・臨朐人)
[咸豐]青州 44/48
[康熙]臨朐縣志書 3/47
光緒臨朐 14/上 31
聶相士(字鑑衡)
(清・壽張人)
[光緒]壽張 7/18
47 **聶朝宗**(清・魚臺人)
[乾隆]魚臺 11/40
[光緒]魚臺 3/24
聶朝散(金・益津人)
[嘉靖]山東 27/7
[康熙]山東 35/7
[宣統]山東 69/9
[嘉靖]青州 13/31
[萬曆]青州 12/23
[康熙十五年]青州 12/23
[康熙四十八年]青州 12/23
[康熙六十年]青州 12/14
[乾隆]沂州府 20/4
[康熙]沂水 4/22
[道光]沂水 5/23
53 **聶咸亨**(字吉偶)
(清・長山人)
[道光]濟南 55/28
[康熙五十五年]長山 6/39
[嘉慶]長山 9/11
60 **聶易然**(字儀亭)
(清・鄒縣人)
[民國]續修鄒縣志稿/人物－耆舊
77 **聶鳳**(明・淄川人)
[嘉靖]淄川 6/79
[萬曆]淄川 30/8
聶際茂(號松巖)
(清・長山人)
[宣統]山東 170/35
[嘉慶]長山 8/28
聶居敬(元・陽穀人)
[民國]增修陽穀人物/善行 34
聶興智(清・定陶人)
[民國]定陶 6/68
80 **聶金**(元・淄川人)
[康熙]濟南 43/8
[道光]濟南 48/16
[嘉靖]淄川 6/79
[萬曆]淄川 30/8
[康熙]淄川 5/2
[乾隆]淄川 5/2
聶全(元・淄川人)
[嘉靖]淄川 6/79
[康熙]淄川 5/3
[乾隆]淄川 5/3
99 **聶瑩思**(字誠一)
(清・甘肅秦州人)
[光緒]昌邑縣續志 5/17

1017$_{7}$ 雪

30 **雪竇禪師**(見李重顯)
44 **雪蓑**(見雪簑)
雪蓑子(見雪簑)
88 **雪簑**(姓蘇,名洲)
(明・杞縣人)
[雍正]山東 30/24
[宣統]山東 200/10
[道光]濟南 60/13
[萬曆]青州 15/63
[康熙十五年]青州 15/63
[康熙四十八年]青州 15/僑寓 10
[咸豐]青州 52/5
[康熙]新修萊蕪 6/57
[民國]萊蕪 20/11
[民國]續修萊蕪 28/3
[萬曆]益都 6/96
[光緒]益都縣圖志 46/9
[光緒]惠民卷末/4

1020$_{0}$ 丁

00 **丁度**(字公雅)
(宋・恩州人)
[雍正]山東 28/人物二 31
[乾隆]東昌 37/15
[嘉慶]東昌 27/14
[宣統]重修恩縣 8/18
[民國]重修恩縣 11/鄉賢 14

恩縣鄉土志/18
丁廣(明・江浦人)
[嘉靖]濮州 7/21
[嘉靖]朝城志 5/6
[康熙]朝城 7/5
丁廙(漢・沛郡人)
[萬曆]青州 15/59
[康熙十五年]青州 15/59
[康熙四十八年]青州 15/僑寓 6
[康熙]臨淄 10/10
丁堃玉(字次乾)
(清・日照人)
[光緒]日照 8/35
丁文衡(清・諸城人)
[光緒]增修諸城縣續志 16/5
丁文紳(字佩之)
(清・日照人)
[光緒]日照 8/34
丁文禮(明)
[道光]濟南 36/13
[乾隆]章邱 7/6
[道光]章邱 9/9
丁率祖(字履存)
(清・霑化人)
[光緒]霑化 10/24
[民國]霑化 3/2
丁文泮(字玉藻)
(清・惠民人)
[光緒]惠民 24/6
丁應奇(字鶴鳴)
(明・武定人)
[乾隆]武定府 23/49
[咸豐]武定府 23/忠節 19
[乾隆]惠民 5/48
[光緒]惠民 20/5
惠民縣鄉土志/耆舊錄 3
丁文蓮(字蓉簪)
(清・陽湖人)
[同治]重修寧海州 13/11
[民國]牟平 6/81
丁應蕙(字蘭友)
(清・諸城人)
[乾隆]諸城 31/12
丁應荃(字蘭谷)
(清・諸城人)
[道光]諸城縣續志 19/14
丁文盛(清・遼東廣寧人)
[宣統]山東 74/9
[道光]濟南 37/5
丁應甲(清・武進人)
[乾隆]利津縣志補 3/16
丁文顯(明・永昌人)
[萬曆]寧津 5/21
丁文顯(字子郁)
(清・鉅野人)
[民國]續修鉅野 5/上 30
丁文明(明・諸城人)
[康熙]諸城 7/55
[乾隆]諸城 40/2
丁應璧(見丁應璧)
丁應璧(字爲章)
(明・壽光人)
[康熙]山東 45/17
[雍正]山東 28/人物三 66
[宣統]山東 161/57
[萬曆]青州 13/67
[康熙十五年]青州 13/67
[康熙四十八年]青州 13/事功 51
[康熙六十年]青州 16/25
[咸豐]青州 44/39
[康熙]壽光 21/10
[嘉慶]壽光 12/14
[民國]壽光 12/人物志一 24
壽光縣鄉土志/耆舊
丁文煜(字藜斯)
(清・聊城人)
[宣統]聊城 8/36
丁文煥(字燦章)
(清・滎成人)
[道光]滎成 8/6
01 丁龍曜(字曉滄)
(清・日照人)
[光緒]日照 8/25
丁龍光(清・諸城人)
[光緒]增修諸城縣續志 16/32
03 丁詠淑(清・日照人)
[光緒]日照 8/31
04 丁勍(字道讓)
(清・霑化人)
[光緒]霑化 9/8
[民國]霑化 2/61
丁誌(清・濰縣人)
[民國]濰縣志稿 31/15
06 丁諤(字諤之)
(宋・長洲人)
[萬曆二十四年]兗州 29/17
[康熙]兗州 22/41
[嘉靖]濮州 7/13
07 丁翊(明・無棣人)
[民國]無棣 11/2
丁望齡(字步堂)
(清・霑化人)
[光緒]霑化 8/14
[民國]霑化 2/43
08 丁於鼎(清・諸城人)
[康熙]諸城 7/55
[乾隆]諸城 41/3
丁於浩(明・恩縣人)
[雍正]恩縣續志 3/19
09 丁麟生(字孔瑞)
(清・霑化人)
[光緒]霑化 10/8
[民國]霑化 2/81
10 丁璋(清・臨清人)
[民國]臨清縣/人物 66
丁可貞(清・榆林人)
[康熙]曹州志 13/5
丁玉徽(清・諸城人)
[道光]諸城縣續志 19/7
丁元復(字仲心)
(明・南直常熟人)
[宣統]山東 71/42
[康熙]濟南 25/55
[乾隆]武定府 16/19
[咸豐]武定府 19/陽信 3
[康熙]陽信 7/29
[乾隆]陽信 5/30
信邑志稿 5/宦蹟
[民國]陽信 2/57
陽信縣鄉土志上/耆舊－名宦祠
丁晉祺(字康侯,號墨樵)
(清・黃縣人)
[民國]黃縣志稿 13/清懿行

丁元圭(字培田)
(清・齊河人)
[民國]齊河 23/77
丁雲華(字祥五)
(清・商河人)
[民國]重修商河 8/84
丁雲翰(號霽園)
(清・祥符人)
[宣統]重修恩縣 6/52
[民國]重修恩縣 10/67
恩縣鄉土志/11
[光緒]重修蒲臺 2/19
蒲臺縣鄉土志/4
丁雲翰(清・諸城人)
[光緒]增修諸城縣續志 16/9
丁西軒(字白村)
(清・諸城人)
[道光]諸城縣續志 15/4
丁丕顯(清・東平人)
[乾隆]東平州 15/11
[道光]東平州 15/11
[光緒]東平州 15/下 10
[民國]東平縣 11/中 28
東平州鄉土志上/耆舊錄 35
丁丕顯(清・諸城人)
[光緒]增修諸城縣續志 16/8
丁元鵬(字程九)
(清・黃縣人)
[光緒]增修登州 39/12
[同治]黃縣 8/20
[民國]黃縣志稿 13/清仕績
丁元印(字若水)
(清・萊陽人)
[康熙]萊陽 8/又 19
[民國]萊陽 3/1 中 28
丁元羔(字惠卿)
(明・霑化人)
[康熙]濟南 48/11
丁爾常(清・冠縣人)
[道光]冠縣 8/上 22
[光緒]冠縣 8/孝義
[民國]冠縣 8/人物志 27
11 **丁珩**(字荊璞)
(明・日照人)
[乾隆]沂州府 26/20
[康熙]日照 8/13,8/16
[光緒]日照 8/10
丁玠(字楚玉)
(清・商河人)
[民國]重修商河 8/89
12 **丁璠**(清・諸城人)
[光緒]增修諸城縣續志 16/8
丁瑀(明・諸城人)
[萬曆]諸城 7/23
[康熙]諸城 7/38
[乾隆]諸城 39/2
丁廷琛(字獻陛,號琴峯)
(清・濰縣人)
[民國]濰縣志稿 28/34
丁廷珍(字致堂)
(清・濰縣人)
[民國]濰縣志稿 29/23
濰縣鄉土志/33
丁廷秀(字書田,號掄升)
(清・濰縣人)
[民國]濰縣志稿 30/28
丁延禾(字書田)
(清・日照人)
[光緒]日照 8/26
丁延穗(字簪塘)
(清・日照人)
[光緒]日照 8/29
丁延禧(清・平陰人)
[乾隆]泰安府 18/57
丁發祥(清・諸城人)
[光緒]增修諸城縣續志 16/8
丁延吉(字恒嗣)
(清・博山人)
[咸豐]青州 49/1
[乾隆]博山志稿/22
[乾隆]博山 7/上 15
[民國]續修博山 11/27
丁廷華(字輝陛)
(清・濰縣人)
[民國]濰縣志稿 29/24
濰縣鄉土志/32
丁廷模(字倫楷)
(清・濰人)
[宣統]山東 177/27
[民國]濰縣志稿 29/22
濰縣鄉土志/30
丁廷植(字孟發)
(清・諸城人)
[咸豐]青州 48/10
[乾隆]諸城 31/12
丁廷振(字鵬起)
(清・諸城人)
[乾隆]諸城 41/5
丁孔暲(字彥晉)
(明・聊城人)
[康熙]聊城 3/6
丁瑞趾(字子振)
(清・諸城人)
[宣統]山東補遺/25
[光緒]增修諸城縣續志 16/6
丁廷舉(字慕誨)
(清・濰縣人)
[民國]濰縣志稿 29/23
濰縣鄉土志/29
丁烈光(號南溪)
(清・諸城人)
[光緒]增修諸城縣續志 13/5
丁廷耀(字致遠)
(清・諸城人)
[光緒]增修諸城縣續志 16/8
13 **丁瑄**(明・合肥人)
[乾隆]沂州府 17/30
丁強太(清・諸城人)
[光緒]增修諸城縣續志 14/10
14 **丁瓛**(字瑤圃)
(清・諸城人)
[道光]諸城縣續志 15/4
丁琳(字琅友)
(清・陽信人)
[乾隆]武定府 26/26
[咸豐]武定府 26/隱逸 4
[乾隆]陽信 7/53
[民國]陽信 5/隱逸 71
信邑志稿 7/隱逸
丁琪(字東美)

（清・諸城人）
［乾隆］諸城 36/14
丁瑛（字綴藍，一字孝齊）
（清・陽信人）
［乾隆］武定府 24/46
［咸豐］武定府 24/循良 36
［乾隆］陽信 7/12
［民國］陽信 5/宦蹟 20
信邑志稿 7/循良
陽信縣鄉土志上/耆舊－事業
丁瓚（清・益都人）
［光緒］益都縣圖志 41/17
15 丁璉（字汝器）
（明・聊城人）
［萬曆］東昌 19/55
［乾隆］東昌 38/1
［嘉慶］東昌 28/1
［康熙］聊城 3/11
［宣統］聊城 8/6
丁璉（字岷府）
（商河人）
［民國］重修商河 8/88
丁瓚（明・曲沃人）
［嘉慶］東昌 22/28
丁珠（明・諸城人）
［萬曆］諸城 4/45
丁建初（字福先）
（清・濰縣人）
［民國］濰縣志稿 29/35
［光緒］莘縣 5/40
［民國］莘縣 3/9
丁建本（號竹珊）
（清・黃縣人）
［民國］黃縣志稿 13/人物－鄉賢祠
丁建榮（清・諸城人）
［光緒］增修諸城縣續志 16/9
16 丁理（字季溫，號漫亭）
（清・霑化人）
［乾隆］武定府 25/62
［咸豐］武定府 25/文苑 22
［光緒］霑化 9/5
［民國］霑化 2/58
丁聖潤（清・冠縣人）
［道光］冠縣 8/上 23
［光緒］冠縣 8/孝義
［民國］冠縣 8/人物志 28
丁理基（字晉甫）
（清・日照人）
［光緒］日照 8/41
17 丁琛（清・黃縣人）
［同治］黃縣 8/15
［民國］黃縣志稿 13/清懿行
丁琊（明・霑化人）
［康熙］山東 39/24
［雍正］山東 28/人物三 16
［宣統］山東 160/19
［康熙］濟南 36/8
［乾隆］武定府 24/3
［咸豐］武定府 24/清介 3
［康熙］海豐 10/8
海豐縣鄉土志/耆舊－事業
丁玥（明・海豐人）
海豐縣鄉土志/耆舊
丁召保（字君爽，號薌石）
（清・濰縣人）
［民國］濰縣志稿 32/7
丁子勤（明・平陰人）
［光緒］平陰 6/70
丁子卿（東阿人）
［民國］東阿 15/3
18 丁政（明・直隸蠡縣人）
［乾隆］東昌 35/33
［順治］武城 2/9
［乾隆］武城 9/3
武城縣鄉土志略/政績錄
19 丁琰（明・曲沃人）
［萬曆］東昌 18/40
［乾隆］東昌 35/24
［嘉靖］恩縣 7/5
［萬曆］恩縣 4/7
［宣統］重修恩縣 6/49
［民國］重修恩縣 10/65
丁琰（字崑圃）
（清・諸城人）
［乾隆］諸城 31/13
20 丁重新（明・慶雲人）
［嘉慶］慶雲 9/12
［咸豐］慶雲 2/63
［民國三年］慶雲 2/41
丁爲霖（清・諸城人）
［光緒］增修諸城縣續志 16/8
丁季勳（字建亭）
（清・諸城人）
［咸豐］青州 50/13
［道光］諸城縣續志 19/9
丁爹佳（字夢白）
（清・諸城人）
［乾隆］諸城 36/8
丁秉彝（字方堂）
（明・壽光人）
［康熙］壽光 22/3
［嘉慶］壽光 14/19
［民國］壽光 12/人物志二 42
丁統徽（清・諸城人）
［道光］諸城縣續志 19/7
丁秉直（明・三河人）
［萬曆］青州 12 又/7
［康熙十五年］青州 12 又/7
［康熙四十八年］青州 12 又/7
［康熙］沂水 4/27
［道光］沂水 5/28
丁秉善（字吉哉）
（清・日照人）
［光緒］日照 8/40
丁統範（清・諸城人）
［光緒］增修諸城縣續志 16/6
21 丁臬（字立亭）
（清・日照人）
［光緒］日照 8/33
丁穎璞（字崑麓，號樸齋）
（清・日照人）
［光緒］日照 8/37
丁行儒（清・壽光人）
［民國］壽光 12/人物志二 79
丁步瀛（字士洲）
（清・壽光人）
［民國］壽光 12/人物志二 34
丁儒杭（字樂塘）
（清・滕縣人）
［道光］滕縣志 9/孝義 31
丁衍坪（清・諸城人）
［光緒］增修諸城縣續志

14/7
丁衍普(字德施)
(清・淄川人)
[宣統]三續淄川 10/23
22 丁旹(字及菴,一字憶慈)
(清・日照人)
[雍正]山東 28/人物四 36
[宣統]山東 173/12
[康熙四十八年]青州 15/文學 15
[康熙六十年]青州 18/7
[乾隆]沂州府 27/7
[光緒]日照 8/15
丁仙(元・壽光人)
[嘉慶]壽光 15/7
[民國]壽光 12/人物志二 86
丁胤(明・單縣人)
[順治]單縣 3/15
丁繼和(清・諸城人)
[光緒]增修諸城縣續志 16/8
丁繼沄(清・諸城人)
[光緒]增修諸城縣續志 16/7
丁綏祖(清・黄縣人)
[同治]黄縣 9/27
丁繼志(字克肖,號孝宇)
(明・霑化人)
[乾隆]武定府 26/7
[咸豐]武定府 26/義行 7
[光緒]霑化 10/4
[民國]霑化 2/76
丁胤昌(明)
[康熙六十年]博興 7/12
丁繼炘(清・滕縣人)
[民國]續滕縣志 2/17
23 丁俊(明・諸城人)
[萬曆]諸城 6/21
丁然(字亦山,號靜軒)
(清・日照人)
[光緒]日照 8/30
丁巘(字蓮峯)
(清・霑化人)
[光緒]霑化 9/7
[民國]霑化 2/60
丁允元(字長仁,號右海)
(清・日照人)
[康熙]山東 42/32
[雍正]山東 28/人物四 5
[宣統]山東 173/2
[康熙十五年]青州 13/86
[康熙四十八年]青州 13/事功 70
[康熙六十年]青州 16/36
[乾隆]沂州府 25/28
[康熙]日照 9/3,12/6
[光緒]日照 8/12
丁俊耀(霑化人)
[民國]霑化 4/登進 49
24 丁勳(字樹東)
(清・霑化人)
[光緒]霑化 9/9
[民國]霑化 2/61
丁德祥(膠州人)
[民國]增修膠志 46/9
丁德明(清・繁昌人)
[道光]濟南 72/23
丁續曾(字古似,號霍菴)
(清・日照人)
[光緒]日照 8/20
丁偉堂(字倬卿)
(霑化人)
[民國]霑化卷首/11,4/登進 45
25 丁純(字質夫)
(明・諸城人)
[萬曆]諸城 6/26
[乾隆]諸城 31/10
丁傑(字漢三)
(清・諸城人)
[道光]諸城縣續志 19/9
丁仲麟(字次翔)
(清・濰縣人)
[民國]濰縣志稿 32/7
26 丁泉(明・汶上人)
[雍正]山東 28/人物三 13
[宣統]山東 164/29
[乾隆]兗州 23/37
丁白雲(明・威海人)
[乾隆]威海衛志 10/1
[道光]文登 5/26
[光緒]文登 10/下 2
[民國]濰縣志稿 20/18
丁自勸(字茂淑,一作茂叔)
(明・諸城人)
[雍正]山東 28/人物三 59
[宣統]山東 161/54
[咸豐]青州 45/20
[乾隆]諸城 31/13
諸城縣鄉土志/上 27
丁得眾(字子寬)
(清・齊河人)
[民國]齊河 23/81
27 丁伋(字千子)
(清・莘縣人)
[乾隆]東昌 43/16
[嘉慶]東昌 32/42
丁僎(字衛公)
(清・諸城人)
[咸豐]青州 47/39
[乾隆]諸城 31/12
諸城縣鄉土志/上 33
丁彝龍(字雲藻)
(清・濰縣人)
[民國]濰縣志稿 29/28
丁紹誠(清・濟陽人)
[民國]濟陽 11/72
丁佩珩(字楚白)
(清・單縣人)
[民國]單縣 11/30
丁紀彪(字也文)
(清・仁和人)
[道光]諸城縣續志 21/1
丁彝鼎(清・諸城人)
[乾隆]諸城 37/3
丁彝綬(字孟符)
(清・濰縣人)
[宣統]山東補遺/10
[民國]濰縣志稿 28/36
丁象儀(字棣園)
(清・濰縣人)
[民國]濰縣志稿 29/33
丁彝厚(字樸庵)
(清・濰縣人)
[民國]濰縣志稿 29/29
濰縣鄉土志/40
丁勺曾(字幼文,號稽岑)
(清・日照人)

[光緒]日照 8/20
丁紹姜(字東興)
(清・嶧縣人)
[光緒]嶧縣 21/宦績 8
28 丁復(漢)
[嘉靖]青州 12/23
[康熙十五年]青州 8/11
[民國]重修莒志 5/2,15/27
丁价(字介人)
(清・壽光人)
[乾隆]續壽光 23/3
[嘉慶]壽光 13/7
[民國]壽光 12/人物志一 63
丁牧(漢)
[康熙]臨淄 8/1
丁儀(漢・沛郡人)
[萬曆]青州 15/59
[康熙十五年]青州 15/59
[康熙四十八年]青州 15/僑寓 6
[康熙]濮州 4/22
[乾隆]濮州 4/36
[宣統]濮州 6/64
[康熙]臨淄 10/10
丁徵(字維周)
(清・霑化人)
[光緒]霑化 10/11
[民國]霑化 2/84
丁傚誠(字敬菴)
(清・日照人)
[光緒]日照 12/2
丁作霖(字相臣)
(清・高密人)
[民國]高密 14/上 86
丁作聖(字睿堂)
(清・霑化人)
[光緒]霑化 9/15
[民國]霑化 2/72
丁似穀(字率胥)
(清・諸城人)
[乾隆]泰安府 15/27
[咸豐]青州 46/29
[乾隆]諸城 31/11
諸城縣鄉土志/上 31
[民國]萊蕪 9/7
[民國]續修萊蕪 15/8
丁綸書(字紓亭)
(牟平人)
[民國]牟平 7/27
丁綸恩(字少蓉)
(清・貴筑人)
[民國三年]慶雲 1/90
30 丁寬(字子襄)
(漢・梁人)
[光緒]滋陽 8/19
滋陽縣鄉土志 1/耆舊-名儒
丁寅(明・陳州人)
[道光]濟南 36/13
[萬曆]章丘 21/76
[康熙]章丘 4/26
[乾隆]章邱 7/5
[道光]章邱 9/9
章邱縣鄉土志/上 12
丁寶文(字郁齋)
(清・黄縣人)
[民國]黄縣志稿 13/清懿行
丁守方(字連舟)
(清・日照人)
[光緒]日照 8/34
丁守毅(字忍齋)
(霑化人)
[民國]霑化卷首/12,4/登進 47
丁守孚(字信中)
(清・日照人)
[光緒]日照 8/34
丁永鼎(明・武陵人)
[康熙]嶧縣 3/30
[乾隆]嶧縣 7/13
[光緒]嶧縣 19/職官下 6
丁良俊(清・歷城人)
[民國]續修歷城 42/14
丁守偉(字叔梧)
(清・日照人)
[光緒]日照 8/39
丁永嶸(字世高)
(明・范縣人)
[萬曆]濮州 3/鄉賢 55
丁宗洛(字瑤泉)
(清・海康人)
[道光]濟寧直隸州 6/7-79
丁守存(字心齋,號竹溪)
(清・日照人)
[宣統]山東 173/8
[光緒]日照 8/40
丁守真(清・濰縣人)
[民國]濰縣志稿 31/17
丁寶楨(號穉璜)
(清・貴州平遠州人)
[宣統]山東 74/31
丁良幹(字季禎)
(清・濰縣人)
[民國]濰縣志稿 28/44
丁良翰(字佑宸)
(清・濰縣人)
[民國]濰縣志稿 28/43
丁永泰(字雙全)
(明・黄縣人)
[民國]黄縣志稿 13/明
丁永盛(字茂華)
(清・壽光人)
[嘉慶]壽光 13/13
[民國]壽光 12/人物志一 83
丁守剛(霑化人)
[民國]霑化 4/登進 47
丁憲曾(字彝齋)
(清・黄縣人)
[民國]黄縣志稿 13/清懿行
丁之箕(字幼水)
(清・霑化人)
[康熙]濟南 42/29
[乾隆]武定府 25/53
[咸豐]武定府 25/文苑 13
[光緒]霑化 10/24
[民國]霑化 3/2
丁守恪(字備三)
(清・牟平人)
[民國]牟平 7/108
31 丁福(明・無棣人)
[康熙]濟南 44/6
[乾隆]武定府 25/4
[咸豐]武定府 25/孝友 4
[康熙]海豐 10/24
海豐縣鄉土志/耆舊-事業五
[民國]無棣 13/1
丁源淇(字學園)

（清・諸城人）
［道光］諸城縣續志 17/1
丁福培（字海秋）
（清・濰縣人）
［民國］濰縣志稿 28/37
32 丁澄爵（清・滕縣人）
［民國］續滕縣志 2/17
丁兆德（字容之）
（清・貴州貴築監生）
［民國］冠縣 6/49
冠縣鄉土志/政績－興利，政績－去害，政績－聽斷
33 丁述曾（字續丞）
（清・黄縣人）
［民國］黄縣志稿 13/清懿行
34 丁汢（清・濰縣人）
［民國］濰縣志稿 29/20
丁漢渠（清・諸城人）
［光緒］增修諸城縣續志 16/7
丁法禄（清・慶雲人）
［民國三年］慶雲 2/37
丁汝楠（清・諸城人）
［光緒］增修諸城縣續志 16/9
丁法曾（字效坤）
（清・日照人）
［光緒］日照 8/24
丁汝夔（字大章）
（明・霑化人）
［康熙］濟南 34/7
［乾隆］武定府 23/17
［咸豐］武定府 23/名臣 17
［萬曆］新修霑化 6/113
［光緒］霑化 7/1
［民國］霑化 2/1，8/70
丁湗鎣（字霖溥）
（清・諸城人）
［咸豐］青州 49/50
［道光］諸城縣續志 15/3
35 丁連（字印明）
（明・諸城人）
［光緒］增修諸城縣續志/孝義補遺 1
丁漣（字松源）
（清・諸城人）
［道光］諸城縣續志 15/2
丁沛霖（清・河南孟縣人）
［宣統］山東 75/24
［道光］濟南 38/47
［嘉慶］德平 5/21
［光緒］德平 5/14
丁連泰（清・諸城人）
［光緒］增修諸城縣續志 16/9
36 丁昶（字天祥）
（明・濰縣人）
［民國］濰縣志稿 27/29
丁澤溥（字念雲）
（清・諸城人）
［乾隆］諸城 31/12
丁遇善（清・諸城人）
［光緒］增修諸城縣續志 16/8
37 丁鴻（字孝公）
（漢・潁州定陵人）
［嘉靖］山東 34/4
［康熙］山東 48/3
［雍正］山東 31/12
［萬曆］沂州志 7/71
丁鴻聲（清・濰縣人）
［民國］濰縣志稿 31/22
38 丁遂（明・江浦人）
［萬曆］沂州志 6/16
［康熙］沂州志 3/46
［乾隆］沂州府 20/6
［民國］臨沂 7/73
丁裕慶（字凝宇，號蘿月）
（明・霑化人）
［乾隆］武定府 26/24
［咸豐］武定府 26/隱逸 2
［光緒］霑化 7/13
［民國］霑化 2/7
丁裕彥（字毓清）
（清・濰縣人）
［民國］濰縣志稿 30/39
濰縣鄉土志/47
丁啟震（字肇春，一字念星）
（清・陽信人）
［宣統］山東 171/44
［乾隆］武定府 23/51
［咸豐］武定府 23/忠節 21
［康熙］陽信 9/13
［乾隆］陽信 7/20，8/傳銘 5
［民國］陽信 5/文學 4，8/藝文下 38
信邑志稿 7/忠節
陽信縣鄉土志上/耆舊－事業
丁啟豫（字介子）
（清・陽信人）
［康熙］濟南 42/27
［乾隆］武定府 25/53
［咸豐］武定府 25/文苑 13
［康熙］陽信 9/14
［乾隆］陽信 7/21
［民國］陽信 5/文學 6
信邑志稿 7/文苑
陽信縣鄉土志上/耆舊－學問
丁啟蒙（字稺生）
（清・陽信人）
［康熙］濟南 45/14
［乾隆］武定府 25/41
［咸豐］武定府 25/儒林 11
［康熙］陽信 9/13
［乾隆］陽信 7/20
［民國］陽信 5/文學 5
信邑志稿 7/儒林
丁啟喆（字東齋，號雪廬）
（清・濰縣人）
［民國］濰縣志稿 32/11
丁啟益（字遷子）
（清・陽信人）
［民國］陽信 5/篤行 28
信邑志稿 7/藝術
陽信縣鄉土志上/耆舊－事業
40 丁培（字厚田）
（清・濰縣人）
［民國］濰縣志稿 29/24
丁塘（字陶玉）
（清・諸城人）
［道光］諸城縣續志 19/11
丁志方（見丁志芳）
丁大訓（字玉經）

（清・濰縣人）
［民國］濰縣志稿 31/13
濰縣鄉土志/28
丁士可（字行我）
（清・日照人）
［光緒］日照 8/18
丁士一（字鶚薦，號河峯）
（清・日照人）
［宣統］山東 173/4
［光緒］日照 8/18
丁嘉珂（清・大興人）
［民國］黃縣志稿 11/宦績
丁希孔（明・招遠人）
［順治］招遠 8/1
丁培仁（字懷遠，一字濟遠）
（清・黃縣人）
［同治］黃縣 8/17
［民國］黃縣志稿 13/清懿行
丁培紳（字慎書，號綺園）
（清・黃縣人）
［光緒］增修登州 40/11
［同治］黃縣 8/17
［民國］黃縣志稿 13/清懿行
丁克紹（清・壽光人）
［咸豐］青州 49/42
［乾隆］續壽光 23/5
［嘉慶］壽光 13/8
［民國］壽光 12/人物志一 76
丁九齡（字夢與，一字鳳洲）
（清・黃縣人）
［宣統］山東 176/24
［民國］黃縣志稿 13/清仕績
丁克寬（清・諸城人）
［光緒］增修諸城縣續志 14/7
丁培坊（字佐宸）
（霑化人）
［民國］霑化卷首/12，4/登進 52
丁培杰（字瀛山）
（清・黃縣人）
［民國］黃縣志稿 13/清懿行
丁士嘉（清・日照人）
［乾隆］泰安府 15/31
［乾隆］新泰 11/12
丁培荊（字蔭堂）
（清・黃縣人）
［民國］黃縣志稿 13/清孝友
丁培蘭（字滋畹）
（清・黃縣人）
［光緒］增修登州 43/13
［同治］黃縣 8/17
［民國］黃縣志稿 13/清懿行
丁志芳（字希正）
（明・聊城人）
［雍正］山東 28/人物三 2
［宣統］山東 164/28
［乾隆］東昌 41/27
［嘉慶］東昌 31/5
［康熙］聊城 3/5
［宣統］聊城 8/64
聊城縣鄉土志/21
丁大椿（字小仙）
（清・諸城人）
［光緒］增修諸城縣續志 13/6
丁大穀（見丁大穀）
丁大穀（字如雲）
（明・諸城人）
［雍正］山東 28/人物三 70
［宣統］山東 164/51
［咸豐］青州 45/49
［乾隆］諸城 38/7
諸城縣鄉土志/上 21
丁有聲（清・益都人）
［乾隆］泰安府 15/34
［乾隆］東平州 12/40
［道光］東平州 12/40
［光緒］東平州 14/40
［民國］東平縣 9/22
丁克忠（清・黃縣人）
［民國］黃縣志稿 13/清孝友
丁希惠（字聖和）
（清・諸城人）
［道光］諸城縣續志 19/9
丁克成（字澤遠）
（清・濰縣人）
［民國］濰縣志稿 29/21
濰縣鄉土志/27
丁壽昌（清・滕縣人）
［民國］續滕縣志 2/17
丁有嚴（字儼若）
（清・霑化人）
［光緒］霑化 9/3
［民國］霑化 2/55
丁大用（明）
［順治］泗水 4/10
［光緒］泗水 4/3
［光緒］泗水縣鄉土志/8
丁士閶（字犖千）
（清・日照人）
［光緒］日照 8/19
丁在卯（字魯山）
（清・濰縣人）
［民國］濰縣志稿 28/38
丁士智（清・諸城人）
［光緒］增修諸城縣續志 14/7
丁培鎰（字默之，號簡盦）
（清・黃縣人）
［光緒］增修登州 39/14
［同治］黃縣 8/21
［民國］黃縣志稿 13/人物－鄉賢祠
41 **丁概**（字括亭）
（清・日照人）
［光緒］日照 8/33
丁楷（字木公）
（清・滕縣人）
［道光］滕縣志 9/忠節 10
42 **丁塏**（字芸圃，號蓮坡）
（清・濰縣人）
［民國］濰縣志稿 28/25
濰縣鄉土志/26
43 **丁載**（號厚菴）
（清・霑化人）
［光緒］霑化 7/26
［民國］霑化 2/28
44 **丁恭**（字子然）
（漢・山陽東緡人）
［嘉靖］山東 30/8
［康熙］山東 40/8
［雍正］山東 28/人物一 16
［宣統］山東 153/30，162/10
［萬曆二十四年］兗州 31/30

［康熙］兗州 24/28
［乾隆］兗州 23/12
［乾隆］濟寧直隸州 26/4
［道光］濟寧直隸州 8/2－5
［康熙十二年］金鄉 5/21
［康熙五十一年］金鄉 9/9
［乾隆］金鄉 18/3
［咸豐］金鄉縣志略 9/上 1
［民國］金鄉 14/24

丁蕙（字次蘭）
（清・江西豐城人）
［雍正］山東 27/100
［宣統］山東 74/58
［康熙］萊州 8/43
［乾隆］萊州 9/30
萊州府鄉土志/上 25
［光緒］增修登州 25/7
［嘉慶］續掖縣 2/15

丁樹（字槐三）
（清・日照人）
［光緒］日照 8/30

丁蔭（明・單縣人）
［康熙］單縣 8/2
［乾隆］單縣 7/4
［民國］單縣 9/21

丁芸亭（字香圃，號書田）
（清・陽信人）
［民國］陽信 5/文學 25

丁懋儒（明・聊城人）
［康熙］聊城 3/6

丁世任（號莘農）
（清・黃縣人）
［民國］黃縣志稿 13/清懿行

丁蘭皋（清・滕縣人）
［民國］續滕縣志 2/10

丁華齡（清・黃縣人）
［光緒］增修登州 40/10

丁懋良（字心泉）
（明・霑化人）
［乾隆］武定府 23/49
［咸豐］武定府 23/忠節 19
［光緒］霑化 7/8
［民國］霑化 2/20

丁懋遜（字允節）
（明・霑化人）
［康熙］山東 39/28
［雍正］山東 28/人物三 51
［宣統］山東 159/32
［康熙］濟南 37/10
［乾隆］武定府 23/21
［咸豐］武定府 23/名臣 21
［萬曆］新修霑化 5/93
［光緒］霑化 7/2
［民國］霑化 2/2

丁世澄（字壽生）
（黃縣人）
［民國］黃縣志稿 13/民國仕績

丁萬清（字勷澄，號蒨園）
（清・日照人）
［光緒］日照 8/32

丁樹奇（清・貴陽人）
［民國］長清 4/23

丁樹楨（字幹圃）
（清・黃縣人）
［民國］黃縣志稿 13/清懿行

丁桂模（字仲矩）
（清・淄川人）
［宣統］三續淄川 9/86

丁茂桂（字承休）
（明・壽光人）
［康熙十五年］青州 13/87
［康熙四十八年］青州 13/事功 71
［康熙六十年］青州 16/36
［咸豐］青州 45/13
［康熙］壽光 24/2
［嘉慶］壽光 12/21
［民國］壽光 12/人物志二 70

丁懋孝（明・諸城人）
［咸豐］青州 45/42
［康熙］諸城 7/54
［乾隆］諸城 41/2

丁其茂（長清人）
［民國］長清 13/29

丁世芳（字輝若）
（清・河南人）
［民國］壽光 6/29

丁世芳（字子蘭）
（清・淄川人）
［宣統］三續淄川 10/30

丁世恭（平陰人）
［民國］重修博興 10/3

丁樹馨（字蘭如，號海樵）
（清・黃縣人）
［光緒］增修登州 43/9
［同治］黃縣 8/18
［民國］黃縣志稿 13/清懿行

丁其乾（字健純）
（清・霑化人）
［光緒］霑化 8/15
［民國］霑化 2/45

丁世幹（見于世榦）

丁世鐸（字佛言）
（黃縣人）
［民國］黃縣志稿 13/民國仕績

丁葆筠（字子真，號畏可）
（黃縣人）
［民國］黃縣志稿 13/民國懿行

丁其榮（字公華）
（清・嶧縣人）
［乾隆］兗州 23/79
［乾隆］嶧縣 8/43
［光緒］嶧縣 21/孝友 8

45 **丁棟**（字汗充）
（清・霑化人）
［光緒］霑化 10/11
［民國］霑化 2/84

46 **丁旭**（字扶暉）
（清・霑化人）
［光緒］霑化 9/3
［民國］霑化 2/55

47 **丁桐**（字鳳梧）
（明・濰縣人）
［乾隆］濰縣 4/18
［民國］濰縣志稿 31/31
濰縣鄉土志/19

丁鶴雲（清・牟平人）
［民國］牟平 7/108

丁鶴琴（字子介）
（清・黃縣人）
［民國］黃縣志稿 13/清懿行

丁慤宜（字愚公）
（清・陽信人）
［乾隆］陽信 7/15

[民國]陽信 5/篤行 28
信邑志稿 7/義行
丁朝陽(字梧齋)
(清・壽張人)
[光緒]壽張 7/13
壽張縣鄉土志/耆舊－事業
48 **丁幹**(清・萊陽人)
[民國]萊陽 3/1 中 93
丁敬(字恪臣)
(清・杞縣人)
[民國]無棣 9/3
海豐縣鄉土志/政績
丁敬祖(清・黃縣人)
[同治]黃縣 8/16
50 **丁本**(明・單縣人)
[隆慶]單縣下/5
[順治]單縣 2/36
[康熙]單縣 7/25
丁本(字弘道)
(明・嶧縣人)
[康熙]嶧縣 4/73
[乾隆]嶧縣 8/20
[光緒]嶧縣 21/鄉賢 65, 21/宦績 2
丁貴(明・濱州人)
[萬曆]濱州 3/26
[康熙]濱州 6/4
丁泰(字來公,號洛湄)
(清・日照人)
[雍正]山東 28/人物四 26
[宣統]山東 173/3
[康熙四十八年]青州 13/事功 80
[康熙六十年]青州 16/40
[乾隆]沂州府 25/28
[光緒]日照 8/15
丁忠(字一之)
(明・霑化人)
[康熙]濟南 44/14
[乾隆]武定府 25/5
[咸豐]武定府 25/孝友 5
[萬曆]新修霑化 6/112
[光緒]霑化 8/1
[民國]霑化 2/29
丁書麟(清・茌平人)
[宣統]茌平 13/5
[民國]茌平 3/16
丁泰臨(字宜吉)
(清・霑化人)
[光緒]霑化 10/12
[民國]霑化 2/85
51 **丁振**(字又從)
(明・歷城人)
[道光]濟南 49/42
[崇禎]歷城 10/19
[乾隆]歷城 41/11
丁振岱(字嶽東)
(清・惠民人)
[光緒]惠民 22/9
惠民縣鄉土志/耆舊錄 16
丁搢祖(字象以)
(清・黃縣人)
[光緒]增修登州 43/10
[同治]黃縣 8/9
[民國]黃縣志稿 13/人物－鄉賢祠
52 **丁哲**(明・嵊縣人)
[嘉靖]濮州 7/23
53 **丁成吉**(字六謙)
(清・莒縣人)
[民國]重修莒志 62/14
丁盛世(字子逢,號東泉)
(明・壽張人)
[康熙六年]壽張 7/15
[康熙五十六年]壽張 7/15
[光緒]壽張 6/48
壽張縣鄉土志/耆舊－事業
丁成明(字亮齋)
(清・益都人)
[光緒]益都縣圖志 41/18
55 **丁扶昌**(字運齋)
(清・壽張人)
[光緒]壽張 7/19
57 **丁輅**(字駕先)
(清・霑化人)
[光緒]霑化 8/17
[民國]霑化 2/46
丁邦彥(清・諸城人)
[光緒]增修諸城縣續志 16/7
58 **丁整**(明・青州人)
[道光]重修蓬萊 9/43
丁撫九(明・郯城人)
[乾隆]沂州府 26/4
[康熙]郯城 8/11
[乾隆]郯城 9/9
60 **丁杲**(字旭開)
(清・淄川人)
[康熙]濟南 48/12
[道光]濟南 54/72
[康熙]淄川 6 下/9
[乾隆]淄川 6/下 9
丁晨(清・泗水人)
[光緒]泗水 11/8
[光緒]泗水縣鄉土志/14
丁固(漢・薛人)
[萬曆二十四年]兗州 37/33
[康熙]兗州 28/74
[萬曆]滕志 8/78
[康熙]滕志 8/人物 48
[康熙]滕縣志 8/外傳 5
[道光]滕縣志 11/外傳 5
丁景(字卿侶)
(清・日照人)
[光緒]日照 8/16
丁景(字仲曜)
(清・霑化人)
[乾隆]武定府 25/28
[咸豐]武定府 25/孝友 28
[光緒]霑化 8/13
[民國]霑化 2/41
丁昱(字用晦)
(清・日照人)
[乾隆]沂州府 27/10
[光緒]日照 8/16
丁昌平(字聖里)
(清・諸城人)
[咸豐]青州 48/11
[道光]諸城縣續志 15/2
丁國佐(字禹勳)
(清・新城人)
[宣統]新城縣後志 3/孝友
[民國]重修新城 18/18
丁昌齡(字鶴汀)
(清・黃縣人)
[同治]黃縣 8/13
[民國]黃縣志稿 13/清孝友
丁旼照(清・霑化人)

[光緒]霑化 7/9
[民國]霑化 2/21
丁曰銘(字良箴)
(清·桓臺人)
[民國]桓臺 3/37
61 **丁顯西**(清·諸城人)
[光緒]增修諸城縣續志 16/8
64 **丁時**(見丁旹)
丁暐(字仲昭)
(清·霑化人)
[康熙]濟南 42/30
[乾隆]武定府 25/54
[咸豐]武定府 25/文苑 14
[光緒]霑化 9/3
[民國]霑化 2/55
丁時獻(明·萊陽人)
[民國]萊陽 3/1 中 16
丁時才(明·萊陽人)
[民國]萊陽 3/1 中 17
丁時舉(明·文登人)
[乾隆]威海衛志 8/4
[道光]文登 5/10
[光緒]文登 8/上 14
67 **丁嗣徽**(清·諸城人)
[道光]諸城縣續志 19/7
丁暉照(清·霑化人)
[光緒]霑化 7/9
[民國]霑化 2/21
丁鳴陛(字仲玉,號念源)
(明·霑化人)
[乾隆]武定府 24/30,35/36
[咸豐]武定府 24/循良 20,35/墓表 1
[萬曆]新修霑化 5/94
[光緒]霑化 7/12
[民國]霑化 2/6,8/60
71 **丁長伸**(字毅堂)
(清·霑化人)
[道光]鄒平 14/29
[光緒]霑化 9/13
[民國]霑化 2/66
丁長仲(清·霑化人)
[民國]鄒平 14/29
72 **丁彤光**(清·諸城人)
[光緒]增修諸城縣續志 20/3
74 **丁附青**(字隆譽)
(清·濰縣人)
[民國]濰縣志稿 30/21
77 **丁鳳**(明·益都人)
[萬曆]青州 14/59
[康熙十五年]青州 14/59
[康熙四十八年]青州 14/儒行 16
[康熙六十年]青州 15/13
[咸豐]青州 45/32
[萬曆]益都 6/94
[康熙]益都 9/18
[光緒]益都縣圖志 38/14
丁熙(字潤芝)
(清·大興人)
[民國]霑化 4/職官 39
丁賢(明·孝感人)
[乾隆]嶧縣 7/40
丁際雲(字萊峰)
(清·黃縣人)
[民國]黃縣志稿 13/清仕績
丁輿衡(清·諸城人)
[光緒]增修諸城縣續志 16/5
丁鳳儀(字棣堂)
(清·黃縣人)
[民國]黃縣志稿 13/清文學
丁興宗(宋)
[萬曆]青州 12/22
[雍正]樂安 11/2
[民國]樂安 8/18
[民國]續修廣饒 17/2
丁學淵(字溪盛)
(清·諸城人)
[道光]諸城縣續志 19/7
丁學溥(字南車)
(清·諸城人)
[道光]諸城縣續志 19/6
丁鳳池(字咸亭)
(清·黃縣人)
[民國]黃縣志稿 13/清文學
丁學洙(東阿人)
[民國]東阿 15/3
丁殿祥(字崧生)
(清·益都人)
[光緒]益都縣圖志 37/20
丁學荊(清·惠民人)
[光緒]惠民 24/6
丁鳳藻(字芹洲)
(清·黃縣人)
[民國]黃縣志稿 13/清文學
丁學敬(東阿人)
[民國]東阿 16/2
丁同顯(字懷西)
(清·諸城人)
[光緒]增修諸城縣續志 15/1
丁際隆(字任亭)
(清·益都人)
[咸豐]青州 49/9
丁際隆(清·鄒平人)
[民國]鄒平 15/134
丁居善(字宅仁)
(清·濰縣人)
[民國]濰縣志稿 31/19
80 **丁含**(字依原)
(清·諸城人)
[咸豐]青州 49/49
[道光]諸城縣續志 19/7
丁介(清·諸城人)
[道光]諸城縣續志 15/4
丁午(字堯中)
(清·陽信人)
[乾隆]陽信 7/22
[民國]陽信 5/文學 9,8/藝文下 106
信邑志稿 7/文苑
丁義(字制之)
(明·霑化人)
[萬曆]新修霑化 6/119
[光緒]霑化 8/1
[民國]霑化 2/29
丁義(明·諸城人)
[萬曆]青州 14/9
[康熙十五年]青州 14/9
[康熙四十八年]青州 14/忠義 9
[康熙六十年]青州 18/12
[咸豐]青州 44/9
[萬曆]諸城 7/27

[康熙]諸城 7/48
[乾隆]諸城 40/2
諸城縣鄉土志/上 42
丁鏞(明・連江人)
[嘉靖]濮州 7/14
[萬曆]濮州 3/名宦 17
丁愈(清・諸城拔貢)
[光緒]嶧縣 19/丞倅 15
丁善慶(字壽臣)
(清・濰縣人)
[民國]濰縣志稿 29/23
丁毓庚(字星甫)
(清・濰縣人)
[民國]濰縣志稿 29/34
丁毓瑾(字子瑜)
(黃縣人)
[民國]黃縣志稿 13/民國仕績
丁金綬(字佩卿)
(清・霑化人)
[民國]霑化 3/10
丁善寶(字韍臣)
(清・濰人)
[宣統]山東 177/29
[民國]濰縣志稿 30/38
丁毓瀛(字綠洲)
(清・諸城人)
[光緒]增修諸城縣續志 13/6
丁毓漢(字小華,號雪江)
(清・諸城人)
[光緒]增修諸城縣續志 13/11
丁毓淇(字右泉)
(清・諸城人)
[光緒]增修諸城縣續志 12/32
丁毓澧(字芑泉)
(清・諸城人)
[光緒]增修諸城縣續志 19/1
丁毓清(字鑑湖)
(清・諸城人)
[光緒]增修諸城縣續志 13/7
諸城縣鄉土志/上 18
丁念祖(字聿修)
(清・黃縣人)
[同治]黃縣 8/16
[民國]黃縣志稿 13/清懿行
丁毓洛(字景伊)
(清・諸城人)
[光緒]增修諸城縣續志 16/6
丁公坤(字席珍)
(清・無棣人)
[咸豐]武定府 26/義行 25
[民國]無棣 13/4
海豐縣鄉土志/耆舊－事業六
丁善長(字心臣)
(清・濰縣人)
[民國]濰縣志稿 29/23
丁毓驥(字子展)
(黃縣人)
[民國]黃縣志稿 13/民國仕績
丁毓輝(字耀堂)
(清・博山人)
[民國]續修博山 11/38
81 **丁鐳**(字智臨)
(清・諸城人)
[雍正]山東 28/人物四 38
[宣統]山東 175/55
[咸豐]青州 47/20
[乾隆]諸城 31/12
諸城縣鄉土志/上 43
丁鈺(字四如)
(清・霑化人)
[光緒]霑化 10/9
[民國]霑化 2/82
83 **丁鉞**(字汝器)
(明・棲霞人)
[康熙]棲霞 6/5
[乾隆]棲霞 6/33
84 **丁勧**(字道勇)
(清・霑化人)
[光緒]霑化 8/16
[民國]霑化 2/45
86 **丁錭**(清・菏澤人)
[光緒]菏澤 16/13
[光緒]新修菏澤 11/71
丁錫羣(字蘭洲)
(清・諸城人)
[道光]諸城縣續志 15/4
丁錫珍(清・諸城人)
[光緒]增修諸城縣續志 16/5
丁錫純(清・諸城人)
[光緒]增修諸城縣續志 16/6
丁錫福(清・昌樂人)
[民國]昌樂縣續志 28/10
丁錫祜(字秩生)
(清・濰縣人)
[民國]濰縣志稿 28/37
丁錫輅(清・泗水人)
[光緒]泗水 11/8
[光緒]泗水縣鄉土志/14
丁錦堂(清・堂邑人)
堂邑縣鄉土志/耆舊錄
88 **丁鑑**(清・濰縣人)
[民國]濰縣志稿 31/15
丁節(明・江西豐城人)
[道光]濟南 36/33
[天啟]新城 6/訓導
[崇禎]新城 6/訓導
[民國]重修新城 10/17
丁竹(字子文)
(清・壽光人)
[乾隆]續壽光 23/6
[嘉慶]壽光 13/9
[民國]壽光 12/人物志一 79
丁篤慶(字季友,號禮亭,又號西河)
(清・博山人)
[民國]續修博山 12/26
丁敏行(字宣遠)
(清・霑化人)
[光緒]霑化 10/24
[民國]霑化 3/2
丁鑑安(字光懸)
(清・清平人)
[宣統]增輯清平 12/48
[民國]清平/人物 30
90 **丁惟寶**(字楚書)
(清・諸城人)
[光緒]增修諸城縣續志

14/9
丁惟寧(字汝安,一字少濱)
(明・諸城人)
[萬曆]青州 13/68
[康熙十五年]青州 13/68
[康熙四十八年]青州 13/事功 52
[康熙六十年]青州 16/26
[咸豐]青州 44/43
[萬曆]諸城 6/16
[康熙]諸城 7/20
[乾隆]諸城 31/10
諸城縣鄉土志/上 27
丁光蟾(字印潭)
(清・霑化人)
[光緒]霑化 10/27
[民國]霑化 3/5
丁尚賢(字哲甫)
(清・東阿人)
[民國]續修東阿 11/7
丁光曾(字爲龍,號松蔭)
(清・日照人)
[光緒]日照 8/23
丁光劍(字肅斗)
(清・霑化人)
[光緒]霑化 7/18
[民國]霑化 2/13
丁惟性(字賡堂,一作賡唐)
(清・諸城人)
[咸豐]青州 49/17
[道光]諸城縣續志 16/3
諸城縣鄉土志/上 38
92 丁愷曾(字萼亭)
(清・日照人)
[宣統]山東 173/12
[光緒]日照 8/22
94 丁煒然(清・霑化人)
[乾隆]武定府 25/17
[咸豐]武定府 25/孝友 17
[光緒]霑化 8/6
[民國]霑化 2/34
丁慎徽(清・諸城人)
[道光]諸城縣續志 19/7
95 丁煉(字景康)
(清・諸城人)
[道光]諸城縣續志 15/4
96 丁煌(字燦薇)
(清・清平人)
[乾隆]東昌 43/15
[嘉慶]東昌 32/41
丁煋(字燦薇)
(清・清平人)
[康熙]重修清平下/43
[嘉慶]清平 14/42
[宣統]增輯清平 12/55
[民國]清平/人物 51
丁熤(字震南)
(清・濰縣人)
[民國]濰縣志稿 32/4
97 丁耀亢(號野鶴)
(清・諸城人)
[雍正]山東 28/人物三 67
[宣統]山東 175/39
[康熙四十八年]青州 15/文學 14
[康熙六十年]青州 18/6
[咸豐]青州 46/16
[康熙]諸城 7/37
[乾隆]諸城 36/7
諸城縣鄉土志/上 17
[光緒]三續掖縣 4/43
丁耀心(字見復)
(明)
[咸豐]青州 45/51
99 丁瑩烈(字鏡農)
(清・諸城人)
[光緒]增修諸城縣續志 13/6
諸城縣鄉土志/上 18
丁榮祚(字萊斑)
(清・諸城人)
[道光]諸城縣續志 15/4
諸城縣鄉土志/上 37
丁榮表(字恒軒)
(清・廬江人)
[同治]重修寧海州 12/15

1021_0 兀

01 兀顏畏可(金・隆安路猛安人)
[光緒]益都縣圖志 17/5
27 兀魯公(元・朔方人)
[乾隆]德平 2/20
[嘉慶]德平 5/3
[光緒]德平 5/3
44 兀林答禧(禧一作僖,元・女真人)
[光緒]益都縣圖志 28/39, 34/8
[民國]濰縣志稿 20/10

1021_1 元

00 元褭(見元褒)
元褒(字孝整)
(隋・河南洛陽人)
[嘉靖]山東 25/18
[康熙]山東 32/6
[雍正]山東 27/20
[宣統]山東 67/26
[康熙]濟南 24/9
[道光]濟南 33/21
[崇禎]歷城 6/8
02 元端(字宣雅)
(北魏)
[宣統]山東 67/16
[光緒]益都縣圖志 15/10
10 元玉(字祖珍,號古公)
(清)
[乾隆四十七年]泰安縣卷之末/14
[道光]泰安縣卷之末/14
[民國]重修泰安縣 10/73
元雲(北魏)
[宣統]山東 67/11
元天琚(南北朝)
[光緒]益都縣圖志 15/8
12 元延明(北魏)
[宣統]山東 67/11
15 元融(字永興)
(南北朝)
[光緒]益都縣圖志 15/10
17 元邵(字子訥)
(北魏)
[宣統]山東 67/16
[咸豐]青州 34/15
[光緒]益都縣圖志 15/10
元羽(字叔翻)
(南北朝)

[光緒]益都縣圖志 15/8
21 元衎(字安樂)
(北魏)
[宣統]山東 67/12
22 元繼(字世仁)
(南北朝)
[光緒]益都縣圖志 15/9
元鸞(字宣明)
(南北朝)
[光緒]益都縣圖志 15/9
27 元絳(宋・錢塘人)
[嘉靖]山東 27/22
元偺伯(北齊)
[宣統]山東 67/24
[嘉慶]續掖縣 2/11
30 元安壽(南北朝)
[光緒]益都縣圖志 15/9
36 元湘(五代)
[光緒]益都縣圖志 16/16
37 元凝子(明・高密人)
[雍正]山東 30/22
元沼法師(唐)
[乾隆]淄川 6/下 65
元逸人(唐・蒙陰人)
[康熙十五年]青州 14/37
[康熙四十八年]青州 14/隱逸 11
[康熙六十年]青州 20/3
[光緒]費縣 11/71
44 元世儁(南北朝)
[光緒]益都縣圖志 15/11
元孝友(北魏)
[宣統]山東 67/8
47 元好問(字裕之)
(金・太原秀容人)
[宣統]山東 200/5
[嘉慶]東昌 34/8
[道光]冠縣 8/上 34
[光緒]冠縣 8/僑寓
[民國]冠縣 8/人物志 45
[宣統]聊城 8/98
50 元貴平(北魏)
[宣統]山東 67/16
[光緒]益都縣圖志 15/11
60 元羅(字仲綱)
(南北朝)
[光緒]益都縣圖志 15/10
61 元恒(春秋)
[萬曆元年]兗州 41/7
元顯和(北魏)
[宣統]山東 67/12
64 元暉(後魏)
[康熙]萊陽 5/2
71 元匡(字建扶)
(南北朝)
[光緒]益都縣圖志 15/10
76 元陽子(晉・長白山人)
[雍正]山東 30/5
[康熙]濟南 51/2
[道光]濟南 60/3
[崇禎]歷城 10/31
[乾隆]歷城 45/1
[康熙]鄒平 6/31
[嘉慶]鄒平 16/41
[康熙四十三年]長山 5/仙釋
[道光]章邱 11/91
元陽子(俗姓張)
(金・長清人)
[乾隆]歷城 24/1
77 元欣(字慶樂)
(北魏)
[宣統]山東 67/5
[道光]濟南 33/16
[順治]鄒平 4/6
[康熙]鄒平 4/5
[光緒]益都縣圖志 15/11
88 元鑑(字長文)
(南北朝)
[光緒]益都縣圖志 15/10
93 元悰(字魏慶)
(南北朝)
[光緒]益都縣圖志 15/12

1021_4 霍

00 霍六(莘縣人)
[民國]莘縣 7/38
霍立桐(清・鄒平人)
[民國]鄒平 15/146
霍彥威(字子重)
(五代・洺州曲周人)
[乾隆]東平州 10/6
[光緒]益都縣圖志 16/17
07 霍諝(字叔智)
(漢・魏郡鄴人)
[康熙]萊州 8/13
[民國]濰縣志稿 20/3
霍調元(字鼎鼐)
(清・蒲臺人)
蒲臺縣鄉土志/16
09 霍麟趾(明・單縣人)
[順治]單縣 2/41
霍麟閣(清・蒲臺人)
[光緒]重修蒲臺 3/7
蒲臺縣鄉土志/14
10 霍爾玉(字彥舉)
(元・館陶人)
[乾隆]東昌 37/29
[嘉慶]東昌 27/27
12 霍廷選(清・陽穀人)
[民國]增修陽穀人物/善行 44
17 霍琚(明・青城人)
[萬曆]青城 1/63
20 霍秉寅(字協恭)
(清・夏津人)
[民國]夏津續編 8/23
霍秉忠(清・武城人)
[道光]武城續編 10/5
23 霍俊(明・夏津人)
[嘉靖]山東 35/5
[康熙]山東 45/13
[乾隆]東昌 42/29
[嘉靖]夏津 4/10
[康熙]夏津 5/8
[乾隆]夏津 8/20
霍然貫(明・單縣人)
[康熙]單縣 8/19
30 霍之琯(字蒼璧)
(清・山西馬邑人)
[宣統]山東 76/25
34 霍達(字非聞,號魯齋)
(明・陝西長安人)
[宣統]山東 71/10
[康熙]濟南 25/74
[道光]濟南 36/21
[康熙]淄川 4/13
[乾隆]淄川 4/13

淄川縣鄉土志/政績錄
[康熙]兗州府曹縣 9/10
[光緒]曹縣 9/縣令 5
曹縣鄉土志/政績錄
霍法堯(字紹唐)
(清·夏津人)
[民國]夏津續編 8/32
霍汝梓(見霍如梓)
35 **霍連枝**(清·青城人)
[乾隆]武定府 25/24
[咸豐]武定府 25/孝友 24
[乾隆]青城 8/10
[民國]青城續修 4/人物 22
37 **霍潤**(明·濮州人)
[萬曆]濮州 4/隱德 5
[康熙]濮州 4/51
[乾隆]濮州 4/88
[宣統]濮州 6/4
38 **霍淞**(明·平原人)
[道光]濟南 52/63
[乾隆]平原 8/37
平原縣鄉土志輯稿/文學
霍淪(清·黃縣人)
[同治]黃縣 9/4
[民國]黃縣志稿 13/人物－死難
40 **霍存**(五代·曲周人)
[康熙]曹州志 7/47
[光緒]菏澤 7/宦蹟 15
霍士麟(清·齊河人)
[民國]齊河 27/10
霍奇福(明·旌德人)
[萬曆]青州 12 又/9
[康熙十五年]青州 12 又/9
霍大禮(明·金鄉人)
[民國]金鄉 14/3
霍希賢(字思齊)
(元·東平人)
[康熙]東平州 3/39
霍士炯(清·金鄉人)
[咸豐]金鄉縣志略 9/中忠義傳 5
[民國]金鄉 14/20
42 **霍韶**(清·單縣人)
[康熙]單縣 8/48
[乾隆]單縣 7/24
[民國]單縣 9/49
43 **霍載道**(字文元)
(元·單縣人)
[隆慶]單縣下/3
[順治]單縣 2/33
[康熙]單縣 7/22
44 **霍若班**(字又超)
(清·禹城人)
[道光]濟南 56/38
[嘉慶]禹城 9/19
[民國]禹城 6/16
霍孝先(明·青城人)
[萬曆]青城 1/71
46 **霍加福**(明·單縣人)
[順治]單縣 3/37
[康熙]單縣 8/18
[乾隆]單縣 7/11
[民國]單縣 9/24
霍如梓(明·曲阜人)
[康熙]兗州續編 15/3
[乾隆]兗州 23/51
[崇禎]曲阜 4/104
[康熙]曲阜 4/104
[乾隆]曲阜 81/2
曲阜縣鄉土志/耆舊－事業
50 **霍書琦**(字若堂)
(清·夏津人)
[民國]夏津續編 8/16
60 **霍日暄**(清·萊州人)
[咸豐]青州 37/3
[康熙]臨朐縣志書 3/5
光緒臨朐 13/14
67 **霍昭**(明·諸城人)
[萬曆]諸城 6/20
77 **霍用行**(明·直隸鹽山舉人)
[康熙]福山 7/12
[乾隆]福山 7/14
霍學先(明·青城人)
[乾隆]青城 8/4
[民國]青城續修 4/人物 18
80 **霍毓瓓**(字采臣)
(清·夏津人)
[民國]夏津續編 8/23
霍毓祺(清·夏津人)
[民國]夏津續編 8/5
87 **霍翔**(宋)
[乾隆]諸城 27/7
90 **霍光**(字子孟)
(漢·河東平陽人)
[乾隆]昌邑 5/101
霍惟準(明·沁水人)
[道光]濟南 36/34
[康熙]齊河 5/37
[雍正]齊河 5/36
[民國]齊河 22/3
齊河縣鄉土志政績錄/6
92 **霍愷**(字心田)
(清·禹城人)
[康熙]濟南 49/5
[道光]濟南 61/10
[康熙]禹城 6/3
[嘉慶]禹城 9/26
[民國]禹城 6/72
97 **霍煥**(字堯文)
(清·武城人)
[道光]濟南 38/37
[康熙]重修臨邑 8/7
[道光]臨邑 7/29
[同治]臨邑 7/33
98 **霍愉**(明·單縣人)
[順治]單縣 3/10,4/65
[康熙]單縣 8/2
[乾隆]單縣 7/4
[民國]單縣 9/22

1022_1 亓

00 **亓文豐**(清·濰人)
[民國]濰縣志稿 31/32
亓文煥(字彩章)
(陽穀人)
[光緒]陽穀 9/7
[民國]增修陽穀人物/仕宦 23
04 **亓詩教**(號靜初)
(明·萊蕪人)
[康熙]濟南 39/4
[康熙]新修萊蕪 6/2,6/29
[民國]續修萊蕪 22/5
10 **亓雲升**(清·陽穀人)
[民國]增修陽穀人物/師道 27
13 **亓琮**(清·萊蕪人)

［民國］續修萊蕪 27/10
14 亓瑋(字信卿,號還浦)
(明・濰縣人)
［乾隆］濰縣 4/12
［民國］濰縣志稿 27/47
濰縣鄉土志/18
16 亓聖武(字仁軒)
(清・萊蕪人)
［民國］續修萊蕪 27/12
17 亓承繼(明・萊蕪人)
［民國］續修萊蕪 27/4
21 亓經倫(明・萊蕪人)
［康熙］濟南 44/14
［乾隆］泰安府 18/43
［嘉靖］萊蕪 6/2
［康熙］新修萊蕪 6/37
［民國］萊蕪 20/1
［民國］續修萊蕪 27/2
亓經綸(見亓經倫)
亓步超(清・萊蕪人)
［民國］續修萊蕪 27/14
22 亓彩(明・萊蕪人)
［民國］續修萊蕪 27/3
26 亓保(字守安)
(清・商河人)
［道光］商河 7/21
［民國］重修商河 8/17
商河縣鄉土志 3/耆舊－學問
28 亓緻(字燦錦)
(清・萊蕪人)
［民國］續修萊蕪 34/16
30 亓進德(清・萊蕪人)
［民國］續修萊蕪 27/12
亓之偉(字坦之,號超凡)
(明・萊蕪人)
［雍正］山東 28/人物三 66
［宣統］山東 164/50
［康熙］濟南 38/14
［康熙］新修萊蕪 6/2,6/31
［民國］萊蕪 19/1
［民國］續修萊蕪 25/1
萊蕪縣鄉土志/9
亓進孝(明・萊蕪人)
［康熙］新修萊蕪 6/16
32 亓祈年(字倬田)
(清・濰人)
［宣統］山東 177/21
［民國］濰縣志稿 31/32
濰縣鄉土志/31
33 亓必迪(清・泰安人)
［乾隆］泰安府 18/53
［民國］萊蕪 20/2
［民國］續修萊蕪 27/8
萊蕪縣鄉土志/9
34 亓汝霖(字雨臣)
(清・昌樂人)
［民國］昌樂縣續志 30/23
亓淩漢(清・萊蕪人)
［民國］續修萊蕪 27/12
亓斗南(明・萊蕪人)
［康熙］濟南 44/27
［乾隆］泰安府 18/44
［康熙］新修萊蕪 6/38
［民國］萊蕪 20/1
［民國］續修萊蕪 27/2
35 亓清言(字玉霏)
(清・萊蕪人)
［民國］萊蕪 20/8
［民國］續修萊蕪 34/20
萊蕪縣鄉土志/11
37 亓鴻琯(字虞笙)
(清・平陰人)
［光緒］平陰 5/33
亓鴻才(清・萊蕪人)
［民國］續修萊蕪 25/7
40 亓才(字茂育,號成所)
(明・萊蕪人)
［康熙］濟南 44/26
［乾隆］泰安府 17/35
［康熙］新修萊蕪 6/27
［民國］萊蕪 18/1
［民國］續修萊蕪 23/1
萊蕪縣鄉土志/8
亓九功(字彤錫)
(清・平陰人)
［光緒］平陰 4/34
亓士錦(清・平陰人)
［光緒］平陰 5/23
亓九敘(字丹弼)
(清・平陰人)
［光緒］平陰 4/35
43 亓式慧(字鑑明)
(清・萊蕪人)
［民國］續修萊蕪 27/9
44 亓世順(字永和)
(清・商河人)
［道光］商河 7/51
［民國］重修商河 9/9
亓世慧(字鑑明)
(清・萊蕪人)
［民國］萊蕪 20/3
亓萬年(清・平陰人)
［光緒］平陰 5/24
57 亓輾(清・萊蕪人)
［民國］續修萊蕪 27/12
61 亓旺(清・濮州人)
［宣統］濮州 6/12
66 亓器奇(清・萊蕪人)
［民國］續修萊蕪 28/1
71 亓厚(字敦菴)
(清・歷城人)
［道光］濟南 53/58
［民國］續修歷城 44/15
77 亓學舜(清・萊蕪人)
［民國］續修萊蕪 25/6
91 亓恆言(清・商河人)
［民國］重修商河 8/34

1022_7 丙

25 丙倩(漢)
［嘉靖］青州 12/24
［康熙十五年］青州 8/12
［康熙］高苑 3/1
40 丙吉(字少卿)
(漢・魯國人)
［嘉靖］山東 30/3
［康熙］山東 40/3
［雍正］山東 28/人物一 8
［宣統］山東 154/5
［萬曆元年］兗州 40/相業 9
［萬曆二十四年］兗州 31/3
［康熙］兗州 24/3
［乾隆］兗州 23/8
［崇禎］曲阜 4/96
［康熙］曲阜 4/96
［乾隆］曲阜 72/1
［康熙］滋陽 4/上 9

丙右(字輔之)
(明・莘縣人)
[正德]莘縣 6/9
[康熙五十六年]莘縣 6/4
[光緒]莘縣 6/5
[民國]莘縣 6/4

爾

25 **爾朱弼**(字輔伯)
(南北朝・北秀容人)
[光緒]益都縣圖志 15/11

1023_2 弦

00 **弦章**(周・齊人)
[萬曆]青州 13/19
[康熙十五年]青州 13/20
[康熙四十八年]青州 13/事功 3
[康熙六十年]青州 16/2
[民國]臨淄 22/74

17 **弦子旗**(春秋・齊人)
[萬曆]青州 13/18
[康熙十五年]青州 13/又 19
[康熙四十八年]青州 13/事功 2
[康熙六十年]青州 16/1
[民國]臨淄 23/3

47 **弦超**(字義起)
(三國魏)
[乾隆]泰安府 18/77
[道光]東阿 24/2

1024_7 夏

00 **夏辛酉**(字庚堂)
(清・鄆城人)
[宣統]山東補遺/17
[光緒]鄆城 5/20
鄆城縣鄉土志/耆舊録－勳業
[民國]續修鉅野 3/13

夏文象(清・江南人)
[順治]新泰 4/22
[乾隆]新泰 11/9

夏文蔚(字綺臣)
(清・曲阜人)
[民國]續修曲阜 5/18

03 **夏詠**(字永言)
(明・益都人)
[咸豐]青州 45/42
[康熙]益都 7/50
[光緒]益都縣圖志 36/20

05 **夏竦**(字子喬)
(宋・江州德安人)
[光緒]益都縣圖志 16/27

08 **夏謙**(字允吉,號南橋)
(清・濟寧人)
[民國]濟寧直隸州續志 15/7

10 **夏雲龍**(清・鄒平人)
[民國]鄒平 15/133

夏可傳(清・鄒平人)
[民國]鄒平 15/113

夏天成(明・高密人)
[道光]濟南 72/21
[乾隆]高密 8/上 32
[光緒]高密 8/上 50
[民國]高密 14/上 61
高密縣鄉土志/上 43

夏可賢(清・鄒平人)
[民國]鄒平 15/141

夏元善(字百祥)
(清・濟寧人)
[民國]濟寧直隸州續志 14/4

12 **夏廷琮**(字從之)
(明・壽光人)
[民國]壽光 16/15

夏廷璜(字蒼璧)
(明・壽光人)
[康熙]壽光 26/6
[嘉慶]壽光 13/17
[民國]壽光 12/人物志一 51
壽光縣鄉土志/耆舊

夏廷爵(字彤錫)
(清・泰安人)
[民國]重修泰安縣 8/44

夏聯鈺(字笠舟,晚號蛹叟)
(清・魚臺人)
[民國]濟寧縣 3/9

14 **夏珪**(字伯玉)
(元)
[同治]黃縣 6/3

16 **夏璁**(明・浙江黃巖舉人)
[康熙]濟南 25/60
[乾隆]武定府 16/15
[咸豐]武定府 19/青城 2
[萬曆]青城 1/49
[乾隆]青城 7/5
[民國]青城續修 4/名宦 14

17 **夏承**(字仲兖)
(漢)
[康熙]山東 59/2
[雍正]山東 35/墓碑 8
[嘉靖]青州 18/57
[萬曆]青州 18/64
[康熙十五年]青州 18/64
[康熙四十八年]青州 18/68
[康熙]萊州 11/8－6
[康熙]杞紀 20/29

夏乃遠(清・鄒平人)
[民國]鄒平 15/144

20 **夏維註**(清・鄒平人)
[民國]鄒平 15/133

夏維譜(清・鄒平人)
[民國]鄒平 15/143

夏維琳(清・鄒平人)
[民國]鄒平 15/133

夏維侯(清・鄒平人)
[民國]鄒平 15/143

夏維藩(字滑樓,一作滑樓)
(明・丹陵人,一作故城人)
[宣統]山東 72/30
[康熙]兖州續編 14/12
[乾隆]曹州府 12/19
[隆慶]單縣上/35
[順治]單縣 4/27
[康熙]單縣 6/12,11/33
[乾隆]單縣 4/58,11/28
[民國]單縣 6/宦蹟 18,20/22

夏維全(清・鄒平人)
[民國]鄒平 15/145

夏秉鈞(字宰衡)
(清・滕縣人)
[道光]滕縣志 8/儒林 34
滕縣鄉土志/27

21 **夏伍誠**(清・鄒平人)
[民國]鄒平 15/133

22 夏岸(字步瀛)
(清・濰縣人)
[民國]濰縣志稿 31/16
夏鼎(字爾梅,一作汝梅)
(明・江西貴溪人)
[嘉靖]山東 26/30
[康熙]山東 34/9
[雍正]山東 27/49
[宣統]山東 72/49
[萬曆]東昌 18/34
[乾隆]東昌 34/24
[康熙]臨清州 3/名宦 5
[乾隆]臨清州 9/9
[乾隆]臨清直隸州 6/76
[民國]臨清縣/秩官 61
夏峩(字嵋峰)
(清・恩縣人)
[道光]高唐州 5/2-26
[光緒]高唐州 5/2-43
夏樂泰(字開三)
(清・昌樂人)
[民國]昌樂縣續志 28/11
23 夏允彝(字彝仲)
(明・華亭人)
[雍正]山東 31/17
[道光]濟南 62/6
[順治]鄒平 6/17
[康熙]鄒平 6/28
[嘉慶]鄒平 16/39
24 夏升(見夏昇)
夏魁磐(字瑤光)
(清・鄒縣人)
[民國]續修鄒縣志稿/人物-耆舊
25 夏仲(字時中)
(明・上元人)
[嘉靖]寧海州下/20
[康熙]寧海州 7/4
27 夏侯章(周・齊人)
[萬曆]青州 15/31
[康熙十五年]青州 15/31
[康熙四十八年]青州 15/說士 7
夏侯建(字長卿)
(漢・魯人)
[嘉靖]山東 30/3
[康熙]山東 40/4
[雍正]山東 28/人物一 8
[宣統]山東 153/18,153/33,162/7
[萬曆元年]兗州 40/儒林 3
[萬曆二十四年]兗州 31/16
[康熙]兗州 24/15
[乾隆]兗州 23/8
[康熙]東平州 5/65
[民國]東平縣 11/上 27
[乾隆]曲阜 69/3
[咸豐]寧陽 12/6
[光緒]寧陽 12/6
夏侯秀(唐・幽州人)
[萬曆]鉅野 7/14
[康熙]鉅野 11/10
[道光]鉅野 12/20
夏侯嶠(字峻極)
(宋・濟州鉅野人)
[嘉靖]山東 30/44
[康熙]山東 40/43
[雍正]山東 28/人物二 28
[宣統]山東 157/21,200/4
[萬曆元年]兗州 40/文苑 12
[萬曆二十四年]兗州 35/10
[康熙]兗州 27/9
[乾隆]曹州府 14/18
[萬曆]鉅野 7/14
[康熙]鉅野 11/11
[道光]鉅野 12/8
夏侯先(字秋埜)
(臨沂人)
[民國]續修臨沂 16/16
夏侯贊(字文卿)
(博山人)
[民國]續修博山 11/38
夏侯皋(漢・即墨人)
[雍正]山東 30/4
夏侯浦(五代梁・幽州人)
[嘉靖]武定州下/48
[萬曆]鉅野 7/14
[康熙]鉅野 11/11
[道光]鉅野 12/20
夏侯祖歡(南北朝)
[光緒]益都縣圖志 15/5
夏魯奇(字邦傑)
(後唐・青州人)
[嘉靖]山東 32/12
[康熙]山東 42/12
[雍正]山東 28/人物二 18
[宣統]山東 164/12
[嘉靖]青州 15/6
[萬曆]青州 14/6
[康熙十五年]青州 14/6
[康熙四十八年]青州 14/忠義 6
[康熙六十年]青州 17/4
[咸豐]青州 54/11
[康熙六十年]博興 7/31
[光緒]益都縣圖志 31/9
夏侯始昌(漢・魯人)
[嘉靖]山東 30/2
[康熙]山東 40/2
[雍正]山東 28/人物一 5
[宣統]山東 153/18,153/24,162/3
[乾隆]泰安府 18/1
[萬曆元年]兗州 40/儒林 2
[萬曆二十四年]兗州 31/15
[康熙]兗州 24/14
[乾隆]兗州 23/7
[乾隆]曹州府 12/1
[乾隆]東平州 14/1
[道光]東平州 14/1
[光緒]東平州 15/中 1
[民國]東平縣 11/上 26
東平州鄉土志上/耆舊錄 39
[乾隆]曲阜 69/1
[咸豐]寧陽 12/4
[光緒]寧陽 12/4
[萬曆]鉅野 6/1
[康熙]鉅野 10/1
[道光]鉅野 10/1
夏侯都尉(漢・魯人)
[宣統]山東 153/18
[乾隆]曲阜 69/1
夏侯敬(漢・魯人)
[宣統]山東 153/27
[乾隆]曲阜 69/6
夏侯惠(字稚權)
(魏・沛國譙人)
[嘉靖]山東 27/2

[康熙]山東 35/3
[雍正]山東 27/52
[宣統]山東 66/34
夏侯嬰(漢・沛人)
[康熙]滕志 6/24
[康熙]滕縣志 6/宦業 22
[道光]滕縣志 6/宦績 8
滕縣鄉土志/5
夏侯勝(字長公)
(漢・魯人,一作東平人)
[嘉靖]山東 30/3
[康熙]山東 40/3
[雍正]山東 28/人物一 8
[宣統]山東 153/18,162/5
[乾隆]泰安府 18/1
[萬曆元年]兗州 40/儒林 3
[萬曆二十四年]兗州 31/15
[康熙]兗州 24/14
[乾隆]兗州 23/8
[康熙]東平州 5/62
[乾隆]東平州 14/1
[道光]東平州 14/1
[光緒]東平州 15/中 1
[民國]東平縣 11/上 26
東平州鄉土志上/耆舊錄 39
[乾隆]曲阜 69/2
[咸豐]寧陽 12/4
[光緒]寧陽 12/4
夏侯惇(字元讓)
(魏・沛國譙人)
[嘉靖]山東 26/21
[宣統]山東 66/34
[萬曆元年]兗州 38/循吏 13
[萬曆二十四年]兗州 26/16
[康熙]兗州 21/15
[萬曆]東昌 18/8
[乾隆]東昌 33/8
[嘉慶]東昌 20/15
[康熙]曹州志 7/43
[乾隆]曹州府 12/4
[嘉靖]濮州 7/3
[萬曆]濮州 3/名宦 6
[康熙]濮州 3/6
[乾隆]濮州 3/6
[宣統]濮州 4/6
[光緒]菏澤 7/宦蹟 11
[光緒]新修菏澤 8/3
菏澤縣鄉土志/7
[康熙]兗州府曹縣 9/2,10/4
[光緒]曹縣 10/3
28 **夏以琨**(清・鄒平人)
[民國]鄒平 15/143
夏以榛(清・鄒平人)
[民國]鄒平 15/133
30 **夏寬**(漢・魯人)
[宣統]山東 153/22
夏守贇(字子美)
(宋・并州榆次人)
[光緒]益都縣圖志 16/38
夏之譜(字少村)
(清・齊河人)
[民國]齊河 23/81
夏之玠(清・恩縣人)
[雍正]恩縣續志 3/24
夏宏緒(清・博平人)
[光緒]博平縣續志 10/63
夏永清(號東溪)
(清・濟寧人)
[道光]濟寧直隸州 8/4-16
夏永祥(字方田,號樂真)
(清・昌樂人)
[民國]昌樂縣續志 30/11
夏之璧(清・恩縣人)
[雍正]恩縣續志 3/28
夏之錞(字雲韶)
(清・高密人)
[光緒]高密 8/上 56
[民國]高密 14/上 66
高密縣鄉土志/上 49
31 **夏渠**(字可權)
(清・恩縣人)
[乾隆]東昌 43/37
[嘉慶]東昌 32/54
[雍正]恩縣續志 3/32
[宣統]重修恩縣 8/47
[民國]重修恩縣 11/鄉賢 67
32 **夏溪清**(字潔亭)
(清・陽信人)
[民國]陽信 5/方技 83
33 **夏心忠**(字貫一)
(清・濟寧人)
[咸豐]濟寧直隸州續志 3/9
夏心田(清・鄆城人)
[光緒]鄆城 16/30
34 **夏汝亮**(字鏡清)
(恩縣人)
[民國]重修恩縣 11/鄉賢 82
35 **夏清**(元)
[道光]濟寧直隸州 6/6-22
夏迪吉(字惠迪)
(清・恩縣人)
[乾隆]東昌 43/37
[嘉慶]東昌 32/54
[雍正]恩縣續志 3/32
[宣統]重修恩縣 8/47
[民國]重修恩縣 11/鄉賢 67
36 **夏澤清**(字鏡堂)
(清・昌邑人)
[光緒]昌邑縣續志 6/26
37 **夏鴻勛**(濟寧人)
[民國]濟寧縣 3/6
夏淑曾(清・鄒平人)
[民國]鄒平 15/144
38 **夏道統**(清・鄒平人)
[民國]鄒平 15/133
40 **夏塘**(明・鄢陵人)
[康熙]濟南 25/30
[道光]濟南 36/34
[康熙]齊河 5/36
[雍正]齊河 5/35
[民國]齊河 22/3
齊河縣鄉土志名宦祠/16
夏培讓(清・鄒平人)
[民國]鄒平 15/143
夏士彥(字仲呂)
(清・威海衛人)
[乾隆]威海衛志 7/6
夏在庭(字迪簡)
(清・昌邑人)
[光緒]昌邑縣續志 6/3
夏大桂(字月樵)
(明・茌平人)
[乾隆]東昌 42/14
[嘉慶]東昌 32/14
[康熙二年]茌平 2/58
[康熙四十九年]茌平 2/58
[宣統]茌平 14/2

［民國］茌平 3/69
夏克恭(字端肅)
(清・壽光人)
［民國］壽光 12/人物志二 90
夏士英(字人千)
(清・威海衛人)
［光緒］增修登州 41/68
［乾隆］威海衛志 7/6
夏大觀(字以中)
(清・濟寧人)
［咸豐］濟寧直隸州續志 3/2
［民國］濟寧直隸州續志 12/6
夏有辰(清・朝城人)
朝城縣鄉土志/14
夏士譽(明・高密人)
［乾隆］高密 8/上 12
［光緒］高密 8/上 14
［民國］高密 14/上 13
高密縣鄉土志/上 21
43 夏式善(字粹堂)
(清・昌邑人)
［光緒］昌邑縣續志 6/21
44 夏恭(字敬公)
(漢・梁國蒙人)
［宣統］山東 66/16
［萬曆元年］兗州 38/循吏 5
夏柮(明・浙江錢塘人)
［康熙六十年］青州 12/38
［康熙］沂水 4/28
［道光］沂水 5/29
夏夢禎(字祥凝)
(明・壽光人)
［康熙十五年］青州 13/83
［康熙四十八年］青州 13/事功 67
［康熙六十年］青州 16/34
［咸豐］青州 45/48
［康熙］壽光 23/2
［嘉慶］壽光 12/23
［民國］壽光 12/人物志一 26
夏黃公(見崔廣)
45 夏坤藩(營口人)
［民國］重修莒志 24/4
47 夏聲喬(字嵩齡)
(清・善化進士)
［民國三年］慶雲 1/90
48 夏松(明・壽光人)
［康熙］壽光 26/3
［嘉慶］壽光 13/17
夏增吉(字瑞徵)
(清・恩縣人)
［雍正］恩縣續志 3/30，3/32
［宣統］重修恩縣 7/50
50 夏書(明・萊陽人)
［民國］萊陽 3/1 中 20
夏中言(字騫若,號渠舫)
(清・壽光人)
［道光］濟南 38/40
［道光］長清 4/18
［民國］壽光 12/人物志二 17
壽光縣鄉土志/耆舊
夏春茂(字松軒)
(明・長山人)
［道光］濟南 50/52
［康熙五十五年］長山 6/35
［嘉慶］長山 10/1
夏青田(清・濰縣人)
［民國］濰縣志稿 31/16
52 夏靜磐(字石齋)
(清・鄒縣人)
［民國］續修鄒縣志稿/人物－耆舊
53 夏威(明・昌樂人)
［嘉靖］昌樂 3/41
夏成龍(清・棲霞人)
［乾隆］棲霞 6/29
夏成德(清・遼東人)
［宣統］山東 76/11
［康熙］沂州志 3/51
夏成蛟(清・棲霞人)
［乾隆］棲霞 6/29
56 夏揚名(明・昌邑人)
［康熙］昌邑 6/9
60 夏景(明・臨朐人)
［嘉靖］臨朐 3/11
夏昇(字景高)
(明・北直鹽山人)
［嘉靖］山東 27/18
［宣統］山東 73/30
［萬曆］萊州 5/68
［康熙］萊州 8/27
［乾隆］萊州 9/12
萊州府鄉土志/上 14
［嘉慶］續掖縣 2/18
夏昱(明)
［嘉靖］武定州下/56
［崇禎］武定州 7/7
夏景德(明・昌樂人)
［嘉靖］昌樂 3/41
夏景春(清・鄆城人)
［光緒］鄆城 16/30
64 夏疇(字青田)
(清・高密人)
［乾隆］高密 8/上 35
［光緒］高密 8/上 53
［民國］高密 14/上 63,16/38
高密縣鄉土志/上 44
夏時(明・章邱人)
［萬曆］章丘 24/34
［康熙］章丘 6/26
［乾隆］章邱 9/20
［道光］章邱 11/26
夏時泰(明・長山人)
［道光］濟南 50/55
［康熙五十五年］長山 6/37
［嘉慶］長山 10/4
夏曉春(字鶴泉)
(清・江南高郵人)
［宣統］山東 75/56
［光緒］滋陽 7/9
滋陽縣鄉土志 1/政績
66 夏賜文(清・鄒平人)
［民國］鄒平 15/143
67 夏明才(清・東平人)
［民國］東平縣 11/中 35
71 夏臣(明・直隸威縣監生)
［民國］金鄉 11/20
夏長泰(字心符)
(清・茌平人)
［民國］茌平 3/98
夏長思(漢・北海安邱人)
［咸豐］青州 55/3
［萬曆］安丘 28/61
72 夏隱(字叔世)
(漢・盧縣人)

肥城縣鄉土志 5/12
74 **夏朏**(明·浙江錢塘人)
[萬曆]青州 12/51
[康熙十五年]青州 12/51
77 **夏開都**(清·鄒平人)
[民國]鄒平 15/138
夏與賢(字承甫,號敬亭)
(清·壽光人)
[民國]壽光 12/人物志一 39
79 **夏騰高**(清·魚臺人)
[康熙]兗州續編 16/13
[乾隆]兗州 23/64
[乾隆]濟寧直隸州 25/48
[道光]濟寧直隸州 8/3-35
[康熙]魚臺 17/47
[乾隆]魚臺 11/17
[光緒]魚臺 3/10
80 **夏人佺**(字敬孚)
(清·安徽壽州人)
[雍正]山東 27/107
[宣統]山東 76/51
[乾隆]東昌 35/30
[康熙]夏津 5/3
[乾隆]夏津 6/36,10/上 66
夏會昌(字筱文)
(清·臨沂人)
[民國]臨沂 10/47
84 **夏鎮奎**(字武庫)
(清·雲南南寧人)
[宣統]山東 76/16
86 **夏錫純**(字酉堂)
(清·山東人)
[民國]增修膠志 18/19
87 **夏鴿**(清·鄒平人)
[民國]鄒平 15/145
90 **夏尚樸**(字敦夫)
(明·江西永豐人)
[宣統]山東 70/30
[道光]濟南 35/40
夏惟教(清·高密人)
[光緒]高密 8/上 44
[民國]高密 14/上 46
高密縣鄉土志/上 38
97 **夏燦然**(字崇烈)
(清·遼東人)
[宣統]山東 76/39
[乾隆]東昌 33/48
[康熙]博平 3/6
[道光]博平 4/6
博平縣鄉土志/政績

1024_8 霰

00 **霰文光**(字樗園)
(清·臨朐人)
臨朐縣鄉土志 1/耆舊

1040_0 于

00 **于廣**(字天如)
(清·膠州人)
[乾隆]膠州 4/65
[道光]重修膠州 27/22
[民國]增修膠志 41/17
膠州直隸州鄉土志 4/事功
于諒(元·萊陽人)
[光緒]增修登州 38/15
[康熙]萊陽 8/4
[民國]萊陽 3/1 中 5
于文(清·泰安人)
[乾隆四十七年]泰安縣 10/上 22
[道光]泰安縣 9/上 74
[民國]重修泰安縣 8/26
于衣(字不塵)
(清·膠州人)
[道光]重修膠州 28/2
[民國]增修膠志 42/2
于庸(明·萊陽人)
[民國]萊陽 3/1 中 7
于章(明·萊陽人)
[民國]萊陽 3/1 中 16
于庭彥(清·萊陽人)
[民國]萊陽 3/1 中 92
于應龍(清·招遠人)
[道光]招遠縣續志 3/16
于文詡(明)
[康熙九年]城武 2/33
[康熙四十一年]城武 3/下治績 2
[道光]城武 6/33
于文震(字青雷,號雨辰)
(清·濰縣人)
[民國]濰縣志稿 30/41
于應震(號暘東)
(明·平陰人)
[雍正]山東 31/9
[乾隆]泰安府 18/75
[順治]平陰 7/25
[光緒]平陰 5/35
于席珍(清·博平人)
[道光]博平 4/31
于方穎(字秋圃)
(清·平度州人)
[光緒]壽張 5/26
平度鄉土志 4 下/學問
于文泉(字芷溪)
(清·蓬萊人)
[光緒]增修登州 39/8
[民國]蓬萊縣志合編人物志/仕績
于應進(清·文登人)
[雍正]文登 8/9
[道光]文登 5/18
[光緒]文登 10/上 4
于文法(掖縣人)
[民國]四續掖縣 6/83
于文海(萊陽人)
[民國]萊陽 3/1 中 55
于應祥(字獻齋)
(清·濰縣人)
[民國]濰縣志稿 30/27
于方柱(字石峯)
(清·平度人)
[道光]重修平度州 19/4
平度鄉土志 4 上/鄉賢
于文蔚(字豹君)
(清·文登人)
[光緒]文登 10/上 20
于文英(清·萊陽人)
[民國]萊陽 3/1 中 64
于文藻(清·臨朐人)
臨朐縣鄉土志 1/耆舊
于文泰(明·濮州人)
[康熙]濮州續志下/23
[乾隆]濮州 4/89
[宣統]濮州 6/5
于文中(字景通,又字子和,一作孜禾)
(清·濰縣人)

[宣統]山東補遺/41
[民國]濰縣志稿 30/41
于廣恩(字德晉)
(清・壽張人)
[光緒]壽張 7/16
于慶舉(字雲翔)
(清・文登人,徙居榮成)
[光緒]增修登州 43/43
[光緒]文登 10/上 9
于文鑌(字駿聲)
(清・桓臺人)
[民國]桓臺 3/22
于應第(號台聯)
(清・文登人)
[光緒]增修登州 41/66
[雍正]文登 8/3
[道光]文登 5/3
[光緒]文登 9/上 1－7
01 于龍川(清・濰縣人)
[民國]濰縣志稿 32/25
于龍傑(字鳳超)
(清・壽張人)
[光緒]壽張 7/14
02 于訓(字文教)
(明・萊陽人)
[康熙]萊陽 8/6
[民國]萊陽 3/1 中 11
于誕登(字雲峯)
(清・文登人)
[光緒]文登 10/上 18
于新燕(清・萊陽人)
[民國]萊陽 3/1 中 64
于端學(字正齋)
(清・昌樂人)
[民國]昌樂縣續志 30/21
03 于斌(金・寧海人)
[光緒]文登 8/上 4
于誠(元・萊陽人)
[光緒]增修登州 38/15
[康熙]萊陽 8/4
[民國]萊陽 3/1 中 5
于誼(字文因)
(清・福山人)
[乾隆]福山 9 上/55
[民國]福山縣志稿 7/5－2
04 于謹(清・福山人)
[乾隆]福山 8/68
于謹言(字緘三)
(清・壽張人)
[光緒]壽張 7/15
07 于諮(號樹滋)
(清・壽張人)
[宣統]山東 172/25
[乾隆]兗州 23/87
[光緒]壽張 7/25
壽張縣鄉土志/耆舊－附忠孝祠
08 于敦(明・福山人)
[康熙]福山 8/16
[乾隆]福山 8/29
于謙益(字受堂)
(清・福山人)
[民國]福山縣志稿 7/2－21
09 于麟章(清・陽穀人)
[民國]增修陽穀人物/孝義 12
于麟貞(清・臨淄人)
[民國]臨淄 28/8
于麟閣(字子霍)
(清・安丘人)
[民國]續安邱新志 18/8
10 于震(明・萊陽人)
[民國]萊陽 3/1 中 78
于爾文(清・恩縣人)
[雍正]恩縣續志 3/20
于可託(字阿輔)
(清・文登人)
[宣統]山東 176/1
[光緒]增修登州 39/42
[雍正]文登 7/4
[道光]文登 5/4
[光緒]文登 9/上 1－12
于三元(清・臨淄人)
[康熙]山東 45/19
[康熙十五年]青州 14/27
[康熙四十八年]青州 14/孝友 18
[民國]臨淄 28/4
于可建(字惟賢)
(清・齊河人)
[民國]齊河 23/13
于三聘(清・平度人)
平度鄉土志 4 上/鄉賢
于栗磾(南北朝・代人)
[萬曆元年]兗州 38/武功 7
于丕郡(字昌南)
(清・新城人)
[道光]濟南 55/80
[宣統]新城縣後志 2/善行
[民國]重修新城 17/17
于雲翼(字羽南)
(清・長山人)
[康熙四十三年]長山 5/高隱
[康熙五十五年]長山 6/52
[嘉慶]長山 10/30
于醇儒(字前峯)
(清・平度人)
[光緒]平度志要/人物
于天經(字克孝)
(明・冠縣人)
[宣統]山東 161/52
[萬曆]東昌 19/66
[乾隆]東昌 38/31
[嘉慶]東昌 29/3
[萬曆]冠縣 4/6,4/34
[道光]冠縣 8/上 16
[光緒]冠縣 8/忠勤
[民國]冠縣 8/人物志 17
于雲峯(萊陽人)
[民國]萊陽 3/1 中 84
于丕皓(清・昌邑拔貢)
[光緒]嶧縣 19/丞倅 15
于雲升(字山來)
(清・臨淄人)
[民國]臨淄 27/60
于天秩(字禮堂)
(清・平度人)
[民國]平度縣續志 8/6
于三綱(字紀堂)
(齊東人)
[民國]齊東 5/46
于可寄(清・文登人)
[道光]文登 5/4
于可宗(字因甫)
(清・陵縣人)

[民國]陵縣續志 4/20
于元宗(清・長山人)
[道光]濟南 55/30
于三近(字誠齋)
(明・汶上人)
[宣統]四續汶上稿/人物－施濟傳
于正禮(清・即墨人)
[同治]即墨 12/40
即墨縣鄉土志/耆舊－事業四
于天澤(字崑陽)
(清・文登人)
[光緒]增修登州 43/37
[道光]文登 5/12
[光緒]文登 9/下 2－5
于天祿(元・陽穀人)
[民國]增修陽穀人物/仕宦 2
于爾直(字完初)
(明・福山人)
[康熙]福山 8/23
[乾隆]福山 8/46
[民國]福山縣志稿 7/1－15
于元吉(字文長)
(清・汶上人)
[宣統]四續汶上稿/人物－忠烈傳
于元芳(萊陽人)
[民國]萊陽 3/1 中 49
于正坤(清・山陰人)
[康熙]東平州續志 4/3
于可均(清・文登人)
[道光]文登 5/4
于三極(明・新城人)
[天啟]新城 7/歲貢
于正朝(字肅廷)
(清・臨淄人)
[民國]臨淄 25/37
于疏枚(字卜臣,號卧盧)
(清・臨淄人)
[民國]臨淄 24/28
于雲梯(字丹山)
(清・利津人)
[宣統]山東 171/49
[光緒]利津 7/忠節 1,附利津文徵 3/墓表 20
于一泰(號守元子)
(清・東昌人)
[宣統]山東 200/38
[同治]即墨 12/13
于晉甲(字康第)
(清・樂安人)
[民國]樂安 10/30
[民國]續修廣饒 19/58
于霖昌(清・禹城人)
[民國]禹城 6/75
于一貫(明・臨邑人)
[康熙]濟南 45/5
[道光]濟南 52/16
[順治]臨邑 12/9
[康熙]重修臨邑 10/9
[道光]臨邑 9/16
[同治]臨邑 9/文苑 2
于三善(明・新城人)
[天啟]新城 7/歲貢
于五美(字尊五)
(清・鉅野人)
[民國]續修鉅野 8/上 14
于至善(明・臨淄人)
[康熙]臨淄 9/24
[民國]臨淄 28/4
于三錫(明・諸城人)
[萬曆]諸城 6/26
于雯錦(字綺瞻)
(清・利津人)
[光緒]利津 8/義行 9
于元煜(清・東阿人)
[道光]東阿 14/人物下 19
[光緒]東阿縣鄉土志 4/23
于雲輝(原名問渠,字雲輝,以字行)
(莒縣人)
[民國]重修莒志 24/5
11 于珩(字楚白)
(明・平度人)
平度鄉土志 4 下/學問
于玭(字子珍,號冊川)
(明・東阿人)
[康熙]山東 40/60
[雍正]山東 28/人物三 35
[宣統]山東 161/48
[乾隆]泰安府 17/16,27/70
[萬曆二十四年]兗州 36/22
[康熙]兗州 28/21
[康熙五十四年]東阿 7/17,12/12
[道光]東阿 13/鄉賢 9,21/32
[光緒]東阿縣鄉土志 4/17
于璽(字君璽)
(清・惠民人)
[咸豐]武定府 25/孝友 35
[乾隆]惠民 5/57
[光緒]惠民 21/8
惠民縣鄉土志/耆舊錄 9
于璿(明・萊陽人)
[民國]萊陽 3/1 中 10
12 于琟(字燦華)
(清・泰安人)
[道光]泰安縣 9/上 87
[民國]重修泰安縣 8/41
于發(清・泰安人)
[乾隆四十七年]泰安縣 10/上 31
[道光]泰安縣 9/上 83
[民國]重修泰安縣 8/38
泰安縣鄉土志/耆舊 17
于璞(明・山西洪洞人)
[宣統]山東 71/28
[道光]濟南 36/48
[乾隆]泰安府 15/15
[萬曆二十四年]兗州 29/13
[康熙]兗州 22/34
[康熙]兗州續編 14/14,14/26
[崇禎]鄆城 4/5
[康熙]鄆城 4/4
[光緒]鄆城 6/5
鄆城縣鄉土志/政績錄－興利
[道光]長清 3/10
于廷(清・昌樂人)
[民國]昌樂縣續志 30/20
于延襲(宋・寧海人)
[嘉靖]寧海州下/43
[同治]重修寧海州 17/3
[民國]牟平 7/4

于登雲(字漢倬)
(清・棲霞人)
[光緒]棲霞縣續志 7/義行6
于廷璋(清・萊陽人)
[民國]萊陽 3/1 中 74
于廷璠(字斐堂)
(清・文登人)
[光緒]文登 10/上 11
于廷瑞(字嵩齋)
(清・文登人)
[光緒]文登 10/上 11
于瑞香(字蘭齋)
(昌樂人)
[民國]昌樂縣續志 34/9
于廷采(明・萊陽人)
[宣統]山東 161/52
[民國]萊陽 3/1 中 22
于延紹(宋・寧海人)
[嘉靖]寧海州下/43
[同治]重修寧海州 17/3
[民國]牟平 7/3
于弘道(字廓川)
(明・文登人)
[光緒]增修登州 43/39
[雍正]文登 8/8
[道光]文登 5/17
[光緒]文登 8/下 3
于延遂(宋・寧海人)
[同治]重修寧海州 17/3
[民國]牟平 7/3
于登蘭(字開雲)
(清・文登人)
[光緒]文登 10/上 5
于聯英(字偉卿)
(清・濰縣人)
[民國]濰縣志稿 30/47
于延挺(宋・寧海人)
[嘉靖]寧海州下/43
[同治]重修寧海州 17/3
[民國]牟平 7/4
于廷輔(字佐平)
(清・臨淄人)
[咸豐]青州 50/10
[民國]臨淄 24/23
臨淄縣鄉土志/耆舊錄

于延杲(宋・寧海人)
[同治]重修寧海州 17/3
[民國]牟平 7/3
于廷陞(字益臣)
(長清人)
[民國]長清 12/9
于廷居(字上選)
(清・茌平人)
[民國]茌平 3/100
于延鳳(宋・寧海人)
[同治]重修寧海州 17/3
于延美(清・萊陽人)
[民國]萊陽 3/1 中 83
于廷欽(字敬軒)
(清・鉅野人)
[道光]鉅野 13/37
13 **于瓛**(明・福山人)
[康熙]福山 8/16
[乾隆]福山 8/29
于瑢(字鳴佩)
(清・濰縣人)
[民國]濰縣志稿 30/54
于瑄(明・禹城人)
[康熙]濟南 47/10
[道光]濟南 52/8
[康熙]禹城 5/21
[嘉慶]禹城 9/16
[民國]禹城 6/13
禹城縣鄉土志/19
于瑄(字繼薛)
(清・泰安人)
[道光]泰安縣 9/上 75
[民國]重修泰安縣 8/27
泰安縣鄉土志/耆舊 22
于戩穀(清・海陽人)
[光緒]增修登州 43/46
[乾隆]海陽 6/23
14 **于珪**(宋・寧海人)
[同治]重修寧海州 17/3
于琦(明・文登人)
[雍正]文登 7/9
于瓚(字黃中,號遷菴)
(清・鉅野人)
[民國]續修鉅野 8/上 15
15 **于建亭**(清・東阿人)
[民國]續修東阿 11/3

于聘三(清・平度人)
[民國]平度縣續志 8/1
17 **于琛**(字獻庭)
(宋・寧海人)
[光緒]增修登州 38/5
[嘉靖]寧海州下/43
[同治]重修寧海州 17/3,25/碑文 1
[民國]牟平 7/3,9/74
于琛(元・陽穀人)
[民國]增修陽穀人物/仕宦2
于珊(明・江陰人)
[咸豐]青州 36/49
[康熙]壽光 20/6
[嘉慶]壽光 10/27
[民國]壽光 6/18
于邵(字德星)
(清・濰縣人)
[民國]濰縣志稿 32/10
于尹(元・萊陽人)
[光緒]增修登州 24/18,38/15
[嘉靖]寧海州下/13
[同治]重修寧海州 12/7
[萬曆]福山 4/9
[康熙]萊陽 8/4
[民國]萊陽 3/1 中 6
[民國]牟平 6/69
于配功(字子襄)
(清・禹城人)
[道光]濟南 56/36
[嘉慶]禹城 9/23
[民國]禹城 6/19
禹城縣鄉土志/13
于子仁(字景安)
(明・湖廣武岡人)
[嘉靖]山東 27/9
[康熙]山東 35/10
[雍正]山東 27/59
[嘉靖]青州 13/38
[萬曆]青州 12/27
[康熙四十八年]青州 12/27
[康熙六十年]青州 12/27
[咸豐]青州 36/3
[光緒]增修登州 25/8

［康熙］昌樂 1/33
［嘉慶］昌樂 19/3
于承安（清・平陰人）
［光緒］平陰 5/32
于承福（唐・登州人）
［光緒］文登 8/上 1
于承業（字叔烈，號子家）
（清・臨淄人）
［民國］臨淄 27/63
于承森（字茂林）
（清・鉅野人）
［道光］鉅野 13/70
于承彭（字聖友）
（清・鉅野人）
［道光］鉅野 13/75
于承博（清・鉅野人）
［民國］續修鉅野 5/上 20
于承基（字丕緒）
（清・鉅野人）
［道光］鉅野 13/40
于子林（清・平度人）
萊州府鄉土志/下 20
［道光］重修平度州 19/14
平度鄉土志 4 上/事業
于承學（清・鉅野人）
［民國］續修鉅野 5/上 15
于子興（字振久）
（清・陽穀人）
［民國］增修陽穀人物/善行 40
18 **于玠**（字君玉）
（元・萊陽人）
［嘉靖］山東 32/24
［泰昌］登州 11/20
［順治］登州 16/26
［光緒］增修登州 38/14
［康熙］萊陽 8/3
［民國］萊陽 3/1 中 4，3/3 下 12
于璥（字魯璠）
（清・商河人）
［道光］商河 7/47
［民國］重修商河 8/75
商河縣鄉土志 2/耆舊－事業
20 **于鯨**（字子長）
（明・歷城人）
［道光］濟南 49/29
［乾隆］歷城 37/35
于信（字彰民）
（清・平度人）
［民國］平度縣續志 8/6
于秉亮（字興南）
（清・鉅野人）
［康熙］淄川 4/23
［道光］鉅野 13/36
于秉雍（字友蓮）
（清・長山人）
［康熙四十三年］長山 5/高隱
［康熙五十五年］長山 6/52
［嘉慶］長山 10/30
于秉元（字統四）
（清・鉅野人）
［道光］鉅野 13/38
于信五（字敦彝）
（清・濟寧人）
［民國］濟寧直隸州續志 14/16
于維琇（字君實，號龍川）
（清・寧海人）
［民國］牟平 7/39
于秉信（號陵山）
（清・章邱人）
［道光］章邱 10/52
于秉純（字誠菴）
（明・平陰人）
［康熙］山東 46/3
［乾隆］泰安府 18/67
［順治］平陰 7/22
［光緒］平陰 5/39
于爲儀（字吉菴）
（清・福山人）
［民國］福山縣志稿 7/4－10
于維永（字貞久）
（清・臨淄人）
［咸豐］青州 47/29
［民國］臨淄 28/7
于重富（清・昌邑人）
［乾隆］昌邑 6/174
于統業（字道初）
（清・臨淄人）
［民國］臨淄 27/63
于維清（字寰海）
（清・膠州人）
［民國］增修膠志 47/10
于維楨（字蔭礎）
（清・莘縣人）
［光緒］莘縣 7/35
［民國］莘縣 7/19
莘縣鄉土志/事業 28
于維權（字君權）
（清・寧海人）
［民國］牟平 7/40
于維世（字回狂）
（清・新城人）
［道光］濟南 55/44
［康熙］新城 8/11
［民國］重修新城 16/9
新城縣鄉土志/耆舊－清
于重華（字二唐）
（清・青城人）
［乾隆］武定府 23/29
［咸豐］武定府 23/名臣 29
［乾隆］青城 8/5
［民國］青城續修 4/人物 18
于維翰（清・臨淄人）
［民國］臨淄 28/11
于維哲（字鑒明）
（明・文登人）
［雍正］文登 8/9
［道光］文登 5/17
［光緒］文登 8/下 14
于秉義（字範周）
（清・陵縣人）
［光緒］陵縣 19/人物傳二 23
陵縣鄉土志/18
于維鏡（字雪樓）
（清・寧海人）
［民國］牟平 7/40
于維精（明・文登人）
［雍正］文登 8/9
［道光］文登 5/18
［光緒］文登 8/下 14
于重輝（字華亭）
（清・平度人）
平度鄉土志 4 下/學問
21 **于膚**（明・陽穀人）

［萬曆元年］兗州 40/政績 15
于睿（明・陽穀人）
［嘉靖］山東 30/58
［康熙］山東 40/56
［萬曆二十四年］兗州 36/2
［康熙十二年］陽穀 3/27
［康熙］陽穀 3/24
［光緒］陽穀 6/24
［民國］增修陽穀人物/仕宦 3
于占雲（清・黄縣人）
［同治］黄縣 9/3
［民國］黄縣志稿 13/人物－死難
于貞復（清・文登人）
［雍正］文登 8/11
［道光］文登 5/20
［光緒］文登 10/上 3
于上逵（清・大興舉人）
［康熙］新城 5/12
［民國］重修新城 11/1
于貞裕（字含章）
（清・海陽人）
［光緒］增修登州 43/47
［光緒］海陽縣續志 5/17
于仁忠（字心齋）
（清・昌樂人）
［民國］昌樂縣續志 30/21
于占鼇（字海嶠）
（清・濰縣人）
［民國］重修恩縣 11/鄉賢 76
［民國］濰縣志稿 29/32
于師學（字海亭）
（清・桓臺人）
［民國］桓臺志略 3/17
［民國］桓臺 3/22
于卓午（字丙南）
（清・慶雲人）
［民國三年］慶雲 2/46
22 于岸（清・棲霞人）
［光緒］棲霞縣續志 8/兵燹 1
于利（明・新城人）
［康熙］濟南 40/6
［道光］濟南 51/30
［天啟］新城 13/傳
［崇禎］新城 13/傳
［康熙］新城 7/7
［民國］重修新城 14/4
于崙（字奠中）
（清・長清人）
［民國］長清 13/13
于嵩（號蘿軒）
（清・平度人）
平度鄉土志 4 下/學問
于崇慶（明・安州人）
［順治］堂邑 2/職官又 6
［康熙十一年］堂邑 2/名宦 4
［康熙］堂邑 11/10
于崇文（清・臨淄人）
［民國］臨淄 30/37
于變龍（清・三韓人）
［宣統］山東 74/55
［康熙］沂州志 3/49
［乾隆］沂州府 20/12
于繼發（清・掖人）
［民國］平度縣續志 7/28
平度鄉土志 4 上/鄉賢
于崇嶽（字鍾山）
（清・高唐人）
［光緒］高唐州 5/2－35
［民國］高唐縣 12/47
于綏先（清・萊陽人）
［民國］萊陽 3/1 中 83
于繼徽（宋・密州安邱人）
［咸豐］青州 41/29
于繼業（清・萊陽人）
［民國］萊陽 3/1 中 66
于崇禮（字敬堂）
（清・高唐人）
［光緒］高唐州 5/1－50
［民國］高唐縣 12/87
于樂泮（字芹香）
（清・昌樂人）
［民國］昌樂縣續志 34/3
于崇楷（清・新城人）
［宣統］新城縣後志 2/武功
于崇勅（字丹符，號滄巖）
（清・新城人）
［道光］濟南 55/69
［宣統］新城縣後志 2/宦績
［民國］重修新城 16/18
新城縣鄉土志/耆舊－清
于崇敕（見于崇勅）
于鼎圖（字象九）
（清・高唐人）
［光緒］高唐州 5/2－38
于胤昌（清・恩縣人）
［雍正］恩縣續志 3/19
于繼善（字彝仲）
（清・東阿人）
［宣統］山東 171/6
［康熙］兗州續編 16/31
［乾隆］泰安府 17/45
［康熙五十四年］東阿 7/40
［道光］東阿 14/人物下 19
［光緒］東阿縣鄉土志 4/23
于樂善（字性之）
（清・昌樂人）
［民國］昌樂縣續志 28/10
23 于俊（清・平度人）
［道光］重修平度州 19/21
平度鄉土志 4 上/鄉賢
于允玠（清・文登人）
［光緒］文登 10/上 19
于允宏（字申嵐）
（清・長山人）
［康熙五十五年］長山 6/37
［嘉慶］長山 9/9
于允中（字傳一，號喬東）
（清・昌樂人）
［民國］昌樂縣續志 29/13
于允中（字心傳）
（清・新城人）
［道光］濟南 55/78
［宣統］新城縣後志 2/善行
［民國］重修新城 17/13
于允昱（字星曙，號華若）
（清・新城人）
［道光］濟南 55/68
［宣統］新城縣後志 2/宦績
［民國］重修新城 16/19
于允暐（字陶菴）
（清・新城人）
［道光］濟南 55/75
［宣統］新城縣後志 3/孝友
［民國］重修新城 17/2
新城縣鄉土志/耆舊－清

于允瞵(字旭菴,號蘭谷)
(清・新城人)
[道光]濟南 55/77
[宣統]新城縣後志 3/孝友
[民國]重修新城 17/2
新城縣鄉土志/耆舊－清
24 于德(元・萊陽人)
[光緒]增修登州 38/15
[民國]萊陽 3/1 中 5
于信(清・莒州人)
[乾隆]沂州府 26/16
[民國]重修莒志 62/8
于魁(清・棲霞人)
[光緒]棲霞縣續志 8/兵燹 1
于佑(字敢我)
(清・壽張人)
[乾隆]兗州 23/88
[光緒]壽張 7/26
于德文(元)
[嘉靖]山東 25/10
[康熙]山東 31/12
[雍正]山東 27/59
[宣統]山東 69/18
[咸豐]青州 35/23
于仕廉(字元正)
(明・金壇人)
[雍正]山東 27/72
于化龍(明・臨淄人)
[康熙十五年]青州 15/53
[康熙四十八年]青州 15/義民 21
[康熙六十年]青州 18/16
[康熙]臨淄 9/23
[民國]臨淄 28/3
于化龍(字作霖)
(清・高唐人)
[光緒]高唐州 5/1－64
[民國]高唐縣 12/43
于化龍(字爲霖)
(清・鉅野人)
[道光]鉅野 13/40
于德彰(清・汶上人)
[宣統]四續汶上稿/人物－耆德傳
于偉烈(清・陵縣人)
[光緒]陵縣 19/人物傳二 23
陵縣鄉土志/18
于先登(字道夫,號會公)
(清・新城人)
[道光]濟南 55/45
[康熙]新城 7/41
[民國]重修新城 16/6
新城縣鄉土志/耆舊－清
于德生(清・昌邑人)
[光緒]昌邑縣續志 6/11
于先泰(字魯詹)
(清・博平人)
博平縣鄉土志/耆舊－學問
于化愚(清・陽信人)
[咸豐]武定府 25/孝友 14
于壯圖(清・高唐人)
[光緒]高唐州 5/2－39
[民國]高唐縣 12/18
于德興(字恕思)
(清・臨淄人)
[宣統]山東 175/54
[咸豐]青州 48/13
[民國]臨淄 25/36
于化鵬(明・昌樂人)
[康熙]昌樂 4/8
[嘉慶]昌樂 20/3
于德敏(清・萊陽人)
[民國]萊陽 3/1 中 46
于德鄰(清・惠民人)
[光緒]惠民 20/10
惠民縣鄉土志/耆舊錄 5
25 于甡(濟寧人)
[民國]濟寧縣 3/6
于仲文(字次武)
(北周・河南人)
[宣統]山東 67/25
[萬曆]東昌 18/12
[乾隆]東昌 33/13
[嘉慶]東昌 20/21
于岫雲(字由山)
(清・茌平人)
[民國]茌平 3/100
于仲寰(明・東阿人)
[道光]東阿 14/人物下 14
[光緒]東阿縣鄉土志 4/8
于仲良(明・泰安人)
[乾隆四十七年]泰安縣 10/上 26
[道光]泰安縣 9/上 78
[民國]重修泰安縣 8/34
泰安縣鄉土志/耆舊 13
于仲清(陽穀人)
[民國]增修陽穀人物/仕宦 25
于純吉(字慶甫)
(元・文登人)
[光緒]文登 8/上 9
26 于臯(明・萊陽人)
[民國]萊陽 3/1 中 8
于和(字仲美)
(明・掖縣人)
[乾隆]掖縣 3/50
于鯤(明・青城人)
[萬曆]青城 1/68
[乾隆]青城 8/7
[民國]青城續修 4/人物 20
于儼(字伯然)
(元・文登人)
[光緒]文登 8/上 9
于泉清(字廉堂)
(清・長清人)
[民國]長清 13/8
27 于紹舜(字克承,號滑山)
(清・長清人)
[道光]濟南 56/54
[道光]長清 12/2
于紹德(元・武定州人)
[嘉靖]武定州下/66
于修之(清・茌平人)
[宣統]茌平 15/4
[民國]茌平 3/87
于紹福(東平人)
[民國]東平縣 11/上 23
28 于綸(明・新城人)
[康熙]濟南 48/13
[道光]濟南 72/41
[天啟]新城 8/壽耆
[崇禎]新城 8/壽耆
[康熙]新城 8/19
[民國]重修新城 15/10
于作霖(字肖形)
(清・昌邑人)

［宣統］山東 177/10
［康熙］昌邑 6/10
［乾隆］昌邑 5/131
于從政(字際明)
(明・膠州人)
［康熙］萊州 10/39
［乾隆］萊州 10/24
［康熙］膠州 5/35
［乾隆］膠州 4/40
［道光］重修膠州 25/15
［民國］增修膠志 40/14
于作勳(清・萊陽人)
［光緒］增修登州 68/16
［民國］萊陽 3/1 中 82
于作樸(清・泰安人)
泰安縣鄉土志/耆舊 26
于作勛(見于作勳)
于徵矩(字方亭)
(清・文登人)
［光緒］文登 10/上 18
30 **于安**(明・德平人)
［道光］濟南 52/51
［康熙］德平 3/33
［乾隆］德平 3/7
［嘉慶］德平 7/10
［光緒］德平 7/10
于寶(元・文登人)
［光緒］文登 8/上 9
于汴(元・萊陽人)
［民國］萊陽 3/1 中 5
于淳(字和濤)
(清・高唐人)
［乾隆］東昌 43/29
［嘉慶］東昌 32/46
［康熙五十一年］高唐州 8/33
［道光］高唐州 5/1－41
［光緒］高唐州 5/1－43
［民國］高唐縣 12/84
于濠(明・青城人)
［萬曆］青城 1/68
［乾隆］青城 8/3
［民國］青城續修 3/44，4/人物 17
于淮(字漢三)
(清・日照人)
［光緒］日照 8/24
于濟(元・萊陽人)
［光緒］增修登州 38/15
［民國］萊陽 3/1 中 5
于濟(明・萊陽人)
［民國］萊陽 3/1 中 8
于進(明・鉅野人)
［萬曆二十四年］兗州 37/6
［康熙］兗州 28/35
［康熙］鉅野 11/31
［道光］鉅野 13/42
于濂(字文河)
(清・新城人)
［道光］濟南 61/10
［康熙］新城 8/17
［民國］重修新城 16/9
于寧(明・昌邑人)
［康熙］昌邑 6/35
［乾隆］昌邑 6/167
于寧(明・萊陽人)
［嘉靖］山東 35/7
［康熙］山東 45/20
［宣統］山東 165/15
［泰昌］登州 11/40
［順治］登州 17/15
［光緒］增修登州 43/30
［康熙］萊陽 8/22
［民國］萊陽 3/1 中 70
于容(字禮亭)
(清・文登人)
［光緒］文登 10/上 12
于瀛(字東州)
(清・濰縣人)
［民國］濰縣志稿 31/20
于準(字子繩)
(清・山西汾州人)
［宣統］山東 76/48
［乾隆］東昌 34/27
［康熙］臨清州 1/54
［乾隆］臨清州 9/14
［乾隆］臨清直隸州 6/79
［民國］臨清縣/秩官 64
于宏度(號拙齋)
(清・壽張人)
［乾隆］兗州 23/87
［光緒］壽張 7/26
于良弼(元・文登人)
［光緒］文登 8/上 9
于守信(字慎修)
(清・清平人)
［民國］清平/人物 72
于進仁(清・陽穀人)
［康熙］陽穀 4/4
［光緒］陽穀 7/3
［民國］增修陽穀人物/孝義 5
于良佐(字仲卿)
(元・文登人)
［光緒］文登 8/上 9
于守緒(字基存，號惺堂)
(清・文登人)
［道光］文登 5/21
［光緒］文登 10/上 9
于守業(清・德州人)
［道光］濟南 56/84
于守禮(字仲義)
(明・萊陽人)
［嘉靖］山東 32/24
［康熙］山東 43/3
［泰昌］登州 11/15
［順治］登州 16/21
［光緒］增修登州 38/18
［康熙］萊陽 8/5
［民國］萊陽 3/1 中 7，3/3 上傳志上 3
于永清(字源潔，號太寰，一作泰寰)
(明・青城人)
［康熙］濟南 42/16
［乾隆］武定府 25/49
［咸豐］武定府 25/文苑 9
［萬曆］青城 1/59
［民國］青城續修 3/52，3/54，4/人物 18
于永湘(字洪渠)
(清・鉅野人)
［道光］鉅野 13/75
于宏道(見于弘道)
于進海(清・博山人)
［民國］續修博山 12/53
于濂芳(字蘭洲)
(濰縣人)

［民國］潍縣志稿 30/47
于進忠（清・遼陽左衛人）
［宣統］山東 75/60
［康熙］兖州續編 14/6
［乾隆］兖州 22/34
［康熙十二年］鄒縣志 3/17
［康熙五十五年］鄒縣志 2/48
［民國］續修鄒縣志稿/名宦
鄒縣鄉土志政績錄/6
于安邦（字濟衆）（清・冠縣人）
［民國］冠縣 8/人物志 36
于定國（字曼倩）（漢・東海郯人）
［嘉靖］山東 30/4
［康熙］山東 40/4
［雍正］山東 28/人物一 8
［宣統］山東 154/5
［萬曆元年］兖州 40/相業 10
［萬曆二十四年］兖州 31/6
［康熙］兖州 24/6
［萬曆］沂州志 6/26
［康熙］沂州志 5/8
［乾隆］沂州府 25/3
［康熙］郯城 7/2
［乾隆］郯城 9/1
于之昌（字紹文）（萊陽人）
［民國］萊陽 3/1 中 49
［民國］昌樂縣續志 25/5
于良嗣（元・文登人）
［光緒］文登 8/上 9
于之璧（清・掖縣人）
［乾隆］掖縣 4/54
于進卿（字應聘）（明・費縣人）
［萬曆二十四年］兖州 37/7
［康熙］兖州 28/36
［萬曆］沂州志 7/37
［乾隆］沂州府 26/9
［光緒］費縣 10/81
于之鳳（萊陽人）
［民國］萊陽 3/1 中 49
于宗舉（清・臨沂人）
［民國］臨沂 10/55
于寶善（字慶符）（恩縣人）
［民國］重修恩縣 11/鄉賢 76
于家銘（字西洲）（牟平人）
［民國］牟平 7/25
31 于福（明・壽光人）
［民國］壽光 12/人物志一 56
于河（明・萊陽人）
［光緒］增修登州 50/1
［康熙］萊陽 8/20
［民國］萊陽 3/1 中 56
于沔（字伯源）（宋・密州安邱人）
［咸豐］青州 41/29
［道光］安邱新志 11/21，21/1
安丘縣鄉土志 8/耆舊錄 5
于潛（元・益都人）
［嘉靖］青州 15/38
［萬曆］青州 15/11
［萬曆］益都 6/91
［康熙］益都 9/30
于潛（字孔昭）（明・河南鄢陵人）
［嘉靖］山東 27/9
［康熙］山東 35/10
［雍正］山東 27/60
［宣統］山東 73/11
［嘉靖］青州 13/39
［萬曆］青州 12/27
［康熙十五年］青州 15/11
［康熙四十八年］青州 15/文學 11
［康熙六十年］青州 12/28
［咸豐］青州 36/3
［康熙］昌樂 1/33
［嘉慶］昌樂 19/4
于禎（明・四川内江人）
［萬曆］青州 12 又/又 11
［康熙十五年］青州 12/又 11
［康熙四十八年］青州 12/又 11
［康熙六十年］青州 12/33
［咸豐］青州 36/4
［萬曆］諸城 4/21
［康熙］諸城 4/12
［乾隆］諸城 28/2
于祉（字燕受，號澹園）（清・潍人）
［宣統］山東 177/18
［民國］潍縣志稿 29/12
潍縣鄉土志/48
于灝然（字穎水）（清・新城人）
［康熙］新城 7/39
［民國］重修新城 16/6
新城縣鄉土志/耆舊 - 清
于源汶（萊陽人）
［民國］萊陽 3/1 中 55
于河圖（字龍文）（清・壽光人）
［嘉慶］壽光 14/15
32 于灃（字同水，號登石）（清・寧海人）
［民國］牟平 7/39
于适（字肇詵）（清・潍縣人）
［民國］潍縣志稿 30/20
于淵（元・萊陽人）
［民國］萊陽 3/1 中 5
于淵（明・昌樂人）
［嘉慶］昌樂 28/1
于淵（明・萊陽人）
［民國］萊陽 3/1 中 8
于淵（字鏡泉）（清・莘縣人）
［光緒］莘縣 6/43
［民國］莘縣 6/36
于兆端（清・即墨人）
［同治］即墨 9/52
于澄增（明・恩縣人）
［乾隆］東昌 42/29
［嘉慶］東昌 32/25
于兆隆（字先登）（清・平度人）
［道光］重修平度州 19/35
33 于浣（字江永，號紫崖）（清・寧海人）
［民國］牟平 7/38

于溥(明・萊陽人)
[民國]萊陽 3/1 中 11
于濾(字秋一,號阜臺)
(清・寧海人)
[光緒]增修登州 39/39
[同治]重修寧海州 17/20
[民國]牟平 7/13
于溥澤(字皆霖,一字芥林)
(清・平度人)
[民國]平度縣續志 8/15
平度鄉土志 4 下/學問
34 于汝(明・萊陽人)
[民國]萊陽 3/1 中 8
于祐(明・新城人)
[天啟]新城 8/隱逸
[崇禎]新城 8/隱逸
[康熙]新城 8/12
[民國]重修新城 15/9
于湛(字瑩中)
(明・南直金壇人)
[宣統]山東 70/3
[康熙]濟寧州 4/5
[道光]濟寧直隸州 6/6－47
于湛(清・即墨人)
[乾隆]嶧縣 7/38
于汝謙(清・新城人)
[宣統]新城縣後志 3/孝友
[民國]重修新城 18/15
于凌霄(明・陝西羽林衛人)
[康熙十二年]陽穀 2/20
[康熙]陽穀 2/14
[光緒]陽穀 4/4
于凌雲(字從龍)
(清・商河人)
[民國]重修商河 8/25
于汝理(字俶存,號梯圃)
(清・新城人)
[宣統]新城縣後志 3/文苑
[民國]重修新城 18/20
于汝德(清・桓臺人)
[民國]桓臺 3/31
于汝寅(字東暘)
(清・新城人)
[宣統]新城縣後志 3/文苑
于淩奎(字星伯)
(清・濰縣人)
[民國]濰縣志稿 32/25
于汝楚(字方城,號霽嵐)
(清・新城人)
[宣統]新城縣後志 3/文苑
[民國]重修新城 18/20
于淩辰(字蓮舫)
(清・濰縣人)
[民國]濰縣志稿 32/26
于汝周(字岱青,號柳村)
(清・新城人)
[宣統]新城縣後志 3/文苑
[民國]重修新城 18/20
35 于迪(金・福山人)
[民國]福山縣志稿 2/2－3
于迪(明・博平人)
[正德]博平 4/63
于禮(字景福)
(清・城武人)
[道光]城武 9/下 37
于漣(字清漪)
(清・文登人)
[光緒]增修登州 39/42
[雍正]文登 7/4
[光緒]文登 9/上 1－8
于沛霖(字陸阿)
(清・昌邑人)
[乾隆]萊州 10/33
[康熙]昌邑 6/10
[乾隆]昌邑 5/134
于清順(清・平度人)
[民國]平度縣續志 8/7
于清宜(清・文登人)
[宣統]山東 176/43
于清漢(清・商河人)
[民國]重修商河 8/45
于清朗(字鏡江)
(清・莘縣人)
[光緒]莘縣 7/42
[民國]莘縣 7/31
莘縣鄉土志/孝友 24
于清潞(字碧山)
(寧津人)
寧津縣志料 3/人物－義烈
于清泮(字芹泉,亦字琴泉)
(牟平人)
[民國]霑化卷首/11
[民國]牟平 7/24
于清機(清・臨淄人)
[民國]臨淄 28/9
于連春(字向九)
(清・長清人)
[民國]長清 11/32
36 于溹(明・萊陽人)
[民國]萊陽 3/1 中 8
于涓(唐)
[光緒]益都縣圖志 16/10
于湜(字深湄)
(清・長山人)
[嘉慶]長山 9/14
于澤(元・萊陽人)
[民國]萊陽 3/1 中 5
于澤(明・萊陽人)
[光緒]增修登州 41/42
[康熙]黃縣 6/22
[康熙]萊陽 8/22
[民國]萊陽 3/1 中 12,3/1 中 79
于湘浦(字仙源)
(清・莒縣人)
[民國]重修莒志 65/29
于澤長(字昌穀)
(清・濰縣人)
[乾隆]濰縣 4/14
[民國]濰縣志稿 28/6
濰縣鄉土志/20
37 于鴻(宋・寧海人)
[嘉靖]寧海州下/43
[同治]重修寧海州 17/3
于鴻(號仲介)
(清・濰縣人)
[民國]濰縣志稿 42/21
于瀾(明・萊陽人)
[民國]萊陽 3/1 中 11
于潤(明・萊陽人)
[民國]萊陽 3/1 中 10
于深(元・萊陽人)
[光緒]增修登州 38/14
[康熙]萊陽 8/3
[民國]萊陽 3/1 中 5
于淑(字魯源)
(清・高唐人)

[乾隆]東昌 43/35
[嘉慶]東昌 32/52
[乾隆]高唐州續志 2/13
[道光]高唐州 5/2－15
[光緒]高唐州 5/2－18
[民國]高唐縣 12/39
于通(明・臨淄人)
[康熙]山東 45/24
[雍正]山東 28/人物三 78
[宣統]山東 165/23
[咸豐]青州 46/8
[民國]臨淄 25/34
臨淄縣鄉土志/耆舊錄
于通(字理達)
(明・文登人)
[光緒]增修登州 41/61
[雍正]文登 8/6
[道光]文登 5/9
[光緒]文登 8/中 15
于洵(清・膠州人)
[道光]重修膠州 29/12
[民國]增修膠志 44/10
膠州直隸州鄉土志 4/孝友
于沼(字靜瀾)
(清・益都人)
[康熙]山東 45/19
[咸豐]青州 46/40
[康熙]益都 9/9
[光緒]益都縣圖志 41/8
于資(明・萊陽人)
[民國]萊陽 3/1 中 11
于逸辯(字石舟)
(清・文登人)
[光緒]文登 10/上 9
于冠儒(字泮瞻)
(清・臨淄人)
[民國]臨淄 27/61
于鴻勳(明・東阿人)
[道光]東阿 14/人物下 28
于淑繹(字魯山)
(清・臨淄人)
[民國]臨淄 27/61
于逢吉(字六謙)
(清・諸城人)
[道光]諸城縣續志 16/2
于次坡(清・高唐人)
[道光]高唐州 5/2－3
[光緒]高唐州 5/2－3
[民國]高唐縣 12/34
于淑執(字晏清)
(清・文登人)
[光緒]文登 10/上 17
于潤光(字芳亭)
(清・臨淄人)
[民國]臨淄 30/37
38 **于海**(元・陽穀人)
[民國]增修陽穀人物/仕宦 2
于海(明・青城人)
[乾隆]武定府 25/71
[乾隆]青城 8/2
[民國]青城續修 4/人物 17
于海(明・莘縣人)
[正德]莘縣 6/37
于祥(清・日照人)
[光緒]日照 12/2
于洋(元・濰州人)
[民國]濰縣志稿 41/8
于綸(明・青城人)
[萬曆]青城 1/62
于遵龍(清・惠民人)
[宣統]山東 171/47
[咸豐]武定府 23/忠節 23
于啟緒(字曉初)
(清・日照人)
[光緒]日照 8/36
于啓源(清・臨淄人)
[民國]臨淄 28/11
于滄洲(一名志濬,字柳門)
(清・平度人)
[民國]平度縣續志 8/18
于滄瀾(字海帆)
(清・平度人)
[民國]平度縣續志 7/11, 12/上 7
于道潑(字弱梁)
(清・平度人)
平度鄉土志 4 下/學問
于道南(字宗游)
(清・汶上人)
[宣統]四續汶上稿/人物－文學傳
于肇春(字化南)
(清・文登人)
[光緒]文登 10/上 20
于海邦(字來同)
(恩縣人)
[民國]重修恩縣 11/鄉賢 66
于肇甲(字五光)
(清・寧海人)
[民國]牟平 7/37
于啟金(清・臨清人)
[乾隆]臨清直隸州 8/下 7
[民國]臨清縣/人物 61
于啟智(號醒含)
(清・商河人)
[道光]商河 7/46
[民國]重修商河 8/73
39 **于瀅**(字茂川)
(清・濰縣人)
[民國]濰縣志稿 30/34
濰縣鄉土志/49
40 **于吉**(漢・北海人,一作瑯邪人)
[嘉靖]山東 34/11
[康熙]山東 47/3
[雍正]山東 30/4
[宣統]山東 200/20
[康熙十五年]青州 17/8
[康熙四十八年]青州 17/仙釋 3
[康熙六十年]青州 20/9
[萬曆元年]兗州 46/5
[萬曆二十四年]兗州 52/21
[萬曆]沂州志 7/73
[康熙]沂州志 6/50
[乾隆]沂州府 27/12
[萬曆]諸城 9/1
[康熙]諸城 9/2
[民國]濰縣志稿 42/2
于鑾(明・新城人)
[道光]濟南 51/31
[天啟]新城 7/歲貢
[民國]重修新城 14/11
于燾(字彭年)
(宋・壽光人)
[至元]齊乘 6/27
[嘉靖]山東 32/14

[康熙]山東 42/14
[嘉靖]青州 14/16
[萬曆]青州 13/36
[康熙十五年]青州 13/36
[康熙四十八年]青州 13/事功 19
[康熙六十年]青州 16/9
[咸豐]青州 41/28
[康熙]壽光 21/6
[嘉慶]壽光 12/8
[民國]壽光 12/人物志一 13
壽光縣鄉土志/耆舊
于友(清・棲霞人)
[光緒]增修登州 43/21
[光緒]棲霞縣續志 7/孝子 1
于真(明・青城人)
[乾隆]武定府 25/71
[咸豐]武定府 25/武功 7
[乾隆]青城 8/2
[民國]青城續修 4/人物 17
于鼐(字大器)
(明・冠縣人)
[嘉靖]冠縣 4/3
[萬曆]冠縣 4/8
于克襄(字蓮亭)
(清・文登人)
[光緒]增修登州 39/44
[光緒]文登 9/下 2-5
于志端(清・新城人)
[宣統]新城縣後志 3/耆壽
[民國]重修新城 17/8
于奮翮(明・茌平人)
[康熙四十九年]茌平 2/51
[宣統]茌平 14/7
[民國]茌平 3/74
于奮翼(明・文登人)
[光緒]增修登州 43/39
[雍正]文登 8/8
[道光]文登 5/8
[光緒]文登 8/下 7
于九重(清・青城人)
[乾隆]武定府 25/26
[咸豐]武定府 25/孝友 26
[乾隆]青城 8/12
[民國]青城續修 4/人物 23
于大經(清・牟平人)
[民國]牟平 7/116
于大貞(清・汶上人)
[宣統]四續汶上稿/人物-施濟傳
于九峯(字秀山)
(臨清人)
[民國]臨清縣/人物 47
于大勳(清・齊河人)
[民國]齊河 23/71
于九皋(明・臨淄人)
[康熙十五年]青州 13/87
[康熙四十八年]青州 13/事功 71
[康熙六十年]青州 16/36
[咸豐]青州 45/35
[康熙]臨淄 9/13
[民國]臨淄 23/11
于有富(滕縣人)
[民國]續滕縣志 4/36
于在瀛(明・新城人)
[道光]濟南 51/29
[宣統]新城縣後志 2/忠義
[民國]重修新城 15/4
于志寧(隋・京兆人)
[萬曆]冠縣 2/1
于志瀛(字仙洲)
(清・平度人)
[光緒]平度志要/人物
于志瀛(清・湯陰拔貢)
[光緒]寧津 6/30
寧津縣志料 3/人物-名宦
于培業(清・博平人)
[光緒]博平縣續志 10/63
于在泗(清・禹城人)
[道光]濟南 56/41
于在渭(字夢西)
(牟平人)
[民國]牟平 7/104
于志湘(字楚江,號竹亭)
(清・平度人)
[光緒]平度志要/人物
[民國]平度縣續志 7/28
平度鄉土志 4 上/鄉賢
于志深(明・文登人)
[嘉靖]寧海州下/44
于大有(字豐年)
(清・城武人)
[道光]城武 9/下 37
于克恭(字欽吾)
(明・濰縣人)
[民國]濰縣志稿 30/19
于培基(字厚菴)
(清・莘縣人)
[民國]莘縣 7/24
于士英(清・齊河人)
[民國]齊河 23/69,27/19
于大本(字德中)
(元・密州人)
[嘉靖]山東 32/19
[康熙]山東 42/19
[雍正]山東 28/人物二 69
[宣統]山東 164/25
[嘉靖]青州 15/8
[萬曆]青州 14/7
[康熙十五年]青州 14/7
[康熙四十八年]青州 14/忠義 7
[康熙六十年]青州 17/4
[咸豐]青州 42/11
[萬曆]諸城 7/13
[康熙]諸城 7/11
[乾隆]諸城 38/5
諸城縣鄉土志/上 20
于有本(元・萊陽人)
[光緒]增修登州 38/15
[民國]萊陽 3/1 中 5
于克明(字世彰)
(元・鄒平人)
[嘉靖]山東 26/27
[康熙]山東 34/8
[雍正]山東 28/人物二 66
[宣統]山東 161/23
[康熙]濟南 41/9
[道光]濟南 48/51
[萬曆]東昌 18/29
[乾隆]曹州府 12/13
[嘉靖]濮州 7/14,10/16
[萬曆]濮州 3/名宦 16,6/23
[康熙]觀城 3/20
[道光]觀城 6/1,6/4
觀城縣鄉土志/政績

［康熙］鄒平 6/21
［嘉慶］鄒平 15/30
［道光］鄒平 15/21
［民國］鄒平 15/21
于克明（字峻德）
（清・高唐人）
［光緒］高唐州 5/2－37
［民國］高唐縣 12/43
于來鳳（字瑞亭）
（清・昌樂人）
［民國］昌樂縣續志 28/14
于在賢（字希聖）
（牟平人）
［民國］霑化卷首/12
于有年（號潛川）
（明・臨清人）
［乾隆］東昌 39/7
［康熙］臨清州 3/人物 8
［乾隆］臨清州 9/28
［乾隆］臨清直隸州 8/上 14
［民國］臨清縣/人物 7
于大猷（字允升）
（清・新城人）
［宣統］新城縣後志 2/宦績
于大節（明・直隸任丘人）
［嘉靖］山東 25/13
［康熙］山東 31/16
［雍正］山東 27/14
［宣統］山東 70/24
［康熙］濟南 24/23
［道光］濟南 35/33
［崇禎］歷乘 16/32
［崇禎］歷城 6/13
于有光（字孟華）
（清・順天武進士）
［光緒］增修登州 37/30
［乾隆］威海衛志 6/11
［光緒］文登 7/下 13
［民國］文登 7/下 13
41 **于橿**（字暘谷）
（清・福山人）
［民國］福山縣志稿 7/5－3
于楷（清・即墨人）
［同治］即墨 9/53
即墨縣鄉土志/耆舊－事業四
于楷（字貢植）
（清・莒縣人）
［嘉慶］莒州 10/6
［民國］重修莒志 65/13
于楨（見于禎）
42 **于樸**（清・萊陽人）
［民國］萊陽 3/1 中 72
于樸（字沈章）
（清・寧陽人）
［咸豐］寧陽 15/32
［光緒］寧陽 15/52
于斯漣（字成文）
（清・新城人）
［宣統］新城縣後志 2/善行
于斯驊（字伯顧，號野郚）
（清・新城人）
［宣統］新城縣後志 2/宦績
于斯隆（清・陽穀人）
［康熙］陽穀 4/4
［光緒］陽穀 7/2
43 **于博文**（明・萊陽人）
［民國］萊陽 3/1 中 7
于式穀（清・海陽人）
［光緒］增修登州 43/46
［乾隆］海陽 6/23
于式敷（字德一）
（清・文登人）
［光緒］增修登州 43/41
［光緒］文登 9/上 1－11
于始瞻（字君惠，號左村）
（清・昌邑人）
［光緒］昌邑縣續志 6/27
44 **于芳**（清・直隸天津舉人）
［光緒］嶧縣 19/職官下 24
于芳（字蘭亭）
（清・濰縣人）
［民國］濰縣志稿 29/21
于蘁（字林風）
（清・莒縣人）
［嘉慶］莒州 10/6
［民國］重修莒志 65/13
于恭（明・濰縣人）
［民國］濰縣志稿 27/29
于蕙（字叢馨）
（清・寧海人）
［民國］牟平 7/37
于禁（字文則）
（三國・泰山鉅平人）
［嘉靖］山東 33/19
［萬曆二十四年］兖州 32/8
［康熙十一年］寧陽 7/4
［康熙四十一年］寧陽 7/4
［咸豐］寧陽 12/17
［光緒］寧陽 12/18
于蘭（清・商河人）
［道光］商河 7/31
［民國］重修商河 8/52
于蓮（原名蓮科，字華峯，一字伯實）
（清・平度人）
［民國］平度縣續志 8/13
于茂（字時俊）
（明・牟平人）
［光緒］增修登州 39/38
［嘉靖］寧海州下/30
［康熙］寧海州 8/3
［同治］重修寧海州 17/9
［民國］牟平 7/10
于懋（字文勉）
（明・萊陽人）
［康熙］山東 43/3
［雍正］山東 28/人物三 12
［宣統］山東 160/17
［泰昌］登州 11/23
［順治］登州 16/28
［光緒］增修登州 39/26
［民國］萊陽 3/1 中 9，3/3 上傳志下 1
于芒（清・福山人）
［民國］福山縣志稿 7/2－20
于英（字禁頗）
（清・昌邑人）
［康熙］昌邑 6/36
［乾隆］昌邑 6/182
于喆（濟寧人）
［民國］濟寧縣 3/6
于懋（字文勉）
（明・萊陽人）
［康熙］萊陽 8/5
于華平（字惠遠）
（清・寧陽人）
［咸豐］寧陽 15/18

[光緒]寧陽 15/25
于其玟(字璞如)
(清・文登人)
[光緒]增修登州 43/37
[光緒]文登 9/上 2-19
于若霖(清・濰縣人)
[民國]濰縣志稿 32/26
于蔭霖(字次棠,又字樾亭)
(清・濰縣人)
[民國]濰縣志稿 32/26
于共珣(字華白,又字蓉湳)
(清・文登人)
[道光]文登 5/10
于其玿(字瑤圃)
(清・文登人)
[光緒]文登 9/上 2-16
于其珣(字華白)
(清・文登人)
[光緒]增修登州 43/37
[光緒]文登 9/上 2-17
于世能(元・文登人)
[光緒]文登 8/上 9
于萬俊(字邁千)
(清・東阿人)
[民國]續修東阿 11/2
于英魁(字子元)
(清・平原人)
[民國]續修平原 6/19
于執射(明・臨淄人)
[康熙十五年]青州 14/26
[康熙四十八年]青州 14/孝友 16
[康熙六十年]青州 17/16
[咸豐]青州 45/35
[康熙]臨淄 9/23
[民國]臨淄 25/34
臨淄縣鄉土志/耆舊錄
于世傑(清)
[嘉慶]慶雲 7/37
于桂齡(清・棲霞人)
[光緒]棲霞縣續志 7/孝子 1,10/13
于夢齡(字壽堂)
(清・莘縣人)
[光緒]莘縣 7/45
[民國]莘縣 7/33
于若瀛(字文若,一字子步,號念東)
(明・濟寧人)
[康熙]山東 40/62
[雍正]山東 28/人物三 52
[宣統]山東 160/33
[乾隆]兗州 23/48
[康熙]濟寧州 6/34
[乾隆]濟寧直隸州 24/23
[道光]濟寧直隸州 8/2-34
濟寧州鄉土志 2/耆舊
[道光]鉅野 12/24,8/上 12
于世安(元・陽穀人)
[民國]增修陽穀人物/仕宦 2
于協寅(清・商河人)
[民國]重修商河 8/32
商河縣鄉土志 3/耆舊-學問
于夢斗(字機石)
(清・新城人)
[康熙]新城 8/9
[民國]重修新城 16/8
新城縣鄉土志/耆舊-清
于世浩(字巨源)
(清・商河人)
[民國]重修商河 13/藝文志四墓表 9
商河縣鄉土志 2/耆舊-事業
于世澤(字沛恩)
(寧津人)
寧津縣志料 3/人物-義行
于芳梓(字琴臺)
(清・清平人)
[民國]清平/人物 65
于茂林(明・蘭州人)
[民國]陽信 2/41
于夢菊(字淑陶)
(清・臨淄人)
[民國]臨淄 27/56
于世堧(字明遠)
(清・商河人)
[道光]商河 7/54
[民國]重修商河 9/19
于茂相(清・臨淄人)
[民國]臨淄 28/9
于樹聲(清・萊陽人)
[民國]萊陽 3/1 中 64
于世幹(元・陽穀人)
[康熙十二年]陽穀 3/27
[康熙]陽穀 3/24
[光緒]陽穀 6/24
[民國]增修陽穀人物/仕宦 2
于萬貴(字平安)
(清・清平人)
[民國]清平/人物 72
于執中(清・昌邑人)
[乾隆]昌邑 5/150
于藍田(清・陵縣人)
[光緒]陵縣 19/人物傳二 29
于若愚(字晦菴)
(清・榮成人)
[道光]榮成 8/6
于孝思(清・壽張人)
[光緒]壽張 7/26
壽張縣鄉土志/耆舊-附忠孝祠
于勤學(號徽泉)
(清・新城人)
[道光]濟南 55/45
[康熙]新城 7/50
[民國]重修新城 16/2
新城縣鄉土志/耆舊-清
于葵午(字心齋)
(清・樂安人)
[民國]樂安 10/27
[民國]續修廣饒 19/48
于世銓(字簡衡)
(清・肅寧人)
[康熙]兗州府曹縣 9/38
[光緒]曹縣 9/縣丞 4
于茂光(字德含)
(清・長清人)
[道光]濟南 56/54
[道光]長清 10/16,13/4
45 **于椿齡**(字壽卿)
(清・莒縣人)
[民國]重修莒志 65/24
46 **于觀貞**(字盥溪,號耕堂)
(清・文登人)

［光緒］增修登州 43/41
［道光］文登 5/14
［光緒］文登 9/下 1－12
于如川（字仙舟）
（清・濟寧人）
［民國］濟寧直隸州續志 12/50
于如栩（字鼎需）
（明・莘縣人）
［光緒］莘縣 8/中 66
［民國］莘縣 9/30
于恕堂（字道基）
（清・臨淄人）
［民國］臨淄 27/63
47 **于狗**（清・諸城人）
［乾隆］諸城 40/5
于桐（字安巢,號敬亭）
（清・德州人）
［民國］德縣 10/56
于好謀（清・濰縣人）
［民國］濰縣志稿 31/12
于超然（字坡堂）
（清・商河人）
［民國］重修商河 8/48
于均福（清・寧陽人）
［咸豐］寧陽 15/23
［光緒］寧陽 15/39
于朝英（明・萊陽人）
［民國］萊陽 3/1 中 16
于朝幹（清・濮州人）
［宣統］濮州 6/20
于好昇（字旭東）
（長清人）
［民國］長清 12/26
于鶴年（字介眉）
（清・商河人）
［道光］商河 7/18
［民國］重修商河 8/15
商河縣鄉土志 2/耆舊－事業
48 **于翰**（明・北直井陘人）
［宣統］山東 71/49
［康熙］濟南 25/59
［乾隆］武定府 16/49
［咸豐］武定府 19/蒲臺 3
［萬曆］蒲臺志 8/8
［康熙］重修蒲臺 5/9
［乾隆］蒲臺 2/58
蒲臺縣鄉土志/7
［萬曆］冠縣 2/8
［道光］冠縣 6/29
［光緒］冠縣 6/宦績
［民國］冠縣 6/39
于翰（明・章邱人）
［道光］章邱 11/57
于敬（明・諸城人）
［萬曆］諸城 6/21
于乾（明・寧海人）
［泰昌］登州 11/41
［順治］登州 17/18
［康熙］寧海州 9/6
［同治］重修寧海州 21/5
［民國］牟平 7/86
于松齡（字梅村）
（莒縣人）
［民國］重修莒志 65/24
于翰清（字西林）
（清・茌平人）
［宣統］茌平 16/8
［民國］茌平 3/41
于敬祖（字孝先）
（金・寧海人）
［光緒］文登 8/上 4
于增超（字卓亭）
（牟平人）
［民國］牟平 7/105
于敬勝（字式桓）
（清・壽光人）
［嘉慶］壽光 13/30
［民國］壽光 12/人物志一 85
50 **于泰**（清・膠州人）
［民國］增修膠志 44/20
于忠（金・寧海人）
［光緒］文登 8/上 4
于東齊（明・文登人）
［順治］登州 17/23
［雍正］文登 8/8
［道光］文登 5/10
［光緒］文登 8/下 7
于東序（字藝園）
（清・高唐人）
［民國］高唐縣 12/93
于畫一（清・萊陽人）
［民國］萊陽 3/1 中 93
于青雲（清・萊陽人）
［民國］萊陽 3/1 中 75
于中行（字魯瞻,號東皐）
（清・掖縣人）
［乾隆］掖縣 3/49
［嘉慶］續掖縣 3/6
于東川（清・文登人）
［光緒］文登 10/上 21
于奉沼（清・新城人）
［康熙］新城 8/6
［民國］重修新城 16/7
于春海（清・濰縣人）
［民國］濰縣志稿 31/33
于春華（字實庵）
（清・寧津人）
［光緒］寧津 8/29
寧津縣志料 3/人物－孝行
于青林（字松圃）
（清・濰縣人）
［民國］濰縣志稿 29/32
于東成（清・蒙陰人）
［宣統］蒙陰 4/名獻
51 **于振麟**（字紱卿）
（清・膠州人）
［民國］膠澳志 10/13
于振翼（字搏萬）
（清・新城人）
［道光］濟南 55/44
［康熙］新城 7/50
［民國］重修新城 16/2
新城縣鄉土志/耆舊－清
于蚖虛（明・汶上道士）
［乾隆四十七年］泰安縣卷之末/13
［道光］泰安縣卷之末/13
［民國］重修泰安縣 10/71
于振綬（字豐田）
（清・新城人）
［宣統］新城縣後志 3/孝友
［民國］重修新城 18/18
于振太（字鷺汀）
（廣饒人）
［民國］續修廣饒 19/86
于振聲（明・臨淄人）

［康熙］臨淄 9/24
［民國］臨淄 25/34
于振邦（字耀廷）
（清・高唐人）
［光緒］高唐州 5/2－37
［民國］高唐縣 12/46
于振甲（字寶文）
（清・昌樂人）
［咸豐］青州 49/46
［嘉慶］昌樂 24/13
于振舉（字鵬飛）
（清・濰縣人）
［民國］濰縣志稿 29/31
于振鐸（字金甫）
（濰縣人）
［民國］濰縣志稿 29/36
53 **于成龍**（清・漢軍鑲黃旗人）
［宣統］山東 74/4
［道光］濟寧直隸州 6/7－56
于成功（清・清平人）
［民國］清平/人物 82
55 **于耕**（字書田）
（清・文登人）
［光緒］文登 10/上 9
于慧（明・萊陽人）
［民國］萊陽 3/1 中 13
57 **于拯**（字允濟）
（清・掖縣人）
［民國］四續掖縣 4/64
［民國］四續掖縣 6/12
58 **于鏊**（字器之）
（明・南直儀徵人）
［道光］濟南 35/19
60 **于杲**（字若華）
（清・陵縣人）
［光緒］陵縣 19/人物傳二 21
陵縣鄉土志/21
于昊（字見心）
（清・海陽人）
［光緒］增修登州 43/48
［光緒］海陽縣續志 5/18
于昇（明・萊陽人）
［民國］萊陽 3/1 中 9
于田（明・萊陽人）
［民國］萊陽 3/1 中 15
于早（字開先）
（清・掖縣人）
［乾隆］掖縣 4/75
于思翀（字魯園）
（明・長山人）
［道光］濟南 50/55
［康熙四十三年］長山 5/卓行
［康熙五十五年］長山 6/40
［嘉慶］長山 10/13
于景信（清・莒縣人）
［嘉慶］莒州 10/2
［民國］重修莒志 62/4
于景師（清・武城人）
［民國］增訂武城續編 10/7
于思睿（明・青城人）
［康熙］濟南 40/10
［乾隆］武定府 24/6
［咸豐］武定府 24/清介 6
［萬曆］青城 1/57
［乾隆］青城 8/3
［民國］青城續修 3/44，4/人物 17
于昌緒（字慶源）
（清・文登人）
［光緒］文登 9/下 2－6
于國仕（字秀甫）
（清・濰縣人）
［民國］濰縣志稿 30/27
于景汶（清・牟平人）
［民國］牟平 7/107
于四賓（明・青城人）
［萬曆］青城 1/78
于愚溪（清・茌平人）
［宣統］茌平 16/4
于景清（清・長清人）
［民國］長清 11/5
于景洙（字道源）
（清・樂安人）
［民國］續修廣饒 19/77
于昌運（字菊農）
（清・文登人）
［光緒］文登 9/下 2－20
于昌遂（字漢卿）
（清・文登人）
［光緒］文登 9/下 2－20
于國祥（明・萊陽人）
［民國］萊陽 3/1 中 17
于思友（字德其）
（清・陽信人）
［民國］陽信 5/孝友 61
陽信縣鄉土志上/耆舊－事業
于墨林（清・禹城人）
［道光］濟南 56/37
于曰都（字君贊）
（清・茌平人）
［乾隆］東昌 43/13
［嘉慶］東昌 32/39
［宣統］茌平 14/4
［民國］茌平 3/73
于國輔（字天章）
（清・壽光人）
［乾隆］續壽光 25/9
［嘉慶］壽光 14/13
［民國］壽光 12/人物志二 10
于旦陽（字金門）
（清・新城人）
［康熙］新城 8/19
［民國］重修新城 16/9
于國賢（字相寀）
（清・濰縣人）
［民國］濰縣志稿 31/19
于思賢（明・冠縣人）
［乾隆］東昌 42/18
［嘉慶］東昌 32/18
［嘉靖］冠縣 4/13
［萬曆］冠縣 4/40
［道光］冠縣 8/上 22
［光緒］冠縣 8/孝義
［民國］冠縣 8/人物志 27
于四周（字次坡）
（清・高唐人）
［宣統］山東 174/18
［康熙十二年］高唐州 3/7
［康熙五十一年］高唐州 3/6
［道光］高唐州 5/2－3
［光緒］高唐州 5/2－3
高唐州鄉土志/21
［民國］高唐縣 12/34
于國棠（清・鄒平人）
［民國］鄒平 15/146

于景輝(清・泰安人)
[道光]泰安縣 9/上 87
[民國]重修泰安縣 8/41
61 **于評**(明)
[萬曆]青州 12 又/又 22
[康熙十五年]青州 12 又/又 22
[康熙四十八年]青州 12 又/又 22
于旺(字顯宗,一作宗顯)(明・武定人)
[康熙]濟南 41/19
[萬曆]武定州 13/13
[崇禎]武定州 22/2
[乾隆]武定府 24/19
[咸豐]武定府 24/循良 9
[乾隆]惠民 5/31
[光緒]惠民 19/8
惠民縣鄉土志/耆舊錄 27
于顯周(清・平度人)
[道光]重修平度州 19/33
62 **于則先**(清・寧陽人)
[光緒]寧陽 13/78
64 **于時**(字世和)(明・東阿人)
[雍正]山東 28/人物三 21
[宣統]山東 165/16
[乾隆]泰安府 18/37
[萬曆二十四年]兗州 37/7
[康熙]兗州 28/36
[康熙五十四年]東阿 7/24
[道光]東阿 14/人物下 24, 21/26
[光緒]東阿縣鄉土志 4/6
于時強(字行卓)(清・鉅野人)
[道光]鉅野 13/75
于時掄(清・萊陽人)
[民國]萊陽 3/1 中 64
66 **于賜瑗**(清・福山人)
[乾隆]福山 8/42
67 **于野亨**(字同人)(明・滁州人)
[康熙九年]城武 2/32
[康熙四十一年]城武 3/下治績 2
[道光]城武 6/32
于明仁(清・昌樂人)
[嘉慶]昌樂 22/9
于躍淵(字從龍,號東野)(明・禹城人)
[康熙]濟南 45/4
[道光]濟南 52/4
[康熙]禹城 5/15
[嘉慶]禹城 9/21
[民國]禹城 6/17
禹城縣鄉土志/13
于嗣賢(字佑叔)(臨淄人)
[民國]臨淄 27/66
于鳴鐸(字振木)(清・平原人)
[民國]續修平原 10/上 7
70 **于璧**(見于璧)
70 **于璧**(明・新城人)
[宣統]山東 161/37
[康熙]濟南 39/3
[道光]濟南 51/30
[天啟]新城 13/傳
[崇禎]新城 13/傳
[康熙]新城 7/6
[民國]重修新城 14/3
新城縣鄉土志/耆舊－明
71 **于長發**(東阿人)
[民國]東阿 15/11
于長齡(清・海陽人)
[光緒]增修登州 43/47
[光緒]海陽縣續志 5/16, 8/33
于長齡(字壽山)(清・莒縣人)
[民國]重修莒志 67/10
于長達(字康衢)(清・臨清人)
[民國]臨清縣/人物 19
于驥逸(字天房)(明・濟寧人)
[康熙]濟寧州 7/26
[乾隆]濟寧直隸州 26/18
[道光]濟寧直隸州 8/4－38
于長吉(號修竹)(清・臨清人)
[民國]臨清縣/人物 28
于長榮(恩縣人)
[民國]重修恩縣 11/鄉賢 75
72 **于質**(字信叔)(元・文登人)
[光緒]文登 8/上 9
77 **于賢**(明・鉅野人)
[民國]續修鉅野 7/下 24
于賢(明・青城人)
[乾隆]青城 8/9
[民國]青城續修 4/人物 21
于周(字退翁)(明・濰縣人)
[民國]濰縣志稿 27/29
于學謐(字靖之,一字小晉)(清・莒縣人)
[民國]重修莒志 67/6
于風調(清・德平人)
[民國]德平縣續志 6/7
于殿元(清・膠州人)
[民國]增修膠志 44/17
于殿元(字掄三)(清・臨淄人)
[民國]臨淄 35/73
于貫一(字經魁)(清・博山人)
[民國]續修博山 12/11
于際飛(清・臨淄人)
[民國]臨淄 27/51
于又發(見于又法)
于鵬翀(字聖庵)(清・文登人)
[光緒]增修登州 39/42
[雍正]文登 7/3
[光緒]文登 9/上 1－8
于鵬翬(字負青)(清・文登人)
[光緒]文登 9/上 1－8
于殿俊(清・萊陽人)
[民國]萊陽 3/1 中 73
于鳳魁(字翔千)(清・寧陽人)
[咸豐]寧陽 13/47
[光緒]寧陽 13/58
于同升(清・萊陽人)
[民國]萊陽 3/1 中 67

于又浤(字澄園)
(清・臨淄人)
[民國]臨淄 27/53
于鳳池(清・文登人)
[光緒]文登 10/上 23
于又法(字曉村)
(清・臨淄人)
[宣統]山東 175/44
[咸豐]青州 49/31
[民國]臨淄 27/52
于際清(清・棲霞人)
[光緒]增修登州 43/19
[乾隆]棲霞 6/1
于月清(清・鄆城人)
[光緒]鄆城 16/29
于殿選(清・高密人)
[民國]高密 14/上 51
于鳳來(清・慶雲人)
[民國三年]慶雲 2/78
于學古(清・膠州人)
[民國]增修膠志 43/8
膠州直隸州鄉土志 4/忠烈
于覺世(字子先,號赤山)
(清・新城人)
[雍正]山東 28/人物四 28
[宣統]山東 169/21
[道光]濟南 55/44
[康熙]新城 7/39
[民國]重修新城 16/7
新城縣鄉土志/耆舊－清
于履坤(字厚菴,號鑄翁)
(清・新城人)
[道光]濟南 55/69
[宣統]新城縣後志 2/善行
[民國]重修新城 16/11
新城縣鄉土志/耆舊－清
于鵬翰(字六息)
(清・文登人)
[宣統]山東 176/17
[光緒]增修登州 39/42
[雍正]文登 8/3
[道光]文登 5/3
[光緒]文登 9/上 1－8
于民表(字儀齋)
(清・昌邑人)
[光緒]昌邑縣續志 6/21
于貫甲(字善科)
(清・陵縣人)
[光緒]陵縣 19/人物傳二 24
于賢景(明・萊陽人)
[民國]萊陽 3/1 中 15
于鳳喈(字世和)
(明・萊陽人)
[泰昌]登州 11/24
[順治]登州 16/29
[光緒]增修登州 39/26
[康熙]萊陽 8/5
[民國]萊陽 3/1 中 10,3/3
上傳志下 2
于際隆(字虞隣)
(清・濰縣人)
[民國]濰縣志稿 30/20
于熙學(字無學,晚號秋溟)
(清・文登人)
[光緒]文登 9/上 2－20
于熙周(字緝之)
(清・平度人)
平度鄉土志 4 下/學問
于熙燮(字理堂)
(清・文登人)
[光緒]文登 10/上 12
78 **于臨貞**(字元生)
(清・昌樂人)
[民國]昌樂縣續志 28/14
79 **于騰雲**(清・夏津人)
[乾隆]東昌 43/40
[乾隆]夏津 8/22
80 **于錞**(清・蓬萊人)
[光緒]增修登州 43/6
[道光]重修蓬萊 9/27
[民國]蓬萊縣志合編人物
志/孝友
于公(漢・東海郯人)
[至元]齊乘 6/10
[嘉靖]山東 30/4
[康熙]山東 40/4
[雍正]山東 28/人物一 8
[萬曆元年]兗州 40/政績 1
[萬曆二十四年]兗州 31/6
[康熙]兗州 24/6
[萬曆]沂州志 6/26
[康熙]沂州志 5/8
[乾隆]沂州府 25/3
[康熙]郯城 7/1
[乾隆]郯城 9/1
于全(明・萊陽人)
[民國]萊陽 3/1 中 52
于鏞(字合浦)
(清・文登人)
[光緒]文登 10/上 11
于全誨(清・東明人)
[宣統]東明續縣志 3/3
[民國]東明縣新誌 11/52
于金五(字虎臣)
(鉅野人)
[民國]續修鉅野 5/上 12
于普航(掖縣人)
[民國]重修商河 11/58
于美仁(清・昌樂人)
[咸豐]青州 49/44
于兹仙翁(姓李,名元枝,字
甘美)
(唐)
[雍正]山東 30/9
[道光]濟南 60/5
[康熙]鄒平 6/31
[嘉慶]鄒平 16/41
于令儀(元・濟陰人,一作曹
州人)
[康熙]山東 45/8
[萬曆元年]兗州 40/卓行 4
[萬曆二十四年]兗州 37/3
[康熙]兗州 28/32
[康熙]曹州志 15/55
[康熙]曹縣 12/27
[康熙]兗州府曹縣 12/27
[光緒]曹縣 12/25
曹縣鄉土志/耆舊錄
[光緒]菏澤 15/50
[光緒]新修菏澤 10/17
菏澤縣鄉土志/23
于令淓(字箕來,號方石)
(清・文登人)
[宣統]山東 176/46
[光緒]增修登州 40/35
[道光]文登 5/9
[光緒]文登 9/上 3－1
于鏡湖(字秋舫)

（清平人）
［民國］清平/人物 78
于命世（字犀石）
（清・新城人）
［道光］濟南 55/77
［宣統］新城縣後志 3/孝友
于公槐（字蔭堂）
（清・福山人）
［宣統］山東 176/24
［民國］福山縣志稿 7/2－22
于養盛（明・濰縣人）
［民國］濰縣志稿 32/2
于谷剛（明・萊陽人）
［民國］萊陽 3/1 中 7
于金門（字奉詔）
（清・臨淄人）
［民國］臨淄 30/37
于金銘（清・蓬萊人）
［光緒］增修登州 43/8
于善堂（字一樵）
（清・臨淄人）
［民國］臨淄 28/12
82 **于鍾塊**（字我文，號石嵐）
（清・海陽人）
［光緒］海陽縣續志 5/27
86 **于鐸**（明・萊陽人）
［民國］萊陽 3/1 中 10
于錦（字實甫，號東石）
（明・鉅野人）
［康熙］濟寧州 6/27
［乾隆］濟寧直隸州 15/12，24/15
［道光］濟寧直隸州 8/2－30
［萬曆］鉅野 8/隱逸
［康熙］鉅野 13/5
［道光］鉅野 12/23
［民國］續修鉅野 7/下 28，8/上 16
于錫爵（字列五）
（清・昌邑人）
［光緒］昌邑縣續志 6/20
于錫齡（字夢九）
（清・昌邑人）
［光緒］昌邑縣續志 6/2
87 **于銘**（清・福山人）
［乾隆］福山 8/38

于銅（字勅文）
（清・商河人）
［民國］重修商河 8/42
于欽（字思容）
（元・益都人）
［嘉靖］山東 32/19
［康熙］山東 42/20
［雍正］山東 28/人物二 66
［宣統］山東 163/27
［康熙］濟南 25/22
［道光］濟南 72/19
［嘉靖］青州 15/37
［萬曆］青州 15/11
［康熙十五年］青州 15/11
［康熙四十八年］青州 15/文學 11
［康熙六十年］青州 18/4
［咸豐］青州 42/11
［崇禎］歷乘 16/61
［崇禎］歷城 6/10
［萬曆］益都 6/91
［康熙］益都 9/30
［光緒］益都縣圖志 38/8
于鉤（字載甫，號三石）
（明・鉅野人）
［民國］續修鉅野 7/下 27
于銘訓（字式之，號帛園）
（清・萊陽人）
［民國］萊陽 3/1 中 48，3/3 上傳志下 55
于銘和（字守箴）
（臨邑人）
［民國］續修臨邑 3/7
于銘書（字寶泉，號潤齋）
（清・濰縣人）
［民國］濰縣志稿 30/42
88 **于範**（字覺甫）
（明・鄆城人）
［嘉靖］鄆城志下/9
［崇禎］鄆城 5/12
［康熙］鄆城 5/5
［光緒］鄆城 5/6
于鑑（字明珍）
（清・利津人）
［乾隆］利津縣志續編 8/50
［光緒］利津 8/義行 3

于鑑（字炳文）
（清・商河人）
［光緒］陵縣 20/2
于鑑（字冰朗，號鏡川）
（清・新城人）
［道光］濟南 55/63
［宣統］新城縣後志 2/宦績
［民國］重修新城 17/5
于鈐（字亮甫）
（清・文登人）
［光緒］文登 10/上 11
于鎰（字景權）
（清・平度人）
［宣統］山東 177/28
平度鄉土志 4 上/鄉賢
90 **于棠**（字蔭南，號時源居士）
（清・臨淄人）
［民國］臨淄 27/60
于少齋（清・恩縣人）
［民國］重修恩縣 11/鄉賢 26
于惟誠（字立斯）
（清・文登人）
［光緒］文登 9/下 2－6
于光霖（清・濰縣人）
［民國］濰縣志稿 32/26
于小玉（清・寧陽人）
［康熙四十一年］寧陽 7/32
［咸豐］寧陽 15/14
［光緒］寧陽 15/14
于半仙（明・淄州人）
［雍正］山東 30/23
［康熙］濟南 51/13
［道光］濟南 60/12
［嘉靖］淄川 6/88
［康熙］淄川 6 下/62
［乾隆］淄川 6/下 62
于尚進（清・夏津人）
［乾隆］東昌 43/38
［乾隆］夏津 8/19
于光泰（字魯瞻）
（清・博平人）
［光緒］博平縣續志 10/60
于光圖（字書府）
（清・高唐人）
［光緒］高唐州 5/2－35
［民國］高唐縣 12/45

91 于恆太(字次咸)
(清・濰縣人)
[民國]濰縣志稿 29/31
92 于剡(金・萊陽人)
[民國]萊陽 3/1 中 2
93 于烺(字文甫)
(清・牟平人)
[民國]牟平 7/107
94 于慎言(字無擇)
(明・東阿人)
[乾隆]泰安府 18/19
[萬曆二十四年]兗州 36/26
[康熙]兗州 28/25
[康熙五十四年]東阿 7/22
[道光]東阿 14/人物下 3,22/15
[道光]東阿 13/鄉賢 17,22/3
[光緒]東阿縣鄉土志 4/18
于慎行(字無垢,一字穀峰,亦字可遠,號穀山先生)
(明・東阿人)
[康熙]山東 40/60
[雍正]山東 28/人物三 47
[宣統]山東 159/25
[乾隆]泰安府 17/27,26/81
[康熙]兗州 28/27
[康熙五十四年]東阿 7/27
[道光]東阿 13/鄉賢 10,20/38,20/41
[光緒]東阿縣鄉土志 4/18
于慎動(字無咎)
(明・東阿人)
[道光]東阿 22/8
于慎由(號稚川)
(明・東阿人)
[道光]東阿 22/19
于慎思(字無妄)
(明・東阿人)
[乾隆]泰安府 18/18
[萬曆二十四年]兗州 36/26
[康熙]兗州 28/24
[道光]東阿 14/人物下 3,22/11
[光緒]東阿縣鄉土志 4/18
95 于性篤(字興凡)
(清・文登人)
[雍正]文登 8/9
[道光]文登 5/4,5/18
[光緒]文登 9/上 1–12
97 于炯(清・莘縣人)
[光緒]莘縣 7/35
[民國]莘縣 7/19
莘縣鄉土志/事業 28
于耀(明・萊陽人)
[民國]萊陽 3/1 中 9
于耀性(明・濮州人)
[康熙]濮州續志下/5
[乾隆]濮州 4/15
[宣統]濮州 5/15

1040_4 要

17 要子(明)
[雍正]山東 30/22
[泰昌]登州 11/65
[順治]登州 18/24
[康熙]蓬萊 6/4
[道光]重修蓬萊 2/33
[民國]增修蓬萊 2/仙釋
[民國]蓬萊縣志合編人物志/仙釋

1040_6 覃

38 覃溢溥(字倬亭)
(膠州人)
[民國]增修膠志 46/6
40 覃志京(字忍宸)
(清・湖南武陵人)
[宣統]山東 75/18

1040_9 平

00 平康裕(明・北直河間人)
[宣統]山東 71/1
[康熙]濟南 25/59
[道光]濟南 36/2
[崇禎]歷乘 16/40
[崇禎]歷城 6/14
22 平山和尚(清)
[民國]增修膠志 54/8
30 平安(小字保兒)
(明・南直滁州人)
[嘉靖]山東 25/11
[康熙]山東 31/13
[宣統]山東 70/37
[道光]濟南 35/45
[崇禎]歷城 6/17
33 平治(清・順義人)
[乾隆]夏津 6/22
78 平鑒(字明達)
(北齊・燕郡薊人)
[宣統]山東 67/19
90 平當(字子思)
(漢・平陵人)
[宣統]山東 66/3
平常生(秦)
[雍正]山東 30/2
[道光]東阿 24/1

1043_0 天

22 天岸(見本昇)
26 天和子(姓徐)
(元・膠州人)
[雍正]山東 30/19
[乾隆]膠州 5/39
44 天茗和尚(俗姓張,名來松)
(清・淄川人)
[宣統]山東 200/38
[乾隆]淄川 6/下 65
53 天成禪師(清・陽信人)
[民國]陽信 5/仙釋 87

1060_0 百

60 百里嵩(字景山)
(漢・封丘人)
[宣統]山東 66/20

石

00 石庚(清・浙江進士)
[民國]朝城縣續志 1/又 29
石亨(明・陝西鳳翔人)
[乾隆]東昌 34/11
[嘉慶]東昌 22/2
[正德]莘縣 5/12
[康熙十一年]莘縣 5/3
[康熙五十六年]莘縣 5/3
[光緒]莘縣 5/5
[民國]莘縣 3/3
莘縣鄉土志/政績 4

石亮(明・宛平人)
[乾隆]沂州府 17/31
石廩(明・南直宿松人)
[道光]濟南 36/61
石慶(漢・河内溫人)
[嘉靖]山東 27/1
[康熙]山東 35/1
[雍正]山東 27/50
[宣統]山東 66/1
[道光]濟南 33/2
[嘉靖]青州 13/10
[萬曆]青州 12/6
[康熙十五年]青州 12/6
[康熙四十八年]青州 12/6
[康熙六十年]青州 12/2
[咸豐]青州 34/3
[康熙]臨淄 8/1
[民國]臨淄 18/2
石音(字元公)
(清・曹縣人)
[光緒]曹縣 14/行誼 9
石文龍(字體乾)
(清・茌平人)
[民國]茌平 3/45
石率武(明・商河人)
[咸豐]武定府 25/武功 9
石方寵(字龍章)
(清・長山人)
[道光]濟南 55/32
[嘉慶]長山 9/31
石應福(明・曹縣人)
[康熙]曹縣 11/36
[康熙]兗州府曹縣 11/36
石廣韜(清・蒙陰人)
[宣統]蒙陰 4/孝義, 4/武功
石應椿(字延齡)
(明・曹縣人)
[康熙]兗州府曹縣 13/28
[光緒]曹縣 13/27
石文器(明・單縣人)
[順治]單縣 2/38
[康熙]單縣 7/26
石庭翕(字體坤)
(清・禹城人)
[道光]濟南 56/37

01 石顏(字慧先)
(清・長山人)
[道光]濟南 55/12
[嘉慶]長山 10/16
長山縣鄉土志/耆舊錄
石龍章(清・臨邑人)
[民國]續修臨邑 3/15
02 石刻勳(字懋禎)
(明・單縣人)
[順治]單縣 4/62
[康熙]單縣 7/40
[乾隆]單縣 7/15
[民國]單縣 9/31
04 石誥(明・單縣人)
[順治]單縣 3/6
07 石韶(字觀止,號荔園)
(清・單縣人)
[康熙]單縣 8/57
[乾隆]單縣 7/25
[民國]單縣 9/67
10 石璡(明・青城人)
[萬曆]青城 1/67
[乾隆]青城 8/2
[民國]青城續修 4/人物 17
石璽(明・南直滁州人)
[宣統]山東 71/47
[康熙]濟南 25/50
[乾隆]武定府 16/42
[咸豐]武定府 19/霑化 2
[光緒]霑化 5/17
[民國]霑化 4/職官 35
石璽(字荊一,一字聖函)
(清・堂邑人)
[乾隆]武定府 16/46
[咸豐]武定府 19/霑化 5
[康熙]堂邑 13/13
[光緒]霑化 5/20
[民國]霑化 4/職官 38
石晉文(清・鄒平人)
[民國]鄒平 15/136
石天麟(字仲翔)
(明・陵縣人)
[康熙]濟南 48/9
[道光]濟南 52/31
[康熙]陵縣 5/25
[光緒]陵縣 19/人物傳一 18

石一麟(字振公)
(清・長山人)
[道光]濟南 55/34
[嘉慶]長山 10/11
石元正(平原人)
[民國]續修平原 8/26
石可琮(清・福山人)
[乾隆]福山 9 上/65
[民國]福山縣志稿 7/4 – 3
石天爵(字修其)
(清・長山人)
[嘉慶]長山 9/17
石雲倬(字天章)
(清・德州人)
[道光]濟南 56/77
[道光]濟寧直隸州 6/7 – 82
[乾隆]德州 9/50
[民國]德縣 10/34
德州鄉土志/耆舊 38
石雲峯(字曉岩)
(清・利津人)
[民國]利津縣續志 7/儒行 1
石可久(明・延川人)
[雍正]恩縣續志 3/4
石天祿(元・兗州奉符人,一作新泰人)
[嘉靖]山東 26/14
[康熙]山東 33/17
[雍正]山東 28/人物二 56
[康熙]濟南 43/8
[弘治]泰安州 3/11,5/17
[康熙]泰安州 3/26
[乾隆]泰安府 14/30,16/70
[萬曆元年]兗州 38/循吏 35
[萬曆二十四年]兗州 28/14
[康熙]兗州 22/14
[道光]濟寧直隸州 6/6 – 13
[康熙]東平州 4/47
[乾隆]東平州 12/26
[道光]東平州 12/26
[光緒]東平州 14/26
[民國]東平縣 9/13
[天啟]新泰 6/32
[順治]新泰 5/8
[乾隆]新泰 15/25

新泰縣鄉土志/18
[康熙]嶧縣 4/67
[乾隆]嶧縣 8/16
[光緒]嶧縣 21/鄉賢 61
石玉禄(明・高苑人)
[嘉靖]青州 15/19
[萬曆]青州 14/17
[康熙十五年]青州 14/17
[康熙四十八年]青州 14/孝友 7
[康熙六十年]青州 17/12
[咸豐]青州 44/47
[康熙]高苑 6/4
[乾隆]高苑 6/4
石可大(明・安化人)
[萬曆]福山 4/6
[乾隆]福山 7/13
石天柱(元・泰安新泰人)
泰安縣鄉土志/耆舊 10
石雲柱(字香古)(清・禹城人)
[民國]禹城 6/74
石三畏(字子知,號欽承)(明・交河人)
[光緒]增修登州 33/3
[康熙]兖州府曹縣 9/9
[光緒]曹縣 9/縣令 5
石可學(清・禹城人)
[民國]禹城 6/34
11 **石璿**(明・任丘人)
[道光]濟南 36/27
[康熙四十三年]長山 3/宦績
[康熙五十五年]長山 3/35
[嘉慶]長山 5/44
石琢玉(明・范縣人)
[宣統]山東 161/58
12 **石璞**(字仲玉)(明・河南臨漳人)
[宣統]山東 70/2
[道光]濟南 35/12
[道光]濟寧直隸州 6/6-46
石登震(清・商河人)
[民國]重修商河 9/16
石廷岐(見石延岐)
石延岐(清・陽穀人)
[康熙]陽穀 4/4
[光緒]陽穀 7/3
[民國]增修陽穀人物/孝義 5
石廷柱(字宸礎)(清・長清人)
[宣統]山東 169/20
[康熙]濟南 45/13
[道光]濟南 56/45
[康熙]長清 9/66
[道光]長清 12/8
石發芝(清・章邱人)
[道光]章邱 11/82
石廷臣(字良弼)(清・商河人)
[民國]重修商河 8/87
石延年(字曼卿)(宋・幽州人,一作宋州人)
[雍正]山東 27/34
[宣統]山東 68/40
[萬曆元年]兖州 39/名宦 11
[萬曆二十四年]兖州 28/10
[康熙]兖州 22/10
[乾隆]兖州 22/13
[乾隆]濟寧直隸州 22/42
[道光]濟寧直隸州 6/6-10
[康熙五十一年]金鄉 8/9
[乾隆]金鄉 17/3
[咸豐]金鄉縣志略 7/4
[民國]金鄉 11/18
金鄉縣鄉土志/政績錄
13 **石琮**(明・新城人)
[天啟]新城 9/錄隱
[崇禎]新城 9/錄隱
石瓛(字瑞卿)(明・平原人)
[道光]濟南 52/63
[萬曆]平原上/64
[乾隆]平原 8/36
平原縣鄉土志輯稿/文學
14 **石珪**(字國寶)(元・泰安新泰人)
[嘉靖]山東 25/8,33/32
[康熙]山東 31/9
[宣統]山東 164/21
[康熙]濟南 38/6
[萬曆元年]兖州 38/節義 4
[萬曆二十四年]兖州 28/14
[康熙]兖州 22/13
[弘治]泰安州 3/11,5/16
[康熙]泰安州 3/24
[乾隆]泰安府 14/29,18/25
[乾隆]濟寧直隸州 21/14
[道光]濟寧直隸州 6/6-12
[康熙]東平州 4/47
[乾隆]東平州 12/25
[道光]東平州 12/25
[光緒]東平州 14/25
[民國]東平縣 9/13
[乾隆二十五年]泰安縣 12/13
[乾隆四十七年]泰安縣 10/上 10
[道光]泰安縣 9/上 59
[民國]重修泰安縣 8/9
泰安縣鄉土志/耆舊 10
[天啟]新泰 6/32
[順治]新泰 5/8
[乾隆]新泰 15/24
新泰縣鄉土志/18
[道光]鉅野 10/15
石瑛(字文玉)(明・益都人)
[嘉靖]青州 16/7
[康熙十五年]青州 15/46
[康熙四十八年]青州 15/卓行 6
[康熙六十年]青州 18/12
[咸豐]青州 43/13
[萬曆]益都 6/92
[康熙]益都 9/47
[光緒]益都縣圖志 41/1
石瑛(字輝珊)(清・四川峨眉人)
[民國]昌樂縣續志 25/3
15 **石珠**(明・陝西雒南人)
[萬曆]鉅野 6/8
[康熙]鉅野 10/9
[道光]鉅野 10/24
石建方(見石建芳)
石建芳(字寧宇)

（明・益都人）
［康熙四十八年］青州 13/事功 79
［康熙六十年］青州 16/36
［咸豐］青州 44/46
［光緒］益都縣圖志 35/18
17 石琚（金・定州人）
［光緒］莘縣 5/3
［民國］莘縣 3/2
石琚（字仲方）
（明・益都人）
［嘉靖］青州 15/41
［萬曆］青州 15/8
［康熙十五年］青州 15/8
［康熙四十八年］青州 15/文學 8
［康熙六十年］青州 18/4
［咸豐］青州 44/20
［康熙］益都 9/31
［光緒］益都縣圖志 38/10
石肅（明・鳳翔人）
［隆慶］單縣上/35
石珮（明・北直南樂人）
［康熙］平度州 3/3
［道光］重修平度州 16/17
石予遵（字思姜）
（清・長山人）
［嘉慶］長山 9/20
長山縣鄉土志/耆舊錄
18 石玠（金）
［崇禎］武定州 7/3
20 石鯨（明・益都人）
［萬曆］青州 14/39
［康熙十五年］青州 14/39
［康熙四十八年］青州 14/隱逸 13
［康熙六十年］青州 16/20
［咸豐］青州 44/26
［康熙］益都 9/44
石維顏（字卓甫）
（清・新城人）
［宣統］新城縣後志 3/孝友
石維岩（字敬之）
（清・泰安人）
泰安縣鄉土志/耆舊 20
石維巖（字敬止）
（清・泰安貢生）
［宣統］山東 171/11
［乾隆］泰安府 17/42
［乾隆二十五年］泰安縣 12/24
［乾隆四十七年］泰安縣 10/上 21
［道光］泰安縣 9/上 73
［民國］重修泰安縣 8/25
石維莘（清・單縣人）
［康熙］單縣 8/13
［乾隆］單縣 7/8
［民國］單縣 9/47
石維翰（字勣之）
（清・平度人）
［民國］平度縣續志 7/31
石維屏（號新周）
（明・陵縣人）
［道光］濟南 52/31
［康熙］陵縣 5/21
［光緒］陵縣 19/人物傳一 18
陵縣鄉土志/15
21 石經（字大綸）
（明・澄城人）
［崇禎］歷城 6/2
石行萬（清・長山人）
［道光］濟南 55/32
［嘉慶］長山 9/28
石肯構（明・南樂人）
［康熙九年］城武 2/35
［康熙四十一年］城武 3/下治績 3
［道光］城武 6/33
石仁圃（清・禹城人）
［民國］禹城 8/42
石衍興（清・滋陽人）
［光緒］滋陽 9/50
滋陽縣鄉土志 1/耆舊－實行
22 石崇（字季倫，小名齊奴）
（晉・南皮人）
［嘉靖］山東 33/22
［康熙］臨淄 10/10
［民國］臨淄 30/41
石鼎（明・山西人）
［嘉靖］濮州 7/23
石巍（字民望）
（明・曹縣人）
［乾隆］曹州府 15/7
［康熙］兗州府曹縣 13/12
［光緒］曹縣 13/11
曹縣鄉土志/耆舊錄
石巖（號劍山）
（明・廣西灌陽人）
［道光］濟南 36/51
［康熙］陵縣 4/5
［光緒］陵縣 18/11
陵縣鄉土志/7
石繼統（字蓉史）
（清・平原人）
［民國］續修平原 6/9
石山倜（字椝周）
（黃梅人）
［民國］重修商河 6/75
石繼芳（字克肖，號岱宇）
（明・益都人）
［萬曆］青州 13/65
［康熙十五年］青州 13/65
［康熙四十八年］青州 13/事功 49
［康熙六十年］青州 12/23，16/25
［咸豐］青州 44/33
［康熙］益都 7/22
石繼節（字子立，號淝源）
（明・益都人）
［萬曆］青州 13/64
［康熙十五年］青州 13/64
［康熙四十八年］青州 13/事功 48
［康熙六十年］青州 16/24
［咸豐］青州 44/33
［康熙］益都 7/21
［光緒］益都縣圖志 35/12
23 石岱（字泰華）
（明・單縣人）
［順治］單縣 3/3，4/64
［康熙］單縣 7/23
［民國］單縣 12/隱逸 1
石岱（字魯瞻）
（清・高唐人）
［乾隆］東昌 43/33

[嘉慶]東昌 32/50
[乾隆]高唐州續志 2/8
[道光]高唐州 5/2－14
[光緒]高唐州 5/2－17
[民國]高唐縣 12/11
石俊(字官生)
(清・陵縣人)
[光緒]陵縣 19/人物傳二 15
石岱峯(清・金鄉人)
[民國]濟寧直隸州續志 14/10
[民國]金鄉 14/12
石獻忠(字藎臣)
(明・陵縣人)
[光緒]陵縣 19/人物傳一 18
石佗人(佗一作他或它)
(春秋・齊人)
[至元]齊乘 6/3
[嘉靖]山東 25/2
[康熙]山東 31/2
[嘉靖]青州 15/2
[萬曆]青州 14/2
[康熙十五年]青州 14/2
[康熙四十八年]青州 14/忠義 2
[康熙六十年]青州 17/1
[康熙]臨淄 10/1
[民國]臨淄 22/59
臨淄縣鄉土志/耆舊錄
石允耀(字沖漢)
(明・蒙陰人)
[康熙十一年]蒙陰 2/16, 2/41
24 **石續**(字士纘,一作士續)
(明・曹縣人)
[乾隆]曹州府 15/15
[康熙]兖州府曹縣 13/40
[光緒]曹縣 13/38
石佳秀(清・欒陵人)
[乾隆]欒陵 6/37
欒陵縣鄉土志 3/27
石化普(恩縣人)
[民國]重修恩縣 11/鄉賢 44
石他人(見石佗人)
25 **石繡亭**(字曉屏)
(清・高苑人)
高苑縣鄉土志/耆舊
26 **石皐**(金・定州人)
[雍正]山東 27/57
[咸豐]青州 64/30
石嶧(字南瞻)
(清・利津人)
[乾隆]利津縣志續編 8/42
[光緒]利津 8/隱逸 1
石得律(清・高唐人)
[道光]高唐州 5/1－59
[光緒]高唐州 5/1－66
[民國]高唐縣 12/75
石得質(明・陜西選貢)
[康熙]膠州 5/11
[乾隆]膠州 4/11
[道光]重修膠州 22/4
[民國]增修膠志 17/4
石保興(字光裔)
(宋・浚儀人)
[嘉靖]武定州下/49
[萬曆]武定州 10/5
[崇禎]武定州 7/17
石得勝(清・新泰人)
[乾隆]新泰 14/增 4
石和尚(宋)
[乾隆]沂州府 27/13
27 **石佩**(見石珮)
石向離(字炳南)
(清・寧陽人)
[咸豐]寧陽 13/30
[光緒]寧陽 13/30
石紹宗(明・青城人)
[萬曆]青城 1/60
[乾隆]青城 8/2
[民國]青城續修 4/人物 17
28 **石倫**(明・德州人)
[康熙]濟南 41/11
[道光]濟南 52/36
[萬曆]德州 9/41
[康熙]德州 8/12
[乾隆]德州 9/10
德州鄉土志/耆舊 1
[民國]德縣 10/7
石作蜀(字子明,一字子徒)
(春秋・秦人,一作晉人)
[嘉靖]山東 24/8
[康熙]山東 29/8
[雍正]山東 11/闕里二 18
[萬曆元年]兖州 7/52
[萬曆二十四年]兖州 7/22
[康熙]兖州 8/22
[乾隆]兖州 7/29
[乾隆]曲阜 59/6
30 **石安**(元・嶧州人)
[康熙]嶧縣 4/69
[光緒]嶧縣 21/鄉賢 62
石宣(明・壽光人)
[宣統]山東 161/31
石之珂(字木齋)
(清・漢軍正白旗人)
[宣統]山東 75/21
[道光]濟南 38/7,38/42
[咸豐]青州 37/21
[乾隆]德州 8/18
[民國]德縣 9/14
[嘉慶]壽光 10/32
石之紛如(春秋・齊人)
[萬曆]青州 14/1
[康熙十五年]青州 14/1
[康熙四十八年]青州 14/忠義 1
[康熙六十年]青州 17/1
[民國]臨淄 22/55
石守清(明・青城人)
[康熙]濟南 44/10
[乾隆]武定府 25/5
[咸豐]武定府 25/孝友 5
[萬曆]青城 2/3
[乾隆]青城 8/8
[民國]青城續修 4/人物 20
石守城(明・文登人)
[雍正]文登 7/23
石之芳(字湘佩)
(清・曹縣人)
[光緒]曹縣 14/行誼 9
石宗翰(字幹忱)
(蓬萊人)
[民國]蓬萊縣志合編人物志/忠勇
石宗泰(明・清苑人)
[崇禎]歷城 6/2
石永昌(明・單縣人)

[康熙]兗州續編 15/15
[康熙]單縣 8/5
[民國]單縣 9/31
石永學(字效孔)
(清・平度人)
[道光]重修平度州 19/31
石永命(字祈年)
(明・單縣人)
[順治]單縣 3/43,4/37
[康熙]單縣 8/26
[乾隆]單縣 7/23
[民國]單縣 9/23
31 石福(明・嘉祥人)
[康熙]兗州 28/38
[乾隆]兗州 23/39
[乾隆]濟寧直隸州 27/31
[道光]濟寧直隸州 8/4-34
[順治]嘉祥 4/42
[乾隆]嘉祥 3/36
[光緒]嘉祥 3/44
石福(清・高唐人)
[嘉慶]東昌 32/64
[道光]高唐州 5/1-44
[光緒]高唐州 5/1-46
[民國]高唐縣 12/39
石澮(清)
[民國]臨清縣/秩官 69
石遷高(明・恩縣人)
[嘉靖]恩縣 6/5
[宣統]重修恩縣 7/7
32 石濮(明・青城人)
[萬曆]青城 1/68
石淨意(字蘊清)
(清・嘉祥人)
[光緒]嘉祥 3/27
石州牧(字惠子)
(清・曹縣人)
[康熙]兗州府曹縣 14/15
[光緒]曹縣 14/人物 12
石兆清(清・鄒平人)
[民國]鄒平 15/144
石兆曾(清・鄒平人)
[民國]鄒平 15/145
33 石濱(晉・渤海南皮人)
[乾隆]武定府 15/3
[咸豐]武定府 15/3
[乾隆]惠民 5/2
石浚(字虞泉)
(清・單縣人)
[民國]單縣 12/鄉賢 7
石演(晉・渤海南皮人)
[崇禎]武定州 14/3
[乾隆]樂陵 2/26
34 石達(明・恩縣人)
[宣統]重修恩縣 7/49
石漢(明・河南汝寧人)
[宣統]山東 72/14
[萬曆二十四年]兗州 29/6
[康熙]兗州 22/27
[乾隆]兗州 22/27
[乾隆]濟寧直隸州 22/44
[道光]濟寧直隸州 6/6-30
[康熙五十一年]金鄉 8/16
[乾隆]金鄉 17/6
[咸豐]金鄉縣志略 7/7
[民國]金鄉 11/19
金鄉縣鄉土志/政績錄
石浩(清・長清人)
[道光]濟南 56/62
[道光]長清 13/10
石祺(清・高唐人)
[道光]高唐州 5/2-23
[光緒]高唐州 5/2-26
[民國]高唐縣 12/51
35 石清階(清・臨沂人)
[民國]臨沂 10/56
36 石溫(明・高苑人)
[萬曆]青州 14/17
[康熙十五年]青州 14/17
[康熙四十八年]青州 14/孝友 7
[康熙六十年]青州 17/12
[康熙]高苑 6/4
[乾隆]高苑 6/4
37 石冠玉(字荊璞)
(明・萊蕪人)
[康熙]新修萊蕪 6/43
[民國]萊蕪 19/2
[民國]續修萊蕪 25/2
38 石裕謙(清・蒙陰人)
[宣統]蒙陰 4/孝義
石祥麟(字瑞符)
(清・金鄉人)
[民國]金鄉 14/11
石祥瑞(清・臨邑人)
[民國]續修臨邑 3/15
石裕民(字裕卿,號雪巖)
(元・河東陽人)
[康熙十二年]陽穀 7/26
[康熙]陽穀 7/16
[光緒]陽穀 12/18
[民國]增修陽穀藝文/表誌 14
40 石圭(見石珪)
石壇(字書千)
(清・單縣人)
[乾隆]單縣 7/21
[民國]單縣 9/79
石希璋(清・長山人)
[道光]濟南 55/35
[嘉慶]長山 10/11
長山縣鄉土志/耆舊錄
石古乃(金・完顏部人)
[道光]濟寧直隸州 6/6-11
石志寧(字武子)
(清・曹縣人)
[康熙]兗州續編 16/26
[康熙]兗州府曹縣 14/12
[光緒]曹縣 14/人物 10
石存禮(字敬夫)
(明・益都人)
[嘉靖]青州 14/33
[萬曆]青州 13/47
[康熙十五年]青州 13/47
[康熙四十八年]青州 13/事功 30
[康熙六十年]青州 16/15
[咸豐]青州 44/5
[康熙]益都 7/10
[光緒]益都縣圖志 38/9
石志溫(號九陽保德純化真人)
(元)
[乾隆]掖縣 5/2
石希賢(字望舉)
(清・陵縣人)
[光緒]陵縣 19/人物傳二 16
石友賢(明・樂陵人)

[康熙]濟南 39/2
[乾隆]武定府 23/10
[咸豐]武定府 23/名臣 10
[順治]樂陵 6/4
[乾隆]樂陵 6/8
樂陵縣鄉土志 3/18
41 **石垣**(字洪孫)
(晉・北海劇人)
[嘉靖]山東 34/17
[康熙]山東 47/10
[宣統]山東 167/4,200/22
[康熙]濟南 51/2
[康熙十五年]青州 14/37
[康熙四十八年]青州 14/隱逸 11
[咸豐]青州 51/3
[乾隆]武定府 26/37
[咸豐]武定府 26/仙釋 2
[嘉慶]昌樂 27/1
[民國]壽光 12/人物志二 86
[康熙]陽信 9/38
[乾隆]陽信 7/62
[民國]陽信 5/仙釋 86
信邑志稿 7/仙釋
石坧之(字立仁)
(清・高唐人)
[光緒]高唐州 5/2－42
[民國]高唐縣 12/87
44 **石苞**(字仲容)
(魏・渤海南皮人)
[嘉靖]山東 27/14
[康熙]山東 37/2
[宣統]山東 66/33
[萬曆元年]兗州 39/名宦 5
[萬曆二十四年]兗州 27/2
[康熙]兗州 21/16
[乾隆]兗州 22/6
[萬曆]萊州 5/57
[康熙]萊州 8/16
[乾隆]萊州 9/4
[崇禎]武定州 14/2
[乾隆]武定府 15/3
[咸豐]武定府 15/3
[乾隆]惠民 5/2
[乾隆]樂陵 2/26
石苞(字鍾靈,號竹齋)
(清・武城人)
[道光]武城續編 14/雜記 2
石勒(南北朝)
[乾隆]東昌 44/21
[嘉慶]東昌 34/8
[康熙二年]茌平 2/61
[康熙四十九年]茌平 2/62
[宣統]茌平 20/1
[民國]茌平 3/僑寓 106
石茂(明・新城人)
[康熙]濟南 38/10
[道光]濟南 51/34
[天啟]新城 7/武秩
[崇禎]新城 7/武秩
[康熙]新城 8/1
[民國]重修新城 15/1
新城縣鄉土志/耆舊－明
石萬魁(清・平度人)
[光緒]平度志要/人物
[民國]平度縣續志 7/23
石英魁(字俊升)
(清・商河人)
[民國]重修商河 9/4
石若磐(清・長山人)
[康熙四十三年]長山 5/卓行
[康熙五十五年]長山 6/43
[嘉慶]長山 10/15
石夢祥(明・河南人)
[道光]濟南 36/50
石蘭藹(字蘊庭)
(清平人)
[民國]清平/人物 77
石茂華(字君采,號毅菴)
(明・益都人)
[康熙]山東 42/24
[雍正]山東 28/人物三 40
[宣統]山東 160/28
[萬曆]青州 13/56
[康熙十五年]青州 13/56
[康熙四十八年]青州 13/事功 40
[康熙六十年]青州 16/21
[咸豐]青州 44/26
[康熙]益都 7/19
[光緒]益都縣圖志 35/8
石萬春(清・陽穀人)
[民國]增修陽穀人物/武功 14
石英年(清・商河人)
[民國]重修商河 8/48
石權堂(東阿人)
[民國]東阿 15/5
45 **石楝**(字材卿)
(明・濮州人)
[萬曆]濮州 3/鄉賢 59
[康熙]濮州 3/81
[乾隆]濮州 3/82
[宣統]濮州 4/88
46 **石坦**(字洪孫)
(晉・北海劇人)
[至元]齊乘 6/16
[雍正]山東 30/6
[嘉靖]青州 16/48
[康熙六十年]青州 20/9
[康熙]萊州 10/96
[康熙]濰縣 5/仙釋 1
[乾隆]濰縣 6/50
[康熙]壽光 29/1
[嘉慶]壽光 15/7
石韞珩(字琳軒)
(清・滕縣人)
[道光]滕縣志 9/孝義 40
石如琇(明・樂陵人)
[乾隆]樂陵 6/33
樂陵縣鄉土志 3/26
石如山(字賡南)
(清・利津人)
[民國]利津縣續志 7/義行 5
石覲岱(原名魯山,字詹巖,號東樵)
(清・臨沂人)
[民國]臨沂 10/41
石韞璧(字完璞)
(清・曹縣人)
[光緒]曹縣 14/行誼 9
47 **石聲諧**(字鳳亭)
(明・陝西城固人)
[宣統]山東 71/22
[道光]濟南 36/43
[嘉慶]禹城 7/31

[民國]禹城 3/48
禹城縣鄉土志/7
石聲勳(字茂功)
(清・長山人)
[道光]濟南 55/30
[嘉慶]長山 9/15
石朝柱(明)
[乾隆]掖縣 3/38
石朝柱(清・直隸人)
[宣統]山東 76/8
[道光]濟寧直隸州 6/7-88
[康熙]魚臺 15/21
[乾隆]魚臺 9/43
[光緒]魚臺 2/53
石聲聞(字鳴九,號滄園)
(清・長山人)
[道光]濟南 55/14
[嘉慶]長山 7/27
48 **石敬暉**(五代・應縣人)
[嘉靖]山東 26/8
[康熙]山東 33/9
[萬曆元年]兗州 38/循吏 26
[萬曆二十四年]兗州 27/14
[康熙]兗州 21/27
[康熙]曹州志 7/47
[光緒]菏澤 7/宦蹟 15
50 **石貴**(明)
[道光]長清 3/14
石青碧(字泉夫)
(清・陵縣人)
[光緒]陵縣 19/人物傳二 17
石中瑜(清・高唐廩貢)
[光緒]嶧縣 19/丞倅 16
石中嵩(清・單縣人)
[康熙]單縣 8/54
[乾隆]單縣 7/8
[民國]單縣 9/59
51 **石振聲**(字鶩洲)
(清・臨沂人)
[民國]續修臨沂 16/18
55 **石抹元**(字希明)
(金・懿州路胡土虎猛安人)
[嘉靖]山東 25/22
[康熙]山東 32/10
[雍正]山東 27/23
[宣統]山東 69/3
[康熙]濟南 25/16
[道光]濟南 34/15
[嘉靖]淄川 6/77
[萬曆]淄川 27/7
[康熙]淄川 4/6
[乾隆]淄川 4/6
淄川縣鄉土志/政績錄
[萬曆]寧津 5/14
寧津縣鄉土志/政績
石抹榮(字昌祖)
(金)
[光緒]益都縣圖志 17/2
56 **石揚清**(字譽庭)
(清・鄒平人)
[民國]鄒平 15/132
60 **石昂**(五代・青州臨淄人)
[至元]齊乘 6/21
[嘉靖]山東 32/15
[康熙]山東 42/15
[宣統]山東 167/9
[嘉靖]青州 14/14
[萬曆]青州 14/38
[康熙十五年]青州 14/37
[康熙四十八年]青州 14/隱逸 11
[康熙六十年]青州 18/12
[咸豐]青州 54/11
[康熙]臨淄 8/3
[民國]臨淄 18/5
石旻(明・元城人)
[嘉靖]武定州下/61
石星(字拱辰,號東泉)
(明・東明人)
[康熙]東明 6/19,8/下 6
[乾隆]東明 6/19,8/下 6
[民國]東明縣新誌 11/26,12/34
石星章(字麗垣)
(清・長清人)
[民國]長清 11/13
石曰瑗(字仲玉,號璞公)
(清・長山人)
[道光]濟南 55/13
[嘉慶]長山 8/12
石曰琮(字宗玉,號璞公)
(清・長山人)
[雍正]山東 28/人物四 48
[宣統]山東 169/25
[道光]濟南 55/12
[康熙五十五年]長山 6/17
[嘉慶]長山 7/23
石曰璔(字曾玉)
(清・長山人)
[嘉慶]長山 9/16
長山縣鄉土志/耆舊錄
石國富(字震泉)
(明・文登人)
[光緒]文登 10/上 2
石國滿(字充裕)
(清・平度人)
[道光]重修平度州 19/31
平度鄉土志 4 上/鄉賢
石曰幹(字貞一)
(清・益都人)
[光緒]益都縣圖志 41/12
石景周(清・德州人)
[道光]濟南 56/78
石曼卿(宋・宋州人)
[嘉靖]山東 26/9
[康熙]山東 33/11
61 **石顯**(字君房)
(漢・濟南人)
[嘉靖]山東 33/16
石趾(見石阯)
石旺川(清・冠縣人)
冠縣鄉土志/耆舊-義士
石顯宗(字萬石)
(清・榮成人)
[道光]榮成 8/7
62 **石磻**(明・高苑人)
[萬曆]青州 14/18
[康熙十五年]青州 14/18
[康熙四十八年]青州 14/孝友 8
[康熙六十年]青州 17/12
[康熙]高苑 6/4
[乾隆]高苑 6/4
67 **石昭**(明・濱州人)
[萬曆]濱州 3/26
[康熙]濱州 6/3
石明鑾(字彤彩)

(清・曹縣人)
[光緒]曹縣 14/忠義 6
71 石阯(明・青城人)
[宣統]山東 161/45
[康熙]濟南 41/21
[乾隆]武定府 24/22
[咸豐]武定府 24/循良 12
[萬曆]青城 1/62
[乾隆]青城 8/3
[民國]青城續修 4/人物 17
石原灝(字景初,號芥亭)
(清・曹縣人)
[光緒]曹縣 14/仕蹟 9
石長道(清・陵縣人)
陵縣鄉土志/21
77 石堅(明・青城人)
[萬曆]青城 1/65
[乾隆]青城 8/7
[民國]青城續修 4/人物 19
石開誠(清・單縣人)
[康熙]單縣 8/54
石殿安(清・臨邑人)
[民國]續修臨邑 3/15
石興祖(元・新泰人)
[康熙]濟南 43/9
[乾隆]泰安府 16/70
[天啟]新泰 6/32
[順治]新泰 5/8
[乾隆]新泰 15/25
石丹榮(字儀上,號菊田)
(清・長清人)
[道光]長清 12/6
石殿標(清・陽穀人)
[光緒]陽穀 9/4
石殿卿(字龍章)
(清・陽穀人)
[光緒]陽穀 9/4
[民國]增修陽穀人物/仕宦 21
石開際(清・單縣人)
[康熙]單縣 8/13
[乾隆]單縣 7/8
[民國]單縣 9/59
78 石鑒(字林伯)
(晉・樂陵厭次人)
[嘉靖]山東 29/5
[雍正]山東 28/人物一 35
[宣統]山東 155/2
[康熙]濟南 33/2
[道光]濟南 45/41
[萬曆]武定州 13/1
[崇禎]武定州 17/1
[乾隆]武定府 23/3
[咸豐]武定府 23/名臣 3
[康熙]陵縣 5/2
[光緒]陵縣 19/人物傳一 9
陵縣鄉土志/13
[民國]陽信 5/宦蹟 3
[乾隆]惠民 5/25
[光緒]惠民 19/3
惠民縣鄉土志/耆舊錄 24
[順治]樂陵 6/3
[乾隆]樂陵 6/3
樂陵縣鄉土志 3/16
80 石介(字守道)
(宋・兗州奉符人)
[嘉靖]山東 26/11,29/14
[康熙]山東 33/13,39/12
[雍正]山東 28/人物二 32
[宣統]山東 162/29
[康熙]濟南 32/6
[萬曆元年]兗州 39/名宦 12
[萬曆二十四年]兗州 28/9
[康熙]兗州 22/9
[弘治]泰安州 3/11,5/15
[康熙]泰安州 3/18
[乾隆]泰安府 14/19,18/8,26/6,27/58
[萬曆]東昌 18/22
[康熙]東平州 4/44
[乾隆]東平州 12/15
[道光]東平州 12/15
[光緒]東平州 14/15
[嘉靖]濮州 7/11
[萬曆]濮州 3/名宦 14
[康熙]濮州 3/14
[乾隆]濮州 3/14
[宣統]濮州 4/14
[乾隆二十五年]泰安縣 12/11,13/2-63,13/3-4
[乾隆四十七年]泰安縣 10/上 3,12/1-42
[道光]泰安縣 9/上 51,11/金石補遺 7,12/選輯傳誌 42
[民國]重修泰安縣 8/3,12/7,14/2
泰安縣鄉土志/耆舊 9
[民國]東平縣 9/8
東平州鄉土志上/政績錄 11
石金(字子堅)
(明・陵縣人)
[光緒]陵縣 19/人物傳一 17
陵縣鄉土志/14
石毓文(清・鄒平人)
[民國]鄒平 15/144
石美玉(清・湖北麻城人)
[宣統]山東 75/62
[康熙]滕志 6/46
[康熙]滕縣志 6/宦業 42
[道光]滕縣志 6/宦績 33
滕縣鄉土志/10
石全貴(字天爵)
(清・商河人)
[民國]重修商河 8/24
83 石鉞(清・臨清人)
[民國]臨清縣/人物 68
84 石銑(清・臨清人)
[民國]臨清縣/人物 68
87 石銘(明・應州人)
[乾隆]東昌 44/23
[康熙]重修清平下/51
[嘉慶]清平 14/50
[宣統]增輯清平 12/66
[民國]清平/人物 60
88 石簡(明・寧海人)
[宣統]山東 161/45
90 石愔(字岐鐘,一作鍾岐)
(明・益都人)
[雍正]山東 28/人物三 67
[宣統]山東 161/58
[康熙十五年]青州 13/78
[康熙四十八年]青州 13/事功 62
[康熙六十年]青州 16/32
[咸豐]青州 44/46
[康熙]益都 7/46
石懷玉(清・清平人)

［宣統］增輯清平 12/51
［民國］清平/人物 34
石常久(字子恆)
(明·單縣人)
［乾隆］單縣 6/16
石光曉(字奎初)
(清·單縣人)
［民國］單縣 12/鄉賢 23
91 **石恒謙**(字吉臣)
(清·鄒縣人)
［民國］續修鄒縣志稿/人物－耆舊
95 **石懐**(字涵真)
(清·利津人)
［乾隆］利津縣志續編 8/48
［光緒］利津 8/義行 2
99 **石榮**(元·兖州奉符人)
［康熙］嶧縣 4/68
［光緒］嶧縣 21/鄉賢 61
石榮祖(元)
［光緒］嶧縣 19/94

西

00 **西方鄴**(五代·定州滿城人)
［萬曆二十四年］兖州 27/14
［康熙］兖州 21/27
［康熙］曹州志 7/47
［乾隆］曹州府 12/8
［光緒］菏澤 7/宦蹟 15
44 **西若濤**(字晏海,號四極)
(清·樂安人)
［民國］續修廣饒 27/3
西勒塔(清·蒙古正黄旗人)
［道光］濟南 38/46
［乾隆］德州 8/14
［民國］德縣 9/12
德州鄉土志政績錄/2
67 **西鳴岐**(字鳳竹)
(明·東平人)
［萬曆］濮州 4/豪俠 7
［康熙］濮州 4/64
［乾隆］濮州 4/104
［宣統］濮州 6/52

1060_1 晉

07 **晉調元**(字淑君)
(明·陝西長安人)
［宣統］山東 72/46
［乾隆］東昌 35/12
［嘉慶］東昌 22/16
17 **晉承眷**(號養初)
(明·洪洞人)
［雍正］山東 27/79
［宣統］山東 72/19
［康熙］沂州志 3/48
［乾隆］沂州府 20/6
［民國］臨沂 7/73,13/30
37 **晉淑玉**(字荊璞)
(清·清平人)
［宣統］山東 200/14
［康熙］重修清平下/15
［嘉慶］清平 14/32
［宣統］增輯清平 12/33
［民國］清平/人物 19
清平縣鄉土志/耆舊
晉運泰(字大來)
(清·陝西咸寧人)
［宣統］山東 77/45
［乾隆］即墨 8/10
［同治］即墨 8/9
即墨縣鄉土志/政績錄
67 **晉明**(宋·齊州人)
［乾隆］歷城 45/6

吾

17 **吾豫**(明·汝寧人)
［乾隆］武定府 16/34
［咸豐］武定府 19/濱州 3
［萬曆］濱州 3/21
［康熙］濱州 5/21
［咸豐］濱州 8/4
濱州鄉土志/政績錄
72 **吾丘壽王**(字子贛)
(漢·趙人)
［萬曆］東昌 18/4
［乾隆］東昌 33/1
［嘉慶］東昌 20/1

1060_3 雷

00 **雷亨坤**(字伊嵩)
(清·嶧縣人)
［宣統］山東 200/15
［道光］濟南 38/11
［康熙］兖州續編 16/12
［乾隆］兖州 23/69
［乾隆］嶧縣 8/48
［光緒］嶧縣 21/文苑 2
雷應時(明)
［乾隆］樂陵 4/51
雷文煥(清·陽穀人)
［民國］增修陽穀人物/師道 21
10 **雷電**(字子陽,號忍齋)
(明·恩縣人)
［乾隆］東昌 42/29
［嘉慶］東昌 32/24
［雍正］恩縣續志 3/2
［宣統］重修恩縣 7/49,8/41
［民國］重修恩縣 11/鄉賢 48
雷雨(明·臨潼人)
［嘉靖］濮州 7/20
［嘉靖］朝城志 5/5
雷一龍(清·通州人)
［康熙］兖州續編 14/25
［乾隆］兖州 22/36
［康熙］續修汶上 4/宦績 2
雷雨霖(字公澍)
(清·平原人)
［民國］續修平原 10/上 19
雷震畏(清·陽穀人)
［康熙］陽穀 4/19
［光緒］陽穀 9/4
［民國］增修陽穀人物/仕宦 20
雷一鳴(清·陽穀人)
［康熙］陽穀 3/30
［光緒］陽穀 6/33
雷于煥(清·陽信人)
［民國］陽信 5/人瑞 68
12 **雷弘宇**(清·雲南新興州人)
［民國］定陶 4/29
16 **雷璁**(清·四川井研人)
［康熙］新城 5/12
［民國］重修新城 11/2
17 **雷子堅**(明·綏德人)
［嘉靖］山東 27/19
［雍正］山東 27/71
［宣統］山東 73/34

[萬曆]萊州 5/72
[康熙]萊州 8/47
[乾隆]萊州 9/18
[康熙]平度州 3/4
[道光]重修平度州 16/18
平度鄉土志 2/政績
雷子煥(清・陽信人)
[康熙]濟南 48/13
[乾隆]武定府 26/29
[康熙]陽信 9/33
[乾隆]陽信 7/57
信邑志稿 7/耆碩
23 **雷繽祚**(明・南直太湖人)
[宣統]山東 70/31
[康熙]濟南 24/29
[道光]濟南 35/44
[乾隆]武定府 16/11
[咸豐]武定府 19/11
[康熙]德州 7/29
[乾隆]德州 8/10
[民國]德縣 9/10
[乾隆]惠民 5/20
[光緒]惠民 18/13
惠民縣鄉土志/政績錄 7
雷稽古(字汝徵)
(明・恩縣人)
[康熙]山東 41/27
[雍正]山東 28/人物三 43
[宣統]山東 161/48
[萬曆]東昌 19/64
[乾隆]東昌 39/29
[嘉慶]東昌 29/13
[萬曆]恩縣 4/14
[宣統]重修恩縣 8/22
[民國]重修恩縣 11/鄉賢 19
恩縣鄉土志/18
24 **雷德彰**(字耀彩)
(恩縣人)
[民國]重修恩縣 11/鄉賢 60
雷纘緒(清・牟平人)
[光緒]增修登州 43/35
[同治]重修寧海州 21/8
[民國]牟平 7/92
26 **雷保源**(東阿人)
[民國]東阿 15/7
27 **雷鴣來**(恩縣人)
[民國]重修恩縣 11/鄉賢 83
28 **雷從教**(明・平原人)
[萬曆]平原上/52
32 **雷淵**(字希顏,一字季默)
(金・應州渾源人)
[嘉靖]山東 26/14
[康熙]山東 33/17
[雍正]山東 27/82
[宣統]山東補遺/65
[乾隆]泰安府 14/26
[萬曆元年]兗州 38/循吏 34
[萬曆二十四年]兗州 28/13
[康熙]兗州 22/12
[康熙]東平州 4/46
[乾隆]東平州 12/23
[道光]東平州 12/23
[光緒]東平州 14/23
[民國]東平縣 9/12
東平州鄉土志上/政績錄 12
[康熙五十四年]東阿 3/28
[道光]東阿 11/4
34 **雷達**(明・豐城人)
[崇禎]歷乘 16/62
35 **雷津林**(字子芹)
(陽穀人)
[民國]增修陽穀人物/仕宦 23
38 **雷肇基**(字建周)
(清・恩縣人)
[民國]重修恩縣 11/鄉賢 73
雷啟東(啟一作起,字震之)
(明・河南儀封人)
[宣統]山東 73/13
[嘉靖]青州 13/44
[萬曆]青州 12/30
[康熙十五年]青州 12/30
[康熙四十八年]青州 12/30
[康熙六十年]青州 12/28
[咸豐]青州 36/12
[嘉靖]臨朐 2/48
[康熙]臨朐縣志書 1/34,3/1
光緒臨朐 13/4
39 **雷泮林**(陽穀人)
[光緒]陽穀 9/7
40 **雷士弘**(字潤然)
(清・東阿人)
[康熙]兗州續編 16/33
[乾隆]泰安府 18/62
[康熙五十四年]東阿 7/44
[道光]東阿 14/人物下 31
[光緒]東阿縣鄉土志 4/25
雷有終(字道成)
(宋・同州郃縣人)
[雍正]山東 27/81
[宣統]山東 68/37
[康熙]濟南 25/9
[乾隆]泰安府 14/14
[嘉靖]萊蕪 5/9
[康熙]新修萊蕪 5/21
[民國]萊蕪 9/2
[民國]續修萊蕪 15/4
雷士宏(見雷士弘)
雷太岳(清・東阿人)
[民國]續修東阿 12/2
47 **雷起龍**(明・北直通州人)
[道光]濟南 36/49
雷起東(見雷啟東)
51 **雷振遠**(字廷選)
(清・夏津人)
[民國]夏津續編 8/4
雷振乾(字幼昇)
(清・歷城人)
[光緒]壽張 5/41
雷振畏(見雷震畏)
71 **雷長祿**(字慰庭,一作位廷)
(陽穀人)
[光緒]陽穀 9/7
[民國]增修陽穀人物/仕宦 23
雷長興(字賓三)
(陽穀人)
[光緒]陽穀 9/7
[民國]增修陽穀人物/仕宦 23
77 **雷鳳來**(字際五)
(清・恩縣人)
[民國]重修恩縣 11/鄉賢 53
80 **雷益**(明・咸寧人)
[乾隆]泰安府 15/5
雷金榜(字題卿)
(清・夏津人)

[民國]夏津續編 8/34
雷金聲(字孔始)
(明·恩縣人)
[乾隆]東昌 42/29
[嘉慶]東昌 32/24
[雍正]恩縣續志 3/31
[宣統]重修恩縣 8/41
[民國]重修恩縣 11/鄉賢 48
86 雷錫岱(字鎮魯)
(恩縣人)
[民國]重修恩縣 11/鄉賢 59,12/上 100
87 雷鏐孫(清·恩縣人)
[嘉慶]東昌 32/67
[宣統]重修恩縣 8/42
[民國]重修恩縣 11/鄉賢 49
98 雷烇(清·蒲城人)
[康熙]嶧縣 3/44
[光緒]嶧縣 19/丞倅 4
99 雷榮(明·番禺人)
[萬曆]濮州 3/名宦 30

1062_0 可

71 可長老(明·東吳人)
[道光]濟南 60/15
[道光]長清 13/16

1062_7 靄

10 靄霞(明·河南唐縣人)
[康熙十二年]陽穀 2/15
[康熙]陽穀 2/11
[光緒]陽穀 4/2

1064_8 醉

77 醉民(佚其名)
(宋·齊州人)
[康熙]山東 45/1
[康熙]濟南 38/4
[道光]濟南 47/41
[崇禎]歷城 10/17
[乾隆]歷城 41/5

1073_1 雲

22 雲崖和尚(明)
[康熙]張秋志 11/33
25 雲生起(字從龍)
(明)
[康熙]濟南 50/9
[道光]濟南 62/6
[康熙]章丘 6/47
[乾隆]章邱 9/50
[道光]章邱 11/90
31 雲福履(清·臨清人)
[乾隆]東昌 41/37
[乾隆]臨清州 9/39
[乾隆]臨清直隸州 8/上 27
[民國]臨清縣/人物 25
33 雲心齊(清·茌平人)
[民國]茌平 3/110
35 雲油(明·平鄉人)
[乾隆]陽信 5/10
40 雲克廣(字心齋)
(清·茌平人)
[宣統]茌平 28/6
[民國]茌平 3/79
44 雲英桂(號槃齋,一作盤齋)
(清·臨清人)
[乾隆]東昌 41/22
[康熙]臨清州 3/人物 12
[乾隆]臨清州 9/39
[乾隆]臨清直隸州 8/上 26
[民國]臨清縣/人物 84
60 雲嵒子(見劉志堅)
77 雲兜(明)
[萬曆]青州 17/14
[康熙十五年]青州 17/14
[康熙四十八年]青州 17/仙釋 9
[康熙六十年]青州 20/11
雲門鵠我子(明)
[道光]濟南 60/14
雲同春(字青軒)
(清·茌平人)
[宣統]茌平 16/10
[民國]茌平 3/42,3/44
90 雲光(清·章邱人)
[道光]章邱 11/92

云

98 云敞(字幼孺)
(漢·平陵人)
[宣統]山東 66/7
[萬曆二十四年]兗州 26/5
[康熙]兗州 21/4
[乾隆]兗州 22/2

1080_6 賈

00 賈訪(明·嶧縣人)
[乾隆]兗州 23/38
[乾隆]嶧縣 8/21
[光緒]嶧縣 21/鄉賢 65
賈諒(字子信)
(明·嶧縣人)
[嘉靖]山東 30/60
[康熙]山東 40/57
[雍正]山東 28/人物三 6
[宣統]山東 161/27
[萬曆元年]兗州 40/忠直 17
[萬曆二十四年]兗州 36/4
[康熙]兗州 28/4
[康熙]兗州續編 15/9
[乾隆]兗州 23/35
[康熙]嶧縣 4/71
[乾隆]嶧縣 8/19
[光緒]嶧縣 21/鄉賢 64
賈讓(元·魚臺人)
[道光]濟寧直隸州 8/2-21
[康熙]魚臺 17/3
[乾隆]魚臺 11/21
[光緒]魚臺 3/13
賈文(號成公,一作成功)
(宋·臨沂人)
[嘉靖]山東 34/11
[康熙]山東 47/4
[雍正]山東 30/12
[宣統]山東 200/26
[康熙]濟南 51/7
[萬曆]青州 17/12
[康熙十五年]青州 17/12
[康熙四十八年]青州 17/仙釋 7
[萬曆元年]兗州 46/6
[萬曆二十四年]兗州 52/26
[萬曆]沂州志 7/76
[康熙]沂州志 6/53
[乾隆]沂州府 27/13
[天啟]新泰 6/39
[順治]新泰 5/33

[乾隆]新泰 16/17
[民國]臨沂 10/66
賈章(明・山西人)
[道光]濟南 36/60
賈亨晉(字煦階)
(清・樂陵人)
[宣統]山東 171/46
[咸豐]武定府 23/忠節 24
樂陵縣鄉土志 3/35
賈立綱(又名芝蘭,字香山)
(清・博興人)
[民國]重修博興 13/56
賈亨復(字少峯)
(清・樂陵人)
樂陵縣鄉土志 3/53
賈文宿(清・樂陵人)
樂陵縣鄉土志 3/63
賈應寵(字晉蕃,一字思退,
別字鳧西)
(清・曲阜人)
[乾隆]曲阜 88/3
[民國]續修曲阜 5/35
[康熙]滋陽 4/上 56
[光緒]滋陽 9/56
賈亨嘉(字遷友)
(清・樂陵人)
樂陵縣鄉土志 3/62
賈文太(清・慶雲人)
[民國三年]慶雲 2/74
賈文勤(清・鄒平人)
[民國]鄒平 15/139
賈慶薰(清・鄒縣人)
[民國]續修鄒縣志稿/人
物 - 耆舊
賈廣栒(字旬城)
(清・商河人)
[民國]重修商河 8/74
賈應墀(字龍樓)
(明・河南安陽人)
[宣統]山東 72/16
[康熙]兗州續編 14/17
[乾隆]兗州 22/30
[乾隆]濟寧直隸州 22/50
[道光]濟寧直隸州 6/6 - 33
[順治]嘉祥 4/38
[乾隆]嘉祥 3/31
[光緒]嘉祥 3/38
[康熙十二年]陽穀 2/18,
7/12
[康熙]陽穀 2/13,7/7
[光緒]陽穀 4/4,12/7
[民國]增修陽穀藝文/碑 4
賈應春(字東陽)
(明・北直正定人)
[宣統]山東 70/28
[道光]濟南 35/43
賈文善(明・蒙陰人)
[康熙十一年]蒙陰 2/52
賈應箕(字南光,號巖軒,別
號冰蘗居士)
(明・清平人)
[民國]清平/藝文 33
賈文燾(字叔詒)
(清・嶧縣人)
[乾隆]兗州 23/63
[康熙]嶧縣 4/88
[乾隆]嶧縣 8/32
[光緒]嶧縣 21/宦績 2
02 **賈訓**(元・鄒平人)
[康熙]鄒平 5/19
賈訓(字以正)
(明・定陶人)
[乾隆]曹州府 16/6
[順治]定陶 5/20
[乾隆]定陶 6/9
[民國]定陶 6/42
03 **賈斌**(明・商河人)
[宣統]山東 161/29
[康熙]濟南 44/6
[乾隆]武定府 24/2
[咸豐]武定府 24/清介 2
[萬曆]商河 7/6
[道光]商河 7/12
[民國]重修商河 8/10
商河縣鄉土志 3/耆舊 -
學問
08 **賈效儒**(字席珍,號待聘)
(清・商河人)
[民國]重修商河 8/46
賈敦實(字威亨)
(唐・曹州冤句人)
[嘉靖]山東 30/37
[雍正]山東 28/人物二 6
[宣統]山東 161/12
[萬曆元年]兗州 40/政績 7
[康熙]曹州志 15/38
[康熙]東明 6/13
[乾隆]東明 6/13
[民國]東明縣新誌 11/18
[光緒]菏澤 15/9,15/39
賈敦孝(字紹閔)
(清・齊河人)
[民國]齊河 23/76
賈敦頤(唐・曹州冤句人)
[嘉靖]山東 30/37
[雍正]山東 28/人物二 6
[宣統]山東 161/12
[萬曆元年]兗州 40/政
績 7
[萬曆二十四年]兗州 34/9
[康熙]兗州 26/42
[康熙]曹州志 15/9
[乾隆]曹州府 14/12
[康熙]東明 6/13
[乾隆]東明 6/13
[民國]東明縣新誌 11/18
[光緒]新修菏澤 10/9
菏澤縣鄉土志/15
[康熙]曹縣 12/10
[康熙]兗州府曹縣 12/10
[光緒]曹縣 12/9
10 **賈霳**(明・禹城人)
[道光]濟南 52/5
[康熙]禹城 2/10
[嘉慶]禹城 9/3
[民國]禹城 6/3
禹城縣鄉土志/11
賈雯(字漢倬)
(清・博興人)
[咸豐]青州 46/44
[康熙六十年]博興 7/27
[道光]博興 11/27
[民國]重修博興 13/26
賈璽(字印堂)
(莒縣人)
[民國]重修莒志 66/5
賈璋(字月峯)
(明・山西蒲州人)

[宣統]山東 73/22
[光緒]增修登州 27/2
[乾隆]黄縣 6/名宦 4
[同治]黄縣 6/4
[民國]黄縣志稿 11/宦績
賈至(字幼鄰)
(唐·洛陽人)
[康熙]單縣 6/19
[乾隆]單縣 4/48
[民國]單縣 6/宦蹟 6
賈元龍(南北朝)
[光緒]益都縣圖志 15/6
賈天爵(明·單縣人)
[順治]單縣 3/6
賈天俊(字秀升)
(清·博興人)
[民國]重修博興 13/49
賈三近(字德修,一作德甫)
(明·嶧縣人)
[康熙]山東 40/61
[雍正]山東 28/人物三 47
[宣統]山東 159/26
[萬曆二十四年]兗州 36/23
[康熙]兗州 28/22
[乾隆]兗州 23/47
[康熙]嶧縣 4/78
[乾隆]嶧縣 8/23
[光緒]嶧縣 21/鄉賢 67
賈可禮(清·鄒平人)
[民國]鄒平 15/129
賈雲祥(清·城武人)
[道光]城武 9/上 50
賈三奇(字秉乾,號蒼眷)
(清·樂陵人)
[咸豐]武定府 26/義行 23
樂陵縣鄉土志 3/43
賈雲來(清)
[乾隆]嶧縣 7/21
[光緒]嶧縣 19/職官下 17
賈玉槐(字幼培)
(清·樂陵人)
樂陵縣鄉土志 3/43
賈三幹(字崑源)
(清·樂陵人)
[咸豐]武定府 34/傳 11
樂陵縣鄉土志 3/63
賈正明(明·馬邑人)
[民國]無棣 9/7
賈可用(清·鄒平人)
[民國]鄒平 15/140
賈三策(字昌言)
(明·霑化人)
[乾隆]武定府 24/29
[咸豐]武定府 24/循良 19
[萬曆]新修霑化 5/94
[光緒]霑化 7/11
[民國]霑化 2/5
11 **賈璊**(元·平陰人)
[光緒]平陰 8/18
12 **賈廷**(字琛敬)
(清·齊河人)
[民國]齊河 23/17
賈延齡(字宇九)
(清·歷城人)
[宣統]山東補遺/6
[民國]續修歷城 44/19
賈廷柱(清·博平人)
[光緒]博平縣續志 10/61
賈孫曈(漢·北海人)
[民國]濰縣志稿 42/1
13 **賈琮**(字孟堅)
(漢·東郡聊城人)
[嘉靖]山東 31/1
[康熙]山東 41/1
[雍正]山東 28/人物一 23
[宣統]山東 161/3
[萬曆]東昌 19/4
[乾隆]東昌 36/2
[嘉慶]東昌 26/3
[宣統]聊城 8/1
賈琮(清·博興人)
[咸豐]青州 46/43
[康熙十二年]博興 6/8
[康熙六十年]博興 7/26
[道光]博興 11/24
[民國]重修博興 13/22
賈瑄(清·益都人)
[乾隆]東平州 12/39
[道光]東平州 12/39
[光緒]東平州 14/39
賈琅(字小緗,號青圃)
(清·齊河人)
[民國]齊河 23/4
14 **賈耽**(唐·南皮人)
[乾隆]東昌 34/23
[民國]臨清縣/秩官 58
16 **賈理成**(字青陽)
(明·濮州人)
[乾隆]濮州 4/33
[宣統]濮州 6/27
17 **賈瑚**(字玉樹)
(清·齊河人)
[民國]齊河 23/19
賈琚(字則行)
(清·魚臺人)
[光緒]魚臺 3/29
賈珣(字仙瀛)
(清·莒縣人)
[民國]重修莒志 67/12
賈君榮(字三錫)
(清·平度人)
[道光]重修平度州 19/19
18 **賈玲**(字佩鳴)
(清·齊河人)
[民國]齊河 23/19
賈璇(字聯樞)
(清·歷城人)
[道光]濟南 53/51
[民國]續修歷城 41/7
[民國]齊河 27/21
賈致恩(字湛田)
(清·黄縣人)
[民國]黄縣志稿 13/人物 -
鄉賢祠
賈致恂(清·黄縣人)
[光緒]增修登州 43/9
19 **賈琰**(字蘭圃,一字廷瑞)
(清·齊河人)
[民國]續修歷城 41/6
[民國]齊河 23/12,27/20
20 **賈維新**(臨清人)
[民國]臨清縣/人物 78
賈秉禮(字魯卿)
(清·單縣人)
[民國]單縣 12/鄉賢 19
賈維楷(字端臣)
(清·長山人)
[道光]濟南 55/22

[嘉慶]長山 7/45
長山縣鄉土志/耆舊錄
賈舜田(明・掖縣人)
[乾隆]掖縣 4/23
[道光]掖乘 4
[光緒]三續掖縣 4/42
賈舜年(字歷山)
(明・朝城人)
[康熙]朝城 8/23
21 **賈貞**(元・壽張人)
[康熙六年]壽張 7/9
[康熙五十六年]壽張 7/9
[光緒]壽張 6/44
賈衍慶(清・鄆城人)
[光緒]鄆城 16/28
賈步雲(字履青)
(清・博興人)
[民國]重修博興 13/57
賈仁元(字子善)
(明・山西萬泉人)
[宣統]山東 71/3
[道光]濟南 36/6
[崇禎]歷城 6/3,6/19
[乾隆]歷城 34/5
賈上進(字憲玉)
(明・黄縣人)
[光緒]增修登州 40/9
[康熙]黄縣 6/4
[乾隆]黄縣 8/26
[同治]黄縣 8/7
[民國]黄縣志稿 13/明
賈仁甫(明・朝城人)
[康熙]朝城 8/49
賈紫照(清・霑化人)
[光緒]霑化 7/8
[民國]霑化 2/21
22 **賈循**(唐・京兆華原人)
[雍正]山東 27/2
[宣統]山東 68/1
賈樂同(字會仙)
(清・泰安人)
[民國]重修泰安縣 8/14
23 **賈允升**(字猷廷)
(清・黄縣人)
[宣統]山東 176/9
[光緒]增修登州 39/12
[同治]黄縣 8/9
[民國]黄縣志稿 13/清仕續
賈我年(明・定陶人)
[順治]定陶 6/2
[乾隆]定陶 5/2
24 **賈先**(見賈同)
賈化醇(字濳初)
(明・齊河人)
[民國]齊河 23/12
賈德潤(字玉華)
(清・德平人)
[民國]德平縣續志 12/碑記 12
賈先春(明・南直高郵人)
[宣統]山東 71/20
[道光]濟南 36/59
[康熙]德平 3/4
[乾隆]德平 2/26
[嘉慶]德平 5/10
[光緒]德平 5/10
德平縣鄉土志/政績錄
25 **賈生才**(清・慶雲人)
[嘉慶]慶雲 9/12
[咸豐]慶雲 2/63
[民國三年]慶雲 2/41
賈傳芳(明・北直威縣人)
[宣統]山東 73/37
[康熙]萊州 8/54
[乾隆]萊州 9/23
[萬曆]青州 12/又 44
[康熙十五年]青州 12/又 44
[康熙四十八年]青州 12/又 44
[康熙六十年]青州 12/20
[咸豐]青州 36/38
[康熙]膠州 5/9
[乾隆]膠州 4/14
[道光]重修膠州 22/7
[民國]增修膠志 17/6
[光緒]益都縣圖志 18/21
26 **賈佀**(元・壽張人)
[康熙六年]壽張 7/9
[康熙五十六年]壽張 7/9
[光緒]壽張 6/44
賈和國(字協萬)
(清・博興人)
[民國]重修博興 13/49
27 **賈綱**(字振三)
(清・霑化人)
[光緒]霑化 8/15
[民國]霑化 2/44
賈魯(字友恒)
(元・河東高平人)
[雍正]山東 27/9
[宣統]山東 69/16
[道光]濟寧直隸州 6/6－19
賈象占(字夢卜)
(清・鄒平人)
[民國]鄒平 15/116
賈紹清(清・無棣人)
[民國]無棣 13/12
賈翽梧(字瑞岐,號周山)
(清・樂安人)
[民國]樂安 10/33
[民國]續修廣饒 19/64
28 **賈復**(字君文)
(漢・南陽人)
[道光]重修平度州 15/3
賈綸(字宗理,一作綜理)
(明・濟寧人)
[康熙]濟寧州 7/19
[乾隆]濟寧直隸州 26/15
[道光]濟寧直隸州 8/4－37
賈復元(字臨溪)
(清・山西崞縣人)
[宣統]山東 75/12
[康熙]濟南 26/12
[道光]濟南 38/19
[康熙四十三年]長山 3/宦績
[康熙五十五年]長山 3/38
[嘉慶]長山 5/46
賈復成(清・清平人)
[民國]清平/人物 74
30 **賈安**(字欽明)
(清・清平人)
[民國]清平/人物 63
賈良(清・壽張人)
[光緒]壽張 10/2
賈宣(字文著)
(明・封丘人)
[崇禎]歷城 6/2

賈宗正(明・東陽人)
[康熙]兗州續編 14/28
[萬曆]沂州志 6/16
[康熙]沂州志 3/46
[民國]臨沂 7/72
賈宗政(明・浙江東陽人)
[宣統]山東 72/19
[乾隆]沂州府 20/6
賈永貞(清・鄒平人)
[民國]鄒平 15/130
賈宗魯(字希參)
(明・嶧縣人)
[康熙]兗州續編 15/9
[乾隆]兗州 23/43
[康熙]嶧縣 4/74
[乾隆]嶧縣 8/21
[光緒]嶧縣 21/鄉賢 66
賈永寧(字鞏圖)
(清・齊河人)
[民國]齊河 23/18
賈宗江(號湘亭)
(清・滋陽人)
[光緒]滋陽 8/77
滋陽縣鄉土志 1/耆舊 - 名將
[光緒]壽張 5/40
賈守巡(清)
[民國]牟平 6/82
賈宗漢(字荊池)
(清・樂安人)
[民國]續修廣饒 19/73
賈之祿(字馭富)
(清・長清人)
[民國]長清 13/12
賈宏祚(清・韓城人)
[宣統]山東 74/37
[道光]濟南 37/53
賈之遴(清・長山人)
[嘉慶]長山 10/11
長山縣鄉土志/耆舊錄
賈之坊(清・安東人)
[雍正]恩縣續志 3/5
賈進忠(明・新城人)
[康熙]濟南 47/33
[道光]濟南 51/39
[康熙]新城 8/3
[康熙]新城縣續志/義僕
[民國]重修新城 15/4
賈良田(清・蠡縣人)
[民國]續滕縣志 4/25
賈寶全(字億珍)
(清・嘉祥人)
[光緒]嘉祥 3/47
31 **賈汧**(字鎮雍)
(清・魚臺人)
[光緒]魚臺 3/文行又 3
賈迺魯(字朴民,一字東侯)
(清・齊河人)
[民國]齊河 23/73,23/76
賈迺宣(字德三)
(清・嘉祥人)
[民國]濟寧直隸州續志 14/14
[光緒]嘉祥 3/49
賈逼真(明・平山人)
[雍正]恩縣續志 3/4
賈迺筵(字子開)
(清・齊河人)
[民國]齊河 23/16
32 **賈澄**(字廉夫)
(明・辰州人)
[宣統]山東 71/39
[康熙]濟南 25/35
[嘉靖]武定州下/55
[萬曆]武定州 12/9
[崇禎]武定州 15/11
[乾隆]武定府 16/7
[咸豐]武定府 19/7
[乾隆]惠民 5/15
[光緒]惠民 18/8
惠民縣鄉土志/政績錄 5
賈澄(字本清)
(明・掖縣人)
[萬曆]萊州 5/107
[康熙]萊州 10/33
[乾隆]萊州 10/21
[乾隆]掖縣 4/22
33 **賈治**(字寧遠)
(清・樂陵人)
樂陵縣鄉土志 3/58
賈心忠(字貫一)
(清・嘉祥人)
[民國]濟寧直隸州續志 14/13
[光緒]嘉祥 3/47
34 **賈浩**(字子充)
(清・嶧縣人)
[乾隆]兗州 23/78
[乾隆]嶧縣 8/48
[光緒]嶧縣 21/宦績 11,21/耆舊 19
賈逵(字梁道)
(三國魏・河東襄陵人)
[萬曆元年]兗州 38/循吏 13
賈漢誼(清・山西曲沃人)
[康熙]膠州 5/17
[乾隆]膠州 4/19
[道光]重修膠州 23/5
[民國]增修膠志 18/4
賈凌雲(字漢湄)
(清・齊河人)
[民國]齊河 23/15
賈浩川(字鶴亭)
(清・魚臺人)
[光緒]魚臺 3/24
賈漢徵(明・太康人)
[康熙]堂邑 10/9
賈汝适(清・平陰人)
[道光]平陰續刻 2/73
[光緒]平陰 5/31
賈汝式(清・長山人)
[嘉慶]長山 9/31
賈漢策(字洛俊)
(清・齊河人,一作齊東人)
[雍正]山東 28/人物四 32
[宣統]山東 169/20
[康熙]濟南 45/13
[道光]濟南 56/3,72/45
[康熙]齊河 6/35
[雍正]齊河 7/5
[民國]齊河 24/5
齊河縣鄉土志鄉賢祠/18
[民國]齊東 5/5
36 **賈昶**(元・壽張人)
[康熙六年]壽張 7/9
[康熙五十六年]壽張 7/9
[光緒]壽張 6/44

賈祝三(長清人)
[民國]長清 12/27
賈昶榮(字六錫)
(清・平度人)
[道光]重修平度州 19/12
37 **賈潤**(元・嶧州人)
[康熙]嶧縣 4/69
[乾隆]嶧縣 8/18
[光緒]嶧縣 21/鄉賢 62
賈初元(字春宇)
(清・樂陵人)
樂陵縣鄉土志 3/42
賈運隆(清・德平人)
[光緒]德平 7/24
德平縣鄉土志/耆舊錄
賈鴻策(字詞庵)
(清・樂陵人)
樂陵縣鄉土志 3/53
38 **賈啟元**(字仁宇)
(清・樂陵人)
樂陵縣鄉土志 3/42
40 **賈賁**(唐)
[嘉靖]山東 26/7
[康熙]山東 33/8
[雍正]山東 27/87
[宣統]山東 68/14
[萬曆元年]兗州 38/節義 2
[萬曆二十四年]兗州 27/11
[康熙]兗州 21/25
[乾隆]曹州府 12/7
[隆慶]單縣上/30
[康熙]單縣 6/4
[乾隆]單縣 4/48
[民國]單縣 6/宦蹟 7
賈友(元・鄒平人)
[康熙]濟南 47/3
[道光]濟南 48/35
[康熙]鄒平 6/23
[嘉慶]鄒平 15/6
賈真(字宗正)
(明・博平人)
[正德]博平 4/75
賈真(明・武定州人)
[嘉靖]武定州下/66
賈吉慶(字子善)
(平原人)
[民國]續修平原 8/25
賈直言(唐)
[雍正]山東 27/33
[宣統]山東 68/11
[乾隆]兗州 22/10
賈士端(字方儒)
(清・定陶人)
[乾隆]定陶 6/24
[民國]定陶 6/46
賈大正(清・費縣人)
[光緒]費縣 11/60
賈培元(字雪堂)
(清・鄒平人)
[民國]鄒平 15/122
賈克建(字樹常,號立亭)
(清・平陰人)
[光緒]平陰 5/26
賈克儒(明・淄川人)
[康熙]淄川 6 下/12
[乾隆]淄川 6/下 12
賈真儒(字宗孟)
(明・平谷人)
[嘉靖]夏津 3/35
[乾隆]夏津 6/9,10/上 57
賈克嶷(字九峯)
(清・齊河人)
[民國]齊河 23/71
賈大勳(清・鄒平人)
[民國]鄒平 15/138
賈克中(明・代州人)
[康熙十一年]莘縣 5/4
[康熙五十六年]莘縣 5/4
[光緒]莘縣 5/16
[民國]莘縣 3/11
莘縣鄉土志/政績 4
賈希夷(字予清)
(明・歷城人)
[民國]續修歷城 39/4
[民國]齊河 23/4
賈大典(字心傳)
(清・平度人)
[道光]重修平度州 19/19
賈培昆(字少軒)
(清・文登人)
[光緒]文登 10/上 20
賈奇聞(明・陽信人)
[康熙]陽信 9/28
[乾隆]陽信 7/51
[民國]陽信 5/義俠 75
賈壽朋(字鶴軒)
(清・齊河人)
[民國]齊河 23/18
賈壽年(字尊一)
(清・齊河人)
[民國]齊河 23/14
賈希鏡(南北朝・平陽襄陵人)
[咸豐]青州 64/13
[光緒]益都縣圖志 53/4
賈有年(字瑞書)
(清・博興人)
[民國]重修博興 13/41
賈培榮(清・泰安人)
[道光]泰安縣 9/上 87
[民國]重修泰安縣 8/42
41 **賈樞**(字慎卿,號月川)
(明・商河人)
[康熙]濟南 40/7
[乾隆]武定府 24/21
[咸豐]武定府 24/循良 11,35/誌銘 10
[萬曆]商河 7/4,10/67
[道光]商河 7/6,8/下 12
[民國]重修商河 8/5,13/藝文志四墓誌 9
商河縣鄉土志 3/耆舊－學問
賈樞(字守吾)
(清・齊河人)
[民國]齊河 23/80
賈楨(字筠堂)
(清・黃縣人)
[宣統]山東 176/11
[光緒]增修登州 39/13
[民國]黃縣志稿 13/人物－鄉賢祠
賈栖鳳(明・三河人)
[康熙]沂水 4/29
[道光]沂水 5/30
42 **賈梃**(字茂年)
(明・嶧縣人)
[康熙]嶧縣 4/85

［乾隆］嶧縣 8/28
［光緒］嶧縣 21/耆舊 2,21/文苑 1
賈樸（字素亭）
（清・清平人）
［宣統］增輯清平 12/45
［民國］清平/人物 27
44 **賈蕃**（宋）
［康熙］東明 4/20
［乾隆］東明 4/20
［民國］東明縣新誌 11/3
賈林（字儒林）
（明・博平人）
［正德］博平 4/70
［康熙］博平 3/63
賈芹（清・霑化人）
［乾隆］武定府 25/29
［咸豐］武定府 25/孝友 29
［光緒］霑化 8/14
［民國］霑化 2/43
賈茲（字文在）
（清・霑化人）
［光緒］霑化 9/9
［民國］霑化 2/62
賈世康（明・定興舉人）
［萬曆］濮州 3/名宦 32,6/69
［康熙］觀城 3/4
［道光］觀城 6/6
賈夢龍（字應乾）
（明・嶧縣人）
［康熙］嶧縣 4/77
［乾隆］嶧縣 8/23
［光緒］嶧縣 21/鄉賢 67,21/文苑 1
賈執琇（字瑩軒）
（清・臨朐人）
［民國］臨朐續志 20/20
賈若瑚（清・山西陽曲人）
［宣統］山東 75/47
［咸豐］武定府 19/樂陵 4
［乾隆］樂陵 4/55
樂陵縣鄉土志 2/9
賈世貞（字景王）
（清・朝城人）
［康熙］朝城 8/36
賈董倜（清・博興人）
［道光］博興 11/37
［民國］重修博興 13/35
賈苞如（字梅賓）
（清・淄川人）
［宣統］三續淄川 9/70
賈世忠（字景韓）
（明・朝城人）
［康熙］朝城 8/30
賈世臣（字元勛）
（明・萊陽人）
［民國］清平/藝文 31
賈薂曾（字慕賢）
（清・清平人）
［民國］清平/人物 72
45 **賈棟**（元・直隸獲鹿人）
［宣統］山東 69/24
［道光］濟南 34/44
［康熙］陵縣 4/3
［光緒］陵縣 18/10
陵縣鄉土志/6
賈棲鳳（見賈栖鳳）
46 **賈槐**（字世廕）
（明・歷城人）
［道光］濟南 49/41
［崇禎］歷城 10/19
［乾隆］歷城 41/10
［民國］齊河 25/3
賈如魯（字伯誠,號省齋）
（明・朝城人）
［康熙］朝城 8/12
賈如愚（明・朝城人）
［康熙］朝城 8/28
賈如竹（清・蒙陰人）
［康熙十一年］蒙陰 2/55
47 **賈穀**（字和齋）
（清・霑化人）
［光緒］霑化 8/12
［民國］霑化 2/41
賈桐（清・菏澤人）
菏澤縣鄉土志/27
賈聲槐（字閣聞,號直方,一號艮山）
（清・樂陵人）
［宣統］山東 171/43
［咸豐］武定府 23/名臣 38,35/誌銘 42
樂陵縣鄉土志 3/31
賈聲聞（字麗含）
（清・定陶人）
［民國］定陶 6/28
48 **賈圪**（字百仞）
（清・齊河人）
［民國］齊河 23/71
賈敬（字慎之）
（明・掖縣人）
［乾隆］掖縣 3/50
賈敬修（清・汶上人）
［宣統］四續汶上稿/人物－文學傳
賈翰清（清・鄒平人）
［民國］鄒平 15/134
賈翰陞（字仙舫）
（清・樂陵人）
［咸豐］武定府 25/文苑 26
樂陵縣鄉土志 3/44
50 **賈貴**（明・臨清人）
［嘉靖］山東 35/4
［康熙］山東 45/12
［乾隆］東昌 42/19
［康熙］臨清州 3/人物 17
［乾隆］臨清州 9/50
［乾隆］臨清直隸州 8/上 38
［民國］臨清縣/人物 49
賈春霖（字璘卿）
（濟陽人）
［民國］濟陽 11/18
賈書琴（清・濮州人）
［宣統］濮州 6/19
賈東山（明・山西蒲州人）
［宣統］山東 73/13
［咸豐］青州 36/16
［光緒］益都縣圖志 18/17
［嘉靖］臨朐 2/50
［康熙］臨朐縣志書 1/35
光緒臨朐 13/6
賈東皐（字陶登）
（清・汶上人）
［宣統］四續汶上稿/人物－施濟傳
賈青田（字汶南）
（清・魚臺人）
［民國］濟寧直隸州續志

15/3
［光緒］魚臺 3/文行又 2
賈泰興(字階平)
(清・博興人)
［民國］重修博興 13/56
賈泰臨(字德昌)
(清・朝城人)
朝城縣鄉土志/14
51 賈振琨(字次瑤)
(臨淄人)
［民國］臨淄 22/71
賈振升(字鷺汀)
(清・陽信人)
［民國］陽信 5/任恤 32
陽信縣鄉土志上/耆舊－事業
賈振瀛(字仙舫)
(明・莒縣人)
［民國］重修莒志 68/4
賈振宗(字肖之)
(明・黃縣人)
［乾隆］黃縣 8/22
［同治］黃縣 8/19
賈振基(字德圃)
(清・歷城人)
［民國］續修歷城 41/8
53 賈成霖(字少魯)
(清・歷城人)
［宣統］山東補遺/28
［民國］續修歷城 40/29
賈成功(字勳臣)
(清・商河人)
［民國］重修商河 8/85
賈成都(清・城武人)
［道光］城武 9/上 50
賈成田(字維畇)
(清・魚臺人)
［民國］濟寧直隸州續志 15/3
［光緒］魚臺 3/文行又 2
賈成公(宋・臨沂人)
［康熙］費縣 7/32
［光緒］費縣 11/67
54 賈持謙(字公讓)
(金・壽光人)
［康熙］壽光 22/2
［嘉慶］壽光 14/17
［民國］壽光 12/人物志二 41
55 賈慧(字宜臨)
(清・嶧縣人)
［乾隆］嶧縣 8/39
［光緒］嶧縣 21/孝友 7
57 賈撰策(字論庵)
(清・樂陵人)
樂陵縣鄉土志 3/46
60 賈昉(字炅寅)
(清・博興人)
［道光］博興 11/30
［民國］重修博興 13/28
賈思伯(字仕休,一字士休)
(北魏・齊郡益都人)
［至元］齊乘 6/17
［嘉靖］山東 32/9
［康熙］山東 42/10
［雍正］山東 28/人物一 57
［宣統］山東 162/22
［嘉靖］青州 15/27
［康熙十五年］青州 14/47
［康熙四十八年］青州 14/儒行 4
［康熙六十年］青州 15/6
［咸豐］青州 39/21
［萬曆］益都 6/89
［康熙］益都 7/1
［康熙］顏神鎮志 4/下 17
［民國］壽光 12/人物志一 12
賈曰宸(清・齊河人)
［民國］齊河 26/29
賈國華(字實公)
(清・歷城人)
［道光］濟南 53/57
［民國］續修歷城 44/5
賈思勰(魏)
［萬曆］青州 15/4
［康熙十五年］青州 15/4
［康熙四十八年］青州 15/文學 4
［康熙六十年］青州 18/2
［萬曆］益都 6/89
［康熙］益都 9/29
賈昌朝(字子明)
(宋・河北獲鹿人)
［宣統］東明續縣志 2/6
［民國］東明縣新誌 11/2
賈思敬(字恪恭)
(清・嶧縣人)
［光緒］嶧縣 21/耆舊 17
賈昌田(字友文)
(清・樂安人)
［民國］續修廣饒 19/49
賈圓明(明・范縣人,見圓明)
賈思同(字仕明,一作士明)
(北魏・齊郡益都人)
［嘉靖］山東 32/9
［康熙］山東 42/10
［雍正］山東 28/人物一 57
［宣統］山東 162/22
［嘉靖］青州 15/27
［康熙六十年］青州 18/2
［萬曆］益都 6/89
［康熙］益都 9/11
［光緒］益都縣圖志 15/16
［民國］壽光 12/人物志二 39
賈四知(明・滎陽人)
［乾隆］寧陽 3/8
賈曰鋃(字云壁)
(清・鄒平人)
［道光］濟南 54/50
［道光］鄒平 15/103
［民國］鄒平 15/103
61 賈顯(字克明)
(明・冠縣人)
［嘉靖］冠縣 4/3
［萬曆］冠縣 4/8
賈顯(明・直隸蠡縣監生)
［乾隆］青城 7/4
［民國］青城續修 4/名宦 14
62 賈則智(明)
［宣統］山東 73/26
［光緒］增修登州 31/1
［康熙］萊陽 4/5
［民國］萊陽 3/1 上 6
67 賈昭(明・濟陽人)
［嘉靖］山東 29/23
［康熙］山東 39/21
［康熙］濟南 34/6

[道光]濟南 51/47
[乾隆]濟陽 8/9
[民國]濟陽 11/9
賈明坤(清・東阿人)
[民國]續修東阿 12/2
賈嗣照(明・齊河人)
[崇禎]歷乘 16/53
[民國]齊河 23/27
68 **賈贈**(明・陽城人)
[順治]定陶 4/5
72 **賈馴**(字致道)
(元・鄒平人)
[康熙]濟南 35/7
[道光]濟南 48/35
[康熙]鄒平 6/20
[嘉慶]鄒平 15/30
[道光]鄒平 15/12
[民國]鄒平 15/12
77 **賈同**(字希得,一作希德)
(宋・臨淄人)
[至元]齊乘 6/24
[嘉靖]山東 26/10,32/14
[康熙]山東 33/12,42/14
[雍正]山東 28/人物二 31
[宣統]山東 162/28
[道光]濟南 34/6
[嘉靖]青州 14/16
[萬曆]青州 13/37
[康熙十五年]青州 13/37
[康熙四十八年]青州 13/事功 20
[康熙六十年]青州 16/9
[咸豐]青州 41/23
[萬曆元年]兗州 38/循吏 29
[萬曆二十四年]兗州 28/8
[康熙]兗州 22/8
[乾隆]兗州 22/12
[嘉靖]武定州下/49
[萬曆]武定州 12/6
[崇禎]武定州 15/8
[乾隆]武定府 16/6
[咸豐]武定府 19/6
[乾隆]歷城 34/1
[乾隆]惠民 5/13
[光緒]惠民 18/6
惠民縣鄉土志/政績錄 4

[康熙]臨淄 9/17
[民國]臨淄 26/46
賈巽(清・蒙陰人)
[康熙十一年]蒙陰 2/36
賈興龍(字慶池)
(清・禹城人)
[民國]禹城 6/32
賈堅儁(晉)
[嘉靖]山東 25/17
[康熙]山東 32/4
[康熙]濟南 24/6
[康熙]泰安州 2/44
[乾隆]泰安府 14/7
[乾隆二十五年]泰安縣 10/28
泰安縣鄉土志/名宦 27
賈周南(字子京)
(清・博興人)
[民國]重修博興 13/47
賈閏甫(隋・歷城人)
[康熙]濟南 48/3
[道光]濟南 46/40
[崇禎]歷乘 16/4
[崇禎]歷城 10/2
[乾隆]歷城 43/1
賈興賢(清・樂陵人)
樂陵縣鄉土志 3/65
賈學曾(清・臨清人)
[民國]臨清縣/人物 29
80 **賈會**(清・霑化人)
[光緒]霑化 8/7
[民國]霑化 2/36
賈鉉(字鼎臣)
(金・博州博平人)
[嘉靖]山東 31/24
[康熙]山東 41/20
[雍正]山東 28/人物二 51
[宣統]山東 158/3
[萬曆二十四年]兗州 28/12
[萬曆]東昌 19/41
[乾隆]東昌 37/19
[嘉慶]東昌 27/18
[萬曆]滕志 6/58
[康熙]滕志 6/29
[康熙]滕縣志 6/宦業 26
[道光]滕縣志 6/宦績 19

[正德]博平 4/62
[康熙]博平 3/50
[道光]博平 4/15
賈美章(清・泰安人)
[道光]泰安縣 9/上 88
[民國]重修泰安縣 8/42
賈前席(明・山西臨晉舉人)
[道光]商河 5/30
[民國]重修商河 6/68
賈美珍(字獻廷)
(清・齊河人)
[民國]齊河 26/34
賈毓祥(字四塞)
(明・平度人)
[康熙]山東 44/11
[雍正]山東 28/人物三 53
[宣統]山東 160/34
[康熙]萊州 10/13
[乾隆]萊州 10/25
[乾隆]掖縣 4/78
[康熙]平度州 4/10
[道光]重修平度州 18/11
平度鄉土志 4 上/事業
賈毓桐(字梓山)
(清・鉅野人)
[民國]續修鉅野 5/上 16
賈全合(清・莘縣人)
[民國]莘縣 7/32
賈前知(字誠齋)
(清・定陶人)
[民國]定陶 6/35
賈公策(清・泰安人)
[民國]重修泰安縣 8/20
賈美煥(清・泰安人)
[道光]泰安縣 9/上 87
[民國]重修泰安縣 8/41
83 **賈舘**(見賈館)
賈館(明・單縣人)
[隆慶]單縣下/6
[順治]單縣 2/38
[康熙]單縣 7/26
[乾隆]單縣 6/16
[民國]單縣 9/23
86 **賈錫男**(字天麟,一字嵩岳)
(清・黃縣人)
[乾隆]黃縣 8/26

[同治]黃縣 8/7
[民國]黃縣志稿 13/清仕績
賈知興(字季貞)
(清・益都人)
[康熙]益都 9/26
88 賈敏(字克勤)
(明・冠縣人)
[嘉靖]冠縣 4/3
[萬曆]冠縣 4/8
賈銓(字秉鈞)
(明・北直邯鄲人)
[宣統]山東 70/6
[道光]濟南 35/2
賈銳(清・直隸保定人)
[宣統]山東 76/12
[康熙]沂州志 3/50
[乾隆]沂州府 20/13
[民國]臨沂 7/74
90 賈炎(字蘭圃)
(清・歷城人)
[道光]濟南 53/54
賈光經(清・博興人)
[康熙六十年]博興 7/35
賈光大(字寔夫,一作寔甫)
(明・河南杞縣人)
[宣統]山東 71/46
[乾隆]武定府 16/39
[咸豐]武定府 19/利津 3
[康熙]利津縣新志 7/5,10/28
[光緒]利津附利津文徵 2/碑記 12
91 賈恒(元・壽張人)
[康熙六年]壽張 7/9
[康熙五十六年]壽張 7/9
[光緒]壽張 6/44
賈炳瀛(字海嶠)
(清・禹城人)
[民國]禹城 6/32
92 賈愷(明・福山人)
[康熙]福山 8/16
[乾隆]福山 8/29
96 賈煜(字藜閣)
(清・黃縣人)
[同治]黃縣 8/20
[民國]黃縣志稿 13/清文學
97 賈炯(清・清平人)
[康熙]重修清平下/42
[嘉慶]清平 14/41
[宣統]增輯清平 12/54
[民國]清平/人物 50
賈恪(字肅臨)
(清・嶧縣人)
[乾隆]嶧縣 8/38
[光緒]嶧縣 21/孝友 6
賈輝山(字丹生)
(清・歷城人)
[民國]續修歷城 40/2

貢

20 貢禹(字少翁)
(漢・琅邪人)
[嘉靖]山東 30/6
[康熙]山東 40/6
[雍正]山東 28/人物一 10
[宣統]山東 153/29,153/29,154/8
[咸豐]青州 38/3
[萬曆元年]兗州 40/諫議 6
[萬曆二十四年]兗州 31/8
[康熙]兗州 24/8
[萬曆]沂州志 6/30
[康熙]沂州志 5/12
[乾隆]沂州府 25/4
30 貢安國(明・南直寧國人)
[宣統]山東 71/31
[乾隆]泰安府 15/14
[萬曆二十四年]兗州 29/11
[康熙]兗州 22/32
[康熙]兗州續編 14/22
[康熙]東平州 4/55
[乾隆]東平州 12/37
[道光]東平州 12/37
[光緒]東平州 14/37
[民國]東平縣 9/20
東平州鄉土志上/政績錄 15
37 貢朗(明・天長人)
[嘉靖]臨朐 2/50

1090$_4$ 栗

00 栗文英(字翰卿)
(清・東平人)
[民國]東平縣 11/上 42
栗方田(恩縣人)
[民國]重修恩縣 11/鄉賢 62
栗文舉(清・恩縣人)
[民國]重修恩縣 11/鄉賢 42
15 栗翀(字翼廷)
(東平人)
[民國]東平縣 11/上 22
栗融(字客卿)
(漢・齊人)
[至元]齊乘 6/12
[宣統]山東 167/1
[嘉靖]青州 15/50
[萬曆]青州 14/34
[康熙十五年]青州 14/34
[康熙四十八年]青州 14/隱逸 8
22 栗豐(漢・泰山人)
[宣統]山東 153/25
[乾隆二十五年]泰安縣 12/2
[乾隆四十七年]泰安縣 10/上 18
[道光]泰安縣 9/上 70
[民國]重修泰安縣 8/23
泰安縣鄉土志/耆舊 18
26 栗自華(字春巖)
(恩縣人)
[民國]重修恩縣 11/鄉賢 60
30 栗宣(字照九)
(清・東平人)
[光緒]東平州 15/下 47
[民國]東平縣 11/下 18
32 栗澄(字秋潭)
(東平人)
[民國]東平縣 11/上 22
37 栗祁(字子登)
(明・夏津人)
[雍正]山東 28/人物三 43
[宣統]山東 161/47
[萬曆]東昌 19/64
[乾隆]東昌 39/32
[乾隆]夏津 8/13
48 栗教成(清・嶧縣人)
[乾隆]兗州 23/81
[乾隆]嶧縣 8/49

[光緒]嶧縣 21/孝友 9
51 粟振魯(字仲肅)
(東平人)
[民國]東平縣 11/上 22
87 粟銘(明・潞州人)
[乾隆]陽信 5/2
信邑志稿 5/職官－知縣
[民國]陽信 2/22
粟翔(字少冉)
(東平人)
[民國]東平縣 11/上 22
88 粟節(字國貞,號志菴)
(明・夏津人)
[乾隆]東昌 42/31
[乾隆]夏津 10/上 68

粟

80 粟毓美(字樸園,一字含輝,號箕山)
(清・山西渾源人)
[宣統]山東 74/8
[道光]濟寧直隸州 6/7－64

1111_0 北

07 北郭敀(周)
[萬曆]青州 15/14
[康熙四十八年]青州 15/武功 1
[康熙六十年]青州 16/43
[康熙]臨淄 9/20
北郭騷(周・齊人)
[嘉靖]山東 28/4
[康熙]山東 38/5
[道光]濟南 72/24
[嘉靖]青州 16/2
[萬曆]青州 15/41
[康熙十五年]青州 15/41
[康熙四十八年]青州 15/卓行 1
[康熙六十年]青州 18/1
[崇禎]歷城 10/27
[康熙]臨淄 9/21
[民國]臨淄 25/31
38 北海子高(魏・北海人)
[民國]濰縣志稿 42/2

1111_4 班

00 班言(明・臨淄人)
[嘉靖]山東 35/6
[康熙]山東 45/17
[嘉靖]青州 15/19
[萬曆]青州 14/16
[康熙十五年]青州 14/16
[康熙四十八年]青州 14/孝友 6
[康熙六十年]青州 17/11
[咸豐]青州 44/15
[康熙]臨淄 9/22
臨淄縣鄉土志/耆舊錄
12 班聯(字謙居)
(清・曹縣人)
[光緒]曹縣 14/仕蹟 2
17 班孟堅(漢・山城人)
[萬曆]鉅野 6/4
[康熙]鉅野 10/3
[道光]鉅野 10/4
22 班仙(見斑仙)
37 班祿(字東村)
(明・茌平人)
[乾隆]東昌 42/15
[嘉慶]東昌 32/15
[康熙二年]茌平 2/42
[康熙四十九年]茌平 2/42
[宣統]茌平 13/1
[民國]茌平 3/8

斑

22 斑仙(名全真)
(明)
[雍正]山東 30/23
[泰昌]登州 11/65
[順治]登州 18/24
[順治]招遠 9/30

1111_7 甄

00 甄文齡(字彭年)
(清・齊河人)
[民國]齊河 23/73
10 甄磊(清・齊河人)
[民國]齊河 26/36
12 甄延祚(字福堂)
(清・齊河人)
[民國]齊河 26/41,33/72
17 甄承(字子傳)
(漢・安丘人)
[萬曆]青州 13/7
[康熙十五年]青州 13/7
[康熙四十八年]青州 13/經師 2
[康熙六十年]青州 15/3
[萬曆]安丘 18/8
甄子然(漢・高密人)
[康熙十五年]青州 14/46
[康熙四十八年]青州 14/儒行 3
[乾隆]高密 8/上 20
[光緒]高密 8/上 25
[民國]高密 14/上 27
高密縣鄉土志/上 29
24 甄偉璧(字連城)
(明・河南許州人)
[宣統]山東 72/13
[康熙]兗州 22/37
[康熙]兗州續編 14/13
[乾隆]兗州 22/29
[康熙]濟寧州 4/59
[乾隆]濟寧直隸州 22/20
[道光]濟寧直隸州 6/6－26
28 甄馥(字芳蘅)
(清・樂安人)
[咸豐]青州 47/31
[雍正]樂安 12/23
[民國]樂安 10/22
[民國]續修廣饒 19/40
30 甄實(字德輝)
(明・慶雲人)
[嘉慶]慶雲 9/5
[咸豐]慶雲 2/56
[民國三年]慶雲 2/18
甄宇(字長文)
(漢・北海安丘人)
[至元]齊乘 6/13
[嘉靖]山東 32/1
[康熙]山東 42/1
[雍正]山東 28/人物一 16
[宣統]山東 153/30,162/11
[嘉靖]青州 15/23

[萬曆]青州 13/7
[康熙十五年]青州 13/7
[康熙四十八年]青州 13/經師 2
[康熙六十年]青州 15/3
[咸豐]青州 38/15
[萬曆]安丘 18/8
安丘縣鄉土志 8/耆舊錄 5
[康熙]濰縣 5/人物 2
[乾隆]濰縣 4/25
濰縣鄉土志/42
甄守中(清・鄆城人)
[光緒]鄆城 5/28
鄆城縣鄉土志/耆舊錄－事業
34 **甄洪廣**(清・齊河人)
[民國]齊河 26/26
甄汝蕙(明・魚臺人)
[乾隆]魚臺 10/30
甄洪聲(清・齊河人)
[民國]齊河 26/24
35 **甄津**(字汝問)(清・魚臺人)
[康熙]魚臺 17/10
甄沛(字汝澤)(明・魚臺人)
[康熙]山東 40/59
[雍正]山東 28/人物三 43
[宣統]山東 160/29
[乾隆]兗州 23/45
[乾隆]濟寧直隸州 24/43
[道光]濟寧直隸州 8/2－56
[康熙]魚臺 17/35
[乾隆]魚臺 11/10
[光緒]魚臺 3/6
40 **甄奇翠**(清・齊河人)
[民國]齊河 26/35
甄南齡(字如衡)(清・魚臺人)
[光緒]魚臺 3/24
甄有恒(明・陽曲人)
[康熙]堂邑 10/3
44 **甄蘭生**(清・禹城人)
[民國]禹城 6/29
甄夢齡(字與九)(清・夏津人)
[民國]夏津續編 8/29
45 **甄棲貞**(見甄棲真)
甄棲真(字道淵)(宋・單州單父人)
[嘉靖]山東 34/12
[康熙]山東 47/4
[雍正]山東 30/11
[宣統]山東 168/12,200/26
[萬曆元年]兗州 46/7
[萬曆二十四年]兗州 52/26
[乾隆]曹州府 16/19
[隆慶]單縣下/37
[順治]單縣 4/16
[康熙]單縣 8/63
[乾隆]單縣 7/45
[民國]單縣 12/隱逸 3
47 **甄垌**(字又夫)(清・益都人)
[光緒]益都縣圖志 41/19
甄朝舉(清・費縣人)
[光緒]費縣 11/20
50 **甄忠珠**(字獻可)(清・魚臺人)
[康熙]魚臺 17/79
[乾隆]魚臺 11/25
[光緒]魚臺 3/15
甄春甲(字梅軒)(清・齊河人)
[民國]齊河 23/83
54 **甄勳成**(字偉忱)(清・齊河人)
[民國]齊河 23/74
58 **甄敷猷**(清・齊河人)
[民國]齊河 26/31
60 **甄景聖**(字宗尼)(清・魚臺人)
[乾隆]魚臺 11/37
[光緒]魚臺 3/22
80 **甄普**(漢・安丘人)
[萬曆]安丘 27/56
82 **甄鎧**(明・魚臺人)
[乾隆]魚臺 10/27

1118_6 項

00 **項立本**(清・安徽歙縣人)
[宣統]山東 75/47
[咸豐]武定府 19/樂陵 5
44 **項葆楨**(字慎初)(瑞安人)
[民國]長清 4/25
[民國]單縣 6/29
50 **項貴**(明・丹徒人)
[光緒]文登 5/37
項忠(明・福建晉江人)
[乾隆]東昌 35/35
[嘉靖]武城 3/17
[順治]武城 2/9
[乾隆]武城 9/4
80 **項公**(唐・臨淮人)
禹城縣鄉土志/6
91 **項炳純**(清・浙江人)
[順治]新泰 4/22
[乾隆]新泰 11/9

1120_7 琴

00 **琴高鼓琴**(漢)
[萬曆元年]兗州 46/5
11 **琴張**(見琴牢)
30 **琴牢**(字子張,一字子開)(春秋・衛人)
[嘉靖]山東 24/9
[康熙]山東 29/9
[雍正]山東 11/闕里二 19
[萬曆元年]兗州 7/57
[萬曆二十四年]兗州 7/20
[康熙]兗州 8/21
[乾隆]兗州 7/30
[乾隆]曲阜 59/8

1122_7 彌

17 **彌子瑕**(周・衛人)
[萬曆]濮州 4/衛人 11
[康熙]濮州 4/88
[乾隆]濮州 4/128
[宣統]濮州 6/86

1123_2 張

00 **張褒**(字美斯,又字韋菴)(清・莒縣人)
[雍正]莒州 8/6
[民國]重修莒志 64/2
張充(明・單縣人)

[順治]單縣 3/3
張充(字實輝,號梅村)
(清・淄川人)
[乾隆]淄川 5/又 31－4
張度(清・河南夏邑人)
[宣統]山東 77/36
[道光]重修平度州 16/23
平度鄉土志 2/政績
張方(明・單縣人)
[順治]單縣 3/6
張庚(字伯星)
(明・曹縣人)
[康熙]兗州府曹縣 13/22
[光緒]曹縣 13/21
張庚(明・南宮人)
[萬曆]沂州志 6/16
[康熙]沂州志 3/46
[乾隆]沂州府 20/6
[民國]臨沂 7/73
張廣(明・夏津人)
[乾隆]東昌 42/30
[嘉靖]夏津 4/10
[康熙]夏津 5/9
[乾隆]夏津 8/20
張亨(元)
新城縣鄉土志/政績－元知縣
張亨(字仲一)
(元・鄒平人)
[道光]鄒平 15/21
[民國]鄒平 15/21
張亨(明・城武人)
[康熙九年]城武 3/47
張京(字于周)
(清・平原人)
[道光]濟南 56/98
[乾隆]平原 8/29
平原縣鄉土志輯稿/循吏
張京(字南岡)
(清・順天大興人)
[咸豐]青州 37/28
[道光]諸城縣續志 12/1
張亢(字季陽)
(晉・臨淄人)
[萬曆]青州 15/4
[康熙十五年]青州 15/4
[康熙四十八年]青州 15/文學 4
[康熙六十年]青州 18/2
[康熙六十年]博興 7/18
[康熙]臨淄 9/16
[民國]臨淄 26/45
張亢(字公壽)
(宋・臨濮人)
[嘉靖]山東 26/11,31/22
[康熙]山東 33/14
[雍正]山東 28/人物二 35
[宣統]山東 157/14
[萬曆元年]兗州 38/循吏 31
[萬曆二十四年]兗州 28/10
[康熙]兗州 22/10
[萬曆]東昌 19/36
[康熙]曹州志 7/49
[乾隆]曹州府 14/26
[嘉靖]濮州 5/24
[光緒]菏澤 7/宦蹟 17
張堃(字文川)
(清・安丘人)
[民國]續安邱新志 18/5
安丘縣鄉土志 7/耆舊錄 4
張立(元・長清人)
[嘉靖]山東 29/19
[康熙]山東 39/17
[雍正]山東 28/人物二 59
[宣統]山東 158/24
[康熙]濟南 43/10
[道光]濟南 48/16
[康熙]長清 9/52
[道光]長清 10/14,11/4
張立(字卓然)
(長清人)
[民國]長清 12/25
張廉(字清之)
(明・寧津人)
[萬曆]寧津 7/2
[康熙]寧津縣志稿 7/2
[光緒]寧津 8/3
寧津縣志料 3/人物－循良
寧津縣鄉土志/耆舊
張廉(明・吳橋人)
[萬曆]青城 1/37
張廉(清・蒙陰人)
[康熙十一年]蒙陰 2/54
張亮(明・萊陽人)
[光緒]增修登州 43/30
[民國]萊陽 3/1 中 79
張麻(清・高密人)
[光緒]高密 8/上補遺 3
[民國]高密 14/上 40
高密縣鄉土志/上 39
張齊(字宗魯)
(明・歷城人)
[道光]濟南 49/9
[乾隆]歷城 37/19
張棄(宋・汲郡人)
[萬曆]沂州志 6/8
[光緒]費縣 3/52
費縣鄉土志/政績錄
張慶(字景祥)
(明・河南鈞州人)
[嘉靖]山東 25/26,26/19
[康熙]山東 32/15,33/22
[雍正]山東 27/27,27/39
[宣統]山東 71/5
[康熙]濟南 25/32
[道光]濟南 36/9
[萬曆元年]兗州 38/循吏 45
[萬曆二十四年]兗州 29/7
[康熙]兗州 22/28
[乾隆]兗州 22/29
[乾隆]濟寧直隸州 22/49
[道光]濟寧直隸州 6/6－32
[嘉靖]章丘 3/4
[萬曆]章丘 21/72
[康熙]章丘 4/24
[乾隆]章邱 7/3
[道光]章邱 9/4
章邱縣鄉土志/上 8
[順治]嘉祥 4/36,6/14
[乾隆]嘉祥 3/30,4/34
[光緒]嘉祥 3/37,4/27
張讓(明・陵縣貢生)
[康熙]濟南 44/5
[道光]濟南 52/30
[康熙]陵縣 5/5
[光緒]陵縣 19/人物傳一 14
張讓(明・日照人)
[乾隆]沂州府 26/11

[康熙]日照 9/10
[光緒]日照 8/8
張讓(明・武定州人)
[嘉靖]武定州下/74
張讓(字克讓,號丹崖)
(明・諸城人)
[萬曆]青州 14/52
[康熙十五年]青州 14/52
[康熙四十八年]青州 14/儒行 9
[咸豐]青州 44/19
[萬曆]諸城 7/17
[康熙]諸城 7/15
[乾隆]諸城 30/3
張文(明・濱州人)
[康熙]濟南 47/18
[乾隆]武定府 26/2
[咸豐]武定府 26/義行 2
[萬曆]濱州 3/52
[康熙]濱州 7/23
[咸豐]濱州 10/厚德 1
濱州鄉土志/耆舊錄
張文(字松亭)
(明・濟陽人)
[康熙]山東 39/31
[雍正]山東 28/人物三 51
[宣統]山東 161/50
[道光]濟南 51/50
[乾隆]濟陽 8/10,12/46
[民國]濟陽 11/6
張文(明・河南洛陽人)
[宣統]山東 71/41
[乾隆]陽信 5/2
信邑志稿 5/職官－知縣
[民國]陽信 2/22
張文(明・青城人)
[雍正]山東 28/人物三 47
[宣統]山東 165/19
[康熙]濟南 44/12
[乾隆]武定府 25/7
[咸豐]武定府 25/孝友 7
[萬曆]青城 2/4
[乾隆]青城 8/9
[民國]青城續修 4/人物 21
張文(明・慶陽人)
[正德]博平 5/87
張席(明・曹縣人)
[康熙]曹縣 11/16
張彥(明・朝城人)
[康熙]朝城 8/37
張彥(清・陽穀人)
[光緒]陽穀 6/30
張應(北魏)
[嘉靖]山東 26/5
[康熙]山東 33/6
[雍正]山東 27/32
[宣統]山東 67/10
[萬曆元年]兗州 38/循吏 18
[萬曆二十四年]兗州 27/5
[康熙]兗州 21/19
[乾隆]兗州 22/8
[崇禎]曲阜 4/94
[康熙]曲阜 4/94
[康熙]滋陽 3/79
張應(明・光州人)
[嘉靖]濮州 7/18
[萬曆]濮州 3/名宦 23
[康熙]濮州 3/22
[乾隆]濮州 3/22
[宣統]濮州 4/22
張庸(號易齋)
(清・城武人)
[道光]城武 9/上 45
張雍(宋・德州安德人)
[嘉靖]山東 29/13
[康熙]山東 39/14
[宣統]山東 157/24
[康熙]濟南 43/5
[道光]濟南 47/21
[嘉靖]德州 3/1
[萬曆]德州 9/35
[康熙]德州 8/6
[民國]德縣 10/5
[康熙]德平 3/15
[乾隆]德平 3/5
[嘉慶]德平 7/4
[光緒]德平 7/4
德平縣鄉土志/耆舊錄
[康熙]陵縣 5/4
[光緒]陵縣 19/人物傳一 11
陵縣鄉土志/13
張章(漢・長安人)
[乾隆]泰安府 5/3
張廣讓(字遜庭)
(清・茌平人)
[民國]茌平 3/104
張文廣(明・繁昌人)
[光緒]鄆城 6/18
張文慶(明・淄川人)
[道光]濟南 50/38
[嘉靖]淄川 6/80
[萬曆]淄川 30/25
[康熙]淄川 6/9
[乾隆]淄川 6/上 9
淄川縣鄉土志/耆舊錄－忠節
張文亭(字錦堂)
(清・寧陽人)
[光緒]寧陽 13/45
張文龍(明・廬陵人)
[道光]濟南 71/56
張彥龍(明・鄆城人)
[萬曆二十四年]兗州 37/8
[康熙]兗州 28/36
[崇禎]鄆城 5/16
[康熙]鄆城 5/16
[光緒]鄆城 5/25
鄆城縣鄉土志/耆舊錄－事業
張方端(字絜矩)
(清・清平人)
[民國]清平/人物 63
張庭端(元・全州人)
[嘉靖]濮州 7/14
張賡謨(字顯思,號企豐)
(清・單縣人)
[民國]單縣 10/1
張庭詩(字二南)
(清・黃縣人)
[民國]黃縣志稿 13/人物－鄉賢祠
張文講(清・泰安人)
[民國]重修泰安縣 8/20
張廣韶(字雲門)
(清・平陰人)
[光緒]平陰 4/38
張六部(字京宜)

（清・汶上人）
［康熙］續修汶上 4/人物 14
張應望（字觀我）
（明・蒙陰人）
［康熙十一年］蒙陰 2/15
張齊讜（清・北直隆平人）
［乾隆］昌邑 5/108
張慶麟（字龍友）
（清・新城人）
［道光］濟南 55/49
［宣統］新城縣後志 3/文苑
［民國］重修新城 17/6
張慶麟（清・陽穀人）
［乾隆］兗州 23/89
［民國］增修陽穀人物/孝義 6
張文麟（字蔚若）
（清・新城人）
［宣統］新城縣後志 2/善行
［民國］重修新城 18/1
張應麟（字瑞卿）
（清・高唐人）
［乾隆］東昌 43/47
［嘉慶］東昌 32/55
［宣統］聊城 8/94
［道光］高唐州 5/2－22
［光緒］高唐州 5/2－25
［民國］高唐縣 12/51
張方晉（字虞封）
（清・平原人）
［道光］濟南 56/100
［乾隆］平原 8/31
平原縣鄉土志輯稿/循吏
張方平（字安道）
（宋・南京人，一作應天穀熟人）
［嘉靖］山東 27/6
［康熙］山東 35/4
［雍正］山東 27/56
［宣統］山東 68/35
［嘉靖］青州 12/59
［萬曆］青州 12/17
［康熙十五年］青州 12/17
［康熙四十八年］青州 12/17
［康熙六十年］青州 12/12
［咸豐］青州 35/7
［萬曆二十四年］兗州 28/7
［康熙］兗州 22/7
［乾隆］泰安府 14/20
［康熙］東平州 4/38
［乾隆］東平州 12/17
［道光］東平州 12/17
［光緒］東平州 14/17
［康熙六十年］博興 7/7
張廣璽（字信符）
（清・平陰人）
［光緒］平陰 4/39
張慶霖（東阿人）
［民國］東阿 15/4
張慶平（字坦齋）
（清・臨清人）
［民國］臨清縣/人物 85
張慶元（字捷三）
（清・濟陽人）
［民國］濟陽 11/62
張商霖（字相澤）
（清・東平人）
［光緒］東平州 15/中 40
［民國］東平縣 11/中 10
張文璽（字藍田）
（清・利津人）
［咸豐］武定府 24/循良 50
［光緒］利津 7/宦蹟 14
張文元（清・萊蕪人）
［乾隆］泰安府 18/47
［民國］萊蕪 20/4
［民國］續修萊蕪 27/10
張應吾（字以壽，號心巖）
（明・江西金谿人）
［宣統］山東 71/51
［乾隆］武定府 16/15，35/6
［咸豐］武定府 19/青城 2，35/碑 6
［萬曆］青城 1/41，2/28
［乾隆］青城 11/17
［民國］青城續修 4/名宦 13，4/藝文上 25
張應雲（清・河南淮寧進士）
［光緒］嶧縣 19/職官下 23
張文斐（字猗雙）
（清・滋陽人）
［光緒］滋陽 9/8
張訪孫（字符千）
（明・茌平人）
［康熙二年］茌平 2/45
［康熙四十九年］茌平 2/45
張賡烈（字承思，號佑亭）
（清・單縣人）
［民國］單縣 10/4
張文瑞（元・真定人）
［順治］堂邑 2/職官 2
［康熙十一年］堂邑 2/名宦 2
［康熙］堂邑 11/5
張應登（明・濱州人）
［乾隆］武定府 23/50
［咸豐］武定府 23/忠節 20
［康熙］濱州 7/21
［咸豐］濱州 10/19
濱州鄉土志/耆舊錄
張應瑞（字獻園）
（清・東阿人）
［民國］續修東阿 11/13
張應瑞（清・遼東人）
［康熙］郯城 6/7
張文琮（唐・貝州武城人）
［嘉靖］山東 31/12
［康熙］山東 41/10
［雍正］山東 28/人物二 6
［宣統］山東 161/12
［萬曆］東昌 19/19
［乾隆］東昌 36/33
［嘉靖］武城 7/56
［順治］武城 2/16
［乾隆］武城 10/17
武城縣鄉土志略/耆舊錄
張文瓘（字稚圭）
（唐・貝州武城人）
［嘉靖］山東 31/12
［康熙］山東 41/10
［雍正］山東 28/人物二 4
［宣統］山東 156/2
［萬曆］東昌 19/20
［乾隆］東昌 36/36
［嘉靖］武城 7/56
［順治］武城 2/11
［乾隆］武城 10/17

武城縣鄉土志略/耆舊錄
張文琳(字珍寰)
(清・三原人)
[康熙]兗州府曹縣 9/39
張應聘(明・山西繁峙人)
[康熙]昌邑 5/5
[乾隆]昌邑 5/104
張應聘(清・城武人)
[道光]城武 9/下 32
張方理(字雪筠)
(清・山陰人,寄籍直隸清苑)
[宣統]山東 75/1
[道光]濟南 38/2
張廣孟(清・泗水人)
[光緒]泗水 11/10
張童子(清・東明人)
東明縣志料/人物門
張文珊(字伯瑚)
(清・商河人)
[民國]重修商河 8/22
張文乙(字五星)
(明・濟寧人)
[道光]濟南 36/17
[康熙]濟寧州 6/45
[乾隆]濟寧直隸州 24/30
[道光]濟寧直隸州 8/2-39
張文翼(元)
[同治]黃縣 6/3
張應召(字用之,號起莘)
(明・膠州人)
[康熙]山東 49/4
[雍正]山東 31/10
[宣統]山東 168/17
[康熙]膠州 6/52
[乾隆]膠州 5/36
[道光]重修膠州 31/1
[民國]增修膠志 48/1
膠州直隸州鄉土志 4/藝術
張應召(明・泰安人)
[康熙]濟南 44/26
[康熙]泰安州 3/47
[乾隆]泰安府 18/36
[乾隆二十五年]泰安縣 12/28
[乾隆四十七年]泰安縣 10/上 25
[道光]泰安縣 9/上 77
[民國]重修泰安縣 8/33
泰安縣鄉土志/耆舊 12
張庭瑜(元)
[光緒]嶧縣 19/94
張庭瑜(字亮儕)
(清・滋陽人)
[光緒]滋陽 8/50
滋陽縣鄉土志 1/耆舊-鄉賢
張亮采(清・單縣人)
[康熙]單縣 8/49
張亮采(字叔明)
(清・黃縣人)
[光緒]增修登州 43/12
[同治]黃縣 8/14
張文秀(字德符)
(明・河南彰德人)
[嘉靖]朝城志 5/又 16
張立行(清・新泰人)
[乾隆]新泰 16/7
張彥衡(金・商河人)
[萬曆]商河 7/2
[道光]商河 7/10
[民國]重修商河 8/9
商河縣鄉土志 2/耆舊-事業
張慶繼(清・新城人)
[宣統]新城縣後志 2/善行
張文俊(明・博興人)
[康熙]山東 45/19
[康熙十五年]青州 15/56
[康熙四十八年]青州 15/卓行 12
[康熙六十年]青州 17/15
[咸豐]青州 45/35
[康熙十二年]博興 6/8
[康熙六十年]博興 7/19
[道光]博興 11/19
[民國]重修博興 13/16
張廣勳(字續銘)
(清・陽信人)
[民國]陽信 5/孝友 62
張廣佑(清・泗水人)
[光緒]泗水 11/9
張文魁(明・蒙陰人)
[萬曆]青州 14/19
[康熙十五年]青州 14/19
[康熙四十八年]青州 14/孝友 9
[康熙六十年]青州 17/13
[乾隆]沂州府 26/10
[康熙二十四年]蒙陰 4/12
[宣統]蒙陰 4/孝義
張應科(明・新城人)
[崇禎]新城 7/例貢
張應魁(明・蒲臺人)
[康熙]濟南 41/13
[乾隆]武定府 23/13
[咸豐]武定府 23/名臣 13
張文傳(清・莒縣人)
[民國]重修莒志 65/29
張文傑(明)
[乾隆]德州 8/4
張文傑(清・壽張人)
[光緒]壽張 7/31
張文仲(明・長清人)
[道光]長清 11/25
張應生(字邁征,號無忝)
(清・長清人)
[道光]濟南 56/49
[道光]長清 12/12
張康泉(清・蓬萊人)
[道光]重修蓬萊 11/6
[民國]蓬萊縣志合編人物志/行誼
張慶泉(字飲榮)
(清・陽穀人)
[民國]增修陽穀人物/孝義 9
張方俶(明・平原人)
[道光]濟南 52/61
張立身(字文珂)
(清・寧津人)
寧津縣志料 3/人物-義行
張文嵋(字峨江)
(清・膠州人)
[乾隆]膠州 4/56
[道光]重修膠州 27/19
[民國]增修膠志 41/15
張文收(唐・武城人)

[宣統]山東 168/10
[乾隆]武城 14/雜記 2
[民國]增訂武城續編 15/2
張言倫(字敦五)
(清・禹城人)
[民國]禹城 6/74
張應徵(字魯湄)
(清・遼東人)
[乾隆]臨清直隸州 8/下 67
張應徵(清・雲南烏沙衞人,徙居濰縣)
[康熙]昌邑 7/3
[乾隆]昌邑 6/185
張方良(清・魚臺人)
[民國]濟寧直隸州續志 14/14
[光緒]魚臺 3/孝義又 1
張文進(明・泗水人)
[康熙]山東 45/11
[雍正]山東 28/人物三 60
[宣統]山東 165/21
[萬曆二十四年]兖州 37/8
[康熙]兖州 28/37
[乾隆]兖州 23/57
[萬曆]泗水 6/9
[順治]泗水 6/9
[光緒]泗水 11/21
[光緒]泗水縣鄉土志/10
張文進(清・德州人)
[康熙]德州 6/9
張襄宸(字思卿)
(清・商河人)
[民國]重修商河 8/48
張應宿(明・蒙陰人)
[康熙十一年]蒙陰 2/36
張應宿(明・章丘人)
[萬曆]章丘 24/36
[康熙]章丘 6/27
[乾隆]章邱 9/21
[道光]章邱 10/27
張京業(清・歷城人)
[道光]濟南 53/53
張文治(清・東平人)
[光緒]東平州 15/中 42
[民國]東平縣 11/中 11
張廣漢(金鄉人)
[民國]金鄉 14/23
張慶澍(東阿人)
[民國]東阿 15/11
張文達(字尹甫)
(清・利津人)
[咸豐]武定府 25/文苑 28
[光緒]利津 8/孝友 4
張文漢(清・冠縣人)
[民國]冠縣 8/人物志 35
張文浩(明・博興人)
[雍正]山東 28/人物三 76
[宣統]山東 164/54
[咸豐]青州 45/56
[康熙十二年]博興 6/5,6/10
[康熙六十年]博興 7/30
[道光]博興 11/19
[民國]重修博興 13/16
張應達(字子明)
(長清人)
[民國]長清 12/25
張文潤(字鴻猷)
(清・即墨人)
[同治]即墨 9/53
即墨縣鄉土志/耆舊 - 事業四
張應祿(明・富平人)
[乾隆]夏津 6/20
張應祿(字學卿)
(明・章丘舉人)
[道光]濟南 49/65
[萬曆]章丘 24/32
[康熙]章丘 6/25
[乾隆]章邱 9/19
[道光]章邱 11/56
張應選(明・金鄉人)
[康熙五十一年]金鄉 5/7
張應運(字景開)
(明・膠州人)
[道光]重修膠州 25/26
[民國]增修膠志 40/24
張立道(清・泰安人)
[道光]泰安縣 9/上 88
[民國]重修泰安縣 8/42
張文祥(字德符)
(明・茌平人)
[康熙二年]茌平 2/42
[康熙四十九年]茌平 2/42
[宣統]茌平 11/2
[民國]茌平 3/49
張彥啟(明・樂陵人)
[乾隆]武定府 24/15
[咸豐]武定府 24/循良 5
[乾隆]樂陵 6/13
樂陵縣鄉土志 3/19
張廣大(清・陽穀人)
[光緒]陽穀 6/28
張廣志(字心齋)
(清・鄒縣人)
[民國]續修鄒縣志稿/人物 - 耆舊
張文榜(字鳳閣)
(清・齊河人)
[民國]齊河 23/13
張文坊(字石樓)
(清・濟寧人)
[民國]濟寧直隸州續志 14/19
張文吉(清・長清人)
[道光]濟南 56/61
[道光]長清 13/10
張文奎(字星垣)
(清・曲阜人)
[民國]續修曲阜 5/42
張文友(明・茌平人)
[民國]茌平 3/69
張文柱(字仲立,號溟池)
(明・南直崑山人)
[宣統]山東 72/50
[乾隆]東昌 34/25
[康熙]臨清州 3/名宦 6
[乾隆]臨清州 9/10
[乾隆]臨清直隸州 6/76
[民國]臨清縣/秩官 61
張言坊(清・膠州人)
[民國]增修膠志 42/23
張彥士(字龍弼)
(清・定陶人)
[雍正]山東 28/人物四 7
[宣統]山東 173/36
[乾隆]曹州府 15/26
[康熙]黃縣 5/9

［乾隆］定陶 6/9,9/42
［民國］定陶 6/11,10/42
張應吉（明・章丘人）
［康熙］濟南 41/20
［道光］濟南 49/61
［萬曆］章丘 24/32
［康熙］章丘 6/25
［乾隆］章邱 9/19
［道光］章邱 11/31
張應奎（明・山西臨汾人）
［萬曆］青州 12 又/又 14
［康熙十五年］青州 12 又/又 14
［康熙四十八年］青州 12 又/又 14
［萬曆］諸城 4/38
張應奎（明・蒲臺人）
［萬曆］蒲臺志 9/3
［康熙］重修蒲臺 7/7
［乾隆］蒲臺 3/44
蒲臺縣鄉土志/22
張應奎（字聚東）（清・陽信人）
［民國］陽信 5/方技 83
張庸坊（字用之）（清・膠州人）
［民國］增修膠志 42/23
張文標（清・朝城人）
［民國］朝城縣續志 1/36
張文樸（字崇實）（清・金鄉人）
［民國］濟寧直隸州續志 14/12
［民國］金鄉 14/11
金鄉縣鄉土志/耆舊錄上
張文城（字雲仲）（清・侯官人）
［乾隆］掖縣 3/35
張方雍（清・東平人）
［光緒］東平州 15/下 18
［民國］東平縣 11/中 33
張廣執（清・平陰人）
［光緒］平陰 5/33
張亮基（字石卿）（清・銅山人）
［宣統］山東補遺/44
張慶蘭（清・臨清人）
［民國］臨清縣/人物 85
張庭芳（清・汶上人）
［宣統］四續汶上稿/人物－耆德傳
張庭桂（字小山）（清・滋陽人）
［光緒］滋陽 8/61
滋陽縣鄉土志 1/耆舊－文學
張庭樺（號蘭臺）（清・滋陽人）
［光緒］滋陽 8/51
滋陽縣鄉土志 1/耆舊－鄉賢
張文芳（字映盧）（明・東阿人）
［雍正］山東 28/人物四 40
［宣統］山東 167/16
［乾隆］泰安府 18/44
［康熙五十四年］東阿 7/38
［道光］東阿 13/鄉賢 17
［光緒］東阿縣鄉土志 4/22
張文華（字實甫）（清・利津人）
［民國］利津縣續志 7/義行 7
張文林（字春和）（清・東平人）
［光緒］東平州 15/下 50
［民國］東平縣 11/下 20
張文林（字石渠）（清・河南澠池人）
［光緒］泗水縣鄉土志/6
［民國］續滕縣志 1/26
滕縣鄉土志/11
［宣統］四續汶上稿/宦績志
張文芹（清・東阿人）
［宣統］山東 171/14
張文蔚（字協彪）（清・東阿人）
［民國］續修東阿 11/20
張文蔚（字豹修,號蓴齋）（清・濮州人）
［宣統］濮州 5/28
張彥芳（字大雲）（明・益都人）
［咸豐］青州 45/18
［萬曆］益都 6/102
［康熙］益都 9/40
［光緒］益都縣圖志 36/16
張亦坡（字金溪,別號睡仙）（清・新城人）
［宣統］新城縣後志 3/文苑
張應桂（字復我）（清・膠州人）
［乾隆］萊州 10/31
［乾隆］膠州 4/52
［道光］重修膠州 27/11
［民國］增修膠志 41/8
膠州直隸州鄉土志 4/事功
張應黃（字文麓）（明・高苑人）
高苑縣鄉土志/耆舊
張廣懿（字子美）（清・陽信人）
［民國］陽信 5/忠義 45
張慶桐（字琴軒）（長清人）
［民國］長清 12/24
張文起（字今韓）（清・平陰人）
［光緒］平陰 5/37
張文翰（字西園）（清・安丘人）
［民國］續安邱新志 18/9
安丘縣鄉土志 7/耆舊錄 4
張文松（清・長山人）
［道光］濟南 55/36
［嘉慶］長山 10/7
長山縣鄉土志/耆舊錄
張彥增（字福人）（清・陽信人）
［乾隆］武定府 26/15
［咸豐］武定府 26/義行 15
［乾隆］陽信 7/15
［民國］陽信 5/篤行 28
信邑志稿 7/義行
陽信縣鄉土志上/耆舊－事業
張應翰（明・泗水人）
［順治］泗水 6/13
［光緒］泗水 11/24

［光緒］泗水縣鄉土志/11
張廣忠（字藎臣）
（清・陽信人）
［民國］陽信 5/孝友 62
張立本（字淵淵）
（明・莿襄人）
［民國］續修臨沂 16/26
張文書（清・菏澤人）
［光緒］菏澤 16/12
張文中（明・萬泉人）
［嘉靖］山東 26/28
［宣統］山東 72/44
［萬曆］東昌 18/37
［乾隆］東昌 34/19
［嘉慶］東昌 22/10
［嘉靖］冠縣 2/2
張文忠（明・蒙陰人）
［乾隆］沂州府 26/9
［康熙十一年］蒙陰 2/35
［康熙二十四年］蒙陰 4/13
［宣統］蒙陰 4/孝義
張文忠（明・萬泉人）
［萬曆］冠縣 2/2
［道光］冠縣 6/23
［光緒］冠縣 6/宦績
［民國］冠縣 6/34
張文忠（清・商河人）
［民國］重修商河 8/43
商河縣鄉土志 2/耆舊－事業
張文忠（字藎臣）
（清・商河人）
［道光］商河 7/48
［民國］重修商河 8/75
張應泰（字安之）
（清・陽信人）
［民國］陽信 5/清介 73
張廣振（字挺南）
（清・陽穀人）
［民國］增修陽穀人物/孝義 8
張文軒（字印南，號成夫）
（清・濟寧人）
［道光］濟寧直隸州 8/4－20
張文振（元・長清人）
［康熙］嶧縣 3/20
［乾隆］嶧縣 7/7
［光緒］嶧縣 19/94
張六成（清・鄆城人）
［光緒］鄆城 7/18
張亦盛（字虞斯）
（清・新城人）
［宣統］新城縣後志 2/善行
［民國］重修新城 16/12
張亦典（字慎徽）
（清・新城人）
［宣統］新城縣後志 2/宦績
張應蟾（明・黃縣人）
［萬曆］諸城 4/36
張應軫（明・濟寧人）
［康熙］黃縣 5/14
［同治］黃縣 6/7
［民國］黃縣志稿 11/宦績
張廣思（字集九）
（清・陽信人）
［民國］陽信 5/方技 85
張慶甲（字奎先，號清圃）
（清・新城人）
［宣統］新城縣後志 3/孝友
［民國］重修新城 17/1
新城縣鄉土志/耆舊－清
張文景（清・青城人）
［乾隆］武定府 26/12
［咸豐］武定府 26/義行 12
［乾隆］青城 8/10
［民國］青城續修 4/人物 21
張文田（字見龍）
（清・商河人）
［民國］重修商河 8/80
張文星（字聚東）
（清・陽信人）
［康熙］濟南 45/14
［乾隆］武定府 25/40
［咸豐］武定府 25/儒林 10
［康熙］陽信 9/14
［乾隆］陽信 7/20
［民國］陽信 5/文學 5
信邑志稿 7/儒林
張應甲（字先三）
（清・膠州人）
［乾隆］膠州 5/24
［道光］重修膠州 29/17
［民國］增修膠志 45/3
膠州直隸州鄉土志 4/篤行
張文顯（明・膚施人）
［道光］濟寧直隸州 6/6－38
［康熙］魚臺 15/20
［乾隆］魚臺 9/42
［光緒］魚臺 2/51
張文則（清・博興人）
［康熙十二年］博興 6/9
［康熙六十年］博興 7/26
［道光］博興 11/25
［民國］重修博興 13/23
張文明（字思園，號又癡）
（明・高密人）
［康熙］高密 10/17
［光緒］高密 8/上 23，9/補編 11
［民國］高密 15/下补编 8
高密縣鄉土志/上 22
張文明（字思園）
（清・高密人）
［康熙］高密 8/8
［乾隆］高密 8/上 18
［民國］高密 14/上 25
張文明（字濬哲）
（臨清人）
［民國］臨清縣/人物 48
張文昭（字應奎，一作應魁）
（明・平山衛人）
［雍正］山東 28/人物三 13
［宣統］山東 160/18
［萬曆］東昌 19/51
［乾隆］東昌 39/38
［嘉慶］東昌 29/16
［康熙］聊城 3/15
［宣統］聊城 8/5
張應明（明・高苑人）
［乾隆］高苑 6/5
張文雅（清・陽穀人）
［民國］增修陽穀人物/孝義 11
張文臣（明）
［乾隆］泰安府 15/25
張裔驪（清・新城人）
［宣統］新城縣後志 3/孝友
［民國］重修新城 17/2
張應辰（字微垣）

（清・茌平人）
［乾隆］東昌 43/10
［嘉慶］東昌 32/36
［宣統］茌平 14/4
［民國］茌平 3/73
張應辰（字居菴）
（清・臨沂人）
［民國］續修臨沂 16/6
張康岳（字錫蕃）
（清・高密人）
［乾隆］高密 8/上 38
［光緒］高密 8/上 36
［民國］高密 14/上 38
高密縣鄉土志/上 35
張文質（元・開封人）
［萬曆］福山 4/2
張文質（明・肥城人）
［康熙］濟南 40/5
［康熙］肥城書下/12
［嘉慶］肥城 17/20
［光緒］肥城 9/7
肥城縣鄉土志 5/14
張廣居（字靜軒）
（清・陽穀人）
［民國］增修陽穀人物/師道 16
張立屏（字建侯）
（清・寧津人）
［光緒］寧津 8/29
寧津縣志料 3/人物－孝行
張立周（清・平度人）
［民國］平度縣續志 8/7
張齊賢（字師亮）
（宋・曹州冤句人）
［嘉靖］山東 27/4，30/43
［康熙］山東 35/5
［雍正］山東 28/人物二 23
［宣統］山東 157/1
［嘉靖］青州 12/51
［萬曆］青州 12/14
［康熙十五年］青州 12/14
［康熙四十八年］青州 12/14
［康熙六十年］青州 12/10
［咸豐］青州 35/2
［萬曆元年］兗州 40/相業 14
［萬曆二十四年］兗州 35/1
［康熙］兗州 27/1
［康熙］曹州志 15/9
［乾隆］曹州府 14/17
［乾隆］曹州府 22/12
［嘉靖］淄川 6/76
［萬曆］淄川 27/5
［光緒］益都縣圖志 16/24
［康熙六十年］博興 7/5
［康熙］曹縣 12/13
［康熙］兗州府曹縣 12/13
［光緒］曹縣 12/11
曹縣鄉土志/耆舊錄
［光緒］菏澤 15/9
［光緒］新修菏澤 10/11
菏澤縣鄉土志/16
［康熙］東明 6/14
［乾隆］東明 6/14
［民國］東明縣新誌 11/19
張庶聞（字益三）
（清・掖縣人）
［民國］四續掖縣 4/75
張唐卿（一作孫唐卿，字希元）
（宋・青州人）
［嘉靖］山東 32/15
［康熙］山東 42/15，45/16
［雍正］山東 28/人物二 36
［宣統］山東 163/23
［嘉靖］青州 15/16
［萬曆］青州 14/15
［康熙十五年］青州 14/15
［康熙四十八年］青州 14/孝友 5
［康熙六十年］青州 17/10
［咸豐］青州 41/24
［光緒］益都縣圖志 33/又 4
張文卿（明・三原人）
［萬曆］諸城 4/24
張文熙（明・北直景州人）
［宣統］山東 71/33
［乾隆］泰安府 15/22
［道光］東阿 11/16
張文學（清・蒙陰人）
［康熙二十四年］蒙陰 4/15
［宣統］蒙陰 4/孝義
張文月（清・寧陽人）
［康熙］山東 45/11
［乾隆］兗州 23/64
［康熙十一年］寧陽 7/20
［康熙四十一年］寧陽 7/22
［乾隆］寧陽 7/孝子 2
寧陽縣鄉土志/20
張應舉（字善堂）
（清・平度人）
［民國］平度縣續志 7/32
張方合（清・東平人）
［光緒］東平州 15/中 42
［民國］東平縣 11/中 11
張立人（清・商河人）
［民國］重修商河 8/44
商河縣鄉土志 2/耆舊－事業
張文鉢（恩縣人）
［民國］重修恩縣 11/鄉賢 62
張文錦（字闇夫）
（明・安丘人）
［雍正］山東 28/人物三 21
［宣統］山東 164/29
［萬曆］青州 13/51
［康熙十五年］青州 13/51
［康熙四十八年］青州 13/事功 34
［康熙六十年］青州 16/17
［咸豐］青州 44/5
［萬曆］安丘 19/20
安丘縣鄉土志 4/耆舊錄 1
張文錦（清・博興人）
［康熙六十年］博興 7/23
［道光］博興 11/27
［民國］重修博興 13/25
張文錦（清・遼東寧遠人）
［康熙五十五年］鄒縣志 2/56
［民國］續修鄒縣志稿/名宦
鄒縣鄉土志政績錄/7
張文欽（字君明）
（清・山陰人）
［光緒］滋陽 7/13
張應翔（字雲騫）
（清・湖北鍾祥人）
［宣統］山東 75/23
［民國］臨沂 7/77

[民國]臨清縣/秩官68
[光緒]德州志略/宦績傳略
[民國]德縣9/17
德州鄉土志政績錄/3
張方餘(清・東平人)
[光緒]東平州15/下15
[民國]東平縣11/中31
張文策(明・招遠人)
[光緒]增修登州43/25
張文範(清・遼東寧遠人)
[宣統]山東76/15
[乾隆]沂州府20/15
[康熙]莒州下/11
[嘉慶]莒州7/8
[民國]重修莒志58/3
張文篔(字維南)
(清・歷城人)
[乾隆]歷城40/25
張方常(字佩五)
(清・東平人)
[光緒]東平州15/下71
[民國]東平縣11/下37
張高堂(清・濟寧人)
[民國]濟寧直隸州續志14/21
張文粹(字玉軒)
(清・齊東人)
[民國]齊東5/57
張文炫(字幼美)
(明・安丘人)
[康熙四十八年]青州13/事功78
[康熙六十年]青州16/36
[咸豐]青州45/15
[道光]安邱新志18/2
安丘縣鄉土志5/耆舊錄2
張應光(清・章邱人)
[道光]濟南61/8
[道光]章邱11/76
張文炳(字青藜)
(明・掖縣人)
[康熙]萊州10/47
[乾隆]萊州11/忠節2
萊州府鄉土志/下13
[乾隆]掖縣4/41
[道光]掖乘4
[光緒]三續掖縣4/11
張文烶(字湛生)
(明・北直通州人)
[康熙]山東35/12
[雍正]山東27/62
[宣統]山東73/4
[康熙十五年]青州12/又24
[康熙四十八年]青州12/又24
[康熙六十年]青州12/23
[咸豐]青州36/40
[康熙]益都5/23
[光緒]益都縣圖志18/37
張文煌(字盛宇)
(清・陽信人)
[民國]陽信5/耆碩56
張文燦(字闇堂,號光斗)
(明・金鄉人)
[道光]濟寧直隸州8/2-52
[康熙十二年]金鄉5/2
[咸豐]金鄉縣志略9/上15
[民國]金鄉13/13,17/27
金鄉縣鄉土志/耆舊錄上
張文燦(清・博興人)
[道光]博興11/37
[民國]重修博興13/35
張文燦(清・福山人)
[乾隆]福山8/40
張文燦(字蘭公)
(清・蓬萊人)
[光緒]增修登州43/7
[道光]重修蓬萊9/34
[民國]蓬萊縣志合編人物志/行誼
張文燦(字耀灼)
(清・嶧縣人)
[光緒]嶧縣21/孝友14
張文煥(字龍洲)
(明・掖縣人)
[宣統]山東164/48
萊州府鄉土志/下13
[乾隆]掖縣4/41
[光緒]三續掖縣4/11
張文輝(清・東平人)
[光緒]東平州15/中37
[民國]東平縣11/中8
張文炯(清・雲南安寧人)
[宣統]山東75/15
[道光]濟南38/23
[道光]新城/名宦
[民國]重修新城11/19
新城縣鄉土志/政績-清知縣
張應耀(字燦東)
(清・壽光人)
[乾隆]續壽光24/4
[嘉慶]壽光13/25
[民國]壽光12/人物志一69
張衷恪(清・霑化人)
[乾隆]武定府25/17
[咸豐]武定府25/孝友17
[光緒]霑化8/6
[民國]霑化2/35
01 張龍(字靜拙)
(明・濟寧人)
[康熙]濟寧州6/28
[乾隆]濟寧直隸州24/10
[道光]濟寧直隸州8/2-26
張襲慶(字善餘)
(清・膠州人)
[道光]重修膠州29/21
[民國]增修膠志45/7
張諧之(清・陝州進士)
[宣統]東明續縣志2/14
張襲祥(字夢卜)
(清・齊河人)
[民國]齊河23/36
張顏九(清・臨朐人)
臨朐縣鄉土志1/耆舊
張龍標(字準亭)
(清・齊東人)
[民國]齊東5/21
齊東縣鄉土志/耆舊錄2
張龍如(清・大興舉人)
[康熙]觀城3/7
[道光]觀城6/8
張龍驤(字標年)
(清・浙江秀水人)
[宣統]山東76/37
[乾隆]東昌33/37
[嘉慶]東昌21/4
[宣統]聊城6/2-5

聊城縣鄉土志/7
張龍岡(清·樂安人)
[民國]續修廣饒 19/62
02 張端(明)
[宣統]山東 71/16
[道光]濟南 36/39
[萬曆]濟陽 6/2
[乾隆]濟陽 6/31
[民國]濟陽 9/37
張端(明·濮州人)
[宣統]濮州 6/19
張端(字中柱)
(清·掖縣人)
[康熙]山東 44/12
[雍正]山東 28/人物四 7
[宣統]山東 177/1
[乾隆]萊州 10/29
[乾隆]掖縣 4/32
張譏(字直言)
(南北朝·清河東武城人)
[嘉靖]山東 31/7
[康熙]山東 41/5
[雍正]山東 28/人物一 51
[宣統]山東 162/22
[乾隆]東昌 41/2
[嘉慶]東昌 33/2
[嘉靖]武城 7/51
[順治]武城 2/14
[乾隆]武城 10/4
武城縣鄉土志略/耆舊錄
[宣統]重修恩縣 8/28
[民國]重修恩縣 11/鄉賢 30
張新(明·南直太倉人)
[宣統]山東 71/13
[道光]濟南 36/30
[天啟]新城 6/知縣
[崇禎]新城 6/知縣
[康熙]新城 5/4
[道光]新城/名宦
[民國]重修新城 10/7
新城縣鄉土志/政績－明知縣
張端亮(字寅揆,號退庵)
(清·雲南蒙化人)
[民國]濰縣志稿 20/20
張訓詁(字子詳)
(清·齊東人)
[民國]齊東 5/35
張新詔(字積水)
(明·掖縣人)
[乾隆]掖縣 4/30
[道光]掖乘 4
張新修(字子勉,一字亦庵,晚號晴巖)
(清·臨朐人)
光緒臨朐 14/中 12
張端溪(字硯村)
(清·慶雲人)
[民國三年]慶雲 2/34
張新喜(清·平度人)
[道光]重修平度州 22/方外 2
張端泰(字本公,號鄰雲)
(清·無棣人)
[民國]無棣 12/3
海豐縣鄉土志/耆舊－學問一
03 張斌(明·博平人)
[康熙]博平 3/62
張斌(明·單縣人)
[順治]單縣 3/8
張斌(明·齊東人)
[康熙]觀城 4/31
[道光]觀城 8/23
張誠(明·高唐人)
[乾隆]東昌 39/24
[嘉慶]東昌 29/8
[康熙十二年]高唐州 9/14
[康熙五十一年]高唐州 9/26
[道光]高唐州 5/1－19
[光緒]高唐州 5/1－19
[民國]高唐縣 12/66,12/81
張誠(明·霍州人)
[康熙]堂邑 10/6
張誠(清·泰安人)
[乾隆四十七年]泰安縣 10/上 32
[道光]泰安縣 9/上 84
[民國]重修泰安縣 8/39
張就(漢·山陽人)
[宣統]山東 153/25
[民國]金鄉 14/24
張詠(字復之,號乖崖)
(宋·濮州鄄城人)
[嘉靖]山東 31/19
[康熙]山東 41/16,46/3
[雍正]山東 28/人物二 26
[宣統]山東 157/13
[萬曆]東昌 19/32
[乾隆]曹州府 14/22,22/13
[嘉靖]濮州 5/21
[萬曆]濮州 3/鄉賢 15,4/古交 1
[康熙]濮州 3/45,4/22
[乾隆]濮州 3/46,4/36
[宣統]濮州 4/52,6/64
[萬曆]汶上 6/19
[崇禎]鄆城 5/24
[康熙]鄆城 5/36
[光緒]鄆城 5/40
張賓(明·大興人)
[宣統]山東 200/10
[康熙]曹州志 16/14
[康熙]兗州府曹縣 9/15,14/75
[光緒]曹縣 14/游寓 3
[光緒]菏澤 16/22
[光緒]新修菏澤 11/78
張賓(明·諸城人)
[萬曆]諸城 6/22
張賓(字茂中)
(清·濟寧人)
[康熙]濟寧州 6/54
[乾隆]濟寧直隸州 25/5
[道光]濟寧直隸州 8/3－3
張誠一(字容堂)
(清·掖縣人)
[道光]再續掖縣上/54
張誠修(清·鄒平人)
[道光]濟南 54/45
[道光]鄒平 15/91
[民國]鄒平 15/91
張誠修(清·鄒平人)
[民國]鄒平 15/110
張誠基(字貽哲,號晴舫,初名隆基)
(清·金鄉人)
[宣統]山東 172/29

［道光］濟寧直隸州 8/4－24
［咸豐］金鄉縣志略 9/中列傳二 8
［民國］金鄉 13/18
金鄉縣鄉土志/耆舊錄上
張誠栲（字巽材）
（清・商河人）
［民國］重修商河 8/35
04 張謹（元・商河人）
［道光］商河 7/36
［民國］重修商河 9/1
商河縣鄉土志 2/耆舊－事業
張謹（字惟寅）
（明・長清人）
［康熙］濟南 35/9
［道光］濟南 52/17
［康熙］長清 9/53
［道光］長清 11/11
張謹（明・肥城人）
［乾隆］泰安府 17/7
［康熙］肥城書下/12
［嘉慶］肥城 17/18
［光緒］肥城 9/7
肥城縣鄉土志 5/14
張謹（明・鄒縣人）
［嘉靖］鄒縣地理誌 1/25
張謨（字大謨，一作大謀）
（明・蒙陰人）
［乾隆］沂州府 25/20
［康熙十一年］蒙陰 2/2
［康熙二十四年］蒙陰 4/2
［宣統］蒙陰 4/名獻
張謨（清・高唐人）
［光緒］高唐州 5/2－39
［民國］高唐縣 12/46
張謨（字磬穀）
（明・鄒縣人）
［康熙五十五年］鄒縣志 2/74
鄒縣鄉土志耆舊錄/17
張諾（字承之）
（明・濱州人）
［乾隆］武定府 23/13
［咸豐］武定府 23/名臣 13
［萬曆］濱州 3/26
［康熙］濱州 7/4
［咸豐］濱州 10/4
濱州鄉土志/耆舊錄
張諾（清・金鄉人）
［民國］金鄉 14/3
張詵（唐・清河人）
［宣統］重修恩縣 10/3
張詵（字伯昆，一字裕翁）
（清・嶧縣人）
［光緒］嶧縣 24/23
張詩（字孔碩）
（清・鄆城人）
［光緒］鄆城 16/11
張塾（字鎮遠）
（清・莒縣人）
［嘉慶］莒州 10/3
［民國］重修莒志 65/10
張讚（清・蒙陰人）
［康熙十一年］蒙陰 2/6
張讀永（清・商河人）
［民國］重修商河 9/17
張讀相（清・商河人）
［民國］重修商河 9/17
張詩聞（字典之）
（清・無棣人）
［民國］無棣 13/29
05 張譓（字聖謨，別字獨齋）
（清・滋陽人）
［光緒］滋陽 8/47
滋陽縣鄉土志 1/耆舊－鄉賢
張靖（明・山東人）
［宣統］山東 168/17
張靖藩（字价藩）
（清・茌平人）
［民國］茌平 3/119
07 張調（明・范縣人）
［康熙］山東 46/5
張調（字順三）
（清・長山人）
［道光］濟南 55/30
［嘉慶］長山 9/14
張調（字濟五）
（清・恩縣人）
［宣統］重修恩縣 8/33
［民國］重修恩縣 11/鄉賢 34
張調（字鼎元，號晝船）
（清・高苑人）
高苑縣鄉土志/耆舊
張鄌（明・汶上人）
［嘉靖］山東 30/60
［萬曆元年］兗州 40/孝友 7
［萬曆二十四年］兗州 36/4
［康熙］兗州 28/4
［乾隆］兗州 23/36
［萬曆］汶上 6/7
張訒（字仁在）
（清・平原人）
［民國］續修平原 10/上 16
張詡（明・來安人）
［道光］濟南 36/44
［嘉慶］禹城 7/29
［民國］禹城 3/47
張詡（元・蒙陰人）
［康熙十一年］蒙陰 2/1
張詡（明・蓬萊人）
［道光］重修蓬萊 9/9
［民國］蓬萊縣志合編人物志/鄉賢
張詡（明・鄒平人）
［道光］濟南 50/9
張詢（明・陝西朝邑人）
［宣統］山東 72/36
［萬曆］東昌 18/35
［乾隆］東昌 33/34
［嘉慶］東昌 21/1
［康熙］聊城 2/2
［宣統］聊城 6/2－1
聊城縣鄉土志/5
張詢（字可續，一字思汝）
（清・淄川人）
［康熙］淄川 5/27
［乾隆］淄川 5/27，6/上又 20－1
張翊（字雲鵬）
（清・高密人）
［民國］高密 14/上 26
張望麟（明・蒙陰人）
［康熙十一年］蒙陰 2/37
張調元（字少虛）
（明・齊東人）
［康熙］濟南 48/8
［道光］濟南 51/43

[康熙]新修齊東 6/13
[民國]齊東 5/24,5/125
張調鼎(清・濟陽人)
[道光]濟南 56/30
[乾隆]濟陽 8/27
[民國]濟陽 11/37
張調網(明・萊蕪人)
[康熙]濟南 47/15
[乾隆]泰安府 18/39
[民國]萊蕪 20/7
[民國]續修萊蕪 27/8
張翊嶙(字靜淵)
(清・平陰人)
[光緒]平陰 5/28
張韶春(清・莘縣人)
莘縣鄉土志/事業 28
張翊昌(字翼廷)
(清・城武人)
[道光]城武 9/下 25
張調陽(明・萊蕪人)
[康熙]濟南 47/15
[乾隆]泰安府 18/39
[康熙]新修萊蕪 6/41
[民國]萊蕪 20/7
[民國]續修萊蕪 27/8
08 張旍(字邦建)
(明・長清人)
[康熙]濟南 41/21
[道光]濟南 52/20
[康熙]長清 9/56
[道光]長清 11/8
張論(字慎與)
(元・長山人)
[康熙四十三年]長山 5/文學
張論(字懷古)
(清・平原人)
[民國]續修平原 6/7
張旄(字邦耀)
(明・長清人)
[康熙]濟南 41/18
[道光]濟南 52/20
[康熙]長清 9/56
[道光]長清 11/15
張譜(字綠文,一字嗣宗)
(清・淄川人)
[乾隆]淄川 5/又 31－2
張旂(旂一作旗,字邦彩)
(明・長清人)
[康熙]濟南 41/18
[道光]濟南 52/19
[康熙]長清 9/56
[道光]長清 11/15
張謙(字文益)
(元・高唐人)
[乾隆]東昌 37/31
[嘉慶]東昌 27/28
[道光]高唐州 5/1－9
[光緒]高唐州 5/1－9
[民國]高唐縣 12/65
張謙(字受益,號古齋)
(元・濟南人)
[道光]濟南 48/55
[乾隆]歷城 40/11
張謙(字子受,號鄮西)
(明・慈溪人)
[康熙]東明 8/中 39
[乾隆]東明 8/中 39
張謙(明・肥城人)
[宣統]山東 161/37
[康熙]肥城書下/12
[嘉慶]肥城 17/20
[光緒]肥城 9/7
肥城縣鄉土志 5/14
張謙(明・江西贛縣人)
[乾隆]沂州府 17/33
張謙(明・觀城人)
[嘉靖]山東 35/6
[康熙]山東 45/14
[萬曆]濮州 4/隱德 4
[道光]觀城 8/6
觀城縣鄉土志/耆舊
張謙(明・固始人)
[嘉靖]冠縣 2/2
張謙(明・臨朐人)
[萬曆]青州 14/50
[康熙十五年]青州 14/50
[康熙四十八年]青州 14/儒行 7
[康熙六十年]青州 15/9
[咸豐]青州 43/1
[嘉靖]臨朐 3/5
[康熙]臨朐縣志書 3/32
光緒臨朐 14/上 16
張謙(字宗呂)
(清・定陶人)
[乾隆]定陶 6/21
[民國]定陶 6/27
張謙(字子遜)
(清・壽光人)
[乾隆]續壽光 24/5
[嘉慶]壽光 13/25
[民國]壽光 12/人物志一 76
張施(明・長清人)
[道光]長清 11/27
張說(漢・方與人)
[嘉靖]青州 12/24
[康熙十五年]青州 8/12
[康熙]魚臺 17/30
[乾隆]魚臺 11/1
[光緒]魚臺 3/1
張旟(明・山西榆次人)
[嘉靖]山東 27/9
[康熙]山東 35/10
[雍正]山東 27/60
[宣統]山東 73/14
[嘉靖]青州 13/39
[萬曆]青州 12/28
[康熙十五年]青州 12/28
[康熙四十八年]青州 12/28
[康熙六十年]青州 12/30
[咸豐]青州 36/3
[萬曆]安丘 17/3
安丘縣鄉土志 2/政績錄
張效麟(清・蒙陰人)
[康熙十一年]蒙陰 2/53
張敦仁(字道普)
(清・臨朐人)
光緒臨朐 14/中 11
張於鐖(字化都)
(清・利津人)
[咸豐]武定府 26/義行 29
[光緒]利津 8/義行 4
張敦化(字道源)
(清・鄆城人)
[光緒]鄆城 16/11
張放伯(北魏)
[崇禎]武定州 7/1
張敦修(清・黃縣人)

［光緒］增修登州 43/13
張敦彝（字秉生）
（清・黄縣人）
［民國］黄縣志稿 13/清懿行
張謙宜（字稚松，號山農，晚又號山民）
（清・膠州人）
［宣統］山東 177/49
［乾隆］萊州 11/文學 2
［乾隆］膠州 5/16
［道光］重修膠州 28/5
［民國］增修膠志 42/5
膠州直隸州鄉土志 4/文學
張謙沅（字湘卿）
（平原人）
［民國］續修平原 8/25
張敦禮（宋）
［嘉靖］山東 25/7
［康熙］山東 31/8
［嘉靖］青州 13/24
［萬曆］青州 12 又/5
［康熙十五年］青州 12 又/5
［康熙四十八年］青州 12 又/5
［康熙六十年］青州 12/11
［萬曆］諸城 5/10
［康熙］諸城 5/10
［乾隆］諸城 27/9
諸城縣鄉土志/上 6
張效蘇（字小泉）
（清・金鄉人）
［民國］金鄉 13/續增 7
張於莪（字儀如）
（清・無棣人）
［民國］無棣 13/14
海豐縣鄉土志/耆舊－事業五
張於芳（字默村）
（清・無棣人）
［民國］無棣 11/21
海豐縣鄉土志/耆舊－事業四
張於茼（字孟澤）
（清・無棣人）
［咸豐］武定府 25/孝友 34
［民國］無棣 13/14
海豐縣鄉土志/耆舊－事業五
張於蘅（字湘浦）
（清・無棣人）
［民國］無棣 13/17
海豐縣鄉土志/耆舊－事業五
張於蘭（字青畹）
（清・無棣人）
［民國］無棣 13/30
張於藜（字向閣）
（清・無棣人）
［民國］無棣 13/30
張於荃（字馥園）
（清・無棣人）
［民國］無棣 11/12
海豐縣鄉土志/耆舊－事業
張敦本（字道源）
（清・濟寧人）
［民國］濟寧直隸州續志 15/9
張敦素（字樸修，號玻叟）
（清・平陰人）
［乾隆］泰安府 17/51
［光緒］平陰 4/22
張於殿（字振邦）
（清・利津人）
［咸豐］武定府 26/義行 31
［光緒］利津 8/義行 5
張敦臨（字莊以）
（清・黄縣人）
［同治］黄縣 8/18
［民國］黄縣志稿 13/清懿行
張效曾（清・章邱人）
［道光］章邱 11/85
張敦恆（字緒常）
（清・黄縣人）
［光緒］增修登州 43/14
［同治］黄縣 8/21
［民國］黄縣志稿 13/清文學
09 張讜（字處言）
（北魏・清河郡人）
［嘉靖］山東 31/7
［康熙］山東 41/6
［萬曆］青州 12/11
［康熙十五年］青州 12/11
［康熙四十八年］青州 12/11
［康熙六十年］青州 12/6
［萬曆］東昌 19/13
［乾隆］東昌 36/14
［嘉慶］東昌 26/15
［嘉靖］武城 7/51
［順治］武城 2/14
［乾隆］武城 10/8
武城縣鄉土志略/耆舊錄
［宣統］重修恩縣 8/7
［民國］重修恩縣 11/鄉賢 5
恩縣鄉土志/16
［康熙］沂水 4/22
［道光］沂水 5/22
張麟（明・單縣人）
［順治］單縣 2/40
張麟（字杏墻）
（清・新城人）
［宣統］山東 170/30
［道光］濟南 55/74
［康熙］新城 8/13
［民國］重修新城 15/12
新城縣鄉土志/耆舊－清
張麟瑛（字修五）
（清・掖縣人）
［乾隆］掖縣 3/49
張麟祥（字瑞顯）
（清・平陰人）
［光緒］平陰 5/12
張麟書（字紱庭）
（清・博興人）
［民國］重修博興 13/57
張麟書（字春圃）
（清・臨朐人）
臨朐縣鄉土志 1/耆舊
張麟圖（清・臨沂人）
［民國］續修臨沂 16/25
張麟閣（清・臨朐人）
臨朐縣鄉土志 1/耆舊

10 張䨘(字仲遠)
(清・諸城人)
[道光]諸城縣續志 19/2
張霸(漢・東萊人)
[宣統]山東 162/8
[道光]掖乘 4
張丙(字耀南)
(清・恩縣人)
[宣統]重修恩縣 8/33
[民國]重修恩縣 11/鄉賢 34
張丐(周・齊人)
[萬曆]青州 15/31
[康熙十五年]青州 15/31
張靏(字松巖)
(清・諸城人)
[道光]諸城縣續志 19/2
張晉(字錫九)
(清・安邱人)
[咸豐]青州 49/3
[道光]安邱新志 22/5
安丘縣鄉土志 6/耆舊錄 3
張晉(清・漢軍鑲白旗人)
[宣統]山東 77/8
[咸豐]青州 37/24
張可(宋・高唐人)
[道光]高唐州 5/1－6
張栗(字子寬)
(明・東阿人)
[乾隆]泰安府 17/26
[康熙五十四年]東阿 7/20
[道光]東阿 14/人物下 27
張霖(字仲澍)
(清・金鄉人)
[乾隆]兖州 23/70
[乾隆]濟寧直隸州 25/44
[道光]濟寧直隸州 8/3－31
[乾隆]金鄉 18/73
[咸豐]金鄉縣志略 9/中列傳二 2
[民國]金鄉 13/14,17/23
金鄉縣鄉土志/耆舊錄上
張霖(清・新城人,見張麟)
張霖(清・嶧縣人)
[宣統]山東 172/22
張玫(蓬萊人)
[民國]蓬萊縣志合編人物志/忠勇
張平(宋・青州臨朐人)
[嘉靖]山東 32/13
[康熙]山東 42/14
[宣統]山東 157/5
[嘉靖]青州 14/16
[萬曆]青州 13/36
[康熙十五年]青州 13/36
[康熙四十八年]青州 13/事功 19
[咸豐]青州 41/2
[嘉靖]臨朐 3/4
[康熙]臨朐縣志書 3/44
光緒臨朐 14/上 14
張平(明・獲嘉人)
[萬曆]福山 4/3
張三(明・長興人)
[萬曆]諸城 4/41
張石(字介如)
(清・嘉祥人)
[光緒]嘉祥 3/31
張雯(字樵嵐)
(清・諸城人)
[道光]濟寧直隸州 6/7－90
[乾隆]魚臺 9/49
[光緒]魚臺 2/56
[乾隆]諸城 36/13
張璽(字寶菴)
(清・鄒平人)
[雍正]山東 28/人物四 47
[宣統]山東 169/25
[道光]濟南 54/39
[康熙]堂邑 10/5
[嘉慶]鄒平 15/49
[道光]鄒平 15/57
[民國]鄒平 15/57
張霞(明・萊陽人)
[民國]萊陽 3/1 中 14
張弦(字月初)
(清・平原人)
[道光]濟南 56/103
[乾隆]平原 8/13
平原縣鄉土志輯稿/孝義
張雨(漢・壽張人)
[光緒]壽張 7/34
張玉(字廷美)
(明・朝城人)
[嘉靖]朝城志 8/37
張玉(明・順天人)
[萬曆]青州 12 又/又 6
[康熙十五年]青州 12 又/又 6
[康熙四十八年]青州 12 又/又 6
[乾隆]沂州府 20/10
[道光]沂水 5/24
張玉(字光璧)
(明・鄆城人)
[崇禎]鄆城 5/11
[康熙]鄆城 5/3
[光緒]鄆城 5/4
張玉(字含輝)
(清・武城人)
[民國]增訂武城續編 10/11
張䨴(字希音)
(清・諸城人)
[道光]諸城縣續志 16/2
張元(字乾利)
(清・臨沂人)
[民國]續修臨沂 16/11
張元(字長四,一字殿傳,號榆村)
(清・淄川人)
[宣統]山東 170/11
[道光]濟南 54/71
[道光]濟寧直隸州 6/7－90
[乾隆]淄川 6/上 99
淄川縣鄉土志/鄉宦耆舊
[乾隆]魚臺 9/49
[光緒]魚臺 2/56
張𩄙(字沛涵)
(清・無棣人)
[民國]無棣 12/14
張璋(濟寧人)
[民國]濟寧縣 3/5
張震(元・堂邑人)
[順治]堂邑 2/人物 18
[康熙十一年]堂邑 2/選舉 23
[康熙]堂邑 14/1
張震(字世威)
(明・朝城人)

[嘉靖]朝城志 7/8
[康熙]朝城 8/32
張震(明·濟寧人)
[乾隆]濟寧直隸州 27/12
張震(明·濟陽人)
[道光]濟南 51/53
張震(字青雷)
(清·棲霞人)
[光緒]增修登州 41/31
[康熙]棲霞 6/8
[乾隆]棲霞 6/35
張震(字凌霄)
(陽穀人)
[民國]增修陽穀人物/仕宦 25
張百亨(字會堂)
(清·寧陽人)
[光緒]寧陽 14/53
張爾廉(字夷銘)
(明·霑化人)
[乾隆]武定府 23/48
[咸豐]武定府 23/忠節 18
[光緒]霑化 7/8
[民國]霑化 2/20
張晉亨(字晉卿,一字進卿)
(元·冀州南宫人)
[嘉靖]山東 26/15
[康熙]山東 33/17
[雍正]山東 27/83
[宣統]山東 69/25
[乾隆]泰安府 14/32
[萬曆二十四年]兗州 28/16
[康熙]兗州 22/15
[乾隆]東平州 12/27
[道光]東平州 12/27
[光緒]東平州 14/27
[民國]東平縣 9/14
張可庵(清·齊東人)
[民國]齊東 6/41
張可立(清·福建福清人)
[宣統]山東 77/27
[光緒]增修登州 31/4
[民國]萊陽 3/1 上 24
張丕亨(字位南)
(清·直隸獲鹿人)
[宣統]山東 76/10
[道光]濟寧直隸州 6/7－89
[乾隆]魚臺 9/49
[光緒]魚臺 2/56
張一亨(字仲春,號義軒)
(明·鄒平人)
[康熙]濟南 44/25
[道光]濟南 50/10
[順治]鄒平 6/6
[康熙]鄒平 6/3
[嘉慶]鄒平 9/45,15/8
[道光]鄒平,9/45,15/35
[民國]鄒平 15/35
張于京(字又馮,一字鄭谷)
(明·陝西褒城人)
[宣統]山東 73/14
[康熙十五年]青州 12/26
[咸豐]青州 36/40
[康熙]臨朐縣志書 1/37
光緒臨朐 13/10
張雨亭(字作霖)
(清·滋陽人)
[光緒]滋陽 9/30
張玉慶(恩縣人)
[民國]重修恩縣 11/鄉賢 87
張玉襄(字利占)
(清·金鄉人)
[道光]濟寧直隸州 8/4－41
[咸豐]金鄉縣志略 9/中列傳二 12
[民國]金鄉 13/22
張玉言(明·濮州人)
[康熙]濮州續志下/4
[乾隆]濮州 4/14
[宣統]濮州 5/14
張元亮(字明軒)
(平原人)
[民國]續修平原 8/27
張元慶(清·膠州人)
[民國]增修膠志 45/25
張元慶(字介繁)
(清·無棣人)
[民國]無棣 12/4
張雲亭(字雨山)
(清·慶雲人)
[民國三年]慶雲 2/100
張雲亭(清·魚臺人)
[民國]濟寧直隸州續志 14/36
[光緒]魚臺 3/孝義又 2
張雲章(字倬公)
(明·滕縣人)
[道光]滕縣志 8/掾曹 18
張正諒(字益仲)
(掖縣人)
[民國]四續掖縣 6/39
張雲龍(明·山西舉人)
[宣統]山東 72/30
[康熙]兗州續編 14/12
[乾隆]曹州府 12/22
[順治]單縣 2/8
[康熙]單縣 6/13
[乾隆]單縣 4/58
[民國]單縣 6/宦蹟 18
張雲龍(清·高唐人)
[道光]高唐州 5/1－44
[光緒]高唐州 5/1－46
[民國]高唐縣 12/12
張三就(明·河南修武人)
[康熙]朝城 7/9,9/49
張正誼(清·陝西臨潼人)
[宣統]山東 77/25
[光緒]增修登州 29/3
[康熙]棲霞 4/9
[乾隆]棲霞 5/28
張元麒(字育靈,號仁菴)
(明·東阿人)
[道光]東阿 14/人物下 9
[光緒]東阿縣鄉土志 4/28
張雲護(明·城武人)
[康熙九年]城武 3/55
張正望(清·福建寧化舉人)
[民國]重修新城 11/18
張石麟(字仁趾)
(清·堂邑人)
[雍正]山東 28/人物四 43
[宣統]山東 174/12
[乾隆]東昌 40/15
[嘉慶]東昌 30/15
[康熙]堂邑 16/5
堂邑縣鄉土志/耆舊錄
張玉麟(字瑞山)
(清·汶上人)

［宣統］四續汶上稿/人物－文學傳
張玉麟（字吉庭）
（清平人）
［民國］清平/人物 78
張百合（清・滋陽人）
滋陽縣鄉土志 1/耆舊－忠義
張函三（字理齋）
（清・臨淄人）
［民國］臨淄 27/60
張霽雲（字月岩）
（清・壽光人）
［民國］壽光 12/人物志一 90
張霈霌（字潤皋）
（清・平原人）
［民國］續修平原 6/18
張一元（字鳴春，號仁軒）
（明・鄒平人）
［康熙］濟南 35/16
［道光］濟南 50/10
［順治］鄒平 6/5
［康熙］鄒平 6/18
［嘉慶］鄒平 9/42，15/40
［道光］鄒平 9/42，15/34
［民國］鄒平 15/34
張元一（字慎初）
（平原人）
［民國］續修平原 8/23
張雲霽（明・順天府永清人）
［光緒］增修登州 29/2
［康熙］棲霞 4/6
［乾隆］棲霞 5/28
張雲珩（字楚白）
（清・寧陽人）
［咸豐］寧陽 15/16
［光緒］寧陽 15/23
張天瑞（字文祥，號雲坪）
（明・清平人）
［嘉靖］山東 31/30
［康熙］山東 41/24
［雍正］山東 28/人物三 16
［宣統］山東 163/30
［乾隆］東昌 38/25
［嘉慶］東昌 28/25
［康熙］重修清平下/14
［嘉慶］清平 14/28
［宣統］增輯清平 12/28
［民國］清平/人物 16
清平縣鄉土志/耆舊
張至發（字聖鵠，號憲松）
（明・淄川人）
［康熙］山東 39/30
［康熙］濟南 34/9
［道光］濟南 50/29
［萬曆］淄川 29/3
［康熙］淄川 5/13，6/30
［乾隆］淄川 5/5，5/13，6/上 30
淄川縣鄉土志/耆舊錄－歷代名臣
張玉瓆（字崑圃）
（清・慶雲人）
［民國三年］慶雲 2/58
張爾功（字思旌）
（明・樂安人）
［雍正］樂安 12/17
［民國］樂安 10/7
［民國］續修廣饒 19/13
張吾瑾（號鶴洲）
（清・四川金堂人）
［雍正］山東 27/108
［宣統］山東 76/51
［乾隆］東昌 35/30
［乾隆］夏津 6/36
張玉琳（見張玉林）
張百忍（清・鉅野人）
［民國］續修鉅野 5/上 27
張爾翼（字退菴）
（清・高密人）
［乾隆］高密 8/上 13
［光緒］高密 8/上 15
［民國］高密 14/上 13
高密縣鄉土志/上 22
張丕承（字伯述，號退菴）
（清・鄒縣人）
［民國］續修鄒縣志稿/人物－耆舊
張天翼（元・曹縣人）
［康熙］曹縣 11/42
［康熙］兗州府曹縣 11/52
［光緒］曹縣 11/耆老 1
張元弼（明・新城人）
［雍正］恩縣續志 3/7
張雲翼（字漢翔）
（清・堂邑人）
［康熙］堂邑 13/12
張正己（字方亭）
（清・平原人）
［道光］濟南 56/107
［民國］續修平原 10/上 23
張可信（字貫五）
（清・昌樂人）
［民國］昌樂縣續志 34/3
張天愛（明・鉅野人）
［乾隆］曹州府 15/13
［萬曆］鉅野 7/23
［康熙］鉅野 11/22
［道光］鉅野 12/13
張天爵（字雲台）
（清・茌平人）
［宣統］茌平 28/4
［民國］茌平 3/76
張天爵（柏縣人）
［民國］重修博興 10/3
張玉秀（清・無棣人）
［民國］無棣 13/19
海豐縣鄉土志/耆舊－事業五
張百行（字孝先）
（清・河南儀封人）
［道光］鉅野 22/11
張丕經（字鳳綸，一字雲亭）
（清・莒縣人）
［民國］重修莒志 67/9
張天經（字孝孺，號魯厓）
（清・齊東人）
［道光］濟南 56/18
［民國］齊東 5/51
齊東縣鄉土志/耆舊錄 6
張天衢（明・城武人）
［康熙九年］城武 3/48
張天倬（字雲漢）
（清・城武人）
［康熙九年］城武 5/16
張玉衡（字天儀）
（清・博平人）
［乾隆］東昌 40/19
［嘉慶］東昌 30/20

[道光]博平 4/24
博平縣鄉土志/耆舊－循史
張玉貞(清・濰縣人)
[民國]濰縣志稿 35/15
張元貞(字香波)
(清平人)
[民國]清平/人物 79
張爾崇(清・濟陽人)
[道光]濟南 56/26
[乾隆]濟陽 8/26
[民國]濟陽 11/36
張可任(清・無棣人)
[民國]無棣 13/28
張元鼎(字西原,一作西園,
又字和羹)
(清・甘肅鎮原人)
[宣統]山東 75/31
[道光]濟南 38/39
[道光]長清 4/4
[光緒]海陽縣續志 10/73
張雲嵐(字雨岑)
(清・慶雲人)
[民國三年]慶雲 2/57
張雲嶠(字品山)
(清・歷城人)
[民國]續修歷城 40/43
張爾俊(字子秀)
(清・高密人)
高密縣鄉土志/上 44
張丕俊(字建三)
(平原人)
[民國]續修平原 8/30
張三俊(清・奉天寧遠人)
[康熙]郯城 6/8
張爾岐(字稷若,一字蒿菴)
(清・濟陽人)
[雍正]山東 28/人物四 15
[宣統]山東 170/1
[康熙]濟南 32/9
[道光]濟南 56/25
[乾隆]濟陽 8/4,14/3
[民國]濟陽 11/4,17/26,
17/44,18/33,18/34
張天續(字簡紹)
(清・金鄉人)
[道光]濟寧直隸州 8/4－41
[咸豐]金鄉縣志略 9/中
列傳二 12
[民國]金鄉 14/5
金鄉縣鄉土志/耆舊錄上
張一化(字誠甫,號龍泉)
(明・新城人)
[道光]濟南 51/33
[宣統]新城縣後志 2/宦績
[民國]重修新城 14/10
張玉魁(清・寧津人)
[光緒]寧津 8/20
寧津縣志料 3/人物－義烈
張元魁(字冠世)
(明)
[乾隆]沂州府 20/8
[康熙]費縣 3/13
[光緒]費縣 3/53
張元佐(清・高密人)
[光緒]高密 8/上 67
[民國]高密 14/上 79
高密縣鄉土志/上 40
張元佐(字扶山)
(清・鄆城人)
[康熙]鄆城 6/19
張震魁(清・歷城人)
[民國]續修歷城 42/15
張正科(字近泉)
(清・曹州人)
[乾隆]曹州府 15/27
張正勳(清・江西鉛山監生)
[光緒]嶧縣 19/職官下 22
張爾純(字德天)
(清・臨沂人)
[民國]續修臨沂 16/14
張可紳(字申榮)
(清・新城人)
[宣統]新城縣後志 2/善行
[民國]重修新城 18/9
張三傑(明・觀城人)
[乾隆]曹州府 15/21
[康熙]觀城 3/23,4/1
[道光]觀城 8/4
觀城縣鄉土志/耆舊
張三傑(字景濂)
(明・樂安人)
[康熙六十年]青州 16/34
張元倩(字景藝)
(清・膠州人)
[道光]重修膠州 29/21
[民國]增修膠志 45/7
張雲岫(清・茌平人)
[民國]茌平 3/65
張雲岫(字心齋)
(清・無棣人)
[民國]無棣 13/22
張丕稷(字守農)
(清・新城人)
[宣統]新城縣後志 3/文苑
[民國]桓臺志略 3/15
[民國]桓臺 3/25
張于魏(字星緯)
(清・城武人)
[乾隆]曹州府 16/22
[道光]城武 13/9
張可象(字有儀)
(清・高苑人)
[乾隆]高苑 6/6
高苑縣鄉土志/耆舊
張三綱(明・泗水人)
[萬曆]泗水 6/13
[順治]泗水 6/13
[光緒]泗水 11/23
[光緒]泗水縣鄉土志/10
張雲峰(字秀夫)
(恩縣人)
[民國]重修恩縣 11/鄉賢 59
張爾牧(字芻之)
(清・掖縣人)
[宣統]山東 177/13
[光緒]三續掖縣 2/16
張可復(字伯恭)
(五代・平原人)
[道光]濟南 72/30
張三徵(字含九)
(清・新城人)
[宣統]山東 169/29
[道光]濟南 55/62
[宣統]新城縣後志 2/宦績
[民國]重修新城 16/20
新城縣鄉土志/耆舊－清
張五倫(明・濱州人)
[乾隆]武定府 25/11

［咸豐］武定府 25/孝友 11
［康熙］濱州 7/18
［咸豐］濱州 10/22
濱州鄉土志/耆舊錄
張玉綸（清・安邱人）
［咸豐］青州 46/14
［康熙］續安丘 23/40
安丘縣鄉土志 5/耆舊錄 2
張元倫（字中理）
（清・無棣人）
［民國］無棣 13/28
張元徵（字長人）
（清・新城人）
［道光］濟南 55/48
［宣統］新城縣後志 2/宦績
［民國］重修新城 16/17
張爾宇（字啟之）
（清・掖縣人）
［宣統］山東 177/13
［光緒］三續掖縣 2/17
張可賓（一名雲漢）
（清・陽信人）
［民國］陽信 5/孝友 61
張可永（清・惠民人）
［光緒］惠民 20/11
惠民縣鄉土志/耆舊錄 5
張平進（清・寧津人）
［光緒］寧津 8/22
寧津縣志料 3/人物－義烈
張一良（字德粹，號勉菴）
（明・蠡縣人）
［乾隆］泰安府 15/11
［天啟］新泰 5/22，9/33
［順治］新泰 4/18
［乾隆］新泰 11/3
張西渠（清・平邑人，一作費人）
［乾隆］沂州府 26/27
［康熙］費縣 7/31
張雲福（清・平度人）
［民國］平度縣續志 7/26
張正源（清・桓臺人）
［民國］桓臺志略 3/23
［民國］桓臺 3/19
張丕業（字維勳）
（清・嶧縣人）
［光緒］嶧縣 21/耆舊 16
張天業（字克謹）
（清・陽信人）
陽信縣鄉土志上/耆舊－事業
張一漸（清・蓬萊人）
［道光］重修蓬萊 9/20
［民國］蓬萊縣志合編人物志/仕績
張可述（字古風）
（清・陽信人）
［乾隆］武定府 26/17
［咸豐］武定府 26/義行 17
［乾隆］陽信 7/16
［民國］陽信 5/篤行 31
信邑志稿 7/義行
陽信縣鄉土志上/耆舊－事業
張可法（字憲武）
（清・即墨人）
［同治］即墨 9/53
即墨縣鄉土志/耆舊－事業四
張天池（清・武城人）
［道光］武城續編 14/雜記 5
張玉漢（鄒縣人）
［民國］續修鄒縣志稿/人物－耆舊附忠烈
張元濤（字巨川）
（清・膠州人）
［道光］重修膠州 29/33
［民國］增修膠志 45/17
張雲漢（明・興平人）
［康熙四十一年］寧陽 3/28
［乾隆］寧陽 3/訓導 2
［咸豐］寧陽 11/13
［光緒］寧陽 11/13
張雲漢（字倬甫）
（清・陽穀人）
［光緒］陽穀 5/7
［民國］增修陽穀人物/仕宦 18
張一清（清・博興人）
［道光］博興 11/36
［民國］重修博興 13/34
張元沖（清・樂陵人）
［乾隆］樂陵 6/28
張元禮（元）
［嘉靖］山東 27/12
［康熙］山東 36/3
［雍正］山東 27/64
［宣統］山東 69/36
［泰昌］登州 9/37
［順治］登州 11/13
［光緒］增修登州 24/18
［康熙］寧海州 9/4
［同治］重修寧海州 15/2，17/6
［民國］牟平 7/9
張元連（字中三）
（清・膠州人）
［民國］增修膠志 45/32
張爾祿（明・蒙陰人）
［乾隆］沂州府 26/4
［康熙十一年］蒙陰 2/32
張一通（字洪濱，一字汝達）
（明・北直寧津人）
［宣統］山東 71/6
［道光］濟南 36/11
［康熙］寧津縣志稿 6/2
［光緒］寧津 8/6
寧津縣志料 3/人物－循良
寧津縣鄉土志/耆舊
［道光］章邱 9/6
章邱縣鄉土志/上 12
［乾隆］陽信 5/3
信邑志稿 5/職官－知縣
［民國］陽信 2/23
張玉朗（東阿人）
［民國］東阿 15/8
張元祿（字次爵）
（清・平度人）
［民國］平度縣續志 8/1
張元祥（清・廣東石城人）
信邑志稿 5/宦蹟
張雲祥（字集千）
（清・博平人）
［光緒］博平縣續志 10/65
張雲祥（字瑞峯）
（清・定陶人）
［民國］定陶 6/60
張正道（明・四川潼川人）

［康熙］東明 8/中 47
［乾隆］東明 8/中 47
［民國］東明縣新誌 12/82
張丙嚞（清・萊陽人）
［民國］萊陽 3/1 中 47
張爾奎（字錫公）
（清・鄒平人）
［康熙］濟南 42/27
［道光］濟南 54/38
［道光］鄒平 15/59
［民國］鄒平 15/59
張爾木（字毓華）
（明・任城人）
［崇禎］鄆城 6/4
［康熙］鄆城 6/3
［光緒］鄆城 7/3
張二南（字紹詩）
（清・樂安人）
［咸豐］青州 49/37
［民國］樂安 10/23
［民國］續修廣饒 19/43
張可大（明・城武人）
［道光］城武 11/4
張可大（字觀甫）
（明・孝感人，一作應天江寧人）
［順治］登州 17/11
［光緒］增修登州 36/4
［道光］重修蓬萊 6/29
［光緒］蓬萊縣續志 13/傳 1
張可大（清・齊東人）
齊東縣鄉土志/耆舊錄 1
張可大（字坤行）
（清・無棣人）
［乾隆］武定府 24/41
［咸豐］武定府 24/循良 31
［民國］無棣 11/5
海豐縣鄉土志/耆舊－事業
張可壽（字福同）
（明・章邱人）
［道光］濟南 49/65
［道光］章邱 11/55
張丕吉（字伯輿，一作百嶼）
（清・嘉祥人）
［雍正］山東 28/人物四 8
［宣統］山東 172/44
［乾隆］兗州 23/60
［乾隆］濟寧直隸州 26/27
［道光］濟寧直隸州 8/3－34
［順治］嘉祥 3/12，4/又 23
［乾隆］嘉祥 3/23
［光緒］嘉祥 3/23
張平南（明・德平人）
［嘉慶］德平 7/13
［光緒］德平 7/24
張三奇（清・清平人）
［乾隆］東昌 43/15
［嘉慶］東昌 32/41
［康熙］重修清平下/40
［嘉慶］清平 14/43
［宣統］增輯清平 12/56
［民國］清平/人物 51
清平縣鄉土志/孝行
張天柱（字漢扶）
（清・嘉祥人）
［光緒］嘉祥 3/29
張天柱（清・鉅野人）
［道光］鉅野 13/77
張五友（號欽虞）
（明・長坦人）
［康熙］東明 8/下 19
［乾隆］東明 8/下 19
［民國］東明縣新誌 12/45
張玉柱（字鎮寰）
（清・東平人）
［民國］東平縣 11/上 20
張震南（清・樂陵人）
［乾隆］武定府 26/14
張震南（字伯器）
（清・樂陵人）
［乾隆］武定府 26/25
［咸豐］武定府 26/義行 14，26/隱逸 3
［乾隆］樂陵 6/39
張至真（清）
［民國］無棣 24/10
張晉樞（字星一）
（清・金鄉人）
［民國］濟寧直隸州續志 13/8
［民國］金鄉 13/續增 8
張玉標（清・東阿人）
［民國］續修東阿 11/29
張元標（字天培）
（清・武城人）
［乾隆］東昌 43/45
［乾隆］武城 10/30
武城縣鄉土志略/耆舊錄
張正樸（清・鄒平人）
［民國］鄒平 15/141
張可考（字慶旋）
（清・齊東人）
［道光］濟南 56/18
［民國］齊東 5/13
齊東縣鄉土志/耆舊錄 14
張靈萃（清・齊東人）
齊東縣鄉土志/耆舊錄 13
張靈芝（字秀三）
（清・齊河人）
齊河縣鄉土志耆舊錄/14
張丕基（字孟錫）
（清・魚臺人）
［民國］濟寧直隸州續志 15/3
［光緒］魚臺 3/文行又 3
張五柱（清・蓬萊人）
［民國］蓬萊縣志合編人物志/忠勇
張一蕙（明・文登人）
［雍正］文登 8/9
［道光］文登 5/17
［光緒］文登 10/上 2
張于芳（字含芬）
（清・定陶人）
［民國］定陶 6/68
張玉林（明・四川內江人）
［嘉靖］山東 26/19
［康熙］山東 33/22
［雍正］山東 27/39
［宣統］山東 72/10
［萬曆元年］兗州 38/循吏 46
［萬曆二十四年］兗州 29/13
［康熙］兗州 22/34
［乾隆］兗州 22/32
［康熙五十六年］壽張 4/28
［光緒］壽張 5/2
壽張縣鄉土志/政績－興利
張玉樹（字德潤，號蔭堂）
（清・陝西武功人）
［宣統］山東 77/42

[咸豐]青州 37/25
[嘉慶]東昌 21/29
[道光]重修膠州 23/14
[民國]增修膠志 18/12
膠州直隸州鄉土志 3/政績－愛民
[嘉慶]清平 13/7
[宣統]增輯清平 11/6
[民國]清平/秩官 29
清平縣鄉土志/政績
[光緒]益都縣圖志 18/51
[光緒]嶧縣 19/職官下 20
張元孝(明・臨淄人)
[康熙十五年]青州 15/55
[康熙四十八年]青州 15/卓行 11
[康熙六十年]青州 18/17
[康熙]臨淄 9/24
[民國]臨淄 28/3
張元英(字孟育)(明・歷城人)
[道光]濟南 49/41,71/43
[崇禎]歷城 10/19,16/48
[乾隆]歷城 41/10
張元英(號秋谷)(清・膚施舉人)
[嘉慶]慶雲 7/32
[咸豐]慶雲 2/30
[民國三年]慶雲 1/88
張正蒙(明・濱州人)
[萬曆]濱州 3/26
[康熙]濱州 6/4
張一坦(清・蓬萊人)
[民國]蓬萊縣志合編人物志/忠勇
張一相(明・山西翼城人)
[乾隆]東昌 34/13
[嘉慶]東昌 22/4
[康熙十一年]莘縣 5/6
[康熙五十六年]莘縣 5/6
[光緒]莘縣 5/7
[民國]莘縣 3/5
莘縣鄉土志/政績 6
張爾堈(字曉山)(清・定陶人)
[民國]定陶 6/19
張于都(字百城)(清・博山人)
[乾隆]博山 7/上 24
[民國]續修博山 12/46
張玉墀(恩縣人)
[民國]重修恩縣 11/鄉賢 65
張可敬(字天池)(清・無棣人)
[民國]無棣 13/8
海豐縣鄉土志/耆舊－事業六
張可敬(清・鄒平人)
[民國]鄒平 15/144
張天增(字益卿)(清・蓬萊人)
[民國]蓬萊縣志合編人物志/行誼
張一敬(明・朝城人)
[宣統]山東 161/49
[康熙]朝城 8/12,8/50
張元增(字朝卿)(清・東平人)
[乾隆]東平州 15/10
[道光]東平州 15/10
[光緒]東平州 15/下 10
[民國]東平縣 11/中 28
張爾忠(字移孝,一字肯仲,號補袞)(明・濰人)
[雍正]山東 28/人物三 72
[宣統]山東 160/37
[康熙]萊州 10/44
[乾隆]萊州 10/27
[康熙]濰縣 5/人物 13
[乾隆]濰縣 4/12
[民國]濰縣志稿 27/48
濰縣鄉土志/18
張晉本(原名禮三,字和菴)(清・嶧縣人)
[光緒]嶧縣 21/宦績 8
張丕忠(字藎臣)(清・東阿人)
[民國]續修東阿 11/26
張三丰(名全一,一名君寶)(明・遼東懿州人,一作貴州黃平人)
[嘉靖]山東 34/16
[康熙]山東 47/8
[雍正]山東 30/20
[宣統]山東 200/32
[嘉靖]青州 16/56
[萬曆]青州 17/13
[康熙十五年]青州 17/13
[康熙四十八年]青州 17/仙釋 8
[康熙六十年]青州 20/11
[咸豐]青州 52/4
[乾隆]沂州府 27/13
[康熙]莒州下/49
[萬曆]益都 6/106
[康熙]益都 10/27
[光緒]益都縣圖志 46/8
[萬曆]諸城 9/3
[康熙]諸城 9/4
[康熙]日照 10/14
[光緒]日照 12/3
[萬曆]即墨志 9/5
[康熙]纂修即墨/下 34
[同治]即墨 12/9
張亞夫(金)
[宣統]山東 69/12
[咸豐]青州 35/17
張一中(明・曹縣人)
[康熙]兗州續編 15/21
[康熙]兗州府曹縣 13/43
[光緒]曹縣 13/41
張一忠(明・博興人)
[萬曆]青州 14/22
[康熙十五年]青州 14/22
[康熙四十八年]青州 14/孝友 12
[康熙六十年]青州 17/15
[咸豐]青州 45/35
[康熙十二年]博興 6/7
[康熙六十年]博興 7/25
[道光]博興 11/19
[民國]重修博興 13/16
張元泰(字星階)(清・臨朐人)
光緒臨朐 14/中 26
張元泰(字虞樽,號蓮溪)(清・新城人)

[宣統]新城縣後志 3/文苑
張震東(字翠林)
(清・滕縣人)
[康熙]兗州續編 16/10
[康熙]滕縣志 7/77
[道光]滕縣志 9/孝義 13
張丕振(字心鐸,號梅菴)
(清・長清人)
[道光]濟南 56/51
[道光]長清 12/18
張玉搢(字叔珽)
(清・齊河人)
[民國]齊河 23/13,27/19
張玉振(清・昌邑人)
[乾隆]昌邑 6/177
張元哲(字子明,號省吾)
(清・平原人)
[民國]續修平原 6/13
張可輔(清・長山人)
[嘉慶]長山 10/20
張三成(清・慶雲人)
[嘉慶]慶雲 9/10
[咸豐]慶雲 2/61
[民國三年]慶雲 2/31
張玉成(字麗藻)
(清・嘉祥人)
[光緒]嘉祥 3/34
張玉成(清・齊東人)
[道光]濟南 56/22
[民國]齊東 5/49
張玉成(字在朝)
(清・商河人)
[民國]重修商河 8/22
張玉成(清・汶上人)
[宣統]四續汶上稿/人物－施濟傳
張玉成(清・無棣人)
[民國]無棣 13/32
張五典(字勑我,號敬吾)
(明・陽信人)
[乾隆]武定府 23/23
[咸豐]武定府 23/名臣 23
[乾隆]陽信 7/9
[民國]陽信 5/宦蹟 14
信邑志稿 7/名臣
陽信縣鄉土志上/耆舊－事業
張正邦(明・萊陽人)
[民國]萊陽 3/1 中 14
張可畏(字魁宇)
(清・鉅野人)
[康熙]兗州續編 16/21
[康熙]鉅野 11/27
[道光]鉅野 13/53
張丕昌(字乃圃,一字小海)
(清・歷城人)
[民國]續修歷城 39/35
張西圃(字子銘)
(清・陽信人)
[民國]陽信 5/文學 24
張玉昇(清・平度人)
[民國]平度縣續志 7/33
張元暑(明・汶上人)
[宣統]四續汶上稿/人物－忠烈傳
張正見(字見賾)
(南北朝・清河東武城人)
[嘉靖]山東 31/8
[宣統]山東 163/14
[萬曆]東昌 19/10
[乾隆]東昌 41/12
[嘉慶]東昌 33/11
[嘉靖]武城 7/51
[乾隆]武城 10/4
武城縣鄉土志略/耆舊錄
[宣統]重修恩縣 8/29
[民國]重修恩縣 11/鄉賢 29
張丕顯(字熙敬,號漪園)
(清・滕縣人)
[道光]滕縣志 8/儒林 21
滕縣鄉土志/25
張至勛(字偉烈)
(清・莘縣人)
[民國]莘縣 7/20
張元暉(字叔和)
(清・東阿人)
[道光]東阿 14/人物下 7
[光緒]東阿縣鄉土志 4/28
張元明(字鑒庵)
(清・平度人)
[道光]重修平度州 19/42
張雲驤(清・壽光人)
[民國]壽光 12/人物志一 89
張一厚(明・平原人)
[萬曆]平原上/49
張于陛(清・泰安人)
[康熙]濟南 44/34
[康熙]泰安州 3/47
[乾隆]泰安府 18/52
[乾隆二十五年]泰安縣 12/30
[乾隆四十七年]泰安縣 10/上 27
[道光]泰安縣 9/上 79
[民國]重修泰安縣 8/34
張于階(字雲螭)
(清・單縣人)
[康熙]單縣 8/15
[乾隆]單縣 7/9
[民國]單縣 9/62
張玉階(清・壽光人)
[民國]壽光 12/人物志一 95
張元厚(字靜山,一字仲山)
(清・淄川人)
[宣統]三續淄川 9/67
張雲階(字虹梯)
(清・博平人)
[光緒]博平縣續志 10/65
張天質(明・齊河人)
[康熙]濟南 44/32
[道光]濟南 51/43
[康熙]齊河 7/8
[雍正]齊河 8/10
[民國]齊河 26/2
張工熙(字春臺)
(清・高密人)
[民國]高密 14/上 88
張可舉(字季膺)
(清・無棣人)
[乾隆]武定府 24/43
[咸豐]武定府 24/循良 33
[民國]無棣 11/6
海豐縣鄉土志/耆舊－事業
張可與(元・濟南人)
[道光]濟南 48/52
[乾隆]歷城 36/9
張忈賢(字希聖)
(清・鄆城人)
[光緒]鄆城 14/25

張三鳳(字翔宇)
(明・樂安人)
[雍正]樂安 12/17
[民國]樂安 10/7
[民國]續修廣饒 19/12
張元興(字瀛賓)
(清・膠州人)
[民國]增修膠志 45/34
[光緒]肥城 7/51
肥城縣鄉土志 3/4
張雲鵬(明・陽曲人)
[隆慶]單縣上/35
張正學(字宗魯)
(明・南直隸清河人)
[乾隆]膠州 4/30
[道光]重修膠州 25/5
[民國]增修膠志 40/4
膠州直隸州鄉土志 4/篤行
張丙午(字晉臣)
(清・禹城人)
[民國]禹城 6/75
張三善(清・臨淄人)
[康熙]臨淄 9/25
張五美(號尊所)
(明・臨朐人)
[咸豐]青州 45/39,46/12
[康熙]臨朐縣志書 3/33
光緒臨朐 14/上 41
張玉美(清・棲霞人)
[光緒]棲霞縣續志 7/義行 2
張元善(字夔立,一作魁立)
(清・金鄉人)
[乾隆]兗州 23/87
[乾隆]濟寧直隸州 25/46
[道光]濟寧直隸州 8/3-32
[乾隆]金鄉 18/82
[咸豐]金鄉縣志略 9/中列傳二 6
[民國]金鄉 13/17
張元善(昌樂人)
[民國]昌樂縣續志 21/22
張元義(明・益都人)
[乾隆]泰安府 15/24
[天啟]新泰 5/28
[順治]新泰 4/24
[乾隆]新泰 11/11
張至善(字在止)
(清・博平人)
[乾隆]東昌 40/17
[嘉慶]東昌 30/18
[道光]博平 4/22
博平縣鄉土志/耆舊-循史
張丕猷(字仲勛)
(清・鄒縣人)
[民國]續修鄒縣志稿/人物-耆舊
張于鉉(字坤元)
(清・曹縣人)
[光緒]曹縣 14/行誼 23
張元鎮(字翰白)
(清・單縣人)
[宣統]山東 173/24
[順治]單縣 2/38
[康熙]單縣 7/26
[乾隆]單縣 6/26
[民國]單縣 9/34
張可鎰(字貫三)
(清・新城人)
[宣統]新城縣後志 3/孝友
張丕智(清・金鄉人)
[民國]金鄉 14/12
金鄉縣鄉土志/耆舊錄上
張丕智(清・濟寧人)
[民國]濟寧直隸州續志 14/9
張三錫(字懷萬)
(清・壽光人)
[咸豐]青州 49/42
[乾隆]續壽光 23/8
[嘉慶]壽光 13/10
[民國]壽光 12/人物志一 80
張天錫(字健菴)
(清・東萊人)
[康熙]鄆城 4/19
張晉銘(清・膠州人)
[民國]增修膠志 43/5
張西銘(字原仁)
(明・濱州人)
[宣統]山東 161/45
[乾隆]武定府 23/20
[咸豐]武定府 23/名臣 20
[萬曆]濱州 3/27
[康熙]濱州 7/6
[咸豐]濱州 10/5
濱州鄉土志/耆舊錄
張西銘(字子横)
(明・諸城人)
[萬曆]青州 14/41
[康熙十五年]青州 14/41
[康熙四十八年]青州 14/隱逸 15
[咸豐]青州 44/51
[萬曆]諸城 7/28
[康熙]諸城 7/49
[乾隆]諸城 42/1
張西銘(字右箴)
(清・金鄉人)
[民國]濟寧直隸州續志 13/9
[民國]金鄉 14/11
張可銳(清・新城人)
[宣統]新城縣後志 3/孝友
張三策(清・臨朐人)
[咸豐]青州 46/48
[康熙]臨朐縣志書 4/4
光緒臨朐 14/下 15
張天敘(字淑玉)
(清・東平人)
[乾隆]東平州 15/29
[道光]東平州 15/29
[光緒]東平州 15/下 37
[民國]東平縣 11/下 11
張元竹(明・鉅野人)
[道光]鉅野 13/65
張三省(字魯訓)
(明・定陶人)
[康熙]兗州 28/39
[乾隆]曹州府 16/5
[順治]定陶 5/20
[乾隆]定陶 6/12
[民國]定陶 6/43
張雨棠(字化南)
(清・清平人)
[民國]清平/人物 66
張玉堂(本名毓塘)
(明・北直邯鄲人)
[宣統]山東 72/21
[乾隆]沂州府 20/8
[康熙]費縣 3/5

費縣鄉土志/政績錄
張正光(字孟端)
(清・江南徐州例監)
[乾隆]嶧縣 7/29
[光緒]嶧縣 19/丞倅 5
張亞恒(字又文)
(清・安丘人)
[道光]安邱新志 19/10
張一恒(字北岳)
(清・蓬萊人)
[宣統]山東 176/19
[光緒]增修登州 39/5
[同治]黃縣 8/8
[民國]黃縣志稿 13/清仕績
[民國]蓬萊縣志合編人物志/忠勇
張元愷(字舜舉)
(清・東平人)
[萬曆]泗水 4/9,8/藝文志二 16
[順治]泗水 4/9,8/16
[光緒]泗水 4/2,15/二 16
[光緒]泗水縣鄉土志/5
張天性(字本仁)
(明・濮州人)
[嘉靖]濮州 7/26
[萬曆]濮州 3/鄉賢 49
[康熙]濮州 3/73
[乾隆]濮州 3/74
[宣統]濮州 4/80
11 張斐(明・掖縣人)
[萬曆]萊州 5/100
[康熙]萊州 10/27
[乾隆]萊州 10/14
[乾隆]掖縣 4/21
張珩(字楚玉)
(清・茌平人)
[宣統]茌平 14/11,28/3
[民國]茌平 3/76,3/90
張珩(字曰遂)
(清・膠州人)
[道光]重修膠州 29/17
張珩(字佩玉)
(清・夏津人)
[乾隆]臨清直隸州 8/下 10
[民國]夏津續編 8/17
張珩(字楚玉)
(清・陽信人)
[乾隆]武定府 26/32
[乾隆]陽信 7/56
[民國]陽信 5/耆碩 55
信邑志稿 7/耆碩
張瑨(明・寧海人)
[同治]重修寧海州 21/3
[民國]牟平 7/84
張珂(字鳴佩)
(清・平度人)
[道光]重修平度州 19/36
張琢(明・蓬萊人)
[道光]重修蓬萊 9/13
張琢(明・樂安人)
[康熙]樂安縣續志上/貤封 1
張琢(字璞山)
(清・曲阜人)
[民國]續修曲阜 5/41
張琢(字瑞玉)
(清・益都人)
[光緒]益都縣圖志 45/6
張裴度(字榴園)
(清・寧陽人)
[光緒]寧陽 13/70
張麗元(字獻南,一字一亭)
(清・金鄉人)
[咸豐]濟寧直隸州續志 3/5
[民國]濟寧直隸州續志 14/25
[咸豐]金鄉縣志略 9/中忠義傳 1
張琢璽(清・河南鄧州人)
[宣統]山東 77/40
[乾隆]膠州 4/19
[道光]重修膠州 23/5
[民國]增修膠志 18/5
膠州直隸州鄉土志 3/政績-聽訟
張斐然(字宗武)
(清・長清人)
[道光]濟南 56/57
[道光]長清 13/5
張麗泉(字華亭)
(長清人)
[民國]長清 11/5,12/24
張斐求(字煥文)
(清・鄒平人)
[民國]鄒平 15/126
張麗藻(字錦塘,號烟村)
(清・樂安人)
[民國]樂安 10/30
[民國]續修廣饒 19/58
張碩抱(清・項城人)
[嘉慶]慶雲 7/29
[咸豐]慶雲 2/27
[民國三年]慶雲 1/86
張北辰(字居所)
(清・城武人)
[康熙]兗州續編 16/16
[康熙四十一年]城武 5/上懿行 15
[道光]城武 9/下 17
張北恆(字鎮朔)
(清・霑化人)
[民國]霑化 2/98
12 張登(明・魏縣人)
[萬曆]青州 12 又/8
[康熙十五年]青州 12 又/8
[康熙四十八年]青州 12 又/8
[康熙六十年]青州 12/25
[咸豐]青州 36/31
[康熙十二年]博興 6/2
[康熙六十年]博興 7/13
[道光]博興 10/4
[民國]重修博興 12/3
張璠(明・蒲州人)
[乾隆]掖縣 3/31
張璠(明・益都人)
[萬曆]青州 14/53
[康熙十五年]青州 14/53
[康熙四十八年]青州 14/儒行 10
[康熙六十年]青州 15/10
[康熙]益都 9/14
張璠(清・壽張人)
[光緒]壽張 7/14
張弘(字守道)
(明・博平人)
[正德]博平 4/68
張弘(明・莘縣人)
[正德]莘縣 6/24

張璣(明・莒縣人)
[康熙十五年]青州 15/55
[康熙四十八年]青州 15/卓行 11
[康熙六十年]青州 18/17
[乾隆]沂州府 26/26
[康熙]莒州下/44
[雍正]莒州 9/38
[嘉慶]莒州 9/25
[民國]重修莒志 65/2
張璣(字宗璿)
(明・齊東人)
[康熙]濟南 39/3
[道光]濟南 51/45
[康熙]新修齊東 6/6
[民國]齊東 5/8
齊東縣鄉土志/耆舊錄 16
張璣(明・鄒平人)
[道光]濟南 50/9
張烈(字徽仙,一作徽先,一字徽之)
(北魏・清河東武城人)
[嘉靖]山東 31/9
[康熙]山東 41/7
[雍正]山東 28/人物一 55
[宣統]山東 155/29
[嘉靖]青州 15/61
[萬曆]青州 15/60
[康熙十五年]青州 15/60
[康熙四十八年]青州 15/僑寓 7
[康熙六十年]青州 20/16
[咸豐]青州 64/13
[萬曆]東昌 19/12
[乾隆]東昌 36/17
[嘉慶]東昌 26/18
[乾隆]武城 10/10
武城縣鄉土志略/耆舊錄
[康熙]臨淄 9/11,10/10
[民國]臨淄 29/20
[光緒]益都縣圖志 30/12
張烈(字欽敷)
(清・新城人)
[宣統]新城縣後志 3/文苑
張璞(明)
[康熙]德平 3/15
張瑞(元)
[乾隆]淄川 4/又 28 - 1
張瑞(字祥圃)
(清・寧津人)
[光緒]寧津 8/42
張型(清・商河人)
[咸豐]武定府 26/義行 26
[民國]重修商河 8/78
張琇(字藍坡)
(清・寧陽人)
[光緒]寧陽 13/46
張琇(字育聰)
(清・壽光人)
[民國]壽光 12/人物志二 71
張瑗(字蘧菴,號留耕)
(清・嘉祥人)
[乾隆]嘉祥 3/26
[光緒]嘉祥 3/25
張瑗(字蘧子)
(清・莒縣人)
[民國]重修莒志 65/6
張瑗(字子玉,號再蘧)
(清・掖縣人)
[民國]四續掖縣 4/74
張登高(字子升)
(明・濮人)
[康熙]山東 41/27
[雍正]山東 28/人物三 38
[宣統]山東 160/26
[萬曆]東昌 19/63
[乾隆]曹州府 15/14
[萬曆]濮州 3/鄉賢 57
[康熙]濮州 3/79
[乾隆]濮州 3/80
[宣統]濮州 4/86
張孔庶(字景顔)
(清・壽光人)
[乾隆]續壽光 28/2
[嘉慶]壽光 14/22
張瑞亭(清・濟寧人)
[民國]濟寧直隸州續志 14/22
張廷彥(字卓堂)
(清・福山人)
[民國]福山縣志稿 7/4 - 8,10/7
張延庚(明・濱州人)
[乾隆]武定府 24/8
[咸豐]武定府 24/清介 8
[康熙]濱州 7/22
[咸豐]濱州 10/6
[嘉慶]續掖縣 2/24
張延慶(字燕翼)
(清・濟寧人)
[乾隆]兗州 23/78
[乾隆]東昌 40/45
[嘉慶]東昌 30/36
[乾隆]濟寧直隸州 25/28
[道光]濟寧直隸州 8/3 - 14
張延庭(明・濱州人)
[乾隆]武定府 24/23
[咸豐]武定府 24/循良 13
[萬曆]濱州 3/32
[康熙]濱州 7/7
[咸豐]濱州 10/7
濱州鄉土志/耆舊錄
張廷龍(字騰軒)
(清・寧陽人)
[光緒]寧陽 15/35
張瑞麒(明・泰安人)
[康熙]濟南 44/23
[康熙]泰安州 3/30
[乾隆二十五年]泰安縣 12/28
[乾隆四十七年]泰安縣 10/上 25
[道光]泰安縣 9/上 77
[民國]重修泰安縣 8/33
泰安縣鄉土志/耆舊 12
張瑞麒(清・陽穀人)
[民國]增修陽穀人物/孝義 9
張廷謨(字牖宸)
(明・齊河人)
[康熙]濟南 36/18
[道光]濟南 51/42
[康熙]齊河 6/34
[雍正]齊河 7/5
[民國]齊河 24/3
齊河縣鄉土志耆舊錄/11
張登麟(字觀猷)
(清・陽信人)
[民國]陽信 5/篤行 47
張瑞麟(明・泰安人)
[乾隆]泰安府 18/34

張瑞麟(字夢紱,號蓮舫)
(清・高苑人)
高苑縣鄉土志/耆舊
張登元(清・無錫人)
[乾隆]利津縣志補 3/16
張登雲(字攀龙)
(明・寧陽人)
[咸豐]寧陽 13/15
[光緒]寧陽 13/15
寧陽縣鄉土志/14
張廷璡(字介如,號念臺)
(清・海陽人)
[光緒]增修登州 41/77
[光緒]海陽縣續志 5/22
張廷霖(清・歸安人)
[乾隆]泰安府 15/33
[康熙]東平州續志 4/3
[乾隆]東平州 12/41
[道光]東平州 12/41
[光緒]東平州 14/41
張廷璽(明・蒲州舉人)
[道光]觀城 6/6
張廷璽(字玉符)
(清・恩縣人)
[民國]重修恩縣 11/鄉賢 73
張廷璽(字惺堂)
(清・莒縣人)
[民國]重修莒志 64/6
張廷元(字輔治)
(清・菏澤人)
[光緒]菏澤 16/14
[光緒]新修菏澤 11/72
張廷珩(字亦白)
(清・壽光人)
[民國]壽光 12/人物志二 30
張廷璿(字玉田)
(清・利津人)
[光緒]利津 7/宦蹟 19
張孔孫(字夢符)
(金・泰安人)
[嘉靖]山東 34/6
[康熙]山東 48/4
[宣統]山東 200/7
[乾隆]泰安府 16/66
[萬曆元年]兗州 42/15
[萬曆二十四年]兗州 37/32
[康熙]兗州 28/73
[道光]濟寧直隸州 6/6－18
[康熙]東平州 4/59
[乾隆]東平州 15/35
[道光]東平州 15/36
[光緒]東平州 15/下 65
[民國]東平縣 11/下 34
[萬曆]汶上 6/4
張瑞廷(原名登雲,字子青)
(清・商河人)
[民國]重修商河 7/39
張廷瑞(元)
[乾隆]東昌 35/16
[嘉慶]東昌 22/21
[嘉靖]高唐州 5/3
[康熙十二年]高唐州 7/5
[康熙五十一年]高唐州 7/5
[道光]高唐州 7/1－4
[光緒]高唐州 7/1－4
[民國]高唐縣 9/5－2
張延登(字濟美,號華東)
(明・鄒平人)
[康熙]山東 39/29
[雍正]山東 28/人物三 55
[宣統]山東 160/35
[康熙]濟南 35/21
[道光]濟南 50/11
[順治]鄒平 6/7
[康熙]鄒平 6/18,7/42
[嘉慶]鄒平 9/50,15/42
[道光]鄒平 9/50,15/39
[民國]鄒平 15/39
張廷璜(清・嶧縣人)
[乾隆]兗州 23/77
[乾隆]嶧縣 8/40
[光緒]嶧縣 21/孝友 8
張聯珠(清・高密人)
[民國]高密 14/上 72
張聯翼(字白生,號漢槎)
(清・博山人)
[咸豐]青州 46/6
[康熙]顏神鎮志 4/下 8
[乾隆]博山 7/上 23
[民國]續修博山 12/45
張聯翼(字寅恭)
(清・定陶人)
[乾隆]定陶 6/23
[民國]定陶 6/45
張廷弼(明・蒲州人)
[光緒]增修登州 27/2
[同治]黃縣 6/4
張廷珍(字聘顯)
(清・陽穀人)
[民國]增修陽穀人物/文苑 6,人物/孝義 7
張廷縉(字次之)
(清・利津人)
[光緒]利津 8/孝友 6
張登嵐(清・陽穀人)
[民國]增修陽穀人物/仕宦 20
張登嵐(字曉山)
(清・鄒縣人)
[民國]續修鄒縣志稿/人物－耆舊
張聯台(明・蓬萊人)
[道光]重修蓬萊 9/12
[民國]蓬萊縣志合編人物志/忠勇
張廷傅(字師古,一作師百)
(清・高密人)
[乾隆]萊州 11/孝義 6
[乾隆]高密 8/上 37
[光緒]高密 8/上 62,9/下 1
[民國]高密 14/上 73,15 中/1
高密縣鄉土志/上 36
張廷獻(元・清亭人)
[乾隆]東昌 33/40
[嘉慶]東昌 21/9
[順治]堂邑 2/職官初 7
[康熙十一年]堂邑 2/名宦 4
[康熙]堂邑 11/7
堂邑縣鄉土志/政績錄
張登魁(字冠蓬)
(清・齊河人)
[民國]齊河 23/70
張發科(清・觀城人)
觀城縣鄉土志/耆舊
張廷化(字君雨)
(明・龍游人,遷滕縣)
[宣統]山東 200/12
[康熙]滕志 8/人物 20

[康熙]滕縣志 8/隱逸 9
[道光]滕縣志 9/隱逸 6
張廷勳(字輔宸)
(清・濟寧人)
[民國]濟寧直隸州續志 12/30
張弘綱(見張弘剛)
張廷凱(字舜臣)
(清・鄒平人)
[道光]濟南 54/50
[道光]鄒平 15/95
[民國]鄒平 15/95
張瑞徵(字卿旦,號華平)
(清・萊陽人)
[雍正]山東 28/人物四 23
[宣統]山東 176/16
[乾隆]續登州 10/4
[光緒]增修登州 38/19
[民國]萊陽 3/1 中 30,3/1 中 88,3/3 上傳志上 44
張廷徵(字耆德)
(清・章邱人)
[道光]濟南 54/23
[道光]章邱 10/37
張延齡(明・商河人)
[咸豐]武定府 25/孝友又 9
[道光]商河 7/24
[民國]重修商河 8/36
商河縣鄉土志 2/耆舊－事業
張延齡(清・茌平人)
[宣統]茌平 16/8
[民國]茌平 3/40
張延齡(字壽泉)
(清・如臯人)
[民國]重修泰安縣 6/64
張登瀛(明)
[康熙]新修齊東 4/21
張登瀛(字春洲)
(清・堂邑人)
堂邑縣鄉土志/耆舊錄
張聯房(字鼎生)
(清・博山人)
[康熙]顏神鎮志 4/下 9
張列宿(明・欒城人)
[宣統]山東 72/40
[乾隆]東昌 33/48
[嘉慶]東昌 21/16
[道光]博平 4/6
張瑞之(清・霑化人)
[光緒]霑化 10/31
[民國]霑化 3/9
張廷寶(字邇安)
(清・樂陵人)
[宣統]山東 171/50
樂陵縣鄉土志 3/48
張廷宗(字惠夫,號亮齋)
(清・淄川人)
[乾隆]淄川 5/又 31－1
[宣統]三續淄川 9/56
張發源(字岷山)
(清・無棣人)
[民國]無棣 13/33
張瑞福(明・泰安人)
[康熙]濟南 44/27
[康熙]泰安州 3/47
[乾隆]泰安府 18/36
[乾隆二十五年]泰安縣 12/28
[乾隆四十七年]泰安縣 10/上 25
[道光]泰安縣 9/上 77
[民國]重修泰安縣 8/33
泰安縣鄉土志/耆舊 13
張聯溪(清・商河人)
[民國]重修商河 8/19
張弘襟(明・鄠縣人)
[宣統]山東 71/37
[乾隆]泰安府 15/20
[康熙]新修萊蕪 5/26
[民國]萊蕪 9/5
[民國]續修萊蕪 15/7
萊蕪縣鄉土志/4
張廷選(清・惠民人)
惠民縣鄉土志/耆舊錄 21
張廷選(字際聖)
(清・壽光人)
[乾隆]續壽光 24/7
[嘉慶]壽光 13/27
[民國]壽光 12/人物志一 68
張延通(字貫一,號西園)
(清・新城人)
[宣統]新城縣後志 3/孝友
[民國]重修新城 18/14
張發祥(清・平陰人)
[光緒]平陰 5/26
張弘道(清・宛平人)
[康熙]陽穀 2/25
[光緒]陽穀 4/17
張延祚(字仲允,號凫東)
(明・莒縣人)
[民國]重修莒志 63/14
張廷遴(字綸宣)
(清・平原人)
[民國]續修平原 6/9
張登榜(清・陽穀人)
[民國]增修陽穀人物/師道 27,人物/善行 44
張弘吉(明・山陰人)
[雍正]文登 6/36
[道光]文登 5/23
[光緒]文登 7/上 5
[民國]文登 7/上 5
張聯奎(字璧軒)
(清・臨清人)
[民國]臨清縣/人物 68
張廷才(寧津人)
寧津縣志料 3/人物－義行
張廷楨(字興邦)
(清・陽信人)
[民國]陽信 5/忠義 49
張廷機(字斗三)
(清・博興人)
[民國]重修博興 13/39
張廷機(字在文)
(清・霑化人)
[光緒]霑化 8/12
[民國]霑化 2/40
張廷機(清・章邱人)
[道光]章邱 11/86
張聯芳(字子薦,號桂亭)
(明・濮州人)
[康熙]濮州 6/84
[乾隆]濮州 6/84
[宣統]濮州 8/84
張瑞芬(清・寶坻人)
[民國]長清 4/23
張廷蕃(字庶錫)
(清・海陽人)

［光緒］增修登州 41/50
［乾隆］海陽 6/22
張廷華（字文軒）
（清・臨朐人）
臨朐縣鄉土志 1/耆舊
張廷蘭（清・高密人）
［光緒］高密 8/上 65
［民國］高密 14/上 75
高密縣鄉土志/上 41
張廷藴（五代唐・開封襄邑人）
［宣統］山東 68/21
張延芳（字思馨）
（清・章丘人）
［道光］濟南 54/21
［道光］章邱 11/70
張廷棣（清・無棣人）
［民國］無棣 13/31
張廷賀（字獻宸）
（明・滕縣人）
［康熙］滕志 8/人物 22
［康熙］滕縣志 8/貞夫 1
［道光］滕縣志 9/忠節 2
張廷相（字獻卿）
（清・平度人）
［民國］平度縣續志 8/15
張廷相（字宀瞻，一作宁瞻）
（清・文登人）
［道光］文登 5/20
［光緒］文登 10/上 11
張孔教（字輔之，號卓吾）
（明・掖縣人）
［乾隆］掖縣 3/46
［嘉慶］續掖縣 3/2
張廷翰（字文林）
（清・無棣人）
［民國］無棣 13/26
海豐縣鄉土志/耆舊－學問二
張延增（見張彥增）
張登泰（明・鄆城人）
［崇禎］鄆城 6/17
［康熙］鄆城 6/17
［光緒］鄆城 8/7
張廷輔（字翼山）
（清・樂陵人）
樂陵縣鄉土志 3/65

張廷揚（字藹亭，一作靄亭）
（清・直隸祁州舉人）
［民國］續修平原 5/17，11/藝文上 23
［光緒］高密 6/26
［民國］高密 12/27
高密縣鄉土志/上 13
張廷撰（字獻素）
（清・惠民人）
［康熙］濟南 45/13
［乾隆］武定府 25/39
［咸豐］武定府 25/儒林 9
［乾隆］惠民 6/11
［光緒］惠民 23/10
張登鰲（字魁元）
（清・陽信人）
［民國］陽信 5/忠義 64
張聯軫（字朗生，號蓬邱）
（明・博山人）
［康熙］顏神鎮志 4/下 7
［乾隆］博山 7/上 1
［民國］續修博山 11/16
張孔思（字慎符，或作慎甫，號及泉）
（明・樂安人）
［康熙］山東 45/18
［康熙十五年］青州 14/59
［康熙四十八年］青州 14/儒行 16
［康熙六十年］青州 15/13
［咸豐］青州 45/6
［雍正］樂安 12/12
［民國］樂安 10/7
［民國］續修廣饒 19/13
張聯星（字景生）
（清・博山人）
［乾隆］博山 7/下 1
［民國］續修博山 12/1
張廷甲（字殿元）
（清・魚臺人）
［光緒］魚臺 3/耆碩又 3
張延昇（宋・兗州人）
［康熙］滋陽 4/上 16
張孔昭（明・商河人）
［民國］重修商河 13/藝文志四墓表 8

張延嗣（字伯繩）
（明・莒縣人）
［民國］重修莒志 61/3
張廷璧（字席之）
（清・高唐人）
［康熙五十一年］高唐州 8/34
［道光］高唐州 5/1－36
［光緒］高唐州 5/1－38
［民國］高唐縣 12/84
張登階（清・博山人）
［民國］續修博山 11/33
張弘剛（字憲臣）
（元・益都人）
［嘉靖］山東 32/19
［康熙］山東 42/19
［嘉靖］青州 15/47
［萬曆］青州 15/22
［康熙十五年］青州 15/21
［康熙四十八年］青州 15/武功 8
［康熙六十年］青州 16/46
［萬曆］益都 6/102
［康熙］益都 9/38
張延陵（明・商河人）
［民國］重修商河 11/19
張飛卿（元・樂陵人）
［康熙］濟南 39/1
［乾隆］武定府 24/1
［咸豐］武定府 24/清介 1
［順治］樂陵 6/4
［乾隆］樂陵 6/8
張瑞周（字幹卿）
（清・東阿人）
［民國］續修東阿 11/3
張瑞年（清・臨邑人）
［宣統］山東 170/25
［同治］臨邑 9/忠藎 4
張瑞午（清・廣寧衛人）
［宣統］山東 76/12
［康熙］兗州續編 14/28
［康熙］沂州志 3/50
［乾隆］沂州府 20/13
［民國］臨沂 7/74
張廷善（清・夏津人）
［民國］夏津續編 8/15
張延年（字益堂）

（長清人）
［民國］長清 12/24
張弘猷（字鼎耳）
（清・湖南寧遠人）
［宣統］山東 77/9
［康熙六十年］青州 12/42
［咸豐］青州 37/1
［雍正］樂安 11/6
［民國］樂安 8/20
［民國］續修廣饒 17/5
張廷猷（字宏勳）
（清・無棣人）
［民國］無棣 13/31
張廷鍵（字瑞思）
（清・壽光人）
［咸豐］青州 46/46
［康熙］壽光 26/5
［嘉慶］壽光 13/19
［民國］壽光 12/人物志一 72
張弘範（字子壽）
（明・膠州庠生）
［雍正］山東 28/人物四 6
［宣統］山東 177/55
［乾隆］萊州 11/善行 2
［康熙］膠州 5/33
［道光］重修膠州 26/7
［民國］增修膠志 40/34
張聯箕（字德生，號即公）
（清・博山人）
［咸豐］青州 46/31
［康熙］寧海州 7/5
［康熙］顔神鎮志 4/下 5
［乾隆］博山 6/下 13
［民國］續修博山 12/22
張延光（明・蓬萊人）
［泰昌］登州 11/45
［順治］登州 17/25
［康熙］蓬萊 5/24
［道光］重修蓬萊 9/32
［民國］蓬萊縣志合編人物志/行誼
張登愷（字季元）
（清・博山人）
［民國］續修博山 9/9
張孔炤（字德音）
（清・莒縣人）
［乾隆］沂州府 26/21
［雍正］莒州 9/27
［嘉慶］莒州 9/26
［民國］重修莒志 67/4
張聯輝（字奎府）
（清・昌邑人）
［光緒］昌邑縣續志 6/19
13 **張瓆**（清・慶雲人）
［民國三年］慶雲 2/32，2/71
張琮（明・高唐人）
［康熙十二年］高唐州 9/6
［康熙五十一年］高唐州 9/8
［道光］高唐州 5/2－17
［光緒］高唐州 5/2－20
［民國］高唐縣 12/34
張琮（明・蓬萊人）
［道光］重修蓬萊 9/13
［民國］蓬萊縣志合編人物志/忠勇
張琮（明・陝西咸寧人）
［康熙］朝城 7/14
張琮（清・臨沂人）
［乾隆］沂州府 26/22
［民國］臨沂 10/16
張琮（字錫玉）
（清・禹城人）
［民國］禹城 6/33
禹城縣鄉土志/19
張鬴（清）
［光緒］嶧縣 19/職官下 21
張琯（字官玉，一作玉官）
（清・新城人）
［道光］濟南 55/73
［宣統］新城縣後志 3/文苑
［民國］重修新城 17/4
新城縣鄉土志/耆舊－清
張琯（清・新泰人）
［乾隆］泰安府 17/42
［順治］新泰 5/24
［乾隆］新泰 16/7
新泰縣鄉土志/24
張瓛（字懷德）
（明・范縣人）
［萬曆］濮州 3/鄉賢 49
張瓛（明・福山人）
［泰昌］登州 11/37
［順治］登州 17/15
［光緒］增修登州 40/13
［康熙］福山 8/4，9/11
［乾隆］福山 8/6，9 上/50
張瓛（明・歷城人）
［道光］濟南 49/8
張瓛（明・新城人）
［宣統］新城縣後志 3/耆壽
［民國］重修新城 15/10
張酺（字孟侯）
（漢・汝南細陽人）
［嘉靖］山東 26/21
［康熙］山東 34/1
［雍正］山東 27/85
［宣統］山東 66/22
［萬曆元年］兗州 38/循吏 7
［萬曆］東昌 18/6
［乾隆］東昌 33/5
［嘉慶］東昌 20/8
［乾隆］曹州府 12/3
［萬曆］濮州 3/名宦 3
［康熙］濮州 3/3
［乾隆］濮州 3/3
［宣統］濮州 4/3
張琬（清・無棣人）
［民國］無棣 13/31
張瑄（字廷瑞）
（明・高唐人）
［萬曆］東昌 22/13
［乾隆］東昌 39/25
［嘉慶］東昌 29/9
［嘉靖］高唐州 5/20
［康熙十二年］高唐州 8/12
［康熙五十一年］高唐州 8/12
［道光］高唐州 5/1－13，5/2－9
［光緒］高唐州 5/1－13
［民國］高唐縣 12/66
張瑄（明・洛陽人）
［嘉靖］山東 25/25
［康熙］濟南 25/25
［道光］濟南 36/37
［康熙］新修齊東 4/19
［民國］齊東 3/59
張瑄（字玉六）
（清・高唐人）
［乾隆］東昌 43/29

［嘉慶］東昌 32/46
［道光］高唐州 5/2－12
［光緒］高唐州 5/2－15
［民國］高唐縣 12/32,12/81
張瑄(清・蒙陰人)
［康熙十一年］蒙陰 2/38
［宣統］蒙陰 4/名獻
張瑄(清・章邱人)
［道光］章邱 11/63
張武烈(字息之)
(清・平度人)
［道光］重修平度州 19/2
平度鄉土志 4 上/鄉賢
張瓆國(字玉雯)
(清・新城人)
［宣統］新城縣後志 3/孝友
［民國］重修新城 18/17
14 **張珪**(元・長清人)
［道光］長清 11/5
張璜(字玉菴)
(明・無棣人)
［康熙］濟南 41/21
［乾隆］武定府 24/21
［咸豐］武定府 24/循良 11
［康熙］海豐 10/10
海豐縣鄉土志/耆舊－事業
［民國］無棣 11/2
張瑾(字彥瑜)
(明・濱州人)
［乾隆］武定府 23/10
［咸豐］武定府 23/名臣 10
［康熙］濱州 7/15
［咸豐］濱州 10/4
濱州鄉土志/耆舊錄
張瑾(清・陽穀人)
［民國］增修陽穀人物/仕宦 17
張琳(明・新城人)
［宣統］新城縣後志 3/耆壽
［民國］重修新城 15/10
張琳(清・臨沂人)
［民國］臨沂 10/60
張琳(清・陽穀人)
［民國］增修陽穀人物/善行 39
張勔(字敬修)
(清・茌平人)
［宣統］茌平 21/1
［民國］茌平 12/86
張琪(金・莘人)
［嘉靖］山東 31/23
［康熙］山東 45/11
［雍正］山東 28/人物二 46
［宣統］山東 165/9
［萬曆］東昌 19/41
［乾隆］東昌 19/17,42/3
［嘉慶］東昌 32/4
［正德］莘縣 6/28,9/8
［康熙十一年］莘縣 7/9,8/77
［康熙五十六年］莘縣 7/9,8/77
［光緒］莘縣 7/36,8/中 34
［民國］莘縣 7/28,9/14
莘縣鄉土志/孝友 22
張琪(字廷玉)
(元・無棣人)
［康熙］濟南 41/8
［乾隆］武定府 24/14
［咸豐］武定府 24/循良 4
［康熙］海豐 10/6
［民國］無棣 11/1
海豐縣鄉土志/政績
張琪(字壽眉)
(清・遼東舉人)
［乾隆］掖縣 4/78
張琦(字伯玉)
(明・高苑人)
高苑縣鄉土志/耆舊
張琦(字又韓)
(清・平原人)
［道光］濟南 56/97
［乾隆］平原 8/39
平原縣鄉土志輯稿/文學
張琦(字翰風)
(清・江蘇吳江人)
［宣統］山東 76/45
［道光］濟南 38/14
［道光］鄒平 14/27
［民國］鄒平 14/27
張確(字果亭)
(清・東平人)
［光緒］東平州 15/下 43
［民國］東平縣 11/下 15
張琭(字次珽)
(清・鄒平人)
［民國］鄒平 15/126
張硃(清・益都人)
［光緒］益都縣圖志 46/4
張瑛(晉・幽薊人)
［光緒］益都縣圖志 15/2
張瓚(明・朝城人)
［康熙］朝城 8/20
張瓚(字道善)
(明・利津人)
［康熙］濟南 45/3
［乾隆］武定府 25/35
［咸豐］武定府 25/儒林 5
［康熙］利津縣新志 8/4
［光緒］利津 7/宦蹟 15
張瓚(明・蒲臺人)
［萬曆］蒲臺志 9/9
張瓚(字公瑾,號道可)
(清・長山人)
［嘉慶］長山 8/22
張瓚(字晚洲)
(清・湖南湘潭人)
［宣統］山東 77/35
［乾隆］萊州 9/34
［道光］重修平度州 16/21
張瓚(清・禹城人)
［民國］禹城 6/75
張琳初(字玉林)
(清・諸城人)
［道光］諸城縣續志 19/2
15 **張翀**(明・黃縣人)
［光緒］增修登州 40/8
［康熙］黃縣 6/15
［乾隆］黃縣 8/12
［同治］黃縣 8/3
［民國］黃縣志稿 13/明
張翀(清・濰縣人)
［民國］濰縣志稿 30/38
張建(唐)
［嘉靖］武定州下/47
張璡(字及庵,號怡堂)
(清・濰縣人)
［民國］濰縣志稿 28/24

濰縣鄉土志/32
張璉(字大器)
(明・河南鞏縣人)
[宣統]山東 73/13
[嘉靖]青州 13/42
[萬曆]青州 12/29
[康熙十五年]青州 12/29
[康熙四十八年]青州 12/29
[康熙六十年]青州 12/28
[咸豐]青州 36/8
[嘉靖]臨朐 2/47
[康熙]臨朐縣志書 1/33
光緒臨朐 13/3
張璉(明・沂水人)
[萬曆]青州 14/41
[康熙十五年]青州 14/41
[康熙四十八年]青州 14/隱逸 15
張琠(清・青城人)
[民國]青城續修 3/59
張翀霄(字伯昂)
(清・齊河人)
[民國]齊河 23/4
張聘三(字莘田)
(清・嶧縣人)
[光緒]嶧縣 21/宦績 9
張建烈(清・鑲紅旗人)
[乾隆]東昌 34/9
[嘉慶]東昌 21/28
[乾隆]高唐州續志 2/1
[道光]高唐州 7/1－15
[光緒]高唐州 7/1－15
[民國]高唐縣 9/5－11
[康熙]重修清平下/5
[嘉慶]清平 13/6
[宣統]增輯清平 11/6
[民國]清平/秩官 29
張建玢(清・桓臺人)
[民國]桓臺志略 3/16
[民國]桓臺 3/25
張建績(明・富平人)
[康熙]濟南 25/80
[乾隆]武定府 16/44
[咸豐]武定府 19/霑化 3
[光緒]霑化 5/18
[民國]霑化 4/職官 36
張建之(字孟和)
(清・濰縣人)
[民國]濰縣志稿 32/6
張建南(字華址,一字華北)
(清・樂陵人)
[乾隆]武定府 26/14
[咸豐]武定府 26/義行 14
[乾隆]樂陵 6/35
樂陵縣鄉土志 3/26
張建楨(字景周)
(清・膠州人)
[民國]增修膠志 45/33
張建封(字本立)
(唐・鄧州南陽人,一作兗州人)
[嘉靖]山東 34/4
[康熙]山東 48/4
[雍正]山東 28/人物二 11,31/13
[宣統]山東 156/8
[萬曆元年]兗州 42/11
[萬曆二十四年]兗州 34/4
[康熙]兗州 26/36
[乾隆]兗州 23/26
[康熙]滋陽 4/上 56
張建臣(字輔君)
(清・壽光人)
[乾隆]續壽光 24/7
[嘉慶]壽光 13/26
[民國]壽光 12/人物志一 76
張建瓴(清・安徽合肥人)
[宣統]山東 77/5
[咸豐]青州 37/28
[光緒]增修登州 34/2
[道光]榮成 6/27
[民國]臨淄 18/12
16 張聰(明・滄州人)
[隆慶]單縣上/34
張聰(明・海陽人)
[光緒]增修登州 37/18
[光緒]海陽縣續志 5/14
張聰(明・泗水人)
[光緒]泗水 10/24
張聰(清・漢軍正黄旗人)
[宣統]山東 75/34
[乾隆]東平州 12/40
[道光]東平州 12/40
[光緒]東平州 14/40
[民國]東平縣 9/21
張環(明・濮州人)
[萬曆]濮州 4/隱德 2
[康熙]濮州 4/49
[乾隆]濮州 4/86
[宣統]濮州 6/2
張環(字德潤)
(明・山西垣曲人)
[宣統]山東 72/3
[萬曆二十四年]兗州 29/1
[康熙]兗州 22/23
[乾隆]兗州 22/21
[康熙]滋陽 3/82
[光緒]滋陽 7/2
滋陽縣鄉土志 1/政績
張環(字廷器,一作庭器)
(明・棗強人)
[雍正]山東 31/16
[宣統]山東 200/10
[康熙]濟南 50/9
[乾隆]武定府 26/43
[咸豐]武定府 26/寓賢 3
[康熙]陽信 9/31
[乾隆]陽信 7/54
[民國]陽信 5/耆碩 52
信邑志稿 7/耆碩
張理(字亦溫,號石林)
(清・無棣人)
[乾隆]武定府 26/30
[民國]無棣 12/3
張瑅(字是玉)
(清・黃縣人)
[同治]黃縣 8/18
[民國]黃縣志稿 13/清懿行
張現(字槐亭)
(清・歷城人)
[道光]濟南 53/8
[乾隆]歷城 38/9
張珵(字士鄉)
(清・掖縣人)
[嘉慶]續掖縣 3/15
張璟生(清・奉天人)
[雍正]恩縣續志 3/5
張聖純(清・魚臺人)

［乾隆］魚臺 11/44
［光緒］魚臺 3/28
張聖恩（清・欒安人）
［雍正］樂安 12/20
［民國］樂安 10/19
［民國］續修廣饒 19/34
張聖恩（清・鄆城人）
［光緒］鄆城 10/13
17 **張弼**（字公輔）
（元・館陶人）
［嘉靖］山東 31/25
［康熙］山東 41/21
［乾隆］東昌 37/20
［嘉慶］東昌 27/19
張弼（字雲村）
（清・掖縣人）
［宣統］山東 177/13
［光緒］三續掖縣 1/49
［光緒］三續掖縣 2/3
張琛（明・東平州人）
［嘉靖］山東 30/60
［萬曆元年］兗州 40/孝友 7
［萬曆二十四年］兗州 36/6
［康熙］兗州 28/6
［康熙］東平州 4/71
［乾隆］東平州 13/37，15/2
［道光］東平州 13/37
［光緒］東平州 15/上 37
［民國］東平縣 11/上 14
東平州鄉土志上/耆舊錄 31
張琛（字後溪）
（清・膠州人）
［乾隆］膠州 5/25
［道光］重修膠州 29/17
［民國］增修膠志 45/4
張琛（字修陽）
（清・夏津人）
［民國］夏津續編 8/6
張丑（戰國）
［民國］臨淄 29/21
張弓（字希仲，號月梧）
（明・歷城人）
［道光］濟南 49/28
［崇禎］歷乘 16/52
［崇禎］歷城 10/26
［乾隆］歷城 40/20
張瑚（字夏玉）
（清・臨清人）
［民國］臨清縣/人物 15
張暈（字華宇）
（明・掖縣人）
［嘉慶］續掖縣 3/12
張璠（五代・館陶人）
［嘉靖］山東 31/17
［康熙］山東 41/14
張璠（明・直隸松江人）
［光緒］增修登州 27/16
［康熙］黃縣 5/14
［同治］黃縣 6/7
［民國］黃縣志稿 11/宦績
張珞（字菩玉，號鶴川）
（清・莒縣人）
［乾隆］沂州府 27/9
［雍正］莒州 9/39
［民國］重修莒志 67/4
張盂（清・臨淄人）
［民國］臨淄 30/38
張鼒（字用和）
（明・歷城人）
［嘉靖］山東 29/25
［康熙］山東 39/24
［雍正］山東 28/人物三 16
［宣統］山東 159/13
［康熙］濟南 36/8
［道光］濟南 49/8
［崇禎］歷乘 16/18
［崇禎］歷城 10/12
［乾隆］歷城 37/14
張珮（清・章邱人）
［乾隆］章邱 9/36
［道光］章邱 11/62
張玘（字玉文）
（清・觀城人）
［道光］觀城 9/45
觀城縣鄉土志/耆舊
張瓊（宋・大名館陶人）
［雍正］山東 28/人物二 20
［宣統］山東 157/34
［乾隆］東昌 37/7
［嘉慶］東昌 27/5
張邵（字才彥）
（宋・烏江人）
［民國］續安邱新志 23/1
張珝（字叔玉，號甘泉）
（明・高苑人）
［萬曆］青州 14/40
［康熙十五年］青州 14/40
［康熙四十八年］青州 14/隱逸 14
［康熙六十年］青州 20/5
［康熙］高苑 6/6
［乾隆］高苑 5/16，6/8
高苑縣鄉土志/耆舊
張焄（號紹庭）
（清・海陽人）
［光緒］海陽縣續志 5/21
張珣（明・長安人）
［崇禎］歷乘 16/62
張珣（字東美）
（清・恩縣人）
［民國］重修恩縣 11/鄉賢 24
張珣（字子琪，號震公）
（清・莒縣人）
［乾隆］沂州府 26/14
［雍正］莒州 9/32
［嘉慶］莒州 9/29
［民國］重修莒志 65/7
張珣（清・霑化人）
［光緒］霑化 7/8
［民國］霑化 2/21
張瑤（明・德州人）
州乘餘聞/4
德州鄉土志/耆舊 3
張瑤（字天游，號海眉）
（明・蓬萊人）
［康熙］山東 43/5
［雍正］山東 28/人物三 69
［宣統］山東 164/31
［順治］登州 16/11
［光緒］增修登州 39/4
［康熙］蓬萊 5/16
［道光］重修蓬萊 9/4，9/10，13/傳 8
［民國］蓬萊縣志合編人物志/功業，人物志/鄉賢
張瑤（明・通許人）
［萬曆］諸城 4/23
張瑤（清・萊蕪人）

[民國]續修萊蕪 25/6
張翌(明・祥符人)
[乾隆]沂州府 20/12
[康熙]日照 8/7
張翼(字輔菴)
(金・齊河人)
[民國]齊河 23/77
張翼(明・臨朐人)
[嘉靖]臨朐 3/11
張翼(字小山)
(清・城武人)
[康熙九年]城武 5/16
[康熙四十一年]城武 5/上懿行 8
[道光]城武 9/下 13
張子立(字元禮,一作原禮)
(明・黃縣人)
[泰昌]登州 11/22
[順治]登州 16/28
[光緒]增修登州 39/10
[康熙]黃縣 6/18
[乾隆]黃縣 8/16
[同治]黃縣 8/4
[民國]黃縣志稿 13/明
張子庶(明・沂水人)
[萬曆]青州 14/41
[康熙十五年]青州 14/41
[康熙四十八年]青州 14/隱逸 15
張君謨(清・鄒平人)
[民國]鄒平 15/136
張務訥(清・福山人)
[乾隆]福山 8/22
張子塾(見張子塾)
張翠霖(字潤生)
(清・德平人)
[民國]德平縣續志 12/碑記 11
張子玉(清・平度人)
[民國]平度縣續志 7/35
張恐玷(字詠圭,號孟白)
(清・平陰人)
[光緒]平陰 5/9,8/30
張孟琢(字礪菴)
(清・金鄉人)
[咸豐]濟寧直隸州續志 3/4
[民國]濟寧直隸州續志 14/23
[咸豐]金鄉縣志略 9/中忠義傳 4
[民國]金鄉 14/19
張承烈(字揚廷)
(清・安丘人)
[民國]續安邱新志 18/8
張孟水(字清堂)
(清・陽信人)
[民國]陽信 5/任恤 39
張翼飛(字圖南)
(清・齊東人)
[道光]濟南 56/17
[康熙]新修齊東 6/10
[民國]齊東 5/5
齊東縣鄉土志/耆舊錄 1
張邵瑓(字若水)
(清・壽光人)
[咸豐]青州 46/10
[康熙]壽光 25/3
[嘉慶]壽光 13/3
[民國]壽光 12/人物志一 56
張羽翀(清・順天大興人)
[宣統]山東 76/42
[乾隆]東昌 34/14
[嘉慶]東昌 22/5
[康熙十一年]莘縣 5/8
[康熙五十六年]莘縣 5/8
[光緒]莘縣 5/9
[民國]莘縣 3/5
莘縣鄉土志/政績 7
張君弼(清・歷城人)
[宣統]山東 170/27
[道光]濟南 53/51
[民國]續修歷城 43/2
張子珣(字亞珊)
(清・海豐人)
海豐縣鄉土志/耆舊－事業四
張君政(字廬陽)
(明・蒙陰人)
[康熙十一年]蒙陰 2/14,2/41
張予孜(字闇存)
(清・平原人)
[道光]濟南 56/100
[乾隆]平原 8/42
平原縣鄉土志輯稿/文學
張聚秀(字穎禾)
(明・平原人)
[道光]濟南 52/58
[乾隆]平原 8/26
平原縣鄉土志輯稿/循吏
張予信(字石夫)
(清・高密人)
高密縣鄉土志/上 22
張務經(字維九,號勛堂)
(清・淄川人)
[宣統]三續淄川 9/82
張子順(字聚甫,別號裕菴)
(明・德州左衛人)
[康熙]濟南 40/8
[道光]濟南 52/39
[康熙]德州 8/15
[乾隆]德州 9/13
德州鄉土志/耆舊 7
[民國]德縣 10/11
張子順(清・齊東人)
[道光]濟南 56/22
[民國]齊東 5/48
張子衍(金・永安人)
[光緒]益都縣圖志 17/8
張子鸞(清・平原人)
[民國]續修平原 10/上 7
張羽紱(字賡佩)
(清・直隸景州人)
[宣統]山東 76/48
[乾隆]東昌 34/27
[康熙]臨清州 1/54
[乾隆]臨清州 9/14
[乾隆]臨清直隸州 6/80
[民國]臨清縣/秩官 64
張子峻(字巖渠)
(清・城武人)
[道光]城武 9/上 48
張承化(字子宣)
(平原人)
[民國]續修平原 8/23
張孟繡(明・濱州人)
[乾隆]武定府 25/49
[咸豐]武定府 25/文苑 9
[康熙]濱州 7/29
[咸豐]濱州 10/28
濱州鄉土志/學問

張乃純(字玉九)
(清・青城人)
[乾隆]青城 8/11
[民國]青城續修 4/人物 22
張孟鯉(字汝化)
(明・萊陽人)
[康熙]萊陽 10/11
張子臯(字叔謨)
(宋・曹州冤句人)
[嘉靖]山東 30/48
[康熙]山東 40/46
[雍正]山東 28/人物二 37
[萬曆元年]兗州 40/文苑 13
[萬曆二十四年]兗州 35/2
[康熙]兗州 27/2
[康熙]東明 6/15
[乾隆]東明 6/15
張孟儀(清・河南人)
[乾隆]膠州 4/23
[道光]重修膠州 23/11
[民國]增修膠志 18/10
張子徽(字慎敷,號遜亭)
(清・鉅野人)
[民國]續修鉅野 5/上 5
張承寵(字天寵,號荷宇)
(明・平陰人)
[乾隆]泰安府 17/30
[順治]平陰 7/5
[光緒]平陰 4/11
張承宗(字繼甫)
(清・新城人)
[宣統]新城縣後志 2/善行
[民國]重修新城 18/3
張君實(別號保和)
(元・懿州人)
[乾隆四十七年]泰安縣卷之末/13
[道光]泰安縣卷之末/13
[民國]重修泰安縣 10/72
張翼宿(清・蒙陰人)
[康熙十一年]蒙陰 2/36
張予定(字汝安,號雲樵)
(清・平原人)
[道光]濟南 56/100
[民國]續修平原 10/上 16
張予宣(清・平原人)
[民國]續修平原 6/1
張子宏(清・章邱人)
[道光]濟南 61/8
[道光]章邱 11/76
張子寬(元)
[康熙]鄒平 4/9
張子良(字漢臣)
(元・范陽人)
[乾隆]泰安府 18/71
[萬曆二十四年]兗州 37/32
[康熙]兗州 28/73
[康熙]東平州 4/62
[乾隆]東平州 15/37
[道光]東平州 15/38
[光緒]東平州 15/下 67
[民國]東平縣 11/下 34
張子容(字君宏)
(金・萊陽人)
[康熙]萊陽 8/26
[民國]萊陽 3/1 中 85
張子實(字充光)
(恩縣人)
[民國]重修恩縣 11/鄉賢 88
張承業(明・濟陽人)
[道光]濟南 51/53
[乾隆]濟陽 8/32
[民國]濟陽 11/4
張子治(字協中)
(清・平原人)
[民國]續修平原 6/1
張承祖(字守先)
(清・高唐人)
[民國]高唐縣 12/92
張承祖(清・齊東人)
[民國]齊東 5/17
齊東縣鄉土志/兵事錄 1
張務培(字因之)
(清・淄川人)
[宣統]三續淄川 9/80
張承樸(字質清)
(清・齊河人)
[民國]齊河 23/72
張子壎(字亞珊)
(清・無棣人)
[民國]無棣 11/25
張乃楠(清・高唐人)
[乾隆]東昌 43/30
[嘉慶]東昌 32/47
[道光]高唐州 5/2－12
[光緒]高唐州 5/2－15
[民國]高唐縣 12/33
張瓊林(字崐圃)
(清・清平人)
[民國]清平/人物 65
張子帶(字存菴)
(清・平陰人)
[乾隆]泰安府 18/61
平陰縣鄉土志/10
張子墊(元・蒙陰人)
[雍正]山東 28/人物二 64
[宣統]山東 167/13
[嘉靖]青州 15/55
[萬曆]青州 14/38
[康熙十五年]青州 14/38
[康熙四十八年]青州 14/隱逸 12
[康熙六十年]青州 20/4
[乾隆]沂州府 27/9
[康熙十一年]蒙陰 2/48
[康熙二十四年]蒙陰 4/10
[宣統]蒙陰 4/隱德
張子藩(字幼屏)
(清・寧津人)
寧津縣志料 3/人物－孝行
張子芳(長清人)
[民國]長清 12/27
張子蓋(宋・成紀人)
[光緒]增修登州 24/10
張子英(字育甫)
(清・桓臺人)
[民國]桓臺志略 3/23
[民國]桓臺 3/33
張邵棟(見張邵瑮)
張子敬(字孝思)
(清・昌樂人)
[嘉慶]昌樂 22/11
張承奉(金)
[宣統]山東 69/12
[萬曆]青州 12 又/8
[康熙十五年]青州 12 又/8
[康熙四十八年]青州 12 又/8
[咸豐]青州 35/14

[康熙]昌樂 1/33
[嘉慶]昌樂 19/3
張務振(字金聲)
(清・淄川人)
[宣統]三續淄川 9/91
張子哲(字幾先)
(清・商河人)
[道光]商河 7/45
[民國]重修商河 8/73
張子成(清・新城人)
[宣統]新城縣後志 3/耆壽
張子盛(清・東平人)
[乾隆]東平州 15/13
[道光]東平州 15/13
[光緒]東平州 15/下 12
[民國]東平縣 11/中 29
張子揚(字松亭)
(明・鉅野人)
[道光]鉅野 13/52
張翼軫(清・黃縣人)
[光緒]增修登州 40/11
[同治]黃縣 8/13
張承恩(字沛深)
(清・無棣人)
[民國]無棣 13/9
張予是(字去非)
(清・高密人)
[光緒]高密 8/上 37
[民國]高密 14/上 40
高密縣鄉土志/上 34
張子冕(字隣谷,又字宗周,號石田)
(明・平陰人)
[光緒]平陰 5/3
張承賜(字袞錫)
(清・遼東廣寧人)
[宣統]山東 75/34
[乾隆]東平州 12/39
[道光]東平州 12/39
[光緒]東平州 14/39
[民國]東平縣 9/21
東平州鄉土志上/政績錄 16
張翼明(字濬源,號濟霞)
(明・高苑人)
[咸豐]青州 45/50
[康熙]高苑縣續志 5/4
[乾隆]高苑 6/5
高苑縣鄉土志/耆舊
張翼明(字滄嶙)
(明・永城人)
[崇禎]歷城 6/4
張予明(字辨之)
(明・高密人)
[民國]高密 15/下补编 36
張羣雁(字不羣)
(清・膠州人)
[民國]增修膠志 42/23
張翼舉(字六翮)
(清・齊東人)
[道光]濟南 56/17
[民國]齊東 5/11
張予覺(字尹先)
(清・平原人)
[民國]續修平原 6/3
張羽鳳(字鳴梧)
(明・新城人)
[康熙]山東 45/5
[道光]濟南 51/32
[康熙]新城 7/25
[康熙]新城縣續志/人物
[民國]重修新城 14/7
新城縣鄉土志/耆舊－明
張子用(字禮堂)
(清・膠州人)
[民國]增修膠志 45/33
張君勝(清・清平人)
[嘉慶]清平 14/49
[宣統]增輯清平 12/64
[民國]清平/人物 58
張孟善(字勉叔)
(元・真定人)
[萬曆二十四年]兗州 28/18
[康熙]兗州 22/17
[乾隆]兗州 22/15
[康熙]嶧縣 3/24
[乾隆]嶧縣 7/8
[光緒]嶧縣 19/97
張乃義(字宜亭)
(清・鄒平人)
[民國]鄒平 15/140
張孕美(字仲質)
(清・掖縣人)
[乾隆]掖縣 4/59
張君鈺(字崑山)
(清・鄒平人)
[民國]鄒平 15/137
張君錫(清・鄒平人)
[民國]鄒平 15/129
張子敏(字勉齋)
(清・桓臺人)
[民國]桓臺 3/35
18 **張璥**(字廷和)
(明・湖廣京山人)
[嘉靖]山東 26/29
[雍正]山東 27/48
[宣統]山東 72/50
[萬曆]東昌 18/41
[乾隆]東昌 35/28
[嘉靖]夏津 4/3
[康熙]夏津 5/3
[乾隆]夏津 6/35
張玠(唐・南陽人)
[宣統]山東 200/3
[光緒]滋陽 9/55
張璬(字衡甫,號問珊)
(清・平原人)
[民國]續修平原 10/上 19
張璬(字霞城)
(清・陽信人)
[乾隆]武定府 25/56
[咸豐]武定府 25/文苑 16
[康熙]陽信 10/56
[乾隆]陽信 7/21
[民國]陽信 5/文學 6,8/藝文下 19
信邑志稿 7/文苑
陽信縣鄉土志上/耆舊－學問
張玲(字仲玉)
(清・新城人)
[宣統]新城縣後志 3/文苑
張瑜(字楚伯,一作楚白)
(清・陽信人)
[咸豐]武定府 25/孝友 34
[乾隆]陽信 7/28
[民國]陽信 5/孝友 68
信邑志稿 7/孝友
張敔(明・觀城人)

［康熙］觀城 4/2
張敔(字芷園,號雪鴻)
(清・歷城人)
［宣統］山東 170/12
［民國］續修歷城 41/7
［民國］長清 13/31
張珍(明・深州人)
［萬曆］諸城 4/35
張珍(字聘卿)
(清・昌樂人)
［民國］昌樂縣續志 30/16
張珍(字席秀)
(清・無棣人)
［民國］無棣 13/3
張政(明・陝西蘭州人)
［道光］濟南 36/60
張政(明・平度人)
［康熙］平度州 4/6
［道光］重修平度州 18/4
張孜(宋・開封人)
［乾隆］單縣 4/52
張孜(元・濟寧虞城人)
［康熙九年］城武 3/5
［康熙四十一年］城武 5/上宦蹟 1
［道光］城武 9/下 48
張致慶(字錫堂)
(清・順天人)
［宣統］三續淄川 9/49
19 **張璡**(清・魚臺人)
［乾隆］魚臺 11/46
［光緒］魚臺 3/29
張琰(宋・歷城人)
［康熙］益都 5/18
張琰圭(清・堂邑人)
［康熙］堂邑 14/2
20 **張秉**(明・陽信人)
［康熙］陽信 8/18
張采(字還白)
(明・滕人)
［康熙］山東 40/62
［雍正］山東 28/人物三 55
［宣統］山東 163/34
［康熙］兖州 28/26
［乾隆］兖州 23/49
張孚(唐)
［雍正］山東 27/33
［宣統］山東 68/11
［乾隆］兖州 22/10
張孚(元)
［宣統］山東 69/21
［道光］濟南 34/34
張孚(明・東平人)
［康熙］東平州 3/39
張集(明・北直晉州人)
［宣統］山東 73/6
［萬曆］青州 12/36
［康熙四十八年］青州 12/36
［康熙六十年］青州 12/24
［咸豐］青州 36/15
［康熙十二年］博興 6/2
［康熙六十年］博興 7/13
［道光］博興 10/3
［民國］重修博興 12/2
張集(清・黃縣人)
［同治］黃縣 9/27
張集(字會林)
(清・蓬萊人)
［光緒］增修登州 43/7
［道光］重修蓬萊 9/40
［民國］蓬萊縣志合編人物志/行誼
張雋(清・歷城人)
［民國］續修歷城 43/4
張儁(明・通州人)
［光緒］增修登州 27/2
［同治］黃縣 6/4
張位(字列廷)
(清・博山人)
［乾隆］博山 7/上 27
［民國］續修博山 12/48
張纕(清・霑化人)
［乾隆］武定府 25/22
［咸豐］武定府 25/孝友 22
［光緒］霑化 8/9
［民國］霑化 2/37
張信(元・萊陽人)
［民國］萊陽 3/1 中 6
張信(明・壽光人)
［康熙］壽光 26/2
［嘉慶］壽光 13/16
［民國］壽光 12/人物志一 46
張信(字彥實)
(明・掖人)
［嘉靖］山東 35/7
［康熙］山東 45/22
［雍正］山東 28/人物三 60
［宣統］山東 165/22
［萬曆］萊州 6/8
［康熙］萊州 10/63
［乾隆］萊州 11/孝義 4
［乾隆］掖縣 4/47
［道光］掖乘 4
張信(字允元)
(明・淄川人)
［康熙］濟南 42/11
［道光］濟南 50/38
［萬曆］淄川 30/9
［康熙］淄川 6/84
［乾隆］淄川 6/上 84
張秀(字泗水)
(清・歷城人)
［道光］濟南 53/54
［乾隆］歷城 43/8
張禹(漢・河內枳人)
［康熙］東平州 3/1
［乾隆］東平州 10/2
張禹(字長子)
(漢・清河郡人)
［嘉慶］東昌 33/1
［嘉靖］鄒縣地理誌 1/24
［宣統］重修恩縣 8/27
［民國］重修恩縣 11/鄉賢 28
張禹(字伯達)
(漢・趙國襄國人)
［宣統］山東 66/18
［萬曆元年］兖州 38/循吏 8
［萬曆二十四年］兖州 26/7
［康熙］兖州 21/7
［乾隆］兖州 22/2
張秉文(字含之)
(明・南直桐城人)
［雍正］山東 27/17
［宣統］山東 70/21
［康熙］濟南 24/30
［道光］濟南 35/26
［崇禎］歷城 6/17
張秉庸(字惇五)

（清・濟陽人）
[民國]濟陽 11/46
張季彥（號滄西）
（明・濮州人）
[康熙]濮州 3/86
[宣統]濮州 4/93
張維廉（明・鄒人）
[萬曆]鄒志 2/29
[康熙十二年]鄒縣志 2/46
[康熙五十五年]鄒縣志 2/68
鄒縣鄉土志耆舊錄/26
張重廉（字介士）
（清・黃縣人）
[乾隆]黃縣 8/42
[同治]黃縣 9/30
[民國]黃縣志稿 13/清藝術
張重慶（字熙堂）
（清・長清人）
[民國]長清 13/27
張乘龍（字西平）
（清・曹縣人）
[光緒]曹縣 14/行誼 26
張維新（字岐東）
（明・河南汝州人）
[宣統]山東 72/45
[乾隆]東昌 34/21
[嘉慶]東昌 22/12
[萬曆]冠縣 2/5,6/40
[道光]冠縣 6/25,9/48
[光緒]冠縣 6/宦績,9/52
[民國]冠縣 6/36,9/48
張秉誠（清・泰安人）
[民國]重修泰安縣 8/21
張重敦（字裕厚）
（清・莘縣人）
[光緒]莘縣 6/28
[民國]莘縣 6/22
張秉元（清・鄒縣人）
[民國]續修鄒縣志稿/人物－耆舊附方技
張禹玉（字伯績）
（清・萊陽人）
[光緒]增修登州 39/34
[民國]萊陽 3/3 上傳志下 29
張秉璞（清・會寧人）
[康熙]德州 6/5
張維型（字紹典）
（清・昌邑人）
[光緒]昌邑縣續志 6/11
張禹珪（字天錫）
（宋・河朔人）
[雍正]山東 27/34
[宣統]山東 68/39
[萬曆元年]兗州 38/循吏 27
[萬曆二十四年]兗州 28/3
[康熙]兗州 22/3
[乾隆]兗州 22/11
張爲璁（字筆山）
（清・掖縣人）
[乾隆]掖縣 3/83
張秀環（字俊升）
（明・鄒平人）
[民國]鄒平 15/106
張千尋（字翼豐）
（清・陽穀人）
[民國]增修陽穀人物/師道 16
張壬弼（字潤之）
（清・萊蕪人）
[民國]續修萊蕪 23/10
張禹弼（字汝鄰）
（明・山西平定人）
[宣統]山東 72/16
[道光]濟寧直隸州 6/6－34
張重弼（字梅舟）
（清・掖縣人）
[乾隆]掖縣 4/61
張爲政（字美五）
（清・黃縣人）
[光緒]增修登州 40/9
[道光]重修蓬萊 9/21
[民國]蓬萊縣志合編人物志/仕績
[同治]黃縣 8/8
張垂統（明・萊陽人）
[光緒]增修登州 43/30
[康熙]萊陽 8/23
[民國]萊陽 3/1 中 71
張受采（字思白，號學圃，晚號長椿老人）
（清・萊蕪人）
[民國]萊蕪 18/5
[民國]續修萊蕪 23/5
張維秀（清・汶上人）
[宣統]四續汶上稿/人物－孝弟傳
張垂經（號儀亭）
（清・鉅野人）
[道光]鉅野 13/37
張爲經（字涵六）
（清・濟寧人）
[乾隆]濟寧直隸州 25/22
[道光]濟寧直隸州 8/3－11
濟寧州鄉土志 2/耆舊
張爲經（字公緯）
（清・臨清人）
[宣統]山東 174/27
[乾隆]兗州 23/75
[乾隆]東昌 40/45
[嘉慶]東昌 30/35
[民國]臨清縣/人物 12
張爲仁（字致堂，號滄粟）
（清・海豐人）
[宣統]山東 171/31
[乾隆]武定府 23/33,35/39
[咸豐]武定府 23/名臣 33,35/墓表 4
[康熙]海豐 11/56
海豐縣鄉土志/耆舊－事業
[民國]無棣 10/5,22/13
張維儒（字嗣文）
（清・諸城人）
[道光]諸城縣續志 19/6
張維占（清・蒲臺人）
[光緒]重修蒲臺 3/8
張乖崖（宋）
[道光]鉅野 24/6
張維嶽（字峻五）
（利津人）
[民國]利津縣續志 7/義行 10
張秀峯（長清人）
[民國]長清 12/21
張秀崑（字琇山）
（牟平人）
[民國]牟平 7/112
張秀升（字翰詹）
（清・魚臺人）
[光緒]魚臺 3/耆碩又 2
張爲和（字祥甫）

（清・齊東人）
［民國］齊東 5/23
齊東縣鄉土志/耆舊錄 5
張秉魯（字鈍夫）
（清・陜西富平人）
［宣統］山東 75/7
［道光］濟南 38/11
［道光］章邱 9/12
章邱縣鄉土志/上 13
［光緒］德平 5/15
張秉彝（清・江都人）
［雍正］恩縣續志 3/5
張秉綸（字心亭,號小塘）
（清・淄川人）
［宣統］三續淄川 9/82
張維寅（字秩卿）
（清・臨邑人）
［同治］臨邑 9/孝義 9
張依渠（字石閣）
（濟陽人）
［民國］濟陽 11/7
張維祺（字吉甫,號雲湄）
（清・膠州人）
［宣統］山東 177/44
［道光］重修膠州 27/37
［民國］增修膠志 41/29
膠州直隸州鄉土志 4/事功
［民國］單縣 12/方技 4
張秉禮（字復之）
（清・鄒平人）
［民國］鄒平 15/121
張采清（字麟閣）
（清・平原人）
［民國］續修平原 6/8
張維清（清・歷城人）
［民國］續修歷城 42/9
張維清（清・濮州人）
［宣統］濮州 5/27
張維清（字匯菴）
（清・無棣人）
［民國］無棣 13/29
張維清（字星垣）
（清・陽信人）
［民國］陽信 5/孝友 66
張維洛（字仙舟）
（清・利津人）
［民國］利津縣續志 7/文苑 1
張重潤（字蒼伯,號滄溟）
（清・萊陽人）
［雍正］山東 28/人物四 15
［宣統］山東 176/16
［乾隆］續登州 10/4
［光緒］增修登州 41/47
［光緒］海陽縣續志 10/72
［民國］萊陽 3/1 中 29,3/3 上傳志上 46
張受道（明・日照人）
［萬曆］青州 14/58
［康熙十五年］青州 14/58
［康熙四十八年］青州 14/儒行 15
［康熙六十年］青州 17/19
［乾隆］沂州府 25/20
［康熙］日照 9/3
［光緒］日照 8/5
張香海（字牟子）
（清・蓬萊人）
［宣統］山東 176/40
［光緒］增修登州 40/6
［光緒］蓬萊縣續志 9/忠勇 1,9/仕績 2
［民國］蓬萊縣志合編人物志/忠勇
張重啟（字元公,號岱瞻）
（清・萊陽人）
［光緒］增修登州 39/34
［民國］萊陽 3/1 中 33
張信真（號希夷子）
（金・樂安人）
［嘉靖］山東 34/16
［康熙］山東 47/8
［雍正］山東 30/15
［宣統］山東 200/28
［嘉靖］青州 16/55
［萬曆］青州 17/13
［康熙十五年］青州 17/13
［康熙四十八年］青州 17/仙釋 8
［康熙六十年］青州 20/11
［咸豐］青州 52/3
［雍正］樂安 19/4
［民國］樂安 13/13
［民國］續修廣饒 27/1
張維垣（字文欽,號雙峰）
（清・甘肅固原人）
［宣統］山東 76/49
［乾隆］東昌 34/28
［乾隆］臨清直隸州 6/84
［民國］臨清縣/秩官 65
［乾隆］陽信 5/7
信邑志稿 5/職官－知縣
［民國］陽信 2/27
張維垣（清・歷城人）
［道光］濟南 53/14
［民國］續修歷城 39/5
張維垣（字薇庭,號嘯崖,又號松嵐）
（清・平原人）
［民國］續修平原 11/藝文上 37
張維楨（字翼周）
（清・聊城人）
［宣統］聊城 8/補 4
張秉權（清・淄川人）
［宣統］三續淄川 9/83
張維孝（號東渠）
（明・高唐人）
［乾隆］東昌 42/26
［嘉慶］東昌 32/21
［道光］高唐州 5/2－8
［光緒］高唐州 5/2－11
［民國］高唐縣 12/7
高唐州鄉土志/19
張紋植（字羅若）
（清・樂陵人）
樂陵縣鄉土志 3/46
張秀枝（清・濟寧人）
［民國］濟寧直隸州續志 14/22
張重華（清・平原人）
［民國］續修平原 10/上 11
張秉均（字仙湄）
（清・單縣人）
［民國］單縣 12/鄉賢 7
張爲均（清・萊陽人）
［民國］萊陽 3/1 中 65
張維格（字衍四）
（清・陽穀人）
［民國］增修陽穀人物/善行 49

張維艱(清・金鄉人)
金鄉縣鄉土志/耆舊錄上
張秉乾(字海峰)
(清・長清人)
[道光]濟南 56/49
[道光]長清 13/9
張維幹(字子貞)
(平原人)
[民國]續修平原 8/26
張維翰(字忠庵)
(明・茌平人)
[乾隆]東昌 38/23
[嘉慶]東昌 28/23
[康熙二年]茌平 2/44,2/47
[康熙四十九年]茌平 2/44
[宣統]茌平 10/8
[民國]茌平 3/9
[道光]博平 4/22
張維乾(清・泰安人)
[乾隆四十七年]泰安縣 10/上 22
[道光]泰安縣 9/上 74
[民國]重修泰安縣 8/26
泰安縣鄉土志/耆舊 21
張秉泰(字心舒,號德潤)
(清・東阿人)
[道光]東阿 14/人物下 35
張秉忠(清・章邱人)
[乾隆]章邱 9/34
[道光]章邱 11/60
張維忠(字子恕)
(元・沂水人)
[道光]沂水 7/35
張重申(清・高唐人)
[道光]高唐州 5/2-21
[光緒]高唐州 5/2-24
[民國]高唐縣 12/50
張秉軸(字樞齋)
(清・淄川人)
[宣統]三續淄川 9/86
張乘甲(清・冠縣人)
[道光]冠縣 8/上 24
[光緒]冠縣 8/孝義
[民國]冠縣 8/人物志 29
張信昌(清・泗水人)
[光緒]泗水 10/29
張維勛(明・高邑人)
[萬曆]沂州志 4/50
張重暉(清・萊陽人)
[民國]萊陽 3/1 中 28
張重曜(字紫叔)
(明・萊陽人)
[光緒]增修登州 40/25
[康熙]萊陽 8/13,8/24
[民國]萊陽 3/1 中 72
張乘雁(字多崖)
(清・膠州人)
膠州直隸州鄉土志 4/文學
張舜臣(字熙伯,號東沙)
(明・章丘人)
[康熙]濟南 34/7
[道光]濟南 49/61
[萬曆]章丘 24/28
[康熙]章丘 6/23
[乾隆]章邱 9/18
[道光]章邱 10/16
章邱縣鄉土志/上 42
張舜民(字芸叟)
(宋・邠州人)
[嘉靖]青州 13/26
[萬曆]青州 12/19
[光緒]益都縣圖志 16/34
張舜民(字南圃)
(明・壽光人)
[康熙十五年]青州 14/又 26
[康熙四十八年]青州 14/孝友 17
[康熙六十年]青州 17/16
[咸豐]青州 44/48
[康熙]壽光 25/1
[嘉慶]壽光 13/1
[民國]壽光 12/人物志一 51
壽光縣鄉土志/耆舊
張維堅(字奉璞)
(清・金鄉人)
[咸豐]濟寧直隸州續志 3/5
[民國]濟寧直隸州續志 14/24
[咸豐]金鄉縣志略 9/中忠義傳 3
[民國]金鄉 14/18
張維屏(明)
[萬曆]沂州志 4/57
張維賢(字孔喆)
(清・嘉祥人)
[雍正]山東 28/人物四 38
[宣統]山東 172/39
[乾隆]兗州 23/70
[道光]濟寧直隸州 8/3-34
[順治]嘉祥 4/又 23
張位卿(字紹虞,號海龍)
(清・鄆城人)
[光緒]鄆城 16/29
張禹門(清・濟陽人)
[乾隆]濟陽 8/35
[民國]濟陽 11/50
張重輿(字景鑾)
(清・安邱人)
[咸豐]青州 48/10
[道光]安邱新志 18/7
安丘縣鄉土志 6/耆舊錄 3
張秉義(字質夫)
(清・膠州人)
[道光]重修膠州 27/30
[民國]增修膠志 41/23
膠州直隸州鄉土志 4/事功
張維鎬(清・膠州人)
[道光]重修膠州 29/15
[民國]增修膠志 45/2
張爲籆(字升同)
(清・直隸景州人)
[宣統]山東 75/11
[道光]濟南 38/17
[乾隆]淄川 4/又 28-2
淄川縣鄉土志/政績錄
張依智(字睿齋)
(清・濟陽人)
[民國]濟陽 11/71
張秉鈞(原名乃謙,字佩衡)
(清・濟陽人)
[民國]濟陽 11/64
張爰翔(字東泉,號寄盧)
(清・高密人)
[光緒]高密 8/上 38,9/下 2
[民國]高密 14/上 40,15/中 2
張維策(清・黃縣人)
[同治]黃縣 9/3

[民國]黃縣志稿 13/人物－死難
張維箴(字念程)
(清・金鄉人)
[民國]金鄉 13/續增 8
張秉粹(字美涵)
(清・利津人)
[乾隆]利津縣志續編 8/41
[光緒]利津 7/宦蹟 16
張維常(字方含)
(清・汶上人)
[宣統]四續汶上稿/人物－忠烈傳
張維炳(元・東平人)
[宣統]山東 161/23
[道光]濟寧直隸州 6/6－22
[康熙]魚臺 15/8
[乾隆]魚臺 9/33
[光緒]魚臺 2/46
張信恆(字義復)
(清・安丘人)
[民國]續安邱新志 20/4
安丘縣鄉土志 7/耆舊錄 4
張重煥(一名炳南,字子新)
(清・黃縣人)
[民國]黃縣志稿 13/清懿行
21 張步(字文公)
(漢・琅邪不其人)
[嘉靖]山東 27/19,33/17
[咸豐]青州 55/2
[萬曆元年]兗州 41/10
[萬曆]萊州 6/84
[萬曆]即墨志 9/8
[康熙]纂修即墨/下 37
[乾隆]掖縣 5/60
張衢(字應朝)
(元)
[乾隆]東昌 35/17
[嘉慶]東昌 22/21
[嘉靖]高唐州 5/3
[康熙十二年]高唐州 7/6
[康熙五十一年]高唐州 7/6
[道光]高唐州 7/1－6
[光緒]高唐州 7/1－6
[民國]高唐縣 9/5－3
張虎(清・福山人)
[乾隆]福山 8/72
張虎(清・膠州人)
[民國]增修膠志 43/7
張經(明・博平人)
[正德]博平 4/65
張經(明・茌平人)
[康熙四十九年]茌平 2/53
[宣統]茌平 14/3
[民國]茌平 3/72
張經(明・南直崑山人)
[乾隆]嶧縣 7/31
張經(清・沂水人)
[道光]沂水 7/26
張仁(元・棗強人,遷歷城)
[道光]濟南 48/13
[乾隆]歷城 17/7,36/16
張仁(明・觀城人)
[乾隆]曹州府 15/7
[康熙]觀城 3/22
[道光]觀城 8/4
觀城縣鄉土志/耆舊
張仁(明・南直六安人)
[宣統]山東 72/17
[道光]濟寧直隸州 6/6－36
[康熙]魚臺 15/15
[乾隆]魚臺 9/39
[光緒]魚臺 2/48
張仁(明・河南郾城人)
[嘉靖]山東 26/17
[康熙]山東 33/20
[雍正]山東 27/83
[宣統]山東 71/30
[乾隆]泰安府 15/2
[萬曆元年]兗州 38/循吏 42
[萬曆二十四年]兗州 29/10
[康熙]兗州 22/31
[康熙]東平州 4/52
[乾隆]東平州 12/32
[道光]東平州 12/32
[光緒]東平州 14/32
[民國]東平縣 9/17
張仁(字長人)
(清・齊河人)
[民國]齊河 27/13
張儒(字爲己)
(明・河南尉氏人)
[萬曆]青州 12/51
[康熙十五年]青州 12/51
[康熙四十八年]青州 12/51
[康熙六十年]青州 12/39
[咸豐]青州 36/15
[康熙]臨淄 8/9
[民國]臨淄 18/10
張睿(字希聖)
(明・莘縣人)
[正德]莘縣 6/9
[康熙五十六年]莘縣 6/4
[光緒]莘縣 6/4
[民國]莘縣 6/3
張睿(字大生)
(清・壽光人)
[咸豐]青州 48/1
[乾隆]續壽光 25/7
[嘉慶]壽光 14/9
[民國]壽光 12/人物志一 74
張順(金・淄川人)
[嘉靖]山東 29/17
[康熙]山東 39/15
[雍正]山東 28/人物二 53
[宣統]山東 164/19
[康熙]濟南 38/5
[道光]濟南 47/47
[嘉靖]淄川 6/80
[康熙]淄川 6/8
[乾隆]淄川 6/上 8
淄川縣鄉土志/耆舊錄－忠節
張頵(字達善)
(元・導江人)
[嘉靖]山東 26/16
[康熙]山東 33/19
[雍正]山東 27/36
[宣統]山東 69/28
[萬曆二十四年]兗州 28/19
[康熙]兗州 22/19
[乾隆]兗州 22/16
[萬曆]鄒志 2/10
[康熙十二年]鄒縣志 3/12
[康熙五十五年]鄒縣志 2/43
[民國]續修鄒縣志稿/名宦

鄒縣鄉土志政績錄/3
［乾隆］曲阜 92/1
曲阜縣鄉土志/耆舊－學問
張綎(字度昭)
(清・齊河人)
［道光］濟南 56/13
［民國］齊河 26/18
張衍(字溯西)
(清・諸城人)
［乾隆］諸城 36/12
張偃(西漢)
［萬曆元年］兖州 2/35
［萬曆二十四年］兖州 9/10
［康熙］兖州 10/10
張巏(字秋嵐)
(清・鄒平人)
［民國］鄒平 15/121
張貞(明・昌樂人)
［嘉靖］昌樂 3/41
張貞(明・長清人)
［道光］長清 11/25
張貞(字子城)
(明・掖縣人)
［乾隆］掖縣 3/50
張貞(字起元,晚號圓叟)
(清・安丘人)
［雍正］山東 28/人物四 38
［宣統］山東 175/41
［康熙六十年］青州 18/8
［咸豐］青州 47/8
［康熙］續安丘 19/23
［道光］安邱新志 17/1
安丘縣鄉土志 8/耆舊錄 5
張旨(字仲微)
(宋・河内人)
［嘉靖］山東 27/16
［康熙］山東 37/3
［雍正］山東 27/69
［宣統］山東 68/54
［萬曆］萊州 5/63
［康熙］萊州 8/23
［乾隆］萊州 9/7
萊州府鄉土志/上 10
張倬(清・青城人)
［乾隆］武定府 25/64
［咸豐］武定府 25/文苑 24
［乾隆］青城 8/6
［民國］青城續修 4/人物 19,4/藝文下 18
張師庶(清・諸城人)
諸城縣鄉土志/上 18
張師雍(字公度,號悔菴)
(明・章丘人)
［道光］濟南 49/59
［道光］章邱 11/32
張衍度(字子貞)
(清・無棣人)
［民國］無棣 11/13
海豐縣鄉土志/耆舊－事業
張衍慶(字貽穀)
(清・淄川人)
［康熙］淄川 6 下/5
［乾隆］淄川 6/下 5
張虞言(字司允)
(清・博山人)
［乾隆］博山 7/下 5
［民國］續修博山 12/5
［道光］重修膠州 23/11
［民國］增修膠志 18/10
張儒誠(字子誠)
(清・冠縣人)
［民國］冠縣 8/人物志 25,9/42
張衍譜(字系先)
(清・平陰人)
［光緒］平陰 4/39
張儒玉(字德如)
(清・陽穀人)
［光緒］陽穀 6/30
［民國］增修陽穀人物/仕宦 21
張穎建(字企端)
(清・膠州人)
［道光］重修膠州 28/21
［民國］增修膠志 42/19
張行信(字信甫)
(金・莒州日照人)
［嘉靖］山東 32/18
［康熙］山東 42/18
［雍正］山東 28/人物二 53
［宣統］山東 158/3
［道光］濟南 34/12
［嘉靖］青州 14/23
［萬曆］青州 13/40
［康熙十五年］青州 13/40
［康熙四十八年］青州 13/事功 23
［康熙六十年］青州 16/12
［乾隆］沂州府 25/18
［康熙］日照 9/1
［光緒］日照 8/3
［光緒］益都縣圖志 17/7
張衍統(字澤甫)
(清・商河人)
［民國］重修商河 8/25
張衍重(字子威)
(清・無棣人)
［宣統］山東 171/39
［民國］無棣 10/14
海豐縣鄉土志/耆舊－事業
張仁山(清・莒縣人)
［民國］重修莒志 66/6
張順魁(字和宇)
(清・莒縣人)
［嘉慶］莒州 10/9
［民國］重修莒志 65/14
張占魁
［民國］朝城縣續志 1/25
張行健(字天如,一作天行)
(清・聊城人)
［乾隆］東昌 43/2
［嘉慶］東昌 32/28
［宣統］聊城 8/93
聊城縣鄉土志/31
張仁傑(字效狄)
(清・菏澤人)
［光緒］菏澤 16/15
［光緒］新修菏澤 11/73
張經綸(字統一)
(清・單縣人)
［康熙］單縣 8/46
［乾隆］單縣 7/17
［民國］單縣 9/56
張步瀛(清・膠州人)
［民國］增修膠志 44/12
張經濟(明・泰安人)
［乾隆］嶧縣 7/32
張經濟(明・陽穀人)

［民國］增修陽穀人物/仕宦 10
張經濟(清・濟陽人)
［乾隆］濟陽 8/20
［民國］濟陽 11/25
張衍福(字曼臣)
(清・無棣人)
［民國］無棣 11/21
海豐縣鄉土志/耆舊－事業四
張步斗(字拱辰)
(清・壽張人)
［光緒］壽張 6/62
張行婆(宋・濰州昌樂人)
［民國］昌樂縣續志 16/42
張徙溟(字鵬九,號羽風)
(清・濮州人)
［康熙］濮州續志上/27
［乾隆］濮州 3/94
［宣統］濮州 4/101
張虔雄(隋・清河東武城人)
［嘉靖］山東 31/10
［康熙］山東 41/7
［雍正］山東 28/人物一 61
［乾隆］東昌 36/27
［嘉慶］東昌 26/28
［嘉靖］武城 7/54
［順治］武城 2/16
［乾隆］武城 10/14
武城縣鄉土志略/耆舊錄
張師赤(字豫川,一字松門)
(清・河南儀封人)
［宣統］山東 77/18
［咸豐］青州 37/21
［乾隆］諸城 28/15
［乾隆］新泰 11/8
新泰縣鄉土志/5
張衍壽(字子靜)
(清)
［宣統］山東 171/40
［民國］無棣 11/13
海豐縣鄉土志/耆舊－事業
張師載(字以道,號少渠)
(明・南直潛江人)
［宣統］山東 73/31
［萬曆］萊州 5/69
［康熙］萊州 8/30
［乾隆］萊州 9/13
萊州府鄉土志/上 16
［康熙］昌邑 8/3
［嘉慶］續掖縣 2/19
張師載(清・城武人)
［康熙］兗州續編 15/13
［康熙九年］城武 5/7
［康熙四十一年］城武 5/上懿行 9
［道光］城武 9/下 13
張師載(字又渠,號愚齋)
(清・河南儀封人)
［宣統］山東 74/6
［道光］濟寧直隸州 6/7－55
張行恭(字長人)
(清・長山人)
［嘉慶］長山 7/31
張經世(字印青)
(清・齊東人)
［康熙］濟南 45/13
［道光］濟南 56/17
［康熙］新修齊東 6/9
［民國］齊東 5/51
張仁桂(清・福山人)
［民國］福山縣志稿 7/4－8
張睿植(字義塘)
(清・莒縣人)
［民國］重修莒志 67/8
張衍基
［民國］朝城縣續志 1/26
張貞觀(明・南直沛縣人)
［宣統］山東 73/4
［萬曆］青州 12/43
［康熙十五年］青州 12/43
［康熙四十八年］青州 12/43
［康熙六十年］青州 12/22
［咸豐］青州 36/25
［康熙］益都 5/20
［光緒］益都縣圖志 18/35
張行素(字龍溪)
(明・濟陽人)
［康熙］山東 39/31
［道光］濟南 72/41
［民國］濟陽 11/12
張衛書(字紀元)
(清・新城人)
［宣統］新城縣後志 3/文苑
張虛中(宋・高唐人)
［道光］高唐州 5/1－6
張行成(清・長清人)
［道光］濟南 56/50
［道光］長清 12/30
張虔威(字元敬)
(隋・清河郡人,一作東武城人)
［嘉靖］山東 31/9
［康熙］山東 41/7
［雍正］山東 28/人物一 61
［萬曆］東昌 19/17
［乾隆］東昌 36/26
［嘉慶］東昌 26/27
［嘉靖］武城 7/53
［順治］武城 2/16
［乾隆］武城 10/14
武城縣鄉土志略/耆舊錄
［宣統］重修恩縣 8/14
［民國］重修恩縣 11/鄉賢 11
恩縣鄉土志/17
張占鰲(字步瀛)
(清・莒縣人)
［民國］重修莒志 65/16
張經明(明・陽穀人)
［民國］增修陽穀人物/仕宦 11
張衍明(字灼遠)
(清・陽穀人)
［民國］增修陽穀人物/孝義 7
張貞明(明・壽光人)
［萬曆］青州 15/23
［康熙十五年］青州 14/10,15/22
［康熙四十八年］青州 14/忠義 10,15/武功 9
［康熙六十年］青州 16/47
［咸豐］青州 45/37
［康熙］壽光 24/1
［嘉慶］壽光 12/19
［民國］壽光 12/人物志二 68
張虎臣(字殿卿)
(清・濟陽人)
［民國］濟陽 11/23
張須陀(隋・弘農閿鄉人)

[嘉靖]山東 25/18
[康熙]山東 32/6
[雍正]山東 27/20
[宣統]山東 67/27
[康熙]濟南 25/6
[道光]濟南 33/23
[嘉靖]青州 13/21
[萬曆]青州 12/13
[康熙十五年]青州 12/13
[康熙四十八年]青州 12/13
[康熙六十年]青州 12/8
[崇禎]歷乘 16/25
[崇禎]歷城 6/8
[順治]鄒平 4/6
[康熙]鄒平 4/6
張步月(清・壽張人)
[光緒]壽張 7/18
張衍熙(字子緝)
(清・無棣人)
[民國]無棣 11/14
海豐縣鄉土志/耆舊－事業
張衍學(萊陽人)
[民國]萊陽 3/1 中 55
張虞熙(字聖績,號岆菴)
(清・博山人)
[道光]濟寧直隸州 6/7－90
[乾隆]博山 6/下 18
[民國]續修博山 12/25
[乾隆]魚臺 9/48
[光緒]魚臺 2/55
張須陁(見張須陀)
張仁義(元・東安州人)
[嘉靖]山東 34/7
[康熙]山東 48/6
[雍正]山東 31/15
[宣統]山東 200/5
[嘉靖]青州 15/65
[萬曆]青州 15/62
[康熙十五年]青州 15/62
[康熙四十八年]青州 15/僑寓 9
[康熙六十年]青州 20/17
[咸豐]青州 53/10
[康熙]益都 10/2
張上智(字文明)
(清・商河人)
[民國]重修商河 8/41
張儒銘(字西屏)
(清・寧陽人)
[光緒]寧陽 13/又 53 之 2
寧陽縣鄉土志/19
張行簡(字敬夫,一字敬甫)
(金・日照人)
[至元]齊乘 6/29
[嘉靖]山東 32/18
[康熙]山東 42/18
[雍正]山東 28/人物二 52
[宣統]山東 158/2
[嘉靖]青州 15/30
[萬曆]青州 14/49
[康熙十五年]青州 14/49
[康熙四十八年]青州 14/儒行 6
[康熙六十年]青州 15/8
[乾隆]沂州府 27/3
[康熙]日照 9/6
[光緒]日照 8/2
張師炘(清・諸城人)
[光緒]增修諸城縣續志 14/6
22 **張岸**(字振山)
(清・霑化人)
[光緒]霑化 10/15
[民國]霑化 2/88
張彪(明・磁州人)
[嘉慶]慶雲 7/25
[咸豐]慶雲 2/22
[民國三年]慶雲 1/83
張彪(明・單縣人)
[順治]單縣 2/40
張彪(字虎臣)
(明・濟寧人)
[康熙]濟寧州 6/24
[乾隆]濟寧直隸州 24/5
[道光]濟寧直隸州 8/2－24
張彪(清・長清人)
[民國]長清 11/32
張彩(字還白)
(明・滕縣人)
[康熙]兗州續編 15/7
[康熙]滕志 7/67
[康熙]滕縣志 7/61
[道光]滕縣志 8/儒林 2
滕縣鄉土志/22
張崇(晉)
[嘉靖]山東 27/20
[萬曆]濮州 4/雜記 1
[康熙]濮州 4/89
[乾隆]濮州 4/129
[宣統]濮州 6/87
張崇(明・陽穀人)
[民國]增修陽穀人物/仕宦 9
張鼎(明・錦衣衛進士)
[萬曆]青城 1/35
[乾隆]青城 7/1
[民國]青城續修 4/名宦 12
張鼎(字象九)
(濟陽人)
[民國]濟陽 11/66
張峩(字我山)
(清・汶上人)
[宣統]四續汶上稿/人物－孝弟傳
張峯(字曉雲)
(清・利津人)
[咸豐]武定府 25/文苑 29
[光緒]利津 7/宦蹟 16
張豐(字小南)
(清・濰縣人)
[民國]濰縣志稿 28/23
濰縣鄉土志/45
張巘(字里千,號極園)
(清・諸城人)
[光緒]增修諸城縣續志 15/4
張繼(字懿孫)
(唐・臨沂人)
[康熙]滋陽 4/上 16
張繼(明・魚臺人)
[康熙]魚臺 17/5
[乾隆]魚臺 11/22
[光緒]魚臺 3/13
張崑(字伯子)
(清・長清人)
[道光]濟南 56/49
[道光]長清 12/10
張嵐(字華巖)
(明・歷城人)

[宣統]山東補遺/64
[康熙]濟南 44/13
[道光]濟南 49/21
[崇禎]歷城 10/14
[乾隆]歷城 37/31
張嶺(字峻峰)
(清・魚臺人)
[光緒]魚臺 3/文行又 3
張隆(字宗嶽)
(清・濱州人)
[乾隆]武定府 24/39
[咸豐]武定府 24/循良 29
[康熙]濱州 7/12
[咸豐]濱州 10/10
濱州鄉土志/耆舊錄
張鑾(明・南直睢寧人)
[宣統]山東 73/25
[泰昌]登州 9/30
[順治]登州 11/19
[光緒]增修登州 29/1
[康熙]棲霞 4/4
張鑾(字五雲)
(清・歷城人)
[民國]續修歷城 46/1
張鸞(字文瑞)
(明・長清人)
[民國]長清 11/22
張鸞(明・萊陽人)
[民國]萊陽 3/1 中 15
張鸞(字騰霄)
(明・平陰人)
[光緒]平陰 5/3
張鸞(字應泰)
(明・陽信人)
[康熙]陽信 8/20
信邑志稿 7/文苑
張鸞(字次青)
(歷城人)
[民國]重修恩縣 11/鄉賢 83
張嶠(字巨峯)
(清・平陰人)
[光緒]平陰 4/30
張任(字遠公)
(清・濱州人)
[咸豐]武定府 25/孝友 34
[康熙]濱州 7/19
[咸豐]濱州 10/23
濱州鄉土志/耆舊錄
張任(清・高唐人)
[光緒]高唐州 5/2－39
[民國]高唐縣 12/18
張任(字仁齋)
(清・蓬萊人)
[乾隆]武定府 16/29
[咸豐]武定府 19/樂陵 4
[光緒]增修登州 43/8
[乾隆]樂陵 4/56
樂陵縣鄉土志 2/9
張山(元・濟南人)
[乾隆]歷城 41/6
張山(明・高密人)
[光緒]文登 5/34
張山(明・陵縣人)
[道光]濟南 52/31
[康熙]陵縣 5/21
[光緒]陵縣 19/人物傳一 12
陵縣鄉土志/13
張山(明・商河人)
[民國]重修商河 7/45
張綬(明・觀城人)
[康熙]觀城 4/2
張綬(明・招遠人)
[嘉靖]山東 35/7
[康熙]山東 45/20
[泰昌]登州 11/38
[順治]登州 17/16
[光緒]增修登州 43/25
[順治]招遠 9/18
張崧(字鍾峰,一字洛赤)
(清・寧海人)
[宣統]山東 176/21
[光緒]增修登州 40/30
[同治]重修寧海州 17/25
[民國]牟平 7/17,9/26
張嵩(字立人)
(清・萊蕪人)
[宣統]山東 171/7
[乾隆]泰安府 17/48
[民國]萊蕪 17/9
[民國]續修萊蕪 22/10
萊蕪縣鄉土志/14
張嵩(清・濮州人)
[宣統]濮州 5/37
張巍(明・直隸任丘人)
[崇禎]鄆城 4/8
[康熙]鄆城 4/6
[光緒]鄆城 6/6
張仙(唐)
[乾隆四十七年]泰安縣卷之末/10
[道光]泰安縣卷之末/10
[民國]重修泰安縣 10/69
張仙(元・招遠人)
[嘉靖]山東 34/17
[康熙]山東 47/10
[雍正]山東 30/18
[泰昌]登州 11/63
[順治]登州 18/23
[順治]招遠 9/30
張循(字達道)
(宋・萊陽人)
[民國]萊陽 3/3 下 7
張崖(字雨崖,原名延怡,字吉人)
(清・陽信人)
[康熙]濟南 45/14
[乾隆]武定府 25/56
[咸豐]武定府 25/文苑 16
[康熙]陽信 9/15
[乾隆]陽信 7/21
[民國]陽信 5/文學 6
信邑志稿 7/文苑
陽信縣鄉土志上/耆舊－學問
張巖(字青菴)
(清・榮成人)
[道光]榮成 8/7
張嶽(明・魚臺人)
[乾隆]魚臺 10/30
張嶽(字五參)
(清・平原人)
[道光]濟南 56/103
[乾隆]平原 8/12
平原縣鄉土志輯稿/孝義
張鼎文(字墨賓)
(清・萊蕪人)
[宣統]山東 171/10
[民國]萊蕪 18/5

［民國］續修萊蕪 23/6

張繼文（清・清平人）

［民國］清平/人物 82

張種文（字調斗）

（明・堂邑人）

［康熙十一年］堂邑 2/選舉 25

［康熙］堂邑 14/6

張峯一（霑化人）

［民國］霑化 4/登進 48

張利一（字和叔）

（宋・開封人）

［光緒］益都縣圖志 16/41

張岸登（清・膠州人）

［道光］重修膠州 29/9

［民國］增修膠志 44/8

膠州直隸州鄉土志 4/孝友

張繼孔（字仰尼）

（清・青城人）

［乾隆］青城 8/12，12/23

［民國］青城續修 4/人物 22，4/藝文上 35

張繼孔（清・濇陽人）

［宣統］山東 76/12

［康熙］兗州續編 14/28

［康熙］沂州志 3/50

［乾隆］沂州府 20/13

［民國］臨沂 7/74

張崇功（字惟志）

（明・北直大名人）

［宣統］山東 71/41

［康熙］濟南 25/52

［乾隆］武定府 16/18

［咸豐］武定府 19/陽信 3

［康熙］陽信 7/29

［乾隆］陽信 5/30

信邑志稿 5/宦蹟

［民國］陽信 2/57

張繼孟（字伯功）

（明・扶風人）

［民國］濰縣志稿 20/17

張繼孟（清・山西潞城舉人）

［民國］金鄉 11/21

金鄉縣鄉土志/政績錄

張崇爵（字列五）

（清・陽穀人）

［民國］增修陽穀人物/師道 28

張崇儒（明・萊陽人）

［民國］萊陽 3/1 中 17

張山屾（字兩峰）

（清・嘉祥人）

［道光］濟寧直隸州 8/4－52

張繼德（清・泗水人）

［光緒］泗水 11/25

［光緒］泗水縣鄉土志/12

張崇傑（唐）

［康熙］臨淄 8/3

［民國］臨淄 18/5

張繼紳（字書堂）

（清・膠州人）

［民國］增修膠志 47/11

張繼魯（字少宇，號周輔）

（清・濟寧人）

［民國］濟寧直隸州續志 12/32

張繼倫（字學海，一字漢荀）

（明・安邱人）

［康熙四十八年］青州 15/卓行 14

［康熙六十年］青州 18/14，22/60

［咸豐］青州 45/49

［康熙］續安丘 11/32，22/29

安丘縣鄉土志 5/耆舊錄 2

張繼良（字嘯舫）

（涇縣人）

［民國］重修商河 6/76

張繼宗（字卓五）

（清・東阿人）

［民國］續修東阿 11/4

張繼灝（字欽之，號廉泉）

（清・臨清人）

［民國］臨清縣/人物 17

張胤禎（明・郯城人）

［康熙］郯城 7/15

［乾隆］郯城 9/9

張繼業（號東山）

（明・平陰人）

［乾隆］泰安府 18/67

［順治］平陰 7/23

［光緒］平陰 5/39

張繼達（清・平陰人）

［光緒］平陰 5/23

張繼祖（字善卿）

（元・堂邑人）

［順治］堂邑 2/人物 18

［康熙十一年］堂邑 2/選舉 23

［康熙］堂邑 16/7

張繼祖（字述堂）

（清・膠州人）

［民國］增修膠志 42/30

張繼祖（清・萊陽人）

［民國］萊陽 3/1 中 68

張綏祖（字康宗）

（清・商河人）

［民國］重修商河 8/19

張崇道（元・大名人）

［嘉靖］山東 27/7

［康熙］山東 35/8

［雍正］山東 27/70

［宣統］山東 69/33

［嘉靖］青州 13/35

［萬曆］青州 12/25

［康熙十五年］青州 12/25

［康熙四十八年］青州 12/25

［康熙六十年］青州 12/15

［咸豐］青州 35/20

［萬曆］諸城 5/12

［康熙］諸城 5/12

［乾隆］諸城 27/10

張崇友（清・費縣人）

［乾隆］沂州府 26/10

［康熙］費縣 7/12

費縣鄉土志/耆舊錄－事業

張繼才（字錦堂）

（清・東阿人）

［民國］續修東阿 11/22

張繼志（字述之）

（清・城武人）

［道光］城武 9/下 31

張繼志（字善述）

（清・平度人）

［道光］重修平度州 19/15

張嵐奇（字曉山）

（清・商河人）

［民國］重修商河 8/23

商河縣鄉土志 2/耆舊－

事業
張繼芳(字應光)
(明・博興人)
[萬曆]青州 13/51
[康熙十五年]青州 13/51
[康熙四十八年]青州 13/事功 34
[咸豐]青州 44/11
[康熙十二年]博興 6/4
[康熙六十年]博興 7/19,7/57
[道光]博興 11/15
[民國]重修博興 13/12
張繼芳(明・膠州人)
[乾隆]膠州 5/3
[道光]重修膠州 26/2
[民國]增修膠志 40/29
膠州直隸州鄉土志 4/忠烈
張繼芳(清・金鄉人)
[民國]濟寧直隸州續志 14/31
[咸豐]金鄉縣志略 9/中忠義傳 5
[民國]金鄉 14/20
張繼芬(字馨圃)
(清・霑化人)
[民國]霑化 2/51
張繼英(字翰清)
(明・鉅野人)
[康熙]兗州續編 15/16
[康熙]鉅野 11/26
張山菊(字秋峯)
(清・嘉祥人)
[光緒]嘉祥 3/29
張樂菩(字鉢因,號蓮青)
(清・博興人)
[民國]重修博興 13/49
張繼冉(清・陽穀人)
[光緒]陽穀 7/4
張胤振(清・新城人)
[康熙]新城 8/19
[民國]重修新城 16/9
張鼎輔(號小峰)
(清・浙江鄞縣人)
[宣統]山東 75/42
[光緒]惠民 18/18
惠民縣鄉土志/政績錄 9
張繼成(清・萊蕪人)
[民國]續修萊蕪 25/7
張鼎甲(清・長山人)
[道光]濟南 55/29
張樂田(字志莘)
(清・定州進士)
[光緒]德平 5/17
張山題(字鈷存)
(清・嘉祥人)
[光緒]嘉祥 3/46
張崑璧(字璞山)
(清・東平人)
[民國]東平縣 11/中 35
張鼎臣(字殿璽)
(清・陽信人)
[民國]陽信 5/文學 27
張仙臣(東阿人)
[民國]東阿 15/4
張後覺(字志仁,號弘山)
(明・茌平人)
[康熙]山東 41/27,61/21
[雍正]山東 28/人物三 47,35/傳 13
[宣統]山東 162/34
[萬曆]東昌 19/62
[乾隆]東昌 41/6
[嘉慶]東昌 33/6
[康熙二年]茌平 2/43,3/45,4/24
[康熙四十九年]茌平 2/43,3/45,4/24,4/又 25
[宣統]茌平 12/1,23/31
[民國]茌平 12/42
張胤隆(字心樸)
(明・朝城人)
[康熙]朝城 8/29
張繼倉(清・寧陽人)
[咸豐]寧陽 15/13,21/38
[光緒]寧陽 15/14,21/40
張繼善(字述之)
(清・高唐人)
[民國]高唐縣 12/55
張繼善(字培元)
(平原人)
[民國]續修平原 8/29
張仙公(見永壽真人)
張樂善(清・慶雲人)
[民國三年]慶雲 2/77
張樂義(字子方)
(清・陽信人)
[民國]陽信 5/孝友 67
張鼎銘(字益恭)
(清・慶雲人)
[民國三年]慶雲 2/54
張山筠(字紫峰,號猗軒)
(清・嘉祥人)
[道光]濟寧直隸州 8/4-28
[光緒]嘉祥 3/27
23 張續(清・長清人)
[道光]濟南 56/55
[道光]長清 13/3
張紱(字孔繡)
(清・淄川人)
[康熙]淄川 5/26
[乾隆]淄川 5/26
張傅(字巖卿)
(宋・譙人)
[雍正]山東 27/34
[乾隆]泰安府 14/15
[萬曆二十四年]兗州 28/9
[康熙]兗州 22/9
[乾隆]兗州 22/13
[乾隆]東平州 12/13
[道光]東平州 12/13
[光緒]東平州 14/13
[民國]東平縣 9/8
[光緒]益都縣圖志 16/26
張俊(字伯英)
(宋・鳳翔成紀人)
[雍正]山東 27/82
[宣統]重修恩縣 6/11
張俊(元)
[嘉靖]山東 25/10
[康熙]山東 31/12
[雍正]山東 27/59
[宣統]山東 69/18
[嘉靖]青州 13/33
[萬曆]青州 12/24
[康熙十五年]青州 12/24
[康熙四十八年]青州 12/24
[康熙六十年]青州 12/14

[咸豐]青州 35/23
[光緒]益都縣圖志 17/23
張俊(明・濱州人)
[嘉靖]山東 35/3
[康熙]山東 45/4
[雍正]山東 28/人物三 26
[宣統]山東 164/43
[康熙]濟南 38/12
[乾隆]武定府 23/43
[咸豐]武定府 23/忠節 13
[康熙]濱州 7/5
[咸豐]濱州 10/18
濱州鄉土志/耆舊錄
張俊(明・益都人)
[咸豐]青州 43/4
[康熙]益都 7/8
張俊(字邁千)
(清・陽信人)
[民國]陽信 5/耆碩 63
張然(清・高唐人)
[乾隆]東昌 43/36
[乾隆]高唐州續志 2/13
[道光]高唐州 5/2－19
[光緒]高唐州 5/2－22
[民國]高唐縣 12/18
張允(明)
[宣統]山東 72/29
[萬曆]東昌 18/42
[乾隆]曹州府 12/14
[萬曆]濮州 3/名宦 27
張獻文(明・直隸定興人)
[萬曆]青州 12 又/又 15
[康熙十五年]青州 12 又/又 15
[康熙四十八年]青州 12 又/15
[康熙六十年]青州 12/38
[萬曆]諸城 4/39
[乾隆]諸城 28/10
張允慶(清・齊東人)
[民國]齊東 5/26
張允文(明・歷城人)
[道光]濟南 49/42
[崇禎]歷城 10/19
[乾隆]歷城 41/11
張允斌(清・夏津人)
[乾隆]東昌 43/38
[乾隆]夏津 8/20
張允誠(字君實)
(清・昌樂人)
[民國]昌樂縣續志 35/8
張紱麟(字玉符)
(清・新城人)
[道光]濟南 55/81
[宣統]新城縣後志 3/孝友
[民國]重修新城 17/4
新城縣鄉土志/耆舊－清
張獻瑞(字聖符)
(清・陽信人)
[乾隆]武定府 26/11
[咸豐]武定府 26/義行 11
[康熙]陽信 9/14
[乾隆]陽信 7/14
[民國]陽信 5/篤行 27
信邑志稿 7/義行
陽信縣鄉土志上/耆舊－事業
張獻廷(字翊宸)
(清・鄒平人)
[民國]鄒平 15/129
張允武(字繩祖)
(清・膠州人)
[民國]增修膠志 45/24
膠州直隸州鄉土志 4/篤行
張我弓(字宣苗)
(清・樂陵人)
[乾隆]樂陵 6/26
樂陵縣鄉土志 3/24
張允廬(字廬山)
(清・新城人)
[宣統]新城縣後志 3/文苑
張允貞(清・青城人)
[乾隆]青城 8/14
[民國]青城續修 4/人物 25
張我鼎(字渭璜)
(清・清平人)
[雍正]山東 28/人物四 26
[宣統]山東 174/10
[乾隆]東昌 40/24
[嘉慶]東昌 30/25
[康熙]重修清平下/15
[嘉慶]清平 14/31
[宣統]增輯清平 12/31
[民國]清平/人物 18
清平縣鄉土志/耆舊
張岱俊(清・長清人)
[道光]長清 12/4
張允德(清・昌邑人)
[光緒]昌邑縣續志 6/9
張允升(清・朝城人)
[民國]朝城縣續志 1/33
張允和(清・新城人)
[宣統]新城縣後志 2/宦績
張俊魯(字岱東)
(金鄉人)
[民國]重修商河 6/60
張允齡(字九如)
(清・萊陽人)
[民國]萊陽 3/1 中 31,3/3 上傳志上 44
張獻之(清・齊河人)
[民國]齊河 27/31
張允濟(唐・青州北海人)
[至元]齊乘 6/20
[嘉靖]山東 26/23,33/5
[康熙]山東 34/3,44/5
[雍正]山東 28/人物二 3
[宣統]山東 161/11
[咸豐]青州 54/9
[萬曆]東昌 18/12
[萬曆]萊州 5/90
[康熙]萊州 10/19
[乾隆]萊州 10/6
萊州府鄉土志/下 5
[乾隆]曹州府 12/6
[萬曆]濮州 3/名宦 9
[康熙]濮州 3/9
[乾隆]濮州 3/9
[宣統]濮州 4/9
[正德]莘縣 5/11
[康熙十一年]莘縣 5/1
[康熙五十六年]莘縣 5/1
[光緒]莘縣 5/3
[民國]莘縣 3/2
莘縣鄉土志/政績 3
[嘉靖]朝城志 5/4
[康熙]朝城 7/32
朝城縣鄉土志/3

[萬曆]濰縣 9/3
[康熙]濰縣 5/人物 9
[乾隆]濰縣 4/6
[民國]濰縣志稿 27/13
濰縣鄉土志/14
[民國]昌樂縣續志 29/2
張允憲(字建中)
(清・蓬萊人)
[光緒]增修登州 43/7
[道光]重修蓬萊 9/33
[民國]蓬萊縣志合編人物志/行誼
張佽祖(字佽祖)
(魏・清河武城人)
[民國]臨朐續志 17/3
張允選(字舜舉)
(清・黃縣人)
[民國]黃縣志稿 13/清懿行
張允嘉(明・膠州人)
[雍正](膠州)州志別本/人物－義士
張允楷(字端甫,號介山)
(清・新城人)
[宣統]新城縣後志 2/宦績
張允楨(字幹亭)
(清・新城人)
[民國]重修新城 18/7
張允樸(字素村,號莓石)
(清・新城人)
[宣統]新城縣後志 3/文苑
[民國]重修新城 18/20
新城縣鄉土志/耆舊－清
張俊英(見張浚英)
張允恭(字乾吾)
(明・掖縣人)
[乾隆]掖縣 3/47
張允恭(字作肅)
(清・莒縣人)
[民國]重修莒志 65/7
張允莘(清・新城人)
[宣統]新城縣後志 3/耆壽
張允植(字芸亭)
(清・新城人)
[宣統]新城縣後志 3/文苑
張允肅(字協雍,號松壁)
(清・齊河人)
[道光]濟南 56/11
[民國]齊河 27/19
張允中(清)
[乾隆]沂州府 20/16
[康熙]沂水 4/26
[道光]沂水 5/31
張允中(字一齋)
(清・莒縣人)
[民國]重修莒志 65/7
張岱甫(字維岳,號河門)
(清・長清人)
[道光]濟南 56/49
[道光]長清 12/9
張允拮(明・萊陽人)
[光緒]增修登州 43/30
[民國]萊陽 3/1 中 71
張允捷(號仲白)
(明・萊陽人)
[光緒]增修登州 39/32
[康熙]萊陽 8/16
[民國]萊陽 3/1 中 26
張允揚(明・新城人)
[道光]濟南 51/29
[宣統]新城縣後志 2/忠義
[民國]重修新城 15/4
張允掄(字并書,一作並叔,號櫟里,一號季櫟)
(明・萊陽人)
[宣統]山東 161/59
[乾隆]萊州 12/流寓 1
[順治]登州 17/2
[光緒]增修登州 39/32
[康熙]萊陽 8/26
[民國]萊陽 3/1 中 26,3/1 中 86,3/3 上傳志上 37
[乾隆]即墨 9/37
[同治]即墨 9/58
[光緒]海陽縣續志 10/72
張俊國(清・陽穀人)
[康熙]陽穀 4/3
[光緒]陽穀 7/2
張允昌(字善長)
(清・定陶人)
[乾隆]定陶 6/32
[民國]定陶 6/51
張俊卿(字亞傑)
(平原人)
[民國]續修平原 8/23
張獻猷(明・直隸深州人)
[道光]濟南 36/32
[萬曆]青州 12 又/又 14
[康熙十五年]青州 12 又/又 14
[康熙四十八年]青州 12 又/又 14
[萬曆]諸城 4/38
[天啟]新城 6/教諭
[崇禎]新城 6/教諭
[康熙]新城 5/9
[民國]重修新城 10/16
張我智(清・黃縣人)
[民國]黃縣志稿 13/清懿行
張獻策(字翊明)
(清・益都人)
[咸豐]青州 47/1
[光緒]益都縣圖志 41/10
24 **張備**(宋・蓬萊人)
[光緒]增修登州 65/18
張儲(號沙嶺)
(清・無棣人)
[民國]無棣 12/11
張紞(明・萊蕪人)
[康熙]濟南 47/14
[乾隆]泰安府 18/38
[康熙]新修萊蕪 6/41
[民國]萊蕪 20/6
[民國]續修萊蕪 27/7
萊蕪縣鄉土志/10
張德(宋)
[民國]牟平 6/67
張德(元・滋陽人)
[光緒]滋陽 8/72
滋陽縣鄉土志 1/耆舊－武功
張德(清・堂邑人)
[嘉慶]東昌 32/57
張德(字行修)
(清・掖縣人)
[道光]再續掖縣上/55
張德(宿縣人)
[民國]高唐縣 9/5－19
張紘(字文儀)
(明・南直上海人)

［宣統］山東 72/48
［萬曆］東昌 18/33
［乾隆］東昌 35/19
［嘉慶］東昌 22/23
［嘉靖］高唐州 5/6,6/32
［康熙十二年］高唐州 7/9,10/44
［康熙五十一年］高唐州 7/9,10/44
［道光］高唐州 7/1－10
［光緒］高唐州 7/1－10
［民國］高唐縣 9/5－5
高唐州鄉土志/7
張化(明・樂陵人)
［萬曆］福山 4/19
［康熙］福山 7/33
張穫(字耘夫)(元・東昌人)
［嘉靖］寧海州下/13
［同治］重修寧海州 13/4
張信(明・鄧州人)
［乾隆］陽信 5/2
信邑志稿 5/職官－知縣
［民國］陽信 2/22
張佶(字克正)(清・博山人)
［乾隆］博山 7/上 10
［民國］續修博山 11/23
張佳(字子雲)(清・諸城人)
［乾隆］諸城 36/12
張科(號南溪)(明・新城人)
［宣統］新城縣後志 2/善行,3/耆壽
［民國］重修新城 15/10
張魁(明・樂平人)
［天啟］新泰 5/27
［乾隆］泰安府 15/9
［順治］新泰 4/22
［乾隆］新泰 11/9
張勉(明・聊城人)
［康熙］聊城 3/5
張勉(字勵齋)(清・高唐人)
［民國］高唐縣 12/19
張岐(字文康)(清・壽光人)
［乾隆］續壽光 25/4
［嘉慶］壽光 14/7
［民國］壽光 12/人物志二 8
張綺(清・茌平人)
［宣統］茌平 15/3
［民國］茌平 3/85
張偉(明・慶雲人)
［嘉慶］慶雲 9/6
［咸豐］慶雲 2/58
［民國三年］慶雲 2/20
張偉(明・南直應天人,一作南京府軍左衛人)
［道光］濟南 36/45
［崇禎］歷城 6/2
張偉(字英才)(清・平原人)
［民國］續修平原 10/上 8
張偉(字遜夫)(清・掖人)
［宣統］山東 177/13
［道光］再續掖縣上/50
張緯(元・冀寧人)
［乾隆］福山 7/36
張緯(字坤華)(清・金鄉人)
［民國］濟寧直隸州續志 14/34
［民國］金鄉 14/21
張僖(字韻舫)(清・濰縣人)
［民國］濰縣志稿 28/43
濰縣鄉土志/49
張先(字子野)(宋・高唐人)
［乾隆］東昌 41/16
［嘉慶］東昌 33/14
［道光］高唐州 5/1－5
［光緒］高唐州 5/1－5
［民國］高唐縣 12/63
張緒(字小曼)(清・分水人)
［乾隆］掖縣 3/35
張續(字禹功)(宋・濮陽人)
［乾隆］泰安府 18/70
［乾隆二十五年］泰安縣 12/36
［乾隆四十七年］泰安縣 10/上 35
［道光］泰安縣 9/上 91
［民國］重修泰安縣 8/53
張勳(明・完縣人,一作保定人)
［嘉靖］山東 26/30
［雍正］山東 27/48
［宣統］山東 72/42
［萬曆］東昌 18/37
［乾隆］東昌 34/8
［嘉慶］東昌 21/26
［康熙］重修清平下/2
［嘉慶］清平 13/2
［宣統］增輯清平 11/2
［民國］清平/秩官 27
清平縣鄉土志/政績
張錡(字蘭臺)(明・壽光人)
［咸豐］青州 45/58
［康熙］壽光 24/2
［嘉慶］壽光 12/21
［民國］壽光 12/人物志二 70
張俁(清・直隸深州人)
［宣統］山東 76/42
［乾隆］東昌 34/14
［嘉慶］東昌 22/5
［康熙十一年］莘縣 5/8
［康熙五十六年］莘縣 5/8
［光緒］莘縣 5/9
［民國］莘縣 3/5
莘縣鄉土志/政績 7
張佑(字申季)(清・博山人)
［宣統］山東 175/53
［咸豐］青州 48/12
［乾隆］博山 7/上 14
［民國］續修博山 11/26
張縝(字子密,號愛竹)(明・平陰人)
［乾隆］泰安府 17/23
［順治］平陰 7/6
［光緒］平陰 4/16
張佐(字經世)

（明・利津人）
［康熙］濟南 41/16
［乾隆］武定府 24/19
［咸豐］武定府 24/循良 9
［康熙］利津縣新志 8/7
［光緒］利津 7/宦蹟 6
張佐（明・西平人）
［康熙］曹州志 7/52
［光緒］菏澤 7/宦蹟 20
［光緒］新修菏澤 8/10
張佐（字輔平）
（清・利津人）
［光緒］利津 8/義行 3
張德高（明・陝西岐山人）
［宣統］山東 72/3
［萬曆二十四年］兗州 29/1
［康熙］兗州 22/22
［康熙］兗州續編 14/3
［乾隆］兗州 22/21
［康熙］滋陽 3/82，4/下 55
［光緒］滋陽 7/2
滋陽縣鄉土志 1/政績
張德立（明・河間人）
［萬曆］東昌 18/42
［萬曆］濮州 3/名宦 28
張特立（字文舉）
（金・東明人，一作曹州人）
［嘉靖］山東 30/53
［康熙］山東 40/51
［雍正］山東 28/人物二 59
［宣統］山東 162/32
［萬曆元年］兗州 40/諫議 18
［康熙］東明 6/16
［乾隆］東明 6/16
［民國］東明縣新誌 11/24
張化龍（字鎮海）
（清・樂陵人）
［宣統］山東 171/47
樂陵縣鄉土志 3/61
張德新（字仲勉）
（元・渤海人）
［嘉靖］山東 27/8
［康熙］山東 35/9
［雍正］山東 28/人物二 68
［宣統］山東 161/25
［嘉靖］青州 13/35
［萬曆］青州 12/26
［咸豐］青州 35/21
［咸豐］武定府 24/循良 2
［咸豐］濱州 10/3
濱州鄉土志/耆舊錄
［萬曆］樂安 13/2
［雍正］樂安 11/2
［民國］樂安 8/18
［民國］續修廣饒 17/2
張德謙（字吉甫）
（清・平原人）
［道光］濟南 56/97
［乾隆］平原 8/29
平原縣鄉土志輯稿/循吏
張德麟（字仁圃）
（清・歷城人）
［民國］續修歷城 44/27
張化麟（明・蒙陰人）
［康熙十一年］蒙陰 2/37
張德平（霑化人）
［民國］霑化 4/登進 43
張德一（字懋新，一字竹溪）
（清・晏城人）
［民國］齊河 23/13，27/22
張德一（字心銘）
（清・陽信人）
［民國］陽信 5/義俠 79
張德元（長清人）
［民國］長清 13/26
張德雲（清・萊蕪人）
［民國］續修萊蕪 25/6
張化一（字鏡圃，號鐵山）
（清・金鄉人）
［民國］濟寧直隸州續志 14/9
［民國］金鄉 14/8
張化一（清・商河人）
［康熙］濟南 38/20
［乾隆］武定府 25/73
［咸豐］武定府 23/忠節 21
［道光］商河 7/39
［民國］重修商河 8/31
張勳廷（字銘彝）
（清・臨朐人）
［民國］臨朐續志 20/30
張德配（字凝道）
（清・萊蕪人）
［乾隆］泰安府 18/75
［民國］萊蕪 20/10
［民國］續修萊蕪 28/2
張緒孟（字嶧生）
（清・東阿人）
［民國］續修東阿 11/22
張緒孟（字繼輿）
（清・章邱人）
［道光］濟南 54/20
［道光］章邱 11/69
張德政（唐）
［嘉靖］山東 26/6
［康熙］山東 33/7
［宣統］山東 68/10
［乾隆］泰安府 14/9
［萬曆元年］兗州 38/節義 2
［萬曆二十四年］兗州 27/9
［康熙］兗州 21/24
［乾隆］東平州 10/3
［道光］東平州 10/上 4
張德經（字夢穎，一字季守）
（清・安丘人）
［咸豐］青州 49/34
［道光］安邱新志 22/8
安丘縣鄉土志 7/耆舊錄 4
張化行（字熙如）
（明・清豐人）
［康熙］朝城 8/63
張德後（號魁吾）
（清・安化人）
［康熙］曹州志 13/7
張德俊（號魁梧）
（清・安化人）
［康熙］曹州志 13/7
［光緒］新修菏澤 9/12
張德動（清・商河人）
［咸豐］武定府 26/義行 25
［民國］重修商河 8/78
張德純（字丕顯）
（清・安邱人）
［光緒］文登 10/下 4
張德傑（字漢三）
（清・霑化人）
［光緒］霑化 10/22
［民國］霑化 2/96

張德綱(字伯振)
(清・安丘人)
[道光]安邱新志 23/5
安丘縣鄉土志 6/耆舊錄 3
張德紀(一名德維,字仲修)
(清・安丘人)
[道光]安邱新志 22/7
安丘縣鄉土志 6/耆舊錄 3
張升級(字進一)
(清・高唐人)
[乾隆]東昌 40/37
[嘉慶]東昌 30/30
[康熙五十一年]高唐州 8/30
[道光]高唐州 5/1－36
[光緒]高唐州 5/1－38
[民國]高唐縣 12/83
張岐齡(字鳳麓)
(清・齊東人)
[民國]齊東 5/127
張緒倫(字彝敘)
(明・安丘人)
[康熙]山東 42/30
[雍正]山東 28/人物三 71
[宣統]山東 161/58
[康熙十五年]青州 13/81
[康熙四十八年]青州 13/事功 65
[康熙六十年]青州 16/33
[咸豐]青州 45/51
[康熙]續安丘 18/11
安丘縣鄉土志 5/耆舊錄 2
張德宏(清・堂邑人)
[乾隆]淄川 4/又 28－4
張幼安(字寧倩)
(明・堂邑人)
[乾隆]東昌 38/19
[嘉慶]東昌 28/19
[順治]堂邑 2/人物 6
[康熙]堂邑 12/4
[康熙]聊城 3/26
[宣統]聊城 8/19
張德源(五代晉)
[嘉靖]山東 26/24
[康熙]山東 34/4
[雍正]山東 27/43
[嘉慶]東昌 20/28
張德淵(唐)
[民國]牟平 6/66
張德遠(字明照)
(清・陽信人)
[民國]陽信 5/任恤 37
張德湛(字露斯)
(清・新城人)
[宣統]新城縣後志 3/文苑
[民國]重修新城 17/7
張佐清(字靖侯)
(清・無棣人)
[民國]無棣 13/8
張德溫(清・莒縣人)
[乾隆]沂州府 26/15
[雍正]莒州 9/34
[民國]重修莒志 62/6
張德潤(字良玉)
(明・濟寧人)
[雍正]山東 31/9
[乾隆]兗州 31/15
[康熙]濟寧州 7/35
[乾隆]濟寧直隸州 28/39
[道光]濟寧直隸州 8/4－51
濟寧州鄉土志 2/技術
張化深(字厲洲)
(東阿人)
[民國]東阿 16/3
張德賁(字文若)
(清・平原人)
[道光]濟南 56/97
[乾隆]平原 8/28
平原縣鄉土志輯稿/循吏
張德垣(字琴堂)
(清・高苑人)
高苑縣鄉土志/耆舊
張德華(字子明)
(清・陽信人)
[民國]陽信 5/孝友 67
張德基(字履軒,號鐵峯)
(清・高苑人)
[咸豐]青州 49/30
高苑縣鄉土志/耆舊
張德林(字尚文)
(清平人)
[民國]清平/人物 86
張化林(字運行)
(清・樂安人)
[民國]續修廣饒 19/70
張魁英(清・定陶人)
[乾隆]定陶 5/5
張綺蘭(字朋芝)
(清・商河人)
[民國]重修商河 8/58,13/藝文志四墓誌 29
商河縣鄉土志 3/耆舊－學問
張德桐(字汝鳳)
(清・陽信人)
[民國]陽信 5/耆碩 60
張德成(元)
[同治]黃縣 6/3
張德成(明・長山人)
[康熙]山東 45/4
張德昌(清・城武人)
[道光]城武 14/2
張德昇(後周・清河人)
[道光]濟南 33/31
[道光]章邱 9/2
章邱縣鄉土志/上 11
張先甲(字器三)
(清・長山人)
[道光]濟南 55/29
[嘉慶]長山 9/11
張佐明(明・陽穀人)
[民國]增修陽穀人物/仕宦 10
張待問(宋)
[雍正]山東 27/22
[宣統]山東 68/32
[道光]濟南 34/9
[嘉慶]長山 5/36
張化鵬(字健翮)
(清・曹縣人)
[光緒]曹縣 14/仕蹟 5
張化鵬(字雲程)
(東阿人)
[民國]東阿 16/3
張勉學(明・南直隸清河人)
[乾隆]膠州 4/30
[道光]重修膠州 25/5
[民國]增修膠志 40/4

張特舉(字麟書)
(清・黄縣人)
[同治]黄縣 8/17
[民國]黄縣志稿 13/清懿行
張偉朋(字利賓)
(清・定陶人)
[民國]定陶 6/34
張先覺(字股衡)
(清・高苑人)
高苑縣鄉土志/耆舊
張壯輿(字景羲)
(清・安邱人)
[咸豐]青州 47/35
[道光]安邱新志 19/3
安丘縣鄉土志 8/耆舊錄 5
張德善(臨沂人)
[民國]續修臨沂 16/23
張德鈗(字石農)
(清・安丘人)
[道光]安邱新志 19/9
安丘縣鄉土志 9/耆舊錄 6
張德銘(字警齋,號石圃)
(清・安邱人)
[民國]續安邱新志 22/1
張偉翎(字騫九)
(清・定陶人)
[民國]定陶 6/52
張德範(清・平度人)
[民國]平度縣續志 7/35
張德燚(字少華)
(掖縣人)
[民國]四續掖縣 4/56
張升堂(清・冠縣人)
[民國]冠縣 8/人物志 23
張升堂(寧津人)
寧津縣志料 3/人物－義行
張佐光(字漢翌,一作漢翊)
(清・陽信人)
[乾隆]武定府 25/22
[咸豐]武定府 25/孝友 22
[乾隆]陽信 7/28
[民國]陽信 5/孝友 68
信邑志稿 7/孝友
張德輝(字耀卿,一作輝卿)
(元・冀寧交城人)
[嘉靖]山東 25/9
[康熙]山東 31/11
[雍正]山東 27/82
[宣統]山東 69/25
[乾隆]泰安府 14/27
[康熙]東平州 4/48
[乾隆]東平州 12/24
[道光]東平州 12/24
[光緒]東平州 14/24
[民國]東平縣 9/12
張德耀(字耀卿)
(元・冀寧交城人)
[萬曆二十四年]兖州 28/15
[康熙]兖州 22/14
張德耀(字星聚)
(清・利津人)
[光緒]利津 7/儒林 2
25 **張傳**(字巖卿)
(宋)
[康熙]東平州 4/34
張純(漢)
[崇禎]武定州 14/2
張健(明・萊陽人)
[民國]萊陽 3/1 中 10
張健(明・壽光人)
[康熙]壽光 26/2
[嘉慶]壽光 13/16
[民國]壽光 12/人物志一 46
張傑(字漢臣)
(元・濟南人)
[宣統]山東 161/20
[道光]濟南 48/42
[乾隆]歷城 36/25
張傑(明・范縣人)
[萬曆]濮州 3/鄉賢 35
張傑(明・臨清人)
[乾隆]東昌 39/2
[康熙]臨清州 3/人物 7
[乾隆]臨清州 9/22
[乾隆]臨清直隸州 8/上 6
[民國]臨清縣/人物 3
張傑(字宗彦)
(明・鄒平人)
[道光]濟南 50/9
張傑(字漢臣)
(清・商河人)
[民國]重修商河 9/14
張倩(字曼軒)
(清・樂陵人)
樂陵縣鄉土志 3/54
張紳(字仲紳,一字士行)
(明・濟南人)
[嘉靖]山東 29/22
[康熙]山東 39/21
[宣統]山東 163/36
[康熙]濟南 42/10
[道光]濟南 49/24
[崇禎]歷乘 16/16
[崇禎]歷城 10/11
[乾隆]歷城 40/11
張紳(字仲紳)
(明・膠州人,一作登州人)
[宣統]山東 160/14
[道光]重修膠州 25/28
[民國]增修膠志 40/26
膠州直隸州鄉土志 4/文學
張紳(明・萊陽人)
[民國]萊陽 3/1 中 10
張紳(字希賢)
(明・寧津人)
[萬曆]寧津 7/10
[光緒]寧津 8/48
張紳(明・商河人)
[萬曆]商河 7/3
[道光]商河 7/2
[民國]重修商河 7/45
商河縣鄉土志 2/耆舊－事業
張紳(明・商河舉人)
[民國]重修商河 8/2
張紳(字公綬,一作恭壽)
(清・淄川人)
[道光]濟南 54/72
[康熙]淄川 6 下/3
[乾隆]淄川 6/下 3,6/下又 11
張生(漢・濟南人)
[宣統]山東 153/18
[道光]濟南 45/12
[乾隆]歷城 39/1
張傃(字白峯)
(清・諸城人)
[乾隆]諸城 36/13
張岫(字雲峰,自號崗居山人)
(清・肥城人)

［宣統］山東 171/17
［光緒］肥城 9/人物志補遺 1
肥城縣鄉土志 5/23
張秩（明・臨朐人）
［嘉靖］臨朐 3/13
張种（明・崑山人）
［嘉靖］濮州 7/17
張仲（金・章邱人）
［道光］濟南 47/50
［道光］章邱 11/53
章邱縣鄉土志/上 18
張秭（字京生，號謦岫）
（清・莒縣人）
［民國］重修莒志 67/5
張傳元（清・寧陽人）
［光緒］寧陽 13/78
張肄三（字雅園）
（清・齊河人）
［民國］齊河 23/16
張肄三（字雅之）
（清・壽光人）
［民國］壽光 12/人物志二 36
張仲元（字小豊）
（清・武城人）
［乾隆］東昌 43/44
［乾隆］武城 10/29
武城縣鄉土志略/耆舊錄
張朱霖（字炳南）
（清・江蘇太倉進士）
［嘉慶］德平 5/21
張積功（字寄琴）
（清・江南儀徵人）
［宣統］山東 76/49
［宣統］四續汶上稿/宦績志
［民國］夏津續編 6/31，9/31
［民國］臨清縣/秩官 67
張傳璟（清・鄒平人）
［民國］鄒平 15/142
張仲仁（元・河南人）
［道光］濟寧直隸州 6/6－19
張仲仁（元・祁陽人）
［宣統］山東 69/29
［道光］濟寧直隸州 6/6－17
張仲仁（明・陽穀人）
［康熙十二年］陽穀 3/33
［康熙］陽穀 3/29
［光緒］陽穀 6/32
張健修（原名宗乾，以字行，又字毅甫，號松崗）
（清・新城人）
［宣統］新城縣後志 3/文苑
張仲宣（字元忠）
（宋・章丘人）
［康熙］山東 45/1
［康熙］濟南 47/2
［道光］濟南 47/31
［萬曆］章丘 27/46
［康熙］章丘 6/33
［乾隆］章邱 9/34
章邱縣鄉土志/上 18
張生遠（字震軒）
（清・濮州人）
［宣統］濮州 6/11
張健封（清・蓬萊人）
［光緒］蓬萊縣續志 8/文宦 3
［民國］蓬萊縣志合編人物志/行誼
張仲莪（清・淄川人）
［道光］濟南 54/75
［宣統］三續淄川 9/99
張仲芳（明・直隸涿州人）
［康熙］兗州府曹縣 9/7
［光緒］曹縣 9/縣令 2
張仲蔚（漢・平陵人）
［康熙］山東 46/1
［康熙］濟南 48/2
［崇禎］歷乘 16/59
［崇禎］歷城 10/28
張仲泰（清・汶上人）
［康熙］續修汶上 4/孝義 1
張績田（字蚋如）
（清・黃縣人）
［民國］黃縣志稿 13/清文學
張健剛（字炳三）
（清・福山人）
［民國］福山縣志稿 7/4－5
張健朋（字竹坡）
（清・曹縣人）
［光緒］曹縣 14/仕蹟 14
張仲賢（字希聖）
（清・長清人）
［民國］長清 13/10
張積善（字春圃）
（清・樂陵人）
樂陵縣鄉土志 3/47
張仲金（金・章邱人）
［道光］章邱 11/53
張仲義（明）
［萬曆］青州 12 又/又 22
［康熙十五年］青州 12 又/又 22
張仲鑑（元・曹南人）
［宣統］山東 69/24
［康熙］濟南 25/20
［道光］濟南 34/46
［萬曆］平原下/12
［乾隆］平原 6/26
平原縣鄉土志輯稿/政蹟
26 **張白**（明・青城人）
［萬曆］青城 1/62
張保（清・高密人）
［光緒］高密 8/上補遺 3
［民國］高密 14/上 40
高密縣鄉土志/上 39
張佃（字話南）
（清・城武人）
［道光］城武 9/上 45
張緝（字敬仲）
（魏・高陵人）
［宣統］山東 66/33
［萬曆］青州 12 又/2
［康熙十五年］青州 12/2
［乾隆］沂州府 20/2
［康熙］沂水 4/21
［道光］沂水 5/21
張緝（字士明）
（元・膠州人）
［康熙］山東 44/8
［雍正］山東 28/人物二 70
［宣統］山東 165/11
［萬曆］萊州 6/6
［康熙］萊州 10/61
［乾隆］萊州 11/孝義 2
［康熙］膠州 5/22，6/3，6/9
［乾隆］膠州 5/5
［道光］重修膠州 24/5
［民國］增修膠志 39/4
膠州直隸州鄉土志 4/孝友

張侃（宋）
［萬曆］青州 12/22
張侃（明・城武人）
［康熙九年］城武 3/48
張鯤（字大化，號樂天）
（明・高苑人）
［康熙］高苑 5/9
［乾隆］高苑 5/16
高苑縣鄉土志/耆舊
張鯤（字圖南）
（明・陝西涇陽人）
［宣統］山東 71/40
［康熙］濟南 25/73
［崇禎］武定州 15/21，34/29
［乾隆］武定府 16/10
［咸豐］武定府 19/10
［乾隆］惠民 5/19
［光緒］惠民 18/12
惠民縣鄉土志/政績錄 6
張鯉（字子化）
（明・膠州人）
［萬曆］萊州 5/109
［康熙］萊州 10/36
［乾隆］萊州 10/22
［康熙］膠州 5/29
［雍正］（膠州）州志別本/人物－廉吏
［乾隆］膠州 4/37
［道光］重修膠州 25/15
［民國］增修膠志 40/13
膠州直隸州鄉土志 4/事功
張鯉（字爲龍）
（明・臨清人）
［乾隆］東昌 39/6
［乾隆］臨清直隸州 8/上 13
［民國］臨清縣/人物 6
張鯉（字禹門，一字翼若，號翔溟）
（明・平陰人）
［乾隆］泰安府 17/39
［光緒］平陰 4/16
平陰縣鄉土志/13
張綿（明・淄川人）
［乾隆］淄川 5/41
張泉（明・陝西人）
［萬曆］青州 12 又/又 11
［康熙十五年］青州 12/又 11
［康熙四十八年］青州 12/又 11
［康熙六十年］青州 12/40
［咸豐］青州 36/5
［嘉靖］昌樂 2/30
［康熙］昌樂 1/34
［嘉慶］昌樂 19/4
張泉（號廉甫）
（清・武定人）
［宣統］山東 171/37
［咸豐］武定府 24/循良 41
［民國］無棣 11/11
海豐縣鄉土志/耆舊－事業
張儼（明・單縣人）
［隆慶］單縣下/20
［順治］單縣 3/37
［康熙］單縣 8/18
張繹（字文緒）
（明・臨朐人）
［嘉靖］青州 16/8
［萬曆］青州 13/52
［康熙十五年］青州 13/52
［康熙四十八年］青州 13/事功 35
［康熙六十年］青州 16/18
［咸豐］青州 44/7
［嘉靖］臨朐 3/9
［康熙］臨朐縣志書 3/45
光緒臨朐 14/上 22
張自立（字卓然，號曉樓）
（清・武城人）
［民國］增訂武城續編 10/8
張伯龍（號雲從）
（明・蓬萊人）
［康熙］蓬萊 5/24
［道光］重修蓬萊 9/10，9/32
［民國］蓬萊縣志合編人物志/鄉賢，人物志/行誼
張伯玉（元）
［嘉靖］山東 26/16
［康熙］山東 33/19
［雍正］山東 27/78
［宣統］山東 69/30
［萬曆元年］兗州 38/循吏 38
［萬曆二十四年］兗州 28/20
［康熙］兗州 22/20
［萬曆］沂州志 6/9
［乾隆］沂州府 20/4
［康熙］郯城 6/23
［乾隆］郯城 7/23
張保孫（字佑之）
（清・齊河人）
［民國］齊河 23/37
張繹武（字叔承，號松樵）
（清・新城人）
［宣統］新城縣後志 2/宦績
［民國］重修新城 18/10
新城縣鄉土志/耆舊－清
張保聖（清・濮州人）
［宣統］濮州 6/38
張伯行（字孝先，號敬菴）
（清・河南儀封人）
［雍正］山東 27/101
［宣統］山東 74/51
［乾隆］兗州 22/33
［乾隆］濟寧直隸州 22/31
［道光］濟寧直隸州 6/7－67
濟寧州鄉土志 1/政績
張伯俊（字秀升）
（鉅野人）
［民國］續修鉅野 7/下 49
張侃然（清・安邱人）
［民國］續安邱新志 21/8
張儼然（明・新城人）
［道光］濟南 51/32
［康熙］新城 8/1
［民國］重修新城 15/1
新城縣鄉土志/耆舊－明
張和純（清・鄒平人）
［民國］鄒平 15/146
張繹綱（字紬庭）
（清・臨朐人）
臨朐縣鄉土志 1/耆舊
張自修（字習菴）
（清・淄川人）
［宣統］三續淄川 9/80
張伯良（字亞蕭）
（清・樂陵人）
樂陵縣鄉土志 3/33
張伯朗（清・滕縣人）
［民國］續滕縣志 2/17

張自涵(字施普)
(清・平原人)
[道光]濟南 56/101
[乾隆]平原 8/6
平原縣鄉土志輯稿/鄉賢
張伯裕(明・諸城人)
[咸豐]青州 43/3
[乾隆]諸城 30/1
諸城縣鄉土志/上 24
張自道(字履菴)
(清・新城人)
[道光]濟南 55/82
[宣統]新城縣後志 3/文苑
張保乂(宋・寧海人)
[同治]重修寧海州 17/4
張自標(字樹棠)
(清・無棣人)
[民國]無棣 13/11
張保花(字心赤)
(清・壽光人)
[康熙]壽光 25/6
[嘉慶]壽光 13/5
[民國]壽光 12/人物志一 68
壽光縣鄉土志/耆舊
張保華(字秀谷)
(平原人)
[民國]續修平原 8/23
張自樹(字敦五)
(清・禹城人)
[民國]禹城 6/74
張自蘊(明・即墨人)
[同治]即墨 9/14
即墨縣鄉土志/耆舊－事業二
張自期(明・臨邑人)
[康熙]濟南 45/4
[道光]濟南 52/14
[順治]臨邑 12/8
[康熙]重修臨邑 10/9
[道光]臨邑 9/15
[同治]臨邑 9/文苑 1
張伯泰(清・新泰人)
[乾隆]新泰 17/人物上增 4
張伯忠(清・寧陽人)
[光緒]寧陽 13/78
張和中(字育生)
(明・濱州人)
[咸豐]武定府 25/孝友又 9
[康熙]濱州 7/17
[咸豐]濱州 10/21
濱州鄉土志/耆舊錄
張伯振(字夢壽,號夢紫)
(清・臨朐人)
[道光]安邱新志 11/22
張自振(清・蒲臺人)
[乾隆]嶧縣 7/38
張得成(明・長山人)
[嘉靖]山東 35/3
[康熙]濟南 44/10
[道光]濟南 50/51
[康熙四十三年]長山 5/孝義
[康熙五十五年]長山 6/28
[嘉慶]長山 9/2
張得甲(清・陽穀人)
[民國]增修陽穀人物/仕宦 19
張自厚(字身之,號雨嵐)
(清・樂陵人)
樂陵縣鄉土志 3/64
張皋聞(字應之)
(清・無棣人)
[民國]無棣 12/13
海豐縣鄉土志/耆舊－事業五
張自省(清・華州人)
[康熙]膠州 5/18
張自慎(字敬叔,號就山)
(明・商河人)
[宣統]山東 163/33
[康熙]濟南 50/7
[道光]濟南 62/5
[乾隆]武定府 25/47
[咸豐]武定府 25/文苑 7
[萬曆]章丘 30/70
[康熙]章丘 6/46
[乾隆]章邱 9/50
[道光]章邱 11/89
[道光]商河 7/31
[民國]重修商河 8/52
商河縣鄉土志 3/耆舊－學問
27 **張翱**(明・單縣人)
[隆慶]單縣下/5
[順治]單縣 2/36
[康熙]單縣 7/25
張翺(字子翔)
(金・淄川人)
[民國]濰縣志稿 20/10
張翺(字孟毛)
(明・陵縣人)
[康熙]濟南 45/10
[道光]濟南 52/31
[康熙]陵縣 5/25
[光緒]陵縣 19/人物傳一 19
張稠(字立之)
(明・完縣人)
[嘉靖]夏津 3/35
[乾隆]夏津 6/9
張侗(字孩初)
(明・臨朐人)
臨朐縣鄉土志 1/耆舊
張侗(字同人,一作石民)
(清・諸城人)
[宣統]山東 175/40
[康熙六十年]青州 17/20
[咸豐]青州 47/5
[乾隆]諸城 36/12
諸城縣鄉土志/上 17
張峒(字鹿書)
(清・霑化人)
[光緒]霑化 8/15
[民國]霑化 2/44
張梟(字羽卿)
(明・萊陽人)
[康熙]萊陽 8/10
[民國]萊陽 3/1 中 13,
張綱(字大振)
(明・長清人)
[嘉靖]山東 29/24
[康熙]山東 39/23
[道光]濟南 52/17
[康熙]長清 9/54
[道光]長清 11/6
[民國]長清 10/23
張綱(明・棲霞人)
[泰昌]登州 11/14
[順治]登州 16/18

［康熙］棲霞 6/4
張綗(明・直隸吳縣人)
［崇禎］鄆城 4/4
［康熙］鄆城 4/3
［光緒］鄆城 6/4
張綗(字維三)
(清・魚臺人)
［光緒］魚臺 3/文行又 5
張級(字升階)
(清・齊河人)
［道光］濟南 56/13
［民國］齊河 26/16,32/61
張紀(字廷獻)
(明・堂邑人)
［乾隆］東昌 38/15
［嘉慶］東昌 28/15
［順治］堂邑 2/人物 8
［康熙］堂邑 16/3
張魯(宋・萊陽人)
［民國］萊陽 3/1 中 2
張魯(字柳泉)
(明・鄒平人)
［道光］濟南 50/8
［嘉慶］鄒平 15/33
［道光］鄒平 15/24
［民國］鄒平 15/24
張嵋(字石年)
(清・浙江仁和人)
［宣統］山東 75/9
［康熙］濟南 26/16
［道光］濟南 38/16
［康熙］淄川 4/23
［乾隆］淄川 4/23,4/25
淄川縣鄉土志/政績錄
張名(清・掖縣人)
［乾隆］掖縣 4/80
張佩(清・菏澤人)
［宣統］山東 173/31
［康熙］兗州續編 16/23
［康熙］曹州志 16/8
［乾隆］曹州府 16/8
［光緒］菏澤 16/10
［光緒］新修菏澤 10/46
菏澤縣鄉土志/26
張佩(字調菴)
(清・膠州人)
［道光］重修膠州 30/6
［民國］增修膠志 47/5
張佩(清・泰安人)
［道光］泰安縣 9/上 87
［民國］重修泰安縣 8/41
張翻(字雲鶴)
(清・高密人)
［光緒］高密 8/上 43
［民國］高密 14/上 45
高密縣鄉土志/上 41
張紹(字子復)
(明・平陰人)
［光緒］平陰 4/13
張繩(字永如)
(清・長清人)
［道光］濟南 56/53
［道光］長清 12/12
張絢(字稼秋)
(清・觀城人)
觀城縣鄉土志/耆舊
張彝(南北朝,見張彝)
張彝(字慶賓)
(南北朝・清河東武城人)
［嘉靖］山東 31/6
［康熙］山東 41/4
［雍正］山東 28/人物一 53
［宣統］山東 155/32
［萬曆］東昌 19/12
［乾隆］東昌 36/14
［嘉慶］東昌 26/15
［嘉靖］武城 7/48
［順治］武城 2/13
［乾隆］武城 10/8
武城縣鄉土志略/耆舊錄
［宣統］重修恩縣 8/7
［民國］重修恩縣 11/鄉賢 6
恩縣鄉土志/17
張彝(清・城武人)
［康熙四十一年］城武 5/上懿行 14
［道光］城武 9/下 17
張彝(字民凡)
(清・黃縣人)
［民國］黃縣志稿 13/清藝術
張仔(字肩吾)
(清・濰縣人)
［民國］濰縣志稿 29/32
濰縣鄉土志/41
張僎(字立所)
(明・壽光人)
［雍正］山東 28/人物三 62
［宣統］山東 164/49
［康熙十五年］青州 13/82
［康熙四十八年］青州 13/事功 66
［康熙六十年］青州 16/34
［咸豐］青州 45/24
［康熙］壽光 24/2
［嘉慶］壽光 12/20
［民國］壽光 12/人物志二 69
張儆慶(字始庵)
(清・淄川人)
［乾隆］淄川 5/又 39
張紹唐(字平陽)
(清・陽信人)
［民國］陽信 5/隱逸 71
張紹文(明・臨清人)
［康熙］山東 45/15
［乾隆］東昌 42/20
［康熙］臨清州 3/人物 18
［乾隆］臨清直隸州 8/上 40
［民國］臨清縣/人物 52
張紹彥(字復亭)
(清・蒲臺人)
［光緒］重修蒲臺 3/3
蒲臺縣鄉土志/13
張叔夜(字稽仲)
(宋・開封人)
［嘉靖］山東 25/21
［康熙］山東 32/9
［雍正］山東 27/23
［宣統］山東 68/30
［康熙］濟南 25/13
［道光］濟南 34/5
［崇禎］歷城 6/10
［光緒］益都縣圖志 16/35
張勿競(清・昌邑人)
［乾隆］昌邑 5/145
張勿吝(清・昌邑人)
［民國］濰縣志稿 32/23
張象離(清・高唐人)
［嘉慶］東昌 32/64

[道光]高唐州 5/2－15
[光緒]高唐州 5/2－18
[民國]高唐縣 12/11
張修文(清·茌平人)
[民國]茌平 3/106
張仰育(字春田)
(清·濟寧人)
[民國]濟寧直隸州續志 14/21
張彝立(滕縣人)
[民國]續滕縣志 4/37
張彝訓(字天敘)
(明·寧陽人)
[康熙]山東 40/59
[雍正]山東 28/人物三 48
[宣統]山東 166/10
[乾隆]兗州 23/47
[康熙十一年]寧陽 7/14
[康熙四十一年]寧陽 7/14
[乾隆]寧陽 7/良吏 4
[咸豐]寧陽 13/4
[光緒]寧陽 13/4
寧陽縣鄉土志/14
張紀麟(字伯紱)
(清·昌樂人)
[民國]昌樂縣續志 31/24
張叔麟(清·汶上人)
[宣統]四續汶上稿/人物－忠烈傳
張歸霸(五代梁·清河人)
[嘉靖]山東 27/15
[宣統]山東 68/23
[萬曆二十四年]兗州 27/13
[萬曆]萊州 5/62
[康熙]萊州 8/22
[乾隆]萊州 9/7
[光緒]增修登州 24/5
[嘉靖]恩縣 6/2
[宣統]重修恩縣 6/13
張翽雨(字西靈,號延年)
(清·濟陽人)
[民國]濟陽 11/40
張叔吾
[民國]高唐縣 9/5－20
張修一(字獻廷)
(高唐人)
[民國]高唐縣卷首
張名珂(字鳴玉)
(清·昌樂人)
[民國]昌樂縣續志 31/14
張象棐(字忱亭)
(清·諸城人)
[光緒]增修諸城縣續志 13/5
張繩武(字伯承,號芸農)
(清·新城人)
[宣統]新城縣後志 3/文苑
張修尹(明)
[宣統]山東 73/38
[乾隆]高密 6/19
[光緒]高密 6/23
[民國]高密 12/25
高密縣鄉土志/上 9
張歸弁(五代·貝州人)
[嘉靖]恩縣 6/2
[宣統]重修恩縣 6/14
張勿我(字廣思)
(清·昌邑人)
[乾隆]昌邑 5/135
[民國]濰縣志稿 32/24
張名德(字德懋)
(元·淄川人)
[嘉靖]山東 29/21
[康熙]山東 39/20
[雍正]山東 28/人物二 68
[宣統]山東 164/26
[康熙]濟南 25/23
[道光]濟南 34/35,48/56
[嘉靖]淄川 6/80
[萬曆]淄川 30/25
[康熙]淄川 4/8,5/3,6/9
[乾隆]淄川 4/8,5/3,6/上 9
淄川縣鄉土志/耆舊錄－忠節
張象升(清·湖北應山人)
[宣統]山東 75/27
[道光]濟南 38/35
[道光]臨邑 7/27
[同治]臨邑 7/31
張修德(明·臨清州人)
[萬曆]青州 12 又/又 22
[康熙十五年]青州 12 又/又 22
[康熙四十八年]青州 12 又/又 22
[康熙六十年]青州 12/37
[咸豐]青州 36/35
[民國]臨淄 18/8
張魯得(明·崑山人)
[咸豐]青州 36/40
[康熙]昌樂 1/34
[嘉慶]昌樂 19/6
張名彝(字上卣)
(清·德平人)
[道光]濟南 56/88
[嘉慶]德平 7/17
[光緒]德平 7/16
德平縣鄉土志/耆舊錄
張佩紉(清·無棣人)
[民國]無棣 14/8
張組修(清·濟陽人)
[道光]濟南 56/35
[乾隆]濟陽 8/20
[民國]濟陽 11/25
張紹齡(字續千)
(清·高苑人)
[咸豐]青州 46/21
高苑縣鄉土志/耆舊
張叔倫(字偕讓)
(清·臨沂人)
[民國]續修臨沂 16/25
張佩良(字友房)
(清·無棣人)
[民國]無棣 13/27
張紹宗(清·平度人)
[道光]重修平度州 19/22
平度鄉土志 4 上/鄉賢
張勿遷(字靜思)
(清·昌邑人)
[乾隆]昌邑 6/181
[民國]濰縣志稿 32/24
張修業(字舜卿)
(清·武城人)
[道光]武城續編 14/雜記 1
張紹遠(字德言)
(清·無棣人)
[民國]無棣 13/15

張象津（字漢渡，號峨石，一作莪石，別號雪嵐）
（清・新城人）
［宣統］山東 170/3
［道光］濟南 55/71
［道光］濟寧直隸州 6/7 – 79
［宣統］新城縣後志 3/文苑
［民國］重修新城 17/13
新城縣鄉土志/耆舊 – 清
張彙選（字泰乾）
（明・清苑人）
［光緒］增修登州 27/2
［同治］黄縣 6/4
［民國］黄縣志稿 11/宦績
張紹祖（字蔭庭）
（清・商河人）
［民國］重修商河 8/19
張歸真（字返璞）
（清・壽光人）
［乾隆］續壽光 24/6
［嘉慶］壽光 13/26
［民國］壽光 12/人物志一 77
張繩直（清・城固副貢）
［光緒］增修登州 27/5
［民國］黄縣志稿 11/宦績
張象奎（字介武）
（清・諸城人）
［道光］諸城縣續志 19/2
張象森（字嶠如，號山屏）
（清・諸城人）
［光緒］增修諸城縣續志 13/4
諸城縣鄉土志/上 19
張修吉（字慎之，號清濱）
（明・高苑人）
［萬曆］青州 13/65
［康熙十五年］青州 13/65
［康熙四十八年］青州 13/事功 49
［康熙六十年］青州 16/25
［咸豐］青州 44/53
［康熙］高苑 5/2
［乾隆］高苑 5/2
高苑縣鄉土志/耆舊
張象楨（清・諸城人）
［光緒］增修諸城縣續志 17/6
張紹栻（明・北直清苑人）
［宣統］山東 73/6
［咸豐］青州 36/42
［康熙］臨淄 8/7
［民國］臨淄 18/9
張名藩（號鎮東）
（明・黄縣人）
［光緒］增修登州 39/10
［康熙］黄縣 6/18
［乾隆］黄縣 8/18
［同治］黄縣 8/5
［民國］黄縣志稿 13/明
張佩蘭（明・諸城人）
［嘉靖］青州 15/18
［萬曆］青州 14/16
［康熙十五年］青州 14/16
［康熙四十八年］青州 14/孝友 6
［康熙六十年］青州 17/11
［萬曆］諸城 6/24，7/22
［康熙］諸城 7/38
［乾隆］諸城 39/2
張紹芳（字養初）
（明・曹縣人）
［康熙］曹縣 11/17
［康熙］兖州府曹縣 11/17
［光緒］曹縣 11/選舉 29
張紹芳（明・上蔡人）
［順治］定陶 4/5
張紹蓮（字青甫）
（清・齊河人）
［民國］齊河 23/81
張勿執（清・昌邑人）
［乾隆］昌邑 5/149
［民國］濰縣志稿 32/24
張象乾（字健堂）
（清・鄒平人）
［民國］鄒平 15/119
張紀春（字宜雲）
（清・陽穀人）
［民國］增修陽穀人物/善行 48
張久成（清・泰安人）
［道光］泰安縣 9/上 88
［民國］重修泰安縣 8/42
張久成（清・諸城人）
［光緒］增修諸城縣續志 16/28
張負圖（字瑞符）
（清・陵縣人）
［光緒］陵縣 19/人物傳二 13
張象恩（明・萊陽人）
［光緒］增修登州 41/51
張叔旺（清・海豐人）
海豐縣鄉土志/耆舊 – 事業五
張魯瞻（字小巖）
（清・臨沂人）
［民國］臨沂 10/37
張叔明（唐・平陰人）
［康熙］山東 46/3
［雍正］山東 28/人物二 13
［宣統］山東 167/8
［順治］平陰 7/22
［光緒］平陰 5/39
［乾隆］曲阜 82/2
張歸厚（五代・貝州人）
［嘉靖］恩縣 6/2
［宣統］重修恩縣 6/14
張象鵬（字扶九）
（清・諸城人）
［道光］諸城縣續志 16/2
張紹曾（清・菏澤人）
［光緒］新修菏澤 11/55
菏澤縣鄉土志/27
張名策（字子方）
（東平人）
［民國］東平縣 11/上 20
張象篆（字仲程）
（清・諸城人）
［道光］諸城縣續志 16/2
張佩縈（清・無棣人）
［民國］無棣 14/15
28 **張徹**（唐・清河郡人）
［乾隆］東昌 41/25
［嘉靖］恩縣 6/3，8/1
［萬曆］恩縣 4/32
［宣統］重修恩縣 8/35
［民國］重修恩縣 11/鄉賢 40
張徹（清・長清人）
［道光］濟南 56/62
［道光］長清 13/4
張儆（字箕生）

（清・滕縣人）
［道光］滕縣志 8/儒林 11
滕縣鄉土志/24
張復（唐・清河郡人）
［嘉靖］恩縣 6/3
［萬曆］恩縣 4/33
張復（明・靈壽人）
［乾隆］昌邑 5/113
張价（字亦吳）
（清・蓬萊人）
［道光］重修蓬萊 9/39
［民國］蓬萊縣志合編人物志/行誼
張儉（字元節）
（漢・山陽高平人）
［嘉靖］山東 30/10
［康熙］山東 40/11
［雍正］山東 28/人物一 22
［宣統］山東 154/18
［萬曆元年］兗州 40/忠直 7
［萬曆二十四年］兗州 31/26
［康熙］兗州 24/25
［乾隆］兗州 23/15
［乾隆］曹州府 14/5
［康熙］濟寧州 6/4
［乾隆］濟寧直隸州 23/4
［道光］濟寧直隸州 8/2－3
［萬曆］鉅野 7/6
［康熙］鉅野 11/4
［道光］鉅野 12/5
［康熙五十一年］金鄉 9/8
［乾隆］金鄉 18/7
［咸豐］金鄉縣志略 9/上 2
［民國］金鄉 13/2
金鄉縣鄉土志/耆舊錄上
張岭（字玉峯，墨農）
（清・高密人）
［民國］高密 14/上 77
張倫（字天敘）
（明・曹州人）
［萬曆二十四年］兗州 37/6
［康熙］兗州 28/34
［康熙］曹州志 16/2
［光緒］菏澤 16/1
［光緒］新修菏澤 10/35
張倫（明・黃縣人）
［光緒］增修登州 39/9
［康熙］黃縣 6/16
［乾隆］黃縣 8/14
［同治］黃縣 8/4
［民國］黃縣志稿 13/明
張倫（明・歙縣人）
［嘉靖］朝城志 5/14
張倫（明・壽光人）
［康熙］壽光 26/2
［嘉慶］壽光 13/16
［民國］壽光 12/人物志一 46
張綸（明・茌平人）
［乾隆］東昌 42/14
［嘉慶］東昌 32/14
［康熙四十九年］茌平 2/51，5/7
［宣統］茌平 14/3
［民國］茌平 3/72
張綸（明・黃縣人）
［宣統］山東 161/40
［民國］黃縣志稿 13/明
張綸（字英厓）
（明・臨朐人）
［嘉慶］慶雲 7/34
［民國三年］慶雲 1/92
臨朐縣鄉土志 1/耆舊
張綸（字宣甫，亦稱釣石先生）
（明・汶上人）
［雍正］山東 28/人物三 36
［宣統］山東 162/37
［萬曆二十四年］兗州 42/56
［康熙］兗州 32/46
［乾隆］兗州 23/47
［萬曆］汶上 6/11
張綸（字公發）
（清・茌平人）
［乾隆］東昌 43/12
［嘉慶］東昌 32/38
張佺（字步瀛）
（清・平陰人）
［光緒］平陰 4/37
張儀（元・棗強人，遷歷城）
［道光］濟南 48/13
［乾隆］歷城 17/9，36/16
張儀（明・湖廣宜城人）
［嘉靖］朝城志 5/12
［康熙］朝城 7/15
張復亨（元・堂邑人）
［宣統］山東 165/10
張復彥（字士美）
（清・平度人）
［民國］平度縣續志 8/5
張以廉（字介庵）
（明・茌平人）
［乾隆］東昌 38/24
［嘉慶］東昌 28/24
［康熙二年］茌平 2/45
［康熙四十九年］茌平 2/45
［宣統］茌平 18/2
［民國］茌平 3/隱逸 105
張從龍（清・臨清人）
［民國］臨清縣/人物 91
張以誠（清・棲霞人）
［光緒］增修登州 43/22
［乾隆］棲霞 7/10
張從諫（宋・萊陽人）
［民國］萊陽 3/1 中 2
張齡霞（清・臨邑人）
［宣統］山東 170/18
［道光］濟南 56/44
［道光］臨邑 9/9
［同治］臨邑 9/忠藎 2
張作礪（清・直隸玉田人）
［宣統］山東 77/26
［光緒］增修登州 30/3
［順治］招遠 7/6
張儀廷（清・諸城人）
［光緒］增修諸城縣續志 17/4
張作聖（字化之）
（清・壽光人）
［民國］壽光 12/人物志一 99
張從政（字立卿）
（清・臨朐人）
臨朐縣鄉土志 1/耆舊
張僧皓（字山客）
（北魏・清河東武城人，一作臨淄人）
［雍正］山東 28/人物一 55
［萬曆］青州 14/37
［康熙十五年］青州 14/37
［康熙四十八年］青州 14/隱逸 11

[康熙六十年]青州 20/3
[康熙]臨淄 10/6
[光緒]益都縣圖志 52/3
張作賓(字叔尚,號南圃)
(清・淄川人)
[道光]濟南 54/71
[宣統]三續淄川 10/16
張從禮(清・海陽人)
[光緒]增修登州 43/47
[光緒]海陽縣續志 5/17
張復初(元・膠州人)
[道光]重修膠州 24/5
[民國]增修膠志 39/4
膠州直隸州鄉土志 4/文學
張復初(明)
[道光]城武 6/30
張以裕(清・郯城人)
[嘉慶]續修郯城 7/18
張似古(字澗松)
(清・濮州人)
[宣統]濮州 3/90
張徵九(字淑度)
(清・單縣人)
[乾隆]單縣 6/46
[民國]單縣 9/84
張以標(譜名炳南)
(清・嶧縣人)
[光緒]嶧縣 21/宦績 7,24/24
張作垣(清・鄆城人)
[光緒]鄆城 10/11
張馥蘭(字次芝)
(清・商河人)
[民國]重修商河 8/47
張儀村(字敬之)
(清・臨邑人)
[民國]續修臨邑 3/25
張作楧(清・鉅野人)
[道光]鉅野 13/50
張作茭(清・福山人)
[民國]福山縣志稿 7/4－10
張從恕(元)
[光緒]嶧縣 19/96
張以相(字介臣)
(清・霑化人)
[乾隆]武定府 24/11
[咸豐]武定府 24/清介 11
[康熙]高密 6/27
[乾隆]高密 6/20
[光緒]高密 6/24
[民國]高密 12/25
[光緒]霑化 7/24
[民國]霑化 2/27
張作翰(清・淄川人)
[道光]濟南 54/71
[宣統]三續淄川 10/12
張以忠(清・壽光人)
[康熙]壽光 25/5
[嘉慶]壽光 13/5
[民國]壽光 12/人物志一 73
張復振(字雲客,號漆崖)
(清・東明人)
[乾隆]東明 8/下又 26 之 5
[民國]東明縣新誌 12/56
張作振(字新之)
(清・壽光人)
[民國]壽光 12/人物志二 19
張作哲(字仲明,號濬菴)
(清・淄川人)
[乾隆]淄川 5/又 20
[宣統]三續淄川 9/54
張復成(清・莘縣人)
莘縣鄉土志/事業 28
張從恩(宋)
[康熙]東平州 3/9
張從學(清・黄縣人)
[民國]黄縣志稿 13/清懿行
張復興(清・泰安人)
[乾隆二十五年]泰安縣 12/31
[乾隆四十七年]泰安縣 10/上 28
[道光]泰安縣 9/上 80
[民國]重修泰安縣 8/36
泰安縣鄉土志/耆舊 15
張儀鳳(明・萊陽人)
[民國]萊陽 3/1 中 15
張從令(明・堂邑人)
[乾隆]東昌 42/11
[嘉慶]東昌 32/11
[康熙十一年]堂邑 2/人物 8
[康熙]堂邑 16/11
堂邑縣鄉土志/耆舊錄
張徽猷(明・平陰人)
[光緒]平陰 5/21
張徽猷(明・新城人)
[崇禎]新城 7/舉人
張以翔(明・祥符舉人)
[光緒]增修登州 32/3
[康熙]寧海州 7/4
[同治]重修寧海州 12/11
[民國]牟平 6/72
張復光(字輝堂)
(清・平度人)
[光緒]平度志要/人物
[民國]平度縣續志 8/5
平度鄉土志 4 上/鄉賢
張綸光(字丹音)
(清・陽信人)
[咸豐]武定府 25/孝友 33
[乾隆]陽信 7/28
[民國]陽信 5/孝友 68
信邑志稿 7/孝友
29 **張倓**(宋・寧海人)
[民國]牟平 6/67
張秋試(號圖南)
(明・臨朐人)
[康熙]臨朐縣志書 3/33
光緒臨朐 14/下 10
30 **張安**(清・萊蕪人)
[康熙]新修萊蕪 6/21
張寶(明・魚臺人)
[乾隆]魚臺 10/26
張寶(明・堂邑人,見張賓)
張賓(字廷賓,號東庄)
(明・單縣人)
[雍正]山東 28/人物三 16
[宣統]山東 160/18
[萬曆二十四年]兗州 36/12
[康熙]兗州 28/11
[乾隆]曹州府 15/4
[隆慶]單縣下/2
[順治]單縣 2/28,2/37,3/59
[康熙]單縣 7/6,7/25
[乾隆]單縣 6/15
[民國]單縣 9/21
張賓(明・德州人)
[道光]濟南 52/34

［乾隆］德州 9/29
［民國］德縣 10/8
張賓（明・堂邑人）
［乾隆］東昌 42/11
［嘉慶］東昌 32/11
［康熙十一年］堂邑 2/人物 8
［康熙］堂邑 16/11
堂邑縣鄉土志/耆舊錄
張賓（清・日照人）
［乾隆］沂州府 26/16
［康熙］日照 9/11
張宸（明・房山人）
［萬曆］諸城 4/38
張宸（字漪園）
（清・濱州人）
［咸豐］濱州 10/31
濱州鄉土志/學問
張寵（漢・河南南陽人）
［萬曆元年］兖州 38/循吏 11
［康熙］曹州志 7/37
［乾隆］曹州府 12/4
［萬曆］濮州 3/名宦 5
［康熙］濮州 3/5
［乾隆］濮州 3/5
［宣統］濮州 4/8
［光緒］曹縣 10/1
［光緒］菏澤 7/名宦 2
［光緒］新修菏澤 8/2
張淳（明・陝西涇陽人）
［道光］濟南 36/61
張淳（明・遷安人）
［順治］樂陵 4/3
［乾隆］樂陵 4/49
張淳（字孟樸）
（清・膠州人）
［乾隆］膠州 4/56
［道光］重修膠州 27/12
［民國］增修膠志 41/9
張渡（字子泗）
（清・鄆城人）
［康熙］鄆城 6/12
［光緒］鄆城 7/12
張富（字大有）
（明・魚臺人）
［康熙］魚臺 17/11
［乾隆］魚臺 11/9
［光緒］魚臺 3/5
張宏（字巨卿）
（宋・青州益都人）
［嘉靖］山東 32/13
［康熙］山東 42/13
［雍正］山東 28/人物二 23
［宣統］山東 157/10
［嘉靖］青州 14/14
［萬曆］青州 13/35
［康熙四十八年］青州 13/事功 18
［康熙六十年］青州 16/9
［咸豐］青州 41/1
［康熙］益都 7/2
［光緒］益都縣圖志 32/1
張宏（字可大）
（元・歷城人）
［道光］濟南 48/2
［崇禎］歷乘 16/13
［乾隆］歷城 36/5
張宏（明・商水人）
［康熙］嶧縣 3/37
［乾隆］嶧縣 7/17
［光緒］嶧縣 19/職官下 11
張淮（號立軒）
（明・山西晉州人）
［道光］濟南 36/46
［康熙］聊城 2/2
張淮（明・鉅野人）
［道光］鉅野 12/26
張淮（清・濱州人）
［咸豐］濱州 10/耆壽重 7
張寰（字允清）
（明・南直崑山人）
［宣統］山東 72/12
［嘉靖］濮州 7/16
［萬曆］濮州 3/名宦 18
［康熙］濮州 3/17
［乾隆］濮州 3/17
［宣統］濮州 4/17
［乾隆］濟寧直隸州 22/18
［道光］濟寧直隸州 6/6－25
張濟（元）
［光緒］嶧縣 19/98
張濟（字汝康）
（明・陝西醴泉人）
［宣統］山東 73/10
［咸豐］青州 36/21
［康熙］壽光 20/3
［嘉慶］壽光 10/24
［民國］壽光 6/13
張濟（明・陝西平涼人）
［乾隆］嶧縣 7/26
張濟（明・陽穀人）
［康熙十二年］陽穀 3/6
［康熙］陽穀 3/6
［民國］增修陽穀人物/仕宦 3
張濟（字少卿）
（清）
觀城縣鄉土志/政績
張進（宋・曲阜人）
［嘉靖］山東 30/44
［雍正］山東 28/人物二 26
［萬曆元年］兖州 40/武功 18
［萬曆二十四年］兖州 35/21
［康熙］兖州 27/19
［乾隆］兖州 23/28
［崇禎］曲阜 4/105
［康熙］曲阜 4/105
［乾隆］曲阜 90/1
張進（字扶升）
（明・鉅野人）
［民國］續修鉅野 5/上 7
張寬（元・章丘人）
［道光］濟南 48/39
［民國］臨淄 25/33
張寬（字敷教）
（清・壽光人）
［乾隆］續壽光 23/6
［嘉慶］壽光 13/9
［民國］壽光 12/人物志一 79
張濂（明・上海人）
［乾隆］泰安府 15/12
［康熙］肥城書下/11
［嘉慶］肥城 15/32
［光緒］肥城 7/48
肥城縣鄉土志 3/3
張良（字子房）
（漢・長清人）
［民國］長清 13/31
張鎏（清・章邱人）

[道光]濟南 61/7
[乾隆]章邱 9/48
[道光]章邱 11/75
張宓(字淵仲)
(元・歷城人)
[道光]濟南 48/3
[乾隆]歷城 17/18,36/8
張寧(明・山西大同人)
[宣統]山東 72/47
[萬曆]東昌 18/40
[乾隆]東昌 35/23
[嘉慶]東昌 22/27
[嘉靖]恩縣 7/5
[萬曆]恩縣 4/7
[宣統]重修恩縣 6/49
[民國]重修恩縣 10/64
恩縣鄉土志/9
張容(字寬甫)
(清・掖縣人)
[民國]四續掖縣 4/59
張實(明・莒州人)
[萬曆]青州 15/52
[康熙十五年]青州 15/52
[康熙四十八年]青州 15/義民 21
[康熙六十年]青州 18/15
[康熙]莒州下/45
[雍正]莒州 9/38
[嘉慶]莒州 9/25
[民國]重修莒志 65/2
張潼(字少海)
(清・濰縣人)
[民國]濰縣志稿 30/47
張濵(字金水)
(清・莒縣人)
[乾隆]沂州府 26/21
[雍正]莒州 9/28
[嘉慶]莒州 9/27
[民國]重修莒志 65/6
張憲(明・臨朐人)
[嘉靖]臨朐 3/10
張憲(明・聞縣人)
[萬曆]萊州 5/73
[康熙]萊州 8/49
[乾隆]萊州 9/19
[康熙]昌邑 5/16
[乾隆]昌邑 5/118
張宣(字儀陸,號毅軒)
(清・濱州人)
[乾隆]武定府 24/39
[咸豐]武定府 24/循良 29
[康熙]濱州 7/12
[咸豐]濱州 10/11,11/誌銘 11
濱州鄉土志/耆舊錄
張宣(清・長清人)
[嘉慶]昌樂 29/3
張宣(字濟九)
(清・章邱人)
[道光]章邱 11/64
張寅(字仲明,號曉川)
(明・太倉進士)
[乾隆]東昌 35/20
[嘉慶]東昌 22/24
[嘉靖]高唐州 5/7
[康熙十二年]高唐州 7/11
[康熙五十一年]高唐州 7/11
[道光]高唐州 7/1–12
[光緒]高唐州 7/1–12
[民國]高唐縣 9/5–7
張寅(字曉谷)
(清・濱州人)
[乾隆]武定府 24/43
[咸豐]武定府 24/循良 33
[咸豐]濱州 10/11
張寅(茌平人)
[民國]茌平 8/69
張永(字景雲)
(南朝宋・吳郡吳人)
[宣統]山東 67/4
張永(明・肥城人)
[康熙]肥城書下/12
[嘉慶]肥城 17/20
[光緒]肥城 9/7
肥城縣鄉土志 5/14
張永(明・丘縣人)
[乾隆]東昌 42/22
張永(字志遠)
(明・莘縣人)
[正德]莘縣 6/15
[光緒]莘縣 6/17
莘縣鄉土志/鄉宦 18
張淯(金・齊河人)
[康熙]濟南 47/2
張淯(字宏淵,號持盈)
(清・長清人)
[道光]濟南 56/50
[道光]長清 12/13
張宗(字諸君)
(漢・魯陽人)
[嘉靖]山東 26/2
[康熙]山東 33/3
[雍正]山東 27/51
[宣統]山東 66/21
[嘉靖]青州 13/11
[萬曆]青州 12/8
[康熙十五年]青州 12/8
[康熙四十八年]青州 12/8
[康熙六十年]青州 12/2
[咸豐]青州 64/5
[萬曆元年]兗州 38/循吏 6
[萬曆二十四年]兗州 26/8
[康熙]兗州 21/8
[萬曆]沂州志 6/4
[康熙]沂州志 3/40
[乾隆]沂州府 20/2
[萬曆]諸城 5/2
[康熙]諸城 5/2
[乾隆]諸城 27/3
諸城縣鄉土志/上 4
張宗(明・咸寧人)
[嘉靖]朝城志 5/12
張安廣(字奠遠)
(清・寧陽人)
[咸豐]寧陽 14/27
[光緒]寧陽 14/27
張濟廣(字潁川)
(清・寧陽人)
[咸豐]寧陽 14/27
[光緒]寧陽 14/27
張守廉(字子清)
(清・無棣人)
[民國]無棣 13/17
海豐縣鄉土志/耆舊–事業五
張守言(清・海豐人)
海豐縣鄉土志/耆舊–事

業四
張宿齋(字探源)
(清・陽信人)
[民國]陽信5/孝友58
陽信縣鄉土志上/耆舊－事業
張永庚(字斗樞)
(清・奉天人)
[雍正]山東27/109
[宣統]山東75/25
[道光]濟南38/26,38/32
[康熙]禹城8/24
[嘉慶]禹城7/32
[民國]禹城3/49
禹城縣鄉土志/6
[康熙]齊河5/39
[雍正]齊河5/38
[民國]齊河22/4
齊河縣鄉土志政績錄/5
張永康(明・鄒平人)
[道光]鄒平15/29
[民國]鄒平15/29
張永讓(字撝謙)
(清・東平人)
[光緒]東平州15/中41
[民國]東平縣11/中10
張宗文(清・莘縣人)
[民國]莘縣7/33
張守龍(字次雲)
(清・無棣人)
[民國]無棣12/18
張守訓(字念曾)
(清・無棣人)
[民國]無棣12/16
海豐縣鄉土志/耆舊－學問一
張守訓(字遵彝)
(清・樂陵人)
[乾隆]樂陵6/39
張守誥(清・長山人)
長山縣鄉土志/耆舊錄
張憲誥(字瑤簡)
(清・諸城人)
[道光]諸城縣續志17/3
張宗誥(字覺亭,號襲廪)
(清・淄川人)
[宣統]三續淄川9/71
張進諫(明・掖縣人)
[乾隆]掖縣4/72
張永旗(字贊廷)
(清・濱州人)
[宣統]山東171/28
[咸豐]武定府25/武功12
[咸豐]濱州10/15
濱州鄉土志/耆舊錄
張宗誨(字習之)
(宋・曹州冤句人)
[嘉靖]山東33/31
[雍正]山東28/人物二25
張安玉(字朗山)
(單縣人)
[民國]單縣12/鄉賢25
張官雲(字紀堂)
(清・長清人)
[民國]長清11/7
張良玉(清・歷城人)
[道光]濟南53/10
[民國]續修歷城44/8
張守平(號洞和大師)
(元・景州人)
[崇禎]新城11/仙釋
[康熙]新城8/15
[民國]重修新城26/5
張守正(字景方)
(清・陽穀人)
[民國]增修陽穀人物/武功13
張永璿(字載衡)
(清・長山人)
[嘉慶]長山10/5
張之琢(字荊玉)
(清・章丘人)
[道光]濟南54/18
[道光]章邱11/62
張宗碩(清・長山人)
[嘉慶]長山10/21
張家瑞(明・河南考城人)
[乾隆]沂州府20/8
[康熙]費縣3/5
[光緒]費縣3/54
張永瑗(字璞存,號系南)
(清・長山人)
[宣統]山東169/28
[道光]濟南55/23
[嘉慶]長山7/30
張之廷(字獻之)
(清・新城人)
[宣統]新城縣後志3/耆壽
張宗孔(字時中,號泗濱)
(明・滕縣人)
[康熙]滕志7/58
[康熙]滕縣志7/52
[道光]滕縣志7/44
滕縣鄉土志/19
張憲瑢(字德聲)
(清・諸城人)
[咸豐]青州49/33
[道光]諸城縣續志19/7
張憲武(字繩祖)
(清・慶雲人)
[民國三年]慶雲2/35
張永琬(字苑西)
(清・長山人)
[嘉慶]長山9/14
張守珪(宋・嘉祥人)
[乾隆]嘉祥2/27
張憲瓚(字伊酌)
(清・諸城人)
[道光]諸城縣續志17/3
張永璜(字調元)
(清・長山人)
[道光]濟南55/23
[嘉慶]長山8/13
長山縣鄉土志/耆舊錄
張安豫(明・南直華亭人)
[宣統]山東71/14
[康熙]濟南25/79
[道光]濟南36/34
[康熙]齊河5/38
[雍正]齊河5/37
[民國]齊河22/4
齊河縣鄉土志政績錄/5
張宏弼(字汝翼,號夢諧)
(明・霑化人)
[乾隆]武定府24/8
[咸豐]武定府24/清介8
[光緒]霑化7/22
[民國]霑化2/24

張良弼(字思道)
(元・陝西華陰人)
[宣統]山東 200/8
[道光]重修蓬萊 9/2
[民國]蓬萊縣志合編人物志/功業
[道光]滕縣志 9/隱逸 1
張良弼(明・河南陳留人)
[宣統]山東 73/10
[咸豐]青州 36/11
[康熙]壽光 20/2
[嘉慶]壽光 10/23
[民國]壽光 6/12
張良弼(字夢徵,號黴軒)
(明・歷城人)
[道光]濟南 49/12
[乾隆]歷城 37/21
張良弼(字淑尹)
(清・歷城人)
[道光]濟南 53/10
[民國]續修歷城 44/8
張良采(清・單縣人)
[乾隆]單縣 7/38
[民國]單縣 9/83
張守信(字及遠)
(清・無棣人)
[民國]無棣 11/21
海豐縣鄉土志/耆舊 - 事業四
張永爵(字錫侯)
(清・泰安人)
[乾隆二十五年]泰安縣 12/43
[乾隆四十七年]泰安縣 10/上 38
[道光]泰安縣 9/上 94
[民國]重修泰安縣 8/50
張之維(字大支)
(清・掖縣人)
萊州府鄉土志/下 26
[乾隆]掖縣 4/60
張宗紋(字文燦)
(清・長山人)
[嘉慶]長山 10/21
張安行(金・博州人)
[宣統]山東 166/7
張安上(字仲禮)
(宋・陽信人)
[雍正]山東 28/人物二 37
[宣統]山東 161/16
[康熙]濟南 41/5
[乾隆]武定府 23/8
[咸豐]武定府 23/名臣 8
[康熙]陽信 9/4
[乾隆]陽信 7/2
[民國]陽信 5/宦蹟 4
信邑志稿 7/名臣
陽信縣鄉土志上/耆舊 - 事業
[道光]博興 10/2
[民國]重修博興 12/1
張宏經(清・霑化人)
[乾隆]武定府 26/14
[咸豐]武定府 26/義行 14
[光緒]霑化 10/7
[民國]霑化 2/80
張進仁(清・陽穀人)
[民國]增修陽穀人物/仕宦 13
張守仁(元・蒙陰人)
[康熙十一年]蒙陰 2/43
張守仁(字浩然)
(清・黃縣人)
[民國]黃縣志稿 13/清藝術
張宗衡(字梁山,號石林)
(明・臨清人)
[雍正]山東 28/人物三 63
[宣統]山東 160/4
[乾隆]東昌 41/31
[康熙]臨清州 3/人物 10
[乾隆]臨清州 9/32
[乾隆]臨清直隸州 8/上 19
[民國]臨清縣/人物 24
張宗仁(明・德平人)
[道光]濟南 52/52
[乾隆]德平 3/7
[嘉慶]德平 7/10
[光緒]德平 7/10
張濟川(字柳橋)
(清・齊東人)
[民國]齊東 5/36
張守崑(清・海豐人)
海豐縣鄉土志/耆舊 - 事業四
張守嶠(字海峯)
(清・無棣人)
[民國]無棣 11/15
張家峻(明・平度人)
[康熙]平度州 5/7
[道光]重修平度州 18/16
平度鄉土志 4 上/事業
張守岱(字奉山)
(清・海豐人)
[宣統]山東 171/25
[民國]無棣 10/15
海豐縣鄉土志/耆舊 - 事業四
張宗紱(字文華)
(清・長山人)
[嘉慶]長山 10/21
張宏德(字德符,一字玄同,號印石)
(明・萊陽人)
[光緒]增修登州 39/29
[康熙]萊陽 8/16
[民國]萊陽 3/1 中 24,3/3 上傳志下 18
張宏德(明・陽信人)
[咸豐]武定府 25/武功 7
陽信縣鄉土志上/耆舊 - 事業
張宏德(明・樂陵人)
[乾隆]武定府 25/71
張進德(字心田)
(清・寧陽人)
[光緒]寧陽 15/35
張宗德(明)
[萬曆]青州 12 又/9
[康熙四十八年]青州 12 又/9
張寶紳(字省三)
(清・高唐人)
[光緒]高唐州 5/2 - 42
[民國]高唐縣 12/87
張宗純(字含萃)
(清・長山人)
[道光]濟南 55/36
[嘉慶]長山 10/19
張安和(字保泰)

（清・濰縣人）
［民國］濰縣志稿 29/33
張良得（清・東明人）
［民國］東明縣新誌 11/58
張守和（明・河南澠池人）
［宣統］山東 71/38
［乾隆］泰安府 15/7
［康熙］肥城書下/9
［嘉慶］肥城 15/30
［光緒］肥城 7/45
肥城縣鄉土志 3/5
張守和（陽穀人）
［民國］增修陽穀人物/仕宦 23
張永和（字節亭）
（清・樂安人）
［咸豐］青州 49/28
［民國］樂安 10/23
［民國］續修廣饒 19/42
張宏久（清・福山人）
［乾隆］福山 8/72
張守約（字希參）
（宋・濮州人）
［嘉靖］山東 31/22
［雍正］山東 28/人物二 37
［宣統］山東 157/16
［萬曆］東昌 19/40
［乾隆］曹州府 14/27
［嘉靖］濮州 5/28
［萬曆］濮州 4/武烈 2
［康熙］濮州 4/17
［乾隆］濮州 4/29
［宣統］濮州 6/23
張守約（明・陝西三原人）
［宣統］山東 71/43
［康熙］濟南 25/74
［乾隆］武定府 16/20
［咸豐］武定府 19/陽信 5
［康熙］陽信 7/34
［乾隆］陽信 5/35
信邑志稿 5/宦蹟
［民國］陽信 2/61
陽信縣鄉土志上/政績－去害
張守約（清・鉅野人）
［民國］續修鉅野 5/上 11
張之綱（元・館陶人）
［嘉靖］山東 26/27
［康熙］山東 34/8
［雍正］山東 27/47
［萬曆］東昌 18/29
［乾隆］東昌 33/22
［嘉慶］東昌 20/34
張宗魯（字筱山）
（清・牟平人）
［民國］牟平 7/108
張宗徽（字敬典）
（清・長山人）
［嘉慶］長山 10/27
張渡瀛（字仙洲）
（清・新城人）
［宣統］新城縣後志 2/宦績
［民國］重修新城 18/22
新城縣鄉土志/耆舊－清
張守宗（字仰齋）
（清・浙江浦江人）
［乾隆］淄川 4/又 28－3
張守寬（字宏量）
（清・陽穀人）
［民國］增修陽穀人物/武功 12
張守宣（字致遠）
（清・無棣人）
［民國］無棣 12/18
張永富（字榮久）
（清・壽光人）
［乾隆］續壽光 23/10
［嘉慶］壽光 13/11
［民國］壽光 12/人物志一 81
張之良（清・河南人）
［乾隆］嶧縣 7/44
［光緒］嶧縣 19/武職 32
張永福（字介祉）
（清・平陰人）
［光緒］平陰 5/14
張之江（清・寧津人）
［光緒］寧津 8/23
寧津縣志料 3/人物－義烈
張之濬（字黼堂）
（清・黃縣人）
［光緒］增修登州 40/11
［同治］黃縣 8/21
［民國］黃縣志稿 13/清文學
張宗福（字介卿）
（清・茌平人）
［民國］茌平 3/101
張守業（明・菏澤人）
［康熙］曹州志 16/6
［光緒］菏澤 16/8
［光緒］新修菏澤 10/38
張宗沂（字與亭）
（清・江蘇無錫人）
［宣統］東明續縣志 2/28
［民國］東明縣新誌 11/8
東明縣志料/人物門
張之浚（清・順天大興人）
［宣統］山東 76/18
［乾隆］沂州府 20/17
［宣統］蒙陰 3/宦績
張渡浩（字瀚洲）
（清・新城人）
［宣統］新城縣後志 2/善行
［民國］桓臺志略 3/19
［民國］桓臺 3/39
張宏襟（見張弘襟）
張寄泩（字介潭，號雨初）
（清・金鄉人）
［民國］濟寧直隸州續志 13/5
［民國］金鄉 13/續增 1
張寅清（字敬齋）
（清・無棣人）
［民國］無棣 13/15
海豐縣鄉土志/耆舊－事業五
張永清（清・利津人）
［乾隆］利津縣志續編 8/50
張永清（字天佑）
（清・歷城人）
［乾隆］歷城 43/10
張永清（字鏡圜）
（清・莘人）
［道光］冠縣 8/上 37
［光緒］冠縣 8/僑寓
［民國］冠縣 8/人物志 48
張永清（字澄九）
（清・壽光人）
［乾隆］續壽光 23/4
［嘉慶］壽光 13/7
［民國］壽光 12/人物志一 63

張之清(字筱潭)
(冠縣人)
[民國]冠縣 9/58
張永澤(東阿人)
[民國]東阿 16/5
張永祿(字錫祉,號積弇)
(清・濟寧人)
[道光]濟寧直隸州 8/4-19
張永裕(字容叔,號孝西)
(清・淄川人)
[乾隆]淄川 5/又 31-4
張宏吉(見張弘吉)
張家森(清・高密人)
[民國]高密 14/上 86
張守志(清・茌平人)
[民國]茌平 12/59
張永壽(明・新城人)
[道光]濟南 51/38
[宣統]新城縣後志 3/孝友
張之才(宋)
[嘉靖]武定州下/49
[萬曆]武定州 10/6
張之杰(字殿元)
(清・新城人)
[宣統]新城縣後志 2/善行
[民國]重修新城 18/4
張宸垣(字階平)
(清・高苑人)
高苑縣鄉土志/耆舊
張之楨(霑化人)
[民國]霑化 4/登進 45
張憲栻(清)
[光緒]莘縣 6/9
[民國]莘縣 6/7
張安世(後漢)
[崇禎]武定州 14/2
[乾隆]武定府 15/2
[咸豐]武定府 15/2
[乾隆]惠民 5/2
[光緒]惠民卷末/1
[順治]樂陵 6/6
[乾隆]樂陵 2/25
張寶蘭(霑化人)
[民國]霑化 4/登進 46
張宏模(清・長清人)
[道光]濟南 56/62
[道光]長清 12/30
張濟世(字濟之)
(清・壽光人)
[咸豐]青州 46/21
[康熙]壽光 26/3
[嘉慶]壽光 13/17
[民國]壽光 12/人物志一 60
張寧蘊(字魯水)
(清・膠州人)
[道光]重修膠州 28/21
[民國]增修膠志 42/19
張守蒙(字明甫)
(明・安邱人)
[道光]安邱新志 22/1
張守蒙(字啟哲,號靜泉)
(明・滕縣人)
[雍正]山東 28/人物三 40
[宣統]山東 161/44
[萬曆二十四年]兗州 36/23
[康熙]兗州 28/22
[乾隆]兗州 23/45
[萬曆]滕志 7/37
[康熙]滕志 7/36
[康熙]滕縣志 7/32
[道光]滕縣志 7/27
滕縣鄉土志/17
張宜墺(清・福山人)
[民國]福山縣志稿 10/13
張永世(字興久)
(清・嘉祥人)
[光緒]嘉祥 3/48
張之堪(字建臣)
(清・博山人)
[乾隆]博山 7/上 8
[民國]續修博山 11/22
張宗英(字彥伯)
(清・掖縣人)
[乾隆]掖縣 4/60
張守棟(字松眉)
(清・無棣人)
[民國]無棣 12/18
海豐縣鄉土志/耆舊-學問一
張濂如(號蓮舫)
(清・平原人)
[民國]續修平原 6/6
張宗旭(清・長山人)
[嘉慶]長山 9/33
張宗旭(字也顛)
(清・平陰人)
[康熙]山東 46/4
[光緒]平陰 5/8
張宸幹(字筠軒,號荔圃)
(清・高苑人)
高苑縣鄉土志/耆舊
張守敬(清・陽穀人)
[民國]增修陽穀人物/孝義 9
張之翰(字平侯)
(清・博山人)
[康熙]顏神鎮志 4/下 7
張之翰(字渭洲)
(清・福山人)
[民國]福山縣志稿 7/4-14
張之翰(字叔屏)
(清・齊河人)
[民國]齊河 27/30
張富貴(見張福貴)
張進中(見張進忠)
張進忠(明・丘縣人)
[萬曆]青州 12 又/又 13
[康熙十五年]青州 12 又/又 13
[康熙四十八年]青州 12 又/又 13
[萬曆]諸城 4/36
張進忠(清・莒縣人)
[民國]重修莒志 66/6
張守忠(明・樂陵人)
[乾隆]樂陵 6/32
樂陵縣鄉土志 3/25
張永貴(清・益都人)
[光緒]益都縣圖志 41/23
張宗本(字修卿)
(清・鉅野人)
[民國]續修鉅野 5/上 8
張寅威(字去矜)
(清・高密人)
[光緒]高密 8/上 54
[民國]高密 14/上 64
高密縣鄉土志/上 44
張永成(清・膠州人)

[民國]增修膠志 43/6
張永成(字松山)
(陽穀人)
[光緒]陽穀 9/7
[民國]增修陽穀人物/仕宦 23
張寶典(字慎五)
(清・霑化人)
[民國]霑化 2/68
張守典(清・海豐人)
海豐縣鄉土志/耆舊－事業四
張守典(字懷型)
(清・濰縣人)
[民國]濰縣志稿 29/35
張守豊(清・黄縣人)
[同治]黄縣 9/4
[民國]黄縣志稿 13/人物－死難
張安邦(字振乾)
(明・東平人)
[康熙]東平州 4/64
張定邦(清・齊河人)
[民國]齊河 23/18
張憲邦(霑化人)
[民國]霑化 4/登進 47
張永鏊(字常青)
(清・平原人)
[道光]濟南 56/101
[乾隆]平原 8/5
平原縣鄉土志輯稿/鄉賢
張之鰲(見張之鼇)
張之鼇(清・齊東人)
[康熙]山東 46/2
[道光]濟南 72/45
張寶田(字小杜)
(清・金鄉人)
[民國]金鄉 14/13
張進昇(字掄亭)
(清・齊東人)
[民國]齊東 5/42
張守愚(字子啟)
(明・堂邑人)
[順治]堂邑 2/人物 15
[康熙十一年]堂邑 2/選舉 12
[康熙]堂邑 13/7
堂邑縣鄉土志/耆舊錄
張永昌(字延脈)
(清・陽信人)
[民國]陽信 5/隱逸 71
張永躋(字式九)
(清・淄川人)
[乾隆]淄川 5/19
張之晟(字際隆)
(清・齊東人)
[道光]濟南 56/21
[民國]齊東 5/13
齊東縣鄉土志/耆舊錄 13
張之曉(字復旦)
(清・樂陵人)
[乾隆]樂陵 6/40
張宗勛(字勉齋)
(清・即墨人)
[同治]即墨 9/54
即墨縣鄉土志/耆舊－事業四
張守賜(明・黄縣人)
[康熙]黄縣 6/33
[乾隆]黄縣 8/38
[同治]黄縣 8/14
[民國]黄縣志稿 13/明
張賓雁(字秋臣,一字雪爪)
(清・膠州人)
[道光]重修膠州 28/14
[民國]增修膠志 42/13
膠州直隸州鄉土志 4/文學
張守長(字念山)
(清・無棣人)
[民國]無棣 11/21
海豐縣鄉土志/耆舊－事業四
張完臣(字良哉)
(清・平原人)
[道光]濟南 56/99
[康熙]寧海州 7/5
[乾隆]平原 8/37
平原縣鄉土志輯稿/文學
張之剛(元・館陶人)
[宣統]山東 161/21
張寶賢(字珍亭)
(清・昌樂人)
[民國]昌樂縣續志 30/25
張寶賢(字子安)
(清・泰安人)
[民國]重修泰安縣 8/31
張良卿(字直之)
(明・於潛人)
[正德]博平 5/87
張實居(字賓公,號蕭亭)
(清・鄒平人)
[宣統]山東 170/5
[道光]濟南 50/14
[嘉慶]鄒平 15/19
[道光]鄒平 15/60
[民國]鄒平 15/60
張守巽(字啟儒,别號三泉)
(明・滕縣人)
[道光]滕縣志 9/孝義 17
張憲周(清・鄆城人)
[光緒]鄆城 8/22
張永隆(清・定陶人)
[民國]定陶 6/60
張之賢(字世英)
(元・樂陵人)
[乾隆]武定府 25/2
[咸豐]武定府 25/孝友 2
[順治]樂陵 8/107
[乾隆]樂陵 6/21,8/14
樂陵縣鄉土志 3/22
張宗學(明・汶上人)
[萬曆]汶上 6/13
張寶善(字子元)
(清・陽信人)
[民國]陽信 5/任恤 40
張寶義(字信齋)
(臨邑人)
[民國]續修臨邑 3/17
張守分(清・寧陽人)
[康熙四十一年]寧陽 7/22
[乾隆]寧陽 7/耆德 1
[咸豐]寧陽 15/16
[光緒]寧陽 15/23
寧陽縣鄉土志/21
張憲曾(字魯菴)
(清・莘縣人)
[民國]莘縣 7/21
張永年(明・直隸慶都人)
[萬曆]青州 12 又/又 15

[康熙十五年]青州12又/又15
[康熙四十八年]青州12又/15
[咸豐]青州36/24
[萬曆]安丘17/5
安丘縣鄉土志2/政績錄
張永善(字元卿)
(清·濟陽人)
[民國]濟陽11/63
張宗善(明·濱州人)
[康熙]濱州7/6
[咸豐]濱州10/8
濱州鄉土志/耆舊錄
張守矩(字嗣白)
(明·郯人)
[萬曆]沂州志7/34
[康熙]郯城8/20
張宏猷(見張弘猷)
張宣猷(清·武進人)
[道光]濟寧直隸州6/7-88
[康熙]魚臺15/23
[乾隆]魚臺9/44
[光緒]魚臺2/53
張守鎮(濟寧人)
[民國]濟寧縣3/6
張之錫(清·平陰人)
[乾隆]泰安府18/63
[光緒]平陰5/21
張之錫(字彤一)
(清·汶上人)
[宣統]四續汶上稿/人物-施濟傳
張官叙(字秩堂)
(清·慶雲人)
[民國三年]慶雲2/78
張守叙(字秩山)
(清·無棣人)
[民國]無棣13/26
張憲翔(字肖雛)
(明·青州左衛人)
[雍正]山東28/人物三43
[宣統]山東160/28
[萬曆]青州13/62
[康熙十五年]青州13/62
[康熙四十八年]青州13/事功46
[康熙六十年]青州16/23
[咸豐]青州44/35
[康熙]益都7/23
[光緒]益都縣圖志35/15
張之銘(字新甫)
(長清人)
[民國]長清12/26
張宏範(明·膠州人,見張弘範)
張守範(號繼白)
(明·郯城人)
[康熙]郯城8/9
張守炎(字星佺)
(清·無棣人)
[民國]無棣11/15
張永光(字燿三)
(清·即墨人)
[同治]即墨9/52
即墨縣鄉土志/耆舊-事業四
張宗光(字華林,號經圃)
(清·新城人)
[光緒]增修登州32/15
[同治]重修寧海州14/6
[民國]牟平6/81
[宣統]新城縣後志3/文苑
[民國]重修新城18/18
新城縣鄉土志/耆舊-清
張守恂(字默如)
(清·無棣人)
[民國]無棣11/21
海豐縣鄉土志/耆舊-事業四
張宿耀(字三河,一作三山)
(清·膠州人)
[道光]重修膠州28/2
[民國]增修膠志42/2
膠州直隸州鄉土志4/文學
張永煥(清·長山人)
[嘉慶]長山10/10
張宗敞(明·平陰人)
[順治]平陰7/16
[光緒]平陰5/35
張安榮(清·陵縣人)
[光緒]陵縣19/人物傳二9
陵縣鄉土志/16
張之燮(字欽文)
(清·莒縣人)
[嘉慶]莒州10/2
[民國]重修莒志65/10
張宗榮(清·平陰人)
[光緒]平陰5/21
31 **張福**(明·均州人)
[康熙十二年]陽穀2/32
張福(字天錫)
(明·山西蒲州人)
[嘉靖]山東27/18
[雍正]山東27/71
[宣統]山東73/33
[萬曆]萊州5/72
[康熙]萊州8/46
[乾隆]萊州9/17
[康熙]平度州3/3
[道光]重修平度州16/17
張福(濟陽人)
[民國]濟陽18/46
張灝(宋·滕縣人)
[宣統]滕縣續志稿3/51
張灝(字紹梁)
(清·平原人)
[道光]濟南56/101
[民國]續修平原10/上22
張灝(字遠亭)
(清·鄒平人)
[道光]濟南54/49
[道光]鄒平15/95
[民國]鄒平15/95
張濩(字仲遠)
(清·諸城人)
[咸豐]青州48/11
張涇(金·寧陽人)
[咸豐]寧陽13/15
[光緒]寧陽13/15
張涇(明·山西忻州人)
[康熙]朝城7/8
張遷(字公方)
(漢·陳留人)
[嘉靖]山東26/3
[康熙]山東33/4
[雍正]山東27/30,27/80,35/碑1

［宣統］山東 66/17,149/36
［乾隆］泰安府 14/6,25/2
［萬曆元年］兗州 38/循吏 12
［萬曆二十四年］兗州 26/14,40/8
［康熙］兗州 21/14,30/8
［乾隆］東平州 18/50
［道光］東平州 18/50
［民國］東平縣 14/3
［道光］東阿 11/3,19/3
張渠(字載文)
(清・茌平人)
［宣統］茌平 11/7
［民國］茌平 3/54
張渠(字經閣)
(清・汶上人)
［宣統］四續汶上稿/人物－藝術傳
張潭(字德深)
(明・歷城人)
［道光］濟南 49/2
［乾隆］歷城 39/2
張浯(清・汶上人)
［宣統］四續汶上稿/人物－藝術傳
張濬(字深甫,號東泉)
(明・黄縣人)
［泰昌］登州 11/22
［順治］登州 16/28
［光緒］增修登州 39/9
［康熙］黄縣 6/17
［乾隆］黄縣 8/16
［同治］黄縣 8/4
［民國］黄縣志稿 13/明
張濬(清・夏津人)
［乾隆］東昌 43/42
［乾隆］夏津 8/28
張禋(字仲馨)
(清・膠州人)
［乾隆］膠州 5/18
［道光］重修膠州 28/4
［民國］增修膠志 42/4
張沅(字藥山)
(清・膠州人)
［乾隆］膠州 4/62
［道光］重修膠州 29/18
［民國］增修膠志 45/4
張源(清・萊陽人)
［民國］萊陽 3/1 中 68
張澐(字霖公)
(清・掖縣人)
［乾隆］掖縣 4/68
張禎(明・郯人)
［乾隆］沂州府 25/26
張迺誠(霑化人)
［民國］霑化 4/登進 44
張福臻(字惕生,一字澹如)
(明・高密人)
［雍正］山東 28/人物三 63
［宣統］山東 160/36
［康熙］萊州 10/41
［乾隆］萊州 10/26
［康熙］高密 8/5,10/13
［乾隆］高密 8/上 8
［光緒］高密 8/上 8
［民國］高密 14/上 7,15/下补编 34
高密縣鄉土志/上 20
［康熙］東明 4/23
［乾隆］東明 4/23
［民國］東明縣新誌 11/5
張源德(五代晉)
［宣統］山東 68/22
［萬曆］東昌 18/17
［乾隆］東昌 33/17
［嘉靖］恩縣 7/3
［宣統］重修恩縣 6/44
［民國］重修恩縣 10/60
張濬源(字仲禹)
(清・桓臺人)
［民國］桓臺 3/21
張潛心(字孟昭)
(清・惠民人)
［乾隆］武定府 25/30
［咸豐］武定府 25/孝友 30
［乾隆］惠民 5/56
［光緒］惠民 21/6
惠民縣鄉土志/耆舊錄 9
張迺沙(清・博山人)
［民國］續修博山 12/10
張福喜(明・嘉祥人)
［道光］濟寧直隸州 8/2－55
［順治］嘉祥 4/42
［乾隆］嘉祥 3/36
［光緒］嘉祥 3/44
張福喜(沔縣人)
［民國］莘縣 3/18
張福貴(字協恭)
(清・商河人)
［道光］商河 7/29
［民國］重修商河 8/39
張福振(字介祉)
(清・齊河人)
［民國］齊河 26/20
張濬哲(字天錫)
(清・歷城人)
［道光］濟南 53/52
［民國］續修歷城 41/4
張福昌(清・惠民人)
［光緒］惠民 21/9
惠民縣鄉土志/耆舊錄 10
張河圖(清・商河人)
［民國］重修商河 8/61
張福嗣(清・章邱人)
［道光］濟南 54/9
［道光］章邱 11/39
張源長(字秋圃)
(清・樂陵人)
樂陵縣鄉土志 3/33
張福隆(字日升)
(明・莒縣人)
［民國］重修莒志 68/3
張濬卿(長清人)
［民國］長清 12/27
張福堂(字範五)
(清・濰縣人)
［民國］濰縣志稿 31/21
張福榮(字華庵)
(清・寧津人)
［光緒］寧津 8/30
寧津縣志料 3/人物－孝行
32 **張澄**(明・安邱人)
［道光］安邱新志 22/1
安丘縣鄉土志 4/耆舊錄 1
張澄(明・長清人)
［康熙］濟南 47/12
［道光］濟南 52/27
［康熙］長清 9/69

［道光］長清 13/2
張澄（明・青城人）
［萬曆］青城 1/60
張澄（字淨原）
（清・平原人）
［道光］濟南 56/106
［乾隆］平原 8/41
張澄（字練秋）
（清・商河人）
［咸豐］武定府 26/義行 23
［民國］重修商河 8/77
張活（字文翰）
（明・滄州人）
［康熙］兗州續編 14/17
張湝（字芹圃，號半塘）
（清・清平人）
［民國］清平/人物 36
張潑（字孝泉，號念山）
（明・樂陵人）
［康熙］濟南 36/17
［乾隆］武定府 23/25
［咸豐］武定府 23/名臣 25
［順治］樂陵 6/5，8/116
［乾隆］樂陵 6/10，8/5
樂陵縣鄉土志 3/18
張濮（字浤波）
（清・招遠人）
［道光］招遠縣續志 3/17
張巡（唐・鄧州南陽人）
［雍正］山東 27/43
［宣統］山東 68/16
張遜（宋・博州高唐人）
［嘉靖］山東 31/18
［康熙］山東 41/15
［雍正］山東 28/人物二 24
［宣統］山東 157/6
［萬曆］東昌 19/30
［乾隆］東昌 37/8
［嘉慶］東昌 27/6
［嘉靖］高唐州 5/17
［康熙十二年］高唐州 8/7
［康熙五十一年］高唐州 8/7
［道光］高唐州 5/1－4
［光緒］高唐州 5/1－4
［民國］高唐縣 12/62
高唐州鄉土志/16
張遜（字心谷）
（明・臨朐人）
［康熙］臨朐縣志書 3/54
光緒臨朐 14/下 7
張業（元・濰州人）
［民國］濰縣志稿 41/2
張沂（字溫泉）
（清・臨邑人）
［民國］續修臨邑 3/39
張淵（字清源）
（清・濟陽人）
［民國］濟陽 11/69
張灃庠（字維周）
（清・齊河人）
［民國］齊河 23/81
張兆亨（字天衢，號平瀾）
（清・新城人）
［道光］濟南 55/62
［宣統］新城縣後志 2/宦績
［民國］重修新城 16/16
張兆慶（清・泗水人）
［光緒］泗水 11/27
張兆龍（清・樂安人）
［民國］樂安 10/20
張兆平（字準書）
（清・茌平人）
［民國］茌平 3/64
張兆雲（清・樂安人）
［咸豐］青州 47/31
［雍正］樂安 12/25
［民國］續修廣饒 19/37
張業瑞（字麟紱）
（清・高苑人）
高苑縣鄉土志/耆舊
張兆瑞（明・無棣人）
［民國］無棣 13/1
張兆行（清・新城人）
［道光］濟南 55/83
［宣統］新城縣後志 3/耆壽
［民國］重修新城 17/7
張灃之（字叔元）
（清・長清人）
［民國］長清 13/15
張兆源（清・無棣人）
［民國］無棣 13/30
張兆禎（字興甫）
（明・曹縣人）
［康熙］兗州府曹縣 13/29
［光緒］曹縣 13/28
張兆溥（清・無棣人）
［民國］無棣 13/31
張業禮（字敬公）
（清・樂陵人）
［乾隆］樂陵 6/36
樂陵縣鄉土志 3/27
張兆渭（字晉陽）
（清・無棣人）
［民國］無棣 13/14
海豐縣鄉土志/耆舊－事業六
張淵深（字靜穆）
（清・平原人）
［民國］續修平原 10/上 11
張沂南（字溫泉）
（清・陽信人）
［民國］陽信 5/任恤 35
張兆楷（字叔則）
（清・濰縣人）
［宣統］山東補遺/27
［民國］濰縣志稿 28/38
張兆芳（清・鄒平人）
［民國］鄒平 15/141
張兆棟（字伯隆，號友山）
（清・濰人）
［宣統］山東 177/5
［民國］濰縣志稿 28/35
濰縣鄉土志/35
張灃中（清・陝西潼關人）
［宣統］山東 74/29
張沂春（字蘭崕）
（清・金鄉人）
［咸豐］濟寧直隸州續志 3/6
［民國］濟寧直隸州續志 14/26
［咸豐］金鄉縣志略 9/中忠義傳 2
［民國］金鄉 14/18
張兆惠（字慈民）
（清・膠州人）
［民國］增修膠志 42/29
膠州直隸州鄉土志 4/文學
張兆鶚（字一士）
（清・樂安人）

［民國］樂安 10/24
［民國］續修廣饒 19/44
張兆辰（字北垣）
（清・濟陽人）
［民國］濟陽 11/16
張兆錫（字錫韓）
（齊河人）
［民國］齊河 23/16
張近堂（字升齋）
（清・博興人）
［民國］重修博興 13/52
33 **張栻**（字日書，號竹仙）
（清・諸城人）
［光緒］增修諸城縣續志 12/34
張濱（字北海）
（清・昌樂人）
［民國］昌樂縣續志 35/8
張濱（清・歷城人）
［民國］續修歷城 42/10
張澂（明・鄒縣人）
［嘉靖］鄒縣地理誌 1/27
張泌（字紹鄴）
（清・鄆城人）
［康熙］鄆城 6/4
［光緒］鄆城 7/4
張溥（明・曹縣人）
［康熙］曹州志 15/57
［康熙］兖州府曹縣 13/3
［光緒］曹縣 13/2
［光緒］菏澤 15/51
［光緒］新修菏澤 10/33
張溥（明・順德人）
［萬曆］青城 1/38
張溥（清・高唐人）
［乾隆］高唐州續志 2/7
［道光］高唐州 5/2－13
［光緒］高唐州 5/2－16
張溥（字瀛堂，號松巷）
（清・菏澤人）
［光緒］菏澤 15/76
［光緒］新修菏澤 11/58
菏澤縣鄉土志/24
張述（明・海豐人）
［咸豐］青州 36/44
［康熙十二年］博興 6/10
［康熙六十年］博興 7/29
［道光］博興 10/5
［民國］重修博興 12/5
張演（字子易）
（明・河南裕州人）
［嘉靖］朝城志 5/14
［康熙］朝城 7/23
張心廣（清・樂安人）
［民國］續修廣饒 19/62
張心廉（字牧潔）
（清・河南考城人）
［宣統］山東 77/15
光緒臨朐 13/19
［光緒］曹縣 14/游寓 4
張心齋（清・莒縣人）
［民國］重修莒志 66/6
張必正（字端我）
（清・昌樂人）
［嘉慶］昌樂 24/10
張述孔（字柯巖）
（清・洛川人）
［宣統］山東 75/59
［咸豐］寧陽 11/18
［光緒］寧陽 11/18
寧陽縣鄉土志/10
張心忍（清・萊蕪人）
［民國］續修萊蕪 25/7
張心卓（字仰如）
（清・臨沂人）
［民國］續修臨沂 16/6
張必科（清・蓋州人）
［嘉慶］慶雲 7/29
［咸豐］慶雲 2/27
［民國三年］慶雲 1/86
張演升（明・齊河人）
［民國］齊河 28/2，32/31
張心濬（字默思）
（清・高苑人）
［咸豐］青州 50/14
張必達（字仲誠，號孚菴）
（明・萊陽人）
［光緒］增修登州 41/44
［康熙］萊陽 8/15
［民國］萊陽 3/1 中 19，
張必大（字可菴）
（明・陝西華州人）
［宣統］山東 71/29
［道光］濟南 36/49
［康熙］新城縣續志/名宦
［道光］新城/名宦
［民國］重修新城 10/11
新城縣鄉土志/政績－明知縣
［道光］長清 3/13
張心存（字省甫）
（清・陽信人）
［民國］陽信 5/文學 23
陽信縣鄉土志上/耆舊－學問
張心堦（字良田）
（清・章邱人）
［道光］濟南 54/18
［道光］章邱 11/64
張浚英（號汶東）
（明・新泰人）
［康熙］濟南 48/10
［乾隆］泰安府 18/66
［順治］新泰 5/25
［乾隆］新泰 16/10
新泰縣鄉土志/24
張述增（字纘庭）
（清・蓬萊人）
［光緒］鄆城 6/27
張心泰（字子安）
（清・昌樂人）
［民國］昌樂縣續志 30/16
張必振（明・青城人）
［萬曆］青城 1/63
［乾隆］青城 8/4
［民國］青城續修 4/人物 18
張心揚（清・濮州人）
［宣統］濮州 6/35
張心璧（字玩初）
（清・臨沂人）
［民國］續修臨沂 16/14
張心鏡（清・萊陽人）
［民國］萊陽 3/1 中 39
張治惇（清・高唐人）
［道光］高唐州 5/2－23
［光緒］高唐州 5/2－26
［民國］高唐縣 12/51
張心恒（清・陵縣人）

［民國］陵縣續志 4/22
34 **張渤**（字匯川）
（清・無棣人）
［民國］無棣 12/11
海豐縣鄉土志/耆舊－學問一
張斗（字南乙）
（明・河南溫縣人）
［宣統］山東 71/2
［康熙］濟南 25/78
［道光］濟南 36/4
［崇禎］歷城 6/16
張漢（漢）
［乾隆］陽信 5/11
信邑志稿 5/職官－典史
［民國］陽信 2/36
張浩（字文瀚）
（明・滄州人）
［嘉靖］山東 26/19
［康熙］山東 33/22
［雍正］山東 27/92
［宣統］山東 72/26
［萬曆元年］兗州 38/循吏 45
［萬曆二十四年］兗州 29/8
［康熙］兗州 22/29
［康熙］曹州志 7/52
［光緒］菏澤 7/宦蹟 20
［光緒］新修菏澤 8/16
張浩（清・會稽人）
高密縣鄉土志/上 10
張浩（清・蒙陰人）
［乾隆］沂州府 26/29
［康熙二十四年］蒙陰 4/16
［宣統］蒙陰 4/孝義
張洪（字克容）
（明・直隸安州人）
光緒臨朐 13/7
張洪（字大寬）
（明・朝城人）
［嘉靖］朝城志 7/又 11
［康熙］朝城 8/54
張洪（字大濟）
（明・堂邑人）
［順治］堂邑 2/人物 8
［康熙］堂邑 12/6
張祜（字承吉）
（唐・清河郡人）
［乾隆］東昌 41/15
［嘉慶］東昌 33/13
［宣統］重修恩縣 8/30
［民國］重修恩縣 11/鄉賢 31
張逵（明・樂陵人）
［康熙］濟南 47/18
［乾隆］武定府 25/71
［咸豐］武定府 25/武功 8
［順治］樂陵 6/8
［乾隆］樂陵 6/32
樂陵縣鄉土志 3/25
張淶（明）
［康熙］德平 3/27
張淇（清・費縣人）
［光緒］費縣 11/42
張淇（字竹田）
（清・汶上人）
［宣統］四續汶上稿/人物－耆德傳
張淇（字右武）
（清・無棣人）
［民國］無棣 13/8
張祺（明）
［萬曆］蒲臺志 8/5
［康熙］重修蒲臺 5/7
張汭（字浦陽，號岫菴，別號九峰道人）
（清・新城人）
［宣統］新城縣後志 3/耆壽
［民國］重修新城 18/22
張澍（字沛吾）
（明・婺源人）
［道光］濟寧直隸州 6/6－37
［康熙］魚臺 15/15
［乾隆］魚臺 9/39
［光緒］魚臺 2/49
張澍（號霖坡）
（清・臨邑人）
［同治］臨邑 9/孝義 10
張澍（字靈膏）
（清・武城人）
［道光］武城續編 10/3
［民國］增訂武城續編 10/3
武城縣鄉土志略/耆舊錄
張洗（明・鄒人）
［康熙］兗州續編 15/6
［乾隆］兗州 23/46
［萬曆］鄒志 2/27
［康熙十二年］鄒縣志 2/38
［康熙五十五年］鄒縣志 2/33
［民國］續修鄒縣志稿/人物－耆舊
鄒縣鄉土志耆舊錄/15
張禧（元・東安州人，一作益都人）
［嘉靖］山東 32/19
［康熙］山東 42/19
［嘉靖］青州 15/46
［萬曆］青州 15/21
［康熙十五年］青州 15/20
［康熙四十八年］青州 15/武功 7
［康熙六十年］青州 16/46
［康熙］益都 9/38
［光緒］益都縣圖志 34/4
張禕（漢・吳郡人）
［萬曆元年］兗州 38/節義 2
張祐（南北朝・高平人）
［宣統］山東 161/7
張祐（字承告）
（唐・清河人）
［萬曆］恩縣 4/9
張祐（金・嘉祥人）
［順治］嘉祥 3/37
張祐（字伯祥）
（金・沂州人，遷新泰）
［康熙］濟南 43/7
［乾隆］泰安府 16/60
［天啟］新泰 6/32
［順治］新泰 5/8
［乾隆］新泰 15/24
張祐（字良弼）
（元・覃懷人，一作陵州人）
［嘉靖］山東 34/3
［康熙］山東 48/2
［雍正］山東 31/16
［宣統］山東 200/6
［康熙］濟南 34/5
［道光］濟南 62/4，72/32
［嘉靖］德州 3/2
［萬曆］德州 8/31

［康熙］陵縣 5/5,5/21
［光緒］陵縣 20/1
［宣統］重修恩縣 6/12
張湛（字旭白）
（清・滕縣人）
［道光］滕縣志 8/儒林 11
滕縣鄉土志/24
張泚（字晴江）
（清・臨清人）
［民國］臨清縣/人物 72
張漢章（鉅野人）
［民國］續修鉅野 5/上 1
張洪謀（字聰齋）
（清・無棣人）
［民國］無棣 13/31
張汝霖（字仲澤）
（金・遼陽渤海人）
［萬曆］武定州 10/6
［崇禎］武定州 7/17
張汝霖（明）
［道光］濟南 36/56
［康熙］德平 3/1
［乾隆］德平 2/23
［嘉慶］德平 5/6
［光緒］德平 5/6
德平縣鄉土志/政績錄
張汝霖（明・黃縣人）
［康熙］黃縣 6/33
［乾隆］黃縣 8/40
［同治］黃縣 8/19
［民國］黃縣志稿 13/明
張汝霖（明）
［康熙］日照 8/11
張汝霖（字商臣）
（清・慶雲人）
［民國三年］慶雲 2/45
張汝雨（明・北直柏鄉人）
［宣統］山東 73/5
［萬曆］青州 12/49
［康熙十五年］青州 12/49
［康熙四十八年］青州 12/49
［康熙六十年］青州 12/23
［咸豐］青州 36/27
［康熙］臨淄 8/6
［民國］臨淄 18/8
張汝元（字亞甫,號仰星）
（明・膠州人）
［雍正］（膠州）州志別本/人物－建白
［乾隆］膠州 4/38
［道光］重修膠州 25/13
［民國］增修膠志 40/12
張洪珏（字廷佩）
（清・德平人）
［道光］濟南 56/87
［嘉慶］德平 7/17
［光緒］德平 7/16
張汝礪（字君石）
（清・高唐人）
［民國］高唐縣 12/52
張漢功（清・萊蕪人）
［民國］萊蕪 19/5
［民國］續修萊蕪 25/5
張汝瑾（字含璞）
（明・滕縣人）
［道光］滕縣志 9/孝義 17
張汝琦（字含珍）
（明・滕縣人）
［康熙］滕志 8/人物 24
［康熙］滕縣志 8/貞夫 2
［道光］滕縣志 9/忠節 6
張汝弼（字鄰予）
（清・歷城人）
［宣統］山東補遺/32
［民國］續修歷城 40/25
張汝翼（明・樂陵人）
［道光］重修膠州 25/10
［民國］增修膠志 40/9
張汝翼（字燕貽）
（清・新城人）
［宣統］新城縣後志 3/文苑
張漢倬（清・萊蕪人）
［民國］萊蕪 19/5
［民國］續修萊蕪 25/4
張浩然（字無謙）
（明・滕縣人）
［康熙］滕志 8/人物 23
張浩然（字孟養）
（清・新城人）
［康熙］山東 45/6
［道光］濟南 55/47
［康熙］新城 7/48
［康熙］新城縣續志/人物
［民國］重修新城 16/3
新城縣鄉土志/耆舊－清
張漢升（清・萊蕪人）
［民國］萊蕪 19/5
［民國］續修萊蕪 25/4
張漢傑（明・鄒縣人）
［嘉靖］鄒縣地理誌 1/26
張漢傑（清・遼東人）
［道光］冠縣 6/31
［光緒］冠縣 6/宦績
［民國］冠縣 6/41
張汝嶸（號鐵橋）
（清・萊陽人）
［民國］萊陽 3/1 中 89
張漢宗（字倬雲）
（清・掖縣人）
［嘉慶］續掖縣 2/28
張汝淮（清・淄川人）
［宣統］三續淄川 9/101
張汝濟（明・北直潞河人）
［宣統］山東 71/49
［乾隆］武定府 16/49
［咸豐］武定府 19/蒲臺 3
［萬曆］蒲臺志 8/3,8/9
［康熙］重修蒲臺 7/2
［乾隆］蒲臺 2/58
蒲臺縣鄉土志/5
張汝寬（字碩人）
（清・海陽人）
［光緒］增修登州 43/49
［光緒］海陽縣續志 5/21
張汝良（明・新城人）
［道光］濟南 51/38
［宣統］新城縣後志 3/孝友
［民國］重修新城 15/8
張汝良（字遂府）
（清・高苑人）
高苑縣鄉土志/耆舊
張汝瀛（字仙舟,一作仙洲）
（清・樂陵人）
［宣統］山東 171/45
［咸豐］武定府 23/忠節 22
樂陵縣鄉土志 3/34
張漢源（字星槎）
（清・齊河人）

［民國］齊河 23/72
張洪江（清・沂水人）
［乾隆］沂州府 26/29
［道光］沂水 7/32
張汝沅（字湘帆）
（清・樂陵人）
［宣統］山東 171/46
［咸豐］武定府 34/傳 17
樂陵縣鄉土志 3/35
張汝源（字星海，號漢槎）
（清・淄川人）
［宣統］三續淄川 10/20
淄川縣鄉土志/鄉宦耆舊
張漢斗（字射文）
（清・清平人）
［民國］清平/人物 64
張汝漢（字嶓東）
（清・慶雲人）
［民國三年］慶雲 2/36
張汝祐（明・福山人）
［康熙］福山 8/17
［乾隆］福山 8/30
張汝清（字如淵）
（清・館陶人）
［宣統］山東 174/14
張汝清（清・臨清人）
［民國］臨清縣/人物 69
張漢濯（清・陽穀人）
［光緒］陽穀 6/28
張洪道（清・臨清人）
［乾隆］臨清直隸州 8/下 9
［民國］臨清縣/人物 62
張汝海（字星源）
（清・齊東人）
齊東縣鄉土志/耆舊錄 4
張遠遊（南齊・臨淄人）
［康熙］臨淄 10/9
張汝才（清・陝西人）
［康熙］德州 6/3
張汝太（字含元）
（清・禹城人）
［民國］禹城 6/32
張汝芳（金・遼陽渤海人）
［嘉靖］山東 26/14
［康熙］山東 33/16
［雍正］山東 27/77
［宣統］山東 69/8
［萬曆元年］兗州 38/循吏 34
［萬曆二十四年］兗州 28/11
［康熙］兗州 22/11
［萬曆］沂州志 6/8
［康熙］沂州志 3/43
［乾隆］沂州府 20/4
［民國］臨沂 7/69
張汝英（清・海陽人）
［光緒］增修登州 43/49
［光緒］海陽縣續志 5/25
張汝蘊（字子發，號逢源）
（明・章邱人）
［道光］濟南 49/59
［道光］章邱 11/33
章邱縣鄉土志/上 30
張汝棟（字淑其）
（清・平陰人）
［光緒］平陰 5/12
張漢超（清・臨清人）
［乾隆］臨清直隸州 8/下 4
［民國］臨清縣/人物 60
張漢栩（字枚荃）
（清・濟寧人）
［乾隆］濟寧直隸州 27/18
［道光］濟寧直隸州 8/3－23
張汝桐（字龍門）
（清・鉅野人）
［民國］續修鉅野 7/下 50
張洪乾（清・遼東人）
［乾隆］昌邑 5/108
張汝翰（字滋圃）
（清・海陽人）
［光緒］增修登州 43/45
［光緒］海陽縣續志 5/13
張汝翰（字雲飛）
（清・諸城人）
［道光］諸城縣續志 19/15
張汝梅（字魯南）
（臨沂人）
［民國］續修臨沂 16/23
張漢東（字星槎）
（清・博興人）
［民國］重修博興 13/47
張汝貴（清・陽穀人）
［民國］增修陽穀人物/國術師 33
張淩振（明・蒙陰人）
［康熙十一年］蒙陰 2/51
張洪昌（清・德平人）
［道光］濟南 56/87
［嘉慶］德平 7/16
［光緒］德平 7/15
德平縣鄉土志/耆舊錄
張汝冣（清・長清人）
［道光］長清 12/16
張洗易（字六虛）
（清・堂邑人）
［康熙］堂邑 14/2
堂邑縣鄉土志/耆舊錄
張洪嗣（字錫範）
（肥城人）
［民國］霑化卷首/12
張漢璧（字儲文）
（清・清平人）
［民國］清平/人物 64
張漢陽（明・觀城人）
［乾隆］曹州府 15/21
［康熙］觀城 4/3
［道光］觀城 8/5
觀城縣鄉土志/耆舊
張法興（清・濮州人）
［宣統］濮州 5/38
張漢閣（字子麟，族名雲臺）
（清・高唐人）
［民國］高唐縣 12/90
張洪熙（萊陽人）
［民國］萊陽 3/1 中 49
張汝卿（號滄齋）
（元・恩州人）
［嘉靖］山東 31/27
［康熙］山東 41/22
［乾隆］東昌 42/6
［嘉慶］東昌 32/6
［萬曆］恩縣 4/12，4/65
［宣統］重修恩縣 8/31
［民國］重修恩縣 11/鄉賢 32
張汝賢（明・金臺人）
［萬曆］泗水 4/10
［順治］泗水 4/10
［光緒］泗水 4/3
［光緒］泗水縣鄉土志/7

張汝夔(字虞佐,號鈞菴)
(清・博興人)
[咸豐]青州 49/10
[道光]博興 11/30
[民國]重修博興 13/29
張汝美(字秀甫)
(清・昌樂人)
[民國]昌樂縣續志 35/4
張汝鎮(清・萊陽人)
[民國]萊陽 3/1 中 66
張洪鈞(清・單縣人)
[康熙]單縣 8/40
[民國]單縣 9/36
張洪鈞(字育齋)
(清・淄川人)
[宣統]三續淄川 9/62
張汝鈞(字公衡)
(清・祁門人)
[民國]鄒平 14/34
[民國]夏津續編 6/34
張漢光(清・東平人)
[康熙]東平州續志 6/9
張祺恆(字壽臣)
(清・安邱人)
[民國]續安邱新志 17/9
張汝性(清・海陽人)
[光緒]增修登州 43/47
[光緒]海陽縣續志 5/17
張漢榮(清・濰縣人)
[民國]濰縣志稿 31/16
35 張迪(元・章邱人)
[嘉慶]禹城 9/27
[民國]禹城 6/76
張迪(清・丹徒人)
[乾隆]利津縣志補 3/15
張津(明・商河人)
[乾隆]武定府 25/72
[咸豐]武定府 25/武功 9
[萬曆]商河 6/48
[道光]商河 7/38
張津(字道梁,號荷村)
(清・歷城人)
[道光]濟南 53/53
[民國]續修歷城 44/13
[民國]重修商河 9/2
張禮(明・山西石州人)
[嘉靖]山東 27/10
[宣統]山東 73/6
[嘉靖]青州 13/43
[萬曆]青州 12/30
[康熙十五年]青州 12/30
[康熙四十八年]青州 12/30
[康熙六十年]青州 12/24
[咸豐]青州 36/9
[康熙六十年]博興 7/13
[道光]博興 10/2
[民國]重修博興 12/2
張禮(明・壽光人)
[光緒]增修登州 37/10
[嘉靖]寧海州下/26
[同治]重修寧海州 15/3
[民國]牟平 6/75
張禮(清・新城人)
[宣統]新城縣後志 3/耆壽
[民國]重修新城 17/7
張連(清・文登人)
[光緒]文登 10/上 22
張漣(明・沂水人)
[道光]沂水 7/36
張漣(字清溪,號石村)
(清・滕縣人)
[道光]滕縣志 8/儒林 34
滕縣鄉土志/27
張漣(字連水)
(清・樂安人)
[雍正]樂安 12/26
[民國]樂安 10/21
[民國]續修廣饒 19/39
張潛(字孔昭)
(清・商河人)
[道光]商河 7/20
[民國]重修商河 8/17
張連元(清・清平人)
[民國]清平/人物 67
張連元(清・汶上人)
[宣統]四續汶上稿/人物-孝弟傳
張連登(字星階)
(清・臨邑人)
[民國]續修臨邑 3/38
張連登(字瀛洲)
(清・陝西咸陽人)
[宣統]山東 77/1
[咸豐]青州 37/11
[康熙六十年]博興 7/15
[光緒]益都縣圖志 18/48
張連步(明・恩縣人)
[雍正]恩縣續志 3/18
張連甡(字子壽)
(清・壽光人)
[民國]壽光 12/人物志二 18
張清傑(清・莘縣人)
[光緒]莘縣 7/40
[民國]莘縣 7/30
莘縣鄉土志/孝友 23
張清泉(霑化人)
[民國]霑化 4/登進 42
張迪修(清・鄒平人)
[民國]鄒平 15/141
張沛漢(字倬甫)
(無棣人)
[民國]無棣 13/23
張清漣(清・平度人)
[民國]平度縣續志 7/14
張連城(清・慶雲人)
[民國三年]慶雲 2/76
張連芳(明・恩縣人)
[雍正]恩縣續志 3/18
張連桂(字清遠)
(清・東阿人)
[民國]續修東阿 11/23
張連坡(清・鄆城人)
[光緒]鄆城 16/30
張連茹(字彙升)
(清・無棣人)
[民國]無棣 13/32
張清蘭(字雲浦)
(清・商河人)
[民國]重修商河 8/56
張清棟(清・高唐人)
[道光]高唐州 5/2-22
[光緒]高唐州 5/2-25
[民國]高唐縣 12/51
張清翰(清・東明人)
[宣統]東明續縣志 3/3
[民國]東明縣新誌 11/54
張清泰(清・鄒平人)
[道光]濟南 54/48

[道光]鄒平 15/103
[民國]鄒平 15/103
張沛昌(字潤坡)
(清・齊河人)
[民國]齊河 23/83
張沛恩(字潤之)
(清・高密人)
[民國]高密 14/上 72
張清晏(字瀾平)
(清・壽光人)
[民國]壽光 12/人物志二 19
張連會(字聚奎)
(清・嘉祥人)
[道光]濟寧直隸州 8/4－42
[咸豐]濟寧直隸州續志 3/9
[民國]濟寧直隸州續志 14/13
[光緒]嘉祥 3/48
36 **張昶**(字克通)
(明・蒲臺人)
[嘉靖]山東 35/2
[康熙]山東 45/3
[乾隆]武定府 26/3
[咸豐]武定府 26/義行 3
[萬曆]濱州 4/58
[萬曆]蒲臺志 9/4
[康熙]重修蒲臺 7/10
[乾隆]蒲臺 3/45
蒲臺縣鄉土志/10
張淏(字清源)
(宋・單父人)
[民國]單縣 9/10
張濱(明・沁水人)
[雍正]恩縣續志 3/4
張洎(金・齊河人)
[道光]濟南 47/48
張涓(金・齊河人)
[康熙]齊河 7/8
[雍正]齊河 8/10
[民國]齊河 26/1
齊河縣鄉土志忠義祠/19
張邈(字孟卓)
(漢・東平壽張人)
[嘉靖]山東 33/18
[雍正]山東 28/人物一 24
[乾隆]泰安府 16/6
[萬曆元年]兗州 41/28
[萬曆二十四年]兗州 37/34
[康熙]兗州 28/75
[乾隆]兗州 23/16
[乾隆]東平州 13/2
[道光]東平州 13/2
[光緒]東平州 15/上 2
[民國]東平縣 11/上 1
[康熙六年]壽張 7/2
[康熙五十六年]壽張 7/2
[光緒]壽張 6/41
壽張縣鄉土志/耆舊－事業
張湜(字漣漪)
(清・平原人)
[道光]濟南 56/104
[乾隆]平原 8/15
平原縣鄉土志輯稿/孝義
張泗(清・菏澤人)
[光緒]菏澤 16/12
張泗(清・汶上人)
[宣統]四續汶上稿/人物－忠烈傳
張溫(元・長清人)
[道光]長清 11/5
張暹(明・德平人)
[道光]濟南 52/52
張湘(字南沙)
(清・萊蕪人)
[民國]萊蕪 18/10
[民國]續修萊蕪 24/3
張湘(字南帆)
(清・臨沂人)
[民國]續修臨沂 16/17
張澤(元・章邱人)
[道光]章邱 14/43
張澤(字德惠)
(明・萊陽人)
[康熙]萊陽 8/26
[民國]萊陽 3/1 中 85
張澤(明・莆田人)
[道光]濟寧直隸州 6/6－39
[康熙]魚臺 15/12
[乾隆]魚臺 9/35
[光緒]魚臺 2/51
張澤仁(號古虞)
(清・無棣人)
[民國]無棣 11/17
張澤永(字子成)
(清・歷城人)
[道光]濟南 53/49
張澤遠(清・濟陽人)
[道光]濟南 56/35
張還真(清・博興人)
[咸豐]青州 50/14
[道光]博興 11/34
[民國]重修博興 13/32
張還葛(字南廬)
(清・濟陽人)
[民國]濟陽 11/64
張禔耒(清・高密人)
[民國]高密 15/中 3
張遇留(字封留)
(明・新泰人)
[順治]新泰 5/24
[乾隆]新泰 16/6
新泰縣鄉土志/24
張還午(字宏遠)
(清・濟陽人)
[民國]濟陽 11/42,17/62
張還鍾(官名元鐸,字鑾坡)
(清・濟陽人)
[民國]濟陽 11/43,17/64
張遇節(字守菴)
(明・滋陽人)
[康熙]滋陽 4/上 36
[光緒]滋陽 9/1
滋陽縣鄉土志 1/耆舊－忠義
37 **張洞**(字仲通)
(宋・開封祥符人)
[宣統]山東 68/37
[康熙]濟南 25/11
[嘉靖]武定州下/49
[萬曆]武定州 12/6
[崇禎]武定州 15/8
[乾隆]武定府 16/6
[咸豐]武定府 19/6
[乾隆]惠民 5/13
[光緒]惠民 18/6
惠民縣鄉土志/政績錄 4
張洞(字德深)
(明・陽信人)

[乾隆]武定府 24/25
[咸豐]武定府 24/循良 15
[康熙]陽信 9/8
[乾隆]陽信 7/7
[民國]陽信 5/宦蹟 11
信邑志稿 7/循良
陽信縣鄉土志上/耆舊－事業
張洞(字壽山,號靜甫)
(清・濟陽人)
[民國]濟陽 11/46
張洞(字芝生)
(清・無棣人)
[民國]無棣 12/13
海豐縣鄉土志/耆舊－事業二
張冠(字如命)
(清・齊河人)
[道光]濟南 56/2
[雍正]齊河 7/7
[民國]齊河 24/6
齊河縣鄉土志耆舊錄/15
張涵(清・鳳臺人)
新泰縣鄉土志/5
張涵(字竹泉)
(清・臨沂人)
[民國]續修臨沂 16/3
張涵(字發文)
(清・滕縣人)
[康熙]滕縣志 7/87
[道光]滕縣志 9/孝義 12
滕縣鄉土志/28
張鴻(明・觀城人)
[康熙]觀城 4/2
張鴻(字信堂)
(清・無棣人)
[民國]無棣 12/10
海豐縣鄉土志/耆舊－學問一
張鴻(字文卿)
(清・樂陵人)
樂陵縣鄉土志 3/40
張渙(宋・陽信人)
[康熙]陽信 8/2
張汲(字魯門)
(清・無棣人)
[民國]無棣 11/12
海豐縣鄉土志/耆舊－事業
張潔(清・茌平人)
[宣統]茌平 21/1
[民國]茌平 12/86
張泂(清・萊陽人)
[民國]萊陽 3/1 中 38
張瀾(五代・冠縣人)
[萬曆]冠縣 4/6
張瀾(字本靜)
(明・濱州人)
[乾隆]武定府 24/6
[咸豐]武定府 24/清介 6
[康熙]濱州 7/6
[咸豐]濱州 10/6
張瀾(字行仲)
(明・冠縣人)
[萬曆]冠縣 4/10
張瀾(字汝觀)
(清・陽信人)
[康熙]濟南 54/36
[乾隆]武定府 26/27
[康熙]陽信 9/33
[乾隆]陽信 7/56
[民國]陽信 5/耆碩 55
信邑志稿 7/耆碩
張朗(後唐・蕭縣人)
[光緒]增修登州 24/6
張朗(清・茌平人)
[民國]茌平 3/58
張祿(周・齊人)
[萬曆]青州 15/34
[康熙十五年]青州 15/34
[康熙四十八年]青州 15/說士 10
張祿(明・渾源人)
[康熙十二年]陽穀 2/22
[康熙]陽穀 2/17
張祿(明・平原人)
[萬曆]平原上/49
張凝(宋・無棣人)
[嘉靖]山東 29/13
[雍正]山東 28/人物二 27
[宣統]山東 157/7
[康熙]濟南 43/5
[乾隆]武定府 25/65
[咸豐]武定府 25/武功 1
[光緒]益都縣圖志 16/23
[康熙]海豐 10/20
海豐縣鄉土志/耆舊－事業三
[民國]無棣 11/17
[嘉慶]慶雲 9/19
[咸豐]慶雲 2/69
[民國三年]慶雲 2/59
張凝(字蘭脩)
(清・壽光人)
[咸豐]青州 46/10
[康熙]壽光 27/2
[嘉慶]壽光 14/4
[民國]壽光 12/人物志二 6
壽光縣鄉土志/耆舊
張潤(字美石)
(清・青城人)
[咸豐]武定府 25/孝友 38
[乾隆]青城 8/12
[民國]青城續修 4/人物 22
張洵(字西泉)
(明・章丘人)
[道光]濟南 61/4
張洵(字裔蘇)
(清・無棣人)
[咸豐]武定府 24/循良 42
[民國]無棣 11/11
海豐縣鄉土志/耆舊－事業
張逸(漢・高密人)
高密縣鄉土志/上 42
張逸(字拙訥居士,號二瞻)
(清・無棣人)
[康熙]濟南 41/39
[乾隆]武定府 24/9
[咸豐]武定府 24/清介 9
[康熙]海豐 10/17
海豐縣鄉土志/耆舊－事業
[民國]無棣 11/4
張沼(唐)
[雍正]山東 27/87
[宣統]山東 68/13
張濯(明・清平人)
[康熙]重修清平下/42
[嘉慶]清平 14/41
[宣統]增輯清平 12/54

［民國］清平/人物 50
張濯（字文輝）
（清・寧陽人）
［咸豐］寧陽 15/27
［光緒］寧陽 15/44
張咨（明・商河人）
［康熙］濟南 41/12
［乾隆］武定府 23/12
［咸豐］武定府 23/名臣 12
［萬曆］商河 7/3
［道光］商河 7/2
［民國］重修商河 8/2
商河縣鄉土志 2/耆舊－事業
張淑高（字向臣）
（清・觀城人）
觀城縣鄉土志/耆舊
張淑京（字玉臣，號西豐）
（清・觀城人）
觀城縣鄉土志/耆舊
張淑亮（字南岡）
（清・觀城人）
觀城縣鄉土志/耆舊
張祖庚（字長白）
（清・新城人）
［道光］濟南 55/73
［民國］重修新城 17/19
張鴻謨（字子嘉）
（清・汶上人）
［宣統］四續汶上稿/人物－施濟傳
張祖誥（字拙言）
（清・壽光人）
［咸豐］青州 47/32
［嘉慶］壽光 14/14
張祖謨（字顯文，號絅齋）
（清・壽光人）
［民國］壽光 12/人物志二 12
張冠三（清・商河人）
［民國］重修商河 8/90
張冠五（字軼羣）
（清・銅山人）
［民國］續滕縣志 4/23
張鴻瑞（字雲卿）
（清・諸城人）
［光緒］增修諸城縣續志 14/5
張通孫（字駿聲）
（清・齊河人）
［民國］齊河 23/15
張祖武（清・新城人）
［道光］濟南 55/76
［民國］重修新城 17/15
張鴻翼（字盤石）
（明・菏澤人）
［康熙］曹州志 15/29
［乾隆］曹州府 15/21
［光緒］菏澤 15/30
［光緒］新修菏澤 10/27，10/39
張鴻翼（字鵬飛）
（清・齊河人）
［民國］齊河 23/76
張祖信（字士誠）
（元・章丘人）
［嘉靖］山東 29/22
［康熙］山東 39/20
［雍正］山東 28/人物二 71
［宣統］山東 164/26
［康熙］濟南 38/8
［道光］濟南 48/58
［嘉靖］章丘 3/65
［萬曆］章丘 25/40
［康熙］章丘 6/30
［乾隆］章邱 9/29
［道光］章邱 10/25
張鴻儒（明・城武人）
［康熙九年］城武 3/21
［康熙四十一年］城武 5/下義烈 4
［道光］城武 9/下 45
張淑俊（清・河南新鄉人）
［宣統］山東 75/34
［乾隆］泰安府 15/27
［乾隆］東平州 12/38
［道光］東平州 12/38
［光緒］東平州 14/38
［民國］東平縣 9/20
張鴻德（字興五）
（鉅野人）
［民國］續修鉅野 5/上 12
張鴻仕（字俊卿，號蘆坡）
（清・新城人）
［宣統］新城縣後志 2/宦績
張鴻勳（字閣臣）
（高密人）
［民國］高密 14/上 33
張涵生（字茂實）
（清・鄒縣人）
［道光］濟南 38/19
張鴻傑（字俊英）
（清・高唐人）
［民國］高唐縣 12/26
張淑程（字雪門）
（清・壽光人）
［民國］壽光 12/人物志二 16
張鴻魯（字泰瞻）
（清・新城人）
［宣統］新城縣後志 3/耆壽
張鴻磐（清・清平人）
［民國］清平/人物 73
張淑身（清・萊蕪人）
［民國］續修萊蕪 25/5
張鴻齡（字壽卿）
（清・陽穀人）
［民國］增修陽穀人物/仕宦 23
張鴻儀（字逵吉）
（清・膠州人）
［民國］增修膠志 42/29
張祿徵（字曰總，號西野）
（清・新城人）
［道光］濟南 55/48
［康熙］新城 7/42
［民國］重修新城 16/6
新城縣鄉土志/耆舊－清
張洞宸（字監茲）
（清・觀城人）
［乾隆］曹州府 12/25
［道光］觀城 7/5，8/5
觀城縣鄉土志/耆舊
［康熙］鄆城 4/19
［光緒］鄆城 6/36
張鴻賓（字仲嘉）
（曲阜人）
［民國］續修曲阜 5/24
張淑宸（清・觀城人）
［康熙］觀城 4/11

[乾隆]嶧縣 7/38
張洛河(清・商河人)
[民國]重修商河 8/33
張淑渠(字師厚,號潛齋)
(清・濟寧人)
[宣統]山東 172/41
[道光]濟寧直隸州 8/4-3
濟寧州鄉土志 2/耆舊
張潯江(字春渠)
(清・金鄉人)
[咸豐]濟寧直隸州續志 3/5
[民國]濟寧直隸州續志 14/25
[咸豐]金鄉縣志略 9/中忠義傳 2
[民國]金鄉 14/17
張鴻漸(清・清平人)
[民國]清平/人物 73
張淑淵(號桃源)
(清・鉅野人)
[道光]鉅野 13/32
張祖述(字序思)
(清・掖縣人)
[嘉慶]續掖縣 3/16
張淑濤(清・淄川人)
[宣統]三續淄川 10/28
張冠軍(字勇三)
(清・章邱人)
[道光]濟南 54/12
[道光]章邱 11/49
章邱縣鄉土志/上 49
張鴻海(字子儀,又字瀛仙)
(清・桓臺人)
[民國]桓臺 3/24
張運啟(清・蓬萊人)
[光緒]增修登州 43/8
張淑梓(字子材)
(清・鄒縣人)
[民國]續修鄒縣志稿/人物-耆舊
張祖培(字紹衣)
(清・壽光人)
[咸豐]青州 47/32
[乾隆]續壽光 25/7
[嘉慶]壽光 14/9
[民國]壽光 12/人物志二 9
張祖檝(字筱畇,一字小雲)
(清・膠州人)
[民國]增修膠志 42/26
膠州直隸州鄉土志 4/文學
張冠英(字樂堂)
(清・歷城人)
[民國]續修歷城 44/36
張冠英(字俊堂)
(清・掖縣人)
[民國]四續掖縣 4/79
張鴻基(字培初)
(平原人)
[民國]續修平原 8/23
張淑藝(字效公)
(清・新城人)
[宣統]新城縣後志 3/孝友
[民國]重修新城 17/1
新城縣鄉土志/耆舊-清
張迎芳(清・湖北應城人)
[宣統]山東 76/39
[乾隆]泰安府 15/29
[乾隆]東昌 33/49
[嘉慶]東昌 21/16
[乾隆二十五年]泰安縣 10/33
[乾隆四十七年]泰安縣 8/31
[道光]泰安縣 10/8
[民國]重修泰安縣 6/61
[道光]博平 4/7
博平縣鄉土志/政績
張初旭(字熹若)
(清・臨朐人)
[康熙]山東 42/32
[雍正]山東 28/人物四 13
[宣統]山東 175/20
[康熙十五年]青州 13/92
[康熙四十八年]青州 13/事功 76
[康熙六十年]青州 16/38
[咸豐]青州 46/23
[康熙]臨朐縣志書 3/34
光緒臨朐 14/中 4
張鴻振(清・淄川人)
[宣統]三續淄川 10/26
張次昴(字會梁)
(清・濱州人)
[乾隆]武定府 26/24
[咸豐]武定府 26/隱逸 2
[康熙]濱州 7/33
[咸豐]濱州 10/隱逸 8
張逢甲(字際春)
(清・莘縣人)
[光緒]莘縣 7/29
[民國]莘縣 7/16
莘縣鄉土志/事業 26
張逢甲(字雪堂)
(萊蕪人)
[民國]續修萊蕪 27/15
張冠甲(字乙山)
(清・德平人)
[光緒]德平 7/21
張鴻昇(清・陽穀人)
[光緒]陽穀 6/31
張淑旺(清・海豐人)
[宣統]山東 171/49
[咸豐]武定府 25/孝友 40
[民國]無棣 13/9
張逢時(字利見)
(清・商河人)
[道光]商河 7/45
[民國]重修商河 8/73
張逢辰(號雪谿逸人)
(金・魚臺人)
[光緒]魚臺 3/孝義又 3
張運長(清)
[光緒]肥城 7/51
肥城縣鄉土志 3/4
張淑勵(字自勉)
(明・山西盂縣人)
[宣統]山東 71/3
[道光]濟南 36/5
[崇禎]歷城 6/18,13/79
[乾隆]歷城 34/4
張逢巽(字向南)
(商河人)
[民國]重修商河 7/34
張冠卿(明・淄川人)
[道光]濟南 50/40
[康熙]淄川 6 下/12
[乾隆]淄川 6/下 12
張冠賢(字輔臣)

（清・博興人）
［民國］重修博興 13/54
張祖殿（字廷璽）
（清・新城人）
［宣統］山東 170/21
［宣統］新城縣後志 2/忠義
［民國］重修新城 18/12
張洛會（字匯東）
（長清人）
［民國］長清 13/30
張鴻鈞（字昕瞻）
（清・江蘇陽湖監生）
［民國］金鄉 11/22
張淑光（清・青城人）
［民國］青城續修 3/60
38 **張遨**（清・夏津人）
［民國］夏津續編 8/38
張道（明・陽穀人）
［康熙十二年］陽穀 3/9
［民國］增修陽穀人物/仕宦 7
張汾（清・臨沂人）
［乾隆］沂州府 27/7
［民國］臨沂 10/62
張汾（清・寧津人）
寧津縣志料 3/人物－孝行
張淦（清・棲霞人）
［光緒］棲霞縣續志 7/方技 1
張淦（字麗泉）
（恩縣人）
［民國］重修恩縣 11/鄉賢 55
張海（字文淵）
（明・德州人）
［嘉靖］山東 29/26
［雍正］山東 28/人物三 13
［宣統］山東 160/18
［道光］濟南 52/34
［嘉靖］德州 3/2
［萬曆］德州 9/37
［康熙］德州 8/10
［乾隆］德州 9/7
州乘餘聞/4
德州鄉土志/耆舊 2
［民國］德縣 10/8
張瀚（字克容）
（明・博平人）
［乾隆］東昌 38/20
［嘉慶］東昌 28/20
［正德］博平 4/63
［康熙］博平 3/52
［道光］博平 3/30，4/16
博平縣鄉土志/耆舊－循史
張瀚（明・直隸深州人）
［萬曆］青州 12 又/又 12
［康熙十五年］青州 12 又/又 12
［康熙四十八年］青州 12 又/又 12
［萬曆］諸城 4/27
張瀚（字北溟）
（清・濟寧人）
［道光］濟寧直隸州 8/4－40
張冷（字半塘）
（清・嘉祥人）
［道光］濟寧直隸州 8/4－28
［光緒］嘉祥 3/27
張啟（明・中牟人）
［乾隆］泰安府 15/9
［天啟］新泰 5/22
［順治］新泰 4/18
［乾隆］新泰 11/2
張洽（字仲和）
（清・膠州人）
［乾隆］萊州 10/34
［乾隆］膠州 4/57
［道光］重修膠州 27/12
［民國］增修膠志 41/9
張洤（字南溪）
（清・膠州人）
［道光］重修膠州 28/14
［民國］增修膠志 42/13
張祥（明・武進人）
［萬曆］泗水 4/11
［順治］泗水 4/11
［光緒］泗水 4/4
張祥（清・歷城人）
［民國］續修歷城 42/12
張裕（明・山西太平人）
［宣統］山東 73/13
［萬曆］青州 12/52
［康熙十五年］青州 12/52
［康熙四十八年］青州 12/52
［康熙六十年］青州 12/29
［咸豐］青州 36/14
［嘉靖］臨朐 2/49
［康熙］臨朐縣志書 1/34
光緒臨朐 13/5
張裕（字理菴）
（清・金鄉人）
［咸豐］金鄉縣志略 9/中列傳二 13
［民國］金鄉 13/22
張祚（明・觀城人）
［康熙］觀城 4/8
［道光］觀城 8/5
張祚（明・淮南舉人）
［光緒］泗水縣鄉土志/3
張海文（清・長清人）
［民國］長清 11/32
張祚龍（清・鄆城人）
［光緒］鄆城 10/11
張肇麒（清・泰安人）
［民國］重修泰安縣 8/19
張肇麟（字基昌，號東原居士）
（清・齊東人）
［民國］齊東 5/58
張道一（明・故城人）
［萬曆］青州 12 又/又 17
［康熙十五年］青州 12 又/又 17
［康熙四十八年］青州 12 又/又 17
［康熙六十年］青州 12/21
［咸豐］青州 36/38
［光緒］益都縣圖志 18/14
張道元（字彥信）
（清・淄川人）
［乾隆］淄川 5/又 31－1
張海雲（字靄源）
（清・金鄉人）
［民國］金鄉 13/續增 13
張啟元（明・江西龍泉人）
［宣統］山東 72/7
［萬曆二十四年］兗州 29/4
［康熙］兗州 22/25
［乾隆］兗州 22/25
［萬曆］滕志 6/65
［康熙］滕志 6/35

［康熙］滕縣志 6/宦業 31
［道光］滕縣志 6/宦績 25
滕縣鄉土志/6
張啟元（字孟乾）
（清・寧津人）
寧津縣志料 3/人物－義行
張啟正（字咸以）
（清・新城人）
［道光］濟南 55/70
［宣統］新城縣後志 2/宦績
［民國］重修新城 16/21
新城縣鄉土志/耆舊－清
張祥雲（字子青）
（清・莒縣人）
［民國］重修莒志 67/9
張裕璋（清・平陰人）
［光緒］平陰 5/23
張道瑞（字獻符）
（清・濟寧人）
［民國］濟寧直隸州續志 14/2
張啟水（清・鄒平人）
［民國］鄒平 15/139
張遵琯（清・鄒平人）
［道光］鄒平 15/93
［民國］鄒平 15/93
張道統（字心印）
（明・菏澤人）
［康熙］曹州志 16/4
［光緒］菏澤 16/3
［光緒］新修菏澤 10/38
張道行（清・魏縣人）
［乾隆］夏津 6/24
張道先（明・黃縣人）
［乾隆］曹州府 16/15
［康熙］觀城 4/31
［道光］觀城 8/23
張啟先（字仲開）
（清・膠州人）
［乾隆］膠州 5/4
［道光］重修膠州 29/1
［民國］增修膠志 43/1
膠州直隸州鄉土志 4/忠烈
張裕牒（字椒圃）
（清・莒縣人）
［民國］重修莒志 67/12
張祥和（字其園）
（清・慶雲人）
［民國三年］慶雲 2/32
張道復（字德元）
（清・壽張人）
［光緒］壽張 7/17
張裕良（天津人）
［民國］重修博興 10/3
張道源（宋）
［乾隆］博山 7/下 20
［民國］續修博山 12/71
張道澄（明・樂陵人）
［乾隆］武定府 26/40
［咸豐］武定府 26/仙釋 5
［順治］樂陵 6/15
［乾隆］樂陵 6/45
張道溥（字慎菴）
（清・徐州人）
［康熙］堂邑 8/9
張道心（清・觀城人）
［宣統］山東 173/35
張浴心（字子雪）
（清・東阿人）
［民國］續修東阿 11/16
張道遠（字勝久）
（清・霑化人）
［光緒］霑化 10/15
［民國］霑化 2/88
張海清（字晏村）
（清・無棣人）
［咸豐］武定府 23/忠節 25
［民國］無棣 11/20
海豐縣鄉土志/耆舊－事業四
張道通（唐・齊人）
［雍正］山東 30/9
［萬曆］青州 17/11
［康熙十五年］青州 17/11
［康熙四十八年］青州 17/仙釋 6
［康熙六十年］青州 20/10
［咸豐］青州 52/3
［道光］沂水 8/60
張遂初（字元暉）
（清・蘇州道士）
［道光］諸城縣續志 21/1
張道祥（號還陽真人）
（明）
［乾隆］泰安府 18/79
［道光］東阿 24/7
張肇祚（字延椵，號蒼垣）
（明・長清人）
［康熙］濟南 38/12
［道光］濟南 52/23
［康熙］長清 9/64
［道光］長清 11/22
［民國］長清 10/20
張道存（字於中，號雨村）
（清・章邱人）
［道光］章邱 10/50
張道古（唐・臨淄人）
［嘉靖］青州 15/5
［康熙十五年］青州 14/5
［康熙四十八年］青州 14/忠義 5
［康熙六十年］青州 17/3
［咸豐］青州 40/5
［民國］臨淄 22/79
臨淄縣鄉土志/耆舊錄
張道來（原名言道，字修凝，號樸園）
（清・單縣人）
［民國］單縣 12/鄉賢 10
張道南（字孟鐸，號墨林）
（清・樂陵人）
［康熙］濟南 40/16
［乾隆］武定府 24/33
［咸豐］武定府 24/循良 23
［乾隆］樂陵 6/15
樂陵縣鄉土志 3/20，3/55
張啟檀（字芳圃）
（清・鄒平人）
［民國］鄒平 15/125
張裕恭（字溫亭）
（清・高苑人）
高苑縣鄉土志/耆舊
張遵芳（清・濟陽人）
［民國］濟陽 11/73
張祥枚（字卜堂）
（清・莒縣人）
［民國］重修莒志 65/32
張啟泰（字開之）

(清・長山人)
[雍正]山東 28/人物四 12
[宣統]山東 169/19
[道光]濟南 55/8
[康熙四十三年]長山 5/仕業
[康熙五十五年]長山 6/10
[嘉慶]長山 7/16
張裕中(字左巖)
(清・樂陵人)
樂陵縣鄉土志 3/49
張肇揚(字菊芳,號來峯)
(清・莒縣人)
[嘉慶]莒州 10/11
[民國]重修莒志 64/4
張道嵒(字東璧)
(清・平陰人)
[道光]平陰續刻 2/72
[光緒]平陰 5/31
張啟愚(字魯思)
(清・牟平人)
[民國]牟平 7/17
張裕昆(清・臨朐人)
臨朐縣鄉土志 1/耆舊
張裕昆(字啓佑)
(清・商河人)
[民國]重修商河 8/19,9/10
張啟照(字元鑑)
(清・陽信人)
[康熙]陽信 9/32
[乾隆]陽信 7/55
[民國]陽信 5/耆碩 53
信邑志稿 7/耆碩
張肇璧(字連城)
(清・新城人)
[宣統]新城縣後志 3/方技
張遵頤(字景程,號伊洛)
(清・惠民人)
[道光]濟寧直隸州 6/7-90
[乾隆]魚臺 9/50
[光緒]魚臺 2/57
張洽聞(字習之)
(清・無棣人)
[民國]無棣 13/12
海豐縣鄉土志/耆舊-事業五
張游卿(漢・東平人)
[宣統]山東 153/23
[咸豐]金鄉縣志略 9/上 1
張肇鳳(字瑞公)
(清・章丘人)
[道光]濟南 54/21
[道光]章邱 11/70
張道人(姓張)
(明)
[雍正]山東 30/22
[宣統]山東 200/33
[同治]即墨 12/9
張道人(名人貞)
(清・平度人)
[道光]重修平度州 22/方外 2
張道人(清・招遠人)
[道光]招遠縣續志 3/45
張道鏞(東阿人)
[民國]東阿 15/2
張裕善(清・齊河人)
[民國]齊河 27/11
張遵義(金・萊陽人)
[民國]萊陽 3/1 中 2
張道範(號竹軒)
(清・章邱人)
[道光]章邱 11/66
張肇敏(清・泰安人)
[民國]重修泰安縣 8/19
張道情(字和夫)
(明・堂邑人)
[乾隆]東昌 42/10
[嘉慶]東昌 32/10
[順治]堂邑 2/人物 19
[康熙十一年]堂邑 2/人物 7
[康熙]堂邑 16/10
堂邑縣鄉土志/耆舊錄
[宣統]聊城 8/92
39 **張遴**(字琢愚)
(明・城武人)
[康熙九年]城武 3/56
張泮(清)
[民國]臨清縣/秩官 69
張泮(字採芹)
(清・平原人)
[民國]續修平原 6/9
張瀠(字文瀾,號松軒)
(清・平原人)
[民國]續修平原 6/5
張瀠吉(清・沂州人)
[乾隆]沂州府 27/10
[民國]臨沂 10/62
張泮林(字森峯)
(清・陽穀人)
[民國]增修陽穀人物/孝義 7
張泮苓(東阿人)
[民國]東阿 16/3
40 **張布**(號東巖)
(明・萊蕪人)
[雍正]山東 28/人物四 3
[康熙]濟南 44/30
[乾隆]泰安府 18/40
[康熙]新修萊蕪 6/33
[民國]萊蕪 20/2
[民國]續修萊蕪 27/6
萊蕪縣鄉土志/8
張存(字誠之)
(宋・冀州人)
[雍正]山東 27/88
[宣統]山東 68/43
[萬曆]東昌 18/19
[康熙]朝城 7/3
[光緒]益都縣圖志 16/28
張嘉(明・山西繁峙人)
[嘉靖]濮州 7/21
[萬曆]濮州 3/名宦 33
[嘉靖]朝城志 5/5
[康熙]朝城 7/4
張嘉(字會南)
(清・長山人)
[道光]濟南 55/29
[嘉慶]長山 7/28
張杰(字卓然,別號天橋)
(清・蓬萊人)
[光緒]增修登州 38/19
[道光]重修蓬萊 9/10,9/22,13/傳 30
[民國]蓬萊縣志合編人物志/仕績
張克(明・單縣人)
[康熙]單縣 7/23
張奎(字仲野)

（宋・臨濮人）
［嘉靖］山東 25/6,26/11,31/22
［康熙］山東 31/8,33/13,41/19
［雍正］山東 28/人物二 35
［康熙］濟南 24/13
［乾隆］泰安府 14/17
［萬曆元年］兗州 38/循吏 30
［萬曆二十四年］兗州 28/6
［康熙］兗州 22/6
［萬曆］東昌 19/36
［乾隆］曹州府 14/25
［嘉靖］濮州 5/24
［萬曆］濮州 3/鄉賢 27
［康熙］濮州 3/58
［乾隆］濮州 3/59
［宣統］濮州 4/65
［康熙］東平州 4/41
［乾隆］東平州 12/16
［道光］東平州 12/16
［光緒］東平州 14/16
［民國］東平縣 9/9
［光緒］益都縣圖志 16/30

張力（字扛侯，號溯汾）
（明・東明人）
［康熙］東明 8/下 16
［乾隆］東明 6/22,8/下 16
［民國］東明縣新誌 11/49,12/39

張培（清・泰安人）
［道光］泰安縣 9/上 85
［民國］重修泰安縣 8/40

張奇（字士美，號竹軒）
（明・商河人）
［康熙］濟南 41/13
［乾隆］武定府 24/17
［咸豐］武定府 24/循良 7,35/誌銘 6
［萬曆］商河 7/1,10/56
［道光］商河 7/3,8/下 3
［民國］重修商河 8/2,13/藝文志四墓誌 3
商河縣鄉土志 2/耆舊－事業

張奇（明・臨淄人）
［康熙］臨淄 9/17

張森（字茂林）
（清・無棣人）
［民國］無棣 13/17
海豐縣鄉土志/耆舊－事業六

張森（清・益都人）
［光緒］益都縣圖志 40/11

張壽（字仲吾）
（漢・城武人）
［宣統］山東 151/7
［乾隆］曹州府 21/33
［康熙四十一年］城武 4/下 1
［道光］城武 9/上 1

張壽（宋・臨濮人）
［康熙］山東 37/3

張壽（字樂山）
（明・宛平人）
［宣統］山東 72/37
［乾隆］東昌 33/41
［嘉慶］東昌 21/10
［順治］堂邑 2/職官 4
［康熙十一年］堂邑 2/名宦 3
［康熙］堂邑 11/8
堂邑縣鄉土志/政績錄

張爽（清・夏津人）
［乾隆］東昌 43/40
［乾隆］夏津 8/23

張燾（漢・城武人）
［康熙九年］城武 3/1

張燾（字景元）
（宋・濮州人）
［嘉靖］山東 27/16
［雍正］山東 28/人物二 39
［宣統］山東 161/17
［萬曆元年］兗州 39/名宦 14
［萬曆］萊州 5/63
［康熙］萊州 8/24
［乾隆］萊州 9/7
［嘉靖］濮州 5/24
［萬曆］濰縣 7/3
［康熙］濰縣 5/名宦 3
［乾隆］濰縣 3/40
［民國］濰縣志稿 20/8
濰縣鄉土志/9

張燾（清・順天宛平監生）
［光緒］嶧縣 19/職官下 21

張燾（字函三，別號慕韋）
（清・新城人）
［宣統］新城縣後志 2/宦績
［民國］重修新城 18/9

張幸（南北朝・清河東武城人）
［光緒］增修登州 24/2
［嘉靖］寧海州下/4
［同治］重修寧海州 12/1
［民國］牟平 6/64
［光緒］益都縣圖志 15/7

張雄（字鵬飛）
（明・范縣人，一作濮州人）
［萬曆］東昌 19/53
［乾隆］曹州府 15/5
［嘉靖］濮州 6/10
［萬曆］濮州 3/鄉賢 41

張雄（明・萊陽人）
［光緒］增修登州 43/30
［康熙］萊陽 8/23
［民國］萊陽 3/1 中 79

張雄（明・臨朐人）
［嘉靖］臨朐 3/14

張雄（明・河南通許人）
［嘉靖］朝城志 5/12,8/34
［康熙］朝城 7/15,9/26

張埣（字秩堂，號芝圃）
（清・高密人）
［民國］高密 14/上 49

張墉（字石宗，號西園）
（清・鄒平人）
［宣統］山東 169/24
［道光］鄒平 15/58
［民國］鄒平 15/58

張友（元・商河人）
［道光］商河 7/36
［民國］重修商河 9/1

張友（明・興州人）
［光緒］文登 5/34

張堉（字滋菴）
（清・鄒平人）
［民國］鄒平 15/107

張奫（字文懿）
（隋・清河人）
［嘉靖］山東 31/9
［康熙］山東 41/7

[雍正]山東 28/人物一 60
[宣統]山東 67/26
[道光]濟南 33/21
[萬曆]東昌 19/16
[乾隆]東昌 36/25
[嘉慶]東昌 26/26
[嘉靖]武城 7/64
[順治]武城 2/15
[乾隆]武城 10/13
武城縣鄉土志略/耆舊錄
[宣統]重修恩縣 8/13
[民國]重修恩縣 11/鄉賢 11
張在(宋)
[萬曆]青州 15/7
[康熙十五年]青州 15/7
[康熙四十八年]青州 15/文學 7
[康熙六十年]青州 18/4
張直(五代・濮州人)
[嘉靖]山東 31/16
[康熙]山東 41/13,41/15
[雍正]山東 28/人物二 16
[宣統]山東 165/7
[萬曆]東昌 19/27
[乾隆]曹州府 16/13
[萬曆]濮州 3/鄉賢 13
[康熙]濮州 3/43
[乾隆]濮州 3/44
[宣統]濮州 4/50
張直(宋・濮州范縣人)
[嘉靖]山東 31/17
張志(明・觀城人)
[康熙]觀城 4/2
張柱(明・臨朐人)
[咸豐]青州 44/42
[康熙]臨朐縣志書 3/46
光緒臨朐 14/上 30
張柱(字汝任)
(明・壽光人)
[雍正]山東 28/人物三 41
[宣統]山東 161/46
[萬曆]青州 13/67
[康熙十五年]青州 13/67
[康熙四十八年]青州 13/事功 51
[康熙六十年]青州 16/25
[咸豐]青州 44/29
[康熙]壽光 21/9
[嘉慶]壽光 12/13
[民國]壽光 12/人物志一 22
壽光縣鄉土志/耆舊
[同治]重修寧海州 15/3
張柱(字樹軒)
(清・蓬萊人)
[道光]重修蓬萊 11/16
[民國]蓬萊縣志合編人物志/行誼
張梓(字西野)
(明・濟寧人)
[康熙]濟寧州 6/37
[乾隆]濟寧直隸州 24/10
[道光]濟寧直隸州 8/2-26
張梓(明・蒙陰人)
[康熙十一年]蒙陰 2/52
張榜慶(清・陽穀人)
[光緒]陽穀 6/29
張大亨(明・長山人)
[崇禎]歷乘 16/62
張大章(字漢倬)
(清・博平人)
[光緒]博平縣續志 10/65
張大章(清・莘縣人)
[光緒]莘縣 7/26
[民國]莘縣 7/14
莘縣鄉土志/事業 25
張克亮(字寀丞)
(壽光人)
[民國]壽光 12/人物志一 100
張奎高(字聚五)
(清・膠州人)
[道光]重修膠州 27/31
[民國]增修膠志 41/23
張來庭(字振南)
(壽光人)
[民國]壽光 1/12
張士讓(字文益)
(元・樂安人)
[宣統]重修恩縣 6/11
張士觀(元)
[嘉靖]冠縣 2/2
張友諒(字元樸,號盤泉)
(元・章丘人)
[康熙]濟南 39/1
[道光]濟南 48/48,72/31
[嘉靖]章丘 3/64
[萬曆]章丘 23/19
[康熙]章丘 6/19
[乾隆]章邱 9/14
[道光]章邱 11/24
張有慶(字輔廷)
(清・單縣人)
[民國]單縣 12/鄉賢 22
張在辛(字卯君)
(清・安邱人)
[宣統]山東 175/41
[咸豐]青州 47/19
[道光]安邱新志 21/2
安丘縣鄉土志 8/耆舊錄 5
張志廣(元・滕人)
[萬曆]滕志 8/74
[康熙]滕志 8/人物 44
[康熙]滕縣志 8/釋道 2
[道光]滕縣志 11/釋道 2
張志文(清・章邱人)
[道光]章邱 11/84
張希顏(字又淵)
(清・曹縣人)
[康熙]曹縣 11/5
[康熙]兖州府曹縣 11/5
張友顏(明・蒙陰人)
[康熙十一年]蒙陰 2/37
張志顏(明・新泰人)
[順治]新泰 5/24
[乾隆]新泰 16/6
新泰縣鄉土志/24
張士端(字正儒)
(清・齊河人)
[民國]齊河 27/14
張友誼(見張友諒)
張左誠(字方田)
(清・商河人)
[民國]重修商河 8/55
商河縣鄉土志 3/耆舊-學問
張大謨(字南川)
(明・北直永年人)
[宣統]山東 73/18

［萬曆］青州 12 又/又 17
［康熙十五年］青州 12 又/又 17
［康熙四十八年］青州 12 又/又 17
［康熙六十年］青州 12/32
［咸豐］青州 36/26
［萬曆］諸城 4/26
［康熙］諸城 4/16
［乾隆］諸城 28/7
諸城縣鄉土志/上 8
張嘉謨（明・博興人）
［康熙十五年］青州 14/26
［康熙四十八年］青州 14/孝友 16
［康熙六十年］青州 17/16
［咸豐］青州 45/36
［康熙十二年］博興 6/8
［康熙六十年］博興 7/25
［道光］博興 11/21
［民國］重修博興 13/18
張嘉謨（明・陝西城固人）
［宣統］山東 72/13
［康熙］兗州 22/37
［康熙］兗州續編 14/13
［乾隆］兗州 22/28
［康熙］濟寧州 4/56
［乾隆］濟寧直隸州 22/19
［道光］濟寧直隸州 6/6－25
張嘉謀（明・博興人，見張嘉謨）
張克勳（字右襄）（清・霑化人）
［乾隆］武定府 25/62
［咸豐］武定府 25/文苑 22
［光緒］霑化 9/8
［民國］霑化 2/61
張士誌（清・永嘉人）
［宣統］山東 76/14
［康熙］費縣 3/7
［光緒］費縣 3/56
費縣鄉土志/政績錄
張直講（字茗椀）（明・北直隸人）
［宣統］山東 73/26
［光緒］增修登州 30/2
［順治］招遠 7/5
張才望（清・高密人）
［乾隆］高密 10/33
［光緒］高密 10/44
［民國］高密 16/33
高密縣鄉土志/上 32
張九韶（字伯成）（清・博平人）
［光緒］博平縣續志 10/65
張士謙（字文益）（元・樂安人）
［嘉靖］山東 32/19
［康熙］山東 42/20
［雍正］山東 28/人物二 69
［宣統］山東 164/26
［嘉靖］青州 15/9
［萬曆］青州 14/7
［康熙十五年］青州 14/7
［康熙四十八年］青州 14/忠義 7
［康熙六十年］青州 17/4
［咸豐］青州 42/12
［萬曆］樂安 16/1
［雍正］樂安 12/8
［民國］樂安 10/6
［民國］續修廣饒 19/10
張大可（字觀甫）（明・應天人）
［雍正］山東 27/17
［宣統］山東 70/13
張培元（清・昌樂人）
［民國］昌樂縣續志 35/7
張培元（字養齋）（清・濟陽人）
［民國］濟陽 11/44
張培元（清・汶上人）
［宣統］四續汶上稿/人物－施濟傳
張士璽（清・長山人）
［嘉慶］長山 10/21
張士一（字青子）（清・膠州人）
［民國］增修膠志 45/37
張士元（明・單縣人）
［順治］單縣 3/8
張士雲（東阿人）
［民國］東阿 15/8
張太平（字純熙）（清・魚臺人）
［光緒］魚臺 3/耆碩又 1
張希平（字方仲，號霽巖）（清・新城人）
［道光］濟南 55/50
［宣統］新城縣後志 2/宦續
［民國］重修新城 16/19
新城縣鄉土志/耆舊－清
張喜元（字子仁）（清・莘縣人）
［民國］莘縣 7/23
張有霔（字商霖）（清・長山人）
［道光］濟南 55/36
［嘉慶］長山 10/5
張志玉（元・滕人）
［萬曆］滕志 8/75
［康熙］滕志 8/人物 45
［康熙］滕縣志 8/釋道 3
［道光］滕縣志 11/釋道 3
張在琴（字和軒）（清・新城人）
［宣統］新城縣後志 2/善行
［民國］重修新城 18/2
張志甄（號清盧大師）（元・景州人）
［崇禎］新城 11/仙釋
［康熙］新城 8/15
［民國］重修新城 26/5
張存烈（清・安化人）
［乾隆］福山 7/18
張嘉瑞（清・博平人）
［光緒］博平縣續志 10/49
張克發（字其祥）（清・惠民人）
［光緒］惠民 21/12
惠民縣鄉土志/耆舊錄 11
張雄飛（字鵬舉）（元・琅邪人）
［嘉靖］山東 30/54
［康熙］山東 40/52
［雍正］山東 28/人物二 55
［宣統］山東 158/8
［萬曆元年］兗州 40/諫議 18

[萬曆二十四年]兗州 35/31
[康熙]兗州 27/29
[萬曆]沂州志 7/23
[康熙]沂州志 5/61
[乾隆]沂州府 25/18
[民國]臨沂 9/42
張大武(明・雄縣人)
[萬曆]青州 12 又/又 18
[康熙十五年]青州 12 又/18
[康熙四十八年]青州 12 又/18
[康熙六十年]青州 12/29
[咸豐]青州 36/33
[康熙]臨朐縣志書 1/36
光緒臨朐 13/10
張奎武(清・陽穀人)
[民國]增修陽穀人物/武功 12
張士琬(清・陽穀人)
[民國]增修陽穀人物/仕宦 14
張奇功(明・真定人)
[雍正]山東 27/67
[光緒]增修登州 36/8
[乾隆]續登州 8/3
萊州府鄉土志/上 24
[嘉慶]續掖縣 2/25
張志功(字善卿)(元・北海人)
[民國]濰縣志稿 41/63
張嘉珠(字爾瑟)(清・惠民人)
[乾隆]武定府 25/52
[咸豐]武定府 25/文苑 12
[乾隆]惠民 6/10
[光緒]惠民 23/8
惠民縣鄉土志/耆舊錄 21
張有臻(字百和)(清・長山人)
[嘉慶]長山 10/5
張九歌(字東河)(明・菏澤人)
[康熙]曹州志 15/25
[乾隆]曹州府 15/11
[光緒]菏澤 15/24
[光緒]新修菏澤 10/25
菏澤縣鄉土志/19
張希召(字于南,號鳳樓)(明・高苑人)
[萬曆]青州 13/64
[康熙十五年]青州 13/64
[康熙四十八年]青州 13/事功 48
[康熙六十年]青州 16/24
[康熙]高苑 5/2
[乾隆]高苑 5/2
高苑縣鄉土志/耆舊
張希召(清・遼東寧遠人)
[乾隆]泰安府 15/28
[乾隆]東平州 12/38
[道光]東平州 12/38
[光緒]東平州 14/38
[民國]東平縣 9/21
[康熙十二年]陽穀 2/34
[康熙]陽穀 2/28
[光緒]陽穀 4/20
張有孕(明・臨朐人)
[康熙]臨朐縣志書 3/48
張在乙(字亶安)(清・安丘人)
[咸豐]青州 47/9
[道光]安邱新志 19/2
安丘縣鄉土志 8/耆舊錄 5
張真子(號松篁道人)(明)
[雍正]山東 30/24
[乾隆]續登州 11/2
[康熙]萊陽 9/6
[光緒]海陽縣續志 5/28,8/44
張九重(明・樂陵人)
[乾隆]樂陵 6/19
樂陵縣鄉土志 3/21
張克重(清・德平人)
[光緒]德平 7/25
張希禹(字仁叔)(清・莒縣人)
[民國]重修莒志 62/13
張有孚(清・臨朐人)
[咸豐]青州 46/12
張有爲(字亦若,號學山)(清・夏津人)
[民國]夏津續編 8/19
張存仁(字完真)(清・漢軍鑲藍旗人)
[康熙]山東 31/19
[雍正]山東 27/94
[宣統]山東 74/1
[康熙]濟南 26/1
[道光]濟南 37/1
[康熙六十年]青州 12/40
張存仁(字伯剛)(清・膠州人)
[道光]重修膠州 28/13
[民國]增修膠志 42/11
張大經(字伯誠,號西滕)(明・滕縣人)
[康熙]滕志 7/43
[康熙]滕縣志 7/39
[道光]滕縣志 7/33
滕縣鄉土志/18
張大儒(明・章邱人)
[康熙]濟南 40/8
[道光]濟南 72/34
[萬曆]章丘 24/34
[康熙]章丘 6/26
[乾隆]章邱 9/20
[道光]章邱 11/31
張大儒(字碩彥,號圜橋)(清・平原人)
[道光]濟南 56/107
[民國]續修平原 10/上 5
張九經(明・北直景州人)
[宣統]山東 73/29
[光緒]增修登州 33/3
[光緒]文登 7/上 6
張克貞(字起元)(清・無棣人)
[民國]無棣 13/28
張脊行(清・膠州人)
[乾隆]膠州 5/27
[道光]重修膠州 29/19
[民國]增修膠志 45/5
張士行(明・河南蘭陽人)
[宣統]山東 71/19
[道光]濟南 36/56
[康熙]德平 3/1
[嘉慶]德平 5/6

[光緒]德平 5/6
張士衡(字正甫)
(清・高苑人)
高苑縣鄉土志/耆舊
張士縉(字清輔)
(清・寧陽人)
[乾隆]兗州 23/66
[乾隆]寧陽 7/篤誼 2
[咸豐]寧陽 15/4
[光緒]寧陽 15/4
張士睿(字思公,號古狂)
(清・樂陵人)
[乾隆]武定府 25/61
[咸豐]武定府 25/文苑 21
[乾隆]樂陵 6/29,8/21
樂陵縣鄉土志 3/24
張士貞(清・東平人)
[乾隆]東平州 15/19
[道光]東平州 15/19
[光緒]東平州 15/下 27
[民國]東平縣 11/下 4
張希儒(字泰宇,一作太宇)
(明・陽信人)
[康熙]濟南 49/4
[乾隆]武定府 26/34
[咸豐]武定府 26/藝術 2
[康熙]陽信 9/37
[乾隆]陽信 7/60
[民國]陽信 5/方技 81
信邑志稿 7/藝術
張友仁(明・蓬萊人)
[道光]重修蓬萊 9/23
[民國]蓬萊縣志合編人物志/孝友
張友仁(字純侶)
(清・膠州人)
[道光]重修膠州 29/10
[民國]增修膠志 44/8
膠州直隸州鄉土志 4/孝友
張右衡(清・平陰人)
[光緒]平陰 5/23
張在仁(字壽山)
(鉅野人)
[民國]續修鉅野 5/上 2
張吉峯(清・惠民人)
[光緒]惠民 20/8
惠民縣鄉土志/耆舊錄 4
張嘉樂(清・萊蕪人)
[民國]續修萊蕪 27/17
張克綏(字懷遠)
(清・高密人)
高密縣鄉土志/上 49
張士鸞(字翥卿)
(清・莒縣人)
[民國]重修莒志 65/34
張壽山(清・濱州人)
[咸豐]濱州 10/耆壽 7
張壽山(號靜甫)
(清・濟陽人)
[民國]濟陽 17/73,18/47
張在豐(字名山)
(明・冠縣人)
[道光]冠縣 8/上 17
[光緒]冠縣 8/忠勤
[民國]冠縣 8/人物志 18
張士然(清・鄆城人)
[光緒]鄆城 5/37
張希參(明・壽光人)
[康熙十五年]青州 14/又 26
[康熙四十八年]青州 14/孝友 17
[康熙六十年]青州 17/16
[咸豐]青州 45/37
[康熙]壽光 25/2
[嘉慶]壽光 13/2
[民國]壽光 12/人物志一 60
張希參(字省三)
(清・臨朐人)
臨朐縣鄉土志 1/耆舊
張存先(字念昔,初名維善)
(清・寧陽人)
[咸豐]寧陽 15/20
[光緒]寧陽 15/27
張大魁(清・茌平人)
[宣統]茌平 16/2
[民國]茌平 3/17
張大先(明・唐縣人)
[康熙]聊城 2/3
張奎升(清・膠州人)
[民國]增修膠志 44/20
張士佶(字吉人,別字梨谷)
(清・平原人)
[民國]續修平原 10/上 21
張士魁(字宸廷)
(清・清平人)
[民國]清平/人物 91
張堯佐(宋・永安人)
[康熙]東平州 3/7
張友德(明・息縣人)
[光緒]增修登州 37/6
張有德(明)
[乾隆]東昌 35/4
張大生(清・朝城人)
[民國]朝城縣續志 1/36
張培生(蓬萊人)
[民國]蓬萊縣志合編人物志/忠勇
張有純(清・莘縣人)
莘縣鄉土志/事業 26
張志純(號天倪子)
(元・泰安人)
[嘉靖]山東 34/10
[康熙]山東 47/2
[雍正]山東 30/17
[宣統]山東 200/30
[弘治]泰安州 3/18
[乾隆]泰安府 18/78
[崇禎]歷城 10/32
[乾隆二十五年]泰安縣 12/41
[乾隆四十七年]泰安縣卷之末/11
[道光]泰安縣卷之末/11
[民國]重修泰安縣 10/70
張梓生(字琴木)
(清・惠民人)
[乾隆]惠民 6/15
[光緒]惠民 23/16
惠民縣鄉土志/耆舊錄 33
張士保(字菊如)
(清・掖人)
[宣統]山東 177/19
[光緒]三續掖縣 2/17
張士侃(清・莒縣人)
[民國]重修莒志 66/6
張壽泉(字商溪)
(清・蓬萊人)
[道光]重修蓬萊 11/5

［民國］蓬萊縣志合編人物志/行誼
張太和(清・壽張人)
［光緒］壽張 7/31
張希稷(字玉田,號鳳臺)(明・高苑人)
［萬曆］青州 13/63
［康熙十五年］青州 13/63
［康熙四十八年］青州 13/事功 47
［康熙六十年］青州 16/24
［咸豐］青州 44/37
［康熙］高苑 5/2
［乾隆］高苑 5/2
高苑縣鄉土志/耆舊
張九仞(字成山)(清・齊東人)
［民國］齊東 5/21
齊東縣鄉土志/耆舊錄 1
張大儉(字廉齋)(清・歷城人)
［民國］續修歷城 44/35
張大綸(字伯敘,號存真)(明・滕縣人)
［道光］滕縣志 9/孝義 16
張克儉(明・金鄉人)
［咸豐］金鄉縣志略 9/上 12
［民國］金鄉 13/9
張士倫(字慎徽)(清・長清人)
［道光］長清 12/5
張志倫(字石城)(清・黃縣人)
［光緒］增修登州 43/14
［同治］黃縣 8/21
［民國］黃縣志稿 13/清文學
張存之(字義門)(清・曹縣人)
［光緒］曹縣 11/選舉 21
張大安(字希唐)(清・桓臺人)
［民國］桓臺志略 3/15
［民國］桓臺 3/28
張大進(字升谷)(清・齊河人)
［民國］齊河 27/24
張大宋(字竹橋)(清・齊河人)
［民國］齊河 23/69
張大瀛(清・濟陽人)
［宣統］山東 170/24
［民國］濟陽 11/21
張嘉賓(字龍輔,號念劬)(清・臨朐人)
［康熙四十八年］青州 14/孝友 19
［康熙六十年］青州 17/19
［咸豐］青州 46/52
光緒臨朐 14/下 14
張克家(字子齊,號西澤)(清・無棣人)
［乾隆］武定府 25/54
［咸豐］武定府 25/文苑 14
［民國］無棣 12/3
海豐縣鄉土志/耆舊－學問一
張克寬(明・北直容城人)
［宣統］山東 71/22
［道光］濟南 36/42
［嘉慶］禹城 7/29
［民國］禹城 3/46
禹城縣鄉土志/7
張克寬(清・高密人)
［光緒］高密 8/上 69
［民國］高密 14/上 81
張來憲(字翰庭)(清・長山人)
［嘉慶］長山 10/20
張培之(字竹西)(清・博山人)
［民國］續修博山 9/8,12/26
張士淳(明)
［乾隆］掖縣 3/38
［乾隆］掖縣 3/38
張士澆(清・濮州人)
［乾隆］濮州 4/18
［宣統］濮州 5/18
張太進(清・長清人)
［民國］長清 13/6
張希之(字靜者)(明・堂邑人)
［康熙］堂邑 14/2
張有容(清・茌平人)
［宣統］茌平 16/5
張志淳(明・青城人)
［萬曆］青城 1/61
張志定(明・膠州人)
［乾隆］膠州 5/23
［道光］重修膠州 26/8
［民國］增修膠志 40/34
張志宏(清・黃縣人)
［同治］黃縣 8/12
［民國］黃縣志稿 13/清孝友
張志宏(清・滕縣人)
［道光］滕縣志 8/掾曹 18
張志江(清・新城人)
［道光］濟南 55/82
［宣統］新城縣後志 3/耆壽
張志江(清・樂陵人)
［宣統］山東 171/48
［咸豐］武定府 23/忠節 24
張大業(字新所)(明・德州人)
［道光］濟南 52/41
［乾隆］德州 9/30
［民國］德縣 10/12
張大業(字克謹)(清・陽信人)
［康熙］陽信 9/31
［乾隆］陽信 7/54
［民國］陽信 5/耆碩 52
信邑志稿 7/耆碩
張九州(明・遼東人)
［乾隆］續登州 10/12
［雍正］文登 10/2
［道光］文登 5/26
［光緒］文登 10/下 2
張士遜(字順之)(宋・陰城人)
［嘉靖］山東 25/6
［康熙］山東 31/7
［雍正］山東 27/74
［宣統］山東 68/23
［康熙］濟南 24/13
［乾隆］武定府 16/5
［咸豐］武定府 19/5
［乾隆］惠民 5/13
［光緒］惠民 18/6

惠民縣鄉土志/政績錄 4
張存心(字操之)
(清・滕縣人)
[康熙]滕縣志 7/91
[道光]滕縣志 8/儒林 11
滕縣鄉土志/23
張希達(字周卿)
(明・慶雲人)
[嘉慶]慶雲 9/6
[咸豐]慶雲 2/58
[民國三年]慶雲 2/19
張志禧(字澹修,一字澹脩)
(清・昌邑人)
[雍正]山東 28/人物四 27
[宣統]山東 177/11
[康熙]萊州 10/47
[乾隆]萊州 10/32
[康熙]昌邑 6/10,6/30
[乾隆]昌邑 5/134,6/171
[民國]濰縣志稿 32/23
張士清(清・德平人)
[光緒]德平 7/22
德平縣鄉土志/耆舊錄
張克溫(明・新城人)
[康熙]新城 8/19
[民國]重修新城 15/10
張在渭(字磻溪)
(清・膠州人)
[道光]重修膠州 28/4
[民國]增修膠志 42/4
張悳涵(字衷蘊,號施普)
(明・朝城人)
[康熙]朝城 8/23
張克軍(清・茌平人)
[宣統]茌平 16/2
[民國]茌平 3/17
張奎選(明・信陽人)
[乾隆]樂陵 4/51
張奇逢(字禹玉)
(清・石門人)
[乾隆]泰安府 15/30
[乾隆二十五年]泰安縣 10/34
[乾隆四十七年]泰安縣 8/32
[道光]泰安縣 10/9
[民國]重修泰安縣 6/62
泰安縣鄉土志/政績 5
張奇潔(字秋亭)
(清・歷城人)
[宣統]山東 170/34
[民國]續修歷城 44/20
張士鴻(清・齊河人)
[道光]濟南 56/7
[雍正]齊河 8/18
[民國]齊河 26/6
張士祿(霑化人)
[民國]霑化 4/登進 48
張士選(字晉卿)
(清・茌平人)
[民國]茌平 12/87
張太初(字復元)
(清・嘉祥人)
[乾隆]嘉祥 3/35
[光緒]嘉祥 3/43
張友逸(字季超)
(清・膠州附貢)
[乾隆]嶧縣 7/34
[光緒]嶧縣 19/丞倅 15
張堉初(字震生,號春皋)
(清・博山人)
[民國]續修博山 9/10,12/6
張大祥(字瑞符)
(清・濟陽人)
[民國]濟陽 11/62
張嘉祥(字漢駒,號榴軒)
(清・齊河人)
[民國]齊河 23/35,23/69
張克祥(字雲庵)
(明・冠縣人)
[道光]冠縣 8/上 17
[光緒]冠縣 8/忠勤
[民國]冠縣 8/人物志 18
張奎祥(字應宿)
(清・高密人)
[光緒]高密 8/上 21
[民國]高密 14/上 19
高密縣鄉土志/上 46
張志道(字汝南,號心一)
(明・新泰人)
[乾隆]新泰 16/2
新泰縣鄉土志/20
張大力(字毅亭)
(清・鄒平人)
[道光]濟南 54/40
[嘉慶]鄒平 15/12
[道光]鄒平 15/83
[民國]鄒平 15/83
張大有(金・新泰人)
[順治]新泰 5/8
張大有(字豐年)
(清・惠民人)
[乾隆]惠民 6/18
[光緒]惠民 24/3
張吉士(號松霞)
(清・平原人)
[道光]濟南 56/98
[乾隆]平原 8/5
平原縣鄉土志輯稿/鄉賢
張嘉才(字淑周,號洛濱)
(明・莒縣人)
[民國]重修莒志 67/2
張嘉吉(明・江西吉水人)
[萬曆]青州 12 又/7
[康熙十五年]青州 12 又/7
[康熙四十八年]青州 12 又/7
[康熙]沂水 4/28
[道光]沂水 5/29
張克榜(字友蓮,號桂峰)
(清・濟寧人)
[道光]濟寧直隸州 8/4-23
張奇才(字養卓)
(清・茌平人)
[乾隆]東昌 43/11
[嘉慶]東昌 32/37
[宣統]茌平 14/4
[民國]茌平 3/73
張士奇(清・聊城人)
[乾隆]東昌 43/3
[嘉慶]東昌 32/29
[康熙]聊城 3/53
[宣統]聊城 8/82
聊城縣鄉土志/27
張士奇(清・齊河人)
[民國]齊河 26/14
張士奇(字俊書)
(清・無棣人)

［民國］無棣 12/15
張士堯（清・直隸通州人）
［宣統］山東 77/8
［咸豐］青州 37/11
［康熙］高苑縣續志 3/6
［乾隆］高苑 3/22
張士志（見張士誌）
張希有（字東圃）
（清・濰縣人）
［民國］濰縣志稿 29/24
張希志（清・嶧縣人）
［乾隆］嶧縣 8/32
［光緒］嶧縣 21/孝友 4
張友直（原名友智，字鑑亭）
（清・新城人）
［宣統］新城縣後志 2/善行
［民國］重修新城 18/2
張志古（明・定陶人）
［萬曆二十四年］兗州 37/6
［康熙］兗州 28/35
［順治］定陶 5/19
［乾隆］定陶 6/11
［民國］定陶 6/42
張志奇（字鴻儒）
（清・利津人）
［宣統］山東 171/34
［咸豐］武定府 24/循良 44
［乾隆］利津縣志補 4/23
［乾隆］利津縣志續編 8/39
［光緒］利津 7/宦蹟 10
張士標（清・濟陽人）
［乾隆］濟陽 8/35
［民國］濟陽 11/13
張士楨（清・東平人）
［康熙］東平州續志 6/5
張來城（清・諸城人）
［光緒］增修諸城縣續志 19/2
張希栻（字暉吉）
（清・歷城人）
［乾隆］歷城 42/8
張左城（見張左誠）
張大藩（明・廣東順德人）
［萬曆］青州 12 又/又 13
［康熙十五年］青州 12 又/又 13
［康熙四十八年］青州 12 又/又 13
［康熙六十年］青州 12/38
［咸豐］青州 36/23
［萬曆］諸城 4/35
［乾隆］諸城 28/5
張大蘇（字小坡）
（清・齊河人）
［民國］齊河 23/13
［光緒］費縣 3/57
張九苞（明・朝城人）
［康熙］朝城 8/12
張克恭（明・金鄉人）
［康熙十二年］金鄉 5/1
張南藹（清・汶上人）
［宣統］四續汶上稿/人物－耆德傳
張培基（字健堂，一作健亭）
（清・博興人）
［咸豐］青州 50/14
［道光］博興 11/32
［民國］重修博興 13/30
張森林（字夏臣）
（壽光人）
［民國］壽光 1/13
張士華（明・青城人）
［萬曆］青城 1/70
張士林（霑化人）
［民國］霑化 4/登進 48
張士英（清・福建永定監生）
［乾隆］嶧縣 7/30
［光緒］嶧縣 19/丞倅 6
張士英（字得三，一字朝重）
（清・利津人）
［咸豐］武定府 24/循良 46
［乾隆］利津縣志補 4/24
［乾隆］利津縣志續編 8/40
［光緒］利津 7/宦蹟 11
張士藻（字抒采）
（清・濟寧人）
［乾隆］濟寧直隸州 15/27，27/15
［道光］濟寧直隸州 8/2－48
張壽世（字松山）
（清・掖縣人）
［民國］四續掖縣 4/63
張堯封（字子華，號南野）
（明・博山人）
［康熙］益都 9/19
［乾隆］博山 6/上 9
［民國］續修博山 11/7
張友桂（字月香）
（清・博興人）
［民國］重修博興 13/42
張志芳（明・山西陽城人）
［宣統］山東 71/42
［乾隆］武定府 16/20
［咸豐］武定府 19/陽信 4
［康熙］陽信 7/31
［乾隆］陽信 5/32
信邑志稿 5/宦蹟
［民國］陽信 2/59
陽信縣鄉土志上/政績－去害，耆舊－名宦祠
張志孝（字永錫）
（明・濟寧人）
［康熙］濟寧州 6/28
［乾隆］濟寧直隸州 24/16
［道光］濟寧直隸州 8/2－30
張志孝（號龍洲）
（明・鉅野人）
［萬曆］鉅野 8/隱逸
［康熙］鉅野 13/5
張士坤（東阿人）
［民國］東阿 15/8
張壽椿（號愚山）
（清・濱州人）
［咸豐］濱州 10/16
張志棟（字敬修，別字青樵）
（清・昌邑人）
［宣統］山東 177/1
［乾隆］萊州 10/34
［康熙］昌邑 6/10
［乾隆］昌邑 5/134，6/180
［民國］濰縣志稿 32/23
張九如（清・惠民人）
［光緒］惠民 20/9
惠民縣鄉土志/耆舊錄 5
張培旭（字迎暄）
（清・泰安人）
［民國］重修泰安縣 8/13
張大鶴（字臯音，號南村）
（清・蒲臺人）

[乾隆]蒲臺3/51
蒲臺縣鄉土志/12
張培樛(字綏堂)
(清・平度人)
[民國]平度縣續志8/12
張士超(字越泉)
(清・章邱人)
章邱縣鄉土志/上51
張有穀(清・博興人)
[民國]重修博興13/43
張在朝(字勳卿)
(清・商河人)
[民國]重修商河8/59
張大樽(字酌堂)
(清・齊河人)
[民國]齊河23/14
張嘉幹(字利貞)
(清・陵縣人)
[光緒]陵縣19/人物傳二25
張士翰(字殿臣)
(清・濟寧人)
[民國]濟寧直隸州續志12/43
張友梅(字益三)
(平原人)
[民國]續修平原8/24
張存素(清・寧海舉人)
[宣統]茌平8/9
[民國]茌平8/66
張大本(清・遼東旗籍舉人)
[宣統]山東77/25
[光緒]增修登州28/4
[康熙]福山7/15
[乾隆]福山7/17
[民國]福山縣志稿3/2-8
張克忠(字良甫)
(元・鄒平人)
[道光]濟南48/26
[嘉慶]鄒平9/19,15/28
[道光]鄒平9/19,15/8
[民國]鄒平15/8
張來泰(字泰來)
(清・單縣人)
[乾隆]單縣7/28
[民國]單縣9/73
張奇表(明・陝西華州人)
[道光]濟南36/61
張士表(清・金鄉人)
[康熙五十一年]金鄉5/7
張希泰(字安久)
(清・寧津人)
[光緒]寧津8/35
寧津縣志料3/人物-義行
張存靜(字子安)
(清・德平人)
[民國]德平縣續志6/10
張希哲(明・湖廣華容人)
[宣統]山東71/51
[乾隆]武定府16/15
[咸豐]武定府19/青城2
[乾隆]青城7/3
[民國]青城續修4/名宦13
張志靜(元・滕人)
[萬曆]滕志8/74
[康熙]滕志8/人物44
[康熙]滕縣志8/釋道2
[道光]滕縣志11/釋道2
張大成(字信之)
(清・齊東人)
[民國]齊東5/27
齊東縣鄉土志/耆舊錄2
張大成(清・河南陝州人)
[宣統]山東75/47
[咸豐]武定府19/樂陵5
張九成(宋・徙居錢塘)
[康熙十二年]陽穀3/26
[康熙]陽穀3/24
[光緒]陽穀6/24
張九輔(清・高密人)
[乾隆]萊州11/善行3
[康熙]高密8/11
[乾隆]高密8/上37
[光緒]高密8/上67
[民國]高密14/上78
張堯輔(明・陝西宜川人)
[宣統]山東72/24
[萬曆]青州12/50
[康熙十五年]青州12/50
[康熙四十八年]青州12/50
[乾隆]沂州府20/12
[康熙]日照8/10
張有成(清・壽光人)
[民國]壽光12/人物志二71
張在戊(字申仲)
(清・安丘人)
[咸豐]青州47/9
[道光]安邱新志23/3
安丘縣鄉土志8/耆舊錄5
張友典(字徽五)
(清・陽信人)
[民國]陽信5/孝友65
張九圍(字式寰)
(清・濟寧人)
[民國]濟寧直隸州續志14/17
張克晟(字光岳)
(清・掖縣人)
[乾隆]掖縣4/69
張士田(清・東平人)
[乾隆]東平州15/21
[道光]東平州15/21
[光緒]東平州15/下29
[民國]東平縣11/下6
張士田(清・霑化人)
[宣統]山東171/49
張壽昌(字馨德)
(清・平原人)
[道光]濟南56/106
[民國]續修平原10/上18
張壽昌(字松年)
(清・陽穀人)
[光緒]陽穀6/31
張太昇(字霽旭)
(清・遼東人)
[順治]嘉祥6/18
[乾隆]嘉祥4/37
[光緒]嘉祥4/47
張有田(字子畊)
(清・定陶人)
[民國]定陶8/30
張志易(清・高密人)
高密縣鄉土志/上39
張奎璧(清・陽穀人)
[康熙]陽穀4/18
[光緒]陽穀9/3
[民國]增修陽穀人物/仕宦20
張壽頤(字山雷)
(清・膠州人)

［道光］重修膠州 28/21
［民國］增修膠志 42/19
張友臣（字輔堂）
（濟南人）
［民國］續修鉅野 3/14
張大剛（明）
［光緒］嶧縣 19/職官下 2
張克剛（字健資）
（清・章邱人）
［道光］濟南 54/18
［道光］章邱 11/64
張希駿（字右衡）
（清・新城人）
［道光］濟南 55/50
［宣統］新城縣後志 3/文苑
［民國］重修新城 17/11
張克勵（字志行）
（清・霑化人）
［光緒］霑化 7/25
［民國］霑化 2/27
張來陽（字煦亭）
（清・金鄉人）
［咸豐］濟寧直隸州續志 3/4
［民國］濟寧直隸州續志 14/23
［咸豐］金鄉縣志略 9/中忠義傳 1
［民國］金鄉 14/16
張才興（明・武城人）
［嘉靖］武城 7/73
［順治］武城 3/11
張大賢（字倍英）
（清・樂陵人）
［乾隆］武定府 26/14
［咸豐］武定府 26/義行 14
［乾隆］樂陵 6/36
樂陵縣鄉土志 3/27
張大用（金・萊陽人）
［民國］萊陽 3/1 中 3
張九賢（字共甫）
（明・歷城人）
［道光］濟南 49/36
［乾隆］歷城 37/41
張來鳳（字文祥）
（明・霸州人）
［萬曆］濮州 3/名宦 29
張來鳳（字應虞）
（明・嘉祥人）
［道光］濟寧直隸州 8/2－54
［順治］嘉祥 4/41
［乾隆］嘉祥 3/34
［光緒］嘉祥 3/42
張士熙（元・莒人）
［宣統］山東 161/25
［民國］重修莒志 63/1
張士賢（號雪亭）
（清・利津人）
［光緒］利津 8/孝友 3
張壽朋（清・膠州人）
［民國］增修膠志 43/6
張希閔（明・禹城人）
［道光］濟南 52/8
［康熙］禹城 2/13
［嘉慶］禹城 9/16
［民國］禹城 6/13
張希周（字景鎬）
（清・夏津人）
［民國］夏津續編 8/90
張有聞（字建之）
（清・無棣人）
［民國］無棣 13/29
張志學（明・樂陵人）
［乾隆］武定府 23/11
［咸豐］武定府 23/名臣 11
［順治］樂陵 6/5
［乾隆］樂陵 6/13
張大臨（字濟齋）
（清・鉅野人）
［道光］鉅野 13/48
張大曾（字南豐）
（清・齊河人）
［民國］齊河 23/13
張大公（元・清平人）
［嘉慶］清平 14/25
［宣統］增輯清平 12/25
［民國］清平/藝文 35
清平縣鄉土志/耆舊
張大年（明・膠州人）
［雍正］（膠州）州志別本/人物－完名
張大鏞（字玉鳧）
（清・齊河人）
［民國］齊河 23/69
張嘉會（明・涿州人）
［道光］長清 3/10
張南金（字宸俞，號蝶仙）
（清・泰安人）
［民國］重修泰安縣 8/28
張士美（清・霑化人）
［乾隆］武定府 25/28
［咸豐］武定府 25/孝友 28
［光緒］霑化 8/12
［民國］霑化 2/41
張希曾（字小村）
（清・長山人）
［道光］濟南 55/36
［民國］續修鄒縣志稿/名宦
張有年（字瑞書，號沁園）
（清・濟寧人）
［道光］濟寧直隸州 8/4－1
濟寧州鄉土志 2/耆舊
張志美（字斯玉）
（清・惠民人）
［光緒］惠民 21/13
惠民縣鄉土志/耆舊錄 11
張志善（明・昌樂人）
［咸豐］青州 43/2
［嘉慶］昌樂 21/2
張大猷（明・湖廣黃陂人）
［康熙五十六年］壽張 4/7
［光緒］壽張 5/6
張大猷（字允公）
（清・歷城人）
［道光］濟南 53/49
張存智（字應貞，別號春溪）
（明・歷城人）
［康熙］濟南 41/25
［道光］濟南 49/23
［乾隆］歷城 37/34
張志鍔（字劍峯）
（清・高密人）
［光緒］高密 8/上 64
［民國］高密 14/上 75
高密縣鄉土志/上 49
張九敘（字禹功，號桐岡）
（明・商河人）
［咸豐］武定府 35/誌銘 8
［萬曆］商河 10/60

［道光］商河 7/4,8/下 9
［民國］重修商河 8/3,13/藝文志四墓誌 7
商河縣鄉土志 3/耆舊－學問
張大瀋（見張大藩）
張奇策（字獻甫,號彤墀）
（明・觀城人）
［雍正］山東 28/人物三 56
［宣統］山東 164/47
［乾隆］曹州府 15/21
［康熙］觀城 4/12,4/20
［道光］觀城 8/5,9/56
觀城縣鄉土志/耆舊
張奇策（字賓公,一字獻廷,或作獻寧,號蕭亭）
（明・鄒平人）
［康熙］濟南 44/28
［道光］濟南 50/14
［順治］鄒平 6/6
［康熙］鄒平 6/3
［嘉慶］鄒平 15/8
［道光］鄒平 15/45
［民國］鄒平 15/45
張士鑑（字鏡民）
（清・莒縣人）
［民國］重修莒志 65/24
張士節（清・金鄉人）
［咸豐］金鄉縣志略 9/中列傳二 15
［民國］金鄉 14/3
金鄉縣鄉土志/耆舊錄上
張士敏（字遜齋）
（清・金鄉人）
［民國］濟寧直隸州續志 14/34
［民國］金鄉 14/22
張希敏（清・日照人）
［光緒］日照 8/39
張九堂（字元圃）
（清・汶上人）
［宣統］四續汶上稿/人物－文學傳
張奎光（字燦如）
（清・歷城人）
［道光］濟南 53/9
［民國］續修歷城 44/8
張奎光（字聚五）
（清・歷城人）
［道光］濟南 53/51
［民國］續修歷城 44/10
張有尚（字公望）
（清・鄒平人）
［道光］濟南 54/48
［道光］鄒平 15/93
［民國］鄒平 15/93
張有堂（字書年）
（清・博山人）
［民國］續修博山 12/34
張大愷（清・臨清人）
［乾隆］臨清直隸州 8/下 7
張大烺（清・濟寧人）
［民國］濟寧直隸州續志 14/22
張大煊（清・濟寧人）
［民國］濟寧直隸州續志 14/21
41 **張標**（字汝式）
（明・壽光人）
［康熙］山東 45/18
［萬曆］青州 13/68
［康熙十五年］青州 13/68
［康熙四十八年］青州 13/事功 52
［康熙六十年］青州 16/26
［咸豐］青州 44/21
［康熙］壽光 23/1
［嘉慶］壽光 12/22
［民國］壽光 12/人物志一 21
張標（字衆楷）
（清・夏津人）
［民國］夏津續編 8/19
張梗（字介甫）
（清・汶上人）
［宣統］四續汶上稿/人物－施濟傳
張楷（字道寧）
（元・東平人）
［康熙］濟寧州 6/18
［乾隆］濟寧直隸州 21/19
［道光］濟寧直隸州 6/6－16
濟寧州鄉土志 1/政績
張楷（字聖木,一字子式）
（清・昌樂人）
［咸豐］青州 50/16
［民國］昌樂縣續志 28/6
張楷（字瞻式,號蒿亭）
（清・長垣人）
［宣統］山東 75/36
［乾隆］泰安府 15/34
［康熙五十四年］東阿 3/40
［道光］東阿 11/17
［光緒］東阿縣鄉土志 2/18
張楷（清・河南河內人）
［宣統］山東 75/54
［民國］重修商河 6/70
商河縣鄉土志 1/政績
張楷（字書田）
（清・膠州人）
［道光］重修膠州 29/21
［民國］增修膠志 45/7
張楷（字聖林）
（清・臨桂人）
［光緒］日照 8/53
張樞（元）
［光緒］益都縣圖志 17/15
張樞（清・莘縣人）
［光緒］莘縣 6/43
［民國］莘縣 6/37
莘縣鄉土志/事業 28
張樞（字星垣）
（清・莘縣人）
［光緒］莘縣 7/35
［民國］莘縣 7/19
張樞（清・諸城人）
［光緒］增修諸城縣續志/孝義補遺 4
張梧（清・蓬萊人）
［光緒］增修登州 39/6
張梧（字伯高,一字碧一,號掖垣）
（清・平陰人）
［宣統］山東 171/11
［乾隆］泰安府 17/46
［順治］平陰 7/8,8/上 89
［光緒］平陰 4/17
張顆（字爲山）
（清・萊蕪人）

［民國］萊蕪 20/8
［民國］續修萊蕪 27/18
42 張彬（字適均）
（清・濱州人）
［咸豐］濱州 10/厚德 5
濱州鄉土志/耆舊錄
張彬（字築巖，號今雨）
（清・夏津人）
［民國］夏津續編 8/91
張梃（號礪坡）
（清・高密人）
［光緒］高密 8/上 58
［民國］高密 14/上 68
高密縣鄉土志/上 47
光緒臨朐 13/17
張樸（字見素）
（宋）
［康熙］淄川 4/6
［乾隆］淄川 4/6
張樸（字茂生）
（清・德平人）
德平縣鄉土志/耆舊錄
張樸（字小波）
（清・直隸定州舉人）
章邱縣鄉土志/上 6
［道光］平陰續刻 1/25，1/28
平陰縣鄉土志/4
張圻（字桐軒）
（清・牟平人）
［民國］牟平 7/114
張橓（字雲坡）
（明・臨朐人）
［康熙］臨朐縣志書 4/67
光緒臨朐 14/上 34
張桃（字崑崙）
（清・商河人）
［道光］商河 7/32
［民國］重修商河 8/53
張斯立（號繡江）
（元・章丘人）
［康熙］濟南 39/1
［道光］濟南 48/48
［萬曆］章丘 23/18
［康熙］章丘 6/19
［乾隆］章邱 9/14
［道光］章邱 11/21
張斯和（字可禮）
（元・章邱人）
［道光］濟南 48/48
［道光］章邱 10/27，14/68
張彭修（字又籛）
（清・鄒平人）
［民國］鄒平 15/111
張彭齡（字壽堂）
（清・平度人）
［民國］平度縣續志 7/9
張彭齡（字漢三）
（清・陽信人）
［民國］陽信 5/方技 83
張彭齡（掖縣人）
［民國］四續掖縣 4/57
張彭福（字星輝）
（清・汶上人）
［宣統］四續汶上稿/人物－忠烈傳
張彭祖（漢）
［嘉靖］青州 12/25
［康熙十五年］青州 8/12
張埒瞿（字恆圃）
（清・濱州人）
［咸豐］濱州 10/32
張彭年（字述亭）
（清・高苑人）
［咸豐］青州 50/11
張彭年（清・銅山人）
［民國］續修鉅野 3/2
43 張朴（字濟文）
（明・寧陽人）
［康熙十一年］寧陽 7/14
［康熙四十一年］寧陽 7/14
［乾隆］寧陽 7/良吏 4
張朴（字茂生）
（清・德平人）
［道光］濟南 56/88
［嘉慶］德平 7/16
［光緒］德平 7/15
張求（宋）
［光緒］益都縣圖志 16/36
張求（字我園，號夢岩）
（清・無棣人）
［咸豐］武定府 24/循良 41
［民國］無棣 12/13
海豐縣鄉土志/耆舊－學問一
張式（明・諸城人）
［萬曆］諸城 4/45
張栻（字敬夫）
（宋・綿竹人）
［雍正］山東 11/闕里二 29
［乾隆］兗州 7/41
張栻（字天目）
（清・平原人）
［道光］濟南 56/100
［乾隆］平原 8/39
平原縣鄉土志輯稿/文學
張載（字孟陽）
（晉・臨淄安平人）
［雍正］山東 28/人物一 36
［宣統］山東 163/4
［萬曆］青州 15/3
［康熙十五年］青州 15/3
［康熙四十八年］青州 15/文學 3
［康熙六十年］青州 18/10
［康熙］臨淄 9/16
［民國］臨淄 25/41，26/44
張載（字子厚）
（宋・大梁人）
［雍正］山東 11/闕里二 21
［乾隆］兗州 7/32
張博文（元・商河人）
［乾隆］武定府 23/10
［咸豐］武定府 23/名臣 10
［萬曆］商河 7/1
［道光］商河 7/2
［民國］重修商河 8/1
商河縣鄉土志 2/耆舊－事業
張婉玉（字鳴珂）
（清・曹縣人）
［康熙］曹縣 11/37
張式雋（字邁千）
（清・新城人）
［宣統］新城縣後志 3/孝友
［民國］重修新城 18/15
張載徵（字淵默，號幼魚）
（明・萊陽人）
［光緒］增修登州 38/18

［康熙］萊陽 8/12
［民國］萊陽 3/1 中 24，3/1 中 58，3/3 上傳志上 16
張式南（清·臨淄人）
［民國］臨淄 25/39
張式勤（字成孚）（清·博山人）
［民國］續修博山 11/36
張式旭（清·臨清人）
［宣統］山東 174/31
［民國］臨清縣/人物 28
張始均（字子衡）（北魏·清河郡人）
［乾隆］東昌 36/15
［嘉慶］東昌 26/16
［乾隆］武城 10/8
武城縣鄉土志略/耆舊錄
［宣統］重修恩縣 8/8
［民國］重修恩縣 11/鄉賢 6
恩縣鄉土志/17
張式春（字東甲）（無棣人）
［民國］無棣 13/25
44 張艾（字列泉）（明·山西孝義舉人）
［嘉慶］德平 5/8
［光緒］德平 5/8
張材（明·北直安州舉人）
［民國］濰縣志稿 20/15
張蒼（漢·陽武人）
［嘉靖］山東 30/1
［康熙］山東 40/1
［萬曆元年］兗州 40/相業 7
［康熙］東明 6/3
［乾隆］東明 6/3
［民國］東明縣新誌 11/11
東明縣志料/人物門
張萃（元）
［康熙］濰縣 5/名宦 4
［乾隆］濰縣 3/40
［民國］濰縣志稿 20/11
濰縣鄉土志/51
張蕁（字子秀）（明·任城人）
［乾隆］曹州府 16/13
［崇禎］鄆城 5/24
［康熙］鄆城 5/37
［光緒］鄆城 5/41
張藩（明·觀城人）
［康熙］觀城 4/2
張芳（宋）
［民國］萊陽 3/1 上 3
張芬（字德馨，號坦菴）（清·章邱人）
［道光］章邱 11/72
張恭（明·朝城人）
［康熙］朝城 8/50
張恭（明·沔陽州人）
［康熙］膠州 5/5
［乾隆］膠州 4/7
［道光］重修膠州 22/1
［民國］增修膠志 17/1
膠州直隸州鄉土志 3/政績－聽訟
張恭（明·招遠人）
［順治］招遠 8/9
張桂（明·安平人）
［萬曆］諸城 4/24
張桂（字月齋）（清·臨沂人）
［民國］臨沂 10/56
張韓（號我齋）（明·宣城人）
［乾隆］即墨 8/6
［同治］即墨 8/6
即墨縣鄉土志/政績錄
張荷（字若山）（宋·壽光人）
［至元］齊乘 6/25
［嘉靖］山東 32/14
［康熙］山東 42/14
［雍正］山東 28/人物二 38
［宣統］山東 163/25
［嘉靖］青州 15/54
［萬曆］青州 14/38
［康熙十五年］青州 14/38
［康熙四十八年］青州 14/隱逸 12
［康熙六十年］青州 20/4
［咸豐］青州 41/27
［康熙］壽光 22/1
［嘉慶］壽光 14/17
［民國］壽光 12/人物志二 41
張華（南燕·清河東武城人）
［咸豐］青州 64/12
［光緒］益都縣圖志 53/3
張華（字秀峰）（清·歷城人）
［道光］濟南 53/58
［民國］續修歷城 44/15
張華（字岳東）（清·蓬萊人）
［道光］重修蓬萊 9/27
［民國］蓬萊縣志合編人物志/孝友
張蕙（號抑齋）（明·平原人）
［道光］濟南 52/56
［乾隆］平原 8/33
平原縣鄉土志輯稿/循吏
張蕙（清·長山人）
［嘉慶］長山 10/11
張基（字泰初）（清·齊河人）
［道光］濟南 56/10
張藎（清·臨清人）
［乾隆］臨清直隸州 8/下 6
［民國］臨清縣/人物 61
張藎（字獻彤，號拙菴）（清·濮州人）
［康熙］濮州 3/88，6/93
［乾隆］濮州 3/89，6/93
［宣統］濮州 4/95，8/93
張舊（漢·金鄉人）
［咸豐］金鄉縣志略 9/上 1
張菊（字振秋，號澹圃）（清·滕縣人）
［道光］滕縣志 8/儒林 12
滕縣鄉土志/24
張蘭（字公采，號九畹）（明·曹縣人）
［康熙］曹縣 11/9
［光緒］曹縣 11/選舉 11
張蘭（字汝馨）（明·濟陽人）
［康熙］山東 45/3
［康熙］濟南 44/10
［道光］濟南 51/52

[乾隆]濟陽 8/19
[民國]濟陽 11/24
張林(元·章邱人)
[道光]濟南 48/38
[道光]章邱 11/55
張林(明·菏澤人)
[康熙]曹州志 16/3
[光緒]菏澤 16/2
[光緒]新修菏澤 10/36
張麓(明·壽光人)
[雍正]山東 28/人物三 46
[宣統]山東 161/48
[萬曆]青州 13/69
[康熙十五年]青州 13/69
[康熙四十八年]青州 13/事功 53
[康熙六十年]青州 16/27
[咸豐]青州 44/16
[康熙]壽光 23/2
[嘉慶]壽光 12/22
[民國]壽光 12/人物志一 22
壽光縣鄉土志/耆舊
張茂(明·濱州人)
[嘉靖]山東 29/21,35/2
[康熙]山東 45/3
[乾隆]武定府 25/8
[咸豐]武定府 25/孝友 8
[康熙]濱州 7/17
[咸豐]濱州 10/22
濱州鄉土志/耆舊錄
張茂(清·城武人)
[康熙九年]城武 3/13
[康熙四十一年]城武 5/上懿行 24
[道光]城武 9/上 43
張懋(字季勤)
(清·蓬萊人)
[民國]蓬萊縣志合編人物志/行誼
張蒙(元·濟寧人)
[乾隆]濟寧直隸州 23/37
[道光]濟寧直隸州 8/2–19
張模(字伯範)
(明·陽信人)
[民國]陽信 5/任恤 29
陽信縣鄉土志上/耆舊–事業
張攀(字鳳臺)
(明·安丘人)
[雍正]山東 28/人物三 76
[宣統]山東 164/54
[咸豐]青州 45/61
[康熙]續安丘 20/24
安丘縣鄉土志 5/耆舊錄 2
張萍(字聖瑞)
(清·平原人)
[民國]續修平原 10/上 12
張芹(明·山西孝義人)
[宣統]山東 73/15
[萬曆]青州 12/34
[康熙十五年]青州 12/34
[康熙四十八年]青州 12/34
[康熙六十年]青州 12/30
[咸豐]青州 36/18
[萬曆]安丘 17/4
安丘縣鄉土志 2/政績錄
張芹(字瑞廷)
(清·博山人)
[民國]續修博山 11/31
張芹(清·茌平人)
[宣統]茌平 16/9
[民國]茌平 3/42
張芹(字蘭輝)
(清·齊東人)
[道光]濟南 56/18
齊東縣鄉土志/耆舊錄 17
張勤(字文敬,號魚臺)
(明·高苑人)
[咸豐]青州 44/15
[康熙]高苑縣續志 6/1
[乾隆]高苑 6/5
高苑縣鄉土志/耆舊
張勤(清·諸城人)
[光緒]增修諸城縣續志 15/3
張荃(字芳村)
(清·觀城人)
觀城縣鄉土志/耆舊
張若(字杜洲)
(清·臨清人)
[民國]臨清縣/人物 70
張蓍(字太占)
(清·泰安人)
[民國]重修泰安縣 8/49
張蘇(字眉山)
(清·博平人,後入莘縣籍)
[道光]博平 4/19
博平縣鄉土志/耆舊–循史
[光緒]莘縣 6/22
[民國]莘縣 6/17
莘縣鄉土志/鄉宦 19
張萬(東漢)
[乾隆]德平 2/20
[嘉慶]德平 5/2
[光緒]德平 5/2
張萬(元·昌樂人)
[民國]昌樂縣續志 17/57
張協(字景陽)
(漢·臨淄人,一作安平人)
[嘉靖]山東 32/7
[康熙]山東 42/7
[嘉靖]青州 15/52
[萬曆]青州 14/36
[康熙十五年]青州 14/36
[康熙四十八年]青州 14/隱逸 10
[康熙六十年]青州 18/10
[康熙]臨淄 9/16
[民國]臨淄 26/45
張萱(字思孝)
(明·東平人)
[道光]東平州 13/37
[光緒]東平州 15/上 37
[民國]東平縣 11/上 14
東平州鄉土志上/耆舊錄 32
張薰(字自南)
(清·陵縣人)
[光緒]陵縣 19/人物傳二 15
張英(明)
[正德]博平 5/83
張英(明·朝城人)
[康熙]朝城 8/18
張英(字廷玉)
(明·臨朐人)
[咸豐]青州 45/38
[萬曆]新修霑化 6/107
[康熙]臨朐縣志書 3/47
光緒臨朐 14/上 31
張英(明·莘縣人)

[乾隆]東昌 42/16
[正德]莘縣 6/35
[康熙十一年]莘縣 7/15
莘縣鄉土志/事業 25
張芓(字攸安,號東崖)
(清・掖縣人)
[嘉慶]續掖縣 3/16
張蘊(宋・齊州歷城人,一作淄川人)
[至元]齊乘 6/28
[道光]濟南 34/8
[嘉靖]淄川 6/80
[萬曆]淄川 30/7
[康熙]淄川 4/5
[乾隆]淄川 4/5
淄川縣鄉土志/政績錄
張藻(字樂泮)
(清・歷城人)
[民國]續修歷城 44/19
張藻(字靜溪,號思誠)
(清・滕縣人)
[道光]滕縣志 8/儒林 41
張蓁(字盛美)
(清・慶雲人)
[民國三年]慶雲 2/46
張芝(字秀三)
(清・無棣人)
[民國]無棣 12/10
張著(元・葛城人)
[康熙]濟南 25/22
[道光]濟南 34/43
[康熙]長清 8/49
[道光]長清 3/8
張桂慶(清・清平人)
[宣統]增輯清平 12/51
[民國]清平/人物 33
張桂庭(字馨齋)
(清・陽信人)
[民國]陽信 5/耆碩 57
張華亭(字墨林)
(清・寧陽人)
[光緒]寧陽 14/44
寧陽縣鄉土志/17
張基讓(字致祥)
(清・曹縣人)
[光緒]曹縣 14/行誼 32
張蘭亭(清・安邱人)
[民國]續安邱新志 21/5
張夢庚(字儆白)
(清・冠縣人)
[民國]冠縣 8/人物志 11
張勤文(萊陽人)
[民國]萊陽 3/1 中 70
張夢龍(字磻溪,號震觀)
(清・長清人)
[道光]長清 12/1
張夢龍(字振霄)
(清・德平人)
[光緒]德平 7/29
張攀龍(清・壽張人)
[光緒]壽張 7/16
張荷新(字香圃)
(清・齊河人)
[民國]齊河 23/82
張勤望(清・四川遂寧人)
[宣統]山東 77/21
[光緒]增修登州 25/13
張夢麟(號靜峯)
(明・朝城人)
[康熙]朝城 8/13
張夢麟(明・開州人)
[乾隆]泰安府 15/25
[民國]萊蕪 9/6
[民國]續修萊蕪 15/7
張夢麟(字景星)
(清・章邱人)
[道光]章邱 11/85
張楚平(唐・范縣人)
[光緒]壽張 5/3
壽張縣鄉土志/政績－興利
張封晉(字亞山)
(清・掖縣人)
[民國]四續掖縣 4/74
張夢雷(字君牙)
(清・牟平人)
[光緒]增修登州 43/35
[同治]重修寧海州 21/6
[民國]牟平 7/88
張夢元(字藎臣)
(清・齊河人)
[民國]齊河 23/69,32/76
張攀雲(清・冠縣人)
[道光]冠縣 8/上 18
[民國]冠縣 8/人物志 19
張其玉(字德涵)
(清・青城人)
[咸豐]武定府 25/孝友 39
[乾隆]青城 8/11,12/20
[民國]青城續修 4/人物 22,4/藝文上 32
張芹元(清・陽穀人)
[民國]增修陽穀人物/師道 24
張樹玉(清・平度人)
[民國]平度縣續志 7/35
張孝元(清・萊陽人)
[民國]萊陽 3/1 中 73
張華廷(原名鑾,字文坡)
(清・莒縣人)
[民國]重修莒志 62/15
張蕙孫(一名薰圃)
(清・齊河人)
[民國]齊河 23/15
張蘭廷(清・臨沂人)
[民國]臨沂 10/60
張楙孫(字修甫)
(清・觀城人)
觀城縣鄉土志/耆舊
張其烈(明・高唐人)
[乾隆]東昌 42/27
[嘉慶]東昌 32/23
[道光]高唐州 5/2－2
[光緒]高唐州 5/2－2
[民國]高唐縣 12/32
高唐州鄉土志/19
張世弘(字存心,號寬厚)
(清)
[康熙]兗州府曹縣 9/38
[光緒]曹縣 9/縣丞 4
張世烈(明・延安衛人)
[光緒]益都縣圖志 18/9
張世瑞(清・泰安人)
[乾隆四十七年]泰安縣 10/上 32
[道光]泰安縣 9/上 84
[民國]重修泰安縣 8/38
泰安縣鄉土志/耆舊 17
張蔭孫(字召棠)

（清・齊河人）
［民國］齊河 23/15
張植廷（字獻思）
（清・蒲臺人）
蒲臺縣鄉土志/17
張世瑢（字方水，號醉菴）
（明・鉅野人）
［雍正］山東 28/人物四 49
［宣統］山東 173/37
［乾隆］曹州府 15/24
［道光］鉅野 12/15
張懋功（字勛臣）
（清・壽張人）
［光緒］壽張 7/30
壽張縣鄉土志/耆舊－附忠孝祠
張其功（明・黃縣人）
［乾隆］黃縣 12/4
［同治］黃縣 9/1
［民國］黃縣志稿 13/人物－附錄
張其瑾（字石公）
（明・河南洛陽人）
［宣統］山東 72/28
［乾隆］曹州府 12/22
［康熙］濮州 3/27
［乾隆］濮州 3/27
［宣統］濮州 4/27
張世琦（字弘璧）
（清・曹縣人）
［康熙］曹縣 11/42
［康熙］兗州府曹縣 11/52
張蘂珠（字雪心）
（清・陽信人）
［乾隆］陽信 7/53
［民國］陽信 5/隱逸 71
信邑志稿 7/隱逸
張芳聚（字蘭階）
（清・汶上人）
［宣統］四續汶上稿/人物－施濟傳
張燕翼（字敬堂）
（清・膠州人）
［道光］重修膠州 28/4
［民國］增修膠志 42/4
張茁政（字建侯）
（清・慶雲人）
［民國三年］慶雲 2/40
張夢鯨（字仲鱗，號華陽）
（明・齊東人）
［康熙］濟南 35/26
［道光］濟南 51/43
［康熙］新修齊東 6/8，7/41
［民國］齊東 5/4，5/125，6/25，6/68
齊東縣鄉土志/耆舊錄 12
張協舜（恩縣人）
［民國］重修恩縣 11/鄉賢 62
張芝香（清・蓬萊人）
［光緒］增修登州 43/6
［道光］重修蓬萊 9/27
［民國］蓬萊縣志合編人物志/孝友
張桂貞（明・諸城人）
［康熙］諸城 7/60
張夢仁（字厚存）
（清・樂陵人）
［乾隆］樂陵 6/40
張夢熊（清・汶上人）
［宣統］四續汶上稿/人物－藝術傳
張其仁（字樂賓）
（明・濮州人）
［康熙］濮州續志下/21
［宣統］濮州 3/90
張其仁（明・曲陽人）
［康熙］昌邑 5/10
［乾隆］昌邑 5/111，6/163，8/270，8/274
張其仁（清・無棣人）
［民國］無棣 13/28
張其順（清・黃縣人）
［同治］黃縣 8/19
張世經（清・福山人）
［乾隆］福山 8/53
張世能（字在職）
（清・曹縣人）
［康熙］曹縣 11/42
［康熙］兗州府曹縣 11/52
張萬經（字伯綸）
（清・東平人）
［乾隆］東平州 14/15
［道光］東平州 14/15
［光緒］東平州 15/中 20
［民國］東平縣 11/上 38
張萬歲（唐）
［嘉靖］濮州 7/7
［萬曆］濮州 3/名宦 11
［乾隆］濮州 3/11
［宣統］濮州 4/11
張萼峯（清・無棣人）
［民國］無棣 13/32
張恭綬（字漢紫）
（清・歷城人）
［民國］續修歷城 44/38
張桂嶺（字生高）
（清・高唐人）
［光緒］高唐州 5/2－37
［民國］高唐縣 12/46
張夢彪（字文炳）
（清平人）
［民國］清平/人物 74
張夢鸞（長清人）
［民國］長清 13/28
張夢巖（元・冠州人）
［嘉靖］冠縣 4/2
張若彩（字工亮）
（清・商河人）
［道光］商河 7/44
［民國］重修商河 8/72
商河縣鄉土志 2/耆舊－事業
張萬綬（字履之）
（清・鄒平人）
［道光］濟南 54/46
［道光］鄒平 15/60
［民國］鄒平 15/60
張蓉後（字鏡江）
（清・夏津人）
［民國］夏津續編 8/27
張世俊（字次英）
（濰縣人）
［民國］濰縣志稿 29/36
張蔚然（明・新城人）
［康熙］新城 8/1
張茂德（字體明）
（清・桓臺人）
［民國］桓臺志略 3/18

[民國]桓臺 3/23
張其先(明・福山人)
[康熙]福山 8/24
[乾隆]福山 8/35
張其勳(明・富平人)
[康熙]嶧縣 3/37
[乾隆]嶧縣 7/17
[光緒]嶧縣 19/職官下 11
張世科(明・臨邑人)
[康熙]重修臨邑 9/6
張世偉(明・濮州人)
[康熙]濮州續志下/1
[乾隆]濮州 4/11
[宣統]濮州 5/11
張世勳(清・福山人)
[光緒]增修登州 43/16
[民國]福山縣志稿 7/8－1
張世勳(字鴻烈)
(清・清平人)
[民國]清平/人物 63
張樹德(字濟千,號南川)
(清・新城人)
[道光]濟南 55/69
[宣統]新城縣後志 2/宦績
[民國]重修新城 18/13
張樹德(字茂叔,一字彝伯)
(臨清人)
[民國]臨清縣/人物 88
張孝先(清・新城人)
[道光]濟南 55/82
[宣統]新城縣後志 3/孝友
[民國]重修新城 17/3
新城縣鄉土志/耆舊－清
張蘊德(清・新城人)
[宣統]新城縣後志 3/孝友
[民國]重修新城 18/15
張桂甡(字叔丹)
(清・清平人)
[民國]清平/人物 66
張世純(字穆堂)
(清・樂陵人)
樂陵縣鄉土志 3/44
張世純(清・諸城人)
[光緒]增修諸城縣續志 17/3
張世紳(字喬臣)
(清・歷城人)
[道光]濟南 53/48
[乾隆]歷城 43/3
張萬傑(清・臨清人)
[民國]臨清縣/人物 74
張萬傑(清・莘縣人)
莘縣鄉土志/事業 27
張萬傑(昌樂人)
[民國]昌樂縣續志 21/21
張孝純(宋・滕人)
[萬曆二十四年]兗州 37/37
[康熙]兗州 28/78
[萬曆]滕志 8/78
[康熙]滕縣志 8/外傳 5
[道光]滕縣志 11/外傳 5
張葆儼(字雅園)
(清・齊河人)
[光緒]鄆城 6/27
張夢白(清・文登人)
[康熙]郯城 6/7
[乾隆]郯城 7/25
張夢白(清・章邱人)
[道光]濟南 54/8
[乾隆]沂州府 20/14
[乾隆]章邱 9/26
[道光]章邱 11/40
張夢鯉(字汝化,號龍池)
(明・萊陽人)
[康熙]山東 43/4
[雍正]山東 28/人物三 43
[宣統]山東 160/27
[泰昌]登州 11/16
[順治]登州 16/22
[光緒]增修登州 39/27
[康熙]萊陽 8/10
[民國]萊陽 3/1 中 14,3/3 上傳志上 4
張萬程(明・鄒平人)
[道光]濟南 50/13
[道光]鄒平 15/47
[民國]鄒平 15/47
張華峰(字峻西)
(清・定陶人)
[民國]定陶 6/55
張華峰(字少碞)
(清・蒲臺人)
蒲臺縣鄉土志/17
張華佩(明・恩縣人)
[乾隆]東昌 42/29
[嘉慶]東昌 32/24
[萬曆]恩縣 4/53
[宣統]重修恩縣 8/41
[民國]重修恩縣 11/鄉賢 48
張堪仰(清・鄆城人)
[光緒]鄆城 16/10
張其綱(明・益都人)
[雍正]山東 28/人物三 47
[宣統]山東 165/21
[萬曆]青州 14/21
[康熙十五年]青州 14/21
[康熙四十八年]青州 14/孝友 11
[康熙六十年]青州 17/14
[咸豐]青州 45/32
[萬曆]益都 6/93
[康熙]益都 9/6
[光緒]益都縣圖志 41/5
張若魯(字貫一)
(清・商河人)
[民國]重修商河 8/30
張桂齡(清・諸城人)
[光緒]增修諸城縣續志 14/5
張桂齡(清・諸城人)
[光緒]增修諸城縣續志 17/11
張華齡(字蓮甫)
(明・東阿人)
[乾隆]泰安府 17/27
[萬曆二十四年]兗州 36/26
[康熙]兗州 28/24
[康熙五十四年]東阿 7/22
[道光]東阿 14/人物下 2
張茂齡(清・陽穀人)
[民國]增修陽穀人物/師道 24
張夢僧(字西來)
(清・高唐人)
[乾隆]高唐州續志 2/4
[道光]高唐州 5/1－36
[光緒]高唐州 5/1－38
[民國]高唐縣 12/83

張萬齡(字遠夫,號應齋)
(明・東阿人)
[道光]東阿 22/6
張恭安(清・萊陽人)
[民國]萊陽 3/1 中 66
張茂容(清・茌平人)
[宣統]茌平 16/9
[民國]茌平 3/41
張懋官(字逢哲)
(清・無棣人)
[民國]無棣 13/10
張懋官(字德軒)
(霑化人)
[民國]霑化 3/12
張夢瀛(字士洲)
(清・觀城人)
觀城縣鄉土志/耆舊
張世良(明・丘縣人)
[宣統]山東 71/8
[康熙]濟南 25/52
[道光]濟南 36/19
[萬曆]淄川 27/9
[康熙]淄川 4/11
[乾隆]淄川 4/11
淄川縣鄉土志/政績錄
張世守(明・長清人)
[道光]長清 11/27
張世永(清・鉅野人)
[民國]續修鉅野 5/上 21
張萬進(五代・雲州人)
[光緒]益都縣圖志 16/16
張萬寧(字聖貞)
(清・商河人)
[民國]重修商河 8/19,9/9
張者良(明・定陶人)
[順治]定陶 6/10
張夢禎(明・黃縣人)
[同治]黃縣 9/1
[民國]黃縣志稿 13/人物－死難
張萬禎(字瑞臣)
(齊東人)
[民國]齊東 5/47
張芳澄(清・福山人)
[光緒]增修登州 43/16
張芳洲(字仙舫)
(清・壽光人)
[民國]壽光 12/人物志一 97
張桂叢(字筱珊)
(清・曲阜人)
[民國]續修曲阜 5/24
張蓮溪(清・商河人)
[民國]重修商河 9/20
張世溶(見張世瑢)
張桂祐(字修吾)
(明・河南鄧州人)
[崇禎]鄆城 4/11
[康熙]鄆城 4/8
[光緒]鄆城 6/8
張夢斗(明・衡水人)
[康熙]嶧縣 3/37
[乾隆]嶧縣 7/17
[光緒]嶧縣 19/職官下 11
張夢斗(字星甫)
(清・桓臺人)
[民國]桓臺志略 3/19
[民國]桓臺 3/38
張夢祺(清・安徽含山人)
[光緒]嶧縣 19/職官下 24
[光绪]棲霞縣续志 5/循吏小传 1
張世法(字舜天)
(清・樂安人)
[咸豐]青州 50/15
[民國]樂安 10/23
[民國]續修廣饒 19/43
張世祺(字肇祥,號介眉)
(清・歷城人)
[道光]濟南 53/12
[乾隆]歷城 38/12
[道光]長清 12/3
張世清(字際平)
(清・壽光人)
[民國]壽光 12/人物志一 41
張萬迪(五代)
[咸豐]青州 64/22
張蘭澤(字秋畹,號柳塘)
(清・臨朐人)
臨朐縣鄉土志 1/耆舊
張芸澤(字慕曾)
(恩縣人)
[民國]重修恩縣 11/鄉賢 82
張恭祖(後漢・聊城人)
[嘉慶]東昌 33/2
[宣統]聊城 8/54
張其運(清・鄆城人)
[光緒]鄆城 5/31
張世選(明・平涼人)
[光緒]益都縣圖志 18/13
張萬祿(清・東阿人)
[民國]續修東阿 11/22
張萬選(字舉之)
(清・鄒平人)
[康熙]山東 45/6
[康熙]濟南 44/30
[道光]濟南 54/38
[康熙]鄒平 6/3
[嘉慶]鄒平 15/10
[道光]鄒平 15/59
[民國]鄒平 15/59
張植初(字培之)
(清・觀城人)
觀城縣鄉土志/耆舊
張萬祥(字瑞亭)
(平原人)
[民國]續修平原 8/28
張蘊道(清・浙江人)
[乾隆]武定府 26/44
[咸豐]武定府 26/寓賢 4
[乾隆]樂陵 6/42
張芝祥(字鶴亭)
(清)
[宣統]三續淄川 9/47
張藹吉(字金門)
(清・陽湖人)
[民國]臨清縣/秩官 73
張茂才(明・嶧縣人)
[光緒]嶧縣 21/忠義 2
張茂直(字林宗)
(宋・瑕丘人)
[嘉靖]山東 30/44
[康熙]山東 40/43
[萬曆元年]兗州 40/文苑 12
[萬曆二十四年]兗州 35/10
[康熙]兗州 27/9
[乾隆]兗州 23/28
[康熙]滋陽 4/上 16
[光緒]滋陽 8/24

滋陽縣鄉土志 1/耆舊 - 名臣
張夢李(字同也)
(清・章邱人)
[道光]濟南 54/15
[乾隆]章邱 9/28
[道光]章邱 10/48
張其太(字季安)
(清・商河人)
[民國]重修商河 8/83
張桑榜(字灼棠)
(清・陽穀人)
[光緒]陽穀 6/30
[民國]增修陽穀人物/仕宦 22
張樹梓(字楚坡)
(清・淄川人)
[宣統]三續淄川 9/68
張萬奇(清・莘縣人)
莘縣鄉土志/事業 27
張萬熹(字福廕)
(清・朝城人)
[康熙]朝城 8/25
張藹南(清・萊陽人)
[民國]萊陽 3/1 中 74
張華標(字春藻)
(清・夏津人)
[民國]夏津續編 8/3
張若梧(字梧鳳)
(清・東平人)
[康熙]東平州 3/46
張樹楨(字毅朋)
(清・無棣人)
[民國]無棣 11/16
海豐縣鄉土志/耆舊 - 事業
張薇垣(清・浙江仁和人)
[宣統]山東 75/53
[咸豐]武定府 19/青城 4
張蔭楷(字柳溪)
(清・金鄉人)
[民國]金鄉 14/26
張藍橋(字仙槎)
(清・陽穀人)
[民國]增修陽穀人物/師道 28
張蔭圻(清・河南嵩縣人)
[宣統]山東 77/8
[咸豐]青州 37/18
[乾隆]高苑 3/23
[光緒]益都縣圖志 18/66
[民國]重修新城 11/19
張世榕(見張世瑢)
張藏英(五代周・范陽人)
[雍正]山東 27/21
[宣統]山東 68/20
[道光]濟南 33/31
[光緒]陵縣 18/5
陵縣鄉土志/6
張萼林(字榮軒)
(清・無棣人)
[民國]無棣 13/13
張芳桂(字友月)
(清・寧陽人)
[乾隆]寧陽 7/篤誼 3
[咸豐]寧陽 15/5
[光緒]寧陽 15/5
寧陽縣鄉土志/20
張芳林(長清人)
[民國]長清 12/19
張芳林(字蔭軒)
(平原人)
[民國]續修平原 8/26
張桂芳(清・泗水人)
[光緒]泗水 11/10
張桂芳(東阿人)
[民國]東阿 15/17
張桂芬(字月村)
(清・樂陵人)
樂陵縣鄉土志 3/40
張桂華(明・新城人)
[宣統]新城縣後志 2/忠義
張桂林(字香甫)
(清・慶雲人)
[民國三年]慶雲 2/47
張桂林(字湛卿)
(清)
[民國]重修商河 7/3
張桂林(字秉蟾)
(清・嶧縣人)
[光緒]嶧縣 21/宦績 7
張桂枝(清・博平人)
[光緒]博平縣續志 10/49
博平縣鄉土志/耆舊 - 事業
張蘭芳(清・利津人)
[民國]利津縣續志 9/4
張蘭芳(清・章邱拔貢)
[光緒]嶧縣 19/丞倅 16
張蓮芬(滕縣人)
[民國]續滕縣志 4/37
張茂棻(字小東)
(明・商河人)
[道光]商河 7/31
[民國]重修商河 8/52
商河縣鄉土志 3/耆舊 - 學問
張茂華(字伯實)
(清・東阿人)
[民國]續修東阿 11/24
張茂蘭(字德馨,號東谷)
(明・章丘人)
[康熙]山東 39/25
[雍正]山東 28/人物三 22,35/傳 42
[宣統]山東 161/39
[康熙]濟南 36/10
[道光]濟南 49/46
[萬曆]章丘 24/24
[康熙]章丘 6/21
[乾隆]章邱 9/16
[道光]章邱 10/13
張茂英(字佐宸)
(明・臨朐人)
[康熙]臨朐縣志書 3/40
光緒臨朐 14/下 8
張夢蘭(字循陔)
(清・觀城人)
觀城縣鄉土志/耆舊
張夢蓉(字人鏡)
(清・觀城人)
觀城縣鄉土志/耆舊
張其苞(清・臨清人)
[乾隆]臨清直隸州 8/下 7
[民國]臨清縣/人物 61
張其蕙(清・寄籍南皮)
[光緒]寧津 8/51
張其孝(字仲慕,號岱鄰)
(明・長清人)
[康熙]濟南 41/30

[道光]濟南 52/21
[康熙]長清 9/61
[道光]長清 11/17
張若蒸(字霞蔚)
(清・商河人)
[民國]重修商河 8/46
張世華(字間鍾)
(清・長山人)
[嘉慶]長山 8/27
張世華(字秀五)
(平原人)
[民國]續修平原 8/26
張樹桂(字冬榮)
(清・臨清人)
[民國]臨清縣/人物 75
張樹葵(字向巖)
(清・滋陽人)
[光緒]滋陽 8/76
滋陽縣鄉土志 1/耆舊-武功
張樹權(字榦巖)
(清・無棣人)
[民國]無棣 11/21
海豐縣鄉土志/耆舊-事業四
張世棟(字隆吉)
(平原人)
[民國]續修平原 8/24
張藹如(字吉人)
(清・滕縣人)
[道光]滕縣志 9/孝義 36
張其恕(字行之)
(清・德州人)
[民國]德縣 10/62
張萼桐(字梧荞)
(清・無棣人)
[民國]無棣 13/11
張桂翹(明・新城人)
[道光]濟南 51/29
[宣統]新城縣後志 2/忠義
[民國]重修新城 15/5
張華桐(字鳳岡,號迂塘)
(清・壽光人)
[民國]壽光 12/人物志二 28
張蘭馨(字香畹)
(清・曹縣人)
[光緒]曹縣 14/行誼 7
張夢鶴(明・莘縣人)
[光緒]莘縣 6/6
[民國]莘縣 6/4
張若獬(字義生,別字宿松)
(明・膠州人)
[康熙]膠州 5/41
[雍正](膠州)州志別本/人物-完名
[乾隆]膠州 4/47
[道光]重修膠州 25/26
[民國]增修膠志 40/24
膠州直隸州鄉土志 4/事功
張梻枚(字繡林)
(清・平原人)
[道光]濟南 56/98
[乾隆]平原 8/29
張夢梅(清・濮州人)
[宣統]濮州 6/20
張其檜(清・定陶人)
[民國]定陶 6/69
張蔭松(字蒼崕)
(清・金鄉人)
[咸豐]濟寧直隸州續志 3/3
[民國]濟寧直隸州續志 14/22
[咸豐]金鄉縣志略 9/中忠義傳 2
[民國]金鄉 14/18
張董書(清・朝城人)
[民國]朝城縣續志 1/32
張基擴(字澤遠)
(清・夏津人)
[民國]夏津續編 8/84
張茂春(清・臨清人)
[民國]臨清縣/人物 27
張茂貴(字子和)
(清・常熟人)
觀城縣鄉土志/政績
張夢蛟(字季麟)
(清・齊東人)
[康熙]濟南 42/22
[道光]濟南 56/17
[康熙]新修齊東 6/3,6/8
[民國]齊東 5/5
齊東縣鄉土志/耆舊錄 1
張其忠(字伯藎,號獻宸)
(明・長清人)
[康熙]濟南 41/31
[道光]濟南 52/21
[康熙]長清 9/60
[道光]長清 11/10
張若本(清・安徽桐城人)
[宣統]山東 75/14
[道光]濟南 38/23
[乾隆]曲阜 91/5
曲阜縣鄉土志/政績錄
[道光]新城/名宦
[民國]重修新城 11/19
新城縣鄉土志/政績-清知縣
張若春(字和菴)
(清・商河人)
[民國]重修商河 9/15
張世本(清・濮州人)
[宣統]濮州 5/39
張世貴(清・聊城人)
[乾隆]東昌 43/3
[嘉慶]東昌 32/29
張世忠(字繼修)
(元・聊城人,一作堂邑人)
[嘉靖]山東 26/27
[萬曆]東昌 18/27
[乾隆]東昌 33/46,37/27,37/30
[嘉慶]東昌 21/13,27/25,27/27
[順治]堂邑 2/人物 2
[康熙十一年]堂邑 2/人物 2
[康熙]堂邑 16/1
堂邑縣鄉土志/耆舊錄
[康熙]聊城 3/5
[宣統]聊城 8/5
[正德]博平 5/79,7/23
[康熙]博平 3/42
[道光]博平 4/2
博平縣鄉土志/政績
張萬春(東平人)
[民國]東平縣 11/上 25
張萬青(清・臨沂人)
[民國]臨沂 10/60
張萬青(字初蓉,號蕚栽,一號蕚田)
(清・浙江分水人)

[宣統]山東 75/6
[道光]濟南 38/10
[乾隆]章邱/卷末
[道光]章邱 9/11
章邱縣鄉土志/上 9
張萬書(清・齊東人)
[道光]濟南 56/22
[民國]齊東 5/48
張協中(清・臨清人)
[民國]臨清縣/人物 84
張執中(明・北直清苑人)
[宣統]山東 72/24
[乾隆]沂州府 20/12
[康熙]日照 8/10
張執中(字允其)
(清・諸城人)
[咸豐]青州 50/12
[道光]諸城縣續志 19/9
張若拙(字巧卿)
(清・德平人)
[民國]德平縣續志 6/1
張世慧(明・廣靈人)
[隆慶]單縣上/重 36
[順治]單縣 2/11
張夢輅(字效商)
(清・濱州人)
[康熙]濱州 7/31
[咸豐]濱州 10/29
張其抱(字仲展)
(清・高唐人)
[雍正]山東 28/人物四 14
[宣統]山東 174/8
[乾隆]東昌 40/35
[嘉慶]東昌 30/28
[康熙十二年]高唐州 8/20
[康熙五十一年]高唐州 8/20
[道光]高唐州 5/1－18
[光緒]高唐州 5/1－18
[民國]高唐縣 12/8
高唐州鄉土志/19
張其撰(字異三)
(清・海豐人)
[乾隆]武定府 24/38
[咸豐]武定府 24/循良 28
[民國]無棣 11/5
海豐縣鄉土志/耆舊－事業
張蕙圃(字紉芳,號西橋)
(清・高苑人)
高苑縣鄉土志/耆舊
張基昇(字東甫)
(清・膠州人)
[民國]增修膠志 45/24
張若愚(字心齋)
(清・長山人)
[道光]濟南 55/24
[嘉慶]長山 8/12
張莘田(字耕夫)
(清・黃縣人)
[民國]續滕縣志 1/28
張世昌(字彥輝)
(元・蒲姑人)
[嘉靖]山東 27/17
[宣統]山東 69/36
[萬曆]萊州 5/65
[康熙]萊州 8/26
[乾隆]萊州 9/9
[康熙]高密 6/24,10/23
[乾隆]高密 6/16
[光緒]高密 6/20,9/補編 15
[民國]高密 12/22,15/下补编 11
高密縣鄉土志/上 7
張世思(字少懷)
(清・濟寧人)
[雍正]山東 28/人物四 53
[宣統]山東 172/46
[乾隆]兗州 23/80
[乾隆]濟寧直隸州 27/18
[道光]濟寧直隸州 8/3－12
濟寧州鄉土志 2/耆舊
張樹甲(字耦堂)
(清・文登人)
[光緒]增修登州 39/45
[光緒]文登 9/下 2－18
張世則(字準齋)
(明・諸城人,一作瑯琊人)
[雍正]山東 28/人物三 48
[宣統]山東 160/32
[萬曆]青州 15/11
[康熙四十八年]青州 15/文學 11
[康熙六十年]青州 16/33
[咸豐]青州 45/2
[乾隆]沂州府 25/26
[乾隆]郯城 9/8
[萬曆]諸城 6/17
[康熙]諸城 7/22
[乾隆]諸城 30/8
諸城縣鄉土志/上 26
張夢時(明・長洲人)
[崇禎]歷乘 16/66
張權時(字宜之,號可庵)
(清・齊東人)
[民國]齊東 5/51
齊東縣鄉土志/耆舊錄 6
張世明(字顯亭)
(明・濱州人)
[乾隆]武定府 26/10
[咸豐]武定府 26/義行 10
[康熙]濱州 7/25
[咸豐]濱州 10/厚德 3
濱州鄉土志/耆舊錄
張華原(字國滿)
(北齊・代郡人,一作趙郡平棘人)
[嘉靖]山東 26/5
[康熙]山東 33/6
[雍正]山東 27/32
[宣統]山東 67/20
[萬曆元年]兗州 38/循吏 20
[萬曆二十四年]兗州 27/5
[康熙]兗州 21/20
[乾隆]兗州 22/8
[康熙]滋陽 3/79
張世臣(字繼勳)
(明・曹縣人)
[康熙]兗州續編 15/20
[康熙]兗州府曹縣 13/19
[光緒]曹縣 13/18
張世臣(字非喬)
(明・沂州人)
[康熙]沂州志 5/65
[乾隆]沂州府 27/3
張燕彤(字子詔)
(清・觀城人)
觀城縣鄉土志/耆舊
張若陽(字辛齊)
(清・寧津人)

[光緒]寧津 8/16
寧津縣志料 3/人物－循良
寧津縣鄉土志/耆舊
張懋學(明・洪洞人,遷嘉祥)
[順治]嘉祥 4/44,6/12
[乾隆]嘉祥 3/38,4/42
[光緒]嘉祥 3/45,4/51
張懋學(明・鄆城人)
[康熙]山東 45/10
張夢周(字爲東)
(恩縣人)
[民國]重修恩縣 11/鄉賢 82
張莘卿(字商老)
(金・城陽人)
[宣統]山東 150/92
[萬曆]青州 14/48
[康熙十五年]青州 14/48
[康熙四十八年]青州 14/儒行 5
[康熙六十年]青州 15/8
[乾隆]沂州府 25/17
[康熙]日照 8/15,9/1,11/1
[光緒]日照 8/1,10/1
[民國]重修莒志 60/27
張世居(清・禹城人)
[道光]濟南 56/40
張世舉(明)
[乾隆]嶧縣 7/37
張世卿(字長六,號岱侯)
(明・臨沂人)
[康熙]沂州志 5/65
[乾隆]沂州府 25/21
[民國]臨沂 9/44
張世卿(清・河南固始人)
[民國]臨朐續志 19/2
張樹屏(清・濰縣人)
[民國]濰縣志稿 31/33
張夢金(清・莘縣人)
[光緒]莘縣 6/9
[民國]莘縣 6/7
張若谷(字蘭所)
(清・江南江寧生員)
[乾隆]嶧縣 7/23
[光緒]嶧縣 19/職官下 18
張世義(滕縣人)
[民國]續滕縣志 4/35
張萬公(字良輔)
(金・東阿人)
[嘉靖]山東 25/7,25/22,30/52
[康熙]山東 31/9,32/10
[雍正]山東 28/人物二 50
[宣統]山東 158/1
[康熙]濟南 25/14
[道光]濟南 34/15
[乾隆]泰安府 16/62
[萬曆元年]兗州 40/諫議 17
[萬曆二十四年]兗州 28/11,35/23
[康熙]兗州 22/11,27/21
[萬曆]沂州志 6/8
[乾隆]東平州 12/23
[道光]東平州 12/23
[光緒]東平州 14/23
[康熙四年]東阿 6/12
[康熙五十四年]東阿 6/12
[道光]東阿 13/人物上 12
[光緒]東阿縣鄉土志 4/2
[康熙四十三年]長山 3/宦績
[康熙五十五年]長山 3/28
[嘉慶]長山 5/36
張萬善(明・北直靖海人)
[宣統]山東 71/50
[康熙]濟南 25/69
[乾隆]武定府 16/49
[咸豐]武定府 19/蒲臺 4
[康熙]重修蒲臺 5/10
[乾隆]蒲臺 2/58
蒲臺縣鄉土志/3
張萬善(清・莘縣人)
[光緒]莘縣 7/50
[民國]莘縣 7/37
張萬鍾(字扣之)
(明・鄒平人)
[道光]濟南 50/13
[道光]鄒平 15/47
[民國]鄒平 15/47
張萬鍾(清・順天人)
[宣統]山東 76/41
[乾隆]東昌 34/9
[嘉慶]東昌 21/28
[嘉慶]清平 13/6
[宣統]增輯清平 11/5
[民國]清平/秩官 29
清平縣鄉土志/政績
張茂節(字蔚宗)
(清・沭陽人)
[康熙十一年]堂邑 2/職官 13
[康熙]堂邑 8/8
堂邑縣鄉土志/政績錄
張夢筆(清・濟寧人)
[民國]濟寧直隸州續志 14/35
張其策(字宋竹)
(清・平度副貢)
[乾隆]膠州 4/53
[道光]重修膠州 31/5
[民國]增修膠志 48/8
膠州直隸州鄉土志 4/事功
張若斂(清・膠州人)
[道光]重修膠州 29/1
[民國]增修膠志 43/1
膠州直隸州鄉土志 4/忠烈
張藹堂(字吉人)
(濟寧人)
[民國]濟寧縣 3/22
張華堂(字榮軒)
(清・昌樂人)
[民國]昌樂縣續志 30/15
張華堂(字子芳)
(清・長清人)
[民國]長清 13/10
張蕙堂(字馥庭)
(臨邑人)
[民國]續修臨邑 3/7
張蘭堂(字馨齋)
(臨邑人)
[民國]續修臨邑 3/7
張世炘(字暉齋)
(清・壽光人)
[民國]壽光 12/人物志二 59
張懋熺(字伯光)
(明・膠州人)
[康熙]膠州 5/32
[雍正](膠州)州志別本/人物－文學
張懋煌(字子熚)
(清・膠州人)

[雍正](膠州)州志別本/人物－行誼
[乾隆]膠州 5/14
[道光]重修膠州 28/3
[民國]增修膠志 42/3
膠州直隸州鄉土志 4/文學
張其煜(字心農,號朗亭)
(清・嶧縣人)
[光緒]嶧縣 21/宦績 9
張夢煥(字文卿)
(清・陽信人)
[民國]陽信 5/任恤 39
張槿榮(東阿人)
[民國]東阿 15/4
45 **張椿**(明・南直寧陵人)
[嘉靖]山東 25/25
[雍正]山東 27/25
[宣統]山東 71/6
[道光]濟南 36/14
[嘉慶]鄒平 14/4
[道光]鄒平 14/4
[民國]鄒平 14/4
張椿(明・仁和人)
[乾隆]東昌 44/23
[乾隆]臨清州 12/8
[乾隆]臨清直隸州 8/上 82
張棣(字玉樹)
(清・壽光人)
[咸豐]青州 49/43
[乾隆]續壽光 23/9
[嘉慶]壽光 13/11
[民國]壽光 12/人物志一 81
張楝(字南橋,一字君樑)
(明・臨朐人)
[康熙]臨朐縣志書 4/2
光緒臨朐 14/下 5
張楝(字廷選)
(清・東阿人)
[民國]續修東阿 11/25
張楝(清・蓬萊人)
[光緒]增修登州 41/10
[民國]蓬萊縣志合編人物志/仕績
張楗(清・博平人)
[光緒]博平縣續志 10/63
張枏(字讓木)
(清・膠州人)
[道光]重修膠州 29/21
[民國]增修膠志 45/7
張椿齡(字壽村)
(清・利津人)
[民國]利津縣續志 9/4
張椿齡(字壽山)
(清・壽光人)
[民國]壽光 12/人物志二 64
張棟梁(字梅園)
(清・壽張人)
[光緒]壽張 7/19
張株梅(字雪菴)
(平原人)
[民國]續修平原 8/26
46 **張柏**(字毅菴)
(明・掖縣人)
[乾隆]掖縣 3/54
張樫(清・寧海人)
[宣統]山東 176/39
[光緒]增修登州 46/10
[同治]重修寧海州 21/4
[民國]牟平 7/84
張觀(字思正)
(宋・絳州絳縣人)
[雍正]山東 27/90
[宣統]山東 68/34
張槐(字蔭清)
(清・樂陵人)
樂陵縣鄉土志 3/54
張楫(明・霑化人)
[康熙]濟南 47/19
張楫(字濟川)
(清・歷城人)
[道光]濟南 53/57
[民國]續修歷城 44/14
張楫(字友舟)
(清・樂陵人)
[乾隆]武定府 24/34
[咸豐]武定府 24/循良 24
[乾隆]樂陵 6/15
樂陵縣鄉土志 3/20
張楫(字濟舟)
(清・淄川人)
[道光]濟南 54/76
張恕(字希仁)
(明・霸州人)
[嘉靖]山東 26/30
[雍正]山東 27/48
[宣統]山東 72/50
[萬曆]東昌 18/40
[乾隆]東昌 35/27
[嘉靖]夏津 4/3
[康熙]夏津 5/2
[乾隆]夏津 6/35
張恕(明・山西溼陽舉人)
[天啟]新城 6/知縣
[崇禎]新城 6/知縣
[康熙]新城 5/3
[道光]新城/名宦
[民國]重修新城 10/4
新城縣鄉土志/政績－明知縣
張恕(明・萊陽人)
[民國]萊陽 3/1 中 7
張恕(明・直隸任丘人)
[萬曆]青州 12 又/又 13
[康熙十五年]青州 12 又/又 13
[康熙四十八年]青州 12 又/又 13
[萬曆]諸城 4/35
張坦(字士平)
(明・朝城人)
[康熙]朝城 8/36,8/29
朝城縣鄉土志/12
張坦(清・單縣人)
[康熙]單縣 8/10
[乾隆]單縣 7/7
[民國]單縣 9/66
張坦(清・東平人)
[康熙]兗州續編 16/27
[乾隆]泰安府 18/55
[康熙]東平州續志 6/5
[乾隆]東平州 15/5
[道光]東平州 15/5
[光緒]東平州 15/下 4
[民國]東平縣 11/中 24
張坦(字方平)
(清・泰安人)
[乾隆二十五年]泰安縣 12/24

[乾隆四十七年]泰安縣 10/上 20
[道光]泰安縣 9/上 72
[民國]重修泰安縣 8/25
張如龍(清・汾陽人)
[乾隆]淄川 4/又 28－3
張如砥(字周道)
(元・章邱人,一作歷城人)
[道光]濟南 48/39
[乾隆]歷城 36/27
[道光]章邱 11/20,14/62
張如瑄(清・淄川人)
[宣統]三續淄川 9/95
張恕琳(字心如,號雲門)
(掖縣人)
[民國]四續掖縣 6/47
張如珠(字遠浦,號夢華)
(清・淄川人)
[宣統]三續淄川 9/90
張如緒(字紹先)
(清・濟寧人)
[乾隆]濟寧直隸州 25/23
張如阜(字鹿萍)
(明・章邱人)
[康熙]章邱 6/27
[乾隆]章邱 9/21
[道光]章邱 11/35
張槐徵(字蔭昌)
(清・膠州人)
[道光]重修膠州 29/1
[民國]增修膠志 43/1
膠州直隸州鄉土志 4/忠烈
張坦福(清・臨朐人)
臨朐縣鄉土志 1/耆舊
張相漢(字韓忠,號忍侯)
(清・新泰人)
[宣統]山東 171/16
[乾隆]泰安府 18/66
[乾隆]新泰 16/9,16/11
新泰縣鄉土志/23
張如遇(元・東昌人,一作恩州人)
[康熙]山東 46/4
[嘉靖]恩縣 6/3
[萬曆]恩縣 4/12
張相初(字次卿)
(清・觀城人)
觀城縣鄉土志/耆舊
張觀海(字波遠,號愧荻)
(清・福建甌寧人)
[宣統]山東 75/63
[道光]滕縣志 6/宦績 36
滕縣鄉土志/8
張坦士(字雪如)
(清・壽光人)
[民國]壽光 12/人物志一 62
張如式(明・章丘人)
[道光]濟南 49/59
[道光]章邱 10/17
章邱縣鄉土志/上 43
張如蘭(字馨齋)
(清・夏津人)
[民國]夏津續編 8/24
張觀棟(清・廣東南豐人)
[乾隆]利津縣志補 3/16
張賀奴(北齊・平原人)
[萬曆]平原上/63
張恕素(字心如)
(清・嘉祥人)
[道光]濟寧直隸州 8/2－55
[乾隆]嘉祥 3/35
[光緒]嘉祥 3/43
張如陵(字景山,號即山)
(清・淄川人)
[宣統]三續淄川 9/82
張柏公(清・禹城人)
[道光]濟南 56/38
[嘉慶]禹城 9/19
[民國]禹城 6/16
張柏恒(字雪航)
(清・安邱人)
[宣統]山東 175/44
[咸豐]青州 50/5
[民國]續安邱新志 18/3
安丘縣鄉土志 9/耆舊錄 6
張如坤(清・觀城人)
觀城縣鄉土志/耆舊
47 **張超**(漢・壽張人)
[康熙六年]壽張 7/2
[康熙五十六年]壽張 7/2
[光緒]壽張 6/42
壽張縣鄉土志/耆舊－事業
張楓(字紫林)
(清・濰縣人)
[民國]濰縣志稿 32/4
張根(字仙蟠)
(清・陵縣人)
[光緒]陵縣 19/人物傳二 13
陵縣鄉土志/17
張鶴(字雲卿)
(明・燕山衞人)
[崇禎]歷城 6/2
張鶴(字鳴皋)
(清・慶雲人)
[嘉慶]慶雲 9/30
[咸豐]慶雲 2/64
[民國三年]慶雲 2/42
張橘(字毓南)
(清・嘉祥人)
[道光]濟寧直隸州 8/4－41
[光緒]嘉祥 3/46
張均(元・濟南人)
[嘉靖]山東 29/19
[康熙]山東 39/17
[宣統]山東 158/23
[康熙]濟南 43/10
[道光]濟南 48/15
[崇禎]歷乘 16/13
[崇禎]歷城 10/9
[乾隆]歷城 36/18
張均(清・汶上人)
[宣統]四續汶上稿/人物－耆德傳
張杞(清・正藍旗漢軍貢生)
[乾隆]郯城 7/28
張瑴(初名率祖)
(明・濰縣人)
[民國]濰縣志稿 30/20
張郁(字威卿)
(元・歷城人)
[道光]濟南 48/49
[民國]續修歷城 44/2
張郁文(字監昭)
(清・平原人)
[民國]續修平原 6/6
張猛龍(字神囗)
(北魏・南陽白水人)
[宣統]山東 150/33

張朝謙(字元益,號虛齋)
(清・壽光人)
[民國]壽光 12/人物志二 48,16/16
張朝元(清・無棣人)
[民國]無棣 11/25
海豐縣鄉土志/耆舊 - 事業四
張起元(字仲緝)
(平原人)
[民國]續修平原 8/23
張桐雲(字琴圃)
(清・無棣人)
[民國]無棣 13/33
張桐孫(字介封)
(清・堂邑人)
堂邑縣鄉土志/耆舊錄
張朝瑋(字伯玉)
(清・河南澠池人)
[光緒]莘縣 5/25
[民國]莘縣 3/8
莘縣鄉土志/政績 10
[光緒]重修蒲臺 2/21
張鶴千(字仙侶)
(清・單縣人)
[民國]單縣 11/42
張朝衡(字仲平)
(清・惠民人)
[康熙]濟南 35/31
[乾隆]武定府 23/32
[咸豐]武定府 23/名臣 32
[乾隆]惠民 5/37
[光緒]惠民 19/13
惠民縣鄉土志/耆舊錄 30
張朝綬(字召來)
(清・莒縣人)
[雍正]莒州 9/40
張起巖(元・蒙陰人)
[康熙十一年]蒙陰 2/1
張起巖(字夢臣)
(元・章邱人)
[嘉靖]山東 27/12,29/20
[康熙]山東 36/3,39/17
[雍正]山東 28/人物二 65
[宣統]山東 158/13
[康熙]濟南 42/9
[道光]濟南 48/39
[萬曆]青州 12/27
[康熙四十八年]青州 12/27
[康熙六十年]青州 12/16
[泰昌]登州 9/26
[順治]登州 11/13
[乾隆]續登州 8/2
[光緒]增修登州 24/13
[崇禎]歷乘 16/61
[崇禎]歷城 10/10,10/26
[乾隆]歷城 40/7
[嘉靖]章丘 3/65
[萬曆]章丘 23/14
[康熙]章丘 6/17
[乾隆]章邱 9/13
[道光]章邱 10/9
章邱縣鄉土志/上 39
[萬曆]安丘 17/2
[萬曆]福山 4/2
[康熙]福山 7/4
[乾隆]福山 7/4
[民國]福山縣志稿 3/2 - 1
肥城縣鄉土志 5/30
張鶴齡(字祝千)
(清・安邱人)
[民國]續安邱新志 20/5
安丘縣鄉土志 7/耆舊錄 4
張榴徵(號象山)
(清・膠州人)
[康熙]膠州 5/39
[雍正](膠州)州志別本/人物 - 孝友
[乾隆]膠州 4/45
張朝宷(字采臣,號敬齋)
(清・新城人)
[雍正]山東 28/人物四 40
[宣統]山東 169/24
[道光]濟南 55/49
[宣統]新城縣後志 2/宦績
[民國]重修新城 16/17
張朝宗(字元功,號退齋)
(清・新城人)
[宣統]新城縣後志 3/文苑
[民國]重修新城 17/5
新城縣鄉土志/耆舊 - 清
張朝柱(清・日照人)
[光緒]日照 8/29
張都壇(霑化人)
[民國]霑化 4/登進 49
張好古(元・真定南宮人)
[嘉靖]山東 26/26
[康熙]山東 34/7
[雍正]山東 27/46
[宣統]山東 69/32
[萬曆]東昌 18/27
[嘉慶]東昌 20/34
[嘉靖]恩縣 7/5
[萬曆]恩縣 4/6
[宣統]重修恩縣 6/48
[民國]重修恩縣 10/64
恩縣鄉土志/9
張鶴榜(名鈴,字陽扶)
(清・即墨人)
[同治]即墨 9/45
張超萬(字豐年)
(清・寧陽人)
[光緒]寧陽 13/77
張朝棟(字鉄山)
(清・德州歲貢)
[乾隆]東昌 35/9
[康熙五十六年]莘縣 5/16
[光緒]莘縣 5/33
[民國]莘縣 3/26
莘縣鄉土志/政績 10
張朝棟(清・黃縣人)
[光緒]增修登州 43/14
[同治]黃縣 8/20
張朝桐(清・濮州人)
[宣統]濮州 5/29
張鶴鳴(字元平)
(明・河南潁川人)
[宣統]山東 71/3
[康熙]濟南 25/56
[道光]濟南 36/6
[崇禎]歷乘 16/42,16/63
[崇禎]歷城 6/19
[乾隆]歷城 34/5
[道光]長清 16/19
張朝臣(字笏山)
(清・齊東人)
[民國]齊東 5/44
張朝鳳(明・萊陽人)

[民國]萊陽 3/1 中 16
張朝卿(字對峰)
(明・齊東人)
[康熙]濟南 40/8
[道光]濟南 51/46
[康熙]新修齊東 6/7
[民國]齊東 5/9
張聲聞(字雲皋)
(清・齊河人)
[民國]齊河 27/23
齊河縣鄉土志耆舊錄/14
張朝勝(字勳臣)
(吳橋人)
[民國]高唐縣 9/5－18
張鶴年(字壽卿)
(清・高密人)
[民國]高密 14/上 52
張鶴年(清・臨清人)
[民國]臨清縣/人物 64
張鶴年(字仙壽)
(清・莘縣人)
[民國]莘縣 7/22
張桐輝(字宜琴)
(清・魚臺人)
[民國]濟寧直隸州續志 15/3
[光緒]魚臺 3/文行又 3
48 張幹(明・城武人)
[康熙九年]城武 3/47
張翰(明・安邱人)
[康熙]山東 42/21
[嘉靖]青州 14/27
[萬曆]青州 13/43
[康熙十五年]青州 13/43
[康熙四十八年]青州 13/事功 26
[康熙六十年]青州 16/13
[咸豐]青州 43/9
[萬曆]安丘 19/20
安丘縣鄉土志 4/耆舊錄 1
張翰(明・深州人,見張瀚)
張翰(字文卿)
(明・中牟人)
[萬曆]東昌 18/41
[乾隆]東昌 35/28
[嘉靖]夏津 4/4,5/40
[康熙]夏津 5/3
[乾隆]夏津 6/35
張翰(原名天彝,字子常)
(清・齊東人)
齊東縣鄉土志/耆舊錄 1
張檢(明・長清人)
[道光]長清 11/25
張教(字啟心,號振鐸)
(明・滋陽人)
[康熙]滋陽 4/上 23
[光緒]滋陽 8/39
滋陽縣鄉土志 1/耆舊－鄉賢
張敬(字子聚)
(明・平原人)
[道光]濟南 52/56
[萬曆]平原上/52
[乾隆]平原 8/24
平原縣鄉土志輯稿/循吏
張敬(字克恭)
(明・益都人)
[嘉靖]青州 15/40
[萬曆]青州 14/49
[康熙十五年]青州 14/49
[康熙四十八年]青州 14/儒行 6
[康熙六十年]青州 15/8
[咸豐]青州 43/7
[康熙]益都 9/13
[光緒]益都縣圖志 38/9
張敬(字松石,一字爾和)
(明・淄川人)
[康熙]山東 39/28
[康熙]濟南 36/15
[道光]濟南 50/29
[萬曆]淄川 29/3
[康熙]淄川 5/33,6/85
[乾隆]淄川 5/4,5/33,6/上 85
張梅(字雪堂,號鶴齋)
(清・臨沂人)
[民國]續修臨沂 16/6
張梅(字卜臣)
(清・壽張人)
[光緒]壽張 6/54
張乾(清・陽穀人)
[民國]增修陽穀人物/善行 45
張松(明・鄒平人)
[康熙]濟南 42/19
[道光]濟南 50/9
[康熙]鄒平 6/17
[嘉慶]鄒平 15/18
[道光]鄒平 15/29
[民國]鄒平 15/29
張松(清・陝西郃陽人)
[宣統]山東 77/8
[咸豐]青州 37/17
[乾隆]高苑 3/23
張松(字木公)
(清・文登人)
[光緒]文登 9/上 2－1
張敬齋(清・歷城人)
[民國]續修歷城 43/1
張梅亭(字雪安)
(清・萊蕪人)
[民國]續修萊蕪 23/9
張增慶(字川如,號損齋)
(清・淄川人)
[乾隆]淄川 5/又 31－3
張松謀(字秀谷)
(清・博山人)
[民國]續修博山 12/31
張乾元(字惕菴,號少海)
(清・新城人)
[宣統]新城縣後志 2/善行
[民國]桓臺志略 3/20
[民國]桓臺 3/23
張梯雲(字際青)
(清・無棣人)
[民國]無棣 12/16
張幹廷(字鷺分)
(清・濮州人)
[宣統]濮州 6/35
張松孫(清・華亭人)
[乾隆]東平州 10/34
張敬承(字賢庭)
(臨清人)
[民國]臨清縣/人物 20
[民國]萊陽 3/1 上 38
張松舫(清・泰安人)
[民國]重修泰安縣 8/20
張敬衡(字次平,號興安)

(清・掖縣人)
[民國]四續掖縣 6/17
張敬止(字熙甫)
(清・武城人)
[乾隆]東昌 41/9
[乾隆]武城 10/29
[民國]增訂武城續編 12/邱墓 2
武城縣鄉土志略/耆舊錄
張乾行(字容寰)
(明・濮州人)
[康熙]濮州 4/7
[乾隆]濮州 4/7
[宣統]濮州 5/7
張松使(清・商河人)
[民國]重修商河 8/32
商河縣鄉土志 3/耆舊－學問
張敬伯(北魏)
[嘉靖]武定州下/45
張梅溪(清・萊蕪人)
[民國]萊蕪 19/4
[民國]續修萊蕪 25/4
萊蕪縣鄉土志/11
張增祜(字篤臣)
(清・商河人)
[民國]重修商河 7/32
張敬禮(清・膠州人)
[民國]增修膠志 44/12
張松林(字友梅)
(清・張秋人)
[民國]增修陽穀人物/孝義 8
張乾威(字元敬)
(南北朝・清河東武城人)
[宣統]山東 155/38
張枌圃(字次榆)
(清・高苑人)
高苑縣鄉土志/耆舊
張幹臣(清・臨沂人)
[民國]續修臨沂 16/23
張翰臣(字幹堂)
(黃縣人)
[民國]黃縣志稿 13/民國孝友
張敬輿(字景宣)
(清・安邱人)
[道光]安邱新志 19/4
張敬倉(字秉理)
(清・臨沂人)
[民國]續修臨沂 16/15
張松年(清・東平人)
[光緒]東平州 15/中 39
張敬恒(譜名甲三,字鼎臣)
(清・嶧縣人)
[光緒]嶧縣 21/宦績 8
張乾性(清・濮州人)
[宣統]濮州 5/30
50 **張本**(字通甫)
(元・茌平人)
[康熙]山東 45/11
[宣統]山東 165/11
[乾隆]東昌 42/5
[嘉慶]東昌 32/5
[康熙二年]茌平 2/49
[宣統]茌平 14/1
[民國]茌平 3/66
張本(字致中)
(明・東阿人)
[嘉靖]山東 30/59
[康熙]山東 40/57
[雍正]山東 28/人物三 2
[宣統]山東 159/3
[乾隆]泰安府 17/1,27/63
[萬曆元年]兗州 40/政績 17
[萬曆二十四年]兗州 36/3
[康熙]兗州 28/3
[康熙]張秋志 7/20,11/2
[康熙五十四年]東阿 7/1,12/3
[道光]東阿 13/鄉賢 1,21/17
[光緒]東阿縣鄉土志 4/5
張本(明・萊陽人)
[民國]萊陽 3/1 中 8
張本(字道生)
(清・長清人)
[民國]長清 13/17
張本(字羅萬)
(清・高唐人)
[道光]高唐州 5/1－45
[光緒]高唐州 5/1－47
[民國]高唐縣 12/12
張本(字道源)
(清・陵縣人)
[光緒]陵縣 19/人物傳二 13
張表(明)
[乾隆]沂州府 20/11
[康熙]日照 8/10
張春(明・寧陽人)
[咸豐]寧陽 15/23
[光緒]寧陽 15/39
張春(字六行,號見一)
(明・同州人)
[宣統]山東 72/38
[乾隆]東昌 33/35,33/42
[嘉慶]東昌 21/2,21/10
[順治]堂邑 2/職官 6,3/51
[康熙十一年]堂邑 2/名宦 4,3/51
[康熙]堂邑 11/9,17/1,19/5
堂邑縣鄉土志/政績錄
[宣統]聊城 6/2－2
聊城縣鄉土志/6
張東(字旭田)
(清・玉田人)
[乾隆]掖縣 4/79
張貴(字國寶)
(金・歷城人)
[康熙]濟南 43/10
[道光]濟南 47/48
張貴(元・博興人,一作高苑人)
[嘉靖]山東 27/8
[康熙]山東 35/9
[雍正]山東 28/人物二 68
[宣統]山東 166/8
[嘉靖]青州 13/36
[萬曆]青州 13/52
[康熙十五年]青州 13/52
[康熙四十八年]青州 13/事功 35
[康熙六十年]青州 16/12
[咸豐]青州 42/18
[康熙]高苑 3/15,6/3
[乾隆]高苑 3/20,6/3
[道光]博興 11/14
[民國]重修博興 13/11
張貴(字國寶)
(元・新城人)

［雍正］山東28/人物二60
［宣統］山東166/7
［天啟］新城7/武秩,13/傳
［崇禎］新城7/武秩,13/傳
［康熙］新城7/43
［民國］重修新城13/3
新城縣鄉土志/耆舊－金
張貴（清・菏澤人）
［光緒］菏澤16/12
張惠（字廷傑）
（元・成都新繁人）
［嘉靖］山東25/9
［康熙］山東31/11
［雍正］山東27/9
［宣統］山東69/14
［康熙］濟南24/16
［道光］濟南34/22
［光緒］益都縣圖志17/23
張惠（明・德州人）
［嘉靖］山東29/24
［康熙］山東39/23
［雍正］山東28/人物三6
［宣統］山東161/32
［康熙］濟南39/2
［道光］濟南52/33
［嘉靖］德州3/2
［萬曆］德州9/36
［康熙］德州8/9
［乾隆］德州9/6
德州鄉土志/耆舊1
［民國］德縣10/7
張惠（字天澤）
（明・寧海人）
［光緒］增修登州39/38
［嘉靖］寧海州下/31
［康熙］寧海州8/3
［同治］重修寧海州17/10
［民國］牟平7/10
張耒（字文潛）
（宋・楚州淮陰人）
［萬曆二十四年］兗州28/8
［康熙］兗州22/8
張書（明・蒲圻人）
［道光］濟南36/15
［康熙］鄒平4/12
［嘉慶］鄒平14/9
［道光］鄒平14/9
［民國］鄒平14/9
張肅（字穆之）
（宋・金鄉人）
［乾隆］濟寧直隸州23/36
［道光］濟寧直隸州8/2－18
［咸豐］金鄉縣志略9/上11
［民國］金鄉13/8
張肅（明・蒲臺人）
［乾隆］蒲臺3/44
蒲臺縣鄉土志/21
張肅（字蒲渠）
（明・諸城人）
［萬曆］青州14/57
［康熙十五年］青州14/57
［康熙四十八年］青州14/儒行14
［萬曆］諸城6/26
［光緒］增修諸城縣續志/列傳補遺1
張泰（明・德州人）
［康熙］濟南44/6
［道光］濟南52/45
［嘉靖］德州3/5
［萬曆］德州9/44
［康熙］德州8/34
［乾隆］德州9/60
德州鄉土志/耆舊2
［民國］德縣11/5
張泰（明・北真肅寧人）
［宣統］山東72/6
［萬曆二十四年］兗州29/3
［康熙］兗州22/24
［康熙］兗州續編14/5
［乾隆］兗州22/23
［萬曆］鄒志2/12
［康熙十二年］鄒縣志3/13
［康熙五十五年］鄒縣志2/44
［民國］續修鄒縣志稿/名宦
鄒縣鄉土志政績錄/7
張泰（明・諸城人）
［康熙四十八年］青州15/卓行19
［康熙六十年］青州18/12
［咸豐］青州44/16
［康熙］諸城7/50
［乾隆］諸城42/2
諸城縣鄉土志/上17
張泰（字魯瞻）
（清・膠州人）
［乾隆］膠州5/19
［道光］重修膠州28/4
［民國］增修膠志42/4
張忠（字巨和）
（晉・中山人）
［嘉靖］山東34/1
［康熙］山東48/1
［雍正］山東30/6
［宣統］山東200/22
［康熙］濟南50/3
［道光］濟南62/2,72/26
［乾隆］泰安府18/78
［崇禎］歷城10/28
［乾隆二十五年］泰安縣12/38
［乾隆四十七年］泰安縣10/上33
［道光］泰安縣9/上89
［民國］重修泰安縣8/48
［道光］長清13/1
張忠（金・高苑人,一作新城人）
［康熙］山東45/1
［康熙］濟南47/2
［道光］濟南72/31
［天啟］新城8/善行
［崇禎］新城8/善行
［民國］重修新城13/3,22/7
張忠（清・館陶人）
［乾隆］東昌43/26
［嘉慶］東昌32/43
張東慶（字篤其）
（清・東阿人）
［民國］續修東阿11/10
張東序（字鏞堂）
（清・新城人）
［宣統］新城縣後志2/宦績
［民國］桓臺志略3/15
［民國］桓臺3/18
張奉文（字翰村）
（清・萊蕪人）
［民國］萊蕪20/9
［民國］續修萊蕪28/1

張肅雍(字相維,號西野)
(清・齊東人)
[乾隆]掖縣 3/39
[民國]齊東 5/39
齊東縣鄉土志/耆舊錄 7
張泰亨(元・堂邑人)
[雍正]山東 28/人物二 58
[宣統]山東 158/18
[乾隆]東昌 37/25
[嘉慶]東昌 27/23
[康熙]堂邑 14/7
張泰交(字洎谷)
(清・山西陽城人)
[宣統]山東 74/38
[道光]濟南 37/54
張中立(清・東平人)
[乾隆]東平州 15/28
[道光]東平州 15/28
[光緒]東平州 15/下 36
[民國]東平縣 11/下 11
張書訓(清・寧津人)
[光緒]寧津 8/22
寧津縣志料 3/人物－義烈
張書麟(清・江西彭澤人)
[宣統]山東 75/52
[光緒]重修蒲臺 2/17
蒲臺縣鄉土志/7
張青雲(字希農)
(清・新城人)
[宣統]山東 170/24
[宣統]新城縣後志 2/忠義
[民國]重修新城 18/13
張中玉(清・韓城人)
[光緒]嶧縣 19/丞倅 9
張中元(字魁軒)
(清・遼東人)
[宣統]山東 75/43
[康熙]濟南 26/8
[乾隆]武定府 16/12
[咸豐]武定府 19/12
[乾隆]惠民 5/21
[光緒]惠民 18/14
惠民縣鄉土志/政績錄 7
張中元(清・鄆城人)
[光緒]鄆城 7/21
張本碩(清・菏澤人)
[光緒]菏澤 20/16
張聿瑎(字瑞符)
(清・博山人)
[民國]續修博山 12/32
張書瑞(長清人)
[民國]長清 12/18
張泰瑞(字汝符)
(清・淄川人)
[康熙]山東 45/5
[康熙]濟南 45/9
[道光]濟南 54/79
[康熙]淄川 6/12
[乾隆]淄川 5/41,6/上 12
淄川縣鄉土志/耆舊錄－忠節
張中發(字智鵠,號仰松)
(明・淄川人)
[康熙]山東 45/5
[雍正]山東 28/人物三 15
[宣統]山東 167/13
[康熙]濟南 48/7
[道光]濟南 50/31
[康熙]淄川 6 下/6
[乾隆]淄川 6/下 6
張奉瑾(字鍾陽)
(清・膠州人)
[民國]增修膠志 44/19
張奉璵(字伯珩)
(清・膠州人)
[民國]增修膠志 47/11
張惠承(字子霖)
(清・平原人)
[民國]續修平原 6/13
張青瑤(清・臨沂人)
[民國]續修臨沂 16/10
張中瑚(清・萊陽人)
[民國]萊陽 3/1 中 92
張肅雝(見張肅雍)
張泰孚(字吉宸)
(清・淄川人)
[道光]濟南 54/63
[乾隆]淄川 6/上 67
淄川縣鄉土志/耆舊錄－循良
張東川(字盛波)
(清・冠縣人)
[民國]冠縣 8/人物志 22
張東山(明・蒲臺人)
[萬曆]蒲臺志 9/9
張中允(清・鄆城人)
[光緒]鄆城 16/11
張奉先(字良臣)
(清・單縣人)
[民國]單縣 11/47
張書升(字公選)
(清・城武人)
[康熙九年]城武 5/16
張書升(字秀生)
(清・直隸定州人)
[宣統]山東 76/20
[民國]萊陽 3/1 上 27
張書紳(明・城武人)
[康熙九年]城武 3/56
[康熙四十一年]城武 5/上宦蹟 3
[道光]城武 9/上 19
張書紳(字佩訓)
(明・陽信人)
[康熙]濟南 41/26
[乾隆]武定府 24/24
[咸豐]武定府 24/循良 14
[康熙]陽信 9/9
[乾隆]陽信 7/8
[民國]陽信 5/宦蹟 13
信邑志稿 7/循良
陽信縣鄉土志上/耆舊－事業
張書紳(清・昌邑人)
[光緒]昌邑縣續志 6/11
張書紳(字道存)
(清・高唐人)
[光緒]高唐州 5/2－27
[民國]高唐縣 12/14
高唐州鄉土志/23
張書紳(字笏山)
(清・膠州人)
[宣統]山東 177/53
[民國]增修膠志 43/2
張書紳(字鑑亭)
(清・臨朐人)
臨朐縣鄉土志 1/耆舊
張書紳(字心銘)

（清・臨邑人）
［民國］續修臨邑 3/25
張春泉（字溫濤）
（清・蓬萊人）
［道光］重修蓬萊 9/35
［民國］蓬萊縣志合編人物志/行誼
張素修（清・鄒平人）
［道光］鄒平 15/95
［民國］鄒平 15/95
張泰象（字仲開）
（明・淄川人）
［康熙］濟南 47/25
［道光］濟南 72/39
［康熙］淄川 5/24
［乾隆］淄川 5/24
張聿修（字善果）
（清・利津人）
［光緒］利津 8/義行 7
張中鵠（字智圃）
（清・寧陽人）
［光緒］寧陽 14/51
寧陽縣鄉土志/16
張中磐（字奠安）
（清・桓臺人）
［民國］桓臺 3/31
張中復（明）
［嘉慶］肥城 15/33
［光緒］肥城 7/48
張東瀛（字震山，號秋泉）
（清・臨清人）
［民國］臨清縣/人物 19
張中宣（字元忠）
（宋・章邱人）
［道光］章邱 11/53
張中宣（見張仲宣）
張本達（字道五）
（東平人）
［民國］東平縣 11/上 24
張中清（字海澄）
（清・平度人）
［民國］平度縣續志 8/8
張青選（字遴卿）
（清・膠州人）
［民國］增修膠志 45/25
張泰運（清・歷城人）
［道光］濟南 53/48
［乾隆］歷城 43/3
張中鴻（字允獲，號雲洲）
（明・滕縣人）
［康熙］山東 40/61
［康熙］兗州 28/26
［乾隆］兗州 23/48
［康熙］滕志 7/46
［康熙］滕縣志 7/42
［道光］滕縣志 7/36
滕縣鄉土志/18
張春滋（字蘭畹，別號談天道人）
（清・平陰人）
［光緒］平陰 5/39
張中海（清・東平人）
［乾隆］泰安府 18/60
［乾隆］東平州 15/6
［道光］東平州 15/6
［光緒］東平州 15/下 5
［民國］東平縣 11/中 25
張本大（清・榮城人）
［乾隆］利津縣志補 3/17
張申吉（清・膠州人）
［民國］增修膠志 43/5
張書奎（字耀車）
（清・齊河人）
［民國］齊河 23/81
張泰來（字伯開）
（明・淄川人）
［康熙］濟南 47/8
［道光］濟南 50/31
［康熙］淄川 5/14
［乾隆］淄川 5/14
張中標（號赤城）
（明・平陰人）
［乾隆］泰安府 18/28
［順治］平陰 7/9
張春橋（字蔭堂）
（清・夏津人）
［民國］夏津續編 8/25
張書城（字子環）
（清・齊河人）
［民國］齊河 23/81
張中式（字顯吾）
（明・蒙陰人）
［康熙十一年］蒙陰 2/15
張青蓮（清・觀城人）
觀城縣鄉土志/耆舊
張青萍（字薛門）
（清・商河人）
［道光］商河 7/34
［民國］重修商河 8/54
商河縣鄉土志 3/耆舊－學問
張書帶（字芸亭）
（清・齊東人）
［民國］齊東 5/27
張書林（字筆農）
（清・諸城人）
［光緒］增修諸城縣續志 20/4
張素蘊（清・蒙陰人）
［康熙十一年］蒙陰 2/54
張中芬（字蘭陔）
（清・桓臺人）
［民國］桓臺 3/39
張中英（清・招遠人）
［道光］招遠縣續志 3/17
張東觀（字秘南）
（清・臨清人）
［乾隆］臨清州 9/41
［乾隆］臨清直隸州 8/上 29
［民國］臨清縣/人物 84
張肅中（明・蒲臺人）
［康熙］濟南 41/10
［乾隆］武定府 24/15
［咸豐］武定府 24/循良 5
［康熙］重修蒲臺 7/6
張惠圃（字芳園）
（清・壽光人）
［民國］壽光 12/人物志二 15
張書田（字碩農）
（清・齊東人）
［民國］齊東 5/44
張書曰（清・萊陽人）
［民國］萊陽 3/1 中 93
張春叟（字炳如）
（清・霑化人）
［民國］霑化 3/10
張春照（字清如）
（霑化人）
［民國］霑化 3/11

張東明(清・高唐人)
[道光]高唐州 5/2－21
[光緒]高唐州 5/2－24
張書壁(見張書璧)
張書璧(字桂亭)
(明・益都人)
[萬曆]青州 14/59
[康熙十五年]青州 14/59
[康熙四十八年]青州 14/儒行 16
[康熙]益都 9/19
[光緒]益都縣圖志 38/15
張忠陛(字觀宸)
(清・單縣人)
[康熙]單縣 7/35,8/45
[乾隆]單縣 7/34
[民國]單縣 9/36
張春闈(字魁三,號雷巖)
(清・金鄉人)
[民國]濟寧直隸州續志 13/6
[民國]金鄉 13/續增 5
金鄉縣鄉土志/耆舊錄上
張春熙(字皞如)
(清・霑化人)
[民國]霑化 2/16
張東閣(字官梅)
(清・陽信人)
[民國]陽信 5/孝友 62
張素學(字振寰)
(明・城武人)
[康熙九年]城武 3/56
張奉欽(字虔修)
(清・滋陽人)
[光緒]滋陽 9/12
張春堂(清・莘縣人)
[光緒]莘縣 7/42
[民國]莘縣 7/31
莘縣鄉土志/孝友 23
張東光(字海陽,一字孟旭)
(明・臨朐人)
[康熙十五年]青州 14/又 26
[康熙四十八年]青州 14/孝友 17
[康熙六十年]青州 17/17
[咸豐]青州 45/26
[康熙]臨朐縣志書 3/37
光緒臨朐 14/下 9
張泰恒(字貞余)
(明・淄川人)
[乾隆]淄川 5/41
張中耀(清・商河人)
[道光]商河 7/43
[民國]重修商河 8/71
商河縣鄉土志 2/耆舊－事業
51 張軏(後周・濟北臨邑人)
[光緒]壽張 5/2
張振(明・單縣人)
[順治]單縣 2/40
張振高(字嵩生)
(清・濰縣人)
[民國]濰縣志稿 29/33
張振三(字冠軍,一字叔玉,號杏舫)
(清・樂安人)
[民國]樂安 10/26
[民國]續修廣饒 19/46
張振北(字拱辰)
(清・濟陽人)
[民國]濟陽 11/62
張振烈(清・新城人)
[宣統]新城縣後志 2/忠義
張振武(字虎臣)
(清・魚臺人)
[民國]濟寧直隸州續志 14/14
[光緒]魚臺 3/耆碩又 2
張振秀(字存宇)
(明・臨清人)
[宣統]山東 164/39
[乾隆]東昌 41/30
[康熙]臨清州 3/人物 10
[乾隆]臨清州 9/32
[乾隆]臨清直隸州 8/上 19
[民國]臨清縣/人物 23
張振魯(明・觀城人)
[康熙]觀城 4/19
[道光]觀城 8/7
觀城縣鄉土志/耆舊
張振寰(字統一)
(太康人)
[民國]重修商河 6/60
張振江(字司棠)
(清・嘉祥人)
[光緒]嘉祥 3/33
張振清(字鏡亭)
(清・東阿人)
[民國]續修東阿 11/23
張振清(清・壽張人)
[光緒]壽張 7/29
張振鴻(字海亭)
(清・桓臺人)
[民國]桓臺 3/24
張振祚(字玉聲)
(清・新城人)
[道光]濟南 61/9
[宣統]新城縣後志 3/方技
[民國]重修新城 17/7
張指南(明・開州人)
[泰昌]登州 9/39
[順治]登州 11/21
[光緒]增修登州 25/16
張振聲(清・大興人)
[康熙]高苑縣續志 3/6
張振聲(清・陽穀人)
[民國]增修陽穀人物/孝義 10
張振聲(字鳴泉)
(長清人)
[民國]長清 12/8
[民國]高唐縣 9/5－19
張振東(清・齊東人)
[民國]齊東 5/53
齊東縣鄉土志/耆舊錄 9
張振甲(字巽之)
(陵縣人)
[民國]陵縣續志 4/23
張振田(清・濟寧人)
[民國]濟寧直隸州續志 15/8
張振鷺(字榮斯)
(清・臨沂人)
[民國]續修臨沂 16/12
張振錡(字蘭溪)
(長清人)
[民國]長清 12/27
張振榮(清・江蘇丹徒人)
[宣統]山東 75/66

[光緒]嶧縣 19/職官下 26
52 張揆(字貫之)
(宋・范陽人,徙齊州)
[嘉靖]山東 29/15
[康熙]山東 39/13
[雍正]山東 28/人物二 33
[宣統]山東 162/29
[康熙]濟南 37/4
[道光]濟南 47/28
[崇禎]歷乘 16/9
[崇禎]歷城 10/6
[乾隆]歷城 35/28
[民國]濰縣志稿 20/8
張虯(字幼青)
(清・觀城人)
觀城縣鄉土志/耆舊
張援(字以道)
(明・曹縣人)
[康熙]兗州府曹縣 13/34
[光緒]曹縣 13/32
張哲(明・柏鄉人)
[正德]博平 5/85
張哲(明・陝西蒲城人)
[嘉靖]山東 27/12
[康熙]山東 36/3
[雍正]山東 27/65
[宣統]山東 73/25
[泰昌]登州 9/40
[順治]登州 11/16
[光緒]增修登州 30/1
[順治]招遠 7/2
張哲(清・樂陵人)
[乾隆]樂陵 6/44
張挺之(字允傑)
(清・曹縣人)
[光緒]曹縣 14/行誼 33
張授道(見張受道)
張折桂(字蘭堂)
(清・齊東人)
[民國]齊東 5/125
53 張成(元・商河人)
[道光]商河 7/36
[民國]重修商河 9/1,11/2
張成(元・濟寧虞城人)
[乾隆]曹州府 21/41
[康熙九年]城武 5/19
[康熙四十一年]城武 8/下 10
[道光]城武 12/上 33
張成(明・金鄉人)
[康熙十二年]金鄉 5/16
[康熙五十一年]金鄉 7/24
張成(明・陽穀人)
[光緒]陽穀 9/6
[民國]增修陽穀人物/仕宦 11
張成(明・沂州人)
[康熙]沂州志 6/11
[乾隆]沂州府 26/12
張甫(明・單縣人)
[順治]單縣 2/41
張輔(字世偉)
(晉・南陽西鄂人)
[康熙]山東 31/4
[宣統]山東 66/37
[萬曆二十四年]兗州 27/3
[康熙]兗州 21/18
[乾隆]兗州 22/6
[道光]濟寧直隸州 6/6－3
張輔(明・山西保德州人)
[宣統]山東 73/14
[萬曆]青州 12 又/又 15
[康熙十五年]青州 12 又/又 15
[康熙四十八年]青州 12 又/15
[康熙六十年]青州 12/30
[咸豐]青州 36/4
[萬曆]安丘 17/3
安丘縣鄉土志 2/政績錄
張蟦(字象文)
(唐・清河郡人)
[乾隆]東昌 41/16
[嘉慶]東昌 33/14
[萬曆]恩縣 4/32
[宣統]重修恩縣 8/30
[民國]重修恩縣 11/鄉賢 31
張盛(字克謙)
(明・宜興人)
[道光]濟寧直隸州 6/6－52
[康熙四十一年]寧陽 3/38
[乾隆]寧陽 3/分司 2
[咸豐]寧陽 11/8
[光緒]寧陽 11/8
寧陽縣鄉土志/7
張軾(字大蘇)
(清・聊城人)
[宣統]聊城 8/31
張威(隋)
[咸豐]青州 55/12
[光緒]益都縣圖志 15/20
張戌(清・陽信人)
[民國]陽信 5/忠義 47
張成文(清・臨朐人)
臨朐縣鄉土志 1/耆舊
張成文(清・寧津人)
[光緒]寧津 8/23
寧津縣志料 3/人物－義烈
張咸亨(明・鄒人)
[萬曆]鄒志 2/28
張成龍(字震川)
(清・樂陵人)
[乾隆]武定府 24/44
[咸豐]武定府 24/循良 34
[乾隆]樂陵 6/17
張盛三(清・禹城人)
[民國]禹城 6/74
張咸平(字淳熙)
(清・平陰人)
[光緒]平陰 5/27
張咸五(字頌亭)
(清・慶雲人)
[民國三年]慶雲 2/53
張成仁(字奎五)
(膠州人)
[民國]增修膠志 46/5
張成德(字星渚)
(清・齊東人)
[民國]齊東 5/127
張成勳(明・新城人)
[康熙]濟南 44/23
[道光]濟南 51/37
[天啟]新城 8/孝友
[崇禎]新城 8/孝友
[康熙]新城 8/5
[民國]重修新城 15/7
張成勳(清・萊陽人)
[民國]萊陽 3/1 中 40
張成勳(字竹銘)

(廣饒人)
[民國]續修廣饒 19/83
張成憲(字監先)
(清・齊東人)
[乾隆]掖縣 3/37
張盛容(字韞涵)
(清・金鄉人)
[咸豐]濟寧直隸州續志 3/8
[民國]濟寧直隸州續志 14/28
[咸豐]金鄉縣志略 9/中忠義傳 1
[民國]金鄉 14/16
張咸甯(清・無棣人)
[民國]無棣 13/31
張成福(字天益)
(清・長垣人)
[宣統]山東 76/22
[康熙]曹州志 13/7
[乾隆]曹州府 12/25
[康熙]曹縣 11/24
[康熙]兗州府曹縣 11/24
[光緒]曹縣 11/武職 48
[光緒]菏澤 7/名宦 7
[光緒]新修菏澤 9/12
張咸池(清・臨淄人)
[民國]臨淄 22/69
張輔清(字佐賢)
(清・無棣人)
[民國]無棣 13/17
張甫林(明・恩縣人)
[乾隆]東昌 42/28
[嘉慶]東昌 32/23
[萬曆]恩縣 4/54
[宣統]重修恩縣 8/46
[民國]重修恩縣 11/鄉賢 66
恩縣鄉土志/19
張輔世(清・博興人)
[康熙六十年]博興 7/36
[道光]博興 11/38
[民國]重修博興 13/36
張盛基(字喬松)
(清・壽光人)
[乾隆]續壽光 23/7
[嘉慶]壽光 13/10
[民國]壽光 12/人物志一 80
張成事(明・臨沂人)
[民國]臨沂 10/49
張甫田(清・陽穀人)
[光緒]陽穀 6/29
[民國]增修陽穀人物/武功 13
張成賢(字德厚)
(清・利津人)
[光緒]利津 8/義行 7
張盛美(字元絅,號澹居)
(明・滕人)
[康熙]山東 40/63
[雍正]山東 28/人物三 68
[宣統]山東 160/37
[康熙]兗州 28/26
[乾隆]兗州 23/52
[康熙]滕志 7/69
[康熙]滕縣志 7/65
[道光]滕縣志 7/52
滕縣鄉土志/19
張盛銘(字又新,號箴甫)
(清・廣西臨桂人)
[宣統]山東 76/29
[康熙]鄆城 4/11
[光緒]鄆城 6/11
鄆城縣鄉土志/政績錄-興利
張成性(字毓初)
(清・齊東人)
[民國]齊東 5/127
54 張拱(明・單縣人)
[隆慶]單縣下/15
[順治]單縣 3/5
張拱(字菴觀,一字觀微)
(清・陽信人)
[康熙]濟南 48/13
[乾隆]武定府 26/29
[咸豐]武定府 26/耆壽 3
[康熙]陽信 9/33
[乾隆]陽信 7/57
[民國]陽信 5/耆碩 56
信邑志稿 7/耆碩
張軌(字元軌)
(南北朝・濟北臨邑人)
[至元]齊乘 6/18
[嘉靖]山東 29/9
[康熙]山東 39/8
[雍正]山東 28/人物一 58
[宣統]山東 155/34
[康熙]濟南 41/3
[道光]濟南 45/33
[嘉靖]淄川 6/78
[萬曆]淄川 30/5
[康熙]淄川 5/2
[乾隆]淄川 5/2
[順治]臨邑 12/2
[康熙]重修臨邑 10/3
[道光]臨邑 9/1
[同治]臨邑 9/循異 1
張持衡(字秉鈞)
(清・長山人)
[道光]濟南 55/36
[嘉慶]長山 10/20
張拱宸(明・濱州人)
[康熙]濱州 7/22
[咸豐]濱州 10/厚德 2
張拱乾(號玉樞)
(清・正藍旗人)
[康熙五十六年]莘縣 5/9
[光緒]莘縣 5/20
[民國]莘縣 3/14
張持中(字允齋)
(清・臨沂人)
[民國]臨沂 10/17
張拱璧(清・福山人)
[康熙]福山 8/26
[乾隆]福山 8/37
張拱璧(字子珍)
(清・膠州人)
[民國]增修膠志 45/35
張拱璧(字子玉)
(清・壽光人)
[民國]壽光 12/人物志二 32
張拱辰(明・魚臺人)
[康熙]魚臺 17/45
[乾隆]魚臺 11/12
[光緒]魚臺 3/7
55 張軼群(字卓堂)
(清・諸城人)
[光緒]增修諸城縣續志 20/4
張扶鯤(字觀堂)
(清・寧陽人)

[咸豐]寧陽 13/29
[光緒]寧陽 13/29
張耕田(清・曹縣人)
[光緒]曹縣 14/行誼 33
張慧照(字鏡古)
(清・利津人)
[民國]利津縣續志 7/文苑 1
張扶輿(字景淑)
(清・安邱人)
[咸豐]青州 48/8
[道光]安邱新志 19/4
安丘縣鄉土志 8/耆舊錄 5
56 張揚(明・安仁人)
[同治]重修寧海州 13/16
張揖(明・霑化人)
[萬曆]新修霑化 6/116
張揚烈(字名軒)
(平原人)
[民國]續修平原 8/27
張擇行(字行先)
(宋・青州益都人)
[嘉靖]山東 32/16
[康熙]山東 42/17
[宣統]山東 157/26
[嘉靖]青州 14/20
[萬曆]青州 13/39
[康熙十五年]青州 13/39
[康熙四十八年]青州 13/事功 22
[康熙六十年]青州 16/11
[咸豐]青州 41/8
[萬曆]益都 6/90
[康熙]益都 7/4
[光緒]益都縣圖志 33/1
57 張蟾(唐)
[嘉靖]山東 25/19
[康熙]山東 32/6
[宣統]山東 68/10
[嘉靖]武定州下/47
[崇禎]武定州 7/2
張輅(字行素)
(明・浙江仁和人)
[萬曆]青州 12 又/9
[康熙十五年]青州 12 又/9
[康熙四十八年]青州 12 又/9
[康熙]臨淄 8/10
[民國]臨淄 18/10
張靚(字行可)
(明・單父人)
[康熙]濟寧州 6/19
[乾隆]濟寧直隸州 24/1
[道光]濟寧直隸州 8/2－21
[康熙]單縣 7/29
[民國]單縣 9/15
張靚(明・山西忻州人)
[嘉靖]冠縣 2/2
[萬曆]冠縣 2/3
[道光]冠縣 6/23
[光緒]冠縣 6/宦績
[民國]冠縣 6/34
張撰(字修亭)
(清・永定人)
[咸豐]寧陽 11/20
[光緒]寧陽 11/20
寧陽縣鄉土志/9
張邦慶(清・陽穀人)
[民國]增修陽穀人物/仕宦 16
張邦彥(元・陽平人)
[萬曆]福山 4/2
[乾隆]福山 7/8
張邦彥(字元洲)
(明・臨朐人)
[萬曆]青州 13/65
[咸豐]青州 44/30
[嘉靖]臨朐 3/10
[康熙]臨朐縣志書 3/27
光緒臨朐 14/上 26
張邦彥(明・蒙陰人)
[康熙十一年]蒙陰 2/31
張翰文(字棨五)
(清・青城人)
[光緒]鄆城 6/27
張邦正(字萬甫)
(清・慶雲人)
[民國三年]慶雲 2/37
張邦瑞(明・商河人)
[乾隆]武定府 24/4
[咸豐]武定府 24/清介 4
[萬曆]商河 7/4
[道光]商河 7/5
[民國]重修商河 8/4
商河縣鄉土志 2/耆舊－事業
張邦孚(清・章邱人)
[道光]濟南 54/17
[乾隆]章邱 9/35
[道光]章邱 11/61
張擢魁(字殿卿)
(清・長清人)
[民國]長清 11/25
張邦傑(元・歷城人)
[道光]濟南 48/2
張邦直(明・臨朐人)
[萬曆]青州 14/54
[康熙十五年]青州 14/54
[康熙四十八年]青州 14/儒行 11
[康熙六十年]青州 15/11
[咸豐]青州 44/28
光緒臨朐 14/上 27
張邦柱(明・順天人)
[萬曆]福山 4/11
張邦基(明・歷城人)
[崇禎]歷乘 16/53
[崇禎]歷城 10/26
張邦相(清・棲霞人)
[乾隆]棲霞 6/29
張邦成(清・城武人)
[道光]城武 13/12
張抑甲(字雪村)
(清・長山人)
[嘉慶]長山 9/12
58 張敖(明・壽張人)
[嘉靖]山東 35/3
[康熙]山東 45/9
[萬曆二十四年]兖州 37/7
[康熙]兖州 28/36
[乾隆]兖州 23/40
[康熙五十六年]壽張 7/30
[光緒]壽張 7/24
壽張縣鄉土志/耆舊－附忠孝祠
張獒(字健亭)
(清・無棣人)
[民國]無棣 13/10
張鰲(字春濤)
(清・蒙陰人)

[康熙]濮州 3/32
[乾隆]濮州 3/32
[宣統]濮州 4/32
[康熙十一年]蒙陰 2/15
張敕(清・萊陽人)
[民國]萊陽 3/1 中 81
張敕(清・利津人)
[光緒]利津 8/隱逸 1
張敷(字方山,號醒癡)
(清・平原人)
[民國]續修平原 10/上 19
張敷(明・南直廬江人)
[宣統]山東 71/19
[康熙]濟南 25/33
[道光]濟南 36/56
[康熙]德平 3/1
[乾隆]德平 2/24
[嘉慶]德平 5/6
[光緒]德平 5/6
德平縣鄉土志/政績錄
張敷(字茂初,號鶴儕)
(清・單縣人)
[民國]單縣 12/隱逸 1
張敷(字議敍,號敬堂)
(清・平原人)
[民國]續修平原 6/13
張敷(字宣子)
(清・堂邑人)
[康熙]堂邑 13/14
堂邑縣鄉土志/耆舊錄
張輶(號幼軒)
(清・河南洛陽人)
[宣統]山東 77/21
[光緒]增修登州 25/14
[民國]臨沂 7/76
張掄彥(字公選)
(清・膠州人)
[道光]重修膠州 28/21
[民國]增修膠志 42/19
張掄升(字叔元)
(清・樂安人)
[民國]續修廣饒 21/1
張敷齡(清・北直隸人)
[康熙]膠州 5/18
[乾隆]膠州 4/19
[道光]重修膠州 23/5
[民國]增修膠志 18/4
張掄才(字登策)
(清・濮州人)
[宣統]濮州 6/20
張掄明(明・陽穀人)
[民國]增修陽穀人物/仕宦 10
59 **張掞**(字文裕,一字文部)
(宋・齊州歷城人)
[嘉靖]山東 27/5,27/16
[康熙]山東 35/6,37/3
[雍正]山東 28/人物二 37
[宣統]山東 157/23
[嘉靖]青州 13/29
[萬曆]青州 12/21
[康熙十五年]青州 12/21
[康熙四十八年]青州 12/21
[康熙六十年]青州 12/12
[咸豐]青州 35/2
[康熙]濟南 41/5
[道光]濟南 47/28
[乾隆]萊州 9/7
[萬曆]萊州 5/63
[康熙]萊州 8/23
[崇禎]歷乘 16/10
[崇禎]歷城 10/6
[崇禎]歷乘 16/9
[崇禎]歷城 10/6
[乾隆]歷城 35/29
[乾隆]掖縣 3/30
[光緒]益都縣圖志 16/42
張掞(字藻庭,號耐菴)
(清・利津人)
[乾隆]武定府 26/22
[咸豐]武定府 26/義行 22
[乾隆]利津縣志續編 8/47
[光緒]利津 8/義行 2
60 **張昂**(金)
[道光]濟南 72/18
[康熙]淄川 4/6
[乾隆]淄川 4/6
張昂(明・單縣人)
[順治]單縣 3/7
張昂(明・壽光人)
[嘉靖]寧海州下/27
[同治]重修寧海州 15/3
張昂(清・臨清人)
[宣統]山東 174/32
[民國]臨清縣/人物 46
張暴(明・淄川人)
[萬曆]淄川 28/2
[乾隆]淄川 5/33
張昌(字與皆,號謌亭)
(清・滕州人)
[道光]滕縣志 7/56
滕縣鄉土志/20
[民國]單縣 12/方技 5
張恩(明・臨潼人)
[道光]濟南 36/17
[嘉慶]鄒平 14/12
[道光]鄒平 14/12
[民國]鄒平 14/12
張恩(清・陽穀人)
[民國]增修陽穀人物/仕宦 15
張昉(字顯卿)
(元・東平汶上人)
[嘉靖]山東 30/55
[康熙]山東 40/54
[雍正]山東 28/人物二 59
[宣統]山東 158/18
[萬曆元年]兗州 40/諫議 20
[萬曆二十四年]兗州 35/32
[康熙]兗州 27/30
[乾隆]兗州 23/33
[萬曆]汶上 6/4
張昺(字雪嵊)
(清・無棣人)
[民國]無棣 13/28
張炅(清・沂水人)
[乾隆]沂州府 25/29
[道光]沂水 7/18
張果(字希仲)
(清・昌樂人)
[民國]昌樂縣續志 30/20
張昊(明・婺源人)
[萬曆]諸城 4/38
張景(明・汝陽人)
[康熙]嶧縣 3/28
[乾隆]嶧縣 7/12
[光緒]嶧縣 19/職官下 5
張景(明・招遠人)

［雍正］山東 28/人物三 18
［宣統］山東 165/16
［泰昌］登州 11/39
［順治］登州 17/16
［順治］招遠 9/18
張景(清・陽穀人)
［民國］增修陽穀人物/仕宦 17
張曠(字遠仙)
(清・觀城人)
［道光］觀城 9/43
觀城縣鄉土志/耆舊
張冕(明・東阿人)
［道光］東阿 14/人物下 26
張旻(明・曲周人)
［嘉靖］濮州 7/23
張旻(明・日照人)
［嘉靖］山東 35/6
［康熙］山東 45/17
［嘉靖］青州 15/17
［萬曆］青州 14/16
［康熙十五年］青州 14/16
［康熙四十八年］青州 14/孝友 6
［康熙六十年］青州 17/11
［乾隆］沂州府 26/11
［康熙］日照 9/9
張旼(字穆菴)
(清・濮州人)
［宣統］濮州 3/90
張昇(字伯高)
(元・平州人)
［嘉靖］山東 25/10
［康熙］山東 31/12
［雍正］山東 27/9
［宣統］山東 69/16
［道光］濟南 72/19
［崇禎］歷城 6/10
張昇(明・直隸開州人)
［康熙］德平 3/1
［嘉慶］德平 5/6
［光緒］德平 5/6
張昇(明・山西陽曲人)
［嘉靖］濮州 7/24
［嘉靖］朝城志 5/7
［康熙］朝城 7/5
張晟(明・安丘人)
［宣統］山東 161/37
張是(字昨非)
(清・海豐人)
［乾隆］武定府 26/32
張思(字希聖)
(宋・青州人)
［光緒］益都縣圖志 16/42，33/4
［民國］濰縣志稿 20/8
張曇(字雯華)
(清・歷城人)
［道光］濟南 53/55
［乾隆］歷城 43/8
張星(清・富順人)
［康熙］膠州 5/17
張邑(字築野)
(清・肥城人)
［光緒］肥城 9/人物志補遺 2
肥城縣鄉土志 5/23
張易(字簡能)
(五代・元城人)
［道光］濟南 62/3
萊州府鄉土志/下 24
［乾隆］掖縣 4/56
［嘉慶］續掖縣 3/20
［道光］掖乘 4
張異(明・泰安人)
［康熙］濟南 44/14
［康熙］泰安州 3/46
［乾隆］泰安府 18/34
［乾隆二十五年］泰安縣 12/15
張愚(字見之，號東屏)
(明・懷寧人)
［乾隆］東昌 33/34
［嘉慶］東昌 21/2
［康熙］聊城 2/2，4/12
［宣統］聊城 6/2－2，10/3－19
聊城縣鄉土志/18
張愚(明・諸城人)
［萬曆］諸城 6/13
張愚(字存古)
(清・茌平人)
［乾隆］東昌 43/8
［嘉慶］東昌 32/34
［宣統］茌平 28/3
［民國］茌平 3/76
張愚(清・臨沂人)
［民國］續修臨沂 16/9
張愚(字移上)
(清・寧陽人)
［乾隆］兗州 23/87
［乾隆］寧陽 7/孝子 3
［咸豐］寧陽 15/7
［光緒］寧陽 15/7
寧陽縣鄉土志/21
張愚(字豁然，號謙齋)
(長清人)
［民國］長清 12/9
張昱(字時暉)
(明・諸城人)
［萬曆］諸城 6/12
張國彥(清・惠民人)
［光緒］惠民 20/6
惠民縣鄉土志/耆舊錄 3
張景庵(清・牟平人)
［民國］牟平 7/90
張景唐(字都堯)
(清・陽信人)
［民國］陽信 5/耆碩 58
張思廉(字介菴)
(清・齊東人)
［道光］濟南 56/18
齊東縣鄉土志/耆舊錄 6
張思庸(字理堂)
(清・金鄉人)
［民國］金鄉 13/續增 8
張園亭(字東嶺)
(清・金鄉人)
［道光］濟寧直隸州 8/4－41
［咸豐］金鄉縣志略 9/中列傳二 12
［民國］金鄉 14/5
金鄉縣鄉土志/耆舊錄上
張曰彥(清・新城人)
［宣統］新城縣後志 2/善行
［民國］重修新城 18/5
張見龍(清・高唐人)
［道光］高唐州 5/1－59
［光緒］高唐州 5/1－66
［民國］高唐縣 12/42

張見龍（字應五）
（清・寧津人）
［光緒］寧津 8/28
寧津縣志料 3/人物－孝行
張見龍（字羽京）
（清・太康人）
［民國］樂安 8/20
［民國］續修廣饒 17/6
張景龍（字雲瞻）
（清・茌平人）
［民國］茌平 3/104
張田龍（明・觀城人）
［康熙］觀城 4/7
觀城縣鄉土志/耆舊
張日新（字銘盤）
（明・長清人）
［康熙］濟南 38/14
［道光］濟南 52/25
［康熙］長清 9/67
［道光］長清 11/22
張日新（明・浙江人）
［雍正］山東 27/29
［宣統］山東 71/16
［康熙］濟南 25/80
［道光］濟南 36/38
［康熙］新修齊東 4/20
［民國］齊東 3/61
張思訓（字彝堂）
（清・齊東人）
［民國］齊東 5/29
齊東縣鄉土志/兵事錄 1
張思誠（元・鄒縣人）
［嘉靖］鄒縣地理誌 1/25
張圖麟（明・蒙陰人）
［康熙十一年］蒙陰 2/44
張國璽（字君信，號藍田）
（明・藍田人）
［康熙］新修萊蕪 8/36
張見正（字見竇）
（南北朝）
［順治］武城 2/15
張景元（字聯三）
（清・平原人）
［道光］濟南 56/106
［乾隆］平原 8/42
平原縣鄉土志輯稿/文學
張唯一（字曾傳）
（清・霑化人）
［光緒］霑化 8/18
［民國］霑化 2/47
張星元（字文魁，號方正）
（清・鄆城人）
［光緒］鄆城 16/29
張曰雲（字澤遠）
（清・濟陽人）
［民國］濟陽 11/61
張國琢（字純修）
（清・齊河人）
［民國］齊河 26/32
張國瑞（字輯五）
（清・茌平人）
［宣統］茌平 11/7
［民國］茌平 3/53
張景琳（字子琢）
（東阿人）
［民國］東阿 16/4
張是珠（清・萊陽人）
［民國］萊陽 3/1 中 82
張景聖（字士範）
（清・夏津人）
［乾隆］臨清直隸州 8/下 10
［民國］夏津續編 8/18
張恩孟（清・遼東人）
［道光］濟寧直隸州 6/7－79
張思孟（清・遼東人）
［康熙］濟寧州 7/7
［乾隆］濟寧直隸州 22/38
張星子（字拱極，號空懸）
（清・清平人）
［嘉慶］清平 14/33
［宣統］增輯清平 12/33
［民國］清平/人物 19
清平縣鄉土志/耆舊
張國瑜（字元玉）
（清・陝西鄠縣人）
［宣統］山東 75/60
［康熙五十五年］鄒縣志 2/56
［民國］續修鄒縣志稿/名宦
鄒縣鄉土志政績錄/6
張國珍（字佩玉，號雲霞）
（明・連川郡人）
［道光］濟南 62/5
［道光］章邱 11/89
張國儁（字虹橋，號翰清）
（明・寧海人）
［雍正］山東 28/人物三 68
［宣統］山東 164/50
［順治］登州 17/12
［光緒］增修登州 37/11
［康熙］寧海州 9/4
［同治］重修寧海州 21/2
［民國］牟平 7/82
張國維（字玉笥）
（明・浙江東陽人）
［宣統］山東 70/5
［道光］濟南 35/15
［康熙］濟寧州 4/57
［乾隆］濟寧直隸州 22/11
［道光］濟寧直隸州 6/6－44
張國維（明・寧遠人）
［嘉靖］寧海州下/24
張國重（明・蒙陰人）
［康熙十一年］蒙陰 2/51
張思信（明・歷城人）
［道光］濟南 49/1
［乾隆］歷城 37/3
張恩縉（字雲麓）
（清・濟寧人）
［民國］濟寧直隸州續志 14/21
張景衢（清・茌平人）
［民國］茌平 3/59
張景仁（南北朝・濟北人）
［嘉靖］山東 29/9
張思仁（明・淄川人）
［康熙］濟南 44/13
［道光］濟南 50/40
［康熙］淄川 6 下/12
［乾隆］淄川 6/下 12
張恩崇（清・夏津人）
［民國］夏津續編 8/18
張景山（清・鉅野人）
［民國］續修鉅野 5/上 6
張景巖（宋・密州人）
［乾隆二十五年］泰安縣 12/38
［乾隆四十七年］泰安縣 10/上 34

［乾隆］泰安府 18/65
［道光］泰安縣 9/上 90
［民國］重修泰安縣 8/49
張思山（字仰衢，號金泉）
（清・滕縣人）
［道光］滕縣志 8/儒林 37
滕縣鄉土志/28
張炅然（明・新城人）
［道光］濟南 51/30
［康熙］新城 8/2
［民國］重修新城 15/3
張國仕（見張國士）
張景魁（清・莒縣人）
［民國］重修莒志 62/10
張思勉（字誠之，號韋軒）
（清・漢軍鑲黃旗人）
［宣統］山東 77/33
［嘉慶］續掖縣 2/27
張曰升（清・博興人）
［咸豐］青州 46/44
［康熙六十年］博興 7/36
［道光］博興 11/34
［民國］重修博興 13/33
張國傑（字漢卓）
（清・陽信人）
［民國］陽信 5/任恤 40
張思純（字太初）
（清・昌邑人）
［光緒］昌邑縣續志 6/12
張星泉（字育蒼）
（清・魚臺人）
［光緒］魚臺 3/文行又 5
張國綱（金・高平人）
［嘉靖］山東 26/26
［康熙］山東 34/7
［雍正］山東 27/91
［宣統］山東 69/10
［萬曆］東昌 18/25
［乾隆］曹州府 12/12
［嘉靖］濮州 7/13
［萬曆］濮州 3/名宦 16
［康熙］濮州 3/15
［乾隆］濮州 3/15
［宣統］濮州 4/15
張景儀（清・濰人）
［宣統］山東 177/26
［乾隆］濰縣 4/39
［民國］濰縣志稿 29/20
濰縣鄉土志/22
張國安（字伯寧）
（元・大名人）
［道光］鉅野 20/50
張國賓（字君慕）
（清・濟陽人）
［民國］濟陽 11/17
張國賓（清・蒲臺人）
蒲臺縣鄉土志/16
張國賓（清・武城人）
［乾隆］昌邑 5/125
張景宏（霑化人）
［民國］霑化 4/登進 48
張景良（字漢梧）
（清・齊河人）
［民國］齊河 23/11
張日宣（號翼九）
（明・高苑人）
高苑縣鄉土志/耆舊
張晏之（字熙德）
（北齊・清河武城人，一作貝丘人）
［嘉靖］山東 31/8
［宣統］山東 67/21，155/36
［萬曆］東昌 19/14
［乾隆］東昌 36/24
［嘉慶］東昌 26/25
［嘉靖］武城 7/51
［順治］武城 2/15
［乾隆］武城 10/13
武城縣鄉土志略/耆舊錄
［宣統］重修恩縣 8/12
［民國］重修恩縣 11/鄉賢 9
恩縣鄉土志/17
張思渠（明・青城人）
［民國］青城續修 4/人物 20
張星源（字瀛舫）
（清・澠池人）
［民國］續修鉅野 7/上 47
［民國］四續掖縣 4/24
張恩溥（字石瀾）
（清・嘉祥人）
［光緒］嘉祥 3/29
張國清（字福平）
（清・利津人）
［光緒］利津 8/義行 7
張昌運（字際盛）
（清・觀城人）
觀城縣鄉土志/耆舊
張昉初（字孖伯）
（清・諸城人）
［道光］諸城縣續志 16/2
張見祖（字紹清）
（清・高唐人）
［民國］高唐縣 12/54
張景初（字中黃）
（清・諸城人）
［乾隆］諸城 36/13
張是鴻（清・萊陽人）
［民國］萊陽 3/1 中 68
張是濯（清・萊陽人）
［民國］萊陽 3/1 中 82
張思選（字虎山）
（清・陝西延安人）
［康熙］膠州 6/2
［乾隆］膠州 4/17
［道光］重修膠州 23/3，39/34，39/37
［民國］增修膠志 18/2，37/10
張思祥（字子禎）
（長清人）
［民國］長清 12/24
張曰祥（字嘉軒）
（清・陽信人）
［民國］陽信 5/任恤 40
張恩南（德縣人）
［民國］重修博興 10/3
張國士（清・北直靈壽人）
［宣統］山東 70/37，74/56
［康熙］萊州 8/41
［乾隆］萊州 9/11
萊州府鄉土志/上 14
［康熙］曹州志 7/56
［乾隆］曹州府 12/22
［嘉慶］續掖縣 2/14
［光緒］菏澤 7/宦蹟 24
［光緒］新修菏澤 9/1
菏澤縣鄉土志/10
張國柱（明・遼東人）
［康熙］滕志 6/46

［康熙］滕縣志 6/宦業 40
［道光］滕縣志 6/宦績 32
滕縣鄉土志/10
張國柱(字維禎,號寧宇)
(明・平原人)
［康熙］濟南 40/13
［道光］濟南 52/61
［乾隆］平原 8/25
平原縣鄉土志輯稿/循吏
張品南(字荊三)
(清・陽信人)
［民國］陽信 5/孝友 64
張圖南(明)
［乾隆］武定府 35/7
［咸豐］武定府 35/碑 7
［光緒］惠民 29/3
張星吉(字翊臣)
(清・菏澤人)
［宣統］山東補遺/35
張星壽(字耀南)
(長清人)
［民國］長清 12/25
張國標(明・滕縣人)
［道光］滕縣志 8/掾曹 18
張國楨(字幹臣)
(清・齊東人)
［民國］齊東 5/58
張景垣(字星南,號曉峯)
(清・高苑人)
高苑縣鄉土志/耆舊
張星標(清・盂縣人)
［萬曆］濟陽 6/9
張昊城(清・汶上人)
［宣統］四續汶上稿/人物－施濟傳
張思式(字敬齋)
(清・章邱人)
［道光］章邱 10/49
張圖城(清・單縣人)
［康熙］單縣 8/48
［民國］單縣 12/隱逸 1
張國植(字立軒)
(清・平陰人)
［光緒］平陰 5/25
張景華(字時美)
(明・郯城人)
［雍正］山東 28/人物三 31
［宣統］山東 160/23
［萬曆二十四年］兗州 36/14
［康熙］兗州 28/14
［萬曆］沂州志 7/30
［乾隆］沂州府 25/21
［康熙］郯城 7/5
［乾隆］郯城 9/8
張思恭(明・禹城人)
［康熙］山東 45/6
［康熙］濟南 44/23
［道光］濟南 52/7
［康熙］禹城 5/19
［嘉慶］禹城 9/12
［民國］禹城 6/10
禹城縣鄉土志/15
張思桂(字月宇)
(明・無棣人)
［康熙］濟南 41/30
［乾隆］武定府 24/27
［咸豐］武定府 24/循良 17
［康熙］海豐 10/11
［民國］無棣 11/3,20/19
海豐縣鄉土志/耆舊－事業
張思孝(字純行)
(清・臨沂人)
［民國］續修臨沂 16/21
張四桂(清・蓬萊人)
［民國］蓬萊縣志合編人物志/忠勇
張曰蘭(字王華)
(清・鉅野人)
［道光］鉅野 13/59
［民國］續修鉅野 7/下 13
張曰蕊(字竹田)
(清・新城人)
［宣統］新城縣後志 2/善行
張買奴(南北朝・平原人)
［至元］齊乘 6/18
［嘉靖］山東 29/9
［康熙］山東 39/8
［雍正］山東 28/人物一 59
［宣統］山東 162/23
［康熙］濟南 42/3
［道光］濟南 45/34
［康熙］德州 8/5
［康熙］陵縣 5/3
［乾隆］平原 8/36
平原縣鄉土志輯稿/文學
張曰桐(字鳳坡)
(清・濰縣人)
［民國］濰縣志稿 29/34
張國翰(字晏平)
(清・莘縣人)
［民國］莘縣 6/3
莘縣鄉土志/鄉宦 20
張是增(清・無棣人)
［民國］無棣 13/28
張思敬(明・華亭人)
［乾隆］陽信 5/20
［民國］陽信 2/47
張思敬(清・鉅野人)
［道光］鉅野 13/77
張思敬(字嚴翼)
(清・新城人)
［宣統］新城縣後志 2/善行
［民國］重修新城 16/14
張四教(字印尼)
(清・長清人)
［道光］濟南 56/55
［道光］長清 13/4
張四教(字道一,號芹沚)
(清・萊蕪人)
［雍正］山東 28/人物四 11
［宣統］山東 171/5
［乾隆］泰安府 17/47
［康熙］新修萊蕪 6/3
［民國］萊蕪 17/6
［民國］續修萊蕪 34/9
萊蕪縣鄉土志/14
張四教(字聖勗)
(清・壽光人)
［咸豐］青州 49/8
［嘉慶］壽光 14/13
［民國］壽光 12/人物志二 12
張國泰(字石橋)
(清・湖南安鄉縣人)
［宣統］三續淄川 9/42
［道光］滕縣志 6/宦績 40
滕縣鄉土志/10
張國忠(清・臨沂人)
［乾隆］沂州府 26/17

［民國］臨沂 10/50
張景春（清・恩縣人）
［宣統］重修恩縣 8/27
［民國］重修恩縣 11/鄉賢 23
恩縣鄉土志/22
張景貴（字馭爵）
（清・齊東人）
［民國］齊東 5/44
張思本（字培元）
（清・新城人）
［宣統］新城縣後志 2/善行
［民國］重修新城 18/6
張思忠（明・肥鄉人）
［乾隆］寧陽 3/東兗道 1
張是振（清・萊陽人）
［民國］萊陽 3/1 中 66
張思振（字興菴）
（清・齊東人）
［道光］濟南 56/21
［民國］齊東 5/12
齊東縣鄉土志/耆舊錄 12
張國輔（明）
［雍正］山東 27/67
［光緒］增修登州 27/8
［乾隆］續登州 8/3
［康熙］黃縣 5/13
［乾隆］黃縣 12/3
［同治］黃縣 6/6
［民國］黃縣志稿 11/宦績
張圖成（見張圖城）
張國田（清・黃縣人）
［同治］黃縣 9/4
［民國］黃縣志稿 13/人物－死難
張景昌（清・歷城人）
［民國］續修歷城 44/36
張思躋（字子樸）
（清・長山人）
［嘉慶］長山 9/34
張思勗（清・萊陽人）
［光緒］增修登州 39/37
［民國］萊陽 3/1 中 43
張田畦（廣饒人）
［民國］重修博興 10/3
張恩煦（字墨林）
（清・福山人）
［民國］福山縣志稿 7/5－7
張景明（清・濰縣人）
［民國］濰縣志稿 31/21
張思明（明・濟陽人）
［嘉靖］山東 35/1
［康熙］山東 45/2
［康熙］濟南 44/5
［道光］濟南 51/52
［萬曆］濟陽 8/4
［乾隆］濟陽 8/19
［民國］濟陽 11/24
張星照（清・高密人）
高密縣鄉土志/上 41
張星照（清・清平人）
［宣統］增輯清平 12/61
［民國］清平/人物 55
張國璧（清・鄄縣人）
［康熙］新城 5/12
張景陞（字聯陞）
（清・淄川人）
［宣統］三續淄川 10/12
張四隅（明・河南汝陽人）
［順治］樂陵 4/3
［乾隆］樂陵 4/49
張國卿（字寧宇）
（明・陝西長安人）
［宣統］山東 73/16
［咸豐］青州 36/41
［康熙］續安丘 16/2
安丘縣鄉土志 2/政績錄
張國賢（明・內鄉人）
［隆慶］單縣上/35
張景義（見張景儀）
張曰善（清・高苑人）
高苑縣鄉土志/耆舊
張曰會（字經堂，號富三）
（清・金鄉人）
［咸豐］金鄉縣志略 9/中列傳二 17
［民國］金鄉 13/25
張四知（明・費縣人）
［康熙］山東 40/63
［康熙］兗州 28/28
張思鈞（宋・沙河人）
［嘉靖］武定州下/50
［萬曆］武定州 10/6
［崇禎］武定州 7/22
張思鋤（字紹武）
（清・桓臺人）
［民國］桓臺志略 3/17
［民國］桓臺 3/29
張國籌（明・章丘人）
［康熙］濟南 45/5
［道光］濟南 49/63
［萬曆］章丘 28/58
［康熙］章丘 6/40
［乾隆］章邱 9/39
［道光］章邱 10/45
張四鑑（字子明）
（明・滕縣人）
［道光］滕縣志 8/掾曹 18
張四箴（明・黃縣人）
［同治］黃縣 9/1
［民國］黃縣志稿 13/人物－死難
張四箴（字心勿）
（清・新城人）
［道光］濟南 55/73
［康熙］新城 8/12
［民國］重修新城 15/11
新城縣鄉土志/耆舊－清
張景燊（字澹生，一作淡生）
（清・鄒平人）
［康熙］濟南 45/10
［道光］濟南 54/39
［康熙］鄒平 6/19
［嘉慶］鄒平 15/21
［道光］鄒平 15/57
［民國］鄒平 15/57
張景炎（清・商河人）
［民國］重修商河 8/56
商河縣鄉土志 3/耆舊－學問
張思恬（字退菴）
（清・齊東人）
［道光］濟南 56/21
［民國］齊東 5/11
齊東縣鄉土志/耆舊錄 12
張國煜（字曉洲）
（清・新城人）
［宣統］新城縣後志 2/宦績
張星煥（清・福山人）

[康熙]福山 8/26
[乾隆]福山 8/37
61 張顯(金·新城人)
[天啟]新城 7/武秩
[崇禎]新城 7/武秩
張顯(字至明)
(明·南直隸清河人)
[康熙]膠州 5/24,7/12
[乾隆]膠州 4/30
[道光]重修膠州 25/5
[民國]增修膠志 40/4
張顯(清·章丘人)
[道光]章邱 11/84
張顯(明·城武人)
[康熙九年]城武 3/62
張顯(明·隴西人)
[宣統]山東 72/40
[乾隆]東昌 34/1
[嘉慶]東昌 21/19
[康熙二年]茌平 2/36
[康熙四十九年]茌平 2/36
[宣統]茌平 8/2
[民國]茌平 8/59
張顯謨(清·臨沂人)
[民國]續修臨沂 16/20
張顯儒(字煥宇)
(明·臨朐人)
[康熙]臨朐縣志書 3/41
光緒臨朐 14/上 46
張㬎然(字普光)
(清·高密人)
[光緒]高密 8/上 39
[民國]高密 14/上 42
張顯成(清·諸城人)
[康熙六十年]青州 17/21
[咸豐]青州 47/39
[乾隆]諸城 40/5
張顯榮(清·濮州人)
[宣統]濮州 5/29
62 張礄(字恕堂)
(清·魚臺人)
[光緒]魚臺 3/耆碩又 1
張暟(字宜中)
(清·無棣人)
[民國]無棣 13/28
張則久(清·臨朐人)
[康熙六十年]青州 17/20
[咸豐]青州 47/33
光緒臨朐 14/下 15
張昕照(字警齋,號曉峰)
(清·淄川人)
[宣統]三續淄川 9/70
張嗜鳳(明·萊陽人)
[民國]萊陽 3/1 中 80
63 張晙(字旭初)
(清·無棣人)
[民國]無棣 12/14
張畯(字問農)
(清·平原人)
[民國]續修平原 6/13
張默(明·菏澤人)
[康熙]曹州志 16/4
[光緒]菏澤 16/3
[光緒]新修菏澤 10/37
張默(清·恩縣人)
[宣統]重修恩縣 8/25
[民國]重修恩縣 11/鄉賢 22
恩縣鄉土志/21
張默(號南泉)
(清·汶上人)
[宣統]四續汶上稿/人物－耆德傳
張戳(字雲嶼)
(清·單縣人)
[乾隆]單縣 6/46
[民國]單縣 9/80
張晼(字右虞)
(清·霑化人)
[乾隆]武定府 26/31
[光緒]霑化 9/6
[民國]霑化 2/59
[乾隆]掖縣 3/38
張貽謀(字翼庭)
(清·齊河人)
[民國]齊河 23/13
張貽瑄(字瑤卿)
(清·無棣人)
[民國]無棣 11/15
海豐縣鄉土志/耆舊－事業
張貽珍(字芸谷)
(清·無棣人)
[民國]無棣 13/32
張貽穀(字似亭)
(清·齊河人)
[民國]齊河 23/71
張貽哲(字凝臺)
(清·齊河人)
[民國]齊河 23/44
64 張畸(字子奇)
(清·平原人)
[民國]續修平原 6/13
張時(明·館陶人)
[乾隆]東昌 42/24
[嘉慶]東昌 32/19
張時(字本逸)
(明·蒙陰人)
[嘉靖]山東 32/20
[康熙]山東 42/21
[雍正]山東 28/人物三 3
[宣統]山東 161/31
[嘉靖]青州 14/30
[萬曆]青州 13/45,13/53
[康熙十五年]青州 13/45
[康熙四十八年]青州 13/事功 28,13/事功 36
[康熙六十年]青州 16/13
[康熙十一年]蒙陰 2/4,2/24,2/45
[康熙二十四年]蒙陰 3/17,4/1
[宣統]蒙陰 4/名獻
張時(字雨村)
(清·安邱人)
[道光]安邱新志 28/1
張暐(宋·萊陽人)
[民國]萊陽 3/1 中 2
張暐(字明仲)
(金·莒州日照人)
[嘉靖]山東 32/17
[康熙]山東 42/18
[雍正]山東 28/人物二 50
[宣統]山東 158/2
[嘉靖]青州 14/23
[道光]濟南 34/18
[萬曆]青州 13/40,14/49
[康熙十五年]青州 13/40,14/49
[康熙四十八年]青州 13/

事功 23,14/儒行 6
［康熙六十年］青州 15/8, 16/11
［乾隆］沂州府 25/18
［康熙］淄川 4/7
［乾隆］淄川 4/7
［康熙］日照 9/1
［光緒］日照 8/1
［光緒］益都縣圖志 17/7
張曉(字浴咸,號明衡)
(明・益都人)
［康熙］山東 42/28
［雍正］山東 28/人物三 61
［宣統］山東 160/36
［康熙十五年］青州 13/77
［康熙四十八年］青州 13/事功 61
［康熙六十年］青州 16/31
［咸豐］青州 45/22
［康熙］顏神鎮志 4/下 3, 5/28
［乾隆］博山志稿/17
［乾隆］博山 6/下 2
［民國］續修博山 12/13, 13/49
張曉(字平陽)
(清・霑化人)
［乾隆］武定府 24/38
［咸豐］武定府 24/循良 28
［光緒］霑化 7/16
［民國］霑化 2/11
張勛(明)
［雍正］山東 27/61
［咸豐］青州 36/14
張勛(明・完縣人,見張勳)
張時斌(字頒士)
(清・寧陽人)
［光緒］寧陽 13/又 53 之 2
張時謹(明・泰和人)
［萬曆］沂州志 6/11
［康熙］沂州志 3/44
［乾隆］沂州府 20/6
［民國］臨沂 7/71
張曉峯(字秋瀛)
(清・嘉祥人)
［光緒］嘉祥 3/34
張時俊(明・沂水人)
［乾隆］沂州府 25/24
［康熙］沂水 4/51
［道光］沂水 7/16
張曉峰(字嵐升)
(清・陽信人)
［民國］陽信 5/文學 22
張嘻初(字左黃)
(清・諸城人)
［咸豐］青州 49/49
［道光］諸城縣續志 17/2
諸城縣鄉土志/上 18
張時英(字冠軍)
(清・蓬萊人)
［民國］蓬萊縣志合編人物志/行誼
張曉榆(清・樂安人)
［民國］續修廣饒 19/62
張時敘(字萬可)
(清・寧陽人)
［乾隆］寧陽 7/師範 2
［光緒］寧陽 15/6
寧陽縣鄉土志/21
65 張畊(字芸心)
(清・滕縣人)
［道光］滕縣志 8/儒林 42
滕縣鄉土志/28
張映璣(字璿之,號穆菴)
(清・無棣人)
［咸豐］武定府 23/名臣 37
［民國］無棣 10/10
海豐縣鄉土志/耆舊－事業
張映衡(字持之)
(清・無棣人)
［咸豐］武定府 24/循良 41
［民國］無棣 11/9
海豐縣鄉土志/耆舊－事業
張映傅(字雨亭)
(清・無棣人)
［民國］無棣 13/29
張映台(字咸德,號海瀛)
(清・無棣人)
［咸豐］武定府 24/循良 41
［民國］無棣 11/8
海豐縣鄉土志/耆舊－事業
張映緯(字經德)
(清・無棣人)
［咸豐］武定府 25/文苑 27
［民國］無棣 12/9
海豐縣鄉土志/耆舊－學問一
張映房(字稱德)
(清・無棣人)
［咸豐］武定府 25/文苑 27
［民國］無棣 12/9
海豐縣鄉土志/耆舊－學問一
張映斗(字曦亭,一字南一)
(清・無棣人)
［民國］無棣 11/9,22/28
海豐縣鄉土志/耆舊－事業
張映漢(號筠圃)
(清・海豐人)
［宣統］山東 171/20
［咸豐］武定府 23/名臣 37
［民國］無棣 10/10
海豐縣鄉土志/耆舊－事業
張映奎(字拱辰)
(清・慶雲人)
［民國三年］慶雲 2/54
張映奎(字光宿)
(清・無棣人)
［民國］無棣 11/9
張映蛟(字得雨,號怡庵)
(清・武定人)
［宣統］山東 171/37
［咸豐］青州 37/27
［咸豐］武定府 23/名臣 38
［道光］諸城縣續志 12/1
［民國］無棣 10/11
海豐縣鄉土志/耆舊－事業
66 張畢(字季雲)
(清・掖縣人)
［民國］四續掖縣 4/73
張暻(字宜照)
(清・無棣人)
［民國］無棣 13/28
張嚴(字敬孚,號肅山)
(清・萊蕪人)
［康熙］新修萊蕪 6/3
［民國］萊蕪 18/2
［民國］續修萊蕪 23/2

［康熙］鄆城 4/18
［光緒］鄆城 6/26
張賜福（清・汶上人）
［宣統］四續汶上稿/人物－藝術傳
張暻樞（清・山西曲沃人）
［宣統］山東 75/17
［道光］濟南 38/27
［雍正］齊河 5/40
［民國］齊河 22/6
齊河縣鄉土志名宦祠/17
67 **張鶚**（明・蘭陽人）
［康熙十二年］陽穀 2/35
［康熙］陽穀 2/29
張鶚（字允薦）
（明・臨清人）
［萬曆］東昌 22/13
［乾隆］東昌 39/5
［康熙］臨清州 3/人物 7
［乾隆］臨清州 9/26
［乾隆］臨清直隸州 8/上 12
［民國］臨清縣/人物 89
張鶚（清・定陶人）
［宣統］山東補遺/68
張鶚（字孔舉）
（清・樂陵舉人）
［宣統］三續淄川 9/51
淄川縣鄉土志/政績錄
張暉（五代周・幽州大成人）
［嘉靖］山東 26/8
［康熙］山東 33/9
［宣統］山東 68/21
［萬曆元年］兗州 38/循吏 26
［萬曆二十四年］兗州 27/14
［康熙］兗州 21/28
［萬曆］沂州志 6/7
［康熙］沂州志 3/42
［乾隆］沂州府 20/3
［民國］臨沂 7/68
張暉（明・鄒縣人）
［嘉靖］鄒縣地理誌 1/28
張暉（字春旭）
（清・平原人）
［民國］續修平原 6/8
張略（字抱三）
（清・平原人）
［民國］續修平原 6/13
張明（清・臨沂人）
［民國］續修臨沂 16/13
張昫（字輔陽，一作輔暘）
（宋・開封人）
［康熙］山東 33/10
［雍正］山東 27/88
［宣統］山東 68/41
［萬曆元年］兗州 38/循吏 28
［萬曆二十四年］兗州 28/2
［康熙］兗州 22/2
［康熙］曹州志 7/48
［乾隆］曹州府 12/10
［康熙］兗州府曹縣 10/7
［光緒］曹縣 10/7
［光緒］菏澤 7/宦蹟 16
張煦（字育萬，號春巖）
（清・直隸安肅人）
［宣統］山東 75/28
［道光］濟南 38/36
［道光］東阿 11/20
［光緒］東阿縣鄉土志 2/22
張曜（號朗齋）
（清・順天大興人）
［宣統］山東 74/32
張瞻（字博肄）
（唐・范陽人）
［嘉靖］青州 15/63
［萬曆］青州 15/60
［康熙十五年］青州 15/60
［康熙四十八年］青州 15/僑寓 7
張昭（字潛夫）
（宋・濮州范縣人）
［嘉靖］山東 31/17
［康熙］山東 41/15
［雍正］山東 28/人物二 19
［宣統］山東 163/20
［乾隆］曹州府 14/19
［嘉靖］濮州 5/25
［萬曆］濮州 3/鄉賢 13
［康熙］濮州 3/43
張昭（明・蒲臺人）
［嘉靖］山東 35/1
［康熙］山東 39/24
［宣統］山東 161/29，補遺/64
［康熙］濟南 37/6
［乾隆］武定府 24/16
［咸豐］武定府 24/循良 6
［萬曆］濱州 4/58
［萬曆］蒲臺志 9/3
［康熙］重修蒲臺 7/9
［乾隆］蒲臺 3/44
蒲臺縣鄉土志/22
張照（字臨卿）
（清・曲沃人）
臨朐縣鄉土志 1/耆舊
張鷺立（字湘浦）
（清・平陰人）
［光緒］平陰 4/41
張明文（清・莘縣人）
［光緒］莘縣 6/42
［民國］莘縣 6/36
張嗣誠（字伯行，號從龍）
（明・萊陽人）
［光緒］增修登州 39/28
［康熙］萊陽 8/11，10/12
［民國］萊陽 3/1 中 19，3/3 上傳志上 10
張嗣謨（字仲嘉，號猶龍）
（明・萊陽人）
［光緒］增修登州 41/44
［康熙］萊陽 8/12
［民國］萊陽 3/1 中 19，3/1 中 87，3/3 上傳志上 10
張嗣詵（明・新城人）
［道光］濟南 51/30
［康熙］新城 8/3
［民國］重修新城 15/3
張鳴謙（字心甫）
（清・昌樂人）
［民國］昌樂縣續志 34/4
張嗣平（清・新城人）
［道光］濟南 55/78
［民國］重修新城 17/16
張明廷（清・高苑人）
［咸豐］青州 50/15
張鳴琮（字象坤）
（清・寧陽人）
［光緒］寧陽 15/16
張嗣琮（清・鄒平人）
［民國］鄒平 15/141

張明珠(字夜光)
(清・長山人)
[道光]濟南 55/32
[嘉慶]長山 9/28
張明經(字紹文)
(清・德州人)
[民國]德縣 10/74
張鳴鑾(清・菏澤人)
[光緒]菏澤 16/12
張明峻(字勵勳)
(清・單縣人)
[民國]單縣 11/46
張明德(明・定興人)
[崇禎]武定州 7/22
張明德(清・夏津人)
[民國]夏津續編 8/38
張鳴岐(明・單縣人)
[順治]單縣 3/6
張鳴岐(清・汶上人)
[宣統]四續汶上稿/人物－文學傳
張昭德(長清人)
[民國]長清 12/27
張鳴彝(字錫範)
(清・金鄉人)
[民國]濟寧直隸州續志 13/3
[咸豐]金鄉縣志略 9/中列傳二 10
[民國]金鄉 13/20
金鄉縣鄉土志/耆舊錄上
張嗣峒(清・鄒平人)
[民國]鄒平 15/140
張嗣峈(清・鄒平人)
[道光]濟南 54/49
[嘉慶]鄒平 15/13
[道光]鄒平 15/96
[民國]鄒平 15/96
張嗣名(原名嗣統,字心亭)
(清・新城人)
[宣統]新城縣後志 3/文苑
[民國]桓臺志略 3/14
[民國]桓臺 3/24
張明倫(字憲常)
(清・寧陽人)
[咸豐]寧陽 14/27
[光緒]寧陽 14/27
張明倫(字彝敘)
(清・壽張人)
[光緒]壽張 7/14
張嗣倫(字勉斯,一作紹海)
(明・安丘人)
[康熙]山東 46/6
[康熙十五年]青州 15/54
[康熙四十八年]青州 14/隱逸 13
[康熙六十年]青州 17/17
[咸豐]青州 45/25
[康熙]續安丘 21/26
安丘縣鄉土志 5/耆舊錄 2
張嗣嶙(清・鄒平人)
[民國]鄒平 15/141
張嗣宗(字德可)
(清・平陰人)
[光緒]平陰 4/31
張昭潛(字次陶)
(清・濰人)
[宣統]山東 177/19
[民國]濰縣志稿 30/40
張昭遠(字持正)
(宋・滄州無棣人)
[雍正]山東 28/人物二 34
[康熙]濟南 43/6
[乾隆]武定府 25/66
[咸豐]武定府 25/武功 2
[康熙]海豐 10/22
海豐縣鄉土志/耆舊－事業三
[民國]無棣 11/18
[嘉慶]慶雲 9/20
[咸豐]慶雲 2/71
[民國三年]慶雲 2/61
張照遠(清・歷城人)
[民國]續修歷城 42/13
張嗣海(清・鄒平人)
[民國]鄒平 15/142
張暉吉(清・掖縣人)
[乾隆]掖縣 4/51
張鳴大(字東白)
(明・長山人)
[道光]濟南 50/54
[嘉慶]長山 10/4
張曜吉(字星卿)
(明・臨沂人)
[民國]續修臨沂 16/2
張照南(字帝車)
(清・滋陽人)
[光緒]滋陽 9/9
滋陽縣鄉土志 1/耆舊－忠義
張明桂(字毓皋)
(清・城武人)
[道光]城武 9/下 33
張嗣蕃(清・齊河人)
[民國]齊河 26/20
張嗣芳(字蘭齋)
(清・齊河人)
[民國]齊河 27/6
張明旭(字海樓)
(清・泰安人)
[道光]泰安縣 9/上 88
[民國]重修泰安縣 8/42
張鳴鶴(明・濟寧人)
[康熙]濟寧州 7/9
[乾隆]濟寧直隸州 27/2
[道光]濟寧直隸州 8/4－30
張鳴鶴(字鶴汀)
(明・青州左衛人)
[萬曆]青州 15/23
[康熙十五年]青州 15/22
[康熙四十八年]青州 15/武功 9
[咸豐]青州 44/46
[康熙]益都 9/39
[光緒]益都縣圖志 35/18
張鳴桐(清・定陶人)
[民國]定陶 8/30
張明書(字西堂)
(清・陽穀人)
[民國]增修陽穀人物/善行 43
張明典(字憲唐)
(清・青城人)
[乾隆]青城 8/10
[民國]青城續修 4/人物 22
張明賢(字衆超)
(清・寧津人)
[光緒]寧津 8/49

張鳴鳳(字岐山)
(明・朝城人)
[康熙]朝城 8/23
張鳴鳳(明・清平人)
[宣統]山東 159/16
[乾隆]東昌 38/25
[嘉慶]東昌 28/25
[康熙]重修清平下/14
[嘉慶]清平 14/29
[宣統]增輯清平 12/30
[民國]清平/人物 17
清平縣鄉土志/耆舊
張嗣隆(字百斯)
(清・齊河人)
[道光]濟南 56/13
[民國]齊河 26/16
張嗣興(字方至,一作方正)
(清・齊河人)
[道光]濟南 56/13
[民國]齊河 26/21
張明義(字振聲)
(清・商河人)
[咸豐]武定府 26/義行 25
[民國]重修商河 8/78
張鳴鐸(字君陶,一作鈞陶,號木齋)
(清・直隸靜海人)
[宣統]山東 75/12
[道光]濟南 38/18
[乾隆]淄川 4/又 28－3
[宣統]三續淄川 9/42
淄川縣鄉土志/政績錄
[乾隆四十七年]泰安縣 8/33
[道光]泰安縣 10/10
[民國]重修泰安縣 6/63
泰安縣鄉土志/政績 6
張嗣燦(字英三,號星川)
(清・新城人)
[道光]濟南 61/10
68 張晦(字景賢)
(元・真定寧晉人)
[宣統]山東 69/22
[道光]濟南 34/37
[天啟]新城 6/縣尹
[康熙]新城 5/1
[道光]新城/名宦
新城縣鄉土志/政績－元知縣
張黔(號顛叟)
(清・壽光人)
[民國]壽光 12/人物志二 57
張吟修(字文田,號菘園)
(清・鄒平人)
[民國]鄒平 15/110
70 張璧(明・莒縣人)
[民國]重修莒志 61/4
張璧(字玉符)
(清・齊東人)
[康熙]新修齊東 6/14
[民國]齊東 5/58
71 張辰(字仲龍)
(清・嘉祥人)
[道光]濟寧直隸州 8/4－43
張驥(字仲德)
(明・湖廣安化人)
[嘉靖]山東 25/12
[康熙]山東 31/14
[雍正]山東 27/11
[宣統]山東 70/5
[康熙]濟南 24/19
[道光]濟南 35/1
[萬曆元年]兗州 39/名宦 16
[崇禎]歷乘 16/29
[崇禎]歷城 6/11
[光緒]新修菏澤 8/10
張驥(字景良)
(明・陝西人)
[康熙]曹州志 7/39
[乾隆]曹州府 12/14
[光緒]菏澤 7/名宦 4
張階(字天衢)
(清・汶上人)
[宣統]四續汶上稿/人物－耆德傳
張階(字路升)
(清・無棣人)
[民國]無棣 13/29
張匡(字文通)
(漢・山陽人)
[嘉靖]山東 30/11
[康熙]山東 40/12
[雍正]山東 28/人物一 13
[萬曆元年]兗州 40/隱逸 4
[萬曆二十四年]兗州 31/30
[康熙]兗州 24/29
[乾隆]兗州 23/12
[乾隆]曹州府 16/12
[乾隆]濟寧直隸州 26/3
[萬曆]鉅野 7/7
[康熙]鉅野 11/4
[康熙十二年]金鄉 5/21
[康熙五十一年]金鄉 9/11
[乾隆]金鄉 18/3
[咸豐]金鄉縣志略 9/上 1
[民國]金鄉 14/24
張馬(明・金鄉人)
[康熙十二年]金鄉 5/18
[康熙五十一年]金鄉 7/25
張頎(明・泰州人)
[嘉靖]山東 25/25
[康熙]濟南 25/29
[道光]濟南 36/47
[康熙]重修臨邑 8/5
[道光]臨邑 7/28
[同治]臨邑 7/32
張頎(字柞材)
(清・膠州人)
[民國]增修膠志 42/22
張頤(元・恩州人)
[嘉靖]恩縣 6/4
[萬曆]恩縣 4/13
[宣統]重修恩縣 8/20
[民國]重修恩縣 11/鄉賢 16
張頤(明・陽穀人)
[民國]增修陽穀人物/仕宦 8
張巨川(元・河南人)
[康熙]觀城 3/1
[道光]觀城 6/4
張長齡(清・歷城人)
[民國]續修歷城 42/9
張長安(字幼君)
(漢・山陽人)
[宣統]山東 153/23
[咸豐]金鄉縣志略 9/上 1
[民國]金鄉 14/24
張辰樓(字薇垣)

(清・鉅野人)
[民國]續修鉅野 5/上 26
張長松(清・棲霞人)
[宣統]山東 176/47
[光緒]增修登州 43/21
[光緒]棲霞縣續志 10/12
張長貴(清・章邱人)
[道光]章邱 11/63
張臣陶(字熙載,號桂園)
(清・淄川人)
[宣統]三續淄川 9/86
張厚鄖(字翼叔,號緘谷)
(清・樂陵人)
[同治]重修寧海州 14/6
樂陵縣鄉土志 3/30
張願學(清・高苑人)
[康熙]高苑 5/9
[乾隆]高苑 5/16
72 **張朏**(晉)
[萬曆]青州 15/12
[康熙十五年]青州 15/12
[康熙四十八年]青州 15/文學 12
張所(宋・青州人)
[嘉靖]山東 32/16
[康熙]山東 42/17
[雍正]山東 28/人物二 46
[宣統]山東 157/28
[嘉靖]青州 14/20
[萬曆]青州 13/39
[康熙十五年]青州 13/39
[康熙四十八年]青州 13/事功 22
[康熙六十年]青州 16/11
[咸豐]青州 41/15
[康熙]益都 7/4
[光緒]益都縣圖志 33/又 4
張馴(字子儁,一作子雋)
(漢・濟陰定陶人)
[嘉靖]山東 30/11
[康熙]山東 40/12
[雍正]山東 28/人物一 25
[宣統]山東 153/19,153/32,162/13
[萬曆元年]兗州 40/儒林 7
[萬曆二十四年]兗州 31/30
[康熙]曹州志 15/31
[乾隆]曹州府 14/4
[順治]定陶 5/11
[乾隆]定陶 6/4
[民國]定陶 6/5
張質(字守樸,一作子朴)
(宋・博州高唐人)
[嘉靖]山東 31/19
[康熙]山東 41/16
[雍正]山東 28/人物二 27
[宣統]山東 157/5
[萬曆]東昌 19/31
[乾隆]東昌 37/9
[嘉慶]東昌 27/7
[嘉靖]高唐州 5/17
[康熙十二年]高唐州 8/8
[康熙五十一年]高唐州 8/8
[道光]高唐州 5/1-5
[光緒]高唐州 5/1-5
[民國]高唐縣 12/62,12/81
張彤功(字元錫)
(清・長山人)
[道光]濟南 55/30
[嘉慶]長山 9/15
長山縣鄉土志/耆舊錄
張所修(明・直隸灤州人)
[光緒]增修登州 28/3
[萬曆]福山 4/5
[康熙]福山 7/11
[乾隆]福山 7/13
[民國]福山縣志稿 3/2-4
張髦士(明・霑化人)
[光緒]霑化 7/10
[民國]霑化 2/4
張所存(字心孚)
(清・泰安人)
[乾隆]泰安府 18/50
[乾隆二十五年]泰安縣 12/29
[乾隆四十七年]泰安縣 10/上 13
[道光]泰安縣 9/上 62
[民國]重修泰安縣 8/12
泰安縣鄉土志/耆舊 14
張所志(明・臨邑人)
[康熙]重修臨邑 9/6
張所志(字業元,號尚之)
(清・觀城人)
[道光]觀城 9/58
觀城縣鄉土志/耆舊
張彤標(字念慈,號伊蔚)
(清・觀城人)
[道光]觀城 9/40
觀城縣鄉土志/耆舊
張所蘊(字麟野)
(明・陵縣人)
[康熙]濟南 44/20
[道光]濟南 52/30
[康熙]陵縣 5/22
[光緒]陵縣 19/人物傳一 19
陵縣鄉土志/15
張所好(字從吾,一作脩仲,號瞿堂)
(明・樂安人)
[康熙]山東 45/17
[康熙十五年]青州 14/61
[康熙四十八年]青州 14/儒行 18
[康熙六十年]青州 15/13
[咸豐]青州 45/54
[雍正]樂安 12/17
[民國]樂安 10/14
[民國]續修廣饒 19/25
張所抱(清・清平人)
[乾隆]東昌 43/14
[康熙]重修清平下/42
[嘉慶]清平 14/41
[宣統]增輯清平 12/54
[民國]清平/人物 50
張所明(字用晦)
(明・德州人)
德州鄉土志/耆舊 24
張所願(字履素,號掬溪)
(清・觀城人)
觀城縣鄉土志/耆舊
張所聞(明・商河人)
[乾隆]武定府 25/72
[咸豐]武定府 25/武功 8
[萬曆]商河 6/50
[道光]商河 7/37
[民國]重修商河 9/2
張所聞(字瑞廷)
(明・滋陽人)

[乾隆]兗州 23/57
滋陽縣鄉土志 1/耆舊－忠義
張所知(明·臨朐人)
[康熙]臨朐縣志書 3/42
張所性(清·高密人)
[康熙]高密 8/又 12
73 **張駿聲**(字文譽)(清·膠州人)
[民國]增修膠志 47/14
74 **張陛**(明·萊州衛人)
[嘉靖]山東 35/8
[康熙]山東 45/22
[雍正]山東 28/人物三 26
[萬曆]萊州 6/4
[康熙]萊州 10/47
[乾隆]萊州 9/26
萊州府鄉土志/上 24
[乾隆]掖縣 4/39
[道光]掖乘 4
[乾隆]濰縣 3/41
[民國]濰縣志稿 20/14
濰縣鄉土志/51
張隨(清·諸城人)
[光緒]增修諸城縣續志 17/8
75 **張體元**(清·新城人)
[宣統]新城縣後志 3/孝友
[民國]重修新城 17/3
新城縣鄉土志/耆舊－清
張陳武(字元臣)(清·南靖人)
[光緒]增修登州 36/19
[雍正]文登 6/38
[道光]文登 5/24
[光緒]文登 7/下 12
[民國]文登 7/下 12
張體仁(字常貞)(清·定陶人)
[乾隆]定陶 6/32
[民國]定陶 6/51
張體仁(號小溪)(清·無棣人)
[民國]無棣 13/2
張體綸(字次經)(清·臨朐人)
臨朐縣鄉土志 1/耆舊
張體乾(字惟健,號衢泉)(明·直隸真定人)
[康熙]臨朐縣志書 3/3
光緒臨朐 13/7
張體忠(清·泰安人)
[道光]泰安縣 9/上 87
[民國]重修泰安縣 8/41
張體鳳(字竹庵)(清·寧陽人)
[光緒]寧陽 13/75
張體公(字大同,號惺堂)(清·金鄉人)
[道光]濟寧直隸州 8/4－25
[咸豐]金鄉縣志略 9/中列傳二 11
[民國]金鄉 13/21
77 **張鳳**(明·濟寧人)
[乾隆]濟寧直隸州 26/29
[道光]濟寧直隸州 8/2－43
張鳳(字子朝)(明·壽光人)
[民國]壽光 12/人物志二 87
張鳳(字來儀)(明·舜城人)
[嘉靖]山東 27/12
[康熙]山東 36/3
[雍正]山東 27/65
[宣統]山東 73/29
[泰昌]登州 9/29
[順治]登州 11/14
[光緒]增修登州 33/1
[嘉靖]寧海州下/23
[雍正]文登 6/35
[道光]文登 5/22
[光緒]文登 7/上 3
[民國]文登 7/上 3
張鳳(明·宜春人)
[宣統]山東 72/19
[康熙]兗州續編 14/27
[萬曆]沂州志 6/12
[康熙]沂州志 3/44
[乾隆]沂州府 20/6
[民國]臨沂 7/71
張舉(字時用)(明·祥符人)
[正德]博平 5/86
張闓(清·萊蕪人)
[民國]續修萊蕪 25/5
張閔(明·日照人)
[光緒]日照 8/6
張鵬(明·安邱人)
[嘉靖]山東 35/6
[康熙]山東 45/16
[嘉靖]青州 15/11
[萬曆]青州 14/9
[康熙十五年]青州 14/9
[康熙四十八年]青州 14/忠義 9
[康熙六十年]青州 12/40,17/5
[咸豐]青州 44/8
[萬曆]安丘 24/42
安丘縣鄉土志 4/耆舊錄 1
張鵬(明·萊陽人)
[民國]萊陽 3/1 中 9
張鵬(明·沁源人)
[崇禎]歷乘 16/62
張鵬(字程萬)(清·曹縣人)
[光緒]曹縣 14/行誼 25
張鵬(號南濱,一作南溟)(清·江南丹徒人)
[宣統]山東 74/12
[康熙]濟南 26/4
[道光]濟南 37/10
張鵬(字萬里)(清·陵縣人)
[光緒]陵縣 19/人物傳二 27
張卿(字君介)(明·冠縣人)
[嘉靖]冠縣 4/4
[萬曆]冠縣 4/10
張聞(字德聰,一作惟聰)(明·陝西鄜州人)
[萬曆]即墨志 6/13
[康熙]纂修即墨/下 9
[乾隆]即墨 8/5
[同治]即墨 8/5
即墨縣鄉土志/政績錄
張問(字昌言)(宋·襄陽人)

[雍正]山東 27/6
[宣統]山東 68/26
張熙(字春臺)
(明・膠州人)
[康熙]萊州 10/58
[乾隆]萊州 11/忠節 9
[康熙]膠州 5/38
[乾隆]膠州 5/3
[道光]重修膠州 26/2
[民國]增修膠志 40/29
膠州直隸州鄉土志 4/忠烈
張閑(字聖垣)
(清・城武人)
[道光]城武 9/下 32
張賢(漢)
[嘉慶]禹城 7/2
禹城縣鄉土志/4
張賢(明・山西監生)
[乾隆]青城 7/4
[民國]青城續修 4/名宦 14
張賢(字堯臣)
(明・祥符人)
[康熙]海豐 9/2
海豐縣鄉土志/政績
[民國]無棣 9/1
[隆慶]單縣上/34
[康熙]單縣 6/24
[民國]單縣 6/宦蹟 17
張興(明・金鄉人)
[康熙十二年]金鄉 5/16
[康熙五十一年]金鄉 7/24
張學(明・北直饒陽人)
[宣統]山東 73/21
[順治]登州 11/19
[光緒]增修登州 25/16
張巽(清・諸城人)
[光緒]增修諸城縣續志 17/14
張闇(字介齋,號爾中)
(清・利津人)
[乾隆]武定府 35/8
[咸豐]武定府 35/碑 8
[乾隆]利津縣志續編 10/75
[光緒]利津附利津文徵 2/碑記 30
張輿(明・睢州人)
[康熙十一年]蒙陰 4/43
張周(字本正)
(明・冠縣人)
[嘉靖]冠縣 4/12
張鳳文(清・濟寧人)
[民國]濟寧直隸州續志 14/22
張鳳章(字象舞)
(清・滕縣人)
[道光]滕縣志 8/武功 7
滕縣鄉土志/19
張際亨(字聖期,號六符)
(明・陽信人)
[康熙]濟南 44/29
[乾隆]武定府 25/11
[咸豐]武定府 25/孝友 11
[康熙]陽信 9/12
[乾隆]陽信 7/25
[民國]陽信 5/孝友 49
信邑志稿 7/孝友
陽信縣鄉土志上/耆舊-事業
張際康(字賡餘)
(清・嶧縣人)
[光緒]嶧縣 21/耆舊 13
張際唐(字陶甫)
(清・高唐人)
[光緒]高唐州 5/2-33
[民國]高唐縣 12/47
張履慶(字旋視,號顧齋)
(清・淄川人)
[乾隆]淄川 5/又 31-3
張學文(字友堂)
(清・昌樂人)
[民國]昌樂縣續志 32/1
張學文(字憲周)
(清・德平人)
[光緒]德平 7/17
張巽言(清・金鄉人)
[民國]金鄉 13/續增 8
張月亭(字桂秋)
(清・壽光人)
[民國]壽光 12/人物志二 36
張殿誠(字實卿)
(東阿人)
[民國]東阿 16/2
張又誠(字次甫)
(清・寧津人)
寧津縣志料 3/人物-循良
張學詩(明・禹城人)
[康熙]山東 45/6
[康熙]濟南 44/23
[道光]濟南 52/7
[康熙]禹城 5/19
[嘉慶]禹城 9/12
[民國]禹城 6/10
禹城縣鄉土志/15
張鳳翊(字凌漢)
(明・堂邑人)
[順治]堂邑 2/人物 16
[康熙十一年]堂邑 2/選舉 13
張民望(清・奉天人)
[宣統]山東 76/46
[乾隆]東昌 35/25
[嘉慶]東昌 22/29
[雍正]恩縣續志 3/5
[宣統]重修恩縣 6/51
[民國]重修恩縣 10/66
恩縣鄉土志/10
張鵬翊(字凌漢)
(明・堂邑人)
[康熙]堂邑 13/8
張殿璽(字鼎臣)
(清・陽信人)
[民國]陽信 5/方技 83
張鳳元(清・莘縣人)
[光緒]莘縣 7/50
[民國]莘縣 7/36
張鳳雲(清・新城人)
[宣統]新城縣後志 3/耆壽
張履正(字懷方)
(清・汶上人)
[宣統]四續汶上稿/人物-施濟傳
張鵬雲(字紹唐)
(清・清平人)
[民國]清平/人物 74
張卿雲(字星符)
(清・萊蕪人)
[民國]續修萊蕪 22/14
張巳百(字明矣)

（清・樂陵人）
［乾隆］樂陵 6/37
樂陵縣鄉土志 3/27
張與三（字仲眉，號椿園）
（清・齊河人）
［民國］齊河 23/16
張同珏（字玉吾，別號石門山人）
（清・平陰人）
［光緒］平陰 4/40
張鳳瑞（字桐園，號友鶴）
（清・陽信人）
［民國］陽信 5/宦蹟 22
張鵬飛（字天池）
（清・歷城人）
［道光］濟南 53/52
［民國］續修歷城 44/11
張興發（恩縣人）
［民國］重修恩縣 11/鄉賢 46
張學武（無棣人）
［民國］無棣 13/24
張鳳翬（清・魚臺人）
［民國］濟寧直隸州續志 14/36
［光緒］魚臺 3/孝義又 2
張鳳翼（明・日照人）
［道光］濟南 36/39
［康熙］新修齊東 4/20
［民國］齊東 3/61
張鳳翼（字巽羽，一作羽明，一字止石，號潛山）
（明・堂邑人）
［雍正］山東 28/人物三 68
［宣統］山東 164/51
［乾隆］東昌 41/32
［嘉慶］東昌 31/7
［順治］堂邑 2/人物 6
［康熙十一年］堂邑 2/選舉 18
［康熙］堂邑 16/8
堂邑縣鄉土志/耆舊錄
［康熙］聊城 3/25
［宣統］聊城 8/65，耆獻文徵/中 12
張鳳翼（明・萬全都司舉人）
［道光］商河 5/29
張鳳羽（字浴西）
（明・武定人）
［康熙］濟南 35/28
［乾隆］武定府 23/28，23/48
［咸豐］武定府 23/名臣 28，23/忠節 18
［乾隆］惠民 5/34，5/48
［光緒］惠民 19/10，20/5
惠民縣鄉土志/耆舊錄 2，耆舊錄 28
張鳳羽（字仲威）
（清・招遠人）
［光緒］增修登州 39/25
［順治］招遠 8/2
［道光］招遠縣續志 3/8
張鵬翮（字運青）
（清・四川遂寧人）
［雍正］山東 27/97
［宣統］山東 74/4
［道光］濟南 37/45
［康熙］兗州 33/14
［乾隆］兗州 22/32，26/46
［道光］濟寧直隸州 6/7－57
張鵬翼（號孚搏）
（明・永平灤州人）
［康熙］滕志 6/40
［康熙］滕縣志 6/宦業 36
［道光］滕縣志 6/宦績 29
滕縣鄉土志/6
張鵬翼（清・壽張人）
［康熙五十六年］壽張 7/29
［光緒］壽張 7/14
張學孟（字子孺）
（明・平原人）
［道光］濟南 52/60
［乾隆］平原 8/11
平原縣鄉土志輯稿/孝義
張學習（清・陽穀人）
［民國］增修陽穀人物/忠烈 24
張居珍（字聘庵）
（明・臨朐人）
［康熙］臨朐縣志書 3/35
光緒臨朐 14/上 45
張學孜（清・萊陽人）
［民國］萊陽 3/1 中 35
張鳳采（字五雲）
（清・海陽人，一作萊陽舉人）
［乾隆］東昌 34/7
［嘉慶］東昌 21/24
［乾隆］海陽 6/22
［康熙二年］茌平 2/39
［康熙四十九年］茌平 2/39
［宣統］茌平 8/8
［民國］茌平 8/65
張際順（字豫庭）
（清・東平人）
［光緒］東平州 15/下 50
［民國］東平縣 11/下 19
張居仁（字叔廣）
（明・北直趙州人）
［宣統］山東 72/31
［乾隆］曹州府 12/20
［康熙九年］城武 2/42
［康熙四十一年］城武 3/下治績 4
［道光］城武 6/34
張居仁（字長元）
（清・東平人）
［乾隆］東平州 15/12
［道光］東平州 15/12
［光緒］東平州 15/下 11
［民國］東平縣 11/中 29
張夙行（字月恆，一字恆宇）
（明・掖縣人）
［乾隆］掖縣 4/58
［道光］掖乘 4
張問行（明・陽穀人）
［民國］增修陽穀人物/仕宦 10
張問仁（明・陽穀人）
［民國］增修陽穀人物/仕宦 10
張問仁（字樂山）
（清・文登人）
［光緒］文登 10/上 21
張興儒（字道傳）
（清・章邱人）
［道光］章邱 11/66
張周仁（字宿漢）
（清・鄆城人）
［光緒］鄆城 7/18
張鳳彩（號南禺）
（明・河南儀封人）

[宣統]山東 71/33
[乾隆]泰安府 15/22
[道光]東阿 11/16
[民國]續修東阿 13/30
張鳳崙(清・臨朐人)
臨朐縣鄉土志 1/耆舊
張興任(字道遠)
(清・章邱人)
[道光]章邱 11/65
張殿魁(字射斗)
(清・齊河人)
[民國]齊河 23/70,32/77
張殿佑(清・新泰人)
[乾隆]新泰 17/人物上增 3
張鳳化(明・靈山衛人)
[乾隆]膠州 5/12
[道光]重修膠州 26/5
[民國]增修膠志 40/31
張鳳魁(清・莘縣人)
[光緒]莘縣 7/50
[民國]莘縣 7/36
張鳳岐(字至山)
(明・樂陵人)
[咸豐]武定府 25/孝友又 9
[乾隆]樂陵 6/22
樂陵縣鄉土志 3/22
張鳳岐(清・蒲臺人)
[光緒]重修蒲臺 3/8,4/75
張鳳岐(字翼周)
(清・榮成人)
[道光]榮成 8/6
張隆化(清・高唐人)
[道光]高唐州 5/1-50
張同升(字公捷,號雪岩)
(清・城武人)
[道光]城武 9/上 26
張學朱(字新安)
(清・德平人)
[光緒]德平 7/17
張學朱(清・夏津人)
[民國]夏津續編 8/19
張與朱(清・高唐人)
[道光]高唐州 5/1-33
張民和(清・蒲臺人)
[光緒]重修蒲臺 3/7
張殿名(清・清平人)
[民國]清平/人物 73
張鳳翽(清・高唐人)
[光緒]高唐州 5/2-28
[民國]高唐縣 12/14
張鳳翽(字吉人)
(清・泰安人)
[民國]重修泰安縣 8/31
張民綱(明・齊東人)
[康熙]濟南 40/14
[道光]濟南 51/46
[康熙]新修齊東 6/7
[民國]齊東 5/10
齊東縣鄉土志/耆舊錄 16
張鳳儀(明・萬全都司舉人)
[民國]重修商河 6/67
張鳳儀(字協和)
(清・清平人)
[民國]清平/人物 67
張鳳儀(字來之)
(清・宣化深井人)
[宣統]山東 74/11
[康熙]濟南 26/3
[道光]濟南 37/8
張鳳儀(清・鄒縣人)
[民國]續修鄒縣志稿/人物-耆舊附方技
張鳳儀(霑化人)
[民國]霑化 4/登進 45
張履倫(清・長山人)
長山縣鄉土志/耆舊錄
張鵬齡(字程遠)
(清・平原人)
[民國]續修平原 6/20
張興倫(字慎徽)
(清・章邱人)
[道光]章邱 10/33
張學齡(清・歷城人)
[民國]續修歷城 42/15
張殿寧(清・冠縣人)
[道光]冠縣 8/上 18
[民國]冠縣 8/人物志 20
張問之(字子審)
(明・慶雲人)
[嘉慶]慶雲 9/6
[咸豐]慶雲 2/58
[民國三年]慶雲 2/20
張興宗(字肯堂)
(清・鄆縣人)
[宣統]山東補遺/54
張鳳池(一名英,字湛恩)
(清・商河人)
[民國]重修商河 8/24
張鳳池(字西掖)
(清・陽穀人)
[光緒]陽穀 6/27
[民國]增修陽穀人物/善行 41
張鵬漢(明・章縣人)
[嘉靖]臨朐 2/50
張問達(明・黃縣人)
[康熙]黃縣 6/35
[乾隆]黃縣 12/1
[同治]黃縣 9/1
[民國]黃縣志稿 13/人物-死難
張問達(字誠宇)
(明・涇陽人)
[民國]濰縣志稿 20/16
張學禮(明)
[萬曆]青州 12 又/又 10
張學禮(明・懷慶人)
[康熙]莒州下/18
張履泗(字濬亭)
(清・滋陽人)
[光緒]滋陽 9/32
張興溫(長清人)
[民國]長清 13/30
張殿選(字良弼)
(清・泰安人)
[民國]重修泰安縣 8/46
張履祥(清)
金鄉縣鄉土志/政績錄
張學海(字百川)
(清・鄆城人)
[光緒]鄆城 16/29
張學海(東阿人)
[民國]東阿 15/9
張民坊(字禮仲)
(清・膠州人)
[民國]增修膠志 42/23
張鵬南(字羽袅,一作羽仲,號虛齋)

（明・樂陵人）
［乾隆］武定府 23/29
［咸豐］武定府 23/名臣 29
［乾隆］樂陵 6/14
樂陵縣鄉土志 3/19
張印塘（字雨樵）
（清・無棣人）
［民國］無棣 10/17
張周南（字西伯，號萬封）
（清・博平人）
［光緒］博平縣續志 9/39，10/54
博平縣鄉土志/耆舊－忠節
張殿標（字魁元）
（清・壽張人）
［光緒］壽張 7/31
張鳳梧（字如玉）
（清・清平人）
［嘉慶］清平 14/49
［宣統］增輯清平 12/64
［民國］清平/人物 58
張丹桂（清・高唐人）
［光緒］高唐州 5/2－42
［民國］高唐縣 12/87
張殿華（清・莒縣人）
［民國］重修莒志 61/7
張鳳藹（字柳塘）
（清・膠州人）
［民國］增修膠志 44/18
張鳳翥（清・館陶歲貢）
［康熙］福山 7/34
張鳳翥（字青干）
（清・掖縣人）
［道光］再續掖縣上/55
張鳳翥（字鶴瑞）
（清・霑化人）
［光緒］霑化 10/13
［民國］霑化 2/87
張同幃（清・泰安人）
［民國］重修泰安縣 8/52
張同藝（字又公）
（清・新城人）
［宣統］新城縣後志 3/孝友
張興芳（字馨圃）
（清・齊河人）
［民國］齊河 26/35
張興華（字一民）
（平原人）
［民國］續修平原 8/25
張學韓（字希文）
（明・菏澤人）
［康熙］曹州志 15/63
［乾隆］曹州府 15/17
［光緒］菏澤 15/57
［光緒］新修菏澤 10/28
張殿如（濟寧人）
［民國］濟寧縣 3/6
張印坦（字信齋）
（清・無棣人）
［民國］無棣 11/16
張又坦（字居易）
（清・齊河人）
［民國］齊河 23/37
張同聲（字振之）
（清・安徽桐城人）
［宣統］山東 77/43
［民國］增修膠志 18/17
張居敬（字肅公）
（清・齊東人）
［民國］齊東 5/25
張鵬翰（清・定陶人）
［康熙］膠州 5/19
［乾隆］膠州 4/18
［道光］重修膠州 23/4
［民國］增修膠志 18/4
張月增（字伯恒）
（莒縣人）
［民國］重修莒志 66/12
張鳳春（清・寧津人）
［光緒］寧津 8/19
寧津縣志料 3/人物－忠勇
張際春（清・鄆城人）
［光緒］鄆城 16/29
張際中（號時卿）
（清・觀城人）
觀城縣鄉土志/耆舊
張隆泰（字鎮東）
（商河人）
［民國］重修商河 7/40
張履青（清・汶上人）
［宣統］四續汶上稿/人物－耆德傳
張同括（字叔度）
（清・利津人）
［咸豐］武定府 25/文苑 28
［光緒］利津 7/文苑 1
張民感（字爾孚，一作霖海）
（明・安丘人）
［康熙四十八年］青州 15/卓行 13
［康熙六十年］青州 15/12
［咸豐］青州 44/49
［康熙］續安丘 22/28
安丘縣鄉土志 5/耆舊錄 2
張聞典（字慎徽）
（清・商河人）
［道光］商河 7/27
［民國］重修商河 8/38
商河縣鄉土志 2/耆舊－事業
張月輪（清・壽張人）
［光緒］壽張 7/16
張殿甲（字翰業）
（清・城武人）
［道光］城武 9/下 36
張殿甲（字鼇峯）
（清・齊河人）
［民國］齊河 23/13
張殿甲（字貫一）
（清・嶧縣人）
［光緒］嶧縣 21/耆舊 13
張鵬昇（字培南，號溟洲）
（清・雲南晉寧人）
［宣統］山東 75/2
［道光］濟南 38/3
張同甲（字來三）
（清・金鄉人）
［民國］金鄉 13/續增 12
張興甲（字華翰）
（清・金鄉人）
［咸豐］金鄉縣志略 9/中列傳二 13
［民國］金鄉 13/22
金鄉縣鄉土志/耆舊錄上
張興思（字惺農）
（清・肥城人）
肥城縣鄉土志 5/30
張興田（字佐清）

（清・齊河人）
［民國］齊河 23/71
張學甲（字位東）
（清・金鄉人）
［咸豐］金鄉縣志略 9/中列傳二 15
［民國］金鄉 13/24
金鄉縣鄉土志/耆舊錄上
張用星（字聯齋，一字蘭坡）
（清）
［光緒］嶧縣 21/文苑 5
張鳳時（明・陽穀人）
［民國］增修陽穀人物/仕宦 10
張又曉（字蓼懷）
（清・濱州人）
［咸豐］濱州 10/31
濱州鄉土志/學問
張鳳鳴（字中五）
（清・東阿人）
［民國］續修東阿 11/22
張鳳鳴（清・高唐人）
［光緒］高唐州 5/2－29
［民國］高唐縣 12/15
張鳳鳴（字岐山）
（長清人）
［民國］長清 12/19
張問明（字公遠）
（明・壽光人）
［康熙十五年］青州 13/79
［康熙四十八年］青州 13/事功 63
［康熙六十年］青州 16/32
［咸豐］青州 45/18
［康熙］壽光 21/11
［嘉慶］壽光 12/15
［民國］壽光 12/人物志一 26
壽光縣鄉土志/耆舊
張問明（明・郯城人）
［崇禎］新城 6/教諭
張問明（明・陽穀人）
［民國］增修陽穀人物/仕宦 10
張殿璧（字荊山）
（清・茌平人）
［民國］茌平 3/47
張殿臣（清・鄆城人）
［光緒］鄆城 16/30
張殿舉（字鎮齋）
（清・黃縣人）
［同治］黃縣 8/13
［民國］黃縣志稿 13/清孝友
張殿卿（字鼎臣）
（清・茌平人）
［民國］茌平 12/88
張殿卿（字漢九）
（清・臨沂人）
［民國］臨沂 10/33
張殿卿（字咫宸）
（清・濮州人）
［宣統］濮州 5/26
張鳳閣（字文三）
（清・濰縣人）
［民國］濰縣志稿 31/20
張際隆（字交甫）
（清・高唐人）
［民國］高唐縣 12/28
張際隆（清・鄒平人）
［民國］鄒平 15/121
張際同（字從甫）
（清・樂陵人）
樂陵縣鄉土志 3/64
張鵬舉（明・博興人）
［康熙十二年］博興 6/11
［康熙六十年］博興 7/34
［道光］博興 11/22
［民國］重修博興 13/19
張鵬舉（字雲程）
（清・平度人）
［民國］平度縣續志 7/10
張同居（字如祖）
（明・鄒平人）
［道光］濟南 50/13
［嘉慶］鄒平 15/48
［道光］鄒平 15/59
［民國］鄒平 15/59
張興留（字房農）
（清・肥城人）
［宣統］山東 171/9
肥城縣鄉土志 5/17
張興隆（清・陽穀人）
［民國］增修陽穀人物/武功 10
張印同（字若符）
（清・濮州人）
［宣統］濮州 6/10
張月丹（清・茌平人）
［民國］茌平 12/86
張鵬臨（清・泗水人）
［光緒］泗水 11/10
張鳳舞（字心一）
（清・慶雲人）
［民國三年］慶雲 2/32
張學曾（字省三）
（陽穀人）
［民國］增修陽穀人物/仕宦 26
張丹翎（清・濱州人）
［乾隆］武定府 26/24
［咸豐］武定府 26/隱逸 2
［康熙］濱州 7/33
［咸豐］濱州 10/隱逸 8
張鳳翔（明・萊州舉人）
［康熙十一年］莘縣 5/15
［康熙五十六年］莘縣 5/15
［光緒］莘縣 5/32
［民國］莘縣 3/25
莘縣鄉土志/政績 7
張鳳翔（字稺羽，號元蓬）
（清・堂邑人）
［雍正］山東 28/人物四 2
［宣統］山東 174/1
［乾隆］東昌 40/14
［嘉慶］東昌 30/14
［康熙］聊城 3/23
［宣統］聊城 8/21
［順治］堂邑 2/人物 6
［康熙十一年］堂邑 2/選舉 15
［康熙］堂邑 12/3
張鳳翔（字呈瑞）
（清・茌平人）
［宣統］茌平 16/10
［民國］茌平 3/42
張鳳翔（字坪梅）
（清・歸安舉人）
［民國三年］慶雲 1/89
張鳳第（字桐旭）

（清・利津人）
［咸豐］武定府 26/隱逸 4
［光緒］利津 8/孝友 5
張同符（字竹卿，號唫泉）
（清・平陰人）
［光緒］平陰 4/47
［光緒］滋陽 8/46
張殿光（字臨侯）
（清・新城人）
［宣統］新城縣後志 3/文苑
張熙堂（字怡軒）
（清・博興人）
［民國］重修博興 13/56
張學性（字栞理）
（清・萊陽歲貢）
［光緒］增修登州 41/48
［乾隆］嶧縣 7/38
張民悅（字念九）
（明・臨沂人）
［康熙］沂州志 6/11
［乾隆］沂州府 26/11
［民國］臨沂 10/48
78 **張鑾**（明・商河人）
［道光］商河 7/11
［民國］重修商河 8/10
張鑾（清・章邱人）
［道光］濟南 61/7
［道光］章邱 11/75
張覽（清・滕縣人）
［道光］滕縣志 9/孝義 39
張臨（字慎與）
（元・鄒平人）
［嘉靖］山東 29/21
［康熙］山東 39/19，46/2
［雍正］山東 28/人物二 66
［宣統］山東 162/33
［康熙］濟南 42/10
［道光］濟南 48/27
［康熙五十五年］長山 6/47
［順治］鄒平 6/9
［康熙］鄒平 5/19，6/29
［嘉慶］鄒平 15/15
［道光］鄒平 15/9
［民國］鄒平 15/9
張臨慶（清・棲霞人）
［光緒］棲霞縣續志 7/孝子 2
張敦謙（清・膠州人）
膠州直隸州鄉土志 4/事功
張臨溪（清・鉅野人）
［道光］鉅野 13/80
張臨奎（清・臨清人）
［民國］臨清縣/人物 85
張臨莊（字敬齋）
（清・益都人）
［光緒］益都縣圖志 45/6
79 **張勝**（明・文登人）
［泰昌］登州 11/48
［順治］登州 17/27
［光緒］增修登州 43/39
［雍正］文登 8/8
［道光］文登 5/17
［光緒］文登 10/上 1
張勝（明・陽穀人）
［光緒］陽穀 9/6
［民國］增修陽穀人物/仕宦 11
張騰（明・霑化人）
［萬曆］新修霑化 6/120
［光緒］霑化 10/3
［民國］霑化 2/75
張騰霄（字虹揚）
（清・汶上人）
［宣統］四續汶上稿/人物－施濟傳
張騰雲（清・深州人）
［乾隆］夏津 6/20
張勝飛（金・恩州人）
［嘉靖］恩縣 6/3
［萬曆］恩縣 4/12
［宣統］重修恩縣 8/19
［民國］重修恩縣 11/鄉賢 16
張騰南（字仲駉）
（清・樂陵人）
［乾隆］樂陵 6/36
樂陵縣鄉土志 3/27
張騰蛟（字霖寰）
（明・滕縣人）
［道光］滕縣志 9/忠節 7
張騰甲（清・膠州人）
膠州直隸州鄉土志 4/事功
80 **張曾**（字仰輿）
（清・高唐人）
［光緒］高唐州 5/2－42
［民國］高唐縣 12/87
張錞（字申于）
（清・陽穀人）
［民國］增修陽穀人物/師道 15
張鍍（字金飾）
（清・博平人）
［乾隆］東昌 43/8
［嘉慶］東昌 32/34
張鎬（字從周）
（唐・博州人）
［嘉靖］山東 31/14
［康熙］山東 41/11
［雍正］山東 28/人物二 11
［宣統］山東 156/7
［萬曆］東昌 19/23
［乾隆］東昌 36/34
［嘉慶］東昌 26/31
［康熙二年］茌平 2/40，4/17
［康熙四十九年］茌平 4/17
［民國］茌平 3/7
張鎬（明・定州人）
［道光］濟南 36/25
［康熙四十三年］長山 3/宦績
［康熙五十五年］長山 3/34
［嘉慶］長山 5/42
張會（明・霸州人）
［宣統］山東 72/17
［道光］濟寧直隸州 6/6－35
［康熙］魚臺 15/12
［乾隆］魚臺 9/34
［光緒］魚臺 2/48
張介（明・蒙城人）
［崇禎］鄆城 4/20
［光緒］鄆城 6/28
張金（字國玉）
（明・無棣人）
［民國］無棣 13/27
張鏡（號照衡）
（清・單縣人）
［順治］單縣 4/53
張鏡（字方亭）
（清・江西峽江舉人）
［乾隆］嶧縣 7/22
［光緒］嶧縣 19/職官下 18

張鑛(字寶田)
(清·陽信人)
[乾隆]陽信 7/22
[民國]陽信 5/文學 8
信邑志稿 7/文苑
陽信縣鄉土志上/耆舊－學問
張夔(元·淄川人)
[嘉靖]淄川 6/79
[康熙]淄川 5/3
[乾隆]淄川 4/又 28－1,5/3
張美(字玄珪)
(宋·貝州清河人)
[嘉靖]山東 31/17
[康熙]山東 41/14
[雍正]山東 28/人物二 20
[萬曆]東昌 19/29
[乾隆]東昌 37/2
[嘉慶]東昌 27/1
[嘉靖]濮州 7/9
[萬曆]濮州 3/名宦 11
[康熙]濮州 3/11
[乾隆]濮州 3/11
[宣統]濮州 4/11
[嘉靖]武城 7/60
[順治]武城 2/18
[乾隆]武城 10/19
武城縣鄉土志略/耆舊錄
[宣統]重修恩縣 8/16
[民國]重修恩縣 11/鄉賢 13
張美(明·陝西安化人)
[宣統]山東 73/12
[咸豐]青州 36/30
[康熙]昌樂 1/35
[嘉慶]昌樂 19/5
張全(明·淄川人)
[康熙]淄川 5/32
[乾隆]淄川 5/33
張善(字子性)
(明·壽光人)
[康熙]壽光 27/1
[嘉慶]壽光 14/2
[民國]壽光 12/人物志二 2
張午(字右祈,號雪峰)
(清·淄川人)
[宣統]三續淄川 9/55
張翕(字靜也,號東萊)
(清·茌平人)
[宣統]茌平 12/5
張義(明·高邑人)
[乾隆]沂州府 17/27
張鏞(清·清平人)
[民國]清平/人物 67
張畬(字稼三,號嵩嶠)
(清·平原人)
[民國]續修平原 6/13,10/上 26
張雉(一名翠雉,字介公)
(清·膠州人)
[道光]重修膠州 30/4
[民國]增修膠志 47/4
膠州直隸州鄉土志 4/藝術
張公亮(宋)
[道光]長清 3/4
張含慶(字有美)
(清·博平人)
[光緒]博平縣續志 10/63
張金庚(字麗浦)
(清·平原人)
[民國]續修平原 6/6
張益庵(清·莒縣人)
[民國]重修莒志 65/8
張益慶(清·順天人)
[乾隆]東昌 44/25
[康熙]臨清州 3/人物 28
[乾隆]臨清州 12/8
[乾隆]臨清直隸州 8/上 83
張人龍(字雲門)
(清·濮州人)
[宣統]山東 173/27
[宣統]濮州 4/111
張義龍(號作睹)
(清·鉅野人)
[道光]鉅野 13/56
張企誠(字思敬)
(元·曹州人)
[嘉靖]山東 30/57
[康熙]山東 45/8
[雍正]山東 28/人物二 70
[宣統]山東 165/12
[萬曆元年]兗州 40/孝友 6
[萬曆二十四年]兗州 37/2
[康熙]兗州 28/31
[康熙]曹州志 15/17
[乾隆]曹州府 16/2
[康熙]曹縣 12/27
[康熙]兗州府曹縣 12/27
[光緒]曹縣 12/24
曹縣鄉土志/耆舊錄
[光緒]菏澤 15/16
[光緒]新修菏澤 10/17
張養誠(清·蒙陰人)
[康熙十一年]蒙陰 2/42
張公謹(字弘慎)
(唐·魏州繁水人)
[宣統]山東 68/9
[道光]濟南 33/28
[順治]鄒平 4/2
[康熙]鄒平 4/2,4/7
張金詔(字耐夫)
(清·樂陵人)
樂陵縣鄉土志 3/48
張毓謙(字庶吉)
(明·鄒平人)
[道光]濟南 50/14
[嘉慶]鄒平 15/46
[道光]鄒平 15/46
[民國]鄒平 15/46
張人麟(字萬靈)
(清·新城人)
[宣統]新城縣後志 2/善行
張曾霭(字次豐,一字鐵嶠)
(清·膠州人)
[道光]重修膠州 27/42
[民國]增修膠志 41/33
膠州直隸州鄉土志 4/事功
張公玉(明·平度人)
[道光]重修平度州 18/11
張會元(清·濟陽人)
[民國]濟陽 11/18
張介正(字海生)
(清·齊河人)
[道光]濟南 56/2
[雍正]齊河 6/29,8/19
[民國]齊河 26/7
齊河縣鄉土志耆舊錄/15,忠義祠/20
張美玉(字精齋)

（清・陽信人）
[民國]陽信 5/孝友 61
張養正（明・靜海人）
[萬曆]青城 1/41
張金琳（字次玉）
（清・曹縣人）
[光緒]曹縣 14/行誼 29
張令璜（字心友，號又仲）
（清・東阿人）
[宣統]山東 171/2
[乾隆]泰安府 17/49
[道光]冠縣 6/32
[光緒]冠縣 6/宦績
[民國]冠縣 6/42
[道光]東阿 14/人物下 19
[光緒]東阿縣鄉土志 4/26
張含聖（清・臨朐人）
臨朐縣鄉土志 1/耆舊
張念尹（清・鄆城人）
[光緒]鄆城 16/9
張公珍（字苞九）
（清・夏津人）
[乾隆]臨清直隸州 8/下 16
[民國]夏津續編 8/12
張毓珍（清・長清人）
[道光]濟南 56/61
[道光]長清 13/10
張毓珍（字麗堂）
（清・直隸磁州人）
[光緒]鄆城 6/15
張會受（字和叔）
（清・樂陵人）
樂陵縣鄉土志 3/49
張毓秀（明・東阿人）
[乾隆]泰安府 18/79
[道光]東阿 24/5
張人山（蓬萊人）
[民國]蓬萊縣志合編人物志/忠勇
張人崧（字維岳）
（清・東昌府人）
[乾隆]東昌 40/16
[嘉慶]東昌 30/16
張無咎（字惕菴）
（清・掖縣人）
[乾隆]掖縣 4/36
張鐘岱（見張鍾岱）
張公佐（唐・燕冀人）
[民國]續修歷城 31/48
張金科（字小瀛）
（清・膠州人）
[民國]增修膠志 45/35
張金魁（字冠甲）
（清・張秋人）
[民國]增修陽穀人物/孝義 7
張善魁（清・嶧縣人）
[光緒]嶧縣 21/忠義 7
張養德（字桐軒）
（清・直隸舉人）
[宣統]三續淄川 9/45
淄川縣鄉土志/政績錄
張企程（明・陝西洋縣人）
[宣統]山東 71/6
[康熙]濟南 25/60
[道光]濟南 36/11
[萬曆]章丘 21/75
[康熙]章丘 4/26，8/53
[乾隆]章邱 7/5，11/53
[道光]章邱 9/7
章邱縣鄉土志/上 5
張金峰（字春岩）
（清・濮州人）
[宣統]濮州 6/17
張善修（清・汶上人）
[宣統]四續汶上稿/人物－孝弟傳
張令儀（字心愷）
（清・東阿人）
[雍正]山東 28/人物四 50
[宣統]山東 171/14
[康熙五十四年]東阿 12/26
[光緒]東阿縣鄉土志 4/26
張含之（字淵美）
（明・聊城人）
[宣統]聊城耆獻文徵/又下 5
張會寬（字子厚）
（清・齊東人）
[民國]齊東 5/59
齊東縣鄉土志/耆舊錄 17
張金瀛（字鐵海）
（清・黃縣人）
[民國]黃縣志稿 13/清文學
張令之（字孟含）
（明・堂邑人）
[康熙]堂邑 13/12
張令之（字孟憲）
（清・東昌府人）
[乾隆]東昌 40/15
[嘉慶]東昌 30/15
張善安（唐・兗州方與人）
[乾隆]魚臺 13/8
張善淮（字洲三）
（平原人）
[民國]續修平原 8/25
張養淳（明・恩縣人）
[雍正]恩縣續志 3/19
張益之（清・蒲臺人）
[光緒]重修蒲臺 3/12
蒲臺縣鄉土志/15
張前渠（明・平度人）
[道光]重修平度州 18/18
平度鄉土志 4 上/事業
萊州府鄉土志/下 14
張益州（字書堂）
（清・臨朐人）
光緒臨朐 14/下 17
張毓澄（字秋溪）
（清・桓臺人）
[民國]桓臺 3/35
張曾祐（字蔭斯）
（清・無棣人）
[民國]無棣 13/30
張介禧（清・齊河人）
[道光]濟南 56/13
[民國]齊河 26/16
張養浩（字希孟）
（元・濟南人）
[嘉靖]山東 26/27，29/19
[康熙]山東 34/7，39/17
[雍正]山東 28/人物二 64，35/碑 30，35/碑 33
[宣統]山東 158/14
[康熙]濟南 35/6，50/6
[道光]濟南 48/49
[乾隆]沂州府 27/15
[萬曆]東昌 18/27，20/13

[乾隆]東昌 22/27,22/30,33/40
[嘉慶]東昌 21/8,41/27
[康熙]東平州 4/57
[乾隆]東平州 12/32
[道光]東平州 12/32
[光緒]東平州 14/32
[崇禎]歷乘 16/61,17/60
[崇禎]歷城 10/29,13/62
[乾隆]歷城 24/40,36/28
[嘉靖]章丘 3/64
[萬曆]章丘 23/8
[康熙]章丘 6/14
[乾隆]章邱 9/11
[道光]章邱 10/4
章邱縣鄉土志/上 39
[康熙十一年]蒙陰 2/61
[康熙二十四年]蒙陰 4/19
[宣統]蒙陰 4/流寓
[順治]堂邑 2/職官 2,3/8
[康熙十一年]堂邑 2/名宦 2,3/11
[康熙]堂邑 11/5,18/1
堂邑縣鄉土志/政績錄
張養浩(字葆元)(清・曹縣人)
[康熙]兖州府曹縣 14/34
[光緒]曹縣 14/人物 32
張養清(明・大名歲貢)
[乾隆]東昌 35/2
張公祿(字天錫)(清・昌樂人)
[民國]昌樂縣續志 35/3
張曾裕(字昆貽,一作昆詒,一字蓉軒)(清・浙江海寧人)
[宣統]山東 77/13
[康熙六十年]青州 12/43
[咸豐]青州 37/10
光緒臨朐 13/16
張公直(元・長山人)
[康熙]山東 46/2
[雍正]山東 28/人物二 68
[宣統]山東 167/13
[康熙]濟南 48/4
[道光]濟南 48/56
[康熙四十三年]長山 5/方技
[康熙五十五年]長山 6/50
[嘉慶]長山 10/29
張金墉(東阿人)
[民國]東阿 15/2
張養真(清・蒙陰人)
[康熙十一年]蒙陰 2/32
張養志(字子尚,號湛泉)(明・河南陳州人)
[宣統]山東 72/27
[乾隆]曹州府 12/21
[康熙]兖州府曹縣 9/9,10/14
[光緒]曹縣 10/13
張養志(字育初)(明・壽光人)
[咸豐]青州 45/58
[乾隆]續壽光 14/93,22/1
[嘉慶]壽光 12/21
[民國]壽光 12/人物志二 70
壽光縣鄉土志/耆舊
張毓塘(明・邯鄲人)
[光緒]費縣 3/55,3/64
張毓楷(字端甫)(清・直隸文安人)
[民國]壽光 6/26
張金城(字啟明)(東平人)
[民國]東平縣 11/上 23
張毓栽(清・諸城人)
[光緒]增修諸城縣續志 14/11
張公藥(字元石)(金・滕陽人)
[宣統]滕縣續志稿 3/51
[民國]續滕縣志 2/3
張公藝(唐・壽張人)
[嘉靖]山東 30/38
[康熙]山東 40/37
[雍正]山東 28/人物二 6
[宣統]山東 165/6
[萬曆元年]兖州 40/孝友 5
[萬曆二十四年]兖州 37/1
[康熙]兖州 28/30
[乾隆]兖州 23/25,27/43
[康熙]張秋志 7/19
[康熙六年]壽張 7/4,8/7
[康熙五十六年]壽張 7/4,8/15,8/17,8/19
[光緒]壽張 7/1,8/29,8/31,8/32,8/33
壽張縣鄉土志/耆舊－事業
張谷英(明)
[萬曆]蒲臺志 8/4
張金蕚(字宴樓)(清・高唐人)
[光緒]高唐州 5/2－38
[民國]高唐縣 12/47
張金華(清・濮州人)
[宣統]濮州 6/37
張金藻(字翰池)(清・寧陽人)
[光緒]寧陽 14/52
寧陽縣鄉土志/17
張金芝(字蘅蒲)(清・磁州人)
滋陽縣鄉土志 1/政績
張金芝(字香圃)(清・直隸舉人)
[光緒]莘縣 5/24
[民國]莘縣 3/17
莘縣鄉土志/政績 9
張毓莪(字蘿齋)(清・博興人)
[民國]重修博興 13/49
張毓蕙(字東牧)(清・黃縣人)
[光緒]增修登州 43/12
[同治]黃縣 8/12
[民國]黃縣志稿 13/清孝友
張毓蘭(字湘南)(清・安邱人)
[民國]續安邱新志 18/6
張毓芹(字采臣)(清・東阿人)
[民國]續修東阿 12/1
張毓藻(清・東阿人)
[民國]續修東阿 11/27
張毓椿(字茂亭)(清・商河人)
[民國]重修商河 9/17
張曾坦(字香橋)(清・桐城人)

［同治］重修寧海州 13/18
張公朝（字雲鶴）
（明・齊東人）
［康熙］新修齊東 5/18
［民國］齊東 5/125
張金墀（字玉堦）
（清・夏津人）
［民國］夏津續編 8/9，9/23
張金聲（明・歷城人）
［崇禎］歷乘 16/53
張金聲（字聞遠）
（長清人）
［民國］長清 12/27
張無故（字子儒）
（漢・山陽人）
［宣統］山東 153/18
［道光］濟寧直隸州 8/2－1
［咸豐］金鄉縣志略 9/上 1
［民國］金鄉 14/24
張毓梅（字雪山）
（清・東阿人）
［民國］續修東阿 11/14
張毓乾（字健甫）
（明・鄒平人）
［康熙］濟南 44/28
［道光］濟南 50/14
［順治］鄒平 6/11
［康熙］鄒平 6/3
［嘉慶］鄒平 15/9
［道光］鄒平 15/46
［民國］鄒平 15/46
張全東（字震軒）
（清・東阿人）
［民國］續修東阿 11/6
張全泰（清・無棣人）
［民國］無棣 13/30
張全忠（清・陝西人）
［嘉慶］續掖縣 2/26
張毓泰（字履素）
（清・鄒平人）
［康熙］濟南 40/15
［道光］濟南 50/14，54/38
［康熙］鄒平 6/22
［嘉慶］鄒平 15/46
［道光］鄒平 15/55
［民國］鄒平 15/55
張養靜（字無欲）
（明・滕縣人）
［康熙］滕志 8/人物 22
［康熙］滕縣志 8/貞夫 1
［道光］滕縣志 9/忠節 1
滕縣鄉土志/29
張會昌（清・臨淄人）
［康熙］臨淄 9/15
張介田（號春畬）
（清・單縣人）
［民國］單縣 12/鄉賢 5
張金甲（清・濮州人）
［宣統］濮州 6/30
張毓思（清・諸城人）
［光緒］增修諸城縣續志 14/6
張鈁昭（字鳴曉）
（東平人）
［民國］東平縣 11/上 24
張義明（見張明義）
張養晦（字道光，號愚明）
（明・滕縣人）
［康熙］滕志 7/64
［康熙］滕縣志 7/58
［道光］滕縣志 7/50
滕縣鄉土志/19
張合璧（字鏡傳）
（清・博平人）
［光緒］博平縣續志 10/56
博平縣鄉土志/耆舊－忠節
張令臣（金・博平人）
［乾隆］東昌 37/20
［嘉慶］東昌 27/19
［道光］博平 4/21
張命長（清・安邱人）
［咸豐］青州 46/49
［康熙］續安丘 23/38
安丘縣鄉土志 6/耆舊錄 3
張乞驢（金・淄川人）
［康熙］濟南 38/6
［道光］濟南 72/31
［康熙］淄川 6/12
［乾隆］淄川 6/上 12
淄川縣鄉土志/耆舊錄－忠節
張全厚（字粹夫）
（清・臨清人）
［民國］臨清縣/人物 66
張善階（蓬萊人）
［民國］蓬萊縣志合編人物志/忠勇
張會岳（字岱宗）
（清・高密人）
［康熙］高密 8/10，10/又 16
［乾隆］高密 8/上 28
［光緒］高密 8/上 35
［民國］高密 14/上 38
高密縣鄉土志/上 35
張人駿（直隸豐潤人）
［民國］膠澳志 10/15
張毓陞（長清人）
［民國］長清 12/18
張養體（字保初）
（清・壽光人）
［康熙四十八年］青州 14/孝友 20
［康熙六十年］青州 17/19
［咸豐］青州 46/46
［康熙］壽光 26/5
［嘉慶］壽光 13/19
［民國］壽光 12/人物志一 64
壽光縣鄉土志/耆舊
張會同（字繹堂）
（清・汶上人）
［宣統］四續汶上稿/人物－施濟傳
張介卿（明・萊陽人）
［民國］萊陽 3/1 中 14
張令聞（字誠之）
（清・無棣人）
［民國］無棣 12/13
海豐縣鄉土志/耆舊－事業五
張令周（清・萊陽人）
［民國］萊陽 3/1 中 68
張人鵬（清・海陽人）
［光緒］海陽縣續志 4/35
張益聞（字友之）
（清・無棣人）
［民國］無棣 13/8
張令美（字中含）
（清・陽信人）
［民國］陽信 5/文學 11
張全義（字國維）

（五代・臨濮人）
［嘉靖］山東 33/30
［宣統］山東 156/17
［萬曆］東昌 19/90
［嘉靖］濮州 5/13
張善義（字俊卿）
（蓬萊人）
［民國］續修鉅野 3/14
張分猷（字建勳）
（清・鉅野人）
［民國］續修鉅野 5/上 27
張金鐸（字容江,號振聲）
（清・夏津人）
［民國］夏津續編 8/86
張令鐸（宋・棣州厭次人）
［嘉靖］山東 29/12
［康熙］山東 39/11
［雍正］山東 28/人物二 20
［宣統］山東 157/34
［康熙］濟南 43/4
［道光］濟南 47/20
［萬曆］武定州 13/2
［崇禎］武定州 17/2
［乾隆］武定府 25/64
［咸豐］武定府 25/武功 1
［順治］樂陵 6/3
［康熙］陵縣 5/4
［康熙］陽信 9/3
［乾隆］陽信 7/2
［民國］陽信 5/宦蹟 3
信邑志稿 7/武功
［乾隆］惠民 5/42
［光緒］惠民 19/22
張金銘（字緘若）
（清・膠州人）
［民國］增修膠志 42/25
張金策（字子政）
（清・平原人）
［民國］續修平原 6/9
張金第（字魁軒）
（清・博興人）
［民國］重修博興 13/59
張金鑑（字鏡秋）
（清・高唐人）
［民國］高唐縣 12/19
張人策（清・萊陽人）
［民國］萊陽 3/1 中 68
張尊簋（字子畬）
（清・莒縣人）
［民國］重修莒志 65/27
張金堂（字容莊）
（清・曹縣人）
［光緒］曹縣 14/仕蹟 6
張鏡堂（字虛齋）
（清・樂安人）
［民國］續修廣饒 19/70
張令粹（清・齊東人）
［民國］齊東 5/11
張善恆（字聖基）
（清・安丘人）
［民國］續安邱新志 18/4
安丘縣鄉土志 9/耆舊錄 6
張含輝（字蘊嶙）
（清・掖縣人）
［乾隆］掖縣 3/48
張金榮（字麗生）
（清・高唐人）
［民國］高唐縣 12/19
張毓瑩（字儷生）
（濰縣人）
［民國］濰縣志稿 30/48
81 **張矩**（明・臨朐人）
［嘉靖］臨朐 3/11
張頌（字浯溪）
（清・平原人）
［民國］續修平原 10/上 20
張鈺（字金南）
（清・蓬萊人）
［道光］重修蓬萊 9/34
［民國］蓬萊縣志合編人物志/行誼
張鉦（明・濱州人）
［萬曆］濱州 3/27
張鉅環（字文軒）
（清・齊東人）
［民國］齊東 5/13
齊東縣鄉土志/耆舊錄 13
張鉅英（字庸侶）
（清・鉅野人）
［道光］鉅野 13/51
82 **張鐙**（字國用）
（明・長清人）
［民國］長清 10/25
張鐙（明・單縣人）
［順治］單縣 4/64
［康熙］單縣 7/41
［乾隆］單縣 7/13
［民國］單縣 9/26
張鐙（字叔衛）
（清・齊河人）
［民國］齊河 23/81
張釗（清・單縣人）
［順治］單縣 3/8
張鍾鱗（字用賓）
（清・蓬萊人）
［民國］蓬萊縣志合編人物志/孝友
張鍾秀（字君銓）
（清・平原人）
［民國］續修平原 6/7
張鍾嶽（萊陽人）
［民國］萊陽 3/1 中 49
張鍾岱（號伯青）
（清・新城人）
［康熙］新城 7/51
［民國］重修新城 16/3
新城縣鄉土志/耆舊－清
張劍池（字龍泉）
（清・樂陵人）
樂陵縣鄉土志 3/46
張鍾英（號瑞峰）
（清・義州人）
［順治］定陶 4/6
張鍾駿（字逢樂）
（清・夏津人）
［民國］夏津續編 8/17
83 **張鋐**（清・長清人）
［道光］濟南 56/60
［道光］長清 13/8
張鎔（字冶垣）
（清・無棣人）
［民國］無棣 12/9
海豐縣鄉土志/耆舊－學問一
張鉽（清・諸城人）
［光緒］增修諸城縣續志 15/2
張鋮（明・平度人）
［宣統］山東 161/46

[萬曆]萊州 5/105
[康熙]萊州 10/32
[乾隆]萊州 10/18
[康熙]平度州 4/8
[道光]重修平度州 18/11
平度鄉土志 4 上/事業
張鉞(明・陽信人)
[康熙]陽信 8/19
張鉞(字輝聲)
(清・鉅野人)
[道光]鉅野 13/63
張鋕(清・章邱人)
[道光]章邱 16/81
84 張錡(字宗器)
(明・章邱人)
[道光]章邱 11/58
張鎮(字東侯)
(清・海豐人)
[宣統]山東 171/36
[咸豐]武定府 23/名臣 37
[民國]無棣 10/9
海豐縣鄉土志/耆舊－事業
張鎮(字式如)
(清・無棣人)
[民國]無棣 12/18
張鑄(清・莘縣人)
[光緒]莘縣 6/7,7/24
[民國]莘縣 6/5,7/12
莘縣鄉土志/鄉宦 20
張鎮魯(清・聊城人)
[宣統]聊城 8/98
張鎮之(字岱東)
(長清人)
[民國]長清 12/27
85 張鈇(字君賜,一作君錫)
(明・冠縣人)
[乾隆]東昌 38/30
[嘉慶]東昌 29/1
[嘉靖]冠縣 4/3
[萬曆]冠縣 4/33
[道光]冠縣 8/上 8
[光緒]冠縣 8/卓行
[民國]冠縣 8/人物志 8
張鍵(號括亭,一號道閑)
(清・無棣人)
[咸豐]武定府 24/循良 40
[民國]無棣 11/8
海豐縣鄉土志/耆舊－事業
張鍊師(唐)
[嘉靖]山東 34/9
[康熙]山東 47/1
[宣統]山東 200/23
[乾隆四十七年]泰安縣卷之末/11
[道光]泰安縣卷之末/11
[民國]重修泰安縣 10/74
86 張鐸(明・博平人)
[正德]博平 4/66
張鐸(明・武城人)
[嘉靖]武城 7/73
[順治]武城 3/11
張鐸(字文振)
(明・北直永清人)
[宣統]山東 72/21
[道光]濟南 36/24
[萬曆二十四年]兗州 29/14
[康熙]兗州 22/35
[萬曆]沂州志 6/13
[乾隆]沂州府 20/8
[康熙]費縣 3/4
[光緒]費縣 3/54
費縣鄉土志/政績錄
[康熙五十五年]長山 3/33
[嘉慶]長山 5/42
張鐸(字警遠)
(清・寧陽人)
[光緒]寧陽 15/31
張鐸(字聖宣,號木菴)
(清・齊東人)
[道光]濟南 56/21
[民國]齊東 5/11
齊東縣鄉土志/耆舊錄 12
張鐸(字警齋)
(清・陽信人)
[民國]陽信 5/忠義 65
張鍔(字伯倩)
(明・曹州人)
[康熙]曹州志 12/13
[光緒]菏澤 12/10
張錦(字文綳)
(明・朝城人)
[萬曆]濮州 3/鄉賢 36
[嘉靖]朝城志 7/12
[康熙]朝城 8/10
張錦(明・蒙陰人)
[康熙十一年]蒙陰 2/5
張錦(明・北通州人)
[嘉靖]寧海州下/18
[同治]重修寧海州 12/10
張錦(號梧川)
(明・新城人)
[康熙]濟南 45/4
[道光]濟南 51/32
[天啟]新城 13/傳
[崇禎]新城 13/傳
[康熙]新城 7/10
[民國]重修新城 14/5
新城縣鄉土志/耆舊－明
張錦(字雲軒)
(清・莒縣人)
[民國]重修莒志 65/28
張錫(唐・貝州武城人)
[嘉靖]山東 33/29
[乾隆]東昌 36/37
[嘉靖]武城 7/57
[順治]武城 2/17
張錫(五代梁・福州閩縣人)
[嘉靖]山東 25/19
[康熙]山東 32/7
[雍正]山東 27/73
[宣統]山東 68/19,68/20
[康熙]濟南 25/7
[道光]濟南 33/30
[嘉靖]武定州下/48
[萬曆]武定州 12/4
[崇禎]武定州 15/6
[乾隆]武定府 16/4
[咸豐]武定府 19/4
[嘉靖]淄川 6/76
[萬曆]淄川 27/4
[康熙]淄川 4/3
[乾隆]淄川 4/3
淄川縣鄉土志/政績錄
[乾隆]惠民 5/11
[光緒]惠民 18/5
惠民縣鄉土志/政績錄 3
張錫(字貺之)
(宋・京兆人,一作漢陽人)

[嘉靖]山東 25/6
[康熙]山東 31/7
[雍正]山東 28/人物二 36
[康熙]濟南 24/13
[萬曆]濮州 4/雜記 4
[康熙]濮州 4/92
[乾隆]濮州 4/132
[宣統]濮州 6/90
[康熙]東平州 4/32
[乾隆]東平州 12/14
[道光]東平州 12/14
[光緒]東平州 14/14
東平州鄉土志上/政績錄 11
[民國]東平縣 9/8
[康熙]東明 4/20
[乾隆]東明 4/20
[民國]東明縣新誌 11/2
東明縣志料/人物門

張錫(明・單縣人)
[順治]單縣 2/41

張錫(字天寵)
(明・日照人)
[雍正]山東 28/人物三 9
[宣統]山東 167/13
[萬曆]青州 14/40
[康熙十五年]青州 14/40
[康熙四十八年]青州 14/隱逸 14
[康熙六十年]青州 17/15
[乾隆]沂州府 26/8
[康熙]日照 10/11
[光緒]日照 8/6

張智(元・寧海人)
[光緒]增修登州 38/16
[同治]重修寧海州 17/6

張智(字圓亭)
(清・陽信人)
[民國]陽信 5/耆碩 58

張錫慶(清・長清人)
[民國]長清 13/23

張知言(字睦九)
(清・金鄉人)
[民國]濟寧直隸州續志 14/33
[民國]金鄉 14/21

張錫貢(字南珍)
(清・長清人)
[民國]長清 13/21

張錫玉(字少美)
(清・膠州人)
[民國]增修膠志 47/13

張錫承(字子若,號訥菴)
(清・平原人)
[民國]續修平原 6/13

張錫珍(清・濟寧人)
[咸豐]濟寧直隸州續志 3/4

張錫爵(字晉三)
(清・臨朐人)
臨朐縣鄉土志 1/耆舊

張錫爵(清・陽穀人)
[光緒]陽穀 6/30

張錫紱(字公元)
(恩縣人)
[民國]重修恩縣 11/鄉賢 81,12/上 68

張錫紳(清・昌邑人)
[光緒]昌邑縣續志 6/10

張知白(字用晦)
(宋・滄州清池人)
[嘉靖]山東 27/4
[康熙]山東 35/5
[雍正]山東 27/55
[宣統]山東 68/47
[嘉靖]青州 13/25
[萬曆]青州 12/19
[光緒]益都縣圖志 16/25

張錫齡(字恩三)
(廣饒人)
[民國]續修廣饒 19/82

張錫綸(字念黻)
(清・直隸安肅人)
[宣統]三續淄川 9/44
淄川縣鄉土志/政績錄
[光緒]高唐州 7/1－17
[民國]高唐縣 9/5－15

張錫富(清・昌樂人)
[民國]昌樂縣續志 28/11

張知睿(字匪躬)
(唐・幽州方城人)
[嘉靖]山東 25/18
[康熙]山東 32/6
[雍正]山東 27/20
[宣統]山東 68/8
[康熙]濟南 24/9
[道光]濟南 33/28
[嘉靖]德州 3/4
[萬曆]德州 8/27
[康熙]德州 7/23
[民國]德縣 9/4
[光緒]陵縣 18/2

張錫祉(字承庥)
(清・恩縣人)
[宣統]重修恩縣 8/92
[民國]重修恩縣 11/鄉賢 85

張錫祿(清・蒙陰人)
[宣統]蒙陰 4/武功

張錫恩(字修禊)
(清・清平人)
[民國]清平/人物 42

張錫恩(清・泗水人)
[光緒]泗水 11/9
[光緒]泗水縣鄉土志/15

張錫田(字與之)
(清・平度人)
[民國]平度縣續志 8/13

張錫年(字叔憲)
(清・博山人)
[民國]續修博山 9/9

張錫智(字樂亭)
(清・安丘人)
[民國]續安邱新志 21/6
安丘縣鄉土志 7/耆舊錄 4

張錫策(字應宸)
(清平人)
[民國]清平/人物 79

張錫筠(字紫珊)
(黃縣人)
[民國]黃縣志稿 13/民國懿行

張智榮(字德明)
(元・安丘人)
[萬曆]安丘 21/31
安丘縣鄉土志 4/耆舊錄 1

87 **張鏐**(字完質,號企齋)
(清・海豐人)
[宣統]山東 171/44
[乾隆]武定府 25/62
[咸豐]武定府 25/文苑 22

[民國]無棣 20/25
海豐縣鄉土志/耆舊－學問一
張鏐(字紫峰,號心陽子)
(清・樂陵人)
[宣統]山東 171/43
[乾隆]臨清直隸州 6/84
[民國]臨清縣/秩官 66
樂陵縣鄉土志 3/42
張錄(字宗制,號虛菴)
(明・城武人)
[雍正]山東 28/人物三 25
[宣統]山東 159/18
[萬曆二十四年]兗州 36/19
[康熙]兗州 28/18
[乾隆]曹州府 15/11
[康熙九年]城武 3/7,3/44
[康熙四十一年]城武 4/下 15
[道光]城武 9/上 15,13/11
張鐵(清・平原人)
[道光]濟南 56/104
[乾隆]平原 8/14
平原縣鄉土志輯稿/孝義
張銘(字文粹)
(明・膠州人)
[康熙]膠州 5/27
[雍正](膠州)州志別本/人物－廉吏
[乾隆]膠州 4/34
[道光]重修膠州 25/13
[民國]增修膠志 40/12
膠州直隸州鄉土志 4/事功
張銘(字箴西)
(清・黃縣人)
[同治]黃縣 8/20
[民國]黃縣志稿 13/清文學
張銘(字心盤)
(清・齊河人)
[民國]齊河 23/80
張銘(字景湯)
(清・夏津人)
[民國]夏津續編 8/27
張翔(字允集)
(明・單縣人)
[隆慶]單縣下/20
[順治]單縣 3/37
[康熙]單縣 8/17
[乾隆]單縣 7/14
[民國]單縣 9/16
張翔(字仲颺)
(清・平原人)
[民國]續修平原 6/20
張翔(字仞千,號拙菴)
(清・濰縣人)
[民國]濰縣志稿 28/24
濰縣鄉土志/25
張欽(明・福山人)
[康熙]福山 8/21
[乾隆]福山 8/33
張欽(清・章丘人)
[乾隆]章邱 9/46
[道光]章邱 11/79
張翽(字叔舉,號牧村)
(清・平原人)
[宣統]山東 169/9
[道光]濟南 56/101
[民國]續修平原 10/上 17
張錚(清・泰安人)
[道光]泰安縣 9/上 88
[民國]重修泰安縣 8/42
張銘西(字右圖)
(平原人)
[民國]續修平原 8/28
張欲仁(字來復)
(清・無棣人)
[民國]無棣 13/2
張銘鼎(字崑霜)
(平原人)
[民國]續修平原 8/30
張銘勳(字紀常,號小岑)
(清・清平人)
[宣統]增輯清平 12/48
[民國]清平/人物 30
張銘盤(字新齋)
(平原人)
[民國]續修平原 8/30
張舒芹(清・陽穀人)
[光緒]陽穀 6/30
張敘典(字敦五)
(清・陽信人)
[民國]陽信 5/文學 15
張銀兒(元・深州人)
[康熙]濟南 25/18
[道光]濟南 34/32
[萬曆]章丘 21/70
[康熙]章丘 4/24
[乾隆]章邱 7/3
[道光]章邱 9/3
章邱縣鄉土志/上 8
88 張策(字公署)
(元・樂陵人)
[康熙]濟南 44/4
[乾隆]武定府 25/3
[咸豐]武定府 25/孝友 3
[順治]樂陵 6/4
[乾隆]樂陵 6/21
張策(字政府)
(清・利津人)
[咸豐]武定府 34/傳 12
張第(字仰峯)
(明・茌平人)
[康熙二年]茌平 2/44,2/47
[康熙四十九年]茌平 2/44
[宣統]茌平 11/3
[民國]茌平 3/50
[民國]濰縣志稿 32/19
張第(字斗垣)
(明・諸城人)
[康熙]諸城 7/51
[乾隆]諸城 42/2
張第(清・齊河人)
[民國]齊河 23/38
張箕(清・新泰人)
[乾隆]新泰 17/人物上增 2
新泰縣鄉土志/20
張箕(字惇敘)
(清・樂陵人)
樂陵縣鄉土志 3/50
張範(元・章邱人)
[民國]濰縣志稿 20/11
張範(明・膠州人)
[乾隆]膠州 4/42
張篚(字公文)
(元・樂陵人)
[嘉靖]山東 29/22
[康熙]濟南 34/5
[乾隆]武定府 23/10

［咸豐］武定府 23/名臣 10
［順治］樂陵 6/4
［乾隆］樂陵 6/8
樂陵縣鄉土志 3/17
［宣統］重修恩縣 6/11
張鈴（字陽枎）
（清・即墨人）
即墨縣鄉土志/耆舊－學問
張篪（明・章邱人）
［萬曆］章丘 24/35
［康熙］章丘 6/26
［乾隆］章邱 9/21
［道光］章邱 11/32
張籍（字二酉）
（清・曹縣人）
［光緒］曹縣 14/行誼 14
張鑑（明・保定新城人）
［光緒］文登 5/36
張鑑（明・濟寧人）
［康熙］濟寧州 7/3
［乾隆］濟寧直隸州 26/29
［道光］濟寧直隸州 8/2－43
張鑑（明・商河人）
商河縣鄉土志 2/耆舊－事業
張鑑（明・陽穀人）
［康熙］張秋志 7/22
張鑑（清・萊陽人）
［民國］萊陽 3/1 中 35
張節（明・太倉人）
［萬曆］濮州 3/名宦 34
［康熙］朝城 7/7
張筠（字竹山）
（清・膠州人）
［道光］重修膠州 29/33
［民國］增修膠志 45/18
張筠（字文淇）
（清・臨邑人）
［民國］續修臨邑 3/41
張籙（字孝生）
（明・膠州人）
［道光］重修膠州 26/3
［民國］增修膠志 40/30
膠州直隸州鄉土志 4/忠烈
張敏（元・東阿人）
［康熙］山東 45/8
［雍正］山東 28/人物二 68
［宣統］山東 165/12
［乾隆］泰安府 18/33
［萬曆二十四年］兗州 37/2
［康熙］兗州 28/31
［康熙四年］東阿 6/23
［康熙五十四年］東阿 6/23
［道光］東阿 14/人物下 23
［光緒］東阿縣鄉土志 4/4
張敏（明・廣平人）
［乾隆］曲阜 92/2
張敏（字好學）
（明・黃人）
［雍正］山東 28/人物三 8
［宣統］山東 165/15
［泰昌］登州 11/36
［順治］登州 17/14
［光緒］增修登州 40/7
［康熙］黃縣 6/14
［乾隆］黃縣 8/30
［同治］黃縣 8/10
［民國］黃縣志稿 13/明
張敏（明・夏津人）
［乾隆］夏津 7/9
張敏（字伯勳）
（明・諸城人）
［乾隆］諸城 30/8
張敏（字慎修）
（清・高唐人）
［民國］高唐縣 12/19
張銓（明・南直隸吳江人）
［康熙］膠州 5/6
［乾隆］膠州 4/9
［道光］重修膠州 22/3
［民國］增修膠志 17/3
膠州直隸州鄉土志 3/政績－聽訟
張銓（字衡菴，號西園）
（清・茌平人）
［宣統］茌平 11/5
［民國］茌平 3/52，3/59
張銓（字寅階，號翼南）
（清・利津人）
［光緒］利津 7/文苑 1
張銓（字楷清）
（清・平原人）
［道光］濟南 56/103
［乾隆］平原 8/13
平原縣鄉土志輯稿/孝義
張銓（字玉衡）
（清・夏津人）
［乾隆］臨清直隸州 8/下 16
［民國］夏津續編 8/11
張鋭（明・聊城人）
［嘉靖］山東 35/4
［康熙］山東 45/12
［乾隆］東昌 42/33
［嘉慶］東昌 32/25
［宣統］聊城 8/78
張鋭（字滓鋒）
（清・清平人）
［民國］清平/人物 66
張敘（字用常，別號裕軒）
（明・藁城人）
［嘉靖］濮州 7/16
張鑰（明・山西忻州人）
［嘉靖］朝城志 5/6
［康熙］朝城 7/5
張鎰（宋）
［康熙］嶧縣 3/15
［光緒］嶧縣 19/89
張鎰（明・福山人）
［康熙］福山 8/17
［乾隆］福山 8/30
張鎰（明・順天府人）
［崇禎］鄆城 4/21
［光緒］鄆城 6/28
張竹（字此君）
（清・博山人）
［民國］續修博山 12/7
張纂（字伯業）
（北魏・中山人）
［嘉靖］武定州下/45
［崇禎］武定州 7/1
張篤慶（字子祜）
（清・樂安人）
［民國］續修廣饒 19/60
張篤慶（字歷友，號厚齋）
（清・淄川人）
［宣統］山東 170/9
［道光］濟南 54/70
［康熙］淄川 5/28
［乾隆］淄川 5/28，6/上 97

張餘慶(字福遠)
(清・單縣人)
[民國]單縣 12/鄉賢 10
張餘慶(字書三)
(清・莒縣人)
[民國]重修莒志 64/7
張竹亭(字筠菴)
(清・萊蕪人)
[民國]萊蕪 20/4
[民國]續修萊蕪 27/20
張篤誠(字允勷)
(清・蓬萊人)
[民國]蓬萊縣志合編人物志/行誼
張篤詩(字伯貞)
(清・黃縣人)
[民國]黃縣志稿 13/清孝友
張範孫(字敘甫)
(清・觀城人)
觀城縣鄉土志/耆舊
張篤行(清・膠州人)
膠州直隸州鄉土志 4/孝友
張敏行(清・商河人)
[道光]商河 7/49
[民國]重修商河 8/76
張敏德(明・蒙陰人)
[康熙十一年]蒙陰 2/51
張餘九(字鵬萬,號松怡)
(清・萊蕪人)
[民國]續修萊蕪 24/5
張範英(清・長清人)
[民國]長清 11/30
張餘芬(字雲圃,號南屏)
(清・平原人)
[民國]續修平原 6/8
張竹苞(字渭千)
(清・掖縣人)
[嘉慶]續掖縣 3/15
張篤敬(字銘紳)
(明・新城人)
[道光]濟南 51/33
[康熙]新城 7/27
[民國]重修新城 14/8
新城縣鄉土志/耆舊－明
張敏教(明・河南上蔡人)
[光緒]增修登州 29/2
[康熙]棲霞 4/6
張篤中(字心一)
(清・泰安人)
[民國]重修泰安縣 8/29
張範東(清・濟陽人)
[民國]濟陽 11/16
張敏中(宋・高唐人)
[道光]高唐州 5/1－6
89 張鎧(字孔韶)
(明・渭南人)
[道光]濟南 36/39
[萬曆]濟陽 6/2
[乾隆]濟陽 6/31
張鎧(明・陝西武功人)
[宣統]山東 72/7
[萬曆二十四年]兗州 29/3
[康熙]兗州 22/24
[乾隆]兗州 22/24
[萬曆]滕志 6/62
[康熙]滕志 6/33
[康熙]滕縣志 6/宦業 29
[道光]滕縣志 6/宦績 23
滕縣鄉土志/5
90 張忭(字悅道)
(宋・萊陽人)
[光緒]增修登州 38/8
[康熙]萊陽 8/2
[民國]萊陽 3/1 中 1
張常(字千人)
(清・莒縣人)
[康熙四十八年]青州 15/卓行 18
[康熙六十年]青州 18/17
[乾隆]沂州府 26/21
[雍正]莒州 9/28
[嘉慶]莒州 9/26
[民國]重修莒志 65/5
張光(明・鳳翔人)
[康熙]重修清平下/2
張懷(明・臨汾人)
[康熙]兗州續編 14/19
[康熙]兗州府曹縣 9/11,10/11
[光緒]曹縣 10/10
張尚(明・新建人)
[乾隆]曹州府 12/19
[萬曆]濮州 3/名宦 20
[康熙]濮州 3/19
[乾隆]濮州 3/19
[宣統]濮州 4/19
張堂(字孔韶)
(明・渭南人)
[乾隆]濟陽 6/31
[民國]濟陽 9/37
張堂(字鏡川)
(清・安丘人)
[民國]續安邱新志 17/5
安丘縣鄉土志 7/耆舊錄 4
張惟(明・四川南充人)
[宣統]山東 73/26
[光緒]增修登州 31/2
[康熙]萊陽 4/6
[民國]萊陽 3/1 上 7
張肖(明・深州人)
[道光]濟南 36/18
[嘉慶]鄒平 14/8
[道光]鄒平 14/8
[民國]鄒平 14/8
張懷亮(清・寧陽人)
[康熙]兗州續編 16/7
[乾隆]兗州 23/64
[康熙四十一年]寧陽 7/23
[乾隆]寧陽 7/孝子 2
[咸豐]寧陽 15/8
[光緒]寧陽 15/8
寧陽縣鄉土志/20
張懷唐(字念堯)
(清・臨邑人)
[民國]續修臨邑 3/37
張懷序(字秩菴)
(清・昌樂人)
[民國]昌樂縣續志 31/23
張省慶(清・禹城人)
[民國]禹城 6/29
張惟庚(明・觀城人)
[康熙]觀城 4/10
張惟康(明・觀城人)
[康熙]觀城 4/3
張光訓(清・觀城人)
[康熙]觀城 4/18
[道光]觀城 8/7
觀城縣鄉土志/耆舊

張懷訓(字趨庭)
(清・臨朐人)
臨朐縣鄉土志 1/耆舊
張懷斌(東阿人)
[民國]東阿 15/11
張惟誠(明・永清人)
[萬曆]汶上 5/5
張光謙(字益齋)
(清・慶雲人)
[民國三年]慶雲 2/97
張懷玉(清・鄆城人)
[光緒]鄆城 5/35
張惟一(字貫之)
(清・高苑人)
[雍正]山東 31/10
[康熙]高苑 6/7
[乾隆]高苑 6/9
張光瑞(字輯五)
(清・嶧縣人)
[光緒]嶧縣 21/耆舊 19
張光瑞(字吉吾)
(商河人)
[民國]重修商河 7/40
張懷璣(清・滋陽人)
[光緒]滋陽 9/48
滋陽縣鄉土志 1/耆舊－實行
張懷理(字金蘭)
(清・壽張人)
[光緒]壽張 7/19
張懷璐(字佩甫,號柳泉)
(清・膠州人)
[民國]增修膠志 47/11
張懷珍(字寶菴)
(清・陽信人)
[民國]陽信 5/任恤 37
張懷信(字季符)
(清・直隸安州人)
[民國]定陶 4/30
張尚乘(清・鄞縣舉人)
[康熙五十五年]長山 3/38
[嘉慶]長山 5/46
張光縉(清・河津人)
[宣統]山東 75/58
[康熙]兗州續編 14/5
[乾隆]兗州 22/34
[康熙四十一年]寧陽 3/19
[乾隆]寧陽 3/10
[咸豐]寧陽 11/16
[光緒]寧陽 11/16
寧陽縣鄉土志/8
張懷虛(清・鉅野人)
[民國]續修鉅野 5/上 31
張光繼(字緝亭)
(清・黃縣人)
[光緒]增修登州 43/11
[同治]黃縣 8/12
[民國]黃縣志稿 13/清孝友
張尚鼒(字法卿)
(清・滕縣人)
[民國]續滕縣志 2/17
張當先(明・肥城人)
[萬曆]汶上 5/8
張光緒(明・慶雲人)
[民國三年]慶雲 2/20
張光緒(清・茌平人)
[民國]茌平 3/59
張光緒(清・黃縣人)
[光緒]增修登州 40/10
張光紀(明・河間人)
[乾隆]陽信 5/4
信邑志稿 5/職官－知縣
[民國]陽信 2/24
張尚絅(明・壽光人)
[嘉慶]壽光 13/16
張惟修(字西華)
(清・諸城人)
[咸豐]青州 46/19
[乾隆]諸城 40/4
諸城縣鄉土志/上 44
張光宇(字子陽,號鳳岡)
(明・齊河人)
[道光]濟南 51/40
[康熙]齊河 6/33
[雍正]齊河 7/4
[民國]齊河 24/1
齊河縣鄉土志鄉賢祠/17
張懷澄(字桐源)
(清・膠州人)
[民國]增修膠志 45/22
張光漢(字倬章,號毅齋,一號定齋)
(清・滕縣人)
[宣統]山東 172/15
[道光]滕縣志 8/儒林 27
滕縣鄉土志/26
張懷清(清・華陰舉人)
[民國]續修平原 5/16
張常通(號鶴軒)
(清・淄川人)
[宣統]三續淄川 10/57
張光初(清・平度人)
[民國]平度縣續志 8/8
張光祖(字子明,號裕園)
(清・歷城人)
[宣統]山東 169/26
[道光]濟南 53/15
[乾隆]歷城 38/16
[民國]續修歷城 39/5
張光祖(清・新鄭人)
[雍正]恩縣續志 3/5
張光啟(字元明)
(明・章丘人)
[康熙]山東 46/2
[宣統]山東 170/30
[康熙]濟南 48/6
[道光]濟南 49/65
[康熙]章丘 6/43,9/22
[乾隆]章邱 9/44
[道光]章邱 11/72
張光裕(明・臨邑人)
[康熙]重修臨邑 9/7
張光裕(清・陽穀人)
[民國]增修陽穀人物/忠烈 22
張光祚(字華先)
(清・平陰人)
[光緒]平陰 4/24
張養真(明・蒙陰人)
[乾隆]沂州府 26/4
張尚志(明・利津人)
[康熙]濟南 47/19
[乾隆]武定府 26/8
[咸豐]武定府 26/義行 8
[康熙]利津縣新志 8/23
[光緒]利津 8/義行 1
張尚鼐(字鼎才)
(清・滕縣人)
[民國]續滕縣志 2/14

張惟吉(字惠迪,號向華)
(清・諸城人)
[康熙]諸城 7/52
[乾隆]諸城 42/3
張懷基(字德齋)
(清・桓臺人)
[民國]桓臺志略 3/21
[民國]桓臺 3/30
張懷英(清・臨朐人)
臨朐縣鄉土志 1/耆舊
張懷芝(東阿人)
[民國]東阿 15/11
張惟蕃(字翌華)
(清・諸城人)
[乾隆]諸城 41/4
張惟相(明・朝城人)
[康熙]朝城 8/50
張小妮(清・諸城人)
[光緒]增修諸城縣續志 17/17
張惟忠(字子恕)
(元・沂水人)
[道光]沂水 10/8
張惟昜(明・上蔡舉人)
[康熙]高密 6/25
[乾隆]高密 6/18
[光緒]高密 6/22
[民國]高密 12/24
高密縣鄉土志/上 12
張懷器(唐・武城人)
[宣統]山東 161/13
張當居(漢)
[道光]鉅野 24/2
張懷鳳(字桐岡)
(清・博平人)
[光緒]博平縣續志 10/65
張尚賢(明・壽光人)
[康熙]壽光 26/2
[嘉慶]壽光 13/16
張尚賢(清・遼東鐵嶺人)
[宣統]山東 77/20
[順治]登州 11/26
[光緒]增修登州 25/12
[道光]冠縣 6/31
[光緒]冠縣 6/宦績
[民國]冠縣 6/41

張惟賢(字孔喆)
(清・嘉祥人)
[乾隆]嘉祥 3/25
[光緒]嘉祥 3/25
張惟興(字汝時)
(明・掖縣人)
[道光]再續掖縣上/52
張常勝(清・鉅野人)
[民國]續修鉅野 5/上 11
張尚義(清・齊東人)
[民國]齊東 5/26
張惟慈(明・濱州人)
[乾隆]武定府 23/50
[咸豐]武定府 23/忠節 20
[康熙]濱州 7/20
[咸豐]濱州 10/18
濱州鄉土志/耆舊錄
張惟養(字龍涵)
(清・齊東人)
[康熙]濟南 40/16
[道光]濟南 56/17
[康熙]新修齊東 6/9
[民國]齊東 5/5,5/126
齊東縣鄉土志/耆舊錄 16
張懷智(清・城武人)
[道光]城武 9/下 41
張光燦(字椿莊)
(清・平原人)
[民國]續修平原 10/上 10
張光耀(明・觀城人)
[康熙]觀城 4/10
91 張炳(字彥明)
(元・濟陽人)
[乾隆]濟陽 8/8,12/30,12/32
[民國]濟陽 11/9,17/9
張炳(字明遠)
(清・臨清人)
[民國]臨清縣/人物 65
張恒(字久也,號東璧)
(清・夏津人)
[乾隆]東昌 43/40
[乾隆]夏津 8/25
張恆謙(清・滕縣人)
[宣統]滕縣續志稿 4/66
[民國]續滕縣志 2/14
張恒信(清・菏澤人)

[光緒]菏澤 16/12
張恒芳(字友蘭)
(清・無棣人)
[民國]無棣 13/29
張恒中(清・臨朐人)
臨朐縣鄉土志 1/耆舊
張炳臣(字星使)
(清・陽穀人)
[民國]增修陽穀人物/善行 48
92 張熠(字爾光,號幼臺)
(明・高苑人)
高苑縣鄉土志/耆舊
張愷(字自得)
(明・井陘人)
[正德]博平 5/87
張愷(明・南直無錫人)
[宣統]山東 71/31
[乾隆]泰安府 15/7
[乾隆]東平州 12/35
[道光]東平州 12/35
[光緒]東平州 14/35
[民國]東平縣 9/18
東平州鄉土志上/政績錄 14
張愷(清・菏澤人)
[光緒]菏澤 16/12
張恬(字子靜)
(清・昌樂人)
[嘉慶]昌樂 25/3
張恬(字靜菴)
(清・嶧縣人)
[光緒]嶧縣 21/耆舊 15,21/孝友 13
張烶(字岱麓)
(明・平原人)
[道光]濟南 52/59
[乾隆]平原 8/37
平原縣鄉土志輯稿/文學
張忻(字自得)
(明・嘉祥人)
[順治]嘉祥 4/31
[乾隆]嘉祥 3/22
[光緒]嘉祥 3/22
張忻(字靜之)
(清・掖縣人)
[乾隆]萊州 10/29

［乾隆］掖縣 4/32
張爓然（明・新城人）
［康熙］新城 8/1
93 張熩（字文明）
（清・曹州人）
［康熙］曹州志 12/20
［光緒］菏澤 12/20
張烒（字崑圃）
（清・嘉祥人）
［光緒］嘉祥 3/31
張怡菊（字慕陶）
（清・金鄉人）
［民國］金鄉 13/續增 11
94 張愼（清・齊河人）
［民國］齊河 27/10
張愼（字銘三）
（清・萊蕪人）
［民國］萊蕪 20/9
［民國］續修萊蕪 28/1
張愼（字畏三）
（清・魚臺人）
［光緒］魚臺 3/文行又 6
張愼言（字金銘，號藐山）
（明・陽城人）
［康熙］山東 33/23
［雍正］山東 27/93
［宣統］山東 72/27
［康熙］兗州 22/37
［乾隆］曹州府 12/22
［康熙五十六年］壽張 4/7
［康熙］兗州府曹縣 9/9, 10/17
［光緒］曹縣 10/15
曹縣鄉土志/政績錄
張愼行（清・直隸南宮人）
［宣統］山東 76/17
［康熙六十年］青州 12/44
［乾隆］沂州府 20/16
［康熙］沂水 4/26
［道光］沂水 5/31
張愼徽（字五典）
（清・濟陽人）
［道光］濟南 56/34
［乾隆］濟陽 8/38
［民國］濟陽 11/53
張熺中（清・鄒平人）
［民國］鄒平 15/141
張恢圖（字晉如）
（清・夏津人）
［乾隆］臨清直隸州 8/下 10
［民國］夏津續編 8/18
張愼思（字維躬）
（清・濟陽人）
［道光］濟南 56/33
［乾隆］濟陽 8/39
［民國］濟陽 11/53
張愼思（清・金鄉人）
金鄉縣鄉土志/耆舊錄上
95 張愫（字振海）
（清・掖人）
［宣統］山東 177/20
［乾隆］掖縣 4/44
［嘉慶］續掖縣 4/21
張性（清・濰縣人）
［乾隆］濰縣 4/39
［民國］濰縣志稿 29/20
張煉師（見張鍊師）
張性梓（字文麓）
（清・滋陽人）
［光緒］滋陽 8/60
滋陽縣鄉土志 1/耆舊－文學
96 張煌（明・北直邯鄲人）
［萬曆］濮州 3/名宦 35
［康熙］朝城 7/8
張焜（字西屏）
（清・江西南昌人）
［宣統］山東 76/53
［乾隆］東昌 35/5
張煜（字孟展）
（清・長山人）
［道光］濟南 55/9
［嘉慶］長山 10/17
張煜（清・江南贛榆人）
［宣統］山東 75/18
［道光］濟南 38/28
［康熙］新修齊東 4/18
［民國］齊東 3/62
張燭（字朗山）
（明・壽光人）
［康熙］壽光 23/2
［嘉慶］壽光 12/22
張惺如（字儼若）
（明・滕縣人）
［道光］滕縣志 9/忠節 6
97 張燦（明・樂陵人）
［康熙］濟南 39/3
［乾隆］武定府 23/12
［咸豐］武定府 23/名臣 12
［順治］樂陵 6/4
［乾隆］樂陵 6/8
樂陵縣鄉土志 3/18
張焯（明・聞縣進士）
［康熙］博平 3/4
張慣（明・新城人）
［宣統］新城縣後志 3/耆壽
［民國］重修新城 15/10
張煥（字懋文，號懷洲）
（明・益都人）
［雍正］山東 28/人物三 45
［宣統］山東 160/30
［萬曆］青州 13/59
［康熙十五年］青州 13/59
［康熙四十八年］青州 13/事功 43
［康熙六十年］青州 16/22
［咸豐］青州 44/43
［康熙］益都 7/25
［光緒］益都縣圖志 35/17
張煇（字方潔）
（清・榮成人）
［光緒］增修登州 43/43
［道光］榮成 8/5
張煇（明・知新城）
［宣統］山東 71/13
［道光］濟南 36/29
［天啟］新城 6/知縣
［崇禎］新城 6/知縣
［道光］新城/名宦
［民國］重修新城 10/4
新城縣鄉土志/政績－明知縣
張煇（字文顯）
（明・黃縣人）
［泰昌］登州 11/21
［順治］登州 16/27
［光緒］增修登州 40/7
［康熙］黃縣 6/14

［乾隆］黄縣 8/11
［同治］黄縣 8/3
［民國］黄縣志稿 13/明
張輝（清・高唐人）
［道光］高唐州 5/2－22
［光緒］高唐州 5/2－25
［民國］高唐縣 12/51
張輝（字光遠）
（清・章邱人）
［道光］濟南 54/24
［道光］章邱 11/82
張烔（清・東平人,見張烱）
張烱（字斗華）
（明・膠州人）
［康熙］膠州 5/38
［乾隆］膠州 4/46
［道光］重修膠州 26/8
［民國］增修膠志 40/34
張烱（清・東平人）
［乾隆］泰安府 18/62
［康熙］東平州 4/72
［乾隆］東平州 15/6
［道光］東平州 15/6
［光緒］東平州 15/下 6
［民國］東平縣 11/中 25
張烱（字曉南）
（清・黄縣人）
［同治］黄縣 8/20
張恪（字肅卿,號莊泉）
（明・觀城人）
［雍正］山東 28/人物三 37
［宣統］山東 163/31
［乾隆］曹州府 15/16
［康熙］觀城 4/2
［道光］觀城 8/4,9/39
觀城縣鄉土志/耆舊
張恪（清・直隸南皮人）
［宣統］山東 77/6
［咸豐］青州 37/29
［道光］博興 10/7
［民國］重修博興 12/7
張翽（字伯奮）
（清・平原人）
［民國］續修平原 6/20
張恂（字淳夫,一作惇夫）
（明・陽穀人）
［萬曆］青州 15/61
［康熙十五年］青州 15/61
［康熙四十八年］青州 15/僑寓 8
［康熙十二年］陽穀 3/29,5/7
［康熙］陽穀 3/25
［光緒］陽穀 6/25
［民國］增修陽穀人物/仕宦 4,人物/文苑 2
張炤（字彥明）
（元・濟南人）
［嘉靖］山東 26/14,26/26,29/21
［康熙］山東 33/17,34/7,39/19
［雍正］山東 28/人物二 61
［宣統］山東 158/17
［康熙］濟南 41/8
［道光］濟南 48/14
［萬曆元年］兗州 38/循吏 35
［萬曆二十四年］兗州 28/16
［乾隆］兗州 22/14
［康熙］兗州 22/16
［萬曆］東昌 18/26
［乾隆］東昌 33/22
［嘉慶］東昌 20/34
［崇禎］歷乘 16/15
［崇禎］歷城 10/11
［乾隆］歷城 36/17
［光緒］益都縣圖志 17/24
［宣統］重修恩縣 6/11
張炤（字天目）
（明・蓬萊人）
［光緒］增修登州 36/8
［道光］重修蓬萊 9/13
［民國］蓬萊縣志合編人物志/忠勇
張焫（字雨帆）
（清・濟寧人）
［民國］濟寧直隸州續志 13/13
張耀采（字六符）
（明・濟寧人）
［康熙］山東 40/62
［雍正］山東 28/人物三 61
［宣統］山東 161/55
［康熙］兗州 28/25
［乾隆］兗州 23/50
［康熙］濟寧州 6/43
［乾隆］濟寧直隸州 24/29
［道光］濟寧直隸州 8/2－38
張輝山（字蘊之）
（清・曹縣人）
［光緒］曹縣 14/行誼 19
張煥然（明・高唐人）
［乾隆］東昌 42/25
［嘉慶］東昌 32/21
［康熙十二年］高唐州 9/4
［康熙五十一年］高唐州 9/4
［道光］高唐州 5/2－8
［光緒］高唐州 5/2－11
［民國］高唐縣 12/5
張煥緒（清・蓬萊人）
［光緒］增修登州 43/7
張耀先（清・日照人）
［康熙］嶧縣 3/50
［乾隆］嶧縣 7/33
［光緒］嶧縣 19/丞倅 14
張烱生（字含可）
（清・平原人）
［道光］濟南 56/99
［乾隆］平原 8/31
平原縣鄉土志輯稿/循吏
張燦之（字秀文,原名承煦）
（清・齊河人）
［民國］齊河 23/83,27/39
張煥之（字秉午）
（清・茌平人）
［民國］茌平 3/14
張煥之（萊陽人）
［民國］萊陽 3/1 中 49
張燦斗（字星魁）
（清・寧陽人）
［光緒］寧陽 13/77
張鄰斗（字壽南）
（明・安丘人）
［咸豐］青州 45/63
［道光］安邱新志 23/1
安丘縣鄉土志 5/耆舊錄 2
張耀斗（字薇垣）
（清・古燕人,一作順天人）
［乾隆］東昌 35/35

[乾隆]武城 9/4
武城縣鄉土志略/政績錄
張熠斗(字建蒼)
(明・新城人)
[宣統]新城縣後志 2/善行
張耀祖(字榮先)
(清・齊河人)
[民國]齊河 26/36
張煥祚(清・蓬萊人)
[光緒]增修登州 41/11
[光緒]蓬萊縣續志 8/文宦
3,11/1
張愘道(明・臨朐人)
[嘉靖]臨朐 3/14
張耀臺(清・磁州人)
[道光]濟南 38/33
[嘉慶]禹城 7/35
[民國]禹城 3/51
張燿樞(字拱宸,一作拱辰)
(清・博山人)
[民國]續修博山 11/39,14/43
張耀樞(字詩岩)
(清・桐城人)
[民國]朝城縣續志 1/又 29
張煥如(字實夫)
(明・堂邑人)
[道光]濟寧直隸州 6/6－27
[順治]堂邑 2/人物 17
[康熙十一年]堂邑 2/選舉 17
[康熙]堂邑 13/10
張耀東(字乙山)
(清・莘縣人)
[光緒]莘縣 7/33
[民國]莘縣 7/18
莘縣鄉土志/事業 27
張煥邦(字黼堂)
(清・蓬萊人)
[民國]蓬萊縣志合編人物
志/行誼
張耀璧(字東煌,號荊巖)
(清・浙江蘭谿人)
[宣統]山東 77/8
[咸豐]青州 37/20
[乾隆]高苑 3/23
張煥辰(臨邑人)
[民國]續修臨邑 3/7
張恂厚(清・臨清人)
[民國]臨清縣/人物 67
張耀銘(字禮亭)
(清・德州人)
[民國]德縣 10/71
98 張敞(字子高)
(漢・河東平陽人)
[嘉靖]山東 26/1,27/13
[康熙]山東 33/2,37/1
[雍正]山東 27/67
[宣統]山東 66/7
[萬曆元年]兗州 39/名宦 3
[萬曆二十四年]兗州 26/3
[康熙]兗州 21/3
[乾隆]兗州 22/1
[乾隆]曹州府 12/1
[萬曆]萊州 5/54
[康熙]萊州 8/4
[乾隆]萊州 9/1
萊州府鄉土志/上 4
[乾隆]濟寧直隸州 22/55
[道光]濟寧直隸州 6/6－2
[康熙]膠州 5/1
[乾隆]膠州 4/2
[康熙]平度州 3/1
[道光]重修平度州 16/6
平度鄉土志 2/政績
[萬曆]鉅野 6/3
[康熙]鉅野 10/3
[道光]鉅野 10/3
[康熙五十一年]金鄉 8/1
[乾隆]金鄉 17/2
[咸豐]金鄉縣志略 7/2
[民國]金鄉 11/17
金鄉縣鄉土志/政績錄
[康熙]魚臺 15/4
[光緒]魚臺 2/44
[乾隆]即墨 8/2
[同治]即墨 8/2
張敉(字立民,一字蠡艇)
(清・上元人)
[道光]濟南 62/9
張燧(字佩夫)
(清・博山人)
[民國]續修博山 12/7
張悌(清・霑化人)
[光緒]霑化 8/13
[民國]霑化 2/42
99 張榮(金・新城人)
[天啟]新城 7/武秩
[崇禎]新城 7/武秩
張榮(字世輝)
(元・濟南歷城人)
[嘉靖]山東 25/8,29/19
[康熙]山東 31/10,39/17
[雍正]山東 28/人物二 55
[宣統]山東 158/19
[康熙]濟南 43/9
[道光]濟南 48/1
[崇禎]歷乘 16/12
[崇禎]歷城 10/8
[乾隆]歷城 36/3
張榮(字其生)
(明・山西太原人)
[道光]再續掖縣上/62
張榮(清・恩縣人)
[宣統]重修恩縣 8/45
[民國]重修恩縣 11/鄉賢 51
恩縣鄉土志/19
張榮(清・陽穀人)
[光緒]陽穀 7/5
張榮(字遵臣)
(黃縣人)
[民國]黃縣志稿 13/民國
懿行
張鑾(清・丹徒人)
[道光]長清 4/2
張鑾(字贊猷)
(清・樂陵人)
樂陵縣鄉土志 3/49
張榮齋(字耀亭)
(清・鄒縣人)
[民國]續修鄒縣志稿/人物－
耆舊
鄒縣鄉土志耆舊錄/22
張鑾和(字公調)
(清・無棣人)
[民國]無棣 13/32
張榮實(元・保定人)
[道光]重修膠州 21/4
[民國]增修膠志 16/3
諸城縣鄉土志/上 20

張榮宗(字依仁)
(清・滕縣人)
[乾隆]兗州 23/73
張榮芬(字桂村)
(莒縣人)
[民國]重修莒志 62/17
張榮華(字仁軒)
(廣饒人)
[民國]續修廣饒 19/86
張榮掄(清・黄縣人)
[光緒]增修登州 43/12
[乾隆]黄縣 8/39
[同治]黄縣 8/15
[民國]黄縣志稿 13/清懿行

1124_0 弭

17 **弭子立**(明・章邱人)
[萬曆]章丘 24/37
[康熙]章丘 6/27
[乾隆]章邱 9/21
[道光]章邱 11/33
27 **弭向榮**(字華甫,號葵圃)
(清・德平人)
[民國]德平縣續志 6/6
34 **弭漢輝**(字維章)
(清・陵縣人)
[光緒]陵縣 19/人物傳二 26
38 **弭道彰**(字星房)
(清・歷城人)
[民國]續修歷城 40/28
50 **弭惠溥**(字博泉)
(清・德平人)
[民國]德平縣續志 6/14,12/碑記 13
90 **弭光崇**(字華先)
(清・章邱人)
[康熙]濟南 48/11
[道光]濟南 72/42
[康熙]章丘 6/41,9/24
[乾隆]章邱 9/40
[道光]章邱 11/72
弭光宗(見弭光崇)

1140_0 斐

40 **斐有文**(清・定陶人)
[民國]定陶 6/62

1142_7 孺

11 **孺悲**(周・魯人)
[萬曆元年]兗州 40/儒林 1

1164_5 研

21 **研慮**(清・歷城人)
[道光]濟南 72/46
[民國]續修歷城 45/2

1168_6 碩

77 **碩巴**(巴,一作色,姓烏雅)
(清・滿洲正黄旗人)
[宣統]山東 74/16
[道光]濟南 37/18

1173_2 裴

00 **裴慶霖**(清・歷城人)
[民國]續修歷城 43/7
裴應登(清・聊城人)
[康熙]聊城 3/49
裴讓之(字士禮)
(北齊・河東人)
[宣統]山東 67/22
[乾隆]東昌 33/11
[嘉慶]東昌 20/19
[嘉靖]恩縣 7/2
[萬曆]恩縣 4/2
[宣統]重修恩縣 6/40
[民國]重修恩縣 10/57
03 **裴識**(字通理)
(唐)
[宣統]山東 68/6
[乾隆]泰安府 14/11
[康熙]東平州 4/30
[乾隆]東平州 12/6
[道光]東平州 12/6
[光緒]東平州 14/6
[民國]東平縣 9/4
08 **裴敦復**(唐)
[宣統]三續淄川 9/40
10 **裴雲龍**(字從之)
(清・臨清人)
[民國]臨清縣/人物 74
12 **裴登廷**(長清人)
[民國]長清 12/20
裴廷桂(清・河南舉人)
[宣統]山東 75/41,77/46
[同治]即墨 8/10
[嘉慶]肥城 15/36
[光緒]肥城 7/50
肥城縣鄉土志 3/6
14 **裴瓘**(字廷用)
(明・山西聞喜人)
[萬曆]即墨志 6/13,10/38
[康熙]纂修即墨/下 9
[乾隆]即墨 8/5
[同治]即墨 8/4
即墨縣鄉土志/政績錄
18 **裴政**(唐・魯人)
[乾隆]曲阜 82/2
20 **裴秀**(字季彥)
(晉・聞喜人)
[天啟]新城 8/封爵
[崇禎]新城 8/封爵
[康熙]高苑 3/2
[道光]觀城 6/1
裴秀亭(字毓戊)
(清・平原人)
[民國]續修平原 6/11
21 **裴仁軌**(隋)
[乾隆]夏津 6/7
23 **裴俊**(明・聊城人)
[嘉靖]山東 35/4
[康熙]山東 45/12
[乾隆]東昌 42/6
[嘉慶]東昌 32/6
[康熙]聊城 3/50
[宣統]聊城 8/77
裴岱峯(字云亭)
(清・利津人)
[光緒]利津 7/文苑 2
24 **裴俠**(三國・河東人)
[萬曆]濮州 3/名宦 8
[乾隆]濮州 3/8
[宣統]濮州 4/8
25 **裴傑**(明・陽穀人)
[民國]增修陽穀人物/仕宦 9
裴紳(明・蒲坂人)
[崇禎]歷乘 16/63
26 **裴侃**(明・清江人)

［乾隆］曲阜 92/2
27 裴粲（字文亮）
（北魏・河東聞喜人）
［嘉靖］山東 27/21
［咸豐］青州 55/11
［萬曆］萊州 5/58
［康熙］萊州 8/18
［康熙］膠州 5/2
［乾隆］膠州 4/4
裴叔業（南北朝・聞喜人）
［康熙］嶧縣 3/12
裴叔義（北魏・河東聞喜人）
［嘉靖］山東 25/17
［康熙］山東 32/4
［雍正］山東 27/81
［宣統］山東 67/7
［康熙］濟南 24/7
［乾隆］泰安府 14/9
［萬曆元年］兗州 38/循吏 17
［乾隆二十五年］泰安縣 10/28
28 裴綸（明・湖廣監利人）
［雍正］山東 27/12
［宣統］山東 70/18
［道光］濟南 35/24
30 裴安（字清夫，別號南泉）
（明・山西聞喜人）
［民國］續修歷城 32/10
裴宗錫（清・山西曲沃人）
［宣統］山東 77/1
［咸豐］青州 37/19
［光緒］益都縣圖志 18/50
31 裴潛（字文行）
（魏・河東聞喜人）
［雍正］山東 27/31
［宣統］山東 66/32
［萬曆元年］兗州 38/武功 3
［萬曆二十四年］兗州 26/15
［康熙］兗州 21/14
［乾隆］兗州 22/5
［康熙］滋陽 3/78
40 裴希度（明・山西陽曲人）
［宣統］山東 72/38
［乾隆］東昌 33/42
［嘉慶］東昌 21/11
［順治］堂邑 2/職官又 6
［康熙十一年］堂邑 2/名宦 4
［康熙］堂邑 11/10
堂邑縣鄉土志/政績錄
44 裴蘊（隋・河東聞喜人）
［康熙］山東 32/5
［雍正］山東 27/73
［宣統］山東 67/28
［嘉靖］武定州下/46
［乾隆］武定府 16/3
［萬曆］武定州 10/2
［崇禎］武定州 7/2
［咸豐］武定府 19/3
［乾隆］惠民 5/10
［光緒］惠民 18/3
惠民縣鄉土志/政績錄 3
50 裴肅（字神封）
（隋・河東聞喜人）
［宣統］山東 67/30
［乾隆］東昌 33/14
［嘉慶］東昌 20/22
［萬曆］恩縣 4/3
［宣統］重修恩縣 6/41
［民國］重修恩縣 10/58
裴春榮（清・博興人）
［道光］博興 11/32
［民國］重修博興 13/30
60 裴思賢（北魏・河東聞喜人）
［光緒］益都縣圖志 15/9
裴日煥（清・蓬萊人）
［道光］重修蓬萊 9/15
［民國］蓬萊縣志合編人物志/忠勇
裴日耀（字華東）
（清・登州蓬萊人）
［道光］重修平度州 16/24
裴曰煥（見裴日煥）
72 裴岳南（清・諸城人）
［光緒］增修諸城縣續志 19/2
77 裴用（唐）
［萬曆］濮州 4/雜記 3
［康熙］濮州 4/91
［乾隆］濮州 4/131
［宣統］濮州 6/89
裴鳳來（明・壽光人）
［民國］壽光 12/人物志二 87
裴鳳曆（字帝錫）
（清・壽光人）
［民國］壽光 16/29
78 裴監（北魏）
［宣統］山東 67/11
80 裴鉉（字鼎和）
（明・山西太原人）
［宣統］山東 71/4
［康熙］濟南 25/69
［道光］濟南 36/7
［崇禎］歷城 6/19
［乾隆］歷城 34/6
裴善繼（字仲芳）
（清・濰縣人）
［民國］濰縣志稿 30/26
90 裴炎（字子隆）
（唐・聞喜人）
［嘉靖］山東 26/24
［康熙］山東 34/4
［雍正］山東 27/86
［萬曆］東昌 18/14
［嘉靖］濮州 7/7
［萬曆］濮州 3/名宦 10
［康熙］濮州 3/10
［乾隆］濮州 3/10
［宣統］濮州 4/10
裴懷珠（字輝浦）
（清・泰安人）
［民國］重修泰安縣 8/52
裴懷夢（字佐周）
（平原人）
［民國］續修平原 8/31
92 裴恬（清・齊河人）
［道光］濟南 56/4
［雍正］齊河 6/29
［民國］齊河 23/31
97 裴耀卿（字煥之，一作渙之，又作興之、慎之）
（唐・絳州稷山人）
［嘉靖］山東 26/7
［康熙］山東 33/8
［雍正］山東 27/33
［宣統］山東 68/11
［萬曆元年］兗州 39/名宦 8
［萬曆二十四年］兗州 27/10
［康熙］兗州 21/24，30/25
［乾隆］兗州 22/10

［乾隆］東昌 33/15
［嘉慶］東昌 20/26
［乾隆］曹州府 12/6
［康熙］濟寧州 8/4
［道光］濟寧直隸州 6/6－6
［萬曆］鉅野 6/4
［康熙］鉅野 10/4
［道光］鉅野 10/4

1180_1 冀

10 **冀霖**（清・臨清人）
［宣統］山東 174/27
［乾隆］東昌 40/29
［乾隆］臨清州 9/44
［乾隆］臨清直隸州 8/上 32
［民國］臨清縣/人物 13
冀元（清・齊河人）
［民國］齊河 27/16
13 **冀琮**（字廷璽）
（明・益都人）
［雍正］山東 28/人物三 61
［宣統］山東 165/22
［嘉靖］青州 15/17
［萬曆］青州 14/15
［康熙十五年］青州 14/15
［康熙四十八年］青州 14/孝友 5
［康熙六十年］青州 17/10
［咸豐］青州 43/14
［萬曆］益都 6/92
［康熙］益都 9/5
［光緒］益都縣圖志 41/2
20 **冀往聖**（字印尼）
（明・東昌府人）
［乾隆］東昌 39/24
［嘉慶］東昌 29/8
22 **冀彩嵐**（字秀峯）
（清・臨清人）
［民國］臨清縣/人物 70
24 **冀德方**（字正甫）
（元・朝城人）
［嘉靖］山東 26/15
［康熙］山東 33/17
［萬曆二十四年］兖州 28/15
［康熙］兖州 22/15
［乾隆］兖州 22/14
［康熙］濟寧州 4/45，9/25
［乾隆］濟寧直隸州 21/17，31/13
［道光］濟寧直隸州 6/6－14，9/4－211
濟寧州鄉土志 1/政績
27 **冀紹芳**（字倣曾，亦字惟復）
（清・益都人）
［康熙］益都 8/8
［光緒］益都縣圖志 37/7
28 **冀綸**（明・永平人）
［泰昌］登州 9/29
［順治］登州 11/14
［光緒］增修登州 29/11
［康熙］棲霞 4/23
31 **冀福**（明・博平人）
［正德］博平 4/65
冀河松（清・朝城人）
［民國］朝城縣續志 2/27
37 **冀瀾**（字慶安）
（清・臨清人）
［民國］臨清縣/人物 76
冀逢慶（清・益都人）
［光緒］益都縣圖志 41/13
40 **冀克讓**（元・齊河人）
［民國］齊河 23/78，33/3
冀九經（字子常）
（明・益都人）
［雍正］山東 28/人物三 26
［宣統］山東 165/17
［嘉靖］青州 16/9
［萬曆］青州 14/17
［康熙十五年］青州 14/17
［康熙四十八年］青州 14/孝友 7
［康熙六十年］青州 17/12
［咸豐］青州 44/17
［萬曆］益都 6/92
［康熙］益都 9/6
冀九皋（字子誠）
（明・益都人）
［咸豐］青州 44/2
［康熙］益都 7/9
［光緒］益都縣圖志 38/9
冀九齡（明・益都人）
［康熙］益都 7/10
44 **冀萬祿**（清・莘縣人）
莘縣鄉土志/事業 28
冀懋忠（明・上蔡人）
［咸豐］青州 36/32
［康熙］益都 5/21
［光緒］益都縣圖志 18/36
47 **冀朝陽**（字鳳閣）
（清・新泰人）
［乾隆］新泰 17/人物上增 2
50 **冀貴**（明・洛陽人）
［嘉靖］濮州 7/15
57 **冀邦直**（字正臣）
（元・齊河人）
［嘉靖］山東 26/28
［康熙］山東 34/8
［乾隆］東昌 34/1
［嘉慶］東昌 21/19
［康熙二年］茌平 2/36
［康熙四十九年］茌平 2/36
［宣統］茌平 8/1
［民國］茌平 8/58
75 **冀體**（字育甫）
（明・河南武安人，一作鄴下人）
［宣統］山東 71/3
［道光］濟南 36/6
［崇禎］歷乘 16/63
［崇禎］歷城 6/3
［乾隆］歷城 34/5
77 **冀鳳**（明・汾州人）
［道光］濟南 36/27
［康熙四十三年］長山 3/宦績
［康熙五十五年］長山 3/30
［嘉慶］長山 5/39
冀闢（字開先）
（清・益都人）
［道光］重修平度州 16/21
［光緒］益都縣圖志 39/6
85 **冀鍊**（字純夫，號康用，一作康川）
（明・益都人）
［康熙］山東 42/24
［雍正］山東 28/人物三 41
［宣統］山東 162/37
［萬曆］青州 13/12

［康熙六十年］青州 16/20
［咸豐］青州 44/27
［康熙］益都 7/18
［光緒］益都縣圖志 35/10
90 冀光祚（號弈軒）
（明・邯鄲人）
［乾隆］夏津 6/10
97 冀耀祖（字繩武）
（清・臨清人）
［乾隆］臨清直隸州 8/下 13
［民國］臨清縣/人物 62

1212_7 瑞

40 瑞森（字少薌）
（清・漢軍正白旗人）
［宣統］山東 76/30
［光緒］增修登州 31/5
［光緒］鄆城 6/14

1223_0 弘

03 弘誠（俗姓柏）
（清）
［民國］臨沂 10/66

水

72 水丘郃（字君石）
（漢・營陵人）
［康熙］杞紀 18/12

1224_7 發

20 發千獄掾（漢・堂邑人）
［康熙］堂邑 16/11
堂邑縣鄉土志/耆舊錄

䢼

30 䢼戾（春秋）
［萬曆元年］兗州 41/4
44 䢼蔑（春秋）
［民國］臨淄 22/57

1240_1 延

00 延廣（漢）
［宣統］山東 66/11
［萬曆］萊州 5/54
［康熙］萊州 8/4
［乾隆］萊州 9/1
［乾隆］膠州 4/2
［康熙］平度州 3/1
［道光］重修平度州 16/5
［乾隆］即墨 8/2
［同治］即墨 8/2
17 延君壽（明・韓城貢士）
［民國］萊陽 3/1 上 25
30 延良玉（字溫如）
（廣饒人）
［民國］續修廣饒 19/80
延定之（字主靜）
（明・平定州人）
［康熙］兗州續編 14/17
［康熙］曹州志 7/53
［光緒］菏澤 7/宦蹟 21
［光緒］新修菏澤 8/14
40 延壽椿（字莊年）
（廣饒人）
［民國］續修廣饒 19/81
77 延居安（清・樂安人）
［民國］續修廣饒 19/68
88 延篤（漢・南陽犨人）
［嘉靖］山東 26/3
［康熙］山東 33/4

1241_0 孔

00 孔褒（字文禮）
（漢・曲阜人）
［乾隆］曲阜 76/1
孔立（字子立）
（漢・魯人）
［乾隆］曲阜 71/3
孔裔（明・河南太康人）
［嘉靖］濮州 7/14
［萬曆］濮州 3/名宦 17
［康熙］濮州 3/15
［乾隆］濮州 3/15
［宣統］濮州 4/15
［民國］增修陽穀人物/仕宦 7
孔註（字文伯）
（明・曹縣人）
［康熙］曹州志 15/57
［康熙］兗州府曹縣 13/3
［光緒］曹縣 13/3
孔廣度（字海涵）
（清・恩縣人）
［民國］重修恩縣 12/上 48
孔廣訓（字伊齋）
（清・陽穀人）
［民國］增修陽穀人物/師道 18
孔廣詁（字古愚）
（清・曲阜人）
［民國］續修曲阜 5/42
孔廣詵（字幼卿）
（清・曲阜人）
［民國］續修曲阜 5/18
孔廣譯（字問渠）
（曲阜人）
［民國］續修曲阜 5/25
孔廣電（字瑞樞，號雲樵）
（清・曲阜人）
［民國］續修曲阜 5/47
孔廣壐（清・曲阜人）
［民國］續修曲阜 5/20
孔廣震（字錫鬯）
（清・鉅野人）
［民國］續修鉅野 5/上 11
孔慶雷（曲阜人）
［民國］續修曲阜 5/22
孔廣疆（清・滕縣人）
［道光］滕縣志 9/孔氏傳 7
孔廣珂（清・高唐人）
［光緒］高唐州 5/2－38
［民國］高唐縣 12/44
孔廣聯（清・定陶人）
［民國］定陶 6/56
孔慶瓛（清）
［宣統］四續汶上稿/人物－寄籍賢忠錄
孔廣珪（字借山）
（清・滕縣人）
［道光］滕縣志 9/孔氏傳 9
滕縣鄉土志/30
孔廣琳（字翰臣）
（清・定陶人）
［民國］定陶 8/30
孔廣聰（字京照）
（清）
［宣統］四續汶上稿/人物－寄籍賢忠錄

孔廣衢(字康甫,號步雲)
(清·鄒縣人)
[民國]續修鄒縣志稿/人物－耆舊
孔廣虞(字慕山)
(清)
[宣統]四續汶上稿/人物－寄籍賢忠錄
孔文貞(元·東平人)
[宣統]山東161/20
孔文貞(字從善)
(元·曲阜人)
[泰昌]登州9/26
[順治]登州11/12
[乾隆]黃縣6/名宦3
[康熙]黃縣5/10
[同治]黃縣6/2
孔彥縉(字朝紳)
(明·曲阜人)
[康熙]兗州續編6/12
[崇禎]曲阜4/16
[乾隆]曲阜60/10
孔廣然(字充皆,號吾門)
(清·滕縣人)
[道光]滕縣志9/孔氏傳7
滕縣鄉土志/30
孔彥侔(字朝德)
(明·曲阜人)
[崇禎]曲阜4/102
[康熙]曲阜4/102
[乾隆]曲阜87/7
孔廣化(字雨村)
(清·定陶人)
[民國]定陶6/35
孔廣贊(字襄廷)
(清·滕縣人)
[民國]續滕縣志2/16
孔文仲(字經父)
(宋·曲阜人)
[嘉靖]山東30/50
[康熙]山東40/48
[萬曆元年]兗州40/諫議15
[萬曆二十四年]兗州8/20
[康熙]兗州9/20
[崇禎]曲阜4/101
[康熙]曲阜4/101
孔廣約(字謙受)
(清·陽穀人)
[光緒]陽穀7/4
孔廣奢(字謂卿)
(清·曲阜人)
[民國]續修曲阜5/17
孔慶良(字心甫)
(清·汶上人)
[宣統]四續汶上稿/人物－耆德傳
孔廣源(清·德平人)
[光緒]德平7/25
德平縣鄉土志/耆舊錄
孔廣心(字惠亭)
(清·博山人)
[民國]續修博山12/34
孔廣達(字新泉)
(清·曲阜人)
[民國]續修曲阜5/52
孔廣沐(字芷湖)
(清·陽穀人)
[光緒]陽穀5/7,14/15
[民國]增修陽穀人物/文苑5,人物/師道19
孔廣禧(字祉齋)
(清)
[宣統]四續汶上稿/人物－寄籍賢忠錄
孔廣津(字叔泉,一字仙橋)
(清·陽穀人)
[民國]增修陽穀人物/師道19
孔廣祿(清·德平人)
[光緒]德平7/26
孔廣凝(字慎修)
(清·陽穀人)
[光緒]陽穀7/4
[民國]增修陽穀人物/善行43
孔廣淑(字慎如)
(清·曲阜人)
[民國]續修曲阜5/17
孔彥祿(字朝庸)
(明·曲阜人)
[乾隆]曲阜86/3
孔廣海(字仙洲)
(清·陽穀人)
[光緒]陽穀5/7,14/13,14/14
[民國]增修陽穀人物/仕宦18,人物/文苑5,人物/師道18
孔廣棨(字京立,號石門)
(清·曲阜人)
[乾隆]曲阜60/16
[民國]續修曲阜8/60
孔廣裕(字德三)
(牟平人)
[民國]牟平7/112
孔廣森(字㢲軒,一字衆仲)
(清·曲阜人)
[宣統]山東172/15
[民國]續修曲阜5/27,7/20
孔慶塘(字文池)
(滕縣人)
[民國]續滕縣志4/31,4/53
孔廣彬(字文若)
(清·曲阜人)
[民國]續修曲阜5/54
孔廣栻(字伯誠,號一齋)
(清·曲阜人)
[民國]續修曲阜5/28
孔廣林(字叢伯,號幼髯)
(清·曲阜人)
[民國]續修曲阜5/27
孔慶林(鄒縣人)
[民國]續修鄒縣志稿/人物－耆舊附忠烈
孔廣權(字季衡,號蘅浦)
(清·曲阜人)
[民國]續修曲阜5/32
孔廣焱(清·德平人)
德平縣鄉土志/耆舊錄
孔慶地(字協堃)
(清·金鄉人)
[民國]金鄉13/續增9
孔慶蘭(字紉九)
(長清人)
[民國]長清12/9
孔廣根(號小莊)
(清·曲阜人)
[民國]續修曲阜5/35
孔廣警(字惺鶴)

（清・曲阜人）
［民國］續修曲阜 5/18
孔廣松（清・朝城人）
朝城縣鄉土志/15
孔廣泰（字安久，號魯巖）
（清・德平人）
［光緒］德平 7/18
孔文秦（北魏・魯人）
［崇禎］曲阜 4/14
孔彥輔（字德甫）
（宋・曲阜人）
［崇禎］曲阜 4/103
［康熙］曲阜 4/103
［乾隆］曲阜 80/9
曲阜縣鄉土志/耆舊－事業
孔廣敷（清・曲阜人）
［道光］重修平度州 16/26
孔慶旺（長清人）
［民國］長清 12/17
孔彥臣（字朝卿）
（明・曲阜人）
［乾隆］曲阜 88/3
孔廣譽（字京美）
（清・定陶人）
［民國］定陶 6/69
孔齊卿（唐・曲阜人）
［嘉靖］青州 13/22
［萬曆］青州 12 又/5
［康熙十五年］青州 12 又/5
［崇禎］曲阜 4/15
孔慶鎔（字陶甫，一字治山）
（清・曲阜人）
［民國］續修曲阜 5/16
孔慶鉽（字鼎甫，號仲彝）
（清・曲阜人）
［民國］續修曲阜 5/48
孔慶銈（字菊農，號儀甫）
（清・曲阜人）
［宣統］山東 172/20
［民國］續修曲阜 5/20
孔慶鑌（清）
［宣統］四續汶上稿/人物－
寄籍賢忠錄
孔廣錦（字秦川）
（清・曲阜人）
［民國］續修曲阜 5/29
孔慶鍔（清）
［宣統］四續汶上稿/人物－
寄籍賢忠錄
孔慶鋤（字誠甫）
（清・曲阜人）
［宣統］山東 172/12
［民國］續修曲阜 5/44
孔廣籍（字酉山）
（清・定陶人）
［民國］定陶 6/37
孔廣敏（清・曲阜人）
［民國］續修曲阜 5/21
孔慶鑑（清）
［宣統］四續汶上稿/人物－
寄籍賢忠錄
02 孔彰（明・雲南人）
［宣統］山東 72/7
［光緒］泗水 4/5，15/藝文二
63，15/藝文二 65，15/藝
文二 69，15/藝文二 70
［光緒］泗水縣鄉土志/5
孔端友（字子交）
（宋・曲阜人）
［崇禎］曲阜 4/15
［乾隆］曲阜 60/5
孔端甫（字肅之）
（金・曲阜人）
［嘉靖］山東 30/52
［康熙］山東 40/50
［雍正］山東 28/人物二 51
［宣統］山東 162/31
［萬曆元年］兗州 40/文苑 14
［萬曆二十四年］兗州 8/20
［康熙］兗州 9/20
［乾隆］兗州 23/31
［乾隆］曲阜 87/5
孔端隱（字子宣）
（宋・曲阜人）
［乾隆］曲阜 83/4
03 孔斌（魏・曲阜人，見孔謙）
孔誠（明・曹縣人）
［康熙］曹州志 15/57
［光緒］新修菏澤 10/39
［康熙］兗州府曹縣 13/3
［光緒］曹縣 13/3
曹縣鄉土志/耆舊錄
04 孔訥（字言伯）
（明・曲阜人）
［康熙］兗州續編 6/12
［崇禎］曲阜 4/16
［乾隆］曲阜 60/9
孔勍（五代・滕縣人）
［民國］續滕縣志 2/1
05 孔靖（字季恭）
（南北朝・魯人）
［乾隆］曲阜 85/1
06 孔諤（字貞伯）
（明・曲阜人）
［嘉靖］山東 30/60
［康熙］山東 40/57
［雍正］山東 28/人物三 6
［宣統］山東 160/15
［萬曆元年］兗州 40/儒林 12
［萬曆二十四年］兗州 8/22
［康熙］兗州 9/22
［乾隆］兗州 23/36
［崇禎］曲阜 4/101
［康熙］曲阜 4/101
［乾隆］曲阜 87/6
07 孔諤（字蘊伯）
（明・曲阜人）
［乾隆］曲阜 91/2
曲阜縣鄉土志/政績錄
孔翊（字元世）
（漢・魯人）
［乾隆］曲阜 76/1
08 孔論（字經伯）
（明・曲阜人）
［乾隆］曲阜 87/6
孔謙（字子順）
（魏・曲阜人）
［嘉靖］山東 24/12，28/15
［康熙］山東 29/12，38/14
［萬曆元年］兗州 7/65
［萬曆二十四年］兗州 8/1
［康熙］兗州 9/1
［康熙］兗州續編 6/5
［崇禎］曲阜 4/113
［康熙］曲阜 4/113
［乾隆］曲阜 60/2
10 孔霸（字次儒，一作次孺）
（漢・魯人）

[嘉靖]山東 24/12,30/5
[康熙]山東 29/12,40/5
[雍正]山東 28/人物一 9
[宣統]山東 153/18
[萬曆元年]兗州 40/文苑 1
[萬曆二十四年]兗州 8/1
[康熙]兗州 9/1
[康熙]兗州續編 6/6
[乾隆]兗州 23/9
[崇禎]曲阜 4/96
[康熙]曲阜 4/96
[乾隆]曲阜 60/3
孔五(莘縣人)
[民國]莘縣 7/38
孔元(字子元)
(漢・魯人)
[乾隆]曲阜 71/3
孔璋(原名彰,見孔彰)
孔震(字伯起)
(晉・魯人)
[嘉靖]山東 24/13
[康熙]山東 29/12
[崇禎]曲阜 4/14
[乾隆]曲阜 60/3
孔至(字惟微)
(唐・曲阜人)
曲阜縣鄉土志/耆舊－學問
孔元龍(字伯凱,一作季凱,初名升)
(宋・曲阜人)
[嘉靖]山東 30/52
[康熙]山東 40/50
[雍正]山東 28/人物二 26
[宣統]山東 162/31
[萬曆元年]兗州 40/文苑 14
[萬曆二十四年]兗州 8/20
[康熙]兗州 9/20
[乾隆]兗州 23/31
[崇禎]曲阜 4/101
[康熙]曲阜 4/101
[乾隆]曲阜 87/5
曲阜縣鄉土志/耆舊－學問
孔雲龍(清・陽穀人)
[光緒]陽穀 9/4
孔靈珍(北魏・魯人)
[崇禎]曲阜 4/14
孔天經(明・平陰人)
[光緒]平陰 6/71
孔元紘(元・曲阜人)
[乾隆]曲阜 60/7
孔元敬(字忠卿)
(元・曲阜人)
[乾隆]曲阜 86/3
孔元措(字夢得)
(元・曲阜人)
[康熙]兗州續編 6/11
[康熙]東平州 4/61
[崇禎]曲阜 4/16
[乾隆]曲阜 60/6
孔元用(字俊卿)
(元・曲阜人)
[嘉靖]山東 30/53
[康熙]山東 40/52
[萬曆元年]兗州 40/節義 19
[康熙]兗州續編 6/11
[乾隆]曲阜 60/7
孔靈符(南北朝・魯人)
[乾隆]曲阜 86/1
12 **孔璠**(字文老)
(金・曲阜人)
[崇禎]曲阜 4/15
[乾隆]曲阜 60/6
孔弘緒(字以敬)
(明・曲阜人)
[康熙]兗州續編 6/12
[崇禎]曲阜 4/16
[乾隆]曲阜 60/10
孔弘復(字以誠)
(明・曲阜人)
[宣統]山東 72/4
[萬曆二十四年]兗州 29/2
[康熙]兗州 22/23
[乾隆]兗州 22/22
[乾隆]曲阜 91/3
曲阜縣鄉土志/政績錄
孔弘實(明・曲阜人)
[乾隆]曲阜 80/12
孔琇之(南北朝・魯人)
[乾隆]曲阜 83/2
孔延禧(清・錦州貢生)
[乾隆]泰安府 15/27
[康熙]東平州 3/17
[乾隆]東平州 12/38
[道光]東平州 12/38
[光緒]東平州 14/38
[民國]東平縣 9/21
東平州鄉土志上/政績錄 16
孔廷英(字俊千)
(清・陽穀人)
[光緒]陽穀 6/30
[民國]增修陽穀人物/仕宦 17
孔延世(字茂先)
(宋・曲阜人)
[崇禎]曲阜 4/15
[乾隆]曲阜 60/5
孔弘泰(字以和)
(明・曲阜人)
[康熙]兗州續編 6/12
[崇禎]曲阜 4/16
[乾隆]曲阜 60/11
孔弘典(明・曲阜人)
[萬曆]福山 4/19
[康熙]福山 7/33
[康熙]博平 3/47
[道光]博平 4/11
孔弘轉(明・曲阜人)
[崇禎]曲阜 4/104
[康熙]曲阜 4/104
[乾隆]曲阜 80/12
[康熙]福山 7/31
孔延年(字子威)
(漢・魯人)
[康熙]兗州續編 6/5
[崇禎]曲阜 4/13
[乾隆]曲阜 60/3
13 **孔戣**(字君嚴)
(唐・曲阜人)
[嘉靖]山東 30/40
[康熙]山東 40/40
[雍正]山東 28/人物二 14
[萬曆元年]兗州 40/諫議 12
[萬曆二十四年]兗州 8/11
[康熙]兗州 9/11
[乾隆]兗州 23/27
[崇禎]曲阜 4/100
[康熙]曲阜 4/100
[乾隆]曲阜 85/2

孔武(字子威)
(漢・魯人)
[康熙]兖州續編 6/5
[崇禎]曲阜 4/13
[乾隆]曲阜 60/3
孔瑄(元)
[萬曆二十四年]兖州 28/17
[康熙]兖州 22/17
[乾隆]兖州 22/15
[康熙]嶧縣 3/16
[光緒]嶧縣 19/91
孔武仲(字常父)
(宋)
[萬曆元年]兖州 40/儒林 10
14 孔珪(字德璋)
(南北朝・魯人)
[嘉靖]山東 30/29
[康熙]山東 40/31
[雍正]山東 28/人物一 46
[萬曆元年]兖州 40/文苑 7
[萬曆二十四年]兖州 8/7
[康熙]兖州 9/7
[乾隆]兖州 23/22
[乾隆]曲阜 88/1
孔琳(漢・曲阜人)
[乾隆]曲阜 70/2
孔琳之(字彦琳)
(南北朝・魯人)
[嘉靖]山東 30/23
[康熙]山東 40/25
[雍正]山東 28/人物一 42
[萬曆元年]兖州 40/文苑 5
[萬曆二十四年]兖州 8/7
[康熙]兖州 9/7
[乾隆]兖州 23/21
[乾隆]曲阜 84/3
孔聽斯(清・陽穀人)
[光緒]陽穀 14/9
15 孔建(字子建)
(漢・曲阜人)
[萬曆元年]兖州 40/隱逸 4
[乾隆]曲阜 71/3
孔融(字文舉)
(漢・魯國人)
[嘉靖]山東 27/2,30/10
[康熙]山東 35/2,40/11
[雍正]山東 28/人物一 26
[宣統]山東 154/19
[嘉靖]青州 13/7
[萬曆]青州 12/8
[康熙十五年]青州 12/8
[康熙四十八年]青州 12/8
[康熙六十年]青州 12/4
[咸豐]青州 34/8
[萬曆元年]兖州 40/孝友 1
[萬曆二十四年]兖州 8/3
[康熙]兖州 9/3
[乾隆]兖州 23/17
[萬曆]萊州 5/56
[康熙]萊州 8/14
[乾隆]萊州 9/4,14/26
萊州府鄉土志/上 6
[崇禎]曲阜 4/97
[康熙]曲阜 4/97
[乾隆]曲阜 76/2
[萬曆]濰縣 7/1
[康熙]濰縣 5/名宦 1
[乾隆]濰縣 3/38
[民國]濰縣志稿 20/3,39/21
濰縣鄉土志/7
[康熙六十年]博興 7/2
[康熙]滋陽 4/上 11
[民國]臨淄 18/4
高密縣鄉土志/上 6
16 孔聖佑(見孔聖祐)
孔聖祐(宋・曲阜人)
[崇禎]曲阜 4/15
[乾隆]曲阜 60/5
17 孔聚(一名彦子)
(漢)
[康熙]山東 29/14
孔邛(漢・魯人)
[乾隆]曲阜 71/1,71/3
孔承慶(明・曲阜人)
[康熙]兖州續編 6/12
[崇禎]曲阜 4/16
孔承顔(明・平陰人)
[光緒]平陰 6/71
孔承夏(字永功)
(明・曲阜人)
[嘉靖]山東 35/3
[康熙]山東 45/9
[萬曆二十四年]兖州 37/3
[康熙]兖州 28/32
[康熙]兖州續編 15/2
[乾隆]兖州 23/40
[崇禎]曲阜 4/103
[康熙]曲阜 4/103
[乾隆]曲阜 80/11
孔子建(漢・魯人)
[嘉靖]山東 30/7
[康熙]山東 40/8
[萬曆二十四年]兖州 8/2
[康熙]兖州 9/2
[崇禎]曲阜 4/114
[康熙]曲阜 4/114
孔承倜(字永冠)
(明・曲阜人)
[乾隆]曲阜 87/7
曲阜縣鄉土志/耆舊-學問
孔承浦(明・曲阜人)
[雍正]山東 28/人物三 26
[宣統]山東 164/43
[萬曆二十四年]兖州 37/4
[康熙]兖州 28/32
[乾隆]兖州 23/41
[崇禎]曲阜 4/105
[康熙]曲阜 4/105
[乾隆]曲阜 81/2
曲阜縣鄉土志/耆舊-事業
孔孟皮(字伯尼)
(春秋)
[宣統]山東 153/1
孔承恭(字光祖)
(宋・曲阜人)
[萬曆二十四年]兖州 8/17
[康熙]兖州 9/17
[乾隆]曲阜 86/2
孔承懿(字永淑)
(明・曲阜人)
[乾隆]曲阜 80/11
曲阜縣鄉土志/耆舊-事業
孔承璧(明・日照人)
[康熙]日照 8/12
孔承厚(字永載)
(明・曲阜人)
[萬曆二十四年]兖州 37/3
[康熙]兖州 28/32

［康熙］兗州續編 15/3
［乾隆］兗州 23/47
［崇禎］曲阜 4/103
［康熙］曲阜 4/103
［乾隆］曲阜 80/11
曲阜縣鄉土志/耆舊－事業
18 孔群（字敬休）
（晉・魯人）
［乾隆］曲阜 83/2
孔璲之（唐）
［嘉靖］山東 24/13
［康熙］山東 29/13
［崇禎］曲阜 4/15
20 孔乘（字敬山）
（魏・魯人）
［嘉靖］山東 24/13
［康熙］山東 29/12
［崇禎］曲阜 4/14
［乾隆］曲阜 60/3
孔維（字爲則）
（宋・開封雍丘人）
［宣統］東明續縣志 2/6
［民國］東明縣新誌 11/2
孔信（字忠伯）
（明・曲阜人）
［崇禎］曲阜 4/114
［康熙］曲阜 4/114
［乾隆］曲阜 80/11
曲阜縣鄉土志/耆舊－事業
孔季彥（漢・曲阜人）
［嘉靖］山東 30/10
［康熙］山東 40/10
［雍正］山東 28/人物一 20
［萬曆元年］兗州 40/諫議 9
［萬曆二十四年］兗州 8/3
［康熙］兗州 9/3
［乾隆］兗州 23/15
［崇禎］曲阜 4/97
［康熙］曲阜 4/97
［乾隆］曲阜 71/5
孔季氏（清・曲阜人）
［民國］續修曲阜 5/24
21 孔仁（漢・曲阜人）
［乾隆］曲阜 71/3
孔衍（漢・魯人）
［乾隆］曲阜 71/3
孔衍（字舒元）
（晉・魯國人）
［嘉靖］山東 30/16
［康熙］山東 40/18
［雍正］山東 28/人物一 38
［宣統］山東 162/18
［萬曆元年］兗州 40/儒林 8
［萬曆二十四年］兗州 8/6
［康熙］兗州 9/6
［乾隆］兗州 23/19
［崇禎］曲阜 4/97
［康熙］曲阜 4/97
［乾隆］曲阜 87/2
孔貞（漢・魯人）
［萬曆元年］兗州 40/儒林 1
孔衍譜（字榆樹，別字小岸）
（清・曲阜人）
［民國］續修曲阜 8/59
孔仁玉（字溫如）
（後唐・魯人）
［嘉靖］山東 30/42
［康熙］山東 40/42
［萬曆元年］兗州 40/文苑 10
［崇禎］曲阜 4/94
［康熙］曲阜 4/94
［乾隆］曲阜 60/4
［乾隆］寧陽 3/2
［咸豐］寧陽 11/4
［光緒］寧陽 11/4
寧陽縣鄉土志/6
孔貞珩（字楚白）
（明・菏澤人）
［康熙］曹州志 16/15
［光緒］菏澤 16/23
孔貞麗（字蘊光）
（清・曲阜人）
［民國］續修曲阜 5/40
孔貞璠（字用璞）
（明・曲阜人）
［乾隆］曲阜 83/6
孔貞璞（字用琢）
（明・曲阜人）
［雍正］山東 28/人物三 77
［宣統］山東 164/40
［乾隆］兗州 23/55
［乾隆］曲阜 81/3
曲阜縣鄉土志/耆舊－事業
孔貞瑄（字用六，一作璧六）
（清・曲阜人）
［宣統］山東 172/7
［道光］濟南 38/4
［乾隆］兗州 23/66
［乾隆二十五年］泰安縣 10/33
［乾隆四十七年］泰安縣 8/31
［道光］泰安縣 10/8
［民國］重修泰安縣 6/61
［乾隆］曲阜 87/8
曲阜縣鄉土志/耆舊－學問
孔衍劭（字懋詣）
（明・曲阜人）
［乾隆］曲阜 80/13
孔衍弼（字憩衡，號夢陽）
（清・曲阜人）
［道光］濟南 38/18
［乾隆］淄川 4/27
孔衍璐（字庭珍）
（清・曲阜人）
［民國］續修曲阜 5/30
孔貞孟（字大生）
（清・曲阜人）
［乾隆］東昌 35/9
孔貞珻（字孟琪）
（清・曲阜人）
［同治］重修寧海州 14/6
［乾隆］單縣 7/43
［民國］單縣 12/方技 4
孔衍儁（字仲升）
（明・曲阜人）
［乾隆］曲阜 81/4
曲阜縣鄉土志/耆舊－事業
孔衍佳（清・曲阜人）
［宣統］山東 172/25
［民國］續修曲阜 5/17
孔貞純（明・定陶人）
［順治］定陶 6/3
［乾隆］定陶 5/4
孔衍似（字愓若）
（清・寧海人）
［同治］重修寧海州 17/24
［民國］牟平 7/16
孔貞稔（字懷德）
（明・曲阜人）

[崇禎]曲阜 4/104
[康熙]曲阜 4/104
[乾隆]曲阜 80/12
孔衍淳(字遠舉)
(清・曲阜人)
[雍正]山東 27/104
[宣統]山東 75/58
[乾隆]兖州 22/33
[乾隆]曲阜 91/4
曲阜縣鄉土志/政績錄
孔貞良(字知天)
(清・曲阜人)
[乾隆]曲阜 83/6
孔貞叢(字用茂)
(明・曲阜人)
[乾隆]曲阜 91/3
曲阜縣鄉土志/政績錄
孔衍洪(字海若)
(清・曲阜人)
[雍正]山東 28/人物四 51
[宣統]山東 172/8
[乾隆]兖州 23/78
[乾隆]曲阜 86/5
孔衍渚(字鴻坡,號星臨)
(清・曲阜人)
[道光]濟南 38/11
孔穎達(字仲達,一作仲遠)
(唐・曲阜人,一作冀州衡水人)
[嘉靖]山東 30/37
[康熙]山東 40/37
[雍正]山東 28/人物二 4
[萬曆元年]兖州 39/名宦 8
[萬曆二十四年]兖州 8/10
[康熙]兖州 9/10
[乾隆]兖州 23/25
[崇禎]曲阜 4/98
[康熙]曲阜 4/98
[乾隆]曲阜 78/2
孔貞遠(字了一)
(清・曹縣人)
[康熙]兖州府曹縣 14/又 32
[光緒]曹縣 14/人物 30
孔衍澤(字沛也)
(清・曲阜人)
[乾隆]曲阜 91/4
曲阜縣鄉土志/政績錄
孔衍樟(字載遠)
(明・曲阜人)
[乾隆]兖州 23/79
[乾隆]曲阜 87/8
孔貞大(明・壽光人)
[康熙十五年]青州 17/又 5
[康熙四十八年]青州 17/方技 6
[咸豐]青州 51/6
[康熙]壽光 32/4
[嘉慶]壽光 20/6
[民國]壽光 12/人物志二 90
孔貞來(字元起)
(明・曲阜人)
[乾隆]曲阜 86/5
孔貞樸(見孔貞璞)
孔衍栻(字懋法,一字石村)
(清・曲阜人)
[道光]濟寧直隸州 6/7－79
[乾隆]曲阜 88/4
孔衍樾(字心一)
(清・臨清人)
[乾隆]東昌 40/26
[乾隆]臨清州 9/38,12/8
[乾隆]臨清直隸州 8/上 83
[民國]臨清縣/人物 10
孔衍植(字懋甲)
(清・曲阜人)
[乾隆]曲阜 60/11
孔貞堪(字用輿)
(明・曲阜人)
[乾隆]曲阜 91/4
曲阜縣鄉土志/政績錄
孔貞棟(明)
[咸豐]青州 36/30
[康熙]高苑縣續志 3/5
[乾隆]高苑 3/22
孔貞幹(字用濟)
(明・曲阜人)
[康熙]兖州續編 6/13
[崇禎]曲阜 4/16
[乾隆]曲阜 60/11
孔貞敬(字敬止,號雲臺)
(明・菏澤人)
[康熙]曹州志 16/15
[光緒]菏澤 16/23
[光緒]新修菏澤 10/33
菏澤縣鄉土志/23
孔衍振(字允吉)
(清・曲阜人)
[乾隆]曲阜 80/12
[乾隆]兖州 23/65
[道光]滕縣志 9/孔氏傳 4
滕縣鄉土志/30
孔衍鈺(字泗寰)
(清・汶上人)
[雍正]山東 28/人物四 1
[宣統]山東 172/24
[乾隆]兖州 23/58
[乾隆]曲阜 80/15
曲阜縣鄉土志/耆舊－事業
[康熙]續修汶上 4/賢忠 1
孔貞鉉(字際明)
(清・曲阜人)
[乾隆]曲阜 80/13
孔衍欽(字簡夫)
(清・曲阜人)
[民國]續修曲阜 5/30
孔貞燦(字垣三)
(清・曲阜人)
[雍正]山東 28/人物四 32
[宣統]山東 172/27
[乾隆]兖州 23/67
[乾隆]曲阜 80/13
曲阜縣鄉土志/耆舊－事業
孔貞灼(字見性)
(明・曲阜人)
[乾隆]曲阜 82/4
22 孔彪(字元上)
(漢・魯人)
[宣統]山東 150/28
[乾隆]曲阜 76/1
孔彪(明・南直合肥人)
[宣統]山東 71/32
[乾隆]泰安府 15/10
[道光]東阿 11/9
孔彪(明・全椒人)
[康熙十二年]陽穀 2/16
[光緒]陽穀 4/2
孔豐(字子豐)
(漢・曲阜人)

[乾隆]曲阜 71/3
孔纁(字徽夫)
(唐·曲阜人)
[乾隆]曲阜 89/3
孔嶷(晉·魯人)
[崇禎]曲阜 4/14
孔繼袞(字黼章)
(清·曲阜人)
[民國]續修曲阜 5/29
孔繼謨(字忠甫)
(清·鉅野人)
[民國]續修鉅野 5/上 20
孔繼平(字秀嶺)
(清·曲阜人)
[民國]續修曲阜 5/23
孔繼元(清·曲阜人)
[民國]續修曲阜 3/43
孔繼型(清·寧海人)
[光緒]增修登州 43/36
孔繼武(字繩之)
(清·鄆城人)
[光緒]鄆城 8/29
孔繼尹(字莘農)
(清·雲南通海人)
[宣統]山東 75/57
[光緒]滋陽 7/12
滋陽縣鄉土志 1/政績
[民國]無棣 9/5
孔繼往(清·定陶人)
[民國]定陶 6/61
孔繼睿(字體範,號思亭)
(清·曲阜人)
[民國]續修曲阜 5/42
孔繼緒(清·寧海人)
[同治]重修寧海州 17/29
[民國]牟平 7/21
孔繼伸(清·城武人)
[道光]城武 9/上 49
孔繼濩(字體和)
(清·曲阜人)
[乾隆]曲阜 60/16
孔繼涑(字信夫,一字體實,
號谷園,別號葭谷居士)
(清·曲阜人)
[宣統]山東 172/17
[民國]續修曲阜 5/31,8/35
孔繼洙(字文川)
(清·曲阜人)
[民國]續修曲阜 5/38
孔繼溫(字聽斯)
(清·陽穀人)
[民國]增修陽穀人物/師
道 17
孔繼涵(字體生,亦字誧孟,
號葒谷)
(清·曲阜人)
[宣統]山東 172/14
[民國]續修曲阜 5/26
孔繼鴻(字漸逵)
(清·曲阜人)
[道光]滕縣志 9/孔氏傳 6
滕縣鄉土志/30
[民國]續修曲阜 5/44
孔繼泂(字體之)
(清·曲阜人)
[乾隆]曲阜 85/10
孔繼洛(字澗東)
(清·陽穀人)
[光緒]陽穀 6/18
[民國]增修陽穀人物/師
道 17
孔繼汾(字體儀,號止堂)
(清·曲阜人)
[宣統]山東 172/14
[民國]續修曲阜 5/26,5/31
孔繼裕(清·陽穀人)
[民國]增修陽穀人物/善
行 42
孔繼存(字之堂)
(清·陽穀人)
[光緒]陽穀 7/5
孔繼枋(字蔭寰,號樸谷)
(清·滕縣人)
[道光]滕縣志 9/孔氏傳 4
滕縣鄉土志/30
孔繼培(清·寧海人)
[光緒]增修登州 43/36
孔繼柱(清·泗水人)
[光緒]泗水 11/22
[光緒]泗水縣鄉土志/12
孔繼楷(清·肥城人)
[光緒]肥城 9/6
肥城縣鄉土志 5/25
孔繼圻(字蓮西)
(清·牟平人)
[民國]牟平 7/115
孔繼埏(字儒丞)
(清·牟平人)
[民國]牟平 7/114
孔繼壎(字辛譜,號退谷)
(清·曲阜人)
[民國]續修曲阜 5/40
孔胤樾(見孔衍樾)
孔崇基(唐·曲阜人)
[崇禎]曲阜 4/15
孔繼桂(清·高唐人)
[道光]高唐州 5/2-22
[光緒]高唐州 5/2-25
[民國]高唐縣 12/51
孔繼模(字淑則)
(清·定陶人)
[民國]定陶 6/54
孔繼焱(字甫涵,號雲湄)
(清·滕縣人)
[道光]滕縣志 9/孔氏傳 5
孔胤植(明·曲阜人)
[康熙]兗州續編 6/13
[崇禎]曲阜 4/16
孔繼椿(清·滕縣人)
[民國]續滕縣志 2/16
孔胤椿(明·曲阜人)
[康熙]兗州續編 6/13
[崇禎]曲阜 4/16
孔胤楫(清)
[康熙二年]茌平 2/39
[康熙四十九年]茌平 2/39
[宣統]茌平 8/7
[民國]茌平 8/63
孔繼堠(字阜村,號叔方)
(清·曲阜人)
[民國]續修曲阜 5/44
孔繼堋(字灌田)
(清·曲阜人)
[民國]續修曲阜 5/40
孔繼杓(見孔繼灼)
孔繼榦(字蔭四,號雩谷)
(清·滕縣人)
[道光]滕縣志 9/孔氏傳 5

滕縣鄉土志/30
[民國]續修曲阜 5/41
孔繼春(清・滕縣人)
[宣統]山東 172/22
孔繼成(字辰也)
(清)
[宣統]四續汶上稿/人物－寄籍賢忠錄
孔繼昂(清・曲阜人)
[民國]續修曲阜 5/21
孔繼恩(清・泗水人)
[光緒]泗水 11/10
孔繼昇(清・曲阜人)
[民國]續修曲阜 5/21
孔巢父(字弱翁)
(唐・魯人)
[嘉靖]山東 30/39
[康熙]山東 40/39
[雍正]山東 28/人物二 11
[萬曆元年]兗州 40/節義 17
[萬曆二十四年]兗州 8/11
[康熙]兗州 9/11
[乾隆]兗州 23/26
[崇禎]曲阜 4/99
[乾隆]曲阜 79/8
[乾隆二十五年]泰安縣 12/35
[乾隆四十七年]泰安縣 10/上 35
[道光]泰安縣 9/上 91
[民國]重修泰安縣 8/53
孔繼鍠(字韻楊)
(清)
[宣統]四續汶上稿/人物－寄籍賢忠錄
孔繼鋤(字商彝,號珍六)
(清・曲阜人)
[民國]續修曲阜 5/34
孔繼銓(字竇卿)
(清・曲阜人)
[民國]續修曲阜 5/37
孔繼堂(字廉甫)
(清・牟平人)
[光緒]增修登州 43/36
[民國]牟平 7/114
孔繼炘(字景炎)
(清・曲阜人)
[民國]續修曲阜 5/54
孔繼灼(清・陽穀人)
[光緒]陽穀 7/5
[民國]增修陽穀人物/忠烈 23
23 **孔臧**(漢・魯國人)
[嘉靖]山東 30/2
[康熙]山東 40/2
[雍正]山東 28/人物一 5
[宣統]山東 162/2
[萬曆元年]兗州 40/儒林 1
[萬曆二十四年]兗州 8/1
[康熙]兗州 9/1
[乾隆]兗州 23/7
[乾隆]曲阜 70/1
孔允樾(見孔衍樾)
24 **孔鮒**(字子魚,一字甲該)
(秦・曲阜人)
[嘉靖]山東 24/12,30/1
[康熙]山東 29/12,40/1
[萬曆元年]兗州 7/67
[萬曆二十四年]兗州 8/1
[康熙]兗州 9/1
[康熙]兗州續編 6/5
[崇禎]曲阜 4/113
[康熙]曲阜 4/113
[乾隆]曲阜 60/2
[宣統]滕縣續志稿 4/62
孔緯(字化文)
(唐・曲阜人)
[嘉靖]山東 30/41
[康熙]山東 40/41
[雍正]山東 28/人物二 16
[宣統]山東 156/13
[萬曆元年]兗州 40/忠直 12
[萬曆二十四年]兗州 8/12
[康熙]兗州 9/12
[乾隆]兗州 23/27
[崇禎]曲阜 4/100
[康熙]曲阜 4/100
[乾隆]曲阜 89/3
孔僖(字仲和)
(漢・魯人)
[嘉靖]山東 30/9
[康熙]山東 40/9
[雍正]山東 28/人物一 18
[宣統]山東 153/21,162/12
[萬曆元年]兗州 40/文苑 1
[萬曆二十四年]兗州 8/3
[康熙]兗州 9/3
[乾隆]兗州 23/13
[乾隆]曲阜 71/4
孔德紹(隋・曲阜人)
[乾隆]曲阜 81/1
孔德倫(唐)
[嘉靖]山東 24/13
[康熙]山東 29/13
[崇禎]曲阜 4/15
孔休源(字慶緒)
(南北朝・魯人)
[嘉靖]山東 30/27
[康熙]山東 40/29
[雍正]山東 28/人物一 47
[萬曆元年]兗州 40/文苑 6
[萬曆二十四年]兗州 8/7
[康熙]兗州 9/7
[乾隆]兗州 23/22
[崇禎]曲阜 4/98
[康熙]曲阜 4/98
[乾隆]曲阜 85/2
孔德著(原名憲德)
(清・汶上人)
[宣統]四續汶上稿/人物－耆德傳
孔化鳳(清・恩縣人)
[乾隆]東昌 40/38
[嘉慶]東昌 30/32
[雍正]恩縣續志 3/20
[宣統]重修恩縣 8/24
[民國]重修恩縣 11/鄉賢 21
25 **孔傳**(原名若古,字世文)
(宋・曲阜人)
[嘉靖]山東 30/50
[康熙]山東 40/49
[萬曆元年]兗州 40/政績 12
[萬曆二十四年]兗州 8/20
[康熙]兗州 9/20
[崇禎]曲阜 4/101
[康熙]曲阜 4/101
[乾隆]曲阜 87/5
曲阜縣鄉土志/耆舊－學問
孔傳立(字卓亭)

（清・曲阜人）
[民國]續修曲阜 5/17
孔傳三（清・陽穀人）
[光緒]陽穀 7/5
[民國]增修陽穀人物/忠烈 23
孔傳珩（字君錫）
（清・曲阜人）
[民國]續修曲阜 5/18
孔傳瑾（清・陽穀人）
[民國]增修陽穀人物/仕宦 21
孔傳習（字修嚴，號省齋）
（清・滕縣人）
[道光]滕縣志 9/孔氏傳 4
滕縣鄉土志/30
孔傳統（字守先）
（清・陽穀人）
[民國]增修陽穀人物/師道 15
孔傳經（字向亭）
（清・曲阜人）
[民國]續修曲阜 5/31
孔傳德（字愼先）
（清・陽穀人）
[光緒]陽穀 6/28，14/8
[民國]增修陽穀人物/文苑 4，人物/師道 15
孔傳澐（字振江）
（清・定陶人）
[民國]定陶 6/59
孔傳祉（字西園）
（清・滋陽人）
[光緒]滋陽 9/9
孔傳禮（字嘉會）
（清・德平人）
[民國]德平縣續志 6/11
孔傳奇（清・陽穀人）
[民國]增修陽穀人物/忠烈 23
孔傳塘（清・鄒縣人）
[民國]續修鄒縣志稿/人物－耆舊
孔傳熹（字振谷）
（清・曲阜人）
[乾隆]曲阜 86/8
孔傳橿（字振茂）
（清・曲阜人）
[乾隆]兗州 23/83
[乾隆]曲阜 86/7
孔傳莘（清・寧海人）
[光緒]增修登州 43/36
孔傳藤（字馥園）
（清・牟平人）
[光緒]增修登州 39/40
[同治]重修寧海州 17/30
[民國]牟平 7/21
孔傳薪（清・寧海人）
[同治]重修寧海州 17/29
孔傳相（字帝勷）
（清・曲阜人）
[乾隆]曲阜 83/7
孔傳樅（字虛軒，號芥圃）
（清・曲阜人）
[民國]續修曲阜 5/35
孔傳梅（字天馥）
（清・曲阜人）
[道光]濟南 38/14
[乾隆]兗州 23/69
[乾隆]曲阜 83/6
孔傳松（字鶴林）
（清・曲阜人）
[乾隆]曲阜 91/4
曲阜縣鄉土志/政績錄
孔傳中（字道源）
（清・肥城人）
[光緒]東平州 15/下 68
[民國]東平縣 11/下 36
[光緒]肥城 9/16
肥城縣鄉土志 5/29
孔傳騄（字迤軒）
（清・鄆城人）
[光緒]鄆城 8/16
孔傳閔（清・定陶人）
[民國]定陶 6/66
孔傳鏞（字序東，號墨稼）
（清・曲阜人）
[民國]續修曲阜 5/30
孔傳鉦（字振遠，號松皋）
（清・曲阜人）
[乾隆]曲阜 80/15
[民國]續修曲阜 8/60
孔傳猷（字帝心）
（清）
[宣統]四續汶上稿/人物－寄籍賢忠錄
孔傳鉞（字秉虔）
（清・曲阜人）
[民國]續修曲阜 5/30
孔傳鋕（字振文，號西銘，別號蜨菴）
（清・曲阜人）
[民國]續修曲阜 5/31
孔傳鐸（清・清平人）
[嘉慶]清平 14/46
[宣統]增輯清平 12/59
[民國]清平/人物 53
清平縣鄉土志/孝行
孔傳鐸（字振路，號牖民）
（清・曲阜人）
[乾隆]曲阜 60/14
[民國]續修曲阜 8/59
孔傳箕（字象離）
（清・莘縣人）
[光緒]莘縣 7/32
[民國]莘縣 7/18
莘縣鄉土志/事業 27
孔傳堂（字升菴）
（清・曲阜人）
[宣統]山東 172/10
[乾隆]曲阜 86/9
孔傳炯（字振斗，一字曜南，號南溪）
（清・曲阜人）
[宣統]山東 172/10
[宣統]四續汶上稿/人物－寄籍賢忠錄
[民國]續修曲阜 5/44，8/34
孔傳焭（清・鄒縣人）
[光緒]鄒縣續志 12/上 6
鄒縣鄉土志耆舊錄/19
26 **孔白**（字子上）
（戰國・曲阜人）
[嘉靖]山東 28/14
[康熙]山東 38/14
[萬曆元年]兗州 7/63
[康熙]兗州續編 6/4
[崇禎]曲阜 4/113

[康熙]曲阜 4/113
[乾隆]曲阜 60/1
孔覬(字思遠)
(南北朝·魯人)
[乾隆]曲阜 86/1
孔鯉(字伯魚)
(春秋·魯人)
[嘉靖]山東 24/2
[康熙]山東 29/2
[雍正]山東 11/闕里二 34
[宣統]山東 153/2
[萬曆元年]兖州 5/13,7/59
[康熙]兖州續編 6/4
[崇禎]曲阜 4/8
[康熙]曲阜 4/8
[乾隆]曲阜 57/3
孔總(見孔揔)
孔伯孫(北魏)
[萬曆]萊州 6/13
[康熙]萊州 10/79
孔縕輝(清·曲阜人)
[民國]續修曲阜 5/42
27 **孔豹**(字炳文)
(清·諸城人)
[道光]諸城縣續志 19/6
孔緫(見孔揔)
孔奐(字休文)
(南北朝·魯人)
[崇禎]曲阜 4/98
[康熙]曲阜 4/98
[乾隆]曲阜 84/4
孔伋(字子思)
(春秋·魯人)
[嘉靖]山東 24/3
[康熙]山東 29/3
[雍正]山東 11/闕里二 4
[宣統]山東 153/2
[萬曆元年]兖州 7/8
[萬曆二十四年]兖州 7/6
[康熙]兖州 8/6
[康熙]兖州續編 6/4
[乾隆]兖州 7/13
[崇禎]曲阜 4/8
[康熙]曲阜 4/8
[乾隆]曲阜 58/2
[康熙]臨淄 9/1

孔紹(明·恩縣人)
[雍正]恩縣續志 3/18
孔修(明·壽光人)
[萬曆]青州 13/70
[康熙十五年]青州 13/70
[康熙四十八年]青州 13/事功 54
[康熙六十年]青州 16/29
[咸豐]青州 44/8
[康熙]壽光 23/2
[嘉慶]壽光 12/23
[民國]壽光 12/人物志一 21
孔紹安(唐·曲阜人)
[乾隆]曲阜 88/2
孔象燦(清·嶧縣人)
[宣統]山東 172/25
28 **孔復**(字士亨)
(明·博興人)
[宣統]山東 161/32
[咸豐]青州 43/5
[康熙十二年]博興 6/6
[康熙六十年]博興 7/31
[道光]博興 11/14
[民國]重修博興 13/12
孔鮮(字鮮之)
(南北朝·魯人)
[嘉靖]山東 24/13,30/23
[康熙]山東 29/12,40/25
[萬曆元年]兖州 40/文苑 5
[崇禎]曲阜 4/14
30 **孔穿**(字子高)
(戰國·曲阜人)
[嘉靖]山東 28/14
[康熙]山東 38/14
[萬曆二十四年]兖州 8/1
[康熙]兖州 9/1
[康熙]兖州續編 6/5
[崇禎]曲阜 4/113
[康熙]曲阜 4/113
[乾隆]曲阜 60/2
孔房(漢·魯人)
[崇禎]曲阜 4/14
[乾隆]曲阜 60/3
孔完(漢·魯人)
[崇禎]曲阜 4/14
孔宜(字不疑)

(宋·曲阜人)
[嘉靖]山東 30/45
[康熙]山東 40/43
[宣統]山東 162/25
[萬曆元年]兖州 40/文苑 12
[萬曆二十四年]兖州 8/17
[康熙]兖州 9/17
[崇禎]曲阜 4/94
[康熙]曲阜 4/94
[乾隆]曲阜 60/5
孔宙(字季將)
(漢·魯人)
[雍正]山東 35/墓碑 4
[宣統]山東 150/21,153/30
[乾隆]泰安府 14/5,25/1
[萬曆二十四年]兖州 40/7
[康熙]兖州 30/7
[乾隆二十五年]泰安縣 13/2-17
[乾隆]曲阜 76/1
孔憲高(字亦愚)
(清)
[宣統]四續汶上稿/人物-寄籍賢忠錄
孔憲庚(字和叔,號經之)
(清·曲阜人)
[民國]續修曲阜 5/29
孔憲堃(字載元,號厚齋)
(清·曲阜人)
[民國]續修曲阜 5/33
孔憲唐(清·朝城人)
[民國]朝城縣續志 1/27
孔憲斌(曲阜人)
[民國]續修曲阜 5/55
孔之謹(元·曲阜人)
[乾隆]曲阜 87/5
孔憲璜(字仲黼,號涇石)
(清·曲阜人)
[民國]續修曲阜 5/34
孔憲琳(陽穀人)
[民國]增修陽穀人物/仕宦 24
孔憲紳(字書之,號喻泉)
(清·曲阜人)
[民國]續修曲阜 3/44
孔憲紀(字友堂)

（清・德平人）
［民國］德平縣續志 6/11
孔憲彝（字叔仲，號繡山）
（清・曲阜人）
［民國］續修曲阜 5/34
孔宏復（見孔弘復）
孔淳之（字彥深）
（南北朝・魯人）
［嘉靖］山東 30/23
［康熙］山東 40/25
［宣統］山東 167/4
［萬曆元年］兖州 40/孝友 4
［萬曆二十四年］兖州 8/6
［康熙］兖州 9/6
［崇禎］曲阜 4/103
［乾隆］曲阜 82/2
孔憲逵（字用儀）
（清・德平人）
［民國］德平縣續志 6/12
孔憲逵（字儀鴻，號逸泉）
（清・曲阜人）
［民國］續修曲阜 5/29
孔憲濤（字海生）
（清・陽穀人）
［光緒］陽穀 7/4
［民國］增修陽穀人物/孝義 12
孔憲祐（字奉遠，又字石齋）
（清・濟寧人）
［民國］濟寧直隸州續志 12/1
孔憲禮（曲阜人）
［民國］續修曲阜 5/55
孔宏存（字以操，號蘊元）
（清・曲阜人）
［道光］濟南 38/25
孔憲圭（字玉川，號鎮齋）
（清・曲阜人）
［民國］續修曲阜 5/33
孔憲奎（字一蓮，號恬齋）
（清・曲阜人）
［民國］續修曲阜 5/32
孔憲培（字養元，號篤齋）
（清・曲阜人）
［民國］續修曲阜 5/32
孔宏頡（字以齊）
（明・曲阜人）
［乾隆］曲阜 88/3
孔憲樸（字寔甫）
（清）
［宣統］四續汶上稿/人物－寄籍賢忠錄
孔之載（字德甫）
（元・曲阜人）
［乾隆］曲阜 87/5
孔宏蘊（明・曲阜人）
［乾隆］曲阜 83/5
孔憲蘭（清・曲阜人）
曲阜縣鄉土志/耆舊－儒林
孔憲轂（字玉雙）
（清・曲阜人）
［民國］重修泰安縣 8/55
［民國］續修曲阜 5/36
孔宗翰（字周翰）
（宋・曲阜人）
［嘉靖］山東 30/49
［康熙］山東 40/47
［雍正］山東 28/人物二 43
［咸豐］青州 35/10
［萬曆元年］兖州 40/政績 12
［萬曆二十四年］兖州 8/19，28/7
［康熙］兖州 9/19，22/7
［乾隆］兖州 22/12，23/30
［光緒］益都縣圖志 16/41
［崇禎］曲阜 4/94
［康熙］曲阜 4/94
［乾隆］曲阜 84/8
［乾隆］諸城 27/7
孔憲泰（字際庭）
（清・鉅野人）
［民國］續修鉅野 5/上 5
孔良輔（宋・曲阜人）
［嘉靖］山東 30/48
［康熙］山東 40/47
［萬曆元年］兖州 40/孝友 6
［康熙］兖州 9/19
孔之威（元・曲阜人）
［康熙十二年］鄒縣志 3/11
孔憲典（曲阜人）
［民國］續修曲阜 5/22
孔安國（字子國）
（漢・魯人）
［嘉靖］山東 30/2，34/10
［康熙］山東 40/2，47/3
［雍正］山東 11/闕里二 23，28/人物一 5，30/4
［宣統］山東 153/20，153/22，153/34，162/2，200/19
［萬曆元年］兖州 40/儒林 1
［萬曆二十四年］兖州 8/1，52/21
［康熙］兖州 9/1
［乾隆］兖州 7/35，23/7，31/8
［崇禎］曲阜 4/12，4/96
［康熙］曲阜 4/12，4/96
［乾隆］曲阜 71/1
［康熙］滋陽 4/上 7，4/上 59
孔宗旦（宋・魯人）
［嘉靖］山東 30/49
［康熙］山東 40/47
［雍正］山東 28/人物二 44
［宣統］山東 164/14
［萬曆元年］兖州 40/節義 19
［萬曆二十四年］兖州 8/19
［康熙］兖州 9/19
［乾隆］兖州 23/30
［崇禎］曲阜 4/105
［康熙］曲阜 4/105
［乾隆］曲阜 81/1
孔宏頤（清）
［道光］滕縣志 14/10
孔之厚（金・曲阜人）
［康熙］兖州續編 6/11
［崇禎］曲阜 4/16
孔宗愿（字子莊）
（宋・曲阜人）
［嘉靖］山東 24/14
［康熙］山東 29/13
［民國］濰縣志稿 20/9
［乾隆］曲阜 60/5
孔憲舉（清・曲阜庠生）
［光緒］嶧縣 19/丞倅 17
孔憲曾（字亦魯）
（清）
［宣統］四續汶上稿/人物－寄籍賢忠錄
孔之全（字工叔）

（元・曲阜人）
［乾隆］曲阜 60/7
孔憲錕（字寶鋒）
（清・曲阜人）
［民國］續修曲阜 5/17
孔憲範（清・汶上人）
［宣統］四續汶上稿/人物－孝弟傳
31 **孔福**（漢・魯人）
［崇禎］曲阜 4/14
［乾隆］曲阜 60/3
孔渠（北魏）
［嘉靖］山東 24/13
［康熙］山東 29/13
［崇禎］曲阜 4/14
孔源（元・嶧縣人）
［嘉慶］莒州 7/3
［民國］重修莒志 57/7
［康熙］嶧縣 3/17
［光緒］嶧縣 19/92
孔湞（字昭度）
（元・曲阜人）
［乾隆］曲阜 60/7
［民國］濰縣志稿 20/11
32 **孔祇**（字承祖）
（晉・魯人）
［乾隆］曲阜 83/2
孔兆麟（清・陽穀人）
［民國］增修陽穀人物/仕宦 17
孔兆林（字際唐）
（清・陽穀人）
［光緒］陽穀 6/30
33 **孔浣**（金・曲阜人）
［康熙］兗州續編 6/11
［崇禎］曲阜 4/16
孔沆（元・嶧州人）
［康熙］嶧縣 4/70
［光緒］嶧縣 21/鄉賢 63
孔治（字世安）
（元・曲阜人）
［嘉靖］山東 27/8
［康熙］山東 35/8
［宣統］山東 161/26
［嘉靖］青州 13/35
［萬曆］青州 12/25
［康熙十五年］青州 12/25
［康熙四十八年］青州 12/25
［康熙六十年］青州 12/15
［咸豐］青州 35/20
［萬曆］諸城 5/12
［康熙］諸城 5/12
［乾隆］諸城 27/10
諸城縣鄉土志/上 7
［乾隆］曲阜 60/7
孔述睿（唐・山陰人）
［乾隆］曲阜 82/2
34 **孔汭**（字世川）
（元・曲阜人）
［乾隆］曲阜 84/10
孔祐（南北朝・魯人）
［崇禎］曲阜 4/114
［康熙］曲阜 4/114
［乾隆］曲阜 82/2
36 **孔泗**（明・洛陽人）
［嘉靖］臨朐 2/49
［康熙］臨朐縣志書 1/35
孔溫兀荅（元）
［萬曆二十四年］兗州 9/29
［康熙］兗州 10/29
孔溫業（字遜志）
（唐・曲阜人）
［乾隆］曲阜 89/2
37 **孔灝**（元）
［康熙］嶧縣 3/18
［光緒］嶧縣 19/93
孔祖穎（明・番禺人）
［乾隆］陽信 5/16
［民國］陽信 2/42
孔淑成（字淑凝）
（清・曲阜人）
［民國］續修曲阜 5/40
38 **孔祥麟**（清・陽穀人）
［光緒］陽穀 6/29
［民國］增修陽穀人物/仕宦 17
孔祥霖（字少霑，號恫民）
（清・曲阜人）
［民國］續修曲阜 5/49，8/50
孔道徽（南北朝・魯人）
［乾隆］曲阜 82/2
孔祥賓（鄒縣人）
［民國］續修鄒縣志稿/人物－耆舊附忠烈
孔祥吉（曲阜人）
［民國］續修曲阜 5/22
孔祥森（曲阜人）
［民國］續修曲阜 3/45
孔祥梓（曲阜人）
［民國］續修曲阜 3/46
孔祥柯（字則君）
（曲阜人）
［民國］續修曲阜 5/25
孔祥楝（曲阜人）
［民國］續修曲阜 3/46
孔祥桐（字潤生）
（清・曲阜人）
［民國］續修曲阜 5/39，8/50
孔道輔（字原魯）
（宋・曲阜人）
［嘉靖］山東 27/5，30/48
［康熙］山東 35/6，40/46
［雍正］山東 28/人物二 34，35/墓碑 28
［宣統］山東 157/17
［嘉靖］青州 12/56
［萬曆］青州 12/16
［康熙十五年］青州 12/16
［康熙四十八年］青州 12/16
［康熙六十年］青州 12/11
［萬曆元年］兗州 40/忠直 14
［萬曆二十四年］兗州 8/18，28/4
［康熙］兗州 9/18，22/4
［乾隆］兗州 22/11，23/29
［乾隆］泰安府 14/17
［康熙］東平州 4/34
［乾隆］東平州 12/15
［道光］東平州 12/15
［光緒］東平州 14/15
［康熙六十年］博興 7/6
［康熙］滋陽 3/81
［崇禎］曲阜 4/100
［康熙］曲阜 4/100
［乾隆］曲阜 84/7
［光緒］益都縣圖志 16/26
孔道人（明・東海人）
［康熙］東明 7/28

［乾隆］東明 7/28
40 孔奮（字君魚）
（漢・曲阜人）
［雍正］山東 28/人物一 16
［乾隆］兗州 23/12
［崇禎］曲阜 4/96
［康熙］曲阜 4/96
［乾隆］曲阜 75/1
孔吉（漢）
［嘉靖］山東 24/15
［康熙］山東 29/14
孔奇（字子異）
（漢・曲阜人）
［乾隆］曲阜 75/2
孔乂（字元儁）
（三國・曲阜人）
［雍正］山東 28/人物一 31
［宣統］山東 161/5
［乾隆］兗州 23/18
孔志（漢・魯人）
［崇禎］曲阜 4/14
［乾隆］曲阜 60/3
孔志（明・平陰人）
［順治］平陰 7/14
［光緒］平陰 5/21
孔士元（字惟亨）
（元・曲阜人）
［同治］重修寧海州 12/8
孔克任（元・曲阜人）
［宣統］山東 161/25
［道光］濟寧直隸州 6/6 – 22
孔有德（明・遼人）
［乾隆］黄縣 12/16
［同治］黄縣 14/15
孔克伸（字剛夫）
（明・曲阜人）
［宣統］山東 72/4
［萬曆二十四年］兗州 29/2
［康熙］兗州 22/23
［康熙］兗州續編 14/4
［乾隆］兗州 22/22
［崇禎］曲阜 4/95
［康熙］曲阜 4/95
［乾隆］曲阜 80/10
曲阜縣鄉土志/耆舊 – 事業
孔克紹（元・曲阜人）
［嘉靖］山東 27/8
［康熙］山東 35/9
［嘉靖］青州 13/38
［萬曆］青州 12/27
［康熙四十八年］青州 12/27
［乾隆］沂州府 20/5
［康熙］沂水 4/23
［道光］沂水 5/23
孔士份（字元夫）
（元・曲阜人）
［乾隆］曲阜 80/10
孔希永（字士毅）
（明・曲阜人）
［乾隆］曲阜 87/7
孔希禎（字士祥）
（明・曹縣人）
［康熙］兗州府曹縣 13/2
［康熙］曹州志 15/56
［光緒］曹縣 13/2
孔希恭（字士安）
（明・曲阜人）
［乾隆］曲阜 88/3
孔克中（字正夫）
（明・曲阜人）
［嘉靖］山東 30/60
［康熙］山東 40/57
［宣統］山東 72/4
［萬曆二十四年］兗州 29/2
［康熙］兗州 22/23
［康熙］兗州續編 14/4
［乾隆］兗州 22/22
［崇禎］曲阜 4/95
［康熙］曲阜 4/95
［乾隆］曲阜 91/2
曲阜縣鄉土志/政績錄
孔克忠（明・曲阜人）
［宣統］山東 161/30
［萬曆元年］兗州 40/政績 15
孔克旻（字舜天）
（明・曲阜人）
［乾隆］曲阜 92/3
孔克晏（字堯夫）
（明・曲阜人）
［乾隆］曲阜 92/2
孔克堅（字璟夫）
（元・曲阜人）
［嘉靖］山東 30/58
［康熙］山東 40/56
［萬曆元年］兗州 40/儒林 11
［萬曆二十四年］兗州 8/21
［康熙］兗州 9/21
［康熙］兗州續編 6/12
［崇禎］曲阜 4/16
［乾隆］曲阜 60/8
孔希學（字士行）
（明・曲阜人）
［萬曆二十四年］兗州 8/22
［康熙］兗州 9/22
［康熙］兗州續編 6/12
［崇禎］曲阜 4/16
孔克欽（字敬夫）
（元・曲阜人）
［崇禎］曲阜 4/95
［康熙］曲阜 4/95
［乾隆］曲阜 91/1
曲阜縣鄉土志/政績錄
孔希範（字士則）
（明・曲阜人）
［乾隆］曲阜 91/2
曲阜縣鄉土志/政績錄
41 孔楨（唐・曲阜人）
［乾隆］曲阜 84/6
43 孔戡（字君勝，一作勝始）
（唐・曲阜人）
［嘉靖］山東 30/41
［康熙］山東 40/40
［雍正］山東 28/人物二 14
［萬曆元年］兗州 40/諫議 12
［萬曆二十四年］兗州 8/11
［康熙］兗州 9/11
［乾隆］兗州 23/27
［崇禎］曲阜 4/100
［康熙］曲阜 4/100
［乾隆］曲阜 84/6
孔求（字子家）
（戰國・曲阜人）
［萬曆元年］兗州 7/63
［康熙］兗州續編 6/4
［崇禎］曲阜 4/113
［康熙］曲阜 4/113
［乾隆］曲阜 60/2
44 孔蕠（漢・曲阜人）

[乾隆]曲阜 70/1
孔蔑(春秋)
[崇禎]鄆城 5/2
[康熙]鄆城 5/2
[光緒]鄆城 13/2
孔樹(漢・曲阜人)
[乾隆]曲阜 70/1
孔萱(唐・曲阜人)
[萬曆]泗水 4/8
[順治]泗水 4/8
[光緒]泗水 4/1
[光緒]泗水縣鄉土志/13
[崇禎]曲阜 4/15
孔若采(宋)
[康熙]兗州府曹縣 9/14
孔若虛(字公實)
(宋・曲阜人)
[崇禎]曲阜 4/15
[乾隆]曲阜 60/5
孔孝媛(明・曲阜人)
[乾隆]曲阜 95/2
孔若蒙(字公明)
(宋・曲阜人)
[乾隆]曲阜 60/5
孔英悊(北齊)
[嘉靖]山東 24/13
[康熙]山東 29/13
孔若思(唐・曲阜人)
[崇禎]曲阜 4/99
[乾隆]曲阜 87/3
46 孔坦(字君平)
(晉・魯人)
[崇禎]曲阜 4/97
[康熙]曲阜 4/97
[乾隆]曲阜 84/1
47 孔超(字仲昇)
(清・曲阜人)
[宣統]山東 169/25
孔均(字長平,初名莽)
(漢・魯人)
[嘉靖]山東 24/12,30/7
[康熙]山東 29/12,40/8
[雍正]山東 28/人物一 13
[萬曆元年]兗州 40/隱逸 4
[萬曆二十四年]兗州 8/2
[康熙]兗州 9/2
[乾隆]兗州 23/12
[崇禎]曲阜 4/113
[康熙]曲阜 4/113
[乾隆]曲阜 60/3
孔猛(魏・魯人)
[乾隆]曲阜 87/1
孔懿(晉・魯人)
[崇禎]曲阜 4/14
50 孔忠(字子蔑)
(春秋・魯人)
[嘉靖]山東 24/9
[康熙]山東 29/9
[雍正]山東 11/闕里二 19
[宣統]山東 153/9
[萬曆元年]兗州 7/57
[萬曆二十四年]兗州 7/21
[康熙]兗州 8/21
[乾隆]兗州 7/30
[崇禎]曲阜 4/11
[康熙]曲阜 4/11
[乾隆]曲阜 59/8
孔忠(字子貞)
(漢・魯人)
[康熙]兗州續編 6/5
[崇禎]曲阜 4/13
[乾隆]曲阜 60/2
孔奉訓(元・曲阜人)
[隆慶]單縣上/32
[康熙]單縣 6/9
[乾隆]單縣 4/55
[民國]單縣 6/宦蹟 15
孔惠宣(南北朝・魯國人)
[宣統]山東 162/19
51 孔振(字國文)
(唐・曲阜人)
[崇禎]曲阜 4/15
[乾隆]曲阜 89/3
52 孔括(字端中)
(宋・曲阜人)
[乾隆]曲阜 86/2
55 孔扶(字仲淵)
(漢・曲阜人)
[乾隆]曲阜 75/2
56 孔損(字君益)
(漢・魯人)
[嘉靖]山東 24/12
[康熙]山東 29/12
[崇禎]曲阜 4/14
[乾隆]曲阜 60/3
孔摠(南北朝・魯人)
[乾隆]曲阜 82/2
孔摠(字元會)
(金・曲阜人)
[嘉靖]山東 30/53
[康熙]山東 40/51
[萬曆元年]兗州 40/文苑 14
[康熙]兗州續編 6/11
[崇禎]曲阜 4/94
[康熙]曲阜 4/94
[乾隆]曲阜 60/6
57 孔拯(字公濟)
(唐・曲阜人)
[乾隆]曲阜 89/3
孔拯(字元濟)
(金・曲阜人)
[康熙]兗州續編 6/10
[崇禎]曲阜 4/16
[乾隆]曲阜 60/6
58 孔撫(晉・魯人)
[崇禎]曲阜 4/14
60 孔固(金)
[光緒]增修登州 38/10
[嘉靖]寧海州下/29
[康熙]寧海州 8/2
[同治]重修寧海州 17/5
孔旼(字寧極)
(宋・曲阜人)
[嘉靖]山東 30/49
[康熙]山東 40/48
[雍正]山東 28/人物二 29
[宣統]山東 167/10
[萬曆元年]兗州 40/孝友 6
[萬曆二十四年]兗州 8/19
[康熙]兗州 9/19
[乾隆]兗州 23/29
[崇禎]曲阜 4/103
[乾隆]曲阜 80/10
曲阜縣鄉土志/耆舊－事業
孔勗(見孔勖)
孔昱(字元世)
(漢・魯人)
[嘉靖]山東 30/11

[康熙]山東 40/12
[雍正]山東 28/人物一 22
[宣統]山東 153/20,162/13
[萬曆元年]兗州 40/隱逸 4
[萬曆二十四年]兗州 8/3
[康熙]兗州 9/3
[乾隆]兗州 23/16
[乾隆]曲阜 76/1

孔思立(字用道)
(元・曲阜人)
[乾隆]曲阜 84/10

孔思睿(字達道)
(元・曲阜人)
[乾隆]曲阜 87/6

孔昌寓(字廣成)
(唐・曲阜人)
[乾隆]曲阜 86/2

孔思逮(字惟道)
(元・曲阜人)
[乾隆]曲阜 92/1

孔思迪(字凝道)
(宋・曲阜人)
[乾隆]曲阜 84/9

孔思古(元)
[道光]重修平度州 16/16

孔思友(明・曲阜人)
[乾隆]曲阜 83/5

孔思晦(字明道)
(元・曲阜人)
[嘉靖]山東 30/56
[康熙]山東 40/54
[宣統]山東 162/32
[萬曆元年]兗州 40/文苑 15
[萬曆二十四年]兗州 8/21
[康熙]兗州 9/21
[康熙]兗州續編 6/12
[崇禎]曲阜 4/101
[康熙]曲阜 4/101
[乾隆]曲阜 60/8
[咸豐]寧陽 11/5
[光緒]寧陽 11/5

孔思問(字從善)
(元・黄縣人)
[民國]黄縣志稿 11/宦績

孔思義(明・曲阜人)
[乾隆]東昌 44/22
[嘉慶]東昌 34/9
[宣統]聊城 8/98

62 **孔昕**(明・清遠舉人)
[萬曆]濮州 3/名宦 31
[康熙]觀城 3/3
[道光]觀城 6/6

63 **孔戢**(字方舉)
(唐・曲阜人)
[嘉靖]山東 30/41
[康熙]山東 40/41
[雍正]山東 28/人物二 16
[萬曆元年]兗州 40/文苑 10
[萬曆二十四年]兗州 8/12
[康熙]兗州 9/12
[乾隆]兗州 23/27
[康熙]曲阜 4/100
[乾隆]曲阜 85/4

64 **孔時**(字惟中)
(明・寧海人)
[嘉靖]寧海州下/32

孔勛(字自牧)
(宋・曲阜人)
[嘉靖]山東 30/45
[康熙]山東 40/44
[雍正]山東 28/人物二 30
[宣統]山東 161/15
[萬曆元年]兗州 40/政績 9,40/文苑 12
[崇禎]曲阜 4/94
[康熙]曲阜 4/94
[乾隆]曲阜 86/2

孔曉林(清・泗水人)
[光緒]泗水 11/22
[光緒]泗水縣鄉土志/13

67 **孔曜**(字君曜)
(漢・魯人)
[崇禎]曲阜 4/14
[乾隆]曲阜 60/3

孔昭(明・莘縣人)
[乾隆]東昌 42/15
[嘉慶]東昌 32/15
[正德]莘縣 6/30
[康熙十一年]莘縣 7/9
[康熙五十六年]莘縣 7/9
[光緒]莘縣 7/38
[民國]莘縣 7/29
莘縣鄉土志/孝友 22

孔昭謂(字一臣)
(牟平人)
[民國]牟平 7/25

孔昭許(字翼軒)
(清・福山人)
[民國]福山縣志稿 10/9
[民國]莘縣 3/9,9/41

孔昭平(清・陽穀人)
[民國]增修陽穀人物/忠烈 24

孔昭玉(滕縣人)
[民國]續滕縣志 4/32

孔昭珩(字蕙佩,號玉峯)
(清・德平人)
[光緒]德平 7/19,12/17
德平縣鄉土志/耆舊錄

孔昭虔(字元敬)
(清・曲阜人)
[宣統]山東 172/15
[民國]續修曲阜 5/33

孔昭穎(字幼敏)
(清・曲阜人)
[宣統]山東 172/21
[民國]續修曲阜 5/21

孔昭任(字仁甫,號芝耘)
(清・曲阜人)
[民國]續修曲阜 5/33

孔昭參(清・曲阜人)
[民國]續修曲阜 5/21

孔昭儉(唐・曲阜人)
[崇禎]曲阜 4/15

孔嗣之(字敬伯)
(南北朝・魯人)
[宣統]山東 167/6
[乾隆]曲阜 82/2

孔昭浹(字潤周)
(清・鄒縣人)
[民國]續修鄒縣志稿/人物－耆舊
鄒縣鄉土志耆舊錄/21

孔昭杰(初名昭辰,字漢瞻,號俊峯)
(清・曲阜人)
[民國]續修曲阜 5/28

孔嗣悊(隋・曲阜人)

［崇禎］曲阜 4/15
孔昭蘗（字荷生）
（清・陽穀人）
［光緒］陽穀 6/15
［民國］增修陽穀人物/文苑 6，人物/師道 28
孔昭薪（字孟翹，號克樵）
（清・曲阜人）
［民國］續修曲阜 5/33
孔昭薰（號琴南）
（清・曲阜人）
［民國］續修曲阜 5/33
孔昭墀（清・曲阜人）
［民國］續修曲阜 5/21
孔昭格（字敬敷）
（清・曹縣人）
［光緒］曹縣 14/忠義 6
孔昭貴（字富臣）
（陽穀人）
［民國］增修陽穀人物/仕宦 24
孔嗣悊（北齊）
［嘉靖］山東 24/13
［康熙］山東 29/13
孔昭昂（字一峯）
（清・滕縣人）
［道光］滕縣志 9/孔氏傳 10
孔昭嗣（字纂庭）
（清・濟寧人）
［民國］濟寧直隸州續志 12/1
孔昭慰（字東菴）
（清）
［宣統］四續汶上稿/人物－寄籍賢忠錄
孔昭舉（字又華，號宇文）
（清・濟寧人）
［民國］濟寧直隸州續志 12/2
孔昭毘（字峻峰）
（清）
［宣統］四續汶上稿/人物－寄籍賢忠錄
孔昭慈（字雲鶴，一字文止）
（清・曲阜人）
［宣統］山東 172/19
［民國］續修曲阜 5/19，8/43，8/44
［宣統］四續汶上稿/人物－寄籍賢忠錄
孔昭義（字子明）
（曲阜人）
［民國］續修曲阜 3/44
孔昭錕（字冶園）
（清・曲阜人）
［民國］續修曲阜 5/37
孔昭光（清・曲阜人）
［民國］續修曲阜 5/21
孔昭棠（曲阜人）
［民國］續修曲阜 5/55
孔昭烜（字顯思，號晴峯）
（清・曲阜人）
［民國］續修曲阜 5/33
孔昭熾（字丙泉，號曙峯）
（清・曲阜人）
［民國］續修曲阜 5/31
孔昭煊（字溫甫，號小蘅）
（清・曲阜人）
［民國］續修曲阜 5/29，5/35
孔昭焜（字石藻，號董生）
（清・曲阜人）
［民國］續修曲阜 5/33
孔昭煥（字顯明）
（清・曲阜人）
［乾隆］曲阜 60/18
孔昭恂（字誠齋）
（清・陽穀人）
［民國］增修陽穀人物/師道 27
71 **孔長彥**（漢・魯人）
［乾隆］曲阜 71/5
孔長孫（北齊・魯人）
［崇禎］曲阜 4/14
孔長輔（宋）
［萬曆二十四年］兗州 8/19
72 **孔丘**（字仲尼）
（春秋・曲阜人）
［嘉靖］山東 24/1
［康熙］山東 29/1，59/7，59/14
［雍正］山東 11/闕里一 1
［嘉靖］青州 12/1
［萬曆］青州 13/1
［康熙十五年］青州 13/1
［康熙四十八年］青州 13/1
［萬曆二十四年］兗州 6/1
［康熙］兗州 7/1
［乾隆］兗州 7/1
［嘉靖］濮州 8/1
［嘉靖］鄒縣地理誌 1/22
［康熙十二年］鄒縣志 2/25
［康熙五十五年］鄒縣志 2/19
［民國］續修鄒縣志稿/人物－聖賢
鄒縣鄉土志聖賢錄/12
［萬曆］汶上 5/1
［崇禎］曲阜 4/6
［康熙］曲阜 5/27
［乾隆］曲阜 57/1
［民國］續修曲阜 1/3
［康熙］滋陽 3/76
［康熙］臨淄 9/1
［民國］臨淄 29/19
74 **孔驩**（漢・曲阜人）
［乾隆］曲阜 71/3
77 **孔鳳**（字廷瑞）
（明・寧海人）
［嘉靖］寧海州下/31
［康熙］寧海州 9/2
［同治］重修寧海州 17/7
［民國］牟平 7/9
孔賢（字元亨）
（唐・曲阜人）
［乾隆］曲阜 87/3
孔賢（明・平陰人）
［雍正］山東 28/人物三 8
［宣統］山東 164/42
［康熙］兗州續編 15/25
［乾隆］泰安府 18/26
［順治］平陰 7/14
［光緒］平陰 5/35
孔聞譚（字元伏）
（明・曲阜人）
［乾隆］曲阜 85/6
孔聞訥（字知敏）
（明・曲阜人）
［乾隆］曲阜 87/8

孔聞詩(字四可)
(明·曲阜人)
[雍正]山東 28/人物三 69
[宣統]山東 161/57
[乾隆]兗州 23/52
[乾隆]曲阜 84/11
孔聞詩(字知言)
(明·曲阜人)
[乾隆]曲阜 88/3
孔興誥(字遠猷)
(清·曲阜人)
[宣統]山東 172/9
[民國]續修曲阜 5/43
孔興謨(字丕顯)
(清)
[康熙]兗州續編 16/5
[乾隆]兗州 23/73
孔聞韶(字知德)
(明·曲阜人)
[康熙]兗州續編 6/13
[崇禎]曲阜 4/16
[乾隆]曲阜 60/11
孔興認(字緘三)
(清·曲阜人)
[雍正]山東 27/111
[宣統]山東 75/58
[乾隆]兗州 22/33,23/79
[乾隆]曲阜 91/4
曲阜縣鄉土志/政績錄
孔興詢(字爰咨)
(清·曲阜人)
[乾隆]兗州 23/80
[乾隆]曲阜 86/5
孔聞諭(字知教)
(明·曲阜人)
[嘉靖]山東 35/3
[康熙]山東 45/9
[康熙]兗州續編 15/2
[乾隆]兗州 23/46
[崇禎]曲阜 4/103
[康熙]曲阜 4/103
[乾隆]曲阜 80/11
孔聞武(字靜還)
(明·曲阜人)
[康熙]濟南 25/77
[道光]濟南 36/5
孔興璉(字商珍)
(清·曲阜人)
[乾隆]兗州 23/71
[乾隆]曲阜 85/6
孔興聖(字淩元)
(明·曲阜人)
[乾隆]曲阜 81/4
曲阜縣鄉土志/耆舊－事業
孔聞俊(字秀若)
(明·曲阜人)
[康熙]兗州續編 15/4
[乾隆]兗州 23/55
孔興紹(字綸錫,號起鳳)
(清·曲阜人)
[民國]續修曲阜 5/35
孔聞定(字知止)
(明·曲阜人)
[乾隆]曲阜 86/4
孔興永(字起存,一字靜甫,號倩園)
(清·曲阜人)
[乾隆]曲阜 80/13
[民國]續修曲阜 5/30
孔興治(清·曲阜人)
[民國]續修曲阜 5/35
孔興浩(清·曲阜人)
[乾隆]曲阜 80/15
曲阜縣鄉土志/耆舊－事業
孔興洪(字涵萬)
(清·曲阜人)
[康熙]續修汶上 4/賢忠 2
[乾隆]曲阜 85/6
孔興湯(清·曲阜人)
[乾隆]淄川 4/又 28－4
孔興滋(字澍萬)
(清)
[宣統]四續汶上稿/人物－寄籍賢忠錄
孔聞檀(字知木)
(明·曲阜人)
[乾隆]曲阜 83/5
孔印標(清·曲阜人)
[乾隆]陽信 5/17
[民國]陽信 2/43
孔聞式(清·曲阜人)
[康熙]高密 6/26
[乾隆]高密 6/20
[光緒]高密 6/24
[民國]高密 12/25
高密縣鄉土志/上 12
孔聞教(清)
[康熙]觀城 3/17
[道光]觀城 6/23
孔聞舉(字知行)
(明·曲阜人)
[道光]濟南 36/65
[康熙]曹州志 16/15
[乾隆]曲阜 83/5
[光緒]菏澤 16/23
孔興義(字君方)
(清·汶上人)
[康熙]續修汶上 4/孝義 3
孔興釪(字紹先)
(清·曲阜人)
[乾隆]兗州 23/69
[乾隆]曲阜 84/14
[民國]續修曲阜 8/58
孔聞籍(字知史,一字羲繩)
(明·曲阜人)
[康熙]兗州續編 15/29
[乾隆]兗州 23/52
[乾隆]曲阜 81/2
曲阜縣鄉土志/耆舊－事業
孔聞簡(字知敬)
(明·曲阜人)
[乾隆]曲阜 91/3
曲阜縣鄉土志/政績錄
孔興範(字覺先)
(清·曲阜人)
[宣統]山東 172/9
[民國]續修曲阜 5/43
[康熙]續修汶上 4/孝義 3
孔興榮(字華先)
(清·汶上人)
[康熙]續修汶上 4/賢忠 2
孔興燮(字起呂)
(清·曲阜人)
[康熙]兗州續編 6/13
[乾隆]曲阜 60/12
[民國]續修曲阜 8/57
79 **孔騰**(字子襄)
(漢·曲阜人)

［嘉靖］山東 24/12
［康熙］山東 29/12
［乾隆］曲阜 60/2
80 **孔會**(明・諸城人)
［萬曆］諸城 6/21
孔羨(字子餘)
(魏・魯人)
［嘉靖］山東 24/13
［康熙］山東 29/12
［崇禎］曲阜 4/14
［康熙］曲阜 5/21
［乾隆］曲阜 60/3
孔鏞(字韶文)
(明・曲阜人)
［雍正］山東 28/人物三 12
［宣統］山東 160/16
［乾隆］兗州 23/37
孔毓麟(字冠羣)
(清・陽穀人)
［光緒］陽穀 6/30
［民國］增修陽穀人物/仕宦 17
孔毓璋(字鳴石)
(清・汶上人)
［康熙］續修汶上 4/孝義 3
孔公珏(字栗文)
(明・曲阜人)
［康熙］山東 33/23
［宣統］山東 72/4
［萬曆二十四年］兗州 29/2
［康熙］兗州 22/23
［康熙］兗州續編 14/4
［乾隆］兗州 22/22
［崇禎］曲阜 4/95
［康熙］曲阜 4/95
［乾隆］曲阜 91/3
曲阜縣鄉土志/政績錄
孔毓璠(字雲浦)
(清・寧海人)
［同治］重修寧海州 17/28
孔公瑯(字佩文)
(明・曲阜人)
［乾隆］曲阜 82/4
孔毓琮(清・曲阜人)
［乾隆］兗州 23/87
［乾隆］曲阜 80/14
［宣統］四續汶上稿/人物－寄籍賢忠錄
孔公璜(字黼文,一作輔文)
(明・曲阜人)
［崇禎］曲阜 4/102
［康熙］曲阜 4/102
［乾隆］曲阜 92/3
孔毓琚(字季玉)
(清・曲阜人)
［乾隆］兗州 22/34
［乾隆］曲阜 91/4
曲阜縣鄉土志/政績錄
孔毓珣(字東美)
(清・曲阜人)
［雍正］山東 28/人物四 52
［宣統］山東 172/1
［乾隆］兗州 23/80
［乾隆］曲阜 85/7
［宣統］四續汶上稿/人物－寄籍賢忠錄
孔毓瑤(清・寧海人)
［同治］重修寧海州 17/28
孔毓珍(字席玉)
(清・曲阜人)
［康熙］兗州 28/40
［乾隆］兗州 23/73
［康熙］續修汶上 4/賢忠 1
［乾隆］曲阜 80/13
曲阜縣鄉土志/耆舊－事業
［乾隆］濰縣 4/37
［民國］濰縣志稿 31/6
濰縣鄉土志/22
孔毓璘(字叔玉,一字繡谷)
(清・曲阜人)
［民國］續修曲阜 5/35
孔毓喬(清・曲阜人)
［乾隆］武定府 16/21
［咸豐］武定府 19/陽信 6
［乾隆］萊州 9/33
萊州府鄉土志/上 29
［乾隆］陽信 5/43
信邑志稿 5/宦蹟－學官
［民國］陽信 2/72
［嘉慶］續掖縣 2/25
孔毓穎(字穎濱)
(清・曲阜人)
［乾隆］曲阜 80/13
孔公俊(元・曲阜人)
［宣統］山東 161/25
孔令勷(曲阜人)
［民國］續修曲阜 3/46
孔毓佶(清・曲阜人)
［民國］續修曲阜 5/35
孔毓伯(字鳴壎)
(清・定陶人)
［民國］定陶 6/59
孔父嘉(春秋・宋人)
［嘉靖］山東 28/15
［康熙］山東 38/15
孔公才(字羲文)
(明・曲阜人)
［乾隆］曲阜 86/4
孔毓檀(字東周)
(清・曲阜人)
［光緒］鄒縣續志 12/上 12
孔毓圻(字鍾在)
(清・曲阜人)
［康熙］兗州續編 6/14
［乾隆］曲阜 60/12
［民國］續修曲阜 8/58
孔毓埏(字宏輿)
(清・曲阜人)
［民國］續修曲阜 8/58
孔公華(明・曲阜人)
［萬曆］寧津 5/16
［光緒］寧津 6/26
寧津縣志料 3/人物－名宦
孔毓茂(字映松)
(清・定陶人)
［民國］定陶 6/12
孔毓芹(字學菴)
(清・曲阜人)
［民國］續修曲阜 5/17
孔公朝(明・樂清人,一作曲阜人)
［雍正］山東 28/人物三 8
［宣統］山東 161/27
［乾隆］兗州 23/36
［咸豐］寧陽 11/9
［光緒］寧陽 11/9
寧陽縣鄉土志/7
孔公郁(字盛文)

（明・曲阜人）
［萬曆二十四年］兖州 37/4
［康熙］兖州 28/33
［乾隆］兖州 23/37
［崇禎］曲阜 4/106
［康熙］曲阜 4/106
［乾隆］曲阜 83/5
孔令春（曲阜人）
［民國］續修曲阜 5/22
孔令春（字榮生）
（鄒縣人）
［民國］續修鄒縣志稿/人物－耆舊附忠烈
孔毓中（清・牟平人）
［光緒］增修登州 43/35
［同治］重修寧海州 21/7
［民國］牟平 7/89
孔公輢（字御文）
（明・曲阜人）
［崇禎］曲阜 4/114
［康熙］曲阜 4/114
［乾隆］曲阜 82/3
孔公田（明・曲阜人）
［崇禎］曲阜 4/105
［康熙］曲阜 4/105
［乾隆］曲阜 83/5
孔公易（明・衢州人）
［咸豐］青州 36/8
［康熙］高苑 3/16
［乾隆］高苑 3/21
孔毓鳳（字來儀）
（清・陽穀人）
［光緒］陽穀 6/27
［民國］增修陽穀人物/善行 41
孔公鉉（字舉文）
（明・曲阜人）
［乾隆］曲阜 80/11
曲阜縣鄉土志/耆舊－事業
孔毓鈊（字毅齋）
（清・曲阜人）
［乾隆］曲阜 88/5
［乾隆］即墨 8/10
［同治］即墨 8/9
孔公鑑（字昭文）
（明・曲阜人）
［康熙］兖州續編 6/12
［乾隆］曲阜 60/10
孔公鏜（字聲文）
（明・曲阜人）
［乾隆］曲阜 91/2
曲阜縣鄉土志/政績錄
孔公怡（字文友）
（明・曲阜人）
［乾隆］曲阜 83/5
孔公恪（字恭文）
（明・曲阜人）
［乾隆］曲阜 87/7
孔公恂（字宗文，一作文宗）
（明・曲阜人）
［嘉靖］山東 30/61
［康熙］山東 40/58
［雍正］山東 28/人物三 11
［宣統］山東 159/9
［萬曆元年］兖州 40/政績 15
［萬曆二十四年］兖州 8/22
［康熙］兖州 9/22
［乾隆］兖州 23/37
［乾隆］曲阜 84/10
孔令燦（曲阜人）
［民國］續修曲阜 3/46
82 **孔龢**（漢・曲阜人）
［乾隆］曲阜 75/2
86 **孔鐸**（字振之）
（金）
［乾隆］兖州 23/31
孔知濬（字秀川）
（五代・滕縣人）
［宣統］滕縣續志稿 3/50
［民國］續滕縣志 2/1
滕縣鄉土志/15
88 **孔策**（唐・曲阜人）
［崇禎］曲阜 4/15
［乾隆］曲阜 89/2
孔箕（字子京）
（戰國・曲阜人）
［萬曆元年］兖州 7/63
［康熙］兖州續編 6/5
［崇禎］曲阜 4/13
［乾隆］曲阜 60/2
孔鑑（明・曲阜人）
［康熙］兖州續編 6/11
［崇禎］曲阜 4/16
孔繁譜（字印之）
（清・曲阜人）
［民國］續修曲阜 5/53
孔敏行（字至之）
（唐・曲阜人）
［乾隆］曲阜 89/3
孔繁純（清・曲阜人）
［民國］續修曲阜 5/18
孔繁灝（字文淵，號伯海）
（清・曲阜人）
［民國］續修曲阜 5/35
孔繁沛（字兩人）
（清・曲阜人）
［民國］續修曲阜 5/40
孔繁潔（字玉如）
（清・曲阜人）
［民國］續修曲阜 5/53
孔繁堉（曲阜人）
［民國］重修博興 10/3
孔繁樸（字厚菴）
（清・曲阜人）
［民國］續修曲阜 5/51，8/52
90 **孔光**（字子夏）
（漢・魯人）
［嘉靖］山東 33/15
［雍正］山東 28/人物一 13
［宣統］山東 153/18，154/11
［萬曆元年］兖州 41/24
［萬曆二十四年］兖州 8/2
［康熙］兖州 9/2
［乾隆］兖州 23/12
［乾隆］曲阜 74/1
孔尚珥（明・曲阜人）
［乾隆］曲阜 87/8
孔尚行（清・平陰人）
［乾隆］泰安府 18/63
孔尚任（字聘之，號東塘）
（清・曲阜人）
［宣統］山東 172/16
［康熙］兖州續編 6/21，16/6
［乾隆］兖州 23/74
［乾隆］曲阜 87/9
孔尚巖（字峻德，號方山）
（清・曲阜人）
［道光］濟南 38/48

［民國］續修平原 5/15
孔尚先(字繩武,號念菴)
(清・寧海人)
［同治］重修寧海州 17/23,25/墓誌 7
［民國］牟平 7/15,9/25
孔尚賓(清・曲阜人)
［乾隆］陽信 5/21
孔尚憲(字士明)
(清・定陶人)
［乾隆］定陶 6/25
［民國］定陶 6/47
孔小九(清・霑化人)
［乾隆］武定府 23/51
［光緒］霑化 7/8
［民國］霑化 2/20
孔尚基(字建之)
(清・曲阜人)
［乾隆］曲阜 86/7
孔尚松(字松雲)
(清・鄆城人)
［光緒］鄆城 16/26
孔尚威(清・定陶人)
［乾隆］定陶 6/30
［民國］定陶 6/64
孔惟晊(唐・曲阜人)
［崇禎］曲阜 4/15
孔尚則(字儀之)
(明・曲阜人)
［乾隆］曲阜 86/4
孔光嗣(唐・曲阜人)
［康熙］山東 33/9
［宣統］山東 161/13
［萬曆元年］兖州 38/循吏 25
［萬曆二十四年］兖州 27/11
［康熙］兖州 21/26
［乾隆］兖州 22/10
［崇禎］曲阜 4/15
［萬曆］泗水 4/8
［順治］泗水 4/8
［光緒］泗水 4/1
［光緒］泗水縣鄉土志/13
孔尚賢(字象之)
(明・曲阜人)
［康熙］兖州續編 6/13
［崇禎］曲阜 4/16
［乾隆］曲阜 60/11
孔尚鯨(字龍淵)
(明・曲阜人)
［雍正］山東 28/人物四 45
［宣統］山東 172/25
［乾隆］兖州 23/71
［乾隆］曲阜 80/13
曲阜縣鄉土志/耆舊－事業
孔尚鉽(清・陽穀人)
［民國］增修陽穀人物/仕宦 20
孔尚鉞(字節侯)
(明・曲阜人)
［雍正］山東 28/人物四 46
［宣統］山東 172/27
［乾隆］兖州 23/73
［乾隆］曲阜 82/4
孔尚鑄(清・曲阜人)
［乾隆］曲阜 80/15
孔尚節(字大臨)
(清・定陶人)
［乾隆］定陶 6/21
［民國］定陶 6/27
孔尚惇(字德允)
(清・曲阜人)
［乾隆］曲阜 86/6
孔尚忻(字霽窗)
(清・曲阜人)
［民國］續修曲阜 5/30
孔尚恪(字賓之,號竹園)
(清・曲阜人)
［民國］續修曲阜 5/30
孔尚愉(字怡之)
(清・曲阜人)
［雍正］山東 27/112
［宣統］山東 75/58
［乾隆］兖州 22/34
［乾隆］曲阜 91/4
曲阜縣鄉土志/政績錄
97 孔煇(金・曲阜人)
［道光］重修膠州 24/2
［民國］增修膠志 39/2
膠州直隸州鄉土志 4/事功
98 孔愉(字敬康)
(晉・曲阜人)
［乾隆］曲阜 80/2
曲阜縣鄉土志/耆舊－事業
99 孔燮(字理伯)
(明・曲阜人)
［乾隆］曲阜 91/2
曲阜縣鄉土志/政績錄

1241_3 飛

21 飛衛(周)
［康熙］山東 49/1

1243_0 癸

17 癸乙(周・齊人)
［萬曆］青州 13/18
［康熙十五年］青州 13/又 19
［康熙四十八年］青州 13/事功 2
［康熙六十年］青州 16/2
［民國］臨淄 23/4

孤

42 孤狐咺(見孤咺)

1249_3 孫

00 孫該(字公達)
(三國・任城人)
［雍正］山東 28/人物一 30
［宣統］山東 163/3
［萬曆二十四年］兖州 32/7
［康熙］兖州 25/4
［乾隆］兖州 23/18
［康熙］濟寧州 6/8
［乾隆］濟寧直隸州 26/11
［道光］濟寧直隸州 8/4－36
孫庚(字曦長,號少白)
(明・金鄉人)
［乾隆］金鄉 18/58
［咸豐］金鄉縣志略 9/上 14
［民國］金鄉 14/2
孫廉(字思約)
(南北朝・莒人)
［嘉慶］莒州 9/16
孫廉(明・浙江臨海人)
［嘉靖］濮州 7/22
［嘉靖］朝城志 5/13
［康熙］朝城 7/22
孫諒(字亦貞)

（清・費縣人）
［光緒］費縣 11/55
孫慶（字伯善）
（元・濟南人）
［道光］濟南 48/5
［乾隆］歷城 36/20
孫慶（明・北直安州人）
［嘉靖］山東 25/25
［宣統］山東 71/16
［康熙］濟南 25/29
［道光］濟南 36/39
［萬曆］濟陽 6/2
［乾隆］濟陽 6/30
［民國］濟陽 9/37
孫讓（字遜齋）
（清・無棣人）
［民國］無棣 13/13
海豐縣鄉土志/耆舊－事業六
孫文（明・鄒縣人）
［嘉靖］鄒縣地理誌 1/又 25
孫彥（字美堂）
（清・掖縣人）
［光緒］三續掖縣 1/49,2/18
孫諄（字泰石）
（明・淄川人）
［康熙］淄川 5/36
［乾隆］淄川 5/36,6/上 18
淄川縣鄉土志/耆舊錄－孝友
孫立方（清・順天宛平人）
［光緒］壽張 5/9
壽張縣鄉土志/政績－興利
孫席慶（字善徵）
（清・臨朐人）
［康熙六十年］青州 16/42
［咸豐］青州 46/12,46/52
孫應康（明・觀城人）
［乾隆］曹州府 16/7
［康熙］觀城 4/21
［道光］觀城 8/7
觀城縣鄉土志/耆舊
孫應龍（號屏湖）
（明・餘姚人）
［康熙］新修萊蕪 8/41
［民國］續修萊蕪 35/19
孫應龍（清）
州乘餘聞/9
孫應麒（字印泉）
（清・德平人）
［道光］濟南 56/87
［乾隆］德平 3/11
［嘉慶］德平 7/16
［光緒］德平 7/15
德平縣鄉土志/耆舊錄
孫育麟（字仁趾）
（清・霑化人）
［光緒］霑化 10/16
［民國］霑化 2/91
孫方夏（字孤月）
（清・嶧縣人）
［光緒］嶧縣 21/耆舊 21
孫京玉（字韞山，號光瑞）
（清・商河人）
［民國］重修商河 14/40
孫慶雲（清・黃縣人）
［同治］黃縣 9/3
［民國］黃縣志稿 13/人物－死難
孫文玉（清・鄆城人）
［光緒］鄆城 16/26
孫文霑（字恩洽）
（清・淄川人）
［乾隆］淄川 5/又 53－1
孫應元（明・樂陵人）
［康熙］濟南 44/24
［乾隆］武定府 25/7
［咸豐］武定府 25/孝友 7
［順治］樂陵 6/8
［乾隆］樂陵 6/22
樂陵縣鄉土志 3/22
孫席珍（字聘之）
（清・淄川人）
［宣統］三續淄川 10/21
孫方貞（清・莘縣人）
［光緒］莘縣 7/35
［民國］莘縣 7/19
孫廣縉（字紳佩）
（清・東平人）
［光緒］東平州 15/中 44
［民國］東平縣 11/中 13
孫文順（元・朝城人）
［萬曆］東昌 5/7
［萬曆］濮州 3/鄉賢 34
［嘉靖］朝城志 7/5
［康熙］朝城 8/4
孫文彩（清・泰安人）
［道光］泰安縣 9/上 86
［民國］重修泰安縣 8/40
泰安縣鄉土志/耆舊 18
孫文繡（清・浙江山陰人）
［宣統］山東 77/20
［咸豐］青州 37/6
［乾隆］諸城 28/11
孫慶齡（字松巖）
（清・武城人）
［民國］重修商河 6/72
孫廣淮（東阿人）
［民國］東阿 15/2
孫亢宗（字宗垣）
（清・安丘人）
［道光］安邱新志 19/3
安丘縣鄉土志 8/耆舊錄 5
孫文密（清・益都人）
［光緒］益都縣圖志 41/22
孫文瀛（字子登）
（長清人）
［民國］長清 12/8
孫應溪（明・博興人）
［萬曆］青州 13/70
［康熙十五年］青州 13/70
［康熙四十八年］青州 13/事功 54
［康熙六十年］青州 16/28
［咸豐］青州 45/36
［康熙十二年］博興 6/5
［康熙六十年］博興 7/21
［道光］博興 11/21
［民國］重修博興 13/18
孫廣濱（東阿人）
［民國］東阿 15/2
孫文連（字靜菴）
（清・新城人）
［宣統］新城縣後志 3/方技
孫文澤（字德輝）
（明・鄒平人）
［康熙］濟南 35/27
［道光］濟南 50/1

[順治]鄒平 6/5
[康熙]鄒平 6/21
[嘉慶]鄒平 15/39
[道光]鄒平 15/32
[民國]鄒平 15/32
孫廣運(字秀玉)
(高密人)
[民國]高密 14/上 33
孫率祖(字性侗,號愿庵)
(明・滕縣人)
[康熙]滕縣志 7/93
[道光]滕縣志 8/儒林 4
孫應運(清・鄒平人)
[道光]濟南 54/39
孫廣有(清・莒縣人)
[民國]重修莒志 62/9
孫亨吉(字何衢)
(清・莒縣人)
[嘉慶]莒州 10/5
[民國]重修莒志 62/5
孫應奎(字文宿,號東谷)
(明・河南洛陽人)
[宣統]山東 71/5
[道光]濟南 36/14
[萬曆二十四年]兗州 29/3
[康熙]兗州 22/24
[乾隆]兗州 22/24
[嘉靖]章丘 3/6
[萬曆]章丘 21/73
[康熙]章丘 4/25
[乾隆]章邱 7/4
[道光]章邱 9/5
章邱縣鄉土志/上 8
[萬曆]滕志 6/63
[康熙]滕志 6/33
[康熙]滕縣志 6/宦業 30
[道光]滕縣志 6/宦績 23
滕縣鄉土志/5
孫應奎(字文卿)
(明・浙江餘姚人)
[宣統]山東 70/20
[道光]濟南 35/25
[康熙]濟寧州 4/7
[崇禎]歷乘 16/62
孫文載(字德輿)
(清・濟寧人)
[乾隆]濟寧直隸州 26/24
[道光]濟寧直隸州 8/3－29
孫高蔭(濟寧人)
[民國]濟寧縣 3/5
孫文蔚(字六君)
(清・即墨人)
[乾隆]即墨 9/33
[同治]即墨 9/49
即墨縣鄉土志/耆舊－事業四
孫文藻(字蜀江)
(清・平度人)
[民國]平度縣續志 8/18
孫裔蕃(清・霑化人)
[光緒]霑化 8/7
[民國]霑化 2/35
孫方桐(字良材)
(清・即墨人)
[同治]即墨 9/54
即墨縣鄉土志/耆舊－事業四
孫立極(明・濮州人)
[康熙]濮州續志下/4
[乾隆]濮州 4/14
[宣統]濮州 5/14
孫亮杓(字明樞)
(清・霑化人)
[光緒]霑化 9/12
[民國]霑化 2/65
孫應乾(唐)
[康熙]莒州下/4
孫立貴(清・益都人)
[咸豐]青州 50/8
孫應春(清・莘縣人)
[康熙五十六年]莘縣 6/12
[民國]莘縣 6/5
孫文盛(字彥章)
(清・滎成人)
[道光]滎成 8/45
孫鷹揚(字梅溪)
(清・平度人)
[光緒]平度志要/人物
[民國]平度縣續志 7/7
[光緒]莘縣 5/41
[民國]莘縣 3/32
孫慶田(字蘭村)
(東平人)
[民國]東平縣 11/上 24
孫裔昌(字際五,號鹿園)
(清・霑化人)
[乾隆]武定府 24/34
[咸豐]武定府 24/循良 24
[光緒]霑化 7/15
[民國]霑化 2/10
孫應昇(字曦穀)
(清・即墨人)
[乾隆]即墨 9/25
[同治]即墨 9/31
即墨縣鄉土志/耆舊－事業四
孫應時(明・壽張人)
[康熙五十六年]壽張 7/42
孫文明(字在田)
(清・益都人)
[道光]濟南 38/37
[道光]臨邑 7/29
[同治]臨邑 7/33
[光緒]益都縣圖志 39/7
孫帝臣(字提封)
(清・鄆城人)
[光緒]鄆城 5/35
孫慶長(清・蓬萊人)
[光緒]增修登州 43/7
[光緒]蓬萊縣續志 9/孝友 4
[民國]蓬萊縣志合編人物志/孝友
孫應騏(見孫應麒)
孫廣譽(明・臨朐人)
[嘉靖]臨朐 3/13
孫康周(字晉侯)
(明・安丘人)
[康熙]山東 42/29
[雍正]山東 28/人物三 65
[宣統]山東 164/32
[康熙十五年]青州 14/11
[康熙四十八年]青州 14/忠義 11
[康熙六十年]青州 17/6
[咸豐]青州 45/42
[康熙]續安丘 18/13
安丘縣鄉土志 5/耆舊錄 2
孫唐卿(見張唐卿)

孫文丹(字書常,號拙翁)
(清・濟寧人)
[道光]濟寧直隸州 8/4 – 2
孫文義(舊名文進)
(明・館陶人)
[嘉靖]山東 31/28
[康熙]山東 41/23
[雍正]山東 28/人物三 4
[乾隆]東昌 39/20
[嘉慶]東昌 29/4
孫文敏(清・益都人)
[光緒]益都縣圖志 40/10
孫文光(明・商河人)
[民國]重修商河 8/13
商河縣鄉土志 2/耆舊 – 事業
孫文燦(清・新城人)
[宣統]新城縣後志 3/耆壽
孫文燦(字翕穀,一字煥然,號柳谷)
(清・淄川人)
[道光]濟南 54/73
[宣統]三續淄川 10/8
淄川縣鄉土志/鄉宦耆舊
孫慶榮(字華齋)
(清・齊東人)
[民國]齊東 5/36
01 **孫評**(明・福山人)
[康熙]福山 8/23
[乾隆]福山 8/35
孫龍化(字禹門)
(清・益都人)
[光緒]益都縣圖志 40/9
02 **孫新吉**(字景運)
(清・嶧縣人)
[光緒]嶧縣 21/宦績 4
03 **孫斌**(漢・衛國人,一作齊人)
[雍正]山東 28/人物一 21
[宣統]山東 166/4
[乾隆]高密 8/上 20
[道光]觀城 8/1
觀城縣鄉土志/耆舊
孫誠(明・恒山人)
[萬曆]諸城 4/22
孫識(字以蓄)
(明・商河人)
[康熙]濟南 41/13
[乾隆]武定府 24/17,35/18
[咸豐]武定府 24/循良 7,35/誌銘 2
[萬曆]商河 7/1,10/53
[道光]商河 7/3,8/下 1
[民國]重修商河 8/2,13/藝文志四墓誌 1,14/39
商河縣鄉土志 2/耆舊 – 事業
孫詠(字賡唐)
(牟平人)
[民國]牟平 7/28
孫贇(元・寧海人)
[光緒]增修登州 38/16
[同治]重修寧海州 17/5
[民國]牟平 7/8
04 **孫誥**(字錫周)
(清・平度人)
[光緒]平度志要/人物
孫勷(字子未,號莪山)
(清・長洲人,一作德州人)
[宣統]山東 169/21
[道光]濟南 56/71
[乾隆]德州 9/41
州乘餘聞/1
[民國]德縣 10/30
德州鄉土志/耆舊 36
[光緒]陵縣 20/1
05 **孫靖遠**(字安亭)
(清・無棣人)
[民國]無棣 12/18
孫靖遠(字會一)
(清・嶧縣人)
[光緒]嶧縣 21/文苑 4
06 **孫謂**(字一齋,號在原)
(清・嶧縣人)
[光緒]嶧縣 21/宦績 5
07 **孫訒**(字仲言)
(清・安邱人)
[咸豐]青州 50/4
[民國]續安邱新志 18/3
安丘縣鄉土志 9/耆舊錄 6
孫翊昌(字贊之,自號曠懷)
(清・博山人)
[乾隆]博山 7/下 11
[民國]續修博山 12/39
08 **孫旂**(字伯旗)
(晉・樂安人)
[嘉靖]山東 32/7
[康熙]山東 42/6
[嘉靖]青州 16/61
[萬曆]青州 20/外傳 5
[康熙十五年]青州 20/外傳 5
[康熙四十八年]青州 20/外傳 5
[咸豐]青州 55/7
孫謙(字長遜)
(南朝梁・東莞莒人)
[至元]齊乘 6/18
[嘉靖]山東 32/10
[康熙]山東 42/10
[雍正]山東 28/人物一 47
[宣統]山東 161/6
[嘉靖]青州 14/11
[萬曆]青州 13/33
[康熙四十八年]青州 13/事功 16
[康熙六十年]青州 16/7
[乾隆]沂州府 25/14
[康熙]莒州下/37
[雍正]莒州 9/20
[嘉慶]莒州 9/16
[民國]重修莒志 60/23
[道光]沂水 7/14
孫謙(明・朝城人)
[康熙]朝城 8/17
孫謙(明・萊陽人)
[民國]萊陽 3/1 中 25
孫謙(明・商河人)
商河縣鄉土志 2/耆舊 – 事業
孫敦化(清・平原人)
[民國]續修平原 10/上 14
孫效祖(清・牟平人)
[光緒]增修登州 43/36
[同治]重修寧海州 21/6
[民國]牟平 7/87
09 **孫讜**(清・費縣人)
[康熙]費縣 7/28
[光緒]費縣 11/7
孫麟瑞(清・掖縣人)
[光緒]三續掖縣 2/12

孫麟閣(字繪忠)
(清・金鄉人)
[咸豐]金鄉縣志略 9/中列傳二 16
[民國]金鄉 13/24
金鄉縣鄉土志/耆舊錄上
10 **孫琉**(字玉耳,初號淇陽,再號湛明)
(明・平陰人)
[康熙]山東 40/61
[雍正]山東 28/人物三 52
[乾隆]泰安府 17/34,27/104
[康熙]兗州 28/28
[順治]平陰 7/5,8/上 81
[光緒]平陰 4/13,8/19
平陰縣鄉土志/13
孫霽(字顯東,號曙陽)
(明・博山人)
[康熙]顏神鎮志 4/下 8
[乾隆]博山 6/上 11
[民國]續修博山 11/9
孫磊(字兆崙)
(清・曹縣人)
[光緒]曹縣 14/行誼 17
孫王(漢)
[順治]登州 11/3
孫五(清・安丘人)
[康熙六十年]青州 17/21
孫璽(明・青城人)
[康熙]濟南 41/14
[乾隆]武定府 24/18
[咸豐]武定府 24/循良 8
[萬曆]青城 1/56
[乾隆]青城 8/2
[民國]青城續修 4/人物 17
孫璽(明・鄒平人)
[道光]濟南 50/4
[康熙]鄒平 5/19
孫玉(元・寧海人)
[光緒]增修登州 38/16
[同治]重修寧海州 17/5
[民國]牟平 7/8
孫玉(明・新城人)
[宣統]新城縣後志 2/善行
[民國]重修新城 14/3
孫玉(字克溫)
(明・嶧縣人)
[乾隆]嶧縣 8/23
[光緒]嶧縣 21/耆舊 1
孫元(字淑乾)
(明・東平人)
[乾隆]泰安府 17/18
[康熙]東平州 3/45
[乾隆]東平州 15/15
[道光]東平州 15/15
[光緒]東平州 15/下 23
[民國]東平縣 11/下 2
孫瑋(明・費縣人)
[乾隆]沂州府 26/20
[康熙]費縣 7/28
[光緒]費縣 10/80
孫瑋(明・蒙陰人)
[康熙十一年]蒙陰 2/12
孫瑋(字奉㢤)
(清・菏澤人)
[光緒]菏澤 15/74
[光緒]新修菏澤 11/61
孫瑋(字君實)
(清・掖縣人)
[道光]濟南 38/9
[民國]續修歷城 38/2
[乾隆]掖縣 4/65
孫震(字晸陽)
(明・博山人)
[康熙]益都 9/25
[康熙]顏神鎮志 4/下 8
孫震(明・濟源人)
[萬曆]東昌 18/42
[萬曆]濮州 3/名宦 31
[康熙]觀城 3/2
[道光]觀城 6/2
觀城縣鄉土志/政績
孫震(字鳴東,號晸陽)
(明・益都人)
[康熙]山東 45/17
[咸豐]青州 45/55
[康熙]濮州 3/28
[乾隆]濮州 3/28
[宣統]濮州 4/28
[乾隆]博山志稿/18
[乾隆]博山 6/上 5
[民國]續修博山 11/6
孫正(明・長葛人)
[乾隆]臨清直隸州 8/上 82
孫晉亨(字康公)
(清・陽信人)
[乾隆]武定府 26/32
[乾隆]陽信 7/56
[民國]陽信 5/耆碩 55
信邑志稿 7/耆碩
孫三讓(字遜吾)
(明・樂安人)
[雍正]樂安 12/15
孫玉庭(字佳樹,一作嘉樹,號寄圃)
(清・濟寧人)
[宣統]山東 172/30
[道光]濟寧直隸州 8/4-7
[民國]濟寧直隸州續志 21/14
濟寧州鄉土志 2/耆舊
孫元亨(字貞子)
(清・萊陽人)
[光緒]增修登州 39/34
[民國]萊陽 3/1 中 31,3/1 中 72
孫再亨(清・鄒平人)
[道光]濟南 54/39
孫雲龍(字騰霄,號乾錫)
(清・壽張人)
[雍正]山東 28/人物四 4
[宣統]山東 172/13
[乾隆]兗州 23/59
[康熙五十六年]壽張 7/21
[光緒]壽張 7/6
壽張縣鄉土志/耆舊-事業
孫一訓(清・陽穀人)
[民國]增修陽穀人物/仕宦 16
孫可誦(清・臨沂人)
[康熙]沂州志 6/5
[乾隆]沂州府 26/6
[民國]臨沂 10/6
孫于盤(字慎夫)
(清・德州人)
州乘餘聞/12
德州鄉土志/耆舊 47
孫不二(號清淨散人)

（元・寧海人）
［雍正］山東 30/14
［泰昌］登州 11/62
［順治］登州 18/22
［康熙］萊陽 9/5
［同治］重修寧海州 26/13
［民國］牟平 10/44
孫天璋（明・肥城人）
［康熙］肥城書下/21
孫玉璿（清・莒縣人）
［民國］重修莒志 61/7
孫一飛（字沖漢）
（清・陽穀人）
［民國］增修陽穀人物/仕宦 16
孫爾琦（清・烏程人）
［乾隆］泰安府 15/33
［康熙］東平州續志 4/2
［乾隆］東平州 12/41
［道光］東平州 12/41
［光緒］東平州 14/41
孫丕秀（字芝三）
（清・濟寧人）
［乾隆］濟寧直隸州 27/21
［道光］濟寧直隸州 8/3－24
孫天爵（明・滋陽人）
［康熙］兗州 28/38
［乾隆］兗州 23/56
［康熙］滋陽 4/上 31
［光緒］滋陽 9/26
孫元衡（字湘南）
（清・安徽桐城人）
［雍正］山東 27/103
［宣統］山東 76/36
［道光］濟南 38/22
［宣統］聊城耆獻文徵/下 14
［道光］新城/名宦
［民國］重修新城 11/8
新城縣鄉土志/政績－清知縣
孫百代（字牧堂，號芝村，別號約齋）
（清・蓬萊人）
［光緒］增修登州 43/2
［道光］重修蓬萊 9/20，13/傳 21
［民國］蓬萊縣志合編人物志/仕績
孫雲台（字英選）
（恩縣人）
［民國］重修恩縣 11/鄉賢 87
孫可特（元・高苑人）
［萬曆］青州 13/52
［康熙十五年］青州 13/53
［康熙六十年］青州 16/18
［咸豐］青州 42/17
［天啟］新城 8/封爵
［崇禎］新城 8/封爵
［康熙］高苑 5/1
［乾隆］高苑 5/1
孫元化（字初陽）
（明・嘉定人）
［光緒］增修登州 25/1
孫三傑（字景濂，號松石）
（明・樂安人）
［康熙］山東 42/30
［雍正］山東 28/人物三 69
［宣統］山東 161/57
［康熙十五年］青州 13/83
［康熙四十八年］青州 13/事功 67
［咸豐］青州 45/45
［雍正］樂安 12/15
［民國］樂安 10/11
［民國］續修廣饒 19/21
孫可僎（明・崇陽人）
［順治］堂邑 2/職官 10
［康熙］堂邑 10/4
孫于盤（字石齋，號樹村居士）
（清・德州人）
德州鄉土志/耆舊 47
孫正修（字咸宜）
（清・陽信人）
［民國］陽信 5/篤行 34
孫元復（字茝坪）
（清・濟寧人）
［民國］濟寧直隸州續志 15/1
孫王馮（清・無棣人）
［民國］無棣 12/4
孫雲浦（清・萊陽人）
［民國］萊陽 3/1 中 83
孫可達（金・商河人）
［萬曆］商河 7/2
［道光］商河 7/10
［民國］重修商河 8/9
孫元祺（東平人）
［民國］東平縣 11/上 23
孫雲漢（字倬章）
（恩縣人）
［民國］重修恩縣 11/鄉賢 59
孫雲逵（字漸九）
（清・樂安人）
［民國］續修廣饒 19/59
孫覃禮（字宗周）
（博山人）
［民國］續修博山 12/55
孫元清（號紫陽）
（明・壽光人）
［同治］即墨 12/12
［民國］壽光 12/人物志二 87
孫玉澤（清・莘縣人）
［光緒］莘縣 6/2
孫玉潤（字金門）
（清・莘縣人）
［乾隆］東昌 43/16
［嘉慶］東昌 32/42
［康熙十一年］莘縣 7/17
［康熙五十六年］莘縣 7/17
［光緒］莘縣 7/27
［民國］莘縣 7/15
莘縣鄉土志/事業 26
孫玉潤（莒縣人）
［民國］重修莒志 66/2
孫元道（清・黃縣人）
［同治］黃縣 9/3
［民國］黃縣志稿 13/人物－死難
孫可大（清・掖縣人）
［道光］再續掖縣上/54
孫覃喜（字慶齋）
（清・淄川人）
［宣統］三續淄川 10/30
孫玉柱（清・鄒平人）
［民國］鄒平 15/139
孫元吉（字兆祥）
（清・金鄉人）
［民國］金鄉 14/22

孫元吉(字迪甫,號曉巖)
(清・商河人)
[民國]重修商河 8/65
商河縣鄉土志 3/耆舊－學問
孫靈樞(字舜機,一作舒機)
(清・金鄉人)
[咸豐]濟寧直隸州續志 3/7
[民國]濟寧直隸州續志 14/27
[咸豐]金鄉縣志略 9/中忠義傳 4
[民國]金鄉 14/19
孫玉桓(字冠五)
(清・濰縣人)
[民國]濰縣志稿 32/6
孫丕基(字業堂)
(清・無棣人)
[民國]無棣 13/33
孫一翥(字鳳翮)
(清・陽穀人)
[光緒]陽穀 6/30
[民國]增修陽穀人物/仕宦 16
孫玉芳(字蘭卿)
(清・昌邑人)
[光緒]昌邑縣續志 6/29
孫玉蘭(字漢卿)
(清・齊東人)
[民國]齊東 5/36
孫玉樹(字光庭)
(高密人)
[民國]高密 14/上 33
孫元英(字邁千)
(清・桓臺人)
[民國]桓臺志略 3/20
[民國]桓臺 3/38
孫元相(明)
[康熙]日照 8/11
孫元相(字碩輔)
(清・諸城人)
[道光]諸城縣續志 16/1
孫爾起(字凌雲)
(清・無棣人)
[民國]無棣 12/12
孫玉起(清・定陶人)
[民國]定陶 6/68
孫玉春(陽穀人)
[民國]增修陽穀人物/仕宦 26
孫爾振(字瑞麟,號宜之)
(明・齊河人)
[道光]濟南 51/41
[雍正]齊河 8/7
[民國]齊河 25/2
齊河縣鄉土志忠義祠/19
孫丕振(字振雅)
(明・鄆城人)
[崇禎]鄆城 6/17
[康熙]鄆城 6/17
[光緒]鄆城 8/7
孫丕振(清・昌邑人)
[乾隆]昌邑 6/174
孫玉振(清・茌平人)
[民國]茌平 12/87
孫可成(字道久)
(清・無棣人)
[民國]無棣 13/29
孫天成(清・鄒平人)
[嘉慶]鄒平 15/13
[道光]鄒平 15/97
[民國]鄒平 15/97
孫一成(清・海陽人)
[光緒]海陽縣續志 4/25
孫于亶(字莊夫)
(清・德州人)
德州鄉土志/耆舊 46
孫玉成(清・莒縣人)
[民國]重修莒志 62/13
孫玉昌(清・禹城人)
[民國]禹城 6/32
孫元昌(字大山)
(清・益都人)
[康熙]山東 45/19
[咸豐]青州 46/2
[康熙]益都 9/25
[乾隆]博山 7/下 10
[民國]續修博山 12/39
孫天賜(明・臨清人)
[民國]臨清縣/人物 79
孫靈暉(北齊・長樂武強人)
[雍正]山東 28/人物一 59
[道光]濟南 46/29
[嘉慶]長山 7/1
[康熙]新城 7/4
[民國]重修新城 13/3
新城縣鄉土志/耆舊－南北朝
孫元長(明・費縣人)
[乾隆]沂州府 26/8
[康熙]費縣 7/30
[光緒]費縣 10/80
孫一脈(字六子)
(明・臨沂人)
[康熙]沂州志 5/72
[乾隆]沂州府 25/25
[民國]臨沂 9/53
孫丙陽(清・禹城人)
[民國]禹城 6/73
孫爾周(字懷東)
(清・昌邑人)
[乾隆]昌邑 5/132
[光緒]昌邑縣續志 6/1
[嘉慶]慶雲 7/31
[咸豐]慶雲 2/29
[民國三年]慶雲 1/88
孫天民(字可達)
(元・濟南人)
[道光]濟南 48/54
[乾隆]歷城 36/34
孫爾令(字德聞)
(清・安邱人)
[咸豐]青州 46/24
[民國]續安邱新志 17/1
安丘縣鄉土志 6/耆舊錄 3
孫丕益(清・濮州人)
[宣統]濮州 5/32
孫爾智(清・鄒平人)
[民國]鄒平 15/144
孫三錫(字懷萬,一字悔菴,一作晦菴)
(明・樂安人)
[咸豐]青州 46/9
[康熙]樂安縣續志上/藝文 15
[雍正]樂安 12/18,19/5
[民國]樂安 10/16,13/12
[民國]續修廣饒 19/29,24/12

孫雲錦(字羅斗)
(清・濟陽人)
[民國]濟陽 11/46
孫可銘(字緘三)
(商河人)
[民國]重修商河 7/43
孫天敘(清・莒縣人)
[民國]重修莒志 62/8
孫玉常(字月亭)
(清・安邱人)
[咸豐]青州 49/46
[道光]安邱新志 23/4
安丘縣鄉土志 6/耆舊錄 3
孫玉堂(清・壽光人)
[民國]壽光 12/人物志二 72
壽光縣鄉土志/耆舊
孫爾煐(字葵陽)
(清・諸城人)
[道光]諸城縣續志 16/2
11 孫斐(明・六合人)
[道光]濟寧直隸州 6/6 – 35
[康熙]魚臺 15/12
[乾隆]魚臺 9/35
[光緒]魚臺 2/48
孫珏(清・歷城人)
[乾隆]歷城 38/1
孫珏(字符美)
(清・臨清人)
[民國]臨清縣/人物 16
孫珂(字廷珍)
(明・福山人)
[宣統]山東 161/35
[光緒]增修登州 39/15
[康熙]福山 8/4,8/8
[乾隆]福山 8/16
[民國]福山縣志稿 7/1 – 6
孫碩(明・鄒平人)
[道光]濟南 50/4
[道光]鄒平 15/23
[民國]鄒平 15/23
孫預(明・陽曲人)
[康熙十二年]陽穀 2/15
[康熙]陽穀 2/11
[光緒]陽穀 4/2
孫孺子(清・金鄉人)
[民國]濟寧直隸州續志 14/32
[咸豐]金鄉縣志略 9/中忠義傳 6
[民國]金鄉 14/21
孫孺衡(字鍾巒)
(清・滕縣人)
[乾隆]兗州 23/82
[道光]滕縣志 9/孝義 11
12 孫璣(明・萊陽人)
[民國]萊陽 3/1 中 11
孫烈(清・高唐人)
[道光]高唐州 5/2 – 21
[光緒]高唐州 5/2 – 24
[民國]高唐縣 12/86
孫烈(清・諸城人)
[光緒]增修諸城縣續志 15/7
孫璞(明・鄒縣人)
[嘉靖]鄒縣地理誌 1/又 25
孫瑞(清・茌平人)
[宣統]茌平 13/5
[民國]茌平 3/15
孫延(明・掖縣人)
[道光]濟南 36/32
[乾隆]掖縣 3/56
[天啟]新城 6/教諭
[崇禎]新城 6/教諭
[康熙]新城 5/9
[民國]重修新城 10/16
孫登高(字鵬九,號龍飛)
(清・茌平人)
[民國]茌平 3/62
孫弘毅(字執甫)
(元)
[康熙]濟南 25/19
[道光]濟南 34/35
[康熙]淄川 4/8
[乾隆]淄川 4/8
淄川縣鄉土志/政績錄
孫登雲(明・長山人)
[道光]濟南 50/47
[康熙五十五年]長山 6/8
[嘉慶]長山 7/14
孫聯瑞(字星五,號蓉坡)
(清・濟寧人)
[民國]濟寧直隸州續志 14/6
孫廷瑗(字幼蘧,號西山)
(清・膠州人)
[民國]增修膠志 42/30
孫烈武(清・蓬萊人)
[乾隆]續登州 10/又 9
[乾隆]嶧縣 7/44
[光緒]嶧縣 19/武職 32
孫弘瑾(字公懷)
(清・淄川人)
[乾隆]淄川 5/19
孫瑞珍(字符卿,一字儲英)
(清・濟寧人)
[宣統]山東 172/31
[民國]濟寧直隸州續志 12/11
孫延秀(清・福山人)
[乾隆]福山 8/63
孫登峯(字陞高)
(清・壽張人)
[光緒]壽張 7/26
壽張縣鄉土志/耆舊 – 附忠孝祠
孫廷峨(字錫朋)
(清・陽信人)
[民國]陽信 5/文學 24
孫瑞齡(字紀堂)
(清・太平人)
[宣統]山東 200/18
[咸豐]濟寧直隸州續志 2/14
[光緒]鄒縣續志 12/上 13
[民國]續修鄒縣志稿/人物 – 耆舊
鄒縣鄉土志耆舊錄/25
孫延宗(字滋礽)
(清・嶧縣人)
[乾隆]兗州 23/68
[乾隆]嶧縣 8/34
[光緒]嶧縣 21/孝友 4
孫廷禎(清・鑲紅旗人)
[康熙]東平州續志 4/2
孫聯禧(清・臨清人)
[民國]臨清縣/人物 85
孫通(明・鄒縣人)
[嘉靖]鄒縣地理誌 1/又 25

孫延洞（明・萊陽人）
［民國］萊陽3/1中21
孫發祥（字明徵）
（清・滕縣人）
［道光］滕縣志9/孝義3
滕縣鄉土志/29
孫延祚（明・博平人）
［康熙］博平3/61
博平縣鄉土志/耆舊－事業
孫延祚（明・青城人）
［乾隆］武定府26/10
［咸豐］武定府26/義行10
［乾隆］青城8/10
［民國］青城續修4/人物21
孫延壽（字子容，號柳溪）
（明・博山人）
［康熙］益都11/57
［乾隆］博山7/下8
［民國］續修博山12/37
孫廷樞（字星甫）
（清・博山人）
［民國］續修博山12/53
孫廷桂（清・順天大興監生）
［光緒］嶧縣19/職官下21
孫廷芝（字銅池，號尚山）
（清・平度人）
［民國］平度縣續志8/11
平度鄉土志4下/學問
孫廷坤（清・新城人）
［宣統］新城縣後志3/耆壽
孫聯槐（字蔭三）
（清・濟寧人）
［民國］濟寧直隸州續志14/6
孫廷相（字霖蒼）
（清・濟寧人）
［道光］濟寧直隸州8/4－23
孫弘敬（字毅公）
（清・樂安人）
［康熙四十八年］青州15/卓行15
［康熙六十年］青州18/14
［咸豐］青州49/15
［雍正］樂安12/26
［民國］續修廣饒19/41
孫延略（字繩武）
（清・朝城人）
［民國］濟寧直隸州續志10/51
［民國］朝城縣續志1/28，1/35
孫孔辰（字天樞）
（清・嶧縣人）
［光緒］嶧縣21/耆舊17
孫廷長（明・禹城人）
禹城縣鄉土志/12
孫延長（字恒吾）
（明・禹城人）
［道光］濟南52/6
［嘉慶］禹城9/7
［民國］禹城6/6
孫延脈（明・費縣人）
［乾隆］沂州府26/5
［康熙］費縣7/31
［光緒］費縣10/81
孫廷會（清・汶上人）
［宣統］四續汶上稿/人物－耆德傳
孫廷美（字殿華）
（清・茌平人）
［民國］茌平3/102
孫廷鍾（字琰仲）
（清・博山人）
［康熙］顏神鎮志4/下9
孫廷鐸（字道宣，號煙蘿）
（清・博山人）
［宣統］山東175/23
［咸豐］青州46/39
［康熙］顏神鎮志4/下7
［乾隆］博山志稿/22
［乾隆］博山6/下12
［民國］續修博山12/21
孫廷錫（字文田）
（清・博山人）
［乾隆］博山7/下1
［民國］續修博山12/1
孫廷銘（號介庵）
（清・東平人）
［道光］濟南38/37
［道光］臨邑7/29
［同治］臨邑7/33
孫登第（字九齡）
（清・遼東人）
［民國］壽光16/28
孫廷銓（字道相，一字枚先，亦字沚亭）
（清・博山人）
［康熙］山東42/32
［雍正］山東28/人物四7
［宣統］山東175/1
［康熙四十八年］青州13/事功77
［康熙六十年］青州16/39
［咸豐］青州46/5
［康熙］顏神鎮志4/下4
［乾隆］博山志稿/20
［乾隆］博山6/上6
［民國］續修博山11/10
孫延策（清・朝城人）
［民國］朝城縣續志1/28，1/35
孫延籌（清・棲霞人）
［光緒］棲霞縣續志7/義行5
13 孫琮（清・昌邑人）
［乾隆］昌邑5/145
孫琮（清・蒲臺人）
［光緒］重修蒲臺3/2
蒲臺縣鄉土志/13
孫琬（字姬玉）
（清・歷城人）
［乾隆］歷城38/1
孫武（春秋・齊人）
［至元］齊乘6/6
［嘉靖］山東28/4
［康熙］山東38/4
［嘉靖］青州15/43
［萬曆］青州15/17
［康熙十五年］青州15/17
［康熙四十八年］青州15/武功4
［康熙六十年］青州16/43
［民國］臨淄21/41
孫玧（字玉耳）
（明・平陰人）
［宣統］山東161/50
14 孫瓀美（字廷璽）
（清・滕縣人）
［道光］滕縣志9/孝義35

孫珪(宋・北海人)
[萬曆]濰縣 9/5
[康熙]濰縣 5/人物 11
孫珪(明・福山人)
[光緒]增修登州 39/15
[康熙]福山 8/8
[乾隆]福山 8/16
孫瑾(明・棲霞人)
[道光]濟南 72/21
[光緒]增修登州 41/30
[康熙]棲霞 6/16
[乾隆]棲霞 7/7
孫琳(清・費縣人)
[光緒]費縣 11/58
孫琪(宋・博平人)
[正德]博平 4/61
孫琪(字國璞)
(元・寧海人)
[光緒]增修登州 38/16
[同治]重修寧海州 17/5
[民國]牟平 7/8,9/87
孫琦(字次韓)
(濰縣人)
[民國]濰縣志稿 29/37
孫瑛(明・觀城人)
[康熙]觀城 4/7
孫瑛(字白華)
(清・陵縣人)
[光緒]陵縣 19/人物傳二 28
孫瓚(明・昌邑人)
[康熙]昌邑 6/4
孫瓚(明・福山人)
[康熙]福山 8/4
[乾隆]福山 8/6
孫瓚(字實器)
(明・棲霞人)
[康熙]棲霞 6/15
[乾隆]棲霞 7/6
孫瓚(字邦珍,號新宇)
(明・壽張人)
[康熙]張秋志 7/24
[康熙六年]壽張 7/又 16
[康熙五十六年]壽張 7/18
[光緒]壽張 6/50
壽張縣鄉土志/耆舊－事業
[民國]增修陽穀人物/仕宦 6
孫瓚(明・陽穀人)
[康熙十二年]陽穀 3/7
[康熙]陽穀 3/6
[民國]增修陽穀人物/仕宦 3
15 **孫璉**(字國用)
(明・鄒平人)
[道光]濟南 50/3
[順治]鄒平 5/19,5/20
[康熙]鄒平 5/18
孫璉(清・商河人)
[民國]重修商河 8/79
孫珅(字荊玉,別字黌岩)
(清・淄川人)
[乾隆]淄川 6/上 80
孫建文(字書堂)
(清・高苑人)
高苑縣鄉土志/耆舊
孫建偉(字子英)
(牟平人)
[民國]牟平 7/109
孫建白(清・鉅野人)
[民國]續修鉅野 5/上 11
孫建宗(字毓祺)
(清・歷城人)
[雍正]山東 28/人物四 7
[宣統]山東 169/1
[道光]濟南 53/1
[乾隆]歷城 38/1
孫建泰(字斗凝)
(清・嶧縣人)
[乾隆]兗州 23/61
[乾隆]嶧縣 8/31
[光緒]嶧縣 21/孝友 3
孫建邦(清・朝城人)
[民國]朝城縣續志 1/27
孫建策(字梓芳)
(清・歷城人)
[民國]續修歷城 40/34
16 **孫環**(字廷振)
(明・山陽人)
[康熙]曹州志 7/53
[光緒]菏澤 7/宦蹟 21
[光緒]新修菏澤 8/17
孫聖和(清・無棣人)
[民國]無棣 13/20
孫碧峰(字曉峩)
(清・濮州人)
[宣統]濮州 6/11
孫殫修(清・臨沂人)
[乾隆]沂州府 26/23
[民國]臨沂 10/16
孫珀齡(清・淄川人)
[乾隆]淄川 5/7
17 **孫弼**(明・淄川人)
[乾隆]東昌 34/9
[嘉慶]東昌 21/28
[康熙]重修清平下/11
[嘉慶]清平 13/6
[宣統]增輯清平 11/5
[民國]清平/秩官 35
孫琛(清・即墨人)
[乾隆]即墨 9/33
[同治]即墨 9/49
即墨縣鄉土志/耆舊－事業四
孫瑚(字景夏)
(清・諸城人)
[乾隆]諸城 33/12
孫忌(一名鳳,又名晟)
(南唐・高密人)
[乾隆]高密 8/上補遺 1
[光緒]高密 8/上補遺 1
[民國]高密 14/上 90
孫玖(清・淄川人)
[乾隆]淄川 5/又 53－1
孫珉(字宗理)
(明・齊東人)
[康熙]濟南 37/5
[道光]濟南 51/45
[康熙]新修齊東 6/6
[民國]齊東 5/3
齊東縣鄉土志/耆舊錄 16
孫珊(一名瑚,字赤生)
(清・招遠人)
[道光]招遠縣續志 3/15
孫邵(字長緒)
(三國・北海人)
[宣統]山東 154/27
[民國]濰縣志稿 20/4,27/2
孫瑤(宋・博平人)

［正德］博平 4/61
孫瑤（字懷玉）
（清・淄川人）
［康熙］淄川 6 下/3
［乾隆］淄川 6/下 3
孫翼（清・蓬萊人）
［光緒］增修登州 38/19
孫承慶（明・禹城人）
［道光］濟南 52/9
［康熙］禹城 5/19
［嘉慶］禹城 9/12
［民國］禹城 6/10
禹城縣鄉土志/15
孫乃斌（字叔玩）
（清）
［光緒］嶧縣 21/文苑 5
孫子經（清・陽穀人）
［光緒］陽穀 9/6
［民國］增修陽穀人物/仕宦 20
孫承紱（字麟章）
（清・高密人）
［民國］高密 14/上 85
孫承德（明・青城人）
［萬曆］青城 1/69
［乾隆］青城 8/9
孫承科（明・德州人）
［道光］濟南 52/45
［乾隆］德州 9/31
［民國］德縣 11/1
孫承科（明・高唐人）
［康熙十二年］高唐州 9/2
［民國］高唐縣 9/5－8
孫孟德（漢・樂安人）
［康熙四十八年］青州 14/孝友 3
孫孟偉（清・莘縣人）
［民國］莘縣 6/10
孫孟和（字節之）
（明・商河人）
［雍正］山東 28/人物三 24
［宣統］山東 160/23
［康熙］濟南 37/7
［乾隆］武定府 23/16
［咸豐］武定府 23/名臣 16,35/誌銘 4
［萬曆］商河 7/4,10/63
［道光］商河 7/5,8/下 6
［民國］重修商河 8/4,13/5
商河縣鄉土志 3/耆舊－學問
孫承漢（字雲橋）
（長清人）
［民國］長清 12/27
孫承祖（字奕修）
（清・濟寧人）
［乾隆］濟寧直隸州 27/18
［道光］濟寧直隸州 8/3－23
孫承瀚（字學海）
（清・嶧縣人）
［光緒］嶧縣 21/鄉賢 76
孫召南（字次鳳）
（清・海陽人）
［光緒］海陽縣續志 5/23
孫子才（字仲傑，號靜齋）
（清・高唐人）
［民國］高唐縣 12/20,15/85
孫予韓（字紹黎）
（清・單縣人）
［乾隆］單縣 7/24
［民國］單縣 9/60
孫酈東（清・鄆城人）
［光緒］鄆城 5/37
鄆城縣鄉土志/耆舊錄－事業
孫孟舉（明・商河人）
［道光］商河 7/5
［民國］重修商河 8/4
孫子全（清・新城人）
［宣統］新城縣後志 3/耆壽
孫子策（清・陽穀人）
［光緒］陽穀 9/6
孫承榮（號震南）
（明・南直長洲人）
［宣統］山東 70/26
［康熙］濟南 24/26
［道光］濟南 35/35
［崇禎］武定州 7/19,15/23
［乾隆］武定府 16/10
［咸豐］武定府 19/10
［乾隆］惠民 5/19
［光緒］惠民 18/11
惠民縣鄉土志/政績錄 6
18 **孫玠**（號石窗）
（明・朝城人）
［康熙］朝城 8/11,9/29
孫瑜（字叔禮）
（宋・博平人）
［嘉靖］山東 26/11,31/20
［康熙］山東 33/14,41/17
［雍正］山東 28/人物二 32
［宣統］山東 162/27
［萬曆元年］兗州 38/循吏 30
［萬曆二十四年］兗州 28/6
［康熙］兗州 22/6
［萬曆］東昌 19/37
［乾隆］東昌 37/13
［嘉慶］東昌 27/12
［乾隆］曹州府 12/10
［正德］博平 4/61
［康熙］博平 3/50
［道光］博平 4/15
［隆慶］單縣上/31
［康熙］單縣 6/7
［乾隆］單縣 4/52
［民國］單縣 6/宦蹟 11
［民國］濰縣志稿 20/8
孫瑜（字廷璧）
（明・文登人）
［光緒］文登 8/下 1
孫玫（元）
［順治］嘉祥 3/37
［乾隆］嘉祥 2/45
［光緒］嘉祥 2/62
19 **孫璘**（字良玉）
（明・濰縣人）
［民國］濰縣志稿 27/30
孫琰（明・福山人）
［光緒］增修登州 39/15
［康熙］福山 8/8
［乾隆］福山 8/16
孫琰齡（字禹年）
（清・淄川人）
［康熙］淄川 5/26
［乾隆］淄川 5/25,6/上 19
淄川縣鄉土志/耆舊錄－孝友
［乾隆］博山 7/上 16

［民國］續修博山 11/28
20 孫采（明・福山人）
［康熙］福山 8/17
［乾隆］福山 8/45
孫鯨（字海巢）
（明・無棣人）
［民國］無棣 12/1
孫位（字立人）
（清・莒縣人）
［民國］重修莒志 65/8
孫依（明・昌邑人）
［康熙］昌邑 6/35
［乾隆］昌邑 6/167
孫信章（清・鄆城人）
［光緒］鄆城 5/27
鄆城縣鄉土志/耆舊錄－事業
孫維誠（清・福山人）
［民國］福山縣志稿 7/4－9
孫雝詒（字仕豐，號繹菴）
（清・滕人）
［康熙］滕縣志 7/94
孫維詩（清・黃縣人）
［同治］黃縣 9/28
孫維謙（見孫惟謙）
孫集瑨（清・臨邑人）
［同治］臨邑 9/忠藎 6
孫維統（字衡甫）
（清・臨清人）
［民國］臨清縣/人物 10
孫維貞（明・棲霞人）
［康熙］棲霞 6/16
［乾隆］棲霞 7/7
孫愛山（清・平原人）
［民國］續修平原 6/20
孫維德（清・黃縣人）
［同治］黃縣 9/28
孫秉彝（明・棲霞人）
［光緒］增修登州 43/20
［康熙］棲霞 6/16
［乾隆］棲霞 7/7
孫維倫（清・無棣人）
［民國］無棣 13/21
孫維宸（字子襄）
（清・歷城人）
［道光］濟南 53/2
［乾隆］歷城 38/2
孫秉治（字鑑堂）
（清・平陰人）
［光緒］平陰 4/42
孫維演（清・莒人）
［乾隆］沂州府 26/13
［康熙］莒州下/43
［雍正］莒州 9/31
［嘉慶］莒州 9/27
［民國］重修莒志 62/2
孫維檀（字香車）
（清・金鄉人）
［民國］濟寧直隸州續志 13/7
［民國］金鄉 13/續增 1
孫秉樞（明・青城人）
［乾隆］武定府 25/19
［咸豐］武定府 25/孝友 19
［乾隆］青城 8/8
［民國］青城續修 4/人物 20
孫維城（字宗甫）
（明・丘縣人）
［康熙］山東 41/27
［雍正］山東 28/人物三 48
［宣統］山東 159/29
［乾隆］東昌 39/16
孫喬林（字蔭南）
（清・昌邑人）
［光緒］昌邑縣續志 6/24
孫喬林（清・鉅野人）
［民國］續修鉅野 5/上 11
孫維棟（字珍夏）
（清・平度人）
［民國］平度縣續志 7/34
孫秉均（清・淄川人）
［宣統］三續淄川 9/83
孫爲檢（字敬中）
（清・諸城人）
［道光］諸城縣續志 20/1
孫維壁（字宿來，號牖民）
（濟寧人）
［民國］濟寧縣 3/18，3/87
孫秉岳（字于詢）
（清・諸城人）
［道光］諸城縣續志 19/2
孫重光（號驪山）
（明・無棣人）
［康熙］濟南 40/7
［乾隆］武定府 24/20
［咸豐］武定府 24/循良 10
［康熙］海豐 10/9
海豐縣鄉土志/耆舊－事業
［民國］無棣 11/2
21 孫經（字秉哲）
（清・嶧縣人）
［光緒］嶧縣 21/孝友 13
孫秠（字五粒）
（明・淄川人）
［康熙］淄川 5/15
孫仁（明・貴池人）
［道光］濟寧直隸州 6/6－50
孫儒（字東渠）
（明・黃縣人）
［光緒］增修登州 43/8
［民國］黃縣志稿 13/明
孫順（原名王順）
（明・息縣人）
［萬曆］諸城 4/43
孫衍（字宰工，號醒碞）
（清・浙江嘉善人）
［宣統］山東 75/13
［道光］濟南 38/20
［康熙五十五年］長山 3/40
［嘉慶］長山 5/48
長山縣鄉土志/政績錄
孫虞（字子乘）
（漢・東武人）
［嘉靖］青州 15/21
［萬曆］青州 13/6
［康熙十五年］青州 13/6
［康熙四十八年］青州 13/經師 1
［康熙六十年］青州 15/2
［咸豐］青州 38/6
［萬曆］諸城 7/1
［康熙］諸城 7/1
［乾隆］諸城 35/1
諸城縣鄉土志/上 23
孫貞（清・北直新河選貢）
［乾隆］嶧縣 7/29
孫倬（明・博平人）
［正德］博平 4/64

孫衍慶(明・魚臺人)
[康熙]兖州續編 15/10
[乾隆]兖州 23/43
[乾隆]濟寧直隸州 27/32
[道光]濟寧直隸州 8/2-56
[康熙]魚臺 17/5
[乾隆]魚臺 11/22
[光緒]魚臺 3/13
孫上一(清・濮州人)
[宣統]濮州 6/96
孫步班(字蓮房)
(清)
[光緒]嶧縣 21/文苑 5
孫師孔(明・安肅人)
[萬曆]濮州 3/名宦 35
孫貞發(字鴻章,號靜菴)
(清・淄川人)
[乾隆]淄川 5/48
孫仁傑(金)
[乾隆]即墨 9/8
[同治]即墨 9/8
即墨縣鄉土志/耆舊-事業二
孫巘嶇(字奠安)
(清・金鄉人)
[民國]金鄉 14/6
孫步瀛(字仙洲)
(清・嶧縣人)
[光緒]嶧縣 21/耆舊 15
孫占福(清・掖縣人)
[民國]四續掖縣 4/67
孫仁華(清・濰縣人)
[乾隆]海陽 5/11
孫止孝(字敬止)
(明・歷城人)
[道光]濟南 49/41
[崇禎]歷城 10/18
[乾隆]歷城 41/8
孫儒忠(字澤寰)
(明・樂安人)
[康熙]山東 45/18
[康熙十五年]青州 15/53
[康熙四十八年]青州 15/義民 21
[康熙六十年]青州 18/13
[咸豐]青州 45/37
[康熙]樂安縣續志上/貤封 1
[雍正]樂安 12/14
[民國]樂安 10/10
[民國]續修廣饒 19/20
孫占甲(字右乙)
(清・茌平人)
[民國]茌平 3/103
孫儒卿(字彥臣)
(清・平度人)
[民國]平度縣續志 7/10
平度鄉土志 4 上/鄉賢
孫仁鑑(金)
[乾隆]即墨 9/8
[同治]即墨 9/8
即墨縣鄉土志/耆舊-事業二
孫肯堂(清・臨淄人)
[民國]臨淄 25/39
[光緒]重修蒲臺 2/18
孫肯堂(清・河南原武舉人)
[光緒]德平 5/17
22 **孫鼎**(清・鄒平人)
[道光]鄒平 15/102
[民國]鄒平 15/102
孫繼(字曰可,號書臺)
(清・德州人)
[宣統]山東 169/21
[道光]濟南 56/71
[乾隆]德州 9/35
州乘餘聞/8
[民國]德縣 10/23
德州鄉土志/耆舊 30
孫巒(字景崑)
(清・嶧縣人)
[光緒]嶧縣 21/孝友 12
孫鸞(清・文登人)
[雍正]文登 8/8
[道光]文登 5/17
孫嶔(字奇峯)
(清・黃縣人)
[光緒]增修登州 43/13
[同治]黃縣 8/17
[民國]黃縣志稿 13/清懿行
孫綎(明・濱州人)
[康熙]濱州 7/24
[咸豐]濱州 10/厚德 2
濱州鄉土志/耆舊錄
孫崧(漢)
[萬曆]濰縣 8/6
孫嵩(字賓碩)
(漢・安邱人)
[至元]齊乘 6/13
[嘉靖]山東 32/5
[雍正]山東 28/人物一 21
[宣統]山東 166/3
[嘉靖]青州 15/52
[萬曆]青州 15/44
[康熙十五年]青州 15/44
[康熙四十八年]青州 15/卓行 4
[康熙六十年]青州 18/11
[咸豐]青州 38/16
[萬曆]安丘 23/37
安丘縣鄉土志 4/耆舊錄 1
[康熙]濰縣 5/人物 3
[乾隆]濰縣 4/20
孫巍(字尚南)
(清・牟平人)
[民國]牟平 7/107
孫巖(明・曹縣人)
[康熙]曹縣 11/6
孫邕(三國・濟南人)
[道光]濟南 45/35
孫樂(明・福山人)
[光緒]增修登州 39/15
[康熙]福山 8/8
[乾隆]福山 8/17
孫樂(清・萊陽人)
[民國]萊陽 3/1 中 65
孫樂(字韶章)
(清・嶧縣人)
[光緒]嶧縣 21/耆舊 12
孫繼充(字佩實)
(清・東平人)
[光緒]東平州 15/中 10
[民國]東平縣 11/上 33
孫繼慶(元・東平人)
[嘉靖]山東 26/17
[康熙]山東 33/20
[宣統]山東 161/22
[萬曆元年]兖州 38/循吏 40

[萬曆二十四年]兗州 28/21
[康熙]兗州 22/20
[乾隆]兗州 22/17
[萬曆]汶上 5/2
孫鼎玉(字實甫)
(清・益都人)
[光緒]益都縣圖志 41/26
孫繼元(清・萊陽人)
[光緒]增修登州 44/4
[光緒]海陽縣續志 4/25,5/10
[民國]萊陽 3/1 中 53
孫綬璋(字麗泉)
(清・萊陽人)
[民國]萊陽 3/1 中 90
孫崇山(字竹亭)
(清・金鄉人)
[民國]金鄉 13/續增 7
孫崇德(明・蒙陰人)
[康熙十一年]蒙陰 2/15
孫崇實(字月川)
(清・萊陽人)
[乾隆]泰安府 15/36
[乾隆二十五年]泰安縣 10/35
[乾隆四十七年]泰安縣 8/32
[道光]泰安縣 10/9
[民國]重修泰安縣 6/62
孫繼宗(字光輔)
(明・鄒平人)
[道光]濟南 50/3
[順治]鄒平 5/15
[康熙]鄒平 5/16
[嘉慶]鄒平 15/37
孫繼宗(清・費縣人)
[光緒]費縣 11/42
孫繼祖(號月溪)
(明・聊城人)
[康熙]聊城 3/30
孫崇壇(字仲唫)
(清・博山人)
[民國]續修博山 12/5
孫胤奇(明・浙江仁和舉人)
[民國]重修新城 10/11
孫崇坫(字康甫)
(清・博山人)
[民國]續修博山 12/51
孫崇垣(字東掖,號星舫)
(清・博山人)
[民國]續修博山 9/24,12/8
孫崇基(字樂只)
(清・博山人)
[民國]續修博山 12/7
孫出聲(字振鐸)
(明・濰縣人)
[民國]濰縣志稿 29/7
孫繼翰(字蔭南)
(清・商河人)
[民國]重修商河 8/25
孫豐春(字華堂)
(清・齊河人)
[民國]齊河 32/86
孫胤泰(字美垣)
(明・濟寧人)
[康熙]濟寧州 7/31
[乾隆]濟寧直隸州 27/6
[道光]濟寧直隸州 8/4-31
孫樂春(字熙如)
(清・長清人)
[民國]長清 13/14
孫鼎昌(字新之)
(清・博山人)
[乾隆]博山 7/下 12
[民國]續修博山 12/40
孫繼昌(字克大)
(清・寧陽人)
[乾隆]寧陽 7/文苑 3
[咸豐]寧陽 13/23
[光緒]寧陽 13/24
孫繼陛(明・直隸桐城人)
[崇禎]鄆城 4/13
[康熙]鄆城 4/9
[光緒]鄆城 6/8
孫繼鏞(明・昌邑人)
[康熙]昌邑 6/35
[乾隆]昌邑 6/165
孫繼善(明・臨清人)
[乾隆]東昌 42/19
[康熙]臨清州 3/人物 17
[乾隆]臨清州 9/50
[乾隆]臨清直隸州 8/上 39
[民國]臨清縣/人物 50
孫繼善(字性初)
(清・即墨人)
[同治]即墨 9/38
即墨縣鄉土志/耆舊-事業四
孫繼鑲(明・昌邑人)
[康熙]昌邑 6/35
[乾隆]昌邑 6/165
23 **孫傅**(字聖求,又字伯野)
(宋・泰安人)
[乾隆二十五年]泰安縣 12/12
[乾隆四十七年]泰安縣 10/上 15
[道光]泰安縣 9/上 65
[民國]重修泰安縣 8/16
泰安縣鄉土志/耆舊 23
孫俊(明)
[康熙十二年]陽穀 2/14
孫峻(明・江南高郵人)
[咸豐]青州 36/13
[康熙]壽光 20/3
[嘉慶]壽光 10/24
[民國]壽光 6/13
孫巘(字方岩)
(清・嶧縣人)
[乾隆]嶧縣 8/47
[光緒]嶧縣 21/耆舊 7
孫允武(字遴子)
(清・鉅野人)
[道光]鉅野 13/69
孫獻珍(字重三,號秋谷)
(清・嶧縣人)
[乾隆]嶧縣 10/下 12
[光緒]嶧縣 21/宦績 11,24/14
孫伏伽(唐・貝州武城人)
[嘉靖]山東 31/11
[康熙]山東 41/9
[雍正]山東 28/人物二 2
[宣統]山東 156/2
[萬曆]東昌 19/18
[乾隆]東昌 36/28
[嘉靖]武城 7/54
[順治]武城 2/10
[乾隆]武城 10/15
武城縣鄉土志略/耆舊錄
孫俊侯(字錫蕃)
(清・長清人)

[民國]長清 11/31
孫俊寀(字協恭)
(清·陽穀人)
[光緒]陽穀 6/30
[民國]增修陽穀人物/仕宦 16
孫允吉(清·臨淄人)
[民國]臨淄 28/7
孫允奇(字永錫)
(明·寧陽人)
[咸豐]寧陽 13/51
[光緒]寧陽 13/63
孫岱岳(字魯青)
(清·諸城人)
[道光]諸城縣續志 20/2
孫獻恪(字有三)
(清·嶧縣人)
[光緒]嶧縣 21/耆舊 8
24 孫紘(明·浙江鄞縣人)
[嘉靖]山東 27/18
[萬曆]萊州 5/76
[康熙]萊州 8/54
[乾隆]萊州 9/23
[康熙]膠州 5/11
[乾隆]膠州 4/9
[道光]重修膠州 22/2
[民國]增修膠志 17/2
孫佶(明·睢州人)
[道光]濟寧直隸州 6/6-37
[康熙]魚臺 15/15
[乾隆]魚臺 9/39
[光緒]魚臺 2/49
孫佳(清·城武人)
[康熙四十一年]城武 5/上懿行 13
[道光]城武 9/下 16
孫佳(清·陽穀人)
[光緒]陽穀 6/29
孫什(唐·禹城人)
[嘉慶]禹城 9/23
[民國]禹城 6/19
孫偉(元·萊陽人)
[光緒]增修登州 38/15
[民國]萊陽 3/1 中 51
孫偉(明·萊陽人)
[民國]萊陽 3/1 中 14

孫先(元·高苑人)
[康熙]高苑 5/9
[乾隆]高苑 5/16
孫休(明·昌邑人)
[康熙]昌邑 6/35
[乾隆]昌邑 6/165
孫緒(明·陝西安定人)
[順治]樂陵 4/4
[乾隆]樂陵 4/50
孫緒(字汝光)
(明·泰安人)
[康熙]濟南 47/14
[康熙]泰安州 3/33
[乾隆二十五年]泰安縣 12/17
[民國]重修泰安縣 8/32
孫緒(明·沂水人)
[萬曆]青州 14/17
[康熙十五年]青州 14/17
[康熙四十八年]青州 14/孝友 7
[康熙六十年]青州 17/12
[乾隆]沂州府 26/11
[康熙]沂水 5/1
[道光]沂水 7/24
孫佑(宋·北海人)
[民國]濰縣志稿 27/28
孫積(宋·寧海人)
[同治]重修寧海州 17/2
孫纘(字煥哲,號桐蘿)
(清·朝城人)
[康熙]朝城 8/9
[民國]朝城縣續志 2/25
孫佐(明·浙江山陰舉人)
[天啟]新城 6/教諭
[崇禎]新城 6/教諭
[民國]重修新城 10/15
孫化麟(清·鄒平人)
[康熙]鄒平 6/4,7/35
[嘉慶]鄒平 15/10
[道光]鄒平 15/94
[民國]鄒平 15/94
孫德璋(字明誠)
(清·掖縣人)
[民國]四續掖縣 4/68
孫贊元(字函三)

(清·淄川人)
[康熙]淄川 6/13
[乾隆]淄川 6/上 13
孫儲秀(字應宸,號竹泉)
(明·鄒平人)
[嘉慶]鄒平 9/36
[道光]鄒平 9/36
孫德信(清·益都人)
[光緒]益都縣圖志 40/8
孫峙崿(清·金鄉人)
[咸豐]金鄉縣志略 9/中列傳二 16
孫德澄(明·昌邑人)
[康熙]昌邑 6/35
[乾隆]昌邑 6/166
孫德淵(字資深)
(金·興中州人)
[嘉靖]山東 25/7
[康熙]山東 31/8
[雍正]山東 27/46
[宣統]山東 69/1,69/11
[康熙]濟南 24/14
[道光]濟南 34/13
[萬曆二十四年]兗州 28/12
[康熙]兗州 22/12
[萬曆]東昌 18/25
[乾隆]東昌 33/21
[嘉慶]東昌 20/33
[萬曆]滕志 6/59
[康熙]滕志 6/29
[康熙]滕縣志 6/宦業 27
[道光]滕縣志 6/宦績 20
[光緒]益都縣圖志 17/7
[宣統]重修恩縣 6/47
[民國]重修恩縣 10/63
孫德禮(清·黃縣人)
[同治]黃縣 9/3
[民國]黃縣志稿 13/人物-死難
孫纘祖(字于萬)
(清·歷城人)
[宣統]山東 169/28
[道光]濟南 53/1
[乾隆]歷城 38/1
孫化祥(清·費縣人)
[光緒]費縣 8/14

孫德博(清・蒲臺人)
蒲臺縣鄉土志/16
孫德懋(清・鄒平人)
[民國]鄒平 15/135
孫德昌(字時亨,號亨軒)
(明・禹城人)
[康熙]濟南 41/17
[道光]濟南 52/3
[康熙]禹城 5/16
[嘉慶]禹城 9/4
[民國]禹城 6/3
禹城縣鄉土志/11
孫化愚(號養真)
(明・滕縣人)
[康熙]滕志 7/78
[康熙]滕縣志 7/70
[道光]滕縣志 9/隱逸 7
孫德驤(字道揚)
(清・費縣人)
[光緒]費縣 11/25
孫升長(字允甫,號荊溪)
(清・蓬萊人)
[光緒]增修登州 39/6
[道光]重修蓬萊 9/22,13/傳 16
[民國]蓬萊縣志合編人物志/仕績
孫化鳳(字鳴岐)
(清・淄川人)
[宣統]三續淄川 10/30
孫緒鋇(清・朝城人)
[民國]朝城縣續志 1/35
孫德懷(字維凝)
(清・東平人)
[光緒]東平州 15/下 48
[民國]東平縣 11/下 18
孫仕堂(字連升)
(清・無棣人)
[民國]無棣 13/16
海豐縣鄉土志/耆舊-事業六
25 **孫傳**(明・昌邑人)
[康熙]昌邑 6/35
[乾隆]昌邑 6/166
孫純(清・諸城人)
[光緒]增修諸城縣續志 17/4
孫健(字用純,號毅所)
(明・浙江餘姚人)
[宣統]山東 72/45
[萬曆]東昌 18/38
[乾隆]東昌 34/21
[嘉慶]東昌 22/12
[萬曆]冠縣 2/6,6/41
[道光]冠縣 6/26,9/49
[光緒]冠縣 6/宦績,9/38
[民國]冠縣 6/36,9/49
孫健(字天行)
(清・陽穀人)
[民國]增修陽穀人物/善行 39
孫傑(清・汶上人)
[宣統]四續汶上稿/人物-耆德傳
孫倩(明・諸城人)
[康熙]諸城 7/42
[乾隆]諸城 40/2
孫甡(明・昌邑人)
[康熙]昌邑 6/35
[乾隆]昌邑 6/165
孫甡(字生生)
(清・金鄉人)
[民國]濟寧直隸州續志 14/9
[民國]金鄉 14/8
孫生(明・鄒平人)
[嘉慶]鄒平 15/7
孫仲(明・昌邑人)
[康熙]昌邑 6/35
[乾隆]昌邑 6/165
孫積慶(明・昌邑人)
[康熙]昌邑 6/35
[乾隆]昌邑 6/167
孫仲采(字伊光)
(清・濰縣人)
[民國]濰縣志稿 32/3
孫純仁(字范如)
(清・莘縣人)
[光緒]莘縣 6/27
[民國]莘縣 6/21
孫仲德(字崇本,號東溟)
(明・牟平人)
[民國]牟平 7/107,9/22
孫純修(清・招遠人)
[光緒]增修登州 43/26
孫傳游(字道南)
(清・肥城人)
[光緒]肥城 9/16
肥城縣鄉土志 5/29
孫生蓀(字節仲)
(清・博山人)
[乾隆]博山 7/下 14
[民國]續修博山 12/41
孫仲英(宋・臨淄人)
[至元]齊乘 6/24
孫仲成(明・北直宣府人)
[道光]濟南 36/60
孫傑卿(字英臣)
(清・平度人)
[民國]平度縣續志 7/14
孫積糧(明・平度人)
[道光]重修平度州 18/21
平度鄉土志 4 上/鄉賢
孫積榮(字仁庵)
(清・福山人)
[民國]福山縣志稿 7/4-7
26 **孫伯龍**(字宗海)
(清・平陰人)
[光緒]平陰 5/又 16
孫得玉(清・濰縣人)
[康熙]濰縣 5/孝行 1
[乾隆]濰縣 4/22
[民國]濰縣志稿 31/5
濰縣鄉土志/21
孫保廷(清・鄒縣人)
[光緒]鄒縣續志 12/中 1
鄒縣鄉土志耆舊錄/26
孫自務(字樹本)
(清・安丘人)
[宣統]山東 175/35
[咸豐]青州 49/10
[道光]安邱新志 19/4
安丘縣鄉土志 9/耆舊錄 6
孫自然(明・高苑人)
[道光]濟南 36/14
[康熙]章丘 4/27
[乾隆]章邱 7/6
[道光]章邱 9/10

章邱縣鄉土志/上 6
孫伯齡(清・淄川人)
[康熙]淄川 5/7
孫綿之(字蔓宇)
(清・齊河人)
[民國]齊河 27/14
孫和相(字調鼐)
(清・諸城人)
[咸豐]青州 49/9
[道光]諸城縣續志 16/1
孫自成(明・歷城人)
[道光]濟南 49/37
[乾隆]歷城 37/43
孫自成(清・城武人)
[道光]城武 14/2
27 **孫甸**(明・萊陽人)
[民國]萊陽 3/1 中 16
孫侗(明・昌邑人)
[康熙]昌邑 6/35
[乾隆]昌邑 6/165
孫侗(字溪南)
(清・福山人)
[民國]福山縣志稿 7/6－1
孫綱(明・歸安人)
[民國]無棣 9/7
海豐縣鄉土志/政績
孫魯(清・莒縣人)
[民國]重修莒志 66/6
孫絡(字伯連,一作伯聯)
(清・博山人)
[咸豐]青州 49/23
[民國]續修博山 12/8
孫繩(明・鄒平人)
[道光]濟南 50/17
[康熙]鄒平 6/6
[嘉慶]鄒平 15/12
[道光]鄒平 15/94
[民國]鄒平 15/94
孫繩(清・臨淄人)
[宣統]山東 175/22
[民國]臨淄 23/14
孫甸(明・萊陽人)
[康熙]山東 43/4
[雍正]山東 28/人物三 50
[宣統]山東 160/32
[泰昌]登州 11/16
[順治]登州 16/22
[光緒]增修登州 39/28
[康熙]萊陽 8/13
[民國]萊陽 3/1 中 17,3/3
上傳志上 8
孫嶼(明・定遠人)
[康熙]嶧縣 3/27
[乾隆]嶧縣 7/11
[光緒]嶧縣 19/職官下 4
孫僎(明・壽光人)
壽光縣鄉土志/耆舊
孫僎(字相賓)
(清・掖縣人)
[光緒]三續掖縣 2/6
孫紹文(字維新)
(清・益都人)
[光緒]益都縣圖志 46/3
孫叔方(字立之,號靜涵)
(清・掖縣人)
[光緒]三續掖縣 2/4
孫叔康(清・陽穀人)
[民國]增修陽穀人物/仕宦
18,人物/文苑 4
孫叔諧(字和叔,號虞成)
(清・泰安人)
[乾隆]泰安府 17/50
[光緒]平陰 5/10
孫彝訓(字銘庭,號鑑堂)
(清・膠州人)
[民國]增修膠志 41/37
孫叔詒(字燕叔,號陶村)
(清・歷城人)
[道光]濟南 53/4
[乾隆]泰安府 17/51
孫彝誥(清・膠州人)
[宣統]山東 177/53
孫叔謙(字六皆)
(清・榮成人)
[宣統]山東 176/32
[民國]濰縣志稿 32/35
孫紀雲(字幼軒)
(清・歷城人)
[宣統]山東 170/36
[民國]續修歷城 40/20
孫繩武(字率先,號福齋)
(明・即墨人)
[乾隆]萊州 10/28
[乾隆]即墨 9/12
[同治]即墨 9/12
即墨縣鄉土志/耆舊－事
業一
孫叔琛(字子獻)
(清・齊河人)
[民國]齊河 27/26
孫彝政(字蘆丹,號梅農)
(清・膠州人)
[民國]增修膠志 44/12
膠州直隸州鄉土志 4/孝友
孫仰山(字景尼)
(清・東平人)
[光緒]東平州 15/下 14
[民國]東平縣 11/中 31
孫叔然(本名炎)
(魏・樂安人)
[嘉靖]山東 32/7
[康熙]山東 42/6
[雍正]山東 28/人物一 31
[嘉靖]青州 15/27
[萬曆]青州 13/9
[康熙十五年]青州 13/9
[康熙四十八年]青州 13/經
師 4
[康熙六十年]青州 15/5
[康熙六十年]博興 7/17
[道光]博興 11/38
[民國]重修博興 13/3
孫紹先(明・萊陽人)
[民國]萊陽 3/1 中 15
孫仰岐(字桐崗)
(清・費縣人)
[光緒]費縣 11/39
孫紹仲(字敬遠)
(清・長清人)
[道光]濟南 56/60
[道光]長清 13/8
孫紹宗(字聞思)
(清・嶧縣人)
[乾隆]嶧縣 8/43
[光緒]嶧縣 21/耆舊 5
孫叔達(萊陽人)
[民國]萊陽 3/1 中 49
孫繩祖(字緒武)

（清・陵縣人）
［民國］陵縣續志 4/16
孫盤柱（字松巖）
（清・長清人）
［民國］長清 11/9
孫叔梓（字豫章）
（清・蒲臺人）
蒲臺縣鄉土志/20
孫象坤（清）
［民國］單縣 6/宦蹟 23,23/40
孫彝慧（字德齋）
（清・陽穀人）
［光緒］陽穀 6/18
［民國］增修陽穀人物/師道 23
孫紹曾（字詒堂）
（清・直隸蠡縣人）
［民國］齊東 3/66,6/50
齊東縣鄉土志/政績錄 5
孫彝智（字睿齋）
（清・陽穀人）
［民國］增修陽穀人物/仕宦 19,人物/師道 23
孫象炳（清・嶧縣人）
［乾隆］兗州 23/86
孫象燦（清・嶧縣人）
［乾隆］兗州 23/86
孫彝恪（字敬齋）
（清・膠州人）
［民國］增修膠志 47/8
28 **孫復**（字明復）
（宋・晉州平陽人）
［嘉靖］山東 34/2
［康熙］山東 39/12
［雍正］山東 31/14,35/墓碑 30
［宣統］山東 200/4
［康熙］濟南 32/6
［弘治］泰安州 3/12,5/15
［康熙］泰安州 3/21
［乾隆］泰安府 18/7,26/6,27/57
［乾隆二十五年］泰安縣 12/10,13/2－61,13/3－4
［乾隆四十七年］泰安縣 10/上 2,12/1－39
［道光］泰安縣 9/上 50,12/選輯傳誌 39
［民國］重修泰安縣 8/2,12/5
泰安縣鄉土志/耆舊 9
［天啟］新泰 6/38
［順治］新泰 5/32
［乾隆］新泰 16/14,18/36,19/26
新泰縣鄉土志/23
孫徽（明・萊陽人）
［民國］萊陽 3/1 中 9
孫綸（明・解州人）
［道光］濟南 36/42
［嘉慶］禹城 7/29
［民國］禹城 3/47
禹城縣鄉土志/7
孫綸（字叔言）
（明・諸城人）
［萬曆］青州 14/20
［康熙十五年］青州 14/20
［康熙四十八年］青州 14/孝友 10
［康熙六十年］青州 17/14
［咸豐］青州 44/58
［萬曆］諸城 7/25
［康熙］諸城 7/40
［乾隆］諸城 39/3
孫綸（清・臨清人）
［民國］臨清縣/人物 64
孫稔（字豐侯）
（清・淄川人）
［乾隆］淄川 5/56
孫收（清・城武人）
［道光］城武 9/上 47
孫縫（字子佩）
（清・博山人）
［民國］續修博山 12/8
孫復新（明・濮州人）
［乾隆］濮州 4/15
［宣統］濮州 5/16
孫以仁（明・蓬萊人）
［光緒］增修登州 39/3
［道光］重修蓬萊 9/9
［民國］蓬萊縣志合編人物志/鄉賢
孫以貞（明・萊陽人）
［民國］萊陽 3/1 中 19
孫復綏（字重華）
（清・長山人）
［嘉慶］長山 10/10
孫僧化（南北朝・東莞人）
［宣統］山東 168/7
［嘉靖］青州 16/43
［康熙十五年］青州 17/3
［康熙四十八年］青州 17/方技 3
［民國］重修莒志 68/1
孫以約（明・棲霞人）
［康熙］棲霞 6/7
［乾隆］棲霞 6/34
孫以寧（字管如,號鈍軒）
（清・博山人）
［民國］續修博山 12/43
孫作賓（清・朝城人）
［民國］朝城縣續志 1/34
孫從祖（字履侗,一作履同）
（清・滕縣人）
［康熙］兗州續編 16/8
［乾隆］兗州 23/66
［康熙］滕志 7/79
［康熙］滕縣志 7/71
［道光］滕縣志 9/孝義 6
孫復初（明・鄒平人）
［嘉慶］鄒平 9/31
［道光］鄒平 9/31
孫綸祚（字理卿）
（清・霑化人）
［乾隆］武定府 26/28
［咸豐］武定府 26/耆壽 2
［光緒］霑化 10/29
［民國］霑化 3/7
孫作棟（清・寧陽人）
［光緒］寧陽 13/29
孫作楫（清・新城人）
［宣統］新城縣後志 3/耆壽
［民國］重修新城 17/7
孫作書（清・黃縣人）
［同治］黃縣 9/27
孫以成（字振聲）
（清・臨淄人）
［民國］臨淄 25/38

孫從周(清)
[康熙]沂州志 4/26
孫從善(明・齊東人)
[嘉靖]山東 35/2
[康熙]山東 45/3
[康熙]濟南 44/5
[道光]濟南 51/47
[康熙]新修齊東 6/3
[民國]齊東 5/21
孫復美(字先鷺)
(清・嶧縣人)
[乾隆]嶧縣 8/42,10/下 17
[光緒]嶧縣 21/宦績 3,24/17
29 孫嶙(字巖石)
(清・濟陽人)
[道光]濟南 56/28
[乾隆]濟陽 8/29
[民國]濟陽 11/38
30 孫安(明・單縣人)
[順治]單縣 3/8
孫安(字磐石)
(清・無棣人)
[民國]無棣 13/11,13/19
海豐縣鄉土志/耆舊－事業六
孫賓(字敬之)
(明・北直交河人)
[嘉靖]山東 26/19
[康熙]山東 33/22
[雍正]山東 27/93
[宣統]山東 72/32
[萬曆二十四年]兖州 29/9
[康熙]兖州 22/30
[乾隆]曹州府 12/16
[乾隆]樂陵 4/47
[順治]定陶 5/6
[乾隆]定陶 4/17
[民國]定陶 4/23
孫宷(清・莒人)
[乾隆]沂州府 26/14
[雍正]莒州 9/31
[嘉慶]莒州 9/28
[民國]重修莒志 62/2
孫宏(字名寰)
(清・阜城人)
[光緒]費縣 11/71
孫進(宋・鄒平人)
[道光]濟南 47/41
[康熙]鄒平 5/20
孫進(字希止,號對荊)
(明・章邱人)
[萬曆]章丘 24/35
[康熙]章丘 6/26
[乾隆]章邱 9/21
[道光]章邱 11/32
孫寯(清・山西盂縣人)
[乾隆]樂陵 4/56
孫良(明・聊城人)
[嘉靖]山東 35/5
[康熙]山東 45/13
[乾隆]東昌 42/7
[嘉慶]東昌 32/7
[康熙]聊城 3/50
[宣統]聊城 8/80
聊城縣鄉土志/26
孫搴(字彦舉)
(南北朝・樂安人)
[嘉靖]山東 32/10
[康熙]山東 42/11
[宣統]山東 163/15
[嘉靖]青州 15/36
[萬曆]青州 15/6
[康熙十五年]青州 15/6
[康熙四十八年]青州 15/文學 6
[康熙六十年]青州 18/3
[咸豐]青州 55/11
孫實(宋・寧海人)
[嘉靖]寧海州下/43
[康熙]寧海州 9/7
[同治]重修寧海州 17/3,21/4
[民國]牟平 7/4
孫汶(字宗岱,一字望山)
(清・膠州人)
[道光]重修膠州 27/41
[民國]增修膠志 41/33
膠州直隸州鄉土志 4/事功
孫憲(清・德平人)
[嘉慶]德平 7/18
孫宥(字敬甫)
(明・新蔡人)
[嘉靖]章丘 3/6
孫安庭(字東磐)
(清・肥城人)
[光緒]肥城 9/4
肥城縣鄉土志 5/24
孫良文(明・館陶人)
[乾隆]東昌 42/23
[嘉慶]東昌 32/19
孫憲章(字悅周)
(清・茌平人)
[民國]茌平 3/21
孫之彦(清・博興人)
[康熙十二年]博興 6/9
[康熙六十年]博興 7/26
[道光]博興 11/24
[民國]重修博興 13/22
孫之庚(字介福)
(明・滕縣人)
[乾隆]兖州 23/69
[康熙]滕縣志 7/77
[道光]滕縣志 8/儒林 4
滕縣鄉土志/22
孫守謙(字受齋)
(明・山西蒲州人)
[宣統]山東 72/26
[康熙]兖州續編 14/17
[康熙]曹州志 7/53
[乾隆]曹州府 12/17
[光緒]菏澤 7/宦蹟 21
[光緒]新修菏澤 8/15
孫之譜(見孫之普)
孫之驁(字國儀)
(清・淄川人)
[乾隆]淄川 5/49
孫寶晋(字康侯)
(清・掖縣人)
[民國]四續掖縣 6/26
孫官雲(字紫峰)
(清・歷城人)
[民國]續修歷城 40/14
孫宗元(清・淄川人)
[康熙]淄川 5/8
[乾隆]淄川 5/8
孫賓碩(漢・北海人)
[嘉靖]山東 33/3

[康熙]山東 44/3
[萬曆]濰縣 8/4
孫憲武(濟寧人)
[民國]濟寧縣 3/6
孫寶珊(字鐵峰)
(清・茌平人)
[民國]茌平 3/46
孫安仁(清・壽張人)
壽張縣鄉土志/耆舊－學問
孫寶仁(字伯純,又字學淳)
(清・博山人)
[乾隆]博山 7/下 2
[民國]續修博山 12/2
孫寶儒(字子經)
(清・博山人)
[民國]續修博山 12/42
孫良傅(清・諸城人)
[光緒]增修諸城縣續志 17/12
孫良俊(東平人)
[民國]東平縣 11/上 25
孫之傅(字承軒)
(明・城武人)
[康熙九年]城武 3/60
孫宏緯(清・莒縣人)
[民國]重修莒志 62/8
孫之緒(字介臨)
(清・滕縣人)
[康熙]滕縣志 7/84
[道光]滕縣志 9/孝義 7
孫寶傳(清・博山人)
[乾隆]博山 7/上 11
[民國]續修博山 11/24
孫永甡(字捷三)
(清・福山人)
[民國]福山縣志稿 7/4－10
孫守和(清・莘縣人)
[光緒]莘縣 6/43
[民國]莘縣 6/36
孫寶侗(字仲愚)
(清・博山人)
[宣統]山東 175/1
[乾隆]博山 7/下 3
[民國]續修博山 12/2
孫寶仍(字孝堪,號恕齋)
(清・博山人)
[康熙六十年]青州 18/9
[咸豐]青州 46/39
[乾隆]博山 7/下 2
[民國]續修博山 12/1
孫守業(明・祥符人)
[道光]濟南 36/13
[萬曆]章丘 21/75
[康熙]章丘 4/27
[乾隆]章邱 7/6
[道光]章邱 9/8
孫瀛洲(字六水)
(明・濟寧人)
[乾隆]濟寧直隸州 28/7
[道光]濟寧直隸州 8/2－50
濟寧州鄉土志 2/耆舊
孫濰溥(字惠子)
(清・諸城人)
[乾隆]諸城 33/12
孫永治(字建勳)
(清・濟寧人)
[道光]濟寧直隸州 8/4－40
孫之梁(字介用,號仔蘧)
(清・滕縣人)
[康熙]滕縣志 7/85
[道光]滕縣志 9/孝義 8
孫宗溥(字東注,號松峰)
(清・曹縣人)
[光緒]曹縣 14/仕蹟 7
孫房清(濟寧人)
[民國]濟寧縣 3/19
孫永清(清・掖縣人)
[嘉慶]續掖縣 3/11
孫濰湜(字靜子)
(清・諸城人)
[乾隆]諸城 33/12
孫宗渭(字綸占,號藹庭)
(清・曹縣人)
[光緒]曹縣 14/仕蹟 7
孫宏祖(字適來)
(清・歷城人)
[道光]濟南 53/1
[乾隆]歷城 38/1
孫寰海(字會清)
(清・牟平人)
[民國]牟平 7/95
孫賓來(清・莒縣人)
[民國]重修莒志 62/11
孫濟奎(字星垣,號迂山)
(清・淄川人)
[宣統]三續淄川 9/62
[民國]續修鄒縣志稿/名宦
孫宏喆(字仲吉)
(清・樂安人)
[咸豐]青州 46/26
[民國]樂安 10/17
[民國]續修廣饒 19/31
孫家桂(字筱山)
(清・陽穀人)
[民國]增修陽穀人物/師道 21
孫良材(明・堂邑人)
[順治]堂邑 2/人物 25
[康熙十一年]堂邑 2/選舉 33
[康熙]堂邑 14/9
孫寧基(字奠安)
(清・商河人)
[道光]商河 7/48
[民國]重修商河 8/75,11/31
孫家棟(字隆吉)
(清・安丘人)
[宣統]山東 175/22
[康熙六十年]青州 16/42
[咸豐]青州 46/33
[康熙]續安丘 18/14
安丘縣鄉土志 6/耆舊錄 3
孫漳如(明・昌邑人)
[乾隆]昌邑 6/167
孫之檉(清・滕縣人)
[乾隆]兗州 23/72
孫之獬(字龍拂)
(清・淄川人)
[康熙]濟南 42/20
[道光]濟南 54/54
[崇禎]歷乘 16/67
[崇禎]歷城 10/30
[康熙]淄川 5/6,5/14,6/86
[乾隆]淄川 5/6,6/上 86
[乾隆]博山 7/上 20
[民國]續修博山 12/59
孫宏敬(見孫弘敬)
孫家翰(明・博興人)

［康熙十二年］博興 6/12
［康熙六十年］博興 7/23
［道光］博興 11/22
［民國］重修博興 13/19
孫寶忠（字藎堂，號虛舟）
（清・濟寧人）
［民國］濟寧直隸州續志 12/49
孫濟東（字步瀛）
（清・淄川人）
［宣統］三續淄川 9/88
孫濟秦（字星堦）
（清・淄川人）
［宣統］三續淄川 10/21
孫良夫（周・衛人）
［嘉靖］濮州 4/16
［萬曆］濮州 4/衛人 10
［康熙］濮州 4/87
［乾隆］濮州 4/127
［宣統］濮州 6/85
孫永泰（清・膠州人）
［道光］重修膠州 29/31
［民國］增修膠志 45/16
孫宜振（字繁生）
（清・齊河人）
［民國］齊河 26/22
孫良輔（字直卿）
（明・洛陽人）
［嘉靖］寧海州下/24
孫安邦（清・朝城人）
［民國］朝城縣續志 1/28
孫安邦（清・益都人）
［光緒］益都縣圖志 37/23
孫守田（字拙齋）
（清・新城人）
［宣統］新城縣後志 2/善行
［民國］重修新城 18/6
孫宗昌（字依之）
（清・博山人）
［乾隆］博山 7/下 12
［民國］續修博山 12/40
孫守質（明・蒙陰人）
［康熙十一年］蒙陰 2/12
孫宜隆（字大生）
（清・齊河人）
［民國］齊河 26/22

孫之普（明・高唐人）
［乾隆］東昌 44/16
［嘉慶］東昌 34/14
［康熙十二年］高唐州 9/16
［康熙五十一年］高唐州 9/28
［道光］高唐州 5/2－24
［光緒］高唐州 5/2－40
［民國］高唐縣 12/82
孫安堂（字升甫）
（清・東平人）
［民國］重修恩縣 11/鄉賢 90
孫宗炎（字文颭，一字寅生）
（清・掖縣人）
［民國］四續掖縣 4/77
孫良炳（字麟若）
（清・浙江山陰人）
［宣統］山東 75/56，76/47
［民國］續修歷城 47/1
［光緒］滋陽 7/10
滋陽縣鄉土志 1/政績
［道光］高唐州 7/1－16
［光緒］高唐州 7/1－16
［民國］高唐縣 9/5－13
高唐州鄉土志/9
孫之恒（字如月，別號西園散人）
（清・齊河人）
［康熙］陽穀 2/31
［光緒］陽穀 4/24
［民國］齊河 33/30
孫寶怡（原名寶恭，字允坪）
（牟平人）
［民國］牟平 7/101
孫宗煐（號竹嶼）
（清・四川秀山人）
［宣統］山東 75/64
［道光］滕縣志 6/宦績 43
滕縣鄉土志/11
31 **孫福**（元・淄川人）
［康熙］濟南 43/12
［道光］濟南 34/34，48/20
［順治］鄒平 8/4
［康熙］鄒平 5/20
［嘉慶］鄒平 9/25，14/2，15/31
［道光］鄒平 9/25，14/2，15/18
［民國］鄒平 14/2，15/18
孫福（清・濟陽人）
［民國］濟陽 11/17
孫沔（字元規）
（宋・越州會稽人）
［光緒］益都縣圖志 16/30
孫沔（明・魚臺人）
［道光］濟寧直隸州 8/2－57
［康熙］魚臺 17/43
［乾隆］魚臺 11/8
［光緒］魚臺 3/4
孫渠（字星潢）
（清・膠州人）
［道光］重修膠州 29/26
［民國］增修膠志 45/11
孫澮（清・諸城人）
［光緒］增修諸城縣續志 14/10
孫源（字星來）
（清・平度人）
［道光］重修平度州 19/38
平度鄉土志 4 上/鄉賢
孫沾（字龍道）
（清・東阿人）
［乾隆］泰安府 18/60
［道光］東阿 14/人物下 32
［光緒］東阿縣鄉土志 4/27
孫禎（明・長葛人）
［乾隆］東昌 44/22
［康熙］臨清州 3/人物 28
［乾隆］臨清州 12/7
孫福晉（清・東平人）
［光緒］東平州 15/中 35
［民國］東平縣 11/中 7
孫潛修（清・棲霞人）
［光緒］增修登州 43/22
［光緒］棲霞縣續志 7/孝子 1
孫福海（字鏡寰，一字補堂）
（清・榮成人）
［宣統］山東 176/28
孫福坤（字至厚）
（牟平人）
［民國］牟平 7/28
孫灝如（清・江南崑山人）
［乾隆］武定府 16/22

［咸豐］武定府 19/陽信 6
［乾隆］陽信 5/38
信邑志稿 5/宦蹟
［民國］陽信 2/64
陽信縣鄉土志上/政績－聽訟
孫福成（明・單縣人）
［萬曆二十四年］兗州 37/5
［康熙］兗州 28/34
［乾隆］曹州府 16/5
［隆慶］單縣下/20
［順治］單縣 3/37
［康熙］單縣 8/17
［乾隆］單縣 7/11
［民國］單縣 9/24
孫福昌（字文社）（清・東平人）
［光緒］東平州 15/中 25
［民國］東平縣 11/上 41
東平州鄉土志上/耆舊錄 42
孫河圖（字瑞義，別號彨水漁人）（清・桓臺人）
［民國］桓臺志略 3/20
［民國］桓臺 3/38
32 **孫屾**（元・福山人）
［民國］福山縣志稿 7/1－3
孫澄（清・壽光人）
［咸豐］青州 47/32
［乾隆］續壽光 25/4
［嘉慶］壽光 14/7
［民國］壽光 12/人物志二 7
壽光縣鄉土志/耆舊
孫遜（字懷虛）（明・膠州人）
［康熙］膠州 6/55
［乾隆］膠州 5/36
［道光］重修膠州 30/3
［民國］增修膠志 47/3
膠州直隸州鄉土志 4/藝術
孫遜（明・壽州人）
［光緒］文登 5/37
孫兆龍（清・壽張人）
［光緒］壽張 7/14
壽張縣鄉土志/耆舊－事業
孫添詒（字亮可，號克齋）（清・滕縣人）
［康熙］滕縣志 7/93
［道光］滕縣志 9/孝義 12
孫兆勳（字熙載）（清・臨淄人）
［咸豐］青州 49/19
［民國］臨淄 21/50
孫兆禧（字怡如）（清・即墨人）
［乾隆］萊州 11/孝義 8
［乾隆］即墨 9/22
［同治］即墨 9/28
即墨縣鄉土志/耆舊－事業四
孫兆莘（字仲升）（清・平度人）
［光緒］平度志要/人物
孫兆坤（清・平度人）
［光緒］平度志要/人物
33 **孫淙**（字聲壑）（清・高密人）
［光緒］高密 8/上 41
［民國］高密 14/上 44
孫鼺（明・山西陽曲人）
［道光］重修膠州 36/4
［民國］增修膠志 54/5
孫梁（明・昌邑人）
［康熙］昌邑 6/7
孫梁（字擎宇，號蓉衫）（清・嶧縣人）
［光緒］嶧縣 21/宦績 5
孫浦（明・濱州人）
［萬曆］濱州 3/47
孫沁（字心源）（清・博山人）
［民國］續修博山 9/28
孫沇（字濟東，號小山）（清・淄川人）
［宣統］三續淄川 10/25
孫治（字龍田）（明・嶧縣人）
［光緒］嶧縣 21/耆舊 1
孫演文（明・齊河人）
［民國］齊河 28/2，32/21
孫必登（明・膠州人）
［康熙］膠州 6/5
［乾隆］膠州 5/7
［道光］重修膠州 26/5
［民國］增修膠志 40/31
孫必大（字予懷）（明・萊陽人）
［康熙］萊陽 8/14
［民國］萊陽 3/1 中 20，
孫泌如（明・昌邑人）
［康熙］昌邑 6/35
［乾隆］昌邑 6/165
孫必振（字孟起，一字臥雲）（清・諸城人）
［雍正］山東 28/人物四 29
［宣統］山東 175/4
［康熙四十八年］青州 15/卓行 17
［康熙六十年］青州 16/40
［咸豐］青州 46/34
［乾隆］諸城 33/11
諸城縣鄉土志/上 32
孫治國（明・長山人）
［道光］濟南 50/47
［康熙五十五年］長山 6/8
［嘉慶］長山 7/14
孫治國（清・歷城人）
［道光］重修膠州 23/11
［民國］增修膠志 18/10
孫補闕（字愛袞）（清・曹縣人）
［光緒］曹縣 14/行誼 31
孫述曾（清・臨清人）
［民國］臨清縣/人物 66
34 **孫波**（清・昌邑人）
［康熙］昌邑 6/28
［乾隆］昌邑 6/171
孫漢（清・日照人）
［光緒］日照 12/2
孫浩（明・利津人）
［宣統］山東 161/35
孫浩（明・河南尉氏人）
［萬曆二十四年］兗州 29/14
［康熙］兗州 22/35
［萬曆］沂州志 6/11
［光緒］費縣 3/53
孫浩（明・諸城人）
［嘉靖］山東 32/20
［康熙］山東 42/21

［嘉靖］青州 14/25
［萬曆］青州 13/42
［康熙十五年］青州 13/42
［康熙四十八年］青州 13/事功 25
［咸豐］青州 43/2
［萬曆］諸城 7/14
［乾隆］諸城 30/1
孫浩（字養齋）（清・濟寧人）
［民國］濟寧直隸州續志 12/34
孫洪（字伯大）（明・昌邑人）
［嘉靖］山東 33/11
［萬曆］萊州 5/100
［康熙］萊州 10/27
［乾隆］萊州 10/14
［康熙］昌邑 6/4
［乾隆］昌邑 6/178
孫逵（明東平，見陳逵）
孫邁（清・臨朐人）
［康熙六十年］青州 17/20
［咸豐］青州 47/33
光緒臨朐 14/下 15
孫沈（字允升，號愚谷）（清・商河人）
［民國］重修商河 11/34
孫禧（字少樗）（清・儀徵人）
［宣統］山東 77/30
［光緒］增修登州 34/3
孫淹（字季文）
［宣統］山東 200/2
孫漢章（清・茌平人）
［民國］茌平 12/88
孫汝讓（清・諸城人）
［光緒］增修諸城縣續志 17/5
孫汝彥（字美士，一字子美）（清・商河人）
［宣統］山東 171/35
［道光］商河 7/22
［民國］重修商河 8/18，11/27，11/30
商河縣鄉土志 2/耆舊－事業
孫汝韶（字敬瞻）（清・諸城人）
［光緒］增修諸城縣續志 13/9
孫湛吾（明・淄川人）
［萬曆］淄川 29/3
［康熙］淄川 5/5
［乾隆］淄川 5/5
孫洪瑞（字子輯）（清・貴州普定人）
［光緒］壽張 5/8
壽張縣鄉土志/政績－興利
孫汝磻（清・諸城人）
［光緒］增修諸城縣續志 17/9
孫汝舫（號曉江）（清・費縣人）
［光緒］費縣 11/60
孫法絙（字如組）（長清人）
［民國］長清 12/18
孫法魁（字梅清）（長清人）
［民國］長清 12/24
孫祐岐（字在鎬）（清・湖南華容人）
［宣統］山東 75/3
［道光］濟南 38/6
［崇禎］歷城 6/又 5
［乾隆］歷城 34/9
孫法密（清・濮州人）
［宣統］濮州 5/40
孫汝漳（字冀川）（清・新城人）
［宣統］新城縣後志 3/孝友
孫汝津（字鷺亭）（清・安丘人）
［民國］續安邱新志 18/3
孫法祖（明・堂邑歲貢）
［乾隆］東昌 41/33
［嘉慶］東昌 31/8
［康熙十一年］堂邑 2/選舉 19
［康熙］堂邑 16/8
堂邑縣鄉土志/耆舊錄
［道光］商河 5/29
［民國］重修商河 6/67
孫法祖（清・陽穀人）
［光緒］陽穀 7/5
［民國］增修陽穀人物/忠烈 24
孫斗南（清・諸城人）
［光緒］增修諸城縣續志 16/20
孫汝楫（明・諸城人）
［萬曆］諸城 6/26
35 **孫沖**（字升伯）（宋・趙州平棘人）
［嘉靖］山東 25/20
［康熙］山東 32/8
［雍正］山東 27/74
［宣統］山東 68/37
［康熙］濟南 25/9
［嘉靖］武定州下/49
［萬曆］武定州 12/6
［崇禎］武定州 15/7
［乾隆］武定府 16/5
［咸豐］武定府 19/5
［乾隆］惠民 5/12
［光緒］惠民 18/6
惠民縣鄉土志/政績錄 4
孫迪（元・福山人）
［光緒］增修登州 24/13
［康熙］福山 4/2
孫迪（字啟吾）（明・膠州人）
［康熙］膠州 6/55
［乾隆］膠州 5/36
［道光］重修膠州 30/3
［民國］增修膠志 47/3
膠州直隸州鄉土志 4/藝術
孫禮（漢・北海安邱人）
［咸豐］青州 55/4
［萬曆］安丘 28/61
孫禮（字德達，一作德建）（魏・涿郡容城人）
［宣統］山東 66/30
［康熙］濟南 24/5
［道光］濟南 33/10
［萬曆二十四年］兗州 26/15
［康熙］兗州 21/15

[乾隆]兗州 22/5
[康熙]德州 7/21
[民國]德縣 9/3
[萬曆]諸城 5/3
[康熙]諸城 5/4
孫禮(字筠齋)
(元・文登人)
[光緒]文登 8/上 10
孫禮(明・鄆城人)
[崇禎]鄆城 6/7
[康熙]鄆城 6/7
孫溱(字兆旗,號柏舉)
(清・金鄉人)
[道光]濟寧直隸州 8/4－25
[咸豐]金鄉縣志略 9/中列傳二 14
[民國]金鄉 13/23
孫清(明・陜州人)
[萬曆]汶上 5/6
[崇禎]鄆城 4/20
[康熙]鄆城 4/19
[光緒]鄆城 6/28
孫清(明・湖廣石首人)
[萬曆]青州 12 又/又 12
[康熙十五年]青州 12 又/又 12
[康熙四十八年]青州 12 又/又 12
[萬曆]諸城 4/27
孫清(字廉夫)
(明)
[乾隆]沂州府 20/8
[康熙]費縣 3/16
[光緒]費縣 3/53
孫洙(字巨源)
(宋・廣陵人)
[嘉靖]青州 13/27
[萬曆]青州 12/20
[康熙十五年]青州 12/20
[康熙四十八年]青州 12/20
孫洙(清・江南人)
[道光]濟南 38/12
[嘉慶]鄒平 14/20
[道光]鄒平 14/20
[民國]鄒平 14/20
孫洙(清・蒲臺人)
[光緒]重修蒲臺 3/5
蒲臺縣鄉土志/14
孫連職(陽穀人)
[民國]增修陽穀人物/仕宦 25
孫清峯(字廉泉)
(清・德平人)
[民國]德平縣續志 6/13
孫連升(清・慶雲人)
[民國三年]慶雲 2/46
孫清淨(元・寧海人)
[宣統]山東 200/37
[乾隆四十七年]泰安縣卷之末/12
[道光]泰安縣卷之末/12
[民國]重修泰安縣 10/74
孫清溪(清・陽穀人)
[民國]增修陽穀人物/武功 14
孫禮軒(字秩齋,一字修五)
(清・壽光人)
[民國]壽光 12/人物志二 66
孫清盛(清・費縣人)
[光緒]費縣 11/56
孫連鳳(字儀庭)
(濰縣人)
[民國]濰縣志稿 29/38
36 **孫溫**(金・萊陽人)
[民國]萊陽 3/1 中 2
孫遇(字際時)
(明・福山人)
[嘉靖]山東 32/24
[康熙]山東 43/3
[雍正]山東 28/人物三 9
[宣統]山東 161/27
[泰昌]登州 11/4,11/13,11/48
[順治]登州 16/5
[光緒]增修登州 39/14
[康熙]福山 8/4,8/8,9/1,9/13
[乾隆]福山 9 上/1,11 上/31,11 下/13
[民國]福山縣志稿 7/1－4
孫迴璞(唐・濟陰人)
[乾隆]曹州府 22/8
孫湘濤(清・陽穀人)
[民國]增修陽穀人物/仕宦 19
孫澤遠(清・鄒平人)
[道光]濟南 54/39
孫遇力(清・章丘人)
[道光]濟南 54/23
[道光]章邱 10/37
孫澤世(字遠菴)
(清・臨沂人)
[乾隆]沂州府 26/23
[民國]臨沂 10/16
孫溫如(明・濱州人)
[萬曆]濱州 3/27
孫澤盛(字繩之)
(明・掖縣人)
[宣統]山東 164/48
[康熙]萊州 10/50
[乾隆]萊州 11/忠節 3
萊州府鄉土志/下 15
[乾隆]掖縣 4/41
[道光]掖乘 4
孫祝年(清・臨邑人)
[道光]臨邑 9/21
[同治]臨邑 9/耆壽 1
37 **孫涵**(字抱文)
(清・滕縣人)
[道光]滕縣志 8/儒林 19
滕縣鄉土志/25
孫祿(字天與)
(明・臨沂人)
[萬曆]沂州志 7/32
[康熙]沂州志 5/66
[乾隆]沂州府 25/21
[民國]臨沂 9/45
孫祿(明・臨邑人)
[順治]臨邑 16/7
孫祿(字天錫)
(明・棲霞人)
[嘉靖]山東 32/25
[康熙]山東 43/4
[宣統]山東 161/28
[泰昌]登州 11/14
[順治]登州 16/18
[光緒]增修登州 39/22
[康熙]棲霞 6/4

［乾隆］棲霞 6/33
孫濯（清・牟平人）
［民國］牟平 7/88
孫鴻霖（字雲茀）
（東平人）
［民國］東平縣 11/上 21
孫淑璐（字逵夫）
（清・博山人）
［民國］續修博山 12/69
孫冠群（清・博平人）
［光緒］博平縣續志 10/59
孫祖德（字延仲）
（宋・濰州北海人）
［嘉靖］山東 33/9
［康熙］山東 44/8
［雍正］山東 28/人物二 36
［宣統］山東 157/27
［萬曆］萊州 5/94
［康熙］萊州 10/23
［乾隆］萊州 10/9
［嘉慶］昌樂 23/5
［萬曆］濰縣 9/5
［康熙］濰縣 5/人物 11
［乾隆］濰縣 4/7
［民國］濰縣志稿 27/20
濰縣鄉土志/14
孫遐齡（清・萊陽人）
［民國］萊陽 3/1 中 81
孫潤之（清・萊陽人）
［民國］萊陽 3/1 中 47
孫淑灝（清・臨朐人）
臨朐縣鄉土志 1/耆舊
孫逢吉（明・青城人）
［萬曆］青城 1/70
孫逢來（東阿人）
［民國］東阿 15/3
孫祖壽（明・樂安人）
［雍正］樂安 19/3
［民國］樂安 10/36
［民國］續修廣饒 19/89
孫祖堯（清・陽穀人）
［光緒］陽穀 6/29
［民國］增修陽穀人物/仕宦 17
孫冠英（清・朝城人）
［民國］朝城縣續志 1/35

孫冠英（字蔚堂）
（清・掖縣人）
［民國］四續掖縣 4/76
孫冠英（字波臣，號北海）
（清・淄川人）
［宣統］三續淄川 9/88
孫鴻基（明・高唐人）
［道光］高唐州 5/2－3
［光緒］高唐州 5/2－3
［民國］高唐縣 12/33
孫逢泰（字玉書）
（清・陵縣人）
［光緒］陵縣 19/人物傳二 18
陵縣鄉土志/17
孫洛東（清・東平人）
［民國］東平縣 11/上 20
孫冠甲（清・朝城人）
［民國］朝城縣續志 1/30，1/34
孫鴻恩（清・朝城人）
［民國］朝城縣續志 1/29
孫鴻恩（字錫三）
（博山人）
［民國］續修博山 12/56
孫鴻圖（字漸逵，號雲程）
（清・淄川人）
［宣統］三續淄川 9/55
孫逢隆（東阿人）
［民國］東阿 15/2
孫選賢（清・蓬萊人）
［民國］增修蓬萊 2/仙釋
［民國］蓬萊縣志合編人物志/孝友
孫涵毓（字智含，一字潛修）
（清・平陰人）
［乾隆］泰安府 18/20
［光緒］平陰 5/12
孫鴻第（黄縣人）
［民國］黄縣志稿 13/民國孝友
38 孫淦（字麗泉，號筱坪）
（清・濰縣人）
［民國］濰縣志稿 30/43
孫海（元・東牟人）
［宣統］山東 161/19
［光緒］增修登州 24/18

［嘉靖］寧海州下/43
［康熙］寧海州 9/4
［同治］重修寧海州 13/3，17/5
［民國］牟平 7/8
孫海（明・昌樂人）
［嘉靖］昌樂 3/41
孫激（字淑達）
（元・嘉祥人）
［順治］嘉祥 4/28
［乾隆］嘉祥 3/19
［光緒］嘉祥 3/19
孫啟（明・萊陽人）
［民國］萊陽 3/1 中 10
孫棨（明・福山人）
［康熙］福山 8/15
［乾隆］福山 8/28
孫肇立（字朗軒）
（清・金鄉人）
［民國］金鄉 14/14
孫啟詵（字仲繁）
（清・齊河人）
［道光］濟南 56/15
［民國］齊河 27/4
孫遵酉（字筱山）
（濟寧人）
［民國］濟寧縣 3/18
孫啟登（字維東）
（清・蓬萊人）
［民國］蓬萊縣志合編人物志/行誼
孫啟後（清・高唐人）
［康熙五十一年］高唐州 6/13
孫啟峻（見孫啟浚）
孫裕德（字廓菴）
（清・長山人）
［道光］濟南 55/31
［嘉慶］長山 9/21
孫肇信（字訒堂）
（清・嶧縣人）
［光緒］嶧縣 21/耆舊 15
孫裕福（字善堂）
（清・定陶人）
［民國］定陶 6/61
孫啟浚（清・高唐人）

［道光］高唐州 5/1－42
［光緒］高唐州 5/1－44
［民國］高唐縣 12/68
孫道古（初名彬）
（元・榮成人）
［道光］榮成 10/6
孫肇恭（字景賢）
（清・嶧縣人）
［光緒］嶧縣 21/耆舊 19
孫祚昌（清・順天大興人）
［宣統］山東 77/17
［咸豐］青州 37/8
［乾隆］諸城 28/12
孫道隆（字一源）
（清・鄆城人）
［光緒］鄆城 8/22
孫肇興（字興公，號振宗）
（清・莘縣人）
［康熙］山東 41/29
［雍正］山東 28/人物四 4
［宣統］山東 174/1
［乾隆］東昌 40/24
［嘉慶］東昌 30/25
［康熙］聊城 3/25
［宣統］聊城 8/21
［康熙十一年］莘縣 7/7，8/108
［康熙五十六年］莘縣 7/7，8/108
［光緒］莘縣 6/2，7/19，8/中 68
［民國］莘縣 7/10
莘縣鄉土志/鄉宦 18
孫道人（清・招遠人）
［道光］招遠縣續志 3/45
孫肇全（清・嶧縣人）
［光緒］嶧縣 21/孝友 13
39 **孫逖**（唐・博州武水人）
［嘉靖］山東 31/13
［康熙］山東 41/10
［宣統］山東 163/19
［萬曆］東昌 19/23
［乾隆］東昌 41/14
［嘉慶］東昌 33/13
［康熙］聊城 3/3
［宣統］聊城 8/1
［道光］掖乘 4
孫泮林（清・寧津人）
［光緒］寧津 8/24
寧津縣志料 3/人物－義烈
40 **孫吉**（明・博平人）
［正德］博平 4/65
孫奎（明・臨沂人）
［萬曆］沂州志 7/32
［康熙］沂州志 5/66
［乾隆］沂州府 26/19
［民國］臨沂 9/45
孫森（明・浙江慈谿人）
［宣統］山東 71/18
［道光］濟南 36/54
［萬曆］德州 8/30
［康熙］德州 7/27
［乾隆］德州 8/8
德州鄉土志/政績 1
［民國］德縣 9/8
孫森（清・冠縣人）
［道光］冠縣 8/上 24
［光緒］冠縣 8/孝義
［民國］冠縣 8/人物志 29
孫奭（字宗古）
（宋・博平人）
［嘉靖］山東 27/4，31/20，34/5
［康熙］山東 35/5，41/17
［雍正］山東 28/人物二 28
［宣統］山東 162/26
［嘉靖］青州 13/27
［萬曆］青州 12/20
［康熙十五年］青州 12/20
［康熙四十八年］青州 12/20
［康熙六十年］青州 12/10
［萬曆元年］兗州 42/13
［萬曆二十四年］兗州 35/4
［康熙］兗州 27/4
［乾隆］泰安府 16/47
［乾隆］沂州府 20/3
［萬曆］東昌 19/34
［乾隆］東昌 37/14，41/3
［嘉慶］東昌 33/3
［康熙］莒州下/4
［嘉慶］莒州 7/2
［民國］重修莒志 57/2
［康熙］東平州 4/8
［乾隆］東平州 14/4
［道光］東平州 14/4
［光緒］東平州 15/中 4
［民國］東平縣 11/上 28
東平州鄉土志上/耆舊錄 40
［正德］博平 4/58
［康熙］博平 3/49
［道光］博平 4/14
博平縣鄉土志/耆舊－名臣
孫雄（明・鄒平人）
［道光］濟南 72/35
［康熙］鄒平 5/20
［嘉慶］鄒平 15/32
孫在（周・齊人）
［萬曆］青州 13/18
［康熙十五年］青州 13/又 19
［康熙四十八年］青州 13/事功 2
［康熙六十年］青州 16/1
［民國］臨淄 23/3
孫志（明・鄒縣人）
［嘉靖］鄒縣地理誌 1/又 25
孫柱（字中砥）
（清・文登人）
［道光］文登 5/20
［光緒］文登 10/上 8
孫大庚（字西泉）
（清・膠州人）
［民國］增修膠志 41/46
孫嘉彥（字俊堂）
（清・陽信人）
［民國］陽信 5/耆碩 61
孫士亨（清・樂安人）
［民國］樂安 10/22，13/12
孫希廉（清・莒縣人）
［民國］重修莒志 65/31
孫希雍（字子仲）
（清・長山人）
［道光］濟南 55/27
孫士謂（字廷卓）
（清・城武人）
［道光］城武 9/下 32
孫培元（字太初）
（清・掖縣人）
［道光］再續掖縣上/55
孫友于（字鄂亭）

（清・膠州人）
［道光］重修膠州 27/39
［民國］增修膠志 41/31
膠州直隸州鄉土志 4/事功
孫希發（字敢明）
（清・商河人）
［道光］商河 7/54
［民國］重修商河 9/20
孫志孔（清・黃縣人）
［同治］黃縣 9/27
孫希武（元・鄒平人）
［康熙］濟南 38/9
［道光］濟南 72/31
孫志武（字景烈）
（明・博山人）
［康熙］益都 9/21
［乾隆］博山 7/下 9
［民國］續修博山 12/38
孫大勇（清・長清人）
［道光］濟南 56/48
［道光］長清 12/27
孫克承（字希武）
（清・金鄉人）
［民國］金鄉 13/17
孫克己（字理寰）
（明・淄川人）
［康熙］淄川 5/37
［乾隆］淄川 5/37
孫存仁（字斗垣）
（清・城武人）
［康熙九年］城武 3/61
孫大儒（明・嶧縣人）
［康熙］嶧縣 4/110
［乾隆］嶧縣 8/28
［光緒］嶧縣 21/孝友 2
孫大儒（清・萊陽人）
［宣統］山東補遺/2
孫士貞（字幹臣）
（清・樂安人）
［雍正］樂安 12/26
［民國］樂安 10/22
［民國］續修廣饒 19/41
孫希何（元・鄒平人）
［康熙］濟南 38/9
［道光］濟南 72/32
孫志仁（字搴雲）
（清・連江人）
［乾隆］東昌 35/32
［乾隆］夏津 6/12
孫壽山（清・牟平人）
［民國］牟平 7/115
孫壽山（字祝南）
（長清人）
［民國］長清 12/17
孫在對（字嶐山）
（清・陽信人）
［民國］陽信 5/方技 83
孫士俊（清・莘縣人）
［光緒］莘縣 7/30
［民國］莘縣 7/16
莘縣鄉土志/事業 27
孫才傑（字漢三）
（清・德州人）
［光緒］德州志略/人物傳略
孫士傑（字鵬舉）
（清・文登人）
［光緒］文登 9/下 2－13
孫九保（清・陽信人）
［乾隆］武定府 26/28
［乾隆］陽信 7/57
［民國］陽信 5/人瑞 68
信邑志稿 7/耆碩
孫士久（清・樂安人）
［雍正］樂安 12/25
［民國］樂安 10/22
［民國］續修廣饒 19/41
孫希伊（字畊夫）
（清・諸城人）
［道光］諸城縣續志 17/4
孫九齡（清・昌邑人）
［乾隆］萊州 11/孝義 8
［乾隆］昌邑 6/172
孫嘉之（唐・武水人）
［康熙］聊城 3/3
孫士溪（字漁村）
（清・桓臺人）
［民國］桓臺 3/37
孫希适（字子容，號南宮）
（清・德平人）
［光緒］德平 7/20
孫培祺（字吉雲）
（清・高密人）
［光緒］高密 8/上 70
［民國］高密 14/上 59
孫友清（字蓼溪）
（清・冠縣人）
［道光］冠縣 8/上 25
［光緒］冠縣 8/孝義
［民國］冠縣 8/人物志 30
孫在洵（字少泉）
（清・淄川人）
［宣統］三續淄川 10/21
淄川縣鄉土志/鄉宦耆舊
孫志凝（字績臣）
（清・博山人）
［民國］續修博山 11/32
孫在泮（清・蒲臺人）
［光緒］重修蒲臺 3/12
孫嘉木（字寶樹）
（清・陽信人）
［民國］陽信 5/孝友 63
孫奎杰（字俊卿）
（牟平人）
［民國］牟平 7/103，9/33
孫奇才（字國楨）
（清・益都人）
［光緒］東平州 15/下 49
［民國］東平縣 11/下 19
孫士奇（字平甫，號明徵）
（明・萊蕪人）
［民國］萊蕪 18/8
［民國］續修萊蕪 33/4，33/5
孫士奇（字靜子）
（清・樂安人）
［雍正］樂安 12/22
［民國］樂安 10/22
［民國］續修廣饒 19/41
孫希奭（字無逸，一字果齋）
（清・樂安人）
［咸豐］青州 47/31
［雍正］樂安 12/22
［民國］續修廣饒 19/32
孫奎燕（字毅忱）
（牟平人）
［民國］牟平 7/81
孫培蘭（字藝九）
（清・滕縣人）
［道光］滕縣志 8/儒林 33

滕縣鄉土志/27
孫士懋(字鹿溪)
(清・昌邑人)
[康熙]昌邑 6/10
孫士英(明・鄒平人)
[嘉慶]鄒平 9/33
[道光]鄒平 9/33
孫杏林(清・寧津人)
[光緒]寧津 8/24
寧津縣志料 3/人物－義烈
孫大坤(清・武安人)
[光緒]費縣 11/54
孫來賀(清・朝城人)
[民國]朝城縣續志 1/26
孫嘉桐(清・蒲臺人)
[光緒]重修蒲臺 3/10
蒲臺縣鄉土志/15
孫南極(清・蒲臺人)
[光緒]重修蒲臺 3/3
蒲臺縣鄉土志/13
孫嘉梅(清・蒲臺人)
[光緒]重修蒲臺 3/11
孫有敷(明・惠安人)
[道光]濟南 36/50
[康熙]長清 8/48
[道光]長清 3/18
孫大恩(清・武安人)
[光緒]費縣 11/54
孫克昌(清・壽光人)
[宣統]山東 175/52
[咸豐]青州 49/42
[乾隆]續壽光 23/6
[嘉慶]壽光 13/9
[民國]壽光 12/人物志一 79
孫士長(清・樂安人)
[民國]樂安 10/22,13/12
[民國]續修廣饒 19/41
孫奎熙(字緝敬)
(清・牟平人)
[民國]牟平 7/108
孫壽朋(字錫三)
(清・夏津人)
[民國]夏津續編 8/85
孫壽卿(恩縣人)
[民國]重修恩縣 11/鄉賢 63
孫希賢(元・高唐人)
[宣統]山東 165/11
[乾隆]東昌 42/5
[嘉慶]東昌 32/5
[光緒]冠縣 8/文學
[道光]高唐州 5/2－7
[光緒]高唐州 5/2－10
[民國]高唐縣 12/4
高唐州鄉土志/17
孫友閔(清・沂州郯城舉人)
[宣統]三續淄川 9/51
孫友聞(字辰三)
(清・膠州人)
[道光]重修膠州 29/24
[民國]增修膠志 45/10
孫大年(清・膠州人)
[民國]增修膠志 44/12
孫古美(明・鎮江人)
[乾隆]東昌 33/35
[嘉慶]東昌 21/3
[康熙]聊城 2/7
[宣統]聊城 6/2－3
孫克義(字可爲)
(清・臨淄人)
[民國]臨淄 28/8
孫培曾(字壬錡)
(清・掖縣人)
[道光]再續掖縣上/49
孫培益(字勵堂,一字漁傭)
(濟寧人)
[民國]濟寧縣 3/20
孫七翁(元・鄒平人)
[嘉慶]鄒平 9/29
[道光]鄒平 9/29
孫志銓(字盛若)
(清・商河人)
[道光]商河 7/49
[民國]重修商河 8/76
商河縣鄉土志 2/耆舊－事業
孫志恢(字洪軒)
(清・恩縣人)
[民國]重修恩縣 11/鄉賢 28
41 **孫柜**(字方山)
(清・濟寧人)
[民國]濟寧直隸州續志 12/47
孫楷(明・昌邑人)
[康熙]昌邑 6/6
孫楷(字聖模)
(清・武城人)
[民國]增訂武城續編 10/11
孫坪(字平原)
(清・諸城人)
[道光]諸城縣續志 19/11
孫楨(字寧周)
(清・冠縣人)
[光緒]冠縣 9/傳
孫垣霨(字雲浦)
(清・安丘人)
[光緒]陽穀 4/21
[民國]續安邱新志 18/7
孫桓子(見孫良夫)
42 **孫栝**(字巍甲,號南村)
(清・嶧縣人)
[光緒]嶧縣 21/宦績 5
孫斯繩(明・棲霞人)
[康熙]棲霞 6/20
[乾隆]棲霞 7/2
孫彭年(清・莘縣人)
[光緒]莘縣 7/29
[民國]莘縣 7/16
莘縣鄉土志/事業 26
43 **孫越**(宋・新泰人)
[順治]新泰 5/7
[乾隆]新泰 15/23
新泰縣鄉土志/18
孫越(清・寧陽人)
[光緒]寧陽 13/74
孫樾(清・黃縣人)
[同治]黃縣 9/2
[民國]黃縣志稿 13/人物－死難
孫式發(清・寧海人)
[民國]牟平 7/40
孫巘壇(清・冠縣人)
[光緒]冠縣 9/傳
孫式恂(清・萊陽人)
[光緒]增修登州 39/35
[民國]萊陽 3/1 中 34
44 **孫蕃**(字維翰)
(明・南直揚州人)
[宣統]山東 72/12

［道光］濟寧直隸州 6/6－28
孫蕃（明・諸城人）
［萬曆］諸城 6/11
［乾隆］諸城 30/1
孫芳（明・博興人）
［康熙十二年］博興 6/11
［民國］重修博興 13/18
孫芳（字企源，號松雪）
（清・濟寧人）
［宣統］山東 172/43
［乾隆］濟寧直隸州 26/7
［道光］濟寧直隸州 8/3－20
孫蕡（字仲衍）
（明・順德人）
［道光］濟南 36/65
孫鼛（字叔靜）
（宋・臨安錢塘人，一作江都人）
［嘉靖］山東 26/12
［康熙］山東 33/15
［雍正］山東 27/90
［宣統］山東 68/42
［乾隆］泰安府 14/22
［萬曆元年］兗州 38/循吏 32
［萬曆二十四年］兗州 28/8
［康熙］兗州 22/8
［康熙］曹州志 7/50
［乾隆］曹州府 12/11
［康熙］東平州 4/41
［乾隆］東平州 12/21
［道光］東平州 12/21
［光緒］東平州 14/21
［康熙］單縣 6/7
［乾隆］單縣 4/53
［民國］單縣 6/宦蹟 11
［光緒］菏澤 7/宦蹟 18
［光緒］新修菏澤 8/6
孫荷（字天寵）
（清・齊河人）
［民國］齊河 27/7
孫蕙（字樹百）
（清・淄川人）
［雍正］山東 28/人物四 31
［宣統］山東 169/23
［道光］濟南 54/64
［康熙］淄川 5/9
［乾隆］淄川 5/9，6/上 67
淄川縣鄉土志/耆舊錄－循良
孫莢（字瑞庭）
（清・夏津人）
［民國］夏津續編 8/25
孫堪（牟平人）
［民國］牟平 7/81
孫勒（字擎鑾）
（清・曹縣人）
［光緒］曹縣 14/行誼 26
孫林（元・濰州人）
［民國］濰縣志稿 40/9
孫林（字鶴峯，號松軒）
（清・平度人）
［道光］重修平度州 19/11
孫茂（明・寧海人）
［嘉靖］寧海州下/44
孫懋（明・萊陽人）
［民國］萊陽 3/1 中 12
孫勤（見孫懃）
孫懃（字既垣）
（清・平度人）
［光緒］平度志要/人物
［民國］平度縣續志 8/3
孫莘（清・博山人）
［民國］續修博山 12/62
孫孝（明・南直通州人）
［宣統］山東 71/8
［道光］濟南 36/19
淄川縣鄉土志/政績錄
孫葯（清・淄川人）
［乾隆］淄川 5/46
孫英（明・觀城人）
［康熙］觀城 4/15
［道光］觀城 8/4
觀城縣鄉土志/耆舊
孫英（明・招遠人）
［嘉靖］山東 35/6
［康熙］山東 45/20
［泰昌］登州 11/38
［順治］登州 17/16
［光緒］增修登州 43/25
［順治］招遠 9/18
孫蘊（字蓄亭）
（清・陽穀人）
［光緒］陽穀 6/19
［民國］增修陽穀人物/師道 15
孫植（字斯立）
（明・平湖人）
［康熙］濟寧州 4/8
孫植（字天培）
（清・即墨人）
［同治］即墨 9/54
即墨縣鄉土志/耆舊－事業四
孫植（清・山陰人）
［光緒］增修登州 28/15
孫芷（清・博山人）
［民國］續修博山 12/62
孫華亭（清・臨沂人）
［民國］臨沂 10/59
孫夢麟（明・昌邑人）
［康熙］昌邑 6/16
孫夢麟（明・平陰人）
［順治］平陰 7/15
［光緒］平陰 5/21
孫孝覈（清・諸城人）
［光緒］增修諸城縣續志 17/10
孫蔭孫（字仲樾，號棠庵）
（清・霑化人）
［光緒］霑化 9/7
［民國］霑化 2/60
孫莊孫（字臨謀）
（清・霑化人）
［光緒］霑化 9/5
［民國］霑化 2/58
孫世珪（清・平度人）
［道光］重修平度州 19/35
孫世瑋（字玉環）
（清・莘縣人）
［乾隆］東昌 40/24
［嘉慶］東昌 30/25
［康熙十一年］莘縣 7/16
［光緒］莘縣 7/又 25
［民國］莘縣 7/14
莘縣鄉土志/事業 25
孫世瓚（字邕環）
（清・莘縣人）
［乾隆］東昌 43/15
［嘉慶］東昌 32/41

[康熙十一年]莘縣7/16
[康熙五十六年]莘縣7/16
[光緒]莘縣7/27
[民國]莘縣7/15
莘縣鄉土志/事業25
孫若羣(清・淄川人)
[宣統]山東169/23
[康熙]淄川5/10
[乾隆]淄川5/10
孫夢豸(明・昌邑人)
[萬曆]萊州5/109
[康熙]萊州10/35
[乾隆]萊州10/21
[康熙]昌邑6/7
[乾隆]昌邑6/179
孫枝秀(字復昆)
(明・安丘人)
[道光]安邱新志22/2
孫枝豐(字石芝)
(清・掖縣人)
[道光]濟南38/8
[乾隆]歷城34/8
孫萬備(字恕可)
(清・寧海人)
[宣統]山東176/22
[光緒]增修登州40/31
[同治]重修寧海州17/26,21/4,25/墓誌10
[民國]牟平7/19,9/27
孫孝先(字繩武)
(清・博平人)
[光緒]博平縣續志10/61
孫芳自(明・博興人)
[康熙六十年]博興7/34
[道光]博興11/21
孫世偲(字懷菴)
(清・嶧縣人)
[光緒]嶧縣21/耆舊18
孫世儼(字敬菴)
(清・嶧縣人)
[光緒]嶧縣21/宦績6
孫若彝(字仲撫)
(清・即墨人)
[同治]即墨9/52
即墨縣鄉土志/耆舊－事業四
孫蔭久(字子恒)
(清・東平人)
[民國]東平縣11/上20
孫桂馥(清・昌邑人)
[宣統]山東177/24
孫蘭馥(恩縣人)
[民國]重修恩縣11/鄉賢57
孫若瀛(字仙洲)
(清・東平人)
[民國]東平縣11/上19
孫世賓(清・東平人)
[康熙]兗州續編16/28
[乾隆]泰安府18/55
[康熙]東平州續志6/6
[乾隆]東平州15/5
[道光]東平州15/5
[光緒]東平州15/下4
[民國]東平縣11/中24
孫世良(元・寧海人)
[同治]重修寧海州17/5
孫世寧(明・濟陽人)
[道光]濟南51/53
孫樹之(字果堂)
(清)
[民國]禹城3/53,8/8
禹城縣鄉土志/8
孫孝源(字子慕,號蒼巖)
(清・淄川人)
[宣統]三續淄川9/60
孫芳近(字天顏)
(清・濟寧人)
[咸豐]濟寧直隸州續志3/2
[民國]濟寧直隸州續志12/5
孫若淵(字泗州)
(明・城武人)
[康熙九年]城武3/56
[康熙四十一年]城武5/上文學2
[道光]城武9/下1
孫樹業(字勳卿,號敬夫)
(禹城人)
[民國]禹城8/43
孫世禧(清・濰縣人)
[民國]濰縣志稿31/11
孫世清(字熙光)
(清・日照人)
[光緒]日照8/32
孫其湘(清・惠民人)
[光緒]惠民24/6
孫世澤(字惠生)
(清・長山人)
[康熙五十五年]長山6/43
[嘉慶]長山10/15
孫世祿(字星堂)
(清・博興人)
[民國]重修博興13/43
孫世柱(字砥中)
(清・博山人)
[民國]續修博山12/69
孫萬壽(北齊・長山人)
[道光]濟南46/30
[嘉慶]長山8/19
孫英奇(清・平度人)
[道光]重修平度州19/39
孫蔭楨(字魯齋)
(清・平度人)
[民國]平度縣續志7/36
孫夢桃(字仙植)
(清・招遠人)
[宣統]山東176/28
[光緒]增修登州40/22
孫蘊韶(清・漢軍正紅旗人)
[雍正]山東27/111
[宣統]山東77/40
[乾隆]萊州9/35
[康熙]膠州5/16
[乾隆]膠州4/19
[道光]重修膠州23/5
[民國]增修膠志18/5
膠州直隸州鄉土志3/政績－聽訟
孫世求(字德齋)
(清・昌邑人)
[乾隆]昌邑5/132
孫芳蘭(陽穀人)
[光緒]陽穀9/7
孫芳蒲(字璧南)
(清・陽信人)
[民國]陽信5/孝友67
孫桂林(清・壽張人)

［光緒］壽張 7/18
孫華封（字祝三）
（清・淄川人）
［宣統］三續淄川 9/74
孫華林（字重齋）
（清・長清人）
［民國］長清 13/3
孫蘭坡（字秋畹）
（清・陽穀人）
［民國］增修陽穀人物/善行 42
孫夢桂（清・齊河人）
［宣統］山東 169/26
［道光］濟南 56/3
［雍正］齊河 7/7
［民國］齊河 24/3
齊河縣鄉土志鄉賢祠/18
孫攀桂（字小山）
（清・陽穀人）
［光緒］陽穀 6/28
孫世英（字芸香）
（清・金鄉人）
［民國］濟寧直隸州續志 13/12
［民國］金鄉 13/續增 7
孫樹苓（字茯忱，一字茯岑）
（平原人）
［民國］續修平原 8/25,8/31
孫樹芝（清・滎陽人）
［光緒］菏澤 7/宦蹟 27
［光緒］新修菏澤 9/8
孫枝芳（明・南直隸蘇州人）
［康熙］膠州 5/8
［乾隆］膠州 4/13
［道光］重修膠州 22/6
［民國］增修膠志 17/5
孫世棟（清・順天人）
［民國］濰縣志稿 20/22
孫葆相（清・鄒縣人）
［民國］續修鄒縣志稿/人物－耆舊
孫茂槐（清・萊陽人）
［宣統］山東 176/16
［民國］萊陽 3/1 中 27
孫桂馨（字一山）
（清・寧陽人）
［光緒］寧陽 15/20
孫樹穀（清・昌邑人）
［光緒］昌邑縣續志 6/15
孫孝忠（清・蓬萊人）
［民國］蓬萊縣志合編人物志/忠勇
孫葆田（字佩南）
（清・滎成人）
［宣統］山東附傳/1
［民國］濰縣志稿 32/35
孫藍田（字子玉）
（清・壽張人）
［光緒］壽張 10/1
孫世昌（元・寧海人）
［同治］重修寧海州 17/5
孫夢卿（字輔之）
（宋・鄆州須昌人）
［宣統］山東 168/14
孫攀月（字印川）
（清・臨清人）
［民國］臨清縣/人物 72
孫萬鳳（字苞九）
（清・東阿人）
［民國］續修東阿 11/9
孫萬鵬（字程九）
（清・東阿人）
［民國］續修東阿 11/28
孫林父（春秋・衛人）
［萬曆元年］兗州 41/6
［萬曆］東昌 19/87
［嘉靖］濮州 4/12
［萬曆］濮州 4/衛人 6
［康熙］濮州 4/85
［乾隆］濮州 4/125
［宣統］濮州 6/83
孫世美（明・文登人）
［雍正］文登 7/10
孫茂前（清・單縣人）
［康熙］膠州 5/19
孫其人（明・霑化人）
［萬曆］新修霑化 6/107
孫若夔（清・昌邑人）
［光緒］昌邑縣續志 6/18
孫葆光（清・蒙陰人）
［宣統］蒙陰 4/孝義
孫華光（清・平度人）
［道光］重修平度州 19/43
孫懋賞（字煒烈）
（清・濮州人）
［宣統］濮州 6/94
孫樹棠（清・淄川人）
［宣統］三續淄川 9/95
孫若忻（字榮山）
（掖縣人）
［民國］四續掖縣 6/83
孫世榮（字錫九）
（臨邑人）
［民國］續修臨邑 3/42
45 **孫棣**（字伯華）
（清・歷城人）
［宣統］山東 170/34
［民國］續修歷城 44/37
孫棟（明・臨淄人）
［康熙］臨淄 9/24
［民國］臨淄 25/34
孫棟（字文淵）
（清・齊河人）
［民國］齊河 27/8
孫構（字紹先）
（宋・博平人）
［嘉靖］山東 31/22
［宣統］山東 157/27
［萬曆］東昌 19/40
［乾隆］東昌 37/16
［嘉慶］東昌 27/15
［正德］博平 4/62
［康熙］博平 3/54
［道光］博平 4/20
孫堜曾（清・掖縣人）
［道光］再續掖縣上/57
46 **孫觀**（字仲臺）
（魏・泰山人）
［嘉靖］山東 25/3,29/5
［康熙］山東 31/3
［雍正］山東 27/52,28/人物一 29
［宣統］山東 154/26
［康熙］濟南 43/1
［嘉靖］青州 13/14
［萬曆］青州 12 又/2
［康熙十五年］青州 12/2
［康熙］泰安州 3/5

[乾隆]泰安府 16/6
[乾隆二十五年]泰安縣 12/3
[乾隆四十七年]泰安縣 10/上 7
[道光]泰安縣 9/上 56
[民國]重修泰安縣 8/7
泰安縣鄉土志/耆舊 8
[民國]濰縣志稿 20/5
孫檝(字駕航)
(清・濟寧人)
[宣統]山東補遺/12
[民國]濟寧直隸州續志 12/20
孫架(明・昌邑人)
[康熙]昌邑 6/8
孫覲(字明之)
(宋・泰安人,一作泗水人)
[乾隆]泰安府 18/31
[乾隆二十五年]泰安縣 12/27,13/2－72
[道光]泰安縣 3/52
[民國]重修泰安縣 14/17
孫坦(字去病,號虎崖)
(清・淄川人)
[道光]濟南 54/74
孫如僅(字亦何,號松坪)
(清・濟寧人)
[宣統]山東 172/34
[民國]濟寧直隸州續志 12/19
孫如汕(明・浙江人)
[萬曆]青州 12 又/又 19
[康熙十五年]青州 12 又/19
[康熙四十八年]青州 12 又/19
[康熙六十年]青州 12/38
孫如浣(明・昌邑人)
[康熙]昌邑 6/35
[乾隆]昌邑 6/166
孫如洵(字世篤)
(明・浙江餘姚人)
[宣統]山東 70/27
[康熙]濟南 24/30
[道光]濟南 35/36
孫觀海(字勺亭)
(清・高密人)
[民國]高密 14/上 82
孫如桂(字子韶,號丹芝)
(明・牟平人)
[民國]牟平 7/112
孫如蘭(明・單縣人)
[順治]單縣 3/8
孫如蘭(明・萊陽人)
[同治]重修寧海州 17/10
[民國]萊陽 3/1 中 20
孫如槐(字位公)
(清・汶上人)
[宣統]四續汶上稿/人物－耆德傳
孫如楫(清・平陰人)
[康熙]兗州續編 15/25
[乾隆]泰安府 17/46
[順治]平陰 7/17
[光緒]平陰 5/36
孫觀泰(字景新)
(明・朝城人)
[康熙]朝城 8/24,8/51
孫恕田(字梅村)
(清・單縣人)
[民國]單縣 11/48
孫覲光(清・昌邑人)
萊州府鄉土志/下 21
[乾隆]昌邑 6/172
孫覲光(清・諸城人)
[道光]諸城縣續志 19/14
47 **孫墀**(清・諸城人)
[光緒]增修諸城縣續志 17/9
孫格(字行知)
(清・濮州人)
[宣統]濮州 5/23
孫根(字元石)
(後漢)
[宣統]山東 151/23
孫穀(清・臨淄人)
[康熙十五年]青州 13/91
[康熙四十八年]青州 13/事功 75
[咸豐]青州 46/42
[康熙]臨淄 9/15
[民國]臨淄 24/15
臨淄縣鄉土志/耆舊錄
孫期(字仲彧)
(漢・濟陰成武人)
[嘉靖]山東 30/11
[康熙]山東 40/12
[雍正]山東 28/人物一 26
[宣統]山東 153/16,153/21,162/13
[萬曆元年]兗州 40/儒林 6
[萬曆二十四年]兗州 31/30
[康熙]兗州 24/29
[康熙]曹州志 15/5
[乾隆]曹州府 16/12
[康熙九年]城武 3/1,3/10
[康熙四十一年]城武 4/下 1,5/上懿行 19
[道光]城武 9/上 1,9/上 38
[康熙]曹縣 12/5
[康熙]兗州府曹縣 12/5
[光緒]曹縣 12/4
曹縣鄉土志/耆舊錄
孫起(清・福山人)
[民國]福山縣志稿 7/4－9
孫獬(字春普)
(清・臨淄人)
[民國]臨淄 24/15
孫朝立(字卓如)
(清・茌平人)
[民國]茌平 3/43
孫鶴亭(字東山)
(清・諸城人)
[道光]諸城縣續志 19/13
孫穀詒(字胥樂,號約齋)
(清・滕縣人)
[乾隆]兗州 23/73
[康熙]滕縣志 7/87
[道光]滕縣志 9/孝義 9
孫超羣(清・鄒平人)
[道光]濟南 54/39
[道光]鄒平 15/63
[民國]鄒平 15/63
孫朝珍(清・茌平人)
[民國]茌平 3/43
孫朝重(明・黃縣人)
[泰昌]登州 11/37
[順治]登州 17/14

［光緒］增修登州 43/11
［康熙］黄縣 6/27
［乾隆］黄縣 8/32
［同治］黄縣 8/11
［民國］黄縣志稿 13/明
孫起獻（字羡哲）
（清・齊東人）
［民國］齊東 5/27
孫鶴齡（字歲千）
（清・高密人）
［民國］高密 14/上 83
孫起綸（字茂先）
（清・安邱人）
［康熙四十八年］青州 15/卓行 16
［康熙六十年］青州 16/41
［咸豐］青州 47/8
［道光］安邱新志 18/4
安丘縣鄉土志 6/耆舊錄 3
孫朝祥（字廷荚）
（清・東平人）
［光緒］東平州 15/下 51
［民國］東平縣 11/下 20
孫鶴林（字鳴遠）
（清・平度人）
［民國］平度縣續志 8/2
孫朝槐（字夢柯）
（清・茌平人）
［民國］茌平 3/63
孫朝肅（字公甫，一作恭甫）
（明・南直常熟人）
［宣統］山東 72/2
［康熙］兖州續編 14/2
［乾隆］兖州 22/20
孫鶴舉（字壽卿）
（清・清平人）
［民國］清平/人物 69
孫好義（元・東平人）
［萬曆］濮州 3/名宦 17
孫鶴年（明・東平人）
［乾隆］東平州 15/3
［道光］東平州 15/3
［光緒］東平州 15/下 2
［民國］東平縣 11/中 23
東平州鄉土志上/耆舊錄 33
孫鶴年（清・汶上人）
［宣統］四續汶上稿/人物－施濟傳
孫鶴翎（明・東平人）
［乾隆］泰安府 18/36
孫橘堂（字蘇亭，號筱陸）
（清・牟平人）
［民國］牟平 7/23
48 **孫榦**（字貞子，號左阜）
（明・淄川人）
［乾隆］淄川 5/16
孫柗（字劍堂）
（清・嶧縣人）
［光緒］嶧縣 21/孝友 15
孫敬（明・安丘人）
［道光］安邱新志 18/1
安丘縣鄉土志 4/耆舊錄 1
孫乾（字公祐）
（三國・北海人）
［至元］齊乘 6/13
［嘉靖］山東 33/3
［康熙］山東 44/3
［萬曆］青州 13/30
［康熙十五年］青州 13/30
［康熙四十八年］青州 13/事功 13
［康熙六十年］青州 16/5
［萬曆］萊州 5/87
［康熙］萊州 10/17
［乾隆］萊州 10/4
萊州府鄉土志/下 2
［萬曆］濰縣 8/7
［康熙］濰縣 5/人物 7
［乾隆］濰縣 4/3
［民國］濰縣志稿 27/2
［康熙］壽光 21/1
［嘉慶］壽光 12/2
［民國］壽光 12/人物志一 2
［民國］昌樂縣續志 29/2
孫檠（明・福山人）
［光緒］增修登州 39/15
［康熙］福山 8/8
［乾隆］福山 8/17
孫松（字長青）
（清・莒縣人）
［民國］重修莒志 65/26
孫榆（明・平陰人）
［乾隆］泰安府 18/28
孫增（清・海豐人）
海豐縣鄉土志/耆舊－事業六
孫乾一（字統三）
（清・曹縣人）
［光緒］曹縣 14/行誼 26
孫乾元（字萬始）
（清・昌邑人）
［乾隆］昌邑 5/146
［光緒］菏澤 17/119
孫敬爵（字吉人）
（清）
［宣統］三續淄川 9/49
孫教鸞（自號煙霞散人）
（明・黄縣人）
［同治］黄縣 9/31
［民國］黄縣志稿 13/人物－釋道
孫敬之（字子恒）
（清・茌平人）
［民國］茌平 3/62
孫敬祀（字接甫）
（清・平陰人）
［光緒］平陰 5/7
孫翰青（字墨亭）
（清・桓臺人）
［民國］桓臺 3/35
孫敬曾（清・掖縣人）
［道光］再續掖縣上/52
50 **孫本**（明・鄒平人）
［康熙］濟南 38/9
［道光］濟南 50/1
［康熙］鄒平 6/2
［嘉慶］鄒平 15/1
［道光］鄒平 15/22
［民國］鄒平 15/22
孫表（字仲閎）
（明・金鄉人）
［咸豐］金鄉縣志略 9/上 13
［民國］金鄉 13/10
孫春（明・萊陽人）
［民國］萊陽 3/1 中 57
孫貴（明・商河人）
［民國］重修商河 7/45
孫青（元・金鄉人）

[乾隆]濟寧直隸州 23/38
[道光]濟寧直隸州 8/2－20
[乾隆]金鄉 18/48
[咸豐]金鄉縣志略 7/5,9/上 11
[民國]金鄉 13/8
金鄉縣鄉土志/政績錄
孫泰(明・浙江湖州人)
[宣統]山東 72/1
[乾隆]兗州 22/19
孫忠(明・萊陽人)
[民國]萊陽 3/1 中 7
孫忠(明・牟平人)
[民國]牟平 7/10
孫忠(字子敬,初名愚)
(明・鄒平人)
[嘉靖]山東 29/24
[康熙]山東 39/23
[雍正]山東 28/人物三 8
[道光]濟南 50/2
[順治]鄒平 5/2
[康熙]鄒平 5/15
[嘉慶]鄒平 15/33
[道光]鄒平 15/26
[民國]鄒平 15/26
孫奉三(字在公)
(清・蓬萊人)
[民國]蓬萊縣志合編人物志/行誼
孫奉璋(字贊玉)
(清・齊河人)
[民國]齊河 27/14
孫書元(字貞齊)
(牟平人)
[民國]牟平 7/99
孫貴純(清・寧陽人)
[咸豐]寧陽 15/7
[光緒]寧陽 15/7
孫奉伯(南朝宋・東莞莒人)
[宣統]山東 161/6
[民國]重修莒志 63/1
孫奉和(字仲介)
(清・淄川人)
[道光]濟南 54/69
孫惠鮮(字希文)
(清・壽光人)
[嘉慶]壽光 15/9
[民國]壽光 12/人物志二 91
孫奉之(字森階)
(清・博興人)
[民國]重修博興 13/53
孫中實(字美公)
(清・金鄉人)
[乾隆]金鄉 18/79
[咸豐]金鄉縣志略 9/中列傳二 5
[民國]金鄉 13/16
金鄉縣鄉土志/耆舊錄上
孫本梁(字柱東)
(清・商河人)
[民國]重修商河 11/33
孫中涵(字源匯,號雪巖)
(清・陽信人)
[咸豐]武定府 25/文苑 30
[民國]陽信 5/文學 17
信邑志稿 7/文苑
陽信縣鄉土志上/耆舊－學問
孫東海(清・東明人)
東明縣志料/藝術－畫工
孫惠吉(清・淄川人)
[宣統]三續淄川 9/82
孫本楷(字秀東)
(清・商河人)
[道光]商河 7/34
[民國]重修商河 8/54
商河縣鄉土志 3/耆舊－學問
孫東華(字蓮峰)
(清・壽張人)
[光緒]壽張 7/17
孫東蘭(字芝圃)
(清・寧陽人)
[光緒]寧陽 15/30
孫本棣(字華東)
(清・商河人)
[民國]重修商河 7/31
孫春泰(字履安)
(清・濟寧人)
[民國]濟寧直隸州續志 12/50
孫本揩(見孫本楷)
孫本愚(字心齋)
(清・陽穀人)
[民國]增修陽穀人物/孝義 8
孫擴圖(字充之,號適齋)
(清・濟寧人)
[宣統]山東 172/40
[道光]濟寧直隸州 8/4－3
濟寧州鄉土志 2/耆舊
孫中甲(字冠生)
(清・新城人)
[宣統]新城縣後志 2/善行
孫東陽(明・平度人)
[道光]重修平度州 18/21
平度鄉土志 4 上/鄉賢
孫書年(字紀竹)
(清・莘縣人)
[民國]莘縣 7/22
孫春堂(字壽卿)
(清・恩縣人)
[民國]重修恩縣 12/上 73
51 **孫搢三**(清・平度人)
[民國]平度縣續志 7/16
孫振玉(字貫三)
(清・曲阜人)
[民國]續修曲阜 5/24
孫振山(字耀西)
(清・茌平人)
[民國]茌平 3/45
孫振宗(字蔚起)
(清・寧陽人)
[咸豐]寧陽 15/19
[光緒]寧陽 15/26
孫振基(字爾構,號肖岡)
(明・陝西潼關人)
[宣統]山東 73/23
[萬曆]青州 12/48
[康熙十五年]青州 12/48
[康熙四十八年]青州 12/48
[康熙六十年]青州 12/30
[咸豐]青州 36/32
[泰昌]登州 9/42
[順治]登州 11/22
[光緒]增修登州 27/2
[康熙]續安丘 16/1
安丘縣鄉土志 2/政績錄

[康熙]黄縣 5/11,8/22
[乾隆]黄縣 6/名宦 5,10/20
[同治]黄縣 6/5,13/20
[民國]黄縣志稿 11/宦績,14/藝文下
孫振藻(清・臨清人)
[民國]臨清縣/人物 70
孫振都(清・萊陽人)
[民國]萊陽 3/1 中 63
孫振聲(濟寧人)
[民國]濟寧縣 3/6
孫振東(字道南)(清・樂安人)
[雍正]樂安 12/23
[民國]樂安 10/23
[民國]續修廣饒 19/42
孫振甲(清・萊陽人)
[光緒]益都縣圖志 18/75
孫振圖(字龍友,號象明)(清・平陰人)
[康熙]山東 40/64
[順治]平陰 7/7,8/上 90
[光緒]平陰 5/3,8/22,8/35
平陰縣鄉土志/10
52 **孫挨**(字聖圭)(唐・博州武水人)
[嘉靖]山東 31/15
[康熙]山東 41/13
[雍正]山東 28/人物二 16
[宣統]山東 164/11
[萬曆]東昌 19/26
[乾隆]東昌 41/25
[嘉慶]東昌 31/3
[康熙]聊城 3/4
[宣統]聊城 8/64
孫撝(字自謙,一作子謙)(元・曹州人)
[嘉靖]山東 26/17,30/57
[康熙]山東 33/20
[雍正]山東 28/人物二 69
[宣統]山東 164/23
[萬曆元年]兖州 38/節義 4,40/節義 21
[萬曆二十四年]兖州 28/20,35/33
[康熙]兖州 22/19,27/31
[乾隆]兖州 22/16
[康熙]曹州志 15/16
[乾隆]曹州府 14/30
[乾隆]濟寧直隸州 21/22
[道光]濟寧直隸州 6/6－14
[光緒]菏澤 15/15
[光緒]新修菏澤 10/16
菏澤縣鄉土志/17
[康熙]曹縣 12/23
[康熙]兖州府曹縣 12/23
[光緒]曹縣 12/21
[道光]鉅野 10/20
53 **孫成**(字思退)(唐・博州武水人)
[嘉靖]山東 31/14
[康熙]山東 41/11
[宣統]山東 161/13
孫成(明・淄川人)
[嘉靖]淄川 5/74
孫甫(字孝元)(元・新泰人)
[康熙]濟南 48/5
[乾隆]泰安府 18/65
[天啟]新泰 6/34
[順治]新泰 5/9
[乾隆]新泰 16/10
孫輔(元・高苑人)
[康熙]高苑 5/9
孫輔(字廷瓚)(明・霑化人)
[乾隆]武定府 26/8
[咸豐]武定府 26/義行 8
[萬曆]新修霑化 6/又又 118
孫軾(明・會稽人)
[乾隆]陽信 5/16
[民國]陽信 2/42
孫成廣(牟平人)
[民國]牟平 7/98
孫成章(字斐卿)(清・茌平人)
[民國]茌平 3/103
孫成五(字福堂)(東阿人)
[民國]東阿 16/3
孫成仁(字義九)(清・青城人)
[乾隆]青城 8/11
[民國]青城續修 4/人物 22
54 **孫拱極**(明・北直隸人)
[萬曆]冠縣 2/11
55 **孫軼羣**(字枚臣)(清・鄒平人)
[民國]鄒平 15/136
56 **孫揚聲**(字靜來)(清・萊陽人)
[雍正]山東 28/人物四 19
[宣統]山東 176/37
[乾隆]續登州 10/4
[光緒]增修登州 40/25
[康熙]萊陽 8/21
[民國]萊陽 3/1 中 27,3/1 中 60
57 **孫拯**(字啟貞)(清・長山人)
[康熙五十五年]長山 6/36
[嘉慶]長山 9/8
孫邦佐(金・泰安人)
[光緒]益都縣圖志 17/5
[民國]濰縣志稿 20/10
孫邦江(明・平度人)
[民國]平度縣續志 7/24
平度鄉土志 4 上/鄉賢
孫輅相(字倣商)(清・諸城人)
[道光]諸城縣續志 16/1
58 **孫敕**(清・平度人)
[光緒]平度志要/人物
孫掄(明・平陰人)
[康熙]兖州續編 15/25
[順治]平陰 7/16
[光緒]平陰 5/35
孫整(明・樂安人)
[嘉靖]山東 35/6
[康熙]山東 45/17
[嘉靖]青州 15/18
[萬曆]青州 14/16
[康熙十五年]青州 14/16
[康熙四十八年]青州 14/孝友 6
[康熙六十年]青州 17/11
[咸豐]青州 43/7
[萬曆]樂安 16/2

[雍正]樂安 12/9
[民國]樂安 10/7
[民國]續修廣饒 19/12
60 **孫昂**(明・昌邑人)
[康熙]昌邑 6/6
[乾隆]昌邑 5/133
孫昺(字光大,別號橐泉)
(明・陝西榆林人)
[宣統]山東 71/27
[道光]濟南 36/51
[康熙]陵縣 4/23,6/下 14,6/下 17
[光緒]陵縣 16/26,18/12
陵縣鄉土志/8
孫昌(元・萊陽人)
[民國]萊陽 3/1 中 6
孫昌(明・榆次人)
[萬曆]沂州志 6/11
[康熙]沂州志 3/44
[乾隆]沂州府 20/6
[民國]臨沂 7/71
孫恩(字靈秀)
(晉・琅邪人)
[嘉靖]山東 33/23
[萬曆元年]兖州 41/13
[萬曆二十四年]兖州 37/35
[康熙]兖州 28/75
[萬曆]沂州志 10/53
孫杲(明・鄒平人)
[道光]濟南 50/3
[康熙]鄒平 5/19
孫果(字淑仲)
(清・壽光人)
[民國]壽光 12/人物志一 79
孫昇(字允吉)
(明・濟寧人)
[康熙]濟寧州 6/23
[乾隆]濟寧直隸州 24/3
[道光]濟寧直隸州 8/2-23
孫昪(明・淄川人)
[康熙]淄川 5/34
[乾隆]淄川 5/34
孫晟(初名鳳,又名忌南)
(五代・密州人)
[至元]齊乘 6/23
[嘉靖]山東 32/12
[康熙]山東 42/12
[宣統]山東 164/14
[嘉靖]青州 15/6
[萬曆]青州 14/6
[康熙十五年]青州 14/6
[康熙四十八年]青州 14/忠義 6
[康熙六十年]青州 17/3
[萬曆]諸城 7/10
[康熙]諸城 7/9
[乾隆]諸城 38/2
諸城縣鄉土志/上 20
高密縣鄉土志/上 29
孫晟(字近光)
(明・壽光人)
[嘉慶]壽光 13/13
孫星(字儷星)
(清・諸城人)
[光緒]增修諸城縣續志 16/21
諸城縣鄉土志/上 46
孫昱(明)
[萬曆]青州 12 又/又 22
[康熙十五年]青州 12 又/又 22
孫景堃(清・諸城人)
[道光]諸城縣續志 19/10
孫曰齋(字靜公)
(清・長山人)
[嘉慶]長山 9/17
孫國龍(明・鍾祥人)
[康熙]郯城 6/6
孫日彰(五代・臨淄人)
[康熙]臨淄 10/8
[民國]臨淄 30/43
孫曰勷(字贊元,號芝山)
(清・嶧縣人)
[光緒]嶧縣 21/孝友 15
孫男玉(北魏・夏津人)
[乾隆]平原 8/46
[乾隆]夏津 8/30
孫署珂(字鳴玉)
(清・齊河人)
[民國]齊河 27/14
孫國琦(號鍾山)
(清・博山人)
[康熙]顏神鎮志 4/下 14
孫曰聰(字德明)
(濰縣人)
[民國]濰縣志稿 29/38
孫星衍(字淵如)
(清・江蘇陽湖人)
[宣統]山東 74/41
[民國]德縣 9/15
孫景山(霑化人)
[民國]霑化 4/登進 46
孫景嵩(清・濟陽人)
[民國]濟陽 11/69
孫昌緒(字詒堂)
(清・無棣人)
[民國]無棣 13/16
孫國佐(字亮工)
(清・淄川人)
[道光]濟南 54/72
[宣統]三續淄川 10/7
孫昌純(字粹如)
(清)
[宣統]三續淄川 9/47
孫昌齡(明・寧晉人)
[宣統]山東 73/30
[順治]登州 11/22
[光緒]增修登州 25/22,33/3
[雍正]文登 6/37
[道光]文登 5/23
[光緒]文登 7/上 6
孫星徵(字景符)
(清・博山人)
[乾隆]博山 7/下 14
[民國]續修博山 12/42
孫國賓(字觀五)
(清・安邱人)
[咸豐]青州 49/4
[民國]續安邱新志 20/2
安丘縣鄉土志 6/耆舊錄 3
孫景禮(清・桓臺人)
[民國]桓臺 3/39
孫昌祚(字良卿)
(明・即墨人)
[乾隆]即墨 9/14
[同治]即墨 9/15
孫昌祚(字廓之)
(清・壽光人)

［咸豐］青州 46/10
［康熙］壽光 28/3
［嘉慶］壽光 15/5
［民國］壽光 12/人物志二 84
孫圖南（字北溟）
（清・掖縣人）
［乾隆］掖縣 4/64
孫國楨（字輔臣）
（清・樂亭人）
［民國］樂安 8/22
［民國］續修廣饒 17/9
［民國］續修曲阜 3/40
［光緒］重修蒲臺 2/20
蒲臺縣鄉土志/4
孫墨林（字伯翰）
（清・齊河人）
［民國］齊河 27/31
孫思恭（字彥先）
（宋・登州人）
［嘉靖］山東 32/22
［康熙］山東 43/2
［雍正］山東 28/人物二 44
［宣統］山東 162/30
［泰昌］登州 11/3
［順治］登州 16/4
［光緒］增修登州 38/6
孫思恭（字肅吾）
（清・萊陽人）
［民國］萊陽 3/1 中 91
孫國棟（字柱巖）
（明・長山人）
［道光］濟南 50/49
［康熙五十五年］長山 6/26
［嘉慶］長山 8/11
孫國棟（字隆占）
（清・恩縣人）
［民國］重修恩縣 11/鄉賢 27
孫國均（字臨九）
（清・鄒平人）
［民國］鄒平 15/137
孫國杞（字宏濟）
（清・諸城人）
［道光］諸城縣續志 16/1
孫昌泰（字子文）
（清・臨清人）
［乾隆］臨清直隸州 8/下 14
［民國］臨清縣/人物 63
孫國泰（清・海州衛人）
［乾隆］泰安府 15/28
［乾隆］東平州 12/38
［道光］東平州 12/38
［光緒］東平州 14/38
［民國］東平縣 9/21
孫景昌（字仰之，號羲侶）
（清・博山人）
［康熙］顏神鎮志 4/下 4
［乾隆］博山 6/下 8
［民國］續修博山 12/17
孫景恩（字濟堂）
（清・桓臺人）
［民國］桓臺志略 3/19
孫墨田（字僑亭）
（清・諸城人）
［道光］諸城縣續志 19/11
孫日昇（清・諸城人）
［光緒］增修諸城縣續志 14/10
孫國顯（字瓚莪）
（明・單縣人）
［康熙］兗州續編 15/15
［順治］單縣 3/38，4/35
［康熙］單縣 8/5
［乾隆］單縣 7/1
［民國］單縣 9/31
孫思履（牟平人）
［民國］牟平 7/98
孫景曾（字商山）
（清・安邱人）
［道光］安邱新志 19/10
孫景曾（字會一）
（清・淄川人）
［道光］濟南 54/78
孫星煜（字茗舫）
（清・蓬萊人）
［民國］蓬萊縣志合編人物志/仕績
孫景燿（見孫景耀）
孫景耀（字毓華）
（明・濟寧人）
［康熙］濟寧州 6/46
［乾隆］濟寧直隸州 24/32
［道光］濟寧直隸州 8/1－66

61 **孫顯**（元・沂水人）
［道光］沂水 7/1
［民國］重修莒志 9/2
孫顯瑞（字兆西）
（清・博興人）
［道光］博興 11/30
［民國］重修博興 13/28
孫顯宗（明・昌邑人）
［康熙］昌邑 6/35
［乾隆］昌邑 6/167
孫旺溪（明・蒙陰人）
［康熙十一年］蒙陰 2/53
孫顯祖（字毅齋）
（清・蓬萊人）
［光緒］增修登州 41/10
［道光］重修蓬萊 9/26
［民國］蓬萊縣志合編人物志/孝友
孫顯祖（字耀先）
（清・嶧縣人）
［乾隆］嶧縣 8/41，10/下 15
［光緒］嶧縣 21/耆舊 5，24/15
孫顯堂（字揚庭）
（清・平度人）
［光緒］平度志要/人物
［民國］平度縣續志 7/7
62 **孫磻谿**（清・鄒平人）
［道光］濟南 54/50
孫磻溪（清・鉅野人）
［民國］續修鉅野 5/上 6
孫磻洼（字芳州）
（清・鉅野人）
［民國］續修鉅野 5/上 5
63 **孫默**（字潛夫）
（清・掖縣人）
［乾隆］掖縣 3/49
孫貽諧（清・即墨人）
［同治］即墨 9/35
即墨縣鄉土志/耆舊－事業四
孫貽哲（字子濬）
（清・高唐人）
［乾隆］東昌 44/6
［嘉慶］東昌 34/5
［康熙五十一年］高唐州

9/25
[道光]高唐州 5/2－20
[光緒]高唐州 5/2－23
[民國]高唐縣 12/38
64 **孫時**(字習之)
(明・鄆城人)
[萬曆二十四年]兖州 36/4
[康熙]兖州 28/4
[乾隆]曹州府 15/2
[嘉靖]鄆城志下/8
[崇禎]鄆城 5/10
[康熙]鄆城 5/3
[光緒]鄆城 5/4
65 **孫映泰**(字瑞新)
(明・朝城人)
[康熙]朝城 8/29
孫映闕(明・濮州人)
[康熙]濮州續志下/5
[宣統]濮州 5/15
66 **孫嚴**(字欽若)
(清・寧陽人)
[咸豐]寧陽 13/28
[光緒]寧陽 13/28
寧陽縣鄉土志/18
孫暘之(字崇錫)
(清・東平人)
[光緒]東平州 15/中 34
[民國]東平縣 11/中 6
67 **孫明**(明・霑化人)
[康熙]山東 45/5
[康熙]濟南 47/33
[乾隆]武定府 23/52
[咸豐]武定府 23/忠節 26
[萬曆]新修霑化 6/122
[民國]霑化 2/77
孫昭(明・莘縣人)
[嘉靖]山東 35/4
[康熙]山東 45/12
孫明新(明・萊蕪人)
[民國]萊蕪 20/7
[民國]續修萊蕪 27/8
孫鳴珩(明・萊陽人)
[民國]萊陽 3/1 中 20
孫嗣武(字承烈)
(明・陽穀人)
[民國]增修陽穀人物/善行 38
孫鳴玘(明・萊陽人)
[民國]萊陽 3/1 中 23
孫明山(字玉峯)
(清・齊河人)
[民國]齊河 23/72
孫明德(清・慶雲人)
[民國三年]慶雲 2/76
孫明禮(字端本,號謙符)
(清・臨朐人)
光緒臨朐 14/下 17
孫明吉(清・夏津人)
[乾隆]東昌 43/39
[乾隆]夏津 8/21
孫嗣奇(字天霖)
(明・寧陽人)
[咸豐]寧陽 13/51
[光緒]寧陽 13/63
孫鳴鶴(清・壽光人)
[乾隆]續壽光 23/7
[嘉慶]壽光 13/10
[民國]壽光 12/人物志一 80
孫嗣惠(字迪我)
(明・濱州人)
[乾隆]武定府 25/50
[咸豐]武定府 25/文苑 10
[康熙]濱州 7/30
[咸豐]濱州 10/29
濱州鄉土志/學問
孫明哲(字睿涵)
(清・莘縣人)
[光緒]莘縣 7/28
[民國]莘縣 7/16
莘縣鄉土志/事業 26
孫鳴鳳(號吾崗)
(明・高安人)
[康熙]聊城 2/3
孫明義(清・莘縣人)
[康熙五十六年]莘縣 6/12
[光緒]莘縣 7/40
[民國]莘縣 7/30
莘縣鄉土志/孝友 23
孫明智(清・河南人)
[乾隆]東平州 12/40
[道光]東平州 12/40
[光緒]東平州 14/40
[民國]東平縣 9/21
孫昭錫(字端伯)
(清・寧海人)
[民國]牟平 7/37
孫昭煥(字介明)
(清・掖縣人)
[民國]四續掖縣 4/72
69 **孫晄**(字威光)
(漢・淳于人)
[康熙]杞紀 18/10
71 **孫既**(唐・莒州人)
[嘉靖]山東 32/11
[康熙]山東 42/12
[雍正]山東 28/人物二 10
[宣統]山東 165/7
[嘉靖]青州 15/15
[萬曆]青州 14/14
[康熙十五年]青州 14/14
[康熙四十八年]青州 14/孝友 4
[康熙六十年]青州 17/9
[乾隆]沂州府 26/7
[雍正]莒州 9/21
[嘉慶]莒州 9/18
[民國]重修莒志 62/1
孫長慶(字覺亭)
(清・蓬萊人)
[光緒]增修登州 39/8
[光緒]蓬萊縣續志 9/仕績 3
[民國]蓬萊縣志合編人物志/仕績
孫長順(清・甘肅平涼人)
[光緒]嶧縣 19/職官下 27
孫長順(清・鹽山人)
[民國]陽信 2/67
孫長安(東平人)
[民國]東平縣 11/上 23
孫長河(字永清)
(清・臨清人)
[民國]臨清縣/人物 76
孫愿忠(清・寧陽人)
[光緒]寧陽 15/41
72 **孫質**(宋・樂安人)
[宣統]山東 162/27
孫質(明・萊陽人)
[民國]萊陽 3/1 中 13

孫彤恩(清・諸城人)
[光緒]增修諸城縣續志19/2
73 孫臏(戰國・齊人)
[嘉靖]山東28/6
[康熙]山東38/7
[嘉靖]青州15/43
[萬曆]青州15/17
[康熙十五年]青州15/17
[康熙四十八年]青州15/武功4
[康熙六十年]青州16/44
[乾隆]泰安府16/2
[萬曆二十四年]兗州30/16
[康熙]兗州23/16
[萬曆]東昌19/2
[萬曆]濮州4/兵家2
[康熙]濮州4/54
[乾隆]濮州4/94
[宣統]濮州6/42
[康熙]臨淄9/20
[民國]臨淄21/43
[康熙]昌邑5/2
[乾隆]昌邑5/100
[道光]長清13/17
[康熙四年]東阿6/2
[康熙五十四年]東阿6/2
[道光]東阿13/人物上2
[光緒]東阿縣鄉土志4/1
孫駿(清・順天涿州人)
[民國]續修鉅野3/16,8/上44
孫駿昌(字皋言)
(牟平人)
[民國]牟平7/28
75 孫體元(字復一)
(明・濱州人)
[乾隆]武定府23/25
[咸豐]武定府23/名臣25
[康熙]濱州7/9
[咸豐]濱州10/6
濱州鄉土志/耆舊錄
孫體乾(清)
[康熙]肥城書下/7
[嘉慶]肥城15/37
[光緒]肥城7/51
77 孫鳳(字翔之)
(明・文登人)
[光緒]增修登州40/29
[光緒]文登8/下2
孫闊(清・昌邑人)
[康熙]昌邑6/28
[乾隆]昌邑6/171
孫隆(明)
[宣統]山東73/5
[萬曆]青州12又/6
[康熙十五年]青州12又/又6
[康熙四十八年]青州12又/又6
[康熙六十年]青州12/23
[咸豐]青州36/2
[民國]臨淄18/7
孫鵬(字圖南)
(明・陜西鳳翔人)
[康熙]東明4/23
[乾隆]東明4/23
[宣統]東明續縣志2/7
[民國]東明縣新誌11/5
孫鵬(字摶之,一字大林)
(明・文登人)
[康熙]山東45/21
[泰昌]登州11/41
[順治]登州17/19
[光緒]增修登州43/39
[雍正]文登8/5
[道光]文登5/7
[光緒]文登8/下1
孫鵬(明・鄒平人)
[道光]濟南50/4
孫鵬(字圖南)
(清・單縣人)
[民國]單縣9/75
孫卿(元)
[嘉靖]淄川6/77
[萬曆]淄川27/7
孫熙(字緝莾)
(清・寧海人)
[民國]牟平7/37
孫賢(明・東牟人)
[嘉靖]寧海州下/44
[同治]重修寧海州15/3
孫興(明・商河人)
[民國]重修商河7/45
孫學(明・鄆城人)
[崇禎]鄆城6/8
[康熙]鄆城6/8
孫巽(字慶南)
(清・金鄉人)
[民國]濟寧直隸州續志13/5
[民國]金鄉13/18
孫鳳章(字桐軒)
(清・茌平人)
[民國]茌平3/95
孫朋交(清・濰縣人)
[民國]濰縣志稿31/14
孫同文(字晝一)
(清・齊河人)
[民國]齊河23/16,27/30,33/66
孫學齋(字聖謨)
(恩縣人)
[民國]重修恩縣11/鄉賢79
孫學詩(明・雲南舉人)
[順治]堂邑2/職官11
[康熙十一年]堂邑2/名宦4
[康熙]堂邑11/11
孫鳳雲(字儀唐)
(清・高苑人)
高苑縣鄉土志/耆舊
孫貫一(字又魯)
(清・長山人)
[道光]濟南55/27
長山縣鄉土志/耆舊錄
孫興元(號柳溪)
(清・滕縣人)
[宣統]滕縣續志稿3/27
[民國]續滕縣志2/10
孫聞武(明・曲阜人)
[崇禎]歷城6/18
孫居仁(字謙南)
(元・高唐人)
[道光]高唐州5/1-9
[光緒]高唐州5/1-9
孫開寅(字協恭,號小正,一號虎門)
(清・德州人)
德州鄉土志/耆舊55

［民國］德縣 10/56
孫興寬（清・萊陽人）
［民國］萊陽 3/1 中 76
孫用暹（字扶昇）
（清・蓬萊人）
［道光］重修蓬萊 9/36
［民國］蓬萊縣志合編人物志/行誼
孫履祥（清・鄆城人）
［光緒］鄆城 16/11
孫開機（字省菴，號東村）
（清・德州人）
［民國］德縣 10/56
孫殿桂（字有蘭）
（清・益都人）
［光緒］益都縣圖志 41/21
孫居相（字伯輔，號拱揚）
（明・沁水人）
［宣統］山東 72/47
［乾隆］東昌 35/23
［嘉慶］東昌 22/28
［萬曆］恩縣 6/31，6/33
［雍正］恩縣續志 3/4
［宣統］重修恩縣 6/49，9/38，9/40
［民國］重修恩縣 10/65，12/上 29，12/上 31
恩縣鄉土志/10
孫開泰（字曰可，號書臺）
（清・德州人）
［道光］濟南 56/71
［乾隆］德州 9/65
［民國］德縣 11/8
德州鄉土志/耆舊 51
孫履青（字禮符）
（清・桓臺人）
［民國］桓臺 3/33
孫殿甲（字竹泉）
（清・蓬萊人）
［民國］蓬萊縣志合編人物志/行誼
孫鳳果（清・齊河人）
［民國］齊河 26/37
孫際昌（清・臨淄人）
［康熙］臨淄 9/24
［民國］臨淄 28/4
孫鵬恩（清・朝城人）
［民國］朝城縣續志 1/35
孫學昉（清・汶上人）
［宣統］四續汶上稿/人物－藝術傳
孫印甲（字長千）
（清・陽穀人）
［民國］增修陽穀人物/善行 38
孫周卿（元）
［順治］鄒平 4/9
［康熙］鄒平 4/9
孫鳳翔（字文起，號梧岡）
（清・濰人）
［宣統］山東 177/6
［民國］濰縣志稿 28/38
濰縣鄉土志/39
79 **孫颸**（字斗輝）
（清・嶧縣人）
［乾隆］嶧縣 10/下 24
［光緒］嶧縣 24/20
孫勝三（清・平度人）
［民國］平度縣續志 7/16
孫騰上（清・萊陽人）
［民國］萊陽 3/1 中 82
80 **孫鈁**（字璞亭）
（清・臨淄人）
［民國］臨淄 28/11
孫鏡（明・北直人）
［乾隆］嶧縣 7/27
孫鏡（字寶三）
（清・濟寧人）
［乾隆］濟寧直隸州 25/30
［道光］濟寧直隸州 8/1－66
孫全（元・禹城人）
［道光］濟南 48/54
［康熙］禹城 8/16
［嘉慶］禹城 9/15
［民國］禹城 6/12
禹城縣鄉土志/18
孫全（明・掖縣人）
［乾隆］掖縣 4/53
萊州府鄉土志/下 19
孫全（字受菴）
（明・招遠人）
［道光］招遠縣續志 3/13
孫善（字善繼，號少庵）
（清・嘉祥人）
［道光］濟寧直隸州 8/4－43
孫義（元）
［光緒］重修蒲臺 4/1
孫義（明・日照人）
［光緒］日照 8/5
孫義（明・諸城人）
［萬曆］諸城 6/24
孫鏞（明・濱州人）
［萬曆］濱州 3/25
孫鏞（明・鄆城人）
［嘉靖］鄆城志下/15
［崇禎］鄆城 5/17
［康熙］鄆城 5/19
［光緒］鄆城 5/33
孫鏞（字東序）
（清・陽穀人）
［光緒］陽穀 6/28，14/7
［民國］增修陽穀人物/武功 9，人物/善行 44
孫毓（南北朝，一作宋・濰縣人）
［嘉靖］山東 33/7
［康熙］山東 44/5
［萬曆］萊州 5/93
［康熙］萊州 10/22
［乾隆］萊州 10/8
［萬曆］濰縣 9/4
［康熙］濰縣 5/人物 10
［乾隆］濰縣 4/7
濰縣鄉土志/14
孫毓（明・商河人）
［康熙］濟南 40/5
［乾隆］武定府 23/12
［咸豐］武定府 23/名臣 12
［萬曆］商河 7/3
［道光］商河 7/2
［民國］重修商河 8/2
商河縣鄉土志 2/耆舊－事業
孫合立（字卓然）
（清・茌平人）
［宣統］茌平 28/1
［民國］茌平 3/68
孫養廉（清・漢軍旗人）
［宣統］山東 76/25

孫毓唐(字陶亭)
(清・嶧縣人)
[光緒]嶧縣 21/耆舊 9
孫義訓(字九岡)
(明・文登人)
[雍正]文登 7/10
[光緒]文登 8/下 7
孫益廷(號東阡)
(清・濱州人)
濱州鄉土志/學問
孫毓瑞(清・鄒平人)
[民國]鄒平 15/135
孫毓瑗(字上引,號春溪)
(清・博山人)
[民國]續修博山 12/5
孫公武(明)
[嘉靖]山東 26/26
[萬曆]濮州 3/名宦 16
孫念召(字蔭棠)
(清・金鄉人)
[民國]金鄉 13/續增 1
孫毓虞(字協亭)
(清・嶧縣人)
[光緒]嶧縣 21/宦績 7
孫公僑(清・棲霞人)
[乾隆]棲霞 7/9
孫善繼(字郄浮)
(明・掖縣人)
[乾隆]掖縣 4/28
孫益德(南北朝・樂安人)
[至元]齊乘 6/18
[嘉靖]山東 32/9
[康熙]山東 42/9
[雍正]山東 28/人物一 34
[宣統]山東 165/5
[嘉靖]青州 15/15
[萬曆]青州 14/13
[康熙十五年]青州 14/又 13
[康熙六十年]青州 17/9
[道光]博興 11/5
[民國]重修博興 13/5
孫公復(清・萊陽人)
[民國]萊陽 3/1 中 36
孫善寶(字賀谷)
(清・濟寧人)
[宣統]山東 172/31
[民國]濟寧直隸州續志 12/6
孫毓汶(字萊山)
(清・濟寧人)
[宣統]山東 172/35
[民國]濟寧直隸州續志 12/19
孫善述(字繩武)
(清・費縣人)
[光緒]費縣 11/7
費縣鄉土志/耆舊錄－學問
孫善述(字著庭)
(清・貴州舉人)
[民國]臨清縣/秩官 68
[光緒]冠縣 6/宦績
[民國]冠縣 6/47
冠縣鄉土志/政績－興利,政績－去害
孫毓湝(字梧江)
(清・濟寧人)
[宣統]山東 172/42
[民國]濟寧直隸州續志 12/17
孫毓漢(字雲皋)
(清・濟寧州人)
[宣統]山東 172/48
[民國]濟寧直隸州續志 12/16
[民國]濟寧縣 3/85
孫毓清(字石泉)
(清・博山人)
[民國]續修博山 12/62
孫念祖(字孝侗,號紫濤)
(明・滕縣人)
[康熙]滕志 7/74
[康熙]滕縣志 7/70
[道光]滕縣志 9/忠節 5
孫令祚(清・萊陽人)
[民國]萊陽 3/1 中 27
孫毓址(字季厚)
(清・嶧縣人)
[光緒]嶧縣 21/耆舊 14
孫養樸(明・鄒平人)
[道光]鄒平 15/33
[民國]鄒平 15/33
孫毓圻(字申一)
(清・即墨人)
[同治]即墨 9/38
即墨縣鄉土志/耆舊－事業四
孫鏡蓉(字次芙,號芝庭)
(清・商河人)
[民國]重修商河 8/59
孫毓桂(清・聊城人)
[嘉慶]東昌 32/30
[宣統]聊城 8/85
孫毓華(字西屏,一字蓮峯)
(清・濟寧人)
[民國]濟寧直隸州續志 12/37
孫毓茂(字秀峯)
(清・滋陽人)
[光緒]滋陽 9/2,11/22
孫含中(字象淵)
(清・昌邑人)
[光緒]昌邑縣續志 6/1
孫愈振(清・嶧縣人)
[光緒]嶧縣 21/宦績 11
孫俞盛(清・莘縣人)
[宣統]山東 174/11
孫愈盛(清・莘縣人)
[雍正]山東 28/人物四 39
[道光]濟南 38/34
[乾隆]東昌 40/25
[嘉慶]東昌 30/26
[光緒]莘縣 6/23
莘縣鄉土志/鄉宦 20
孫養默(字少泉)
(明・鄒平人)
[嘉慶]鄒平 15/18
孫毓晙(字曉峰)
(清・嶧縣人)
[光緒]嶧縣 21/耆舊 18
孫毓璧(清・臨沂人)
[民國]臨沂 10/62
孫企賢(明・諸城人)
[嘉靖]青州 14/25
[萬曆]青州 13/41
[康熙十五年]青州 13/41
[康熙四十八年]青州 13/事功 24
[康熙六十年]青州 16/13

[咸豐]青州 43/3
[萬曆]諸城 7/15
[乾隆]諸城 30/1
孫愈賢(號振翁)
(明・滎澤人)
[宣統]山東 72/44
[乾隆]東昌 34/13
[嘉慶]東昌 22/4
[康熙十一年]莘縣 5/7
[康熙五十六年]莘縣 5/7
[光緒]莘縣 5/8
[民國]莘縣 3/5
莘縣鄉土志/政績 6
孫善全(字德宇,號月泉)
(清・博山人)
[民國]續修博山 12/6
孫養氣(明・膠州人)
[康熙]膠州 6/55
[乾隆]膠州 5/36
[道光]重修膠州 30/3
[民國]增修膠志 47/3
膠州直隸州鄉土志 4/藝術
孫毓美(字俊臣)
(清・陽穀人)
[民國]增修陽穀人物/師道 18
孫金鎔(字陶卿)
(清・陽穀人)
[民國]增修陽穀人物/善行 50
孫毓炳(字象南)
(恩縣人)
[民國]重修恩縣 11/鄉賢 24
孫毓恒(字繡山)
(清・博山人)
[民國]續修博山 11/32
孫毓瑩(清・臨清人)
[民國]臨清縣/人物 73
81 **孫頌清**(字詠仙)
(清・浙江嘉善人)
[宣統]山東 75/54
[光緒]增修登州 26/5
[光緒]蓬萊縣續志 6/文秩 5
[民國]重修商河 6/71
商河縣鄉土志 1/政績
[光緒]嶧縣 19/職官下 27
82 **孫鋋**(字長發)
(清・莘縣人)
[乾隆]東昌 40/26
[嘉慶]東昌 30/27
[光緒]莘縣 7/23
[民國]莘縣 7/12
莘縣鄉土志/鄉宦 20
[宣統]聊城 8/28
孫鋌(清・莘縣人)
[光緒]莘縣 6/24
83 **孫錠**(明・昌邑人)
[康熙]昌邑 6/34
[乾隆]昌邑 5/141,6/164
84 **孫鎮**(字寧之)
(明・掖縣人)
萊州府鄉土志/下 25
[乾隆]掖縣 4/59
[道光]掖乘 4
孫鎮(清・費縣人)
[康熙]費縣 7/30
[光緒]費縣 11/8
孫鎮(字屏藩,晚號息齋)
(清・嶧縣人)
[光緒]嶧縣 21/文苑 3
85 **孫鏄**(明・昌邑人)
[康熙]昌邑 6/36
[乾隆]昌邑 6/182
86 **孫鐸**(字振之)
(金・滕州人,一作恩州歷亭人)
[嘉靖]山東 31/24
[康熙]山東 41/21
[雍正]山東 28/人物二 51
[宣統]山東 158/5
[乾隆]東昌 37/19
[嘉慶]東昌 27/17
[嘉靖]恩縣 6/4
[萬曆]恩縣 4/11
[宣統]重修恩縣 8/18
[民國]重修恩縣 11/鄉賢 15
恩縣鄉土志/18
[萬曆]滕志 7/20
[康熙]滕志 7/19
[康熙]滕縣志 7/17
[道光]滕縣志 7/15
滕縣鄉土志/11
孫鐸(明・昌邑人)
[康熙]昌邑 6/8
孫錦(清・高唐人)
[光緒]高唐州 5/2-28
[民國]高唐縣 12/15
孫智(明・鄒平人)
[康熙]濟南 38/9
[康熙]鄒平 6/2
[嘉慶]鄒平 15/1
孫錫慶(字善徵)
(清・臨朐人)
光緒臨朐 14/中 7
孫錫麟(字振兮)
(清・清平人)
[民國]清平/人物 65
孫錫純(清・諸城人)
[光緒]增修諸城縣續志 17/12
孫錫洙(字魯川)
(東平人)
[民國]東平縣 11/上 23
孫錫運(字繼光,號月泉)
(清・金鄉人)
[咸豐]金鄉縣志略 9/中列傳二 16
[民國]金鄉 13/18
金鄉縣鄉土志/耆舊錄上
孫錫蕃(字棐臣)
(清・湖北黃岡人)
[宣統]山東 75/50
[乾隆]武定府 16/45
[咸豐]武定府 19/霑化 4
[康熙]陽信 10/52
[乾隆]陽信 8/70
[民國]陽信 8/藝文下 21
[光緒]霑化 5/19
[民國]霑化 4/職官 37
孫錫嘏(號東泉)
(清・淄川人)
[宣統]三續淄川 9/73
孫錫成(字藎臣)
(商河人)
[民國]重修商河 7/42
孫錫輅(字德輿)
(清・郯城人)
[宣統]山東 173/10

孫錫朋(字百珍)
(清・商河人)
[民國]重修商河 8/66
孫錫銘(清・諸城人)
[光緒]增修諸城縣續志 14/7
孫錦裳(字繡章,別號濰叟)
(清・茌平人)
[乾隆]東昌 43/10
[嘉慶]東昌 32/36
[康熙四十九年]茌平 5/11
[宣統]茌平 14/10
[民國]茌平 3/90
[民國]濰縣志稿 32/24
孫錫榮(字恩九)
(清・昌邑人)
[光緒]昌邑縣續志 6/24
87 孫鈞(字陶仲)
(清・濟寧人)
[乾隆]濟寧直隸州 25/31
[道光]濟寧直隸州 8/1－67
孫鏐(明・昌邑人)
[康熙]昌邑 6/34
[乾隆]昌邑 6/164
孫銘(字自新)
(明・鄒平人)
[道光]濟南 50/3
[順治]鄒平 5/20
[康熙]鄒平 5/18
孫銘(字敬盤)
(清・城武人)
[道光]城武 9/下 31
孫銘(字金堂)
(莒縣人)
[民國]重修莒志 66/2
孫欽(明・金鄉人)
[康熙十二年]金鄉 5/17
[康熙五十一年]金鄉 7/25
孫欽若(字敬之,號蘭齋)
(清・茌平人)
[民國]茌平 3/54
孫銘書(字柳堂)
(清・淄川人)
[宣統]三續淄川 9/63
88 孫範(唐・博州武水人)
[光緒]益都縣圖志 16/9
孫範(明・文登人)
[泰昌]登州 11/24
[順治]登州 16/29
[光緒]增修登州 40/32
[雍正]文登 8/2
[道光]文登 5/1
[光緒]文登 8/上 12
孫範(清・莒縣人)
[雍正]莒州 9/34
孫鑑(明・昌邑人)
[康熙]昌邑 6/6
孫鑑(字克明)
(明・淄川人)
[康熙]濟南 44/14
[道光]濟南 50/21
[乾隆]淄川 6/上 17
淄川縣鄉土志/耆舊錄－孝友
[順治]鄒平 7/11
孫鑑(清・定陶人)
[民國]定陶 6/64
孫鑑(清・館陶人)
[康熙]臨清州 3/人物 29
[乾隆]臨清州 12/9
[乾隆]臨清直隸州 8/上 84
孫節(明・萊陽人)
[雍正]山東 28/人物三 23
[宣統]山東 165/17
[泰昌]登州 11/40
[順治]登州 17/17
[光緒]增修登州 43/30
[康熙]萊陽 8/22
[民國]萊陽 3/1 中 71
孫敏(明・觀城人)
[康熙]觀城 4/2
孫敏(明・商河人)
[民國]重修商河 7/45
孫篇(字成錦)
(清・高密人)
[乾隆]高密 8/上 35
[光緒]高密 8/上 53
[民國]高密 14/上 63
[康熙]陽穀 2/28
[光緒]陽穀 4/20
孫銓(字秉衡)
(清・膠州人)
[道光]重修膠州 29/25
[民國]增修膠志 45/11
[乾隆]蒲臺 3/50
蒲臺縣鄉土志/12
孫銓(字鑑堂,號少迂)
(清・江南崑山人)
[民國]陽信 2/66
孫銓(字藻如)
(清・諸城人)
[乾隆]諸城 39/5
孫銳(明・臨淄人)
[康熙]臨淄 9/12
[民國]臨淄 23/10
孫鎰(字克時)
(明・萊陽人)
[民國]萊陽 3/1 中 78
孫笏廷(號文泉)
(清・淄川人)
[宣統]三續淄川 9/101
孫篤先(字淮浦)
(清・萊陽人)
[乾隆]即墨 9/39
[同治]即墨 9/59
[民國]萊陽 3/1 中 86
孫敏修(清・汶上人)
[宣統]四續汶上稿/人物－文學傳
孫敏復(字宗顏)
(清・樂陵人)
樂陵縣鄉土志 3/46
孫符乾(字健莽)
(清・固始人)
[宣統]山東 77/30
孫符貴(東阿人)
[民國]東阿 15/19
孫敏中(元)
[萬曆]章丘 23/12
89 孫鎧(字振之)
(明・博平人)
[正德]博平 4/71
孫鎧(明・莒州人)
[雍正]山東 28/人物三 43
[宣統]山東 164/31
[乾隆]沂州府 26/3
[康熙]莒州下/41
[雍正]莒州 9/26

[嘉慶]莒州 9/22
[民國]重修莒志 60/29
90 孫忭(字堯封)
(明・即墨人)
[同治]即墨 9/42
即墨縣鄉土志/耆舊－學問
孫爌(明・鄒平人)
[道光]鄒平 15/43
[民國]鄒平 15/43
孫炎(字叔然)
(三國・樂安人)
[宣統]山東 162/16
孫少府(元)
[康熙四十三年]長山 3/宦績
[康熙五十五年]長山 3/28
[嘉慶]長山 5/37
孫惟謨(字次典)
(清・博山人)
[民國]續修博山 11/32
孫惟謙(明・萊州衛人)
[康熙]山東 45/23
[康熙]萊州 10/65
[乾隆]萊州 11/孝義 5
[乾隆]掖縣 4/48
孫炎丙(字次乙,號文峯)
(清・平度人)
[民國]平度縣續志 8/16
孫光烈(清・禹城人)
[道光]濟南 56/41
[乾隆]即墨 9/32
[同治]即墨 9/48
即墨縣鄉土志/耆舊－事業四
孫懷珍(字荊山)
(清・清豐人)
[民國]續修鉅野 3/2
孫光岱(字魯瞻)
(清・新城人)
[宣統]新城縣後志 2/忠義
[民國]重修新城 18/12
孫尚先(清・寧海人)
[光緒]增修登州 39/39
孫懷積(明・東阿人)
[乾隆]泰安府 18/38
[道光]東阿 14/人物下 27
[光緒]東阿縣鄉土志 4/8
孫光家(字煜堂)
(清・壽張人)
[光緒]壽張 7/20
壽張縣鄉土志/耆舊－事業
孫懷洙(字聖淵)
(清・臨淄人)
[民國]臨淄 25/36
孫尚禮(字嚴若)
(清・曹縣人)
[光緒]曹縣 14/行誼 13
孫光祀(字溯玉,號祚庭)
(清・平陰人)
[雍正]山東 28/人物四 24
[宣統]山東 171/2
[道光]濟南 53/3
[康熙]兗州續編 16/33
[乾隆]泰安府 17/47
[乾隆]歷城 38/3
[光緒]平陰 4/21,8/39
平陰縣鄉土志/14
[道光]滕縣志 6/僑寓 8
孫光祖(字繩武)
(明・堂邑人)
[康熙十一年]堂邑 2/選舉 18
[康熙]堂邑 13/11
堂邑縣鄉土志/耆舊錄
孫光祖(清・掖縣人)
[嘉慶]續掖縣 3/10
孫光祚(字孟裕)
(清・范縣人)
[宣統]山東 173/26
[乾隆]曹州府 15/22
[康熙]臨清州 3/人物 28
[乾隆]臨清州 12/9
[乾隆]臨清直隸州 8/上 83
孫尚志(明・山西交城人)
[嘉靖]德州 2/11
孫惟大(明・文登人)
[光緒]增修登州 43/39
[道光]文登 5/7
[光緒]文登 8/上 11
孫小九(清・霑化人)
[咸豐]武定府 23/忠節 22
孫懷賫(清・諸城人)
[光緒]增修諸城縣續志 18/4
孫光都(清・臨沂人)
[乾隆]沂州府 26/23
[民國]臨沂 10/15
孫懷愨(字心敬)
(清・嶧縣人)
[光緒]嶧縣 21/耆舊 11
孫惟中(字伯庸)
(明・昌邑人)
[嘉靖]山東 35/8,38/66
[康熙]山東 45/22,61/20
[雍正]山東 35/傳 7
[泰昌]登州 11/24
[順治]登州 16/29
[萬曆]萊州 6/7,8/87
[康熙]萊州 10/63,11/8－4
[乾隆]萊州 11/孝義 3,14/25
萊州府鄉土志/下 18
[康熙]寧海州 9/3
[同治]重修寧海州 13/6,17/9
[康熙]昌邑 6/26
[乾隆]昌邑 6/169,8/263
[民國]牟平 7/9
孫光晟(清・福山人)
[光緒]增修登州 43/18
[乾隆]福山 9 上/63
[民國]福山縣志稿 7/4－2
孫懷璧(清・莒縣人)
[民國]重修莒志 61/10
孫懷印(清・曲阜人)
[民國]續修曲阜 5/37
[民國]續修鄒縣志稿/人物－耆舊
孫光前(清・蒙陰人)
[康熙十一年]蒙陰 2/54
孫光第(明・黃縣人)
[康熙]黃縣 6/35
[乾隆]黃縣 12/2
[同治]黃縣 9/1
[民國]黃縣志稿 13/人物－死難
孫尚敏(字功驗)
(清・掖縣人)
[民國]四續掖縣 4/64

孫光輝(字華國,號夾谷)
(明・淄川人)
[康熙]濟南 42/12
[道光]濟南 50/21
[萬曆]淄川 30/11
[康熙]淄川 5/4,6/84
[乾隆]淄川 5/4,6/上 84
[乾隆]博山 6/下 19
[民國]續修博山 12/12
91 孫恒(明・福山人)
[康熙]福山 8/21
[乾隆]福山 8/46
孫炳震(字念初)
(清・安丘人)
[民國]續安邱新志 21/3
安丘縣鄉土志 7/耆舊錄 4
孫炳瑜(字樸齋)
(清・安丘人)
[民國]續安邱新志 20/8
孫恒基(清・諸城人)
[乾隆]諸城 41/3
諸城縣鄉土志/上 43
孫炳昕(清・安丘人)
[民國]續安邱新志 20/8
孫炳燮(字協中,又字岱峰)
(清・東平人)
[民國]東平縣 11/下 26
92 孫愷(清・商河人)
[民國]重修商河 8/86
孫愷元(字虞臣)
(清・壽州人)
[民國]牟平 6/79
93 孫怡壽(字松巖)
(清・平陰人)
[光緒]平陰 4/45
孫怡堂(字和庵)
(清・壽光人)
[民國]壽光 12/人物志二 34
94 孫慎(字用修)
(明・大寧人)
[康熙]濟寧州 4/9
孫烘(清・諸城人)
[道光]諸城縣續志 19/14
孫慎一(清・濟寧人)
[乾隆]濟寧直隸州 28/9
孫慎典(清・平度人)
[民國]平度縣續志 7/27
平度鄉土志 4 上/鄉賢
95 孫性存(字泰初)
(清・壽張人)
[光緒]壽張 10/3
壽張縣鄉土志/耆舊－學問
96 孫憬(清・鄒縣人)
[康熙五十五年]鄒縣志
2/73
鄒縣鄉土志耆舊錄/17
孫悝(字元卓)
(漢・淳于人)
[康熙]杞紀 18/10
97 孫烱(字劍浦)
(清・諸城人)
[道光]諸城縣續志 19/2
孫煥(字叔文)
(清・安丘人)
[道光]安邱新志 22/3
安丘縣鄉土 6/耆舊錄 3
孫煥(清・觀城人)
觀城縣鄉土志/耆舊
孫恪(明・鄒平人)
[嘉靖]山東 29/23
[康熙]山東 39/21
[雍正]山東 28/人物三 5
[宣統]山東 161/31
[康熙]濟南 41/10
[道光]濟南 50/4
[順治]鄒平 6/5
[康熙]鄒平 5/19,6/17
[嘉慶]鄒平 15/32
[道光]鄒平 15/22
[民國]鄒平 15/22
孫炤(清・福山人)
[康熙]福山 8/27
[乾隆]福山 8/38
孫炤(字明章)
(清・濰縣人)
[民國]濰縣志稿 32/3
孫耀先(字尚彬)
(清・嘉祥人)
[光緒]嘉祥 3/30
孫輝祖(字昭來)
(清・平原人)
[道光]濟南 56/106
[乾隆]平原 8/42
平原縣鄉土志輯稿/文學
孫耀東(清・諸城人)
[光緒]增修諸城縣續志
17/12
98 孫燧(字德成)
(明・浙江餘姚人)
[嘉靖]山東 25/14
[康熙]山東 31/16
[雍正]山東 27/15
[宣統]山東 70/24
[康熙]濟南 24/23
[道光]濟南 35/33
[崇禎]歷乘 16/33
[崇禎]歷城 6/13
99 孫榮(字世榮)
(漢・營陵人)
[康熙]杞紀 18/11
孫榮(明)
[康熙]萊陽 5/4
孫榮(明・山陽人)
[嘉靖]山東 27/18
[宣統]山東 73/36
[萬曆]萊州 5/73
[康熙]萊州 8/48
[乾隆]萊州 9/19
[康熙]昌邑 5/4
[乾隆]昌邑 5/103
孫榮(清・棲霞人)
[光緒]棲霞縣續志 6/宦績 2
孫榮(字桐軒)
(清・諸城人)
[道光]諸城縣續志 16/7
孫榮獻(字文山,別號石園)
(清・單縣人)
[民國]單縣 12/鄉賢 2
孫榮先(字耀祖)
(清・博平人)
[光緒]博平縣續志 10/64
孫榮祖(元)
[宣統]山東 69/30
[道光]濟寧直隸州 6/6－22
[康熙]魚臺 15/9
[乾隆]魚臺 9/33
[光緒]魚臺 2/46
孫榮祖(清・滕縣人)

［康熙］滕縣志 8/孝行 14
［道光］滕縣志 9/孝義 6
孫榮輅（字來之）
（清・陽穀人）
［光緒］陽穀 7/6
［民國］增修陽穀人物/忠烈 24
孫榮甲（清・朝城人）
［民國］朝城縣續志 1/35
孫榮昇（字曉帆）
（清・膠州人）
［民國］增修膠志 41/36
孫榮曾（字貽亭，一作貽堂）
（清・膠州人）
［道光］重修膠州 29/26
［民國］增修膠志 45/11
膠州直隸州鄉土志 4/篤行

1314_0 武

00 **武文章**（清・壽張人）
［光緒］壽張 7/33
武文斌（字憲周）
（陽穀人）
［民國］增修陽穀人物/忠烈 28
武應詔（清・泰安人）
［民國］重修泰安縣 8/43
武文源（字西崑）
（清・德州人）
［民國］德縣 10/74
武文達（字質甫，號衷懿）
（明・陝西涇陽人）
［崇禎］鄆城 4/9，8/10
［康熙］鄆城 4/7，8/12
［光緒］鄆城 6/7，6/35，13/27
武立禮（元・章丘人）
［道光］濟南 48/22
［道光］章邱 11/54
武文培（字硯農）
（清・泰安人）
［宣統］山東 171/13
［民國］重修泰安縣 8/18
武方增（清・莘縣人）
［光緒］莘縣 7/29
［民國］莘縣 7/16
莘縣鄉土志/事業 26
武文鎮（字靜涵）
（清・泰安人）
［民國］重修泰安縣 8/19
武文鑑（字鏡涵）
（清・泰安人）
［民國］重修泰安縣 8/19
泰安縣鄉土志/耆舊 26
武文煥（元・章丘人）
［道光］濟南 48/22
［道光］章邱 11/54，14/65，14/72
02 **武訓**（字蒙正）
（清・堂邑人）
［宣統］山東 174/24
［民國］臨清縣/藝文 90
堂邑縣鄉土志/耆舊錄
03 **武斌**（明・濟寧人）
［乾隆］濟寧直隸州 24/1
［道光］濟寧直隸州 8/2－22
10 **武元**（元・寧陽人）
［咸豐］寧陽 13/49
［光緒］寧陽 13/61
武璋（字奉之）
（清・濰縣人）
［民國］濰縣志稿 31/36
武震（字峙東）
（清・歷城人）
［宣統］山東 169/38
［民國］續修歷城 40/22
武百言（清・陽穀人）
［光緒］陽穀 9/6
武玉麟（字季紱，號枕谿）
（清・歷城人）
［民國］續修歷城 44/33
武玉璞（清・陽穀人）
［光緒］陽穀 7/5
武玉相（字琢齋）
（清・高唐人）
［光緒］高唐州 5/2－28
［民國］高唐縣 12/15
11 **武斑**（字宣張）
（漢・嘉祥人）
［宣統］山東 150/74
［乾隆］濟寧直隸州 16/19
［道光］濟寧直隸州 9/2－39
［民國］濟寧直隸州續志 19/1－1
［光緒］嘉祥 4/34
武張聯（字燦垣，號闇齋）
（清・曹縣人）
［康熙］曹縣 11/19
［康熙］兗州府曹縣 11/19，14/22
［光緒］曹縣 11/選舉 18，14/人物 17
曹縣鄉土志/耆舊錄
12 **武廷蕙**（明・蒙陰人）
［康熙十一年］蒙陰 2/37
14 **武瑾**（明・盂縣人）
［乾隆］東昌 33/42
［嘉慶］東昌 21/11
［康熙十一年］堂邑 2/名宦 4
［康熙］堂邑 11/11
武瓚（清・鑲紅旗監生）
［乾隆］嶧縣 7/22
［光緒］嶧縣 19/職官下 18
17 **武子英**（字傑亭，號菊村）
（清・泰安人）
［民國］重修泰安縣 8/43
19 **武耿光**（字劍雲）
（清・高唐人）
［民國］高唐縣 12/22，15/80
20 **武信**（明・博興人）
［光緒］文登 5/36
武秀（元・濟南人）
［嘉靖］山東 27/8
［康熙］山東 35/9
［宣統］山東 69/30
［康熙］濟南 41/9
［道光］濟南 34/31，48/43
［嘉靖］青州 13/37
［萬曆］青州 12/26
［乾隆］沂州府 20/5
［崇禎］歷乘 16/13
［崇禎］歷城 10/9
［乾隆］歷城 36/27
［康熙十一年］蒙陰 2/22
［康熙二十四年］蒙陰 3/9
［宣統］蒙陰 3/宦績
武億（號虛谷）
（清・河南偃師人）
［宣統］山東 77/3

[咸豐]青州 37/25
[民國]續修博山 13/78
21 武虎(漢)
[嘉靖]青州 12/23
[順治]鄒平 4/1
[康熙]鄒平 4/1
武衢(明・沂水人)
[雍正]山東 28/人物三 17
[宣統]山東 160/20
[嘉靖]青州 14/31
[萬曆]青州 13/46
[康熙十五年]青州 13/46
[康熙四十八年]青州 13/事功 29
[康熙六十年]青州 16/15
[乾隆]沂州府 25/20
[康熙]沂水 4/50
[道光]沂水 7/15
武衛(明・沂水人)
[萬曆]青州 14/52
[康熙十五年]青州 14/52
[康熙四十八年]青州 14/儒行 9
[乾隆]沂州府 25/20
[康熙]沂水 4/50
[道光]沂水 7/15
武經三(清・堂邑人)
堂邑縣鄉土志/耆舊錄
22 武崇功(清・曹縣人)
[康熙]曹縣 11/24
[康熙]兗州府曹縣 11/24
[光緒]曹縣 11/武職 48
武崑源(字源長)
(清・曹縣人)
[康熙]兗州續編 16/24
[康熙]兗州府曹縣 14/4
[光緒]曹縣 14/人物 3
武崙源(字源深)
(清・曹縣人)
[康熙]兗州府曹縣 14/11
[光緒]曹縣 14/人物 9
武側揚(字陋卿)
(莘縣人)
[民國]莘縣 7/37
23 武峻(字尺階)
(清・曹縣人)
[光緒]曹縣 14/行誼 8
武巘(字原陟,號月溪)
(清・曹縣人)
[光緒]曹縣 14/仕蹟 2
武俊英(字超萬)
(清・曹縣人)
[光緒]曹縣 14/行誼 27
24 武德(元・章丘人)
[道光]濟南 48/22
[道光]章邱 10/27
武偉(字峻峯)
(清・惠民人)
[光緒]惠民 24/5
26 武儼(明・清源人)
[正德]博平 5/80
武得和(清・德州人)
[民國]德縣 10/55
27 武岷源(字源靜)
(明・曹縣人)
[康熙]兗州府曹縣 13/57
[光緒]曹縣 13/55
28 武從(字行之)
(明・曹縣人)
[康熙]曹州志 15/56
[康熙]兗州府曹縣 13/2
[光緒]曹縣 13/2
[光緒]菏澤 15/51
[光緒]新修菏澤 10/17
30 武進(字君光)
(元・奉符人)
[咸豐]寧陽 13/43
[光緒]寧陽 13/54
武憲章(字端甫)
(清・德平人)
[民國]德平縣續志 6/5
武進功(字淩雲)
(清・山東人)
[宣統]山東 177/56
武永嘉(字千子)
(清・泰安人)
[乾隆]泰安府 18/61
[乾隆二十五年]泰安縣 12/31
[乾隆四十七年]泰安縣 10/上 29
[道光]泰安縣 9/上 81
[民國]重修泰安縣 8/36
武之大(字連城)
(明・東平人)
[康熙]東平州 3/45
[光緒]東平州 15/上 41
[民國]東平縣 11/上 14
東平州鄉土志上/耆舊錄 34
31 武濬源(字文水)
(清・曹縣人)
[康熙]曹縣 11/20
[康熙]兗州府曹縣 11/20
武福增(清・莘縣人)
[民國]莘縣 7/32
33 武梁(字綏宗)
(漢・嘉祥人)
[宣統]山東 150/75,153/25
[乾隆]濟寧直隸州 26/2
[道光]濟寧直隸州 8/4－35,9/2－41
[光緒]嘉祥 3/14,4/38
34 武洪謨(清・堂邑人)
[乾隆]東昌 43/5
[嘉慶]東昌 32/31
[康熙]堂邑 16/13
武法祥(清・德平人)
[民國]德平縣續志 6/9
36 武澤純(字厚菴)
(清・惠民人)
[光緒]惠民 21/13
惠民縣鄉土志/耆舊錄 12
38 武裕文(字仲餘)
(清・金鄉人)
[民國]金鄉 13/續增 12
武道彬(賜號雲真淵靜明道真人)
(元)
[光緒]文登 12/4
40 武檀(字香麓)
(清・曹縣人)
[光緒]曹縣 14/行誼 6
武雄(明・曹州人)
[康熙]曹州志 16/3
[光緒]菏澤 16/2
[光緒]新修菏澤 10/36
武雄(明・鉅野人)
[民國]續修鉅野 5/上 26

武士豪(號方塘)
(清・直隸正定人)
[雍正]山東 27/107
[宣統]山東 75/39
[康熙]濟南 26/10
[乾隆]泰安府 15/26
[康熙]新修萊蕪 5/27
[民國]萊蕪 9/6
[民國]續修萊蕪 15/8
萊蕪縣鄉土志/4
武希琦(字子韓,號稚菴)
(清・曹縣人)
[光緒]曹縣 14/行誼 21
武存心(清・莘縣人)
[乾隆]東昌 43/15
[嘉慶]東昌 32/41
[康熙十一年]莘縣 7/15
[光緒]莘縣 7/28
[民國]莘縣 7/16
莘縣鄉土志/事業 26
武在洛(字宅中)
(清・益都人)
[道光]濟南 38/9
[民國]續修歷城 38/2
武存有(民國)
[民國]朝城縣續志 1/27
武森林(清・陽穀人)
[民國]增修陽穀人物/孝義 9
武大觀(清・陽穀人)
[光緒]陽穀 7/4
[民國]增修陽穀人物/孝義 9
武大田(清・陽穀人)
[光緒]陽穀 7/5
[民國]增修陽穀人物/忠烈 23
42 武韜(字三略)
(清・曹縣人)
[宣統]山東 173/31
[乾隆]曹州府 15/22
[康熙]兗州府曹縣 14/5
[光緒]曹縣 14/人物 4
43 武式文(清・莘縣人)
[光緒]莘縣 6/45
[民國]莘縣 6/38
44 武埜(明・鄒縣人)
[嘉靖]鄒縣地理誌 1/27
武英(明・魚臺人)
[乾隆]魚臺 10/26
武若愚(字智齋,號琦亭)
(清・曹縣人)
[宣統]山東 173/27
[光緒]曹縣 14/仕蹟 4
曹縣鄉土志/耆舊錄
武世舉(字文薦)
(明・山西大同人)
[宣統]山東 71/42
[康熙]濟南 25/66
[乾隆]武定府 16/20
[咸豐]武定府 19/陽信 4
[康熙]陽信 7/31
[乾隆]陽信 5/32
信邑志稿 5/宦蹟
[民國]陽信 2/58
陽信縣鄉土志上/政績－去害
47 武朝聘(字殿臣)
(清・壽張人)
[光緒]壽張 6/58
壽張縣鄉土志/耆舊－事業
武朝富(清・壽張人)
[光緒]壽張 6/61
武起潛(字用潛,一字見二)
(明・曹州人)
[雍正]山東 28/人物三 69
[宣統]山東 164/57
[康熙]兗州 28/27
[康熙]兗州續編 15/19
[康熙]曹州志 15/69
[乾隆]曹州府 15/20
[光緒]菏澤 15/63
菏澤縣鄉土志/20
武超凡(字漢傑)
(清・壽張人)
[光緒]壽張 7/17
48 武翰(明・魚臺人)
[康熙]山東 46/3
[道光]濟寧直隸州 8/2－58
[乾隆]魚臺 11/11
[光緒]魚臺 3/6
50 武肅(字子敬)
(明・東昌府人)
[乾隆]東昌 39/21
[嘉慶]東昌 29/5
武春元(清・高唐人)
[民國]高唐縣 12/85
武中和(字致堂)
(清・萊蕪人)
[民國]續修萊蕪 27/13
武春榮(字那居,號桐林)
(清・泰安人)
[民國]重修泰安縣 8/29
51 武振華(清・直隸曲陽人)
[宣統]山東 77/7
[咸豐]青州 37/1
[乾隆]高苑 3/22
60 武思玉(明・魚臺人)
[康熙]魚臺 17/46
[乾隆]魚臺 11/33
[光緒]魚臺 3/20
武星聯(字虞瑞,號拙齋)
(清・曹縣人)
[康熙]兗州府曹縣 14/18
[光緒]曹縣 14/人物 14
武圖功(字言爾,號雲臺)
(明・曹縣人)
[乾隆]曹州府 15/19
[康熙]兗州府曹縣 13/41
[光緒]曹縣 13/39
曹縣鄉土志/耆舊錄
武昌淇(字康侯,號長山)
(清・長清人)
[道光]濟南 56/50
[道光]長清 12/13
武國藩(明・曹縣人)
[康熙]曹縣 11/25
[康熙]兗州府曹縣 11/25
64 武時杰(明・魚臺人)
[康熙]魚臺 17/11
武時中(明・嶧縣人)
[康熙]嶧縣 4/110
65 武映琨(字蘭堂)
(清・曹縣人)
[光緒]曹縣 11/選舉 15,14/行誼 6
67 武昭文(清・莘縣人)
[民國]莘縣 7/21

武明德(字心白)
(清・莘縣人)
[民國]莘縣 7/21
70 **武陔**(字元夏)
(晉・沛人)
[萬曆]滕志 6/39
[康熙]滕志 6/11
[康熙]滕縣志 6/宦業 10
[道光]滕縣志 6/宦績 10
武驤(字上襄)
(清・曹縣人)
[康熙]兗州府曹縣 14/27
[光緒]曹縣 14/人物 22
74 **武陵源**(字仙境)
(清・曹縣人)
[康熙]曹縣 11/36
[康熙]兗州府曹縣 11/36
77 **武譽**(字信菴)
(明・曹縣人)
[康熙]曹縣 11/40
[康熙]兗州府曹縣 11/51
武舄聯(字紹履)
(清・曹縣人)
[康熙]兗州府曹縣 11/又 20
[光緒]曹縣 11/選舉 30
武殿魁(字星一)
(清・歷城人)
[宣統]山東 170/21
[民國]續修歷城 42/7
[民國]臨清縣/秩官 71
[民國]高唐縣 9/5–18
[民國]文登 7/下 16
武興禮(清・壽張人)
[光緒]壽張 7/28
武開明(漢)
[道光]濟寧直隸州 9/2–40
[光緒]嘉祥 4/37
武居美(清・泰安人)
[民國]重修泰安縣 8/19
武履常(元・章丘人)
[宣統]山東 161/21
[道光]濟南 34/44,48/22
[光緒]陵縣 18/9
陵縣鄉土志/6
[道光]章邱 11/21
80 **武金**(明・井陘人)
[道光]長清 3/11
武全(元・寧陽人)
[咸豐]寧陽 13/49
[光緒]寧陽 13/61
武義甫(元・高唐人)
[道光]高唐州 5/1–8
武毓鎔(字陶菴)
(清・泰安人)
[民國]重修泰安縣 8/19
87 **武欽銘**(清・莘縣人)
[民國]莘縣 7/31
88 **武範五**(清・莘縣人)
[光緒]莘縣 6/44
[民國]莘縣 6/37
89 **武鎧**(字器之)
(明・博平人)
[正德]博平 4/70
90 **武光祖**(字顯齋)
(清・奉天蓋州人)
[宣統]山東 77/28
[光緒]增修登州 33/3
[雍正]文登 6/37
[道光]文登 5/24
[光緒]文登 7/下 1
武懷運(唐・并州文水人)
[宣統]山東 68/7
[道光]濟南 33/25
[康熙]淄川 4/2
97 **武恪**(清・莘縣人)
[光緒]莘縣 7/28
[民國]莘縣 7/16
莘縣鄉土志/事業 26
99 **武榮**(字含和)
(漢・嘉祥人)
[宣統]山東 153/23
[乾隆]濟寧直隸州 16/40,26/2
[道光]濟寧直隸州 8/4–35,9/2–50
[光緒]嘉祥 3/14,4/44

1323_6 強

25 **強健**(字紹元)
(清・江南溧陽人)
[康熙]鄆城 4/14
[光緒]鄆城 6/22
52 **強靜源**(清・魚臺人)
[光緒]魚臺 3/文行又 3

1421_7 殖

21 **殖綽**(周・高唐人)
[嘉靖]高唐州 5/11
[康熙十二年]高唐州 8/1
[康熙五十一年]高唐州 8/1
[康熙]臨淄 9/19
[民國]臨淄 30/39

1519_6 疎

00 **疎廣**(見疏廣)
20 **疎受**(見疏受)

1611_4 理

20 **理信**(道號全真)
(清・昌樂人)
[民國]昌樂縣續志 38/8

1613_2 環

32 **環淵**(戰國・楚人)
[嘉靖]青州 15/32,15/59
[萬曆]青州 15/55
[康熙十五年]青州 15/57
[康熙四十八年]青州 15/僑寓 2
[康熙]臨淄 10/10
[民國]臨淄 29/20

1662_7 碭

27 **碭魯**(漢)
[嘉靖]山東 26/1
[康熙]山東 33/1
[雍正]山東 27/76
[萬曆元年]兗州 38/循吏 1
[乾隆]郯城 7/22